in any **event**
at all **events**
what I'm **getting** at is …
the **long** and (the) short of it is (that) …
the **point** is that …
● in **sum**
let me **sum** up …
● to **sum** up
● to **summarize**
● in **summary**
that being so [OR the case]
the **thing** is …
all **things** considered

⑩ 帰結・結果を表す p. 2089

accordingly Ⓦ
as a **consequence**
in **consequence**
● **consequently** Ⓦ
● in the **end**
eventually
● **hence** Ⓦ
● as a **result**
● **therefore**
● **thus**

⑪ 話題の転換・回避 p. 2250

about your …
all right
All right, now shall we move on to our next point of discussion?
anyway
● **as** for …
as to …
next, we **come** to …
● **concerning**
in this [that] **connection**
Let's not **discuss** this any more.
That's not the **end** of the story.
let me **finish** by saying …
let's **focus** on …
● before I **forget**
Now, let's go a step **further**.
● Don't **go** there.
we're [we're not] **here** to ⌈talk about [OR discuss] …
That's not **important** here.
● **incidentally**
… is not the **issue**
That's (just) about **it**.
the next **item** on the agenda is …
this **leads** us [OR me] to …
I'm afraid we shall have to **leave** it there.
now, let's **look** at …
on an entirely different **matter**, now, …
I knew there was something I **meant** to tell you.
in the **meantime** Ⓦ
meanwhile Ⓦ
let me close this **meeting** by …
● let me **mention** in passing that …
so **much** for …
Next question.
● **now**
● **now** for …
● We can [OR may] discuss the issue on another **occasion**.
Let's leave [OR keep] it **open**.
Hang on, can we stick with that **point** about …?
let's **put** aside …
this brings us on to the **question** of …
we'll leave that **question** for a [OR the] moment and move on to …
at any **rate**
● with [OR in] **regard** to …
● while I **remember**
● **speaking** of …
Let's ⌈go a [OR take this] **step** further.
But that's another **story**.
End of **story**.
Can we [OR I] change the **subject**?
● Let's drop the **subject**.
not to change the **subject**, but …
on the **subject** of …
● **talking** of [OR about] …
now **then**
● let's **turn** to …
● by the **way**
well
What about …?

⑫ 言い換えを表す p. 2308

● in **brief**
to be **brief**
briefly
to put it **briefly**
broadly
● **broadly** speaking
conversely Ⓦ
● to be **exact**
● **i.e.** Ⓦ
to put it **kindly**
to put it **mildly**
in a **nutshell**
overall
● to be (more) **precise**
precisely
or **rather**
● **roughly** speaking
that is to **say**
● in **short**
⌈to r
to r
stri
tec
tha
● Let
● in a
● in o

O LEX

O-LEX ENGLISH-JAPANESE DICTIONARY

2nd Edition

オーレックス英和辞典

第2版

編集委員　野村恵造／花本金吾／林龍次郎

旺文社

発 音 記 号 表

⇨発音解説（本文 xv ページ）

母音

/iː/	**eat, people, meet**
/i/	**happy, India, react**
/ɪ/	**bit, sit, kit**
/e/	**bed, said, friend**
/æ/	**cat, hat, map**
/æ | ɑː/	**half, ask, fast**
/ɑː/	**palm, psalm, balm**
/ɑ(ː) | ɔ/	**hot, pot, odd**
/ʌ/	**cut, come, nut**
/əː*r*/	**bird, pearl, world**
/əːr | ʌr/	**courage, hurry, worry**
/ə/	**above, rabbit, album**
/ə*r*/	**doctor, cover, vermilion**
/ɔː/	**law, tall**
/ɔː | ɔ/	**dog, soft, cough**
/ʊ/	**pull, book, could**
/u/	**casual, manual, tuition**
/uː/	**school, food, moon**
/eɪ/	**cake, take, day**
/aɪ/	**eye, life, die**
/ɔɪ/	**boy, oil, voice**
/aʊ/	**house, cow, doubt**
/oʊ/	**go, road, open**
/ɪə*r*/	**ear, beer, here**
/eə*r*/	**air, there, pair**
/ɑː*r*/	**heart, art, star**
/ɔː*r*/	**morning, warm, door**
/ʊə*r*, ɔː*r*/	**poor, tour, your**

子音

/p/	**pen, apple, up**
/b/	**book, rabbit, job**
/m/	**man, common, come**
/t/	**top, eat**
/t̬/	**water, better**
/d/	**dog, London, sad**
/n/	**name, tennis, man**
/k/	**cake, skin, kick**
/ɡ/	**good, finger, bag**
/ŋ/	**ink, song, king**
/tʃ/	**chair, kitchen, catch**
/dʒ/	**June, danger, edge**
/f/	**five, coffee, enough**
/v/	**very, river, have**
/θ/	**three, ethics, bath**
/ð/	**this, other, bathe**
/s/	**sea, person, miss**
/z/	**zoo, music, rise**
/ʃ/	**ship, special, dish**
/ʒ/	**vision, pleasure**
/h/	**hot, ahead**
/l/	**lion, melon, bell**
/r/	**rain, very, marry**
/w/	**wet, twice**
/*h*w/	**white, whale**
/j/	**young, beauty**

外来語音, 方言音, 特殊音

/x/	**Bach, loch**
/ʔ/	**uh-oh**
/ç/	**Fichte**

強勢記号

/ˊ/	第一強勢
/ˋ/	第二強勢
⟨シ	強勢移動

注）1. |（単縦線）の左側は米音, 右側は英音を表す。
2. 斜体および /(ː)/ は省略可能を表す。
3. 母音の後の /*r*/ は米音では直前の母音を R 音化することを示し, 英音では省略されることを示す。
4. /t̬/ は米音で弾音になることを示す。英音はこの補助記号 [̬] がないものと考え, 弾音化しないことを示す。

まえがき

「日本の英語教育を変えたい」。私たちがそのような志を持って『レクシス英和辞典』を世に送り出してから10年が経過した。

幸いにも私たちの野心的な試みは多くの読者からご賛同を頂き，2005年には『レクシス』の遺伝子を受け継ぎつつ，高校生の英語学習に役立つ工夫を凝らした中級版『コアレックス英和辞典』を，2008年には上級英和辞典として一層の進化を遂げた『オーレックス英和辞典』と，和英対訳集からの脱却を目指した『オーレックス和英辞典』を刊行し，あまたある英語辞書の中でそれぞれの存在意義を持った『レックス』3部作を形作ることができた。

この度，その要である『オーレックス英和辞典』を改訂する機会が巡ってきた。

日々の学習から入学・資格試験，ビジネスに至るまで，英語を学ぶすべての方々の目的に適う上級学習英和辞典としてさらに進化するために，小手先の改訂ではなく，新しい辞書を作るつもりで一同奮闘した。初版の柱であった新機軸も，引き継ぐ場合は徹底的な見直しの対象とした。

『オーレックス英和辞典』第2版の特長は以下のとおりである。

情報量の増加――ページ数を増やすことにより，約10万5千項目を収録することができた。新語・新語義の補充は当然のこととして，文法・語法解説やコロケーション表示，多義語の意味が一目でつかめる「中心義」，語彙増強に役立つ派生語・語源・反意語などの情報も一層充実させた。重要な基本語を大活字の赤字見出しにしたり，入試によく出題される成句の訳語を太字にしたりするなど，見やすい紙面にするための改良も怠らなかった。

PLANET BOARD――母語話者の言語使用実態を解明する，『レックス』シリーズ独自のコラムである。本辞典のPLANET BOARDは語法・文法上の問題が対象であるが，今回，約半数の項目について新たなインフォーマント調査を実施し，最新の動向を反映することができた。

COMMUNICATIVE EXPRESSIONS――文型式の定型表現を集中的に掲載した，これまた本辞典独自のコラムである。口語的な慣用表現だけではなく，会話（議論や交渉を含む）の組み立てに役立つ表現も豊富に採録している。

「**NAVI表現**」――本辞典では，文章の組み立て方を明示する言葉を「NAVI表現」と名づけてフィーチャーしている。該当する表現や語義，用例に NAVI を付し，代表的なものをNAVI表現コラムで解説した。COMMUNICATIVE EXPRESSIONSとともに，日本人の英語学習が，単語やフレーズにとどまらず，文，さらに会話・文章へ向かうべきだ，という私たちの主張を具体化するための方策である。

「**英語の真相**」――語用論上の疑問を検証した，『コアレックス英和辞典』収録のPLANET BOARDをもとに，日英対照語用論の観点から，英語の「言葉を用いた振る舞い」を実証的に説明した。

コミュニケーション情報――言葉とその使用者や使用の場に関わる語用論・社会言語学的注記を中心に，広くコミュニケーション能力の向上に資する情報を掲載した。

さらに，今回，新たに以下のコラムを設けた。

「メタファーの森」――メタファー（隠喩）は，従来，文学上の装飾と捉えられてきたが，認知言語学の進展により，私たちが世界を認識するときに重要な働きをしていることが分かってきた。学習者にとっても，いわゆるイディオマティックな表現の習得のみならず，単語自体の意味の本質をつかむ際の助けともなる，実用性の高い概念である。本コラムでは，代表的なメタファーを選び，それらを具体的な表現で例証した。

Boost Your Brain!――英語の文章を読んでいて難しいと感じるとき，その原因は，多くの場合，英語が難しいというより，扱われている概念そのものが難しいことにある。このコラムでは，大学入試の長文問題に頻出するキーワードを精選し，関連する言葉にも言及しながらコンパクトな解説を施した。

Behind the Scenes――母語話者は，歴史的な出来事にまつわる表現，ドラマや映画で用いられたセリフ，CMのコピーなどを知識として共有し，しばしば会話などで効果的に用いる。高尚な諺や名言名句ではないため，従来の辞典では正面から取り扱われることはなかったが，今回，それらを集めて読者の便宜に供することにした。単に英語圏の文化に関する机上の知識としてではなく，それらの表現が日常の場でどのように用いられるのかにまで説き及んだ。

今回の改訂にあたって，関係者一覧に掲載した方々がご尽力下さった。新規のコラムも，それぞれに適任者を得て実現することができた。皆さんに心から感謝申し上げたい。

私たちは，今後も新しい辞書のあり方を模索し続けていきたいと考えている。

2013年秋

編　者

編集委員　野村恵造　花本金吾　林龍次郎

専門校閲　伊藤頼位（文法・語法）　小川匡夫（スピーチラベル）　長瀬慶來（発音）

専門執筆　石井康毅（コーパス検証・連語）　伊藤頼位（PLANET BOARD）
内田諭（NAVI 表現・メタファーの森）　笠貫葉子（中心義）
川村晶彦（語用論・コミュニケーション情報・英語の真相）
島原一之（Boost Your Brain!）　舘林信義（文型）　中原道喜（類語）
吉冨朝子（COMMUNICATIVE EXPRESSIONS・Behind the Scenes）

英文校閲　Caroline Elizabeth Kano　Jean Moore

校閲　井上博之　大勝裕史　黒川陽子　五味貞男　志賀伸一　鈴木陽子　藤田理子
本多美佐保　松﨑悦子　山田暢彦

編集協力　石井節雄　小川匡夫　窪田雄一　長野純子　本多秀樹

編集・制作協力　日本アイアール株式会社
装丁　牧野剛士
紙面レイアウト　有限会社アルデザイン
カット・図版　菊池寛
見返し地図　井上正三
DTP 組版　幸和印刷株式会社

『オーレックス英和辞典 初版』（2008 年）
編集委員　花本金吾　野村恵造　林龍次郎
校閲　伊藤頼位　小川匡夫　長瀬慶來
専門執筆・校閲　荒井良雄　石井康毅　伊藤頼位　内田諭　笠貫葉子　川村晶彦　河野一郎
鷹家秀史　舘林信義　中原道喜　吉冨朝子
英文校閲　Ryan Drees　Angelo Foscoli　Jonathan Edward Head　Caroline Elizabeth Kano
Allan Mähler　Nadia McKechnie　Jean Moore　Ross Rangott
執筆・校閲　井上輝伸　坂田博　志賀伸一　濱松純司　松﨑悦子　溝岡哲郎
編集・校閲協力　石井節雄　窪田雄一　高瀬博
編集協力　内田律子　小野田かおり　金子典子　五味貞男　Mark Alberding　Alfredo Ferreira
John F. Mancuso　Richard Smith

『レクシス英和辞典』（2003 年）
編集委員　花本金吾　野村恵造　林龍次郎
専門執筆・校閲　小野祥子　木全睦子　黒田光男　坂本和光　武内道子
中村浩一郎　花崎一夫　松井智子　渡辺勝馬

〈編集部〉　加藤明彦　嶋田諭示　前田典子　前田裕章　山之内ハル

この辞典の使い方

1 見出し語

1.1 収録語 本辞典には一般的な英語の語句のほか，固有名詞(人名·地名など)，接頭·接尾辞，連結形，略語，変化形，英語に定着していると思われる外来語などを見出し語として採録した。

1.2 配列 配列はすべてアルファベット順とした。つづりが同じ語では小文字で始まる語を先に掲げた。なお，見出し語の一部に算用数字が含まれる場合は，配列上は数字を英語でつづったものとして(例：22 なら twenty-two)扱った。

1.3 重要度表示 特に重要と思われる見出し語には星標をつけた。

中学·高校基本語	***	(大活字赤字見出し)	約 1,250 語
高校最重要語	**	(赤字見出し)	約 1,800 語
高校重要語	*	(黒字見出し)	約 3,500 語
一般重要語	*	(黒字見出し)	約 4,100 語

1.4 語源の異なる語 つづりが同じでも語源が異なる語は原則として別見出しとし，右肩に1, 2の番号をつけて区別した。

1.5 音節の切れ目(分節) 音節の切れ目は中丸[·]によって示した。語義や品詞によって発音·アクセントが異なり，音節の切れ目が異なる場合は，最初に示した発音による切れ目を示した。

1.6 バリアント 同一語で2種類以上のつづりがある場合は，以下のように示した。

a) 併記する場合，両者の発音が同じであれば発音は後に一括して表示した。つづりは音節単位で - で省略した。

例：***pro·gram**, 《英》**-gramme** /próʊɡræm/

b) つづりとともに発音も異なる場合は，一方の発音の後に併記した。

例：***the·o·ret·i·cal** /θìːərétɪkəl, θɪ̀-/, **-ret·ic** /-rétɪk/ ⊲シ 形

c) 米英でつづりが異なる場合，米式つづりを優先して掲げ，次に《英》として英式つづりを掲げた。***の基本語と**の最重要語については，英式つづりの見出し語を別に立項した。

例：***la·bor**, 《英》**-bour** /léɪbər/

***la·bour** /léɪbər/ 名 形 動 《英》＝labor

d) 見出し語のつづりのほかに，米英いずれか一方でのみ併用されるつづりがある場合は，＋《米》のようにして示した。

例：***cat·a·logue,** ＋《米》**-log**

e) 特定の品詞·語義に限って使用頻度が同等でその見出し語を含む別の表現がある場合は，品詞記号·語義番号の後に(＝～ ...)で示した。

例：***hóuse·kèeping** 名 U ❶ 家事(の切り盛り)，家政… ❷ (＝～ **mòney**) 家計費

1.7 1語につづられる複合語(2つ以上の単語を結びつけて作られた語)の見出しでは，複合語を構成する単語が独立して立項されていれば，構成要素間の切れ目だけを中丸[·]で示し，それぞれの構成要素内の音節の切れ目は示さず，星標のつかない語については発音も省略し，強勢だけをつづり字の上に示した(⇨ xvi ページ「**発音解説**」**4. d**)。本辞典のほかの箇所で立項されていない単語が含まれるときは，発音·切れ目ともに示した。

1.8 分離複合語 2語以上に分けてつづられる複合語(分離複合語)は，各語の最初の単語が見出し語として立項されていれば，その見出し語の末尾の ▶▶ 以下に，原則として見出し語との共通部分

を ~ で省略し，つづり字の上に直接強勢符号をつけて示した。語義番号は①②を用いた。たとえば air brake は，air の項目の末尾の ▶▶ の後に ~ **bràke** として示してある。

1. 9 ただし，次の a）～e）に該当する分離複合語は ▶▶ 以下に参照見出しとして（↓）をつけて掲載し，改めて独立見出しとして立項した。

a）＊以上の重要語。
b）同じ単語の組み合わせからなる，ハイフンでつながる語，または1語でつづられる複合語がある場合，および派生語がある場合。
c）多品詞語。
d）当該分離複合語を用いた熟語･成句などの情報がある場合。
e）外国語起源の語の一部。

2 発音とアクセント（強勢）（詳しくは xv ページ「発音解説」参照）

2. 1 **発音記号** 一般的な米音と英音について，国際音標文字（IPA）を用いて，原則として見出し語の直後に/ /の中に入れて示した。

2. 2 **発音注意** 学習上特に注意すべき発音･アクセントには，それぞれ《発音注意》《アクセント注意》《発音･アクセント注意》を発音記号の後につけた。

3 品詞と語形変化

3. 1 **品詞** 品詞名は原則として発音記号の直後に次のような文字記号を用いて示した。
名＝名詞 代＝代名詞 動＝動詞（自＝自動詞 他＝他動詞）助＝助動詞
形＝形容詞 副＝副詞 前＝前置詞 冠＝冠詞 間＝間投詞 接＝接続詞
略＝略語
このほかに 記号 接頭 接尾 連結形 などの文字記号を用いた。

3. 2 **他品詞形** 派生関係にある語（他品詞形）は〔◁もとになった語〕〔▶派生した語〕として品詞名の直後に示した。
例：＊＊**ab·sence** /ǽbsəns/ ── 名〔◁ absent 形〕　＊**ab·sent** /ǽbsənt/ 形〔▶ absence 名〕

3. 3 1つの見出しに2つ以上の品詞がある場合は ── を用いて別の品詞を示した。多品詞語で語義の要約(⇨ **4. 3**)がある場合は見出しの後に品詞を列記した。

3. 4 動詞の自動詞と他動詞の区分は ─ によって示した。
例：＊＊**turn** 動 ─自 ─他

3. 5 特に説明を要する語には，品詞記号のほか《関係代名詞》などとして機能を示した。熟語（句動詞）の品詞機能表示については ⇨ **7 熟語**。

3. 6 **変化形表示** ＊2つ以上の重要語は名詞･動詞の変化形，規則変化･不規則変化をすべて示した。変化形が2つ以上あるものは品詞記号の後の( )内に示した。

3. 7 **名詞** 名詞の複数形は（複 ）として太字で示した。特定の語義に限って用いられる複数形があるときは，語義番号の後に(複)として示した。
例：＊＊**mouse** /maʊs/(→ 動)
── 名（複 **mice** /maɪs/）（→ ❷）C ❶〚動〛(ハツカ)ネズミ，…
❷（複 **mice** or **mous·es** /-ɪz/）(コンピューター入力用の)マウス
なお，複数形の形が単数形と同じ場合は(複 ~)のように示した。

3. 8 代名詞には必要な変化形を( )として示した。
例：＊＊**I**³ /aɪ/(♦同音語 aye, eye)(♦常に大文字で書く) 代 名
── 代（一人称･単数･主格の人称代名詞）(複 **we** /弱 wi；強 wiː/)（所有格 **my**；目的格 **me**；所有代名詞 **mine**；再帰代名詞 **myself**）私(は[が])

3. 9　動詞 動詞の変化形は(三人称単数現在; 過去; 過去分詞; 現在分詞)の順に示した。過去と過去分詞が同じ形の場合は1つだけ示した。

3. 10　形容詞・副詞 形容詞・副詞のうち*1つ以上の重要語については，変化形を(比較級；最上級)の順に示し，比較変化しない語については，《比較なし》と表示した。

3. 11 *1つ以下の規則変化する見出し語でも，紛らわしいものは適宜変化形を示した。
例：**pro·cliv·i·ty** /proʊklívəṭi/ 名 (複 **-ties** /-z/)

4 語義・語法

4. 1　語義の配列 原則として使用頻度順とした。ただし，必要に応じて関連性のある語義を近接して配列した場合もある。

4. 2　語義の分類 語義が多岐にわたる場合は品詞ごとに❶❷の番号を用いて区分した。
動詞の文型には❶❷の下位区分として**a b c**を用いた。また形容詞などでも下位区分に**a b c**を用いた場合がある。また上位区分として**Ⅰ Ⅱ Ⅲ**を用いた語もある。

4. 3　語義の要約 重要な多義語には，本文中の語義番号を付した「語義の要約」を掲げた。

例：***date**[1] /deɪt/ 名 動
中心義 **特定の日時(に会う約束)**

名 **日付❶　日時❷　年代❸　デート❹**
動 他 **日付を書く❶　デートする❹**　自 **始まる❶**

4. 4　中心義 重要な多義語には，語の意味の理解・把握を助けるため，適宜 中心義 として語の中心的意味を示した。

4. 5 *2つ以上の重要語の代表的訳語は太字で示した。

4. 6　語形の指示 語形に関する特別な指示は《 》内に次のように示した。

《~s》	その語義では複数形で用いる。
《the ~》	その語義では定冠詞をつけて用いる。
《a ~》《an ~》	その語義では不定冠詞をつけて用いる。
《B-》	見出し語は小文字だがその語義では大文字で用いる。
《b-》	見出し語は大文字だがその語義では小文字で用いる。
《単数形で》	その語義では単数形で用いる。

また，常に複数形で用いられ，複数形で見出しになっていて，動詞との一致も複数扱いの名詞は，複 の記号を用いて 名 複 とした。

4. 7　用法の指示 文法・語法上の指示の主なものは次のとおり。

《複数扱い》	名詞が常に複数の動詞・代名詞で受けられる。
《単数扱い》	名詞が常に単数の動詞・代名詞で受けられる。
《単数・複数扱い》	名詞が単数の動詞・代名詞，複数の動詞・代名詞の両方で受けられる。
《集合的に》	名詞が集合的に用いられる。
《受身形で》	他動詞が受身形で用いられる。

※本辞典では《受身形で》《通例受身形で》の用法指示がある場合の訳語は，日本語として自然な表現となるように工夫した。

《叙述》	形容詞が動詞の補語として用いられる。
《限定》	形容詞が名詞の前にあって直接修飾する。
《形容詞的に》	名詞が形容詞的に用いられる。
《-edで形容詞として》	動詞が過去分詞で形容詞として用いられる。

このほか《進行形不可》《受身形不可》《直接話法で》《複合語で》《否定文で》などの用法指示を用いている。
上記の指示には必要に応じて「通例・しばしば・ときに」などの頻度を示す語を前置した場合がある。

4.8 名詞の可算・不可算 名詞の可算・不可算は 可算＝[C]，不可算＝[U] の記号で示した。[C]が多くの語義に共通する場合は語義番号❶の前に記号を挙げて代表させ，対象外の語義には個々に[U]または[U] [C]を示した。逆の場合も同様。
《a ～》《単数形で》《～s》などの語形指示がある場合は，可算用法に含まれるものとみなして[C]をつけてある。《the ～》《one's ～》の語形指示がある場合は，常にその形で用いられるので[C] [U]をつけない。

4.9 地域ラベル・時間ラベル 見出し語あるいは語義の使用される地域・時代などが限定される場合は《 》内に原則として略語で示した。
《米》 米国用法　《英》 英国用法　《カナダ》 カナダ用法
《豪》 オーストラリア用法　《ニュージ》 ニュージーランド用法
《スコット》 スコットランド用法　《北イング》 北イングランド用法
《アイル》 アイルランド用法　《南ア》 南アフリカ用法

4.10 スピーチラベル スピーチラベルは次のような《 》内の略語で示した。これらの略語は訳語の頭につけたほか，用例・語法欄の解説文や(♦)の注記文の中でも用いている。
《堅》 主に文書中や改まった場での会話・演説などで用いる。
《口》 日常会話やくだけた場面での書き言葉として用いる。
《俗》 非常にくだけた会話や特定の集団内などで用いる。
《卑》 卑猥(ひわい)・下品な用法で通常は使用を避ける。
《文》 主に改まった書き言葉で用いる。
《商標》 商標登録された名称であることを表す。
《けなして》 軽蔑的な気持ちを表す用法。
《蔑》 人種差別・性差別など，非常に強い侮蔑的・挑発的な響きを持つ表現で，通常は用いてはならないとされる。
《戯》 滑稽(こっけい)な効果をねらった用法。
《婉曲的》 直接表現するのを避けて遠まわしに別の言葉で言い換えた表現。
《比喩的に》 比喩的な用法。
《古》 昔は用いられたが現在は使われない用法。
《旧》 現在では古臭いと感じられる用法。
《方》 特定の地域で用いる用法。
これらのラベル表示は《米口》《英俗》《堅または戯》のように組み合わせて用いる場合もある。
上記のうち，特に使用に注意を要する《卑》《蔑》には⊗印を付して注意を喚起した。

4.11 百科記号・専門語 専門語や特定の分野で用いられる用語は〖 〗内に示した。〖野球〗など自明なもののほか，多くの分野について省略形を用いた(⇨ **11 記号一覧**)。
また，コンピューター，インターネット関連の語義については，💻記号を用いて示した。

4.12 補足説明 語義には理解を助けるための補足説明をつけている場合がある。訳語の補足は ( )，参考的解説は訳語の後の《 》，語法注記 (⇨ **4.20**) は (♦)，コミュニケーション情報 (⇨ **4.24**) は(♥)内に示した。

4.13 動詞の訳語 他動詞の訳語には「…を，…の，…から」などをつけて目的語との関係を明確にした。目的語が特定される場合は〔 〕内に示した。なお，**4.3「語義の要約」**内における訳語で，目的語を特定しないと意味のとりにくいものについては( )内に示した。

4.14 形容詞の訳語 形容詞の被修飾語が限定される場合は( )内に示した。

4.15 同意語・反意語・↘↗ 同意語は訳語の後に ( ) として示した。意味はほぼ同じだが，よりくだけた表現になる場合は↘をつけて (↘) のようにした。より改まった表現になる場合は↗をつけて(↗)のようにした。反意語・対応語は(↔)とした。

4.16 中立的表現 性差別につながる恐れがある語には，(中立)として男女一方の立場に偏しない中立的な代替表現を示した。また性差別などにかかわる語・表現には適宜 (♥) の注記を付して注意を促した。

4.17 参照語の指示 その語との関連で参照することが望ましい記述を含む見出し語を (⇨) で示した。

関係のある語は(→)で示した。

4.18 コロケーション 見出し語と密接に結びついて用いられる重要な前置詞などの要素は訳語の後の〈 〉内に太字で示し，原則として訳語にも対応する語句を〈 〉で包んで示した。意味上対比的な前置詞などは〈 〉内に訳語を示した。

例：*__cau·tion__ /kɔ́ːʃən/ … ━動 他 ❶ 警告する **a** 《+目》…に警告する，注意する〈**against** …しないように；**about** …について〉‖ The doctor ~*ed* him *against* his jogging. 医者は彼にジョギングをしないように注意した

重要な副詞は《 》に包んで訳語の後に斜体太字で示した。

例：**breathe** … ━自 ❶ **呼吸する**，息をする《***in, out***》

4.19 入れ替え 訳語のうち入れ替え可能な部分を[ ]に包んだ場合がある。

4.20 語法 学習上重要な語法項目は 語法 欄を設けて詳しく解説した。なお，該当項目のうち，比較的簡単な内容のものは(♦)で適宜訳語の中で解説した。

4.21 上記の解説文中で，「…とはいわない」や誤りを含む表現には × 印をつけて注意を促した。

例：*__cat·tle__ /kǽṭl/ 名 U《集合的に》《複数扱い》❶ 牛(の群れ)，畜牛 … (♦ cattle は「群れ」として考えるので，two, three といった小さな数とともには用いない. また不可算名詞なので ×a cattle, ×cattles は不可)

4.22 類語欄 類語 欄で類義語をまとめて比較解説した。

4.23 類語パネル 語の意味の違いを図表で示した。

4.24 コミュニケーション情報 (♥)でコミュニケーション情報に関する注記を示した(⇨ xxi ページ「**コミュニケーション情報**」)。

4.25 NAVI 表現 文章を組み立てる際に重要な役割を果たす単語・フレーズ・定型的な文などに NAVI の記号をつけて注意を促した(⇨ xx ページ「**NAVI 表現**」)。

5 用例

5.1 位置 用例は各品詞・語義ごとに ‖ を掲げて訳語の後に示した。

5.2 見出し語相当部分の省略 用例文中の見出し語相当部分は，1字見出しの a などを除いて ~ で省略して示した。分離複合語見出しの用例では，~ は主見出し語1語に相当する。語尾が変化する場合は見出し語相当部分を ~ として ~*ed*，~*ing* のように示した。不規則変化する場合，および文頭に置かれるなどして大文字で始まる場合は ~ で省略せずに斜体で示した。語頭や語尾にハイフンがつく見出語(接頭辞・接尾辞など)の用例も原則として ~ で省略しない。

5.3 区切り 用例が列記される場合は / で区切った。

5.4 言い換え表現

a) 同じ語義での言い換えは例文の後に = で，文型が異なる場合は (=) で示した。また見出し語と異なる語を用いた言い換えは訳文の後に(=)で示した。

b) くだけた表現への言い換えは ↘ を用いて示した。改まった表現への言い換えは ↗ を用いて示した。

c) [ ]は直前の語句との入れ替えを表す。この場合は対応する訳文にも[ ]で示した。

d) [OR]は直前の語句と入れ替えても意味が変わらないことを表す。

c)，d) とも，入れ替えの開始が2語以上さかのぼる場合は，開始位置に「をつけた。

5.5 コロケーション 独自のコーパス調査に基づき，名詞を中心に，用例中の見出し語と高頻度で結びつく語を太字で示した。

5.6 イントネーション 必要に応じて ↗，↘ を用いて上昇調・下降調の区別を表した。

5.7 **連語欄** 名詞を中心に，その見出し語と結びついてよく使われる形容詞·動詞などを，語義ごとに **連語** 欄として用例の後に掲げた。**連語** 欄中の見出し語相当部分は ～ で省略して示した。

5.8 **引用** シェークスピア作品など著名な文献からの引用文は［ ］で出典を示した（⇨ **11 記号一覧**）。また，諺(ことわざ)および文学作品などからの引用は用例全体を斜体で示した。

6 文型（詳しくはxiiページ「文型解説」参照）

6.1 動詞·形容詞の重要な語義には文型的配慮を施した。

6.2 星標のついた動詞の重要語義の用例は文型的配慮に基づいて分類し，文型が異なれば **a**，**b**，**c** の下位区分を設けた。

6.3 各文型は《 》で示した。文型に準ずる構文は《 》で示した。

6.4 文型上重要な要素である前置詞，副詞，接続詞などは用例中では斜体を用いた。

7 熟語（成句·句動詞）

7.1 **字体** 熟語は太字の斜体で，原則として各品詞ごとに語義解説の後にまとめて示した。特に使用頻度が高い熟語には＊をつけ，代表的訳語は太字で示した。

7.2 **配列** 配列はすべて単語単位のアルファベット順とした。省略可能を表す（ ）で包んだ語は配列上はあるものとみなす。また，可変部分の *a person*，*one's* や交換可能の［ ］，［OR ］で包んだ部分は配列上ないものとみなす。なお，***oneself*** は配列上 self とみなす。

7.3 **位置** 熟語は検索上もっとも手掛かりとなる見出し語で扱った。動詞＋名詞の形は主として名詞で扱った。複数の見出し語から検索される可能性がある場合，必要に応じてほかの見出し語への参照見出しとした。
例：***one for the road*** ⇨ ROAD(成句)
これはスモールキャピタル(小型の大文字)で示した road の項にその熟語の解説があることを示す。

7.4 **強勢** 熟語には強勢を表示した。ただし同じ熟語がほかの見出し語にある参照見出しでは省略した（⇨ xvii ページ「**発音解説**」**5.3**）。

7.5 **同義の熟語** ほかの見出し語を用いた同義の熟語を参照する場合は次のようにした。
例：***lìft*** [OR ***ràise***] ***a hánd*** 《口》= *lift a* FINGER
これはスモールキャピタルで示した finger の項に同じ意味の熟語があることを示す。

7.6 類似した形で同義の熟語は ; で区切って並置した場合がある。
例：***dày and níght*** ; ***nìght and dáy*** 昼も夜も，いつも(♦夜に重点を置く場合は後者)

7.7 可変部分の代表語は *a person*，*one's* で示した。また熟語を構成する要素以外の部分（可変の目的語など）を表すときは **...** を用いた。
例：***pìck one's wáy*** 道を選んで歩く；慎重に進む
màke a pèrson's dáy (人を)楽しくさせる，喜ばせる ‖ Her presence *made* my ～. 彼女がいたので私は幸せだった
tàke ... the wròng wáy 〔人の言葉など〕を誤解して腹を立てる

7.8 見出し形中の *one's* は成句中の動詞の主語と一致する場合に，*a person*，*a person's* はそれ以外の人を指す場合に用いた。また *a person* を受ける所有格は *his* / *her*，目的格は *him* / *her* とした。

7.9 **語義分類** 語義区分は①②③で行った。

7.10 句動詞の他動詞的用法(自動詞＋前置詞 / 他動詞＋副詞辞)は〈他〉で，自動詞的用法(自動詞＋副詞辞)は〈自〉で表した。

他動詞的用法で，語義によって目的語の位置が可変であったり固定であったりする場合は，Ⅰ，Ⅱ，Ⅲの数字を用いて区分し，それぞれの語順を《 》内に示した。

例：**gìve óver**〈他〉Ⅰ《**gìve ... óver**》① 《通例受身形で》〈…の目的に〉使われる，当てられる〈**to**〉② … Ⅱ《**gìve óver ... / gìve ... óver**》③ …を〈…に〉渡す，預ける〈**to**〉… Ⅲ《**gìve óver ...**》④ …をやめる… ━〈自〉《しばしば命令形で》《英口》やめる…

このうち《***give over ... / give ... over***》は目的語がoverの前後いずれの位置にくることもあることを示す。《***give ... over***》は目的語が常にoverの前にくることを，《***give over ...***》は目的語が常にoverの後にくることを示す。

8 COMMUNICATIVE EXPRESSIONS

（詳しくはxxiiページ「COMMUNICATIVE EXPRESSIONS」参照）

8. 1 **字体** 定型的表現部分を太字とし，可変部分を細字とした。

8. 2 **配列** 太字部分の単語単位のアルファベット順とし，見出し語内で通し番号を振った（1つだけの場合も 1 をつけた）。

8. 3 **語義分類** 語義区分は①②で行った。

8. 4 **コミュニケーション情報（♥）注記** 本項目では特にコミュニケーション情報に関する注記を多く取り入れた（⇨ xxiページ「**コミュニケーション情報**」）。

8. 5 **言い換え表現** ほぼ同じ意味で用いられる別の表現を示す場合は，訳文の後に，注記があればその後に示した。代替表現には＝をつけた。より改まった表現への言い換えには ↗ を，よりくだけた表現への言い換えには ↘ をつけた。

8. 6 ほかの記述部分から参照させる場合は CE の記号と番号を用いて ⇨ TIME（CE 25）のように示した。

9 派生語・語源・略語

9. 1 重要な派生語は見出しとしたが，それ以外はもとの語の語義・用例の後に示した。見出し語との共通部分は発音や強勢の位置が変化する場合を除き，原則として ～ や - で省略して示した。

9. 2 もとの語との関係で意味が自明な場合は訳語を省略した。

9. 3 重要語を中心に，語の歴史的理解を深めるものには語源を示した。語源は語の最後に 語源 として示した。

9. 4 外来語のもとの言語は《ラテン》《フランス》のように示した。外来語の起源などの簡単な解説は（♦）で行った場合もある。

9. 5 頭文字略語（initialism）のもとになった語はもとの語の該当部分を斜体で示した。
例：**ÌBḾ** 略 *I*nternational *B*usiness *M*achines（アイビーエム）

10 その他

本辞典の主な囲み記事には以下のようなものがある。

10. 1 **PLANET BOARD** 学習上しばしば話題になる語法上の問題点について，ネイティブスピーカーの意見を調査したもの。ほかの箇所から参照させる場合は（⇨ PB 12）のようにした（⇨ xviiiページ **PLANET BOARD**）。

10. 2 **NAVI表現コラム** NAVI表現（⇨ xxページ「**NAVI表現**」）を機能によって12に分類し，それぞれ実例を掲げて解説した。

10. 3 英語の真相 日本人が英語でコミュニケーションをしようとするときに犯しがちな誤りのうち，特に注意を要するものを精選して解説した(⇨ xxi ページ「**コミュニケーション情報**」)。

10. 4 メタファーの森 英語のメタファー(隠喩(いんゆ))表現について20のテーマを立て，実例を掲げて解説した(⇨ xxii ページ「**メタファーの森**」)。

10. 5 Behind the Scenes 母語話者にとっては周知のニュアンスを含んで日常会話の中で用いられている，映画·ドラマのせりふやキャンペーンのスローガンなどの背景および使い方を解説した。

10. 6 Boost Your Brain! 訳語を当てはめただけでは十分に理解しづらい，主として抽象概念を表す語について，その関連語とともに簡潔に解説した(⇨ xxiii ページ **Boost Your Brain!**)。

11 記号一覧

本辞典に用いた略記号類には次のようなものがある。

a) 主な百科記号

〚アメフト〛＝アメリカンフットボール　〚医〛＝医学　〚印〛＝印刷　〚韻〛＝韻律　〚映〛＝映画
〚音声〛＝音声学　〚化〛＝化学　〚解〛＝解剖　〚海〛＝海事　〚カト〛＝カトリック　〚機〛＝機械
〚ギ神〛＝ギリシャ神話　〚空〛＝航空　〚軍〛＝軍事　〚経〛＝経済·経営　〚建〛＝建築
〚言〛＝言語学　〚光〛＝光学　〚古生〛＝古生物　〚採〛＝採鉱　〚社〛＝社会学　〚史〛＝歴史
〚歯〛＝歯科　〚写〛＝写真　〚宗〛＝宗教　〚修〛＝修辞学　〚商〛＝商業　〚植〛＝植物
〚心〛＝心理学　〚神〛＝神学　〚数〛＝数学　〚生〛＝生物　〚聖〛＝聖書　〚生化〛＝生物化学
〚占星〛＝占星術　〚地〛＝地学·地質学　〚虫〛＝昆虫　〚哲〛＝哲学　〚天〛＝天文学
〚電〛＝電気　〚動〛＝動物　〚農〛＝農学·農業　〚美〛＝美術　〚法〛＝法律·法学　〚冶〛＝冶金
〚薬〛＝薬学　〚理〛＝物理　〚ロ神〛＝ローマ神話　〚論〛＝論理学

b) 本辞典で引用したシェークスピア作品

ANT(*The Tragedy of Anthony and Cleopatra*)『アントニーとクレオパトラ』
HAM(*Hamlet*)『ハムレット』　*MAC*(*The Tragedy of Macbeth*)『マクベス』
MND(*A Midsummer Night's Dream*)『真夏の夜の夢』
MV(*The Merchant of Venice*)『ベニスの商人』
OTH(*The Tragedy of Othello, the Moor of Venice*)『オセロ』
ROM(*The Tragedy of Romeo and Juliet*)『ロミオとジュリエット』
TMP(*The Tempest*)『あらし』

c) 主な略記号

( )	①省略可能	/	①用例の区切り
	②変化形		②文型表示中の言い換え可能
	③同意語·同音語	‖	用例の開始
	④訳語などの補足	♦	語法など各種注記
	⑤形容詞の被修飾語	♥	コミュニケーション情報注記
[ ]	言い換え可能(⇨ **5. 4**)	×	英語にはない表現
⌈	言い換え開始(⇨ **5. 4**)	⇨	他見出し語に参照項目あり
⦅ ⦆	①スピーチラベル	→	他見出し語に関連項目あり
	②語用法指示	↔	反意語
	③語義概念	⇄	⇨ xiii ページ　文型解説　他動詞 **26.**
	④発音·アクセント注意	↷↶	⇨ **5. 4**
⦅ ⦆	文型表示(⇨ **6. 3**)	◁	もとになった他品詞形
〔 〕	①訳語中の直接目的語	▶	派生した他品詞形
	②他品詞形	~	見出し語相当部分の略記
⦅ ⦆	語義の参考的解説	-	つづりの一部の省略
〈 〉	⇨ **4. 18**	–	音節の略記
《 》	⇨ **4. 18**	⊗	⇨ **4. 10**
〚 〛	百科記号	!	注意すべきカタカナ語(和製語)
|	米音·英音の区切り	BYB	Boost Your Brain!
⟨シ	⇨ xvii ページ　発音解説 **5. 2**	PB	PLANET BOARD

文型解説

本辞典では動詞・形容詞のうち主に星標のついた重要語について文型を示した。

文型は各語義番号（❶，❷，❸…）またはその下位区分の **a**，**b**，**c**，…の後に《 》に入れて示し，動詞または形容詞の後に続く，という意味で，最初に＋記号をつけた。また文型に準ずる構文は〖 〗を用いて示した。同じ《 》内で複数の文型をあげる場合は / で区切り，再度＋記号をつけた。/ の後に＋がない場合はその直前の文型要素と言い換えられることを示す。(〈例〉→**動詞 4.**)

星印のない語や，使われる頻度が比較的低い語義については，特に文型を表示せず，語義の後にコロケーションで示したり，例文で示すにとどめた。

動詞

自動詞

1. 無表示

自動詞に文型要素が何もつかない場合は無表示とした。**2**, **3**で述べる義務的な副詞（相当語句）以外の修飾語句がつく場合もこれに含める。

〈例〉 The swans *flew* northword away from the lake.

2. 《＋副句》

動詞単独では用いられず，主に場所・方向・時間等を表す副詞（相当語句）を必ず伴うもの。

副句 には主にaway，down，off，up 等の副詞小辞や，home，abroad 等の副詞，場所・方向・時間等を表す at，in，into，on，toward 等の前置詞に導かれた句が含まれる。

〈例〉 I *live* 「in Perth [at home]. / The sun came up above the mountain.

3. 《＋副》

様態を表す副詞を必ず伴うもの。wellが代表的で，その他 badly，poorly 等や，様態を表す句，節もこれに含まれる。

〈例〉 He *behaves* 「like a fool [OR foolishly].

4. 《＋前 名》

必ず前置詞とその目的語の名詞（句）を伴うもの。通例は，特定の前置詞に限られるので，例えば《＋to 名》のように示す。〈例〉 Most evidence *points to* the opposite conclusion.

名 の中には動名詞doingも含めるが，名 が動名詞に限られる場合は《＋***at doing***》のように示した。

前置詞の目的語の後に更にto do あるいはdoingを伴うものもある。その場合は《＋**for** 名＋**to *do***》または《＋**at** 名＋***do*** / ***doing***》などのように示した。〈例〉 I'll *arrange for* a car *to* meet you at the airport. / The boy *looked at* the hippo swim [swimming].

5. 《＋補》

名詞または形容詞いずれをも補語にとるもの。be動詞を代表とするlinking verb（連結動詞）は主としてこの型になる。

〈例〉 She *became* a vet.

補語が形容詞または名詞のみに限られる場合は《＋補〈形〉》《＋補〈名〉》のように示した。また特に補語が動詞の過去分詞で受身の意味を強く残している場合は《＋***done***》のように示した。

6. 《＋(to be) 補》

補語の前にto beを入れても入れなくてもよいことを示す。seem，appear 等が代表的な動詞。

〈例〉 He *seems* (*to be*) honest.

補語が形容詞または名詞のみに限られる場合は《＋(**to be**) 補〈形〉》などのように示した。

7. 《＋to *do*》

tend to do（…する傾向がある），come to do（…するようになる），seem to do（…するように思える）などの動詞の文型。〈例〉 You'll *come to* like this place soon.

8. 《＋*doing*》

My car *keeps* breaking down.のような，補語的な要素の強いdoingを伴う文型。

9. 《＋as 名・形》

補語がasによって導かれ，主に「…として」と訳せる文型。

〈例〉 She *acted as* (a [OR our]) guide.

10. 《＋like 名》《＋like 節》《＋as if 節》

補語または副詞的な役割のlike＋名 / 節やas if 節（この中にはas thoughも含む）を伴う文型。

〈例〉 *act* like a child / He *acted as if* he had nothing to do with the matter.

11. 《＋that 節》《＋wh 節 / wh to *do*》

補語がthat 節やwh 節 / wh to doの文型。

〈例〉 The trouble *is that* we have not found the evidence yet. / The question *is whether* he will really come.

以上のほか，文型に準ずる構文は〖 〗に囲んで以下のように示す。～は当該動詞の原形で，文内容に従って変化することを表す。

12. 〖There ～＋(to be) 補〈名〉で〗

〈例〉 There *seems* (*to be*) no cure for the disease.

13. 〖itを主語にして〗

〈例〉 It has been *raining* off and on since last night.

14. 〖It ～＋(that) 節で〗〖It ～ (to 名)＋(that) 節で〗

〈例〉 It *seems* (*to* us) *that* she knows the truth.

15. 〖It ～ (to 名)＋to doで〗

〈例〉 It didn't *occur to Judy to* seek professional advice.

16. 〖It ～ (to 名)＋like 節で〗

〈例〉 It *seems like* it's going to snow.

17.《It ～ (to 名) + as if 節で》
〈例〉 It *seemed as if* he wouldn't say a word.

他動詞

18.《+目》
原則として名詞(句)だけを目的語としてとる動詞語義には文型を表示していない。ただし,同じ語義番号の中で **a** ..., **b** ..., **c** ...と分けて他の文型を示した場合には《+目》と表示した。また目的語が再帰代名詞に限られる場合は《～oneselfで》, itのみを目的語とする場合は《～itで》のようにした。義務的な副詞(相当語句)以外の修飾語句がつく場合もこれに含める。〈例〉 *add* all the figures (together)

19.《+目+副句》
目的語のほかに副詞(相当語句)を必ず伴う文型(自動詞**2**参照)。〈例〉 That road *takes* you *to* the center of the town. / She *put* the suitcase on the floor. (特定の副詞小辞や前置詞と結びついて発展的な意味になるものは句動詞として成句で扱う。〈例〉 *Put on* your gloves.)

20.《+目+副》
目的語のほかに様態を表す副詞を必ず伴う文型(自動詞**3**参照)。〈例〉 My parents *regard* each other highly.

21.《+目+前 名》
必ず前置詞とその目的語である名詞(句)を伴う文型。ほとんどの場合,前置詞が決まっているので《+目+**of** 名》などのように表示する。
〈例〉 The song always *reminds* me *of* my school days.
名 には名詞のほか動名詞doingも含む。ただし動名詞doingのみに限られる場合は,例えば《+目+**into** ***doing***》のようになる。

22.《+**to** ***do***》
目的語としてto doを伴う文型。
〈例〉 I *pledge to* do my best.

23.《+***doing***》
目的語として動名詞doingを伴う文型。to doと交換可能な場合もあるが,そうでない場合もあるので注意を要する。
〈例〉 The doctor ordered her to *stop* smoking.
意味上の主語(所有格)がdoingの前につくことがある場合は《+(*one's*) ***doing***》のように表記する。

24.《+**that** 節》《+(**that**) 節》
目的語がthatに導かれる名詞節の文型。thatを省くことが可能な文型では,thatをかっこに入れてある。〈例〉 I *think* (*that*) you are right. なおlest=that ... (not)もこの文型に含める。
またこの文型にはthat 節を従えると同時に,直接話法の伝達動詞として使うこともできる場合を含めた。
〈例〉 "I'm not so sure about that," she *replied*.
ただし,直接話法の伝達動詞としては使えるが,that 節を目的語にとることはできない場合(自動詞の場合も含めて)には,文型としては表示せず,《直接話法で》と示した。
so, notが節の代用になっている場合もこの文型の中で扱った。
そのほか,that 節の前にto+名詞がつくこともありうる場合があり,それは《(+**to** 名) +**that** 節》として示した。

〈例〉 He *prayed* (*to* God) *that* nothing would go wrong.

25.《+**wh** 節》《+**wh to** ***do***》
目的語が疑問代名詞や疑問副詞で始まる節または句の文型。"wh"にはwhat, which, when, where, how等の疑問詞やif, whetherを含む。また,その前に前置詞+名詞がつくこともありうる場合には,例えば《(+**to** 名) + ***wh*** 節 / **wh to** ***do***》のように示した。
〈例〉 I *explained* to the police *how* the accident had happened.

26.《+目 ***A*** +目 ***B***》
2つの目的語をとる文型。一般に授与動詞と呼ばれるものが主で,目 *A* が間接目的語,目 *B* が直接目的語。多くの場合目 *A* と目 *B* を入れ替えることが可能で,その場合には目 *A* の前に前置詞toまたはforがくる。これを《+目 ***A*** +目 ***B*** ⇄ +目 ***B*** +to 目 ***A***》または《+目 ***A*** +目 ***B*** ⇄ +目 ***B*** + **for** 目 ***A***》のように表した。
〈例〉 I *gave* Meg a doll. = I *gave* a doll *to* Meg. / She *poured* me a cup of coffee. = She *poured* a cup of coffee *for* me.
授与動詞ではなくて,目的語が2つとも目的格の場合もある。この場合には目的語の入れ替えはできない。
〈例〉 I *envy* you your life free from worldly cares.

27.《+目+**to** ***do***》
目的語の後に不定詞to doがくる文型で,このto doはtell, ask, orderなどの動詞に続くときには目的語の行動を直接言葉で促す意味が強く,二重目的をとる動詞の直接目的語にあたると解される。一方,want, like, expectなどの動詞の後では,補語の役をすると解される。
〈例〉 I *told* her *to* stay home. / Don't *expect* me *to* share your view.

28.《目+**that** 節》《目+(**that**) 節》
目的語の後にthat 節が続く文型。thatが省略可能な場合はかっこの中に入れて示した。
〈例〉 Yesterday Tom *told* me *that* he'd leave Japan today.
that 節がquotation marksに入った引用文の場合(直接話法の伝達動詞)もこれに含める。
〈例〉 "Get a copy of this," she *ordered* him.

29.《+目+**wh** 節》《+目+**wh to** ***do***》
目的語の後に疑問代名詞や疑問副詞などで始まる節または句が続く文型。ifやwhetherで始まるものも含む。
〈例〉 You should *remind* him *where to* meet us after lunch. / His face *told* me *how* ill his son was.

30.《+目+補》
目的語の後に名詞か形容詞の目的格補語が続く。
〈例〉 *Call* me Hiro.
補語が名詞・形容詞いずれかの場合は《+目+補〈名〉》《+目+補〈形〉》のように示す。また名詞または形容詞の前にasを置くこともある場合には《+目+補〈(**as**) 名〉》などのように示す。

31.《+目+**to be** 補》《+目+(**to be**) 補》
目的語の後にto be+補語がくる文型で,to beを省く

(文型30になる)こともできる場合にはto beをかっこに入れた。〈例〉The plan is *felt to be* unwise.

32.《+目+**as** 名·形》
目的語の後に補語としてasに導かれる名詞(句)または形容詞がくる文型。
〈例〉We *regard* the gold medalist *as* a national hero.
そのほか，asの後に節がくる場合は《+目+**as** 節》のように示す。〈例〉*leave* it *as* it is

33.《+目+***do***》
doは原形不定詞で，この型に用いられる動詞は使役動詞(make, let等)または知覚動詞(see, hear等)である。
〈例〉*Let* me have a drink first, will you? / I *saw* her go out about ten minutes ago.
この文型の動詞が受身で用いられると，通例toつき不定詞になる。
〈例〉She was *seen to* go out about ten minutes ago.

34.《+目+***doing***》《+目+***done***》
目的語の後に現在分詞または過去分詞がくる文型。
〈例〉I can *see* Vic coming. / Did you *hear* our flight announced?

以上のほか，文型に準ずる構文は《 》に囲んで以下のように示す。～は当該動詞の原形で，文内容に従って変化することを表す。

35.《It ～+目+to *do* / (that) 節で》
〈例〉It *grieves* me *to* say this, but ...

36.《It is ～ed+that 節で》(受身の場合)
〈例〉It was *fated that* we should fail.

形容詞

重要な形容詞の叙述用法の文型·構文について以下のように示す。

1.《+前 名》
具体的にはどのような前置詞がくるのか，語によって決まっているので，通例は《+**at** 名》《+**of** 名》などのように表記する。2つ以上の前置詞を同時に示す場合は《+**at** [**about**] 名》のように[ ]に入れて示す。
〈例〉My daughter is *afraid of* dogs.

2.《+**to *do***》
形容詞の後に不定詞to doがくる文型で，その意味上の主語が文主語と同じ場合。
〈例〉He is always *eager to* please his wife.
to doの前に不定詞の主語としてfor 名が入りうる場合は(+ **for** 名) +**to *do***となる。

3.《+***doing***》《+(***in***) ***doing***》
形容詞の後にdoingが続く文型。
〈例〉The book is *worth* reading. / Be *careful* (*in*) crossing the street.

4.《+**that** 節》《+(**that**) 節》
形容詞の後にthat 節が続く文型で，thatが省略可能なものはthatをかっこに入れて示した。
〈例〉I'm *glad* (*that*) you have succeeded.

5.《+**wh** 節》《+**wh to *do***》
形容詞の後に疑問代名詞または疑問副詞で始まる節または句が続く文型。if, whetherも含む。
〈例〉I'm not *certain who* will win the election. / I'm not *sure how to* begin.

以上のほか，文型に準ずる構文は《 》に囲んで以下のように示す。

6.《It is ～for *A* to *do*で》
〈例〉Is it *possible for* me *to* see you on Tuesday?

7.《It is ～(for *B*) to *do A* / *A* is ～ (for *B*) to *do*で》
It is ～の文を書き換えるとき，It is ～構文のto doの目的語を文主語にして*A* is ～の構文に書き換えられるもの。
〈例〉It is *easy for* us *to* solve the problem. =The problem is *easy for* us *to* solve.

8.《It is ～ that *A*... / *A* is ～ to *do*で》
It is ～ thatの構文を書き換えるとき，that 節中の主語が文主語になって*A* is ～の構文に書き換えられるもの。
〈例〉It is not *likely that* he will win. =He is not *likely to* win.

9.《It is ～ of *A* to *do* / *A* is ～ to *do*で》
It is ～ of *A* to doの構文のAを主語にして，A is ～ to doの構文に書き換えられるもの。
〈例〉It's very *kind of* you *to* lend me your corsage. =You're very *kind to* lend me your corsage.

10.《It is ～ for *A* to *do* / It is ～ that *A* (should) *do*で》
It is ～ for A to doの文のfor以下をthat 節で書き換えられる構文。〈例〉It was *necessary for* him *to* decide what to do. =It was *necessary that* he decide [《主に英》should decide] what to do. このように形容詞が話者の勧告·要求などを間接的に示すnecessary, important等の場合，that節中の動詞は仮定法現在，または《主に英》でshould+動詞になる。
しかし，ことの是非·善悪の判断等を示すnatural, proper等，あるいは感情が込められることの多いstrange等ではthat節中の動詞はshouldをつけない場合，直説法を用いる。
〈例〉It is *strange that* she is [OR should be] so late.

11.《It is ～that 節で》
It is quite *possible that* they are innocent. のような構文。
＊一般にitが形式主語でthat節やto不定詞が真主語，と解しやすい形容詞については，コロケーションや例文で示すにとどめた。

(舘林 信義)

発音解説

序．発音表記と米音・英音

本辞典では，発音は，英米における最新のデータに基づき，国際音声字母（IPA）を用いて表記した。表記は，基本的に音素表記とし，見出し語の直後に / / の中に入れて示した。英米の発音が異なるときは，単縦線（|）を用いて /米音 | 英音/ のように示した。米音とは，アメリカ合衆国中西部で広範に話されている「一般米語」(General American) と呼ばれているタイプの発音をいう。これはまた，3大ネットワークで標準的に用いられる発音であるため，ネットワーク英語（Network English）とも呼ばれることがある。英音とは，英国イングランド地方南部の教養ある人々によって用いられている「容認発音」(Received Pronunciation) と呼ばれているタイプの発音をいう。BBC放送で標準的に用いられる発音であるため，BBC英語とも呼ばれる。

1. 母音と子音

日本語の「あいうえお」の音のように，声帯振動を伴う有声音で，息が声道内で妨げや閉鎖等を受けないで発声される音を母音，息が声道内で妨げや閉鎖等を受けて発声される音を子音という。

1. 1. 母音

母音で注意すべき点のみを以下に簡単にまとめる。（扉裏「発音記号表」参照）

1. 1. 1. 長短 vs. 音質（/ɪ/ と /iː/, /ʊ/ と /uː/）

日本語の「イ」と「イー」および「ウ」と「ウー」は長短の違いであるが，英語の bit と beat および pull と pool の対立は，音質の違いである。/iː/ および /uː/ は緊張母音（tense vowel）と呼ばれ，舌はその位置が高く緊張しており，唇も緊張（/uː/ の場合丸めて突き出す）しているため，それぞれ日本語のイー，ウーと似て聞こえる。それに対し，/ɪ/ および /ʊ/ は弛緩（しかん）母音（lax vowel）と呼ばれ，舌はその位置も下がり緩んだ調音となる。そのため，/ɪ/ は英語の liver が日本語でレバーとして借用されているように，日本語のイとエの中間に聞こえる。同様に，/ʊ/ は英語の hook が日本語でホックとして借用されているように，日本語のウとオの中間に聞こえる。

そのため本辞典では，bit には /ɪ/, beat には /iː/, また同様に pull には /ʊ/, pool には /uː/ というように，音質の違いであることを示すため，異なる記号を用いる（/eɪ/ cake, /aɪ/ eye, /ɔɪ/ boy, /aʊ/ house, /oʊ/ go 等の二重母音の第二要素，/ɪə*r*/ ear, /ʊə*r*, ɔː*r*/ poor 等の第一要素も同様）。

1. 1. 2. 英米の違い

a） R音化母音（rhotic vowel）

綴り字で母音のあとに r があるとき，米音でその母音を発音する際，そり舌で /r/ の音色を持つ母音となる。その音をR音化母音という。本辞典では，R音化母音はその母音のあとに斜体の /*r*/ をつけて表し，英米統一表記とする。すなわち，米音ではこの斜体の /r/ は先行する母音と合体しR音化母音となることを表し，英音では斜体の /*r*/ は省略されることを表す。

例：bird /bəː*r*d/ は，米音では /bəːrd/ = /bɚːd/（カギ付きシュワー /ɚ/ は本辞典では採用しない），英音では /bəːd/ であることを統一的に表す（/ɪə*r*/ ear, /eə*r*/ air, /ɑː*r*/ art, /ɔː*r*/ door, /ʊə*r*, ɔː*r*/ poor 等も同様）。

b） 米音 /oʊ/, 英音 /əʊ/ について

/oʊ/ は，厳密には英音では /əʊ/ となるが，本辞典では英米ともに /oʊ/ で表記する。但し，この二重母音は，英音ではあいまい母音（シュワー /ə/）の位置から始まることに注意が必要である。

英音 /əʊ/ の表記を採用しないことと短母音 /o/ が存在しないことから，バリエーションを示す方法として /oʊ/ /əʊ/ の第2要素を斜体で示す（/o*ʊ*/ /ə*ʊ*/）ことはしないで，本辞典では，/ə, oʊ/ と併記する。

例：　obey /oʊbéɪ, ə- | ə-, oʊ-

c） 英米で異なる母音を用いるもの

i）	/æ | ɑː/	half, ask, fast
ii）	/ɑ(ː) | ɔ/	hot, pot, odd
iii）	/əːr | ʌr/	courage, hurry, worry
iv）	/ɔː | ɔ/	dog, soft
v）	/ɑ(ː) | ɔː/	water

注意　米音の ii）hot, v）water 等に見られる /ɑ/ の音は，伝統的に短母音として記述されることが多かったが，実際には長母音 /ɑː/ と同じと考えて，/ɑː/ と表記する辞典も増えている。本辞典では，長音記号を（）に入れて(ː)で示す（なお，/ / で挟まれた IPA 表記の中で（）を用いるのはこれが唯一の例外。その他の省略可能な要素はすべて斜体で示す）。

1. 1. 3. 弱化および強形と弱形

a） 弱形と強形

自然な発話では，**内容語**（名詞，動詞，形容詞，副詞，等）は通常強勢を受けて強く発音されるが，**機能語**（冠詞，代名詞，助動詞，前置詞，接続詞，等）は，通常の強勢を受けない場合と焦点・対照等のため強勢を受ける場合とで異なる発音形を用いることがある。強勢を受けない場合の音形を**弱形**，強勢を受ける場合の音形を**強形**と呼ぶ。

本辞典では，弱形と強形の表記は，弱形；強形の順で次のように表記する。

例：　have /弱 *h*əv, v; 強 hæv/

b） 弱母音

強勢を受けない弱音節には弱母音 /ə, ɪ, ʊ/ が現れる。それぞれ強勢がある時の母音の弱化した音と考えてよい。但し，/ə/ の場合は，弱い「ア」に近い，いわゆる「あいまい母音」の音に聞こえる場合と，強勢を受けたときの綴り字が表す音（基底母音）に近い音価を保持していることがあるので注意が必要である。また，本辞典では，/米 jə | 英 jʊ/, /米 jə | 英 ju/ は，便宜上それぞれ，/jʊ/, /ju/ で統一した。同様に，名詞複数形および動詞三人称単数現在の語尾 /米 -əz | 英 -ɪz/ は共に，/-ɪz/ で統一した。さらに，動詞過去形，過去分詞形の語尾 /米 -əd | 英 -ɪd/ も /-ɪd/ で統一した。

弱母音 /i/ は，happy の語末に用いられることから，

一般に“happy vowel”と呼ばれる。この母音は，① happy /hǽpi/, valley /vǽli/ 等の単語末に現れる場合と，② India /índiə/, react /riǽkt/ 等の，母音に先行する強勢のない音節に現れる場合の，二通りの環境で出現する弱母音である。

また弱母音 /u/ は，thank you の語末に用いられることから，一般に“thank you vowel”と呼ばれる。この母音は，① thank you /θǽŋkju/ 等の単語末に現れる場合と，② casual /kǽʒuəl, kǽzjuəl/, manual /mǽnjuəl/ 等の，母音に先行する強勢のない音節に現れる場合の，二通りの環境で出現する弱母音である。

1. 2. 子音

子音で注意すべき点のみを以下に簡単にまとめる。(扉裏「発音記号表」参照)

1. 2. 1. 注意すべき子音

a）/t/ の弾音化

/t/ はアクセントのある音節の初頭の位置にあるときは，top 等に見られるように，一般的に気息音(h)を伴った /t/ [t^{h}] が用いられるが，母音間に挟まれ前の音節に強勢があるとき，米音では有声化され弾音[ɾ]となる。弾音とは舌先で歯茎をはじいて出す有声音で，日本語のラ行頭子音に近い。本辞典では，/t/ の下に小さな補助記号[̬]（有声化を表す voiced の頭文字 v）を付けて示す（/ţ/ water, better）。英米の違いを明示的に，better /béţər | bétə/ のようにして示すことはせず，本辞典では簡略化した表記，better /béţə*r*/ をもって英米両音を表すものとする。その場合，末尾の斜体字の /*r*/ と同様，/t/ の下の補助記号[̬]があるときは米音を表し，英音は補助記号がないと考えて，弾音化しないことを表す。

b）鼻音化した弾音 /nţ/ = [ɾ̃]

米音では，twenty, winter のような語では，nt の連鎖は合体して，鼻音化された弾音[ɾ̃]となることがある。その結果，あたかも /t/ の音は聞こえないで，弾いた /n/ だけが聞こえ，トゥェニー，或いはウィナーに近く聞こえることがある。(winter と winner が完全な同音異義語になる話し手もいる。)

本辞典で /nţ/ となっている所は，鼻音化した弾音となることがあることを示す。

例：　twenty /twénţɪ/, winter /wínţə*r*/

c）有声と無声の /w/

綴り字 wh で示された音は，米音では（減少傾向にはあるが）依然として無声の /ʍ/ で発音されることが多く，英音では通例（最近の研究によると 7～8 割）有声の /w/ で発音される。例えば，white /ʍaɪt | waɪt/。無声の /ʍ/ の記号はなじみが薄いため，この音は便宜上 /hw/ で示されることが多い。その場合，white は /hwaɪt | waɪt/ のようになる。本辞典では，英音米音を統一的に示すため，/h/ を斜体にして次のように示す。

例：　white /*h*waɪt/

1. 2. 2. 子音の挿入および脱落

a）脱落

綴り字にはあっても，自然に発音すると過半数の英米人が脱落させる子音，例えば attempt の /p/ 脱落等は斜体で示した。

例：　attempt /ətém*p*t/

b）挿入

suggest, often 等の綴り字にあっても以前は発音されなかったが，最近（英または米で）半数を超えて発音されるようになった /g/ および /t/ 等の挿入子音については，ともに斜体で示した。

例：　suggest /sə*g*dʒést/, often /ɔ́(:)f*t*ən/

いわゆる嵌入(かんにゅう)閉子音（鼻音＋^{ptk}＋摩擦音）の /p/, /t/, /k/ については，strength 等の /k/ 以外は本辞典では表記していないが，この環境では，原則として必ず嵌入閉子音は存在すると考えていいので，注意しておく必要がある。

例：　tense /ten^{t}s/, hamster /hǽm^{p}stə*r*/

strength 等の /^{k}/ については他との整合性を保つため，本辞典では斜体字で示した。

例：　strength /streŋ*k*θ/

2. 優先順位（preference）

本辞典では，複数の発音がある場合には，最新の研究に基づき，左から順に好まれる順序で発音を表記している。英米で優先順位が異なるときは，/b, a | a, b/ のような表記を採用した。

例：　falcon /fǽlkən, fɔ́:l- | fɔ́:l-, fǽl-/

3. 英米での追加的発音（＋英，＋米）

英米の発音が共通で，さらに英 / 米で追加すべき別の発音がある場合，＋英，＋米として追記した。即ち，/共通，＋米，＋英/，/共通，＋米/，/共通，＋英/ とした。

例：　envelope /énvəlòup, ＋米 ɑ́:n-, ＋英 ɔ́n-/

4. 省略要素

a）省略可能要素は，原則として斜体（イタリック体）で示す。但し，上述の (:) の ( ) は例外。

例：　which /hwɪtʃ | wɪtʃ/ は→ /*h*wɪtʃ/ で統一
　　　/tu: | tju:/ 等は→ /t*j*u:/ で統一

b）音節の省略

原則として綴り字の分綴(ぶんてつ)法に従い，前後の省略された音節をハイフンで示した。

例：　-eɪt, -mjʊ

c）単語の省略

分離複合語等で，見出し語と同じ単語を省略する際はスワングダッシュ (~) を用いて省略し，その上に直上式で強勢を表記した。

例：　tea の分離複合語の中で：～ **bàg**

d）分離複合語

合成語等で発音表記が不要と思われる場合は，綴り字の上に直上式で強勢のみを示した。

例：　**cárry·òut　cárry·òver**

e）派生語

派生語は見出し語と共通する部分は省略し，発音も原則として省略した。

例：**en·er·get·ic** /ènərdʒéţɪk/, **-i·cal·ly**

但し，強勢が移動する場合は省略せず，移動した強勢パターンを綴り字の上に直上式で示した。

例：**te·lem·e·try** /təlémətri/, **tèl·e·mét·ric**

5. 強勢（ストレス）

5. 1. 強勢の段階

本辞典は，強勢段階については，第一強勢 /ˊ/，第二強勢 /ˋ/ および無強勢の三段階表記とした。例えば，名詞句で核強勢規則が適用される whìte hóuse (2 + 1) と複合語強勢規則が適用される Whíte Hòuse (1 + 3)

の2種類を比較すると，確かに第二強勢と第三強勢の差は存在するが，全体のリズムとして見ると，英語のリズムは基本的に強弱の交代と考えてよい。

white hóuse　　White Hòuse
2＋1　　　　1＋3(本辞典は2で表記)

そこで本辞典では，強勢レベルの2と3の違いは無視し，第一強勢/ˊ/および第二強勢/ˋ/そして無強勢の三段階を採用する。

5. 2. 強勢移動(ストレスシフト)◁シ

Japanese /dʒæ̀pəníːz/ のような語では，student のように語頭の音節に第一強勢がある語が後続する場合，強勢の衝突が起き，後続する語の第一強勢が句全体の核となるため，強勢移動［ストレスシフト］(あるいは /-niːz/ の第一強勢の消滅)が起こる。

例：　Japanese student /dʒæ̀pəniːz stjúːdənt/

本辞典では，このような強勢移動する語は，Japanese /dʒæ̀pəníːz/◁シのように，◁シの記号を用いて示した。また複合語及び成句等では強勢移動したものを表記した。

5. 3. 複合語強勢，句強勢，文強勢

音韻句(音調句)と強勢パターン

発話は，一つあるいは複数の音韻句からなるが，一つの音韻句には原則として第一強勢(音調核)は1つだけ生じる。従って，単一の音韻句内では，/ˊˊ/第一強勢＋第一強勢のパターンは存在しない。二つの要素からなる複合語，成句等における強勢パターンは，本辞典では以下の4種類のみである。

① 2＋1　　(/ˋˊ/)
Ǹ＋Ń　　Chrìstmas púdding
Àdj＋Ń　　whìte hóuse
　　　　　grèen béan
Ǹ＋prep＋Ń　　a bìrd in the hánds,
　　　　　a pìece of cáke
Ǹ＋conj.＋Ń　　càkes and ále
Ṽi＋Ádv　　gèt úp
Ṽt＋Ó

但し，Oが代名詞の時は，
　Ṽt＋pronoun
Ṽt＋Ádv　　càrry óut
Ṽt ...＋Ádv; Ṽ t＋Ádv...　　càrry... óut
Oの位置に語がある時は，
　Ṽt＋Àdv＋Ó
　Ṽt＋Ò＋Ádv

② 1＋2　　(/ˊˋ/)
Ń＋Ǹ　　Chrístmas trèe
Ádj＋Ǹ　　Whíte Hòuse
　　　　　gréen bèlt

③ 1＋無強勢　　(/ˊ/)
V́i＋prep　　lóok at ...
前置詞の目的語が明示されている時は，
　　　　　còme of áge 2＋0＋1

④ 無強勢＋1　　(/ ˊ/)
be＋Ádj　　is yóung

prep＋Ń　　in Japán
但し，prepの前にAdvがある時は，
　Àdv＋prep＋Ń
　　　　　ùp in the áir 2＋0＋1

略語：
N＝名詞，Adj＝形容詞，prep＝前置詞，conj＝接続詞，Vi＝自動詞，Vt＝他動詞，Adv＝副詞，O＝目的語，pronoun＝代名詞

5. 4. 複合語･句強勢における英米差

英米の強勢パターンが異なる場合は，米パターンを見出し語の直上に，英パターンをその後に/ /に入れて示した。例えばN＋Nの例ではmóbile hòme /英 ˌ–ˌ–ˊ–/。すなわち，アメリカではMObile homeだが，イギリスではmobile HOMEであることを示す。

また，英米の強勢パターンが共通でさらに別の強勢パターンがあるときは/, ˌ–ˌ–ˊ–/で示した。

5. 5. V＋ Advの強勢型と目的語

a）後ろにperson, oneself等が明示されていない場合は，全て
　Ṽ＋Ádv
と表記する。

b）後ろにperson, oneself等が明示されている時は，(Advにより例外はあるが)原則として，
　Ṽ＋Àdv＋pérson
　3＋　2　＋　1
と表記する。

このような例では，動詞部分の第三強勢は，第二強勢として表記する。従って，例えば，目的語が明示されていないときは
　kìck óut ～　　　kìck ～ óut
となるが，目的語が明示されている時は
　kìck òut a pérson
となる。

5. 6. ( )内の要素の強勢

括弧に入った要素がある時は，上述の目的語の場合と同様，その要素があるものとして強勢パターンを表記する。但し，その括弧に入った要素が第一強勢を持つ場合，その要素がない時に，第一強勢の場所がわからなくなってしまう。こうしたことを避けるため，その左に来る義務的要素と括弧に入った要素の2か所に第一強勢を付与している。第一強勢を持つ括弧に入った要素がある場合は，左側の第一強勢は自動的に第二強勢に弱められるものとする。

例えば，Pacífic (Stándard) tìme とすることにより，Pacìfic Stándard tìme および Pacífic tìme の両方を表す。

注意　文･句強勢については，発話をいくつの音韻句に分けるかによってその記述は大きく異なる。例えば，He was born with a silver spoon in his mouth.は，一つの音韻句として発話すれば，He was bòrn with a sìlver spóon in his mòuth.となる。しかしまた複数の音韻句に分割することも可能である。本辞典では，できるだけ自然な発話になるように音韻句を選択した。

(長瀬　慶來)

PLANET BOARD

PLANET BOARDの概要

日本の英語教育現場では，伝統的に教えられてきた文法規則や語法が実際に現在通用するものかどうか，疑問がもたれることがしばしばあった．学校英語では正しいとされているが古い語法なのではないか，同じ意味で複数の表現が可能とされているが，どれを用いるのが一般には望ましいのか，といった疑問をいだいたことのある人は英語学習者にも教師にも少なくないだろう．こうした疑問に対して，約100人の英語ネイティブスピーカーにアンケート調査を行って結果を数量的に示し，かつ彼らの「生」のコメントを紹介することにより現代英語の使用実態に迫ろうという試みが『オーレックス英和辞典』のPLANET BOARDである．

PLANET BOARDとは本英和辞典編集部が組織した英語ネイティブスピーカー約100人からなるインフォーマント（資料提供者）の集まりのことをいうが，それによる調査結果を紹介した辞典中のコラムのこともその名で呼んでいる．

PLANET BOARDによる英文法・語法の調査は2002年刊行の『旺文社レクシス英和辞典』において初めて行われ，70の項目をコラムとして掲載した．ここで調査された項目は，「... than Iか ... than I amか ... than meか」のように以前からよく議論になる問題あり，「promise＋目的語＋to *do* の形は用いるのか」など近年英語学者の間でも関心をもたれた問題ありと多彩であった．この試みは幸いにして好評を博し，2008年刊行の『オーレックス英和辞典（初版）』においては，『レクシス』で得られた成果を生かしつつ，新規の項目も取り入れて98項目に拡大したPLANET BOARDを世に送り出した．そして今回『オーレックス英和辞典第2版』では新たなインフォーマント調査を行って，いわば三代目となるPLANET BOARDを掲載することになったのである．

近年では大規模コーパスに基づいた語法調査が一般的になっており，語法研究者も辞書編纂(へんさん)者も多くがコーパスを利用している．それでもネイティブスピーカーに言語表現の容認度や使用するかどうかを質問するという伝統的な方法をとることには，十分に意味がある．コーパス中にわずかしか出現例がなくても，あるいは出現しなくても，ネイティブスピーカーの判断によれば完全に使用可能であるような表現は存在する．また，意味解釈に関する事柄はネイティブスピーカーに直接尋ねる方法によらないとはっきりしない場合が多い．インフォーマントの判断と意見を語法・文法研究の参考にすることに今日でも意義はあるのであり，コーパスの普及によってそれが不要になることはない．

ネイティブスピーカーによる判断は，古くから英和辞書編纂に利用されてきたが，100人という規模で，特に言語や辞書を専門としない人々による回答を直接辞書のコラムに反映させる方法は英和辞典ではPLANET BOARD以外に例がなく，大いに価値のあるものであり十分信頼性に足るデータを提供できると考えている．

なぜ言語の専門家でない人々の意見を集めるのか疑問に思う向きもあるかもしれないが，本来言語の用法を決めるのは専門家ではなく，一般の言語使用者である．たとえ規範文法書や語法書が「○○というのが正しい」と決めても，実際に人々が別の言い方をし始め，時が経ってそれが定着すると文法書・語法書の内容も変わるのである．人によってある表現を使うか使わないかの回答が異なるとき，それは言語変化の途中である場合もある．言語変化はどの時代にも常に起こってきた自然な現象である．

本辞書において，PLANET BOARDを除いた本文中では，いろいろな資料にあたり，またもちろんネイティブスピーカーの判断も参考にしながら，最も妥当と思われる語法注記を示すようにした．辞書には現時点での規範，正しい言い方を示すことも要求されるから，本文記述においては，言語の使用実態に注意しながらもできるだけその要求に応えることを目指している．一方で，正誤の決められないいわば「グレーゾーン」が言語には存在している．PLANET BOARDの項目の多くはこのグレーゾーンに注目したものである．白か黒かつまり「正誤」を決めることはこのコラムの目的ではない．PLANET BOARDにおいては，グレーゾーンのありのままの姿を知り，一筋縄ではいかない言語表現の実態について認識を深めていただければよいと考えている．

項目選定とコラム記述の基本方針

今回のPLANET BOARDの項目数はちょうど100である．『オーレックス（初版）』から採用された項目52はそのまま掲載し，残り48項目については新しく調査を行った．この48項目の中には，10年あまり前の『レクシス』に掲載したのとほぼ同じ事柄を新しいインフォーマントに対して調査した項目と，今回全く新しく調査した項目とがある．10年の間にも，人々の言語使用は変化している可能性が十分にあるのである．

項目の選定については，編集委員・執筆担当者・編集部の協議により慎重に行ったが，主に次のような点に重点をおいた．

①必ずしも英語教師や専門家が論争の対象とするような事柄に限らず，英語学習者ならだれもが出会うであろう素朴な疑問，たとえば，theを使うか否か，前置詞は何を使うか，2種類の比較級のうちどちらを用いるかなど，調査の趣旨が上級者でなくても理解しやすいものとする．
②意味に関わる問題，たとえばall ... notは部分否定か全体否定か，until「…まで」は後にくる日を含むか，true factのような意味重複表現は使うか，などを積極的に取り入れる．
③I'm sorryに続く文法形式は何か，相手の意見を尋

ねる時にはどんな言い回しを用いるか，「大学に入る」という時の動詞は何か，など日常頻繁に用いられる表現に関する調査をできるだけ多く含めるようにする。④後に述べるように，インフォーマントを米国と英国のみの話者に絞ったこともあり，アメリカ英語とイギリス英語の相違を反映するような項目を多く取り入れる．

次に，コラムの記述の形式について述べる．まず，問題設定の欄を設けて，その項目は何を調べようとしているのか，問題意識と目的を述べることにした．従来の通説を検証しようとする項目においてはその旨を述べた．

また，各項目の最後に学習者への指針の欄を設けた．すでに述べたとおり，**PLANET BOARD**は1つの規範を示すことではなく，使用実態をありのままに示すことが目的である．したがって調査結果とその簡単な説明だけでも用は足りるといえるのだが，やはり学習者にとっては実際に自分が使用する場合のヒントがあった方がよいとのご意見を読者からいただいたので，学習者が英語を使用する際に参考となる指針を示すことにした．ただし，この欄は取り上げた問題の「結論」を述べたというわけではなく，一般的な学習者に対して大体の目安を提示したものである．

インフォーマントの構成

本辞典の**PLANET BOARD** 100項目の中には，先に述べたとおり，初版に掲載したものと第2版の編纂にあたり新たに調査したものとの2種類が存在している．この2種類には共通のインフォーマントもいるが，すべて同じではないということをお断りしておきたい．

PLANET BOARDは，アメリカ英語とイギリス英語という二大変種の対比を明らかにし，できるだけこの2つの相違を示すことを目的の一つとしているため，100名あまりのインフォーマントはすべてアメリカ合衆国・イギリスいずれかの英語話者とした．男女比はできるだけ同じに近づけるようにした．初版からの項目も新規項目も，インフォーマントは大学出身(一部は大学在学中)の教養あるネイティブスピーカーとしている．また，日本在住の米英人ではなく，アメリカまたはイギリス在住のネイティブスピーカーを対象とした．

年齢	USA	UK	計
20-29	14	20	34
30-39	25	18	43
40-49	9	9	18
50-59	0	2	2
60-	4	0	4
計	52	49	101

※インフォーマントの詳細については旺文社ホームページ http://olex.obunsha.co.jp/ に掲載しています．

調査方法および結果の取り扱い

ネイティブスピーカーへのアンケート調査にはインターネットを利用した．

質問の仕方には何種類かあるが，基本的には「あなたは…という表現を使いますか」という形でインフォーマント本人がその表現を使用するかどうかを質問した．「正しいか」や「文法的か」を尋ねたのではない．自分が使わないならその理由と代替表現を尋ね，さらに，問題の表現がくだけた言い方なのか堅い言い方なのかなどを含め自由なコメントを書いてもらった．

また，たとえば(a)と(b)の2表現があるとき，(a)を使う，(b)を使う，両方使う，どちらも使わない，の4選択肢のうちから1つを選んでもらう形式の質問も行った．その2表現の意味や使用される場面の違いなども書いてもらった．このような調査では全体の合計が100%になるが，「複数回答可」で合計が100%を越える項目もある．

多くの項目ではインフォーマント自身が使うかどうかを尋ねたのであるが，意味解釈に関する項目では，その表現を聞いたり読んだりしたときにどんな意味にとるかを選択肢の中から選んでもらった．

調査結果は円グラフまたは棒グラフで示し，その後に文章で簡単に説明した．アメリカとイギリスで有意な差がある項目についてはグラフもそれぞれ掲げ，米英差が明瞭(めいりょう)になるように示した．堅い表現かくだけた表現かについてのインフォーマントの反応も提示した．

PLANET BOARDに提示されたデータは，あくまで今回調査した例文について，当該のインフォーマント約100名が出した結果であることに注意していただきたい．同じ構文であっても単語を変えていれば使用率が違う可能性がある．また，特に文脈なしで文の使用率を尋ねているものについては，ある種の文脈に当てはめて調べればかなり異なる結果になることもありうる．そのような部分については，インフォーマントの自由コメントからうかがい知ることができる．

回答者による自由コメントの中からは，注目すべきものをできる限り掲載するようにした．ネイティブスピーカーの生の意見は貴重なものである．中でも，取り上げられた表現を使わないと答えた人のあげた代替表現，使うと答えた人でもそれより好ましいとしてあげた同意表現などには注目していただくとよい．日本人がA，Bどちらの表現がより妥当か議論しているケースで，実はネイティブスピーカーはより簡潔だが日本人があまり思いつかないCという表現を一般に用いている，ということがままある．**PLANET BOARD**の解説文中で紹介している代替表現・同意表現はそうした面の理解に役立つであろう．

また，一部の項目には参考の欄を設けて，独立した項目としては取り上げなかったが同時に行った関連する調査の結果も掲載した．

以上説明したように，**PLANET BOARD**は従来の英和辞典の枠を越えたユニークな試みである．このコラムを通して，表現の正誤に過度にとらわれることなく，英語さらには言語というものの使用実態について様々な関心をもたれる読者が増えれば幸いである．

(林　龍次郎)

NAVI表現

文が単語や句の無作為な羅列ではないように，文章も一定の規則にしたがって構成されている．たとえば次の例を見てみよう．

1. Human beings are getting more and more dependent on computers. *In other words*, we are becoming more and more controlled by computers. 人間はますますコンピューターに依存するようになっている．言い換えると，人間はますますコンピューターによって管理されるようになってきている
2. *By the way*, have you been to the Natural History Museum? ところで，自然史博物館には行ったことがあるの？

1.の例のin other wordsに着目してみよう．後の文は前の文を別の表現で言い換えることで，話し手や書き手の主張をいっそう強める効果を生み出しているわけだが，後の文の冒頭にあるin other wordsが，前後の文の言い換えの関係を明示し，聞き手や読み手が話の流れを理解することを容易にしている．また，2.の例では，by the wayが，ここでまったく新しい話題に入ることを告知している．

英語には，ここで挙げたin other wordsやby the wayのように，文と文を結びつけて相互の関係を示したり，文と文章全体との関係を示したりする機能をもった表現が存在する．本辞典では，このような表現を「NAVI表現」と呼び，NAVIラベルをつけて読者の注意を喚起することとした．特に書き言葉でよく使われるものにはwrittenを表すⓦをつけた．

NAVI表現は，統語的・音韻的に独立して標識の役割を果たす副詞(句)であり，典型的には上の1.の例のように「文. NAVI表現, 文.」の形をとる．形式面では，単語(precisely, additionally等)，句形式の表現(to be more precise, in addition等)に加えて，同等の機能を果たし定型的に使われる文形式の表現(It would be more accurate to say that ... (⇨ NAVI表現 12), It should also be added that ... (⇨ NAVI表現 6)等)も含めた．なお，節と節の関係を示す接続詞はこの定義に当てはまらないので含めていない．

NAVI表現を図示すると以下のようになる．

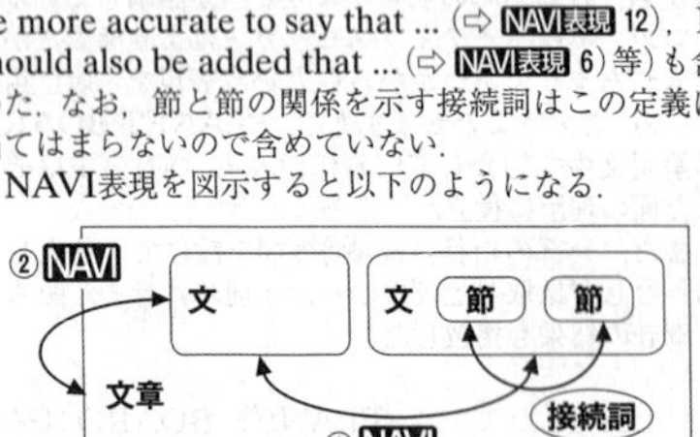

上記1.のin other wordsは，「言い換え」という前文と後文の関係を表す表現であり，図中では①にあたる．2.のby the wayは，「話題の転換」という文と文章の関係を示す表現で，図中では②にあたる．文脈によっては①・②のどちらにも機能する表現もあるが，主に①の関係を示すものとして，例示や類似の表現，②の関係を示すものとして，列挙や要約の表現などが挙げられる．

本辞典では，NAVI表現を機能によって次の12のカテゴリーに分類した(かっこ内は代表例)．

言い換えを表す
(in other words, in brief)
例を示す
(for example, for one thing)
類似を表す
(equally, by the same token)
追加を表す
(moreover, furthermore)
対比を表す
(on the other hand, by contrast)
逆接を表す
(however, nevertheless)
帰結・結果を表す
(therefore, as a result)
列挙を表す
(first(ly), second(ly))
要約・結論を表す
(to sum up, in conclusion)
話題の提示・導入
(to start with, first of all)
話題の転換・回避
(by the way, let's drop the subject)
話題を戻す
(if I might refer back to, joking aside)

これらの12のカテゴリーに関して，コラムを設け，機能を解説した．コラムでは，必要に応じて下位分類を設けた．たとえば，言い換えのコラムでは，(a)正確に言い換える(to be more precise)，(b)大雑把に言い換える(roughly speaking)，(c)まとめた形で言い換える(in a word)の3つの下位分類を設けている．

本文中では，NAVI表現の用例は，機能を十分に記述するために可能な限り2文以上のものを採用し，コラムで言及があるものはコラムを参照させた．

NAVI表現を提唱した最大の目的は，読者の視点を単語や文の単位から，文章・談話へと転換することである．NAVI表現を意識することは，文章を読み解く上で，論旨を追う手がかりとなり，読解の助けとなる．また，英語を発信するときにも大きな効果を発揮する．単語や文法の学習も重要であるが，1つ上のレベルに到達するには，このような表現の習得が必須である．文から文章へと目を転じる，いわばマクロ的な視点を身につける道具としてご活用いただきたい．

(内田　諭)

コミュニケーション情報

英語によるコミュニケーション能力の重要性が叫ばれて久しい．しかし，コミュニケーション能力とはいったい何なのだろうか．文法的に正しい文をネイティブスピーカーのような発音で流暢(りゅうちょう)に話せることなのだろうか．おそらく，それだけではないだろう．

文法と発音はコミュニケーションを成立させる重要な要因に違いないが，場面に応じて，また，相手との関係なども考慮した上で，適切に言語を用いることも求められるはずである．

現実のコミュニケーションでは，話し手は聞き手に伝えたいことを常にそのまま伝えるわけではない．その場に相応しくない話題や相手を傷つけてしまうような内容であれば，遠回しな表現をすることも多いだろう．しかし，それでもコミュニケーションは成立している．たとえ，間接的な物言いではあっても，話し手は聞き手が自分の意図を理解してくれると期待し，聞き手もまた話し手の期待に応えるからである．

この話し手と聞き手の期待と深くかかわっているのが本辞典のコミュニケーション情報の中心となる語用論的能力である．より具体的には，個々の語，文，話し手と聞き手の関係，場面，話の内容等をふまえて，適切に言語を使用し，かつ，解釈する力といってよいだろう．

母語の場合，語用論的能力は日常の言語使用を通じて自然に獲得できることが多いが，外国語の場合，言語によって語用論的能力の前提となる文化的背景等が異なる場合も多いため，普段から意識して習得する必要がある．極端な場合，日本語では丁寧と感じられる言動をそのまま英語でのコミュニケーションに持ち込むと，英語の母語話者にはむしろ失礼だと感じられることもあるだろう．

このような語用論的な失敗は，発音や文法の間違いとは異なり，すぐにはことばの問題とは認識されにくい．そのため，ときには話し手の意図的な言動と解釈され，言語というよりは人間性の問題と思われてしまうことさえあり得るのである．これが，コミュニケーションにおいて語用論的能力が重要とされる理由である．

本辞典では，上記で述べた語用論的な情報を中心に，♥による注記およびコラム(英語の真相)から成る豊富なコミュニケーション情報を収録している．「英語の真相」は，『コアレックス英和辞典』収録のコラムPLANET BOARDをまとめ直したものであり，英米在住の英語母語話者100余名を対象に実施した語用論調査の結果に基づいている．

本辞典におけるコミュニケーション情報は大別して以下のような情報から構成されている．

①言外の意味：
Unfortunately, he's *too* academic. 残念だけど，彼は学究的すぎる (♥実務向きでないというニュアンスを持つ)

②発言そのものが謝罪，非難などの行為となるもの：
As if you didn't know! 知ってるくせに (♥相手の提案・暗示などを非難する場合に用いる)

③配慮表現：

a) 押し付けがましさを避けるもの：
be suppòsed to dó ①(法律・約束・習慣などで)…することになっている，しなくてはならない (♥言いづらいことや助言をする際に，この形で一般論を述べる言い方が好まれる)

b) 積極的に相手に働きかけるもの：
Thánks — **you're a stár!** ありがとう，本当に助かりました(♥「(何かにたけていて)素晴らしい」の意の褒め言葉だが，感謝の表現と併用すると感激の気持ちがこもる)

④日本語の訳語にかかわるもの：
"Excuse me, you dropped your handkerchief." "Oh, *thank you*."「あの，ハンカチを落とされましたよ」「あら，すみません」(♥相手に世話をかけた場合などは日本語の「すみません」に相当することも多い．この場合 I'm sorry. は使わない)

⑤文化背景などの違いが関わるもの：
おもに 英語の真相 コラムで扱う．

⑥話者の態度：
原則として《けなして》や《蔑》などのラベルで表記した．

⑦社会言語学的情報 (sexism や political correctness といった社会の慣習と関わるもの)

⑧仕草などを表す表現に関するもの：
cròss one's fíngers; kèep one's fíngers cròssed (中指を人差し指の背に重ねて) 祈る (♥厄よけ・幸運を祈るしぐさ)

一般に，辞書というものは言語に関する普遍の事実の記録であり，そのような情報のみを収録しているものと信じられている．しかし，本辞典に収録されているコミュニケーション情報は，具体的なコンテクストを無視してあらゆる場面にあてはまるといった性質のものではない．語用論的能力とはコンテクストに応じて言語使用を見つめなおし，個々の場において，より効果的な言語使用を実現する能力といえるからである．もちろん，国内外の文献に加え，独自に行った日英対照語用論調査も踏まえて，可能な限り多くの場面に適用可能なものを採録したつもりではあるが，あくまでも学習者諸氏が現実の場面において適宜応用すべき素材と考えていただければ幸いである．

(川村　晶彦)

COMMUNICATIVE EXPRESSIONS

学習者の多くにとって，英語の文を作る作業は，文法規則に適切な単語を当てはめることを意味するだろう．有限の文法規則にいろいろな語彙を当てはめることで無限の文を作り出すことができる．(ほぼ)同じ意味を表現するのに，可能な文法規則と語彙の組み合わせは複数存在し，表現の豊かさを生み出すことにつながっている．

しかし母語話者だからといって，常に表現力豊かにさまざまな言い回しを駆使して言語を使っているかというとそうではない．近年の大量言語データの分析により，母語話者には，ひとかたまりで覚えていて何の文法的な分析も行わずに使っている表現のレパートリーが膨大にあることがわかってきている．これは幼少からさまざまな文脈の中で，その文脈に密着した表現を何度も聞いたり使ったりしているうちに自然と記憶に定着したものである．そのため，ある状況であることを言いたいときに，論理的にはいろいろな言い方があり得るにもかかわらず，実際に母語話者が選択する表現はかなり限定されてくる．そして，そういった母語話者らしい選択をしないと，文法的には正しいが，母語話者の感覚では「何か不自然だ」と感じられる表現になる．

母語話者がひとかたまりで覚えている表現のうち，特に慣習化･固定化したものが成句である．それに対して，表現の一部の入れ替えができたり，成句と呼べるほどではないものの，母語話者にとって自然で，緩やかな意味での決まり文句が存在する．それが本辞典で取り上げる**COMMUNICATIVE EXPRESSIONS**である．従来の辞書では用例と成句の狭間(はざま)にあって，まとめて取り上げられにくかったこれらの頻出表現を，特に日常会話や議論などの場面でよく使われるものを中心に掲載した．必要に応じて意味合いや使われる場面等の文脈的情報を注釈としてつけ，さらに文体のレベルに応じた言い換え表現も付記した．

採録した表現は次の2種類に大別される．

①文形式の口語的慣用表現：

Get this. なんと，よく聞いてくれよ (♥驚かせるような内容の前置き)

②一部表現の入れ替えが可能な定型表現：

Could I ask you to leave the room quietly? 静かに部屋を出て行ってくれませんか (♥丁寧な依頼を表す．= Would you be so kind as to leave ...?)

このような文脈に密着した定型表現を丸ごと覚え，それをアレンジして用いる訓練は一見効率が悪いように見えて，実は文法構造と単語をセットでインプットするため流暢(りゅうちょう)な言語産出を促進し，かつ文脈と結びついているため語用論的な誤りを回避できるという2つの効果がある．“使える英語”を身につけるための一助としていただきたい．

(吉冨　朝子)

メタファーの森

メタファーとは，抽象的な物事をより具体的で理解しやすい他の物事に「見立てる」ことを指す．例えば，「愛」は抽象的な概念だが，「炎」などの具体的なものに見立てることで，「心に(愛の)火がつく」などの表現が可能となる．従来，メタファーは修辞的な技法であり「言葉の装飾」として捉えられてきたが，認知言語学の発展により「思考を形成するもの」(概念メタファー)であることが明らかになってきた．このことを確かめるため，次の例を考えてみよう．

When Betty read the email, she **exploded.** (そのメールを読んだ時，ベティの怒りが爆発した)

explode は文字通りには「爆発する」という意味だが，爆発したのはベティ自身ではなく，ベティの「怒り」である．この表現の裏には，「【怒り】は【容器の中の液体】である」というメタファーが隠れている (⇨ ANGER [メタファーの森])．

このメタファーは，前述の表現だけに当てはまるのではなく，他にも様々な表現の基礎となる．例えば，My anger is **welling up.** (私の怒りはこみ上げてきている) という表現は，容器の中で増加する怒りを，I couldn't **contain** my anger any longer. (もはや怒りを抑えることができなかった) は容器に収まり切らない怒りを表す表現である．

このようなメタファーの生産性は，私たちの思考の基礎にメタファーが深く根付いていることを示している．つまり，「怒り」という抽象的な概念を，メタファーを通すことで具体的に理解し，体系的に表現することができるということであり，逆に言うと，メタファーが思考を形作るものであるということができるだろう．

メタファーは英語学習においても重要な役割を果たす．メタファーを知ることで，慣用表現や単語の意味の成り立ちや発想を理解することができ，ばらばらに記憶していた表現をグループ化することができる．また，意味の根源を理解することにより，単に日本語訳を丸暗記するよりも記憶に定着しやすくなり，言語の創造的な使用の足場ともなる．

本辞典では，学習上特に有益であると考えられるメタファーを20項目選定し，それらに基づいた表現を列挙･解説した．メタファーの構造が直感的にわかるよう，それぞれのメタファーは【抽象的な概念】(例：怒り)⇒【具体的な概念】(例：容器に入った液体) という形式で示した (前者が後者に「見立てられる」の意)．また，1つの概念が複数のメタファーで表現される場合は，それぞれのコラム内に併記した．さらに，メタファー表現の英語と日本語の異同についても適宜言及した．

(内田　諭)

Boost Your Brain!

英語の学習者が英文を読んでいて，未知の単語に出会い，辞書を引いて訳語を当てはめ，何とか日本文に訳すことができたとしても，結局その英文が何を言おうとしているのかよくわからない．このような経験がある人も多いだろう．大学入試で出題される抽象度の高い英文では，単語の訳語も知っているし文の構造もどうにかたどることができるのに，内容は雲をつかむようでどうにも腑(ふ)に落ちないということがよくある．

これは，その英文で扱われている抽象的な概念そのものが十分に理解できていないためであり，単純に英単語を日本語に置き換えただけでは，必ずしも英文理解の助けにはならない．例えば，arbitraryという語は，言語論や文化論を理解する上での重要なタームだが，「恣意的な」という訳語を機械的に当てはめてみたところで英文の論旨を把握できるとは限らないのである．

また，単語によっては英語における意味領域と日本語における意味領域にずれがあることもある．その場合は，日本語の知識が英文理解の障害にもなりうる．例えば，genderと「ジェンダー」は定義がやや異なる．nature，culture，civilizationという英語と「自然」「文化」「文明」という日本語は，それぞれの歴史の中で形成された意味の厚みが異なる．libertyとfreedomは日本語に訳せばともに「自由」だが，その2つの単語が各々ラテン語や古英語を語源とし，歴史の中で獲得していった概念の広がりと色合いの違いは，「自由」という訳語に置き換えられることで見失われてしまうのである．

さらに，抽象語の場合，ときには相矛盾するような複数の意味を持ち，一義的な定義が困難なことも多い．**self identity, tacit knowledge, paradigm, ambivalence**などのように，学術用語として導入された語が，日常的な場においてやや異なった語意で使われることもある．

本コラムは，英文を読んでいく上での「つまずき」となりうるこうした抽象語の概念について，読み解くための手がかりを示し，「気づき」へと導いていくことを目指している．特に日本語訳が概念理解の助けとなりにくい抽象語については，語源や語形成，さらには実際の用例を示しつつ解説した．そして，言葉を通してものの考え方を学んでいくための指針を提示した．

過去十数年の大学入試に出題された英文を分析し，38の項目を取り上げている．入試問題，書籍や雑誌，そしてインターネット上の記事などの英文読解に役立つよう心がけたため，ときに学術的に厳密な定義から一歩踏み込んだ解説を施している場合もあるが，それが「実際の英語の姿」であると理解していただきたい．本コラムが学習者にとって，英文をより正確に理解するための一助となることを願っている．

（島原　一之）

「PLANET BOARD」一覧

「NAVI表現」コラム一覧

1. 話題の提示・導入	begin	164	7. 話題を戻す	refer	1647
2. 例を示す	example	642	8. 類似を表す	similarly	1850
3. 列挙を表す	first	713	9. 要約・結論を表す	sum	1996
4. 対比を表す	hand	872	10. 帰結・結果を表す	thus	2089
5. 逆接を表す	however	954	11. 話題の転換・回避	way	2250
6. 追加を表す	moreover	1277	12. 言い換えを表す	word	2308

「英語の真相」掲載語

care
certain
could
drinking
everyone
excuse
foreigner
friend
good
hey
how
let[1]
liar
like[2]
look
name
see[1]
should
will[1]
wrong

「類語パネル」掲載語

accept 受け取る
answer 答える
arrive 到着する
bake 焼く
beautiful 美しい・きれいな
believe 信じる
boil[1] 煮る
borrow 借りる
breast 胸
car 車
child 子供/大人
cure 治る
cut (食物を)切る
die[1] 死ぬ
dish 皿
drink 飲む
examination 試験
factory 工場
false 本物でない
flock[1] 群れ
follow 従う
forest 森林
gather 集める
get off 降りる
get on 乗る
get up 起きる
grow 育てる
habit 習慣
hear 聞く
hen 鶏
high 高い
hit 打つ・たたく
horse 馬
idle 怠ける
influence 影響する
injure 傷つける・損なう
interesting 面白い
job 職業
kill 殺す
laugh 笑う
learn 学ぶ
lend 貸す
look 見る
map 地図
meat 肉
medicine 薬
mend 直す
middle 中心
move 動く・動かす
nail つめ
narrow 狭い
ox 牛
pig 豚
price 値段・料金
problem 問題
protect 守る
put 置く
referee 審判員
road 道
sake[1] …のため(に)
scissors はさみ
score 得点
shake 震える
skin 皮
sleep 寝る
slip[1] 滑る
smell におい
sometimes 頻度
stone 石
store 店
swing 振る
talk 相談する
thick 濃い
travel 旅・旅行
tree 木
very 程度を表す主な副詞
visit 訪問する
visitor 客
walk 歩く
weather 天気
wide 広い
work 働く
write かく

「メタファーの森」コラム一覧

「Boost Your Brain!」コラム一覧

A

All's well that ends well. 《諺》終わりよければすべてよし

a

a¹, A¹ /eɪ/ 名 (複 **a's, as** /-z/ ; **A's, As** /-z/) Ⓒ ❶ エー《英語アルファベットの第1字》 ❷ Ⓤ Ⓒ (学業成績の) A, 優 ‖ get「straight A's [OR all A's] オール優をとる ❸ Ⓤ Ⓒ 〖楽〗イ音 ; イ音の鍵盤(けん)[弦など] ; イ調 ❹ (品質・等級などの) A級品 ; (英国の) A級道路(A-road)《高速道路以外の幹線道路》; 《形容詞的に》A級の ‖ an *A* picture [OR film] A級映画 ❺ Ⓤ (血液の) A型 ; (紙サイズの) A判 ❻ 《通例 A》Ⓤ (人・物の代わりに) A ; A (という人[もの]) ❼ a [A] の表す音 ❽ (活字などの) a [A] 字 ❾ A字形 (のもの) ❿ (連続するものの) 第1番目 ; 〖数〗第1の既知数 ; 〖論〗第1の仮定の人[もの]

À for éffort 頑張りを示すこと

from À to B́ ある地点からほかの地点まで

from À to Ź 何から何まで, すべて ‖ know a subject *from A to Z* あることについて何でも知っている

▶▶**Á lèvel** (↓) **Á nùmber Í** 形 =A one **À óne** 形 《口》一流の (first-class), 最上の (♦ 英国 Lloyd's Register (ロイド船名録) の船舶の格付けに使われた. A1, A-1, A-one ともつづる) **À to Ź** 名 ① Ⓒ 《商標》(英国の) 街路一覧案内書 ② Ⓒ 《an ～》アルファベット順便覧 ③ Ⓤ 〈…の〉すべて〈**of**〉

*****a²** /弱 ə ; 強 eɪ/, **an** /弱 ən ; 強 æn/

語法 ☆☆ (1) 定冠詞の the に対して, a [an] は不定冠詞と呼ばれる.
(2) **a と an の使い分け** 子音の前では a, 母音の前では an を用いる. つづりではなく発音で区別する点に注意. 〈例〉*a* boy, *a* use /juːs/, *an* hour /áuər/, *an* LP /èlpíː/ なお文語では h 音で始まる第1音節に強勢がない場合 an が用いられることがある. 〈例〉*an* hotel, *an* historical play
(3) **発音** 通常 /ə, ən/ と発音されるが, 強調するときは強形 /eɪ, æn/ を用いる. 〈例〉I said a /eɪ/ box, not the /ðiː/ box. 「何か箱を (1つ)」と言ったのであって, 「その箱を」と言ったのではない
(4) **語順** 通常 a [an] ((＋副詞) ＋形容詞) ＋名詞. 〈例〉*a* ((very) large) room ((非常に) 大きな) 部屋 ただし次は例外.
(a) many, such, what などの語＋a [an]＋名詞. 〈例〉many *a* man, such *a* day また quite, rather, half は両方の語順で使われる (各語参照).
(b) as, how, so, too などの語＋形容詞＋a [an]＋名詞. 〈例〉too long *a* time, in so beautiful *a* room (⇨ PB 69, 89)

—冠 **Ⅰ【a [an]＋可算名詞単数形】** ❶ **a** ある, 1つ[1人, 1匹]の (♦ 初めて話題にする名詞, 相手にとって未知と思われる名詞, またはあえて明確にしたくない名詞につける. 特に訳出の必要はない. → the) ‖ Do you have *a* cellphone? 携帯電話を持っていますか / There's *a* man at the door. 玄関に男の人が来ている / The accident happened on *a* Sunday afternoon. 事故は (ある) 日曜の午後に起こった

b 《漠然と「…のうちの不特定の1つ[1人]」を表して》(♦ 通例訳出しない) ‖ I want to be *a* doctor. 私は医者になりたい

❷ 1つ [1人, 1匹] の (♦ one の弱い意味を表す. → one) (⇨ PB 01) ‖ He is *a* friend of mine. 彼は私の友人 (の1人) だ (=He is one of my friends.) / Not *a* sound was heard. 物音一つ聞こえなかった / *an* hour and *a* half 1時間半 / *a* thousand people 1,000人

❸ 《総称》どの…も, …というものは (♦ any 形 ❷ の弱い意味. 同類の集団から不特定の1つを代表として取り上げ, その性質・傾向を総称的に述べる. 通例訳出しない) ‖ *A* dog is a faithful animal. 犬 (というもの) は忠実な動物だ

語法 ☆☆ **総称を表す a [an]**
(1) 総称 (…というもの全般) を表す表現としては「a [an] ＋単数形」よりも無冠詞複数形の方が一般的. 「定冠詞＋単数形」も可能だが格式ばった言い方. 〈例〉Dogs are faithful animals. / The dog is a faithful animal. 犬 (というもの) は忠実な動物だ
(2) a [an] が総称を表すのは原則として主語の場合に限られる. 目的語では無冠詞複数形を用いる. 〈例〉I like bananas [×a banana]. 私はバナナ (というもの) が好きだ
(3) 種全体の存在・状態を述べるのにはふつうは「無冠詞複数形」, 格式ばった文体では「the ＋単数形」を用い, 「a [an] ＋単数形」は用いない. 〈例〉Pandas are becoming extinct. / The [×A] panda is becoming extinct. パンダは絶滅しかけている (⇨ PB 02)

❹ 《単位・割合》…につき, …ごとに ‖ The car was running at about 100 kilometers *an* hour. その車は時速約100キロで走っていた / once *a* month 月に1回

❺ 同じ, 同一の (♦ age, color, size などについて使うのは古い用法) ‖ They are all of *a* color. 《旧》みんな同じ色だ (♦ ふつうは of the same color という) / at *a* time 1度[同時]に (♦ at one time は「かつて, 昔」)

語法 ☆☆ **a [an] の省略と反復**
(1) 同一の人・物を指す2つの可算名詞が and [or] で結ばれているとき, a [an] は最初の名詞にだけつける. 〈例〉He was *a* poet and diplomat. 彼は詩人で外交官だった ただし, 兼ねることを強調する場合は a [an] を両方の名詞につける. 〈例〉He was *a* famous poet and *a* competent diplomat. 彼は高名な詩人であり, また有能な外交官でもあった
(2) 全体で1組のものを指す場合, a [an] は最初の名詞にだけつける. 〈例〉*a* cup and saucer 受け皿付きカップ (1客) / *a* knife and fork ナイフとフォーク1組
(3) 職務・地位・役割を表す名詞が as の後に使われるとき, 冠詞をつけないことが多い. 〈例〉act as chairperson 議長の役目をする (→ as 前 ❶)

Ⅱ【a [an]＋物質名詞・抽象名詞】 ❻ 《物質の種類・製品などを表して》一種の (♦ 特に訳出の必要はない) ‖ Copper is *a* metal. 銅は金属 (の一種) だ / *a* bronze 青銅の製品《像・メダルなど》 ❼ 《限定語句を伴う名詞とともに》‖ He has *a* good knowledge of Chinese. 彼は中国語をよく知っている / have *an* early lunch 早めの昼食をとる (♦ 形容詞がなければ have lunch) ❽ 《動作名詞の具体例を表して》‖ Take *a* look at this photo. この写真をちょっと見てごらん (♦ do, give, have, make, take などの動詞の後に用いる. 各動詞参照) ❾ 《一定の量を表して》‖ I'd like *a* (cup of) coffee, please. コーヒーを1つ下さい (♦ 店で注文するときなどには cup of をつけないでいう. 同様に a (cup of) tea, a (glass of) beer [wine] など) ❿ 《ある不特定の数量・程度などを表して》ある (♦ a certain, some の弱い意味で) ‖ to *a* degree ある程度 (まで) / for *a* while しばらくの間 (♦「ある」の意から《口》で「かなりの」「相当な」の意を表すこともある. 〈例〉That's (quite) *an* idea! それはなかなかいい考えだ)

Ⅲ【a [an]＋固有名詞】 ⓫ 《話し手がよく知らない人物を指して》…という名の人 ‖ *A* Mr. Adams is waiting downstairs. アダムズさんという人が下で待っています (♥ ぶしつけな言い方なので本人の前で用いるのは避ける) ⓬

《有名人と関連づけて》(才能・性質が)…のような ‖ *a* Mozart モーツァルトのような(天才)音楽家 ⓭ **…家の1人** [一員] ‖ His mother was *a* Smith. 彼の母親はスミス家の人であった ⓮ **…の作品** [製品] (の1つ) ‖ *a* Picasso ピカソの絵 / *a* Ford フォード社の車

語法 ☆☆ 人物・場所などの一時期のある面を示す際に限定語句を伴って a [an] が用いられることがある. 主にジャーナリズム用語. 〈例〉*an* angry Bush 怒れるブッシュ

Ⅳ【慣用表現】 ⓯ 《a [an]+数量表現》 ‖ *a* few students 数人の学生 / *a* little water 少量の水 / *a* lot of books 多くの本 / *a* great deal of harm 大きな害

語法 ☆☆ additional, estimated, extra などの語の後に「数詞+複数名詞」が来る場合は, 全体が1つのまとまりとみなされ, a [an] が用いられる. 〈例〉*an* additional ten days さらに10日 / *an* estimated 300 people およそ300人

⓰ 《a [an]+序数詞》 (さらに) もう1つ [1回] (の) ‖ He tried to jump across the river *a* third time. 彼は (2度試みた後)もう一度川を飛び越えようとした

a³, a.¹ 略 〖度量衡〗are(s)(アール)

A² 略 ampere(s) ; answer ; 《英》〖映〗adult (discretion) (親の同伴が必要) (♦ 現在は PG を用いる)

a.² 略 about ; acre(s) ; adjective ; alto ; anonymous ; answer

A. 略 acre(s) ; America, American ; angstrom(s) ; answer ; Associate of ...(…準会員)

a-¹ 接頭 ❶「…の中で[に], …の上に, …において, …へ」などの意 ‖ *a*bed, *a*shore, *a*fire, *a*loud, *a*board ❷ 《動名詞につけて》《方》《古》《俗》「…するために, …の最中で」の意 ‖ go *a*-hunting (狩猟に行く) (♦ 現在は go hunting がふつう)

a-² 接頭 ❶「上へ, 外に」などの意 (♦ 現在では主に強意) ‖ *a*wake, *a*rise ❷「…から, …の」の意 ‖ *a*kin ❸「非, 無」などの意 (♦ 母音の前では an- を用いる) ‖ *a*moral, *a*symmetry ; *an*archy ❹ ab-, ad- の異形 ‖ *a*version, *a*scription

@ /æt, ət/ 記号 =at sign (〖商〗単価…で) ; 💻 アットマーク (Eメールのアドレスで組織名などを表す記号)

ÀÁ 略 *A*lcoholics *A*nonymous (アルコール中毒者匿名会) ; *a*nti*a*ircraft(対空の) ; *A*ssociate in [OR of] *A*rts ((米国の)準文学士号) ; *A*utomobile *A*ssociation((英国の)自動車協会)

ÀÀÁ 略 *A*mateur *A*thletics *A*ssociation ((英国の) アマチュア運動競技協会) ; *A*merican *A*utomobile *A*ssociation(米国自動車協会)(♦ triple A とも読む)

ÀÀÀŚ 略 *A*merican *A*ssociation for the *A*dvancement of *S*cience(米国科学振興協会)

aard·vark /ɑ́ːrdvɑ̀ːrk/ 名 C 〖動〗ツチブタ 《アフリカ産のシロアリなどを主食とする夜行性の珍獣》

aard·wolf /ɑ́ːrdwʊ̀lf/ 名 (複 **-wolves** /-wʊ̀lvz/) C 〖動〗アードウルフ 《アフリカ産のハイエナ科の動物》

Aar·on /éərən, ǽr-/ 名 〖聖〗アロン 《Moses の兄. イスラエル人の初代の大祭司》 ▸▸ **~'s ród** 名 C ① 〖植〗高い茎に花の咲く植物 《特にビロードモウズイカ》 ② 〖聖〗アロンのつえ 《アロンが奇跡を行ったつえ》

AB¹ /èɪ bíː/ 名 U (血液の)AB型

ÀB², À.B. 略 *a*ble(-*b*odied) seaman ; 《ラテン》*Artium Baccalaureus* (=Bachelor of Arts) (文学士) (♦ BA ともいう)

ab- 接頭「離れて」の意 ‖ *ab*normal, *ab*use

ab·a·ca /ɑ̀ːbəkɑ́ː, æ̀b- | ǽbəkə/ 名 ❶ U マニラ麻 ❷ C 〖植〗マニラアサ

***a·back** /əbǽk/ 副 〖海〗逆帆(ぎゃくほ)に(なって)

*__be tàken abáck__ 〈…で[に]〉不意を打たれる, びっくりする 〈**by, at**〉

ab·a·cus /ǽbəkəs/ 名 (複 **~·es** /-ɪz/ OR **-ci** /-saɪ/) C ❶ そろばん ❷ 〖建〗(円柱頭の)頂板

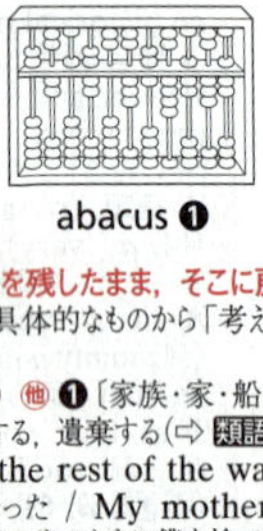

abacus ❶

a·baft /əbǽft | əbɑ́ːft/ 〖海〗副 後部に, 船尾(の方)に ━前 …の後部に, …より船尾寄りに

ab·a·lo·ne /æ̀bəlóʊni/ 名 C 〖貝〗アワビ ; U その肉

‡a·ban·don /əbǽndən/ 中心義 **Aを残したまま, そこに戻らない** (★Aは「人」「物」「場所」など具体的なものから「考え」「権利」など抽象的なものまで多様)

━動 (**~s** /-z/ ; **~ed** /-d/ ; **~·ing**) 他 ❶〔家族・家・船など〕を**捨てる**, 見捨てる, 置き去りにする, 遺棄する(⇨ 類語) ‖ I ~*ed* my car and walked the rest of the way home. 車を捨てて家まで歩いて帰った / My mother ~*ed* me when I was five. 母は5歳のときに僕を捨てた / *Abandon* ship! 下船せよ 《緊急避難命令》

❷〔計画・思想信条・習慣など〕を放棄する, あきらめる ; 〔支持・援助など〕をやめる, 中止する(≒ give up) ‖ She ~*ed* the idea of going back to her own country. 彼女は故国[郷]に帰るという考えを捨てた

❸〔土地・城など〕を〈…に〉明け渡す ; …を〈運命などに〉ゆだねる, なすがままに任せる〈**to**〉

abándon onesèlf to ... 《文》〔感情・衝動など〕にふける, おぼれる ‖ He ~*ed* himself *to* the music and danced. 彼は音楽に身を任せて踊った

━名 U 気まま, 奔放 ‖ with ~ 思うままに, 思いきり

類語 《他 ❶》 **abandon**「やむを得ず捨てる」という意味合いを含み, 完全に, または決定的に放棄する. 〈例〉*abandon* a plan 計画を断念する

desert 義務・誓いに反して捨てる. ふつう非難の意味を含む. 〈例〉*desert* one's family 家族を見捨てる

PLANET BOARD 01

We all have a nose. か We all have noses. か.

問題設定 「私たち(人間)には鼻がある」というとき, 複数の主語 we に対して nose は単数形でよいか, 複数形になるのかを調査した.

Q 次の表現のどちらを使いますか.

(a) We all have **a nose**.
(b) We all have **noses**.
(c) 両方
(d) どちらも使わない

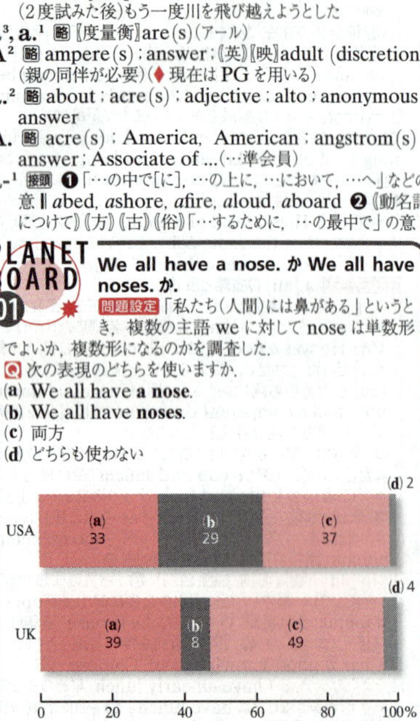

両方使うという人が最も多く全体の4割を超えており, 次に多いのが (a) の単数形のみ使うという人で36%だった. (b) の複数形のみと答えた人は2割弱で, 特に《英》では8%と少なかった. 両方使うという人の中には,「どちらを用いても違いはない」とする人もいるが,「(a) の方がより正式, 正確な言い方」とする人が多い.「(b) は1人に複数の鼻があるように聞こえておかしい」と答えた人もいるが,「(b) の方が自然である」とする人もいる. 代替表現としては, Everyone has a nose. / Each of us has a nose. などがあげられている.

学習者への指針 「複数の人間にそれぞれ1つ」を表すとき, We all have a nose. のように単数形を用いることも We all have noses. のように複数形を用いることもあるが, 前者の方がやや優勢である.

forsake しばしば大事にしていたものなどを捨てることを示すが，必ずしも非難を含意しない．〈例〉*forsake* one's faith 信仰を捨てる
renounce 公式に，しばしば主義として捨てる．〈例〉*renounce* war 戦争を放棄する
give up あきらめて見放す．口語的な表現．〈例〉*give up* all hope of success 成功する望みを断念する

*__a·ban·doned__ /əbǽndənd/ 形《通例限定》❶ 見捨てられた，放棄された ‖ an ～ car 乗り捨てられた車 / an ～ building 人の住まなくなった建物 ❷ 勝手気ままな，慎みのない ‖ in an ～ manner 傍若無人に

a·bán·don·ment /-mənt/ 名 U ❶ 遺棄，放棄；断念 ❷(激情などに)身をゆだねること，自暴自棄；気まま

a·base /əbéɪs/ 動 他《通例 ～ oneself で》《堅》へりくだる，卑下する
～·ment 名 U (品位などを)落とすこと，失墜；卑下

a·bash /əbǽʃ/ 動 他《通例受身形で》恥じ入る；どぎまぎする，当惑する **～·ment** 名 U 赤面，当惑

a·bate /əbéɪt/ 動 他 ❶《堅》…を減じる；〔激しさ〕を和らげる，そぐ ‖ ～ the pain 苦痛を緩和する ❷〖法〗〔訴訟〕を中断する；〔不法妨害〕を排除する；〔令状〕を無効にする
―自 ❶《堅》減じる；(暴風・寒気などが)衰える，弱まる ❷〖法〗無効になる，消滅する

a·báte·ment /-mənt/ 名 U C ❶ 減少，減退，緩和 ❷ 減額，(特に)減税額 ❸〖法〗訴訟中止[却下]；(不法妨害の)排除；(令状などの)失効

ab·at·toir /ǽbətwɑ̀ːr/ 名 C 食肉処理場 (slaughterhouse)

a·ba·ya /əbáɪə/ 名 C アバヤ《イスラムの女性が着る黒の長衣》

Ab·ba /ǽbə/ 名〖聖〗父(なる神)《新約聖書で神を呼ぶのに用いるアラム語》

ab·ba·cy /ǽbəsi/ 名 (複 **-cies** /-z/) C U 大修道院長(abbot, abbess)の地位[権限，管区，任期]
ab·bá·tial 形 大修道院(長)の

ab·bé /æbéɪ, ‿‿ | æbeɪ/ 名 C 神父，師《フランスの聖職者に対する尊称》

ab·bess /ǽbəs | ǽbes/ 名 C (女性の)大修道院長

*__ab·bey__ /ǽbi/ 名 C ❶ 大修道院 (♦ 現在は monastery または convent がふつう) ❷ (元大修道院(の一部)だった)邸宅，教会；《the A-》《英》ウェストミンスター寺院

ab·bot /ǽbət/ 名 C 大修道院長

abbr. 略 abbreviated, abbreviation

*__ab·bre·vi·ate__ /əbríːvièɪt/ 動 他《通例受身形で》(単語・文などが)〈…に〉省略[短縮]される〈to〉
語源 *ab-* away + *-brevis* brief, short + *-ate* (動詞を作る接尾辞)：短くする

*__ab·bre·vi·a·tion__ /əbrìːviéɪʃən/ 名 ❶ C 省略形，略語 ❷ U 省略，短縮

*__ABC__[1] /èɪ biː síː/ 名 (複 **～s, ～'s** /-z/) C (♦《米》では通例複数形) ❶《通例 the ～(s)》アルファベット ❷《通例 the ～(s)》初歩，いろは；基本；《one's ～(s)》読み書き(の能力) ‖ the ～(*s*) of economics 経済学の初歩[入門] / Little Tracy knows her ～(*s*). トレーシーちゃんは読み書きができる ❸《英》(項目をABC順に並べた)案内書
(*as*) *èasy* [OR *sìmple*] *as ÀBĆ* 非常に簡単な

ÀBĆ[2] 略 *A*merican *B*roadcasting *C*ompany《CBS, NBC, FOX とともに米国4大放送会社》；*a*tomic *b*iological, and *c*hemical (=ABC weapons)；*A*ustralian *B*roadcasting *C*orporation (オーストラリア放送協会)

ÀBD 略《米》*a*ll *b*ut *d*issertation《論文以外のすべての単位を取得した博士号取得志望者》

ab·di·cate /ǽbdɪkèɪt/ 動 他〔王位など〕を(正式に)退く；〔権利・責任など〕を放棄する ―自 退位[退官]する
àb·di·cá·tion 名 U C 退位；放棄

ab·do·men /ǽbdəmən, æbdóʊ-/ 名 C〖解〗❶ 腹部，腹腔(ふくこう)(⇨ STOMACH 類語) ❷ (節足動物の)体の後部

ab·dom·i·nal /æbdɑ́(ː)mɪnəl | -dɔ́m-/ 形《限定》腹部[腹腔]の ‖ ～ muscles 腹筋
―名 C《通例 ～s》腹筋(《口》abs)

ab·dom·i·no·plas·ty /æbdɑ́(ː)mənoʊplæ̀sti | -dɔ́mɪ-/ 名 U 腹部整形(美容目的で腹部のたるみを除去すること)

ab·duct /æbdʌ́kt, əb-/ 動 他 ❶ …を誘拐する，拉致する ❷〖生理〗〔手・足など〕を外転させる(↔ adduct)
ab·dúc·tion 名 C U ① 誘拐，拉致 ② 外転運動
ab·dúc·tor 名 C ① 誘拐者 ②〖生理〗外転筋

ab·duc·tee /æ̀bdʌktíː, əb-/ 名 C 拉致被害者

a·beam /əbíːm/ 副〖海〗真横に，縦軸に対して直角に

a·be·ce·dar·i·an /èɪbi(ː)si(ː)déəriən/ 名 C アルファベットを教える[学ぶ]人；初学者，初心者；初歩を教える教師
―形 ❶ アルファベット(順)の ❷ 初歩の，基本の

a·bed /əbéd/ 副《古》寝床に就いて(in bed)

A·bel /éɪbəl/ 名〖聖〗アベル《Adam と Eve の第2子．兄 Cain に殺された》

ab·end /æbénd/ 名 U 💻 (プログラムの)異常終了 (♦ *ab*normal + *end* より)；(プログラムの)実行中止

Ab·er·deen /æ̀bərdíːn/ 名 アバディーン《スコットランド東岸の港湾・工業都市》 ▸▸ **～ Ángus** 名 C〖動〗アバディーンアンガス《スコットランド原産の食肉牛》

ab·er·rant /æbérənt, əb-/ 形 ❶ 常軌を逸した，異常な ‖ ～ sex 倒錯した性 ❷ (特に生物が)異常型の，変異の
-rance, -ran·cy 名 U C 常軌逸脱，異常

ab·er·ra·tion /æ̀bəréɪʃən/ 名 U C ❶ 常軌逸脱，異常；(道徳的な)過失 ❷ (生物の)異常型，染色体異常 ❸ (精神の一時的な)異常 ‖ in a moment of ～ 魔が差して ❹〖天〗光行差 ❺〖光〗収差

a·bet /əbét/ 動 (**a·bet·ted** /-ɪd/；**a·bet·ting**) 他〔犯罪・悪事など〕をけしかける，教唆する，…に力を貸す；〔人〕をそそのかす ‖ ～ a crime 犯罪を教唆する
～·ment 名 **～·ter, ～·tor** 名 C 教唆[扇動]者

A-beta /éɪbeɪṭə | -biːtə/ 名 U〖生化〗Aベータ，アミロイドベータ《アルツハイマー病の原因とされるタンパク質》

PLANET BOARD 02

総称的主語にはどのような形を使うか．

問題設定 総称的主語として，無冠詞複数形，a[an]＋単数形，the＋単数形のうち，最も一般的な形はどれか調査した．

Q 次の表現を使いますか．
(a) **Whales are mammals.**
(b) **A whale is a mammal.**
(c) **The whale is a mammal.**

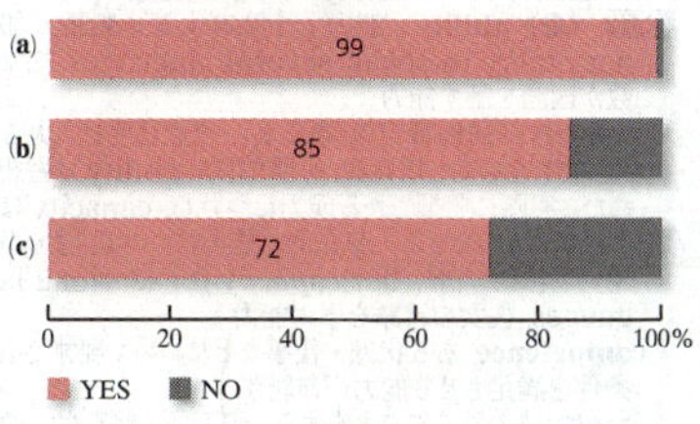

いずれも，使うと答えた人が圧倒的多数を占めた．(a) の無冠詞複数形はほぼ全員が使うと答え，次いで (b) の a [an]＋単数形，(c) の the＋単数形という順である．
(a) が最も自然という意見が多かった．(c) は多くの人が《堅》とし，「教育現場で使われる」「教科書などの文章中で使われる」などとした．また，場合によっては (c) は「特定のクジラのことを言っているように聞こえる」という意見もあった．

学習者への指針 無冠詞複数形，a [an]＋単数形，the＋単数形のいずれも使われるが，総称的主語には無冠詞複数形を用いるのが最も一般的である．

A

a·bey·ance /əbéɪəns/ 名 U ❶ (一時的な) 中断, 休止, 停止；失効 ❷〘法〙(財産の)帰属者未確定
fàll into abéyance 使われなくなる, 中止される
in abéyance 中断した, 休止した

ab·hor /æbhɔ́ːr, əb-｜əb-, æb-/ 動 (**-horred**；**-hor·ring**) 他《進行形不可》《堅》…をひどく嫌う, 憎む (⇨ DISLIKE 類語)

ab·hor·rence /æbhɔ́ːrəns, əb-, -hɑ́(ː)r-｜əbhɔ́rəns, æb-/ 名 ❶ U/C《an ～》《堅》嫌悪感, 憎悪 ❷ C 大嫌いなもの

ab·hor·rent /æbhɔ́ːrənt, -hɑ́(ː)r-, əb-｜əbhɔ́r-, æb-/ 形 ❶《堅》大嫌いな；〈…に〉嫌悪感を起こさせる〈**to**〉❷《文》相反する, 矛盾する

a·bid·ance /əbáɪdəns/ 名 U ❶ 持続；居住 ❷ (法などの)遵守 ‖ ～ by the rules 規則の遵守

***a·bide** /əbáɪd/ 動 (**～s** /-z/；**a·bode** /əbóud/ OR **a·bid·ed** /-ɪd/ (◆ 他 では abided がふつう)；**a·bid·ing**) 他《通例 can, could とともに否定文・疑問文で》 **a**《+目》…を我慢する (↝ put up with) ‖ I can't ～ that woman — she is so conceited. あの女性には我慢できない — うぬぼれが強すぎる **b**《+*doing* / **to** *do*》…することを我慢する ‖ I can't ～ having [OR *to* have] someone pushing in front of me in line. 並んでいるとき自分の前に割り込まれるのは我慢できない
— 自《旧》《文》存続する, 残る；住む, とどまる
****abíde by ...*** 〈他〉〔法・決定・約束など〕に従う, 守る(↝ go along with, stand by)

a·bid·ing /əbáɪdɪŋ/ 形《限定》持続する；永久的な, 不変の ‖ an ～ peace 永続的平和 **～·ly** 副

a·bil·i·ty /əbíləṭi/
— 名〔◁ able 形〕(複 **-ties** /-z/) ❶ C《単数形で》〈…することが〉**できること**,〈…する〉**能力**(↔ inability)〈**to** *do*〉(◆ to *do* の代わりに of *doing* を用いることもあるがまれ) (⇨ 類語) ‖ Dolphins seem to **have** the ～ *to* comprehend human speech. イルカは人間の言葉を理解できるようだ
❷ U/C《通例 -ties》〈…の〉**才能**, **技能**, 力量〈**in, at**〉；学力 ‖ She has a **natural** ～ *in* tennis. 彼女には生まれつきテニスの才能がある / a woman of **great** musical *abilities* 音楽の才能豊かな女性 / a **mixed-**～ class 能力差のある生徒のいるクラス / the level of reading ～ 読解力の程度 / **intellectual** [**linguistic**] ～ 知的[言語]能力
to the best of one's ability ⇨ BEST(成句)

類語《❶》**ability**「能力」を意味する一般語.〈例〉her *ability* to speak several languages 彼女の数か国語を話す能力
capacity (通例特定の)事をなし, または受け入れる能力. 物についても用いる. 対照的には ability は習得された, 実際に発揮される能力について, capacity は引き出すことのできる, 潜在的な能力について, より多く用いられる.〈例〉her *capacity* for learning languages 彼女の言語を学ぶ能力
competence ある状態・仕事などについて要求される条件を満足させる能力, 有能さ.
faculty ある特定のことをする, 先天的・後天的, 頭脳的・身体的な(ただしより多くは先天的・頭脳的な)能力.〈例〉the *faculty* of understanding humor ユーモアを解する能力
talent 特定の分野での生来の[ときに後天的な]才能.〈例〉a *talent* for singing 歌の才能
gift 生来の優れた才能.〈例〉a *gift* of humor ユーモアの才
genius (特に芸術・学問における) 独創的で非凡な才能.
aptitude 特定の仕事などに適した素質, 適性.

-ability /-əbíləṭi/ 接尾《形容詞語尾 -able に対応する名詞語尾》‖ reli*ability*

ab in·i·ti·o /æb ɪníʃiou/ 副 形《ラテン》(=from the beginning)最初から(の)(略 ab init.)

a·bi·ot·ic /èɪbaɪɑ́(ː)ṭɪk/ 形 生命のない, 非生物の

ab·ject /ǽbdʒekt, +米 ―⌐/ 形《通例限定》❶ 悲惨な, 落ちぶれ果てた, 絶望的な ‖ live in ～ poverty 悲惨な貧乏暮らしをする ❷ 卑しむべき, 見下げ果てた ‖ an ～ liar 見下げ果てたうそつき ❸ 卑屈な, 卑劣な
ab·jéc·tion 名 U 惨めな[落ちぶれた]状態；卑しさ, 下賤(げせん)；卑屈；浅ましさ **～·ly** 副 **～·ness** 名

ab·jure /æbdʒúər/ 動 他 ❶《堅》〔国籍・信条など〕を(誓って)捨てる, (公式に)放棄する ❷《文》…を避ける, 慎む
ab·ju·rá·tion 名 U C《堅》誓ってやめること, (権利などの)放棄(の誓い)

ab·la·tion /æbléɪʃən/ 名 U ❶ (溶解・手術などによる)除去, 切除 ❷〘宇宙〙融除, アブレーション《宇宙船が大気圏に再突入する際, 高熱で頭部が融解・蒸発すること》❸〘地〙(氷河・岩石などの)削摩 **ab·láte** 動 他 自

ab·la·tive[1] /ǽbləṭɪv/〘文法〙名 U 奪格；C 奪格の語[句] — 形 奪格の

ab·la·tive[2] /æbléɪṭɪv/ 形 ablation の

ab·laut /ǽblaut/ 名 U〘言〙(印欧語における) 母音交替 (drink, drank, drunk など)

a·blaze /əbléɪz/ 形《叙述》❶ 燃えて (on fire) ❷〈色などで〉輝いて〈**with**〉❸〈…で〉興奮して, 熱狂して, 激して〈**with**〉‖ ～ *with* rage 火のように怒って

a·ble /éɪbl/

中心義 (…に必要な)能力がある
— 形〔▶ ability 名〕❶ (**better ～**, **more ～**；**best ～**, **most ～**)《叙述》《be ～ to *do* で》(…することが) **できる**, (…する) 能力がある (↔ unable) ‖ I'll be ～ *to* see you one of these days. 近いうちにお目にかかれるでしょう / Ellen is **better** [OR more] ～ *to* run the committee than I am. エレンの方が私よりうまく委員会を運営できる (◆ 強調には very ではなく well を用いるのがふつう. また比較級・最上級には more, most よりも better, best を使う方がやや多い)

語法 ☆☆ **be able to と can**
(1)「能力」を表す can には未来形・不定詞形・分詞形がないので, それを補うために be able to を用いる.〈例〉Not *being able to* speak French, Oscar had a lot of trouble getting around in Paris. フランス語が話せなかったので, オスカーはパリを歩き回るのに大いに苦労した / Have you *been able to* find time to sleep? 眠る時間はありましたか
(2) can は生物・無生物とも主語にできるが, be able to は一般に無生物は主語にできない.〈例〉No book *can* teach you to swim. どんな本も泳ぎ方は教えてくれない(◆ この例ではふつう be able to は使わない)
(3) could は仮定法で用いることが多いので, 文脈上過去であることが明らかな場合以外は, was [OR were] able to で代用することが多い. また, could は一定の期間持っていた能力を表すのに対し, was [OR were] able to は実際に行われた特定の出来事についていうことが多い. ⇨ COULD〈例〉I *could* swim one kilometer when I was ten. 10歳の時1キロ泳ぐことができた (◆ 当時の能力を表す) / I *was able to* swim one kilometer in fifteen minutes the other day. 先日1キロを15分で泳ぐことができた (◆ 実際に泳いだという事実を表す) それに対して, used to be able to は過去に持っていた能力を表し, 現在はその能力がないことを暗示する.〈例〉I used to *be able to* swim one kilometer. 以前は1キロ泳ぐことができたのだが(今はできない)
(4) 通例 be able to の直後に受身形を用いることはできない. その場合, can を用いる.〈例〉He *can* [×is able to] be persuaded easily. 彼は説得されやすい

❷ (a·bler, more ～; a·blest, most ～) 《限定》**有能な**, 上手な (↔ incapable) (⇨ 類語) ‖ a highly ～ businessman 非常に有能な実業家 / the *ablest* [OR most ～] student in my class 私のクラスで最も優秀な学生

類語 《❷》 **able** 補語として be able to *do* などの形で用いられるときは単に「…できる」の意を表すが, 名詞の前に置かれた場合はふつう以上によくできる優れた能力を持つことを表す.〈例〉an *able* statesman 有能な政治家
capable 問題を解決したり職務をこなしたりする［発揮され得る］十分な能力を持っていることを表す.〈例〉a *capable* teacher 有能な教師
competent 熟達した技能・能力を持つことを示す.〈例〉a *competent* interpreter 有能な通訳

▸▸ **～ séaman** 名 C 〖英海軍〗2等水兵 (略 AB, A.B.) (→ ordinary seaman)

-able /-əbl/ 接尾 《形容詞語尾》 ❶「…できる, …され得る」の意 ‖ drink*able*, mov*able* ❷「…にふさわしい, …に値する」の意 ‖ lov*able* ❸「…する傾向のある, …の性質を持った, …の状態の」の意 ‖ change*able*, knowledge*able* (⇨ -IBLE)　**-ably** 接尾 《副詞語尾》

àble-bódied ◁ 形 身体強壮［健全］な
▸▸ **～ séaman** 名 C (商船などの)熟練船員

áble·ism 名 U (身体的)弱者に対する差別, 健常者優位主義　**-ist** 名 形

a·bloom /əblúːm/ 形 《叙述》花が咲いて, 開花して

ab·lu·tion /əblúːʃən/ 名 U/C 《しばしば ～s》〖宗〗沐浴(もくよく), (教会の)洗浄式; 《堅》《戯》体を洗うこと

a·bly /éɪbli/ 副 うまく; 見事に, 巧みに; 有能に

ABM /èɪ biː ém/ 名 =antiballistic missile

ab·ne·gate /ǽbnɪɡèɪt/ 動 他 《堅》 ❶〔権利・主張など〕を放棄する, 捨てる ❷…を拒否する, 〔楽しみなど〕を断つ
àb·ne·gá·tion 名 U (権利などの)放棄; 拒否

*__ab·nor·mal__ /æbnɔ́ːrməl/ 形 (**more ～; most ～**) (悪い意味で) ふつうとは異なる, 異常な; 病的な, 変態の (↔ normal) (♦ よい意味でふつうとは異なる場合は exceptional や extraordinary などを使う) ‖ ～ behavior 常軌を逸した行動 / ～ blood pressure 高［低］血圧
～·ly 副

ab·nor·mal·i·ty /æ̀bnɔːrmǽləṭi/ 名 (複 **-ties** /-z/) ❶ U 異常, 変則; 変態 ❷ C 異常なもの［こと］, 奇形(物)

*__a·board__ /əbɔ́ːrd/ 副 ❶ (船・飛行機・列車・バスなどに)乗って, 船［車, 機］内に ‖ go ～ 乗船［乗車］する, 乗り込む / Welcome ～! ご搭乗［ご乗船］ありがとうございます; (新メンバーに対して)ようこそ ❷ (組織・団体などに)新メンバーとして加わって ‖ He came ～ as the new chairman. 彼は新会長として経営陣に加わった ❸〖野球〗塁に出て (on base)
Àll abòard! (乗客に)皆さんお乗りください, 出発します
— 前 …に乗って ‖ We flew to the island ～ a small plane. 私たちは小型機に乗って島まで飛んだ / go ～ a ship 乗船する
語源 *a*- on+board(板・甲板): 甲板上に

a·bode¹ /əbóʊd/ 名 ❶ C 《通例単数形で》《堅・文》居住地, 住所, 住居 ‖ a person of [OR with] no fixed ～ 〖英法〗住所不定の人 ❷ U 居住; 《古・文》逗留(とうりゅう) ‖ the right of ～ 居住権 / take up one's ～ 居を構える

a·bode² /əbóʊd/ 動 abide の過去・過去分詞の1つ

*__a·bol·ish__ /əbɑ́(ː)lɪʃ | əbɔ́l-/ 動〔▶ abolition 名〕他〔制度・慣習など〕を廃止する, なくす (≒ do away with) ‖ We must completely ～ nuclear weapons. 核兵器を廃絶しなければならない / ～ the death penalty 死刑を廃止する　**～·ment** 名

*__ab·o·li·tion__ /æ̀bəlíʃən/ 名〔◁ abolish 動〕U (制度・慣習などの)廃止, 廃絶; 奴隷制度廃止
～·ism 名　**～·ist** 名 C 廃止論者; (特に)奴隷制廃止論者

ab·o·ma·sum /æ̀boʊméɪsəm/ 名 (複 **-sa** /-sə/) C 〖動〗反芻(はんすう)動物の第4番目の胃; 皺胃(しゅうい)

*__A-bomb__ /éɪbɑ̀(ː)m | éɪbɔ̀m/ 名 C 原子爆弾 (atomic [OR atom] bomb)

a·bom·i·na·ble /əbɑ́(ː)mɪnəbl | əbɔ́m-/ 形 ❶ 嫌悪感を起こさせる, 憎むべき ❷ 実に不快な, ひどい　**-bly** 副
▸▸ **Abòminable Snówman** 名 《しばしば a- s-》 C (ヒマラヤに住むといわれる)雪男 (→ yeti)

a·bom·i·nate /əbɑ́(ː)mɪnèɪt | əbɔ́m-/ 動 他 《進行形不可》《堅》…を嫌悪する, 忌み嫌う; …をひどくいやがる

a·bom·i·na·tion /əbɑ̀(ː)mɪnéɪʃən | əbɔ̀m-/ 名 ❶ C 大嫌いなもの［こと］; 忌まわしい行為［習慣］ ❷ U 《文》嫌悪, 憎悪

ab·o·rig·i·nal /æ̀bərídʒənəl/ ◁ 形 ❶ 原生の, 先住の, 土着の; 先住民の ‖ ～ fauna [flora] 土着動物［植物］ ❷ 《通例 A-》オーストラリア先住民の
— 名 C 先住民; 《通例 A-》(特に)オーストラリア先住民; オーストラリア先住民の言語　**～·ly** 副

ab·o·rig·i·ne /æ̀bərídʒəniː/ 名 C ❶ 先住民; 《通例 A-》アボリジニ (オーストラリア先住民) ❷ 《～s》土着の植物［動物］

a·born·ing /əbɔ́ːrnɪŋ/ 副 形 《叙述》《主に米》生まれかけて［た］, できる途中で［の］

a·bort /əbɔ́ːrt/ 動 自 ❶ (妊婦が) 流産する ❷ (計画などが)失敗に終わる, お流れになる; 💻(プログラムが)強制終了する ❸ (器官などが) 発育［成長］不全になる — 他 ❶〔胎児〕を流産する; 〔妊娠〕を中絶する ❷〔計画など〕を中止にする; 〔ミサイルなどの飛行〕を中断する; 💻〔プログラム・処理〕を中断する, (途中で)強制終了させる — 名 U (計画などの)中止, 失敗; (ミサイル・ロケットなどの)中途での飛行取りやめ; C 中断された［頓挫(とんざ)した］計画［企て］, C U 💻(プログラム・処理の)中断, (途中での)強制終了

a·bor·ti·fa·cient /əbɔ̀ːrṭəféɪʃənt | -ti-/ 形 (主に薬が) 流産を起こす, 堕胎(だたい)用の — 名 C 堕胎薬

*__a·bor·tion__ /əbɔ́ːrʃən/ 名 ❶ U 妊娠中絶, 堕胎; 流産(♦「(自然)流産」の意味では通例 spontaneous abortion) ❷ C 中絶手術 ‖ have an ～ 中絶手術を受ける ❸ C (計画などの)失敗; 《比喩的に》流産 ❹〖生〗U (動植物・器官などの)発育不全［停止］; C 発育不全の器官; C 奇形
～·ist 名 C (不法な)堕胎医

a·bor·tive /əbɔ́ːrṭɪv/ 形 ❶ 失敗に終わった, 実を結ばない ❷《旧》〖生〗発育不全の, 未発達の ❸〖医〗早産の; 流産(促進)の　**～·ly** 副

ÀBÓ sỳstem 名 《the ～》〖生理〗ABO式分類法 (血液をA, AB, B, Oの4型に区分する分類法)

a·bou·li·a /əbúːliə/ 名 U 意志喪失

*__a·bound__ /əbáʊnd/ 動 自 ❶ いっぱいある［いる］‖ Rumors about UFOs ～. UFOについてのうわさはたくさんある ❷ 《+ in [with] 名》(場所が)〔生物・資源など〕に富む ‖ The country ～*s in* [OR *with*] mineral resources. その国は鉱物資源が豊富だ / The lake ～*s with* fish. (=Fish ～ in the lake.) その湖には魚がたくさんいる

***__a·bout__ /əbáʊt/ 前 副

中心義 **Aの周辺に** (★Aは「事柄」「場所」「人」など多様)

— 前 ❶ (関連) **a** **…について(の), …に関して(の)** ‖ He knows a lot ～ computers. 彼はコンピューターについてよく知っている / a book ～ animals 動物についての本
b 《感情を表す形容詞の後に用いて》…(のこと)について(は) ‖ I'm sorry ～ the accident. その事故については気の毒に思います

語法 ☆☆ **about と on**
about と on は共に「関連」を表すが, on が改まった専門的な内容について用いられるのに対し about はより一般的な話題を表す口語的な表現である.〈例〉a paper *on* the war その戦争に関する論文 / a movie *about* the war その戦争を題材にした映画

❷ 《場所》(♦ 《米》ではふつう around を用いる) **a** **…の周りに［の］, …の周囲に［を］** ‖ He looked ～ him. 彼は周りを見回した

b …の辺りに[の], …の近くに；…のあちこちに, …の至る所に ‖ Rumpled clothes were scattered ～ the room. しわくちゃの衣類が部屋中に散らかっていた / travel ～ Germany ドイツを旅して回る

❸《所持·付随》 **a** …の身につけて, 持ち合わせて(♦ 小さなものについて用いる. → on, with) ‖ I have no money ～ me. 金の持ち合わせがない

b …に付随して, …(の身辺)には(♦ 人の性格や物の性質などを表す) ‖ There is something fishy ～ him. 彼には何かあやしいところがある

❹《従事·目的》…に従事して[携わって]；…を目的として[意図して] ‖ What are you ～ here? ここで何をしているの / What was it all ～? それは一体どういうことだったのだ / Winning is what it's all ～. 肝心[大切]なのは勝つことだ (♦ 意図·目的を表す場合は all を伴う場合が多い) / Her business is all ～ making money. 彼女の商売はもっぱら金もうけが目的だ

COMMUNICATIVE EXPRESSIONS

1 "I'm wórried." "**Abòut whát?**" 「心配だな」「何が」(♥「何についてだ」と聞き返す表現)

2 **Abòut** your hándout, can you màke it mòre réadable? NAVI 君の配布用プリントについてだが, もっと読みやすくしてもらえるかな(♥ 話題の切り出しに用いる)

3 **Whìle you're abóut it**, could you lòok ùp anòther address? ついでに, もう1つ住所を調べてくれますか

―副《比較なし》❶《近似》 **a** 《数詞を伴って》**およそ…, 約…** (approximately) (❗「アバウトな性格」は easy [OR generous] personality のようにいう) ‖ ～ a mile 約1マイル / The party starts (at) ～ 6 p.m. パーティーは午後6時ごろに始まる (♦ 時間をいう場合 at は省略することが多い. ⇨ PB 03)

PLANET BOARD 03

at about [OR around] ... (o'clock) (「…時頃に」)の at を省略するか.

問題設定 「…時頃に」という場合, at about [OR around] ... (o'clock) の at はしばしば省略されるとされるが, 実際はどうかを調査した.

Q 次の表現のどちらを使いますか.

(1) (a) We left home **at about** 7 o'clock.
(b) We left home **about** 7 o'clock.
(c) 両方
(d) どちらも使わない

(2) (a) We left home **at around** 7 o'clock.
(b) We left home **around** 7 o'clock.
(c) 両方
(d) どちらも使わない

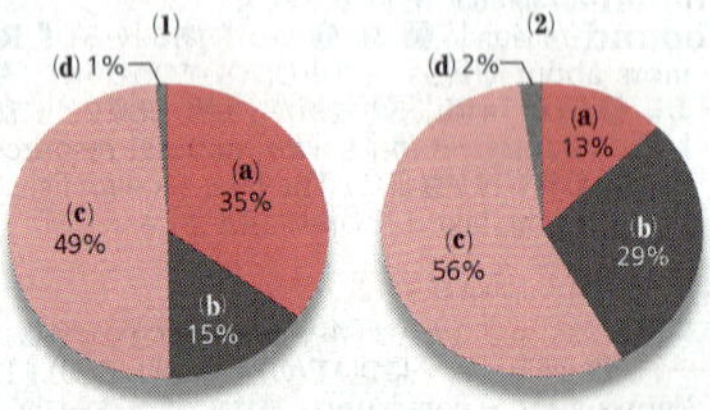

about, around のいずれを用いた場合でも, 両方使うと答えた人が半数を超え, 最も多かった. (1) の about を用いた場合は (a) のみが35%, (b) のみが15%, (2) の around を用いた場合は (a) のみが13%, (b) のみが29%で, around を用いた場合の方が at を省略する傾向が強くなっており, その傾向は《英》よりも《米》でより顕著だった. 大多数の人が「(a) と (b) で明確な意味の違いはないものの, (b) の方が《口》である」とコメントしている.

学習者への指針 at about [OR around] ... (o'clock) の at は省略してもしなくても意味の違いはなく, 特に《口》ではしばしば省略される.

b 《口》**ほとんど**, およそ ‖ John is ～ the same height as you. ジョンは君とほぼ同じ背の高さだ (＝John is almost the same height ....) / The doctor's ～ the best there is. その医者は中でも最高と言っていい / I've had just ～ enough of your complaining. 君の愚痴はもうたくさんだ(♥ 皮肉や強調の意味を表すことがある)

❷《場所》(♦《米》ではふつう around を用いる) **a 周りに[を]**, 周囲に[を] ‖ She looked ～. 彼女は辺りを見回した

b 辺りに, 身近に；**あちこちに**, 方々(…して回って) ‖ Is your mother ～? お母さんはいらっしゃいますか / Children were running ～ in the streets. 子供たちが通りで駆け回っていた

c 《fool, hang, mess, sit などの動詞とともに用いて》ぶらぶらと, 当てもなく, 時間を無駄にして(♥ あまり好ましくないことを続けるというニュアンスになることがある) ‖ The boys were standing ～ in the street. 少年たちは何もしないで街路に立っていた

d ぐるりと回って, 1回転して；周囲…；後ろに向いて, 半回転して；〖海〗上手(ｳﾜﾃ)回しに ‖ The lake is a mile ～. その湖は周囲が1マイルある / go ～ in circles 輪を描いて回る / put a ship ～ 船を上手回しにする

❸《活動》動いて；起きて, 働いて；行われて；(病気が)はやって ‖ Rumors are going ～ concerning the transfer student. 転入生についてのうわさが飛び交っている / There's a lot of flu ～ now. 現在インフルエンザが大流行している

❹ 連続して, 相次いで

*__*be abòut to dó*__* (今にも)…**しようとしている** (♦ be going to *do* よりも差し迫った未来を表すのに用いられ, 時を示す副詞(句)を伴わない) ‖ I'*m* just ～ *to* go to bed. ちょうど寝ようとしているところだ / He *was* ～ *to* hang up when a woman came on the line. 彼が電話を切ろうとしたときに女性が電話に出た (♦ 過去形ではしばしばそのとおりに実行されなかったことを暗示する)

be nòt abòut to dó …する意図はない；(頑として)…しない決意である ‖ We *are not* ～ *to* talk with them. あの連中と対話するつもりは全くない(♥ 強い否定的な意思も表す)

abòut-fáce 名 C《通例単数形で》❶ (軍隊などでの) 回れ右 ‖ do an ～ 回れ右をする ❷ (態度·見解などの) 180度の転換, 急激な転向 ―動 自 回れ右をする；転向する

abòut-túrn 名 動《英》＝about-face

******a·bove** /əbʌ́v/ (↔ below) (→ over) 前 副 形 名

中心義 …**から間隔をおいた上方に** (★具体的な「位置」だけでなく, 「能力」など抽象的なものについても用いる)

―前 ❶ …**の上(の方)に[の]**, …より高く[い] (⇨ ON 語法) ‖ I live in an apartment ～ the barbershop. 私は理髪店の上のアパートに住んでいます / The mountain is more than 3,000 meters ～ sea level. その山は海抜3,000メートル以上ある / ～ the horizon 地平線より上に

❷ (数量·程度などが) …**より以上に** ‖ Applicants must be ～ the age of 19. 応募資格は20歳以上です (♦ ふつう19歳は含まれない) / ～ (the) average 平均以上の[に] (♦ above three hundred people (300人以上) のように数詞に直接つく場合は over や more than の方がふつう. → 語法 (2)) (→ 副 ❷)

❸ (能力·地位などが) …**より勝って**, …より高位[上位]で(♥ 地位の上下による支配·従属関係を表すには over を用いる) ‖ She ranks ～ her sister as a skier. 彼女はスキーヤーとしては妹より上だ / Should we value safety ～ profit? 利益より安全を優先させるべきだろうか / Health is ～ wealth. 健康は富に勝る

❹ 《be ～ で》…**の及ばない**, …を超越した ‖ It is ～ [my understanding [OR me, my head]. それは私には理解

できない（♦ beyond の方がふつう）/ His reliability is ~ suspicion [criticism]. 彼の信頼性は疑問を挟む［批判する］余地がない
❺《be ~ (*doing*) で》(高潔なので)…のような(はしたない)ことは**しない** ‖ She is ~ telling lies. うそをつくような女ではない / He is not ~ begging. 彼は物ごいをすることだって(けっこう)やってのける
❻(音が)…より(ひときわ)高く ‖ A bell was heard ~ the noise. 騒音にも消されずに鐘の音が聞こえた ❼…の**上流に**；…の北に ‖ a house ~ the bridge 橋の上流にある家 / fifty miles ~ London ロンドンの50マイル北に

above all (***else***) ⇨ ALL(成句)
abòve and beyónd ... …に加えて，…の上に
abóve oneself 身の程を忘れて

語法☆☆ above と over
(1) 空間的に上のことをいうときは，above と over はほぼ同様に使われる．ただし，over の方が広がりを持った「上」を意味するので物体が上を移動するときは，over が使われる．over は「…を覆って」の意味でも使われる．〈例〉He pulled a blanket *over* his head. 彼は頭の上まで毛布を引っ張り上げた
(2)「…以上」の意味のときは，above は固定した基準をもとにするが，over は具体的な数値についていう．〈例〉*above* (the) average（平均以上）

—副《比較なし》❶**上に**，頭上に ‖ the sky ~ 頭上の空 /「in the room [on the floor] ~ 上の部屋［階］に
❷**以上に** ‖ Applicants must be 20 or [OR and] ~. 応募資格は20歳以上です（♦ and よりも or の方が一般的）(→ 前 ❷)
❸(本などで)**前(の部分)で** ‖ **See** ~. 前を参照せよ / as (is) **mentioned** [OR **described**] ~ 前述のとおり（♪ as I said earlier [OR before]）(→ above-mentioned)
❹《数字の後にきて》(温度が)プラス…度（↔ below）‖ The temperature is ten ~. 気温はプラス10度だ
from abóve（空間的・社会的に）上から(の) ‖ seen *from* ~ 上から見た［見ると］/ orders *from* ~ 上からの命令
—形《比較なし》《限定》上記の，前述の ‖ the ~ description 上記の記述（♦ 名詞の後にもくる．この場合は副詞的になる．→ 副 ❶）
—名《the ~》上記［前述］の人［こと］（♦ 内容によって単数・複数のどちらにも扱われる）‖ judging from the ~ 上記のことから判断すると

àbove-áverage 形 平均以上の，平均値を超えた (above-norm)（↔ below-average）

a·bóve·bòard /英 ---/ ⊲ジ 副 形《叙述》隠し立てをせずに［しない］，公明正大に［な］（↔ underhand）

abóve-gròund 形 地上の；公然の（↔ underground）；生存して ‖ an ~ parking lot《米》地上駐車場

abòve-méntioned ⊲ジ 形《限定》上述の，前述の

abòve-the-fóld 形（新聞の）一面トップの；💻（ウェブサイトの）ページの最上部の

ab o·vo /æb óuvou/ 副《ラテン》(=from the egg)《文》最初から(from the beginning)

abp., Abp. 略 archbishop

ab·ra·ca·dab·ra /æbrəkədǽbrə/ 名 U ❶ アブラカダブラ《奇術師の呪文(じゅもん)．日本語の「ちちんぷいぷい」に相当》；呪文 ❷ 訳のわからない言葉，ちんぷんかんぷん，たわごと
—間 アブラカダブラ《奇術師の掛け声》

a·brade /əbréɪd/ 動 他 自（こすって）すりむく［むける］；侵食する［される］

A·bra·ham /éɪbrəhæ̀m/ 名【聖】アブラハム《ヘブライ人の最初の族長，ユダヤ人の始祖》

a·bra·sion /əbréɪʒən/ 名 ❶ C すりむいた所，擦過部，すり傷；摩損箇所；U（皮膚を）すりむくこと ❷ U（岩石などの）削摩；（機械の）摩滅

a·bra·sive /əbréɪsɪv/ 名 C 研磨剤 —形 ❶（人・態度が）無神経な，失礼な；（音が）耳障りな ❷ すりむく，摩耗させる；研磨用の **~·ly** 副 **~·ness** 名

ab·re·act /æ̀briǽkt/ 動 他【心】〔抑圧された感情〕を解除［解放］する **-ác·tion** 名 U【心】解除反応

a·breast /əbrést/ 副 ❶ 並んで，並行して(side by side) ‖ 10-~ seating 10人がけの座席 ❷〈時勢などに〉遅れずに〈**of**〉
****kèep*** [OR ***stày***] ***abréast of ...*** 〔時勢など〕に遅れないようにする

a·bridge /əbrídʒ/ 動 他 ❶（大意を損なわずに）…を要約する，圧縮する ‖ an ~*d* version 縮約版 ❷〔権利・規模など〕を縮小する；《まれ》〔距離など〕を短縮する ❸《古》【法】〔人〕から〈権利などを〉奪う〈**of**〉

a·bridg·ment, a·bridge- /əbrídʒmənt/ 名 U ❶ 要約，短縮，縮小 ❷ C 短縮したもの，縮約版，抄本 ❸【法】(権利の)剥奪

****a·broad** /əbrɔ́ːd/《発音注意》中心義 広い方へ
—副《比較なし》❶ **国外で［に］**，海外で［に］（↔ at home）‖ I want to study ~. 私は留学したい / **travel** ~ 海外旅行をする（♦ ×travel to ~ としない）/ **go** ~ 海外（旅行）に行く / live ~ 国外で暮らす（♦ ×live in ~ としない）/ at home and ~ 国内外で［に］/ news *from* ~ 国外からのニュース
❷ 広く，広範にわたって；（うわさなどが）流布して ‖ scatter seed corn ~ トウモロコシの種を広範囲にまく / There's a rumor ~ that the beach will be closed. その砂浜は閉鎖されるといううわさだ
❸《旧》戸外［屋外］で［に］(outdoors)
語源 *a*-（方へ）+-*broad*（広い）

ab·ro·gate /ǽbrəgèɪt/ 動 他《堅》…を取り消す，排除する；〔法律など〕を廃止する **àb·ro·gá·tion** 名

***ab·rupt** /əbrʌ́pt/ 形 ❶ 突然の，予期しない，唐突な，不意の，あっけない（⇨ SUDDEN 類語）‖ The game came to an ~ end. 試合は突然終わった / an ~ change of mind 突然の心変わり ❷〈…に〉ぶっきらぼうな〈**with**〉‖ He is ~ *with* girls. 彼は女の子に対してぶっきらぼうだ / an ~ manner 無愛想な態度 ❸（文体などが）脈絡のない，飛躍の多い ❹（崖(がけ)などが）非常に険しい；急に変化する ‖ an ~ turn in a river 川の急カーブ **~·ness** 名
語源 *ab*- off+-*rupt* break：折る，中断する

***ab·rúpt·ly** /-li/ 副 突然に；ぶっきらぼうに

abs /æbz, əbz/ 名 複《口》腹筋（運動）‖ six-pack ~ たくましい腹筋

ÀBŚ 略 *a*crylonitrile-*b*utadiene-*s*tyrene（ABS樹脂）《高性能プラスチックの一種》；*a*nti-lock *b*raking [OR *b*rake] *s*ystem（アンチロックブレーキ装置）

abs- 接頭《c, q, t の前で》=ab- ‖ *abs*tract

ab·scess /ǽbses/ 名 C【医】膿瘍(のうよう)，はれ物
—動 自 はれ物ができる

ab·scis·sa /æbsísə/ 名（複 **~s** /-z/ OR **-sae** /-síːsiː/）C【数】横座標，横軸（↔ ordinate）

ab·scis·sion /æbsíʃən/ 名 U ❶（外科手術などによる）切除，切断 ❷（果実・葉などの）脱落，離脱

ab·scond /əbskɑ́(ː)nd | -skɔ́nd/ 動 自〈…から〉逃亡［脱走］する〈**from**〉；〈…を〉持ち逃げする〈**with**〉；〈…と〉駆け落ちする〈**with**〉 **~·er** 名 C 逃亡者

ab·seil /ǽbseɪl, ǽp-, -saɪl/ 名 U【登山】（ザイルによる）懸垂下降，アップザイル —動 自 懸垂下降する

****ab·sence** /ǽbsəns/
—名〔⊲ absent 形〕（複 **-senc·es** /-ɪz/）（↔ presence）
❶ U **いないこと**，不在；**欠席，欠勤**（⇨ LACK 類語）‖ No one noticed his ~. だれも彼のいないこと［欠席］に気がつかなかった / Who is in charge in [OR during] her ~? 彼女がいない場合はだれが責任者ですか / *Absence makes the heart grow fonder.*《諺》会わずにいると思いが募る / **sickness** ~ 病欠
❷ C（1回の）〈…の〉**欠席，欠勤**，不在期間〈**from**〉‖ frequent ~*s from* school [office] たびたびの欠席［欠勤］/ after「a long [ten years'] ~ 長い間［10年間］留守にした後で

❸ Ⓤ/Ⓒ《単数形で》ないこと，欠如 ‖ The ～ of information created the misunderstanding between us. 情報の欠如が私たちの間の誤解を招いた / a **complete** ～ of ethics 倫理感の完全な欠如
❹ Ⓤ 放心(状態) ‖ ～ of mind 放心(状態)，上の空
conspicuous by one's absence ⇨ CONSPICUOUS（成句）
in the ábsence of ... …がない[いない]ので
語源 *ab-* away＋*-sence* being（存在）：離れていること，ここにいないこと

*__ab·sent__ /ǽbsənt/ 《アクセント注意》(→ 動 前)
中心義 **離れて存在する**
形〔▶ absence 名〕《比較なし》(↔ present¹) ❶〈…の場所に〉いない，不在の；欠席[欠勤]の〈**from**〉‖ Who is ～ today? 今日休んでいるのはだれですか / Several pupils were ～ *from* school. 何人かの生徒が学校を休んでいた（♦ absent は当然いるべき所（授業・仕事など）にいないことを表す．「留守で」の意味では be out, be not in などを用いる）❷〈…に〉ない，欠けた〈**from**〉‖ Safety concerns were ～ *from* their minds. 安全に対する注意が彼らには欠けていた ❸《限定》ぼんやりした，放心した(absentminded) ‖ an ～ look 放心したような表情
—動 /æbsént, əb-/《発音注意》(～**s** /-s/；～**·ed** /-ɪd/；～**·ing**) 他《～ oneself で》〈…を〉欠席[欠勤]する〈**from**〉‖ He ～*ed* himself *from* the meeting. 彼は会議を休んだ
—前 /ǽbsənt/《米》…なしで（without）‖ ～ any other evidence ほかの証拠がないので
～·ly 副 ぼんやりと，放心して
語源 *ab-*（離れて）＋*sent*（存在する）

ab·sen·tee /æ̀bsəntíː/ ⊲シ 名 Ⓒ ❶ 欠席[勤]者 ❷ 不在者；(＝～ **lándlord**) 不在地主；(＝～ **vóter**) 不在投票者 —形 不在(者)の
▶▶ ～ **bállot** 名 Ⓒ《米》不在者投票(用紙)(《英》postal vote) ～ **vóte** 名 Ⓒ《米》不在者投票

***àbsentée·ism** 名 Ⓤ 常習的[計画的]欠勤[欠席]
àbsent·mínded ⊲シ 形 忘れっぽい；上の空の
～·ly 副 **～·ness** 名

ab·sinthe, -sinth /ǽbsɪnθ/ 名 ❶ Ⓒ【植】ニガヨモギ(wormwood)；Ⓤ ニガヨモギのエキス ❷ Ⓤ アブサン《ニガヨモギで香りをつけた緑色の蒸留酒》

ab·sit o·men /æ̀bsɪt óumən/ 間《ラテン》(＝May this omen be absent.) そんなことがありませんように；くわばらくわばら

*__ab·so·lute__ /ǽbsəljùːt, ⁻⁻⁻/《アクセント注意》
中心義 **絶対の，完全な**
形《比較なし》《通例限定》（♦ very などの強意語はつかない）❶ 絶対の，絶対的な (↔ relative)；究極の ‖ Mom has ～ authority [OR power] in our family. ママは家族の中で絶対的権威を持っている / in ～ terms 絶対的な見地からすれば；絶対数[量]では ❷ 完全な；全くの；純粋の ‖ The silence was ～. その静けさたるや完全なものであった / ～ perfection 完全無欠 / an ～ lie 真っ赤なうそ / in ～ isolation 全く孤立して ❸ 独裁の，専制の；無条件の，制約されない ‖ an ～ monarch 独裁者，専制君主 / ～ freedom 無制限の自由 ❹ 確固たる，断固とした；明確な，確実な，実際の ‖ an ～ fact 確固たる事実 ❺【文法】遊離した，独立（用法）の ‖ an ～ construction 独立構文 ❻【法】無条件の，最終的な
—名 Ⓒ 絶対的なもの；《the A-》絶対者 ‖ belief in ～*s* 絶対的なものへの信仰 **～·ness** 名
▶▶ ～ **álcohol** 名 Ⓤ 無水アルコール，純アルコール ～ **mágnitude** 名 Ⓤ【天】絶対等級 ～ **majórity** 名 Ⓒ 絶対多数，過半数 ～ **músic** 名 Ⓤ 絶対音楽 ～ **pítch** 名 Ⓤ Ⓒ【楽】絶対音高；絶対音感（perfect pitch）～ **témperature** 名 Ⓤ Ⓒ【理】絶対温度 ～ **válue** 名《the ～》【数】絶対値 ～ **zéro** 名 Ⓤ【理】絶対零度（−273.15℃）

‡__ab·so·lute·ly__ /ǽbsəljùːtli, ⁻⁻⁻⁻/ (⇨ 語法)
—副《比較なし》（♦ very などの強意語はつかない）❶ 全く，完全に；きっぱりと，無条件に ‖ You are ～ **right**. 全く君の言うとおりだ / We can trust him ～. 彼のことは完全に信頼できる / I ～ refuse. きっぱりお断りします
❷《強意》非常に；《否定文で》全く(…ない) ‖ I ～ detest him. あの男は大嫌いだ / It's ～ pouring down. (雨が)どしゃ降りだ / It's ～ **necessary** to finish this work in time. この仕事は絶対に間に合わせる必要がある / We had ～ no means of getting in touch with you. 私たちにはあなたと連絡をとるすべが全くなかった
❸《会話の返事として》《口》全くそのとおり ‖ "Are you sure?" "*Absolutely!*" 「確かですか」「もちろん」/ "Do you believe in ghosts?" "*Absolutely* **not**!" 「幽霊はいると思うかい」「全然」
❹（ほかのものとの比較においてではなく）絶対的に
❺【文法】(構文・他動詞が)独立して
語法 ☆☆ 強勢の位置は，修飾する語句の前に置かれる場合には /⁻⁻⁻⁻/，後ろに置かれる場合，または ❸ のように単独で用いられる場合には /⁻⁻⁻⁻/ となることが多い．

ab·so·lu·tion /æ̀bsəljúːʃən/ 名 Ⓤ ❶（罰・義務などからの正式な）免除，放免 ❷【宗】赦免，罪の許し；罪の許しの宣言文

ab·so·lut·ism /ǽbsəljuːtɪzm/ 名 Ⓤ ❶ 絶対主義；専制[独裁]政治 ❷【哲】絶対論；【宗】予定説
-ist 名 Ⓒ 形 絶対主義者(の)

ab·solve /əbzɑ́(ː)lv, -sɑ́(ː)lv | -zɔ́lv/ 動 他 ❶〔人〕を赦免する，…に無罪を宣言する；〔人〕を〈義務・約束などから〉解放する〈**of, from**〉‖ ～ him *of* [OR *from*] all responsibility 彼の全責任を解除する ❷【宗】〔人〕に罪の許しを与える；〔罪〕を許す（♦ しばしば受身形で用いる）

‡__ab·sorb__ /əbzɔ́ːrb, -sɔ́ːrb/
中心義 **Aを吸収する**（★Aは「液体」など具体的なものから「知識」など抽象的なものまで含む）
—動〔▶ absorption 名〕(～**s** /-z/；～**ed** /-d/；～**·ing**)
—他 ❶〔液体・気体など〕を〈…の中に〉**吸収する**，吸い込む[取る]（≒ soak up）〈**into**〉；〔熱・光・音など〕を（反射せずに）吸収する（↔ emit）；〔衝撃など〕を緩和する ‖ Pollutants are ～*ed into* the soil. 汚染物質が土壌に吸い込まれる / ～ ink [moisture, sound] インク[湿気，音]を吸収する / ～ the impact 衝撃を受け止める
❷（会社・自治体などが）…を〈…に〉吸収[合併]する；…を併合する〈**into**〉（♦ しばしば受身形で用いる）‖ The company was ～*ed into* a larger corporation. その会社は大企業に吸収された
❸〔知識・思想など〕を吸収する，自分のものにする ‖ I can't ～ all the details so quickly. そんなに早く細かなところまで飲み込めません / A child's mind ～*s* information like a sponge. 子供は情報をスポンジのように吸収する頭を持っている
❹〔人〕を熱中させる；〔注意・時間など〕を奪う；〔収入など〕を費やさせる；《受身形で》〈…に〉夢中になる〈**in**〉‖ ～ all of my time 私の時間を全部とる[つぶす] / ～ their attention 彼らの注意を引きつける / He is ～*ed* in fishing. 彼は釣りに夢中だ
❺〔損失など〕に対処する，…を処理する
～·ed·ly /-ɪdli/ 副 **～·er** 名 Ⓒ 吸収するもの（→ shock absorber）

ab·sorb·ent /əbzɔ́ːrbənt, -sɔ́ːrb-/ 形 吸収性の，(液体を)よく吸い込む —名 Ⓤ Ⓒ 吸収性の物質；吸収剤
-ben·cy 名 Ⓤ 吸収性[力]
▶▶ ～ **cótton** 名 Ⓤ《米》脱脂綿(《英》cotton wool)

ab·sórb·ing /-ɪŋ/ 形（本などが）夢中にさせる，興味津々(しんしん)の

*__ab·sorp·tion__ /əbzɔ́ːrpʃən, -sɔ́ːrp-/ 名〔⊲ absorb 動〕Ⓤ ❶ 吸収 ‖ aid the ～ of nutrients 栄養素の吸収を助ける ❷〈…への〉統合，併合〈**in, into**〉❸〈…への〉専

心，熱中〈**in, with**〉‖ ～ *in* one's work 仕事への没頭

▸▸～ **spèctrum** 名 C 〘理〙(電磁放射の) 吸収スペクトル(↔ emission spectrum)

ab·sorp·tive /əbzɔ́ːrptɪv, -sɔ́ːrp-/ 形 =absorbent

***ab·stain** /əbstéɪn/ 動 自 ❶〈投票を〉棄権する〈**from**〉❷〈…を〉自制する，控える，慎む〈**from**〉; 禁酒する ‖ ～ *from* alcohol [smoking] アルコール [たばこ] を控える ❸《インド》〈仕事などを〉休む〈**from**〉 **～·er** 名 C (投票の) 棄権者; 〈…を〉慎む人〈**from**〉; 禁酒家

ab·ste·mi·ous /əbstíːmiəs/ 形〈飲食を〉節制する〈**in**〉; (衣食などが) 質素な

ab·sten·tion /əbsténʃən/ 名 C U〈投票での〉棄権〈**from**〉; U 自制，節制，慎むこと

ab·sti·nence /ǽbstɪnəns/ 名 U 断つこと，節制，自制，禁欲; 禁酒 (の習慣); 節制期間 ‖ total ～ 絶対禁酒
-nent 形 節制する，禁欲的な

abstr. 略 abstract

***ab·stract** /ǽbstrækt, +米ーー/ 《アクセント注意》(→ 名 動) 形 (**more ～; most ～**) ❶ 抽象的な (↔ concrete) (⇨ BYB) ‖ an ～ idea 抽象的観念 ❷ よくわからない，難解な，深遠な ‖ The explanation is too ～ for me. その説明は私には難しすぎる ❸ 理論的な，観念的な; 実際的でない ❹〘美〙抽象派の，アブストラクトの ‖ ～ art 抽象美術 / an ～ painting 抽象画

── 名 /ǽbstrækt/ (→ ❷) C ❶ 摘要，要約，抜粋 ‖ an ～ of a speech [paper] スピーチ [論文] の要約 ❷ /ーー/ 抽象的なもの，抽象的観念 ❸ 抽象主義の作品

in the ábstract 理論上 (は)，抽象的に [な]

── 動 /æbstrǽkt, ーー/ 《発音注意》(→ ❹) 他 ❶ …を〈…から〉分離する，抽出する; …を取り去る，除く〈**from**〉❷ …を〈…から〉盗む，くすねる〈**from**〉❸〔概念など〕を抽象する ❹ /, +米 ーー/ …を要約する，…の摘要 [抜粋] を作る ‖ ～ a scientific article 科学論文を要約する ❺〔水など〕を〈…から〉くむ〈**from**〉 **～·ly** 副 **～·ness** 名

語源 *abs-* away + *-tract* draw: (具体的な事柄から) 引き離す

▸▸～ **expréssionism** 名 U〘美〙抽象表現主義《第2次大戦後の米国絵画の一派》 ～ **nóun** 名 C〘文法〙抽象名詞 ～ **of títle** 名 C〘法〙(不動産の) 権原要約書《土地に対する権利の変動を要約した文書》

ab·stract·ed /æbstrǽktɪd/ 形 放心した，ぼんやりした，物思いにふけった ‖ with an ～ air ぼんやりして
～·ly 副 **～·ness** 名

ab·strac·tion /æbstrǽkʃən/ 名 ❶ C 抽象概念; 抽象名辞; 非現実的な考え，空論 ❷ U 放心，上の空 ❸ U 分離，抽出 ❹ U 抽象 (化); 抽象性; C 抽象芸術作品
～·ìsm 名 U〘美〙抽象主義; 抽象表現 **～·ist** 名 C 形 抽象美術家 (の); 抽象主義者 (の)

ab·struse /æbstrúːs/ 形 難解な; 深遠な

***ab·surd** /əbsə́ːrd, -zə́ːrd/ 形 (**more ～; most ～**) (ばからしいほど) 道理に合わない，不合理な，不条理な; ばかげた，おかしな (↔ sensible) (⇨ FOOLISH 類語) ‖ Don't be ～! ばか言うなよ / It is ～ of you to fear mice. ネズミを怖がるなんてばかげてるよ ── 名 《the ～》ばかげたこと
～·ism 名 U 不条理主義 **～·ist** 名 形 **～·ness** 名

ab·surd·i·ty /əbsə́ːrdəṭi, -zə́ːrd-/ 名 (複 **-ties** /-z/) U 不合理，不条理; ばからしさ; C ばかげたこと [言動]

ab·súrd·ly /-li/ 副 不条理に，ばかばかしいほど，途方もなく; 《文修飾》ばかげたことに (は)

A·bu Dha·bi /àːbu dáːbi | æbu-/ 名 アブダビ《アラブ首長国連邦の首都》

A·bu·ja /əbúːdʒə/ 名 アブジャ《ナイジェリアの首都》

***a·bun·dance** /əbʌ́ndəns/ 名 ❶ U/C《単数形で》豊富，十二分，潤沢; 多量，多数 ‖ There was an ～ of wildlife [natural resources]. 野生生物 [天然資源] が豊富だった ❷ U 富

**in abúndance* 豊富に，裕福に

***a·bun·dant** /əbʌ́ndənt/ 形〈…の〉豊富な，〈…が〉非常にたくさんの〈**in**〉; 有り余るほどの ‖ The country is ～ *in* coal. = Coal is ～ in the country. その国は石炭が豊富だ / an ～ supply of water 水の十分な供給 **～·ly** 副

***a·buse** /əbjúːz/ 《発音注意》(→ 名) 動 (**a·bus·es** /-ɪz/; **～d** /-d/; **a·bus·ing**) 他 ❶〔権力・地位など〕を悪用する ‖ ～ one's authority [power, position] 権威 [権力，地位] を悪用する ❷〔薬物・アルコールなど〕を乱用する ‖ ～ drugs 薬物を乱用する ❸ …を虐待する; …を性的に虐待する ‖ People who were ～*d* as children are likely to ～ their own children. 子供のころ虐待を受けた人たちは自分の子供を虐待しがちだ ❹ …をののしる，…の悪口を言う

── 名 /əbjúːs/ (複 **a·bus·es** /-ɪz/) ❶ U/C《単数形で》誤用，悪用，乱用 ‖ language use and ～ 言語の正用と誤用 / prevent an ～ of power 権力の乱用を防ぐ / drug ～ 薬物乱用 ❷ U/C《～s》虐待 ‖ child [sexual] ～ 児童 [性的] 虐待 / animal ～ 動物虐待 ❸ U ののしり，悪態 ‖ shout ～ at him 彼に悪態をついてどなる ❹ C《しばしば ～s》悪弊，悪習，腐敗行為 ‖ political ～*s* 政治的腐敗 **a·bús·er** 名

語源 *ab-* away, from + use: 正しい使い道からそれて用いる

a·bu·sive /əbjúːsɪv/ 形 ❶ 罵倒 (ばとう) する，口汚い ‖ use ～ language 悪態をつく ❷ 虐待する，乱暴な ‖ ～ parents 子供を虐待する親たち ❸ (権力などが) 悪用 [乱用] された **～·ly** 副 **～·ness** 名

a·but /əbʌ́t/ 動 (**a·but·ted** /-ɪd/; **a·but·ting**) 自 (建物・土地などが)〈…に〉境を接する; 寄りかかる〈**on, onto**〉
── 他 …に (境を) 接する

a·bút·ment /-mənt/ 名 C〘建〙❶ (アーチの) 迫台; (橋梁 (きょうりょう) の下部の) 橋台 ❷ 隣接点; 接合部

a·but·tal /əbʌ́ṭəl/ 名 U 隣接; C《～s》〘法〙(隣接地との) 境界

a·buzz /əbʌ́z/ 形《叙述》騒然として，ぶんぶん [がやがや] して; 沸き立って; 活気に満ちて

a·bysm /əbízm/ 名《古・文》=abyss

a·bys·mal /əbízməl/ 形 ❶《口》極端に悪い，全くひどい ❷《文》深淵 (しんえん) の; 底の知れない **～·ly** 副

a·byss /əbís/ 名 C ❶ 底なしの深み [亀裂]; 深淵 ❷ 底知れず深いもの，(心の) 奥底; 深遠 ❸ 奈落 (ならく) の底，どん底，地獄; 《the ～》破滅的な状況 ❹ 格差，深い溝

Boost Your Brain!

abstract と concrete

concrete「具体的な」の語源はラテン語の concretus「固まった，形ができた」.「具体的な (concrete) もの」とは，個々の事物や事象，つまり目で見たり耳で聞いたり触ったりできるもの，五感で感じ取ることができるもののことを指す．人は現実の世界を，それぞれの経験や感覚を通して，具体的なものとして認識する．

abstract「抽象的な」は，語源的には abs-「離して」+ -tract「引き抜く」を意味する．abstraction「抽象化」とは，「具体的な物事からその共通の性質を引き抜くこと」を言う．例えば，「A君は昨日宿題を教えてくれた」「A君は今日重い荷物を運ぶのを手伝ってくれた」という2つの具体的な経験から「A君は親切だ」と共通する性質を導き出すことが抽象化である．私たちは日常生活において，ごく自然にこうした抽象化を行っていて，「抽象的な (abstract) 概念」を使って物事を思考したり，他の人に伝達したり，情報を共有したりできる．

さらに，抽象化は科学的探求や哲学的考察を行うために必要な知的操作である．「5つのリンゴ」は具体だが「5」という数字そのものは抽象である．科学は，抽象的な数字や記号を使って世界を数量に還元し記述する．同様に哲学や宗教は，真実，愛，神などの抽象的な概念を使って世界の森羅万象を説明する．抽象化により，私たちは複雑な世界を単純化したモデルで理解し伝えることができるのである．

a·bys·sal /əbísəl/ 形 ❶ =abysmal ❶ ❷ 深海の ❸ 〘地〙深成の(Plutonic)

Ac 記号 〘化〙actinium(アクチニウム)

ÀC¹ 略 《主に米》*air conditioning*；《英》aircraftman；*alternating current*(↔ DC)

ÀC², À.C. 略 《ラテン》*ante Christum* (=before Christ) (⇨ B.C.¹)

à/c, À/C 略 account；*air conditioning*

ac- 接頭 《c, k, q の前で》=ad-

-ac 接尾 《形容詞・名詞語尾》「…のような」「…に関する」「…の性質の」「…に取りつかれた」「…症患者」の意 ‖ cardi*ac*, demoni*ac*, mani*ac*, zodi*ac*

a·ca·cia /əkéɪʃə/ 名 C 〘植〙 ❶ アカシア ❷ ニセアカシア (false acacia) ❸ U アラビアゴム(gum arabic)

acad. 略 academic, academy

ac·a·deme /ǽkədìːm, ˌ-ˌ-ˊ-/ 名 U C 《堅》学問の世界, 学者の世界；学究生活；学校, 大学；学者 ‖ the groves of ～ 学問の森[世界]

ac·a·de·mi·a /ækədíːmiə/ 名 U 学究的な世界；学究生活(を送る人々)

:ac·a·dem·ic /ækədémɪk/ ⟨ア⟩

―形 〔◁ academy 名〕(**more** ～；**most** ～)

❶ 《限定》**学問の**, 学問的な；学業の；大学の；(大学)教育の ‖ Students' ～ achievement levels have fallen. 学生の学力水準が低下している / ～ ability 学力 / an ～ institution 研究[教育]機関 / an ～ background (個人の)学歴 / ～ qualifications [credentials] 学歴, (学校で取得する)資格

❷ (議論などが)空論の, 現実離れした

❸ 勉強好きな, 成績優秀な ❹ (芸術などが)伝統的な, 堅苦しい ❺ 《限定》(職業[専門]教育に対して)一般教養の；人文科学の ‖ an ～ course 教養課程

―名 (複 **～s** /-s/) C ❶ 大学教授, 学者；大学生

❷ 《～s》《米》(学校の)科目

▶▶ **～ fréedom** 名 U 学問[研究]の自由 **～ mérit** 名 U C 学業成績 **～ yéar** 名 C (大学の)学年度 (school year) 《通例9月から始まる》

ac·a·dem·i·cal /ækədémɪkəl/ 形 =academic

―名 C 《～s》《英》《旧》大学の式服《ガウンと帽子》

·ac·a·dem·i·cal·ly /ækədémɪkəli/ 副 ❶ 学究的に, 学問的に ❷ 学問的には, 学業成績の点では

a·cad·e·mi·cian /əkædəmíʃən, ækədə-/ 名 C 学士院[芸術院]会員；《A-》英国(王立)美術院(Royal Academy of Arts)会員；フランス学士院(French Academy)会員；《米》大学教師；知識人

ac·a·dem·i·cism /ækədémɪsìzm/, **a·cad·e·mism** /əkǽdəmìzm/ 名 U (文学・芸術における)伝統[形式]主義

·a·cad·e·my /əkǽdəmi/ 名 〔▶ academic 形〕(複 **-mies** /-z/) C ❶ 専門学校, (専科を持つ)各種学校(♦ 芸術や技術を教える学校や特殊な訓練を行う学校のことをいう) ‖ a music ～ 音楽学校 / a military [police] ～ 陸軍士官[警察]学校 ❷ 学士[芸術]院, 学術[文芸]協会；学会；《the A-》英国(王立)美術院(the Royal Academy of Arts), フランス学士院(the French Academy) ❸ (中等教育の)学校, 学園；《米》(私立の)ハイスクール；《英》中等学校《特にスコットランドのグラマースクール》 ❹ 《the A-》プラトン学派(の哲学)

語源 Plato が哲学を説いたアテネ郊外の森の名 *Akademeia* から.

▶▶ **Acàdemy Award** 名 C 《米》アカデミー賞《毎年最優秀映画作品・俳優・監督などに贈られ, 受賞者にはオスカー(Oscar)と呼ばれる黄金のトロフィーが与えられる》

a·can·thus /əkǽnθəs/ 名 (複 **～·es** /-ɪz/ OR **-thi** /-θaɪ/) C U ❶ 〘植〙アカンサス(トゲハアザミ) ❷ 〘建〙(コリント式円柱頭の)アカンサスの葉飾り

a cap·pel·la /àː kəpélə | æ kə-/ 副 形 〘楽〙(合唱が)無伴奏で[の], アカペラで[の](♦ イタリア語より)

acc. 略 acceleration；accompanied (by)；according (to)；account；accusative

ac·cede /əksíːd, æk-/ 動 〔▶ accession 名〕 自 《堅》 ❶ 〈…に〉(しぶしぶ)同意[承諾]する〈**to**〉‖ ～ *to* a request 要求に応ずる ❷ 〈官職などに〉就任する；〈王位を〉継承する〈**to**〉 ❸ 〘国際法〙〈条約などに〉加盟する〈**to**〉

ac·cel·er·an·do /ækselərάːndoʊ, ɑːtʃèl- | -rǽn-, ətʃèl-/ 副 形 〘楽〙アッチェレランドで[の], 徐々に速く[速い]

―名 (複 **～s** /-z/ OR **-di** /-di/) C アッチェレランドの部分 (♦ イタリア語より)

·ac·cel·er·ate /əksélərèɪt, æk-/ 動 他 …を促進する；…の時期を早める；…を加速する(⇨ speed [OR open] up) (↔ slow down；decelerate) ‖ ～ economic growth 経済成長を促進する ―自 (成長・発展が)早くなる；(車などが)加速する, 速度が加わる

-à·tive 形 加速的な, 促進性の

ac·cel·er·a·tion /əksèləréɪʃən, æk-/ 名 ❶ U/C 《単数形で》(車などの)加速；(成長などの)促進 ❷ U 〘理〙加速度 ‖ ～ of gravity 重力加速度

ac·cel·er·a·tor /əksélərèɪtər, æk-/ 名 C ❶ 加速装置；(=～ pèdal)(自動車の)アクセル(gas pedal)(❗「アクセル」のような省略はしない. また「アクセルペダル」ともいわない) ‖「step on [release] the ～ アクセルを踏む[離す] ❷ 〘理〙粒子加速器(particle accelerator)；〘化〙(反応の)促進剤 ❸ (=～ bòard) (CPUなどの処理性能を向上させる)拡張ボード, アクセラレータ

ac·cel·er·om·e·ter /əksèlərά(ː)mətər | -ɔ́mɪ-/ 名 C 〘空〙加速度計；〘機〙振動加速度計

:ac·cent /ǽksent | -sənt/ (→ 動) 中心義 **(Aの)強調** (★Aは「音」に限らず,「重要性」なども含む)

―名 (複 **～s** /-s/) C ❶ C U **なまり**, 方言 ‖ She had 「an ～ [a foreign ～]. 彼女にはなまり[外国なまり]があった / speak with a slight [strong, broad] Irish ～ 軽い[強い, 丸出しの]アイルランドなまりで話す

❷ 《通例単数形で》〈関心などについての〉強調；強調点, 際立った点〈**on**〉‖ We put the ～ *on* unity in action. 私たちは行動の一貫性に重点を置いている / a gray dress with red ～*s* 赤がアクセントになっているグレーの服

❸ C U 〘音声〙**アクセント**, (高低(pitch)・長さ(length)などによる)強調 ‖ The ～ is [OR falls] on the second syllable. アクセントは第2音節にある / the primary [secondary] ～ 第1[第2]アクセント(♦ アクセントには, 英語のような stress accent(強弱アクセント)と, 日本語のような pitch accent(高低アクセント)の2種があり, 英語については stress(強勢)という方がよい)

❹ 〘音声〙アクセント符号 ‖ an acute ～ 揚音符号(´) / a grave ～ 抑音符号(`) ❺ 分秒[度分]符号(♦ 10′05″は ten minutes five seconds [ten feet five inches] と読む) ❻ 〘楽〙強勢

―動 /ǽksent, ˌ-ˊ/ 他 ❶ …を強調して発音する, …にアクセントを置く ‖ ～ the first syllable of Japanese Japaneseの第一音節を強く発音する

❷ …にアクセント符号をつける ❸ …を際立たせる；…を強調する ‖ ～ a dish with a dash of lemon juice レモン汁を少々加えて料理を引き立てる

ac·cen·tu·al /əksénʧuəl, æk-/ 形 アクセントの；(音の)強弱に基づいた

ac·cen·tu·ate /əksénʧuèɪt, æk-/ 動 他 ❶ …を際立たせる, 強調する ❷ …にアクセントを置いて発音する

ac·cèn·tu·á·tion 名 U 強調, 引き立て；アクセントの置き[つけ]方

:ac·cept /əksépt, æk-/

中心義 **Aを受け入れる** (★Aは「贈り物」など具体的なものから「状況」など抽象的なものまで含む)

―動 〔▶ acceptance 名〕(**～s** /-s/；**～·ed** /-ɪd/；**～·ing**)

―他 ❶ 〔贈り物など〕を(快く)**受け取る**, (同意して)受け入れる；〔招待・謝罪・挑戦など〕に**応じる**；…を受諾する；《旧》〔求婚〕に応じる(↔ refuse, reject, decline) (⇨ 類語P)

‖ I cannot ～ this gift. この贈り物は受け取れません / We ～*ed* his invitation. 私たちは彼の招待に応じた
❷ **認める** **a** 《+目》〔人・事実〕を容認する, 適当と認める (↔ reject) ‖ The theory is **widely** [**generally**] ～*ed*. その理論は広く[一般に] 認められている / ～ his explanation 彼の言い分を認める
b 《+目+**as** 名・形》…を…として認める ‖ He could not ～ a woman *as* his boss. 彼は女性を上司として認めることはできなかった
c 《+**that** 節》…ということを認める, 是認する ‖ I could not ～ *that* my brother was really dead. 兄が本当に死んだということを認められなかった
d 《+目+**to** *do*》《受身形で》…である[…する] と認められる ‖ He is ～*ed to* be the world's richest man. 彼は世界一の金持ちであると認められている
❸〔不本意な状況など〕を〈やむを得ないものとして〉**受け入れる**, 甘んじる, 我慢する〈**as**〉‖ We cannot ～ this violation of human rights. この人権侵害を受け入れることはできない
❹〔職務・責任・非難など〕を引き受ける, 受け入れる, 負う ‖ He reluctantly ～*ed* full responsibility for the failure. 彼はしぶしぶ失敗の全責任をとった
❺ **a** 《+目》…を歓迎する, 受け入れる〈**into** …に；**as** …として〉‖ It took months for him to be ～*ed into* our club. 彼が私たちのクラブに受け入れられるまでには何か月もかかった **b** 《+目+**to** *do*》〔人〕を…する者として受け入れる ‖ She was ～*ed to* work on the new project. 彼女は新しい計画の要員として受け入れられた
❻ (機械・店などが)…を(適当なものとして)受け付ける, 取り扱う ‖ This vending machine doesn't ～ ¥10,000 bills. この自動販売機は1万円札が使えない / Do you ～ credit cards? クレジットカードは使えますか
❼ …を〈十分なものとして〉受け入れる, 採用する〈**for**〉‖ My idea for the name of the new magazine was ～*ed*. 新しい雑誌の名前に私のアイデアが採用された
━自〈招待・申し出などを〉喜んで受け入れる〈**of**〉

COMMUNICATIVE EXPRESSIONS
1 **I can accépt that.** いいでしょう(♥ 承認・許可)
2 **I can't accépt thàt.** それはいけません(♥ 反対・不許可, または遠慮・辞退)
3 **Pleàse accèpt my apólogies [condólences, congratulátions].** おわび[お悔やみ, お祝い]申し上げます(♥ 堅い表現)

受け取る	take	accept	喜んで[満足して]受ける	贈り物・申し出・招待などを
	get	receive	受動的に受け取る	提供・配達されたものを

♦ accept, receive は, 各々 take, get よりいくぶん格式ばった語.
♦ 次の例を参照. He *received* an invitation, but did not *accept* it. (彼は招待状を受け取ったが, その招待には応じなかった)

*****ac·cept·a·ble** /əkséptəbl, æk-/ 形 (**more** ～ ; **most** ～)(↔ unacceptable) ❶〈…に〉受け入れられる, 受け入れる価値がある〈**to**〉‖ No compromise would be ～ (*to* his supporters). (彼の支持者には) いかなる妥協も受け入れられないだろう ❷ 歓迎すべき；(受ける方にとって) 結構な, 満足な；(人に)喜ばれる ‖ an ～ proposal 歓迎すべき申し出 ❸ 容認できる, まあ許せる, 我慢できる ‖ ～ levels of emissions 許容排出ガス量 / an ～ performance まずまずの演技 **ac·cèpt·a·bíl·i·ty** 名 U 受容性, 容認(可能)性 **～·ness** 名 **-bly** 副

*****ac·cept·ance** /əkséptəns, æk-/ 名〔◁ accept 動〕❶ U C〈贈り物などの〉受け取り, 受納；〈申し出・招待などの〉受諾, 承諾〈**of**〉‖ ～ *of* a bribe 収賄(しゅうわい) / a letter of ～ 受諾[承諾]書 / ～*s of* the invitations to the party パーティーの招待を受けるという返事 / an ～ speech = a speech of ～ (大統領選挙などでの) 候補指名受諾演説(↔ a nomination speech) ❷ U 容認, 是認；賛同, 支持；信奉 ‖ gain [OR find, win, meet with] widespread [complete, grudging] ～ 広く[完全に, しぶしぶ]認められる ❸ U 受け入れ, 仲間入り, 入会〈**of** 人の；**into** 集団などへの〉‖ Their warm ～ *of* the refugees *into* the community was admirable. 彼らが難民を町に温かく受け入れたのは賞賛すべきことだった ❹ U (つらい状況などの) 甘受 ‖ passive [resigned] ～ 言いなりに[あきらめて]忍従すること ❺〖商〗U 手形引受；C 引受済み手形

ac·cep·ta·tion /æksepteɪ́ʃən/ 名 C ❶ (一般に認められた)語の意味, 語義 ❷ 容認, 承認

*****ac·cept·ed** /əkséptɪd, æk-/ 形《限定》一般に認められている[用いられている] ‖ the ～ opinion 通説

ac·cep·tor /əkséptər, æk-/ 名 C ❶ 受納者；〖商〗手形引受人 ❷〖理〗アクセプター(↔ donator)；〖化〗受容体

******ac·cess** /ǽkses/ 《アクセント注意》
中心義 (Aへの)接近(★Aは「場所」「情報」「人」など多様)
━名 ❶ U〈場所への〉**接近**(の方法・機会・権利)；C 連絡通路, 進入路；入口〈**to**〉‖ This road **gives** [OR **allows**] direct [quick] ～ *to* the center of the city. この道路を行けば真っすぐ[早く]市の中心に出られる / The hotel **has easy** [OR good] ～ *to* the station. そのホテルは駅への便がいい
❷ U〈情報などの〉入手[使用, 利用](の方法[機会, 権利])〈**to**〉‖ He **had** [OR **gained**, got] **easy** [free] ～ *to* top-secret information. 彼は極秘情報を簡単に[自由に] 入手できた / Fortunately we were **given** ～ *to* higher education. 幸運にも我々は高等教育を受ける機会に恵まれた
❸ U〈人への〉接近；(しばしば法的な)面会(の機会[権利])〈**to**〉‖ Her ex-husband was granted [denied] ～ *to* the child. 彼女の離婚した夫は子供に会うのを許された[拒否された]
❹ C《単数形で》(感情などの)激発, 爆発 ‖ in a sudden ～ of rage 突然かっとなって
❺ U 💻〈ネットワーク・データへの〉アクセス, 接続〈**to**〉‖ This hotel **provides** free **Internet** ～ to all (the) guests. このホテルではすべての宿泊客に無料インターネット接続サービスを提供している
━動 (**～·es** /-ɪz/ ; **～ed** /-t/ ; **～·ing**) 他 ❶ 💻〔ネットワーク・データ〕にアクセスする, 接続する ‖ ～ the Internet インターネットにアクセスする / ～ a governmental [medical] site 政府[医療]サイトへアクセスする ❷〔場所〕に近づく, 接近する, 入る(♦ しばしば受身形で用いる) ‖ The beach can be ～*ed* by boat. 浜辺には舟で行ける
▸▸ **～ chàrge [fèe]** 名 U C (長距離電話・コンピューター通信の) アクセス料金, 回線利用料金 **～ còde** 名 C 💻アクセスコード《コンピューターによる情報サービスを受けるためのパスワード》 **～ còurse** 名 C《英》アクセスコース《大学で学ぶ資格の取れる教育コース》 **～ pòint** 名 C アクセスポイント《インターネットなどのネットワークでユーザーが端末から電話回線などを使ってアクセスする中継点. 略 AP》 **～ ròad** 名 C (ある地域・空港などへの) 連絡道路；《米》(高速道路の)進入[退出]路(《英》slip road) **～ tìme** 名 U C 💻 (ネットワークへの) アクセスタイム；記憶装置との間のデータの読み書きにかかる時間

ac·ces·sa·ry /əksésəri, æk-/ 名 形 = accessory 名 ❸, 形 ❷

*****ac·ces·si·ble** /əksésəbl, æk-/ 形 (**more** ～ ; **most** ～)《通例叙述》(↔ inaccessible) ❶ (場所・人などが)〈人にとって〉近づきやすい, 接近できる；〈特に障害者にとって〉利用できる[しやすい], 入手できる[しやすい]；理解できる[しやすい]〈**to**〉‖ The resort is not ～ by train. その行楽地は列車では行けない / The website is readily ～ *to* anyone. そのホームページはだれでも簡単にアクセスできる

A

❷ (人が)〈…に〉影響されやすい〈**to**〉‖ He is not ～ *to* pity. 彼は情にほだされることはない
ac·cès·si·bíl·i·ty 名 **-bly** 副

ac·ces·sion /əkséʃən, æk-/ 名〔◁ accede 動〕❶ Ⓤ〈地位への〉就任,〈権利などの〉継承, 獲得;〈ある状態への〉到達〈**to**〉‖ ～ *to* the throne 即位 ❷ Ⓤ Ⓒ 同意, 承認;〈団体などへの〉加入, 加盟;〖国際法〗〈条約などの〉公式承認〈**to**〉 ❸ Ⓤ〈…への〉(追加による)増加;〖法〗財産価値の増加;Ⓒ 追加されたもの《新着図書など》〈**to**〉 ❹ Ⓤ《文》(感情の)発作, 高まり
──動 他〔新着図書など〕を登録する

***ac·ces·so·ry** /əksésəri, æk-/ 《アクセント注意》名 (複 **-ries** /-z/) Ⓒ ❶《通例 -ries》(器具などの)付属品[装置] ‖ auto [OR car] *accessories* 自動車の付属品《オーディオ装置・カーナビ・シートカバーなど》 ❷《通例 -ries》(女性の)服飾品《ハンドバッグ・靴・帽子・ベルト・スカーフなど》, 装身具, アクセサリー(❗ネックレス, ブローチなどの貴金属装身具(jewelry)も accessories に含まれるが, 日本語の「アクセサリー」にはふつう jewelry を用いる.〈例〉彼女はスーツにお気に入りのアクセサリーをつけていた She was wearing her favorite jewelry with her suit.) ❸〖法〗〈…の〉共犯(者)(↔ principal)〈**to**〉
an accèssory before* [*after*] *the fáct 《旧》〖法〗事前[事後]共犯
──形 ❶ 補助的な, 付属の, 副の ‖ an ～ apartment 《米》(祖父母・親戚(しんせき)などに貸す)離れ ❷〖法〗〈犯罪の〉共犯の〈**to**〉

ac·ci·dence /ǽksɪdəns/ 名 Ⓤ《旧》〖言〗語形変化論(♦今は morphology がふつう)(→ syntax)

⁝ac·ci·dent /ǽksɪdənt/

中心義 **思いがけない出来事**

──名 (複 **～s** /-s/) Ⓒ ❶ **事故**, (特に)交通事故;災難;不測の出来事 ‖ The ～ happened [OR occurred] late at night, so there were no witnesses. 事故は夜遅く起きたので目撃者が一人もいなかった / I had [OR met with] an ～ at work and broke my leg. 仕事中に事故に遭って足を折った(♦「事故に遭う」は have [OR be in] an accident が一般的だが, meet with an accident ともいう) / "What happened to your dress?" "I had an ～ with my morning cup of coffee."「その服どうしたの」「朝食のコーヒーをこぼしてしまって」/ be killed in [*by] a car ～ 自動車事故で亡くなる / *Accidents* will happen. (どうしたって)事故は起こるものだ(♥事故に遭った人, 事故を起こした人を慰める表現)

連語【形/名+～】a small [OR minor] ～ ちょっとした事故 / a serious [OR major] ～ 大事故 / a traffic [OR road] ～ 交通事故 / a hit-and-run ～ ひき逃げ事故 / a nuclear ～ 原子力事故 / a fatal ～ 死亡事故
【動+～】avoid [cause] an ～ 事故を避ける[起こす]

❷ Ⓤ Ⓒ 偶然(⇨ EVENT 類語) ‖ It was 「just an ～ [no ～] that they were there together. 彼らがそこに居合わせたのはほんの偶然だった[決して偶然ではなかった] / by mere [OR pure, sheer, lucky] ～ of birth [history] 単なる生まれ合わせで[歴史の巡り合わせで]
❸《口》お漏らし, 粗相 ‖ Johnny had a little ～ today. ジョニーったら今日お漏らししちゃったの
❹ 付帯的事情, 非本質的な性質
❺ (避妊の失敗による)予定外の妊娠
a chapter of accidents ⇨ CHAPTER(成句)
an àccident wàiting to háppen 《口》(災難を起こしかねない)危なっかしいもの[人]
by áccident **偶然に**(↔ *on purpose*)
without áccident 無事に
▸▸ **～ and emérgency** 名 Ⓤ《英》緊急救命室《略 A & E》(《英》casualty (department),《米》emergency room) **～ insùrance** 名 Ⓤ 傷害保険

***ac·ci·dent·al** /æ̀ksɪdéntəl/ 《アクセント注意》形 ❶ 偶然の, 思いがけない;事故による, 不慮の(↔ deliberate) ‖ an ～ meeting 思いがけない出会い / an ～ fire 失火 / ～ homicide 過失致死 ❷ 本質的でない, 付随的な, 偶有的な(↔ essential) ❸〖楽〗臨時補助記号の
──名 Ⓒ ❶ 偶然(のこと), 付随的なこと, 本質的でないこと ❷〖楽〗臨時記号
▸▸ **～ cólor** 名 Ⓤ Ⓒ〖心〗偶生色, 補色残像 **～ déath** 名 Ⓤ〖法〗不慮の死, 事故死 **～ érror** 名 Ⓤ Ⓒ〖数〗偶然誤差

***ac·ci·den·tal·ly** /æ̀ksɪdéntəli/ 副 偶然に, 思いがけなく;誤って;《古》付帯的に
accidèntally on púrpose 《戯》偶然を装って

áccident-pròne 形 (人が)事故を起こしやすい, 事故に遭いやすい

***ac·claim** /əkléɪm/ 動 他 ❶ …に喝采(かっさい)する;…を〈…のことで〉賞賛する〈**for**〉‖ ～ a victor 勝者に喝采を送る / a highly [critically] ～*ed* movie 高く[批評家から]賞賛された映画 ❷《+目+補〈(**as**) 名〉》…を歓呼のうちに…と認める[迎える](♦しばしば受身形で用いる) ‖ He was ～*ed* the world's greatest pianist. 彼は世界最高のピアニストとして絶賛を博した ──名 Ⓤ 歓呼の声, 歓迎, 喝采 ‖ win wide ～ 広範な賞賛を博する

ac·cla·ma·tion /æ̀kləméɪʃən/ 名 ❶ Ⓤ (拍手・声援による)承認 ‖ elected by ～ 発声投票によって選出された ❷ Ⓤ/Ⓒ《通例 ～s》(歓迎・賞賛の)熱烈な叫び(声), 喝采
-to·ry 形

ac·cli·mate /ǽklɪmèɪt/ 動《主に米》自 (人・動植物が)〈新しい気候・環境に〉適応[順応]する〈**to**〉 ──他〔植木など〕を寒気に当てて丈夫にする **àc·cli·má·tion** 名

ac·cli·ma·tize /əkláɪmətàɪz/ 動《英》=acclimate
ac·clì·ma·ti·zá·tion 名 =acclimation

ac·cliv·i·ty /əklívəti/ 名 (複 **-ties** /-z/) Ⓒ 上り勾配(こうばい), 上り坂(↔ declivity)

ac·co·lade /ǽkəlèɪd, ⌣⌣⌐/ 名 Ⓒ ❶ ナイト爵位授与(式);(一般に)表彰 ❷ 賛美, 賞賛

***ac·com·mo·date** /əká(ː)mədèɪt | əkɔ́m-/ 動〔▶ accommodation 名〕他 ❶ (ホテル・乗り物などが)…を収容できる, …の収容設備がある;(場所などが)…分のスペースがある ‖ The elevator ～*s* 10 people. そのエレベーターは10人乗れます ❷〔人〕を宿泊させる ‖ We were ～*d* in a small room. 我々は小さな部屋に泊められた ❸〔人・物〕を〈…に〉適応させる〈**to**〉;《～ oneself to で》…に順応する ‖ I had to ～ my step *to* hers. 歩調を彼女に合わせなければならなかった ❹ …の便宜を図る;〔要求・必要性など〕を満たす;〔人〕に〈…を〉供給する, 融通する〈**with**〉‖ Could you ～ me *with* the loan of five pounds? 5ポンド貸してくださいませんか ❺〔紛争など〕を調停する, 和解させる
──自〈…に〉適合する, 一致する, 順応する〈**to**〉

ac·com·mo·dat·ing /əká(ː)mədèɪtɪŋ | əkɔ́m-/ 形 面倒見のよい, 親切な;協調的な, 融通のきく, 気さくな
～·ly 副

***ac·com·mo·da·tion** /əkà(ː)mədéɪʃən | əkɔ̀m-/ 名〔◁ accommodate 動〕❶ Ⓤ/Ⓒ《～s》《米》宿泊設備(♦部屋・ベッド・食事・サービスなども含まれる);(交通機関・旅館などの)収容力, 設備;余地;(列車などの)(予約)席 ‖ This hotel provides [OR has] ～(*s*) for 300 people. このホテルは300人収容できます / pay for ～(*s*) 「in a luxurious hotel [on a sleeper] 高級ホテル[寝台車]の宿泊[寝台]料金を支払う ❷ Ⓤ《英》〈人の〉住む所, 家;貸部屋, 貸間〈**for**〉‖ rented ～ *for* students 学生用の貸部屋 ❸ Ⓤ 便宜;(お金の)用だて, 融資;Ⓒ 助けとなるもの, 恩恵;便利なもの ‖ for the ～ of picnickers ピクニックする人の(便宜の)ために ❹ Ⓤ Ⓒ〈…との〉(紛争の)調停, 和解〈**with**〉‖ reach an ～ *with* the union 組合と和解に達する ❺ Ⓤ 適応, 調節;順応性;(眼などの)自然調整

A

～·ist 形 名 C 《主に米》融和派の(人)

▸▸ ～ addrèss 名 C 《英》(住所を隠すなどのための)便宜上［臨時］のあて先 (《米》mail drop) ～ bìll［nòte, pàper］名 C 《商》融通手形 ～ làdder 名 C 《海》(船の)タラップ, 舷梯(げんてい) ～ ròad 名 C 私道

ac·com·pa·ni·ment /əkʌ́mpənimənt/ 名 ❶ U C 伴奏 ‖ sing to the ～ of the piano ピアノの伴奏で歌う ❷ C 〈…の〉添え物, 付属物；付随物；付帯状況〈**to**〉

to the accómpaniment of ... ① ⇨ ❶ ② …と同時に, …とともに

ac·com·pa·nist /əkʌ́mpənɪst/ 名 C 伴奏者

:ac·com·pa·ny /əkʌ́mpəni/

中心義 **Aに伴う**(★Aは「人」「現象」「演奏」など多様)

—動 (-**nies** /-z/ ; -**nied** /-d/ ; ～·**ing**)

—他 ❶ …と〈…まで〉**一緒に行く**, …について行く, …を送って行く(↷ go [OR come] with)〈**to**〉‖ I'll ～ you *to* your hotel. ホテルまでお送りしましょう / The woman was *accompanied* by [×with] her husband and two sons. その女性には夫と2人の息子が付き添っていた ❷ (現象などが)…に伴って起こる［存在する］, 付随する(♦しばしば受身形で用いる) ‖ There will be heavy rain, *accompanied* by thunder. 雷を伴った激しい雨が降るでしょう

❸〔歌・歌手・楽器〕の伴奏を〈…で〉する〈**on, at**〉‖ ～ a song [singer] *on* the piano ピアノで歌［歌手］の伴奏をする ❹ (人が)…に〈…を〉付け加える, 添える〈**with**〉‖ He *accompanied* his request *with* threats. 彼は脅迫まがいの要求をした / ～ one's story *with* tears 涙交じりに話す

語源 *ac-* to＋*company* companion : 一緒に(行く)

ac·com·plice /əkɑ́(ː)mpləs | əkʌ́mplɪs/ 名 C 《法》共犯者；従犯者

***ac·com·plish** /əkɑ́(ː)mplɪʃ, əkʌ́m- | əkʌ́m-, əkɔ́m-/ 動〔▸ accomplishment 名〕他 ❶〔仕事〕を成し遂げる,〔目的・願い・約束など〕を果たす ‖ ～ a task 仕事をやり遂げる / Mission ～*ed*. 任務完了 ❷《受身形で》〈…に〉熟達している〈**at, in**〉‖ She is ～*ed in* music. 彼女は音楽に堪能である ❸《文》…に到達する,〔ある距離〕を踏破する

語源 *ac-* to＋*-complish* complete : 完成する

***ac·com·plished** /əkɑ́(ː)mplɪʃt, əkʌ́m- | əkʌ́m-, əkɔ́m-/ 形 ❶ (教養・才能などに)優れた, 洗練された；熟達した ‖ an ～ painter 優れた画家 ❷ 成就した, 完成した ‖ an ～ fact 既成の事実

***ac·com·plish·ment** /əkɑ́(ː)mplɪʃmənt, əkʌ́m- | əkʌ́m-, əkɔ́m-/ 名〔◁ accomplish 動〕❶ U 成就, 完成, 達成 ‖ the ～ of a task 仕事の完了 ❷ C 業績, 成果, 偉業 ❸ U C 腕前, 技能；教養, 才芸

:ac·cord /əkɔ́ːrd/ 中心義 **一致する(こと)**

—名 (複 ～**s** /-z/) ❶ C (特に国家・集団の間の公式の)**合意**, 協定, 条約 ‖ a peace ～ 平和条約 / the Plaza *Accord* on market intervention 市場介入に関するプラザ合意 / sign an ～ 協定に署名する

❷ U 同意；調和, 一致 ‖ Management and labor are in complete [OR perfect] ～. 労使は完全に意見が一致している

**in accórd with ...* …と調和して；…と一致して

**of one's òwn accórd* 自分の意思で, 自発的に

with òne accórd 一斉に

—動〔▸ accordance 名〕(～**s** /-z/ ; ～·**ed** /-ɪd/ ; ～·**ing**)

—他 (《＋目 *A*＋目 *B*⇄＋目 *B*＋**to** 目 *A*》) *A* (人など)に *B* (地位・許可・待遇など)を**与える**, 授ける, 許す ‖ The supporters ～*ed* him a hearty welcome. サポーターは彼を心から歓迎した / the powers ～*ed to* the Prime Minister 首相に与えられた権能

—自 (《＋**with** 名》)(情報・陳述などが)…と**一致する**, 調和する ‖ His interpretation of the event doesn't ～ *with* the other witnesses' statements. 事件に対する彼の解釈はほかの証人の陳述と一致しない / ～ *with* the principles of democracy 民主主義の原則と合致する

語源 *ac-* to＋*-cord* heart, mind : (人の)心の方向に, 心を合わせて

***ac·cord·ance** /əkɔ́ːrdəns/ 名〔◁ accord 動〕U 一致, 調和(♦通例次の成句で用いる)

in accórdance with ...* …と一致して**；〔規則・約束など〕に従って

ac·cord·ant /əkɔ́ːrdənt/ 形《古》〈…に〉一致［調和］する〈**with**〉

:ac·cord·ing /əkɔ́ːrdɪŋ/

—副 (《次の成句で》)

accórding as ... (《接続詞として》)《堅》…かどうかに応じて, …に従って, …次第で ‖ You see things differently ～ *as* you are young or old. 人は年齢によってものの見方が変わるものだ

accórding to ...* (《前置詞として》) ①〔人・情報源など〕によれば**［よると］‖ *According to* Janet, the Smiths are not getting on very well at the moment. ジャネットの話だとスミス夫妻は今あまりうまくいっていないらしい(♦会話では Janet says the Smiths are not ... の方がふつう) / He's been in prison three times ～ *to* our records. 我々の記録によれば彼は3度服役している

> 語法 ☆☆ (1) 第三者に関して使われるので, ×according to me [us, you] とはふつういわず, in my [our, your] opinion などを用いる.
> (2)「彼の意見によれば」は ×according to his opinion とはいわず, in his opinion, または単に according to him という.
> (3)「私はそうは思わないが」という話者の不同意を暗示することがしばしばある. そのため発言を和らげたり責任を回避したりする働きがあるので, 相手を批判したり丁寧に助言する際にも用いる. 〈例〉*According to* a TV program I watched last night, it is not a good idea to have too many sweets at night. ゆうべ見たテレビで言っていたけど, 夜に甘いものを食べすぎるとよくないらしいよ

②〔原則・指示・計画など〕**に従って**, …どおりに ‖ They played the game ～ *to* the rules. 彼らはルールに従ってゲームをした / Everything went ～ *to* plan. すべてが計画どおりに運んだ ③〔さまざまな要因〕に応じて, …に比例して, …別に ‖ Sweaters are arranged ～ *to* color [size]. セーターは色［サイズ］別に並べられています

***ac·cord·ing·ly** /əkɔ́ːrdɪŋli/ 副 ❶ それ相応に；(事情に応じて)適宜に；人のした［言った］ことに基づいて ‖ Nursing is such a demanding job that nurses should be paid ～. 看護は大変な仕事だから看護師はそれに見合った給料をもらうべきだ ❷ (《通例文頭で》) NAVI Ⓦ (直前に述べたことを受けて)したがって, そこで；そんなわけで (⇨ THEREFORE 類語) ‖ The cost of living has risen sharply. *Accordingly*, many households find it difficult to make ends meet. 物価が急騰した. そのため多くの家庭が収入内でやりくりするのが難しくなっている

ac·cor·di·on /əkɔ́ːrdiən/ 名 C 《楽》アコーディオン

—形 (《限定》)アコーディオンのようにひだがある, 蛇腹(じゃばら)式の ‖ an ～ door (伸縮自在の)アコーディオンドア

～·**ist** 名 C アコーディオン奏者

accórdion(-)fòld 形 (ページなどが)折り畳み式の

—名 C 折り畳み式の本

ac·cost /əkɔ́(ː)st/ 動 他〔特に見知らぬ人〕に(近寄って)話しかける；(売春婦が)〔客〕を呼ぶ［引く］

ac·couche·ment /əkúːʃmɑːnt | -mɔ́ŋ, -mɑ́ːŋ/ 名 C 《古》産じょく期間；分娩(ぶんべん), 出産(childbirth)

:ac·count /əkáunt/ 中心義 **Aを整った状態にまとめる(こと)**(★Aは「事柄」のほか, 主に「金額」)

名 説明❶ 勘定❷ 口座❸ 重要性❽

A

―名 (複 ~s /-s/) C ❶ (出来事などの)**説明**, 記述；報告(書), 記事, 話；談話, 物語 ‖ **Give** an ~ of your behavior between 8 and 10. 8時から10時までの君の行動を説明しなさい / a brief ~ 簡潔な説明 / a detailed [full] ~ 詳しい[完全な]説明 / a newspaper ~ 新聞記事
❷《しばしば ~s》(会計上の)**勘定**, 収支計算, 決算報告(書)；(金銭・財・サービスの出入りに関する)明細；《主に英》勘定書 ‖ The shopkeeper was doing his *~s.* 店主は収支の計算をしていた / The *~s* for last year showed a profit of $100,000. 昨年の決算では10万ドルの利益が出た / submit a quarterly ~ 四半期決算(報告)を提出する / keep *~s* 帳簿をつける；会計係をする
❸ (銀行)**口座**, 預金口座 (bank account)《略 a/c》‖ have an ~ with [OR at] a bank 銀行に口座を持っている / draw $100 out of one's ~ 自分の口座から100ドル引き出す / a checking [《英》current] ~ 当座預金口座 / a savings [《英》deposit] ~ 普通預金口座 / open [close] an ~ 口座を開く[閉じる]
❹ (商店などの) 掛け売り, つけ (charge account, 《英》credit account) ‖ Could you「put it on [OR charge it to] my ~? それを私のつけにしておいてくれませんか
❺《~s》(会社の)経理部, 経理課
❻ (会社の) 得意先, 顧客 ‖ Our company has won two New York *~s.* 我が社はニューヨークに得意先を2つ獲得した
❼ U 理由, 根拠 ‖ on any ~ どうしても, 何があっても
❽ U (考慮に値する)**重要性**, 価値 ‖ a person of great ~ 非常に重要な人物 / of no [little] ~ 少しも[大して]重要でない / of some ~ かなり重要な ❾ U C 評価, 判断, 考え ‖ She stands high in their ~. 彼女は彼らに高く評価されている ❿ (音楽などの独自の解釈による) 演奏 ⓫ 🖳 (コンピューターネットワークへの)アクセス権, アカウント《利用する権利や課金先を表す》

accòrding to áll accòunts =*by all accounts*(↓)
bàlance the accóunts with ... =*settle accounts with ...*(↓)
****by* [OR *from*] *áll accòunts*** だれに聞いても；だれの話でも
by one's òwn accóunt 自分自身の言うことで；その人自身の話では
càll* [OR *brìng*] *a pèrson to accóunt 〈…に対して〉〔人〕に釈明を求める；〔人〕を〈…のことで〉叱責(しっせき)する〈**for**〉
give a góod* [*póor*] *accòunt of onesèlf 活躍する[しない]；立派な働きをする[失敗する]
kèep an accóunt of ... …の記録をつける
lèave ... out of accóunt …を無視する；…を考慮に入れない
on accóunt ① 掛け売りで；後払いで ② 内金として
on a pèrson's accóunt (人の)ために；(人の)こと[ため]を思って
****on accóunt of ...*** …**のせいで**, …のために；…によって(⇨ SAKE[1] 類語P) ‖ We were delayed *on ~ of* a traffic jam. 我々は交通渋滞のために遅れた (♦《俗》では on account (of)+(that) 節 ...；account of (that) 節 ... のようにもいう)
****on nó accòunt***；***nòt on ány accòunt*** 決して[絶対に]…ない
on one's ówn accòunt ① 独力で；ひとりで ② 自分の責任で ③ 自分のために ④ 自前で, 自己資金で
on thís* [*thát*] *accòunt 《堅》この[その]理由により
pùt* [OR *tùrn, ùse*] *... to gòod accóunt …を(十分に)活用する
sèttle* [OR *squàre*] *accóunts with ... 〔人〕への借金を清算する；〔人〕と片をつける；〔人〕の誤解を正す；〔人〕に仕返しをする (♦ settle one's accounts with ...；settle an account with ... ともいう)
****tàke accóunt of ...***；***tàke ... into accóunt*** …**を考慮する**；…に注意する；…に気づく ‖ He *took* no ~ *of* it. 彼はそれを考慮しなかった / This will be *taken* full ~ *of.* このことは十分に配慮されるでしょう / *take* their family background *into* ~ 彼らの家庭の事情を考慮に入れる

―動 (~s /-s/；~·ed /-ɪd/；~·ing) 他《+目+(**to be**) 補》…が…であると思う；…を…とみなす ‖ He *~ed* himself the luckiest man alive. 彼は自分のことをこの世で最も幸せな男だと思った / She is *~ed* (*to be*) honest. 彼女は正直だと思われている

****accóunt for ...*** 〈他〉① (人が)…(の理由)を**説明する**；…を釈明[弁明]する；(物・事が)…の説明[原因]になる ‖ How do you ~ *for* the discrepancy? 食い違いをどう説明するのか / Ah, that *~s for* it. ああ, そういうことか / *There's no ~ing for taste(s).* 《諺》たで食う虫も好き好き ② …(の一部)を構成する；〔割合・分量など〕を占める；…に当たる ‖ Pet food *~s for* about 4 percent of supermarket sales. スーパーの売り上げのうちペットフードが約4%を占めている ③ …の責任をとる；…を十分に償う ‖ The Prime Minister must ~ *for* his government's failures. 首相は政府の失策の責任をとらなくてはならない ④〔(管理を任された) 金〕の使途を〈…に〉明らかにする〈**to**〉 ⑤〔敵(の飛行機)・動物など〕を殺す, しとめる；(競技などで)〔相手〕を負かす ⑥〔人・物〕の所在[在りか]がわかっている (♦ しばしば受身形で用いる) ‖ Five people are still not *~ed for.* 5人の行方がいまだにわからない ⑦《受身形で》(予算などに) 計上される ‖ The advertising costs have been *~ed for.* 広告費が計上されている
▸▸ **~ bòok** 名 C 会計[出納]簿 **~ exècutive** 名 C (広告業・サービス業などの) 顧客担当主任《略 AE》 **~ nàme** 名 C 🖳 アカウント名《通常はコンピューターやネットワークを利用する際にユーザーを区別する個人や団体の名前であるが, メールアドレスで @(at sign)より前の部分を指すこともある》 **~ réndered** 名 C (複 **~s r-**) 確定勘定, 支払請求書 **~s páyable** 名 複《簿》買掛金[支払]勘定 **~s recéivable** 名 複《簿》売掛金[受取]勘定

ac·count·a·bil·i·ty /əkàunṭəbíləṭi/ 名 U 説明義務[責任], アカウンタビリティー

***ac·count·a·ble** /əkáunṭəbl/ 形 ❶《叙述》(説明などの)責任がある, 説明[弁明]の義務がある〈**to** 人に；**for** 行為などの〉‖ The Government is ~ *to* the people *for* its huge financial deficit. 政府は国民に巨大な財政赤字を説明する義務がある / hold him ~ *for* ... 彼に…の責任があるとする ❷ 説明できる, もっともな ‖ have an ~ motive もっともな動機がある

***ac·count·ant** /əkáuntənt/ 名 C 会計士, 会計係 (→ certified public accountant)
-an·cy 名 U 会計の職[仕事]

***ac·count·ing** /əkáunṭɪŋ/ 名 U ❶ 会計学[理論] ❷ 会計, 経理《会計理論の実際的運用》

ac·cou·ter, 《英》**-tre** /əkú:ṭər/ 動 他《通例受身形で》(人が)(特殊な)服装をする；(特に兵士が)着装する

ac·cou·ter·ments, 《英》**-tre-** /əkú:ṭərmənts, -trə-/ 名 複《軍》(軍服・武器以外の)着装品；(一般に)装備, 服装；(旅の)装具；(職業などが一目でそれとわかる)装身具(♦車・家屋なども含む)

Ac·cra /əkrá:/ 名 アクラ《ガーナの首都》

ac·cred·it /əkrédɪt/ 動 他 ❶《受身形で》〈…と〉みなされる, 〈…の〉功績[責任]があるとする〈**with**〉；(物・事が)〈…に〉帰される, 〈人の〉所有[功績]とする〈**to**〉‖ I was *~ed with* having done it. 私がそれをしたことにされた / a discovery *~ed to* Newton ニュートンの功績とされている発見 ❷〔人〕を〈公職に〉選任[任命]する〈**to**〉(♦ しばしば受身形で用いる) ❸〔人・物など〕を一定基準に達したものと認定する, 認可する ❹ …を信頼する；…を信じる

ac·cred·i·ta·tion /əkrèdɪtéɪʃən/ 名 U (正式)認可, 公認, 承認

ac·cred·it·ed /əkrédəṭɪd/ 形《通例限定》公認の, 許可された, 正規の, 正統的な；品質認定された

ac·cre·tion /əkrí:ʃən/ 名 U ❶ (成長・付着・堆積(たいせき))に

よる)増大, 拡大 ❷ Ⓒ 付着[堆積]物；成長[増大]物 ❸ 〖法〗添加；(土地などの)自然増加；相続の増分 ❹ 〖生〗着生；〖医〗癒着(ゆちゃく) ❺ 〖地〗堆積, 成長 ❻ 〖天〗降着《星間ガスの粒子の集積》

ac·crue /əkrúː/ 動 自 (権力・利益などが)〈…に〉自然に増える, 結果的に増加する〈**to**〉；(利息などが)〈…から〉生じる〈**from**〉 ―他…を時間をかけて増やす
-crú·al 名 Ⓤ 自然発生, 結果的増加(物)；Ⓒ ついた利子

acct. 略 account, accountant

ac·cul·tur·ate /əkʌ́ltʃərèɪt/ 動 他 (異文化との接触によって)…を文化変容させる
―自 ❶ 異文化変容する ❷ (社会に)適応する

ac·cul·tu·ra·tion /əkʌ̀ltʃəréɪʃən/ 名 Ⓤ (異文化との接触による)文化変容；〖心〗文化的適応《成長期における子供の社会への適応》

*__ac·cu·mu·late__ /əkjúːmjulèɪt/ 動〔▶ accumulation 名〕他 (長期にわたり)…を蓄積する, 集める, 〔金・財など〕をためる(↘ pile [OR build] up)(↔ scatter)(⇨ GATHER 類語P) ‖ ～ a fortune 財産を築く ―自 (物などが) 積もる, (金・財などが) たまる ‖ Pollutants have ～*d* to dangerous levels around the factory. その工場周辺では汚染物質が危険なレベルまで蓄積している

*__ac·cu·mu·la·tion__ /əkjùːmjuléɪʃən/ 名〔◁ accumulate 動〕❶ Ⓤ 蓄積, 累積；蓄財 ‖ the ～ of money 金をためること ❷ Ⓒ 蓄積物, たまった[積もった]もの ‖ a 20cm ～ of snow 20センチ積もった雪

ac·cu·mu·la·tive /əkjúːmjəlèɪtɪv | -lə-/ 形 ❶ 累積的な, 集積的な ❷ ため込み主義の

ac·cu·mu·la·tor /əkjúːmjəlèɪtər/ 名 Ⓒ ❶ ためる人, 蓄財家 ❷ 計算器械装置《金銭登録器・デジタル計算器など》；💻アキュムレーター《演算の結果を一時的に記憶する装置》；《英》蓄電池(《米》storage battery) ❸ 《英》〖競馬〗1レースのもうけ分をそっくり次に賭(か)けること

*__ac·cu·ra·cy__ /ǽkjərəsi/ 名〔◁ accurate 形〕Ⓤ 正確さ, 的確さ(↔ inaccuracy)；精度 ‖ with great ～ 高精度で；極めて正確に

‡**ac·cu·rate** /ǽkjərət/ 《発音注意》 中心義 誤りのない
―形〔▶ accuracy 名〕(**more** ～；**most** ～)
❶ (情報・計算などが)**正確な**(↔ inaccurate)；(説明・描写などが) 的確な, 寸分たがわぬ (⇨ CORRECT 類語) ‖ ～ **information** 正確な情報 / an ～ description [account] of the event 事件の的確な描写[説明]
❷ (計器・機械などが) **精密な**, 誤差のない ‖ How ～ is your watch? 君の時計はどれくらい正確なの
❸ (武器・射手が)標的を正確にとらえられる；(狙撃が)ねらいたがわぬ, 必中の ‖ an ～ rifle 的を外さないライフル銃
～·ness 名

*__ac·cu·rate·ly__ /ǽkjərətli/ 副 正確に；正確に言うと(♥しばしば前言の補足として挿入的に用いる)

ac·cursed /əkə́ːrst | əkə́ːsɪd/, 《古》**ac·curst** /əkə́ːrst/ 形 ❶ 《文》呪(のろ)われた, 不[悲]運の ❷ 《限定》《旧》《口》忌まわしい, 憎むべき **～·ly** 副

*__ac·cu·sa·tion__ /æ̀kjuzéɪʃən/ 名〔◁ accuse 動〕❶ 〖法〗Ⓤ Ⓒ 告訴, 告発；Ⓒ 罪状, 罪名 ‖ He is under an ～ of robbery. 彼は強盗 (罪) で告訴されている / make [OR bring] an ～ of theft against her 彼女を窃盗罪で告訴する(=accuse her of theft) / The ～ is murder. 罪状は殺人(罪)だ ❷ Ⓤ Ⓒ 非難〈**of** …についての；**against** …に対する〉；〈…という〉言いがかり〈**that** 節〉 ‖ He expressed no words of ～ *against* his son. 彼は息子に非難がましいことは一言も言わなかった

ac·cu·sa·tive /əkjúːzətɪv/ 形 名 Ⓒ 〖文法〗対格の(語), 直接目的格の(語) ‖ the ～ case 対格

ac·cu·sa·to·ri·al /əkjùːzətɔ́ːriəl/ ⟨シ⟩ 形 〖法〗告発[告訴]人の；告発主義的な(↔ inquisitorial)

ac·cu·sa·to·ry /əkjúːzətɔ̀ːri | -təri/ 形 非難の；告発の, 起訴の, 求刑の

*__ac·cuse__ /əkjúːz/ 動〔▶ accusation 名〕他 ❶〔人〕を〈…であると〉告訴する, 起訴する〈**of**〉 ‖ He was falsely ～*d of* stealing the jewels. 彼は宝石泥棒の罪で誤って訴えられた ❷〔人〕を〈…の理由で〉非難する, 責める〈**of**〉 ‖ She ～*d* me *of* selfishness [being a liar]. 彼女は私をわがまま[うそつき]だと非難した
-cus·er 名 Ⓒ 告訴人, 告発者, 原告(↔ accused)

*__ac·cused__ /əkjúːzd/ 〖法〗 形 《限定》 告発された ‖ stand ～ (of ...) (…のことで)非難[告発]されている
―名 (the ～) 被告人(たち) (↔ accuser) (♦ 被告人の数によって単数または複数扱い)

ac·cus·ing /əkjúːzɪŋ/ 形 非難する(ような), とがめるような **～·ly** 副

*__ac·cus·tom__ /əkʌ́stəm/ 動 他 ❶ 《+目+**to** 名》〔人など〕を…(すること) に慣れさせる (♦ to の後は名詞または動名詞) ‖ ～ one's ears *to* the noise of city life 都会生活の騒音に耳を慣らす ❷ 《～ oneself to で》…に慣れる (♦ *get accustomed to* の方がふつう)
__be__ [__gèt__] __accústomed to ...__ …に慣れている[慣れる] (♦ **(1)** get の代わりに become, grow も用いられる. **(2)** be [get, become, grow] used to の方がふつう) ‖ He *is* not ～*ed to* hard work. 彼は激務に慣れていない / I *am* ～*ed to* getting up early. 私は早起きには慣れている / She soon *got* ～*ed to* looking after his children. 彼女はじきに彼の子供の世話に慣れた
語源 *ac*- to+custom：習慣になるように(する)

*__ac·cus·tomed__ /əkʌ́stəmd/ 形 《限定》 習慣的な, いつもの ‖ work with ～ diligence いつものようにまじめに働く

ÀC/DC, àc/dc ⟨シ⟩ 形 名 ❶ Ⓤ 交流・直流 (の), 交直両用 (の) (♦ *a*lternating *c*urrent/*d*irect *c*urrent の略) ❷ Ⓒ ⊗《俗》《蔑》両性愛の(人)

*__ace__ /eɪs/ 名 Ⓒ ❶ (トランプの)エース, 1の札；(ドミノ・さいころの) 1の目；《比喩的に》有利な出来事 ‖ the ～ of spades スペードのエース / It looks like life is dealing me ～*s* at last. どうやら私にも運が向いてきたようだ ❷ (テニス・バレーボールなどの)サービスエース, 相手が受けられない打球；サービスエースの1点 ❸ 《口》〖ゴルフ〗ホールインワン ❹ 《口》第一人者, 達人；(多くの敵機を撃墜した)撃墜王 ‖ an ～ at dancing 一流の踊り手
__còme__ [OR *__be__*] *__within an áce of ...__* もう少しで[危うく]…するところである ‖ I *was within an* ～ *of* death [winning]. 私は危うく死ぬところだった[もう少しで勝つところだった]
(*__hàve__*) *__an àce in the hóle__* 《米》；(*__hàve__*) *__an àce up one's sléeve__* 《英》奥の手(がある), とっておきの秘策(がある)
__hòld__ [OR *__hàve__*] *__àll the áces__* 断然優位な立場にいる, すべての優位な条件を持っている
__plày one's áce__ 最後の切り札を出す, いざというときに奥の手を使う
―形 《口》 ❶ 一流の, 優秀な, 最高の, 素晴らしい ‖ an ～ pilot 一流のパイロット / The movie was ～. その映画は最高だった ❷ 《間投詞的に》 すごい ‖ *Ace!* You made it! すごい, やった
―動 他 ❶ 《口》 (テニスなどで)〔対戦相手〕に対してサービスエースを決める ❷ 〖ゴルフ〗〔ホール〕に[〔ショット〕を]ホールインワンする ❸ 《米口》〔テスト〕で優をとる ‖ I ～*d* my math test. 数学のテストで優をとった ❹ 《米俗》〔人〕を出し抜く, 〔ライバルなど〕に楽勝する《*out*》
__áce it__ 成功する

a·cel·lu·lar /eɪséljulər/ 形 〖生〗細胞を持たない, 非[無]細胞の

-aceous 接尾 《形容詞語尾》「…性の；…の多い」；〖動〗「…綱[目]の」；〖植〗「…科の」の意 ‖ herb*aceous* (草食性の), ros*aceous* (バラ科の)

a·ceph·a·lous /èɪséfələs/ 形 ❶ 〖動〗無頭の；頭の見分けがつかない；〖植〗無(柱)頭の ❷ 指導者のない, 長を持たない ❸ 〖韻〗第一韻脚の音節を欠く

a·cerb /əsə́ːrb/, **a·cer·bic** /əsə́ːrbɪk/ 形 ❶ (人・態

A

度・言葉などが)辛辣(しんらつ)な, 厳しい ❷ 酸っぱい, 苦い

ac·er·bate /ǽsərbèɪt/ 動 他 《堅》 ❶〔人〕を怒らす, じらす ❷ …を酸っぱく[苦く]する

a·cer·bi·ty /əsə́ːrbəṭi/ 名 (複 **-ties** /-z/) ❶ U (気性・態度・言葉の)辛辣さ, 厳しさ; C 辛辣な言葉[行為] ❷ U 酸味, 苦味

a·ce·ta·min·o·phen /əsìːṭəmínəfen/ 名 U 〘薬〙 アセトアミノフェン《鎮痛・解熱剤》

ac·e·tate /ǽsətèɪt/ 名 ❶ U 〘化〙 酢酸塩 ❷ U アセテート(❶ から作る人造繊維); C 透明プラスチックフィルム

a·ce·tic /əsíːṭɪk/ 形 酢[酢酸]の[を生じる]; 酸っぱい
▶▶ ~ **ácid** 名 U 〘化〙酢酸

ac·e·tone /ǽsətòʊn/ 名 U 〘化〙 アセトン《無色の揮発・可燃性液体. 試薬・有機溶剤などとして用いられる》

ac·e·tous /ǽsɪṭəs/, **-tose** /-tòʊs/ 形 ❶ 酢の, 酢酸を含む[生ずる]; 酸っぱい ❷ 辛辣な

a·ce·tyl /ǽsəṭəl | ǽsɪtàɪl/ 名 U 〘化〙アセチル[酢酸基]

a·ce·tyl·cho·line /əsìːṭəlkóʊliːn | æ̀sɪtaɪl-/ 名 U 〘生化〙アセチルコリン《神経伝達物質の一種》

a·cet·y·lene /əséṭəlìːn/ 名 U 〘化〙 アセチレン《無色・可燃性の気体. 照明・有機合成・溶接用》

a·ce·tyl·sal·i·cỳl·ic ácid /əsiːṭəlsæ̀ləsɪ̀lɪk- | æ̀sɪtaɪl-/ 名 U 〘化〙アセチルサリチル酸(aspirin)

***ache** /eɪk/ 《発音注意》 動 自 ❶ (人・体の部分が) 〈…で〉(鈍く持続的に) 痛む, うずく〈**from**〉‖ My head ~*s* [OR is *aching*]. 頭が痛い / My hands ~*d from* carrying the heavy bags. 重いかばんを運んだので両手が痛かった / *aching* joints 痛む関節 ❷ (心が) 〈…に (対して)〉 痛む; (人が) 同情[哀れみ, 悲しみ]を覚える〈**for**〉‖ My heart ~*s for* that poor little puppy in the rain. 雨の中のあのかわいそうな子犬を思うと心が痛む ❸ **a** 〈…に〉 あこがれる, 〈…を〉 切望する 〈**for**〉 ‖ The film appeals to young women *aching for* love. その映画は愛にあこがれる若い女性たちにうけている **b** 《+**to** *do*》 …したくてたまらない [うずうずする] ‖ She was *aching to* go to the ball. 彼女は舞踏会に行きたくてたまらなかった
—名 C U ❶ 〈体の一部の〉 (持続的で鈍い) 痛み, うずき〈**in**〉(♦ しばしば headache, toothache などの複合語を作る) (⇨ PAIN 類語) ‖ I have [feel] a slight ~ *in* my left leg. 左足がちょっと痛い [痛く感じる] / ease [OR soothe] an ~ 痛みを和らげる / chronic ~*s* 慢性的な痛み ❷ (心の) 痛み, うずき, 悲しみ ‖ an ~ in one's heart 心痛 / an ~ of despair 絶望にさいなまれること ❸ 〈…に対する〉 強いあこがれ, 熱望, 切望 〈**for**〉 ‖ an ~ *for* freedom 自由へのあこがれ
àches and páins 鈍痛, 筋肉痛

a·chene /əkíːn/ 名 C 〘植〙 痩果(そうか)《成熟しても裂開しない小さくて堅い果実. イチゴやヒマワリの果実など》
a·ché·ni·al 形

Ach·er·on /ǽkərɑ̀(ː)n | ǽkərən/ 名 ❶ 《the ~》〘ギ神〙 アケロン《冥界(めいかい) (Hades) の川の1つ. 死者はカロン(Charon)の船でこれを渡る》 ❷ 《文》地獄

a·chiev·a·ble /ətʃíːvəbl/ 形 (目標が)達成できる

⁑a·chieve /ətʃíːv/
中心義 (努力や能力を必要とするものを)達成する
—動 〔▶ achievement 名〕(~**s** /-z/ ; ~**d** /-d/ ; **-chiev·ing**)
—他 (努力・精進によって)〔困難な仕事など〕を**成し遂げる**, 成就する;〔目標・目的など〕を**達成する**;〔名声・勝利など〕を得る (↔ fail) ‖ Women have ~*d* equality in many fields. 女性は多くの分野で平等を達成してきた / ~「an objective [OR a goal, an aim] 目的を達する / ~ victory [fame] 勝利 [名声] を得る / ~ success 成功を収める / ~ one's earnest wish 悲願を成就する
—自 〈…の分野で〉 成功を収める, 目的を達する 〈**at, in**〉‖ Parents want their children to ~ *in* school. 親は子供が学業でよい成績を収めることを望んでいる

a·chiév·er 名 C (努力の結果)成果をあげた人, 達成[成功]者

⁑a·chieve·ment /ətʃíːvmənt/
—名〔◁ achieve 動〕(複 ~**s** /-s/) ❶ C 〈…における〉(努力・能力によって成し遂げた) **功績**, 業績, 偉業 〈**in**〉‖ He left behind **great** [remarkable, major] ~*s in* cancer treatment. 彼は癌(がん)治療で偉大な[驚くべき, 大きな]業績を残した / Winning a gold medal is「quite an [OR no mean] ~. 金メダルの獲得は大偉業だ / an academic [educational] ~ 学問 [学業] 上の業績 / an outstanding ~ 並外れた業績
❷ U **達成**, 成就 ‖ the ~ of one's objectives 自己の目標の達成 / a sense of ~ 達成感
❸ U 学力, 学業成績 ❹ C 〘紋章〙 大紋章《称号授与を記念して授けられる紋章・飾り付きの盾》
▶▶ ~ **quòtient** 名 C 〘心〙 学力指数《学業年齢を実年齢で割り100倍した数. 略 A.Q. educational [accomplishment] quotient ともいう》 ~ **tèst** 名 C 学力検査

A·chil·les /əkíliːz/ 《発音注意》 名 〘ギ神〙 アキレ (ウ) ス《Homer の叙事詩 *Iliad* の主人公. トロイ戦争でかかとを射られ死ぬ》 ▶▶ ~(') **héel** 名 C 《単数形で》 アキレスのかかと《唯一の致命的弱点》; 急所, 泣きどころ ~(') **tén·don** 名 C 〘解〙アキレス腱(けん)

ach·kan /ɑ́ːtʃkən/ 名 C アシュカン《南アジアの男性の着る前ボタンのあるひざまで届く服》

***a·choo** /ətʃúː/ 間 名 =ahchoo

ach·ro·mat·ic /æ̀krəmǽṭɪk, -roʊ-/ ⟨シ⟩ 形 〘光〙 無色の; 色消しの, 収色性の; 〘生〙 (細胞などが) 非染色性の; 〘楽〙全音階の ‖ an ~ lens 色消しレンズ **-i·cal·ly** 副

a·chy /éɪki/ 形 《口》痛む; (鈍い) 痛み(ache)が続く

⁑ac·id /ǽsɪd/
中心義 (Aが)鋭い (★Aは「味」や「人の態度」など)
—名 (複 ~**s** /-z/) ❶ U C 〘化〙 **酸** (↔ alkali) ‖ acetic [hydrochloric, lactic, nitric, sulfuric] ~ 酢[塩, 乳, 硝, 硫]酸 ❷ U C 酸っぱいもの, 酸味のある物質 ❸ U 厳しい [辛辣(しんらつ)な, 辛口の] 意見 [批評, 口調] ❹ U 《俗》 LSD《幻覚剤》
pùt the ácid on ... 《豪・ニュージ口》〔人〕から貸し付け[好意]を得ようとする
—形 (**more** ~ ; **most** ~)
❶ **酸っぱい**, 酸味の強い (⇨ SOUR 類語) ‖ ~ fruits 酸味の強い果実 / an ~ taste 酸味
❷ (態度・表現などが) 皮肉な, 辛辣な, とげとげしい ‖ She has an ~ tongue. 彼女の言葉にはとげがある / an ~ remark [comment, tone] 辛辣な意見[批評, 口調]
❸ 《比較なし》〘化〙 酸性の (↔ alkaline) ‖ ~ soils 酸性土壌 ❹ 〘地〙 (岩石・溶岩が) シリカを多く含む ❺ (色が) 強烈な, 鮮明な
▶▶ ~ **dróp** 名 C 《英》 酸味入りドロップ ~ **hòuse** 名 U 《主に英》 アシッドハウス《シンセサイザーを使ったビートの速い幻覚的なロック音楽》 ~ **jázz** 名 U 〘楽〙 アシッドジャズ《ファンクやソウルミュージックを取り入れたジャズ》 ~ **ráin** 名 U 酸性雨《大気汚染で酸性化し環境に有害な雨》 ~ **róck** 名 U 〘楽〙 アシッドロック《幻想的な照明と電子音響を特徴とするロック音楽》 ~ **sált** 名 U C 〘化〙 酸塩 ~ **tést** 名 C 《単数形で》(人・物の価値などの) 厳しい検査[試験, 吟味] (♦ 金の純度を硝酸によって検査したことから)

ácid·hèad 名 C 《俗》LSDの常用者

a·cid·ic /əsídɪk/ 形 ❶ 非常に酸っぱい ❷ 酸性の; 酸を作る[含む]

a·cid·i·fy /əsídɪfàɪ/ 動 (**-fies** /-z/ ; **-fied** /-d/ ; ~**·ing**) 他 自 (…を[が]) 酸化させる[する], 酸っぱくする[なる]
a·cìd·i·fi·cá·tion 名 U 酸化

a·cid·i·ty /əsídəṭi/ 名 U ❶ 酸味, 酸っぱさ; 酸性度 ❷ 酸過剰, (特に) 胃酸過多 ❸ 辛辣さ

a·cid·ly /ǽsɪdli/ 副 辛辣に

ac·i·do·sis /æsɪdóʊsɪs/ 名 U〘医〙血液酸毒症, 酸性症, アシドーシス《糖尿病・腎(じん)疾患などの症状》

a·cid·u·late /əsídʒulèɪt/ 動 他…にやや酸味を帯びさせる, …をやや酸っぱくさせる；…を辛辣(しんらつ)にする

a·cid·u·lous /əsídʒələs | əsídju-/ 形 ❶《堅》やや酸味のある ❷辛辣な, やや気難しい

ack. 略 acknowledge, acknowledgment

ack·ack /ækæk/ 名 C U《口》高射砲(射撃)

*__ac·knowl·edge__ /əknɑ́(:)lɪdʒ | -nɔ́l-/《発音注意》動〔▶ acknowledgment 名〕他 ❶認める **a**《+目》〔状況・事実〕を承認する；〔真実・存在〕を認める（⇨ ADMIT 類語）‖ Ed ~*d* his fault [mistakes, responsibility]. エドは過失[間違い, 責任]を認めた **b**《+*doing*》…したことを認める ‖ The boy ~*d* having lied. 少年はうそをついたことを認めた **c**《+**that** 節》…であることを認める ‖ She ~*d that* my statement was true. 彼女は私の言葉を真実だと認めた / "I may be wrong," he ~*d*. 「自分は間違っているかもしれない」と彼は認めた **d**《+目+**as** 名・形 / 目+**to be** 補》…を…であると認める ‖ He ~*d* the report *as* [OR *to be*] true. 彼はその報告を真実だと認めた / Picasso is widely [generally] ~*d as* [OR *to be*] a great artist. ピカソは偉大な芸術家として広く[一般的に]認められている
❷…の重要性[優秀性]を認める；…を〈法的に拘束力のあるものとして〉認める, 承認する〈**as**〉‖ ~ her genius 彼女の天才を認める
❸〔手紙などの受領〕を知らせる ‖ I ~ (the) receipt of your letter. お手紙確かに拝受いたしました
❹〔人の会釈・存在〕に気づいて〈…で〉答礼する, あいさつする〈**with**〉‖ She ~*d* my presence *with* a smile [nod, bow]. 彼女は私に気づいてにっこりと[うなずいて, 会釈して]応えた ❺…に〈…で〉謝意[敬意, 好意]を表す〈**with**〉‖ The candidate ~*d* the applause [cheers] of the crowd *with* waving hands. 候補者は群衆の喝采(かっさい)[応援]に両手を振って謝意を表した ❻💻〔信号〕の受信確認を出す, 肯定応答をする

ac·knówl·edged /-d/ 形 一般に認められた

ac·knowl·edg·ment,《主に英》**-edge-** /əknɑ́(:)lɪdʒmənt | -nɔ́l-/ 名〔◁ acknowledge 動〕❶ U 承認, 認容 ❷ U C 感謝(のしるし)；《通例 ~s》(著者などの)謝辞 ‖ in ~ of your help あなたの援助に感謝して ❸ C (手紙などの)受領の通知 ❹ C (公式の)承認(書) ❺ C U 💻(信号の)受信通知, 肯定応答

a·clìn·ic líne /eɪklɪ̀nɪk-/ 名《the ~》〘理〙磁気赤道(magnetic equator)

ÀCLÚ 略 *A*merican *C*ivil *L*iberties *U*nion (米国自由人権協会)《米国最大の人権擁護団体》

ac·me /ǽkmi/ 名《the ~》頂上, 頂点；極致；最盛期

ac·ne /ǽkni/ 名 U〘医〙にきび(→ pimple) ‖ have ~ にきびができている

ac·o·lyte /ǽkəlàɪt/ 名 C ❶〘宗〙(宗教儀式を手伝う)侍者, 侍僧 ❷助手, 従者；新参者

A·con·ca·gua /ækənkɑ́:gwə | -kæ-/ 名 アコンカグア(山)《アンデス山脈にある西半球の最高峰. 6,960m》

ac·o·nite /ǽkənàɪt/ 名 ❶ C〘植〙トリカブト《有毒》❷ U アコニット《❶の根から採る鎮痛剤》

*__a·corn__ /éɪkɔ̀:rn/ 名 C〘植〙ドングリ
▶▶ ~ **bàrnacle** 名 C〘動〙フジツボ ~ **cùp** 名 C (ドングリの)殻斗(かくと), へた, さら ~ **squàsh** 名 C〘植〙(ドングリ形の)西洋カボチャ ~ **wòrm** 名 C〘動〙ギボシムシ

*__a·cous·tic__ /əkú:stɪk/《発音注意》形《限定》❶聴覚の；音響(学)の ‖ the ~ nerve 聴神経 / ~ education 音感教育 / ~ phonetics 音響音声学 ❷(楽器などが)アンプを用いない, アコースティックの ‖ an ~ guitar アコースティックギター ❸(建材などが)防音[吸音]の ❹音波による

a·cous·ti·cal /əkú:stɪkəl/ 形 =acoustic
~·ly 副 音響学的に, 音響の点で；聴覚的に, 聴覚上

a·cous·ti·cian /ækustɪ́ʃən/ 名 C 音響学者

a·cous·tics /əkú:stɪks/ 名 ❶ U 音響学 ❷《複数扱い》(劇場・講堂などの)音響効果[状態]

*__ac·quaint__ /əkwéɪnt/ 動〔▶ acquaintance 名〕他 **a**《+目+**with** 名》〔人〕に…を教える, 知らせる；〔人〕を…となじみにさせる ‖ We must ~ the freshmen *with* our rules. 新入生たちに我々の規則を教えなければならない **b**《~ oneself with ... で》…となじむ, …をよく知る ‖ I want to ~ myself *with* Japanese history. 日本の歴史をよく知りたい
be* [*gèt, becòme*] *acquáinted 〈…について〉熟知している[する]；〈人と〉顔見知りである[になる]〈**with**〉‖ He *is* fully ~*ed with* wildlife legislation. 彼は野生動物に関する法律に精通している / I *got* ~*ed with* her at my part-time job. 彼女とはバイト先で知り合った

*__ac·quaint·ance__ /əkwéɪntəns/ 名〔◁ acquaint 動〕❶ C (あまり親密ではない)知人, 知り合い；U《集合的に》知人たち（⇨ FRIEND 類語）‖ Bob had a lot of ~*s*, but very few friends. ボブには知人は多かったが友人はごくわずかだった / He is an old ~. 彼とは昔なじみです ❷ U C〈人との〉なじみ, 面識；付き合い(↔ unfamiliarity)〈**with**〉‖ I have a passing [OR slight] ~ *with* your teacher. あなたの先生とは少し面識がある / on first ~ 初めて会ったとき / on closer ~ さらによく知ると ❸ U C〈…についての〉心得, 知識〈**with**〉‖ have little ~ *with* modern art 現代美術についてほとんど知らない
màke a pèrson's acquáintance*; *màke the acquáintance of a pèrson (人と)お近づきになる, (人に)お目にかかる ‖ (I'm) delighted to *make* your ~. お会いできて光栄です(♥ 初対面の際に用いる形式ばったあいさつ. ✎ (I'm) pleased to meet you.)
of one's acquáintance 知り合いの ‖ a woman *of his* ~ 彼の知り合いの女性
scràpe* (*ùp*) (*an*) *acquáintance with ... ⊗《旧》《主に蔑》〔人〕と無理やり近づきになる
~·shìp 名 U/C《単数形で》〈人との〉交際, 付き合い, 面識；〈…に関する〉知識〈**with**〉
▶▶ ~ **ràpe** 名 U C《主に米》知り合いによるレイプ(→ date rape)

ac·qui·esce /ækwiés/ 動 自〈…に〉(いやいやながら)従う, (消極的に)同意する, 黙従する, 〈…を〉黙認する〈**in**〉

ac·qui·es·cence /ækwiésəns/ 名 U 黙従, 黙認；(消極的)同意

ac·qui·es·cent /ækwiésənt/ 〈シ〉形 従順な, 黙従する
~·ly 副

‡**ac·quire** /əkwáɪər/ 中心義》(自力で)自分のものにする
—動〔▶ acquisition 名〕(**~s** /-z/；**~d** /-d/；**-quir·ing**)
他 ❶(自分の努力・経験によって)〔知識・技術・習慣など〕を**身につける**, 習得する ‖ I have ~*d* a taste for wine. ワインが好きになった / ~ a practical knowledge of English 英語の実用的知識を身につける
❷〔財産・権力・地位・名声など〕を**得る**, 手に入れる, 取得する（⇨ GET 類語）‖ ~ a good reputation as a lawyer 弁護士としてよい評判を得る

ac·quíred /-d/ 形 (努力して)習得[獲得]した；後天的な(↔ innate) ‖ an ~ taste (試しているうちに)身につけた嗜好(しこう), 次第に好きになったもの[人]
▶▶ ~ **cháracter** [**characterístic**] 名 C〘生〙獲得形質, 後天的性質[形質] ~ **immùne defíciency sỳndrome** 名 U〘医〙=AIDS

ac·quíre·ment /-mənt/ 名 ❶ U (知識・資質などの)習得, 獲得 ❷ C《しばしば ~s》身につけたもの, 学識, 技芸, たしなみ

*__ac·qui·si·tion__ /ækwɪzɪ́ʃən/ 名〔◁ acquire 動〕❶ U (技術・習慣などの)習得, 獲得 ‖ the ~ of language skills 言語能力の習得 ❷ C (有益な)獲得物, 収穫, 収集品 ‖ This is one of my recent ~*s*. これは私が最近手に入れたものの1つだ / a valuable ~ 掘り出し物；有望な新人 ❸ C U (会社などによる)買収, 企業買収 ‖

A

make「an ～[OR ～s] 買収する

ac·quis·i·tive /əkwízəṭɪv/ 形 (知識・財産などを)欲しがる; 物欲が強い, 貪欲(どんよく)な ‖ an ～ nature 欲張りな性格
～·ly 副 **～·ness** 名

ac·quit /əkwít/ 動 (**-quit·ted** /-ɪd/; **-quit·ting**) 他 ❶ 〔人〕に〈罪からの〉無罪を言い渡す;〔人〕を〈義務・責任などから〉免除[放免]する〈**of**〉‖ ～ him *of* his crime [obligation] 彼に無罪を言い渡す[彼の義務を免じる] ❷《～ oneself で》《堅》振る舞う ‖ ～ oneself well [badly, ill] 立派に[下手に]振る舞う ❸《～ oneself of ... で》《古》《堅》〔義務・責任〕を果たす

ac·quit·tal /əkwíṭəl/ 名 U C 無罪(放免), 釈放;(義務・責任などの)免除

ac·quit·tance /əkwítəns/ 名 ❶ U 負債の返済[消滅] ❷ C 《旧》《法》返済証書, 領収書

*__a·cre__ /éɪkər/ (発音注意) 名 C ❶ エーカー《面積の単位; 4,047m² 略 a., A.》‖ a 200-～ farm＝a farm of 200 ～*s* 200エーカーの農地 / get 100 ～*s* of land 100エーカーの土地を手に入れる ❷《～s》土地財産, 地所;《主に～s of で》《口》大量(の), 広範囲(の) ‖ ～*s* of space 広い空間
語源「野原, 畑」の意の古英語 *æcer* から. 特に「1組の牛が1日に耕すことのできる面積の土地」を意味した.

a·cre·age /éɪkərɪdʒ/ 名 U (エーカー数での)面積

ac·rid /ækrɪd/ 形 ❶ (味が)舌を刺激する; 苦い;(においが)鼻を突く ❷ (言葉などが)辛辣(しんらつ)な, 痛烈な
a·críd·i·ty 名 **～·ly** 副

ac·ri·mo·ni·ous /ækrɪmóuniəs/ ⟨シ⟩ 形 (言葉・態度などが)辛辣な, とげとげしい **～·ly** 副

ac·ri·mo·ny /ækrəmòuni | -rɪmə-/ 名 U (言葉・態度などの)辛辣さ, とげとげしさ

ac·ro·bat /ækrəbæt/ 名 C ❶ 軽業師, 曲芸師 ❷ (意見・立場を急に変える)豹変(ひょうへん)者, 変節者(⚠日本語の「アクロバット」は acrobatics)

ac·ro·bat·ic /ækrəbæṭɪk/ ⟨シ⟩ 形 軽業(師)の, 曲芸的な ‖ ～ feats 軽業 **-i·cal·ly** 副

*__ac·ro·bat·ics__ /ækrəbæṭɪks/ 名 U 軽業(の芸), 曲芸, アクロバット;《複数扱い》(曲芸における)一連の妙技; 離れ技

ac·ro·lect /ækroulèkt, -rə-/ 名 U 《言》上層方言《ある社会で最も格式の高い言語》(↔ basilect)

ac·ro·nym /ækrənɪm/ 名 C 《言》頭文字語《頭文字の組み合わせからなり, それ自体単語として発音される語. 〈例〉radar, NATO など》(→ initialism)

ac·ro·pho·bi·a /ækrəfóubiə, -rou-/ ⟨シ⟩ 名 U 高所恐怖症

a·crop·o·lis /əkrá(:)pəlɪs | əkrɔ́p-/ 名 C (古代ギリシャ諸都市の)城砦(じょうさい);《the A-》アテネのアクロポリス《パルテノン神殿などの遺跡がある》

***__a·cross__ /əkrɔ́(:)s/ 前 副

中心義 …を横切って (★横切る過程のどこに視点を置くかによって,「…の向こう側に」「…と交差して」など多様な意味となる)

—前 ❶《方向・運動》**…を横切って**, …を渡って, …の向こうへ ‖ fly ～ the Pacific 太平洋を飛行機で横断する / A faint smile flickered ～ his face. 微笑がちらと彼の顔をよぎった / I helped an elderly man ～ the street. 年輩の人が通りを渡るのを助けてあげた
❷ …(の両側)にまたがって, …のこちらからあちらまで ‖ a bridge ～ a river 川にかかる橋 / I drew a line ～ the paper. 紙の端から端まで1本の線を引いた
❸《位置》**…の向こう側に**, …の反対側に, …を隔てて ‖ He lives just ～ the street. 彼は通りの真向かいに住んでいる / She called me from ～ the room. 彼女は部屋の向こう側から私を呼んだ
❹ …全体にわたって, …の至る所で;〔異なる種類の人・物〕を越えて ‖ Sunshine is expected ～ the northeast. 北東部一帯にかけては晴れるでしょう / Facial expressions are interpreted in similar ways ～ cultures. 顔の表情は文化を越えて同じように解釈される / (all) ～ the country [world] (全)国[世界]中 / from ～ the country 全国から
❺ …と交差して ‖ He was deep in thought with his arms ～ his chest. 彼は腕組みをして物思いにふけっていた / These two lines cut ～ each other at right angles. これら2本の線は直角に交差している

語法 ☆☆ (1) across も over も「…の向こう側へ[で]」という意味を表すが, walk across the field, swim across the river のように平らな広がりを持つ場所や水の中に関しては across を, go over the mountains のように高さのあるものに関しては over を用いることが多い.
(2) across も through も「…を通って」という意味を持つが, across が対象を平面的にとらえてその表面を横切ることを表すのに対し, through は対象を立体的にとらえてその中を通り抜けることを表す. 〈例〉go *across* the grass (草を踏んで)草原を横切る / go *through* the grass (伸びた草をかき分けて)草原を通り抜ける

—副 《比較なし》❶《方向・運動》**横切って**, 渡って; 端から端まで; ある方向に, (特に)横向きに ‖ I walked ～ to the window. 窓際まで歩いて行った / She trimmed her son's hair straight ～. 彼女は息子の髪を真っすぐ横に切りそろえた / I reached ～ and picked up the book. 手を伸ばして本を取った
❷《位置》**向こう側に**, 反対側に ‖ We shall soon be ～. すぐに向こう側に着くでしょう
❸ **交差して** ‖ with one's arms [legs] ～ 腕[足]を組んで
❹ **直径で**, 差し渡しで, 幅で ‖ The path is only two feet ～. その小道は幅がわずか2フィートしかない / This plate measures eight inches ～. この皿は直径が8インチある ❺ (クロスワードパズルの鍵(かぎ)について)横に(↔ down¹) ‖ I can't do 8 ～. 8の横が解けない
acróss (...) from ... (…を隔てて)…の反対側[向かい側]に ‖ The bakery is ～ (the street) *from* my house. パン屋は(通りを隔てて)私の家の向かいにある

acròss-the-bóard ⟨シ⟩ 形 《限定》❶ 全体に及ぶ, 全面的な, 一律の ‖ the ～ rise in living costs 生活費の全面的な高騰 ❷《米》《競馬》単勝・複勝複合式の《同一馬に1-3着を賭(か)ける》 —副 全面的に, 一律に

a·cros·tic /əkrɔ́(:)stɪk/ 名 C ❶ アクロスティック, 折り込み詩《行頭・行末などの文字をつなげるとある語・句になる遊戯詩》❷ 折り込み詩によるなぞなぞ
—形 acrostic の(ような)

a·cryl·a·mide /ækrɪlǽmaɪd, əkrílə-/ 名 U C 《化》アクリルアミド《有機合成物の原料》

a·cryl·ic /əkrílɪk/ 形 アクリル酸の; アクリル性の —名 U C アクリル樹脂[繊維]; アクリル絵の具; アクリル画[塗装]
▸▸ ～ **ácid** 名 U 《化》アクリル酸 ～ **fíber** 名 U C アクリル繊維 ～ **résin** 名 U C アクリル樹脂

***__act__ /ækt/ 名 動

中心義 (単独の)行為 (★場面に応じて, 議会での行為の結果である「法令」や, 舞台での行為の区切りとなる「(劇などの)幕」など特定の意味になる)

名 行為❶ 法令❷ 幕❸
動 自 行動する❶ 振る舞う❶ 演じる❸

—名 (複 **～s** /-s/) C ❶ **行為**, 行い(⇨ 類語) ‖ commit an ～ of aggression [terrorism, self-defense] 侵略[テロ, 自衛]行為を行う / get into the ～ 参加する, 加わる / a criminal ～ 犯罪行為 / an illegal ～ 不法行為
❷《しばしば A-》**法令**, 条令;(司法・立法機関などの)裁決;《しばしば ～s》正式文書, 証書;《旧》会報(⇨ LAW 類語) ‖ an *Act* of Congress [《英》Parliament] 国

会制定法 / the Social Security *Act* (米国の) 社会保障法 / an ～ of grace 恩赦令；恩典
❸《ときに A-》(劇などの) **幕** (→ scene) ‖ a one-～ play =a play in one ～ 1幕物の劇 / *Macbeth, Act* I, Scene ii マクベス第1幕第2場
❹ (演芸などの) 出し物 (の1つ)；芸人 (の一座) ‖ a juggling ～ 曲芸 / a nightclub ～ ナイトクラブの出し物
❺《単数形で》見せかけ, ふり, 芝居 ‖ Your sympathy is just an ～. 君は同情しているふりをしているだけだ
❻《the A-s》《単数扱い》《聖》使徒行伝(ぎょうでん)(♦ the Acts of the Apostles ともいう)
a tòugh [OR ***dìfficult, hàrd***] ***áct to fòllow*** 太刀打ちできないもの[人], かなわないもの[人]
an àct of Gód 〖法〗不可抗力, 天災《洪水・暴風雨など》(♦ 保険証書などで用いられる)
****clèan ùp one's áct*** (悪習・無責任な行動を改めて) きちんとする, 行いを改める
dò [OR ***perfòrm, stàge***] ***a disappéaring*** [OR ***vánishing***] ***àct*** (必要なときに突然) 姿を消す
****gèt one's áct togèther*** 《口》行いを改める；一貫した行動をとる, てきぱきする, 段取りよくやる
****gèt in on the áct*** 《口》(もうけをねらって) 仲間入りする, 便乗する
in the áct (***of doing***) (悪事などをしている) 最中に ‖ I caught her *in the* ～ *of* checking my cellphone. 彼女が僕の携帯電話をチェックしているところを見つけた
pùt òn an áct 芝居をする, 見せかける；見せびらかす
── 動 〔▶ action 名, active 形〕(**～s** /-s/；**～·ed** /-ɪd/；**～·ing**)
── 自 ❶ **行動する** **a** 行動する, 行動を起こす〈**for** …のための；**against** …に対する〉‖ ～ *for* peace 平和運動をする / ～ *against* AIDS エイズ撲滅運動をする / ～「out of [OR on] impulse 衝動的に行動する / It's time to ～ to protect the environment. 環境保護のために行動を起こすべきときだ
b 《+副 / like 名 / as if 節》…のように**振る舞う** (♦ 副 は様態を表す. 《口》では as if の代わりに接続詞 like を用いることもある) ‖ ～ foolishly 愚かに振る舞う / ～ *like* a child 子供のように振る舞う / He ～*ed as if* he had nothing to do with the matter. 彼はその件とは何の関係もないように振る舞った
c 《+補〈形〉》…のような振る舞いをする ‖ Don't ～ so stupid. ばかなまねはよせ (→ 他 ❷)
❷《+as [like] 名》…の役を務める；…として […のように] 機能する [働く] ‖ She ～*ed as* (a [OR our]) guide. 彼女がガイド役を務めてくれた (♦ as に続く名詞が人の役目を表すときは無冠詞になることが多い. ただし形容詞がつくときは冠詞をつける. 〈例〉act as an industrial spy 産業スパイとして活動する)
❸ (役者として) **演じる**, 舞台に立つ；演技する, ふりをする；(劇・役が) 上演に向く ‖ He ～*ed* in the play. 彼はその芝居に出演した / He's not really sad; he's only ～*ing*. 彼は本当に悲しいのではなく, そのふりをしているだけだ ❹ (物が) 機能する, 働く；(薬などが) 〈…に〉作用する, 効く〈**on**〉‖ These drugs ～ *on* the central nerve system. この薬は中枢神経系統に影響を及ぼす
── 他 ❶ … (の役) を演じる；〔劇〕を上演する ‖ He ～*ed* the part of Professor Higgins. 彼はヒギンズ教授の役を演じた / The play was not well ～*ed*. この戯曲はうまく舞台に乗らなかった ❷ …のような振る舞い [まね] をする ‖ ～ one's age 年齢相応の振る舞いをする / He ～*ed* the fool. (=He ～*ed* like a fool.) 彼はばかなまねをした (♦ 目 は the+単数名詞. → 自 ❶ **c**)
act for [OR ***on behalf of***] ***...*** 〈他〉① ⇨ 自 ❶ ② …の代理をする；《英》…の弁護士として法廷に立つ
áct on [OR ***upon***] ***...*** 〈他〉① ⇨ 自 ❹ ② …に基づいて行動する；〔忠告・提案など〕に従う ‖ ～ *on* information from ... …からの情報に基づいて行動する
****àct óut ... / àct ... óut*** 〈他〉①〔物語・場面〕を実演して見せる；〔役〕を演じて見せる ②〔考え・感情〕を (発散させるために) 言葉や行動で表す ‖ ～ *out* one's desires 欲望を遂げる
****àct úp*** 〈自〉① 《しばしば進行形で》《口》(特に子供が) (注目されたいために) 行儀悪くする, 悪さをする ② 《口》(機械などが) 異常に作動する, 調子が乱れる ③ (病気・けがが) ぶり返す, (体の悪い部分が) 再び悪化する
àct úp to ... 〈他〉〔主義・指示〕を守る, 実行する

類語《名 ❶》**act** 1回の (達成された) 行為.
action 行為の過程やある期間にわたる行動を多く表す. 〈例〉take *action* against inflation (一定期間) インフレに対処する
deed "do" の名詞として「なされたこと」を表し, しばしば, 立派な, あるいは注目すべき行為.
behavior 一般に人の振る舞い方を表すが, 特に特定の場合における人の前での, あるいは人に対する振る舞い方. しばしば, 行儀の意味合いを含む.
conduct behavior と同じく振る舞い方を表すが, 特に道徳や社会的規範に照らしていう場合に用いられる語. (♦ conduct は不可算名詞. behavior はふつう不可算だが, 複数形をとることもある)

ÀCT́ 略 *A*merican *C*ollege *T*est (米国大学入学学力試験)；*A*merican *C*onservatory *T*heater；*A*ustralian *C*apital *T*erritory
Àcth, ÀCTH 略 *a*dreno*c*ortico*t*ropic *h*ormone (副腎皮質刺激ホルモン)
ac·tin /ǽktɪn/ 名 U 〖生化〗アクチン《筋肉を構成し, ミオシン (myosin) とともにその収縮に働くタンパク質》
***act·ing** /ǽktɪŋ/ 形《限定》❶ 臨時の, 代理の, 代行の ‖ an ～ chairperson 会長代理 ❷ 活動中の ── 名 U 実演；演技；役者活動[業] ▶▶ **～ còpy** 名 C 台本
ac·tin·ic /æktínɪk/ 形〖化〗化学線の, 化学線作用のある ‖ ～ rays 化学線《紫外線・X線など》
ac·tin·ism /ǽktɪnìzm/ 名 U 化学線作用
ac·tin·i·um /æktíniəm/ 名 U 〖化〗アクチニウム《放射性金属元素. 元素記号 Ac》

***ac·tion /ǽkʃən/ 名 動

中心義 (ある期間にわたる) 行為

名 行動❶ 行為❷ 働き❸ 作用❹

── 名 〔▶ act 動〕(複 **～s** /-z/) ❶ U (ある目的を達成するための) **行動**, 活動 (⇨ ACT **類語**) ‖ Now's the time for ～. 今こそ行動すべきときだ / a man [OR woman] of ～ 活動家《学者・研究者などに対して政治家や実業家などをいう》/ political ～ 政治的活動 / ～ against terrorism 対テロ活動 / the best course of ～ 最善の行動[道]
❷ C **行為**, 行い；《～s》振る舞い, 行状 ‖ The police shot an unarmed man and were unable to explain their ～. 警察は武器を持たない男を撃ったがその行為を説明できなかった / *Actions speak louder than words.* 《諺》行動は言葉より雄弁だ
❸ C U (身体・器官の) **働き**, 機能；(スポーツ選手・馬などの) 動き, 動作 ‖ the ～ of the lungs 肺の機能
❹ U (薬・化学物質の) **作用**, 効果, 影響 ‖ corrosive ～ of acids on metals 金属に対する酸の腐食作用
❺ C U 〖法〗訴訟 (lawsuit)〈**for** …のための；**against** …に対する〉‖ take legal ～ *against* ... …を告訴する / bring a libel ～ *against* ... …を名誉毀損(きそん)で訴える
❻ C U 戦闘, 交戦 ‖ see ～ 戦闘に加わる
❼ C 《単数形で》(ピアノ・銃などの) 作動機構, 作動装置
❽ U 動作, 身のこなし；(俳優の) 演技, アクション ‖ *Action!* アクション《「演技始め」の意味で, 映画撮影用語》❾ U (劇・小説などの) 筋, 一連の事件 ‖ The ～ of the play takes place in London in the 19th century. その芝居の舞台は19世紀のロンドンである ❿

A

U《口》わくわくするような出来事；《形容詞的に》刺激的で興奮する場面の多い，活劇の（action-packed）‖ There's a lot of ～ in the film. その映画には興奮する場面がいくつもある / New York is where the ～ is. ニューヨークは刺激的なところだ ⓫ U《米》（立法・行政機関などの）決議；処置（→ affirmative action）⓬ U〖美〗（絵画・彫刻における）動き，生気 ⓭ U《英》示威行為（industrial action）

a pìece [OR *slìce*] *of the áction* 《口》（利益などの）分け前

*･**in áction*** 活動［作動，演技，競技，戦闘］中で［の］‖ He 「was killed [went missing] *in* ～. 彼は戦闘中に亡くなった［行方不明になった］/ the alarm system *in* ～ 作動中の警報器

into áction 活動［作動，戦闘］して ‖ go *into* ～ 活動［戦闘］を始める / put [OR bring, call] a plan *into* ～ 計画を実行に移す［実行する］

*･**out of áction*** （故障・けがなどで）動けなくなって，休止して ‖ Tennis elbow put her *out of* ～. テニスひじのため彼女はプレーできなかった

swìng [OR ***sprìng***] ***into áction*** 迅速に行動に移る

*･**tàke áction*** 行動を起こす；（法的な）措置をとる；訴訟を起こす ‖ Emergency ～ was *taken* against the spread of flu. インフルエンザの蔓延(まんえん)に対して緊急措置がとられた

COMMUNICATIVE EXPRESSIONS

1 **Lèt's sèe sòme áction.** 何かしたらどうなんだ（♥ 迷ってもたもたしている相手に行動を促すくだけた表現）

―動 他《通例受身形で》（要求・計画などが）実行される，…に対処する

▸▸ ～ **commìttee** [**gròup**] 名 C（政治団体などの）行動委員会［隊］ ～ **fìgure** 名 C（兵士・超人などの）アクションフィギュア［人形］ ～ **mòvie** [**film**] 名 C アクション映画 ～ **pàinting** 名 U C〖美〗アクション＝ペインティング《絵の具をキャンバスに飛び散らしたりする抽象画の様式》 ～ **plàn** 名 C 行動計画 ～ **pòint** 名 C（会議などでの）行動提案 ～ **réplay** 名 U C《英》＝instant replay ～ **rèsearch** 名 U（仕事の仕方などの改善のための）行動研究 ～ **stàtions** 名 複《英》戦闘配置（《米》battle stations）

ác·tion·a·ble /-əbl/ 形 ❶〖法〗起訴できる ❷（計画などが）実行可能な；実用価値のある

áction-pàcked 形（映画などが）興奮に満ちた

*･**ac·ti·vate*** /ǽktɪvèɪt/ 動〔◁ active 形〕他 ❶ …を活発にする；〔機械など〕を作動させる ‖ This computer is ～*d* by voice. このコンピューターは音声で作動する（→ voice-activated）❷〖理〗…に放射能を帯びさせる；〖化〗…を活性化する，…の反応を促進する；《～d で形容詞として》活性化した ‖ ～*d* carbon [OR charcoal] 活性炭 ❸（好気性細菌の活動を活発にして）〔下水〕を通気浄化する ❹《米》〔部隊〕を戦時編成にする

àc·ti·vá·tion 名 U〖化〗活性化

ac·ti·va·tor /ǽktɪvèɪṭər/ 名 C 活動的にさせる人［もの］；〖化〗活性剤，触媒

:ac·tive /ǽktɪv/ 形 名

中心義 **行為に前向きな**

―形〔◁ act 動 | ▶ activate 動, activity 名〕（**more** ～；**most** ～）（♦ ❶❷❸ 以外比較なし）

❶（人・生活などが）**活動的な**，じっとしていない，動きの激しい；（頭脳・思考が）よく働く，機敏な ‖ He is 90, but he is still mentally and physically ～. 彼は90歳だがまだ心身共に元気だ / have an ～ mind 頭の回転がよい

❷（商況などが）活気のある，盛況な；（口座が）出し入れの多い ‖ ～ accounts 活動口座（↔ sleeping accounts）

❸ **積極的な，能動的な**（↔ passive）‖ I'm very ～ in opposing the plan. 私はその計画に積極的に反対している / play an ～ role [OR part] in volunteer activities 積極的にボランティア活動をする / an ～ citizen 積極的市民《奉仕活動や防犯活動に積極的に参加する市民》/ an ～ vocabulary 活用語彙(ごい)《ある人が実際に書き，話す言葉全体》

❹ **活動［作動］中の**；効力のある；現行の；〖軍〗現役の ‖ an ～ fault 活断層 / an ～ volcano 活火山 / an ～ law 現行法 / ～ ingredients in a medicine 薬の有効成分

❺《叙述》（人・動物が）（ある特定の時・場所で）行動［活動］する ‖ Most owls are ～ at night. ほとんどのフクロウは夜行性である ❻〖医〗（病気が）進行中の ‖ ～ tuberculosis 進行性結核 ❼〖化〗活性の，活性化した ‖ ～ carbon 活性炭 ❽〖理〗放射性の（radioactive）❾〖電子〗（回路が）エネルギー源を有する，能動の ❿〖商〗利付きの ‖ ～ capital 活動資本 ⓫〖文法〗能動態の（↔ passive）‖ the ～ voice 能動態 ⓬ 💻（ウィンドウ・プログラムが）操作可能状態の，アクティブな

on àctive dúty [OR ***sérvice***] 〖軍〗現役の

―名 ❶ C（組織の）現役メンバー，活動分子 ❷（＝～ vòice）《the ～》〖文法〗能動態 **～·ness** 名

▸▸ ～ **euthanásia** 名 U〖医〗積極的安楽死 ～ **líst** 名《通例 the ～》現役軍人名簿；（組織などの）現行名簿 ～ **suspénsion** 名 U C（自動車の）自動制御サスペンション装置 ～ **wíndow** 名 C 💻 アクティブウィンドウ《パソコンの操作画面上でユーザーによる入力や操作の対象になっているウィンドウ》

*･**ac·tive·ly*** /ǽktɪvli/ 副 活発に，盛んに；積極的に；〖文法〗能動的に

áctive-màtrix 名 C 💻 アクティブマトリックス方式《個々の画素を個別に制御する画像表示方式》

áctive·wèar 名 U 運動服，スポーツウエア

ac·tiv·ism /ǽktɪvìzm/ 名 U（政治的）積極的行動主義，実力行使主義

*･**ac·tiv·ist*** /ǽktɪvɪst/ 名 C 形（政治的）活動家（の），行動主義（者）（の）‖ an animal-rights ～ 動物権擁護活動家

:ac·tiv·i·ty /æktívəṭi/

―名〔◁ active 形〕（複 **-ties** /-z/）❶ U **活動**，働き；**活発な動き，活気** ‖ a downturn in market ～ 市況の沈滞 / The classroom was a hive of ～. 教室はハチの巣をつついたような騒ぎだった / a flurry of ～ 大変な騒ぎ / economic [political] ～ 経済［政治］活動 / intellectual [mental, physical] ～ 知的［精神的，肉体的］活動

❷ C《通例 -ties》（特定の）**活動**，運動 ‖ We took part in volunteer *activities*. 私たちはボランティア活動に参加した / school [campus] *activities* 校内［大学構内］活動 / extracurricular [after-school, group, recreational] *activities* 課外［放課後，グループ，レクリエーション］活動 / criminal *activities* 犯罪活動

❸ C〖化〗活動度，活量；〖理〗放射能物質の壊変速度

ac·to·my·o·sin /æ̀ktəmáɪəsən | -sɪn/ 名 U〖生化〗アクトミオシン《筋収縮に関与する複合タンパク質》

:ac·tor /ǽktər/

―名（複 **～s** /-z/）C ❶ **俳優**，役者，出演者（♦ 男女の別なく使えるが男優だけを指すことも多い. → actress）

❷ 参加者，関係者；行為者

❸《形容詞を伴って》（心を隠して）偽りの態度をとる人；《比喩的に》役者 ‖ a bad ～ 本心を見せないずるいやつ

*･**ac·tress*** /ǽktrəs/ 名 C 女優，女性の役者（♦ 現在は女優にも actor を使うことが多い. → actor）

～·y 形 芝居がかった

:ac·tu·al /ǽktʃuəl/

―形〔▶ actuality 名〕《比較なし》《限定》❶ **現実の，実際の**，事実上の；真の（↔ unreal, theoretical）（♥ 予想・期待・思い込みなどと対照的な意味合いで用いることが多い）（⇨ REAL[1] 類語）‖ the ～ world 現実世界 / I expected to fail, but the ～ result was good. 私は失敗を

予期したが，実際の結果はよかった / an ～ cost 実際にかかる費用 / an ～ fact 実際に起きる事実（♦語義が重複しているとする非難があるが，しばしば使われる）/ ～ and imagined conditions 現実の条件と想定される条件 / put a plan into ～ practice 計画を実行に移す / in ～ fact 実際は(actually, really)（♦最後の2例では actual は単なる強意で使われるため，なくても成立する）
❷《the ～》肝心の，(いちばん)大事な ‖ I haven't seen the ～ proposal yet. 肝心の提案そのものはまだ見ていない ❸現在の（♦この意味では current, present の方がふつう）；現存の ‖ His ～ income isn't enough for him to buy a house. 彼の現在の収入では家は買えない
your áctual ... 《英口》本物の，本当の
―名 C《～s》(業績などの)実数
～·ist 名 C 現実主義者 **～·ness** 名
▶▶**～ bòdily hárm** 名 U《英》〖法〗軽傷害《略 ABH》

ac·tu·al·i·ty /æ̀ktʃuǽləṭi/ 名〔◁ actual 形〕(複 **-ties** /-z/) ❶ U 現実(性)，実在 ‖ in ～ 現実に，現実問題として ❷ C《通例 -ties》現状，実情 ‖ *actualities* of usage 慣行[慣用]の実際 ❸ C 実録，ドキュメンタリー，記録映画(actuality film)

ac·tu·al·ize /ǽktʃuəlàɪz/ 動 他 …を実現する；…を行動に表す；…を写実的に描く ―自 現実化する

:ac·tu·al·ly /ǽktʃuəli/
―副《比較なし》❶**現実に**，事実として；本当に（♦位置は通例動詞の前で，動詞の意味を強める．疑問文では疑いを表す）(⇨ INDEED 類語) ‖ A murder ～ happened there. そこで実際に殺人が起きた / Do you ～ believe what she says? 彼女の言うことを本当に信じるの
語法☆☆ 否定文の場合，否定語の範囲に入るかどうかで文意が異なる．〈例〉We didn't *actually* see the accident. 我々はその事故を実際に目撃したわけではない（♦ actually が否定される）/ We *actually* didn't see the accident. 我々がその事故を目撃しなかったのは事実だ（♦ actually は否定の範囲外にある）
❷《文修飾》《通例文頭または文末で》《口》（♥文末の方がより口語的で遠慮がちなニュアンスになる） **a**《意外性》**実は**，(まさかと思うかもしれないが)本当は ‖ (Well,) ～, we knew the truth all the time. 実はずっと前から本当のことは知っていたんです
b《反論・訂正》(いや)実際は，正確に言えば；実を言うと（♥客観的な事実を述べているという点を強調するため，相手に反論したり，申し出などを断る際にもやわらかいニュアンスになる）‖ "Bill surely swims fast." "Well, that's Bob, ～." 「ビルは本当に泳ぐのが速いね」「いや，それはボブだよ」/ "Are you coming with us?" "*Actually*, I'd rather stay home." 「一緒に行くかい」「悪いけど，家にいたいんだ」
c《新しい話題・情報の提示》ところで；ちなみに ‖ *Actually*, there are several different kinds of bond funds. さて，ほかにもいくつか違った種類の公債ファンドがありますよ

ac·tu·ar·y /ǽktʃuèri | -əri/ 名 (複 **-ar·ies** /-z/) C 保険計理士 **àc·tu·ár·i·al** 形

ac·tu·ate /ǽktʃuèɪt/ 動 他 ❶《堅》〔機械など〕を始動させる，動かす ❷(動機・欲望などが)〔人〕を行動に駆り立てる，駆り立てて…させる（♦しばしば受身形で用いる）
àc·tu·á·tion 名

a·cu·i·ty /əkjú:əṭi/ 名 U (感覚・才知などの)鋭さ，鋭敏さ；(痛みなどの)激しさ；(針などの)鋭さ

a·cu·men /əkjú:mən | ǽkju-/ 名 U 鋭敏さ，慧眼(けいがん)；洞察力，眼識

ac·u·pres·sure /ǽkjuprèʃər/ 名 U〖医〗指圧(療法) ‖ an ～ point 指圧のつぼ **-sur·ist** 名 C 指圧師

ac·u·punc·ture /ǽkjupʌ̀ŋktʃər/ 名 U 針療法 ‖ an ～ point 針のつぼ（♦ an acu-point ともいう）
-tur·ist 名 C 針療法師

***a·cute** /əkjú:t/ 形 (**a·cut·er**；**a·cut·est**) ❶(事態が)ひどい，深刻な ‖ The situation is ～. 事態は急である / an ～ economic crisis 深刻な経済危機 ❷(病気などが)急性の(↔ chronic) ❸(知能・知覚などが)鋭い，鋭敏な，明敏な ‖ an ～ observer 鋭い観察者 / an ～ sense of smell [hearing] 鋭い嗅覚(きゅうかく)[聴覚] ❹(痛み・感情などが)激しい，強烈な(↔ slow) ‖ ～ pain [sorrow] 激痛[悲痛] / ～ embarrassment 激しい戸惑い ❺(形が)鋭い，先のとがった，鋭利な(⇨ SHARP 類語) ‖ an ～ leaf 先のとがった葉 ❻〖数〗鋭角の；鋭角三角形の(↔ obtuse) ❼〖音声〗鋭[揚音]アクセント(符)のある(↔ grave[1]) (→ circumflex)；(音などが)鋭い，かん高い ‖ an ～ e 揚音アクセントのある e《é のこと》 **～·ly** 副 **～·ness** 名
▶▶**～ áccent** 名 C U〖音声〗鋭アクセント(記号)，揚音符(ˊ)(強勢・母音の質・上昇音調などを表す) **～ ángle** 名 C 鋭角(⇨ ANGLE[1] 図) **～ cáre** 名 U 救急治療

-acy 接尾《名詞語尾》「状態・性質」の意(⇨ -CY) ‖ accur*acy*, lun*acy*, suprem*acy*

a·cy·clic /eɪsáɪklɪk/ 形 ❶周期的でない ❷〖化〗鎖状の；〖植〗非輪生の

:ad /æd/（♦同音語 add）
―名 C (複 **～s** /-z/)《口》❶〈…の〉**広告**〈**for**〉（♦ advertisement より．→ advert[2]）‖ place [OR put] an ～ *for* health food in a paper 新聞に健康食品の広告を出す / want ～s (新聞の)三行広告，求人広告 / an ～ agency 広告代理店
❷〖テニス〗アドバンテージ（♦ advantage より）

***A.D., AD** /èɪ dí:, ænou dá(:)məni: | -dɔ́mɪnaɪ/ 略《ラテン》*Anno Domini* (=in the year of (our) Lord)(キリスト紀元[西暦]…年)(→ B.C.[1]) ‖ from 30 B.C. to ～ 50 紀元前30年から紀元50年まで（♦ふつうスモールキャピタルで書く．50 A.D. と後ろにつけることもある．世紀の場合は the third century A.D. のように常に後ろに置く）

ad- 接頭 ❶「方向；変化；付加・増加；強意」などの意 ‖ *ad*mit, *ad*join, *ad*vance ❷「…付近に」の意 ‖ *ad*renal (腎臓付近の)

ad·age /ǽdɪdʒ/ 名 C 諺(ことわざ)，格言，金言

a·da·gi·o /ədá:dʒiou/ 副 形〖楽〗アダージョで[の]，緩やかに[な] ―名 (複 **～s** /-z/) C〖楽〗アダージョ(の曲[楽章])；〖バレエ〗アダージョ《緩やかな舞踊》（♦イタリア語より）

Ad·am /ǽdəm/ 名〖聖〗アダム《神が初めてつくった男》(→ Eve)
(as) òld as Ádam 非常に古い，昔からの
**not knòw a pèrson from Ádam* 〔人〕を全然知らない，まるきり見覚えがない
▶▶**～'s àpple** 名 C のどぼとけ（♦禁断の実がアダムののどにつかえてのどぼとけになったという伝説から）

ad·a·mant /ǽdəmənt/ 形 断固たる，不屈の，譲らない，負けない；〈…ということを〉断固主張して〈**that** 節〉；非常に堅い ―名 U 非常に堅い物質 ‖ (as) hard as ～ 堅固無比の **～·ly** 副 断固として；頑固に

ad·a·man·tine /æ̀dəmǽnti:n | -táɪn/ 〈ジ〉 形《文》非常に堅い；不撓(ふとう)の，断固たる

Ad·ams /ǽdəmz/ 名 アダムズ ❶ **John ～** (1735–1826)《米国第2代大統領(1797–1801)》❷ **John Quincy ～** (1767–1848)《米国第6代大統領(1825–29)．❶の子》

:a·dapt /ədǽpt/ 中心義 …を適合させる
―動〔▶ adaptation 名〕(**～s** /-s/；**～·ed** /-ɪd/；**～·ing**)
―他 ❶(⇨ 類語) **a**《+目+**to** 名》…を〔状況・環境など〕に**適合[適応]させる** ‖ ～ a program *to* the new operating system プログラムを新しいOSに適合させる / ～ oneself *to* the needs of time 時代の必要性に順応する
b《+目》…を適応させる，改作[改変]する〈**for** …のために / **to do** …するように〉‖ ～ an old bedroom *for* use as a storeroom 古い寝室を倉庫として使うため改装する / He ～*ed* his plans *to* fit his boss's schedule. 上司

A

のスケジュールに合わせ彼は自分の計画を変えた
❷〔戯曲・小説など〕を脚色する, 翻案する〈**for** …用に；**from** …から〉‖ This play has been skillfully *~ed for* television *from* the original. この劇はテレビ用に原作をうまく脚色している
—自〈環境・目的などに〉順応する, 適合する, 慣れる〈**to**〉‖ *~ to* new circumstances 新しい環境に慣れる

類語《他 ❶》**adapt** 必要に合うように(柔軟に, またしばしばかなり大幅に)変える.〈例〉*adapt* a story for children 物語を子供用に書き換える
adjust ふつう, 少しだけ(または部分的に)変えて, うまくぴったり合うようにする.
conform 一定の標準・形式・手本などに合わせる.

a·dapt·a·ble /ədǽptəbl/ 形 ❶ (人などが)〈…に〉適応[順応]できる〈**to**〉 ❷ 改造[改作, 脚色]できる
a·dàpt·a·bíl·i·ty 名 U 適合[応]性, 順応性

*__ad·ap·ta·tion__ /ædæptéɪʃən/ 名〔◁ adapt 動〕❶ C 改作(物), 翻案, 脚色 ‖ an ~ from a Russian novel ロシアの小説を翻案したもの ❷ U (環境・目的などへの)適応, 順応;〖生〗適応;〖生理〗順応

a·dapt·er, a·dap·tor /ədǽptər/ 名 C ❶〖機〗アダプター《調整用の各種器具》;《英》たこ足配線用器具, 二[三]またプラグ(《米》multiple plug) ❷ 改作者, 翻案者, 脚色家 ❸ 拡張カード, アダプター(interface board)《ネットワーク用の LAN adapter などコンピューターに機能を追加するための装置》

a·dap·tive /ədǽptɪv/ 形 適応の；適応する[できる]
▸▸ ~ **radiátion** 名 U〖生〗適応放散《環境への適応の結果, 元の生体群が異なる形態になること》

ÀDĆ 略 *a*ide-*d*e-*c*amp；*A*id to *D*ependent *C*hildren ((米国の) 母子家庭扶助制度. → AFDC)；*A*ir *D*efense *C*ommand((米空軍)防空軍団)；*a*nalogue-to-*d*igital *c*onverter(アナログ=デジタル変換器)

***add /æd/

中心義 **Aを加える**(★Aは「物」「数量」「言葉」など多様)
—動〔▶ addition 名〕(**~s** /-z/；**~·ed** /-ɪd/；**~·ing**)
—他 ❶ …を〈…に〉**付け足す**, 追加する〈**to**〉‖ In 1984 the women's marathon was *~ed to* the Olympic Games. 1984年女子マラソンがオリンピック競技に加えられた / ~ finishing touches 仕上げの筆を入れる
❷〔食材など〕を〈…に〉**加える**, 混ぜ合わせる, 添加する〈**to**〉‖ *Add* a little oil *to* the water in order to stop the pasta from sticking. パスタがくっつかないように水に少量の油を加えなさい
❸ **a** 《+目》〔数量〕を**加える**, 合計する《***together, up***》‖ ~ all the figures (*together*) 数字を全部足す
b 《+目+**to** 名》〔数量〕を〔数量など〕に加える, 足す, 算入する ‖ *Add* 7 *to* 5 and you get 12. 5に7を足すと12になる
❹ **a** 《+**that** 節》…ということを言い足す, 付け加える ‖ I'd like to ~ *that* I fully enjoyed myself. 十分に楽しんだことを申し添えたいと思います / "And what about marriage?" she *~ed*, turning a little red.「じゃあ結婚についてはどうなの」と, 彼女は顔を少し赤らめながら言い足した
b 《+目》〔言葉〕を〈…に〉付け加える〈**to**〉‖ ~ one's congratulations おめでとうの言葉を言い添える
❺〔品位・性質など〕を〈…に〉付与する, 加味する〈**to**〉‖ Her aggressive play *~ed* a new dimension *to* women's tennis. 彼女の攻撃的なプレーは女子テニス界に新たな局面を付け加えた / ~ a touch of sophistication *to* … …に洗練味を加える
—自 **足し算をする**《***together, up***》‖ She learned to ~ and subtract at the age of five. 彼女は5歳で足し算と引き算ができるようになった

àdd ín …* / *àdd … ín 〈他〉…を含める, 算入する ‖ ~ *in* the cost of drinks 飲み物の代金も入れる
àdd ón …* / *àdd … ón 〈他〉① …を〈…に〉付け加える, 上乗せする〈**to**〉‖ ~ *on* $100 *to* the total 合計にさらに100ドル付け加える ② …を増築する —〈自〉建て増しする〈**to**〉
àdd to … 〈他〉…を**増す** ‖ The discovery will ~ *to* our knowledge of the Jomon period. その発見で縄文時代についての我々の知識は増すだろう
àdd úp 〈自〉① 足し算をする, 合計する (→ 自) ② 合計[積算]されて増えていく ③《通例否定文で》《進行形不可》《口》意味をなす, つじつまが合う；計算が合う ‖ His explanation for his absence didn't ~ *up*. なぜ欠席したのか, 彼の説明は意味をなさなかった —〈他〉《***àdd úp …* / *àdd … úp***》…を合計[合算]する, まとめる(→ 他 ❸ **a**) ‖ ~ *up* the figures 数字を合計する
àdd úp to … 〈他〉《通例進行形不可》① (合計が)…になる ② 結局…ということになる ‖ His efforts didn't ~ *up to* anything. 彼の努力は何にもならなかった

COMMUNICATIVE EXPRESSIONS
1 The màn trìcked the lìttle bóy.「**Àdded to thát** [OR **Lèt me ádd that**] he did nòt èven fèel sórry about it. NAVI 男は幼い少年をだましたのみならず, そのことについて悪いとも思わなかった(♥ 事実や論拠を追加する)
2 He bròke an appóintment. And on púrpose, **I might ádd**. 彼は会う約束をすっぽかした. しかもわざと (♥ 通例不満なことを付け加えるときに文末に用いる)

▸▸ **~ing machìne** 名 C 加算器, 計算器

ÀDĎ 略〖心〗*a*ttention *d*eficit *d*isorder (注意欠陥障害)

ad·dax /ǽdæks/ 名 (複 ~ OR ~·**es** /-ɪz/) C〖動〗アダックス《北アフリカ産のレイヨウ. らせん形の角を持つ》

add·ed /ǽdɪd/ 形《限定》付加的な；余分の, その上の

àdded-válue tàx 名 U C =value-added tax

ad·dend /ǽdènd, ədénd/ 名 C〖数〗加数

ad·den·dum /ədéndəm/ 名 (複 **-da** /-də/) C 追加[付加]物；補遺, 付録

ad·der[1] /ǽdər/ 名 C〖動〗❶ クサリヘビ(viper)《英国産の毒蛇》❷ アダー《viper に似た米国産の蛇》

add·er[2] /ǽdər/ 名 =adding machine

*__ad·dict__ /ǽdɪkt/(→ 動) 名 C ❶ (麻薬などの)常用者, 依存者, 中毒患者 ‖ a drug ~ 麻薬中毒患者 ❷《口》(熱烈な)ファン, 信奉者；(悪い習慣などに)染まった人(♦ しばしば直前に中毒の対象を表す語句を伴う) ‖ a baseball ~ 熱狂的野球ファン / a shopping ~ 買い物中毒(の人)
—動 /ədɪ́kt/ 他《受身形で》❶〈薬物などを〉常習する,〈…に〉依存する〈**to**〉‖ She became *~ed to* cocaine at the age of 16. 彼女は16歳でコカイン中毒になった ❷ (人が)〈…に〉ふける, 凝る〈**to**〉‖ I'm *~ed to* science fiction. SFに夢中だ

*__ad·dic·tion__ /ədɪ́kʃən/ 名 U C ❶〈薬物などの〉常用, 依存, 中毒〈**to**〉‖ alcohol ~ アルコール依存 / ~ *to* drugs 麻薬中毒 ❷〈…への〉信奉, 渇望, 中毒〈**to**〉‖ an incurable ~ *to* gambling 救い難いギャンブル好き

*__ad·dic·tive__ /ədɪ́ktɪv/ 形 (薬などが)依存性の, 中毒性の, 病みつきになりやすい；(性格が)中毒に陥りやすい

ádd-ìn 名 C 形 アドイン(用の), 拡張機能(用の装置)(の) ▸▸ ~ **sóftware** 名 C アドインソフト, 拡張機能プログラム (add-in, plug-in, extension)《もともとはなかった機能を付加する組み込みソフト》

Ad·dis A·ba·ba [**A·be·ba**] /ǽdɪs ǽbəbə/ 名 アジスアベバ《エチオピアの首都》

Ád·di·son's disèase /ǽdɪsənz-/ 名 U〖医〗アジソン病《慢性副腎(ふくじん)皮質不全症》

*__ad·di·tion__ /ədɪ́ʃən/ 名〔◁ add 動〕❶ U〈…に〉付け加えること, 付加, 追加(↔ removal)〈**to**〉‖ The ~ of some salt *to* the soup made a great difference. スープにちょっと塩を加えたら味がうんと引き立った ❷ C 付け加えた人[もの],〈…への〉付加物；《米》建て増し部分[の部屋]〈**to**〉‖ an ~ *to* one's family 家族の新しい一員《新

しく生まれた子供や飼い始めたペットなど》/ make a valuable ~ *to* one's collection コレクションに貴重な品を付け加える / build an ~ *to* our house 家を建て増しする ❸ Ⓤ足し算, 加法(↔ subtraction)

in addition NAVI ⓦ その上, さらに (besides) (⇨ NAVI表現 6) ‖ Meg made me a cake. *In* ~, she gave me an expensive brooch. メグは私にケーキを作ってくれた. おまけに高価なブローチまでくれた

in addition to ... …に加えて ‖ *In* ~ *to* good looks, he has a good intellect. 彼はハンサムな上に頭もよい

:ad·di·tion·al /ədíʃənəl/

—形《比較なし》追加の, 付加的な ‖ pay ~ taxes 付加税を払う / provide ~ information [data] さらに情報[データ]を提供する

***ad·di·tion·al·ly** /ədíʃənəli/ 副 ❶《文》さらに, 加えて ❷《文修飾》NAVI ⓦ その上に, またさらに (in addition) (♥ 内容や理由を加える. (⇨ NAVI表現 6)) ‖ We serve breakfast daily from six to ten. *Additionally*, there's brunch on Sunday from nine to eleven thirty. 毎日6時から10時まで朝食をお出ししています. それに加え, 日曜には9時から11時半までブランチもございます

***ad·di·tive** /ǽdətɪv/ 名Ⓒ (食品・ガソリンなどの)添加物 ‖ food ~*s* 食品添加物 / ~-free food 無添加食品

—形 ❶《堅》付加的な, 追加の ; 付加による ❷《印》加色法の《原色を重ね合わせて色を作り出す技法》

ad·dle /ǽdl/ 動 自 (卵が)腐る ;《主に戯》(頭が)混乱する

—他〔卵〕を腐らせる ;〔頭〕を混乱させる

—形 = addled ; addle-brained

áddle-bràined, áddle-hèaded, áddle-pàted 形《旧》《口》頭の混乱した, 頭の悪い ; 愚かな

ad·dled /ǽdld/ 形 (卵が)腐った ; 頭の混乱した

ádd-òn 名Ⓒ (オーディオ装置やコンピューターに接続する)追加装置 ; Ⓤ上乗せ[追加]されたもの ; 付加額[量], 追加料金

:ad·dress /ədrés, +米 ǽdrès/ (→ 動) 名 動

中心義» 言葉を向ける(こと), 言葉の向かう先

> 名 住所❶ アドレス❷ 演説❸
> 動 他 あて名を書く❶ 演説をする❷ 話しかける❸

—名 (複 ~·es /-ɪz/) ❶Ⓒ **住所**, あて名, 所番地 ; 居住地 (♦ 住所の書き方は日本とは逆に, 番地から書き始め, 順に上位の地名へと書き, 国名で終える) ‖ Could I have your ~? ご住所をお聞きしてもいいでしょうか / change one's ~ 住所を変える / a man of no fixed ~ 住所不定の男 ❷Ⓒ (ネットワーク上での) **アドレス** ; (メモリー内での) 番地, アドレス《メモリー上で情報を保存する位置の識別用番号》‖ [a mail [OR an e-mail] ~ メールアドレス ❸Ⓒ **演説**, 講演, あいさつ (⇨ SPEECH 類語) ‖ **give** [OR deliver, make] an ~ 演説をする / [an opening [a closing] ~ 開会[閉会]の辞 / an ~ of thanks [welcome] 感謝[歓迎]の言葉 ❹Ⓤ呼びかけ ‖ a form [OR style, mode] of ~ (呼びかけ・文書などで相手に用いる) 敬称, 呼びかけの形式 (“sir”, “Mr.”, “darling”など) ❺Ⓤ《英では古》話し方, 応対の仕方, 物腰 ‖ a person of good ~ 応対のうまい人 ❻Ⓒ《~es》《古》(女性への)求愛 ❼Ⓤ《旧》手際のよさ, 熟練

—動 /ədrés/ (~·es /-ɪz/ ; ~ed /-t/ ; ~·ing)

—他 ❶〔文書など〕に**あて名を書く** ;〔手紙など〕を〈…あてに〉出す〈to〉‖ I ~*ed* the postcard and stuck a stamp on it. はがきにあて名を書き, 切手をはった / The letter was wrongly ~*ed*. その手紙はあて先が間違っていた / Why did you open the letter that was ~*ed* *to* me? 私あての手紙をなぜ開封したの ❷ …に**演説**[講演]**をする** ‖ He ~*ed* the foreign students in slow speech. 彼は外国人学生たちに向かってゆっくりと演説した ❸ **a** 《+目》〔人〕に**話しかける** ‖ I was surprised when a fellow Japanese ~*ed* me in English. 同僚の日本人に英語で話しかけられてびっくりした **b** 《+目+**to** 名》〈人に向けて〉〔言葉など〕を言う, 伝える ;〔抗議など〕を申し入れる ‖ I ~*ed* my complaints *to* the manager. 不満を支配人に申し入れた ❹《+目+**as** 名》〔人〕を(肩書き・敬称で)…と呼ぶ ‖ He ~*ed* me *as* “Captain.” 彼は私を「大佐」と呼んだ ❺〔問題など〕を取り上げる, 扱う, …に対処する ‖ This chapter will ~ the **question** of how to evaluate the effect. この章では効果をどう評価するかという課題を取り上げる / ~ the **issue** [OR **problem**] of discrimination 差別問題を扱う ❻《ゴルフ》〔ボール〕に対して足とクラブを構える ❼〔データ〕を〈…へ〉導く, 〈…へ〉伝える〈**to**〉

addréss onesèlf to ... ① …に話しかける ② …に本気で取り組む, 立ち向かう ‖ He ~*ed* himself *to* these issues. (=He ~*ed* these issues.) 彼はこれらの問題に本気で取り組んだ

▸▸ **~ bàr** 名Ⓒ アドレスバー《ウェブブラウザで閲覧中のURLを表示するツールバー》 **~ bòok** 名Ⓒ アドレス帳, 住所録

ad·dress·a·ble /ədrésəbl/ 形 ❶ 対処[解決]できる ❷ (保存された情報に)アクセス可能な

ad·dress·ee /æ̀dresí:/ 名Ⓒ (手紙の)受信人

addréss·ing 名Ⓤ (データを保存するためのメモリー内での)アドレス指定, アドレッシング

ad·duce /ədjú:s/ 動 他《堅》(理由・証拠として)…を提示する ; (適例として)…を挙げる, 引証する

ad·duct /ədʌ́kt/ 動 他《生理》〔手・足など〕を内転させる (↔ abduct) —名Ⓒ《化》付加化合物

ad·dúc·tion 名ⓊⒸ 内転

-ade 接尾《名詞語尾》❶「行動・過程・行動中の人[集団]」の意 ‖ block*ade*, brig*ade*, cavalc*ade* ❷「果物から作る甘味飲料」の意 ‖ lemon*ade*

Ad·e·laide /ǽdəlèɪd/ 名 アデレード《オーストラリア南部の港湾都市. サウスオーストラリア州の州都》

ad·e·nine /ǽdənì:n/ 名Ⓤ《生化》アデニン《核酸に含まれる塩基の1つ》

ad·e·noids /ǽdənɔ̀ɪdz | ǽdɪ-/ 名 複《医》アデノイド, 腺様(せんよう)増殖病《上部咽頭(いんとう)のリンパ組織の肥大》

àd·e·nói·dal 形 アデノイド(症状)の

ad·e·no·ma /æ̀dənóumə | æ̀dɪ-/ 名 (複 ~s /-z/ OR ~·ta /-tə/) Ⓒ《医》アデノーマ, 腺腫(せんしゅ)

a·den·o·sine /ədénəsi:n, ədénou-/ 名Ⓤ《生化》アデノシン《酵母の核酸から得られる結晶状粉末》

ad·e·no·vi·rus /æ̀dənouváɪərəs | æ̀dɪ-/ 名Ⓒ《医》アデノウイルス《主に呼吸器系の病気を起こす》

a·dept /ədépt/ (→ 名) 形 〈…に〉熟練した, 熟達した〈**at, in**〉‖ ~ *at* sewing 裁縫の上手な —名 /ǽdept/ Ⓒ 〈…の〉熟練者, 名人〈**at, in**〉 **~·ly** 副 **~·ness** 名

***ad·e·qua·cy** /ǽdɪkwəsi/ 名Ⓤ (資格)十分, 適性 ; 適切さ, 妥当性

***ad·e·quate** /ǽdɪkwət/ 《発音・アクセント注意》形 (**more** ~ ; **most** ~) ❶ (ちょうど) 十分な, 適当な (↔ inadequate) 〈**for** …のために / **to do** …するのに〉‖ This meal is ~ *for* two. この食事は2人には十分だ / His salary is ~ *to* support his family. 彼の給料は一家を養うには十分だ / That isn't ~. それでは駄目だ (↝ That won't do.) / ~ food 十分な食料 ❷ (能力・性質などが) ふさわしい, 適切な 〈**to, for** …に / **to do** …するのに〉‖ He is ~ *to* the job [post]. 彼はその仕事[ポスト]に適任だ (♦ 人を修飾して ×an adequate man などとはいわない) / provide ~ teaching facilities ふさわしい教育設備を供給する ❸ 辛うじて満たす, 可もなく不可もない, まあまあの ‖ Her performance was merely ~. 彼女の演奏[演技]はほどほどの出来にすぎなかった **~·ness** 名

ad·e·quate·ly /ǽdɪkwətli/ 副 適当に, 十分に

à deux /æ dɔ́ː/ 副 形 《フランス》(=for two) 2人だけで[の]；2人のために[の]；2者間で[の]；内密に

ÀDHD 略 〖心〗 *A*ttention *D*eficit *H*yperactivity *D*isorder(注意欠陥多動性障害)

***ad·here** /ədhíər/ 動 自 ❶〈…に〉くっつく, 接着する, 粘りつく〈**to**〉(↷ stick to)(♦名詞形は adhesion, 形容詞形は adhesive)(⇨ STICK² 類語) ‖ This paint will ～ *to* any surface. このペンキはどんな表面にもよくのります ❷《+to 名》〔信念・主義・規則など〕に固執[執着]する(↷ stick by [OR to], stand by)；〔信仰など〕に忠実である(♦名詞形は adherence, 形容詞形は adherent) ‖ ～ *to* a decision あくまでも決定に従う / ～ *to* one's religion 信仰を忠実に守る

語源 *ad-* to+*-here* stick：くっつく

ad·her·ence /ədhíərəns/ 名 U ❶固執, 執着；忠実；愛着；支持 ❷粘着, 付着

ad·her·ent /ədhíərənt/ 形 《堅》 ❶固執[執着]する ❷粘着[付着]する ━名 C 支持者, 信奉者；味方；党員

ad·he·sion /ədhíːʒən/ 名 ❶ U 粘着, 付着；粘着性[力] ❷ U C 〖医〗癒着(ゆちゃく)；〖理〗付着(力) ❸ =adherence ❶

ad·he·sive /ədhíːsɪv/ 形 粘着性の；べたべたする；のり付きの ‖ an ～ envelope のり付き封筒
━名 U C 粘着物, 接着剤《のり・セメントなど》；(=～ plàster)ばんそうこう；(=～ tàpe)接着テープ

ad hoc /æd há(ː)k | -hɔ́k/ ⊲ 副 形 《限定》この問題に限って[の], 特別に[な](♦ラテン語より)

ad·hoc·ra·cy /ædhá(ː)krəsi | -hɔ́k-/ 名 (複 **-cies** /-z/) U C アドホクラシー《硬直したルールにとらわれない, より弾力的な運営を目指す組織・会社》(♦ *ad hoc*+*-cracy* より)

ad hom·i·nem /æd há(ː)mɪnèm | -hɔ́m-/ 副 形 《ラテン》(=to the person)《堅》(理性よりも)感情[偏見]に訴えて(の)；(議論への反論ではなく)個人攻撃として(の)

a·di·a·bat·ic /æ̀diəbǽtɪk/ 形 〖理〗断熱的な

a·dieu /ədjúː/ 《主に文》 間 さようなら, ご機嫌よう(⇨ GOODBYE 類語) ━名 (複 **～s, ～x** /-z/) C 別れ, いとまごい, 告別 ‖ make [OR take] one's ～(*s*) 別れを告げる

bid adíeu to ... …に別れを告げる

語源 フランス語=to God(神に)

ad in·fi·ni·tum /æd ìnfɪnáɪtəm/ 副 無限に, 永遠に(forever)《略 ad inf.》(♦ラテン語より)

a·di·os /æ̀dióus | -ɔ́s/ 間 《口》さようなら(goodbye)

語源 スペイン語=to God(神に)

ad·i·pose /ǽdɪpòus/ 〖医〗 形 脂肪過多の
━名 U 体脂肪, 動物性脂肪 **～·ness** 名

ad·i·pos·i·ty /æ̀dɪpá(ː)səṭi | -pɔ́s-/ 名 U 脂肪症, 脂肪過多, 肥満

ad·it /ǽdɪt/ 名 C 〖採〗(鉱山の)横坑[道]

adj. 略 adjacent；adjective；adjutant

ad·ja·cen·cy /ədʒéɪsənsi/ 名 (複 **-cies** /-z/) U 近接, 隣接；C 《通例 -cies》隣接地[物]

***ad·ja·cent** /ədʒéɪsənt/ 《発音注意》 形 〈…に〉近接[隣接]した〈**to**〉 ‖ There are lockers ～ *to* the pool. プールの近くにロッカーがある

▸▸ **～ ángles** 名 複 〖数〗隣接角

ad·jec·ti·val /æ̀dʒɪktáɪvəl/ ⊲ 形 〖文法〗形容詞の, 形容詞的な ━名 C 形容詞相当語句 **～·ly** 副

***ad·jec·tive** /ǽdʒɪktɪv/ 《発音・アクセント注意》 名 C 〖文法〗形容詞《略 a., adj.》 ‖ the comparative [superlative] (form) of an ～ 形容詞の比較[最上]級 / 「an attributive [a predicative] ～ 限定[叙述]形容詞
━形 ❶形容詞の, 形容詞的な ❷自立できない, 従属した ❸〖法〗手続き上の, 形式上の

***ad·join** /ədʒɔ́ɪn/ 動 他 ❶…に隣接する, …と隣り合う ‖ The kitchen ～*s* the living room. 台所は居間と隣り合っている ❷《古》…を〈…に〉つける〈**to**〉 ━自 隣接する ‖ Our houses ～. 私たちの家は隣り合っています

ad·jóin·ing /-ɪŋ/ 形 《通例限定》隣接する, 隣の

ad·journ /ədʒə́ːrn/ 動 他 ❶〔会議など〕を休会[閉会]する(♦しばしば受身形で用いる) ❷…を延期[延会]する, 持ち越す ━自 ❶休会[閉会, 延会]する ❷〈…に〉会場[席]を移す〈**to**〉 **～·ment** 名 C U 休会；延期

ad·judge /ədʒʌ́dʒ/ 動 他 ❶〔人・事件〕を裁く；…と判決[宣告]する〈**that** 節 / **to be**〉 ‖ The accused was ～*d to be* guilty. 被告は有罪と宣告された ❷(法の裁定や審査によって)〔補償金・賞金など〕を与える ❸…を〈…だと〉判断する〈**to be**〉 **ad·júdg(e)·ment** 名

ad·ju·di·cate /ədʒúːdɪkèɪt/ 動 他 ❶(裁判で)〔事件〕を裁く ‖ ～ a doubtful case 不審な点のある事件を裁く ❷〔人〕に(…と)宣告する, 判決を下す ‖ ～ him (to be) bankrupt 彼に破産を宣告する ━自 〈…で〉裁判官[審査員]を務める〈**in, at**〉；〈…に〉判決を下す〈**on, upon**〉
-cà·tive /英 -kə-/ 形 裁定[判決]の **-cà·tor** 名 C 裁定者；裁判官

ad·ju·di·ca·tion /ədʒùːdɪkéɪʃən/ 名 U C 裁決, 裁断；〖法〗判決；破産宣告

ad·junct /ǽdʒʌŋkt/ 名 C ❶〈…の〉付属物, 添え物〈**to**〉 ❷助手 ❸〖文法〗付加語, 修飾[限定]語[句] ‖ adverbial ～*s* 副詞的付加語《〈例〉He sings *well.*, She went *to the park.* など》 ❹ U 〖論〗本質でない属性, 添性 ━形 付加的な, 付属的な；補助的な

ad·ju·ra·tion /æ̀dʒuəréɪʃən/ 名 U C (神の御名にかけての)厳命；懇願

ad·jure /ədʒúər/ 動 他 《堅》…に〈…するよう〉厳命する, 懇願する〈**to** *do*〉 ‖ I ～ you *to* tell the truth. 必ず真実を語ってもらおう

‡**ad·just** /ədʒʌ́st/

中心義 望ましい基準に合わせて少し変える

━動 (▶ adjustment 名)(**～s** /-s/；**～·ed** /-ɪd/；**～·ing**)
━他 ❶…を**調節する**, 調整する；…を〈…に〉**合わせる**, 適合させる〈**to**〉 ‖ ～「a clock [the volume of a radio] 時計[ラジオのボリューム]を調節する / ～ a microphone *to* one's height マイクを自分の高さに合わせる
❷〔目など〕を〈明暗などに〉慣らす；《～ oneself で》〈…に〉慣れる〈**to**〉(⇨ ADAPT 類語) ‖ She soon ～*ed* herself *to* her new job. 彼女は間もなく新しい仕事に慣れた
❸〔身なり〕を整える ‖ ～ one's hair [tie] 髪[ネクタイ]を整える ❹〔保険金請求〕に対して支払額を決定する
━自 ❶〈環境などに〉順応する, 慣れる〈**to**〉 ‖ ～ *to* the cold climate 寒い天候に順応する / ～ *to* living alone ひとり暮らしに慣れる ❷(物が)調節できる ‖ This camera ～*s* automatically. このカメラは自動調節です

ad·just·a·ble /ədʒʌ́stəbl/ 形 調節[調整]できる；適応できる ▸▸ **～ wrénch** [《英》**spánner**] 名 C 自在スパナ(monkey wrench)

adjùstable-ràte mórtgage [lóan] 名 U 〖金融〗変動金利型住宅ローン(↔ fixed-rate mortgage [loan])

ad·just·er /ədʒʌ́stər/ 名 C ❶調整者[装置]；調停者 ❷〖保険〗精算人, 査定人

***ad·just·ment** /ədʒʌ́stmənt/ 名 [◁ adjust 動] U C ❶調節[調整], 調整作業, 手直し ‖ The brakes need ～. ブレーキは調整の必要がある / make a few minor [OR slight] ～*s* to the original plan 元の計画にわずかな修正を加える / the year-end tax ～ 税金の年末調整 ❷(考え方などの)変更, 修正 ❸〈外的条件などへの〉適応, 順応〈**to**〉 ‖ an ～ *to* a new environment 新しい環境への適応 ❹(保険金の)支払額の調停, 精算
▸▸ **～ disórder** 名 U 適応障害

ad·ju·tan·cy /ǽdʒutənsi/ 名 U 〖軍〗副官の職[地位]

ad·ju·tant /ǽdʒutənt/ 名 C ❶〖軍〗(部隊の)副官(→ aide-de-camp) ❷助手, 補佐 ❸〖鳥〗(=～ bìrd [stòrk])ハゲコウ《インド・東南アジア・アフリカ産のコウノトリの一種》
▸▸ **～ géneral** 名 C (複 **～s g-**)(大部隊の)高級副官；

《the A- G-》〖米軍〗軍務局長；州兵軍の高級将校

ad·ju·vant /ǽdʒuvənt/ 形〖医〗アジュバントの，補助薬の《癌(がん)手術後の補助的な薬剤・治療に関していう》 ―名 U C〖医〗(主薬の効力を助ける)補助薬；免疫反応を高める物質 ‖ ～ therapy 補助薬療法

ad·land /ǽdlæ̀nd/ 名 U《口》広告業(界)

ad-lib /æ̀dlíb/ 形《限定》即興の，アドリブの ―動 (-**libbed** /-d/；-**lib·bing**) 他 自 (歌・せりふなどを)即興で演奏する[歌う，演じる，しゃべる]

ad lib /æ̀d líb/ 形 副 気ままな[に]；即興の[で]，アドリブの[で] ―名 C 即興の演奏[せりふ] (♦ラテン語 *ad libitum*(任意で)より)

ad lib·i·tum /æ̀d líbɪṭəm/ 副《ラテン》(=ad lib)〖楽〗演奏者の自由に，任意に

ad li·tem /æ̀d láɪṭəm/ 副 形《ラテン》(=for the suit)〖法〗当該訴訟に関して(の)

Adm. 略 Admiral；Admiralty

ad·man /ǽdmæ̀n/ 名 (複 -**men** /-mèn/) C《口》広告業者；広告会社社員；広告担当者

ad·min /ǽdmɪn/ 名《主に英口》=administration

*__ad·min·is·ter__ /ədmínɪstər/ 動〔▶ administration 名, administrative 形〕他 ❶〔会社・組織など〕を管理する，経営する；〔国など〕を治める(⇨ GOVERN, RULE 類語) ‖ ～ a school [company] 学校を管理する[会社を経営する] / ～ a country [city, household] 国[市，家]を治める ❷〔法律・儀式など〕を施行する，執行する；〔罰など〕を〈人に〉科する〈to〉(≒ deal out) ‖ ～ a test [baptism] 試験を行う[洗礼を施す] / ～ justice [punishment] *to* him 彼を裁く[彼に罰を与える] ❸〔薬・治療など〕を〈人に〉施す，投与する〈to〉‖ ～「first aid [insulin shots] *to* a patient 患者に応急処置を施す[インシュリンの注射をする] ❹〔宣誓〕をさせる；〔秘跡〕を行う ‖ The bailiff ～*ed* the oath to the witness. 廷吏は証人に宣誓させた ❺〔殴打など〕を〈人に〉与える〈to〉 ❻〖法〗(遺産管理人が)〔遺産〕を監督[処分]する ―自 ❶〈…に〉役立つ；〈…の〉助けとなる〈to〉‖ Health ～*s to* peace of mind. 健康は心の平穏を助ける ❷ 遺産管理人を務める

▶▶ ～**ed price** 名 C U 管理価格

ad·min·is·trate /ədmínɪstrèɪt/ 動 =administer

ad·min·is·tra·tion /ədmɪnɪstréɪʃən/

中心義 …を管理すること[もの]

―名〔◁ administer 動〕(複 ～**s** /-z/) ❶ U **管理**，運営，経営；《the ～》《集合的に》管理者[部]；経営陣；(大学などの)当局，本部 ‖ business ～ 経営[管理]学，事業経営 / ～ of the economy 経済の運営 / the college ～ 大学当局

❷ U **統治**，行政，政治；(法律の)執行 ‖ metropolitan [municipal] ～ 都政[市政]

❸ C《ときに A-》《主に米》(地方自治体・国家の)行政府；《the A-》**政府**，内閣(♦《英》では「政府」は government，「内閣」は cabinet を用いるのがふつう)；《A-》**政府機関** ‖ the Obama ～ オバマ政権 / the Federal Aviation *Administration* 連邦航空局(略 FAA)

❹ C《米》政治家[政府]の任期 ‖ during the Bush ～ ブッシュ政権時代に ❺ U (罰などを)加えること，執行；宣誓させること；(薬などの)投与；(秘跡などの)授与 ‖ ～ of justice 処罰 / ～ of electric shock 電気ショックを与えること / drug ～ 薬の投与 ❻ U〖法〗遺産[財産]管理[処分] ‖ letters of ～ 遺産管理状

*__ad·min·is·tra·tive__ /ədmínəstrèɪṭɪv | -ɪstrə-/ 形〔◁ administer 動〕管理上の，運営上の，経営の；行政上の ‖ ～ ability 行政[経営]手腕 / ～ guidance (主に日本の)行政指導 / an ～ district 行政区画 / an ～ assistant 秘書 ～**·ly** 副

*__ad·min·is·tra·tor__ /ədmínɪstrèɪṭər/ 名 C ❶ 管理者，経営者；行政官，事務官 ❷〖法〗遺産管理人，管財人(→ executor) ❸ (特定のコンピューターネットワークの)管理者，アドミニストレータ《ネットワークの設定変更やアプリケーションのインストールなど最高の権限を持つ人. Windows系OSでの呼び名. UNIX系OSでは root (user) という》；= system administrator

*__ad·mi·ra·ble__ /ǽdmərəbl/《アクセント注意》形〔◁ admire 動〕賞賛に値する；見事な，素晴らしい ‖ an ～ achievement 素晴らしい功績

*__ad·mi·ra·bly__ /ǽdmərəbli/ 副 見事に，素晴らしく

*__ad·mi·ral__ /ǽdmərəl/《アクセント注意》名 C ❶ 海軍将官，提督；艦隊司令長官；海軍大将 ‖ Rear [Vice] *Admiral* 海軍少将[中将] ❷〖虫〗(色鮮やかな)タテハチョウの類 ～**·ship** 名 U 海軍将官[大将]の職[地位]

▶▶ **Àdmiral of the Fléet** 名 C (英国の)海軍元帥(《米》Fleet Admiral) **Àdmiral's Cúp** 名《the ～》アドミラルズカップ《英仏海峡で2年に1回開催される4大国際ヨットレースの1つ》

ád·mi·ral·ty /-ti/ 名 (複 -**ties** /-z/) ❶ U 海軍大将の職[地位] ❷《the A- (Board)》(英国の)海軍省《1964年国防省に編入された》 ❸ C 海事裁判所；U 海事法；海事裁判

*__ad·mi·ra·tion__ /æ̀dməréɪʃən/ 名〔◁ admire 動〕❶ U〈…に対する〉感嘆，賞賛〈for, of〉‖ I feel [OR have] great [deep] ～ *for* her courage. 彼女の勇気には大いに[深く]感嘆している / He stood there silently in ～ *of* the magnificent view of Mt. Fuji. 彼は富士山の壮大な眺めに見とれて言葉もなくその場に立っていた / win ～ 賞賛を得る ❷《the ～》賞賛の的 ‖ She was the ～ of the whole town. 彼女は町中の賞賛の的だった

COMMUNICATIVE EXPRESSIONS

1 **I really must express my admirátion for** this roast béef.《英》このローストビーフは実においしいですね(♥形式ばった場面で相手の料理などを褒めるときに用いる. ≒This roast beef is absolutely delicious.)

ad·mire /ədmáɪər/ 中心義 …に感嘆する

―動〔▶ admiration 名, admirable 形〕(～**s** /-z/；～**d** /-d/；-**mir·ing**) 他 ❶ …に〈…の理由で〉**感嘆する**，感心する，敬服する〈for〉‖ Everyone ～*s* him as a gifted musician. 皆が彼のことを才能豊かな音楽家として尊敬している / She is much [OR **greatly**] ～*d* by her colleagues. 彼女は同僚から大いに尊敬されている / I ～ him *for* his creativity. (=I ～ his creativity.) 彼の創造力には感心する

❷ …をほれぼれと見つめる，うっとりと見る ‖ She ～*d* herself in the mirror. 彼女は鏡に映った自分の姿をうっとりと眺めた

ad·mir·er /ədmáɪərər/ 名 C 賛美者，崇拝者；(特定の女性への)崇拝者，求愛者

ad·mir·ing /ədmáɪərɪŋ/ 形 賛美する，敬服する ‖ ～ glances 賛嘆のまなざし ～**·ly** 副

ad·mis·si·ble /ədmísəbl/ 形 (裁判で)(考え・証拠などが)容認できる，正当な **ad·mìs·si·bíl·i·ty** 名

*__ad·mis·sion__ /ədmíʃən/ 名〔◁ admit 動〕❶ U〈…に〉入ること，入る許可[権利]；入学，入会，入場，入院〈to, into〉(♦一般に admittance は「入場(許可)」に限られ，admission は「入会，入学」も含むとされる)(⇨ ENTRANCE[1] 類語) ‖ gain [OR win, obtain] ～ *to* a school 学校に入学を許される / apply for ～ *to* EU EUへの加入を申請する / No ～ after 8 p.m. 夜8時以降立入禁止 (= No admittance ...) ❷ U 入場料，入会[入学]金 ‖ *Admission* free.《掲示》入場[入会]無料 / pay ¥2,000 ～ 2,000円の入場料を払う / ～ charges 入場料，入会金 ❸ C《～s》(学校・病院などの)受入者数；《形容詞的に》入学[入院]手続きに関する ‖ an ～ office 大学入学選考事務局 ❹ C 承認，容認；自認，告白，自白〈of …の / that 節 …という〉‖ make an ～ *of* guilt [failure, defeat] 罪[失敗，敗北]を認める / by [OR on] one's (own) ～ (人が)(自ら)認めるところによると

-**sive** 形〈…を〉容認する〈of〉

A

ad·mit /ədmít/
中心義 …の受け入れを認める
— 動 〔▶ admission, admittance 名〕(~s /-s/ ; -mit·ted /-ɪd/ ; -mit·ting)
— 他 ❶ (事実・妥当だと)(しぶしぶ)**認める**(↔ deny)(⇨ 類語) a 《+目》…を認める, 告白する ‖ He later [finally] *admitted* defeat [his guilt]. 彼は後に[最後には]敗北[罪]を認めた
b 《+doing》…することを認める ‖ He *admitted* having given bribes to the government official. 彼は官僚に賄賂(わいろ)を贈ったことを認めた
c 《(+to 名) + (that) 節》(…に)…ということを認める ‖ She *admitted* (*to* the police officer) *that* she didn't know all the details. 彼女は(警察官に)詳細を全部知っているわけではないということを認めた / "I did it," he *admitted* later. 「私がやりました」と彼は後になって認めた
d 《+目+to be 補 / 目+as 名》…を…であると認める ‖ The company is generally *admitted to be* the most profitable in the nation. その会社は国内最高の利益をあげていると広く一般に思われている / His statement was not *admitted as* evidence. 彼の陳述は証拠として認められなかった
❷ …を**中に入れる**(↘ let in), 〈…への〉入場[入学, 入院など]を認める〈to, into〉(♦ しばしば受身形で用いる) ‖ Three hundred students were *admitted to* the school. 300人の学生がその学校に入学を許可された / She was *admitted to* the hospital yesterday. (♦《英》では *to* hospital) 彼女は昨日入院した(=She was hospitalized yesterday.)
❸ (建物などが)…を収容できる, …の余地がある ‖ This hall ~*s* 500 people. このホールは500人収容できる
— 自 ❶ 《+to 名》…を認める, 告白する ‖ He *admitted to* [his guilt [OR being guilty]. 彼は自分の罪を認めた
❷ 《+of 名》《通例否定文で》(物・事が)…の余地がある, …を許す(♦ 人を主語にすることはまれ) ‖ Your behavior ~*s of* no excuse. 君の行動に弁解の余地はない
❸ 《+to 名》(場所などが)…に通じる

COMMUNICATIVE EXPRESSIONS
1 (**Còme ón,**) **admít it.** You're in lóve with her, áren't you? (さあ,)認めなさいよ. 彼女のことが好きなんでしょ
2 "I dòn't thínk you stùdied enòugh for the exám." "**I must admít it**, but I hàd a bàd cóld." 「試験勉強を十分にしませんでしたね」「それはそうですが, ひどい風邪をひいていたんです」(♥ 相手の言うことをいやいや認めるときに用いる. しばしば反論が後に続く. =I admit that is true. / I have to admit that.)

語源 *ad-* to+*-mittere* send

類語 《他 ❶》 **admit** (しばしば, 前に否定したことを強制などにより)やむを得ずしぶしぶ認める. 〈例〉*admit* one's mistake under pressure 圧力をかけられ誤りを認める
acknowledge (隠しておきたいことを不本意ながら)認める. admit ほど強制の意は強くない. 〈例〉*acknowledge* one's responsibility (for a mistake) 自分の(誤ちの)責任を認める
confess 非を認めて打ち明ける; 後悔の気持ちを示唆する. 〈例〉*confess* a sin 罪を告白する
own 個人的な, または不利益なことなどを認め, 打ち明ける. acknowledge ほど形式ばらない語. 〈例〉She *owned* that she had a sweet tooth. 彼女は甘いものに目がないことを打ち明けた

ad·mit·tance /ədmítəns/ 名 〔◁ admit 動〕 U ❶ 入場; 入場[入会, 入学, 入園]許可; 入場権[資格](→ admission)(⇨ ENTRANCE¹ 類語) ‖ No *Admittance*. 《掲示》入場お断り ❷ 【電】アドミタンス《交流回路における電流の通りやすさを表す. 記号 Y》

ad·mit·ted /ədmíṭɪd/ 形 自ら認めている; 公認された, 疑いのない, 明白な

ad·mit·ted·ly /ədmíṭədli | -ɪd-/ 副 《文修飾》自ら認めるとおりに; だれもが認めるように ‖ This game is, ~, amusing. なるほど, このゲームは面白いや

ad·mix /ədmíks/ 動 他 …を加える; …を〈…と〉混ぜる〈with〉 — 自 〈…と〉混ざる〈with〉

ad·mix·ture /ədmíkstʃər/ 名 U C 混合(物), 添加物

ad·mon·ish /ədmá(ː)nɪʃ | -mɔ́n-/ 動 他 ❶〔人〕を〈…の件で〉諭す, たしなめる, しかる〈for〉; 〔人〕に注意する ❷〔人〕に〈…するように〉(強く)勧告する, 忠告する〈to do〉 ❸〔人〕に(危険などを)警告する; 〔人〕に(忘れていたことを)気づかせる ~·ment 名 =admonition

ad·mo·ni·tion /æ̀dmənɪ́ʃən/ 名 U C 訓戒, 説諭; 警告, 忠告, 勧告(admonishment)

ad·mon·i·to·ry /ədmá(ː)nətɔ̀ːri | -mɔ́nɪtəri/ 形 訓戒の; 警告の; 勧告の

ad nau·se·am /æ̀d nɔ́ːziæ̀m/ 副 いやになるほど, うんざりするほど(♦ ラテン語より)

a·do /ədúː/ 名 U 騒ぎ(fuss); 《旧》面倒, 骨折り
múch adò about nóthing 空騒ぎ(♦ シェークスピアの喜劇の題名に由来. 主に新聞などで用いられる)
****without mòre*** [OR ***fùrther***] ***adó*** それ以上遅らせることなく, 直ちに(immediately)

a·do·be /ədóubi/ 名 ❶ U アドービ粘土; アドービれんが《粘土とわらを混ぜて日に干して作る》 ❷ C (米国南西部・メキシコの)アドービれんが造りの家

***ad·o·les·cence** /æ̀dəlésəns/ 名 U ❶ 青春期, 思春期 ❷ (文明などの)発展期

***ad·o·les·cent** /æ̀dəlésənt/ 《アクセント注意》〈シ〉形 ❶ 《通例限定》青春期の, 思春期の, 青春時代に特有の[ありがちな], 若々しい ❷ 未熟な, 子供じみた
— 名 C ❶ 青春期[思春期]の人《通例13歳–18歳の男女》(⇨ CHILD 類語P) ❷ 子供じみた人

A·don·is /ədóunɪs/ 名 ❶ 【ギ神】アドニス《愛と美の女神 Aphrodite に愛された美少年》 ❷ 《a-》 C 美少年

****a·dopt** /ədá(ː)pt | ədɔ́pt/ 中心義 Aを選んで受け入れる(★Aは「人」や「考え」など多様)
— 動 〔▶ adoption 名〕(~s /-s/ ; ~·ed /-ɪd/ ; ~·ing)
— 他 ❶ …を**養子にする**(→ foster) ‖ The couple, having no children of their own, ~*ed* a child. 子供のいないその夫婦は養子をとった / one's ~*ed* son [daughter] 養子[養女]
❷〔考え・方法など〕を**採用する**, 取り入れる; 〔態度・姿勢など〕をとる(↘ take up); 〔名前・国籍など〕を選ぶ; 〔単語・名称など〕を〈…から〉借用する〈from〉 ‖ ~ a new approach [policy] 新しい取り組み方[方針]を採用する / This method is being **widely** ~*ed*. この方法は広く採用されている / ~ an air of importance もったいぶった態度をとる / ~ a word *from* French フランス語から単語を借用する
❸ (投票により)〔提案など〕を(正式に)採用する; 〔報告など〕を(是認して)受け入れる ‖ The assembly ~*ed* the new regulation by vote. 議会は投票により新しい条例を採択した ❹ 《英》〔人〕を〈…として〉選任[指名]する〈as〉 ‖ ~ her *as* our representative 彼女を我々の代表に選ぶ ❺〔教科書〕を選定[採用]する ❻ 《英》(地方自治体が)〔道路など〕の管理を引き受ける
~·er 名 C 採用者; 里親

***a·dop·tion** /ədá(ː)pʃən | ədɔ́p-/ 名 〔◁ adopt 動〕 U C ❶ 養子縁組 ‖ an ~ agency 養子縁組斡旋業者[機関] ❷ 採用, 採択; (外国語の)借用; 《英》(候補者の)指名 ‖ the ~ of foreign words into English 外国語単語の英語への借用

a·dop·tive /ədá(ː)ptɪv | ədɔ́p-/ 形 養子縁組の[による](adopted) ‖ one's ~ father 養父

a·dor·a·ble /ədɔ́ːrəbl/ 形 ❶ (子供・小動物などが)非常

にかわいい[いとしい]；(女性が)素敵な，魅惑的な(♥ 女性が用いることが多い) ❷ 崇拝すべき **-bly** 副

ad·o·ra·tion /ædəréɪʃən/ 名 U ❶ (神への)崇拝，崇敬；礼拝 ❷ 愛慕，敬愛，憧憬(どうけい)

*__a·dore__ /ədɔ́ːr/ 動《進行形不可》他 ❶〔人〕を敬愛[熱愛]する (dote on) ❷《口》…が大好きである (↔ hate) (♥ like, love より強意的で，特に若い女性が好んで用いる) ‖ I ~ chocolate. チョコレートが大好きだ ❸〔神〕を崇拝[崇敬]する(⇨ RESPECT 類語)

a·dor·ing /ədɔ́ːrɪŋ/ 形《通例限定》崇拝する，敬愛する
~·ly 副

a·dorn /ədɔ́ːrn/ 動 他 …を〈…で〉飾る〈**with**〉；…に美観[光彩]を添える；…を引き立たせる

a·dórn·ment /-mənt/ 名 U 装飾；C 装飾品

ÀDP 略《生化》*a*denosine *d*i*p*hosphate (アデノシン二燐酸(りんさん))；💻 *a*utomatic *d*ata *p*rocessing (自動データ処理)

ad·re·nal /ədríːnəl/ 形《解》腎臓(じんぞう)付近の；副腎(ふくじん)の
▸▸ **~ glànd** 名 C《解》副腎，腎上体

*__ad·ren·a·line, -lin__ /ədrénəlɪn/ 名 U《生化》アドレナリン《副腎髄質ホルモン．興奮したときに分泌され心拍を速める》；刺激する[興奮させる]もの；《A-》《商標》アドレナリン剤 ‖ get the ~ going どきどきさせる
▸▸ **~ júnkie** 名 C 興奮好きな人

ad·ren·al·ized /ədríːnəlàɪzd, -rénə-/ 形《口》興奮した，感情が高ぶった

ad·re·no·cor·ti·co·tròp·ic hórmone /ədrìːnoʊkɔ̀ːrtɪkoʊtrɑ̀pɪk-, -tròʊpɪk- | -trɔ̀p-/ 名 C《生化》副腎皮質刺激ホルモン《略 ACTH》

À·dri·at·ic (Séa) /èɪdriǽtɪk-/ 〈シ〉 名《the ~》アドリア海《イタリア半島とバルカン半島の間の海》

a·drift /ədríft/ 副 形《叙述》❶ (舟などが)(波の間に)漂って；(社会の)波にもまれて ‖ ~ in a sea of troubles 幾多の困難にもまれて ❷ (人が)目的を失って，(当てどなく)さまよって；調子が狂って ❸ (的から)外れて；(働かないで)ぶらぶらして；《英口》(スポーツの試合で)〈相手に〉リードされて〈**of**〉
càst [OR ***sèt, cùt***] ***… adríft*** …を漂流させる，流す
come adríft《英》外れる，緩む
gò adríft 漂流する；〈…から〉それる〈**from**〉；(物が)紛失する，盗まれる
tùrn … adríft〔船〕を漂流させる；〔人〕を追い出す

a·droit /ədrɔ́ɪt/ 形 (手先の)器用な；(頭脳の働きが)機敏な
~·ly 副 **~·ness** 名

ÀDSL 略 💻 *a*symmetric *d*igital *s*ubscriber *l*ine (非対称デジタル加入者線(方式))《加入者電話回線を利用して上り下りに異なる通信速度を使うことで高速のインターネット接続を可能にする通信技術》

ad·sorb /ædsɔ́ːrb/ 動 他《化》〔気体や液体中の物質〕を吸着する

ad·sorb·ent /ædsɔ́ːrbənt/ 形《化》吸着性の
── 名 C 吸着剤；吸着体[物質]

ad·sorp·tion /ædsɔ́ːrpʃən, -zɔ́ːrp-/ 名 U《化》吸着(作用)

ÀDT 略 *A*tlantic *D*aylight *T*ime

ad·u·late /ǽdʒulèɪt/ 動 他〔人〕にへつらう，お世辞を言う
àd·u·lá·tion 名 U 追従(ついしょう) **-là·tor** 名 C 追従者
ád·u·la·tò·ry /英 ˗˗˗˗˗/ 形 へつらいの

***__a·dult__ /ədʌ́lt, ǽdʌlt/ 名 形
── 名 (複 **~s** /-s/) C ❶ **大人**，成人《通例18歳または21歳以上》；《法》成年者 (⇨ CHILD 類語P) ‖ Children should be accompanied by an ~. お子様は大人の同伴が必要です / **a young** ~ (10代後半から20代前半の)若い大人，ヤングアダルト
❷ (動植物の)成体，成虫
── 形 (**more ~**；**most ~**) (♦ ❷❸ は比較なし)
❶ **大人の**，成人の，成年に達した；成長した；(精神的に)成熟した ‖ He has spent most of his ~ **life** in Paris. 彼は成人してからのほとんどの時期をパリで過ごしてきた / in an ~ way 大人らしく / ~ population 成人人口
❷《限定》大人[成人]向けの(♦ 婉曲的に「ポルノの」を意味することもある) ‖ an ~ novel [movie,《英》film] 成人向け小説[映画] ❸《限定》(動植物が)(十分に)成長[成熟]した ‖ an ~ lion 成熟したライオン
~·hòod 名 U 成人(であること)，成人期
▸▸ **~ dày cáre** 名 U (特に高齢者用の)成人用デイケア ‖ an ~ *day care* center 成人用デイケアセンター **~ díaper** 名 C 成人用おしめ **~ educátion** 名 U 成人教育(continuing education)

a·dul·ter·ant /ədʌ́ltərənt/ 名 C 形 混ぜ物(の)

a·dul·ter·ate /ədʌ́ltərèɪt/ 動 他〔食べ物など〕に〈…を〉混ぜる；〈混ぜ物などで〉…の品質を落とす〈**with**〉
── 形 ❶《英では古》混ぜ物をした；品質を下げた ❷《文》姦通(かんつう)の(adulterous)
a·dùl·ter·á·tion 名 U 不純物混入；C 不純物混入製品，粗悪品 **-à·tor** 名 C 粗悪品製造者

a·dul·ter·er /ədʌ́ltərər/ 名 C 姦通者，姦夫

a·dul·ter·ess /ədʌ́ltərəs | -es/ 名 C (女性の)姦通者，姦婦

a·dul·ter·ous /ədʌ́ltərəs/ 形 姦通の，不貞を働いた；不正の，にせの

a·dul·ter·y /ədʌ́ltəri/ 名 (複 **-ter·ies** /-z/) U 姦通，密通；C 密通行為 ‖ commit ~ 不倫する

a·dul·tes·cent /ædəltésənt, ədʌ́l-/ 形 アダルトチルドレン的な(♦ *adult*+adol*escent* より)

ad·um·brate /ǽdʌmbrèɪt/ 動 他《堅》❶ …の輪郭をほのめかす[描く] ❷ …を(部分的に)暗くする[ぼかす]；…を予示する **àd·um·brá·tion** 名 U C おぼろげな輪郭；予示；影(を投ずること)

adv. 略 adverb；adverbial(ly)；advertisement

ad va·lo·rem /æd vəlɔ́ːrəm | -rem/ 副 形《ラテン》(税などが)価格に応じて[応じた]，従価で[の]《略 ad val》

***__ad·vance__ /ədvǽns | -vɑ́ːns/
中心義 **前へ進む[進める]** (★物理的な前進に限らず，「時間」や「地位」などについても用いる)
── 動 (**-vanc·es** /-ɪz/；**~d** /-t/；**-vanc·ing**)
── 自 ❶ 〈…に向かって〉**進む**，前進する〈**to, toward,** etc.〉；〈敵などに向かって〉進撃する，〈人に〉詰め寄る〈**on, upon, against**〉(↔ retreat) ‖ The troops ~*d* 30 kilometers *to* the border. 軍隊は国境まで30キロ前進した / ~ *on* [OR *against*] the enemy 敵に向かって進軍する
❷ 〈…において〉**進歩する**，向上する；進む，進行する；(地位が)上がる，昇進する〈**in**〉‖ Our studies are *advancing* steadily. = We are *advancing* steadily *in* our studies. 私たちの研究は着実に進んでいる / ~ *in* years [OR age] 年をとる / ~ *in* life [OR the world] 出世する
❸ (値が)上がる
── 他 ❶ …を**進める**，前進させる (↔ retreat) ‖ The commander ~*d* the troops to the river. 司令官は軍を川まで進めた
❷ …を**進歩させる**，向上させる，推進[促進，助長]する；〔人〕を〈…に〉昇進させる〈**to**〉‖ The treaty will ~ trade between the two countries. その条約は2国間貿易を促進するだろう / The plan is well ~*d*. 計画はだいぶ進んでいる / She was ~*d* *to* sales manager. 彼女は営業部長に昇進した
❸ 《+目 *A*+目 *B* ⇄ +目 *B*+**to** 目 *A*》*A* (人)に*B* (金)を**前払い[前貸し]する**，融通する ‖ The company ~*d* me a month's salary. = The company ~*d* a month's salary *to* me. 会社は私に1か月分の給料を前払いしてくれた
❹〔時期など〕を早める，繰り上げる(↔ postpone)；〔時計〕を進める；〔フィルム〕を(先へ)送る，巻く ‖ ~ the deadline by two days 締め切りを2日繰り上げる

A

❺〔意見・要求など〕を提出する，提案する；〔学説など〕を唱える ‖ Don't hesitate to ～ your own opinion. 遠慮なくご意見をお出しください

—名 (複 **-vanc·es** /-ɪz/) ❶ U C **前進**，進出；(時・年齢の) 進行 ‖ The army made a steady ～. 軍隊は着実に前進した

❷ U C 〈…の〉**進歩**，向上，発達〈**of, in**〉；昇進，昇級(⇨ PROGRESS 類語) ‖ We have **made**「remarkable ～*s* [OR (a) remarkable ～] *in* biotechnology. 我々はバイオテクノロジーの分野で著しい進歩を遂げた

連語【形＋～】a technological [scientific] ～ 科学技術[科学]の進歩 / economic ～(*s*) 経済的発展 / a rapid ～ 急速な進歩 / a major [OR great, significant] ～ 大きな進歩 / a recent ～ 最近の進歩

❸ C 〈…の〉前払い(金)，前貸し〈**on**〉；貸付金 ‖ The author received a large ～ for his next novel. その作家は次作に対し多額の前払い金を受け取った / an ～ *on* royalties 印税の前払い ❹ C《～s》〈人への〉接近，〈人に〉取り入ること，〈特に女性に〉言い寄ること〈**to**〉‖ make ～*s to* a woman 女性に言い寄る[を口説く] / sexual ～*s* 言い寄り ❺ C 〈…の〉値上がり〈**on**〉

****in advánce*** **前もって**，あらかじめ；前金で ‖ If you are going to come, please let us know a month *in* ～. おいでの節には1か月前にお知らせください / pay *in* ～ 前払いする

in advánce of ... …に先立って；…より進んで

—形《比較なし》《限定》❶ 先行の，先発の ‖ an ～ party [OR team] 先発隊

❷ 前もってなされた，あらかじめの ‖ The schedule may be changed without ～ **notice** [OR **warning**]. 予定は予告なしに変更されることがあります / an ～ ticket 前売券 / an ～ booking (ホテル・劇場などの)予約

▶▶ **～ àgent** 名 C《米》(興行などの)下交渉人 **～ cópy** 名 C 新刊見本 **～ dirèctive** 名 C 事前指示(書)《意識障害に備えて前もって用意される治療法の希望などの指示(書)》(→ living will) **～ gúard** 名 C 前衛部隊 **～ màn** 名 C ① ＝advance agent (↑) ②《主に米》(立候補者の遊説などのための) 下工作人，先乗り運動員 **～ scòut** 名 C 先乗りスカウト[スコアラー]

‡ad·vanced /ədvǽnst | -vɑ́ːnst/

—形 (**more ～；most ～**)

❶ (文明などが) **進歩した**，高度の；進歩的な ‖ an ～ civilization [society] 高度の文明[先進社会] / an ～ technology 先進技術 / ～ ideas 進歩的な思想

❷ **前進した**；(時・年齢・程度などが) 進んだ，進行した ‖ a person ～ in years [OR age] ＝a person of ～ years [OR age] 高齢者 (♥ 婉曲的表現) ❸ (学問などが) 高等の，上級の ‖ an ～ course 上級課程[コース]

▶▶ **～ lèvel** 名 C U ＝A level **～ scrèening** 名 U C (映画の)先行上映(会)

***ad·vance·ment** /ədvǽnsmənt | -vɑ́ːns-/ 名 U C ❶ 前進，進出 ❷ 進歩，発達；推進，促進 ‖ the ～ of science 科学の振興 ❸ 昇進[級]，出世 ❹ 前払い，立て替え；《法》(財産の)生前贈与分

‡ad·van·tage /ədvǽntɪdʒ | -vɑ́ːn-/《発音・アクセント注意》

—名 (複 **-tag·es** /-ɪz/) ❶ C **有利な点**[立場]，利点，強み；優勢，優越〈**of** …の；**over** …に対する〉(↔ disadvantage) ‖ This new product is at a competitive ～. この新製品は競争上有利な立場にある / The ～ *of* cycling to work is that you do not get held up in a traffic jam. 自転車通勤の利点は渋滞に巻き込まれないことだ / His height gave him a big ～ *over* other basketball players. 彼は背が高いのでほかのバスケットボール選手より断然有利だった / ～*s* and disadvantages 長所と短所，メリットとデメリット

❷ U **有利**(であること)，利益，得，好都合，便宜 ‖ There is no ～ in getting there early. そこに早く着いても何の得もない / The evidence is of great [no] ～ to him. その証拠は彼に大いに有利だ[全然有利ではない]

❸ U《テニス》アドバンテージ《ジュース(deuce)の後の最初の得点》

gèt [OR ***hàve***] ***the*** [OR ***an***] ***advántage over ...*** …より有利である，…をしのぐ，…に勝る

hàve the advántage of ... ① …という利点[強み]を持つ ‖ This computer *has the* ～ *of* being easy to carry and operate. このコンピューターは持ち運びと操作が簡単だという利点がある ②《旧》〔人〕より有利である，〔人〕よりよく知っている ‖ I'm sorry, but you *have the* ～ *of* me. 失礼ですが，どちら様でしたでしょうか (♥ 相手の名前が思い出せないときに用いる)

****tàke advántage of ...*** ①〔人の弱点など〕**につけ込む**；〔人〕を欺く；《旧》〔女性〕を誘惑する ‖ I let people *take* ～ *of* me. 私は(よく)人に(いいように)利用される(♥ カウンセラーなどに悩みの相談をするときに用いる表現) ②〔機会・状況など〕**を利用する** ‖ *take* full ～ *of* one's position 自分の地位[立場]を十分に利用する

to a pèrson's advántage (人に)有利な[に]，都合がよい[よく] ‖ It will be *to* your ～ to learn how to use a computer. コンピューターの使い方を学んでおく方が有利でしょう

to (***gòod***) ***advántage*** 引き立って

tùrn ... to (***one's***) ***advántage*** …を利用する，生かす

—動 他 …に有利に働く，利する；…を促進する

***ad·van·ta·geous** /æ̀dvəntéɪdʒəs/《アクセント注意》〈シ〉形〈…にとって〉有利な，好都合な；便利な；有益な〈**to**〉

～·ly 副

***ad·vent** /ǽdvènt/ 《アクセント注意》名 ❶《the ～》〈重要な人・事件などの〉出現，到来〈**of**〉❷《the A-》(キリストの) 降臨；再臨 ❸《A-》C《単数形で》待降節《クリスマス前の約4週間》

▶▶ **Ádvent càlendar** 名 C 待降節暦《クリスマス前に出る子供用のカレンダー，クリスマスイブまで毎日1つずつ扉を開いていくと絵が現れる》 **Àdvent Súnday** 名 C 待降[降臨]節主日《待降節中の第1日曜日》

Advent calendar

Ad·vent·ist /ǽdvèntɪst | -vənt-/ 名 C 形 キリスト再臨論(の)，キリスト再臨派(の)

ad·ven·ti·tious /æ̀dvəntíʃəs/〈シ〉形 ❶ 偶然の，偶発的な；外来の；付随的な ❷《生》異常な場所に発生した；《植》(芽・葉などが)不定の **～·ly** 副

***ad·ven·ture** /ədvéntʃər/ 名 ❶ U 冒険，危険を冒すこと(⇨ VENTURE 類語) ‖ a story of ～ 冒険物語 / a spirit [OR sense] of ～ 冒険心 ❷ C (個々の) 冒険，思いもかけない出来事，珍しい体験；危険な旅[行動] ‖ the ～*s* of Sherlock Holmes シャーロック＝ホームズの冒険 / The group had a lot of ～*s* in the wilderness. 一行は荒野でずいぶん危ない目に遭った

連語【動＋～】meet with an ～ 冒険[珍しい体験]をする / pursue [OR look for, search for] ～(*s*) 冒険を追い求める

【形＋～】an exciting ～ わくわくするような冒険 / a breathtaking [thrilling] ～ はらはらする[スリルに富んだ]冒険

❸ U C 投機，やま

—動 他〔生命・金など〕を賭(か)ける，危険にさらす

—自《旧》危険を冒す，冒険をする；〈場所などに〉危険を冒して進む〈**into, on, upon**〉(→ venture) ‖ ～ *into* a cave 思いきって洞穴に入ってみる

▶▶ **～ gàme** 名 C アドベンチャーゲーム《コンピューターゲームの一種》 **～ pláyground** 名 C《英》冒険広場《子供が工夫して遊べるように素材を集めた遊び場》

ad·ven·tur·er /ədvéntʃərər/ 名 C ❶ 冒険家 ❷ ⊗《しばしば蔑》策士，山師 ❸ 投機家 ❹《古》傭兵(ようへい)

ad·ven·tur·ess /ədvéntʃərəs/ 名 C ❶ 女性冒険家 ❷《旧》色仕掛けで富[地位]を得ようとする女, 女山師

ad·ven·tur·ism /ədvéntʃərìzm/ 名 U 冒険心[主義]；冒険外交 **-ist** 形 名 C 冒険心のある(人)

ad·ven·tur·ous /ədvéntʃərəs/ 形 ❶ (人が)冒険好きな；大胆な ❷ 危険な, 冒険的な；(企画などが)大胆な **~·ly** 副 **~·ness** 名

*__ad·verb__ /ǽdvə:rb/《アクセント注意》名 C《文法》副詞《略 ad., adv.》‖ an ~ of manner 様態の副詞《〈例〉live *happily*》

ad·ver·bi·al /ədvə́:rbiəl/ 形 副詞の, 副詞的な ‖ an ~ phrase [clause] 副詞句[節]
—名 C 副詞句, 副詞相当語句 **~·ly** 副
▸▸ **~ párticle** 名 C《文法》副詞小辞《Come *back*, break *down* の back, down》

ad·ver·sar·i·al /æ̀dvərséəriəl/ <シ 形 ❶ 敵の, 敵対する ❷《英》=adversary 形 ❷

ad·ver·sar·y /ǽdvərsèri | -səri/ 名 (複 **-sar·ies** /-z/) C 敵；(スポーツ競技などの)対戦相手
—形 ❶ 敵対する ❷《米》《法》(訴訟で)当事者が対抗する, 当事者対抗主義の(《英》adversarial)

ad·ver·sa·tive /ədvə́:rsəṭɪv/《文法》形 反対[逆, 対照]を表す —名 C 反意的接続語句《but, however, yet など》 **~·ly** 副

*__ad·verse__ /ædvə́:rs, ⌐⌐/ 形 (**more ~**；**most ~**)《通例限定》❶〈…に〉不利な, 不都合な(↔ beneficial)；悪意のある, 敵対的な〈**to**〉‖ ~ weather conditions 悪天候 / have an ~ effect on ... …に悪影響を与える, 逆効果である / circumstances ~ *to* success 成功を収めるには不都合な環境 ❷〈…と〉逆の, 反対の〈**to**〉‖ ~ currents 逆流 / an opinion ~ *to* mine 私のとは反対の意見 ❸ 向かい合った ‖ on the ~ page 隣のページに **~·ly** 副

*__ad·ver·si·ty__ /ædvə́:rsəṭi | ədvə́:-/ 名 (複 **-ties** /-z/) ❶ U 逆境, 不運 ‖ in ~ 逆境にあって ❷ C《通例 -ties》不幸な出来事, 災難

ad·vert[1] /ædvə́:rt | əd-/ 動 自《堅》❶〈…に〉触れる, (軽く)言及する〈**to**〉❷〈…に〉注意を向ける〈**to**〉

*__ad·vert__[2] /ǽdvə:rt/ 名 C《英口》広告(♦ advertisement より)

*__ad·ver·tise__ /ǽdvərtàɪz/《アクセント注意》
中心義》…に大衆の注意を向ける
動〔▶ advertisement 名〕他 ❶ **a**《+目》…を宣伝する, 広告する, (テレビ・新聞などに)…の広告を出す；…を広く知らせる ‖ The travel agent is *advertising* discount air tickets in the newspaper. その旅行会社は割引航空券の広告を新聞に出している / This soap is ~*d* as handmade. この石けんは手作り品であると宣伝されている
b《+**that** 節》…と広告する ‖ We ~*d that* we had a house for sale. 売家があるという広告を出した
❷〔秘密にしておいた方がよいこと〕を話す, 公にする ‖ There is no need to ~ the fact that you are out of a job. あなたが失業中だということを人に話す必要はない
—自〈…を求める〉広告を出す〈**for**〉；宣伝する, 広告する ‖ ~ through magazines 雑誌で宣伝する / ~ *for* a tennis coach テニスコーチの求人広告を出す / ~ on the Internet インターネットに広告を出す

‡__ad·ver·tise·ment__ /æ̀dvərtáɪzmənt | ədvə́:tɪs-/
—名〔◁ advertise 動〕(複 **~s** /-s/) ❶ C〈…の〉**広告**〈**for**〉(♦ 短縮語は ad, advert) ‖ place [OR put, run] a full page ~ *for* health food 健康食品の全面広告を出す / a classified ~ (新聞などの)部門別案内広告
❷ U 知れ渡ること ‖ The news of the liver transplantation received wide ~. 肝臓移植のニュースは広く知れ渡った
❸ C《主に英口》〈…の〉宣伝, 広告塔, 好例〈**for**〉‖ He's a good ~ *for* the fitness club. 彼はフィットネスクラブのよい広告塔だ

ad·ver·tis·er /ǽdvərtàɪzər/ 名 C 広告者, 広告主

‡__ad·ver·tis·ing__ /ǽdvərtàɪzɪŋ/
—名 ❶ U **広告すること**；広告業；《集合的に》広告 ‖ direct-mail [TV] ~ ダイレクトメール[テレビ]による広告 / outdoor ~ 屋外広告
❷《形容詞的に》広告の, 広告を扱う ‖ an ~ **agency** 広告代理店 / an ~ **campaign** 広告キャンペーン / an ~ panel (電車・バスなどの車内の)広告パネル / ~ **mail** ダイレクトメール

ad·ver·to·ri·al /æ̀dvərtɔ́:riəl/ 名 C 記事広告(♦ *advertisement*+edi*torial* より)

‡__ad·vice__ /ədváɪs/《アクセント注意》
—名〔◁ advise 動〕(複 **-vic·es** /-ɪz/) ❶ U **忠告, 助言**, アドバイス；(公的な)勧告；(専門家の)指示〈**about, on** …についての / **to** *do* …するようにという / **that** 節 …という〉(⇨ 類語) ‖ Can I ask your ~? どうしたらよいか教えてください / Could you **give** me some [×an] ~ *about* how to give up smoking? どうしたらたばこをやめられるか何かアドバイスを頂けますか(♦「1つの忠告」は a piece [OR bit, word] of advice という) / At a job center, you can **get** ~ *on* finding a job. 職業紹介所では就職の助言をしてくれる / My ~ to you would be to see the real cause of the problem. あなたへのアドバイスは問題の真の原因を見極めなさいということです(♥ 改まって助言を与える際の表現. ↘ If I were you, I'd see ...) / He ignored [OR disregarded] my ~「*that* he should not sign [OR not *to* sign] the contract. 彼は契約書に署名してはいけないという私の忠告を無視した / On my uncle's ~, I've decided to study abroad. おじの勧めで留学することに決めた

連語【動+~】seek [OR ask for] ~ 助言を求める / provide [offer] ~ 助言を与える[申し出る] / follow [OR take] her ~ 彼女の忠告に従う / turn a deaf ear to ~ 忠告に耳を貸さない
【形/名+~】useful [valuable] ~ 有益な[貴重な]アドバイス / practical ~ 実際的な助言 / professional [OR expert] ~ 専門家の助言 / legal [medical] ~ 法律上の[医学上の]助言

❷ C《商》正式の通知 ‖ an ~ note=a letter of ~ 通知書 / remittance ~*s* 送金通知
❸ C《しばしば ~s》《堅》情報, 報告

tàke advice from ... 〔専門家〕の意見を求める

COMMUNICATIVE EXPRESSIONS
1 **If you wánt my advíce,** I would cáll her at ónce. 私なら彼女にすぐ電話するけどね(♥ 助言を申し出る表現)

類語《❶》**advice**「助言」を表す一般語.
counsel 格式的な語で, 専門的または客観的な立場から慎重に考慮した上で与えられる助言.〈例〉*counsel* about the course of one's life 人生の進路に関する助言

▸▸ **~ còlumn** 名 C《米》(新聞・雑誌の)身の上相談欄(《英口》agony column) **~ còlumnist** 名 C《米》身の上相談の回答者

*__ad·vis·a·ble__ /ədváɪzəbl/ 形〔◁ advise 動〕《叙述》(問題・危険を避けるために)勧められる, 賢明な ‖ A prompt thank-you note would be ~. すぐに礼状を出しておくとよい / It is ~ to read the contract carefully before buying insurance. 契約書をよく読んでから保険に入った方がよい **ad·vìs·a·bíl·i·ty** 名 **-bly** 副

‡__ad·vise__ /ədváɪz, æd-/《発音注意》
中心義》(相手にかかわることについて)意見や情報を伝える
—動〔▶ advice 名, advisable 形〕(**-vis·es** /-ɪz/；**~d** /-d/；**-vis·ing**)
—他 ❶ **忠告する**, 勧める(♦(1) 具体的なものを推薦する場合には用いない. **b** の不定詞構文が最も一般的. (2) 日常語では say を使って say (that) a person should [OR ought to] *do* とするのがふつう)(♥ 日本語の「アドバイス」よ

りも強制的に響くことがある） **a**《+目》…を忠告する，助言する，勧める；〔人〕に助言する〈**about, on** …について；**against** …しないように〉‖ The doctor ～*d* the use of a new drug. 医師は新薬の使用を勧めた / ～ unmarried people *about* birth control 未婚者に避妊について助言する / ～ her *on* a legal issue 彼女に法律問題について助言する / ～ him *against* changing his job (=～ him not to change his job) 彼に転職しないよう助言する

b《+目+**to** *do*》〔人〕に…するように忠告する，勧める ‖ I ～*d* the kids *to* play indoors. 子供たちに屋内で遊ぶように言った（=I told the kids that they should [OR ought to] play indoors.) / I was **strongly** ～*d to* consult a lawyer. 弁護士に相談するよう強く勧められた / You are best ～*d to* stay here. 君はここにいるのがいちばんだ

c《+*doing*》…するように忠告する[勧める] ‖ Doctors ～ taking regular exercise. 医者は規則的に運動をするように勧める

d《(+目)+**that** 節》(〔人〕に)…ということを忠告[助言]する ‖ I ～*d* (him) *that* he keep [《主に英》should keep] the secret. (=I ～d him to keep the secret. =I ～d his keeping the secret.) 彼に秘密を守るように言った / "Go to Seattle," he ～*d*. 「シアトルに行きなさい」と彼は助言した

e《(+目)+**wh to do** / **wh** 節》(〔人〕に)何を[どのように]…したらよいか助言する ‖ ～ (him) *what* 「*to* wear [OR he should wear] 何を着たらよいか(彼に)助言する

❷〔人〕に**通知する**，知らせる〈**of** …のことを / **that** 節 …ということを〉(♦ 通例商用・法律文書で用いる. inform, tell が一般的) ‖ The suspect was ～*d of* his rights. 容疑者は自分の権利について知らされた / She has ～*d* me *that* the costs could be enormous. 彼女は私に費用は莫大(ばく)になるかもしれないと知らせてくれた

―自 ❶ **忠告する**，助言する〈**on** …について；**against** …しないように〉‖ I would ～ *against* visiting him alone. ひとりで彼を訪ねることは勧められません / ～ *on* nutritional treatment 栄養療法について助言する

❷《主に米》〈人に〉相談する〈**with**〉；〈…について〉助言を求める〈**about, on**〉

ad·vised /ədváɪzd/ 動 advise の過去・過去分詞

―形《しばしば複合語で》熟慮の上での，賢明な，周到な ‖ a **well-** ～ plan 周到な計画

ad·vis·ed·ly /ədváɪzɪdli/ 副 熟慮の上で

ad·vise·ment /ədváɪzmənt/ 名 U《英では古》熟慮；助言；相談に乗ること ‖ take ... under ～ …を熟慮する；…を協議する

*__ad·vis·er,__《主に米》**-vi·sor** /ədváɪzər/ 名 C ❶ 忠告者，助言者；顧問，アドバイザー〈**to** 人の；**on** …についての〉‖ a legal ～ 法律顧問 / an ～ *to* the governor 知事顧問 / the President's ～ *on* national security 安全保障担当大統領顧問 ❷《米》学生[新入生]指導教師

*__ad·vi·so·ry__ /ədváɪzəri/ 形《通例限定》助言を与える，顧問の ‖ an ～ panel [OR committee] 諮問委員会 / an ～ body to the government 政府の諮問団体

―名 C (複 **-ries** /-z/) 報告；(特に) 気象注意報 ‖ a flood ～ 洪水注意報

ad·vo·ca·cy /ǽdvəkəsi/ 名 U ❶ 擁護，支持；唱道 ‖ in ～ of ... …を擁護して / an ～ group 擁護[支持]団体 ❷ 弁護士業

*__ad·vo·cate__ /ǽdvəkèɪt/《アクセント注意》(→ 名) 動 他 主張する **a**《+目》〔主義など〕を主張する，弁護する ‖ The union ～*s* higher salaries for flight attendants. 組合は客室乗務員の昇給を主張している

b《+*doing*》…することを主張[擁護]する ‖ ～ abolishing the death penalty 死刑の廃止を主張する

c《+**that** 節》…だということを主張する ‖ The UN ～*d* *that* the country (should) stop attacking its ethnic minority. 国連はその国が少数民族に対する攻撃をやめるように主張した

―名 /ǽdvəkət/ C ❶〈主義などの〉主張者，擁護者，弁護者〈**of, for**〉‖ She is a strong [passionate] ～ *of* disarmament [legal abortion]. 彼女は，強力な[熱狂的な]軍縮[中絶合法化]の主張者だ / a consumer ～ 消費者の弁護者 ❷ 弁護士；《スコット》法廷弁護士(barrister)

advt. 略 advertisement

ád·ware 名 U 💻 アドウェア《ユーザーの画面に強制的に広告を表示する無料ソフトウェア》

adz,《英》**adze** /ædz/ 名 C 手おの

Ae·ge·an /ɪdʒíːən/ 形 エーゲ海(諸島)の；エーゲ文明の

―名 =Aegean Sea ▶▶ **～ Íslands** 名《the ～》エーゲ海諸島 **～ Séa** 名《the ～》エーゲ海《地中海北東部. トルコ西岸とギリシャ東岸に挟まれた海域》

ae·gis /íːdʒɪs/ 名 ❶《the ～》保護，庇護(ひご)；後援 ‖ under the ～ of ...《堅》…の後援[庇護]の下で ❷〖ギ神〗アイギス《Zeus が娘の Athena に与えた盾》❸《A-》U〖軍〗イージス《米海軍が開発した高性能対空迎撃システム》；《形容詞的に》イージスの，イージスを搭載した ‖ ～ destroyers イージス駆逐艦

Ae·ne·as /iníːəs/ 名〖ギ・ロ神〗アイネイアス《Vergil の叙事詩 *Aeneid* /ɪníːəd/ の主人公でトロイの武将. トロイ陥落後，長年の放浪の後ローマの祖となる》

Ae·o·li·an[1] /ióuliən/ 形 (古代ギリシャの) アイオリス人[地方，方言]の《アイオリス(Aeolis)は小アジアにあったギリシャの植民地》 ―名 C アイオリス人；U アイオリス方言

Ae·o·li·an[2] /ióuliən/ 形 ❶〖ギ神〗(風の神) アイオロス(Aeolus)の ❷《a-》風の，風に乗った；風のような音を出す ▶▶ **aeòlian hárp** [**lýre**] 名 C 風鳴琴，エオリアンハープ《風が吹くと鳴る箱形の楽器》

Ae·o·lus /íːələs/ 名〖ギ神〗アイオロス《風の神》

ae·on /íːən/ 名 =eon

aer·ate /éəreɪt/ 動 他 ❶ …を空気にさらす，通気する ❷〔液体〕に炭酸ガスを満たす ‖ ～*d* water《英》炭酸水 ❸ (呼吸により)〔血液・組織〕に酸素を供給する

àer·á·tion 名 U 通気；炭酸ガスで満たすこと

aer·a·tor /éərèɪṭər/ 名 C ❶ 通風器 ❷ (穀物の) 燻蒸(くんじょう)消毒装置

aer·i·al /éəriəl/ 形 ❶ 空気の，空気よりなる；気体の ❷ 空中にある[そびえる]；高架の；〖植〗空中で生長する；〖アメフト〗フォワードパスの[による] ‖ an ～ spire 空中高くそびえる尖塔(せんとう) ❸ 航空機(から)の，航空機による[用の] ‖ an ～ view 空からの眺め ❹ (空気のように) 軽い，希薄な；実体のない，非現実的な ―名 C ❶《英》アンテナ(《米》antenna) ❷《～s》《口》〖スキー〗エアリアル《フリースタイルスキー競技の一種》❸〖ホッケー〗空中を飛ぶパス **～·ly** 副

▶▶ **～ ládder** 名 C 空中[繰り出し]はしご **～ ráilway** [**cábleway, rópeway**] 名 C 空中ケーブル

aer·i·al·ist /éəriəlɪst/ 名 C 空中ぶらんこ乗り，空中曲芸師；(スキーの)エアリアル競技者

aer·ie /éri | íəri/ 名 C ❶ (猛禽(もうきん)類の) 高巣 ❷ 高所にある住居[とりで，城など] (♦ aery, eyrie, eyry ともいう)

aer·o /éərou/ 形《限定》《口》❶ 航空機の；航空用の；航空術[学]の ‖ an ～ club 航空クラブ ❷ (車などが) 空気抵抗の少ない，流線形の

aero- 連結形 ❶「空気，気体，空中」の意 ❷「飛行機，航空」の意

aer·o·bat·ics /èərəbǽṭɪks, èərou-/ 名 ❶《複数扱い》曲技飛行 ❷ U 曲技飛行術 **-bát·ic** 形

aer·obe /éəroub/ 名 C〖生〗好気性微生物 (↔ anaerobe)

aer·o·bic /eəróubɪk/ 形 ❶〖生〗好気性(微生物)の ❷〖化〗酸素の存在するときにだけ進行する，有気性の ❸ エアロビクスの ‖ ～ exercise エアロビクス

aer·o·bics /èəróubɪks/ 名 U エアロビクス《酸素を多量に吸収して循環機能を高める運動》

áero·dròme 名 C 《英》飛行場
àero·dynámics 名 ❶ U 空気[航空]力学 ❷ U 固体の空気力学的特性；《複数扱い》固体の空気力学上最高効率の特性 **-ic(al)** 形
áero·fòil 名 《英》＝airfoil
áero·gràm, 《英》**-gràmme** 名 C 航空書簡 (air letter)
aer·o·lite /éərəlàɪt, éərou-/, **-lith** /-lɪθ/ 名 C (石質の)隕石(いんせき) (meteorite) **àer·o·lít·ic** 形
aer·o·med·i·cine /èərəmédsən, èərou-/ 名 U 航空医学 **-cal** 形
aer·o·naut /éərənɔ̀ːt, éərou-/ 名 C 《旧》飛行船[気球]の操縦者[搭乗者, 搭乗客]
aer·o·nau·tics /èərənɔ́ːṭɪks, èərou-/ 名 U 航空学；飛行術(aviation) **-tic, -ti·cal** 形
***aer·o·plane** /éərəplèɪn/ 名 《英》＝airplane
aer·o·sol /éərəsà(ː)l, éərou- | -sɔ̀l/ 名 ❶ U エアゾール(剤)；(＝**～ bòmb [spràỳ]**) C エアゾル容器, スプレー ❷ U 〖化〗エーロゾル, 煙霧質《気体中に分散しているコロイド状の粒子》 ―形 エアゾールの(入った)
***aer·o·space** /éərouspèɪs/ 名 U ❶ 航空宇宙《大気圏と大気圏外とで構成する空間》‖ an ～ industry 航空宇宙産業 ❷ 航空宇宙航行(術)
àero·státics 名 U ❶ 気体静力学 ❷ 軽航空機学
aer·y /éri | íəri/ 名 ＝aerie
―形 空気の(ような)；非現実的な
Aes·chy·lus /éskələs | íːskə-/ 名 アイスキュロス (525–456 B.C.)《ギリシャの三大悲劇詩人の1人》
Aes·cu·la·pi·an /èskjuléɪpiən | ìːs-/ 形 ❶ 〖ロ神〗医学の神アイスクラーピウスの ❷ 《古》医学[術]の；医者の
Ae·sop /íːsɑ(ː)p | -sɔp/ 名 イソップ (620?–560? B.C.)《古代ギリシャの寓話(ぐうわ)作家. 動物寓話集「イソップ物語」(*Aesop's Fables*)の作者》
aes·thete /ésθìːt | íːs-/ 名 C 審美家, 唯美主義者；審美眼のある人；審美家を気取る人；芸術愛好家
***aes·thet·ic** /esθéṭɪk | iːs-/ 《アクセント注意》形 美の, 美学の；審美的な；審美眼のある ―名 C 《単数形で》美術上の原理 ▸▸**～ súrgery** 名 U 美容整形外科 (cosmetic surgery)
aes·thét·i·cal /-kəl/ 形 ＝aesthetic **～·ly** 副
aes·the·ti·cian /èsθətíʃən | ìːs-/ 名 C ❶ 美学者 ❷ 全身美容を施す美容師, エステティシャン
aes·thet·i·cism /esθéṭəsìzm | iːs-/ 名 U 唯美主義, 耽美(たんび)主義, 芸術至上主義(《米》estheticism)
aes·thet·ics /esθéṭɪks | iːs-/ 名 U ❶ 〖哲〗美学；美, 美しさ ❷ 〖美〗美的情操の研究
aes·ti·vate /éstɪvèɪt | íːs-/ 動 自 《英》＝estivate
àes·ti·vá·tion 名 《英》＝estivation
ae·ti·ol·o·gy /ìːṭiá(ː)lədʒi | -ɔ́l-/ 名 ＝etiology
ÀF 略 *A*ir *F*orce；*A*nglo-*F*rench；*a*udio *f*requency (可聴周波数)；autofocus
af- 接頭 《f の前で》＝ad-
ÀFÀIḰ, àfàik 略 《口》*a*s *f*ar *a*s *I* *k*now (♦ 主にEメール用語)
a·far /əfáːr/ 副 《文》遠くに；《名詞的に》遠方 ‖ ～ off はるか遠くに / from ～ 遠くから
ÀFĆ 略 *A*ir *F*orce *C*ross((英国の)空軍十字章)；*A*ssociation *F*ootball *C*lub ((英国の) サッカークラブ)；*A*merican *F*ootball *C*onference ((米国の) アメリカンフットボールカンファレンス)；*a*utomatic *f*light *c*ontrol (自動飛行制御)；*a*utomatic *f*requency *c*ontrol(周波数自動調整装置)
ÀFDĆ 略 *A*id to *F*amilies with *D*ependent *C*hildren ((米国の) 児童扶養世帯補助)《18歳未満の子供を持つ貧困家庭への補助金》
af·fa·ble /ǽfəbl/ 形 ❶ (人が)気やすく話せる, 気のおけない；愛想のよい ❷ 思いやりのある, 物柔らかな, 丁寧な
àf·fa·bíl·i·ty 名 **-bly** 副

****af·fair** /əféər/ 中心義 **(関心の対象となる) 事**(★場面に応じて「業務」や「事件」など特定の意味になる)
―名 (複 **～s** /-z/) C ❶ (個人的な)**事柄**；関心事, 問題 ‖ What I do in my spare time is my own ～. 空いている時間に何をしようが私の問題だ / put one's ～*s* in order 身辺の整理をする
❷ 《～s》(日常の公的な)**業務**, 仕事, 活動；事態, 事情 ‖ ordinary ～*s* of life 日常茶飯事 / the Ministry of Foreign *Affairs* (日本の) 外務省 / a state of ～*s* 事態, 情勢 / a man of ～*s* 実務家 / manage [OR conduct] ～*s* 業務を行う
連語 **【名/形＋～】** internal [OR domestic] ～*s* 国内事情 / international ～*s* 国際情勢 / private [public] ～*s* 私事[公務] / current ～*s* 時事問題
❸ **出来事, 事件**, スキャンダル ‖ The newscaster exaggerated the whole ～ grossly. ニュースキャスターは事件全体を大げさに誇張した
❹ 《旧》(漠然とした) もの, 品 ‖ My digital camera is one of those latest ～*s*. 私のデジタルカメラは最新型のものだ / a ramshackle ～ 壊れそうな代物 (♦ 修飾語を伴って代名詞の one と同じように用いる)
❺ 情事, 浮気, 不倫(love affair) ‖ He's having an ～ with his neighbor. 彼は隣人と浮気をしている
af·faire de coeur /əfèər də kɔ́ːr/ 名 《フランス》 (複 **affaires de c-**) (＝affair of the heart) C 恋, 情事

*****af·fect**[1] /əfékt/(→ 名) 動 名
中心義 **Aに作用して変化をもたらす**(★Aは「物事」や「人」など)
―動 (▸ affection 名) (**～s** /-s/；**～·ed** /-ɪd/；**～·ing**) 他
❶ …に(強い)影響を及ぼす, 変化[反応]を生じさせる(♦ 主に好ましくない変化について用いる) (⇨ INFLUENCE 類語P) ‖ The bad weather ～*ed* the growth of the rice. 悪天候が稲の生育に影響した / The birthrate doesn't ～ the issue under discussion. 出生率は今議論している問題には影響しない / The economy was adversely [positively] ～*ed* by structural reform. 経済は構造改革によって悪影響[よい影響]を受けた
❷ 《通例受身形で》(人が)〈…に〉**感動する**, (人の心が)強く動かされる(♥ 特に悲しみ・哀れみなどを感じるときに用いる) 〈**by, with, at**〉‖ We were deeply ～*ed by* his sudden death. 我々は彼の突然の死を深く悲しんだ / She was ～*ed with* pity *at* the sight. 彼女はその光景を見て哀れみを感じた
❸ (病気が) …を冒す, …に感染する ‖ Cancer ～*ed* her liver. 彼女は肝臓癌(がん)になった / Many of our employees have been ～*ed* by the flu. 我が社では多くの社員がインフルエンザにかかった
―名 /ǽfekt/ U 〖心〗感情, 情緒, 欲望
***af·fect**[2] /əfékt/ 動 他 ❶ **a** 《＋目》…を装う；…を気取る, …ぶる(↷ put on) ‖ ～ indifference [ignorance] 無関心を装う[知らないふりをする] **b** 《＋**to** *do*》…するふりをする (⇨ PRETEND 類語) ‖ She ～*ed to* be uninterested in him. 彼女は彼には興味がないふりをした ❷ …を好んで[気取って]使う[着る] ‖ ～ a moustache 好んで口ひげをたくわえる / ～ an Oxford accent 気取ってオックスフォードなまりを使う
af·fec·ta·tion /æ̀fektéɪʃən/ 名 ❶ U C 気取り, てらい, わざとらしさ；《～s》気取った言動 ❷ C 《単数形で》見せかけ, ふり ‖ an ～ of innocence 純真なふり
af·fect·ed /əféktɪd/ 形 ❶ (災害などの) 影響を受けた；(病気に) 冒された；(暑さなどに) やられた ❷ (人が) (悲しみなどで) 深く心を動かされた ❸ 装った, 見せかけの；気取った, きざな ‖ an ～ way of speaking 気取った話し方
▸▸**～ clàss** 名 C U (新立法などで)影響を受けるグループ (♦ 特にマイナスの影響のある場合にいう)
af·fect·ing /əféktɪŋ/ 形 人の心を強く動かす, 感動的な；哀れを誘う, 痛ましい **～·ly** 副

A

*__af·fec·tion__ /əfékʃən/ 名〔◁ affect¹ 動〕❶ U〈…に対する〉愛情, 好意, 愛着〈**for**〉(⇨ LOVE 類語) ; C《しばしば a person's ~s》《堅》(心に抱く)愛, 恋愛感情 ‖ She had [OR felt] a deep [strong] ~ *for* [OR toward] her children. 彼女は子供たちを深く[強く]愛していた / be held in ~ 愛されている / win [OR gain] his ~*s* 彼の愛を得る ❷ U C 感情, 気持ち ‖ It's unusual for him to show ~. 彼が感情をあらわにするのは異例のことだ ❸ U 性質, 性癖 ❹ C 病気, 疾患, 病状

*__af·fec·tion·ate__ /əfékʃənət/ 形 (人が)〈…に対して〉情愛の深い, 優しい〈**to, toward**〉; (物事が)愛情のこもった ‖ The mother gave her son an ~ kiss [hug, smile]. 母親は息子に愛情のこもったキスをした[抱擁をした, 微笑を向けた] / He is very ~ *toward* his daughter. 彼は娘がかわいくてならない

__af·féc·tion·ate·ly__ /-li/ 副 愛情を込めて, 優しく ‖ New York City is ~ known as the Big Apple. ニューヨークはビッグアップルという愛称で親しまれている / *Affectionately* (yours) 親愛なる…より (♦ 家族・恋人同士の間などでの手紙の結びの文句)

__af·fec·tive__ /əféktɪv/ 形 ❶ 感情の ; 《心》情動の, (疾患などが)情動性の, 感動性の ❷ 感動的な **~·ly** 副

__af·fer·ent__ /ǽfərənt/ 形 《生理》(神経・血管などが) 求心性の, 抹消から中心へ向かう(↔ efferent)

__af·fi·ance__ /əfáɪəns/ 動 他 《受身形で》《文》〈…と〉婚約する〈**to**〉‖ the ~*d* couple 婚約した2人

__af·fi·da·vit__ /æ̀fɪdéɪvɪt/ 名 C 《法》宣誓供述書 ‖ take an ~ (判事が) 供述書をとる / swear an ~ (証人が) 供述書に偽りがないことを宣誓する

*__af·fil·i·ate__ /əfílièɪt/ 《発音注意》(→ 名) 動 他 (会が)〔人・団体〕を〈…の〉会員[所属]にする, 〔団体〕を〈…の〉支部にする ; …を〈…に〉合併する, 〈…と〉提携させる〈**with, to**〉(♦ しばしば受身形または ~ oneself で用いる) ‖ The research center is ~*d with* Kyoto University. 研究所は京都大学の付属である / She ~*d* herself *with* a group of conservationists. 彼女は環境保全活動家グループの一員だった

―自〈…に〉加入する, 〈…と〉提携する〈**with, to**〉‖ ~ *to* the United Nations 国連に加盟する

―名 /əfíliət/ C 支部, 子会社 ; 会員 ‖ The oil firm has ~*s* all over the world. その石油会社は世界中に支社がある / We are ~*s* of the association. 私たちはその会のメンバーです

__af·fil·i·at·ed__ /-ɪd/ 形 関連した, 加盟[加入]した, 支部の ‖ an ~ company 関連[系列, 姉妹]会社

__af·fil·i·a·tion__ /əfìliéɪʃən/ 名 U C ❶ 提携, 合併, 加入, 加盟 ; 所属 ❷ C 《~s》(特に政治的な)友好[親善, 協力]関係 ❸ 養子縁組 ; 《法》(非嫡出子の)父親の決定[認定] ▸▸ **~ òrder** 名 C 《英法》(裁判所が出す) 非嫡出子扶養命令

*__af·fin·i·ty__ /əfínəṭi/ 名 (複 **-ties** /-z/) ❶ C 《通例単数形で》(生来の)〈…への〉好み(↔ hostility)〈**for, with**〉; U〈男女間の〉相性, 親和性〈**between**〉; C 相性のよい異性, 気の合う人 ‖ feel an [OR a sense of] ~ *with* [OR *for*] her 彼女に親しみを感じる ❷ U C〈…との〉(密接な)関連性 ; 類似[近似]性〈**between, to, with**〉‖ an ~ *between* the extremes 両極端なものの類似性 ❸ U 姻戚(いんせき)(関係) ❹ U/C 《単数形で》《生化》親和力 ; 《生》類縁

▸▸ **~ càrd** 名 C アフィニティカード《非営利組織と提携したクレジットカード. 収益の一部が慈善団体に寄付されるものもある》**~ gròup** 名 C アフィニティグループ《趣味・好み・出身などが同じ人々の集まり》

*__af·firm__ /əfə́ːrm/ 動 他 ❶ 《通例進行形不可》(⇨ 類語) **a** 《+目》…を断言する, 肯定する, 主張する, 支持する(↔ deny) ‖ He ~*ed* his innocence. 彼は身の潔白を主張した **b** 《(+to 名)+that 節》(…に)…だと断言する ‖ He ~*ed* (*to* the court) *that* he was innocent. 彼は (裁判官に) 身の潔白を主張した / "The door was locked when I came back," he ~*ed*. 「私が戻って来たときにはドアは鍵(かぎ)がかかっていたんです」と彼は断言した ❷ 《法》〔判決など〕を確認する

―自 ❶ 断言する ❷ 《法》(宣誓でなく)確約する

語源 *af-* to+*-firm* : 確実にする

類語 《他 ❶》**affirm** 自分の陳述の正しさに対する確信を強調する. 〈例〉*affirm* the necessity of disarmament 軍縮の必要性を主張する
assert 客観的根拠はなくても個人的信念に基づいて大胆に主張する. 〈例〉*assert* that war is inevitable 戦争は不可避だと主張する
declare 公然とまたは公式に主張することで, ときに発話者の権威をほのめかす. 〈例〉*declare* that he is innocent 彼を無実だと宣言する
allege 根拠や証拠もなく, 議論の余地のあることなどを主張する.

__af·fir·ma·tion__ /æ̀fərméɪʃən/ 名 ❶ U C 確言, 断言 ; 肯定(↔ negation) ❷ C 《法》無宣誓証言《宗教上の理由から宣誓(oath)を嫌う者がする》; (判決の)確認

*__af·firm·a·tive__ /əfə́ːrməṭɪv/ 形 ❶ 肯定的な, 断定的な, 積極的な(↔ negative) ‖ give an ~ nod 賛成してうなずく ❷ 承認を与えるような, 確認的な ❸ 《論》肯定の

―名 C ❶ 肯定, 肯定語[文] ; 《論》肯定命題 ❷ 賛成者側, 支持者側

in the affirmative 肯定して ‖ answer *in the* ~「そうだ」と答える(↷ say "Yes")

―間 《主に米》そうです(♦ "Yes"の代わりに用いる)

~·ly 副 肯定的に, 断定的に(↔ negatively)

▸▸ **~ áction** 名 U 《主に米》(少数民族・女性などに対する雇用・入学での)差別撤廃措置[運動, 政策]

__af·fix__ /əfíks/ (→ 名) 動 他 ❶ …を〈…に〉取りつける, 添付する, はる〈**to**〉‖ ~ a label *to* a bottle 瓶にラベルをはる ❷〔署名〕を書き添える ; 〔印〕を押す ❸〔責めなど〕を負わせる ―名 /ǽfɪks/ C ❶ 付加[着]物, 添付物 ❷ 《文法》接辞《接頭辞・接尾辞・挿入辞の総称》

__af·fla·tus__ /əfléɪṭəs/ 名 U 《堅》(芸術家・詩人の)霊感

*__af·flict__ /əflíkt/ 動 他 (精神的・肉体的に)…を〈…で〉苦しめる, 悩ます〈**with, by, at**〉(♦ しばしば受身形で用いる) ; 《(the ~ed で集合名詞的に)》悩める人々 ‖ He is ~*ed with* diabetes. 彼は糖尿病に悩んでいる / feel much ~*ed at* [OR *by*] sad news 悲報に心を痛める / comfort the ~*ed* 悩んでいる人々を慰める

語源 *af-* to+*-flict* strike : 打つ, 打撃を与える

*__af·flic·tion__ /əflíkʃən/ 名 U C (心身の) 苦悩, 苦痛 ; 難儀 ; 不幸 ; C 悩みの種, 苦痛[災難]の原因

__af·flu·ence__ /ǽfluəns/ 名 U ❶ 富, 裕福 ; 豊富 (さ) ‖ live in ~ 裕福に暮らす ❷ 流入 ; 殺到

*__af·flu·ent__ /ǽfluənt/ 形 ❶ 金持ちの, 裕福な ; 《the ~ で集合名詞的に》裕福な人々 (⇨ RICH 類語) ‖ Her family was very ~ then. 彼女の家は当時大変裕福だった / the ~ society 豊かな社会 (♦ 米国の経済学者 J. K. Galbraith の著書から) ❷〈…が〉豊富な〈**in**〉; 《古》(水が)とうとうと流れる **~·ly** 副

__af·flu·en·za__ /æ̀fluénzə/ 名 U 金満病 (♦ 豊かさに慣れて生気を失った状態)

__af·flux__ /ǽflʌ̀ks/ 名 U/C 《単数形で》❶ 《古》(1か所への)流入, 殺到 ❷ 《医》充血

**__af·ford__ /əfɔ́ːrd/

―動 (~**s** /-z/ ; ~·**ed** /-ɪd/ ; ~·**ing**) (♦ ❶❷ の意味では受身形にしない) 他 ❶ 《通例 can, could, be able to を伴って否定文・疑問文で》 **a** 《+目》(時間的・経済的に)…を**持つ[する]余裕がある** ‖ I cannot ~ a long vacation. 長い休暇をとる余裕がない / I can't ~ more than economy class. エコノミークラス以上は払えない
b 《+to do》…する余裕がある ; …することができる ‖ I can't ~ *to* buy a car. 車を買うゆとりはないよ
❷ 《+to do》《通例 can, could, be able to を伴って否

定文・疑問文で》(リスク・不利益なしに)…することができる ‖ You can't ～ *to* miss that game. あの試合は絶対に見るべきだ / You can't ～ *to* be careless in this experiment. この実験では不注意は許されない
❸《堅》 **a**《+目》…を与える, 産出する, もたらす, 供給する ‖ The ocean ～*s* various kinds of resources. 海はさまざまな種類の資源を与えてくれる **b**《+目 *A*+目 *B*⇄+目 *B*+to 目 *A*》*A*(人)に*B*(喜びなど)を与える ‖ Music ～*s* me great pleasure.＝Music ～*s* great pleasure *to* me. 音楽は私に大きな喜びを与えてくれる

***af·ford·a·ble** /əfɔ́ːrdəbl/ 形 入手可能な, 手ごろな, 安価な(→ reasonable) ‖ ～ cars 大衆車
af·fòrd·a·bíl·i·ty 名

af·for·est /əfɔ́(ː)rəst | -ɪst/ 動 他 〔土地〕を森林にする;…に植林する(↔ deforest) **af·fòr·es·tá·tion** 名

af·fray /əfréɪ/ 名 C《通例単数形で》《旧》《法》(公の場での少人数による)乱闘(罪);口論, けんか騒ぎ

af·fri·cate /ǽfrɪkət/ 名 C『音声』破擦(はさつ)音《church の /tʃ/, badge の /dʒ/ など》

af·front /əfrʌ́nt/ 動 他《通例受身形で》(人が)(公然と)侮辱される, 誇り[感情]を意図的に傷つけられる ‖ feel deeply ～*ed* at ... …で非常に侮辱と感じる
―名 C《通例単数形で》(公然の)侮辱

***Af·ghan** /ǽfgæn/ 名 ❶ C アフガニスタン人 ❷ U アフガニスタン語 ❸ (＝～ **hóund**) C『動』アフガンハウンド《猟犬の一種》 ❹ (a-) C アフガン織りの毛布[ショール, カーペット];アフガンコート《羊の毛皮のコート》
―形 アフガニスタンの, アフガニスタン人[語]の

***Af·ghan·i·stan** /æfgǽnəstæ̀n | -stɑ̀ːn/ 名 アフガニスタン《アジア中西部の国. 公式名 the Islamic Republic of Afghanistan. 首都 Kabul》

a·fi·ci·o·na·do /əfɪ̀ʃiənɑ́ːdoʊ/ 名 (複 **～s** /-z/) C 愛好家, マニア;(特に)闘牛のファン(♦ スペイン語より)

a·field /əfíːld/ 形 副 ❶ 家[故郷]から遠く離れた[て];遠くの[に] ❷ 野原での[へ];戦場での[へ];『野球』野手の[として] ❸ 横道にそれた[て];(道に)迷った[て]
****fàr*** [OR ***fàrther, fùrther***] ***afield*** (故郷を)遠く離れて

a·fire /əfáɪər/ 副 形《叙述》《主に文》(物が)燃えて(on fire);(人が)興奮して ‖ set ... ～ …に火をつける;…を興奮させる

ÀFL 略 *A*merican *F*ederation of *L*abor(米国労働総同盟)(→ AFL-CIO);*A*merican *F*ootball *L*eague(米国フットボール連盟)

a·flame /əfléɪm/ 副 形《叙述》〈…で〉燃え立って(in flames)〈**with**〉;(色が)燃え立つように鮮やかで;紅潮して;非常に興奮して ‖ ～ *with* curiosity 好奇心に燃えて

ÀFL-CÌO 略 *A*merican *F*ederation of *L*abor and *C*ongress of *I*ndustrial *O*rganizations(米国労働総同盟産別会議)《1955年AFLとCIOが合併》

a·float /əflóʊt/ 副 形《叙述》 ❶ (水面・空中に)浮かんで[だ];漂って[た] ❷ 船上に[で];海上に[で] ❸ (会社などが)倒産せずに, 借金しないで ❹ (田畑・甲板が)浸水して ❺ さまよって[た];ぐらついて[た] ❻ (うわさが)広まって[た]
kèep aflóat 沈まないでいる;倒産せずにいる
keep ... afloat …を沈まないようにさせる;…を倒産しないようにさせる

a·foot /əfʊ́t/ 副 形《叙述》 ❶ 進行中で, 起こって;計画中で ❷《主に米》歩いて;徒歩で(on foot) ‖ get ～ (患者が)歩けるようになる

afore- 連結形「前に, 以前に(before)」の意

afòre·méntioned ⟨ジ 形《限定》《堅》前述[記]の
―名《the ～》前述[記]の人[もの]

afóre·sàid 形 名《堅》＝aforementioned

afóre·thòught 形『法』前もって考えた上での ‖ with malice ～『英法』予謀の悪意を持って

a for·ti·o·ri /èɪ fɔ̀ːrʃiɔ́ːri | èɪ fɔ̀ːtiɔ́ːràɪ/ 副 形《ラテン》(＝for [with] an even stronger reason)いっそう有力な理由で[になる], なおさら(の)

a·foul /əfáʊl/ 副 形《米文》衝突して[た];もつれて[た]
fàll [OR ***rùn***] ***afóul of ...*** …ともめごとを起こす

Afr. 略 Africa, African

******a·fraid** /əfréɪd/
―形 (**more ～**;**most ～**)《通例叙述》
❶ **恐れて** **a** 恐れて, 怖がって ‖ Don't be ～. 怖がることはないよ / The patient looks very (much) ～. 患者はとても怖がっているようだ(♦ afraid につく強意語には much, very much, very がある. much は文語的で, 《口》では very が多い)
b《+of 名》…を恐れて, 心配して, いやがって(♦ 名 はしばしば *doing*. → 語法) ‖ My daughter is ～ *of* dogs. うちの娘は犬を怖がる / I was ～ *of* making the same mistake. 同じ間違いをするのが怖かった / There's nothing to be ～ *of*. 恐れるものなど何もない(♦ of の代わりに about を使うことは不可)
c《+ (**that**) 節》…ではないかと恐れて, 心配して ‖ She was ～ (*that*) he would change his mind. 彼女は彼が心変わりしないかと心配した(♦《文》では lest を用いることもある. 〈例〉I was afraid lest I should offend him. 彼を怒らせはしまいかと心配した)
d《+to *do*》…するのが恐ろしい, 怖くて…できない ‖ Don't be ～ *to* ask questions. 質問することを恐れてはいけない

> **語法** ☆☆ (**1**) afraid of *doing* はそのことが起こってしまうのではないかという恐れを表し, afraid to *do* はその行為をするのが怖いのでしたくないという気持ちを表す. ただし afraid of *doing* が afraid to *do* と同じ意味になることも多い.
> (**2**) ふつうは叙述用法でしか用いないが, 修飾語を伴うと限定用法で用いられることもある. 〈例〉a terribly afraid child ひどく怖がっている子供

❷《+for 名》…を気づかって, …のことを心配して ‖ I was suddenly ～ *for* my friend in Africa when I heard the news. そのニュースを聞いて, 突然アフリカにいる友達のことが心配になった

****I'm afráid ...***《口》(♥ 不愉快に思われそうな発言を和らげる) ①《+ (**that**) 節》**悪いけれど…ではないかと思う**(♦ この用法では that は省かれることが多い) ‖ Excuse me, but *I'm* ～ (*that*) this is a non-smoking section. すみませんが, ここは禁煙なんですけど / I don't agree with you, *I'm* ～. 申し訳ありませんが, ご意見には賛成しかねます(♦ 文末に置くことも可能) / *I'm* ～ you're mistaken. どうやらお間違えのようですが(♥ 目上の人に「I'm afraid you ＋否定的な内容」の表現を使うと失礼に当たる場合もある) / *I'm* ～ I can't go to the party. 残念ですがパーティーは行けそうにありません(♥ 誘いを断る際にも用いられるが, I'm sorry ... よりは多少の期待を残している) ②《so, not を伴って》(残念ですが)そうだ[そうではない]と思います(♦ so, not は that ... (not) 節の代用)(♥ 必ずしもひどく残念に思っているとは限らない. また, 自分にとって残念な場合にも, 相手にとって残念だと思える場合にも用いる) ‖ "Is she really sick?" "*I'm* ～ so." 「彼女, 本当に病気なの」「そのようですよ」/ "Good news?" "*I'm* ～ not." 「いい知らせ?」「残念ながら違うんだ」(♦ I'm not afraid. 「私は怖くない」と区別する)

Á-fràme 名 C《主に米》A(字)形のもの;急勾配の切妻屋根の家(♦ 正面から見てA字形に見ることから);(物を背負うための)しょいこ ―形 A(字)形の

a·fresh /əfréʃ/ 副《堅》新たに, 再び;今さらのように ‖ start ～ 新規まき直しをする

******Af·ri·ca** /ǽfrɪkə/
―名 **アフリカ**, アフリカ大陸《略 Afr.》
語源 北アフリカにあった都市国家カルタゴ(Carthage)の種族名 *Afri* から.

***Af·ri·can** /ǽfrɪkən/ 形 アフリカ(人)の

A

―名Ⓒアフリカ人；アフリカ系アメリカ人
▸▸～ Américan 形名Ⓒ《主に米》アフリカ系アメリカ人(の) (♥最近ではアメリカ黒人を表す語として最も好まれる. → Afro-American, Negro, colored) (⇨BLACK 類語) ～ búffalo 名Ⓒ〖動〗アフリカスイギュウ (Cape buffalo) ～ Canádian 形名Ⓒアフリカ系カナダ人(の) ～ élephant 名Ⓒ〖動〗アフリカゾウ ～ Nàtional Cóngress 名《the ～》アフリカ民族会議《南ア共和国の黒人解放組織. 略 ANC》 ～ Únion 名《the ～》アフリカ連合《アフリカの53か国・地域が参加する世界最大の地域機関. 2002年成立》 ～ víolet 名Ⓒ〖植〗アフリカスミレ, セントポーリア

Áfrican·ìsm 名 ❶Ⓒアフリカ特有の語法[なまり]；アフリカ文化の特性 ❷Ⓤ(汎(はん))アフリカ主義

Af·ri·can·ize /ǽfrɪkənàɪz/ 動 他…をアフリカ化する；…をアフリカ黒人の支配体制化に置く

Af·ri·kaans /æ̀frɪkɑ́ːns/ ⊲ 名Ⓤアフリカーンス《オランダ語を起源とする南アフリカ共和国の公用語》
―形アフリカーナの；アフリカーンスの

Af·ri·ka·ner, -ca- /æ̀frɪkɑ́ːnər/ ⊲ 名Ⓒアフリカーナ《南アフリカのオランダ系白人》

Af·ro /ǽfroʊ/ 名 (複 ～s /-z/) Ⓒアフロヘア《縮らせて丸くふくらませた髪型》 ―形アフロヘアの；アフリカの

Afro- 連結形「アフリカ」の意 ‖ *Afro*-Asian アジア＝アフリカの / *Afro*centric アフリカ中心の

Àfro-Américan 名Ⓒ 形《旧》アフリカ系アメリカ人(の) (♥現在は African American の方が好まれる)

Àfro-Càribbéan ⊲ 名Ⓒ 形アフリカ系カリブ人(の)

aft /æft | ɑːft/ 副 形〖海・空〗船尾[尾翼]の近くに[の]

AFT 略 *A*merican *F*ederation of *T*eachers《the ～》(米国教員連合会)

***af·ter** /ǽftər | ɑ́ːf-/ 前 接 副 形

中心義 …の後[後ろ]に

―前 ❶《時間》…の後に (↔ before)；《米》…過ぎに (past) ‖ ～ school 放課後に / ～ dark 暗くなって / the day ～ tomorrow あさって / ～ four days 4日後に (=four days later [✐ four days after]→副) / *After* eating lunch, we walked for a while in the park. (=*After* we'd eaten lunch, ...) 昼食を食べてから公園をしばらく散歩した / five (minutes) ～ one (o'clock) 1時5分過ぎ (♦after を用いるのは《主に米》. 《英》では past がふつう)

語法 ☆☆ (1) 現在を起点として「1週間後に」という場合は in a week を用い, 未来または過去のある時点を起点とする場合は after a week を用いるのがふつう.
(2)「4月1日以降」で当日を含むことを明確にする場合は on and after April 1 という.
(3) just, shortly, soon などの副詞や時間を示す語句を after の前につけることができる. 接 用法でも同じ. 〈例〉 shortly [two hours] *after* the scheduled time 予定の時刻のすぐ[2時間]後に

❷《追求・目標》…を求めて, を追跡して, …をねらって ‖ The boy ran ～ the ball. 男の子はボールを追いかけた / seek ～ the truth 真実を追い求める (♦seek, search の後は for の方がより口語的)
❸《名～名で》次から次へ(♦継続・繰り返しを意味し, 名詞は無冠詞) ‖ one ～ another 次から次に / day ～ day 毎日 / time ～ time 何度も (♦これらは名詞句としても副詞句としても使われる)
❹《人の》後で[に] ‖ Repeat ～ me. 私の後について繰り返しなさい / Shut the door ～ you when you go out. 出て行くときはドアを閉めてください (♦behind も用いる) / *After* you with the paper, please. 新聞を読み終わったら私に回してください
❺《順序》…の後[下]に；(重要性などが)…に次いで；…の先で ‖ The state is written ～ the town. 州名は町の後に書かれる (Buffalo, NY など) / the greatest golfer ～ Tiger Woods タイガー＝ウッズに次ぐ名ゴルファー (♦文脈によっては,「タイガー＝ウッズ以降最高の…」の意にもなり得る) / I turned at the wrong place ～ the theater. 劇場の先の間違った所で曲がってしまった
❻《順応・模倣》…にならって, …流[風]の；…にちなんで ‖ a novel ～ Hemingway ヘミングウェイ風の小説 / She was named ～ Saint Theresa. 彼女は聖テレサにちなんで名づけられた (♦《米》では name A for B も用いる)
❼《理由・結果》…した上で, …したからには ‖ *After* what you have done to me, how can I trust you? あんなことをされて, どうして君が信じられる
❽…にもかかわらず (in spite of) (♦特に all を伴って) ‖ *After* all my objections, she left home. 私の大反対にもかかわらず, 彼女は家を出て行った ❾《関連》…に関して, …のことを(♦look, see, inquire, ask などに伴って用いる. 各動詞参照) ❿《比較》…と比べて, …に対比して ‖ She looks small ～ her cousin. 彼女はいとこと比べると小さく見える

after all ⇨ ALL(成句)
be áfter doing 《アイル》① じきに…しようとしている[するつもりである] ② …したばかりである

COMMUNICATIVE EXPRESSIONS
[1] **After yóu.** どうぞお先に (♥人に順番を譲るときなどに用いる. =Go ahead.)

―接 ❶《時間》…する[した]後に(↔ before) (→前❶) ‖ I'll start ～ he comes. 彼が来てから出発します (♦after が導く節では未来を表すのに現在形を用いる) / He became a cameraman ～ he (had) graduated from college. (=... after graduating from college.) 彼は大学卒業後カメラマンになった (♦after が導く節では, 出来事の前後関係が明確な場合には過去形が用いられることも多いが, 前後関係をより明確に表すために過去完了形が用いられることもある. ⇨ PB 04) / Our cat turned up three months ～ it went missing. うちの猫は行方不明になって3か月後にひょっこり帰って来た (♦after の前に時間を表す語句をつけることができる. → 前 語法)
❷《理由・結果》…の後だから (→前❼) ‖ *After* she has gone through all this, let's leave her alone. こんな経験をした後だから, 彼女をそっとしておいてあげよう
❸…にもかかわらず (→前❽) ‖ *After* he had done his best, he failed. 最善を尽くしたにもかかわらず, 彼は失敗した / ～ all is said and done (あれこれ言っても)結局は

―副《比較なし》後に[の] ‖ three hours ～ 3時間後に / the day ～ その翌日 (=the following [OR next] day) / soon ～ すぐ後で(→語法) / follow ～ 後に続く

語法 ☆☆ soon, just, shortly などを伴わずに単独で「後で, のちほど」を表すことはふつうない. その場合は later, afterward(s) を用いる.

―形《比較なし》《限定》❶《文》後の ‖ in ～ days [years] 後日[後年]
❷〖航海〗後部の ‖ the ～ cabins 後部船室

after- 連結形「…後の」の意 ‖ an *after*-dinner speech 食後のスピーチ

áfter·bìrth 名《通例 the ～》〖医〗後産(あとざん), えな

áfter·bùrner 名Ⓒアフターバーナー《ジェットエンジンの出力を一時的に上げる再燃焼装置；自動車の排気ガスを減少させる後(あと)処理装置》

áfter·càre 名Ⓤ病後[産後]の療養指導, アフターケア；(出獄後の)補導；《英》(商品購入後の)アフターサービス；《米》(学童の)放課後の世話

áfter·dèck 名Ⓒ〖海〗後甲板(↔ foredeck)

áfter·effèct 名Ⓒ《通例 ～s》(通例好ましくない)余波, 後遺症；〖医〗(薬の)後(あと)効果[作用]

áfter·glòw 名Ⓒ《通例単数形で》残光, 余光, 夕映え；(過去の栄光・幸福などへの)回想, 楽しい思い出, 余韻

áfter-hòurs 形《限定》閉店後の；時間外営業の

áfter·ìmage 名Ⓒ〖心〗残像

áfter·lìfe 名Ⓒ《単数形で》❶来世(らいせ) ❷晩年

áfter·màrket 名 C U アフターマーケット《自動車などの部品·付属品の市場》

*__af·ter·math__ /ǽftərmæ̀θ | ɑ́ːf-/ 名 C 《通例単数形で》❶ (通例好ましくない)〈…の〉結果, 余波, 影響〈**of**〉‖ in the ~ *of* the earthquake 地震の結果として ❷ 二番刈り(の牧草)

áfter·mòst 形 《限定》(船·航空機の)最後部の

af·ter·noon /ǽftərnúːn | ɑ̀ːf-/

―名 (複 **~s** /-z/) ❶ C U **午後** 《正午から日没まで》‖ She goes to dancing school three ~*s* a week. 彼女は週に3回午後にダンススクールに通っている / We had [OR **spent**] a very nice ~. とても楽しい午後を過ごしました / in the **late** ~ 午後遅くに / (on) Sunday ~ 日曜の午後に(♦《主に米口》では on を省略することがある) / on the ~ of April 7 4月7日の午後に / on a summer ~ ある夏の日の午後に(♦特定の曜日·日付の「午後」を表す場合や, afternoon の前に修飾語がつく場合には, 前置詞は in でなく on を用いる) / one ~ ある日の午後(に) / all ~ 午後ずっと / this [that] ~ 今日[その日]の午後(に) / tomorrow [yesterday] ~ 明日[きのう]の午後(に)(♦ one, every, all, this, tomorrow などとともに用いる場合, 前置詞は不要)

❷ C 《文》(人生などの)晩年, 後期 ‖ the ~ of life 人生の晩年 ❸ 《形容詞的に》午後の ‖ an ~ nap 午睡, 昼寝

▸▸ **~ téa** 名 U 午後のお茶, おやつ

àfter·nóons 副 《口》午後にはよく[いつも]

áfter·pàrty, áfter- 名 C 二次会, (コンサート終了後などの)パーティー

af·ters /ǽftərz | ɑ́ːf-/ 名 複 《英口》=dessert

àfter-sále(s) 〈シ〉 形 販売後の ‖ good ~ service [OR care] よいアフターサービス(❗「アフターサービス」は和製語)

áfter·schòol 名 C 形 放課後(の)

áfter·shàve 名 (=~ **lòtion**) U C アフターシェーブローション

áfter·shòck 名 C ❶ 余震 ❷ 余波, 影響

áfter·tàste 名 C 《通例単数形で》❶ 後味(あとあじ), 後口 ❷ (いやな出来事·経験などの)後味, 余韻

áfter·tàx, after- 形 税引き後の(↔ before-tax)

áfter·thòught 名 C 《通例単数形で》後からの思いつき; 後知恵; 再考; 付け足したもの ‖ as an ~ 付け足しとして

*__af·ter·ward,__ 《主に英》**-wards** /ǽftərwərdz | ɑ́ːf-/ 副 《比較なし》後で, 後に(later); その後 ‖ He died three weeks ~. 彼は3週間後に亡くなった

áfter·wòrd 名 C (書物·論文などの)後書き, 結び(↔ foreword)

Ag 記号 《化》silver(銀)(♦ラテン語 *argentum* より)

AG, A.G. 略 《軍》Adjutant General(高級副官); Aktiengesellschaft(株式会社)(♦ドイツ語. ドイツの企業名で使われる); Attorney General(司法長官)

ag- 接頭 《g の前で》=ad-

a·gain /əgén, +英 əgéin/

中心義 再び同じように

―副 《比較なし》❶ もう一度, **再び**, また ‖ Can you go to the store ~ for me? 私の代わりにもう一度その店へ行ってくれますか / Never do that ~! 二度とそんなことをするんじゃない

❷ **元の所[状態]に**, 以前のように ‖ Standing straight, he seemed young ~. 真っすぐに立っていると彼は以前のように若々しく見えた / He wished his parents would get back together ~. 彼は両親がまた元の仲に戻ってくれればいいのにと思った

❸ 《文修飾》《単独または and [but, or] ~, then [there] ~, and then [there] ~ で》NAVI そしてまた, さらに, なおその上に ‖ And ~ we have another problem to consider. さらにまた考慮しなければならない問題がある

❹ 《文修飾》《and [but, or] ~, then [there] ~, and then [there] ~ などで》また一方では ‖ "Will she come on time?" "She might, but (then [OR there]) ~ she might not." 「彼女は時間どおりに来るかな」「来るかもしれないが, ひょっとすると来ないかもね」

❺ (相手に聞き返して)もう一度すみません[お願いします] ‖ What's his name ~? 彼の名前は何ですって, もう一度(言ってください)

*__*agàin and agáin*__ 何度も, 繰り返して, 再三再四

(all) over again ⇨ OVER(成句)

***as mùch* [*màny, làrge, lòng,* etc.] *agáin* (*as ...*)** (…の)2倍の量[数, 大きさ, 長さなど](twice as much [many, long, etc.] (as ...)) ‖ Their living room is *as large* ~ *as* ours. 彼らの居間はうちの居間の2倍の広さだ

PLANET BOARD 04

after や before を含む文では過去完了形と単純過去形のどちらを使うか.

問題設定 after や before を含む文では, 時間の前後関係が明白なので過去完了形の代わりに単純過去形がしばしば用いられるとされるが, 実際はどうかを調査した.

Q 次の表現のどちらを使いますか.

(1) (a) She arrived after all the guests **had left** the party.
(b) She arrived after all the guests **left** the party.
(c) 両方
(d) どちらも使わない

(2) (a) All the guests **had left** the party before she came.
(b) All the guests **left** the party before she came.
(c) 両方
(d) どちらも使わない

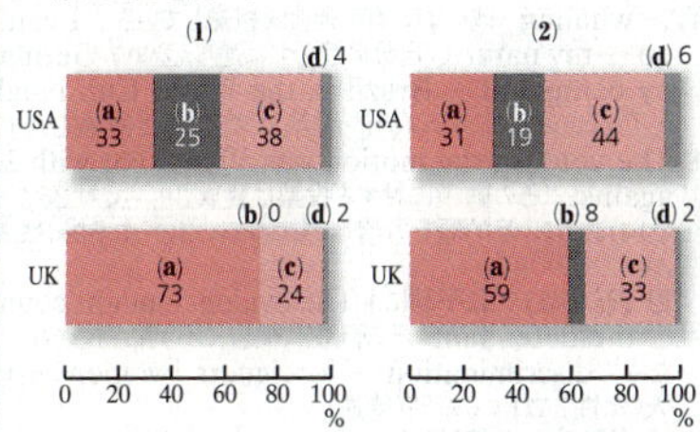

(1) の after を用いた文の場合, 《英》では70%以上が (a) の過去完了形のみ使うと答え, (b) の単純過去形のみ使うと答えた人が1人もいない一方, 《米》では25%が (b) のみと答え, 米英の差が表れている. (a) のみと答えた人の多くは, 「(b) の文も理解できるが, (a) の方がより正確である」としている. 逆に, (b) のみと答えた人の中では, 「(b) の方が簡潔でわかりやすい」とする意見があった. 両方使うと答えた人については, 「両者で意味に違いはない」という人も多いものの, かなりの数の人が「(b) においては, 彼女の到着と客たちの帰宅との間に何らかの関連性があり, 彼女が来ることを知って客たちが帰った(あるいは, 彼女は客たちが帰るのを見計らってやって来た)といった状況が思い浮かぶが, (a) にはそのような因果関係は感じられない」とコメントしている.

(2) の before を用いた場合も回答の傾向は同じで, (b) のみを使用するという人の割合は《米》でより高かった. また, 2つの出来事の関連性についても (1) と同様の指摘が多く見られた.

学習者への指針 after や before を含む文であっても, より以前の出来事を表すには過去完了形を使うのが一般的である. 単純過去形を使うと, 述べられている2つの出来事の間に直接の関連性があると解釈される場合がある.

A

さがある

hálf as mùch [***màny, lòng,*** etc.] ***agáin*** (***as ...***) (…の) 1.5倍の量[数, 長さなど] (one and a half times as much [many, long, etc.] (as ...)) (♦ again が half の後に置かれて half again as much ... となることもある) ‖ I thought my job was good until I heard he earns *half as much* ～. 彼が僕の1.5倍稼いでいると聞くまでは, 僕は自分の仕事に満足していた

once again ⇨ ONCE(成句)

over and over again ⇨ OVER(成句)

time and (***time***) ***again*** ⇨ TIME(成句)

COMMUNICATIVE EXPRESSIONS

1 You **are your** móther **àll óver agàin**. お母さんにそっくりですね(♥ 容姿・性格どちらの場合にも使える)

2 (**But**) **agáin I** (**would**) **thínk**, they may have a póint. 考え直してみると, 彼らの言うことにも一理あるように思います

3 **Hère we gò agáin**. あーあ, またか；また同じことかよ(♥ 不愉快なことを繰り返すときに. 相手が繰り返すときは "Here you go again." と言う)

4 "The dràin is clógged." "**Nòt agáin**." 「排水管が詰まっちゃった」「(信じられない,)またか(まいったな)」

5 **Whàt was thàt agáin**(**, pléase**)**?** ⇨ WHAT (CE 18)

a·gainst /əgénst, ＋英əgéɪnst/

中心義 …に反対[対比, 対抗]して

―前 ❶《対抗・対立》**…に反対して** (↔ for)；…に逆らって, …と対抗して；…を対戦相手として ‖ I'm ～ smoking in restaurants. レストランでの喫煙に反対です / We voted ～ the bill. 我々はその法案に反対票を投じた / Are you for or ～ the proposal? 君は提案に賛成ですか反対ですか / They are organizing a campaign ～ whaling. 彼らは反捕鯨運動を組織している / I can't go ～ my nature. 自分の性分には逆らえない / Germany competed ～ Brazil in the World Cup Final. ドイツはワールドカップの決勝戦でブラジルと対戦した (♦ The vote for the motion was 39 in favor with 26 against. (その動議に対する投票は賛成39, 反対26だった) のように, 目的語を省略して副詞的に用いられる場合もある)

❷《不利益》…**に不利に** ‖ The evidence might count ～ the defendant. その証拠は被告に不利に働くかもしれない / discrimination ～ foreigners [women] 外国人[女性]に対する差別(待遇)

❸《接触》…**に接触して**, ぶつかって；…に寄りかかって ‖ I put the table ～ the wall. テーブルを壁際に置いた / The rain was beating ～ the windows. 雨が窓を激しくたたいていた / She was standing ～ the door. 彼女はドアに寄りかかって立っていた

❹《反対方向》…と反対方向に ‖ We sailed ～ the strong wind. 我々は強風に逆らって航海した

❺《背景・同時性》…**を背景にして**；…と時を同じくして ‖ The trees look beautiful ～ the blue sky. 青空を背景に木々が美しく見える / It is hard to improve profitability ～ a background of falling sales. 売り上げが減少している中で収益性を増すことは難しい

❻《比較・対照》…と比べて, …に照らして ‖ today's exchange rate ～ the dollar 今日の対ドル為替レート / scan the hard disk ～ a list of known viruses 既知のウイルスのリストと照合してハードディスクを検査する

❼《準備・防止》…に備えて；…を防ぐために ‖ The car is insured ～ theft. その車には盗難保険がかけられている / The ozone layer protects us ～ ultraviolet rays. オゾン層は紫外線から我々を守ってくれる

❽《交換》…と引き換えに, …を担保として ‖ secure low-interest loans ～ the value of the shares 株の価値を担保に低利の融資を保証する

as against ... ⇨ AS(成句)

hàve sómething against ... …が気に食わない, …に反対である

over against ⇨ OVER(成句)

A·ga Khan /ɑ̀:gə kɑ́:n/ 名 C アガ＝カーン《イスラム教イスマイリー派首長の称号》

Ag·a·mem·non /æ̀gəmémnɑ̀(:)n | -nən/ 名 《ギ神》アガメムノン《ミケーネ(Mycenae)の王. トロイ戦争でのギリシャ軍の総帥. 帰還後妻に殺された》

a·gape[1] /əgéɪp/ 副 形 《叙述》《文》(驚き・期待などで)口をぽかんと開けて[た]；あっけにとられて[た]

a·ga·pe[2] /ɑ:gɑ́:peɪ | ǽgəpi/ 名 ❶ U 《宗》アガペー, (人間への)神[キリスト]の愛, 霊的な愛(↔ eros)；無償の愛, 兄弟愛 ❷ C (初期キリスト教徒の)愛餐(あいさん)会《最後の晩餐を記念して行った》

a·gar /ɑ́:gər | éɪ-/ 名 U ❶ 寒天；《植》テングサ ❷《生》寒天培養基

àgar-ágar 名 ＝agar

ag·a·ric /ǽgərɪk/ 名 C 形 《植》ハラタケ(属の)

ag·ate /ǽgət/ 名 ❶ U C 《鉱》めのう ❷ C めのう[ガラス]の玉；めのうを使った道具《研磨器など》

a·ga·ve /əgɑ́:vi | əgéɪ-/ 名 C 《植》リュウゼツラン

agcy. 略 agency

age /eɪdʒ/ 名 動

中心義 Aが重ねてきた年 (★Aは「人」や「動植物」のような生物から「物」や「社会」のような無生物まで多様)

―名 (複 **ag·es** /-ɪz/) ❶ C U (人・物の)**年齢**, 年 ‖ He is twenty years of ～. 彼は20歳だ (＝He is twenty years old.) / What's her ～?＝What ～ is she? 彼女は何歳ですか (＝How old is she?) / boys between the ～*s* of 12 and 15 12歳から15歳の間の少年たち / **at the** ～ **of** eleven＝**at** ～ eleven 11歳で / He was tall **for his** ～. 彼は年の割に背が高かった / We are **the same** ～. 我々は同い年だ / a girl (of) my (own) ～ 私ぐらいの年の少女 / If I were your ～ ... もし私が君の年だったら… (♦「a person's [the same] age の前の of はしばしば省略される) / His car had considerable mileage on the clock for its ～. 彼の車は年数の割に距離計の走行距離が多かった / Do you know the ～ of that cherry tree? あの桜の樹齢をご存じですか

❷ U **成年** (《米》では21歳, 《英》では18歳)；(資格・能力などの生じる) 規定年齢 ‖ **reach** school [retirement] ～ 学齢[定年]に達する / be under [over] ～ 未成年である[成年に達している]

❸ U C (人生の)一時期, 年輩, 年ごろ ‖ My son is now at 「an awkward [OR a difficult] ～. 息子は難しい年ごろだ / the ～ of adolescence 思春期 / in (one's) old [middle] ～ 老年[中年]で

❹ C 寿命, 一生 ‖ Giant tortoises are well known for their great ～. ゾウガメは長生きでよく知られている

❺ U **老齢**, 高齢；古さ (↔ youth) ‖ Her hair was white with ～. 彼女の髪は年老いて白くなっていた / people of ～ and experience 経験豊かな熟年；人生のベテラン / Wine improves with ～. ワインは年月を経るに従って味がよくなる / There's no fighting **old** ～. 年には勝てない / *Age* before beauty. 年長者からどうぞ (♥ 人に席などを譲る際のおどけたややぶしつけな表現)

❻ C 《しばしば A-》(特定の)**時代**, 期；《考古》時代；《地》期, 時代 (⇨ PERIOD 類語) ‖ We live in the ～ of information. 我々は情報化時代に生きている / the nuclear ～ 核の時代 / from ～ to ～ 時代から時代へと / the Middle *Ages* 中世 / the Stone *Age* 石器時代

❼ C 《しばしば ～s》《口》長い間 ‖ It seems ～*s* since we saw you. ずいぶん久しぶりじゃないか / for ～*s* (and ～*s*) とても長い間 / for the first time in ～*s* 久しぶりに ❽ C 《古》《文》世代(generation)

àct [OR ***be***] ***one's áge*** 《通例命令文で》年齢相応に振る

舞う(♦子供に対してよく用いる)

***còme of áge** ① **成年になる** ② 十分発達する, 成熟する ‖ His musical talent finally *came of* ～. 彼の音楽的才能がとうとう花開いた

fèel one's áge 寄る年波を感じる

in this day and age ⇨ DAY(成句)

lòok one's áge 年齢相応に見える

of a cèrtain áge 《戯》(女性が)中年の, もはや若くない

of an áge ① 規定年齢に達している ② 同年齢の

through the áges 歴史を通じて

―動 (**ag·es** /-ɪz/ ; **～d** /-d/ ; **ag·ing, age·ing**)

―自 ❶ 年をとる, 老ける ; 古びる ❷ (酒・チーズなどが)熟す, 熟成する

―他 ❶ …を老け(て見え)させる ; …を古びさせる ‖ Years of hard work have ～*d* him. 何年ものきつい仕事で彼は老け込んでしまった ❷ 〔酒・チーズなど〕を熟成させる ❸ …の年齢[経年数]を判定する

àge óut 〈自〉《米俗》 ① (人が)年齢とともに麻薬[非行]を卒業する ② 大人になる, 子供扱いされなくなる

▶▶ **～ bràcket** 名 Ⓒ 年齢層 [範囲] **～ discriminàtion** 名 Ⓤ 《米》 (特に雇用での) 年齢差別, 老人差別 (《英》 ageism) **～ gàp** 名 Ⓒ 年齢差 **～ gròup** 名 Ⓒ 同一年齢集団, 同一年齢層 **～ lìmit** 名 Ⓒ 年齢制限 ; 定年 **～ of consént** 名 《the ～》〖法〗承諾年齢 (結婚・性交への同意が法的に有効になる年齢. 国により, また米国では州によっても異なるが平均的には16－18歳) **Àge of Réason** 名 《the ～》理性の時代 (18世紀ヨーロッパ, 特にフランス・英国で理性が重んじられた時代) ; 《the a- of r-》 (子供が) 善悪の識別ができるようになる年齢 **～ rànge** 名 Ⓒ ＝age group (↑) **～ spòt** 名 Ⓒ (加齢による)しみ(liver spot)

-age /-ɪdʒ, -ɑːʒ/ 接尾 《名詞語尾》 ❶ 《行為(の結果)・状態》 ‖ break*age*, bond*age*, wreck*age* ❷ 《総体・集合》 ‖ peer*age*, acre*age* ❸ 《料金・尺度》 ‖ post*age* ❹ 《場所・住居》 ‖ orphan*age* ❺ 《数量・割合》 ‖ yard*age* ❻ 《地位・身分》 ‖ marri*age*

***aged** /eɪdʒd/ (→ ❷, ❹) 形 ❶ 《叙述》 《数詞を後に伴って》 …歳の ‖ a boy ～ ten (years) 10歳の少年 / He died ～ 90. 彼は90歳で亡くなった ❷ /éɪdʒɪd/ 《限定》老齢の, 老いた ; 老いに伴う ; 年齢を経た ; 《the ～ で集合名詞的に》《複数扱い》老人たち (⇨ OLD 類語) ‖ an ～ parent 年老いた親 / medical care for the ～ 老人医療 ❸ (酒・チーズが)熟成した ; (馬などが)成熟年齢に達した (馬は6－12歳, 牛は3－4歳) ❹ /éɪdʒɪd/ 〖地〗老年期の **～·ness** 名

age·ing /éɪdʒɪŋ/ 動 名 形 ＝aging

age·ism /éɪdʒìzm/ 名 Ⓤ 年齢差別 ; (特に)老齢者差別

age·ist /éɪdʒɪst/ 形 名 Ⓒ 老人を差別する(人)

áge·less /-ləs/ 形 不老の ; 古びない ; 永遠の(eternal)

áge·lòng /英 ⸗⸗/ 〈ジ 形 《限定》長年にわたる, 昔からの

áge-màte 名 Ⓒ 同一年齢層の人[動物]

‡a·gen·cy /éɪdʒənsi/

―名 (複 **-cies** /-z/) ❶ Ⓒ **代理店**, 取扱店 ; サービス機関 ‖ 「a travel [an advertising] ～ 旅行 [広告] 代理店 / a news ～ 通信社 / an employment ～ 職業紹介所

❷ Ⓒ 《主に米》**政府機関**, …庁[局] ‖ **federal** [government] *agencies* 連邦政府[政府]諸機関 / the Central Intelligence *Agency* (米国の) 中央情報局 (略 CIA) / according to an ～ **official** 政府当局筋によると

❸ Ⓤ 作用, 働き ; 力 ; Ⓒ 作用主 ‖ the ～ of Providence 神の摂理 / an invisible ～ 目に見えない力

❹ Ⓤ 仲介, 斡旋(あっせん), 尽力

by [OR ***through***] ***the ágency of ...*** …の作用で ; …の尽力で

***a·gen·da** /ədʒéndə/ 名 Ⓒ (♦ 本来は agendum の複数形であるが, 現在ではふつう単数扱い) ❶ 協議事項 (リスト) ; 議事日程(表) ‖ the first item on the ～ 議事日程の第一項 / Financial reform is 「high on [at the top of] the ～. 財政改革は重要な[最も重要な]議題だ / draw [OR make] up an ～ for a meeting 会議の協議事項リストを作る ❷ (政治上の) 課題 ‖ a political ～ 政治的課題 ❸ 予定 (表) ‖ What's on your ～ tomorrow? 明日の予定は?

a hìdden agénda (計画・行動の)隠された意図

sèt the agénda ① 会議の協議事項リストを作る ② 方向・方針を決める

‡a·gent /éɪdʒənt/ 中心義 **実際に行う人**

―名 (複 **～s** /-s/) Ⓒ ❶ (企業・作家・芸能人などの)**代理人**, 取次者, 仲介者 ; 代理店 (♦代理店にはふつう agency を使うが, 人に重点がある場合は agent を用いる) ‖ a real estate ～ 《米》不動産業者 (《英》 estate agent) / a literary ～ 作家の代理人 / a **travel** ～ 旅行業者

❷ (政府の) **役人**, 官吏 ‖ a revenue ～ 歳入係官 / an FBI ～ 連邦捜査局員

❸ スパイ, 諜報(ちょうほう)員 ‖ a secret ～ 秘密諜報員

❹ 行為者, (行為の)主体者 ; 〖文法〗動作主 ‖ a moral ～ 道徳的主体

❺ 動因, 作因 ; (ある結果を生じさせる)力 ; 〖化〗作用物, 薬剤 ‖ an ～ for [OR of] change 変化を生じさせる力 / an oxidizing ～ 酸化剤 ❻ (実際の仕事をする)係 ; 外交員 ‖ a ticket ～ 《米》 (劇場・駅などでの) 切符販売係 / an insurance ～ 保険外交員 ❼ 💻 エージェント (状況に応じて自動的に作動するプログラム)

▶▶ **～ nòun** 名 Ⓒ 〖文法〗動作主名詞 (writer, inspector, maker など) **Àgent Órange** 名 Ⓤ エージェントオレンジ (ベトナム戦争で米軍が使用したダイオキシンを含む強力枯葉剤)

a·gent pro·vo·ca·teur /ɑ̀ːʒɑːŋ prouvɑ̀(ː)kətɑ́ːr | æ̀ʒɔŋ prəvɔ̀kə-/ 名 (複 **agents provocateurs**) 《フランス》 (＝provocative agent) Ⓒ (労組・政党などに潜入して不法行為をそそのかす)当局の回し者, おとり

àge-óld 〈ジ 形 《通例限定》 古くからの, 年来の (age-long)

ag·er·a·tum /æ̀dʒəréɪṭəm/ 名 Ⓒ 〖植〗アゲラタム, カッコウアザミ (熱帯アメリカ原産のキク科の一年草)

ag·glom·er·ate /əglɑ́(ː)mərèɪt | -lɔ́m-/ (→ 形 名) 動 他 自 かたまりにする [なる] ―形 /əglɑ́(ː)mərət | -lɔ́m-/ かたまりの, かたまり状に集まった ―名 /əglɑ́(ː)mərət | -lɔ́m-/ Ⓤ/Ⓒ (単数形で) ❶ 《堅》 かたまり, 集団 ❷ 〖地〗集塊岩

ag·glom·er·a·tion /əglɑ̀(ː)məréɪʃən | -lɔ̀m-/ 名 ❶ Ⓤ 塊状化, 凝結[集] ❷ Ⓒ (ごたごたの)かたまり, 集団

ag·glu·ti·nate /əglúːtənèɪt | -tɪ-/ (→ 形 名) 動 他 自 ❶ 膠着(こうちゃく)させる[する] ; 接合させる[する] ; (傷口などを[が])癒着させる[する] ❷ 〖言〗(語などを[が])膠着によって構成する[される] ❸ 〖医〗(赤血球・バクテリアなどを[が])凝集させる[する]

―形 /əglúːtənət | -tɪ-/ ❶ 膠着した ❷ 〖言〗膠着性の

―名 /əglúːtənət | -tɪ-/ ＝agglutination ❷

ag·glu·ti·na·tion /əglùːtənéɪʃən | -tɪ-/ 名 Ⓤ ❶ 膠着, 接合 ; (傷の) 癒着 ❷ Ⓒ 集積塊, 凝結体 ❸ 〖言〗膠着 (法) (各語が形・意味を変えずに結びついて複合語を構成すること) ❹ 〖医〗凝集(作用[反応])

ag·glu·ti·na·tive /əglúːtənèɪṭɪv | -tɪnə-/ 形 ❶ 粘着性の ❷ 〖言〗膠着性の ‖ an ～ language 膠着語 (日本語・トルコ語など) (→ inflectional)

ag·glu·ti·nin /əglúːtənɪn | -tɪ-/ 名 Ⓒ 〖生〗凝集素

ag·gran·dize /əgrǽndàɪz/ 動 他 ❶ …を大きくする ; 〔力・地位・富など〕を増大させる ; …を誇張する ❷ 《～ oneself で》自分を(実際よりも)立派[強大]に見せかける

～·ment 名

ag·gra·vate /ǽgrəvèɪt/ 動 他 ❶ …を悪化させる, 深刻にする ; 〔負担・罪など〕を重くする ❷ 《口》〔人〕をいら立たせる, 怒らせる (♦ この語義は非標準的とされることもあるので, くだけた会話以外では annoy, exasperate, irritate を使う方がよい) **-vàt·ing** 形

ag·gra·va·tion /æ̀grəvéɪʃən/ 名 Ⓤ Ⓒ ❶ 悪化, 深刻

A

化；悪化させるもの ❷ いら立ち，立腹(させるもの) ❸《口》挑発行為，いやがらせ

*ag·gre·gate /ǽgrɪgət/ 《発音注意》(→ 動) 形《限定》❶ 集合した；総計の，総合した ❷〘植〙(花などが)集合の ❸〘地〙(岩石が)集成の
— 名 ❶ C 集合体，集積；総計，総数[量] ❷ U/C《単数形で》(コンクリート用の)骨材《砂利・砂など》❸ C〘地〙集成岩
in (the) ággregate 全部で，総計で；全体として
on ággregate 《英》総合得点で
— 動 /ǽgrɪgèɪt/ 他 ❶ …を1つに集める，集合する；…を集計する；…を合体させる (♦ しばしば受身形で用いる) ❷ 総計…になる — 自 集まる；総計で〈…に〉なる〈**to**〉
-ga·tor 名 C (情報などの)集積者[企業]

ag·gre·ga·tion /æ̀grɪgéɪʃən/ 名 U C 集合，集積，集成；(人・物の)集団，集合[成]体

*ag·gres·sion /əgréʃən/ 名 U C ❶ (他国への)侵略(行為)，侵犯；〈権利などの〉侵害〈**on, upon**〉；(いわれのない)攻撃 ‖「a war [an act] of ～ 侵略戦争[行為] / an ～ *upon* his rights 彼の権利の侵害行為 ❷ けんか腰，敵対的態度 ❸〘心〙攻撃(性)

*ag·gres·sive /əgrésɪv/ 形 (**more ～ ; most ～**) ❶ 攻撃的な，好戦的な，けんか早い ‖ an ～ nation 侵略的国家 / ～ behavior けんか腰の態度 / become ～ to ... …に対して攻撃的な態度になる ❷ 積極果敢な，精力的な，意欲的な；押しの強い，独断的な ‖ an ～ election campaign 積極的な選挙運動 ❸ (兵器が)攻撃用の
～·ly 副 **～·ness** 名

ag·gres·sor /əgrésər/ 名 C 攻撃者，侵略者[国]

ag·grieve /əgríːv/ 動 他 ❶《堅》…を悲しませる，悩ます；…を虐げる；《受身形で》〈…で〉悲しむ，悩む〈**at, by**〉❷〘法〙(権利などを侵害して)…を不当に苦しめる

ag·grieved /əgríːvd/ 形 ❶ 苦しめられて(いる)，不満を抱いた ❷〘法〙権利を侵された **～·ly** 副

ag·gro /ǽgroʊ/ 名 U《英俗》❶ 闘争；(特に暴力的な)けんか；もめごと ❷ 腹立ち，いら立ち

a·ghast /əgǽst | əgɑ́ːst/ 形《叙述》〈…に〉ぎょっとして〈**at**〉；愕然(がくぜん)として ‖ stand ～ *at* ... …に仰天する

ag·ile /ǽdʒəl | ǽdʒàɪl/ 形 (動作の)敏捷(びんしょう)な，すばしっこい；頭の回転の速い，鋭敏な **～·ly** 副

*a·gil·i·ty /ədʒíləṭi/ 名 U 敏捷さ；機敏さ

a·gin /əgín/ 前《方》= against

*ag·ing, age- /éɪdʒɪŋ/ 動 age の現在分詞
— 名 U 加齢(現象)，高齢化；(ワイン・チーズなどの)熟成，寝かし；経年変化 — 形《通例限定》老いつつある；高齢化が進む；老朽化している ‖ Japan's ～ population will present a variety of problems. 日本の高齢化はいろいろ問題をもたらすだろう

ag·ism /éɪdʒɪzm/ 名 = ageism

ag·ist /éɪdʒɪst/ 形 名 = ageist

ag·i·ta /ǽdʒɪṭə/ 名 C U《米》動揺，不安；胸やけ

*ag·i·tate /ǽdʒɪtèɪt/ 《アクセント注意》動 自 世間の関心をかき立てる，扇動する〈**for** …のために；**against** …に反対して〉‖ ～ *for* the passage of a new law 新しい法律を通過させようと世論を喚起する — 他 ❶〘心〙を乱す，動揺させる；〔群衆など〕を扇動する ‖ She got very ～*d*. 彼女はとても不安になった ❷〔液体など〕を揺り動かす，かき回す

ag·i·ta·tion /æ̀dʒɪtéɪʃən/ 名 U ❶ (人心を) 揺り動かす[かき立てる]こと；(心の)動揺，不安；興奮 ❷ U C 世論の喚起，扇動；扇動的運動[議論] ❸ (液体などの)攪拌(かくはん)，かき混ぜ

ag·i·ta·to /æ̀dʒɪtɑ́ːtoʊ/ 副 形《イタリア》(= agitated)〘楽〙激して[た]，急速に[な]，アジタートで[の]

ag·i·ta·tor /ǽdʒɪtèɪṭər/ 名 C ❶ 扇動(的活動)家，アジテーター ❷ (洗濯機などの)攪拌器

ag·it·prop /ǽdʒɪtprɑ̀(ː)p | -prɔ̀p/ 名 U アジプロ《冷戦時代の共産主義の扇動・宣伝活動》

a·gleam /əglíːm/ 副 形《叙述》《文》〈…で〉輝いて[た]，きらめいて[た]〈**with**〉

ag·let /ǽglət/ 名 C (靴ひもなどの先端の)金具；衣服につける装飾品《鋲(びょう)・ひも・ピンなど》

a·glit·ter /əglíṭər/ 副 形《叙述》《文》きらきら輝いて[た]

a·glow /əglóʊ/ 副 形《叙述》(空などが)赤々と輝いて[た]；情熱に燃えて[た]；紅潮[興奮]して[た]

ÀGM 略 *a*ir-launched *g*uided *m*issile (空中発射誘導ミサイル)；*a*ir-to-*g*round *m*issile (空対地ミサイル)；*a*nnual *g*eneral *m*eeting (年次総会)

ag·nail /ǽgnèɪl/ 名 U C 逆むけ(hangnail)

ag·nate /ǽgnèɪt/ 《堅》名 C〘法〙父方の親族，男系親
— 形 ❶ 父方の(→ cognate) ❷ 同種の；近縁の

a·gno·lot·ti /æ̀njəlɑ́(ː)ṭi | -lɔ́ti/ 名《単数・複数扱い》〘料理〙アニョロッティ《ひき肉やチーズなどを包んだ詰め物パスタ》(♦ イタリア語より)

ag·no·sia /ægnóʊʒə, -ʃə | -ziə/ 名 U〘医・心〙失認，認知障害《感覚刺激が認識できないこと》

ag·nos·tic /ægnɑ́(ː)stɪk | -nɔ́s-/ 名 C〘哲〙不可知論者
— 形〘哲〙不可知論(者)の

ag·nos·ti·cism /ægnɑ́(ː)stɪsìzm | -nɔ́s-/ 名 U 不可知論《神が存在するかどうかはわからないとする説》

Ag·nus De·i /ɑ̀ːgnəs déɪiː/ 名 ❶ C 神の小羊《キリストの呼称の1つ》；小羊の像《キリストの象徴》❷ (the ～)〘カト〙"Agnus Dei"で始まる祈り[聖歌]；〘アングリカン〙"O Lamb of God"で始まる祈り[聖歌]

a·go /əgóʊ/ 《発音注意》

— 副《比較なし》(今から)…**前に** (♦ 常に時を表す名詞の後にくる) ‖ I met her「an hour [a week] ～. 私は彼女に1時間[1週間]前に会った / an event of ten years ～ 10年前の出来事 / a long [short] time ～ ずっと以前に[ちょっと前に] / some time ～ しばらく前に / two years ～ today 2年前の今日 / three pages ～ 3ページ前に(♦ 本などのページについて使うこともある)
lòng agó ずっと以前に ‖ not *long* ～ つい先ごろ / long, *long* ～ (小説などで)ずっと昔(= once upon a time) / How *long* ～ did he leave? 彼はどのくらい前に出かけたのか / He predicted it as *long* ～ as 1960. 彼はそれをずっと以前1960年に予言していた

> **語法 ★☆** (1) ago は過去時制で用い，現在完了形とは共に用いない．
> (2)「彼女は3日前から病気です」は She has been sick for three days. がふつうで She has been sick since three days ago. はまれ(⇨ PB 68).
> (3) ago と同じ意味で back を用いることもある (→ back).
> (4)「私が彼に会ってから10年になる」の意味で ×It is ten years ago since I saw him. とするのは誤り．It is [OR has been] ten years since I saw him. または It was ten years *ago* that [OR when] I saw him. とする．
> (5) ago と before の用法の違い，話法との関連については ⇨ BEFORE 副 語法.

a·gog /əgɑ́(ː)g | əgɔ́g/ 形《通例 all ～》《叙述》わくわくして，沸き立って；待ち望んで；〈…したくて〉うずうずして〈**to do**〉
— 副 わくわくして

ag·o·nis·tic /æ̀gənístɪk/ 形 ❶ (古代ギリシャの) 競技の ❷ 論争好きな，議論好きな ❸ 効果をねらった，わざとらしい

ag·o·nize /ǽgənàɪz/ 動 自〈…で〉苦悶(くもん)する，もだえ苦しむ〈**over, about**〉；苦闘する ‖ ～ *over* a decision 決断に苦しむ — 他 …をひどく苦しめる ‖ ～ oneself 苦悶する

ág·o·nìzed /-d/ 形 苦悩を伴う[表す]，苦しげな ‖ an ～ look 苦悶のまなざし[表情]

ag·o·niz·ing /ǽgənàɪzɪŋ/ 形 (人を)苦しめる；苦しい **～·ly** 副

*ag·o·ny /ǽgəni/ 名 (複 **-nies** /-z/) ❶ U C (肉体的な)激しい痛み，苦痛；(精神的な)苦痛，苦悶，苦悩(⇨ DISTRESS, PAIN 類語) ‖ It was ～ waiting for the results. 結果を待つのはとてもつらかった / in ～ 苦しみもだえて, 苦悶して / feel [OR suffer] ～ 苦しむ / prolong the ～ 苦痛を長引かせる ❷ Ⓒ 死に際の苦しみ ‖ the death ～ 死の苦しみ, 断末魔の苦しみ ❸ Ⓒ (感情の)ほとばしり ‖ in an ～ of mirth 笑い転げて

pile on the ágony 《英口》苦しい状況をさらに悪くする；苦しさを大げさに話す

▸▸ **～ àunt [ùncle]** 名 Ⓒ 《英口》(新聞・雑誌の)身の上相談の女性[男性]回答者 (《米》advice columnist) **～ còlumn** 名 Ⓒ ① 《英口》(新聞・雑誌の)身の上相談欄 (《米》advice column) ② 《古》尋ね人欄

ag·o·ra /ǽɡərə/ 名 (複 **～s** /-z/ OR **-rae** /-riː/) Ⓒ (古代ギリシャの)(集会用)広場

ag·o·ra·pho·bi·a /æ̀ɡərəfóubiə/ 名 Ⓤ 〘心〙広場恐怖症(→ claustrophobia)

-bic 形 名 Ⓒ 広場恐怖症の(人)

a·gou·ti, -ty /əɡúːṭi/ 名 (複 **～** OR **～s**, **-ties** /-z/) ❶ Ⓒ 〘動〙アグーチ《中南米および西インド諸島産のウサギ大の齧歯(げっし)類》 ❷ Ⓤ 明暗のしまがある灰色の毛皮；Ⓒ 灰色の毛皮を持つ齧歯類《テンジクネズミなど》

ÀGP 略 💻 *a*ccelerated *g*raphic *p*ort (高速グラフィックポート)

agr. 略 agreement；agricultural, agriculture

a·grar·i·an /əɡréəriən/ 形 《通例限定》 ❶ 土地の, 農地の；土地の所有[耕作]に関する ❷ 農業[農民]の；農民の生活を向上させる(ための)

— 名 Ⓒ 土地均分[再分]論者；農民生活向上論者

***a·gree** /əɡríː/ 《アクセント注意》

中心義 合致する (★「意見」や「考え方」に限らず,「性質」についても用いる)

— 動 (▶ agreement 名)(**～s** /-z/；**～d** /-d/；**～·ing**)

— 自 ❶ **意見が一致する**, 同意見である(↔ disagree, differ)〈**with** 人・考えと；**on, upon, about, as to** …について〉‖ I ～ *with* [×to] what you say. あなたのご意見に賛成です / I **totally** [OR entirely] ～ with you. あなたと全く同じ意見です / "It's too expensive." "Yes, I quite ～." 《英口》「それは高すぎるよ」「そう, 全くそのとおり」/ Some issues have been ～*d on*. いくつかの問題で意見の一致をみている / He and I ～ *about* most things. 彼とはたいていのことで意見が一致する / ～ *about* [OR *as to*] what action we should take 我々のとるべき行動について意見が一致する(♦ wh 節 の前の about や as to が省略されることもある. その場合は他動詞とみなされる)

❷ 〈提案などに〉**同意する**, 応じる〈**to**〉；〈…について〉決める〈**on**〉‖ She suggested going for a jog, and I ～*d*. ジョギングをしないかと彼女に言われ, 承知した / ～ *to* his proposal 彼の提案に応じる (♦ with を伴う ❶ が賛成の意を表すのに対し, to を伴うこの場合は提案されたことを承知して受け入れるが内容への賛成を意味しない) / ～ *on* a date for the election 選挙の日取りを決める

❸ **a** 《通例否定文・疑問文で》(食べ物・飲み物などが)〈人の〉体 [体質] に合う〈**with**〉‖ Cheese doesn't ～ *with* me. チーズは私(の口)に合わない(♥ 嫌いなものはこのように表す方が丁寧) **b** (気候・新しい状況などが)〈人の〉体[体質]に合う〈**with**〉‖ The sea air really ～*s with* him. 海の空気が本当に彼に合っている

❹ 〈…と〉合致する, 符合する〈**with**〉‖ Your story doesn't ～ *with* hers. 君の話は彼女のと一致しない

❺ 〈人と〉気が合う, 仲よくやっていく〈**with**〉‖ Tom and I don't ～ at all. トムとは全くそりが合わない

❻ 《通例否定文で》〈行動・立場などを〉正しい[よい]と認める, 〈…に〉賛同する〈**with**〉‖ I don't ～ *with* divorce. 離婚は感心しない ❼ 〘文法〙(語が)(人称・性・数・格などにおいて)〈…と〉一致する〈**with**〉‖ The verb ～*s with* its subject in person and number. 動詞は主語の人称と数に一致する

— 他 ❶ 《+(**that**) 節》…ということで**同意見である**, 意見が一致する；…ということに賛意を表明する ‖ Do you ～ with me *that* surfing is an exciting sport? あなたもサーフィンはエキサイティングなスポーツだと思いませんか / It is **generally** ～*d that* the main purpose of language is to communicate. 言葉の主な目的が意思の伝達であることは大方の認めるところだ / "You're right," he ～*d*. 「そのとおり」と彼は認めた(♦ 直接話法にも用いる)

❷ **a** 《+**to** *do*》(討議の結果)…することに**同意[賛同]する** ‖ They ～*d to* start early. 彼らは早く出発することに同意した / They ～*d* not *to* oppose our plans. 彼らは我々の計画に反対しないことを了承した

b 《+**that** 節》(討議の結果)…ということで意見の一致をみる, **合意に達する**, …ということに**同意[賛成]する** ‖ They ～*d* [OR It was ～*d*] *that* the matter be [《主に英》should be] discussed at a later meeting. 彼らはその問題を後の会議で討議することを了承した

❸ 《主に英》…を承認する；〔価格など〕を決める；〔意見・考えなど〕を受け入れる ‖ The workers ～*d* the employer's plan. 労働者たちは雇い主の計画を受け入れた

agrèe to díffer [OR ***disagrée***] 意見の違いを認め合う (♥ それ以上歩みよりが期待できない状況を表す)

COMMUNICATIVE EXPRESSIONS

1 Thát was a grèat móvie. **Dòn't you agrée?** あれはすごくよい映画だったね. そう思わない？(♥ 相手の同意を求める. ↘Right?)

2 **I cóuldn't agrèe móre [léss].** 全くあなたの言うとおりです[それは全く違います](♥ 強い賛同[反対]を表す)

3 **Is thàt agréed?** いかがですか；賛成していただけますね(♥ 同意・賛同を確認するやや形式ばった表現. ↘Don't you agree?)

4 **We are agréed on** the téaching mèthod, **thèn.** それでは我々は教授法については意見が一致しているわけですね(♥ 同意を再確認する)

***a·gree·a·ble** /əɡríːəbl/ 形 ❶ 感じのよい, 愛想のよい；〈…に〉合った〈**to**〉‖ It is not ～ to be made to wait. 待たされるのは気分のよいものではない / ～ manners 感じのよい礼儀作法 / This ice cream is ～ *to* the taste. このアイスクリームは口当たりがよい / an ～ spot for a barbecue バーベキューにうってつけの場所 ❷ 《叙述》(人が)〈…に〉賛成する, 同意する；快諾する〈**to**〉‖ I'll invite your children, if you're ～ *to* their coming. よろしければ子供さんをお招きしようと思っています ❸ 《叙述》〈…と〉調和する, 一致する；ふさわしい〈**to**〉‖ a salary ～ *to* his wishes 彼の希望どおりの給料 ❹ 〈…にとって〉好ましい〈**to**〉 **～·ness** 名 Ⓤ 好ましいこと

a·grée·a·bly /-bli/ 副 快く ‖ He was ～ surprised. 彼はうれしい驚きを味わった

***a·greed** /əɡríːd/ 形 ❶ 《限定》決められた, 協定した [による] ❷ 《叙述》同意した, 合意した〈**on, upon, about, as to** …について / **to do** …するのに / **that** 節 …ということに〉；《間投詞的に》(申し立てに対して)賛成, 了承, それで結構 ‖ *Agreed!* 了承した

****a·gree·ment** /əɡríːmənt/ 中心義 **合致すること**

— 名 〔◁ agree 動〕(複 **～s** /-s/) ❶ Ⓒ (人・国・組織間の) **協定**, 協約, 取り決め〈**on, about** …についての；**with** …との / **to do** …するという / **that** 節 …という〉；協定書, 契約書 ‖ Under an ～ between the two countries, tourists don't need a visa. 2国間の協定により旅行者はビザの必要がない / **reach** [OR come to, enter into] an international ～「*to* control [OR *on* the control of] atomic weapons 核兵器の管理に関して国際協定を結ぶ / I have a gentleman's ～ *with* him. 彼とは紳士協定を結んでいる / **sign** an ～ 協定に署名する

❷ Ⓤ **合意**, 同意；(行動・性格などの)一致, 合致；(物事の)調和, 協調(↔ disagreement, difference)〈**on, about** … についての；**with** …との / **that** 節 …という〉‖ There is no ～ *about* the merit of his plan. 彼の計画の長

A

所については意見が異なる / We are in ～ *with* you *on* [OR *about*] what we should do. 何をすべきかについてはあなた方と意見が一致している / **reach** full ～ 完全合意に達する / general ～ 一般合意
❸ Ⓤ〘文法〙(人称・性・数・格などでの)一致

ag·ri·busi·ness /ǽgribìznəs/ 名 Ⓤ (大規模な)農業関連産業 ; Ⓒ 農業関連企業(agrobusiness)

*__ag·ri·cul·tur·al__ /æ̀grɪkʌ́ltʃərəl/ 〈シ〉 形 〔◁ agriculture 名〕農業の, 農耕の ; 農学(上)の ‖ ～ products 農産物 / ～ land 農地 / an ～ worker 農場労働者 / ～ chemicals 農薬 **～·ly** 副
▸▸ **～ coóperative** 名 Ⓒ 農業協同組合

ag·ri·cul·ture /ǽgrɪkʌ̀ltʃər/ 《アクセント注意》
—名〔▶ agricultural 形〕Ⓤ **農業**, 農耕 ; 農学, 農芸, 畜産 ‖ Our country's economy is based on ～. 我が国の経済の基盤は農業にある / the Department [Secretary] of *Agriculture* (米国の)農務省[長官]

ag·ri·cul·tur·ist /æ̀grɪkʌ́ltʃərɪst/, **-tur·al·ist** /-tʃərəlɪst/ 名 Ⓒ 農業家, 農家 ; 農学者

ag·ri·mo·ny /ǽgrəmòuni | -rɪməni/ 名 (複 **-nies** /-z/) Ⓒ〘植〙キンミズヒキ《バラ科の多年生植物》

ag·ri·tour·ist /ǽgrɪtùərəst | -ɪst/ 名 Ⓒ アグリツーリスト《都会からの農村への観光客》 **-tòur·ism** 名

agro- /ægrou-/ 連結形「土地の, 土壌の, 農作の」の意

àgro·biólogy 名 Ⓤ 農業生物学
-biológic(al) 形 **-biólogist** 名

àgro·biotechnólogy 名 Ⓤ 農業生物工学, 農業バイオ(テクノロジー)

àgro·chémical 名 Ⓒ 農薬《殺虫剤・化学肥料など》

àgro·ecólogy 名 Ⓤ 農業生態学《生態学の原理を農業に応用する学問》

àgro·fórestry 名 Ⓤ 混農林業《樹木と農作物・家畜を組み合わせて育てることで森林の破壊を防ぐ》

àgro·índustry 名 Ⓤ 農工業, 大規模農業
-indústrial 形

a·gron·o·my /əgrɑ́(ː)nəmi | əgrɔ́n-/ 名 Ⓤ (畜産・林業を除く狭義の)農学, 作物栽培学, 農業経済学
àg·ro·nóm·ic 形 **-mist** 名 Ⓒ 農耕家 ; 農学者

àgro·scíence, àgri- 名 Ⓤ Ⓒ 形 農業科学(の)

a·ground /əgráund/ 副 形《叙述》❶ (船が)座礁(ざしょう)して[た] ; (計画などが)頓挫(とんざ)して[た] ‖ run [OR go] ～ on a sandbank 浅瀬に乗り上げる ❷ 地上に(いる)

a·gue /éɪgjuː/ 名 Ⓤ Ⓒ《旧》〘医〙おこり, マラリア熱 ; 悪寒(おかん) **á·gu·ish** 形

*__ah__ /ɑː/ 間 ああ, おお ; あの ; そうそう(♥ 悲しみ・驚き・嘆願・不快・苦痛・共感・喜び・安堵(あんど)などさまざまな感情を表す) ‖ *Ah*, well. さあねえ, そうかなあ, やれやれ(仕方ないね) / *Ah*, so many people, so many minds. やれやれ十人十色(といろ)だねえ / *Ah*, good! Here comes another bus! ああよかった, 次のバスが来たよ

a·ha /ɑːhɑ́ː/ 間 ははあ, ほほう, へへえ(♥ 驚き・勝ち誇り・皮肉・満足・発見・伝達内容の了解などを表す)

ah·choo /ɑːtʃúː/ 間《米》はくしょん(《英》atishoo)
—名 Ⓒ はくしょんという音

a·head /əhéd/

中心義 **前の方に, 先の方に**(★「位置」や「時間」,「物事の進行状況」について用いる)

—副《比較なし》❶ (位置的に)**前方に**(*in front*), 行く手に ; 先頭に立って ‖ *The driver was staring* **straight** ～. 運転手は真っすぐ前方を凝視していた / Keep your eyes ～! 真っすぐ前を見ていろ / The convenience store is 100 meters ～. コンビニは100メートル先にあります / **far** [**further**] ～ はるか[さらにずっと]先に / *Danger Ahead!*《掲示》前方に危険物あり / The road ～ was busy. その先の道路は込んでいた / **look** ～ 前を見る / walk ～ 先頭に立って歩く
❷ (時間的に)**前もって**, あらかじめ(in advance) ; 将来へ, 今後へ ‖ To get seats for the concert, you have to phone ～. コンサートの切符を手に入れるには前もって電話をしなければならない / in a few days ～ 2, 3日先に / **look** ～ to the future 将来について考える
❸ 勝って, 進歩して ; リードして, 有利に ‖ She is ～ in the opinion polls. 彼女は世論調査で優位に立っている / Our team is ～ by ten points.＝Our team is ten points ～. うちのチームは10点差で勝っている

*__ahéad of ...__ ① **…の前に** ‖ He was walking a few steps ～ *of* her. 彼は彼女の2, 3歩前を歩いていた ② **…に先立って** ‖ My plane landed 30 minutes ～ *of* schedule. 私の乗った飛行機は予定より30分早く着陸した ③ …以上に, …より勝って ‖ That company is way ～ *of* ours in this field. あの会社はこの分野で我が社よりはるかに進んでいる

còme out ahéad もうける, うまくいく

gèt ahéad ① 成功する, うまくいく ②《米口》金銭的に上向く

gò ahéad ① 先頭に立って行く, 先に行く ② (ためらわず)押し進める, 前進する(→ CE 1) ③ 〈…を〉続ける〈**with**〉 ‖ *go* ～ *with* one's work 自分の仕事を続ける ④《許可を表して》どうぞ

COMMUNICATIVE EXPRESSIONS
1 "Can I pàrk in frònt of your hóuse?" "**Gò** (**rìght**) **ahéad.**"「お宅の前に駐車していいですか」「どうぞどうぞ」(♥ 許可を求める質問などに対する返答. right がつくとより気軽に言っているニュアンスが強まる. ⇗Yes, that's fine. / ⇗By all means.)

a·hem /ʔm ʔmː, mhm, əhém/ 間 えへん, ふうむ(♥ 注意を喚起したり, 警告したり, 間をとるときの発声)(⇨ HEM²)

a·his·tor·ic /èɪhɪstɔ́(ː)rɪk/, **-i·cal** /-kəl/ 形 歴史に無関心な ; 歴史と無関係な

a·hold /əhóuld/ 名《次の成句で》
gèt ahóld of ... ① …と連絡をとる, 接触する ② …を探す, 見つける
gèt ahóld of oneself 気持ちを落ち着かせる

-aholic /-əhɑ(ː)lɪk | -əhɔlɪk/ 連結形「…中毒の人, …依存症の人」の意(♦ alcoholic(アルコール依存症の)から生成) ‖ work*aholic* 仕事中毒の人

a·hoy /əhɔ́ɪ/ 間〘海〙おーい(♦ 船員の他船への呼びかけ) ‖ Ship ～! おーい, 船が来るぞ / Land ～! 陸地だ

AI 略 *A*mnesty *I*nternational ; *a*rtificial *i*nsemination ; *a*rtificial *i*ntelligence

aid /eɪd/ 名 動
—名 (複 **～s** /-z/) ❶ Ⓤ **援助**《食糧・金・医薬品・武器など》‖ **provide** [OR give] economic [humanitarian] ～ to developing countries 発展途上国へ経済的[人道的]援助を与える / foreign [financial] ～ 海外[財政]援助
❷ Ⓤ 助け, 手伝い, 救援 ‖ We went to his ～. 我々は彼を助けに行った(⇘ We went to help him.) / with [without] the ～ of a computer コンピューターの助けを借りて[借りずに] / administer [OR give] **first** ～ 応急手当を施す / legal ～ 法律扶助
❸ Ⓒ 助けとなる人[もの], 助手 ; 補助器具 ‖ teaching ～*s* 教材 / audio-visual ～*s* 視聴覚機器 ❹《米》＝aide ; aide-de-camp ❺ Ⓒ (中世英国の)上納金, 献金

*__in áid of ...__《主に英》…を助けるために ; …を目的として
Whàt is (***àll***) ***... in áid of?***《英口》…は何のためなのか ‖ *What is* this campaign *in* ～ *of*? この活動は何の役に立つんだ

—動 (**～s** /-z/ ; **～·ed** /-ɪd/ ; **～·ing**)
—他 ❶ **a** (＋目)…を〈…で〉**助ける**, 手伝う〈**with, in**〉; …を援助する(⇨ HELP 類語) ‖ Father ～*ed* me *with* advice. 父は私に助言してくれた / These drills will ～ them *in* developing social skills. こうした訓練は彼らが社交術を磨くのに役立つだろう / ～ typhoon victims

台風の被害者を助ける / computer-*aided* language learning コンピューターを利用した言語学習《略 CALL》
b 《+目+**to** *do*》〔人・物〕が…するのを手伝う(♦日常語としては help の方がふつう) ‖ Our organization ~*s* dissidents *to* escape. 我々の組織は反体制者の逃亡を手助けする
❷ …を促進する, 助成する ‖ This medicine ~*s* restful sleep. この薬を飲めばよく眠れる
—自 手伝う, 援助する ;〈…の〉助けとなる〈**in**〉
àid and abét ... 〖法〗〔犯罪〕を教唆幇助(ほうじょ)する
~ wòrker 名 C (国際的な)援助隊員

ÀID 略 *a*cute *i*nfectious *d*isease ;《米》*A*gency for *I*nternational *D*evelopment ; *a*rtificial *i*nsemination by *d*onor(非配偶者による人工授精)(→ AIH)

***aide** /eɪd/ 名 C ❶ 〈…の〉側近, 補佐官〈**to**〉‖ a presidential ~ 大統領補佐官 / an ~ *to* the Prime Minister 首相の側近 ❷ = aide-de-camp

aide-de-camp /èɪddəkǽmp | -kɑ́ːmp/ 名 (複 **aides-** /èɪdz-/) C 〖軍〗(陸海軍の)副官(略 ADC)

aide-mé·moire /èɪdmemwɑ́ːr/ 名 (複 **aides-**, **aides-mémoires** /èɪdzmemwɑ́ːrz/) C 備忘録, 覚書(♦フランス語より)

***AIDS, Aids** /eɪdz/ 名 U 後天性免疫不全症候群, エイズ(♦ *A*cquired *I*mmune *D*eficiency *S*yndrome の略) ‖ contract [OR get] ~ エイズにかかる(♦「エイズに感染している」は「have HIV [OR be HIV positive]」,「エイズを発病している」は have AIDS のように区別して表現するのがふつう) / ~ symptoms エイズの兆候 / an ~ patient エイズ患者

ÁIDS-rèlated còmplex 名 U 〖医〗エイズ関連症候群(略 ARC)

ai·grette, ai·gret /éɪgrèt/ 名 C (シラサギの)羽毛飾り ; (羽毛に似せた宝石の)枝飾り《帽子などにつける》

ÀIH 略 *a*rtificial *i*nsemination by *h*usband(配偶者間人工授精)

ai·ki·do /aɪkíːdoʊ/ 名 U 合気道(♦日本語より)

ail /eɪl/ 動 自《通例進行形で》《英では古》患う ‖ My mother is ~*ing* (from a cold). 母は(風邪で)気分がすぐれない —他《堅》…を苦しめる, 悩ます ‖ What ~*s* you? どうしたんだ
~·ing 形《旧》病身の ; (経済などが)不振の

ai·lan·thus /eɪlǽnθəs/ 名 C 〖植〗ニワウルシ

ai·le·ron /éɪlərɑ̀(ː)n | -rɔ̀n/ 名 C 〖空〗補助翼

ail·ment /éɪlmənt/ 名 C (軽いまたは慢性的な)病気

ai·lu·ro·phile /aɪlʊ́ərəfàɪl, -roʊ-/ 名 C 猫好きの人

ai·lu·ro·pho·bia /aɪlʊ̀ərəfóʊbiə, -roʊ-/ 名 U (病的な)猫嫌い, 猫恐怖症

***aim** /eɪm/
—動 (**~s** /-z/ ; **~ed** /-d/ ; **~·ing**)
—他 ❶〔武器・カメラなど〕を〈…に〉**向ける**,〔…のねらい〕をつける〈**at**〉‖ I ~*ed* my camera *at* the bird. カメラを鳥に向けた / ~ a missile *at* a target ミサイルを目標に向ける
❷〔宣伝・言葉など〕の**ねらいを**〈…に〉**定める**, …を〈…に〉向けて発する〈**at**〉(♦しばしば受身形で用いる) ‖ You know these cautions are ~*ed at* you! いいか, この注意書は君たち向けなんだぞ / ~ a new game *at* schoolchildren 新しいゲームの対象を小学生に置く
❸《受身形で》〈…を〉目標にする〈**at**〉(♦ at の目的語はしばしば *doing*) ‖ The talks are ~*ed at* bringing about a ceasefire. 会談の目的は休戦の実現にある
—自 ❶ 〈…に〉(カメラ・武器などの)ねらいをつける,〈…を〉**ねらう**, ねらって撃つ〈**at, for**〉‖ The sniper ~*ed at* the man. 狙撃(そげき)手はその男に照準を合わせた / ~ straight 真っすぐねらう
❷ **a** 〈…を〉**目指す**, 目標とする〈**at, for**〉(♦ at の目的語はしばしば *doing*) ‖ ~ *at* reducing garbage ごみの減量を目指す / ~ *for* a 15% increase in sales 売り上げ15%アップを目指す / ~ high 目標を高く置く
b 《+**to** *do*》…しようと**目指す**, 努力する ; 計画する ‖ She ~*s to* reach the finals. (=She ~*s* at reaching the finals.) 彼女は決勝戦までいきたいと思っている
—名 (複 **~s** /-z/) ❶ C (人生・仕事などの)目標, 目的, 意図(⇨ PURPOSE 類語) ‖ The **main** ~ of the meeting is to promote mutual understanding among the members. 会合の主な目的は会員の間の相互理解を深めることです / **achieve** one's ~*s* 目標を達成する / **with** the ~ of graduating in June 6月の卒業を目指して
❷ U **ねらい**, 照準(♦しばしば所有格を伴う) ‖ miss one's ~ ねらいを外す
tàke áim ①〈…に〉(武器・カメラなどの)ねらいをつける, 照準を合わせる〈**at**〉 ②《米》〈…を〉批判する, 非難する〈**at**〉

ÀIM 略 *A*merican *I*ndian *M*ovement(北米先住民(自決)運動)

aim·less /éɪmləs/ 形 (これという)目標[当て]のない, 当てどのない **~·ly** 副 **~·ness** 名

***ain't** /eɪnt/ ❶《口》am not の短縮形 ‖ I ~ afraid of what I'm going to see. 何を見ようと怖くはない / I'm going too, ~ I (=aren't I, am I not)? 僕も行くんだろ(⇨ 語法) ❷《俗》are not, is not, have not, has not の短縮形 ‖ You ~ (=are not) going to like what you see at all. 目にするものはことごとくおまえの気に入らないだろうよ / He is dressed up, ~ (=isn't) he? やつ, めかし込んでるじゃないか / I ~ (=have not) been to the house since. その家にはその後行ってない

> **語法** ☆☆ 一般に ain't は非標準的で使用は避けるべきとされる. ただし❶は比較的許容されることが多く, 特に否定疑問文・付加疑問文の ain't I? はくだけた会話ではかなり用いられる. なお, これの最も正式な形とされる am I not? は実際の会話ではほとんど聞かれない. aren't I? がいちばん広く使われる. (→ aren't)

Ai·nu /áɪnuː/ 名 (複 **~** OR **~s** /-z/) C アイヌ(民族) ; U アイヌ語 —形 アイヌの ; アイヌ民族[語]の

ai·o·li /aɪóʊli/ 名 U アイオリ《ニンニク風味のマヨネーズ》

*****air** /eər/ (♦同音語 heir) 名 動

中心義 空気, 空気中を通っていく(もの)

名 空気❶ 大気❶ 空中❷ 飛行機の❸ 様子❹

—名 (複 **~s** /-z/) ❶ U **空気** ;《通例 the ~》**大気** ‖ **fresh** [clean, thin] ~ 新鮮な[澄んだ, 希薄な]空気 / circulate ~ 空気を循環させる / clear the ~ 換気する / fly through the ~ 大気中を飛ぶ
❷《the ~》**空中**, 空 ; 虚空 ‖ They tossed their caps in the ~. 彼らは帽子を空中に投げ上げた / fire into the ~ 空に向けて発砲する
❸《形容詞的に》**飛行機の** ; 空軍の ‖ ~ travel 飛行機での旅
❹ C《単数形で》〈…のような〉**様子**, 雰囲気, 感じ〈**of**〉‖ She has the ~ *of* a warm-hearted teacher. 彼女は心温かな先生という雰囲気を持っている / He scanned the menu with the ~ *of* a gourmet. 彼はいかにも美食家といった様子でメニューに目を通した / an ~ *of* confidence 自信にあふれた様子
❺ C《~s》偉ぶった[気取った]態度 ‖ She ⌈puts on [OR gives herself] ~*s* pretending to know everything. 彼女は気取って何でも知っているようなふりをする
❻ U 電波送信媒体(としての大気), ラジオ[テレビ](放送)
❼ U《米》エアコン ‖ Doesn't this car have ~? この車にはエアコンがないの? / Is the ~ on? エアコンは入っていますか ❽ C (素朴な)旋律, 歌曲 ❾ C 微風, そよ風(→ light air) ❿ C 〖スノーボード〗エアー, ジャンプ
àirs and gráces 《英》《けなして》気取った[偉ぶった]態度
(as) frèe as (the) áir 完全に自由な
bèat the áir 無駄骨を折る
build castles in the air ⇨ CASTLE(成句)

A

by áir 空路で, 飛行機で ‖ travel *by* ～ 飛行機で旅行する
**clèar the áir* 誤解を解く, 疑念を晴らす
gèt the áir 《米口》ふられる, そでにされる;解雇される
give a pèrson the áir 《米口》〔人〕をそでにする, 無視する, 〔恋人〕を捨てる;〔人〕を解雇する
in the áir ① (うわさなどが)広まって, (雰囲気などが)感じられて, (変化などが) 起こりそうで ‖ Depression is *in the* ～. 不景気になってきたようだ ② 未決定で ‖ The problem was left hanging *in the* ～. その問題は依然未解決のままだった
into thìn áir すっかりと, 完全に ‖ disappear [OR vanish] *into thin* ～ すっかり消える
on* [*off*] (*the*) *áir* **放送中[放送されない]で ‖ go *on the* ～ 放送が始まる
out of thìn áir 突然に, どこからともなく
plùck [OR *pùll*] *... out of thìn* [OR *the*] *áir* …を思いつきで言う, …についていい加減な発言をする
pùnch the áir (喜んで・勝ち誇って)こぶしを振り回す;ガッツポーズをとる
tàke the áir 散歩に出かける, 外気に当たる(↘ get some air)
**ùp in the áir* 確定していない, 未定で
wàlk [OR *flòat, trèad*] *on áir* 大喜び[有頂天]である
You could cùt the áir with a knìfe. 重苦しい雰囲気だ, 気詰まりだ

—動 (**~s** /-z/; **~ed** /-d/; **~·ing**)
—他 ❶〔部屋など〕を換気する;〔衣類・寝具など〕を外気に当てる, 乾かす, 干す《《米》 *out*》‖ ～ *out* a room 部屋の換気をする / ～ the sheets シーツを干す
❷〔意見・考えなど〕を公にする, 口に出す(♦しばしば受身形で用いられる) ‖ The plan was ～*ed* at the meeting last week. その計画は先週の会合で公表された / ～ one's opinion [grievances] 意見を発表する[おおっぴらに不平を言う] ❸〔番組など〕を放送する, 放映する
—自 ❶ (部屋・建物に)風が通る;(衣類などが)乾く《《米》 *out*》 ❷ 放送される
áir onesèlf 《旧》(外気に当たりに)外へ出る
▶▶～ **ámbulance** 傷病者緊急輸送機, 空の救急車 (けが人などを医療機関に緊急搬送するヘリコプターなどの航空機) ～ **bàg** 名C (自動車の) エアバッグ ～ **bàll** 名C ①《口》〖バスケ〗エアボール《バックボードにも当たらないミスショット》 ②《古》おもちゃの風船玉 (toy balloon) ～ **bàse** 名C 空軍基地 ～ **bèd** 名C《英》=air mattress ～ **blàdder** 名C (魚類の)浮袋;(海藻の)気胞 ～ **bràke** 名C《通例 ～s》(電車などの)エアブレーキ;〖空〗(航空機の)減速装置《可動フラップなど》 ～ **brìdge** 名C《英》エアブリッジ (Jetway)《空港ビルの搭乗口と飛行機の出入口をつなぐ伸縮式の通路》 ～ **càrrier** 名C ① 航空[空輸]会社 ② 輸送機 ～ **chìef márshal** 名C (英国の)空軍大将 ～ **cómmodore** 名C (英国の) 空軍准将 ～ **condìtioner** 名C 空調設備, 冷暖房装置, エアコン ～ **condìtioning** 名U 空気調節, 冷暖房 ～ **còrridor** 名C (国際航空協定によって安全が保障された) 空中回廊 ～ **còver** 名U〖軍〗空中掩護(えんご);空中掩護隊 (air support [OR umbrella]) ～ **cùrtain** 名C エアカーテン ～ **cùshion** 名C ① エアクッション《空気まくら・エアバッグなど》 ② 〖機〗空気ばね ③ (ホーバークラフトなどの) 空気のクッションの層 ～ **dùct** 名C 通風管 ～ **filter** 名C 空気浄化フィルター ～ **fòrce** (↓) **Àir Fòrce Óne** 名 米国大統領専用機 **Àir Fòrce Twó** 名 米国副大統領専用機 ～ **frèshener** 名CU (部屋の)芳香剤;芳香を放つ装置 ～ **guitàr** 名CU エアギター, ギターの弾きまね ～ **gùn** 名C ① 空気銃 ② エアガン《圧縮空気でペンキを吹きつける装置》 ～ **hòle** 名C ① 通気孔 ② (川・池などの) 氷上の穴 ③ =air pocket ～ **hòstess** 名C《英》《旧》スチュワーデス(→ flight attendant) ～ **ìntake** 名C 空気取り入れ口[量] ～ **ionizer** 名C 空気電離器《室内の空気を浄化する装置. ionizer ともいう》 ～ **kìss** (↓) ～ **làne** 名C 航空路(airway) ～ **lètter** 名C 航空書簡[用紙](aerogram) ～ **màil** 名U =airmail (↓) ～ **márshal** 名C ① (英国の) 空軍中将 ② (旅客機の) 武装警備員 ～ **màss** 名C〖気象〗気団 ～ **màttress** 名C《米》空気入りマットレス(《英》air bed) ～ **mìle** 名C〖空〗航空マイル《約1,852メートル》;《A- M-s》《商標》エアマイルズ《旅客機を利用したりある種の商品を買うとポイントがたまる英国の航空会社のサービス》 ～ **pìstol** 名C 空気銃 ～ **plànt** 名C〖植〗着生植物 (epiphyte) ～ **pòcket** 名C ①〖空〗エアポケット ② 空洞, 空気の隙間(すき) ～ **pollùtion** [**pollùtant**] 名U 大気汚染[汚染物質] ～ **pòwer** 名U 空軍力 ～ **prèssure** 名U〖気象〗気圧 (atmospheric pressure) ～ **pùmp** 名C 空気[排気]ポンプ ～ **ràge** 名U 機内暴力《航空機内での乗客による暴力・暴言》(→ road rage) ～ **ràid** (↓) ～ **rìfle** 名C =air gun ① ～ **sàc** 名C 空気袋;〖動〗(鳥・昆虫の)気嚢(のう);〖植〗気嚢;〖解〗肺胞 ～ **shàft** 名C 風道, 通風孔, ダクト;(鉱山の)通風坑 ～ **shòw** 名C 航空ショー ～ **strìke** 名C 空襲, 空爆;機銃掃射 ～ **suspénsion** 名UC エアサスペンション, 空気式懸架装置 ～ **tàxi** 名C エアタクシー《近距離営業の小型旅客機》 ～ **tèrminal** 名C エアターミナル《空港のターミナル;空港から離れた市内の空港連絡バス[鉄道]発着所》 ～ **vìce-márshal** 名C (英国の)空軍少将

áir·bòat 名C エアボート《沼沢地用プロペラ推進平底船》
～·er 名C エアボート操縦者

***áir·bòrne** 形 ❶《限定》(種子などが) 風媒の ❷《限定》空輸の;空挺(てい)の ‖ an ～ division 空挺部隊 ❸《通例叙述》(飛行機が)離陸して, 浮揚[飛行]して

áir·brìck 名C《英》有孔れんが《通気用の穴がある》

áir·brùsh 名C ❶ エアブラシ《塗料吹付・写真修正用》 ❷💻(ペイントソフトなどの)エアブラシ
—動他 ❶ …をエアブラシで描く[修正する];…をエアブラシで消す《*out*》 ❷💻(エアブラシで)…を描く

Áir·bùs 名C《商標》エアバス《中近距離用大型旅客機》

áir-condìtioned 形 空気調節装置を施した, 冷暖房装置付きの

áir-còol 動他〖機〗…を空気冷却する
～ed 形 **～·ing** 名UC 空気冷却(装置[法])

***air·craft** /éərkræ̀ft | -kɑ̀ːft/ 名 (複 ～) C 航空機, 飛行機《ヘリコプターやグライダーも含まれる》‖ Please remain seated until the ～ comes to a complete stop. 飛行機が完全に止まるまでそのままお座席におつき願います《機内放送》 ▶▶～ **càrrier** 名C 航空母艦

áircràft·man /-mən/ 名 (複 **-men** /-mən/) C〖英空軍〗2等航空兵(→ leading aircraftman)

áircraft·wòman 名 (複 **-wòmen**) C〖英空軍〗女子2等航空兵

áir·crèw 名C《集合的に》《単数・複数扱い》(航空機) 搭乗員

áir·dàte 名C 放送(予定)日

áir·dròme 名C《米》(小規模の) 飛行場 (《英》aerodrome)

áir·dròp 名C (パラシュートによる)空中投下

áir-dròp 動 (**-dropped** /-t/; **-drop·ping**) 他 …を空中投下する **-dròpped** 形 (物資・兵力などが) 落下傘で空中投下された

áir-drỳ 動 (**-dried** /-d/; **~·ing**) 他 (空気にさらして) …を乾かす, 干す **—形** 完全に乾燥した

Aire·dale /éərdèɪl/ 名 (=～ **tèrrier**) C〖動〗エアデールテリア《英国産の大型のテリア犬》

áir·fàre 名C 航空運賃

***áir·fìeld** 名C〖空〗(小規模の)飛行場, 空港

áir·flòw 名UC (飛行機・車などの起こす)気流

áir·fòil 名C《米》〖空〗エアフォイル《翼・プロペラなど飛行機に浮力と操縦性を与える部分》(《英》aerofoil)

***áir fòrce** 名《ときに A- F-》C《集合的に》《単数・複数扱い》空軍《略 AF》(→ army, navy) ‖ the US *Air Force* 米国空軍

áir·fràme 名 C〘空〙(飛行機・ロケットなどの)(エンジン以外の)機体

áir·frèight 名 U 貨物空輸業[便]；空輸貨物；C 空輸貨物代金 ━動 他…を空輸する

áir·hèad[1] 名 C〘軍〙空挺堡(くうていほ)《落下傘部隊の確保した敵地》

áir·hèad[2] 名 C《俗》《けなして》頭の空っぽな人

air·ing /éərɪŋ/ 名 C《通例単数形で》❶ 公表, 公開 ‖ get an ～ 公表される / give a scandal an ～ スキャンダルを公にする ❷ 空気にさらすこと, 風に当てること ❸ 戸外運動, 散歩；ドライブ ❹ (ラジオ・テレビの)放送

▸▸ **～ cùpboard** 名 C《英》(衣類の)乾燥用戸棚

áir kìss 名 C《戯》エアキッス《口は近づけるが, 触れ合わせない》 **áir-kìss** 動 他

áir·less /-ləs/ 形 空気のない；風通しの悪い；無風の

***áir·lìft** 名 C〈軍隊・物資などの〉空輸〈of〉；空輸された人員[物資] ━動 他…を空輸する

‡air·line /éərlàɪn/

━名 (複 **～s** /-z/) C ❶《単数・複数扱い》**航空会社**(♦ 社名の場合には通例複数形) ‖ a Japanese ～ 日本の航空会社 / Japan *Airlines* 日本航空 / an ～ pilot 航空会社のパイロット

❷ 定期航空路 ❸ (＝**～ lìne**)空気供給管

áir·lìner 名 C 大型定期旅客機

áir·lòck 名 C ❶ (宇宙船・潜水艦の)気密室, 出入口；気閘(きこう)《圧縮空気内での工事の際, 高圧部と外部との間に設ける出入口》 ❷ (パイプ中の液体の流れを阻止する)気泡；(気泡による)詰まり

***air·mail** /éərmèɪl/ 名 U 航空便, 航空郵便；《集合的に》航空郵便物(♦ air mail とも書く) ‖ by [OR via] ～ 航空便で(♦ 専用の封筒にある par avion はフランス語)

━副 航空便で ‖ send a parcel ～ 小包を航空便で送る

━動 他《(＋目 *A*)＋目 *B* ⇄ ＋目 *B* (＋to 目 *A*)》航空便で(*A*(人)に)*B*(物)を送る ‖ ～ (him) a birthday card 航空便で(彼に)バースデーカードを送る

▸▸ **～ lètter** 名 C 航空書簡

áir·man /-mən/ 名 (複 **-men** /-mən/) C 飛行士；〘米空軍〙空士《最下級の航空兵》；〘英空軍〙航空兵《士官のすぐ下の階級》

áir·mìss 名 U《英》〘空〙異常接近, ニアミス(near miss)

áir·mòbile /英 ˌ ́ ─ ─/ ⊲ン 形〘米軍〙(地上部隊が)空中移動する, 空中機動の

***air·plane** /éərplèɪn/ 名 C《米》飛行機, 航空機(《英》aeroplane)(♦ 単に plane ということも多い) ‖ travel by ～ 飛行機で旅をする[移動する] / board [OR get on] an ～ 飛行機に搭乗する / get off an ～ 飛行機から降りる

áir·plày 名 U (ラジオの録音)放送(時間[回数])

‡air·port /éərpɔ̀ːrt/

━名 (複 **～s** /-s/) C **空港**, 飛行場 ‖ the ～ terminal 空港ターミナル / land at Narita *Airport* 成田空港に着陸する

▸▸ **～ fiction** 名 U (空港で売っている低俗な) 旅行用読み物としての小説

áir·pòt 名 C エアポット, コーヒー保温器[瓶]

áir ràid 名 C 空襲 **áir-ràid** 形《限定》空襲の ‖ an ～ alarm [OR warning] 空襲警報

áir·scrèw 名 C《英》(飛行機の)プロペラ(propeller)

àir-sèa réscue 名 C U (航空機と船による) 海上救難作業(隊)

áir·shìp 名 C 飛行船

áir·sìck 形《通例叙述》飛行機に酔った

áir·sìckness 名 U 飛行機酔い；航空病

▸▸ **～ bàg** 名 C (飛行機酔いのときの)嘔吐(おうと)用袋

áir·sìde 名 C エアサイド《空港内のパスポート審査を終えた旅客と関係者以外立ち入り禁止区域》(↔ landside)

━形 副 エアサイドの[に]

áir·spàce 名 U ❶ 空域, (一国の)領空 ❷ 空間 ❸〘法〙私有地上の空間

áir·spèed 名 U/C《単数形で》〘空〙(飛行機の)対気速度《略 AS》(→ groundspeed)

áir·strèam 名 C ❶ (飛行機・自動車などが起こす) 気流, 高速後流 ❷ 気流；(特に)高層気流

áir·strìp 名 C 離着陸場, (仮設)滑走路；小空港

áir·tìght 形 ❶ 密閉した, 気密の ❷ (防御・議論などが)つけ入る隙(すき)のない, 完璧(かんぺき)な

áir·tìme 名 U ❶ 放送時間；放送開始時刻 ❷ (携帯電話の) 通話時間 ‖ 2 hours' free ～ a month 月に2時間の無料通話時間

àir-to-áir ⊲ン 形《限定》空対空の；(飛行中の)2飛行機間の ‖ an ～ missile 空対空ミサイル《略 AAM》

àir-to-gróund ⊲ン 形 飛行機から地上を攻撃する

àir-to-súrface ⊲ン 形《限定》飛行機から地上[海上]を攻撃する ‖ an ～ missile 空対地[艦]ミサイル《略 ASM》

áir-tràffic contròl /英 ˌ ─ ─ ─ ́ ─/ 名 U〘空〙航空交通管制《略 ATC》 **áir-tràffic contròller** 名 C〘空〙航空交通管制官

áir·wàves 名 複《the ～》(ラジオ・テレビなどの)電波；放送

***air·way** /éərwèɪ/ 名 C ❶ (人体の)気管, 気道 ❷ (患者の)気道確保チューブ ❸《通例 A-s》《単数扱い》…航空会社(♦ 社名として用いる) ‖ All Nippon *Airways* 全日空 ❹ (定期)航空経路(air lane) ❺ (鉱山の)通風道

áir·wòman 名 (複 **-wòmen**) C 女性飛行士；〘米空軍〙女性空士《最下級の航空兵》；〘英空軍〙女性航空兵《士官のすぐ下の階級》

áir·wòrthy 形 (飛行機が) 耐空性の十分な, 安全飛行の可能な **-wòr·thi·ness** 名 U 耐空性

air·y /éəri/ 形 ❶ (広々として) 風通しのよい ❷ 軽薄な, 軽々しい, 移り気な ❸ 実体のない, 幻想的な, 現実離れした ‖ ～ hopes とりとめのない希望 ❹ 空気[大気]の(ような)；軽い, ふわりと浮かぶ ❺ 空高くそびえる, 空中の ❻ (動作などが)軽やかな, (態度などが)優美な；陽気な, 元気はつらつとした **áir·i·ly** 副 快活に, 軽やかに, 優美に **áir·i·ness** 名 U 風通しのよさ；快活さ, 軽快さ, 優美

àiry-fáiry ⊲ン 形《主に英口》実体のない, 非現実的な

***aisle** /aɪl/《発音注意》名 C ❶ (座席間・棚と棚の間などの) 通路 ‖ I prefer to sit by the ～ in a plane. 機内では通路側の席に座る方がいい / walk down the ～ to the front row 最前列まで通路を歩く / a frozen food ～ (スーパーなどの)冷凍食品売場の通路 ❷〘建〙(教会堂の)側廊

àcross the áisle ① 通路を隔てて ② 全[両]陣営にまたがる ‖ *across-the-*～ support 全[両]陣営からの支持

be ròlling in the áisles (聴衆が)笑い転げる

gò [OR ***wàlk***] ***dòwn the áisle*** 結婚する(♦ 結婚した2人が教会の出口への通路を行くことから)

tàke a pèrson dòwn the áisle；***lèad a pèrson ùp the áisle*** 〔人〕と教会で結婚する

ait /eɪt/ 名 C《英・方》(川・湖の中の)小さな島, 川中島

aitch /eɪtʃ/ 名 C H[h]の字[音] ‖ drop one's ～*es* (語頭の) h を落として発音する《コクニー(cockney)の特徴》

áitch·bòne 名 C ❶ (特に牛の)臀(しり)の骨(rump bone) ❷ 臀骨(でんこつ)付き牛肉, イチボ

a·jar /ədʒɑ́ːr/ 副 形《叙述》(戸・窓などが)少し開いて[た] ‖ leave a door ～ ドアを少し開けたままにしておく

A·jax /éɪdʒæks/ 名 ❶〘ギ神〙アイアス《トロイ戦争の英雄. Achilles のよろいが Odysseus に与えられたのを悔しがり自殺する》 ❷〘ギ神〙(小)アイアス《トロイ戦争の英雄で足の速さは Achilles に次ぐ》 ❸ 💻 エイジャックス《インタラクティブなウェブインターフェースを実現する技術》(♦ *a*synchro-nous *J*avaScript *a*nd *X*ML の略)

ÀK 略〘郵〙Alaska

àká, à.k.á., ÀKÁ 略 *a*lso *k*nown *a*s(別名…)

a·kim·bo /əkímbou/ 副 形 《名詞の後に置いて》両手を腰に当てひじを張って ‖ (with one's) arms ～ 手を腰に当て両ひじを張って(♥ 挑戦的な態度)

akimbo

a·kin /əkín/ 形 《叙述》❶〈…と〉同種の, 類似した〈**to**〉❷ 血縁の, 同族の;〖言〗〈…と〉同語族の〈**to**〉

ak·va·vit /ɑ́:kvəvì:t | ǽk-/ 名 =aquavit

Al¹ /æl/ 名 アル《Albert, Alexander, Alfred の愛称》

Al² 記号〖化〗aluminum(アルミニウム)

AL 略〖郵〗Alabama ; Albania ; *A*merican *L*eague ; *a*rtificial *l*ife(人工的生命)

al- 接頭 《l の前で》=ad- ‖ *al*lude

-al /-əl/ 接尾 ❶《形容詞語尾》「…の性質の」の意 ‖ logic*al*, person*al* ❷《名詞語尾》「…すること」の意 ‖ arriv*al*, tri*al* ❸《名詞語尾》「…のアルデヒド」「…の薬剤」の意 ‖ chlor*al*

a la, à la /ɑ́: lɑ: | ǽ lɑ:/ 形 副 …流の[に], …風の[に];…をまねた[て], …に従った[て];…を添えた[て] ‖ ～ Hollywood ハリウッド式の[に] / ～ meunière /mənjéər/〖料理〗ムニエル風の[に](♦ フランス語より)

Ala. 略 Alabama

Al·a·bam·a /æ̀ləbǽmə/ ⊲ジ 名 ❶ アラバマ《米国南東部の州. 州都 Montgomery. 略 Ala.,〖郵〗AL》❷《the ～》アラバマ川

-bám·an, -bám·i·an 形 名 C アラバマ州の(人)

al·a·bas·ter /ǽləbæ̀stər | -bɑ̀:s-/ 名 U ❶ 雪花石膏(せっこう) ❷ (しまのある)大理石 **—**形 雪花石膏(製)の;《文》(雪花石膏のように)白くて滑らかな

a la carte, à la carte /ɑ̀: lɑ: kɑ́:rt | æ̀ lɑ:-/ 副 形 (定食でなく)メニューから好みの料理を選んで(の) ‖ an ～ dinner アラカルトのディナー

語源 フランス語=by the menu(メニューによって). *carte* は card と同語源.

a·lack /əlǽk/, **a·lack-a·day** /əlǽkədèɪ/ 間《古》《文》ああ(♥ 後悔・落胆・驚きなどを表す)

a·lac·ri·ty /əlǽkrəṭi/ 名 U 敏活さ, 機敏さ;活発;積極性;乗り気 ‖ with ～ てきぱきと, きびきびと

A·lad·din /əlǽdɪn/ 名 アラジン《*The Arabian Nights* 中の「アラジンと魔法のランプ」の主人公》

à la king /ɑ̀: lɑ: kíŋ | æ̀ lɑ:-/ 形 《通例名詞の後に置いて》〖料理〗アラキング風の《マッシュルームとピーマン入りのクリームソースで煮る》‖ chicken ～ チキンアラキング

Al·a·mo /ǽləmòu/ 名 《the ～》アラモ《米国テキサス州サンアントニオ北東部にあったフランシスコ派の伝道所. テキサス独立戦争の際(1836), ここをとりでとしてメキシコ軍と戦った Davy Crockett を含む守備隊が全滅した》

a la mode, à la mode /ɑ̀: lɑ: móud | æ̀ lɑ:-/ 形 副 ❶《叙述》《旧》流行の[に従って], 当世風の[に] ❷《名詞の後に置いて》《米》(ケーキなどが)アイスクリームを添えた[て] ‖ pie ～ パイアラモード ❸ (牛肉が)野菜とともにワインで煮込まれた[て]

語源 フランス語=in the fashion(流行の)

***a·larm** /əlɑ́:rm/ 中心義 **危険に突然気づいて感じる恐れや不安, 危険を知らせるもの**

—名 (複 **～s** /-z/) ❶ U (恐怖を交えた)**驚き**, おびえ, 不安, (危険に突然気づいての)恐れ, 恐怖 ‖ She jumped up in great ～. 彼女はあまりの驚きに飛び上がった / He expressed ～ that he would lose the election. 彼は落選するのではないかとの不安を表した / take [OR feel] ～ at the news その知らせに驚きおびえる

❷ C 警報機[装置], 非常ベル ‖ a **fire** [**smoke, burglar**] ～ 火災[煙, 盗難]報知器

❸ C 《通例単数形で》(信号・大声などによる)**警報**;警鐘 ‖ raise a **false** ～ 間違った警報を発する / He gave [OR **raised, sounded**] the ～ about the population explosion. 彼は人口爆発について警鐘を鳴らした

❹ (=**～ clòck**) **目覚まし時計** ‖ I woke up before the ～ went off. 目覚ましが鳴る前に起きた / **set** an ～ for six o'clock 目覚ましを6時にセットする

—動 (**～s** /-z/ ; **～ed** /-d/ ; **～·ing**) 他 ❶ …をぎくりと[はっと]させる, 心配させる, …に大変だと感じさせる;《受身形で》〈…で〉はっとする, 驚く〈**at, by**〉‖ Sorry to ～ you. 驚かせてすみません / I was *～ed by* a cry of fire. 「火事だ」の叫びにびっくりした / He was *～ed at* the news. 彼はその知らせを聞いて不安になった

❷〔ドアなど〕に警報機を取りつける, …の警報機が作動するようにしておく ❸ …に警報を発する, 警戒させる

～ed 形 ① おびえて, 不安で ② 警報装置付きの

語源 *al-* to(…へ)+*-arm* arms(武器)

▸▸ **～ bèll** (↓) **～ càll** 名 C ① (鳥や動物の)警戒音 ② モーニングコール

alárm bèll 名 C (非常)警報ベル;警鐘

alárm bèlls ríng ; alárm bèlls stàrt ríngìng (問題に気づいて)気がかりだ, 心配だ

***a·larm·ing** /əlɑ́:rmɪŋ/ 形 人をぎくりとさせる, 驚くべき;(事態などが)容易でない, 不安にさせる(ほどの) ‖ at an ～ rate 驚くほどに **～·ly** 副 驚くほどに

alárm·ist 名 C 人騒がせな人;苦労性の人

—形 人騒がせな;心配性の

a·lar·um /əlǽrəm/ 名 《古》=alarm

alàrums and excúrsions ①〖劇〗(エリザベス朝演劇のト書で)混戦乱闘 ②《戯》どたばた騒ぎ, てんやわんや

a·las /əlǽs/ 間 《主に文》《戯》ああ, 残念なるかな(♥ 悲嘆・憂慮・遺憾などを表す) ‖ *Alas*, it is too late. ああ駄目だ, 遅すぎた **—**副 悲しいかな

Alas. 略 Alaska

A·las·ka /əlǽskə/ 名 アラスカ(州)《北米大陸北西端にある米国最大の州. 州都 Juneau /dʒú:nou/. 略 Alas.,〖郵〗AK》 **-kan** 形 名 C アラスカ州の(人)

▸▸ **～ Híghway** 名 《the ～》アラスカハイウェイ《カナダのドーソン=クリークとアラスカのフェアバンクスを結ぶ. 1942年建設》 **～ (Stàndard) Tìme** 名 U 《米》アラスカ標準時(GMTより9時間遅い. 略 AST)

alb /ælb/ 名 C〖宗〗アルバ《ミサで着る白麻の司祭服》

al·ba·core /ǽlbəkɔ̀:r/ 名 (複 **～** OR **～s** /-z/) C〖魚〗ビンナガ《胸びれの長いマグロ(tuna)の一種》

***Al·ba·ni·a** /ælbéɪniə/ 名 アルバニア《バルカン半島南西部の共和国. 公式名 the Republic of Albania. 首都 Tirana》

***Al·ba·ni·an** /ælbéɪniən/ 形 アルバニアの;アルバニア人[語]の **—**名 C アルバニア人;U アルバニア語

Al·ba·ny /ɔ́:lbəni/ 名 オールバニー《米国ニューヨーク州の州都》

***al·ba·tross** /ǽlbətrɑ̀(:)s, -trɔ̀:s | -trɔ̀s/ 名 (複 **～** OR **～·es** /-ɪz/) C ❶〖鳥〗アホウドリ《南太平洋に生息》❷《英》〖ゴルフ〗=double eagle ③ ❸《通例単数形で》(罪の意識・責任感などから来る)絶えざる心の重圧, 苦労のもと;足手まとい, 障害

an álbatross around [OR *round*] *one's néck* 罪悪感;頭痛の種, 重荷

al·be·do /ælbí:dou/ 名 C〖天〗アルベド, 反射能《外部からの光を天体が反射する割合. 天体表面が雲や雪に覆われていれば高くなる》

***al·be·it** /ɔ:lbí:ɪt/ 接 …とはいえ(although);たとえ…といえども(even though) ‖ There is still a chance, ～ a slim one, that we can survive. わずかだがまだ生き残れるチャンスはある

Al·bert /ǽlbərt/ 名 ❶ **Prince ～** アルバート公(1819–61)《ビクトリア女王の夫》(Prince Consort) ❷ (=**～ cháin**)《a-》C (ベストにつける)アルバート型の時計鎖《Prince Albert が愛用した》

A

Al·ber·ta /ælbə́ːrṭə/ 名 アルバータ《カナダ南西部の州. 州都 Edmonton. 略 Alta.》
　-tan 形 名 C アルバータ州の(人)
al·bes·cent /ælbésənt/ 形《古》白くなりかけた
al·bi·nism /ǽlbɪnɪ̀zm/ 名 U 〖医〗(皮膚・毛髪などの) 色素欠乏症, 白皮症 ; 〖植〗白化
al·bi·no /ælbáɪnoʊ | -bíː-/ 名 (複 **~s** /-z/) C (人間の) 白子(しらこ), アルビノ ; (動植物の)白変種
　── 形《限定》白子の, アルビノの
Al·bi·on /ǽlbiən/ 名 アルビオン《Great Britain または England の古名. 南部海岸の白亜質の絶壁に由来》
*****al·bum** /ǽlbəm/ 名 C 《アクセント注意》 ❶ アルバム《写真帳・切手帳・楽譜帳・絵はがき帳・サイン帳など》‖ a wedding ～ 結婚アルバム / an autograph ～ サイン帳 ❷ アルバム《いくつかの曲・芝居やオペラ全体を入れた, または数枚組のCD・レコード》(↔ single) ‖ a two-CD ～ 2枚組CDアルバム ❸ (LPレコードの)ジャケット, ボックス
　語源 ラテン語で「白い(帳面)」の意から.
al·bu·men /ælbjúːmən | ǽlbjumɪn/ 名 ❶ U 卵白 (→ yellow) ❷ ＝albumin
al·bu·min /ælbjúːmən | ǽlbjumɪn/ 名 U 〖生化〗アルブミン《生体細胞・体液中の単純タンパク質》
Al·bu·quer·que /ǽlbəkə̀ːrki/ 名 アルバカーキ《米国ニューメキシコ州のリオ＝グランデに臨む都市》
Al·ca·traz /ǽlkətræ̀z/ 名 アルカトラズ《サンフランシスコ湾内の小島. 連邦刑務所があった(1933–63)》
Al·ca·zar /ǽlkəzɑ̀ːr/ 名 ❶ アルカサル宮《スペインのセビリアにあるムーア人(Moor)が建てた宮殿. 後にスペイン王の宮殿》 ❷ (a-) C (スペインのムーア人の)宮殿, 要塞(ようさい)
al·che·mist /ǽlkəmɪst/ 名 C 錬金術師
al·che·my /ǽlkəmi/ 名 U (中世の)錬金術 ; (平凡なものを魅力あるものに変える)魔力 ; 秘法
　al·chém·ic 形 **-chém·i·cal** 形
ÀLCḾ 略 *a*ir-*l*aunched *c*ruise *m*issile (空中発射巡航ミサイル)
*****al·co·hol** /ǽlkəhɔ̀(ː)l/ 《発音注意》 名 〔▶ alcoholic 形〕 ❶ U アルコール飲料, 酒(↔ soft drink) ‖ No ～ is allowed on the premises. 構内酒類禁止 / drink much ～ 多量の酒を飲む / avoid [stay off] ～ アルコールを避ける[控える] / ～ abuse アルコール乱用 / ～-free beer ノンアルコールビール ❷ U (溶剤・燃料・薬などに使われる) アルコール, エチルアルコール (ethyl alcohol) ❸ C 〖化〗アルコール《炭素と結合したヒドロキシ基を含む有機化合物の総称》
*****al·co·hol·ic** /æ̀lkəhɔ́(ː)lɪk/ 形 〔◁ alcohol 名〕 (**more** ～ ; **most** ～) (♦ ❶ 以外比較なし) ❶ アルコール(性)の ; アルコール入りの ‖ ～ beverages [OR drinks] アルコール飲料 ❷《限定》アルコールによる ‖ be in an ～ stupor 泥酔している ❸ アルコール依存症の(→ alcoholism)
　── 名 C アルコール依存症患者 **-i·cal·ly** 副
　⏩ **Alcohòlics Anónymous** 名 アルコール依存症者更生会《1935年創設. 本部ニューヨーク. 略 AA》
álcohol·ìsm 名 U アルコール依存(症)
al·co·hol·om·e·ter /æ̀lkəhɔːlɑ́(ː)məṭər | -ɔ́mɪ-/ 名 C アルコール分計量器, アルコール比重計
al·co·pop /ǽlkoʊpɑ̀(ː)p | -pɔ̀p/ 名 U C 《英》アルコール入りソフトドリンク(♦ *alco*hol＋*pop* より)
Al·cott /ɔ́ːlkɑ̀(ː)t | -kət/ 名 **Louisa May** ～ オールコット (1832–88)《米国の女流作家》
al·cove /ǽlkoʊv/ 名 C ❶ アルコーブ《部屋の壁の一部を押し入れのようにくぼませて作った小室. 寝台・本棚などを置く》; 主室に続く奥の小部屋 ; (日本建築の) 床の間 ❷ (生け垣などの) くぼんだ場所 ; (庭園などの)あずまや

alcove ❶

ÀLCŚ 略 *A*merican *L*eague *C*hampionship *S*eries (アメリカンリーグ優勝決定シリーズ)
al·de·hyde /ǽldɪhàɪd/ 名 C 〖化〗アルデヒド《アルデヒド基(CHO)を持つ化合物》
al den·te /æl dénti/ 形 《名詞の後に置いて》〖料理〗(パスタが)歯ごたえのある(ように調理された), アルデンテの(♦ イタリア語より)
al·der /ɔ́ːldər/ 名 C 〖植〗ハンノキの類 ; U ハンノキ材
al·der·man /ɔ́ːldərmən/ 名 (複 **-men** /-mən/) C ❶ 《米・カナダ・豪》市会議員 ❷ (イングランド・ウェールズの)市[州]参事会員《1974年廃止》 ❸ 〖英国史〗州長《アングロ＝サクソン時代の州の長官》 **àl·der·mán·ic** 形
Al·der·ney /ɔ́ːldərni/ 名 ❶ オールダニー島《英仏海峡内の小島》 ❷ C オールダニー種の乳牛
ÀLDŚ 略 *A*merican *L*eague *D*ivision *S*eries (アメリカンリーグ地区シリーズ)
ale /eɪl/ 名 ❶ U C 《主に英》エール《アルコール分の多いビールの一種》; C エール1杯[本, 缶] ❷ U (一般に)ビール ❸ U 《米》上面発酵ビール
a·le·a·to·ry /éɪliətɔ̀ːri | æliéɪtəri/ 形 ❶ さいころ振り[偶然]による ❷ 〖楽〗即興的な, 偶然性の
al·ec, al·eck /ǽlɪk/ 名 C 《豪俗》ばか, 間抜け(→ smart alec)
a·lee /əlíː/ 副 形 《叙述》〖海〗風下に[へ(の)]
ále·hòuse 名 C 《旧》酒場, 居酒屋, ビヤホール
a·lem·bic /əlémbɪk/ 名 C (昔の)蒸留器, ランビキ
*****a·lert** /əlɔ́ːrt/ 形 (**more** ～ ; **most** ～) ❶ (行動・思考などが) 敏速な ‖ I'm not feeling very ～ today. 今日はあまり頭の回転がよくない / The city was not ～ about [OR in] preventing pollution. 市による汚染防止は敏速さに欠けていた / a lively and ～ child 活発で機敏な子供 ❷《叙述》〈危険などに対して〉油断のない, 抜け目ない, いつも注意[警戒]している〈**to, for**〉‖ The town is ～ *to* the danger of an approaching hurricane. 町は接近中のハリケーンの危険に対し警戒中である / remain [OR stay] ～ *for* any sign of change 変化の兆しがないかと目を光らせている
　── 名 U 警戒 ; C (空襲などの)警報 ; 警報発令期間 ; (電子機器などによる) 合図音 ‖ a state of ～ 警戒態勢 / a fire ～ 火災警報 / order [OR give] an ～ for all forces 全軍に(警戒)待機命令を出す / a red ～ (敵軍来襲直前の)緊急(空襲)警報
　on* (*the*) *alért 〈…を〉油断なく警戒[待機]中で, 見張って〈**for**〉‖ Be *on the* ～ *for* food poisoning during the rainy season. 梅雨時は食中毒に注意しなさい
　── 動 他 …を〈…に対して〉警戒態勢に置く ; …に警報を出す ; …を警戒させる〈**to**〉‖ Inhabitants were *～ed to* the danger of an approaching storm. 接近する嵐(あらし)の危険に警戒するよう住民に警報が出された
　～·ly 副 **～·ness** 名
A·leut /əlúːt | æliùːt/ 名 ❶ (the ～)《集合的に》アレウト族《アリューシャン列島およびアラスカ西部に居住》 ❷ C アレウト族の人 ❸ U アレウト語
A·leu·tian /əlúːʃən/ 形 アリューシャン列島の ; アレウト族[語]の ⏩ **～ Íslands** 名 (the ～) アリューシャン列島《アラスカ半島からカムチャツカ半島に延びる火山列島. Aleutians ともいう》
*****A lev·el** /éɪ lèvəl/ 名 C U 《英》〖教育〗(GCEの) 上級課程の試験《18歳で受ける》; (GCEの)上級課程(→ O level)(♦ *a*dvanced *level* より)
ále·wìfe 名 (複 **-wives** /-wàɪvz/) C 〖魚〗エールワイフ《北米大西洋岸産のニシンの一種》
Al·ex /ǽlɪks/ 名 アレックス《Alexander の愛称》
Al·ex·an·der /æ̀lɪgzǽndər | -zɑ́ːn-/ 名 **～ the Gréat** アレクサンダー大王 (356–323 B.C.)《マケドニア王 (336–323 B.C.)》
Al·ex·an·dri·a /æ̀lɪgzǽndriə | -zɑ́ːn-/ 名 アレクサンドリア《エジプト北部, ナイル川デルタにある港湾都市. ヘレニズム

A

文化の中心地)

Al·ex·an·dri·an /æ̀lɪgzǽndriən | -zɑ́:n-/ 〈シ 形 ❶アレクサンダー大王(統治)の ❷アレクサンドリアの;〖哲〗アレクサンドリア学派の ❸(作家などが)模倣的な

al·ex·an·drine /æ̀lɪgzǽndrɪn | -zɑ́:n-/ 形 名 C 《通例 ~s》〖韻〗アレキサンダー格の(詩行)《12または13音節からなる弱強[短長, 抑揚]6歩脚の詩行》

al·ex·an·drite /æ̀lɪgzǽndràɪt | -zɑ́:n-/ 名 U 〖鉱〗アレキサンドライト《金緑石の一種. 6月の誕生石》

a·lex·i·a /eɪléksiə/ 名 U 〖医〗失読(症)

Alf /ælf/ 名 アルフ《Alfred の愛称》

al·fal·fa /ælfǽlfə/ 名 U 〖植〗アルファルファ, ムラサキウマゴヤシ(lucerne)《クローバーに似たマメ科の牧草. 食用》

Al·fred /ǽlfrɪd/ 名 **~ the Gréat** アルフレッド大王 (849–899)《ウェセックスの賢王(871–899). イングランド王国の基礎を築く》

Al·fre·do /ælfréɪdoʊ/ 名 (= **~ sàuce**) U 〖料理〗アルフレード(ソース)《バター, 生クリーム, ニンニク, パルメザンチーズなどで作るパスタ用ソース》

al·fres·co /ælfréskoʊ/ 副 形 戸外で(の) ‖ an ~ lunch 戸外での昼食

al·ga /ǽlgə/ 名 (複 **-gae** /-dʒiː/) C 《通例 -gae》〖植〗藻, 藻類 **-gal** 形 《限定》藻類の

al·ge·bra /ǽldʒɪbrə/ 名 U 代数学
àl·ge·brá·ist 名 C 代数学者

al·ge·bra·ic /æ̀ldʒɪbréɪɪk/, **-i·cal** /-ɪkəl/ 〈シ 形 代数の, 代数学上の **-i·cal·ly** 副

***Al·ge·ria** /ældʒíəriə/ 名 アルジェリア《アフリカ北西部, 地中海に面する共和国. 公式名 the People's Democratic Republic of Algeria. 首都 Algiers》

***Al·ge·ri·an** /ældʒíəriən/ 形 アルジェリア(人)の
——名 C アルジェリア人

-algia 接尾 《名詞語尾》「…痛 (pain)」の意 ‖ neur*algia* (神経痛)

Al·giers /ældʒíərz/ 名 アルジェ《アルジェリアの首都》

al·gìn·ic ácid /ældʒìnɪk-/ 名 U 〖化〗アルギン酸《海藻に含まれる高粘度の多糖類》

AL·GOL, Al·gol /ǽlgɑ(ː)l, -gɔːl | -gɔl/ 名 U 💻アルゴル《科学技術計算用のプログラミング言語》(♦ *algo*rithmic+*l*anguage より)(⇨ PASCAL)

Al·gon·qui·an /ælgɑ́(ː)ŋkwiən | -gɔ́ŋ-/, **-gon·ki·an** /-kiən/ 名 ❶ U 〖言〗アルゴンキン語族《北米先住民語中の最大の語族》❷ C アルゴンキン語族を母語とする人
——形 アルゴンキン語族の

Al·gón·quin /-kwɪn/ 名 ❶ U アルゴンキン族《北米先住民の一部族》; C アルゴンキン族の人 ❷ U アルゴンキン語
——形 アルゴンキン族[語]の

al·go·rithm /ǽlgərɪðm/ 名 C 〖数〗アルゴリズム《計算や問題を解決するための手順・方式》; C 💻(コンピュータープログラミングによる)問題解決の手順, アルゴリズム
àl·go·ríth·mic 形

Al·ham·bra /ælhǽmbrə/ 名 《the ~》アルハンブラ宮殿《スペインのグラナダにある13–14世紀にムーア人(Moor)が建てた古城》

a·li·as /éɪliəs/ 副 別名[通称]で, …こと(♦通例犯罪者や俳優などに用いる) ‖ Edward Hall, ~ John Turner ジョン=ターナーこと本名エドワード=ホール ——名 C ❶別名, 通称; 偽名 ‖ under an ~ 通称[偽名]で ❷💻エイリアス《ファイルやフォルダなどにアクセスするための別名》

A·li Ba·ba /ɑ̀:li bɑ́:bɑ: | æ̀li-/ 名 アリ=ババ《*The Arabian Nights* 中の「アリ=ババと40人の盗賊」の主人公. "Open sesame! (開けごま)" という呪文(じゅもん)で盗賊の洞窟(どうくつ)に入り, 宝を手に入れた》

***al·i·bi** /ǽləbàɪ/ 名 C ❶〖法〗〈…の〉アリバイ, 現場不在証明〈**for**〉‖ prove [have] an ~ *for* the evening その晩のアリバイを証明する[がある] ❷《口》〈…のための〉言い訳, 口実(excuse)〈**for**〉❸アリバイを立証する人[もの]
——動 他 《口》〔人〕のアリバイを証明する;〔人〕のために言い訳をしてやる

Al·ice /ǽlɪs/ 名 アリス《*Alice's Adventures in Wonderland* の主人公》 ▸▸**~ bànd** 名 C 《英》(アリスがつけているような)ヘアバンド, カチューシャ

Àlice-in-Wónderland 形 《限定》現実的でない, 非論理的な

***al·ien** /éɪliən/ 《発音注意》 形 (**more ~ ; most ~**) (♦❶以外比較なし) ❶〈…にとって〉異質の, 相いれない, 相反する〈**to**〉;〈…と〉かけ離れた, 異なった〈**from**〉‖ The band is ~ *to* the musical tradition of the West. そのバンドは西洋音楽の伝統とは異質のものである / matters ~ *from* our subject 我々の主題とは別の[かけ離れた]問題 ❷外国の, 外国人の ‖ an ~ culture 外国文化 ❸宇宙人の ❹(動植物が)よそから持ち込まれた, 外来の
——名 C ❶外国人(♥しばしば軽蔑的に用いられる);〖法〗領土外で生まれた者; 居留外国人 ‖ illegal ~*s* 不法滞在外国人 ❷宇宙人, 異星人 ❸外来動物[植物]

al·ien·a·ble /éɪliənəbl/ 形 〖法〗(所有権を)譲渡[移転, 売却]できる **àl·ien·a·bíl·i·ty** 名

***al·ien·ate** /éɪliənèɪt/ 動 他 ❶〔人〕を〈…から〉遠ざける, …との不和を招く; …を離れさせる, 疎外させる;〔愛情など〕を〈…から〉それさせる〈**from**〉‖ They feared that the strategy might ~ public opinion. 彼らはその戦略が世論の反発を招きはしないかと恐れた / feel ~*d from* the society 社会から疎外された気がする / ~ his heart *from* his father 彼の心を父親から引き離す / (socially) ~*d* young people (社会的に)疎外された若者たち ❷〖法〗〔財産など〕を譲渡する

al·ien·a·tion /èɪliənéɪʃən/ 名 U ❶疎外, 疎隔, 離間, 仲たがい; 愛情の移転 ‖ ~ of affection(s) 〖法〗(第三者による夫婦関係の不和につながるような)愛情干渉 ❷〖法〗(財産などの)譲渡, 割譲 ❸〖心〗情動疎遠《外部世界の実在が感じられなくなったり自分が生きているという実感が失われた精神状態》

al·ien·ee /èɪliəníː/ 名 C 〖法〗=grantee

al·ien·ist /éɪliənɪst/ 名 C 《主に米》(特に法廷での証言を専門にする)司法精神科医

a·light[1] /əláɪt/ 動 (**~·ed** /-ɪd/ OR **a·lit** /əlɪ́t/ ; **~·ing**) 自 《堅》❶〈馬・乗り物などから〉降りる(get off)〈**from**〉❷〈…に〉(飛行機が)着陸[着水]する;(鳥が)(降りて)とまる〈**in, on, upon**〉❸〈…に〉偶然出くわす;〈…を〉偶然見つける〈**on, upon**〉

a·light[2] /əláɪt/ 形 《叙述》燃えて(on fire); 火[明かり]がともって; 輝いて ‖ set dead leaves ~ 枯れ葉に火をつける / eyes ~ with enthusiasm 熱狂に輝く目

a·lign /əláɪn/ 動 他 ❶…を1列[一直線]に並べる, 直線上に置く; …を整列させる;〔機械など〕を調整[調節]する ‖ ~ the chairs in two rows いすを2列に並べる ❷(主張・政策などで)…を〈…と〉提携[団結]させる, …に〈…と〉共同歩調をとらせる〈**with, to**〉‖ ~ oneself *with* other people ほかの人々と提携する[共同歩調をとる]
——自 1列に並ぶ;〈…と〉提携[団結]する〈**with**〉

a·lígn·ment /-mənt/ 名 ❶ U 一直線になること, (1列の)整列; C 一直線, 整列線 ‖ in [out of] ~ with ... …と1列に並んで[並ばずに] ❷ U (政治運動などにおける)提携, 連帯協力; C 連合体 ❸ C (道路・鉄道などの)平面線形; 平面図 ❹ U C (機械などの)調整[調節];(車輪の)前輪調整;(ラジオ・テレビの)調整 ❺ C 〖考古〗立石(たていし)の並列, 列石 ❻ U 💻(罫線枠・印刷などの)位置合わせ, 字並び, 桁(けた)合わせ

***a·like** /əláɪk/ 形 (**more ~ ; most ~**) 《叙述》(互いに)似ている, 同様で, 等しい ‖ These twins are exactly [OR very much] ~. この双子はうり二つだ(♦《口》では very alike も使われる)
——副 (**more ~ ; most ~**) ❶同じように, 平等に ‖ She tries to treat all children ~. 彼女はすべての子供を平等に扱うようにしている ❷(共に)等しく, 同様に(♦A and B alike の形で) ‖ This movie can be enjoyed by

men and women ～. この映画は男女共に楽しめる

al·i·ment /ǽlɪmənt/(→ 動) 名 U C《古》《堅》❶食物, 栄養物 ❷心の糧(ᵏ), 支え, 支持 ❸生活[生命維持]に欠かせないもの；扶養, 扶助；《スコット》〖法〗(妻への)扶助料(alimony) ── 動 /ǽlɪmènt/ 他《堅》❶〔運動など〕を支持する ❷…に滋養を与える；…を扶養する, 養う

àl·i·mén·tal 形 **àl·i·men·tá·tion** 名 U《堅》栄養供給[摂取](作用)；栄養, (生活の)支え, 扶養

al·i·men·ta·ry /æ̀lɪméntəri/ ⟨ジ 形《堅》食物[栄養物]の；滋養になる, 栄養を与える；支えになる, 扶養する

➡ **～ canál [tráct]** 名 C 消化管

al·i·mo·ny /ǽlɪmòuni | -məni/ 名 U《主に米》〖法〗(通例夫が別居[離婚]した妻に与える)扶養手当, 扶助料(《英》maintenance)(♦現在は妻からの場合もあり得る)

a·line /əláɪn/ 動 =align **～·ment** 名 =alignment

A-line /èɪláɪn/ ⟨ジ 形 (スカートなどが)Aラインの, すそが緩やかに広がった

al·i·phat·ic /æ̀lɪfǽtɪk/ ⟨ジ 〖化〗形 脂肪族化合物の；脂肪[質]の ── 名 C《通例 ～s》脂肪族化合物

al·i·quot /ǽlɪkwɑ̀(ː)t | -kwɔ̀t/ 形〖数〗整除数の, 割り切れる；等分した；サンプルの ── 名 C ❶(=～ párt [pórtion])〖数〗整除数, 約数 ❷(等分した)部分；試料 ── 動 他 …を等分する；…から(試料として)一部をとる

Á-lìst 形《通例限定》Aリストの《最も人気の高い俳優や音楽家についていう》(→ B-list)

a·lit /əlít/ 動 alight¹ の過去·過去分詞の1つ

:**a·live** /əláɪv/ 中心義 生きている(状態)

── 形 〔◁ live¹ 動〕(more ～; most ～)《通例叙述》

❶《比較なし》**生きている**, 生きた状態で(♦限定用法では living(人·動物), live /laɪv/(人以外)を用いる.〈例〉a *live* fish) ‖ She's **still** ～. 彼女はまだ生きている / **keep** a patient ～ on a life-support system 生命維持装置で患者の生命を維持する / stay ～ 生き延びる / be buried ～ 生き埋めになる / catch an animal ～ 動物を生け捕りにする

❷ **存続[継続]している**, まだ残っている ‖ **keep** one's hopes [family traditions] ～ 希望を捨てずにいる[家の伝統を守る]

❸ **活気のある**, 生き生きとした, 活発な(♦この意味では限定用法でも用いられるが, その場合は alive を修飾する語が必要.〈例〉a really *alive* student 本当に活気のある学生) ‖ Though old, Grandma is still very much ～. 祖母は年こそとっているがまだはつらつとしている

❹《強意用法》《名詞の後に置いて》生きとし生けるもののうちで, この世で ‖ No person ～ would believe it. そんなことを信じる者などただの一人もいないだろう / the biggest fool ～ これ以上ないほどのばか者

alìve and kícking 《口》元気いっぱいで, ぴんぴんして；活発に活動して

alìve and wéll 元気で；(うわさなどに反して)まだ存続して, 人気が衰えずに

alíve to ... …に敏感で, よく気がついて ‖ I am fully ～ *to* that possibility. その可能性には十分気づいています

alíve with ... (場所などが)…で満ちあふれて, 賑わって[ごった返して] ‖ The shrub was ～ *with* bees. その低木にはミツバチがいっぱい群がっていた

brìng ... alíve …を生き生きさせる, 活気づける

****còme alíve*** 生き生きとしてくる, 活気づく, 賑わう；(話などが)面白く[意義深く]なる

eat a person alive ⇨EAT(成句)

skin a person alive ⇨ SKIN(成句)

Al-Ja·zeer·a /ɑ̀ːl dʒə zírə | æ̀l dʒə zíərə/ 名 アル＝ジャジーラ《カタールの衛星テレビ局》

al·ka·li /ǽlkəlàɪ/《発音注意》名(複 **～s**, **～es** /-z/) U C ❶〖化〗アルカリ, 塩基性物質(↔ acid) ❷〖農〗(農作物に有害な土壌中の)可溶性金属塩, アルカリ塩類 ❸(=～ mètal)〖化〗アルカリ金属《cesium など》

al·ka·line /ǽlkəlàɪn/ 形 アルカリ(性)の, アルカリを含んだ(↔ acid) **àl·ka·lín·i·ty** 名 U

➡ **～ báttery [céll]** 名 C アルカリ電池

àlkaline-éarth mètal 名 U〖化〗アルカリ土(類)金属《barium, calcium, magnesium など》

al·ka·lize /ǽlkəlàɪz/ 動 他 自 (…を[が])アルカリ化する[になる]

al·ka·loid /ǽlkəlɔ̀ɪd/〖化〗名 C アルカロイド, 植物塩基

Al·ka-Selt·zer /æ̀lkəséltsər/ 名 U《商標》アルカセルツァー《米国の胃腸薬》

ál·kyd /ǽlkɪd/ 名 (=～ rèsin) U C〖化〗アルキド樹脂《粘着性の合成樹脂》

al·kyl /ǽlkɪl/〖化〗名 C 形 アルキル(基)(の)《メタン系炭化水素から水素1原子を除いた原子団》

***all** /ɔːl/ 形 代 名 副

中心義 (ひとまとまりとして)すべての

── 形 ❶《複数名詞·代名詞とともに》**すべての**, 全部の, あらゆる, (どれも)みな(⇨ EVERY 類語) ‖ ～ animals すべての動物 / of ～ the students 学生全体の中で / I invited「～ my [×my all] friends to dinner. 友達みんなを食事に招いた(⇨ 語法) / **in almost** [OR **nearly, virtually**] ～ cases ほとんどすべての場合に

❷《単数名詞·代名詞とともに》**全部の**, 全体の(♦the book のような具体的な物について用いることは少ない.「その本全体」というときには all the book ではなく all of the book や the whole book がふつう) ‖ This is ～ the money I have. これが持ち合わせている金の全部だ[有り金はこれだけだ] / ～ day [night] 一日[一晩]中 / ～ my life 私の一生の間 / ～ Japan 日本全土

❸《抽象名詞·身体の部位などを示す名詞とともに》最大の, 最高の；全くの ‖ in ～ seriousness 大まじめに / with ～ speed 全速力で / He was ～ kindness. 彼は親切そのものだった(=He is kindness itself.) / He was ～ smiles. 彼は大にこにこだった / She was ～ ears. 彼女は耳を澄ましていた / beyond ～ doubt 何の疑いもなく, 確かで(♦否定的語句とともに「何(ら)の」「いかなる」(any)の意を表す)

> 語法 ☆☆ (1) all が名詞を修飾する場合は, 定冠詞·人称代名詞の所有格·指示代名詞·数詞·形容詞のすべてに先行する(→ both).〈例〉*all* my three dear little children 私の3人のかわいい子供たちみんな
> (2)「all the [my, his, etc.]＋名詞」において, all の次に of を入れることも可能.〈例〉*all* of the books それらの本すべて / *all* of his friends 彼の友達みんな ただし冠詞等のないときは of を使えない.〈例〉*all* [×all of] women すべての女性

for all ... ⇨ FOR(成句)

of áll ... 《口》…もあろうに, よりによって(♥驚きなどを表す) ‖ She, *of* ～ people, became a surgeon. よりによって彼女が外科医になった / Why do you want to do that *of* ～ things? なぜ君は事もあろうにそんなことをしたがるのか

with all ... ⇨ WITH(成句)

── 代 ❶《複数扱い》**すべての人々**；すべてのもの[こと] ‖ *All* are happy. みんな幸せだ(♦Everyone is happy. の方がふつう) / *All* of us were tired. 我々全員が疲れていた(♦代名詞が続くとき, of は省略不可. したがって ×All us は誤り) / They ～ think Bob is honest. 彼らはみなボブを正直だと思っている / They are ～ sick. 彼らはみな病気だ(♦×All they ... は誤り. ⇨ 語法)

> 語法 ☆☆ 人称代名詞に伴う all は of を使わない場合後置される. 主語の場合は all は動詞の直前または助動詞·be動詞の直後. 目的語の場合は all は人称代名詞の直後.〈例〉You can take them *all* [×all them]. それらを全部とってもよろしい(♦目的語が名詞のときは all を後置しない.〈例〉You can take「*all* these books [×these books all].)

❷《単数扱い》**すべて(のもの[こと])** ‖ Let's forget ～

about it. そのことはすべて忘れよう[水に流そう] / *All* is lost [OR over]. すべてが終わった, 万事休す(♦このように関係詞節や前置詞句を伴わず単独で使うのは《文》. 口語では everything がふつう) / *All* you have to do is (to) say OK. 君がしなければならないことは「OK」と言うことだけだ;君は「OK」と言いさえすればよい(♦ all＋関係詞節では関係詞 (that) はふつう省略される. ⇨ PB 85) / *All's fair in love and war.* 《諺》恋と戦争は手段を選ばない / *All's well that ends well.* 《諺》終わりよければすべてよし

above áll (èlse) **とりわけ**, 何よりも(♥ 最重要であることを示す) ‖ Be polite, *above* ～ to old people. 特に老人には礼儀正しくしなさい

after áll ① **結局(は)** (♥ 予想に反したことを言う際に) ‖ I thought I'd pass my driving test, but I didn't *after* ～. 運転免許試験に受かると思ったが結局落ちてしまった ② 何といっても(やはり)(♥(直前の)発言の理解に役立つ事実や理由等を加える) ‖ For all his shortcomings, let's follow him. *After* ～, he is our leader. 欠点もあるが, 彼に従おう. 何といってもリーダーなんだから

àll and súndry だれも彼も, すべての人

áll but ... …**以外のすべて**(の人[もの])(→ 副 *all but*(↓)) ‖ *All but* the boy have fled. その少年以外はすべて逃げてしまった

àll in áll NAVI **全体的に見れば**, 概して(言えば)(♥ 要約や一般論・結論を述べる表現) ‖ *All in* ～, I consider it a success. だいたいにおいてそれは成功だと思う

PLANET BOARD 05

all ... not ... は部分否定か全体否定か.

問題設定 all ... not ... は「すべての…は…ではない」という全体否定とされることが多いが,「すべての…が…というわけではない」という部分否定とされることもある. どちらの解釈が優勢か調査した.

Q 次の文はどのような意味ですか.

All of the teachers are **not** young.

(a) Only some of the teachers are young. (先生の何人かだけは若い)

(b) None of the teachers are young. (先生は全員若くない)

(c) 両方

(d) どちらでもない

(e) この文は非文法的である

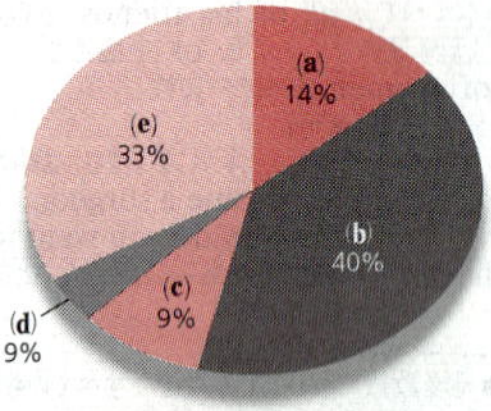

(e)「この文は非文法的」とした人が全体の⅓とかなり多かった. (b) 全体否定と解釈した人が4割で最も多く, (a) 部分否定, (c) 両方可能とした人は合わせても2割強と少なかった.

非文法的と答えた人以外でも,「奇妙な言い方」「とても不自然」「避けるべき」「自分は使わない」などのコメントが目立った.「部分否定の意味なら Not all of the teachers are young. を使い, 全体否定の意味なら (b) の文を使う」と述べた人が多かった.

学習者への指針 all ... not ... の語順は全体否定と解釈されることが多い. しかし, この形自体が誤りとはいえなくても不自然であり, 使うのは避けた方がよいだろう. 部分否定には not (...) all ... を使うのがよい.

áll of ... 《口》たっぷり, 少なくとも(♥ しばしば皮肉で) ‖ a man ～ *of* six feet tall 背丈が優に6フィートはある男

àll or nóthing ① 一か八(ばち)か ② (決断が必要な)大事なところ

àll tóld 全部で, 合計すると;全体的に見て

and áll ① (…ごと) 全部, その他何だかんだ ‖ eat a fish, bones *and* ～ 魚を骨ごと[骨も何もかも] 食べる ②《口》《強意》…もまた[同様に]

and àll thát 《口》(…)など, その他いろいろ

at áll ①《否定文で》**少しも[全然]**(…ない) ‖ He's not tired *at* ～.＝He's not *at* ～ tired. 彼は全然疲れていない / "Would you mind if I bring my dog in?" "Not *at* ～." 「犬を連れて入っても構いませんか」「ええ, 全然構いませんよ」 ②《疑問文で》**一体, そもそも** ‖ Does he want to succeed *at* ～? 一体彼は成功を望んでいるのだろうか ③《条件節で》**仮にも**, いやしくも ‖ If he wants to succeed *at* ～, he must work harder. 仮にも成功したい気があるなら, 彼はもっと働かなくては ④《肯定文で》とにかく, そもそも ‖ It was nearly midnight before any planes took off *at* ～. 真夜中近くになってやっと飛行機が飛んだ

for all that ⇨ FOR(成句)

in áll **全部で**, 合計で ‖ There were ten passengers *in* ～. 乗客は全部で10名いた

when àll is sáid and dóne 何と言っても(やはり), 結局は

COMMUNICATIVE EXPRESSIONS

1 Just don't lèt him know, **that's àll**. とにかく彼には知らせるな, 以上(♥ 一方的な強い主張を表す)

2 **That's áll (for nów).** (用事などは) 今のところそれだけです;(話は)以上です(♥ 用件・意見などを述べ終わったときに. ＝That's it.)

語法 ★☆ 部分否定

(1) all が not とともに使われるときは通例 not が all に先行し, 部分否定となる. 〈例〉Not *all* of the students can answer. 生徒たち全員が答えられるわけではない / She did not answer *all* the questions. 彼女はすべての質問に答えたわけではない

(2) all ... not の語順は現代では全体否定に解されることが多く, 部分否定として使うのは避けるべきである (⇨ PB 05). 〈例〉*All* of the students cannot answer. (＝None of the students can answer.) どの生徒も答えられない ただし次の諺(ことわざ)では部分否定となる. *All* that glitters is not gold. 光るもの必ずしも金にあらず

(3) 次の例では集合的に「全部を合わせても」の意味になり, 部分否定にはならない. 〈例〉*All* the money in the world would not satisfy her. 世界中の金を集めても彼女を満足させられないだろう

—名《one's ～》**全所有物**, 全財産;全部, すべて全部 ‖ lose one's ～ 一切のもの[全財産]を失う / do [OR give] one's ～ 全力[死力]を尽くす

—副《比較なし》❶ **全く, すっかり**;完全に;とても(very) ‖ The box is ～ empty. その箱はすっかり空だ(♦一時的状態を表す場合に用いる. all＋形容詞を名詞の前に用いた ×an all empty box は不可) / The end of the game came ～ too soon. 試合はあまりにもあっけなく終わった / I am ～ alone. 私はひとりぼっちだ / The actress was dressed ～ in black. 女優は全身黒ずくめだった / When I told her the news, she got ～ excited. その知らせを伝えたら, 彼女はやたらと興奮した(♥ この all は話者が一歩離れて「そんなに…しなくていいのに」と思っていることを示す) ❷《～ the＋比較級》それだけいっそう…, なおさら ‖ I like him ～ the better for his faults. 彼には欠点があるが, だからこそ彼が好きだ ❸ (競技で) 双[両] 方とも ‖ two ～ 双方2点, 2対2

all along ⇨ ALONG(成句)

all around ⇨ AROUND(成句)

áll but **ほとんど** (almost) ‖ He was ～ *but* dead. 彼は

死んだも同然だった
all for ⇨ FOR(成句)
all in ⇨ IN(成句)
all out ⇨ OUT(成句)
all over ⇨ OVER(成句)
all right ⇨ ALL RIGHT
àll róund 《英》=*all* AROUND
àll thát ① 《否定文で》 それほど, そんなに (so) ‖ I don't think he is ～ *that* old. 彼がそんなに年をとっているとは思わない ② 《米俗》すごく魅力的な, 素晴らしい ‖ She's ～ *that*! 彼女は何て魅力的なんだ
it is all up (***with …***) ⇨ UP(CE 3)
not all there ⇨ THERE(成句)
That's a person all over. ⇨ OVER(成句)

COMMUNICATIVE EXPRESSIONS
3 **I'm áll fòr [agàinst] it.** それには大賛成[大反対]だ (♥ 賛成[反対]を示すくだけた表現)

▶▶**～ cléar** 名 《the ～》 ① 警報解除のサイレン[信号, 合図] (↔ alert) ② 着手許可, ゴーサイン (go-ahead) **Àll Fóols' Dày** 名 =April Fools' Day **～ fóurs** (↓) **～ gó** 形 副 《英口》活気に満ちて, 賑わって (♦ 通例 It is all go. の形で形容詞として使う) **～ ríght** (↓) **Àll Sáints' Dày** 名 万聖節, 諸聖人の日 《11月1日. すべての聖人を記念する日》 **Àll Sóuls' Dày** 名 万霊節, 諸死者の日 《11月2日. すべての死者を記念する日》

all-[1] 連結形 ⇨ ALLO-
all-[2] 連結形 「全…; 非常に」の意 ‖ *all*-American, *all*-wool (オールウールの), *all*-purpose, *all*-important
Al·lah /ǽlə/ 名 アラー, アッラー 《イスラム教の唯一神》
àll-Américan ⦅シ⦆ 形 ❶ 全米代表[選抜]の, 全米中最優秀の ❷ 全員米国人の; すべて米国のものからなる; 純米国製の; 最も米国的な, アメリカ人らしい (→ apple-pie)
— 名 C 《米》全米代表選手[チーム]
al·lan·to·is /əlǽntouɪs/ 名 (⦅複⦆ **-i·des** /-ɪdiːz/) C 〖動〗尿膜, 尿嚢(にょうのう)
*__àll-aróund__ ⦅シ⦆ 形 《限定》《米》(《英》all-round) ❶ 多才[多芸]の, 万能の; 何にでも役に立つ ❷ 多方面の ❸ 全般にわたる, 包括的な — 名 C 〖体操〗総合種目
～·er 名 C 万能の人[選手]
al·lay /əléɪ/ 動 他 〔恐れ・疑念など〕を鎮める, 軽減する; 〔苦痛・飢えなど〕を和らげる **～·ment** 名
àll-cómers 名 複 来る者すべて, (競技などの)飛び入り挑戦者
àll-dáy ⦅シ⦆ 形 《限定》丸1日かかる, 終日の, 全日の
*__al·le·ga·tion__ /æ̀ləɡéɪʃən/ 名 C 《しばしば ～s》 (十分な証拠のない)申し立て, 主張, 陳述 〈**of** …の; **against** 人に対する; **about** …についての / **that** 節 …という〉 ‖ make ～*s of* sexual harassment セクハラの申し立てをする
*__al·lege__ /əlédʒ/ 動 他 ❶ 主張する **a** 《+目》 (証拠なしに, または立証に先立ち) …を主張する, 確言する, 断言する (⇨ AFFIRM 類語) ‖ ～ his guilt 彼の有罪を主張する **b** 《+(**that**) 節》 …だと主張する ‖ She ～*d that* her secretary was guilty. 彼女は秘書は有罪だと主張した **c** 《+目+**to do**》 《通例受身形で》 …すると言われる (♥ 主張されている内容に対する疑いを暗示したり, 自分の考えでないことを強調する場合に使われる) ‖ He is ～*d to* have taken the car. (=It is ～*d* that he took the car.) 彼はその車を盗んだといわれている
❷ (理由・口実などとして) …を申し立てる, 言い張る ‖ ～ one's poverty 自分は貧乏だからと言う[申し立てる]
*__al·leged__ /əlédʒd/ 形 《限定》 (証拠はないが) …と申し立てられている, 疑われている ‖ the ～ assassin of the president 大統領の暗殺者と目されている人物 / an ～ cure for the disease その病気のもっともらしい治療法
*__al·leg·ed·ly__ /əlédʒɪdli/ 副 《文修飾》 (未確認情報だが) 伝えられるところによると, 申し立てによると (♦ 新聞などで多用される語) ‖ He ～ murdered all nine victims. 彼は9人の被害者全員を殺害したとされる

al·le·giance /əlíːdʒəns/ 名 U C ❶ 〈国家・君主・主義などに対する〉忠誠(の義務), 忠義; (一般に)忠実, 献身 〈**to**〉 ‖ swear ～ *to* the government 政府への忠誠を誓う ❷ (封建時代の)臣服の義務 **-giant** 形
al·le·gor·ic /æ̀ləɡɔ́(ː)rɪk/, **-i·cal** /-ɪkəl/ ⦅シ⦆ 形 寓意(ぐうい)の[的な], たとえ話(風)の **-i·cal·ly** 副
al·le·go·rist /ǽləɡɔ̀ːrɪst | -ɡərɪst/ 名 C 寓意を使う人; 寓話作家
al·le·go·rize /ǽləɡəràɪz/ 動 他 …を寓意的に表す[解釈する], 寓話化する; …を寓話[たとえ]で説明する
— 自 寓話を作る; 寓話[たとえ]を用いる
al·le·go·ry /ǽləɡɔ̀ːri | -ɡəri/ 名 (⦅複⦆ **-ries** /-z/) U C 寓話(ぐうわ), たとえ話, 寓意的作品; 寓話的表現; 諷喩(ふうゆ) (⇨ BYB, FABLE 類語)
al·le·gret·to /æ̀ləɡrétou/ 〖楽〗 副 形 アレグレットで[の], やや速く[い] 《andante より速く allegro より遅い》
— 名 (⦅複⦆ **～s** /-z/) C アレグレット(の曲[楽章]) (♦ イタリア語より)
al·le·gro /əléɡrou/ 〖楽〗 副 形 アレグロで[の], 急速に[な]
— 名 (⦅複⦆ **～s** /-z/) C アレグロ(の曲[楽章]) (♦ イタリア語より)
al·lele /əlíːl/ 名 C 〖発生〗対立遺伝子[因子] 《染色体内の任意の同一場所[座]を占める複数の遺伝子の1つ》
al·le·lu·ia /æ̀ləlúːjə/ ⦅シ⦆ 間 名 =hallelujah
al·le·mande /ǽləmæ̀nd/ 名 C アルマンド(の曲) 《ドイツ起源の緩やかな民族舞踊》
àll-embrácing ⦅シ⦆ 形 包括的な, 全部にわたる
Állen kèy [wrènch] /ǽlən-/ 名 《ときに a-》 C アレンレンチ, 六角レンチ (♦ もと商標名)
Állen scrèw 名 C 六角穴付きボルト (♦ もと商標名)
al·ler·gen /ǽlərdʒèn/ 名 U C アレルゲン 《アレルギーを起こす物質》 **àl·ler·gén·ic** 形 アレルギーを引き起こす
*__al·ler·gic__ /əlɜ́ːrdʒɪk/ 形 ❶ 〈…に対して〉アレルギー (性[体質]) の 〈**to**〉 ‖ My son is ～ *to* pollen. 私の息子は花粉アレルギーです / an ～ reaction アレルギー反応 / an ～ rash アレルギー性発疹(ほっしん) ❷ 《叙述》《口》〈…が〉大嫌いな, 大の苦手で 〈**to**〉 ‖ I'm ～ *to* English. 英語は大嫌いだ
al·ler·gist /ǽlərdʒɪst/ 名 C アレルギー専門医
*__al·ler·gy__ /ǽlərdʒi/ 《発音・アクセント注意》 名 (⦅複⦆ **-gies** /-z/) C U ❶ 〈…に対する〉アレルギー 〈**to**〉 ‖ (a) food ～ 食物アレルギー / have an ～ *to* pollen 花粉アレルギーである / cause [OR induce] an ～ アレルギー症状を起こす ❷ 《口》 〈…が〉大嫌い, 嫌悪 〈**to**〉 ‖ have an ～ *to* math 数学が大嫌いである
al·le·vi·ate /əlíːvièɪt/ 動 他 〔苦痛など〕を和らげる, 緩和する; 〔問題・困難など〕を軽減する **al·lè·vi·á·tion** 名
al·le·vi·a·tor /əlíːvièɪtər/ 名 C ❶ 緩和[軽減]する人[もの] ❷ (水管などの)水撃緩衝装置
àll-expènse(s)-páid 形 全費用スポンサー持ちの; 一括払い込み済みの
*__al·ley__[1] /ǽli/ 名 C ❶ (建物の間や背後の)小道, 横道, 路地; 《米》裏通り (→ blind alley) (⇨ ROAD 類語P) ❷ (庭園・公園などの樹木・生垣に挟まれた)通路, 小道 ❸ 〖野球〗(外野の)右[左]中間; (ボウリングの)レーン(lane); 《とき

Boost Your Brain!
allegory
allegory「アレゴリー, 寓意」とは, 人物や動物などの「具体的な形象」を使って「抽象的な概念」を暗示的に表現する方法である. 例えば, イソップ寓話(fable)のアリは勤勉さを, キツネは狡猾(こうかつ)さを動物に投影した allegory である. allegory は善悪を対比的に表現し, 宗教や道徳上の教訓や風刺の要素を持つことが多い. 天秤(てんびん)が「公正さ」を, 白色が「純潔」を意味するといった西洋美術における約束事も allegory であり, これらの理解には文化的背景についての知識が前提となる.

A

に ～s》ボウリング場；(bowls, skittles などの)球戯場；(テニスコートの)アレー

(*rìght*) *up* [OR *down*] *a pèrson's álley* 《口》(人の)好み[能力]にぴったり合った

⏩～ **càt** 名 C ① 野良猫 ② ⊗《米》《蔑》ふしだらな人；評判の悪い人；怒りっぽい人

al·ley² /ǽli/ 名 C (大理石などの)おはじき, ビー玉；《～s》おはじき遊び

álley·wày 名 ＝alley¹ ❶

àll-fíred 形 副 《米口》ひどい[く]；途方もない[く], 恐ろしい[く]；極端な[に](♦ hell-fired の婉曲語)

àll fóurs 名 ❶ 《複数扱い》(獣類の)四肢；(人間の)両手両足 ❷ U 《トランプ》セブンアップ(seven-up)

on àll fóurs ① (人間が) 四つんばいになって；(獣が) 四つ足で ② 《口》〈…と〉ぴったり一致して, 同等で, 完全に符合して〈**with**〉

àll-frónts 形 全領域での ‖ wage an ～ war 全面戦争を行う

All·hal·lows /ɔ̀ːlhǽlouz/ 名 ＝All Saints' Day

***al·li·ance** /əláɪəns/ 名 〔◁ ally 動〕(複 **-anc·es** /-ɪz/) ❶ U C 同盟, 連合, 提携, 協力(関係)；C 同盟国, 提携団体〈**with** …との；**between** …の間の〉‖ an offensive and defensive ～ 攻守同盟 / make [OR enter into, form, forge] an ～ *with* ... …と同盟[提携, 協力]する；…と縁組みする ❷ C (性質などの)類似点[性], 近似(性)；関連〈**with** …との；**between** …の間の〉

in allíance (*with* ...) (…と)同盟[提携]して

***al·lied** /ǽlàɪd, əláɪd/ 形 ❶ 〈…と〉同盟[条約]を結んだ, 連合の, 提携している〈**to, with**〉；《A-》/ǽlaɪd/ 《限定》(第1・2次世界大戦の)連合国[軍]の ‖ ～ nations 同盟[連合]国 ❷ 類似の, 関連の ‖ the military and ～ industries 軍とその関連産業 ❸ 〈…と〉密接な結びつきのある, 関連ある〈**to, with**〉

***al·li·ga·tor** /ǽlɪgèɪṭər/ 名 (複 ～ OR ～**s** /-z/) C ❶ 《動》アリゲーター《米国・中国産のワニ》(→ crocodile, caiman)；(一般に)ワニ ❷ U ワニ皮(の模造品) ❸ 《機》ワニ口《ワニの口のようにかみ合う機械》

⏩～ **clìp** 名 C ワニ口クリップ(《主に英》crocodile clip)《ケーブルの接続などに用いる》 ～ **pèar** 名 C 《米》＝avocado ～ **snápper** [**snàpping túrtle**] 名 C 《動》ワニガメ《北米南西部の淡水にすむ大型のカメ》

àll-impórtant 形 極めて重要な, 必須の

àll-ín ⟨シ⟩ 形 ❶ 《限定》《英》(費用などが)全部を含んだ, 全額込みの(all-inclusive) ❷ 《限定》《レスリング》フリースタイルの ❸ くたびれ果てた

àll-inclúsive ⟨シ⟩ 形 すべてを含む, 包括的な

***àll-in-óne** ⟨シ⟩ 形 《主に英》《限定》多機能一体型の；💻 一体型の, オールインワンタイプの ── 名 C 多機能機；オールインワン《上着とズボンが一体化した, 特にウインタースポーツ用の伸縮性のあるボディーウエア》

al·lit·er·ate /əlíṭərèɪt/ 《修》 動 自 頭韻を踏む[用いる] ── 他 …に頭韻を踏ませる[用いる]

al·lit·er·a·tion /əlìṭəréɪʃən/ 名 U 《修》頭韻(法)《詩などで同じ音で始まる語を2つ以上続けて用いる修辞法. 〈例〉as *h*ungry as a *h*unter》

al·lit·er·a·tive /əlíṭərəṭɪv/ 形 頭韻(法)の, 頭韻を踏んだ

al·li·um /ǽliəm/ 名 C ネギ属の植物

***àll-níght** ⟨シ⟩ 形 《限定》夜通しの；終夜営業の

àll-níghter ⟨シ⟩ 名 C 《口》徹夜の勉強[仕事, 娯楽, イベントなど] ‖ pull an ～ 徹夜をする

allo- 連結形「ほかの, 異なる」の意(♦ 母音の前では all- を用いる) ‖ *allo*trope (同素体)

***al·lo·cate** /ǽləkèɪt/ 動 他 ❶ **a** 《＋目》…を〈…に〉割り当てる, 配分する, 配置する〈**to**〉；…を〈ある目的に〉当てる〈**for**〉‖ ～ supplies *to* the refugees 補給物資を避難民に配分する / ～ £3,000 *for* the program その計画に3,000ポンドを充当する [振り当てる] **b** 《＋目 *A*＋目 *B*⇄＋目 *B*＋to 目 *A*》*A* に *B* を割り当てる, 配分する ‖ ～ people jobs 人に仕事を割り振る ❷ 💻〔メモリーの番地・リソースなど〕を割り当てる, 配置する

***al·lo·ca·tion** /æ̀ləkéɪʃən/ 名 U ❶ 割当, 配分；配置；C 割当量, 配分額 ❷ 💻 (メモリーの番地・リソースなどの)割り当て, 配置

al·lo·cu·tion /æ̀ləkjúːʃən/ 名 C 訓示；(特にローマ教皇・将軍の)告諭

al·lo·morph /ǽloumɔ̀ːrf, ǽlə-/ 名 C ❶ 《鉱》異形仮像 ❷ 《言》異形態(→ morph)

al·lo·phone /ǽləfòun/ 名 C ❶ 《音声》異音《同じ音素(phoneme)に属する異音》 ❷ 《カナダ》母語が英語・フランス語以外の移民 **àl·lo·phón·ic** 形

àll-or-nóne 形 すべてか無かの(all-or-nothing)

àll-or-nóthing ⟨シ⟩ 形 ❶ 全面的に受け入れるか拒否するかの ❷ (勝負などが)一か八(ばち)かの

al·lo·saur /ǽləsɔːr/ 名 C 《古生》アロサウルス《ジュラ紀の大型肉食恐竜》

***al·lot** /əlɑ́(ː)t | əlɔ́t/ 動 (**-lot·ted** /-ɪd/；**-lot·ting**) 他 **a** 《＋目》…を割り当てる, 与える, 分ける〈**to** …に；**for** …の用途に；**among, between** …の間に〉‖ finish work in the *allotted* time 決められた時間内に仕事を終える / ～ profits (*among* them) (彼らの間で) 利益を分配する / ～ more space *to* [OR *for*] an exhibition 展示のためのスペースを広げる **b** 《＋目 *A*＋目 *B*⇄＋目 *B*＋to 目 *A*》(特定の目的で) *A*に*B*を与える, 割り当てる ‖ Each speaker was *allotted* five minutes.＝Five minutes was [OR were] *allotted* (*to*) each speaker. 各人に話す時間が5分与えられた

al·lot·ment /əlɑ́(ː)tmənt | əlɔ́t-/ 名 ❶ U 割当, 分配, 配分 ❷ C 分け前, 割り当て量[額]；運, 天命 ❸ C 《英》(通例市町村の)家庭菜園用賃貸地

al·lo·trope /ǽlətròup/ 名 C 《化》同素体
àl·lo·tróp·ic 形

al·lot·ro·py /əlɑ́(ː)trəpi | əlɔ́t-/ 名 U 《化》同素 (性), 同質異形

al·lot·tee /əlɑ̀(ː)tíː | əlɔ̀tíː/ 名 C 割り当てを受ける人

àll-óut ⟨シ⟩ 形 《限定》徹底的な；全力を挙げての, 最大限の ‖ make an ～ effort 最大限の努力をする

áll-òver 形 《限定》(模様などが)全面にわたった

al·low /əláu/ 《発音注意》

中心義 (個人的な判断によって)…を許す

── 動 〔▶ allowance 名〕(～**s** /-z/；～**ed** /-d/；～**·ing**)

── 他 ❶ **許す** (⇨ 類語) **a** 《＋目＋**to** *do*》〔人〕が…するのを許す, 〔人など〕に…させておく, 〔人・物など〕が…するのに任せる；(物・事などが)〔人など〕に…するのを可能にする ‖ I ～*ed* him *to* use my car. 彼に私の車を使うことを許した / This box is too heavy for you. Please ～ me *to* help you. この箱はあなたには重すぎますよ. 私がお持ちしましょう / You are ～*ed to* go. 行ってもいいですよ / He ～*ed* himself *to* be drawn into the conversation. 彼は会話に応じることにした / This money will ～ me *to* buy a car. このお金で車が買えます

b 《＋目＋副句》…に(出入りなどを)許可する, 認める(♦ しばしば受身形で用いる) ‖ No pets are ～*ed* in this hotel. 当ホテルではペットは持ち込み禁止です / He was ～*ed* in to see her. 彼は彼女と会うのに入室を許された / ～ him out 彼の外出を許す / ～ access to new markets 新しい市場への参入を可能にする

c 《＋*doing*》…することを許す ‖ They do not ～ talking in the library. (＝Talking in the library is not ～*ed*. / You are not ～*ed* to talk in the library.) 図書館ではおしゃべりをしてはいけません

d 《＋目》…を許可する；…を可能にする ‖ ～ a free passage 自由通行を許す

❷ 《＋目 *A*＋目 *B*⇄＋目 *B*＋to 目 *A*》*A* (人) に *B* (金・暇など)を与える, 支給する, 享受することを許す[可能にする] (♦「＋目 *A*＋目 *B*」の方がふつう) ‖ I ～ each of my sons

5,000 yen a month. 私は息子たちにそれぞれ月5,000円を与えている / We are ～*ed* one hour for lunch. 昼食のために1時間の休みがある / He rarely ～*s* himself the luxury. 彼はめったにそういうぜいたくはしない
❸ …を〈…のために〉見込んでおく, とっておく〈**for**〉; 〔値段など〕を〈…のために〉割り引く〈**for**〉‖ ～ an hour *for* changing trains 列車乗り換えに1時間余裕をみておく / ～10 percent *for* cash payment 現金払いは1割引く
❹ **a** 《+目》〔要求・主張など〕を認める ‖ The judge ～*ed* his claim. 裁判官は彼の主張を認めた **b** 《+**that** 節 / 目+**to be** 補》…ということを[…を…と]認める (♦ admit の方がふつう) ‖ She ～*ed that* my offer was reasonable. = She ～*ed* my offer *to be* reasonable. 彼女は私の申し出が正当なものであることを認めた / "No excuse here," he ～*ed*. 「言い訳はしません」と彼は認めた **c** 《+目+目》…に…を認める
❺ 《米方》〈…と〉思う, 考える〈**that** 節〉
***allów for …** 〈他〉…を**考慮に入れる**, 見込む ‖ *Allowing for* rush hour traffic, we left early. ラッシュの渋滞を見込んで早く出発した / Some delay must be ～*ed for*. いくらかの遅れを考えておかねばならない / *Allowing for* her youth, her work is quite impressive. 彼女の作品は若い割にはなかなかのものだ (♥ 条件付きの評価を表す)
allów of … 〈他〉《しばしば否定文で》《受身形不可》(物事が)…の余地がある (admit of) (♦ 人を主語にするのはまれ) ‖ The program ～*s of* no change now. その計画はもう全く変更の余地がない

COMMUNICATIVE EXPRESSIONS

1 **Allòw mé.** どうか私にやらせてください (♥ ドアを開けてあげるときなど, 人に手助けを申し出る際の典型的な表現)
2 **Allòw me to** introdúce you to the nèw depártment héad. 新しい係長にご紹介しましょう (♥「…させてください」という申し出をするときの形式ばった表現. ↘Let me introduce you to ….)

類語 《他 ❶》「…させる」の意を表す語に2つの系列がある.
(a) make, force, compel, oblige は「強制的に, 無理にでも…させる」(→ force).
(b) allow, let, permit は「非強制的に, したいように…させる」.
allow 「…するのを止めない; (不注意・怠慢で)…させておく」の意味. 「許可する」の意味では permit よりも《口》.
let allow と同意だが日常的な語. allow と違って to なしの不定詞がくる. 〈例〉He *let* her go home. 彼は彼女の帰宅を許した (♦ 受身では通例 allow で代用して, She was *allowed to* go home. とする)
permit 「(権限により正式に)はっきりと許可する」の意味の格式語. (♦ forgive は「人や人の罪などを許す, 勘弁する」の意で allow の類語ではない)

al·low·a·ble /əláuəbl/ 形 許容できる, 許される, 正当な; 《英》(税金の)控除を受ける **-bly** 副
***al·low·ance** /əláuəns/ 《発音注意》名〔◁ allow 動〕 Ⓒ ❶ (定期的に特別の理由で与えられる)手当, …費; 《米》(子供の) 小遣い (《英》pocket money) (⇨ SALARY 類語) ‖ a family [travel] ～ 家族[通勤]手当 / a weekly ～ for lunches 1週間分の昼食代 / an ～ of ¥5,000 a month 月5,000円の小遣い ❷ 割当量[額], 許容量, 所定量[額] ‖ a baggage ～ (旅客荷物の)制限重量 / a duty-free ～ 免税限度額 ❸ 割り引き, 値引き; 《英》(税金の)控除額 ‖ make an ～ of 10 percent 1割の割り引きをする ❹ (機械などの) 許容誤差, 見込みしろ ❺ (競技などで与えられる) ハンディキャップ ❻ Ⓤ 認めること, 許容, 容認
***màke allówance(s) for …** …を考慮に入れる, 斟酌(しんしゃく)する; …を大目に見る ‖ *make* ～(*s*) *for* some delay 多少の遅れを見込んでおく

al·low·ed·ly /əláuɪdli/ 副 《文修飾》明らかに, (なるほど)確かに; 当然; 広く認められているように
***al·loy** /ǽlɔɪ/ (→ 動) 名 Ⓤ Ⓒ ❶ 合金 ‖ a shape-memory ～ 形状記憶合金 ❷ (貴金属に混合する)卑金属; 混ざり物, 不純物, 異質物 ‖ joy without ～ 混じり気のない喜び ── 動 /əlɔ́ɪ/ 他 ❶ …を〈…との〉合金にする〈**with**〉 ❷ (混入物を加えて)…の純度[品質]を落とす; 〔喜びなど〕を損なう, 減少させる (spoil)
àll-pòints búlletin 名 Ⓒ 《米》特定地区全警察緊急指令 《犯人の指名手配などのための無線連絡. 略 APB》
àll-pówerful ◁ 形 全能の
àll-púrpose ◁ 形 《限定》(物が)多目的使用の; (人が)万能の ‖ an ～ vehicle 多用途車 / ～ flour 万能粉
***all right** /ɔ̀ːl ráɪt/ (→ alright) 中心義 全く問題のない
── 形 《比較なし》《叙述》❶ **結構な**, 申し分のない, 問題がない (→ CE 5) ‖ Everything is going to be ～. 万事うまくいくよ / I hope he's ～ with heights. 彼が高い所を怖がらないといいのですが / Am I ～ on this road? この道で合っていますか
❷ (人が)**大丈夫な**, 無事な, 元気な ‖ Do you feel ～? 大丈夫ですか (→ CE 3)
❸ まあまあの, まずまずの, 平均的な ‖ His work is ～, but it could be better. 彼の仕事はそこそこだが, もっとよくできてもいいはずだ / "How was the film?" "It was ～." 「映画はどうでした」「まずまずだった」
❹ 差し支えない (→ CE 6, 7, 10) ‖ It'll be quite ～ for you to leave early. あなたが早く出発するのはいっこうに差し支えないでしょう
語法 ☆☆ 《口》で限定的に用いるときは all-right とつづることがある. 〈例〉an *all-right* fellow いいやつ
── 副 《比較なし》❶ **問題なく**, 申し分なく, 立派に, ちゃんと ‖ He seems to be getting along [OR on] ～ in his new job. 彼は新しい仕事をちゃんとやっているようだ ❷ 確かに, 間違いなく ‖ "Are you sure that's her?" "It's her ～." 「あれは彼女に間違いないかい」「確かに彼女だよ」
── 間 ❶ (返事) はい, **わかった**; 結構です; 承知した ‖ "Can you lend me $5?" "*All right*. Here you are." 「5ドル貸してくれる」「いいよ. はいどうぞ」/ "I am ready." "*All right*. Let's start." 「用意ができました」「よし, 出発しよう」
❷ (困惑して)はいはい; ようし (♥ 脅し・立腹の意を込めて反意的に) ‖ *All right*, do it your own way. ようし, おまえの好きなようにしてみろ
❸ (言っていることが) わかったかい (→ CE 1) ‖ I'll be back soon, ～? すぐに戻って来るから, いいね
❹ NAVI さあ (♥ 新しい主題を導入したり活動を始めるときに. → CE 2) ‖ *All right*, everyone, let's move to the next room. さあ皆さん, 隣の部屋へ移りましょう ❺ 《英口》(あいさつで) 元気かい; 元気だよ ‖ "*All right*, Bill?" "Fine, thanks." 「元気かい, ビル」「うん, ありがとう」
a bit of all right ⇨ BIT[1] (成句)

COMMUNICATIVE EXPRESSIONS

1 Be súre to unplùg the machíne after you tùrn it óff, **àll ríght?** 機械を切ったら必ず電源を抜くように, わかったね (♥ 相手の理解を確認するくだけた表現. =OK? / Do you understand?)
2 **Àll ríght, nòw shall we mòve ón to our nèxt pòint of discússion?** NAVI さて, 次の議題に移りましょうか (♥ 新しい話題が導入されることを示す表現)
3 **(Are) you àll ríght?** 大丈夫ですか (♥ 具合が悪そうな人や, 不安・恐怖・緊張などを感じている様子の人に対して用いる)
4 **I'm àll ríght, Jàck.** 《英》好きにするさ; 我が道を行く, だな (♥ 自分の人生に満足し, 他人の問題など気にかけない人が用いるくだけた表現)
5 **(Is) èverything àll ríght?** いかがですか (♥ 漠然と状況・状態が順調かを尋ねる, あるいはレストランなどで店員が客に食事はおいしいか, サービスが行き届いているかなどを

A

確認する際に用いる）
6 **Is it àll ríght if** I vìsit you nèxt wéekend? 来週末お訪ねしてもいいですか（♥ 許可を求める表現. Would it be all right if I visit(ed) ...? / All right if I visit ...?）
7 **Is thàt àll ríght?** それでよろしいですか（♥ 物事を決める際などに相手への配慮を示す表現. Would that be all right?）
8 **It'll be àll ríght on the níght.** その場になれば何とかなるさ（♥「その夜になれば大丈夫だ」つまり「（催しなどが）準備は不十分だが，それでもいざその時が来れば成功するだろう」の意）
9 **It's àll ríght.** ① もう大丈夫だよ（♥ 何か問題が起き，それに対処している人が，「大丈夫か」「どうだい状況は」などと尋ねられた際に「もう心配ない」と答える表現）② 気にしないで（♥ お礼や謝罪に対して「それには及ばない」と答える表現. ＝That's alright [OR OK]. / ＝No problem.）
10 **It's [OR Thát's] àll rìght by [OR with] mé.** 私はいいですよ（♥ほかの人はともかく「自分は構わない」という意味で，承認・許可を表す表現）
11 **It's àll rìght for sóme.** 《英》それはうらやましい
12 **(It's) àll rìght for yóu!** へん，おまえなんかもう知らないよーだ（♥ 子供などが口げんかで用いる表現で，「勝手にしろ」という意味の捨てぜりふ）

àll-róund ⟨シ⟩ 形 《英》＝all-around
àll-róunder 名 C 《英》多才な人；（特に）万能選手
áll-sèater 形 《通例限定》《英》（競技場の観客席が）立ち席なしの ‖ an ～ stadium 《英》立ち席なしの競技場
àll-sínging àll-dáncing 形 《限定》《英》《戯》あの手この手で注意を引く；（機器が）多機能の
áll·spìce 名 ❶ C 〖植〗オールスパイス《西インド諸島産の木》；その実（pimento）❷ U オールスパイス（❶から採る香料. シナモン・ナツメグ・クローブを合わせたような風味がする）
àll-stár ⟨シ⟩ 形 《限定》スター［人気選手］総出の，オールスターの ‖ an ～ cast [team, game] オールスターキャスト［チーム，試合］ ―名 C 《米》オールスターキャストのメンバー，オールスターチームの選手
àll-súite 形（ホテルの部屋が）オールスイートの《居間と簡易キッチンがついている》
àll-terráin bìke 名 C マウンテンバイク
àll-terráin skì 名 C 全地形万能型スキー
àll-terráin vèhicle 名 C 全地形走行可能車《荒地などの走行が可能な装備を持つ車. 略 ATV》
àll-tíme ⟨シ⟩ 形 《限定》❶ 空前の，未曾有（みぞう）の ‖ an ～ low [high] record（史上）最低［最高］記録 ❷ 全時間（制）の，専従の（full-time）（↔ part-time）
àll-tòo-ráre 形 ごくまれな
Àll-Ù-Càn-Éat 形 《口》＝all-you-can-eat
*__al·lude__ /əlúːd/ 動 自（＋to 名）…をほのめかす，暗に指して言う；それとなく言及する，ちょっと［間接的に］述べる（♦ 受身形可）‖ He ～*d to* Mary's absence without mentioning her name. 彼は名前を出さずにそれとなくメアリーの欠席についてふれた
al·lure /əlúər/ 動 他 …を魅惑する，引き寄せる ―自 引きつける，魅惑する
―名 U/C（単数形で）魅惑（するもの），魅力；性的魅力
al·lure·ment /əlúərmənt/ 名 U 誘惑，魅惑；C 誘惑するもの，魅力的なもの
al·lur·ing /əlúərɪŋ/ 形 心をそそる，魅惑的な ～**·ly** 副
al·lu·sion /əlúːʒən/ 名 U C ❶〈…への〉ほのめかし，（間接的な）言及；当てつけ〈to〉‖ make personal ～*s to* ... …へ個人的な当てこすりを言う / in ～ *to* ... 暗に…を指して ❷〖修〗引喩（いんゆ）
al·lu·sive /əlúːsɪv/ 形 ほのめかした，それとなくさした；当てこすった ～**·ly** 副
al·lu·vi·al /əlúːviəl/ 形 《通例限定》〖地〗沖積（ちゅうせき）の；沖積世［期］の ‖ an ～ fan [OR cone] 扇状地 / the ～ epoch 沖積期 / ～ gold 砂金 ―名 U 沖積土
al·lu·vi·on /əlúːviən/ 名 C U 〖法〗（河岸・海岸などの自然または人工的な）増地，新生地
al·lu·vi·um /əlúːviəm/ 名（複 ～**s** /-z/ OR **-vi·a** /-viə/）C 〖地〗沖積土［層］
àll-wéather ⟨シ⟩ 形 《限定》全天候用の
àll-whèel dríve 名 C 《米》＝four-wheel drive
al·ly /ǽlàɪ, əláɪ/ 《発音注意》（→ 動）中心義 …を結びつける
―名（複 **-lies** /-z/）C ❶ **同盟国**，盟邦；《the Allies》（第１次・第２次世界大戦の）連合国（↔ the Axis）
❷ 援助者，補助者；味方，盟友
❸（動植物などが）同属のもの，同種，同類
―動 /əláɪ, ǽlàɪ/（▶ alliance 名）（**-lies** /-z/；**-lied** /-d/；**～·ing**）
―他 ❶《通例受身形または ～ oneself で》〈…と〉**同盟［提携，合同，連係］する**〈to, with〉‖ England *allied* herself *with* France. 英国はフランスと同盟を結んだ / Venice had been *allied to* the city. ベニスはその都市と提携［同盟］していた
❷《通例受身形で》（性質・構造などの類似によって）〈…と〉関連している，結びついている〈to〉‖ This problem is *allied to* that one. この問題はその問題とつながっている
―自〈…と〉同盟［提携，縁組，合同］する〈to, with〉
àll-yòu-càn-éat 形 食べ放題の（♦「飲み放題」は all-you-can-drink）
al·ma ma·ter, Al·ma Ma·ter /ǽlmə máːtər/ 名 C 母校；《主に米》（母校の）校歌
語源 ラテン語 ＝*alma* fostering（育ての）＋*mater* mother：養母（ともいうべき母校）
al·ma·nac /ɔ́ːlmənæ̀k/（♦ 書名では almanack のつづりもある）名 C ❶ 暦《特に天体に関する資料や長期天気予報の載ったもの》❷ 年鑑 ‖ a sports ～ スポーツ年鑑
al·man·dine /ǽlməndìːn/, **-dite** /-dàɪt/ 名 U 鉄礬（てっぱん）ざくろ石，貴ざくろ石《深紅色. 小アジアの産地 Alabanda にちなむ》
*__al·might·y__ /ɔːlmáɪṭi/ 形 ❶ 全能の（♦ 人間の形容には用いない）‖ God *Almighty*＝*Almighty* God 全能の神（♦ God [OR Christ] *Almighty* は怒り・驚きなどを表し「大変だ」「けしからん」の意にも用いる）/ a fear of the Lord *Almighty* 全能の神に対する畏怖（いふ）/ the ～ dollar 《米口》万能のドル，絶大な力のある金力 ❷《限定》《口》たいそうな，極度の，ひどい ‖ an ～ nuisance ひどい迷惑 / an ～ crash がちゃんという大きな物音 ❸《the A-》《名詞的に》（全能の）神（God）
―副 《口》極めて，ひどく ‖ ～ glad ひどく喜んで
al·mond /áːmənd/ 名 C アーモンド（の木）；アーモンド形のもの
álmond èye 名 C アーモンド形の（細くて目尻（めじり）が少しつり上がった）目
àlmond-éyed ⟨シ⟩ 形 アーモンド形の目をした
al·mon·er /ǽlmənər | áːmə-/ 名 C 《英》（病院の）社会福祉係（♦ 現在では medical social worker を用いる）；（昔の教会・富豪などの）施物（せもつ）分配係

al·most /ɔ́ːlmòust/

中心義 あと少しで…になる
―副《比較なし》**ほとんど**，ほぼ，あらかた；もう少しで（…するところ）（♦ 通例修飾する語の前に置く）‖ The train was ～ empty. 列車はほとんど空だった / That's ～ **impossible**. それはまず不可能だ / She will ～ **certainly** join us. 彼女はほぼ間違いなく参加するだろう / ～ always ほとんどいつも（⇨ SOMETIMES 類語P）/ ～ without exception ほぼ例外なく / ～ everybody ほぼ全員（♦「ほとんどの人」のような場合，名詞の前に直接置いて ×almost people というのは誤り. most people または almost all people とする）/ I ～ forgot! 忘れるところだった / He ～ won the race. 彼はもう少しでそのレースに勝つところだった（♦ 過去形の文で almost が動詞を修飾するとその出来事が実際には起こっていないことになる）

語法☆☆ **almost と nearly**
(1) 両者間には意味上大差はないが, nearly には話者の驚き等の感情が込められていることが少なくない. 〈例〉He slept for *nearly* ten hours. 彼はほぼ10時間も眠った
(2) 両者とも all, always, every, everyone [everybody] の前でよく用いられる.
(3) almost は any, like の前で用いることができるが, nearly は不可. 〈例〉*almost* [×nearly] like a child ほとんど子供同然
(4) almost は no, never のような否定語の前に置くことができるのに対し, nearly はできない. 〈例〉*Almost* [×Nearly] no one came to the meeting. ほとんどだれもその集まりには来なかった
(5) nearly は not, very, so, pretty の修飾を受けるが, almost は受けない. 〈例〉not *nearly* [×almost] correct 決して正しくない
(6) almost は《米》, nearly は《英》でより好まれる. 《英》では almost＋否定語の代わりに hardly, scarcely を用いるのが一般的. 〈例〉He ate *hardly* anything. 彼はほとんど何も食べなかった
(7) -ly で終わる副詞の前では almost を使うのがふつう.
(8) 同じ意味のほかの語句に practically, virtually, 《口》just about などがある.

almost- 接頭「ほとんど…の[で]」の意(♦ハイフン(-)付きでさまざまな形容詞・副詞と組み合わせて用いる) ‖ *almost-perfect* ほとんど完璧(かんぺき)な

alms /ɑːmz/ 《発音注意》 名 複 《古》(昔の貧民救済の)施し物, 義援金

álms·gìving 名 U 施し, 慈善(行為)

álms·hòuse 名 C (寄付金によって建てられた)救貧院, 老人養護施設

al·oe /ǽlou/ 《発音注意》 名 C ❶ 【植】アロエ, ロカイ《ユリ科の薬用・観賞用植物》 ❷ 《～s》《単数扱い》アロエ汁《下剤》; キャラ, ジンコウ(沈香) ❸ 【植】リュウゼツラン
▸▸ **～ vé·ra** /-víərə/ 名 C U 【植】バルバドスアロエ《アロエの一種. 液汁は皮膚の洗浄・やけど治療に用いられる》

a·loft /əlɔ́(ː)ft/ 副 形 《叙述》 ❶ 高く, 空中高く, 上の方に(向かって); 飛んで ❷ 【海】マストの先端[上部]に

a·lo·ha /əlóuhɑː | -hə/ 間 《ハワイ》ようこそ; さようなら《送迎のあいさつ》 ▸▸ **～ shirt** 名 C アロハシャツ

⁂**a·lone** /əlóun/ 副 形

中心義 **ほかにだれも[何も]ない状態で**

— 副 《比較なし》 ❶ ただ…だけで, 単独で, ひとりで ‖ He came ～. 彼はひとりでやって来た / The children came ～. 子供たちだけで来た(♦2人以上の場合も使える) / We were ～ together in the room. 部屋には私たち(2人)だけだった / I am not ～ in thinking so. そう思うのは私だけではありません / live ～ ひとりで暮らす
❷ (助けを借りず)独力で, ひとりで(➘ by oneself, on one's own) ‖ I can fix my car ～. 車は自分ひとりで直せる
❸ 《名詞・代名詞の直後で》…**だけ**(⇨ ONLY 類語) (♦この用法は形容詞とも考えられる) ‖ You ～ can help me. 私を助けられるのは君だけだ / Moral outrage ～ will not end child labor. 道義的に憤慨するだけでは, 児童労働はなくならない(♦動詞の目的語の後には使えないので「ポールだけを助けた」は ×I helped Paul alone. ではなく I only helped Paul. を用いる)

— 形 (**more ～**; **most ～**) 《叙述》
孤独で寂しい, ひとりぼっちで(⇨ 類語) ‖ He felt all ～ in the world. 彼はこの世で全くひとりぼっちだと感じた

gò it alóne 《口》独力でこなす
****leave*** [OR ***let***] ***... alone*** ⇨ LEAVE[1](成句)
leave [OR ***let***] ***well*** (***enough***) ***alone*** ⇨ LEAVE[1](成句)
****let alone*** ⇨ LET[1](成句)
stànd alóne (建物が)ぽつんと建っている; 独立[孤立]している; 並ぶものがない, 抜きん出ている

類語 《形》**alone** 人や物が単独であること.
lonely 孤独で寂しく, しばしば相手を求める気持ちを含む.
lonesome 痛切な孤独感や寂しさを感じさせる語.
lone alone の「単独」に lonely の「寂しさ」の意味を併せ持ち, しばしば詩的な語. 〈例〉a *lone* figure 孤影(♦alone は叙述的にのみ, lonely は限定的・叙述的に, lone は限定的にのみ用いる)
solitary 仲間や同類がなくただ1つ[1人]であり, したがって, しばしば寂しさを伴う. 〈例〉a *solitary* traveler 孤独な旅人

⁂**a·long** /əlɔ́(ː)ŋ/ 前 副

中心義 **Aに沿って**(★Aは「長さ」のあるもの. それに沿って進んで行く「経路」や「方向」を表す)

— 前 ❶ **…に沿って(ずっと)**, …づたいに; …の上をずっと, 端から端まで ‖ She walked ～ the coast. 彼女は海岸沿いを歩いた / Many earthquakes occurred ～ the boundaries between the earth's crustal plates. 多くの地震が地殻プレートの境界に沿って起こった / We drove ～ Park Street. 私たちは公園通りを車で走った
❷ …の途中で, …を行った所に, …の奥に ‖ I must have lost my key ～ the way. 途中で鍵(かぎ)を落としたに違いない / Room 105 is ～ this corridor. 105号室はこの廊下を行った所にあります
❸ …(の方向・方針)に沿って, …に従って ‖ He is determined to follow ～ the party line. 彼は断固として党の方針に従うつもりだ

— 副 《比較なし》 ❶ 《主に移動を表す動詞とともに》**前へ**, 先へ, どんどん(♦on より口語的で, 流れに沿った動きであることを含意する) ‖ Move ～, please! 立ち止まらないで進んでください; お詰めください / come ～ やって来る / walk ～ 歩いて行く / skip ～ スキップしながら行く / drive ～ 運転して行く
❷ 沿って, ずっと ‖ He ran ～ by the railway. 彼は線路に沿って走った
❸ 人から人へ, 次々と ‖ The news was passed ～. そのニュースは人から人へと伝えられた
❹ (人を)連れて, 一緒に; (必要なものとして)(物を)持って ‖ Bring your friends ～ to the party. パーティーにはお友達も連れて来てね / I took my umbrella ～ with me. 傘を持って行った / have an extra one ～ 1つ余分に持って
❺ (仕事・時間などが)先へ進んで; (ある時点に)近づいて ‖ Everything is coming [OR going] ～ nicely. すべて順調にいっている / The afternoon was well ～. 午後もだいぶ回っていた / ～ about seven o'clock 7時近くに

****àll alóng*** **最初から, ずっと** ‖ I knew it *all* ～. それは初めから知っていた
****alóng with ...*** **…と一緒に, …に加えて**, …同様(♦主語の後ろで用いられる場合, 動詞の数は主語のみに一致する) ‖ The president, ～ *with* his bodyguards, was [×were] assassinated by a drug addict. 大統領はボディーガードらとともに麻薬常習者によって暗殺された
****be alóng*** 到着する, やって来る; 行く(♦未来時制で用いることが多い) ‖ She'll [She should] *be* ～ in ten minutes. 彼女は10分もすればやって来ます[やって来るはずです] / I'll *be* ～ tomorrow. 明日伺います

alòng·shóre 副 形 海岸に沿って[た], 磯づたいに[の]

***a·long·side** /əlɔ́ːŋsàɪd | əlɔ̀ŋsáɪd/ ⌫ 副 並んで(side by side), そばに, 近くに ‖ We saw the dolphins swimming ～. イルカが並んで泳いでいるのを見た
alóngside of ... /英 ─ ─ ́/ 《主に米》 ① …と並んで, …のそばに, …のわきに ② 《口》…と比べると
— 前 ❶ …と並んで, …のそばに(beside) ‖ A guide dog walks ～ its master. 盲導犬は主人と並んで歩く

A

❷ …と一緒に，…とともに (together with) ‖ They fought ~ Britain in the war. 彼らは戦争で英国とともに戦った

a·loof /əlúːf/ 形 ❶ よそよそしい；冷淡な，無関心な ❷《叙述》〈…から〉離れて，距離をおいて〈**from**〉‖ stand [OR hold, keep, remain] ~ *from* ... …から離れている；…に超然としている，…に無関心である **~·ness** 名

al·o·pe·ci·a /æləpíːʃə/ 名 U 〖医〗脱毛症

*__a·loud__ /əláud/《発音注意》副 ❶ 声に出して，聞こえるように，ふつうの声で (♦ loud, loudly (大声で) との違いに注意) ‖ Don't speak ~ in a sickroom. 病室ではふつうの声で話してはいけません (♥「声をひそめて話しなさい」の意) / read a book ~ 本を音読する / think ~ 考えていることを声に出す ❷ 大声で (loudly) ‖ cry ~ in protest 大声で抗議する

alp /ælp/ 名 C ❶ 高峰；(特にスイスの) 高山 (→ Alps) ❷ (スイスの) 山腹の牧草地

al·pac·a /ælpǽkə/ 名 (複 ~ OR ~s /-z/) C 〖動〗アルパカ《南米産のラクダ科の家畜》；U アルパカの毛 [織物]

al·pen·glow /ǽlpənglòu/ 名 U (高山の頂稜部に見られる) 朝 [夕] 焼け，山頂光

al·pen·horn /ǽlpənhɔ̀ːrn/ 名 C アルペンホルン《アルプス山中の牧人たちが用いる木製の長大な角笛》

al·pen·stock /ǽlpənstɑ̀(ː)k | -stɔ̀k/ 名 C アルペンストック《先端に金具のついた登山づえ》

al·pha /ǽlfə/ 名 C ❶ アルファ《ギリシャ語アルファベットの第1字. *A*, *α*. 英語の A, a に相当》(❗「アルファ」に「余分」の意味はなく，「プラスアルファ」は和製語. plus something (else [extra]) のようにいう) ❷ (一般に) 最初 (のもの)；(物事の) 初め；第1(位) のもの ❸《英》(成績評価で) 優 ‖ ~ plus (成績の) 秀 (♦ A^+ で表記) ❹〖天〗アルファ星《星座中の主星》

__the àlpha and oméga__ 最初と最後，すべて；主要素

── 形 ❶ (特に動物の群れの中で) 最も重要な，ボスの ❷〖化〗アルファ置換基の

▸▸ ~ **mále** 名 C ① 動物の群れを支配する雄 ② ボス的存在の男性 ~ **pàrticle** 名 C 〖理〗アルファ粒子《ヘリウムの原子核》 ~ **rày** 名 C 〖理〗アルファ線《アルファ粒子からなる》 ~ **rhỳthm** [**wàve**] 名 C 〖生理〗(脳波の) アルファ波 (→ brain wave) ~ **tèst** (↓)

*__al·pha·bet__ /ǽlfəbèt/ 名 C ❶ アルファベット；(各言語の) 字母，文字 (♦ 当該言語の「アルファベット」というときには the alphabet と the をつける) ‖ The English ~ has 26 letters. 英語のアルファベットには26文字ある ❷ 記号，表音文字 ‖ the International Phonetic *Alphabet* 国際音標文字 ❸《the ~》初歩，いろは ‖ the ~ of chemistry 化学の初歩

語源 ギリシャ語のアルファベットの最初の文字 *alpha* と2字目の文字 *beta* から.

▸▸ ~ **sòup** 名 U ① アルファベットスープ《アルファベットの形をしたパスタの入ったスープ》 ②《口》(特に官庁名などの) 略語の行列 [洪水]《FBI, IRS など》

*__al·pha·bet·i·cal__ /ælfəbéṭɪkəl/, **-ic** /-ɪk/ <シ 形 アルファベット (順) の ‖ in ~ order アルファベット順に

-i·cal·ly 副 アルファベット順に

al·pha·bet·ize /ǽlfəbətàɪz | -bet-/ 動 他 …をアルファベット順にする；…をアルファベットで表示する

àlpha·numéric, -numérical <シ 形 💻 文字と数字を区別なく処理できる；英数字からなる

álpha tèst 名 C 💻 評価テスト，アルファテスト《新作ソフトなどの製品をチェックする第一段階. → beta test》

álpha-tèst 動 他 …をアルファテストする

al·pine /ǽlpàɪn/ 形《通例限定》❶《ときに A-》高山 (性) の；《A-》アルプス (Alps) 山脈の，アルプス風の；〖人類〗アルプス人種の ❷《しばしば A-》〖スキー〗アルペンの ‖ ~ skiing アルペンスキー / ~ events アルペン種目《滑降・回転・大回転》(→ Nordic) ── 名 C 高山植物；(＝**Ál-pine hàt**) アルプス帽；《A-》〖人類〗アルプス人種

al·pin·ist /ǽlpɪnɪst/ 名 C 登山家，アルピニスト

-ìsm 名 U アルプス [高山] 登山

*__Alps__ /ælps/ 名《the ~》《複数扱い》アルプス山脈《オーストリア東部からフランス南東部にまで及ぶヨーロッパの主要山脈》

Al Qaeda /æl káɪdə, -kéɪ-, -kɑ́ː-/ 名 アルカイダ《世界的規模のテロ組織》(♦ アラビア語で「基地」の意味)

⁑al·read·y /ɔːlrédi/

中心義》**予期されるよりも早く** (★すでに事が完了していることを含意する)

── 副《比較なし》❶《肯定文で》**すでに**，もう，今までに，それまでに (♦ 疑問文・否定文では yet を用いる) ‖ He had ~ worked out a rough plan. 彼はすでにおおまかな計画を立てていた / The wedding ceremony was ~ over when he arrived at the church. 彼が教会に着いたときにはすでに結婚式は終わっていた

❷ (状況がさらに悪化するのを懸念して) もうすでに十分 ‖ Our computer is ~ troubling us as it is. 私たちのコンピューターはもうすでに十分問題を引き起こしている

❸《疑問文・否定文で》**もう**，こんなにも早く，もはや (♥ 予想よりも早く起こった出来事に対する意外感・驚きを表す. → 語法 (3)) ‖ Is it eight ~? もう8時なの / You haven't eaten ~, have you? まさかもう食べてしまったんじゃないだろうね ❹《米口》《特に命令文の文末で》全くもう，さっさと (♥ いら立ちや性急さを表す) ‖ Tell me ~. さっさと言えよ / Enough ~! もうたくさんだ

語法 ★☆ (1) already はふつう一般動詞の前，be 動詞や (最初の) 助動詞の後にくるが，意味を強調したい場合や《口》では文頭・文末にくることもある. また疑問文に対する答えとして使われる Yes, I already have. のような省略文では be 動詞・助動詞の前にくる.
(2) 動作を表す動詞とともに用いる場合は，動詞が完了形や進行形であることが多いが，《米口》では単純過去形で用いることもある. 状態を表す動詞とともに用いる場合は，動詞は単純現在形か単純過去形である (⇨ PB 06).
(3) 疑問文・否定文での「もう」は yet を用いるのがふつうで，この場合は意外・驚きの意味が含まれない.〈例〉Have you eaten *yet*? もう食べましたか
(4) しばしば時を表す副詞句の前で用いられる.〈例〉*already* in 1576 すでに1576年に
(5) all ready との意味の違いに注意.〈例〉We're *all ready*. みんな用意ができています

*__al·right__ /ɔːlráɪt/ <シ 形 副 間《口》＝all right (♦ このつづりを非標準的とする人もいる)

ÀLS 略 *a*myotrophic *l*ateral *s*clerosis

Al·sa·tian /ælséɪʃən/ 名 C ❶ アルザス人 ❷《英》＝German shepherd ── 形 アルザス (人) の

⁑al·so /ɔ́ːlsou/

── 副《比較なし》…**も (また)** (too, as well)，(さらに) また；NAVI そのうえ (besides, in addition) ‖ You ~ have to come. 君もぜひ来てくれなくては / He plays the violin well, but he is ~ a famous painter. 彼はバイオリンを弾くのがうまいが，また有名な画家でもある / This apartment is too small for him. *Also*, he has a grand piano. このアパートは彼には小さすぎます. そのうえ，彼にはグランドピアノがあるのです (＝Besides [OR In addition], he has a grand piano.) (♦ 文頭に置くのは《口》)

語法 ☆☆ (1)《英》では too, as well に比べて also はやや堅い表現.《米》では too, also が一般的に使われ，as well はやや堅い表現.
(2) also は通例助動詞および be 動詞の後，助動詞がない場合本動詞の前に置くが，強意的に文末に置かれることもある.〈例〉She quit smoking, so you should *also*. 彼女がたばこをやめたのだから，君もそうすべきだ
(3) John *also* phoned Mary. で，「ジョンもメアリーに電話した」「ジョンはメアリーに電話もした」「ジョンは

メアリーにも電話した」のいずれをも意味し，その解釈は文脈によるが，話し言葉ではそれぞれ，also，phoned，Mary に強勢が置かれる．
(**4**) 否定文では not ... either や neither を用いるのがふつうだが，also を否定語の前に置くことは可能．〈例〉We *also* didn't read it. 私たちもまたそれを読まなかった(＝We didn't read it, either.)
(**5**) 口語では接続詞のように使うこともあるが避けた方がよい．〈例〉He is a mathematician, *also* an artist. 彼は数学者で芸術家でもある(♦ ... and *also* an artist とする方がよい)

álso-ràn 名 C ❶〖競馬・ドッグレース〗等外[4等以下]の馬[犬] ❷ 敗者，落伍(らくご)者，落選者；凡才(♦ He also ran.（彼も走った）から)

alt /ælt/ 名 ＝alto

alt. 略 alteration；alternate；altitude；alto

ALT 略 *A*ssistant *L*anguage *T*eacher（日本の外国人言語指導助手）

Alta. 略 Alberta

Al·ta·ic /æltéɪɪk/ 形 ❶ アルタイ山脈の（住民の） ❷〖言〗アルタイ語（族）の
— 名 U〖言〗アルタイ語（族の言語）；C アルタイ語を話す人

Al·tair /æltéər | ニー/ 名 アルタイル，牽牛(けんぎゅう)星，彦星(ひこぼし)《ワシ座(Aquila)の主星で輝度は太陽の10倍》

***al·tar** /ɔ́:ltər/ 名 C ❶ 祭壇 ❷〖宗〗聖餐(せいさん)台(⇨ CHURCH 図)
be sácrificed on [OR *at*] *the áltar of ...* …のために犠牲にされる
▸▸ **~ bòy** 名 C〖宗〗（ミサの）侍者

áltar·pièce 名 C 祭壇背後[上部]の飾り《絵画・彫刻など》

***al·ter** /ɔ́:ltər/ 《発音注意》 動〔▶ alteration 名〕他 ❶（部分的に）…を変える，改める（⇨ CHANGE 類語）‖ ~ one's plan [hairstyle] 計画[髪型]を変える ❷〔衣服など〕を手直しする；〔建物〕を改築する ‖ Can you ~ this dress for me? It's too long. このドレスを手直ししてくれますか．長すぎるので ❸《米・豪口》〔家畜〕を去勢する，…に不妊手術を施す —自 変わる，改まる ‖ She has ~*ed* so much you wouldn't recognize her. 彼女はとても変わってしまったので会ってもわからないよ

***al·ter·a·tion** /ɔ̀:ltəréɪʃən/ 名〔◁ alter 動〕U C（部分的）変更，改変，改造，手直し；（既製服の）寸法直し；C 変更[改造]箇所 ‖ make an ~ to ... …を改造する

al·ter·cate /ɔ́:ltərkèɪt/ 動 自 口論する，論争する

al·ter·ca·tion /ɔ̀(:)ltərkéɪʃən/ 名 C U 口論，争論，激論

al·ter e·go /ɑ̀(:)ltər í:goʊ | æ̀ltər-/ 名 C ❶ 第2の我，分身 ❷ 無二の親友(♦ ラテン語より)

***al·ter·nate** /ɔ́:ltərnət | ɔ:ltə́:-/ 《発音注意》(→ 動 名) 形《限定》❶ 交互に[次々と]起こる，交互の，代わる代わるの ‖ a day of ~ sunshine and rain 晴れと雨が交互に入れ替わる1日 ❷ 1つおきの（every other）‖ work on ~ days 隔日に働く ❸《主に米》代わりの（alternative）‖ an ~ plan 代案 ❹〖植〗互生の
— 動 /ɔ́:ltərnèɪt/ 自 ❶ 交互に起こる[入れ替わる]，（繰り返して）交替する；（2つの状態などの間を）行き来する〈**with** …と；**between** …の間で〉‖ The rain ~*d with* sunshine.＝The weather ~*d between* rain and sunshine. 雨と晴れが交互に来た / They ~ in washing the dishes after dinner. 彼らは交代で食後の皿洗いをする ❷〖電〗（電流が）周期的に向きを変える，交番する（→ alternating current） —他 …を〈…と〉交互に行う，交替にする〈**with**〉‖ She ~*s* swimming and reading on Saturdays.＝She ~*s* swimming *with* reading .... 彼女は土曜日ごとに水泳と読書を交互に行う
— 名 /ɔ́:ltərnət | ɔ:ltə́:-/ C《米》代理人，代役；代わりとなるもの
▸▸ **~ ángles** 名 複〖数〗錯角

al·ter·nate·ly /ɔ́:ltərnətli | ɔ:ltə́:-/ 副 ❶ 代わる代わる，交替で，交互に ❷ 1つおきに，互い違いに

àlternating cúrrent 名 U C〖電〗交流《略 AC, ac》(↔ direct current)

al·ter·na·tion /ɔ̀:ltərnéɪʃən/ 名 U C 交互，（2者間の）交替 ‖ ~ of generations〖生〗世代交番[交代]

***al·ter·na·tive** /ɔ:ltə́:rnəṭɪv/ 《発音・アクセント注意》
— 形《比較なし》❶ ほかにとるべき，**代替の**，別の，代わりの ‖ Do you have any ~ plans for the weekend? 週末の計画で何か代案をお持ちですか
❷ 既存のものとは違う，新奇の，目新しい；伝統にとらわれない；反体制の ‖ an ~ lifestyle [newspaper, music] 新生活様式[新しい編集方針の新聞，新音楽]
❸（2つのうち）**どちらか一方の**，（3つ以上の中から）どれか1つの，互いに異なる ‖ The committee are divided about the two ~ plans. 委員会はその2つの案のうちどちらを選ぶかで意見が分かれている
— 名（複 **~s** /-z/）C ❶（2つ以上のうちの）どちらか[どれか]1つ，選択肢；選択の機会 ‖ We have only two ~*s*, going by bus or taking a taxi. バスで行くかタクシーに乗るかどちらかの方法しかない / His parents gave him the ~*s* of staying in school or going to work. 彼の両親は学校に残るか働きに出るか彼に選ばせた
❷〈…の〉**代案**，代替物；〈…に〉代わるもの〈**to**〉‖ The ~ *to* boiling the fish is grilling it. その魚は煮ないのなら焼くといい / I had no ~ but to walk to the station. 駅まで歩く以外に方法はなかった(♥ ほかに選択の余地がないことを仕方なく認める表現) / **provide** [OR **offer**] an ~ 代案を出す
連語 ❶❷【形+~】the only ~ 唯一の選択肢 / an acceptable ~ 受け入れられる代案 / a viable ~ 実現可能な代案 / a possible ~ 可能な選択肢[代案]
▸▸ **~ conjúnction** 名 C〖文法〗選択接続詞《or, neither ... nor など》**~ cóuntry** 名 U〖音楽〗アルトカントリー《非伝統的な新しいカントリーミュージック》**~ én-**

PLANET BOARD 06
already を過去形の文で用いるか．
問題設定 already は完了形の文で用いるのがふつうで，《米口》では過去形の文でも用いるとされることが多いが，実際の使用率を調査した．

Q 次の表現のどちらを使いますか．
(**a**) Breakfast? No, thanks. **I've already eaten.**
(**b**) Breakfast? No, thanks. **I already ate.**
(**c**) 両方
(**d**) どちらも使わない

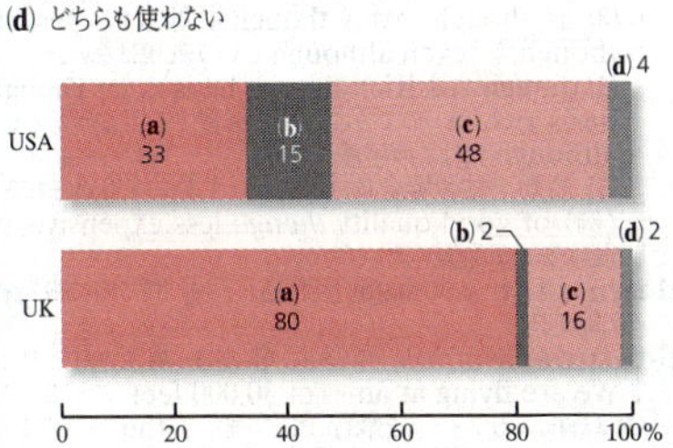

《英》では8割が(**a**)の完了形のみ使うと答え，(**b**)の過去形を使うと答えたのは2割に満たなかった．「(**b**)は文法的に誤り」というコメントも見られた．一方，《米》で(**a**)のみと答えたのは約3割と少なく，(**b**)のみと両方を合わせて6割以上の人が過去形を使うと答えた．両方使うと答えた人の多くは，「意味に違いはないものの，(**a**)の方が正式な表現で，(**b**)は家族や友人などとの会話で用いる」と回答している．

学習者への指針 already は《米口》では過去形の文で用いることがあるが，《英》では誤りとみなされることもあるので，完了形の文で用いるのが無難である．

A

ergy 名 U (石炭・石油に替わる) 代替エネルギー《太陽熱・風力・潮力など》 ～ **fúel** 名 U C 代替燃料 ～ **médicine** 名 U C 〘医〙代替医療《科学的医療と異なる自然療法や漢方など》(complementary medicine) ～ **mínimum tàx** 名《通例 the ～》《米》代替的最少課税(制度)《中低所得層の不公平感を減らすために高額所得者を対象に導入された課税方式. 略 AMT》 ～ **quéstion** 名 C 〘文法〙選択疑問文《Is this an apple or an orange? のような疑問文》 ～ **schóol** 名 C 〘教育〙新学校《伝統にとらわれないカリキュラムによって教育を行う初等[中等]学校》

*__al·ter·na·tive·ly__ /ɔːltə́ːrnət̬ɪvli/ 副 二者択一的に；《文修飾》あるいは, 代わりに

al·ter·na·tor /ɔ́ːltərnèɪt̬ər/ 名 C 〘電〙(特に自動車に使われる)交流発電機

alt·horn /ǽlthɔ̀ːrn/ 名 C 〘楽〙アルトホルン《金管楽器》

⁑al·though /ɔːlðóʊ/《アクセント注意》

中心義》…にもかかわらず (★主節の内容に対して, 相いれない内容を伴う)

— 接 (♦《米口》では altho とつづることもある) ❶ **…だけれども**, …にもかかわらず；たとえ…でも ‖ *Although* she had only entered the speech contest for fun, she won first prize. 彼女は単に面白半分でスピーチコンテストに参加していたのに優勝した / *Although* (he is) old, he is still very active. 彼は年をとってはいるがまだとても活動的だ(♦ 後続の(主節の主語と一致する)主語と be 動詞は省略することが可能) / *Although* speaking in public is difficult for you, it's a skill you ought to acquire. 人前で話すのは難しいだろうが, どうしても身につけなければならない技能です

❷ とはいえ, しかし, …だけれども(♦ 主節に対して付加的に用いる) ‖ Our son is rather shy, ～ he's not as bad as he used to be. うちの息子はかなりな恥ずかしがり屋です, 以前ほどひどくはありませんが

> **語法 ☆☆ although と though の違い**
> (1) although は though より《堅》で, やや強意的である. 従属節が主節の前にくる場合は although が使われる傾向がある.
> (2) though は副詞として文末で単独に用いることが可能なのに対し, although にはこの用法はない. 〈例〉 "Nice Day." "Yes. Bit cold, *though* [ˣalthough]." 「いい天気だね」「うん, でもちょっと寒いけどね」
> (3) as though, even though に対応する ˣas although や ˣeven although という表現はない.
> (4) though には Rich though he is ... (＝Though he is rich ...) のように補語を倒置する用法があるが, although にはこの用法はない.
> (5) 語句を結ぶ場合は though がふつう用いられる. 〈例〉 of good quality *though* less expensive 値段は安いが品質のよい

al·tim·e·ter /æltímət̬ər | ǽltɪmìː-/ 名 C (特に飛行機の)高度計

*__al·ti·tude__ /ǽltɪtjùːd/ 名 U C ❶ 高度, 高さ, 海抜, 標高 ‖ We are flying at an ～ of 30,000 feet. ただ今, 当機は高度3万フィートを飛行しております / the ～ of the plateau その台地の標高 ❷《しばしば ～s》高地, 高原；高い位置 ‖ Lack of oxygen makes it difficult to breathe at high ～*s*. 高地では酸素が不足するので呼吸困難になる ❸ 〘数〙(三角形などの底辺からの)高さ；垂線；〘天〙(天体の)高度, 仰角 ❹ 高位, 高い地位

▶▶ ～ **sìckness** 名 U 高山[航空]病

Ált kèy /ɔ́ːlt-/ 名 C 💻 代替キー, オールトキー《alternative key の略. キーボード上の Alt キー》

al·to /ǽltoʊ/ 名 (複 ～s /-z/) 〘楽〙❶ U 中高音, アルト《女声の最低音部;裏声を使った男声の最高音部》;《形容詞的に》アルトの ❷ C アルト歌手[楽器] ❸ C アルト(声)部

▶▶ ～ **clèf** 名 C 〘楽〙アルト記号, ハ音記号(→ clef)

al·to·cu·mu·lus /æltoʊkjúːmjʊləs/ 名 (複 **-li** /-laɪ/) C 〘気象〙高積雲《略 AC, Ac》

⁑**al·to·geth·er** /ɔ̀ːltəgéðər/ 〈シ〉(→ 副 ❶)

中心義》**すべてまとめて**

— 副 《比較なし》(♦ all together (みんな一緒に) との違いに注意) ❶ **全く**, 完全に(↔ partially)(♦ 修飾する語の前に置かれる場合は /ɔ́ːltəgèðər/ となることがある) ‖ They ignored it ～. 彼らはそれを全く無視した / I do not ～ agree with you. あなたの意見に全面的に賛成というわけではない(♦ 否定文中では部分否定になる)

❷ 全部で, 合計で(in total) ‖ I have seven ～. 全部で7つ持っている

❸《文修飾》《通例文頭で》概して(言えば), 全体的に見て(on the whole) ‖ *Altogether*, the play was a success. 全体的に見ればその劇は成功だった

— 名《次の成句で》

*__*in the altogéther*__《旧》《口》裸で, ヌードで

al·to-re·lie·vo /æltoʊrɪlíːvoʊ/ 名 (複 ～s /-z/ OR **-vi** /-viː/) C 〘彫刻〙高浮き彫り(high relief)(の作品)(↔ basso-relievo)(♦ イタリア語より)

al·to·stra·tus /æltoʊstréɪt̬əs/ 名 (複 **-ti** /-taɪ/) C 〘気象〙高層雲《略 As》

al·tru·ism /ǽltruìzm/ 名 U 愛他[利他]主義, 愛他精神 (↔ egoism) **-ist** 名 C 愛他[利他]主義者(↔ egoist)

al·tru·is·tic /æltruístɪk/ 形 愛他[利他]的な(↔ egoistic) **-ti·cal·ly** 副

al·um[1] /ǽləm/ 名 U 〘化〙明礬(みょうばん)

a·lum[2] /əlʌ́m/ 名 C《米口》卒業生(♦ alumnus, alumna の短縮形)

a·lu·mi·na /əlúːmɪnə/ 名 U 〘化〙アルミナ

*__al·u·min·i·um__ /æləmíniəm/ 〈シ〉名《英》＝aluminum

a·lu·mi·nize /əlúːmɪnàɪz/ 動 他 …にアルミニウム処理[めっき]を施す；…にアルミニウムをかぶせる

*__a·lu·mi·num__ /əlúːmɪnəm/《発音注意》名 U《米》〘化〙アルミニウム《金属元素. 元素記号 Al》(《英》aluminium)

▶▶ ～ **fòil** 名 U アルミホイル

a·lum·na /əlʌ́mnə/ 名 (複 **-nae** /-niː/) C《主に米》(特に大学の) 女子卒業生(《英》old girl)(♦ alumnus の女性形)

a·lum·nus /əlʌ́mnəs/ 名 (複 **-ni** /-naɪ/) C (特に大学の) (男子) 卒業生, OB, 同窓生(《英》old boy) ‖ an *alumni* association 同窓会(組織)(♦ 複数形 alumni は主に《米》で「共学の男女卒業生」の意にも用いる)

al·ve·o·lar /ælvíːələr | ælvióʊ-/ 〈シ〉名 C 形 〘音声〙歯茎音(の)《舌先を歯茎につけて発音する /t/, /d/, /s/ など》；〘解〙肺胞の, 胞状の；歯槽の

al·ve·o·lus /ælvíːələs | ælvióʊ-/ 名 (複 **-li** /-laɪ/) C ❶ 小窩(しょう), 小胞《ハチの巣の房室(cell)など》 ❷ 〘解〙肺胞；歯槽

⁑al·ways /ɔ́ːlweɪz/

— 副 《比較なし》❶ **いつも**, 必ず(⇨ SOMETIMES 類語P) ‖ The bus is ～ crowded on rainy days. 雨の日はバスはいつも込んでいる / You should ～ check your e-mail twice daily. 毎日2回必ずEメールをチェックすべきだ / *Always* turn off the light when you leave the room. 部屋を出るときは必ず明かりを消しなさい

❷ (過去におけるある期間・生涯を通して) ずっと, 常に ‖ I've ～ wanted to go to Venice. 私は(今まで)ずっとベニスに行きたいと思っていた / He had ～ lived in town until he was sixty. 彼は60歳になるまでずっと町に住んでいた / She was ～ kind to the poor. 彼女はいつも貧しい人に親切だった

❸ (これから先) ずっと, いつまでも ‖ I'll ～ be on your side. 私はずっとあなたの味方ですよ / I shall ～ cherish your memory. あなたの思い出はいつまでも大切にします

❹《進行形とともに》いつも…してばかりいる(♥ 話し手の非

難・いら立ちを表す) ‖ You're ~ yawning in class. 君は授業中にいつもあくびばかりしているね
❺《過去形の be 動詞の前で》いつだって…だったからね(♥現在の状況が別に驚くべきことではないという気持ちを表す) ‖ "John is winning again!" "He ~ was lucky at cards."「ジョンがまた勝ちそうだ」「彼はいつもトランプではついていたからね」

as álways いつものように

can [OR ***could***] ***álways ...*** (別の可能性を示して)(いざとなれば)いつでも…できる ‖ If you miss the last train, you *can* ~ take a taxi. もし終電を逃したら，タクシーを拾うこともできますよ / We *could* ~ relax at home. うちに来てくつろぐのもいいですよ(♥提案や誘いを表す控えめな表現. ✍ Would you care to relax at home?)

nòt álways ... いつも…というわけではない(♦部分否定を表す) ‖ The rich are *not* ~ happy. 金持ちが必ずしも幸せであるとは限らない / "Does she always complain about everything?" "*Not* ~."「彼女はいつも文句ばかり言っているのかい」「いつもじゃないよ」

there is álways ... (別の可能性を示して)(いざとなれば)…もある ‖ If you can't pay in a lump sum, *there is* ~ the installment plan. 一括払いが無理でも，分割払いがありますよ

語法☆☆ always の文中での位置
(1) 一般動詞の前，be動詞や助動詞の後.〈例〉He *always* has the same lunch. 彼はいつも(決まって)同じような昼食をとる / He is *always* in time for meals. 彼はいつも食事の時間に間に合う(♦ただし，is が強勢を受ける場合は He always is in time for meals. の語順になる) / You should *always* be careful crossing roads. 道路を横断するときはいつも気をつけなければいけない(♦be 動詞や助動詞が複数含まれる文では，最初の be 動詞や助動詞の後) / "Mr. Smith is in a bad mood today." "He *always* is."「スミスさんは今日は機嫌が悪いね」「彼はいつもそうだよ」(♦後続する部分が省略されるときは be 動詞や助動詞が強勢を受ける. この場合は，always は be 動詞や助動詞の前)
(2) have to や used to の前.〈例〉You *always* have to be careful crossing roads. 道路を渡るときはいつも気をつけなければいけない / He *always* used to be on time. 彼はかつてはいつも時間を守った
(3) 強調の助動詞 do [does, did] の前.〈例〉He *always* does arrive in time for meals. 彼は決まって食事の時間に間に合うようやって来る
(4) 命令文では動詞の前.〈例〉*Always* lock the door when you go out. 出かけるときは必ずドアに鍵(かぎ)をかけなさい / *Always* be polite to others. いつも他人に礼儀正しくしなさい

àlways-ón 形 (インターネットなどが)常時接続の

a·lys·sum /əlísəm | ǽlɪs-/ 名 C《植》アリッサム《アブラナ科の草本. 地中海地方原産》

***Álz·hei·mer's (disèase)** /á(ː)ltshaɪmərz- | ǽlts-/ 名 U《医》アルツハイマー病《退行性の老人性認知症》(♦発見者 Alois Alzheimer(1864-1915)の名から)

‡**am**[1] /弱 əm; 強 æm/
─動 (**was**; **been**; **being**) 自 be 動 の一人称・単数・直説法現在形(⇨ BE 動) ‖ I ~ a high school student. 私は高校生です
─助 (**was**; **been**; **being**) be 助 の一人称・単数・直説法現在形(⇨ BE 助)

a.m., am[2]**, A.M.**[1]**, AM**[1] /èɪ ém/ ⊲ジ 略《ラテン》*ante meridiem* (=before noon)(午前)(⇨ P.M.) ‖ between 8 ~ and 6 p.m. 午前8時から午後6時まで(♦(1)《主に英》ではピリオドを省くことがある. (2) 時刻を表す数字の後につける. (3) ×8 o'clock a.m. のようにはしない)

àm[3]**, ÀM**[2] ⊲ジ 略 *a*mplitude *m*odulation (AM波・中波・AM放送) ‖ an ~ radio 中波ラジオ

Am 記号《化》americium(アメリシウム)

À.M.[2]**, ÀM**[3] 略《ラテン》*Artium Magister* (=Master of Arts)(文学修士)(→ MA[2])

Am. 略 America, American

ÀMÁ 略 *A*merican *M*anagement *A*ssociation(米国経営者協会); *A*merican *M*edical *A*ssociation(米国医師会); *A*merican *M*otorcyclist *A*ssociation(米国単車協会)

a·mal·gam /əmǽlgəm/ 名 ❶ C《冶》アマルガム《水銀とほかの金属の合金. 特に歯科治療用充塡(じゅうてん)材》❷ C《通例単数形で》混合物 ‖ an ~ of hate and fear 憎悪と恐怖の混ざった気持ち

a·mal·ga·mate /əmǽlgəmèɪt/ 動 他 ❶〔会社など〕を〈…と〉合併する，〔組織など〕を1つにする，融合する〈**with**〉❷《冶》…をアマルガムにする
─自 ❶〈…と〉合併する〈**with**〉❷《冶》アマルガムになる
-mà·tor 名 C 合併[融合]者; 混汞(こんこう)器

a·mal·ga·ma·tion /əmæ̀lgəméɪʃən/ 名 U C ❶ 結合[融合，混合]状態 ❷《商》(会社・事業の)合同，合併 ❸《冶》アマルガム製錬(法) ❹ 異人種[異社会]の融合

a·man·u·en·sis /əmæ̀njuénsɪs/ 名 (複 **-ses** /-siːz/) C 筆記者，写字生，書記; 代筆者; 秘書

am·a·ranth /ǽmərænθ/ 名 C ❶《植》アマランス《ヒユ科の観賞用植物》❷ 常世(とこよ)の花，不凋(ふちょう)花《永久にしぼむことがないという伝説上の花》❸ U 赤紫色

am·a·ran·thine /æ̀mərǽnθən | -θaɪn/ ⊲ジ 形 ❶《植》アマランスの(ような); 赤紫色の ❷《文》色あせない，しぼむことのない; 不死の

a·ma·ret·to /æ̀mərétou/ 名 (複 **~s** /-z/) U C アマレット酒《アーモンド風味のイタリアのリキュール》

am·a·ryl·lis /æ̀mərílɪs/ 名 C《植》アマリリス

a·mass /əmǽs/ 動 他 …を集める; (特に)〔財産・情報など〕を蓄積する(⇨ GATHER 類語P) **─**自《英では古》集まる

***am·a·teur** /ǽmətʃuər | ǽmətə/ 《アクセント注意》名 C ❶〈…の〉素人，アマチュア(選手)(↔ professional)〈**in, at**〉; 未熟者 ‖ an ~ *in* music 素人音楽家 / an ~ *at* bicycle repair 自転車の修理に経験不十分な人 ❷《文》愛好者
─形 ❶《限定》素人の，アマチュアの[による] ‖ an ~ photographer アマチュアのカメラマン ❷ 未熟な，下手な ‖ an ~ performance 未熟な演奏[演技]
語源 ラテン語 *amator*(愛する人)を「職業としてでなく，趣味として探求する人」の意に用いたもの.

am·a·teur·ish /æ̀mətúərɪʃ | ǽmətərɪʃ/ ⊲ジ 形 素人の，アマチュアの，未熟な，下手な **~·ly** 副 **~·ness** 名

ámateur·ism 名 U 素人芸[仕事]，道楽; アマチュアの資格[立場，精神]

am·a·to·ry /ǽmətɔ̀ːri | -təri/ 形《限定》恋愛の; 性愛の，愛欲的な ‖ an ~ poem 恋愛詩

am·au·ro·sis /æ̀mɔːróusəs | -sɪs/ 名 U《医》黒内障，黒そこひ《目そのものに病変のない失明状態》

***a·maze** /əméɪz/ 動 他 **a**〔人〕をびっくり仰天させる，ひどく驚かせる(⇨ SURPRISE 類語) ‖ You ~ me! びっくりさせるね / It ~*d* us (to hear) that things were so cheap. 物価がそんなに安いのに(と聞いて)私たちはびっくりした **b**《受身形で》ひどく驚く〈**at, by** …に / **to** *do* …して / (**that**) 節 …ということに / **wh** 節 …ということで〉‖ I was ~*d at* [OR *by*] his calmness. 彼のびくともしない様子にとても驚いた / She was ~*d at* [OR *to* hear] the news. 彼女はその知らせに愕然(がくぜん)とした / We were ~*d that* he had gotten a perfect score. 私たちは彼が満点をとったことにびっくり仰天した / I was ~*d* (*at* [OR *by*]) *how* well she sang. 彼女の歌のうまさに仰天した(♦wh 節 の前の at [OR by] は省略することがある)

***a·mázed** /-d/ 形 驚嘆した，びっくり(仰天)した ‖ an ~ look びっくりした顔 **~·ly** 副 びっくり(仰天)して

***a·maze·ment** /əméɪzmənt/ 名 U 驚き，驚嘆 ‖ in utter ~ びっくり仰天して / To my ~, she won first

A

prize. 驚いたことに彼女は1等賞を獲得した

:a·maz·ing /əméɪzɪŋ/
— 形 (**more ~ ; most ~**)
驚くべき, びっくり(仰天)するほどの;《口》びっくりするほどよい ‖ It's ~ that no one was killed in the accident. その事故で死者が出なかったとは驚きだ / (That's) ~. へえ, びっくり (♥ くだけた相づちとして主に子供や若者が用いる) / an ~ coincidence 驚くべき偶然の一致

a·máz·ing·ly /-li/ 副 ❶ 驚くほど, びっくり(仰天)するほど ❷《文修飾》驚くべきことに

Am·a·zon /ǽməzɑ̀(ː)n | -zən/ 名 ❶《the ~》アマゾン川《世界最大の流域面積を持つ南米の大河》 ❷ Ⓒ〘ギ神〙アマゾネス《黒海の近くスキュティアに住んでいたという伝説的女戦士族》;《a-》女傑;男勝りの女 ❸ Ⓒ〘鳥〙ボウシインコ《南米産》 ❹ (= ~ **ánt**) Ⓒ〘虫〙サムライアリ

Am·a·zo·ni·an /æ̀məzóuniən/ ⊲シ 形 ❶ アマゾン川(流域)の ❷〘ギ神〙アマゾネスの;《ときに a-》(女性が)勇猛果敢な, 男勝りの

***am·bas·sa·dor** /æmbǽsədər/ 名 Ⓒ ❶《しばしば A-》大使〈**to**(国に)駐在する, **in** …に駐在している〉《外交官中の最高位. 呼びかけは Your Excellency(閣下)を用いる》(→ embassy) ‖ He was appointed *Ambassador to* Germany. 彼は駐独大使に任命された (♦ 冠詞はつかない) / the American *Ambassador to* Japan 駐日米大使 / the Canadian *Ambassador in* Tokyo 東京駐在カナダ大使 / an ~ extraordinary 特命大使 / an ~ plenipotentiary 全権大使 ❷ 使節;(公式·非公式の)代表;使者 ‖ a goodwill ~ 親善使節
am·bàs·sa·dó·ri·al 形 大使の;使節の **~·shìp** 名 Ⓤ Ⓒ 大使[使節]の地位[資格, 任期]

ambàssador-at-lárge 名 (複 **ambassadors-**) Ⓒ《米》無任所大使, 特使

am·bas·sa·dress /æmbǽsədrəs | -dres/ 名 Ⓒ 女性大使[使節];大使夫人

am·ber /ǽmbər/ 名 Ⓤ 琥珀(こはく);琥珀色;黄褐色;(交通信号の)黄色, 黄信号 — 形 琥珀製の, 琥珀[黄褐]色の ‖ an ~ light《英》黄信号

am·ber·gris /ǽmbərgrìs | -grìːs/ 名 Ⓤ 竜涎(りゅうぜん)香《マッコウクジラの腸から採れる香料の原料》

ámber·jàck 名 Ⓒ (複 ~ OR **~s** /-s/)〘魚〙ブリの類の魚《大西洋の暖かい海域に生息. 尾が黄色》

ambi- /æmbi-/ 連結形「両方;周囲」の意

àmbi·déxtrous ⊲シ 形 ❶ 両手利きの;非常に器用な ❷ 二心のある **-dextérity** 名 **~·ly** 副

Boost Your Brain!

ambivalence

心理学の用語.「両面価値, 両価性, 相反性」などの訳はあるが,「アンビバレンス」とカタカナのままで表記することが多い. ひとつの対象に対して愛情と憎悪, 友好と敵対, 尊敬と軽蔑などの相反する感情を共に持ち葛藤する精神状態を指す. 親子や夫婦, 恋人や師弟関係のように, 密接な人間関係であればあるほどこのような心理的葛藤に陥りやすい. 元々は, 精神分析学者のフロイト(⇨ FREUD)らが神経症を発症させる心理状態を説明するために用いた概念だが, 必ずしも病的心理だけではなく, 相反する感情や態度が並存している状態を表す際にも用いられる.

アンビバレントな(ambivalent)心理状態は, 成長途上にある思春期に経験することが多いが, それは複雑な現実をより多面的に捉えられるようになっていく成熟の兆候であるとも言える.

ambivalence は「二律背反」と訳されることもあるが厳密には正しくない. 二律背反とは論理学における antinomy の訳語で, 2つの対立する命題がそれぞれ何らかの根拠をもって同時に主張されることを言う. 例えば,「この矛はどんなものでも突き破る」「この盾はいかなるものにも突き破られない」という2つの命題が並存しているような状態のことである.

am·bi·ence, -ance /ǽmbiəns/ 名 Ⓤ/Ⓒ《単数形で》雰囲気, 周囲の様子, 環境

am·bi·ent /ǽmbiənt/ 形《通例限定》周囲の, 取り巻いている, 包んでいる — 名 (= ~ **músic**) Ⓤ〘楽〙環境音楽《気分をリラックスさせる器楽曲》

***am·bi·gu·i·ty** /æ̀mbɪgjúːəṭi/ 名 (複 **-ties** /-z/) ❶ Ⓤ 両義[多義]性《2つ(以上)の意味に解釈できること》;あいまいさ ❷ Ⓒ あいまいな表現 ❸ Ⓤ Ⓒ (立場などの)微妙さ

***am·big·u·ous** /æmbígjuəs/ 形 (**more ~ ; most ~**) 2つ(以上)の意味にとれる, 両義[多義]の;あいまいな, はっきりしない, 不明瞭(ふめいりょう)な(↔ clear)(⇨ 類語)
~·ly 副 **~·ness** 名

類語 **ambiguous** 同じ語句がいく通りにも解釈できるためのあいまいさを示す.〈例〉The phrase "English book" is *ambiguous*. "English book"という言葉は(「英語の本」「英国の本」と両様に解し得るから)あいまいだ
equivocal 故意にいく通りにも解釈できるようにしたあいまいさを示唆する.〈例〉give an *equivocal* answer in order to hide one's real intention 真の意図を隠すためにあいまいな答えをする
vague 不正確または漠然としていて理解しにくい.〈例〉avoid a *vague* expression あいまいな表現を避ける
obscure 不十分な説明·難解な言葉遣い·遠回しの言及などのために真意が隠れている.〈例〉rephrase an *obscure* expression あいまいな表現を言い直す

am·bi·sex·u·al /æ̀mbisékʃuəl/ 形 ❶ 男女[両性]の(bisexual) ❷ 男女[両性]で使える[に適した]

àm·bi·són·ics 名 Ⓤ アンビソニックス, サラウンド[再生]《多チャンネルを用いた高忠実度音響再生》

am·bit /ǽmbɪt/ 名 Ⓒ《単数形で》❶《文》周囲, 周り ❷ (勢力·活動などの)範囲, 領域, 限界

***am·bi·tion** /æmbíʃən/ 名〔▶ ambitious 形〕(複 **~s** /-z/) ❶ Ⓒ 願望, 野望, 目標〈**of, for** …への / **to** *do* …したいとの〉(♥ しばしば強い決意と実現のための苦労·努力を伴う) ‖ his lifelong ~ *of* ruling the world 世界を支配したいという彼の終生の野望 / She achieved [OR realized, fulfilled] her ~ *to* be a movie director. 彼女は映画監督になるという夢を実現させた / have political ~*s* 政治的野望を抱く

連語 **【形+~】** a great [high] ~ 大きな[高い]目標 / a burning [driving] ~ 熱い[激しい]願望 / a main [an ultimate] ~ 主な[究極の]目標
【動+~】 have [OR cherish, harbor] an ~ 願望を抱く / abandon [OR give up] one's ~ 望みを捨てる[あきらめる]

❷ Ⓤ 野心;意欲, 覇気 ‖ The students are full of ~. 学生たちは意欲満々である

語源「歩き回る」の意のラテン語 *ambitio* から. 古代ローマでは選挙の候補者は白衣を着て人々に投票を依頼して歩き回った. それに要する努力から「地位に対する熱望」さらに「野心」となった.

***am·bi·tious** /æmbíʃəs/ 形〔⊲ ambition 名〕(**more ~ ; most ~**) ❶ (人が)大望[大志]を抱いた;(人が)〈…の〉成功を熱望[期待]する(↔ unambitious)〈**for**〉‖ an ~ young lawyer 大望を抱く青年弁護士 / She is ~ *for* her two sons. 彼女は2人の息子に大いに期待している ❷ (計画などが)大規模な, 野心的な, 多くの費用[人数]を要する(→ modest) ‖ an ~ plan 大がかりな計画 ❸《叙述》(人が) 強く望んでいる〈**for, of** …を / **to** *do* …することを〉‖ The politician is ~ *for* [OR *of*] fame [power]. その政治家は名声[権力]を得たいと熱望している / He is ~ *to* play in the major leagues. 彼はメジャーリーグでプレーしたいと切望している **~·ly** 副

***am·biv·a·lence** /æmbívələns/ 名 Ⓤ〘心〙両面価値《同一物に愛憎など相反する感情を同時に抱くこと》;(2者の)どちらとも決めかねる状態;(心の)不安定, 動揺(⇨ BYB)

am·bív·a·lent /-lənt/ 形〖心〗両面価値的な，〈同一物に対して〉相反する感情を抱く〈**toward, about**〉；(態度・感情などが)どっちつかずの

am·bi·vert /ǽmbivə̀ːrt/ 名 C〖心〗両向性格の人《外向性と内向性との両性格を持った人》

am·ble /ǽmbl/ 動 自 (人が)ゆっくり[ぶらぶら]歩く；(馬が)側対歩(そくたいほ)で歩く《同じ側の2脚を同時に上げて進む》《***about, along, around***》
—名 C《単数形で》(人の)緩やかな足取り；〖馬術〗側対歩
-bler 名 C のんびり歩く人；側対歩で歩く馬

am·bro·sia /æmbróuʒə | -ziə/ 名 U ❶〖ギ・ロ神〗神々の食べ物《食べると不老不死になれるといわれる》(→ nectar) ❷《文》味[香り]の非常によいもの **-si·al** 形

am·bry /ǽmbri/ 名 (複 **-bries** /-z/) C ❶ (教会堂の)聖具棚 ❷《英》《古》貯蔵室[庫]；食料品室[棚]；食器室

***am·bu·lance** /ǽmbjələns/ 名 C 救急車；傷病兵輸送車[船，機] ‖ Dad was taken to the hospital by [OR in an] ～. 父は救急車で病院に運ばれた / call (for) an ～ 救急車を呼ぶ / an ～ crew 救急隊
—動 他〔人〕を救急車で運ぶ
▸▸ **～ chàser** 名 C《主に米俗》《けなして》交通事故の被害者をそそのかして訴訟を起こさせて稼ぐ弁護士，悪徳弁護士；(一般に)他人の不幸で金もうけをする人

am·bu·lant /ǽmbjələnt/ 形 ❶ 動き[歩き]回る ❷〖医〗(患者が)歩行できる，寝たきりでない；(治療が)歩ける人を対象とした，通院[外来]の

am·bu·late /ǽmbjulèɪt/ 動 自《堅》歩き[動き]回る
àm·bu·lá·tion 名

am·bu·la·to·ry /ǽmbjələtɔ̀ːri | æ̀mbjuléɪtəri/ 〈ジ〉 形 ❶《堅》歩行(用)の，歩行中の ❷〖医〗＝ambulant ❷ ❸ 移動性[可能]の，動き回る —名 (複 **-ries** /-z/) C (教会・修道院などの)回廊；遊歩場，アーケード

***am·bush** /ǽmbuʃ/ 名 ❶ U C 待ち伏せ(して襲うこと)；伏兵 ‖ fall into an ～ 待ち伏せに遭う / lie [OR wait] in ～ for ... ; lay [OR set] an ～ for ... …を待ち伏せする / trap the enemy by ～ 待ち伏せによって敵をわなにかける ❷ C 待ち伏せの場所 —動 他 …を待ち伏せて急襲する (♦ しばしば受身形で用いる) ‖ The gang was ～*ed* by the police. ギャングは警官隊の待ち伏せに遭った

am-dram /ǽmdræ̀m/ 名 U《単数・複数扱い》素人演芸(♦ *am*ateur＋*dram*atics)

AmE 略 *Am*erican *E*nglish

a·me·ba /əmíːbə/ 名《米》＝amoeba

a·me·li·o·rate /əmíːliərèɪt/ 動 他自《堅》(…を[が])改良する[される]，よくする[なる]，向上させる[する](↔ deteriorate) **a·mè·li·o·rá·tion** 名 U C 改善，向上，改良(されたもの)(↔ deterioration)

***a·men** /àːmén, èɪ-/ 間 ❶ アーメン《キリスト教で祈りの終わりに唱える言葉. So be it! (かくあらせたまえ)の意》(♦ 歌では /àːmén/ と発音するのが一般的) ❷ 全くだ，〈…に〉同感だ〈**to**〉‖ *Amen to* that! それに賛成
—名 ❶ C アーメンの言葉[文字] ❷ U〈…に対する〉賛成，同意〈**to**〉‖ say ～ *to* ... …に同意する
▸▸ **～ còrner** 名 C アーメンコーナー《特にプロテスタントの教会で熱心な信者が座る通例説教者の近くの席》

a·me·na·ble /əmíːnəbl/ 形 ❶ 従順な，〈…に〉快く従う，〈…を〉喜んで受け入れる〈**to**〉❷《叙述》〈法律などに〉従う義務がある；〈…の〉支配を受ける，〈…に〉左右される；〈…を〉受けやすい〈**to**〉‖ be ～ *to* criticism 非難を免れない[受けやすい] ❸《叙述》〈法則などに〉かなう；〈検査・分析などに〉耐えられる〈**to**〉 **a·mè·na·bíl·i·ty, ～·ness** 名 **-bly** 副 従順に，素直に，〈…に〉従って〈**to**〉

***a·mend** /əménd/ 動 他 ❶〔法案・憲法など(の字句)〕を修正する，改正する；〔文書・提案など(の誤り)〕を訂正する ‖ ～ the Constitution 憲法を修正する ❷《堅》…を改良[改善]する；〔行い〕を改める ‖ ～ the soil with peat ピートで土壌を改良する / ～ one's ways 品行を改める
—自《堅》改心する，行いを改める
～·a·ble 形 修正できる
語源 *a-* out＋*-menda* fault(誤り)：誤りを取り除く

***a·mend·ment** /əméndmənt/ 名 ❶ U C〈動議・法案・憲法などの〉改正，修正，補正〈**to**〉‖ make an ～ *to* a resolution 決議案の修正をする ❷ C〈…の〉修正条項，改正案〈**to**〉；《A-》米国憲法修正条項 ‖ propose [table] an ～ 修正案を提出する[上程する] / the Eighteenth *Amendment* 米国憲法修正第18条《禁酒法》❸ U《堅》改良，改善 ❹ C 土質改良材

a·mends /əméndz/ 名《単数扱い》〈…の〉償い，賠償〈**for**〉
màke aménds 償いをする〈**to** 人に；**for** 物・事に〉

***a·men·i·ty** /əmíːnəṭi, əmén-/ 名 (複 **-ties** /-z/) C ❶《-ties》生活を快適にするもの[施設，環境] ‖ *amenities* of urban life 都会生活を快適にするもの《娯楽[スポーツ，文化]施設など》/ basic *amenities* 生活の基本設備《ふろ・シャワー・水道など》
❷ U (家・場所・環境などの)快適さ，心地よさ；(人の)感じのよさ，魅力 ❸《-ties》礼儀，丁寧な言葉[態度] ‖ social *amenities* 人と付き合う際の礼儀
▸▸ **～ bèd** 名 C《英》(健保病院の)差額ベッド

a·men·or·rhe·a,《英》**-rhoe·a** /eɪmènəríːə | ə-/ 名 U〖医〗無月経，月経閉止

a·men·tia /eɪménʃə/ 名 U《旧》〖医〗(先天性の)精神遅滞(→ dementia)

Amer. 略 America, American

Am·er·a·sian /æ̀məréɪʒən | -ʃən/ 〈ジ〉 名 C 形 アメラシアン(の)《アメリカ人とアジア人の混血の人》

a·merce /əmə́ːrs/ 動 他《古》〖法〗…に罰金を科する；(一般に)…を罰する **～·ment** 名 U 罰金刑；C 罰金

***A·mer·i·ca /əmérɪkə/

—名 ❶ **アメリカ合衆国**，米国《略 Am., Amer. 公式名は the United States of America. 首都は Washington D.C.》(♦ 米国を指すには America より the United States, the US [OR U.S.] を使う方が明確. アメリカ人が《口》で自国を指すときには単に the States ということも多い)
❷《口》(♦ カナダではときに《蔑》)北アメリカ(North America)；南アメリカ(South America)
❸《the ～s》南北アメリカ，アメリカ大陸(全体)
語源 イタリアの航海家アメリゴ＝ベスプッチ(Amerigo Vespucci)のラテン名 *Americus* から.
▸▸ **～'s Cúp** 名《the ～》アメリカズ＝カップ《1870年より始まった国際ヨットレース》

***A·mer·i·can /əmérɪkən/ 形 名

—形 ❶ **アメリカ(合衆国)の**，米国の；アメリカ人の；アメリカ的な；アメリカ製の；アメリカ原産の ‖ He is ～. 彼はアメリカ人です (♦ 国籍をいう場合は名詞を用いた He is an American. よりも形容詞を用いるのがふつう) / ～ citizens [forces] アメリカ市民[軍](♦ 政治・経済・軍事関係には US [OR U.S.] を用いることも多い) / the ～ way of life アメリカ的生き方 ❷ 北[南]アメリカの，アメリカ大陸の；西半球の ❸ 北[南]米先住民の
—名 (複 **～s** /-z/) C ❶ **アメリカ人** ‖ the ～*s* (総称的に)アメリカ人[国民] / a Japanese ～ 日系アメリカ人
❷ 北[南]米先住民 ❸ U ＝American English
(*as*) ***American as apple pie*** ⇨ APPLE PIE(成句)
▸▸ **～ chéese** 名 U C アメリカンチーズ《チェダーに似たマイルドな味のアメリカ産チーズ》 **～ dréam** 名《the ～》アメリカの夢《繁栄への機会がすべての人に与えられるという理想と自由・平等で豊かな生活》 **～ éagle** 名 C ＝bald eagle **～ Énglish** 名 U アメリカ英語，米語《略 AmE》 **～ fóotball** 名 U アメリカンフットボール(♦《米》では単に football という) **～ Índian** 名 C《旧》アメリカインディアン《イヌイットを除く南北アメリカの先住民. 現在は Native American という》(→ Amerind) **～ Léague** 名《the ～》アメリカンリーグ《米国プロ野球の2

A

大リーグの1つ》 **～ Légion** 名《the ～》(米国の) 在郷軍人会 **～ plàn** 名《the ～》《米》アメリカ方式《ホテル代に食事料金を含める方式》(↔ European plan) **～ Revolútion** 名《the ～》《米・カナダ》アメリカ独立戦争[革命] (1775–83) (《英》War of American Independence) **～ Samóa** 名 米領サモア島《南太平洋サモア諸島中の米国信託統治領. 首都 Pago Pago》 **～ Sígn Lànguage** 名 U アメリカ手話法

A·mer·i·ca·na /əmèrɪkɑ́:nə/ 名《複数扱い》アメリカに関する文献[資料];《単数扱い》アメリカ風物誌

Américan·ìsm 名 ❶ C アメリカ語法, 米語表現《米語に特有の語句・発音・つづり字・表現など》❷ U アメリカ人かたぎ, 米国精神;アメリカ特有の習慣[信仰など];アメリカびいき

A·mer·i·can·ize /əmérɪkənàɪz/ 動 他 自 (思考・語法・習慣などを[が])アメリカ風にする[なる], 米国化する;米国に帰化させる[する] **A·mèr·i·can·i·zá·tion** 名

am·er·i·ci·um /æ̀mərísiəm/ 名 U《化》アメリシウム《人工放射性元素. 元素記号 Am》

A·mer·i·Corps /əmérɪkɔ̀:r/ 名 アメリコー《1995年米国で設立された青年ボランティア組織》

Am·er·ind /ǽmərɪ̀nd/ 名 C U アメリカ先住民, アメリカインディアン(語)(♦ときにイヌイットも含む)
Àm·er·ín·di·an 形 名

Am·e·slan /ǽməslæ̀n/ 名 U アメリカ式手話法(♦ *Am*erican *S*ign *Lan*guage の略)

am·e·thyst /ǽməθɪst/ 名 ❶ C《鉱》アメジスト, 紫水晶 ❷ U アメジスト色, 紫色 ── 形《限定》アメジスト(色)の

Am·ex, AM·EX /ǽmèks/ 略 *Am*erican Stock *Ex*change (アメリカ証券取引所);《商標》*Am*erican *Ex*press(アメリカンエキスプレス)《クレジット会社の名称》

Am·har·ic /æmhǽrɪk/ 名 U 形 アムハラ語(の)《エチオピアの公用語》

a·mi·a·bil·i·ty /èɪmiəbíləṭi/ 名 (複 **-ties** /-z/) U 好感の持てること[態度], 気立てのよさ, 愛想のよさ;C《-ties》親しいあいさつ(の言葉)

a·mi·a·ble /éɪmiəbl/ 形 (人が)優しい, 感じのよい, 気立てのよい;(言葉・行動などが)友好的な, 愛想のよい, 好意的な, 親しみのある, 社交的な(⇨ 類語) **-bly** 副

類語 **amiable** 気質が優しい(good-natured), 愛想のよい, 人好きのする. 〈例〉an *amiable* girl 気立てのよい少女
amicable 対人関係や態度が友好的な(friendly). 〈例〉an *amicable* negotiation 友好的な交渉

am·i·ca·ble /ǽmɪkəbl/ 形 (行為・関係・取り決めなどが)友好的な, 協調的な, 平和的な(⇨ AMIABLE 類語) ‖ an ～ settlement of the dispute 紛争の平和的解決
àm·i·ca·bíl·i·ty 名 **-bly** 副

am·ice /ǽmɪs/ 名 C《宗》アミクト, 肩衣(かたぎぬ)《司祭がミサのときに肩にかける長方形の白い麻布》

a·mi·cus cu·ri·ae /əmàɪkəs kjúərii:/ 名 (複 **a·mi·ci cu-** /-kaɪ-/)《ラテン》(=friend of the court) C《法》法廷助言者《法廷において第三者として判事に助言する者. 単に amicus ともいう》

***a·mid** /əmíd/ 前 (⇨ AMONG 類語) ❶〔騒ぎ・混乱など〕の最中に, …と同時に ‖ They got away ～ the confusion. 彼らは混乱のさなかに逃亡した / ～ tears 涙ながらに ❷ …の間に, …に囲まれて ‖ A dolphin appeared ～ the waves. イルカが波間に現れた / stand ～ tall buildings 高い建物に囲まれて立っている(♦ among が「同質のものに囲まれて」を意味する傾向が強いのに対して, amid は「異質のものに囲まれて」を意味する)

am·ide /ǽmàɪd/ 名 U《化》アミド

amíd·shìps, +《米》**-shìp** 副 形《海》船の中央に(向かって)[の]

a·midst /əmídst/ 前《文》=amid(⇨ AMONG 類語)

a·mi·go /əmí:gou/ 名 (複 **～s** /-z/) C《主に米口》友, 友人(friend)(♦呼びかけにも用いる. スペイン語より)

a·mine /əmí:n | ǽmì:n/ 名 U《化》アミン

a·mì·no ácid /əmì:nou-/ 名 U《化》アミノ酸 ‖ Breast milk **contains** a lot of ～. 母乳はアミノ酸を豊富に含む

a·mir /əmíər/ 名 C (中東イスラム教国の) 首長, 王侯, 王族;ムハンマド[マホメット]の子孫の尊称(emir)

A·mish /ɑ́:mɪʃ/ 名《the ～》《複数扱い》アマン派の人々, アーミッシュ《17世紀後半にメノー派(Mennonites)から分離したプロテスタントの一派で, 電気・自動車などを用いない質素で厳格な生活様式で知られる. ペンシルベニア州南東部に多く在住》 ── 形 アマン派の, アーミッシュの

a·miss /əmís/ 形《叙述》不適当な, まずい, 〈…が〉間違った, 不都合な〈**with**〉‖ What's ～ *with* it? それのどこが悪いのですか ── 副《旧》不適当に, まずく, 間違って, 不都合に ‖ judge ～ 間違った判断をする
not còme [OR ***gò***] ***amíss*** 《英》(事柄が)うまくいく, ありがたい
tàke ... amíss …を悪くとる, …に気を悪くする

am·i·ty /ǽməṭi/ 名 U《堅》(特に国家間の)友好, 親睦(しんぼく)(↔ enmity) ‖ a treaty of ～ 友好条約
in ámity (***with ...***) (…と)友好的に

Am·man /əmɑ́:n/ 名 アンマン《ヨルダンの首都》

am·me·ter /ǽmì:ṭər/ 名 C 電流計

am·mo /ǽmou/ 名 U《口》弾薬(ammunition)

am·mo·ni·a /əmóuniə/ 名 U《化》アンモニア;(=～ **wàter**)アンモニア水

am·mo·ni·ac /əmóuniæ̀k/ 名 U アンモニアゴム ── 形 アンモニア(性)の

am·mo·ni·a·cal /æ̀mənáɪəkəl/ 形 =ammoniac

am·mo·nite /ǽmənàɪt/ 名 C《古生》アンモナイト《古生代から中生代に繁栄した頭足類の軟体動物》

am·mo·ni·um /əmóuniəm/ 名 U《化》アンモニウム
▸▸ **～ chlóride** 名 U《化》塩化アンモニウム **～ hydróxide** 名 U《化》水酸化アンモニウム, アンモニア水 (ammonia water) **～ nítrate** 名 U《化》硝酸アンモニウム, 硝安《爆薬・肥料用》 **～ súlfate** 名 U《化》硫酸アンモニウム, 硫安《肥料用》

***am·mu·ni·tion** /æ̀mjuníʃən/ 名 U ❶《集合的に》弾薬, 銃弾, 砲弾;飛び道具として使うもの(♦《口》では ammo /ǽmou/ と略すことがある) ‖ 5 rounds of ～ 5発の銃弾 / arms and ～ 武器弾薬 / an ～ dump 弾薬集積所 ❷ 兵器, 武器《化学兵器・生物兵器・核兵器・ミサイルなども含む》❸ (議論における)攻撃[防衛]手段, 論拠;(自分の主張に有利な) 資料[助言] ‖ provide ～ for an argument 議論に有利な資料を準備する

am·ne·sia /æmní:ʒə | -ziə/ 名 U《医》記憶喪失(症) ‖ temporary ～ 一時的な記憶喪失
-si·àc, -sic 形 名 C 記憶喪失(症)の(人)

***am·nes·ty** /ǽmnəsti/ 名 (複 **-ties** /-z/) C U ❶ (特に政治犯に対する) 恩赦, 大赦, 特赦 ‖ He was granted ～. 彼は赦免された / an ～ for political prisoners 政治犯に対する恩赦 / under an ～ 恩赦を受けて ❷ (期間内に罪を認めれば赦免される) 猶予期間 ‖ a month-long weapons ～ 1か月の武器引き渡し期間
── 動 他 …に恩赦を与える, …を赦免する
▸▸ **Àmnesty Internátional** 名 アムネスティ=インターナショナル《政治・宗教犯の釈放, 囚人に対する死刑・拷問の廃止などを目指す国際組織. 本部はロンドン. 略 AI》

am·ni·o·cen·te·sis /æ̀mni ousentí:sɪs/ 名 (複 **-ses** /-si:z/) U C《医》羊水穿刺(せんし)《胎児の性別などを調べる》

am·ni·on /ǽmniɑ̀(:)n | -ən/ 名 (複 **～s** /-z/ OR **-ni·a** /-niə/) C《解》羊膜

am·ni·ot·ic /æ̀mniɑ́:ṭɪk | -ɔ́-/ 〈ジ〉形 羊膜の ‖ ～ fluid 羊水

a·moe·ba /əmí:bə/ 名 (複 **～s** /-z/ OR **-bae** /-bi:/) C《生》アメーバ **-bic** 形 アメーバの(ような);アメーバによる

a·mok /əmʌ́k | əmɔ́k/ 副《次の成句で》
rùn amók 暴れ狂う;手がつけられなくなる

⁂a·mong /əmʌ́ŋ/

中心義 …に囲まれている中で

— 前 (→ between 前) ❶《位置・場所》…の間に[で, を], …の中に[で, を]; …に囲まれて, …(の中)に交じって(⇨ 類語) ‖ The snake disappeared ～ the bushes. 蛇は茂みの中に消えた / I found the letter ～ the papers on the desk. 机の上の書類の中にその手紙を発見した / He lived ～ friends. 彼は友人に囲まれて生活していた

❷《比較・対比》〔同類のもの〕の間で[の], (多数の)…の中の1つ[1人]で[に] (♦しばしば最上級を伴って用いる) ‖ Tim was the eldest ～ them. ティムが彼らの中でいちばん年上だった / *Among* the band's songs, I like this best. そのバンドの歌の中ではこれがいちばん好きだ / She is ～ the best contemporary designers. 彼女は現代の最高のデザイナーの1人だ (=She is one of the best contemporary designers.)

❸《範囲・対象》…の(多くの)間で, …に共通して ‖ Belief in their own invulnerability is common ～ soldiers. 自分だけは不死身だという思いは兵士によく見られる

❹《分配》…の間で(それぞれに) ‖ The children shared the candy ～ themselves. 子供たちはキャンディーをみんなで分け合った (♦複数形の名詞が続く場合は among も between も可能だが, 単数形の名詞がいくつか続く場合は, between を用いるのがふつう〈例〉The tasks were divided *between* Tom, Harry and Mark. その仕事はトムとハリーとマークで分担された)

❺《通例複数形再帰代名詞とともに》 **a** 《相互関係》…の間で(互いに), …の中で(互いに) ‖ Don't quarrel ～ yourselves. 内輪げんかはやめなさい / agree [argue, disagree, talk] ～ ourselves 仲間内で同意する[議論する, 意見が合わない, 話し合う]

b 《共同》…の間で(協力して), …の中で(協力して) ‖ They made a fortune ～ themselves. 彼らは仲間同士協力して一財産を作った / I want you to settle the matter ～ yourselves. 君たちで問題を解決してほしい

among óthers [OR ***òther things***] ① 数ある中で(例えば), とりわけ ‖ I enjoy, ～ *other things*, netsurfing in my spare time. 私は暇なときはとりわけネットサーフィンを楽しみます ② ほかのものとともに, その上(in addition to)

類語 《❶》 **among** 3者以上の間に用い, 複数普通名詞か集合名詞を伴う. 「同質のものの中に[に囲まれて]」を意味する傾向が強い. 〈例〉a daisy *among* the roses バラの中の一輪のヒナギク

between ふつう2者の間に用いるが3者以上の相互の関係を示すときにも用いる. 〈例〉a child *between* its parents [father and mother] 両親[父と母]に挟まれた子供 / I can't see any difference *between* the three vases. その3つの花瓶の区別がつかない (♦ difference の後は3者以上でも通例 between を用いる) / There is an understanding *between* the three countries [Britain, America and France]. 3国間には[イギリスとアメリカとフランスの間には]一定の了解が存在する

amid, amidst among より《堅》で複数普通名詞・集合名詞のほかに単数普通名詞・抽象名詞も伴う. 「異質のものの中に[に囲まれて]」を意味する傾向が強い. 〈例〉poverty *amid* [OR *amidst*] plenty 豊かさの中の貧困 / *amid* [OR *amidst*] roars of applause どよめく喝采(かっさい)の中で

amongst among と同意. 主に《英》で, より文語的.

***a·mongst** /əmʌ́ŋst/ 前 =among(⇨ AMONG 類語)

a·mon·til·la·do /əmɑ̀(:)ntəlɑ́:dou | əmɒntɪ-/ 名 U アモンティ(リ)ヤード《スペイン産のシェリー酒》

a·mor·al /èɪmɔ́(:)rəl/ 〈ジ〉 形 ❶ 道徳に無関係の, 没道徳的な(→ immoral) ❷ 道徳観念のない[足りない]

à·mo·rál·i·ty 名

am·o·rist /ǽmərɪst/ 名 C 《文》 ❶ 恋にふける人; 好色な人; 色男 ❷ 恋愛文学作家

am·o·rous /ǽmərəs/ 形 ❶ 多情な, 恋にもろい ❷ 恋している, ほれている ❸ (表情・所作・言葉などが)色っぽい, なまめかしい ‖ ～ glances 秋波(しゅうは) ❹ 恋の, 恋愛の ‖ an ～ novel 恋愛小説 **～·ly** 副 **～·ness** 名

a·mor·phous /əmɔ́:rfəs/ 形 ❶ 形のない, 無定形な; 〖文法〗無定形の ❷ 特性のない, はっきりしない; 組織立っていない, 統一のない ❸ 〖鉱〗非結晶[アモルファス]の

am·or·tize /ǽmərtàɪz | əmɔ́:-/ 動 他 〖経〗〔資産〕を減価償却する, 〔負債など〕を(減債基金や分割払いで)償却する

àm·or·ti·zá·tion /英 ‐‐‐‐‐/ 名 U C 〖経〗減価償却, (負債などの)償却(額)

A·mos /éɪməs | éɪmɒs/ 名 〖聖〗アモス《ヘブライの預言者》; アモス書《旧約聖書中の一書》

⁂a·mount /əmáunt/ 名 動

中心義 すべて合わせた結果

— 名 (複 **～s** /-s/) U C ❶ **a** 量, (特に)金額〈**of**〉(♦しばしば「a+形+amount of+名」の形で用いる) ‖ She was horrified by the ～ *of* work she had to do. 彼女はやらなければならない仕事の量にぞっとした / A large ～ *of* money was wasted.=Large ～*s of* money were wasted. 多額の金が無駄になった / a vast ～ *of* experience 豊富な経験 / in large [small] ～*s* 大量に[わずかに] (♦原則として不可算名詞に用いる. 可算名詞にはふつう number を用いるが, 「多量のまとまり」とみなされる可算名詞複数形に amount を用いることもある)

b (ある額の)金 ‖ He could not afford to pay that ～. 彼はそれだけの金を払う余裕がなかった

連語 【形+～】 a certain ～ 一定量 / the total ～ 総量 / a fair ～ かなりの量 / a tremendous ～ おびただしい量 / a small ～ 少量

❷《the ～》〈…の〉合計, 総額, 総和, 総計; 〈貸付金の〉元利合計〈**of**〉 ‖ The ～ *of* your bill is 10,000 yen. 勘定は締めて1万円です

àny amóunt of ... 大量の…; どれだけの量の…(でも)

nò amóunt of ... どんなに…しても…ない ‖ *No* ～ *of* talk would change anything. どんなに話しても何も変わらないだろう

— 動 (**～s** /-s/; **～·ed** /-ɪd/; **～·ing**) 自《進行形不可》❶ 《+to 名》総計…になる, …に達する (✎ add up) ‖ The company's debts ～*ed to* £10 million. その会社の負債は1千万ポンドに達した

❷《+to 名》(帰するところ・将来)…になる; …に等しい, …も同然である; (結局)…の価値がある ‖ ～ *to* the same thing 結局同じことになる / This answer almost ～*s to* a threat. この返答はほとんど脅迫に等しい / Graduating from college doesn't ～ *to* much nowadays. 今では大学を卒業してもあまり価値はない

COMMUNICATIVE EXPRESSIONS

1 **It amóunts to thís.** 要するにこういうことだ (♥説明の前置き. =What it amounts to is this.)

a·mour /əmúər/ 名 C 《旧》情事, 密通, 不倫; (女性の)愛人 (♦フランス語より)

a·mour(-)pro·pre /ɑ̀:muər próuprə | æ̀muə prɔ́p-/ 名 《フランス》(=self-esteem) U 《堅》自尊心, うぬぼれ

***amp** /æmp/ 名 =ampere; 《口》amplifier

— 動 他 《口》〔音量〕を高める; 〔人〕の気分を高揚させる《**up**》 (♦ amplify より)

ÀMP 略 〖生化〗 *a*denosine *m*ono*p*hosphate (アデノシン一燐酸(りんさん))

amp. 略 amperage, ampere

amped /æmpt/ 形 《限定》《米口》興奮した

am·pe·lop·sis /æ̀mpɪlɑ́(:)psɪs | -lɔ́p-/ 名 C 〖植〗ノブドウ(属のつる植物); (各種の)ツタ

am·per·age /ǽmpərɪdʒ/ 名 U 〖電〗アンペア数

A

am·pere /ǽmpɪər | -peə/ 名 C 〖電〗アンペア《電流の単位. 略 A, amp, amp.》
am·per·sand /ǽmpərsæ̀nd/ 名 C アンパサンド《and を意味する記号. & または &. 商業文などに用いる》
am·phet·a·mine /æmfétəmìːn/ 名 U C 〖薬〗アンフェタミン《覚醒(かくせい)剤・食欲減退剤》
amphi- 連結形「両…, 両様に…; 周囲に」の意
am·phib·i·an /æmfíbiən/ 名 C ❶〖動〗両生類; 〖植〗水陸両生の植物 ❷ 水陸両用飛行機[戦車, 車両]
——形 =amphibious
am·phib·i·ous /æmfíbiəs/ 形 ❶ (動植物が)水陸両生の ❷ 水陸両用の ‖ an ～ vehicle 水陸両用車 ❸〖軍〗陸海(空)共同(作戦)の
am·phi·the·a·ter, 《英》 **-tre** /ǽmfəθìːətər | -fɪθɪə-/ 名 C ❶ (古代ギリシャ・ローマの)円形劇場[競技場]《格闘技などの試合場》(→ Colosseum); (一般に)(円形の)競技場 ❷ (劇場の)ひな壇式観客席; 階段教室; 《米》(医科大学などの)外科手術見学室
語源 *amphi-* round＋theater : 円形劇場
am·pho·ra /ǽmfərə/ 名 (複 **～s** /-z/ OR **-rae** /-riː/) C アンフォラ《古代ギリシャ・ローマの首が細長く底のとがった両取っ手付きのつぼ》
***am·ple** /ǽmpl/ 形 (**am·pler**; **am·plest**) 《通例限定》❶ 広い, 広大な; (いすなどが) ゆったりした ‖ There's ～ room for the kids in this model. この車種には子供用のスペースがたっぷりあります ❷ (必要を満たすのに) 十分足りる, 十分以上の; 豊富な, たくさんの(↔ insufficient) ‖ ～ time [evidence, salary] 十二分な時間 [証拠, 給料] ❸ (体型などが) 豊満な; かっぷくのよい, 肥満した ‖ her ～ bosom 彼女の豊かな胸
am·pli·fi·ca·tion /æ̀mplɪfɪkéɪʃən/ 名 U ❶〖電〗増幅; 〖光〗倍率 ❷ 拡大, 拡張 ❸ (説明・物語などの)補足, 敷衍(ふえん); 補足[敷衍]された記述, 補足[敷衍]材料
am·pli·fi·er /ǽmplɪfàɪər/ 名 C ❶〖電〗アンプ, 増幅器《略 amp》❷ 拡大[増強, 補足]する人[もの]; 拡大鏡(のレンズ)
am·pli·fy /ǽmplɪfàɪ/ 動 (**-fied** /-d/; **～·ing**) 他 ❶〖電〗〔音量・電流・電圧など〕を増幅する ❷ …を増強する, 拡大する, 拡張する ❸〔説明・論評など〕を敷衍する, 補足する; 〔理論〕を展開する ——自 敷衍する, 補足説明をする
am·pli·tude /ǽmplɪtjùːd/ 名 U ❶ 広大さ, 大きさ; 豊富, 十分; (知性・度量などの)広さ ❷〖理〗振幅; 〖数〗(図形の)幅; 〖天〗出没方位角
▸▸ **～ modulátion** 名 U 〖電〗振幅変調(放送), AM放送《略 AM》(→ frequency modulation)
***am·ply** /ǽmpli/ 副 広々と; 有り余るほどに; 十分に, たっぷり; 詳細に
am·pul(e), -poule /ǽmpjùːl/ 名 C 〖医〗アンプル《注射薬1回分の入った瓶》
am·pu·tate /ǽmpjutèɪt/ 動 他 〔手足など〕を (外科手術で)切断する; …を削除する, 切り取る
àm·pu·tá·tion 名 U C (手足などの)切断(手術); 削除
am·pu·tee /æ̀mpjutíː/ 名 C 手足の切断手術を受けた人; 手足を切断された人
am·ri·ta /æmríːtə/ 名 U アムリタ《ヒンドゥー教における不老不死の水》; 不老不死
am·scray /æmskrèɪ/ 動 自 《米口》去る, ずらかる (♦ scram より)
Am·ster·dam /ǽmstərdæ̀m/ 名 アムステルダム《オランダの憲法上の首都・港湾都市》(→ Hague)
amt, amt. 略 amount
am·trac(k) /ǽmtræ̀k/ 名 C 〖米軍〗(敵地上陸用) 水陸両用車輌
Am·trak /ǽmtræk/ 名 《商標》アムトラック《全米鉄道旅客輸送公社. 正式名 the National Railroad Passenger Corporation》(♦ *American*＋*Track* の略)
amu 略 〖理〗*a*tomic *m*ass *u*nit(原子質量単位)
a·muck /əmʌ́k/ 副 =amok

***am·u·let** /ǽmjulət/ 名 C お守り, 護符, 魔[厄]よけ
A·mund·sen /ɑ́ːməndsən/ 名 **Roald ～** アムンゼン (1872–1928)《ノルウェーの探検家. 1911年最初に南極点に達した》
a·muse** /əmjúːz/ 動 〔▶ amusement 名〕 他 ❶ **a** 〔人〕をおかしがらせる (↔ bore) ‖ The article might ～ you. (=You might be ～*d* by the article.) この記事面白いかもしれないよ / It ～*d* me to watch the squirrels. リスを見るのは面白かった **b** 《受身形で》おかしがる, 面白がる 〈**at, by** …を / **to *do …して〉 ‖ We were thoroughly [OR greatly, much, 《口》very] ～*d at* [OR *by*] his joke. 彼の冗談がとてもおかしかった / I was a little ～*d to* see how quickly he changed his mind. 彼の心変わりの素早さを見ていささかおかしかった ❷〔人〕を〈…で〉楽しませる, 気を紛らわす〈**by, with**〉; 《～ oneself で》楽しむ 〈**with** …で / **by *doing*** …をして〉 ‖ He ～*d* the children *by* singing. 彼は歌を歌って子供たちを楽しませた / ～ a baby *with* toys おもちゃで赤ん坊をあやす
***a·mused** /əmjúːzd/ 形 面白がっている(ような), 楽しげな, 笑いこけた ‖ an ～ look 楽しげな様子 **～·ly** /-zɪd-/ 副
***a·muse·ment** /əmjúːzmənt/ 名 〔◁ amuse 動〕 ❶ U 楽しみ, おかしさ, 面白さ; 気晴らし ‖ I look back on our school trip with ～. 修学旅行のことを楽しく思い返します / He paints only for his own ～. 彼はただ自分の楽しみのために絵を描く / in ～ 面白がって / (much) to her ～ =to her (great) ～ 彼女が(大いに)楽しく思ったことには ❷ C 楽しみ, 娯楽, 退屈しのぎになるもの; 《～s》娯楽設備, 遊具 (⇨ RECREATION 類語) ‖ When I was ill, playing video games was my ～. 病気のときテレビゲームが退屈しのぎになった / a holiday village with parks and ～*s* 公園や娯楽設備の整った休暇村
▸▸ **～ arcàde** 名 C 《英》ゲームセンター(《米》game [OR video] arcade)(「ゲームセンター」は和製語) **～ pàrk** 名 C 遊園地
***a·mus·ing** /əmjúːzɪŋ/ 形 (**more ～**; **most ～**) 〈…に〉楽しみを与える〈**to**〉; 愉快な, 面白い(⇨ INTERESTING 類語P) ‖ Life never fails to be ～ *to* me. 人生はいつだって私には楽しい [面白い] ものだ / It was ～ to watch the monkeys perform. 猿が演技するのを見るのはおかしかった / a highly ～ boy [story] とても面白い少年 [愉快な話]
a·mús·ing·ly /-li/ 副 ❶ (人を) 楽しませるように, 笑わせるように ❷ 《文修飾》面白いことに, おかしなことに
A·my /éɪmi/ 名 エイミー《女子の名. Amelia の愛称》
a·myg·da·la /əmígdələ/ 名 C (複 **-lae** /-liː/) 〖解〗扁桃(へんとう); 小脳扁桃
am·yl /ǽməl/ 名 U C 〖化〗アミル基 (C_5H_{11}–)
am·y·lase /ǽmɪlèɪz/ 名 U C 〖生化〗アミラーゼ《でんぷん糖化酵素》
am·y·loid /ǽmɪlɔ̀ɪd/ 名 U C 〖化・医〗アミロイド, 類でんぷん質[体] ——形 でんぷん(状)の
▸▸ **～ bèta** 名 U アミロイドベータ《アルツハイマー病の原因物質とされている》 **～ plàque** 名 C U アミロイド斑[プラーク]《アルツハイマー患者の脳内に見られる斑点》
a·my·o·tròph·ic làteral sclerósis /eɪmàɪətrɑ̀(ː)fɪk- | -trɔ̀f-/ 名 U 〖医〗筋萎縮性側索硬化(症)《略 ALS. Lou Gehrig's disease ともいう》

an[1] /弱 ən; 強 æn/
——冠 =a²(♦ 意味・用法などについては→ a²)
an², an' /弱 ən; 強 æn/ 接 ❶ =and ❷ 《古》=if
an-¹ 接頭 《母音の前で》=a-² ❸
an-² 接頭 ❶ 《n の前で》=ad- ‖ *an*nex ❷ 《母音の前で》=ana- ‖ *an*ode
-an /-ən/ 接尾 《形容詞・名詞語尾》(⇨ -IAN, -ICIAN) ❶ 《地名につけて》「…生まれの(人)」の意 ‖ Americ*an*, Cub*an* ❷ 《人名につけて》「…を信奉する(人), …派の(人)」の意 ‖

Lutheran ❸《学問名などにつけて》「…家」の意 ‖ historian ❹〘動〙《綱・目名につけて》「…に属する(動物)」の意 ‖ crustacean

ana- 接頭 (♦母音の前では an-) ❶「上に, さかのぼって」の意 ‖ *ana*bolism ❷「後ろに, 逆に」の意 ‖ *ana*gram ❸「再び」の意 ‖ *Ana*baptism ❹「全体に」の意 ‖ *ana*lysis ❺「…に従って」の意 ‖ *ana*logy

-ana 接尾 《複数扱いの名詞語尾》《地名・人名につけて》「…に関する事実・逸話・文献などを収集したもの」の意 ‖ Shakespeare*ana* (シェークスピア文献)

An·a·bap·tist /æ̀nəbǽptɪst/ 〈シ〉 形 名 Ⓒ〘宗〙再洗礼派の(信者) **-tìsm** 名 Ⓤ 再洗礼(派の教義)《成人後の再洗礼を主張する》

a·nab·a·sis /ənǽbəsɪs/ 名 (複 **-ses** /-sìːz/) Ⓒ《文》進軍, 遠征;〘医〙病勢増進

an·a·bi·o·sis /æ̀nəbaɪóʊsɪs/ 名 Ⓤ (仮死状態からの)蘇生(そせい); 意識の回復 **àn·a·bi·ót·ic** 形

an·a·bòl·ic stéroid /æ̀nəbɑ̀(ː)lɪk | -bɔ̀l-/ 名 Ⓒ〘化〙アナボリックステロイド《筋肉増強効果を持つ合成ホルモン剤》

a·nab·o·lism /ənǽbəlɪ̀zm/ 名 Ⓤ〘生〙同化作用(↔ catabolism)

a·nach·ro·nism /ənǽkrənɪ̀zm/ 名 ❶ Ⓤ Ⓒ 時代錯誤; 時代遅れの人[もの, 習慣など] ❷ Ⓒ 年代記中の誤り

a·nach·ro·nis·tic /ənæ̀krənístɪk/ 〈シ〉 形 時代錯誤の, 時代遅れの; 年代(記述)を誤った **-ti·cal·ly** 副

an·a·co·lu·thon /æ̀nəkəlúːθɑ(ː)n | -θən/ 名 (複 **-tha** /-θə/) Ⓤ Ⓒ〘修〙破格構文(の文)

an·a·con·da /æ̀nəkɑ́(ː)ndə | -kɔ́n-/ 名 Ⓒ〘動〙アナコンダ《中南米産の大蛇》; (一般に)大蛇

a·nad·ro·mous /ənǽdrəməs/ 形 (魚が)(産卵のため)川をさかのぼる, 溯河(そか)性の(↔ catadromous)

a·nae·mi·a /əníːmiə/ 名《英》= anemia **-mic** 形

an·aer·obe /ǽnəròʊb/ 名 Ⓤ〘生〙嫌気[無気]性微生物(↔ aerobe)

an·aer·o·bic /æ̀nəróʊbɪk | æ̀neər-/ 形 ❶〘生〙嫌気[無気]性の ❷ (運動が)心肺機能の向上を目的としない

an·aes·the·sia /æ̀nəsθíːʒə | -ziə/ 名《英》= anesthesia **àn·aes·thét·ic** 形 **an·áes·the·tist** 名

an·aes·the·tize /ənésθətàɪz | əníːs-/ 動《英》= anesthetize

an·a·glyph /ǽnəglɪ̀f/ 名 ❶ Ⓤ 浅浮き彫り装飾 ❷ Ⓒ (色の異なった眼鏡を使って見る2色刷りの)立体写真

an·a·gram /ǽnəgræ̀m/ 名 Ⓒ ❶つづり換え(語)《〈例〉 now→won, live→evil》 ❷ (~s)《単数扱い》つづり換えゲーム[遊び] ―動 = anagrammatize

an·a·gram·ma·tize /æ̀nəgrǽmətàɪz/ 動 他 〔語〕をつづり換える(→ anagram)

An·a·heim /ǽnəhàɪm/ 名 アナハイム《米国カリフォルニア州南西部の都市. ディズニーランドの所在地》

a·nal /éɪnəl/ 形 ❶ 肛門(こうもん)(付近)の ❷〘心〙肛門期の《小児性欲の発達段階の1つ》(→ anus) **~·ly** 副

anal. 略 analogous, analogy; analysis, analytic

an·a·lects /ǽnəlèkts/, **-lec·ta** /æ̀nəléktə/ 名 複 選集, 語録 ‖ the *Analects* (of Confucius)『論語』

an·a·lep·tic /æ̀nəléptɪk/ 〈シ〉〘医〙形 ❶ 体力[気力]回復の; 強壮性の ❷ 興奮性の, 気付けの
―名 Ⓤ Ⓒ 強壮剤; 覚醒(かくせい)剤, 気付け薬

an·al·ge·si·a /æ̀nəldʒíːziə/ 名 Ⓤ〘医〙無痛覚(症); 無痛法

an·al·ge·sic /æ̀nəldʒíːzɪk/ 〘医〙名 Ⓤ Ⓒ 鎮痛剤
―形 鎮痛作用のある

an·a·log /ǽnəlɔ̀(ː)g/ 形《限定》アナログ式の, 連続数量的な(↔ digital) ‖ an ~ clock [OR watch] アナログ式の時計 / ~ recording アナログ録音
―名 Ⓒ 類似物, 相似物;〘生〙相似器官(→ homologue);〘言〙類比; 類同語;〘化〙類似体; 疑似食品
▸▸ **~ compúter** 名 Ⓒ アナログコンピューター(↔ digital computer)

an·a·log·i·cal /æ̀nəlɑ́(ː)dʒɪkəl | -lɔ́dʒ-/ 〈シ〉 形 類似の; 相似の; 類推の[による]; 類推を表す **~·ly** 副

a·nal·o·gize /ənǽlədʒàɪz/ 動 他 …を類推して説明する; …をなぞらえる ―自 ❶ 類推する, 類推によって説明する ❷ 〈…と〉類似する〈to, with〉

***a·nal·o·gous** /ənǽləgəs/ 形 ❶ 〈…に〉似ている類似の, 相似の〈**to, with**〉 ❷〘生〙(器官が)相似の

an·a·logue /ǽnəlɔ̀(ː)g/ 形 名《主に英》= analog (♦時計・コンピューターに関しては《英》でも analog とつづることがある)

***a·nal·o·gy** /ənǽlədʒi/ 名 (複 **-gies** /-z/) ❶ Ⓒ 類似(点), 相似〈**between** …間の; **with** …との〉(⇨ LIKENESS 類語) ‖ draw [OR make] an ~ *between* the human eye and the camera 人間の目とカメラの類似点を示す ❷ Ⓤ Ⓒ 類推, 推論 ‖ by ~ with ... = on the ~ of ... …との類推によって ❸ Ⓤ〘生〙相似 ❹ Ⓤ〘論〙類推 ❺ Ⓤ〘言〙類推

ànal-reténtive 形〘心〙過度に神経質な

a·nal·y·sand /ənǽlɪsæ̀nd/ 名 Ⓒ 精神分析を受けている人

‡**a·nal·y·sis** /ənǽləsɪs/
―名〔▶ analyze 動〕(複 **-ses** /-sìːz/) Ⓤ Ⓒ (⇨ BYB)
❶ **分析**, (要素への)分解; 解析(↔ synthesis); (分析による)詳しい検討; 分析結果, 分析表 ‖ On ~, I decided to withdraw my candidacy. 検討した結果, 私は立候補を辞退した / The urine sample was sent to the laboratory **for** ~. 尿のサンプルは分析のため研究所へ回された / make [OR **perform**] a theoretical ~ of the economic crisis 経済危機の理論的分析をする / ~ of information 情報分析 / data [statistical] ~ データ[統計]分析 / a detailed ~ 詳細な分析
❷〘数〙解析学;〘化〙分析;〘文法〙分析, 分解
❸ 精神分析(psychoanalysis)
in the final [OR ***làst***] ***análysis*** つまるところ, 結局 ‖ *In the final* ~, the survival of our species, mankind, depends on our self-control. 結局我々人類が生き残れるかどうかは, 我々の自制にかかっている

***an·a·lyst** /ǽnəlɪst/ 名 Ⓒ ❶ 分析者; アナリスト; (経済などの)分析家, 解説者; 化学分析家 ‖ a financial ~ 金融アナリスト ❷ 精神分析医(psychoanalyst)

***an·a·lyt·ic** /æ̀nəlítɪk/, **-i·cal** /-ɪkəl/ 〈シ〉 形 ❶ 分析

Boost Your Brain!

analysis と synthesis

analysis「分析, 解析」と synthesis「総合, 合成」は科学的な探求の2つの方向を示す語である. 語源は共にギリシャ語で, analysis は ana-「完全に」+ -lysis「ほどくこと, ゆるめること」から「複雑な現象を解きほぐして把握すること」を意味し, synthesis は syn-「一緒に」+ -thesis「まとめること」から「ばらばらの要素を1つに統合すること」を意味する.

analysis は一般に「分析」または「解析」と訳される. 「複雑なものを分解して, その成分や要素を明らかにすること」を分析と言い, 「複雑なものの仕組みを理論的に解明しようとすること」を解析と言う. 例えば, ある病気に効く薬草があるとして, その薬草の成分を調べるのが「分析」, その薬草が身体に効くメカニズムを明らかにしていくことが「解析」である.

analysis には微分積分を中心とする数学の一分野「解析学」の意味もあるが, その名前は関数を無限個の項に分解して研究することに由来している.

synthesis は探求の方向が analysis とは正反対である. 化学では有機化合物を人工的に作り出すことを「合成」と言う. 哲学では多くの認識内容を一つにして全体的な新しい認識へと統合していくことを「総合」という. analysis と synthesis は実験的探求の2つの方向を示すと共に, 認識的考察を進める上での2つの方法をも示している.

の，分析的な（↔ synthetic）；分析的に思考する ❷〖言〗分析的な ‖ an ～ language 分析的言語《統語関係が独立した機能語によって示される》❸〖数〗解析的な ❹〖論〗(命題が)分析的な（↔ synthetic）❺ =psychoanalytic
-i·cal·ly 副
⏩**～ geómetry** 名 U 解析幾何学 **～ philósophy** 名 U 分析哲学 **～ psychólogy** 名 U 分析心理学

*__an·a·lyze,__ 《英》**-lyse** /ǽnəlàɪz/ 動〔◁ analysis 名〕他 ❶ **a** 《＋目》…を分析する，分解する（↔ synthesize）；…を分析して検討する ‖ The report ～*s* the effects of child abuse. そのレポートは児童虐待の影響を分析している / ～ data データを分析する **b** 《＋**wh** 節》…であるかを分析して調べる ‖ ～ *what* is causing the trouble その問題の原因は何かを調べる ❷〖文法〗〔文など〕を〈要素に〉分析［分解］する〈**into**〉‖ ～ a sentence *into* a subject and a predicate 文を主語と述語に分ける ❸〖数〗…を解析する；〖化〗…を(元素などに)分析する ❹〔人〕の精神分析をする（psychoanalyze）
-lỳz·a·ble 形 **-lỳz·er** 名

an·am·ne·sis /æ̀nəmníːsɪs/ 名 (複 **-ses** /-siːz/) U C ❶《集合的に》回顧，追憶 ❷〖医〗既往歴，病歴

an·a·pest, 《英》**-paest** /ǽnəpèst | -piːst/ 名 C〖韻〗(ギリシャ・ローマ詩の)短々長格；(英詩の)弱々強格
àn·a·pés·tic, 《英》**-páes·tic** 形

a·naph·o·ra /ənǽfərə/ 名 C ❶〖文法〗前方照応《反復を避ける代名詞・代動詞などの用法》❷《堅》〖修〗首句反復《連続して文首に同一語句を反復すること》

an·a·phy·lac·tic /æ̀nəfɪlǽktɪk/ 形 過敏症［性］の，アナフィラキシーの ‖ ～ reaction 過敏性反応 / ～ shock アナフィラキシーショック《過敏体質の人の体内にハチ毒や抗生物質が入ったときに起こる重い全身症状》

an·a·phy·lax·is /æ̀nəfɪlǽksɪs/ 名 (複 **-lax·es** /-siːz/) U C〖医〗アナフィラキシー，過敏症［反応］

an·ar·chic /ænáːrkɪk/，**-chi·cal** /-kɪkəl/ 形 無政府(状態)の；無政府主義の；無秩序な **-chi·cal·ly** 副

an·ar·chism /ǽnərkìzm/ 名 U アナーキズム，無政府主義(運動)；無政府［無法］状態

an·ar·chist /ǽnərkɪst/ 名 C アナーキスト，無政府主義者；(一般に)破壊活動家 **àn·ar·chís·tic** 形

*__an·ar·chy__ /ǽnərki/ 名 U 無政府状態，無秩序

anat. 略 anatomical, anatomist, anatomy

a·nath·e·ma /ənǽθəmə/ 名 ❶ U C (神の)呪(のろ)い；(教会からの)破門；(異端などの)禁制，排撃；《文》(一般に)呪詛(じゅそ)；(激しい)非難 ❷ C 呪われたもの［人］；タブー；〈…にとって〉大嫌いなもの〈**to**〉

a·nath·e·ma·tize /ənǽθəmətàɪz/ 動 他 自 破門［呪詛］する，呪う

an·a·tom·i·cal /æ̀nətá(ː)mɪkəl | -tɔ́m-/ ⟨✓⟩ 形 解剖(学)の；構造上の（↔ functional）**～·ly** 副
⏩**anàtomically corréct** 形 (人形が) 性器まで備えた；(犬・猫などが)不妊手術を受けていない

a·nat·o·mist /ənǽţəmɪst/ 名 C 解剖(学)者；詳細に分析して調べる人

a·nat·o·mize /ənǽţəmàɪz/ 動 他 …を解剖する；…を細密に分析［分解］して調べる

*__a·nat·o·my__ /ənǽţəmi/ 名 (複 **-mies** /-z/) ❶ U 解剖(術)；解剖学 ❷ C (解剖学的) 構造；解剖模型 ❸ C《口》《戯》人体，骸骨(がいこつ) ❹ C《単数形で》綿密な調査分析
語源 *ana-* up＋*-tomy* cutting：切り刻むこと

-ance /-əns/ 接尾《名詞語尾》❶《行為・過程》‖ assis*tance*, inherit*ance*, perform*ance* ❷《性質・状態》‖ arrog*ance*, protuber*ance*, resembl*ance*

*__an·ces·tor__ /ǽnsèstər/ 《アクセント注意》名 C ❶ 先祖，祖先（♦ 通例祖父母より以前の親族を指す）（↔ descendant）‖ This chapel was built by his ～*s*. この礼拝堂は彼の祖先によって建てられた / worship one's ～*s* 祖先を崇拝する ❷ (機械装置などの)前身，原型 ‖ the ～ of the modern horn 現代のホルンの前身 ❸〖生〗原型種，始祖 ‖ Chimpanzees and human beings are believed to have a common ～. チンパンジーと人間は共通の祖先を持つと考えられている ❹〖法〗被相続人（↔ heir）；(直系)尊属
語源 *ante-* before＋*-cedere* go：前に行く者

an·ces·tral /ænséstrəl/ 形 先祖(伝来)の **～·ly** 副

*__an·ces·try__ /ǽnsèstri/ 名 (複 **-tries** /-z/) U C ❶《通例単数形で》家系；《集合的に》祖先 ‖ of Japanese ～ 日系の ❷ 起源，発端

*__an·chor__ /ǽŋkər/ 名 C ❶ いかり；いかり形［状］のもの ‖ a bower ～ 主錨(しゅびょう) / be［OR lie, ride］at ～ いかりを下ろしている；停泊している / bring a ship to ～ 船を停泊させる / come to ～ 停泊する / let go the ～ いかりを下ろす［入れる］❷ しっかり留めるもの，固定具［装置］❸ 頼り［力］になるもの，心強いもの，(心の)よりどころ ‖ The treaty will be the ～ of our foreign policy. その条約は我々の外交の要(かなめ)となるだろう ❹ ニュースキャスター，アンカー（anchorman, anchorwoman, anchorperson）❺〖スポーツ〗最終走者［泳者］(など)，アンカー ❻《～s》《英俗》ブレーキ ❼ =anchor store
dròp［OR ***càst***］***ánchor*** いかりを下ろす
wèigh ánchor いかりを上げる
── 動 他 ❶〔船〕のいかりを下ろす，停泊させる；(いかりで)〔船〕を固定する ‖ ～ a boat in the harbor 港に船を停泊させる ❷ …を〈…に〉固定［定着］させる，〔関心など〕をつなぎとめる；《受身形で》〈…に〉しっかり根を下ろす［結びつく］〈**in, to**〉‖ keep the conversation ～*ed to* the previous topic 会話が前の話題からそれないようにする ❸〔人〕の心の支えとなる ❹〖放送〗…のアンカー［ニュースキャスター］を務める；〖スポーツ〗…の最終走者［泳者］を務める ‖ ～ the 7 o'clock news 7時のニュースのキャスターを務める **──** 自 ❶ いかりを下ろす，停泊する ❷ 定着する
⏩**～ stòre** 名 C アンカー店《ショッピングセンターなどの中核店．単に anchor ともいう》

an·chor·age /ǽŋkərɪdʒ/ 名 C U ❶ 投錨(とうびょう)停泊；錨地，停泊地；停泊料［税］❷ 頼りになるもの，支え

An·chor·age /ǽŋkərɪdʒ/ 名 アンカレッジ《米国アラスカ州南部の都市．同州最大の海港・空港を有する》

an·cho·rite /ǽŋkəràɪt/ 名 C (宗教的理由による) 世捨て人，隠者（♦ 女性形 -ress）**àn·cho·rít·ic** 形

ánchor·màn /-mæ̀n/ 名 (複 **-mèn** /-mèn/) C ❶ (リレーなどの)最終(競技)走者，アンカー；(綱引きの)最後尾の人；〖サッカー〗ゴールライン付近を守る選手；〖野球〗(チームの)最有力バッター ❷〖放送〗アンカーマン，総合司会者《多元放送番組のまとめ役のキャスター》

ánchor·pèrson 名 =anchorman, anchorwoman（♥ 性差別を避ける語．単に anchor ともいう）

ánchor·wòman 名 C anchorman の女性形

an·cho·vy /ǽntʃouvi | -tʃəvi/ 名 (複 **～** OR **-vies** /-z/) C〖魚〗アンチョビ《地中海産のカタクチイワシ科の魚，またその塩漬け》

an·chu·sa /æŋkjúːsə/ 名 C〖植〗アンチューサ《ムラサキ科ウシノシタグサ(牛の舌草)属の植物》

an·cien ré·gime /ɑ̀ːnsjæn reɪʒíːm | ɔ̀nsiæn-/ 名 (複 **an·ciens ré·gimes**) C《しばしば the A- R-》アンシャンレジーム《革命以前のフランスの政治・社会制度［体制］》；(一般に)旧制度［体制］（♦ フランス語より）

‡an·cient /éɪnʃənt/ 《発音注意》
── 形 (**more ～；most ～**)《限定》
❶ 昔の，**古代の**《特に西ローマ帝国滅亡(A.D. 476年)以前の》‖ ～ Greece 古代ギリシャ / ～ civilization 古代文明 / ～ times 古代
❷ 昔からの，古来の ‖ ～ customs 昔からの慣習
❸ 旧式の，古めかしい；《戯》(人が)老齢の ‖ his ～ hat 彼の骨董(こっとう)品級の帽子
── 名 (複 **～s** /-s/) C ❶ 昔［古代］の人 ❷《the ～s》古代文明［国家］の構成員；(特に古代ギリシャ・ローマの)作家

[芸術家] ❸ 老人, 古老(♦《英》では《古》《戯》)

~·ness 名

⏩~ hístory 名 U ① 古代史《476年の西ローマ帝国滅亡までのヨーロッパ史》② 《口》《近い過去の》周知の事実, 古臭い話 **Àncient of Dáys** 名《the ~》神, 上帝

án·cient·ly 副 昔は, 以前には;古代に(は)

an·cil·lar·y /ǽnsəlèri | ænsíləri/ 形 付随的な, 副次的な, 副の;〈…の〉補助の, 助けになる〈**to**〉 ── 名 (複 **-lar·ies** /-z/) C 付随[属]物, 補助的なもの[人];裏方要員

-ancy /-ənsi/ 接尾 《名詞語尾》「…な性質・状態」の意 ‖ brilli*ancy* (→ -ance)

***and** /弱 ənd, ən; 強 ænd/

(♦ /t/, /d/, /s/, /z/ の後ではしばしば /nd/;/p/, /b/ の後ではしばしば /m/;/k/, /g/ の後ではときに /ŋ/ となる)

中心義》物事の追加(★「追加」の結果として, 出来事の「連続」や「反復」も表す)

── 接 ❶《対等の関係》 **a** 《2つ(以上)の物》**そして, …と, …や**(♦ A and B の A と B は同じ品詞の語と語, 句と句, 節と節という, 文法上対等の関係にある) ‖ Allen ~ I have already had lunch. アレンと私はすでに昼食を済ませた (♦ A and B が主語の場合は複数形の動詞で受ける) / She looks young ~ pretty. 彼女は若くてきれいだ / He can read ~ write Japanese. 彼は日本語の読み書きができる / I didn't know where to go ~ what to see. どこへ行って何を見ればいいのかわからなかった / walk slowly ~ carefully ゆっくりと慎重に歩く

b 《一対の物》**…付きの** (♦ 弱形で発音され, 'n と表記されることがある. 表現として固定されていて順序を入れ替えられないことが多い) ‖ bread ~ butter バターを塗ったパン (♦ ×butter and bread とはいわない) / fish ~ chips フィッシュアンドチップス《魚のフライとフライドポテトの盛り合わせで, イギリスの代表的なファーストフード》/ on one's hands ~ knees 四つんばいで (♦ ×on one's knees and hands とはいわない) / Gin ~ tonic is popular in England. ジントニックは英国ではポピュラーである (♦ 1組とみなされる A and B が主語のとき動詞は単数で受ける)

c 《数の表現》‖ a [OR one] hundred ~ fifty-two 152 / two thousand, four hundred ~ thirty-five 2,435 (♦ hundred の後に and を置くが, 《米》では省くこともある. また thousand の後に2けた以下の数字がくるときも and を用いる) / an hour ~ a half = one ~ a half hours 1時間半 (♦ 動詞は前者では通例単数に, 後者では複数[ときに単数]にする) / He was six ~ twenty. 彼は26歳だった (♦ これは古風な言い方で He was twenty-six. がふつう) / Five ~ five is [OR makes] ten. 5 + 5 = 10 (♦ 複数の動詞 are [OR make] で受けることもある) / walk two ~ two 《古》2人ずつ(並んで)歩く

語法 ☆☆ **(1) and の位置とコンマ** and で結ぶ要素は原則として短い(音節の少ない)順に並べる. 〈例〉 big *and* ugly 大きくて不格好な 3つ以上の語・句・節を and で結ぶ場合は A, B, ...(,) and F のように最後の語・句・節の前に and を置くのがふつう. この場合, and の前にはコンマを置いても置かなくてもよいが, and の直前の語句が長い場合はコンマを置くことが多い. 《口》では A and B and C のようにいうこともある. 〈例〉 They drank *and* ate *and* sang all night. 彼らは一晩中飲んだり食べたり歌ったりした

(2) (代)名詞と and 人称の異なる(代)名詞を並べる場合は, 二人称+三人称+一人称の順が原則. 〈例〉 you, Paul(,) *and* I 君とポールと僕 ただし好ましくない話題に関する場合は I を先に置く方がよいとされる. 〈例〉 I *and* Jim were arrested for speeding. 僕とジムはスピード違反で捕まった. 自分の方が立場が上であることが明白な場合も I を先に置く. 〈例〉 I *and* my children 私と私の子供たち

(3) 形容詞と and (**a**) be, seem, feel などの補語として2語以上の形容詞を並べる場合は and で結ぶ. しかし, 意味上対照的な語を結ぶ場合は but を用いることがある. 〈例〉 That car is luxurious, powerful(,) *and* expensive. あの車は豪華でパワーがあって値段も高い / That sumo wrestler is fat but quick. あの力士は太っているが敏捷(びんしょう)だ

(**b**) 名詞の前に2語以上の形容詞を並べる場合は and を用いないことが多い. 〈例〉 small, fast, expensive car 小型で速くて値段の高い車 ただし, 色・材質, または同一の要素を表す形容詞を並べる場合は and で結ぶ. 〈例〉 a cold *and* windy day 寒くて風の強い日 また and で結んだ2語以上の形容詞を複数名詞の前に置いて, 対照的性質を有するさまざまな事物を表すことがある. 〈例〉 I met both clever *and* stupid men there. 私はそこで利口な男たちにも愚かな男たちにも会った

(4) 冠詞・所有格人称代名詞などの省略と反復 (**a**) and で結ばれた名詞が同一物[人]を指すときの冠詞は最初の名詞だけでもよい (⇨ A² ❺ **語法**). 〈例〉 He is a poet *and* painter. 彼は詩人で画家だ《同一人》/ They are a poet *and* a painter. 彼らは詩人と画家だ《2人》(♦ 2つの名詞が同一のものを指しても冠詞を反復することがある. この場合 and の発音は強形) 〈例〉 He was a famous poet *and* a competent diplomat. 彼は高名な詩人であるとともに有能な外交官でもあった

(**b**) and で結ばれた形容詞が同一のもの[人]を指す名詞を修飾するときは, 最初の形容詞の前だけに冠詞をつける. 〈例〉 a black *and* white dog (1匹の)白黒ぶちの犬

(**c**) and で結ばれた形容詞が2つの別のものを指す名詞を修飾するときは冠詞から繰り返す. 〈例〉 a black *and* a white dog 黒い犬と白い犬1匹ずつ (♦ このような表現は文法的には正しいが, (**b**)の用法と紛らわしいので, a black dog *and* a white dog [OR one] のようにいう方が確実)

(**d**) 密接な関係にある2つの名詞が and で結ばれた場合や, A and B が「1組の…」を表して連語的に用いられる場合は, 2番目の名詞の冠詞・所有格人称代名詞を省略する. この場合 and は弱形で発音される. 〈例〉 a cup *and* saucer 受け皿付きカップ1客 (♦ 組になった事物を指すのでなければ冠詞を反復する. 〈例〉 a cup *and* a saucer カップ1つと受け皿1枚) / my father *and* mother 私の父母 (♦ 省略の可否は2つの語の密接さの度合いによるので my mother *and* my aunt「私の母と私のおば」のような場合の my は省略しないのがふつう)

(**e**) 意味の上で誤解の恐れのないときに冠詞を省略することもある. 〈例〉 the Old *and* (the) New World 旧世界と新世界 (♦「新旧世界」という1つの世界は存在しないと考えられるから)

(**f**) 形容詞を省略することもある. 〈例〉 young men *and* (young) women of Japan 日本の若い男女 (♦ young が省略された場合は, 「若い男性たちと(年齢に関係なく)女性たち」という解釈も可能)

(5) 動詞の主語・目的語, 助動詞の省略 (**a**) 2つの動詞を and で結ぶ場合は主語が同一であることが原則で, 一方の動詞の主語または目的語は省略するのがふつう. 〈例〉 He sang *and* (he) played the guitar. 彼は歌いギターを弾いた / She washed (the dishes) *and* dried the dishes. 彼女は皿を洗いそして拭いた (♦ She washed the dishes *and* dried them. ともいえる)

(**b**) 主語と助動詞も省略されるのがふつう. 〈例〉 You should have come *and* (you should have) seen it for yourself. ぜひ来て自分の目で見るべきだった

(6) and と否定 and はふつう否定文では用いない. and で結んだ要素を否定する場合は通例「否定語 + or [nor]」を用いる. ただし次の場合は例外.

(**a**) 同時に生起する２つの事柄を共に否定するとき．〈例〉I can't speak *and* listen at the same time. 話すのと聞くのは同時にはできない
(**b**) and で結ばれた１組の事柄を否定するとき．〈例〉I don't like bacon *and* eggs. ベーコンエッグは好きではない（♦「ベーコンも卵も好きでない」というときは or か nor を用いる）

❷《時間的順序》 **a**《連続》それから，そして（♦ 文頭に用いて And ... とするのは《口》では使われるが，あまり好ましくないとされる）‖ She knocked on the door ~ went in. 彼女はドアをノックして中へ入った / She said good-bye ~ went away. 彼女はさよならと言って立ち去った（♥ 故意に時間的順序を逆転することによって，話し手が２つの事柄の起こった時間的順序や因果関係について責任を持たない，という態度を表すことがある．〈例〉"Did John break the vase?" "Well, the vase broke *and* he dropped it."「ジョンが花瓶を割ったのか」「花瓶は割れた．そしてジョンがそれを落としたのは事実だよ」）
b《結果・理由など》**それで**，すると ‖ Our car broke down, ~ (so) we had to call a tow truck. 車が故障したのでレッカー車を呼ばなければならなかった / I skipped breakfast ~ I'm starving! 朝食を抜いたのでおなかがぺこぺこだ
c《命令などの効果・帰結》**そうすれば**（♦ and の前の節または句が条件を表す）‖ Stand on this chair, ~ (then) you'll be able to see it better. このいすの上に立ってごらん，もっとよく見えるから（=If you stand on this chair, (then) you'll ....）/ A few questions, ~ we won't bother you again. いくつかお尋ねすれば二度とご迷惑はかけません
d《目的》《口》…するために（♦ come, go, run, stop, try などについて不定詞の to と同じ働きをする．弱形で発音され 'n と表記されることがある）‖ I want you to go ~ buy the tickets for the concert. 君にそのコンサートのチケットを買いに行ってほしい / Come ~ see me tomorrow. 明日会いに来てください / Try ~ eat something. 何か食べるようにしなさい

語法 ☆☆ (**1**) try and ... は原形以外では用いない．〈例〉I'll try *and* eat something. (=I'll try to eat something.) 何か食べるようにするよ（♦ ×I tried and ate something. は I tried to eat something. といわなければならない）
(**2**) come [go, run, stop] and ... は原形でなくてもよい．〈例〉He often comes *and* spends the evening with us. 彼はよく私たちと夜を過ごしにやって来る（=He often comes to spend ....）
(**3**)《口》では come [go, run] and ... の and が落ちる場合がある．この場合 come [go, run] は原形のみ．〈例〉Let's go (*and*) see if Anne's home. アンが家にいるか見に行ってみよう

e《同時》…して，…しながら（♦ sit, stand, lie などにつけて，後続の動詞が付帯状況を表す）‖ Don't just stand there ~ grin. ただにやにやしながらそこに突っ立っているのはよせ（=... stand there grinning.）/ He lay on his back ~ gazed at the sky. 彼はあお向けに寝て空を見つめていた（=He lay on his back gazing at the sky.）

❸《強意》 **a**《反復・持続》《同一語を反復して》‖ The noise grew louder ~ louder. 雑音はだんだんうるさくなった / Melos ran ~ ran. メロスは走りに走った / We walked on ~ on. 我々はどんどん歩いた / for hours ~ hours 何時間も何時間も
b《強調》《叙述用法の good, nice, etc.+and+形容詞・副詞の形で》（♦ 弱形で発音され 'n と表記されることがある．and の前の形容詞が and の後ろの形容詞・副詞を副詞的に修飾する）‖ It's nice ~ warm here. ここはとても暖かい / I kicked him good ~ hard. 彼を思いっきりけってやった
c《補足》しかも（その上），（そして）それも ‖ We need money, ~ soon. 我々にはお金が必要だ，しかもすぐに / He did it by himself, ~ admirably, too. 彼はそれをひとりで，しかも見事にやってのけた / he ~ he alone ただ彼１人だけが
d《挿入》（そして）…なのですが（♥ 話を中断してコメントを加える）‖ Finally — ~ I should really stop in a minute — I wish to thank my parents. 最後に一言，もう終わらなければいけないのですが，両親にお礼を言いたいと思います

❹《対比》 **a**《多様性》（よいのから悪いのまで）さまざまの，いろいろな ‖ There are guidebooks ~ guidebooks. ガイドブックにも（よいのも悪いのも）いろいろある
b《対照》…が（しかし），ところで（一方）‖ I tried hard, ~ failed. 一生懸命やってみたが失敗した / He wants to go to Ireland ~ I want to go to Scotland. 彼はアイルランドに行きたがっているが私はスコットランドへ行きたい / "So what do you major in?" "Mechanical Engineering. *And* you?"「で，何を専攻しているんですか」「機械工学です．そちらは？」（♥ 同じ質問を相手に聞き返すときに用いる）
c《譲歩》…なのに（しかも），それでいて ‖ You're a vegetarian ~ you eat fish? 君はベジタリアンなのに魚を食べるのかい / A sailor ~ afraid of water! 船乗りなのに水が怖いなんて（♥ 非難・不満・驚きなどの感情を表す）
d《導入・つなぎ》さて，ところで，それから ‖ *And* now the presidential election in the United States. さて次にアメリカの大統領選挙です（♥ ニュースキャスターなどが話題を変えるときに用いる）
e《追加》で，それで，それから（♥ 相手に発言の追加を促す）‖ "She used to be very beautiful." "*And* now?"「彼女は昔とても美しかったんだ」「で，今は」/ "I'm sorry." "*And?*"「すみませんでした」「それで？［それだけかい］」

An·da·lu·sia /ændəlúːʒə | -siə/ 名 アンダルシア《スペイン南部の大西洋と地中海に臨む地方》 **-sian** 形 名

an·dan·te /ɑːndɑ́ːnteɪ | ændǽnti/ 〖楽〗副 形 アンダンテで［の］，緩やかに［な］《adagio より速く allegretto よりゆっくり》 ― 名 U C アンダンテ（の曲［楽章］）（♦ イタリア語より）

an·dan·ti·no /ɑ̀ːndɑːntíːnoʊ | æ̀ndæn-/ 〖楽〗副 形 アンダンティーノで［の］，やや緩やかに［な］《andante よりやや速い》 ― 名（複 **~s** /-z/）U C アンダンティーノ（の曲［楽章］）（♦ イタリア語より）

An·der·sen /ǽndərsən/ 名 **Hans Christian ~** アンデルセン（1805–75）《デンマークの童話作家》

An·der·son /ǽndərsən/ 名 アンダーソン ❶ **Sherwood ~**（1876–1941）《米国の作家》 ❷ **Marian ~**（1897–1993）《米国生まれのオペラ歌手》

An·des /ǽndiːz/ 名《the ~》《複数扱い》アンデス山脈《南米大陸西側を太平洋岸に沿って走る》 **An·dé·an** 形

and·i·ron /ǽndàɪərn/ 名 C（暖炉の）鉄製まき載せ台（の一方）《2個で1対》‖ a pair of ~*s* まき載せ台

andiron

***and/or** /ændɔ́ːr/ 〈シ〉 接 および または《両方または どちらか一方》(either or both) ‖ men ~ women 男と女両方または男か女のどちらか（♦ 法律・商業などの略記法が一般化したもの．意味を明確にしたいときは men *or* women, *or* both のようにいう）

***An·dor·ra** /ændɔ́ːrə/ 名 アンドラ《フランスとスペインの国境にある公国．公式名 the Principality of Andorra．首都 Andorra la Vella》

an·douille /ændúːiː/ 名 U C 〖料理〗アンドゥイユ《豚の臓物で作る大型ソーセージ》（♦ フランス語より）

andr-, andro- 連結形「人間」「男」の意
An·drew /ǽndruː/ 名 **St. ～** 〚聖〛聖アンデレ《キリスト12使徒の1人. スコットランドの守護聖人》(→ St. Andrew's cross)
an·droe·ci·um /ændríːʃiəm | -si-/ 名 (複 **-ci·a** /-ʃiə | -siə/) Ⓒ《集合的に》〚植〛雄しべ(stamens)
an·dro·gen /ǽndrədʒən/ 名 Ⓤ〚生化〛アンドロゲン, 雄性ホルモン物質(→ estrogen) **àn·dro·gén·ic** 形
an·drog·y·nous /ændrɑ́(ː)dʒənəs | -drɔ́dʒ-/ 形 ❶ 男女[雌雄]両性を持つ；両性具有の；中性的な ❷〚植〛同じ花序に雌雄両花のある, 雌雄同株(どうしゅ)の
an·droid /ǽndrɔɪd/ 名 Ⓒ ❶ アンドロイド, 人造人間《SFに登場する人間の姿をしたロボット》 ❷《A-》《商標》アンドロイド《携帯情報端末用プラットホーム》
―形 アンドロイド[人造人間]の
An·drom·e·da /ændrɑ́(ː)mɪdə | -drɔ́m-/ 名 ❶〚ギ神〛アンドロメダ《エチオピアの王女. 国を救うため海の怪獣の人身御供(ごくう)にされたが, Perseus によって救われ, 彼の妻となった》 ❷〚天〛アンドロメダ座
an·dro·pause /ǽndroupɔ̀ːz/ 名 Ⓤ 男の更年期(→ menopause) **àn·dro·páus·al** 形
an·dros·ter·one /ændrɑ́(ː)stəròun | -drɔ́s-/ 名 Ⓤ〚生化〛アンドロステロン《ステロイド代謝物質》
An·dy /ǽndi/ 名 アンディ《Andrew の愛称》
an·ec·dot·age /ǽnɪkdòuṭɪdʒ/ 名 Ⓤ ❶《集合的に》逸話(集) ❷《戯》老いて昔話をしたがる年齢
an·ec·dote /ǽnɪkdòut/ 名 (複 **~s** /-s/ or **-do·ta** /-tə/) Ⓒ 逸話, 秘話, 小話(⇨ STORY¹ 類語)
àn·ec·dót·al 形 逸話の(ような), 逸話に富んだ
an·ec·dot·ic /æ̀nɪkdɑ́(ː)ṭɪk | -dɔ́t-/ 形 ❶ =anecdotal ❷ よく逸話を話す
a·ne·mi·a, 《英》 **a·nae-** /əníːmiə/ 名 Ⓤ ❶〚医〛貧血(症) ❷ 気力[元気, 生気]のなさ **-mic** 形
an·e·mom·e·ter /æ̀nɪmɑ́(ː)məṭər | -mɔ́mɪ-/ 名 Ⓒ 風速[風力]計(windgauge)
a·nem·o·ne /ənéməni/ 名 Ⓒ ❶〚植〛アネモネ(windflower) ❷〚動〛=sea anemone
an·er·oid /ǽnərɔ̀ɪd/ 形 液体[特に水銀]を用いない, アネロイド式の ▸▸ **~ barómeter** 名 Ⓒ アネロイド気圧計
an·es·the·sia, 《英》 **an·aes-** /æ̀nəsθíːʒə | -ziə/ 名 Ⓤ〚医〛麻酔(法)；〚医〛無感覚症 ‖ local [general] ～ 局部[全身]麻酔
an·es·the·si·ol·o·gy, 《英》 **an·aes-** /æ̀nəsθìːziɑ́(ː)lədʒi | -ɔ́l-/ 名 Ⓤ 麻酔学 **-gist** 名 =anesthetist
an·es·thet·ic, 《英》 **an·aes-** /æ̀nəsθéṭɪk/ ⟨ア⟩ 名 Ⓤ Ⓒ 麻酔剤[薬] ‖ under [or on] ～ 麻酔をかけられて / with local [general] ～ 局部[全身]麻酔で ―形《限定》❶ 麻酔の, 麻痺(まひ)させる；麻痺した, 感覚を失った ‖ ～ agents 麻酔剤 ❷ 無感覚の, 鈍い **-i·cal·ly** 副
an·es·the·tist, 《英》 **an·aes-** /ənésθəṭəst | -íːsθətɪst/ 名 Ⓒ 麻酔をかける人；麻酔専門医
an·es·the·tize, 《英》 **an·aes-** /ənésθətàɪz | -íːs-/ 動 他 …に麻酔をかける, …を麻痺させる
an·eu·rysm, -rism /ǽnjərɪ̀zm/ 名 Ⓒ〚医〛動脈瘤(りゅう), 脈瘤 **àn·eu·rýs·mal, -rís·mal** 形
a·new /ənjúː/ 副《主に文》❶ 再び, もう一度 ❷ 新たに, 改めて ‖ begin one's life ～ 人生をやり直す
***an·gel** /éɪndʒəl/ 名 Ⓒ ❶ 天使《キリスト教の神の使い. 長い外衣を着て翼と後光を持つ》；〚神〛《天界の最下層に属する》天使(→ order 名 ⑫)；天使像 ‖ a fallen ～ 堕天使 ❷《愛らしさ・純真・親切などで》天使のような人；《口》《呼びかけ》あなた, おまえ, 君；いとしい人《子供や恋人に対して》‖ The boy sings like an ～. その少年の歌声は天使のようだ / Be an ～ and help me carry this upstairs. お願いだからこれを上に運ぶの手伝って(♥ 女性が子供に使うことが多い) / an ～ of a child 天使のような(愛らしい)子供 / be no ～ 態度が悪い；欠点がある, 完璧(かんぺき)でない ❸ 守り神, 守護霊；(人につきまとう)悪霊 ‖ one's guardian ～ 守護天使 / the dark ～ of his disease 彼を冒している病魔
❹《口》出資者, (特に芝居の上演や政治活動などの)資金提供者, パトロン ❺ エンゼル金貨《昔の英国金貨》 ❻《～s》《英俗》〚軍〛高度 ❼《口》レーダーに映る正体不明の影
on the side of the angels ⇨ SIDE(成句)

COMMUNICATIVE EXPRESSIONS
1 He's **jòined the ángels in héaven.** 彼は天国へ行った(♥ 人が亡くなったことを意味する婉曲表現)
2 She's **with the ángels.** 彼女は天国にいる(♥ 人が亡くなっていることを意味する婉曲表現. =She's joined the angels in heaven.)
3 **Yòu're an ángel.** ありがとう, 助かるわ(♥ 女性が男性や子供に使う感謝の表現)

語源 ギリシャ語 *angelos*(使者)から.
▸▸ **~ dùst** 名 Ⓤ《俗》エンジェルダスト《幻覚剤フェンシクリジン(phencyclidine)の粉末》；合成ヘロイン **~ (fòod) càke** 名 Ⓤ Ⓒ エンゼルケーキ《小麦粉に泡立てた卵白を加えて作るカステラ状の菓子》 **~ hàir** 名 Ⓤ〚料理〛極細パスタ **~ shàrk** 名 Ⓒ〚魚〛カスザメ
An·ge·le·no /æ̀ndʒəlíːnou/ 名 (複 **~s** /-z/) Ⓒ ロサンゼルス市民(♦ Los Angeleno ともいう)
ángel·fìsh 名 (複 **~** or **~·es** /-ɪz/) Ⓒ〚魚〛❶ エンゼルフィッシュ《観賞用》 ❷ =angel shark
an·gel·ic /ændʒélɪk/, **-i·cal** /-ɪkəl/ 形 天使の(ような) **-i·cal·ly** 副
an·gel·i·ca /ændʒélɪkə/ 名 Ⓒ〚植〛アンゼリカ《セリ科の植物. 料理・薬用》；Ⓤ その茎の砂糖漬け
an·ge·lus /ǽndʒələs/ 名《また A-》Ⓒ〚宗〛❶《the ～》《カトリックの》お告げの祈り《キリストの受胎告知を記念する》 ❷ (=～ **bèll**) アンゼラスの鐘《朝・昼・日没時のお告げの祈りの時を知らせる》
:an·ger /ǽŋgər/
―名 〔▸ angry 形〕Ⓤ(一時的で激しい)**怒り**〈**at, against, toward** …に対する；**over** …に関する〉(⇨ 類語, メタファーの森) ‖ Eleanor was filled with ～ *at* his words. エリナは彼の言葉にすっかり腹を立てていた / burn with ～ 怒りに燃える / feel much ～ *toward* him [oppression] 彼[弾圧]に対して非常な怒りを感じる / in ～ 怒って, 腹を立てて / control [or contain] one's ～ 怒りを抑える / express [or show] one's ～ 怒りを表す / vent one's ～ 怒りを爆発させる
―動 (**~s** /-z/; **~ed** /-d/; **~·ing**)
―他 …を怒らせる(↔ soothe)(♦ しばしば受身形で用いる) ‖ His question ～*ed* Jennifer most. ジェニファーをいちばん怒らせたのは彼の質問だった / He was ～*ed* 「by her laughter [to see no trace of sympathy in her expression]. 彼女が笑ったので[彼女の表情に同情のかけらも認められないので]彼は怒った
―自 怒る, 腹を立てる ‖ ～ easily すぐに腹を立てる

類語 《名》**anger**「怒り」を意味する最も一般的な語.
indignation 不正などに対する深い正当な怒り；やや形式ばった語. 義憤.
rage 強烈な anger.
fury rage よりもいっそう強くて狂気に近いような anger.
resentment 不正をこうむったという意識から生まれる怒りで, しばしば心中にくすぶる怒りをほのめかす. 憤慨.
wrath 強烈な怒りとともに報復・処罰の意図または願望を含む. 〈例〉the *wrath* of God 神の怒り

an·gi·na /ændʒáɪnə/ 名 Ⓤ〚医〛❶ アンギナ《喉頭(こうとう)炎・扁桃(へんとう)炎・狭心症など絞扼(こうやく)感を伴う病気の総称》 ❷ (=～ **péctoris**)〚医〛狭心症
angio- /ændʒiə-, -dʒiou-/ 連結形「血脈管；果皮」の意
an·gi·o·ma /æ̀ndʒióumə/ 名 (複 **~s** /-z/ or **~·ta** /-tə/) Ⓒ〚医〛血管腫(しゅ)
ángio·plàsty 名 Ⓤ Ⓒ〚医〛血管成形(術)
ángio·spèrm 名 Ⓤ〚植〛被子植物(↔ gymnosperm)

A

Ang·kor /ǽŋkɔːr/ 名 アンコール《アンコールトム(Angkor Thom)・アンコールワット(Angkor Wat)を含む古代クメール文明の遺跡があるカンボジア北西部の古跡》

:an·gle[1] /ǽŋgl/

━名〔▶ angular 形〕(複 **~s** /-z/) C ❶ **角度**, 角(かく) ‖ an acute [obtuse] ~ 鋭[鈍]角 / at an ~ of 45° 45度の角度で / at **right** ~*s* (to [OR with] ...) (…に対して) 直角に / form [OR make] a right ~ 直角をなす / measure an ~ 角度を計る / a wide-~ lens 広角レンズ

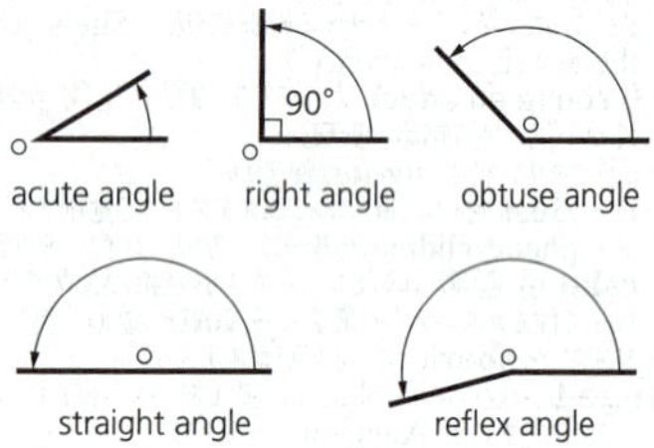

angle[1] ❶

❷ **角**(かど), (鋭い)出っ張り, **隅**; 角ばったもの[部分] ‖ in an ~ of the building 建物の隅に

❸ (物事を見る) 角度, 観点, 立場 ‖ a new ~ on the problem その問題に関する新しい見方 / look at a situation from a different ~ 状況を別の観点から見る

❹《米口》利己的動機; (目的達成のための) 巧妙なやり口, 不正手段

**at an ángle* ある角度をなして, 傾いて

━動 (**~s** /-z/; **~d** /-d/; **-gling**)

━他 ❶ …を(ある角度に)向ける[動かす, 曲げる]
❷〔話(の内容)など〕をねじ曲げる, ゆがめる

━自 (ある角度で)進む, 曲がる

▶▶ **~ bèad** 名 C アングル=ビード《角を補強・保護するために取りつけられた一片の金属[木]》 **~ bràcket** 名 C 山形かっこ, ギュメ(〈〉) **~ ìron** 名 C アングル鉄, 山形鋼《L字形の接合・補強用金具》 **~ of íncidence** 名 C〔理〕入射角 **~ of refléction** 名 C〔理〕反射角 **~ of refráction** 名 C〔理〕屈折角 **~ of repóse** 名 C〔理〕安息角, 休止角

an·gle[2] /ǽŋgl/ 動 自 ❶ 釣りをする ❷《口》(術策を用いて)〈…を〉得ようとする, 求める〈**for**〉

an·gled /ǽŋgld/ 形 ❶《しばしば複合語で》(ある)角度をなした ‖ right-~ 直角の ❷ 角(かど)のある; 斜めの; (報道などが)偏向した, ゆがめられた

ángle·pòise 名 (=**~ lámp**) (ときに A-) C《英》《商標》卓上ランプ, 自在灯

***an·gler** /ǽŋglər/ 名 C ❶ (特に趣味で) 釣りをする人, 釣り師, 太公望 ❷〔魚〕=anglerfish

ángler·fìsh 名 (複 **~** OR **~·es** /-ɪz/) C〔魚〕アンコウ

An·gles /ǽŋglz/ 名 複 《the ~》アングル族《5世紀に北ドイツから大ブリテン島に移住したゲルマン人の一部族. その名が England, English などの語の元になった》

ángle·wòrm 名 C (釣り餌用の)ミミズ

An·gli·can /ǽŋglɪkən/ 形 名 C 英国国教会(派)の(信徒) **~·ìsm** 名 U 英国国教会(派)の教義[信仰, 制度]

▶▶ **~ Chúrch** 名《the ~》英国国教会系教会 (→Anglican Communion) **~ Commúnion** 名《the ~》英国国教会系教会連合

an·gli·ce /ǽŋglɪsi/ 副 (しばしば A-)《ラテン》《堅》英語で, 英語風にいうと(in English)

An·gli·cism /ǽŋglɪsìzm/ 名 (ときに a-) ❶ C (イギリス) 英語特有の語句[表現]; (英語以外の言語における) 英語風表現, 英語からの借用語 ❷ U/C《単数形で》英国流, 英国的風習; 英国人かたぎ; 英国びいき

an·gli·cize /ǽŋglɪsàɪz/ 動 (ときに A-) 他 自 (…を[が]) 英国的[風]にする[なる]; (外国語を[が])英語化する

an·gling /ǽŋglɪŋ/ 名 U 釣り(の技術)

An·glo /ǽŋgloʊ/ 名 (複 **~s** /-z/) C《口》❶《主に米》(Spanish-American や Mexican と区別して) (英語を使用する) 白人のアメリカ人 ❷《カナダ》英国系カナダ人; (非英語使用者の多い地域の) 英語使用住民 ❸《英》(特にサッカーで) (イングランドのクラブチームに在籍する) スコットランド[アイルランド, ウェールズ]ナショナルチームの選手

Anglo- /æŋgloʊ-/ 連結形「英国(民)の, イングランド(人)の, 英国と」などの意

Ànglo-Américan 〈ジ〉 形 英米(間)の; 英国系米国人の ━名 C 英国系米国人

Ànglo-Cátholic 〈ジ〉 形 名 C〔カト〕英国国教会カトリック派[高教会派]の(信徒)

Ànglo-Frénch 〈ジ〉 形 英仏間の

Ànglo-Índian 〈ジ〉 形 ❶ 英印(間)の ❷ 英印混血の; インド在住英国人の; インド英語の; (英単語が) インド語源の ━名 C 英印混血児; インド在住の英国人; U インド語源の英単語

Ànglo-Japanése 〈ジ〉 形 日英(間)の

Ànglo·mánia 名 U 英国崇拝, 英国かぶれ

Ànglo-Nórman 〈ジ〉 名 ❶ C (Norman Conquest 後英国に住んだ)アングロノルマン人, ノルマン系英国人; ノル

メタファーの森 **anger** 怒り

anger ⇨ fluid in a container

(怒り⇨容器の中の液体)

「怒り」は具体的な形を持たないが,「容器に入っている液体」に見立てることで, その増減や, 熱せられることにより膨張したり, 蒸気を出したり, 爆発したりするなどの表現が可能になる.

日本語ではこの容器を「腹」(belly)に見立てて「怒りを腹に収める」「腹に据えかねる」などと表現することがあるが, 英語にはこのような表現はない.

【液体の分量が増える】
➤ My anger is **welling up**. 私の怒りはこみ上げてきている
➤ I felt the anger **rise up** within me. 私は自分の中で怒りがこみ上げてくるのを感じた

【容器から蒸気を出す】
➤ Call me anytime if you want to **blow** [OR **let**] **off some steam.** 憂さ晴らしがしたければいつでも電話しておいで(♦ 爆発しないように「ガス抜きをする」の意)

【圧力に耐え切れず爆発する】
➤ I was nearly **bursting with** anger. 私は怒りではちきれそうだった
➤ I couldn't **contain** my anger any longer. もはや怒りを抑えることができなかった
➤ When Betty read the email, she **exploded.** そのメールを読んだ時, ベティの怒りが爆発した
➤ I **blew my top at** his sudden cancellation. 彼のドタキャンに私はキレた(♦ top は「容器の蓋」を表す)

【液体が容器の外に出る】
➤ The teacher's anger finally **came out**, and he shouted at his students. 教師はついに怒りを抑えられなくなり, 生徒に向かって叫んだ
➤ I **vented my anger on** my brother. 私は弟に怒りをぶちまけた

マン人の英国支配時代(1066–1154) ❷ Ⓤ アングロノルマン語《Norman Conquest 後, イングランドで使われたノルマンフランス語. Anglo-French ともいう》
—形 アングロノルマン人[語]の;ノルマン系英国人の

Ánglo·phìle 名 Ⓒ 親英派の人, 英国(人)好きの人, 英国びいき

Ànglo·phília 名 Ⓤ 英国好き, 英国びいき

Ánglo·phòbe 名 Ⓒ 英国(人)嫌いの人

Ànglo·phóbia 名 Ⓤ 英国(人)嫌い

Ánglo·phòne 名《ときに a-》Ⓒ (複数の公用語が話される地域で)英語を母語とする人 —形 英語を母語とする

Ànglo-Sáxon ⊲ 名 ❶ Ⓒ アングロサクソン人《5–6世紀ごろ大陸から大ブリテン島へ移住したゲルマン系の諸部族に属する人》;《the ～s》アングロサクソン民族 ❷ Ⓤ アングロサクソン語, 古英語(Old English) ❸ Ⓤ 英語中のゲルマン的要素;《口》平明で粗野な英語 ❹ Ⓒ (現代の)イギリス人, イギリス系の人;《主に米》英語を母語とする白人
—形 ❶ アングロサクソン人の, アングロサクソン語[文化]の, 古英語の ❷ アングロサクソン系の, イギリス人の ❸《口》(英語の単語・表現などが)平明な, 粗野な

*__An·go·la__ /æŋɡóulə/ 名 アンゴラ《アフリカ南西部の共和国. 首都 Luanda. 公式名 the Republic of Angola. 旧ポルトガル領》 **-lan** 形 名

an·go·ra /æŋɡɔ́ːrə/ 名《しばしば A-》Ⓒ ❶ (=～ **cát**) アンゴラネコ《トルコ原産で長毛種》 ❷ (=～ **góat**) アンゴラヤギ《絹状の長毛(mohair)を持つ. トルコ原産》 ❸ (=～ **rábbit**) アンゴラウサギ《Ankara 原産の白い長毛のウサギ》 ❹ (=～ **wóol**) Ⓤ アンゴラヤギ[ウサギ]の毛糸[織物]

an·gos·tu·ra /æ̀ŋɡəstjúərə/ ⊲ 名 (=～ **bárk**) Ⓤ アンゴスツラ皮《ミカン科植物の樹皮. 強壮・解熱剤》

*__an·gri·ly__ /ǽŋɡrəli/ 副 怒って, 腹を立てて

⁂an·gry /ǽŋɡri/

—形〔◁ anger 名〕(**-gri·er**; **-gri·est**)
❶ **怒った**, 腹を立てた〈**with, at** 人に; **at, about, over** 物・事に / **to** *do* …して / **that** 節 …ということで〉; 怒りの, 怒りをあらわにした(♥ 一時的な状態を表す語であり, 人の性格については用いない.「怒りやすい」という性格については quick-tempered, irritable といった表現が無難. → bad-tempered, ill-humored, ill-natured, ill-tempered) (⇨ ANGER メタファーの森) ‖ Why are you ～ *with* [OR *at*] me? なぜあなたは私のことを怒っているの / They were ～ *at* [OR *about*] the new tax. 彼らはその新税に腹を立てていた / He doesn't **get** ～ *over* trifles. 彼はつまらないことには腹を立てない / She was ～ *to* hear that Warren had been fired. 彼女はウォーレンが解雇されていたことを耳にして怒った / I am ～ *that* she didn't call me. 私は彼女が電話をくれなかったので怒っている / an ～ crowd 怒った群衆 / an ～ expression 怒った表情 / an ～ exchange 怒りもあらわな口論
❷ (天候などが) 険悪な, 荒れた ‖ the ～ sky 荒れ模様の空 / an ～ sea 荒れ狂う海 ❸ (傷などが) 炎症を起こした ‖ an ～ wound 赤くはれ上がった傷
▸▸ ～ **white mále** 名 Ⓒ《主に米》《けなして》保守的で反自由主義的な白人男性 ～ **yòung mán** 名 ① Ⓒ 怒れる若者《既存の社会秩序や政治に反抗する若者》 ②《the A- Y- Men》怒れる若者たち《1950年代後半に既存の社会に反抗する作品を書いた英国の作家群. John Osborne, John Wain など》

angst /ɑːŋkst | æŋkst/ 名 Ⓤ 苦悩, 不安, 心配, 厭世(えんせい)感(♦ドイツ語より)

àngst-rídden 形 不安に駆られた

áng·strom /ǽŋkstrəm/ 名《ときに A-》(=～ **ùnit**) Ⓒ 〔理〕オングストローム《光の波長などの単位. 10^{-8}cm. 記号 A, Å, A.U.》

*__an·guish__ /ǽŋɡwɪʃ/ 名 Ⓤ 苦悩, 苦悶(くもん), (特に心の)激しい苦痛 (⇨ DISTRESS, PAIN 類語) ‖ in ～ 苦悶して, 苦しさのあまり

an·guished /ǽŋɡwɪʃt/ 形 苦悩している, 苦痛[苦悩]に満ちた ‖ an ～ expression 苦悩の表情

an·gu·lar /ǽŋɡjulər/ 形〔◁ angle[1] 名〕 ❶ 角(かど)のある, 角ばった ❷ (人などが)やせ(こけ)た, 骨ばった ❸ (動き・態度・性質などが)柔軟性に欠ける, 堅苦しい, ぎこちない; 片意地な ❹ 角の, 角をなす, ある角度で配置された;〔理〕角度で測った ‖ an ～ distance 角距離 **～·ly** 副
▸▸ ～ **gý·rus** /-dʒáɪrəs/ 名 Ⓤ Ⓒ〔解〕(大脳の) 角回 ～ **moméntum** 名 Ⓤ〔理〕角運動量 ～ **velócity** 名 Ⓤ〔理〕角速度《単位時間当たりの角の位置変化の割合》

an·gu·lar·i·ty /æ̀ŋɡjulǽrəti/ 名 (複 **-ties** /-z/) ❶ Ⓤ 角があること; 丸み[柔和さ]に欠けること; ぎこちなさ, 堅苦しさ ❷ Ⓒ《-ties》角ばった輪郭[形]

An·gus /ǽŋɡəs/ 名 =Aberdeen Angus

an·hy·dride /ænháɪdraɪd/ 名 Ⓤ Ⓒ〔化〕無水物

an·hy·drous /ænháɪdrəs/ 形〔化〕無水の

an·ile /ǽnaɪl/ 形 老婆の(ような), もうろくした

an·i·line /ǽnəlɪn/ 名 Ⓤ〔化〕アニリン《無色油状で有毒な液体》 ▸▸ ～ **dýe** 名 Ⓤ Ⓒ アニリン染料

an·i·ma /ǽnɪmə/ 名 Ⓤ Ⓒ 魂, 生命;〔心〕アニマ《男性の心にある無意識的な女性的要素》(↔ animus)

an·i·mad·vert /æ̀nɪmædvɔ́ːrt/ 動 自〈…について〉非難[酷評]する〈**about, on, upon**〉 **-vér·sion** 名

⁂an·i·mal /ǽnɪməl/ 名 形

中心義 **動物** (★文脈によって人間を含む場合と含まない場合がある)
—名 (複 **～s** /-z/) Ⓒ ❶ (植物に対する) **動物** 《ヒトを含む》(⇨ 類語) ‖ People are a tool-using ～*s*. 人間は道具を使う動物である
❷ (ヒト以外の)動物; (鳥類・爬虫(はちゅう)類・魚類, あるいは無脊椎(せきつい)動物などに対する) **哺乳(ほにゅう)動物**, 獣 ‖ keep [raise] ～*s* 動物を飼う[育てる] / wild [domestic] ～*s* 野獣[家畜]
❸ 動物のような (野蛮な) 人, 人でなし ‖ They're ～*s* to slaughter each other that way. そんなふうに殺し合うなんて彼らはけだものだ
❹《the ～》獣性 ❺ 代物, もの ‖ A one-party democracy is a completely different ～ from a true democracy. 一党支配の民主主義は真の民主主義とは全く別物だ ❻ (政治・社交などに) 関心のある[夢中になっている]人 ‖ a political [party] ～ 政治[パーティー]好きの人
—形《比較なし》《限定》 ❶ (植物に対して)動物の, 動物性の ‖ ～ protein 動物性タンパク質 ❷ (精神に対して) 肉体の; 動物的な, 肉欲的な ‖ ～ appetites 獣欲 / ～ instincts 動物的本能

類語《名 ❶》**animal**「動物」を意味する一般語. 比喩(ひゆ)的には, 精神面と切り離して肉体的・動物的特徴を意味し, 必ずしも悪い意味はない.
beast 四足獣; 比喩的には卑しい欲望・獣性を暗示.
brute 理性の欠如・凶暴性・残忍さを暗示する語.〈例〉that *brute* of a kidnapper あのけだものような誘拐犯

語源 ラテン語で *anima*(息)をするものの意.

▸▸ ～ **contròl òfficer** 名 Ⓒ 動物管理官《動物の保護・衛生管理に当たる役人》 ～ **húsbandry** 名 Ⓤ 畜産(学) ～ **kìngdom** 名《the ～》(自然科学上の区分としての)動物界(→ plant kingdom) ～ **mágnetism** 名 Ⓤ ① 動物磁気;《古》催眠術(→ mesmerism) ②《口》《戯》肉体的魅力 ～ **ríghts** 名 複 動物の権利, 動物権《動物の生体実験・虐待・絶滅からの保護》 ～ **spírits** 名 複 (健康・活力に満ちた)元気, 生気; 血気

ánimal·ìsm 名 Ⓤ 動物[獣]性, 動物的行動[欲望]; 獣欲主義《感覚的・肉体的欲望を第1とすること》; 人間動物説《人間は霊性を持っていないという説》 **-ist** 名 Ⓒ Ⓤ 獣欲主義者; 人間動物説を支持する人; 動物画家

an·i·mal·i·ty /æ̀nɪmǽləti/ 名 Ⓤ 動物[獣]性; (人間の)動物的本能[性質]; =animal kingdom

an·i·mal·ize /ǽnɪməlàɪz/ 動 他〔人〕を動物的にする, 獣的にする；…を肉欲にふけらせる
an·i·mate /ǽnɪmèɪt/ 《発音注意》(→ 形) 動 他 ❶ …に生命を吹き込む, 活気づける；…を駆り立てる ❷〖映〗〔物語など〕をアニメ化する(♦しばしば受身形で用いる)
—形 /ǽnɪmət/ 生きている, 生き生きとした；動物の(↔ inanimate)；〖文法〗有生の
án·i·màt·ed /-ɪd/ 形 ❶ 生きている(ような)；アニメの ‖ ～ graphics 動画 ❷ 元気な, 活発な, 生き生きした
～·ly 副
▸▸**～ cartóon** 名 C 漫画映画, 動画, アニメ(ーション)
an·i·ma·tion /æ̀nɪméɪʃən/ 名 ❶ U 生き生きさせること, 鼓舞, 激励；生気, 元気；熱意 ‖ with ～ 活発に, 元気に ❷ U 動画作成 ❸ C =animated cartoon
a·ni·ma·to /à:nɪmá:ṭou/ 形 副 《イタリア》〖楽〗アニマートの[で], 元気な[に]
an·i·ma·tor /ǽnɪmèɪṭər/ 名 C アニメ作家[製作者]
an·i·ma·tron·ics /æ̀nɪmətrá(:)nɪks | -trɔ́n-/ 名 U アニマトロニクス《ロボットに人間や動物にそっくりの動きをさせる電子工学》 **-ic** 形
an·i·me /ǽnɪmèɪ/ 名 U (特に日本の)アニメ
an·i·mism /ǽnɪmɪ̀zm/ 名 U〖哲〗アニミズム, 精霊崇拝《あらゆる自然物に霊魂が宿るとする信仰》
-mist 名 **àn·i·mís·tic** 形
an·i·mos·i·ty /æ̀nɪmá(:)səṭi | -mɔ́s-/ 名 (複 **-ties** /-z/) U C 激しい憎悪, 敵意〈**against, toward** …に対しての；**between** …間の〉
an·i·mus /ǽnɪməs/ 名 U/C《単数形で》❶ =animosity ❷ 意図, 目的 ❸〖心〗アニムス《女性の心にある無意識的な男性的要素》(↔ anima)
an·i·on /ǽnàɪən/ 名 C〖電〗陰イオン(↔ cation)
àn·i·ón·ic 形
an·ise /ǽnɪs/ 名 C〖植〗アニス《セリ科》；=aniseed
an·i·seed /ǽnɪsì:d/ 名 U アニスの実《香味料》
an·i·sette /æ̀nɪzét/ 名 U アニス酒《アニスの実で香りをつけたリキュール》
An·ka·ra /ǽŋkərə/ 名 アンカラ《トルコの首都》
ankh /æŋk/ 名 C〖考古〗アンク, エジプト十字《上端が輪になっている十字架. 古代エジプトで生命力の象徴》(⇨ CROSS 図)
***an·kle** /ǽŋkl/ 名 C 足首；くるぶし(→ body 図) ‖ an ～ injury 足首のけが / sprain [twist] one's ～ 足首を捻挫(ねんざ)する[ひねる]
—動 自《主に米俗》歩く；去る, 辞める
▸▸**～ sòcks** 名 複《英》=anklet ❷
ánkle·bòne 名 C くるぶし(の骨), 距骨
an·klet /ǽŋklət/ 名 C ❶ 足首につけるもの《飾り・足かせなど》❷《主に米》(子供・女性用の)短いソックス
an·ky·lo·sis /æ̀ŋkɪlóusɪs/ 名 (複 **-ses** /-si:z/) C〖医〗関節強直；(骨の)膠着(こうちゃく)
an·nal·ist /ǽnəlɪst/ 名 C 年代記編者, 年代史家
an·nals /ǽnəlz/ 名 複 ❶ 年代記, 年史, 年譜 ❷ 歴史的記録, 歴史 ‖ go down in the ～ of crime 犯罪史に名を残す ❸ (大学・学会などの)紀要, 年報
An·nap·o·lis /ənǽpəlɪs/ 名 アナポリス《メリーランド州の州都. 海軍兵学校の所在地》
Anne /æn/ 名 アン ❶ (1665–1714)《英国の女王(1702–14)》❷ **～ of Cleves** クレーブズのアン(1515–57)《イングランド王ヘンリー8世の4番目の妃(きさき)》
an·neal /əní:l/ 動 他〖冶〗〔ガラス・金属など〕を焼きなます[戻す]
an·ne·lid /ǽnəlɪd/ 名 C 形〖動〗環形動物(の)
an·nex /ǽneks/ (→ 動) 名 C ❶ (ホテルなどの)別館, 建て増し部分, アネックス, 離れ ❷〈…への〉付加物, 付属文書〈**to**〉 —動 /ənéks, æ-/ 他 ❶〔領土など〕を(武力で)併合する, 編入する ❷ …を〈より大きなものに〉付加する, 添付する〈**to**〉❸《口》…を着服する, (無断で)借用する
àn·nex·á·tion 名 U 付加；併合
an·nexe /ǽnèks/ 名《主に英》=annex ❶
an·ni·hi·late /ənáɪəlèɪt/ 《発音注意》動 他 ❶ …を完全に破壊する, 全滅させる；…を殺す ❷《口》…を打ち負かす, …に圧勝する ❸〖理〗〔粒子〕を対(つい)消滅させる
an·ni·hi·la·tion /ənàɪəléɪʃən/ 《発音注意》名 U ❶ 全滅, 絶滅 ❷《口》打倒, 打破, 圧勝 ❸〖理〗対消滅
***an·ni·ver·sa·ry** /æ̀nɪvə́:rsəri/ ⊲シ 名 (複 **-ries** /-z/) C (毎年巡ってくる)記念日, 記念祭, …年忌, 命日 ‖ This year marks our tenth wedding ～. 今年は我々の結婚10周年です / a festival commemorating [OR celebrating] the 200th ～ of the birth of Verdi ベルディ生誕200年記念祭 / on the ～ of his death 彼の命日に
語源 *anni-* year+*-vers-* turn(回転)+*-ary*(名詞・形容詞語尾)：年の回転, 毎年やって来る(こと)
An·no Dom·i·ni /ænou dá(:)məni: | -dɔ́mɪnàɪ/ 副《ラテン》(in the year of our Lord) (キリスト紀元で) = A.D. —名 U《口》寄る年波, 老齢
an·no·tate /ǽnətèɪt, -nou-/ 動 他〔文学作品など〕に注釈をつける, 注解をする **-tàt·ed** 形
an·no·ta·tion /æ̀nətéɪʃən, -nou-/ 名 U C ❶ 注釈[注解]を施すこと ❷ 注解, 注釈

‡an·nounce /ənáuns/

中心義 (公に)知らせる
—動〔▶ announcement 名〕(**-nounc·es** /-ɪz/；**～d** /-t/；**-nounc·ing**)
—他 ❶ (正式に・公に)**発表する**, 宣言する, 知らせる, 告げる **a** 《+目》…を〈…に〉発表する, 知らせる, 告知する〈**to**〉‖ The spokesperson *～d* the birth of the prince to the press. 報道官は王子の誕生を報道関係者に発表した
b 《(+**to** 名) + (**that**) 節》…ということを(…に)公表する, 告げる ‖ The teacher *～d to* the class *that* she'd take maternity leave. 先生はクラスのみんなに産休をとると告げた / "Here's our new model," he *～d*. 「こちらが我が社の最新モデルです」と彼は発表した
c 《(+**to** 名) +目+**as** 補》…が…であると(…に)発表する ‖ He officially *～d* himself *as* a candidate. 彼は立候補することを公式に発表した
❷ **a** 《+目》〔客(の来訪)など〕を(大声で)**知らせる**；(拡声器・場内放送で)…を告げる ‖ The doorman *～d* each guest. ドアマンは客を一人一人大声で取り次いだ
b 《+**that** 節》(拡声器などで)…ということを告げる ‖ They just *～d that* our flight will be delayed. 我々のフライトが遅れるだろうとの場内放送が今しがたあった
❸ (テレビ・ラジオの番組で)…のアナウンサーを務める ‖ ～ a baseball game on TV テレビで野球の試合のアナウンサーを務める
❹ (物事が)…を感じさせる, 予告する；…と知らせる ‖ Black clouds *～d* the coming thunderstorm. 黒雲は雷雨の到来を告げていた
—自 ❶〈テレビ・ラジオ局などの〉アナウンサーをする[として働く]〈**for**〉❷〈公職に〉立候補を表明する〈**for**〉
語源 *an-* to+*-nounce* report(報告する)

‡an·nounce·ment /ənáunsmənt/
—名〔⊲ announce 動〕(複 **～s** /-s/) ❶ U C **発表**, 公表；公示, 告知；アナウンス〈**about** …についての / **that** 節 …という〉(❗announce のような省略はしない)；発表[告知]内容 ‖ The police **made** no ～ *about* the case. 警察はその事件について何の発表もしなかった / The whole country was startled by the ～ *that* the P.M. had resigned. 首相が辞任したという発表に国中が仰天した / a formal ～ 正式発表 / an official ～ 公式発表 ❷ C 通知状, あいさつ状 ‖ a wedding ～ 結婚のあいさつ状
***an·nounc·er** /ənáunsər/ 名 C ❶ アナウンサー ‖ a sports ～ スポーツアナウンサー ❷ 知らせる者, 告知者
***an·noy** /ənɔ́ɪ/ 動〔▶ annoyance 名〕他 ❶ (しつこい行

為・雑音などで)〔人〕を悩ます，いらいらさせる，むっとさせる(⇨ BOTHER 類語) ‖ That loud TV upstairs ～*s* me. 2階のテレビの音がうるさくて腹が立つ / It ～*s* me that [OR when, the way] he brags about himself. 彼の自慢話には腹が立つ ❷《受身形で》**いらいらする**，腹が立つ〈**about, at, by** …(のこと)で；**with** …に / **to do** …して / **that** 節 …ということで〉‖ What are you ～*ed about*? 何をいらいらしているの / He was clearly ～*ed at* [OR *by*] my silence. 彼は私が黙っていたので明らかにいらいらしていた / Roger was ～*ed with* his son for not telling the truth. ロジャーは息子が本当のことを言わないので腹を立てていた / She was ～*ed to* find herself thinking about him again. 彼女はまた彼のことを考えている自分に腹が立った / He was ～*ed that* he couldn't do anything about it. 彼はそれについて自分ではどうすることもできないことでいら立っていた

an·noy·ance /ənɔ́ɪəns/ 名〔◁ annoy 動〕❶ U いら立ち，困惑，不快感，腹立たしさ ‖ much to a person's ～ ひどく困ったことには / in ～ いら立って / put ... to ～ …をいらいらさせる，…を困らせる，…に迷惑をかける ❷ C 腹立たしいこと[人]，悩み[頭痛]の種

*__an·noy·ing__ /ənɔ́ɪɪŋ/ 形 いら立たせる，うるさい，腹立たしい **～·ly** 副 うるさく；腹立たしいことには

:an·nu·al /ǽnjuəl/ 中心義 年ごとの

— 形《比較なし》《通例限定》❶ **1年間の** ‖ an ～ income 年収 / an ～ budget 年間予算 / an ～ membership fee 年会費 / an ～ rainfall [subscription] 年間降雨量[購読(料)]

❷ **年1回の**，例年の ‖ her ～ birthday party 彼女の例年の誕生会 / an ～ **report** 年次報告(書) ❸〘植〙一年生の(→ biennial, perennial) ‖ an ～ plant 一年草

— 名 (複 **～s** /-z/) C ❶ 一年草 ❷ 年刊誌，年報

語源 *annu-* year＋*-al*(形容詞語尾)：1年の

▸▸ **～ méeting** 名 C 年次総会(《英》annual general meeting) **～ ríng** 名 C〘植〙年輪；〘魚〙年輪(annulus)

an·nu·al·ize /ǽnjuəlàɪz/ 動 他 …を年率[年額]に換算する ‖ at an ～*d* rate of 3% 年率3%で

*__an·nu·al·ly__ /ǽnjuəli/ 副 毎年，年ごとに；年に1回

an·nu·i·tant /ənúːətənt | ənjúːɪ-/ 名 C 年金受給資格者

an·nu·i·ty /ənjúːəṭi/ 名 (複 **-ties** /-z/) C 年金；年金制度；年金受給資格 ‖ a life ～ 終身年金

an·nul /ənʌ́l/ 動 (**-nulled** /-d/；**-nul·ling**) 他 …を無効にする；〔決議・命令など〕を取り消す，〔法令など〕を破棄する(♦しばしば受身形で用いる) **～·ment** 名

an·nu·lar /ǽnjulər/ 形 輪の，輪状の，環状の

▸▸ **～ eclípse** 名 C〘天〙金環食

an·nu·late /ǽnjulət/ 形 輪の(ような)；環(紋)のある，環からなる **àn·nu·lá·tion** 名

an·nu·let /ǽnjulət/ 名 C ❶ 小環(ringlet)；〘紋章〙輪，環 ❷〘建〙(ドーリア式建築の)環状平縁(ひらぶち)，刳形(くりがた)

an·nu·lus /ǽnjuləs/ 名 (複 **～·es** /-ɪz/ OR **-li** /-laɪ/) C ❶ 環形のもの，輪 ❷〘数〙環形 ❸〘植〙(シダ類の)環帯；〘動〙体環；年輪

an·nun·ci·a·tion /ənʌ̀nsiéɪʃən/ 名 ❶ U C《古》《堅》告知，公表 ❷《the A-》〘カト〙(大天使ガブリエルによるマリアへの)受胎告知；聖母福音祭(3月25日)

an·nun·ci·a·tor /ənʌ́nsièɪṭər/ 名 C ❶ 呼び出し表示器(ホテルの事務室などで呼んでいる部屋を示す装置)；〘鉄道〙列車運行表示器 ❷《古》告知者，報告者

an·nus mi·ra·bi·lis /ǽnəs mɪrɑ́ːbəlɪs/ 名 (複 **an·ni mi·ra·bi·les** /ǽnaɪ mɪrɑ́ːbəliːz/)《ラテン》(＝year of wonders)《ときに A- M-》C 驚異の年，事件の多かった年(特にロンドン大火や英蘭戦争の海戦のあった1666年を指す)

an·ode /ǽnòʊd/ 名 C〘電〙陽極(↔ cathode)

an·o·dize /ǽnədàɪz, ǽnoʊ-/ 動 他〘冶〙〔軽金属〕を電解処理して酸化皮膜で保護する

an·o·dyne /ǽnədàɪn, ǽnoʊ-/ 形 当たり障りのない；《文》気持ちを和らげる

— 名 C 鎮痛剤；《文》気持ちを和らげる[なだめる]もの

a·noint /ənɔ́ɪnt/ 動 他 ❶〘宗〙…に油を注いで聖別する，塗油する ‖ They ～*ed* him king. 彼らは彼に油を注ぎ王とした / the (Lord's) *Anointed* 救世主，キリスト；神権による王 ❷ …に〈油・軟膏(なんこう)などを〉塗る[すり込む]〈**with**〉‖ ～ oneself *with* suntan oil 体にサンオイルを塗る **～·ment** 名 U C〘宗〙塗油，注油(式)

▸▸ **～ing of the síck** 名《the ～》〘カト〙病者の塗油(重病人に油を塗り回復と罪の許しを祈る)

a·nom·a·lis·tic /ənɑ̀(ː)məlístɪk | ənɔ̀m-/，**-ti·cal** /-tɪkəl/ ⊲ジ 形 ❶ 変則的な，異常な，例外的な ❷〘天〙近点の，近日点の，近地点の ‖ an ～ month [year] 近点月[年]

a·nom·a·lous /ənɑ́(ː)mələs | ənɔ́m-/ 形 変則的な，破格の；異常な ‖ an ～ verb〘文法〙変則動詞 **～·ly** 副

▸▸ **～ fínite** 名 C〘文法〙変則定形動詞(be，have および助動詞の定形)

a·nom·a·ly /ənɑ́(ː)məli | ənɔ́m-/ 名 (複 **-lies** /-z/) U 変則，破格，異常；C 異常[異例]なもの[人]

an·o·mie, -my /ǽnəmi, ǽnoʊ-/ 名 U〘社〙アノミー(既存の価値観・倫理感が崩壊した状態)(♦フランス語より)

a·non /ənɑ́(ː)n | ənɔ́n/ 副《古》《文》❶ ほどなく，じきに ❷ いつかそのうちに，別の折に

èver and anón ときどき

anon. 略 anonymous(ly)(♦特に詩・手紙などで用いる)

an·o·nym·i·ty /æ̀nənímət̬i/ 名 U 無名[作者不明]であること；C 匿名者；無名の人[もの]

*__a·non·y·mous__ /ənɑ́(ː)nɪməs | ənɔ́n-/ 形 (**more ～；most ～**) ❶《比較なし》匿名の，(作者・出所などが)不明の ‖ an ～ author [donor] 匿名の作家[寄贈者，提供者] / ～ HIV testing 匿名で受けるHIVの検査 / ask [OR prefer, wish] to remain ～ 匿名を希望する ❷ 特徴[個性]のない ‖ a row of ～ gray houses 似たような灰色の家が続く家並み **～·ly** 副

語源 ギリシャ語 *an*(無)＋*ónoma*(名前)から.

▸▸ **～ FTP** /-èf tiː píː/ 名 U 匿名FTP(不特定多数のユーザーが利用できるファイル転送(FTP)サービス)

a·noph·e·les /ənɑ́(ː)fəlìːz | ənɔ́f-/ 名 (複 **a·noph·e·les**) C《単数・複数扱い》〘虫〙ハマダラカ(マラリアを媒介する蚊)

an·o·rak /ǽnəræ̀k/ 名 C ❶ アノラック(フード付きの防寒上着)；アノラック型上着(→ parka) ❷《英口》《けなして・戯》ダサいやつ；おたく

an·o·rex·i·a /æ̀nəréksiə/ ⊲ジ 名 U〘医〙食欲不振；(＝**～ ner·vósa** /nəːrvóʊsə/)拒食症(→ bulimia)

an·o·rex·ic /æ̀nəréksɪk/ ⊲ジ 名 C〘医〙拒食症患者；食欲不振者

— 形 拒食症の；食欲不振の；《口》極度にやせた

:an·oth·er /ənʌ́ðər/ 形 代

中心義 さらにもう1つ別のA (★Aは「物」「事」「人」など多様)

— 形《比較なし》《限定》❶《可算名詞単数形とともに》(同じ種類の) **もう1つ[1人]の** (one more) ‖ I'll have ～ lager. ラガービールをもう1杯もらうよ / Would you like ～ piece of cake? ケーキをもう1ついかがですか / Have ～ look at it. それをもう一度見てごらん

❷《可算名詞単数形とともに》**別の**，違った(♦複数名詞には other を用いる) ‖ We can talk about it ～ time. それについてはまた別の機会に話しましょう / That's ～ story. それはまた別の話だ；となると話は別だ(⇨ STORY CE 2) / I want an iPod of ～ type than yours. 君のとは違う型の iPod が欲しい(♦ another は than と呼応して用いられることがある) / *Tomorrow is ～ day.* 《諺》明日という日もある；明日は明日の風が吹く / There's **yet** ～ way. また別の方法もある

A

語法☆☆ another は「an＋other」でもともと不定冠詞を含んでいるため, 冠詞(an, the)・指示形容詞(this, that)・所有格(my, his, Mary's, etc.)などをつけることはない. したがって,「僕のもう1人の友達」は another friend of mine とし, ×my another friend や ×another my friend などとはいわない.

❸《期間・単位などの数量を表す複数名詞とともに》さらに, もう, あと ‖ A room with a bath costs ～ £10. バス付きの部屋はさらに10ポンドかかります / In ～ 50 years, the world will be quite different. あと50年たてば世界は全く違っているだろう (♦「数詞＋複数形の名詞」を1つのまとまった単位と見てその前に置く)

❹《有名な人・事物を表す固有名詞とともに》第2の…, …の再来 ‖ I hope you'll be ～ Hemingway. 君には第2のヘミングウェイになってほしいね

COMMUNICATIVE EXPRESSIONS

[1] **And there is anòther thíng.** ⇨ THING(CE 1)

—代《単数扱い》(♦複数には others を用いる) ❶ **もう1つ[1人]**; 同類のもの[人] ‖ You've finished your drink. Have ～. お酒を飲み終わっているじゃない. もう1杯どうぞ (→ CE 2) / If I'm a liar, you're ～. 僕がうそつきなら君だってうそつきだ(♥「お互いさまだ」の意)

❷ **別のもの[人]** ‖ I don't like this sweater. Show me ～. このセーターは気に入らない. 別のを見せてください / To write is one thing, but to write brilliantly is ～. 書くことと見事に書くことは別物だ / One may like it, ～ may dislike it. それを好む人もいれば嫌う人もいるかもしれない(♦ one と相関的に用いることが多い)

have (got) another think coming ⇨ THINK 名(成句)

It's (just) one thing after another! ⇨ THING(CE 11)

one thing and another ⇨ THING(成句)

one thing leads to another ⇨ THING(CE 19)

COMMUNICATIVE EXPRESSIONS

[2] **Anóther (of the sáme)?** (同じものを)もう1杯いかが; お代わりは? (♥ バーテンダーなどが客に向かって用いる表現)

À.N.Óther 名《主に英》匿名の人 (♦ another を人名のように分解したもの. 試合の出場選手が未決の場合などに用いる)

an·ox·i·a /ænɑ́(ː)ksiə | ænɔ́k-/ 名 U《医》(血液の)酸素欠乏症 **-óx·ic** 形

ANSI /ǽnsi/ 略 *A*merican *N*ational *S*tandards *I*nstitute (米国国家規格協会)《工業製品の規格の標準化を目指す団体》

＊＊＊an·swer /ǽnsər | ɑ́ːn-/ 動 名

中心義 …に応ずる

動 他	答える❶ 解く❶ 出る❷ 満たす❹
自	答える❶ 反応する❷
名	答え❶

—動 (～s /-z/; ～ed /-d/; ～·ing)

—他 ❶ **答える** (↔ ask) (⇨ 類語P); **解く** **a** 《＋目》〔人・質問・手紙など〕に答える, 返事をする;〔問題・なぞなど〕を解く ‖ Please ～ the following **questions**. 次の質問に答えなさい / Have you ～*ed* his letter yet? 彼の手紙にもう返事を出しましたか (♦ ×answered to his letter とはしない) / ～ yes [no] to a question 質問にはい[いいえ]と答える

b 《(＋目)＋**that** 節》(〔人〕に)…であると答える ‖ He ～*ed* (me) *that* he was not ready yet. 彼は(私に)まだ準備ができていないと答えた / "No, I don't think so," Tom ～*ed*. 「いや, そうは思わないよ」とトムは答えた

c 《＋目 *A*＋目 *B*》*A*(人)の*B*(質問)に答える ‖ *Answer* me that [this, my question]. そのこと[このこと, 私の質問]に答えてください(♦直接目的語(目 *B*)はこのように答えるべき質問を明示する語に限られる)

❷〔電話・ノックなど〕に**出る**, 応える, 応答する ‖ I'll ～ **the (tele)phone** [OR call]. 私が電話に出ましょう(↷ I'll get it.) / ～ the door [knock] 玄関に[ノックに応えて]出る

❸〔人相書など〕に一致する ‖ The police found a man ～*ing* that description. 警察はその人相書と一致する男を見つけた

❹〔希望・目的・要求など〕を**満たす**, …に役立つ, …をかなえる ‖ Will this tool ～ your purpose [OR needs]? この道具で間に合いますか (↷ Will this tool do (the trick)?) / My prayer has been ～*ed*.＝God has ～*ed* my prayer. 私の願いはかなえられた

❺〔非難など〕に弁明する, 反論する ‖ ～ criticism [accusations, charges] 批判[非難]に弁明する[反論する]

❻〔攻撃など〕に〈…によって〉応える, 応酬する〈**with**〉‖ I ～*ed* his left hook *with* an uppercut. 彼の左フックにアッパーカットで返した

—自 ❶ (人などが)**答える**, (電話・ノックなどに)出る, 応答する ‖ I asked him a question, but he did not ～. 質問をしたが彼は答えなかった / The phone was ringing, but nobody ～*ed*. 電話が鳴っていたがだれも出なかった

❷ 〈…に〉**反応する**, 返事をする〈**to**〉‖ Our dog ～*s to* "Katy." うちの犬は「ケイティー」と呼ぶと反応する(♦ 質問(者)に答えるときには answer to ... とはいわず, answer の後に目的語を置く. → reply)

❸ 〈行為によって〉応える, 応酬する〈**with**〉‖ He ～*ed with* a smile [nod]. 彼は答えの代わりににっこりした[うなずいた]

❹ 〈人相書などに〉一致する〈**to**〉‖ He ～*s to* the description. 彼はその(人相書などの)特徴にぴったりだ

ànswer báck 〈他〉(***ànswer ... báck***)〔人〕に口答えする ‖ You shouldn't ～ your mother *back* like that. (＝You shouldn't ～ [OR talk] *back* to your mother like that.) お母さんにそんなふうに口答えしてはいけない —〈自〉(特に子供が)〈目上の人に〉口答えする; 批判に答える, 〈…に対して〉自己弁護をする〈**to**〉

⁎***ánswer for ...*** 〈他〉① 〔物事〕に対して〈人に〉責任を負う, 償う〈**to**〉‖ He must ～ *to* the stockholders *for* the company's loss. 彼は会社の損失に対し株主に責任を負わねばならない / The media have a lot to ～ *for*. マスコミには大きな責任がある ② 〔人物・品質など〕を〈人に〉保証する〈**to**〉‖ She didn't do it. I will ～ (*to* you) *for* her innocence. 彼女はやっていない. 彼女の無実は僕が保証する ③ 《通例否定文で》〔人〕に代わって答える ‖ I can't ～ *for* Jim. ジムの代わりに答える[意見を述べる]ことはできない

ánswer to ... 〈他〉① ⇨ 自 ❷, ❹ ② 〔人〕に報告の義務がある, …の指示に従う; (職場などの組織で)〔人〕が上司である ‖ You will ～ directly *to* Mr. Baker. あなたの直属の上司はベーカーさんです ③ …に対して責任を負う, 弁明する

answer to the náme of ... (ペットが)…という名である; 《しばしば戯》(人が)…という名である

COMMUNICATIVE EXPRESSIONS

[1] **Would [OR Could] you ànswer my quéstion?** 質問したことにちゃんと答えてもらえますか(♥ 答えをはぐらかされたときなどに用いる)

—名 (複 ～s /-z/) C ❶ 〈…への〉**答え**, 返事; 応答, 回答〈**to**〉(↔ question) (⇨ PROBLEM 類語P) ‖ She didn't **give** me any ～ *to* [×for] my question. 私の質問に対し彼女からは何の返事もなかった / write an ～ *to* him [a letter] 彼[手紙]に返事を書く

連語 【動＋～】get an ～ (from ...) (…から) 返事をもらう / send (a person) an [OR one's] ～＝send an [OR one's] ～ (to a person) (彼女に) 返事を送る / find an ～ 答えを見つける / provide an ～ 答えを示す

【形＋～】 a satisfactory ～ 満足できる答え / a simple ～ 単純な答え / a wrong ～ 間違った答え / the right [OR correct] ～ 正解 / a short ～ 短い返答 / a written ～ 書面での回答

❷ (数学の)解答(solution)《略 A., ans.》

❸《しばしば the ～》〈…の〉解決策〈**to**〉‖ the ～ *to* his problem [worries] 彼の問題[心配事]の解決策

❹ (行為による)応酬, 仕返し, 対応 ‖ Her ～ was to ignore him. 彼女は(仕返しに)彼を無視することにした

❺〈…に〉相当するもの[人]〈**to**〉‖ Japan's ～ *to* the Eiffel Tower 日本でエッフェル塔に当たるもの

❻〘法〙答弁(書)；申し開き

hàve [OR ***knòw***] ***àll the ánswers*** 《口》経験豊かで何でもよく知っている；⊗《しばしば蔑》何でも知っていると思っている, 知ったかぶりである

in ánswer to ... …に答えて；…に応じて(→ CE 2) ‖ He went out immediately *in* ～ *to* his mother's phone call. 彼は母親からの電話ですぐに出かけた

not tàke nó for an ánswer いやとは言わせない；ぜひにと頼み込む

COMMUNICATIVE EXPRESSIONS

2 **In ànswer to your quéstion,** I suggést that Ènglish educátion stàrt éarlier. あなたの質問に対するお答えを言えば, 英語教育をもっと早く始めるべきです(♥ どの質問に対する回答かを明示する)

3 **My [The shórt] ànswer is yés [nó].** 答え[結論]はイエス[ノー]です(♥ ただ yes [no] と答えるのに比べ肯定[否定]を強調した表現)

4 **Thát's nò** [OR **nòt an**] **ánswer.** それじゃ答えになっていない(♥no を用いる方がうんざりした意味合いが強い)

5 **The ànswer is bòth yès and nó.** Yes, in the sense that students are more disciplined, and no, in the sense that they have less freedom. そうであるともそうでないとも言えます. 生徒たちのしつけがよりできるという意味ではいいのですが, 自由をより奪うという意味ではよくありません(♥ ある事柄についてある側面では肯定し, ある側面では否定したい場合に使う. 通常肯定・否定の側面について続けて説明する)

答える	質問・要請・呼びかけに	reply to	言葉で	回答する
		answer		
		respond to	言葉・行動で	応答する
	要求・期待に	meet		応じる

♦ reply to は answer より格式的な語. respond to はそれよりさらに格式的な語.

♦ reply では「彼女の手紙に返事を出す」という場合 reply her letter とはいえず, reply *to* her letter とする.

▸▸ **～ing machine** 名 C 留守番電話 ‖ Did you hear the message I left on your *～ing machine*? 留守電のメッセージを聞いてくれた？ / I called him, but only got the *～ing machine*. 電話したけれど留守電だった **～ing sèrvice** 名 C U 留守番電話応対業

an·swer·a·ble /ǽnsərəbl | ɑ́ːn-/ 形 ❶《叙述》責任があって〈**to** 人に対して；**for** 行為に対して〉 ❷ (質問などが)答えられる, 回答可能な；(議論が)反論できる

ánswer·phòne 名《英》＝answering machine

＊**ant** /ænt/ 名 C アリ(蟻) ‖ a worker [queen] ～ 働き[女王]アリ / a colony of ～*s* アリの一群

hàve* [*gèt*] *ánts in one's pánts 《口》むずむずしている[する], (興奮・心配で)落ち着かない[なくなる]

▸▸ **～ bèar** 名 C〘動〙＝aardvark；anteater **～ lìon** 名 C〘虫〙① ウスバカゲロウ ② アリジゴク《①の幼虫》

ant. 略 antenna；antonym

ant- 接頭《母音または h の前で》＝anti- ‖ *ant*arctic

-ant /-ənt/ 接尾 (⇨ -ENT) (♦ 動詞につけて) ❶《形容詞語尾》「…性の, …する」の意 ‖ defi*ant*, radi*ant* ❷《名詞語尾》「…する人[もの]」の意 ‖ occup*ant*, account*ant*

ant·ac·id /æntǽsɪd/ 形 (胃内の)酸を中和する ── 名 U C 酸中和剤, 制酸剤《特に胃酸過多症に対する》

an·tag·o·nism /æntǽɡənɪ̀zm/ 名 U C ❶ 敵対(心), 対立；反抗, 反対〈**between** …間の；**to, toward** …に対する〉 ❷〘生〙拮抗(きっこう)作用

an·tag·o·nist /æntǽɡənɪst/ 名 C ❶ 敵対者, 対抗者；(芝居などの)敵役, 憎まれ役(↔ protagonist) ❷〘生理〙拮抗筋；〘薬〙拮抗剤

an·tag·o·nis·tic /æntæ̀ɡənístɪk/ 〈ジ〉 形〈…に〉敵意を抱いて；〈…に〉反対して, 敵対して；〈…と〉相いれぬ〈**to, toward**〉 **-ti·cal·ly** 副

an·tag·o·nize /æntǽɡənàɪz/ 動 他 ❶ …に敵意[反感]を起こさせる, …を敵に回す；…に対抗[反対]する ❷ …を中和する, 相殺する

＊**Ant·arc·tic** /æntɑ́ːrktɪk/ (↔ Arctic) 形《限定》南極(地方)の ‖ an ～ expedition 南極探検(隊) / ～ whales 南氷洋の鯨 ── 名《the ～》南極(地方)《南極大陸と周囲の海洋を含む地域》

▸▸ **～ Círcle** 名《the ～》南極圏《南緯66°33′の線》 **～ Ócean** 名《the ～》南極海, 南氷洋 **～ Zóne** 名《the ～》南極帯

Ant·arc·ti·ca /æntɑ́ːrktɪkə/ 名 南極大陸

an·te /ǽnṭi/ 名 ❶ C〘ポーカー〙場所代, アンティ《札を配る前に各プレーヤーが合意して出す一定額の参加料. 賭(か)け金と一緒に勝者がもらう》；(一般に)前金 ❷《the ～》《口》割り前, 分担金；《米口》価格

＊***ùp*** [OR ***ràise***] ***the ánte*** 要求のレベルを上げる, 金額の上昇を求める

── 動 (**～d** OR **～ed** /-d/；**～·ing**) 他 ❶〘ポーカー〙〔アンティ〕を出す ❷《米口》〔分担金〕を支払う, 出す《*up*》

── 自 ❶〘ポーカー〙アンティを出す ❷《米口》金を払う《*up*》

ante- /ænṭi-/ 接頭「…より以前の」「…の前方の」の意 (↔ post-) ‖ *ante*-Victorian (ビクトリア朝以前の)

ánt·èater 名 C〘動〙アリクイ《南米産》

an·te·bel·lum /æ̀nṭibéləm/ 形 戦争前の；(米国の)南北戦争前の(↔ postbellum)

an·te·ced·ent /æ̀nṭəsíːdənt | -tɪ-/ 〈ジ〉 名 C ❶ 先行する出来事[事情], 先例 ❷ (～s)祖先(ancestors)；前歴, 素性 ❸〘文法〙関係代名詞・関係副詞の先行詞；〘論〙前提；前件 ── 形《堅》先行する；前提の；先立つ

ánte·chàmber 名 C (主室に通じる)小部屋, 控えの間

an·te·date /ǽnṭidèɪt | æ̀ntidéɪt/ 〈ジ〉 動 他 ❶ …に(実際より)早い日付をつける(↔ postdate) ‖ ～ a check 小切手に早い日付をつける ❷〔事件など〕の日時を実際より前のことだとする；〔事〕を早く発生させる, …の発生を促す；…を見越す, 待ち設ける ❸ (時間的に)…に先立つ

── 名 C (小切手などの)前(さき)日付

an·te·di·lu·vi·an /æ̀nṭidɪlúːviən/ 形 ❶ ノア(Noah)の洪水以前の ❷《口》《主に戯》非常に古い, 大昔の；古風な, 時代遅れの ── 名 C ノアの洪水以前の人[動植物]；時代遅れの人；非常な老人

an·te·lope /ǽnṭəlòʊp | -tɪ-/ 名 (複 **～** OR **～s** /-s/) C〘動〙レイヨウ, アンテロープ；エダツノカモシカ

an·te me·rid·i·em /æ̀nṭi mərídiəm/ 形 副 ＝a.m. (↔ post meridiem)

ànte·nátal 〈ジ〉 形《通例限定》出生前の, 産前の(prenatal)(↔ postnatal) ── 名 C《英口》出産前の検診

＊**an·ten·na** /ænténə/ 名 (複 **～s** /-z/) (→ ❷) C ❶《主に米》アンテナ(《英》aerial) ‖ TV ～*s* テレビのアンテナ ❷ (複 **-nae** /-niː/)〘動〙触角 ❸ (人の)敏感さ；《比喩的に》アンテナ

an·te·pe·nul·ti·mate /æ̀nṭipɪnʌ́lṭɪmət/ 〈ジ〉 形 名 C〘音声〙語尾から3番目の(音節)

an·te-post /æ̀nṭipóʊst/ 形《英》〘競馬〙(賭け率が)出走馬掲示前の

an·te·ri·or /æntíəriər/ 形 ❶ (場所・位置が)前方の, 前部の(↔ posterior) ❷《堅》(時間的に)先行する

A

A

ánte·ròom 名 =antechamber
an·he·li·on /ænthíːliən/ 名 (複 **-li·a** /-liə/ OR **~s** /-z/) Ⓒ〘天〙幻日(げんじつ)《太陽の光が空中の氷の小結晶に反射・屈折して生じる現象》
an·them /ǽnθəm/ 名 Ⓒ ❶ 賛美歌, 聖歌 (hymn) (⇨ PSALM 類語) ❷ 祝歌, 賛歌, 頌歌(しょうか) ‖ a national [school] ~ 国歌[校歌]
an·ther /ǽnθər/ 名 Ⓒ〘植〙葯(やく)《雄しべ(stamen)の花粉を作る部分》
an·the·sis /ænθíːsɪs/ 名 (複 **-ses** /-siːz/) Ⓒ〘植〙開花 ; 開花期
ánt·hìll 名 Ⓒ アリ塚, アリの塔
an·thol·o·gize /ænθɑ́(ː)lədʒàɪz | -θɔ́l-/ 動 他〔作品〕を選集に採録する **—**自 選集を作る[出版する]
an·thol·o·gy /ænθɑ́(ː)lədʒi | -θɔ́l-/ 名 (複 **-gies** /-z/) Ⓒ アンソロジー, 名詩選集 ; 名文集 ; 名曲[名画]集
-gist 名 Ⓒ 選集の編者[撰者(せんじゃ)]
An·tho·ny /ǽnθəni | -tə-/ 名 **St.** ~ 聖アントニウス (251?–356?)《エジプトの隠修士. 修道院制度の創始者とされる》(→ St. Anthony's cross)
an·thra·cite /ǽnθrəsàɪt/ 名 Ⓤ 無煙炭
an·thrax /ǽnθræks/ 名 Ⓤ〘医〙脾脱疽(ひだっそ), 炭疽(たんそ)病
anthropo- /ǽnθrəpə-, -θroupou-/ 連結形「人類, 人間」の意
ànthropo·céntric ◁ 形 人間中心の ; 人間の尺度で判断する **-céntrism** 名 Ⓤ 人間中心主義
ànthropo·génic, -genétic 形 ❶ (汚染などを) 人間が発生させる ❷ 人間の起源に関する
an·thro·poid /ǽnθrəpɔ̀ɪd, -θrou-/ 形 (動物が) 人間に似た ;《口》《けなして》(人が) 猿のような ‖ ~ apes 類人猿 **—**名 Ⓒ 類人猿
***an·thro·pol·o·gy** /æ̀nθrəpɑ́(ː)lədʒi | -pɔ́l-/ 名 Ⓤ 人類学 ‖ physical [cultural, social, urban] ~ 自然[文化, 社会, 都市]人類学
àn·thro·po·lóg·i·cal 形 **-gist** 名 Ⓒ 人類学者
an·thro·pom·e·try /æ̀nθrəpɑ́(ː)mətri, -θrou- | -pɔ́m-/ 名 Ⓤ 人体測定(学[法])
an·thro·po·mor·phic /æ̀nθrəpəmɔ́ːrfɪk, -θroupou-/ 形 神人同形[同性]論の ; 擬人化された, 人間の姿をした ‖ ~ deities 人間の姿をした神々
-phìsm 名 Ⓤ 神人同形[同性]論 ;〘哲〙擬人観
an·thro·po·mor·phous /æ̀nθrəpəmɔ́ːrfəs, -θroupou-/ 形 =anthropomorphic
an·thro·poph·a·gous /æ̀nθrəpɑ́(ː)fəgəs, -θrou- | -pɔ́f-/ 形 人食いの, 食人種の
-gy 名 Ⓒ Ⓤ 人食い(の風習)
an·ti /ǽnṭi, -taɪ/《口》名 Ⓒ 反対(論)者 **—**形 反対の, 敵対的な **—**前 …に反対する(against)
***anti-** /æ̀nṭi-, -taɪ-/ 接頭《名詞・形容詞・副詞を作る》(↔ pro-¹) ❶「反…, 排…」の意 ‖ *anti*-Semitism, *anti*war (戦争反対の)(♦ i で始まる語・形容詞・固有名詞の前ではハイフンを入れる) ❷「対…」の意 ‖ *anti*aircraft ❸「(病毒) に抗する」の意 ‖ *anti*toxin ❹「反対, 逆」の意 ‖ *anti*clockwise ❺「対立する, 対抗する」の意 ‖ *anti*pope ❻「反伝統的な」の意
ànti·abórtion 形 妊娠中絶反対[禁止]の
~·ist 名 Ⓒ 妊娠中絶反対[禁止]主義者
ànti·áging, ànti- 形 老化防止の ‖ an ~ therapy [medicine] 老化防止療法[薬]
ànti·áircraft ◁ 形《限定》〘軍〙対航空機の, 対空の, 防空(用)の ‖ an ~ gun 高射砲
ànti-Américan 形 反米的な **—**名 Ⓒ 反米主義者
ànti·anxíety 形 不安を取り除く, 抗不安性の
ànti·bactérial ◁ 形〘生化〙抗菌性の
ànti·ballìstic míssile 名 Ⓒ〘軍〙弾道弾迎撃ミサイル (略 ABM)
ànti·biósis /-baɪóusɪs/ 名 Ⓤ〘生〙抗生作用
***an·ti·bi·ot·ic** /æ̀nṭibaɪɑ́(ː)ṭɪk, -taɪ- | -ɔ́t-/ ◁ 名 Ⓒ《通例 ~s》〘生化〙抗生物質 ‖ put him on ~*s* 彼に抗生物質を処方する **—**形 抗生物質の
antibiótic-resìstant 形 耐抗生物質の, 抗生物質が効かない
***an·ti·bod·y** /ǽnṭibɑ̀(ː)di, -taɪ- | -bɔ̀di/ 名 (複 **-bod·ies** /-z/) Ⓒ《通例 -bodies》〘生化〙抗体(→ antigen)
ànti·búsiness 形 (大)企業に反対の, アンチビジネスの
an·tic /ǽnṭɪk/ 名 Ⓒ《~s》おどけたしぐさ, ばかげた行為, いたずら **—**形《古》おどけた, 滑稽(こっけい)な
ànti·cáncer 形《限定》制癌(せいがん)の, 抗癌(こうがん)の
ànti-chóice 形 妊娠中絶(権)反対の(pro-life)(↔ pro-choice) **—**名 Ⓒ 中絶反対の人
Ánti·chrìst 名 Ⓒ ❶《しばしば the ~》〘聖〙反キリスト《キリストの再臨前にこの世に悪を満たすとされる》❷ キリスト反対者 ; にせキリスト
***an·tic·i·pate** /æntísɪpèɪt/ ◁ 動〔▶ anticipation 名〕(**~s** /-s/ ; **-pat·ed** /-ɪd/ ; **-pat·ing**) 他 ❶ 予期する **a** 《+目》…を予期[予想, 予知]する, 見越す (↘ bargain for, reckon on) ; …を懸念する ; …を予期して対策を立てる (⇨ EXPECT 類語) ‖ We ~ no problems with the new software. 新しいソフトには何の問題もないだろうと考えている **b** 《+**that** 節 / **wh** 節》…ということを予期する, 予期して対策を立てる ‖ I ~ *that* there will be an argument. 言い争いになりそうで心配だ / We can't ~ *what* will happen. 何が起こるかはわからない **c** 《+*doing*》…することを予期する(♦ expect と違い, +to *do* の型はとらない) ‖ I never ~*d* walking all the way in the rain! 雨の中をずっと歩くことになろうとは予想もしなかった ❷ 楽しみに待つ **a** 《+目》〔よいこと〕を楽しみに[確信を持って]待つ, 期待する(↘ look forward to) ‖ Grandma is *anticipating* my visit. 祖母は私の訪問を待ち望んでいる **b** 《+*doing*》…するのを楽しみにする ‖ ~ receiving an e-mail from her 彼女からEメールをもらうのを楽しみにする **c** 《+**that** 節》…だろうと期待する ‖ I ~*d that* the Picasso exhibition would come to my city. ピカソ展が私の市にやって来るだろうと期待していた ❸ …の先手を打つ, …を出し抜く, …の機先を制する ; …の先鞭(せんべん)をつける ‖ ~ the enemy's movements 敵の動きに先んじる / He ~*d* his boss by preparing the data before being asked. 彼は上司に言われる前にデータを準備した ❹〔入金〕を見越して金を使う
—自 予期する, 先に言って[書いて, して]しまう, 先回りする
語源 *anti-* before+*-cipate* take(取る, 考える) : 前もって取る
***an·tic·i·pa·tion** /æntìsɪpéɪʃən/ 名〔◁ anticipate 動〕Ⓤ ❶ 予期, 予想, 予知 ; (特によいことに対する) 期待 (♦ expectation より《堅》) ‖ with [OR in] eager ~ 大いに期待して ❷ 先を越すこと, 先手を打つこと ❸〘楽〙先取音
***in anticipátion* (*of* ...)** (…を)予期[期待]して, (…を)見越して ‖ Thanking you *in* ~. まずはお願いまで《依頼状を結ぶ決まり文句》
an·tic·i·pa·to·ry /æntísəpətɔ̀ːri | -sɪpətəri/ 形 ❶ 予想の, 予期[予想]しての, 見越しての, 先制の ❷〘文法〙先行の ‖ ~ "it" 先行の it **-ri·ly** 副
ànti·clérical ◁ 形 (政治上の問題などにおける) 聖職者からの介入に反対する, 教権反対の
ànti·clímax 名 ❶ Ⓒ Ⓤ 竜頭蛇尾, あっけない結末, 拍子抜け ❷ Ⓤ〘修〙漸降(法) **-climáctic** 形
an·ti·cline /ǽnṭiklàɪn/ 名 Ⓒ〘地〙背斜
ànti·clóckwìse ◁ 副 形《英》=counterclockwise
ànti·coágulant ◁ 名 Ⓒ 抗凝血剤
—形 抗凝血[凝固]性の
ànti·cómmunist 名 Ⓒ 形 反共主義者(の)
ànti·con·vúl·sant /-kənvʌ́lsənt/ ◁〘医〙形 けいれんを防ぐ **—**名 Ⓒ 抗けいれん薬
ànti·cýclone 名 Ⓒ〘気象〙逆旋風 ; 高気圧
-cyclónic 形 高気圧性の
ànti·déficit 形 (予算審議会などで)赤字反対の

ànti·depréssant ◁シ 名Ⓒ形 抗うつ剤(の)
ànti·diurétic hòrmone 名Ⓒ〚生化〛抗利尿ホルモン(vasopressin)《略 ADH》
an·ti·dote /ǽnṭidòut/ 名Ⓒ ❶〚薬〛解毒剤 ❷〈…の〉解決手段, 対策〈**to**〉‖ the best ～ *to* mistrust 不信に対する最善の手段
ànti·estáblishment 形 反体制の
ànti·fèrro·magnétic 形〚理〛反強磁性の
ánti·frèeze 名Ⓤ形 不凍剤[液](の)
an·ti·gen /ǽnṭɪdʒən/ 名Ⓒ〚生化〛抗原
àn·ti·gén·ic 形 抗原性の
ànti·globalizátion 名Ⓤ 反グローバリゼーション, 反国際化
An·tig·o·ne /æntígəni/ 名〚ギ神〛アンティゴネ《エディプス(Oedipus)とイオカステ(Jocasta)の娘》
ànti·grávity 名Ⓤ形〚理〛反重力(の), 反引力(の)
***An·ti·gua and Bar·bu·da** /æntí:gə ənd bɑ:rbjú:də/ 名 アンティグア=バーブーダ《カリブ海にある, アンティグア島とバーブーダ島を中心とする国. 首都 Saint John's》
ánti·hèro 名(複 **～es** /-z/) Ⓒ(小説・演劇などで)ヒーローらしさを持たないヒーロー, 反英雄
ànti·hístamine 名ⓊⒸ〚薬〛抗ヒスタミン剤《アレルギー疾患などの治療薬》
ànti·hỳ·per·tén·sive /-hàɪpərténsɪv/ 〚医〛形 高血圧を抑える, 降圧剤の ──名Ⓒ 降圧剤
ànti·inflámmatory 形名ⓊⒸ 抗炎(剤)
ànti·knóck 名Ⓤ アンチノック剤《エンジン内の異常爆発を抑えるための物質》 ──形 アンチノック性の
An·til·les /æntíli:z/ 名《the ～》アンチル列島《西インド諸島中の列島》
ànti·lóck ◁シ 形《限定》アンチロックの《急ブレーキ時に車を制御できるようにタイヤをロックしない》‖ ～ brakes アンチロックブレーキ
ànti·lóg 名《英口》=antilogarithm
ànti·lógarithm 名Ⓒ〚数〛(対数に対する)真数
ànti·macássar 名Ⓒ《旧》いすカバー
ànti·magnétic ◁シ 形(時計などが)耐磁性の
ánti·màtter 名Ⓤ〚理〛反物質
ànti·micróbial 形名Ⓒ 抗菌性の(薬)
an·ti·mo·ny /ǽnṭəmòuni | -tɪmə-/ 名Ⓤ〚化〛アンチモン《金属元素. 元素記号 Sb》
ànti·néutron 名Ⓒ〚理〛反中性子
an·ti·no·mi·an /æ̀nṭinóumiən/ ◁シ 名Ⓒ形〚キリスト教〛信仰至上主義者(の), 道徳律不要論者(の)
an·tin·o·my /æntínəmi/ 名(複 **-mies** /-z/) ⓊⒸ(法規・原理(間)の)対立, 矛盾;〚哲〛二律背反
ánti·nòvel 名Ⓒ 反小説, アンチロマン《伝統的な小説概念を破る小説》 **～·ist** 名
ànti·núclear 形 核エネルギーの使用に反対する, 反核の, 反原発の
ànti·óxidant 名Ⓒ〚化〛酸化防止剤
ánti·pàrticle 名Ⓒ〚理〛反粒子
an·ti·pas·to /æ̀nṭipɑ́(:)stou, -pǽs- | -pǽs-/ 名(複 **～s** /-z/ OR **-ti** /-ti:/) Ⓒ〚料理〛前菜(◆イタリア語より)
ànti·pathétic, -pathétical ◁シ 形〈…に〉反感を抱いている;〈…が〉性に合わない〈**to**〉 **-ically** 副
***an·tip·a·thy** /æntípəθi/ 名(複 **-thies** /-z/) ❶ⓊⒸ〈…に対する〉反感, 嫌悪, 毛嫌い(↔ sympathy)〈**to, toward**〉 ❷Ⓒ 大嫌いな人[もの], 虫が好かないもの
ànti·personnél 形《限定》〚軍〛(武器が)(施設破壊でなく)人員殺傷用の, 対人(用)の ‖ an ～ mine 対人地雷
ànti·pér·spi·rant /-pə́:rspərənt/ 名ⓊⒸ 発汗抑制剤 ──形 発汗抑制の
an·ti·phon /ǽnṭəfɑ̀(:)n | -tɪfən/ 名Ⓒ〚宗〛交唱聖歌《2組が交互に歌う》; 応答歌唱
an·tiph·o·nal /æntífənəl/ 名Ⓒ 交唱聖歌集
──形 交唱聖歌の; 応答歌唱の **～·ly** 副
an·tiph·o·nar·y /æntífənèri | -nəri/ 名(複 **-nar·ies** /-z/) Ⓒ 交唱聖歌集
an·tiph·o·ny /æntífəni/ 名(複 **-nies** /-z/) Ⓒ 応答歌唱, 交唱(→ antiphon)
an·tip·o·de·an /æntìpədí:ən/ 形〚地〛対蹠(たいせき)地の; 正反対の
an·tip·o·des /æntípədì:z/ 名 複 ❶ 対蹠地《地球上の正反対にある地点》 ❷《the A-》《口》《しばしば戯》(北半球の住人からみて)ニュージーランドおよびオーストラリア ❸《単数扱い》正反対の物事 **-dal** 形 =antipodean
ànti·pollútion 名Ⓤ形 汚染防止(の); 公害反対(の)
ánti·pòpe 名Ⓒ(分派抗争によって正統とされる教皇に対して選ばれた)対立教皇
ànti·próton 名Ⓒ〚理〛反陽子
ànti·psychótic 形 抗精神病性の, 精神病治療の
──名Ⓒ 抗精神病薬
ànti·pyrétic ◁シ 名Ⓒ形 解熱(げねつ)剤(の)
an·ti·py·rine /æ̀nṭipáɪərì:n/ 名Ⓤ〚薬〛アンチピリン《解熱・鎮痛・抗リューマチ剤》
antiq. 略 antiquarian; antiquary; antiquity
an·ti·quar·i·an /æ̀nṭəkwéəriən | -tɪ-/ ◁シ 形 古物研究[収集](家)の ‖ an ～ bookseller 古書籍商[店]
──名 =antiquary
～·ìsm 名Ⓤ 古物収集癖, 骨董(こっとう)趣味
ánti·quàrk 名Ⓒ〚理〛反クォーク《クォークの反粒子》
an·ti·quar·y /ǽnṭəkwèri | -tɪkwəri/ 名(複 **-quar·ies** /-z/) Ⓒ 古物研究[収集]家; 骨董商
an·ti·quat·ed /ǽnṭəkwèɪṭɪd | -tɪ-/ 形 ❶ 時代遅れの, 古臭い, 老朽化した ❷ 年をとった
***an·tique** /æntí:k/ 形《限定》❶ 骨董の, 時代を経て価値のある ‖ ～ furniture 骨董品の家具 ❷《口》古風な, 時代遅れの;《戯》古ぼけた, 古びた ❸《堅》古代の; 古代ギリシャ[ローマ](時代)の
──名 ❶Ⓒ 古美術品, 骨董品, アンティーク《米国の関税法では製造後100年以上たったものをいう》; (古代の) 遺物 ‖ an ～ shop 骨董品店 ❷《the ～》(特にギリシャ・ローマ時代の)古代様式
──動 他〔家具など〕を(わざと)古めかしく[骨董品のように]見せる;《～d で形容詞として》アンティーク調の ‖ ～ a walnut chest クルミ材のたんすに古色をつける
an·tiq·ui·ty /æntíkwəṭi/ 名(複 **-ties** /-z/) ❶Ⓤ 古代; (特にギリシャ・ローマの)古典古代 ❷Ⓤ 古いこと, 古風 ❸Ⓒ《通例 -ties》古物; 遺跡 ❹Ⓒ《集合的に》(特にギリシャ・ローマの)古代人
ànti·retrovíral 名Ⓒ形 抗レトロウイルス(剤)(の)
ànti-róll bàr 名Ⓒ(自動車の)アンチロールバー, 揺れ止め材
an·tir·rhi·num /æ̀ntəráɪnəm | -tɪ-/ 名Ⓒ〚植〛キンギョソウ《ゴマノハグサ科の多年草》
ànti·scorbútic ◁シ 形名ⓊⒸ〚医〛壊血病に効く(薬)
ànti-Sémite 名Ⓒ 反ユダヤ主義者, ユダヤ人排斥者
-Semític 形 反ユダヤの, ユダヤ人排斥の **-Sémit·ìsm** 名Ⓤ 反ユダヤ主義[思想, 運動]
ànti·sépsis ◁シ 名Ⓤ 防腐(法), 消毒(法)
ànti·séptic ◁シ 形 ❶ 防腐の; 殺菌した, 非常に清潔な ❷ 面白みに欠ける, 味気ない
──名ⓊⒸ 防腐剤, 消毒剤 **-séptically** 副
ánti·sèrum 名(複 **～s** /-z/ OR **-sera** /-sɪərə/) ⓊⒸ〚医〛抗血清《抗体を含む血清》
ànti·sócial ◁シ 形 ❶ 反社会的な, 社会道徳に反する ❷ 非社交的な, 社交嫌いの
ànti·spám 形 □スパム防止の《迷惑メールを自動的に削除したり分類したりする》
ànti·státic ◁シ 形 帯電防止の
an·tis·tro·phe /æntístrəfi/ 名Ⓒ ❶ アンチストロペ《古代ギリシャ劇の合唱舞踏隊が舞台の左から右へ旋回する動作およびその際に歌う合唱曲の一部》(→ strophe) ❷〚韻〛(対照的構成の詩の)第2連, 対照詩節[楽節]
ànti·súbmarine ◁シ 形《米》〚軍〛対潜水艦の

A

ànti·tánk 形〘軍〙対戦車の ‖ ～ mines 対戦車地雷
ànti·térror 形 テロ防止の, 反テロの
-ìsm 名 U テロ防止, 反テロリズム
an·tith·e·sis /æntíθəsɪs/ 名 (複 **-ses** /-sìːz/) ❶ U 対照 ; 対比, 対立 ❷ C 正反対の事物 ❸ U〘修〙対照法《意味の対立する語句を並べて用いる. 〈例〉You are going ; I am staying.》; C 対句 ❹ C〘哲〙(弁証法で)アンチテーゼ, 反定立
an·ti·thet·i·cal /æ̀ntəθéṭɪkəl | -tɪθét-/, **-ic** /-ɪk/ ⌫ 形 ❶ 著しく対照的な, 正反対の ❷〘修〙対照法の
-i·cal·ly 副
ànti·tóxin 名 C〘生化〙抗毒素《血液中の毒素を中和する物質》 **-tóxic** 形
ánti·tràde 名 (＝～ **wìnd**) C (～s) 反対貿易風《熱帯の貿易風の上を吹く西風》(→ trade wind)
ànti·trúst 形《主に米》〘法〙トラスト反対の, 独占禁止の
▸▸～ **làw** 名 U 独占禁止法
ánti·tỳpe 名 C ❶〘聖〙対型《過去にその(象徴的)原型を有するもの. 例えば「聖母」は Eve の antitype》 ❷ 反対の[対照的な]人[もの]
ànti·vén·in /-vénɪn/ 名 C U〘生化〙抗蛇(だ)毒素 ; 蛇毒血清
ànti·víral 形〘生化〙抗ウイルス性の
ànti·vírus 形 💻 アンチウイルスの
▸▸～ **sòftware** 名 U アンチウイルスソフトウェア
ànti·viviséction 名 U 動物実験[生体解剖]反対
～·ist 名 C 形 生体解剖反対論者(の)
ant·ler /ǽntlər/ 名 C (雄ジカなどの)枝角
an·to·no·ma·sia /æ̀ntənoʊméɪʒiə, -nə- | -ziə/ 名 U C〘修〙換称《固有名詞を使って同類の人を指すこと. 〈例〉a Solomon 賢明な支配者 ; 称号・職名などを使って特定の人を指すこと. 〈例〉His Majesty 陛下》
An·to·ny /ǽntəni/ 名 **Mark** [**Marc**] ～ (ラテン語名 *Marcus Antonius*) アントニウス(83?–30B.C.)《古代ローマの将軍・政治家. Caesar の友人の部将. Cleopatra と結んで Augustus と戦い, 敗れて自殺した》
*__an·to·nym__ /ǽntənɪ̀m/ 名 C〘言〙反意[対義]語(↔ synonym) **an·tón·y·mous** 形〈…と〉反意語の〈**with**〉
語源 *ant-* against＋*-onym* name : 反対の名称
an·trum /ǽntrəm/ 名 (複 **～s** /-z/ OR **-tra** /-trə/) C〘解〙洞《壁に囲まれた空間》; (特に骨の)空洞, 腔(こう), 室
ants·y /ǽntsi/ 形《主に米口》落ち着かない, いらいらした(♦ have ants in one's pants よりとされる)
a·nus /éɪnəs/ 名 C〘解〙肛門(こうもん)
an·vil /ǽnvɪl/ 名 C ❶〘冶〙鉄床(かなとこ), 金敷(かなしき) ❷〘解〙砧骨(きぬたこつ)(incus)《耳小骨の1つ》
:anx·i·e·ty /æŋzáɪəṭi/《発音注意》
中心義 不安, 不安を伴う望み
— 名〔◁ anxious 形〕(複 **-ties** /-z/) U ❶〈…についての〉**不安**, **心配**, 懸念(↔ confidence)〈**about, over, for**〉(⇨ 類語) ‖ His ～ *about* [OR *over*] his son interfered with his work. 彼は息子のことが気がかりで仕事が手につかなかった / She felt ～ *for* her daughter's safety. 彼女は娘の安否が気がかりだった / in (great) ～ (ひどく)心配して / ～-provoking feelings 不安でやきもきする気持ち
❷ C 心配[不安]の種 ‖ The high interest on the loan is an ～ to him. ローンの高金利は彼の心配の種だ
❸ 切望, 熱望〈**for** …に対する / **to do** …したいという〉‖ His ～ *to* please makes him an excellent waiter. 彼が優秀なウエーターであるのは人を喜ばせたいという気持ちがあるからだ
❹〘心〙(過度の不安や緊張からくる)精神的障害, 不調
類語 《❶》**anxiety** 予想される悪いことや不確かなことに対する不安や恐れ.
care 心配の意味の一般語で, 責任・愛情から生じる懸念や気遣い.
concern 個人的関係・愛情などによる心配や気がかり.
worry あることに対する思い煩い, 物事の不首尾を案じる気持ち, ときに「取り越し苦労」.
:anx·ious /ǽŋkʃəs/
— 形〔▶ anxiety 名〕(**more ～** ; **most ～**)
❶《叙述》〈…のことで〉**心配して**, 案じて, 不安で(↔ confident)〈**about, for**〉‖ Liz was ～「*about* his health [*for* his safety]. リズは彼の健康のことが心配だった[彼の安否を気遣っていた] / We were ～ before we got our grades. 成績をもらうまで私たちは不安だった
❷《叙述》**切望して**, とても…したがって〈**for** …を / **for ... to do** …が…することを / **that** 節 …ということを〉(♥ 願望の達成に不安があるという意味の含みがある) (⇨ EAGER 類語) ‖ His mother is ～ *for* his happiness. 彼の母は彼の幸せを切に願っている / They are ～ *to* bring this discussion to an end. 彼らはこの議論を終わらせたいと願っている / He was ～ *for* the interview *to* terminate soon. (＝He was ～ *that* the interview terminate [《主に英》should terminate] soon.) 彼は会見が早く終わるのを切に願った
❸《限定》心配させる ; 心配そうな, 不安な ‖ an ～ hour 気をもませる1時間 / an ～ expression 心配そうな表情
anx·ious·ly /ǽŋkʃəsli/ 副 心配して[そうに], 気をもみながら ; 切望して

:an·y /弱 əni ; 強 éni/ 形 代 副 (→ some)
中心義 (種類・数量・程度などが)限定されない
— 形《比較なし》❶ /əni/ **a**《疑問文・条件節で》**いくつかの**, **いくらかの**, 多少の ; **何かの**, どれかの ‖ Do you have ～ books to read? 読む本が(何冊か)ありますか / Ask him, if you have ～ doubts. 何か疑問があれば彼に聞いてください
b《否定文で》**少しの…も(ない)**, いかなる…も(ない) ‖ I don't have ～ brothers. 私には兄弟がいない(＝I have no brothers.) (♦ no を用いる方が強意) / There is **hardly** ～ furniture in the room. 部屋には家具がほとんどない / He is not likely to recover ～ time soon. 彼はすぐには回復しそうにない
語法 ★★ (1) 肯定文では some を用いる. ただし, 疑問文でも肯定の答えを予期したり勧誘・依頼などを表す場合は some を用いる. 〈例〉Do you have *some* questions? 何か質問があるんでしょう / Would you like *some* coffee? コーヒーはいかがですか
(2) 通例可算名詞の複数形および不可算名詞につく. Do you have *any* books? はよいが, 可算名詞で単数形の場合は, 通例不定冠詞の a [an] を用いる. 〈例〉Do you have *a* [×any] pen? ただし慣用的に idea, difference, reason など可算名詞の単数形に any がつく場合もある. 〈例〉Do you have *any* reason to believe that she is ill? 彼女が病気だと考える理由が何かあるのですか
(3) 否定文ではなくても, 否定的な内容の文では any が用いられる. 〈例〉He finished the work without *any* difficulty. 彼は何の苦もなくその仕事を仕上げた / The noise prevented me from getting *any* sleep. 騒音のせいで少しも眠れなかった
(4) 間接疑問文の if 節では any を用いるが, 条件を表す if 節では some も可能. 〈例〉I wonder if he has *any* [×some] brothers. 彼には兄弟がいるのかしら / If you need *any* [OR *some*] help, please let me know. 手助けが必要なら知らせてください
(5)「any ＋名詞」を主語とした否定文 ×Any boy cannot do it. や ×Not any boy can do it. は不可. 「どの少年もそれができない」は No boy can do it.
❷ /éni/《肯定文で》**どんな…でも**, どれでも, だれでも ‖ You may borrow ～ book you like. どれでも好きな本が借りられます / *Any* comments will be welcome. どんなご意見でも歓迎です / *Any* food is better than none. どんな食べ物でもないよりはましだ(♦ 同種の人や物の

比較には「any other+単数名詞」の形を用いる. 〈例〉Jack is taller than *any* other boy in his class. ジャックはクラスでほかのどの男の子よりも背が高い(=Jack is the tallest of all the boys in his class.)) / in **almost** ~ country ほぼすべての国で

語法 ★☆ (1) any は every と異なり,「どの…をとっても」という自由選択の意味を表す. したがって, You can read *any* book you like. は「好きな本ならどれでも(1冊)読んでよい」という意味になるが, You can read every book you like. は「好きな本はすべて読んでよい」という意味になる.
(2) any は3者以上について用い, 2者のうちのどちらでもという場合は either を使う(→ either).

ány old hòw どのような方法でも
any one ① /èni wʌ́n/ どれでも1つ(の), だれでも1人(の) ‖ Choose ~ *one* book you like. どれでも好きな本を1冊選びなさい / *Any one* of you should be able to do it. 君たちならだれでもそれができるはずだ (♦ 1語で表記する anyone と異なり, 人にも物にも使える. ある集団のうちで任意に選んだ人や物の意. of で始まる句などの限定語句が続くことが多い. 1つ, 1人を強調しないときは単に any でよい. → 代 ❷) ② /énɪ wʌ̀n/ =anyone
any time ⇨ ANYTIME, TIME(成句, CE 3)
(***at***) ***any minute*** [OR ***moment, time***] (***now***) ⇨ MINUTE[1](成句), MOMENT(成句), TIME(成句)
any number of ... ⇨ NUMBER(成句)
not jùst ány ... ありきたりの…ではない ‖ This is*n't just* ~ CD — it's a gift from my late husband. これはただのCDではありません. 亡き夫がくれたものです

COMMUNICATIVE EXPRESSIONS
1 **Ány tìme.** ⇨ TIME(CE 3)

—代 /éni/ ❶ **a** 《疑問文・条件節で》**いくつか**, いくらか ; **何か, どれか, だれか** ‖ I need some chairs. Have you got ~? いすが要るのですが, いくつかありますか / Have you read ~ of these books? これらの本の中で読んだことがあるものはありますか
b 《否定文で》**どれも**, 何も, **だれも** ‖ I haven't read ~ of these books. これらの本はどれも読んだことがない (♦ I have read none of these books. も同じ意味であるが, not ... any の方が《口》) / Can't you recognize ~ of them? 彼らの中で知っている人はだれもいないのですか

語法 ★★ (1) 既出名詞の省略, または any of の形で用いられる. 意味・用法は形容詞の場合と同じ.
(2) 単数扱い・複数扱いのいずれにも用いられる. 〈例〉There isn't *any of* the sugar left. 砂糖は全然残っていない / Are *any of* the students familiar with this? 生徒たちの中でこのことをよく知っている人はいますか

❷ 《肯定文で》**どれでも, だれでも**, いくつ[いくら]でも ‖ Take ~ of these magazines you like. この雑誌のうちのどれでも好きなのを持って行きなさい / *Any* of these people will be able to help you. この人たちのだれでもお手伝いできるでしょう (♦ 2者のうちのどちらでもという場合は either を使う)
be not háving àny (***of it***) 《口》参加しようとしない, 手を出したがらない ‖ I asked him to join us, but he *wasn't having* ~. 彼に一緒に加わるように話したが, 興味を持ってくれなかった
if ány ① もしあれば ‖ Correct errors, *if* ~ (=if there are any). 誤りがあれば訂正しなさい ② あるとしても ‖ There were very few, *if* ~, problems with his analysis. 彼の分析にはあったとしてもごくわずかの問題しかなかった / Pain, if ~, is minimal. 痛みはあったとしてもごくわずかです

—副 /éni/ 《比較なし》 ❶ 《主に比較級または too や different などとともに》《疑問文・条件節で》**少しは**, 少しでも ; 《否定文で》**少しも** ‖ Do you feel ~ better today? 今日は少しは気分がいいですか / It is dangerous if you go ~ **further** from here. ここから先は少しでも行くと危険です / She isn't ~ different from what she was five years ago. 彼女は5年前と少しも変わらない / His latest novel wasn't ~ good. 彼の最新作の小説はちっともよくなかった
❷ 《主に疑問文・否定文末で》《主に米口》**少しは, 少しも** ‖ That won't help us ~. それでは全然助けにならないよ (♦ 標準語法では not ... at all となる)
any more ⇨ ANYMORE

:an·y·bod·y /énibɑ̀(ː)di | -bɔ̀di/
—代 《通例単数扱い》 ❶ 《疑問文・条件節で》**だれか** ‖ Did ~ call me last night? ゆうべだれか電話をかけてきた? / If ~ comes, tell them I am not in. だれか来たら私はいないと言ってくれ(♦ 受ける代名詞は ⇨ 語法 (4))
❷ 《否定文で》**だれも** (…ない) ‖ I did not speak to ~. だれとも話さなかった / without ~*'s* help だれの助けも借りずに (♦「not (やほかの否定語) +anybody」の語順で使う)
❸ 《肯定文で》**だれでも** ‖ *Anybody* can understand it. だれでもそれはわかる

語法 ☆☆ (1) 意味・用法は anyone と同じ. 《口》では anybody の方がよく使われる. また anybody は《英》より《米》で使われる傾向が強い.
(2) somebody との使い分けは some と any の使い分けと同じ. 疑問文でも, 肯定の答えを予期しているときは somebody を用いる(⇨ ANY 形 ❶語法 (1)).
(3) anybody を主語とした否定文の ×Anybody cannot understand it. や ×Not anybody can understand it は不可. 「だれもそれが理解できない」は Nobody can understand it. という (⇨ ANY 形 ❶語法 (5)).
(4) 主語になったときの動詞は単数形だが, 代名詞で受けるときは単数(he, she, he or she), 複数(they)のいずれも可能. 《口》では they で受けることが多い (⇨ EVERYBODY, NOBODY, SOMEBODY 語法).

ànybody's gáme だれが勝つかわからないゲーム[試合]
ànybody's guéss ⇨ GUESS (成句)

COMMUNICATIVE EXPRESSIONS
1 **Ànybody I knów?** ⇨ KNOW(CE 2)

—名 U 相当な[ひとかどの]人物(♦ 主に疑問文・否定文・条件節で用いる) ‖ He is not ~. 彼は大したことはない
ànybody who is ánybody 有名人, 有力者

***an·y·how** /énihàʊ/ 副 ❶ NAVI ともかく ; いずれにしても (anyway) (♦ anyway と同様に文修飾にも用いる) ; 少なくとも ‖ *Anyhow*, let's give him a call. とにかく, 彼に電話してみよう ❷ 少しでも, それに加えて ❸ 《(all) ~》いい加減に, 無造作に, 乱雑に ‖ I combed my hair ~. 髪をくしでざっととかした

***àny·móre** 副 (♦ 《英》では any more と分けて書くのがふつう. 《米》では特に区別なく2通りの表記を用いる) ❶ 《通例否定文・疑問文の末尾で》《主に米》今はもう, これ以上, これから ‖ She doesn't work here ~. 彼女はもうここで働いていません / "I thought you had a crush on him." "Not ~." 「彼が好きだったんじゃないの」「以前はね」 ❷ 《米方》今(で)は(now) ; 今後は(♦ 肯定文でも用いる)

:an·y·one /éniwʌ̀n/
—代 ❶ 《疑問文・条件節で》**だれか** ‖ Does ~ feel sick? だれか気分でも悪いのですか
❷ 《否定文で》**だれも** (…ない) ‖ Don't let ~ in. だれも中に入れるな
❸ 《肯定文で》**だれでも** ‖ *Anyone* would think so. だれでもそう思うだろう
be ányone's 《口》(性的に)だれの相手でもする

語法 ☆☆ (1) 意味・用法は anybody と同じ (⇨ ANYBODY 語法).
(2) any one と2語に分けて書く場合は意味・用法が異なる(⇨ ANY 形 *any one*(成句)).

A

ány·plàce 副 《米・カナダ口》=anywhere

:an·y·thing /éniθìŋ/ 代 副

—代 ❶《疑問文・条件節で》**何か** ‖ Have you heard ～ about the game? その試合について何か聞きましたか / If there is ～ you want, please let me know. 何か欲しいものがあれば言ってください

❷《否定文で》**何も**（…ない）‖ I don't know ～ about economy. 経済については何もわからない / We couldn't find ～ suitable. 適当なものは何一つ見つからなかった / Don't have ～ to do with my daughter. うちの娘とは一切かかわらないでくれ

語法 ☆☆ (1) something との使い分けは，some と any の使い分けと同じ. 疑問文でも肯定の答えを予期しているときは something を用いる（⇨ ANY 形 ❶ 語法 (1)).
(2) anything を形容詞が修飾する場合は，anything good（何かよいこと）のように後に置かれる（→ something, nothing).
(3) anything を主語とした否定文の ×Anything did not happen. や ×Not anything happened. は不可.「何も起こらなかった」は Nothing happened. という（⇨ ANY 形 ❶ 語法 (5)).
(4) 否定文でなくても，否定的内容を表す文では anything を用いる.〈例〉He was reluctant to read *anything* about the war. 彼はその戦争について何も読む気になれなかった（⇨ ANY 形 ❶ 語法 (3))

❸《肯定文で》**何でも**（♥ たくさんのものの中でという含みがあり，強調的意味を伴う）‖ *Anything* eatable will do. 食べられるものなら何でもいい［結構］です / More than ～ else, he wanted to be a pilot. ほかの何よりも彼はパイロットになりたいと思った

❹《否定文・疑問文で》（何か）重要なこと［人，もの］‖ Is there ～ in the letter? その手紙には何か重要なことが書いてありますか

ánything but ... ① 少しも…でない，…どころではない ‖ I was ～ *but* happy. 私は決して幸せではなかった / He was not fond of Richard, ～ *but*. 彼はリチャードが好きではなかった，それどころか大嫌いだった ②《do とともに》…のほかなら何でも（する）‖ I will do ～ *but* that. それ以外なら何でもしよう

ánything gòes 何でもあり ‖ an ～*-goes* attitude 何でもあり［無策］の態度

as ... as ánything 《口》非常に…，とても…

can't dò ánything with ... …をどうすることもできない，…は手に負えない

for ánything 《否定文で》どうしても（…ない）

if ánything ① どちらかといえば，むしろ ‖ He wasn't a bad boy. *If* ～, he was a good one. 彼は悪い子ではなかった，どちらかといえばいい子だった ② もしあるにしても

like ánything 《口》ひどく，猛烈に

màke ánything (out) of ... 《否定文で》① …を理解できない ② …を大したものと思わない

... or ánything 《口》…か何か，…するとか何とか（♥ 前言の内容をぼかす）‖ I didn't cry *or* ～. 泣いたりとかはしなかった

COMMUNICATIVE EXPRESSIONS

1 **Is there ànything I can dó?** 何かできることはありませんか；お手伝いしましょうか（♥ 助けを申し出る）

2 **(Will thère be) ànything élse?** ⇨ ELSE（CE 5）

—副《比較なし》いくらかでも ‖ My neck doesn't hurt ～ terrible. 首がひどく痛むようなことは全然ない

•***anything like ...*** 《否定文・疑問文で》① …のようなもの ② 少しも（…ない）；（少しでも）…に似て，（まあ）…のようで ‖ She isn't ～ *like* as pretty as her sister. 彼女はとても姉［妹］ほど美しくない / I wasn't ～ *like* normal that day. その日私はまるで正常ではなかった

•**ány·tìme** 副（♦《主に英》では any time とも書く）❶ いつでも；常に（at any time）‖ An earthquake could hit the area ～. 地震はいつでもその地域に起こり得る ❷《接続詞的に》…するときはいつでも ‖ You are welcome ～ you like to come. 来たいときはいつでもいらっしゃい

ànytime sóon 《通例否定文・疑問文で》いずれ近いうちに（♦ 肯定文中では sometime soon を使う）‖ The economy won't begin to pick up ～ *soon*. 経済が近いうちに活況を呈するようにはなるまい

ány·tòwn 名 C《しばしば A-》《米》ありふれた町（♦ Anytown USA ともいう）

:an·y·way /éniwèɪ/

中心義 **何にせよ**

—副《比較なし》❶ NAVI **とにかく**，いずれにしても，結局（♥ 直前の発言が重要でないことを示したり，話を本題に戻して要点を述べるときなどに. ⇨ NAVI表現 9）‖ Don't worry about the stain. I was going to have it cleaned ～. しみのことは気にしないで. いずれにしてもクリーニングに出すつもりだったから / I don't know if it's stolen or lost; ～ my wallet is gone. 盗まれたのか落としたのかわからないが，とにかく財布がない

❷ **とはいえ**，それでもやはり，にもかかわらず（♥ 直前の発言に反する内容を言うときに）‖ He's probably not home, but let's visit him ～. 彼はたぶん家にいないと思うけど，とりあえず訪ねてみよう / "We're having a party tomorrow. Would you like to come?" "I'm afraid I'm seeing one of my friends. Thanks, ～."「明日パーティーやるんだ. 君もどう」「友達と会うことになっているんだ. でも，（誘ってくれて）ありがとう」

❸ NAVI さて，ところで，それはそうと（♥ 話を元に戻したり話題を変えたりするときに）‖ *Anyway*, what made you decide to become a teacher? ところでなぜ教師になろうと思ったのですか / *Anyway*, where was I? さて，どこまで話したっけ

❹ …というか，**少なくとも**（♥ 直前の発言を軽く訂正したり変えたりするときに）‖ Mike seemed very angry — ～ he didn't look happy. マイクはすごく怒っているみたいだったよ. いや，少なくともうれしそうじゃなかったな

❺ NAVI さあ，では（♥ その場を立ち去りたい，または会話を終わらせたいときに）‖ *Anyway*, I have to go now. さあ，もう行かなくちゃ

ány·wàys 副《米方》=anyway

:an·y·where /énihwèər/

—副《比較なし》❶《疑問文・条件節で》**どこかに［へ，で］** ‖ Are you going ～? どこかにお出かけですか / Have you seen my gloves ～? どこかで私の手袋を見た？

❷《否定文で》**どこに［へ］も**（…ない）‖ I can't find the key ～. 鍵（かぎ）がどこにも見当たらない / There was no sign of him ～. 彼がいる気配はどこにもなかった（♦ not（やほかの否定語）... anywhere の語順で使う）

語法 ☆☆ (1) somewhere との使い分けは some と any の場合と同じ. 疑問文でも肯定の答えを予期するときは somewhere を用いる（⇨ ANY 形 ❶ 語法 (1)).
(2) 代名詞の anything と同様に，後ろに修飾語句を伴うことがある.〈例〉I didn't go *anywhere* interesting. 私は面白い所にはどこにも行かなかった

❸《肯定文で》**どこで［に，へ］でも**（♥ たくさんの中のどこでもということから強調の含みを伝える）‖ I could get a job ～ in the world. 世界中どこででも仕事は見つかるだろう / You may go ～ you like. どこでも好きなところへ行っていい（=You may go wherever you like.）/ The use of robots in industry is more frequent in Japan than ～ else. 産業界におけるロボットはほかのどこよりも日本で頻繁に利用されている

ánywhere from À to B́ ; ***ánywhere between À and B́*** AとBの間のどこかで

ánywhere néar ... 《疑問文・否定文で》ほとんど；少しも，とても ‖ I'm not ～ *near* finished. まだとても終えたとは

いえない
not gèt* [OR *gò*] *ánywhere*; *not gèt ... ánywhere* 成功しない，目的を達成しない；うまくいかない ‖ You can complain, but it *won't get* you ～. 文句を言っても，らちは明かないだろう
―名 U ❶《疑問文・条件節・否定文で》どこか；どこにも(…ない) ‖ Have you found ～ to sleep? どこか寝る場所を見つけましたか ❷《肯定文で》どこでも ‖ *Anywhere* with a bed will do. ベッド付きならどこでもいい

An·zac /ǽnzæk/ 名 C ❶ アンザック兵《第1次大戦時のオーストラリアおよびニュージーランド連合軍団の隊員》 ❷ オーストラリアあるいはニュージーランド出身の兵士(♦ *Australian and New Zealand Army Corps* の略)

À/Ó, à/ó 略〘簿〙*account of*(…の勘定)

AOB 略 *any other business*(その他)(♦議題を列挙する際に末尾に加える)

A-OK, A-okay /èɪoʊkéɪ/ 形 副《米口》完璧(かんぺき)な[に]；正しい[く]，間違いない[く]

A-1 /èɪwʌ́n/ 形《口》一流の(first-class)，最上の(♦英国Lloyd's Register (ロイド船名録) の船舶の格付けに使われた．A1, A one, A-one ともつづる)

a·or·ta /eɪɔ́ːrṭə/ 名 (複 **~s** /-z/ OR **-tae** /-tiː/) C〘解〙大動脈(→ artery) **-tic** 形

Ao·tea·roa /àːoʊti(ː)əróʊə/ 名 アオテアロア《マオリ語でニュージーランドを指す．(the) land of the long white cloud の意味》

ÀP 略 *Associated Press*(米国連合通信社)

ap- 接頭 ❶《p の前で》＝ad- ‖ *ap*ply ❷《母音または h の前で》＝apo- ‖ *ap*erture

a·pace /əpéɪs/ 副《文》速やかに，急速に

a·pache /əpǽʃ/ 名 C アパッシュ団の団員《パリやブリュッセルを荒らした犯罪組織》；(一般に)暴力団員

A·pach·e /əpǽtʃi/ 名 (複 **～** OR **~s** /-z/) ❶《the ～》アパッチ族《北米先住民の一部族》；C アパッチ族の人 ❷ U アパッチ語

:a·part /əpɑ́ːrt/
―副《比較なし》❶ (空間・時間的に)**離れて**，隔たって；(質的に) かけ離れて ‖ The two cities are five miles ～. 両市は5マイル離れている / Their birthdays are just a week ～. 彼らの誕生日はちょうど1週間違いだ / Our ideas are very **far** ～. 我々の考えは非常にかけ離れている
❷ **別々に**，切り離して，区別して ‖ He tries to keep his work and private life strictly ～. 彼は仕事と私生活をはっきり区別しようとしている
❸ 別居して；(心情的に)離れて，離反して ‖ My husband and I are living ～. 夫と私は別居中だ
❹ ばらばらに ‖ These toys come [OR **fall**] ～ very easily. このおもちゃはすぐばらばらになる
❺《名詞・動名詞の後で》…は別として，…を考慮に入れないで ‖ Salary ～, this is not a bad job. 給料を除けば，この仕事は悪くない ❻《名詞の後で》際立って，独特な ‖ Artists are a breed ～. 芸術家は世間とは違う連中だ
apárt from ... ① …から離れて (→ ❶) ② **…を別とすれば**，…はさておき，…を除いて ‖ *Apart from* Japan, what other countries are considered to have energy-efficient technology? 日本以外で省エネ技術が進んでいるとされているのはどこの国ですか ③ **…のほかに**，…に加えて ‖ *Apart from* this, we must take that into account. これだけでなく，あれも考慮に入れなければならない
come* [OR *fall*] *apart at the seams ⇨ SEAM(成句)
grow* [OR *drift*] *apart ⇨ GROW(成句), DRIFT(成句)
pull* [OR *take*] *apart ⇨ PULL(成句), TAKE(成句)
set apart ⇨ SET(成句)
tear apart ⇨ TEAR²(成句)
tell ... apart ⇨ TELL(成句)

a·part·heid /əpɑ́ːrthèɪt/ 名 U アパルトヘイト《南アフリカ共和国での有色人種に対する人種差別[隔離]政策．1991年に全面的に廃止》

:a·part·ment /əpɑ́ːrtmənt/
―名 (複 **~s** /-s/) C ❶ **a**《米》(集合住宅内の)**1世帯分の住居**，アパート(内の住居)(《英》flat)(♦集合住宅の建物全体は apartment building [OR house] という) ‖ We live in a three-room ～. 私たちは3部屋のアパートに住んでいます(❗「アパート」と省略はできない．日本でいうマンションでもふつうは apartment[《英》flat]を使う．分譲マンションは《米》では condominium というが，大規模・高級な場合が多い．《英》では分譲マンションのみを指す決まった言い方はない)
b アパート(の建物) (apartment house) ‖ He decided to rent an ～ from Mr. White. 彼はホワイトさんからアパートを借りることに決めた
❷《堅》部屋(room) ‖ My ～ is on the second floor. 私の部屋は2階です ❸《主に英》《通例 ~s》(国王・大統領など国の要人が使う)豪華な部屋 ❹《英》《~s》(数室からなる短期滞在者用の家具付き)貸し間
▸▸ **～ bùilding** [《米》**hòuse**,《英》**blòck**] 名 C マンション，集合住宅；団地(《英》block of flats) **～ còmplex** 名 C《米》団地 **～ hòtel** 名 C《米》アパートメントホテル《客室の一部をアパートとして貸しているホテル》

ap·a·thet·ic /æ̀pəθéṭɪk/ 形 無感動な，無表情の；無関心な，冷淡な **-i·cal·ly** 副

·ap·a·thy /ǽpəθi/ 名 U 無感動；無関心，冷淡

a·pat·o·saur·us /əpæ̀təsɔ́ːrəs/ 名 C〘古生〙アパトサウルス《ジュラ紀の大型草食恐竜；旧名 brontosaurus》

ÀPB 略《米》*all-points bulletin*(全国指名手配)

ÀPC 略 *armored personnel carrier* (装甲兵員輸送車)；*aspirin, phenacetin, and caffeine*(APC錠)

·ape /eɪp/ 名 C ❶ 類人猿《チンパンジー・ゴリラ・オランウータンなど》；(一般に)猿(♥ monkey よりも悪いニュアンスを持つことが多い) ❷ 人のまねをする人 ❸《口》不器用な人，がさつ者
gò ápe《俗》激怒する；(怒り・興奮などのため)〈…に対して〉自制心を失う〈over〉
―動 他 …を(ぎこちなく)まねる(⇨ IMITATE 類語)

APEC /éɪpek/ 名 アジア太平洋経済協力閣僚会議，エイペック《1989年発足》(♦ *Asia-Pacific Economic Cooperation Conference* の略)

ápe-màn /-mæ̀n/ 名 (複 **-mèn** /-mèn/) C〘人類〙猿人(えんじん)

Ap·en·nines /ǽpənàɪnz/ 名《the ～》アペニン山脈《イタリア半島を縦走する山脈》

a·per·çu /æ̀pə(ː)rsjúː/ 名《フランス》(＝perceived) C《堅》❶ 一見，一瞥(いちべつ) ❷ 洞察(による理解) ❸ (本・論文などの)概要，要約

a·per·i·ent /əpíəriənt/〘医〙形 緩下作用のある
―名 U C 緩下剤(laxative)

a·per·i·od·ic /èɪpɪəriɑ́(ː)dɪk | -ɔ́d-/ 形 ❶〘理〙非周期的な，非振動の ❷ 不定期の，不規則な **-i·cal·ly** 副

a·per·i·tif /əpèrətíːf/ 名 (複 **~s** /-s/) C (食欲増進のための)食前酒，アペリティフ(♦フランス語より)

ap·er·ture /ǽpərtʃùər | -tʃə/ 名 C ❶ 開口部，隙間(すきま)，孔(あな)；(カメラなどの)窓 ❷〘光〙(レンズの)口径

ap·er·y /éɪpəri/ 名 (複 **-er·ies** /-z/) U C《古》猿[人]まね；ばかげた[面白半分の]いたずら

ápe·shìt 形 ⊗《俗》《蔑》激怒して，ひどく興奮して
gò ápeshit《主に米俗》＝*go* APE

a·pex /éɪpeks/ 名 (複 **~·es** /-ɪz/ OR **a·pi·ces** /éɪpəsìːz/) C ❶ 頂点，頂上；先端 ❷ 絶頂，極致 ‖ the ～ of one's career 生涯の絶頂期 ❸〘天〙向点《太陽が周囲の恒星に対して運動する方向》

APEX, Apex /éɪpeks/ 名 U 形 (航空券などの) 事前購入割引(運賃)(の)，アペックス(の)(♦ *advance purchase excursion* (fare) の略)

Áp·gar tèst /ǽpgɑːr-/ 名《the ～》アプガーテスト《出生直後の新生児の健康度を測るテスト》

A

a·pha·sia /əféɪʒə | -ziə/ 名 U 〘医〙失語症
-sic 形 名 C 失語症の(患者)

a·phe·li·on /æfí:liən/ 名 (複 **-li·a** /-liə/) C 〘天〙遠日(えんじつ)点《惑星・彗星(すいせい)が太陽から最も遠ざかる点》(↔ perihelion)

aph·e·sis /æfəsɪs/ 名 U 〘音声〙語頭母音消失《語頭の強勢のない母音の消失. alone→ lone など》

a·phid /éɪfɪd/ 名 C 〘虫〙アブラムシ(plant louse)

a·phis /éɪfɪs/ 名 (複 **a·phi·des** /-dì:z/) =aphid

a·pho·ni·a /eɪfóuniə/ 名 U 〘医〙失声(症), 無声(症)《発声器官の障害によって発声ができなくなること》

aph·o·rism /æfərìzm/ 名 C アフォリズム, 金言, 格言, 警句(→ epigram)
-rist 名 C 警句家, 格言作者 **àph·o·rís·tic** 形

aph·ro·dis·i·ac /æfrədíziæk/ 形 性欲を起こす, 催淫(さいいん)性の ── 名 U C 催淫剤, 媚薬(びやく)

Aph·ro·di·te /æfrədáɪṭi/ 名 〘ギ神〙アフロディテ《美と愛の女神. 〘ロ神〙の Venus に相当》

ÀPÍ 略 💻 *a*pplication *p*rogramming *i*nterface《異なる設計のハードウェア上で, 同じアプリケーションを動かすためにOSが提供する基本環境》

A·pi·a /ɑ:pí:ə/ 名 アピア《サモアの首都》

a·pi·an /éɪpiən/ 形 ミツバチ(bee)の

a·pi·a·rist /éɪpiərɪst/ 名 C 養蜂(ようほう)家(beekeeper)

a·pi·ar·y /éɪpièri | -əri/ 名 (複 **-ar·ies** /-z/) C 養蜂場

ap·i·cal /æpɪkəl/ 形 ❶ 頂点(apex)の, 頂上の ❷ 〘音声〙舌尖(ぜっせん)を用いる; 舌尖音の《/t/, /d/ など》

a·pi·ces /éɪpɪsì:z/ 名 apex の複数の1つ

a·pi·cul·ture /éɪpɪkʌ̀ltʃər/ 名 U 養蜂

a·piece /əpí:s/ 副 1個[1人]につき, 別々に, それぞれ ‖ He gave us three dollars ~. 彼は私たち一人一人に3ドルずつくれた

ap·ish /éɪpɪʃ/ 形 ❶ 猿(ape)のような ❷ 猿まねをする; 人まねをしたがる; 愚かな **~·ly** 副 **~·ness** 名

a·plen·ty /əplénṭi/ 副 豊富に, たくさん; ひどく
── 形《名詞の後に置いて》豊富な, たくさんの(in plenty)

a·plomb /əplɑ́(:)m | -lɔ́m/ 名 U 沈着, 冷静; 自信 ‖ with ~ 冷静に

ap·ne·a, -noe- /æpní(:)ə, æpniə/ 名 U 〘病理〙(一時的)無呼吸 **-ic** 形

ÀPÓ 略 *A*rmy [*A*ir Force] *P*ost *O*ffice (米国陸[空]軍郵便局)

apo- 接頭「…から離れて, 分離して」の意(♦ 母音の前では ap-) ‖ *apo*gee (遠地点)

Apoc. 略 Apocalypse; Apocrypha; Apocryphal

a·poc·a·lypse /əpɑ́(:)kəlɪps | əpɔ́k-/ 名 ❶《the A-》〘聖〙ヨハネ黙示録 (the Revelation) ❷ C 啓示, 黙示 ❸ U 完全な破壊;《the ~》この世の終わり

a·poc·a·lyp·tic /əpɑ̀(:)kəlíptɪk | əpɔ̀k-/, **-ti·cal** /-tɪkəl/ 〈シ〉 形 ❶ 黙示録の ❷ 黙示の; この世の終末を予言する, 終末論的な **-ti·cal·ly** 副

a·poc·o·pe /əpɑ́(:)kəpi | əpɔ́k-/ 名 U 〘音声〙語尾音[文字]消失《photograph→photo のように, 語尾の音節・文字の一部が消失すること》

ap·o·crine /æpəkrɪn/ 形 〘生理〙離出分泌の[をする], アポクリンの

A·poc·ry·pha /əpɑ́(:)krəfə | əpɔ́k-/ 名 ❶《the ~》《単数・複数扱い》〘聖〙聖書外典, 経典外書《プロテスタントでは認められていないが, 古代ギリシャ語・ラテン語版の旧約聖書には含まれている14書, および新約聖書と同時代の文書で正典と認められない信仰の書》(↔ canon[1]) ❷《a-》U 出所[典拠]の疑わしい文書

a·poc·ry·phal /əpɑ́(:)krəfəl | əpɔ́k-/ 形 ❶ 出所[典拠]の疑わしい ❷《A-》〘聖〙(聖書)外典の

a·pod·o·sis /əpɑ́(:)dəsɪs | əpɔ́d-/ 名 (複 **-ses** /-sì:z/) C 〘文法〙条件文の帰結節(→ protasis)

ap·o·gee /æpədʒì:, æpou-/ 名 C ❶ 〘天〙遠地点《月・人工衛星などがその軌道上で地球から最も遠くなる点》(↔ perigee) ❷ 頂点, 最高点; (力・成功などの)絶頂

a·po·lit·i·cal /èɪpəlíṭɪkəl/ 〈シ〉 形 政治に無関心[無関係]な, 政治嫌いな, ノンポリの

A·pol·lo /əpɑ́(:)lou | əpɔ́l-/ 名 ❶ 〘ギ・ロ神〙アポロ, アポロン《太陽・音楽・詩・予言・医術の神. 男性美の象徴》 ❷ (複 **~s** /-z/)《a-》C《文》美青年
Àp·ol·ló·ni·an 形 アポロ的な; 理性的な
▸▸ **~ Prògram** 名《the ~》アポロ計画《米国の有人月探検計画(1966–74). Apollo 11号で月面歩行(1969)》

a·pol·o·get·ic /əpɑ̀(:)lədʒéṭɪk | əpɔ̀l-/ 〈シ〉 形〔◁ apology 名〕❶ 謝罪の, すまなそうな〈**about** …について; **for** …に対して〉‖ He was ~ *for* what his son had done. 彼は息子のしでかしたことをすまなく思った ❷ 擁護の; 弁明の, 申し開きの **-i·cal·ly** 副

a·pol·o·get·ics /əpɑ̀(:)lədʒéṭɪks | əpɔ̀l-/ 名 U 〘宗〙弁証論[学], 護教論《キリスト教を弁護する理論》

ap·o·lo·gi·a /æpəlóudʒiə/ 名 C《堅》〈思想・信仰・自己の行動などについての〉弁明(書); 擁護〈**for**〉

a·pol·o·gist /əpɑ́(:)lədʒɪst | əpɔ́l-/ 名 C 弁明[弁解]者; 擁護者, (キリスト教の)弁証者, 護教論者

****a·pol·o·gize,** 《英》**-gise** /əpɑ́(:)lədʒàɪz | əpɔ́l-/ 《アクセント注意》
── 動〔◁ apology 名〕(**-giz·es** /-ɪz/; **~d** /-d/; **-giz·ing**)
自 ❶ **謝る**, 謝罪する〈**to** 人に; **for** …のことで〉‖ I ~*d to* him *for*「my mistakes [hurting his feelings]. 私は自分の誤り[彼の気持ちを傷つけたこと]を彼にわびた / There's no reason to ~. 謝ることないですよ
❷ (文書または口頭で)弁明する, 釈明する

ap·o·logue /æpəlɔ̀(:)g, æpou-/ 名 C 教訓的寓話(ぐうわ)

***a·pol·o·gy** /əpɑ́(:)lədʒi | əpɔ́l-/ 《アクセント注意》名〔▶ apologize 動, apologetic 形〕(複 **-gies** /-z/) ❶ C U わび, 謝罪, 陳謝〈**to** 人への; **for** …についての〉‖ I must「make an ~ *to* you [OR offer you an ~] *for* being so late. ひどく遅れたことをおわびしなければなりません / I owe you an ~. あなたに謝らなければいけません / I demand an ~ (from you). (あなたの)謝罪を要求します / You have our ~. 皆様に陳謝いたします(♦ 刊行物などでの謝罪の表現) / a letter of ~ = a written ~ 謝罪状
❷ C《通例 -gies》〈…への〉欠席[辞退, 辞去]弁明[通知]〈**for**〉(♥ 遺憾の意を込めた言葉) ‖ I hope you'll accept our *apologies for* Tuesday evening. 残念ながら火曜の夜は欠席させていただきます ❸ C 弁明, 弁解, 釈明 ‖ accept an ~ 釈明を聞き入れる / a public ~ 公式の釈明 ❹ C《戯》〈…として〉申し訳程度のもの, お粗末なもの, 名ばかりのもの〈**for**〉‖ She is a poor ~ *for* a singer. 彼女は歌手といっても名ばかりだ
màke no apólogy [OR ***apólogies***] ***for ...*** …を悪いと思わない
with apólogies to ... …に謝して(♦ 引用などを示すため作家名の前に用いる)

COMMUNICATIVE EXPRESSIONS
1 **My (dèepest [OR sincère]) apólogies.** 本当に申し訳ない(♥ 形式ばった謝罪の表現. ↘I'm (very [OR terribly]) sorry.)

ap·o·lune /æpəljù:n/ 名 U 〘天〙遠月点《月を回る宇宙船などが月から最も遠ざかる地点》(↔ perilune)

ap·o·plec·tic /æpəpléktɪk/ 〈シ〉 形 ❶《旧》卒中の; 卒中になった[なりやすい] ❷《口》激怒[興奮]した
-ti·cal·ly 副

ap·o·plex·y /æpəplèksi/ 名 U ❶《旧》〘医〙卒中(stroke) ‖ cerebral ~ 脳溢血(のういっけつ) ❷《口》激怒

a·pos·ta·sy /əpɑ́(:)stəsi | əpɔ́s-/ 名 (複 **-sies** /-z/) U 背教; 背信, 変節; 脱党; C 背教[背信]行為

a·pos·tate /əpɑ́(:)stèɪt | əpɔ́s-/ 形 名 C 背教[背信]の(者); 変節[脱党]した(者)

a·pos·ta·tize /əpɑ́(:)stətàɪz | əpɔ́s-/ 動 自 信仰を捨てる; 変節する, 脱党する

a pos·te·ri·o·ri /ɑ̀: poustɪ̀rió:ri | èɪ postèrió:raɪ/ 副 形

帰納的に[な]；経験や事実に基づいて[た](↔ a priori)；後天的に[な](♦ ラテン語より)

a·pos·tle /əpɑ́(ː)sl | əpɔ́sl/ 《発音注意》 名 Ⓒ ❶《A-》使徒《キリストの12使徒の1人》 ❷ (ある地方における) 最初のキリスト宣教者 ❸ (主義・政策などの) 主唱者, 支持者, 信奉者 ▸▸ **Apòstles' Créed** 名《the ～》〖宗〗使徒信条[信経]《12使徒が伝承したというキリスト教の最も基本的な信仰箇条》

a·pos·to·late /əpɑ́(ː)stəlèɪt | əpɔ́s-/ 名 ❶ Ⓤ 使徒の職分[任務]；教皇[司教]の職[位]；主唱者の地位[任務] ❷ Ⓒ 布教に専心する人々の集団, 使徒会

ap·os·tol·ic /æ̀pəstɑ́(ː)lɪk | -tɔ́l-/ <シ 形 ❶ 使徒の；12使徒の ❷《しばしば A-》ローマ教皇の(papal)

a·pos·tro·phe[1] /əpɑ́(ː)strəfi | əpɔ́s-/ 《アクセント注意》 名 Ⓒ アポストロフィ(') ❶ 省略符号《語中の文字や数字の省略を示す.〈例〉don't = do not / '98 = 1998》 ❷ 所有格符号《名詞の所有格を作る.〈例〉a man's destiny 人の運命 / today's paper 今日の新聞》 ❸ 複数符号《数字・文字・略字などの複数形を作る.〈例〉the 1990's 1990年代 / three E's 3つのE》

a·pos·tro·phe[2] /əpɑ́(ː)strəfi | əpɔ́s-/ 名 Ⓤ〖修〗頓呼(とんこ)法《演説・詩文などの途中で感情が高まり, その場にいない人や擬人化された事物などに呼びかける表現法》

a·pos·tro·phize /əpɑ́(ː)strəfàɪz | əpɔ́s-/ 動 他 ❶〖修〗…に頓呼法を用いる ❷ …にアポストロフィをつける

a·poth·e·car·y /əpɑ́(ː)θəkèri | əpɔ́θəkəri/ 名 (複 **-car·ies** /-z/) Ⓒ《古》薬屋, 薬剤師 (♦ 現在は pharmacy, drugstore; pharmacist, druggist などを用いる) ▸▸ **apóthecaries' mèasure** 名 Ⓤ 薬用液量単位 **apóthecaries' wèight** 名 Ⓤ 薬用衡量単位

ap·o·thegm /ǽpəθèm/ 名 Ⓒ《米》(簡潔な)警句, 金言, 寸言(《英》apophthegm)

a·poth·e·o·sis /əpɑ̀(ː)θióusəs | əpɔ̀θióusɪs/ <シ 名 (複 **-ses** /-sìːz/) Ⓒ《通例単数形で》 ❶ 神格化, 美化, 賛美 ❷ 理想像, 絶頂, 極致

a·poth·e·o·size /əpɑ́(ː)θiəsàɪz | əpɔ́θ-/ 動 他 …を神格化する；…を理想化[美化]する

app /æp/ 名 Ⓒ 💻 アプリ(application)

***ap·pal** /əpɔ́ːl/ 動《英》= appall

Ap·pa·la·chi·a /æ̀pəléɪtʃiə/ 名 アパラチア《米国東部アパラチア山脈南部の台地状の地方》

Ap·pa·là·chi·an Móuntains /æ̀pəlèɪtʃiən-/ 名《the ～》アパラチア山脈《北米東部海岸沿いの山脈. the Appalachians ともいう》

***ap·pall,**《英》**-pal** /əpɔ́ːl/ 動 他〔人〕をぞっとさせる, 度を失わせる〈at, by …で / that 節 …ということで〉(♦ しばしば受身形で用いる) ‖ Her rudeness ～*ed* me. 彼女のぶしつけな態度には唖然(あぜん)とした / She was ～*ed at* [OR *by*] the sight of the explosion. 彼女はその爆発を見てぞっとした

***ap·pal·ling** /əpɔ́ːlɪŋ/ 形 (**more** ～ ; **most** ～) ❶ ぞっとさせる, 恐ろしい ‖ an ～ accident ぞっとするような事故 ❷《口》ひどい, お粗末な ‖ ～ food ひどい食べ物
～·ly 副

Ap·pa·loo·sa, ap- /æ̀pəlúːsə/ 名 Ⓒ〖動〗アパルーサ《米国西部産の乗用馬》

ap·pa·nage /ǽpənɪdʒ/ 名 ❶ Ⓒ (国王が家臣や子女に与える)領地, 扶持(ふち) ❷ Ⓤ《古》(出生・身分などに伴う)財産, 恩典, 利益, 役得

ap·pa·rat /ɑ̀ːpərɑ́ːt | æ̀p-/ 名 Ⓒ〖政〗政治機関；(旧ソ連などの)党機構(apparatus)

ap·pa·rat·chik /ɑ̀ːpərɑ́ːtʃɪk | æ̀pərǽtʃɪk/ 名 (複 **～s** /-s/ OR **-chi·ki** /-tʃɪki/) Ⓒ ❶ (共産)党官僚 ❷《戯・けなして》(上からの命令に盲従する)官吏(♦ ロシア語から)

***ap·pa·ra·tus** /æ̀pərǽtəs | -réɪ-/ 《発音・アクセント注意》 名 (複 **～** OR **～·es** /-ɪz/) ❶ Ⓤ《集合的に》器具[装置]一式 (♦ 数えるときは a piece of apparatus, two pieces of apparatus などとする)；Ⓒ《単数形で》(特定の目的のための) 器具 [装置] ‖ These pieces of ～ are filters. これらの装置はろ過器です / a heating ～ 暖房装置 ❷《通例 the ～》〖生理〗(特定の機能を果たす一連の)器官 ‖ the vocal [digestive] ～ 発声[消化]器官 ❸《通例 the ～》(政治などの) 機構, 組織, 機関 ‖ the party [state] ～ 党[国家]機構 ❹ Ⓒ 文献批判用資料集(critical apparatus)《注釈・異本校合など》

***ap·par·el** /əpǽrəl/ 《発音注意》 名 Ⓤ ❶《英では堅》衣服, 衣料, アパレル《特に商品としての名称に用いる》‖ Children's ～ is on the second floor. 子供服は2階にあります / the ～ industry アパレル産業 ❷《堅》(特別な場での)衣装, 服装 ❸《比喩的に》装い, 衣；様相, 見せかけ
── 動 (**～s** /-z/ ; **～ed,**《英》**～led** /-d/ ; **～·ing,**《英》**～·ling**) 他《古》〔人〕に(特別な)衣服を着せる, 着飾らせる

****ap·par·ent** /əpǽrənt/ 《発音注意》
── 形〔◁ appear 動〕(**more ～ ; most ～**)
❶《通例叙述》〈…に〉**明白な, 明らかな,** (はっきりと)目に見える, (すぐに) 理解できる (↔ unclear)〈**to**〉(⇨ CLEAR 類語) ‖ His unhappiness is ～ *to* everyone. 彼の不幸はだれの目にも明らかだ / It is **immediately** ～ that she is talented. 彼女に才能があることはすぐにわかる / for no ～ reason はっきりとした理由もなく
❷ **一見…らしい,** 見掛けの, うわべの(↔ actual)(♥ 実は違うかもしれないという意味を含む) ‖ I couldn't be sure that his ～ friendliness was sincere. 彼のうわべの愛想のよさが心からのものだとは確信できなかった / Their prosperity is more ～ than real. 彼らの繁栄は見掛けだけで実際はそうでもない
▸▸ **～ horízon** 名《the ～》〖天〗見掛けの地平線, 視地平 **～ mágnitude** 名 Ⓒ〖天〗(星の)見掛けの等級, 視等級(→ absolute magnitude)

****ap·par·ent·ly** /əpǽrəntli/
── 副 (**more～ ; most～**)
❶《文修飾》(真偽のほどはともかく)**聞いた[見た]ところでは**(…のようだ)；(状況から判断して) どうやら ‖ He is ～ responsible for it. その件では彼に責任があるようだ (= It appears that he is responsible for it.) / The flight is not taking off. *Apparently*, there is engine trouble. 飛行機が離陸しない. どうやらエンジンの故障らしい
❷ (真偽はわからないが) 見たところでは, うわべは ‖ ～ sincere words 誠実なように思われる言葉

語法☆☆ 形容詞 apparent の ❶ に対応する「明らかに」の意味では clearly, evidently, obviously などを用いる.

ap·pa·ri·tion /æ̀pərɪ́ʃən/ 名〔◁ appear 動〕❶ Ⓒ 幽霊, 亡霊；奇妙な現象；突然現れた人[もの] ❷ Ⓤ《戯》(幽霊や予期せぬものなどの)突然の出現

*****ap·peal** /əpíːl/ 動 名

中心義 (言動や雰囲気によって) 他者の気持ちを動かすように働きかける

── 動 (**～s** /-z/ ; **～ed** /-d/ ; **～·ing**)
── 自 ❶ **a** (助力・金銭・慈悲などを) **懇願する,** 哀願する〈**to** 人に ; **for** …を求めて〉‖ She ～*ed to* the people *for* support. 彼女は人々に支援を訴えた / We are ～*ing for* food for the refugees. 我々は難民のため食料を求めています
b《**+to** 名**+to** *do*》…に…するよう懇願する, 求める, 呼びかける ‖ He ～*ed to* the audience *to* be quiet. 彼は聴衆に静かにするよう訴えた
❷《**+to** 名》〔世論・理性・力など〕に**訴える** ‖ ～ *to* his sense of justice 彼の正義感に訴える / ～ *to* arms [the public] 武力[世論]に訴える
❸〖法〗**上訴する,** 控訴する〈**to** …に対して ; **against** …を不服として〉‖ The defendant ～*ed to* a higher court *against* the sentence. 被告側は判決を不服として上級裁判所に上訴した

A

❹ **抗議する**, アピールする〈**to** 審判などに対して；**against** …を不服として〉‖ He *~ed to* the referee *against* the decision. 彼はその判定に対し審判に抗議した
❺ (物が)〈人の心に〉**訴える**, 興味をそそる〈**to**〉‖ His songs ~ *to* young people. 彼の歌は若者に受ける / Does their proposal [OR idea, suggestion] ~ *to* you (at all)? 彼らの意見を評価しますか (しないでしょう) (♥「評価しない」ことに同意を求める表現. at all がつくとより「評価の余地がない」という意味合いが強まる)
—他《米》〘法〙〔判決〕を不服として〈上級裁判所に〉上訴する〈**to**〉
appeal to the country ⇨ COUNTRY(成句)
—名 (複 **~s** /-z/) ❶ Ⓒ Ⓤ (支持・同情などを求める) **訴え**, 懇願, 要求, 呼びかけ〈**to** 人に対する；**for** …を求める〉‖ The chairman made [OR launched] an ~ *to* them *for* help. 議長は彼らに助けを求めた
❷ Ⓒ (理性・力などに)訴えること ‖ make an ~ to force 力に訴える
❸ Ⓒ Ⓤ〘法〙控訴, 上訴, 上告 ‖ lodge [OR make, file] an ~ to a higher court 上級裁判所へ控訴する / reject [OR dismiss] an ~ 控訴を棄却する / a court of ~s [《英》~] 上訴[控訴]裁判所
❹ Ⓒ (審判への)抗議, アピール ❺ Ⓤ (人の心に)訴える力, 魅力 ‖ The movie has great ~ for working women. その映画は働く女性に大変人気がある
⏩ **Appéal Cònrt** 名 《the ~》《英》控訴裁判所(Court of Appeal)(《米》Appeals Court)

ap·péal·ing /-ɪŋ/ 形 ❶ 魅力的な, 興味をそそる ❷ 訴えるような, 哀願的な **~·ly** 副

⁑ap·pear /əpíər/

中心義 **目に見える(ようになる)**

—動 〔▶ appearance 名, apparition 名, apparent 形〕(**~s** /-z/；**~ed** /-d/；**~·ing**)
—自 ❶ 《進行形不可》…のように**見える**, …のようだ (⇨ SEEM 語法) **a** 《+(**to be**) 補》…と**見える**, …らしい；…に思われる ‖ The story ~*s* (*to be*) true. (=It ~s that the story is true.) その話は本当らしい (♦ 補語が形容詞のときは to be をしばしば省略する) / How does your aunt ~? おばさんはどんな感じの人ですか / He *~ed to be* in good health. 彼は健康そうだった (♦ 補語が前置詞句のときは to be を省略しない) / She ~*s to be* a nice girl. 彼女は素敵な娘のようだ (♦ 補語が名詞句の場合, to be の省略は《主に英》で可能だが, ふつう省略しない) / It ~*s* certain that our team will win. 我がチームが勝つのは間違いないように思われる (♥ 控えめな主張を表す)
b 《+**to** *do*》…するように見える ‖ Grandmother didn't ~ *to* recognize me.=Grandmother *~ed* not to recognize me. 祖母は私がだれかわからないようだった (♦ not to *do* の形式の方が《堅》) / He ~*s* to be sleeping. 彼は眠っているように見える (♦ 不定詞が進行形のときは to be は省略しない) / There ~*s to* have been some mistake. 何か手違いがあったようだ
c 《It ~ (to 名) + (that) 節 で》(人に)…のように**見える**, …らしい (♦ この that は as if, as though と置き換えることがある) ‖ *It* ~*s* (*to* me) (*that*) Sarah has many friends. (=Sarah ~s (to me) to have ....) サラには友人が多いらしい (♦ that 節 を so, not で代用することができる. 〈例〉*It ~s so.*=So it *~s.* そのようだね / It ~*s* not. そうではないらしい) / *It* ~*s* as if he has gone abroad. 彼は外国へ行ったらしい
❷ **現れる**, (人が)姿を見せる, (物が)見えてくる；出現する, 登場する；発生する(↔ disappear) (♦ 通例は場所を表す副詞句を伴う) ‖ He *~ed* unexpectedly at the door. 彼は不意に戸口に現れた / At last the sun *~ed* on the horizon. やっと太陽が地平線上に現れた / Dinosaurs died out sixty million years before humans *~ed* on earth. 恐竜は人類が地上に出現する6千万年前に死に絶えた / Something like a rash *~ed* all over his back. 発疹(ほっしん)のようなものが彼の背中じゅうにできた
❸ (人が)〈映画・舞台などに〉出演する〈**on, in, at**〉；〈…の役を〉演じる〈**as**〉‖ ~ *on* television テレビに出る / Liz *~ed as* Cleopatra. リズはクレオパトラを演じた
❹〈法廷などに〉出廷する, 出頭する〈**before, in**〉‖ ~ *before* the judge 裁判を受ける / ~ *in* court 出廷する / ~ for the defense 被告側の弁護に立つ
❺ (本などが)出版される(↘ come out)；(記事などが)載る ‖ This magazine ~*s* weekly. この雑誌は週刊です / Nothing of their divorce *~ed* in the papers. 彼らの離婚のことは新聞には全く載らなかった

⁑ap·pear·ance /əpíərəns/

—名〔◁ appear 動〕(複 **-anc·es** /-ɪz/) ❶ Ⓤ Ⓒ (人・物の)**外観, 様子**；風采(ふうさい)；見せかけ, 体裁 ‖ Don't judge by ~*s*. 見掛けで判断するな / affect the character and ~ of an area 地域の特性と外観に変化を生じさせる / **in** ~ 外見は, 見たところ / 「contrary to [OR against] (all) ~*s* 見掛けとは逆に / physical ~ (身体的な) 外見 / personal ~ 容姿 / external [OR outward] ~ 外観
❷ Ⓒ 《通例単数形で》**出現**(↔ disappearance)；出席；**出演**；発刊；出廷, 出頭 ‖ He made a late ~ at the presentation. 彼はそのプレゼンに遅れてやって来た / Our conversation was interrupted by her ~. 私たちの話は彼女が来たために中断された / the ~ of his article in the newspaper 彼の記事の新聞掲載 / The product made its **first** ~ in October 2013. その製品は2013年10月に初めて登場した
❸ Ⓒ 《~s》兆候, 状況
for appéarances' sàke ; ***for the sàke of appéarance*** 体裁上, 体面上
hàve àll the appéarances of ... …に特有な特徴を持っている
kèep ùp appéarances 体裁[体面]を保つ
「***pùt in*** [OR ***màke***] ***an appéarance*** 〈パーティー・会議などに〉(ちょっと)顔を出す, 出席する〈**at**〉
to [OR ***by, from***] ***áll appèarances*** 見たところ, どう見ても
⏩ **~ mòney** 名 Ⓤ (スター選手などの特定のイベントへの出場を確保するための)出演料

ap·pease /əpíːz/ 動 他 ❶ (しばしば譲歩・妥協して)〔人〕をなだめる ❷〔欲望など〕を満足させる；〔感情など〕を和らげる ‖ ~ appetite 食欲を満たす

ap·péase·ment /-mənt/ 名 ❶ Ⓒ Ⓤ なだめること, 鎮静, 緩和；(欲求などの)充足 ❷ Ⓤ (外交上の)宥和(ゆうわ)政策

ap·pel·lant /əpélənt/ 形 =appellate
—名 Ⓒ〘法〙上訴人, 控訴人

ap·pel·late /əpélət/ 形〘法〙上訴[控訴]の, 上訴[控訴]を扱う ‖ an ~ court 上訴[控訴]裁判所

ap·pel·la·tion /æpəléɪʃən/ 名 ❶ Ⓒ《堅》名称, 呼称, 肩書 ❷ Ⓤ 命名

ap·pel·la·tive /əpélət̬ɪv/ 形 ❶《堅》命名の, 名称の；命名するための；描写的な ❷〘文法〙普通名詞の
—名 Ⓒ ❶〘文法〙普通名詞 (common noun) ❷《堅》名称, 通称, 呼称

ap·pend /əpénd/ 動 他 ❶《堅》〔付録・補遺・署名など〕を〈…に〉付け加える；…を添える〈**to**〉‖ a glossary *~ed to* the text 本文に付け加えられた用語集 ❷〔ペンダントなど〕を〈…に〉つける, 垂らす〈**to**〉

ap·pend·age /əpéndɪdʒ/ 名 Ⓒ ❶ 付加物, 付属[従属]物；居候, 随行員 ❷〘生〙付属器官《木の枝・犬の尾など》

ap·pend·ant /əpéndənt/ 形 名 Ⓒ《堅》付属[付随]する(人[もの])；〘法〙付随する(権利)

ap·pen·dec·to·my /æpəndéktəmi/ 名 (複 **-mies** /-z/) Ⓤ Ⓒ〘医〙虫垂切除

ap·pen·di·ci·tis /əpèndəsáɪt̬əs | -tɪs/ 名 Ⓤ 虫垂炎

***ap·pen·dix** /əpéndɪks/ 名 (複 **~·es** OR **-di·ces** /-dɪsìːz/) Ⓒ ❶〘解〙突起；(特に)盲腸，虫垂(vermiform appendix) ‖ have one's ~ out 盲腸をとってもらう ❷ 付属物；(本の巻末の)補遺，付録

ap·per·tain /æ̀pərtéɪn/ 動 自《堅》(権利・義務などが)〈…に〉属する；〈…に〉関係する〈**to**〉

ap·pe·tence /ǽpɪtəns/, **-ten·cy** /-si/ 名 (複 **-cies** /-z/) Ⓒ《まれ》強い欲望，渇望

***ap·pe·tite** /ǽpɪtàɪt/ 《アクセント注意》 名 Ⓤ Ⓒ ❶ 食欲 ‖ I have no ~ (for food) today. 今日は食欲がない / have a good [OR healthy, voracious] ~ 大いに食欲がある / lose one's ~ 食欲をなくす / spoil [OR ruin] one's ~ (物・事が) 食欲を失わせる / *A good ~ is the best sauce.* 《諺》食欲は最高のソースである；空腹にまずいものなし ❷ 生理的欲求；(一般に)〈…への〉欲求，欲望〈**for**〉‖ sexual ~*s* 性欲 / have an insatiable ~ *for* knowledge [power] 飽くなき知識[権力]欲を持つ

whèt a pèrson's áppetite (人の) 食欲 [興味] をそそる；食指を動かす

ap·pe·tiz·er /ǽpɪtàɪzər/ 名 Ⓒ 食欲を増進させるもの[少量の飲食物]，前菜，アペタイザー；食欲促進薬

ap·pe·tiz·ing /ǽpɪtàɪzɪŋ/ 形 食欲をそそる，おいしそうな **~·ly** 副

Àp·pi·an Wáy /ǽpiən-/ 名《the ~》アッピア街道《ローマからブリンディジに通じる古代ローマの軍用道路》

***ap·plaud** /əplɔ́ːd/ 《発音注意》 動 他 ❶ …に拍手する，拍手を送る ‖ ~ a singer 歌手に拍手を送る ❷〔人・行為〕を〈…のことで〉賞賛する，褒める〈**for**〉‖ We ~*ed* them *for* their courage. 我々は彼らの勇気を賞賛した
— 自 拍手する；褒める

***ap·plause** /əplɔ́ːz/ 《発音注意》 名 Ⓤ 拍手(喝采(かっさい))；賞賛 ‖ The champion was greeted with thunderous ~. チャンピオンは割れんばかりの拍手で迎えられた / The loudest ~ went to the soprano. 最も拍手を浴びたのはソプラノ歌手だった / give him a round of ~ 彼に拍手喝采を送る
▸▸ ~ **lìne** 名 Ⓒ (スピーチの)喝采を浴びる文句

‡ap·ple /ǽpl/
— 名 (複 **~s** /-z/) Ⓒ ❶ **リンゴ**；Ⓤ リンゴの果肉 ‖ *An ~ a day keeps the doctor away.* 《諺》1日リンゴ1つで医者知らず / *The ~ never falls far from the tree.* 《諺》リンゴは木から離れた所には落ちない；カエルの子はカエル
❷ (= ~ **trèe**)リンゴの木
❸ リンゴに似た果実
❹ (形状・色が)リンゴに似たもの；《米俗》野球ボール
❺《the A-》《米俗》=Big Apple ❻《A-》《商標》アップル社《米国に本拠を置くコンピューター会社》

a ròtten [OR ***bàd***] ***ápple*** 《口》周りに悪影響を及ぼすもの

àpples and óranges 《主に米》(2者について)全く異なるもの[人]，比較できないもの[人]

àpples and péars 《英俗》階段(stairs)

How do you lìke them ápples! 《米・豪口》① どんなもんだい(♥ ほくそ笑み・いらいらを表す) ② 何てことだ(♥ ぼう然・驚きを表す)

pòlish the ápple 《俗》人のご機嫌をとる，へつらう

She's ápples. 《豪・ニュージ俗》万事順調だ，心配ない ‖ "How's it going?" "*She'll be ~s.*" 「調子はどう」「万事うまくいくよ」

the àpple of a pèrson's éye ① (人の) 瞳(ひとみ) (pupil) ② (人が) 最も大事にしている人[もの] ‖ His daughter is *the ~ of* his *eye.* 彼は娘を目の中に入れても痛くないほどかわいがっている

▸▸ ~ **brándy** 名 Ⓤ リンゴブランデー (applejack) ~ **bútter** 名 Ⓤ《米》リンゴジャム ~ **còrer** 名 Ⓒ リンゴの芯(しん)抜き器 ~ **gréen** (↓) ~ **píe** (↓)

ápple·càrt 名 Ⓒ (リンゴ売りの)手押し車

upsèt [OR ***overtùrn***] ***the*** [OR ***a pèrson's***] ***ápplecart*** (人の)計画を台無しにする

àpple gréen 名 Ⓤ 澄んだ淡黄緑色
àpple-gréen 形

ápple·jàck 名 (= ~ **brándy**) Ⓤ《米》アップルジャック《リンゴ酒(cider)から作ったブランデー》

àpple-píe 〈シ〉 形《米口》まさしくアメリカ的な；申し分ない；整然とした ▸▸ ~ **béd** 名 Ⓒ Ⓤ《英》(足が十分伸びないように)ベッドのシーツを折り込むいたずら ~ **órder** 名 Ⓤ 整然とした状態 ‖ in ~ *order* きちんとして

***àpple píe** 名 Ⓒ Ⓤ アップルパイ
(as) Amèrican as àpple píe まさしくアメリカ的な (♦ アップルパイが代表的なアメリカの食べ物であるとされることから)

ápple-pòlish 動 自 他《米口》(人の)ご機嫌をとる (♦ 生徒がぴかぴかに磨いたリンゴを先生に贈る風習があったことから) **~·er** 名 Ⓒ《米口》ごますり，ご機嫌とり

ápple·sàuce /英 ⌐⌐⌐/ 名 Ⓤ ❶ アップルソース《リンゴを甘く煮詰めたもの》❷《米口》たわごと(nonsense)

Ápple·sèed 名 **Johnny ~** アップルシード (1774?–1845)《本名 John Chapman. 40年間米国中西部を巡回してリンゴ園を育成し，入植者に尽くした》

ap·plet /ǽplət/ 名 Ⓒ 💻 アプレット《Java などの言語で書かれた小さなプログラム》(♦ *app*lication+*-let* より)

***ap·pli·ance** /əpláɪəns/ 名 Ⓒ ❶ (特に家庭用の) 器具，装置，設備 ‖ household ~*s* 家庭用(電気)器具《ストーブ・冷蔵庫・洗濯機・電子レンジなど》/ an ~ for opening cans (電動の)缶切り ❷ 歯列矯正器 ❸《英》消防車 ❹ Ⓤ (知識・技術などの)応用，適用

***ap·pli·ca·ble** /əplíkəbl, ǽplɪkəbl/ 形 (**more ~**；**most ~**)《通例叙述》〈…に〉適用[応用]できる，当てはまる，妥当な(↔ inapplicable)〈**to**〉 **ap·plì·ca·bíl·i·ty** 名

***ap·pli·cant** /ǽplɪkənt/ 《アクセント注意》 名 Ⓒ〈…への〉応募者，志願者〈**for**〉‖ an ~ *for* a job=a job ~ 求職者 / the number of ~*s for* a university 大学の志願者数

‡ap·pli·ca·tion /æ̀plɪkéɪʃən/
— 名〔◁ apply 動〕(複 **~s** /-z/) ❶ Ⓤ Ⓒ **申し込み**，申請，志願；(= ~ **fòrm**) Ⓒ 申込書，申請書〈**for** …を求める；**to** …に対する〉‖ His ~ *for* the scholarship was granted [rejected]. 彼の奨学金申請は認められた[不採用になった] / Mr. Roberts **made** an ~ *to* his manager *for* a transfer. ロバーツ氏は部長に転任を申し込んだ / Catalog available on ~. 申し込み次第カタログ進呈

連語【動+~】fill in [OR out] an ~ 申請書に記入する / refuse an ~ 申請を却下する / submit an ~ 申し込む，申込書を出す / consider an ~ 申請を審議する

❷ Ⓤ Ⓒ〈ある目的への〉**適用**，**応用**，利用(法)；適応性，関連性〈**to**〉‖ This principle has no ~ *to* the present case. この原則は今回の事例には適用されない / ~ of science *to* industry 科学の産業への応用
❸ Ⓤ (薬・ペンキなどを)塗ること，塗布；Ⓒ 外用薬，塗り薬 ‖ ~ of cosmetics to the face 顔に化粧品を塗ること / For external ~. (処方箋(せん)で)外用(薬)
❹ (= ~ **prógram**) Ⓒ 💻 アプリケーション《ワープロ・表計算・データベースなど特定の用途のために作られたプログラム・ソフトウェア》 ❺ Ⓤ〈…に〉心を傾けること，勉勉，精励〈**to**〉

ap·pli·ca·tive /ǽplɪkèɪṭɪv/ 形 応用された

ap·pli·ca·tor /ǽplɪkèɪṭər/ 名 Ⓒ (口・耳・鼻などの奥へ薬をつけるための)塗薬具《綿棒・ブラシなど》；《まれ》(薬品などを)塗布[散布]する人

***ap·plied** /əpláɪd/ 形《限定》応用の[された]，実用的な(↔ pure, theoretical) ‖ ~ linguistics [chemistry, ecology, economics, mathematics] 応用言語学 [化学，生態学，経済学，数学]

ap·pli·qué /æ̀pləkéɪ | əplíːkeɪ/ 名 Ⓤ Ⓒ アップリケ
— 形 アップリケを施した — 動 他 …にアップリケを施す

‡ap·ply /əpláɪ/ 中心義 **(Aを)あてがう** (★Aは「自分(の気持ち)」「規則」「塗料」など多様)

A

―動〔▶ application 名〕(**-plies** /-z/；**-plied** /-d/；**~·ing**)

―自 ❶（文書などで正式に）依頼する，申請する，**申し込む**，出願[志願]する，申し出る；照会する〈**to** 人・組織に；**for** 仕事・許可などを / **to *do*** …することを〉‖ *Apply to* the loan office *for* details. 詳細は貸付部に照会してください / *Apply* at the address below. 申し込みは下記の住所まで / ~ *to* a college 大学に出願する / ~ *for* a visa [license] ビザ[免許証]を申請する / ~ *to* join a club クラブに加入したいと申し込む

❷《進行形不可》〈…に〉**当てはまる**，適用される〈**to, in**〉‖ The rule doesn't ~ **equally** *to* [OR *in*] this case. その規則はこの事例[場合]には同じようには当てはまらない / The old rules will ~ until March. 旧来の規則は3月まで適用される

❸《+副句》(塗料・化粧品などが)つく，のびる(♦様態の副詞を伴う) ‖ This paint *applies* easily [evenly]. このペンキは簡単に[むらなく]塗れる

―他 ❶〔理論・規則・知識など〕を〈ある目的に〉**用いる**，使う，**応用[適用]する**；〔資金〕を〈…に〉充当する〈**to**〉‖ The label "cold-blooded" is often *applied to* reptiles. 「冷血」という語は，爬虫(はちゅう)類によく用いられる / *Apply* this method of analysis to your data. この分析方法を君のデータに応用しなさい

❷〔注意・精力・精神〕を〈…に〉注ぐ，…を〈…に〉専念させる；《~ oneself で》〈…に〉専念する，没頭する〈**to**〉‖ ~ one's mind [OR energy] *to* a task 仕事に専念する / He *applied* himself *to* the study of French literature. 彼はフランス文学の研究に専念した

❸〔力・熱など〕を〈…に〉加える〈**to**〉；〔装置〕を作動する，働かせる ‖ ~ pressure *to* a cut to stop the bleeding 止血のため傷口を押さえる / ~ the brakes ブレーキをかける (↘ put on the brakes)

❹〔薬・化粧品・ペンキなど〕を〈…に〉**塗る**，つける；…を〈傷口などに〉あてがう〈**to**〉(♦使用説明書などに用いられるが，put on, rub on などがふつう) ‖ ~ paint [ointment, lotion] *to* ... …にペンキ[軟膏(なんこう)，ローション]を塗る[つける] / *Apply* a bandage *to* the wound. 傷口に包帯をしなさい

語源 *ap-* to+*-ply* fasten：(あることに)自分を縛る

‡ap·point /əpɔ́ɪnt/ 中心義 **Aを指定する** (★Aは「(役職に就く)人」「日時」「場所」など)

―動〔▶ appointment 名〕(**~s** /-s/；**~·ed** /-ɪd/；**~·ing**)

―他 ❶ **任命する a**《+目》…を任命する，指名する，選ぶ (↔ fire) ‖ The president ~*ed* a new manager. 社長は新しい部長を任命した

b《+目+**to** 名》〔人〕を…(の役職)に任命する ‖ The boss ~*ed* her *to* a high post. 上司は彼女を高い地位に就けた

c《+目+**as** 名 / 目+(**to be**) 補〈名〉》〔人〕を(役職など)に任命する ‖ The court ~*ed* her lawyer (to be [OR as]) her agent. 法廷は彼女の弁護士を彼女の代理人に指名した / He was ~*ed* governor. 彼は知事に任命された(♦補語が1人しかいない役職の場合は通例無冠詞)

d《+目+**to *do***》〔人〕を任命[指名]して…させる ‖ The government ~*ed* some experts *to* investigate the problem. 政府はいく人かの専門家を指名してその問題を調査させた

❷《堅》〈…の〉〔日時・場所など〕を**指定する**，決める〈**for**〉‖ They ~*ed* three o'clock *for* the meeting. 彼らは会合の時刻を3時に決めた

❸《古》(神・運命などが)…と定める，命令する

❹〖法〗〔財産など〕の帰属先を決定する

ap·point·ed /əpɔ́ɪnt̬ɪd/ 形 ❶ (時間・場所などが)指定された，決められた ‖ She appeared at the ~ time. 彼女は指定された時間に姿を見せた ❷ 任命された，指名された ‖ a court-~ lawyer 公選[国選]弁護人 ❸ (建物・部屋などが)設備のある ‖ a luxuriously ~ lounge ぜいたくな設備のあるラウンジ

ap·point·ee /əpɔɪntíː/ 名 C ❶ 被任命[指名]者 ❷〖法〗(財産権などの)指定受益者，被指定者

ap·poin·tive /əpɔ́ɪnt̬ɪv/ 形《米》(選挙ではなく)任命[指名]の[による] ‖ an ~ position 任命職(↔ elective)

‡ap·point·ment /əpɔ́ɪntmənt/

―名〔◁ appoint 動〕(複 **~s** /-s/) ❶ C (時間・場所を決めて会う)**約束**，(医者・弁護士・美容院などの)**予約**〈**with** 人との / **to *do*** …する〉(❗日本語の「アポ」「アポイント」のような省略は英語では不可. ホテル・レストランの予約は reservation) ‖ I have 「an ~ *to* see him at 12 o'clock [OR a 12 o'clock ~ *with* him]. 私は彼と12時に会う約束がある(♥会話を終わらせる合図として，また会話の始めに用いて，あまり長くは話していられないということを遠回しに伝えることもある) / Please call 0120-1111 for ~*s*. 予約には0120-1111にお電話ください / have an ~ *with* a dentist 歯医者の予約がある / keep [cancel] an ~ 人と会う約束を守る[取り消す] / an outpatient ~ 病院の外来の予約 / make [OR arrange, get] an ~ 予約をとる

❷ U **任命**，**指名**，任用〈**as, to be** …として；**to** …の職への〉‖ Soon after his ~ *to* the job he fell ill. その職に任命されて間もなく彼は病気になった / the ~ of Mike *as* [OR *to be*] chairman マイクを議長に指名すること / take up an ~ 任命を受諾する

❸ C (任命された)官職，職業，地位；任命[指名]された人，被任命[指名]者 (⇨ POST³ 類語) ‖ get a good ~ よい職に就く / The President-elect announced several ~*s*. 次期大統領は数人の登用を発表した

❹ C《~s》設備，家具調度 ‖ the interior ~*s* of a living room 居間の内装

❺ U〖法〗財産帰属人の指名

by appóintment ① 予約の上で ‖ Viewing is *by* ~ only. 予約がないと見学できません《売家・史跡など》 ②(公式に)〈…によって〉指定[選定]された〈**to**〉

Ap·po·mat·tox /æ̀pəmǽt̬əks/ 名 アポマトックス《バージニア州中南部の町. 南北戦争でリー将軍降伏の地》

ap·por·tion /əpɔ́ːrʃən/ 動 他 …を〈…に〉割り当てる〈**to**〉；(一定の比率で)…を〈…の間で〉配分する〈**between, among**〉

ap·pór·tion·ment /-mənt/ 名 U ❶ 割り当て，配分 ❷《米》(人口比率による)各州への下院議席の割り当て

ap·pose /æpóuz/ 動 他〔2つのもの〕を並べる，並置する

ap·po·site /ǽpəzɪt/ 形〈…に〉適切な，ぴったりの〈**to**〉 **~·ly** 副 **~·ness** 名

ap·po·si·tion /æ̀pəzíʃən/ 名 U ❶ 並列，並置 ❷〖文法〗同格(関係) **~·al** 形

ap·pos·i·tive /əpɑ́(ː)zət̬ɪv | əpɔ́z-/ 形 名 C〖文法〗同格の(語[句])

***ap·prai·sal** /əpréɪzəl/ 名〔◁ appraise 動〕U C 値踏み，評価；査定，鑑定

ap·praise /əpréɪz/ 動 他 …に値をつける，…を見積もる；…を評価する，判定する(⇨ ESTIMATE 類語)

ap·prais·er /əpréɪzər/ 名 C (不動産・骨董(こっとう)品などの)評価[鑑定]人；(関税の)査定官

ap·práis·ing /-ɪŋ/ 形《限定》評価[値踏み]するような **~·ly** 副

ap·pre·ci·a·ble /əpríːʃəbl/ 形〔◁ appreciate 動〕目に見えるほどの，容易に感知できるほどの；かなりの；評価できる ‖ an ~ difference かなりの相違 **-bly** 副

‡ap·pre·ci·ate /əpríːʃièɪt/《発音・アクセント注意》

―動〔▶ appreciation 名，appreciable 形，appreciative 形〕(**~s** /-s/；**-at·ed** /-ɪd/；**-at·ing**)

―他《進行形はまれ》❶ …を正当に評価する，…の真価を**認める**，よさがわかる；〔芸術・文学など〕を**鑑賞する**；〔食べ物など〕を味わい楽しむ ‖ My new boss never ~*s* my work. 今度の上司は私の仕事を評価してくれない / ~ modern art モダンアートを鑑賞する / ~ good wine お

いしいワインを味わう
❷ a 《+目》〔物事〕を**正しく認識する**；〔微妙な違い〕を識別する；…を理解する（⇨ UNDERSTAND 類語）‖ He can't ~ the difference between right and wrong. 彼は善悪の区別がつかない
b 《+**that** 節 / **wh** 節》…ということを理解する ‖ I **fully** ~ *that* you are in a difficult situation. あなたが困難な状況にいることは十分理解しています
❸ **a** 《+目》…を**感謝する**，ありがたく思う（♦ ×I appreciate you. のように人を目的語にはしない）‖ I really ~ your kindness [help]. ご親切［助力］に心から感謝します / I would ~ it if you could send me an application form. 申込書を郵送していただけるとありがたいのですが（♥ 丁寧な依頼）/ A little more information would be **greatly** ~*d*. もう少し情報があると大変ありがたいのですが
b 《+(*a person's*) *doing* / 目+*doing*》（人が）…することに感謝する ‖ I really ~ your [OR you] coming to see me. 来ていただいて本当にありがたく思います
―自〈貨幣・株などの相場［価格，価値］が〉上がる〈**in**〉(↔ depreciate) ‖ Land and buildings continued to ~ (*in* value). 土地や建物の価格は上がり続けた

COMMUNICATIVE EXPRESSIONS

1 **Mùch appréciated.** ありがとうございます（♥ 形式ばった感謝の表現．Thank you very much. / I'm very grateful (to you). / Thanks a million.）

語源 *ap-* to + *-preci-* price + *-ate*（動詞語尾）：…に値段をつける

***ap·pre·ci·a·tion** /əprìːʃiéɪʃən/ 名〔◁ appreciate 動〕❶ U/C 《単数形で》（正しい判断に基づく）評価，理解；感知，認識；（芸術作品などの）鑑賞（力）‖ She has little ~ of humor. 彼女にはユーモアを解する力がほとんどない / a clear [realistic] ~ of the problem 問題に対する明確［現実的］な認識 / art ~ 芸術鑑賞 ❷ U 感謝 ‖ a word [token] of ~ 感謝の言葉［しるし］/ express one's ~ for her kindness 彼女の親切に対し感謝の気持ちを表す ❸ C（芸術作品などの好意的な）批評（文），評論 ‖ write an ~ of a play 戯曲の批評を書く ❹ U/C 《単数形で》（価値・価格の）上昇，騰貴（↔ depreciation）‖ the ~ of the yen against the dollar ドルに対する円の上昇
in appreciátion of ... …に感謝して；…を認めて

ap·pre·cia·tive /əpríːʃətɪv | -ʃiə-/ 形〔◁ appreciate 動〕❶ 正しく評価する；鑑識眼のある；認識［理解］を示す ‖ ~ critics 目の肥えた評論家たち ❷〈…に〉感謝している〈**of**〉‖ We are ~ *of* his kindness. 我々は彼の親切をありがたく思っている **~·ly** 副

***ap·pre·hend** /æ̀prɪhénd/ 〈シ〉 動 他 ❶〔人〕を逮捕する ❷ …を理解する；《堅》…を感知する（⇨ UNDERSTAND 類語）❸ 《堅》…を懸念する，恐れる
語源 *ap-* to + *-prehend* seize：…を捕まえる

ap·pre·hen·si·ble /æ̀prɪhénsəbl/ 形 《文》理解できる；感知し得る

***ap·pre·hen·sion** /æ̀prɪhénʃən/ 名 ❶ U C〈…に対する〉不安，心配，懸念，危惧(きぐ)〈**about, for**〉‖ feel ~ *for* his safety 彼の身の安否を気遣っている / with some ~ 多少不安な気持ちで ❷ U 理解（力），把握 ‖ ~ of meaning 意味をつかむこと / a person of quick ~ 理解の速い人 ❸ U 逮捕，拘引

ap·pre·hen·sive /æ̀prɪhénsɪv/ 形 ❶ 心配して；恐れて〈**of, about** …を / **that** 節 …ということを〉‖ He is ~ *that* something terrible may happen. 何か恐ろしいことが起こるのではと彼は心配している ❷ 《まれ》知覚の，理解の **~·ly** 副

ap·pren·tice /əpréntɪs/ 名 C ❶ 見習い（工）；徒弟 ❷ 初心者 ―動 他 《通例受身形で》（人が）見習いに出される〈**to** …に；**as** …として〉 **~·shìp** 名 U C 見習い［徒弟］の身分［期間］

ap·prise /əpráɪz/ 動 他 《堅》〔人〕に〈…を〉通告する〈**of**〉；〈…だと〉知らせる〈**that** 節〉（♦ しばしば受身形で用いる）‖ He should be fully ~*d of* the facts. 彼には事実を完全に知らせるべきだ

ap·prize /əpráɪz/ 動 他 《古》＝appraise

****ap·proach** /əpróutʃ/ 《発音注意》 動 名
中心義 …に近づく（★物理的距離から心理的距離まで多様）
―動 (**~·es** /-ɪz/；**~ed** /-t/；**~·ing**)
―他 ❶（距離的・時間的に）（人・物が）…に**近づく**，**接近する**（come up to）‖ A typhoon is ~*ing* Kyushu. 台風が九州に接近している（♦ ×approaching to Kyushu とはしない）/ The pickpocket ~*ed* her from behind. スリは後ろから彼女に近づいた / The second-floor apartments are ~*ed* by an exterior staircase. アパートの2階の部屋には外階段で行ける / The drama ~*ed* its climax. ドラマはクライマックスに差しかかった
❷〔人〕に〈…について〉話を持ちかける〈**about**〉；〔人〕に〈ある意図・目的を持って〉接近する，取り入る〈**for**〉‖ The headhunter ~*ed* me *about* the job. そのヘッドハンターはその働き口の話を持ちかけてきた / They ~*ed* the politician with a bribe. 彼らはその政治家に賄賂(わいろ)を申し出た / The ambassador is tight-lipped and difficult to ~. その外交官は口が固くて取り入るのが難しい / ~ a bank *for* a loan 銀行に融資を頼む
❸（程度・状態が）…に迫る，ほぼ等しい［匹敵する］‖ Our loss ~*ed* thirty million yen. 我々の損失は3千万円近かった / No writer can ~ Stephen King in popularity. 人気の点でスティーブン＝キングに匹敵する作家はいない
❹〔問題・仕事など〕に取りかかる ‖ The best way to ~ this problem is to ask the employee's opinion. この問題に取りかかるのに最もよい方法はその従業員の意見を聞くことだ
❺ 《古》…を〈…に〉近づける〈**to**〉
―自 ❶ **近づく**，接近する（come up, get closer）‖ Summer vacation is ~*ing*. 夏休みが近づいている / ~*ing* footsteps 近づいて来る足音
❷〈…に〉近似する，ほぼ等しい［匹敵する］〈**to**〉
❸ 〖空〗（滑走路へ）進入する ❹ 〖ゴルフ〗アプローチする
―名 (複 **~·es** /-ɪz/) C ❶〈問題・仕事などへの〉**取り組み方**，**アプローチ**；研究法〈**to**〉‖ a new [different] ~ *to* family medicine 家庭医療への新しい［別の］取り組み方 / **adopt** [OR **take, use**] an **alternative** ~ 代わりの方法をとる
❷ U **接近**，近づくこと ‖ The ~ of spring brings hay fever. 春が近づくと花粉症が始まる / The door opens automatically at the ~ of a customer. そのドアは客が近づくと自動的に開く
❸ 《しばしば ~es》（目的を持って）〈人に〉近づく［接近する］こと；《~es》《旧》〈人に〉言い寄ること〈**to**〉‖ make ~*es to* her 彼女に取り入ろうとする；彼女に言い寄る
❹〈…へ〉近づく道，入り口，通路〈**to**〉‖ This path serves as an ~ *to* the cottage. この道をたどって行くと別荘に出る / an ~ road（高速道路などへの）進入路
❺ 〖空〗（滑走路への）進入路
❻ U〈…への〉近似〈**to**〉‖ a fair ~ *to* perfection かなり完璧(かんぺき)に近いこと ❼ 〖ゴルフ〗アプローチ

ap·proach·a·ble /əpróutʃəbl/ 形 ❶ 近づける，行きやすい ‖ ~ by train 電車で行ける ❷（人が）近づきやすい，気さくな（↔ inapproachable）

ap·pro·bate /ǽprəbèɪt, -prou-/ 動 他 《米》…を認可する，承認する，…に賛成する

ap·pro·ba·tion /æ̀prəbéɪʃən, -prou-/ 名〔◁ approve 動〕U 《堅》❶（公式の）認可，裁可；承認，賛成 ❷ 推賞，賞賛 **áp·pro·bà·tive** 形 **ap·pró·ba·to·ry** 形

****ap·pro·pri·ate** /əpróupriət/ 《発音注意》（→ 動）

A

━形〔▶ appropriation 名〕(more ～ ; most ～)〈特定の目的・状況などに〉ふさわしい, **適切な**, 適当な, 妥当な〈for, to〉(↔ inappropriate) (⇨ FIT[1] 類語) ‖ His plaid suit was not ～ *for* a funeral. 彼の格子じまのスーツは葬儀にはふさわしくなかった / It is ～ that he be [《主に英》should be] present at the wedding. 彼が結婚式に出席するのは妥当なことだ / Please check the ～ box below. 下の該当する欄に印をつけてください / a speech ～ *to* the occasion その場にふさわしいスピーチ / ～ social behavior 適切な社会的行動

COMMUNICATIVE EXPRESSIONS

1 **This may nòt be apprópriate, but** I'm húngry. 今こんなことを言うのもなんだけど, おなかがすいた(♥ 状況にふさわしくない発言をする際の前置き)

━動 /əpróuprièɪt/ (～s /-s/ ; -at·ed /-ɪd/ ; -at·ing) 他 ❶〔金など〕を〈特定の目的に〉充てる, **充当する**, 使用する〈for, to〉;〔予算など〕を〈特定の団体などのために〉計上する〈to〉‖ The Government ～*d* 100 billion yen *for* economic aid to developing countries. 政府は開発途上国への経済援助に1千億円を充てた / ～ the money *to* disaster relief その金を災害復興に充てる ❷…を無断で使用する, 私物化する ; …を着服[横領]する ; …を盗用する(♥ steal の婉曲語) ‖ He was accused of *appropriating* public funds. 彼は公金横領で告訴された

～·ly 副 ふさわしく ;《文修飾》適切にも **～·ness** 名

語源 *ap-* to + *-propri-* one's own + *-ate*(動詞・形容詞語尾) : 自分のものにする

ap·pro·pri·a·tion /əpròupriéɪʃən/ 名〔◁ appropriate 形〕❶ U 私用, 私物化 ; 盗用 ❷ U C 充当(物), 流用(物) ❸ C (議会で承認された)支出金, 経費

***ap·prov·al** /əprúːvəl/ 名〔◁ approve 動〕❶ U C 是認, 承認, 賛成, 賛同, 了承 (↔ disapproval) ‖ She nodded her ～. = She nodded in ～. 彼女は賛成してうなずいた / **win** [OR get, obtain] his ～ 彼の承認[賛同]を得る / without the ～ of Congress 議会の承認なしに / ～ to launch a new project 新企画発足の許可 / give a seal [OR stamp] of ～ to a project 計画に認可の印[お墨付き]を与える / **It requires** their prior ～. それには彼らの事前承認が必要だ / **give** [OR grant] a final ～ 最終的な承認を与える ❷ U 好意, 好感 ; 称賛

on appróval 《商》試用してみて, よければ買うという条件で, 点検売買条件で(♦《英口》では on appro と略す)

▸▸ **～ ràting** 名 C 支持率

:ap·prove /əprúːv/

━動〔▶ approval 名, approbation 名〕(～s /-z/ ; ～d /-d/ ; -prov·ing)《進行形はまれ》(↔ disapprove)

━他 ❶…を(正式に)**承認する**, 認可する, 可決する ; …に賛成する ‖ The mayor ～*d* the building plan. 市長は建築計画を認可した / The Senate ～*d* the bill by a vote of 70 to 24. 上院は70対24でその法案を可決した ❷…をよいと思う, 気に入る, 好意的に見る, 是認する ‖ ～ the pursuit of pleasure 快楽の追求を是認する

━自〈…に〉賛成する, 〈…を〉よいと思う, 気に入る, 是認する〈of〉‖ My parents don't ～ *of* my [OR me] staying out late. 両親は僕が夜遅くまで外出しているのが気に入らない

COMMUNICATIVE EXPRESSIONS

1 **Do you appróve (of it)?** それでよろしいでしょうか (♥ 相手の意見・評価・承諾を確認するやや形式ばった表現. ↘Is it OK?)

***ap·proved** /əprúːvd/ 形 公認された, 認可された ‖ an ～ list 承認済みリスト

▸▸ **～ schóol** 名 C《英》《旧》(初犯少年の)更生施設, 少年院《現在の community home》

ap·prov·ing /əprúːvɪŋ/ 形《限定》賛成の, 満足げな ‖ with an ～ nod よしよしとうなずいて **～·ly** 副

approx. 略 approximate(ly)

:ap·prox·i·mate /əprɑ́(ː)ksɪmət | əprɔ́k-/ (→ 動)

━形《比較なし》❶ほぼ正確な, **おおよその** ; 近接した ‖ All figures are ～. 数字はすべて概数だ / ～ cost 概算費用 / the ～ value of the property その土地のおおよその価値 ❷よく似た, そっくりの ‖ an ～ likeness 似顔絵, 肖像画

━動 /əprɑ́(ː)ksɪmèɪt | əprɔ́k-/ 他 ❶(数量・性質などが)…に近づく ; ほぼ…に等しい ‖ The crowd ～*d* a thousand people. 群衆は1,000人近かった ❷…を〈…と〉概算する, 見積もる〈at〉‖ I ～*d* the distance to the station *at* 400 meters. 駅までの距離をおよそ400メートルと計算した ❸…を〈…に〉近づける〈to〉

━自 (数量・質などが)〈…に〉近づく, ほぼ等しい〈to〉‖ His description ～*s to* the truth. 彼の描写は真に迫っている

***ap·prox·i·mate·ly** /əprɑ́(ː)ksɪmətli | əprɔ́k-/ 副 おおよそ, ほぼ (♦ about の方が《口》) ‖ This wallet cost ～ $40. この札入れはおおよそ40ドルした

ap·prox·i·ma·tion /əprɑ̀(ː)ksɪméɪʃən | əprɔ̀k-/ 名 ❶ U 〈…への〉近似, 類似 ; 接近〈of, to〉; C 近似[類似]物 ❷ C 概数, 概算 ; 概略 ;《数》近似値

ap·pur·te·nance /əpə́ːrtənəns | əpə́ːtɪ-/ 名 C《通例 ～s》❶《堅》付属品, 備品 ❷《法》従物《不動産に付属する権利》

APR /èɪpiːɑ́ːr/ 名 C《単数形で》(預金などの)年利(♦ *an*nual *p*ercentage *r*ate の略)

***Apr.** 略 April

a·près-ski /àːpreɪskíː | æpreɪ-/ 〈シ〉名 U 形《限定》アフタースキー(の)《スキー後の娯楽の時間》

ap·ri·cot /éɪprɪkɑ̀(ː)t | -kɔ̀t/ 名 ❶ C アンズ(の木) ❷ U あんず色, 赤みがかった黄色 ━形 あんず色の

***A·pril** /éɪprəl/ 名 C U《通例無冠詞単数形で》❶4月《略 Apr, Apr.》(⇨ JANUARY 用例) ❷《形容詞的に》4月の ‖ ～ showers 4月の驟雨(しゅう)

▸▸ **～ fóol** 名 C 4月ばか《4月1日にする罪のないうそ・いたずら, または, それにかつがれた人》 **～ Fóols' Dày** 名 エープリルフールの日, 万愚(ばんぐ)節(All Fools' Day)《4月1日. 罪のないうそやいたずらが許される》

a pri·o·ri /ɑ̀ː priɔ́ːri | èɪ praɪɔ́ːraɪ/ 副 形 (♦ ラテン語より) ❶《論》演繹(えんえき)的に[な], アプリオリに[な] ;《哲》先験的に[な] (↔ a posteriori) ❷(事実に基づかない)推測によって[よる]

***a·pron** /éɪprən/《発音注意》名 C ❶エプロン, 前かけ ‖ He is in an [OR his] ～. 彼は前かけをしている / put on [take off] an ～ エプロンを着ける[外す] ❷(空港の)エプロン, 駐機場《旅客の乗降・貨物の積み降ろしなどのための区域》❸(= ～ stàge)(劇場の)エプロンステージ, 張り出し舞台 ❹(英国国教会の高位聖職者の)前だれ状の法服 ❺エプロン状のもの ; (機械の)エプロン《保護板》❻コンベヤーベルト ❼《ボクシング》エプロン《リングのロープを張った外側》

cùt [OR ***ùntie***] ***the ápron strìngs*** (母)親離れする, 独り立ちする

tìed to a pèrson's [***one's mòther's, one's wìfe's***] ***ápron strìngs*** ① 人[母親, 妻]の言いなりになって ② 人[母親, 妻]に頼りきって

ap·ro·pos /æ̀prəpóu/ 〈シ〉副《堅》❶適切に ; 時宜を得て ; 折よく ❷ところで

apropós of ... …について, …に関して(♥ 関連する別の話題を出すときに用いる)

━形《叙述》《堅》適切な ; 時宜を得た

━前《堅》= *apropos of* ...(↑)

apse /æps/ 名 C ❶《建》(教会の)後陣, アプシス ❷《天》= apsis ❶

ap·sis /ǽpsɪs/ 名 (複 -si·des /-sɪdìːz/) C ❶《天》(惑星の楕円(だえん)軌道上の)長軸端 ❷《建》= apse ❶

***apt** /æpt/ 形 ❶《+to *do*》《叙述》(人が)…しがちな ; (物が)…しやすい, …しそうな(♦ 一時的な傾向でなく本来備わっている性質についていう) (⇨ LIABLE 類語) ‖ He is ～ *to* make the same mistakes over and over. 彼は何度も同じミスをしがちだ / The highway is ～ *to* be closed when it snows. 雪が降るとその幹線道路は閉鎖されがちだ ❷ 適切な, 適当な ‖ an ～ remark [description, choice] 適切なコメント[描写, 選択] / an ～ name ふさわしい[ぴったりの]名前 ❸ 機敏な, 利発な, 理解力に優れた ‖ an ～ student 覚えのいい生徒 / ～ in gesture 動作が敏捷(びんしょう)で **～·ly** 副 **～·ness** 名

apt. 略 (複 **apts.**) apartment ; aptitude

***ap·ti·tude** /ǽptɪtjùːd/ 名 U C ❶ (生来の)〈…の〉才能, 素質 ; 利発さ, 明敏さ〈**for**〉(⇨ ABILITY 類語) ‖ He has a natural ～ *for* singing. 彼は生まれつき歌唱の才能に恵まれている ❷〈…の〉性向, 傾向〈**for**〉

▶▶**～ tèst** 名 C 適性検査(→ SAT)

AQ 略 *a*chievement [*a*ccomplishment] *q*uotient

aq·ua /áːkwə | ǽk-/ 名 (複 **～s** /-z/ OR **-uae** /-wiː/) U ❶ 〘薬〙液, 溶液, 水溶液 ; 水 ❷ 淡緑青色, 水色(aquamarine) ━形 淡緑青色の, 水色の

▶▶**～ fórtis** 名 U 《古》〘化〙硝酸(nitric acid) **～ régia** 名 U 〘化〙王水《硝酸と塩酸の混合液. 金・プラチナなどの溶解に用いる》 **～ ví·tae** /-váɪti | -váɪtiː, -víːtaɪ/ 名 U 〘化〙アルコール ; 強い酒《ブランデー・ウイスキーなど》

aqua- /áːkwə- | ǽk-/ 連結形「水」の意

áqua·cùlture 名 U (魚・海藻などの)養殖

áqua·lùng 名 C アクアラング(scuba) ; 《A- L-》《米》《商標》アクアラング ━動 自 アクアラングを使って潜水する(♦ *aqua-* water + *-lung*(肺)より)

àqua·maríne ＜シ 名 ❶ C U 〘鉱〙アクアマリン, 藍玉(らんぎょく)《緑柱石の一種》 ❷ U 淡緑青色, 藍緑色 ━形 淡緑青色の

áqua·nàut /-nɔ̀ːt/ 名 C ❶ アクアノート《海中の施設に住んで海洋学上の研究をする人》 ❷ スキンダイバー(skin diver), 潜水技術者

áqua·plàne 名 C アクアプレーン, 水上スキー《モーターボートに引かせる波乗り板》 ━動 自 ❶ 水上スキーをする ❷ 《英》(自動車が)(ぬれた路面で)スリップする(hydroplane)

aq·ua·relle /àːkwərél | ǽk-/ 名 U C (透明) 水彩画(法)

***a·quar·i·um** /əkwéəriəm/ 名 (複 **～s** /-z/ OR **-i·a** /-iə/) C ❶ (養魚・水草用の)水槽 ; 養魚池 ❷ 水族館

***A·quar·i·us** /əkwéəriəs/ 名 ❶ 《無冠詞で》〘天・占星〙水瓶(みずがめ)座 ; 宝瓶(ほうへい)宮《黄道十二宮の第11宮》(Water Bearer) (⇨ ZODIAC 図) ❷ C 《単数形で》〘占星〙水瓶座[宝瓶宮]生まれの人

the Àge of Aquárius 水瓶座の時代《自由と友愛・宇宙開発の進む時代》

-i·an 形 名

a·quat·ic /əkwáːṭɪk | əkwǽt-/ 形 《通例限定》 ❶ 水の, 水中の, 水上の ❷ 〘生〙(動植物が)水中[水上]にすむ, 水生の ‖ ～ plants 水生植物 ❸ 水上[水中]で行う ‖ ～ sports 水上スポーツ ━名 C ❶ 水生植物[動物] ❷ 《～s》《通例単数扱い》水上スポーツ

aq·ua·tint /áːkwətɪ̀nt | ǽk-/ 名 U C アクアティント《腐食銅版画の一種》 ━動 他 …のアクアティント版を作る

aq·ua·vit /áːkwəvìːt | ǽk-/ 名 U アクアビット《キャラウェーの実で風味をつけた北欧産の蒸留酒》

aq·ue·duct /ǽkwɪdʌ̀kt/ 名 C ❶ 〘土木〙(人工) 送水路, 水道 ; (高架式)水道橋(→ viaduct) ❷ 〘解〙(脳の)導水管

a·que·ous /éɪkwiəs/ 形 水の(ような) ; 水を含む, 水からなる ▶▶**～ húmor** 名 U 〘解〙(眼球水晶体の)水様液

aq·ui·fer /ǽkwɪfər/ 名 C 〘地〙帯水層

aq·ui·line /ǽkwɪlàɪn/ 形 ❶ (鼻が) ワシのくちばしのように(かぎ形に)曲がった ❷ ワシの(ような)

A·qui·nas /əkwáɪnəs/ 名 **St. Thomas ～** トマス＝アクィナス(1225?–74)《イタリアの神学者・哲学者. 中世スコラ哲学の完成者》

Ar 記号 〘化〙argon(アルゴン)

AR 略 〘郵〙Arkansas

Ar. 略 Arabia(n) ; Arabic ; Aramaic

ar- 接頭 《r の前で》＝ad- ‖ *ar*rive

-ar /-ər/ 接尾 **a** 《形容詞語尾》「…の(ような)」「…に関する」の意 ‖ molecul*ar*, pol*ar* **b** 《名詞語尾》(♦ -er の異形)「…する人」の意 ‖ vic*ar*, schol*ar*

***Ar·ab** /ǽrəb/ 名 C ❶ アラビア人 ; アラブ人(⇨ ARABIAN 類語) ❷ アラビア馬 ━形 ＝Arabian

ar·a·besque /æ̀rəbésk/ ＜シ 名 C ❶ 〘バレエ〙アラベスク《ポーズの一種》 ❷ アラベスク, 唐草模様 ❸ 〘楽〙アラベスク《アラビア風の華麗な器楽曲》

arabesque ❶

A·ra·bi·a /əréɪbiə/ 《発音注意》 名 アラビア《紅海とペルシャ湾の間にある大半島》

***A·ra·bi·an** /əréɪbiən/ 形 アラビアの ; アラブ民族の, アラビア人の(⇨ 類語) ━名 C アラビア人 ; アラビア馬

類語 《形》**Arabian** は「アラビアの」, **Arab** は「アラビア人の」, **Arabic** は「アラビア語[文化]の」の意味で区別して使われることが多い.

▶▶**～ cámel** 名 C 〘動〙ヒトコブラクダ(dromedary) **～ Níghts** 名 複 《the ～》「アラビアンナイト」, 「千(夜)一夜物語」(*The Thousand and One Nights*) **～ Séa** 名 《the ～》アラビア海

***Ar·a·bic** /ǽrəbɪk/ 《アクセント注意》 名 U アラビア語 ━形 アラビア語[文化]の ; アラビアの ; アラブ民族の, アラビア人の(⇨ ARABIAN 類語) ▶▶**～ númeral** [**fígure**] 名 C アラビア数字, 算用数字(→ Roman numeral)

ar·a·ble /ǽrəbl/ 形 (土地が) 耕作に適した [使用される] ; (作物が)耕地に向いた ‖ ～ land 耕地 ━名 U 《英》耕地

A·rach·ne /əræ̀kni/ 名 〘ギ神〙アラクネ《アテナ (Athena)に機(はた)織りの試合を挑んで負け, クモにされた女》

a·rach·nid /əræ̀knɪd/ 名 C 形 クモ形類動物 (の) 《spider, scorpion, mite など》

a·rach·noid /əræ̀knɔɪd/ 形 ❶ クモ形類の ❷ 〘解〙クモ膜の ━名 C ❶ クモ形類の動物(arachnid) ❷ (＝**～ mémbrane**)〘解〙クモ膜

Ar·a·fat /ǽrəfæt, ＋米 érə-, -fɑːt/ 名 **Yasser ～** アラファト(1929–2004)《パレスチナのアラブ抵抗運動の指導者. PLO議長(1969–2004)》

Ar·a·gon /ǽrəgɑ̀(ː)n | -gən/ 名 アラゴン《フランスと国境を接するスペイン北東部の地方. 昔は王国》

ar·ak /ǽrək/ 名 ＝arrack

Àr·al Séa /ǽrəl-/ 名 《the ～》アラル海(Lake Aral)《カザフスタンとウズベキスタンにまたがる塩湖》

Ar·am /éərəm/ 名 アラム《古代シリアのヘブライ語名》

Ar·a·ma·ic /æ̀rəméɪɪk/ ＜シ 名 U 形 アラム語(の)

ar·a·mid /ǽrəmɪd/ 名 U アラミド《耐熱性と耐久性に優れたナイロン系の合成繊維》

Àr·an Íslands /ǽrən-/ 名 《the ～》アラン諸島《アイルランド西岸, ゴールウェー湾沖の3島からなる諸島》

A·rap·a·ho /əræ̀pəhòu/ 名 (複 **～** OR **～s** /-z/) ❶ C アラパホ族《北米先住民の一種族》 ❷ U アラパホ語

Ar·a·rat /ǽrəræ̀t/ 名 **Mount ～** アララト山《トルコ東部, イランとアルメニアの国境付近にある火山. 聖書でノアの箱舟が乗り上げたアララテの山といわれる》

ar·bi·ter /áːrbəṭər | -bɪ-/ 名 C ❶ 裁断 [裁決] 者 ; 仲裁者 (arbitrator) ❷ (ある分野の) 権威 (者) ‖ an ～ of fashion ファッションの権威

ar·bi·trage /áːrbɪtrɑ̀ːʒ/ 名 U 〘商〙(為替・株式などの)さや取り売買, 裁定取引 ━動 自 さや取り売買する

àr·bi·trag·éur 名 C さや取り売買する人

ar·bi·tral /áːrbɪtrəl/ 形 仲裁(者)の

A

ar·bit·ra·ment /ɑːrbítrəmənt/ 名 U C ❶ 仲裁；調停(arbitration) ❷ 裁決(権)，裁定(権)

ar·bi·trar·i·ly /ɑ̀ːrbətrérəli | ɑ́ːbɪtrərəli/ 副 ❶ 勝手に，任意に，気まぐれに ❷ 独断的に

***ar·bi·trar·y** /ɑ́ːrbətrèri | ɑ́ːbɪtrəri/ 形 (**more** 〜；**most** 〜) ❶ (個人の)自由裁量による，恣意(しい)的な；独断的な(⇨ BYB) ‖ an 〜 decision 独断的決定 ❷《比較なし》専制的な，独裁的な ‖ 〜 rule 専制政治 ❸【数】任意の，不定の
-trar·i·ness 名 U 恣意性

ar·bi·trate /ɑ́ːrbɪtrèɪt/ 動 自 仲裁[調停]する
── 他 …を仲裁[調停]する，仲裁者にゆだねる

ar·bi·tra·tion /ɑ̀ːrbɪtréɪʃən/ 名 U 仲裁，調停；仲裁裁判(→ mediation) ‖ a court of 〜 仲裁裁判所 / go to 〜 仲裁に訴える

ar·bi·tra·tor /ɑ́ːrbətrèɪṭər | ɑ́ːbɪ-/ 名 C 仲裁[裁定]者

ar·bor[1]**,**《英》**-bour** /ɑ́ːrbər/ 名 C (囲った格子などに木の枝・つるなどをはわせた)あずまや；木陰(の散歩道)(→ bower[1])
〜·ist 名 C 樹木栽培家
▸▸ **Árbor Dày** 名 植樹祭《米国などで，4月下旬から5月上旬にかけて行われる》

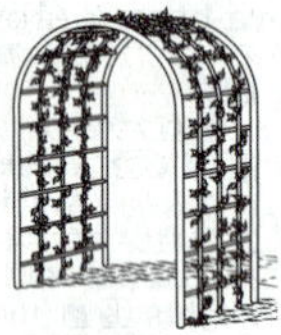
arbor[1]

ar·bor[2] /ɑ́ːrbər/ 名 C【機】シャフト，心棒；軸

ar·bo·re·al /ɑːrbɔ́ːriəl/ 形 ❶ 樹木の[に似た] ❷ 木に生じる，木にすむ；(動物が)樹上にすむ(のに適した)

ar·bo·res·cent /ɑ̀ːrbərésənt/ 形 (外観などが)樹木のような；樹枝状の **-cence** 名

ar·bo·re·tum /ɑ̀ːrbəríːṭəm/ 名 (複 **〜s** /-z/ OR **-ta** /-tə/) C 植物園，樹木園，森林公園

ar·bor·i·cul·ture /ɑ́ːrbərɪkʌ̀ltʃər/ 名 U 樹木栽培，育樹；育樹法 **àr·bo·ri·cúl·tur·ist** 名 C 樹木栽培家，育樹研究家

ar·bor·vi·tae /ɑ̀ːrbərváɪṭi/ 名 C【植】ニオイヒバ《米国東部に産する針葉樹》

ar·bour /ɑ́ːrbər/ 名《英》＝arbor[1]

ar·bo·vi·rus /ɑ́ːrbouvàɪərəs/ 名 C【生】アルボウイルス《蚊やダニなどを介して脊椎(せきつい)動物に伝わるウイルスの総称》

ar·bu·tus /ɑːrbjúːṭəs/ 名 C【植】❶ ツツジ科の常緑低木《南欧原産．その赤い実は装飾用・食用》❷ イワナシの類《北米産．その花はマサチューセッツ州の州花》

Boost Your Brain!

arbitrary

arbitrary「恣意的な」，そして arbitrariness「恣意性」は言語学(linguistics)や記号論(semiotics)における重要なキーワードのひとつである．言語は発音や文字で示される「語」(例えば snow)と，その語の「意味」(例えば，水蒸気が氷結し，白い結晶となって降ってきたもの)との結びつきで成り立っている．ところが，snow という語が，あの白い，水蒸気の結晶を意味するのは，英語という言語体系の中での約束事にすぎない．語とその意味との間に物理的な意味での必然的な結びつきがあるわけではない．こうした合意された約束事としてある関係を arbitrariness と呼ぶ．

貨幣とその交換価値の関係もまた，言語と同じ恣意性の原理で説明できる．「語」と「その意味」の関係と同様，「貨幣」と「その価値」の関係も社会的な約束事として成立している．本来はただの紙切れでしかない貨幣が，国家の保証が存在することによって，交換価値を持ち，商品を手に入れることができる．貨幣の価値は，貨幣の中に内在的に存在しているのではなく，物品と交換できると信じている人々の心の中にある．arbitrariness は，記号の体系として成り立っている私たちの社会システムを知るための鍵となる重要な概念である．

***arc** /ɑːrk/ (♦ 同音語 ark) 名 C ❶ 弧，円弧；弧状，弓形 ❷【電】アーク，電弧 ❸【天】(天体の描く外見状の)弧
── 動 (**〜s** /-s/；**arced**, **arcked** /-t/；**arc·ing**, **arck·ing**) 自 弧を描く，弧を描いて動く；【電】電弧をなす
▸▸ **〜 làmp** [**lìght**] 名 C アーク灯，弧光灯 **〜 wèld·ing** 名 U【冶】アーク溶接

ARC[1] /ɑːrk/ 名 C エイズ関連症候群(♦ *A*IDS-*r*elated *c*omplex [condition] の略)

ÀRĆ[2] 略 *A*merican *R*ed *C*ross(米国赤十字社)

ar·cade /ɑːrkéɪd/ 名 C ❶ アーケード，屋根付き街路《両側または片側に店が並ぶ》❷ ゲームセンター ❸【建】拱廊(きょうろう)，列拱 ▸▸ **〜 gàme** 名 C アーケードゲーム《ゲームセンターのコンピューターゲーム》

Ar·ca·di·a /ɑːrkéɪdiə/ 名 ❶ アルカディア《ペロポネソス中部の地方．古代ギリシャの理想郷》❷ C《単数形で》《文》(牧歌的)理想郷

Ar·ca·di·an /ɑːrkéɪdiən/ 形 アルカディアの；《文》牧歌的な，田園風の ── 名 C アルカディア人；《文》田園趣味の人

ar·cane /ɑːrkéɪn/ 形 秘密の；秘儀の；難解な

ar·ca·num /ɑːrkéɪnəm/ 名 (複 **-na** /-nə/) C ❶《通例 -na》秘密，秘儀，秘法；神秘 ❷《-na》《単数扱い》アルカナ《タロット占いの2組のカードのうちの1組》

***arch**[1] /ɑːrtʃ/ 名 C ❶【建】アーチ，迫持(せりもち)；アーチ形建造物；アーチ道，拱道(きょうどう) ‖ a memorial [triumphal] 〜 記念[凱旋(がいせん)]門 ❷ 半円形(のもの)；(体の)湾曲した部分 ‖ the 〜 of the rainbow 虹(にじ)のアーチ / the 〜 of the foot 土踏まず(→ foot 図)
── 動 他 ❶ …をアーチ状にする，丸める，曲げる ‖ He stretched his arms and 〜*ed* his back. 彼は腕を伸ばし背中をそらせた / 〜 one's eyebrows まゆをつり上げる(♥ 不信・驚きの表情) ❷ …にアーチ[迫持]をつける
── 自 アーチ形になる，アーチ状に広がる ‖ The trees 〜*ed* over the path. 木々が道の上にアーチ状にかかっていた

arch[2] /ɑːrtʃ/ 形《通例限定》❶ おちゃめな，いたずらっぽい；ずるい，抜け目のない ❷ 重要な，主な **〜·ly** 副

arch. 略 archaic, archaism；archbishop；archery；archipelago；architect, architectural, architecture

arch- /ɑːrtʃ-/ 接頭 ❶「最も重要な，第1の」の意 ‖ *arch*bishop, *arch*duke ❷「はなはだしい」の意 ‖ *arch*fiend

-arch 接尾《名詞語尾》「支配者，リーダー」の意 ‖ patri*arch*(家長)

ar·chae·o·log·i·cal /ɑ̀ːrkiəlɑ́(ː)dʒɪkəl | -lɔ́dʒ-/ 形 考古学的な，考古学上の **〜·ly** 副

ar·chae·ol·o·gist /ɑ̀ːrkiɑ́(ː)lədʒɪst | -ɔ́l-/ 名 C 考古学者

***ar·chae·ol·o·gy,** ＋《米》**-che-** /ɑ̀ːrkiɑ́(ː)lədʒi | -ɔ́l-/ 名 U 考古学

ar·chae·op·ter·yx /ɑ̀ːrkiɑ́(ː)ptərɪks | -ɔ́p-/ 名 C【古生】始祖鳥

***ar·cha·ic** /ɑːrkéɪɪk/ 形 ❶ 旧式な，古風な ❷ (語・表現が)現在は使われない ❸ 古代の **-i·cal·ly** 副

ar·cha·ism /ɑ́ːrkiìzm | -keɪ-/ 名 C ❶ 古語，古風な表現，擬古体 ❷ U 古語使用，擬古主義 ❸ 古風なもの[考え方，習慣] **-ist** 名 C 擬古主義者；古風な表現をする人
àr·cha·ís·tic 形

arch·an·gel /ɑ́ːrkèɪndʒəl/ 名 C ❶【宗】大天使，天使長(→ order 名 ⓬) ❷【植】ヨロイグサ(angelica)
àrch·an·gél·ic 形

***àrch·bíshop** 名 C (カトリックの)大司教，(英国国教会・ギリシャ正教の)大主教，(プロテスタントの)大監督 **〜·ric** 名 U C 大司教[大主教，大監督]の地位[職，管轄区]

àrch·déacon 名 C (プロテスタント・英国国教会の)副監督 **〜·ry** 名 (複 **-ries** /-z/) U C 副監督の地位[職，管轄区，任期，邸宅]

àrch·díocese 名 C archbishop の管区

àrch·dúcal ⟨シ⟩ 形 大公(領)の

àrch·dúchess 名 C 大公妃《archduke 夫人》；(旧オ

ーストリア帝国の)皇女
àrch·dúchy 名 (複 **-duchies** /-z/) C 大公国[領]
àrch·dúke <ジ 名 C 大公
Ar·che·an, 《英》**-chae-** /ɑːrkíːən/ 名 《the ～》形 〘地〙始生代(の), 太古代(の)(Archeozoic)《最古の地質系統》
arched /ɑːrtʃt/ 形 アーチのついた；アーチ形の, 弓形の
àrch·énemy 名 (複 **-enemies** /-z/) C ❶ 大敵, 最大の敵；敵の頭目 ❷《しばしば the ～ of mankind》〘宗〙人類の敵, 悪魔, 魔王(Satan)
ar·che·ol·o·gy /ɑ̀ːrkiɑ́(ː)lədʒi | -ɔ́l-/ 名《米》＝archaeology
arch·er /ɑ́ːrtʃər/ 名 ❶ C (弓の) 射手, 弓術家 ❷《the A-》〘天〙射手座(Sagittarius)
ár·cher·fìsh 名 C 〘魚〙テッポウウオ《口から水を発射して昆虫を落として食べる南アジア産の汽水魚》
arch·er·y /ɑ́ːrtʃəri/ 名 U ❶ 洋弓術, アーチェリー；弓矢の使用 ❷《集合的に》弓矢類, アーチェリー用具 ❸《集合的に》射手隊
ar·che·type /ɑ́ːrkitàɪp/ 名 C ❶ 原型；典型, 模範, 手本 ❷〘心〙古態型《ユング心理学で, 祖先から受け継いでいる無意識心理の型》❸ (文学・芸術などの) 原形《繰り返し現われるイメージ・象徴・モチーフ》
àr·che·týp·al, àr·che·týp·i·cal 形
àrch·fíend 名 ❶ C 大悪魔；大敵 ❷《the ～》悪魔(Satan)
ar·chi·di·ac·o·nal /ɑ̀ːrkidaɪǽkənəl/ 形 archdeacon(ry)の
ar·chi·e·pis·co·pal /ɑ̀ːrkiəpískəpəl/ 形 archbishop(ric)の
ar·chi·man·drite /ɑ̀ːrkimǽndràɪt/ <ジ 名 C 〘宗〙大修道院長, 管長
Ar·chi·me·de·an /ɑ̀ːrkɪmíːdiən/ 形 アルキメデスの；〘数〙アルキメデスの原理の[を応用した]
Ar·chi·me·des /ɑ̀ːrkɪmíːdiːz/ 名 アルキメデス (287?–212 B.C.)《古代ギリシャの数学者・発明家》
▸▸**～' príncìple** 名 〘理〙アルキメデスの原理
ar·chi·pel·a·go /ɑ̀ːrkəpéləgoʊ | -kɪ-/ 名 (複 **～s, ～es** /-z/) C ❶ 群島, 諸島 ‖ the Japanese *Archipelago* 日本列島 ❷ 多島海
***ar·chi·tect** /ɑ́ːrkɪtèkt/ 《発音・アクセント注意》名 (複 **～s** /-s/) C ❶ 建築家, 建築技師；技師, 設計者 ‖ a naval ～ 造船技師 ❷ 建設者, 設計者 ‖ the ～ of economic reform 経済改革の立案者 / the (Great) *Architect* 造物主, 神(the Creator)
—動 (**～s** /-s/；**～·ed** /-ɪd/；**～·ing**) 他 〔プログラムやシステム〕を構築する, 設計する(♦しばしば受身形で用いる)
ar·chi·tec·ton·ic /ɑ̀ːrkətektɑ́(ː)nɪk | -kɪtektɔ́n-/ 形 ❶ 建築(学[術])の；設計上の ❷〘哲〙知識体系の
àr·chi·tec·tón·ics /-s/ 名 U ❶ 建築学[術] ❷ 構成, 設計；構造体系 ❸〘哲〙知識体系(論)
***ar·chi·tec·tur·al** /ɑ̀ːrkɪtéktʃərəl/ 《発音注意》<ジ 形 《通例限定》建築上の；建築術[学]の ‖ an ～ plan 建築図面 **～·ly** 副
:ar·chi·tec·ture /ɑ́ːrkətèktʃər | -kɪ-/ 《発音注意》
—名 (複 **～s** /-z/) U ❶ **建築**, 建築術[学]
❷ 建築様式 ‖ Gothic [Romanesque] ～ ゴシック[ロマネスク]式建築
❸ 構造, 構成 ‖ the ～ of the human brain 人間の脳の構造 ❹ C U アーキテクチャー《コンピューター (システム)の概念構造や論理構成》
ar·chi·trave /ɑ́ːrkɪtrèɪv/ 名 C 〘建〙❶ 台輪(だいわ) ❷ (ドア・窓などのへりの)装飾縁
***ar·chive** /ɑ́ːrkaɪv/ 《発音注意》名 C ❶《しばしば ～s》公文書, 古記録 ❷《しばしば ～s》記録[公文書]保管所 ‖ The Constitution is preserved in the National *Archives*. 憲法は国立公文書館に保存されている ❸《形容詞的に》(記録として)保管されている ‖ an ～ photo 資料写真 ❹ (ファイルの)バックアップ対象属性, アーカイブ属性《バックアップされてから上書き変更されたかどうかを表すファイルの属性》；アーカイブ《コンピューターによってライブラリ化された記録データ(の保管場所)；複数のファイルを1つにまとめたもの》
—動 他 ❶〔文書など〕を保管する ❷〔データ〕を保存用メディアに転送する, 一定期間保存する；〔複数のファイル〕を1つのファイルにまとめる
▸▸**～ sìte** 名 C (多数のファイルの保存・保管を目的とした)書庫サイト
ar·chiv·er /ɑ́ːrkàɪvər/ 名 C アーカイバー, 圧縮・解凍ソフト《圧縮と解凍の機能を持つプログラム》
ar·chi·vist /ɑ́ːrkɪvɪst/ 名 C 記録[公文書]保管者, 記録文書係
ar·chon /ɑ́ːrkɑ̀(ː)n | -kən/ 名 C 〘史〙アルコン《古代アテネ(Athens)の9人の高級執政官の1人》
～·shìp 名 U アルコンの身分[職]
àrch·ríval 名 C 最大のライバル, 好敵手
árch·wày 名 C ❶ 拱道(きょうどう), アーチ道《アーチの下の通路・入り口》❷ 通路を覆うアーチ
-archy 接尾《名詞語尾》「…政体, …制」の意 ‖ mon*archy*
***Arc·tic** /ɑ́ːrktɪk/ 形 ❶《限定》北極の, 北極圏(地方)の (↔ Antarctic) ‖ an ～ explorer 北極探検家 ❷《a-》《口》(天候が)極寒の
—名 ❶《the ～》北極(圏) (↔ the Antarctic) ❷ C 《～s》《米》防寒防水のオーバーシューズ
▸▸**～ Círcle** 名《the ～》北極圏《北緯66°33′の線》**～ Ócean** 名《the ～》北極海 **～ Zòne** 名《the ～》北極帯
-ard 接尾《名詞語尾》(ふつう悪い意味で)「大いに…する者」の意 ‖ drunk*ard*, bragg*art*
***ar·dent** /ɑ́ːrdənt/ 形《通例限定》❶ (人が)熱烈な, 熱心な, 献身的な；(感情が) 激しい ‖ an ～ admirer [supporter] 熱烈な崇拝者[支持者] ❷《文》燃える, 火のように輝く **-den·cy** 名 **～·ly** 副
▸▸**～ spírits** 名 複 強い蒸留酒《whisky, gin など》
ar·dor, 《英》**-dour** /ɑ́ːrdər/ 名 U 〈…に対する〉情熱, 熱意；意気込み；熱愛〈**for**〉(⇨ ZEAL 類語) ‖ dampen one's ～ 意気をくじく
ar·du·ous /ɑ́ːrdʒuəs | -dju-/ 形 ❶ 骨の折れる, 難儀な, つらい, 厳しい ‖ an ～ task 骨の折れる仕事 / an ～ winter 厳冬 ❷ (山道などが)登りにくい, 険しい
～·ly 副 **～·ness** 名
:are[1] /弱 ər；強 ɑːr/
—動 (**were**；**been**；**being**) 自 be 動 の二人称・単数・直説法現在形；一,二,三人称・複数・直説法現在形 (⇨ BE 動) ‖ You ～ young and full of hope. 君(たち)は若く希望に満ちている
—助 (**were**；**been**；**being**) be 助 の二人称・単数・直説法現在形；一,二,三人称・複数・直説法現在形(⇨ BE 助)
are[2] /eər/ 名 C アール《面積の単位. 100m². 略 a.》
:ar·e·a /éəriə/ 《発音注意》
中心義 **場所の一部** (★物理的な場所に限らず,「活動」や「学問」など抽象的な場も含む)
—名 (複 **～s** /-z/) C ❶ **地域, 地方** (⇨ 類語) ‖ The fishing in this ～ is excellent. この辺りでの魚釣りは最高だ / The flu spread over a wide ～. インフルエンザが広い地域で流行した / 「an urban [a rural] ～ 都市部[田園地帯] / the coastal [mountainous] ～ 海岸[山岳]地帯
❷ (特定の用途のための) **区域**, 場所 ‖ a parking [nonsmoking] ～ 駐車[禁煙]区域 / 「a residential [an industrial] ～ 住宅[工業]地区 / close [rope] off an ～ ある区域を封鎖する[ロープで囲う]
❸ (特定の) 部分；(体の) 一部 ‖ a damaged ～ on the rear of my car 車の後部の傷ついた箇所 / ～*s* of the body 体のいろいろな部分

❹《活動の》**領域**, **分野**, 範囲 ‖ a new ~ of science 科学の新分野 / pioneers in the ~ of public relations 広報分野における先駆者たち
❺ Ⓒ Ⓤ **面積**, 建坪 ‖ The ~ of the garden is 15 square meters. (=The garden is 15 square meters in ~.=The garden has an ~ of 15 square meters.) 庭の面積は15平方メートルだ / the ~ of a triangle 三角形の面積 ❻《英》地下勝手口(《米》areaway) ❼《the ~》(サッカーの)ペナルティーエリア

類語 **《❶》 area** 地域を表す最も広義の語で, 面積の大小や境界の有無に関係なく用いられる. 〈例〉 I find people in this *area* are very friendly. この辺りの人々はとても親しみやすい
region 気候その他地理的条件などで区分される広い地方. 〈例〉 the Pacific *region* of the United States 米国の太平洋沿岸地方
district region より狭く, 狭義には行政的区画 ; 広義には特定の用途で明確に区分される地区. 〈例〉 a school *district* 学区
zone 用途, 生産物, 動植物分布, その他の基準で特定される地帯. 〈例〉 a danger *zone* 危険地帯

▸▸ **~ còde** 名 Ⓒ《米》〚電話〛市外局番 (《英》dialling code, STD code) **~ rùg** 名 Ⓒ エリアラグ《部屋の一部に敷く敷物》

área·wày 名 Ⓒ《米》❶ 地下勝手口 (《英》area)《地階出入口前の空地》; 空堀(からぼり)《地下室の窓の前に掘られた溝のような空間》 ❷ (接近した建物の間の) 通路

areaway ❶

ar·e·ca /ǽrɪkə/ 名 (=~ **pàlm**) Ⓒ〚植〛ビンロウジュ
▸▸ **~ nùt** 名 Ⓒ〚植〛ビンロウジ (betel nut)

*__a·re·na__ /ərí:nə/ 名 Ⓒ ❶ 試合場, コンサート会場, アリーナ ‖ a boxing ~ ボクシングの試合場 ❷ 活動[闘争]の場 ‖ enter the political ~ 政界に入る ❸ (古代ローマの)闘技場
▸▸ **~ théater** 名 Ⓒ 円形劇場

ar·e·na·ceous /æ̀rɪnéɪʃəs/ 形 ❶ 砂の ; 砂地の ; 砂のような, (岩などが)砂質の ❷ 砂地に育つ

*__aren't__ /ɑ:rnt/《口》are [am] not の短縮形

語法 ☆☆ am not の短縮形がないため, 否定疑問文·付加疑問文においてしばしば aren't が代用される. 〈例〉 *Aren't* I beautiful? / I am beautiful, *aren't* I? (⇨ AIN'T)

a·re·o·la /ərí:ələ/ 名 (複 **~s** /-z/ OR **-lae** /-li:/) Ⓒ ❶〚解〛乳頭輪《乳首の周りの色の輪》;〚医〛(皮疹(ひしん)の)紅輪 ❷〚生〛小孔, 小室, 小隙(しょうげき), (葉脈間などの)網目隙

Ar·es /éəri:z/ 名〚ギ神〛アレス《軍神. 〚ロ神〛の Mars に相当》

a·rête /əréɪt/ 名 Ⓒ〚地〛山稜(さんりょう), やせ尾根

ar·gent /ɑ́:rdʒənt/ 名 Ⓤ 形《古》《文》銀(のような);〚紋章〛銀白色(の)

*__Ar·gen·ti·na__ /ɑ̀:rdʒəntí:nə/《アクセント注意》名 アルゼンチン《南米の共和国. 公式名 the Argentine Republic. 首都 Buenos Aires》

ar·gen·tine /ɑ́:rdʒəntàɪn, -tì:n/ 形《古》《文》銀の(ような), 銀色の **—**名 ❶ Ⓤ 銀 ; 銀色の金属 ❷ Ⓒ ニギス《サケ科の銀色をした小魚》

*__Ar·gen·tine__ /ɑ́:rdʒəntì:n, -tàɪn/ 形 アルゼンチン(人)の **—**名 ❶ Ⓒ アルゼンチン人 ❷《the ~》アルゼンチン (Argentina)

Ar·go /ɑ́:rgoʊ/ 名 ❶〚天〛アルゴ座《南方星座の1つ》 ❷《the ~》〚ギ神〛アルゴ船《勇士イアソン(Jason)が黄金の羊毛(Golden Fleece)を探しに行くのに乗った船》

ar·gon /ɑ́:rgɑ(:)n | -gɔn/ 名 Ⓤ〚化〛アルゴン《空気中に存在する気体元素. 元素記号 Ar》

Ar·go·naut /ɑ́:rgənɔ̀:t/ 名 Ⓒ ❶〚ギ神〛アルゴ船の乗組員 (→ Argo ❷) ❷ (1848–49年のゴールドラッシュでカリフォルニアに殺到した) 冒険家 (→ forty-niner) ❸《単数形で》〚動〛タコブネ《雌が殻を持つ小型のタコ》

ar·go·sy /ɑ́:rgəsi/ 名 (複 **-sies** /-z/) Ⓒ《文》大型商船 ; 大商船隊

ar·got /ɑ́:rgoʊ/ 名 Ⓤ Ⓒ (盗賊などの)隠語 ; (特定社会の)符丁 (♦ フランス語から)

ar·gu·a·ble /ɑ́:rgjuəbl/ 形 ❶ 議論の余地がある, 疑わしい ❷ 論証できる, 論拠のある, 主張し得る

ar·gu·a·bly /ɑ́:rgjuəbli/ 副《文修飾》《しばしば比較級·最上級の前で》ほぼ間違いなく, おそらく(♥ 異論もあるだろうが, 自分はそうだと思うと述べるときに用いる) ‖ This is ~ the most successful animated film in recent years. これはたぶん最近最も成功したアニメ映画だ

⁑ar·gue /ɑ́:rgju:/

中心義 **Aを明らかにする** (★Aは「意見」や「事柄」など)

—動 (▶ argument 名) (**~s** /-z/ ; **~d** /-d/ ; **-gu·ing**)

—他 ❶ 〔問題など〕を〈…と〉**論じる**, 議論する〈**with**〉(⇨ DISCUSS **類語**) ‖ Try to avoid *arguing* politics *with* a new friend. 友達になったばかりの人とは政治の議論は避けるようにしなさい / The committee ~*d* the case for and against erecting the statue. 委員会は像の建立をめぐって賛否の議論を戦わした
❷《+**that** 節》(理論立てて)…**と主張する** ‖ His lawyer ~*s that* the charges should be dropped. 彼の弁護士は告訴を取り下げた方がいいと主張している / It can be ~*d that* this tax cut benefits only the wealthy. この減税は金持ちの利益にしかならないといえる / "But this one's prettier," my daughter ~*d*. 「でもこっちの方がかわいい」と娘は主張した
❸ (理由を挙げて)〔人〕を説得する〈**into** …するように ; **out of** …しないように〉(♦ into, out of の後は通例動名詞) ‖ I ~*d* him *into* joining the party. パーティーに参加するよう彼を説得した / I ~*d* her *out of* believing that money was everything. 金がすべてだという信念から目を覚ますよう彼女を説得した(✎ I talked her out of ...)
❹ **a**《+目》…を立証する ‖ His manners ~ a noble birth. 彼の立ち居振る舞いが高貴な生まれであることを示している **b**《+**that** 節》…が…であることを示す ‖ The pianist's performances ~ *that* she is a genius. (=The pianist's performances ~ her genius.) そのピアニストの演奏を聴くと彼女が天才だということがわかる

—自 ❶ 論争する ; 議論する ; **言い争う**, 口論する〈**about, over, as to** …について ; **with** 人などと〉(♦ about と over は交換可能な場合が多いが, wh 節 が続く場合は over が多い) ‖ You and I are *arguing* on different planes. 君とは議論がかみ合わない / She ~*d with* herself *over* [OR *about*] whether to marry him or not. 彼女は彼と結婚すべきか否か自問自答した / Don't ~ *with* me! つべこべ言わないで / Don't ~ *with* a gun! ピストルに逆らうな
❷ 理由を述べる, 理由を挙げて主張する〈**for, in favor of** …に賛成の ; **against** …に反対の〉‖ The residents are *arguing against* [*for, in favor of*] building a condominium. 住民はマンション建設に反対[賛成]している

árgue against ... 〈他〉① ⇨ 自 ❷ ② …と反対の結論を下す
àrgue awáy ... / àrgue ... áway 〈他〉① (もっともらしい議論で)…を言い抜ける ② 論じて…を一掃する
argue down 〈他〉《***àrgue dówn ... / àrgue ... dówn***》《主に米》…を言い負かす, 説き伏せる, 論破する **—**〈自〉議論し続ける
àrgue óff ... / àrgue ... óff =*argue away* (↑)
àrgue óut ... / àrgue ... óut 〈他〉…を徹底的に議論する (✎ thrash out) (♦ 主語は複数形)

àrgue with ... 〈他〉 ① ⇨ 自 ❶ ② …の決心を変えさせる；…を否定する(♦通例否定文で用いる. 受身形可)

COMMUNICATIVE EXPRESSIONS

1 **(I) càn't árgue with thàt.** (あなたの考えに)賛成です(♥「それについて議論を差し挟む余地はない」の意. 道理にかなったことや説得力を持つ事実などに対して同意を示す)

2 **Sò whàt are we árguing abòut?** じゃあ何を議論する必要があるの；問題ない(♥食い違っていると思われた意見が実は同様の趣旨であると気づいたときに用いる)

ar·gu·fy /ɑ́ːrɡjufàɪ/ 動 (**-fied** /-d/；**~·ing**) 他 自 《口》《戯》(ささいな事柄を)うるさく議論する

ar·gu·ment /ɑ́ːrɡjumənt/

—名〔◁ argue 動〕(複 **~s** /-s/) C ❶ **論争**, 言い争い, **口論**, けんか〈**about, over, as to** …についての；**with** …との〉(⇨ 類語) ‖ I had an ~ *with* my friend *about* [OR *over*] what he said. 相手の言ったことで友人と言い争いになった(=I argued with my friend about [OR over] what he said.) / get [OR enter] into an ~ けんかを始める

❷ C U **議論**, (筋道立った)立論 ‖ You can never win ~*s* with him.=You can't beat him in an ~. 彼と議論しても勝ち目はない / This is open to ~. これは議論の余地がある / It is beyond ~ that .... …は議論の余地がない / a line of ~ 議論の流れ / a stickler for an ~ 理屈屋

❸ (賛否の)**論拠**, 論点, 理由, 主張；〘論〙小前提(minor premise [OR proposition])〈**for** …に賛成の；**against** …に反対の / **that** 節 …という〉‖ Your ~ is「full of holes [beside the point]. 君の論理は欠陥だらけ[的外れ]だ / That ~ has collapsed [OR failed]. その論拠は崩れた / His ~ doesn't hold good [OR water]. 彼の論拠は正しくない / accept [reject] the ~ *for* [*against*] a proposed alliance 提携計画に対する賛成[反対]意見を受け入れる[却下する] / The ~ *that* winner takes all is familiar.「勝てば官軍」という主張はよく知られている

連語 **【形+~】** a person's main ~ (人の)主な主張 / a strong ~ 強力な論拠
【動+~】 make an ~ 主張する / support an ~ 主張を支持する

❹〘文法〙節中で直接動詞と結びつく名詞《主語・目的語など》 ❺〘数〙(関数の)独立変項；(ベクトル・複素数の)偏角(amplitude)；🖳独立変数(略 arg)；(論)項；引数(ひきすう)

❻《英では古》(書物・話などの)要旨

for the sàke of árgument*；(*jùst*) *for árgument's sàke 議論をするために

without* (*fùrther*) *árgument (さらに)反対しないで

COMMUNICATIVE EXPRESSIONS

1 **Is your árgument that** the còmpanies should reconsìder the mérger? 企業が合併を再考すべきだというのがあなたの論点ですか(♥論点・趣旨などを確認する表現. =Is your point that ...?)

2 **Thát's nòt a gòod árgument.** それはあまりいい論法ではありません

類語 **《❶》argument** 事実に基づき, 筋道を立てて主張し, 相手を納得させようとする理性的な議論. 〈例〉an *argument* for disarmament 軍縮賛成の議論
discussion ある問題についていろいろな考えや意見を述べ合うこと；争いとは関係がない.
debate 公の問題についての(公開の席での)論者による討論. 〈例〉heated *debates* in the Diet 国会での白熱した討論
controversy ある問題について意見を異にする人が, ときに派に分かれ, しばしば論文・演説などの形で行う長期の論争. 〈例〉the *controversy* over nuclear power generation 原子力発電をめぐる論争
dispute 相いれない意見の対立を強調し, しばしば激しい感情や敵意をむき出しにした言い合い.

ar·gu·men·ta·tion /ɑ̀ːrɡjumentéɪʃən/ 名 U ❶ 立論, 論証；推論 ❷ 論争, 議論, 討論

ar·gu·men·ta·tive /ɑ̀ːrɡjuméntətɪv/ 形 ❶ (人が)議論好きな, 理屈っぽい ❷ (発言などが)議論がましい, 論争的な **~·ly** 副

Ar·gus /ɑ́ːrɡəs/ 名 ❶〘ギ神〙アルゴス《百眼の巨人》(→ Cyclops) ❷ C《文》用心深い見張り人 ❸ (=**árgus phèasant**)《a-》C〘鳥〙セイラン《マレー半島産の尾に眼玉模様のあるキジ科の鳥》 ❹《a-》C〘虫〙ジャノメチョウ

ar·gy-bar·gy /ɑ̀ːrdʒibɑ́ːrdʒi/ 名 (複 **-gies** /-z/) U C 《主に英口》やかましい論争
—動 自《主に方》(騒々しく)言い争う

ar·gyle /ɑ́ːrɡaɪl/ 名 C《ときに A-》❶ (靴下・セーターなどの) ひし形格子模様 ❷ ひし形格子模様の靴下 (♦スコットランド西部の旧州名アーガイルに由来)
—形 ひし形格子模様のある

a·ri·a /ɑ́ːriə/ 名 C〘楽〙詠唱, アリア《オペラなどの中の独唱曲》

Ar·i·an[1] /éəriən/ 形 名 C〘宗〙アリウス派の(人)
~·ism 名 U〘宗〙アリウス派(の学説)《キリストの神性を否定した》

Ar·i·an[2] /éəriən/ 形 名 C 牡羊(おひつじ)座生まれの(人)

-arian 接尾《名詞・形容詞語尾》「(学説・信念などについて)…を信じる(人)」「…歳の(人)」「…に従事する(人)」の意 ‖ humanit*arian*, veget*arian*, octogen*arian*, veteri*narian*

ar·id /ǽrɪd/ 形 ❶ (気候・土地が) 異常に乾燥した ❷ (話などが)無味乾燥な **a·ríd·i·ty** 名 **~·ly** 副

Ar·i·es /éəriːz/ 名 ❶《無冠詞で》〘天・占星〙牡羊座；白羊宮《黄道十二宮の第1宮》(Ram) (⇨ ZODIAC 図) ❷ C《単数形で》〘占星〙牡羊座[白羊宮]生まれの人

a·right /əráɪt/ 副《古》《方》正しく, 正確に(rightly) ‖ if I remember ~ もし私の記憶が正しければ (♦ correctly などを使うのが一般的)

a·rise /əráɪz/
—動 (**-ris·es** /-ɪz/；**a·rose** /əróuz/；**a·ris·en** /ərízən/；**-ris·ing**)
—自 ❶ (問題・困難な状況などが)生じる；(嵐(あらし)などが)**起こる** ‖ A **problem** has *arisen* about discrimination. 差別の問題が起きている /「When the need ~*s* [OR Should the need ~], we can buy more stock. 必要があれば株をもっと買うことができます
❷ (結果として) 〈…から〉生じる, 〈…に〉起因する〈**from, out of**〉‖ His **problems** ~ *from* having lost his job. 彼の抱える問題は失業が原因だ / The dispute *arose out of* racial prejudice. その紛争は人種的偏見から起きた
❸ 見えてくる(↷ come into view)；出現する ‖ After a three-hour drive, Ayers Rock suddenly *arose* before me. 車で3時間走ると, 突然目の前にエアーズロックが現れた
❹《堅》《文》〈ベッドから〉出る, 起床する(↷ get up)；〈着席・ひざまずきなどの低い姿勢から〉身を起こす〈**from**〉‖ My grandfather ~*s* at five. 祖父は5時に起床する ❺ (権利などを求めて) 〈…に対して〉立ち上がる, 蜂起(ほうき)する(rise (up))〈**against**〉❻ (建造物・山などが)そびえている

a·ris·en /ərízən/ 動 arise の過去分詞

ar·is·toc·ra·cy /æ̀rɪstɑ́(ː)krəsi | -tɔ́k-/《アクセント注意》名 (複 **-cies** /-z/) ❶《the ~》《集合的に》《単数・複数扱い》(特に欧州の)貴族, 貴族階級(→ nobility)；貴族社会 ‖ a member of the ~ 貴族(の一員) (aristocrat) ❷〘史〙U 貴族政治；貴族政体 (→ democracy)；C 貴族政治の国家 ❸《the ~》《集合的に》(各分野の) 一流の人々；支配階級 ‖ the ~ of scientists 一流科学者たち
語源 ギリシャ語 *aristos*(最良の)+*kratia*(統治)：最も生まれのよい人々による支配

a·ris·to·crat /ərístəkræ̀t | ǽrɪs-/ 名 C ❶ 貴族 ❷ (同種の中の)最高の人[もの]

A

*a·ris·to·crat·ic /ərìstəkrǽṭɪk | æ̀rɪs-/ 〈シ〉 形 ❶ 貴族(階級)の, 上流階級の ❷ (生活様式・態度などが)貴族的な, 上品な **-i·cal·ly** 副

Ar·is·toph·a·nes /æ̀rɪstɑ́(ː)fənìːz | -tɔ́f-/ 名 アリストファネス(450-388 B.C.)《古代ギリシャの喜劇作家》

Ar·is·to·te·li·an /æ̀rɪstətíːliən/ 〈シ〉 形 アリストテレス(Aristotle)(学派)の ── 名 C アリストテレス学派の人 **~·ìsm** 名 U アリストテレス哲学

Ar·is·tot·le /ǽrɪstɑ̀(ː)ṭl | -tɔ̀t-/ 名 アリストテレス(384-322 B.C.)《古代ギリシャの哲学者. プラトンの弟子でアレクサンダー大王の教師》

*a·rith·me·tic /əríθmətɪk/ 《アクセント注意》(→ 形) 名 U ❶ 算数, 算術; 演算; 数学理論, 算術学 ‖ *Arithmetic* is a branch of mathematics. 算数は数学の一分野だ ❷ 計算 ‖ Something's wrong. Are you sure of the ～? 何かおかしいな. 計算は確かなの? / I'm「not good [OR poor] at ～. 私は数字に弱い / do [OR perform] (the [OR some]) ～ 計算[演算]する / by quick mental ～ 素早い暗算で

── 形 /æ̀rɪθméṭɪk/ 《アクセント注意》〈シ〉 (♦ 分節は ar·ith·met·ic)《限定》算数の ‖ an ～ formula 数式

a·rìth·me·tí·cian 名 C 算術家, 計算の得意な人

▶▶ **～ lógic ùnit** 名 C 演算論理機構《略 ALU》 **～ méan** 名 C 【数】算術[相加]平均, 等差中項(average) **～ progréssion [séries]** 名 U 【数】等差数列[級数]

ar·ith·met·i·cal /æ̀rɪθméṭɪkəl/ 形 算数の, 算術[計算]上の **~·ly** 副

A·ri·us /éəriəs, əráɪəs/ 名 アリウス(256?-336)《アレクサンドリアの神学者. キリストの神性を否定した》

Ariz. 略 Arizona

Ar·i·zo·na /æ̀rɪzóunə/ 〈シ〉 名 アリゾナ《米国南西部の州. 州都 Phoenix. 略 Ariz., 【郵】AZ》

-nan 形 名 C アリゾナ州の(人)

ark /ɑːrk/ 名 C ❶《ときに A-》《the ～》【聖】ノアの箱舟(Noah's Ark) ❷ 避難場所 ❸ 大型の舟, 平底舟 ❹《the ～》【聖】契約の箱, 約櫃(やくひつ)(=Ark of the Covenant)《十戒を刻んだ石板を納めた神聖な木の箱》❺《A-》【宗】聖櫃(Holy Ark)《ユダヤ教会にある Torah を納めた戸棚》

***be* [OR *have còme*] *òut of the Árk* [OR *árk*]** 《口》非常に古臭い, とても古い

wènt* [OR *have gòne*] *òut with the árk =*be* [OR *have come*] *out with the Ark* [OR *ark*](↑)

Ark. 略 Arkansas

Ar·kan·sas /ɑ́ːrkənsɔ̀ː/ 《発音注意》(→❷) 名 ❶ アーカンソー(州)《米国中南部の州. 州都 Little Rock. 略 Ark., 【郵】AR》❷ / +米 ɑːrkǽnzəs/ 《the ～》アーカンソー川《コロラド州に発しミシシッピ川に注ぐ(2,333km)》

Ar·kán·san 形 名 C アーカンソー州の(人)

Ar·ling·ton /ɑ́ːrlɪŋtən/ 名 アーリントン《米国バージニア州北東部の郡. 国防総省(Pentagon)や国立共同墓地(Arlington National Cemetery)がある》

***arm¹** /ɑːrm/

── 名 (複 **~s** /-z/) C ❶ **腕**《肩から手までの部位》, 上肢 ‖ He broke his right ～ in a snowboarding accident. 彼はスノーボードの事故で右腕を折った / one's better ～ 利き腕 / hold [《文》fold] a child in one's ～*s* 子供を抱く / carry a book under one's ～ 本を小わきに抱える / with one's ～*s* folded [OR crossed] = with folded [OR crossed] ～*s* 腕組みして / take him by the ～ 彼の腕をつかむ; 手をとって彼を導く

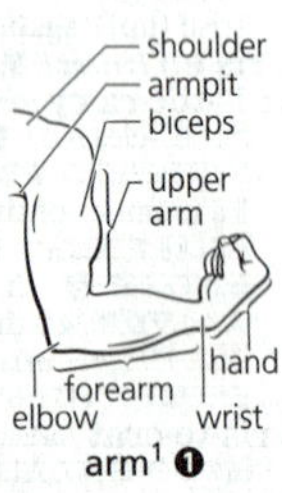

arm¹ ❶

❷ **腕状のもの**; (ロボット・機械類の)アーム; (動物の)前脚; (タコなどの)腕足, 触腕; 大枝 ❸ 腕を支える[保護する]もの; (いす・家具の)ひじかけ(armrest); (服の)そで ‖ the ～*s* of a sofa ソファーのひじかけ / an ～ of a jacket ジャケットのそで ❹《通例単数形で》(組織の)部門, 機関 ‖ the company's research ～ 会社の調査部門 ❺ U 力, 権力, 支配力 ‖ the long ～ of the law 法の力 ❻ (海・川・陸地などの)本体から枝分かれした部分 ‖ an ～ of the sea 入江 ❼ 【数】角度を作る線

a babe in arms ⇨BABE(成句)

****àrm in árm*** (ほかの人と)腕を組んで ‖ She walked ～ *in* ～ with him. 彼女は彼と腕を組んで歩いた

a shot in the arm ⇨SHOT¹(成句)

as lòng as one's árm 《口》(リストなどが)とても長い

at árm's lèngth ① 腕を伸ばした距離(の所)に ‖ He carried the dustbin *at* ～*'s length*. 彼はごみ箱をできるだけ身体から離して運んだ ② 一定の距離をおいて ‖ I kept him *at* ～*'s length*. 彼とは距離をおいた

beyond àrm's réach 手の届かない所に

chànce one's árm 《英口》〈…を〉思いきってやってみる, 〈…に〉一か八(ばち)か賭(か)ける〈on〉

còst* [*pày*] (*a pèrson*) *an àrm and a lég 《口》(人に)莫大(ばくだい)な金がかかる[を払う] ‖ This car *cost* me *an* ～ *and a leg*. この車はとても高かった

give one's* (*right*) *arm ⇨ RIGHT ARM(成句)

in árms (赤ん坊が)まだ歩けない ‖ She is still a babe *in* ～*s*. 彼女はまだ赤ん坊だ[歩けない]

in èach òther's árms 抱き合って

into the árms of ... …の所有で, …の管理下で

on a person's árm (人の)腕に寄りかかって

pùt the árm on ... 《米口》①〔人〕に金をせびる, 借りる ② (捕らえようと)…を力ずくで押さえる

talk a person's arm off ⇨ TALK 動(成句)

****twist a pèrson's árm*** ①《口》(人に)無理強いする, (人を)拝み倒す ‖ I had to *twist* his ～ to get him to come here. 彼にここに来るよう拝み倒さねばならなかった ② (人の)腕をねじる

(with one's) arms akimbo ⇨ AKIMBO

with óne àrm tied behind one's báck 後ろ手に縛られた状態でも, たやすく ‖ I can [OR could] assemble that chair *with one* ～ *tied behind* my *back*. あのいすは簡単に組み立てられる

with òpen árms 両手を広げて; 心から歓迎して(♦ greet, welcome, receive などとともに用いる) ‖ We welcomed him *with open* ～*s*. 私たちは彼を心から歓迎した

within àrm's reách 手の届く所に

▶▶ **～ càndy** 名 U コンパニオン, 同伴役《異性に同伴してパーティーなどに出る美貌の女性[男性]》 **～ cùff** 名 C = cuff¹ ❺

***arm²** /ɑːrm/

── 名 (複 **~s** /-z/) C ❶《通例 ～s》**兵器, 武器**; (特に銃などの)軽火器(firearms)(♦ 数詞や many などをつけることはできない)(⇨ WEAPON 類語) ‖ The U.S. Army used sophisticated ～*s* in the antiterrorist action. 米国陸軍は反テロ行動で最新式の兵器を使用した / carry small ～*s* ピストルを携行している / nuclear ～*s* 核兵器 / ～*s* reduction 軍備縮小 / an ～ dealer 武器商人 ❷《～s》戦争(状態) ‖ a cessation [OR suspension] of ～*s* 停戦 ❸ (盾・旗などの)紋章《一族・団体などを表す》‖ a coat of ～*s* 盾形の紋章

bèar árms ① 武装する, 軍務に就く ② 紋章を帯びる

in árms 戦いに備えて; 武装して

lày dòwn* (*one's*) *árms 武器を下に置く, 戦いをやめる, 降伏する

Òrder árms! 【軍】立て銃(つつ)《号令》

pìle [OR **stàck**] **árms** 銃を組む, 叉銃(さじゅう)する
presènt árms 〘軍〙ささげ銃(つつ)をする ‖ *Present ~s!* ささげ銃《号令》
Revèrse árms! 〘軍〙反(かえ)せ銃(つつ)《弔意を表すため銃口を下に向けてになわせるときの号令》
secùre árms 〘軍〙(雨にぬらさないよう)銃の主要部を抱える ‖ *Secure ~s!* 腕に銃(つつ)《号令》
Shòulder árms! 〘軍〙になえ銃(つつ)《号令》
tàke (**ùp**) **árms** ① 〈…に対して〉武器を取る, 蜂起する〈**against**〉 ② 軍務に就く
Tràil árms! 〘軍〙下げ銃(つつ)《号令》
under árms (戦いに備えて)武器を持って, 武器を整えて
***ùp in árms** 〈…に対して〉武装蜂起して, 反乱を起こして；強く抵抗して〈**against**〉；〈…のことで〉ひどく腹を立てて〈**about, over**〉 ‖ They are *up in ~s about* the new tax. 彼らは新税にひどく怒っている

—動 (**~s** /-z/；**~ed** /-d/；**~·ing**)
—他 ❶ …を〈…で〉武装させる；《受身形または ~ oneself で》〈…で〉武装している, 防備する〈**with**〉 ‖ The missile is *~ed with* a nuclear warhead. そのミサイルは核弾頭を搭載している / He *~ed* himself *with* a golf club and went upstairs. 彼はゴルフクラブを(武器として)手に持ち2階へ上がっていった
❷《受身形または ~ oneself で》〈…で〉身を固める；〈…を〉身につける, 備える〈**with**〉 ‖ She was *~ed with* a fur coat. 彼女は毛皮のコートを着込んでいた / He *~ed* himself *with* the newest theories. 彼は最新の理論で武装した ❸〔爆弾など〕を使用可能にする ‖ ~ the security system 警備装置を作動させる
—自 武装する；戦争に備える ‖ The country was *~ing* for war. その国は戦争に備えている最中だった
armed to the teeth ⇨ TOOTH (成句)
▶▶ **~s contròl** 名 U 軍備制限 **~s ràce** [**competìtion**] 名 C《単数形で》軍備拡張競争

ar·ma·da /ɑːrmɑ́ːdə/ 名 ❶《the A-》〘史〙(スペインの)無敵艦隊 (Invincible [OR Spanish] Armada) ❷ C 艦隊, 航空隊(など)；大集団(♦ スペイン語から)

ar·ma·dil·lo /ɑ̀ːrmədílou/ 名 (複 ~ OR **~s** /-z/) C 〘動〙アルマジロ《米国南部から南米に生息》
語源 スペイン語で「よろいをつけた小さいやつ」の意.

Ar·ma·ged·don /ɑ̀ːrməgédən/ 名 U/C《単数形で》❶〘聖〙ハルマゲドン《世界の終わりに行われるという善と悪との大決戦(場)》 ❷ 最終戦争；大破壊

Ar·mag·nac /ɑ̀ːrmənjǽk | ɑ́ːmənjæk/ 名 U アルマニャック《フランス南西部アルマニャック地方産のブランデー》

ar·ma·ment /ɑ́ːrməmənt/ 名 C ❶《通例 ~s》軍備, 武装 ❷ U 軍備拡充, 武装化(↔ disarmament)

ar·ma·ture /ɑ́ːrmətʃùər | -tʃə/ 名 C ❶〘電〙(発電機の)電機子；(電磁石・ブザーなどの)接極子 ❷〘彫刻〙(製作中の粘土を支える)枠；〘建〙補強材 ❸〘生〙防護器官《つめ・きば・とげなど》；《古》よろいかぶと, 武具

árm·bànd 名 C 腕章(armlet)；《~s》腕輪《泳げない子が腕につける浮輪》

***árm·chàir** 名 C アームチェア, ひじかけいす(⇨ CHAIR図)
—形《限定》机上の空論の, 実体験を伴わない ‖ an ~ traveler [detective] 書斎の旅行家[探偵]

***armed**[1] /ɑːrmd/ 形《比較なし》❶ (特に銃で) 武装した；武器を使用した (↔ unarmed) ‖ an ~ group 武装集団 / an ~ conflict 武力衝突 ❷ (核ミサイルなどを) 装備した ‖ a nuclear-~ power 核兵器を持った国
▶▶ **~ fórces** (↓) **~ neutrálity** 名 U 武装中立

armed[2] /ɑːrmd/ 形《複合語で》…の腕をした ‖ a plump-~ person 太い腕の人

***àrmed fórces** [**sérvices**] 名 複《the ~》(陸・海・空軍の)軍隊(組織)

***Ar·me·ni·a** /ɑːrmíːniə/ 名 アルメニア《コーカサス南部の共和国. 公式名 the Republic of Armenia. 首都 Yerevan》

Ar·me·ni·an /ɑːrmíːniən/ 形 アルメニアの；アルメニア人[語]の —名 ❶ C アルメニア人 ❷ U アルメニア語

arm·ful /ɑ́ːrmfùl/ 名 C 腕いっぱい, ひと抱え ‖ an ~ of blossoms 腕いっぱいの花

árm·hòle 名 C〘服飾〙そでぐり

ar·mi·stice /ɑ́ːrmɪstɪs/ 名 C《単数形で》(短期間の) 休戦, 停戦(truce)；休戦条約(→ cease-fire)
▶▶ **Ármistice Dày** 名 (第1次世界大戦の) 休戦記念日《11月11日. 現在は《米》では Veterans Day, 《英》では Remembrance Sunday [Day] という》

arm·let /ɑ́ːrmlət/ 名 C ❶ 腕輪(bracelet)；腕章(armband) ❷ 小さな入江(inlet)

árm·lòck 名 C〘レスリング〙アームロック, 腕固め

ar·moire /ɑːrmwɑ́ːr/ 名 C 大型衣装だんす；移動式食器棚《装飾的で骨董(こっとう)品風のもの》

***ar·mor,** 《英》**-mour** /ɑ́ːrmər/ 名 U ❶ (通例金属製の) よろいかぶと, 甲冑(かっちゅう)；防具 (→ body armor) ‖ a suit of ~ 具足1式 ❷ (軍艦・戦車などの) 装甲(板)；《集合的に》機甲部隊 ❸ (動植物の堅い外皮を含む)防護器官, 保護する覆い ❹ 自己を防御する武器《知識や信仰など》 —動 他 …を装甲する；…によろいを着せる
▶▶ **~ plàting** [**plàte**] 名 C 装甲板

armor ❶

***ar·mored** /ɑ́ːrmərd/ 形《限定》❶ よろいを着た；装甲した ‖ an ~ cable 外装ケーブル / ~ vehicles 装甲車両 ❷ 装甲車両を持つ ‖ an ~ division 機甲師団 ❸ (動植物が)防護器官のある
▶▶ **~ cár** 名 C 装甲車《現金輸送用・軍用など》 **~ personnél càrrier** 名 C 装甲兵員輸送車

ar·mor·er /ɑ́ːrmərər/ 名 C ❶ 具足師, 武具師；兵器製造業者 ❷〘軍〙兵器係《火器・弾薬などを管理する下士官兵》

ar·mo·ri·al /ɑːrmɔ́ːriəl/ 形 紋章の(ある) ‖ ~ bearings 紋章

ármor-plàted /英 ⌣-⌣-/ 形《通例限定》装甲板で覆われた, 機甲の

ar·mor·y /ɑ́ːrməri/ 名 (複 **-mor·ies** /-z/) C ❶ 兵器庫 ❷《米》兵器工場 ❸《米》州軍[予備役軍の]本部[訓練所] ❹ (資源・技術などの)蓄え；(議論のための)攻撃材料

***ar·mour** /ɑ́ːrmər/ 名 動《英》=armor

árm·pìt 名 C ❶ わきの下(⇨ ARM[1]図) ❷《主に米俗》汚い[不快な]場所, ごみためのような所

***árm·rèst** 名 C (いすの)ひじかけ

árms-lèngth 形 ある距離をおいた, 親密でない ‖ an ~ relationship つかず離れずの関係

Árm·stròng 名 アームストロング ❶ **Daniel Louis ~** (1900–71)《米国のジャズトランペット奏者. 愛称 Satchmo, Pops》 ❷ **Neil Alden ~** (1930–2012)《米国の宇宙飛行士. 1969年人類初の月面歩行を行った》

árm-twìsting 名 U 力ずくの強制, 圧力をかけること
árm-twìst 動 自 他

árm-wrèstle 動 自 他 (…と)腕相撲をする；(…に)圧力をかける
árm-wrèstling 名

*****ar·my** /ɑ́ːrmi/
—名 (複 **-mies** /-z/) C ❶《集合的に》《単数・複数扱い》**軍隊**, 軍勢, 兵力；《通例 the ~》《単数・複数扱い》**陸軍**, 軍務；《形容詞的に》軍隊の, 陸軍の ‖ The two *armies* fought for the tiny territory. 両軍はごく小さな領土をめぐって戦った / The ~ is [OR are] doing rescue work after the earthquake. 地震の後, 軍隊が救援活動を行っている / join [OR go into] the ~ 軍隊に入る / *An ~ marches on its stomach.* 《諺》軍隊は腹で行進する；腹が減ってはいくさはできぬ

A

❷《集合的に》《単数・複数扱い》〈…の〉大群〈of〉‖ An ～ of reporters gathered around the actress. 大勢の記者が女優を取り囲んだ(♦❶❷とも《米》ではふつう単数扱い. 《英》では集団として見る場合は単数扱い, 個々の成員に重点を置く場合は複数扱い)

Yóu and whàt [OR *whòse*] *ármy?* 《俗》あなたのほかに援軍は(♥脅しに対する切り返しで,「おまえひとりで何ができる」の意)‖ "Get out or I'll throw you out!" "Oh, yeah? *You and what* [OR *whose*] ～?"「出て行かないとほうり出すぞ」「へえ, 何[だれ]の助けを借りるんだい」

▸▸ ～ **ànt** 名 C 〘虫〙グンタイアリ(driver ant)《アメリカ熱帯地方のアリ. 大群で移動し動物を捕食する》 ～ **bràt** 名 C 《米口》職業軍人の子弟《親の転勤に伴い複数の土地で育つ》 ～ **còrps** 名(複 ～ c-) C 軍団 ～ **ìssue** 名 U 形 軍支給品[服](の) ～ **lìst** 名 C (また A- L-)陸軍現役将校リスト ～ **sùrplus** 名 U 形 軍放出品(の)

ármy·wòrm 名 C 〘虫〙大群で作物を食い荒らす害虫, (特に)アワヨトウガの幼虫

ar·ni·ca /ɑ́ːrnɪkə/ 名 ❶ C 〘植〙アルニカ《ヨーロッパ産のキク科の薬草》 ❷ U 〘薬〙アルニカチンキ(❶から採れる外傷薬)

Ar·nold /ɑ́ːrnəld/ 名 アーノルド ❶ **Benedict** ～(1741-1801)《米国の将軍. 独立戦争のとき英軍に寝返った》 ❷ **Matthew** ～(1822-88)《英国の詩人・批評家》

Á-ròad /éɪ-/ 名 C (英国の)主要幹線道路, A道路《高速道路に次ぐ幹線道路で, B道路より上級》(→ B-road)

ar·oid /ǽərɔɪd/ 名 (= ～ **lily**) C 〘植〙サトイモ

a·ro·ma /əróumə/ 名 ❶ C (よい)におい, 香り; (ワインなどの)芳香(⇨ SMELL 類語P) ❷ U C (芸術作品などの)風格, 気品, 趣, 雰囲気

aròma·thérapy 名 U アロマセラピー, 芳香療法《健康増進・美容法》 **-therapéutic** 形 **-thérapist** 名

ar·o·mat·ic /æ̀rəmǽtɪk/ ⊲シ 形 ❶ 芳香の(ある), かぐわしい; 香りの強い ❷ 〘化〙芳香族(化合物)の

― 名 C ❶ 芳香のもの; 芳香植物[剤] ❷ (= ～ **cómpound**)〘化〙芳香族化合物

a·ro·ma·tize /əróumətàɪz/ 動 他 ❶ …に芳香を加える ❷ 〘化〙…を芳香族化する

*__a·rose__ /əróuz/ 動 arise の過去

***a·round /əráund/ 副 前

冲心義 …の周りに(★物理的な位置に限らず,「数量」や「人間関係」などについても用いる)(♦副詞・前置詞とも《米》では round よりも around の方が一般的. 《英》ではこの2つを語義によって区別することが多いが, 最近では区別なく用いる人が増えている. ⇨ ROUND 副 語法)

― 副《比較なし》❶ **周りに**, 周囲に, 辺りを ‖ The protesters were gathering ～. 抗議者たちが周りに集まってきた / Suddenly she stopped and **looked** ～. 彼女は突然立ち止まり, 辺りを見回した

❷《主に米》**ぐるりと(回って)**; (ほぼ180度)向きを変えて ‖ The skater spun ～ like a top. スケーターはこまのようにくるくる回った / She **turned** ～ quickly. 彼女は素早く振り向いた

❸ **あちこちに[で]**, 至る所に[で] ‖ Don't leave your clothes lying ～. 服をあちこちに置きっ放しにしてはいけません / I'll show you ～. あちこちご案内しましょう / shop ～ 買い物であちこち(品物を)見て回る / walk ～ (あちこち)歩き回る

❹ 近くにいて[あって]; 出回って, 広まって ‖ I'll be ～ if you need me. 私にご用でしたら近くにおります / Smartphones have been ～ for some time now. スマートフォンはもうしばらく前から普及している

❺ (ある分野で)活躍して, 目立って ‖ She will be ～ for a long time as the leading scholar in the field. 彼女はその分野で一流の学者として長く活躍することだろう

❻ (みんなに)行き渡って; (順番が)巡って ‖ I'm afraid we don't have enough coffee to go ～. 残念ながら全員に行き渡るだけコーヒーがない / My turn to speak came ～. 私の話す番が回ってきた / The Rangers will win this time ～. 今回はレンジャーズが勝つよ

❼ (少し離れた場所に)訪れて, 出かけて行って ‖ Come ～ to have dinner with us tonight. 今晩夕食を食べにいらっしゃい / Will you go ～ to the post office? ちょっと郵便局まで行ってきてもらえますか

❽ **約**, およそ, …ころ(about) ‖ That hat cost ～ fifty dollars. その帽子は50ドルほどだった(♦ この例では round は使えない) / (at) ～ seven o'clock 7時ごろ(に)(♦《口》ではふつう at を省略する(⇨ PB 03). その場合 around は前置詞ともみなせる)

❾《最上級を伴って》現存の ‖ This is one of the best cars ～. これは現在入手できる最高の車だ ❿《主に米》《名詞の後に置いて》…中, (…周辺の)四方に; (周囲が)…で ‖ (all) the year ～ 1年中 / for miles ～ 数マイル四方にわたって / The tree is four feet ～. その木は周囲が4フィートある ⓫《fool, hang, mess, sit などの動詞とともに用いて》ぶらぶらと, 当てもなく, 時間を無駄にして(♥ あまり好ましくないことを続けるというニュアンスになることがある) ‖ I will be hanging ～ for a few more days. あと2, 3日ぶらぶらしています

àll aróund 辺り一面に, 至る所に; 万事に

aròund abóut 約, およそ, …ころ ‖ It started raining ～ *about* midnight. 真夜中ごろ雨が降り出した

be up and around ⇨ UP(成句)

have been aróund 《口》いろいろ経験を積んでいる; 世間ずれしている; 性的経験が豊富である

― 前 ❶ …**の周りに** ‖ The family sat ～ the table. 家族はテーブルを囲んで座った / She put her arms gently ～ her daughter. 彼女は両腕で優しく娘を抱き締めた

❷《主に米》…**の周りを回って**; …を(迂回(うかい)して)回って, (角など)を回って ‖ The earth turns ～ its axis. 地球は地軸を中心に回る / a tour ～ the world 世界一周旅行 / There's a pub just ～ the corner. 角を曲がった所にパブがあります

❸ …**のあちこちを[に]**, …の(中の)方を ‖ We took a walk ～ the park after dinner. 私たちは夕食後公園を散歩した / I showed [OR took] him ～ the campus. 彼を大学構内のあちこちに案内した / all the books ～ the house 家中の(あちこちにある)すべての本

❹ …の近くに[で], …の辺りで ‖ Are you from ～ here? あなたはこの辺の方ですか / There are many restaurants ～ here. この辺りにはレストランがたくさんある ❺〔問題など〕を回避[解決]して ‖ This is the only way ～ the problem. これがその問題を回避する唯一の方法だ / How do you get ～ the penalty fee? どうやって罰金から逃れますか ❻ …と親しい関係にある, …の身近の ‖ Those ～ the president are responsible for the company's bankruptcy. 会社の倒産は社長の取り巻きの責任だ ❼ …を中心に, …に基づいて ‖ The government's economic policy was built ～ low interest rates. 政府の経済政策は低金利に基づいたものだった

àll aróund ... …の辺り一面に, …の至る所に

aròund-the-clóck ⊲シ 形《限定》24時間営業の, 昼夜連続の(《英》round-the-clock)

a·rous·al /əráuzəl/ 《発音注意》名〔⊲ arouse 動〕U 目覚めさせること, 覚醒(かくせい); (怒り・疑惑などの)喚起; (性的)興奮 ‖ sexual ～ 性的興奮

*__a·rouse__ /əráuz/ 《発音注意》動〔▸ arousal 名〕他 ❶〔感情・行為など〕を刺激する, 引き起こす; 〔人〕を刺激して〈…〉させる〈to〉; 〔人〕を怒らせる, 興奮させる ‖ The curfew has ～*d* widespread opposition. 夜間外出禁止令は広く反発を招いた / ～ appetite 食欲をそそる / ～ her maternal instincts 彼女の母性本能を刺激する / The decision ～*d* him *to* protest [action]. 彼はその決定に反発して抗議した[行動に駆り立てられた] ❷〔人〕を

性的に刺激する ❸〔人〕を〈眠り・無気力などから〉目覚めさせる, 呼び覚ます〈**from**〉(♦ wake, awaken の方がふつう) ‖ ~ him *from* sleep [his indifference] 彼を眠り[無関心]から目覚めさせる

ar·peg·gi·o /ɑːrpédʒiou/ 名 (複 **~s** /-z/) C 〖楽〗アルペジオ《和音を急速に連続して奏すること》, 分散和音

ar·que·bus /ɑ́ːrkwɪbəs/ 名 =harquebus

arr. 略 arranged (by); arrangement; arrival, arrive(s), arrived

ar·rack /ǽrək/ 名 U C アラク酒《米・糖蜜(とうみつ)・ヤシの実から造る西インド諸島・中近東産の強い酒》

ar·raign /əréɪn/ 動 他 ❶〖法〗(法廷に)…を召喚して審問する; …を〈…の理由で〉告訴[告発]する〈**for**〉(♦ しばしば受身形で用いる) ❷ …を非難する, とがめる

~·ment 名 C U 〖法〗罪状認否手続き; 詰問

:ar·range /əréɪndʒ/ 《発音注意》 中心義 **Aを整える** (★Aは具体的なものに限らず, 「日程」や「事柄」なども含む)

— 動 〔▶ arrangement 名〕 (**-rang·es** /-ɪz/; **~d** /-d/; **-rang·ing**)

— 他 ❶ …を**きちんと並べる**, 配置[配列]する; …を整える, 整頓(せいとん)する (≒ sort out) ‖ I ~*d* my books in alphabetical order. 本をアルファベット順に並べた / The desks are ~*d* in six rows. 机が6列に並んでいる / ~ flowers 花を生ける / ~ one's hair 整髪する

❷ **取り決める a** 《+目》…を取り決める, …の準備をする, 手配する (≒ fix up); 〔会など(の日取り)〕を〈…に〉決める〈**for**〉‖ We have ~*d* the wedding *for* Sunday. 私たちは結婚式を日曜日に決めた / She came at 7, as ~*d*. 打ち合わせどおり彼女は7時に来た / ~ the materials for a meeting 会議の資料をそろえる

b 《+**that** 節》…の手はずをつける, …を取り決める, 打ち合わせる ‖ It is ~*d that* the mayor make [《主に英》should make] a speech. 市長がスピーチをするように打ち合わせてある / I ~*d that* we could borrow a station wagon. ワゴン車を1台借りる手はずをつけた

c 《+**wh** 節 / **wh to** *do*》…するかを取り決める ‖ We have ~*d* 「*where* we'll [OR *where to*] meet. 私たちはどこで会うか決めた

❸ 〔曲〕を〈…用に〉編曲する〈**for**〉‖ The sonata has been ~*d for* the piano. そのソナタはピアノ用に編曲されている ❹ …を調停する, …について了解[合意]に達する

— 自 ❶ **a** 〈…の〉**準備をする**, 手はずをつける, 手配をする〈**for**〉‖ The hotel has already ~*d for* a taxi. ホテルはタクシーの手配をすでにしてある / I must ~ *for* some time off. 少し休みがとれるように段取りしなくてはならない

b 《(+**for** 名) +**to** *do*》(…が)…するよう取り計らう, 手はずを整える ‖ I'll ~ *for* a car *to* meet you at the airport. 空港で出迎えるよう車を手配しましょう / I've ~*d to* interview her tomorrow. 彼女に明日インタビューする手はずをつけた (→ 自 ❷)

❷ 打ち合わせる, 取り決めをする〈**with** 人と; **about** …について / **to** *do* …するように〉‖ I have ~*d with* him *about* borrowing the car next weekend. 次の週末車を借りる取り決めを彼とした / I've ~*d with* my wife *to* start tomorrow. 私は妻と打ち合わせて明日出発することにした (→ 自 ❶ **b**)

▸▸ **~d márriage** 名 C U 親が決めた結婚, 見合い結婚

:ar·range·ment /əréɪndʒmənt/ 《発音注意》

— 名 〔◁ arrange 動〕 (複 **~s** /-s/) ❶ U 配置, 配列; **整理**, 整頓(せいとん); C 配置[配列]したもの ‖ The ~ of the merchandise took a long time. 商品の陳列にずいぶん時間がかかった / Her flower ~ won first prize. 彼女の生け花は1等賞をとった / a seating ~ 席順

❷ C 《通例 ~s》**準備**, 計画; **手はず**, 手配〈**for** …の(ための) / **to** *do* …するための〉‖ **make** ~*s for* a European tour ヨーロッパ旅行の準備をする / He made ~*s for* us *to* meet for dinner this evening. 彼は私たちが今晩夕食を一緒にする手はずを整えてくれた (=He arranged for us to meet ....)

❸ C U **取り決め**, 申し合わせ, 合点, 協定〈**with** 人との / **to** *do* …するための / **that** 節 …という〉‖ The travel agents have an ~ *with* JR. 旅行業者はJRと協定を結んでいる / I **made** an ~ *with* him *to* meet at six. 彼と6時に会う約束をした / We had an ~ *that* he would cook and I would clean. 私たちの間では, 料理が彼で掃除は私という取り決めがしてあった / by special ~ 特別の申し合わせで / under this ~ この協定の下で

❹ C U 〈…のための〉編曲[アレンジ]〈**for**〉‖ Beatles tunes in ~*s for* orchestra オーケストラ用に編曲したビートルズの曲 ❺ C U 調停, 決着

ar·rang·er /əréɪndʒər/ 名 C ❶ 編曲者, アレンジャー ❷ 手配[配置]者, 世話役

ar·rant /ǽrənt/ 形 《限定》《旧》《悪い意味で》完全な, 全くの; 極悪の ‖ an ~ coward 根っからのおく病者

ar·ras /ǽrəs/ 名 (複 **~**) ❶ U アラス織り《つづれ織りの一種》 ❷ C アラス織りの壁かけ[カーテン]

***ar·ray** /əréɪ/ 名 ❶ C 《通例単数形で》ずらりと並んだもの, 勢ぞろい ‖ There was an ~ of film stars at the festival. その祭典では映画スターたちがずらりと並んでいた / a wonderful ~ of food on the table テーブルの上に並んだごちそう ❷ U (軍隊などの) 配列, 整列, 隊形 ‖ The rebel army was formed in battle ~. 反乱軍は戦闘隊形をとっていた / in close ~ 密集隊形で ❸ U 《文》豪華な衣服 ‖ The guests appeared in splendid ~. 客たちは豪華な装いで現れた ❹ C 〖数〗マトリックス ❺ C 💻 (プログラミングでの) 配列《データの連続したまとまり》 ❻ U 〖法〗陪審員の召集; 召集された陪審員

— 動 他 ❶ 《受身形で》《文》〈…で〉着飾る〈**in**〉‖ He was ~*ed in* a double-breasted suit. 彼はダブルのスーツを着てめかし込んでいた ❷ 《堅》〔兵士など〕に〈…に対して〉攻撃態勢をとらせる, 備えさせる〈**against**〉(♦ しばしば受身形で用いる) ‖ They were undeterred by the superior forces ~*ed against* him. 彼らは敵対する優勢な兵力にひるまなかった ❸ 《堅》…を陳列する, 整理して並べる (♦ しばしば受身形で用いる) ❹ 〖法〗〔陪審員〕を招集する

ar·rear /ərɪ́ər/ 名 C 《通例 ~s》(義務・約束などの履行の)遅れ, 遅滞; 未払金, 延滞した負債; 滞った任務[仕事]

fàll [OR ***gèt***] ***into arréars*** 支払いなどが遅滞する

in arréars 〈…の〉支払いなどが遅滞して〈**with**〉; 最終段階の支払いで ‖ He is two months *in* ~*s with* the rent. 彼は家賃の支払いが2か月遅れている / She still has $100 *in* ~(*s*). 彼女にはまだ未払金が100ドル残っている / wages paid *in* ~*s* 遅れて支払われる賃金

:ar·rest /ərést/

中心義 **Aをとどめる** (★Aは「人」に限らず,「注意」など抽象的なものも含む)

— 動 (**~s** /-s/; **~·ed** /-ɪd/; **~·ing**)

— 他 ❶ 〔人〕を〈…のかどで〉**逮捕する**, 拘束する (↔ release)〈**for**〉(♦ しばしば受身形で用いる) ‖ The man has been ~*ed* on suspicion of murder and taken into custody. 男は殺人の容疑で逮捕され拘留されている / The police ~*ed* him *for* the break-ins. 警察は彼を不法侵入のかどで逮捕した

❷ 〔動作・進行〕を止める, 妨げる ‖ The spread of the disease has been ~*ed*. 病気の拡散は食い止められた ❸ 〔注意〕を引く ‖ I was ~*ed* by the originality of the Web page. 私はそのウェブページの独創性に心を引かれた ❹ 〔船舶〕を抑留する

— 自 心臓麻痺(まひ)を起こす

— 名 (複 **~s** /-s/) C U ❶ **逮捕**, 検挙, 拘留 ‖ **wrongful** ~ 違法逮捕 / **house** ~ 自宅監禁, 軟禁 / **make** an ~ 逮捕する / **resist** ~ 逮捕に抵抗する

❷ 停止, 阻止 ‖ (a) **cardiac** ~ 心臓麻痺

******under arrést*** 逮捕されて ‖ You're *under* ~. おまえを逮捕する / make [OR place, put] him *under* ~ 彼を

逮捕する
語源 *ar-* to＋*-rest* stop(止める)
▸▸ ～ wàrrant 名 C 逮捕状

ar·rest·ee /ərèstíː/ 名 C 《主に米》(合法的に)逮捕されている人

ar·rest·er /əréstər/ 名 C ❶ 逮捕する人 ❷ 防止装置 ❸ ＝arrester hook ▸▸ ～ hòok 名 C 〘空〙(航空母艦に着艦する飛行機の速度を落とす)鉤引(ｺｳ)装置

ar·rest·ing /əréstɪŋ/ 形 人目を引く, 目立つ, 興味を引く

ar·rhyth·mi·a /ərɪ́ðmiə/ 名 U C 〘病理〙不整脈

ar·ri·ère-pen·sée /æ̀rieərpɑ(ː)nséɪ | -pɔ́nseɪ/ 名 (複 -pen·sées /-z/)《フランス》(＝behind-thought) C 《堅》心に秘めた目的, 腹の中, 底意

ar·ris /ǽrɪs/ 名 (複 ～ OR ～·es /-ɪz/) C 〘建〙(ドーリア式円柱の表面につけられた溝と溝の間の)稜(ﾘｮｳ)

⁑ar·riv·al /əráɪvəl/
―名〔◁ arrive 動〕(複 ～s /-z/) ❶ U C 〈…への〉**到着** (↔ departure)〈at, in, on〉‖ The ～ of the plane was delayed. その飛行機の到着は遅れた / The injured were treated on ～ *at* the hospital. けが人は病院に到着するとすぐに治療を受けた / cash on ～〘商〙着荷払い / **await** the ～ of coffee コーヒーが来るのを待つ / early ～ 早々の到着 / **late** ～ 延着 / the ～ time 到着時刻
❷ U 到達 ‖ ～ at a conclusion 結論への到達
❸ U 出現, 登場, 誕生 ‖ The ～ of satellite TV changed the television industry. 衛星テレビの出現はテレビ業界を変えた / I am delighted to hear of the ～ of his first child. 彼に初めての子供が生まれたと聞いてうれしい ❹ C 到着した人[もの]；新生児 ‖ **Late** ～*s* must wait outside. 遅れた者は外で待たなければならない / a **new** ～ 新生児；新任者, 新着書[品]

⁑ar·rive /əráɪv/

中心義 **(Aが)ある点に到達する** (★Aは具体的な「人」や「物」に限らず, 「時」や「考え」なども含む)
―動〔▶ arrival 名〕(～s /-z/；～d /-d/；-riv·ing)
―自 ❶〈…に〉**着く**, 到着する, 来る (↔ depart)〈at, in, on, etc.〉；《～d で形容詞として》着いた, 到着した (⇨ 類語P) ‖ The plane will ～ *at* the airport in forty minutes. その飛行機はあと40分で空港に到着します / What time will we ～ *in* Kyoto? 京都には何時に着きますか / His son ～*d* **back** in Tokyo yesterday. 彼の息子は昨日東京に戻って来た / The rescue party ～*d* *on* the crash scene. 救助隊は墜落現場に到着した / ～ **home** 家に着く / ～ safe and sound 無事に着く / a newly [recently] ～*d* overseas student 新しく[最近]来た外国人留学生
❷ (品物・手紙などが)**届く**, 配達される ‖ The flowers you sent me have ～*d*. あなたの送ってくださった花が届きました
❸《＋at 名》〔ある年齢・結論など〕に**到達する**, (熟慮・努力してやっと)たどり着く (♦ arrive at を1つの他動詞として受身形可能) ‖ She ～*d* *at* an understanding with her ex-husband about the children. 彼女は子供たちのことで前の夫と折り合いをつけた / A peaceful settlement was only ～*d* *at* by the intervention of the mayor. 市長の調停でやっと平和的解決に達した / ～ *at* 「a conclusion [an agreement] 結論[合意]に達する
❹ (時が)**到来する**, 来る, 訪れる ‖ The time has **finally** ～*d* for me to retire. 私もついに退職する時が来た
❺ (新しいもの・考えなどが)登場する, **出現する**, 使われるようになる ‖ That computer game will ～ in the shops next month. そのコンピューターゲームは来月には店頭に並ぶ ❻《口》**成功する**, 有名になる (♦ しばしば have ～d で用いる) ‖ When he was asked for his autograph, he felt he had really ～*d*. 彼はサインを求められたとき, 成功したことを実感した ❼ (赤ん坊が)生まれる ‖ Her baby ～*d* yesterday. 昨日彼女に赤ん坊が生まれた ❽ (事件などが)起こる

到着する	get to	arrive at	比較的狭く感じられる場所［地点］
	reach	arrive in	比較的広く感じられる場所［地域］

♦ 上表中 get to が最も口語的で, reach はやや堅く「時間や労力を費やして到達する」のニュアンスがある.
♦ arrive の場合, 広い, 狭いは話者の主観によることが多く, 滞在予定などがある都市の場合には, 一般に arrive in を用いる.
♦「事件の現場などに着く」は arrive on.

ar·ri·viste /æ̀riːvíːst/ 名 C 《けなして》飽くなき野心家, 出世主義者；成り上がり, 成金(parvenu)

ar·ro·gance /ǽrəgəns/ 名 U 傲慢(ｺﾞｳﾏﾝ), 尊大, 横柄

***ar·ro·gant** /ǽrəgənt/ 形 (人・態度が)尊大な, 傲慢な, 自信過剰で人を見下した (↔ humble) (⇨ PROUD 類語) ‖ It is ～ of you to say no to the offer. 申し出を断るなんて君も身の程知らずだ / an ～ boss [manner] 横柄な上司[態度] **～·ly** 副

ar·ro·gate /ǽrəgèɪt/ 動 他《堅》❶〔他人の権利〕を〈不法に我がものと〉する〈to *oneself*〉；…を横領する；〔称号など〕を不当に名乗る ‖ ～ *to* oneself the right to make decisions 決定権を不法に独占する ❷ (不当に)…を他人のせいにする ‖ He ～*d* his failure to his colleagues. 彼は自分の失敗を同僚のせいにした
àr·ro·gá·tion 名

***ar·row** /ǽroʊ/ 《アクセント注意》名 (複 ～s /-z/) C ❶ 矢 (→ dart) ‖ The ～ hit [missed] the mark [OR target]. 矢が的に当たった[を外れた] / shoot [aim] an ～ at a deer 矢でシカを射る[ねらう] / fire [OR launch] an ～ 矢を放つ / a bow and ～ 弓矢 / a flaming ～ 火矢 / a poisoned ～ 毒矢 / Cupid's ～*s* キューピッドの恋の矢 / dart off like an ～ 矢のように駆け去る ❷ 矢印, 矢状のもの ‖ She followed the red ～*s* to the emergency exit. 彼女は赤い矢印をたどって非常口まで行った / mark ... with an ～ …に矢印をつける
àrrow of tíme ; ***tíme's árrow*** (過去から未来へと流れる)時間の矢
(as) stràight as an árrow (物が)真っすぐに；(人が)堅物で (→ straight arrow) ‖ The expressway continues *straight as an* ～. その高速道路は真っすぐ一直線に続いている
(as) swìft as an árrow 矢のように素早い
―動 自《＋副句》矢のように速く進む[飛ぶ] ‖ The bird ～*ed* away to the south. その鳥は矢のような速さで南に飛び去った ―他 …を矢印で指示する；《～ed で形容詞として》矢印がついた, 矢印で指示された
▸▸ ～ kèy 名 C 💻 アローキー《キーボード上の矢印のついた4つのキーの1つ》

árrow·hèad 名 C ❶ 矢尻(ﾔｼﾞﾘ)；矢尻型のもの ❷〘植〙クワイ属の水草《矢尻形の葉を持つ》

árrow·ròot 名 C〘植〙クズウコン《熱帯アメリカ原産の多年草》；U (その根から採る)葛粉(ｸｽﾞｺ), でんぷん

ar·roy·o /ərɔ́ɪoʊ/ 名 (複 ～s /-z/) C (主に米南西部の)渓谷, 枯れ谷《ふだんは水が流れていない》

arse /æs | ɑːs/ ⊗《英俗・卑》名 C 尻(ｼﾘ), けつ(《米》ass)；ばか者 (♦ 以下の成句は一般に《英卑》とみなされる)
àrse about fáce 《英・豪》順序が逆の, 逆さまの
fàll [OR ***gò***] ***àrse over tít*** [OR ***típ***] 《英・豪》ひっくり返る, ばたっと倒れる
gèt one's àrse in géar ＝*get off one's arse*(↓)
gèt òff one's árse さっさとやる, 急ぐ
lìck [OR ***kìss***] ***a pèrson's árse*** (人に)へつらう
Mỳ árse! ばかな, うそつけ
not knòw one's árse from 「***one's élbow*** [OR ***a hóle***

in the gróund] 愚かだ, ばかげている
tàlk「*out of* [OR *through*] *one's árse* でたらめを言う
wòrk one's árse òff がむしゃらに働く
──動 自 他 《次の成句で》
àrse abóut [OR *aróund*] 〈自〉① ばかげたことに時間を浪費する ② = MUCK about [OR around]
can't [OR *couldn't*] *be ársed* (問題が多くて)〈…するのは〉とてもおっくうだ〈**to do**〉

árse·hòle 名 C ⊗《英俗・卑》❶ ばか, くそったれ ❷ けつの穴

ar·se·nal /ɑ́ːrsənəl/ 名 C ❶ 兵器廠(しょう)[庫], 兵器工場 ❷ (武器・弾薬などの)集積, 兵器保有量;(一般に)蓄え, 蓄積, 在庫

ar·se·nic /ɑ́ːrsənɪk/ (→ 形) 名 U 《化》砒素(ひそ)《非金属元素. 元素記号 As》;(=～ **trióxide**) C 砒素剤《殺虫用など》
──形 /ɑːrsénɪk/ 《化》砒素の;(5価の)砒素を含む

ar·sen·i·cal /ɑːrsénɪkəl/ 形 砒素の, 砒素を含む
──名 C 《～s》砒素剤《殺虫剤》

ar·se·ni·ous /ɑːrsíːniəs/, **-nous** /ɑ́ːrsənəs/ 形 《化》3価の砒素を含有する, 亜砒の ‖ ～ acid 亜砒酸

ar·son /ɑ́ːrsən/ 名 U 放火(罪) **～·ist** 名 C 放火犯

⁑art[1] /ɑːrt/

中心義 (創造的な, もしくは特定の)技

──名 〔▶ artful 形, artistic 形, artificial 形 (♦ 意味の違いに注意)〕(複 **～s** /-s/) ❶ U **美術**《絵画・彫刻などの造形芸術》; U/C 《～s》《集合的に》美術[芸術]作品;《形容詞的に》美術(作品)の ‖ He studied ～ in Paris. 彼はパリで美術を学んだ / a work of ～ 美術[芸術]作品 / an exhibition of Muromachi-period Japanese ～ 室町時代の日本美術展 / a wonderful collection of Impressionist ～ 印象派絵画の素晴らしいコレクション / an ～ school 美術学校 / ～ history 美術史
❷ C 《しばしば the ～s》**芸術**《絵画・音楽・文学・舞踊など人間が創造力を発揮する各分野》‖ the decorative [visual] ～*s* 装飾[視覚]芸術 / modern [contemporary] ～ 近代[現代]美術 / study ～ 美術を研究する[学ぶ]
❸ U C **技術**, 技, 技法;こつ, 要領;技能, 熟練 ‖ He has the ～ of making people trust him. 彼には人に自分を信用させる技術がある / There is an ～ to driving this car. この車を運転するにはこつが必要だ / Good interviewers know the ～ of conversation. インタビューのうまい人は会話のこつを心得ている / Parenting is quite an ～. 子育てはなかなか難しい / the fine ～ of compromise 歩み寄りの要領 / the black [OR magic] ～*s* 魔術 / the ～ of self-defense 護身術 (→ martial arts) / **learn** [OR **master**] the ～ of sushi making 寿司(すし)作りの技術を身につける
❹ C 《～s》《単数扱い》(自然科学に対する)**人文科学**(humanities)《言語学・歴史学など》;《複数扱い》(大学の)教養科目(liberal arts) ‖ a Bachelor [Master] of *Arts* 文学士[修士]《略 B.A. [M.A.]》
❺ U 人工, 人為;作為, 技巧, わざとらしさ, 不自然さ ‖ nature and ～ 自然と人工 / without ～ 自然に / He is incapable of ～. 彼には取り繕ったことはできない
❻ C 《通例 ～s》策略, 策謀, 術策, 手くだ
❼ U 《集合的に》(新聞・雑誌などの)挿絵, イラスト, 写真

àrt for árt's sàke 芸術のための芸術, 芸術至上主義
àrt of wár 戦術, 戦略
have [OR *get*] *... down to a fine art* ⇨ FINE ART (成句)

▶▶ ～ **déco** (↓) ～ **dirèctor** 名 C アートディレクター, (映画などの) 美術監督 ～ **fòrm** 名 C (伝統的な) 芸術形式《絵画・彫刻・小説・ソナタなど》;《単数形で》芸術の域に達したもの ～ **gàllery** 名 C 美術館;画廊 ～ **hòuse** [**thèater**] 名 C (非商業主義映画を上映する)アートシアター ～ **nouvéau** (↓) ～ **pàper** 名 U 《印》アート紙《光沢のある加工紙》 ～**s and cráfts** 名 《単数・複数扱い》工芸美術 ～ **thèrapy** 名 U 芸術療法《絵画・彫刻などを使って自己表現を行いながら治療する心理療法》

art[2] /ɑːrt/ 動 自 《方》《古》《文》二人称単数 thou の場合の直説法現在形 ‖ Thou ～ ...(=You are ...)

ÀRT 略 *a*ssisted *r*eproduction *t*echnology (生殖補助技術)

art. 略 article;artificial;artillery;artist

-art 接尾 =-ard

art de·co /ɑ̀ːrt deɪkóu | -dékou/ 名 《また A- D-》U アール=デコ《1920-30年代の装飾的なデザイン様式. 大胆な輪郭・流線・直線形などが特徴》

ar·te·fact /ɑ́ːrṭɪfæ̀kt/ 名 《英》=artifact

Ar·te·mis /ɑ́ːrṭɪmɪs/ 名 《ギ神》アルテミス(Cynthia)《狩猟・月の女神. 《ロ神》の Diana に相当》

ar·te·ri·al /ɑːrtíəriəl/ 形 《通例限定》❶ 《解》動脈の;動脈血の ❷ 幹線の ‖ an ～ road 幹線道路

ar·te·ri·ole /ɑːrtíəriòul/ 名 C 《解》細動脈《動脈と毛細血管の間の細い動脈》

ar·te·ri·o·scle·ro·sis /ɑːrtɪ̀əriousklərόusəs | -sɪs/ 名 U 《医》動脈硬化(症)(→ atherosclerosis)

***ar·ter·y** /ɑ́ːrṭəri/ 名 (複 **-ter·ies** /-z/) C ❶ 《解》動脈 (↔ vein) ‖ the main ～ 大動脈 / hardening of the *arteries* 動脈硬化 ❷ (鉄道・道路などの) 幹線道路;主要河川[水路]

ar·tè·sian wéll /ɑːrtɪ̀ːʒən- | -ziən-/ 名 C 掘り抜き井戸(♦最初に作られたフランスの地名 Artois より)

art·ful /ɑ́ːrtfəl/ 形 〔◁ art[1] 名〕《通例限定》❶ 巧みな;ずるい, 悪賢い ❷ 器用な, 熟練した;技巧を凝らした ❸ 人為的な, 人工の
as artful as a wagonload [OR *cartload*] *of monkeys* ⇨ MONKEY (成句)
～·ly 副 **～·ness** 名

ar·thri·tis /ɑːrθráɪṭəs | -tɪs/ 名 U 《医》関節炎
-thrit·ic /-θríṭɪk/ 形 名 C 関節炎の(患者)

ar·thro·pod /ɑ́ːrθrəpɑ̀(ː)d | -pɔ̀d/ 名 C 形 《動》節足動物(の)

ar·thro·scope /ɑ́ːrθrəskòup/ 名 C 《医》関節鏡
àr·thro·scóp·ic 形 関節鏡による

Ar·thur /ɑ́ːrθər/ 名 アーサー ❶ **Chester Alan ～** (1830-86)《米国第21代大統領(1881-85)》 ❷ **King ～** アーサー王《6世紀ごろのブリテン島の伝説上の王. 円卓の騎士(Knights of the Round Table)の指導者》

Ar·thu·ri·an /ɑːrθjúəriən/ 形 アーサー王(伝説)の[に関する] ‖ the ～ legends アーサー王伝説

ar·ti·choke /ɑ́ːrṭətʃòuk | ɑ́ːtɪ-/ 名 C U 《植》❶ アーティチョーク, チョウセンアザミ《花托(かたく)を食用にする》 ❷ = Jerusalem artichoke

⁑ar·ti·cle /ɑ́ːrṭɪkl/ 名 動

中心義 個別のもの

名 記事❶ 条項❷ 1品❸ 冠詞❹

──名 (複 **～s** /-z/) C ❶ (新聞・雑誌などの)〈…についての〉**記事**, 論説, 論文〈**on, about**〉‖ I **read** an interesting ～ *about* dinosaurs in today's paper. 今日の新聞で恐竜に関する面白い記事を読んだ / *The Guardian* carried a series of ～*s on* Japan.「ガーディアン」紙は日本に関する一連の記事を載せた / a leading ～ 《英》社説, 論説(《米》editorial) / a newspaper [magazine] ～ 新聞[雑誌の]記事
連語 【動+～】write an ～ 記事を書く / contribute an ～ to a journal 雑誌に論文を寄稿する / publish an ～ 論文を発表する
❷ (契約・条約などの)**条項**, 項目;条件;《～s》契約, 規約;《英》(弁護士などになるための)実務修習契約(期間);《海》

A

(乗組員の) 勤務契約条項 ‖ The principles were embodied in *Article* IX of the Constitution. その原則は憲法第9条において具現化された / ～*s* of association (会社の) 定款 / the *Articles* of Confederation 〘米史〙連合規約
❸ 〈同種のものの〉**1品**, 1個〈**of**〉; 物品, 品物; 商品 ‖ an ～ *of* clothing [furniture] 衣料品[家具]1点 / an imported ～ 輸入品 / secondhand [OR used] ～*s* 中古品 / toilet ～*s* 洗面用品; 化粧品
❹ 〘文法〙 **冠詞** ‖ the definite [indefinite] ～ 定[不定]冠詞 (the; a, an) ❺ ⊗《俗》《蔑》人, やつ
an àrticle of fáith 信仰箇条; 信条, 信念
an àrticle of virtú 美術品, 骨董(こっとう)品
—動 他 (年季契約などで) 〔弁護士見習いなど〕を〈…に〉雇う〈**to**〉(♦ しばしば受身形で用いられる)

ar·tic·u·lar /ɑːrtíkjulər/ 形 関節の, 関節のある

***ar·tic·u·late** /ɑːrtíkjulət/ 《発音注意》(→ 動) 形 〔▶ articulation 名〕 (**more** ～ ; **most** ～) ❶ 話のはっきりした, (人が)はっきりと意見を述べ(られ)る; (考えなどが)理路整然とした, 明確な (↔ incoherent) ‖ He's not very ～. 彼は口下手だ / ～ thought 明快な思考 ❷ (言葉などが) (1語1語)はっきり聞き取れる, 音節が明瞭(めいりょう)な ‖ ～ speech 有節言語 (明瞭に聞き分けられる人間の言葉) ❸ 〘動〙関節のある; 関節でできた[つながれた]
—動 /ɑːrtíkjulèɪt/ 他 ❶ 〔考え・感情など〕を(言葉で)はっきり表現する; (～d で形容詞として)はっきり表現された ‖ ～ one's ideas 自分の考えをはっきり述べる ❷ …をはっきり発音する; 〘音声〙…を調音する ‖ He ～*d* each word carefully. 彼は1語1語注意してはっきりと発音した ❸ (受身形で) (関節(状のもの)で) 〈…と〉つながれる〈**to, with**〉; (～d で形容詞として)関節(状のもの)でつながれた ‖ an ～*d* truck [《英》lorry] トレーラートラック
—自 ❶ はっきりと述べる ❷ はっきりと発音する ❸ 関節を形成する; 関節(状のもの)で〈…と〉つながる〈**with**〉
～·ly 副 はっきりと, 明確に **～·ness** 名 U 明確さ

ar·tic·u·la·tion /ɑːrtìkjuléɪʃən/ 名 〔◁ articulate 形〕 U ❶ (明瞭な)発音, 発声; 発音の明瞭度, 歯切れ ❷ 〘音声〙調音, 言語音, (特に)子音 ❸ (思想・感情などの)発表, 発言 ❹ 〘解〙 (関節による) 接合 (方法) ❺ C 〘解〙関節; 〘植〙節

ar·ti·fact /ɑ́ːrṭɪfækt/ 名 C ❶ 人工物, (道具や装飾品などの)工芸品, 加工品; (文明の)産物; 〘考古〙(先史時代の素朴な)古器物, 人工遺物 ❷ 〘生〙人為構造 (実験・観察の過程で, 薬品などによって組織中にできる物質)

ar·ti·fice /ɑ́ːrṭɪfɪs/ 名 《堅》 ❶ U C 策略, たくらみ, ごまかし ❷ C 巧妙な手段[考え] ❸ U 器用さ, 巧妙さ

ar·tif·i·cer /ɑːrtífəsər | ɑːtífɪ-/ 名 C ❶ 《旧》名工, 名匠 ❷ 《旧》考案者, 発明者 ‖ the Great *Artificer* 神 ❸ 〘軍〙技術兵

ar·ti·fi·cial /ɑ̀ːrṭɪfíʃəl/ 《アクセント注意》 ⊂シ
中心義》人の技が加わった
—形 〔◁ art¹ 名〕 (**more** ～ ; **most** ～) 《通例限定》
❶ 《比較なし》**人工の**, 人造の; 人為的な; 模造の, まがい物の (↔ natural) (⇨ FALSE 類語P) ‖ ～ flowers 造花 / ～ coloring 合成着色(料) / an ～ leg [limb] 義足[肢] / an ～ heart 人工心臓 / ～ barriers 人為的な障壁 / an ～ diamond 人造ダイヤモンド
❷ (しぐさなどが)**不自然な**, わざとらしい; にせの, うわべだけの ‖ an ～ voice [smile] 作り声[笑い] / a person of ～ manners 立ち居振る舞いのわざとらしい人
～·ly 副 人為的に; 不自然に
▶▶ ～ **inseminátion** 名 U 人工授精 ～ **intélligence** 名 U 人工知能 (略 AI) ～ **lánguage** 名 C U ① 機械(言)語, プログラム言語 ② 人工語 (エスペラントなど) (↔ natural language) ～ **respirátion** 名 U 人工呼吸 ～ **sátellite** 名 C 人工衛星 (♦ 単に satellite ともいう) ～ **swéetener** 名 C U 人工甘味料 ～ **túrf** 名 U 人工芝

ar·ti·fi·ci·al·i·ty /ɑ̀ːrṭəfɪʃiǽləṭi | ɑ̀ːtɪ-/ 名 U 人為性; 不自然, わざとらしさ; C 人工的な[不自然な]もの

***ar·til·ler·y** /ɑːrtíləri/ 名 U 《集合的に》❶ 大砲; 砲 ‖ ～ fire 砲火 ❷ (the ～) 《単数・複数扱い》砲兵(隊), 砲兵科 ❸ ミサイル発射台

ar·ti·san /ɑ́ːrtəzən | ɑ̀ːtɪzǽn/ 名 C 職人, 職工; 工芸家
～·al 形

**art·ist /ɑ́ːrṭəst | -ɪst/

—名 (複 **～s** /-s/) C ❶ (特に)**画家**, 彫刻家; (一般に)**芸術家** (小説家・詩人・写真家など) ‖ contemporary ～*s* 現代画家
❷ **芸能人**, 俳優, 歌手, ダンサー ‖ a solo ～ ソロ活動をしている歌手
❸ 〈…の〉**達人**, 名人〈**with, at, in**〉 ‖ That pitcher is a real ～ *with* a forkball. あのピッチャーはフォークボールの名人だ ❹ 《通例修飾語を伴って》《俗》悪事を働く人 ‖ a con [OR rip-off] ～ 詐欺師

ar·tiste /ɑːrtíːst/ 名 C ❶ 芸能人 (特に歌手・舞踊家・俳優など) ❷ 芸術家肌の職人 (料理人・デザイナーなど)

***ar·tis·tic** /ɑːrtístɪk/ 形 〔◁ art¹ 名〕 (**more** ～ ; **most** ～) (♦ ❶❸は比較なし) ❶ 芸術(家)の, 美術(家)の ‖ I don't have his ～ talent. 私には彼のような芸術的才能がない ❷ (出来栄えなどが)芸術的な, 芸術的に趣のある[美しい], 巧みな ‖ I like the ～ design of the building. その建物の芸術的なデザインが気に入っている ❸ 芸術のわかる, 芸術家肌の **-ti·cal·ly** 副

***art·ist·ry** /ɑ́ːrṭɪstri/ 名 U 芸術的才能[手腕]; (作品の)芸術的効果; 芸術性; 芸道, 芸術家稼業

art·less /ɑ́ːrtləs/ 形 ❶ ごまかしのない, 無技巧の; 無邪気な, 純真な ❷ 飾り気のない, 自然な, 素朴な ❸ 未熟な, 下手な, 不細工な **～·ly** 副 **～·ness** 名

art nou·veau /ɑ̀ːrt nuːvóu/ 名 (ときに A- N-) U アールヌーボー (19世紀末から20世紀初頭にヨーロッパで流行した芸術様式)
語源 フランス語=new art(新芸術)

art·sy /ɑ́ːrtsi/ 形 《主に米口》=arty

art·sy-craft·sy /ɑ̀ːrtsikrǽftsi | -krɑ́ːftsi/ ⊂シ 形 《主に米口》=arty; (家具などが)やたらに凝って非実用的な

àrt·sy-fárt·sy /-fɑ́ːrtsi/ ⊂シ 形 《主に米口》えらく芸術家気取りの

***árt·wòrk** 名 ❶ C 芸術作品, 芸術品; U (芸術品の) 製作活動 ❷ U (新聞・雑誌などの)図版, 挿絵

art·y /ɑ́ːrṭi/ 形 《口》《けなして》芸術家ぶった; 美術品まがいの **árt·i·ness** 名

art·y-craft·y /ɑ̀ːrṭikrǽfti | -krɑ́ːfti/ ⊂シ 形 《主に英口》=artsy-craftsy

àrt·y-fárt·y /-fɑ́ːrṭi/ ⊂シ 形 《英口》=artsy-fartsy

a·ru·gu·la /ərúːgələ/ 名 C 〘植〙キバナスズシロ, ルッコラ (葉はサラダ用)

ar·um /éərəm/ 名 C 〘植〙サトイモ科アルム属の植物
▶▶ ～ **lìly** 名 C =calla ❶

-ary /-èri | -əri/ 接尾 ❶ (形容詞語尾)「…の, …に関する」の意 ‖ complimentary, parliamentary ❷ (名詞語尾) 「…に関する[属する]人[もの, 場所]」の意 ‖ secretary, dictionary

Ar·y·an /éəriən/ 名 C ❶ 《旧》インド=ヨーロッパ系言語を話す人, アーリア人; U アーリア語 (インド=ヨーロッパ語または特にその中のインド=イラン語) ❷ 非ユダヤ系白人 (ナチスの用語) —形 ❶ アーリア人[族]の, アーリア語の ❷ 非ユダヤ系白人の

**as /弱 əz; 強 æz/ 接 前 副 代

中心義》2つの物・事が等しい関係にある
—接 **I 【as [so] ... as の構文で】** (♦ 前の as は副詞, 後ろの as が接続詞) ❶ (程度) …に**比べて(同じくらいに) a** (2者の比較) ‖ Mary is nearly as tall ～ her mother. メアリーは母親とほぼ同じくらいの背の高さだ / I can't run

as [OR so] fast ～ my brother. 私は兄ほど速く走れない(♦ 否定文では前の as の代わりに so を使うこともある) / This hat costs twice [three times, half] as much ～ that one (does). この帽子はあの帽子の2倍[3倍, 半分]の値段だ(♦ 倍数表現は前の as の直前に置く) / It's as exciting to watch tennis ～ (to) play it. テニスを観戦するのはプレーするのと同じくらい面白い(♦ 2つの不定詞が比較されている場合は後者の to はしばしば省略される) / We live in the same town ～ our grandparents (do). 私たちは祖父母と同じ町に住んでいます(♦ この場合は the same と呼応している. ⇨ 代 ❶)

語法 ☆☆ (1) as ... as の後に名詞が続く場合, 2つの意味が生じることがある.

(a) I know John *as* well *as* Mary.

(b) I know John *as* well *as* I know Mary.

(c) I know John *as* well *as* Mary knows him.

(d) I know John *as* well *as* Mary does. ((c)の解釈のみ)

(e) I know John *as* well *as* she. ((c)の解釈のみ)

(f) I know John *as* well *as* her. ((b)の解釈のみ)

(a)は(b)と同じ「私はジョンのことをメアリーのことと同じくらいよく知っている」と, (c)と同じ「私はジョンのことをメアリーが知っているのと同じくらいよく知っている」との2つの意味にとることが可能である. それに対して, (d), (e), (f)は助動詞の存在や代名詞の格によって as の後が主語なのか目的語なのかが明らかなので2つの意味が生じることはない. ただし, (e)のように as の後に主語のみを置いて動詞を省略する形はまれであるため, (a)も(f)のように as の後に目的語がきていると解され, (b)の意味にとられることが多い.

(2) 意味があいまいになる可能性のない文では, She doesn't sing as well as me. のように目的格の me が用いられる傾向がある. ここで主格の I を使うのは《やや堅》.

(3) 文脈上明らかな場合は後ろの as 以下が省略される. 〈例〉The train takes 40 minutes. It'll take you twice *as* long by car. 電車だと40分かかる. 車だと2倍の時間がかかる / I used to think he was clever. Now I'm not so sure. 以前は彼のことを賢いと思っていた. 今はそれほど確信はない(♦ 否定で後ろの as 以下が省略される場合は not as ... よりも not so ... がふつう)

(4) Tom is as tall as Bob. という文はふつう単に「トムとボブの身長が同じである」という意味であり, 「トムやボブの背が高い」ということは表さない. ただし, ボブの身長が高いことがすでにわかっているのであれば, ボブと同じ身長のトムも背が高いということになる. これは tall など数量で測れる形容詞の性質によるもので, big, high, large, heavy, long, old, wide なども同様. 一方, 次の例では「トムもボブもうれしい」ということを表す. 〈例〉Tom is *as* happy *as* Bob. トムはボブと同じくらいうれしい

b 《同一の人[もの]の2つの面の比較》‖ He is as kind ～ (he is) brave. 彼は勇敢だが親切でもある / I can't run as [OR so] fast ～ I used to. 私は以前ほどは速く走れない

c 《比喩表現》(♦ この as ... as の句で定型表現になったものはよく強調の直喩(ちょくゆ)表現として用いられ, しばしば頭韻を踏む. 前の as が省略されることもある) ‖ He turned as pale ～ death. 彼は死人のように青ざめた / (as) cold ～ ice 非常に冷たい / 《押韻的》(as) busy ～ a bee とても忙しい / (as) clear ～ crystal とても澄みきった

d 《最高度表現》‖ Please revise it as soon ～ possible [OR you can]. できるだけ早くそれを修正してください / He was as great a scientist ～ any. 彼は比類のない大科学者だった(♦ 語順に注意. ˣas a great scientist や ˣan as great scientist とはいわない)

❷ 《数量の強調》…も, たった… ‖ as early ～ the 12th century 早くも12世紀には / as often ～ ten times a week 週に10回も / as recently ～ last week つい先週 / The singer gets as many ～ a thousand fan letters a week. その歌手は週に1,000通ものファンレターをもらう

II 【単独の as の節】 ❸ 《様態》…の**とおりに**, …の**ように** ‖ I want you to do ～ I say. 君には私の言うとおりにやってもらいたい / Just ～ you had warned me, the shop was closed. 君に言われていたとおり店は閉まっていた / Traveling ～ I do all year long, I hardly have time to watch TV. 一年中旅に出ているので, テレビを見る時間はほとんどありません(♦ as ... do は同じ動詞(ここでは travel) を繰り返して分詞構文を強調するための挿入句なので ˣas I am とはならない) / Parks are to the city ～ lungs are to the body. 公園と都市の関係は肺と体の関係と同じだ(♦ A is to B as C is to D (A の B に対する関係は C の D に対する関係に同じ) の形で用いる. as の代わりに関係代名詞 what も使われる) / *When in Rome, do ～ the Romans do.* 《諺》ローマではローマ人のするようにせよ ; 郷に入っては郷に従え / ～ described above 上述のように

❹ 《時》…するときに, …しながら(♦ 2つの動作がほぼ同時に行われることを表し, when や while よりも同時性が高い) ‖ The concert started just ～ I got there. ちょうど私が着いたときコンサートが始まった / You can use the computer ～ the need arises. 必要なときには[必要であれば]そのコンピューターを使っていいですよ / 《省略節》*As* a child, I used to sing in the choir. 子供のころよく聖歌隊で歌ったものだ(♦ この as は前置詞とも考えられる. *As* I was a child, ... とすると「子供だったので」と理由を表すのがふつう. → 前 ❸) / They talked ～ they walked along. 彼らは歩きながら話した / He's probably heading toward home ～ we speak. こうして話している間にも彼は家に向かっているに違いない

❺ 《比例》…**するにつれて**, …**するに従って**(♦ 比較級を伴うことが多い) ‖ *As* time 「goes by [OR passes], his memory seems to get better. 時がたつにつれ彼の記憶力はよくなっていくようだ / *As* the night grew darker, (so) the temperature began to drop. 夜の闇(やみ)が深まるにつれて気温が下がりだした(♦ so を as と相関的に用いるのは《文》)

❻ 《付言》…(するの)だが, …だと思いますが, …する限りでは(♥ 主節の内容に話者のコメントを加える) ‖ *As* you know, my father has not been well lately. ご存じのとおり, 父は最近具合がよくありません / *As* you can see, I'm still eating. ご覧のとおり私はまだ食事中です

❼ 《理由》…**(な)ので**, …**だから**(♦ ふつう文頭で使われる. この意味では because, since を用いる傾向が強い. ⇨ BECAUSE **類語**, SAKE[1] **類語P**) ‖ *As* he wasn't in, I left a message. 彼がいなかったので伝言を残しておいた / You can go first ～ you're the oldest. いちばん年上なのですからお先にどうぞ(♦ 強調構文(It is ....)には使えない)

❽ 《譲歩》**a** 《補語[形容詞, 副詞など]+as+主語+動詞》…**だけれども**(→ though) ‖ Cold ～ it was, we went out. 寒かったが我々は出かけた(=Although [OR Though] it was cold, ...) (♦ 《米》では As cold as it was, ... の形も用いられる) / Much ～ I like you, I couldn't marry you. 君のことは大好きだけど結婚はできないだろうね

語法 ★☆ (1) この語順で理由の意味になることもある. 〈例〉Tired *as* she was, I decided not to disturb her. 彼女は疲れていたので邪魔をしないことに決めた

(2) 文頭に名詞がくる場合は無冠詞. ただし実際には名詞を使うことはまれで, ほとんどは形容詞か副詞である. 〈例〉Child ～ he was, he knew what he was doing. 《まれ》子供ながら彼は自分がしていることをよくわかっていた

b 《動詞+as+主語+法助動詞》いかに…して(みて)も ‖ Try ～ you may, you cannot open the door. どん

A

なに頑張ってもそのドアを開けることはできない
❾《追加》《通例 as+be [do]+主語》そして…もまた同様に ‖ He works for a bank, ~ does his wife. 彼は銀行員だが, 彼の妻もそうだ ❿《限定》…するような, …するときの(♦ 過去分詞・形容詞・前置詞句・節を導いて, 先行する名詞の意味・内容を限定する) ‖ human beings ~ compared with other animals ほかの動物と比較したときの人間 / the history of the United States ~ we know it 我々が知っているアメリカの歴史(♦ know の後に it がついていることで関係代名詞と区別できる)

―前 ❶ …として(の); …なので ‖ Speaking ~ your doctor, you should stop drinking. 君の医者として言うが, 酒はやめるべきだ / act ~ chairman [go-between] 議長役[仲介役]を務める / The Americans chose the former general ~ president. アメリカ人は前将軍を大統領に選んだ(♦ as に続く名詞が, 1人しか該当者が存在しない「役職」「役目」「身分」などを示す場合は無冠詞. 複数存在する可能性がある場合は通例不定冠詞をつけるが, ときに無冠詞) / *As* her private secretary, he has access to all her correspondence. 彼女の私設秘書なので彼は彼女の通信のすべてを知ることができる(♦ 立場や職務内容を明らかにする表現)
❷《accept, regard, treat などの目的格補語を導いて》…(である)と ‖ They didn't accept her ~ their mother. 彼らは彼女を母親として認めなかった / I regard him ~ (being) incompetent. 私は彼を無能だと思う / Don't treat me ~ a child. 私を子供扱いしないで / take it ~ understood それを了解済みと解する / think of him ~ a friend 彼を友人と思う

語法☆☆ as の後には名詞句のほかに, 形容詞・現在分詞・過去分詞がくる. 〈例〉The police described him *as* 「a dangerous criminal [very dangerous, having a scar on his face, badly hurt]. 警察は彼は危険な犯罪者[非常に危険である, 顔に傷跡がある, ひどくけがをしている]と言った

❸ …のときに ‖ She loved singing ~ a child. 彼女は子供のころ歌うのが大好きだった

―副《比較なし》**同じ程度に, 同じくらいに** (→ 接 I) ‖ Kate is clever, but her sister is just ~ clever. ケイトは賢いが, 彼女の妹も同じくらい賢い / You have a lot of CDs, but he has ~ many. 君はCDをたくさん持っているけど, 彼も同じくらい持っているよ / She is ~ clever a woman as her sisters (are). 彼女は姉たちに劣らず賢い女性だ

―代《関係代名詞》(♦ as は主格か目的格になっている) ❶《the same, such, so, as に呼応して制限用法の関係詞節を導いて》…のような ‖ This is the same watch ~ I lost yesterday. これは昨日なくしたのと同じ型の時計です(♦ This is the same watch that I lost yesterday. は「これは昨日なくしたまさにその時計です」の意味とされる. しかし実際にはあまり区別なく用いられている) / Don't tell me such things ~ you can't talk of freely. 自由に話せないようなことは話すな / 《最高度表現》He is as great a scientist ~ ever lived [OR breathed]. 彼は古今に類のない大科学者である
❷《主節を先行詞とする非制限用法の関係詞節を導いて》それは[それを]…だが(♦ which よりも意味が軽く「…だが」と意味を付け加える感じ. which と異なり文頭にも使われる) ‖ She was an American, ~ I knew from her accent. 彼女がアメリカ人だということが, 彼女の言葉のなまりからわかった(♦ 先行する主節全体が先行詞. as は目的格) / *As* is often the case with him, he broke his promise. 彼にはよくあることだが, 約束を破った(♦ 後に続く主節全体が先行詞. as は主格)

as agáinst ... …に比較して, …に対して ‖ Our team won 54 games this year ~ *against* 34 (games) last year. 我々のチームは去年34勝だったのに対して今年は54勝した

às and whén (不確定な未来を表して)…するとき; いつか, できるだけ早く

****às for ...*** NAVI **…はどうかと言えば**, …に関しては(♥ 主に文頭で, 関係はあるものの多少異なる話題を持ち出すときに用いる. ⇨ NAVI表現 11) ‖ I have a lot of CDs by American musicians. *As for* British artists, I have only a few. アメリカのミュージシャンのCDはたくさん持っているんだ. イギリスの方は少ししか持っていない

às from ... 《主に英》《契約・法律などの正式な日付に用いて》…から, …以降 ‖ The contract starts ~ *from* April 1st. 契約は4月1日から発効する

****as if*** [OR ***thòugh***] ① **まるで…のように** (♦《口》では as if [OR though] の代わりに like が用いられることがあるが, この用法を誤りとする人もいる. → like¹ 接 ❷) ‖ He talks ~ *if* he knew everything. 彼はまるで何でも知っているかのような話しぶりだ / I'm feeling ~ *if* I had had a horrible nightmare. 恐ろしい悪夢でも見たかのように感じる / It looks ~ *if* it is going to snow. 雪でも降りそうだ / It's not ~ *if* he doesn't know the rules. 彼は規則を知ってるくせに[知らないわけでもあるまいし](♦ 節中の内容と逆のことが真実であることを表す) ② 《as if 節単独で》(⇨IF CE 1) ‖ *As if* you didn't know! 知ってるくせに(♥ 相手の提案・暗示などを非難する場合に用いる) / *As if* I cared! 構うものか ③《As if! の形で単独で用いて》《口》信じられないね

語法☆☆ as if に導かれる節では仮定法も直説法も使われる. as if に続く内容の確実性が低く, as if が「(現実は違うのに)まるで…のように」という意味である場合は仮定法が使われるが, 《口》では直説法もよく使われる. 〈例〉Jim behaves *as if* he were [was, 《口》is] our boss. ジムはまるで自分が私たちの上司であるかのように振る舞う as if に続く内容の確実性が高く, as if が「どうやら…のようだ」という意味である場合は通例直説法が使われる. 〈例〉It looks *as if* it is going to rain. どうやら雨になりそうだ(⇨ PB 07)

as if to dó まるで…するかのように (→ MAKE *as if*) ‖ He shook his head ~ *if to* say "Don't trust her." 彼はまるで「彼女を信用するな」と言うかのように首を(横に)振った

as ís 〖商〗(破損した商品の販売について) (全然手を加えずに)現状(のまま)で, 修理をしないままで; (一般に)そのままで (as it is) ‖ He bought the used car ~ *is*. 彼はその中古車を現状渡しで買った

as it comes ⇨ COME(成句)

****as it ís*** ①《通例文頭で》(予期に反して)**実際のところは**(♥ 言いにくいことを言う際に発言を和らげる) ‖ *As it is*, I cannot pay you. (金があれば払いたいのだが) 実のところ今は払えない / He looked poor, but ~ *it was*, he was very rich. 彼は見掛けは貧乏のようだったが, 実際は大金持ちだった ②《文末で》あるがままに ‖ Leave it ~ *it is*. そのままにしておきなさい / He took things ~ *they were*. 彼は物事をあるがままに受け入れた (♦ 数・時制は意味により変化する) ③《文中で》現状では, 実際問題として ‖ The law, ~ *it is*, is not severe on small shop owners. その法律は現状では小売商人に対して厳しくない (♦ 数・時制は意味により変化する) ④《文末で》今のままでも, もうすでに, それでなくても ‖ I'm not buying you anything else today. I've spent too much money ~ *it is*. 今日はほかには何も買ってあげないよ. もうすでにお金を使いすぎたからね

****as it wére*** 《文中・文末で》**いわば**(…のようなもの) ‖ He is, ~ *it were*, a living legend. 彼はいわば生きている伝説だ / That woman looked, ~ *it were*, drunk. その女性はなんだか酔っ払っているみたいだった (♥比喩(ひゆ)的な表現で発言の内容を和らげる. 前後にコンマを置くことが多い)

****às of ...*** ① =*as from* (↑) ② (何年何月何日) **現在で[の]** ‖ *As of* March 2013, there are five high schools in this city. 2013年3月現在, 当市には5つの

高校がある

as (of) yet ⇨ YET(成句)

às A, só B AであるとＢに‖*As* you treated me, *so* will I treat you. あなたが私を扱ったように私もあなたを扱おう(♦このように so の後で主語と助動詞の語順が入れ替わることもある)

****às to ...*** ① NAVI＝*as for* (↑) ② **…に関して(は)**, …については‖I have no idea (～ *to*) what it is like. 私はそれがどんなものかわからない(♦疑問詞節を導くときには as to はしばしば省略される) ③〔基準など〕に従って‖arrange skirts ～ *to* size サイズ順にスカートを並べる

As you dó. 《英》(前言を皮肉っぽく評して)まあそんなところだね

as you wére 【軍】元へ(♦元の位置・姿勢に戻す号令)；《口》(前言を訂正して)もとい，間違えた

As 記号【化】arsenic(砒素(ひそ))

AS, A.S. 略 *A*nglo-*S*axon；*A*ssociate in [OR of] *S*cience(理系準学士)

as- 接頭《s の前で》＝ad-‖*as*sert

ASA 略 *A*merican *S*tandards *A*ssociation(米国規格協会)(現在の ANSI)

as·a·fet·i·da, 《英》-foet- /æ̀səfétədə｜-ɪdə/ 名 ❶Ⓤ【化】阿魏(あぎ)(樹脂)(せき止め・虫下し用) ❷Ⓒ阿魏の採れる植物(セリ科)

***ASAP, asap** /èɪ es eɪ píː, éɪsæp/ 略 *as* *s*oon *as* *p*ossible(⇨ SOON(成句))

as·bes·tos /æsbéstəs/ 名Ⓤ【鉱】石綿(布)，アスベスト‖～ cancer [poisoning] 【医】アスベスト癌(がん)[被害]

as·bes·to·sis /æ̀sbestóusɪs/ 名Ⓤ【医】石綿沈着症《石綿の粉を吸い込むことで肺などが冒される職業病》

ASCAP /ǽskæp/ 名 米国作曲家作詞家出版者協会(♦*A*merican *S*ociety of *C*omposers, *A*uthors and *P*ublishers の略)

***as·cend** /əsénd/ 動 (↔ descend) 自 ❶(煙・飛行機などが)上る，上がる；(人が)登る‖The birds ～*ed* into the sky until we could no longer see them. 鳥たちは空へ舞い上がり，やがて見えなくなった ❷(道が)上りになる ❸(地位・程度などが)上がる‖～ to a high rank 高い地位まで出世する ❹【楽】(声・楽音の音が)高くなる‖an ～*ing* scale 上昇音階

―他 ❶〔山・はしごなど〕を登る；〔川〕を(上流に)さかのぼる‖～ a hill 小山を登る ❷〔高い地位〕に就く

語源 *a-* to＋*-scend* climb(登る)

▸▸ **～ing órder** 名Ⓤ(数などを小さい順に並べる)昇順(↔ descending order)‖in ～*ing order* 昇順に

as·cend·an·cy, -en·cy /əséndənsi/ 名Ⓤ/Ⓒ《単数形で》〈…に対する〉優位，優勢；権勢；支配〈**over**〉‖have [OR gain, get] an ～ *over* ... (戦いなどの結果)…を制する，…に対し優位を占める

as·cend·ant /əséndənt/ 形 ❶《文》上昇する，上がっていく(↔ descendant) ❷《堅》優越した；優勢な，支配的な ❸【天】中天に昇っていく；【占星】東の地平線上の；【植】(葉・茎などが)上向きの ―名 ❶《通例 the ～》優位；権勢 ❷Ⓤ【占星】(誕生時などの)黄道上の星位

in the ascéndant 優勢で；日の出の勢いで

as·cend·er /əséndər/ 名Ⓒ ❶ 登る人；上昇する[させる]人[もの]；【登山】登攀(とうはん)器《ザイルにつける金属具》 ❷【印】アセンダー(ascending letter)《小文字の b, d, k などで a, c, e などよりも上に出る部分，またそれらの文字》(↔ descender)

as·cen·sion /əsénʃən/ 名 ❶《the A-》【宗】キリストの昇天 ❷Ⓤ《堅》上昇(ascent)，上ること；即位

▸▸ **Ascénsion Dày** 名【宗】キリスト昇天祭(Holy Thursday)《Easter 後 40 日目の木曜日》

***as·cent** /əsént/ 名(↔ descent) Ⓒ ❶《通例単数形で》のぼること，上昇，浮上‖They attempted a difficult winter ～ of the mountain. 一行はその山へ困難な冬期登頂を試みた / make an ～ 登る ❷《通例単数形で》上り道[坂]，上りの傾斜(度)‖a gentle [steep] ～ 緩やかな[急な]坂 ❸Ⓤ地位の向上，昇進，出世

***as·cer·tain** /æ̀sərtéɪn/ 《発音・アクセント注意》動 他 確かめる(≒make certain [OR sure]) **a** 《＋目》…を確かめる，突き止める‖I need to ～ some facts. いくつかの事実を確かめる必要がある **b** 《＋(**that**) 節》…であることを確かめる‖Scientists have ～*ed that* mushrooms have many health benefits. 科学者たちはキノコにさまざまな健康効果があることを確認した **c** 《＋**wh** 節》…かを確かめる‖The police are trying to ～ *what* caused the accident. 警察は何がその事故の原因かを突き止めようとしている **～·a·ble** 形 **～·ment** 名

as·cet·ic /əsétɪk/ 形《通例限定》禁欲的な，厳しく節制する；苦行の‖an ～ life 禁欲生活 ―名Ⓒ苦行者，行者(ぎょうじゃ)，修道士[僧]；禁欲主義者 **-i·cal·ly** 副

as·cet·i·cism /əsétɪsɪ̀zm/ 名Ⓤ修行，苦行；禁欲生活；禁欲主義

ASCII /ǽski/ 名Ⓤ 💻 アスキーコード，米国標準情報交換用コード《7ビットコードで数字・アルファベットを中心に合計128記号が含まれている》(♦*A*merican *S*tandard *C*ode for *I*nformation *I*nterchange の略)

a·scòr·bic ácid /əskɔ̀ːrbɪk-/ 名Ⓤ【生化】アスコルビン酸，ビタミンC

As·cot /ǽskət/ 名 アスコット ❶ 英国バークシャー州南東部の村 ❷《the ～》アスコット競馬場《同地アスコット＝ヒースにある》；アスコット競馬《同地で毎年6月に行われる》 ❸《a-》Ⓒ【服飾】アスコットタイ《スカーフ状の幅広のネクタイ》

a·scrib·a·ble /əskráɪbəbl/ 形《叙述》〈…に〉帰せられる，〈…に〉起因する，〈…の〉せいとされる〈**to**〉

as·cribe /əskráɪb/ 動 他《堅》❶ …を〈…に〉帰する，〈…の〉せいにする〈**to**〉(→ attribute)‖Heart attacks are

PLANET BOARD 07

as if ... の節内で be 動詞の形はどうなるか.

問題設定「まるで…のように」の意味の as if ... 節内では仮定法過去形，be 動詞なら were が用いられるとされている．実際の使用率を調査した．

Q 次の(a)～(c)のどれを使いますか．(複数回答可)

(a) Kevin talks **as if** he **is** our boss.
(b) Kevin talks **as if** he **was** our boss.
(c) Kevin talks **as if** he **were** our boss.
(d) どれも使わない

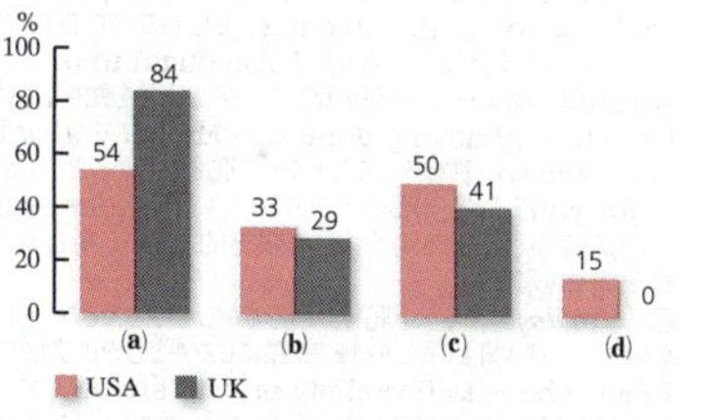

(a)の直説法 is を用いると答えた人が7割近くで最も多く，次が(c)の仮定法 were で46%，(b)の was は3割の人が使うとした．(a)を使う人は《米》54%，《英》84%で，《英》の方が高率だった．多くの人は「意味の違いはなく，(a)は口語的，(c)が堅い言い方」としている．「talks が現在形だから was と were は正しくない」と，仮定法を意識していない回答者もいた．どれも使わないという人は代わりの表現として，Kevin talks *like*「he *is* [OR he*'s*] our boss. / Kevin talks *as though* he *were* our boss. などをあげた．

学習者への指針 as if ... 節内で1人称・3人称単数主語に were を用いるのは《堅》であり，《口》では直説法が多く用いられる．

often ~d to stress. 心臓発作はしばしばストレスが原因となる ❷…を〈…の〉作[発明, 発見, 仕業]と認める〈to〉‖ The invention of the gramophone is ~d to Edison. 蓄音器の発明はエジソンだとされている ❸〔性質・特徴など〕を〈…に〉属すると考える〈to〉

as·crip·tion /əskrípʃən/ 名 C U 《堅》 ❶ (原因などを)〈…に〉帰すること, 帰属〈to〉 ❷〖宗〗(説教の終わりの)神への賛辞

ASEAN /ǽziən, ǽsi-/ 略 *A*ssociation of *S*outh*e*ast *A*sian *N*ations(東南アジア諸国連合)《1967年設立》

a·sep·sis /eɪsépsɪs/ 名 U 無菌(状態) ;〖医〗無菌法

a·sep·tic /eɪséptɪk/ 形 無菌の ;〖医〗無菌[防腐]処置をした

a·sex·u·al /eɪsékʃuəl/ 形 ❶〖生〗無性の, 生殖器のない ; 生殖作用によらない ‖ ~ reproduction 無性生殖 ❷性と無関係の ; (交際などが)セックス抜きの

a·sèx·u·ál·i·ty 名 U〖生〗無性

***ash**[1] /æʃ/ 名 U C ❶灰 ; 火山灰 ; 《~es》灰燼(かいじん), 廃墟(はいきょ) ‖ When wood is burned, it produces ~. 木を燃やすと灰が出る / cigarette ~ たばこの灰 / lay ... in ~*es*=reduce [OR burn] ... to ~*es* …を焼き尽くす ❷《~es》(火葬後の)遺骨 ; なきがら ‖ I want to have my ~*es* scattered on the sea. 死んだら遺灰は海にまいてほしい / bury the ~*es* 遺骨を埋める / ~*es* to ~*es*, dust to dust 灰は灰に, 塵(ちり)は塵に《キリスト教の祈禱(きとう)で遺体を埋葬するときの言葉》 ❸《the ~es または the Ashes》《英》英豪間のクリケット試合の栄冠

ràke òver the áshes 《英》昔のいやなことを蒸し返す

rìse [OR ***emèrge***] ***from the áshes*** 灰の中からよみがえる

(tùrn to) áshes in one's móuth 無価値なもの(になる)

▸▸ **~ blónd(e)** 形 名 C (灰色がかった)金髪の(人) **~ còlor** 名 U 灰白色(ash gray) **Àsh Wédnesday** 名〖キリスト教〗灰の水曜日《四旬節(Lent)の初日. ざんげの象徴として回心者の額に灰をつける》

ash[2] /æʃ/ 名 ❶〖植〗C セイヨウトネリコ ; U トネリコ材《ステッキ・スキー・野球のバットなどの用材》 ❷〖音声〗アッシュ《古英語の文字 æ. 発音記号 /æ/》

▸▸ **~ kèy** 名 C《英》トネリコの翅果(しか)《羽毛のついた実》

****a·shamed** /əʃéɪmd/

— 形 (**more ~ ; most ~**)《通例叙述》

❶ (主にやましい気持ち・戸惑いの気持ちから)**恥じて**, 気詰まりに感じて(↔ proud)〈**of, about, for** …を / **that** 節 …ということを〉‖ He was bitterly [OR deeply] ~ *of* his behavior at the meeting. 彼は会議での自分の振る舞いをひどく恥ずかしく思った / You ought to be ~ *of* yourself. 恥ずかしいと思いなさい ; 少しは恥を知りなさい / He **felt** ~ *of* having done so.=He **felt** ~ *that* he had done so. 彼はそんなことをして恥ずかしかった / I am ~ *for* you. おまえのおかげで恥ずかしい / a very ~ girl とても恥ずかしがっている少女(♦ 限定的に用いる場合ふつう修飾語句を伴う)

❷《+*to do*》…するのを恥じて ; 恥ずかしくて…できない[したくない] ; …して恥ずかしい(♦ 実際にしたかどうかは文脈による) ‖ I'd be ~ *to* reveal my private life on TV. 自分の私生活をテレビでさらけ出すなんて恥ずかしくてできない / I was ~ *to* be scolded in front of him. 彼の前でしかられるのが恥ずかしかった / I'm ~ *to* say I didn't pass. お恥ずかしいことですが不合格でした

ásh·càn 名 C《米》(金属性の)灰[石炭殻]入れ, ごみ箱(《英》ashbin)

ash·en[1] /ǽʃən/ 形 灰の(ような) ; 灰色の ; (人が)青ざめた

ash·en[2] /ǽʃən/ 形《文》〖植〗トネリコ(製)の

Ash·ke·naz·i /ɑ̀:ʃkənɑ́:zi | æʃ-/ 名 (複 **-naz·im** /-ɪm/) C アシュケナージ《ドイツ・ポーランド・ロシア系のユダヤ人》

-náz·ic 形

Ash·kha·bad /ɑ̀:ʃkɑ:bɑ́:d/ 名 アシハバード《トルクメニスタンの首都》

ash·lar, -ler /ǽʃlər/ 名 U C〖建〗❶ (四角に切った建築用の)切り石 ❷切り石積み(細工)

***a·shore** /əʃɔ́:r/ 副 浜に[へ], 岸に[へ], 陸上に[へ] ‖ draw a boat ~ ボートを岸に引き上げる / go ~ 陸に上がる / run [OR be driven] ~ (船が)浅瀬に乗り上げる / life [service] ~ 陸上生活[勤務]

ash·ram /ǽʃrəm/ 名 C〖宗〗アシュラム《ヒンドゥー教指導者の修業所》; (一般に)修業所, (ヒンドゥー教の)隠遁(いんとん)者の庵(いおり)

***ash·tray** /ǽʃtrèɪ/ 名 C 灰皿 ‖ stub out a cigarette in an ~ 灰皿にたばこを押しつぶして火を消す

ash·y /ǽʃi/ 形 ❶灰の(ような) ; 灰まみれの ❷《文》灰色の ; 青白い, 蒼白(そうはく)の

****A·sia** /éɪʒə, -ʃə | -ʃə, -ʒə/ 《発音注意》

— 名 **アジア**, アジア大陸 ‖ Central [Southeast] ~ 中央[東南]アジア

▸▸ **~ Mínor** 名 小アジア《黒海・地中海・エーゲ海に囲まれた地域. 現在のトルコの大部分》

***A·sian** /éɪʒən, -ʃən/ 《発音注意》 形 アジアの ; アジア人の ‖ the ~ continent アジア大陸

— 名 (複 **~s** /-z/) C アジア人 ; (英米の)アジア系住民(♦《米》では主に日本・中国・朝鮮・ベトナム・フィリピン人を指し,《英》ではインド・パキスタン・バングラデシュ人を指す)

▸▸ **~ Américan** 形 名 C アジア系アメリカ人(の)

A·si·at·ic /èɪʒiǽṭɪk, -ʃiǽṭ-/ <◁ 形 アジア(由来)の(♦ 主に生物学・文化人類学で用いられる. 人を指すときは軽蔑的にとられることがあるので Asian を用いる方が一般的)

— 名 C ⊗《蔑》アジア人

****a·side** /əsáɪd/

— 副 《比較なし》 ❶**わきに**, 傍らに ; 少し離れて ; それて ‖ She put her coat and handbag ~. 彼女はコートとハンドバッグをわきに置いた / step [OR stand] ~ わきに寄る / His response was ~ from the point. 彼の返答は要点を外れていた

❷ (…のために)別にして, とっておいて ‖ I put some money ~ for a holiday. 休暇のために少し貯金した

❸ 考慮に入れないで, 度外視して ‖ Let's leave the question ~ for now. さしあたってその問題は棚上げにしておこう ❹《名詞・動名詞の後で》…はさておき ‖ joking [OR kidding] ~ 冗談はさておき

****aside from ...*** 《主に米》 ① **…を除いて**, …を別にして ‖ *Aside from* her, there was only one person that knew the secret. 彼女を除けばその秘密を知っているのは1人だけだった ② …のほかに, …に加えて ‖ *Aside from* this issue, we must take that one into account. この件に加えて, あの件も考慮しなければならない

****set aside*** ⇨ SET(成句)

— 名 C ❶〖劇〗傍白, わきぜりふ《相手に聞こえないことにして言う独り言》‖ as an ~ 独り言で

❷ ひそひそ声 ‖ whisper in an ~ ひそひそ声でささやく

❸ (文章中の)脱線, 余談

as·i·nine /ǽsɪnàɪn/ 形 愚かな, 無知な, 強情な ; ロバ(ass)の(ような) **às·i·nín·i·ty** 名 U C 愚鈍(な言行)

*****ask** /æsk | ɑ:sk/ 動 名

中心義 **言葉によって相手にAを求める**(★Aは「情報」「行為」「金銭」など多様)

— 動 (**~s** /-s/ ; **~ed** /-t/ ; **~·ing**)

— 他 ❶ **尋ねる**, 聞く(↔ answer, reply) **a** 《+目》〔人〕に〈…のことを〉尋ねる, 問う, 質問する〈**about**〉;〔物事〕を尋ねる ‖ If you don't know, ~ the teacher. 知らなかったら先生に聞いてごらん / I ~*ed* the guide *about* the showplaces of the city. ガイドにその市の見どころを尋ねた / May I ~ your e-mail address? Eメールアドレスを伺ってもいいですか

b 《+**wh** 節 / **wh to** *do*》…かと尋ねる ‖ She ~*ed* *when* the party would begin. 彼女はパーティーはいつ始まるのかと聞いた / He ~*ed* *how to* get an outside line. 彼は外線のかけ方を尋ねた / "What do you think of the president's speech?" he ～*ed* (me). 「社長のスピーチについてどう思う」と彼は(私に)尋ねた

c 《+目 *A*+目 *B*⇄+目 *B*+**of** 目 *A*》*A*(人)に*B*(物事)を尋ねる ‖ I ～*ed* him the address of his uncle. 彼におじさんの住所を尋ねた / The lawyer ～*ed* him several **questions**.=... ～*ed* several **questions** *of* him. 弁護士は彼にいくつかの質問をした

語法☆☆ (1)「+目 *B*+of 目 *A*」の文型はまれで, 直接目的語(目 *B*)が question のような語の場合に限られる.
(2) 受身形は He was *asked* several questions by the lawyer. と Several questions were *asked* (*of*) him by the lawyer. の2つが可能.
(3) ×The lawyer asked several questions to him. とはいわない.

d 《+目+**wh** 節 / **wh to** *do*》〔人〕に…かと尋ねる ‖ I ～*ed* him *what* his name was. 私は彼に名前を聞いた / She ～*ed* me *if* I would come to the wedding. 彼女は私に結婚式に来ますかと聞いた / She ～*ed* the customs officer *where to* declare taxable items. 彼女は課税品をどこで申告するのか税関員に尋ねた

❷〔人〕に**頼む**;〔事・物〕を求める **a** 《+目》…を求める ‖ Nobody ～*ed* his opinion. だれも彼の意見を求めなかった / That is too much to ～. それは無理な願い[甘えすぎ]だ / It's ～*ing* a lot, but could you look through this report? 無理なお願いとは思いますが, このレポートに目を通していただけませんか

b 《+目+**for** 名》〔人〕に…を頼む, 求める (→ *ask for* (↓)) ‖ I always ～ her *for* help. いつも彼女に手助けを頼みます

c 《+目 *A*+目 *B*⇄+目 *B*+**of** 目 *A*》*A*(人)に*B*(物事)を頼む, 求める ‖ May I ～ you a favor?=May I ～ a favor *of* you? 折り入ってお願いがあるのですが (⇨ PB 08) / This work ～*s* a great deal *of* a beginner. この仕事は初心者にはなかなか大変だ / He ～*ed* forgiveness *of* his wife. 彼は妻の許しを求めた (♦ He asked his wife for forgiveness. の方がふつう. →**b**)

d 《+**to** *do*》…させてほしいと頼む ‖ The tourist ～*ed to* use the toilet. その旅行者はトイレを使わせてほしいと頼んだ

e 《+目+**to** *do* / **that** 節》〔人〕に…するよう頼む; …することを求める ‖ He ～*ed* me *to* help him. 彼は私に手伝ってくれと頼んだ (=He said to me, "Please help me.") / I ～*ed that* they come [《主に英》should come] to dinner. 私は彼らが夕食に来ることを求めた (♦ that 節を使うのは堅い言い方. that 節内の主語に対し直接頼むことを意味しない)

f 《(+目)+**wh** 節》(人に)…したい[してもらいたい]のだがと頼む ‖ He ～*ed if* he could come. (="Can I come?" he ～ed.) 彼は同行させてほしいと頼んだ / Tom nervously ～*ed* his father *whether* he could go to the nightclub. トムは恐る恐る父親にナイトクラブに行ってもいいかと聞いた

❸ **a** 《+目》〔金額〕を〈…に対して〉**請求する**〈**for**〉‖ 「What (price) [OR How much] are you ～*ing for* this painting? この絵はおいくらでしょう

b 《+目 *A*+目 *B*(+**for** 名)》*A*(人)に*B*(金額)を(…に対して) 請求する ‖ They ～*ed* me $30 *for* the repair. 彼らは修理代として30ドル請求した

❹ **a** 《+目+副》〔人〕を〈…に〉**招待する**, 呼ぶ;〔人〕を〈…へ〉誘う《**in, out, etc.**》〈**for, to**〉‖ Shall I ～ him in? 彼に中に入るよう言いましょうか / I'd really like to ～ him *out*, but I'm worried he'd say no. 彼をデートに誘いたい気持ちでいっぱいだけど, 断られるのが心配だ

b 《+目+**to** *do*》〔人〕を…するよう誘う ‖ I ～*ed* them *to* come to dinner. 私は彼らに夕食に来るように誘った

—自 ❶〈…について〉尋ねる〈**about**〉‖ She ～*ed about* Welsh history. 彼女はウェールズの歴史について尋ねた / You may well ～! よくぞ聞いてくれました

❷ 頼む, 求める ‖ *Ask, and it shall be given you.* 求めよ, さらば与えられん(♦ 聖書の言葉)

ásk after ... 〈他〉〔人〕の健康[安否, 近況]を尋ねる;〔人の健康〕を尋ねる ‖ I approached her and ～*ed after* her parents. 彼女に近づいてご両親はいかがですかと尋ねた

àsk aróund 〈自〉あちこちで[多くの人に]尋ねる, 聞いて回る

*****ásk for ...*** 〈他〉①〔欲しいもの〕を**求める**, 要求する(request) ‖ I couldn't ～ *for* more. これ以上は望めません; これで十分です / He ～*ed for* the door to be shut. 彼はドアを閉めてくれと頼んだ ②〔人〕に面会を求める;〔人〕を電話口に呼んでもらう ‖ I ～*ed for* the manager. 私は支配人に面会を求めた[を呼び出した]

*****àsk for ít*** [OR ***tróuble***] 《口》わざわざ面倒を引き起こす, 自ら災難を招く (→ CE 13) ‖ You're ～*ing for trouble*! 面倒なことになるぜ

COMMUNICATIVE EXPRESSIONS

1 **Ásk me anóther.** 知らないね(=Don't ask me!)
2 **Could I ásk you to** lèave the ròom quíetly? 静かに部屋を出て行ってくれませんか (♥ 丁寧な依頼を表す. =Would you be so kind as to leave ...?)
3 "Hòw did the ínterview gò?" "**Dòn't ásk.**" 「面接どうだった」「聞かないでよ」(♥ 失敗や恥ずかしい経験のことなど, 聞かれたくない事柄に関して質問されたときに)
4 "Whỳ did she lèave sò sóon?" "**Dòn't àsk mé.**" 「彼女はどうしてそんなに早く帰っちゃったの」「知らないよ(そんなこと)」(♥ 本当に知らない場合(=How should I know? / Ask me another.) にも, かかわりたくなくて答えを避ける場合にも用いる)
5 **I ásk you!** 全くばかげた話だね, あきれたね, 驚いたなあ
6 He's a bìt sélfish, **if you àsk mé.** 言わせてもらえば, 彼は少し自分勝手だ
7 **(I'm) sòrry you ásked (thàt).** (そのことは) 聞かないでほしかった(♥ 答えたくないような質問をされたときに)
8 「**(It) nèver hùrts** [OR **It dòesn't hùrt**] **to ásk.** 聞くだけ(ならいいでしょ) (♥ わからないことがあるときに「質問してみる分には損はないだろう」という意味で用いる)
9 **It's tóo mùch to ásk of me.** それは私には荷が重すぎます; そんなことを私に求められても無理です(♥ 依頼などをはっきり断るときの表現)
10 **Lèt me àsk yóu then.** それならお尋ねしますがね (♥ 自分のことは棚に上げて非難してきた相手に対して言い返す. you に強勢を置いて発音する)
11 **Wèll, nów you're àsking.** 何を今さら; 今ごろになって聞いても遅いよ(♦ now に強勢を置いて発音する)
12 **Whó sáid thàt, may I ásk?** 聞いてもよろしければですが, だれがそう言ったのですか(♥ ぶしつけな質問をためらう際に用いる挿入句)
13 **You ásked for it.** 自業自得だろ (=It serves you right. / You had it coming.)

—名《次の成句で》
a bìg [OR ***hàrd, tòugh***] ***ásk*** 《口》難事, 達成し難い要求

a·skance /əskǽns | əskɑ́ːns/ 副 疑って, 不審の目で; 斜めに, 横目に
lòok askánce at ... ; ***lòok at ... askánce*** …を不審の目で見る, 怪しいと思う

a·skew /əskjúː/ 副 形《叙述》一方に傾いて[た], 斜めに[の], ゆがんで[だ]; 軽蔑の目で ‖ look ～ at ... …を軽蔑の目で見る

ask·ing /ǽskɪŋ | ɑ́ːsk-/ 名 U 尋ねること, 頼むこと
for the ásking 求めさえすれば ‖ 「It's yours [OR You can have it] *for the* ～. 請求すればもらえます
▶▶ ～ **prìce** 名 C (売り手の)言い値, 提示価格

ÀSL 略 *A*merican *S*ign *L*anguage(アメリカ手話法)

a·slant /əslǽnt | əslɑ́ːnt/ 副 傾いて, 斜めに
—前…を斜めに横切って, …と筋向かいに

:a·sleep /əslíːp/

A

—形《比較なし》《通例叙述》❶ **眠って**，眠り込んで（↔ awake）（♦ 名詞の前では sleeping を用いる）（⇨ SLEEP 類語P）‖ She was **half** [almost] ～ when the alarm sounded. 非常ベルが鳴ったとき彼女は半分［ほとんど］眠っていた / The baby was **fast** [OR sound] ～. 赤ん坊はぐっすり眠っていた（♦ ˣvery (much) asleep とはいわない）/ lie ～ on a couch ソファーで横になって眠っている / fall ～ 寝入る / awake or ～ 寝ても覚めても / the half-～ children 半分眠っている子供たち（♦ 修飾語を伴って名詞の前に置かれることもある）
❷（手足が）しびれて，無感覚で《長時間正座するなどして》‖ My right leg was ～. 右脚がしびれていた
❸（疲れたりほかのことを考えたりして）無関心で，注意散漫で ‖ He is ～ on the job. 彼は仕事に気が入っていない
❹ 活動していない，静まっている ‖ The city is ～. 街は眠っている ❺《文》死んで，永眠して

ÀS lèvel, À/Ś- 名 C U【教育】ASレベル試験《スコットランドを除く英国のAレベルとGCSEの中間の資格試験，また受験のためのコース》（♦ *A*dvanced *S*upplementary *level* の略）

a·slope /əslóup/ 副 形《文》《叙述》傾斜して［た］，傾いて［た］

As·ma·ra /æsmɑ́ːrə/ 名 アスマラ《エリトリアの首都》

a·so·cial /eɪsóuʃəl/ 形 ❶ 社交的でない，社交嫌いの ❷ 反社会的な，自己中心的な，利己的な

asp /æsp/ 名 C【動】アスプコブラ，エジプトコブラ《北アフリカ・アラビア産の毒蛇》；クサリヘビ；（一般に）毒蛇

PLANET BOARD 08

ask A of B か ask B A か.

問題設定「AをBに頼む」を表すには ask A of B と ask B A の2つの形がある．それぞれの使用率を調査した．

Q 次の表現のどちらを使いますか．
(a) May I **ask a favor of you**?
(b) May I **ask you a favor**?
(c) 両方
(d) どちらも使わない

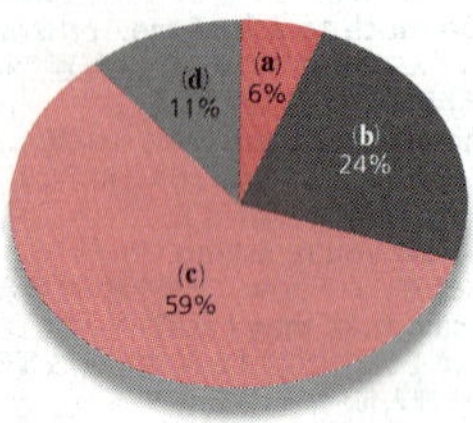

半数以上の人が両方使うと答えた．(b) の ask B A のみを使うという人は全体の約¼，(a) の ask A of B のみを使うという人はきわめて少なかった．

両方使うと答えた人の多くは「(a) の方が『丁寧』『《堅》である』『間接的な言い方』」などとした．どちらも使わないと答えた人は代替表現として Can I ask you a favor? / Will [OR Can, Could] you do me a favor? をあげている．

参考「質問する」の意味での He **asked** several questions **of** Jessica. と He **asked** several questions **to** Jessica. についても同様の調査をしたが，前者を使うと答えた人は55%で，多くの人はこれを《堅》として，He asked Jessica several questions. の方が一般的と答えた．to を使う後者の形は誤りとされるが，使うと答えた人が15%いた．

学習者への指針 May I ask you a favor? が一般的な表現で，May I ask a favor of you? はより丁寧な表現である．

as·par·a·gus /əspǽrəgəs/ 名 U【植】アスパラガス；アスパラガスの芽《食用》
▸▸ **～ fèrn** 名 C【植】シノブボウキ《南アフリカ原産のつる性アスパラガス．花束の添え葉などに用いる》

as·par·tame /ǽspərtèɪm, əspɑ́ːrteɪm/ 名 U アスパルテーム《低カロリーの人工甘味料》

ÀSPCÁ 略 *A*merican *S*ociety for the *P*revention of *C*ruelty to *A*nimals（米国動物虐待防止協会）（→ RSPCA）

:as·pect /ǽspèkt/《アクセント注意》
—名（複 **～s** /-s/）C ❶（物事の）**側面**，**局面**，面 ‖ The relation between science and society has many ～*s*. 科学と社会との関係には多くの側面がある / understand **all** ～*s* of human behavior 人間の行動のあらゆる側面を理解する / in every ～ of daily life 日常生活のあらゆる面において / an important ～ 重要な側面
❷ **見地**，**観点**，見方 ‖ We must look at the problem from various ～*s*. その問題はいろいろな観点から見なければならない / a different ～ 異なる見地
❸ U/C《単数形で》（人の顔の）表情；（物事・場所の）様相，表情，様子 ‖ a man of gentle ～ ＝a man gentle in ～ ＝a man with a gentle ～ 優しい顔つきの男性 / You should assume [OR bear] a bright [serious] ～ when you apply for a job. 就職の面接を受けるときは明るい［まじめな］表情をした方がいい
❹《通例単数形で》（家・部屋などの）向き；（ある方向に面した）面，側 ‖ the eastern ～ of a house 家の東面
❺ U C【文法】相 ‖ the progressive [perfect] ～ 進行［完了］相 ❻【占星】星位，アスペクト《2つ以上の惑星が黄道上になす角度．人の命運に影響を与えるとされる》
語源 *a-* to＋*-spect* look：見ること，見られるもの

as·pen /ǽspən/ 名 C【植】アスペン《ポプラ属の落葉樹．葉はわずかな風にも震えるように音を立てる．キリストの十字架はアスペン材でつくられたといわれる》‖ tremble like an ～ leaf（恥辱・恐怖で）ぶるぶる［わなわな］震える

Ás·per·ger('s) sỳndrome /ǽspərdʒər(z)-/ 名 C【精神医】アスペルガー症候群《知的障害を伴わない自閉症》（♦ オーストリアの精神科医 Hans Asperger (1906–80) より）

as·per·i·ty /æspérəṭi/ 名（複 **-ties** /-z/）❶ U《堅》（気性の）荒々しさ；（態度・口調の）とげとげしさ；C《通例 -ties》とげとげしい言葉 ‖ speak with ～ とげとげしい話し方をする ❷ U/C《-ties》（気候・境遇などの）厳しさ ‖ the pleasures and *asperities* of life 人生の苦楽 ❸ U《文》（表面の）粗さ，でこぼこ

as·perse /əspə́ːrs/ 動 他《文》…を中傷する，誹謗(ひぼう)する

as·per·sion /əspə́ːrʒən | -ʃən/ 名 C《通例 ～s》中傷，誹謗，非難 ‖ cast ～*s* on his character 彼の人格を傷つけるようなことを言う

as·phalt /ǽsfɔːlt | -fælt/ 名 U アスファルト；アスファルト舗装材 —動 他【道路】をアスファルトで舗装する
▸▸ **～ júngle** 名 C《単数形で》アスファルトジャングル《犯罪のはびこる大都会のたとえ》（→ concrete jungle）

as·phalt·ic /æsfɔ́ːltɪk- | -fǽlt-/ 形 アスファルトの

as·pho·del /ǽsfədèl/ 名 C ❶【植】ツルボラン《ユリ科の多年草》❷《文》【ギ神】（死者の楽園に咲くという）不死の花

as·phyx·i·a /æsfíksiə/ 名 U【医】窒息；（窒息による）仮死状態

as·phyx·i·ate /æsfíksièɪt/ 動 他 自（…を［が］）窒息させる［する］；仮死状態にする［なる］ **as·phỳx·i·á·tion** 名

as·pic /ǽspɪk/ 名 U【料理】アスピック《肉または魚のゼリー．料理のつけ合わせに用いる》

as·pi·dis·tra /æ̀spɪdístrə/ 名 C【植】ハラン《ユリ科の常緑多年草》

as·pir·ant /ǽspərənt/ 名 C 大望を抱く人；〈地位などの〉志望者，志願者〈**to, for**〉
—形《限定》大望を抱く，野心的な

as·pi·rate /ǽspərət/（→ 動）名 ❶ C【音声】気息音，帯

気音；気息音字《/h/》 ❷ Ⓤ〘医〙吸収されたガス［体液］
― 形 〘音声〙気息音の；帯気音の ― 動 /ǽspərèɪt/ 他
❶〘音声〙〔語・音節〕を気息音［帯気音］を加えて発音する
❷〘医〙〔ガス・体液など〕を（体内から）吸い出す；…を吸い込む

*as·pi·ra·tion /æ̀spəréɪʃən/ 名〔◁ aspire 動〕❶ Ⓤ/Ⓒ《通例 ～s》熱望，切望，あこがれ，願望，野心〈**for, after, to** …に対する / **to do** …したいという〉；Ⓒ 熱望の対象；目標 ‖ I have no ～(*s*) *for* [OR *after, to*] fame. 私には有名になりたいという願望がない / her ～*s to* help poor people 貧しい人々を助けたいという彼女の望み ❷ Ⓤ〘音声〙（子音の）帯気音（aspirate）を伴う発音 ❸ Ⓤ 吸気，呼吸 ❹ Ⓤ〘医〙（ガス・体液などの）吸引

as·pi·ra·tion·al /æ̀spəréɪʃənəl/ 形 野心的な

as·pi·ra·tor /ǽspərèɪṭər/ 名 Ⓒ 吸引器，吸引ポンプ；〘医〙（ガス・膿(うみ)などの）吸出器

*as·pire /əspáɪər/ 動〔▶ aspiration 名〕自 ❶《+ **to** [**after**] 名》…を熱望する，…の達成［獲得］を願う ‖ ～ *to* [OR *after*] success [fame, independence] 成功［名声，独立］を熱望する / an *aspiring* actor 俳優の卵 ❷《+ **to do**》…することを熱望［切望］する ‖ ～ *to* become a doctor 医者になることを熱望する ❸《文》（高く）そびえる
語源 *a-* to + *-spire* breathe：あえぎ求める

*as·pi·rin /ǽspərɪn/ 名（複 ～ OR ～**s** /-z/）Ⓤ〘薬〙アスピリン《解熱・鎮痛剤》；Ⓒ アスピリン錠 ‖ take an ～ アスピリンを1錠のむ

a·squint /əskwínt/ 副 形《叙述》横目で［の］，斜めに［の］，斜視で［の］‖ look ～ at ... …を横目で見る

*ass¹ /æs/ 名 Ⓒ ❶ ロバ《「愚かさ」の象徴》（♦「ロバ」の意味では現在では donkey がふつう）❷《けなして》ばか者；頑固者 ‖ Don't be an ～. ばかなことをするな［言うな］/ play the ～ = act like an ～ ばかなことをする［言う］
màke an áss of a pèrson 〔人〕を愚弄(ぐろう)する
màke an áss of onesèlf ばかなまねをする
▸▸ ～**es' brídge** 名〘数〙ロバの橋《「二等辺三角形の両底角は等しい」というユークリッド幾何学の定理》；Ⓒ 初心者には難しい問題

*ass² /æs/ 名 Ⓒ ⊗《米卑》（《英》arse）❶ 尻(しり)；肛門 ❷《one's ～, a person's ～》自分，やつ（♦ me, you, him などの代用）‖ Touch me and I'll sue your ～. 私に触ったら訴えてやる ❸（セックスの対象としての）女；セックス ‖ a piece of ～ 女
（♦ 以下の成句は一般に《米卑》とみなされる）
a pain in the ass ⇨ PAIN（成句）
àss báckwards 順序がめちゃくちゃで
be àss óut 困ったことになる
be on a pèrson's áss （人に）難癖をつける；（人の）尻をたたいてせっつく；（前の車に）ぴったりとついている
bùst [OR ***brèak***] ***one's áss*** 一生懸命にやる，打ち込む
bùst [OR ***brèak***] ***a pèrson's áss*** = *kick a person's ass*（↓）
chèw a pèrson's áss (***òut***) （人を）しかり飛ばす
còver one's áss 責任を追及されないようにする
dràg [OR ***hàul, tèar***] ***áss*** 急ぐ
gèt one's àss in [OR ***into***] ***géar*** 急ぐ
gèt one's àss over [OR ***in***] ***hére*** こっちへ来る
gèt off one's áss 尻を上げる，みこしを上げる，ぐずぐずするのをやめる
gò around one's áss to gèt to one's élbow （たやすい仕事を）わざわざ難しくやる
kìck áss （物が）とても素晴らしい；（人が）〈…を〉とても上手にやる〈**at**〉
kìck [OR ***whìp***] (***sòme*** [OR ***a pèrson's***]) ***áss*** （人に）強圧的に出る，（人を）こてんぱんにやっつける
kìss a pèrson's áss （人に）ぺこぺこする，ごまをする ‖ *Kiss* my ～! いい加減にしろ，ほっといてくれ
move one's ass 急ぐ
Mỳ áss. まさか，ばかな，くそ食らえ
not knòw one's àss from 「***one's élbow*** [OR ***a hòle in the gróund***] 何一つわかっていない，ばかだ
pùt [OR ***hàve***] ***a pèrson's àss in a slíng*** （人を）困らせる
sìt on one's áss 怠ける，のらりくらりする
wòrk one's áss òff がむしゃらに働く
you (***can***) ***bèt your áss*** (***that***) ... （…は）確実である

as·sa·gai /ǽsəgàɪ/ 名 = assegai

as·sa·i /əsáɪ/ 副《イタリア》〘楽〙アッサイ，極めて，非常に ‖ allegro ～ 非常に速く

as·sail /əséɪl/ 動 他 ❶ …を襲撃する；〔人〕を非難する（⇨ ATTACK 類語）❷《通例受身形で》（人が）悩まされる ‖ be ～*ed* with doubts 疑念にさいなまれる

as·sail·ant /əséɪlənt/ 名 Ⓒ 襲撃者，加害者

As·sam /æsǽm/ 名 アッサム《インド北東部の州で茶の産地．州都 Shillong》；（= ～ **téa**）Ⓤ アッサム《アッサムで産出される紅茶》

As·sa·mese /æ̀səmíːz/ 〈シ〉形 アッサムの，アッサム人［語］の ― 名（複 ～）Ⓒ アッサム人；Ⓤ アッサム語

as·sas·sin /əsǽsɪn/ 名 Ⓒ 暗殺者，刺客
▸▸ ～ **bùg** 名 Ⓒ〘虫〙サシガメ科の吸血昆虫

*as·sas·si·nate /əsǽsɪnèɪt/ 動 他〔政治家など重要人物〕を暗殺する；〔名誉など〕を傷つける（♦ しばしば受身形で用いる）（⇨ KILL 類語P）‖ J. F. Kennedy was ～*d* in Dallas in 1963. J. F. ケネディは1963年にダラスで暗殺された **as·sàs·si·ná·tion** 名 Ⓤ Ⓒ 暗殺（⇨ CHARACTER ASSASSINATION）

*as·sault /əsɔ́(ː)lt/ 名 Ⓒ Ⓤ ❶〈…に対する〉猛攻撃，突撃，強襲；攻撃，非難〈**on, upon, against**〉；〈困難なことを成し遂げる〉試み［努力］〈**on, upon**〉‖ launch a military ～ 軍事攻撃を始める / make an ～ *on* 「him [the world's highest mountain, all the paperwork] 彼を激しく非難する［世界最高峰の登攀(とうはん)を試みる，書類の山をやっつける］❷〘法〙〈…に対する〉暴行《未遂も含む》；婦女暴行〈**on, upon**〉（♦ rape の婉曲表現）‖ be charged with ～ 暴行のかどで告発される / commit a sexual ～ 性的暴行を働く / indecent ～ 強制猥褻(わいせつ)
― 動 他 ❶ …を攻撃［非難］する（⇨ ATTACK 類語）❷ …に暴行する；〔女性〕に乱暴をする ❸（不快感を招くものが）…を襲う ‖ The noise ～*ed* my ears. 耳をつんざく物音がした ❹〔困難なことなど〕に挑む，試みる
▸▸ ～ **and báttery** 名 Ⓤ〘法〙暴行《不法な身体的接触》～ **còurse** 名 Ⓒ《英》〘軍〙突撃訓練場，練兵場（《米》obstacle course）～ **rìfle** 名 Ⓒ〘軍〙（突撃用）自動ライフル銃

as·say /ǽseɪ | əséɪ/（→ 動）名 Ⓒ Ⓤ（薬物の）分析試験；（金・銀などの品質を分析する）試金；試金［分析］物
― 動 /əséɪ/ 他 ❶〔鉱石・薬物〕を分析試験する，試金する；（一般に）…を分析［評価］する ❷《古》《文》…を試みる，企てる；努力する ▸▸ ～ **òffice** 名 Ⓒ 分析検定所

as·se·gai /ǽsɪgàɪ/ 名 Ⓒ ❶（南アフリカ先住民の）細身の投げやり ❷〘植〙アセガイ《南アフリカの広葉樹》

as·sem·blage /əsémblɪdʒ/ 名〔◁ assemble 動〕Ⓒ ❶（人の）集合，集団；集会 ‖ speak before a large ～ 多くの人の前で演説する ❷ Ⓤ（物）の集合，集積；（機械などの）組み立て ❸〘美〙アサンブラージュ《素材を寄せ集めて作る彫刻》

*as·sem·ble /əsémbl/ 動〔▶ assemblage 名, assembly 名〕他 ❶〔人・物〕を集める（↘ get together, gather up）；…を収集する ‖ He ～*d* data for his essay. 彼は論文を書くために資料を集めた / the ～*d* company 集合した人々 ❷〔完成品〕を〈部品から〉組み立てる（↘ put together）〈**from**〉；〔部品〕を〈完成品に〉組み立てる（↔ *take apart*）〈**into**〉（⇨ MANUFACTURE 類語）‖ an easy-to-～ kit 簡単組立キット / ～ a car *from* parts = ～ parts *into* a car 部品から車を組み立てる ❸ 💻〔記号言語〕をアセンブル［機械語に翻訳］する
― 自（特に人が）集まる（⇨ GATHER 類語P）‖ They ～*d* for the meeting in the hall. 彼らはその会合のため講堂に集まった

A

as·sem·bler /əsémblər/ 名 C ❶ 集める人，組立作業員 ❷ アセンブラー(assembly language)《プログラミング言語》 ❸ アセンブラー《アセンブリー言語で書かれたソースプログラムを機械語に翻訳するプログラム》

‡as·sem·bly /əsémbli/
―名〔◁ assemble 動〕(複 **-blies** /-z/) ❶ C 立法府，**議会**；《the A-》《米》(州議会の)下院(→ general assembly)
❷ C (共通の目的を持って集まった人々の) **集団**；《単数形で》《集合的に》《単数・複数扱い》(集会の)出席者(一同) ‖ an ～ of laborers 労働者の集団
❸ U (人が)集まること，**集会**，結集；U C (学校の)朝[終]礼，全校集会(⇨ MEETING 類語) ‖ freedom [the right] of ～ 集会の自由[権利]
❹ U (機械などの)**組み立て**；C 組立品，(機械の)構成単位 ‖ an auto ～ plant 自動車組立工場 / the tail ～ of an aircraft 飛行機の尾翼部
❺《通例 the ～》《軍》(らっぱ・太鼓などによる)集合合図
❻ U アセンブリー《記号言語を機械語に翻訳すること》
▸▸ ～ **lànguage** 名 C U アセンブリー言語《プログラム作成用の記号化した言語》 ～ **line** 名 C (組み立ての)流れ作業(列) ‖ roll off the ～ *line* 製品として完成する ～ **ròom** 名 C《通例 ～s》《英》集会場，会議室；(機械)組立工場

assémbly·man /-mən/ 名 (複 **-men** /-mən/) C (代)議員；《A-》《米》(一部の州の)下院議員(→ senator) (♥ 女性形は assemblywoman だが，性差別を避けて assemblyperson ともいう)

***as·sent** /əsént/ 名 U 〈提案などに対する〉同意，賛同〈**to**〉(↔ dissent) ‖ The boss gave his ～ *to* our plan. ボスは私たちの計画に賛成した / win [OR receive] the ～ of ... …の賛同を得る / by general [OR common] ～ 満場一致で / the Royal *Assent* 《英》勅裁
―動 自 **a** 〈提案などに〉同意する〈**to**〉(→ agree) ‖ ～ *to* a new proposal 新たな申し出を承諾する / "You are right," he ～*ed*. 「そのとおり」と彼は同意した **b** 《+**to** *do*》…することに同意する ‖ ～ *to* change a plan 計画の変更に同意する
語源 *as-* to＋*-sent* feel：同様に感じる

***as·sert** /əsə́ːrt/ 動〔▶ assertion 名，assertive 形〕他 ❶ **a** 《+目》…を断言する，主張する(⇨ AFFIRM 類語) ‖ ～ his opinion [innocence] 彼の考えをはっきり述べる[身の潔白を主張する] **b** 《+**that** 節》…ということを主張する(♦《+目+**to be** 補》の文型も可能だがまれ) ‖ He ～*ed that* the data were accurate.＝"The data are accurate," he ～*ed*. 彼はデータは正確だと主張した ❷〔権利など〕を主張する ‖ ～「their rights [the right to knowledge] 彼らの権利[知る権利]を主張する ❸〔権限など〕を(強引に)行使する，発揮する
***assért onesèlf** ① (しっかりと)自己主張する，堂々と振る舞う ‖ We should ～ ourselves in international affairs. 国際問題では堂々と自己主張した方がいい ② (事物が)表面に出てくる，現れる ‖ Her mother's influence ～*ed* itself years later. 彼女の母親の影響は何年もたってから現れた

***as·ser·tion** /əsə́ːrʃən/ 名〔◁ assert 動〕U C 〈…という〉断言，主張〈**that** 節〉

***as·ser·tive** /əsə́ːrtɪv/ 形〔◁ assert 動〕断定[断言]的な；言い張る；独断的な；強い香り[色彩]がある
～·ly 副 **～·ness** 名

***as·sess** /əsés/ 動〔▶ assessment 名〕他 (**～·es** /-ɪz/；**～ed** /-t/；**～·ing**) ❶ 評価する **a** 《+目》〔…の質・量・価値〕を評価[判断]する(⇨ ESTIMATE 類語) ‖ Many companies ～ their employees once a year. 多くの会社が年に1回従業員の評価をする / ～ the impact of ... …の影響を評価する **b** 《+**wh** 節》…かどうかを評価[判定]する ‖ ～ *how* serious a problem is 問題がどのくらい深刻か評価する **c** 《+目+**as** 名・形》…を…と評価[判断]する ‖ The prize money was ～*ed as* income. 賞金は収入と判断された
❷〔財産・損害など〕を〈…と〉査定する，評価する，査定して課する〈**at**〉(♦ しばしば受身形で用いる) ‖ Damages were ～*ed at* $50,000. 被害額は5万ドルと算定された
❸《+目 *A*+目 *B*⇄目 *B*+**on** [**upon**] 目 *A*》*A*(人)に*B*(税金・罰金・費用など)を課する[負担させる] ‖ Each member was ～*ed* ¥5,000 for expenses. メンバー各人5千円ずつ費用を負担させられた

***as·sess·ment** /əsésmənt/ 名〔◁ assess 動〕(複 **～s** /-s/) ❶ U C 評価，アセスメント；(税額などの)査定 ‖ an environmental ～ 環境アセスメント / make a correct ～ of ... …を正確に査定[評価]する ❷ C 評価額，査定額 ‖ a tax ～ 租税評価(額)

as·ses·sor /əsésər/ 名 C ❶ 税額査定者；(不)動産鑑定人；《保険》損害査定人；(試験などの)評価[査定]者 ❷ 補佐役，顧問；《法》裁判所補佐役《専門的な事項について裁判官を補佐する》

***as·set** /ǽsèt/ 名 C ❶ 価値のある[役に立つ]もの[人，技術]；〈…の〉利点，長所，武器(↔ disadvantage)〈**to**〉‖ She will be a real ～ *to* your company. 彼女は御社にとって真に貴重な人材となるでしょう / Decisiveness is his greatest ～. 決断力が彼の最大の長所だ ❷《通例 ～s》(個人・会社の)資産，財産(↔ liabilities) (⇨ POSSESSION 類語) ‖ The company has「～*s* of $500 million [OR $500 million in ～*s*]. その会社には5億ドルの資産がある / ～*s* and liabilities 資産と負債
連語 【形+～】 fixed ～*s* 固定資産 / financial ～*s* 金融資産 / frozen ～*s* 凍結資産 / liquid ～*s* 流動資産 / tangible [intangible] ～*s* 有形[無形]資産 / net ～*s* 正味財産(→ capital assets, current assets)

àsset-bácked 形《限定》資産担保型の ‖ an ～ security 資産担保型証券

ásset-strìpping 名 U 資産剥奪《業績不振の会社を安く取得し，その資産を売って利益を得ること》

as·sev·er·ate /əsévərèɪt/ 動 他《堅》…を誓言する，…を断言[明言]する **as·sèv·er·á·tion** 名

áss·hòle 名 C ⊗《米卑》(《英》arsehole) ❶ けつの穴(→ ass² ❶) ❷ ばか野郎，卑劣なやつ，くそったれ

as·si·du·i·ty /æ̀sɪdjúːəṭi/ 名 (複 **-ties** /-z/) ❶ U 勤勉，精励 ‖ with ～ 精出して，せっせと ❷ C《～ties》《古》《文》配慮，心尽くし

as·sid·u·ous /əsídʒuəs | -dju-/ 形 ❶ 勤勉な，根気のよい，たゆみない ‖ be ～ in gardening 庭仕事に精を出す ❷ 配慮[世話]の行き届いた，心のこもった **～·ly** 副

***as·sign** /əsáɪn/ 《発音注意》動〔▶ assignment 名〕(**～s** /-z/；**～ed** /-d/；**～·ing**) 他 ❶ **a** 《+目 *A*+目 *B*⇄+目 *B*+**to** 目 *A*》*A*(人)に*B*(物・仕事・責任など)を割り当てる ‖ The manager ～*ed* him the job.＝The manager ～*ed* the job *to* him. 支配人は彼にその仕事を割り当てた / The couple was ～*ed* a suite in the hotel. その夫婦にはホテルのスイートルームが割り当てられた **b** 《+目》〔仕事・責任など〕を割り当てる，あてがう ‖ ～ work 仕事を割り当てる ❷ **a** 《+目+**to** 名》〔人〕を〔仕事・任務など〕に配属する ‖ She was ～*ed to* an office overseas. 彼女は海外支社に配属された **b** 《+目+**to** *do*》〔人〕に…するように命ずる ‖ The inspector ～*ed* him *to* watch the room. 警部は彼にその部屋を見張るように命じた ❸〔期日・場所〕を〈会合などのために〉指定する〈**for, to**〉‖ We ～*ed* Friday evening *for* our next meeting. 次の会合を金曜の夜にした ❹〔物・権利など〕を〈…に〉属するものとする，帰する〈**to**〉；〔事〕を〈…の〉原因とみなす〈**for**〉‖ The copyright was ～*ed to* the publisher. その著作権は出版社に属するものとされた ❺《法》〔財産・権利など〕を〈…に〉譲渡する〈**to**〉‖ He ～*ed* his business *to* his son. 彼は息子に彼の仕事を譲った
―名 C 譲渡を受ける人(assignee)

語源 *as-* to＋*-sign*（印をつける）：だれのものかわかるように印をつける

as·sig·na·tion /æ̀sɪgnéɪʃən/ 名 Ⓤ Ⓒ ❶（会見・会合の）約束；（特に）密会（の約束） ❷ 割り当て，指定；任命；割り当て分 ❸（原因・理由などを）〈…に〉帰すること〈**to**〉 ❹〘法〙（財産・権利などの）譲渡

as·sign·ee /əsàɪníː | æ̀saɪ-/ 名 Ⓒ ❶〘法〙（権利・財産などの）譲り受け人，受託者（↔ assignor） ❷ 指定[任命]された人；〘法〙指定代理人

:as·sign·ment /əsáɪnmənt/《発音注意》

—名〔◁ assign 動〕（複 **~s** /-s/） ❶ Ⓒ（割り当てられた）**仕事**[任務]；（勉学上の）課題，**宿題**；（任命された）地位，役職（⇨ TASK 類語）‖ I'm delighted by my ～ as your financial adviser. あなたの財務顧問になれて光栄です / I'm out here on an *assignment* for *Time*. 私は「タイム」の仕事でここへ来ているのです / an overseas ～ 海外任務 / a **tough** ～ 骨の折れる仕事 / a **homework** ～ 宿題 / **give** an ～（教師が）宿題を出す / do an ～ 宿題をやる / **complete** an ～ 宿題を終える / hand in an ～（生徒が）宿題を出す

❷ Ⓤ（仕事・任務などの）**割り当て**；（日時などの）指定 ‖ He is on ～ for the investigation now. 彼は今その調査の任務に就いている ❸ Ⓤ（人などの）〈…への〉帰属〈**to**〉 ❹ Ⓒ〘法〙（権利・財産などの）譲渡 ‖ an ～ of the copyright of the book その本の著作権の譲渡

as·sign·or /əsàɪnɔ́ːr | æ̀sən-/ 名 Ⓒ〘法〙（財産・権利などの）譲渡人（↔ assignee）

***as·sim·i·late** /əsímәlèɪt/ 動 他 ❶〔知識など〕を吸収する，身につける ‖ ～ a wide knowledge of economics 幅広い経済学の知識を吸収する ❷〔民族・思想・文化など〕を〈…に〉同化させる，適応させる〈**to, into, with**〉（♦ しばしば受身形で用いる）‖ The children ～*d* themselves *to* their new surroundings. 子供たちは新しい環境に溶け込んだ / The newcomers were ～*d into* the new community with surprising speed. 新しく来た人たちは驚くほど速く新しい共同体に溶け込んだ ❸〔食べ物〕を消化吸収する ❹〘音声〙〔音〕を同化する ❺ …を〈…に〉たとえる，〈…と〉同一視する〈**to, with**〉‖ ～ thought *to* perception 思考を知覚にたとえる

—自 ❶〈…に〉同化する，融合する〈**to, into**〉‖ ～ *to* Japanese society 日本社会に同化する ❷ 消化吸収する

語源 *as-* to＋*-simil-* like（同じような）＋*-ate*（動詞語尾）：同じようにする

***as·sim·i·la·tion** /əsìmәléɪʃən/ 名 Ⓤ ❶（民族・文化・思想などの）同化，吸収，融合 ❷ Ⓤ Ⓒ〘音声〙同化《ある音が次に来る音の影響を受けて違う音になること》（↔ dissimilation） ❸〘生理〙消化，吸収 ❹〘社〙同化《新しい環境に順応する過程》

As·si·si /əsíːsi/ 名 アッシジ《イタリア中部の町．St. Francis の生地》

:as·sist /əsíst/

—動〔▶ assistance 名〕（**~s** /-s/；**~·ed** /-ɪd/；**~·ing**）

—他 ❶ **a**《＋目》〔人〕を〈…の面で〉**手伝う**，手助けする〈**in, with**〉（⇨ HELP 類語）‖ I ～*ed* my father *in* fixing his car. 私は父が自動車を修理するのを手伝った / I'll ～ her *with* her presentation. 私は彼女がプレゼンテーションをするのを手伝うつもりだ

b《＋目＋**to** *do*》〔人〕が…するのを手伝う ‖ The surgeon ～*ed* her *to* perform her first operation. 外科医は彼女が初めての手術をするのを手伝った（♦ in performing ... の方がふつう）

❷ …を促進する，援助する ‖ ～ the development of a country 国の発展を援助する

—自 ❶〈…に〉助力する，援助する〈**in, with**〉‖ The UN **greatly** ～*ed in* settling the dispute. 国連はその紛争解決に大いに助力した

❷（助手などとして）〈…に〉立ち会う〈**at**〉

—名（複 **~s** /-s/） ❶ Ⓒ Ⓤ《主に米》**助力**，援助 ‖ an ～ from the developed countries 先進国からの援助

❷ Ⓒ〘スポーツ〙**アシスト**《サッカー・バスケットなどで得点をするのに関与したパス》‖ He had two goals and three ～*s* in the game. 彼はその試合で2ゴール，3アシストした

語源 *as-* to＋*-sist* stand：そばに立つ；後援する

▶▶ **~ed líving** 名 Ⓤ 介護生活（制度）‖ an ～*ed-living* apartment 介護用アパート **~ed reprodùction tréatment** 名 Ⓤ Ⓒ 生殖補助医療 **~ed súicide** 名 Ⓤ 他人[特に医師]の助けによる自殺

***as·sist·ance** /əsístəns/ 名〔◁ assist 動〕Ⓤ 援助，助力，支援 ‖ Can I be of (any) ～? ご用はおありですか（⇨ Can I help you?）/ come [go] to his ～ 彼を助けに来る[行く] / with the ～ of ... …の助け[協力]で / **receive** [**need**] **financial** ～ 財政援助を受ける[必要とする] / military ～ 軍事援助 / technical ～ 技術援助 / **give** [OR **offer**, **provide**] ～ to him 彼を援助する

:as·sist·ant /əsístənt/

—名（複 **~s** /-s/） Ⓒ ❶〈…の〉**助手**，補佐〈**to**〉‖ the director and his ～ 監督と助手 / an ～ *to* the president 大統領補佐官 / a **personal** ～ 秘書

❷《英》店員（shop assistant；《米》salesclerk）

❸《形容詞的に》補佐する ‖ an ～ manager 副支配人 / an ～ clerk《米》次官補 / an ～ principal 教頭

❹《英》（外国の学校で）自国語学習を手伝う大学生

▶▶ **~ proféssor** 名 Ⓒ《米》（大学の）助教授（《英》senior lecturer）（associate professor の次位）；（日本の大学の）准教授，講師，助教 **~ referée** 名 Ⓒ 副審，線審

as·size /əsáɪz/ 名 Ⓒ《米》裁判，審判（《英》inquest）；《通例 the ～s》（1971年までの英国の）巡回裁判；巡回裁判開廷期[地] **—形**《限定》（裁判所が）巡回の

assn. 略 association

assoc. 略 associate(d), association

as·so·ci·a·ble /əsóuʃiəbl/ 形 ❶ 連想できる，結びつけて考えられる ❷〘経〙（国が）経済共同体に加盟している

—名 Ⓒ〘経〙経済共同体加盟国

:as·so·ci·ate

中心義 **結びつける**（★Aは「考え」「人」など）

—動 /əsóuʃièɪt, -si- | -si-, -ʃi-/（→ 名 形）〔▶ association 名〕（**~s** /-s/；**-at·ed** /-ɪd/；**-at·ing**）

—他 ❶《＋目 *A*＋**with** 名 *B*》*A*を*B*と**結びつけて考える**，*A*を聞いて*B*を連想する，思い出す ‖ We ～ genetic engineering *with* cloning. 遺伝子工学といえばクローンを連想する / What do you ～ autumn *with*? 秋といえば何を連想しますか（♦ What do you associate with autumn? としてもほぼ同じ意味に解される）/ Disneyland is **closely** ～*d with* happiness. ディズニーランドと聞いただけで楽しくなる

❷《be ～d または ～ oneself で》〈…の〉仲間に入る；〈団体・事業などと〉連合[提携，関係]する〈**with**〉‖ I have been ～*d with* the company for ten years. 私はその会社と10年間関係している / She ～*d* herself *with* the campaign for equal rights. 彼女は権利の平等を求める運動にかかわった

❸《～ oneself with ... で》…を支持する，…に賛成[賛同]する

—自 ❶〈…と〉**交際する**，仲間になる（♥ しばしば好ましくない人物との関係を示す）；提携する〈**with**〉‖ Don't ～ *with* such a man. そんな男とは付き合うな ❷ 結合する

—名 /əsóuʃiət | -si-/（複 **~s** /-s/） Ⓒ ❶ **仲間**，同僚；提携者；組合員《略 assoc.》‖ a business ～ 商売仲間，仕事上の仲間 / a **close** ～ 親しい仲間

❷（協会・学会などの）準会員；（＝**~('s) degrée**）《しばしば A-》（短大卒の）準学士

—形 /əsóuʃiət | -si-/《比較なし》《限定》❶ 連合した，仲間の，共同の ❷ 準…，副…（♦ しばしば肩書きの一部に用いる）‖ an ～ judge 陪席判事 / an ～ **member** 準会員

語源 *as-* to＋*-soci-* companion＋*-ate*（動詞・形容詞語

A

尾)：仲間になる
▶▶~ **proféssor** 名 C 《米》(大学の) 準教授 (《英》 reader) 《full professor の次位》；(日本の大学の)准教授，講師

*__as·so·ci·at·ed__ /əsóuʃièɪtɪd, -si-｜-si-, -ʃi-/ 形 連合した，組合の，合同の；関連する ▶▶~ **cómpany** 名 C 子会社，関連会社 **Assòciated Préss** 名《the ~》(米国の)連合通信社，AP通信《略 AP》

:as·so·ci·a·tion /əsòusiéɪʃən, -ʃi-/ <シ>
—名〔◁ associate 動〕(複 **~s** /-z/) ❶ C 《集合的に》《単数・複数扱い》**協会**，会，組合，会社《略 assoc.》‖ the Young Men's [Women's] Christian *Association* キリスト教青年[女子青年]会《略 Y.M.C.A. [Y.W.C.A.]》/ a parent-teacher ~ PTA
❷ C U **交際**，付き合い，連合[提携]関係〈**with** …との；**between** …の間の〉‖ The system was developed by the institute in ~ *with* NASA. そのシステムはその研究所がNASAと共同で開発した / one's intimate ~ *with* a group グループとの親密な付き合い
❸ U (考え・感情・感覚などの)**連想**；C 《通例 ~s》連想されるもの，(語の)ニュアンス，含み ‖ ~ of ideas 『哲・心』観念連合 / try a little free ~ 自由連想してみる /「bring up [OR call up, evoke] an ~ ある連想を呼び起こす
❹ C U 関連，かかわり，因果関係 ‖ an ~ between passive smoking and cancer 受動喫煙と癌(がん)の因果関係 ❺ U 『化』会合《同一物質中の分子の弱い相互結合》
❻ C 『生態』(ある植物の)群集，群落
guilt by association ⇨ GUILT(成句)
▶▶~ **fóotball** 名 U 《英》《堅》サッカー(soccer)

as·so·ci·a·tive /əsóuʃièɪtɪv｜-siə-/ 形 ❶ 連合の，連帯の；連想の，連想による[を生じさせる] ❷ 『数』結合の

as·so·nance /ǽsənəns/ 名 U C ❶ 音の類似；類似音 ❷ 『韻』母音押韻《強勢を持つ同音の母音のみが韻を踏むこと．〈例〉late-make》 ❸ 類似，部分的一致
-nant 形 母音押韻の；類音の

as·sort /əsɔ́ːrt/ 動 他 …を類別する，分類する
—自 分類される

as·sort·ed /əsɔ́ːrtɪd/ 形 類別した；詰め合わせた，各種取り合わせた，いろいろな ‖ ~ fruits 果物の詰め合わせ

*__as·sort·ment__ /əsɔ́ːrtmənt/ 名 C 《通例単数形で》〈…の〉各種詰め合わせ；寄せ集め，雑多な集まり〈**of**〉

ÀSSR 略 *A*utonomous *S*oviet *S*ocialist *R*epublic (自治ソビエト社会主義共和国)

asst, Asst, asst., Asst. 略 assistant

as·suage /əswéɪdʒ/ 動 他〔苦痛・不安など〕を軽減する，和らげる；〔怒り・激情など〕を静める，なだめる；〔食欲・渇きなど〕をいやす **~·ment** 名 U 緩和，軽減，鎮静

:as·sume /əsjúːm/ 沖義》 **Aを自分のものとする** (★Aは「考え」「権力」「態度」など多様)
—動〔▶ assumption 名〕(**~s** /-z/；**~d** /-d/；**-sum·ing**)
—他 ❶ (確証はないが)…と**信じる**，仮定する **a** 《+目》…を当然のことと思う，(証拠はないが)事実として考える，仮定する (⇨ PRESUME 類語) ‖ I'm *assuming* your innocence. (=I'm *assuming* that you are innocent.) あなたのことは当然無罪だと思っていますよ / ~ the worst 最悪の場合を考える
b 《+(**that**) 節》当然…だと思う，…と仮定する ‖ I ~ (*that*) he is late. たぶん彼は遅刻でしょう / Let's ~ you win the game. 君がそのゲームに勝つとしよう
c 《+目+**to be** 補》…を…だと仮定する[思う] ‖ Let's ~ her story *to be* true. (=Let's ~ that her story is true.) 彼女の話が本当だと仮定しよう
❷〔権力など〕を**手に入れる**；〔役目・責任など〕を引き受ける，負う ‖ The rebel forces ~*d* control of the government. 反乱軍は政府の実権を握った / ~ office 就任する / I will ~ full **responsibility** for this matter. この件の全責任は私が負います
❸〔態度〕をとる，…の**ふりをする** (⇨ PRETEND 類語) ‖ He ~*d* ignorance. 彼は知らないふりをした / ~ his name [voice] 彼の名をかたる[声をまねる]
❹〔習慣・衣服など〕を身につける；〔性質・様相〕を帯びる，呈する (✎ take on) ‖ He ~*d* the customs of the country. 彼はその国の習慣を身につけた / The scene ~*d* the look of a battleground. その場の光景は戦場の様相を呈した
語源 *as-* to+*-sume* take(取る，解する)

as·sumed /əsjúːmd/ 形 《限定》 ❶ 装った，偽りの ‖ under an ~ name 偽名で ❷ (当然のこととして)仮定した，想定上の ‖ an ~ result (当然そうなると)想定された結果
as·súm·ed·ly 副 《文修飾》おそらく

*__as·sum·ing__ /əsjúːmɪŋ/ 形 傲慢(ごう)な；僭越(せん)な，出しゃばりな —接 …と仮定すると，…とすれば ‖ *Assuming* (that) it is [×will be] fine tomorrow, where are you going on a picnic? 明日晴れるとしたらどこへピクニックに行くつもりですか

:as·sump·tion /əsʌ́mpʃən/
—名〔◁ assume 動〕(複 **~s** /-z/) ❶ C (確証のない)**仮定**，**想定**，憶説，前提，思い込み〈**about** …についての / **that** 節 …という〉‖ She was operating **on** the ~ *that* he could be trusted enough. 彼は十分信じられるだろうと思って彼女は行動していた / a mere ~ 全くの憶説 / **make** a wrong [OR false] ~ *about* the outcome 結果について誤った仮定をする
❷ U C 〈地位などの〉引き受け，**就任**；〈権力などの〉**掌握**，専有〈**of**〉‖ his ~ *of* office [power] 彼の就任[権力の掌握]
❸ U C ふりをすること，見せかけ ‖ put on an ~ of innocence 無実を装う ❹ U 僭越，出しゃばり ❺ 《the A-》『カト』聖母被昇天；聖母被昇天の祝日《8月15日》

as·sump·tive /əsʌ́mptɪv/ 形 ❶ 仮定の；推測の ❷ 《古》見せかけの；僭越な，出しゃばった **~·ly** 副

*__as·sur·ance__ /əʃúərəns｜əʃɔ́ːr-, əʃúər-/ 名〔◁ assure 動〕❶ C (自信を持っての)断言；約束，保証〈**of, about** …についての / **that** 節 …という〉‖ The doctor gave me her ~ *that* I would get well soon. 医者は私にすぐによくなるだろうと保証した / receive an ~ from ... …から保証される ❷ U 確信；確実〈**of** …の / **that** 節 …という〉‖ We have every ~ *that* we will win. 我々は勝つと確信している ❸ U 自信 ‖ I answered with ~. 私は自信を持って答えた ❹ U 図々しさ，厚かましさ ‖ an air of ~ 図々しい態度 ❺ U 《主に英》保険 (insurance) ‖ life ~ 生命保険

*__as·sure__ /əʃúər｜əʃɔ́ː, əʃúə/ 動〔▶ assurance 名〕(**~s** /-z/；**~d** /-d/；**-sur·ing**) 他 ❶ 《+目+(**that**) 節 / **of** 名》〔人〕に…ということを自信を持って言う，…だと言って安心させる ‖ The doctor ~*d* the mother *that* her baby would be safe.=The doctor ~*d* the mother *of* her baby's safety. 医師は母親に赤ん坊は安全だと言って安心させた / He is ~*d that* his son is honest.=He is ~*d of* his son's honesty. 彼は息子が正直だと信じている / "That's OK," he ~*d* me.「大丈夫ですよ」と彼は私に請け合った / It's good enough for me, I ~ you. 私にはそれで十分ですよ，本当に
❷ **a** 《+目+**of** 名》…に…を保証する，確保する ‖ They ~*d* their customers *of* the best possible service. 彼らは顧客にできる限りのサービスを確約した / We booked early to ~ ourselves *of* (getting) good seats. 我々はよい席を確保するため早めに予約した / He is ~*d of* $5,000 in pension. 彼には年金として5,000ドルが保証されている **b** 《+目 *A*+目 *B*》*A* (人) に*B* (物事)を確約する，保証する
❸〔(将来の)事柄〕を確実にする，保証する(ensure)(♦しばしば受身形で用いる) ‖ Your support is essential to ~ the success of our plans. 我々の計画の成功を確実にするにはあなたの援助が不可欠なのです / Our victo-

ry is now ～*d.* 我々の勝利は今や確実だ ❹〘主に英〙〘生命など〙に保険をかける(⇨ INSURE 類語)

assúre onesèlf 確かめる, 確認する〈**of** …を / **that** 節 …ということを〉‖ He ～*d* him*self of* his son's safety. 彼は息子の身の安全を確認した

rèst assúred (***that*** ...) (…ということについては) 安心していい ‖ You can *rest* ～*d that* your payment will be met. 確かにお支払いしますのでご安心ください

COMMUNICATIVE EXPRESSIONS

[1] **I assúre you that** you are dòing fíne [OR vèry wéll] for a begínner. あなたは初心者にしてはとてもよくやっているので安心してください (♥ 不安を持つ相手を励ますときの形式ばった表現. =May I assure you ...? / ↘(Please) don't worry. / ↘Take it easy.)

語源 *as-* to(…へ)+*-sure*(確実な):確実にする

***as·sured** /əʃúərd | əʃɔ́:d, əʃúəd/ 形 ❶ 自信のある, 自信たっぷりの;出しゃばりの, 厚かましい ‖ an ～ air 自信のある態度 ❷ 保証された, 確実な ‖ an ～ position [income] 保証された地位[収入] ❸〘英〙保険に入った(insured);〘the ～ で名詞的に〙被保険者;保険金受取人

as·sur·ed·ly /əʃúərɪdli | əʃɔ́:d-, əʃúəd-/ 副 ❶〘文修飾〙間違いなく, 確かに ❷ 自信を持って, 自信たっぷりに;出しゃばった態度で, 厚かましく

As·syr·i·a /əsíriə/ 名 アッシリア《前2000年ごろメソポタミアに起こり, 前8世紀に全オリエントを統一した古代王国. 首都 Nineveh》

As·syr·i·an /əsíriən/ 形 アッシリアの, アッシリア人[語]の ―名 C アッシリア人;U アッシリア語

ÀST, À.S.T. 略 *A*tlantic *S*tandard *T*ime

As·ta·na /æstá:nə/ 名 アスタナ《カザフスタンの首都》

as·ta·tine /ǽstətì:n/ 名 U〘化〙アスタチン《放射性元素. 元素記号 At》

as·ter /ǽstər/ 名 C ❶〘植〙アスター《キク科アスター属の植物の総称》;エゾギク(China aster) ❷〘生〙(核分裂時の細胞の)星状体

-aster 接尾《名詞語尾》「へぼ…, えせ…, 取るに足りない…」の意 ‖ critic*aster*, poet*aster*

as·ter·isk /ǽstərɪ̀sk/ 名 C 星印(*), 星標, アステリスク《参照・省略・語源の推定形・非文法的な文などの指示に用いる》 ―動 他 …にアステリスクをつける

a·stern /əstə́:rn/ 副 形〘海・空〙❶《名詞の後に置いて》船尾に(ある);機体後部に(ある) ❷(ほかの船・飛行機より)後になって ‖ drop [OR fall] ～ 他船[他機]に追い抜かれる ❸ 後方へ[に] ‖ Go ～! ゴースターン, 後進

as·ter·oid /ǽstərɔ̀ɪd/ 名 C ❶〘天〙アステロイド《主に火星と木星の軌道の間に散在する岩石を主成分とする小惑星(minor planet)》 ❷〘動〙ヒトデ ―形 星状の;ヒトデの(ような)

às·ter·ói·dal 形〘動〙ヒトデ(類)の;〘天〙小惑星(状)の

***asth·ma** /ǽzmə | ǽs-/ 名 U 喘息(ぜんそく) ‖ an ～ attack 喘息の発作 / an ～ sufferer 喘息患者 / an ～ inhaler 喘息吸入器

asth·mat·ic /æzmǽtɪk | æs-/ 形 喘息(性)の;喘息を患っている ―名 C 喘息患者

as·tig·mat·ic /æ̀stɪgmǽtɪk/ ⦅シ⦆ 形 ❶〘医〙乱視の;乱視(矯正)用の ❷〘光〙(レンズが)非点収差の

a·stig·ma·tism /əstígmətɪ̀zm/ 名 U ❶〘医〙乱視 ❷〘光〙(レンズの)非点収差(↔ stigmatism)

a·stir /əstə́:r/ 副 形《叙述》❶ 動いて, 活動して;ざわめいて, 興奮して ❷(ベッドから)起きて ‖ be early ～ 早起きする

***as·ton·ish** /əstá(:)nɪʃ | -tɔ́n-/ 動 (▶ astonishment 名) 他 …を驚かす, びっくりさせる;《受身形で》驚く, びっくりする〈**at, by** …に / **to do** …して / (**that**) 節 …ということに〉(⇨ SURPRISE 類語) ‖ The terrorists' attack ～*ed* the world. テロリストの攻撃が世界を震撼(しんかん)させた / We all *were* ～*ed* 「*at* the results of the inquiry [*by* the news of her death]. 私たちはみんな捜査の結果[彼女の死の知らせ]に驚いた / I *am* greatly ～*ed to* hear that he is getting married. 彼が結婚すると聞いて非常に驚いている / I *was* ～*ed that* a little boy had done it by himself. 小さな男の子がひとりでそれをやったというのでびっくりした **～ed** 形 びっくりした

***as·ton·ish·ing** /əstá(:)nɪʃɪŋ | -tɔ́n-/ 形 (**more** ～; **most** ～) 〈人を〉びっくりさせるような, 驚くべき, 目覚ましい〈**to**〉‖ It was ～ *to* everyone that the mayor had received bribes. 市長が賄賂(わいろ)を受け取っていたことはだれにとっても驚きだった / an ～ achievement 目覚ましい業績

as·tón·ish·ing·ly 副 ❶ 驚くほど, びっくりするほど ❷〘文修飾〙驚くべきことに(は)

***as·ton·ish·ment** /əstá(:)nɪʃmənt | -tɔ́n-/ 名 〔◁ astonish 動〕U〈…に対する〉驚き, びっくり, 仰天〈**at**〉‖ Everyone expressed ～ *at* the news. だれもがその知らせに驚きの色を示した / I applied for the post, and to my ～, I was accepted. その職に応募したところ, 驚いたことに採用された / in [OR with] ～ びっくりして

as·tound /əstáund/ 動 他〔人〕をびっくり仰天させる, 愕然(がくぜん)とさせる(↘ knock out);《受身形で》びっくり仰天する〈**at, by** …に / **to do** …して / **that** 節 …ということに〉(♦ astonish よりも強い)(⇨ SURPRISE 類語) ‖ I was ～*ed at* the sight. その光景を見て肝をつぶした

as·tound·ing /əstáundɪŋ/ 形 びっくり仰天させる(ような) **～·ly** 副 仰天するほど;〘文修飾〙びっくりすることには

a·strad·dle /əstrǽdl/ 副 前 =astride

as·tra·gal /ǽstrəgəl/ 名 C〘建〙玉縁(たまぶち)《円柱の周囲を輪状に取り巻く幅の狭い凸形部》;定規縁《戸のへりなどにつける》

as·tra·khan /æ̀strəkǽn/ ⦅シ⦆ 名 ❶《A-》アストラカン《ロシア南西部ボルガ川河口の都市》❷ U アストラカン地方産の子羊の羊毛;アストラカン織

as·tral /ǽstrəl/ 形 ❶ 星の(ような), 星形の ❷(神知学の)星霊の, 星気の

a·stray /əstréɪ/ 副 形《叙述》道に迷って, 道を間違えて;正道を踏み外して, 邪道に陥って

gò astráy 道に迷う;堕落する;(物が)行方不明になる

lèad a pèrson astráy 〔人〕を惑わす, 邪道に導く

***a·stride** /əstráɪd/ 副 ❶〈馬などに〉またがって〈**of, on**〉‖ ride a horse ～=sit ～ *of* a horse 馬にまたがる / ride ～ (*on* a horse) 馬に乗って行く ❷ 両足を広げて ‖ legs ～ 両足を広げて ―前 ❶ …にまたがって ‖ sit ～ a horse [fence] 馬[さく]にまたがる ❷ …の両側に位置して[広がって, またがって] ‖ The town lies ～ the river. 町は川をまたいで広がっている

as·trin·gent /əstríndʒənt/ 形 ❶〘医〙(クリーム・ローションが)肌を引き締める, 収斂(しゅうれん)性の(ある) ❷(態度・表現などが)厳しい, 辛辣(しんらつ)な ‖ an ～ criticism 辛辣な批判 ❸(味が)酸っぱい ―名 C〘医〙収斂剤, アストリンゼン **-gen·cy** 名 U〘医〙収斂性;辛辣, 厳しさ

astro- /æstrə-, -trou-/ 連結形「星, 天体;宇宙」の意 ‖ *as*trophysics, *astro*naut

àstro·biólogy 名 U 宇宙生物学(exobiology) **-biológical** 形 **-biólogist** 名

àstro·chémistry 名 U 宇宙化学 **-chémist** 名

ástro·dòme 名 ❶《the A-》アストロドーム《米国ヒューストンにある丸屋根付き競技場》;《主に米》ドーム屋根の屋内競技場 ❷ C〘空〙(航空機の)アストロドーム, 天体観測窓

àstro·dynámics 名 U 宇宙力学 **-dynámic** 形 **-dynámicist** 名

as·tro·labe /ǽstrəlèɪb, -trou-/ 名 C アストロラーベ《古代の天文観測儀》

as·trol·o·gy /əstrá(:)lədʒi | -trɔ́l-/ 名 U 占星術 **-ger** 名 C 占星家 **às·tro·lóg·i·cal** 形

***as·tro·naut** /ǽstrənɔ̀:t/《発音・アクセント注意》名 C 宇宙飛行士(spaceman)(→ cosmonaut)

語源 *astro* star+*-naut* sailor:星を航行する人

A

as·tro·nau·tics /æstrənɔ́:ṭɪks/ 名U ❶宇宙航法(学) ❷宇宙飛行 **-tic, -ti·cal** 形 宇宙飛行(士)の

*__as·tron·o·mer__ /əstrá(:)nəmər | -trɔ́n-/ 《アクセント注意》 名C 天文学者, 天体観測者

as·tro·nom·ic /-ná(:)mɪk | -nɔ́m-/ 〈ジ〉 形 = astronomical ❶

as·tro·nom·i·cal /æ̀strəná(:)mɪkəl | -nɔ́m-/ 〈ジ〉 形 ❶《口》(数量などが)天文学的な, 膨大な ❷《通例限定》天文学(上)の, 天文学用の ‖ an ~ telescope 天体望遠鏡 / an ~ observatory 天文台 / ~ time 天文時《1日が真夜中に始まり次の真夜中に終わる》/ an ~ year 太陽年

▸▸ ~ **únit** 名C 《天》天文単位《天体間の距離の単位：地球と太陽の間の平均距離(= 1.496×10^8km). 略 AU》

às·tro·nóm·i·cal·ly /-li/ 副 ❶天文学的に, 天文学上 ❷天文学的数字に, 膨大に

*__as·tron·o·my__ /əstrá(:)nəmi | -trɔ́n-/ 名U 天文学

語源 *astro-*(星, 天体)+*-nomy*(「…学」を表す名詞語尾)：星の法則を研究する学問. astronomy「天文学」とastrology「占星術」の区別が確立するのは17世紀.

àstro·photógraphy 名U 天体写真術 **-phótograph** 名C 天体写真 **-photógrapher** 名

àstro·phýsics 名U 宇宙物理学 **-phýsical** 形 **-phýsicist** 名C 宇宙物理学者

As·tro·turf /æstroutə̀rf/ 名U 《商標》アストロターフ《競技場などで使用する人工芝》

as·tute /əstjú:t/ 形 (人・計画などが)機敏な, 抜け目のない；ずるい, 狡猾(こうかつ)な **~·ly** 副 **~·ness** 名

A·sun·ción /ɑ:sù:nsióʊn | æsùnsiɔ́n/ 名 アスンシオン《パラグアイの首都》

a·sun·der /əsʌ́ndər/ 副 形 《叙述》《古》《文》 ❶(1つのものが)ばらばらに[の], 粉々に[の] ‖ come [OR fall] ~ ばらばらに崩れる / break ~ 粉々に割れる ❷(2つ以上のものが)(互いに)離れて[た], 別々に[の]；(性格・性質などが)異なって ‖ wide ~ かけ離れて, 全く別々になって

As·wan /æswɑ́:n/ 〈ジ〉 名 アスワン《エジプト南東部, ナイル川東岸の都市》

a·swirl /əswə́:rl/ 副 形 《叙述》渦巻いて[た]

*__a·sy·lum__ /əsáɪləm/ 名 (複 **~s** /-z/ OR **-la** /-lə/) ❶U 避難, 保護, 亡命 ‖ grant [give] ~ to refugees 難民に亡命を認める[認めて保護する] / seek [OR apply for] political ~ in America 米国に政治亡命を求める ❷C (一般に)避難所；(教会・寺院といった)逃げ込み場所；(孤児・貧しい人などの)保護施設 ❸C ⊗《旧》《ときに蔑》精神科病院 ‖ a lunatic ~ 精神科病院 (♦今は mental hospital がふつう)

▸▸ ~ **sèeker** 名C (他国に)亡命を求める人, 亡命者

a·sym·met·ric /èɪsɪmétrɪk/, **-ri·cal** /-rɪkəl/ 〈ジ〉 形 ❶不均整の, 非対称の；(関係などが)釣り合いのとれない(↔ symmetric) ‖ ~ bars 《体操》段違い平行棒 ❷💻(通信仕様が)非対照の《上りと下りのデータ転送速度が異なる通信の仕様》 **-ri·cal·ly** 副

a·sym·me·try /èɪsímətri | æ-/ 名U 不均整, 非対称(↔ symmetry)

a·symp·to·mat·ic /eɪsɪ̀mptəmæ̀ṭɪk/ 形 《医》(病気が)兆候のない, 無兆候性の, 無症状の

as·ymp·tote /æsɪmptòut/ 名C 《数》漸近線

a·syn·chro·nous /eɪsíŋkrənəs/ 形 ❶同時期に存在しない[起こらない] ❷💻(通信仕様が)非同期の

at /弱 ət; 強 æt/

中心義 (気持ちの上で焦点を当てている) Aに[で] (★Aは「場所」「時」「速度」など多様)

— 前 ❶《地点・場所》 **a** …で, …に ‖ I'll meet her ~ the airport. 空港で彼女を出迎えるつもりだ / They had dinner ~ a posh restaurant at the seashore. 彼らは海辺のしゃれたレストランでディナーをとった / I want to stay ~ home tonight. 今夜は家にいたい / He lives ~ 5 High Street. 彼はハイストリート5番地に住んでいる (♦単に「彼はハイストリートに住んでいる」は He lives in [《米》on] High Street. という) / I was ~ John's [the dentist's] when you phoned me. 君が電話をくれたとき, 私はジョンの家[歯医者]にいました(♦「人の名前・職業名+'s」で家・職場を表す) / You can reach me ~ 03-3266-6400. 電話番号は03-3266-6400です

語法 ★☆ (1) 一般に, at は in に比べて心理的に狭い地点, 例えば番地・具体的な建物・村・小さな町などの前に用いる. しかし広い・狭いは主観的な判断であるため, 状況に応じて at も in も用いられる. 〈例〉The plane stops for an hour *at* Tokyo. (飛行機は東京に1時間留まる)では東京を旅の通過点としてとらえているため at を用いているが, She lives *in* Tokyo. (彼女は東京に住んでいる)では東京を広がりのある空間としてとらえているため in を用いている.
(2) 単に場所を表すのではなく, その場所での本来の仕事・活動を表す場合がある(→ ❼**b**). 〈例〉Is your daughter still *at* school? お嬢さんはまだ在学中ですか(♦at school は「学校に通って教育を受けている」の意) / He studied botany *at* Oxford. 彼はオックスフォード(大学)で植物学を学んだ(♦He took a lot of pictures in Oxford. は「彼は(例えば, 観光客として)オックスフォードにいるときにたくさんの写真を撮った」の意) / My parents are *at* the theater [cinema] now. 両親は今劇場[映画館]にいます(♦「単に劇場[映画館]にいる」のではなく, 「演劇[映画]を見ている」ことを表すのがふつう)

b 《距離を示す語句を伴って》…離れた所に[で] ‖ Can you identify a person ~ fifty meters? あなたは50メートル離れた所にいる人がだれだかわかりますか / She held cats ~ arm's length. 彼女は猫を近づけないようにしていた / ~ (a distance of) three feet from the table テーブルから3フィートのところに

c …のところから ‖ Let's start ~ page 23. 23ページから始めましょう / enter ~ the front door 正面玄関から入る

❷《所属》…の ‖ She is a student [professor] of physics ~ Harvard University. 彼女はハーバード大学の物理学の学生[教授]です(♦この例で at の代わりに of を使うのは不可. しかし, dean, head, president, manager, principal などのような団体・グループの長には of を用いる. 〈例〉the president of Yale University エール大学学長)(⇨ **PB** 76)

❸《出席》…で, …に臨んで ‖ ~ a wedding [meeting, funeral] 結婚式[会合, 葬式]で[に出席して]

❹《時刻・時点・時期・年齢》 **a** …に[で] ‖ I have an appointment with the Director ~ 3:15 [OR a quarter past 3]. 私は3時15分に重役に会う約束をしています / ~ dawn [dusk, night] 夜明け[夕暮れ時, 夜]に / ~ sunrise [sunset] 日の出[日没]に / ~ the beginning [end] of August 8月の初め[末]に / ~ the weekend 週末に(《米》on the weekend) / He died ~ (the age of) eighty. 彼は80歳で死んだ

b …の時期に, …に際して ‖ He only sees his parents ~ Christmas [Easter]. 彼はクリスマス[イースター](の時期)にしか両親に会わない(♦ on「Christmas Day [Easter Sunday]」は「クリスマスの日[イースターの日曜日]に」の意) / I didn't know the news ~ the time I was speaking to you. 君と話をしていたとき私はそのニュースを知らなかった / ~ the fifth attempt 5回目(の試み)で

❺《度量・速度・価格》…で, …の ‖ She was listening to the radio ~ full blast. 彼女は最大の音量でラジオを聞いていた / I bought this jacket ~ half-price [OR 50% discount]. 私はこの上着を半額で買った / These are sold ~ 500 yen apiece. これは1つ500円で売られている / Water boils ~ 100°C. 水はセ氏100度で沸騰

する / ~ (a speed of) 500 miles per hour 時速500マイル(の速度)で
❻《目標・対象》 **a** …に[を], **…に向かって** ‖ Don't shout ~ me. 私にどならないで(♦ shout to a person は「人の方に向かって叫ぶ」の意) / laugh ~ him 彼をあざ笑う / look [stare, glare] ~ her 彼女を見る[じろじろ見る, にらみつける] / point ~ a picture 絵を指さす
b …を目がけて(♥ しばしば不成功に終わったという含意がある) ‖ The sniper shot ~ the president. その狙撃者は大統領をねらって撃った(♥ 実際に命中したとは限らない. The sniper shot the president. では弾が当たったことになる) / The boy threw a bone ~ the dog. その少年は犬を目がけて骨を投げつけた(♦「犬に骨を投げてやる」は throw a bone to the dog) / *A drowning man will clutch* [OR *catch*] ~ *a straw*. 《諺》おぼれる者はわらをもつかむ(♦ 正確には「つかもうとする」という意味)
❼《状態・従事》 **a** …の(**状態**)**で** ‖ They are ~ war [peace] with each other. 両者は互いに戦争[友好的な]状態にある / She was ~ her happiest when she was with her grandchildren. 彼女は孫と一緒にいるときがいちばん幸せだった / The cherry blossoms are ~ their best. 桜の花が満開だ / ~ rest 休息して
b 〔仕事・遊びなど〕に従事して, **…中で** ‖ What are you ~? あなたは何をしよう[言おう]としているのですか(♦ 文末にくるときは /æt/ と強く発音する) / ~ church 礼拝中で / ~ table 食事中で / ~ work 仕事中で / ~ play 遊んでいて(♦ これらの例では無冠詞)
❽《原因・理由》…のために, …に ‖ He was surprised ~ the news. 彼はその知らせに驚いた(⇨ PB 75) / She fainted ~ the sight of the accident. 事故を見て彼女は気を失った / She was angry ~ his reply. 彼女は彼の返答に腹を立てた / The children were laughing ~ the jokes of the comedians on TV. 子供たちはテレビのお笑い芸人のジョークが面白くて笑っていた
❾《依存》…に従って ‖ I'm ~ your service. 《ときに戯》何なりとお申しつけください / ~ the mercy of ... …のなすがままに / ~ will 思うままに, 勝手に ❿《方法・様態》…で ‖ ~ a run 走って / ~ a stretch [stroke] 一気に[一撃で] / ~ a gulp 一飲みで / ~ random 任意に, 無作為に / ~ gunpoint [knife-point] 銃[ナイフ]を突きつけ(られ)て / ~ ten-minute intervals 10分間隔で ⓫《関連点》…の点で, …が ‖ Bob is good [OR clever, skilled] at repairing cars. ボブは車を修理するのがうまい / He is bad [OR poor, hopeless] ~ (playing) tennis. 彼はテニス(をするの)が下手だ / Mary is an expert ~ persuading people. メアリーは人を説得するのがとても上手だ ⓬《極限》どんなに…でも(♦ 最上級とともに用いる) ‖ ~ (the very) least 少なくとも / ~ (the very) most 多くても, せいぜい / ~ (the very) worst 悪くても
at that ⇨ THAT(成句)
be át it ①〔仕事など〕に取り組んでいる(♦ it が指すものは文脈で決まる. → ❼) ②《通例 be at it again で》(けんかなど)よくないことを繰り返す; セックスにふける ③ おしゃべりして(人に迷惑をかけて)いる
where it's át 《口》最も流行している場所[もの, こと]
▸▸ **~ bát** (↓) **~ sìgn** (↓)

At 記号 《化》astatine(アスタチン)

at- 接頭 《t の前で》=ad- ‖ *at*tend, *at*tract

At·a·brine /ǽṭəbrɪn/ 名 U 《米》《商標》アタブリン(《英》Atebrin)《マラリアの予防[治療]薬 quinacrine の商標名》

at·a·rax·ic /æ̀ṭərǽksɪk/, **-rac·tic** /-rǽktɪk/ 名 U 《薬》精神安定剤 ── 形 精神を安定させる

at·a·rax·y /ǽṭəræ̀ksi/, **at·rax·i·a** /æ̀ṭərǽksiə/ 名 U 情緒[精神]の安定, 平静, 落ち着き

at·a·vism /ǽṭəvɪ̀zm/ 名 U C 《生》隔世遺伝; (一般に)先祖返り(的現象) **àt·a·vís·tic** 形 隔世遺伝の; 先祖返りしたような; 原始人の

a·tax·i·a /ətǽksiə/, **a·tax·y** /ətǽksi/ 名 U 《医》(四肢の)機能失調

àt bát, àt-bát 名 C 打席, 打数 ‖ Ichiro hit a home-run in his second ~. イチローは2打席目にホームランを打った

ÀTĆ, À.T.Ć. 略 *a*ir *t*raffic *c*ontrol(ler)(航空交通管制(官))

*__ate__ /eɪt | et, eɪt/ 動 eat の過去

-ate[1] /-eɪt, -ət/ 接尾 (♦ 2音節語は《米》では /ˊ-èɪt/《英》では /-ˊeɪt/; 3音節以上の語では /ˊ--èɪt/) ❶《動詞語尾》「…させる, …する」の意 ‖ evapor*ate*, matur*ate*, orches*trate*, oxygen*ate* ❷《形容詞語尾》「…の(特徴のある)」「…を有する, …で満たされた」の意 ‖ rose*ate*, passion*ate* ❸《形容詞語尾》‖ anim*ate*, separ*ate*

-ate[2] /-ət, -èɪt/ 接尾 《名詞語尾》「…の職務」「…の団体」「…酸塩」の意 ‖ sen*ate*, elector*ate*, carbon*ate*

At·e·brin /ǽtəbrɪn/ 名 U 《英》=Atabrine

at·el·ier /æ̀ṭəljéɪ | ətélièɪ/ 名 C (芸術家・デザイナーの)アトリエ, 画室(studio); (職人の)制作室, 仕事場

a tem·po /ɑː témpoʊ/ 副 形 《イタリア》(=in time)《楽》元の速さで(の)

ÀTF 略 《米》(Bureau of) *A*lcohol, *T*obacco and *F*irearms(アルコール・たばこ・火器局); *a*dvanced *t*actical *f*ighter(次期戦術戦闘機)

Ath·a·nà·sian Créed /æ̀θənèɪʒən- | -ʃən-/ 名 《the ~》《宗》アタナシウス信条《ローマ帝国の国教と認められた, 三位一体論を中心とする教義》

Ath·a·na·sius /æ̀θənéɪʒəs | -ʃəs/ ⦅シ⦆ 名 アタナシウス(293?-373)《古代キリスト教の教父. キリストの神性を否定するアリウス(Arius)派に対抗して三位一体論の擁護に努めた》

a·the·ism /éɪθiɪ̀zm/ 名 U 無神論(↔ theism); 神の存在を信じないこと, 不信心
à·the·ís·tic 形 無神論(者)の **à·the·ís·ti·cal·ly** 副

a·the·ist /éɪθiɪst/ 名 C 無神論者, 不信心者

A·the·na /əθíːnə/ 名 《ギ神》アテナ《知恵・豊饒(ほうじょう)・工芸・戦術の女神. 《ロ神》の Minerva に相当》(→ Pallas)

A·the·ni·an /əθíːniən/ 形 名 C アテネ(Athens)の(市民); (特に)古代アテネの(市民)

Ath·ens /ǽθɪnz/ 名 アテネ《ギリシャの首都. 古代ギリシャ文明の中心地》

ath·er·o·scle·ro·sis /æ̀θəroʊsklərόʊsəs | -sɪs/ 名 U 《医》アテローム性動脈硬化症《アテローム(atheroma)は動脈内壁にできるかゆ状腫瘍(しゅよう)》

a·thirst /əθə́ːrst/ 形 《叙述》《古》《文》のどの渇いた; 〈…を〉渇望する〈**for**〉‖ be ~ *for* freedom 自由を渇望する

*__ath·lete__ /ǽθliːt/ 名 C ❶ 運動選手 ‖ Professional ~*s* also participate in the Olympics now. 今日ではプロの運動選手もオリンピックに参加する / a world-class [an amateur] ~ 世界レベル[アマチュア]の運動選手 ❷ スポーツマン, 運動が得意な人 ‖ a natural [OR born] ~ 天性のスポーツマン ❸《主に英》陸上競技の選手
▸▸ **~'s fóot** 名 U 《医》(足の)水虫 **~'s héart** 名 C 《医》スポーツ心臓《運動選手に見られる心肥大》 **~'s víllage** 名 C 選手村(♦ ~'s quarters [dormitory] ともいう)

*__ath·let·ic__ /æθléṭɪk/ 形 ❶《限定》運動競技(者)の, スポーツの, 体育の ‖ ~ events 運動競技 / an ~ club スポーツクラブ / an ~ meet [OR meeting] (陸上)競技大会 ❷ (運動選手のように)強健な, 健康で活発な; 筋骨たくましい ‖ an ~ child 健康で活発な子供 ❸《人類》骨格が大きく, 筋肉がよく発達した
-i·cal·ly 副 **-léti·cìsm** 名 U 運動競技熱; 運動能力
▸▸ **~ héart** 名 C =athlete's heart **~ shòe** 名 C 《米》運動靴 **~ suppòrter** 名 C 《米》(スポーツ用)サポーター(jockstrap)

*__ath·let·ics__ /æθléṭɪks/ 名 ❶ U 《米》運動競技, スポーツ; 《英》(トラック・フィールドの)陸上競技(《米》track and

A

field) ‖ an ～ club 運動クラブ ❷《複数扱い》運動競技全般, スポーツ全般

at-home /əthóʊm/ 名 C 家庭招待会《招待者側が日時を決めて自宅で催すパーティー》(→ open house) (♦名詞としてはハイフンなしの at home も用いる) ―形《限定》家庭用の, 自宅での;(親が)(仕事に出ず)家にいる

-athon 接尾「(長時間の)競技・イベント」を表す名詞を作る ‖ bike*athon*(自転車マラソン), talk*athon*(トークマラソン) (♦ mar*athon* より)

a·thwart /əθwɔ́ːrt/ 前 ❶…を(斜めに)横切って ❷…に反して, 逆らって ―副 ❶横切って ❷(目的・期待に)反して, 逆らって ‖ All went ～. すべてうまくいかなかった

-atic 接尾《形容詞・名詞語尾》「…の, …的な, …性の(もの)」の意 ‖ chrom*atic*, emph*atic*, fan*atic*, lun*atic*, proble*matic* (⇨ -IC)

a·tilt /ətílt/ 副形《叙述》傾けて[た]

-ation /-eɪʃən/ 接尾《名詞語尾》(⇨ -TION, -SION) ❶《行為・行動・過程》‖ alter*ation* ❷《状態》‖ gratific*ation* ❸《結果(として生じたもの)》‖ compil*ation*, discolor*ation*, organiz*ation*

a·tish·oo /ətíʃuː/ 間《英》=ahchoo

-ative /-əṭɪv, -eɪṭɪv/ 接尾《形容詞語尾》「…の」「…に役立つ」「…に関連のある」「…の傾向のある」の意 ‖ authorit*ative*, inform*ative*, talk*ative*

At·lan·ta /ætlǽnṭə | ət-/ 名 アトランタ《米国ジョージア州の州都》

***At·lan·tic** /ətlǽnṭɪk/ 形《限定》❶ 大西洋(上)の (→ Pacific) ‖ the ～ hurricane season 大西洋上でハリケーンが発生する時期 ❷(米国・ヨーロッパの)大西洋沿岸の ―名 (=～ **Ócean**)《the ～》大西洋 ‖ the trade across the ～ 米国と欧州諸国間の貿易

語源「巨人アトラス(Atlas)」の意.

▸▸～ **Dáylight Tìme** 名 大西洋地域夏時間《プエルトリコ・カナダ東部などで実施. 略 ADT》 ～ **(Stándard) Tìme** 名 大西洋標準時《略 A(S)T》

At·lan·ti·cism /ətlǽntɪsìzm/ 名 U 汎大西洋主義《ヨーロッパ諸国とアメリカとの協調関係を重視する主義》

-**cist** 形名

At·lan·tis /ətlǽnṭɪs/ 名 ❶アトランティス(島)《ジブラルタル海峡西方の伝説上の楽土. プラトン(Plato)によれば, 地震と洪水により一昼夜にして海中に没したとされる》❷《the ～》アトランティス(号)《米国のスペースシャトル5号機》

***at·las** /ǽtləs/ 名 (複 **～·es** /-ɪz/) (→ ❹) C ❶ 地図帳;図表集, 図解書, 図鑑(⇨ MAP 類語P) (♦初期の地図帳の口絵に, 天を支える巨人 Atlas が描かれたことから) ‖ a world ～ 世界地図帳 / an anatomical ～ 解剖学図鑑 ❷〖解〗環椎(かんつい)《頭部を支える第1頸椎(けいつい)》❸《A-》〖ギ神〗アトラス《ゼウスにより天空を双肩に担わされたタイタン族の神人》❹(複 **at·lan·tes** /ətlǽntìːz/)〖建〗ギリシャ(式)の建築物に見られる男像柱

***ÀTḾ, À.T.M.** 略 💻 *a*synchronous *t*ransfer *m*ode (非同期伝送モード);💻 *a*synchronous *t*ransmission *m*ode (非同期転送モード)《音声や動画など大容量のデータを転送する通信仕様》;*a*utomated [*a*utomatic] *t*eller *m*achine(現金自動預払機)

▸▸～ **càrd** 名 C《米》=cash card

atm. 略〖理〗atmosphere(s), atmospheric

at·man /ɑ́ːtmən/ 名《また A-》U〖ヒンドゥー教〗アートマン ❶気息, 生命の本源 ❷梵(ぼん), 我, 個我

‡at·mos·phere /ǽtməsfɪər/《アクセント注意》 ―名〔▸ atmospheric 形〕(複 **～s** /-z/) ❶《the ～》(地球を取り巻く)**大気**(圏), 空気;(天体の重力場にある)ガス体 ‖ a nuclear test in the ～ 大気圏内核実験 ❷ C (特定の場所の) 空気 (→ air ❶) ‖ the refreshing ～ of the mountains 山のさわやかな空気 ❸ C U (特定の場所・環境に固有の) **雰囲気** ‖ Yokohama has an exotic ～. 横浜には異国情緒が漂っている / create a relaxing ～ リラックスできる雰囲気を作り出す ❹ C U (芸術作品のかもし出す) (際立つ) 雰囲気, 調子 ‖ a play with a fateful ～ 宿命的な雰囲気が漂う芝居 ❺ U (快い・満足感を与える) ムード, 雰囲気, 趣 ‖ That pub has lots of ～ [*mood]. あのパブはムードたっぷりだ (❗ mood はある場所に居合わせた人の間にできた気分, 機嫌を指す. → mood[1]) ❻ C〖理〗気圧《大気圧の単位. 略 atm.》

You could cùt the átmosphere with a knìfe. 雰囲気が重苦しい, 気詰まりだ(⇨AIR (成句))

語源 ギリシャ語 *atmos*(空気)+*sphaira*(範囲):空気のある所

***at·mos·pher·ic** /ætməsférɪk/, **-i·cal** /-ɪkəl/ 形〔◁ atmosphere 名〕《限定》❶大気(中)の, 大気の作用による ‖ ～ conditions 大気の状態 / ～ pollution 大気汚染 ❷雰囲気[趣]のある, 情緒たっぷりの ‖ ～ lighting [music] ムード照明[音楽]

-**i·cal·ly** 副 大気の作用によって, 気圧上

▸▸～ **préssure** 名 U〖気象〗気圧

at·mos·pher·ics /ætməsférɪks/ 名 複 ❶〖無線〗空電《受信機に雑音を起こす大気中の放電》;(空電を発生させる)天然現象《雷・オーロラなど》;(空電による)電波障害 ❷雰囲気作りのための努力;雰囲気

at·oll /ǽtɔ̀(ː)l/ 名 C 環状サンゴ島, 環礁

***at·om** /ǽṭəm/ 名〔▸ atomic 形〕(複 **～s** /-z/) C ❶〖理〗原子 ‖ A molecule usually consists of two or more ～*s*. 分子は通例2個以上の原子からなる / a hydrogen ～ 水素原子 ❷《the ～》核エネルギー(の源) ❸〖哲〗アトム《万物の最小構成要素》❹極小なもの;《否定文で》微塵, 微量 ‖ There was not an ～ of pity in his remark. 彼の発言には同情心のかけらもなかった ❺《形容詞的に》《カナダ》(アマチュアスポーツのチームなどが) 9歳から11歳の子供で構成される

màke like*「*an àtom* [OR *a banàna*] *and splít 《米俗》《戯》(場所を)去る, 出発する

語源 *a*- not+-*tom* cut:これ以上切ることができないもの

▸▸～ **bòmb** 名 C 原子爆弾 ～ **smàsher** 名 C《口》〖理〗原子核破壊[粒子加速]装置

***a·tom·ic** /ətɑ́(ː)mɪk | ətɔ́m-/ 形〔◁ atom 名〕《比較なし》《通例限定》❶ 原子の, 原子に関する ‖ an ～ nucleus 原子核 / an ～ particle 原子(の)粒子 / ～ fission [fusion] 原子核分裂[融合] ❷原子力の[による];核の, 原子爆弾の ‖ an ～ rocket 原子力ロケット / ～ warfare 核戦争 / an ～ scientist 原子物理学者 ❸微少の, 極微の **-i·cal·ly** 副 原子的に;原子力によって

▸▸～ **bómb** 名 C 原子爆弾 ～ **clóck** 名 C 原子時計《原子の振動周期によって調整される電子時計》 ～ **énergy** 名 U 核エネルギー, 原子力 ～ **fórce mìcroscope** 名 C 原子間力顕微鏡《材料表面の状態を画像化できる走査型顕微鏡》 ～ **máss** 名 C〖化〗原子質量 ～ **máss ùnit** 名 C〖理〗原子質量単位《略 AMU》 ～ **númber** 名 C〖理・化〗原子番号《略 at. no.》 ～ **píle** 名 C《旧》原子炉 (nuclear reactor) ～ **pówer** 名 U 原子力 ‖ an ～ *power* plant [OR station] 原子力発電所 ～ **théory** 名 U ① =atomism ②〖理〗(原子の構造に関する) 原子理論 ～ **wéight** 名 = atomic mass (↑)

at·o·mic·i·ty /æṭəmísəṭi/ 名 U〖化〗❶(気体分子中の)原子数 ❷原子価(valence)

átom·ism 名 U〖哲〗原子論;〖心〗原子主義《すべての心理現象は単純な要素に還元できるとする学説》

-**ist** 名 C 原子物理学者;原子論者

at·om·is·tic /æṭəmístɪk/ 形 ❶〖哲〗原子(論)の ❷原子論的な, 相互に関連のない独立した要素からなる

at·om·ize /ǽṭəmàɪz/ 動 他 ❶…を(いくつかの)原子に分ける;…を細分化する ❷…を核兵器で攻撃[破壊]する ❸〔液体〕を霧化する;〔固体〕を粉々にする

àt·om·i·zá·tion 名 U 原子化;細分化;霧化

at·om·iz·er /ǽṭəmàɪzər/ 名 C (香水などの) 噴霧器, ス

プレー，霧吹き

a·ton·al /eɪtóunəl/ 形〘楽〙無調の，調性のない(↔ tonal)
~·ly 副

a·to·nal·i·ty /èɪtounǽləṭi/ 名 U C〘楽〙無調(性)；無調形式《調性にとらわれずに作曲する形式》

a·tone /ətóun/ 《堅》 動 自〈罪などの〉償いをする，罪滅ぼしをする；〈失敗などの〉埋め合わせをする〈**for**〉‖ ~ *for* one's crime [mistake] 罪[過ち]を償う

a·tone·ment /ətóunmənt/ 名 ❶ U (罪などの)償い，あがない ‖ make ~ for one's crime with one's life 死んで罪の償いをする / in ~ for ... …の償いとして ❷《the A-》〘宗〙贖罪(しょくざい)《キリストが十字架にかかり人類の罪の償いをしたこと》‖ the Day of *Atonement* 贖罪の日《ユダヤ教の最も厳しい断食日》(→ Yom Kippur)

a·ton·ic /eɪtá(:)nɪk | -tɔ́n-/ 形 ❶〘音声〙無強勢の(unstressed) ❷〘医〙弛緩(しかん)症の **àt·o·níc·i·ty** 名

a·top /ətá(:)p | ətɔ́p/ 前《文》《英では旧》…の頂上に(on the top of)；…の上に(on top of)

a·top·ic /eɪtá(:)pɪk | -tɔ́p-/ 形 アトピー性の
▸▸ **~ dermatítis** 名 U アトピー性皮膚炎

at·o·py /ǽṭəpi/ 名 U〘医〙アトピー

-ator 接尾《名詞語尾》「…する人[もの]」の意(⇨ -OR) ‖ agi*tator*, incub*ator*

-atory 接尾《形容詞語尾》「…の，…の特性のある」の意(⇨ -ORY) ‖ accus*atory*, exclam*atory*

ÀTṔ 名 U〘生化〙アデノシン三燐酸(りんさん)《生体内のエネルギーの貯蔵・供給・運搬を仲介している重要物質》(♦ *a*denosine *t*ri*p*hosphate の略)；*a*utomatic *t*rain *p*rotection

at·ra·bil·ious /æ̀trəbíliəs/ ＜シ 形《文》❶ 憂うつな，気のふさいでいる ❷ 不機嫌な，気難しい

at-risk /ətrísk/ 形《限定》危険にさらされた，保護を必要とする

a·tri·um /éɪtriəm/ 名 (複 **~s** /-z/ OR **-tri·a** /-triə/) C ❶〘建〙アトリウム《古代ローマ建築の中庭付き大広間；初期キリスト教会の列柱で囲まれた中庭；高層ビル内に作られた吹き抜けの大空間》❷〘解〙心房；(耳の)鼓室

a·tro·cious /ətróuʃəs/ 形 ❶ 極悪非道な，残虐な ❷ ひどい，はなはだしい，不愉快な **~·ly** 副 **~·ness** 名

*__a·troc·i·ty__ /ətrá(:)səṭi | ətrɔ́s-/ 名 (複 **-ties** /-z/) ❶ C《通例 -ties》〈…に対する〉残虐行為〈**against**〉‖ war [OR wartime] *atrocities* 戦時の残虐行為 ❷ U 暴虐，極悪非道 ❸ C《戯》ひどいこと[もの]，不快なこと[もの]

at·ro·phy /ǽtrəfi/ 名 U ❶〘医〙(栄養不足などによる器官・全身の)萎縮(いしゅく)(症)，やせ衰え；〘生〙機能の退化 ❷ 減退；衰退，堕落
── 動 (**-phied** /-d/；**~·ing**) 自 萎縮する；衰退する
── 他〔器官など〕を萎縮させる；…を衰退させる

at·ro·pine /ǽtrəpì:n/ 名 U〘化〙アトロピン《ナス科の植物から採る有毒アルカロイド》

ÀTŚ 略 *A*utomatic *T*rain *S*top (自動列車停止装置)；*A*pplications *T*echnology *S*atellite (応用技術衛星)

at sign /ǽt sàɪn/ 名 C 💻 アットマーク《Eメールアドレス中の@印. 通例この@の前がユーザー名(user name)またはアカウント名(account name)，後ろがドメイン名(domain name)を表す》

at·ta·boy /ǽṭəbɔ̀ɪ/ 間《主に米俗》いいぞ，でかした(♥ 激励・賞賛などの言葉で男の子や男性に対していう)(♦ That's the boy! より)

:at·tach /ətǽtʃ/
中心義 **Aをつける**(★Aは「物」「人」「責任」など多様)
── 動〔▶ attachment 名〕(**~·es** /-ɪz/；**~ed** /-t/；**~·ing**)
── 他 ❶ …を**つける**，取り[はり，縛り]つける；〔署名・但し書きなど〕を添える；〔別紙など〕を〈手紙・書類などに〉添付する(↔ detach)〈**to**〉(⇨ FIX 類語) ‖ ~ a label (*to* a package) (小包に)荷札をつける / ~ one's signature *to* a document 書類に署名する / 「I ~ [OR *Attached* is] a copy of her CV for your reference. ご参考までに彼女の履歴書のコピーを添付します(♦ 手紙やEメールで多用される表現. CV は curriculum vitae(履歴書)のこと)
❷《+目+**to** 名》**a**《通例受身形で》(人が)…に**配属される**，(人が)…付になる；(施設などが)…に付属する ‖ He was ~*ed to* the personnel department. 彼は人事課に配属された / The hospital is ~*ed to* the university. その病院は大学の付属である
b《~ oneself で》…に加わる(♥ しばしば「頼まれもしないのに」を含意) ‖ He ~*ed* himself *to* the campaign. 彼は選挙運動に加わった
❸《受身形または ~ oneself で》〈…に〉**愛着を抱いている**，〈…を〉慕っている〈**to**〉(⇨ RELATIONSHIP メタファーの森) ‖ She is very [OR deeply] ~*ed to* her aunt. 彼女はおばをたいそう慕っている / I feel ~*ed to* my old piano. 古いピアノに愛着を覚える
❹〔条件など〕を〈…に〉付加する〈**to**〉‖ There are no conditions ~*ed* (*to* the loan). (そのローンには)何の条件もつけられていない
❺〔意味・重要性など〕を〈…に〉付与する；〔責任など〕を〈…に〉**帰する**〈**to**〉‖ ~ special **importance** *to* the work その仕事を特に重要視する / No blame can be ~*ed to* Jack in this affair. (=No blame ~*es to* Jack ....) この件に関してはジャックには何の責任もない ❻〘法〙〔人〕を拘引する；〔財産〕を差し押さえる ❼ 💻 …を〈Eメールなどに〉添付する〈**to**〉‖ ~ a JPEG picture *to* the message JPEGの画像をメッセージに添付する(→ JPEG)
── 自《+**to** 名》(重要性・評価などが)…に**伴う**，ついて回る ‖ Great honor ~*es to* this position. この地位には大きな名誉が伴う
~·a·ble 形 (取り)つけられる；〈…に〉帰すことができる〈**to**〉；〘法〙拘引[差し押さえ]できる
語源 *a*- to＋*tach* nail(くぎ)：くぎで留める

at·ta·ché /æ̀ṭəʃéɪ | ətǽʃeɪ/ 名 C (各専門分野を担当する)大使[公使]館員，アタッシェ ‖ a press ~ 大使[公使]館付き報道担当官 / a military ~ 駐在武官
▸▸ **~ càse** 名 C アタッシュケース(⇨ TRUNK 類語)

at·tached /ətǽtʃt/ 形 取りつけられた；添付された；付属の ‖ an ~ file 添付ファイル

*__at·tach·ment__ /ətǽtʃmənt/ 名〔◁ attach 動〕❶ U 〈…への〉取りつけ，付着〈**to**〉；C 付属(部)品，取りつけられたもの ‖ an ~ *to* a cleaner 掃除機の付属品 ❷ U C〈…への〉愛情，愛着〈**to, for**〉(⇨ LOVE 類語) ‖ develop a strong ~ *for* ... …に強い愛着を持つようになる ❸ U〈主義・組織体などへの〉傾倒，支持；忠誠(心)，献身〈**to, for**〉‖ Young staff have little ~ *to* their company. 若い社員は会社への忠誠心などほとんど持っていない ❹ U C《英》〈…への〉(一時的な)出向，配属〈**to**〉‖ be on ~ *to* ... …に出向している ❺ C 💻 (Eメールに付加した)添付ファイル；ファイルの添付 ‖ Please send me the Word file as an ~. ワードのファイルを添付ファイルで送ってください ❻ C 添付書類 ❼ U〘法〙差し押さえ；逮捕

⁝at·tack /ətǽk/ 動 名

中心義 **Aに強く働きかける**(★Aは「人」「考え」「仕事」など多様)

動 他 **攻撃する❶ 非難する❷ 冒す❸ 取り組む❹**
名 **攻撃❶ 非難❶ 発作❷**

── 動 (**~s** /-s/；**~ed** /-t/；**~·ing**)
── 他 ❶〔敵・場所など〕を**攻撃する**(↔ defend)(⇨ 類語)；〔人〕を襲う，〔人〕に襲いかかる；(スポーツ競技で)〔相手ゴール〕を攻撃する ‖ The multinational forces were ~*ed* at dawn. 多国籍軍は夜明けに攻撃を受けた / The robber ~*ed* the store manager with a knife. 強盗は店長にナイフで襲いかかった / ~ the opponent's goal 相手ゴールを攻める

❷（口頭・文章で）〔人・考え・行為など〕を〈…のことで〉（激しく）**非難する**，攻撃する〈**for**〉‖ Party leaders ～*ed* the government's foreign policy. 党首たちは政府の外交政策を攻撃した
❸（病気・発作などが）〔人（の体）〕を**冒す**，襲う；（害虫などが）〔作物〕を荒らす；（薬品などが）〔物〕を侵す ‖ He was suddenly ～*ed* by fever. 彼は突然熱病に冒された
❹〔仕事・問題など〕に（精力的に）**取り組む**，着手する；〔食べ物など〕にかぶりつく ‖ ～ the unemployment problem 失業問題に取り組む / ～ his meal with vigor 食べ物をがつがつ食べ始める
―自（敵を）攻撃する；（人を）襲う；（スポーツ競技で）攻撃する ‖ ～ at night 夜襲をかける
―名（複 **～s** /-s/）C U ❶**襲撃**，**攻撃**；〈人・政策などへの〉（激しい）**非難**（↔ defense）〈**on, against**〉‖ make an ～ *on* the enemy 敵に攻撃をかける / be [go] on the ～ 攻撃を仕掛けている［仕掛ける］/ Careless waste disposal was [came] under ～. ずさんな廃棄物投棄が攻撃されていた［された］/ a terrorist ～ テロ攻撃 / an air ～ 空襲 / a sneak [OR surprise] ～ 奇襲攻撃 / launch [carry out] an ～ 攻撃を仕掛ける［遂行する］/ suffer an ～ 攻撃を受ける
❷ C **発作**，発病 ‖ a heart ～ 心臓発作 / an ～ of asthma [malaria] 喘息（ぜんそく）［マラリア］の発作 / have an ～ of fear [remorse] 発作的に恐怖に見舞われる［良心の呵責（かしゃく）にさいなまれる］
❸〈仕事などの〉着手，開始；〈阻止・撤廃などのための〉取り組み〈**on**〉‖ an ～ *on* inflation [smoking] インフレ抑制［喫煙撲滅］のための取り組み ❹（スポーツ競技での）攻撃，攻撃姿勢；《通例 the ～》《英》（サッカー・ホッケーなどの）攻撃陣 ‖ Our team is strong on [OR in] ～. 我がチームは攻撃が強い ❺〖楽〗（音楽などの）力強い出だし

類語《他 ❶》**attack**「攻撃する」意の一般語で，文字どおりにも比喩（ひゆ）的にも用いられる．
assail 繰り返し激しく攻める．〈例〉*assail* an enemy train by dive bombing 急降下爆撃で敵の列車を襲う
assault 不意に，激しく，直接相手に暴力を加える．〈例〉*assault* him in the dark 暗がりで彼を襲う

▸▸ **～ dòg** 名 C（命令で攻撃する）警察犬，番犬，闘犬

***at·tack·er** /ətǽkər/ 名 C ❶ 攻撃者，襲撃者 ❷（スポーツ競技の）アタッカー，攻撃側の人

at·ta·girl /ǽtəgə̀rl/ 間《主に米俗》いいぞ，でかした（♦女性に対して用いる．→ attaboy）

***at·tain** /ətéɪn/ 動 他 ❶（不断の努力で）〔目的・望みなど〕を達成する，遂げる；〔地位など〕を獲得する ‖ He ～*ed* his ambition to be a major-leaguer. 彼はメジャーリーガーになるという夢をかなえた / ～ popularity 人気を博する
❷〔ある地点・高齢など〕に達する ‖ ～ the summit of a mountain 山頂に達する / ～ old age 老齢になる ―自（努力または自然の経過で）〈…に〉達する，到達する，至る〈**to**〉
語源 *at-* to（一方へ）+*-tain* touch：達する，触れる

at·tain·a·ble /ətéɪnəbl/ 形 到達できる，達成できる

at·tain·der /ətéɪndər/ 名 U《古》〖法〗（重罪犯人などの）私権剝奪［喪失］《現在は廃止》

***at·tain·ment** /ətéɪnmənt/ 名 ❶ U 達成，実現 ❷ C《しばしば ～s》業績；才芸，学識

at·taint /ətéɪnt/ 動 他〖法〗…の私権を剝奪する

at·tar /ǽtər/ 名 U（花から採った）香油，（特に）バラ油

⁑at·tempt /ətémpt/ 動 名

―動（**～s** /-s/；**～·ed** /-ɪd/；**～·ing**）他 ❶**試みる**，企てる（♦ try よりも《堅》．try が何かをしようとする「努力」を強調するのに対し，困難なことに「着手すること」に重点がある．初めての試みであったり，不成功に終わったことが暗示される場合が多い）（⇨ TRY 類語）**a**《+目》…を試みる，企てる；…に取り組む ‖ They ～*ed* a takeover of the company, but failed. 彼らはその会社の乗っ取りを企てたが失敗した
b《+**to** *do*》…しようと試みる［努める］‖ I ～*ed to* convince my mother in vain. 母を説得しようと試みたが無駄だった
c《+*doing*》…しようと試みる（♦この用法はまれ）
❷〔山・要塞（ようさい）など〕を征服［攻略］しようとする，〔山〕にアタックする ‖ He was the first to ～ the Matterhorn. 最初にマッターホルンの登頂を試みたのは彼だ
―名（複 **～s** /-s/）C ❶**試み**，企て；努力〈**at** …に対する / **to** *do* …しようとする〉；〈…の〉未遂（行為）〈**at**〉‖ He **made** no ～「*at* secrecy [*to* escape]. 彼は全然隠しておこう［逃げ出そう］とはしなかった / All the ～*s*「*to* teach [OR *at* teaching] me spelling ended in failure. 私につづりを教えようとする試みはすべて失敗に終わった / We employed the new strategies **in** an ～ **to** avoid the problem. その問題を避けるために新しい戦略を用いた / at *one's* [OR the] first ～ 最初の試みで

連語【形/名+～】an unsuccessful ～ 失敗に終わった試み / a desperate ～ 無謀な試み / a serious ～ 真剣な試み / a coup ～ クーデターの企て / an assassination ～ 暗殺の企て

❷（命をねらった）〈…に対する〉**攻撃**，**襲撃**〈**on, against**〉；〈記録への〉挑戦〈**on**〉‖ make an ～ *on* a dictator's life 独裁者を殺害しようとする / an ～ *against* the enemy's front 敵の前線への攻撃
❸（試みの）結果，試みたこと［もの］
語源 *at-* to+*-tempt* try（試みる）

***at·tempt·ed** /ətémptɪd/ 形《限定》未遂の ‖ ～ murder [robbery] 殺人［強盗］未遂

⁑at·tend /əténd/

中心義 **体や心をAに向かわせる**（★Aは「場所」や「人」など）
―動〔▶ attendance 名，attention 名〕（**～s** /-z/；**～·ed** /-ɪd/；**～·ing**）
―他 ❶〔会合など〕に**出席する**；〔学校・教会・病院など〕に（定期的に）**通う**；〔式など〕に参列する（↘ go to）‖ The performance was **well** ～*ed*. その興行は客の入りがよかった / ～ **school** 授業に出る，通学する（♦ ×attend to school とはしない）/ ～ a funeral 葬式に参列する / ～ **a meeting** 会議に出席する
❷〔子供・病人など〕の**世話をする**（↘ take care of, look after）；…を看護する，診療する ‖ ～ a sick person 病人の世話をする / Which doctor is ～*ing* you? 君はどの医者に診てもらっていますか
❸〔人〕に**仕える**，随行する，…の供をする ‖ The aged actor was always ～*ed* by his private secretary. その老優にはいつも個人秘書が付き添っていた
❹（結果・状況として）…に〈…が〉伴う〈**with, by**〉（♦しばしば受身形で用いる）（↘ go with）‖ Our plan was ～*ed with* difficulties. 私たちの計画には困難が伴った
―自 ❶ 出席する（♦「…に出席する」の意味で attend at ... を用いるのはまれで，他 ❶を用いるのがふつう）
❷《+**to** 名》〔仕事・勉強など〕に精を出す，専念［集中］する；…を処理する，扱う ‖ I have my business to ～ *to*. 僕には精出してやらなければならない仕事がある / ～ *to* a problem 問題を処理する
❸《+**to** [**upon, on**] 名》…の**世話をする**，…を看護する，…に仕える，付き添う ‖ The wounded soldiers were ～*ed to* by the villagers. 負傷兵たちは村人たちに看護された
❹《+**to** [**on**] 名》（店員などが）〔客〕に応対する ‖ Are you being ～*ed to*, ma'am? だれかご用を承っておりますでしょうか，奥様
❺〈…に〉注意を向ける［払う］，気をつける；〈…を〉注意して聞く〈**to**〉‖ The uniqueness of each child must be ～*ed to*. それぞれの子供の個性に目をかけてやらねばならない / *Attend to* me. 私の言うことを聞きなさい
❻《まれ》〈…に〉伴う，つきまとう，〈…の〉結果として起こる〈**on, upon**〉‖ Many dangers ～*ed upon* his voyage. 彼の航海には多くの危険がつきまとった

*at·tend·ance /əténdəns/ [名]〔◁ attend [動]〕(㊥ -ances /-ɪz/) ❶ [U]〈…への〉出席, 列席, 参会; [C](1回の)出席, 出席回数〈at, in〉‖ How many ~s have you made *at* my lecture? 私の講義には今まで何回出席しましたか / Regular ~ *in* class is required. 授業にはいつもきちんと出席することが必要です / perfect ~ 全員出席; 皆勤 / take [OR check] (the) ~ 出席をとる
❷ [U]《集合的に》〈…への〉出席[参会]者, 出席状況; [C] 出席[入場]者数〈at〉‖ high [low, poor] ~ よい[悪い]出席状況 / a large [small] ~ 多数[少数]の出席者
❸ [U] 付き添い; (病院などでの)看護; 奉仕, サービス(料) ‖ a nurse [physician] in ~ 担当の看護師[医師] / ~ included サービス料込み
dànce atténdance on [OR ***upon***] ***a pèrson*** 〔人〕にべったりくっついてご機嫌をとる
in atténdance ①〈…に〉出席[参列]している〈at〉②〈人に〉付き添っている〈on, upon〉
▸▸ **~ allòwance** [名][U] ①(英国の)付き添い[看病]手当《常時付き添いを必要とする身障者に適用される介護手当》② 地方議会議員手当 **~ cèntre** [名][C](英国の)青少年保護観察センター《21歳以下の非行少年が訓練・指導を受ける施設》

*at·tend·ant /əténdənt/ [名][C] ❶〈…の〉付添人, お供, 随行者; 使用人; 世話をする人, 看護人〈on〉‖ one's medical ~ 主治医 ❷(会社・ホテルなどの)サービス係, 案内係, 係員 ‖ a parking lot ~ 駐車場の係員 / a flight ~ 客室乗務員(♦ stewardess, steward に代わる語として用いられる) ❸〈…の〉出席者, 列席者, 参会者〈at〉‖ a regular ~ 常連
—[形] ❶《通例限定》付き添いの, お供の; 世話をする ‖ an ~ nurse 付き添いの看護師 ❷(結果として)〈…に〉伴う, 付随する, 関連した〈on, upon〉‖ ~ circumstances 付帯状況 / diseases ~ *on* famine 飢饉(きん)に伴う病気

at·tend·ee /ətèndíː/ [名][C] 出席者, 参会者

***at·ten·tion** /əténʃən/ (→ [間]) [名][間]
—[名]〔◁ attend [動]〕(㊥ ~s /-z/) [U] ❶ **注意**, 留意; 気づくこと, **注目**; 注意力, 集中力 ‖ May I have your ~, please? = (Your) ~, please. お知らせいたします, 皆様に申し上げます(♦ 場内アナウンスなどの初めの言葉) / Thank you for your (kind) ~. ご清聴ありがとうございました(♦ スピーチの終わりの言葉) / He is all ~. 彼は全身を耳にして聞いている / with ~ 注意して / the ~ of one's neighbors [the media] 近所[マスコミ]の詮索 / the center of ~ 注目の的
[連語]【動+~】attract [OR catch, draw, get, grab] a person ~ (人の)注意を引く / draw [OR call] a person's ~ to ... …に(人の)注意を向けさせる / receive public ~ 世間の注目の的となる / focus one's ~ on ... …に注意を集中させる / give (one's) ~ to ... …に注意を払う / turn one's ~ to ... …に注意を向ける
❷ **配慮**, 考慮; **手当て**, 介抱, 世話; (機械などの)手入れ, 保守, 修理 ‖ Your application [request] will have every [OR the best] ~. お申し込み[ご依頼]に対しては十分な対応をさせていただきます / medical ~ 治療 / The car needs ~. その車は修理が必要だ
❸ [U][C](他人に対する)思いやり, 気配り, 心遣い, 親切; 《~s》思いやりのある行為; (異性に対する)いんぎん[丁重]な振る舞い, 心尽くし, おせっかい ‖ pay one's ~s to a woman 女性に対しこまごまとした心遣いをする
❹《軍》気をつけの姿勢 ‖ come to ~ 気をつけの姿勢をとる / stand at [OR to] ~ 気をつけの姿勢で立つ(↔ stand at EASE)
❺ アテンション, …あて(♦ ビジネスレターなどであて先人[部課]名の前につけて用いる. 略 Att(n), ATT(N)) ‖ *Attention*: Mr. Kennedy = For the ~ of Mr. Kennedy ケネディ様あて
****pày atténtion to ...*** …に注意を払う, 注目[留意]する; …を注意して聞く ‖ They *paid* no ~ *to* my words. 彼らは私の言葉に全く注意を払わなかった(♦ 2通りの受身形が可能. No attention was paid to my words. / My words were paid no attention to.) / We *paid* particular [much, little] ~ *to* her words. 私たちは彼女の言葉に特に注意した[大いに注意した, ほとんど注意しなかった]
—[間] /ətènʃʌ́n/《号令》**気をつけ**(♦ 'shun /ʃʌ́n/ とも略される)
▸▸ **~ dèficit (hyperactívity) disòrder** [名][U]《医》(学童の)注意欠陥(多動性)障害(略 AD(H)D) **~ kèy** [名][C] 💻 アテンションキー《実行の割り込みをする端末にある機能キー》 **~ spàn** [名][C] 注意持続時間

*at·ten·tive /əténtɪv/ [形] ❶〈…に〉注意深い, よく気を配る〈to〉‖ He is ~ *to* what he is doing. 彼は自分の行動によく気を配る / an ~ reader 注意深い読者 ❷〈…に〉思いやりのある; 丁寧な, いんぎんな〈to〉
~·ly [副] **~·ness** [名]

at·ten·u·ate /ənjuèɪt/ (→ [形]) [動] ⑩ ❶ …を細く[薄く, 希薄に]する; …をやせ細らせる ❷ …(の力・価値など)を減ずる, 弱める ❸〔ウイルス・細菌など〕の毒性を弱める
—⑥ 細くなる, 薄くなる; 弱まる
—[形] /ənjuət, -èɪt/ 細くなった, 薄くなった, 希薄な; 弱い
at·tèn·u·á·tion [名][U] 希薄(化); 弱化; 減少

*at·test /ətést/ [動] ⑩ ❶ …の証拠を示す, …を証明する; (物・事が)…の証拠となる ❷ …を本物[真実]であると証言する; (宣誓[署名]して)…だと証言する〈that [節] / having *done*〉‖ ~ a will [signature] 遺言状[署名]が本物であると証言する ❸ …を兵籍に入れる
—⑥ ❶〈…を〉証明する; (物・事が)〈…の〉証拠になる〈to〉‖ It ~s *to* his exceptional skill. それは彼のたぐいまれな技量を証明する ❷ 兵籍に入る, 入隊手続きをとる

at·tes·ta·tion /æ̀testéɪʃən/ [名][U][C] 証明, 立証; 確認, 確証; 証言; 宣誓; 証拠; 証明書(となるもの)

*at·tic /ǽṭɪk/ [名][C] 屋根裏; 屋根裏部屋(garret)
[語源] アッティカ(Attic)様式の柱が使われたため.

At·tic /ǽṭɪk/ [形] ❶ アッティカの; アテネ(人)の ❷(文体などが)古典的な, 簡素で高雅な —[名][U](ギリシャ語の)アッティカ方言 ▸▸ **~ órder** [名][C]《建》アッティカ様式《古代ギリシャ・ローマ建築の角柱を用いる柱形》

At·ti·ca /ǽṭɪkə/ [名] アッティカ《ギリシャ中南部の地方. 主要都市 Athens. 古代ギリシャの国家. 現在はギリシャ中部の県名》

at·tire /ətáɪər/《堅》《文》[動] ⑩《通例受身形または ~ oneself で》(人が)(儀式などのために)装う, 正装する ‖ be ~*d* in white = ~ oneself in white 白い服を着る / be completely [faultlessly, stylishly] ~*d* in ... …に身を包んで完璧(ぺき)な[申し分のない, 流行の]格好をしている
—[名][U] 装い, 服装; (特に)正装, 盛装 ‖ in formal ~ 改まった服装で

***at·ti·tude** /ǽṭətjùːd | ǽtɪ-/《アクセント注意》
—[名](㊥ ~s /-z/) [C][U] ❶ **態度**, 物腰〈to, toward 人・物などに対する / that [節] …という〉‖ His wife resented his ~ of ignoring his neighbors. 隣人たちを無視した彼の態度に妻は腹を立てた / assume [OR adopt, take] a friendly ~ *to* [OR *toward*] them 彼らに対して友好的な態度をとる / He took the ~ *that* I was a mere child. 彼は私などほんの子供だという態度をとった / a positive [negative] ~ 積極[消極]的な態度 / change one's ~ 態度を変える
❷《one's ~》〈…に対する〉**考え方**, 意見, 感じ方, 気持ち(の持ち方), 心構え〈to, toward, about〉‖ He was questioned on his ~ *to* the plan. 彼はその計画についてどう思うかと聞かれた / his ~ of mind 彼の考え方[心構え]
❸ [C] 姿勢, 身構え ‖ in a tense listening ~ 緊張して

A

聞き耳を立てた姿勢で
❹ Ⓤ《口》自信たっぷりで横柄な態度；(態度・外見に表れる) 強烈な個性，自信 ‖ a newcomer with ～ 態度のでかい新人
❺〖空〗(飛行機・宇宙船の)飛行姿勢 ❻〖バレエ〗アティテュード《片脚で立ち，もう一方の脚を後方に曲げ上げるポーズ》
hàve an áttitude (pròblem) 態度が悪い，反抗的な態度をとる
strìke an áttitude 大げさなポーズをとる

at·ti·tu·di·nize /æ̀tətjúːdənàɪz | æ̀titjúːdɪ-/ 動 自 気取る，わざとらしく振る舞う；きざな言い方[書き方]をする
-nìz·er 名

***at·tor·ney** /ətɔ́ːrni/ 名 (複 **～s** /-z/) Ⓒ ❶《主に米》弁護士 (⇨ LAWYER 類語) ‖ a defense ～ 被告弁護人
❷ (法律上の手続きを経て委任された) 代理人，代行者 ‖ by ～ (委任状による)代理人によって / a letter [OR warrant] of ～ 委任状
▶▶ **～ géneral** 名 (複 **～s g-** OR **～ -als**) Ⓒ ① 《通例 A- G-》《米》(連邦の)司法長官《閣僚の1人》；(州の)法務長官 ②《英》法務長官《国会議員の中から国王が任命. 内閣のメンバーではない》

attòrney-at-láw 名 (複 **attorneys-**) Ⓒ《米》法律家，弁護士

:at·tract /ətrǽkt/
—動 〔▶ attraction 名, attractive 形〕(**～s** /-s/；**～·ed** /-ɪd/；**～·ing**)
—他 ❶〔注意・興味など〕を**引く**；〔賞讃・共感・批判〕を呼ぶ ‖ ～ her **attention** [OR notice] 彼女の注意を引く / The president's new policy has *～ed* a lot of criticism. 大統領の新政策は多くの批判を呼んだ
❷〔人・生物など〕を〈…へ〉引き寄せる；〔産業・観光客など〕を〈…へ〉誘致する〈**to**〉‖ These flowers ～ butterflies. これらの花はチョウを引き寄せる / The museum helps ～ tourists *to* the town. その博物館は観光客を町へ誘致するのに役に立っている / ～ foreign investment 海外投資を誘致する
❸〔人〕の**心をとらえる**；《受身形で》〈…に〉魅了される，心を引かれる〈**to, by**〉‖ I'm not *～ed to* [OR *by*] him. 彼のことは好きではない
❹ (磁力で) …を引きつける，引き寄せる (↔ repel) ‖ A magnet *～s* iron. 磁石は鉄を引きつける
—自 魅力的である
語源 *at-* to＋*-tract* draw：…に引きつける

***at·trac·tion** /ətrǽkʃən/ 名 〔◁ attract 動〕Ⓤ ❶ 引きつける力[性質]，〈…にとっての〉魅力〈**for**〉；性的魅力，誘惑 ‖ The painting has great ～ *for* me. その絵は私にとって大変魅力がある / fall under the ～ of hero worship 英雄崇拝に魅せられる ❷ Ⓒ 人を引きつけるもの，呼び物，アトラクション；(観光の)名所，(客寄せの)目玉 ‖ The theater offers various *～s.* その劇場はいろいろなアトラクションを上演する / a tourist ～ 観光名所 ❸ 引きつけること，吸引，誘引；〖理〗引力 (↔ repulsion) ‖ ～ of gravity 重力 / chemical ～ 〖化〗親和力 / magnetic ～ 磁力 ❹〖文法〗牽引(けんいん)《文中で，ある語がすぐ近くの語に引かれて数・格などが不一致になること》

:at·trac·tive /ətrǽktɪv/
—形 〔◁ attract 動〕(**more～；most～**)
❶〈人を〉引きつける，〈人の〉興味[関心，好感]をそそる〈**to**〉；**魅力的な**，愛敬のある，美しい (↔ unattractive) ‖ American assets appear very ～ *to* foreign investors. 米国の資産は外国の投資家にとって大変魅力的に見える / He was ～ *to* women. 彼は女性に持てた / look ～ 魅力的に見える / an ～ price 買い気をそそる値段
❷ 引力のある ‖ ～ power 引力
～·ness 名

at·trib·ut·a·ble /ətríbjuṭəbl/ 形《叙述》(事が)〈…に〉帰することができる，〈…の〉せいと考えられる，〈…に〉起因する〈**to**〉

***at·trib·ute** /ətríbjuːt/ 《アクセント注意》(→ 名) 動〔▶ attribution 名〕(**～s** /-s/；**-ut·ed** /-ɪd/；**-ut·ing**) 他 ❶《＋目＋**to** 名》〔功績・結果など〕を…に帰する，…のせいと考える；〔物事など〕を…に由来すると考える，…の結果[おかげ]とみなす ‖ She *～d* her failure *to* bad luck. 彼女は自分の失敗を悪運のせいにした / ～ his death *to* natural causes 彼の死を自然死によるものと見る ❷《通例受身形で》(作品などが)〈…の〉作であるとみなされる ‖ The painting is *～d to* Turner. その絵はターナーの作と考えられている ❸《＋目＋**to** 名》〔性質など〕が…にあると考える，備わる[属する]とみなす ‖ We ～ caring nature *to* mothers. 私たちは母親には思いやりの心があると思っている
—名 /ǽtrɪbjùːt/ 《アクセント注意》Ⓒ ❶ (人・物の) 特質，特性，属性，表象 (⇨ QUALITY 類語) ‖ Kindness is an ～ of a gentleman. 親切は紳士の特性の1つである ❷ (人・職務などの)象徴物，付属物，しるし ‖ A torch and a book are the *～s* of liberty. たいまつと書物は自由の象徴である ❸〖文法〗属性を表す語，限定詞《形容詞など》❹ 💻 (コンピューターのファイルの)属性，ファイル特性《MS-DOSでは通例，Read only(読み取り専用)，Hidden(隠しファイル)，Archive(バックアップ対象)，System(システム用)の4つ》；データの属性
語源 *at-* to＋*-tribute* give(与える)

at·tri·bu·tion /æ̀trɪbjúːʃən/ 名〔◁ attribute 動〕❶ Ⓤ (原因などを)帰すること，帰属 ❷ Ⓒ 属性；(…に属する)権能，権限

at·trib·u·tive /ətríbjuṭɪv/ 形 ❶ 属性の，属性を示す ❷〖文法〗(形容詞・名詞などが) 限定的な (↔ predicative)《a pretty girl の pretty は attributive, She is pretty. では predicative》 **～·ly** 副

at·tri·tion /ətríʃən/ 名 Ⓤ ❶ 摩滅，損耗；消耗，抵抗力の低下 ‖ a war of ～ 持久戦，消耗戦 ❷《主に米・豪・ニュージ》(人員などの)(漸)減，減少，縮小 ❸〖神〗罪に対する深い後悔

at·tune /ətjúːn/ 動 他 ❶〔楽器など〕の調子を合わせる (tune)，調律する ❷《受身形で》〈…に〉慣れる，適合[一致，同調]する〈**to**〉

atty. 略 attorney

ATV /èɪ tiː víː/ 名 Ⓒ《米》全地形万能車 (♦ *a*ll-*t*errain *v*ehicle の略)

a·twit·ter /ətwíṭər/ 形《叙述》興奮して，どきどきして，落ち着かない；(小鳥が)さえずって

a·typ·i·cal /eɪtípɪkəl/ 形 型破りの，例外的な，変則的な (↔ typical) **～·ly** 副

Au 記号〖化〗gold(金)(♦ ラテン語 ***aurum*** より)

AU 略 *A*frican *U*nion；*a*rithmetic *u*nit (算術演算装置)；*a*stronomical *u*nit(天文単位)

au·ber·gine /óʊbərʒìːn/ 名 ❶ Ⓤ Ⓒ《主に英》ナス (の実)(《米》eggplant) ❷ Ⓤ なす色，暗紫色

au·bre·tia, -brie·tia /ɔːbríːʃə/ 名 Ⓒ〖植〗オーブリエチア，ムラサキナズナ《アブラナ科の多年草》

au·burn /ɔ́ːbərn/ 名 Ⓤ 形 (主に髪が)赤褐色(の)，とび色(の)

au cou·rant /òʊ kuráːn | -kúrɔŋ/ 形 時勢[事情]に通じている；最新の(♦ フランス語より)

auc·tion** /ɔ́ːkʃən, 米 ɑ(ː)-, ＋英 ɔ-/ 名 ❶ Ⓒ Ⓤ 競売，競り売り，オークション ‖ The painting was sold ⌈at (an) [OR by] ～ for 2.7 million dollars. その絵は競売において270万ドルで競り落とされた / put ... up for ～ …を競売にかける ❷ (＝**～ brìdge**) Ⓤ〖トランプ〗オークションブリッジ (contract bridge)《4人が2組に分かれて行うブリッジの一種》 —動 他《通例受身形で》競売で売られる，競売にかけられる《off***》‖ His collection of stamps was *～ed off* after his death. 彼の切手コレクションは死後競売に付せられた
on the auction block ⇨ BLOCK(成句)

auc·tion·eer /ɔ̀ːkʃəníər/ 名 Ⓒ 競売人，競り売り人
～·ing 名 Ⓤ 競売

au·da·cious /ɔːdéɪʃəs/ 形 ❶（人・行動などが）大胆な，恐れを知らぬ，無鉄砲な ❷ 道徳・習慣などを無視した，厚顔無恥な，無礼な，図々しい，奔放な　**~·ly** 副

au·dac·i·ty /ɔːdǽsəṭi/ 名 U ❶ 大胆さ，無鉄砲，向こう見ず ❷ 厚かましさ，図々しさ，横柄

Au·den /ɔ́ːdən/ 名 **W**(ystan) **H**(ugh) **~** オーデン（1907–73）《英国生まれの米国の前衛詩人・劇作家》

au·di·ble /ɔ́ːdəbl/ 形 聞こえる，聞き取れる；〘通信〙可聴の
——名 U 〘アメフト〙オーディブル《円陣で決めた作戦を変更し，クォーターバックが出す司令によるプレー》
àu·di·bíl·i·ty 名 U 聞き取れること；聴力；〘通信〙可聴性　**-bly** 副 聞き取れるように

⁂au·di·ence /ɔ́ːdiəns/

——名（複 **-enc·es** /-ɪz/）❶ C《単数・複数扱い》《集合的に》**聴衆**；（演劇・映画などの）観衆；（ラジオ・テレビの）聴取者，視聴者；（本・新聞・雑誌などの）読者（層）；支持者，共鳴者 ‖ There was 「a large [×many] ~ at the movie theater. 映画館には大勢の観客がいた（♦ audience の「多い，少ない」は large, small で表し，many, few は使わない）/ His ~ was [OR were] cheering and slapping their knees. 彼の聴衆は喝采（かっさい）し，手でひざをたたいていた（♦《米》ではふつう単数扱い.《英》では全体を一つの集団と見る場合は単数扱い，個々の成員に重点を置く場合は複数扱い）/ She was a good ~ — she agreed with every word I said. 彼女はよい理解者で私の言ったことすべてに同意してくれた（♦ 1人の人について用いることもある）

連語 【形/名+~】 a mass ~ 多くの視聴者 / a target ~ 対象となる視聴者 / a wide ~ 幅広い視聴者
【動+~】 attract [OR draw] an ~ 観客を集める / reach an ~ 視聴される

❷ U C（君主・高位の人の）謁見（えっけん），引見；公式会見 ‖ grant an ~ to her 彼女に謁見を許す / have [seek] an ~ with [OR of] the queen 女王に謁見する［を願い出る］/ be received in ~ 拝謁を賜わる
❸ U C（話などを）聞いてもらう機会，聴取 ‖ seek an ~ with the council 審議会に意見を聞いてもらうように求める / give ~ to him 彼の意見を聴取する / the right of ~（法廷での）弁論権
語源 ラテン語 *audire*（聞く）から．audio と同語源．

***au·di·o** /ɔ́ːdiòʊ/《発音注意》形《限定》❶（映像に対して）音声の（↔ video）❷ 音響（器械）の，再生（音）の ❸ 可聴周波（音）の，低周波の ‖ an ~ amplifier 可聴周波増幅器，オーディオアンプ　——名（複 **~s**）U C ❶（テレビ・ビデオなどの映像に対して）音声部分，音声の放送［受信，再生］❷〘電子〙可聴周波（音）
▸▸ **~ bòok**（↓） **~ cassétte** 名 C 音声録音用カセットテープ **~ frèquency** 名 C U〘電子〙可聴周波（数），低周波《1秒間20–20,000ヘルツの周波数．略 AF》

audio- /ɔːdioʊ-/ 連結形「聴覚，音響」の意

áudio·bòok, áudio bòok 名 C オーディオブック，録音図書《本の朗読や講演を録音したもの》

au·di·ol·o·gy /ɔ̀ːdiɑ́(ː)lədʒi | -ɔ́l-/ 名 U 聴覚学

au·di·om·e·ter /ɔ̀ːdiɑ́(ː)məṭər | -ɔ́mɪ-/ 名 C オーディオメーター，聴力計

au·di·o·phile /ɔ́ːdioʊfàɪl/ 名 C《口》オーディオマニア

áudio·tàpe 名 C U 録音テープ（→ videotape）

áudio·tỳping 名 U（原稿ではなく）録音テープからのタイプ　**-tỳpist** 名 C 録音テープを聞いてタイプを打つ人

àudio-vísual 形《限定》視聴覚の（略 AV）
——名 C《~s》《米》＝~ aids（↓）
▸▸ **~ aids** 名 複 視聴覚教材《映画・ラジオ・スライド・テレビ・写真・模型など》

***au·dit** /ɔ́ːdət | -dɪt/ 動 他 ❶ …の会計検査［監査］をする ❷《米》〔大学の講義〕を聴講する　——名 C U ❶ 会計検査，監査；C 清算；監査報告書 ‖「carry out [OR do] the ~ of ... …の会計検査［監査］をする ❷ 審査，評価
▸▸ **~ tràil** 名 C 監査証跡，オーディットトレイル《一定期間の事業業績を監査用に記録に残すこと．またその記録》

***au·di·tion** /ɔːdíʃən/ 名 ❶ C オーディション《歌手・俳優などの志願者に対して行う実技試験》‖ I had an ~ for the role. その役のオーディションを受けた / give an ~ to ... …のオーディションをする ❷ U《古》聞くこと；聴力［聴覚］　——動 他 …のオーディションをする　——自〈…の〉オーディションを受ける〈for〉‖ ~ *for* the leading role in a play 芝居の主役のオーディションを受ける

***au·dit·or** /ɔ́ːdəṭər | -dɪt-/ 名 C ❶ 会計検査官，監査役 ❷《米》（大学の）聴講生 ❸《堅》聴取者，聞き手

au·di·to·ri·um /ɔ̀ːdɪtɔ́ːriəm/ 名（複 **~s** /-z/ OR **-ri·a** /-riə/）C ❶《主に米》公会堂；（学校の）講堂，大講義室 ❷ 観客席，傍聴席

au·di·to·ry /ɔ́ːdətɔ̀ːri | -dɪtə-/ 形《限定》聴覚の，聴覚による；耳の ‖ the ~ nerve 聴神経 / an ~ organ 聴覚器官 / the ~ cortex 聴覚皮質

Au·du·bon /ɔ́ːdəbɑ̀(ː)n | -bɔ̀n/ 名 **John James ~** オーデュボン（1785–1851）《米国の鳥類学者・画家》
▸▸ **~ Society** 名《the ~》オーデュボン協会《米国にある野鳥・野生動物保護の会．1905年創立》

au fait /òʊ féɪ/ 形《叙述》〈…に〉精通［熟知］している〈with〉；熟練して（♦ フランス語より）（＝to the fact）

au fond /òʊ fóʊn | -fɔ́ːŋ/ 副 根本的に（は），本質的に（は）；実際は（♦ フランス語より）（＝at bottom）

***Aug.** 略 August

Au·ge·an /ɔːdʒíːən/ 形 ❶〘ギ神〙アウゲイアス（Augeas）王の《古代ギリシャのエリス（Elis）の王アウゲイアスは彼の牛舎を30年間一度も掃除しなかった》❷ 極めて不潔な；（仕事などが）困難で不快な

au·ger /ɔ́ːgər/ 名 C（大型の）らせん錐（きり）；掘削錐

augh /ɔː/ 間 おーっ；ひゃーっ；きゃーっ（♥ 驚き・恐怖を表す）

aught¹ /ɔːt/ 代《古》《文》何か，何でも（anything）
for àught I cáre《文》私にはどうでもよいことだが
for àught I knów《文》よくは知らないが，たぶん

aught² /ɔːt/ 名 ＝ought²

aug·ment /ɔːgmént/ 動 他 ❶《堅》…を増加させる，増大［増強］させる（⇨ INCREASE 類語）❷〘楽〙〔完全［長］音程〕を半音上げる（↔ diminish）
——自《堅》増大する，増える

aug·men·ta·tion /ɔ̀ːgmentéɪʃən/ 名 ❶ U《堅》増加，増大；C 増加物；U C 豊胸（手術）（breast augmentation）❷ U C〘楽〙主題拡大

aug·men·ta·tive /ɔːgménṭəṭɪv/ 形 ❶《堅》増加的な，付加的な ❷〘文法〙語義を拡大する
——名 C〘文法〙拡大辞《語義を拡大・強調する接辞．bal*loon*（＝large ball）の *-oon* など》（↔ diminutive）

au gra·tin /oʊ grɑ́ːtən | -grǽtæn/ 形《名詞の後に置いて》〘料理〙グラタン式［風］の《パン粉とチーズをのせて焦げ目をつける》（♦ フランス語より）

au·gur /ɔ́ːgər/ 名 C 卜占（ぼくせん）官《古代ローマで鳥の動きから吉凶を予言した神官》；（一般に）占い師，予言者
——動 他 …を占う，予言する；（事柄が）…の前兆を示す
——自（…の）前兆となる ‖ It ~*s* well [ill] for me. それは私にとって縁起がよい［悪い］

au·gu·ry /ɔ́ːgjuri/ 名（複 **-ries** /-z/）❶ C 前兆；徴候 ❷ U 占い，予言

au·gust /ɔːgʌ́st/ 形《通例限定》《堅》威厳のある，堂々たる；おそれ多い，尊敬すべき　**~·ly** 副　**~·ness** 名

***Au·gust** /ɔ́ːgəst/ 名 C U《通例無冠詞単数形で》8月《略 Aug.》（⇨ JANUARY 用例）‖ In Europe, July and ~ are supposed to be holiday months. ヨーロッパでは7月と8月は休暇の月と考えられている

Au·gus·ta /ɔːgʌ́stə/ 名 オーガスタ ❶ 米国メイン州の州都 ❷ 米国ジョージア州の都市《例年4月にゴルフの Masters Tournament が開催される》

Au·gus·tan /ɔːgʌ́stən/ 形 ❶（ローマ皇帝）アウグストゥス（Augustus）の；アウグストゥス帝時代の ❷（一国の）文芸

A

隆盛期の《英国では18世紀前半の新古典主義時代》
―名 C アウグストゥス帝時代の作家；(英国の)文芸隆盛期の作家

Au·gus·tine /ɔ́ːgəstìːn | ɔːgʌ́stɪn/ 名 **St.** ～ 聖アウグスティヌス ❶ (354–430)《初期キリスト教の最大の教父》 ❷ (?–604)《ローマの修道士でイギリス布教の使徒. 初代カンタベリー大司教(601–604)》

Au·gus·tin·i·an /ɔ̀ːgəstíniən/ ⦅シ⦆ 形 聖アウグスティヌスの；聖アウグスティヌス主義(者)の
―名 C 〘カト〙聖アウグスティヌス修道会の修道士

Au·gus·tus /ɔːgʌ́stəs/ 名 アウグストゥス (63 B.C. – A.D. 14)《ラテン語名 *Gaius Julius Caesar Octavianus*》《シーザーの後継者. 初代ローマ皇帝(27 B.C. – A.D. 14)》

au jus /oʊ ʒúː/ 形 〘料理〙(肉が)その焼き汁をかけた(♦ フランス語より)

auk /ɔːk/ 名 C 〘鳥〙ウミスズメ, ウミガラス

auk·let /ɔ́ːklət/ 名 C 〘鳥〙コウミスズメ

au lait /oʊ léɪ/ 形 《フランス》(＝with milk) ミルク[牛乳]入りの ‖ café ～ カフェオレ

auld /ɔːld/ 形 《スコット》＝old
▸▸～ **làng sýne** /ɔ̀ːld læŋ sáɪn/ 名 《スコット》 ① U 懐かしい昔, 過ぎ去りし日々 ② 《A- L- S-》オールドラングサイン《日本の「蛍の光」の原曲》

au na·tu·rel /oʊ nɑ̀ːtʃərél | -nætju-/ 副 形 自然のままで[の]；《戯》裸で[の]；簡単に料理して[た]；生のままで[の] (♦ フランス語より)

Aung San Suu Kyi /aʊŋ sæ̀n suː tʃíː | -sɑ̀ːn-/ 名 アウン＝サン＝スー＝チー (1945–)《ミャンマーの民主化運動指導者. ノーベル平和賞受賞(1991)》

***aunt** /ænt | ɑːnt/ 名 (複 **～s** /-s/) C (♦ 親愛語は auntie, aunty) ❶ 《しばしば A-》おば, おじの妻(↔ uncle)(♥ 呼びかけとしても用いるが, 名前が続くことが多い) ‖ *Aunt* Molly is an ～ on my dad's side. モリーおばさんは父方のおばです ❷ 《しばしば A-》《口》おばさん(♥親戚(しんせき)関係にない年長の女性に対する愛称. 主に小児語)
▸▸**Àunt Sálly** 名 《英》 ① U パイプ落とし《木製の女の人形(Aunt Sally)がくわえたパイプを球[棒]を投げてたたき落とすゲーム》；C パイプ落としの木像 ② C 攻撃[嘲笑(ちょうしょう)]の的(になる人)

aunt·ie, aunt·y /ǽnṭi | ɑ́ːnti/ 名 《口》 ❶ C おばちゃん (♥ aunt の愛称. 呼びかけにも用いるが, 名前が続くことが多い) ❷ 《A-》《英》(気まじめ)おばちゃん(♦ BBC(英国放送協会)のあだ名)

au pair /òʊ péər/ 名 C オーペア《食・住を与えてもらう代わりに家事を手伝うという交換条件で家庭に滞在して言語・習慣を学ぶ外国人》(♦ フランス語より)

au·ra /ɔ́ːrə/ 名 (複 **～s** /-z/ OR **-rae** /-riː/) C ❶ (人・物・場所などから発散する)(独特の)雰囲気, オーラ；(心霊術・催眠術などの) 霊気 ‖ an ～ of mystery 神秘的な雰囲気 ❷ 〘医〙(ヒステリーなどの) 前駆症状 ❸ 《A-》〘ギ神〙アウラ《そよ風の女神》

au·ral /ɔ́ːrəl/ 形 (♦ oral と並べていうときに aural は区別のため /áʊrəl/ と発音されることがある) 耳の；聴覚の ‖ an ～ aid 補聴器 / an ～ surgeon 耳科医 **～·ly** 副

au·re·ate /ɔ́ːriət/ 形 金色の；光り輝く；金めっきの, 金ぴかの；(文体などが)けんらんたる, 飾り立てた

au·re·ole /ɔ́ːriòʊl/, **-o·la** /ɔːríːələ/ 名 C ❶ 天上の宝冠《殉教者が天上で神から授かるとされる》；(宗教画の聖像などの)後光(halo), 光輪 ❷ (太陽・月などの)暈(かさ)；〘天〙コロナ

Au·re·o·my·cin /ɔ̀ːrioʊmáɪsɪn/ 名 U 《商標》〘薬〙オーレオマイシン《抗生物質の一種》

au re·voir /òʊ rəvwɑ́ːr/ 間 それではまた, さようなら(♦ フランス語より)

au·ri·cle /ɔ́ːrɪkl/ 名 C ❶ 〘解〙耳介, 耳殻；(心臓の)心耳《心房の一部をなす耳殻状の部分》 ❷ 〘生〙耳状部[器官], 耳葉, 耳状弁

au·ric·u·lar /ɔːríkjulər/ 形 耳(状)の；聴覚の, 聴覚による：〘解〙心耳の

au·rif·er·ous /ɔːrífərəs/ 形 金を産する；金を含んだ

au·rochs /ɔ́ːrɑ̀(ː)ks | -rɔks/ 名 (複 ～) C 〘動〙オーロックス《ヨーロッパ家畜牛の先祖. 17世紀に絶滅》

au·ro·ra /ərɔ́ːrə/ 名 (複 **～s** /-z/ OR **-rae** /-riː/) C ❶ オーロラ, 極光 ❷ 《文》曙(あけぼの), 夜明け, 曙光(しょこう) ❸ 《A-》〘ロ神〙オーロラ《曙の女神. 〘ギ神〙の Eos に当たる》
▸▸～ **aus·trá·lis** /-ɔːstréɪləs | -ɔstréɪlɪs/ 名 《the ～》南極光 (southern lights) ～ **bo·re·ál·is** /-bɔ̀ːriǽlɪs | -éɪlɪs/ 名 《the ～》北極光(northern lights)

Ausch·witz /áʊʃwɪts/ 名 アウシュビッツ《ポーランド南西部の都市. 第2次世界大戦時のナチの強制収容所の所在地. ユダヤ人・ポーランド人の大虐殺が行われた》
▸▸～ **Lìe** 名 《通例 the ～》アウシュビッツのうそ《アウシュビッツの大虐殺はなかったとする主張》

aus·cul·ta·tion /ɔ̀ːskəltéɪʃən/ 名 U 〘医〙聴診

aus·pice /ɔ́ːspɪs/ 名 C ❶ 《～s》後援, 主催；保護, 援助 ❷ 《しばしば ～s》吉兆；前兆 ‖ under favorable ～*s* さい先よく
ùnder the áuspices of ... …の後援[主催]で

aus·pi·cious /ɔːspíʃəs/ 形 縁起のよい, めでたい；さい先のよい；幸運な, 順調な **～·ly** 副 **～·ness** 名

Aus·sie /ɔ́ːsi | ɔ́zi/ 《口》 名 C オーストラリア人；U オーストラリア ―形 オーストラリア(人)の

Aust. 略 Austria, Austrian；Australia, Australian

Aus·ten /ɔ́(ː)stɪn/ 名 **Jane** ～ オースチン (1775–1817)《英国の女流小説家》

***aus·tere** /ɔːstíər/ 形 ❶ (容貌(ようぼう)・態度などが)厳格な, 厳粛な(⇨ SEVERE 類語) ‖ an ～ judge 厳格な判事 ❷ (精神的に) 禁欲的な, 耐乏の ‖ an ～ life in wartime 戦時中の耐乏生活 ❸ 簡素な；質素な；飾り気のない ‖ a bare and ～ room 飾り気のない部屋 ❹ 重々しい, まじめな, 落ち着いた **～·ly** 副 **～·ness** 名

aus·ter·i·ty /ɔːstérəṭi/ 名 (複 **-ties** /-z/) ❶ U (態度・規律などの) 厳しさ, 厳格(な行動[態度]) ❷ U 質素, 倹約, 耐乏；C 《通例 -ties》耐乏生活, 禁欲生活 ‖ wartime *austerities* 戦時下の耐乏生活 ❸ U 緊縮経済 ‖ an ～ budget 緊縮予算

Aus·tin /ɔ́(ː)stɪn/ 名 オースチン ❶ **Stephen Fuller** ～ (1793–1836)《米国テキサスの開拓者》 ❷ 米国テキサス州の州都 ❸ 《商標》英国 Austin Motor Co. 製の乗用車

aus·tral /ɔ́ːstrəl/ 形 ❶ 南(から)の, 南方の ❷ 《A-》オーストラリアの(Australian)

Aus·tral·a·sia /ɔ̀(ː)strəléɪʒə/ ⦅シ⦆ 名 オーストラレシア《オーストラリア・ニュージーランドとその周辺の諸島の総称》
-sian 形 名 C オーストラレシアの(人)

*****Aus·tral·ia** /ɔ(ː)stréɪliə/ 《発音注意》
―名 ❶ **オーストラリア**, 豪州《英連邦に属する. 公式名 the Commonwealth of Australia. 首都は Canberra》 ❷ オーストラリア大陸

Behind the Scenes **We're going to Australia!** やった～！ 1986–2011年の間米国で放映された大人気トークショー *The Oprah Winfrey Show* の中で, 司会の Oprah がスタジオ観覧に訪れていた302人をオーストラリア旅行に連れていくと宣言した際に, 皆が狂喜乱舞した場面より (♥ ものすごくいいことがあって大喜びしたときに用いる)

▸▸～ **Dày** 名 オーストラリア建国記念日《1788年英国人によるシドニー上陸を記念する法定休日. 1月26日以降の最初の月曜日》

****Aus·tra·lian** /ɔ(ː)stréɪliən/
―形 **オーストラリア(人)の**
―名 (複 **～s** /-z/) C **オーストラリア人**；(＝～ **Énglish**) U オーストラリア英語；オーストラリア先住民の言語
▸▸～ **Càpital Térritory** 名 《the ～》オーストラリア首都特別地域《首都 Canberra とその周囲の地域からなる連邦直轄地. 略 ACT》 ～ **Rùles fóotball** 名 U オー

A

ストラリアン［オージー］＝フットボール《各チーム18人で戦うラグビーに似た競技》

Austrálian·ìsm 名 U ❶ オーストラリア英語特有の語句［表現］❷ オーストラリアびいき［に対する愛国心］；オーストラリアの国民性

Aus·tra·lo·pith·e·cus /ɔ̀(ː)streɪloupíθɪkəs/ 名 U C 〖人類〗アウストラロピテクス《最古の化石人類》

***Aus·tri·a** /ɔ́(ː)striə/ 名 オーストリア《ヨーロッパ中部の共和国. 公式名 the Republic of Austria. 首都は Vienna》

Àustria-Húngary 名 〖史〗オーストリア＝ハンガリー《両国を中心とした中欧の帝国(1867-1918)》

***Aus·tri·an** /ɔ́(ː)striən/ 形 オーストリア(人)の
—名 C オーストリア人

Aus·tro·ne·sia /ɔ̀(ː)strouníːʒə | -ziə/ ⊲ジ 名 オーストロネシア《太平洋中南部諸島の総称》
-sian 名 C U 形 オーストロネシア(人［語族］)(の)

aut- 連結形《母音の前で》＝auto-

au·tar·chy /ɔ́ːtɑːrki/ 名 (複 **-chies** /-z/) ❶ U 絶対主権, 独裁［専制］政治；C 独裁国家 ❷ ＝autarky
-chic 形

au·tar·ky /ɔ́ːtɑːrki/ 名 (複 **-kies** /-z/) U (国家経済の)自給自足；経済的自立政策, アウタルキー；C 経済的自立国家 **-kic** 形

***au·then·tic** /ɔːθéntɪk/ 形 ❶ 本物の, 真正の, 純粋な(↔ fake) (⇨ REAL¹ 類語) ‖ This is an ~ painting by Picasso, not an imitation. これはコピーではなく正真正銘のピカソの絵です / an ~ signature 本物のサイン ❷ (情報・本などが) 信頼できる, 確実な ❸ 〖楽〗正格の ❹ 〖法〗認証された **-ti·cal·ly** 副

au·then·ti·cate /ɔːθéntɪkèɪt/ 動 他 ❶〔陳述など〕を真実と確証する；…が本物であること［信用できること］を証明する；…の原作者［典拠, 出所］を鑑定［証明］する ❷💻〔ネットワーク上などで正当な情報利用者であること〕を認証する ‖ ~ a client クライアントを認証する

au·then·ti·ca·tion /ɔːθèntɪkéɪʃən/ 名 U ❶ (確実・正当・純正であることの) 確証, 証明 ❷💻 (利用者) 認証《ログオン情報が適切なものかどうかチェックする手順など》

au·then·tic·i·ty /ɔ̀ːθentísəti/ 名 U 本物であること, 真実性, 確実性, 信憑(しんぴょう)性

:au·thor /ɔ́ːθər/《発音注意》
—名 (複 **~s** /-z/) C (♦ 女性形は authoress だが, 通例女性にも author を用いる) ❶ **著者**, 作者；作家 ‖ Who is the ~ of this novel? この小説の著者はだれですか / Pynchon is one of my favorite ~*s*. ピンチョンは私の好きな作家の1人です / a famous [OR noted, recognized] ~ 有名作家 / a rising [OR budding] ~ 新進作家 / an anonymous ~ 匿名の作家 / a prolific ~ 多作の作家
❷ 立案者；創始者；張本人；💻ソフトウェア制作者《特にハイパーテキストやマルチメディアソフトの制作者を指す》‖ the ~ of the constitution 憲法の起草者 / the ~ of the theft 窃盗事件を仕組んだ張本人
❸ (ある)著者の作品, 著書
—動 他 …を著作する, 創作する, 生み出す

au·thor·ess /ɔ́ːθərəs | -res/ 名 C《旧》《けなして》女流作家 (♦ 現在では女流作家も author というのがふつう)

au·thor·ing /ɔ́ːθərɪŋ/ 名 U 💻オーサリング《マルチメディア関連のデータベース・学習コース・プログラム・CD・DVDなどの編集・作成》
▸▸ **~ sỳstem** 名 C オーサリング＝システム《マルチメディアコンテンツを作成するための編集プログラム》

***au·thor·i·tar·i·an** /ɔːθɔ̀ːrətéəriən | -θɔ̀rɪ-/ ⊲ジ 形 権威主義の；独裁主義の —名 C 権威［独裁］主義者
~·ìsm 名 U 権威［独裁］主義

au·thor·i·ta·tive /əθɔ́ːrətèɪtɪv | ɔːθɔ́rɪtə-/ 形〔⊲ authority 名〕❶ 権威のある；信頼すべき, 典拠の確かな ‖ the news from an ~ source 信頼すべき筋からのニュース ❷ (通達・命令などが)当局の, その筋(から)の ❸ (人・態度などが)高圧的な, 権威を振りかざした **~·ly** 副

:au·thor·i·ty /əθɔ́ːrəti | ɔːθɔ́r-/《アクセント注意》
—名〔▶ authorize 動, authoritative 形〕(複 **-ties** /-z/) ❶ U〈…に対する〉**権威**, 威信, 威光；権力；影響力, 心を動かす力〈**over, with**〉‖ Parents used to have greater ~ *over* [OR *with*] their children. 親は以前は子供に対してもっと権威を持っていたものだ / yield one's ~ to ... 権力を…に譲る
❷ U〈…する〉(付与された)**権限**, 職権；許可, 認可〈**to** *do* / **for** *doing*〉‖ He was invested with the ~ *to* negotiate with Britain. 彼は英国との交渉の権限を委任された / We have the ~ *to* search your house. あなたの家を捜索する権限が私たちにはあります / presidential ~ 大統領の権限 / abuse one's ~ 職権［権限］を乱用する / assume ~ 実権を握る / exercise one's ~ 権限［職権］を行使する
❸ C《通例 the -ties》(関係)**当局**, その筋, 管轄する行政官庁；権限を有する者(❗日本語の「当局」は「警察」の婉曲表現でもあるが, the authorities 単独でその意味はない) ‖ the city *authorities* 市当局 / the *authorities* concerned 関係当局
❹《the ~》公共事業機関, 公社, 公団 ‖ the **local** ~《英》地方自治体 / the Atomic Energy *Authority* (英国の)原子力公社《略 AEA》
❺ C〈…の〉(正しい知識・指針などを与える)**権威者**, 権威あるもの〈**on**〉‖ He is an ~ *on* [×of] heart surgery. 彼は心臓外科の権威だ
❻ C〈…の〉(信頼できる)根拠, 出典, 典拠；(先例となる)判決例, 裁定〈**for**〉‖ What is your ~ *for* that statement? 君のあの陳述の典拠は何か / biblical *authorities* 聖書から引用したもの ❼ U (演技・演奏・運動などの)熟練による自信, 迫力, 確かさ
hàve it on gòod authórity (***that*** ...) 信頼できる筋から(…と)聞いている
**in authórity* 権力［権限］を持っている, 指導的地位にある ‖ those *in* ~ 上に立つ人々, 権力者たち
under the authórity of ... …の管轄［支配下］で
語源 *author*(創始者)＋*-ity*(「状態・性質」を表す名詞語尾)：創始者としての身分・権威
▸▸ **~ fìgure** 名 C 権威者

au·thor·i·za·tion /ɔ̀ːθərəzéɪʃən | -aɪ-/ 名 U ❶ 権限を与える［与えられる］こと, 委任；(法的な)強制力, 権限, 職権 ❷ 認可, 許可, 公認 ❸ C 許可状, 委任状

***au·thor·ize** /ɔ́ːθəràɪz/ 動〔⊲ authority 名〕他 ❶《＋目＋**to** *do*》〔人〕に…する権限を与える；〔人〕に…することを許可する (♦ しばしば受身形で用いる) ‖ She ~*d* her lawyer *to* answer the question on her behalf. 彼女は自分に代わって質問に答える権限を弁護士に与えた ❷ …を許可する, 認可する ‖ Who ~*d* this investigation? だれがこの捜査を許可したのか

au·thor·ized /ɔ́ːθəràɪzd/ 形 ❶ 権限を与えられた；委任された ❷ 認可された, 検定済みの；公認の
▸▸ **~ cápital** 名 C 授権資本 **Àuthorized Vérsion** 名《the ~》《主に英》欽定(きんてい)訳聖書《1611年, 英国王ジェームズ1世の裁可により発行された英訳聖書. 略 A.V.；King James Version ともいう》

áuthor·shìp 名 U ❶ (原)著者, 原作者(であること) ‖ a poem of unknown ~ 作者不明の詩 ❷ 著述業

au·tism /ɔ́ːtìzm/ 名 U 〖心〗自閉症

au·tis·tic /ɔːtístɪk/ 形 自閉症の —名 C 自閉症患者

***au·to** /ɔ́ːtou/ 形《限定》自動車の ‖ ~ parts [insurance] 自動車部品［保険］/ the ~ industry 自動車産業 / an ~ race 自動車レース —名 (複 **~s** /-z/) C《主に米口》自動車 (♦ automobile の短縮形. car の方がふつう) (⇨ CAR 類語P) ▸▸ **~ shòw** 名 C 自動車展示会, モーターショー(motor show)

auto- /ɔ́ːtou-/ 連結形 (♦ 母音の前では aut-) ❶「自身の, 自己の」の意 ‖ *auto*biography, *auto*graph ❷「自力の；

A

自動の；自動車の」の意 ‖ *auto*mobile, *aut*arky

àuto·ántibody 名 (複 **-antibodies** /-z/) Ⓒ〘生化〙自己抗体《同一個体内の抗原に反応して作られる抗体》

au·to·bahn /ɔ́ːṭoubàːn, -ṭə-/ 名 (複 **~s** /-z/ OR **~·en** /-bàːnən/) Ⓒ アウトバーン《ドイツ・オーストリア・スイスの高速道路》(♦ ドイツ語より)

àuto·biógrapher 名 Ⓒ 自(叙)伝作家

***au·to·bi·og·ra·phy** /ɔ̀ːṭəbaɪɑ́(ː)grəfi, -ṭou-|-ɔ́g-/ 名 (複 **-phies** /-z/) ❶ Ⓒ 自叙伝, 自伝；Ⓤ 自叙伝(文学) ❷ Ⓤ 自叙伝執筆 **àu·to·bi·o·gráph·ic(al)** 形

au·toch·thon /ɔːtɑ́(ː)kθən|-tɔ́k-/ 名 (複 **~s** /-z/ OR **-tho·nes** /-nìːz/) Ⓒ ❶ 先住民, 土着民 ❷ 土着のもの；〘生態〙その土地原産の動植物, 自生種

au·toch·tho·nous /ɔːtɑ́(ː)kθənəs|-tɔ́k-/ 形 先住民の, 土着の；原地産の, 自生の；(沈殿物などが)現地性の

au·to·clave /ɔ́ːṭouklèɪv, -ṭə-/ 名 Ⓒ 耐圧がま《特に医療器具消毒用》(♦ 料理用は pressure cooker がふつう)
— 動 他 …を圧力がまで処理する

au·toc·ra·cy /ɔːtɑ́(ː)krəsi|-tɔ́k-/ 名 (複 **-cies** /-z/) Ⓤ 独裁[専制]政治；独裁権；Ⓒ 独裁[専制]主義国家
語源 *auto-* self+*-cracy* rule：ひとりで治めること

au·to·crat /ɔ́ːṭəkræ̀t/ 名 Ⓒ ❶ 専制君主；独裁者 ❷ 横暴な人, ワンマン

au·to·crat·ic /ɔ̀ːṭəkrǽṭɪk/ 〈シ〉 形 独裁の, 専制(君主)の, 独裁的な **-i·cal·ly** 副

áuto·cròss 名 Ⓤ オートクロス《自動車によるクロスカントリーレース》(→ gymkhana)

áuto·cùe 名《しばしば A-》Ⓒ《英》《商標》〘放送〙オートキュー《カメラには映らない位置に置かれた, 出演者にせりふなどを教える装置》(→ TelePrompTer)

au·to-da-fé /ɔ̀ːṭoudəféɪ/ 名 (複 **autos-**) Ⓒ〘史〙スペイン・ポルトガルの宗教裁判所の判決；(それによる)異端者の火刑；(一般に)異端者の火刑

au·to·di·dact /ɔ̀ːṭoudáɪdækt|ɔ́ːtoudɪdæ̀kt/ 名 Ⓒ 独習者, 独学者 **àu·to·di·dác·tic** 形

àuto·erótism, -eróticism 名 Ⓤ〘心〙自己性愛, 自体愛 **-erótic** 形

áuto·fòcus 名 Ⓤ〘写〙自動焦点機能[方式], オートフォーカス機能[方式]；Ⓒ 自動焦点機構

àuto·génic 形〘生理〙内因的な, 自源性の
▸▸ **~ tráining** 名 Ⓤ 自律訓練(法)

àuto·génous 形 =autogenic

au·to·gi·ro, -gy- /ɔ̀ːṭoudʒáɪərou/ 名 (複 **~s** /-z/) Ⓒ〘空〙オートジャイロ《前進用プロペラと上昇用プロペラを持つ初期のヘリコプター》

***au·to·graph** /ɔ́ːṭəgræ̀f|-grɑ̀ːf/ 名 Ⓒ ❶ (有名人の)サイン ‖ Can I have your ~? サインしていただけませんか (♦ ×... your sign? とはいわない) / get a singer's ~ 歌手のサインをもらう ❷ 自筆の文書[原稿], 楽譜 ❸ Ⓤ 自筆, 真筆 — 形《限定》自筆の, 真筆の；(絵・彫刻などが)本人作の, 複製でない ‖ an ~ painting of Rembrandt 本物のレンブラントの絵 — 動 他 (有名人が)…にサインする；…を自筆で書く ‖ Would you ~ this T-shirt for me? このTシャツにサインしてくださいませんか / an ~*ed* book 著者のサイン入り本
語源 *auto-* self+*-graph* writing：自分で書くこと
▸▸ **~ àlbum** [**bòok**] 名 Ⓒ サイン帳 **~ hùnter** 名 Ⓒ (有名人の)サイン収集マニア

àuto·hypnósis 名 Ⓤ 自己催眠(術, 状態) **-hypnótic** 形

àuto·immúne 〈シ〉 形《限定》〘医〙自己[自家]免疫の ‖ ~ disease 自己免疫疾患 **-immúnity** 名 Ⓤ 自己[自家]免疫

àuto·intòxicátion 名 Ⓤ〘医〙自家[自己]中毒

au·tol·y·sis /ɔːtɑ́(ː)ləsɪs|-tɔ́l-/ 名 Ⓤ〘生化〙自己分解, 自己消化(self-digestion)

Au·to·mat /ɔ́ːṭəmæ̀t/ 名 ❶《米》《商標》オートマット《食品の自動販売機を並べた大衆向けレストラン. ファーストフードに押されて1991年に閉店》❷ Ⓒ《単数形で》自動販売機

***au·to·mate** /ɔ́ːṭəmèɪt/ 動 他〔工場・製造工程など〕をオートメ(ーション)化[自動化]する(♦ しばしば受身形で用いる) ‖ a completely ~*d* factory 完全に自動化された工場
— 自 オートメーション化[自動化]する
▸▸ **~d cléaringhouse** 名 Ⓒ〘金融〙自動決済処理装置 **~d téller machìne** 名 Ⓒ 現金自動預払機(《英》cash machine)(略 ATM)(→cash dispenser)

***au·to·mat·ic** /ɔ̀ːṭəmǽṭɪk/ 〈シ〉 形 (**more ~**；**most ~**) (♦ ❶❸は比較なし) ❶ 自動の, 自動装置による, オートマチックの(↔ manual, done by hand) ‖ an ~ door 自動ドア ❷ 無意識の, 反射的な(↔ conscious)；機械的な, 習慣化した ‖ Breathing is ~. 呼吸は無意識に行われる / Her drinking has become ~. 彼女の飲酒は習慣化している ❸ (規定によって)必然的に生じる, 自動的な ‖ Parking violation results in an ~ fine. 違法駐車には自動的に罰金が科される
— 名 (複 **~s** /-s/) Ⓒ 自動機械[装置]；自動拳銃(けんじゅう)；自動ライフル；オートマチック車；全自動洗濯機
語源 *auto-* self+*-matic* moving：ひとりで動く
▸▸ **~ dáta pròcessing** 名 Ⓤ 自動情報処理 (略 ADP) **~ dríve** 名 Ⓤ Ⓒ =automatic transmission **~ expósure** 名 Ⓤ〘写〙自動露出 (♦ autoexposure ともいう. 略 AE) **~ gáin contròl** 名 Ⓤ〘電子〙(増幅器の)自動利得制御《略 AGC》 **~ pílot** 名 Ⓒ 自動操縦装置(autopilot) **~ pístol** 名 Ⓒ 自動ピストル(♦ 単に automatic ともいう) **~ téller machìne** 名 =automated teller machine **~ transmíssion** 名 Ⓤ Ⓒ 自動変速装置(↔ standard transmission) **~ wéapon** 名 Ⓒ 自動武器《自動ライフル・自動機関銃など》

***au·to·mat·i·cal·ly** /ɔ̀ːṭəmǽṭɪkəli/ 副 ❶ 自動(装置)で(↔ manually) ‖ The door opened ~. ドアは自動的に開いた ❷ 無意識(のうち)に, 機械的に ❸ (ある状況になれば)自動的に, 必然的に ‖ A child born in America gets American citizenship ~. 米国で生まれた子供は自動的に米国の市民権を得る

au·to·ma·tic·i·ty /ɔ̀ːṭəmətísəṭi/ 名 Ⓤ 自動性；自動化の状態[度合]

au·to·ma·tion /ɔ̀ːṭəméɪʃən/ 名 Ⓤ オートメーション, 自動制御(機構)；自動(作業)化

au·tom·a·tism /ɔːtɑ́(ː)mətìzm|-tɔ́m-/ 名 Ⓤ ❶ 機械的[無意識的]行動 ❷ 自動性；〘心〙自動症《覚醒(かくせい)した意思なしにする自動作用》；〘生理〙自発[自律]運動《心臓の鼓動・筋肉の反射運動など》❸〘美〙オートマティズム《無意識のイメージを自由に発揮させて描く手法》

au·tom·a·tize /ɔːtɑ́(ː)mətàɪz|-tɔ́m-/ 動 他 …をオートメ(ーション)化[自動化]する

au·tom·a·ton /ɔːtɑ́(ː)mətən|-tɔ́m-/ 名 (複 **~s** /-z/ OR **-ta** /-tə/) Ⓒ ❶ 自動人形, オートマトン；ロボット；自動(制御)装置 ❷ 機械的に行動する人[動物]

***au·to·mo·bile** /ɔ́ːṭəmoubìːl, -mə-, ⌐⌐⌐⌐, ⌐⌐⌐⌐/ 名 Ⓒ《米》自動車(《英》motorcar)(→ auto)(♦ 日常語としては car がふつう)(⇨ CAR 類語P) ‖ the ~ industry 自動車産業 / an ~ accident 自動車事故
— 形 =automotive
語源 *auto-* self+*-mobile* moving：自分で動くもの

àuto·mótive 〈シ〉 形《通例限定》❶ 自動車の[に関する] ‖ ~ parts 自動車部品 ❷ 自動(推進)の

au·to·nom·ic /ɔ̀ːṭənɑ́(ː)mɪk|-nɔ́m-/ 形 ❶ 自動的な；〘生理〙自律神経の；〘生〙自律的な, 体内の刺激による ‖ ~ imbalance [OR dystonia] 自律神経失調症 ❷ =autonomous ❷ **-i·cal·ly** 副
▸▸ **~ nérvous sỳstem** 名《the ~》〘生理〙自律神経系

***au·ton·o·mous** /ɔːtɑ́(ː)nəməs|-tɔ́n-/ 形 (**more ~**；**most ~**)《限定》❶ 自治の；自治権のある ❷ 自主的な, 自律的な **~·ly** 副

***au·ton·o·my** /ɔːtɑ́(ː)nəmi|-tɔ́n-/ 名 (複 **-mies** /-z/) ❶ Ⓤ (国家などの)自治(権)；Ⓒ 自治国家, 自治体 ‖ A certain amount of ~ has been achieved. ある程度の自治(権)が達成された ❷ Ⓤ (個人の)自律, 自主(性); 意志の自由

áuto·pèn 名 Ⓒ ❶ オートペン《署名模写用の自動装置》 ❷ ペン型インシュリン注射器

áuto·pìlot 名 =automatic pilot

***au·top·sy** /ɔ́:tɑ(:)psi | -tɔp-/ 名 (複 **-sies** /-z/) Ⓒ ❶ 検死 ‖ perform an ~ on ... …の死体解剖をする ❷ 実地検証; (事後の)批判的吟味

—動 (**-sied** /-d/; **~·ing**) 他 …を検死[解剖]する; …を実地検証する; …を事後吟味する

áuto·ròute 名 Ⓒ オートルート《(フランスの) 多車線高速道路》(♦フランス語より)

áuto·sàve 名 Ⓤ 自動保存 —動 他 …を自動保存する

au·to·stra·da /áutoustrɑ̀:də | ɔ́:toustrɔ̀:də/ 名 (複 **-de** /-deɪ/) Ⓒ アウトストラーダ《(イタリアの) 高速道路》(♦イタリア語より)

àuto·suggéstion 名 Ⓤ 自己暗示

***au·tumn** /ɔ́:təm/ 名 (複 **~s** /-z/) ❶ Ⓤ Ⓒ 《しばしば無冠詞単数形または the ~》秋, 秋季《北半球では通例9–11月. 天文学的には秋分から冬至(とうじ)まで》(♦《米》では主に fall を用いる) (→ spring); 《形容詞的に》秋の ‖ People become nostalgic in (the) ~. 人は秋になると郷愁を感じる / Men [Women] are as fickle as ~ weather. 男心[女心]と秋の空 / This is a popular skirt from our ~ collection. こちらは当社の秋物コレクションの人気のスカートでございます / ~ leaves 落葉, 枯葉 / the ~ term 秋学期 ❷ 《the ~》成熟期; 凋落(ちょうらく)期 ‖ in the ~ of one's life 人生の収穫期に《初老期》 / ~ romance 熟年の恋

▸▸ **~ crócus** 名 Ⓒ 〖植〗イヌサフラン

au·tum·nal /ɔ:tʌ́mnəl/ 形 《通例限定》 ❶ 秋の; 秋に行われる[起こる]; 秋に実る, 秋咲きの ‖ ~ tints 秋色, 秋景色 / ~ flowers 秋咲きの花 ❷ 初老(期)の ▸▸ **~ équinox** 名 《the ~》秋分(点) (→ vernal equinox)

aux., auxil. 略 auxiliary

aux·il·ia·ry /ɔ:gzíliəri/ 形 補助の, 予備の; 補足的な, 付加的な; (帆船が) 補助エンジン付きの ‖ an ~ engine 補助エンジン / an ~ language (国際的) 補助言語《Esperanto など》 —名 (複 **-ries** /-z/) Ⓒ ❶ 補助者[物] ❷ 《米》補助[援助]団体 ❸ (**-ries**)(外国からの)援軍, 外国人部隊; 補助艦艇(かんてい) ❹ (= **~ vérb**) 〖文法〗助動詞 (can, may, must, shall, will など)

aux·in /ɔ́:ksɪn/ 名 Ⓤ Ⓒ 〖生化〗オーキシン《植物生長ホルモン》

ÀV́, À.V́. 略 audiovisual; *A*uthorized *V*ersion (of the Bible)

Av. 略 avenue

***a·vail** /əvéɪl/ 動 《堅》 自 《主に否定文・疑問文で》(物事が)役に立つ, 効用がある ‖ Her persuasion did not ~ against his firm resolve. 彼女の説得も彼の固い決意の前には役に立たなかった

—他 《主に否定文・疑問文で》(物事が)…に役立つ, …を利する (♦目的語は人称代名詞であることが多い) ‖ Will it ~ us? それは我々の役に立つのだろうか / All his efforts ~*ed* him nothing. 彼のあらゆる努力も全く無駄だった

avàil onesèlf of ... …を利用する; …につけ込む, …に乗ずる (≒ make use of) ‖ I ~*ed* myself *of* this loophole in the law. 私は法のこの抜け穴を利用した

—名 Ⓤ 《主に否定文・疑問文で》効用, 効き目, 利益

*(***but***) ***to nò*** [***líttle***] ***aváil*** 全く[ほとんど]無駄に, そのかいもなく ‖ He called her apartment every five minutes, *but to no* ~. 彼は5分おきに彼女のアパートに電話をしたが, 無駄だった

of nò [***líttle***] ***aváil*** 少しも[大して]役に立たない

語源 *a-* to+*vail* be worthy(価値がある): 役に立つ

***a·vail·a·bil·i·ty** /əvèɪləbíləti/ 名 (◁ available 形) Ⓤ ❶ 役に立つこと, 有用[有効]性, 便利さ; 利用できること[状態], (入手の)可能性 ❷ 可用性《コンピューターシステムの信頼度・性能の評価基準の1つ》

‡a·vail·a·ble /əvéɪləbl/ 《発音注意》 中心義 **利用可能な**

—形 (▶ availability 名) 《比較なし》 ❶ (物が)手に入る, **入手できる**; 《…に》**利用できる**〈**for, to**〉; (人が)役に立つ ‖ Is this sweater ~ in a larger size? このセーターのもっと大きいサイズはありませんか / The university should make more accommodations ~ *for* students. 大学は学生が利用できる宿泊設備をもっと増やすべきだ / This is the only ~ room. 空いているのはこの部屋だけです / I'm always ~ if you should need me. ご用があればいつでも参ります

連語 【~+名】 ~ evidence [data] 入手可能な証拠[データ] / ~ resources 利用できる資源
【副+~】 readily [OR easily] ~ 容易に手に入る / freely ~ 自由に利用できる / publicly ~ だれでも利用[入手]できる / widely [OR generally] ~ 多くの人が利用[入手]できる / commercially ~ 購入できる, 商用利用ができる

❷ 《叙述》(人が) 手が空いている; 〈…に〉出席できる〈**for**〉; 〈…することが〉できる〈**to** *do*〉 ‖ She's too busy to be ~ *for* the interview. 彼女は忙しくてインタビューには応じられません / I'm afraid I'm not ~ *to* meet this afternoon. 今日の午後はお会いできそうもありません

❸ 《口》(恋人として)付き合っている相手がいない, 恋人募集中の ‖ Did you know Andy's ~ again? He's just finished his relationship with Paula. アンディがまたひとりになったこと知ってた? ポーラと別れたばかりなんだって

語法 ☆☆ 前置修飾と後置修飾

available が名詞を前から修飾する場合は名詞の「恒久的・分類的特徴」を表すのに対して, 名詞を後ろから修飾する場合は名詞の「一時的な状態」を表す. -able, -ible で終わるほかの形容詞についてもしばしば同じことがいえる. 〈例〉(1) I tried every *available* means. (2) I tried every means *available*. どちらも「私は可能な手段をすべて試した」という意味だが, (1) は「理論上可能な手段のすべて」を表すのに対し, (2) は「そのとき可能な手段のすべて」を表すという違いがある.

av·a·lanche /ǽvəlæntʃ | -lɑ̀:ntʃ/ 名 Ⓒ ❶ 雪崩(なだれ) ❷ 《an ~》(質問・苦情・手紙など)一度にどっと来る[降りかかる]もの, 殺到〈**of**〉 ‖ an ~ *of* mail どっと押し寄せる郵便物の山 ❸ 〖理〗電子[イオン]雪崩 —動 自 雪崩となって落ちる —他 …の上に雪崩となって落ちる

a·vant-garde /ɑ̀:vɑ:ŋgɑ́:rd | æ̀vɒŋ-/ ⊲ 名 《通例 the ~》《集合的に》《単数・複数扱い》(芸術上の)前衛派, アバンギャルド —形 前衛(派)の, 前衛的な ‖ ~ films 前衛映画(♦フランス語より)

av·a·rice /ǽvərɪs/ 名 Ⓤ 強欲, 貪欲(どんよく) (⇨ GREED 類語)

av·a·ri·cious /æ̀vəríʃəs/ ⊲ 形 強欲な, 貪欲な; 欲張りの; 飢えている **~·ly** 副 **~·ness** 名

a·vast /əvǽst | əvɑ́:st/ 間 〖海〗やめ, 待て(stop)

av·a·tar /ǽvətɑ̀:r/ 名 Ⓒ ❶ 〖インド神話〗(この世に現れた)神の化身(けしん), 権化(ごんげ) ❷ (思想などの)体現者, 具現 ❸ アバター《プログラム内やネットワーク上で利用者を示す人や動物の形をしたアイコン》; (テレビゲームなどの)登場キャラクター

avdp. 略 avoirdupois(常衡(じょうこう))

a·ve /éɪvi, ɑ́:veɪ | ɑ́:vi/ 間 《文》 ❶ ようこそ(welcome!); ばんざい ❷ さようなら, ご機嫌よう(farewell) —名 Ⓒ ようこそ[さようなら]という言葉, 歓迎[別れ]のあいさつ

▸▸ **Àve María** /ɑ̀:veɪ-/ 名 Ⓤ 〖カト〗アベマリアの祈り《聖母にささげるラテン文の祈り》

Ave., ave. 略 avenue

***a·venge** /əvéndʒ/ 動 他 ❶ 〔被害など〕の復讐(ふくしゅう)をする; 〈…に対して〉…の仕返しをする〈**on**〉(⇨ 類語) ‖ He ~*d* his father's murder *on* the traitors. 彼は反逆者たちに父親殺害の恨みを晴らした / ~ last year's defeat 昨年の敗北の雪辱を果たす ❷ 《受身形または ~

A

oneself で〉〈…に対して〉復讐する, 仕返しをする〈**on**〉‖ She ～*d* herself *on* him for the insult she had suffered. 彼女は受けた侮辱に対し彼に復讐した

a·véng·er 名 C 復讐者, あだを討つ人

類語《❶》**avenge** 正義のための報復をする. **revenge** 憎悪などの個人的動機で復讐する.

av·ens /ǽvənz | éɪ-/ 名 (複 ～) C 〚植〛ダイコンソウ(大根草)《3枚葉と5枚の花弁は三位一体のキリストの5傷の象徴》

*__av·e·nue__ /ǽvənjù:/ 名 C ❶ 大通り, 街路 ; 《A-》《街路名として》…街, …アベニュー《略 Ave.》(⇨ ROAD **類語P**) ‖ We have an office on Madison *Avenue*. 我が社はマディソン街に事務所があります (♦ ˣthe Madison Avenue とはしない) / The cab turned toward Fifth *Avenue* on Ninth Street. タクシーは9番通りで5番街の方に曲がった (♦ 米国では多くの都市で street と交差する街路を avenue と名づけている. ニューヨーク市では Avenue は南北に走る通りを, Street は東西に走る通りをいう)
❷ 問題解決[進歩]の手段 ‖ The miracle drug opened up new ～*s* for therapy. その特効薬は治療に新しい道を切り開いた / explore every ～ あらゆる手を打つ
❸ 並木道 ; 《英》(道路から)玄関への並木道

an àvenue of escápe 逃げ道

語源 *a-* to＋*-venue* come : 近づく(道)

a·ver /əvə́:r/ 動 (**a·ver·red** /-d/ ; **a·ver·ring**) 他 《堅》(自信を持って)〈…を〉断言する, 〈…であると〉確言[主張, 証言]する〈**that** 節〉 **～·ment** 名 U C 断言, 主張, 言明 ; 証言

⁑av·er·age /ǽvərɪdʒ/ 《発音・アクセント注意》 形 名 動

―形《比較なし》❶《限定》**平均の** (⇨ COMMON **類語**) ‖ What's the ～ rainfall for August? 8月の平均降雨量はどのくらいですか / the ～ life span of the Japanese 日本人の平均寿命 / The train runs at an ～ speed of 200 kph. その列車は平均時速200キロで走る
❷ ふつうの, 並みの ‖ I'm not very tall, just ～. 背はそれほど高くはありません, ごくふつうです / a person of ～ build 標準的な体格の人

―名 (複 **-ag·es** /-ɪz/) ❶ U/C 《単数形で》**平均**, 平均値 ; 標準, ふつう, 並み ‖ The ～ of 3, 5 and 10 is 6. 3と5と10の平均は6である (＝If you average 3, 5 and 10, you get 6.) / Steel prices were raised by an ～ of 5% over last year. 鉄鋼価格は昨年より平均5パーセント値上げされた / His schoolwork is above [below] ～. 彼の学業成績は標準以上[以下]だ / take [OR strike] an [OR the] ～ 平均をとる / up to (the) ～ 標準[平均]に達して / an annual ～ 年平均 / the national ～ 全国平均 / a weighted ～ 加重平均
❷ C 〚商〛海損 ; 平均株価

****on* (*the* [OR *an*]) *áverage*** **平均して** (averagely) ; 概して ‖ *On* ～, girls learn languages faster than boys. 一般に女の子の方が男の子より言葉を覚えるのが早い

―動 (**-ag·es** /-ɪz/ ; **～d** /-d/ ; **-ag·ing**)
―他 ❶《受身形不可》平均すると…になる, 平均して…をする ‖ He ～*s* seven hours of sleep a night. 彼は平均して1晩に7時間眠る / They ～ one homicide a year there. そこで殺人事件が起こるのは1年に平均1件だ
❷ …の平均をとる, …を平均する
―自 平均値になる, 平均に落ち着く

àverage óut 〈自〉平均が〈…に〉なる〈**at**〉‖ The circulation for the three months ～*s out at* 2 million copies. 3か月間の発行部数は平均200万部になる ―〈他〉(***àverage óut ...*** / ***àverage ... óut***) …の平均を出す, …を平均する

～·ly 副 平均(して), ならして

a·verse /əvə́:rs/ 形 ❶《叙述》《しばしば否定文で》《堅》〈…に〉気乗りがしない, いやで, 嫌って, 反対して〈**to**〉‖ He's not ～ *to* going. 彼は行くのをいやがってはいない ❷ 〚植〛(葉・花が)茎から外に向いた (↔ adverse) ❸《複合語で》…を嫌う ‖ conflict-～ 争いを好まない / risk-～ 危険を避ける, 事なかれ主義の

a·ver·sion /əvə́:rʒən | -ʃən/ 名 U/C 《単数形で》〈…に対する〉毛嫌い, 嫌悪(感)〈**to, for**〉; 《通例 one's pet ～》大嫌いなもの[人] ‖ have an ～ *to* [OR *for*] sex 性に対する嫌悪(感)を抱く ▸▸ **～ thèrapy** 名 U 〚心〛嫌悪療法《有害刺激によって悪癖などをやめるようにしむける治療法》

*__a·vert__ /əvə́:rt/ 動 他 ❶〔危険・事故など〕を回避する, 防ぐ, よける (≒ stave off) ‖ ～ the danger of nuclear war 核戦争の危険を避ける ❷〔視線・考えなど〕を〈…から〉そらす, 転ずる〈**from**〉

語源 *a-* away＋*-vert* turn : 顔を背ける

avg. 略 average

a·vi·an /éɪviən/ 形 鳥の, 鳥類の ‖ ～ flu [OR influenza] 鳥インフルエンザ (♦《口》では bird flu ともいう)

*__a·vi·ar·y__ /éɪvièri | -əri/ 名 (複 **-ar·ies** /-z/) C (動物園などの)(大型の)鳥のおり, 鳥類舎

a·vi·ate /éɪvièɪt/ 動 自《堅》飛行する ; 航空機を操縦する

*__a·vi·a·tion__ /èɪviéɪʃən/ 名 U 飛行 ; 飛行術, 航空学
▸▸ **～ mèdicine** 名 U 航空医学

a·vi·at·or /éɪvièɪtər/ 名 C 《旧》飛行家[士] (pilot) ‖ a military ～ 空軍飛行士

a·vi·cul·ture /éɪvɪkʌ̀ltʃər/ 名 U 鳥類飼育
à·vi·cúl·tur·ist 名

av·id /ǽvɪd/ 形 ❶〈…を〉渇望している, 〈…を〉欲しがっている〈**for**〉‖ be ～ *for* power 権力を渇望している ❷《限定》熱烈な ‖ an ～ reader 読書欲旺盛な人, 本の虫
～·ly 副

a·vid·i·ty /əvídəṭi/ 名 U 貪欲(どんよく), 渇望 ; 熱意

a·vi·fau·na /èɪvɪfɔ́:nə/ 名 (複 **～s** /-z/ OR **-nae** /-ni:/) 《通例 the ～》ある地方[時期, 気象条件]の鳥類相, 鳥相
-nal 形

A·vi·gnon /æ̀vi:njóun | ǽvi:njɔŋ/ 名 アビニョン《フランス南東部の都市. 教皇庁所在地(1309–77)》

a·vi·on·ics /èɪviɑ́(:)nɪks | -ɔ́n-/ 名 ❶ U 航空電子工学 ❷《複数扱い》(航空機・宇宙船の)電子装置 **-ic** 形

a·vi·ta·min·o·sis /èɪvàɪṭəmɪnóusɪs/ 名 (複 **-ses** /-si:z/) U C 〚医〛ビタミン欠乏症

av·o·ca·do /æ̀vəkɑ́:dou/ 〈シ〉 名 (複 **～s** /-z/) C U アボカド《熱帯アメリカ産の果樹》; (＝**～ péar**) アボカドの実 ; U アボカド色, 薄緑色

av·o·ca·tion /æ̀vəkéɪʃən, æ̀vou-/ 名 C 《堅》❶ 趣味でやる仕事, 余技 ; 副業 ❷ 職業, 本職(vocation)

av·o·cet /ǽvəsèt/ 名 C 〚鳥〛ソリハシセイタカシギ

Avo·ga·dro /æ̀vəgɑ́:drou, -gǽd-/ 名 **Amedeo ～** アボガドロ(1776–1856)《イタリアの化学者・物理学者》
▸▸ **～'s láw** [**hypóthesis**] 名 〚化〛アボガドロの法則[仮説]《同温・同圧の同体積の気体は同数の分子を含むという法則》

⁑a·void /əvɔ́ɪd/

―動〔▶ avoidance 名〕(**～s** /-z/ ; **～·ed** /-ɪd/ ; **～·ing**)
他 ❶ **a** 《＋目》〔人・物など〕を**避ける**, …に近寄らない ; …を起こさないようにする (⇨ ESCAPE **類語**) ‖ She is trying to ～ you. 彼女は君を避けようとしている / Those brothers ～ each other like the plague. あの兄弟たちはお互いを徹底的に避けている / Nuclear war is to be ～*ed* at all costs. 核戦争は何としても避けなければならない / ～ taxes 税金逃れをする
b 《＋*doing*》…することを避ける ; …しないようにする (♦ 目的語に to *do* は不可) ‖ You should ～ staring [ˣto stare] at people. 人をじろじろ見ないようにすべきだ

連語 【副＋～】narrowly [successfully] ～ 辛うじて[うまく]避ける / carefully ～ 慎重に避ける / ～ ... altogether …を完全に避ける

❷ 〚法〛〔契約など〕を無効にする, 取り消す

語源 *a-* out＋*-void* empty : 空にして(逃れる)

*__a·void·a·ble__ /əvɔ́ɪdəbl/ 形 避けられる, 回避できる ; 〚法〛

(契約などが)無効にできる

*a·void·ance /əvɔ́ɪdəns/ 名〔◁ avoid 動〕U ❶〈…を〉避けること〈of〉, 回避, 忌避 ‖ ～ *of* one's stressors ストレス要因を避けること ❷〚法〛無効, 取り消し

av·oir·du·pois /æ̀vərdəpɔ́ɪz | æ̀vwɑːdjupwɑ́ː/ 名 U ❶ (＝～ **wèight**) 常衡(じょうこう)《16オンスを1ポンドとする英米の衡量. 略 av., avoir., avdp》(→ troy (weight)) ❷《戯》(人の)体重;肥満

A·von /éɪvən/ 名 ❶《the ～》エーボン川《イングランド中部の川. Shakespeare の生地 Stratford-upon-Avon を流れる》❷ エーボン(州)《イングランド南西部の旧州. 州都 Bristol》

a·vouch /əváutʃ/ 動 他《古》❶〔品質など〕を保証する, 請け合う ❷…を断言する, 公言する;〔罪・過失など〕を認める　**～·ment** 名

a·vow /əváu/ 動 他《堅》…を(素直に)認める;〈…だと〉明言する〈**that** 節〉‖ ～ one's guilt 罪を認める / He ～*ed* himself (to be) a patriot.＝He ～*ed that* he was a patriot. 彼は自分は愛国者であると主張した

a·vow·al /əváuəl/ 名 U C《堅》明言, 公言;承認;告白 ‖ make an ～ of ... …を公言する

a·vowed /əváud/ 形《限定》《堅》明言[公言]された, 公然の;自認した, 自ら…と唱える ‖ the ～ author 自ら著者であると名乗る人

a·vow·ed·ly /əváuɪdli/《発音注意》副 自認して, 公然と, はっきりと

a·vun·cu·lar /əvʌ́ŋkjulər/ 形《堅》《戯》おじの;おじのような;(おじのように)優しい;(年下の人に)優しい, 頼もしい

aw /ɔː/ 間《主に米・スコット口》ああ, おお, ばかな(♥ 軽い抗議・不快・不信などを表す)

AWACS /éɪwæks/ 名 U C〚空〛エイワックス《空中早期警戒管制システム[機]》(♦ *a*irborne *w*arning *a*nd *c*ontrol *s*ystem の略)

*a·wait /əwéɪt/ 動 他 ❶ (人が)…を待つ, 待ち受ける;…を待望する (♦ 日常語では wait for がふつう) ‖ He is currently ～*ing* trial. 彼は現在は裁判を待つ身だ / ～ the Messiah 救世主(の出現)を待ち望む ❷ (物事が)〔人〕を待ち受ける, …に用意されている ‖ A surprise ～*ed* the family. 驚くべき事がその家族を待ち受けていた
—自 (期待して)待つ

**a·wake /əwéɪk/

—形 (**more ～**; **most ～**)《叙述》
❶ 眠らずに, **目を覚まして**, 目覚めて(↔ asleep)(⇨ SLEEP 類語P) ‖ Tom, are you ～? トム, 起きているの / The girl made an effort to **stay** ～. 少女は眠るまいと努めた / The strong coffee **kept** me ～. 濃いコーヒーのせいで寝つけなかった / **wide** [ˣvery] ～ すっかり目が覚めて / ～ or asleep 寝ても覚めても / **lie** ～ 寝つかれないでいる
❷〈…に〉気づいて〈**to**〉‖ They are ～ *to* the danger. 彼らはその危険に気づいている
—動 (**～s** /-s/; **a·woke** /əwóuk/, 《米》 **～d** /-t/; **a·woke** OR **～d** /-t/, 《主に英》**a·wok·en** /əwóukən/; **a·wak·ing**)
—自 ❶〈眠りから〉**目覚める**, 起きる;〈迷いなどから〉目覚める〈**from**〉(⇨ GET UP 類語P) ‖ She *awoke* hungry. 彼女は空腹で目が覚めた / He *awoke* to find himself a best-selling author. 彼は目覚めるとベストセラー作家になっていた
❷〈…に〉気づく〈**to**〉‖ ～ *to* the risks 危険に気づく
❸ (記憶などが)呼び起こされる
—他 ❶ …を〈眠りから〉目覚めさせる, **起こす** (wake)〈**from**〉(⇨ WAKE[1] 類語) ‖ The noise *awoke* him *from* his sleep. 物音がして彼は眠りから覚めた
❷〔人〕を〈無関心・無気力などから〉目覚めさせる, 呼び覚ます〈**from**〉;〔人〕に〈…を〉気づかせる〈**to**〉‖ ～ him *from* sloth 彼の怠惰に活を入れる / The incident *awoke* her *to* a sense of sin. その出来事は彼女に罪の意識を目覚めさせた ❸〔記憶・感情など〕を呼び起こす

*a·wak·en /əwéɪkən/ 動 他 自 ＝awake (⇨ WAKE[1] 類語) ‖ ～ antagonism 敵対感情を呼び覚ます / ～ from a dream 夢から覚める / We were ～*ed* by screams. 我々は悲鳴で眠りを覚まされた (♦ 受身形を作るには awake よりも awaken が好まれる傾向がある)

a·wak·en·ing /əwéɪkənɪŋ/ 名 U/C《通例単数形で》《堅》(眠り・無関心などから)目覚め(させ)ること, 覚醒(かくせい) ‖ have [OR receive] a rude ～ to ... …に気づいて愕然(がくぜん)とする / sexual ～ 性の目覚め
—形 目覚めつつある;覚醒させるような, 目覚ましい

**a·ward /əwɔ́ːrd/

—動 (**～s** /-z/; **～·ed** /-ɪd/; **～·ing**) 他 ❶《+目 *A*+目 *B*⇄+目 *B*+**to** 目 *A*》(審査の上で) *A* (人)に *B* (賞・名誉など)を**与える**, 贈る, 授与する (⇨ GIVE 類語) ‖ They ～*ed* the new star an Oscar.＝They ～*ed* an Oscar *to* the new star. オスカーが新人に与えられた / A gold medal was ～*ed to* him.＝He was ～*ed* a gold medal. 金メダルが彼に与えられた
❷ **a**《+目》(裁判所などが)〔賠償額など〕を裁定する ‖ The court ～*ed* damages of 5 million dollars. 法廷は500万ドルの損害賠償を裁定した
b《+目 *A*+目 *B*⇄+目 *B*+**to** 目 *A*》*A* (人)に *B* (賠償金など)を裁定して与える ‖ ～ him 2 million dollars in damages 彼に200万ドルの損害賠償を与える
—名 (複 **～s** /-z/) ❶ C〈…の〉**賞**, 賞品, 賞金〈**for**〉(⇨ PRIZE[1] 類語) ‖ **win** [**receive**] the 2014 Academy *Award for* Best Actor 2014年度アカデミー主演男優賞を勝ち取る[受賞する]
❷ U (裁判官による) 裁定;C 裁定額 ❸ C 昇給 ❹ U (証書などの)授与 ❺ C《英》(大学の)奨学金

awárd-wìnning 形《限定》受賞した

**a·ware /əwéər/

—形〔▶ awareness 名〕(**more ～**; **most ～**)
❶《叙述》**気づいて**, 知って, 意識して(↔ ignorant)〈**of** …に / **that** 節 …ということに / **wh** 節 …かに〉(⇨ 類語) ‖ The doctors are **fully** [OR acutely, **well**] ～ *of* the medicine's significance. 医者たちはその薬の重要性を十分認識している / She became ～ *of* someone watching her. 彼女はだれかが自分を見ていることに気づいた / This fact made us ～ *that* he was telling a lie. この事実で彼がうそを言っていることがわかった / Some teachers are not ～ (*of*) *what* is happening to their students. 一部の教師たちは生徒たちに何が起こりつつあるかに気づいていない / "Did he have a serious accident at work?" "Not that I'm ～ *of*."「彼が仕事中に大変な事故に遭ったんだって?」「私の知る限りそんなことはありません」/ so [OR as] far as I am ～ 私の知る限り
❷《副詞を伴って》…に関する問題意識が高い ‖ My sister is very politically [environmentally] ～. 私の姉は政治[環境]に対する意識がとても高い
❸《限定》見聞の広い, 物知りの, 機敏な ‖ a very ～ teenager 大変な事情通のティーンエイジャー

語源 *a-* quite＋*-ware* cautious(注意深い)

類語《❶》**aware**「気づいて[知って]いる」状態を意味する最も一般的な語.
conscious 気づいて[知って]いる事態や事物の存在を自覚したり, それに注意を向けたりしていることを暗示する. 〈例〉Before becoming *conscious* of the sound, I was *aware* of a vibration. 物音を意識する前に私は振動に気づいていた

*a·ware·ness /əwéərnəs/ 名〔◁ aware 形〕U/C《単数形で》気づいて[知って]いること, 自覚, 意識, 認識〈**of, about** …(について)の / **that** 節 …という〉‖ The TV show raised [OR heightened] public ～ *about* discrimination. そのテレビ番組は差別について一般の意識を高めた / show little ～ *of* the danger その危険に気づいている様子をほとんど示さない / an ～ *that* it pays to learn the language その言語を学べば役立つという自覚 / an ~ *of* how scientific writers write サイエンスライターたちの書きぶりを心得ていること / political [environmental] ~ 政治[環境に対する]意識

a·wash /əwɔ́(:)ʃ/ 形《叙述》❶(甲板などが)波に洗われて，水面すれすれで；波間を漂って ❷(道路などが)〈水を〉かぶって，冠水して〈**with**〉❸〈…で〉いっぱいで〈**with**〉

*****a·way** /əwéɪ/ 副 形 名

中心義 …から距離をおいて

―副《比較なし》❶ **a** 〈…から〉**離れて[た]**，遠くに[へ]〈**from**〉；はるかに ‖ The station is two kilometers ~ *from* here. 駅はここから２キロ離れている / How far ~ is the school? 学校はどのくらい遠いですか(♦「町はここから遠い」という場合，The town is away from here. というよりThe town is a long way from here. の方がふつう) / Christmas is three weeks ~. あと３週間でクリスマスだ

b《主に米》《前置詞・副詞を強めて》ずっと，はるかに(♦ below, down, up などの副詞の意味を強める．《口》で 'way となることもある) ‖ ~ behind はるか後ろに / ~ back in 1880 ずっと昔1880年に

❷(出かけていて)**留守で**，不在で，欠席で(♦「ちょっと席を離れている」など「短時間の不在」には out を用いる) ‖ Who's going to look after your dog while you're ~? 留守中はだれが犬の世話をするのですか / He is ~ ⌈on holiday [with the flu]. 彼は休暇中だ[インフルエンザで休んでいる]

❸あちらへ去って，向こうに；ほかの方向へ，わきへ；安全な場所へ，(決まった)保管場所に ‖ run ~ 走り[逃げ]去る / She turned ~ from the accident. 彼女は事故現場から顔を背けた / **Go** [OR **Get**] ~! 向こうへ行け；うせろ / Put the ice cream ~ in the freezer. アイスクリームを冷凍庫にしまいなさい

❹離れて，離れた所へ，取れて，取り去って ‖ The towel fell ~ from her. 彼女の体からタオルが落ちた / wipe ~ tears from one's eyes 目の涙をぬぐう

❺なくなって，失われて ‖ All the snow melted ~. 雪はすっかり溶けてしまった

❻絶え間なく，どんどん，せっせと ‖ I kept pounding ~ at the keyboard. 私はずっとキーボードをたたき続けていた / write ~ せっせと書く

❼〖スポーツ〗(試合の開催地が)遠征先で ‖ play ~ at ... …で遠征試合をする

awáy with ...《文》《命令文で》…を取りのける；…を追い払う ‖ *Away with* all worries! 悩み事はすべて忘れろ / *Away with* you! あっちへ行け

be awáy 出かける，行く

far and away ⇨ FAR(成句)

****right away*** ⇨ RIGHT(成句)

well away ⇨ WELL[1](成句)

―形《比較なし》❶《限定》〖スポーツ〗相手の本拠地での，遠征先での(↔ home) ‖ an ~ game [win] 遠征試合[遠征地での勝利]

❷〖野球〗アウトで ‖ with two ~ in the second half of the 5th ５回裏のツーアウトで ❸〖ゴルフ〗(ボールが)ホールから遠い位置にある

―名 Ⓒ〖スポーツ〗遠征試合，(サッカーで)アウェー

***awe** /ɔː/《発音注意》名 Ⓤ 畏敬(いけい)，畏怖(いふ) ‖ a feeling of ~ 畏敬の念 / stoop in ~ and wonder おそれ驚嘆してへりくだる / with ~ 畏敬の念を持って

be [OR ***stànd***] ***in áwe of ...*** …に畏敬の念を抱く

―動(~**s** /-z/；~**d** /-d/；**aw(e)·ing**) 他《通例受身形で》…に畏敬の念を覚える，畏怖する ‖ The boys were ~*d* by the magician's performance. 少年たちはマジシャンの演技に畏敬の念を覚えた ~**d** 形

a·weigh /əwéɪ/ 形《叙述》〖海〗(いかりが)海底を離れて，起き錨(いかり)で

áwe-inspìring 形 畏敬の念を起こさせる，荘厳な

awe·some /ɔ́ːsəm/ 形 ❶畏敬の念を起こさせる；畏敬の念に満ちた ❷恐ろしい，すさまじい ❸《米俗》とてもよい，素晴らしい，すごい **~·ly** 副

áwe-strùck, -strìcken 形 畏敬の念に打たれた

****aw·ful** /ɔ́ːfəl/《発音注意》

―形(**more ~；most ~**)

❶ひどくいやな，ひどく悪い，不愉快な，**ひどい** ‖ She had an ~ time at the party. 彼女はそのパーティーではひどい目に遭った / How ~ of me not to realize! 気づかないなんて私もどじだった / My head feels ~. ひどい頭痛がする / She felt ~ about her actions. 彼女は自分の行動について申し訳なく思っていた / look ~ 顔色が悪い / really [OR truly] ~ 本当にひどい(⇨ PB 93)

❷《限定》《口》**たいそうな**，でかい，とても多い ‖ an ~ bore ひどく退屈なやつ / The marching band made **an ~ lot of** effort at the competition. その楽隊は競技会で大奮闘した

❸恐ろしい，すさまじい ‖ an ~ storm ひどい嵐(あらし)

❹《古》《文》畏怖させる，荘厳な

―副《主に米口》ひどく，とても ‖ It's ~ cold. やけに寒い

~·ness 名

***aw·ful·ly** /ɔ́ːfli/ 副 ❶たいそう，とても，非常に(♥《英》では特に女性が好んで用いる) ‖ I'm ~ in love with her. 彼女が好きで好きでたまらない / I feel ~ sorry for you. あなたにとても申し訳なくて ❷ひどく悪く，不愉快に ‖ behave ~ とても行儀が悪い

a·while /əhwáɪl/ 副 少しの間，しばらく(for a while)(♦ for awhile, after awhile のように用いることもある)

****awk·ward** /ɔ́ːkwərd/ 中心義 扱いに困るような (★具体的な「物」に限らず，「様子」や「気持ち」についても用いる)

―形(**more ~；most ~**)

❶(人・形状・動作などが)〈…が〉**ぶざまな**，不格好な；**ぎこちない**，不器用な〈**at, in, with**〉‖ an ~ dancer 下手な踊り手 / The runner seemed to be ~ *in* his movement. そのランナーは動作がぎこちなく見えた / be ~ *with* chopsticks 箸(はし)の扱いが不器用だ

❷(器具などが)**扱いにくい**，不便な；〈…するのに〉やっかいな(↔ convenient)〈**to** *do*〉‖ Some cellphones are ~ for the elderly *to* handle. 携帯電話の中には年輩者が扱いにくいものもある

❸(立場などが)面倒な，やっかいな；危険な，処置の難しい，きわどい ‖ The school is now in an ~ situation. その学校はいま面倒な状況下にある / an ~ **question** やっかいな問題 / an ~ position 難しい立場

❹当惑させる，**気まずい**；当惑した，困った ‖ an ~ silence 気まずい沈黙 / He **felt** ~ with his lawyer. 彼は彼の弁護士と一緒にいると気詰まりだった / They were ~ at being the focus of attention. 彼らは注目の的になって戸惑った

❺(日・時などが)都合の悪い ‖ at an ~ time 具合の悪いときに ❻《主に英》非協力的な ‖ It's rather ~ of you to refuse to do this. これを断るなんて君もずいぶん非協力的だね

(as) awkward as a cow on ⌈***a crutch*** [OR ***roller skates***] 非常にぎこちない

▸▸ **~ áge** 名《the ~》(大人になりきらない)難しい年ごろ，思春期 **~ cústomer** 名 Ⓒ 手ごわい相手，扱いにくい人[動物]

awk·ward·ly /ɔ́ːkwərdli/ 副 きまり悪そうに，当惑して

awl /ɔːl/ 名 Ⓒ (靴屋などの)突きぎり，千枚通し

awn /ɔːn/ 名 Ⓤ Ⓒ (麦などの)のぎ(beard)

awn·ing /ɔ́ːnɪŋ/ 名 Ⓒ (窓・店先・船の甲板などの)日よけ，雨除け，天幕(ズックまたはビニール製)

awning

***a·woke** /əwóuk/ 動 awake の過去·過去分詞
***a·wok·en** /əwóukən/ 動《主に英》awake の過去分詞
A·WOL, a·wol /éɪwɑ̀(:)l, -wɔ̀:l | -wɔ̀l/ 名 C 〖軍〗無許可離隊兵；無断欠勤[外出]者
—形〖軍〗無断欠勤[外出]の；《戯》黙って出て行ってしまう ‖ go ～ 無断欠勤[外出]する(♦ *a*bsent *w*ithout *l*eave の略)
a·wry /əráɪ/ 副 形《叙述》曲がって, ねじれて, ゆがんで；間違って, 誤って, 見込み外れで, 進路を外れて, 不首尾に ‖ Everything went ～ for him. 彼にとって何もかもがうまくいかなかった
áw-shùcks 形《米口》おずおずした, 控えめな
***ax,**《主に英》**axe** /æks/ 名 (複 **ax·es** /-ɪz/) C ❶ おの, まさかり；戦斧(せんぷ), 首切り用おの ❷《the ～》《口》(予算·人員などの)(大幅)削減；首切り ‖ The ～ is hanging over 40,000 manufacturing jobs. 製造業で4万人の人員削減が行われ(ようとし)ている ❸《俗》(ポピュラー音楽の)楽器《特にギター·サクソフォン》
gèt the áx ① 断頭に処せられる ②《口》解雇される, 首になる；(予算·経費などが)削減される；(計画などが)中止になる
gìve ... the áx ①〔人〕の首をおのではねる ②《口》〔従業員〕を解雇する, 首にする；〔予算·経費など〕を削減する；〔計画など〕を中止にする
hàve an àx to grínd 内心利己的なたくらみを持っている, 胸に一物を抱いている
—動 (**ax·es** /-ɪz/；**axed** /-t/；**ax·ing**) 他 ❶ …をおので切る ❷《口》…を解雇する；〔計画など〕を中止する；〔予算·経費など〕を削減する(♦ しばしば受身形で用いる)
ax·el /æksəl/ 名 C 〖フィギュアスケート〗アクセル《前向きにジャンプして後向きに着氷する》
ax·es 名 ❶ /æksi:z/《発音注意》axis の複数 ❷ /æksɪz/《発音注意》ax の複数
ax·i·al /æksiəl/ 形 軸の, 軸状の；軸をなす；軸上の, 軸の周囲にある **～·ly** 副 軸の方向に
ax·il /æksɪl/ 名 ＝axilla ❷
ax·il·la /æksílə/ 名 (複 **-lae** /-li:/) C ❶〖解〗腋窩(えきか), わきの下(armpit) ❷〖植〗葉腋(ようえき)(axil)《葉や茎と, それのついている枝との間の開き》
ax·il·lar·y /æksɪlèri | -ləri/ 形 ❶ わきの下の ❷〖植〗葉腋の, 腋生の ‖ ～ buds 腋芽(えきが)
***ax·i·om** /æksiəm/ 名 C ❶ 原理, (広く認められた) 基本原則, 自明の理；金言(きんげん) ❷〖論〗公理
ax·i·o·mat·ic /æksiəmæṭɪk/ ⟨シ⟩ 形《通例叙述》原理[公理]の(ような), 自明の；金言の(ような) **-i·cal·ly** 副
***ax·is** /æksɪs/ 名 (複 **ax·es** /æksi:z/) C ❶ 軸, 軸線；中心線 ‖ the ～ of the earth 地軸 ❷《通例単数形で》(国家間の) 枢軸 ‖ the *Axis* (第2次大戦中の) 日独伊枢軸国 (the Rome-Berlin-Tokyo *Axis*) (↔ the Allies) / the *Axis* of Evil 悪の枢軸 ❸〖空〗(飛行機·ロケットの) 機軸 ❹〖解〗第2頸骨(けいこつ) ❺〖植〗(茎) 軸 ❻〖数〗軸 ‖ the vertical [horizontal] ～ (グラフの) 縦[横]軸 / the major [minor] ～ (楕円の) 長[短]軸 ❼〖光〗光軸
ax·le /æksl/ 名 C〖機〗(車輪の)心棒；車軸(axletree)；軸端《車軸の両端の車輪を支える心棒》
Ax·min·ster /æksmìnstər/ 名 (＝**～ cárpet**) U C (イングランド南西部の)アクスミンスター(原産の)カーペット
ax·o·lotl /æksəlɑ̀(:)ṭl | æksəlɔ̀tl/ 名 C〖動〗アホロートル, ウーパールーパー《メキシコ産のサンショウウオ. えらを持ったまま成熟する》；トラフサンショウウオの幼生
語源 ナワトル語 *atl*(水の)＋***xolotl***(従者)から.
ax·on /æksɑ̀(:)n | -sɔ̀n/, **-one** /-sòun/ 名 C〖解〗軸索《神経細胞から細長く伸びる突起部分》 **～·al** 形
a·ya·tol·lah /àɪətóulə, ɑ:jə- | -tɔ́lə/ 名 C アヤトラ, …師《イランのイスラム教シーア派の指導者に対する尊称》；(有力な)指導者
***aye¹, ay¹** /aɪ/ (↔ nay) 名 (複 **ayes** /-z/) C 賛成, 賛成投票(者)《英国議会で用いられる》‖ The *ayes* have it. (議会で)賛成多数
—副 間 はい, しかり；賛成 ‖ *Ay(e), ay(e)*, sir! アイアイサー《海軍で上官の命令を確認したときの返事》
aye², ay² /eɪ/ 副《スコット》《古》いつも, 常に ‖ for (ever and) ～ 永遠に(for ever)
aye-aye /áɪàɪ/ 名 C〖動〗アイアイ《マダガスカル島特産の指の長いキツネザル》
Àyers Róck /èərz-/ 名 エアーズロック《オーストラリアのほぼ中央にある一枚岩の山 Uluru の別称》
a·yur·ve·da /ɑ̀:jurvéɪdə | àɪə-/ 名 C U アーユルベーダ《古代インドの医術書. またそこに書かれた長命術·健康法》 **-dic** 形
ÀŹ 略〖郵〗Arizona
a·zal·ea /əzéɪliə/ 名 C〖植〗アザレア, セイヨウツツジ
***Az·er·bai·jan** /ɑ̀:zərbaɪdʒɑ́:n | æz-/ 名 アゼルバイジャン ❶ カスピ海に面する共和国. 公式名 the Azerbaijan Republic. 首都 Baku ❷ ❶に接するイラン北西部の州
***Az·er·bai·ja·ni** /ɑ̀:zərbaɪdʒɑ́:ni | æz-/ ⟨シ⟩ 名 (複 **～** OR **～s** /-z/) ❶ C アゼルバイジャン人；アゼルバイジャン語圏の人 ❷ U アゼルバイジャン語
—形 アゼルバイジャン(人[語])の
az·i·muth /æzɪməθ/ 名 C〖天·測〗方位(角)
A·zores /éɪzɔ:rz | əzɔ́:z/ 名《the ～》アゾレス諸島《ポルトガル西方の同国領の火山群島》
AZT /èɪzi:tí: | -zed-/ 名 U〖薬〗アジドチミジン《エイズ治療薬の1つ》(♦ azidothymidine の略)
Az·tec /ǽztèk/ 名 C U 形 アステカ人(の)《メキシコ中部に文明を築いた先住民》；アステカ語(の)
az·ure /ǽʒər/ 名 ❶ U 空色；淡青色《希望の象徴》；〖紋章〗紺(こん), あい色；C 青色の絵の具 ❷《the ～》《文》青空
—形《文》空色の, 紺蒼(こんそう)の
az·ur·ite /ǽʒəràɪt/ 名 U〖鉱〗❶ 藍(らん)銅鉱 ❷ アズライト《藍銅鉱から得られる準宝石》
az·y·gous /ǽzɪɡəs/ 形〖生〗(器官などが)対をなさない, 不対の, 単一の

B b

Dictionaries are like watches, the worst is **better** than none, and the **best** cannot be expected to go quite true. 辞書は時計のようなもの — 最悪のものでもないよりはましで，最良のものでもそれで完全ということは望めない　(⇨ S. JOHNSON)

b¹, B¹ /biː/ 名 (複 **b's, bs** /-z/；**B's, Bs** /-z/) Ⓒ ❶ ビー《英語アルファベットの第2字》 ❷ b[B]の表す音 ❸ (活字などの) b[B]字 ❹ B字形(のもの) ❺ (連続するものの)第2番目；〖数〗第2の既知数 ❻ (品質・等級など)二級品；中間階層；Ⓤ (英国の) B級道路 ❼《B》ⓊⒸ〖楽〗ロ音；ロ音の鍵盤(けん)[弦など]；ロ調 ❽《B》Ⓤ (血液の)B型；(紙サイズの) B判 ❾《B》ⓊⒸ (学業成績の) B，良の上《Aより劣るが平均よりよい》

▸▸ **~ mòvie** (↓) **~ pìcture** 名Ⓒ＝B movie **~ shàre** 名Ⓒ B類株《1株式会社が発行するA, B, Cの3種類株の1つ》

b², b. 略〖理〗barn；〖野球〗base；〖楽〗bass, basso；born；〖クリケット〗bowled by；bye

B² 記号〖化〗boron(ボロン)

B³, B. 略 bachelor；bacillus；bel(s)；Bible；〖チェス〗Bishop；black (鉛筆の硬度)；Blessed；〖米空軍〗Bomber；British；Brotherhood；⌐back, byte

Ba 記号〖化〗barium(バリウム)

BA, B.A. 略 *B*achelor of *A*rts (文学士)；*B*ritish *A*cademy(英国学士院)；*B*ritish *A*irways(英国航空)；*B*ritish *A*ssociation(英国学術協会)

baa /bæ | bɑː/ 名Ⓒ めー《羊・ヤギの鳴き声》
— 動 (**~ed, ~'d** /-d/；**~·ing**) 自 めーと鳴く

Ba·al /béɪəl/ 名 (複 **~s** /-z/ or **~·im** /béɪəlɪm, -ləm/) バール神《古代セム族の神》；《ときに b-》Ⓒ 邪神，偶像

Baal·bek /bɑ́ːlbèk/ 名 バールベク《レバノン東部の古代遺跡のある町. 古名は Heliopolis》

Baath /bɑːθ/ 名 (シリア・イラクの) バース党 (the Baath Party, the Baathist Party)《アラブ統一と社会主義を目指すアラブ復興社会党》

ba·ba /bɑ́ːbɑ̀ː/ 名Ⓒ ババ《ラム酒入りのケーキ》

Bab·bitt /bǽbɪt/ 名《しばしば b-》Ⓒ《主に米》俗物；(低俗な) 自己満足型の小実業家かたぎの人 (♦ Sinclair Lewis の小説 *Babbitt* の主人公の名より) **~·ry** 名

bábbitt mètal 名Ⓤ〖冶〗バビット合金《すず・アンチモン・銅を含んだ合金. 軸受けなどに用いる》

***bab·ble** /bǽbl/ 動 自 ❶ (小児が) 片言を言う；〈…について〉とりとめなく早口でしゃべる；たわごとを言う《*on, away*》〈**about**〉‖ She *~d on about* this and that. 彼女はあれやこれやとりとめもなくしゃべり続けた ❷ (小川・水などが) さらさら音を立て(て流れ)る — 他 ❶ …をべらべら[ぺちゃくちゃ]しゃべる (♦ 直接話法にも用いる) ❷〔秘密など〕をうっかり漏らす；…を口走る《*out*》
— 名 Ⓤ/Ⓒ《単数形で》❶ とりとめないおしゃべり；(多人数の) がやがや言う話し声 ❷ さらさら流れる音 ❸ Ⓤ (電話の) 混信音 ❹《複合語で》(ある分野の) もっともらしい専門用語，隠語 ‖ psycho~ (もっともらしいが意味のない)心理学の用語 **-bler** 名Ⓒ 片言を言う子；おしゃべりな人，口の軽い人；よくさえずる鳥

***babe** /beɪb/ 名Ⓒ ❶《文》赤ん坊，みどりご(baby)；小児 ❷《俗》(魅力的な)娘，若い女；かわい子ちゃん；(夫・妻などに対し) ねえあなた[おまえ] (♥親しみを込めた呼びかけに用いるが，男性が知らない女性に使うと失礼になることがある) ❸ うぶな人，世間知らずの人

a bàbe in árms ①《文》(まだ立って歩けない) 乳飲み子 ② 未熟者，世間知らず

a bàbe in the wóods 世間知らず，だまされやすい人

Ba·bel /béɪbəl/ 名 ❶〖聖〗バベルの町(Babylon)；バベルの塔 (the Tower of Babel)《昔 Babylon で天まで届くような塔を建てようとしたが，神の怒りに触れ言語の混乱が生じて失敗した》 ❷《通例 b-》Ⓤ/Ⓒ《単数形で》《文》がやがや言う話し声，混乱；騒然たる場所 [光景] ‖ a *babel* of talk がやがや言う話し声

ba·boon /bæbúːn | bə-/ 名Ⓒ ❶〖動〗ヒヒ ❷《けなして》ヒヒのような人，粗野な人

Babs /bæbz/ 名 バッブズ(Barbara の愛称)

ba·bu /bɑ́ːbuː/ 名Ⓒ《インド》❶ (特に教育のある) インド人男性の敬称(Mr.) ❷ ⊗《蔑》英国式教育を少し受けたインド人，(英語の書ける) インド人事務員

ba·bush·ka /bəbúːʃkə/ 名Ⓒ ❶ バブーシュカ《頭にかぶり，あごの下で結ぶ女性用のスカーフ》 ❷ (ロシアの) 老婦人，おばあさん

⁝**ba·by** /béɪbi/ 名 形 動

— 名 (複 **-bies** /-z/) Ⓒ ❶ **赤ん坊**，赤ちゃん，乳飲み子 (⇨ CHILD 類語P) (♦ 主に2歳前後までの子供をいい，代名詞は通例 it を用いるが，家族内などで性別がわかっているときは he, she を用いる) ‖ She had a ～ last night. 彼女は昨夜赤ん坊を産んだ / *Baby* can't talk yet. うちの赤ちゃんはまだ口がきけない (♦ one's baby を指す場合，しばしば Baby として無冠詞で用いる. → father) / be expecting a ～ 妊娠している；子供が生まれる予定である / hold a ～ in one's arms 赤ん坊を抱く / a newborn [OR new] ～ 新生児 / an unborn ～ 胎児 / a premature ～ 未熟児

❷《the ～》《口》(家族・集団などの) 最年少者 ‖ the ～ of our family 我が家の末っ子

❸《けなして》子供じみた人，赤ん坊みたいな人；未熟 [おく病] 者 ‖ Don't be such a ～. そんな子供じみたまねはやめなさい

❹ 動物の赤ん坊[子供] ❺《one's ～》《口》責任[担当]分野；関心のあること ‖ It's your ～. それは君が始末[担当]すべきことだ ❻《しばしば呼びかけ》《俗》若い女，恋人；(夫・妻などに対し) あなた[おまえ]；かわい子ちゃん (♥ 女性への呼びかけに用いると侮辱的ととられることが多い. → babe)；人，やつ ‖ He's an easy ～. あいつはくみしやすいやつだ

❼《俗》大事にしているもの，自慢の種《例えば愛車など》

be léft hòlding the báby《口》やっかいな問題 [いやな役目] をしょい込まされる (♦「手のかかる赤ん坊を抱える」から)

slèep like a báby すやすやと眠る

thròw the bàby óut with the báthwater《口》不要なものと一緒に大事なものまで捨ててしまう

wèt the baby's héad《英口》子供の誕生を祝って祝杯をあげる

— 形 (**-bi·er**；**-bi·est**) (♦ ❶❷ は比較なし)《限定》

❶ 赤ん坊の ‖ a ～ boy [girl] 男 [女] の赤ちゃん (♦ ˣa boy [girl] baby とはいわない) / one's ～ brother [sister] まだ赤ん坊の弟 [妹] (♥ 大人になっても親しみを表して用いることがある. → kid¹) / a ～ panda パンダの赤ちゃん / a ～ bird ひな鳥

❷ 赤ん坊用の ‖ ～ clothes [goods] ベビー服[用品]

❸ 赤ん坊のような；未完成の；幼稚な ❹ 小さな，小型の；(野菜などが)若いうちに収穫された ‖ ～ carrots ミニキャロット / ～ corn ベビーコーン / a ～ car 小型自動車

— 動 (**-bies** /-z/；**-bied** /-d/；**~·ing**) 他 ❶ …を赤ん坊のように扱う，甘やかす ❷〔物〕を非常に大切に扱う

▸▸ **~ blúe** 〈シ〉名 ① Ⓤ 明るい水色；Ⓒ《~s》《口》青い目 ② Ⓒ《the ~s》《口》産後のうつ病 **~ bòom** 名Ⓒ (第2次世界大戦後の) ベビーブーム **~ bòomer** 名Ⓒ (1946–64年ごろに生まれた) ベビーブーム世代の人 **~ bòttle** 名Ⓒ 哺乳(ほにゅう)瓶(baby's bottle, bottle) **~ bùst** 名Ⓤ《主に米口》出産率の急低下，少子化 ~

bùggy 名 ①《米》=baby carriage (↓) ②《英》《商標》=buggy¹ ❸ **~ bùster** 名 C 少子化時代に生まれた人 **~ càrriage** 名 C 乳母車《赤ん坊を寝かせた状態で使用する》(《英》pram)

《米》baby carriage　《米》stroller
《英》pram　《英》pushchair
baby carriage

~ dòll 名 C 赤ん坊姿の人形；かわい子ちゃん；ベビードール《丈の短いそでなしのネグリジェ》 **~ fàce** 名 C 童顔(の人) **~ fàrm** 名 C《けなして》託児所，ベビーホテル **~ fàt** 名 U《米》子供のころの（一時的）肥満(《英》puppy fat) **~ fòod** 名 U ベビーフード，離乳食 **~ gránd** 名 C 小型のグランドピアノ《奥行約1.5メートル》 **~ hàtch** 名 C 赤ちゃんポスト **~ mìlk** 名 U《英》(乳児用)ミルク(《米》formula) **~ òil** 名 U ベビーオイル **~ pòwder** 名 U ベビーパウダー **~ shòwer** 名 C《主に米》ベビーシャワー《出産を控えた妊婦への贈り物を持ち寄るパーティー》 **~ stròller** 名 C《米・カナダ・豪》=stroller ❸ **~ tàlk** 名 U 赤ちゃん言葉，幼児語 **~ tòoth** 名 C =milk tooth **~ wàlker** 名 C《英》幼児用歩行器(《米》walker)

báby-fàced 形 童顔の

Ba·by·gro /béɪbigròʊ/ 名 (複 **~s** /-z/) C《商標》ベビーグロー《パイル地のベビー服，またそのブランド》

báby·hòod 名 U 幼少(状態)；乳幼児期；《集合的に》乳幼児

ba·by·ish /béɪbiɪʃ/ 形《けなして》❶ 赤ん坊みたいな，子供じみた ❷ 赤ん坊向きの，子供用の

Bab·y·lon /bǽbəlɑ̀(ː)n | bǽbɪlən/ 名 ❶ バビロン《古代バビロニアの首都》 ❷ C 奢侈(しゃし)と悪徳の町

Bab·y·lo·ni·a /bæ̀bɪlóʊniə/ 名 バビロニア《メソポタミアに栄えた古代帝国. 首都 Babylon》

Bab·y·lo·ni·an /bæ̀bɪlóʊniən/ 形 ❶ バビロンの；バビロニアの ❷ 奢侈の，悪徳の
── 名 C バビロン[バビロニア]人；U バビロニア語

báby's-brèath 名 (複 **~** OR **~s** /-s/) C【植】❶ =gypsophila ❷ ヤエムグラの類

*__báby·sìt__ 動 (**~s** /-s/；**-sat** /-sæ̀t/；**~·ting**) 自〈子供の親のために〉(外出中雇われて)子供を世話する〈**for**〉；(アルバイトに)ベビーシッターをする(sit) ── 他〔子供〕の世話をする；《口》〔物〕の番をする ‖ ~ a car 車の番をする **~·ting** 名 U ベビーシッターの仕事 ‖ do ~ ベビーシッターをする

*__báby·sìtter__ 名 C ベビーシッター(sitter)《両親の外出中雇われて子供の面倒を見る人.《米》では共働きの両親に長時間雇われている人にも用いる》(→ childminder)

bac·ca·lau·re·ate /bæ̀kəlɔ́ːriət/ 名 C ❶《堅》学士(bachelor)の学位 ❷ (=**~ addrèss** [**sèrmon**])《米》(大学の)卒業式の送別の辞[説教]

bac·ca·rat /bɑ́ːkərɑ̀ː | bǽk-/ 名 U バカラ《トランプ賭博(とばく)の一種》

bac·cha·nal /bæ̀kənǽl, bǽkənəl/《主に文》形 バッカス(祭)の；どんちゃん騒ぎの ── 名 C ❶ 酒神バッカスの信徒；酔って浮かれ騒ぐ人 ❷ バッカスに奉納する踊り[歌]；無礼講，どんちゃん騒ぎ；《しばしば ~s》バッカス祭

Bac·cha·na·li·a /bæ̀kənéɪliə/ 名 ❶《複数扱い》(古代ローマの)バッカス祭 ❷《b-》C どんちゃん騒ぎ
-li·an 形 バッカス祭の；《b-》どんちゃん騒ぎの

bac·chant /bəkǽnt | bǽkənt/ 名 (複 **~s** /-s/ OR **~es** /-ɪz/) C ❶ バッカスの祭司[巫女(みこ)]；バッカスの信徒 ❷ 酔って騒ぐ人

bac·chan·te /bəkǽnt̬i/ 名 C バッカスの巫女(みこ)

Bac·chus /bǽkəs/ 名【ギ・ロ神】バッカス《酒の神. Dionysus ともいう》 **-chic** 形

bac·cy /bǽki/ 名 U《英口》たばこ(tobacco)

Bach /bɑːk, bɑːx/ 名 **Johann Sebastian ~** (大) バッハ(1685–1750)《ドイツの作曲家》

__bach·e·lor__ /bǽtʃələr/ 名 C ❶ 独身の男性，独身者，独り者(♥ 同性愛者を連想させることもあるため，unmarried [OR single] man を用いる方が好ましい) (→ spinster) ‖ He remained a ~ all his life. 彼は一生独身で通した / lead a ~ life 独身生活を送る / a confirmed ~ 独身主義の男 (♥ 同性愛者であることを公言している人というニュアンスになることがある) / an eligible ~ 結婚相手にふさわしい独身の男 ❷《通例 B-》学士 (→ master, doctor) ‖ a ~'s* degree 学士号(♥ ときに同性愛者を連想させるため undergraduate degree を用いることがある) / a *Bachelor* of Arts [Science] 文[理]学士 (♦「文学士」は B.A.[A.B.],「理学士」は B.S(c).[S.B.]などと略す) ❸【史】(ほかの騎士の旗印に従う) 若い騎士 ❹【動】(繁殖期に有力な雄に雌を独占されて相手のいない) 若い雄《オットセイなど》
~·hòod 名 U 独身(時代)
▶▶ **~ apàrtment** 名 C (ワンルームの) 独身者用アパート **~ gìrl** 名 C《英》自活している若い独身女性 **~ pàd** 名 C《英口》《旧》男性独身者アパート **~ pàrty** 名 C《米》=stag party **~'s bùtton** 名 C ボタン形の花をつける植物《ヤグルマギクなど》

bach·e·lor·ette /bæ̀tʃələrét/ 名 C ❶ 若い独身女性 ❷ 独身者用小アパート

bac·il·lar·y /bǽsəlèri | bəsíləri/, **-lar** /bəsílər/ 形 ❶ 桿状(かんじょう)の ❷ 桿状細菌の；細菌(性)の

ba·cil·lus /bəsíləs/ 名 (複 **-li** /-laɪ/) C ❶ バチルス；桿状細菌 ❷《通例 -li》(広く)細菌

***__back__ /bæk/ 副 名 形 動

中心義 後ろ(★位置に限らず,「時」などについても用いる)

> 副 戻って❶ 帰って❶ 後ろへ[に]❷ 返して❸
> 名 背中❶ 後ろ❷
> 形 後ろの❶
> 動 他 後退させる❶ 後援する❷

── 副《比較なし》❶ (元の場所・状態に) **戻って，帰って**；(流行などが) 戻って；(話題を) 戻すと ‖ I will be ~ by six. 6時までに戻ります / Let's come ~ to this matter later. 後でまたこの問題に戻りましょう / Put the book ~ on the shelf. 本を書棚の元の所に戻しておきなさい / It takes about an hour to go there and ~. そこへの往復にはおよそ1時間かかります / the fare to Osaka and ~ 大阪までの往復運賃 / go [OR get] ~ to sleep もう一度眠りにつく / ~ **home** 家では / come straight ~ 真っすぐ戻って来る / Traditional jazz is ~. 伝統的なジャズがまたはやっている / Meanwhile, ~ in Boston, ... 一方ボストンでは…

Behind the Scenes **I'll be back.** また来る 映画 *The Terminator* の中で Arnold Schwarzenegger 演じるターミネーターが用いたせりふ. 警察署への立ち入りを拒否されたため，このせりふを言った後，車ごと建物に衝突させ，中の人々を虐殺するシーン(♥ 後で戻ってくることをおどけて言うときに用いる. しばしばターミネーターをまねて無表情に片言の口調で言う)

❷ **後ろへ[に]**，後方へ[に] (↔ forward)；引っ込んで；離れて,《米口》点差がついて ‖ Step ~, please! The bus is coming. 後ろに下がってください. バスが来ます / Her house stands ~ from the main street. 彼女の家は

B

本通りから引っ込んだ所にある / Our team was four points ～ in the eighth inning. 我々のチームは8回に4点差がついていた / look ～ 振り返る

❸ (返事・反応などを)**返して**(in return) ; もう一度 ‖ He hit me ～. 彼は私を殴り返した / Don't talk ～ to me like that. そんなふうに口答えしてはいけません / I'll call you ～ later. 後でもう一度かけ直します / Play the video ～. そのビデオを再生してください

❹ (過去に)さかのぼって ; (今から)…前に(♥ 時間に対して使うとかなり前の出来事であることを強調する場合が多い)(→ ago) ‖ He's never visited us **as far ～ as** I can remember. 覚えている限り, 彼は私たちに会いに来たことはない / **as far ～ as** 1950 1950年までさかのぼると / You should have turned right three blocks ～. 3ブロック前の角を右に曲がるべきだった / ～ then 当時(は) / ～ in the 1940's さかのぼって1940年代では / a few pages [weeks] ～ 2, 3ページ[週間]前に

❺ 抑えて, 隠して ‖ I couldn't hold ～ my tears. 私は涙を抑えられなかった / He kept ～ the part about himself. 彼は自分に関することは隠して言わなかった

***bàck and fórth** **行ったり来たり**, 前後(左右)に ‖ He was anxiously pacing ～ *and forth* in the waiting room. 彼は心配そうに待合室の中を行ったり来たり歩き回っていた

báck of ... 《米口》…の後ろに(behind)

—名 (複 **～s** /-s/) Ⓒ ❶ (人・動物の)背, **背中**(↔ front) ; 背骨(spine)(♦ 肩から尻(しり)までを指す. したがって日本語の「腰」を意味することもある) ‖ I have a pain in my ～. 背中[腰]が痛い / I pulled a muscle in my ～. 腰を痛めてしまいました(♥ 医者に腰痛を訴えるときの表現) / Lying on my ～, I looked up at the sky. あお向けになって, 空を見上げた / She turned her ～ to me. 彼女は私に背を向けた / The cat arched its ～. 猫は背を丸くした / break one's ～ 背骨を折る

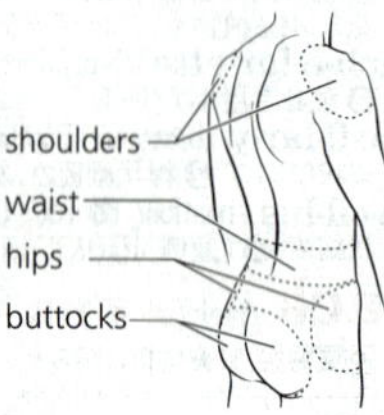

back ❶

❷ 《通例 the ～》**後ろ**, 後部 ; 奥(↔ front) ; 裏(面) ‖ He patted her on the ～ of her head. 彼は彼女のうなじを軽くたたいた / He sat in the ～ of the car. 彼は車の後部座席に座った(♦ 飛行機の場合 sit at the back of the plane のように用いる) / My room is at the ～ of the house. 私の部屋は家の奥にある / There is a garden at the ～ of the house. 家の裏手に庭がある / Write your address on the ～ of the envelope. 封筒の裏にあなたの住所を書いてください

❸ (物の)背(に当たる部分) ; (手の)甲, (いすの)背もたれ ; (船の)竜骨, (飛行機の)胴体 ‖ the ～ of a chair いすの背もたれ

❹ 《通例単数形で》(本の)巻末, (新聞の)最終面

❺ (フットボール・ホッケーなどの)後衛, バック ❻ 《the B-s》カム川に接したケンブリッジ大学の土地

at a pèrson's báck ① (人の)すぐ後ろに, (人を)追いかけて ② (人を)支援して

at the báck of ... ① …の後ろに, 裏に(→ 名❷)(⇨ BEHIND 語法)(↔ *in front of ...*) ② (事件などの)背後に

at [OR ***in***] ***the bàck of a pèrson's mínd*** 心の片隅で, 内心 ‖ The debt was always *in the* ～ *of* my *mind*. 借金のことが常に私の心の片隅にあった

bàck to báck ① 背中合わせに ② 続けて, 続けざまに ‖ We won three games ～ *to* ～. 我々は3試合連続勝利をあげた

bàck to frónt 《主に英》後ろ前に ; あべこべに, 逆さまに(《主に米》backward) ‖ Your sweater is ～ *to front*. セーターを後ろ前に着ているよ

****behind a pèrson's báck*** **(人の)いない所で**, 陰で(♥「卑怯(ひきょう)」「不誠実」の含みがある) ‖ I don't want to talk about him *behind* his ～. 本人のいない所で彼のことは話したくない

brèak one's báck ① 〈…するために〉大いに努力する〈**to do**〉(→ backbreaking) ② ⇨ 名❶

brèak the báck of ... ① 〔仕事など〕の山場を越える ② …に壊滅的打撃を与える

còver one's báck 《口》(批判などに)策を講じておく

gèt [OR ***pùt, sèt***] ***a pèrson's báck ùp*** 《口》(人を)怒らせる(♦ 猫が怒ったときの様子から)

gèt off a pèrson's báck ; ***gèt a pèrson off his/her báck*** 《口》(人を)悩ます[非難する]のをやめる[やめさせる], …の邪魔をしない, …をほうっておく ‖ Can't you just *get off* my ～? 僕を非難するのをやめてくれないかな

gèt one's òwn báck 《英口》〈…に〉仕返しをする〈**on**〉

gò behind a pèrson's báck (人に)隠れて(物事を)行う, (人を)だます

hàve one's bàck to [OR ***against***] ***the wáll*** 《口》進退窮まる, 苦境に立たされる

in báck 《米口》① 〈建物などの〉後ろに〈**of**〉(→ 名❷) ② (車などの)後部座席に ‖ When we go out for a drive, we always seat the kids *in* ～. ドライブに出かけるときは, 子供たちはいつも後部座席に座らせる

in the báck 《英》(建物などの)後ろに ; (車の)後部座席に

knów ... like the bàck of one's hánd 《口》〔場所など〕に精通している

lìve òff the bàck of a pérson 〔人〕から搾取して生活する

òff the bàck of a lórry [《豪》***trúck***] 《英》盗品として ‖ This TV set fell *off the* ～ *of a lorry*. このテレビは盗品だ

on one's báck ① あお向けに[の] (→ 名❶)(↔ on one's face) ② 《口》病床に就いて ‖ be (flat) *on one's* ～ for a week 病気で1週間寝込んでいる ③ 打ちのめされて, 万策尽きて

****on a pèrson's báck*** 《口》① (人に)(したくないことを)無理やりさせようとして ‖ My mother is *on* my ～ about my homework. 宿題をしろと言って母がうるさい ② (人に)口うるさく注文をつけて

on the báck of ... ① ⇨ 名❷ ② 〔前の成功〕に続けて, …のおかげで

on the bàck of an énvelope 不完全な状態で(♦ a back-of-an-envelope decision (思いつき程度の結論)のように back-of-an-envelope で形容詞用法も可)

out báck 《米口》; ***out*** [OR ***round***] ***the báck*** 《主に英口》(建物などの)後ろに[の]

pùt one's báck into ... 〔仕事など〕に身を入れる ; 力を込めて…をする(♦ しばしば put one's back into it の形で用いる)

rìde on the báck of ... 〔すでにあるもの〕を生かす

sèe the báck of ... 《主に英口》…を追い払う, やっかい払いする(♦ 通例 be happy [glad] to see the back of ... の形で用いる)

stab a person in the back ⇨ STAB(成句)

the bàck of beyónd 人里離れた場所

****tùrn one's báck on ...*** …に背を向ける, …を見捨てる

wàtch one's báck 身の回りに気をつける

when a pèrson's bàck is túrned (人が)(見て)いない間に

with one's bàck to [OR ***against***] ***the wáll*** 進退窮まって, 追い詰められて

wríte ... on the bàck of a pòstage stámp …について詳しくない

—形 (♦ 比較級なし. 最上級は **back·most**) 《限定》

❶ **後ろの**, 後部の, 裏の ‖ in the ～ **row** 後ろの列に / a

～garden [OR yard] 裏庭 / the ～ pages (本の)巻末ページ / ～ teeth 奥歯
❷ 中心部から離れた；へんぴな ‖ a ～ street 裏通り
❸ 滞った，未納の ‖ ～ rent [dues, taxes] 未払い家賃[会費，税] ❹ 過去の，以前の ❺ 逆の ‖ a ～ current 逆流 ❻〖音声〗(母音が)後舌の ‖ ～ vowels 後舌母音 (/ʊ/, /o/, /ɑ/ など)
━動 (～s /-s/；～ed /-t/；～·ing)
━他 ❶〔車〕を後退させる，バックさせる〈into …に；out of …から〉‖ He ～*ed* his car *into* [*out of*] the garage. 彼は車をバックさせ車庫に入れた[から出した]
❷ …を後援[援助]する，支援する ‖ The government has decided to ～ our plan. 政府は我々の計画の援助を決めた
❸《通例受身形で》〈…で〉裏打ちされる〈with〉‖ The picture is ～*ed with* cardboard. その絵は厚紙で裏打ちされている
❹《通例受身形で》《英》(場所などの)裏側が〈…に〉なっている〈by〉‖ The open space is ～*ed by* lots of buildings. その空き地の裏にはビルがたくさんある
❺《通例受身形で》〈…の〉伴奏で演奏する，伴奏がついている〈by〉；(レコードなどの)裏面に〈…が〉収録されている〈with〉‖ The singer is ～*ed by* a British rock group. その歌手にはイギリスのロックグループの伴奏がついている ❻ (競馬などで)…に賭(か)ける(bet on) ❼〔小切手など〕に裏書きする
━自 ❶ 後退する，後ずさりする ‖ The horse ～*ed* suddenly. 馬が急に後ずさりした ❷ 後ろが〈…に〉面する，〈…に〉背中合わせになる〈on, onto〉‖ The church ～*s onto* a lake. 教会の裏は湖水になっている ❸ (風が)時計と反対方向に向きを変える(↔ veer)

bàck and fíll 優柔不断な行動をする，(方針などが)絶えず変わる

*****bàck awáy*** 〈自〉① 〈…から〉(恐る恐る)後退する(retreat)〈from〉 ②〈…から〉少しずつ手を引く〈from〉

*****bàck dówn*** 〈自〉〈主張・要求などを〉撤回する〈on, from〉，譲歩する(give in)；敗北[非]を認める

bàck ínto ... 〈他〉① …に後退してぶつかる，(車が)〔車庫など〕に後退して入る ② …に偶然かかわる

bàck A ínto B 〈他〉① ⇨ 他 ❶ ② *A*を後退させて*B*にぶつける

*****bàck óff*** 〈自〉① (恐る恐る)後退する(withdraw) ② (人の説得などを)断念する；〈主張・要求などを〉撤回する，少しずつ手を引く〈from〉 ③《主に命令形で》(人のやっていることに)構わないでいる

*****bàck óut*** 〈自〉〈約束・契約などを〉破棄する，取り消す〈of〉(pull out；withdraw)；(車などが)後ろ向きに外へ出る ━〈他〉《***bàck óut ... / bàck ... óut***》〔車など〕を〈…から〉後ろ向きに外へ出す〈of, from〉(→ 他 ❶)

bàck óver ... 〈他〉(車などが)バックして…をひく

*****bàck úp*** 〈他〉《***bàck ... úp / bàck úp ...***》① …を支援する，支持する(support)；(真実ではないと知りながら)手助けする ②〔主張・説明など〕を裏づける証拠を挙げる；《受身形で》(主張・説明などが)行動によって支持される ③〔車など〕を後退させる(reverse) ④ 💻〔プログラム・ファイルなど〕のコピーをとる，…をバックアップする ⑤〔交通〕を渋滞させる (♦ 通例受身形で用いる) ‖ The highway was ～*ed up* at least four kilometers. 高速道路は少なくとも4kmの渋滞になっていた ⑥〔配水管など〕を詰まらせる ━〈自〉① (車などで)後退する；後ろに下がる(retreat) ② (車などが)渋滞の列を作る ③ (配水管などが)詰まる ④《米》(話題を)元に戻す

COMMUNICATIVE EXPRESSIONS

1 **Bàck in a mó** [OR **séc**]. ちょっと失礼；すぐ戻ります (♥ 中座するときのくだけた文句. mo は moment, sec は second の短縮形. =I'll be right back.)

2 **I wánt this báck.** これちゃんと返してね(♥ 貸したものを必ず返すよう念を押す表現)

3 **(It's) bàck to the dráwing bòard.** また一からやり直しだ(♥「また製図板に戻らなくては」の意で，計画や企画を振り出しに戻すことを表す)

▸▸ **～ álley** 名 C 路地 **～ bùrner** (↓) **～ cátalog(ue)** 名 C (最新の曲でない)古い曲 **～ cópy** 名 C =back issue **～ dóor** (↓) **～ ènd** (↓) **～ íssue** 名 C (新聞・雑誌などの)バックナンバー **～ níne** 名 U〖ゴルフ〗バックナイン《後半の9ホール，インコース》**～ númber** 名 C ① =back issue ②《口》時代遅れの人[もの]，盛りを過ぎた人 **～ óffice** (↓) **～ òrder** 名 C 未納注文(品)；繰越注文 **～ pássage** 名 C ① 直腸(rectum) ② 裏手への通路 **～ páy** 名 U 未払い賃金 **～ ròad** 名 C 田舎道；裏道 **～ séat** (↓) **～ slàng** 名 C 秘密の逆さ言葉《ynnep ← penny の類》**～ stòry** 名 C ① バックストーリー《物語が始まる前にすでに起こったとされる出来事》② 前編 **～ tàlk** (↓)

báck·àche 名 U C 背中の痛み，腰痛(⇨ ACHE)

báck-and-fòrth 形《限定》行ったり来たりの，前後に動く ━名 U 往復；やりとり，いさかい

báck·bèat 名 U〖楽〗(ジャズなどの)バックビート《4拍子の第2拍と4拍にアクセントが置かれる》

bàck·béncher ⟨ジ⟩ 名 C《英》(英国下院で後方の座席に座る)平議員，陣笠議員
bàck·bénch 形 名 C (英国下院の)後方座席(の)

báck·bìte 動 (～s /-s/；-bit /-bìt/；-bit·ten /-bìtən/ OR -bit；-bit·ing) 他 自 (…の)陰口をきく，(いない人を)中傷する **-bìt·er** 名

back·bit·ing /bǽkbàɪṭɪŋ/ 名 U 陰口

báck·bòard 名 C ❶ 物の背面[後部]の板《額縁の背板・荷車の後部板など》❷〖医〗背骨矯正板 ❸〖バスケットボール〗バックボード《バスケットを取りつけた板》

***báck·bòne** /bǽkbòʊn/ 名 ❶ C 背骨，脊柱(せきちゅう)(spine) ‖ The pain runs up and down in my ～. 痛みが背骨全体に走る ❷《the ～》中軸，根幹，中心的部分 ‖ Her essay forms the ～ of this volume. 彼女の随筆がこの巻の中心になっている ❸ U《主に否定文で》不屈の意志，気骨 ‖ He doesn't have the ～ to fire someone. 彼には人を首にする勇気がない ❹《the ～》脊梁(せきりょう)山脈，分水嶺(れい) ❺ C《米》(本の)背 ❻ C U 💻 (ネットワークの中枢となる)基幹通信回線
to the báckbone 骨の髄まで，徹頭徹尾

báck·brèaking 形 (体力的に)非常に骨の折れる

báck bùrner 名 C ❶ (ガスレンジの)奥のバーナー ❷ 後回しにされた状態 ‖ end up on the ～ 結局は後回しにされる
pùt [OR ***plàce***] ***... on the báck bùrner*** 《口》〔仕事など〕を後回しにする，棚上げする
báck-bùrner 動 他 《口》…を後回しにする

back·chan·nel /bǽktʃǽnəl/ 名 C 裏の[非公式の]ルート

báck·chàt 名《英口》=back talk

báck·clòth 名《英》=backdrop

báck·còmb 動 他《主に英》〔髪〕に逆毛(さかげ)を立てる(《米》tease)

báck·còuntry 名《the ～》《主に米・カナダ》(人里離れた)奥地，辺境

báck·còurt 名 C ❶〖テニス〗バックコート《後陣》❷〖バスケットボール〗バックコート《自陣》

báck·cròss〖生〗動 他 …に戻し交配をさせる
━名 C 形 戻し交配(の)《第1代雑種と親の一方との交配》

bàck·dáte ⟨ジ⟩ 動 他〔協定・書類など〕の日付けをさかのぼらせ(て有効とす)る

bàck(-)dóor ⟨ジ⟩ 形《限定》内密の，裏口での ‖ a ～ breaking ball (野球の)外角から入って来る変化球

báck dòor ⟨ジ⟩ 名 C ❶ 裏口 ❷ 内密の接近方法，不正手段
by [OR ***through***] ***the bàck dóor*** 正規の手続きによらず，裏口から

B

báck·dròp 名 Ⓒ ❶(舞台後方の)背景幕(《英》back-cloth) ❷(事件の)背景(background)
━動 他…に背景[幕]をつける

báck-ènd 形 🖳(システムやプログラムの)中心的な処理の, 後置処理の, バックエンド処理の ━名 Ⓒ(コンパイラの)バックエンド, (システムやプログラムの)バックエンド部分

báck ènd 名 Ⓒ 後部;《英口》尻(しり)

back·er /bǽkər/ 名 Ⓒ ❶後援者, 支援者 ❷賭(か)ける人 ❸ Ⓤ Ⓒ 裏張り材

báck·fìeld 名《the ～》〖アメフト〗バックス, 後衛;《集合的に》バックスの選手たち

báck·fìre (→ 動) 名 Ⓤ Ⓒ ❶(延焼を防ぐための)向かい火 ❷(内燃機関の)逆火(ぎゃっか) ❸(銃砲の)逆発
━動 自 /+英 ⌐⌐/ ⟨ ❶向かい火を放つ ❷逆火を起こす;逆発する ❸裏目に出る

báck·flìp (→ 動) 名 Ⓒ 後ろ宙返り, バック転
━動/⌐⌐/自 後ろ宙返りをする;後退する

báck-formàtion 名 Ⓤ〖言〗逆成;Ⓒ 逆成語《派生語のように見える語から逆にそのもとと思われる語を作ること. 〈例〉edit ← editor など》

back·gam·mon /bǽk-gæ̀mən/ 名 Ⓤ バックギャモン《2人で交互にさいころを振って盤上のこまを動かす西洋すごろく》

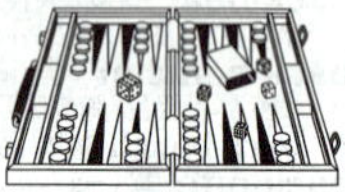

backgammon

‡back·ground /bǽkɡràund/ 《アクセント注意》
━名 (複 **～s** /-z/) ❶《通例 the ～》(景色などの)**背景**, 遠景;(絵画・写真などの)**バック**, 背景(↔ foreground) ‖ a church painted **in** the ～ バックに描かれている教会
❷ Ⓒ《通例単数形で》(織物などの)地(じ) ‖ a yellow flower pattern on a white ～ 白地に黄色の花模様
❸ Ⓤ/Ⓒ《通例単数形で》(事件などの)**背景**, 背後事情;(= ～ **informàtion**)〈…についての〉背景的情報[知識]〈**on**〉;事前の準備 ‖ The campaign took place **against a** ～ of rising unemployment. 失業者数の増大を背景にその運動が起こった / the political [social] ～ of the war その戦争の政治的[社会的]背景 / This chapter **provides** [OR **gives**] **a** ～ **to** [OR **for**] the study. この章では本研究の背景を述べる
❹ Ⓒ(人の)**経歴**, 素性;素養 ‖ They come from very different social ～*s*. 彼らの生い立ちは社会的に実にさまざまである / his educational [ethnic] ～ 彼の学歴[民族的出身]
❺ Ⓒ《単数形で》目立たない立場[役割], 裏面 ‖ remain [OR stay] **in the** ～ 人目に立たないでいる, 黒幕に徹する
❻(= ～ **mùsic**) Ⓤ バックグラウンドミュージック, BGM
❼(= ～ **nòise**) Ⓒ Ⓤ(受信装置などの)雑音
❽(= ～ **radiàtion**) Ⓤ〖理〗バックグラウンド放射線《自然界に存在する微弱な放射線》
❾ Ⓒ 🖳バックグラウンド《ユーザーが直接操作[入力]する必要のない作業, バックグラウンドでのプロセス》
❿《形容詞的に》背景となる, 目立たない;予備の;🖳バックグラウンド処理の ‖ ～ processing バックグラウンド処理

báck·gròunder 名 Ⓒ《米》(政策などの背景を説明する)非公式会見, その発表文書

báck·hànd 名 Ⓒ ❶《通例単数形で》(テニスなどの)バックハンド ❷左傾斜の書体 ━形《限定》❶(テニスなどの)バックハンドの(↔ forehand) ❷左傾斜の ━副 バックハンドで ━動 他〔ボール〕をバックハンドで受ける[打つ]

báck·hànded /英⌐⌐⌐/ ⟨ 形 ❶ =backhand ❶ ❷皮肉な;遠回しの, 紛らわしい, 誠意のない
━副 =backhand;左傾斜(の書体)で

báck·hànder 名 Ⓒ ❶手の甲での一撃;逆手(さかて)打ち ❷《口》遠回しの非難[攻撃] ❸《英口》賄賂(わいろ)

báck·hòe 名 Ⓒ〖機〗バックホー《手前に土砂をかき出すシャベルのついたブルドーザー, またそのシャベル》

***back·ing** /bǽkɪŋ/ 名 ❶ Ⓤ Ⓒ 裏張り(材) ❷ Ⓤ 援助, 支援;《集合的に》支援者団体 ❸ Ⓤ/Ⓒ《通例単数形で》〖楽〗(独奏の)伴奏, バック;《形容詞的に》伴奏の, バックの(《米》backup) ‖ a ～ group [vocalist] バックバンド[ボーカル]

báck·làsh 名 ❶ Ⓒ 急激な跳ね返り[逆戻り];〈政治・社会改革などに対する〉急激な反動〈**against**〉 ❷ Ⓤ Ⓒ(機械などの)がた, 緩み;(釣り糸の)もつれ
━動 自 反発する, 逆戻りする

back·less /bǽkləs/ 形 (ドレスが)背中のあいた, 背中の大きくえぐれた

báck·lìght 名 Ⓤ 背面光, 逆光線 ━動 他 …を背後から照らす

báck·lìst 名 Ⓒ 既刊書(目録)

báck·lòg 名 Ⓒ《通例単数形で》❶(仕事・注文・原料などの)未処理の山 ‖ a ～ of work たまった仕事 ❷(火を絶やさぬように暖炉の奥に置く)太いまき

báck·mòst 形《限定》いちばん後ろの, 最後方の

bàck óffice 名 Ⓒ(外部の人には見えない)事務部門, 裏部門 **bàck-óffice** 形

bàck-of-the-nápkin 形 (ナプキンの裏にとっさにかいたような)簡潔な, 大ざっぱな

***báck·pàck** 名 Ⓒ ❶バックパック, リュック(サック)(の類);荷物 ❷(宇宙飛行士などの背負う)背箱
━動 自 バックパックを背負って旅行する ‖ go ～*ing* 徒歩旅行に行く ━他…をバックパックで運ぶ **～·er** 名

báck·pèdal /英⌐⌐⌐/ ⟨ 動 自 ❶(自転車の)ペダルを逆に踏んでブレーキをかける ❷〖ボクシング〗素早く後ろに下がる ❸〈意見などを〉撤回する〈**on**〉;しり込みする
━他〔自転車など〕のペダルを逆に踏んでブレーキをかける

báck·plàne 名 Ⓒ 🖳バックプレーン《複数のコネクタが備わった回路基板の一種》

báck·rèst 名 Ⓒ(いすなどの)背もたれ

báck·ròom 名 Ⓒ ❶奥の部屋 ❷(政党幹部などの)非公式的な会合[折衝]場所
━形《限定》密室での ‖ ～ dealings 密室での取り引き
▸▸ **～ bòy** 名 Ⓒ《通例 ～s》《英口》裏方;秘密研究員

báck·scàtter 〖理〗名 Ⓤ(放射線・粒子などの)後方散乱
━動 他〔放射線・粒子〕を後方散乱させる

báck·scràtcher 名 Ⓒ ❶孫の手 ❷《口》相互に利益を図り合う人;おべっか使い

bàck séat ⟨ 名 Ⓒ(自動車・劇場の)後部座席
tàke a bàck séat (*to ...*) (…に)一歩譲る, 後塵(こうじん)を拝する;(物事が)(…の)二の次になる

bàck-sèat dríver 名 Ⓒ《口》(後部座席から)運転手に余計な指図をする乗客;おせっかい焼き

báck·sìde 名 Ⓒ ❶《主に米》(物・人・風景などの)背面, 裏面 ❷《口》尻(しり)(buttocks)
gèt òff one's báckside 《英・豪口》(怠けていないで)尻を上げる
sit (aròund) on one's báckside 《英・豪口》何もしないでいる

báck·slàp 動 (**-slapped** /-t/; **-slap·ping**) 他 自 (…の)背中をポンとたたく(♥激励・祝福・親愛を表す)
～·per 名 **～·ping** 名

báck·slàsh 名 Ⓒ 🖳バックスラッシュ(\)《英語版のMS-DOS・Windowsでディレクトリーを表す》

báck·slìde 動 (**-slid** /-slìd/; **-slid** OR **-slidden** /-slìdən/; **-slid·ing**) 自 (悪い状態へ)逆戻りする, 堕落する, (約束などを)守らない **-slìd·er** 名 **-slìd·ing** 名

báck·spàce ⟨ 動 自 ❶(キーボード・タイプで)1スペース分(以上)戻す ❷🖳(画面上のカーソルを)左[頭]に移動させる ━名(= ～ **kèy**) Ⓒ《通例単数形で》🖳バックスペースキー《カーソルを1文字前へ戻すキー. 略 BS》

báck·spìn 名 Ⓤ(卓球・ゴルフなどの打球の)逆回転, バックスピン

báck·splàsh 名 Ⓒ《米》(レンジ・流しなどの背後に取りつけた)汚れ防止板(splashboard)

báck·stàb 動 他 …を陰で中傷する，〔人〕を陥れる
-stab·ber 名 **-stab·bing** 名
báck·stàge(→ 形) 副 舞台裏で，(舞台の) そでで，楽屋で；ひそかに ━形 /ニ́ニ/ <シ《限定》舞台裏[楽屋裏]の；芸能人の私生活の[に関する]；秘密の
báck·stàirs <シ 名 複 裏階段
━形《限定》陰で行われる，秘密の ‖ ～ gossip 内緒のうわさ話 / ～ influence 裏から手を回してかける圧力
báck·stày 名 C〖海〗後方支索，バックステー
báck·stìtch 名 U 返し縫い
━動 他 自 (…に)返し縫いをする
báck·stòp 名 C ❶〖野球〗バックネット，バックフェンス(❗「バックネット」は和製語) ❷(野球の)キャッチャー ❸支え，補強材；代替要員
━動 (**-stopped** /-t/；**-stop·ping**) 他 ❶…を支持する，補佐する ❷…の捕手を務める
báck·stòry 名 C (映画などの)登場人物の過去の出来事
báck·strèet 名 C《通例 ～s》(スラムなどの)裏通り
━形《限定》裏通りの；不正の，もぐりの
bàck·strétch 名《通例 the ～》《米》(競技場の)バックストレッチ，向こう正面(back straight)《ゴールと反対側の直線コース》(→ homestretch)
báck·stròke 名 ❶《通例 the ～》背泳 ❷C バックハンド(backhand)の打法 ━動 自 背泳で泳ぐ
báck·swìng 名 C〖スポーツ〗バックスイング《球を打つ前にバットやラケットなどを後方に振ること》
báck tàlk 名 U《米口》生意気な返答，口答え(《英口》backchat) **báck-tàlk** 動 自
bàck-to-báck <シ 形 副《限定》背中合わせの[に]；連続の[して]；《主に英》(家屋が)背中合わせの[に] ‖ ～ home runs 連続ホームラン
━名 C《英》背中合わせの長屋[住宅]
bàck-to-schóol 形 (売り出しなどが)新学期(用)の ‖ ～ supplies [clothes] 新学期用品[衣類]
báck·tràck 動 自 ❶来た道を引き返す ❷〈…から〉手を引く，〈…に関する〉意見[態度]を変える〈**on**〉
báck·ùp 名 ❶C (非常の)予備，代替物，代わり(の人) ‖ a ～ for a rocket 予備のロケット ❷C《米》(交通の)渋滞 ❸U 援助，支援，バックアップ；C《米》(ソロの)伴奏[伴唱]者，バックコーラス ❹U C 💻(データやプログラムの)複製保存，バックアップ ━形《限定》予備の，支援の ‖ a ～ disk バックアップ用ディスク ━動 他 💻…のバックアップをとる ▶▶**～ lìght** 名 C《米》(自動車の)バックライト，後退灯(❗この意味での「バックライト」は和製語)
⁂**back·ward** /bǽkwərd/《アクセント注意》
━副《比較なし》《主に米》❶**後ろへ[に]**；後ろ向きに(↔ forward) ‖ look ～ 振り返る / walk ～ 後ずさりする
❷**逆に**，反対方向に ‖ count ～ 逆に数える
❸退化して，悪化して(↔ forward) ‖ The new law is seen as a step ～. 新法は時代に1歩逆行したものと見られている
❹(過去に)さかのぼって ‖ Looking ～, that was the beginning of the trouble. 振り返ってみれば，あれが間違いの始まりだった
❺《主に米》後ろ前に(《主に英》back to front) ‖ You've got your shirt on ～. シャツを後ろ前に着ているよ
**bàckward and fórward* 前後に，行ったり来たり(back and forth)
**bend* [OR *lean, fall*] *over backward(s)* ⇨ BEND¹(成句)
know ... backward (and forward) ⇨ KNOW(成句)
━形 (**more ～**；**most ～**)(♦❷以外比較なし)
❶《限定》**後方(へ)の**，後ろ向きの，逆の ‖ a ～ look 回顧的であること，前向きでないこと / without a ～ **glance** 後ろを振り返ることなく
❷《限定》(知的発達の)遅れた；(進歩・発達が)遅い ‖ a ～ child 発達遅延児 / a ～ country 後進国(♦developing country (発展途上国)の方が好まれる)
❸ためらいがちな；《しばしば否定形で》〈…の点で〉内気な〈**in**〉‖ be ～ *in* expressing one's opinions 自分の意見を述べるのをためらっている / be not ～ *in* coming forward 内気な性格ではない / a ～ lover 内気な恋人
～·ly 副 **～·ness** 名
bàckward(-)compátible 形 💻(ソフトウェアなどが)後方互換性のある
báckward-lòoking 形 古臭い；後ろ向きの
back·wards /bǽkwərdz/ 副《主に英》=backward
báck·wàsh 名《the ～》❶(船が通った後に生じる)返し波，逆流；(プロペラの回転で生じる空気の)後流 ❷(出来事の好ましくない)余波，名残，影響
báck·wàter 名 U C ❶(ダム・潮流などで)せき止め[上げ]られた水，戻り水；(川の)よどみ ❷沈滞(した場所)，進歩の遅れた状態[場所]
báck·wòods 名《the ～》《単数・複数扱い》《主に米》❶(未開拓の)森林地帯 ❷僻地(へき)，奥地；後進地域
báck·wòods·man /-mən/ 名 (複 **-men** /-mən/) C ❶《主に米》未開拓地[辺境]の住民 ❷田舎者，山出し ❸《英口》ほとんど登院しない上院議員
**bàck·yárd* <シ 名 C ❶裏庭，後庭(♦《英》では家の裏側に位置し，しばしば塀に囲まれ，舗装された所を指す．《米》では家の裏側全体を指し，通例芝生になっていて，花壇などが施されている) ❷《口》地元，近所；行きつけの場所
in one's (òwn) backyárd 身近に；自分に関する限りでは
nòt in my backyárd うちの近所は駄目《自分の住んでいる近くでは原発・ごみ処理場などができてほしくないの意味》(⇨ NIMBY)
**ba·con* /béɪkən/ 名 U ベーコン ‖ a slice of ～ 薄切りのベーコン1切れ / ～ and eggs ベーコンエッグ
bring hòme the bácon 《口》①(一家の)生活費を稼ぐ，生活に必要なものをまかなう ②成功する，仕事を成し遂げる；(競技などで)勝つ
sàve a pèrson's bácon 《口》(窮地・危害などから)(人を)救い出す
sàve one's bácon 《口》(窮地・危害などから)危うく助かる
▶▶**～ bìts** 名 複 (かりかりにいためた)こま切りベーコン
Ba·con /béɪkən/ 名 ベーコン ❶**Francis ～**(1561–1626)《英国の哲学者・政治家》❷**Roger ～**(1214?–94?)《英国の哲学者・自然科学者》
Ba·co·ni·an /beɪkóuniən/ 形 ベーコン(Francis Bacon)(の学説[派])の ━名 C ベーコン学説[経験説]の信奉者；シェークスピア=ベーコン説の支持者《シェークスピアの作品はF.ベーコンが書いたとする》
**bac·te·ri·a* /bæktíəriə/ 名 複 (♦単数形は bacterium /-iəm/ だがほとんど用いない)バクテリア，細菌(類)(♦《口》では germ や bug が一般的)
-al 形 バクテリアの[に関する，による]
bac·te·ri·cide /bæktíərəsàɪd | -rɪ-/ 名 C 殺菌剤
bac·tè·ri·cíd·al 形 殺菌(剤)の
bac·te·ri·o·log·i·cal /bæktìəriəlá(ː)dʒɪkəl | -lɔ́dʒ-/ <シ 形 細菌学(上)の ‖ ～ warfare 細菌戦争
bac·te·ri·ol·o·gy /bæktìəriá(ː)lədʒi | -ɔ́l-/ 名 U 細菌学 **-gist** 名 C 細菌学者
bac·te·ri·o·phage /bæktíəriəfèɪdʒ, -riou-/ 名 C〖生〗バクテリオファージ《特定の細菌を分解するウイルス》
bac·te·ri·um /bæktíəriəm/ 名 bacteria の単数形
bac·te·rize /bǽktəràɪz/ 動 他 …にバクテリアを作用させる
Bàc·tri·an cámel /bæ̀ktriən-/ 名 C〖動〗(アジア産の)フタコブラクダ

⁂**bad** /bæd/(→ 形 ⑭) 形 副 名
中心義 好ましくない状態

形 不快な❶ 劣った❷ 下手な❸ 悪い❹ 有害な❻

━形 (**worse** /wəːrs/；**worst** /wəːrst/)(→ ⑭)(↔ good)

B

❶ **不快な**, いやな, 好ましくない; 品の悪い, 汚い ‖ This oil smells so ～. この油はとてもいやなにおいがする / Business is ～ now. 今は景気が悪い / There was no ～ feeling between the partners. 共同経営者たちの間に反感はなかった / ～ breath 臭い息, 口臭 / ～ weather 悪天候 / a ～ word 悪口 / ～ luck 不運 / have a ～ time 不愉快な時を過ごす / ～ taste 悪趣味 ❷ (品質などが)**劣った**, 粗悪な, 低水準の(↔ satisfactory); (飲食物が)腐った; (貨幣などが)材質の悪い, にせの ‖ The house was in ～ condition. その家は傷んでいた / This peach has gone ～. この桃は腐っている / have ～ eyesight 目が悪い / ～ meat 腐った肉 / ～ money 悪貨; にせ金(♦ 1枚の粗悪硬貨は a *bad* coin という) ❸ 〈…が〉**下手な**, まずい〈**at**〉‖ She is a ～ cook. = She is ～ *at* cooking. 彼女は料理が下手だ / He has ～ handwriting. 彼は字が下手だ
❹ (道徳的に)**悪い**, 邪悪な, 不正な(⇨ 類語) ‖ It's ～ to tell a lie. うそをつくのは悪いことだ / It's ～ of you to break your promise. 約束を破るなんて君もよくないね / a ～ man 悪人 / ～ conduct 不品行
❺ 《通例限定》(子供などが)言うことを聞かない, 行儀の悪い (naughty)
❻ 《叙述》〈…にとって〉**有害な** (↔ benefit)〈**for**〉‖ Smoking is ～ *for* you [OR your health]. 喫煙は健康によくない / It's ～ (*for* him) to drink. 飲酒は(彼の)体に悪い / Acid rain is ～ *for* plants. 酸性雨は植物に有害だ
❼ 不十分な; 役に立たない ‖ The pay is ～ here. ここの給料は安い / ～ lighting 不十分な照明 ❽ 《限定》不適当な, 不都合な; 不正確な, 間違った ‖ This is a ～ time to ask her for money. 今彼女に金を無心するのはまずい / ～ pronunciation 不正確な発音 / a ～ guess 見当外れ / ～ judgment 間違った判断 / speak ～ English ひどい英語を話す ❾ 《通例限定》(程度が)ひどい, はなはだしい ‖ I was in ～ need of money. とても金が必要だった / a ～ storm ひどい嵐(あらし) / make a ～ mistake ひどい間違いを犯す ❿ 《比較なし》(体の一部が)悪い, 痛い, 病気の(↔ well¹); 気分がすぐれない ‖ He looks ～ this morning. 今朝彼は具合が悪そうだ / be taken ～ 《英口》病気になる / a ～ tooth 虫歯 ⓫ (機嫌が)悪い ‖ be in a ～ temper [OR mood] 不機嫌である ⓬ 後悔して, 気がとがめて〈**about** …のことで / **that** 節 …ということで〉‖ I felt ～ *about* leaving him behind. 彼を残していくことに気がとがめた(♦ 《口》では feel badly ということもある. → badly ❹) ⓭ (法的に)無効の; 回収不能の ‖ a ～ loan 不良債権 ⓮ /bæːd/ (**～·der** /bǽdər/; **～·dest** /bǽdɪst/) 《主に米俗》すごくいい, 最高の ‖ He's a really ～ dancer. 彼は全くいかすダンサーだ

càn't be bád 《口》…は悪くないな, …はよかった
fèel bád ① 気分が悪い ‖ I *feel* ～ today. 今日は気分が悪い(→ 形 ❿) ② ⇨ 形 ⓬
gò from bàd to wórse ますます悪くなる
have gòt it bád 《口》べたぼれ[ぞっこん]である
hàve it bád ひどい目に遭う, ひどい暮らしをする
****nòt*** (***sò*** [OR ***tòo, hàlf***]) ***bád*** 《口》**なかなか**[かなり]**よい**(♥「思ったよりよい」という含みがある) ‖ The result is *not so* ～. 結果は上出来だ / "How was the film?" "*Not too* ～." 「映画はどうだった」「なかなかよかったよ」/ I'm *not too* ～ at baking ginger cookies myself. 私もけっこう上手にジンジャークッキーを焼くことができます
****tòo bád*** ① 《口》あいにくで, 残念で (→ CE 2) ‖ It's *too* ～ that she isn't here. 彼女がここにいないのは本当に残念です (♦ It's を省略して Too bad she isn't here. ともいう) / It's (just) *too* ～ you've used up your money. 金を使い果たしたとは気の毒だ (♥ ここでは同情というよりは皮肉を表している) ② 《英》《旧》迷惑で, いやな ‖ "It's *too* ～ of me." he apologized. 「ご迷惑をおかけしました」と彼は謝罪した

COMMUNICATIVE EXPRESSIONS
[1] **It's nòt as bád as àll thát.** そこまで悪くないよ (♥ 悪い状況なりによい材料もあることを指摘する励まし)
[2] **Thát's tòo bád.** それは残念(♥ 他人への同情, もしくは自身の落胆などを表す)

―副 (**worse**; **worst**)
《主に米口》非常に, ひどく(badly)(♦ この用法は正しくないとする人が多い) ‖ My leg hurts so ～. 脚がひどく痛む / I wanted a job really ～. のどから手が出るほど仕事が欲しかった / be ～ **off** 暮らし向きがよくない (⇨ BADLY *off*)
―名 《the ～》 ❶ 悪, 悪いこと[状態]; 不運 ❷ 《集合的に》《複数扱い》悪人たち ❸ (勘定の)借方
gò to the bád 《口》《やや旧》堕落する, 身を持ち崩す
in bád ① 《口》〈…の〉機嫌を損ねて, 〈…に〉にらまれて〈**with**〉‖ get [be] *in* ～ *with* the boss 上司ににらまれる[にらまれている] ② 《米口》困って, 苦しんで
my bad ⇨ CE 3
tàke the bàd with the góod 人生の苦楽を共に受け入れる
to the bád 赤字で, 不足で (↔ *to the good*) ‖ I'm a million yen *to the* ～. 百万円の赤字だ

COMMUNICATIVE EXPRESSIONS
[3] **Mỳ bád.** 《米俗》① しまった, 間違えた ② 私のせいだ (♥ 自分の非を認めるくだけた表現. ≒It's my fault.)

類語 《形 ❹》 **bad**「悪い」を表す最も一般的な語.
evil bad より強意. 道徳的に悪い. しばしば不吉さや悪意をほのめかす. 〈例〉an *evil* deed よこしまな行為
wicked evil より強意. 積極的・意図的に危害を加える. 〈例〉a *wicked* scheme 邪悪なたくらみ
wrong 法・道徳・基準などに照らして間違っている. 〈例〉a *wrong* deed 誤った行為 (♦ 一般的に対置される反意語は *good* and *bad*, *good* and *evil*, *right* and *wrong*)

▸▸ **～ ápple** 名 C (特に道徳面で)他人に悪影響を与える人 **～ blóod** 名 U (相互の)悪感情, 憎しみ, 敵意 **～ bréak** 名 C 《口》不運, 不幸 **～ chéck** [《英》 **chéque**] 名 C 不渡り手形 **～ débt** 名 C U 《商》貸倒(金), 焦げ付き(債権), 不良債権(↔ good debt) ‖ ～ *debt* reserves 《米》貸倒準備金 (《英》 bad debt provisions) **～ égg** 名 C 《俗》ろくでなし **～ fáith** 名 U 裏切り, 背信 **～ fórm** 名 C 無作法 (bad manners) **～ gùy** [**màn**] 名 C 《米口》(映画・小説などの)悪党, 不良 **～ háir dày** 名 C 《口》(髪型が気に入らず)出かけたくない日; 何をやってもうまくいかない日 **～ lánguage** 名 U 下品な言葉, 悪態 **～ néws** 名 U ① 悪い知らせ ② 《口》やっかいなこと[もの], やっかい者 ③ 《米俗》勘定(書) **～ tíme** 名 C 《通例 a ～》苦境

bád-àss 《米口》 名 C 粗野な人; 根性の悪いやつ
―形 攻撃的な, 手に負えない; 素晴らしい

bad·dy, bad·die /bǽdi/ 名 (複 **-dies** /-z/) C 《口》(小説・映画などの)悪漢(↔ goody); がき

bade /bæd, beɪd/ 動 bid の過去の1つ

***badge** /bædʒ/ 名 C ❶ (団体・階級などの)バッジ, 記章, 名札 ‖ a ～ of office 役職を表すバッジ / wear a ～ バッジをつけている ❷ しるし, 象徴; 状態[品質]を表すもの[しるし] ―動 他 ❶ …に記章をつける ❷ 《+目+補》〔製品など〕に…とラベルをつける[表示する]

badg·er /bǽdʒər/ 名 C 《動》アナグマ; U アナグマの毛皮
―動 他 …をしつこく悩ます[いじめる] ‖ ～ him into *doing* [OR to *do*] ... 彼にせがんで…させる

bad·i·nage /bǽdɪnɑːʒ/ 名 U 冷やかし, からかい(♦ フランス語より)

bád·lànds 名 複 《the ～》(浸食作用のため奇異な地形となった)不毛地, 悪地; 《the B-》(米国西部の)荒地帯

****bad·ly** /bǽdli/
―副 (**worse** /wəːrs/; **worst** /wəːrst/) (→ ❸)
❶ **悪く**, 下手に, 失敗して, 間違って, 不作法に, 不利に(↔

well[1]) (♦ 位置は動詞の後. 受身形では過去分詞の前) ‖ He **did** ~ in the exam. 彼は試験でへまをやった / I hope you won't think ~ of me. 私のことを悪く思わないでくださいね / The project was ~ managed. その企画はうまく仕切られていなかった / a ~ paid job 賃金の安い仕事
❷ ひどく, 深刻に ‖ Things went ~ **wrong** for her after her husband's death. 夫の死後, 状況は彼女にとって非常に深刻になった
連語 ❷ 【~+過去分詞】 be ~ injured 重傷を負っている / be ~ damaged ひどい損傷を受ける / be ~ hit [OR affected] (天災で)大きな被害を受ける
❸ (《主に英》**more ~**; **most ~**) 《want や need などとともに用いて》 非常に, とても ‖ He is ~ in need of a job. =He ~ **needs** a job. 彼は大変仕事を必要としている / I wanted money more ~ than ever. これまでにないほど金が必要だった
❹ 後悔して, 悪く思って ‖ He feels ~ about the loss. 彼はその損失を悔やんでいる (♦ feel bad が身体的な苦しみも表すのに対し, feel badly は主に感情的な苦しみを表す)
*_bàdly óff_ ① 苦境に陥って (⇨ POOR, RICH **類語**) ② 貧乏で, 金に困って; 《英》〈…がなくて〉困って〈**for**〉

***bad·min·ton** /bǽdmɪntən/ 名 U バドミントン ‖ play ~ バドミントンをする

bád-mòuth /-màuθ/ 動 他 《口》…を手厳しく批判する; …の悪口を言う **-mòuthing** 名

bad·ness /bǽdnəs/ 名 U 不正, 悪いこと, 有害

bàd-óff 形 《叙述》《米》あまりお金を持っていない, 貧乏な (→ badly-off)

bàd-témpered 〈シ〉 形 機嫌の悪い; 気難しい, かんしゃく持ちの(♥ やや軽蔑的できつい表現)

Bae·de·ker /béɪdɪkər/ 名 C (ベデカー出版の) 旅行ガイドブック; (一般に)旅行ガイドブック

***baf·fle** /bǽfl/ 動 他 ❶ 〔人〕をまごつかせる, 当惑させる; …の見当がつかない ‖ Her lecture ~*d* some listeners. 彼女の講演には面食らった聴衆もいた / He seems ~*d* over [OR about] what to do next. 彼は次に何をすべきかわからずに困っているようだ / What ~*s* me is how she learned my name. 私がわからないのは彼女がどのようにして私の名前を知ったのかということだ ❷ 〔努力・計画など〕を妨げる, 挫折(ざせつ)させる ❸ 〔液体・音などの流れ〕を制御する, 調整する
—名 ❶ U C 当惑, まごつき; 挫折 ❷ C (液体・気体の流れや光・音の拡散を制御する) 防止装置, 隔壁; (スピーカーの)バッフル **-fler** 名 **~·ment** 名

baf·fling /bǽflɪŋ/ 形 当惑させる, 訳のわからない ‖ ~ to the eye 不可解に見える **~·ly** 副

BAFTA /bǽftə/ 略 *B*ritish *A*cademy of *F*ilm and *T*elevision *A*rts (英国映画テレビ芸術協会, またその賞)

***bag** /bæg/ (♦ bug と区別) 名 動
—名 (複 **~s** /-z/) C ❶ **袋** ‖ He carried his sandwich in a brown **paper** ~. 彼はサンドイッチを茶色の紙袋に入れて持ち歩いた / cookies packed **in** a ~ 袋詰めのクッキー
連語 【名/形+~】 a shopping [《英》carrier] ~ 買い物袋 / a garbage [OR trash] ~ ごみ袋 / a tea ~ ティーバッグ / a sleeping ~ 寝袋 / an air ~ (自動車の)エアバッグ(airbag) / a plastic ~ ビニール袋
❷ **かばん, ハンドバッグ** (handbag); スーツケース (suitcase); 財布 ‖ pack [unpack] one's ~ 荷物をかばん[スーツケース]に詰める[から取り出す] / a traveling ~ **full of** clothes 服がいっぱい詰まった旅行かばん / a bum ~ 《英》ウエストポーチ(《米》fanny [waist] pack)
❸ 〈…の〉袋1杯の量 (bagful) 〈**of**〉 ‖ two ~*s of* potatoes ジャガイモ2袋
❹ 《通例単数形で》獲物の量 ‖ We had a good [poor] ~ today. 今日は獲物が多かった[少なかった]

bag ❶, ❷

❺ 袋状のもの[部分]; (動植物の)袋, 嚢(のう); (雌牛などの)乳房; (ズボンのひざなどの) ふくらみ; 《通例 ~s》(加齢や寝不足による目の下の)たるみ; 《~s》《英》《旧》(だぶだぶの)ズボン ❻ 《~s》《口》〈…の〉多量, 多数〈**of**〉 ‖ We have ~*s of* time [opportunities]. 時間[機会]はたっぷりある ❼ 《しばしば否定文で》《one's ~》《旧》得意なこと, 好きなこと; (演奏などの) 独特のスタイル [表現法] ‖ Golf isn't my ~. ゴルフは得意じゃない ❽ ⊗《俗》《蔑》(年老いた魅力のない) 女 (♥ しばしば呼びかけで用いる) ‖ You old ~! このばばあめ ❾ 《野球》塁, ベース (base) ❿ 《俗》麻薬の一包み(分)

a bàg of bónes 《口》やせこけた人[動物]
a bàg of nérves 《口》神経過敏な人
a bàg of wórms =*a* CAN[2] *of worms*
bàg and bággage 所持品一切まとめて, 家財道具全部; すっかり
one's [OR *the whòle*] *bàg of trícks* ; *a* (*whole*) *bàg of trícks* 《口》何もかも; あらゆる手段, あの手この手(♦「袋1杯の手品の種」の意から)
be léft hòlding the bág 《米口》責任を押しつけられる ‖ If he quits now, we will *be left holding the* ~. 今彼がやめれば我々が後始末を引き受けさせられるだろう
in the bág 《口》① 手中にあって, (成功などが) 確実で ‖ She's got the singles title *in the* ~. 彼女のシングルス優勝は間違いない ② 《米》酔っ払って
pàck one's bágs 《口》(ふつう不和が原因で)出て行く, 立ち去る
pùll ... out of the bág (土壇場になって)急に…の解決策を講じる, …に手を打つ

—動 (**~s** /-z/; **bagged** /-d/; **bag·ging**)
—他 ❶ …を袋に入れる《*up*》 ‖ Will you ~ (*up*) the oranges for me? オレンジを袋に入れてくれませんか
❷ …をふくらませる
❸ 《口》〔獲物〕を捕まえる, 捕獲する, 仕留める ❹ 《口》 a 《+目》〔席など〕を人より先に手に入れる; 〔他人のもの〕を失敬する (♥ steal の婉曲語) b 《+目 *A*+目 *B* ≒+目 *B* +**for** 目 *A*》*A*(人)に*B*(席など)をとってあげる ‖ I'll go to the hall early, and ~ the best seats *for* you. 会場に早く行っていちばんいい席をとってあげよう ❺ 《口》(試合で)〔得点〕をあげる, とる ❻ 《米口》〔考えなど〕を捨てる, やめる, …をしないことにする; 《豪・ニュージ俗》…を非難する, けなす《*out*》 ❼ 〔取り決め・同意事項〕を破棄する, やめる
—自 ふくらむ; (衣服などが)だぶつく, たるむ《*out*》 ‖ These trousers ~ (*out*) at the knees. このズボンはひざが出ている

bág it 《米俗》① ずる休みをする, サボる ② あきらめる, やめる
bágs (*Í*) 《英口》僕のものだ, 僕がやる (《米》dibs on) (♥ 主として子供の言葉) ‖ *Bags I* 「the biggest apple [sing first]. いちばん大きいリンゴは僕のだ [僕が真っ先に

歌うんだ]
▶▶～ **làdy** 名Ⓒ《口》ホームレスの女性(♦shopping-bag lady ともいう) ～ **lùnch** 名ⓊⒸ《米》(紙袋に入れた)弁当 ～ **pèople** 名Ⓤ《集合的に》《複数扱い》《口》ホームレスの人々(♦1人は bag person という) ～ **stùffer** 名Ⓒ(買い物客に配る)宣伝物, 景品

ba·gasse /bəgǽs/ 名Ⓤ バガス, サトウキビの搾りかす《光沢のある紙の原料》

bag·a·telle /bæ̀gətél/ 名Ⓒ ❶つまらないもの, ささいなこと ❷Ⓤ バガテル《ビリヤードに似た球戯》 ❸〘楽〙バガテル《特にピアノ用の小曲》

Bag·dad /bǽgdæd | ⸗⸗/ 名 =Baghdad

ba·gel /béɪɡəl/ 名Ⓒ ベーグル《ドーナツ形の堅いパン》

bag·ful /bǽgfʊ̀l/ 名(複 **~s** /-z/ OR **bags·ful** /bǽgz-/) Ⓒ ❶袋1杯(の量) ❷多数, 多量

***bag·gage** /bǽgɪdʒ/ 《発音注意》名(複 **-gag·es** /-ɪz/) Ⓤ ❶《主に米》手荷物類(《英》luggage)(♦船や空の旅の場合は《英》でも baggage を用いる) ‖ ten pieces of ～ 手荷物10個(♦ ˣten baggages とはいわない) / excess ～ (飛行機の)超過手荷物 / claim one's ～ (預けた)手荷物を受け取る ❷(軍の)携帯装備, 軍用こうり ❸(心の)重荷, (重荷と感じられる)長年の思い込み, 偏見;昔の古傷 ‖ emotional ～ 感情面での思い込み ❹Ⓒ⊗《旧》《蔑》(生意気な若い)女, おてんば娘;あばずれ, みだらな女

語源 bag＋*-age*(類)

▶▶～ **allòwance** 名Ⓤ(1人の旅客が無料で飛行機に持ち込める)手荷物許容重量 ～ **càr** 名Ⓒ《米》(列車の乗客の)手荷物車(《英》luggage van) ～ **chèck** 名Ⓒ《米》手荷物預かり所(《英》left-luggage office);《主に米》手荷物預かり札(《英》luggage ticket) ～ **clàim (àrea)** 名Ⓒ《米》(空港の)手荷物引渡所 ～ **clàim tàg** 名Ⓒ手荷物引換券 ～ **hòld** 名Ⓒ(船舶・航空機などの)貨物室 ～ **reclàim** 名Ⓒ《英》=baggage claim ～ **ròom** 名Ⓒ《米》身の回り品預かり所, クローク(ルーム)

bag·ger /bǽgər/ 名Ⓒ ❶袋詰めをする人[機械] ❷《口》〘野球〙塁打 ‖ hit a three-～ 3塁打を打つ

Bag·gies /bǽgiz/ 名 複《米》《商標》バギーズ《保存用プラスチックの小袋. 1個の場合は a Baggie という》

bag·gy /bǽgi/ 形 ふくらんだ;たるんだ, だぶだぶの
-gi·ly 副 **-gi·ness** 名

Bagh·dad /bǽgdæd | ⸗⸗/ 名 バグダッド《イラクの首都》

Bagh·dadi /bæ̀gdǽdi/ 名Ⓒ 形 バグダッド市民(の)

bág·man /-mən/ 名(複 **-men** /-mən/) Ⓒ ❶《米・豪・ニュージ俗》(賄賂(ﾜｲﾛ)・身代金などの)運び屋;ゆすり;麻薬密売人 ❷《英》《旧》行商人, 旅商人 ❸《豪口》浮浪者

bág·pìpe 名Ⓒ《通例 (the) ～s》バグパイプ, 風笛(ﾌｳﾃｷ)《スコットランド高地地方の楽器》‖ play the ～*s* バグパイプを吹く **-pìp·er** 名Ⓒ バグパイプを吹く人

ba·guette /bægét/ 名Ⓒ ❶バゲット《細長いフランスパン》 ❷長方形にカットした小さな宝石;(宝石の)長方形のカット ❸〘建〙小さな凹状の半円をしたくり形

bág·wòrm 名Ⓒ ミノムシ

bah /bɑː/ 間 ふん(♥軽蔑・不快を表す)

***Ba·ha·mas** /bəhɑ́ːməz/ 名《複数扱い》❶《the ～》バハマ諸島(the Bahama Islands) ❷バハマ《西インド諸島北部の国. 公式名 the Commonwealth of the Bahamas. 首都 Nassau》 **-mi·an** 形 名Ⓒ バハマの(人)

***Bah·rain, -rein** /bɑ̀ːréɪn/ 名 バーレーン《ペルシャ湾内の大小の島々からなる国. 公式名 the State of Bahrain. 首都 Manama》 **~·i** /-i/ 形 名Ⓒ バーレーンの(人)

Bai·kal /baɪkǽl/ 名 **Lake ～** バイカル湖《ロシア, 東シベリア南部にある世界最深の湖》

***bail**[1] /beɪl/ (♦同音語 bale) 名 ❶Ⓤ 保釈 ‖ The judge granted [refused] her ～. 判事は彼女に保釈を認めた[認めなかった] ❷Ⓤ 保釈金 ‖ He was released on ～ (of fifty million yen). 彼は(5千万円の)保釈金を積んで出所した ❸Ⓒ 保釈保証人(bailsman)

gò [OR *pòst,* 《英》*pùt ùp, stànd*] *báil for a pérson* 〔人〕の保釈保証人となる

jùmp [OR *skìp*] *báil* 《口》保釈後の出頭命令に応じない, 保釈中に失踪(ｼｯｿｳ)する

(òut) on báil 保釈中で

pòst [OR *màke*] *báil* 保釈金を払う

── 動 他 ❶(判事などが)…を保釈する ❷(保証人となって)…を保釈してもらう《*out*》 ❸〔人・企業など〕の(経済的)窮地を救う《*out*》(rescue) ❹〔物品〕を寄託[委託]する
── 自 (約束などを)やめる, 反古(ﾎｺﾞ)にする

bàil ón 〈他〉《米口》…を失望させる, …を裏切る

~·a·ble 形 保釈の認められる **~·ment** 名Ⓤ ①保釈 ②(物品の)寄託, 委託

▶▶～ **bònd** /+英⸗⸗/ 名Ⓒ〘法〙保釈金[出廷担保金]証書 ～**hèaring** 名Ⓒ〘法〙保釈(金)審理

bail[2] /beɪl/ (♦同音語 bale) 動 他〔船〕の水をかい出す《*out*》;〔水〕を〈船から〉かい出す〈**out of**〉(《英》bale) ‖ ～ *out* a boat=～ water *out of* a boat ボートから水をかい出す ── 自 ❶水をかい出す ❷《米口》急いで立ち去る

bàil óut 〈自〉① ⇨ 自 ❶ ② パラシュートで脱出する ③(責任・仕事などから)まぬがれる, 手を引く
── 名Ⓒ(船底の水をかい出す)あか取り

bail[3] /beɪl/ (♦同音語 bale) 名Ⓒ ❶(バケツ・やかんなどの)つる, 取っ手 ❷(タイプライターなどの)紙押さえバー

bail[4] /beɪl/ (♦同音語 bale) 名Ⓒ ❶《通例 ～s》〘クリケット〙3柱門(wicket)に渡した横木 ❷《主に英》(馬屋の)仕切り用の横木

bail·ee /bèɪlíː/ 名Ⓒ〘法〙受託者(↔ bailor)

bai·ley /béɪli/ 名Ⓒ 城の外壁, 城郭;城の中庭

Bàiley brídge ⊲⊳ 名Ⓒ ベイリー式組立橋《英国の技師 Sir D. Coleman Bailey(1901-85)が考案した仮設用の橋》

bai·liff /béɪlɪf/ 名Ⓒ ❶《米》廷吏 ❷《主に英》執行吏《sheriff の補佐役》 ❸《英》土地管理人;(英国の昔の)地方行政官

bai·li·wick /béɪlɪwɪk/ 名Ⓒ ❶執行吏(bailiff)の管轄区域 ❷《口》(知識・活動などの)範囲, 領域 ‖ This is your ～. ここは君の出番だね

bail·or /bèɪlɔ́ːr/ 名Ⓒ〘法〙寄託者(↔ bailee)

bain-marie

báil·òut 名Ⓒ ❶《口》緊急(経済)援助, 救済措置 ❷パラシュートでの脱出

bails·man /béɪlzmən/ 名(複 **-men** /-mən/) Ⓒ 保釈保証人

bain-ma·rie /bæ̀nməríː/ 名Ⓒ 湯煎(ﾕｾﾝ)なべ, 二重なべ(double boiler)

***bait** /beɪt/ (♦同音語 bate) 名 ❶Ⓤ(釣り針・わなにつける)餌(ｴｻ);疑似餌(ｴ) ‖ put live ～「on a hook [in a trap] 釣り針[わな]に生き餌をつける / a ～ and tackle shop [OR store] 釣り具店 ❷Ⓤ/Ⓒ《単数形で》おとり, 誘い;誘惑物 ‖ offer premiums as (a) ～ to customers 景品をおとりにして客寄せをする ❸Ⓒ《英俗》《旧》激怒

bàit and swítch おとり商法《安い商品で釣った客に高価な商品を売りつける商法》

rìse to the báit ①(人が)挑発に乗る ② =*swallow the bait*(↓)

swàllow [OR *tàke*] *the báit* (人が)誘いに乗る, 相手の思うつぼにはまる

── 動 他 ❶〔釣り針・わな〕に〈…の〉餌をつける〈**with**〉‖ ～ a trap *with* a piece of meat わなに肉片の餌をつける ❷(だまして)…をおびき寄せる, 誘い込む ❸〔人〕をしつこくいじめる, 迫害する;からかう, からかって怒らせる ❹〔鎖につないだ動物〕に犬をけしかける

baize /beɪz/ 名Ⓤ ベーズ《玉突き台・テーブルかけなどに使われる緑色のフェルトに似た毛織物》

*__bake__ /beɪk/ 動 他 ❶ **a** 《+目》(オーブンで)〔パン・ケーキ・魚など〕を焼く(⇨ 類語P) ‖ ~ a cake in an oven オーブンでケーキを焼く / ~*d* potatoes ジャガイモの丸焼き **b** 《+目 *A*+目 *B*⇄+目 *B*+**for** 目 *A*》*A*(人)に*B*を焼いてあげる ‖ She is *baking* her son a birthday cake. =She is *baking* a birthday cake *for* her son. 彼女は息子に誕生日のケーキを焼いている
❷ **a** 《+目》〔れんが・陶器など〕を焼き固める;(太陽が)〔地面〕をからからにする ‖ ~ bricks in the sun 太陽熱でれんがを焼く **b** 《+目+補〈形〉》…を焼いて[熱して]…の状態にする ‖ ~ the clay hard その粘土を熱して固める
—自 ❶ (パンなどが)焼ける;(人が)(パンなどを)焼く ‖ The bread is *baking* in the oven. オーブンの中でパンが焼けている / My mother often ~*s*. 母はよくパンを焼く ❷ 《通例進行形で》とても暑い

焼く	直火で	**toast**	薄切りのパン・チーズ・のりを	あぶる
		grill 《米》**broil**	肉・魚などの切り身を	網焼きにする
		barbecue	肉・野菜などの小片を	たれをつけて串焼きにする
		roast	肉塊や鶏などの丸ごとを	
	天火で			オーブンで加熱して焼く
		bake	パン・ケーキ・魚などを	

♦ barbecue はバーベキュー用の金属製道具を用いる.
♦ 食べ物に burn を用いると「焦がす」の意になる.
▶▶ **~d Aláska** 名 C U ベークトアラスカ《ケーキにアイスクリームをのせ, メレンゲをかぶせて軽く焦げ目をつけたデザート》 **~d béans** 名 複 ベークトビーンズ《インゲン豆のトマトソース煮(の缶詰). 英国名物;インゲン豆とポークを砂糖で煮たもの. ボストン名物》 **~ sàle** 名 C 《米》ベークセール《教会などの手作り菓子バザー》

báke·hòuse 名 C 《旧》パン屋;パン焼き場

Ba·ke·lite /béɪkəlàɪt/ 名 U 《商標》ベークライト《合成樹脂》

__bak·er__ /béɪkər/ 名 C ❶ パンを焼く人, パン職人, パン屋 ‖ I must get some fresh bread at the ~'s*. パン屋で焼きたてのパンを買わなくては ❷ (調理用の)焼き器, 天火;《米》携帯用オーブン ▶▶ **~'s dózen** 名 C 《単数形で》13個, パン屋の1ダース(♦ 昔パン屋が量目不足の罰を恐れて, 1ダースに1個の余分のパンをつけたことから)

*__bak·er·y__ /béɪkəri/ 名 (複 **-er·ies** /-z/) C パン・菓子製造[販売]所, パン屋, ベーカリー(bakeshop)

báke·shòp 名 《米》=bakery

báke·wàre 名 U (調理用)耐熱容器, 耐熱皿

bak·ing /béɪkɪŋ/ 名 ❶ U (パン・ケーキなどを)焼くこと ❷ C 1度に焼いた量 —形 非常に暑い, 焼けつくような —副 焼けつくように ‖ It's ~ hot. 焼けつくように暑い
▶▶ **~ flòur** 名 U 《米》ベーキングパウダー入りの小麦粉 **~ màt** 名 C ベーキングマット《クッキーなどをオーブンで焼くとき鉄板の上に敷くシリコン製のマット》 **~ pòwder** 名 U ベーキングパウダー, ふくらし粉 **~ shèet** [**trày**] 名 C 《英》(食べ物を焼くための)鉄板 **~ sòda** 名 U 重曹

bak·la·va, bac·la·va /bɑ́ːkləvɑː, bæk-, ─ ─ ´/ 名 U C 〘料理〙バクラヴァ, バクラワ《薄い生地に砕いたナッツなどを挟んで層状に焼き, 蜜(みつ)をかけた中東の菓子》

bak·sheesh /bækʃíːʃ/ 名 U 《口》(中近東などの)チップ, 心付け;施し物

Ba·ku /bɑːkúː/ 名 バクー《アゼルバイジャンの首都・海港》

bal·a·cla·va /bæləklɑ́ːvə/ ⟨ジ⟩ 名 C バラクラーバ帽《首まで覆う羊毛製の帽子》

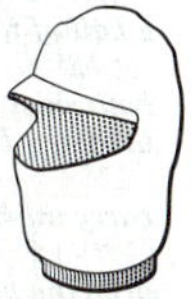
balaclava

bal·a·lai·ka /bæləláɪkə/ 名 C 〘楽〙バラライカ《ロシアの三角形の胴の弦楽器》

*****bal·ance** /bǽləns/ 《アクセント注意》名 動

中心義 (Aの)釣り合い(を保つ) (★Aは「体勢」「重さ」「金銭」など多様)

名 平衡❶ 落ち着き❶ 均衡❷ 差額❺
動 他 釣り合いを保たせる❶

—名 (複 **-anc·es** /-ɪz/) ❶ U (体の)**平衡**, バランス;(心の)平静, **落ち着き** ‖ keep [lose] one's ~ on the balance beam 平均台の上でバランスをとる[崩す] / a sense of ~ 平衡感覚 / The sudden death of her father upset the ~ of her mind. 父親の突然の死に彼女は気が動転した / recover [OR regain] one's ~ バランス[落ち着き]を取り戻す / a woman of ~ 落ち着きのある女性
❷ U/C 《単数形で》(勢力などの)**均衡**, 釣り合い, 調和, バランス ‖ keep 「a ~ **between** work and family [OR work and family **in** ~] 仕事と家族のバランスをとる / the ~ of forces=the military ~ 軍事力の均衡 / redress [OR restore] the ~ 均衡を取り戻す
❸ C 天秤, はかり ‖ They weighed the gold in a ~. 彼らはその金を天秤で量った
❹ 《the ~》優勢, 優位 ‖ The ~ of advantage lies with him. 勝ち味は彼の方にある
❺ C 《通例単数形で》〘会計〙(収支・貸借などの)均衡, バランス;(差し引き)**差額**, 残高, 不足額 ‖ The ~ is against [for] you. 差し引き勘定すると君の借り[貸し]だ / check the ~ in one's account 銀行預金残高をチェックする / the ~ carried [brought] forward 次への[前からの]繰り越し残高 / the ~ due 差し引き不足額
❻ 《the ~》《口》残ったもの, 残り ‖ I'd like to take the ~ of my vacation. 休暇の残りをとりたいのですが / the ~ of the delegation 代表団の残りの人たち
❼ U C 〘美〙(芸術作品などの)調和, バランス ❽ C 《単数形で》釣り合いをとらせるもの[人], 相殺(そうさい)するもの[人];(精神の)平衡を保たせるもの ‖ Her steadiness is the perfect ~ to his quickness. 彼女の堅実さは彼の敏捷(びんしょう)さと実によく釣り合っている / act as a ~ to ... …を相殺する働きをする ❾ 《the B-》〘天・占星〙天秤座;天秤宮(Libra) ❿ (=**~ whèel**) C (時計の)テン輪(わ)

*_be_ [OR *hàng, remàin*] *in the bálance* 不安定である, どちらとも決まらぬ状態である;危機[瀬戸際]にある

*_off bálance_ ① バランスを失って ② 平静を失って ‖ The question threw [OR caught] the new teacher *off* ~. その質問に新任教師は狼狽(ろうばい)した

on bálance すべてを考慮して;全体として ‖ *On* ~, plan X appeals to me more than plan Y. 全体的にみるとY案よりもX案の方が私には魅力的だ

*_strike a bálance_ 〈…の間の〉釣り合いをとる, 妥協案を採る〈**between**〉

tip [OR *swing*] *the bálance* 均衡を崩す, 局面に影響を与える ‖ His support will *tip the* ~ in our favor. 彼の援助は我々に有利に働くだろう

—動 (**-anc·es** /-ɪz/; **~d** /-t/; **-anc·ing**)
—他 ❶ 〈…(の上)で〉…の**釣り合い**[バランス]**を保たせる** 〈**on**〉 ‖ Can you ~ the coin *on* its edge? 硬貨を立たせて倒れないようにできますか
❷ …を〈…と〉釣り合わせる, 両立させる〈**with**〉;…のバランスをとる;(一方が)〔他方〕を埋め合わせる, 相殺する ‖ ~ expenses *with* income 支出を収入に釣り合わせる
❸ (重要度などの面で)…を〈…と〉比較検討する, はかりにかけてみる, 見合うようにする〈**against**〉(set against) ‖ ~ a loss *against* a profit 損失を利益と見合うようにする
❹ 〘会計〙…の貸借を差し引き勘定する, …の決算をする, …の帳尻を合わす ‖ ~ the books 決算する / The Tokyo

B

B

Metropolitan Government is trying really hard to ~ the budget. 東京都は赤字を出すまいと懸命だ
—自 ❶〈…(の上)で〉バランスをとる,〈…に〉バランスよくのる〈on〉‖ ~ *on* one foot 片足立ちする
❷(重さ・価値などが)〈…と〉釣り合う, 等しい〈with〉‖ The reward didn't ~ *with* the effort he had put in. 彼は努力した割には報われなかった ❸帳尻が合う
bàlance óut 〈他〉《*bàlance óut* ... / *bàlance* ... *óut*》…の埋め合わせになる, …を相殺する —〈自〉釣り合う
▶▶ **~ bèam** 名 C はかりざお;〖体操〗平均台 **~ of évidence** 名《the ~》(対立する複数の証拠を考慮して得られる) 最も妥当な結果 **~ of páyments** 名《the ~》《単数扱い》国際収支 **~ of pówer** 名《the ~》(国と国または対立する勢力間の) 力の均衡 **~ of tráde** 名《the ~》貿易収支 **~ shèet** 名 C〖商〗貸借対照表, バランスシート

***bal·anced** /bǽlənst/ 形 (**more ~; most ~**)《通例限定》釣り合い[均衡]のとれた; 精神的に安定した ‖ **a well ~ diet** バランスのよい食事 / a ~ **budget** 均衡予算

bálancing àct 名 C 平衡行動《いくつかの矛盾した要素を同時に処理しようとする試み》

bal·a·ta /bəlɑ́ːṭə | bǽlə-/ 名 ❶ U バラタゴム《バラタの木の樹液で電線の被覆やゴルフボールに用いられる》❷ C〖植〗バラタの木(bully tree)

Bal·bo·a /bælbóuə/ 名 **Vasco Núñez de ~** バルボア (1475?–1519)《スペインの探検家. 太平洋を発見》

bal·brig·gan /bælbrígən/ 名 U バルブリガン《靴下・下着類用の綿メリヤス》

***bal·co·ny** /bǽlkəni/《アクセント注意》名 (複 **-nies** /-z/) C ❶ バルコニー (⇨ VERANDA 類語) ‖ on the ~ overlooking the street 通りを見下ろすバルコニーで ❷ (劇場・映画館の) 階上席;《first ~ で》《米》特等席 (dress circle);《英》張り出し席 (upper circle)

***bald** /bɔːld/ (♦ bold と区別) 形 (**~·er; ~·est**) ❶ (人が) はげた, はげ頭の (♥ 直接的な表現. → thin) ‖ He went ~ quite young. 彼は若はげになった (♥ 婉曲的には He lost his hair .... という) / a man with a ~ head はげ頭の男 (♦ 額からはげ上がっていくときは His hairline is receding. といい, 頭頂部からはげていくときは He's starting to go bald. または He's losing his hair. という) ❷ (動物・鳥などが) 毛[羽毛]のない; (木が) 葉のない; (山・土地が) 草木の生えていない ❸ (タイヤが) すり減った, 坊主の ‖ His car had a ~ tire. 彼の車はタイヤがすり減っていた ❹ (情報などが) 必要最小限の; むき出しの, ありのままの ‖ The official announcement about the plane crash was a ~ statement of facts. その飛行機事故については事実だけが公式発表になった / a ~ truth むき出しの真実 / a ~ lie 見えすいたうそ ❺ (動物が) 頭部に白い斑点(はんてん)のある, 頭部が白い(→bald eagle)
~·ness 名
▶▶ **~ éagle** 名 C〖鳥〗ハクトウワシ《米国の国鳥》

bal·da·chin, -quin /bɔ́ːldəkɪn/ 名 C (王座・祭壇の) 天蓋(てんがい)

bal·der·dash /bɔ́ːldərdæʃ/ 名 U 無意味, たわごと

bàld-fáced ⊲ 形 ❶《主に米》図々しい, 恥知らずの, 鉄面皮な ❷〖動〗顔面に白いまだらのある

báld·hèad 名 C ❶ はげ頭の人 ❷ 頭部に白いまだらのある鳥

bàld·héaded ⊲ 形 頭のはげた
gò baldhéaded 《口》(結果を考えず)がむしゃらに突き進む

bald·ly /bɔ́ːldli/ 副 あからさまに, 率直に ‖ to put it ~ 率直に言うと

báld·pàte 名 =baldhead ❷

bal·dric /bɔ́ːldrɪk/ 名 C (昔の) つり帯《剣などをつるすために肩から斜めにかける》

bald·y /bɔ́ːldi/ 名 (複 **-ies**/-z/) C《口》頭のはげた人

bale[1] /beɪl/ 名 C (綿・干し草などの) 梱(こり), 俵; 1梱[俵]分(の量) ‖ a ~ of cotton 綿1梱
— 動 他 …を梱にする, 梱包(こんぽう)する《*out*》

bale[2] /beɪl/ 名 U《古》《文》害悪, 災い, 不幸

bale[3] /beɪl/ 動《英》=bail[2]

ba·leen /bəlíːn/ 名 =whalebone
▶▶ **~ whále** 名 C〖動〗ヒゲクジラ

bale·ful /béɪlfəl/ 形 悪意のある; 有害な, 災いを及ぼす
~·ly 副

Ba·li /bɑ́ːli/ 名 バリ(島)《ジャワ島の東方にあるインドネシア領の島》 **Bà·li·nése** 形 名 (複 **~**) C バリ島の(住民); U バリ語(の)

***balk,** +《英》**baulk** /bɔːk/《発音注意》動 自 ❶〈…に〉しり込みする,〈…を〉ためらう〈at〉‖ The commander ~*ed at* ordering an attack. 司令官は攻撃命令を下すのを躊躇(ちゅうちょ)した ❷ (馬が)〈障害物などで〉(急に)止まって動かない〈at〉❸〖野球〗(投手が)ボークを犯す
—他 ❶ …を邪魔する, 妨げる;〔人〕の〈目的などを〉挫折(ざせつ)させる〈of, in〉(♦ しばしば受身形で用いる) ‖ ~ his plan=~ him *in* his plan 彼の計画を妨害する / be ~*ed*「*of* one's prey [*in* one's purpose] 獲物を捕る[目的を達する]のを邪魔される ❷《古》〔機会〕を逸する,〔責任〕を回避する
—名 C ❶〈…への〉障害, 妨害〈to〉❷ (畑の境界線を示す)すき残しの畝 ❸ 粗削りの角材; 梁(はり), 横木 ❹〖野球〗ボーク《投手の反則行為》‖ A ~ was called on the pitcher. ピッチャーはボークをとられた ❺〖ビリヤード〗ボーク《台のクッションとボークラインの間の区画》

Bal·kan /bɔ́ːlkən/《発音注意》形 バルカン半島[諸国, 住民]の —名《the ~s》=Balkan States
▶▶ **~ Península** 名《the ~》バルカン半島《ヨーロッパ南東部に位置する》 **~ Státes** 名《the ~》バルカン諸国 (the Balkans)《バルカン半島にある国々》

Bal·kan·ize /bɔ́ːlkənàɪz/ 動 他《ときに b-》…を(敵対する)小国に分裂させる **Bàl·kan·i·zá·tion** 名

balk·y /bɔ́ːki/ 形《主に米》(馬などが) (命令されたとおりに) 進みたがらない, 御し難い

ball[1] /bɔːl/ (♦ 同音語 bawl) 名 動
—名 (複 **~s** /-z/) C ❶ **球**, 玉, **ボール**, まり;〖スポーツ〗(球技で) (プレーされた) ボール ‖ The captain kicked the ~ into the net. キャプテンがゴールにボールをけり込んだ / **hit** [**throw,** bounce] a ~ ボールを打つ[投げる, 弾ませる] / a tennis [golf] ~ テニス[ゴルフ]のボール
❷ 球状のもの ‖ She crushed his letter into a ~. 彼女は彼からの手紙をくしゃくしゃに丸めた / a ~ of wool 毛糸玉 / a steel ~ 鋼球
❸ U 球技;《主に米》野球 (baseball) ‖ play ~ 野球をする
❹〖野球〗ボール《ストライクゾーンを外れた投球》(↔ strike) ‖ The count is one ~ and two strikes. カウントはワンボール, ツーストライクだ / call a ~ (審判が)ボールを宣言する / swing at a ~ (バッターが) ボール球に手を出す ❺〖サッカー〗パス;〖クリケット〗(ボウラーによる) 投球 ❻《the ~》(体の) ふくらんだ部分 ‖ the ~ of the thumb [foot] 親指 [足の指] の付け根のふくらみ ❼ (昔の)弾丸, 砲弾 ❽《~s》⊗《卑》睾丸(こうがん) ❾《~s》⊗《卑》勇気; 厚かましさ ❿《~s》⊗《主に英俗》《卑》たわごと, ばかげたこと;《間投詞的に》ナンセンス, くだらん ⓫ 天体, 地球
a bàll and cháin ① 鎖に鉄球をつけた足かせ ② 束縛, 拘束(する人[もの])
a bàll of fíre 精力的な人 ‖ He is no ~ *of fire*. 彼には活気がない
both sìdes of (*the*) *báll* (野球などの)攻守の両面
brèak [OR *bùst*] *a pèrson's bálls* 《俗》(人を)ひどく困らせる
càrry the báll 《米口》責任を負う, 率先してやる《アメリカンフットボールから》
dròp the báll 《主に米口》しくじる, へまをする《アメリカンフットボールから》

hàve** a pèrson **by the bálls ⊗《卑》〔人〕の弱みを握る
hàve the báll at** one's **féet 《英》成功の機会[能力]がある
kèep** [OR **jùggle**] **bàlls in the áir いろいろなことを同時にしようとする
keep** one's **eye on the ball ⇨ EYE(成句)
kèep the bàll rólling 〈会話・仕事などを〉うまく続けていく
****on the báll*** 《口》① 有能な ‖ He has a lot *on the* ～. 彼は非常に有能だ ② 〈流行などに〉敏感な, 反応が速い (♦「ボールをよく見ている」の意から)
「***pìck up*** [OR ***tàke***] ***the báll and rún*** 〈計画などを〉実行に移す;チャンスをものにする〈**with**〉
plày báll ① ⇨ 名❸ ② 《口》〈…と〉協力する, 一緒に仕事をする〈**with**〉
****stàrt*** [OR ***sèt, gèt***] ***the bàll rólling*** 〈会話・仕事などを〉うまく始める, 皮切りをする
take** one's **eye off the ball ⇨ EYE(成句)
Thát's 「***the wày*** [OR ***hòw***] ***the bàll bóunces.*** 《主に米口》(不運な出来事について)何事もなるようにしかならない
The bàll is in** a pèrson's **cóurt. ; ***pùt*** [OR ***hàve***] ***the bàll in** a pèrson's **cóurt*** 次は(人が)行動を起こす番だ
the whòle bàll of wáx 《米口》あらゆること, 物事全体
―動 他 ❶ …を丸める;〔こぶしなど〕を握り締める《*up*》‖ ～ *up* a sheet of paper 紙片を丸める ❷ ⊗《俗・卑》(男が)…と性交する ―自 ❶ 丸くなる, 固まる《*up*》 ❷ ⊗《俗・卑》(男が)性交する ❸ 《英》(花が)つぼみのまま枯れる
bàll úp** ... / **bàll** ... **úp 〈他〉《俗》① …を混乱させる, めちゃくちゃにする (♦しばしば受身形で用いる) ‖ be all ～*ed up* ひどく混乱している ② ⇨ 他❶
▸▸ ～ **béaring** 名 C 〖機〗ボールベアリング(の玉), 玉軸受け ～ **bòy** 名 C (テニス・野球の)ボール係(の少年) (中立 ball attendant) ～ **còck** 名 C ボールコック《水槽中の水位を調節する浮玉コック》 ～ **gàme** 名 C ① 球技;《米》野球(の試合) ② 《口》状況, 事態 ‖ a whole new ～ *game* 全く新しい事態 ～ **gìrl** 名 C (テニス・野球の)ボール係(の少女) ～ **lìghtning** 名 U 〖気象〗球電(光)《球状の電光》

***ball**² /bɔːl/ (♦同音語 bawl) 名 C (公式の盛大な)舞踏会 ‖ give a ～ (ホスト役として)舞踏会を催す
****hàve a báll*** 《口》とても楽しくやる
▸▸ ～ **gòwn** 名 C 舞踏会用ドレス, (女性用)夜会服

bal·lad /bǽləd/ 《発音・アクセント注意》 名 C ❶ (物語風の)民謡(詩), バラッド ❷ (同じ旋律が繰り返される)感傷的な歌, バラード;(遅いテンポの)恋歌

bal·lade /bəlɑ́ːd/ 名 C ❶ バラード《7, 8ないし10行の連3つと4, 5行の連1つからなり, 各連は refrain で終わる詩形》 ❷ 〖楽〗譚詩(たんし)曲, バラード

bal·lad·eer /bæ̀lədíər/ 名 C バラッド歌手

bal·lad·ry /bǽlədri/ 名 U 《集合的に》バラッド

bàll-and-sócket jòint 名 C 〖機〗玉継ぎ手;〖解〗球(状)関節

bal·last /bǽləst/ 名 U ❶ バラスト, 底荷《船・気球などを安定させるために積む重量物》 ❷ (性格・人間関係などを)安定させるもの ❸ バラス《枕木の下や道路に敷く砕石・砂利》 ❹ C (電気回路の)安定器
in bállast (船が)バラストだけ積んで;空荷で
―動 他 ❶〔船など〕にバラストを積む;…を安定させる ❷〔線路・道路〕にバラスを敷く

báll-bùster 名 C 《俗》 ❶ つらい仕事 ❷ ⊗《蔑》魔性の女(ballbreaker) (♦「睾丸(こうがん)をつぶすもの」が原義)

bal·le·ri·na /bæ̀ləríːnə/ 名 C (プリマ)バレリーナ(中立 ballet dancer)

***bal·let** /bæléɪ | ╴―/ 《発音注意》 名 ❶ U 《しばしば the ～》バレエ, 舞踊劇 ‖ (the) classical ～ クラシックバレエ / a ～ dancer バレエダンサー ❷ C バレエ作品[曲] ‖ dance [perform] a ～ バレエを踊る[演じる] ❸ C 《集合的に》《単数・複数扱い》バレエ団

bal·let·ic /bælétɪk/ 形 バレエの, バレエ向きの
-i·cal·ly 副

bal·let·o·mane /bəlétəmèɪn, -létou- | bǽlɪt-/ 名 C バレエ狂の人

báll·hàwk 名 《米口》(野球・バスケットボールなどで)ボールをとるのがうまい人

bal·lis·ta /bəlístə/ 名 (複 **-tae** /-tiː/) C 投石機《古代の武器》

bal·lis·tic /bəlístɪk/ 形 弾道(学)の
gò ballístic 《口》激怒する, 急に怒り出す
▸▸ ～ **míssile** 名 C 弾道弾, 弾道ミサイル ‖ an intercontinental ～ *missile* 大陸間弾道弾, ICBM

bal·lis·tics /bəlístɪks/ 名 U 弾道学

bal·locks /bɔ́(ː)ləks/ 名 ⊗《英卑》《蔑》=bollocks

***bal·loon** /bəlúːn/ 《発音注意》 名 C ❶ 風船 ‖ The girl 「blew up [burst] the ～. 女の子は風船をふくらませた[割った] ❷ 気球 ‖ The hot-air ～ has lifted off. 熱気球が離陸した / an advertising ～ アドバルーン ❸ (漫画の)吹き出し(bubble) ❹ 〖医〗バルーン《治療目的で血管などに入れられる風船》 ❺ (=～ glàss)ブランデーグラス
gò òver [《主に英》***dòwn***] ***like a lèad ballóon*** 《口》(冗談・提案などが)受けない, 失敗に終わる(♦ lead は /led/)
(***when***) ***the ballòon gòes úp*** 《英口》大変なことが始まる(と)
―動 自 ❶ (風船のように)ふくらむ《*out, up*》‖ Her dress ～*ed out* when the wind blew. 風が吹くと彼女のドレスはふくらんだ ❷ (体重・費用などが)急速に増える, 急増する ❸ 《英》(ボールが)(けられ[打たれ]て)空中高く上がる ❹ 《通例 go ～ing の形で》気球に乗る ―他 ❶ …をふくらます ❷ 《英》〔ボール〕を空中高くけり[打ち]上げる
～**·ing** 名 U 気球乗り競技 ～**·ist** 名 C 気球に乗る人
▸▸ ～ **mòrtgage** 名 C 〖金融〗バルーン方式住宅ローン《毎月の返済額が少なく, 最終回に残りを一括返済する》 ～ **pàyment** 名 C U 〖金融〗バルーン返済, バルーン方式ローンの一括返済 ～ **tìre** 名 C バルーンタイヤ《幅の広い低圧の自動車用タイヤ》 ～ **whìsk** 名 C 泡立て器

***bal·lot** /bǽlət/ 名 ❶ U C (無記名)投票;くじ引き ‖ Why don't we put it to a ～? それは投票で決めたらどうかな / A chairperson is chosen by ～. 議長は投票で選ばれる / take a ～ 投票して決める / on the second ～ 2回目の投票で / an absentee ～ 不在者投票 ❷ (=～ pàper) C 《英》投票用紙 ‖ The ～*s* were counted by the election board. 投票用紙は選挙管理委員会によって集計された / cast a ～ for [against] ... …に賛成[反対]の投票をする ❸ 《the ～》投票総数;投票権 ‖ She won 80% of the ～. 彼女は投票総数の80%を獲得した
―動 自 投票する, 投票[くじ]で決める〈**for** 賛成の;**against** 反対の〉‖ They ～*ed* to accept him as a new member. 投票の結果, 彼は新しい会員として受け入れられた ―他〔会員など〕に〈…について〉投票させる〈**on**〉‖ The student council is going to ～ its members *on* school regulations. 生徒会は校則について生徒たちに投票を求めるつもりでいる
語源 イタリア語 *ballotta* (小さな球)から. 箱に球を入れて投票した.
▸▸ ～ **bòx** (↓) ～ **rìgging** 名 U 不正な投票

bállot bòx 名 ❶ C 投票箱 ❷ 《the ～》投票, 民主的方法
stùff the bállot bòx 《米口》(候補者に)不正手段で実際の投票数以上の得票を与える

báll·pàrk 名 C 《主に米》 ❶ 球場, 野球場 ❷ 《the ～》概数;《形容詞的に》おおよその ‖ a ～ estimate [OR figure] おおよその見積もり ❸ (活動などの)領域, 範囲
be in the (***rìght***) ***bállpàrk*** 《口》(額・量などが)ほぼ近い, 同じようである, 匹敵する

báll-pèen hàmmer 名 C ボールピンハンマー, 丸頭ハンマー

báll·plàyer 名 C 《米》(プロの)野球選手;(一般に)球技

をする人
báll·pòint (pén) 名 C ボールペン(♦ ball pen ともいうが一般的ではない)(→ Biro)
báll·ròom 名 C (ホテルなどの正式な)舞踏場, ダンスホール ▸▸ ~ **dáncing** 名 U (正式な)社交ダンス
bálls-ùp, báll-ùp 名 C ⊗《主に英俗・卑》失敗, へま
balls·y /bɔ́ːlzi/ 形 ⊗《卑》果敢な, 大胆な, 根性のある
bal·lute /bəlúːt/ 名 C バリュート《気球とパラシュートを組み合わせた装置. 人工衛星などの大気圏再突入の際の減速に用いる》(♦ *ball*oon+parach*ute* より)
bal·ly /bǽli/ 形 副《英口》《旧》いまいましい, べらぼうに(♥ bloody の婉曲表現)
bal·ly·hoo /bǽlihùː | ˌ--ˊ-/ (→ 動) 名 U《口》❶ 誇大宣伝 ❷ 大騒ぎ, 騒々しい叫び声
—動 /bæ̀lihúː/ 他《主に米口》…を誇大宣伝する
balm /bɑːm/《発音注意》名 U C ❶ 香油《鎮痛剤》; 芳香性樹脂 ❷ 鎮静するもの, (心の)慰めとなるもの ❸ 香油を生じる植物; (特に)ハッカ属の植物 ❹《文》芳香
▸▸ ~ **of Gíl·e·ad** /-gíliəd | -æd/ 名 C ギリアドバルサムの木《芳香性樹脂を採る数種類の木》; U その樹脂
bal·mor·al /bælmɔ́(ː)rəl/ 名 ❶《しばしば B-》C (スコットランドの) 縁なし帽子 ❷《しばしば B-》C 編み上げのアンクルブーツ ❸《B-》(=~ **cástle**)バルモラル城《英国王室が夏季に利用するスコットランドの御用邸》
balm·y /bɑ́ːmi/ 形 ❶ (天候・空気などが)さわやかな; 気持ちを静める; 芳香のある ‖ a ~ day さわやかな日 / a ~ sleep 心地よい眠り ❷《米口》《英では旧》頭のおかしい, 愚かな(♦ barmy との混用から)
ba·lo·ney /bəlóuni/ 名 U ❶《口》たわごと ‖ Don't feed me any ~. つまらんことを吹き込むな ❷《米口》ボローニャソーセージ(bologna)
bal·sa /bɔ́ːlsə/ 名 ❶ C バルサ《熱帯アメリカ産の木》; U バルサ材《模型飛行機などを作る軽量な木材》❷ C (バルサ材で作った)いかだ; (一般に)救命用いかだ
bal·sam /bɔ́ːlsəm/《発音注意》名 U ❶ バルサム《種々の植物から採れる芳香性の樹脂》; (一般に)香油 ❷ (芳香性の) 鎮痛剤 ❸ (心の) 慰めとなるもの ❹ C《植》バルサムの木, バルサムモミ; ホウセンカ ▸▸ ~ **fír** 名 C バルサムモミ《北米産. クリスマスツリーに用いる》
bal·sàm·ic vínegar /bɔːlsæ̀mɪk-/ 名 U バルサミコ酢《ブドウ液から造る》
Bal·tic /bɔ́ːltɪk/《発音注意》形 ❶ バルト海の; バルト海沿岸(諸国)の ❷ バルト語派の —名 ❶《the ~》バルト海; バルト(海沿岸)諸国 ❷ U バルト語派《インドヨーロッパ語族に属し, リトアニア語・ラトビア語・古代プロシア語を含む》
▸▸ ~ **Séa** 名《the ~》バルト海《ヨーロッパ大陸とスカンジナビア半島の間の海》 ~ **Státes** 名《the ~》バルト(海沿岸)諸国《エストニア・ラトビア・リトアニアの3国》
Bal·ti·more /bɔ́ːltəmɔ̀ːr | -tɪ-/ 名 ボルチモア《米国メリーランド州北部の都市. 海港》 ▸▸ ~ **óriole** 名 C《鳥》ボルチモアムクドリモドキ《北米産》
bal·us·ter /bǽləstər/ 名 C 手すり子《手すりの小支柱》
bal·us·trade /bǽləstrèɪd | ˌ--ˊ/ 名 C (バルコニー・橋などの baluster のついた)手すり, 欄干
Bal·zac /bɔ́ːlzæk | bǽl-/ 名 **Honoré de** ~ バルザック(1799–1850)《フランスの小説家》
bam /bæm/ 名 C 間 ばーん[がーん, どしん](という音)《衝突する音》 —動 (**bammed** /-d/; **bam·ming**) 自 ばーん[がーん, どしん]という音を出す
Ba·ma·ko /bæ̀məkóu/ 名 バマコ《マリの首都》
bam·bi·no /bæmbíːnou/ 名 (複 ~**s** /-z/ OR **-ni** /-ni/) C ❶《口》子供, 幼児, 少年 ❷《通例 -ni》幼いキリストの像(♦ イタリア語より)
***bam·boo** /bæ̀mbúː/《アクセント注意》〈シ〉名 (複 ~**s** /-z/) ❶ C U《植》竹; U 竹材 ‖ Pandas feed on ~. パンダは竹を常食にしている ❷ C 竹製のつえ; 竹ざお ❸《形容詞的に》竹(製)の ‖ a ~ leaf 竹の葉 / a ~ chair 竹のいす ▸▸ ~ **cúrtain** 名《通例 the B- C-》竹のカーテン《中国とほかの諸国との政治的障壁》(→ Iron Curtain) ~ **shòot** 名 C タケノコ
bam·boo·zle /bæmbúːzl/ 動 他《口》❶〔人〕を困らせる, けむに巻く ❷〔人〕をだます, だまして〈…〉させる, 〈…を〉巻き上げる〈**into, out of**〉 ~·**ment** 名
****ban** /bæn/
—動 (~**s** /-z/; **banned** /-d/; **ban·ning**) 他 ❶ …を(公式に)**禁止する**; 〔人〕が〈…するのを〉禁じる〈**from**〉(♦ しばしば受身形で用いる) (⇨ FORBID 類語) ‖ Smoking is *banned* in many planes. 多くの飛行機で喫煙が禁止されている / He was *banned from* driving for three months. 彼は3か月の免停になった
❷ …を追放する, 破門する ‖ The principal *banned* the boy from school. 校長はその少年を停学にした
—名 (複 ~**s** /-z/) C ❶ (法律による)〈…の〉禁止(令)〈**on**〉‖ The ~ *on* commercial whaling will be **lifted** [**imposed**]. 商業捕鯨の禁止が解除されるだろう[実施されるだろう] / put a **total** ~ *on* the 「use of chemical weapons [import of rare animals] 化学兵器の使用[希少動物の輸入]を全面禁止する / a smoking [driving, parking] ~ 喫煙[運転, 駐車]禁止(令) / the global nuclear test ~ treaty 全面核実験禁止条約 ❷ (世論などの)〈…への〉強硬な反対, 非難〈**on**〉❸ 追放, 破門
ba·nal /bənɑ́ːl, béɪnəl/ 形 陳腐な, ありふれた, 面白くもない
ba·nál·i·ty 名 (複 **-ties** /-z/) U C 陳腐(なもの[言葉])
***ba·nan·a** /bənǽnə | -nɑ́ːn-/《アクセント注意》名 C バナナ, バナナの木 ‖ a bunch of ~*s* バナナ1ふさ / a ripe [green] ~ 熟した[青い]バナナ / peel a ~ バナナの皮をむく
gò banánas《口》① 頭がおかしくなる ② 怒り狂う ③ 夢中になる
▸▸ ~ **repùblic** 名 C《けなして》バナナ共和国《特に中南米の政治的に不安定な小国》 ~ **skìn** (↓) ~ **splít** 名 U C バナナスプリット《縦に半分に切ったバナナの上にアイスクリームや果物などをのせた菓子》
banána skìn 名 U バナナの皮; C《英口》(政治家・有名人などの)つまずきのもと, へま, 失態
slíp on a banána skìn [OR ***pèel***] へまをする, 失態を演じる
banc·as·sur·ance /bǽŋkəʃùərəns | -ʃɔ̀ːr-/ 名 U 銀行事業と保険事業との統合
*****band**[1] /bænd/ 名 動
—名 (複 ~**s** /-z/) C ❶ (物を締めつけたり縛ったりする)**ひも, バンド,** 輪, 帯; (おけなどの)たが, 帯金; (機械の)ベルト, 調帯; (服・帽子などに主として飾りとしてつける)帯状部分, リボン (⇨ BELT 類語) (♦ ズボンの「バンド」は belt) ‖ a rubber ~ 輪ゴム / a hair ~ ヘアバンド / a ~ of iron (戸などの)帯金
❷ (色・光などの)しま模様, 筋; (地層中の)薄い岩層[鉱床] ‖ a white cup with a blue ~ around the rim 縁に青色の線が入った白いカップ
❸ (彫りや装飾の施されていない) 指輪《主に結婚指輪》‖ a gold wedding ~ 金の結婚指輪
❹《米》(鳥の足に印としてつける)脚輪
❺《英》(所得・年齢などの)区分, 階層; 習熟度別クラス分け ‖ a tax ~ 課税区分 ❻《~s》(法官・僧侶・学者などの礼服の) 2本の垂れ襟 ❼ (放送・通信の) 周波数帯, バンド (waveband) ❽ 💻 (情報記憶用トラックの)バンド
—動 (~**s** /-z/; ~·**ed** /-ɪd/; ~·**ing**) 他 ❶ …をひも[帯]で縛る; …にバンド[しま]をつける ❷ (識別のため)〔鳥〕に脚輪をつける ❸《英》〔生徒〕を習熟度別に分ける; 〔課税など〕を階層に区分けする(♦ しばしば受身形で用いる)
▸▸ ~ **sàw** 名 C 帯のこぎり
****band**[2] /bænd/
—名 (複 ~**s** /-z/) C ❶ (共通の目的を持つ人の)**一団,** 一隊, 一行; 《米》(動物の)一群(♦「a band of+複数名詞」

は全体を一団として見る場合は単数扱い, 個々の成員に重点を置く場合は複数扱い) ‖ a ～ of pickpockets すりの一団 / a small ～ of elephants 象の小さな群れ
❷ (吹奏楽・ジャズ・ロックなどのポピュラー音楽を演奏する) **楽団**, バンド ; 《口》オーケストラ (→ orchestra) ‖ I formed a rock ～ with my friends. 僕は友達とロックバンドを結成した / join a brass ～ ブラスバンドに入る[加わる] / a one-man ～ 1人楽団《複数の楽器をひとりで演奏する芸人》/ a ～ **member** バンドのメンバー(の1人)
to bèat the bánd 《主に米口》大いに, とても
—動 (**～s** /-z/ ; **～·ed** /-ɪd/ ; **～·ing**) 自 (ある共通の目的のために) 団結する《***together***》(unite) ‖ Several towns ～*ed together* (to fight) against the proposed waste incinerator. いくつかの町が団結してごみ焼却炉の建設案に反対した

band·age** /bǽndɪdʒ/ 《アクセント注意》 名 C U 包帯, 眼帯 ‖ The nurse ⌈put a ～ on [OR wrapped a ～ around] his knee. 看護師は彼のひざに包帯を巻いた / a roll of ～ 包帯一巻き —動 他 …に包帯をする[巻く]《up***》‖ ～ *up* his arm 彼の腕に包帯を巻く

Bánd-Àid 名 C ❶ 《主に米》《商標》バンドエイド (→ Elastoplast) ❷ 《しばしば b- a-》応急策, 一時しのぎの処置

ban·dan·na /bændǽnə/ 名 C バンダナ《模様の入った大型の色もののハンカチ[ネッカチーフ]》

B̀&B́, B̀.&B́. 略 《口》*b*ed *and b*reakfast (朝食付き宿泊(施設))(♦ ときに b and b, b. and b. ともいう)

bánd·bòx 名 C (帽子などを入れて運ぶ円筒形の) ボール箱, 薄板箱 ‖ look as if one has come out of a ～ 《旧》りゅうとした身なりをしている

ban·deau /bændóʊ | ⌐-/ 名 (複 **～s, ～x** /-z/) C ❶ (女性用の細い) ヘアバンド ❷ 幅の狭いブラジャー

ban·de·role /bǽndəròʊl/ 名 C ❶ (騎士のやり先や船の帆柱などにつける) 小旗, 吹き流し ❷ 【建】(ルネサンス式建築の) 銘帯

ban·di·coot /bǽndikùːt/ 名 C 【動】❶ バンディクート《オーストラリア・ニューギニア産の有袋類》❷ (＝～ **ràt**) 《主にインド》インドオニネズミ《インド・スリランカ産の大型のネズミ》

ban·dit /bǽndɪt/ 名 (複 **～s** /-s/ OR **～·ti** /bændíṭi/) C ❶ (徒党を組んでの) 盗賊, 追いはぎ ; ならず者, 無頼漢 ❷ 《軍俗》敵戦闘機
màke óut like a bándit 《米口》非常にうまくいく, (短期間で) 大金を稼ぐ
～·ry 名 U 盗賊行為

bánd·lèader 名 C バンドリーダー《特にジャズバンドの指揮者》

bánd·màster 名 C 楽隊指揮者, バンドマスター

ban·do·lier, -leer /bæ̀ndəlíər/ 名 C (肩からかける) 弾薬帯

bánd·shèll 名 C 野外音楽堂《後方に貝殻状の反響板があるもの》

bands·man /bǽndzmən/ 名 (複 **-men** /-mən/) C 楽団員, バンドマン (中立 band player)

bánd·stànd 名 C 野外音楽堂, (屋根付き) 野外ステージ

bánd·wàgon 名 C ❶ 《米》バンドワゴン《パレードの先頭を行く飾り立てた楽隊車》❷ 《単数形で》時流
****jùmp*** [OR ***gèt, clìmb***] ***on the bándwagon*** 《口》《けなして》(選挙などで) 人気のある方[勝ちそうな方]につく, 時流に乗る

bánd·wìdth 名 U C 【電子】(周波数の) 帯域幅 ; C 💻 (コンピューターネットワーク上での一定時間内での) データ転送能力[量]

ban·dy[1] /bǽndi/ 動 (**-died** /-d/ ; **～·ing**) 他 ❶ 《通例受身形で》(うわさ話などが) (あちこち) 言いふらされる《***about, around***》‖ I heard his name being *bandied about*. 彼の名前が取り沙汰(ざた)されているのを耳にした ❷ 〔あいさつ・殴打など〕を〈…と〉やりとりする, 交わす〈**with**〉‖ ～ words [blows] *with* him 彼と言い合い[殴り合い]をする

ban·dy[2] /bǽndi/ 形 (足が) 外側に曲がった ; (人が) がにまたの ‖ ～-legged がにまたの

bane /beɪn/ 名 ❶ 《the ～》〈…の〉破滅[災い]のもと〈**of**〉‖ the ～ *of* one's life [OR existence] 悩みの種, やっかいな人[もの] ❷ U 毒, 猛毒 (♦ しばしば複合語で用いる)

bane·ful /béɪnfəl/ 形 《古》《文》破滅[死]をもたらす, 極めて有害な **～·ly** 副

B

⁑bang[1] /bæŋ/
—名 (複 **～s** /-z/) C ❶ **突然の大きな音**, ばーん, どかん, ずどん ‖ These firecrackers make a big [OR loud] ～. この爆竹はすごい音がする / The door shut **with a** ～. ドアはばたんと閉まった / We **heard** a ～ outside. 外で大きな音がした / the ～ of a gun ばーんという銃声
❷ (大きな音のする) 強烈な一撃 ‖ She fell down and got a ～ on the head. 彼女は倒れて頭をひどく打った
❸ 《口》突然の威勢のよさ ; 突然の力, 急激な効果 ‖ start off with a ～ 勢い込んで始める / The idea hit him with a ～. その考えが突然彼にひらめいた ❹ 《米口》スリル, 興奮 ‖ get a ～ out of ... …に興奮する ❺ ⊗《卑》性交 ❻ 《俗》麻薬注射 ❼ 💻 《米口》感嘆符 (!)
bàng for one's [OR ***the***] ***búck*** 《米口》値段以上の価値 ‖ You'll get more ～ *for* your *buck* with this plan. この計画はかける費用以上の成果があがるだろう
gò (***óver*** [《英》***óff***]) ***with a báng*** 《口》(公演などが) 大成功する, 大当たりする
nòt with a báng but (***with***) ***a whímper*** 《文》期待外れに終わる
—動 (**～s** /-z/ ; **～ed** /-d/ ; **～·ing**)
—他 ❶ **大きな音を立てて…を打つ**[**置く**], ばん[どん, ばしっ]と打つ ‖ The chairman ～*ed* the table with his fist. 議長はこぶしでどんとテーブルをたたいた / ～ a phone **down** 受話器をがちゃんと台に戻す
❷ 大きな音を立てて[ばたんと]…を閉める (♦ しばしば 補〈形〉を伴う) ‖ ～ a **door** shut ばたんとドアを閉める / ～ the lid **down** ばたんとふたを閉める
❸ 〔体・頭など〕を〈…に〉がつんとぶつける〈**against, on**〉‖ ～ one's knee *against* the table テーブルにひざをがつんとぶつける ❹ ⊗《卑》…とセックスする
—自 ❶ 大きな[ばたばたという]音を立てる, ばーん[ずどん, どかーん]と音がする ; 〈…を〉どんどんたたく〈**on, at**〉; 〈…に〉ぶつかる〈**into, against**〉‖ ～ *on* [OR *at*] the door ドアをどんどんたたく / The car ～*ed into* the wall. 車はどすんと壁に衝突した
❷ 《＋補〈形〉》(ドアなどが) ばたんと閉まる ‖ We heard the door ～ shut. 我々はドアがばたんと閉まる音を耳にした ❸ ⊗《卑》〈女性と〉セックスする〈**with**〉
bàng abóut [OR ***aróund***] 〈自〉どたばた騒ぎ回る, 物音を立てる
bàng awáy 〈自〉《口》①〈…を〉がむしゃらにやる〈**at**〉②〈…を〉執拗(しつよう)に攻撃する〈**at**〉
báng ìnto ... 〈他〉① ⇨ 自 ❶ ② …に偶然出会う
bàng ón abòut ... 〈他〉《英口》…についてくどくどとしゃべり続ける
bàng óut ... / ***bàng ... óut*** 〈他〉《口》①〔曲など〕をピアノでがんがん弾く ②(タイプライターで)…を急いで打つ
bàng úp ... / ***bàng ... úp*** 〈他〉《米口》…を傷つける, 壊す ; 《英口》…を投獄する (imprison) ‖ a ～*ed-up* car ポンコツになった[大破した]車
—副 《比較なし》❶ 《口》突然物音を立てて, 急に激しく, どしんと ‖ run ～ against a wall 走ってきて壁にどんとぶつかる ❷ 《主に英口》まさしく, まさに, ちょうど ‖ ～ in the middle ちょうど真っ最中[真ん中]に / ～ up to date まさに最新流行で / ～ on time ちょうど時間どおりに
báng gòes ... 《主に英口》(計画などが) 駄目になる, (期待していたものが) おじゃんになる
bàng ón 《英・豪俗》まさにそのとおり, どんぴしゃり ‖ Yes!

B

Your comment is ～ *on*! そう, まさに君の意見どおりだ
bang to rights ⇨ RIGHT(成句)
gò báng 《口》大きな音を立てて爆発する［衝突する, 閉まる］; ばーん［どすん, ばたん］という
— 間 どん, ずどん, ばたん, どすん ‖ "*Bang*! *Bang*! You're dead," said the child. 「ばん, ばん. おまえは死んだぞ」とその子は言った

bang² /bæŋ/ 名 C 《米》《通例 ～s》切り下げ前髪 (《英》fringe) — 動 他〔前髪〕を切り下げる

bang·er /bǽŋər/ 名 C 《主に英口》❶ ソーセージ ❷ (けたたましい音を立てる)おんぼろ車(《米口》beater) ❸ 爆竹

Bang·kok /bǽŋkɑ̀(ː)k | bæŋkɔ́k/ 名 バンコク《タイの首都》

*__Ban·gla·desh__ /bæ̀ŋglədéʃ/ 〈シ〉 名 バングラデシュ《インドの東側, ベンガル湾に面した人民共和国. 公式名 the People's Republic of Bangladesh. 首都 Dhaka》
-désh·i 形 名 C バングラデシュの(住民)

ban·gle /bǽŋgl/ 名 C 腕輪; くるぶし飾り

Ban·gui /bɑ̀ːŋgíː | bɔ́ŋ-/ 名 バンギ《中央アフリカ共和国の首都》

bàng-úp 〈シ〉 形 《限定》《米口》一流の, 素晴らしい

*__ban·ish__ /bǽnɪʃ/ 動 他 ❶〔人〕を追放する, 流刑にする, 追い出す(↔ admit)〈**from** 国などから; **to** 国外などへ〉(♦ しばしば受身形で用いる) ‖ He was ～*ed from* the kingdom. 彼は王国から追放された ❷〔心配事など〕を〈…から〉払いのける, 追い払う〈**from**〉‖ Talk of money was ～*ed from* our dinner table. お金の話は我が家の食卓では禁じられた **～·ment** 名 U 追放する［される］こと, 流刑; (心配事などを)払いのけること

ban·is·ter /bǽnɪstər/ 名 C ❶ 《しばしば ～s》手すり, 欄干(らんかん)(balustrade) ❷ 手すり子(baluster)

ban·jo /bǽndʒoʊ/ 名 (複 **～s**, **～es** /-z/) C 〔楽〕バンジョー《米国の弦楽器の一種》 **～·ist** 名 C バンジョー奏者

Ban·jul /bɑ́ːndʒùːl | bændʒúːl/ 名 バンジュール《西アフリカのガンビアの首都》

*****bank¹** /bæŋk/ 名 動

— 名 (複 **～s** /-s/) C ❶ **銀行**; 《the B-》《英》イングランド銀行(the Bank of England) ‖ I took my savings 「**out of** [OR from] the ～ to buy a car. 車を買うため銀行から預金を下ろした / a **central** ～ 中央銀行 / 「a commercial [an **investment**] ～ 商業［投資］銀行 / put money **in** a ～ お金を銀行に預ける
❷ 貯蔵所, …銀行［バンク］‖ a blood ～ 血液銀行 / an eye ～ アイバンク / a data ～ データバンク
❸ 《the ～》(賭博(とばく)・盤ゲームの)場銭(ばせん), 胴元［親］の持ち金; 胴元(banker), 親(dealer); (ポーカーなどで用いる)チップ, 数取り札 ❹ C 貯金箱(piggy bank)
be màkin' bánk 《米口》(仕事で)大もうけする
brèak the bánk ① (賭博で)場銭をすっかりさらう, 胴元をつぶす ② 《主に否定文で》《口》人を文無しにする
can tàke it to the bánk 信用［信頼］できる
in the bánk 《英》借金して
làugh [OR ***crỳ***] ***all the wày to the bánk*** 《口》もうかりすぎて笑いが止まらない; 楽に金もうけをする
— 動 (**～s** /-s/; **～ed** /-t/; **～·ing**)
— 自 ❶ 〈…に〉預金口座を持っている, 〈銀行と〉取り引きする〈**at, with**〉‖ Who do you ～ *with*? どこの銀行に口座を持ってるんだい ❷ 銀行を経営する
— 他 …を銀行に預ける ‖ She ～*ed* half of her bonus. 彼女はボーナスの半分を預金した
****bánk on*** [OR ***upon***] ... 〈他〉…を頼りにする, 当てにする(rely on)
語源 古イタリア語 *banca*(両替商のカウンター)から. bench と同語源.
▸▸ **～ accòunt** 名 C 銀行預金口座 **～ bàlance** 名 C 銀行預金残高 **～ bìll** 名 C ① 《主に米》=banknote ② 《英》銀行為替手形 **～ càrd** 名 C バンクカード (♦ 《米》では銀行発行のクレジットカード, またはATM(現金自動預払機)のカード. 《英》では小切手を切るときに提示する銀行発行の証明用カード(cheque card)またはデビットカード(debit card)) **～ clèrk** 名 C 銀行員 (→ banker) **～ dràft** 名 C 銀行為替手形 (略 B/D) **～ fàilure** 名 C U 銀行の倒産 **～ hóliday** (↓) **～ lòan** 名 C 銀行ローン［貸付］ **～ mànager** 名 C 銀行の支店長 **～ nòte** 名 C =banknote **～ ràte** 名 C (中央銀行で定める) 公定歩合 **～ stàtement** 名 C (銀行から預金者へ送られる)取引明細書

****bank²** /bæŋk/ 中心義 **盛り上がった所**
— 名 (複 **～s** /-s/) C ❶ (川・湖などの) **岸**; **土手**, 堤防, 堤; 《～s》川の両岸; 浅瀬, 洲(す) (sandbank) ‖ My house is on the right ～ of the river. 私の家は川の右岸にある (♦ 川岸の右・左は川下に向かっていう) / Cherry trees were planted on the ～*s* of the river. 川の両岸に桜の木が植えられた
❷ (道の端や畑の境界を仕切る)盛り土; (雲・雪などの)密集したかたまり, 堆積(たいせき) ‖ ～*s* between rice fields 田んぼを仕切る盛り土 / a ～ of clouds 重なり合った雲, 雲の峰 ❸ (自動車用道路・競走路・線路の)バンク《外側を高くした傾斜面》 ❹ U/C 《単数形で》〔航空〕バンク《飛行機が旋回するときの機体の傾き》 ❺ 〔ビリヤード〕クッション
— 動 (**～s** /-s/; **～ed** /-t/; **～·ing**)
— 他 ❶〔雪・砂・土など〕を積み［盛り］上げる《***up***》‖ The snow was ～*ed up* neatly on the sides of the road. 雪はきれいに道の両側に積み上げられていた
❷ (長く持たせるために)〔火〕に灰［石炭など］をかぶせる《***up***》
❸ 〈土・泥で〉…に堤防を築く, …を〈土手などで〉囲む〈**with**〉
❹ (カーブの外側を高くして)〔道路〕に傾斜をつける
❺ (旋回・カーブ時に)〔機体・車体〕を内側に傾斜させる
❻ 〔ビリヤード〕〔球〕をクッションに当てる
— 自 ❶ (雪・雲などが)積み重なる《***up***》
❷ (旋回・カーブ時に)(飛行機・自動車が)内側に傾斜する
▸▸ **～ shòt** 名 C バンクショット ① 〔ビリヤード〕手球または的(まと)球をクッションに当てる突き方 ② 〔バスケットボール〕バックボードに当てて入れるシュート

bank³ /bæŋk/ 名 C ❶ 列(に並んだもの); (機材・スイッチなどの)列; (ピアノ・タイプライターの)キーの列 ‖ A ～ of TV monitors showed different parts of the building. ずらりと並んだテレビモニターは建物の異なる場所を映していた / a ～ of elevators 1列に並んだエレベーター ❷ (ガレー船の)オールの列

bank·a·ble /bǽŋkəbl/ 形 ❶ (映画・興行などが)確実にもうかる, 当たる ❷ 銀行で引き受けてもらえる; 信頼の置ける **bànk·a·bíl·i·ty** 名

bánk·bòok 名 C 銀行預金通帳(passbook)

*__bank·er__ /bǽŋkər/ 名 C ❶ 銀行家(♦ 銀行の経営者・重役などを指す. 一般の銀行員は bank clerk. 特に窓口で対応する人を《米》では teller, 《英》では cashier という) ‖ Let me be your ～. お金を融通いたしましょう ❷ (ゲーム・ギャンブルなどでお金を仕切る)胴元, 親(bank) ❸ 《英》(ギャンブルで)絶対確実と思われる賭(か)け(の対象); (サッカーくじの)結果の予想
▸▸ **～'s càrd** 名 C 《英》=bank card **～'s dràft** 名 C =bank draft **～'s** [**～s'**] **hóurs** 名 複 《米口》短い労働時間 **～'s órder** 名 C 《英》銀行振替(依頼)

*__bànk hóliday__ 名 C ❶ 《英》銀行休日, 一般公休日《土・日曜日以外の法定休日. 年8回ある》 ❷ 《米》(経済危機時などの政府命令による)銀行の一時的業務停止

*__bank·ing__ /bǽŋkɪŋ/ 名 U 銀行業務; 銀行経営

bánk·nòte 名 C 《主に英》銀行券, 紙幣

bánk·ròll 名 C 《主に米》札束; (手持ちの)資金, 自由になる金 — 動 他 《口》〔企業・プロジェクトなど〕に資金を提供する ‖ a ～*ed* election 金権選挙

*__bank·rupt__ /bǽŋkrʌpt/ 形 ❶ (法律上)破産宣告を受けた, 支払い不能の(↔ solvent); (財政上)破綻(はたん)をきたした ‖ He was declared ～. 彼は破産を宣告された / go

～ 破産する ❷《けなして》〈よいものが〉全く欠けている〈of〉; 破綻している ‖ He is ～ *of* intellect. 彼には知性のかけらもない / be morally ～ 道徳的に破綻している
━名C ❶〖法〗破産宣告を受けた者, 破産者 ❷(能力などが)欠けている者, 破綻者 ━動他〔人・会社など〕を破産させる;…を破滅させる, 駄目にする

***bank·rupt·cy** /bǽŋkrʌptsi/《発音注意》名(複 **-cies** /-z/) ❶CU 破産(状態), 倒産 ‖ Many firms are facing ～. 多くの企業が倒産に直面している / go into ～ 破産する / file for ～ 破産(手続き)を申請する ❷U (よいものが) 完全に欠けている状態;破綻 ‖ moral [political] ～ 道徳的[政治的]破綻

***ban·ner** /bǽnər/ 名C ❶(スローガンなどを書いた)横断幕, のぼり, たれ幕 ‖ The demonstrators carried a ～ which read "No nukes." デモ隊は「核反対」ののぼりを立てて進んだ ❷《文》(国家・州・軍などの)旗;(王侯・騎士・軍司令官などの)旗印(⇨ FLAG[1] 類語) ‖ the Star-Spangled *Banner* 星条旗 ❸旗印;主義 ❹(=～ àd) 💻バナー広告《ウェブページ上に掲載される広告》
under the bánner of ... …の旗印の下に, …の名[スローガン]の下に;〔組織〕の一員として
━形《限定》《米》際立った, 目覚ましい;抜群の
▸▸～ **headline** 名C(新聞の)全段抜き見出し ～ **yéar** 名C《米》当たり年, 特筆すべき年

ban·ner·et, -ette /bæ̀nərét/ 名C 小旗

ban·nis·ter /bǽnɪstər/ 名 =banister

ban·nock /bǽnək/ 名C(スコットランド・北イングランドの)丸い平らなパン

banns /bænz/ 名複〖宗〗結婚予告《挙式に先立って3週続けて日曜日に教会で公示し, 異議の有無を問う》‖ forbid the ～《古》予告された結婚に異議を申し立てる

***ban·quet** /bǽŋkwət | -kwɪt/ 名C ❶(正式の)宴会, 晩餐(ばんさん)会(⇨ FEAST 類語) ‖ a state ～ at Buckingham Palace バッキンガム宮殿での公式晩餐会 / give [OR hold] a ～ 宴会を開く ❷ごちそう ━動他(宴会を開いて)…をもてなす ━自 宴会に列席する
▸▸～**ing hàll** 名C《主に英》(宮殿・城などの)宴会場 ～ **ròom** 名C《米》(ホテル・レストランなどの)宴会場

ban·quette /bæ̀ŋkét/ 名C ❶(レストランなどの壁際の)長いす ❷(胸壁の内側の)射撃用足場

ban·shee /bǽnʃiː/ 名C バンシー《アイルランド民話に登場する泣き叫ぶ女の精霊. 家族の者に死が近いことを予告すると伝えられる》

ban·tam /bǽnţəm/ 名C ❶《しばしば B-》バンタム鶏, チャボ ❷小柄で攻撃的な人 ❸ =bantamweight

bántam·wèight 名C〖ボクシング〗バンタム級選手

ban·ter /bǽnţər/ 名U(悪意のない)冷やかし, からかい
━動他…を冷やかす, からかう
━自〈…と〉冷やかし合う, からかい合う〈with〉
～**·ing** 形 冷やかしの ～**·ing·ly** 副

Ban·tu /bæ̀ntúː/ ⊲ 名(複 ～ OR ～**s** /-z/) ❶《the ～》バンツー族《中央および南部アフリカの黒人種》;C バンツー族の人 ❷U バンツー語(族)
━形 バンツー族の;バンツー語(族)の

Ban·tu·stan /bæ̀ntuːstɑ́ːn/ 名《英》《ときにけなして》バンツースタン《南アフリカ共和国のアパルトヘイト当時のバンツー族の自治区》

ban·yan /bǽnjən/ 名C〖植〗バンヤンの木《東インド産のイチジク属の木. 多数の気根が伸びる》

ban·zai /bɑ̀ːnzáɪ | bæ̀n-/ ⊲ 間 万歳
━形 向こう見ずな, 無謀な ‖ a ～ attack [OR charge] 無謀な突撃(♦日本語「万歳」より)

ba·o·bab /béɪəbæ̀b, béɪoʊ-/ 名C〖植〗バオバブ《アジア・アフリカの熱帯産の大木》

bap /bæp/ 名C《英》バップ《大きくやや平たいロールパン》

Bap., Bapt. 略 Baptist

***bap·tism** /bǽptɪzm/《アクセント注意》名 ❶UC〖宗〗洗礼(式), 浸礼《額に聖水をつけたり身体を水につけたりする入信の儀式. 新生児の場合は命名も行われる》‖ administer [receive] ～ 洗礼を行う[受ける] ❷C(困難な事柄の)初体験, 最初の試練, 洗礼 ‖ a ～ of [OR by] fire 砲火の洗礼;苦しい初体験

bap·tis·mal /bæptízməl/ 形《限定》洗礼の[による] ‖ a ～ name 洗礼名(Christian name)《John Fitzgerald Kennedy という場合の前の2つ》 ～**·ly** 副

Bap·tist /bǽptɪst/ 名C ❶バプテスト派の人《プロテスタントの一派. 信仰告白後の成人にのみ全身浸礼(immersion)を与える》❷《通例 b-》洗礼を施す人
━形《通例限定》バプテスト(派)の

bap·tis·ter·y /bǽptɪstəri/, **-try** /-tri/ 名(複 **-ter·ies** /-z/, **-tries** /-z/) C(教会の)洗礼堂;(バプテスト派の全身浸礼用)洗礼盤

bap·tize /bǽptaɪz | bæptáɪz/ 動他 ❶ **a**《+目》〔人〕に洗礼を施す **b**《+目+補〈名〉》〔人〕に洗礼を施して…と命名する;〔人〕に洗礼を施して…教徒にする ‖ He was ～*d* a Catholic. 彼は洗礼を受けカトリック教徒となった ❷…に最初の経験[試練]を受けさせる;…を(精神的に)清める
━自 洗礼を施す

******bar**[1] /bɑːr/ 名 動

中心義 (横)棒状のもの, (横棒のように)仕切りとなるもの

名 バー❶ 棒❷ 障害物❹ 法廷❻ 弁護士の職❼
動他 妨げる❷ 禁止する❸

━名(複 ～**s** /-z/) C ❶酒場, バー(♦《英》ではパブなどの中にある酒が供される場所を指す);《修飾語を伴って》軽飲食店;(大店舗の)…売場;(酒場などの)カウンター ‖ We grabbed lunch at a sandwich ～. 我々はサンドイッチ店で急いで昼食をとった / an oxygen ～ 酸素バー / a stocking ～ 靴下売場 / sit on a stool at [OR by] the ～ カウンターのいすに座る
❷(木・金属・食べ物などの)棒, 板 ‖ a ～ of gold [soap] 金の延べ棒[固形石けん](⇨ PB 53) / a chocolate ～ 板[棒]チョコ
❸横木, かんぬき, 桟(さん);(バレエ練習用の)手すり, バー;《the ～》(フットボールなどのゴールの)クロスバー
❹《通例単数形で》〈…の〉**障害物**, 障壁;障害(↔ aid)〈to〉‖ Lack of capital was a ～ *to* the economic development of the country. 資本不足がその国の経済発展の障害だった / a toll ～ 通行料金徴収所の遮断棒 / the color ～ 人種差別の壁
❺〖楽〗(楽譜の)小節線;(=～ lìne)縦線;小節 ‖ a double ～ 複縦線 / hum a few ～*s* of a pop song 流行歌の小節を2, 3口ずさむ
❻(法廷内の)仕切り, 法廷さく《裁判官・弁護士・陪審員などの席と傍聴席を仕切る》;《the ～》**法廷**, 裁きの場;被告席;裁き, 審判 ‖ the ～ of conscience 良心の裁き / at the ～ of world opinion 世論の審判で
❼《the ～, the B-》**弁護士**(《英》barrister, 《米》lawyer)**の職**;《集合的に》弁護士団, 法曹界(↔ the bench) ‖「be admitted [《英》go, be called] to the ～ 弁護士の資格を得る / a ～ association 弁護士会
❽(=～ exàm)《米》弁護士資格試験
❾《英》(国会内で議員と議員以外の座席を区別する)仕切り
❿(川・港口などの)砂州(さす) ⓫(平面上に投影される光・色の)しま, 筋 ⓬(軍隊などで階級を示す)線章 ⓭〖紋章〗(盾の平行な2本の)横帯 ⓮💻バー《アイコンなどをまとめた帯状の表示領域》⓯(電気ストーブの)ヒーター
be càlled within the Bár《英》勅選(ちょくせん)弁護士(King's [Queen's] Counsel)に任命される
****behind bárs***《口》刑務所に入れられて, 実刑に服して ‖ be put *behind* ～*s* 刑務所に入れられる
pròp up the bár《英口》パブで長時間飲む
━動(～**s** /-z/; **barred** /-d/; **bar·ring**)
━他 ❶〔ドア・窓など〕にかんぬきを差す, …をかんぬきで閉め

B

B

る《*up*》‖ We *barred* the door against burglars. 夜盗に備えてドアにかんぬきをした
❷〈…に対して〉〔道〕をふさぐ，〔行く手〕を遮る，ふさぐ；〔入場・進行・行動など〕を**妨げる**，阻止する〈**to**〉‖ A policeman *barred* my **way** [OR path]. 警官が私の行く手を遮った / They *barred* my entrance *to* the room. 彼らは私が部屋に入るのを阻止した / This area is *barred to* reporters. この場所には記者は入れない / Many jobs are still *barred to* people from foreign countries. 多くの仕事が外国人に対していまだに門戸を閉ざしている
❸ **a**《+目+ **from** *doing*》〔人など〕が…するのを**禁止**[阻止]**する**，…に〈…を〉させない(↔ admit) ‖ They have *barred* employees of rival firms from entering the plant. 彼らはライバル会社の社員が工場へ入るのを禁じている
b《+目+**from**+名》…を…から閉め出す ‖ He was *barred* from membership because of his bad behavior. 彼は素行の悪さにより入会を拒否された
❹〔考えなど〕を念頭から除く(rule out)
❺《通例受身形で》〈…の〉しま[筋]がついている〈**with**〉‖ Their faces were *barred with* light. 彼らの顔には光の筋が映っていた
bàr ín [***óut***] ... / ***bàr ... ín*** [***óut***]〈他〉〔人など〕を閉じ込める[閉め出す] ‖ She *barred* herself *in*. 彼女は家[部屋]に閉じこもった
▸▸~ **bílliards** 名《単数扱い》(英国の)バービリヤード ~ **càr** 名 C《米》(鉄道の)バー車両《酒類が出る》~ **chàrt** 名 C =bar graph (⇨ CHART 図) ~ **còde** (↓) ~ **cràwl** 名 C《米口》=barhop ~ **gràph** 名 C 棒グラフ ~ **sínister** 名 C =bend sinister

bar² /bɑːr/ 前 …を除いて(except)
all over bar the shouting ⇨ SHOUT(成句)
bar nóne 文句なく，断然 (♦ 主に最上級を強める) ‖ She is the best dancer I've ever seen, ~ *none*. 彼女は私が今まで見た中で文句なしにいちばんのダンサーだ

bar³ /bɑːr/ 名 C【理】バール《圧力の単位》

Ba·rab·bas /bərǽbəs/ 名【聖】バラバ《イエスの代わりに釈放された盗人》

bar·a·the·a /bæ̀rəθíːə/ 名 U バラシア《羊毛に絹・綿などを混ぜて織るコート地》

barb¹ /bɑːrb/ 名 C ❶ (釣り針・矢尻(やじり)などの)あご，返し ❷ とげのある言葉；いやみ ‖ trade ~*s* いがみ合う ❸ (魚の口元の)ひげ；(鳥の)羽枝(うし) ❹【魚】バルブス《コイに似た淡水魚で観賞用》;【鳥】イエバトの一種
──動 他〔釣り針・矢尻〕にあご[返し]をつける

barb¹ ❶

barb² /bɑːrb/ 名 C (北アフリカ原産の)バーバリ馬

***Bar·ba·dos** /bɑːrbéɪdous | -dɔs/ 名 バルバドス《西インド諸島東端の英連邦内の独立国. 公式名 Barbados. 首都 Bridgetown》

***bar·bar·i·an** /bɑːrbéəriən/ 名 C ❶ 未開人，野蛮人 ❷ 無教養な人，粗野な田舎者 ❸ (古代ギリシャ・ローマ人から見て)異邦人，外国人；(キリスト教徒から見て)異教徒
──形 未開人の，野蛮な；無教養な，粗野な

***bar·bar·ic** /bɑːrbǽrɪk/ 形 ❶ 残忍な，むごい (♥ 行為について用いると強い非難の気持ちを表す) ‖ ~ acts 残虐行為 ❷ 野蛮人の(ような)，未開の ❸ (趣味・芸術などが)洗練されていない，粗野な；奔放な **-i·cal·ly** 副

bar·ba·rism /bɑ́ːrbərɪ̀zm/ 名 ❶ U 野蛮，未開(状態) ❷ U C 残虐(な行為)，蛮行 ❸ C 破格な語句[表現]《you の複数形を youse とするなど》

bar·bar·i·ty /bɑːrbǽrəṭi/ 名 (複 **-ties** /-z/) ❶ U 残忍，残虐；C 残虐行為，蛮行 ❷ U (文体・表現の)生硬，粗野

bar·ba·rize /bɑ́ːrbəràɪz/ 動 他 自 (…を[が])野蛮にする[なる]，粗野にする[なる]

bar·ba·rous /bɑ́ːrbərəs/ 形 ❶ 残虐な，残忍な ❷ 原始的な，未開の(↔ civilized) ❸ (特に言葉遣いが)粗野な，洗練されていない **~·ly** 副

Bar·ba·ry /bɑ́ːrbəri/ 名 バーバリ《(エジプト西部から大西洋岸に至る)アフリカ北部地域の旧称》
▸▸~ **Cóast** 名《the ~》① バーバリ海岸《北アフリカの地中海沿岸の旧称》② バーバリコースト《1849年の gold rush から1906年までの間，賭博(とばく)・売春などで悪名高かったサンフランシスコの海岸地域》

***bar·be·cue**, + 《米》**-que** /bɑ́ːrbɪkjùː/ (♦ 看板などでは Bar-B-Q, BBQ ともつづる. また《主に英・豪口》では barbie ともいう) 名 C ❶ (野外の)バーベキューパーティー ‖ We're having a ~ on the beach tonight. Please come. 今晩浜辺でバーベキュー(パーティー)をするので，どうぞおいでください ❷ バーベキューセット《バーベキュー用の器具》❸ U バーベキューで焼いた肉
──動 他〔肉など〕をバーベキューにする(⇨ BAKE 類語P)
──自 バーベキューで肉を焼く
▸▸~ **grìll** 名 C バーベキュー用グリル[炉] ~ **sàuce** 名 U バーベキューソース

barbed /bɑːrbd/ 形 ❶ (釣り針などが)あご[返し]のある ❷ (言葉が)とげのある，いやみたっぷりの，辛辣(しんらつ)な
▸▸~ **wíre** 名 U 有刺鉄線，鉄条網

bar·bel /bɑ́ːrbəl/ 名 C ❶ (魚の口元の)ひげ ❷ (ヨーロッパ産の)コイ科の淡水魚

bár·bèll 名 C バーベル

***bar·ber** /bɑ́ːrbər/ 名 C 理容師；理髪店，床屋 ‖ have one's hair cut at the ~'s (《英》shop) 理髪店で髪を刈ってもらう ──動 他〔人〕の散髪[調髪]をする，ひげをそる[整える] ──自 理容師をする
▸▸~**'s ítch** 名 C【医】毛瘡(もうそう)《理髪店でかみそりまけで起こったりする皮膚病》~**'s pòle** 名 C 理髪店の看板柱《血と包帯を表す赤と白のしま模様》~**'s shòp** 名 C《英》=barbershop

bar·ber·ry /bɑ́ːrbèri | -bəri/ 名 (複 **-ries** /-z/) C メギ属の低木；その実

bárber·shòp 名 C《主に米》理髪店(《英》barber's shop) ──形《限定》ハーモニーのよい男声四部合唱の

bar·bi·can /bɑ́ːrbɪkən/ 名 C (城門の)物見やぐら

Bar·bie /bɑ́ːrbi/ 名 (= ~ **dòll**) ❶ U《商標》バービー《着せ替え人形》❷ C《口》かわいいだけの女の子

bar·bi·tal /bɑ́ːrbətɔ̀ːl | -bɪtəl/ 名 U《米》【薬】バルビタール《睡眠剤. 商標名ベロナール》(Veronal)

bar·bi·tone /bɑ́ːrbətòun | -bɪ-/ 名 =barbital

bar·bi·tu·rate /bɑːrbítʃərət | -tʃu-/ 名 C U【化】バルビツール酸塩《鎮痛剤・睡眠剤》

bar·bi·tù·ric ácid /bɑ̀ːrbətjùərɪk-/ 名 U バルビツール酸

Bar·bour /bɑ́ːrbər/ 名 C《商標》バブアー，バーバー《英国のアウトドアウエアのブランド》；バブアー製の衣料品《コートなど》

Bar-B-Q /bɑ́ːrbɪkjùː/ 名《口》=barbecue

bàrb·wíre ⟨シ⟩ 名《米》=barbed wire

bar·ca·role, -rolle /bɑ́ːrkəròul | ˌ-ˈ-/ 名 C バルカロール《ベニスの舟歌》;【楽】バルカロール風の曲

Bar·ce·lo·na /bɑ̀ːrsəlóunə | -sɪ-/ ⟨シ⟩ 名 バルセロナ《スペイン北東部の港湾都市》 ▸▸~ **chàir** 名 C《商標》バルセロナチェア《スチールパイプのフレームに革張りの厚手のクッションをつけたひじかけのない安楽いす》

bár còde 名 C バーコード
bár·còde 動 他〔商品〕にバーコードをつける

bard /bɑːrd/ 名 C ❶《古》《文》(特に古代ケルト族の)吟遊詩人 ❷《文》詩人(poet) ‖ the *Bard* (of Avon) エイボンの詩人(Shakespeare のこと) **~·ic** 形

***bare** /beər/ (♦ 同音語 bear)
──形 (**bar·er**; **bar·est**)
❶《比較なし》**裸の**，裸体の(↔ dressed) (⇨ 類語) ‖ Her head was ~. 彼女は頭に帽子をかぶっていなかった / in

one's ~ **feet** 素足で / with one's ~ hands 素手で
❷ (あるべき)覆いのない, **露出した**; (木が)葉のない ‖ a ~ sword 抜き身の刀 / ~ walls 何もかかっていない壁 / a ~ hillside はげ山
❸ (部屋などが)家具(など)のない, **がらんとした**, 空(から)の(↔full) ‖ The refrigerator was ~ except for one rotten egg. 腐った卵1個が入っているだけで, 冷蔵庫は空だった / a ~ room がらんとした部屋
❹ 《限定》飾らない, あからさまの, 余計なものがない ‖ the ~ facts 赤裸々な事実 / the ~ ego むき出しの自我 / tell the ~ essentials of the story 物語の骨子だけ話す
❺ 《通例比較なし》《限定》**ほんのわずかの**; ただ…だけの(♥ 数量を表す語句につく場合はその数量が少ないことを強調する); 必要不可欠なだけの(♦ 強調のため barest とすることがある) ‖ There was the *barest* hesitation in his voice. 彼の声の調子にはほんのわずかながらためらいがあった / a ~ majority すれすれの過半数 / for a ~ ten days ほんの10日間 / the ~ necessities of life 最低限の生活必需品
báre of ... …がない(without), …に欠ける ‖ a room ~ *of* furniture 何も家具のない部屋
lày báre ... / ***lày ... báre*** …をあらわにする; …を暴露する(reveal) ‖ *lay* ~ one's heart 心中を明かす
—動 (**~s** /-z/; **~d** /-d/; **bar·ing**) 他 〔身体の一部など〕を露出する, むき出しにする; …を暴く, 漏らす ‖ The dog ~*d* its **teeth**. 犬は歯をむき出した / ~ a secret [plot] 秘密[たくらみ]を暴露する / ~ one's soul [OR heart] to ... …に意中を明かす
~·ness 名
類語 《形 ❶》**bare** 覆いがなく身体の一部がむき出しになっていること. 〈例〉a *bare* head 帽子をかぶっていない頭
naked 衣服をまとわず身体の全部または一部が露出していること. 〈例〉a *naked* boy 裸の少年 / a *naked* bosom あらわな胸
nude 「衣服を身につけていない」の意で naked に近いが, nude の方が上品で, 本来の状態としての「裸」を含意することがあり, 芸術作品についてよく用いられる. 〈例〉a *nude* statue 裸像
▸▸ **~ bònes** (↓) **~ infínitive** 名 ⇨ INFINITIVE

báre·bàck, -bàcked ⟨シ⟩ 副形 くらなしで[の], 裸馬に[の] ‖ ride ~ 裸馬に乗る **-back·ing** 名

báre bònes 名 《通例 the ~》《口》真相, 骨子, 要点
báre-bònes 形 骨子のみの, 実質本位の

bàre·fáced ⟨シ⟩ 形 《限定》❶ 面をつけていない, ひげのない ❷ 厚かましい, 恥知らずな; あからさまな, あけっぴろげな ‖ a ~ lie しらじらしいうそ **-fác·ed·ly** 副

***báre·fòot** 形副 はだしの[で], 靴[靴下]をはかない(で) ‖ run ~ はだしで走る
▸▸ **~ dóctor** 名 C (特に中国の)はだしの医者《農村などの医療補助員》

bàre·hánded 形副 素手の[で], 武器を使わない[ずに]

bàre·héaded ⟨シ⟩ 形副 帽子をかぶらない(で)

bàre·knúckle, -knúckled, -knúckles 形副 ❶ (ボクシングで)グローブなしの[で] ❷ 《口》無遠慮な[に], 容赦なしの[に]

bàre·légged ⟨シ⟩ 形副 素足の[で], 靴下をはかない(で)

***bare·ly** /béərli/ 副 ❶ 辛うじて, やっと(only just) (⇨ **PB** 09, HARDLY **類語**) ‖ The castle was ~ visible. 城が辛うじて見えた / He had ~ enough (money) to pay the rent. 彼は家賃をどうにかやっと払えるだけの金は持っていた ❷ ほとんど…ない(hardly) (♦ ❶ ❷ どちらの意味になるかは文脈による) ‖ I can ~ understand him. 私には彼(の言うこと)がほとんどわからない(♦ 助動詞とともに用いる場合は助動詞を先にする) / I had ~ left the room when the earthquake struck. 私が部屋を出たとたん地震が起こった ❸ がらんとして, 不足して ‖ a ~ furnished room ろくに家具のない部屋

barf /bɑːrf/ 《主に米口》動 自 ❶ 吐く, もどす ❷ 💻 誤作動する —他 …をむかつかせる《*out*》
—名 U へど, げろ
—間 畜生, むかつく《*out*》‖ *Barf out*! こいつはひどい
▸▸ **~ bàg** 名 C 《米口》(航空機内などの)嘔吐(おうと)袋

bár·flỳ /-flàɪ/ 名 (複 **-flies** /-z/) C 《俗》酒場の常連; 大酒飲み

***bar·gain** /bɑ́ːrgɪn/ 名 C ❶ 買い得品, 格安品, 特売品; 安値; 《形容詞的に》格安な, バーゲンの ‖ This sweater is a real ~. このセーターは本当に掘り出し物だ / find [hunt for] a ~ 買い得品を見つける[探す] / I got the bike at a ~. その自転車を安い値段で買った / go ~ shopping バーゲンセールの買い物に行く / a ~ price 見切り値段(❗「バーゲンセールで(買う)」は on [OR at, 《英》 in] sale という)
❷ 契約, 協定, 取り決め; 取り引き; 約束〈**with** 人との / **to** *do* …する / **that** 節 …という〉‖ make a good [bad] ~ 有利[不利]な取り引きをする, 得[損]な買い物をする / A ~'s a ~. 約束は約束だ(守らなければならない)
drìve [OR ***strìke***] ***a hàrd bárgain*** (自分の利益を図って)強硬な取り引きをする, ひどい取り引き条件を押しつける
in [《英》 ***into***] ***the bárgain*** その上に, おまけに ‖ He was exhausted and very thirsty with a fever *into the* ~. 彼は疲れ果て, おまけに熱があってのどはからからだった
kèep one's sìde of the bárgain 契約を履行する
màke [OR ***strìke***] ***a bárgain*** 契約[協定]を結ぶ ‖ My husband and I *made* [OR *struck*] *a* ~ to take turns doing the dishes. 夫と私は順番で皿洗いをすることに決めた
make the best of a bad bargain ⇨ BEST(成句)

PLANET BOARD 09

barely は「かろうじて」か「ほとんど…ない」か.

問題設定 barely は「かろうじて(…する)」の意味になることが多いが, 場合によっては「ほとんど…ない」と否定的な意味になることもあるとされる. どちらの解釈が優勢か調査した.

Q 次の文はどのような意味ですか.

She was **barely** able to hear him.

(**a**) She was able to hear him, but with difficulty. (彼女はかろうじて彼の言うことを聞き取ることができた)
(**b**) She couldn't really hear him. (彼女は彼の言うことをほとんど聞き取れなかった)
(**c**) 両方
(**d**) どちらでもない

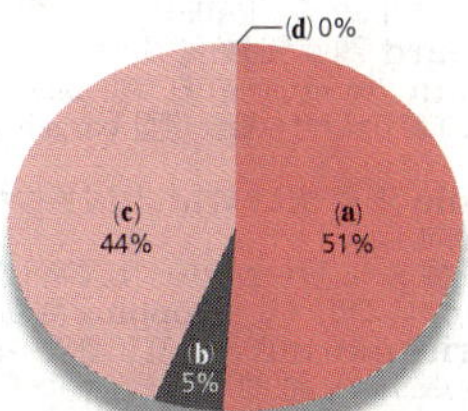

(**a**) のような肯定的な意味に解釈する人がやや多かったが, 両方可能とする人とほぼ半々であった.
「(**a**) と (**b**) は同じ意味に思える」「(**a**) と (**b**) の中間の意味, つまり, 多くの部分はなんとか聞き取れたが聞き取れない部分もあった」「いずれにしてもよく聞こえなかったことには変わりない」などのコメントがあり, 2つの解釈を明確に区別していない人がいることがわかる.

学習者への指針 barely は「かろうじて」の意味となることが多いが, 文脈によっては「ほとんど…ない」と否定的に解釈されることもある.

COMMUNICATIVE EXPRESSIONS

1 **Thàt's** [OR **It's**] a **bárgain**. そう決めた[約束した]ぞ；それで決まりだ(＝It's a deal. /＝That settles it.)

―動 自 (売買の)交渉をする，駆け引きをする，値切る〈**with** …と；**for** …を求めて；**about, over** …について〉‖ They *~ed with* their employer *for* better pay. 彼らは雇用者と賃上げの交渉をした / I *~ed with* the vendor and got this jacket for ¥2,000. 売り手と交渉してこのジャケットを2,000円で買った / *~ about* [OR *over*] the goods 品物の値段を交渉する

―他 ❶ …を〈…と交換に〉交渉して売る[譲渡する]〈**for**〉‖ ~ one's car *for* another 自分の車を別のと取り替える ❷ (＋**that** 節)…を取り決める；…を(契約の)条件とする；《米》…と期待する ‖ They *~ed that* they be [《主に英》 should be] allowed 6 months' maternity leave. 彼らは6か月の産休がとれることを(契約の)条件にした

bàrgain awáy ...* / *bàrgain ... awáy 〈他〉…を安値で売り渡す，つまらないものと引き換えに手放す，安売りする

****bárgain for*** [OR ***on***] ***...*** 〈他〉《否定文または more than の後で》…(があるだろう)と思う，…に備えて心づもりをする(♥あまり望ましくない内容や結果を想定する場合に用いられることが多い)(reckon on, anticipate) ‖ We got more than we *~ed for* when we adopted the puppy. その子犬を引き取ったがまさかこれほど負担になるとは思わなかった / They hadn't *~ed on* their house taking so long to sell. 彼らは自分たちの家が売れるのにこれほど時間がかかるとは思っていなかった

▸▸ **~ hùnter** 名 C バーゲン品をあさる人

bárgain bàsement 名 C (デパートの)(地階)特売場
bárgain-bàsement 形 格安の

***bar·gain·ing** /bá:rgɪnɪŋ/ 名 U 交渉 ▸▸ **~ chìp** [《英》 **cóunter**] 名 C 取引材料，切り札 **~ position** 名 C 交渉上の立場，形勢 **~ pòwer** 名 U 交渉力

***barge** /bɑ:rdʒ/ 名 C ❶ (河川・港内の荷物運搬用の)平底船，だるま船，はしけ ❷ (儀式・遊覧用の)屋形船；遊覧船 ❸ 将官[司令官]艇

―動 他 ❶ …を平底船[はしけ]で運ぶ ❷ …をのろのろ進む ‖ ~ one's way through a crowd 人込みをかき分けて進む ―自 (＋副句)のろのろ進む，ぎこちなく歩く(♦副句は方向を表す) ‖ ~ about [OR around] (the house) (家の中を)ばたばた歩き回る

****bàrge ín*** 〈自〉〈部屋などに〉どかどか入り込む；〈会話などに〉割り込む〈**on**〉

bárge into ... 〈他〉…にどかどか入って来る；〔会話など〕に割り込む；〔人〕にぶつかる(jostle)

bárge·bòard 名 C 〖建〗破風(はふ)板

barge·man /bá:rdʒmən/ 名 (複 **-men** /-mən/) C 《米》だるま船[はしけ]の船頭(中立 bargehand, deckhand)

bárge·pòle 名 C (だるま船[はしけ]を操作する)さお(⇨ POLE[1](成句))

bár·hòp 動 自 《口》バーからバーへはしご酒する ‖ go *bar-hopping* はしご酒をする **-hòpping** 名 U はしご酒

bar·i·at·rics /bæ̀riǽtrɪks/ 名 U 肥満学 **-ric** 形

ba·ri·sta /bɑ:rí:stə/ 名 C バリスタ《コーヒー店でコーヒーを入れて出す人》(♦イタリア語より)

bar·ite /bǽràɪt/ 名 U 〖鉱〗重晶石《バリウムの鉱石》

bar·i·tone /bǽrətòʊn | bǽrɪ-/ 名 〖楽〗 ❶ U バリトン《tenor と bass の間の男声音》；《形容詞的に》バリトンの ❷ C バリトン歌手；バリトン楽器 ❸ C バリトン(声)部

bar·i·um /béəriəm/ 名 U 〖化〗バリウム《アルカリ土類金属元素. 元素記号 Ba》
▸▸ **~ méal** 名 U (X線撮影用の)バリウム溶液

:bark[1] /bɑ:rk/

―動 (**~s** /-s/；**~ed** /-t/；**~·ing**)

―自 ❶ (犬・キツネなどが)〈…に〉**ほえる**〈**at**〉；ほえるような声を出す；(銃が)バンと鳴る(⇨ HOWL 類語) ‖ The dog *~s at* the mailman. その犬は郵便配達人にほえる ❷ 〈…に〉がみがみ言う，どなる〈**at**〉 ❸ 《米》(見世物の)呼び込み[客引き]をする

―他 ❶ …をどなって言う(♦直接話法にも用いる)《*out*》‖ The policeman *~ed*, "Freeze!" 警官は「動くな」とどなった / *~ out* an order どなって命令する ❷ 《米》…を大声で宣伝する

―名 (複 **~s** /-s/) C ❶ (犬・キツネなどの)ほえ声；ほえ声に似た音；銃声 ❷ どなり声 ❸ せき(の音)

A pèrson's bárk is wòrse than his/her bíte. (人の)(見た目や話しぶりは)怖そうだが，実はそれほどでもない

~·er 名 C ほえる動物；どなり立てる人；(見世物の)呼び込み，客引き

bark[2] /bɑ:rk/ 名 U ❶ 樹皮(⇨ SKIN 類語P) ❷ タン皮(tanbark)；キナ皮(cinchona) ―動 他 ❶〔木〕から樹皮をはぐ ❷〔皮〕を(タン皮から採る)タンニンで処理する，なめす ❸ …をすりむく ‖ ~ one's shin すねをすりむく
▸▸ **~ bèetle** 名 C 〖虫〗キクイムシ《針葉樹の害虫》

bark[3] /bɑ:rk/ 名 C ❶ バーク型帆船《3本のマストの帆船. 前の2本が横帆，最後部マストが縦帆. barque ともつづる》 ❷ 《古》《文》(小)舟，小帆船

bár·kèeper, -kèep 名 C 《主に米》 ❶ 酒場の主人 ❷ バーテンダー(bartender)

bark·ing /bá:rkɪŋ/ 《英口》 形 (人が)気が狂った
―副 全く，ひどく ‖ ~ mad 完全にいかれた[狂った]

bar·ley /bá:rli/ 名 U 大麦；大麦の穀粒
▸▸ **~ sùgar** 名 U 大麦糖《あめの一種. 昔は大麦から造った》 **~ wàter** 名 U 《英》(病人用の)大麦湯 **~ wíne** 名 U 《英》バーレーワイン《度が強く甘いビール》

bárley·còrn 名 C ❶ 大麦の粒 ❷ 昔の尺度の単位《½インチ. 約大麦1粒の長さ》

barm /bɑ:rm/ 名 U (麦芽発酵中にできる)泡；酵母

bár·màid 名 C ❶ 《英》女性のバーテンダー ❷ 《米》酒場の女，ウエートレス(中立 bar assistant [OR server])

bár·man 名 (複 **-men** /-mən/) C 《主に英》男性のバーテンダー(《米》 bartender)(中立 bartender, bar attendant)

bar mitz·vah, -miz- /bɑ̀:r mítsvə/ 名 C 〖ユダヤ教〗バルミツバ《13歳になった男子を社会の一員として認める成人の儀式. またその男子》(→ bas mitzvah)
―動 他 〔少年〕にバルミツバの儀式を行う

barm·y /bá:rmi/ 形 ❶ 発酵中の，泡立った ❷ 《英口》間抜けな，頭のおかしい

***barn** /bɑ:rn/ 名 C ❶ (農家の)納屋；穀物置き場，農耕具置き場；家畜小屋 ❷ 《米》(電車・バス・トラックなどの)車庫 ❸ がらんとして殺風景な建物 ‖ a great ~ of a house だだっ広い家 ❹ 〖理〗バーン《素粒子の衝突断面積の単位》
▸▸ **~ bùrner** 名 C 《米口》注目を集めること[出来事] **~ dànce** 名 C (昔は納屋で開いた)スクエアダンスの集い；《英》その踊り **~ dóor** (↓) **~ òwl** 名 C 〖鳥〗メンフクロウ **~ ràising** 名 C U 《米》納屋新築のための近隣の人々の集まり；相互扶助 **~ swàllow** 名 C ツバメ

bar·na·cle /bá:rnəkl/ 名 C ❶ フジツボ，エボシ貝 ❷ しつこくつきまとう人[もの] ❸ (＝**~ gòose**)〖鳥〗(ヨーロッパ産の)野生のガン

bàrn dóor 名 C ❶ 納屋の戸 ❷ (射ち損なう恐れのない)大きな的(まと) ❸ 〖写〗(光源に取りつける)遮光板

(***as***) ***bròad as a bàrn dóor*** 非常に幅の広い

clòse [OR ***lòck,*** etc.] ***the bàrn dóor after the hòrse has góne*** [OR ***escáped, léft***] 《米》馬が逃げてから納屋の戸を閉める；手遅れになる

bar·ney /bá:rni/ 名 C 《英口》にぎやかな口論，騒々しい口げんか

bárn·stòrm 動 《主に米》 自 地方を巡業する；(パイロットが)地方を回って曲芸飛行を見せる；(政治家が)地方を遊説して回る ―他 〔地方〕を巡業[遊説，曲芸飛行]して回る
~·er 名

bárn·stòrm·ing 形 《限定》《英》(演説・演技などが)エネルギッシュな，わくわくするような

bárn·yàrd 名 C 納屋(の周囲)の庭(farmyard)
——形《口》品のない, 下卑た
baro- 連結形「重さ, 圧力」の意 ‖ *baro*meter
bar·o·graph /bǽrəgræ̀f | -grɑ̀ːf/ 名 C 〘気象〙自記気圧計 **bàr·o·gráph·ic** 形
ba·rom·e·ter /bərɑ́(ː)mətər | -rɔ́mɪ-/ 《発音・アクセント注意》 名 C ❶ 気圧計, 晴雨計 ‖ The ~ shows a rise in pressure. 気圧計は気圧の上昇を示している ❷《文》(世論などを知る)指標, バロメーター ‖ Do you agree that skirt lengths are a ~ of the stock market? スカート丈は株価のバロメーターだということに同意しますか
ba·ro·met·ric /bæ̀rəmétrɪk/, **-ri·cal** /-rɪkəl/ 形《限定》気圧(計)の ‖ ~ pressure 気圧
bar·on /bǽrən/ (♦同音語 barren) 名 C ❶ (英国の)男爵《貴族階級の最下位. 姓につける称号としては Lord を用いる》(→ lord) ❷ (諸外国の)男爵《称号は Baron を用いる》❸ (封建制下の)王の直臣, 封建領主 ❹ 大実業家, 実力者, 大立(おお だて)者 ‖ an oil ~ 石油王 ❺《米》(牛などの)両側の腰肉
bar·on·age /bǽrənɪdʒ/ 名 ❶ U《集合的に》男爵たち；貴族 ❷ C 貴族[男爵]名鑑
bar·on·ess /bǽrənès/ 名 C 男爵夫人；女男爵《英国での称号は Lady, 外国では Baroness を用いる》
bar·on·et /bǽrənɪt/ 名 C 准男爵《英国の世襲位階の最下位で, baron の下, knight の上に位するが, 貴族ではない. 称号としては Sir を用い, 名前の最後に Bart. とつけることがある. 〈例〉Sir John Doe, Bart.》
bar·on·et·age /bǽrənətɪdʒ | -ɪtɪdʒ/ 名 ❶《the ~》《単数・複数扱い》《集合的に》准男爵たち；准男爵階級 ❷ U C 准男爵の地位[身分] ❸ C 准男爵名鑑
bar·on·et·cy /bǽrənɪtsi/ 名 (複 **-cies** /-z/) C U 准男爵の地位[身分]
ba·ro·ni·al /bəróʊniəl/ 形《通例限定》❶ 男爵(階級[領])の ❷ 男爵(階級)にふさわしい；豪壮な, 堂々とした
bar·o·ny /bǽrəni/ 名 (複 **-nies** /-z/) C U 男爵領；男爵の地位[身分]
ba·roque /bəróʊk | -rɔ́k/ 形《しばしば B-》❶ 〘美〙バロック様式の《17–18世紀のヨーロッパで流行した美術・建築様式. 装飾と誇張した曲線が特色》; 〘楽〙バロック音楽の《ビバルディ・バッハ・ヘンデルらに代表される》❷ (文体などが)必要以上に飾り立てた
——名《しばしば B-》❶《the ~》バロック様式；バロック時代 ❷ C バロック様式[時代]の作品《建築物・音楽・絵画など》
bar·o·re·cep·tor /bæ̀rərɪséptər/ 名 C 〘生〙圧受容器《神経末端にあって圧力の変化を感じる》
barque /bɑːrk/ 名 =bark[3]
*__bar·rack__[1] /bǽrək/ 名 C ❶《~s》《単数・複数扱い》兵舎, 兵営；(工事作業員などの)仮設住宅 ❷ 大きくて殺風景な建物, バラック風の家 ——動 他〔兵士〕を兵舎に収容する；…を仮設住宅に(一時的に)住まわせる
bar·rack[2] /bǽrək/ 動 自 ❶《英》(競技の観客が)大声でやじる ❷《豪・ニュージ》〈…を〉声援する〈**for**〉 ——他 ❶《英》…を大声でやじる ❷《豪・ニュージ》…を声援する
bar·ra·cou·ta /bæ̀rəkúːṭə/ 名 (複 **~** OR **~s** /-z/) C 〘魚〙クロタチカマス《食用》; =barracuda
bar·ra·cu·da /bæ̀rəkjúːdə/ 名 (複 **~** OR **~s** /-z/) C 〘魚〙バラクーダ, オオオニカマス
bar·rage /bərɑ́ːʒ | bǽrɑːʒ/ 名 C ❶《通例単数形で》〘軍〙(援護の)弾幕, 集中砲火[爆撃] ‖ an aerial ~ 空からの集中爆撃 ❷《単数形で》〈質問などの〉つるべ打ち, 集中攻撃〈**of**〉(⇨ WORD メタファーの森) ‖ a ~ *of* questions 矢継ぎ早の質問, 集中質問 ❸ (川の水をせき止める)せき, ダム ——動 他…に集中砲火を浴びせる；〔人〕に(質問などを)浴びせる
▸▸ **~ ballòon** 名 C 〘軍〙阻塞(そさい)気球《低空から攻撃してくる敵機を防ぐための気球》
bar·ra·mun·di /bèrəmʌ́ndi | bæ̀r-/ 名 (複 **~** OR **~s** /-z/) C 〘魚〙バラマンディ《オーストラリア東北部から東南アジア産のパーチ類の食用魚》
bar·ra·try /bǽrətri/ 名 (複 **-tries** /-z/) U C ❶《古》〘海法〙(船主・荷主の権利に対する)船長[船員]の不当[侵害]行為 ❷ 〘法〙(訴訟)教唆罪 ❸ 聖職[官職]の売買
barred /bɑːrd/ 形 ❶ かんぬきをした, 横木のある ❷《堅》しま模様[筋]のある ❸ 禁じられた
*__bar·rel__ /bǽrəl/《アクセント注意》名 C ❶ (胴のふくれた)たる ‖ a beer ~ ビヤだる ❷ 1たる(の量)(barrelful) ‖ a ~ of beer ビール1たる ❸ バレル《液量の単位. 《米》では石油は42米ガロン, ほかの液体は31.5ガロン, 《英》では36英ガロン》❹ たるに似た円筒状の部分；(銃の)銃身；(時計の)ぜんまいケース；(万年筆の)軸, インク室；(望遠鏡の)外筒；(ウインチの)胴部；(ポンプの)筒；(エンジンの)排気ガス筒 ❺ (牛・馬の)胴体
a bàrrel of láughs [OR *fún*]《しばしば否定文で》《口》とても楽しいこと, 面白いこと(♥しばしば皮肉の意を表す) ‖ The party wasn't *a ~ of fun.* パーティーはあまり楽しくなかった
「*(as) fùnny as* [OR *more fùn than*] *a bàrrel of mónkeys*《米口》とてもおかしい[楽しい]
give a person bòth bárrels；*lèt a pèrson háve it with bòth bárrels*《口》〔人〕をひどく攻撃する
hàve [OR *gèt*] *a pèrson over a bárrel*《口》〔人〕を(手も足も出ない)窮地に陥れる；〔人〕を意のままにする
on the bárrel 即金で[の]
scràpe (the bòttom of) the bárrel《口》(やむなく)最後に残ったものを使う
——動 (**-reled**, 《英》**-relled** /-d/；**-rel·ing**, 《英》**-rel·ling**) 自《(+副句)》《米口》猛スピードでぶっ飛ばす, 大急ぎで歩く《**down, away, across, etc.**》——他…をたるに詰める
▸▸ **~ òrgan** 名 C (携帯用の)手回しオルガン《以前は大道音楽師が使った》 **~ ròll** 名 C 横転飛行
bàrrel-chésted <シ 形 胸が広くて厚い
bárrel·hèad 名《the ~》たるのふた[底], 鏡板
on the bárrelhead 即金で
bárrel·hòuse 名 ❶ C《米》《旧》(20世紀初期にジャズの発祥地となったニューオーリンズの)安酒場 ❷ U 初期のジャズ, ニューオーリンズジャズ
bar·ren /bǽrən/ (♦同音語 baron) 形 ❶ (土地が)不毛の, 作物のできない(↔ fertile) ‖ ~ soil 不毛の地 ❷《古》《文》《旧》(女性・動物が)子を産まない, 不妊の(中立 sterile, infertile)；(草木が)実を結ばない ❸ 得るところ[実り]のない；つまらない, 魅力のない ‖ a ~ fuss から騒ぎ ❹《叙述》〈…を〉欠いた〈**of**〉
——名 C《通例 ~s》やせ地；(特に北米の)荒地
~·ness 名 U (土地の)不毛；不妊；得るところのないこと
bar·rette /bərét/ 名 C バレッタ, 髪留めピン
*__bar·ri·cade__ /bǽrəkèɪd | bæ̀rɪkéɪd/ 名 C バリケード《通路上に急造した防塞(ぼうさい)》；障害物(barrier) ‖ place [OR set up] a ~ around ... …の周りにバリケードを築く
——動 他…にバリケードを築く, …をバリケードで守る；《~ oneself で》バリケードを築いて〈…に〉立てこもる〈**in, into, inside**〉 ‖ The rioters ~*d* the building. 暴徒たちはその建物にバリケードを築いた / The students have ~*d* themselves *inside* the auditorium. 学生たちはバリケードを築いて講堂に立てこもった
:bar·rier /bǽriər/
——名 (複 **~s** /-z/) C ❶ **防柵**(ぼうさく), 防壁；《英》(駅・駐車場の)改札口 ‖ The bikers crashed through the police ~. 暴走族は警察の防護線を突破した / show one's ticket at the ~ 改札口で切符を見せる
❷ **障壁**, 障害(物), 壁〈**to, against** …に対する；**between** …の間の〉 ‖ **break down** unfair trade ~*s* 不公平な貿易障壁をなくす / break the 10 second ~ 10秒の壁を破る / overcome [remove] the ~ *to* communication 意思疎通を阻む壁を克服する[取り除く] / cultural ~*s between* the two countries その2国間の文化上の障壁

❸ (地理的な)境界(線) ❹〖地〗(南極大陸の)内陸氷河
語源 bar(邪魔する)+-*ier*(「行為者」を表す語尾)：邪魔するもの
▶▶～ **ìsland** 名 C 砂州島, 堡礁(ほしょう)島《海岸線に沿うように伸びる洲(す). 波の浸食などから岸を守る役割を果たす》 ～ **mèthod** 名 C 障害式避妊法《避妊具や薬を用いる》 ～ **rèef** 名 C〖地〗堡礁《海岸に並行して発達したサンゴ礁. 海岸との間には深い礁湖 (lagoon) がある》

bàrrier-frée 形 (段差などの) 障害がない；(関税などの) 障壁がない

bar·ring /bɑ́ːrɪŋ/ 前…がなければ；…を除いては ‖ *Barring* accidents, we shall reach London at two o'clock. 事故がなければ2時にロンドンに着くだろう

bar·ri·o /bɑ́ːriòʊ | bǽr-/ 名 (複 **～s** /-z/) C (米国, 特に南西部の都市の)スペイン語使用地区

bar·rique /bəríːk/ 名 C《フランス》バリック《ワインの熟成に用いる小型のたる》

***bar·ris·ter** /bǽrɪstər/ 名 C ❶《英》(法廷で弁論のできる)法廷弁護士, バリスタ(《米》counselor) (⇨ LAWYER 類語) ❷《カナダ》弁護士

bár·ròom 名 C《主に米》(ホテルなどの)バー(のある部屋), 酒場

bar·row[1] /bǽroʊ/ 名 ❶ C《英》(行商人などの) 二輪手押し車(《米》pushcart) ❷ =wheelbarrow
▶▶～ **bòy** 名 C《英》大道行商人, 物売り (中立 street vendor)

bar·row[2] /bǽroʊ/ 名 C〖考古〗塚, 古墳

bar·row[3] /bǽroʊ/ 名 C 去勢雄豚

BART /bɑːrt/ 名 U《米》バート《サンフランシスコと周辺の高速鉄道》(♦ *B*ay *A*rea *R*apid *T*ransit の略)

Bart. /bɑːrt/ 略 Baronet

bar·tend·er /bɑ́ːrtèndər/ 名 C《主に米》バーテンダー (《英》barman)

***bar·ter** /bɑ́ːrṭər/ 動 自 物々交換する〈**with** 人と；**for** 物と〉‖ ～ *with* him *for* inside information 彼と内部情報を交換する ―他〔物・サービスなど〕を〈…と〉交換する〈**for**〉‖ ～ furs *for* powder 毛皮を火薬と交換する
―名 U 物々交換 (の品), バーター (制)；C 交易品 ‖ the ～ system (物々)交換貿易制 **～·er** 名

Bar·thol·o·mew /bɑːrθɑ́(ː)ləmjùː | -θɔ́l-/ 名 **St. ～** 聖バルトロマイ《キリストの12使徒の1人》

bar·ti·zan /bɑ́ːrṭəzən | -tɪ-/ 名 C 張り出しやぐら

Bar·tók /bɑ́ːrtɑ̀(ː)k, -tɔ̀ːk | -tɔk/ 名 **Béla ～** バルトーク (1881‒1945)《ハンガリーの作曲家》

bar·y·on /bǽriɑ̀(ː)n | -ɔn/ 名 C〖理〗バリオン, 重粒子《素粒子の一族》

ba·ry·ta /bəráɪṭə/ 名 U〖化〗一酸化バリウム, 重土バリタ, バライタ(barium oxide)；水酸化バリウム

ba·ry·tes /bəráɪtiːz/, **bar·yte** /bǽraɪt/ 名 =barite

bas·al /béɪsəl/ 形 基底の[にある]；基本的な **～·ly** 副
▶▶～ **céll** 名 C〖解〗基底細胞《皮膚の最深層を形成する》
～ **metábolism** 名 U〖生〗基礎代謝《生命維持に必要な最低限のエネルギー》

ba·salt /bəsɔ́ːlt | bǽsɔ̀ːlt/ 名 U〖鉱〗玄武岩 **～·ic** 形

bás·cule brìdge /bǽskjuːl-/ 名 C 跳開(ちょうかい)橋

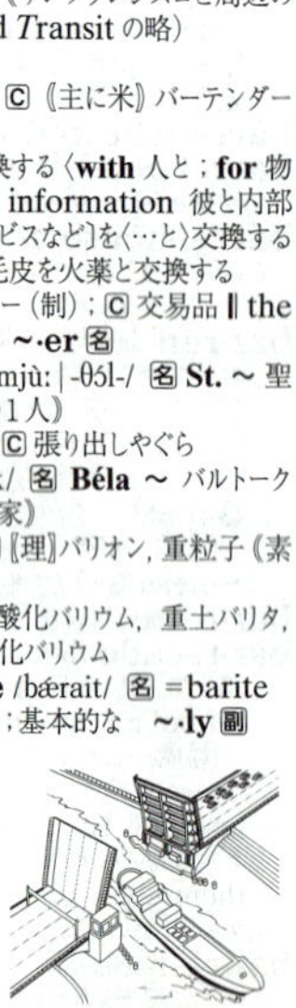

bascule bridge

*****base**[1] /beɪs/ 名 動
―名〔▶ basic 形〕(複 **bas·es** /-ɪz/) C ❶《通例単数形で》〈…の〉**土台**, 基(底)部, 根元；〈…の〉ふもと；〖建〗〈柱・壁の〉礎盤, 基礎, 礎石〈**of**〉(⇨ 類語) ‖ The earthquake shook the building to its ～. 地震で建物が土台から揺れた / There was a cluster of ski lodges at the ～ *of* the mountain. 山のふもとにはスキー小屋が固まっていた
❷《通例単数形で》〈思想・理論などの〉**基礎**(basis), 原理, 源, 根拠；〈政治・経済などの〉基盤, 基本〈**of, for**〉‖ The Japanese economy has a firm [OR solid] ～. 日本経済の基盤はしっかりしている / We've got to expand our customer ～. 我々は顧客層を広げなければならない
❸〈組織・人の〉**本拠**(地), 本部；〈生活・行動などの〉出発点, 基点, 基地〈**of, for**〉‖ This designer brand has its ～ in Milan. このブランドはミラノに本店がある / The guitarist made the studio his ～. ギター奏者はそのスタジオを活動拠点にした
❹《通例単数形で》(食品・薬剤などの)主成分, ベース；基剤 ‖ A pink lady is a cocktail with a gin ～. ピンクレディーはジンをベースにしたカクテルです
❺《通例単数形で》下地, 化粧下；(ペンキなどの) 下塗り ‖ paint the fence with a ～ of rustproofing フェンスにさび止めの下塗りをする
❻ C U〖軍〗(作戦・補給などの) 基地, 根拠地 ‖ a military [naval, missile] ～ 軍事 [海軍, ミサイル] 基地 / return to ～ 基地に帰還する
❼ C U《米》〖野球〗塁, ベース ‖ touch a ～ ベースにタッチする / slide into first [second, third] ～ 1[2, 3]塁に滑り込む (♦ the はつけない. 本塁は (home) plate) / load [OR fill] the ～*s* (攻撃側が)塁を埋める, 満塁にする / a ～*s*-loaded home run 満塁ホームラン / on ～ 出塁して / off ～ 塁を離れて / a ～*s*-clearing double [triple] 走者一掃の2[3]塁打
❽〖解〗(諸部分の)付け根, 付着点, 基部 ‖ the ～ of the thumb [spine] 親指の付け根[脊椎(せきつい)骨の基部]
❾〖数〗底辺, 底面 ‖ the ～ of a triangle 三角形の底辺
❿《通例単数形で》〖数〗(対数の)底；(計算)基数
⓫《通例単数形で》〖測〗基線 ⓬〖言〗語幹, 基体, 基(本)形；(変形文法の) 基底 (部門) ⓭〖化〗塩基《水溶性の塩基を特にアルカリ (alkali) という》 ⓮ (トランジスターの) ベース ⓯〖経〗(物価・賃金などの) 基本, 基準 (❗「ベースアップ」は和製語. pay raise [《英》rise], wage increase のようにいう) ⓰〖紋章〗盾の下部 ⓱〖美〗展色剤

còver 「*àll* (*the*) *báses* [OR *èvery báse*] (不慮の事態に備えて)万全の対策を立てておく

**off báse* ①《米口》誤って ‖ His criticism of my work is (way) *off* ～. 私の作品についての彼の批評は間違っている ② ⇨ 名 ❼

tòuch 「*àll* (*the*) *báses* [OR *èvery báse*] 《主に米》(特に協議・伝達などで) 重要な点が漏れないようにする

tòuch báse 《口》〈…と〉連絡をとる[相談する]〈**with**〉

―動 (**bas·es** /-ɪz/；**～d** /-t/；**bas·ing**) 他 ❶ (+目+**on** [**upon, around**] 名)〔判断など〕の基礎[根拠]を…に置く, …に基づいて…を作り上げる, …を…に基づかせる (♦ しばしば受身形で用いる) ‖ Their arguments are **largely** [**solely**] ～*d on* misunderstanding. 彼らの論拠は大部分が [完全に] 誤解に基づいている / Ending job discrimination ～*d on* gender [age] is difficult. 性[年齢]に基づく仕事上の差別をなくすことは難しい
❷《通例受身形または ～ oneself で》〈…に〉配置される, 本拠を置く〈**in, at, on**〉‖ My grandfather was ～*d* 「*in* Singapore [*on* a destroyer] during the war. 祖父は戦争中シンガポール [駆逐艦] に配属されていた / ～ oneself *in* a central hotel 中心部のホテルに宿泊する
❸ …の土台[基礎]をなす

bàse óut 〈自〉=BOTTOM *out*

類語 《名 ❶》**base** 具体的な物体・構造物の底 [基礎]. 〈例〉the *base* of a pillar 柱の基底部
basis 抽象的なものの基礎. 〈例〉the *basis* of friendship 友情の基盤
foundation 強固な安定した基礎；具体的と抽象的の両方に用いる語. 〈例〉the *foundation* of 「a tower [democracy] 塔の基礎[民主主義の基盤]

▶▶～ **càmp** 名 C (登山などの) ベースキャンプ ～ **fòrm** 名 C〖文法〗語幹, 原形 ～ **hít** 名 C〖野球〗安打, 塁打,

ヒット ‖ That's his second ～ *hit* off the pitcher this evening. 今晩彼がそのピッチャーから打った2本目のヒットです **～ jùmping** 名《また BASE j-》U ベースジャンプ《高所からパラシュートで飛び降りる競技》 **～ on bálls** 名 C〘野球〙フォアボール, 四球(出塁) **～ páir** 名 C〘生化〙塩基対(つい)《RNAや DNAを構成する塩基の間で特異的に形成される対》 **～ páy** 名 U (一定の労働時間に対する)基本給《時給・週給など》 **～ rùnner** 名 C〘野球〙走者, 出塁者 **～ rùnning** 名 U〘野球〙走塁(法) **～ stèaling** 名 U〘野球〙盗塁 **～ ùnit** 名 C 基礎単位

***base²** /beɪs/ (♦ 同音語 bass¹) 形 (**bas·er** ; **bas·est**) ❶ (道徳的に)卑しい, 卑劣な, 軽蔑すべき ‖ a ～ motive 卑しい動機 ❷ 価値の低い(↔ precious) ❸ 質の劣った, 劣悪な；にせ物の；(貨幣が)卑金属で鋳造された ‖ a ～ coin 粗悪[にせ]貨幣 **～·ly** 副 **～·ness** 名

▸▸ **～ métal** 名 C U ① 卑金属 (↔ precious metal) ② (めっきの)地金；合金の主金属

*****base·ball** /béɪsbɔ̀:l/

—名 (複 **～s** /-z/) ❶ U **野球** ‖ a ～ **game** [**team**, **player**] 野球の試合[チーム, 選手] / **play** ～ 野球をする ❷ C 野球用のボール ‖ throw a ～ 野球ボールを投げる

▸▸ **～ càp** 名 C 野球帽

báse·bòard 名 C《米》(壁の最下部の)幅木(はばき)

bàse·bórn /英--/ ⊲ 形《古》❶ 低い身分(の生まれ)の；私生の ❷ (性格などが)卑しい

báse·còat 名 C (ペンキなどの)下塗り

-based /-beɪst/ 連結形 ❶ …をもとにした ‖ corn-*based* トウモロコシを原料にした ❷ …に本社[本拠地]を置く ‖ a Paris-*based* company パリに本社のある会社

Bás·e·dow's disèase /bá:zədòuz-/ 名 U〘医〙バセドー病《甲状腺ホルモンの過剰分泌による》

báse·less /-ləs/ 形 根拠のない ‖ a ～ fear いわれのない恐怖

báse·lìne 名 ❶《the ～》〘野球〙ベースライン《ベース間を結ぶ走路》；〘テニス・バレーなど〙ベースライン《コートの両端を示す線》 ❷ C 基本(線), 基盤, (政策などの)指針

báse·man /-mən/ 名 (複 **-men** /-mən/) C〘野球〙…塁手 ‖ the first [second, third] ～ 1[2, 3]塁手

***base·ment** /béɪsmənt/ 名 C ❶ 地階, 地下室 (♦ 高窓付きの半地下室であることが多い. → cellar) ‖ The building is 27 stories high and has five ～ levels. そのビルは地上27階, 地下5階である ‖ a laboratory in the ～ 地下の実験室 / a ～ storeroom 地下貯蔵室 ❷ (構造物の)基部, 最下部

ba·sen·ji /bəséndʒi/ 名 C〘動〙バセンジ《アフリカ原産の小型の猟犬》

bas·es¹ /béɪsɪz/ 名 base¹ の複数

ba·ses² /béɪsì:z/ 名 basis の複数

***bash** /bæʃ/《口》動 他 ❶ …を強打する, 殴る ‖ ～ her on the head 彼女の頭を殴る ❷ …に手荒なことをして壊す[傷つける], …をたたき壊す《*in, down, up*》‖ The police ～*ed* the door *down*. 警察はドアをたたき壊した ❸〔頭など〕を〈…に〉ぶつける〈**against, into, on**〉‖ I ～*ed* my arm *against* the door. 私は腕をドアにぶつけた ❹ …を厳しく非難する, 攻撃する

—自〈…に〉ぶつかる, 衝突する〈**into, against**〉；〈…を〉ひどくたたく〈**on**〉‖ ～ *into* a tree 木にぶつかる

bàsh ... abóut 〈他〉《英口》…をひどく打って[殴って]壊す[傷つける]

bàsh awáy 〈自〉《英口》〈…に〉懸命に取り組む〈**at, on**〉

bàsh ón 〈自〉《英口》〈…を〉めげずに続ける〈**with**〉

bàsh óut ... / ***bàsh ... óut*** 〈他〉《口》急ごしらえで…を作る

bàsh úp ... / ***bàsh ... úp*** 〈他〉《英口》…を激しく殴る

—名 C《口》❶〈…への〉強打〈**on**〉‖ He gave me a ～ *on* the head. 彼は私の頭を強打した ❷ にぎやかなパーティー ‖ a birthday ～ 盛大な誕生会

hàve a básh 《英口》〈…を〉試みる〈**at**〉

bash·ful /bǽʃfəl/ 形 はにかみやの, 内気な, 恥ずかしがりやの(⇨ SHY¹ 類語) **～·ly** 副 **～·ness** 名

-bashing /-bæʃɪŋ/ 連結形《口》(ある集団などへの)不当な非難・攻撃, (…)たたき, バッシング ‖ gay-*bashing* 同性愛者たたき / Japan-*bashing* 日本たたき

-bash·er 連結形 …を非難[攻撃]する人

*****ba·sic** /béɪsɪk/ 形 名

—形〔⊲ base¹ 名〕(**more ～ ; most ～**)

❶《限定》**基本的な**, 重要な, 基礎となる；基本の；手間を省いた, 簡素な；《叙述》〈…にとって〉不可欠の〈**to**〉‖ enjoy ～ human rights 基本的人権を享受する / Computers are ～ *to* modern life. コンピューターは現代生活にとって不可欠だ / ～ research 基礎研究 / the ～ salary 基本給

❷ 初歩の, 基礎的な, 初級(用)の ‖ Some say language teachers should have ～ training in acting. 言語教師は演技の基礎訓練を受けるべきだという人がいる / The camps lack ～ services like water and electricity. そのキャンプ場は水道・電気といった基本的な施設を欠いている / a ～ tool kit 入門用道具一式

❸〘化〙塩基[アルカリ]性の；〘地〙塩基性の《珪酸(けいさん)含有量の比較的少ない》；塩基性製鋼法の[による] ‖ ～ dye 塩基性染料 / ～ rocks 塩基性岩

—名 (複 **～s** /-s/) C《～s》《口》❶〈…の〉**基本的なもの**, 基礎, 基本, 初歩〈**of**〉‖ the ～*s of* aerobics エアロビクスの基本 / get [OR go] back to ～*s* 基本に戻る；原点に帰る ❷ (生きるために必要な)基本的な食物[衣料]；必需品

BASIC /béɪsɪk/ 名 U 💻 ベーシック言語《初心者向けのコンピューター用プログラミング言語》(♦ *B*eginners' *A*ll-purpose *S*ymbolic *I*nstruction *C*ode の略. Basic ともつづる)

*****ba·si·cal·ly** /béɪsɪkəli/

—副《比較なし》❶《文修飾》**基本的には**；総体的には, 要するに(♥ 細かなことにはこだわらず要点のみを述べるときに用いる) ‖ *Basically*, the U.S. is a classless society. 基本的には, 合衆国は階級のない社会である / *Basically*, you are right. 基本的には, 君は正しい(♥「完全には認めていない」あるいは「判断がつかない」というニュアンスを持つ)

❷ 基本的な点で, 根本的に ‖ a ～ honest businessman 根は正直なビジネスマン

❸ 必要最小限に, 必要なものだけで ‖ The car was very ～ equipped. その車には必要最小限の装備だけついていた

bas·il /bǽzəl, +米 béɪzəl, béɪsəl, bǽsəl/ 名 U〘植〙バジル《シソ科. 葉は香味料》

ba·si·lect /bǽzɪlèkt/ 名 U〘言〙下位方言《ある社会で最も格式の低い方言》(↔ acrolect)

ba·sil·i·ca /bəsílɪkə | -zíl-/ 名 C ❶ バシリカ《古代ローマの長方形の大建造物. 法廷・集会所などに使用》 ❷ バシリカ風の教会堂《教皇から特権を認められたローマカトリックの教会》

bas·i·lisk /bǽzəlìsk/ 名 C ❶〘ギ神〙バシリスク《トカゲに似た伝説上の怪物で, 息や眼光で人を殺したという》 ❷〘動〙バシリスクトカゲ《中米産のイグアナ科のトカゲ》

bas·i·lo·sau·rus /bæ̀səlәsɔ́:rəs/ 名 (複 **～·es** /-z/ OR **-sau·ri** /-sɔ́:raɪ/) C〘古生〙バシロサウルス《始新世(約4500万年前～約3600万年前)に生息した原始的な鯨》

***ba·sin** /béɪsən/《発音注意》名 C ❶ 洗面器, たらい, 水盤；《英》洗面台 ❷ (洗面器・たらいなどの) 1杯分の量 (basinful) ‖ two ～*s* of hot water 洗面器2杯分の湯 ❸《英》(調理用具としての)ボウル ❹ 水たまり, ため池 ❺ 内湾, 入り江；(内湾の)係船地, ドック ‖ a yacht ～ ヨット係留地 ❻〘地〙盆地；海盆；(川の)流域 ‖ the Missouri ～ ミズーリ川流域

bá·sin·fùl /-fùl/ 名 ＝basin ❷

*****ba·sis** /béɪsɪs/

—名 (複 **-ses** /-si:z/) C ❶《単数形で》**基礎**；根拠, 論

拠〈**for, of** …の / **that** 節 …だということの〉(⇨ BASE[1] 類語) ‖ The desire for peace has **formed** [OR **provided**] the ～ *of* our country's diplomacy. 平和への願いが我が国の外交の基礎をなしてきた / We're dealing with this problem **on** the ～ *that* it will be solvable within a limited amount of time. 我々は限られた時間内にこの問題が解決可能だという前提の下に取り組んでいる / Myths usually have some ～ in reality. 神話はたいてい現実世界を基にしている / You have no ～ *for* such a belief. あなたにはそう信じるだけの根拠がない
❷ 基部, 基底(♦この意味では base がふつう)
❸《単数形で》基本原理, **原則**, 基準；運用システム ‖ On what ～ do you propose to hire them? どういう基準で彼らを雇うつもりなのか / **on a regular** ～ 定期的に / **on a daily** ～ 毎日 / on a part-time ～ パートタイム[非常勤]で / on a case-by-case ～ ケースバイケースで
❹ (薬・食品などの)主成分, ベース, 基剤
▸▸～ **pòint** 名 Ⓒ【金融】ベーシスポイント《100分の1パーセント. 利回りなどの動きを示すのに用いられる》

bask /bæsk | bɑːsk/ 動 自 ❶ 日光浴をする,〈日光浴などで〉暖まる〈**in**〉‖ ～ *in* the sun 日光浴をする ❷〈恩恵・人気などに〉浴する, 享受する〈**in**〉‖ The whole university ～*ed in* the glory reflected from Prof. Jones's Nobel Prize. 大学中がジョーンズ教授のノーベル賞受賞の栄誉に浸っていた
▸▸～**ing shàrk** 名 Ⓒ【魚】ウバザメ

bas·ket /bǽskət | bɑ́ːskɪt/《アクセント注意》
── 名 (複 ～**s** /-s/) Ⓒ ❶ **かご**, ざる, バスケット；(熱気球の)つりかご ‖ She tossed the letter into the wastepaper ～. 彼女は手紙をくずかごに投げ入れた / a shopping ～ 買い物かご
❷〈…の〉**かご1杯 (の量)** (basketful)〈**of**〉‖ a ～ *of* washing かご1杯の洗濯物
❸【バスケットボール】ゴール, バスケット；得点 ‖ shoot [OR make, score] a ～ (バスケットボールで)得点する
❹【経】一括, 包括, 集合 ‖ a ～ of currencies (包括)通貨バスケット ❺《英口》《婉曲的》= bastard ❸
put all one's eggs in [OR *into*] *one basket* ⇨ EGG[1] (成句)
▸▸～ **càse** 名 Ⓒ《口》① 無気力[無能力]な人；⊗《蔑》(精神的に)まいっている人；手足を失った人 ② 財政が逼迫(ひっぱく)した国[組織] ～ **càtch** 名 Ⓒ【野球】ポケットキャッチ《腹の前でグローブの手のひらを上向きに構えてフライを捕ること》 ～ **fòrmula** 名 Ⓒ【貿易】(複数国通貨の)加重平均方式, バスケット方式 ～ **wèave** 名 Ⓤ かごの目織り(模様)

bas·ket·ball /bǽskətbɔ̀ːl | bɑ́ːskɪt-/《アクセント注意》名 ❶ Ⓤ バスケットボール ‖ play ～ バスケットボールをする / watch a ～ game バスケットボールの試合を見る ❷ Ⓒ バスケットボール用のボール ‖ dribble [pass] a ～ バスケットボールをドリブル[パス]する

bás·ket·fùl /-fʊ̀l/ 名 Ⓒ かご1杯 (の量) ‖「a ～ [two ～*s*] of apples かご1杯[2杯]のリンゴ

bás·ket·ry /-ri/ 名 Ⓤ ❶ かご細工 (の技術) ❷《集合的に》かご細工品

básket-wèaving 名 Ⓤ かご細工[作り]
── 形 (大学の科目が)楽に単位のとれる, 楽勝科目の

básket·wòrk 名 Ⓤ Ⓒ かご細工(品)

bas mitz·vah /bɑ̀ːs mítsvə/ 名 Ⓒ【ユダヤ教】バスミツバ《13歳になった女子を社会の一員として認める成人式. またその女子》(→ bar mitzvah)
── 動 他〔少女〕にバスミツバの儀式を行う

Basque /bæsk/ 名 ❶ Ⓒ バスク人《ピレネー山脈の西部, バスク地方に住む民族》；Ⓤ バスク語 ❷《b-》Ⓒ バスク《胸から腰の下まである女性用ベスト. また女性用ジャケットの腰の下まで広がった部分》 ── 形 バスク人[語]の

bas-re·lief /bɑ̀ːrilíːf/ ⟨ジ 名 Ⓤ 浅浮き彫り(彫刻)(→ relief[2])

bass[1] /beɪs/《発音注意》(♦同音語 base) 名【楽】❶ Ⓤ バス《男声の最低音域を受け持つ声種》(→ alto, baritone, tenor) ‖ sing ～ in the choir 聖歌隊でバスのパートを歌う ❷ Ⓒ《単数形で》バス《楽曲の最低声部》 ❸ Ⓒ バス歌手；低音楽器《double bass, bass tuba など》；(= ～ **guitár**) ベースギター ❹ Ⓤ (オーディオアンプの) 低音域；Ⓒ 低音域調整用つまみ(→ treble)
── 形《限定》❶ (音・声が) 太くて低い ‖ a ～ voice 太くて低い声 ❷【楽】バスの；(楽器が) 最低音域の ‖ a ～ clarinet バスクラリネット
▸▸～ **clèf** 名 Ⓒ 低音部記号, ヘ音記号 (𝄢) ～ **drúm** 名 Ⓒ 大太鼓, バスドラム ～ **víol** 名 Ⓒ ① = viola da gamba ②《米》コントラバス, ダブルベース

bass[2] /bæs/ 名 (複 ～ OR ～**·es** /-ɪz/) Ⓒ【魚】❶ バス《北米原産のスズキ目サンフィッシュ科の淡水魚》❷ スズキの類の海水魚

bass[3] /bæs/ 名 ❶ = bast ❷ = basswood

bas·set /bǽsɪt/ 名 (= ～ **hòund**) Ⓒ【動】バセット《フランス原産の短脚・胴長で耳の垂れた猟犬》 ▸▸～ **hòrn** 名 Ⓒ バセットホルン《クラリネット属の古い木管楽器》

Basse·terre /bæ̀stéər/ 名 バセテール《西インド諸島, セントクリストファー＝ネイビスの首都》

bas·si·net /bæ̀sɪnét/ 名 Ⓒ (柳の枝などで編んだ) 揺りかご[乳母車]

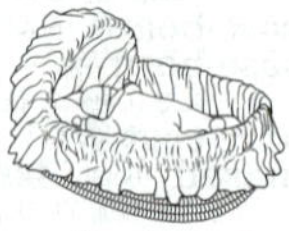
bassinet

bass·ist /béɪsɪst/ 名 Ⓒ【楽】ダブルベース[コントラバス]奏者

bas·so /bǽsoʊ/ 名 (複 ～**s** /-z/ OR **-si** /bǽsiː/) Ⓒ【楽】低音部(の歌手), バス(歌手)
▸▸～ **pro·fún·do** /-proʊfʌ́ndoʊ/ 名 (～**s pro·fun·dos** /-z/ OR **bas·si pro·fun·di** /-diː/) Ⓒ【楽】バッソプロファンド《バスの極低音域. またその歌手》

bas·soon /bəsúːn/ 名 Ⓒ【楽】バスーン, ファゴット《大型の低音用木管楽器》 ～**·ist** 名 Ⓒ バスーン奏者

bas·so-re·lie·vo /bæ̀sourilíːvoʊ/ 名 = bas-relief

bass·wood /bǽswʊ̀d/ 名 Ⓒ【植】(北米産の) シナノキ (linden)；Ⓤ シナノキ材

bast /bæst/ 名 Ⓤ ❶【植】(特に麻の) 靭皮(じんぴ) ❷ (= ～ **fiber**) 靭皮繊維《茎の周辺部から採れる繊維. むしろ・敷物などの材料になる》

bas·tard /bǽstərd | bɑ́ːs-/ 名 Ⓒ ❶ ⊗《蔑》いやなやつ, (無礼な[しゃくに障る])やつ, 野郎(♥通例男性に対して用いる)；《英俗》(やっかいな[いやな])もの ‖ That ～ stole my bike! あの野郎, おれの自転車を盗みやがった / You lucky [poor] ～! 何て運のいい[悪い]やつなんだ, おまえは(♥うらやみ[同情]の気持ちを表す) ❷ にせ物, 粗悪品 ❸《古》私生児, 庶子(♥侮蔑(ぶ)的な語感がある. 中立的な表現としては an illegitimate child)
── 形《限定》❶《古》私生の, 庶出の ❷ にせの, まがい物の；(形・大きさなどが)並外れた, 異常な

bas·tard·ize /bǽstərdàɪz | bɑ́ːs-/ 動 他 ❶ (状態・質について)…を粗悪化する ❷《古》〔子供〕を非嫡出子と宣言する **-i·zá·tion** 名

baste[1] /beɪst/ 動 他 …を仮縫いする, しつけをする

baste[2] /beɪst/ 動 他 (あぶりながら)〔肉〕にたれなどをつける **bást·er** 名 Ⓒ たれつけ器

baste[3] /beɪst/ 動 他 ❶《旧》《口》(棒などで)…を強く打つ, めった打ちにする ❷《米》…をしかりつける

Bas·tille /bæstíːl/ 名 ❶《the ～》バスティーユ《中世にパリ東部に建てられた要塞(ようさい). 後に政治犯の牢獄(ろうごく)となるが, フランス革命のとき破壊された》❷《b-》Ⓒ 牢獄

bas·tion /bǽstʃən | -tiən/ 名 Ⓒ ❶ 稜堡(りょうほ)《城塞の突出部》❷ 防御陣地, 要塞, とりで ❸《比喩的に》とりで, よりどころ ‖ a ～ of freedom 自由のとりで

bat[1] /bæt/
── 名 (複 ～**s** /-s/) Ⓒ ❶ (野球・クリケットの) **バット**；(卓

球・バドミントンなどの)ラケット ❷《英》(航空機着陸誘導の)バット(《米》paddle) ❸重い棒, こん棒 ❹《口》(棒などで)打つこと, 打撃, 強打;打順 ❺〖クリケット〗打者
at bát ①〖野球〗打席に立って ②成否の鍵(かぎ)を握る立場で
càrry one's bát 〖クリケット〗(打者が)イニングの終わりまでアウトにならずに残る
off one's òwn bát 《英口》自ら進んで;自力で
plày a stràight bát 《英》①(難しい質問に)答えるのを避ける, 返事をごまかす ②《旧》(保守的で)まじめにやる
rìght off the bát 《米口》直ちに
ùp at bát 〖野球〗攻撃側になって
—動 (~s /-s/; **bat·ted** /-ɪd/; **bat·ting**)
—他 ❶…をバット[手など]で打つ;…をこん棒で殴る ❷〖野球〗打って[走者]を進塁させる;…の打率をあげる
—自 ❶バット[手など]で打つ ❷〖野球・クリケット〗打席に立つ, 打順が回ってくる ‖ I'm *batting* ninth. 私は9番バッターです
bàt aróund 《口》〈他〉Ⅰ《*bàt aróund ...*》…を歩き回る Ⅱ《*bàt aróund ... / bàt ... aróund*》[案など]を検討する —〈自〉①ぶらつく ②〖野球〗(1イニングで)打者が一巡する
bàt ín ... / bàt ... ín 〈他〉〖野球〗[打点]をあげる ‖ ~ *in* two runs 2打点あげる
bàt óut 〈他〉《*bàt óut ... / bàt ... óut*》《米口》…をその場で[ぞんざいに]作り出す[書く] —〈自〉《米》〖野球〗三振する
gò (in) to bát for ... 《主に米口》…を支持する, 弁護する(♦「代打する」から)
▸▸ ~ **bòy** [**gìrl**] 名 C 〖野球〗バットボーイ[ガール]《バットの手入れや管理をする》

*__bat__[2] /bæt/ 名 C 〖動〗コウモリ
an òld bát 《口》感じの悪い[不愉快な]老女
(as) blìnd as a bát (コウモリのように)全く[あまりよく]目が見えない
hàve báts in the [OR *one's*] *bélfry* 《口》頭がおかしい, (考えなどが)変わっている
like a bàt out of héll 《口》猛スピードで

bat[3] /bæt/ 動 (**bat·ted** /-ɪd/; **bat·ting**) 他 (特に女性が誘うように)[目]をぱちくりさせる, まばたきする
not bàt an éye [OR *éyelid, éyelash*] 《口》①まゆ一つ動かさない, 平然としている ②一睡もしない

*__batch__ /bætʃ/ 名 C ❶〈パンなどの〉1焼き分, 1かま(分);〈薬などの〉1回分(の分量);〈コンクリートなどの〉1回にできる製品(の量)〈**of**〉‖ mix a ~ *of* cement セメント1回分を混ぜる ❷(人・物の)1団, 1群, 1束 ‖ a ~ of tourists 観光客の1団 / in ~*es* 束にして ❸💻バッチ《一括で処理を行うプログラムやデータの単位》 —動 他…を1回分(の量)にまとめ(て処理す)る, (1回分ごとに)量り分ける
▸▸ ~ **fìle** 名 C 💻バッチファイル ~ **prócessing** 名 U 💻一括処理(方式), バッチ処理

bate /beɪt/ 動 他《古》…を減らす(♦通例次の成句で用いる)
with bàted bréath 《堅》固唾(かたず)をのんで

ba·teau /bætóu/ 名 (複 **~x** /-z/) C (カナダで用いられる両端がとがった)平底の川舟

:__bath__ /bæθ | bɑːθ/
—名 (▶ bathe 動) (複 **~s** /bæðz, bæθs | bɑːðz, bɑːθs/) C ❶**入浴**, **ふろ**;…浴(♦湯・水のほか, 蒸気・日光・泥など「浴びる」ものなら何でもよい) ‖ I usually **take** [OR have, 《口》get] a ~ in the morning. 私はたいてい朝ふろに入る(♦「浴槽に入る」動作は get into a bath) / a **hot** [cold] ~ 温[冷]水浴, ふろ[水ぶろ] / a sun ~ 日光浴 / give him a ~ 彼をふろに入れる / go for a ~ in the river 川へ水浴に行く
❷《英》(浴用の)水[湯] ‖ run a ~ ふろに湯[水]を張る / The ~ is ready. ふろが沸いた / Can you answer the phone? I'm **in the** ~. 電話に出てくれない? 今おふろに入っているから
❸《英》浴槽, ふろおけ(bathtub);浴室(bathroom)
❹《通例 ~s》《英》《旧》公衆浴場(《英》ではふつうプール・集会所などがついている);(古代ギリシャ・ローマの)浴場;温泉, 湯治場(spa)
❺〖化〗溶液(の入った容器);〖写〗現像[定着]液
❻液体に覆われた状態 ‖ in a ~ of sweat 汗だらけで
tàke a báth ①⇨名❶ ②《口》大損する
tàke [OR *hàve*] *an èarly báth* 《英口》(サッカーなどで)退場させられる
—動 他《英》…をふろに入れる(《米》bathe) —自《英》《旧》ふろに入る(《米》bathe)(♦have a bath の方がふつう)
▸▸ ~ **cùbe** 名 C《英》=bath salts ~ **màt** 名 C バスマット《浴室用の足拭きマット》 ~ **sàlts** 名 複 バスソルト, 浴用塩《湯の肌触りを柔らかくし香気を与える薬品》 ~ **tòwel** 名 C バスタオル, 湯上がりタオル

Bath[1] /bæθ | bɑːθ/ 名 バース《英国エーボン州の都市. ローマ時代に建てられた温泉がある》
▸▸ ~ **bún** 名《ときに b-》C《英》バースバン《果物・香料入りの丸い菓子パン. 英国の温泉療養地 Bath の特産》 ~ **cháir** 名《ときに b-》C《旧》病人用ほろ付き車いす《Bath で使用され始めた》

Bath[2] /bæθ | bɑːθ/ 名《the ~》英国のバス勲位(the Order of the Bath)

*__bathe__ /beɪð/ 《発音注意》動 [◁ bath 名] 他 ❶…を(水などに)浸す ‖ ~ one's feet in hot water 足を湯につける ❷…を(水などで)洗う ‖ ~ one's face with cold water 冷水で顔を洗う ❸《米》…をふろに入れる(《英》bath) ❹…を(一面に)ぬらす;《文》(光などが)…を包む ‖ Sweat ~*d* his brow.=His brow was ~*d* in sweat. 彼の額は汗びっしょりだった / The trees are ~*d* in moonlight. 木々が月光を浴びている ❺(川・海などが)[岸]を洗う
—自 ❶《米》ふろに入る(《英》bath)(♦take a bath の方がふつう) ❷水浴びする;《英》《旧》(海)水浴をする, 水泳をする ‖ ~ in the sea 海水浴をする / go *bathing* (海)水浴に行く(♦go swimming [OR for a swim] の方がふつう) ❸(水・光などに)浸る ‖ ~ in the sun 日光浴をする(sunbathe)
—名 C (単数形で)《英》水浴び ‖ have a ~ 水浴びをする / go for a ~ in the sea 海に泳ぎに行く

bath·er /béɪðər/ 名 C ❶《英》水浴びする人 ❷《~s》《豪・ニュージ口》水着

báth·hòuse 名 C ❶ふろ屋, 浴場 ❷《米》(海水浴場などの)脱衣室

bath·ing /béɪðɪŋ/ 名 U《英》水浴び, 水泳;《米》入浴
▸▸ ~ **càp** 名 C《旧》水泳帽 ~ **còstume** 名 C《英》=bathing suit ~ **machìne** 名 C (昔の)更衣車《海のそばまで引いていって中で着替えができた》 ~ **sùit** 名 C《主に米》水着(swimsuit)

bath·o·lith /bǽθəlɪθ/ 名 U C 〖地〗底盤《地殻の底深くまで形成された大火成岩体》

ba·thos /béɪθɑ(ː)s, -θɔːs | -θɒs/ 名 U ❶〖修〗漸降法, ベーソス《荘重な調子が急に滑稽(こっけい)さで終わる文体》;竜頭蛇尾(anticlimax) ❷わざとらしい[過度の]感傷 ❸(文体の)陳腐さ, 平凡さ **ba·thét·ic** 形

báth·ròbe 名 C (入浴の前後に着る)バスローブ, ガウン;《米》化粧着(dressing gown)

:__bath·room__ /bǽθrùːm, -rʊ̀m | bɑ́ːθ-/ 《アクセント注意》
—名 (複 **~s** /-z/) C **浴室**, 化粧室(♥《米》ではふつう浴室とトイレが1つになっているので, 個人の家では go to the bathroom が婉曲的に「トイレに行く」の意味で用いられることが多い. 公共のトイレは ladies' [OR men's] room, powder room(女性用), restroom, lavatory などという) ‖ Where's the ~? トイレはどこですか(=Where can I wash my hands?) / Can I use your ~, please? トイレをお借りしていいですか
▸▸ ~ **scàle** 名 C (浴室にある)体重計(❗×health meter とはいわない) ~ **tìssue** 名 C《婉曲的》トイレットペーパー

Bath·she·ba /bæθʃíːbə/ 名 〖聖〗バテシバ《ウリヤ(Uriah)の妻. のちにダビデ(David)の妻となり, ソロモン(Solo-

mon)を産む》
báth·tùb 名 C《主に米》浴槽, バスタブ
báth·wàter 名 U 浴槽の中の湯[水]
bath·y·scaphe /bǽθɪskèɪf/ 名 C バチスカーフ《深海生物調査用の潜水艇》
bath·y·sphere /bǽθɪsfìər/ 名 C バチスフェア《深海生物調査用潜水球》
ba·tik /bətíːk/ 名 U ろうけつ染め法；C ろうけつ染めの布, バティック
ba·tiste /bætíːst/ 名 U バチスト織《上質の薄手の麻[綿]布地》
bat·man /bǽtmən/ 名 (複 **-men** /-mən/) ❶ C《旧》(英国陸軍将校の)従卒(中立 aide) ❷《B-》バットマン《アメリカのコミックスの主人公》
bat mitz·vah /bàːt mítsvə/ 名 =bas mitzvah
ba·ton /bətá(ː)n | bǽtən/ 名 C ❶〘楽〙指揮棒 ❷(リレー用の)バトン；(バトントワラーなどが持つ)バトン(❗「バトンタッチ」は和製語. リレー競技での「バトンの受け渡し」は,「渡す」は pass [OR hand over] the baton,「受ける」は receive the baton. 仕事の「引き継ぎ」の意では,「渡す」方は同様に「pass the baton (on) [OR hand over the baton] to ...,「受け継ぐ」方は take [OR pick] up the baton のようにいう) ❸《英》(警察官の)警棒 ❹(官職・機能を象徴する)つえ；官杖(かんじょう) ❺〘紋章〙バトン紋《非嫡出子の印》
▸▸ ～ **chàrge** 名 C《主に英》(大勢の警官による)警棒での攻撃 ～ **ròund** 名 C《英》暴徒鎮圧用のゴム弾, プラスチック弾 ～ **twìrler** 名 C バトンを振って指揮をする人, バトントワラー(♦ 男女は問わない. バトンガールは drum majorette という)
Bat·on Rouge /bætən rúːʒ/ 名 バトンルージュ《米国ルイジアナ州の州都》
ba·tra·chi·an /bətréɪkiən/ 名 C〘動〙無尾類, (無尾)両生類《カエル類など》 ─ 形 無尾類の
bats /bæts/ 形《通例叙述》《口》頭のおかしい
***bats·man** /bǽtsmən/ 名 (複 **-men** /-mən/) C ❶(クリケットの)打者(↔ bowler) ❷(航空機の着陸や地上誘導の)バット信号[誘導]手
***bat·tal·ion** /bətǽljən/ 名 C ❶〘軍〙大隊《3中隊以上からなり, regiment や brigade の一部をなす歩兵》(→ squadron) ‖ A major commands a ～. 少佐が大隊を指揮する ❷《しばしば ～s》(同じ目的を持つ)大勢の人, 大群 ‖ ～*s* of technocrats 大勢の専門技術者たち
bat·tels /bǽtəlz/ 名 複《英》(オックスフォード大学の)学寮費《学寮売店の勘定書・食費などをも含む》
bat·ten[1] /bǽtən/ 名 C ❶(継ぎ目をふさぐ)目板, はめ木 ❷〘海〙(ハッチの防水布を留める)あて木, 留め板
─ 動 他 …を目板で補強する
bàtten dówn ... / bàtten ... dówn 〈他〉(目板などで)…を固定する ‖ a *battened-down* city (台風などに対して)しっかりと防備を固めた都市
bat·ten[2] /bǽtən/ 動 自〈他人を犠牲にして〉栄える, 安楽に暮らす〈**on**〉
***bat·ter**[1] /bǽtər/ 動 他 ❶〔子供・配偶者など〕を虐待する, …に常習的に暴力を振るう；…を(こぶし・鈍器などで)繰り返し殴る, 打つ(♦ しばしば受身形で用いる) ‖ The woman was ～*ed* by her husband. その女は夫から暴力を振るわれた / The statue was ～*ed* to pieces with a hammer. その彫像はハンマーで何度もたたかれてばらばらになった ❷(風雨・高波などが)…に打ちつける；…を〈…に〉たたきつける〈**at, on, against**〉‖ Driving rain and gales ～*ed* the coast. 横殴りの雨と嵐(あらし)が海岸を襲った / The violent waves ～*ed* the boat *against* the rocks. 荒れ狂う波がボートを岩にたたきつけた ❸〔理論など〕を酷評する, こき下ろす ─ 自〈…を〉繰り返したたく, 襲う, 〈…に〉激しくぶつかる〈**at, on, against**〉
bàtter dówn ... / bàtter ... dówn 〈他〉…を打ち壊す
─ 名 U〘印〙活字のつぶれ[磨滅]

bat·ter[2] /bǽtər/ 名 C (野球・クリケットなどの)打者, バッター(→ batsman)
bat·ter[3] /bǽtər/ 名 U〘料理〙(小麦粉・牛乳・卵を混ぜた)(揚げ物の)衣；《米》(ケーキの)生地
─ 動 他 …に衣をつける
bat·tered /bǽtərd/ 形 ❶《通例限定》(女性・子供が)虐待を受けた, (殴られて)傷を負った ‖ the plight of ～ wives 虐待される妻たちの窮状 ❷ 使い古しの, 散々使われて損傷した
▸▸ ～ **chíld** [**báby**] **sỳndrome** 名 U 被虐待児症候群(♦ 主婦の場合には battered wife syndrome という)
bat·ter·ing /bǽtərɪŋ/ 名 U 虐待, 殴打；C 酷評 ‖ baby ～ 幼児虐待 ▸▸ ～ **ràm** 名 C 破城槌(つち)《昔は城壁などの破壊に用いた武器. 現在は災害時にビルのドアなどを破るのに用いる金属棒をいう》
*****bat·ter·y** /bǽtəri/
─ 名 (複 **-ter·ies** /-z/) C ❶ **電池, バッテリー** ‖ The ～ is dead [OR flat, gone, run down]. バッテリーが上がった / ～-operated [OR -powered] 電池式の, バッテリーで動く / **recharge** [OR charge] a ～ バッテリー[電池]に充電する / ～ life 電池の寿命
連語【形/名 ＋ ～】「an alkaline [a lithium, a nicad] ～ アルカリ[リチウム, ニカド]電池 / 「a "D" [a "C", an "AA", an "AAA"] (size) ～ 単1[2, 3, 4]電池 / a solar ～ 太陽電池 / a car ～ 自動車のバッテリー / a dry [storage, rechargeable] ～ 乾[蓄, 充]電池
❷〈同種の物・事の〉一式, 一連, 一組；器具一式；ずらりと並んだもの[人]〈**of**〉‖ a ～ *of* cooking utensils 料理道具一式 / a ～ *of* questions 一連の質問 / pass a ～ *of* tests 一連の[総合]テストに受かる / A ～ *of* reporters blocked the way. レポーターの一群が道をふさいだ
❸《主に英》(養鶏場の)一連の鶏舎[ケージ], バタリー(舎)；家畜小屋；《形容詞的に》バタリー飼育の ‖ a ～ farm バタリー式養鶏場 ❹《the ～》〘野球〙バッテリー《投手と捕手》❺〘軍〙砲台；一連の砲；(戦艦の)装備砲；砲兵(中)隊 ❻ U〘法〙暴行, 不法接触(♦ 通例 assault and battery(暴行殴打)で用いる. → assault)；殴ること, 殴打 ❼〘楽〙(オーケストラの)打楽器(部), パーカッション
rechàrge one's bátteries (元気回復のために)休息する, 一息入れる, 充電する
▸▸ ～ **pàck** 名 C バッテリーパック
bat·ting /bǽtɪŋ/ 名 U ❶(野球・クリケットなどの)打撃 ‖ open the ～〘クリケット〙2人の先頭打者の1人として打つ ❷(布団などの)詰め綿 ▸▸ ～ **àverage** 名 C ①(野球・クリケットなどの)打率 ②《米口》成功率 ～ **càge** 名 C〘野球〙(打撃練習用の)バッティングケージ ～ **òrder** 名 U (野球・クリケットなどの)打順
*****bat·tle** /bǽtl/ 名 動
─ 名 (複 **～s** /-z/) C ❶〈…との〉**戦闘**, 戦い；U 戦闘行為, 交戦〈**against, with**〉(⇨ 類語) ‖ This field was the site of the *Battle* of Sekigahara. この野原は関が原の戦いの現場だった / lose [win] a ～ *against* [OR *with*] the enemy 敵との戦いに負ける[勝つ] / a long ～ between police and terrorists 警察とテロリストとの長い戦い / a fierce [OR bitter] ～ 激戦
❷《通例単数形で》(一般に)**争い**, **闘争**, 競争〈**with, against**…との；**for**…を求めての〉‖ The legal ～ between the band members arose over their fees. バンドのメンバーの間にギャラをめぐって法廷闘争が起こった / The ～ *against* AIDS will be long and difficult. エイズとの闘いは長くて困難なものになるだろう / a ～ *for* survival 生存競争 / a ～ of technology 技術戦争 / a ～ of nerves 神経戦 / a ～ of wits 知恵比べ / a ～ of wills 意地の張り合い / a ～ *with* one's weight 自分の体重との格闘 / a political ～ over immigration restrictions 移民規制に絡む政治闘争

❸ 《the ～》勝ち戦, 勝利；成功 ‖ The ～ is to the strong. 勝利は強い者にもたらされる
be hàlf the báttle (物事が)勝利につながる；半ば勝ったも同然である ‖ Youth *is half the* ～. 若さが勝利を呼ぶ
dò báttle 〈…と〉戦う, 論争する〈**with**〉
fight a lòsing báttle 負け戦をする；(成功の) 見込みがないのに奮闘する
fight one's ówn bàttles 自分で切り開く
The báttle lìnes are dráwn. (争点がはっきりして) 戦闘態勢が整う, 対立姿勢が強まる；火ぶたが切られる
wìn the báttle, lòse the wár 戦闘に勝って戦争に負ける
—動 自 ❶ 戦う, 参戦する
❷ 奮闘する, 頑張る〈**against, with** …と；**for** …のために；**to *do*** …するために〉 ‖ The farmers ～*d against* the invasion of the crows. 農場経営者たちはカラスの侵入に立ち向かった / ～ *with* one's desire to smoke たばこを吸いたい気持ちと格闘する / ～ *for* women's rights 女性の権利のために闘争する —他 …と戦う
bàttle it óut 最後まで戦う

類語 《名 ❶》 **battle** ある場所である期間続く組織的な戦闘. 〈例〉 the *battle* of Waterloo ワーテルローの戦い
war ある戦争全体を指し, その中には数多くの battle が含まれる. 〈例〉 the two world *wars* 2つの世界大戦
fight 「争い」を意味する一般的な語で, 肉体的な格闘を強調する.
combat 武装した2者の戦い.

▸▸ ～ **crùiser** 名 C 巡洋戦艦 ～ **crỳ** 名 C 《通例単数形で》 ① 鬨(とき)の声 ② (運動の) スローガン ～ **drèss** 名 U (特に昔, 英国の兵士が着た) 戦闘服 ～ **fatìgue** 名 U 戦闘神経症 (combat fatigue) 《戦場の兵士の一種の神経衰弱症》 ～ **róyal** 名 (複 **～s r-** OR **～-als**) C ① (3者以上による) 大乱戦 ② 白熱した論戦

báttle-àx, 《英》**-àxe** 名 C ❶ 《口》《けなして》口やかましい女 ❷ 戦斧(せんぷ)《昔, 武器として使われた大きなおの》

bat·tle·bot /bǽtlbɑ(ː)t | -bɔt/ 名 C (ラジコンで操作する) 戦闘ゲーム用ロボット (♦ BattleBot ともつづる)

bat·tle·dore /bǽt̬ldɔ̀ːr/ 名 ❶ C 羽子板, ラケット ❷ (=～ **and shúttlecock**) U 羽根つき

***báttle·fìeld** 名 C ❶ 戦場 ‖ on the ～ 戦場で ❷ 闘争[争い]の場；争い事

báttle·gròund 名 =battlefield

bat·tle·ment /bǽtlmənt/ 名 C 《通例 ～s》 (銃眼[挟間(はざま)]付き) 胸壁；胸壁を巡らした屋上

báttle-scàrred 形 (人が) 戦傷を負った, (場所が) 戦争で損害を受けた

báttle·shìp 名 C 戦艦

bat·tue /bætjúː/ 名 U ❶ (やぶなどをたたいて) 獲物を狩り出すこと；C その狩猟隊 ❷ 大量殺戮(さつりく)

bat·ty /bǽt̬i/ 形 《口》頭のおかしい

bau·ble /bɔ́ːbl/ 名 C 安ぴかもの；くだらないもの；《英》(クリスマスツリーを飾る) 小球

baud /bɔːd/ 名 (複 ～ OR **～s** /-z/) C 〖電子〗 ボー 《キャリア波 (アナログ信号での通信における基準波) の1秒間に起こる状態変化の回数を表す変調速度の単位》；💻=bps
▸▸ ～ **ràte** 名 C 💻 (ネットワークでの) 通信速度, データ転送速度 (bps)；ボーレート 《bps/1baud で伝送される情報量により求められる》

Bau·de·laire /bòudəléər | ˊ--ˊ/ 名 **Charles (Pierre)** ～ ボードレール (1821–67) 《フランスの詩人》

Bau·haus /báuhàus/ 名 バウハウス 《1919年にドイツのワイマールに創立された総合造形学校. 産業・工芸・美術などを統合し機能的なデザインを生み出す動きに影響を与えた》

baulk /bɔːk/ 動 名 =balk

baux·ite /bɔ́ːksàɪt/ 名 U 〖鉱〗 ボーキサイト 《アルミニウムの原鉱》

Ba·var·i·a /bəvéəriə/ 名 ババリア, バイエルン (ドイツ語名 Bayern) 《ドイツ南部の州. 州都 Munich.》

Ba·var·i·an /bəvéəriən/ 形 ババリアの；ババリア人の；ババリア方言の —名 ❶ C ババリア人 [住民] ❷ U バババリア方言 《ババリア地方の高地ドイツ語》
▸▸ ～ **créam** 名 U ババロア

bawd·y /bɔ́ːdi/ 形 みだらな, 卑猥(ひわい)な —名 U 猥談(わいだん) [書] **báwd·i·ly** 副 **báwd·i·ness** 名

báwdy·hòuse 名 C 娼家(しょうか), 売春宿

bawl /bɔːl/ (♦ 同音語 ball) 動 自 ❶ 〈人に〉どなる；(泣き) 叫ぶ 〈**at**〉 ‖ ～ *at* him 彼に向かってどなる / ～ for help 大声で助けを求める ❷ 《口》(泣き) わめく
—他 …をどなって[大声で]言う 《*out*》
bàwl óut ... / bàwl ... óut 〈他〉 ① …をどなって言う (→ 他) ② 《口》〔人〕を(厳しく)しかり飛ばす
—名 C どなり声, 叫び(声)

****bay**[1] /beɪ/
—名 (複 **～s** /-z/) C ❶ 湾, 入江 (♦ gulf より小さく, cove より大きい) ‖ Ise *Bay* 伊勢湾 / the *Bay* of Naples ナポリ湾 (♦ 地名につくときは B-) ❷ 山ふところ
▸▸ **Báy Stàte** 名 《the ～》米国マサチューセッツ州の俗称

bay[2] /beɪ/ 名 C ❶ (建物・敷地などの) 1区画；〖建〗 格間(ごうま) 《柱と柱の間》 ‖ a 3-～ garage 3台用車庫 ❷ (張り出し窓用の) 入(い)り込み；=bay window ① ❸ (建物の) 翼(よく) ❹ (納屋の) 穀物[干草]置き場 ❺ (飛行機の) 隔室, 倉(そう) ‖ a bomb ～ 爆弾倉 ❻ =sickbay ❼ 《英》(鉄道の) 側線基点；側線発着ホーム ❽ 💻 ベイ 《パソコンの筐体(きょうたい)内のハードディスクやCD-ROMドライブなどを収納するスペース》
▸▸ ～ **wíndow** 名 C ① 張り出し窓, 出窓 ② 《俗》太鼓腹

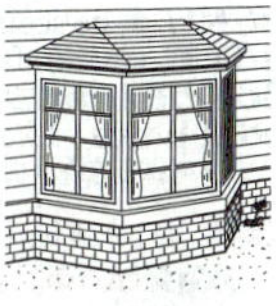
bay window ①

bay[3] /beɪ/ 名 U ❶ (特に猟犬が獲物を追い詰めたときの) ほえ声 ❷ 追い詰められた状態, 窮地 (♦ 通例次の成句で用いる)
at báy (獲物が) 追い詰められて；窮地に立って
brìng ... to báy …を追い詰める
****hòld*** [OR ***kèep***] ***... at báy*** 〔敵など〕を寄せつけない
—動 自 ❶ (犬が) 長く低くほえる, うなる ‖ ～ at a thief 泥棒に向かってうなる ❷ 《通例進行形で》(一群の人が) 〈…を要求して〉 大声で叫ぶ 〈**for**〉 —他 ❶ …をほえながら追いかける；…を追い詰める ❷ (うなるような声で) …を言う

bay[4] /beɪ/ 名 C ❶ ローレル, 月桂樹 (laurel) ❷ 《～s》《文》月桂冠；名誉, 名声
▸▸ ～ **lèaf** 名 C ベイリーフ 《乾燥した月桂樹の葉. 香味料》 ～ **rúm** 名 U ベーラム 《ベーラムの木 (bayberry) の葉から採る香油. 化粧品用》 ～ **trèe** 名 C 〖植〗 月桂樹

bay[5] /beɪ/ 名 C 鹿毛(かげ)の馬
—形 (馬が) 鹿毛の；赤褐色の

bay·ber·ry /béɪbèri/ 名 (複 **-ries** /-z/) C ❶ (北米産の) ヤマモモの木 [実] ❷ (西インド諸島産の) ベーラムの木 [実]

***bay·o·net** /béɪənət | -nɪt/ 名 C ❶ 銃剣 ‖ fix a ～ 銃剣をつける ❷ (差し込みソケットの) 口金
—動 (**～·ed** OR **-net·ted** /-ɪd/；**～·ing** OR **-net·ting**) 他 …を銃剣で突く ‖ ～ an enemy to death 敵を銃剣で突き殺す

bay·ou /báɪou | báɪuː/ 名 C (北米南部の川・湖に続いた) 沼地, よどみ, バイユー

***ba·zaar** /bəzɑ́ːr/ 名 C ❶ (中東の) 市場, バザール, 商店街 ❷ (基金を集めるための) バザー, 慈善市 ‖ hold a ～ バザーを開く ❸ 《旧》雑貨店；デパート

ba·zil·lion /bəzíljən/ 名 C 《米口》何億兆, 無数, 莫大(ばくだい)な数

ba·zoo·ka /bəzúːkə/ 名 C バズーカ砲 《携帯用のロケット式対戦車砲》

BB[1] /bíː bìː/ 名 《米》 ❶ U BBサイズ 《銃弾のサイズ. 直径は

0.18インチ)❷(＝～ shòt)Ⓒ BB弾《ショットガンや空気銃に用いる》
▶▶～ gùn 名Ⓒ《米》(口径0.18インチの)空気銃

B̀B² 記号《英》doubleblack《(鉛筆の)2B》

b-ball /bíːbɔ̀ːl/ 名Ⓤ《口》＝basketball

***BBC** ◁ 略 *B*ritish *B*roadcasting *C*orporation(英国放送協会)(♦《英口》では the Beeb /biːb/ ともいう)‖～ English BBC英語《BBCのアナウンサーの使う英語》

bbl. 略(⑱～ OR **bbls.**)barrel

B-bòy 名Ⓒ《ときに b-boy》ラップミュージックファン[演奏家]の男性, (男性の)ブレークダンサー(→ B-girl)

BBQ /bɑ́ːrbɪkjùː/ 略 barbecue

BBS 略 💻 *B*ulletin *B*oard *S*ystem《(インターネット上の)電子掲示板システム》

***B.C.¹, BC¹** 略 *b*efore *C*hrist(紀元前)(♦常に年号・世紀の後に置き, 44 B.C. のようにふつうスモールキャピタルで書く. → A.D.)‖in (the year) 399 ～ 紀元前399年に / in the fourth century ～ 紀元前4世紀に

BC², B.C.² 略 *B*ritish *C*olumbia ; *B*ritish *C*ouncil

bcc 略 💻 *b*lind *c*arbon *c*opy《複数の相手にほかの送信先を知らせずに同一内容のメールを送信する設定》

BCD 略 💻 *b*inary *c*oded *d*ecimal(2進化10進数)

BCE, B.C.E. 略《また b.c.e.》*B*efore the *C*ommon *E*ra(♦非キリスト教徒がB.C.の代わりに用いる)

B cèll 名Ⓒ〘生理〙B細胞(B lymphocyte)《抗体を作る》

BCG vàccine 名Ⓤ〘医〙BCGワクチン《結核予防用》(♦ *b*acillus *C*almette-*G*uérin vaccine より. Calmette, Guérin は共にフランスの細菌学者)

BCNU 略 be seeing you(♦主にEメールで使われる)

B/D 略 *b*ank *d*raft(銀行為替手形)

Bde, bde. 略〘主に軍〙Brigade

bdel·li·um /déliəm/ 名 ❶Ⓤ ブデリアム《バルサムの木などから採る芳香性樹脂》❷Ⓒ(ブデリアムを採る)バルサムの木

*****be** /弱 bi ; 強 biː/(♦強音の同音語 bee) 動 助

中心義 (Aの中に)ある(★Aは「場所」「状態」「継続的動作」など多様)

— 動(♦ be は主語と呼応して次の表のように変化する. ただし, 助動詞とともに用いられる場合は常に be の形である. 発音についてはそれぞれの語形を参照)

be の語形変化

(1) 直説法			
時制	人称	単数	複数
現在	一人称	**I am** (I'm)	**We are** (We're)
	二人称	**You are** (You're)	**You are** (You're)
	三人称	**He / She / It is** (He's) (She's) (It's)	**Ther are** (They're)
過去	一人称	**I was**	**We were**
	二人称	**You were**	**You were**
	三人称	**He / She / It was**	**They were**
過去分詞		**been**	
現在分詞 動名詞		**being**	
(2) 仮定法	(人称・性・数に関係なく)現在形 **be** 過去形 **were**		
(3) 命令法	**be**		

— 自 Ⅰ【直説法】❶《連結動詞として》…である, …の状態である, …となる **a**《+補〈名・形・副句〉》…である‖The violet *is* a pretty flower. スミレはかわいい花だ / *Is* your father a lawyer? お父様は弁護士ですか / Tokyo *is* the capital of Japan. ＝The capital of Japan *is* Tokyo. 東京は日本の首都だ(♦前者は「東京はどんな町か」などの質問の答えとして, 後者は「日本の首都はどこか」などの質問の答えとしてふさわしい) / Today *is* Tuesday. 今日は火曜だ / These shoes *are* leather. この靴は革(製)だ / *Are* you serious? 本気ですか / I *am* tired. 私は疲れた / What do you want to *be* when you grow up? 大きくなったら何になりたいの / She will *be* 12 next month. 彼女は来月で12歳になる(♦「…となる」の意味では become も使えるが, 上の2例では become より be の方がふつう. ⇨ PB 10) / It *was* almost noon when I woke up. 私が起きたときはもう昼近くだった / They *were* not interested in science. 彼らは科学に興味がなかった / This present *is* for you. これはあなたへのプレゼントです / I *am* not for this plan. 私はこの案に賛成ではない

b《+that 節 / wh 節 /wh to *do*》…ということ[…かどうか]である‖The trouble *is that* we have not found the evidence yet. 問題は我々がまだ証拠をつかんでいないということだ / It *is* not *that* I won't do it — it *is* just *that* I can't do it now. それをしないわけではない — ただ今はできないというだけだ / The question *is whether* he will really come. 問題は彼が本当に来るかということだ / The problem *is what to* do now. 問題は今何をすべきかだ

c《+to *do* / *doing*》…することである‖All you have to do *is* (*to*) push the button. ボタンを押しさえすればいい / The hardest part *is* finding the right person. 最も難しいのは適材を見つけることだ / *Seeing is believing.*《諺》見ることは信じることである ; 百聞は一見にしかず

❷ **a**《+副句》(ある場所に)ある, いる‖Your glasses *are* on your head. 君の眼鏡は頭に乗ってるよ / The station *is* over there. 駅はあちらです / He *is* in the garden. 彼は庭にいる / Where *am* I? ここはどこですか(♦ ×Where is here [this place]? とはいわない)

b《there is で》ある, いる(⇨ THERE 副 ❻)‖*Are* there any cherries? サクランボはありますか / *There is no rule without exception.*《諺》例外のない規則はない / There*'s* somebody at the door. ドアの所にだれかいる

語法 ☆☆ ❷ **a** では主語は通例聞き手にすでに存在が知られているものを示す語句. 聞き手にまだ存在が知られていないものの存在を表すには ❷**b** の there is [are] 構文を用いる. したがって「テーブルの上にペンがある」は ×A pen is on the table. とはふつういわず, There *is* a pen on the table. という. 逆に「筑波山は茨城県にある」は ×There is Mt. Tsukuba in Ibaraki Prefecture. とはいわず, Mt. Tsukuba *is* in Ibaraki Prefecture. という.

❸ 存在する(exist)‖I think, therefore I *am*. 我思う, 故に我あり《Descartes(デカルト)の言葉》/ God *is*. 神は存在する / Whatever *is*, is right. 存在するものはすべて正しい

❹《+副句》(ある場所に)行く, 来る‖The ambulance will *be* here soon. 救急車がもうすぐここへ来るだろう / Have you ever *been* to Rio? リオに行ったことがありますか(♦「行ったことがある」と経験を表す現在完了形は have gone ではなく have been とするのがふつう. ただし《米》では have gone も多く使われる. ⇨ GO¹, PB 30) / "How long have you *been* in Japan?" "Six months." 「日本に来てどれくらいになるの」「6か月です」/ I *am* from Texas State. 私はテキサス州出身です

❺《+副句》起こる, 行われる(♦ 副句 は時・場所を表す)‖When *is* the meeting? その会合はいつですか / The concert *was* last night. 演奏会は昨夜だった / Her birthday *is* next Tuesday. 彼女の誕生日は来週の火

曜です (♦ 副句 なしで使われることもある.〈例〉Such a thing should never *be* again. そんなことはもう二度と起こってはならない)

語法 be は疑問文・否定文で do を伴わない. 疑問文では be の変化形が主語の前に移動し, 否定文では not を be の変化形の直後に置く. しかし, 否定の命令文では「do not [OR don't]」, 命令文の強調では do を be 原形の前に置く (→ ❼, do[1] 助).

Ⅱ【仮定法・命令法】 ❻《仮定法現在》(♦ 現在ないし未来についての不確実性・疑いを示すが, 現代では固定表現を除き直説法を用いるのがふつう) ‖ If need *be*, I'll give you some aspirins. 必要ならアスピリンを何錠かあげましょう / *Be* that as it may, they are demanding too much. それはそうとしても, 彼らの要求は大きすぎる

❼《命令文で》‖ *Be* quiet! 静かにしなさい (♦ 強調するときは Do be quiet! ともいう) / Don't *be* silly. ばかなことを言うな[するな] (♦ 否定の命令文には don't を用いる) / Don't *be* long. さっさとやってくれ (♦ be は「時間がかかる」の意)

❽《提案・主張・要求などを表す動詞・形容詞に続く that 節 中で》(♦《英》では should be とするのがふつう) ‖ He suggested that I *be* the leader. 彼は私がリーダーになるよう提案した / It's essential that you *be* here on time. 時間どおりにここに来ることが大切だ

as [OR ***that***] ***wás*** 以前の, 旧姓 ‖ a member republic of the Soviet Union *that was* かつてのソ連に属していた共和国

COMMUNICATIVE EXPRESSIONS

1 **Bè a pál [mán].** 友達[男]でしょ (♥ 友人[男]らしく振る舞うよう諭す)

— 助 ❶《現在分詞とともに進行形を表す》(♦ 基本的には継続中の動作・状況を表すが, 共起する動詞の意味的性質により以下のような用法がある) **a**《現在進行中の動作・出来事》…**している** ‖ While we *were* talking, the telephone rang. 我々が話をしている間に電話が鳴った / I *am* writing an e-mail to him now. 今彼にEメールを書いているところです

b《確定的な未来・予定》…するつもり[予定]だ ‖ When *is* he leaving? 彼の出発はいつですか

c《always などを伴って》いつも…している (♥ 話し手の非難・いら立ちの感情を表すことがある) ‖ He *is* always complaining. 彼はいつも文句を言っている

d《瞬間的動作や到達を表す動詞とともに》今にも…するところだ ‖ He *is* reaching the summit. 彼は今にも頂上を極めるところだ

e《一定時間内の反復》よく…している ‖ I *am* seeing a lot of him these days. 最近はよく彼と会っています

f《be+being+形容詞[名詞]で一時的な状態・行動・態度を表す》…な状態である, …な振る舞いを(意識的に)する[している] ‖ He *is* being nice. 彼は意識的に親切にしている(にすぎない) / You*'re* being rude. ちょっと失礼なんじゃない (♥ 一時的な状態を表すので You're rude. よりやわらかい言い方) / He *was* being a fool yesterday. 昨日彼はばかな振る舞いをしていた

語法 進行形でない He is careful. が「彼は(常に)注意深い人だ」を表すのに対し, 進行形の He is being careful. は「彼は(今)注意深く行動している」の意味で, 特定の時点の状況を表す. 形容詞が honest, kind, polite, quiet, stupid, wise など一時的状態・行動を表し得るものであればこの進行形が可能だが, 一般的に永続的な性質を表す形容詞では進行形は不可能.〈例〉*He is being tall.

❷《他動詞の過去分詞とともに受身を表す》…**される**, …されている, …である ‖ The thief *was* caught (by the police). 泥棒は(警察に)捕まった (♦ The police caught the thief. の受身文. 行為者は by で表す. → by 前 ❶ 語法) / He *was* given a present by his uncle. 彼はおじさんから贈り物をもらった (♦ 間接目的語を主語にした受身文. → give 語法) / He *was* laughed at. 彼は嘲笑(ちょうしょう)された (♦「自動詞+前置詞」が1つの他動詞のようにみなされて受身文を作ることがある) / It *is* widely known that wolves travel in packs. オオカミは群れをなして動き回るということは広く知られている (♦ it は形式主語. → it[1] ❹b)

語法 **動作受身と状態受身**

(1) 受身文は動作を表す場合と状態を表す場合があり, 同じ動詞が両方の意味に使われることもあるが, 状態には別の形を用いることもある.〈例〉The store *is* closed [opened] at 7 every day. その店は毎日7時に閉められる[開けられる] (動作) / The store *was* closed [open] when I went there. 私が行ったとき, その店は閉まっていた[開いていた] (状態) (♦ この意味では opened ではなく 形容詞 open を用いる)

(2) 動作の意味をはっきりさせるために, be の代わりに get, become を, 状態の意味をはっきりさせるために, lie, remain, rest, stay などを用いることがある.〈例〉Did she *get* invited? 彼女は招待されたのだろうか / *Stay* tuned to this channel. チャンネルはどうかそのままで《番組の切れ目などで》

❸《自動詞の過去分詞とともに, 動作の結果を表す》《文》…した, …してしまった ‖ Winter *is* gone and spring has come. 冬が去って春が来た

語法 change, come, go, fall, rise, set などの自動詞とともに用いるが, 古い用法で, 現代ではふつう have+過去分詞を用いる. be gone の形は現代でも多いが, この場合 gone が形容詞化していると考えられる (→ gone).

❹《疑問に対する答えで, 代動詞として》‖ "*Is* Mr. Brown coming?" "Yes, he *is*." (=Yes, he *is* coming.)「ブラウンさんは来ますか」「はい」

❺《be to *do* で》**a**《予定・運命》…**することになっている** (♦ 特に公式の予定を表すのに用いる) ‖ They *are to* be married next month. 彼らは来月結婚することになっている / The story *is to* be continued [concluded]. 次号に続く[次号完結] / We *were to* have met at six, but he canceled the appointment at the last moment. 我々は6時に会うことになっていたが, 土壇場になって彼は約束を取り消した / US President *to* visit Japan アメリカ大統領訪日の予定 (♦ 新聞見出しなどでは be を省いて用いる) / He *was* never *to* see his family again. 彼は二度と家族に会わない運命であった

b《義務・規則・命令》…しなくてはいけない, すべきである (should) ‖ The children *are to* be in bed by ten. 子供は10時までに寝なくてはいけない / Hotel guests *are to* pay for the calls they make. ホテルの宿泊客はかけた電話の料金を払わなくてはいけない / Rules *are to* be obeyed. 規則は守るべきもの / What *is to* be done? 何をすればいいのだろう (=What should be done?)

c《可能》…できる (can) (♦ 通例否定文で to be seen [heard, found] などとして用いる) ‖ The lost dog *was* nowhere *to* be found. 行方知れずになった犬はどこにも見当たらなかった

d《意図・目的》《if 節 中で》…するつもりである(ならば), …したい(なら) ‖ It's time we moved on if we *are to* catch that train. その列車に乗るつもりなら, 腰を上げる潮時だ / If you *are* ever *to* perform in public, you must practice every day. 仮にも人前で演じようとするなら, 毎日練習しなければならない

語法 be to *do* において不定詞が受身の意味を持つことがある.〈例〉No one *is to* blame. だれも責められない[悪くない] (→ blame)

❻《were [ときに was] to *do* の条件節で》もし…ならば ‖ If he *were* to come, you'd tell him to wait, wouldn't you? もし彼が来たら, 待つように言ってくれない? / *Were* this to happen, it would cause a great deal of harm. もしこのことが起これば, 大変な危害を引き

起こすだろう(⇨ IF ❶ e, f)

Be 記号〖化〗beryllium(ベリリウム)

BE, B.E. 略 *B*ank of *E*ngland ; *b*ill of *e*xchange (為替手形) ; *B*oard of *E*ducation(教育委員会)

be- 接頭 ❶《他動詞につけて》「辺り一面に」,「すっかり」の意 ‖ *be*smear, *be*labor ❷《自動詞につけて》「…させる」の意 ‖ *be*moan ❸《形容詞・名詞につけて》「…にする」の意 ‖ *be*foul, *be*fool ❹《名詞につけて》「…と呼ぶ」の意 ‖ *be*doctor (…をドクターと呼ぶ) ❺《名詞につけて》「…で覆う」,「…として扱う」の意 ‖ *be*cloud, *be*friend ❻《-ed 形につけて》「…を持つ」,「…のある」の意 ‖ *be*fogged, *be*spectacled, *be*wigged

***beach** /biːtʃ/(♦ 同音語 beech) 名 動

—名 (複 **~·es** /-ɪz/) Ⓒ ❶ (海・湖・川の)**浜**, **砂浜** ; なぎさ, 波打ち際 ; 海浜 ; 岸辺(⇨ SHORE[1] 類語) ‖ The honeymoon couple walked along the ~ at sunset. 新婚の2人は日暮れ時の浜辺を散歩した / Boats were piled up **on** the ~ after the storm. 嵐(あらし)の後浜辺には小船がいくつも打ち上げられていた / a sandy ~ 砂浜 / a beautiful [OR fine] ~ 美しい砂浜 / a golden [white] ~ 黄金色の[白い]砂浜

❷ (海水浴場としての)海辺, 浜辺 ; 海岸地帯 ‖ a private ~ プライベートビーチ / play on the (bathing) ~ 海水浴場で遊ぶ

❸ Ⓤ《集合的に》(海辺の)砂, 砂利

—動 (**~·es** /-ɪz/ ; **~ed** /-t/ ; **~·ing**)

—他 ❶〔船・鯨など〕を浜に引き上げる ‖ ~ a boat ボートを浜に引き上げる / a ~*ed* whale 浜に打ち上げられた鯨

❷〔人〕を当惑させる, 途方に暮れさせる

—自 (船・鯨などが)浜に乗り上げる

▸▸ **~ bàdge** 名 Ⓒ《米》ビーチバッジ《海水浴客から料金をとり, 領収書の代わりに出すバッジ》 **~ bàll** 名 Ⓒ ビーチボール **~ bùggy** 名 Ⓒ =dune buggy **~ bùm** 名 Ⓒ《口》海岸で時間をつぶす人 **~ bùnny** 名 Ⓒ《口》ビーチバニー《海岸でサーフィンを眺めている若い女性》 **~ chàir** 名 Ⓒ《米》(折り畳み式の) ビーチチェア **~ vòlleyball** 名 Ⓤ ビーチバレー

béach·còmber 名 Ⓒ ❶ 海岸で値打ちのある漂着物を探すホームレス ; 趣味で漂着物を集める人 ❷《英》(岸に寄せる)大波(《米》comber)

béach·frònt 名《the ~》《主に米》海岸線沿いの地域

béach·hèad 名 Ⓒ ❶〖軍〗海岸堡(ほ), 上陸拠点 ❷《米》足がかり(foothold)

béach·wèar 名 Ⓤ ビーチウエア, 海浜着

***bea·con** /bíːkən/ 名 Ⓒ ❶ (合図・警戒の)信号(灯) ; (交通の)標識(灯), 灯台, 標識ブイ, (空港の)標識灯 ; 《英》ベリーシャ交通標識 (Belisha beacon) ‖ I saw the ~*s* twinkling. 空港の標識灯がきらめいているのが見えた / a ~ of hope 希望の明かり ❷ 信号所 ; ラジオビーコン ❸《文》警告[指針]となるもの[人] ❹ のろし ; (のろしを上げるのに好都合な)丘(♦ 地名の一部として現在も残る)

▸▸ **Bèacon Hìll** 名 ビーコンヒル《米国ボストン市の古い家並みを残す地区. 富裕層が多く居住する》

***bead** /biːd/ 名 Ⓒ ❶ 数珠玉, ビーズ ; 《~s》ロザリオ(rosary), 数珠 ; (ビーズの)首飾り ; ネックレス ❷〈液体の〉しずく, 玉, 滴り ; 〈ビールなどの〉泡〈**of**〉‖ ~*s* *of* moisture [sweat] 水滴[玉のような汗] ❸ (銃の) 照星 ❹ ビーズ細工 ;〖建〗玉縁, 繰り形 ❺ (タイヤの)耳, ビード

dràw** [OR ***gèt, hàve, tàke] ***a béad on ...*** 《主に米》…を銃でねらう, …にねらいを定める

tèll [OR ***sày, còunt***] ***one's béads*** (ロザリオ[数珠]を繰りながら)祈りを唱える

—動 他 ❶ …を数珠玉[ビーズ]で飾る[覆う], …を数珠つなぎにする ❷ …を水滴で覆う ; (汗などが)…に玉となってつく(♦ しばしば受身形で用いる) —自 (汗などが)玉になる

bead·ing /bíːdɪŋ/ 名 Ⓤ ❶ (衣服などの) ビーズ細工 [飾り] ; 透かし編み縁飾り ❷〖建〗玉縁

bea·dle /bíːdl/ 名 Ⓒ ❶《英》(教会・大学などの)式典係, 先導役 ❷ (英国国教会教区の雑務をする) 教区見回り ❸《スコット》(聖職者に仕える)従者

béad·wòrk 名 Ⓤ ❶ ビーズ細工[飾り] ❷〖建〗玉縁(装飾)

bead·y /bíːdi/ 形 (目が)(興奮・欲望・猜疑(さいぎ)心などで)小さく丸く輝く ; ビーズのような[で飾った] ‖ The dog kept his ~ eyes on us. 犬は私たちのことを用心深く見つめていた / ~ eyes つぶらな瞳(ひとみ)

bea·gle /bíːgl/ 名 Ⓒ〖動〗ビーグル《小型の猟犬》

***beak**[1] /biːk/ 名 Ⓒ ❶ (特に猛禽(もうきん)類の) くちばし (→ bill[2]) ; (カメ・昆虫・魚などの)口先 ❷ くちばし状のもの[部分] ❸ (水差しの) 口 ❹ (昔の戦艦のへさきに突き出た) 衝角 ❺《俗》《戯》(人の)高くとがった鼻, かぎ鼻

beak[2] /biːk/ 名 Ⓒ《英口》❶ 治安判事 ❷ 校長, 先生

beak·er /bíːkər/ 名 Ⓒ ❶《古》《文》広口の大杯 [大コップ] ❷ ビーカー《化学実験用容器》

bè-àll and énd-àll 名《the ~》最重要のもの[人], すべて, 最高のもの(♦ 単に be-all ともいう)

***beam** /biːm/ 名 Ⓒ ❶ (一条の) 光, 光線 (⇨ LIGHT[1] 類語) ‖ They made a grand light show using laser ~*s*. 彼らはレーザー光線を使って素晴らしいライトショーを見せた / a ~ of light 一条の光線 ❷《単数形で》(表情の) 輝き ; 晴れ晴れとしたほほ笑み ‖ with a ~ of delight うれしそうな笑顔で ❸ (通信用の)ビーム ; (船舶・航空機用の) 方向指示電波 ❹ (建築物の) 梁(はり), 桁(けた) ; (船の)横梁, 甲板梁 ; (船体の)最大幅 ; (船の)真横 ‖ on the port [starboard] ~ 船の左舷[右舷]真横に ❺ (天秤(てんびん)の) さお ❻《the ~》〖体操〗平均台 (balance beam) ‖ do a somersault on the ~ 平均台で宙返りをする ❼《the ~》《口》尻(しり)の幅 ‖ broad in the ~ 尻の大きい ❽〖機〗(ピストンの動きをクランクシャフトに伝える)レバー

a bèam in one's éye 自分の目にある梁《自分では気づかない大きな欠点》(♦ 聖書の言葉)

on the béam 《口》正しい方向へ向かって, うまくいって

(wày) off (the) béam 《口》方向を誤って, 間違って

—動 他 ❶ (太陽などが)〔光・熱〕を発する, 放つ(⇨ SHINE 類語) ❷〔信号・放送など〕を〈…に〉送る, 送信する〈**at, to, etc.**〉‖ programs ~*ed to* Japan 日本向けの放送番組 ❸ (SF小説・映画などで)…を〈…から〉ビーム[転送装置]で移動させる《***down, up***》〈**out of**〉

Behind the Scenes **Beam me up, Scotty.** ビームで帰船させろ, スコッティー 米国のSFドラマ *Star Trek* で船長が機関主任に転送装置での移動を命じるときのせりふ(♥ その場から逃げ出したいときなどにおどけて用いる)

❹〔喜びなど〕をにこやかに表す ; …を〈…に〉向ける〈**at, on**〉;《直接話法で》…とにこやかに言う

—自 ❶ 光[熱]を発する, 輝く ❷〈…に〉にこやかにほほ笑む〈**on, at**〉;〈…で〉ほほ笑む〈**with**〉❸ (SF小説・映画などで)ビーム[転送装置]で移動する《***down, up***》

bèam-énds 名 複 (船の)梁(はり)の端

on one's [OR ***the***] ***bèam-énds*** ① (船が) (横倒しになるほど) 傾いて, 沈みそうになって ②《英口》《旧》金に困って, 途方に暮れて

beam·y /bíːmi/ 形 ❶《文》光を発する ; 光り輝く ❷ 船幅の広い

***bean** /biːn/(♦ 同音語《英》been)

—名 (複 **~s** /-z/) Ⓒ ❶ (エンドウ・インゲンなどの)**豆** ; 豆のなる植物 ; 豆のさや ‖ soy [OR soya] ~*s* 大豆 / small ~*s* アズキ / broad ~*s* ソラ豆 / kidney [OR French] ~*s* インゲン豆 / string [OR green] ~*s* サヤエンドウ, サヤインゲン

❷ 豆に似た実, その実をつける植物《coffee, vanilla など》‖ coffee ~*s* コーヒー豆 ❸《通例否定文で》《口》ごく少量 ❹《旧》《俗》頭 ; 頭脳 ‖ use one's ~ 頭を使う ❺《英》《旧》男, やつ ‖ Old ~! やあ君(♥ 親しい呼びかけ)

a hill [OR ***row***] ***of beans*** ⇨ HILL(成句)

còunt the béans ⊗《蔑》もうけのことばかり考えている(→bean counter)
fùll of béans ①《口》元気いっぱいで，上機嫌で ②《米口》間違って，ばかげた
knòw how many bèans make fíve 《英口》知恵がある，抜かり[抜け目]がない
nòt have a béan 《英口》一文無しである
nòt knòw [OR ***càre***] ***béans about ...*** 《米口》…について何も知らない[少しも気にしない]
spìll the béans 《口》秘密を漏らす
—動 他《主に米口》〔人〕の頭をぶつ；〖野球〗〔打者〕に頭をねらったボールを投げる
▶▶ **~ bàll** 名 Ⓒ《米口》ビーンボール《打者の頭を目がけて投げられたボール》 **~ còunter** 名 Ⓒ《俗》《けなして》(過度に経費切り詰めを図る)経理屋，会計係 **~ cùrd** 名 Ⓤ 豆腐 (tofu) **~ spròuts** 名 複 モヤシ **Béan Tòwn** 名 米国ボストン市の愛称

béan·bàg 名 Ⓒ ❶ お手玉 ❷ (=~**cháir**) ビーンバッグ《発泡スチロールなどを詰めた大きなクッション》
béan·fèast, -fèst 名 Ⓒ《英口》《旧》(特にごちそうの出る)お祝い，祭り；(雇い主が年1回振る舞う)宴会
bean·ie /bíːni/ 名 Ⓒ (柔らかな素材のぴったりとした)つばなし帽子，キャップ

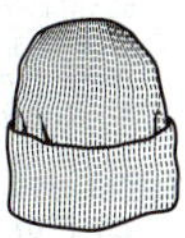
beanie

Béanie Bàby 名 Ⓒ《商標》ビーニーベイビーズ《米国製の動物のぬいぐるみ》
bean·o /bíːnoʊ/ 名 ❶《米口》=bingo ❷《英口》《旧》=beanfeast
béan·pòle 名 Ⓒ ❶ 豆のつるの支柱 ❷《口》背の高いやせた人，のっぽ
béan·stàlk 名 Ⓒ 豆の茎，豆の木

***bear**[1] /beər/《発音注意》(♦ 同音語 bare)
中心義 耐えて…を(支え)持つ

動 他 耐える❶ 負う❸ 支える❹ 持つ❺ 抱く❼ 産む❽ 運ぶ❿

—動 (~**s** /-z/；**bore** /bɔːr/；**borne** OR **born** /bɔːrn/；~**·ing**) (♦ born は ❽ の意味で受身形の場合にだけ用いる)
—他 ❶《しばしば can, could とともに，否定文・疑問文で》**耐える**(⇨ 類語) **a** 《+目》…に耐える，…を我慢する，こらえる (↔ give up) ‖ The girl could not ~ the treatment. 女の子はその扱いには耐えられなかった / The loss of his parents was almost more than he could ~. 両親の死は彼には耐えられないほどのものだった / ~ pain 痛みをこらえる / ~ disgrace 恥を忍ぶ
b 《+**to** ***do*** / ***doing***》…することに耐える，…するのを我慢する ‖ I can hardly ~ 「*to* see [OR seeing] my son so depressed. 息子があんなに落ち込んでいるのは見るに忍びない / She was unable to ~ being alone. 彼女はひとりでいることに耐えられなかった
c 《+目+**to** ***do*** / 目+***doing***》…が…するのに耐える[我慢する] ‖ I can't ~ you 「*to* be [OR being] unhappy. あなたが不幸でいると思うとたまらない
❷《通例否定文で》 **a** 《+目》(物事が)〔検査・比較など〕に耐える，…に適する；…を許容する ‖ His reasons do not ~ examination. よく調べると彼の弁明は筋が通らない
b 《+***doing***》…するに適する[値する，価値がある] (♦ *doing* は受身の意味を持つ) ‖ It will not ~ talking about. それは話題にするほどのものではないだろう / Her newly married life didn't ~ thinking about. 彼女の新婚生活はとても考えられないほどのひどさだった
❸〔責任・費用など〕を**負う**，負担する，引き受ける ‖ Icy roads *bore* the blame for the accident. その事故は凍結した道路が原因だった / ~ a heavy responsibility 重い責任を負う / ~ the burden of financing the project その計画の資金を負担する
❹…(の重量)を**支える**，〔重荷〕を持ちこたえる ‖ a pillar ~*ing* an arch アーチを支えている柱
❺〔特徴・関係・名称など〕を**持つ**，示す；〔痕跡(こんせき)など〕を残す ‖ Her hands *bore* the marks of hard work. 彼女の手はつらい労働を物語っていた / Her family ~*s* an old and honorable name. 彼女は由緒ある家柄だ / ~ a good reputation 名声を得ている / ~ a relation to ... …と関連がある / ~ no **resemblance** to ... …に少しも似ていない / ~ traces of ... …の痕跡を残す
❻〔武器など〕を所有する，(身に)帯びる ‖ ~ a sword 帯刀する
❼ **a** 《+目》…を(心に)**抱く**[持つ] ‖ ~ a secret 秘密を持つ / ~ strong memories of ... …を強く記憶している
b 《+目 ***A***+目 ***B***⇄+目 ***B***+**against** [**to, toward**] 目 ***A***》*A* (人) に*B* (悪意など) を抱く ‖ I no longer ~ her any grudges. = I no longer ~ any grudges *against* her. もう彼女には何の恨みも抱いていない
❽ **a** 《+目》(女性・雌が)〔子〕を**産む**(↘ give birth to) (♦ 能動形の過去分詞は borne，受身形での過去分詞は by を伴えば borne，伴わないときは born (→ born)) ‖ She has *borne* both her children at home. 彼女は子供を2人とも家で産んだ / Cain and Abel were *borne* by Eve. カインとアベルはイブから産まれた
b 《+目 ***A***+目 ***B***》(女性が) *A* (人) との間に*B* (子) を産む[もうける] ‖ She *bore* him two sons. 彼女は彼との間に2人の息子をもうけた
❾〔実〕を結ぶ，〔花〕をつける；〔利子など〕を生む ‖ That bush ~*s* red flowers. その低木は赤い花をつける / a bond that ~*s* 8% interest 8%の金利がつく債券
❿《堅》《文》…を**運ぶ**，持って行く[来る]；…を連れて行く，案内する；〔知らせなど〕をもたらす，伝える(♦ しばしば方向を示す副句 を伴う) ‖ She *bore* him off to the kitchen. 彼女は彼を台所へ連れて行った / They *bore* the message that all was well. 彼らはすべてが順調であるとの知らせを伝えた / ships ~*ing* cargoes from the four corners of the world 世界各地からの貨物を運ぶ船 / air*borne* troops 空輸部隊 ⓫《~ oneself+副 で》振る舞う(♦ 副 は様態を表す) ‖ He *bore* himself bravely [like a king]. 彼は勇敢に[王のように]振る舞った
—自 ❶《+副句》(ある方向に)向かう，進む ‖ When you come to the church, ~ (to the) right. 教会の所まで行ったら右に曲がりなさい / The ferry ~*s* due east. そのフェリーは真東に進む ❷ 子を産む；実を結ぶ ‖ The tree ~*s* well. その木はよく実がなる

be bòrne ín upon [OR ***on***] ***...*** 〔人に〕信じ込んでもらえる，はっきりと理解される
*****bèar dówn*** 〈自〉① 頑張る，努力する；〈…を〉力いっぱい押す〈**on**〉；(複写式の書類などに)力を入れて書く ② (出産時の妊婦が)いきむ —〈他〉《***bèar dówn ...*** / ***bèar ... dówn***》① …を運び降ろす(→ 他 ❿) ② …を抑えつける；…を圧倒する，打ち破る
*****bèar dówn on*** [OR ***upon***] ***...*** 〈他〉① …を圧する，…にのしかかる；…を厳しく罰する ② (船・車などが)…の方へ近づいて来る，(威嚇するように)…に迫る ③〔問題など〕を重視する，…に真剣に対処する
*****béar on*** [OR ***upon***] ***...*** 〈他〉《堅》① …に関係[関連]がある；…に適用できる ‖ How does your question ~ *on* the problem? 君の質問はその問題とどういう関係があるのか ② …を圧する，…にのしかかる(♦ hard, heavily などを伴う) ‖ This tax will ~ hard *on* the young. この税金は若年層を大いに苦しめることになるだろう
*****bèar óut ...*** / ***bèar ... óut*** 〈他〉…(の真実性)を確証する，…の証拠となる；〔人の言葉〕を真実だと述べる ‖ History will ~ me [my prediction] *out*. 歴史は私[私の予言]が正しいことを証明してくれるだろう
*****bèar úp*** 〈自〉〈…に〉耐える，〈…を〉頑張る，持ちこたえる〈**against, under**〉(→ CE 1) —〈他〉《***bèar úp ...*** / ***bèar ... úp***》…を支える；…を励ます
bèar wátching (人が)見込みがある；(物が)(危険で)目が

B

B

離せない

***béar with ...** 〈他〉…を我慢する；〔人〕の言うことを辛抱して聞く ‖ If you'll ～ *with* me, I'll tell you why. 辛抱して聞いていただけますか．理由をご説明いたします（♥ 丁寧な依頼の表現）

brìng ... to béar …を〈…に〉向ける，利用する，集中する〈**on**〉‖ Research findings can be *brought to* ～ *on* issues of educational importance. 研究の結果は教育上重要な問題に応用できる / *bring* all one's charm *to* ～ *on* ... …に自分の魅力を存分に発揮する

COMMUNICATIVE EXPRESSIONS

1 **Bèaring úp (, bèaring úp).** まあまあだ，何とかやっているよ（♥「どうしてる」といった問いかけに対して「どうにか持ちこたえている」というニュアンスのくだけた返事．=Not bad. / =Surviving. / =Can't complain.）

類語 《他 ❶》 **bear**「耐える，我慢する」を意味する最もふつうの語．

stand は bear よりくだけた語．〈例〉I cannot *bear* [OR *stand*] his insolence any longer. 彼の横柄な態度にはこれ以上我慢できない

endure 長く続く苦痛・苦難に耐える強い意志を強調する．

tolerate 反感を抑制して我慢し，ときに対象を受け入れることをほのめかす．〈例〉*tolerate* one's miserable living conditions 惨めな生活状況に耐える

***bear**[2] /beər/ 《発音注意》（♦ 同音語 bare）名 C ❶ クマ（→ black bear, brown bear, grizzly bear, polar bear）; クマに似た別種の動物（koala など）; テディベア（ぬいぐるみのクマ）‖ ～ tracks クマの足跡 ❷《口》がさつ者，乱暴者；大男 ❸〘株〙売り方，弱気筋（↔ bull[1]）❹《the B-》〘天〙⇨ GREAT BEAR, LITTLE BEAR ❺《主に米口》（スピード違反取り締まりの）警察官（山火事防止運動のシンボル Smokey (the) Bear に似た帽子をかぶっている）❻《米俗》骨の折れる仕事；難しい科目 ❼《the B-》《口》ロシア

(as) hùngry as a béar 《米口》とても空腹で

like a béar with a sòre héad 《口》気難しい，ひどく不機嫌で

lòaded for béar 《米口》（挑戦しようと）準備万端整えて，勢い込んで

―形《限定》〘株〙弱気の，相場下落の

▸▸ **～ clàw** 名 C《米》ベアクロー（上部の長い切り込みに果物を入れたパイ）**～ gàrden** 名 C 騒々しい場所（♦ もとはクマいじめ（bearbaiting）をする場所）**～ hùg** 名 C ① 愛情を込めた強い抱擁 ②〘商〙企業買収申込 ③〘レスリング〙ベアハッグ **～ màrket** 名 C〘株〙値下り傾向の[弱気]市場（↔ bull market）**～s brèech** 名 C〘植〙ハアザミ **～ spràу** 名 C U クマよけスプレー

bear·a·ble /béərəbl/ 形 耐えられる，我慢できる

béar·bàiting 名 U クマいじめ（つないであるクマに犬をけしかけた昔の遊び）

bear·ber·ry /béərbèri | -bəri/ 名（複 **-ries** /-z/）C〘植〙クマコケモモ（葉は強壮・収斂（しゅうれん）剤）

***beard** /bɪərd/ 《発音注意》名 C ❶ あごひげ（→ mustache, whisker）❷（ヤギなどの）あごひげ；（鳥のくちばしの基部の）ふさ羽；（カキの）えら ❸（麦などの）芒（のぎ）（awn）❹ 疑惑[人の目]をそらせるもの[人]

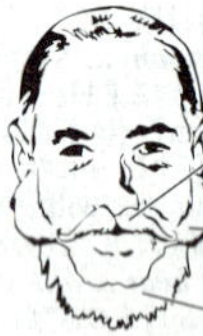

beard ❶

連語 ❶【形+～】a long ～ 長いあごひげ / a thick ～ 濃いあごひげ / a white [black, dark] ～ 白い[黒い]あごひげ / a bushy ～ もじゃもじゃのあごひげ / a neat ～ きれいに手入れされたあごひげ

【動+～】trim one's ～ あごひげをきれいに手入れする / shave (off) one's ～ あごひげをそる / have [OR wear] a ～ あごひげを生やしている

―動 他 ❶ …に敢然と立ち向かう[反対する] ❷ …のあごひげをつかむ[引っ張る] ❸ …にあごひげをつける

bèard the lìon in his dén 相手の分野に立ち入って勇敢に挑戦する

～·ed 形 あごひげを生やした；芒のある；（矢・釣り針などが）かぎのある **～·less** /-ləs/ 形 ひげのない；青二才の

Beards·ley /bíərdzli/ 名 **Aubrey Vincent ～** ビアズリー（1872–98）（英国の挿絵画家）

bear·er /béərər/ 名 C ❶（手紙・伝言などの）使者；（小切手の）持参人；（株式の）保有者 ‖ a check payable to (the) ～ 〘商〙持参人払い小切手 / a ～ bond 無記名債券 ❷ 運搬人，ポーター；ひつぎの付添人（pallbearer）❸（伝統・知識などの）伝承者 ❹ 実のなる木[植物]

***bear·ing** /béərɪŋ/ 名 ❶ U/C《単数形で》態度，振る舞い；姿勢 ‖ a man of dignified ～ 威厳のある態度の人 ❷ U/C《単数形で》〈…との〉関係，関連；〈…に対する〉影響〈**on**〉‖ His nationality has little ～ *on* the subject. 彼の国籍はこの問題とはほとんど関係がない ❸ C（南北の線または自分の針路に対しての）方角，角度；《しばしば ～s》（相対的な）方角，方向，位置 ‖ find one's ～*s* from the stars 星を観察して自分の位置を知る ❹ C《～s》（自分の）立場，位置；方向感覚；（自分の）立場の認識 ‖ get [lose] one's ～*s* 自分の立場[周りの状況]がわかる[わからない] ❺ U 辛抱，忍耐 ‖ past ～ 忍耐（の限度）を超えて ❻ C 支え；〘建〙（建物の）支点；《しばしば ～s》〘機〙軸受け，ベアリング ❼ U 出産（能力），結実（期）；U C 収穫 ‖ two ～*s* in a year 年２回の収穫 ❽ C《通例 ～s》〘紋章〙（盾の上の）紋章

▸▸ **～ rèin** 名 C《英》（馬の）止め手綱（たづな）（《米》check-rein）

bear·ish /béərɪʃ/ 形 ❶ 怒りっぽい；（クマのように）がさつな，粗暴な ❷〘株〙（市況が）値下り傾向の；（人が）〈株などに対して〉弱気の（↔ bullish）〈**on**〉

béar·skìn 名 ❶ U クマの毛皮；C クマの毛皮のコート[敷物] ❷ C（英国近衛兵の）黒毛皮の高帽子

bearskin ❷

***beast** /bi:st/ 名 C ❶《旧》《堅》（植物に対し）動物；（人間に対し）獣；（特に大型の）四足獣（♦ いずれも animal の方がより一般的）（⇨ ANIMAL **類語**）‖ a wild ～ 野獣 ❷《通例 ～s》（牛などの）家畜 ❸《the ～》〈…の中にある〉（人間の）獣性〈**in, within**〉❹《口》《戯》粗暴[残忍]な人；いやなやつ[もの]，人でなし ‖ a ～ of a job いやな[ひどい]仕事 ❺《形容詞を伴って》《口》（…な）もの[人] ‖ that odd ～ あのおかしなもの

no good [OR ***use***] ***to man or beast*** ⇨ MAN（成句）

▸▸ **～ of búrden** 名 C 荷役用の動物（牛・馬など）**～ of préy** 名 C 猛獣，肉食獣

beast·ly /bí:stli/ 形 ❶《口》不愉快な，いやな，ひどい ‖ ～ weather ひどい天気 ❷《古》獣のような；残忍な ‖ ～ appetites 獣欲 ―副《主に英口》《旧》（悪い意味で）非常に，ひどく，えらく（↔ jolly）‖ ～ drunk ぐでんぐでんに酔った **-li·ness** 名

*****beat** /bi:t/（♦ 同音語 beet）動 形 名

> 動 他 **打ち負かす❶ たたく❷ 打つ❷**
> 形 **疲れきった❶**
> 名 **鼓動❷ 拍子❸**

―動（**～s** /-s/；**beat** /bi:t/；**beat·en** /bí:tn/ OR **beat**；**～·ing**）

―他 ❶（試合・ゲームなどで）…を**打ち負かす**，やっつける；

〔記録など〕を破る；〔困難など〕を克服する（⇨ CONQUER 類語）‖ She narrowly [easily] ～ me at chess. 彼女はチェスで辛うじて［やすやすと］私に勝った / ～ the world record for the 100-meter dash 100メートル走の世界記録を破る / ～ cancer 癌(がん)を克服する

❷ a 《＋目》（続けざまに）…を**たたく, 打つ**；（罰として）…をぶつ, 殴る；…を打ち当てる（⇨ HIT 類語P）‖ ～ a drum in a marching band マーチングバンドでドラムをたたく / ～ a carpet カーペットをたたいてほこりを落とす / ～ a tree 木をゆすって実を落とす

b 《＋目＋補〈形〉/副句》…をたたいて［打って］…にする ‖ ～ him unconscious [to death] 彼をたたいて気絶させる［死なせる］/ ～ him black and blue あざができるほど彼を打つ / gold *beaten* flat 平らに打ち延ばした金 / ～ chalk dust from erasers 黒板拭きをたたいてチョークの粉を落とす / ～ mosquitoes away [OR off] 蚊をたたいて追い払う

❸ 《口》…をまいらせる, がっくりさせる；…を困惑させる（→ CE 3）‖ This ～*s* me altogether. これにはすっかりまいった / What ～*s* me is how you can be so optimistic. (=It ～*s* me how ....) 私にわからないのは君がどうしてそんなに楽観していられるのかということだ

❹ …より先に〈…に〉着く［〈…を〉手に入れる］〈**to**〉；（早目に行動して）〔混雑など〕を避ける ‖ I ～ Murray *to* the restaurant by five minutes. マレーより私の方がレストランに5分早く着いた

❺ …に勝る；…より勝るものを見つける（→ CE 4）‖ Nothing ～*s* a cold drink on a hot summer day. 暑い夏の日には冷たい飲み物がいちばんだ

❻（波・風などが）…に打ちつける, 吹きつける ‖ Waves ～ the shore. 波が岸辺に打ち寄せる

❼〔道〕を踏み固める；（何回も）…を歩く（→ beaten）‖ ～ a path [OR track] 踏み固めて道にする, 道を開く

❽〔卵・クリームなど〕を強くかき混ぜる, よく泡立てる《*up*》

❾（鳥・昆虫が）〔翼・羽根〕をばたばたさせる, 羽ばたく

❿（獲物を狩り出すために）〔やぶなど〕を打ちたたいてあさる；…を探し回る ⓫（太鼓をたたいて）…を合図する, 知らせる ‖ ～ a retreat 太鼓をたたいて退却の合図をする, 退却する

⓬（タクトや足で）〔拍子〕をとる ‖ ～ (out the) time with her foot 足でリズムをとる ⓭ 《米口》…から〈…を〉奪う［だまし取る］〈**out of**〉‖ She ～ her rival *out of* the prize. 彼女はライバルを出し抜いて賞を奪い取った

―自 ❶〈…を〉（続けて）たたく, 打つ；（波・風などが）〈…に〉打ちつける〈**on, against, at**〉‖ ～ *at* [OR *on*] a door 戸を激しくたたく

❷（心臓が）鼓動する；（時計が）時を刻む ‖ My heart is ～*ing* **fast** with fear. 恐ろしさに心臓がどきどきしている

❸（ドラムなどが）（たたかれて）鳴る；ドラムをたたく

❹（鳥が）羽ばたく；（羽根が）ばたばたする ❺（卵などが）泡立つ ❻（獲物を求めて）〈…を〉探し回る〈**over, about**〉 ❼ 《英では古》勝つ（win） ❽〖海〗（船が）間切る, 間切って進む

bèat abóut 〈自〉①〈…を（求めて）〉探し回る〈**for**〉（→ 自 ❻） ②（船が）間切って進む

bèat áll 《米口》不思議である, 理解できない

bèat báck ... / bèat ... báck 〈他〉…を追い返す, 撃退する, 食い止める（♦しばしば受身形で用いる）

****bèat dówn*** 〈他〉《***bèat dówn ... / bèat ... dówn***》①〔人〕に〈…まで〉値引きさせる；〔値段〕を〈…まで〉下げさせる〈**to**〉‖ I ～ him *down* (from $100) *to* $50. 彼に（100ドルから）50ドルまで値引きさせた ②〔感情・反抗など〕を抑えつける, 鎮める ③ …を打ち倒す ‖ feel *beaten-down* 打ちのめされたように感じる ―〈自〉（日光が）〈…に〉照りつける；（雨が）激しく降る〈**on**〉

bèat ín ... / bèat ... ín 〈他〉① …をたたき壊す ②〔知識など〕をたたき込む

bèat À into B́ 〈他〉*A*（知識など）を*B*（人・頭）にたたき込む ‖ I spent all night ～*ing* that list of equations *into* my brain. 徹夜してその方程式のリストを頭にたたき込んだ

béat it 《命令形で》《口》出て行け

****bèat óff*** 〈他〉《***bèat óff ... / bèat ... óff***》①〔敵〕を撃退する,〔競争相手・挑戦など〕をはねのける ② ⊗《卑》《～ oneself off で》自慰をする ―〈自〉⊗《卑》自慰をする

****bèat óut ... / bèat ... óut*** 〈他〉①（人が）〈ドラムで〉〔リズムなど〕を奏する, 打つ〈**on**〉；（ドラムが）〔リズム〕を打ち響かせる；（ドラムなどを打って）…を知らせる, 伝える ②〔火〕をたたき消す（extinguish） ③ …を打ち破る, 負かす ④ 打って…を作る［平らにする］；〔金属〕を打ち延ばす ‖ ～ *out* a path 踏みならして道を作る ⑤〖野球〗〔ゴロ・バント〕を俊足で内野安打にする

bèat À out of B́ ①〈他〉*B*（人）を打って*A*（情報など）を聞き出す ② ⇨ 他 ⓭

bèat onesèlf úp 《口》〈…に関して〉自分をひどく責める〈**about, over**〉

bèat the shít [OR ***héll***] ***out of ...*** 《口》…をたたきのめす

bèat a pérson to it 〔人〕を出し抜く

****bèat úp ... / bèat ... úp*** 〈他〉① …を打ちのめす, 散々殴る；…をたたき壊す ②〔卵・クリームなど〕をよく泡立てる（→ 他 ❽） ③ …を懸命に探す, 募集する

bèat úp for ... 〈他〉…を懸命に探す, 募集する

****bèat úp on ...*** 〈他〉①《米》〔特に自分より弱いもの〕を散々殴る［ける］ ②《米口》…をこき下ろす, 不当に扱う ‖ He ～ *up on* his rival candidates. 彼は対立候補をこき下ろした / ～ *up on* oneself 自分を責めすぎる

COMMUNICATIVE EXPRESSIONS

[1] **Càn you béat it** [OR **thàt**]? こんなこと聞いたことがあるか, 驚いたな, あきれたね（♥ときに不快感や怒りも表す）

[2] **If you càn't béat them** [OR **'em**], **jóin them** [OR **'em**]. 長いものには巻かれよ（♥「勝てないなら仲間になれ」の意のおどけた表現）

[3] **(It) bèats mé.** （どうしてだか）さっぱりわからない（♥戸惑いを表すくだけた表現）

[4] **(You) càn't béat** a glàss of còld béer after wòrking óut. 体を動かした後の冷たいビールは最高さ（♥「…に勝るものはない」の意）

―形 ❶《叙述》《俗》（心身の）**疲れきった** ‖ I'm dead ～. もうへとへとに疲れた / ～ up [OR out] to the ground へとへとに疲れて

❷《限定》ビート族の（→beat generation）

―名（複 **～s** /-s/）C ❶（連打するときの）1打ち, 打つ［たたく］音 ‖ the muffled ～ of a drum 低く響く太鼓の音

❷ **鼓動**（throb, heart beat）；（時計の）時を刻む音 ‖ the ～ of my heart 私の心臓の鼓動［音］

❸〖楽〗**拍子**, 拍；（ジャズの）ビート；（指揮棒の）一振り；《単数形で》リズム, リズミカルな音［動き］（の連続）‖ music with a strong ～ ビートのきいた音楽

❹（詩脚の）強音, 揚音

❺《通例単数形で》（警察官・記者などの）巡回区域, 担当区域；縄張り；受け持ち時間；《one's ～》関心のある分野 ‖ a policeman's ～ 巡査のパトロール区域 / pound a ～ （警官が）持ち場を巡回する ❻《米口》特ダネ, スクープ ❼（演劇での）間(ま),（ためらいなどを生ずる）一呼吸 ❽（鳥の）羽ばたき ❾〖理〗（振動の）うなり, ビート ❿《口》ビート族（beatnik） ⓫《米口》ほかより優れた人［もの］‖ I've never seen the ～ of it. それに勝るものを見たことがない

miss a béat 《通例否定文で》《口》たじろぐ, ひるむ；機会を失する

off [OR ***out of***] ***one's béat*** 専門外で, 畑違いで

on [***off***] ***the béat*** ①（リズムなどが）調子が合って［外れて］ ② 巡回中［非番］の

▶▶ **～ generátion** 名《the ～》ビート族（の世代）《特に1950年代の米国で, 物質文明を批判し, 生活の自由を目指した若者の総称. その1人は a beatnik》

béat·bòx 名 ❶ C（ヒューマン）ビートボックス《リズム楽器やDJのスクラッチ音などを声で再現する人》；U その音楽 ❷ C ビートボックス《電子的に打楽器の音を出す機械》❸ C

大型ラジカセ

:beat·en /bí:tən/

—動 beat の過去分詞の1つ

—形 (**more** ~; **most** ~) 《限定》

❶ (続けざまに)**打たれた**

❷ (金属などを)打ち延ばした ‖ ~ gold 金箔(きんぱく)

❸ 踏み固められた (↔ unbeaten) ❹ 打ち負かされた；疲れきった ❺ (卵・クリームなどが)強くかき混ぜられた

off the beaten track [OR ***path***] ⇨ TRACK(成句)

beat·er /bí:ṭər/ 名 C ❶ 打つ人[もの]；(特に常習的に妻子などを)たたく人；(太鼓の)ばち ❷ かきまぜ器；(ミキサーの)回転刃 ‖ an egg ~ 卵の泡立て器 ❸ 〖製紙〗ビーター，叩解(こうかい)機 ❹ 勢子(せこ)《狩場で鳥獣を狩り出す人》❺ 《米口》おんぼろ自動車

be·a·tif·ic /bì:ətífɪk/ ⊲ 形 《文》❶ 幸福そうな ❷ 至福を授ける **-i·cal·ly** 副

be·at·i·fi·ca·tion /biæ̀ṭɪfɪkéɪʃən/ 名 U 授福，受福；〖カト〗列福(式)

be·at·i·fy /biǽṭɪfàɪ/ 動 (**-fied** /-d/; **~·ing**) 他 ❶ …を幸福にする，至福にあずからせる ❷ 〖カト〗〔死者〕を列福する《教皇が故人を「福者」の位に列すること》

***beat·ing** /bí:ṭɪŋ/ 名 C ❶ (続けざまに) 打つこと；むち打ち，せっかん ‖ give the rug a good ~ じゅうたんを十分たたく / take a ~ せっかんされる ❷ 敗北，完敗 ‖ take a ~ 大敗を喫する ❸ C U (心臓の)鼓動；(ドラムなどの)連続した音

tàke some [OR ***a lot of***] ***béating*** 《口》なかなか手ごわい，太刀打ちできない；非常によい

be·at·i·tude /biǽṭətjù:d | -ǽtɪ-/ 名 U ❶ 《文》至上の幸福，至福 ❷ 《the B-s》〖聖〗8[9]つの幸い《キリストが山上の垂訓で説いた8[9]つの幸福》❸ 《B-》〖東方教会〗大司教の称号，猊下(げいか)

Bea·tles /bí:ṭlz/ 名 《the ~》《複数扱い》ビートルズ《英国リバプール出身の4人組のロックグループ(1962-70)》

beat·nik /bí:tnɪk/ 名 C ビート族の若者 (→ beat generation)

Be·a·trice /bí:ətrəs | bíətrɪs/ 名 ベアトリーチェ《ダンテ(Dante)作の「神曲」(*Divine Comedy*)などの中で理想化された女性》

bèat-úp 形 《通例限定》《口》使い[着]古した，がたのきた，すり切れた(♦ beaten-up ともいう)

beau /boʊ/ 名 (複 **~s**, **~x** /-z/) C 《旧》❶ ボーイフレンド；女性の付き添いをする男 ❷ 伊達(だて)男(♦ フランス語より)

▸▸**~ géste** (↓) **~ ideal** /bòʊ aɪdí:əl/ 名 U C 《文》理想の極致；理想美 **~ monde** /bòʊ mɔ́(:)nd/ 名 《the ~》上流社会，社交界

beau·coup /boʊkú:/ 形 《フランス》《口》たくさんの

Béau·fort scàle /bóʊfərt-/ 名 C 〖気象〗ビューフォート風力階級《英国の提督 Sir Francis Beaufort (1774-1857)が考案．0から12[17]までの13[18]階級》

beau géste /bòʊ ʒést/ 名 (複 **beaux gestes** /bòʊ ʒést/) 《フランス》(=fine gesture) C 親切な行い

Beau·jo·lais /bòʊʒəléɪ | ⌐-⌐/ 名 U (フランス，ブルゴーニュ地方の)ボージョレ産(赤)ワイン

▸▸**~ nouvéau** /-nu:vóʊ/ 名 《フランス》(=new Beaujolais) U ボージョレヌーボー《毎年11月第3木曜日発売の新酒のボージョレワイン》

beaut /bju:t/ 名 C 《口》見事な人[もの]

—形 《豪・ニュージ》素晴らしい，美しい

beau·te·ous /bjú:ṭiəs/ 形 《文》美しい

beau·ti·cian /bju:tíʃən/ 名 C 美容師

:beau·ti·ful /bjú:ṭəfəl/ 形 間

—形 〔⊲ beauty 名〕(**more** ~; **most** ~)

❶ **美しい**，麗しい(⇨ 類語P)；(心などを)楽しませる ‖ They came upon a ~ lake, nestled in the hills. 彼らは小山に囲まれた美しい湖に出た / a ~ lady 美しい女性 / a ~ song きれいな歌

❷ **素晴らしい**，快適な；見事な，賞賛すべき；申し分のない；《反語的に》ひどい ‖ He's in a ~ mood. 彼はご機嫌だ / You've done a ~ job. とてもいい仕事をしたね / The sudden arrival of the wedding party was ~ timing. 申し分のないタイミングで結婚パーティーの案内が突然届いた / ~ weather 素晴らしい天気 / stunningly ~ 驚くほど美しい

❸ 親切な ‖ do a ~ thing 親切なことをする

❹ 《the ~ で名詞的に》《単数扱い》美(beauty)；《集合的に》《複数扱い》美人たち，美しいもの

—間 でかした，いいぞ；《反語的に》あきれた

美しい・きれいな	男	女	子供	鳥	声	絵
beautiful		○	○	○	○	○
handsome	○	△				
pretty		○	○	○	○	○
lovely		○	○	○	○	○
good-looking	○	○	○			

♦ pretty は beautiful と比べると，「愛らしさ」や「かわいらしさ」に重きが置かれる．

▸▸**~ péople** 名 《しばしば B- P-》《集合的に》《複数扱い》① 《the ~》(国際的な)名士連，上流階級の人々 ② U (1960年代の)ヒッピー族

***beau·ti·ful·ly** /bjú:ṭəfli/ 副 ❶ 見事に，立派に；すごく ‖ The boy played the violin ~. その少年はバイオリンを見事に弾いた / I can hear you ~. よく聞こえます / a ~ warm day すごく暖い日 ❷ 美しく ‖ She was ~ dressed for her wedding. 彼女は結婚式に合わせて美しく着飾っていた

beau·ti·fy /bjú:ṭɪfàɪ/ 動 (**-fied** /-d/; **-fy·ing**) 他 …を美しくする，美化する，飾る **bèau·ti·fi·cá·tion** 名

:beau·ty /bjú:ṭi/ 名 間

—名 〔▶ beautiful 形〕(複 **-ties** /-z/)

❶ U (感覚的・精神的・道徳的な)**美しさ**，**美**；麗しさ ‖ *Beauty is in the eye of the beholder.* 《諺》美は見る者の目にある(♦「何が美しいかは見る人によって異なる」の意) / *Beauty is only skin-deep.* 《諺》美しさも皮一重(♦「人の性格は見た目ではわからない」の意) / an area of **natural** ~ 自然の美しい所 / the Japanese sense of ~ 日本人の美意識

❷ C 美人，佳人；《集合的に》美女たち ‖ She was a real ~. 彼女は本当に美人だった

❸ C 美しいもの；(同種の中で)優れたもの[人] ‖ This apple pie is a real ~. このアップルパイは本当に素晴らしい ❹ 《the ~》よさ，利点，魅力 (↔ disadvantage) ‖ That's the ~ of the countryside. それが田舎の魅力だ ❺ C 《口》《反語的に》とんでもないもの，ひどいもの ‖ That mistake was a ~. あのミスはひどかった

—間 《ときに You ~ で》《豪口》うれしい，結構だ，素晴らしい

▸▸**~ cóntest** 名 C ① 《英》美人コンテスト(《米》beauty pageant) ② 《口》(米国大統領予備選挙の)人気投票，(一般に) 人気投票 ③ =beauty parade **~ màrk** 名 C 《米》ほくろ (《英》beauty spot) **~ paràde** 名 C 《米》顧客勧誘会 **~ pàrlor** [**sàlon, shòp**] 名 C 美容院 **~ pròduct** [**supplỳ**] 名 C 美容用品，美容雑貨 **~ quèen** 名 C 美人コンテストの女王 **~ slèep** 名 U 《口》《戯》夜半前の睡眠《最も熟睡できて美容上よいとされている》；十分な睡眠 **~ spòt** 名 C ① 景勝の地，名勝 ② 《英》=beauty mark **~ trèatment** 名 U 美容術，美顔術

beaux /boʊz/ 名 beau の複数

▸▸**~ árts** /bòʊz á:r/ 名 複 《フランス》(=fine arts)美術

*__bea·ver__[1] /bíːvər/ 名C ❶〘動〙ビーバー ‖ work like a ～ せっせと働く / (as) busy as a ～ とても忙しい ❷U ビーバーの毛皮 ❸ビーバー帽《ビーバーの毛皮製》; シルクハット ❹U《ビーバーの毛に似た》厚手のラシャ地 ❺《口》勤勉に働く人(→ eager beaver) ❻《旧》《俗》ひげの豊かな人 ❼⊗《俗・卑》女性器, 陰毛

━動 自《+away》《口》〈勉強などに〉熱心に取り組む〈at〉

__bea·ver__[2] /bíːvər/ 名C (かぶとの)あごあて; 面頬(めんぼお)

__be·bop__ /bíːbɑ̀(ː)p | -bɒ̀p/ 名U〘楽〙ビーバップ (bop)《即興演奏を特色とするジャズの形式》

__be·calmed__ /bɪkɑ́ːmd/ 形《叙述》(帆船が) 風がないで止まっている

*__be·came__ /bɪkéɪm/ 動 become の過去

*be·cause /bɪkɔ́ːz, -kɔ́ːz, -kɑ́ːz, 弱 -kəz | -kɔ́z, -kə́z, 弱 -kəz/

━接 ❶ (なぜなら)…**だから**, …という理由[原因]で (⇨ 類語, SAKE[1] 類語P) ‖ He wanted to quit his job ～ his boss was always complaining. 上司がいつも文句を言うので彼は仕事を辞めたいと思った (♦ because 節を独立させて ×He wanted to quit his job. Because his boss was always complaining. とするのは不可) / *Because* the sun is so close to us, it seems much larger than any other star. 太陽は我々に非常に近いので, ほかの星よりもずっと大きく見える / It was ～ I loved one picture that I frequented the gallery. 私がその美術館によく出かけたのはある絵が好きだったからだ (♦ because 節はこの構文で強調することができる. since, as や for の導く節ではできない) / I like him all the more ～ he has human weaknesses. 彼には人間的な弱さがあるので余計に好きだ / "Why were you absent yesterday?" "*Because* I had a bad cold." 「きのうはなぜ休んだの」「ひどい風邪をひいたものですから」(♦ because 節を単独で用いるのは why の疑問文に対する返答に限られる)

❷《発言の根拠を示して》《口》というのは[なぜといって]…だから ‖ Have you been away, ～ I haven't seen you for a while? お出かけだったのですか, しばらくお見かけしなかったものですから

❸《否定文で》…だからといって ‖ You should not despise him simply [OR just, merely, only] ～ he cannot speak well. ただ上手にしゃべれないからといって彼を軽蔑してはいけない / I didn't come ～ I wanted to see her. 私は彼女に会いたくて来たわけではない (♦ ほかに理由があることを示す. ⇨ NOT ❷ 語法)

❹《名詞節を導いて》《口》…ということ ‖ Just ～ he thinks it's a good idea doesn't mean it's a good idea. 彼がよいアイデアだと思うからといって, 本当によいアイデアとは限らない (=The fact that he thinks it's a good idea ....) / The reason (why) I'm telling you this now is ～ I trust you. 今あなたにこのことを話しているのはあなたのことを信頼しているからです (♦ because の代わりに that を用いる方が論理的には正しいが, 実際には because がよく使われる)

*__*becáuse of*__ …**のために**, …の理由で (⇨ SAKE[1] 類語P) ‖ The game was called off ～ *of* the rain. 雨のため試合は中止になった / It snowed heavily and trains were behind schedule yesterday. *Because of* that, the meeting was adjourned until next week. 昨日は雪が激しく降り, 電車が遅れた. そのため会議は来週まで延期になった

COMMUNICATIVE EXPRESSIONS

1 **Becáuse.** だってそうなんだもの (♥ 理由を聞かれたときの返事で, 理由を言わずに「とにかくそういうことなんだ」の意)

類語 **《❶》because** since, as, for などとともに原因・理由を表す接続詞として用いられるが, 4語の中で最も強く主節・従節間の関係を直接的に示し, 《文》でも《口》でも用いられる.

since because よりも理由を表す意味は弱い.

as 理由を表す接続詞としては since よりも意味が弱く, また使用頻度も低い. as は多義語なので, 意味があいまいになる恐れがある場合には, because や since を用いた方がよいとされる.

for 前に述べたことの理由・判断・主張の根拠を追加的に述べる場合に用いる (⇨ FOR 語法).

__bé·cha·mel__ /bèɪʃəmél/ ⟨シ⟩ 名 (= ∼́ sàuce) U〘料理〙ベシャメルソース《濃厚なホワイトソース》

__beck__[1] /bek/ 名C《文》うなずき; 手招き (♦ 通例次の成句で用いる)

at a person's bèck and cáll (人の) 言いなりになって; (人を) 意のままにして ‖ She had us *at* her ～ (*and call*). 彼女は私たちをあごで使った

__beck__[2] /bek/ 名C《北イング》小川 (brook), 谷川

__Beck·ett__ /békɪt/ 名 **Samuel ～** ベケット (1906–89)《主にフランスで活躍したアイルランド生まれの詩人・小説家・劇作家. ノーベル文学賞受賞 (1969)》

*__beck·on__ /békən/ 動 他 ❶ **a** 《+目》(手・指・身振りで) …に手招きする, 合図する (♦ しばしば方向を表す 副句 を伴う) ‖ She ～*ed* me across the street. 通りの向こうから彼女は手招きした / Our host ～*ed* us to a table. 接待役は手招きして私たちをテーブルに招いた **b** 《+目+**to** *do*》〔人〕に…するように合図する ‖ The nurse ～*ed* me *to* follow her. 看護師は私に後について来るよう合図した ❷ …を引きつける, 誘う, 招く

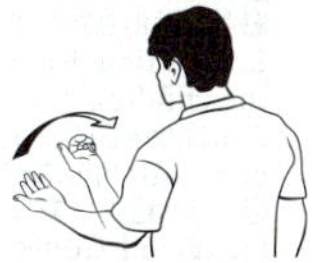

beckon ❶

━自 ❶〈人に〉手招きする, 合図する〈to〉‖ The judge ～*ed* for the defendants to approach the bench. 判事は被告たちに判事席に近づくよう合図した / ～ *to* a waitress ウエートレスを手招きする ❷ (人を引きつける力で) 招く, 誘う ‖ The woods ～. 森は招く ❸〈人に〉起こりそうである〈for〉

__Beck·y__ /béki/ 名 ベッキー (Rebecca の愛称)

__be·cloud__ /bɪkláud/ 動 他《文》❶〔空〕を雲で覆う, 曇らせる ❷〔知覚・認識など〕を曇らせる, 混乱させる

*be·come /bɪkʌ́m/

━動 (**～s** /-z/; **-came** /-kéɪm/; **-come**; **-com·ing**)

━自 …**になる** (♦ get と同義だが get の方が口語的. ただし get は補語に名詞をとることはない) **a** 《+補〈名・形〉》…になる ‖ She *became* [×got] a vet. 彼女は獣医になった / He wants to ～ a football player. 彼はサッカー選手になりたいと思っている (♦ 未来のことをいう場合は become の代わりに be を使う方がふつう. ⇨ PB 10) / The bar was *becoming* popular. その酒場は人気になり始めていた / She **soon** [**quickly**] *became* aware of the fact. 彼女は間もなく[すぐに] その事実に気づいた / ～ warmer [famous] 暖かく[有名に]なる

b 《+*done*》…されるようになる ‖ That magazine has ～ widely read in our country. その雑誌は我が国でも広く読まれるようになった (♦「…するようになる」は come to *do* で表し, ×*become* to *do* とはいわない. 〈例〉Gradually I have come to like ballet. 徐々にバレエが好きになってきた)

━他《受身形・進行形不可》《堅》❶ (服装・色などが)〔人〕に**似合う** (suit) ‖ This hat ～*s* you. この帽子はよくお似合いです ❷ (言動などが)〔人〕にふさわしい ‖ It does not ～ a grown man to shout at a child. 子供にどなるのは大人のすることではない

becóme of 《what, whatever を主語として》…はどうなるか ‖ What will ～ *of* my family if I am fired? 私が首になったら家族はどうなるのだろうか / Whatever has ～ *of* him? 彼は一体どうしたのだろう

__be·com·ing__ /bɪkʌ́mɪŋ/ 形 ❶ (服装・色などが) 似合う ‖ That new dress is very ～ on you. その新しいドレス

はあなたにとてもよく似合う / a 〜 dress よく似合うドレス / a blazer very 〜 to her 彼女によく似合うブレザーコート ❷ (言動などが)ふさわしい, 適当な **〜·ly** 副

bec·que·rel /békərel, bèkərél/ 名 C 〘理〙 ベクレル《放射能の量を表す単位. 略 Bq》

bed /bed/ 名 動

中心義 床(を用意する)

—名 (複 **〜s** /-z/) C ❶ ベッド, 寝台, 寝床, マットレス(「ベッドタウン」は和製語. bedroom suburb, commuter town のようにいう) ‖ The children jumped up and down on the king-size 〜 in the hotel room. 子供たちはホテルの部屋の特大のベッドの上で飛び跳ねた / *You've made your 〜 and you must lie in it.* 《諺》自分のしたことの報いを受ける；自業自得 / a **double** [single] 〜 ダブル[シングル]ベッド / a pipe-frame 〜 パイプ枠のベッド

連語 【動(+前)+〜】 get into 〜 寝床に入る / get out of 〜 起きる / lie on the [OR one's] 〜 ベッドに横になる / share a 〜 with ... …と一緒のベッドで寝る / wet the 〜 おねしょをする

❷ U 《通例無冠詞で》**就寝**(時刻)；(病気などで)床に就くこと ‖ It's time for 〜. 寝る時間だ / She usually reads the children a story before 〜. 彼女は就寝前に子供たちにお話を読んでやるのが通例だ / He is sick [《英》 ill] in 〜. 彼は病床にある

❸ 宿泊(施設)；寝室；(病院などの)床；(ペットなどの)寝場所, 寝わら ‖ Could you give me a 〜 for the night? 一晩泊めてくれませんか / a new hospital wing of 200 〜*s* 新しく建て増した200床の病棟 / make a 〜 for a cat to have kittens in 猫に出産のための床を作ってやる ❹ 花壇(flower bed), 苗床 ‖ a 〜 of spring flowers 春の花の花壇 ❺ 河床(riverbed), 海底, 水底；(貝類の)養殖場 ‖ an oyster 〜 カキの養殖場 ❻ U 《口》 性交 ❼ 〘地〙地層(stratum), 岩床, 鉱床 ‖ a coal 〜 石炭層 ❽ 土台, (料理などの) 下敷き；(線路の) 路盤, 道床 ‖ smoked duck on a 〜 of lettuce レタスを敷いた上にのせたカモの燻製(くんせい) ❾ 《主に米・カナダ》(トラックの)荷台 ❿ (れんが・タイルなどを敷いた)床, (れんが・石などの敷かれている)モルタル層 ⓫ (ビリヤードの)台

a bèd of náils つらい境遇, 針のむしろ

a bèd of róses 《否定文で》安楽な境遇

「***be in*** [OR ***gèt into***] ***béd with ...*** ① 《口》…と性的関係を持つ ② 《けなして》…にかかわりがある

dìe in one's béd 寿命を全うして死ぬ, 畳の上で死ぬ

gèt a person into béd 《口》(性交が目的で)〔人〕をベッドに連れ込む

get ùp on the wròng sìde of the béd；《英》***gèt òut of béd on the wròng sìde*** 寝起きが悪い, 機嫌が悪い(♥「理由もなく1日中不機嫌な状態が続く」という含みがある)

****gò to béd*** ① 寝る, 就寝する(→ 名 ❷) (⇨ SLEEP 類語P) ② 《口》〈…と〉性交する, 肉体関係を持つ〈**with**〉

màke the [OR ***one's***] ***béd*** 寝床を整える

pùt ... to béd ① 〔子供・病人など〕を寝かしつける ② 《口》〔原稿〕を印刷に回す；〔計画など〕を完了させる

should have stòod in béd (よくないことがあったので) 寝ていた方がよかった

tàke to one's béd (病気で)寝込む, 病床に就く

—動 (**〜s** /-z/；**bed·ded** /-ɪd/；**bed·ding**)

—他 ❶ …を〈…に〉はめ込む(embed), 据えつける〈**in**〉 ❷ 〔人・動物〕に寝床を用意する；…を寝かしつける(put to bed)《***down***》 ‖ We 〜 the kids *down* by 8:00. うちでは子供を8時までに寝かしつける ❸ 《旧》…と肉体関係を持つ, 性交する ❹ (鉢などから花壇などに)…を植え替える, (地面に)下ろす, 移植する《***out***》 ❺ 〔砂利など〕を敷き詰める

—自 ❶ (ふだんは寝ていない所に) 寝る, 床に就く《***down***》 ‖ I'll 〜 *down* in the study tonight. 今夜は書斎で寝ます ❷ 定着する《***down***》(settle) ❸ 〘地〙層をなす

▸▸ **〜 and bóard** 名 U ① 《英》宿泊と食事 ② 寝食を共にすること, 夫婦関係 **〜 and bréakfast** (↓) **〜 bàth** 名 C 寝たきりの人の全身を洗うこと **〜 bòard** 名 C ベッド板《マットレスとスプリングの間に敷く薄板》 **〜 lìnen** 名 U ベッドリネン《シーツ・枕カバーなど》

B.Ed. /bìːéd/ 略 *B*achelor of *Ed*ucation(教育学士)

be·dab·ble /bɪdǽbl/ 動 他 《通例受身形で》《古》(汚水・血などを)はねかけられる, (はねかけて)汚れる

bèd and bréakfast 名 U C 一泊朝食付き(宿泊施設)《略 B & B, B and B, b and b》

bèd-and-bréakfast 動 他 《英》〘株〙(税金対策として)〔株〕を売って翌日買い戻す

be·daub /bɪdɔ́ːb/ 動 他 《通例受身形で》《文》(ペンキなどが)(…に)塗りたくられる

be·daz·zle /bɪdǽzl/ 動 他 《文》…の目をくらます；…をまごつかせる(♦ しばしば受身形で用いる)

béd-blòcking 名 U 《英》(転院先がない老人などの) 長期入院

béd·bùg 名 C ナンキンムシ

béd·chàmber 名 C 《古》寝室(bedroom)

béd·clòthes 名 複 寝具, 夜具《枕・敷布・毛布・掛け布団など》(《英》 bedcovers)

béd·còver 名 《英》 C ベッドカバー, ベッドの上がけ

bed·da·ble /bédəbl/ 形 《口》(女性が)男性とすぐ寝る[性関係を持つ]；セクシーな

bed·ding /bédɪŋ/ 名 U ❶ 寝具《マットレスと夜具》(bedclothes) ❷ (家畜の)敷きわら ❸ 〘建〙土台 ❹ 〘地〙成層(stratification)

▸▸ **〜 plànt** 名 C 花壇に植えるのにふさわしい一年生植物

PLANET BOARD 10

「…になりたい」は I want to be ... か I want to become ... か.

問題設定 「私は…になりたい」を表すには I want to be ... と I want to become ... の2つの形が考えられる. それぞれの使用率を調査した.

Q 次の表現のどちらを使いますか.

(a) I want to **be** a doctor.
(b) I want to **become** a doctor.
(c) 両方
(d) どちらも使わない

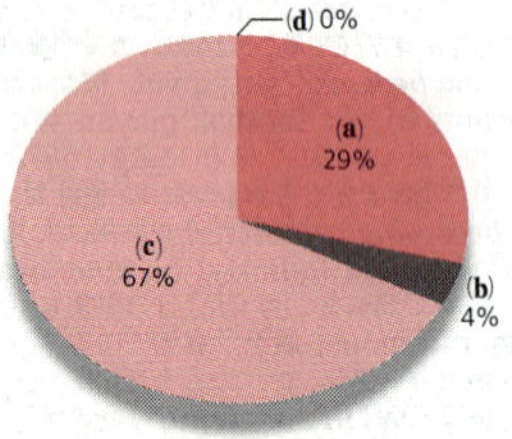

両方使うという人が約7割と最も多かった. (a) の I want to be ... のみを使うという人が約3割, (b) の I want to become ... のみを使うという人はきわめて少なかった. どちらも使わないと答えた人はいなかった.

両方使うと答えた人の中では,「2つの間に意味の違いはない」とした人もかなりいたが,「(a) は単に将来の夢を述べているのに対して, (b) は医者になるためのより具体的な教育や訓練を想定している」とする意見も多かった. また, 多くの人が「(a) よりも (b) の方が《堅》」としており, (a) のみを使うと答えた人の中でも, そのほとんどが (b) を使わない理由として「間違いではないが《堅》すぎる」ことをあげている.

学習者への指針 どちらも間違いではないが, 漠然とした夢を語る場合や《口》では I want to be ... の方が一般的である.

bed·dy-bye /bédibàɪ/ 名 U 《小児語》おねんね ‖ It's time for ～. おねんねの時間だよ

be·deck /bɪdék/ 動 他 《文》…を〈…で〉飾る, 飾り立てる〈**with, in**〉(♦ しばしば受身形で用いる) ‖ *～ed with* jewels 宝石で飾り立てられた

be·dev·il /bɪdévəl/ 動 (**～ed**, 《英》 **-illed** /-d/ ; **～·ing**, 《英》 **-il·ling**) 他 《主に英堅》 ❶ …を(継続的に)非常に苦しめる[困らせる], 虐待する ; …をすっかり混乱[狼狽(ばい)]させる (♦ しばしば受身形で用いる) ❷ …を悪くする ; …を悪魔に取りつかせる **～·ment** 名

be·dew /bɪdjúː/ 動 他 《文》…を(露で)ぬらす, …に(水などを)振りかける

béd·fèllow 名 C 同僚, 仲間 ; 同志

be [OR *màke*] *strànge bédfèllows* 意外な取り合わせになる

Bed·ford·shire /bédfərdʃər/ 名 ベッドフォードシャー《イングランド中部の州. 州都 Bedford. 略 Beds.》

béd·hèad 名 C 《英》(ベッドの)頭板, ヘッドボード(《米》headboard)

be·dim /bɪdím/ 動 (**-dimmed** /-d/ ; **-dim·ming**) 他 《文》〔目・心など〕を(涙などで)曇らせる

be·di·zen /bɪdáɪzən/ 動 他 《文》(安っぽく派手に)…を飾りたてる, 着飾らせる **～·ment** 名

bed·lam /bédləm/ 名 U 騒乱の場[状態], てんやわんや

Bed·ou·in, -u·in /béduɪn/ 名 (複 **～** OR **～s** /-z/) C ❶ ベドウィン《砂漠地方で遊牧生活を送るアラブ人》 ❷ 《b-》放浪者, 遊牧民(nomad) ━形 ベドウィンの ; 遊牧民の

béd·pàn 名 C (病人用の)便器, おまる

béd·pòst 名 C ベッドの支柱, 寝台柱

between you, me and the bedpost ⇨ BETWEEN (成句)

be·drag·gled /bɪdrǽgld/ 形 (衣服・頭髪などが) 汚れた[ぬらした], ぐしょぐしょの ; 薄汚ない

béd·rìdden 形 (病気・老年で)寝たきりの

béd·ròck 名 U ❶ 〖地〗基盤岩, 岩床 ❷ 《米》底 ; 最下点 ‖ the ～ prices 底値 ❸ (堅固な)基礎 ; 基本原理

gèt dòwn to bédrock 《口》本題[用件]に入る

béd·ròll 名 C 《主に米》(屋外用)携帯用寝具, 寝袋

:bed·room /bédrùːm, -rùm/

━名 (複 **～s** /-z/) C **寝室**, ベッドルーム ‖ a hotel with 100 *～s* 100の客室のあるホテル / a master ～ 主寝室

━形 《比較なし》《限定》 ❶ 寝室(用)の ; 通勤者用の ‖ the ～ **door** [**windows**] 寝室のドア[窓]

❷ 性的な関係を扱った, 挑発的な ‖ ～ scenes ベッドシーン / make ～ eyes 色目を使う

▸▸ **～ sùburb** [**commùnity, tòwn**] 名 C 《米》郊外住宅地, ベッドタウン(《英》dormitory suburb [town])

béd·sìde 名 C 《通例単数形で》寝台のわき[そば], (特に病人の)枕元 ‖ a nurse at [OR by] his ～ 彼に付き添っている看護師 ━形 ❶ 寝台のわきの, 枕元の ‖ a ～ table ナイトテーブル ❷ 看護している, 付き添いの

bèdside mánner 名 C 《単数形で》医者の患者に対する接し方

have a gòod bèdside mánner (医者が)患者を扱うこつを心得ている ; 人をそらさない

bèd-sítter, béd-sìt 名 《英》=bed-sitting room

bèd-sítting ròom 名 C 《英》寝室・居間兼用の部屋

béd·sòre 名 C (病人の)床ずれ

béd·sprèad 名 C (主に装飾用の)ベッドカバー

béd·stèad 名 C 寝台の枠組み

béd·stràw 名 C 〖植〗ヤエムグラの類

·béd·tìme 名 U C 形 就寝時間(の)

▸▸ **～ stóry** 名 C ① (就寝時に子供にしてやる)おとぎ話 ② 面白いがまゆつばものの話

béd-wètting 名 U 寝小便, おねしょ **-wètter** 名

:bee /biː/(♦ 同音語 be)

━名 (複 **～s** /-z/) C ❶ (一般に)ハチ(→ wasp) ; (特に)ミツバチ(honeybee), マルハナバチ(bumblebee) ‖ A swarm of *～s* chased the dog. ハチの群れが犬を追い回した / a queen [worker] ～ 女王[働き]バチ / be stung by a ～ ハチに刺される

❷ 働き者 ‖ a busy ～ 忙しく立ち働いている人

❸ 《主に米》(社会的・共同作業上・競技などの)寄り合い, 集い ‖ a quilting ～ キルト作りの集い / a spelling ～ つづり字競技会 / a geography ～ 地理知識競技会

(*as*) *bùsy as a bée* よく働く, 忙しくしている

bèes in the hánds 〖野球〗(ボールを打ったときの)手のしびれ

hàve [OR *gèt*] *a bèe in one's bónnet* 少々気が変である ; 《口》〈…について〉偏執的な考えを持っている, 〈…に〉取りつかれている〈**about**〉

▸▸ **～ bàlm** 名 C 〖植〗ヤグルマハッカ属の多年草 **～ flỳ** 名 C 〖虫〗ツリアブ **～'s knèes** 名 《the ～》《単数扱い》《口》素晴らしい人[もの]

Beeb /biːb/ 名 《the ～》《英口》BBC, 英国放送協会(→ BBC, auntie)

beech /biːtʃ/(♦ 同音語 beach) 名 C ブナの木 ; U ブナ材 **～·en** 形 ブナ(材製)の

béech·màst 名 U 《集合的に》ブナの実

bée-èater 名 C 〖鳥〗ハチクイ

:beef /biːf/

━名 (複 **～s** /-s/ ; ❷では **beeves** /-vz/, 《米》 **～s**) ❶ U **牛肉**, 食用肉(⇨ MEAT 類語P) ‖ I prefer ～ to pork. 豚肉より牛肉の方が好きだ / a pound of ～ 1ポンドの牛肉 / **corned** ～ コーンビーフ / **roast** ～ ローストビーフ

❷ C 肉牛, 畜牛(beef cattle) ❸ U 《口》筋肉, 腕力, 体力, 力 ; (人の)体重 ‖ The man's got plenty of ～. その男性は筋肉隆々だ / put on ～ 肉がつく ❹ C 《俗》不平, 不満 ‖ Tell me, what is your ～? ねえ, あなたの不満は何なの ❺ C 《米口》刑事犯罪

Whère's the béef? 《米》肉はどこにあるの ; 内容[具体案]はどこにあるの

Behind the Scenes もとハンバーガー会社の宣伝文句でライバル会社の中味が小さいと皮肉ったもの(♥ 選挙の討論会で相手の主張を攻撃するせりふとしても使われる)

━動 自 《口》〈…について〉(しつこく)不満を言う〈**about**〉‖ He is always *～ing about* his job. 彼はいつも自分の仕事に不満を漏らしている

bèef úp ... / *bèef ... úp* 〈他〉《口》…を増強する, 強化する ; …を拡充する

▸▸ **～ càttle** 名 U 《集合的に》《複数扱い》食肉用の牛, 肉牛 **～ téa** 名 U 《英》(病人用の)牛肉スープ **～ Wél-lington** 名 U C ビーフウェリントン《牛のフィレ肉にフォアグラをのせて焼いたもの》

beef·a·lo /bíːfəlòʊ/ 名 (複 **-los, -loes** /-z/) C ビーファロー《アメリカヤギュウと肉牛の交配種》; U その肉(♦ *beef*+(buff)*alo*より)

béef·bùrger 名 =hamburger

béef·càke 名 U 《集合的に》《口》肉体美の男性 ; 男性の肉体美を撮った写真(→ cheesecake)

béef·èater 名 《通例 B-》C ビーフイーター《英国(女)王の護衛兵(Yeoman of the Guard)およびロンドン塔(Tower of London)の守衛》

béef·stèak 名 U C ビーフステーキ(steak) ; (焼き肉・フライ用の)牛肉(の腰肉)の厚切り ▸▸ **～ fúngus** [**músh-room**] 名 C カンゾウタケ《カシやトネリコなどの樹幹に生える食用キノコ. 生の牛肉に似た赤褐色》

beef·y /bíːfi/ 形 ❶ 《口》太った, がっしりした ; 力強い ❷ 牛肉のような(味がする)

bée·hìve 名 C ❶ (養蜂(ほう)用の)ハチ[ミツバチ]の巣(箱) ❷ 雑踏の[活気のある]場所 ❸ ビーハイブ《1960年代に流行した女性のヘアスタイル》

▸▸**Béehive Stàte** 名 《the ～》

beehive ❸

米国ユタ州の俗称

bée·kèeper 名 C 養蜂家

-kèeping 名 U 養蜂(apiculture)

bée·lìne 名 C 直線(コース), 最短距離 ‖ in a ～ 一直線に / make a ～ for ... …へ直行する

Be·el·ze·bub /biélzɪbʌ̀b/ 名 ❶ 〖聖〗ベルゼブブ, 魔王(Satan) ❷ (一般に) 悪魔 ❸ (Milton 作「失楽園」(*Paradise Lost*)中の Satan に次ぐ)堕天使

‡been /bɪn | biːn/

―動 自 be 動 の過去分詞(♦助動詞の have, has, had とともに be 動詞の完了形を作る. ⇨ HAVE 助)

been there, done that ⇨ THERE(CE 4)

a pèrson has béen and dòne 《英口》(驚き・怒りなどを表して)(人が)よくも…してくれたものだ

―助 be の過去分詞(⇨ BE 助)

***beep** /biːp/ 名 C ぴーっという信号音[警笛]; (コンピューターの発する)ビープ音; 警告音

―動 自 ❶ ぴーっという音を立てる, ぴーっと鳴る ❷ (車のクラクションが)鳴る ❸ ビープ音を出す

―他 ❶〔車のクラクション〕を鳴らす ❷《主に米》〔人〕をポケットベルで呼び出す

beep·er /bíːpər/ 名 C 《主に米口》ポケットベル(pager)

‡beer /bɪər/

―名 (複 **～s** /-z/) U ❶ **ビール** (♦種類を表すときは C) (ale, porter, lager, bitter, stout などの種類がある) ‖ a barrel [bottle] of ～ 1たる[瓶]のビール / a glass [*cup] of ～ 1杯のビール / a pint of ～ 1パイントのビール / a can of ～ 缶ビール / black [draft] ～ 黒[生]ビール / drink ～ ビールを飲む

❷ C 1杯のビール ‖ I'll buy you a ～. ビールを1杯おごるよ ❸ (イースト・糖類・植物の根などから作る)発酵性飲料 ‖ ginger ～ ジンジャービール / root ～ ルートビール

nòt all bèer and skíttles 《英》楽しいことばかりではない ‖ Life is *not all* ～ *and skittles*. 人生は楽しいことばかりではない

smàll béer つまらないもの[こと]

▸▸ **～ bèlly** 名 C 《口》ビール腹 **～ gàrden** 名 C ビヤガーデン《庭園式》 **～ gùt** 名 C =beer belly **～ hàll** 名 C ビヤホール《大広間》 **～ màt** 名 C 《英》ビールグラス用コースター

beer·y /bíəri/ 形 《口》 ❶ ビールの(ような) ❷ ビール臭い; ビールに酔った, ほろ酔いの

bées·wàx 名 U ❶ 蜜(みつ)ろう《ミツバチが巣を作るために分泌する. ろうそくの原料・つや出し》 ❷ 《米口》関心事, 仕事(business) ‖ That's none of your ～. 余計なお世話だ

―動 他 …を蜜ろうで磨く

***beet** /biːt/ (♦同音語 beat) 名 C ビート, テンサイ; C U 《米》サトウダイコン(sugar beet); アカカブ(《英》beetroot) (♦《米》ではしばしば beets で用いられる) ‖ red ～ アカカブ, ビーツ《サラダ用》 / white ～ サトウダイコン / red as a ～ 《米口》(当惑などで)顔を赤くして

▸▸ **～ sùgar** 名 U テンサイ糖(→ cane sugar)

Bee·tho·ven /béɪthòuvən/ 名 **Ludwig van ～** ベートーベン(1770–1827)《ドイツの作曲家》

Bee·thó·vi·an, Bèe·thò·vé·nian 形

bee·tle¹ /bíːtl/ 名 C ❶ カブトムシ(の類) (→ blackbeetle) ❷ 《英》近視眼的なものの見方の人

―動 自 《英口》立ち去る, 急いで行く《*off, away*》

bee·tle² /bíːtl/ 名 C ❶ 大槌(おおづち), 掛け矢 ❷ 布打ち機

bee·tle³ /bíːtl/ 《文》 形 《限定》突き出た; (まゆが)もじゃもじゃの ‖ ～ brows げじげじまゆ

―動 自 (まゆ・崖(がけ)などが)突き出る

béetle-bròwed 形 まゆ毛が太く突き出た, げじげじまゆ毛の; しかめっ面の

béet·ròot 名 C 《主に英》テンサイ; アカカブ(《米》beet)

as rèd as a béetròot 《口》(焦りなどで)顔が赤い

gò béetròot (顔が)赤くなる

beeves /biːvz/ 名 beef ❷の複数

***be·fall** /bɪfɔ́ːl/ 動 (**～s** /-z/; **-fell** /-fél/; **-fall·en** /-fɔ́ːlən/; **～·ing**) 他 《文》(悪いことが)…に起こる, 降りかかる(↘ fall on) ‖ What has *befallen* you? あなたの身に一体何が起こったのですか ―自 (悪いことが)起こる ‖ No matter what disaster ～*s*, I shall be prepared. どんな災難が起ころうと準備はできている

be·fit /bɪfít/ 動 (**-fit·ted** /-ɪd/; **fit·ting**) 他 (物・事が)…に適する, ふさわしい; …に似合う; …の務めである

be·fit·ting /bɪfítɪŋ/ 形 ふさわしい; 似合いの **～·ly** 副

be·fog /bɪfɔ́(ː)g/ 動 (**-fogged** /-d/; **-fog·ging**) 他 《文》 ❶ …を霧で覆う[包む] ❷〔論点など〕をあいまいにする, ごまかす; …を惑わす, けむに巻く

be·fool /bɪfúːl/ 動 他 《英では古》…をだます; …をばかにする

‡be·fore /bɪfɔ́ːr/ 前 接 副

中心義 **(…の)前に** (★「時間」や「(具体的な)位置」に限らず, 「順位」などについても用いる)

―前 ❶ 《時間》**…の前に**, …より以前に(↔ after) ‖ I got up ～ sunrise [six o'clock]. 私は日の出[6時]前に起きた / It is seven minutes ～ ten. 《米》10時7分前です(=It is seven minutes to ten.) / Lock the window ～ going to bed. 寝る前に窓に鍵(かぎ)をかけなさい(=Lock the window *before* you go to bed. → 接 ❶) / since ～ the war 戦前から / the day ～ yesterday おととい / the year ～ last おととし

❷ 《位置》《堅》**…の前に[で]**, …の面前で, 先に立って(in front of)(↔ behind)(♦建物などに関して「…の前に」という場合は通例 in front of を用いる) ‖ He sat ～ me. 彼は私の前に座った / My son walked ～ me. 息子は私の前を歩いた / She had to speak ～ a large audience. 彼女はたくさんの聴衆の前で話をしなければならなかった

❸ 《順序・優先・選択》…より先に, 優先して; …**よりむしろ** ‖ B comes ～ C in the alphabet. アルファベットではBはCの前にくる / He puts his family ～ everything. 彼は何よりも家族を優先させる / I would die ～ submitting. 降伏するより死ぬ方がましだ(→ 接 ❷) / I'll choose wine ～ beer. ビールよりワインが欲しいな

❹ …の眼前に与えられて, …を待ち受けて, …に直面して ‖ You have your whole life ～ you. 君の人生はこれからだ / The hardest work was ～ them. 最も難しい仕事が彼らを待っていた / The question ～ us is an urgent one. 我々が直面している問題は緊急なものだ

❺ (判断・審理のために)…の前に提出されて, 置かれて ‖ The proposal will be put ～ the committee. その提案は委員会で諮(はか)られるだろう / The case is ～ the court. その事件は裁判中だ

❻ …を前にして; …のために ‖ They fled ～ the enemy. 彼らは敵を前にして逃げた

❼ …を引く前の ‖ yearly income ～ tax(es) 税引き前の年収

before long ⇨ LONG¹(成句)

―接 ❶ 《時間》…**の前に**, …しないうちに(↔ after) ‖ I'll finish my work ～ I go. 行く前に仕事を片づけよう / The day ～ he came was very beautiful. 彼の来た前日はとても上天気だった(♦before 節はふつう副詞節だが, この例では名詞を修飾する形容詞節) / My uncle died two months ～ I was born. おじは私の生まれる2か月前に死んだ / We were caught in a shower ～ we had gone far. まだ遠くまで行かないうちににわか雨にあった / I'll tell you ～ I forget it. 忘れないうちに言っておきます(♥警告や脅しとして用いる) / It won't be long ～ he recovers. 彼が回復するまでに長くはかからないだろう(すぐ治るだろう) / It was an hour ～ the ambulance came. 救急車は1時間後にやっと来た / ～ it's too late 手遅れにならないうちに / ～ you [we, I, etc] know it 気づかぬうちに, あっという間に

語法★☆ (1) before はそれ自体が時間の前後関係を明確に表すので，次の例で過去完了の代わりに過去形を用いてもよい．〈例〉She came home *before* dinner started. (=She had come home ....) 夕食が始まる前に彼女は帰宅した(⇨ AFTER)
(2) before 節の中では未来のことを表すのに will を用いず，現在形を使う．〈例〉I'll be back *before* you start. あなたが出発する前に帰って来ます

❷ …よりむしろ(♦主節に will か would を伴う) ‖ I would die ～ I「would submit [OR submitted]. 降伏するより死ぬ方がましだ
—副 ❶ **以前に**，(それより，今より) 前に ‖ Haven't we met ～? 以前お会いしたことはありませんか(→ 語法 (2)) / the day [night] ～ その前日 [夜] / as [OR like] ～ 以前のように / long ～ ずっと前に / **as never** ～ かつてなかったほど / **than ever** ～ これまでで最も，かつてないほど (♦比較級とともに用いる)

語法☆☆ **before と ago**
(1)「現在より前」を表す場合は，はっきりした時点に ago を含む句を使い，漠然とした過去に before を使う．〈例〉We moved to Paris two years *ago*. 私たちは (今から) 2年前パリに引っ越した / We lived in Paris *before*. 私たちは以前パリに住んでいた
(2) ago を含む句は過去形の文で用いるが，before は過去形の文でも現在完了の文でも使える．〈例〉No one (has) asked me that question *before*. だれも今まで私にその質問をしたことはない
(3)「過去のある時点より前」のはっきりした時点を表す場合は，ago は使わず before を使う．〈例〉Last spring, he left the company that he had joined fifteen years *before*. 昨年の春，彼は15年前に入った会社を辞めた
(4) 直接話法の伝達内容の ago は間接話法では通例 before になる．〈例〉He said, "I saw her a week *ago*." =He said that he had seen her a week *before*.「1週間前に彼女に会った」と彼は言った

❷《古》(位置が) 前で [に] ‖ There were enemies ～ and behind. 前にも後ろにも敵がいた

***be·fore·hand** /bɪfɔ́ːrhæ̀nd/ 副 前もって，あらかじめ(in advance)；予期して ‖ Why didn't you let me know ～? どうして前もって教えておいてくれなかったの
—形《叙述》あらかじめ備えをしている

befóre-tàx 形 (給与などが)税込みの(↔ after-tax)

be·foul /bɪfáʊl/ 動 他《古》《文》…を汚す；…に汚名を着せる，中傷する

be·friend /bɪfrénd/ 動 他〔特に困っている人〕を助ける[の力となる]；…に親切にする

be·fud·dle /bɪfʌ́dl/ 動 他 ❶〔人・頭など〕を混乱させる ❷〔人〕を酔わせてわからなくする **-dled** 形

:beg /beg/
中心義 **Aを請う**(★Aは「許し・恩恵」「事柄」「物」など多様)
—動 (～s /-z/；begged /-d/；beg·ging)
—他 ❶ **懇願する a** (+目)〔許し・恩恵など〕を懇願する，請う ‖ I ～ your pardon. ごめんなさい / ～ one's life 命ごいをする / ～ leave to *do* …する許しを請う
b (+目+of 名)〔人〕に…を懇願する，請う ‖ I ～ a favor *of* you. 《堅》お願いしたいことがあるのですが (↷ Would you do me a favor?)
c (+目+for 名)〔人〕に…を切に頼む ‖ I *begged* her *for* a divorce. 私は彼女にどうか離婚してくれと頼んだ
d (+目+to *do*)〔人〕に…してくれと頼み込む ‖ He *begged* his father *to* forgive him. 彼はどうか許してほしいと父親に泣きついた
e (+that 節)…ということを(人に)頼む ‖ I *begged that* she stay [《主に英》should stay]. どうかいてくれと彼女に切々と訴えた / "Let me go," he *begged*.「行かせてくれ」と彼は懇願した
f (+to *do*)…するように頼む ‖ ～ *to* be allowed to enter the room 部屋に入れてくれと頼む
❷〔施し物〕を〈人から〉請う〈**from, of**〉(♥特に「路上で」という含みがある) ‖ He *begged* money. 彼は金銭の施しを請うた / May I ～ a cigarette *from* you? たばこを1本頂けませんか ❸〔論点など〕を(証明せずに)前提として論を進める(⇨ *beg the* QUESTION)；〔問題・困難など〕を逃れる ‖ ～ the difficulties 難点を避ける
—自 ❶ **懇願する a** 〈許し・恩恵などを〉請う〈**for**〉‖ ～ *for* mercy 慈悲を求める
b (+of 名+to *do*)〔人〕に…してくれと頼む ‖ I ～ *of* you *to* stay here. どうかお願いですからここにいてください (♦I beg you to stay here. よりも強意)
c (～ of 名 で伝達動詞として)〔人〕に…と頼む ‖ Please let me go, I ～ *of* you. お願いだから行かせてください
❷ 〈…を〉頼む〈**for**〉；物ごいをする ‖ He *begged for* money from passers-by. 彼は通行人に物ごいをした
❸ (犬が)ちんちんする
bèg, bòrrow, or stéal (目的のものを手に入れるために) 何でもする，あらゆる手段を尽くす
bèg óff 〈自〉言い訳して〈義務・約束したことなどを〉断る，辞退する〈**from, on**〉‖ He *begged off on* that assignment. 彼はその任務を断った —〈他〉(***bèg óff ...***)…を断る，辞退する
bèg to díffer [OR ***disagrée***] 失礼ながら反対する
gò bégging ① 物ごいして歩く ② 《通例進行形で》《英口》(物が) 引き取り [買い] 手がない ‖ If these books are *going begging*, I'll take them. この本の引き取り手がないなら私が頂きます
▶▶**bégging bòwl** 名 C (施しを受けるための) 鉢；托鉢(たくはつ)僧の鉢

:be·gan /bɪgǽn/ 動 begin の過去

be·get /bɪgét/ 動 (-got /-gá(ː)t | -gɔ́t/,《古》-gat /-gǽt/；-got·ten /-gá(ː)tən | -gɔ́t-/,《古》-got；-get·ting) 他 ❶《古》《聖》(父親・両親が)〔子〕をもうける，得る(→ bear[1] ❽) ❷《文》…を生じさせる **～·ter** 名

***beg·gar** /bégər/ 名 C ❶ 物もらい，物ごいをする人；貧乏人 ‖ *Beggars can't be choosers.* 《諺》物をもらうのに好みは言えぬ / die a ～ 野垂れ死にする ❷《形容詞を伴って》《英口》やつ(fellow) ‖ You lucky ～! 何て運のいいやつだ / a little ～ 若造 —動 他 ❶ …を貧乏にする ❷ …の域を越える，…し難い(♦主に description, belief を目的語にとる) ‖ Her beauty ～*s* (all) description. 彼女の美しさは言葉で言い尽くせない (=Her beauty is beyond description.)

bég·gar·ly /-li/ 形 ❶ あまりにも少ない ❷ 貧しい；卑しい **-li·ness** 名

bèggar-my-néighbor 名《英》❶ U 〖トランプ〗すかんぴん《相手のカードを全部とってしまうまで続ける2人でする遊び》❷《形容詞的に》(国の政策が) 近隣窮乏化的な；自己中心的な ‖ ～ policies 近隣窮乏化政策

beg·gar·y /bégəri/ 名 U 赤貧；物ごいの身分

:be·gin /bɪgín/
—動 (～s /-z/；be·gan /bɪgǽn/；be·gun /bɪgʌ́n/；-gin·ning)
—他 ❶ **a** (+目)…を**始める**，…に着手する(↔ end, finish) (⇨ 類語) ‖ The famous surgeon *began* his speech with a joke. その著名な外科医はジョークでスピーチを始めた
b (+to *do* / *doing*) …し始める，…し出す ‖ He *began* 「*to* fry [OR frying] an egg. 彼は目玉焼きを作り始めた / When did you ～「*to* study [OR studying] Thai? いつタイ語を勉強し始めたのですか

語法☆☆ begin to *do* と begin *doing* の間に意味の違いはほとんどない．次の場合は begin to *do* の方が好まれる．
(a) 主語が無生物であるとき．〈例〉The ice *began* to melt. 氷が溶け始めた

(b) feel, see, think などの感覚・知覚を表す動詞が続くとき. 〈例〉I *began* to see what he meant. 彼が何を言わんとするのかわかりかけてきた
(c) begin が -ing 形で, 後に *doing* を用いると重複になるとき. 〈例〉She is just *beginning* to read the book. 彼女はその本を読み始めたところだ

❷《cannot [OR do not] ~ to *do* で》とても…しそうではない, …する気配もない, 全然…しない ‖ You can't ~ *to* imagine how tragic the accident was. その事故がどれほど悲惨だったかとても想像できないでしょう
❸《直接話法で》言い出す, 話し出す ‖ "I'll miss you," she *began*. 「寂しくなるわ」と彼女は言い出した
❹〈…として〉…を始める, 〔生涯など〕を始める〈**as**〉‖ She *began* her career *as* a secretary. 彼女のキャリアの最初は秘書だった

—自 ❶ **始まる**, 始める, 着手する(⇨ 類語) ‖ The concert will ~ at [×from] 7:00. コンサートは7時に始まる / Let's ~ at [《米》on] page 30. 30ページから始めよう / The construction *began* two years ago. その工事は2年前に着手された / The word ~*s* with the letter "n". その単語はnで始まる / I *began* with a review of the past data. まず過去のデータを振り返ってみた
❷ 生まれる, 起こる, 発生する, 現れる(♦ 時間・空間いずれにも用いる) ‖ Our company *began* in 1900 with only 20 employees. 我が社は1900年にたった20人の従業員でスタートした / The culture of the West ~*s* in ancient Greece. 西洋文化は古代ギリシャに始まる / Where does the marsh ~? どこからが湿原ですか
❸〈…として〉出発する, 生涯を始める〈**as**〉‖ ~ *as* a part-timer 最初はパートとして出発する

begín on [OR ***upon***] ... 〈他〉…を始める, …に着手する ‖ He *began on* a script. 彼は脚本を書き[読み]始めた

****to begín with*** ①《通例文頭で》NAVI **まず第1に** (♥ 理由を列挙するときなどに用いる. ⇨ NAVI表現 1) (in the first place) ‖ This paper aims to reveal the characteristics of Japanese culture. *To ~ with*, we will consider ways of greeting in Japan. このレポートは日本の文化の特徴を明らかにすることを目的としている. 初めに, 日本のあいさつの様式について考察する ② 最初に[は] ‖ He was an actor *to ~ with*, but later he became a director. 彼は最初俳優だったが後に監督になった ③ すでに, そもそも ‖ I was already tired *to ~ with*, even before I started to walk home. 家に向かって歩き出す前からすでに疲れていた

COMMUNICATIVE EXPRESSIONS

1 **Lét me begìn by** explàining the bàckground of the íssue. NAVI この問題の背景を説明することから始めたいと思います(♥ 議論や説明を切り出す際の文句)
2 **You've gót to begìn sómewhere.** とにかくやってみないと; とりあえず始めてみよう(♥「考えてばかりいないで新しい行動を開始すべきだ」の意. 人に対する励ましとしても自分が思いきってやり始めたことについても使える)

類語 《他 ❶, 自 ❶》 **begin** 「始める, 始まる」を意味する最もふつうの語. 反意語は end. 〈例〉The baseball season *begins* in spring. 野球のシーズンは春に始まる
start begin と同じ意味の場合も多いが, 特に待機・停止・休止の状態からの開始を暗示する. 反意語は stop. 〈例〉The meeting *started* again after lunch. 会議は昼食後に再開された
commence begin, start より格式ばった語. 〈例〉The ceremony will *commence* at ten o'clock. 式典は10時に始まる

***be·gin·ner** /bɪɡínər/ 名 C ❶ 初心者, 初学者, 新米, ビギナー ‖「a complete [OR an absolute] ~ 全くの初心者 / ~'s luck ビギナーズラック, 初心者のつき[幸運] ❷ 創始者

*****be·gin·ning** /bɪɡínɪŋ/
—名 (複 **~s** /-z/) ❶ C 《通例単数形で》**初め**, 始まり, 最初(↔ end); 起源, 発端(⇨ ORIGIN 類語); 冒頭(部分); 始点 ‖ A circle has no ~ and no end. 円には起点も終点もない / I missed the ~ of the movie. その映画の冒頭部分を見損なった / **at the ~ of** July [this term] 7月[今学期]の初めに / make a good [**new**] ~ いい[新たな]スタートを切る / **mark** the ~ of a new era 新しい時代の幕明けを示す / That was the very ~ of the trouble. それがごたごたの発端だった

Behind the Scenes **I think this is the beginning of a beautiful friendship.** これはすばらしい友情の始まりだよ 映画 *Casablanca* のラストシーンで Humphrey Bogart 演じる Rick が, 元恋人を夫と一緒に国外へ逃した後, 逃亡に協力した警察署長の Renault に言うせりふ (♥ 新しく契約や約束事などが成立したときなどに, しばしば friendship の部分を partnership など類似の表現に変えて用いる)

❷ C《通例 ~s》初期, 出発点; 出身; 初歩 ‖ He rose from humble ~*s*. 彼は庶民の出からのし上がった / the ~*s* of panic 恐慌の初期 ❸《形容詞的に》初歩の, 入門(期)の ‖ ~ students 新入生

from begìnning to énd 初めから終わりまで
from the begínning 初めから
in the begínning NAVI まず(手)初めに(↔ *in the end*)
the begìnning of the énd (悪い)結末を予示する最初の兆し, 終わりの始まり ‖ A small quarrel was *the ~ of the end* of our marriage. ささいな口げんかが私たちの結婚の破局の始まりだった

be·gone /bɪɡɔ́(ː)n/ 動 自 《通例命令文で》《古》《文》立ち去る, 出て行く (♦ go より強意) ‖ *Begone* (with you)! うせろ
be·gon·ia /bɪɡóunjə | -iə/ 名 C 【植】ベゴニア
be·got /bɪɡá(ː)t | -ɡɔ́t/ 動 beget の過去・過去分詞の1つ
be·got·ten /bɪɡá(ː)tən | -ɡɔ́t-/ 動 beget の過去分詞の1つ
be·grime /bɪɡráɪm/ 動 他 …を(あか・すすなどで)汚す
be·grudge /bɪɡrʌ́dʒ/ 動 他 (♦ grudge の強意形) 《しばしば否定文で》❶《+目+目》〔人〕の…をねたむ ‖ ~ him his good fortune 彼の幸運をねたむ ❷《+目+目》〔人〕に…を出し惜しみする (grudge) ‖ He ~*s* his son every penny. 彼は息子にびた一文出したがらない ❸《+*doing*》…するのをいやがる, …に不満[不快]を覚える ‖ ~

NAVI 表現 1. 話題の提示・導入

会話や議論を始めるとき, **to begin with**, **first of all**, **first off** などが用いられる. これらの表現は会話や議論の開始の合図としての役割を果たすが, 順序立てて話を構成する列挙の表現のように, next, then などで受けて論を進めることもある(→ NAVI表現 3).

‖ This paper aims to reveal the characteristics of Japanese culture. *To begin with*, we will consider ways of greeting in Japan. このレポートは日本の文化の特徴を明らかにすることを目的としている. 初めに, 日本のあいさつの様式について考察する / *First of all*, I would like to introduce a special guest who's well known as the world's most talented ventriloquist. 初めに, 世界で最も巧みな腹話術師として知られている方をスペシャルゲストとしてご紹介したいと思います

▶ **文形式の表現**
We will begin by considering ... (…を考えることから始めよう), **A good place to start is ...** (…から(話を)始めるのがよいだろう), **Let's start with** [OR **by**] **...** (…から始めよう)(⇨ START CE 4), **You know what?** (ねえ, 聞いて)(♥ 口語表現)(⇨ KNOW CE 33)

reading 本を読むのをいやがる
-grúdg·ing·ly 副 いやいや

be·guile /bɪɡáɪl/ 動 他 ❶《文》…をだます,〔人〕を欺いて〈…に〉導く〈**into**〉‖ He was ~*d into* investing in the fake company. 彼はだまされていかさま会社に投資させられた ❷〔人〕を(…で)魅了する, 楽しませる ❸《文》〔時間・暇など〕をつぶす;〔退屈など〕を紛らす ❹《文》〔人〕から〈…を〉だまし取る〈**of**〉‖ He was ~*d* of his money. 彼は金をだまし取られた
~·ment 名 **-guíl·ing** 形 人を魅了する, 魅惑の **-guíl·ing·ly** 副 魅了して, 楽しませて

be·guine /bɪɡíːn/ 名《the ~》❶ ビギン《ルンバ調の西インド諸島起源のダンス》❷ ビギン風のダンス[曲]

be·gum /béɪɡəm/ 名《しばしば B-》C《インド》(イスラム教徒の)王妃, 王女, 貴婦人

be·gun /bɪɡʌ́n/ 動 begin の過去分詞

be·half /bɪhǽf | -hɑ́ːf/ 名 U 利益, 味方(♦ 通例次の成句で用いる)
on* [《米》*in*] *behàlf of a pérson*; *on* [《米》*in*] *a pèrson's behálf ①〔人〕の(利益の)ために,〔人〕のことで ‖ He refused to give evidence *in* his own ~. 彼は自分のために証言することを拒否した / Don't be uneasy *on* my ~. 私のことなら心配しないで ②〔人〕に代わって,〔人〕を代表して ‖ *On* ~ *of* my colleagues, I'd like to express our heartfelt thanks to you all. 私の同僚を代表して皆様に心からお礼を申し上げます

be·have /bɪhéɪv/《発音注意》
—動〔▶ behavior 名〕(**~s** /-z/; **~d** /-d/; **-hav·ing**) 自
❶《+副》**振る舞う**, 行動する(♦ 副 は様態を表す. as if などに導かれる副詞節のこともある) ‖ He ~*s* 「**like** a fool [OR foolishly, **in** a foolish **way**, as if he were a fool] to [OR toward] me. 彼は私に対して愚かな振る舞いをする / If you ~ differently, her response will be different. もし君が違った態度をとるなら, 彼女の反応も違ったものになるだろう / ~ properly 礼儀正しく振る舞う / ~ well [badly] 行儀よく[無作法に]振る舞う / ~ **in** a childish **manner** 子供っぽく振る舞う
❷《しばしば命令形で》行儀よくする ‖ Just ~, children. みんないい子にしてなさい / tell kids how to ~ 子供に行儀作法を教える ❸《+副》(機械などが)動く, 作動する;(物質などが)作用する, 反応する
beháve onesèlf ① 行儀よくする ‖ I'm glad to see you are *behaving* yourself. ちゃんとお行儀よくしていてくれてうれしいよ ②《+副》振る舞う ‖ ~ *oneself* ill 行儀が悪い

be·haved /bɪhéɪvd/ 形《通例複合語で》振る舞う(→ well-behaved, ill-behaved)

be·hav·ior, 《英》**-iour** /bɪhéɪvjər/
—名〔◁ behave 動〕(複 **~s** /-z/) U ❶〈…に対する〉**振る舞い**, 挙動, **行儀**, 態度〈**to, toward**〉(⇨ ACT 類語) ‖ His rude ~ *to* [OR *toward*] us is unacceptable. 我々に対する彼の無礼な振る舞いは容認できない / good [bad] ~ 行儀のよさ[悪さ]
❷ U C《心》(人間の)行動(様式);《動》(生物の)習性, 行動様式 ‖ consumer ~ 消費者行動 / social [sexual] ~ 社会[性]行動 / aggressive [social] ~ 攻撃[社会]的行動 / ~ **patterns** 行動パターン
❸ (機械などの)作動状況;(物質・成分などの)作用, 反応
be on one's bèst behávior 謹慎中である,(周りの視線などを気にして)行儀よくしようと努めている
▸▸ **~ thèrapy** 名 U《心》行動療法

be·háv·ior·al, 《英》**-iour-** 形 行動の
▸▸ **~ económics** 名 U 行動経済学《市場参加者の心理が経済に及ぼす影響を研究する新分野》 **~ fínance** 名 U 行動ファイナンス **~ scíence** 名 U 行動科学《心理学・社会学・人類学などの人間や動物の行動を研究する学問分野》

be·hav·ior·ism, 《英》**-iour-** /bɪhéɪvjərɪzm/ 名 U《心》行動主義 **-ist** 名 形

be·head /bɪhéd/ 動 他〔人〕を打ち首にする, 首をはねる(♦ しばしば受身形で用いる)

be·held /bɪhéld/ 動 behold の過去・過去分詞

be·he·moth /bɪhíːmɑ(ː)θ | -mɔθ/ 名 C ❶《しばしば B-》《聖》巨獣, ビヒモス《カバのことと思われる》❷ 巨大な[強力な]もの[生物]

be·hest /bɪhést/ 名 C《単数形で》《文》命令;懇請(♦ 通例次の成句で用いる)
at the behést of a pèrson*; *at a pèrson's behést 〔人〕の命令[要請]により

be·hind /bɪháɪnd/ 前 副 名
中心義 **(…の)後ろに**(★具体的な場所に限らず,「(人・事柄の)関係」「(物事の)進み具合」などにも用いる)
—前 ❶《場所》**…の後ろに**(↔ in front of);…の後について;…の向こう(側)に(beyond) ‖ He locked the door ~ him. 彼は入った[出た]後にドアに鍵(かぎ)をかけた / He was running just ~ me. 彼は私のすぐ後を走っていた / The sun disappeared ~ the building. 太陽は建物の向こうに隠れた / a garden ~ the house 家の裏庭 / sit ~ a desk 机の向こう側に座る / look from ~ the curtains カーテンの陰からのぞく
語法 ☆☆ at the back of ... は「静止しているものの後ろに」を表すが, behind は静止しているかどうかに関係なく「人や物の後ろに」を表す. また behind には「隠れていて見えない」のニュアンスがある.
❷ …の背後に(隠されて);…の原因[理由]となって ‖ *Behind* her smile was anger. 彼女の微笑の裏には怒りが隠されていた / I wonder what is ~ her sudden kindness. 彼女が突然親切になった本当の理由は何だろう
❸ …を支持して, 支援して, …に関係して ‖ We're ~ you all the way. 私たちは全面的にあなたを支持しています / All the employees are ~ the plan. 全従業員がその計画を推進している
❹ **…の後に**(残って, 残して) ‖ He went to France, leaving his wife and two children ~ him. 彼は妻と2人の子供を後に残してフランスに渡った
❺ **…に遅れて**(↔ ahead);…に劣って ‖ We are ~ schedule so we'll have to work overtime. 私たちは予定に遅れているので残業しなくてはならないだろう / He is ~ the rest of his class in writing ability. 彼は文章力でクラスのほかの生徒より遅れている
❻〔人〕に経験としてある ‖ He has ten years of experience ~ him. 彼には10年間の経験がある / a woman with ten years of riding ~ her 10年の乗馬歴のある女 ❼(不愉快なことが)…にとって過ぎ去っていて ‖ Those troubles are all ~ him now. そうした問題は彼にとって今やすべて過去のこと[解決済み]だ

COMMUNICATIVE EXPRESSIONS
1 **I'm òne húndred percènt behínd you.** あなたを全面的に支持します(♥ 強い賛成・支持を表す)
2 **(I'm rìght) behínd you.** ① すぐ後ろにいるよ(♥ 人込みの中などで連れの人に向かって「大丈夫, はぐれずについて行っているよ」という意味で用いる) ② 応援してるよ;私はあなたを支持します(♥ 人を励ます際に用いる)

—副《比較なし》❶ **後ろに**(↔ ahead, in front);陰に, 背後に ‖ They were attacked from ~. 彼らは背後から攻撃された / look ~ 後ろを見る / the person ~ 後ろの人 / follow close [OR not far] ~ すぐ後に続く
❷ **後に**(残って) ‖ I left my bag ~. 私はかばんを置いてきて[忘れて]しまった / stay [OR remain] ~ 後に残る
❸ (人が)〈支払い・仕事などに〉**遅れて**,〈試合などで〉リードされて〈**with, in**〉;(時計が)遅れて;劣って ‖ He was ~ *with* [OR *in*] the rent. 彼は家賃の支払いが滞っていた / We were three runs ~ when he hit the grand slam home run. 彼が満塁ホームランを打つまで我がチー

B

ムは3点のリードを許していた ❹ 過ぎ去って，過去のことで
come from behind 逆転勝ちする，追い上げる ‖ a come-from-～ win [victory] 逆転勝ち[優勝]
―名 C 《口》尻(しり)(♥ buttocks, bottom の婉曲語)

be·hind·hand 副 形 《叙述》《堅》(人が)〈支払い・仕事などに〉遅れて，滞って〈**with, in**〉‖ be ～ *with* the rent 家賃を滞納している / be ～ *in* one's work 仕事が遅れている

be·hind-the-scenes 形 《限定》舞台裏の，秘密の，陰の

be·hold /bɪhóuld/ 動 (**-held** /-héld/ ; **～·ing**) 他 《古》《文》 ❶ …を見る ❷ 《しばしば命令形で》注視する，心をとめて見る ‖ *Behold the fowls of the air.* 空飛ぶ鳥を見るがよい(♦ 聖書の言葉) ―間 (注意を促して)見よ ‖ Lo and ～! 見よ，こはそもいかに **～·er** 名

be·hold·en /bɪhóuldən/ 形 《叙述》《堅》恩義に感じて，ありがたく思って〈**for** …を；**to** 人に〉‖ I am much ～ *to* you *for* your advice. ご忠告本当にありがとうございます

be·hoove /bɪhú:v/, 《英》**-hove** /-hóuv/ 動 他 《堅》《it を主語として》…にとって義務[必要]である；《否定語を伴って》…にふさわしい ‖ It ～*s* you to do .... あなたは…すべきである

beige /beɪʒ/ 名 U ❶ ベージュ(色) ❷ (染色していない)毛織物 ―形 ベージュ色の

bei·gnet /bèɪnjéɪ, ´-´/ 名 C 《料理》ベニエ(揚げ物の一種)(♦ フランス語より)

Bei·jing /bèɪdʒíŋ/ 名 北京(ペキン)(中華人民共和国の首都. Peking は旧表記) **～·er** 名 C 北京市民

:be·ing[1] /bí:ɪŋ/
―動 自 be 動 の現在分詞，動名詞(⇨ BE 動)
―助 be 助 の現在分詞，動名詞(⇨ BE 助)

:be·ing[2] /bí:ɪŋ/
―名 (複 **～s** /-z/) ❶ U **存在**；生命，人生 ‖ the mother who gave him his ～ 彼に生命を与えた[彼を産んだ]母親
❷ C **生き物**，存在物；(特に)人間 ‖ He is a strange ～. あいつは変わったやつだ / Human ～*s* are the only animals which cry. 人類は泣ける唯一の動物である / all living ～*s* 生きとし生けるもの
❸ U 本質；天性，性格；心，精神 ‖ with one's whole ～ 心から / to the core [OR roots] of one's ～ 心の奥底まで
❹ 《the B-》神(God) ‖ the Supreme *Being* 神
bring [OR ***call***] ***... into being*** …を生み出す，発足[実現]させる(♦ しばしば受身形で用いる)
*__*come into being*__ **生まれ出る**，生ずる ‖ The United Nations *came into* ～ in 1945. 国連は1945年に発足した
in being (計画中ではなく)現存の；(まだ)存続して

Bei·rut /bèɪrú:t/ ◁ 名 ベイルート(レバノンの首都・海港) **-rú·ti** 名 C ベイルート市民

be·jab·bers /bɪdʒǽbərz/, **-jab·ers** /-dʒéɪbərz/ 間 =bejesus

be·je·sus /bɪdʒí:zəs/ 間 《口》おや，まあ(♥ 驚き・狼狽(ろうばい)などを表す) ―名 C ちぇっ，まさか ‖ beat [OR hit, kick, knock] the ～ out of ... …をぶったたく / scare the ～ out of ... …を仰天させる

be·jew·eled, 《英》**-elled** /bɪdʒú:əld/ 形 宝石で飾った(ような)

bel /bel/ 名 C 《理》ベル(電圧・電力や音・振動の強さを表す単位)(→ decibel)

be·la·bor, 《英》**-bour** /bɪléɪbər/ 動 他 ❶ …を長々[くどくど]と話す[論ずる] ❷ 《文》《戯》…をひどく打つ；…をしかる；…をののしる

*__Be·la·rus__ /bèlərú:s/ 名 ベラルーシ(旧ソ連から1991年に独立した共和国. 公式名 the Republic of Belarus. 首都 Minsk) **-rús·ian** 形 名

be·lat·ed /bɪléɪtɪd/ 形 ❶ 手遅れの，遅れた，時代遅れの ❷ 《古》(旅人などが)行き暮れた **～·ly** 副

be·lay /bɪléɪ/ 動 他 ❶ 《海》〔綱〕を綱止め栓などに巻きつけて固定する ❷ 〔登山者〕をザイルで留める[確保する，ビレーする]；〔ザイル〕を(安定したものに)しっかりと結びつける ❸ 《命令形で》《俗》《海》…をやめる，取り消す
―自 ❶ 綱[ザイル]を安定させる ❷ 《主に命令形で》《俗》《海》やめる ‖ *Belay* there! やめろ，よし
―名 C ザイルを結びつけること[場所]
▶▶ **～ing pin** 名 C 《海》綱止め栓

belch /beltʃ/ 動 自 ❶ げっぷをする，おくびが出る ❷ (火・煙などが)噴き出す《*out*》
―他 〔火・煙など〕を吐き出す《*out, forth*》
―名 C ❶ げっぷ，おくび(♥ 欧米では人前でのげっぷは非常に下品な行為とされる) ❷ 噴出物(噴煙・噴火など)

bel·dam, -dame /béldəm/ 名 C 《古》ぞっとするような老女(hag)；魔女

be·lea·guer /bɪlí:gər/ 動 他 《通例受身形で》❶ 〈苦難などに〉つきまとわれる〈**with**〉❷ 包囲される

bel-es·prit /bèlesprí:/ 名 (複 **beaux-esprits** /bòuz-esprí:/) 《フランス》(=beautiful spirit) C 《古》才人，機知に富んだ人

Bel·fast /bélfæst | bèlfá:st/ ◁ 名 ベルファスト(北アイルランドの首都)

bel·fry /bélfri/ 名 (複 **-fries** /-z/) C 鐘楼(しょうろう)；(教会の)鐘塔(bell tower)(⇨ CHURCH 図)
have bats in the [OR ***one's***] ***belfry*** 《口》頭がおかしい(→ bats)

Belg. 略 Belgian, Belgium

*__Bel·gian__ /béldʒən/ 形 ベルギー(人)の
―名 C ベルギー人

*__Bel·gium__ /béldʒəm/ 名 ベルギー(ヨーロッパ北西部の王国. 公式名 the Kingdom of Belgium. 首都 Brussels)

Bel·grade /bèlgréɪd/ 名 ベオグラード(セルビアの首都)

Be·li·al /bí:liəl/ 名 《聖》ベリアル，魔王，サタン

be·lie /bɪláɪ/ 動 (**-lied** /-d/ ; **-ly·ing**) 他 《堅》❶ …を偽って示す[伝える] ❷ …が偽りであることを証明する ‖ His acts ～*d* his words. 彼の行為で彼の言葉がうそだったことがわかった ❸ 〔約束・期待など〕を裏切る，…に反する

:be·lief /bɪlí:f/
―名 〔◁ believe 動〕(複 **～s** /-s/) ❶ U/C 《単数形で》(真であると)認めること；**確信**，信念〈**in** …(の存在[正しさ])についての / **that** 節 …という〉(↔ disbelief) (⇨ 類語, IDEA メタファーの森) ‖ The vice president expressed a strong [OR firm] ～ *in* the judge's ability. 副大統領はその裁判官の能力に対する確信を表明した / It is my ～ [OR My ～ is, I have a ～, I hold a ～] *that* religion and education should be kept separate. 私は宗教と教育は切り離されるべきものと確信している (=I believe that ....)
❷ U C 〈…への〉信仰，信奉〈**in**〉；《～s》(宗教上の)信条(faith) ‖ ～ *in* God 神への信仰 / have no **religious** ～*s* 何も信仰していない
❸ U C 確信しているもの；(強固な) 意見 ‖ I don't care what your political ～*s* are. 君がどんな政治上の意見を持っていても構わない
❹ U 〈…に対する〉信頼，信用〈**in**〉‖ The scandal shook everyone's ～ *in* the administration. そのスキャンダルでみんなの政府に対する信頼が揺らいだ
beyond belief 信じられない，信じ難い
contrary to popular belief 世の常識に反して
in the belief that ... …と信じて[思って]
to the best of one's belief ⇨ BEST(成句)

類語 《❶》 **belief** 最も一般的な語で，証拠や論証の有無にかかわらず「信じること」.
faith 理性的証明や物質的証拠はなくても，絶対的に信じること. 〈例〉have *faith* in God 神を信じる
trust 必ずしも根拠はなくても，全面的に信用[信頼]すること. 〈例〉a child's *trust* in its mother 母に対する子供の信頼

confidence faith ほど絶対的でなくても，信頼できる十分な根拠があることをほのめかす.〈例〉place full *confidence* in his abilities 彼の能力に全幅の信頼を置く
conviction（ふつう確かな証拠に基づいて）あることが正しいと思う確固たる信念. 確信.

be·liev·a·ble /bəlíːvəbl/ 形 信用できる

be·lieve /bɪlíːv/
—動〔▶ belief 名〕(**~s** /-z/；**~d** /-d/；**-liev·ing**)《通例進行形不可》
—他 ❶〔人(の言葉など)〕**を信じる**(⇨ 類語P) ‖ I ~ you. 君の言うことを信じる（♦「うそをついてはいないと思う」の意. それに対して I trust you. は「君(の人柄)を信頼している」. →*believe in* ①（↓））/ I couldn't [OR could hardly] ~ my eyes [ears]. 自分の目［耳］が信じられなかった / Don't ~ a word he says. あいつの言うことなど信じるな
❷ **信じる**，思う **a**《+(**that**) 節》…ということを信じる，…だと思う ‖ Everybody *~s that* the man is her fiancé.=It is (widely [OR generally]) *~d that* ... みんなその男性が彼女の婚約者だと思っている / I don't ~ *that* she will be selected. 彼女は選ばれないと思う（♦ I believe that she will not be selected. より一般的）/ "Does he really mean it?" "I ~ so [not]."「彼, 本気かな」「まず本気だろう［あやしいもんだ］」（♦ that 節 を so [not] で代用する例. I believe not. は I don't believe so. ともいえる. このような場合に it を用いて ˣI (don't) believe it. とするのは不可）
b《+**wh** 節》…ということを信じる ‖ Nobody could ~ *how* easily they solved the mystery. 彼らは信じられないほどすんなりとその不可解な事件を解決した
c《+目+(**to be**) 補》…が…であると思う（♦《口》では that 節 を用いる方がふつう）‖ People ~ this report (*to be*) true.（=People ~ that this report is true.）みんなはこの報道が真実だと思っている（♦ 受身形は This report is believed to be true. となり to be は通例省かない）
d《+目+**to** *do*》…が…すると思う（♦ 通例受身形で用いられ, 不定詞は進行形または完了形となることが多い.《口》では that 節 を用いる方がふつう）‖ The king is *~d to* like jazz. 国王はジャズを好むと思われている / The castle is *~d to* have been built in the 13th century. その城は13世紀に建てられたと考えられている
❸《I ～ で挿入的に》確か…だと思う ‖ He is a lawyer, I ~.（=I ~ he is a lawyer.）確か彼は弁護士だと思う
—自 信じる；思う；(強い)信仰心を持つ, 信心深い ‖ *Seeing is believing.*《諺》見ることは信じることである；百聞は一見にしかず

***believe in ...**〈他〉①〔人柄・能力〕を**信用する**(⇨ 類語P) ‖ I ~ *in* you. 君の人柄を信じる ② …の存在を信じる；〔宗教〕を信仰する ‖ ~ *in* astrology 星占いを信じている / ~ *in* ghosts 幽霊の存在を信じている ③〔事・物〕の価値［正しさ, 効率］を信じる ‖ I don't ~ *in* living together before marriage. 婚前の同棲(どうせい)はよくないと思っている

believe A of B《通例否定文で》*B*（人）が *A*（ひどい行為)をする人だと思う

màke belíeve (that) ... …の振りをする；…ごっこをする

COMMUNICATIVE EXPRESSIONS

1 **Believe it or nót,** this is the bést we can dó for nòw.（まさかと思うだろうが）本当にこれが今できる最善のことだ（♥ 相手が信じようと信じまいと, 自分の言っていることが本当だと力説する表現）
2 **Bèlieve (you) mé,** I dìdn't knów thàt. 本当にそのことは知らなかったんだ（♥ しばしば懇願を表す）
3 **Do you àctually bèlieve thát?** 本当にそんなことを信じるのですか（♥ 相手の思い込みに対する反発を表す）
4 **Dòn't you belíeve it!** まさか, そんなわけがない（=If you believe that, you'll believe anything!）
5 **I belíeve sò.** そうだと思います；まあね（♥ 弱い同意を示す漠然とした表現. believe の代わりに guess, expect, suppose, think も用いる）
6 **I cannòt belíeve (thàt)!**（そんなこと）信じられない（♥ 驚きを表す）
7 **I dòn't belíeve it** [OR **thìs**].（そんなこと）信じられない；それはおかしい（♥ 疑い・驚きを表す）
8 **(I) dòn't bèlieve I've hàd the pléasure.** お目にかかるのは初めてですよね（♥「お会いする光栄にあずかったことがないと思う」の意. 初対面の相手に対して用いる自己紹介前の切り出し文句. =I don't think we've met.）
9 **(I) dòn't belíeve sò.** そうじゃないと思う（♥ 否定を表す漠然とした表現. =I guess [OR suppose] not.）
10 **If you believe that, you'll believe anything.** そんなことはとても信じられない（♥「信じる人がいたらその人はどこかおかしいのではないか」という含みがある）
11 **Would you belíeve (it)!** まさか（と思うだろうけど）, 驚くなかれ（♥ 驚きだけでなくいら立ちやあきれも表す）
12 **You wòn't** [OR **wòuldn't**] **belíeve thìs.** まさかと思うだろうけど本当なんだ（♥ 話の切り出し）

メタファーの森 belief 信念

belief ⇨ possession（信念⇨持ち物）

「信念」や「思想」は「所有物」に例えられ, 共有したり捨てたりするものとして表現される.

➤ Many people **hold** the belief that it is the time for change. 多くの人が今こそが変わる時だと信じている（♦「…という信念を抱いている」の意）
➤ I **carry** a belief that knowing is not enough, but that we must apply the knowledge we have. 知っているだけでは十分ではなく応用する必要があるという信念を私は持っている
➤ You and I **share** the same thoughts. あなたと私は同じ考えを共有している
➤ We should **abandon** all thoughts of having another chance. もう一度チャンスがあるという考えは一切捨てるべきだ

belief ⇨ plant（信念⇨植物）

「信念」は「植物」にも例えられる. このメタファーでは, 種が植えられ, 根を張り大きく伸びていくという植物の生長過程に沿って信念が表現される.

【種を植える】
➤ His lecture undoubtedly **planted the seed of** good thoughts in the student's mind. 彼の講義は間違いなく生徒の心に良い考え方の種を植え付けた

【根を下ろす】
➤ A belief gained in early childhood may **take root** in a person's mind for life. 子供の頃に得た信念は一生心に根付くかもしれない（♦ take root は文字どおりには「(植物が)根を下ろす」の意）

【茎が出る】
➤ Where does your belief **stem from**? あなたの信念は, 何に根ざしていますか

⇨ IDEA メタファーの森

B

⑬ **You'd bètter belíeve it!** (信じられないかもしれないが)確かに，そのとおりなんだよ

信じる	**believe**	希望を込めて漠然と	事柄・情報・発言の内容を
	believe in	強い確信を持って	存在・人柄・正しさ・有効性を
	trust	必ずしも根拠はなくても信頼感を持って	人柄・能力・誠実さ・価値などを

♦trust は日本語では「信頼する」「信用する」に近い．また have faith [confidence] in も trust に近い．
♦I *trust* you. (=I *have trust in* you.) は I *believe in* you. に近い．
♦I *trust* that ... は I *believe* that ... に近い．

***be·liev·er** /bɪlíːvər/ 名 C ❶〈…を〉信じる人，信奉者〈**in**〉‖ I'm a great ～ *in* health food. 私は健康食品の熱烈な信奉者です ❷信仰を持つ人

Belisha beacon

Be·lì·sha béacon /bəlìːʃə-/ 名 C (英国の)ベリーシャ交通標識《頭にオレンジ色の球をつけた柱で，歩行者の横断場所を示す》

be·lit·tle /bɪlíṭl/ 動 他 …を見くびる，けなす

***Be·lize** /bɪlíːz/ 名 ベリーズ《中米の独立国．英連邦の一員．公式名 Belize．首都 Belmopan》

****bell** /bel/
—名 (複 **～s** /-z/) C ❶ **鐘**；鈴，**ベル**，呼び鈴；《通例単数形で》鐘[ベル]の音 (♦鈴は ting-a-ling，鐘は ding-dong，日本の鐘は gong，ベルは ring ring と鳴る)
連語 【名＋～】 an alarm ～ 警鐘 / a door ～ 玄関の呼び鈴 / a dinner ～ 夕食を知らせる鐘
【動＋～ / ～＋動】 ring [OR sound] a ～ 鐘を鳴らす / press a ～ ベルを押して鳴らす / answer the ～ 来客の取り次ぎに出る / a ～ rings 鐘が鳴る
❷鐘状のもの《花冠・クラゲのかさ・管楽器の開いた口など》 ❸《～s》〔楽〕組鐘 ❹〔海〕時鐘《4時間ごとの当直勤務の経過を知らせるもので，1点鐘(one bell)から8点鐘(eight bells)まで30分ごとに打点を加えていく打鐘》 ❺《the ～》〔ボクシング〕ゴング ❻《英口》電話
(*as*) *clèar as a béll* (酒・音などが)澄みきっている；(物事が)明快な，はっきり聞こえる
(*as*) *sòund as a béll* 申し分ない，健康な
be sàved by the béll ① 土壇場で困難を免れる ② (ボクサーが)終了ゴングでノックアウトを免れる
bèlls and whístles 《口》(客の目を引きつける)付属品，オプション機能
gìve a pèrson a béll 《英口》〔人〕に電話をかける
hàve one's béll rùng 《米口》(人が)頭を強く打つ
rìng a béll 《口》〈名前などに〉聞き覚えがある，ぴんとくる〈**with**〉‖ The name *rings a* ～, but I can't place it. その名前はどこかで聞いたことがあるが思い出せない(→ CE 2)
rìng a pèrson's béll 《米口》(人にとって)魅力的である ‖ The new movie didn't *ring* my ～. あの新作映画は私には面白くなかった
with béllls òn 《米口》張りきって，勇んで
—動 他 ❶…に鐘[鈴]をつける ❷《英口》〔人〕に電話する ❸…を鐘状にする《*out*》
—自 ❶鐘形に広がる《*out*》 ❷鐘のような音を立てる
bell the cat ⇨ CAT(成句)

COMMUNICATIVE EXPRESSIONS
① "Did you sáy the rèstaurant's nàme was 'Jíll'?" "Yéah. (**Does it rìng**) **àny béllls?**" 「レストランの名前が『ジル』だっけ」「うん，何か思い当たらないかい？」
② **Sòmething rìngs a béll.** Her àccent remínds me of sòmebody. ぴんときたんだが，彼女のなまりを聞くとだれかを思い出すんだ(♥何かを思い出しそうになったときに)

▸▸**～ càptain** 名 C 《米》(ホテルの)ボーイ長 **～ cùrve** 名 C 〔数〕正規分布曲線 **～ jàr** [**glàss**] 名 C 鐘形ガラス覆い，ベルジャー **～ mètal** 名 C 〔冶〕鐘銅(しょうどう)《銅とすずの合金》 **～ pèpper** 名 C 《米》〔植〕シシトウガラシ，ピーマン(《英》sweet pepper) **～ pùll** 名 C 鐘[呼び鈴]の引き綱 **～ pùsh** 名 C 《英》(呼び鈴を鳴らす)押しボタン **～ rìnger** 名 ① C (教会などの)鐘を鳴らす人 ② U 鐘楽器演奏法 **～ tènt** 名 C 《英》釣り鐘形[円錐(えんすい)形]のテント

bell jar

Bell /bel/ 名 **Alexander Graham ～** ベル(1847–1922)《米国の科学者．電話を発明》
Bel·la /bélə/ 名 ベラ《Isabella の愛称》
bel·la·don·na /bèlədɑ́(ː)nə | -dɔ́nə/ 名 ❶ C ベラドンナ《ナス科の毒草》 ❷ U ベラドンナ製剤
▸▸**～ lìly** 名 C 〔植〕アマリリス
béll-bòttoms 名 複 らっぱズボン，ベルボトム
béll·bòy 名 C 《主に米》(ホテルなどの)ボーイ，給仕
belle /bel/ 名 C 美人，(パーティーなどで)一番の美人
belles-let·tres /bèllétrə/ 名 複 《通例単数扱い》美文学，純文学
bel·let·rist /bèllétrist/ 名 C 純文学者
bèl·let·rís·tic 形
béll·flòwer 名 C 〔植〕鐘状の花をつける植物
béll·hòp 名 《米・カナダ》=bellboy
bel·li·cose /bélɪkòus/ 形 好戦的な，けんか早い
bèl·li·cós·i·ty 名
bel·lied /bélid/ 形 《通例複合語で》(…の)腹をした ‖ empty-～ 空腹の / pot-～ 太鼓腹の
bel·lig·er·ence /bəlídʒərəns/, **-en·cy** /-ənsi/ 名 U 好戦的態度，闘争性
bel·lig·er·ent /bəlídʒərənt/ 形 ❶好戦的な；けんか腰の ❷《限定》交戦中の；交戦国[民]の
—名 C 交戦国(民) **～·ly** 副
Bel·li·ni /belíːni:, bə-/ 名 C ベリーニ《発泡ワインに桃のジュースを混ぜたカクテル》(♦イタリアの画家 Giovanni Bellini(1430?–1516)の名より)
bell·man /bélmən/ 名 (複 **-men** /-mən/) C ❶《米》=bellboy ❷(昔の)町のふれ役(town crier)
***bel·low** /bélou/ 《アクセント注意》 動 自 ❶(雄牛などが)咆哮(ほうこう)する，ほえる ❷〈…に〉怒号する，どなる〈**at**〉；(苦痛で)わめく ‖ ～ *at* her to stop やめるように彼女に向かってどなる / ～ with pain 苦痛でうめく
—他 ❶…をどなって言う《*out*》(♦直接話法にも用いる) ‖ ～ (*out*) an order どなって命令する / "Keep quiet!" he ～*ed*. 「静かにしろ」と彼はどなった ❷〔曲〕を大声で歌う
—名 C 咆哮，ほえ声；どなり声
bel·lows /bélouz/ 名 複 《ときに単数扱い》❶ふいご；(オルガンの)送風器 ‖ a pair of ～ (取手の2つある)ふいご ❷(カメラなどの)蛇腹
Béll's pàlsy 名 C U 〔医〕ベル麻痺(まひ)，顔面神経麻痺(♦スコットランドの解剖学者 C. Bell(1774–1842)より)
béll·wèther 名 C ❶(羊の群れの鈴をつけた)先導の雄羊 ❷先導者，指導者 ❸動向を示すもの[人]《指標銘柄など》‖ a ～ case 先例となる訴訟
▸▸**～ (gòvernment) bónd** 名 C 国債指標銘柄《将来の国債動向の指標と考えられる国債》
***bel·ly** /béli/ 名 (複 **-lies** /-z/) C ❶腹，腹部；腹腔(ふくこう) (⇨ STOMACH 類語) ‖ a beer [OR fat, swollen] ～ 太鼓腹(potbelly) / lie on one's ～ 腹ばいになる ❷《口》胃 ‖「an empty [a full] ～ 空腹[満腹] ❸ U 食欲；欲求 ❹(物の)ふくらんだ部分；(帆の)ふくらみ；(弦楽

器の)表甲(おもて); 〖解〗筋腹《筋肉のふくらんだ部分》; (飛行機の)胴体底面 ❺ 前面 (↔ back) ❻ (物の) 空洞部分; 船体内部, 船腹

gò bèlly úp 《口》(会社などが) 倒産する, 失敗する(♦ 死んだ魚が腹を上にして浮かぶ様子から)

— 動 (-lies /-z/; -lied /-d/; ~·ing) 自 ふくらむ

— 他 …をふくらませる

bèlly óut 〈他〉《*bèlly óut* ... / *bélly* ... *óut*》〔帆など〕をふくらませる —〈自〉(帆などが) ふくらむ (billow)

bèlly úp to ... 〈他〉《米口》〔カウンターやテーブル〕に(人を押し分けて) 近寄る, …のそばに座る

▸▸ ~ **cràwl** 名 C (軍隊などの) 匍匐(ほふく) 前進 ~ **dànce** 名 C ベリーダンス《女性が腹や腰をくねらせて踊る中東起源の踊り》 ~ **dàncer** 名 C ベリーダンサー ~ **lànding** 名 C 〖空〗胴体着陸 ~ **làugh** 名 C 大笑い

bélly·àche《口》 名 U C 腹痛

— 動 自 うるさく不平を言う

bélly·bùtton, bélly bùtton 名 C 《口》 へそ (navel)

bélly-flòp《口》 名 C 〖水泳〗(飛び込みで) 腹打ち

— 動 自 ❶ 〖水泳〗腹打ちする ❷ =belly-land

bélly·fùl /-fʊ̀l/ 名 C 《口》 ❶ 腹いっぱい (の量) ❷ うんざりするほどの量

have hàd a béllyful of ... 《口》…はうんざりだ, …はもういらない

bélly-lànd 動 自 他 〖空〗(…が[を]) 胴体着陸する[させる]

bélly-úp 形 《口》 破産[倒産] して, くたばって ‖ go [OR turn] ~ 破産[倒産]する

Bel·mo·pan /bèlmoupǽn/ 名 ベルモパン《ベリーズの首都》

⁎⁎⁎⁎be·long /bɪlɔ́(ː)ŋ/

— 動 (~s /-z/; ~ed /-d/; ~·ing)

— 自 《進行形・命令形不可》 ❶ 《+to 名》(物・責任・功績などが) 〔人〕に属する, **…のものである** ‖ That red convertible ~*s to* Mrs. Stockton. あの赤いオープンカーはストックトン夫人のものだ / The decision ~*s to* the president. 決定権は社長にある / The future ~*s to* the multimedia. これからはマルチメディアの時代だ

Behind the Scenes **All your base are belong to us.** **おまえらの基地は我々がすべていただいた; 我々の圧倒的勝利だ** 日本製コンピューターゲームの英語版に出てくる悪役キャラクターのせりふ. 誤った英語がうけてインターネットを中心に広まったもの (♥ 相手を遊びなどで降伏させたときの勝利宣言として使う俗語. base をほかの単語に変えて用いることも)

❷ 《+to 名》(人・物が) 〔組織・集団など〕に**所属する, …の一員である** ‖ I ~ *to* the drama club. 私は演劇部員だ (= I'm a member of the drama club.) (♦ 学校・会社には使わない. 「…高校の生徒です」は I'm a student at ... High School. といい, 「…会社の社員です」は I work for .... という. ⇨ PB 76, 100)

❸ 《+to 名》(試合(日)などが) 〔…側〕に優勢に運ぶ ‖ Yesterday ~*ed to* the Giants. 昨日はジャイアンツが優勢だった

❹ 《+副句》(物・人が) (ある[いる]べき所に) **ある[いる]**, 属する, ふさわしい; (…と) 調和する ‖ You don't ~ here. ここは君の来るような所ではない / Put the book back where it ~*s*. その本は元の所に戻しておきなさい / Even white lies don't ~ here. 善意のうそでもこんな場面にはふさわしくない / This CD surely ~*s* in everyone's collection. このCDはどなたにもお勧め品です / This tie ~*s* with that suit. このネクタイはそのスーツにぴったりだ

❺ (分類上) 〈…に〉 属する 〈**in, to, among, under**〉 ‖ Whales ~ *among* the mammals. 鯨は哺乳(ほにゅう)類だ / This book ~*s under* Fine Arts. この本は美術書に分類される ❻ 周囲とうまくなじむ ‖ He doesn't ~. 彼は人となじめない

belòng togéther 相性がよい, 調和している; 組み合わさっている, 一体である ‖ We ~ *together*. 私たちは馬が合う / This coat and these trousers ~ *together*. この上着とズボンはセットになっている

⁎**be·long·ing** /bɪlɔ́(ː)ŋɪŋ/ 名 ❶ C 《~s》所持品, 持ち物, 荷物; 家財, 動産 (♦ 持ち運べるものを指し, 家・土地などは含まない) (⇨ POSSESSION 類語) ‖ Please make sure that you have all your ~*s*. お忘れ物がないようお確かめください / personal ~*s* 身の回りの品々 ❷ U 親近関係 ‖ a sense of ~ 帰属意識, 一体感

Be·lo·rus·sia /bèlərʌ́ʃə/ 名 =Belarus

⁎**be·lov·ed** /bɪlʌ́vɪd/ 《発音注意》(→ 形 ❷) 形 (**more** ~; **most** ~) ❶ 《限定》最愛の, いとしい; 愛用の ‖ one's ~ wife 愛妻 / their ~ Kyoto 彼らの大好きな京都

❷ /bɪlʌ́vd/ 《叙述》〈人に〉 愛されて 〈**of, by**〉 ‖ He was greatly ~ *of* [OR *by*] all who knew him. 彼は彼を知っているすべての人からとても愛された

— 名 《通例 one's ~》 最愛の人 ‖ my ~ ねえ, あなた (♥ 妻・恋人などへの呼びかけ) / dearly ~ 親愛なる皆様 (♥ 司祭が儀式で会衆に呼びかける言葉)

⁎⁎⁎⁎be·low /bɪlóʊ/ (↔ above) 前 副

中心義 **…から間隔をおいた下方に** (★具体的な「位置」だけでなく, 「能力」など抽象的なものについても用いる)

— 前 ❶ 《位置》 **…より下に**, 低く; …より深く (⇨ UNDER 語法) ‖ The sun is sinking ~ the horizon. 太陽は水平線の下に沈もうとしている / The climber stopped 300m ~ the top of the mountain. その登山家は山頂より300メートル下で止まった / ~ sea level 海面より下に / ~ (the) ground 地中に

❷ **…未満の**; …より下位の, 劣る ‖ His mark in mathematics was (way [OR well]) ~ average. 彼の数学の成績は平均より (はるかに) 低かった / ~ zero [OR freezing (point)] 氷点下 / children ~ the age of four 4歳未満の子供たち

❸ …より下流[川下]に; …より南に ‖ a few miles ~ the bridge その橋より数マイル下流に / Virginia is ~ New York. バージニア州はニューヨーク州より南だ

❹ …にふさわしくない ‖ It is ~ her to say such a thing. そんなことを言うとは彼女にふさわしくない (♦ この意味では beneath の方がふつう)

— 副 《比較なし》 ❶ **下に[へ]**; 下流[下手]に ‖ Can you see the cattle grazing by the lake, **far** ~? ずっと下手の湖のそばで牛が草を食(は)んでいるのが見えますか / From the ski jump they could see the beautiful valley ~. 彼らはジャンプ台から下の美しい谷を見下ろすことができた

❷ 階下に; 海面下に, 地下に; 〖海〗下甲板に, 船室に ‖ The landlord lives on the floor ~. 大家さんは下の階に住んでいます / The captain went (**down**) ~. 船長は (甲板から) 船室へ降りて行った / He called me from down ~. 彼は階下から私を呼んだ

❸ (既出の数字・年齢・値段) 未満の ‖ Children of five and ~ pay half fare. 5歳未満の子供は運賃半額です

❹ 氷点下で ‖ The temperature is 20° ~. 気温は氷点下20度だ ❺ (ページ・本などの) 下部に, 下記に, 以下に ‖ For details, **see** ~. 詳細については下記参照 (♦ below が指し示す部分は「同一ページの下の部分」である必要はなく, See p. 25 ~. (25ページ参照) のようにいえる. 前のページなら above) / The details are **set out** ~. 詳細は下記のとおり ❻ 下位に, 下級で ‖ in the court ~ 下級裁判所で ❼ 下界[地上]に; 地獄に ‖ all the creatures here ~ この世の生きとし生けるもの / the fiends ~ 地獄の悪魔ども

belòw-cóst prìce 名 C 出血価格

belów·gròund 形 副 地下の[で]; 埋葬された[て] ‖ hide ~ 地下に潜伏する

belòw-the-bélt 形 不正な, 卑劣な

B

‡belt /belt/
―名 (複 **~s** /-s/) Ⓒ ❶ **ベルト**, バンド, 帯；(車・飛行機の)シートベルト (⇨ 類語)；(騎士などの)礼帯 ‖ a leather ~ 革ベルト / loosen [tighten] one's ~ ベルトを緩める[締める] / **wear a seat ~** シートベルトをしている
❷ (機械の)ベルト；(機関銃の)保弾帯
❸ 《複合語で》(特徴のある)**地帯**, 地域(♦ 帯状の細長い地域を指す)(→ greenbelt, Corn Belt) ‖ a wheat ~ 小麦地帯 / a commuter ~ 通勤者住宅地域
❹ (柔道・空手の)**帯**, 段位；(ボクシングの)チャンピオンベルト；(帯が示す)段位を持った人 ‖ He is a black ~ in judo. 彼は柔道の黒帯だ
❺ 帯状のもの；(色の)筋, しま模様 ‖ a ~ of trees along the railway 鉄道沿いの並木
❻ 《米》環状道路, 環状線 ❼ 《口》強打 ❽ 《米俗》(酒の)一気飲み ‖ take a good ~ of tequila テキーラを一気に飲む ❾ 《米俗》興奮, スリル
(at) fùll bélt 全速力で
below the bélt ① 〚ボクシング〛ローブローで ② 不正な, 卑劣な, ひどい ‖ His words were a bit *below the* ~. 彼の発言は少々不公平だった
bèlt and bráces 《英》二重に安全な方策《ベルトとズボンつりから》
tìghten one's bélt (収入が減ったので)倹約して暮らす；ひもじさに耐える
**under one's bélt* ① 腹に入れて, 食べて ② 経験して, 獲得して, 覚えて
―動 (**~s** /-s/；**~·ed** /-ɪd/；**~·ing**)
―他 ❶ …を**ベルトで締める**《*up*》；…を帯で巻く；…を帯でつける《*on*》‖ He ~*ed* his coat firmly. 彼はコートをしっかりベルトで締めた / Your jacket looks better ~*ed* (*up*). 君のジャケットはベルトをした方が格好よく見える / *Belt* yourself *up*. (シート) ベルトを締めてください / ~ a sword *on* (腰に)剣を帯びる
❷ (罰のためベルトで)…を**打つ**, たたく；《口》…を強打する
❸ 《米俗》〔酒〕を一気に[ぐいと]飲む《*down*》
―自 ❶ 《+副句》《口》(…の方へ)疾走する, 突進する(tear)
❷ 《英口》雨が激しく降る《*down*》
bèlt óut ... / bèlt ... óut 〈他〉《口》…を大声で歌う
bèlt úp 〈自〉《英口》① シートベルトを締める(《米》buckle up) ② 《命令形で》黙る ―〈他〉《*bèlt úp ... / bèlt ... úp*》⇨ 他 ❶

類語 《名 ❶》 **belt** 腰の周りに締めるベルト. 〈例〉a seat *belt* 座席ベルト
band 帯状の締めるものすべて. 〈例〉an arm *band* 腕章
sash (婦人・子供服用の)飾り帯, サッシュ.

~·er 名 Ⓒ 《口》① 素晴らしいこと[人] ② 力強く歌う人；その歌
▸▸ **~ sànder** 名 Ⓒ 帯付き研磨盤

belt·ing /béltɪŋ/ 名 ❶ Ⓤ 《集合的に》ベルト, 帯；ベルトの材料 ❷ Ⓒ (罰として)ベルトでたたくこと

bélt-tìghtening 名 Ⓤ 節約, 倹約；緊縮政策

bélt·wày 名 ❶ Ⓒ 《米》(都市周辺の) 環状道路 (《英》ring road) ❷ 《the B-》首都ワシントン環状高速道路
▸▸ **Béltway bàndit** 名 Ⓒ 《米口》《けなして》ベルトウェイ族《米連邦政府の事業の下請け率が高い企業》

be·lu·ga /bəlúːɡə/ 名 ❶ Ⓒ 〚魚〛ベルーガ《黒海・カスピ海産の大型のチョウザメ》；(= **~ cáviar**) Ⓤ ベルーガから採ったキャビア ❷ Ⓒ 〚動〛シロイルカ《北極海産》

bel·ve·dere /bélvədɪ̀ər/ 名 Ⓒ 見晴らし台；望楼, (庭園などの高所に設けた)あずまや

be·ma /bíːmə/ 名 (複 **~s** /-z/ OR **~·ta** /-tə/) Ⓒ (東方教会の)内陣；(ユダヤ教の)教壇

be·mire /bɪmáɪər/ 動 他 《古》❶ …を泥まみれにする ❷ 《受身形で》泥の中にはまる

be·moan /bɪmóʊn/ 動 他 …を嘆く, 悲しむ

be·muse /bɪmjúːz/ 動 他 《通例受身形で》困惑する, ぼう然とする **-mús·ed·ly** 副 **~·ment** 名

ben /ben/ 名 Ⓒ 《スコット》山頂；高山(♦ 主に地名に用いる)
▸▸ **Ben Nev·is** /bèn névɪs/ 名 ベンネビス《スコットランド中西部の山. 英国の最高峰で1,343m》

Ben /ben/ 名 ベン《Benjamin の愛称》

‡bench /bentʃ/ 中心義 **長いいす, 長いいすに座る職業**
―名 (複 **~·es** /-ɪz/) Ⓒ ❶ (2人以上が座れる)**ベンチ**；(ボートの)こぎ手の席 ‖ sit on a ~ ベンチに腰かける
❷ 〚スポーツ〛ベンチ, 選手席；《the ~》《集合的に》補欠[控え]選手
❸ 《the ~；ときに the B-》裁判官席, 法廷；《集合的に》裁判官の職；裁判官全体 (→ Queen's Bench) ‖ be appointed to the ~ 判事に任命される / the ~ and bar 裁判官と弁護士
❹ 《通例 the ~》《英》(議会の)議員席；《集合的に》(議会の)議員たち (→ backbench, cross bench, front bench) ‖ the Labour [Opposition] ~*es* 労働党 [野党] の議員たち ❺ (頑丈な)作業台；実験台 ❻ 〚地〛(段丘の)棚状の平面；〚鉱〛(採掘用の)段
on the bénch ① 裁判官を務めて ② 〚スポーツ〛補欠で, ベンチを暖めて ‖ He had to sit *on the* ~ because of an injury. 彼はけがのため試合に出られなかった
wàrm [OR *ride*] *the bénch* 〚スポーツ〛ベンチを暖める, 補欠[控えの]選手である
―動 他 ❶ 《米》〚スポーツ〛〔選手〕を控えに回す
❷ …にベンチを備える ❸ …を判事席 [高官の地位] に就ける ❹ 〔犬〕を品評会に出す
▸▸ **~ prèss** (↓) **~ sèat** 名 Ⓒ (自動車の)ベンチシート (→ bucket seat) **~ tèst** (↓) **~ wàrrant** 名 Ⓒ (判事・裁判所が出す)逮捕令状

bench·er /béntʃər/ 名 Ⓒ ❶ (英国の) 法学院 (Inns of Court) の評議員 ❷ 代議士, 議員 (→ backbencher, cross-bencher, front-bencher)

bénch·màrk 名 Ⓒ ❶ 〚測量〛水準点 ❷ 基準, 標準 ❸ (= **~ tèst**) 💻 (機器の性能比較の際の)ベンチマークテスト《標準のタスクを処理するのにかかる時間などを測定して性能を数値で評価すること》
―動 他 ❶ …を基準に照らして評価する ❷ 💻 〔機器・プログラム〕をベンチマークを使って評価する

bénch prèss 名 Ⓒ ベンチプレス《ベンチにあお向けに寝てバーベルを持ち上げる運動》 **bénch-prèss** 動 他 自

bénch tèst 名 Ⓒ (設置前に工場[実験室]内で行う)事前テスト **bénch-tèst** 動 他

bénch·wàrmer 名 Ⓒ 《米口》〚スポーツ〛補欠[控え]選手

‡bend[1] /bend/ 中心義 **Aを曲げる**(★Aは「物」に限らず,「体(の一部)」「意志」「規則」など多様)
―動 (**~s** /-z/；**bent** /bent/；**~·ing**)
―他 ❶ …を**曲げる**, 湾曲させる(♦ curve は「滑らかに丸く曲げる」, fold は「折り曲げる, 折り畳む」, twist は「不自然な形に曲げる」)；〔上体・頭〕をかがめる, 〔ひざ〕を折る；〔弓〕を引き絞る ‖ He *bent* the wire into the shape of a dog. 彼は針金を曲げて犬の形を作った / ~ one's elbow [head] ひじを曲げる [頭をかがめる, おじぎする] / ~ oneself double 笑い転げる
❷ 〔人・意志など〕を〈…に〉**屈服**[屈従]**させる**, (曲げて)従わせる〈**to**〉‖ She *bent* her husband *to* her will. 彼女は夫を屈服させ自分の意志に従わせた / Nothing could ~ the pilot from the decision. 何をもってしてもパイロットの決意を曲げることはできなかった
❸ 〔規則・事実など〕を曲げる；…を悪用する ‖ The immigration office is ready to ~ the rules for the refugees. 入国管理局は難民のために規則を曲げる用意がある / ~ the line 方針を曲げる
❹ 〔注意・努力など〕を〈特定の方向へ〉**向ける**, 傾ける, 注ぐ〈**on, to**〉‖ All eyes were *bent on* me. すべての目が私に注がれた / ~「one's mind [OR oneself] *to* a task 仕事に専念する
❺ …(の方向)を曲げる, そらす〈**from** …から；**toward** …

の方へ〉‖ Water ~s light. 水は光を曲げる / He *bent* his steps *from* the path. 彼はその道からそれた
❻〘海〙〘帆・ロープ〙を〈…に〉固定する〈**to**〉
—自 ❶ **曲がる**, たわむ, しなう ‖ Wire ~s easily. 針金は簡単に曲がる / The trees were ~*ing* in the strong wind. 強風に木々がしなっていた
❷ **かがむ**, 上半身を曲げる《*down, forward, over*》; 上半身を〈…の上に〉かがめる〈**over**〉‖ He *bent forward* to tie his shoelaces. 彼は靴ひもを結ぼうと前かがみになった
❸ (道・川・光などが)方向が変わる, 曲がる(♦ 通例方向を表す副句 を伴う) ‖ The road ~s (to the) right there. その道はそこで右に曲がっている
❹ 〈…に〉屈服する, 譲歩する〈**to, before**〉‖ ~ *before* her 彼女に屈する ❺ (注意・努力などが)〈…に〉向く, 傾けられる〈**to**〉‖ ~ *to* one's task 仕事に集中する
*__*bènd over báckward(s) (to do)*__ (人を助ける[喜ばせる]ため) 精いっぱいの努力をする, 頑張る(♦ lean [OR fall] over ... ともいう)
—名 (複 **~s** /-z/) Ⓒ ❶ **曲がり**, 湾曲(部), カーブ; Ⓤ 曲げる[曲がる]こと, 曲がっていること; Ⓒ 身をかがめること ‖ a ~ in [OR of] the river [road] 川[道路]の湾曲部
❷ 《the ~s》《単数・複数扱い》《口》潜函(せんかん)病; 航空病
❸ (木造船の)厚い外板 ❹ (ロープの)結び目, 結索
around 《米》[《英》***round***] ***the bénd*** 《口》気が狂って; たけり狂って(♥ 通例は比喩(ひゆ)的に用いていらいらしていたり怒っている状態を表す) ‖ He went *round the* ~ through overwork. 彼は過労で気が変になった / drive [OR send] him *around the* ~ 彼の気を狂わせる[いら立たせる]

bend² /bend/ 名 Ⓒ〘紋章〙(向かって右下がりの)斜帯
⏩ **~ sínister** 名 (複 **~s s-**) Ⓒ〘紋章〙(向かって) 左下がり斜帯《庶出の印》

bend·ed /béndɪd/ 形《次の成句で》
on bènded knée(s) 《文》ひざまずいて, 懇願して

bend·er /béndər/ 名 Ⓒ ❶ 曲げる人[道具] ❷《俗》酒を飲んで騒ぐこと ❸〘野球〙カーブ ❹ ⊗《英口》《蔑》同性愛者の男性

:be·neath /bɪníːθ/
—前 《堅》❶ **…の下に[の]**; …の真下に(⇨ UNDER 語法) ‖ He found a small box ~ the table. 彼はテーブルの下に小さな箱を見つけた / Watch out — the floor ~ your feet might collapse. 気をつけなさい. 足下の床板が崩れるかもしれないから
❷〔重み・圧迫・支配など〕の下で, …を受けて, …の影響下で ‖ give [buckle] ~ the weight of ... …の重さでたわむ[曲がる] / He staggered ~ the blow. 彼はその一撃を受けてよろめいた
❸ (身分・地位が) …より低く, 劣って ‖ She would not marry (a man) ~ her. 彼女は自分より身分の低い男とは結婚するつもりはない
❹ …に値しない; …にふさわしくない ‖ My father thinks that the job is ~ me. 父はその仕事が私にふさわしくないと思っている / It is ~ him to cheat. だますとは彼らしくもない ❺ (感情・態度が) …に隠れて ‖ She hid her fears ~ a confident manner. 彼女は恐怖心を自信ありげな態度に隠した
—副 《比較なし》(すぐ)**下に**; 下位に ‖ He looked down to the valley lying ~. 彼はすぐ下の谷を見下ろした

Ben·e·dict /bénɪdɪkt/ 名 ベネディクト **St. ~** (480?–543?)《イタリアの修道者. ベネディクト会の創設者》

Ben·e·dic·tine /bènɪdíktɪn/ ◁ (→ 名❷) 形 ベネディクト会の, 聖ベネディクトの —名 ❶ Ⓒ ベネディクト会修道者 ❷ /bènɪdíktiːn/ 《b-》Ⓤ ベネディクティン《フランスのリキュール酒. ベネディクト会で造られたことから》

ben·e·dic·tion /bènɪdíkʃən/ 名 ❶ Ⓤ 祝福, 恵み(↔ malediction) ❷ Ⓒ (礼拝の最後に聖職者が行う) 祈り; (食前・食後の)感謝の祈り ❸《B-》Ⓒ〘カト〙聖体賛美式

ben·e·fac·tion /bènɪfǽkʃən/ 名《堅》Ⓤ 慈善, 善行; Ⓒ 施し物

***ben·e·fac·tor** /bénɪfæ̀ktər/ 《アクセント注意》名 Ⓒ 慈善[恩恵]を施す人, 恩人; 後援者(♦ 女性形は -tress だが, 現在は男女共に benefactor を用いる)

ben·e·fice /bénɪfɪs/ 名 Ⓒ〘宗〙❶ 聖職禄(ろく), 教会の収入 ❷ 禄付きの聖職

be·nef·i·cence /bənéfɪsəns/ 名 Ⓤ 慈善, 善行; Ⓒ 恩恵, 施し物

be·nef·i·cent /bənéfɪsənt/ 形 慈善を行う, 親切な; 寛大な **~·ly** 副

***ben·e·fi·cial** /bènɪfíʃəl/ ◁ 形 (**more ~**; **most ~**)
❶ 〈…に〉有益な, 有利な, 役に立つ; 〈…の〉助けになる(↔ harmful)〈**to**〉‖ ~ *to* one's health 健康によい ❷〘法〙受益の **~·ly** 副

***ben·e·fi·ci·ar·y** /bènɪfíʃièri | -ʃəri/ 名 (複 **-ar·ies** /-z/) Ⓒ ❶ 利益を受ける人 ❷ (遺産・保険金の) 受取人; 〘法〙信託受益者 ❸〘宗〙受禄(じゅろく)聖職者

***ben·e·fit** /bénɪfɪt/ 名 動

—名 (複 **~s** /-s/) ❶ Ⓒ Ⓤ **利益**, 利得; **ため**; **恩恵**, 特典 ‖ Inventions can gain great economic ~*s*. 発明によって莫大(ばくだい)な経済的利益を得ることができる / The field trip was of great ~ to the pupils. 実地見学は生徒たちに非常にためになった / This discovery will bring (a) ~ to all invalids. この発見はすべての病人に恩恵をもたらすだろう / It will be to your ~ to learn Japanese. 日本語を勉強しておくと得だよ / reap the ~*s* of one's hard work 頑張った成果を得る
❷ Ⓤ/Ⓒ《しばしば ~s》(社会保障制度や保険などによる) **手当**, 給付(金) ‖ a sickness ~ 疾病手当
連語 【形/名+~】housing ~*s* 住宅手当 / fringe ~*s* (給与外の)待遇《有給休暇・車の貸与など》/ social security ~*s* 社会保障手当 / health ~*s* 健康保険給付金 / unemployment ~*s* 失業手当 / retirement ~*s* 退職者年金 / child ~ 《英》児童手当
【動+~】provide [receive, get] ... ~*s* …手当を給付[受給]する
❸ Ⓒ (慈善のための) 興行, 演奏, 催し ‖ a ~ performance [concert] 慈善公演[コンサート]
*__*for a pèrson's bénefit*__; __*for the bènefit of a pérson*__ (人の) ために ‖ It is necessary to be strict with children *for* their own ~. 子供たち自身のために厳しくすることが必要だ(⇨ SAKE¹ 類語P)
*__*give a pèrson the bènefit of the dóubt*__ 〘法〙(証拠のない限り)〔人〕を好意的[有利]に解釈する
—動 (**~s** /-s/; **~·ed**, 《米》**~·ted** /-ɪd/; **~·ing**, 《米》**~·ting**)
—他 (物事が) …に**利益を与える**, …のためになる(✎ do good to) ‖ Rest will ~ you. 休養をとった方がいい
—自 〈…から〉**利益を得る**, 得をする〈**from, by**〉‖ The area ~*ed* **greatly** *from* the fame of the local astronaut. その地域は地元の宇宙飛行士の名声の大きな恩恵に浴した / The company ~*ed by* a switch from oil to gas. 石油から(天然) ガスへの切り替えで会社は利益をあげた
語源 *bene-* good + *-fit* do, make: …のためになる
⏩ **~ of clérgy** 名 Ⓒ Ⓤ ① (特に結婚に関しての) 教会の承認 ② (中世の) 聖職者特権《法廷でなく教会内で裁判を受ける権利》 **~ society** 名 Ⓒ 共済組合, 共済会 (friendly society)

Ben·e·lux /bénɪlʌ̀ks/ 名 ベネルックス《ベルギー・オランダ・ルクセンブルク3国の総称. 1948年発足の3国関税同盟に由来する》‖ the ~ countries ベネルックス諸国

be·nev·o·lence /bənévələns/ 名 Ⓤ ❶ 慈悲心, 善意 ❷ 善行, 慈善

be·nev·o·lent /bənévələnt/ 形 ❶ 慈悲深い, 善意のある ❷《限定》(団体などが)慈善のための **~·ly** 副

ben·ga /béŋgə/ 名 Ⓤ〘楽〙ベンガ《ケニアのダンス音楽》

B

Ben·gal /bèŋgɔ́ːl/ 《発音注意》 ⟨ジ⟩ 名 ベンガル《インド北東部の地域名》 ▶▶~ **líght** 名 C ベンガル花火《青色の炎を出す花火. 信号などに用いる》

Ben·ga·li /bèŋgɔ́ːli/ 形 ベンガルの, ベンガル人[語]の —名 C ベンガル人; U ベンガル語

be·night·ed /bɪnáɪtɪd/ 形 ❶ 無知な, 未開の ❷ 行き暮れた

be·nign /bənáɪn/ 《発音注意》 形 ❶ 親切な, 慈悲深い, 優しい ❷ (気候などが) 穏やかな ❸ (人体・環境などに) 害のない ‖ ~ neglect いんぎんな無視 ❹ 【医】(腫瘍(しゅよう)などが) 良性の (↔ malign) **~·ly** 副

be·nig·nant /bənígnənt/ 形 (特に目下に対して) 優しい, 慈悲深い **-nan·cy** 名 **~·ly** 副 **-níg·ni·ty** 名 (複 **-ties** /-z/) U 親切, 優しさ; C 親切な行為

*__Be·nin__ /bèníːn/ 名 ベナン《アフリカ西部の共和国. 公式名 the Republic of Benin. 首都 Porto-Novo》 **-nin·ése** 形 名

ben·i·son /bénɪzən/ 名 C 《文》祝福 (↔ malison)

Ben·ja·min /béndʒəmɪn/ 名 【聖】ベンヤミン《ヤコブの末子》

ben·ny /béni/ 名 (複 **-nies** /-z/) C 《主に米俗》ベンゼドリン, アンフェタミン錠剤《覚醒(かくせい)剤》

*__bent__ /bent/ 動 bend¹ の過去・過去分詞
—形 (**more ~ ; most ~**) ❶ 曲がった, へこんだ; (老化などで) 腰の曲がった ‖ a ~ nail 曲がったくぎ ❷ 《叙述》《+ **on** [**upon**] 名》…を決心した; …に集中した ‖ She seems ~ *on* becoming a doctor. 彼女は医者になる決心のようだ / He was ~ *on* revenge. 彼は復讐(ふくしゅう)を心に決めた / a boy ~ *on* mischief いたずらに熱中している少年 ❸ 《主に英口》(特に権力・責任を持つ人が) 不誠実な, 不正な, 悪徳の ‖ a ~ police officer 不正を働く警察官 ❹ 不正に入手した, 盗品の; 損害を受けた ‖ ~ goods 盗品 ❺ ⊗《俗》《蔑》ホモセクシュアルの
bènt out of shápe 《米口》非常に怒って
—名 C ❶ 〈…の〉傾向, 性向, 好み; 〈…に向いた〉才能 〈**for**〉 ‖ a strong ~ *for* change 変化を好む強い傾向 / She shows no ~ *for* literature. 彼女は文学に全く関心がない / He has a mathematical ~. 彼には数学の才能がある ❷ 【土木】橋脚

Ben·tham /bénθəm/ 名 **Jeremy ~** ベンサム (1748-1832)《英国の哲学者・法学者・経済学者》 **~·ism** 名 U ベンサムの功利主義《最大多数の最大幸福論》

ben·thos /bénθɑ(ː)s | -θɔs/ 名 U 【生】(水底にすむ) 底生生物, ベントス **-thic, -thón·ic** 形

ben·to /béntou/ 名 C (日本の) (漆(うるし)塗りの) 弁当箱

bént·wòod 名 U (家具用の) 曲げ木

be·numb /bɪnʌ́m/ 動 他 《受身形で》 ❶ (寒さなどで) 感覚がなくなる ❷ (心が) 鈍くなる, (人が) ぼんやりする ‖ be ~*ed* with terror 恐怖でふぬけになる

Ben·ze·drine /bénzədriːn/ 名 U 《商標》【薬】ベンゼドリン (♦ amphetamine の商品名)

ben·zene /bénziːn/ 名 U 【化】ベンゼン《コールタールから採る無色・揮発性の液体》
▶▶~ **rìng** 名 C 【化】ベンゼン環

ben·zine /bénziːn/ 名 U ベンジン《石油の分留で得られる無色・揮発性の液体. しみ抜きなどに用いる》

ben·zò·ic ácid /benzòuɪk-/ 名 U 【化】安息香酸《防腐剤・染料用》

ben·zo·in /bénzouɪn/ 名 U 安息香《東南アジア産の樹木から採る芳香樹脂. 薬品・香水用》

ben·zol /bénzòul | -zɔl/ 名 U 【化】 ❶ =benzene ❷ ベンゾール《工業用粗製ベンゼン》

Be·o·wulf /béɪəwʊ̀lf, béɪou-/ 名 ベーオウルフ《8世紀初めに古英語で書かれた叙事詩. またその主人公の名》

be·queath /bɪkwíːð, -kwíːθ/ 動 他 ❶ 《+目 *A*+目 *B* ≒+目 *B*+**to** 目 *A*》(遺言で) *A* (人) に *B* (財産など) を譲る ‖ Her father ~*ed* ⌈her his company [OR his company *to* her]. 彼女の父は彼女に自分の会社を譲った ❷ …を (後世に) 伝える, 残す (⤷ hand down)

be·quest /bɪkwést/ 名 ❶ U (遺言による) 遺贈; 伝承 ❷ C 遺産; 伝承されたもの

be·rate /bɪréɪt/ 動 他 …をきつくしかる

Ber·ber /bə́ːrbər/ 名 C ベルベル人《北アフリカに住む一種族》; U ベルベル語 —形 ベルベル人[語]の

ber·ceuse /beərsúːz | -sɜ́ːz/ 名 C 子守歌 (lullaby)

be·reave /bɪríːv/ 動 (**~d** /-d/ OR **-reft** /-réft/ ; **-reav·ing**) (♦ 通例 ❶ で -reft, ❷ で ~d) 他 《通例受身形で》 ❶ (生命・希望などを) 奪われる, 失う ‖ He was *bereft* of his reason. 彼は正気を失った ❷ (死によって) (近親・兄弟を) 奪われる ‖ the ~*d* (family) 遺族

beréave·ment 名 U C 死別, 先立たれること ‖ a ~ camp (事故などによる) 遺族をいやすための集会[キャンプ]

be·reft /bɪréft/ 動 bereave の過去・過去分詞の1つ —形 《叙述》 ❶ 〈…を〉奪われている, 失っている 〈**of**〉 ❷ (死別などで) 悲しい, 寂しい

be·ret /bəréɪ | béreɪ/ 名 C ベレー帽 (♦ フランス語より)

berg /bəːrg/ 名 =iceberg

ber·ga·mot /bə́ːrgəmɑ̀(ː)t | -mɔt/ 名 ❶ C 【植】ベルガモット《シトロン属の樹木. その実の皮は香油の原料》 ❷ U ベルガモット香油 (bergamot oil)

Berg·man /bə́ːrgmən/ 名 ❶ **Ingmar ~** ベルイマン (1918-2007)《スウェーデンの映画監督》 ❷ **Ingrid ~** バーグマン (1915-82)《スウェーデン生まれの米国の女優》

Berg·son /bə́ːrgsən/ 名 **Henri ~** ベルクソン (1859-1941)《フランスの哲学者. ノーベル文学賞受賞 (1929年)》

ber·i·ber·i /bèribéri/ 名 U 【医】脚気(かっけ)

Bèr·ing Séa /bìərɪŋ- | bèər-/ 名 《the ~》ベーリング海

Bèring (Stàndard) Tíme 名 U ベーリング標準時《グリニッジ標準時より11時間早い》

Bèring Stráit 名 《the ~》ベーリング海峡

berk /bəːrk/ 名 C 《英俗》《けなして》ばか, 間抜け

Berke·ley /bə́ːrkli/ 名 バークレー《米国カリフォルニア州西部の都市》

berke·li·um /bə́ːrkliəm | bəːkíːli-/ 名 U 【化】バークリウム《放射性金属元素. 元素記号 Bk》

Berk·shire /bɑ́ːrkʃər/ 名 バークシャー《イングランド南部の州. 州都 Reading /rédɪŋ/. 略 Berks.》

Ber·lin /bəːrlín/ 《発音注意》 名 ベルリン《ドイツの首都》 **~·er** 名 C ベルリン市民
▶▶~ **Wáll** 名 《the ~》(旧東西ドイツ間の) ベルリンの壁《1961年に当時の東ドイツ政府により建造. 1989年まで存続》

Ber·li·oz /béərliòuz/ 名 (**Louis**) **Hector ~** ベルリオーズ (1803-69)《フランスの作曲家》

berm /bəːrm/ 名 C ❶ 路肩 (shoulder); 道路わき[運河沿い]の細道; 運河の堤防 ❷ 【土木】犬走り《斜面に沿った水平な道路》

Ber·mu·da /bərmjúːdə/ 名 ❶ 《また ~s》バーミューダ(諸島)《北大西洋西部の諸島からなる英国の属領. 首都 Hamilton》 ❷ 《~s》=Bermuda shorts **-dan** 形 名 **-di·an** 形 名
▶▶~ **shórts** 名 複 バーミューダパンツ《ひざ上までのズボン》 ~ **Tríangle** 名 《the ~》バーミューダトライアングル《大西洋のバーミューダ・プエルトリコ・フロリダを結ぶ海域. 船舶や航空機の遭難事故が多いといわれる》

Bern, Berne /bəːrn/ 名 ベルン《スイスの首都》 **Ber·nése** 形 名 C ベルンの(市民)

Bern·stein /bə́ːrnstàɪn/ 名 **Leonard ~** バーンスタイン (1918-90)《米国の指揮者・作曲家》

*__ber·ry__ /béri/ (♦ 同音語 bury) 名 (複 **-ries** /-z/) C ❶ 【植】ベリー, 水分の多い丸い小さな果実《strawberry, blackberry, blueberry, cranberry, raspberry など》 ❷ 【植】液果《果肉が柔らかく水分の多い果皮を持つ果実の総称. トマト・ブドウ・バナナ・オレンジ・キュウリなど》 ❸ (コーヒー・小麦などの) 実 ❹ (エビ・カニなどの) 卵
(***as***) ***bròwn as a bérry*** 日焼けして黒い

―動 (-ries /-z/；-ried /-d/；～·ing) 自 ❶ ベリーを摘む ‖ go ～*ing* ベリーを摘みに行く ❷ 液果を結実させる

ber·serk /bərsə́ːrk, -zə́ːrk/ 形《叙述》狂暴な, 怒り狂った ‖ go ～ 暴れ狂う, 怒り狂う

Bert /bəːrt/ 名 バート《Albert, Gilbert などの愛称》

berth /bəːrθ/(♦同音語 birth) 名 C ❶ (船・列車などの)寝台 ❷〘海〙投錨(とうびょう)地, 停泊位置；(造船所の)船台；操船距離, 停泊間隔 ❸《口》地位, 職；(スポーツ大会などの)出場権 ‖ a snug [OR soft] ～ 楽な地位 [仕事] / win a semifinal ～ 準決勝出場権を勝ち取る

give ... a wìde bérth …から十分な距離をおく；…を敬遠する, 避ける

―動 他 ❶〔船〕を停泊させる ❷〔人〕に寝台を与える

―自 (船が)停泊する

ber·yl /bérəl/ 名 U〘鉱〙緑柱石《変種に emerald, aquamarine などがある》

be·ryl·li·um /bəríliəm/ 名 U〘化〙ベリリウム《アルカリ土類金属元素. 元素記号 Be》

be·seech /bɪsíːtʃ/ 動 (-sought /-sɔ́ːt/ OR ～ed /-t/；～·ing) 他《文》…を熱心に請う；〔人〕に懇願する ‖ I ～ you 「for pardon [OR to pardon me]. お願いですから許してください

be·séech·ing /-ɪŋ/ 形《通例限定》懇願する(ような)

***be·set** /bɪsét/ 動 (-set；-set·ting) 他《通例受身形で》❶ (困難・誘惑などに)つきまとわれる, 悩まされる ‖ a task *beset* with difficulties 困難を伴う仕事 ❷《堅》包囲される；(包囲されて)襲われる

be·set·ting /bɪsétɪŋ/ 形《限定》絶えずつきまとう ‖ a ～ sin 陥りやすい誘惑

⁂be·side /bɪsáɪd/

中心義 **Aの横に**(★Aは「物」に限らず,「事柄」なども含む. 横に並べることによる比較やずれを示すのにも用いる)

―前 ❶ **…のそばに**, …と並んで(by) ‖ She sat down ～ me. 彼女は私の横に座った / The building stood ～ the river. その建物は川のそばに立っていた

❷ …と比べると ‖ My house looks small ～ his. 我が家は彼の家と比べると小さく見える

❸〔的・要点など〕を外れて ‖ Your arguments are ～ the point. 君の議論は見当違いだ / The sales projections were ～ the mark. 販売予測は的を外れていた

❹ …のほかに(♦この意味では besides の方がふつう)

besìde onesélf* **我を忘れて ‖ be ～ *oneself* with rage [joy] 怒り[喜び]のあまり我を忘れる

⁑be·sides /bɪsáɪdz/

―前 ❶ **…に加えて**, …のほかに (in addition to) ‖ *Besides* his children he must take care of his parents. 子供のほかに, 彼は両親の世話もしなければならない / *Besides* being a surgeon, he was a famous writer. 彼は外科医である上に著名な作家でもあった

❷《否定文・疑問文で》**…のほかには**, …を除いて(except) ‖ There was no one in the room ～ Kate and Tim. ケイトとティムのほかに部屋にはだれもいなかった

―副 NAVI **その上**(moreover, furthermore), しかも；そのほかに(♦先行する文の内容より重要な新情報を追加する) ‖ I am tired, (and) ～, I am sleepy. 疲れているし, それに眠い(♦I am tired. Besides, I am sleepy. のようにも用いる) / He bought me some candy and a bouquet of roses ～. 彼は私にキャンディーとそのほかにバラの花束を買ってくれた

***be·siege** /bɪsíːdʒ/《発音注意》動 他 ❶ (軍隊などが)〔町・とりでなど〕を包囲攻撃する ‖ the ～*d* town 包囲された町 ❷《通例受身形で》〈人などに〉取り囲まれる〈by〉‖ The singer was ～*d by* reporters. その歌手はリポーターに取り囲まれていた ❸〈手紙・要求・苦情などが〉押し寄せる, 殺到する〈with〉(♦しばしば受身形で用いる) ‖ She was ～*d with* queries. 彼女は質問攻めにあった ❹〔人〕を悩ます, 困らす

be·smear /bɪsmíər/ 動 他 ❶《文》…に塗りつける ❷〔名声など〕を汚す

be·smirch /bɪsmə́ːrtʃ/ 動 他 ❶〔名声など〕を汚す ❷《文》…を汚す, 変色させる

be·som /bíːzəm/ 名 C (小枝を束ねた) 庭ぼうき；〘スポーツ〙(カーリングの)ほうき；〘植〙エニシダ

―動 他 …を枝ぼうきで掃く《*out, away*》

be·sot /bɪsɑ́(ː)t | -sɔ́t/ 動 (-sot·ted /-ɪd/；-sot·ting) 他《通例受身形で》(酒で)酔う, 夢中になる

be·sought /bɪsɔ́ːt/ 動 beseech の過去・過去分詞の1つ

be·span·gle /bɪspǽŋgl/ 動 他《文》…に〈ぴかぴか輝くものを〉ちりばめる, …を〈光るもので〉飾る〈with〉

be·spat·ter /bɪspǽṭər/ 動 他 …に (泥水などを) はねかける, …を中傷する

be·speak /bɪspíːk/ 動 (-spoke /-spóʊk/；-spok·en /-spóʊkən/；～·ing) 他 ❶ …を物語る, 示す ❷ …を前もって求める, 予約する, 注文する, あつらえる

be·spec·ta·cled /bɪspéktəkld/ 形 眼鏡をかけた

be·spoke /bɪspóʊk/ 形《限定》《英》❶ 注文の, あつらえた(made-to-order)；💻(ソフトウェアが)ユーザーや目的に合わせて作られた ‖ a ～ suit あつらえのスーツ ❷ 注文 [あつらえ] 専門の

Bess /bes/ 名 ベス《Elizabeth の愛称》

⁂best /best/ 形 副 名 動

―形《good, well¹ の最上級》❶ **最もよい[優れた]**, 最良[最善]の；最適の(↔ worst) ‖ This is the ～ film I've ever seen. これは私が今まで見た中で最高の映画だ / We believe he is probably the ～ novelist of our time. 彼はおそらく現代最高の小説家だと思う(♥断言を避けるために probably などを用いて最上級を弱めることも多い) / I've read all the reports, but Jane's is 「by far [OR easily] the ～. レポートを全部読んだがジェーンのが断然よかった / This is the very ～ book. これぞまさに最高の本だ / today's two ～ writers 現代の2大作家 / one's ～ friend 無二の親友 / one's ～ clothes 晴れ着 / The next ～ **thing** to being with him is talking with him on the phone. 彼のそばにいられれば最高だけど, その次にいいのは電話で話すことよ / What is the ～ **way** to get over a broken heart? 失意から立ち直るための最良の方法は何ですか / ～ before Apr. 30 賞味期限4月30日 / the ～ man for the job その仕事にいちばんうってつけの男

語法 ☆☆ 補語としての用法では the を省くことが多い. 〈例〉It's *best* if you eat that fish raw. その魚は生で食べるのが最善だ

❷ 最大の, 大半の ‖ the ～ part of an hour ほとんど丸1時間 ❸《口》お気に入りの (favorite) ‖ one's ～ girl 彼女, 恋人

gìve it one's bèst shót；*give ... one's bèst shót*〔仕事など〕に最大の努力を注ぐ, できる限りのことをする

COMMUNICATIVE EXPRESSIONS

1 **It's bést to** lèave him alóne. 彼のことはそっとしておいた方がいいよ(♥遠回しな忠告または相手に配慮した提言)

―副《well¹ の最上級》(♦good や well で始まる複合的な形容詞の最上級を作ることがある) ❶ **最も [いちばん] よく**；最も上手に；最高で；最適で(↔ worst) ‖ Mt. Fuji is ～ seen at sunset from this window. 富士山はこの窓から日没のころ見るのが最もよい / the ～-dressed actor in [×of] Hollywood ハリウッドで最もおしゃれな俳優 / Which dress would suit me ～ for the ceremony? 式にはどの服がいちばんいいかしら

❷ **最も** (most)；《複合語で》最もよく ‖ I like bananas (the) ～ (of all fruits). 私は (果物の中では) バナナがいちばん好きだ / the ～-known song of the sixties 60年代の最も有名な歌

as bèst one cán [OR *máy*] できるだけ, 手段を尽くして, 精いっぱい

bèst of áll とりわけよいことには，何よりもまず
had bést dò …するのがいちばんだ，…するべきである（♦ had better の強調形だが，より《口》とされている）‖ We'*d* ～ be going. 行った方がよさそうだ / You'*d* ～ not be too nervous. あまり神経質にならない方がよい（♦ 用法，疑問文・否定文の作り方は had better に準じる．⇨ *had* BETTER 語法）

━名 ❶《通例 the ～ または one's ～》**最上のもの**，最良[最高，最適]の状態[人，もの，部分]（↔ worst）（❗上位10を意味する「ベストテン」は top ten という）‖ She wants the ～ for her daughter. 彼女は娘のために最高のもの[教育，環境など]を望んでいる / She's the ～ of the young singers. 彼女は若手歌手の中ではナンバーワンだ / This violin is the ～ of the two.《口》2つの中ではこのバイオリンの方がよい（♦ 2つのものの比較では better が正式．→ better 名 ❶）/ "How is your hotel?" "It's the ～." 「ホテルはどう」「最高だ」/ a ～-of-three final series 2戦先勝制の優勝決定戦《先に2勝した方を勝ちとする》/ a ～-of-five series 3戦先勝制のシリーズ / We're the ～ of friends. 我々は無二の親友だ（♥ 特に以前に仲たがいをしたことがある場合に使う）/ She wanted to look her ～ for the interview. 彼女は面接で魅力的に見えるようにしたいと思った
❷《the ～》できる限り[だけ]のこと，精いっぱい ‖ The ～ he could do was to wait. 彼にできる精いっぱいのことは待つことだった
❸《one's ～》晴れ着 ‖ wear one's (Sunday) ～ 晴れ着を着ている ❹《one's ～》《主に米》よろしくとのあいさつ ‖ Please give him my ～. 彼によろしくお伝えください / *Best*, John.（手紙の終わりで）敬具，ジョン ❺ Ⓒ（スポーツの）最高記録 ‖ a personal ～ 個人の最高記録

*＊**(àll) for the bést*** ① 助けようとして，いちばんよいと思って ②《口》（そのときは悪く思えたが）結局はよい結果になって ‖ Things will turn out *for the* ～. 事態は結局はよい結果になるだろう
*＊**at bést*** どう（ひいき目に）見ても，**せいぜい** ‖ We can't get to Brighton before two *at* ～. どうやっても2時前にはブライトンに着けないだろう
*＊**at one's bést*** **最良の状態で**；最盛期で
at the bést of tìmes 最高の状態のときでさえも
brìng òut the bést in a pèrson 〔人〕の最もよい点を引き出す
*＊**dò** [OR **trỳ**] **one's (lèvel) bést** ; **dò the bèst one cán*** 〈…するのに〉**最善[全力]を尽くす**〈**to do**〉
gèt** [OR **hàve**] **the bést of ... ① …を打ち負かす，出し抜く，…に勝つ ②（取り引きなどで）うまくやる，最も得をする
gìve ... bést 《英》《旧》…の優位を認める，屈する
*＊**màke the bést of ...** ; **màke the bést of it** [OR **thìngs, a bàd jòb, a bàd bàrgain**]*（不利な状況を受け入れ）極力善処する，（持っているものを）最大限に活用する
***the bèst of a bàd búnch** [OR **lót**]* 《英》あまりよくない人[もの]の中でいちばんましな人[もの]
the best of both** [OR **all possible**] **worlds ⇨ WORLD（成句）
The bèst of Brítish (lúck)! 《英口》（特に成功しそうにない相手に向かって）頑張れ
the bèst of the búnch えり抜きの人[もの]
*＊**to the bèst of one's knówledge** [**belíef, abílity**]* …の知る[信じる，力の及ぶ]限り（では）（as far as one knows [believes, can]）
with the bèst of inténtions 善意で
with the bést (of them) だれにも劣らず

COMMUNICATIVE EXPRESSIONS
2 **Àll the bést!** お元気で，お幸せに（♥ 特に手紙の最後や，別れのときに用いる）

━動 他《堅》〔人〕を負かす，出し抜く ‖ He ～*ed* me in a bargain. 取り引きで彼に出し抜かれた
▸▸ **～ befóre dàte** 名 Ⓒ（食品の）賞味期限（の日付），品質保証期限 **～ bét**《口》⇨ BET（成句） **～ mán** 名 Ⓒ（結婚式で）新郎に付き添う男性

bèst-éfforts 形《限定》《証券》委託販売の，最善の努力をする条件の

bes·tial /béstʃəl | -tiəl/ 形 獣の；野獣のような，下品な，野蛮な **～·ly** 副

bes·ti·al·i·ty /bèstʃiǽləṭi | -ti-/ 名（⑱ **-ties** /-z/）Ⓤ Ⓒ ❶ 獣性；獣的行為 ❷ 獣姦（じゅうかん）

bes·ti·ar·y /béstʃièri | -tiəri/ 名（⑱ **-ar·ies** /-z/）Ⓒ（中世の）動物寓話（ぐうわ）集

be·stir /bɪstə́ːr/ 動（**-stirred** /-d/ ; **-stir·ring**）他《堅》《～ oneself で》奮起する，体を動かす

*＊***be·stow** /bɪstóu/ 動 他 ❶《堅》〔称号・栄誉など〕を〈人に〉授ける，与える〈**on, upon**〉（⇨ GIVE 類語）‖ The Senate ～*ed* the laurel crown *on* Caesar. 元老院はシーザーに月桂冠を授けた ❷《古》…を貯蔵する，しまい込む

be·strew /bɪstrúː/ 動（**～ed** /-d/ ; **-strewn** /-strúːn/ OR **～ed** /-d/ ; **～·ing**）他《文》❶ …をまき散らす（strew）❷ …を〈…で〉覆う〈**with**〉

be·stride /bɪstráɪd/ 動（**-strode** /-stróud/ ; **-strid·den** /-strídən/ ; **-strid·ing**）他《文》❶〔馬・いすなど〕にまたがる，馬乗りになる（straddle）❷ …を支配する

*＊***bèst·séller** ＜ジ 名 Ⓒ（本・CDなどの）ベストセラー（の作者） **bèst·sélling** 形《限定》ベストセラー（作家）の

be·suited /bɪsúːtɪd/ 形 スーツを着た（♦ 通例男性について使う）

⁑bet /bet/

━動（**～s** /-s/ ; **bet** OR **bet·ted** /-ɪd/ ; **bet·ting**）
━他（♦ ❶ **a** 以外では受身形不可）❶ **a**《＋目＋**on** 名》〔金〕を〔馬など〕に**賭（か）ける** ‖ ～ ten dollars *on* a game ゲームに10ドル賭ける
b《＋目＋**that** 節》〔金〕を…ということに賭ける ‖ I ～ $100 *that* he will win. 彼が勝つ方に100ドル賭けるよ
❷（人と）**賭けをする** **a**《(＋目)＋(**that**) 節》（人と）…だと賭けをする ‖ I'll ～ anyone it's a fake. 私はそれがまがい物であることをだれとでも賭けよう
b《＋目 *A*＋目 *B*（＋(**that**) 節)》（…ということに）*A*（人）と*B*（金など）を賭ける ‖ He ～ me a bottle of whisky (*that* she would not say yes).（彼女が承諾することはないだろうということで）彼は私とウイスキー1瓶の賭けをした
c《＋目＋**on** 名》〔人〕と…のことで**賭けをする** ‖ I'll ～ you *on* it. そのことで君と賭けよう（♥ 自信があることを表す）
❸《(＋目)＋(**that**) 節》（賭けてもいいぐらい）絶対…だと確信する，きっと…だと思う（→ CE 3, 4, 5）‖ Taste this, I ～ you like it. これを試食してみてごらん，きっと気に入るよ / I'm doing my best, you can ～. 精いっぱいやっているんですよ，本当に
━自 ❶ 賭ける，賭けをする〈**on** …に；**against** …でない方[の反対]に；**with** 人と〉‖ He never ～*s*. 彼は決して賭けをしない / ～ *on* the result of a race レースの結果について賭けをする / ～ *against* her winning 彼女が負ける方に賭ける ❷《＋**on** 名》…は絶対確実だ，…を請け合う

COMMUNICATIVE EXPRESSIONS
1 **(Do you) wànt to bét?** 本当にそうかい；まさか（♥ 疑いを表すくだけた表現）
2 "Do you think he'll stànd úp for us?" "**I wòuldn't [Dòn't] bét on it.**"「彼は私達の後ろ盾になってくれると思うかい」「あまり当てにはできないな[当てにするなよ]」（♥「それには賭けない」つまり「当てにしない」の意）
3 **I('ll) bét (you).** ① そのとおり，そうだろうとも（♥ 相手の発言にいら立っていたり面白がっているときに用いる）② さあどうかな，あやしいものだ（♥ 反語的に）
4 "Is it rèally dángerous?" "**You bét** (it is)."「本当に危険なの」「ああ，本当だよ」（♥ 前述の内容に対する強い肯定や賛同を表すくだけた表現．依頼や感謝に対して「任せてよ」という意味の返答としてもよく用いる．《俗》では You betcha /bétʃə/（＝bet you）．ともいう）

5 **You (can) bèt your lífe** [OR **bòttom dóllar, bóots, (sweet) bíppy**]! 絶対そのとおり[確かだ](♥かなりくだけた表現で, You bet. よりも強い確信を表す)

―名 (複 **~s** /-s/) C ❶賭け；賭ける金[もの]；賭けの対象になるもの[人]〈**on** …への / **that** 節 …という〉‖ win [lose] a ~ 賭けに勝つ[負ける] / **place** [OR put, have] a big ~ *on* that horse その馬に大きく賭ける / make a ~ with him about [*that*] ... 彼と…のこと[…ということ]で賭けをする

❷《口》見当, 考え, 意見；行動の仕方 ‖ My ~ is that she will win easily. 私の見たところでは彼女は楽勝するだろう(♥自分がそうだと確信しているときに用いる)

*__*a sàfe* [OR *gòod, sùre*] *bét*__ (確実に)起こり得ること, うまくいきそうなこと, 役に立つ[無難な]もの ‖ It's *a safe* [OR *good, sure*] ~ that he'll arrive late again. 彼がまた遅れて来るのは確実だ

*__*one's* [OR *the*] *bèst bét*__ 《口》最善策 ‖ Your *best* ~ is to go out in the morning. 朝出かけるのがいちばんだ

dò ... for a bét (人に挑発されて)…をやる

hèdge one's béts 両方に賭けて丸損を防ぐ, (安全を期して)いくつかの選択肢を持つ, 明言を避ける

COMMUNICATIVE EXPRESSIONS

6 "Whàt will becóme of us?" "**Áll bèts are óff** for nòw." 「私たち一体どうなるの」「さあ, 今は予想がつかないよ」(♥「どういう結果になるかわからない」の意)

be·ta /béɪṭə | bíː-/ 名 C ❶《単数形で》ベータ《ギリシャ語アルファベットの第2字. Β, β. 英語の B, b に相当》❷第2位のもの ❸《英》(学業成績で)3段階評価の中位 ❹《B-》〖天〗ベータ星《星座中2番目に明るい星》❺〖商〗株・証券の変動性を示す数値

▸▸ **~ ámyloid** 名 U〖生理〗ベータアミロイド (amyloid beta protein)《アルツハイマー病患者の脳内に見られるアミロイド斑の構成要素》 **~ blòcker** 名 C〖薬〗ベータ受容体遮断剤 **~ cárotene** 名 U〖生化〗ベータカロテン《ニンジンに多く含まれる》 **~ interféron** 名 C U〖生化〗ベータインターフェロン《抗ウイルス・抗腫瘍作用がある》 **~ pàrticle** 名 C〖理〗ベータ粒子《原子核が崩壊・分裂する際に放射する高速度の電子》 **~ ràу** 名 C〖理〗ベータ線 **~ rhỳthm** 名 U C〖生理〗ベータリズム, ベータ波《毎秒10以上の脳波の脈動》(→ alpha rhythm) **~ tèst** 名 C 💻(機器やソフトの製品化の直前に行う)最終段階の試行テスト《多くの場合公募ユーザーに試用してもらう》(→ alpha test) **~ vèrsion** 名 C ベータ版《最終段階の直前でバグなどが残っている可能性のあるソフトウェア》 **~ wàve** 名 U C = beta rhythm

be·take /bɪtéɪk/ 動 (**-took** /-tʊ́k/; **-tak·en** /-téɪkən/; **-tak·ing**) 他《~ oneself で》《文》〈…へ〉行く, 赴く〈**to**〉‖ ~ oneself *to* bed 床に就く

be·ta·tron /béɪṭətrɑ̀(ː)n | bíːtətrɔ̀n/ 名 C〖理〗ベータトロン《電磁誘導による電子の加速器》

bet·cha /bétʃə/《俗》bet you の短縮形 ⇨ BET 動 (CE 4)

be·tel /bíːṭəl/ 名 U〖植〗キンマ《コショウ科の木. 東南アジア産》

▸▸ **~ nùt** 名 C ビンロウジ(檳榔子)《ビンロウジュの実》 **~ pàlm** 名 C〖植〗ビンロウジュ(檳榔樹)

bête noire /bèt nwɑ́ːr | bèɪt-/ 名 (複 **bêtes noires** /-z/) C《文》大嫌いな[恐ろしい]もの[人](♦フランス語より)

Beth /beθ/ 名 ベス《Elizabeth の愛称》

beth·el /béθəl/ 名 C ❶《古》〖聖〗聖地 ❷《米では古》(水夫・船員のための)礼拝所 ❸《英》(非国教徒の)礼拝堂

Beth·le·hem /béθlɪhèm/ 名 ベツレヘム《エルサレム南方の町. キリストとダビデの生誕地》

be·tide /bɪtáɪd/ 動《文》自 (事が)起こる ―他 …に降りかかる(♦通例次の成句で用いる)

whatèver (may) betíde 何が起ころうと

***Wòe betíde you* [*him, them,* etc.]!** 《戯》汝(なんじ)[彼, 彼らなど]に災いあれ

be·to·ken /bɪtóʊkən/ 動 他《文》…を示す；…の前兆となる

be·took /bɪtʊ́k/ 動 betake の過去

*__be·tray__ /bɪtréɪ/ 動 他 ❶ **a**《+目》〔人・国など〕を裏切る；〔約束・信頼・信念など〕に背く ‖ A man will ~ others to save himself. 人は自分を救うために他人を裏切るものだ / ~ the election promise 選挙公約に背く **b**《+目+**to** 名》〔自国・味方など〕を〔敵〕に売る(↘ give up) ‖ The traitor ~*ed* his country *to* the enemy. 裏切り者は祖国を敵に売った

❷《進行形・受身形不可》**a**《+目》(顔つき・言動などで)…をうっかり表す, …(の兆候)を示す(↘ give away) (⇨ REVEAL 類語) ‖ His face ~*ed* a hidden rage. 彼の顔つきから心の中では怒っていることがわかった **b**《+**that** 節 / **wh** 節》…であることをうっかり表す[示す] ‖ Her accent ~*ed* (the fact) *that* she was not a true Tokyoite. 彼女が実は生粋の江戸っ子ではないことがそのなまりでわかった ❸〔秘密など〕を〈…に〉漏らす, 暴露する；〔人など〕について〈…に〉密告する (inform on)〈**to**〉❹〔異性〕に不実なことをする, …を裏切る

betráy onesèlf うっかり本性を表す

*__be·tray·al__ /bɪtréɪəl/ 名 U C 裏切り(行為)；背信(行為)；密告, 暴露 ‖ feel a sense of ~ 裏切られたと感じる

be·troth /bɪtróʊð/ 動 他《通例受身形で》《旧》〈…と〉婚約する〈**to**〉 **~·al** 名 C U《旧》婚約

be·trothed /bɪtróʊðd/《旧》形〈…と〉婚約した〈**to**〉

―名《通例 one's ~》婚約者

Bet·sy /bétsi/ 名 ベツィー《Elizabeth の愛称》

***__bet·ter__[1] /béṭər/ 形 副 名 動

―形 ❶《good の比較級》**a** (2つのものを比べて)**よりよい**, より優れた, より適切な；より上等の, より質のよい (↔ worse) ‖ His German is much [OR far,《口》a lot] ~ than mine. 彼のドイツ語は私のよりずっと上手だ / I know a ~ way to recruit new members. 新会員を募るもっといいやり方を知っているよ / There could not be a ~ day for fishing. 釣りにはもってこいの日だ / I had nothing ~ to do than watch TV. テレビでも見るよりほかにすることがなかった / It would be ~ if I talk to them myself. 私が自分で彼らに話す方がよかろう / one's ~ nature 良心, 優しさ

b《It is ~ (for *A*)「to *do* [OR *doing*]/It is ~ that *A* (should) *do*」で》*A*(人)が…する方がよい (→ CE 9) ‖ It is ~ *for* you *to* go by air. = It is ~ that you (should) go by air. (= You'd be ~ to go by air.) 君は飛行機で行った方がよい(♥忠告・助言の表現. You had better ... よりやわらかい言い方. It would be better ... とするとよりやわらかくなる. → *had better do*(↓)) / It would be ~ to have more ATMs with shorter lines. もっと現金自動預払機を増やして列を短くする方がよい

❷《well[1] の比較級》《叙述》**a** (人が)病気・けがから回復に向かって, 気分がよくなって (⇨ CURE 類語P) ‖ He's **getting** ~. 彼は快方に向かっている / I'm (**feeling**) much ~ this afternoon. 今日の午後はずいぶん気分がよい / **I felt** (all the) ~ for getting some fresh air. 新鮮な空気を吸って気分がよくなった

b (人が)すっかり回復して(♦この意味では quite や completely で強調できる) ‖ He is completely ~ now. 彼は今ではすっかり回復している

❸より多い, いっそう大きい ‖ the ~ part of one's salary 給料の大半

have sèen* [OR *knòwn*] *bètter dáys すでに盛りを過ぎている；(物が)くたびれている

nò* [OR *lìttle*] *bétter than ... …にすぎない, …も同然で ‖ He is *no* ~ *than* a fool. 彼はばかも同然だ

so mùch the bétter 〈…にとって〉かえってそれだけよい[いっそう結構だ]〈**for**〉

The sòoner* [*bìgger,* etc.] *..., the bétter. …が早ければ

B

早いほど[大きければ大きいほどなど]よい

COMMUNICATIVE EXPRESSIONS

1 **Àre you béttér?** よくなりましたか(♥ 病気だった人に)

2 **(I've) nèver been** [OR **fèlt**] **bétter.** 最高の気分です；とても元気です(♥「元気か」といった問いかけに対し,「絶好調だ」という意味の返事)

3 **(It's) bètter than nóthing.** (あまり満足はできないが)全然ないよりはましだ(♥ 妥協を表す)

4 "Hòw do I lòok nów?" "**Thát's bètter.**"「今度はどう, この服で」「その方がいいよ」(♥「前よりましな状態になった」の意. 文脈により「(褒めて)よくなったよ」,「(慰めて)大丈夫だよ」,「(同意を示して)いいよ」などを表す)

5 **Thàt's bètter than Í could dò.** 私がやるよりいい出来ですよ(♥ 相手がやったこと(でうまくいかなかったこと)を評価する励ましの表現)

6 **Whàt could be bétter than** gòing to a tròpical ísland on a vacátion? 休暇で南の島に行くなんて最高だね(♦ 修辞疑問文. =There's nothing better than going ...)

7 **Wòuldn't it be bétter to** àsk for your pàrents' appróval fírst? 先にご両親の了解を得た方がいいんじゃない(♥やわらかな助言を表す)

—副 ❶ 《well の比較級》**よりよく**[うまく]；より適切に(↔ worse) ‖ She sings much [OR far, 《口》a lot] ～ than I do. 彼女は私よりずっと歌がうまい / Two years in London made me ～ **able to** communicate in English. イギリスで2年間過ごして私はより英語を使えるようになった / I can see ～ from here. ここからの方がよく見える / There are some things which are ～ left unsaid. 言わないでおく方がいいこともある

❷ **より以上に**, もっと ‖ Which do you like ～, tea or coffee? 紅茶とコーヒーとではどちらが好きですか(⇨ **PB** 46) / There is nobody ～ fitted than you to persuade her. 彼女を説き伏せるのにあなたほどの適任者はいない / He is ～ **known** as a singer than as a comedian. 彼はコメディアンとしてよりも歌手として有名だ

❸ 《米》より多く(more) ‖ ～ than an hour 1時間以上

àll the bétter 〈…のために〉その分だけいっそう, かえって〈**for, because**〉‖ I like him *all the* ～ *for* his gracefulness [clumsiness]. 上品なのでいっそう[無器用なのでかえって]彼が好きだ(♦ この例のように, よい理由でいっそうよくなる場合と, 悪い理由でも結果的によくなる場合の両方に用いることができる)

be bètter óff ① 以前より[他人より]裕福である, より恵まれている(♦ well off の比較級)(↔ *be worse off*) ‖ He *is* far ～ *off* than he used to be. 彼は以前よりずっと暮らし向きがよい ② 《would とともに用いて》…する方がよい ‖ You'd *be* ～ *off* without [OR not being with] her. 彼女と一緒にいない方がいいよ

bétter stíll [***yèt***] 《文頭や文中, and, or の後で》さらによいこと(に)は

gò [OR ***dò***] (*a pèrson*) ***òne bétter*** 《米口》；***gò*** [OR ***dò***] ***òne bétter*** (***than a person***) 《英口》(人より)一枚上手である, うまくやる

****had bètter dó*** …するべきだ, **…する方がよい**, …しなさい(♦ この成句では better に比較の意味はない) ‖ You *had* ～ do it right now. 今すぐそれをしなさい(→ 語法 (1)) / I think [thought] we *had* ～ call the police. 警察を呼んだ方がいいと思う[思った](♦ 時制の一致を受けても had の形は変わらない) / She'*d* ～ not talk like that. 彼女はあんなふうに話すべきではない / *Had*n't we ～ take a map? 地図を持って行った方がよくはないかい / You'*d* ～ be getting along, hadn't you? もう行った方がいいんじゃないですか / *Better* let me have it, doc. (脅迫して)だんな, それを渡した方が身のためだぜ(♦ you'd の省略. → 語法 (2)) / "I'll tell him about it." "You ～ *had*."「彼にそのことを話そうと思う」「その方がいいよ」(♦ 後が省略されて倒置が起こることがある)

語法 ★☆ (1) You を主語にすると命令口調になり You should ... より意味が強い. 子供や親しい人以外には使わない方がよい. 助言には It would be better (for you) to *do* のような表現を使うのがよい.
(2) 《口》では 'd better と短縮する. さらに 'd も落ちて better だけになることもある.
(3) 疑問文は Had I [we, etc.] better ...? の形だが, 実際は should で代用することが多い.
(4) 否定形は had better not となり hadn't better はふつう使わない. ただし否定疑問文ではふつう Hadn't we better ...? の形になる. 付加疑問でも ..., hadn't we? などの形を使う(⇨ **PB** 11).
(5)「had better＋have＋過去分詞」で「…すべきだった」の意味を表すこともあるがまれ.

think bétter of ... 考え直して…をやめる

COMMUNICATIVE EXPRESSIONS

8 **(I'd) bètter be óff** [OR **góing**]. もう行かなきゃ(♥ 出かけたり, 去ったりすることを告げる文句)

9 **You'd** [OR **It would**] **be bètter to** stày lónger. もっと長く滞在した方がいいですよ(♥ 複数の選択肢のうち1つを勧める. =Your best plan would be to stay longer.)

—名 (⑱ **～s** /-z/) ❶ Ⓤ/Ⓒ 《単数形で》よりよいもの[人, こと] ‖ the ～ of the two 2つの中のよい方 / We expect ～ of you next time. 次回はもっと頑張ってくれ

❷ Ⓒ 《～s》《旧》《戯》目上の人たち ‖ Make room for your (elders and) ～*s*. 目上の人には席を譲りなさい

for bètter or (***for***) ***wórse***；***for bètter, for wórse*** よき

PLANET BOARD 11

had better の疑問文・否定疑問文・付加疑問文を使うか.

問題設定「…した方がよい」を表す had better を用いた疑問文の使用率を調査した.

Q 次の表現を使いますか.
(a) **Had I better** see the doctor?
(b) **Hadn't I better** see the doctor?
(c) **I'd better** see the doctor, **hadn't I**?

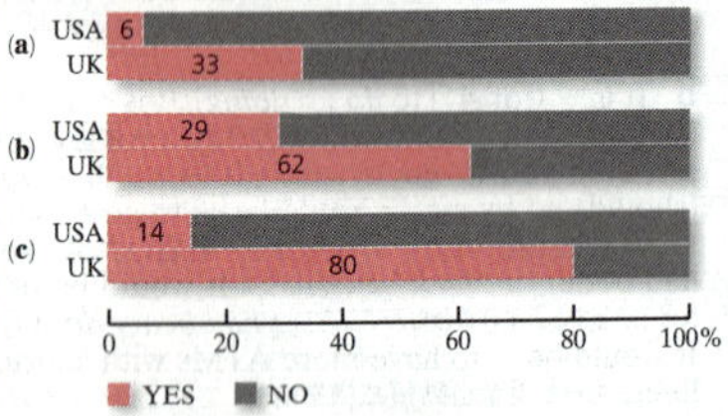

(a) の疑問文を使うという人は全体の2割で, 特に《米》ではきわめて少なかった. (b) の否定疑問文と (c) の付加疑問文を使うという人はこれより多く,《英》ではそれぞれ約6割, 8割だが,《米》では両方とも3割以下であった.

(a) については「《旧》なので使わない」という人が多く, 代替表現として, Should I see the doctor? / Do you think I should [OR had better] see the doctor? / Do I need to see the doctor? があげられている.

(b)(c) についても,《米》の多くは「きわめて《堅》,《旧》」などとした. (b) の代替表現としては Shouldn't I see the doctor? をあげた人が多く, (c) の代替表現としては I'd better see the doctor, shouldn't I? および I should see the doctor, shouldn't I? があげられた.

学習者への指針 Had I better ...? / Hadn't I better ...? / I'd better ..., hadn't I? はいずれも誤りではないが, 特に《米》ではこれらの文で had better の代わりに should を用いる方が一般的である.

につけあしきにつけ, どんな運命になろうとも(♦結婚式の宣誓の文句から)
for the bétter よい方に向かって ‖ take a turn *for the* ～ よくなる, 改善する / a change *for the* ～ 好転, 改善
__gèt the bétter of ...__ ①(感情が)〔人〕を突き動かす ②…を打ち負かす;〔口論など〕に勝つ
hàve the bétter of ... …よりうまくやる
the bétter to dò …がよりよくできるように
thìnk (àll) the bétter of ... …をより高く評価する
—動 (～s /-z/; ～ed /-d/; ～·ing)
—他 ❶ …に勝る, …を上回る(♦しばしば受身形で用いる) ‖ He ～*ed* the record set three years ago. 彼は3年前に立てられた記録を更新した ❷〔状況など〕を(より)よくする, 改善する ‖ They tried to ～ the working conditions. 彼らは労働条件の改善に努めた
—自 (より)よくなる ‖ Economic conditions ～*ed* with time. 経済状況は時がたつにつれてよくなった
bétter onesèlf より高い社会的地位を得る, 出世する;自己を磨く, 修養する
▸▸～ **hálf** 名《one's ～》《口》妻;夫

bet·ter² /bétər/ 名 =bettor

bét·ter·ment /-mənt/ 名 U ❶《堅》改善, 改良;出世 ❷〖法〗(環境の改善などによる)不動産の値上がり

bet·ting /bétɪŋ/ 名 U 賭(か)けること;賭け金

COMMUNICATIVE EXPRESSIONS
1 **"What's the bétting?" "It's** [OR **The bétting is**] **(that)** she'll wín at lèast 1,000 dóllars." 「どんな予感」「たぶん彼女は少なくとも1,000ドルは勝ち取るだろう」(♥「おそらく…だろう, …らしい」という予想を表す)

▸▸～ **shòp** [**òffice**] 名 C《英》(公認の)場外馬券売場

bet·tor /bétər/ 名 C《主に米》賭ける人

Bet·ty /béti/ 名 ベティ《Elizabeth の愛称》

***be·tween** /bɪtwíːn/ 前 副
—前 ❶《場所・空間》…の間に[で, を, の] (⇨ AMONG 類語) ‖ I sat ～ Dad and Mom. 私はパパとママの間に座った / a road ～ two cities 2つの都市を結ぶ道路 / place a cigarette ～ one's lips 口にたばこをくわえる
❷《時間・数量》…の間に[の] ‖ ～ two and three (o'clock) 2時と3時の間に / Don't eat ～ meals to keep from gaining weight. 体重を増やさないために間食を控えなさい / He weighs ～ 65 and [×to] 70 kilograms. 彼の体重は65キロから70キロの間だ
❸《相互関係》…の間に[で, を, の] ‖ The relationship ～ doctors and patients used to be paternalistic. 医者と患者との関係は以前は家長主義的であった / the similarity [difference] ～ *A* and *B* AとBとの類似[違い]
❹《性質》…の中間に[で, の] ‖ Orange is ～ red and yellow. オレンジは赤と黄色の中間色である / The job is ～ assistant and secretary. その仕事はアシスタントと秘書の中間だ
❺《選択》…のいずれか[どちらか]を ‖ choose ～ the humanities and sciences 文系か理系かの選択をする
❻《分配・共同・共有》…の間で[に] ‖ He divided his money equally ～ his sons. 彼は息子たちに金を均等に分け与えた / We carried the bag ～ us. 我々は協力してそのかばんを運んだ / *Between* them they raised over $100. 彼らは合わせて100ドル以上集めた
❼《理由》…やら…やらで ‖ *Between* cooking and washing, she has little free time. 料理やら洗濯やらで彼女には自由な時間がほとんどない

語法★☆ (1) 後には *A* and *B* の形か複数名詞が続く.
(2) 3者以上の間についてはふつう among を用い, between は原則として2者の間について用いられる. ただし以下の場合は3者以上についても between を用いる.
(a) ❺, ❻, ❼の意味の場合.
(b) 3者以上からなる集団の中の各2者間の関係を考えている場合. 〈例〉an alliance *between* three countries 3国間の同盟
(c) 地理的な位置を示す場合. 〈例〉The Mediterranean lies *between* Africa, Europe and Asia. 地中海はアフリカ・ヨーロッパ・アジアと接している
(d) difference の後. 〈例〉I can't see any difference *between* the three vases. その3つの花瓶の区別がつかない(⇨ PB 17, → among)

between yòu and mé*; *between oursélves*;** 《戯》between yòu, mè and the bédpost*** [OR ***gátepost, lámppost, wáll***] 《口》ここだけの話だが, 内緒だけれども
—副《場所・時間について》《比較なし》中間に(挟まれて), 合間に ‖ the long period of economic depression ～ その間の長い経済不況の期間
__in betwéen__ 中間に[で], 合間に ‖ two cities with a river *in* ～ 間に川を挟んだ2つの都市 / Where were you *in* ～? その間君はどこにいたのか

be·twixt /bɪtwíkst/ 前 副《古》=between
betwìxt and betwéen 《旧》どっちつかずで;中間に

BeV /bev/ 略〖理〗*b*illion *e*lectron *v*olts (ビリオン[10億]電子ボルト)

bev·el /bévəl/ 名 C ❶ 斜角;斜面 ❷ (=～ **squàre**) 自在スコヤー, 角度定規 —形 斜角の, 傾斜した —動 (～ed /-d/, 《英》-elled /-d/; ～·ing, 《英》-el·ling) 他…を斜めに切る, 斜めにする ▸▸～ **gèar** 名 C〖機〗傘歯車

***bev·er·age** /bévərɪdʒ/《発音注意》名 (複 **-ag·es** /-ɪz/) C 飲み物, 飲料《特に紅茶・清涼飲料など, 水以外のものをいう》‖ alcoholic ～*s* アルコール飲料

Bèv·er·ly Hílls /bèvərli-/ 名 ビバリーヒルズ《米国ロサンゼルス西部の高級住宅都市. 芸能人が多く住む》

bev·vied /bévid/ 形《英俗》酔った

bev·y /bévi/ 名 (複 **bev·ies** /-z/) C ❶ (人の)集まり ❷ (特にヒバリ・ウズラなどの小鳥や子ジカなどの)群れ

be·wail /bɪwéɪl/ 動 他《堅》…を嘆く, 嘆き悲しむ

***be·ware** /bɪwéər/ 動 (♦語形変化はなく, 命令形・不定詞として, また助動詞の後に用いられるだけである. 掲示に用いられることが多い) 自〈…に〉気をつける, 注意する(≒ be careful)〈**of**〉‖ *Beware of* pickpockets. すりにご用心
—他 **a** (+目) …に注意[用心]する ‖ *Beware* the guard dog. 番犬にご注意 **b** (+**that** 節 / **wh** 節) …するように[かどうかに]気をつける ‖ They were told to ～ *that* they do not wake him. 彼を起こさないよう気をつけてと彼らは言われた / We must ～ *how* we approach him. どうやって彼に近づくかに気をつけねばならない

be·wigged /bɪwígd/ 形 かつらをつけた

***be·wil·der** /bɪwíldər/《発音注意》動 他《通例受身形で》途方に暮れる, 当惑する, 訳がわからなくなる(→ puzzle)
～·ing 形 当惑させる, 途方に暮れるほどの

be·wíl·der·ment /-mənt/ 名 U C 当惑, 困惑(状態) ‖ to one's ～ 困惑したことには

be·witch /bɪwítʃ/ 動 他 ❶ …に魔法をかける ❷ …を魅する, 魅惑する **～ed** 形 **～·ing** 形 魅惑する

bey /beɪ/ 名 C〖史〗❶ (オスマントルコ帝国の)高級官僚, (特に)知事 ❷ (元トルコ・エジプトの)高官・貴族への敬称

***be·yond** /biá(ː)nd | bɪjɔ́nd/ 前 副 名
中心義 …を越えた向こうに
—前 ❶《場所》…の向こう(側)に[で], かなたに[で], …より遠くに ‖ There was a small town ～ the river. その川の向こうに小さな町があった / Can we get ～ these barriers? このさくの向こう側へ行けるだろうか / A star fell ～ the horizon. 地平線のかなたに流れ星が落ちた / From ～ the bend came the sound of an approaching car. カーブの向こう側から近づいて来る車の音が聞こえた
❷《時間》…を過ぎて, …より遅れて ‖ The party went on until ～ midnight. パーティーは夜中過ぎまで続いた

/ ~ the age of 40 40歳を過ぎて / ~ the usual hour いつもの時間より遅れて

❸《可能性・能力》…**を越えた**, …の及ばない, …できないほど ‖ She has changed ~ (all) recognition. 彼女は見分けがつかないほど変わってしまった / Mathematics was always ~ me. 数学はいつもわからなかった (→ CE 1) / ~ belief 信じられないほど / ~ compare 比類ない / ~ doubt [OR a shadow of a doubt, question] 疑いもなく, 明らかに / ~ help 救いようがないほど / ~ hope (of recovery) (回復の見込みは) 全く絶望的で / ~ our control 我々にはどうすることもできないほど / ~ the reach of most people ほとんどの人の手が届かないくらい / ~ repair 修理できないほど / boring ~ words [OR description] 言いようのないくらい退屈な

❹《程度・数量・範囲など》…を越えて[た], …より以上に[の, で], …より勝って [た] ‖ They have always lived ~ their means. 彼らはいつも収入以上の生活をしてきた / My job goes ~ just teaching. 私の仕事はただ教えるだけではない / That's (going) ~ a joke. そいつは冗談どころではない / Suddenly he became famous ~ his wildest dreams. 突然彼は思ってもみなかったほどに有名になった / When will Columbo be promoted (to a post) ~ the rank of lieutenant? コロンボはいつ警部補以上の地位に昇進するのだろう

❺《主に否定文・疑問文で》…以上, …のほかに (は) ‖ I can't tell you anything ~ what I told you earlier. 前に話したこと以上には何も話せない

COMMUNICATIVE EXPRESSIONS

1 **(I'm afráid) thàt might be beyónd me** [OR **my capabílities, my abílities**]. (残念ながら) それは私にはできません (♥ 自分には能力が十分にないことを示すかしこまった表現で, 依頼などを断る表現としても用いる. =I don't feel capable of that. /↘There's no way I can do that.)

—副《比較なし》(もっと) 向こうに, さらに遠くに ; (ある時間・日付より) 後に ; (その) ほかに, さらに(その上) ‖ The desert lies far ~. 砂漠はそのはるか向こうにある / in the year 2000 and ~ 2000年以降に

—名《the ~》来世, あの世 ; かなた (にあるもの) ‖ the (great) ~ 来世, 死後の世界

the back of beyond ⇨ BACK(成句)

bez·el /bézəl/ 名 C ❶ (のみなどの) 刃の斜面 ❷ (宝石・時計のガラスをはめ込む) 受け溝, ベゼル

be·zique /bɪzíːk/ 名 U 〖トランプ〗ベジーク《64枚のカードで行うゲーム》

b.f. 略《英口》*b*loody *f*ool (大ばか者) ; 〖印〗boldface ; 〖簿〗*b*rought *f*orward (繰り越し)

BFD 略《米俗》*b*ig *f*ucking *d*eal (大したことないな)

BG, B.G. 略《米》〖軍〗*B*rigadier *G*eneral

B-girl /bíːgəːrl/ 名 C《米俗》❶ バーのホステス (bar girl) ❷《ときに b-girl》ラップミュージックファン[演奏家]の女性, (女性の) ブレークダンサー (→ B-boy)

bhang /bæŋ/ 名 U (インド産) 大麻(たいま) ; 大麻から作る麻薬

*****Bhu·tan** /bùːtáːn/ 名 ブータン《ヒマラヤ山脈中の王国. 公式名 the Kingdom of Bhutan. 首都 Thimphu》
-ta·nése 名 形

Bi 記号〖化〗bismuth (ビスマス)

bi- 接頭《形容詞・名詞につけて》❶「2つある ; 二重に」などの意 ‖ *bi*lateral, *bi*lingual, *bi*focal, *bi*racial ; *bi*plane ❷ **a**「2…ごとに」の意 **b**「…に2回」の意 (♦ **a** との混同を避けるため, semi-, half- などが代わりに用いられることがある. ⇨ BIWEEKLY)

bi·a·ly /biáːli/ 名 (複 ~ OR ~**s** /-z/) C《米》ビヤリ《タマネギで味つけした丸く平たいパン》

bi·an·nu·al /bàɪǽnjuəl/ 形 年2回の **~·ly** 副

*****bi·as** /báɪəs/ 名 ❶ U/C《通例単数形で》先入観, 偏向, 〈…に対する〉偏見〈**against**〉; 〈…に対する〉えこひいき, 偏愛〈**toward, in favor of**〉‖ She has a strong ~ *against* women herself. 彼女自身が女性に対し強い偏見を持っている / political ~ 政治的偏向 ❷ C《通例単数形で》性癖 ; (心の) 傾向 ❸ U/C《単数形で》(布地の裁断などで) (織り目に対し) 斜めの線, バイアス ❹ U C〖電子〗バイアス電圧

—動 (**~ed**,《英》**-assed** /-t/ ; **~·ing**,《英》**-as·sing**) 他 …を偏らせる ; …に偏見を持たせる ;《受身形で》〈…に対して〉偏見を持つ〈**against**〉; 〈…に〉好意を持つ〈**toward, in favor of**〉‖ be *~ed against* [*in favor of*] the nation その国民に偏見[好意]を抱いている

▶▶ **~ bínding** 名 C《英》=bias tape **~ tàpe** 名 C《米》バイアステープ《洋裁で縁取り用に用いる》

bìas-cút 形 斜め裁ちの

bi·ath·lon /baɪǽθlən/ 名 U バイアスロン《20kmクロスカントリースキーとライフル射撃を組み合わせた競技》

bib /bɪb/ 名 C ❶ よだれかけ ; (エプロンなどの) 胸当て ❷《主に英》ビブ《スポーツ選手のゼッケン》
(in) one's bèst bìb and túcker《口》晴れ着 [一張羅] (を着て)

Bib. 略 Bible, Biblical

bib·ber /bíbər/ 名 C 常習的な酒飲み, 飲んべえ

bi·be·lot /bíːbəlòu | bí-/ 名 C (装飾用の小型の) 骨董(こっとう)品, 珍品

*****Bi·ble** /báɪbl/ 名 ❶《the ~》聖書, バイブル《キリスト教の聖典. the Old Testament (旧約聖書) と the New Testament (新約聖書) からなる》; (ユダヤ教の) 聖典《旧約のみ》;《a ~》1冊[特定の版]の聖書 ❷ C (キリスト教・ユダヤ教以外の宗教の) 聖典 ❸《しばしば b-》C 権威ある本 ‖ the botanist's *bible* 植物学者のバイブル
swear on a stack of Bibles ⇨ STACK(成句)

▶▶ **~ Bèlt** 名《the ~》聖書地帯《キリスト教の熱狂的な信徒の多い米国南部と中西部およびカナダ南部》 **~ òath** 名 C U 聖書にかけての厳粛な誓い **~ schòol** 名 C U 聖書学校《教会の日曜学校・夏期学校での講習・専門機関での高度な研究などすべてを含む》

Bíble-bàshing 名 U《英口》《けなして》(熱狂的な) キリスト教伝道 (《米》Bible-thumping)
-bàsher 名《英》(《米》Bible-thumper)

*****bib·li·cal** /bíblɪkəl/ 《発音注意》形〔◁ Bible 名〕《ときに B-》❶ 聖書の (ような), 聖書に (書いて) ある ‖ a ~ quotation [name] 聖書からの引用句 [に出てくる名前] ❷ 並外れた, 大規模な
knòw a pérson in the bìblical sénse《口》《戯》〔人〕と性交渉を持つ (♦ know が聖書で「肉体関係を持つ」を意味する場合があることから)

Bib·li·cist /bíblɪsɪst/ 名《ときに b-》C ❶ 聖書厳守主義者 ❷ 聖書学者 **-cìsm** 名

biblio- 連結形「本の」の意

bib·li·og·ra·pher /bìbliá(ː)grəfər | -ɔ́g-/ 名 C 書誌学者, 書籍解題者

bib·li·og·ra·phy /bìbliá(ː)grəfi | -ɔ́g-/ 名 (複 **-phies** /-z/) C ❶ 参考文献一覧 ❷ 著書目録, 文献目録, 出版目録 ❸ U 書誌学 **-o·gráph·ic(al)** 形
語源 *biblio-* book + *-graph* writing : 書物について書くこと

bib·li·o·phile /bíbliəfàɪl/ 名 C 書籍収集家 ; 愛書家

bib·u·lous /bíbjuləs/ 形《堅》《戯》酒浸りの, 酒好きの

bi·cam·er·al /baɪkǽmərəl/ 形〖政〗(議会が) 2院制の
~·ìsm 名 U 2院制

bi·carb /báɪkàːrb/ 名《口》=bicarbonate ❷

bi·car·bon·ate /baɪkáːrbənət/ 名 U ❶〖化〗重炭酸塩 ❷ (= **~ of sóda**) 重炭酸ソーダ, 重曹

bi·cen·te·na·ry /bàɪsenténəri | -tíː-/ 形 名《英》=bicentennial

bi·cen·ten·ni·al /bàɪsenténiəl/《米》形 200年の, 200年目[ごと]の, 200年記念の
—名 C 200年記念日[祭]

bi·ceps /báɪsèps/ 名 (複 ~ OR ~**·es** /-ɪz/) C〖解〗二頭筋

(⇨ ARM[1] 図)；筋力，筋骨のたくましさ

bi·chon fri·se /bìːʃɑːn frizéɪ | -ʃɔn-/ 名 (複 **bichons frises**) C 〘動〙ビション＝フリーゼ《小型愛玩(がん)犬》

bick·er /bíkər/ 動 自 言い争う〈**with** 人と；**over, about** ささいなことで〉　**~·ing** 名

bick·y /bíki/ 名 (複 **bick·ies** /-z/) C《口》ビスケット

bi·coas·tal /bàɪkóustəl/ 形《米》(米国の) 東海岸と西海岸の両方にまたがる

bi·col·or,《英》**-our** /báɪkʌ̀lər/, **bi·col·ored** /báɪkʌ̀lərd/ 形 2色の

bi·con·cave /bàɪkɑ́(ː)nkèɪv | -kɔ́n-/ 形 (レンズなどが) 両凹の(concavo-concave) ‖ a ~ lens 両凹レンズ

bi·con·vex /bàɪkɑ́(ː)nvèks | -kɔ́n-/ 形 (レンズなどが) 両凸の(convexo-convex) ‖ a ~ lens 両凸レンズ

bi·cul·tur·al /bàɪkʌ́ltʃərəl/ 形 2文化(併存)の
~·ìsm 名 U 2文化併存

bi·cus·pid /bàɪkʌ́spɪd/ 形 (歯が)二尖頭の
―名 C 双頭歯，(人間の)小臼歯(きゅうし)(premolar)

:**bi·cy·cle** /báɪsɪkl/
―名 (複 **~s** /-z/) C **自転車** (cycle,《口》bike) ‖ Can you **ride** a ~? 自転車に乗れますか / 「get on [OR mount] a ~ 自転車にまたがる / 「get off [OR dismount from] a ~ 自転車を降りる / go by [OR **on** a] ~ 自転車で行く
―動 自 (＋副句) (…へ)自転車で行く(♦ cycle の方がふつう)
語源 *bi-* two＋*-cycle* wheel：二輪車
▸▸**~ clìp** 名 C (自転車に乗るときの) ズボンのすそ止め
~ làne 名 C《米》自転車専用道路

*__bid__ /bɪd/ 名 (複 **~s** /-z/) C ❶〈競売の〉付け値，指し値〈**for**〉;〈請負仕事の〉入札〈**for,**《主に米》**on**〉‖ make a ~ of 100,000 yen *for* an ancient vase 古いつぼに10万円の値をつける ❷ 努力，試み〈**for** …のための / **to do** …しようとする〉‖ make a ~ *for* fame 名声を得ようと努める / in a ~ *to* get money 金もうけをしようとして ❸〘トランプ〙ビッド，(ビッドの)順番 ❹《米》(会員の)勧誘
―動 他 Ⅰ (**~s** /-z/；**bid**；**bid·ding**) (→ 他 Ⅱ，自 ❶❷)
❶ **a** (＋目)(競売・入札などで)〈…に〉〔金額〕をつける，入札する〈**for,**《主に米》**on**〉‖ He ~ $1,000 *for* [OR *on*] the painting. 彼はその絵に1,000ドルの値をつけた
b (＋目 *A*＋目 *B*)(競売で) *A*(売主)に〈…の値段を〉*B*(いくら) とつける〈**for**〉‖ I ~ him $1,000 *for* the Astro Boy figure. 彼に鉄腕アトムの人形を1,000ドルで買うと付け値をした ❷〘トランプ〙〔組み札〕をビッドする
Ⅱ (**~s** /-z/；**bade** /bæd, beɪd/ OR **bid**；**bid·den** /bídən/ OR **bid**；**bid·ding**) ❸ (＋目 *A*＋目 *B* ⇄＋目 *B*＋**to** 目 *A*) *A*(人)に *B*(あいさつなど)を告げる，述べる，言う ‖ She came to their table to ~ them good morning. 彼女は朝のあいさつをしに彼らのテーブルにやって来た / *Bid* farewell *to* your friends. お友達にお別れのあいさつをしなさい ❹《古》《文》 **a** (＋目) …に命令する (⇨ ORDER 類語) ‖ Do as you are *bidden*. 命じられたとおりにしなさい **b** (＋目＋(**to**) *do*)〔人〕に…するように命じる ‖ She *bade* him (*to*) follow her. 彼女は彼に後からついて来るように言った(♦ 受身の場合は必ず to *do*)
―自 ❶ (♦ 過去・過去分詞は **bid**；**bid**) (競売で)〈…に〉値をつける，(請負仕事で)入札する〈**for,**《主に米》**on**〉；〈人と〉付け値を競り合う〈**against**〉‖ ~ *for* the furniture 家具に値をつける ❷ (♦ 過去・過去分詞は **bade** OR **bid**；**bidden** OR **bid**) 努める〈**for** …を得ようと / **to do** …しようと〉‖ ~ *for* support 支持を得ようと努める ❸〘トランプ〙ビッドする

bìd fáir to dò (成功などの)見込みがある
bìd ín ...* / *bìd ... ín 〈他〉(安値落札を避けるため) (売主自身が)…に高値をつける
bìd óff ...* / *bìd ... óff 〈他〉(競売で) (売主以外の人が) …を競り落とす；…を処分する
bìd úp ...* / *bìd ... úp 〈他〉…(の値)を競り上げる

bid·da·ble /bídəbl/ 形 ❶ 従順な ❷〘トランプ〙ビッドのできる

bid·den /bídən/ 動 bid の過去分詞

bid·der /bídər/ 名 C (競売などの)入札者；競り手

*__bid·ding__ /bídɪŋ/ 名 U C ❶ (競売の)入札；〘トランプ〙競り ❷ 命令
at a pèrson's bídding (人の)命令どおりに
dò a pèrson's bídding (人の)命令どおりにする

bid·dy /bídi/ 名 (複 **-dies**/-z/) C《蔑》(いやな) 年配の女性，ばばあ

bide /baɪd/ 動 (**bid·ed** /-ɪd/ OR **bode** /boud/；**bid·ed** /-ɪd/；**bid·ing**) 他 …に耐える
__bide one's time__ ⇨ TIME(成句)

bi·det /bɪdéɪ | bíːdɪ/ 名 C ビデ《局部洗浄器》

bi·di·rec·tion·al /bàɪdaɪrékʃənəl, -dɪ-/ 〈シ〉 形 双方向(性)の

bíd-rìgging 名 U 不正入札，談合

bi·en·ni·al /baɪéniəl/ 形 ❶ 2年ごとの，1年おきの ❷ 2年続く；〘植〙二年生の
―名 C ❶ 2年に1度の行事 ❷〘植〙二年草　**~·ly** 副

bier /bɪər/ 名 C 棺台，棺架

biff /bɪf/ 名 C 動 他《口》(こぶしで)殴打(する)，一撃(を食らわせる)

bi·fo·cal /bàɪfóukəl/ 〈シ〉 形 ❶ 焦点が2つある ❷ (眼鏡が)遠近両用の　―名 C (~s)遠近両用の眼鏡

bi·fur·cate /báɪfəːrkèɪt/ 動 他 自 二またに分ける[分かれる]　**bì·fur·cá·tion** 名 U 二また，分岐；C 分岐点；枝

:**big** /bɪg/ 形 副 動

中心義 **大きい**(★具体的な「寸法」に限らず，「(人の)成長」や「重要性」などにも用いる)

―形 (**big·ger**；**big·gest**)
❶ (寸法・数量・規模・力などが)**大きい**(↔ little)(⇨ 類語) ‖ There was a ~ fire in the town. その町で大火があった / How ~ is this island? この島の大きさはどれくらいですか / a ~ house 大邸宅 / a ~ family 大家族 / ~ shoulders 広い肩
❷ **重要な**，重大な，際立った；《口》身分の高い ‖ a ~ problem 大問題 / ~ news 大ニュース / the ~ man of his town 町の大立者
❸ (人が) **成長した**；《限定》年上の (elder) ‖ Don't cry. You're a ~ boy now. 泣かないの，もうお兄ちゃんでしょう(♥ 子供をしかる言葉) / one's ~ sister 姉
❹《口》寛大な，親切な (♥ 皮肉として使うことが多い) ‖ That's ~ of you. ご親切なことで / It is ~ of him to forgive her. 彼女を許すとは彼も心が広い / a ~ heart 寛大な心
❺《口》人気のある ‖ Video games are very [OR really, quite, pretty] ~ in Japan. テレビゲームは日本では非常に人気がある / a ~ area for tourism 観光旅行に人気のある所 ❻《限定》大変な，非常な；熱狂的な ‖ a ~ fool 大ばか / a ~ eater 大食漢 / a ~ spender 大の浪費家 ❼ 野心的な，偉ぶった ‖ ~ words 大言壮語 / look ~ 偉そうな顔をする ❽ (＋**with** 名)《叙述》…でいっぱいの；《米方》《古》…を身ごもった (♦ 人については pregnant を用いる) ‖ a career ~ *with* episodes エピソードに満ちた生涯 / This has been a year ~ *with* events. 今年は多事多難の年だ / ~ *with* child 妊娠している ❾ (文字が)大文字の；(話が)長くて難しい

a big físh in a smàll [OR ***lìttle***] ***pónd*** 井の中の蛙(かわず)
(as) big as all outdoors ⇨ OUTDOORS(成句)
(as) big as life ⇨ LIFE(成句)
bìg and bóld 大きくて目立つ
bíg on ... 《口》…に夢中で，…の大ファンで
be* [*get*] *tòo bíg for one's bóots [《米》***brítches***] 《口》うぬぼれている[うぬぼれる]，尊大である[になる]
in a bìg wáy 《口》大々的に，派手に，大げさに
―副 (**big·ger**；**big·gest**)
❶ 大いに ‖ eat ~ たらふく食べる ❷ 自慢して，偉そうに ‖

B

act ～ with ... …に偉そうに振る舞う ❸《口》成功して, 首尾よく

còme [OR ***gò***] ***over bíg*** 〈…に〉大いに効果的である, 高く評価される〈with〉‖ The project *came* [OR *went*] *over* ～. その計画は大成功だった

màke it bíg 《口》大成功する, 有名になる

tàlk bíg 《口》ほらを吹く

thìnk bíg 大きなことを考える

━動 他《次の成句で》

bìg úp ... / ***bìg ... úp*** 《英俗》…を推奨[賞賛]する

～·ness 名

類語《形 ❶》**big**「大きさ・重要さ」を表す最も口語的な語 (↔ little). 会話では large, great の代わりに広く用いられる.
large「大きさ」を表すやや格式的な語 (↔ small).「重要さ」の意味はない.
great「重要さ・偉大さ」を表す一般的な語.「大きさ」を表す場合は驚きや敬意の感情が含まれ, 主に格式的.〈例〉a *great* (=big) mistake 重大な誤り / the *great* office block 大オフィス街

▶▶**Bìg Ápple** 名《the ～》ニューヨークの愛称 **～ bánd** 名 C ビッグバンド《大編成のジャズ[ダンス]バンド》 **～ báng** 名《the ～, また the B- B-》① 〔天〕ビッグバン, 大爆発《宇宙ができたときに起こったとされる》② ビッグバン《1986年の英国の証券市場大改革, 2002年のEU拡大など》 **～ báng thèory** 名《the ～》〔天〕宇宙大爆発生成説 **Bìg Bén** 名 ビッグベン《英国国会議事堂時計台の大時計, その鐘[塔]》 **～ bóx** 名 C《米》大型量販店 **～ bóy** 名 C《米俗》① 重要人物, 大物；大きいもの, でかいやつ；大企業, 大手 ②《呼びかけ》あんた, ねえ, おい **～ bróther** 名《通例 B- B-》C《口》独裁国家の独裁者；独裁国家（♦ G. Orwell 著 *1984* 中の独裁者から） **～ búcks** 名 複《口》大金 **～ búg** 名 C《口》=big shot, bigwig **～ búsiness** 名 U ① 大企業 ② 大きな商売 **～ cát** 名 C ネコ科の大きな動物《ライオン・トラなど》 **～ chéese** 名 C《口》=big shot **Big Chief** 名 C《口》親分 **～ cíty** (↓) **～ déal** 名 U/C《単数形で》《口》①《間投詞的に》(皮肉を込めて) へぇ, 大したもんだ；それがなんだ ② 重要なこと[人] ‖ No ～ *deal.* 気にするな《略 N.B.D.》/ make a ～ *deal* about [OR of, out of] ... …を重要なことであるかのように扱う[騒ぎ立てる] **Bìg Dípper** 名 ①《the ～》《米》〔天〕北斗七星 ②《b- d-》C《英》=roller coaster **Bìg Éasy** 名《the ～》米国ニューオーリンズ市の愛称 **～ énd** 名 C〔機〕ビッグエンド《エンジンの連接棒のクランク側の端部》 **～ físh** 名 C《単数・複数扱い》《口》重要人物, 有力者 **～ gáme** 名 C ①（狩猟で）大きな獲物 ② 大目的 **～ gìrl's blóuse** 名 C《俗》めめしい男 **～ gòvernment** 名 C《主に米》大きな政府《経費を過剰に使い市民生活を規制しすぎると見られる政府》 **～ gún** 名 C《口》有力者, 大物；非常に重要な[影響力の強い]もの, 切り札 **～ háir** 名 U ビッグヘア《髪を立て横に広くふくらませた, 特に1980年代流行のヘアスタイル》 **～ hítter** 名 C 大物, 実力者 **～ hóuse** 名《通例 the ～》①《英》旧家の屋敷 ②《俗》刑務所 **～ léague** (↓) **～ móney** 名 C《口》大金, 大もうけ ‖ *big-money* tourists 金持ちの観光客 **～ náme** (↓) **～ nóise** 名 C《口》=big shot **～ pícture** 《the ～》全体像 **～ pót** 名 C =big shot **Bìg Scíence** 名《また b- s-》U《口》巨大科学《多くの投資がなされている科学研究》 **～ scréen** 名《the ～》《口》(映画館上映用) 映画《テレビと対照して》 **～ shòt** 名 C /英 ━━/《口》大立者, 名士 **～ smóke** 名《the ～》《英口》① ロンドン ② 大都市 **～ stíck** 名 C（政治的・軍事的な）圧力, 威圧 **～ tìme** (↓) **～ tóe** 名 C 足の親指（⇨ FOOT 図） **～ tòp** /英 ━━/ 名 C（サーカスの）大テント；《the ～》サーカス **～ trèe** 名 C《米》〔植〕セコイアオスギ《米国カリフォルニア州に生育するスギ科の巨木》 **～ whéel** 名 C ①《英》大観覧車 (Ferris wheel) ②《口》=big shot

big·a·mist /bígəmɪst/ 名 C 重婚者

big·a·my /bígəmi/ 名 U C〔法〕重婚(罪) **-mous** 形

bìg cíty 名 C 大都市, 大都会 **bìg-cíty** 形

bíg·èye 名 C ❶〔魚〕キントキダイ《熱帯産》❷ (=～ tùna)〔魚〕メバチ(マグロ)

Bíg·fòot 名 C ビッグフット (Sasquatch)《アメリカ・カナダの荒地にすむといわれる類人猿に似た動物》

big·gie /bígi/ 名 C《口》大きな[重要な]物事；大物

big·gish /bígɪʃ/ 形 大きめの, 重要そうな

bíg·hèad 名 U C《口》うぬぼれ；うぬぼれの強い人, 尊大な人 **bìg-héaded** 形

bìg-héarted 〈ジ〉形 寛大な, 親切な

bíg·hòrn 名（複 ～ OR ～s /-z/）(=～ shèep) C〔動〕ビッグホーン, オオツノヒツジ《ロッキー山脈にすむ大角の羊》

bight /baɪt/ 名 C ❶ 綱の輪；綱のたるみ ❷（河岸・海岸の）湾曲部；湾, 入江 (bay)

bìg léague /英 ━━/ 名 ❶ C《米》(特に野球の) 大リーグ (major league) ❷《the ～》《口》(ある業界・分野で) トップレベルのもの **bìg-léague** 形《米》大リーグの；トップレベルの

bíg·mòuth 名（複 **-mouths** /-màʊðz/）C《口》よくしゃべる人；自慢屋

bìg·móuthed /-máʊðd/ 〈ジ〉形 ❶ おしゃべりな ❷《口》大口の

bìg náme 名 C《口》有名な人[もの], 名士 **bíg-nàme** 形《限定》有名な

big·ot /bígət/ 名 C（異なる信仰・意見などを）毛嫌いする人, 排他主義者 **～·ed** 形 排他的な；偏屈な

big·ot·ry /bígətri/ 名 U 頑迷(な言動), 偏狭, 偏執

bíg·tìcket 形《米・カナダ口》高価な, 高額の

bíg tìme 名 C《口》❶ 大いに愉快な時 ❷《the ～》(ショービジネスなどで) 一流, 最高水準

hìt [OR ***màke***] ***the bíg tìme*** 《口》トップの座に上る

━副《口》大いに, とても ‖ punish a company ～ 会社を厳しく罰する

bíg-tìme 形《口》《限定》一流の, 最高(水準)の, 大物の

bíg-tìmer 名 C 一流の俳優

bíg·wìg 名 C《口》重要人物, 有力者

bi·jou /bíːʒuː/ 名（複 ～s, ～x /-z/）C《古》宝石；小さな装身具 ━形《英》《戯》(家などが) 小さくて優美な

:bike /baɪk/

━名（複 ～s /-s/）C **自転車** (bicycle)；オートバイ (motorcycle, motorbike)（❗日本語の「バイク」はオートバイ (motorcycle) を指すことが多いが, 英語の bike は自転車 (bicycle) を指すことも多い. → push-bike）‖ **ride** [OR **get on**] a ～ 自転車[バイク]に乗る / go by ～ 自転車[バイク]で行く

On your bike! 《英口》とっととうせろ

━動 自《＋副句》自転車[オートバイ]に乗って(…へ)行く ‖ I ～ to my office. 私は自転車で勤めに行く ━他《英口》〔届け物〕を自転車[オートバイ]で届ける **bík·ing** 名

▶▶**～ làne** 名 C《米口》自転車用車線

bik·er /báɪkər/ 名 C（特に集団で）オートバイに乗る人；自転車に乗る人

bíke·wày 名 C《主に米》自転車専用道路, サイクリングコース (bike route [OR path],《英》cycle path)

bi·ki·ni /bɪkíːni/ 名 C ビキニ(の水着)《ツーピースの女性用水着》

語源 当時としては大胆で衝撃的なスタイルを原爆になぞらえ, その実験が行われたビキニ環礁 (Bikini Atoll) から.

▶▶**Bikíni Atòll** 名 ビキニ環礁《西太平洋マーシャル諸島中にあり, 1946–58年米国の原水爆実験地》 **～ lìne** 名 C ビキニライン《女性のももとビキニ水着の下端が接する線》 **～ wàx** 名 C（ワックスによる）ビキニライン脱毛施術

bi·la·bi·al /baɪléɪbiəl/ 形〔音声〕両唇で発音される ━名 C〔音声〕両唇音 (/p/, /b/, /m/ など)

*__bi·lat·er·al__ /baɪlǽtərəl/ 形 ❶ 双方の, 双方向の, 2国間

の ‖ a ～ treaty 2国間条約 / a ～ agreement 2国間の取り決め ❷ 双務的な ‖ a ～ contract 双務契約 ❸ 左右相称の **～·ly** 副 双務的に
▸▸ **～ sýmmetry** 名 U (動物の体などの)左右対称

bil·ber·ry /bílbèri | -bəri/ 名 (複 **-ries** /-z/) C コケモモ(の実)

***bile** /baɪl/ 名 U ❶ 〖生理〗胆汁 ❷ 《文》不機嫌, かんしゃく, 怒り ▸▸ **～ dùct** 名 C 〖生理〗胆管, 輸胆管

bilge /bɪldʒ/ 名 ❶ C 〖海〗船底の湾曲部；(～s) 艙底(そうてい) ❷ (＝**～ wàter**) U 船底の汚水, あか ❸ U 《口》くだらないこと ──動 他 〔船〕の底に穴をあける

bil·har·zi·a /bɪlhá:rziə/ 名 ❶ C 住血吸虫 ❷ U 住血吸虫病

bil·har·zi·a·sis /bɪlhà:rzáɪəsɪs/ 名 U 住血吸虫病

bil·i·ar·y /bílièri | -əri/ 形 〖生理〗胆汁の, 胆管の

bi·lin·gual /baɪlíŋgwəl/ 形 ❶ 2言語を使う[話す] ❷ 2言語で書かれた ──名 C 2言語を話す人 **～·ly** 副

bil·ious /bíliəs/ 形 ❶ 〖生理〗胆汁の ❷ 吐き気がする, (胃が) むかつく ❸ 不機嫌な, 怒りっぽい ❹ (色などが) 非常に不快な **～·ness** 名

bil·i·ru·bin /bìlirú:bɪn/ 名 U 〖生化〗ビリルビン《橙黄(とうこう)色の胆汁色素. 黄胆の要因になる》

bilk /bɪlk/ 動 他 《口》❶ …から〈…を〉だまし取る〈(**out**) **of**〉 ❷ 〔勘定・借金など〕を踏み倒す, 支払わずに逃げる **～·er** 名

*****bill**[1] /bɪl/ 名 動

中心義 公に配る文書

名 請求書❶ 法案❷ 紙幣❸ プログラム❺ ビラ❻

──名 (複 **～s** /-z/) C ❶ 〈…に対する〉**請求書** (↔ receipt)；《英》〈飲食店などの〉勘定書(《米》check)；費用；つけ〈**for**〉 ‖ Could I have the ～, please? お勘定をお願いします / Charge the ～ to his account. 費用は彼の勘定につけておいて / How much [OR large] is your monthly gas [electricity] ～? 月々のガス[電気]代はどのくらいですか / **pay** the ～ *for* [×of] a meal 食事代を払う / ask for the ～ 勘定(書)を頼む

連語 【動＋～】 settle a ～ 勘定を済ます / split a ～ 勘定を割り勘にする / send in a ～ 請求書を出す / cut down on the telephone ～ 電話代を切り詰める

❷ **法案**, 議案 ‖ The tax-reform ～ became law yesterday. 税制改革法案は昨日法案化された / The ～ **was passed** [rejected]. その法案は可決[否決]された / draft [amend] a ～ 法案を起草[修正]する

連語 【動＋～】 introduce a ～ 法案を提出する / support [oppose] a ～ 議案に賛成[反対]する / sign a ～ 法案に署名(して承認)する / approve a ～ 法案を承認する

❸ 《米》**紙幣**(《英》note)；金(かね) ‖ break [OR change] a 5,000 yen ～ 5,000円紙幣を小銭にくずす / pay in [OR with] one-dollar ～*s* 1ドル札で支払う

❹ 〖商〗手形, 為替手形(bill of exchange), 約束手形 ‖ draw a ～ on him for £100 彼に100ポンドの手形を振り出す / back [OR endorse] a ～ 手形の裏書きをする / a ～ of dishonor＝a dishonored ～ 不渡り手形

❺ (映画・芝居などの)**プログラム**, 出し物；メニュー ‖ offer an interesting ～ (劇場などが) 面白い出し物を上演する / top [OR head] the ～ (役者などが) プログラムの筆頭にある, 主役になる / a double ～ (映画などの)2本立て興行

❻ (宣伝)**ビラ**, ポスター ‖ a theater [concert] ～ 芝居[演奏会]のビラ / Post [OR Stick] no ～*s*! 《掲示》張り紙禁止

fit [OR ***fill***] ***the bill*** 必要な資質[経験]を備えている, (特定の仕事・目的に)適している

fòot the bíll 〈特に高価なものに対して〉勘定を持つ〈**for**〉

pìck ùp the bíll 勘定を持つ

──動 (**～s** /-z/；**～ed** /-d/；**～·ing**) 他 ❶ **a** 《＋目》…に〈…の〉請求書を出す[送る]〈**for**〉 ‖ Could you ～ me *for* this later? 後でこれの請求書を送ってくれませんか
b 《＋目 *A*＋目 *B*》〈…について〉*A*(人)に*B*(金額)の請求書を送る, *A*に*B*を請求する〈**for**〉 ‖ I was ～*ed* $3,000 *for* the damage. その損害に対して3,000ドル請求された

❷ **a** 《＋目＋**as** 名》〔番組・役者など〕を…として宣伝[発表]する；…を…であるとみなす (♦ しばしば受身形で用いる) ‖ The play was ～*ed as* a family comedy. その劇はホームコメディーとして宣伝された
b 《＋目＋**to** *do*》〔人〕が…すると宣伝[発表]する(♦ しばしば受身形で用いる) ‖ She was ～*ed to* appear as Mrs. Washington. 彼女がワシントン夫人に扮(ふん)すると番組表に出ていた

▸▸ **～ of exchánge** 名 C 〖商〗為替手形 **～ of fáre** 名 C 《旧》(レストランの) メニュー；《口》予定表 **～ of góods** 名 C 《主に米》① 配達商品(リスト) ② 《口》まがい物；無価値品 ‖ sell her a ～ *of goods* 彼女をだます **～ of héalth** 名 C 〖海〗健康証明書《出航地発行によるもので, clean(健全), foul(罹患(りかん)), suspected(罹患の疑いあり)の3種がある》；(一般に)証明書 ‖ give a clean ～ *of health* on ... …に満足すべき[健全財政]状態であることを証明する **～ of láding** 名 C 〖商〗船荷[積荷]証券 **～ of ríghts** 名 ① C 基本的人権宣言 ② 《the B- of R-》《英》(1689年の)権利憲章；《米》憲法修正第1-10条 **～ of sále** 名 C 〖法〗抵当権売渡証；売渡品目録

bill[2] /bɪl/ 名 C ❶ (鳥の) くちばし《特にハトや水かきのある鳥の, 細長い扁平なくちばしを指す》(→ beak[1]) ❷ 《米》(帽子の) ひさし(《英》peak) ❸ (カモノハシなどの) 口 ❹ 〖海〗いかりづめ(fluke)の先端 ❺ (地名で)狭い岬
──動 自 (鳥が)求愛行為でくちばしを触れ合う
bill and cóo 《口》(恋人同士が)愛をささやく, いちゃつく

Bill /bɪl/ 名 ビル《William の愛称》

bill·a·bong /bíləbɔ(:)ŋ/ 名 C 《豪》(雨季にだけ水をたたえる)川の分流, 袋水路

bíll·bòard 名 C (屋外の) 広告板, 掲示板(《英》hoarding) ──動 他 《米》(広告板で)…を広告する

bil·let[1] /bílət | -ɪt/ 名 C ❶ 〖軍〗(民家などを徴用した一時的な)宿舎, (民家に対する)宿所提供命令 ❷ 《口》職, 仕事, 身分 ──動 他 〔兵隊〕の宿舎を〈…に〉割り当てる；〔軍人〕に宿を提供する〈**on, in, at**〉

bil·let[2] /bílət | -ɪt/ 名 C ❶ たきぎ, 短い丸太 ❷ 鋼片, ビレット ❸ 〖建〗ビレット刳形(くりかた)

bil·let-doux /bìleɪdú:/ 名 (複 **billets-doux** /-z/) C ラブレター

bíll·fòld 名 C 《米・カナダ》(二つ折りの)札入れ

bíll·hòok 名 C (剪定(せんてい)用の)なた鎌

bil·liard /bíljərd/ 形 《限定》ビリヤード(用)の

***bil·liards** /bíljərdz/ 名 U ビリヤード, 玉突き

bill·ing /bílɪŋ/ 名 U C ❶ (ポスター・ビラなどの) 役者名の配列順位 ‖ get [give] top ～ 最初に名前を載せられる[載せる] ❷ 請求書作成[発送] ❸ 《通例 ～s》(広告代理店などの特定期間の) 取扱高 ❹ (製品・イベント・演劇などの)広告, 宣伝

bil·lings·gate /bílɪŋzgèɪt/ 名 U 《旧》汚い[荒っぽい]言葉 (♦ ロンドンにあった魚市場 Billingsgate で使われた言葉から)

***bil·lion** /bíljən/ 名 (複 **～** OR **～s** /-z/) C ❶ 10億；《英旧》1兆 ‖ two ～ 20億(♦ 明確な数字を伴うときは -s をつけない) ❷ (～s) 数十億；莫大(ばくだい)な数, 無数 ‖ ～*s* of stars 無数の星 ──形 《比較なし》❶ 10億の ‖ a [OR one] ～ people 10億の人々 / several ～ dollars 数十億ドル ❷ 無数の ‖ a ～ stars 無数の星 / a ～ dollar industry 莫大なもうけのある産業 ❸ 《英旧》1兆の

bil·lion·aire /bìljənéər/ 〈シ〉 名 C 億万長者

bil·lionth /bíljənθ/ 形 名 C ❶ 10億番目(の)；《英》《旧》

1兆番目(の) ❷10億分の1(の);《主に英》《旧》1兆分の1(の)

*bil·low /bílou/ 動 自 ❶(炎・煙・雲などが)大きくうねる, うねるように出てくる《out》‖ Flame(s) came ~ing out. 炎が渦巻いて吹き出してきた ❷(帆・布などが)ふくらむ《out》(⇨ belly out) ━名 C ❶《通例 ~s》(大波のように)押し寄せるもの, 渦巻くもの ‖ ~s of dust 立ち上るほこり ❷《英では文》大波, 大きなうねり(⇨ WAVE 類語)

bíll·pòster 名 C ビラをはる人

bíll·stìcker 名 =billposter

bil·ly[1] /bíli/ 名 (複 -lies /-z/) (=~ clùb) C《米口》こん棒, 警棒 ▸▸~ gòat 名 C 雄ヤギ(↔ nanny goat)

bil·ly[2] /bíli/ 名 (複 -lies /-z/) C《英・豪・ニュージ》(キャンプ用)湯沸かし

bílly·càn 名《豪・英》=billy[2]

bil·ly-o /bíliòu/ 名《次の成句で》

like billy-ò 《英口》激しく, 猛烈に

Bìlly the Kíd 名 ビリー=ザ=キッド(1859-81)《米国の無法者. 多くの殺人や強盗を犯した》

bil·tong /bíltɔ(:)ŋ/ 名 U《主に南ア》切り干し肉

bi·man·u·al /baɪmǽnjuəl/ 形 両手を用いる

bim·bo /bímbou/ 名 (複 ~s, ~es /-z/) C《俗》《けなして》性的魅力はあるが頭の空っぽな人;ふしだらな女

bi·me·tal·lic /bàɪmetǽlɪk/ 〈シ 形 ❶2種の金属からなる ‖ a ~ strip (温度調節装置などの)バイメタル ❷〖経〗(金・銀)複本位制の

bi·met·al·lism /bàɪméṭəlɪzm/ 名 U〖経〗(金・銀)複本位制[主義]

bi·month·ly /bàɪmʌ́nθli/ 形 副 ❶2か月に1度の[に], 隔月の[に] ❷月2回の[に](semimonthly)
━名 (複 -lies /-z/) C 隔月[月2回]の刊行物

*__bin__ /bɪn/ 名 C ❶《主に英》ごみ箱, ごみ入れ(→ dustbin) ‖ a rubbish [OR litter, waste] ~ ごみ入れ ❷(商品・資材などのための大きな)貯蔵容器[箱], 貯蔵庫[場所] ‖ a grain [coal] ~ 穀物[石炭]置き場 ❸ワイン棚
━動 (binned /-d/; bin·ning) 他 ❶《英》…をごみ箱に捨てる ❷《英口》〔アイデアなど〕を捨てる, 断念する ❸〔ワインなど〕を貯蔵棚に貯蔵する
▸▸~ bàg 名 C《英口》家庭用大型ごみ袋 ~ lìner 名 C《英》(ごみ箱・くずかご用の)ごみ袋, ポリ袋

bin- 接頭《母音の前で》=bi- ‖ *bin*ocular

*__bi·na·ry__ /báɪnəri/ 形 ❶2つ(の部分)からなる, 複…, 双… ❷〖数〗2進法の ‖ the ~ scale 2進法 ❸〖化〗2元の ‖ a ~ compound 2元化合物 ━名 (複 -ries /-z/) C 2元体, 双体;〖天〗(=~ stár) 2連星;U 2進法
▸▸~ códe 名 C 💻 バイナリコード《2進法で書かれたプログラムコード》 ~ dígit 名 C 💻 2進数(字)《略 bit》 ~ notátion 名 =binary system ~ sýstem 名《the ~》2進法

bin·au·ral /baɪnɔ́:rəl/ 形 ❶両耳(用)の ❷立体音響の

*__bind__ /baɪnd/ 動 (~s /-z/; bound /baʊnd/; ~·ing) 他
❶…を〈ロープなどで〉(動かないように)縛る, くくる, 束ねる《together, up》〈with〉(↔ untie, unbind);…を〈…に〉縛りつける〈to〉‖ The magician *bound* her arms *with* (a) rope. 奇術師はロープで彼女の両手を縛った / The package is not securely *bound*. 包みはしっかりとくくられていない / She *bound* (*up*) her hair. 彼女は髪を束ねた / The thief *bound* me *to* a pillar. 泥棒は私を柱にくくりつけた
❷…を〈…に〉巻きつける〈around, about〉;〔傷〕を包帯で巻く《up》‖ She *bound* a bandage *around* my head. 彼女は私の頭を包帯で巻いた / ~ (*up*) a wound (with a bandage) 傷口に包帯を巻く
❸(感情[経済, 物理]的に)…を〈…に〉結びつける, まとめる《together》〈to〉‖ The link *bound* these people *to* their home. そのきずながこの人々を故郷に結びつけていた / ~ different elements *together* into a unity 異なった要素を1つにまとめる ❹…を〈…で〉固める[接着させる];…を留める;〔料理材料など〕を固める〈with〉‖ The rain *bound* the soil. 雨で地面が固まった / ~ tiles *with* cement セメントでタイルをくっつける ❺《堅》a 《+目》(契約・規則などが)〔人(の自由など)〕を制限する, 束縛する;〔人〕に〈…を守るよう〉誓わせる, 〈…を〉守らせる〈to〉(♦ しばしば受身形で用いる) ‖ She was *bound* by her promise. 彼女は約束に縛られていた / ~ oneself *to* an agreement 協定を守ると誓う / ~ him *to* secrecy 彼に秘密を守らせる b 《+目+to do》〔人〕に…するよう義務づける;…するように誓わせる ‖ This contract ~*s* him *to* pay a debt. この契約により彼は負債を支払う義務がある ❻(補強・装飾のため)…に〈…で〉縁をつける〈with〉‖ ~ a skirt *with* lace スカートにレースで縁をつける ❼…を〈…で〉製本する, 装丁する〈in〉;…を〈…に〉合本する〈into〉‖ ~ a book *in* leather 本を革で装丁する / ~ three books *into* one volume 3冊の本を1冊に合本する ❽〔人〕を〈…に〉年季奉公に出す《out, over》〈to〉
━自 ❶(コンクリート・雪などが)固まる;(ハンドルなどが)自由に動かなくなる ‖ Cement will not ~ without water. セメントは水がなければ固まらない ❷(契約・約束などが)拘束力がある ❸(化学物質などが)〈…と〉結合する〈to, with〉

bìnd óff ... / bìnd ... óff 〈他〉《米》〔編み物の目〕を止める

bìnd a pèrson óver 《英》〔人〕を〈…するよう〉法的に強制する〈to do〉;《米》〔人〕を〈官憲・司法当局に〉引き渡す〈to〉‖ He was *bound over to* keep the peace for a year. 彼は(法廷で)1年間の謹慎を命じられた / be *bound over* for trial 裁判にかけられることになっている
━名 C ❶《単数形で》《口》困った状態, やっかいなこと;退屈なもの ❷〖楽〗連結線

in a bínd 苦境に立って

bind·er /báɪndər/ 名 C ❶(紙・新聞などの)バインダー ❷製本業者 ❸〖農〗刈り取り束ね機, バインダー ❹(保険などの)仮契約 ❺接合剤

bind·er·y /báɪndəri/ 名 (複 -er·ies /-z/) C 製本所

bin·di /bíndi/ 名 C ビンディ《インドの女性が額につける小粒の宝石類》

*__bind·ing__ /báɪndɪŋ/ 名 ❶ C U (本の)表紙, カバー ‖ a book in cloth ~ クロス装の本 ❷ C U (衣類の)縁取り材料 ❸ C (スキーの)ビンディング ❹ C 縛る[束ねる]もの《ひも・輪ゴムなど》 ❺ U 拘束, 束縛
━形 〈…に対して〉拘束力のある, 義務を負わせる(↔ optional)〈on, upon〉‖ The agreement is ~ *on* all the signatories. その協定は署名者全員に対して拘束力を持つ / the ~ force of law 法の拘束力 ~·ly 副
▸▸~ ènergy 名 U〖理〗結合エネルギー《原子(核)や分子をその構成要素に分解するのに必要なエネルギー》

bínd·wèed 名 U〖植〗ヒルガオ;(一般に)つる植物

bine /baɪn/ 名 C〖植〗(ホップなどの)つる

bín-ènd 名《英》(売れ残りのため)特価のワイン

binge /bɪndʒ/ 《口》名 C (酒を飲んでの)どんちゃん騒ぎ, 暴飲, 暴食(blowout);したい放題(の振る舞い) ‖ go on a ~ (酒などに)浸る / a shopping [spending] ~ 買いまくる[金を使いまくる] ━動 自 むちゃ食い[飲み]する ‖ ~ and purge 大食いして吐く《過食症の兆候》
▸▸~ drìnking [èating] 名 U 暴飲[暴食]

*__bin·go__ /bíŋgou/ 名 (複 ~s /-z/) 《ときに B-》U C ビンゴ(ゲーム) ━間 やった;当たり(♥ 正答を言った人に対して, または自分の思いどおりになって喜ぶときに用いる)

bín·man 名 (複 -men /-mən/) C =dustman

bin·na·cle /bínəkl/ 名 C〖海〗羅針儀の架台

bin·oc·u·lar /baɪnɑ́(:)kjulər, bɪ-|-ɔ́k-/ 名 C《~s》双眼鏡 ‖ a pair of ~*s* 双眼鏡1個 / watch birds through ~*s* 双眼鏡で鳥を観察する ━形 両目を使う
▸▸~ vísion 名 U〖眼〗(人や猿が持っている)両眼を使って立体的に物を見る能力

bi·no·mi·al /baɪnóumiəl/ 名 C 形 ❶〖数〗二項式(の) ❷〖生〗二名(法)(の)《種名と属名を別々に示す》

▸▸ ~ **distribútion** 名 C 〘統計〙二項分布 ~ **thèorem** 名 《通例 the ~》〘数〙二項定理

bi·o /báɪoʊ/ 名 U C 《口》 ❶ =biology ❷ =biography

—形 《口》 ❶ =biological ❷ =biographical

bio- /baɪoʊ-, baɪə-/ 連結形 「生命(life)」「生物(学)の」の意 ‖ *bio*graphy, *bio*science

bìo·astronáutics 名 U 宇宙生理学

bìo-attáck 名 C 微生物攻撃《炭疽(ᵗⁿˢᵒ)菌などを使っての攻撃》

bío·brèak 名 C トイレのための小休憩, トイレ休憩

bìo·céntrism 名 U 生命[生物]中心主義 **-céntric** 形

bìo·chémical ⟨シ⟩ 形 生化学の, 生化学的な **~·ly** 副

bìo·chémistry 名 U ❶ 生化学 (♦ bio-chem と短縮することもある) ❷ 生化学的性質 **-chémist** 名 C 生化学者

bío·chìp 名 C 〘電子〙バイオチップ, 生物化学素子《有機物で構成する集積回路》

bi·o·cide /báɪoʊsàɪd, báɪə-/ 名 U 生物を殺す化学物質 (pesticide) **bì·o·cíd·al** 形

bío·clèan 形 無菌の

bìo·climatólogy 名 U 生物気候学 **-climatológical** 形

bìo·compúter 名 C 🖳バイオコンピューター《バイオチップを用いたコンピューター》

bìo·convérsion 名 U 生物(学)的変換《有機物を微生物の作用でエネルギーに変換すること》

bi·o·data /báɪoʊdæt̬ə | -dèɪtə, -ə-/ 名 U 経歴, 履歴書

bìo·degrádable ⟨シ⟩ 形 微生物によって分解される, 生分解性の **-degradabílity** 名

bìo·degráde 動 自 微生物で分解する

bío·dìesel 名 U バイオディーゼル《植物を原料とするエネルギー用燃料》

bìo·divérsity 名 U 生物多様性 **-divérse** 形

bìo·dynámics 名 U 生物動力学, 生体力学

bìo·energétics 名 U バイオエナジェティクス, 生体エネルギー療法[論] **-ic** 形

bìo·enginéer 名 C 生体[生物]工学者 —動 他 …を生体工学的に処理する[生産する] ‖ ~*ed* foods (遺伝子を操作するなど)生体工学的に作り出した食物

bìo·enginéering 名 U 生物工学, 生体工学

bío·èthanol 名 U バイオエタノール《バイオ燃料の一種》

bìo·éthics 名 U 生命倫理(学)《人工授精・臓器移植・遺伝子操作などに関する倫理面からの研究》 **-éthical** 形 **-éthicist** 名

bìo·féedback 名 U C 生体自己制御, バイオフィードバック《体内の状態を知ることで, 自らの心身の状態をコントロールすること》 ‖ ~ training [OR therapy] バイオフィードバック療法

bío·fìlm 名 C バイオフィルム, 生物膜《細菌が臓器などに付着して形成する強固な膜》

bío·fùel 名 C U バイオ[生物]燃料

biog. 略 biographer, biographical, biography

bío·gàs 名 U 生物ガス《有機廃棄物から生ずるガス》

bìo·génesis 名 U ❶ 生物発生説《生物は生物からのみ発生するという説》 ❷ 生物発生 **-genétic(al)** 形

bìo·genétics 名 U 遺伝子工学

bìo·génic 形 生物の[による]

bìo·geógraphy 名 U 生物地理学

bi·og·ra·pher /baɪɑ́(ː)grəfər | -ɔ́g-/ 名 C 伝記作家

bio·graph·i·cal /bàɪəgræ̀fɪkəl/, **-ic** /-ɪk/ ⟨シ⟩ 形 伝記の, 伝記に関する ‖ a ~ dictionary 人名辞典

***bi·og·ra·phy** /baɪɑ́(ː)grəfi | -ɔ́g-/ 《アクセント注意》 名 (複 **-phies** /-z/) ❶ C 伝記, 一代記 ; 伝記的記録 ❷ U 伝記文学, 伝記物(♦ 自伝(文学)は autobiography) ❸ C 人生の来歴

語源 *bio-*(人生)+*-graphy*(記録) : 生涯の記録.

bìo·házard 名 U バイオハザード《生物学研究から生じる人体や環境への危険性》 ‖ a full ~ suit バイオハザード用全身装備服

bìo·ídentical 形 生物由来の, 天然の

bìo·informátics 名 U バイオインフォマティクス, 生物情報科学《ゲノム情報などの生命科学的データを情報科学的に分析する学問》

biol. 略 biological, biologist, biology

****bi·o·log·i·cal** /bàɪəlɑ́(ː)dʒɪkəl | -lɔ́dʒ-/ ⟨シ⟩

—形 ❶ **生物学(上)の**, 生物学的な ; 生体の, 生物的な ❷ 血のつながった, 血縁の ‖ a ~ mother 生みの母, 実母 ❸ (洗剤などが)酵素入りの

—名 U 生物学的薬剤《血清・ワクチンなど》

~·ly 副 生物学的に ; 《文修飾》生物学的見地からすれば

▸▸ ~ **clóck** 名 C 生物時計, 体内時計《生物の持つ周期の調節機能》 ~ **contról** 名 U 生物的防除《天敵などによる害虫駆除》 ~ **divérsity** 名 U 生物多様性 ~ **wárfare** 名 U 生物戦, 細菌戦 ~ **wéapon** 名 C 生物兵器

***bi·ol·o·gy** /baɪɑ́(ː)lədʒi | -ɔ́l-/ 《アクセント注意》 名 U ❶ 生物学 ; 生態学 ‖ marine [space] ~ 海洋[宇宙]生物学 ❷ (ある一定地域の)動植物(相) ❸ (ある生物(群)の)生活状態, 生態 **-gist** 名 C 生物学者

bìo·luminéscence 名 U 生物発光《深海魚・蛍などに見られる》 **-luminéscent** 形

bío·màss 名 U ❶ 〘生態〙生物(体)量《ある地域内に現存する生物の総量》 ❷ バイオマス, 生物資源

▸▸ ~ **ènergy** 名 U バイオマスエネルギー

bìo·matérial 名 C U バイオマテリアル《人工臓器の材料》

bi·ome /báɪoʊm/ 名 U 〘生態〙生物群系

bìo·mechánics 名 U 生体力学《生体, 特に筋肉活動の力学的原理を取り扱う》

bìo·médicine 名 U 生医学 **-médical** 形

bìo·métrics 名 U バイオメトリクス, 計量生物学《顔・指紋などで個人の識別を図ろうとする技術》 **-métric** 形 **-metrícian** 名 C 生体[生物]測定学者

bi·om·e·try /baɪɑ́(ː)mətri | -ɔ́m-/ 名 U =biometrics

bi·o·mi·met·ics /bàɪoʊməmét̬ɪks, -maɪ-/ 名 U バイオミメティクス, 生物模倣(学)《生物の性質を模倣して有用なものを作り出す学問. biomimicry ともいう》

bi·on·ic /baɪɑ́(ː)nɪk | -ɔ́n-/ 形 ❶ (身体の一部に)機械を組み込んだ ❷ 《口》超人的な能力を持つ ❸ 生体工学の

bi·on·ics /baɪɑ́(ː)nɪks | -ɔ́n-/ 名 U 生体工学

bi·o·nom·ics /bàɪoʊnɑ́(ː)mɪks, bàɪə- | -nɔ́m-/ 名 U 生態学(ecology)

bìo·phýsics 名 U 生物物理学 **-phýsical** 形 **-phýsicist** 名 C 生物物理学者

bi·o·pic /báɪoʊpɪ̀k/ 名 C 《口》伝記映画

bìo·próspecting 名 U 生物資源探査《医療などに有効な生物由来の素材を探すこと》

bi·op·sy /báɪɑ̀(ː)psi | -ɒ̀p-/ 名 (複 **-sies** /-z/) C 〘医〙生体組織検査, 生検, バイオプシー

bìo·reáctor 名 C バイオリアクター《微生物などの生体触媒を利用して生化学反応を起こす装置》

bìo·refínery 名 C バイオリファイナリー《バイオ資源を原料にバイオ燃料などを製造する工場》

bío·rhỳthm 名 C 《通例 ~s》バイオリズム《生体の持つ周期性》 **bìo·rhýthmic** 形

BIOS /báɪɑ(ː)s | -ɒs/ 略 🖳 *b*asic *i*nput-*o*utput *s*ystem (バイオス)《コンピューターを動作させる基本信号の入出力を制御するプログラム群》

bìo·sátellite 名 C 生物衛星《生物が暮らせるように作られた衛星》

bío·scìence 名 U 生物科学 ; 生物学(biology) **-scientífic** 形 **-scìentist** 名

bío·secùrity 名 U 生物攻撃に対する防備[保障]

bìo·sénsor 名 C バイオセンサー, 生体感知装置《生体の

B

生理的変化を記録する装置. あるいは微生物や酵素などを用いて化学物質を検知する装置》

bío·sphère 名《the ~》生物圏

bìo·sýnthesis 名 U【生化】生合成

bi·o·ta /baɪóuṭə/ 名 C【生態】生物(種類)相

bío·tèch 名 U =biotechnology

— 形 =biotechnological

***bìo·technólogy** 名 U 生物工学, バイオテクノロジー

-technológical 形

bìo·telémetry 名 U 生物遠隔測定法

-telemétric 形

bìo·térrorism 名 U バイオテロ《微生物などの生物兵器によるテロ行為》

bi·ot·ic /baɪá(:)ṭɪk | -ɔ́t-/ 形 生命の, 生物の ‖ ~ potential 繁殖能力, 生活能力

bi·o·tin /báɪəṭɪn/ 名 U【生化】ビオチン, ビタミンH

bi·o·tope /báɪətòup/ 名 C ビオトープ, 生物生息空間

bìo·wárfare 名 U 生物戦争, 細菌戦

bìo·wéapon 名 C 生物兵器

bi·par·ti·san /bàɪpá:rṭəzən | -pà:tɪzǽn/ 形 2党からなる, 2党(連合)の

bi·par·tite /baɪpá:rtàɪt/ 形 ❶ 2つの部分からなる ❷ 2者間の ‖ a ~ treaty 2国間条約

bi·ped /báɪped/ 名 C 二足動物

bi·plane /báɪplèɪn/ 名 C 複葉機

bi·po·lar /bàɪpóulər/ 〈シ〉 形 ❶ 2極の,(正負)両極の ❷(南北)両極の ❸(意見などが)両極端の, 正反対の ❹【心】躁うつの ▶▶ ~ (mànic-depréssive) disòrder 名 U C【精神医】双極性(躁うつ)障害(♦ 以前は manic depression といった)

bip·py /bípi/ 名 C《米俗》体の一部;(特に)尻(しり)

***birch** /bə:rtʃ/ 名 ❶ C U【植】カバ(の木) ‖ a silver [OR white] ~ シラカバ ❷ U カバ材 ❸ C カバの小枝のむち《体罰用》;《the ~》《英》体罰 ‖ bring back the ~ 体罰を復活させる — 動 他 …を枝むちで打つ

*****bird** /bə:rd/《発音注意》

— 名 (複 ~s /-z/) C ❶ 鳥 ‖ A beautiful ~ flew over the roof. 1羽の美しい鳥が屋根の上を飛んで行った / a wild ~ 野鳥 / a cage(d) ~ 飼い鳥 / a migratory ~ 渡り鳥 / a sea ~ 海鳥 / a flock of ~*s* 1群の鳥 / keep [OR have] a ~ 鳥を飼う / kill two ~*s* with one stone 一挙両得をする, 一石二鳥

❷ 猟鳥《ウズラ・シャコ・キジなど》;(食用の)家禽(かきん)《ニワトリ・シチメンチョウなど》

❸ ⊗《主に英口》《ときに蔑》若い女性, 娘;《口》(変わった)人, やつ(♦ 通例形容詞を伴う) ‖ an eccentric ~ ちょっと変わったやつ / a rare ~ 珍しいタイプの人

❹(クレー射撃の)クレー《粘土製の円盤》;(バドミントンの)羽根, シャトル(コック);《主に米口》飛行機;ロケット, ミサイル, 衛星

a bìrd in the hánd 掌中の鳥《確実なもののたとえ》‖ *A ~ in the hand is worth two in the bush.*《諺》手中の1羽の鳥はやぶの中の2羽に相当する;明日の百より今日の五十

A lìttle bìrd tóld me (that ...)(情報源を隠して)(…ということを)ある筋から聞いた, 風の便りに聞いた

(as) frèe as a bírd(鳥のように)全く自由な[で]

be (strìctly) for the bírds《口》つまらない, 考えるに値しない

bìrds of a féather よく似た人たち, 似た者同士 ‖ *Birds of a feather flock together.*《諺》類は友を呼ぶ

dò bírd 刑期を務める

èat like a bírd ほんの少ししか食べない

flìp (a pèrson) the bírd《米》(軽蔑・怒りを示すために)(〔人〕に)中指を立てる

gìve (a pèrson) the bírd ①《米》=*flip (a person) the bird*(↑) ②《英口》(人を)やじる

The bìrd has flówn.(捕まえようとしていた)犯人(など)が逃げてしまった

the bìrds and the bées《口》性教育の初歩《鳥とミツバチを例にとって教えたことから》

▶▶ **~ dòg** 名 C《米・カナダ》①(鳥猟用の)猟犬 ②《口》(タレントなどの)スカウト,(失踪(しっそう)者などを)捜し出す人 **~ flù** 名 U《口》鳥インフルエンザ(avian flu) **~ of páradise** 名 (複 **~s of p-**) C ①【鳥】ゴクラクチョウ ②【植】ゴクラクチョウカ, ストレリチア **~ of pássage** 名 (複 **~s of p-**) C ①《旧》渡り鳥 ② 放浪者 **~ of préy** 名 (複 **~s of p-**) C (タカ・ワシのような)猛禽(もうきん) **~ strìke** 名 C バードストライク《航空機と鳥の衝突》 **~ tàble** 名 C《英》(鳥の)餌台

bírd·bàth 名 C 小鳥の水浴び盤《庭園などに置く》

bírd·bràin 名 C《口》ばかなやつ, うすのろ **~ed** 形

bírd·càge 名 C 鳥かご

bírd·càll 名 C ❶ 鳥の声(のまね) ❷ 鳥笛

bírd·er《主に米口》=bird-watcher

bírd·hòuse 名 C ❶《米》(小鳥の)巣箱 ❷(展示用の大型の)鳥小屋, 禽舎(きんしゃ)

***bird·ie** /bə́:rdi/ 名 C ❶《口》小鳥さん(♥ 小児語) ❷【ゴルフ】バーディー《規定打数より1打少なくインすること》(→ eagle) ❸《米》(バドミントンの)羽根, シャトル(コック)(《英》shuttlecock)

Wàtch the bírdie.《古》小鳥さんだよ, こっちを見て(♥ 写真を撮ってやるときの合図の言葉)

— 動 他〔ホール〕をバーディーで上がる

bird·ing /bə́:rdɪŋ/ 名 U《主に米》=bird-watching

bírd·lìme 名 U 鳥もち

bírd·sèed 名 U C 飼い鳥の餌(え), つぶえ

bìrd's-eye víew 名 C ❶ 鳥瞰(ちょうかん)図 ❷ 概観 ‖ take a ~ of Japanese history 日本史を概観する

bírd's-nèst sòup 名 U ツバメの巣のスープ

bírd·sòng 名 U 鳥の鳴き声

bírd-wàtcher 名 C 野鳥観察家, バードウォッチャー

***bírd-wàtching** 名 U 野鳥観察, バードウォッチング

bírd-wàtch 動 自 野鳥観察をする ‖ go ~*ing* 野鳥観察に行く

bi·ret·ta /bəréṭə/ 名 C【カト】ビレッタ《聖職者のかぶる角帽. 位階によって色が違う》

Bir·ken·stock /bə́:rkənstà(:)k | -stɔk/ 名 ❶ C《商標》ビルケンシュトック社製のサンダル[靴] ❷《形容詞的に》環境保護に関心の強い

birl·ing /bə́:rlɪŋ/ 名 U 丸太乗り《競技》

Bir·ming·ham 名 ❶ /bə́:rmɪŋəm/ バーミンガム《イングランド中部の大工業都市》❷ /-hæm/ バーミングハム《米国アラバマ州中北部の工業都市》

Bi·ro, bi·ro /báɪərou/ 名 (複 **~s** /-z/) C《英》《商標》バイロウ《ボールペン》

*****birth** /bə:rθ/(♦ 同音語 berth)

— 名 (複 ~s /-s/) ❶ U C **誕生**, 出生 ‖ She weighed three kilos at ~. 彼女は生まれたとき3キロだった / I'll be present at the ~ of my child. 我が子の誕生に立ち会うつもりだ / from ~ to death [the present] 生まれてから死ぬまで[現在まで] / the date of her ~=her date of ~ 彼女の生年月日 / in the country [town] of my ~ 私の故国[生まれた町]で

❷ C 出産(childbirth), 分娩(ぶんべん) ‖ have「an easy [a difficult] ~ 安[難]産である / a premature ~ 早産 /「a normal [an abnormal] ~ 正常[異常]分娩

❸ U/C《単数形で》発生, 始まり, 起源 ‖ Western civilization had its ~ in Ancient Greece. 西洋文明は古代ギリシャで生まれた / It marked the ~ of democracy. それが民主主義の誕生を告げた / the ~ of love 愛の始まり

❹ U 生まれ;(よい)家柄, 血筋 ‖ an American of Canadian ~ カナダ生まれのアメリカ人 / value ~ above achievement 業績より生まれを重んじる / a person of

noble [humble] ～ 高貴な[身分の低い]生まれの人
*by birth ① 生まれは ‖ He is a Spaniard *by* ～. 彼はスペイン生まれだ ② 生まれながらの
*give birth to ... ① 〔子〕を産む (bear) ‖ *give* ～ *to* a girl 女の子を産む ② 〔物・事〕を生み出す, 引き起こす ‖ Urbanization *gave* ～ *to* the nuclear family. 都市化によって核家族が生まれた
—動 他 自 《主に米方》(子を)産む, (…を)生む; (…を)始める
▶▶ ～ certíficate 名 C 出生証明書 ～ contròl 名 U 産児制限 ～ dèarth 名 U 出生縮小, 少子化 ～ dèfect 名 C 出生異常, 先天性欠損症 ～ing cènter 名 C (病院内の) 出産センター ～ing gròund 名 C U 繁殖地 ～ing sèason 名 C (動物の) 繁殖期 ～ mòther 名 C 生みの母 (biological mother) ～ pàrent 名 C (養父母に対して) 産みの親 ～ pìll 名 C 経口避妊薬, ピル

birth·day /bə́ːrθdèɪ/
—名 (複 ～s /-z/) C **誕生日**; 誕生記念日; 創立[設立]記念日 ‖ "When is your ～?" "It's (on) May 28." 「あなたの誕生日はいつですか」「5月28日です」/ **Happy** ～ (to you)! 誕生日おめでとう / I got [or was given] a bike for my eleventh ～. 11歳の誕生日に自転車をもらった / I'll be fifty (on my) next ～. 今度の誕生日で50歳になる / **celebrate** her ～ 彼女の誕生日を祝う / a ～ **cake** [**card**, **party**, **present**] バースデーケーキ[カード, パーティー, プレゼント] / have [《堅》attain] one's eightieth ～ 80歳の誕生日を迎える / commemorate the 100th ～ of the institute その協会の創立100周年を記念する
▶▶ ～ hónours 名 複 (英国で)国王[女王]誕生日に行われる叙勲[叙爵] ～ sùit 名 《one's ～》《俗》《戯》裸, 素肌

bírth·màrk 名 C 生まれつきのあざ, 母斑
***bírth·plàce** 名 C 《通例単数形で》出生地, 生まれ故郷; 発祥地 ‖ the ～ of hip-hop ヒップホップ発祥地
***bírth·ràte** 名 C 出生率
bírth·rìght 名 U C 生得権, (特に)長子相続権
▶▶ ～ cìtizenship 名 U 《米》生得市民権《米国の領土内で出生した人に自動的に与えられる市民権》
bírth·stòne 名 C 誕生石
birth·weight /bə́ːrθwèɪt/ 名 U C 出生時体重
bi·ry·a·ni /bìriáːni/ 名 U ビリヤーニ《肉・魚・野菜・米を香料をきかせて調理するインド料理》
Bis·cay /bískeɪ/ 名 **the Bay of** ～ ビスケー湾《フランス西岸とスペイン北岸との間の湾》
***bis·cuit** /bískɪt/ 名 (複 ～ or ～s /-s/) ❶ C 《英》ビスケット(《米》cookie, cracker); 《米》(小型の丸くて柔らかい)ケーキ状のパン(《英》scone) ❷ U 素焼き(の陶器) ❸ U きつね色
tàke the bíscuit =*take the* CAKE
bi·sect /báɪsèkt | ─́─/ 動 他 …を2分する; 〔数〕…を2等分する —自 (道などが) 2つに分かれる **bí·sèc·tion** /+英 ─́─/ 名 U 2分, 2等分; C 2等分された部分
bi·sec·tor /báɪsèktər | ─́─/ 名 C 〔数〕2等分線
bi·sex·u·al /bàɪsékʃuəl/ ⟨⟩ 形 ❶ 〔生〕両性の; 雌雄同体[同株]の ❷ 両性愛の —名 C 両性愛の人
bì·sèx·u·ál·i·ty 名
Bish·kek /bɪʃkék/ 名 ビシュケク《キルギスの首都》
***bish·op** /bíʃəp/ 名 C ❶ 《しばしば B-》〔英国国教会〕主教《管轄教区(diocese)をつかさどる最高職の聖職者》; 〔カト〕司教; 〔ギリシャ正教〕主教; 〔プロ〕監督; 〔仏教〕僧正 ‖ the *Bishop* of London ロンドン主教《St. Paul's に主教座を有する》 ❷ 〔チェス〕ビショップ《日本将棋の「角」に相当するこま》(⇨ CHESS 図) ❸ U ビショップ《ポートワインにオレンジ・チョウジ・砂糖を加えて温めた飲み物》
bísh·op·ric /-rɪk/ 名 C bishop の職[管轄区]
Bis·marck /bízmɑːrk/ 名 ❶ **Otto** (**Eduard Leopold**) **von** ～ ビスマルク(1815–98)《ドイツ統一に尽力したドイツ帝国の初代宰相. Iron Chancellor (鉄血宰相) と呼ばれた》 ❷ ビスマーク《米国ノースダコタ州の州都》
bis·muth /bízməθ/ 名 U 〔化〕ビスマス, 蒼鉛(そうえん)《金属元素. 元素記号 Bi》
bi·son /báɪsən/ 名 (複 ～) C バイソン, アメリカヤギュウ (American buffalo); (ヨーロッパ産の)ヤギュウ
bisque[1] /bɪsk/ 名 U (貝・肉などの)濃厚なスープ
bisque[2] /bɪsk/ 名 U ❶ 素焼きの陶器, ビスク (biscuit) ❷ 桃色がかった黄褐色
Bis·sau /bɪsáʊ/ 名 ビサウ《ギニア=ビサウの首都》
bis·tro /bíːstroʊ/ 名 (複 ～s /-z/) C ビストロ, 小さなレストラン, 居酒屋(♦ フランス語より)

bit[1] /bɪt/ 中心義 少しのもの[量・程度]
—名 (複 ～s /-s/) C ❶ 《a ～》《不可算名詞の前に用いて》〈…の〉**少し**, 少量; **1つ**, 1個〈**of**〉‖ He came into *a* ～ *of* money when his uncle died. おじの死に際して彼はちょっとしたお金を手に入れた / I have *a* ～ *of* advice for you. 君にちょっと忠告したいのだが / *a* ～ *of* luck [evidence, news] ささやかな幸運[1つの証拠, 1つのニュース](♦ a bit of は a piece of よりも《口》)
❷ 〈…の〉**小片**, かけら〈**of**〉‖ There were ～*s of* paper everywhere. 辺り一面引きちぎられた紙片が散らばっていた / a ～ *of* bread パン1切れ / The glass broke into ～*s*. コップは粉々に割れた
❸ 部分, 箇所; (映画・劇などの)端役(はやく)(bit part); (芝居などの) 1場面; ジョーク ‖ This is the best ～ of the movie. ここがその映画のいちばんいい場面だ
❹ 《a ～》少しの時間[距離] ‖ I'll be back in *a* ～. すぐに戻ります / for *a* ～ 少しの間
❺ 《米俗》12.5セント(♦ two bits (25セント) のように偶数倍で用いる); 《英口》《旧》硬貨, 小銭
❻ 《単数形で》《口》お決まりのやり方[考え], 典型的な振る舞い[スタイル] ‖ Stop with the innocent victim ～, will you? 罪のない犠牲者ぶるのはやめてくれないか / the student ～ 学生らしいこと (♥ 批判的なニュアンスを含む)
❼ ⊗《英口》《蔑》若い女 ❽ 《～s》《英口》(人の)性器
a bít* 《しばしば副詞的に》少し**, いくらか (somewhat) (⇨ VERY 類語P) ‖ I'm *a* ～ tired. ちょっと疲れた / That dress is *a* ～ too small. その服はちょっと小さすぎる / I feel *a* ～ better today. 今日は少し気分がいい / His hairstyle is *a* ～ strange. 彼の髪型は少し変だ (♥ 好ましくない意味の語が続くことが多く, 本当は「かなり」と言うべきところを和らげるためにしばしば用いられる. → *quite a bit* (↓)) / I don't like this *a* ～. これはちっとも好きじゃない (♦ 否定文の文尾につけて意味を強める. → *not a bit* (↓)) / 《like や more, less を修飾して》He's *a* ～ like my brother. 彼は私の兄[弟]に少し似ている / Could I have *a* ～ more coffee? もう少しコーヒーを頂けますか
a bit at a time (一度にではなく) 少しずつ (→ *bit by bit* (↓))
a bìt múch 《口》(申し出・行いなどが)ちょっとひどい, ひどすぎる ‖ I think it's *a* ～ *much* that he expects us to work without being paid. 我々が報酬なしに働くと彼が期待しているのはいただけないね (♥ 納得・承知できる限度を越えた事柄に対する反感を表す)
a bít of a [or *an*] *...* ちょっとした…, いくらか[いささか]…; ほんの… ‖ His statement caused *a* ～ *of a* problem. 彼の発言はちょっとした問題を引き起こした / He's *a* ～ *of a* coward. 彼はいささかおく病者だ
a bìt of àll right 《英口》いかす女; 申し分のない人[もの]
a bìt of flúff [or *skìrt, stúff*] 《英口》《けなして》色気のある女
a bìt of hòw's your fáther 《英俗》性行為
a bìt of róugh 《英俗》(自分より身分の低い男の)愛人
a bìt on the síde 《英口》① 浮気(の相手) ② 副収入
a gòod bít =*quite a bit*(↓)
a little bit ⇨ LITTLE(成句)

B

bìt by bít 少しずつ(→ *a bit at a time*(↑))
bìts and píeces [OR *bóbs*] 小さいもの [こと], 身の回りの品 ; 断片, 寄せ集め
dò one's bít 《口》(皆が努力する中)自分のなすべきことをする, できる範囲内で寄与する[役に立つ]
èvery bít as A (as B) 全く(Bと同じように) A ‖ He is *every* ～ *as* skillful *as* his father. 彼は父親そっくりに腕がいい
nòt a bít ; *nòt the lèast bít* ; *nòt òne (lìttle) bít* 全く…ない(not at all) ‖ I do*n't* mind *a* ～. 全然構わない
nòt a bít of it 《英》とんでもない(not at all) (♥ 予想と違っていることを強調) ‖ I thought he would give up, but *not a* ～ *of it*! 彼はあきらめると思ったが, とんでもない
quìte a bít かなりの量[程度] ; 《副詞的に》かなりたくさん(♦ a good bit という形でも用いる) (♥ quite a lot の婉曲的表現) ‖ I earned *quite a* ～ of money. 相当な金を稼いだ / He knows *quite a* ～ about architecture. 彼は建築についてかなり知識がある
tàke a bìt of dóing …するのに苦労する
to bíts ① 粉々に ‖ The bridge was blown *to* ～*s* by the air strike. 空爆によって橋は粉々に爆破された ② 《口》とても ‖ I love him *to* ～*s*. 彼に夢中なの
with a bìt of lúck 《主に英》少し運があれば, うまくいけば

bit[2] /bɪt/ 名 C ❶ (くつわの) はみ (⇨ HARNESS 図) ❷ (鍵(かぎ)の)かかり, 歯 ❸ (ドリルなどの)刃, 刃先
chàmp [OR *chòmp, chàfe*] *at the bít* 《通例進行形で》出発[開始]したくていきり立つ(♦ 起源は馬に関する表現)
gèt [OR *tàke, hàve*] *the bìt between* [《米》 *in*] *one's téeth* いったん始めてやめようとしない ; 反抗して手に負えない(♦ 起源は馬に関する表現)

bit[3] /bɪt/ 名 C 💻 ビット《コンピューターで処理する2進法の桁. 情報量の最小単位》(♦ *bi*nary dig*it* より)
▸▸ ～ **màp** (↓) ～ **màp dáta** 名 U 💻 ビットマップ(形式の)データ ～ **ràte** 名 C 💻 (ネットワーク上での) データ転送率, ビットレート

***bit**[4] /bɪt/ 動 bite の過去, 《米》過去分詞の1つ

***bitch** /bɪtʃ/ 名 C ❶ ⊗《俗》《蔑》いやな女, 意地悪女 ‖ She's a real ～. あれはとんでもないあばずれだ ❷《単数形で》《俗》困らせる [やっかいな] もの, 難しいもの [人] ❸《口》不平 ; 悪口 ❹ 雌犬 ; (オオカミ・キツネの)雌 ‖ a ～ fox 雌ギツネ
── 動 自 《口》〈…のことで〉こぼす, 不平を言う ; 〈他人の〉悪口を言う, 陰口をきく〈**about**〉

bitch·y /bítʃi/ 形 《口》意地の悪い ; 機嫌の悪い
bítch·i·ness 名

:bite /baɪt/
── 動 (～**s** /-s/ ; **bit** /bɪt/ ; **bit·ten** /bítən/, 《米》 **bit** ; **bit·ing**)
── 他 ❶ …を**かむ**, …に**かみつく** ; …をかみ切る ‖ I *bit* an apple. 私はリンゴをかじった / The mailman was *bitten* in [OR on] the leg by the dog. 郵便配達人はその犬に脚をかまれた / ～ one's nails つめをかむ (♥ いらいらしているときのしぐさ) / *Once bitten, twice shy*. 《諺》羹(あつもの)に懲りて膾(なます)を吹く
❷ (虫などが)…を刺す, かむ
❸ (寒さなどが)…を刺す, ひりひりさせる ; (酸などが)…を腐食する ; (飲食物などが)…を刺激する, ぴりっとさせる ; (霜が) 〔草木など〕を傷める ‖ The icy wind *bit* our cheeks. 寒い風が私たちの頬(ほお)を刺した
❹ 《口》…を悩ます, 苦しめる(→ CE 3)
❺ (刃物が)…に切り込む ; (万力などが)…をしっかりつかむ [締める] ; (やすり・のこぎりなどが)…にかかる ; (タイヤ・靴底・いかりなどが)…に食い込む ‖ Studded tires ～ the snow-covered road. スパイクタイヤは雪道にしっかり食い込む
── 自 ❶ **かむ**, 〈…に〉かみつく〈**at, into**〉 ‖ Our dog *bit at* a stranger. うちの犬が知らない人にかみついた / ～ *into* a juicy apple おいしいリンゴにかぶりつく
❷ (虫などが)刺す ; (こしょう・寒気などが)ひりひりする, しみる ; (酸が)〈鉄などを〉腐食する〈**into**〉; (風刺などが) 辛辣(しんらつ)である ‖ His severe criticism ～*s*. 彼の厳しい批評は辛辣だ
❸ (魚が)餌(えさ)に食いつく, かかる ‖ The fish aren't *biting* today. 今日は魚の食いつきがよくない
❹ (人が)(うまそうな話に)乗る, 引っかかる
❺ (物が)〈ほかのものに〉食い込む ; (歯車が)〈…に〉しっかりかむ〈**into**〉 ❻ (政策などが)悪影響を及ぼす
bìte báck 〈他〉《*bìte báck ...* / *bìte ... báck*》《受身形不可》〔言葉など〕をこらえる (choke back ; suppress) ──〈自〉(怒って)〈…に〉やり返す, 言い返す〈**at**〉
bite a person's head off ⇨ HEAD(成句)
bite one's lip ⇨ LIP(成句)
bìte óff ... / *bìte ... óff* 〈他〉…をかみ切る
bìte óff mòre than one can chéw 手に余ることを企てる[引き受ける]
bìte the bíg one 《米口》① 死ぬ ② ひどく不快感を与える
bite one's tongue ⇨ TONGUE(成句)

COMMUNICATIVE EXPRESSIONS
1 **Bíte me!** くたばれ (♥ 侮辱的なことを言われて腹が立ったときなどに用いる)
2 **I'll bíte.** 聞かせて ; 教えて(♥「話に乗るよ」の意)
3 **Whát's bíting** you? 何を悩んでいるんですか(♥ 心配事や悩み事を尋ねる)
4 He **wòn't bíte.** ① 彼は怖くないから大丈夫だよ (♥「(しばしば権威のある人について)かみついたりすることはないから大丈夫だ」と相手を安心させる表現. 「怖がらずにその人に話してみたら」と勧めるような場面でよく用いる) ② 彼は興味を示さない ; 話に乗ってこようとしない (♥ こちらが持ちかけることに「食らいついてこない」の意)

── 名 (複 ～**s** /-s/) C ❶ かむこと, 刺すこと ‖ The dog gave a ～ at the bone. 犬は骨にかみついた / take a ～ of pear ナシをかじる
❷ かみ傷, 刺し傷 ‖ an insect ～ 虫に刺された傷
❸ 一かじり(の量), 一口 ; 《単数形で》《口》軽食 ‖ Can we get a ～ to eat there? そこで軽く食事できるかな / I'll just get [OR grab] a ～. 軽く食べるよ / Try a ～. 一口味わってごらんよ ❹ U/C 《a ～》ぴりっとした刺激 [風味], 辛味 ; (空気の)身を刺す冷たさ ‖ *a* lemony ～ レモンのような (さわやかな) 酸味 / There was *a* ～ in the morning air. 朝の空気には身を刺すような冷たさがあった ❺ U (言葉・文体などの) 刺すような力, 鋭さ, 辛辣さ ❻ 【釣り】(魚の)当たり, 食いつき ❼ 歯のかみ合わせ
a bìte at [OR *of*] *the chérry* 《英》チャンス, 機会 ‖「another ～ [OR a second ～, two ～*s*] *at* [OR *of*] *the cherry* 2度目のチャンス
pùt the bíte on a pérson 《米・豪・ニュージロ》〔人〕に金をたかる, ゆする, せがむ ; より多くの金を使うように仕向ける
tàke a bíte out of ... 《口》…から(金額の)一部を差し引く[取り上げる]

bíte-sìzed, -sìze 形 《通例限定》 ❶ (食べ物が)一口サイズの ❷《口》非常に小さい[短い]

bit·ing /báɪtɪŋ/ 形 ❶ (寒さなどが) 身を切るような ; 刺すように痛い ❷ (皮肉などが)痛烈な, 辛辣な ～**·ly** 副

bít màp 名 C 💻 ビットマップ《文字や画像を複数の点の集合で表示するコンピューターの画面表示法, またはそのファイル形式》 **bít-màp** 動 他 💻 …をビットマップ表示する

bi·to·nal /bàɪtóunəl/ 形 【楽】複調の

***bit·ten** /bítən/ 動 bite の過去分詞の1つ

:bit·ter /bɪ́ṭər/ 中心義 **苦い, 鋭い**(★「味」に限らず, 「出来事」「言葉」「寒さ」などについても用いる)
── 形 (**more** ～, ～**·er** ; **most** ～, ～**·est**)
❶ (人が)**怒りっぽい**, (態度・行為などが)憎悪に満ちた, 敵意に満ちた ‖ He was always ～ against me. 彼はいつも私につらく当たった / ～ rivals 敵意に満ちたライバルたち
❷ 《限定》苦痛[悲しみ]に満ちた, **つらい** ; 痛恨の, 痛切な, 苦渋に満ちた ‖ He had a ～ experience in the army. 彼は軍隊でつらい経験をした / a ～ disap-

pointment 耐え難い失望 / leave a ～ taste (in the mouth) 後味が悪い, 悪い印象を残す / shed ～ tears 悲嘆の涙を流す
❸ (言葉などが)**痛烈な**, 辛辣な ‖ a ～ satire 痛烈な皮肉 / ～ words 辛辣な言葉
❹ (味が)**苦い**(↔ sweet) ; (チョコレートが)甘味を加えていない ‖ Pure chocolate has a ～ flavor. 何も加えないチョコレートは苦い味がする / ～ medicine 苦い薬 ; (問題解決のために必要な) 厳しい処置 ❺ (寒さなどが) 厳しい ‖ a ～ wind 身を切るような冷たい風
a bitter pill (***to swallow***) ⇨ PILL(成句)
to [OR ***until***] ***the bìtter énd*** 最後まで, あくまで, 死ぬまで
—名 (複 **～s** /-z/) U C ❶ 《the ～ または ～s》 苦さ, 苦み ; 苦しみ ‖ taste the sweets and ～*s* of life 人生の苦楽を味わう ❷ 《英》 黒褐色の苦みの強いビール ❸ C 《～s》《単数扱い》ビターズ 《カクテルの味つけ用リキュール》
tàke the bítter with the swéet 苦楽[幸運, 不運]を共に受け入れる
▶▶**～ ápple** 名 C 〘植〙コロシント 《ウリ科の植物》 **～ frúits** 名 複 つらい [残酷な] 結果 **～ lémon** 名 U 《英》 ビターレモン 《ほろ苦いレモン風味の炭酸飲料》 **～ mélon** 名 C ニガウリ, ゴーヤ **～ órange** 名 C ダイダイ(Seville orange)《マーマレードの材料》

***bit·ter·ly** /bítərli/ 副 ひどく, 激しく ; 苦々しそうに ‖ I was ～ shocked. 私はひどくショックを受けた

bit·tern[1] /bítərn/ 名 C 〘鳥〙サンカノゴイ

bit·tern[2] /bítərn/ 名 U 〘化〙にがり

bit·ter·ness /bítərnəs/ 名 U ❶ 苦さ, 苦味 ❷ 苦々しさ ; ひどいこと ; 悲痛

bítter·swèet 形 甘くて苦い ; 楽しくてつらい, 悲喜こもごもの —名 C ❶ 〘植〙 ツルウメモドキの類 《北米産》 ❷ 〘植〙ヒヨドリジョウゴの類 《北半球産の有毒のつる草》

bitts /bɪts/ 名 複 〘海〙ビット, 係柱 《甲板上のロープなどをとめる柱》

bit·ty /bíti/ 形 ❶ 《英口》ばらばらの, 寄せ集めの ❷ 《米口》(サイズ・体格が)ちっちゃい

bi·tu·men /bətúːmən | bítʃumɪn/ 名 U ビチューメン, 瀝青(れきせい) 《アスファルト・原油・タールなどの総称》

bi·tu·mi·nous /bɪtjúːmɪnəs/ 形 瀝青(質)の
▶▶**～ cóal** 名 U 瀝青炭, 軟炭

bi·va·lence /bàɪvéɪləns/ 〈シ〉 名 U 〘生·化〙2価

bi·va·lent /bàɪvéɪlənt/ 〈シ〉 形 ❶ 〘化〙 2価の ❷ 〘生〙 (染色体が) 2価の —名 C 〘生〙2価染色体

bi·valve /báɪvælv/ 名 C 形 〘動〙二枚貝(の), 双殻(そうかく)貝(の)《ハマグリ・カキなど》

biv·ou·ac /bívuæk/ 名 C (軍隊の)露営, 野営 ; (登山での) ビバーク —動 (**-aked** /-t/ ; **-ack·ing**) 自 露営 [野営]する ; ビバークする

biv·vy /bívi/ 名 (複 **-vies** /-z/) C テント ; 仮の避難所 —動 テント[仮の避難所]に泊まる

bi·week·ly /baɪwíːkli/ 形 副 ❶ 2週間ごとの[に], 隔週の [に] ❷ 週2回 (の) (♦ 混乱を避けるためこの意味では semiweekly がよく使われる)
—名 (複 **-lies** /-z/) C 隔週の刊行物

bi·year·ly /baɪjíərli/ 形 副 ❶ 2年ごとの [に], 隔年の [に](biennial) ❷ 年2回(の)

biz /bɪz/ 名 U C 《口》 仕事, 商売 (business) ‖ show ～ ショービジネス

***bi·zarre** /bɪzáːr/ 《発音注意》 形 (**more ～** ; **most ～**)奇怪な, 異様な, 風変わりな(↔ normal)
～·ly 副 **～·ness** 名

bi·zar·re·rie /bɪzɑ̀ːrəríː | -záːrəri/ 名 C 奇怪 (なもの), 風変わり(なもの)

bk 略 (複 **bks**)bank ; book

Bk 記号 〘化〙berkelium(バークリウム)

bl 略 bale(s) ; barrel(s)

B̀L 略 *B*achelor of *L*aws (法学士) ; *B*achelor of *L*etters(文学士)

B̀/Ĺ 略 〘商〙*b*ill of *l*ading(船荷[積荷]証券)

blab /blæb/ 《口》 動 (**blabbed** /-d/ ; **blab·bing**) 自 (秘密を)漏らす ; ぺちゃくちゃしゃべる《*on*》 —他 〔秘密など〕を漏らす —名 C おしゃべり(な人)

blab·ber /blǽbər/ 《口》 動 自 しゃべりまくる —名 ❶ ＝blabbermouth ❷ U (とりとめのない)おしゃべり

blábber·mòuth 名 C 《口》おしゃべり屋

*****black** /blæk/ 形 名 動

—形 (**～·er** ; **～·est**)
❶ **黒い**, 黒色の(↔ white), 黒っぽい, 黒みがかった ‖ The model has ～ hair [eyes]. そのモデルは黒い髪[瞳(ひとみ)]をしている(→black eye) / (as) ～ as ink [OR soot, ebony, pitch] 真っ黒な[で]
❷ 《しばしば B-》**黒人の**, (人が)アフリカ系の, アフリカ系アメリカ人の(⇨ 類語) (♦「彼は色黒だ」は He's dark. や He has (a) dark skin. で, black は使わない) ‖ ～ people 黒人たち / ～ Americans アメリカの黒人 (♦ 現在は African American が好まれる) / ～ literature 黒人文学
❸ (コーヒー・紅茶が) **ミルクを入れない**, ブラックの ‖ How would you like your coffee, ～ or with milk? コーヒーはどうなさいますか, ブラック, それともミルクを入れますか (♥ ❶, ❷ の連想を避けるために without milk ということが多い)
❹ 真っ暗な, 闇(やみ)の ‖ It's (as) ～ as night in here. この中は (夜のように) 真っ暗だ / a ～ night (月の出ない) 暗夜 ❺ (手・服などが) 汚れた, 汚い, すすけた ‖ hands ～ with mud 泥で汚れた手 ❻ 陰うつな, 暗澹(あんたん)とした ; 希望のない, 悲観的な ‖ Things looked ～ for us. 事態は我々にとって暗澹たるものだった / ～ news 暗いニュース / a ～ future 希望のない前途 ❼ むっつりした, 不機嫌な ‖ She gave me a ～ look. 彼女は私をじろりとにらんだ / in a ～ mood ふさぎ込んで ❽ 《文》邪悪な, 凶暴な, 害をなす ‖ a ～ lie たちの悪いうそ / a ～ heart よこしまな心
❾ 《限定》(ユーモア・風刺などが) 嗜虐(しぎゃく)的な, 冷笑的な (→black humor, black comedy) ❿ 災難をもたらす, 不吉な ‖ a ～ curse 不吉な呪(のろ)い ⓫ 不名誉な, 不面目な
****blàck and blúe*** 青黒くあざになって
nòt as blàck as one is páinted 評判ほど悪い人間ではない

COMMUNICATIVE EXPRESSIONS
[1] **If Í sàid it was bláck, yóu'd sày it was whíte.** 何にでもすぐ反抗するんだな ; いちいちたてつくんだな(♥「私が黒といえば君は必ず白と言う」. 何事にも異論を唱える人に対して用いる)

—名 (複 **～s** /-s/) U ❶ **黒**, 黒色(↔ white)
❷ 黒い服 ; (特に) 喪服(もふく) ‖ a woman **in** ～ 黒服 [喪服]を着た女性
❸ 《しばしば B-》 C 黒人 (⇨ 類語) ‖ the social rights of the ～*s* 黒人の社会的権利 / amalgamation between whites and ～*s* 白人と黒人の間の融合 ❹ (完全な)暗闇, 暗黒 ❺ 黒絵の具, 黒インキ ❻ C (チェスなどの)黒いこま, 黒いこまを使う側の競技者 ; (アーチェリーの)的の黒い部分 ; (ルーレット盤の)黒 ; (スヌーカーの)黒玉
*「***be in*** [***go into***] ***the bláck*** 黒字である [になる] (↔「be in [go into] the red)

—動 (**～s** /-s/ ; **～ed** /-t/ ; **～·ing**) 他 ❶ …を黒く[暗く]する ; …を(靴墨などで)黒く磨く ‖ ～ his eye(＝give him a ～ eye) 彼を殴って目の周りに(黒い)あざをつける
❷ 《英》《旧》(ほかの労働組合を支援して)〔仕事・商品など〕をボイコットする
****blàck óut*** 〈他〉《***blàck óut ...*** / ***blàck ... óut***》 ① …を黒く塗りつぶす, (検閲で) 差し止める ‖ The army ～*ed out* all the news of the war. 軍は戦争に関するニュースをすべて差し止めた / a car with ～*ed-out* windows 窓を黒く塗った乗用車 ② (空襲に備えて)…の灯火を消す[遮蔽(しゃへい)する] ; 〘舞台〙を暗転させる(♦ しばしば受身形で用いる)
—〈自〉(一時的に)意識を失う, 記憶を喪失する

B

類語《形 ❷, 名 ❸》**black** 以前は軽蔑的な語であったが，黒人運動(Black Power)の進展とともに黒人自身が人種的誇りを持って好んで用いるようになった語.
Negro "black"に当たるスペイン語とポルトガル語の借用で，かつては black とともに黒人を表す一般語であったが，今ではあまり用いられず，場合により軽蔑語.
nigger 非常に軽蔑的な語.
colored 以前は black と Negro の代わりに婉曲的に用いられたが，現在は避けられる傾向にある.
African-American (アフリカ系アメリカ人) 公的文書やマスコミで，また一般にも多用される語.

▶▶**Blàck and Tán(s)** 名 シン＝フェイン党による反乱(1919–21)の鎮圧のためアイルランドに派遣された英国政府軍(の一員) **～ and whíte** (↓) **～ árt** 名《the ～》魔術，妖術(ようじゅつ) **～ báss** /-bæs/ 名 C〖魚〗ブラックバス《北米産淡水魚》 **～ béar** 名 C クロクマ《北米・アジア産》 **～ bélt** 名 ①《the B- B-》沃土(よくど)地帯《米国アラバマ州・ミシシッピ州の綿花栽培に適した土地》② C (柔道・空手などの)黒帯(の人)，有段者 **～ bíle** 名 U 黒胆汁《中世医学で憂うつ気質と関連づけられた》 **～ bóx** 名 C ①〖空〗ブラックボックス，フライトレコーダー ②(内部構造がわからない)複雑な(電子)装置 **～ bréad** 名 U (ライ麦の)黒パン **～ brýony** 名 C タムス《ヤマノイモ科の植物》 **～ bún** 名 C U《スコット》ブラックバン《大晦日(おおみそか)と正月に食べるドライフルーツケーキ》 **～ bútter** 名 U〖料理〗焦がしバターのソース **～ cáp** 名 C〖英国史〗黒帽子《死刑宣告のとき裁判官がかぶった》 **～ chérry** 名 C〖植〗果実サクランボ(の木)《北米産》 **～ cómedy** 名 U C ブラックコメディー《不気味なユーモアのある喜劇》 **Bláck Cóuntry** 名《the ～》ブラックカントリー《英国中部の大工業地帯》 **Blàck Déath** 名《the ～》黒死病《14世紀にヨーロッパ・アジアで大流行したペストと考えられる疫病》 **～ díamond** 名 C ① 黒ダイヤ《工業用》②《～s》《口》石炭 **～ dóg** 名 C 憂うつ，不機嫌 **～ ecónomy** 名《the ～》《集合的に》《英》闇(やみ)経済《税金を払わずに行われる経済活動》 **Blàck Énglish** 名 U (特に米国の)黒人英語(♦ Afro-American English, African-American vernacular English, Ebonics などともいう) **～ éye** 名 C (打撲による)目の周りの(黒い)あざ **～ flág** (↓) **Blàck Fórest** 名《the ～》黒い森，シュバルツバルト(ドイツ語名 Schwarzwald)《ドイツ南西部の森林地帯》 **Blàck Fríar** 名 C ドミニコ会修道士(Dominican Friar) **Blàck Fríday** 名 ① C〖証券〗ブラックフライデー，市場大暴落の日 ② U《米》〖経〗ブラックフライデー《感謝祭翌日の金曜日. クリスマス商戦の始まる日で，赤字経営の商店も黒字に転換するといわれることから》 **～ góld** 名 U《米口》石油(petroleum) **～ gróuse [gáme]** 名 C〖鳥〗クロライチョウ **Blàck Híls** 名《the ～》米国サウスダコタ州西部からワイオミング州北東部にわたる山脈《4人の大統領の顔像のあるラシュモア山を含む》 **～ hóle** 名 C ①〖天〗ブラックホール《超高密度・超重力によって光さえも外へ出られないと考えられる宇宙の一領域》②《口》《戯》何でも吸い込んでしまうところ[もの]；大金を浪費させるもの **～ húmor** 名 U ブラックユーモア **～ íce** 名 C 黒氷《よく見えないので危険な路上の薄氷》 **～ informátion** 名 U (銀行などの金融機関が保有する)顧客のブラックリスト **～ knìght** 名 C 黒い騎士《会社乗っ取りを画策する人間・会社》 **～ léad** 名 U 黒鉛，石墨(graphite) **～ létter** 名 C ブラック(書体)活字(Gothic)《肉太の角ばった字体》 **～ líght** 名 U (赤外線・紫外線などの)不可視光線 **～ lúng (disèase)** 名 U《主に米》〖医〗炭塵(たんじん)病 **～ mágic** 名 U 黒魔術《悪い目的のために行う魔術》(↔ white magic) **Blàck Ma·rí·a** /-mərάɪə/ 名 C《口》囚人護送車(《米》patrol [《口》paddy] wagon) **～ márk** 名 C《口》罰点，黒星，汚点 ‖ I often missed the class, and it was counted as a ～ *mark* against me. 僕は授業をよくサボったので，それをマイナスに評価された / a ～ *mark* on one's record 履歴上の汚点 **～ márket** 名 C 闇(やみ)取引；闇市場 **～ marketéer** 名 C 闇商人 **Blàck Máss** 名 C 黒ミサ《悪魔をたたえるミサ》 **～ móney** 名 C ブラックマネー，不正所得 **Blàck Mónk** 名 C ベネディクト会修道士《黒衣をまとう》(Benedictine) **Blàck Múslim** 名 C ブラック＝ムスリム《黒人による黒人の支配などを主張する米国の黒人イスラム教徒団体の一員》 **～ nátionalism** 名 U (主に米国の)黒人民主主義 **～ níghtshade** 名 C〖植〗イヌホオズキ **Blàck Pánther** 名 C ブラックパンサー《米国の戦闘的な黒人解放運動組織の一員》 **～ pépper** 名 U 黒こしょう **～ pówer** 名《しばしば B- P-》ブラックパワー《権利確立などを求める米国の黒人運動》 **～ púdding** 名 U C ＝blood sausage **Blàck Ród** 名 C (英国の上院の)黒杖(こくじょう)守衛官《正式名称 Gentleman Usher of the Black Rod》 **Blàck Séa** 名《the ～》黒海 **～ shéep** 名 C《口》(家族・集団の中の)やっかい者，困り者 ‖ the ～ *sheep* of the family 家族の鼻つまみ者 **～ spót** 名 C ①《英》危険区域，事故多発区域 ②〖植〗黒点病 **～ swán** 名 C〖鳥〗コクチョウ《オーストラリア産》 **～ téa** 名 U 紅茶(→ green tea) **～ tíe** (↓) **～ vélvet** 名 U C ブラックベルベット《スタウトと発泡性ワインを混ぜたカクテル》 **～ wídow** 名 C〖動〗クロゴケグモ《米国産の毒グモ. 雌が雄を食べることがある》

black·a·moor /blǽkəmʊər/ 名 C ⊗《古》《蔑》黒人

blàck-and-tán 形 (犬が)黒地に茶褐色のぶちの

*****black-and-white** /blæ̀kənhwáɪt/ ⟨シ⟩ 形 ❶ (写真・映像などが)白黒[モノクロ]の；(絵などが)白黒の，単彩の(♦日本語との語順の違いに注意) ❷ 善悪[敵味方]にはっきり分かれた，善悪に割り切って考える

blàck and whíte ⟨シ⟩ 名 C 白黒(の絵[写真, 映像])
　in blàck and whíte ① 書面で，印刷して ② 白黒をはっきりして，善か悪かで ③ (写真・映画・テレビが)白黒で

COMMUNICATIVE EXPRESSIONS
1 **You sèe éverything in blàck and whíte.** 何でも是か非かでしか判断できないんだな(♥ 何事も白黒の判断をつけないと気が済まない人を非難する際に用いる)

bláck·bàll 動 他 ❶〔人の加入〕に反対投票する，…を否認する ❷ …を排斥する ── 名 C 反対投票

bláck·bèetle 名 C《英口》ゴキブリ(cockroach)

black·ber·ry /blǽkbèri | -bəri/ 名 (複 **-ries** /-z/) ❶ C クロイチゴ(の実)，キイチゴ(の実)(→ bramble) ❷《B- B-》U《商標》ブラックベリー《カナダの Research In Motion 社が開発した携帯端末》 ── 動 自 クロイチゴ[キイチゴ]を摘む ‖ go ～*ing* クロイチゴを摘みに行く
　～·ing 名 U クロイチゴ[キイチゴ]摘み

bláck·bìrd 名 C〖鳥〗❶ (ヨーロッパ産の)クロウタドリ ❷ (米国産の)ムクドリモドキ

*****black·board** /blǽkbɔ̀ːrd/ 名 (複 **～s** /-z/) C 黒板(♦黒色のものだけでなく緑色のものにも用いる)(→ whiteboard) ‖ The new teacher wrote his name on the ～. 新任の教師は黒板に自分の名前を書いた / erase [OR clean off] the ～ 黒板を消す

bláck·bùck 名 C〖動〗ブラックバック《インド産のレイヨウ》

bláck·càp 名 C ❶〖鳥〗ズグロムシクイ ❷《米》〖植〗クロミキイチゴ

bláck·còck 名 C〖鳥〗クロライチョウの雄

bláck·cùrrant ⟨シ⟩ 名 C クロフサスグリ(の実)

black·en /blǽkən/ 動 自 黒く[暗く]なる
　── 他 ❶ …を黒く[暗く]する ❷ …を悪く言う，〔評判など〕を汚す ‖ ～ his name [image, reputation] 彼の名前[イメージ，評判]を汚す

blàck-éyed ⟨シ⟩ 形 目の黒い；目の周りが黒いあざになった
　▶▶**～ péa** [《英》**béan**] 名 C〖植〗ササゲ **～ Súsan** 名 C〖植〗オオハンゴンソウ《北米産. 黄色い花の中心部が黒っぽい》

bláck·fàce 名 C (minstrel show などで)黒人に扮(ふん)した芸人[歌手]；U 黒人扮装のメーキャップ

bláck·fìsh 名 (複 ~ OR ~·es /-ɪz/) C ❶〘動〙ゴンドウクジラ ❷ 各種の黒い魚 ❸〘魚〙クロウオ《アラスカやシベリアに産する淡水魚》

blàck flág 名 ❶ (the ~) 海賊旗 (Jolly Roger) ❷ C (自動車レースの)黒旗

blàck-flág 動 他 (黒旗を振って)…にピットインを命じる

bláck·flỳ 名 (複 ~ OR -flies /-z/) C ブヨの一種

Bláck·fòot 名 (複 ~ OR -feet) C ブラックフット族《北米先住民の一種族》; U ブラックフット語

black·guard /blǽgɑːrd/ 《発音注意》《旧》名 C 悪漢, ならず者; 悪口雑言を吐く者 ── 動 他 〔人〕を口汚くののしる **~·ly** 形 悪漢のような

bláck·hèad 名 C ❶ にきび ❷ 頭部の黒い鳥《カモ類など》❸ U (鶏などの)肝臓・腸などの病気

black·ing /blǽkɪŋ/ 名 U 黒くするもの《特に靴墨やストーブの黒色塗料》

black·ish /blǽkɪʃ/ 形 黒みがかった

bláck·jàck 名 C ❶《米》黒革で包んだこん棒《武器として使う》❷ 革製の大ジョッキ ❸ U《主に米》〘トランプ〙ブラックジャック, 21 (twenty-one)

bláck·lèg 名 C ❶《口》(トランプなどの)いかさま師; 《英俗》《けなして》スト破りをする人 ❷〘獣医〙黒脚症; 〘植〙(ジャガイモなどの)黒脚病

bláck·lìst 名 C ブラックリスト, 要注意人物の名簿
── 動 他 〔人〕をブラックリストに載せる

black·ly /blǽkli/ 副 黒く, 暗く; 陰気に; 怒って

*__bláck·màil__ 名 U ゆすり, 恐喝; 恐喝で巻き上げた金 ‖ use emotional ~ 心理的に恐喝する ── 動 他 〔人〕をゆする; 〔人〕を恐喝して〈…を〉させる〈**into**〉‖ He was *~ed into* handing over the documents. 彼は脅迫されて書類を手渡した **~·er** 名 C 恐喝者, ゆすり屋

black·ness /blǽknəs/ 名 U ❶ 黒さ; 暗黒, 闇(やみ) ❷ 腹黒さ, 陰険 ❸ 黒人であること

bláck·òut 名 C ❶ 停電, 消灯; (空襲に備えた)灯火管制 ❷ (舞台の)暗転 ❸ (一時的な)意識喪失 ❹ 報道管制 (media blackout)

Bláck·shìrt 名 C (イタリアのファシスト党の)黒シャツ党員

bláck·smìth 名 C 鍛冶(かじ)屋; 蹄鉄(ていてつ)工

blàck·strap molásses 名 U《米》廃糖蜜(とうみつ)

bláck·thòrn 名 C〘植〙(ヨーロッパ産の)リンボク (sloe); (北米産の)サンザシ

blàck tíe 名 ❶ C (タキシードにつける)黒い蝶(ちょう)ネクタイ ❷ U 男の夜の準正装 **blàck-tíe** 形《限定》(男が)準正装で出席する, セミフォーマルの (→ white-tie)

bláck·tòp《主に米》名 ❶ U アスファルト ❷ C アスファルト舗装道路 ── 動 他 〔道路〕をアスファルトで舗装する

blàck·wàter féver 名 U 黒水熱《一種のマラリア. 黒っぽい尿が出る》

blad·der /blǽdər/ 名 C ❶〘解〙袋状組織, 嚢(のう), (特に)膀胱(ぼうこう) ❷ (植物などの)気胞; (魚の)浮き袋

:blade /bleɪd/
── 名 (複 ~s /-z/) C ❶ (刀・ナイフの)**刃**, 刀身(♦ blade は刃全体. blade のものを切る部分は edge) ‖ razor *~s* かみそりの刃
❷ (道具の)偏平な部分; (オールの)水かき; (プロペラ・扇風機などの)羽根; (アイススケート靴の)刃, エッジ
❸ (草・麦などの)(刀身状の)**葉**; 〘植〙(葉柄 (petiole) を除く)葉身, 葉片 (→ leaf) ‖ in the ~ まだ葉の[穂の出ない]うちに ❹《文》刀剣 ❺《旧》《口》威勢のいい若者 ❻《豪・ニュージ》(羊毛の)刈り込みばさみ ❼ (~s)《米口》インラインスケート, (ローラー)ブレード ❽〘音声〙舌端《舌先 (tip) の直後の平らな部分》❾〘考古〙石刃《整形してナイフ形石器を作る剝片》
── 動 自《米口》インラインスケート[(ローラー)ブレード]で滑る
▸▸ **~ PC** 名 C ブレードパソコン

blad·ing /bléɪdɪŋ/ 名 U インラインスケートをすること

blag /blæg/ 動 他《英口》ねだって〔物〕をもらう

blah /blɑː/《米口》形 ❶ ばかげた, くだらない, つまらない ‖ The book was pretty ~. その本はちっとも面白くなかった ❷ 気分がすぐれない, 疲れ気味の
── 名 U 憂うつでげんなりすること, 不機嫌

bláh, bláh, bláh 《口》…とか何とか, ああだこうだ(と)(♦ どうでもよいようなこと, みんながすでに知っているようなことで, 第三者に対しその引用を省略するときの表現) ‖ They argued ~, ~, ~ about the budget for hours. 彼らは予算のことを何時間もくだくだと議論した

Blake /bleɪk/ 名 **William ~** ブレイク (1757–1827)《英国の詩人・画家》 **Blák·ean** 形

blam·a·ble /bléɪməbl/ 形 非難すべき, とがめられるべき **-bly** 副

:blame /bleɪm/ 中心義 **(過失などの)責任を負わせる**
── 動 (~s /-z/; ~d /-d/; blam·ing) 他 ❶ **a** (+目)〈過失などを〉〔人〕の**せいにする**〈**for**〉‖ You always ~ me when things go wrong. 物事がうまくいかないと君はいつも僕を責めるんだね / He *~d* himself *for* her suicide. 彼は彼女が自殺したのは自分の責任だとした
b (+目+**on** 名)〔過失など〕の責任を…に負わせる ‖ Our boss *~d* the accident *on* us. 上司はその事故を我々のせいにした
❷ 〔人〕を〈…のことで〉とがめる, 非難する〈**for**〉(accuse ... of) (↔ praise) (⇨ CRITICIZE 類語) ‖ The teacher *~d* me *for* neglecting my duty. 先生は義務を怠ったことで私をとがめた

be to bláme 〈…に対して〉責任がある, 悪い, せいだ〈**for**〉‖ He *is to* ~ *for* [×about] this loss. (=He is to be ~d for this loss.) この損失は彼に責任がある / Don't apologize. It's clear that no one *is to* ~. 謝らないでいいよ. だれのせいでもないのははっきりしているのだから

「***ónly hàve*** [OR ***hàve ónly gòt***] ***onesèlf to bláme*** 悪いのは自分自身だ, 自業自得だ

COMMUNICATIVE EXPRESSIONS

1 **Dón't blàme mé** (for your òwn fáilure). (自分の失敗を) 私のせいにしないで (♥ 文句を言う相手に対して,「こちらの責任じゃないから責めるのはお門違いだ」という意味合いで用いることが多い.「責めるのはお門違い」というニュアンスを強く出すときは me に強勢を置いて発音)

2 "I cóuldn't fínish the tásk." "**I dòn't bláme** you. It was wáy tòo múch to dèal with alóne." 「課題を終えられませんでした」「無理もないよ, ひとりで取り組むにはあまりに大変すぎたんだ」(♥「やむを得ないことなので責めない」という同情を表す. =Who can blame you?)

── 名 U ❶ 〈過失などの〉**責任**〈**for**〉(♦ my blame のように所有格をつけて用いることは不可. したがって「それは私の責任だ[せいだ]」という場合には I am to blame. あるいは It's my fault. とする) ‖ The mayor took the ~ *for* the scandal and resigned. 市長はそのスキャンダルの責任をとって辞職した / lay [OR put, place] the ~ *for* an accident on ... …に事故の責任を負わせる, 事故を…のせいにする ❷ 非難, とがめ ‖ get the ~ 非難される
▸▸ **~ gàme** 名 C 責任のなすり合い

blame·less /bléɪmləs/ 形 非の打ち所のない, 罪のない **~·ly** 副 **~·ness** 名

bláme·wòrthy 形 非難されるべき, 責められるべき **-wòrthiness** 名

blanch /blæntʃ | blɑːntʃ/ 動 他 ❶ (光を当てずに)〔セロリなど〕を白く育てる ❷ 〔野菜など〕を湯がく, 湯通しする ❸ …を白くする, 漂白する ❹ (恐怖・寒さなどが)…を青ざめさせる ── 自 青ざめる; 白くなる ‖ ~ with horror 恐怖に青ざめる

blanc·mange /bləmɑ́ːndʒ | -mɔ́ndʒ/ 名 U C ブラマンジェ《ゼリー状の白い菓子》(♦ フランス語より)

*__bland__ /blænd/ 形 (~·er, more ~; ~·est, most ~) ❶ 個性のない, 興味を引かない, 味気ない; 当たり障りのない ‖ ~ comments 当たり障りのないコメント ❷ (食べ物が) 味のない, 風味の乏しい, 薄味の ‖ a ~ diet 薄味の食品 ❸ (物腰・言葉などが) 当たりのやわらかい, 穏やかな ‖ a ~

B

expression 穏やかな表情 **~·ly** 副 **~·ness** 名

blan·dish /blǽndɪʃ/ 動 《堅》 他 〔人〕の機嫌をとる, 〔人〕を甘言でだます ━自 お世辞を言う **~·er** 名

blan·dish·ment /blǽndɪʃmənt/ 名 C 《しばしば ~s》《堅》お世辞

***blank** /blæŋk/ 形 (**~·er** ; **~·est**) ❶ **無表情の**, うつろな, まごついた, 困った ‖ The students looked ~ at the sudden change of pace. 生徒たちは急激な進度の変化にまごついたようだった / Her mind had gone perfectly ~. 彼女は全く何も思い出せなかった
❷ **白紙の**, 空白の ; (書類などが)未記入の ; (テープが)録音[録画]されていない ; (フロッピーディスクなどが) 空の ‖ a ~ page 白紙のページ / a ~ space in a crossword puzzle クロスワードパズルの空白の枠 / a ~ form 未記入の用紙 / a ~ DVD 何も記録されていないDVD / go ~ (画面などが)何も映さなくなる ❸ つまらない, 無味乾燥な ❹ がらんとした ; (壁が)窓[戸, 飾り]がない ‖ a ~ wall 窓や戸のない壁 ❺ 《比較なし》《限定》全くの, 純然たる ‖ a ~ rejection 頭からの拒絶 / ~ stupidity 全くの愚かさ ❻ (鍵(かぎ)・貨幣などが)型をとっただけの, 打刻する前の
━名 (複 **~s** /-s/) C ❶ **空白**, 余白 ‖ Put an appropriate word in the ~. 空所に適語を入れよ / fill in [OR out] a ~ 空所を埋める / in ~ (記入箇所が)空白のままで ❷ 《米》書式, 書き込み用紙 (《英》 form) ‖ a telegraph ~ 電報発信紙 ❸ 《単数形で》(心の)空白, 空虚, うつろ, 空白の期間 ‖ Her absence left a ~. 彼女がいなくなってむなしかった / a long ~ in his career 彼の経歴中の長い空白の期間 ❹ 空砲 ❺ 空くじ ‖ draw a ~ 空くじを引く ❻ 〖弓術〗的の中心 (bull's-eye) ; 目的 ❼ (鍵・貨幣などの) 型をとっただけの金属片 ❽ (文字の省略や脱落を示す) ダッシュ ‖ Mrs. ― 某夫人(♦ Mrs. Blank と読む)

****dràw a blánk*** ① ⇨ 名 ❺ ② 試みに失敗する, (求めるものを)得られない, 見つけられない, 思い出せない, 答えられない ‖ I've just *drawn a* complete ~ on his name. 彼の名前がとんと思い出せません

fíre [OR ***shòot***] ***blánks*** 《通例進行形で》《戯》(精液に精子が含まれておらず)生殖能力がない

COMMUNICATIVE EXPRESSIONS

1 **Fill ìn the blánks.** ① 空欄を埋めよ ② その他 [その後]のことは考えればわかるでしょ ; 言わなくても予測できるでしょ(♥ ① から転じて「前出の情報から結論・結果を推察してください」の意)

━動 (**~s** /-s/ ; **~ed** /-t/ ; **~·ing**) 他 ❶ 《英口》〔人〕を無視する, 知らん顔をする ❷ 《米》〔相手〕に得点を与えない
━自 急に思い出せなくなる, 頭が真っ白になる《***out***》

blànk óff ... / ***blànk ... óff*** 〈他〉…を遮断[閉鎖]する

blànk óut 〈他〉(***blànk óut ...*** / ***blànk ... óut***) ① …を見えなくする, 遮る ② …を抹消する ③ …を完全に忘れる, 消し去る ━〈自〉(一時的に)記憶を失う(→ 自)

~·ly 副 ぼんやりと, うつろに ; きっぱりと **~·ness** 名

▸▸ **~ cártridge** 名 C 空砲 **~ chéck** [《英》 **chéque**] 名 C ① 白紙小切手 《金額の書かれていない小切手》 ② (無制限の) 行動の自由 ‖ give him a ~ *check* 彼に全権を与える **~ vérse** 名 U 〖韻〗無韻詩 《弱強5歩格の脚韻のない詩》

***blank·et** /blǽŋkət | -ɪt/ 名 (複 **~s** /-s/) C ❶ 毛布 ; (動物にかける) 覆い ‖ an electric ~ 電気毛布 / under a ~ 毛布をかけて ❷ 一面に覆うもの ‖ a ~ of snow 一面の雪 / in a ~ of neglect 全く無視されて ❸ 〖印〗(オフセット印刷の) ブランケット 《刷版から紙に印刷画像を転写するためのゴム製クッション》

━形 《比較なし》《限定》(法令などが)全体に通じる, 総括的な, 一律の (♥ 一切例外がないことを強調する) ‖ a ~ bill 総括的な議案 / a ~ wage raise 一律の昇給

be bòrn on the wròng sìde of the blánket 《英》《旧》非嫡出子として生まれる

━動 (**~s** /-s/ ; **~·ed** /-ɪd/ ; **~·ing**) 他 ❶ …を(毛布状のもので) 一面に覆う (♦ しばしば受身形で用いる) ‖ All the houses were ~*ed* in snow. 家々はすべて雪に覆われていた ❷ …を覆い隠す ; 〔音など〕を遮る ❸ (法令などが) …に一律に適用される ❹ 〖海〗〔ほかの船〕の風上に出て風を遮る, …を妨害する

語源 「白いもの」の意の古フランス語 *blanchet* から. 毛布は初め白い羊毛地で作られた. blank と同語源.

▸▸ **~ bàth** 名 C 《英》(病人の体を) ベッドに寝かせたまま洗うこと (《米》 sponge bath) **~ bòmbing** = carpet bombing **~ fìnish** 名 《英》(何名かが一緒になった) きわどいゴール **~ stìtch** 名 C U 毛布のへりのかがり方

blank·e·ty-blank /blǽŋkɪṭiblǽŋk/ 形 《限定》《口》いまいましい(♦「―」で示すべき damned, bloody などの代用語. 単に blankety ともいう)

blare** /bleər/ 動 自 (らっぱなどが)鳴り響く《out***》
━他 …を鳴り響かせる ; …を大声で宣言する《***out***》
━名 C 《単数形で》(らっぱなどの)鳴り響く音

blar·ney /blɑ́ːrni/ 《口》 名 U お世辞, おべっか
━動 他 自 (…に)お世辞を言う, (…を)口車に乗せる (♦ アイルランドの Blarney 城の石 Blarney Stone にキスをするとお世辞がうまくなるという伝説から)

bla·sé /blɑ̀ːzéɪ | ˊ-ˊ-/ 形 歓楽に飽きた, 感動を忘れた

blas·pheme /blæsfíːm/ 動 他 ❶ 〔神聖なもの〕を冒瀆(ぼうとく)する ❷ …をののしる ━自 冒瀆する **-phém·er** 名

blas·phe·mous /blǽsfəməs/ 形 不敬な, 冒瀆的な **~·ly** 副

***blas·phe·my** /blǽsfəmi/ 名 (複 **-mies** /-z/) U (神への)冒瀆, 不敬 ; C 冒瀆的な言動

***blast** /blæst | blɑːst/ 名 (複 **~s** /-s/) C ❶ 突風, 一陣の風 (⇨ WIND[1] 類語) ‖ A ~ of hot air struck me when I went out of the building. 建物から出ると一陣の熱風が襲ってきた / the icy ~ of winter 冬のいてつくような突風 / at a [OR one] ~ ひと吹きで ; 一気に ❷ 爆発, 爆破, 発破 ; 爆風 ; (1回分の) 爆薬 ‖ Twelve people died in the ~. その爆発で12人が死んだ / a nuclear ~ 核爆発 / set off a ~ 爆発させる ❸ (楽器・警笛・笛などの)ひと吹き, **けたたましい音** ‖ The referee gave a long ~ on his whistle. レフェリーがぴーっと長く笛を吹いた ❹ 《口》叱責(しっせき), 批判, 非難(♦ 特に新聞で使われる) ‖ He didn't issue any ~ against his men. 彼は部下に対してしかることは全くなかった / get a vicious ~ from ... …から意地の悪いしかりを受ける ❺ 《a ~》《俗》愉快な時間, 乱恥気騒ぎ ; 大パーティー ‖ I had quite a ~ last night. 夕べはとても楽しかった ❻ 《米口》メールで一斉配信される広告[情報]

a blàst from the pást 《口》突然昔を懐かしく思い出させるもの

*(***at***) ***fùll blást*** 最大出力で, フル回転で ; (ラジオなどが)最大音量で

━動 (**~s** /-s/ ; **~·ed** /-ɪd/ ; **~·ing**) 他 ❶ …を爆破する, 破壊する ; 〔トンネル・道・穴など〕を爆破して作る ‖ The explosion ~*ed* out the windows. その爆発で窓が全部壊れた / His left leg was ~*ed* off by a land mine. 彼の左脚は地雷で吹き飛ばされた / ~ a tunnel through the mountain 発破を仕掛け山にトンネルを作る
❷ 〔警笛など〕を大きい音で鳴らす ; (ラジオ・スピーカーなどが) …の大きな音を出す《***out***》 ‖ ~ a horn 警笛を鳴らす
❸ 〔水・空気など〕を強く吹きつける ; …に〈水・空気などを〉強く吹きつける〈**with**〉 ❹ 《英口》…を呪(のろ)う ; 《間投詞的に》畜生 (♥ いら立ちを示す) ‖ *Blast* (it)! 畜生 ; しまった / *Blast!* Where did I put those glasses? 畜生, あの眼鏡どこへやったんだ / Hurry up, ~ you! ぐずぐずするな, この野郎 ❺ 《口》…を厳しく批判する〈**for** …のことで ; **as** …として〉 ❻ 《文》〔植物〕を駄目にする, 枯れさせる ; 〔希望・計画など〕を台無しにする (♦ しばしば受身形で用いる) ‖ All the buds were ~*ed* by the frost. つぼみが全部霜にやられた ❼ …を(強く)打つ, ける
━自 ❶ 爆発する, 発破をかける ❷ けたたましい音を立てる《***out***》 ❸ 厳しく批判する ❹ 枯れる, しおれる ; 台無しになる

blàst awáy 〈自〉① (銃が)〈…に向けて〉連射される；(人が)〈…に〉連射する，撃ちまくる〈**at**〉② 大きい音を出す ③ 《米》〈…を〉厳しく批判する[しかりつける]〈**at**〉

＊***blàst óff*** 〈自〉打ち上げられる，発射される —〈他〉《***blàst óff ...*** / ***blàst ... óff***》① (爆発で)…を吹き飛ばす (→ 他 ❶) ② …を打ち上げる

▶▶**～ fùrnace** 名 C 溶鉱炉，高炉 **～ing càp** 名 C (爆破用)雷管

blast·ed /blǽstɪd | blɑ́ːst-/ 形 ❶《限定》《口》いまいましい ❷《限定》《文》枯れた，損なわれた ❸《叙述》《口》酔っぱらった —副 いまいましく，ひどく

blas·to·cyst /blǽstəsɪ̀st/ 名 C 〖生〗(哺乳(ほにゅう)類の)胚盤(はいばん)胞《受精直後の卵割期を終えた胚》

＊**blást-òff** 名 U (ロケットなどの)発射，打ち上げ

blas·tu·la /blǽstʃələ | -tjʊ-/ 名 (複 **～s** /-z/ OR **-lae** /-lìː/) C 〖発生〗胞胚

blat /blæt/ 《主に米口》動 (**blat·ted** /-ɪd/；**blat·ting**) 自 (羊・子牛が)鳴く(bleat)，(羊・子牛のような)声を出す —他 …を騒々しくしゃべる —名 C 羊や子牛の泣き声

bla·tant /bléɪtənt/ 形 ❶ 紛れもない，露骨な ‖ a ～ lie 見えすいたうそ ❷《文》やかましい，耳障りな

-tan·cy 名 **～·ly** 副

blath·er /blǽðər/ 《口》名 U たわごと，ばか話 —動 自 (くだらないことを)しゃべる

blax·ploi·ta·tion /blæ̀ksplɔɪtéɪʃən/ 名 U ブラックスプロイテーション《映画などで決まりきった役柄の黒人を演じさせること》

＊**blaze**[1] /bleɪz/ 名 (複 **blaz·es** /-ɪz/) C 《通例単数形で》❶ 炎，火炎 (⇨ 類語)；大火事，大火災 ‖ We had a good ～ with dry wood. 乾いたまきでいいたき火をした / put out the ～ 火を消す / in a ～ 一面火の海で ❷ 〈…の〉強い輝き，ぎらぎらした輝き；燃えるような色彩〈**of**〉‖ a ～ *of* sunshine [jewels] 太陽 [宝石] の輝き / The rose garden is a ～ *of* color now. 今バラ園は色とりどりに輝いている ❸ 華々しさ，目覚ましさ ‖ in a ～ of publicity 非常に注目を浴びて / in a ～ of glory 華々しい栄光の下に ❹ (銃の) 連射 ‖ a ～ of machine gun fire 機関銃の連射 ❺ 〈感情などの〉発露，ほとばしり，激発〈**of**〉‖ a sudden ～ *of* anger 突然の怒りの爆発 ❻《～s》《口》地獄(♥ hell の婉曲語. 怒り・不満・驚きなどを表す) ‖ Why [What, Who] the ～*s* ...? 《口》一体全体どうして[何が，だれが]…

Gò to blázes! 《口》くたばっちまえ

like blázes 《口》猛然と，力いっぱい；速やかに

—動 自 ❶ (火が)炎を上げて燃える；炎上する(flare up) ‖ A good fire is *blazing* in the hearth. 炉で火がよく燃えている ❷〈…で〉きらきらと[こうこうと] 輝く〈**with**〉；(太陽が) ぎらぎら照りつける《***down***》‖ The sun ～*d* *down* on the beach. 浜辺では太陽がぎらぎら輝いていた ❸ (人・目などが)〈怒りに〉燃える〈**with**〉，かっとなる《***up***》‖ Her eyes ～*d* *with* anger. 彼女の目は怒りに燃えた ❹ 銃を撃ちまくる《***away***》；(銃が)弾丸を連続して発射する ❺《口》栄光に輝く ‖ He ～*d* to a gold medal. 彼は金メダルを獲得した —他〔ボール〕を力強く打つ，かっ飛ばす

blàze awáy 〈自〉① ⇨ 自 ❹ ②《米口》しゃべりまくる ③ 〈…に〉精を出す〈**at**〉

blàze úp 〈自〉① 燃え上がる ② ⇨ 自 ❸

類語《名 ❶》**blaze** 勢いよく強烈な光と熱を出す炎.
flame 強烈さに関係なく炎を意味する一般的な語.〈例〉a match *flame* マッチの炎
flare 特に暗い中で突然ぱっと燃え上がる炎.

blaze[2] /bleɪz/ 名 C ❶ (木の樹皮をはいでつけた) 目印 ❷ (牛や馬の顔の)白斑(はくはん) —動 他〔木・道〕に(樹皮をはいで)目印をつける

blàze a [OR ***the***] ***tráil*** [OR ***wáy, páth,*** etc.] 先鞭(せんべん)をつける

bláz·er 名 C 先鞭者，先達

blaze[3] /bleɪz/ 動 他 (新聞などが)〔ニュース〕を〈…の至る所に〉センセーショナルな方法で伝える〈**across, all over**〉

blaz·er /bléɪzər/ 名 C ブレザー(コート)

blaz·ing /bléɪzɪŋ/ 形 ❶ 非常に暑い ❷ (議論などが) 白熱した

bla·zon /bléɪzən/ 名 C ❶〖紋章〗紋章の記述 ❷ 誇示 —動 他 ❶ ＝blaze[3] ❷〖紋章〗〔紋章〕を〈…に〉紋章学的に描く〈**on, across, over**〉 **～·ment** 名

blá·zon·ry /-ri/ 名 U ❶ 紋章の記述；紋章 ❷《文》美装，美観

bldg. 略 building

＊**bleach** /bliːtʃ/ 動 他〔髪・布など〕を漂白する，さらす；…からしみを抜く，…を脱色する；(太陽が)…をあせさせる，白くする —自 白くなる，色があせる —名 U C 漂白剤；漂白，しみ抜き ▶▶**～ing pòwder** 名 U さらし粉

bleach·er /blíːtʃər/ 名 C ❶ 漂白剤；漂白用の容器 ❷《～s》《主に米》(競技場の)屋根のない観覧席，ベンチ席

＊**bleak**[1] /bliːk/ 形 (**～·er**；**～·est**) ❶ (状況が)希望のない，暗い，気のめいるような ‖ Everything looks hopeless and ～. 何もかもが夢も希望もなさそうだ / a ～ future 暗い将来 ❷ (場所が) 吹きさらしの，荒涼とした ‖ the ～ regions of the North 北方の荒涼とした地域 ❸ (天候が)寒々とした ‖ a ～ wind 身を切るような風 ❹ (人・表情が)冷たい，近づき難い

～·ly 副 寒々と，わびしく **～·ness** 名 U わびしさ

bleak[2] /bliːk/ 名 C 〖魚〗ブリーク《ヨーロッパ産のコイ科の淡水魚. うろこが人工真珠の原料になる》

blear /blɪər/ 動 他 ❶ (涙・炎症などが) 目をかすませる ❷《古》…(の輪郭)をぼやけさせる(blur) —形《古》(目が涙で)かすんだ；(輪郭の)ぼやけた

blear·y /blɪ́əri/ 形 ❶ (眠気などで)目がかすんだ ❷ (輪郭の)ぼやけた **bléar·i·ly** 副 **bléar·i·ness** 名

blèary-éyed ⟨シ 形 目のかすんだ

bleat /bliːt/ 動 自 ❶ (羊・ヤギ・子牛が) 鳴く ❷〈…のことを〉弱々しい声で話す〈**on, about**〉；《口》めそめそ泣き言を言う —他 (羊の鳴き声のように)…を弱々しい声で話す《***out***》—名 C ❶《単数形で》(羊・ヤギ・子牛の)鳴き声(に似た音声) ❷ 弱々しい声；《口》愚痴

bled /bled/ 動 bleed の過去・過去分詞

＊**bleed** /bliːd/ 動〔◁ blood 名〕(**～s** /-z/；**bled** /bled/；**～·ing**) 自 ❶ (人などが)(けが・病気で)〈…から〉出血する，血が出る〈**from, at**〉；(傷口などが) 出血する ‖ She was ～*ing from* the nose.＝Her nose was ～*ing*. 彼女は鼻血を出していた / ～ to death 出血多量で死ぬ ❷〈…のことで〉ひどく苦しむ[悲しむ，哀れむ]〈**for**〉❸ (染料が)にじむ，にじみ出る ❹〖印〗(イラストなどが)裁ち落とし[裁ち切り]になる ❺ (植物が) 樹液を出す ❻〈…に対して〉法外な料金を支払う，金を絞られる〈**for**〉

—他 ❶〔人〕から血を採る，〔人〕に瀉血(しゃけつ)を施す《昔の治療法》❷〔液体・空気〕を抜く；…から液体[空気]を抜く；〔樹液〕を採る ‖ ～ a radiator ラジエーターから水を抜く / ～ air from tires タイヤから空気を抜く ❸《口》〔人〕から〈金などを〉ゆすりとる，搾り取る〈**for**〉‖ He *bled* her *for* every penny. 彼は彼女のわずかな金をすべて搾り取った ❹〖印〗〔イラストなど〕を裁ち落としにする

blèed a pèrson drý [OR ***white***] 〔人〕から金[精力など]を搾れるだけ搾り取る

My heart bleeds for ... ⇨ HEART(CE 2)

—名 C ❶ 出血 ❷〖印〗裁ち落とし，裁ち落としになった部分 ❸ U にじむこと

bleed·er /blíːdər/ 名 C ❶《口》出血しやすい人，(手術時の)出血している血管；血友病患者 ❷ ⊗《英口》《蔑》(いやな)やつ ❸《俗》〖野球〗ラッキーなヒット

bleed·ing /blíːdɪŋ/ 形《英俗》出血している；ひどい，いまいましい(♥ bloody の婉曲語) —副《英俗》ひどく

—名 U 出血 ▶▶**～ édge** (↓) **～ héart** 名 C ①《口》《けなして》やたらと同情する人 ②〖植〗ケマンソウの類

blèeding édge 名《通例 the ～》超最先端《cutting edge よりもっと新しい》 **blèeding-édge** 形

B

bleep /bliːp/ 名 動 =beep

bleep·er /blíːpər/ 名 C 《英》ポケットベル

blem·ish /blémɪʃ/ 動 他 …に傷をつける, …を汚す, 損なう
—名 C ❶ 汚れ, 傷 ❷ 欠点, 汚点

blench¹ /blentʃ/ 動 自 しり込みする, たじろぐ

blench² /blentʃ/ 動 他 自 《主に英方》=blanch

***blend** /blend/ 動 (~s /-z/ ; ~·ed /-ɪd/, 《文》**blent** /blent/ ; ~·ing) 他 ❶ …を〈…と〉よく混ぜる, 混ぜ合わせる〈**with**〉(⇨ MIX 類語) ‖ The children learned that ~*ing* blue and yellow makes green. 子供たちは青と黄を混ぜると緑になることを知った / ~ the butter *with* the sugar バターを砂糖とよく混ぜる ❷ …を〈…と〉うまく溶け合わせる, 調和させる〈**with**〉‖ He ~*ed* the Japanese way of cooking *with* the Italian one. 彼は日本的な調理法とイタリアの調理法を融合させた ❸ 《通例受身形で》(紅茶・ウイスキーなどが)ブレンドされる
—自 ❶ 〈…に〉溶け合う, 混ざり合う, 溶け込む《*in*》〈**with, into**〉‖ Oil and water will not ~. =Oil will not ~ *with* water. 油と水は混ざらない / They ~*ed* readily *into* the pattern of American life. 彼らは難なくアメリカの生活パターンに溶け込んだ ❷〈…に〉似合う, 釣り合う, 〈…と〉調和する《*in*》〈**into, with**〉‖ The curtains will ~ *in with* the carpet. そのカーテンはじゅうたんと調和するだろう
***blènd ín** 〈他〉《**blènd ín ... / blènd ... ín**》…を入れて混ぜ合わせる ; 〔新しいもの〕を〈周囲と〉よく調和させる〈**with**〉 —〈自〉⇨ 自 ❶, ❷
—名 C ❶ (紅茶・たばこ・ウイスキーなどの)ブレンドした[混合した]もの ; 混ぜること, 混成, 混合 ‖ the ~ of seriousness and humor まじめさとユーモアの混じり合ったもの ❷ 〘言〙混成語 (motel < *motor* + hotel など)
▸▸ **~ed fámily** 名 C 混合家族《再婚した夫婦とその前の結婚でできた子供とからなる家族》

blende /blend/ 名 U 〘鉱〙閃(せん)亜鉛鉱

blend·er /bléndər/ 名 C 混ぜ合わせる人[機械] ; ミキサー(《英》liquidizer) ▸▸ **~ jàr** 名 C 《米》ミキサーのつぼ《上部の液体を入れる部分》

Blen·heim /blénɪm/ 名 ❶ ブレニム (ドイツ語名 Blindheim)《ドイツ南西部ドナウ川に臨む村. 英国の Duke of Marlborough が1704年フランス軍に大勝した地》❷ (=**~ spàniel**)〘動〙ブレニム《スパニエル犬》

blen·ny /bléni/ 名 (複 **-nies** /-z/) C 〘魚〙ギンポの類

blent /blent/ 動 《文》blend の過去・過去分詞の1つ

bles·bok /blésbɑ̀(ː)k | -bɔ̀k/, **-buck** /-bʌ̀k/ 名 C 〘動〙ブレスボック《アフリカ南部産のレイヨウ》

:bless /bles/ 中心義 **恩恵を与える**
—動 (~·es /-ɪz/ ; ~**ed** /-t/ OR **blest** /blest/ ; ~·**ing**)
—他 ❶ **a** 《+目+**with** 名》(神・超越的力などが)…に…をもたらす, **与える**, 恵む ‖ Nature ~*ed* the morning *with* fine weather. その日の朝は好天に恵まれた
b 《受身形で》〈…に〉恵まれる〈**with**〉‖ They were ~*ed* *with* a third daughter. 彼らは3人目の娘に恵まれた
❷ 〔神〕を賛美する, 褒めたたえる ; …に〈…のことで〉感謝する〈**for**〉‖ *Bless* the Lord. 主を賛美せよ / She ~*ed* him *for* his help. 彼女は彼の援助に感謝した
❸ (聖職者が)〔人〕のために神の恵み[加護]を祈る, …を祝福する ‖ The priest ~*ed* the whole congregation. 司祭は会衆一同を祝福した
❹ (宗教的儀式で)…を神聖なものにする, 清める ‖ ~ a new chapel 新しくできた礼拝堂を清める ❺ 《反語的に》…を呪(のろ)う ‖ I'm ~*ed* if I know! そんなこと知るもんか
God bless ... ⇨ GOD(成句)
(*Gòd*) *blèss my sóul!* : *I'll be bléssed.* 《旧》《口》おやまあ, わあ大変だ(♥ 驚き・憤りなどを表す)
(*Gòd*) *bléss you! 《口》① あなたに神様のお恵みがありますように ② (くしゃみをした人に) お大事に (♥ 言われた側は "Thanks!"などと答える) ③ ありがとう
(*Gòd*) *bléss you* [*him, her, them*]! 《口》ありがたい ; よくやったね(♥ 感謝・愛情・幸運を示す)

***bless·ed** /blésɪd, blest/ 《発音注意》形 ❶ 《しばしば B-》聖なる, 神聖な ; (神の)祝福を得た ; 〘カト〙福者の列に加えられた ‖ the *Blessed* Trinity 三位一体 ❷ 幸せな, 至福の ❸ 《限定》至福をもたらす, ありがたい, うれしい ‖ ~ ignorance 知らぬが仏 ❹ 《限定》《口》いまいましい(♥ 軽いいら立ちを表す. 強意語としても用いられる) ‖ No one gave us a ~ penny. 我々にただの1ペニーでもくれる人はいなかった / This ~ fire keeps going out. この火のやつ消えてばかりいる ❺ 《the B- で集合名詞的に》《複数扱い》天国で暮らす人たち ; 〘カト〙福者
~·ly 副 幸いなことに, ありがたいことに (は) **~·ness** 名 U 幸福, 至福 ‖ in single ~ 《戯》独身で
▸▸ **Blèssed Sácrament** 名 《the ~》〘教〙聖餐(せいさん)のパン, 聖体 (Eucharist) **Blèssed Vìrgin Máry** 名 《the ~》聖処女マリア

***bless·ing** /blésɪŋ/ 名 ❶ C (神の)恵み, ありがたいこと[もの] (↔ disadvantage) ‖ A disposable pocket warmer is a great [OR real] ~ in cold weather. 寒いときには使い捨てのかいろは何よりもありがたい / It was a ~ that they were all rescued. 彼らがみな救出されたのはよかった ❷ U 是認, 支持 (↔ disapproval) ‖ He will give his ~ to the young couple's marriage. 彼は若い2人の結婚に賛成するだろう / with his ~ 彼の支持を得て ❸ U/C 《通例単数形で》神の恵み, 加護 ‖ ask for God's ~ 神の加護を求める ❹ C 祝福, 祝禱(しゅくとう) ; (食前・食後の) 感謝の祈り (grace) ‖ give [OR say] a ~ 祈りをささげる
a blèssing in disguíse 一見不幸なことに見えるが実は幸運なこと(と後でわかるもの)
còunt one's bléssings (悪い面ばかり見ずに今の生活の)よい面を認める, 感謝する

COMMUNICATIVE EXPRESSIONS
1 **With my blessing.** いいですよ(♥ 同意・承諾を表す)

blest /blest/ 動 bless の過去・過去分詞の1つ
—形 =blessed

bleth·er /bléðər/ 名 動 =blather

***blew** /bluː/ (♦ 同音語 blue) 動 blow² の過去

blight /blaɪt/ 名 U ❶ 〘植〙胴枯れ病 ❷ (植物の病気の)病原《害虫・病原菌など》❸ C 破滅[失敗]の原因 ; (希望などを)くじくもの ❹ (都市などの)荒廃, スラム化
—動 他 ❶ 〔植物〕を枯らす ❷ …を破滅させる ; 〔希望など〕をくじく

blight·er /bláɪtər/ 名 C 《英口》《旧》《けなして》(いやな)やつ ‖ You lucky ~! 君はラッキーなやつだ

bli·mey /bláɪmi/ 間 《英口》おや, しまった, とんでもない(♦ God blind me! から)

blimp /blɪmp/ 名 C ❶ 軟式小型飛行船, 阻塞(そさい)気球 (barrage balloon) ❷ 《米》太った人 **~·ish** 形

Blimp /blɪmp/ 名 =Colonel Blimp

blin /blɪn/ 名 (複 **bli·ni**, **-ny** /blíːni/, **bli·nis** /blíːniz/) C 〘料理〙ブリヌイ《ロシアのパンケーキ》

:blind /blaɪnd/ 中心義 **見えない** (★視覚がかかわるものに限らず, 「先行き」など抽象的なものについても用いる)

> 形 **目の見えない❶ 気づかない❷ 無計画の❸ 見通しのきかない❹**
> 名 **ブラインド❶**

—形 (~·er ; ~·est)
❶ 《比較なし》**目の見えない**, 目の不自由な (↔ sighted) (♥ visually impaired とする方が好ましい. → deaf, dumb) ; 《限定》目の不自由な人のための ; 《the ~ で集合名詞的に》《複数扱い》目の不自由な人たち ‖ The dog is ~ in one eye. その犬は片目が見えない / Though she'd gone ~ at 15, she continued running. 彼女は15で失明したが, その後も走り続けた / ~ with fury [tears] 怒り[涙]で目が見えない / a school for the ~ 盲学校

❷《叙述》〈…に〉気づかない, 〈知っているべきことを〉知ろうとしない (↔ aware)〈to〉‖ He is **totally** ~ *to* her faults. 彼は彼女の欠点がまるで見えない
❸《通例限定》準備[予備知識]なしの, **無計画の**；理性を失った, 盲目的な, 盲従的な ‖ a ~ purchase 衝動買い / ~ faith 盲信 / be in a ~ rage [OR panic] 八つ当たりをする / act on ~ impulse 盲目的な衝動に駆られて行動する
❹ **見通しのきかない**[悪い], 外から見えない ‖ a ~ corner 見通しの悪い曲がり角 / a ~ seam 見えない縫い目
❺ (実験・試験が)情報を伏せて行う, ブラインドの(↔ open) ‖ I identified 7 of 10 wines at a ~ tasting. ワインのブラインドテイスティングで10銘柄のうち7つを当てた
❻〖空〗(飛行が)無視界の, 計器だけによる ‖ ~ flying 計器飛行
❼ 窓のない；行き止まりの ‖ a ~ wall [building] 窓のない壁[建物] ❽〖植〗つぼみ[花, 果実]をつけない ‖ a ~ bud 開花しないつぼみ
(as) blind as a bat ⇨ BAT[2](成句)
nòt a blínd bìt of ... 《英口》少しの…もない, 少しも…ない
turn a blind eye ⇨ EYE(成句)
—動 (**~s** /-z/；**~·ed** /-ɪd/；**~·ing**) 他 ❶ …を盲目にする, …(の目)を見えなくする；(一時的に)…の目をくらます ‖ He was ~*ed* in an accident. 彼は事故で失明した / The sunlight ~*ed* my eyes. 日光で目がくらんだ
❷ **a** 《+目》〔人〕の判断を狂わせる, …を惑わす ‖ The judge was ~*ed* by prejudice. 判事は偏見にとらわれていた **b** 《+目+**to** 名》〔人〕に…を見えなくする ‖ My love for him ~*ed* me *to* his faults. 愛しているがため私には彼の欠点が見えなかった
blind a pèrson with scíence 専門用語[知識]を振りかざして〔人〕をけむに巻く
—名 (複 **~s** /-z/) C ❶ **ブラインド**, 日よけ, 目隠し(♦《英》では特に巻き上げ式のもの(roller blind, 《米》(window) shade)を指す. 板すだれ型のものは特に Venetian blind という) ‖ adjust a ~ ブラインドを調整する / draw a ~ ブラインドを下げる[閉める] / raise [lower] a ~ ブラインドを上げる[下げる] ❷《単数形で》ごまかし, 口実, 目をくらますもの ❸《米》(ハンターや生態観察者の) 隠れ場 (《英》hide) ❹《英俗》どんちゃん騒ぎ, 飲み会
—副 ❶〖空〗無視界で, 計器だけで ‖ fly ~ 計器飛行する ❷ 意識をなくすほどに ‖ get ~ drunk すっかり酔いつぶれる ❸ むやみやたらに, よく考えずに ‖ work ~ やみくもに働く / buy a thing ~ ものをよく確かめないで買う ❹ 完全に, すっかり
swear blind (that) ... 《英口》⇨ SWEAR(成句)
▸▸**~ álley** 名 C ① 袋小路, 行き止まり ② 行き詰まり **~ dáte** 名 C ブラインドデート《第三者の紹介による面識のない男女のデート》, その相手 **~ gút** 名 C〖解〗盲腸 **~ sìde** 名 C ① 見えない側 ② 弱点, 隙(すき) **~ spòt** 名 C ①〖解〗(網膜の)盲点 ② 知らないこと, 不得意分野, 盲点 ③(テレビなどの) 受信困難地域 ④ 見え[聞こえ]ない場所 **~ stàmping [tòoling]** 名 C U〖製本〗(表紙の)空(から)押し **~ trúst** 名 C《主に米》白紙信託《公職にある人が自分の資産運用を第三者に信託すること》

blind·er /bláɪndər/ 名 C ❶《~s》《米・カナダ》(馬の)目隠し, 遮眼(しゃがん)革(《主に英》blinkers) (⇨ HARNESS 図) ❷《英口》(スポーツなどの) ファインプレー

blind·fold /bláɪndfòuld/ 動 他 ❶ …に目隠しをする ❷ …の理解を妨げる —名 C 目隠し —形 副 ❶ 目隠しされた[て] ❷ 無分別な[に]

blínd·fòlded 形 副 =blindfold
can dò ... blíndfolded 《口》目をつむったままでも…が(簡単に)できる

blind·ing /bláɪndɪŋ/ 形《限定》目をくらますような, まぶしい；素晴らしい；(痛みなどが)激しい
—名 U《英》(新しい舗装道路の隙間(すきま)などに埋める)砂

blind·ly /bláɪndli/ 副 ❶ よく見えずに, 手探りで ❷ 無分別に, むやみに

blìnd·man's búff /blàɪndmænz-/ 名 U 目隠し鬼《目隠しされた鬼が捕まえた人がだれかを当てる遊び》

blind·ness /bláɪndnəs/ 名 U ❶ 盲目 ❷ 無知, 無分別, 向こう見ず

blínd·sìde 動 他 《米》❶〔相手〕を側面から攻撃する, (弱い) 側面を突く；《口》(事故で)〔車〕の横腹にぶつかる ❷《通例受身形で》(人が)動転する, 衝撃を受ける

blínd·wòrm 名 C〖動〗アシナシトカゲ《ヨーロッパ産》

bling-bling, bling bling /blíŋblìŋ/ 名 U《口》ぴっかぴかの装身具[宝石類](♦単に bling ともいう)

*__blink__ /blɪŋk/ 動 自 ❶ まばたきをする；〈…を〉(驚きなどで) 目をぱちくりさせて見る；(まぶしさなどで) 目を細めて見る〈**at**〉(♦わざとまばたきするのは wink) ‖ He ~*ed* in dismay. 彼はびっくりして目をぱちくりさせた / She ~*ed at* the stranger in her room. 彼女は部屋にいる見知らぬ男をまばたきしながら見た ❷ (星・灯火などが) 点滅[明滅]する, ちかちか光る, ちらつく《***on, out, off***》‖ Lights ~*ed* all over the instrument panel as we lost altitude. 高度が下がると計器盤のライトが全部点滅した ❸ 《+**at** 名》 **a** …に目をつぶる, …を見て見ぬふりをする ‖ I'll ~ *at* your mistake. あなたの間違いに目をつぶろう **b** 《通例否定文で》…を驚きの目で見る, …に驚く ‖ He didn't even ~ *at* the news. 彼はその知らせにひとつも驚かなかった ❹《主に米》ひるむ, たじろぐ
—他 ❶〔目〕をしばたたく, ぱちくりさせる ❷〔光など〕を点滅させる, ちかちかさせる；(光を点滅させて)〔信号〕を送る
before one can [OR could] blínk 目にもとまらぬ速さで, またたく間に
blìnk ... awáy [OR báck] / blìnk awáy [OR báck] ... 〈他〉〔涙など〕をまばたきして抑える
—名 C ❶ まばたき；一瞬時 ‖ She'll be back in a ~. 彼女はすぐに戻って来るでしょう ❷ きらめき ❸《単数形で》ためらい ‖ without a ~ ためらうことなく
in the blìnk of an éye またたく間に, あっという間に
on the blínk 《口》(機械などが) 故障して (out of order) (♦電球が切れかかって, ちらちらすることから)

blink·er /blíŋkər/ 名 C ❶《通例 ~s》(自動車の) 方向指示器, ウインカー (indicator, turn signal) ‖ Don't forget to use the ~*s* when you make a turn. 曲がるときはウインカーを出すのを忘れないでね ❷《~s》《主に英》(馬の)目隠し(革)(《米》blinders)(⇨ HARNESS 図)
—動 他〔馬〕に目隠しをする；…の視野を狭くする
~ed 形 ① (馬が) 目隠しされた ②《けなして》(人・意見などの) 視野が狭い

blink·ing /blíŋkɪŋ/ 形 ❶ またたく, ちかちかする ❷《英俗》ひどい, いまいましい(♥ bloody の婉曲語)

blin·tze, blintz /blɪnts/ 名 C ブリンツ《パンケーキでチーズなどを巻いて焼いた菓子》

blip /blɪp/ 名 C ❶ (レーダーのスクリーン上の) 光点 ❷ ぴっという音 ❸ (一時的な) 逸脱, 乱高下
—動 自 ぴっという音を出す(beep)

*__bliss__ /blɪs/ 名 U この上ない喜び, 至福 (⇨ HAPPINESS 類語) ‖ It is sheer [OR pure] ~ to have a cold beer after a hard day's work. 1日忙しく働いた後の冷たいビールは最高だ
—動《次の成句で》
blìss óut ; ***be blìssed óut*** 〈自〉《口》幸福感に浸る

*__bliss·ful__ /blísfəl/ 形 この上なく幸せな, 至福の ‖ He was in ~ ignorance. 彼は知らぬが仏だった **~·ly** 副

B́-lìst 形 中程度に有名な(→ A-list)

*__blis·ter__ /blístər/ 名 C ❶ 水[火]ぶくれ, 水疱(すいほう)；まめ ❷ (塗料・植物の表面の) ぶつぶつ, 気泡 ❸〖医〗発疱膏(こう) ❹《英俗》《旧》うるさいやつ
—動 他 ❶ …に水疱[ぶつぶつ]を起こさせる ❷ …を手ひどく批判[非難]する —自 水疱[ぶつぶつ]ができる
▸▸**~ còpper** 名 U〖冶〗粗銅 **~ pàck** 名 U ブリスターパック (bubble pack)《商品の形に合わせた透明なプラスチックで覆う包装》

B

B

blis·ter·ing /blístərɪŋ/ 形 ❶ 猛烈に暑い ❷ (批判などが)痛烈な, 手厳しい ❸ 非常に速い **~·ly** 副

BLit, B.Lit. /bìːlít/ 略 《ラテン》*Baccalaureus Litterarum* (=Bachelor of Literature) (文学士) (♦ BLitt, B.Litt. ともつづる)

blithe /blaɪð/ 形 ❶ 《文》陽気な, 楽しげな ❷ 不注意な **~·ly** 副 **~·ness** 名

blith·er·ing /blíðərɪŋ/ 形 《限定》《口》《けなして》全くの, 救いようのない

blithe·some /bláɪðsəm/ 形 《文》=blithe ❶

blitz /blɪts/ 名 C ❶ 〘軍〙電撃戦[作戦], 急襲; (一般に)電撃的行動; 《the B-》1940–41年のドイツ軍による英国への空襲 ❷ 《通例単数形で》《口》集中的な取り組み ‖ have a ~ on ... …に集中的に取り組む ——動 他 …を急襲する **~ed** 形 《米口》酔っ払った, ふらふらになった

blitz·krieg /blítskrìːg/ 名 =blitz ❶

***bliz·zard** /blízərd/ 《アクセント注意》名 C ❶ 雪嵐(ゆきあらし), 暴風雪, ブリザード ❷ (通例好ましくないものの) 殺到 ‖ a ~ of angry letters 怒りの手紙の殺到

bloat /blout/ 動 自 他 (…が[を])ふくれる[ふくらませる] ——名 U ❶ 〘獣医〙(羊・牛などの) 胃拡大症, 鼓腸症 ❷ 《米》過度, 過剰 **blóat·ed** 形 ① (体などが)ふくれた, 膨張した ② (組織などが)肥大した

bloat·er /blóuṭər/ 名 C 燻製(くんせい)ニシン[サバ]; 《米》〘魚〙シロマスの類《北米五大湖産》

blóat·wàre 名 U 💻 ブロートウェア《利用価値に比べ容量が多すぎるソフトウェア》

blob /blɑ(ː)b | blɔb/ 名 C ❶ (どろどろしたものの) しずく ❷ しみ, 汚れ ❸ 形のはっきりしないもの ——動 他 …にしみをつける

***bloc** /blɑ(ː)k | blɔk/ 名 C ❶ 《通例単数形で》《単数・複数扱い》(共通の利害で結ばれた国家・団体などの) 連合, ブロック, …圏 ‖ the African-Asian ~ アフリカ=アジア連合[圏] ❷ 《米》(超党派の) 議員連合

***block** /blɑ(ː)k | blɔk/ 名 動 中心義 大きなかたまり

> 名 大きなかたまり❶ 街区❷ 障害(物)❸ 台❹
> 動 他 ふさぐ❶ 妨げる❷

——名 (複 **~s** /-s/) C ❶ (木・石などの) **大きなかたまり**; 角材, 角石; (建築用)ブロック; (バター・チョコレートなどの)立方体のかたまり ‖ a ~ of ice 氷のかたまり / The wall of concrete *~s* fell down in the earthquake. 地震でコンクリートブロックの壁が倒れた

❷ (市街地の) 1区画; 《主に米》(市街地の通りに囲まれた) **街区**, ブロック; 1ブロックの距離; 《集合的に》ブロックの住民 ‖ The neighbors on our ~ are very friendly. 我々のブロックの隣人たちは大変親切だ / The Empire State Building is four *~s* from here. エンパイアステートビルはここから4ブロック先です (⇨図) / The whole ~ turns out for the Thanksgiving Day parade. 近所中の人たちが感謝祭のパレードに集まる

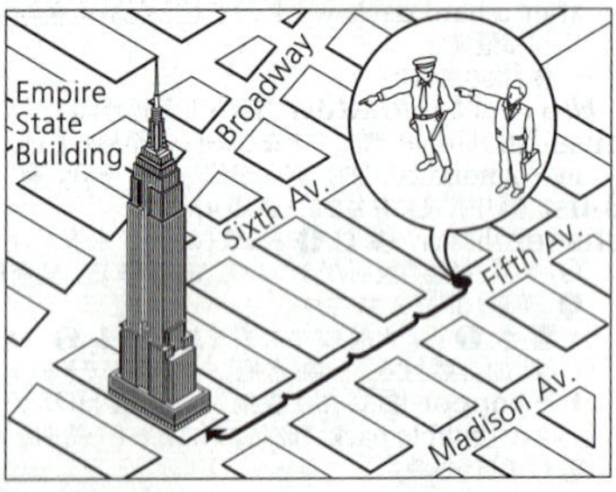

❸ 《通例単数形で》〈…の〉**障害(物)**, 妨げ〈**to, in**〉; (交通の)渋滞; 〘スポーツ〙ブロック《相手の動作を妨げるプレー》‖ Arguing with the boss is a ~ *to* career advancement. 上司との衝突は昇進の妨げになる / a ~ *in* a drain 排水管を詰まらせるもの / a traffic ~ 交通渋滞

❹ (物を載せたり切ったりする)**台**, 作業台, まな板, 乗馬台

❺ 《主に英》(区分使用されている)大型ビル; (特定の用途の)建物 ‖ a high ~ of flats 高層アパート (♦ 賃貸式の共同住宅の建物全体は《米》では an apartment house [OR building], または apartments という) / an office ~ オフィスビル

❻ (劇場の座席の)1区画; (株券・債券などの)一そろい, 一括; 《主に英》(一端を接着した) はぎ取り帳 ‖ get a ~ of seats 座席の1区画を確保する / buy a ~ of tickets for sumo 相撲のチケットを一括購入する / in a ~ 一括して / a ~ buyer [seller] 一括購入者 [販売者] / a ~ trade (of stocks) (株式の)大口取引

❼ 《~s》(おもちゃの)積み木, ブロック ‖ a set of (building) *~s* 積み木一そろい ❽ (版画の)版木, 印材; 〘製本〙凸版台 ❾ 《通例単数形で》〘医〙〘心〙ブロック, 遮断, 阻止現象 ‖ writer's ~ 著述遮断《作家が心理的要因からものが書けなくなること》/ have a mental ~ about ... …の頭が働かなくなる ❿ (ケースに入った)滑車(装置); エンジンブロック (engine block) ⓫ 《the ~》(昔の死刑用の)断頭台; 《通例 the ~》《主に米》競売台 ‖ go to the ~ 断頭台にのぼる ⓬ 《通例 ~s》〘スポーツ〙(短距離走の)スターティングブロック ⓭ (帽子などの) (木)型 ⓮ 《主に米》(広大な)地域, 区域; 《豪・ニュージ》分譲区画, ブロック《初期移民に政府が提供した1区画の広大な土地》⓯ 💻 ブロック《1単位として処理されるデータ》⓰ =bloc

a chìp off the òld blóck 《口》親に似た子

have been aròund the blóck (***a fèw times***) 《口》経験豊富である

knòck a pèrson's blòck óff 《口》(人を) ぶちのめす (♦ block は「頭」の俗語)

off [OR ***out of***] ***the*** (***stàrting***) ***blócks*** 活動を始めて (♦ 陸上のスターティングブロックから. off の前に first, quick, fast を入れて強調する場合もある)

on the (***àuction***) ***blóck*** (競売に) かけられて (♦ auction block は「競売台」の意)

pùt [OR ***lày***] ***one's hèad*** [OR ***nèck***] ***on the blóck*** 《口》評判を落とす [自分の地位を危うくする] ようなことをする (♦ 「断頭台に首を置く」から)

COMMUNICATIVE EXPRESSIONS

1 **We've hit a stúmbling blòck.** 私たちは難題にぶち当たってしまった; 交渉は暗礁に乗り上げた (♥ 「取り組んでいることが何らかの障害によって滞る」の意)

——動 (**~s** /-s/; **~ed** /-t/; **~·ing**)

——他 ❶ 〔通路・交通・穴など〕を**ふさぐ**, 封鎖する《*up*》(obstruct) ‖ You're *~ing* the way. 通行の邪魔だよ / The drains are *~ed up*. 下水がすっかり詰まっている

❷ 〔…の通過・発展など〕を**妨げる**; 〔計画など〕を妨害する, 〔視界〕を遮る ‖ The opposition *~ed* the passage of the bill. 野党はその法案の通過を阻止した

❸ 〘スポーツ〙〔相手・ボール・打撃〕をブロックする; 〘クリケット〙〔ボール〕をバットで打ち止める

❹ 〔帽子など〕の型どりをする ❺ 〘心〙…を (心理的に) 途絶させる ‖ a *~ed* writer スランプに陥っている作家 ❻ 〔本の表紙〕に模様 (など) を打ち出す ❼ 〘劇〙…の振り付けをする ❽ 💻 (処理のため)〔データなど〕を1か所に集める

blòck ín ... / ***blòck ... ín*** 〈他〉① 〔空間〕を (中に物を詰めて)ふさぐ, 埋める ② (近くに車を止めて)〔人〕を出られなくする, 〔車〕を封じ込める ③ 〔線画の輪郭〕の中を色で埋める, …を描き込む ④ (スケジュールなどの中に) …を組み込む ⑤ =*block out* ②(↓)

****blòck óff ...*** / ***blòck ... óff*** 〈他〉(間に障害物を置いて)〔道路・場所など〕の使用を制限する, …を通れなくする (close [OR seal] off; obstruct) ‖ ~ the street *off*

道路を遮断する

*bl`ock óut ... / bl`ock ... óut 〈他〉①〔光・騒音など〕を入って来ないようにする(shut out ; exclude),〔視界・視野〕を遮る(obscure) ②…の概略を書く, およその計画[筋書]を立てる ; …の略図を描く ③〔不愉快なこと〕を考えない[思い出さない]ようにする(shut out ; suppress) ④〔ニュース・情報〕を差し止める(suppress)

▸▸ ～ and táckle 名 C 複滑車 ～ c`apital 名 C 《通例 ～s》=block letter ～ d`iagram 名 C ブロック線図《回路や作業工程などを四角形や線を結んで表した図》 ～ gr`ant 名 C 地方交付金 ～ létter 名 C ①《通例 ～s》ブロック体(の活字) ② ブロック体の大文字(block capital) ～ p`arty 名 C 《米》町内会の祭り ～ pl`ane 名 C 小型かんな ～ s`ystem 名 U 閉塞(へいそく)方式《信号機で列車の閉塞区間での安全を確保する方法》 ～ vóte 名 C 《英》ブロック投票《投票は投票者が代表する人数に比例した効力を持つ》

*block·ade /blɑ(ː)kéɪd | blɔk-/ 名 C 《通例単数形で》❶(港湾などの)封鎖 ; (一国に対する)経済[通信]封鎖 ; 封鎖部隊 ‖ break [run] a ～ (主に船が)封鎖を突破する[くぐり抜ける] / impose an economic ～ on the country その国に経済封鎖を行う / lift a ～ of a road 道路の封鎖を解く ❷(交通)遮断 ; 《米》(雪などによる)不通 ❸(一般に)接近[進行]を妨げるもの

—動 他〔港湾など〕を封鎖する ;〔交通・航行を〕遮断する

blockáde-r`unner 名 C (封鎖を突破する)密航船[者]

block·age /blɑ́(ː)kɪdʒ | blɔ́k-/ 名 U C 封鎖(状態), 妨害, 障害(物)

blóck·b`uster 名 C ❶(1街区を破壊してしまうほど強力な)大型爆弾 ❷《口》(映画・小説などの)超大作, 大ヒット, 大成功 ❸《米口》blockbusting をする不動産業者

blóck·b`ust·ing /-bʌ̀stɪŋ/ 名 U 《米口》望ましくない連中が移り住んでくると言って不動産を安く売り急がせること

—形 (映画・本が)大ヒットの

block·er /blɑ́(ː)kər | blɔ́k-/ 名 C ❶〘生化・薬〙遮断剤[因子], ブロッカー ❷〘アメフト〙ブロッカー《相手に体当たりするプレーヤー》

blóck·h`ead 名 C 《口》(けなして)愚鈍な人

blóck·h`ouse 名 C ❶(昔の)小要塞 ❷(ロケット発射地点などにある観測用の)コンクリート造りの建物

block·ish /blɑ́(ː)kɪʃ | blɔ́k-/ 形 木塊のような ; 愚かな

blog /blɑ(ː)g | blɔg/ 名 C ブログ(weblog)《個人が日記風の文章を書くウェブサイト》 —動 (blogged /-d/ ; blog·ging) 自 ブログを(定期的に)更新する ; 〈…について〉ブログに書く〈about〉 —他〔日記など〕をブログに書く

～·ger 名 C ブロガー, ブログ運営[管理]者

▸▸ ～ p`ost 名 C ブログ記事

blog·o·sphere /blɑ́ːgəsfɪər | blɔ́g-/ 名 C 《口》ブロゴスフィア, ブログ圏, ブログ(の世)界《複数のブログ(運営者)によってウェブ上に形成されるコミュニティー》

blóg·r`oll 名 C ブログロール《他ブログやウェブサイトへのリンク一覧》

*bloke /bloʊk/ 名 C 《主に英・豪口》やつ, 男(chap) ‖ a nice ～ いいやつ / her ～ 彼女のボーイフレンド

*blond, blonde /blɑ(ː)nd | blɔnd/ 形 (～·er ; ～·est) ❶(人が)ブロンドの《肌が白く金髪で目が青い》; (髪が)金髪の, 亜麻色の(♦ blonde は本来女性形. 《米》では男女共に blond, 《英》では blonde が好まれる) ‖ a ～ Swede ブロンドのスウェーデン人 / ～ hair 金髪 / ～ skin 白い肌 ❷《米》(家具(材)などが漂白したために)薄色の, 淡い色の

—名 ❶ C ブロンドの人[女性](♦ blond は男女共に用いられる. blonde は女性に多く用いられるが, 差別的とされることもある) ‖ a natural ～ (生まれつき)金髪の女性 ❷ U ブロンド色

▸▸ ～ bómbshell 名 C 《口》セクシーなブロンド美人

***blood /blʌd/ 《発音注意》名 動

—名〔▸ bleed 動, bloody 形〕U ❶血, 血液 ‖ Alcohol quickly goes to the brain through the ～. アルコールは血液を通じて素早く脳に運ばれる / the circulation of ～ = ～ circulation 血液の循環, 血の巡り / give [OR donate] ～ 献血する / test his ～ = do a ～ test on him (彼の)血液検査をする

❷血気, 激情 ; 気質 ‖ His ～ is up. 《英》彼は頭に血が上っている[激怒している] / get [OR have] his ～ up 彼を激怒させる / in hot ～ 激怒して

❸血統, 血筋(ち); 高貴の血筋(→ blue blood) ; 血縁 ; 身内, 一族 ‖ They have British ～ in their veins. = There is British ～ in their veins. = They are of British ～. 彼らは英国人の血を引いている / come of good ～ 生まれがよい / a person of noble ～ 名門の出の人 / *Blood* will tell. 血は争えない / related by ～ 血族の, 血縁の / They are of the same ～. 彼らは同じ家系の者です / *Blood is thicker than water.* 《諺》血は水よりも濃い

❹ C 《英口》《旧》だて男, 粋な若者 ❺(下等動物の)体液 ❻流血, 殺人 ‖ a man of ～ 流血沙汰(ざた)を好む男 ❼ C 《米俗》(仲間の)黒人(♥ 黒人自身が用いる)

be after* [OR *out for*] *a p`erson's blóod 《口》《しばしば戯》怒って(人に)仕返しをしよう[危害を加えよう]としている

be b`aying for blóod 《英》報復[処罰]を求める

be* [OR *r`un*] *in a p`erson's* [OR *the*] *blóod (人が)(能力・性格などを)受け継いでいる, (人の)血の中に流れている

bl`ood and gúts 《口》(テレビ・映画などでの)暴力・流血シーン

bl`ood, sw`eat, and téars 血と汗と涙《困難な仕事・たゆまない努力をいう》

dr`aw blóod 流血させる ; 〈人の〉心を傷つける, 〈人を〉怒らせる〈from〉

h`ave a p`erson's bl`ood on one's hánds (人の)死[不幸]に責任がある

****in c`old blóod*** 冷酷に, 平然と(→ cold-blooded)

***like g`etting blóod* [*out of* [OR *from*] *a stóne* [OR 《米》 *túrnip*]** とても難しい, どだい無理な(♥ 文字どおりには「石から血を搾り出すように」の意. 強欲な人から金(かね)[冷血漢から哀れみ, 口の堅い人から情報]を引き出すのが無理なときにいう)

m`ake a p`erson's bl`ood bóil (人を)激怒させる ‖ Their attitude really *makes* my ～ *boil*. あいつらの態度には本当にはらわたが煮えくり返る思いだ

m`ake a person's bl`ood* [*r`un cóld* [OR *cúrdle, fréeze*] ; *fr`eeze* [OR *ch`ill, c`urdle*] *a p`erson's blóod (人を)(恐ろしさやショックで)ぞっとさせる, 血を凍らせる

n`ew* [OR *fr`esh, y`oung*] *blóod 新しい血[顔ぶれ] ‖ bring some *new* ～ into the company 会社に新しい血を入れる / the *younger* ～*s* of the party 政党の青年メンバー(♦ young の場合は複数形もある)

sc`ent* [OR *sm`ell*] *blóod 敵の弱点をかぎつけ利用しようとする, 手ぐすねを引く

sh`ed* [OR *sp`ill*] (*a p`erson's*) *blóod (人の)血を流す, (人を)殺傷する ; 重い傷を負う, 死ぬ ‖ *shed* his ～ for his country 祖国のために自らの血を流す

sp`it blóod 怒りをあらわにする

sw`eat blóod ①(血の)汗を流して働く, 懸命に頑張る〈over …をして ; for …を求めて〉‖ *sweat* ～ *for* a Ph. D. 博士号取得を目指して頑張る ② 大変心配する

t`aste blóod (最初の成功で)味をしめる ; 成功[勝利など]の味を覚える

—動 他 ❶《主に英》〔人〕に新しい経験の手ほどきをする(♦ 特に, 難しい[不愉快な]経験についていう) ❷〔猟犬〕に血の味を覚えさせる

▸▸ ～ b`ank 名 C 血液銀行(に貯蔵された血液) ～ bróther 名 C (堅い友情を誓った)義兄弟 ～ c`ell 名 C 血球 ～ cl`ot 名 C 凝血塊, 血栓 ～ c`ount 名 C 血球数(測定) ～ donàtion 名 U 献血 ～ d`onor

名Ⓒ献血者 ～ dòping 名Ⓤ血液ドーピング《競技前に抜きとっておいた血液を競技直前に再注入する違反行為》 ～ drìve 名Ⓒ献血運動 ～ fèud 名Ⓒ（殺害などで生じた家族や部族間の）根深い恨み, 確執 ～ gròup 名Ⓒ血液型 ～ hèat 名Ⓤ（人間の）血温《約37℃》 ～ hòrse 名Ⓒ《旧》サラブレッド（thoroughbred） ～ mòney 名Ⓒ ①（殺し屋への）謝礼金 ②（殺された人の近親者に払われる）賠償金 ③（犯人を通報した人に払われる）報償金 ～ òrange 名Ⓒブラッドオレンジ《果肉が赤い》 ～ plàtelet 名Ⓒ〖解〗血小板（platelet） ～ pòisoning 名Ⓤ敗血症（septicemia） ～ prèssure（↓） ～ púdding 名ⓊⒸ =blood sausage ～ réd（↓） ～ relàtion [rèlative] 名Ⓒ血縁, 血族 ～ sàusage 名ⓊⒸ《主に米》ブラッドソーセージ《豚の血を混ぜて作る黒いソーセージ》 ～ spòrt 名Ⓒ《通例 ～s》流血を伴うスポーツ《狩猟·闘牛など》 ～ sùgar 名Ⓤ〖生化〗血糖 ～ tèst 名Ⓒ血液検査 ～ transfùsion 名ⓊⒸ輸血 ～ tỳpe 名Ⓒ =blood group ～ vèssel（↓）

blòod-and-gúts 形《口》暴力[活動]に満ちた

blòod-and-thúnder 形《限定》《英口》（小説などが）暴力と流血沙汰(ざた)に満ちた, アクション物の

blóod·bàth 名Ⓒ大虐殺

blóod·cùrdling 形身の毛もよだつ（ような）

blood·ed /blʌ́dɪd/ 〈シ〉 形 ❶《主に米》純血種の ❷《複合語で》…の血[気質]を持つ（→ warm-blooded）

blóod·hòund 名Ⓒ ❶〖動〗ブラッドハウンド《嗅覚(きゅうかく)が鋭い大型の猟犬·警察犬》 ❷《口》執拗(しつよう)な追跡者[探偵]

blood·ied /blʌ́did/ 形血まみれの ‖ a ～ face 血で汚れた顔

blood·i·ly /blʌ́dɪli/ 副血まみれになって；残忍に

blood·less /blʌ́dləs/ 形 ❶血を流さない, 無血の ‖ a ～ victory [revolution] 無血の勝利[革命] ❷血の気のない, 青白い ❸活力[元気]のない ❹冷淡な ～·ly 副

blóod·lètting 名Ⓤ ❶〖医〗放血, 瀉血(しゃけつ)《静脈を開いて血を抜くこと》 ❷流血の惨事（bloodshed）, 敵対者間の争い ❸（人員などの）削減

blóod·lìne 名Ⓒ（人·動物などの）血統

blóod·lùst 名ⓊⒸ（血に飢えての）殺害欲

blóod·mòbile 名Ⓒ《米》（移動）採血車

***blóod prèssure** 名Ⓤ/Ⓒ《通例単数形で》血圧 ‖ My ～ is 120 over 80.=I have a ～ of 120 over 80. 私の血圧は上が120で下が80です / take [OR measure, monitor] his ～ 彼の血圧を計る（♦ monitor は医師[看護人]が一定期間血圧を計って経過を見ること）/ have high [low] ～ 血圧が高い[低い]

blòod-réd 〈シ〉 名Ⓤ形血の（ような）色（の）

blòod réd 名Ⓤ〈シ〉濃い赤色

blóod·shèd 名Ⓤ流血（の惨事）, 殺戮(さつりく)

blóod·shòt 形（目が）充血した, 血走った

blóod·stàin 名Ⓒ血痕(けっこん)
～ed 形血（痕）のついた；血に汚れた

blóod·stòck 名Ⓒ《集合的に》サラブレッド《競走馬》

blóod·stòne 名ⒸⓊ血石, ブラッドストーン

***blóod·strèam** 名Ⓒ《通例 the ～》（体内の）血流

blóod·sùcker 名Ⓒ ❶（ヒルなどの）吸血動物 ❷《口》吸血鬼；（人が苦労して得た金などを）搾り取る人

blóod·thìrsty 形 ❶血に飢えた, 流血を好む, 残忍な ❷（本·映画などが）血生臭い -thìrstily 副

blóod vèssel 名Ⓒ血管
bùrst [OR *bùst*] *a blóod vèssel* 《口》激怒する, キレる

:blood·y /blʌ́di/
―形（blood·i·er；blood·i·est）
❶**血の**；血のように赤い；**血まみれの**, 血染めの, 出血している ‖ Your knee's all ～. What happened? ひざが血だらけよ. どうしたの
❷流血の, 殺人の, 血なまぐさい ‖ a ～ battle 血なまぐさい戦い ❸血に飢えた, 残虐な ❹《比較なし》《限定》《強意語として》⊗《英·豪俗》《蔑》全くの, すごい, とんでもない；ひどい, いまいましい ‖ a ～ fool 大ばか者 / ～ good money 大金 / Besides, I left my ～ hat behind. それに帽子まで置いてきちまった / *Bloody* **hell**! くそっ
blòody but unbówed 散々な目に遭ったがへこたれずに, 意気消沈することなく
gìve a pèrson a blòody nóse 〔人〕を痛めつける, 攻撃する
―副《英俗》いまいましくも, ひどく；全く ‖ It's ～ hot outside. 外はやけに暑い / have a ～ **good** time 実に愉快なひとときを過ごす / ～ **well** 全くそのとおり
―動（**blood·ies** /-z/；**blood·ied** /-d/；～**·ing**）他…を血で汚す, 血まみれにする ‖ a *bloodied* face 血まみれの顔
blòodied but unbówed =*bloody but unbowed*（↑）
▶▶**Blòody Máry** 名ⓊⒸブラッディーマリー《ウオツカとトマトジュースなどで作るカクテル》

blòody-mínded 〈シ〉 形《英口》（わざと）邪魔をする, つむじ曲がりの ～**·ness** 名

***bloom** /bluːm/ 名 ❶Ⓒ（特にバラ·菊など観賞用植物の）花（→ blossom）；Ⓤ《集合的に》（1本の木などの）（全部の）花（⇨ FLOWER 類語） ❷ⓊⒸ開花（期）, 花盛り ‖ come into ～（花が）咲き出す / out of ～ 開花期[最盛期]を過ぎて ❸Ⓤ最盛期, 絶頂；はつらつさ, みずみずしさ, 美しさ ‖「be in [lose] the (full) ～ of youth 若さの盛りにいる[を過ぎる] ❹Ⓤ/Ⓒ《単数形で》（頬(ほお)·皮膚などの）若々しい色つや, 赤らみ ❺Ⓤ蝋粉(ろうふん)《ブドウなどの果実の表面に生じる粉》；（チョコレートの表面に生じる灰白色の）粉
**in blóom* 開花して ‖ Daisies are *in* (full) ～. デージーが（今を盛りと）咲いている
tàke the blóom off ... …の美点を奪う, …の新鮮味をそぐ
―動自 ❶（木·観賞用植物が）花をつける；（花が）咲く ❷最盛[最高]期に達する；栄える ❸赤らむ, 輝く；（人が）（若さ·健康美などで）輝く ❹急に現れる[ふくらむ]
―他〔レンズ〕にコーティングする

bloom·er /blúːmər/ 名Ⓒ ❶へま, 大失敗 ❷（特定の時期に）開花する植物 ❸《形容詞を伴って》…に成長[成熟]する人

bloom·ers /blúːmərz/ 名複《旧》 ❶ブルーマー《女性用の運動ズボン》；ブルーマー型の下着 ❷ブルーマー《短いスカートの下に足首でくくった太いズボンをつける婦人服》

bloom·ing /blúːmɪŋ/ 形 ❶花盛りの；盛りの ❷《限定》《英口》いまいましい, ひどい；《強意》全くの（♥ bloody などに代わる婉曲語） ―副《英口》ひどく, 全く

Blooms·bur·y /blúːmzbəri/ 名ブルームズベリー《ロンドン中央部の地域》 ▶▶～ **Gròup** 名《the ～》ブルームズベリー=グループ《第1次世界大戦後ブルームズベリーに集まった文学者·知識人の集団》

bloop /bluːp/ 動自 ❶《口》失敗する, しくじる ❷《主に英》（音響機器などが）（低く切れ切れの）雑音を発する
―他〖野球〗[テキサスヒット·ポテンヒット]を打つ
―名Ⓒ ❶どじ, へま ❷ =blooper ❸《主に英》（音響機器が発する）低く切れ切れの雑音

bloop·er /blúːpər/ 名Ⓒ《口》 ❶どじ, へま；（テレビ·ラジオ番組での）とちり, NG ❷〖野球〗テキサスヒット, ポテンヒット；（逆回転のかかった）山なりのボール ❸（ほかの音響機器の）雑音の原因となる機器

***blos·som** /blɑ́(ː)səm | blɔ́s-/ 名 ❶Ⓒ（特に果樹の）（一房の）花（→ bloom）；Ⓤ《集合的に》（1本の木などの）（全部の）花（⇨ FLOWER 類語） ‖ apple ～*s* リンゴの花 ❷ⓊⒸ（樹花·草花の）開花（期）, 花盛り；最盛期, 絶頂
in blóssom（木が）花をつけて ‖ The trees are *in* ～. 樹々は花盛りだ
―動自 ❶（果樹·草木が）開花する ❷発展する；成長[成熟]する；〈…へと〉発展[成長]する《*out*》〈**into**〉 ‖ She ～*ed out* in her new position. 彼女は新しい地位で力を発揮した / His idea ～*ed into* a great film. 彼のアイデアは傑作映画として結実した

blòssom óut 〈自〉① ⇨ 自❷ ②(人が)快活[活発]になる
~·y 形 花盛りの, 花でいっぱいの

*__blot__ /blɑ(ː)t | blɔt/ 名 Ⓒ ❶(インクなどの)しみ, 汚れ ❷〈名声などの〉傷, 汚点;汚名〈**on**〉‖ a ~ *on*「our nation's history [the landscape] 我が国の歴史上の汚点[景観を損ねるもの]
a blòt on the [OR ***one's***] ***escútcheon*** (家門の)名折れ, 不名誉
—動 (blot·ted /-ɪd/ ; **blot·ting)** 他 ❶…にしみをつける, …を汚す ❷〔名誉・人格など〕を傷つける, 汚す ❸(吸取紙などで)…を吸い取る;(紙・布などで)…を軽く押さえて拭き取る《***up***》 —自 (インクなどが)にじむ;しみができる
*__*blòt óut ...*__ / ***blòt ... óut*** 〈他〉①(遮って)…を見えなくする ②〔不快な記憶など〕を消し去る, 忘れ去る;…を〈記憶などから〉抹殺する〈**of**〉;(ある事柄・感情などが)〔ほかのこと〕を忘れ去らせる (obscure) ‖ She tried to ~ him *out of* her thoughts. 彼女は彼のことを心から消し去ろうとした ③〔文字・絵など〕を上塗りして消す
▸▸**blótting pàper** 名 Ⓤ 吸取紙

blotch /blɑ(ː)tʃ | blɔtʃ/ 名 Ⓒ ❶(皮膚の)斑点(はんてん);でき物 ❷(インクなどの)大きなしみ ❸《米》〚植〛菌による病気
—動 他 …に大きなしみをつける
~·y 形 しみのような, しみだらけの

blot·ter /blɑ́(ː)t̬ər | blɔ́t-/ 名 Ⓒ ❶吸取紙 ❷《米》(台帳に書き移すまでの)控え帳 ‖ a police ~ (警察の)事件記録帳

blot·to /blɑ́(ː)t̬oʊ | blɔ́t-/ 形 《叙述》《俗》泥酔した

*__blouse__ /blaʊs | blaʊz/ 名 (複 **blous·es** /bláʊsɪz | bláʊzɪz/) Ⓒ ❶(女性用)ブラウス ❷(軍服の)上着 ❸(画家・農民などのゆったりした)仕事着, 上っ張り
—動 他 〔衣服〕をゆったりたるませる —自 ゆったりとたるむ[ふくらむ]

blou·son /blúːsɑ̀(ː)n | -zɔ̀n/ 名 Ⓒ ブルゾン《ウエストを絞り上部をふくらませた衣服》

blo·vi·ate /blóʊvièɪt/ 動 自 《米》長々と大げさに話す
-a·tion 名 **-a·tor** 名

****blow¹** /bloʊ/
—名 (複 **~s** /-z/) Ⓒ ❶(手・こぶし・武器などによる)**強打, 打撃** ‖ The boxer **struck** a knockout ~ to the jaw. ボクサーはあごに決定的な一撃を加えた / deliver [OR deal] a ~ 一撃を加える / take a ~ 打撃[批判]を受ける ❷(突然の)打撃, 災難 ‖ Failing the exam was a terrible ~ to his pride. 試験に落ちて彼のプライドはひどく傷ついた
at [OR ***in***] ***òne blów*** 一撃で;一挙に
*__*còme to blóws*__ 〈…のことで〉殴り合いを始める, 争う〈**over**〉
dèal a blów to ... …にショックを与える, 悪影響を与える
sòften [OR ***cùshion***] ***the blów*** 衝撃を和らげる, 承知し難いことを受け入れやすくする
strike a blów for [***against, at***] ***...*** …に加勢[抵抗]する

***blow² /bloʊ/ 動 名

中心義 空気が[を]吹きつける
—動 (**~s** /-z/ ; **blew** /bluː/ ; **blown** /bloʊn/ (→ 他 ⓮) **~·ing**)
—自 ❶(風が)**吹く**(♦ it を主語にすることもある) ‖ The wind *blew* to the southeast. 風は南東に吹いた / It rains and ~*s*. 雨が降り風が吹く
❷ **a** 《+副句》風で飛ぶ[動く], 風に舞う(ように動く)(♦ 副句 は主に方向を表す) ‖ Oh, my ticket's *blown* away! あれ, チケットが風で飛んでしまった
b 《+補》風に吹かれて…になる ‖ The door *blew* open. ドアが風でぱんと開いた
❸〈…に対して〉ふうふう吹く, 息を吹きかける, 風を送る〈**on, into**〉‖ He *blew on* his soup to cool it. 彼はスープを冷まそうとしてふうふう吹いた ❹あえぐ;(馬が)鼻息を荒くする ❺(鯨が)潮を吹く ❻(管楽器・気笛などが)鳴る ❼吹き飛ぶ, 爆発する;(タイヤが)パンクする《***out***》;(ヒューズが)飛ぶ;(装置が)壊れて止まる ❽《米俗》(さっさと)立ち去る, 逃げ出す ‖ Let's ~. ずらかろうぜ
—他 ❶〔息など〕を**(ふっと)吹く**, 吹きつける ‖ He lit a cigarette and then *blew* the smoke in my face. 彼はたばこに火を点けると煙を私の顔に吹きつけた
❷ **a** 《+目》…に風を送る, 吹きつける;(冷やしたり温めたりするために)…に息を吹きかける, 吹く ‖ He *blew* the embers into flame. 彼は残り火をふうふう吹いて燃えたたせた
b 《+目+副句》…を吹き飛ばす[動かす](♦ 副句 は主に方向を表す) ‖ The storm *blew* down a TV antenna. 嵐(あらし)でテレビのアンテナが吹き倒された / ~ dust away ほこりを吹き飛ばす
c 《+目+補》吹きつけて…を…にする ‖ The wind *blew* the window open. 風で窓がぱっと開いた(♦ blow open the window の語順になることもある)
❸〔管楽器〕を吹く;《俗》〔ジャズなど〕を自由に演奏する ‖ ~ a trumpet [whistle] トランペット[(口)笛]を吹く
❹〔鼻〕をかむ;(空気を送って)〔卵〕の中味を出す ‖ He *blew* his **nose** into a handkerchief. 彼はハンカチで鼻をかんだ
❺(空気を送って)…をふくらませる《***up, out***》,〔しゃぼん玉・ガラス器の球など〕を吹いて作る ‖ ~ *up* a balloon 風船をふくらます / ~ glass ガラスを吹く
❻…を吹き飛ばす, 爆破する;〔タイヤ〕をパンクさせる;〔ヒューズ〕を飛ばす《***out***》;〔装置など〕を壊して動かなくする ‖ A short circuit will ~ a fuse. ショートするとヒューズが飛ぶ / ~ a car to pieces 車を粉々に爆破する
❼《通例受身形で》息をあえぐ;(息切れした馬に)息が整うようにする ❽〔うわさ・知らせなど〕を広める, 吹聴(ふいちょう)する《***about, abroad***》‖ ~ rumors *about* いろいろなうわさをあちこち言いふらす ❾《米俗》…から(さっさと)立ち去る ‖ He *blew* town. 彼はそそくさと町を去った ❿《俗》〔金〕を〈…に〉浪費する〈**on**〉;《米俗》〔人〕に〈…を〉おごる〈**to**〉‖ ~ a week's dole in a night 1週間分の失業手当を1晩ではたく / I'll ~ you *to* a steak. 君にステーキをおごるよ ⓫《米俗》〔せりふ〕を忘れる ⓬《俗》(へまをして)…をふい[台無し]にする ‖ We had a chance and *blew* it. 我々にはチャンスがあったのにふいにしてしまった ⓭《俗》〔人の正体など〕をばらす, 暴く ‖ ~ her cover 彼女の仮面をはぐ ⓮(過分 **~ed** /-d/)《英俗》…を呪(のろ)う(♥ damn などの婉曲語) ‖ *Blow* the expense! 費用なんかくそ食らえ / *Blow* it! こん畜生 / *Blow* me! これは驚いた / Risk be ~*ed*. 危険なんかくそ食らえだ / I'm [OR I'll be] ~*ed* if I do it. そんなことをしてたまるものか
blòw awáy ... / ***blòw ... awáy*** 〈他〉①…を吹き飛ばす ②《口》…を撃ち殺す ③《口》…を驚嘆させる(♦ しばしば受身形で用いる) ④《米口》(競技などで)〔相手〕を倒す
blòw ín 〈自〉《口》ふらりと立ち寄る[現れる]
blòw ínto ... 〈他〉《口》…にふらりと立ち寄る[現れる]
blòw óff 〈他〉《***blòw óff ...*** / ***blòw ... óff***》①…を吹き飛ばす ②《米口》〔人〕との(会う)約束を破る;…と男女の関係を断つ, …を無視する ③〔決めた約束・計画など〕をやめる, 無視する;〔クラスなど〕をサボる —〈自〉①吹き飛ばされる ②《英口》大きなおならをする ③かんかんに怒る
*__*blòw óut*__ 〈他〉《***blòw óut ...*** / ***blòw ... óut***》①…をふくらます ‖ ~ *out* one's cheeks 頬(ほお)をふくらます ②〔火〕を吹き消す (extinguish) ‖ ~ *out* a candle ろうそくを吹き消す ③…を吹き壊す, 破裂させる ④《~ itself out で》(嵐が)静まる ‖ The storm *blew itself out*. 嵐は静まった ⑤《英口》〔人〕との約束を破る ⑥《米口》(競技で)〔相手〕を簡単にやっつける —〈自〉①(火が)吹き消される ② ⇨ 自❼ ③(油井(ゆせい)などが)突然吹き出す
blow ... out of the water ⇨ WATER(成句)
*__*blòw óver*__ 〈自〉①(風で)吹き飛ぶ, 倒れる ②(嵐・困難などが)通り過ぎる;消え去る;忘れ去られる ‖ The scandal has *blown over*. そのスキャンダルも収まった —〈他〉《***blòw ... óver*** / ***blòw óver ...***》(風が)…を吹き倒す(♦ し

B

ばしば受身形で用いる)
blòw ... skỳ-hígh 〔希望・信念〕を砕く, 〔計画〕をつぶす
+***blòw úp*** 〈自〉① ふくらむ ② **爆発する**, 破裂する (explode); 駄目になる ③ 《口》〈人に〉(かんかんに) 怒る〈**at**〉‖ My father *blew up at* me when I came home very late. 私の帰りがとても遅かったので父のかんしゃく玉が破裂した ④ (嵐・危機・論議などが) 起こる, 勢いを増す (↔ *die down*) ‖ A storm may very well ～ *up* tonight. おそらく今晩は嵐になりそうだ / Trouble has *blown up* at the school. 学校で問題が持ち上がった
―〈他〉《***blòw úp ... / blòw ... úp***》① …をふくらませる (inflate) (↔ *let down*) (→ 他⑤) ② 〔うわさなど〕を大げさに言う, 誇張する, ふくらませる ③ …を爆破する; …を破壊する, 駄目にする (♦ しばしば受身形で用いる) ‖ His reputation has been *blown up* completely. 彼の名声は全く地に落ちた ④ 《口》《旧》…にかんしゃく玉を破裂させる, …をしかりつける ⑤ 〔写真〕を引き伸ばす (enlarge)
blòw ... wìde ópen ① (新しい状況で) …を完全に変える ② 〔秘密〕を暴露する
―名 C ❶ (風の) 一吹き; 突風, 疾風 ❷ (管楽器の) 吹奏; 鼻をかむこと ‖ Give your nose a good ～. 鼻をよくかみなさい ❸ 《英》外気を吸うこと ‖ go for a ～ 戸外の空気を吸いに出る, 涼みに出る ❹ 《俗》麻薬
▸▸ ～ **jòb** 名 C ⊗《卑》フェラチオ (fellatio)

blow[3] /bloʊ/ 《古》《文》 動 (**blew** /bluː/; **blown** /bloʊn/; **～·ing**) 自 花が咲く (→ **full-blown**)
―名 U 開花; 花盛り ‖ in full ～ 満開で

blów·bàck 名 C ❶ (ガスの) 逆噴射 ❷ 《口》(好ましくない) 反動, 反発 ❸ (銃発射の際に出る) 粉煙

blòw-by-blów ⟨シ⟩ 形 《限定》(説明などが) (順を追って) 一つ一つとても詳細な ‖ a ～ account 詳報

blów·dòwn 名 C U ❶ 風による倒木 ❷ (圧力による) 容器・パイプなどの破裂

blów-drìed 形 身だしなみが整った

blów-drỳ 動 他 (**-dried** /-d/; **～·ing**) 〔髪〕をドライヤーで整える ―名 U/C 《単数形で》髪をドライヤーで整えること
～·er 名 C ヘアドライヤー **～·ing** 名

blow·er /blóʊər/ 名 C ❶ 吹く人; ガラス吹き工 ❷ 送風機, 通風装置 ❸ 《the ～》《主に英口》《旧》電話 ❹ 《米口》ほら吹き, 自慢屋

blów·fìsh 名 C 〖魚〗フグ (puffer)

blów·flỳ 名 C 〖虫〗アオバエ, ニクバエ

blów·gùn 名 C 吹き矢 (の筒) (blowpipe)

blów·hàrd 名 C 《米口》ほら吹き, 自慢屋

blów·hòle 名 C ❶ (鯨の) 噴気孔, 噴水孔 ❷ (水生哺乳(ほにゅう)動物が息をするために来る) 氷の穴 ❸ (トンネル・坑道などの) 通風孔, 換気孔 ❹ (鋳物の) 気泡, 巣; (一般に) 欠陥, 傷; 《米俗》(人の) 出来損ない

blów·làmp 名 《英》= blowtorch

blown /bloʊn/ 動 blow[2,3] の過去分詞

blów·òff 名 C 噴出 (装置)

blów·òut 名 C ❶ (タイヤの) パンク (puncture); (ヒューズが) 飛ぶこと ❷ (油田・ガス田などの) 噴出 ❸ 《俗》大宴会, どんちゃん騒ぎ (binge)

blów·pìpe 名 C ❶ (空気・ガスを吹きつける) 吹管(すいかん); 火吹き竹 ❷ (ガラス器製造の) 吹管 ❸ = blowgun

blow·sy /bláʊzi/ 形 = blowzy

blów·tòrch 名 C (鉛管工などの) ガスバーナー

blów·ùp 名 C ❶ 爆発; 《口》かんしゃく, 激怒 ❷ (写真の) 引き伸ばし; 引き伸ばし写真 [映画]

blow·y /blóʊi/ 形 《口》風の吹く [強い]; 吹きさらしの

blowz·y /bláʊzi/ 形 《けなして》(特に女性が) 赤ら顔で粗野な; (身だしなみなどが) だらしない

BLT 名 (複 **BLTs**, **BLT's** /-z/) C 《主に米口》ベーコン・レタス・トマト入りサンドイッチ (♦ *b*acon, *l*ettuce and *t*omato sandwich の略)

blub·ber[1] /blʌ́bər/ 名 U (鯨などの) 脂肪層; 《口》《けなして》(人の) 余分な脂肪

blub·ber[2] /blʌ́bər/ 《口》 動 自 (子供のように) おいおい泣く ―他 泣きじゃくりながら…を言う〈**out**〉

bludge /blʌdʒ/ 《主に豪・ニュージ》 動 自 責任逃れをする; (人の) すねをかじる ―他 …を巻き上げる, せしめる

bludg·eon /blʌ́dʒən/ 名 C (一端が太く重い) こん棒
―動 他 ❶ …をこん棒で (何度も) 殴る ❷ …を脅して〈…を〉させる, 強制する〈**into**〉

***blue** /bluː/ (♦ 同音語 blew) 形 名 動
―形 (**blu·er**; **blu·est**)
❶ **青い**, **あい色の**, 紺(こん)色の; 青みがかった (❗「未熟な」の意の「青い」は green で表す) ‖ Within five minutes gray clouds had covered the ～ sky. 5分もたたないうちに青空は灰色の雲に覆われた / a ～ suit 紺のスーツ / ～ **eyes** 青い目
❷ 《叙述》《口》憂うつな, ふさいでいる (↔ happy) (⇨ SAD 類語) ‖ Why are you so ～? どうしたの, そんなに悲しそうな顔をして / feel ～ 気がめいる / look ～ ふさいでいるようだ
❸ 青ざめた, 血の気を失った ‖ go ～ 青ざめる / ～ with [OR from] cold 寒さで血の気が引いて / look ～ (寒さ・驚きで) 顔面蒼白である (♦ 顔色が悪い程度なら pale がふつう)
❹ 《口》(映画・冗談などが) きわどい, 猥褻(わいせつ)な, ポルノの (❗日本語の「ピンク」に近いが, 英語の pink にはこのような意味はない) ‖ ～ jokes きわどい冗談
❺ 《英口》保守党所属の (→ 名❽) ❻ 見込みのない, 悲観的な, 暗い ‖ a ～ outlook 暗い前途 ❼ (道徳的・宗教的に) 厳しい, 厳格な ❽ 《米》(選挙で) 過半数が民主党に投票した (↔ red)
tàlk a blùe stréak 《米口》絶え間なくしゃべる
until [OR ***till***] ***one is blue in the face*** ⇨ FACE (成句)
―名 (複 **～s** /-z/) ❶ U **青**, 空[あい, 紺]色 (❗木々や信号の「青」は green) ‖ the ～ of the sky 空の青さ / Prussian ～ 紺青(こんじょう) / French ～ 群青(ぐんじょう) / navy ～ 濃紺 / dark [light] ～ 暗 [淡] 青色 《オックスフォード [ケンブリッジ] 大学のスクールカラー (→ ❼)》
❷ C 《(the) ～s》《しばしば単数扱い》〖楽〗**ブルース**
❸ C 《the ～s》《口》**意気消沈**, ふさぎ ‖ be in the ～*s* = have [OR get] the ～*s* ふさいでいる
❹ U 青インキ, 青の顔料 [染料]; = bluing
❺ C 青いもの 《ビリヤードの青玉など》; (動植物の) 青い種類
❻ U 青い服; C 《～s》《米》(青色) 軍服 ‖ dressed in ～ 青い服 [制服] を着て / boys in ～ 《口》警官たち
❼ C 青い制服の人; 《しばしば the B-》〖米国史〗(南北戦争での) 北軍 (兵士) (→ gray ❺); 《the B-s》《英》近衛騎兵隊; 《英》(特に オックスフォード [ケンブリッジ] 大学の) 運動選手 ‖ an old *Blue* (大学の) 運動選手のOB / be a ～ (運動) 選手である ❽ C 《英口》保守党員 [支持者] 《青を党のカラーとする》 ‖ a true ～ (保守党の) 忠実な党員; 信頼できる [誠実な] 人 ❾ 《the ～》《文》青空, 青天; 海 ‖ vanish into the ～ 青空のかなたに [いずこともなく] 消える ❿ = bluefish; シジミチョウ科のチョウ ⓫ C 《豪・ニュージ俗》けんか, 口論 ⓬ C 《豪・ニュージ俗》間違い ⓭ 《通例 B-》 C 《豪・ニュージ俗》赤毛 (の人) 《あだ名》
into the wìde [OR ***wìld***] ***blùe yónder*** (まだ知らない) どこか遠くへ
+***out of the blúe*** 《口》出し抜けに, 全く思いがけず (⇨ *out of a clear* (*blue*) SKY)
―動 (**～s** /-z/; **blued** /-d/; **blu(e)·ing**)
―他 ❶ …を青くする, …に青味をつける; 〔白い布〕を青粉 (bluing) で洗う ❷ 《英俗》《旧》〔金〕を浪費する
―自 青くなる
～·ness 名
▸▸ ～ **bàby** 名 C 青色児 《心臓欠陥などのため先天的にチアノーゼにかかって生まれる新生児》 ～ **blóod** 名 U C 貴族 [王族] の血筋 (の人); 名門の出 (の人) ～ **bòok** 名 C ① ブルーブック 《中古車販売のための標準価格表》 ②

《米》(青表紙の) 大学の試験答案帳 ③ 青書(せいしょ)《英国の議会や枢密院の報告書などの青表紙の政府刊行物》④ (米官庁の) 紳士録；名簿 **～ chèese** /英 ⌐⌐/ 名 U ブルーチーズ《青カビチーズ》 **～ chíp** (↓) **～ fílm** 名 C《英口》=blue movie **～ fít** 名 C《口》ひどいいら立ち[困惑] **～ flàg** 名 C ① 【植】(北米産の)アヤメ《テネシー州の州花》② ブルーフラッグ《清潔度と安全基準を満たした海水浴場に与える認定証》③《英》ブルーフラッグ《モーターレースで後続する車が追い越しをかけていることを表すときに使う青旗》 **～ gùm** 名 C【植】ユーカリ (eucalyptus) の一種《オーストラリア産》 **Blúe Hòuse** 名《the ～》青瓦台《韓国の大統領府》 **～ jày** 名 C【鳥】アオカケス《北米産》 **～ jèans** 名 複《米》ブルージーン(ズ), ジーパン **～ làws** 名 複《米》厳格な法律《植民地時代のニューイングランドに始まり, 日曜日の労働・娯楽・商売などを禁じた法律》 **～ móvie** 名 C ポルノ映画 **～ nòte** 名 C【楽】ブルーノート《ジャズやブルースの特徴となる半音下げた第3, 第7音》 **Blùe Péter** 名《the ～》【海】出帆旗《青地に白の正方形》 **～ ríband** 名 C =blue ribbon **～ ríbbon** (↓) **～ státe** 名 C 民主党支持の州 **～ tìt** 名 C【鳥】アオガラ《ヨーロッパ産》 **～ wáter** (↓) **～ whále** 名 C【動】シロナガスクジラ

Blúe·bèard 名 青ひげ《フランスの Charles Perrault 作の童話の主人公. 6人の妻を次々に殺した》

blúe·bèll 名 C【植】ブルーベル《スコットランドのイトシャジン(harebell), イングランドのツルボの類(wild hyacinth) など青い釣り鐘形の花をつける植物》

***blue·ber·ry** /blúːbèri | -bəri/ 名 (複 **-ries** /-z/) C【植】ブルーベリー(の木[実])《コケモモ属. 実は食用》

blúe·bìrd 名 C【鳥】ブルーバード《北米産. ツグミ科の鳴き鳥. 雄の胸の部分が青いのが特徴》

blùe-bláck 〈シ〉 形 濃い[暗い]あい色の

blùe-blóoded 〈シ〉 形 貴族出身の, 名門の出の

blúe·bònnet 名 C ❶【植】(青花の) ルピナス《テキサス州の州花》; ヤグルマギク ❷ (昔のスコットランドの) 青色の帽子；(この帽子をかぶった) スコットランド兵[人] ❸【鳥】ブルーボンネット《オーストラリア産オウム》

blúe·bòttle 名 C ❶【虫】アオバエ ❷【植】ヤグルマギク；青い花をつける植物の総称 ❸《豪・南ア》【動】カツオノエボシ ❹《英口》《旧》警官

blùe chíp 名 C ❶【株】優良株, 優良銘柄 ❷ 貴重な財産[資産]；優良企業 ❸【トランプ】ブルーチップ《ポーカーで高点を表す青色の数取り札》 **blúe-chìp** 形《限定》【株】優良(株)の(→ gilt-edged)；一流の

blúe-chìpper 名 C《米口》❶ 優良企業 ❷ 一流の人《特にスポーツ選手》

blúe·còat 名 C《英》《古》青色[紺色]の制服を着た人《警官など》

blùe-cóllar 〈シ〉 形《限定》(作業服を着る) ブルーカラーの, 肉体労働者の(→ white-collar)

blúe-èyed 形 ❶ 青い目をした ❷ お気に入りの ‖ a ～ boy《英口》《主にけなして》お気に入り(の男の子) (《米》fair-haired boy) ❸ 世間知らずの ❹ (楽団・演奏などが) 白人による

blúe·fìn 名 (=～ **túna**) C【魚】クロマグロ

blúe·fìsh 名 C (複 ～ OR **～·es** /-ɪz/)【魚】ブルーフィッシュ《ムツの類の食用魚. 北米大西洋岸産》

blúe·gìll 名 C【魚】ブルーギル《米国中・東部産のサンフィッシュ(sunfish)科の淡水魚. 食用》

blúe·gràss 名 ❶ =Kentucky bluegrass ❷ U ブルーグラス《米国南部のテンポの速いカントリーミュージック》

blúe·jàcket 名 C《俗》水兵(sailor)

blúe·nòse 名 C ❶《米口》《旧》清教徒的な人, 謹厳ぶる人 ❷《B-》《カナダ口》(カナダの) Nova Scotia 生まれの人 **-nòsed** 形 謹厳ぶった

blùe-péncil 動 (～**ed**, 《英》**-pencilled** /-d/；～**·ing**, 《英》**-pencil·ling**) 他〔原稿など〕を(青鉛筆で) 修正する

blúe-plàte 形《限定》《米》(レストランで) サービス価格でメインコース付きの ‖ a ～ special サービス定食

blúe·pòint 名 C《米》(東海岸産の) アメリカガキ (牡蛎)《ロングアイランド州の Blue Point から. 生食用》

blúe·prìnt 名 C ❶ (建築・機械などの設計の) 青写真；設計図 ❷〈…の〉詳細な計画〈for〉❸【生】(遺伝子の) 青写真, 遺伝情報

──動 他《米》…の青写真を作る；…の詳細な計画を立てる

blùe ríbbon 名 C ❶《米》(コンクールなどの) 最優秀賞, ブルーリボン賞 ❷ (英国のガーター勲爵士がつける) 青リボン (→ garter) **blùe-ríbbon** 〈シ〉 形《限定》《米》最上の, より抜きの, 受賞した ‖ ～ jury【米法】特別陪審《特に困難な問題の判決に当たる有識者の陪審》

blùe-ríinse 名 U 青の白髪染め

──形 (=**-rínsed**)《限定》《口》《戯》(女性が) 老齢で保守的な《白髪染めをして社会奉仕をした女性をイメージして》

blùe-ský 〈シ〉 形《限定》❶《口》(考え方などが) 実際的でない, 空想的な ❷《米口》(有価証券が) 価値が疑わしい ‖ ～ law《米》青空法《不正証券売買禁止法》

blúe·stòcking 名 C《けなして》学識のある女, 学才を鼻にかける女, 文学かぶれの女 (♦ 18世紀にロンドンの女性文学愛好家クラブの会員が青い靴下をはいていたことから)

blues·y /blúːzi/ 形 (**-ier**; **-iest**) (音楽・声などが) ブルース風の

blu·et /blúːɪt/ 名 C【植】トキワナズナの類《北米産》

Blúe·tòoth 名 U《商標》💻 ブルートゥース《ワイヤレスで行う電子機器間のデータ転送規格》

blùe wáter 名 C 青海原, 大海 **blùe-wáter** 形

***bluff**¹ /blʌf/ 動 他 ❶〔人〕にはったり[ブラフ]をかける,〔人〕をこけおどしでごまかす[だます]；〔人〕にはったりをかけて〈…〉させる〈into〉‖ We ～*ed* her *into* thinking that the flight had been canceled. 我々は彼女をだましてその便はキャンセルになったと信じ込ませた ❷【ポーカー】(実際よりも手がよいと見せかけて)〔相手〕をだます

──自 はったり[ブラフ]をかける, 虚勢を張る

blùff it óut (面倒なことなどを) はったりで切り抜ける

blùff one's wáy はったりで〈…を〉切り抜ける〈**out of, through**〉；はったりで〈…を〉するようになる〈**into**〉‖ ～ one's *way* 「*out of* trouble [*into* a job] はったりでトラブルを切り抜ける[仕事にありつく]

──名 ❶ C U 虚勢, こけおどし, はったり ❷ U【ポーカー】相手をだますこと, ブラフ

**càll a pèrson's blúff*【ポーカー】(人の) 手を公開させる；(はったりと見て) (人に) やれるものならやってみろと挑戦する

～·er 名

bluff² /blʌf/ 形 ❶ (悪気がなくて) ぶっきらぼうな, あけっぴろげな ❷ (海岸・岬などが) 絶壁の, 切り立った；(船首部が) 垂直で幅広い ──名 C ❶ 断崖, 切り立った岬 (cliff) ❷《カナダ》木立, 小森 **～·ly** 副 **～·ness** 名

blu·ing /blúːɪŋ/ 名 U 青粉(あおこ), 青味づけ剤《黄ばみを除くための洗剤. blueing ともいう》

blu·ish /blúːɪʃ/ 形 青みがかった, 青っぽい

***blun·der** /blʌ́ndər/ 名 C (無知・不注意による) 大失敗, へま (⇨ MISTAKE 類語) ‖ commit [OR make] a ～ 大失敗をする

──動 自 ❶ へま[大失策]をする ‖ They ～*ed* badly in appointing her as sales manager. 会社側が彼女を営業部長に任命したのは大失敗だった ❷ まごまご[うろうろ]する, やたらに動く《*about, along*》；まごついてつまずく；うっかり〈…に〉入り込む〈**in, into**〉‖ He ～*ed into* the wrong room. 彼はうっかり違う部屋に入ってしまった / ～ against ... …にぶつかる ──他 ❶ …をやり損なう；へまをして…を〈…に〉陥れる〈**into**〉‖ The minister ～*ed* the country *into* war. 大臣の失策によって国は戦争に引きずり込まれた ❷ しどろもどろに…を話す《*out*》‖ I ～*ed out* an apology. 私はしどろもどろに言い訳をした **～·er** 名

blúnder·bùss /-bʌ̀s/ 名 C ❶ (17–18世紀ごろの) らっぱ銃《筒先がらっぱのように開いた, 口径の太い短銃》❷《口》へまをする人, とんま, 間抜け

*blunt /blʌnt/ 形 ❶ 刃先の鈍い(↔ sharp, keen[1]) ‖ a ~ instrument (殺人などの)鈍器 ❷ 鈍い,(相手の気持ちに)鈍感な;ぶっきらぼうな, 素っ気ない, 率直[ぶしつけ]にものを言う ‖ Can I be ~ with you? はっきり言っていいですか / a ~ refusal 素っ気ない拒絶 ―動 他 …をなまくらにする;…を鈍感にする;…(の力・効果など)を弱める
―名 C 《口》マリファナを詰めた葉巻 ~·ness 名

blunt·ly /blʌ́ntli/ 副 ぶっきらぼうに, ずけずけと

*blur /bləːr/ 《発音注意》 名 C 《単数形で》 ❶ ぼんやり見えるもの, おぼろげなもの ‖ The landscape was only a ~ to my sleepy eyes. 私の眠い目には風景はぼんやりとしか見えなかった ❷ (インクなどの)汚れ, しみ
―動 (**blurred** /-d/ ; **blur·ring**) 他 ❶ 〔輪郭・形状など〕をぼかす;(涙が)〔目〕を曇らせる;〔判断・知覚など〕を曇らす ‖ Mist *blurred* the hills. かすみで山々(の輪郭)がかすんでいた ❷ …をあいまいにする, 紛らす ‖ ~ the distinction 区別をあいまいにする ❸ (インクなどで)…を汚す, にじませる ―自 ❶ 〈…で〉ぼやける, かすむ〈**with**〉 ❷ しみになる, 汚れる

Blu-ray /blúːrèɪ/ 名 U ブルーレイ《青紫色半導体レーザーを用いる大容量データ記録再生技術》
▸▸ ~ Dìsc 名 C 《商標》ブルーレイディスク《略 BD, BD-ROM》

blurb /bləːrb/ 名 C 《口》(新刊書・新製品などの)宣伝文, 自己宣伝(的紹介)
―動 他 《主に米口》…を(誇大に)宣伝する

blurt /bləːrt/ 動 他 …を出し抜けに言い出す;…をうっかり口を滑らせて言う《*out*》

*blush /blʌʃ/ 動 自 ❶ 赤面する **a** (人・顔が)〈…で〉赤くなる, 赤面する(color up)(↔ turn pale)〈**at, for, with**〉 ‖ The boy ~*es* whenever he sees her. その男の子は彼女を見るたびに顔を赤らめる / ~ *with* [OR *for*] shame 恥ずかしくて顔を赤くする / the ~*ing* bride はにかんだ花嫁 **b** 《+**to** *do*》…するのを恥ずかしく思う ‖ I ~ *to* say that I was wrong. 恥ずかしながら私が間違っていました **c** 《+補〈形〉》恥ずかしくて…になる ‖ Her face ~*ed* red with shyness. 彼女の顔は恥じらいのため真っ赤になった ❷ (空・花などが)バラ色になる, 赤らむ
―名 ❶ C (恥ずかしさで)顔を赤らめること, 赤面;紅潮 ‖ put her to the ~ 彼女を赤面させる;面目を失わせる ❷ U 赤い色, バラ色 ❸ U 《米》頬紅(ほおべに)
at first blúsh 一見したところでは
spàre [OR ***sàve***] ***a pèrson's blúshes*** 《英》(褒めそやすなどして)(人に)赤面する[気まずい]思いをさせない ‖ *Spare* my ~*es*. そうおだてないでくれ

blush·er /blʌ́ʃər/ 名 ❶ U 《主に英》頬紅 ❷ C 《植》ガンタケ《触れると黄色から赤へ変色するキノコ》

blus·ter /blʌ́stər/ 動 自 (風が)吹きすさぶ;(波が)立ち騒ぐ;どなり[いばり]ちらす, おびやかす ―他 …をどなりちらす;…をどなりちらして言う《*out*》 ―名 U (風・波の)荒れ狂い;怒号, こけおどし ~·ing 形 ~·y 形

Blvd., blvd. 略 boulevard

B̀ lỳmphocyte 名 =B cell

B̀M, B.M. 略 *B*achelor of *M*edicine ; benchmark ; *B*ritish *M*useum

b.m., b̀ḿ 略 〖建〗 *b*oard *m*easure (ボード尺) ; *b*owel *m*ovement(便通)

B̀MÁ 略 *B*ritish *M*edical *A*ssociation(英国医師会)

B̀MÍ 略 *b*ody-*m*ass *i*ndex (肥満度指数) ; *b*rain *m*achine *i*nterface(ブレーンマシンインターフェース)

B̀-mòvie, B̀ mòvie 名 C B級映画《安い予算で作った, 主に併映用の映画. B(-)picture ともいう》
B̀-mòvie 形 B級映画の ‖ a ~ actress 二流の女優

bm̀p, B̀MṔ 略 💻 *b*it *m*a*p* (ビットマップ) 《Microsoft 社の Windows 標準の非圧縮の画像データ形式, またはその形式のファイルの拡張子名》

B̀MŔ 略 *b*asal *m*etabolic *r*ate(基礎代謝率)

B.Mus., BMus /bìːmʌ́z/ 略 *B*achelor of *Mus*ic (音楽士)

B̀MẀ 名 《商標》ビーエムダブリュー《ドイツ *B*ayerische *M*otoren *W*erke 社の略称》; C 同社の乗用車[二輪車]

B̀MX́ 略 *b*icycle *m*oto*cross*(自転車によるモトクロス)

bn. 略 billion ; 《ときに Bn.》〖主に軍〗battalion

bo /boʊ/ 間 名 =boo

BO /bìː óʊ/ 名 U 《口》(不快な)体臭, わきが(♦ *b*ody *o*dor の略)

b.o. 略 *b*ranch *o*ffice ; broker's *o*rder ; *b*uyer's *o*ption

bo·a /bóʊə/ 名 C ❶ (= ~ **constrictor**)〖動〗ボア《熱帯アメリカ産の獲物を絞め殺して食べる大蛇》 ❷ ボア(feather boa)《毛皮や羽毛の女性用長襟巻き》

boar /bɔːr/ (♦ 同音語 bore) 名 C (去勢しない) 雄豚 ; U (去勢しない) 雄豚の肉 ; C イノシシ (wild boar) (⇨ PIG 類語P)

***board** /bɔːrd/ (♦ 同音語 bored) 名 動

中心義 **板, 板状のものにかかわる場や行為**

名 板(ばん) ❶❷ 黒板❶ 委員会❸ 食事❹
動 他 乗り込む❶ 自 下宿する❶

―名 (複 **~s** /-z/) C ❶ (特定の目的に使う)**板**;(チェス・将棋などの)盤(⇨ CHESS 図);**黒板**;掲示板 ‖ an ironing ~ アイロン台 / a diving ~ 飛び込み板 / "No Parking," said the (bulletin) ~. 掲示板には「駐車禁止」と書いてあった
❷ (壁・床などに使う)(薄)**板**(材);〖建〗ベニヤ板, 合板 ‖ a 2-inch ~ 2インチ板
❸ 《集合的に》《単数・複数扱い》**委員会**, 評議員会, 重役会;委員, 重役;(会議用の)卓[席];(官庁などの)省, 庁, 局, 部(♦ 《米》では通例単数扱い. 《英》では全体を一つの集団と見る場合単数扱い, 個々の成員に重点を置く場合複数扱い) ‖ The ~ is [OR are] meeting tomorrow. 委員会は明日開かれる予定です / the local ~ 地区の委員会 / the *Board* of Education 《米》教育委員会 / the ~ of directors 重役会, 役員会 / a ~ member [meeting] 委員[委員会] / be on the ~ 委員会に出席している;委員である;審議されている / the water ~ 水道局[部, 課]
❹ U (食卓に出された)**食事**;まかない;C 《古》食卓 ‖ The price includes room and ~. 料金は食事込みの宿泊代です / ~ and lodging まかない付き下宿;(下宿の)食事と宿泊 / full ~ 3食 / a modest ~ ささやかな食卓
❺ 《the ~s》《口》舞台;役者稼業 ‖ be on the ~*s* 舞台に出ている
❻ (バスケットボールの)バックボード;(野球の)スコアボード;(競馬などの)賭(か)け率表示板;サーフボード;ボディボード;スノーボード;《~s》《米》(アイスホッケーの)サイドボード
❼ 《~s》《米旧》入学試験 ‖ college ~*s* 大学入試
❽ 《通例 ~s》(本の表紙に用いる)ボール紙, 板紙 ‖ a book in cloth ~*s* クロス装の本 ❾ 配電盤 ❿ 〖海〗(船の)舷側(げんそく) ⓫ 〖海〗(船が風上へジグザグに間切って進むときの)同一開きで帆走した距離 ⓬ 💻 基板, ボード《電子回路をのせるプリント基板または機能拡張用の増設機器》
above bóard 公明正大な[に]
****across the bóard*** 全面的に;全員を含んで, 一律に
(as) stiff as a bóard 固い, (運動後などで)体がこわばった
gò [OR ***pàss***] ***by the bóard*** [《米》***bóards***] (計画などが)没になる, 忘れ去られる
****on bóard*** ① (チーム・組織に)参加して, 所属して ② (船・航空機・列車・バスに)**乗って** ‖ go *on* ~ 乗船[乗車, 搭乗]する / *on* ~ a yacht ヨットに乗って
swèep the bóard 《英》(試合・選挙で)全勝する, 大成功を収める(♦ トランプで勝って卓上の札・賭け金をさらうことから)
tàke ... on bóard 《口》〔新しい考え・情況など〕を十分に理解して受け入れる;〔新しい仕事・責任〕を引き受ける

trèad the bóards 《口》舞台を踏む, 俳優になる
── 動 (~s /-z/; ~·ed /-ɪd/; ~·ing)
── 他 ❶《堅》〔列車・船・飛行機など〕に**乗り込む**, 乗船する (↷ get on) (↔ *get off*) ‖ We ~*ed* the plane at 5 p.m. 我々は午後5時に飛行機に搭乗した
❷〔窓・ドアなど〕に板を張る, …を板で囲う《*up, over*》‖ a ~*ed*-up store (窓などを)板で覆った店
❸〔人〕に(一定期間)食事を出す, …をまかない付きで下宿させる;〔犬など〕を料金をとって預かる[世話をする]
❹ (襲撃・臨検のために)〔船〕に横付けする, 乗り込む
── 自 ❶〈…の家に〉**下宿する**〈**at, with**〉; 学校に住む, 寄宿する; (ホテルなどで一定期間) 宿泊[滞在]する ‖ I ~*ed* ⌈*at* my uncle's [OR *with* my uncle]⌉ when I was a college student. 僕は大学時代おじの家に下宿していた
❷《堅》(客が)搭乗する;《進行形で》(航空機が)乗客を乗せる ‖ Flight 007 for London is now ~*ing* at Gate 32. ロンドン行き007便はただいま32番ゲートで搭乗中です
❸ スノーボードをする
bòard óut 〈他〉(***bòard óut ...*** / ***bòard ... óut***) ①〔学生など〕を寮以外のところへ寄宿させる ②〔動物〕を預ける
─〈自〉外食する
▶▶ **~ and cáre hòme [facìlity]** 名 C 養護老人ホーム **~ fòot** 名 (複 **~ feet** /-fìːt/) C ボードフット《米国の木材の体積の単位. 1平方フィートで厚さ1インチの板の体積》 **~ gàme** 名 C ボードゲーム《盤の上でこまを動かして遊ぶ室内ゲーム. チェス・モノポリーなど》 **~ of tráde** 名 (複 **~s of t-**) ① C《米》商工会議所 ②《the B- of T-》(英国の) 商務省《現在は Department of Trade and Industry の一部局》

board·er[1] /bɔ́ːrdər/ (♦ 同音語 border) 名 C ❶ (まかない付きの)下宿人;《英》寄宿生, 寮生(→ day-boy, day-girl) ❷ (敵船への)切り込み隊員

board·er[2] /bɔ́ːrdər/ (♦ 同音語 border) 名 C スキーヤー; スケートボード[スノーボードなど]をする人

board·ing /bɔ́ːrdɪŋ/ 名 U ❶《集合的に》(板囲い用の)板; 板囲い, 板張り ❷ 寄宿 ❸ 乗船, 乗車, 搭乗
▶▶ **~ càrd [pàss]** 名 C (飛行機の) 搭乗券 **~ gàte** 名 C 搭乗口 **~ kènnel** 名 C《英》(旅行中などに) 犬を預ける施設 **~ schòol** 名 C 寄宿学校(↔ day school)

bóarding·hòuse 名 C (まかない付き)下宿屋; 寄宿舎

bóard·ròom 名 C (重役・理事などの)会議室;《the ~》重役[理事]会

bóard·sàiling 名 U ボードセーリング, ウインドサーフィン (windsurfing) **-sàilor** 名

bóard·wàlk 名 C ❶《米》(海水浴場などの) (板敷きの) 遊歩道 ❷ (湿地帯などの) 板道

*__boast__ /boust/ 《発音注意》 動 自〈…を〉自慢する, 誇る, 誇らしげに話す, 鼻にかける〈**about, of**〉(⇨ 類語) ‖ She ~*ed about* her voice. 彼女はのど自慢だった / The winner ~*ed of* his success to everybody. 勝者は自分の成功をみんなに自慢した ── 他 ❶《+**that** 節》…ということを自慢する ‖ He ~*s that* he has a fine collection of sake cups. 彼は素晴らしい杯を集めていることを自慢している / "I won first prize," he ~*ed*. 「1等賞をとった」と彼は誇らしげに言った ❷《進行形不可》(物が) (誇りとして) …を持っている ‖ The United States ~*s* a two-party system. 米国は2党体制を誇りにしている
── 名 C《しばしばけなして》自慢(の種); 自慢話, うぬぼれ; ほら ‖ Health is his only ~. 健康だけが彼の自慢の種だ / It's her ~ that her son is the best pitcher in the team. 息子がチームのエースピッチャーであるのが彼女の自慢だ(♦ She *boasts* that her son .... の方がふつう) / no idle [OR empty] ~ 本当の話
~·er 名 C 自慢家, ほら吹き **~·ing·ly** 副 自慢げに
類語《動》**boast**「自慢する」を表す一般的な語.
brag《口》で, boast より誇張・うぬぼれの意味が強い.

bóast·ful /-fəl/ 形 自慢する; (話・言葉などが)自慢に満ちた **~·ly** 副 **~·ness** 名

***__boat__ /bout/ 《発音注意》 名 動
── 名 (複 **~s** /-s/) C ❶ **ボート, 小舟** (♦ ship と比べて小型の船. 動力源としては oar, sail, engine のいずれでもよい) (⇨ SHIP 類語) (❗日本語の「ボート」は厳密には《米》rowboat,《英》rowing boat という) ‖ row a ~ ボートをこぐ / get on [OR in] a small ~ 小舟に乗る / take a ~ ボートで行く / get off [OR out of] a ~ ボートから降りる / a **fishing** ~ 漁船
Behind the Scenes **We're gonna need a bigger boat.** とても無理だ; これは大変だ 映画 *Jaws* の中で主人公 Martin が, 自分の乗っている小さなボートに比べて人食いザメが巨大であるのを見て青ざめ,「もっと大きな船じゃないと」と言うせりふ (♥ 克服困難な事態に直面した際に用いる. We have to collect a million people in an hour. We're gonna need a bigger boat. 1時間で百万人集めなきゃならないなんて, いくらなんでも不可能だ)
❷ (一般に)**船**(vessel); (大型)客船(steamship); 潜水艦 (submarine) ‖ It takes two days to go to Okinawa by [OR in a] ~. 沖縄へは船で2日かかる / a ~ **trip** (湖・川などの) 遊覧
❸ 船形の深皿 ‖ a gravy ~ 船形グレービーソース入れ
****be in the sàme bóat*** 《口》(全員)境遇[運命, 危険]を共にしている(⇨ COMPANY メタファーの森)
bùrn one's bóats 《英》背水の陣を敷く
flòat a pèrson's bóat 《口》(人を)引きつける, 興奮させる
mìss the bóat 《口》好機を逸する, 手遅れになる(⇨ *miss the* BUS)
òff the bóat ⊗《口》《蔑》外国から着いたばかりの, だまされやすい, 事情にうとい
pùsh the bóat oùt 《英口》お祭り[どんちゃん]騒ぎをする
****ròck the bóat*** 《口》(ことさら) 波風を立てる; (組織・計画を)危うくする
tàke to the bóats (沈む船から)救命ボートに乗り移る
── 動 自 (船遊びで)ボートに乗る, ボートをこぐ, ボートで行く ‖ go ~*ing* on [×to] the lake 湖にボートをこぎに行く / ~ down the river 川をボートで下る
── 他 …をボートに乗せる, 船で運ぶ;〔釣った魚〕を船にたぐる[引き揚げる]
▶▶ **~ hòok** 名 C (ボートを引き寄せたりする) かぎざお **~ nèck [nèckline]** 名 C【服】ボートネック《両肩に向けて襟ぐりが横に長くなっている》 **~ pèople** (↓) **~ ràce** 名 ① C ボートレース ②《the B- R-》《英》オックスフォード大学対ケンブリッジ大学対抗のボートレース《毎年テムズ川で復活祭前に行われる》 **~ tràin** 名 C (船便と連絡する)臨港列車

boat·el /boutél/ 名 C ボーテル《船で旅行する人のための桟橋を設けた水辺のホテル》; ホテル同様の設備を持つ船 (♦ *boat*+*hotel* より)

boat·er /bóuṭər/ 名 C ❶ 麦わら帽子, かんかん帽(♦ 昔, 舟遊びに着用されたことから) ❷ 舟遊びをする人, ボートに乗る人

boater ❶

bóat·hòuse 名 C ボート小屋, 舟小屋

bóat·lòad 名 C ❶ 船1杯分の積荷[積載人員] ❷《口》多量; 多くの人 ‖ a ~ of refugees 多くの難民

boat·man /bóutmən/ 名 (複 **-men** /-mən/) C 貸しボート屋(の主人); 船頭, 舟子; ボートのこぎ手

***bóat pèople** 名 U《集合的に》《複数扱い》ボートピープル《小船で故国を脱出する難民》

boat·swain /bóusən/ 《発音注意》 名 C (商船の) 甲板(長)長, 水夫長; (軍艦の)掌帆(長)長(♦ bo's'n, bosun ともつづる)

bob[1] /bɑ(ː)b | bɔb/ 名 C ❶ ショートヘア, ボブ, おかっぱ《耳元から肩にかからない程度に短く切りそろえた女性の髪型》;

巻き毛, 結び髪 ❷《口》=bobsled ❸ (振り子・鉛直線などの)玉, おもり ❹ ボッブ詩行《スタンザの最後の2, 3音節の短い行》 ━動 (**bobbed** /-d/ ; **bob·bing**) 他〔髪〕をボブにする, ショートカットにする

B

*__bob²__ /bɑ(:)b | bɔb/ 動 (**~s** /-z/ ; **bobbed** /-d/ ; **bob·bing**) 自 ❶ (+副句)素早く上下に動く[揺れる] ; ひょいと動く[現れる, 見えなくなる] (♦ 副句 は方向を表す) ‖ The little boat *bobbed* up and down. 小船は上下に揺れた / ~ *for* apples (水に浮かべた)リンゴをぱくりとくわえる《Halloween のゲーム》 ❷ (特に女性が) (ひざを折って) 軽く会釈する ━他〔頭・体〕を上下に (ひょいと) 動かす ‖ The boy *bobbed* his head in approval. 少年はうなずいて賛意を示した / ~ a curtsy (ひざを折って)軽く会釈する

bòb and wéave (ボクサーなどが) (相手のパンチを避けるように)身体を上下左右に素早く動かす

bòb úp 〈自〉 ① (魚などが) 突然水面に浮かび上がる ② ひょいと再び現れる, 舞い戻る

━名 C ひょい[ぐい]と動く[動かす]動作 ; (軽い)会釈

bob³ /bɑ(:)b | bɔb/ 名 (複 **~**) C《英口》(旧貨幣制度の) シリング(shilling) ; (現在の貨幣制度の)5ペンス(5p)

Bob /bɑ(:)b | bɔb/ 名 ボブ (Robert の愛称)

COMMUNICATIVE EXPRESSIONS

1 (Prèss the bútton **and**) **Bòb's your úncle!** 《英》(ボタンを押せば後は)万事OKだ

2 **Yès** [**Nò**] **sir(r)ée**(**, Bòb**). 全くそのとおり ; 絶対に (♥ 同意・肯定を表すくだけた表現. 相手が使った表現が否定形の場合は No を用いて同意を示す. 相手の名前がボブでなくても, 男性でなくても使える. sir(r)ee /sərí:/ の -(r)ee の部分を強く高く発音する)

bó·ba tèa /bóubə-/ 名 U =bubble tea

bob·ber /bá(:)bər | bɔb-/ 名 C ❶ (釣りの) 浮き ❷《英》ボブスレー選手

bob·bin /bá(:)bən | bɔ́bɪn/ 名 C ❶ (筒巻きの)糸巻き, ボビン ; 〘電〙コイル ❷ (古風なドアの掛け金をあげるときに引くひもの先の) 木製の玉 [棒] ▸▸**~ làce** 名 U ボビンレース《針の代わりにボビンを使うレース》

bob·bi·net /bà(:)bənét | bɔ̀bɪ-/ 名 U (六角形の編み目の)機械編み織物

bob·ble /bá(:)bl | bɔ́bl/ 名 C ❶ (装飾用) 毛糸玉 ❷ 上下に動くこと ❸《米》(野球などの) ファンブル ━動 他〔ボール〕をファンブルする ━自 小刻みに上下に動く ▸▸**~ hàt** 名 C《英》中央に毛糸玉のついたウール製の帽子

bob·by /bá(:)bi | bɔ́bi/ 名 (複 **-bies** /-z/) C《英口》《旧》おまわり (policeman) (♦ 近代警察を創始した Robert Peel の愛称 Bobby にちなむ)

bóbby pìn 名 C《米・カナダ・豪・ニュージ》平らなヘアピン (《英》hairgrip)

bóbby sòcks [**sòx**] 名 複《米》(くるぶしの上までの) 少女用ソックス

bóbby-sòxer 名 C《米口》《旧》(10代前半の) 少女 (♦ 特に1940–50年代の流行にかぶれた少女をいう)

bób·càt 名 (複 **~** or **~s** /-s/) C〘動〙(北米産の)ヤマネコ, ボブキャット (♦ 尾が短いことから)

bob·o·link /bá(:)bəlɪ̀ŋk | bɔ́b-/ 名 C〘鳥〙コメクイドリ《北米産》(♦ その鳴き声が Bob o' Lincoln のように聞こえることから)

bób·slèd, 《英》**-slèigh** 名 C ボブスレー《2–4人乗りの競走用そり》; (昔の)2連ぞり, 継ぎぞり

━動 (**-sled·ded** /-ɪd/ ; **-sled·ding**) 自 ボブスレーに乗る

-slèdder 名 C ボブスレー選手

bób·stày 名 C〘海〙ボブステー, 第一斜檣 (しゃしょう) 支索 (→ bowsprit)

bób·tàil 名 C ❶ 切り尾 ; 短い尾 ❷ 切り [短い] 尾の馬 [犬など] **-tàiled** 形 切り尾の ; 短縮した

bób·whìte 名 C〘鳥〙コリンウズラ《北米産の小型のウズラ. 鳴き声をまねた呼称》

Boc·cac·ci·o /boukáːtʃiòu | bə-/ 名 **Giovanni ~** ボッカッチオ(1313–75)《ルネサンス期のイタリアの作家・詩人》

bòck béer /bà(:)k- | bɔ̀k-/ 名 U (ドイツ産の強い) 黒ビール《ふつう早春に売り出される》

bod /bɑ(:)d | bɔd/ 名 C《口》❶《主に英》人 ‖ an odd ~ 変人 ❷ 人体

BOD 略 *b*iochemical *o*xygen *d*emand (生化学的酸素要求量)

bo·da·cious /boudéɪʃəs/ 形《米口》❶ ど偉い, 信じられない ❷ (女性が)セクシーな (♦ *bo*ld+au*dacious* より)

bode¹ /boud/ 動 他 …の前兆となる

━自《well, ill などを伴って》〈…にとって〉(悪い[不吉の]) 前兆である〈**for**〉‖ This does not ~ well *for* our plan. これは我々の計画にはよくない前兆だ

bode² /boud/ 動 bide の過去

bo·de·ga /boudéɪgə, bə- | -dí:-/ 名 C ❶ ワイン店 ; ワインの酒蔵 ❷ 食料雑貨店 (♦ 特に米国のヒスパニック系住民地区で用いられる語)

bod·ice /bá(:)dɪs | bɔ́d-/ 名 C ❶ ボディス《前をひもで締めるぴったりした女性用胴着. ブラウスの上に着る》❷ (婦人服の)胴部, 身ごろ

bódice-rìpping 形《限定》(映画・小説などが) 性愛描写の多い **-rìpper** 名 C 性愛描写の多い映画・小説

-bod·ied /-bá(:)did | -bɔ́d-/ 〈連〉 形《通例複合語で》…の体をした ; (酒などが) こくのある (→ able-bodied, full-bodied)

bod·i·less /bá(:)diləs | bɔ́d-/ 形 体 [胴体] のない ; 実体のない, 無形の ; 霊的な

*__bod·i·ly__ /bá(:)dəli | bɔ́dɪ-/ 形《限定》身体[肉体]上の ; 有形の, 物質上の (↔ mental) (♦ physical より具体的な「身体」について用いる) ‖ ~ organs [functions] 身体の諸器官[機能] / ~ harm 身体への危害

━副 ❶ 体ごとそっくり, (体)全体を ‖ lift her ~ aboard 彼女を体ごと持ち上げて車に乗せる ❷ 一団となって, 丸ごと

bod·kin /bá(:)dkɪn | bɔ́d-/ 名 C ❶ (布・皮などに穴をあける)太針, 目打ち, 千枚通し ; ひも通し[針] ❷《古》(長い)ヘアピン ❸〘印〙(活字を挟む)ピンセット

****bod·y** /bá(:)di | bɔ́di/ 名 動

中心義 **ひとかたまり, かたまりの中心部分**

名 **体❶ 団体❷ 死体❸ 集まり❹ 主要部分❺**

━名 (複 **bod·ies** /-z/) C ❶ **体**, 身体 ; 肉体 (↔ mind, spirit, soul) (♦ 対比的用法ではしばしば無冠詞.「体型」の意味には build, (女性には) figure を用いる) ; (頭・手足を除いた) 胴体 ‖ Fat is not easily used by the ~ for energy. 脂肪は体がエネルギーとして消費しにくい / a human ~ 人体 / a strong [healthy] ~ 丈夫な[健康な]体 / 「build up [or strengthen] one's ~ 体を鍛える / ~ **weight** [heat, temperature] 体重 [体温] / the ~ beautiful 理想の肉体 / a delicate balance between mind and ~ 心身の微妙なバランス (♦「私の体は健康です」は「I am [*My *body* is] healthy. という. また「体を洗う」は wash one's body ともいえるが, wash oneself, have a wash [or bath, shower] の方がふつう)

❷《集合的に》《単数・複数扱い》**団体**, 組織 ; 一団 (の人々), 一群 (のもの) ; 〘法〙法人組織 ‖ a public ~ 公共団体 / an advisory ~ 諮問機関 / a **governing** ~ (学校などの)理事会 / a corporate ~ 法人

❸ **死体**, 遺体 ‖ an unidentified ~ 身元不明の死体 / bury a ~ 死体を埋葬する

❹ 〈…の〉多量, 多数 ; **集まり** [集合体] 〈**of**〉‖ A rich ~ *of* experimental data is stored on this disc. 豊富な実験データがこのディスクに蓄えられている / a large ~ *of* the people 国民の大多数

❺《the ~ of で》(建物・乗り物などの) **主要部分**, (教会の) 身廊 (しんろう) ; (文書の) 本文 ; (衣服の) 胴部, 胴衣 ‖ The main ~ *of* the building is now a restaurant. 建物の主要部分が今ではレストランになっている / the ~ *of* a

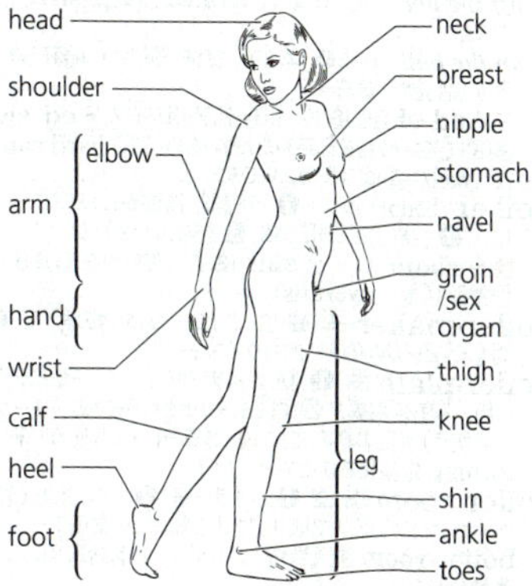

body ❶

letter 手紙の本文 / the ～ *of* a ship [car] 船[車]体 ❻〘理〙物体 ‖ a gaseous [liquid, solid] ～ 気体[液体, 固体] / a falling ～ 落下体 / a heavenly ～ 天体 ❼ U (ワインなどの)こく；(液体の)密度, 濃度；(髪の毛の)豊かさ, 張り ‖ a wine with plenty of ～ こくのあるワイン ❽ C《英》＝bodysuit

bòdy and sóul 全身全霊で, 身も心も(すっかり), 完全に ‖ I'm dedicated to this soccer team, ～ *and soul.* 私はこのサッカーチームにすっかりのめり込んでいる

in a bódy 一団となって, 一緒に

kèep bòdy and sóul togèther (やっと)生きていく

òver my dèad bódy ⇨ DEAD 形 (CE 2)

―動 他 …に形を与える[作る]；…を具体化する《***forth***》

▶▶～ **àrmor** 名 C 防弾チョッキ ～ **àrt** 名 U ボディーアート ①整形手術, ピアス, 入れ墨などで肉体を美化しようとすること ②肉体のパフォーマンスによる表現芸術 ～ **bàg** 名 C (ファスナー付きの)死体を運ぶ袋, 遺体袋《戦場・事故現場からの運搬用》 ～ **blòw** 名 C ①〘ボクシング〙ボディーブロー《胸部や腹部への打撃》②手痛い失敗, 挫折 ～ **clòck** 名 C〘生〙(肉体活動を規則的にする)体内時計(biological clock) ～ **còlor** 名 U C ボディーカラー《色の濃い不透明な色の絵の具》 ～ **còunt** 名 C (敵の)戦死者数 ～ **dòuble** 名 C〘映〙代役《ヌードシーンや危険な場面で俳優の代わりを務める人》 ～ **Ènglish** 名 U《米口》〘スポーツ〙(打った[投げた]球を望む方に行かせようと無意識にその方向へ)体をねじる動作 ～ **fàt** 名 U 体脂肪 ～ **ìmage** 名 U〘心〙身体像《自己の肉体あるいは容姿について抱く心象》 ～ **lànguage** 名 U ボディーランゲージ《意志・感情を示す通常無意識の表情・身振りなど》(→ kinesics) ～ **màss índex** 名 C 肥満度指数《体重(kg)を身長(m)の2乗で割った値. 22が標準, 25以上が肥満とされる. 略 BMI》 ～ **mechànics** 名 U《単数・複数扱い》身体力学；(特に均整・スタミナ・バランス感覚などの向上をねらった)総合体操 ～ **òdor** 名 U (不快な)体臭, わきが(略 BO) ～ **pìercing** 名 U C ボディーピアシング《耳以外の部分にピアス用の穴をあけること》 ～ **pólitic** 名《the ～》政治的統一体, (政治的統一体としての)国家, 国民 ～ **pòpping** 名 U ボディーポッピング《機械またはロボットのように身体を小刻みに動かすダンスの一種》 ～ **scànner** 名 C〘医〙X線断層撮影装置, ボディスキャナー ～ **sèarch** (↓) ～ **shìrt** 名 C《米》①ボディーシャツ《体にぴったりしたシャツ・ブラウスなど》②(女性用の)ボディースーツ《パンティーのついたシャツ》 ～ **shòp** 名 C《主に米口》車体工場；車体修理工場 ～ **slàm** 名 C U〘レスリング〙ボディースラム ～ **sprày** 名 U ボディースプレー《体臭を消すための香水など》 ～ **stòcking** 名 C《英》ボディーストッキング《胴と手足を一続きで覆う女性用のぴったりした下着》 ～ **swèrve** 名 C 衝突をかわすこと ～ **wàrmer** 名 C《英》ボディーウォーマー《セーターの上などに着るそでなしの防寒着》 ～ **wràp** 名 C U ボディーラップ《体にクリームなどを塗った後ラップフィルムなどで巻き温める美容術》

bódy-bòard 動 自 ボディーボードをする《短いボードにうつぶせになって行うサーフィン》 **～·er** 名

bódy·bòarding 名 U ボディーボードをすること

bódy·buìlder 名 C ボディービルダー, ボディービルをする人；ボディービル用具

bódy·buìlding 名 U ボディービル

bódy·chèck 名 C〘アイスホッケー〙(相手の選手への)体当たり《相手チームの選手の動きを体で阻止すること》
―動 他 …に体当たりする

***bódy·guàrd** 名 C 護衛, 用心棒, ボディーガード；《集合的に》《単数・複数扱い》ボディーガードの一団, 護衛隊

bódy sèarch 名 C (麻薬所持などの有無を調べるための)ボディーチェック(❗この意味での「ボディーチェック」は和製語) **bódy-sèarch** 動 他

bódy·sùit 名 ＝body shirt

bódy·sùrf 動 自 サーフボードなしで波乗りをする **～·er** 名 **～·ing** 名

bódy·wèar 名 U ボディーウエア《伸縮性の強い生地で作られた体にぴったりした衣類》

bódy·wòrk 名 U ❶ (自動車の)車体, 車体構造 ❷ 車体製作[修理] ❸ (主にマッサージによる)身体調整, 整体

Boer /bɔːr, buər/ 名 C ボーア人《南アフリカのオランダ系移民(の子孫)》(→ Afrikaner) ―形 ボーア人の
▶▶～ **Wár** 名《the ～》ボーア戦争《英国とボーア人との戦争. 英国の勝利に終わる(1899-1902)》

BOF 略 💻 *B*eginning *o*f *F*ile (ファイルの始まり)《エディターソフトなどでテキストの始まりを示す目印》

bof·fin /bá(ː)fɪn | bɔ́f-/ 名 C《主に英口》(科学技術)研究者；専門技術者 ‖ computer ～*s* コンピューターの専門家たち

bof·fo /bá(ː)foʊ | bɔ́-/ 形《米口》大当たりの, 大成功の
―名 (複 ～ OR ～s /-z/) C 大成功, 大笑い

***bog** /bɑ(ː)g, bɔːg | bɒg/ 名 ❶ C U 沼地, 低湿地；泥炭地(peat bog) ❷《the ～》《英俗》便所
―動 (**bogged** /-d/；**bog·ging**) 他《通例受身形で》〈沼に〉沈められる；(交渉・仕事などが)〈…(の点)で〉行き詰まる《***down***》〈**in**〉‖ be [OR get] *bogged down in* technicalities 技術的[専門的]なことで行き詰まる[動きがとれなくなる]
―自〈沼に〉はまる[沈む]；〈…で〉行き詰まる《***down***》〈**in**〉

bòg ín 〈自〉《豪・ニュージ》はりきって作業に取りかかる

bòg óff 〈自〉《英口》《しばしば命令形で》立ち去る

▶▶～ **ásphodel** 名 C〘植〙キンコウカ(金光花)の類《北欧の湿原に生育し, 黄色の花をつける. ユリ科》 ～ **ròll** 名 U《英俗》＝toilet paper

bo·gey[1] /bóʊgi/ (発音注意) (♦同音語 bogie) 名 C〘ゴルフ〙ボギー《規定打数[パー]より1つ多い打数》
―動 他〘ゴルフ〙[ホール]をボギーで上がる

bo·gey[2] /bóʊgi/ (♦同音語 bogie) 名 (複 **-gies** /-z/) C ❶ ＝bogeyman ❷ いわれのない恐怖[悩み]；人を悩ますもの ❸《米軍俗》正体不明の飛行物体；敵機 ❹《英口》鼻くそ

bo·gey·man /bóʊgɪmæ̀n/ 名 (複 **-men** /-mèn/) C お化け, 悪霊

bog·gle /bá(ː)gl | bɔ́gl/ 動 (口) 自 ❶〈…に〉驚く, はっとする, まごつく；ひるむ, ためらう〈**at**〉‖ His mind ～*d at* the word. 彼はその言葉を聞いて驚いた ❷《米口》へまをする, しくじる ―他 …をびっくりさせる, まごつかせる

bog·gy /bá(ː)gi, bɔ́ːgi | bɔ́gi/ 形 低湿地の(ような)；沼地の多い **-gi·ness** 名

bo·gie /bóʊgi/ (♦同音語 bogey) 名 C ❶《主に英》(鉄

道の) ボギー車《カーブを楽に回れるように2組の台車の上に車体を載せた車両》❷《主に北イング》低い丈夫な貨車［トロッコ］❸ =bogey[1]

BOGOF /bá(ː)gɔːf | bɔ́gɔf/ 略 *buy one, get one free*（1つ買うともう1つ無料サービス）

Bo·go·tá /bòugətáː | bɔ̀-/ 名 ボゴタ《南米コロンビアの首都》

bóg·stàndard 形 ⊗《英口》《蔑》極めてふつうの, 平均的な

bóg·tròtter 名 C ⊗《口》《蔑》アイルランド人

bo·gus /bóugəs/ 形 にせの, いんちきの

bo·gy /bóugi/ 名 =bogey[1,2]

Bo·he·mi·a /bouhíːmiə, bə-/ 名 ボヘミア《チェコ西部の地方》

Bo·he·mi·an /bouhíːmiən, bə-/《発音注意》形 ❶ ボヘミア(人)の；ボヘミア語の ❷《しばしば b-》(特に芸術家などが)伝統にとらわれない, 自由奔放な ━名 ❶ C ボヘミア人；U ボヘミア語 ❷ C《しばしば b-》ボヘミアン《自由奔放な生き方をする人》 **~·ism** 名 U 自由奔放主義

:boil[1] /bɔɪl/

━動 (**~s** /-z/; **~ed** /-d/; **~·ing**)

━自 ❶ **a** (液体・やかんなど(の液体)が)**沸騰する**, 沸く；(食べ物が)煮立つ ‖ **Water** *~s* **at 100°C.** 水はセ氏100度で沸騰する / The potatoes are *~ing*. ジャガイモがゆだってきた / *A watched pot never boils.*《諺》見つめているなべはなかなか沸かない；待つ身は長い

b《+補〈形〉》沸いて…になる ‖ The **kettle** is *~ing* dry. やかんが空だきになっている

❷〈…のことで〉激高する, 煮えくり返る〈**about, over**〉‖ He was *~ing* with rage. 彼はかんかんに怒っていた

❸ (海などが)波［泡］立つ, (雲などが)沸き立つ

━他 ❶〔やかんなど(の中の液体)〕を**沸騰させる**, 沸かす ‖ ~ **water** 湯を沸かす(♦ ˣboil hot water とはいわない) / ~ a kettle やかんを沸かす

❷ **煮る**(⇨ 類語P) **a**《+目》…を煮る, 煮立てる, ゆでる, 炊く；《~ed で形容詞として》ゆでた ‖ ~ vegetables 野菜を煮る / ~ rice 飯を炊く / a *~ed* egg ゆで卵 **b**《+目+補〈形〉》《ややまれ》〔食べ物〕を煮て…にする ‖ I like my eggs *~ed* hard [soft]. 卵は固ゆで［半熟］がいい **c**《+目 *A*+目 *B*⇄+目 *B*+**for** 目 *A*》*A*(人)に*B*(食べ物)を煮てやる ‖ The fisherman *~ed* the crabs *for* me at the seashore. その漁師は海辺で私にカニをゆでてくれた ❸ …を煮沸消毒する

煮る		
	boil	沸騰させて煮る
	stew	長時間とろ火で煮込む
	simmer	たぎらない程度にぐつぐつ煮る
	braise	蒸し煮にする

bòil awáy 〈自〉沸騰し続ける；沸騰して蒸発する(evaporate)；(興奮などが)消え去る ━〈他〉《***bòil awáy ...*** / ***bòil ... awáy***》…を煮立てて蒸発させる

****bòil dówn*** 〈自〉煮詰まる；〈…に〉帰着する〈**to**〉‖ The question *~s down to* this. その問題は煎(せん)じ詰めればこうなる / This all *~s down to* what? 結局どういうことなんだ(♥ 結論や要点の説明を求めるときの表現) ━〈他〉《***bòil dówn ...*** / ***bòil ... dówn***》…を煮詰める；《口》…を〈…に〉要約する(condense)(↔ pad out)〈**to**〉

****bòil óver*** 〈自〉① 煮こぼれる ② 爆発点に達する, 抑えきれなくなる ③ かっとなる, 煮えくり返る

bòil úp 〈自〉(怒り・緊張した状況などが)沸き起こる, 起こりかける ‖ A grass-roots protest *~ed up*. 草の根の抗議が沸き起こった ━〈他〉《***bòil úp ...*** / ***bòil ... úp***》〔食べ物〕を煮立てる

━名 C ❶《単数形で》沸騰；《the ~》沸騰点 ‖ on [OR at] the ~ 沸騰して / come [bring ...] to a [《英》 the] ~ 沸騰する［…を沸騰させる］；(対立などの)山場を迎える［させる］❷《a ~》煮沸 ‖ Give the jam jars a good ~. ジャムの瓶は十分に煮沸かしなさい

òff the bóil《英》(行動などの)意欲［熱気］が冷めて, 活発でなくなって

on the bóil ① ⇨ ❶ ②《英》感情が激しい, 熱狂して；(活動が)活発で, 最高潮で

▶▶ **~ed shírt** 名 C《旧》礼装用シャツ **~ed swéet** 名 C《英》(砂糖を煮詰めた)固いあめ(《米》hard candy)

boil[2] /bɔɪl/ 名 C はれ物, おでき

***boil·er** /bɔ́ɪlər/ 名 C ❶ 煮沸器, 湯沸かし；ボイラー, 汽罐(きかん) ❷《英口》煮物用の鶏 ❸《英口》いやな女

▶▶ **~ ròom** (↓) **~ sùit** 名 C《英》(つなぎの)仕事着, 作業服(《米》coveralls)

bóiler·màker 名 ❶ C ボイラー製造［修理］工 ❷ U C《米》ビールの直後に飲むウイスキー

bóiler·plàte 名 ❶ U ボイラー板《ボイラーなどを作るのに用いる圧延鋼板》❷ C《米・カナダ》(契約書・ワープロなどで使う) 型どおりの文言 (♦ 形容詞的にも使う) ‖ a ~ format 定型化されたフォーマット

bóiler ròom 名 C ❶ ボイラー室 ❷《主に米》(悪徳ブローカーなどが)電話で取り引きする部屋［営業所］

bóiler-ròom 形《米俗》いかがわしい電話取引の；選挙運動(員)の

***boil·ing** /bɔ́ɪlɪŋ/ 形 ❶ 沸騰している；激高している ‖ ~ water (ぐらぐらの)熱湯 ❷《口》ひどく暑い, (暑さで)うだる ━副 (暑さなどが) 煮え立つように ‖ It's ~ hot. うだるように暑い

━名 U 沸騰, 煮沸；沸騰点

▶▶ **~ pòint** 名 ① C 沸(騰)点 ② U《しばしば the ~》(怒りなどの)爆発点, (興奮の)極み；(我慢の)限界 ‖ at the ~ *point* ひどく腹を立てて / reach (the) ~ *point* 我慢の限界に達する

Boi·se /bɔ́ɪzi, -si/ 名 ボイシ《米国アイダホ州の州都》

bois·ter·ous /bɔ́ɪstərəs/ 形 ❶ (人が) がさつな, 騒々しい, ばか騒ぎする；にぎやかな ❷ (天候・海・風が)荒れ狂う, 激しい **~·ly** 副 **~·ness** 名

bok choy /bà(ː)k tʃɔ́ɪ | bɔ̀k-/ 名 U《米》中国白菜, パクチョイ

bo·la /bóulə/, **-las** /-ləs/ 名 C (鉄球付きの) 投げ縄《南米で獣に投げつけ足に絡ませて捕らえる》

***bold** /bould/ 形 (**~·er**; **~·est**) ❶ 大胆な, 勇敢な (↔ timid) (⇨ BRAVE 類語) ‖ a ~ idea 大胆な考え / (as) ~ as a lion とても勇敢な ❷ (色・形などが) 際立った, 目立つ ‖ the ~ outline of the mountain 山のくっきりした輪郭 ❸ 肉太の；《印》ボールド体の, 肉太字体の ‖ in ~ type 太字体の［で］❹《旧》図々しい, 厚かましい ‖ put a ~ face on ... …に対して平気を装う / (as) ~ as brass 図々しい ❺ (崖(がけ)などが) 切り立った, 険しい；(海岸線が) 突き出ている

be [OR ***màke***] ***so bóld as to do***《堅》思いきって［失礼を省みず］…する

if I may be so bóld 失礼ながら

màke bóld with ... 〔他人のものなど〕に勝手に手を出す, …を構わず使う

~·ly 副 大胆に, 図々しく **~·ness** 名 U 大胆さ, 図々しさ

***bóld·fàce** 名 U《印》肉太活字(体), ボールド体(↔ lightface) ‖ in ~ ボールド体で ━形 肉太の, ボールド体の (bold-faced) ━動 他 …をボールド体で組む

bòld-fáced 形 ❶ 図々しい, 厚かましい, 鉄面皮な ❷《印》肉太字体の, ボールド体の

bole /boul/ 名 C (木の) 幹(trunk)

bo·le·ro /bəléərou/ (→❷) 名 (複 **~s** /-z/) C ❶ ボレロ《4分の3拍子のスペインの軽快な舞踏》；《楽》ボレロの曲 ❷ /+英 bɔ́lərou/ ボレロ《女性用の短い上衣》

Bo·li·var /bá(ː)ləvər | bɔ́lɪvàː/ 名 ❶ **Simon ~** ボリバル (1783–1830)《南米独立運動の指導者. 異名 "the Liberator"(解放者)》❷《b-》C ベネズエラの通貨単位

***Bo·liv·i·a** /bəlíviə/ 名 ボリビア《南米中央部の多民族国. 公式名 the Plurinational State of Bolivia. 憲法上の首都は Sucre, 行政府所在地は La Paz》 **-i·an** 形 名

boll /boʊl/ (♦ 同音語 bowl) 名 C (綿・亜麻などの実の) (丸い) さや ▸▸ **～ wéevil** 名 C 〖虫〗ワタミハナゾウムシ《綿の実につく害虫》

bol·lard /bá(ː)lərd | bɔ́lɑːd/ 名 C ❶〖海〗(桟橋・波止場などの) 係船柱(けいせんちゅう), ボラード ❷《英》(安全地帯への車の進入を防ぐ) 保護柱, 保安柱 ❸〖登山〗ザイルを結ぶ露出した岩 [氷柱]

bol·lock·ing /bá(ː)ləkɪŋ | bɔ́l-/ 名 C《英俗》厳しい叱責(しっせき), 大目玉 (♦ ballocking ともつづる)

bol·locks, bal- /bá(ː)ləks | bɔ́l-/ 名 複 ⊗《英卑》《蔑》❶ 睾丸(こうがん) ❷ たわごと, ナンセンス;《間投詞的に》畜生, くそったれ

Bol·ly·wood /bá(ː)liwʊ̀d | bɔ́li-/ 名 ボリウッド, インド映画業界 (♦ *B*ombay+H*ollywood* より)

bo·lo /bóʊloʊ/ 名 (複 **～s** /-z/) C 片刃の大型ナイフ《もとフィリピンで使われた》 ▸▸ **～ tìe** 名 C《米》ループタイ《留め具のついたひもネクタイ》

Bo·lo·gna 名 ❶ /bəlóʊnjə/ ボローニャ《イタリア北部の都市》 ❷ /bəlóʊni/ 《b-》 C U ボローニャソーセージ

bo·lo·ney /bəlóʊni/ 名 =baloney

Bol·she·vik /bóʊlʃəvɪ̀k | bɔ́l-/ 名 (複 **～s** /-s/ OR **-vi·ki** /bɔ̀ʊlʃəvíki/) C ❶ ボルシェビキ《十月革命で政権を握ったロシア社会民主労働党内の過激な多数派の一員》(→ Menshevik) ❷ (1918年以後の) ソ連共産党員 ❸《旧》《口》(一般に) 共産党員;《主にけなして》急進 [革命] 主義者 ―形 ボルシェビキの (ような), 過激な **-vìsm** 名 U ボルシェビキ主義 [方式], ソ連共産主義;《旧》過激思想 **-vist** 名 C 形 ボルシェビキ (の);過激主義者 (の)
語源 ロシア語 *bolshoi* (大きい) から.

Bol·shy, -shie, b- /bóʊlʃi | bɔ́l-/ 形《英口》《けなして》(体制に) 反抗的な ―名《旧》=Bolshevik

***bol·ster** /bóʊlstər/ 動 他 ❶〔学説・政府など〕を支持する, 支援する;〔士気・勇気・信頼など〕を高める, 強化する《*up*》‖ It ～*ed* my confidence to know that I had allies on the committee. 委員会に味方がいることがわかって腹が据わった ❷ (長枕(まくら)など で)…を支える

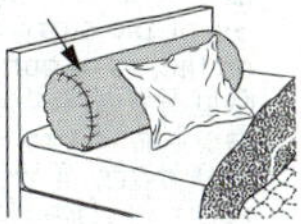
bolster ❶

―名 C ❶ (=**～ pìllow**) 長枕《ふつう敷布の下に入れ, その上に pillow を置く》 ❷ ボルスター, 支持物, 当て物

***bolt¹** /boʊlt/ 《発音注意》 名 C ❶ ボルト, ねじくぎ (→ nut) ❷ かんぬき, 差し錠 ❸ 電光, 稲妻 (thunderbolt) ‖ a ～ of lightning=a lightning ～ 一条の稲妻 ❹ (布などの) 一巻き ‖ a ～ of denim デニム一巻き ❺ (石弓 (crossbow) の) 太矢 ❻《単数形で》駆け [逃げ] 出すこと, 疾走, 脱走;《米》脱党, 離党 ❼ (銃の) 遊底

a bòlt from [OR ***out of***] ***the blúe*** 青天の霹靂(へきれき), 予期せぬ出来事

màke a bólt for it 逃げ出す

shòot one's bólt (最後の) 太矢を放つ;《口》最善の努力を尽くす, 力を出しきる

―動 他 ❶ …にかんぬきをかける;〔人〕を閉じ込める [閉め出す]《*in, out*》‖ Be sure to ～ the door. 戸に必ずかんぬきをかけておいてね ❷ …をボルトで〈…に〉つける [締める]〈**to**〉‖ ～ a rack *to* the wall 壁にボルトで棚をつける ❸〔食べ物〕を早食いする, かき込む《*down*》 ❹《米》〔政党〕を脱退する, …の支持をやめる ❺ (狩猟で)〔キツネ・ウサギ〕を (穴などから) 追い出す ―自 ❶ (馬などが) (恐怖などで) 駆け出す;(泥棒などが) 逃亡する ‖ The thief ～*ed* away with all the money. 泥棒は金を全部持って逃げた ❷ ボルトが締まる;かんぬきがかかる ‖ The door ～*s* on the inside. そのドアは内側からかんぬきがかかる ❸《米》脱党する ❹ (野菜が) 早く伸びすぎて種ができてしまう

―副 真っすぐに;不意に, 出し抜けに

bòlt úpright 《sit, stand などの後で》背筋をぴんと伸ばして

bolt² /boʊlt/ 動 他〔小麦粉など〕をふるいにかけ (て選別す) る;…を吟味する

bólt·hòle 名 C《主に英》(特に追い詰められた動物の) 抜け穴;避難場所, 隠れ家

bo·lus /bóʊləs/ 名 C ❶〖獣医〗(馬などに服用させる) 大きい丸薬;〖医〗(静脈注射による) 1回分の薬物 ❷ (食べ物などの) 丸いかたまり;食塊(しょっかい)

:bomb /bɑ(ː)m | bɔm/ 《発音注意》

―名 (複 **～s** /-z/) C ❶ **爆弾**;《the ～》原爆 (atomic bomb), 水爆 (hydrogen bomb) ‖ A ～ **exploded** [OR **went off**] in the theater. 劇場で爆弾が爆発した / Many people were injured in the ～ **attack** on the building. その建物への爆撃で多くの人が負傷した / **drop** a ～ 爆弾を投下する / plant a time ～ 時限爆弾を仕掛ける

❷《a ～》《英口》大金 ‖ cost a ～ 大金がかかる / make a ～ out of ... …で大金を稼ぐ

❸《口》(演劇公演などの) 大失敗;《英口》大成功

❹ 圧搾気体容器, ボンベ, スプレー ‖ an aerosol ～ エアゾール容器 [缶] ❺《俗》麻薬入りたばこ, マリファナ ❻〖地〗火山弾 ❼〖アメフト〗ロングパス;〖野球〗長打 ❽ (釣り糸の) 重り ❾《英・豪俗》おんぼろ車

bè the [《俗》***da***] ***bómb*** 《米口》すごい, 素晴らしい

dròp a bómb ① ⇨ ❶ ②《口》衝撃的結果をもたらす

gò down a bómb 《英口》成功する, 受け入れられる

gò (***like***) ***a bómb*** 《英口》① 非常にうまくいく ② (車が) 高速で走る

pùt a bómb under ... 《英》〔やる気のない相手や効率の悪い組織〕を根本的に変える, 改善する

COMMUNICATIVE EXPRESSIONS

1 **It dròpped like a bómb.** 全く驚いたよ (♥ 思いがけないことが突然起こったことを表す)

―動 (**～s** /-z/; **～ed** /-d/; **～·ing**)

―他 ❶ …を爆撃する, …に爆弾を落とす ‖ Tokyo was heavily ～*ed*. 東京は激しい爆撃を受けた ❷《米口》〔試験など〕に失敗する, …を落とす ❸《米口》…に完勝する

―自 ❶ 爆弾を投下する ❷《口》《+副句》(…の方へ) 車を飛ばす, 突っ走る ❸《米口》試験に落ちる;《口》(興行などが) 大失敗する《*out*》‖ The new film has ～*ed* with most critics. 新作映画はほとんどの批評家に不評である ❹《口》💻クラッシュする

be bòmbed óut (建物などが) 完全に破壊される;(人が) 焼け出される

▸▸ **～ alèrt** 名 C《英》爆破通告 (で起こる緊迫状態) **～ bày** 名 C (爆撃機の) 爆弾倉 [投下室] **～ dispòsal** 名 U 不発弾処理 ‖ a ～ *disposal* squad [expert] 不発弾処理班 [専門家] **～ scàre** 名 C (電話での) 爆破通告 (《主に米》bomb threat) **～ shèlter** 名 C 防空壕(ごう) **～ sìte** 名 C 被爆地, 爆撃被災地

bom·bard /bɑ(ː)mbɑ́ːrd | bɔm-/ 動 他 ❶ …を爆撃する;…を砲撃する ❷〔人〕を〈質問・非難・請願などで〉攻め立てる, …に〈質問などを〉浴びせる〈**with**〉(⇨ WORD メタファーの森) ‖ The press ～*ed* the actress *with* questions. 記者団はその女優を質問攻めにした ❸〖理〗(中性子などで)〔(元素) の核〕に衝撃を与える ―名 C (中世の) 射石砲 **～·ment** 名 C U 爆撃;砲撃;質問攻め;〖理〗(核の) 衝撃

bom·bar·dier /bɑ̀(ː)mbərdíər | bɔ̀m-/ ⟨シ⟩ 名 C ❶《米》(爆撃機の) 爆撃手 ❷《英》砲兵下士官

bom·bast /bá(ː)mbæst | bɔ́m-/ 名 U 大言壮語, 誇張
bom·bás·tic 形 大言壮語する, 大げさな
bom·bás·ti·cal·ly 副

Bom·bay /bɑ̀(ː)mbéɪ | bɔ̀m-/ ⟨シ⟩ 名 ボンベイ《インド西部, アラビア海に面する港湾都市の旧称. 正式名 Mumbai (ムンバイ)》 ▸▸ **～ dúck** 名 U〖魚〗テナガミズテング《ハダカイワシの類の小魚. 干してカレー料理に使う》

bom·ba·zine /bɑ̀(ː)mbəzíːn | bɔ́mbəzìːn/ 名 U ボンバジーン《縦糸が絹もしくはレーヨン, 横糸がウーステッドのあや

B

織地. 黒く染めて女性用喪服とした)
bombed /bɑ(:)md | bɔmd/ 形 ❶ 爆撃された ❷《俗》(酒・麻薬に)酔った, ふらふらの
bómbed-òut 形 (家などが)空襲で破壊された;(人が)空襲で家を破壊された
***bomb·er** /bá(:)mər | bɔ́m-/ 名 C ❶ 爆撃機;爆撃手[兵] ‖ a fighter ～ 戦闘爆撃機 / a strategic ～ 戦略爆撃機 ❷ 爆破犯人 ❸《俗》麻薬入りたばこ ❹ (=～ **jàcket**)ボマージャケット《革ジャンパーの一種》
bomb·ing /bá(:)mɪŋ | bɔ́m-/ 名 U C 爆撃
bómb·pròof 形 防弾の(→ bulletproof) ―名 C《米》防空壕(ごう)[建築] ―動 他 …を防弾式にする
bómb·shèll 名 C ❶《通例単数形で》《口》寝耳に水の出来事, 突然の(悪い)知らせ ❷《口》魅惑的な女性 ‖ a blonde ～ 金髪の悩殺美女 ❸《旧》爆弾;砲弾
dròp [OR *explòde*] *a bómbshell*《口》爆弾発言をする
bómb·sìght 名 C (爆撃機の)爆撃照準器
bòmb-snìffing dóg 名 C 爆弾探知犬
bo·na fi·de /bòunə fáɪdi/ 形 副《ラテン》(=in good faith)真実の[に];誠実な[に], 善意の[で];下心のない[下心なく] ‖ a ～ friend 真実の友
bo·na fi·des /bòunə fáɪdi:z/ 名《ラテン》《単数・複数扱い》〖法〗誠意, 誠実;真実性
bo·nan·za /bənǽnzə/ 名 C ❶ (掘り当てた)豊富な鉱脈;思いがけない幸運;大当たり;富[利益]のもと;多量, 宝庫 ‖ strike a ～ 富鉱を掘り当てる ❷《形容詞的に》隆盛[幸運]をもたらす, 大当たりの
Bo·na·parte /bóunəpà:rt/ 名 ボナパルト《ナポレオン1世とその兄弟を輩出したコルシカの名家》(→ Napoleon)
bon ap·pe·tit /bà:n æ̀peɪtí: | bɔ̀n-/ 間 十分召し上がれ (♦ フランス語より)
bon·bon /bá(:)nbà(:)n | bɔ́nbɔ̀n/ 名 C ボンボン《果実・クルミなどをチョコレートで包んだ糖菓》;(一般に)糖菓(♦ フランス語 bon(=good)より)
:bond /bɑ(:)nd | bɔnd/ 中心義》…を縛る(もの)

> 名 きずな❶ 債券❷ 束縛❸ 接着剤❹ 契約❺
> 動 他 接着する❶

―名 (複 ～s /-z/) C ❶ 〈…の間の〉きずな, 縁〈**between**〉(⇨ 類語) ‖ There was a strong ～ *between* the captain and the players. キャプテンと選手たちの間のきずなは強かった / the ～ of friendship 友情のきずな
❷ **債券**, 国債, 公債, 社債 ‖ **buy government** [corporate] ～*s* 国債[社債]を購入する / redeem a ～ over 10 years 10年で債券を償還する / raise funds by ～ **issues** 債権を発行して資金を調達する
❸ 《～s》(囚人などを)縛るもの《ロープ・鎖など》;足かせ;**束縛**, 拘束 ‖ burst one's ～*s* (鎖を解いて)自由になる / The Sumo Wrestling Association has loosened the ～*s* of tradition. 相撲協会は伝統による束縛を緩めてきている
❹ U C **接着**[接合]**剤**, ボンド;接着(状態), 接合(力)
❺ **契約**, 盟約;同盟;契約義務;契約書 ‖ enter into a ～ with ... …と契約[同盟]を結ぶ / His word is (as good as) his ～. 彼の口約束は証文と同じ[確か]だ
❻ U 保証;C 保証書, 保証人;U 保証[保釈]金(bail bond) ❼ U〖商〗保税倉庫留置 ❽ C〖化〗化学結合
❾〖石工〗(れんがなどの)組積み, 石組み ❿ (=～ **pàper**) U ボンド紙《証券などに用いる上質紙》
―動 (～s /-z/; ～·ed /-ɪd/; ～·ing)
―他 ❶ …を〈…に〉くっつける, **接着する**《*together*》〈**to**〉;(化学的に)…を結合させる ‖ ～ the tiles *to* the floor with cement タイルをセメントで床に接着する
❷〖商〗…を保税倉庫に入れる ❸ …に保証金を積む;…を担保に入れる ❹〔れんがなど〕を組積みする
―自 ❶ 〈…と〉くっつく, 接着[接合]する《*together*》〈**with**〉 ❷ 〈…と〉密接なきずなで結ばれる, 親密な関係を築く〈**with**〉 ‖ ～ *with* one's clients 患者[顧客]と親密な関係を築く

> **類語**《名 ❶》**bond** 強くて長続きする, 一体化させるようなきずな. 〈例〉the *bond* of blood 血縁のきずな
> **tie** bond ほど強力なものではなく, 個々の存在を維持したまま結びつける義務・責任などのきずな. 〈例〉the *tie* of partnership 共同経営者というきずな

***bond·age** /bá(:)ndɪdʒ | bɔ́n-/ 名 U ❶ 農奴[奴隷]の境遇 ❷ (性的快楽のための)緊縛, 拘束責め, ボンデージ ❸ 捕われの身;束縛, 〈外部の力などへの〉屈服, 〈…の〉奴隷 〈**to**〉 ‖ in ～ *to* drugs 麻薬のとりことなって
bond·ed /bá(:)ndɪd/ 形 ❶ 債券[公債]によって保証された;担保付きの ‖ a ～ debt 債券発行借入金 ❷ 保税倉庫留置の, 保税品の ‖ ～ goods 保税品 ❸ (織物が)接着剤ではり合わせた ❹ (精神的に)固いきずなで結ばれた
▸▸ ～ **wárehouse** 名 C 保税倉庫
bónd·hòlder 名 C 債券保有者
bónd·man /-mən/ 名 (複 **-men** /-mən/) C (男の)奴隷(↔ bondwoman)
bonds·man /bá(:)ndzmən | bɔ́ndz-/ 名 (複 **-men** /-mən/) C ❶ (保釈)保証人(surety);保釈保証業者 ❷ =bondman
:bone /boun/
―名 (複 ～s /-z/) C ❶ (人・動物・魚などの)**骨** ‖ This fish has a lot of tiny ～*s* in it. この魚は小骨が多い / The player broke a ～ in his arm. その選手は腕の骨を折った / shoulder ～*s* 肩の骨 / meat on [off] the ～ 骨付きの[骨をとった]肉 / ～ density 骨密度
❷ (食用としての)肉付きの骨;《口》人をなだめすかすために与える金品 ‖ throw a ～ to a dog 犬に骨を投げてやる
❸《～s》**骨格**(skeleton);身体;**死体**, 遺骨;《旧》《英俗》やせた人
❹《～s》主要部, **要点**;(小説などの)骨組み ‖ the bare ～*s* of the story 話の骨子[要点] / put some flesh on the ～*s* of our plan 我々の計画に肉付けをする
❺ U 骨質;骨質のもの《象牙(げ)・鯨ひげなど》
❻ 骨製品;コルセットの張り骨;《～s》さいころ
❼ U 骨の色, 象牙色 ❽《～s》ボーンズ《打楽器の一種》, カスタネット;《B-s》《単数扱い》ボーンズ奏者
a bòne of conténtion 不和の種
(as) drỳ as a bóne からからに乾いて
「*clòse to* [OR *nèar*] *the bóne* (話・冗談などが)真実[痛いところ]を突いた
cùt [OR *pàre*] ... *to the bóne* 〔金額〕をぎりぎりまで切り詰める
fèel [OR *knòw*] ... *in one's bónes* …を直感でわかる, 直感的に確信する ‖ I *feel in* my ～*s* that today my horse will win. 今日はきっと自分の馬が勝つだろう
hàve a bòne in one's lég [*thróat*] (人が)行きたくない[話したくない]
**hàve a bóne to pìck with ...* 《口》〔人〕に苦情[言いたいこと]がある, 言い分がある
jùmp a pèrson's bónes ⊗《米俗》《卑》(人と)性交する
**màke nò bónes about ...* …についてはっきりと[平気で, ためらわずに]言う[行う]
nòt have a ... bóne in one's bòdy …の性質は全然持ち合わせていない ‖ She does*n't have a* mean ～ *in* her *body*. 彼女には意地悪なところが全くない(♦ bone の前に jealous, unkind など性質を表す形容詞が入る)
pòint the bóne at ... 《豪》…に呪いをかける
skin and bone(s) ⇨ SKIN(成句)
throw a pèrson a bóne 《口》(なだめるために)〔人〕に譲歩する(→ 名 ❷)
to the bóne 骨(の髄)まで, 体の芯(しん)まで;徹底的に
work one's fingers to the bone ⇨ FINGER(成句)

COMMUNICATIVE EXPRESSIONS
1 **Nò bónes bròken!** 大したことはないよ(♥「骨は折れていない」. 実際のけが以外に比喩(ゆ)的にも用いられる)

―動 他 ❶〔魚・肉〕の骨をとる ‖ ～fish 魚の骨をとる ❷〔衣服〕に鯨ひげなどで張りをつける ❸⊗《米卑》(男が)…と性交する

bòne úp on ... 〈他〉《口》…の詰め込み勉強をする

―副 《比較なし》全く, 大いに, ひどく ‖ ～dry すっかり乾いて / ～idle 全く怠惰な

～·less 形 骨なしの

▶▶**～ àsh [èarth]** 名 U 骨灰《肥料やボーンチャイナの材料》 **～ chína** 名 U ボーンチャイナ《磁土に骨灰[燐(りん)酸カルシウム]を混ぜて焼いた半透明の磁器》;《集合的に》その製品 **～ màrrow** 名 U 骨髄 ‖ a ～ *marrow* transplant 〖医〗骨髄移植 **～ mèal** 名 U 骨粉《肥料・飼料》

bóne·blàck 名 U 骨炭《黒焼きにした骨. 黒色顔料・脱色剤》

boned /bound/ 形 ❶《複合語で》骨が…の ‖ big-～ 骨太の ❷骨を取った[抜いた] ❸(衣裳などが)(鯨骨・プラスチックなどで)張りを入れた

bòne-drý ◁ 形 からからに乾いた

bóne·fìsh 名 (複 ～ OR ～·es /-ɪz/) C 〖魚〗ソトイワシ

bóne·hèad 名 C 《口》《けなして》間抜け **～·ed** 形

bòne-ídle, bòne-lázy ◁ 形 《英》非常に怠惰な

bon·er /bóunər/ 名 C ❶《米口》ばかげた間違い, へま ‖ pull [OR make] a ～ へまをする, ばかなことをする ❷⊗《米卑》勃起(ぼっき)したペニス ❸《ニュージ》(ソーセージ・パイなど加工食品にしか使えない)家畜 ❹(骨を砕く)装置

bóne·shàker 名 C 《英口》がたがた揺れる乗り物, おんぼろ車;(昔の)ゴムタイヤやスプリングなしの自転車

bóne-tìred, -wèary 形 《叙述》疲れきって

bóne·yàrd 名 C ❶墓地 ❷がらくた[廃車]置き場

***bon·fire** /bá(:)nfàɪər | bɔ́n-/ 名 C (祝賀などの) 大かがり火, 祝火;たき火 ‖ make [OR build] a ～ たき火をする

▶▶**Bónfire Nìght** 名 =Guy Fawkes Night

bong[1] /bɑ(:)ŋ, bɔ:ŋ | bɔŋ/ 名 C (鐘などの)ぼーん, ごーん

―動 自 ごーんと鳴る《擬声語》

bong[2] /bɑ(:)ŋ, bɔ:ŋ | bɔŋ/ 名 C 麻薬用水ぎせる

bon·go[1] /bá(:)ŋgou, bɔ́:ŋ- | bɔ́ŋ-/ 名 (複 **～s, ～es** /-z/) (= **～ drùm**) C《～s》〖楽〗ボンゴ《ひざに挟み, 指でたたく1対の小太鼓》

bon·go[2] /bá(:)ŋgou, bɔ́:ŋ- | bɔ́ŋ-/ 名 (複 **～** OR **～s** /-z/) C 〖動〗ボンゴ《アフリカ産の大型のレイヨウ. 赤茶色の体に白いしまが入り非常に美しい》

bon·ho·mie /bà(:)nəmí: | bɔ́nəmi/ 名 U 気さくさ, 気立てのよさ, 優しさ, 温容

Bò·nin Íslands /bòunən- | -nɪn-/ 名 《the ～》小笠原諸島(♦ 日本語「無人」より)

bo·ni·to /bəní:t̬ou/ 名 (複 **～** OR **～s** /-z/) C U 〖魚〗カツオ ‖ dried ～ かつお節

bonk /bɑ(:)ŋk | bɔŋk/ 動 他 ❶…をぽこん[ごつん]と打つ[殴る];〔頭など〕をぶつける ❷《英俗》…と性交する

―自 《英俗》性交する

―名 C ❶ぽこんとたたく[ごつんとぶつかる]こと[音] ❷《単数形で》《英俗》性交

bon·kers /bá(:)ŋkərz | bɔ́ŋ-/ 形 《叙述》《口》気が狂った ‖ go ～ 気が狂う;怒る, 興奮する

stàrk ràving bónkers =*stark raving* MAD

bon mot /bà:n móu | bɔ̀n-/ 名 (複 **bons mots** /-z/) C 名文句, 気のきいた言葉(♦ フランス語より)

Bonn /bɑ(:)n | bɔn/ 名 ボン《ドイツ中西部の都市. 旧西ドイツの首都》

***bon·net** /bá(:)nɪt | bɔ́n-/ 名 C ❶ボンネット《女性・子供用のあごひも付きの帽子》;(一般に) 女性・子供用の帽子 (⇨ HAT 類語) ❷(スコットランドの) 男子用縁なし帽子 ❸=war bonnet ❹カバー, フード, (煙突などの) 通風帽 ❺《英》(自動車の)ボンネット(《米》hood) ❻〖海〗(帆の)継ぎ足し

bonnet ❶

bon·ny /bá(:)ni | bɔ́ni/ 形 《主にスコット・北イング》(容姿が)魅力的な;(赤ん坊が)丸々した, かわいい;素晴らしい;相当な **-ni·ly** 副

bo·no·bo /bənóubou/ 名 (複 **～s** /-z/) C 〖動〗ボノボ, ピグミーチンパンジー《コンゴの密林にすむチンパンジーに近縁の類人猿》

bon·sai /bà(:)nsáɪ | bɔ́nsàɪ/ 名 (複 **～**) ❶ C 盆栽(bonsai tree) ❷ U 盆栽の栽培法(♦ 日本語より)

***bo·nus** /bóunəs/ 名 C ❶ボーナス, 特別賞与, 特別手当(♦ 通常の給与に加えて臨時に支払われる報酬. 日本のように定期的に支払われるものではない) ‖ get [pay] a Christmas ～ クリスマス手当をもらう[支払う] ❷(思いがけない)うれしいこと;(買い物などの)おまけ, 景品 ‖ Seeing an old friend was an added [OR unexpected] ～ of the party. 旧友に会えたのは, そのパーティーで思いがけずうれしいことだった ❸《英》(株式の)特別配当金(→ dividend), (保険の)利益配当金;(契約・融資などを得るために払う)プレミアム, 割増金

COMMUNICATIVE EXPRESSIONS

1 **Bónus!** やった;もうかった(♥ 期待していた以上の利益を得たときに用いる俗語表現)

▶▶**～ ìssue [stòck]** 名 C 《英》〖株〗無償新株

bon vi·vant /bà:n vi:vá:nt | bɔ̀n ví:vɔn/ 名 (複 **bons vivants** /bà:n vi:vá:nt | bɔ̀n ví:vɔn/) C 食通(gourmand), 美食家, グルメ;享楽家(♦ フランス語より)

bon voy·age /bà:n vwaɪá:ʒ | bɔ̀n-/ 間 (旅に出る人に無事を祈って)よいご旅行を, ご機嫌よう, お元気で(♦ フランス語より)

bon·y /bóuni/ 形 骨質の, 骨の(ような);(魚が)骨の多い;硬骨性の;骨太の;骨ばった, やせた **bón·i·ness** 名

▶▶**～ fìsh** 名 C 〖魚〗硬骨魚

bonze /bɑ(:)nz | bɔnz/ 名 C (特に日本・中国の仏教の)僧侶(そうりょ), 僧

bon·zer /bá(:)nzər | bɔ́n-/ 形 《豪・ニュージ口》一流の, 素晴らしい, 飛び切り上等の

boo /bu:/ 間 ❶ぶー(♥ 非難・軽蔑の発声) ❷ばあー(♥ お化けのまねなどをして人を驚かすときの発声)

―名 (複 **～s** /-z/) C ぶーという声, ブーイング

wòuldn't [OR ***not***] ***say bóo*** (***to a góose***) 《口》とてもおく病[内気]である

―動 自 ぶーと言う, やじる ―他 …にぶーと言う;…をやじって退場させる《*off*》(hoot down [OR off])

boob /bu:b/ 名 C ❶《米》ばか, 間抜け;《英口》へま, どじ ❷《通例 ～s》⊗《俗》《しばしば蔑》おっぱい ―動 自 《英口》へまをする ▶▶**～ tùbe** 名 ①《通例 the ～》《米口》テレビ ② C 《英俗》=《米》tube top

boo-boo /bú:bù:/ 名 (複 **～s** /-z/) C 《口》へま, どじ;《米》(かすり傷程度の)軽いけが(♥ 小児語)

boo·by /bú:bi/ 名 (複 **-bies** /-z/) C ❶《口》ばか, 間抜け ❷〖鳥〗カツオドリ ❸《通例 -bies》《口》おっぱい(boobs)

▶▶**～ hàtch** 名 C ①⊗《米俗》《蔑》精神科病院 ②〖海〗えぼし形ハッチ《帆船の船室入口》 **～ prìze** 名 C ブービー賞, 最下位賞 **～ tràp** (↓)

bóoby tràp 名 C ❶間抜け落とし《ドアの上に物を挟んで最初に入って来た人の頭に落ちるようにしたいたずら》 ❷〖軍〗偽装爆弾[地雷] ❸(一般に)トリック, わな, 陰謀

bóoby-tràp 動 他 …に間抜け落とし[偽装爆弾]を仕掛ける

boo·dle /bú:dl/ 名 U 《俗》(不正手段で得た)大金

boog·ie /búgi | bú:-/ 名 U ❶ =boogie-woogie ❷ブギ《速いテンポのブルース調のロック》; C ブギを踊るパーティー

―動 自 《口》ブギを踊る;ポップスに合わせてダンスを踊る;《米俗》行く ▶▶**～ bòard** 名 C 《英》ブギーボード(body board)《小型のサーフボード》

boog·ie-woog·ie /bùgiwúgi | bù:giwú:-/ 名 U 〖楽〗ブギウギ《ブルースを打楽器風に演奏するピアノの曲》

boo·hoo /bù:hú:/ 動 自 わーんと泣く, わあわあ泣き騒ぐ

―間 名 (複 **～s** /-z/) C (子供の)わーん(という泣き声)

*****book** /bʊk/ 名 動

中心義 文字を刻んでとじ合わせたもの，それを用いる行為

名 本❶ ノート❷ 会計簿❸
動 他 予約する❶

―名 (複 ~s /-s/) C ❶ **本**，書籍；著作，著書；《口》雑誌(magazine) ‖ John Grisham's **new** ~ is coming out soon. ジョン＝グリシャムの新刊は間もなく出る / a ~ **about** [OR **on**] Japan 日本に関する本 (♦ on の方が内容がより専門的) / a comic ~ 漫画本 (♦ 主に漫画雑誌を指す) / a ~ review 書評 / *You can't judge a ~ by its cover.* 《諺》人は外見だけではわからない / the latest ~ (in a series) (シリーズの) 最新刊 / a second-hand ~ 古本 / revise [edit] a ~ 本を改訂[編集]する

連語 【形+~】 one's favorite ~ 愛読書 / a good ~ 良書
【動+~】 read a ~ 本を読む / write [publish] a ~ 本を書く[出版する]

❷ 《主に複合語で》**ノート**，帳面 (→ notebook, bankbook) ‖ an address ~ 住所録
❸ 《~s》**会計簿**，帳簿；(会社・クラブなどの) 名簿 ‖ A company's ~*s* must be audited at the end of every fiscal year. 会社は会計年度末ごとに会計監査を受けなければならない / keep ~*s* 帳簿をつける / on [off] the ~*s* 名簿に載って[名簿から外れて]
❹ (切符・小切手・切手などを) 本のようにとじたもの (→ checkbook) ‖ a ~ of tickets (回数) 券の一つづり / a ~ of matches 紙マッチ1個
❺ (長編の文学作品・聖書などの一区分としての) 巻，編 ‖ *Book* I 第1巻 (♦ 通例大文字. book one と読み，Bk I と略す) / the *Book* of Genesis (旧約聖書の) 創世記
❻ 《the (Good) B-》聖書 (the Bible) ❼ (競馬などの) 賭(か)け帳 ❽ 《the ~》規則，模範；人の知恵，経験をすべて網羅したもの；《米》(試合相手の弱点などについての) 情報，データ ‖ according to the ~ 規則どおりに / He tried every trick in the ~ to get her to notice him. 彼は彼女の気を引くためにあらゆる手を使った / the ~ on that batter その打者についてのデータ ❾ 《the ~》電話帳 ‖ Just give me a call. I'm in the ~. 電話をくれよ，(番号は) 電話帳に載っているから ❿ (ミュージカル・オペラなどの) 歌詞，台本 ⓫ 〘トランプ〙(ブリッジの) 6枚そろい

a clòsed bóok よくわからない[知られていない]もの[人]
an òpen bóok 容易にわかるもの[人]，気持ちを率直に表す人
bàlance the bóoks 決算する，帳尻(ちょうじり)を合わせる
brìng a pèrson to bóok 《主に英》〔人〕を〈…のかどで〉罰する，〔人〕に〈…の〉釈明を求める〈**for**〉
****by the bóok*** 規則どおりに ‖ go *by the* ~ 規則に忠実に行動する / That's our *by-the-*~ corporate culture. それが規則どおりにやるという我が社の風土だよ (♦ ハイフンでつなげて形容詞的にも用いられる)
clòse the bóok(s) 〈…を〉終わらせる，〈…に〉けりをつける〈**on**〉 ‖ It is time to *close the* ~ and go to bed. そろそろ切り上げて寝るころだ
còok the bóoks 《口》〔記録など〕を不正に改ざんする
cràck a bóok 《通例否定文で》《米口》本を開いて勉強する
hìt the bóoks 《米口》勉強する，勉強に取りかかる
in a pèrson's bóok 《口》(人の) 意見では (♦ 通例 in my book で) ‖ *In* my ~ he is one of the greatest leaders. 私は彼が偉大な指導者の1人だと思う / Not *in* my ~. 私の意見では駄目だ (♥ 反対の表明)
in a pèrson's gòod [bàd] bóoks 《英口》(人に) 気に入られて [嫌われて] ‖ You had better be on your best behavior today if you want to stay *in* your mother's *good* ~*s*. お母さんのご機嫌を損ねたくなかったら今日はお行儀よくしていた方がいいよ
lìke a bóok ① 正確に；堅苦しく (♦ speak, talk などとともに用いる) ② 完全に，十分に (♦ know, read などとともに用いる) ‖ I can read him *like a* ~. 彼が考えていることは手にとるようによくわかる / The children know the area *like a* ~. 子供たちにとってこの辺りは自分の庭のようなものだ
màke 「a bóok [《米》 bóok] on ... …に賭ける
òne [《英》 a tùrn-up] for the bóok(s) 《口》(注目[記録]に値する) 珍事，驚くべきこと ‖ He is doing the dishes. There's *one for the* ~*s*! 彼がお皿を洗っているなんて雨が降るね
on the bóoks ① 雇われて (→ ❸) ② (法が) 施行されて
sùit a pèrson's bóok 《英》《しばしば否定文で》(人に) 好都合である，(人の) 意にかなう
thròw the bóok at a person 《口》〔犯罪者など〕を最大限に厳しく罰する，批判する
wròte the bóok on ... …について (本が書けるくらい) 何でも知っている，…の専門家[権威]だ

―動 (~s /-s/；~ed /-t/；~·ing)
―他 ❶ **a** 《+目》〔部屋・座席など〕を**予約する**；〔人〕のために予約をする (reserve) 〈**on** 乗り物の；**into** ホテルの〉 ‖ I ~*ed* two tickets for tonight's show. 今夜の公演のチケットを2枚予約した / I have to ~ myself *on* the 7 o'clock flight to Seoul. 7時発ソウル行きの便を予約しなくては / ~ a table (レストランなどの) 席を予約する
b 《+目 *A*+目 *B* ⇄ +目 *B*+**for** 目 *A*》 *A* (人) に *B* (部屋・座席など) を予約する ‖ My secretary ~*ed* me a nice table at the restaurant. 秘書がレストランのよい席を予約してくれた
❷ 〔芸能人・講演者など〕と (出演・講演の) 契約をする，約束をする
❸ (警察が) 〈…のかどで〉〔容疑者〕の調書をとる〈**for**〉 (♦ しばしば受身形で用いる) ‖ I was ~*ed for* drunk driving last night. 昨夜，飲酒運転で警察に調書をとられた
❹ 《英口》(サッカーの審判が) 〔違反選手〕を記録に残す
―自 ❶ (部屋・座席などを) 予約する《***up***》 ‖ You should ~ well in advance if you want to see that musical. あのミュージカルを見たいならかなり前から予約しておいた方がよい ❷ 《米俗》立ち去る，出かける

be 「bòoked úp [OR fùlly bóoked, bòoked sólid] ① 予約がいっぱいである ‖ The restaurant *is* ~*ed up* till next month. そのレストランは来月まで予約がいっぱいです ② (人が) 予定がいっぱい詰まっている ‖ *Are* you ~*ed up* tonight? 今夜はもう先約でいっぱいですか
bòok ín 《主に英》〈自〉〈ホテルなどに〉チェックインする (sign in, check in；register) 〈**at**〉 ‖ I ~*ed in at* the hotel before dinnertime. 夕食時前にホテルにチェックインした
―〈他〉《***bòok ín ...*** / ***bòok ... ín***》〔人〕の宿泊予約をする
bòok into 《英》〈他〉 Ⅰ 《***bòok ínto ...***》〔ホテルなど〕にチェックインする Ⅱ 《***bòok À into B́***》 ⇨ 他 ❶ **a**

語源 古英語 *boc* から. 複数形 *bec* は beech (ブナ) と同語源で，昔その樹皮に文字を刻んだとされる.

▸▸ ~ **clùb** 名 C ブッククラブ《会員に月々一定数の新刊書を市価よりも安く配布する》 ~ **lèarning** 名 U 書物だけから得た知識，(実地経験に対する) 机上の学問 ~ **lòuse** 名 C 〘虫〙コナチャタテ《書物ののり付けした箇所または貯蔵穀物などを食い荒らす微小の害虫》 ~ **lùng** 名 C 〘動〙書肺 (蛛形(ちゅけい)類の呼吸器官) **Bòok of Còmmon Práyer** 名 《the ~》〘英国国教会〙一般祈祷(きとう)書 (略 BCP) **Bòok of Kélls** /-kélz/ 名 《the ~》ケルズの書《8世紀に制作された聖書の彩色写本》 ~ **tòken** 名 C 《英》(全国共通) 図書券 ~ **vàlue** 名 C 〘商〙帳簿価格，簿価；(会社の) 純資産額 (↔ market value)

bóok·a·ble /-əbl/ 形 (座席・切符などが) 予約できる
bóok·bìnding 名 U 製本；製本術[業]
-bìnder 名 C 製本業者，製本職人 (binder) **-bìndery** 名 C 製本所
***bóok·càse** 名 C 本箱，書棚

bóok·ènd 名 C ❶《通例 ～s》ブックエンド，本立て ❷《米口》〖アメフト〗守備陣営の両端に位置している選手の1人 ―動 他《口》…の両端[初めと終わり]に置く

book·ie /búki/ 名《口》=bookmaker ❶

***book·ing** /búkɪŋ/ 名 ❶ C U（部屋・座席などの）予約（reservation）‖ make [cancel] a ～ 予約をする[取り消す] / confirm the ～ 予約を確認する ❷ C（芸能人・音楽家などとの）出演契約 ❸ C《英》（サッカーで）反則した選手の名前を記録すること

▸▸ ～ **clèrk** 名 C《英》（駅の）出札係（《米》ticket agent）；（劇場などの）切符売り ～ **òffice** 名 C《主に英》（駅の）出札所（《米》ticket office）；（劇場などの）切符売場

book·ish /búkɪʃ/ 形 ❶《しばしばけなして》読書好きな；勉強[学問]好きな；（学問・知識が）机上の，書物の上の ❷（言葉遣い・文体が）文語的な，堅苦しい ‖ ～ English（口語的でない）堅苦しい英語 **～·ly** 副 **～·ness** 名

bóok·kèeping 名 U 簿記 ‖ ～ by single [double] entry 単[複]式簿記 **-kèeper** 名 C 簿記[帳簿]係

***book·let** /búklət/ 名 C（紙表紙の）小冊子，ブックレット，パンフレット

bóok·màker 名 C ❶（競馬などの）私設馬券屋，（賭博(とばく)の）胴元(どうもと) ❷ 出版者，編集者；製本業者

bóok-màking 名 U 出版[編集]業；製本業；賭(か)け業

bóok·man /-mən/ 名（複 **-men** /-mən/）C《古》読書人，文人；学者；本の収集家

bóok·màrk 名 C ❶（本の）しおり（page marker）；蔵書票（bookplate）❷ 💻（主にインターネット閲覧ソフト上での）ブックマーク，お気に入り《再アクセスを迅速に行うために，1度アクセスしたインターネット上のサイトやファイルのアドレスを記録したもの》

―動 他 💻〔アクセスしたインターネット上のサイトやファイル〕をブックマーク[お気に入り]として登録する

bóok·mobìle 名 C《米》移動図書館（《英》mobile library）《図書館のない地域を車で移動して回る》

bóok·plàte 名 C 蔵書票（ex libris）

***bóok·sèller** 名 C 書店（の主人），書籍商

***bóok·shèlf** 名（複 **-shelves** /-ʃèlvz/）C 本棚，書棚

bóok·shòp 名《主に英》=bookstore（◆《米》では主に小規模の書店に用いる）

bóok·stàll 名 C《英》（駅・街頭などの）本・新聞雑誌売店（《米》newsstand）

bóok·stànd 名 C ❶ 書見台 ❷ =bookstall ❶

***book·store** /búkstɔ̀ːr/ 名 C《米》書店（bookshop）

bóok·wòrk 名 U ❶（実習などに対して）教科書の学習 ❷ 帳簿つけの仕事

bóok·wòrm 名 C ❶〖虫〗（本を食う）シミ ❷《口》本の虫，読書狂，勉強好き

Bool·e·an /búːliən/ 形〖数〗ブール（理論）の《AND, OR, NOT に基づく理論でコンピューター技術の基礎をなす》（◆英国の数学者 George Boole（1815-64）から）

▸▸ ～ **óperator** 名 C 💻 ブール演算子《ブール演算で用いる AND, OR, NOT の演算子》

***boom**¹ /buːm/ 名 C《単数形で》❶〈…における〉（経済の）急成長（期），好況（期），ブーム（↔ slump, recession）〈in〉‖ The post-war ～ *in* building did not last long. 戦後の建設ブームは長くは続かなかった / an economic ～ 経済の急成長 / 「an investment [a consumer] ～ 投資[消費]ブーム / a ～ and bust cycle 好況と不況の周期 ❷（人気・数量などの）急激な上昇，ブーム ‖ a baby ～ ベビーブーム / fuel a pet [travel, jazz] ～ ペット[旅行，ジャズ]ブームをあおる（❗日本語では「ブーム」を「今，若者の間ではサッカーがブームだ」のように「（一過性の）流行」の意味で使うが，英語では Soccer is now really popular among teens. / Teens are now really interested in soccer. などという．→ fad）

―動 自《しばしば進行形で》（景気が）非常によい，（産業・市場・地域などが）好景気に沸いている ‖ Business is ～*ing*. とても景気がよい（◆「景気が悪い」は Business is slow. という）―他 …を急に発展させる；…の人気をあおる

▸▸ ～ **tówn** 名 C にわか景気に沸く町；新興都市

boom² /buːm/ 動 自（太く低く）鳴り響く，響き渡る《*out*》‖ His laughter ～*ed out*. 彼の笑い声が低く響き渡った ―他 …をぶーん[どーん]という音で告げる，太い声で言う[歌う]《*out*》‖ The clock ～*ed* the hour. 時計がぼーんと時を打った ―名 C《通例単数形で》（雷・大砲・波などの）太くて低い反響音，とどろき；（ガマガエルなどの）太く低い鳴き声 ▸▸ ～ **bòx** 名 C《口》大型のラジカセ（ghetto blaster）～ **càr** 名 C《米口》ブームカー《音楽をうるさく鳴らして走る自動車》

boom³ /buːm/ 名 C ❶〖海〗帆げた《帆のすそを張る円材》；〖工〗（クレーンの）腕，アーム ❷（カメラ・マイクロホンなどの）ブーム《位置操作用の装置》❸（船舶の侵入を遮断する）防材 ❹（港口の木材の流出を防ぐ）流木止め；オイルフェンス ❺（飛行機の）空中給油用パイプ

lòwer [OR *dròp*] *the bóom* (*on* ...)《米口》（…を）厳しく罰する[取り締まる]，手厳しく非難する

boom·er /búːmər/ 名 C ❶《口》=baby boomer ❷ 景気のよい所へ移動する人 ❸《米口》核搭載の潜水艦

boo·mer·ang /búːməræ̀ŋ/ 名 C ❶ ブーメラン《オーストラリア先住民の使う狩猟用の木片の武器．投げて獲物に当たらないと曲線を描いて元に戻って来る》❷ やぶ蛇《被害が自分に戻って来るような発言・行動・計画など》―動 自（行動・計画などが）〈自分に〉被害を及ぼす，やぶ蛇になる〈**on**〉

▸▸ ～ **kìd** 名 C ブーメランキッド《いったん独立後再び親元に戻った子供．boomeranger ともいう．また，この世代は Boomerang Generation と呼ばれる》

boom·ing /búːmɪŋ/ 形 ❶ 急激に発展する；にわか景気の，暴騰(ぼうとう)する ❷ ぶーんと響く[うなる]；大声の

boon¹ /buːn/ 名 C ❶《通例単数形で》〈…にとっての〉利益；恩恵，たまもの〈**to, for**〉❷《古》《文》願い事，頼み

boon² /buːn/ 形 愉快な，陽気な ‖ ～ companions 気の合った仲間

bóon·dòcks 名 複《the ～》《米・カナダ口》《けなして》僻地(へきち)，奥地；（未開拓の）森林地帯

boon·dog·gle /búːndɑ̀(ː)gl, -dɔ̀ːgl | -dɔ̀gl/《米口》名 C（時間と金のかかる）つまらない[無駄な]仕事；（政略的に資金を出す）無駄な事業 ―動 自 無駄な[くだらない]仕事に時間や金を使う **-gling** 形

Boone /buːn/ 名 **Daniel ～** ブーン（1734-1820）《米国西部の開拓の先駆者》

boon·ies /búːniz/ 名 複《the ～》《口》=boondocks

boor /bʊər/ 名 C 粗野[やぼ]な男，がさつ者，武骨者

boor·ish /bʊ́ərɪʃ/ 形 粗野な，がさつな，やぼな，武骨な **～·ly** 副 **～·ness** 名

***boost** /buːst/ 動 他 ❶〔数量・価格など〕を引き上げる，増加させる；〔景気・業績など〕を押し上げる；〔回路〕の電圧を上げる，ブーストする ‖ The government increased public spending to ～ the economy. 政府は景気回復策として公共投資を増やした / ～ profits 利益を高める ❷〔自信・やる気など〕を高める ‖ Yesterday's victory against the Giants really ～*ed* the rookie pitcher's confidence. 昨日のジャイアンツ戦での勝利は新人投手の自信につながった ❸〔人〕を押し上げる《*up*》❹（宣伝などで）…の人気を上げる，…の支持を増やす ❺〔ロケットなど〕を軌道まで打ち上げる ❻《米口》…を万引きする

―自《米口》万引きする

―名 C《通例単数形で》❶ 押し上げること，増加させること，高めること ‖ give a ～ to the economy 景気を活気づける ❷〈…の〉増加，上昇〈**in**〉‖ a ～ *in* sales 売り上げの増加 ❸《米口》（人を）押し上げること

boost·er /búːstər/ 名 C ❶〖電〗昇圧器；〖放送〗ブースター（amplifier）❷（=～ **ròcket**）ブースター（ロケット），補助推進ロケット《発射の際の推力の主要源となる1段目ロケット》❸（=～ **shòt** [**dòse**]）〖薬〗補強注射《免疫効果を維持・補強するために追加で行う予防接種》；〖軍〗補助火薬

B

❹《米》(熱狂的な)支持者, 後援者, ファン；活気づけるもの；(価格・相場などを)押し[引き]上げるもの ❺《米俗》万引き(shoplifter), こそ泥 **~·ism** 名 U 熱烈な支持, 激賞, (観光地などの)大宣伝 **~·ish** 形 熱烈に支持する

▸▸**~ sèat** [《英》**cùshion**] 名 C (自動車内や食事のときに使う)子供用の補助いす, ベビーシート

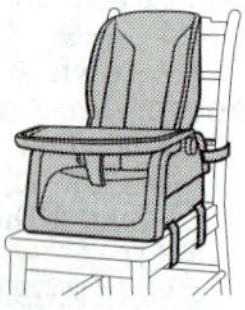

booster seat

‡boot¹ /bu:t/
—名 (複 **~s** /-s/) C ❶《通例 ~s》**長靴**, ブーツ；《英》(くるぶしまでの)深靴；(スポーツ・登山などで履く)底の厚い編み上げ靴 (→ shoe) ‖ a pair of rubber *~s* ゴム長1足 / riding *~s* 乗馬ブーツ / football *~s* 《英》サッカー靴 (《米》soccer shoes) / **wear** *~s* ブーツを履いている
❷《英》(自動車の)トランク(《米》trunk)
❸《通例単数形で》《口》(強烈な)一けり(kick)；ぽーん(とける音) ‖ give him a ~ (in the rear) 彼(の尻(しり))をけとばす
❹《the ~》《口》首, 解雇 ‖ give [get] the ~ 首にする[なる] ❺《米口》(海軍・海兵隊の)新兵(→boot camp) ❻《米》(駐車違反をした車のタイヤにつける)車輪固定具(Denver boot) ❼(昔の)足締め拷問具

a bòot up the báckside 《英》(やり直しのための)刺激, 尻をけとばしてもらうこと
(as) tòugh as òld bóots 《英》(食べ物などが)堅い；(感情や人の批判に)容易に動かされない, 頑健な
bèt one's bóots =*bet one's* LIFE
dìe with one's bóots on 仕事[戦闘]中に死ぬ
fill one's bóots たらふく食べる, もらえるだけもらう
fill a pèrson's bóots =*fill a person's* SHOES
get too big for one's boots ⇨ BIG(成句)
hàng ùp one's bóots 《英》(スポーツの世界から)引退する
lìck a pèrson's bóots 《口》(人に)へつらう, おべっかを使う
pùt [OR ***stìck***] ***the bóot in*** 《英口》① (窮地に立たされた相手に)ひどい仕打ちをする ② (倒れている相手を)ひどくける
quàke [OR ***shàke***] ***in one's bóots*** =*quake* [OR *shake*] *in one's* SHOE*s*
The bòot is on the óther fòot. 《英口》⇨ *The* SHOE *is on the other foot.*

—動 (**~s** /-s/；**~·ed** /-ɪd/；**~·ing**)
—他 ❶《+目+副句》《口》(ある方向へ)…をける, けとばす ❷《口》…を〈…から〉追い出す；…を解雇する, 首にする《*out*》(kick [OR throw] out；expel)〈**out of, from**〉‖ He was *~ed out of* school for cheating on an exam. 彼は試験でカンニングをしたため退学になった ❸💻〔コンピューター〕を起動させる《*up*》❹《米口》〔駐車違反の車〕に車輪固定具をつける(《英》clamp)
—自 💻(コンピューターが)起動する《*up*》

~·ed 形 長靴[ブーツ]を履いた
▸▸**~ càmp** 名 C 《主に米口》① (海軍・海兵隊の)新兵訓練所 ② 青少年犯罪者のための更正施設 **~ trèe** 名 C (形を崩さないための)靴型(shoe tree)；(修理用の)靴の固定装置

boot² /bu:t/ 名《次の成句で》
to bóot その上, おまけに(besides, in addition)

bóot-cùt 形 (ズボンが)ブーツカットの《ひざ下が少し広がっている》

boot·ee /bu:tí: | ˊ-ˋ/ 名 C 《通例 ~s》❶(女性用の)短めのブーツ ❷(小児用の)毛糸編みの靴

***booth** /bu:θ | bu:ð, bu:θ/ 名 (複 **~s** /bu:θs | bu:ðz, bu:θs/) C ❶(個人用に)仕切られた部屋, ブース, 小室；(守衛・電話の)ボックス ‖ a voting ~ 投票用紙記入用のブース / a listening ~ (レコード店の)試聴室 / a ticket ~ 切符売場 / a phone ~ (仕切りだけの)電話ボックス ❷(レストランの)仕切り席, ボックス ❸(市場などでの)売店, 屋台；(展示会場の)ブース(⇨ STORE 類語P) ❹仮小屋, テント小屋

Booth /bu:θ | bu:ð, bu:θ/ 名 **William ~** ブース(1829-1911)《英国の宗教家. Salvation Army(救世軍)を創設》

bóot·làce 名 C 《通例 ~s》(ブーツ用の)革ひも

bóot·lèg 形《限定》密輸[密造, 密売]の, (CDなどが)海賊版[不法]の ‖ a ~ edition (本・CDなどの)海賊版
—名 U ❶密輸[密造, 密売]酒, (CDなどの)海賊版 ❷《米》〖アメフト〗ブートレッグプレー《ボールをパスすると見せかけて腰に隠して走る》
—動 (**-legged** /-d/；**-leg·ging**) 他〔酒・CDなど〕を密造[密輸, 密売]する —自 ❶ 密造[密輸, 密売]する ❷《米》〖アメフト〗ブートレッグプレーをする
~·ger 名 C 密輸[密造, 密売]者 **~·ging** 名
語源 長靴に酒を隠して密輸したことから.

bóot·less /-ləs/ 形《英では古》無益な

bóot·lìck 動 他《口》《けなして》…におべっかを使う
~·er 名 C 《口》おべっか使い **~·ing** 名

bóot·stràp 名 C ❶《通例 ~s》(編み上げ靴の)つまみ皮《履くときにこれを引っ張る》❷(事を達成する)手段 ❸💻(コンピューターへの)起動命令《ハードウェアから読み込まれる起動プログラムの一種》
pùll [OR ***hàul, dràg***] ***oneself úp by one's (òwn) bóotstraps*** 《口》自力でやってのける, 自力で困難を克服する[成功する]
—形《限定》自動の；自立の, 自分ひとりでやった, 自力での
—動 他《~ oneself で》独力[手持ちの資産]で〈…に〉達する〈**into**〉, 〈…から〉脱却する〈**out of**〉

boo·ty /bú:ṭi/ 名 (複 **-ties** /-z/) ❶ U 《口》戦利品；略奪品 ❷ C 《米口》尻(しり)
shàke one's bóoty 激しく[エネルギッシュに]踊る

booze /bu:z/ 《俗》名 U 酒；C 酒盛り
on the bóoze 大酒を飲んで, すっかりきこしめして
—動 自 大酒を飲む
bóoze it (úp) 大酒を飲む

booz·er /bú:zər/ 名 C 《俗》❶ 大酒飲み ❷《英》酒場, パブ

bóoze-ùp 名 C 《英俗》酒盛り, どんちゃん騒ぎ

booz·y /bú:zi/ 形《俗》酔った, 酒浸りの, 酒臭い；アルコールを含む

bop¹ /bɑ(:)p | bɔp/ 《口》名 C 殴打(おうだ)
—動 (**bopped** /-t/；**bop·ping**) 他 …を殴る

bop² /bɑ(:)p | bɔp/ 《口》名 ❶ =bebop ❷ U C 《主に英》ポップミュージックに合わせて踊るダンス；(ポップミュージックの)ダンスパーティー
—動 (**bopped** /-t/；**bop·ping**) 自 (ディスコなどで)(ポップミュージックに合わせて)踊る；(軽快に)歩く[移動する]；(気軽に)出かける, 行く ‖ ~ off さっと立ち去る

bop·per /bɑ́(:)pər | bɔ́p-/ 名 C バップ(bebop)のミュージシャン

bor·age /bɔ́(:)rɪdʒ/ 名 C 〖植〗ルリヂシャ《南欧産の青い花を咲かせる一年草. 香味・薬用》

bo·rax /bɔ́:ræks/ 名 U 〖化〗硼砂(ほうしゃ)《ガラス・セラミックスなどの材料》

Bor·deaux /bɔ:rdóu/ 名 ❶ ボルドー《フランス南西部の河港都市. 周辺はワインの産地》❷ U ボルドー産ワイン ▸▸**~ mìxture** 名 U 〖園芸〗ボルドー液《硫酸銅と石灰乳を混合した農業用殺菌剤》

bor·del·lo /bɔ:rdélou/ 名 (複 **~s** /-z/) C 《主に米》=brothel

‡bor·der /bɔ́:rdər/ (♦ 同音語 boarder)
—名 (複 **~s** /-z/) C ❶**境界線, 国境**(⇨ 類語), 《米》州境；国境地帯 ‖ We drove along the Canada-U.S. ~. 私たちはカナダと合衆国との国境沿いにドライブした / **cross** the ~ into Switzerland 国境を越えてスイスに入る / **across** the ~ **with** Germany ドイツとの国境を越えて / a refugee camp **on** the ~ 国境にある難民キャンプ / within our *~s* 自国の領土内に

❷ 縁, へり, 境 ; (衣服・家具などの)縁飾り, 縁取り ‖ The town is located on the ～ of a lake. その町は湖畔にある / a handkerchief with a lace ～ レースの縁取りをしたハンカチ
❸ (芝生・歩道などを縁取る)細長い花壇
❹ 《the ～》《米》米国とメキシコの国境 ; 《the B-(s)》《英》スコットランドとイングランドの境界, 北アイルランドとアイルランドの境界 ‖ south of the ～ 《米》メキシコ
❺ 《形容詞的に》 国境の ; 境に近い, 縁の ‖ a ～ dispute 国境紛争 / ～ guards 国境警備隊 / a ～ diabetic 糖尿病になりかけの人
── 動 (～s /-z/ ; ～ed /-d/ ; ～·ing)
── 他 ❶ …の境[縁]をなす ; …に国境を接する ‖ a region ～*ed* by mountains 山々に囲まれた地方 / What countries ～ Israel? イスラエルに国境を接している国はどこですか ❷ …に〈…で〉飾りの縁取りをつける〈with〉 ‖ a curtain ～*ed with* a fringe ふさ飾りのついたカーテン
── 自 《+on 名》 ❶ (土地が) …と (国境を) 接する ‖ Vietnam ～*s on* China in the north. ベトナムは北は中国と国境を接する ❷ …とほとんど同じ状態にある ‖ His devotion to his mother ～*s on* obsession. 彼の母親への熱愛ぶりは執着に等しい

類語 《名 ❶》 **border** 境界線そのもの, または境界線に沿ったある程度の広さの地域.
boundary 境界線.
bounds boundary の内側から見てその先へ行かれない限界の意. 比喩(ひゆ)的にもよく用いられる.
frontier 他国(または未開拓地)との境界地域.

▸▸ **～ cóllie** 名 C 《しばしば B-》 〖動〗 ボーダーコリー《英国原産の中型牧羊犬》

bor·der·er /bɔ́ːrdərər/ 名 C 国境の住民《特にイングランドとスコットランドの境界地帯の住民》

bórder·lànd 名 C ❶ 国境地帯 ; 周辺(地域) ❷ 《the ～》どちらとも言えない状態[範囲], どっちつかずの状態, 中間地域

bórder·lìne 名 C 国境線 ; 境界線, 境 ; 《the ～》どっちつかずの状態 ‖ on the ～ 不確定な状態の, どっちつかずの
── 形 《限定》国境の ; 境界線上の ; どっちつかずの, きわどい ‖ a ～ case どちらとも言えない場合[ケース] ; 〖心〗 境界例《統合失調症と神経症の中間的症例[患者]》

⁑bore¹ /bɔːr/ (♦ 同音語 boar) 動 bear¹ の過去

***bore²** /bɔːr/ (♦ 同音語 boar) 動 他 ❶ (ドリルなどで) …に穴をあける ; 〔穴〕をあける ‖ ～ the seabed 海底に穴をあける / ～ a hole in a board 板に穴をあける ❷ 〔井戸・トンネル〕を掘る ‖ ～ a tunnel [well] トンネル[井戸]を掘る
── 自 ❶ 穴をあける, ボーリングする, 試掘する 〈through, into …に ; for …を求めて〉 ‖ ～ *for* water [oil] 水[石油]を試掘する ❷ 穴があく ❸ (目が) 穴のあくほど〈…を〉見つめる ; 〈…を〉見抜く, 見通す〈into〉 ❹ (競馬馬・運動選手が)ほかの馬[選手]を押しのける
── 名 C ❶ (ドリルなどであけた) 穴 ; (特に) 試掘孔 (borehole) ❷ 《主に複合語で》 (銃・シリンダーなどの) 内腔(ないこう), ボア ; 内径, 口径 ‖ 12-～ 12口径の

⁑bore³ /bɔːr/ (♦ 同音語 boar)
── 動 (～s /-z/ ; ～d /-d/ ; bor·ing) 他 〔人〕を〈…で〉**退屈させる**, うんざりさせる (↔ excite) 〈with〉 (♦ ときに形容詞補語を伴う) ‖ Am I *boring* you *with* all this talk about politics? 政治の話ばかりで退屈ですか / He ～*d* me to death [OR tears]. 彼にはほとほと退屈した
── 名 (複 ～s /-z/) C ❶ **退屈な人** ‖ He is ⌈a crashing [OR an utter] ～. あれは本当につまらない人だ
❷ 《単数形で》 面倒, やっかいなこと ; うんざりすること ‖ What a ～! 面倒くさいな / It's such a ～ having [OR to have] to get up at 6 every morning. 毎朝6時に起きなくてはならないなんて本当にうんざりだ

bore⁴ /bɔːr/ 名 C (河口から押し寄せる)潮津波, 高潮

bo·re·al /bɔ́ːriəl/ 形 ❶ 〖生態〗北の, 北方の (northern) ❷ 北風の

Bo·re·as /bɔ́ːriæs/ ❶ 〖ギ神〗ボレアス《北風の神》 ❷ 《また b-》 U 《文》北風

***bored** /bɔːrd/ (♦ 同音語 board) 形 (more ～ ; most ～) 〈…に〉退屈した, うんざりした〈with〉

***bore·dom** /bɔ́ːrdəm/ 名 U 退屈, 倦怠(けんたい) ‖ I'm dying of ～. 退屈で死にそうだ / relieve ～ 退屈を紛らす / out of sheer ～ 全くの退屈から

bóre·hòle 名 C (油・水などを探す)試掘孔

bor·er /bɔ́ːrər/ 名 C ❶ 穴をあける人[器具], きり, たがね, ドリル ❷ (木などに穴をあける)センコウムシ ; フナクイムシ

bòric ácid 名 U 〖化〗硼酸(ほうさん)

bor·ing¹ /bɔ́ːrɪŋ/ 名 U 穴ぐり, ボーリング ; C (あけた)穴 ; 《～s》錐(きり)くず

⁑bor·ing² /bɔ́ːrɪŋ/
── 形 (more ～ ; most ～)
うんざりさせる, **退屈な** (↔ interesting, colorful) ‖ It's ～ just to sit and watch TV. 座ってテレビを見るだけなんて退屈だ / deadly ～ work 死ぬほど退屈な仕事
～·ly 副

⁂born /bɔːrn/ (♦ 同音語 borne) 動 形
── 動 bear¹ の過去分詞
bè bórn 生まれる ‖ I *was* ～ ⌈in 1990 [on January 19]. 私は1990年[1月19日]に生まれました / My wife *was* ～ to [OR of] an Australian mother and a Japanese father. 妻はオーストラリア人の母と日本人の父の間に生まれた / *be* ～ into an old family 古い家柄に生まれる / *be* ～ poor [blind, Japanese] 貧乏に[目が不自由に, 日本人に]生まれる / *be* ～ with a serious heart disease 生まれつき重い心臓病にかかっている / *be* ～ *to* paint [OR be a painter] 画家になるように生まれつく / *be* ～ again 生まれ変わる
bè bórn (out) of ... (思想・アイデア・組織などが)…から生まれる ‖ His obsession with power *is* ～ *(out) of* insecurity. 彼の権力への執着は自信のなさからきている
bòrn and bréd 生粋の ‖ be ～ *and bred* in Tokyo＝be a Tokyoite ～ *and bred* 生粋の江戸っ子である
nòt knòw one is bórn 《英》世間の苦労を知らない

COMMUNICATIVE EXPRESSIONS
1 **I wàsn't bòrn yésterday.** そんなにうぶではないよ (♥「昨日生まれたわけではない」の意.「簡単にだませると思うなよ」という警告)
2 **There's óne [OR a súcker] bòrn èvery mínute.** 世の中にはだまされやすいお人好しが後を絶たないものだ

── 形 《比較なし》 ❶ 《限定》**生まれながらの**, 天性の ; 全くどうしようもない ‖ a ～ artist [teacher] 生まれながらの芸術家[教師] / a ～ idiot [loser] 救いようのないばか[駄目なやつ] ❷ 生まれた, 生じた ‖ a newly ～ baby 新生児 ❸ 《複合語で》 …として生まれた ‖ a German-～ pianist ドイツ生まれのピアニスト / foreign-～ 外国生まれの / first-～ 最初に生まれた
in àll one's bòrn dáys 《旧》生まれてこのかた, 今まで

bòrn-agáin ⊲ 形 《限定》 (宗教経験を通して)生まれ変わった, 信仰を新たにした ; (一般に)心を入れ替えた, 再生した, ひたむきな ‖ a ～ Christian 信仰を再確認した[既成の宗教から福音主義に転向した]キリスト教徒

borne /bɔːrn/ (♦ 同音語 born) 動 bear¹ の過去分詞
── 形 《複合語で》 …で運ばれる ‖ internet-～ インターネットを介して伝えられる

Bor·ne·o /bɔ́ːrniòu/ 名 ボルネオ (島) 《東南アジア, マレー諸島最大の島. マレーシア・ブルネイ・インドネシアの3国に分かれる. インドネシア名 Kalimantan》 **Bór·ne·an** 形

Bo·ro·bu·dur /bɔ̀ːrəbʊdúər/ 名 ボロブドゥール《インドネシアのジャワ島にある8世紀建造の仏教遺跡》

bo·ron /bɔ́ːrɑ̀(ː)n | -rɒn/ 名 U 〖化〗 硼素(ほうそ) 《非金属元素. 元素記号 B》

***bor·ough** /bə́ːrou | bʌ́rə/ 《発音注意》 (♦ 《米》 同音語 burrow) 名 C ❶ 《米》 (一部の州の) 自治町村 ; (New

York 市の)(行政独立)区《the Bronx, Brooklyn, Manhattan, Queens, Staten Island の5区》;(Alaska 州の)郡《ほかの州の county に相当》❷《英》(Greater London の)区, バラ(→ Greater London);(勅許状による特権を有する)自治都市(municipal borough);《史》(議会に代議士を送る)選挙区(の町)

:bor·row /bɔ́(ː)roʊ/
—動 (~s /-z/; ~ed /-d/; ~·ing)
—他 ❶〔物・金〕を〈…から〉**借りる**, 借用する, 借り入れる(↔ lend)〈**from,** 《口》**off**〉(⇨ 類語P) ‖ May I ~ your cellular phone? 携帯電話を借りていってもいいですか(♦その場で使ったり, 固定電話の場合は通例 use を使う. ⇨ PB 12) / He ~*ed* too much **money** *from* a loan shark. 彼は高利貸しからあまりにも借金をしすぎた

借りる	有料で	rent	長期的に	家屋・テレビ
		lease		土地
		《米》rent 《英》hire	短期的に	車・衣装・ボートなど
		charter	特別な目的で	バス・船・飛行機など
	無料で	borrow	移動可のもの	金銭・物品
		use	移動不可のもの	電話・トイレ

♦携帯電話の場合は borrow を用いることもある(⇨ PB 12).

❷〔他人の思想・方法など〕を借りる;…を盗用する, コピーする(♥ plagiarize の婉曲的な表現);〔語など〕を借用する〈**from** …から;**into** …に, へ〉‖ The word was ~*ed into* English *from* Japanese. その語は日本語から英語に入ったものだ

❸《ゴルフ》(パットで)〔曲がり(の距離)〕を見込む

—自 ❶〈…から〉借金する, 借りる;借用する〈**from**〉‖ English ~*ed* **heavily** *from* French. 英語はフランス語から多くの語を借用した / ~ heavily 多額の借金をする ❷《ゴルフ》(パットで)(ボールが)曲がる;曲がりを見込んでパットする

live [OR ***be***] ***on borrowed time*** ⇨ TIME(成句)

—名 C《ゴルフ》ボロー《パットラインの曲がり》

PLANET BOARD 12

「(携帯)電話を借りる」という場合, borrow を使うか.

問題設定 「電話を借りる」は borrow ではなく use を使うとされるが, 携帯電話の場合はどうか調査した.

Q 次の表現を使いますか.

(a) Could I **borrow** your phone?
(b) Could I **use** your phone?

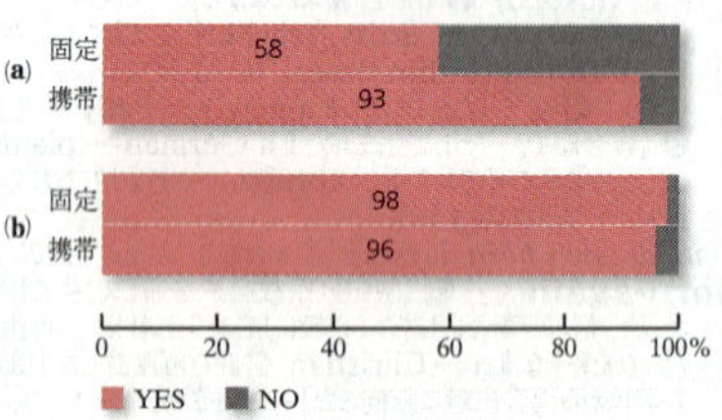

(a) の borrow は, 携帯電話の場合はほとんどの人が使うと答え, 固定電話の場合は6割近くが使うと答えた. (b) の use は固定電話, 携帯電話を問わず, ほぼ全員が使うと答えた.

(a) と (b) を区別なく使う人も多いが, (a) は「電話を別の場所に持って行き, しばらく借りて何度も使うことを意味する」というコメントもあった.

学習者への指針 特に携帯電話の場合 borrow もよく使われるが, 1回の通話のためだけに借りる場合は, 固定, 携帯を問わず use を使う方が無難だろう.

***bor·row·er** /bɔ́(ː)roʊər/ 名 C (金の)借主;借り手, 借用者(↔ lender) ‖ a big ~ 借金のたくさんある人

***bor·row·ing** /bɔ́(ː)roʊɪŋ/ 名 ❶ U 借りること;借金;C (~s)(企業などの)借入総額 ‖ have total ~*s* of ten million yen 総額1千万円の借り入れがある ❷ C 借用した考え[方法];〈…からの〉借用語(句)〈**from**〉

borscht /bɔːrʃt/, **borsch** /bɔːrʃ/ 名 U《料理》ボルシチ《ロシア風の赤かぶ入りスープ》

Bor·stal /bɔ́ːrstəl/ 名 (= ~ institùtion)《ときに b-》U C《英》少年院(♦最初の少年院のあった地名から)

bor·zoi /bɔ́ːrzɔɪ/ 名 C《動》ボルゾイ(Russian wolfhound)《ロシア原産の毛が長く大型の狩猟犬》

bosh /bɑ(ː)ʃ | bɒʃ/《口》名 U たわごと(nonsense)
—間《旧》ばかを言え

bosk /bɑ(ː)sk | bɒsk/ 名 C《文》こんもりした茂み, 森

bosk·y /bɑ́(ː)ski | bɒ́ski/ 形 (**bosk·i·er**; **bosk·i·est**)《文》こんもりした, 茂みの多い

bo's'n, bo·s'n /bóʊsn/ 名 = boatswain

***Bos·ni·a** /bɑ́(ː)zniə | bɒ́z-/ 名 ❶ ボスニア《バルカン半島西部, ボスニア=ヘルツェゴビナ北部の地域》❷ ボスニア=ヘルツェゴビナ《バルカン半島西部の国. 公式名 Bosnia and Herzegovina. 首都 Sarajevo》 **-ni·an** 名 形

***bos·om** /bʊ́zəm/ 《発音注意》名 C《通例単数形で》❶(主に女性の)胸;《しばしば ~s》(女性の左右の)乳房(⇨ BREAST 類語P) ‖ She has 「a large [OR an ample] ~. 彼女は豊かな胸をしている(= She has large breasts.) / The mother held her baby to her ~. 母親は赤ん坊を胸に抱いた ❷(衣服の)胸部;(衣服との間の)胸元の隙間(すき);ふところ ‖ She had a letter tucked up in her ~. 彼女は胸元に手紙をしまい込んでいた ❸《文》胸中(の思い), 心情 ‖ She kept the secret locked in her ~. 彼女はその秘密を胸にしまっておいた ❹《the ~》《文》人を包み込むような環境, 〈…の〉温かい庇護(ひご)〈**of**〉‖ I was welcomed into the ~ *of* her family. 私は彼女の家庭に温かく迎え入れられた

in the bósom of ... 《文》…の温かさ[安らぎ]の中で

tàke ... to [OR ***into***] ***one's bósom*** 《文》…を胸に抱く, 温かく包む, 受け入れる

—形《限定》親しい, 腹心の ‖ a ~ friend 無二の親友

-bos·omed /-bʊ́zəmd/ 形 …の胸をした ‖ full-*bosomed* 胸の豊かな

bos·om·y /bʊ́zəmi/ 形 (女性が)胸の豊かな

Bos·po·rus /bɑ́(ː)spərəs | bɒ́s-/, **-pho-** /-pə-, -fə-/ 名《the ~》ボスポラス(海峡)《黒海とマルマラ海を結ぶ海峡. アジアとヨーロッパの境界》

:boss[1] /bɔ(ː)s/
—名 (複 ~·es /-ɪz/) C ❶ 上司, **上役**, **ボス**, 雇い主, 親方, 親分, 監督(♦職場の雇用主・上司を指すので, 社長, 所長, 主任なども入り, 女性にも用いる. 日本語の「ボス」のような悪いイメージはない. 呼びかけにも用いる);支配者, 家長 ‖ How is your new ~? 新しい上司はどうだい

❷《口》(政党・政界の)実力者, 領袖(りょうしゅう), 大立者 ‖ a party [political] ~ 政党[政界]のボス / a Democratic ~ 民主党の大物政治家

❸《口》決定権[実権]を持つ人

be one's òwn bóss 自営である(be self-employed)

shòw a pèrson whò's bóss 〔人〕にだれが偉いか教えてやる[思い知らせる]

COMMUNICATIVE EXPRESSIONS

1 **Yòu're the bóss.** 君の言うとおりにするよ;わかったよ(♥多少妥協して相手の言い分に従うややくだけた表現)

—形《比較なし》《限定》❶《米俗》一流の, 優れた;魅力的

な ❷ (人が)責任者[長]の, 主要な
— 動 他 〔人〕を管理[支配]する;〔人〕に指図する, (偉そうに)命令する《*around*, 《英》*about*》(♥ 非難のニュアンスがある) ‖ Stop ~*ing* me *around* [OR *about*]. あれこれ指図しないでくれよ
~·ìsm 名 U 《米》ボス政治

boss² /bɔ(ː)s/ 名 C ❶ (盾などの) 盛り上げ装飾, 装飾突起, 飾りびょう; (動植物の)突起, こぶ ❷ 〚建〛(丸天井の肋材(ろくざい)交差部の)浮き上げ[盛り上げ]装飾 ❸ 〚機〛シャフトの補強部; 〚地〛ボス《丸い火成岩塊》
— 動 他 …を浮き上げ装飾で飾る

bos·sa no·va /bɑ̀(ː)sə nóuvə | bɔ̀sə-/ 名 U C ボサノバ《ブラジル起源のジャズ風サンバ, その踊り》

bóss-èyed /ニーニ/ 形 《英口》片目の; 斜視の(cross-eyed); 片寄った, 不公平な

boss·y /bɔ́(ː)si/ 形 《けなして》ボス面(づら)する, いばりちらす
bóss·i·ly 副 **bóss·i·ness** 名

***Bos·ton** /bɔ́(ː)stən/ 名 ❶ ボストン《米国マサチューセッツ州の州都》 ❷ 《ときに b-》 U カードゲームの一種 ❸ 《ときに b-》 U ワルツの一種
▸▸ **~ Mássacre** 名 《the ~》〚米国史〛ボストン虐殺事件《ボストン市駐留英軍と市民との衝突 (1770)》 **~ Téa Pàrty** 名 《the ~》〚米国史〛ボストン茶会事件《英国政府の茶税に反対するボストン市民が, ボストン港で英国船を襲い, 茶箱を海に投げ捨てた事件(1773)》 **~ térrier** 名 C 〚動〛ボストンテリア《米国産の小型犬》

Bos·tó·ni·an 名 C 形 ボストン(市民)(の)

bo·sun, bo'·sun /bóusən/ 名 =boatswain

Bos·well /bɑ́(ː)zwəl, -wel | bɔ́z-/ 名 **James ~** ボズウェル(1740-95)《スコットランドの伝記作家》
Bos·wéll·i·an 形 克明に伝記をつづる, ボズウェル流の

bot¹ /bɑ(ː)t | bɔt/ 名 C ❶ 💻 ボット《検索などを自動で行うプログラム》 ❷ ロボット(robot)

bot², bott /bɑ(ː)t | bɔt/ 名 C 〚虫〛ウマバエ(botfly)の幼虫

bot. 略 botanical, botanist, botany; bottle; bottom; bought

bo·tan·ic /bətǽnɪk/, **-i·cal** /-ɪkəl/ 形 植物の; 植物学(上)の
— 名 C 《~s》植物性薬品 **-i·cal·ly** 副
▸▸ **~ gárden** 名 C 《通例 ~s》植物園

bot·a·nize /bɑ́(ː)tənàɪz | bɔ́t-/ 動 自 (研究のため) 植物を採集する; (自然環境の中で)植物を研究する

bot·a·ny /bɑ́(ː)təni | bɔ́t-/ 名 U ❶ 植物学 ❷ (一地方の)植物; (一植物の)生態 **-nist** 名 C 植物学者

Bòtany Báy 名 ボタニー湾《オーストラリア南東部の入江. もと英国の流刑地》

botch /bɑ(ː)tʃ | bɔtʃ/ 《口》 動 他 …を下手に修理する; …をやり損なう《*up*》 ‖ a ~*ed* piece of work やり損ないの仕事 — 名 C 不出来な仕事, やり損ない ‖ make a ~ of ... …をやり損なう
~·er 名 C 不細工な仕事をする人 **~·y** 形 不出来な, まずい

bótch-ùp 名 C 《主に英口》しくじり, やり損ない

bo·tel /boutél/ 名 =boatel

bót·flỳ 名 (複 **-flies** /-z/) C 〚虫〛(人・動物に寄生する)ウマバエ

:**both** /bouθ/ 《発音注意》 形 代 副
— 形 《比較なし》**両方[者]の**, 双方の (♦ the, these [those], 所有格に先行する) ‖ I can't decide — I'll take ~ ties. どちらのネクタイがいいか決めかねるな — 両方とも頂きます / There were police cars parked on ~ **sides** of the street. 通りの両側にパトカーが駐車していた (=... on each side of the street.) / *Both* (the) girls were kind. その女の子たちは2人とも親切だった (♦ the は通例省略される. ×Both (the) two girls とはいわない) / 「*Both* his parents [×His ~ parents] are still living. (=*Both* of his parents are ....) 彼の両親は共に健在だ / ~ these books この本2冊とも
— 代 **両方[者]**, 双方 ‖ *Both* of the lieutenants are young. その中尉は2人とも若い / We were ~ injured. 私たちは2人とも負傷していた (♦ both は we と同格. ⇨ 語法 (4)) / I don't know ~ of them. 彼らの2人とも知っているわけではない (♦「どちらも知らない」という全体否定は I don't know either of them. =I know neither of them. ⇨ 語法 (5)) / He invited us ~. 彼は我々2人とも招待してくれた (♦ both は us と同格)

> **語法 ★☆** (1) the both of ... の形は話し言葉では使われることもあるが, 誤りとされることが多い.
> (2) both of の後は常に代名詞または定冠詞・指示詞・所有格を伴った名詞が続く. したがって ×both of women は不可.
> (3) both に代名詞が後続するときは, 必ず both of とする. ×both us や both them は不可.
> (4) both は主語と同格のとき, 一般動詞の前, be動詞・助動詞の直後に置く. 〈例〉They *both* came on time. 彼らは2人とも定刻に来た / They are *both* fond of children. 彼らは2人とも子供が好きだ / They must *both* have come. 彼らは2人とも来ていたに違いない
> (5) Both of them are not young. は「彼らのどちらも若くない」という全体否定に解釈されることが多いが, Neither of them is [《口》are] young. の方がふつう. 「どちらも若いわけではない」という部分否定の意味では使わない方がよい. また all と違い, ×Not both of them are young. という言い方はしない. ただし Only one of them is young, not *both*. (彼らのうち1人だけが若いのであり両方ではない)のように省略した形は可能. (⇨ ALL 語法)

— 副 《比較なし》《~ *A* and *B* で》***A*も*B*も両方とも** ‖ She can ~ sing and dance. 彼女は歌も踊りもできる / He was ~ tired and hungry. 彼は疲れてもいたし空腹でもあった / He is famous ~ as an actor and as a politician. 彼は俳優としても政治家としても有名だ / *Both* my sister and I were happy. 姉も私も幸せだった (♦ both *A* and *B* が主語のとき動詞は複数で受ける)

> **語法 ☆☆** (1) both *A* and *B* は同じ文法機能を持つ語句を結びつけるが, 特に《口》では and の後の前置詞などが省略されることがある. 〈例〉in *both* France and Germany = *both* in France and (in) Germany 仏独両国で
> (2) both *A* and *B* の全体否定は neither *A* nor *B* となる. 〈例〉The book is *neither* interesting *nor* instructive. その本は面白くもなければためにもならない

:**both·er** /bɑ́(ː)ðər | bɔ́ð-/
— 動 (**~s** /-z/; **~ed** /-d/; **~·ing**)
— 他 ❶ **a** 《+目》〔人〕を〈つまらぬことで〉**悩ます**, 困惑させる, 〔人〕に迷惑をかける〈**about, with**〉; 〔人〕に迷惑行為をする (⇨ 類語) ‖ I'm sorry to ~ you, but could you tell me the way to the city hall? すみませんが, 市役所へ行く道を教えていただけませんか / ~ him *about* [OR *with*] money お金のことで彼に面倒をかける / Help! This man is ~*ing* me! 助けて, この男がいやらしいことをするの **b** 《It ~+目+to *do*/that 節 で》…ということで〔人〕を悩ませる ‖ It ~*s* her *that* her husband comes home late every night. 彼女は夫が毎晩遅く帰宅するので困っている **c** 《+目+**to do**》…してくれと〔人〕を悩ます ‖ He is always ~*ing* me *to* go out with him. 彼はいつもデートしてくれと私にうるさくつきまとう
❷ 《命令形で》《主に英》うるさい(…め) ‖ Oh, ~ it! ああ, いまいましい
— 自 《通例否定文・疑問文で》 ❶ 〈物・事を〉**気にかける**, 苦にする, 構う〈**about, with**〉 ‖ Please don't ~ (*about* me). どうぞ(私に)お構いなく
❷ 《**+to do / doing**》**わざわざ…する** ‖ I didn't even ~ 「*to* do [OR doing] the dishes. 私は皿洗いすらしなかった

B

/ Why ~ *to* ask anyone else when you have me? 何で私がいるのにわざわざほかの人に頼むんですか
(all) hot and bothered ⇨ HOT(成句)
be nòt bóthered 〈…を〉(少しも)構わない, 気にしない 〈**about, with**〉
bóther onesèlf [OR ***one's héad***] 《否定文で》〈…のことで〉頭を悩ます, 〈…を〉苦にする〈**with, about**〉
càn't be bóthered to do わざわざ…する気にならない[しようとしない]

COMMUNICATIVE EXPRESSIONS
1 **Dòn't bóther.** それには及びません(♥ 申し出などに対し,「構わないでいいですよ」と断る表現)
2 **Dòn't bóther me.** 邪魔しないで;独りにしてくれ
3 「**I háte** [OR **I'm sórry**] **to bóther you,** but do you hàve a mínute? 恐縮ですが, ちょっとお時間を頂けますか(♥ 丁寧な依頼, 許可を求める表現)

— 名 ❶ U **面倒**;騒ぎ, いざこざ ‖ I had a bit of ~ finding his house. 彼の家を見つけるのはちょっと面倒だった / It's no ~. 全然構いません;どういたしまして
❷ C 《a ~》**やっかいなこと[人]** ‖ Sorry to be a ~, but could you help me carry this TV? すみませんが, このテレビを運ぶのを手伝っていただけませんか
gò to (all) the bóther of dòing わざわざ…する
sàve a pèrson the bóther of dòing 〔人〕が…する煩わしさを省く
— 間 《主に英》これは困った, いまいましい ‖ Oh, ~! I forgot my umbrella. しまった, 傘を忘れた

類語 《動》**bother** (ふつう軽い, または一時的な)当惑・心配や煩わしさを与える.
annoy bother して一時的に怒らせる, いらいらさせる.
worry 大きな不安・心配を与えて苦しめたり悩ませたりする.
vex annoy よりも大きな迷惑・いら立ち・怒り・心配などを起こさせる.
tease しつこくうるさいことをして困らせる.
harass しつこくいやがらせをしたりして困らせたり苦しめたり, ときに神経をまいらせたりする.
plague うるさくつきまとっていらいら悩ませたり苦しめたりする.
pester しつこくせがんだりして悩ませる.
tantalize 期待を抱かせては裏切ってじらす.

both·er·a·tion /bà(:)ðəréɪʃən | bɔ̀ð-/ 《口》 間 《旧》うるさい, ちぇっ — 名 U 面倒(なこと), 煩わしさ

both·er·some /bá(:)ðərsəm | bɔ́ð-/ 形 うるさい, やっかいな, 煩わしい

bót·nèt 名 C 💻ボットネット《遠隔操作されるコンピューターで構成されるネットワーク. スパムメールの送信などに使われる》(→ zombie)

Bo·tox /bóʊtà(:)ks/ 名 U 《商標》〖薬〗ボトックス《米国食品医薬品局公認のしわ取り用注射》(♦ *bo*tulinum *tox*in より)

bó trèe /bóʊ-/ 名 C 〖植〗インドボダイジュ《釈迦(しゃか)がこの木の下で悟りを開いたというので神聖視されている》

*__Bot·swa·na__ /ba(:)tswá:nə | bɒt-/ 名 ボツワナ《アフリカ南部の共和国. 英連邦の一員. 公式名 the Republic of Botswana. 首都 Gaborone》

Bot·ti·cel·li /bà(:)ṭətʃéli | bɒ̀tɪ-/ 名 **Sandro** ~ ボッティチェリ(1444?–1510)《イタリアのルネサンス期の画家》

***bot·tle** /bá(:)ṭl | bɔ́tl/ 名 動

— 名 (複 **~s** /-z/) C ❶ **瓶**, ボトル ‖ He drank beer from [OR out of] the ~. 彼はビールをらっぱ飲みした / a vacuum [OR thermos] ~ 魔法瓶 / a disposable ~ 使い捨ての瓶 / a recyclable [OR reusable] ~ 再生利用可能な瓶 / a returnable [OR refundable] ~ 返却金のもらえる瓶 / a ~ cap 瓶の王冠

連語 【動+~】open a ~ 瓶を開ける[開けて飲む] / finish a ~ (中身を飲んで)瓶を空ける
【形/名+~】a glass [plastic] ~ ガラス[プラスチック]瓶 / a PET ~ ペットボトル(♦ PET は *p*olyeth-ylene *t*erephthalate (ポリエチレンテレフタレート)の略) / a milk ~ 牛乳瓶 / an empty ~ 空き瓶

❷ 〈…の〉**1瓶(の量)** 〈**of**〉 ‖ **drink a ~ *of*** wine ワインを1瓶飲む
❸ 《通例単数形で》哺乳(ほにゅう)瓶;(母乳に対して)哺乳瓶に入れたミルク, 人工乳 ‖ a baby('s) ~ 哺乳瓶 / The baby was 「brought up [OR raised] on the ~. その赤ん坊はミルクで育てられた / give a baby its ~ 赤ん坊にミルクを与える
❹ 《the ~》《口》酒;(過度の)飲酒 ‖ be on the ~ 酒浸りである ❺ 湯たんぽ(hot-water bottle) ❻ (液化ガスの)ボンベ ❼ U 《英口》勇気, 大胆さ, 自信 ‖ have the ~ to do …する勇気がある / lose one's ~ 勇気をなくす, くじける / need [OR take] a lot of ~ 大いに勇気がいる
bòttle and gláss 《英俗》尻(しり), けつ
Brìng your òwn bóttle. 《米》(パーティーの案内状で)酒は各自持参のこと(♦ BYOB と略す. 《英》では Bring a bottle.)
hìt [OR ***tàke to***] ***the bóttle*** 《口》大酒を飲む(ようになる), 酒浸りになる
in bóttle (ワインが)瓶の中で熟成して
— 動 (**~s** /-z/; **~d** /-d/; **bot·tling**) 他 ❶ …**を瓶に入れる** ❷ 《英》〔野菜・果物など〕を瓶詰めにする
bóttle it 《英口》(土壇場で)おじけづいてやめる
bòttle ... óff 〈他〉〔酒など〕をたるから瓶に詰め替える
bòttle óut 〈自〉《英口》〈…を〉おじけづいてやめる〈**of**〉
*__*bòttle úp ... / bòttle ... úp*__* 〈他〉《口》① 〔感情など〕を抑える, 表に出さない ② 〔敵など〕を封じ込める;…を阻止する
~d 形 ‖ ~*d* fruit 果物の瓶詰 **~·fùl** 名 C 1瓶の量
▸▸ **~ bànk** 名 C 《英》(リサイクル用)空き瓶入れ[集積所] **~ bìll** 名 C 《米》ボトル法案《リサイクル可能な瓶や缶に対してデポジット(払い戻し金)制を課す法案》 **~ blònde** [**blònd**] 形 名 C 《けなして》染めた金髪の(人) **~ gréen** 名 U 濃い緑色 **~ òpener** 名 C 栓抜き **~ pàrty** 名 C 《英》酒持ち寄りのパーティー **~ trèe** 名 C 〖植〗ボトルツリー《オーストラリア産の瓶状の幹を持つ木》

bóttle-fèed 動 (**-fed** /-fèd/) 他 〔子供〕を人工乳[ミルク]で育てる(↔ breast-feed)
-fèd 形 人工乳で育った **~·ing** 名

bóttle·nèck 名 C ❶ 瓶の首;《形容詞的に》(瓶の首のように)狭い ❷ 狭い道路;交通渋滞地点 ❸ (進歩・生産の流れなどの)障害 ❹ 〖楽〗ボトルネック《ギター演奏に用いる瓶の首》; U ボトルネック奏法

bòttle-nòsed dólphin 名 C 〖動〗バンドウイルカ

bót·tler 名 C ❶ 瓶詰めにする人[機械];飲料会社, 瓶詰業者 ❷ 《豪・ニュージ俗》素晴らしい人[もの]

***bot·tom** /bá(:)ṭəm | bɔ́t-/ 名 動 形

中心義 最も深い[低い]ところ(★「(具体的な)位置」に限らず,「順序」や「事柄」にも用いる)
— 名 (複 **~s** /-z/) C ❶ 《通例 the ~》**底**, 底面, 裏面(↔ top[1]) ‖ The ~ of the box fell out. 箱の底が抜けてしまった / a false ~ 上げ底
❷ 《通例 the ~》**下部**, 底部, 下側 ‖ at the ~ of the stairs 階段の下に[で] / 「line 2 [OR the second line] from the ~ 下から2行目 / the ~ **half** 下半分
❸ 《the ~》(海・川などの)**底**, 水底(↔ surface) ‖ The ship sank to the ~ of the sea. 船は海底に沈んだ
❹ 《~s》川沿いの低地(bottomland)
❺ 《the ~》**最下位**, 末席;最下位の人;(社会の)最下層, 底辺 ‖ He was at the ~ of the class in math. 彼は数学でクラス最下位だった
❻ 《the ~》《主に英》(道・土地などの)奥, 行き止まり ‖ at the ~ (**end**) of the garden その庭の奥に ❼ 《the ~》基礎, 根底;源, 根源;真相, 真因 ‖ the ~ of the problem その問題の真相 ❽ 船底, (喫水線下の)船腹,

船倉；《古》(貨物)船 ❾《主に英口》尻(しり)，臀部(でんぶ) ❿ (ツーピースの)下半分；《~s》(パジャマの)ズボン ‖ a bikini ~ ビキニ水着のボトム ⓫『野球』(イニングの)裏(↔ top¹) ‖ in the ~ of the third (inning) 3回の裏に
at bóttom 心の底は；本当は；基本的には
at the bòttom of the héap [OR *píle, ládder*] (社会的階級・地位の)最下層に
be [OR *lìe*] *at the bóttom of ...* ① …の底[下]にある ② …の真の原因である；…に責任がある(♥ 特に好ましくないものについていう)
be bùmping along the bóttom 《英》(経済が)低迷する
bòttom úp 上下逆に，逆さまに
Bòttoms úp! 《口》乾杯
from the bòttom of one's héart 心(の底)から
from the bòttom úp 初めから徹底的に
**gèt to the bóttom of ...* 〔事件など〕の真相を突き止める
knòck the bóttom out of ... 〔議論・市況など〕を根底から覆す
The bòttom fàlls [OR *dròps*] *óut* (*of ...*). ① (相場・市場などが)崩れる ② (人生・生活などが)むなしい[惨めな]ものになる ‖ *The* ~ *fell out of* his world [OR life] when his daughter died. 娘を亡くして彼は人生がむなしくなった
tòuch [OR *hìt*] *bóttom* ① (足などが) 水底に届く ② (相場などが)底をつく ③《口》(人が)どん底に至る(→ CE 1)

COMMUNICATIVE EXPRESSIONS
1 **I've hìt bóttom and thìngs are lòoking úp.** 最悪の状態は脱しました

―動 他 《豪・ニュージ》(鉱床に達するまで)〔穴・抗〕を掘る
―自 ❶ (船が)海底に届く[着く] ❷《豪・ニュージ》鉱脈に当たる
bòttom óut 〈自〉(相場などが)底入れする，底値を打つ；どん底状態に陥る；座礁する
―形 《比較なし》《限定》 ❶ 底の，最下部の ‖ on the ~ shelf いちばん下の棚に ❷ 最低の，最下位の ‖ the ~ price 最低価格，底値 / the ~ end 最下端 / come ~ 最下位になる ❸《英》いちばん奥の
▸▸ ~ **dòg** 名 C =underdog ~ **dóllar** (↓) ~ **dráwer** 名 C 《英》《旧》=hope chest ~ **fèeder** 名 C ① 底魚(bottom fish) ②《米口》最低の(地位の)人 ~ **físher** 名 C (株などを) 底値買いする人 ~ **líne** 名 《通例 the ~》《口》 ① (決算書の最下行の) 最終的な数字，(計上された)純益[損失] ② (商取引における)最低許容額，ぎりぎりの線 ③ 肝心な点，要点，ポイント ‖ The ~ *line* is that he knows nothing about business. 要するに彼は商売がわかっていない

bòttom dóllar 名 《通例 the ~，または one's ~》《口》最後の1ドル
bèt one's bòttom dóllar ⇨ DOLLAR(成句)

bóttom·lànd 名 =bottom ❹

bót·tom·less /-ləs/ 形 ❶ 底のない ❷ 非常に深い，底なしの；無限の ‖ the ~ pit 地獄 ❸ 根拠のない (groundless) ‖ a ~ accusation いわれない非難 ❹ (特に下半身が)裸の，裸を呼び物にする

bóttom·mòst 形 いちばん下の[底の]；最も深い

bóttom-ùp 形 ボトムアップ式の，下部組織から起こった，下から上への；(生活水準などの)底上げをねらった

bot·u·li·num /bɑ̀(ː)tʃəláinəm | bɔ̀tju-/ 名 C 『細菌』ボツリヌス菌

bot·u·lism /bɑ́(ː)tʃəlìzm | bɔ́tju-/ 名 U 『医』ボツリヌス中毒《腐敗した缶詰肉などが原因の場合が多い》

bou·cle, -clé /buːkléi | ⸗-/ 名 U ブークレ糸《ループのある輪奈(わな)より糸》；その糸で織った布地

bou·doir /búːdwɑːr/ 名 C 《戯》(主に昔の) 女性の私室[化粧室，寝室]，閨房(けいぼう)

bouf·fant /buːfɑ́ːnt | búːfɔn, -ɔŋ, -ɔnt/ 形 (そで・スカート・髪型などが)ふっくらした

bou·gain·vil·le·a, -lae·a /bùːgənvíliə, bòugən-/ 名 C 『植』ブーゲンビリア

bough /bau/ 《発音注意》(♦ 同音語 bow¹, bow³) 名 C 大枝，主枝(⇨ BRANCH 類語)

****bought** /bɔːt, +米 bɑːt/ 《発音注意》 動 buy の過去・過去分詞

bouil·la·baisse /bùːjəbéis, -béis/ 名 U 『料理』ブイヤベース《魚貝類を煮込んだ南フランス料理》

bouil·lon /búljɑ(ː)n | búːjɔn/ 名 U 『料理』ブイヨン《肉・野菜のだしから作った澄んだスープ(のもと)》(♦ フランス語より) ▸▸ ~ **cùbe** 名 C 固形ブイヨン

boul·der /bóuldər/ 名 C (浸食作用による) 丸石，大岩；『地』巨礫(きょれき)《直径が256mm以上》(⇨ STONE 類語P)
~·y 形

boul·der·ing /bóuldərɪŋ/ 名 U 『スポーツ』ボルダリング《確保用具なしで巨岩に登るフリークライミングの一種》

***bou·le·vard** /búləvɑ̀ːrd | búːlə-/ 名 C 広い並木通り；《米》大通り《略 Blvd, blvd.》(⇨ ROAD 類語P) ‖ Sunset *Boulevard* (ハリウッドの)サンセット大通り

***bounce** /bauns/ 《発音注意》 動 自 ❶ (ボールなどが)〈…に当たって〉跳ね返る〈**off, against**〉；弾む，跳ねる，バウンドする(♦ しばしば方向を表す 副句 を伴う) ‖ The ball ~*d off* the wall. ボールは壁に当たって跳ね返った / ~ up and down 上下に弾む[跳ねる]；(状況が) 目まぐるしく変化する ❷ (人が)〈…の上で〉跳ね回る，飛び跳ねる〈**on**〉 ❸ 《+副句》(ある方向に)弾むように歩く[進む]；慌ただしく飛び出す[込む] ‖ The car ~*d* along a dirt road. 車は舗装していない道をがたがたと進んだ / ~ [out of [into] a room 慌ただしく部屋から飛び出す[へ飛び込む] ❹ (光・音などが)〈…から〉反射する〈**off**〉 ❺《口》(小切手が)不渡りになる ❻ 💻 (電子メールが) (あて先に届かず) 返送される《**back**》 ―他 ❶ …を弾ませる，跳ねさせる；…を〈…に当てて〉跳ね返らせる〈**against**〉 ‖ ~ a ball *against* a wall ボールを壁に当てて跳ね返らせる / ~ a baby on one's knee [OR lap] 赤ん坊をひざの上で跳ねさせる ❷〔光・音〕を〈…から〉反射させる〈**off**〉 ❸〔小切手〕を不渡りにする；〔不渡り小切手〕の受け取りを拒否する ❹《俗》〔人〕を〈…から〉追い出す，たたき出す；〔人〕を〈…から〉解雇する，追放する〈**out of, from**〉 ❺ 💻 (エラーなどのため)〔Eメール〕を送り戻す《**back**》
bounce [*an idea* [OR *ideas*] *off a person* ⇨ IDEA(成句)
bòunce aróund 〈他〉(*bòunce aróund ... / bòunce ... aróund*)〔考え・計画など〕をいろいろな人と議論する
―〈自〉(考え・状況などが)くるくる変わる
bòunce báck* 〈自〉 ①〈打撃・病気などから〉立ち直る，回復する(recover)〈from**〉 ② (ボールなどが)〈…から〉跳ね返る〈**from**〉 ③ ⇨ 自 ❻
bóunce A into B 《英口》A(人)に圧力をかけて[せき立てて]Bさせる
bóunce A òff B 《口》A(計画など)をB(人)に打診する
bòunce off the wálls 《進行形で》《米口》ものすごく興奮[動揺]している，活発である
―名 ❶ C 跳ね返り，バウンド；跳ね上がり ‖ catch a ball on the first ~ ワンバウンドで捕球する ❷ U 弾み，弾力性 ‖ a ball with ~ よく弾むボール ❸ U C 活力，元気 ❹ C 急上昇；反騰 ‖ a ~ in bonds 債券の急騰 ❺ U (頭髪の)張り，弾力，腰
on the bóunce ① ⇨ 名 ❶ ②《口》続けざまに

bounc·er /báunsər/ 名 C ❶ (酒場などの) 用心棒(《英口》chucker-out) ❷《英》『クリケット』打者の腰より上に跳ね上がる速球(bumper)

bounc·ing /báunsɪŋ/ 形 ❶ (ボールなどが) (よく) 弾む ❷ 健康な，活発な ‖ a ~ baby 元気な赤ん坊

bounc·y /báunsi/ 形 ❶ 活発な，活気に富む，威勢のいい，はつらつとした ❷ (ボールなどが)(よく)弾む；弾力のある ‖ a ~ cushion ふかふかのクッション

***bound**¹ /baund/ 名 C ❶《通例 ~s》境界(線)；境界線地帯，(境界内の)領域(⇨ BORDER 類語) ❷《~s》限界，

限度，制約 ‖ His desire for power knows no ～s.＝There are no ～s to his desire for power. 彼の権力欲はとどまるところを知らない / It is within [OR not beyond] the ～s of possibility that we will win the match. 我々がその試合に勝つこともあり得る / go beyond the ～s of ... …の範囲を超える / set [OR put] ～s to ... …を制限する ❸〚数〛(上または下の)界

in bóunds 〚スポーツ〛競技区域内で

out of bóunds ① 公式の領域外で，指定区域外で；〚スポーツ〛競技区域の外に出て ② (場所が)〈…にとって〉立入禁止で［の］〈**to**〉(off limits) ‖ an *out-of-bounds* area 立入禁止区域 ③ (行為・物などが) 禁止されて ④ 許容範囲を越えて

within bóunds 許容範囲内で

―動 (♦ bind の過去・過去分詞形と区別. → bound² 動) 他《通例受身形で》❶ 境界となる；境を接する ‖ Germany is ～ed on the west by France. ドイツは西でフランスと接している ❷ …を制限する

―自〈…と〉境を接する〈**on**〉

:bound² /baund/

―動 bind の過去・過去分詞

―形《比較なし》❶ **縛られた** ‖ a ～ prisoner 縛られた囚人 ❷《複合語で》(悪天候に)閉ざされた；(場所に)拘束された；束縛された (→ snowbound, spellbound, duty-bound, wheelchair-bound) ‖ a fog(-)～ motorway 霧に包まれた高速道路 / I hate being desk-～ all day. 1日中机に向かいっ放しはごめんだ ❸ 装丁された，製本された；《複合語で》…表紙［装］の (→ hard-bound) ‖ a Bible ～ in cloth クロス装の聖書 ❹〚言〛拘束形の《kindness の -ness のように単独では語とならない形態》(↔ free) ‖ a ～ form 拘束形

***be bòund to dó** ① …する義務［責任］がある ‖ *I'm* ～ *to* say (that) you made a serious mistake. 君は重大な間違いを犯したと言わざるを得ない(♥ 相手にとって不都合な内容をいうときに用いる) / They *are* ～ by their duty *to* obey the president. 彼らは社長に従う義務がある ② **きっと…する** (♥ must よりも確信がある場合に用いられることが多い)；…する運命である ‖ We*'re* ～ *to* be late. きっと遅刻だぞ / He *is* ～ *to* go bankrupt if he goes on like this. この調子で続けていたら彼は破産するだろう ③《口》必ず…する決心である

bòund and detérmined 《米》固く決意して

bòund úp in ... ① …に夢中で，没頭して ② ＝*bound up with ...*(↓)

bòund úp with ... …と密接に関連して

I'll be bòund. 《英口》請け合うよ(♦ 通例文末に用いる) ‖ She won't refuse it, *I'll be* ～. きっと彼女は断ったりしないよ

***bound³** /baund/ 形 ❶《叙述》〈…〉行きの，〈…へ〉行こうとしている，〈…の〉途上にある(♦ 名詞の後にも用いる)〈**for**〉‖ Where is that train ～ (*for*)? あの列車はどこ行きですか / a ship ～ *for* Sydney シドニー行きの船 / This ship is homeward ～. この船は帰港の途にある ❷《複合語で》…行きの，…を目指す ‖ an Osaka-～ train 大阪行きの列車 / college-～ 大学進学希望の

***bound⁴** /baund/ 動 (♦ bind の過去・過去分詞形と区別. → bound² 動) 自 ❶ (＋副句) 飛び跳ねる(♦ 副句 は方向を表す) (⇨ JUMP 類語) ‖ A huge dog came ～*ing* up to me. 大きな犬が跳ねながら駆け寄って来た ❷ (ボールなどが)跳ね返る，弾む

―名 C ❶ 飛び跳ね，跳躍；(心の) 躍動 ‖ with one ～ 一飛びで ❷ (ボールの)跳ね返り，バウンド(bounce)

by [OR ***in***] ***leaps and bounds*** ⇨ LEAP(成句)

***bound·a·ry** /báundəri/ 名 (複 **-ries** /-z/) C ❶〈…の間の〉境界 (線) 〈**between**〉；境界をなす物；境界壁 (⇨ BORDER 類語) ‖ draw [OR fix] a ～ 境界線を確定する / cross the ～ 境界を越える ❷《通例 -ries》限界，範囲 ‖ within [outside] the *boundaries* of science 科学の範囲内［外］で ❸〚クリケット〛境界線越えの打撃［得点］

pùsh (***bàck***) ***the bóundaries of ...*** …の枠を広げる；〔…の見方〕を転換させる；…について啓発する

▸▸ ～ **làyer** 名 C 〚理〛境界層《流体が固体に接する層》

bound·en /báundən/ 形《次の成句で》

a [OR ***one's***] ***bòunden dúty*** なすべき義務［務め］

bound·er /báundər/ 名 C《主に英口》《旧》《けなして》野卑な男，がさつ者；成り上がり者；げす；女たらし

bóund·less /-ləs/ 形 限りのない，無限の；広大な

boun·te·ous /báunţiəs/ 形《文》❶ 物惜しみしない，寛大な ❷ 豊富な，潤沢な ～**·ly** 副 ～**·ness** 名

boun·ti·ful /báunţifəl/ 形《文》❶ 物惜しみしない；寛大な(→ lady bountiful) ❷ 豊富な，十分な ～**·ly** 副

boun·ty /báunţi/ 名 (複 **-ties** /-z/) ❶ C (政府の) 奨励金，助成金；(犯人逮捕の)賞金 ❷ U《文》気前のよさ，恵み深さ，寛大 ❸ C《文》気前のいい贈り物；(自然の)豊かな恵み ▸▸ ～ **hùnter** 名 C (犯人逮捕の)賞金稼ぎ

***bou·quet** /bukéɪ, bou-, búːkeɪ/ 《発音・アクセント注意》名 C ❶ 花束 ❷ C U (ワインなどの)芳香；(作品の)風格 ❸ お世辞，褒め言葉 ‖ throw [OR hand out] ～s お世辞を言う (♦ フランス語より) ▸▸ ～ **gar·ní** /-gɑːrníː/ 名 (複 **bouquets garnis**) C〚料理〛ブーケガルニ《芳香薬味草を束ねたもの．スープなどに香りを添える》

bour·bon /bɔ́ːrbən, bʊ́ər-/ 名 U ❶ バーボン《トウモロコシとライ麦を原料とする米国産ウイスキー》；C バーボン1杯 ❷《英》チョコレートクリームを挟んだビスケット

Bour·bon /bʊ́ərbən/ 名 C ❶《the ～s》ブルボン家《フランスをはじめヨーロッパ諸国の王を出した王家》；C ブルボン家の人［王］❷《また b-》《米》(特に南部出身の) 保守反動的民主党員

***bour·geois** /bʊ́ərʒwɑː, ⌐⌐/ 名 (複 ～) C ❶ 中産階級市民，商工業者；(マルクス主義思想で)(無産階級(proletariat)に対する)有産階級の人，資本家，ブルジョワ ❷《けなして》ブルジョワ根性の人，物欲に駆られた人，保守的な人

―形 (**more** ～；**most** ～) ❶《比較なし》中産階級の；資本家の，資本主義の，ブルジョアの (↔ proletarian) ❷《けなして》ブルジョワ根性の，物欲に駆られた

語源 フランス語から. ラテン語 *burgus* (城塞(じょうさい)都市)から出た語で，もとは「都市に住む自由市民」の意．

bour·geoi·sie /bùərʒwɑːzíː/ 名《the ～》❶ (商工業に従事する)中産階級 ❷ (マルクス主義で)有産階級，資本家階級(↔ proletariat)

bourn¹, bourne¹ /bɔːrn, buərn/ 名 C《英では方》小川，流れ (♦ 現在では *Bourne*mouth のように主に地名の一部をなす．burn の変異形)

bourn², bourne² /bɔːrn, buərn/ 名 C《古》《文》❶ 境界，限界 ❷ 目的；目的地，行き先

bourse /buərs/ 名 C (英語圏以外の) 株式［証券］取引所；《the B-》パリ株式取引所(→ stock exchange)

***bout** /baut/ 《発音注意》名 C ❶ (病気の) 発作，発病；(感情の) 一時的高ぶり；〈病気などの〉短い期間〈**of**〉‖ recover from a ～ *of* the flu ひとしきりのインフルエンザが治る ❷〈活動・仕事などの〉一続き(の間)，一区切り〈**of**〉‖ a ～ *of* negotiation 一交渉 / a drinking ～ ひとしきりの酒宴 ❸ (ボクシングなどの)一勝負，一試合 ❹ (バイオリンなどの)胴部側面のくびれ

***bou·tique** /buːtíːk/ 名 C ❶ ブティック《女性用高級［流行］服飾専門店［売場］》❷ 上流客相手の小規模専門業 (♦ フランス語より) ▸▸ ～ **brèwery** 名 C 小規模［地］ビールメーカー(microbrewery) ～ **hotèl** 名 C 高級小規模ホテル，ブティックホテル

bou·ton·niere, -nière /bùːtəníər | butɒniéə, bùtɒnjéə/ 名 C (上着の襟などの)ボタン穴に挿す花

bou·zou·ki /buzúːki/ 名 C〚楽〛ブズーキ《ギリシャ起源のマンドリンに似た弦楽器》

bo·vine /bóuvaɪn, ＋米 -viːn/ 形《通例限定》牛科の；牛の(ような)；《文》(人などが)鈍重な，のろまな

―名 C 牛科の動物《牛・スイギュウ・羊・ヤギなど》
▶▶～ grówth hòrmone 名 C 牛成長ホルモン《略 BGH》～ spòngiform encephalópathy 名 U 〖獣医〗牛海綿状脳症, 狂牛病 (mad cow disease)《略 BSE》

Bov·ril /bá(:)vrəl | bɔ́v-/ 名 U《英》《商標》ボブリル《牛肉エキスのスープストック》

bov·ver /bá(:)vər | bɔ́v-/ 名 U《英俗》(街頭でちんぴらの引き起こす)騒ぎ, ごたごた, けんか

bow¹ /baʊ/《発音注意》(♦同音語 bough)
―動 (~s /-z/; ~ed /-d/; ~·ing)
―自 ❶〈…に〉**おじぎする**, 頭を下げる, 腰をかがめる《***down***》〈**to, before**〉; (よく見ようとして)〈…の上に〉身をかがめる〈**over**〉‖ Don't ~ and shake hands at the same time. おじぎと握手を同時にしてはいけません / He ~*ed to* the audience. 彼は聴衆に会釈した / The clergyman ~*ed down before* the altar. 牧師は祭壇の前で頭(こうべ)を垂れた / ~ respectfully うやうやしくおじぎする / ~ *over* a book 本をのぞき込む
❷〈圧力・要求などに〉屈服する, 従う《***down***》〈**to**〉‖ The management ~*ed to* labor's demands. 経営陣は労働者の要求をのんだ / I ~ *to* your imagination. 君の想像力には恐れ入った / ~ *to* the inevitable 運命を甘んじて受ける ❸ (木の枝などが)(重みで)垂れ下がる
―他 ❶ (あいさつ・敬意などを表して)〔頭〕を下げる; (よく見ようとして)〔腰・ひざ〕をかがめる ‖ She ~*ed* her **head** in prayer. 彼女は頭を垂れて祈った
❷《+目+副句》(会釈して)…を(…の方へ)案内する ‖ He was ~*ed* in. 彼は会釈されて中へ通された ❸〔感謝・同意など〕をおじぎをして示す ‖ He ~*ed* his appreciation. 彼はおじぎをして謝意を表した ❹《受身形で》(重み・老齢などで)前かがみになる, 腰が曲がる; (苦しみ・失望などで)気がくじける, 打ちひしがれる《***down***》‖ He was ~*ed* by arthritis. 彼は関節炎で腰が曲がった / She was ~*ed down* with care. 彼女は心労にすっかりまいった
bòw and scrápe 《けなして》ぺこぺこする, ばか丁寧に振る舞う
****bòw óut*** 〈自〉① 〈場所などから〉おじぎをして出る〈**of**〉② 〈…から〉手を引く; 〈…を〉辞職する; 〈…から〉引退する〈**of**〉③ 約束[同意]したことをしない, 辞退する
―名 C **おじぎ**, 会釈; 身をかがめること ‖ make farewell ~*s* 別れのおじぎをする / in a ~ to convention 慣例に敬意を表して / **give** a deep ~ 深々とおじぎする
màke one's bów ① (演奏者・政治家などが)デビューする, お目見えする ② 一礼して退場する
****tàke a*** [OR ***one's***] ***bów*** (拍手喝采に)おじぎをして応える

bow² /boʊ/《発音注意》名 C ❶ 弓 ‖ a ~ and arrow 弓矢(一組) / draw a ~ 弓を引く ❷ (弦楽器の)弓; 弓の一弾き ❸ 弓形のもの; 虹(にじ)(rainbow); (鍵(かぎ)・はさみなどの)握り, つまみ; (鞍(くら)の)前弓; 弓形曲線, カーブ ❹ 蝶(ちょう)結び(bowknot); (= ～ **tíe**) 蝶ネクタイ; 蝶結びのリボン ‖ tie a ribbon in a ~ リボンを蝶結びにする ❺《文》弓の使い手, 射手(archer) ❻《米》眼鏡の縁[つる]
―動 他 ❶ …を弓形に曲げる
❷〔弦楽器〕を弓で弾く ―自 ❶ 弓形に曲がる ❷ 弓で演奏する
▶▶～ **còmpass** 名 C〖製図〗スプリングコンパス ～ **sàw** 名 C 糸のこぎり ～ **wíndow** 名 C (弓形の)張り出し窓, 出窓

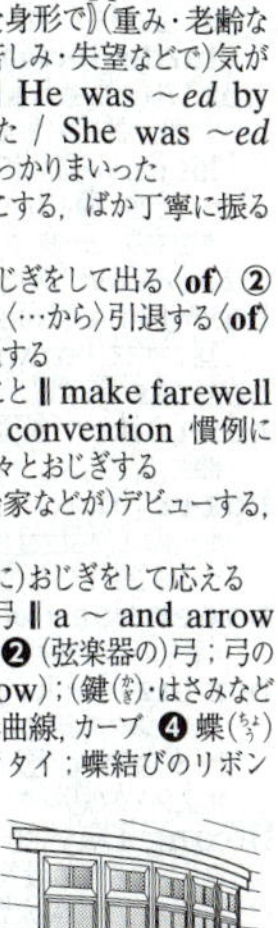
bow window

bow³ /baʊ/ (♦同音語 bough) 名 C ❶《しばしば ~s》船首, へさき(↔ stern²) ❷ 船首のこぎ手
a shót acròss the bóws 警告
on the bów 船首の方向に《正面の左右45°以内》

Bòw béłls /bòʊ-/ 名《ときに B- B-》(ロンドン旧市内の) St. Mary-le-Bow 寺院《俗に Bow Church》の鐘 ‖ be born within the sound of ~ 生粋のロンドンっ子(cockney)である

bowd·ler·ize /báʊdləràɪz, +米 bóʊd-/ 動 他〔書物(の不穏当な箇所)〕を勝手に削除改訂する

***bow·el** /báʊəl/《発音注意》名 C ❶《通例 ~s》(特に人間の)腸(の一部); 内臓 ‖ the large [small] ~〖解〗大[小]腸 (♦腸の一部をいう場合は単数形) / have a ~ movement お通じがある (♦《口》では略して BM もしくは単に movement という) / have loose ~*s* 下痢をしている / move one's ~*s* 通じをつける
❷《the ~s》〈地球・物などの〉内部, 深部, 中心部〈**of**〉

bow·er¹ /báʊər/ 名 C ❶ (庭園などの)木陰(の休息所); あずまや(arbor) ❷《文》(中世の城の)閨房(けいぼう), 女性の私室(boudoir) ―動 他《文》…を枝で覆う

bow·er² /báʊər/ 名 C〖トランプ〗(ユーカー(euchre)で)切り札(と同色)のジャック

bow·er³ /báʊər/ 名 C 主錨(しゅびょう)

bówer·bìrd 名 C〖鳥〗ニワシドリ《オーストラリア産. 雄が雌を誘うため装飾的な構造物を作る習性がある》

bow·front /bóʊfrʌ̀nt/ 形 (家具の引き出しなどが)中央が出っ張った, 弓形の

bow·head /bóʊhèd/ 名 (複 ~ OR ~s /-z/) C〖動〗(= ～ **whále**)(北氷洋産の)セミクジラ(Greenland (right) whale)

bów·ie knìfe /bóʊi-, búːi-/ 名 (複 **-knives** /-naɪvz/) C ボウイナイフ《長さ38センチほどの片刃の狩猟用山刀》

bowie knife

bów·knòt /bóʊ-/ 名 C (リボン・ネクタイなどの)蝶結び(bow)

bowl¹ /boʊl/《発音注意》
―名 (複 ~s /-z/) C ❶ (液体・食べ物などを入れる) **深鉢**, どんぶり, わん; (料理用の) **ボウル** ‖ mix the ingredients **in a** ~ (ケーキなどの)材料をボウルの中で混ぜる / a cereal ~ シリアルボウル
連語【名+~】a salad ~ サラダボウル / a soup ~ スープボウル / a rice ~ ご飯茶わん (→ finger bowl, goldfish bowl, mixing bowl, punchbowl)
❷〈…の〉鉢[ボウル]1杯(の量)〈**of**〉‖ a small ~ *of* rice 小茶わん1杯のご飯
❸ 丸くへこんだ[鉢状の]部分[もの]; (スプーンの)くぼみ; (パイプの)火皿; (トイレの)便器;〖地〗くぼ地 ‖ a washing-up ~《英》(食器用の)洗いおけ(《米》dishpan) ❹《主に米》(鉢形の)野外円形競技場[劇場] ❺《米》(オフシーズンの選抜チームによる)アメフト試合(bowl game) ‖ the Rose *Bowl* ローズボウル ❻ (競技でもらう)丸皿杯
a bòwl of chérries ① ボウル1杯のサクランボ ② すべてが素晴らしいこと ‖ Life is just *a* ~ *of cherries* for her. 人生は彼女にとってまさに素晴らしいことずくめだ

***bowl²** /boʊl/《発音注意》名 C ❶ (ローンボウリング用の)ボール《偏重(bias)のついた木または硬質ゴム製のボール》; (ボウリング用の)ボール ❷ (ボールの)投球, 一投 ❸《~s》《単数扱い》ローンボウリング(《米》lawn bowling) ❹ 回転シリンダー
―動 自 ❶ ボウリングをする; ボールを転がす[投げる] ‖ go [×play] ~*ing* ボウリングをしに行く ❷〖クリケット〗投球する ❸ (車・ボートなどが)〈…を〉滑るように速く走る《***along***》〈**along, down**〉‖ ~ *along* the turnpike 高速道路をつっ走る ―他 ❶ (ボウリングなどで)〔ボール・輪など〕を転がす[投げる]; …点を出す ❷ …を(転がすように)動かす ❸〖クリケット〗〔打者〕にボールを投げる
bòwl óut ... / bòwl ... óut 〈他〉〖クリケット〗①〔打者〕をアウトにする ②〔相手チーム〕(の全員)をアウトにする(dismiss)
****bòwl óver ... / bòwl ... óver*** 〈他〉① (ぶつかったりして)…を転倒させる(knock over) ②《通例受身形で》《口》

非常に驚く, 驚喜する(be overwhelmed)

bów·lègs /bóʊ-/ 名 複 O脚, がにまた
-lègged 形 O脚の, がにまたの

B

***bowl·er**[1] /bóʊlər/ 名 C ボウリングをする人, ボウラー;〖クリケット〗投手, ボウラー

bowl·er[2] /bóʊlər/ 名 (=～ **hàt**) C 《主に英》山高帽(《米》derby)《ロンドンシティーの実業家がよく着用した》

bówl·fùl /-fʊl/ 名 =bowl[1] ❷

bow·line /bóʊlɪn, -làɪn/ 名 C もやい結び《綱の結び方の一種》;(帆船の)はらみ綱;登山用ロープの末端の結び

***bowl·ing** /bóʊlɪŋ/ 名 U ❶ ボウリング;ローンボウリング ❷ ボウリングをすること ❸〖クリケット〗投球
▸▸ ～ **àlley** 名 C ボウリングのレーン;《しばしば ～s》ボウリング場 ～ **bàll** 名 C ボウリングの球 ～ **crèase** 名 C〖クリケット〗投手線 ～ **grèen** 名 C ローンボウリング用芝生

bow·man /bóʊmən/ 名 (複 **-men** /-mən/) C 弓の射手(archer);弓術家;(中世の)弓を持つ兵士

bow·ser /báʊzər/ 名 《ときに B-》C《商標》バウザー《空港で航空機に燃料を運ぶ運搬車》;《豪・ニュージ》(ガソリンスタンドの)給油ポンプ

bów·shòt /bóʊ-/ 名 C《単数形で》弓の射程, 矢ごろ《約300メートル》‖ within ～ 弓の射程内に

bow·sprit /báʊsprɪt, bóʊ-/ 名 C〖海〗やり出し, 船首[第1]斜檣(しゃしょう)《帆を支える綱を結びつけるための船首から突き出た円材》

bów·strìng /bóʊ-/ 名 C 弓の弦[つる]

bow·wow /bàʊwáʊ/(→名) 間 わんわん《犬の鳴き声》
—名 /báʊwàʊ/ C ❶ 犬の鳴き[ほえ]声;わんちゃん(♥ 小児語) ❷《米俗》わいわい騒ぎ, 騒動
—動 自 ほえる, わめく

*****box**[1] /bɑ(:)ks | bɔks/ 名 動

—名 (複 **～·es** /-ɪz/) C ❶ **箱** ‖ What's in the ～? 箱の中に何が入ってるの / The warehouse was full of fruit in ～*es*. 倉庫は箱に入ったフルーツでいっぱいだった / a ～ **containing** old books 古い本が入った箱 / a jewelry ～ 宝石箱 / a music [《英》musical] ～ オルゴール

連語 【形/名+～】 a wooden [cardboard] ～ 木[段ボール]箱 / a lunch ～ 弁当箱(♦ lunchbox と1語につづることもある) / a ballot ～ 投票箱 / a mail [《主に英》letter] ～ 郵便受け

❷ 〈…の〉**1箱(の量)** (boxful)〈**of**〉‖ a ～ *of* candies キャンディー1箱 / two ～*es of* tissues ティッシュ2箱
❸ (特定の人向けの)…席;(劇場・競技場などの) **ボックス**(席), ます席;(裁判所の) 証人 [陪審員] 席 ‖ a press ～ 記者席 / the royal ～ ロイヤルボックス, 貴賓席
❹ 小屋;番[見張り]小屋, 詰所;避難小屋 ‖ a signal ～ 《英》(鉄道の)信号所 / a police ～ 交番
❺ (紙などに描く)四角(形);(各種用紙の)記入枠[欄];(新聞・雑誌の)囲み(記事)
❻ 《英》狩猟[釣り]小屋 ❼ 《英》電話ボックス(telephone box) ❽ 私書箱(post office box);私書箱番号 ‖ *Box* 311 私書箱311号 (→ PO Box) ❾ 《the ～》《主に英俗》テレビ ‖ What's on the ～ tonight? 今夜のテレビはどんな番組がありますか ❿ (機械などの) 保護 [収納] ケース;《口》=gearbox ⓫ 《口》ひつぎ ⓬ 《the ～》〖サッカー〗ペナルティーエリア ⓭ 〖野球〗バッター[キャッチャー, コーチャーズ] ボックス;《the ～》ピッチャーズマウンド ‖ a batter's ～ バッターボックス ⓮ (馬小屋などの)一仕切り ⓯ 💻 (画面上の) ボックス《データ入力用の枠》 ⓰ (=～ **jùnction**) 《英》ボックス交差点《黄色い格子じまに塗られており, 前方が詰まっているときは侵入できない》 ⓱ 《英》(運動選手の陰部用)プロテクター ⓲ (樹液採取用に幹にあけた)穴, 切り込み ⓳ ⊗《主に米卑》女性性器

a bòx of tricks 《口》1組の使える方法 [装置], 巧妙な仕掛け, あの手この手
be a bòx of bírds 《豪・ニュージ口》いい気分である
out of one's bóx 《英口》① 酒[麻薬]に酔って ② とても愚かで, 頭がいかれて
out of the bóx 《豪・ニュージ口》素晴らしい, 抜群の
thìnk outsíde [OR ***out of***] ***the bóx*** 《口》自由で創造的な考え方をする(↔ think inside the box)

—動 (**～·es** /-ɪz/; **～ed** /-t/; **～·ing**) 他 ❶ …を箱に入れる[詰める]《**up**》
❷ …に箱を取りつける ❸〔記事〕を枠囲みにする ❹ (樹液採取用に)〔幹〕に穴をあける, 切り込みをつける
****bòx ín ... / bòx ... ín*** 〈他〉① …を取り囲む, 閉じ込める(♦ しばしば受身形で用いる) ②〔ほかのレーサー・車〕の進路をふさぐ[妨害する] ③《通例受身形で》身動きできなくなる
bòx óff ... / bòx ... óff 〈他〉…を(四角く)仕切る
bòx úp ... / bòx ... úp 〈他〉① ⇨ 他 ❶ ②〔人〕を(狭い所に)閉じ込める ③《豪・ニュージ》〔異なる羊の群れ〕を一緒にする

～·fùl 名 C 1箱分
語源 ツゲの木(box)で箱を作ったことから(→ box[3]).
▸▸ ～ **càmera** 名 C (固定焦点式) 箱型カメラ ～ **cànyon** 名 C 《米》断崖(だんがい)に挟まれた峡谷 ～ (**ènd**) **wrénch** 名 C 《米》ボックスレンチ, 箱スパナ (《英》box [ring] spanner) ～ **kìte** 名 C 箱形たこ ～ **lùnch** 名 C 《米》箱詰め弁当 (《英》packed lunch) ～ **nùmber** 名 C ボックスナンバー《新聞の匿名広告主が住所の代わりに使う番号》;(郵便局の) 私書箱番号 ～ **òffice** (↓) ～ **plèat** 名 C (スカートなどの) 箱ひだ ～ **scòre** 名 C ①〖野球〗ボックススコア ② (新聞などでの) 試合の結果一覧;(一般に)概要 ～ **séat** 名 C (劇場・競技場などの) ボックス席, 桟敷席;(馬車の) 御者席 ～ **sprìng** 名 C ちょうちんばね《ベッドのスプリング》 ～ **stèp** (↓) ～ **tùrtle** [**tòrtoise**] 名 C〖動〗アメリカハコガメ

box[2] /bɑ(:)ks | bɔks/ 名 C (横っ面への) 平手 [こぶし] での一撃, 張り手 ‖ give him a ～ on the ear(s) (=box his ears) 彼の横っ面にびんたを食わせる
—動 他 ❶〔横っ面〕を平手[こぶし]で打つ ❷ …とボクシングをする —自 〈…と〉ボクシングをする〈**with, against**〉
bòx cléver 《英口》うまく[ずる賢く]立ち回る

box[3] /bɑ(:)ks | bɔks/ 名 (複 ～ OR **～·es** /-ɪz/) C〖植〗ツゲ, U ツゲ材(boxwood)

bóx·càr 名 C 《米》有蓋(ゆうがい)貨車

bóx-cùtter 名 C カッターナイフ(❗「カッターナイフ」は和製語)

box·er /bá(:)ksər | bɔ́ks-/ 名 C ❶ ボクサー ❷〖動〗ボクサー犬《中型犬》 ❸ 箱詰め人 [機械] ❹ (=～ **shòrts**) 《～s》(男性用下着の)トランクス(《米》shorts)

box·er·cise /bá(:)ksərsàɪz | bɔ́ks-/ 名 U ボクササイズ《ボクシングの動きを取り入れた運動》

***box·ing** /bá(:)ksɪŋ | bɔ́ks-/ 名 U ボクシング ‖ a ～ match ボクシングの試合
▸▸ ～ **glòve** 名 C ボクシング用グローブ ～ **rìng** 名 C ボクシングのリング

Bóxing Dày 名 ボクシングデー《英連邦諸国の法定休日. クリスマス後の最初の平日で, 以前は郵便配達人や使用人に祝儀を贈るのが習わしであった. 現在この祝儀は休暇に入る前日に贈られるのがふつう》(→ Christmas box)

***bóx òffice** 名 C ❶ (劇場・映画館などの) 切符売場 ❷ 《単数形で》(劇場などの)入り, 人気;(出し物・出演者の)集客力;人気のある興行;観客動員数;収益 ‖ The play had good ～. その芝居は人気上々だった / do well at the ～ 上々の入りである ❸《形容詞的に》大当たりの ‖ a ～ hit ヒット作 / a big ～ draw 大人気スター

bóx·ròom 名 C 《英》納戸(なんど)

bóx stèp 名 C ボックスステップ《四角を描くように足を動かすダンスのステップ》

bóx·wòod 名 C〖植〗ツゲ;U ツゲ材《彫刻や家具などに用いられる》

box·y /bá(:)ksi | bɔ́ksi/ 形 箱に似た, 角ばった

*****boy** /bɔɪ/(♦《英》同音語 buoy) 名 間

―名(複 **~s** /-z/) C ❶ **少年, 男の子**(⇨ CHILD 類語P) ‖ Is the baby a ~ or a girl? お子さんは男の子ですか, それとも女の子ですか / He was afraid of ghosts like a **little** ~. 彼は小さな子のように幽霊を怖がった / Good ~! いい子だね(♥ 男の子やペットなどに対して)

❷ 若い男, 青年 ‖ a college ~ 男子学生 / a ~s' school 男子校

❸《しばしば one's ~》(年齢に関係なく) 息子 ‖ Her little ~s believe in Santa Claus. 彼女の幼い息子たちはサンタクロースがいると信じている / the Jones ~s ジョーンズ家の息子たち / my youngest ~ 私の末息子

❹《修飾語を伴って》(若い) 男子従業員 (♥ 年配の男性に用いると失礼);(年齢に関係なく)…出の男《出身地・階層などを表す》‖ a delivery ~ 配達員 / a paper ~ 新聞配達員 / a messenger ~ 使い走り / a city ~ 都会の男 / a working-class ~ 労働者階級出身の男 (! ホテルの「ボーイ」は《米》bellhop,《英》bellboy という)

❺《the ~s》《口》男の仲間, 連中;《the [OR our] ~s》(男の) 兵隊 (→ old boy) ‖ have a night out with the ~s 仲間と夜遊びをする / the press ~s 記者連中 / our ~s on the front lines 前線の我が国の兵隊たち

❻《旧》君, おまえ, おい(♥ 年少者, または雄の犬や馬へ親しみを込めて用いる語) (→ CE 2, 3) ‖ my (dear) ~《英》《旧》なあ君 / Down, ~! (犬に)お座り ❼ ⊗《旧》《蔑》坊や(♥ 通例黒人男性を指す差別的な言葉)

a lòcal bóy màde góod 地元出身の成功者

òne of the bóys 《口》グループの中で人気のある男;典型的な男;男らしい男

the bòy nèxt dóor (娘の結婚相手にしたいような) 善良な好青年

the bòys in blúe 《口》警察官;(南北戦争中の)北軍兵

COMMUNICATIVE EXPRESSIONS

1 **Bòys wìll be bóys.** 男の子は男の子 (♥「わんぱくで乱暴なのは仕方がない」の意. boys の代わりに girls, children, kids などを用いた表現もある)

2 **Hòw's my** [OR **the**] **bóy?** どうだい, 調子は (♥ 男性同士で用いる打ち解けたあいさつ表現. 通常話し手の方が目上)

3 **Thàt's the** [OR **my**] **bóy!** よくやった, 偉いぞ (♥ 男の子に対する褒め言葉)

―間《しばしば Oh(,) ~!》《主に米口》わあ, まあ, おや(♥ 驚き・喜び・不快・苦痛などを表す)(→ CE 4, 5)

COMMUNICATIVE EXPRESSIONS

4 **Bòy, hówdy!** わあ驚いた (♥ しばしば肯定的な驚きを示す)

5 **(Bòy,) òh bóy.** いやはや;これはこれは (驚いた);全く(困ったものだ) (♥ しばしば皮肉・不同意などの否定的な意味合いを持つ. Boy, oh boy. の方がよりくだけた表現)

▶▶ **~ bànd** 名 C 男性 (アイドル) グループ **~ ràcer** 名 C《英》《けなして》走り屋の若者 **~ scòut** /英 ––́/ 名 C《しばしば B- S-》《英では旧》ボーイスカウト団員;《the B-S-s》ボーイスカウト《英国では1908年, 米国では1910年に創設》(→ girl scout) **~ shòrts** 名 複 女性用の丈の長いパンツ **~ tòy** 名 C 年下の愛人;性的魅力だけの女性 **~ wónder** 名 C 天才少年

***boy·cott** /bɔ́ɪkɑ̀(ː)t | -kɒt/ 動 他 (制裁・抗議の手段として)〔商品など〕を購買[使用]しない, ボイコットする;〔人・組織など〕を拒否[排斥]する ‖ We should ~ plastics. 我々はプラスチックを使わないようにすべきだ / ~ a meeting 会議をボイコットする

―名 C〈…の〉ボイコット, 不買同盟〈**of, on, against**〉

語源 イギリス人土地管理人 Captain Boycott がアイルランドで小作人から地代の支払いを拒否されたことから.

***boy·friend** /bɔ́ɪfrènd/ 名 C 男性の恋人, 愛人, 男友達 (♦ 単なる男の友達ではなく, 通例恋愛や性関係の相手としての男性を指す. 単なる男性の友人を指す場合は male friend がふつう. → girlfriend)

***boy·hood** /bɔ́ɪhʊ̀d/ 名 U/C《a ~》少年期, 少年時代 ‖ in my ~ 子供時代に (=when I was a boy) / I had a lonely ~. 私の少年時代は孤独だった

***boy·ish** /bɔ́ɪɪʃ/ 形 少年の, 少年らしい, 元気いっぱいの;(女性・大人が)少年のような, (髪型などが)ボーイッシュな

~·ly 副 **~·ness** 名

Boyle /bɔɪl/ 名 **Robert ~** ボイル(1627–91)《アイルランド生まれの英国の化学者・物理学者》

▶▶ **~'s láw** 名 U〖理〗ボイルの法則

boy·sen·ber·ry /bɔ́ɪzənbèri | -bəri/ 名 (複 **-ries** /-z/) C〖植〗ボイゼンベリー《キイチゴの交配種》;その果実

bo·zo /bóuzou/ 名 (複 **~s** /-z/) C《口》《けなして》ばか, 間抜け

BP 略 *B*achelor of *P*harmacy (薬学士);*b*ill *p*ayable (支払手形);*b*lood *p*ressure;《また b.p.》*b*oiling *p*oint;*B*ritish *P*etroleum (英国石油会社);*B*ritish *P*harmacopoeia(英国薬局方)

bp., Bp. 略 *bishop*

B.P., b.p. 略 *b*efore the *p*resent (現在から過去へさかのぼって)

B.Phil., 《英》**BPhil** /bìːfíl/ 略 *B*achelor of *Phil*osophy(哲学士)

bpi 略 💻 *b*its *p*er *i*nch(インチ当たりビット数);*b*ytes *p*er *i*nch《磁気記憶テープの密度の単位》

BPL 略〖電子〗*b*roadband over *p*ower *l*ine (電力線搬送)《既設の電線による高速データ通信》

bps 略 💻 *b*its *p*er *s*econd (ネットワーク上でのデータ転送速度の単位)《1秒当たり転送できるビット数を表す》

Bq 略 *becquerel*

Br 記号〖化〗bromine(臭素)

BR 略 *B*ritish *R*ail(英国国有鉄道)

br. 略 branch;brand;brother

***Br.** 略 Breton;Britain, British;〖宗〗Brother

***bra** /brɑː/ 名 C ブラ(ジャー)(brassiere)

***brace** /breɪs/ 名 (複 **brac·es** /-ɪz/) (→ ❺) C ❶ 締め金, とめ金, かすがい ❷ 補強材, 支柱;〖建〗筋交い ❸《~s》《英》ズボンつり(《米》suspenders) ❹〖医〗(手足腰の関節などを支える)添え木, 固定具;《米では通例 ~s》(子供用の) 歯列矯正器 ‖ wear ~s 歯列矯正器をつけている ❺ (複 **brace**)〈獲物の〉つがい;〈物の〉対 (pair)〈**of**〉‖ two ~ *of* geese 2つがいのガチョウ ❻ 手回し錐 (きり)の曲がり柄 ❼《通例 ~s》波かっこ ({ }) (→ bracket, parenthesis);〖楽〗(2本以上の五線譜をまとめる) ブレース ❽《~s》《米》カリパス (calipers) ❾〖米軍〗気をつけの姿勢 ❿〖海〗転桁(てんこう)索

―動 他 ❶《通例 ~ oneself で》〈困難・不快事に対して〉備える, 心の準備をする〈**for** …に / **to do** …することに〉‖ *Brace* yourself *for* [OR *to* hear] some bad news. 悪い知らせを聞く心の準備をしておけ ❷〔体 (の一部)〕を〈…に〉(押しつけて)固定する〈**against**〉;〈…に備えて〉〔身〕を構える, 〔手足など〕をふんばる, …に力を入れる〈**for**〉❸ …を補強する, …に支柱をする《**up**》

―自 ❶〈…に〉備える〈**for**〉❷ 身を構える

bràce úp 〈自〉元気を出す, 勇気を奮い起こす, 頑張る ―〈他〉(***bràce úp ...*** / ***bràce ... úp***)⇨ 他 ❸

▶▶ **~ and bít** 名 C 曲がり柄付き手回しドリル

brace·let /bréɪslət/ 《発音注意》名 C ❶ ブレスレット, 腕輪 ❷《通例 ~s》《俗》手錠(handcuffs)

brac·er /bréɪsər/ 名 C ❶ 支えるもの, 締めるもの;張り綱, 帯 ❷《口》興奮剤, 強壮剤, 刺激性飲料

bra·ce·ro /brɑːséərou/ 名 (複 **~s** /-z/) C (米国に働きに来る)メキシコ人季節労働者

brach·y·ther·a·py /brækiθérəpi/ 名 C U〖医〗近接照射療法《放射性物質を癌(がん)の近くに埋め込む療法》

brac·ing /bréɪsɪŋ/ 形 元気づける, (気候・風などが)さわやかな;支えの, 支えている ―名 C〖建〗筋交い;支柱

brack·en /brækən/ 名 U〖植〗❶ 大きなシダの総称;(特

B

に)ワラビ ❷ シダ類の茂み

*__brack·et__ /brǽkət | -ɪt/ 名 C ❶《通例 ~s》かっこ,(特に)角がっこ;波かっこ(braces)《{}》‖ square ~s 角がっこ《[ ]》/ round ~s 丸がっこ, パーレン(parenthesis)《( )》/ angle ~s 山かっこ, ギュメ《〈 〉》❷(特に経済的に等級付けられた)階層, 区分;(同類の)グループ ‖ a social [tax] ~ 社会階層[課税区分] / get into an upper ~ 上流階級に加わる ❸(棚などを支える)腕木, 腕金 ❹(腕木で支えられた)張り出し棚;(壁に取りつけた)電灯支え ❺《the ~》《旧》《口》鼻 ❻〘砲〙夾叉(きょうさ)

── 動 他 ❶〔語句など〕をかっこでくくる ❷ …をグループにまとめる, 一括する;…を〈…と〉同類に入れる《*together*》〈**with**〉‖ I resent being ~*ed with* a guy like that. あんなやつと一緒にされて腹が立つ ❸ …を間に挟む, 囲む, 包む ❹ …に腕木をつける, …を腕木で支える ❺〘砲〙…を夾叉砲撃する

bràcket óff ... / ***bràcket ... óff*** 〈他〉…をかっこでくくり出す;…を除外する

__brack·ish__ /brǽkɪʃ/ 形(水が)やや塩辛い, 塩気のある

__bract__ /brækt/ 名 C〘植〙苞(ほう), 包葉(ほうよう)《花の基部にあり, 葉が変形したもの》

__brad__ /bræd/ 名 C(頭の小さい)坊主くぎ, 無頭くぎ

__brad·awl__ /brǽdɔ̀ːl/ 名 C〘木工〙小錐(きり), 突錐, 千枚通し

__Brá·dy làw [bìll]__ /bréɪdi-/ 名 U ブレイディ法《銃規制のための法律. レーガン大統領銃撃事件の際に重傷を負った大統領報道官 James Brady にちなむ》

__brae__ /breɪ/ 名 C《スコット》(谷川の)急な斜面, 山腹

*__brag__ /bræg/ 動(~s /-z/;**bragged** /-d/;**brag·ging**)自〈…のことを〉自慢する〈**about, of**〉(⇨ BOAST 類語)‖ He has nothing to ~ *of*. 彼には自慢できるようなものは何もない ── 他《+**that** 節》…だと自慢して言う(♦直接話法にも用いる)‖ She ~*s that* her husband is a cardiologist. 彼女は夫が心臓外科医だと自慢する

── 名 C ❶《単数形で》自慢, 大言壮語 ❷ 自慢の種 ❸ 自慢屋, ほら吹き(braggart) ❹ U ブラッグ《ポーカーに似たトランプ遊び》 ── 形《米口》優れた, 一流の

__brag·ga·do·ci·o__ /brӕ̀gədóuʃiou | -tʃi-/ 名(複 **~s** /-z/)C U 大言壮語, 大ぼら;生意気;C ほら吹き

__brag·gart__ /brǽgərt/ 形 名 C ほら吹きの(人)

__Brah·ma__ /brɑ́ːmə/ 名〘ヒンドゥー教〙❶ ブラフマン, 梵天(ぼんてん)《三大神中の最高神. 創造の神》(→ Vishnu, Siva) ❷ 宇宙の根本原理

__Brah·man__ /brɑ́ːmən/ 名 C ❶ バラモン《インドの階級制度中の最高位の僧侶階級の人》(→ caste) ❷ =Brahma ❷ ❸《米》ブラーマン種の牛《インド原産の食肉牛》

__Brah·man·ism, -min-__ /brɑ́ːmənɪ̀zm/ 名 U バラモン教 **-ist** 名 C バラモン教徒

__Brah·min__ /brɑ́ːmɪn/ 名 C ❶ =Brahman ❶ ❷《米》インテリ;(特にニューイングランドの)(保守的で気位の高い)知識人, 知的エリート

__Brahms__ /brɑːmz/ 名 **Johannes ~** ブラームス(1833–97)《ドイツの作曲家》

__braid__ /breɪd/ 動 他 ❶〔髪・花・ひもなど〕を編む;…を編んで作る;…を編んで(…に)する ❷ …を飾りひも[モール]で縁取りする ── 名 ❶ C《主に米》(編んだ)おさげ髪(《英》plait);編み上げた髪型 ‖ wear one's hair in ~*s* 髪を編んでおさげにしている ❷ U C 組み[編み]ひも;飾りひも, モール;(髪を結わえる)リボン, バンド ‖ gold ~ 金モール

~·ed 形

__brail__ /breɪl/〘海〙名 C(帆の)絞り綱

── 動 他〔帆〕を絞り込む《*up*》

__Braille__ /breɪl/ 名 U(ブライユ)点字(法)‖ write in ~ 点字で書く ── 動 他 …を点字(印刷)にする

⁝__brain__ /breɪn/ 名 動

中心義 脳, 知能(の高い人)

── 名(複 **~s** /-z/)C ❶ 脳;(~s)(動物の)脳髄《食用にする》‖ The right ~ controls emotion and the left ~ controls logic. 右脳は感情を支配し左脳は論理を支配する / the left [right] ~ 左[右]脳 / ~ cells 脳細胞 / a ~ tumor 脳腫瘍(しゅよう)

❷ U/C《しばしば ~s》**頭脳**, 知力, 知能 ‖ Our ~*s* slow down as we grow old. 年をとるにつれて頭は鈍る / have no [good] ~*s* 頭が悪い[よい] / use one's ~*s* 頭を働かせる

❸《口》**秀才**, 才人;《the ~s》《単数扱い》(グループの)知的指導者, **ブレーン** ‖ He is the ~*s* behind the movement. 彼がその運動のブレーンだ ❹(機械などの)中枢部,(船舶・航空機などの)コントロールセンター

**bèat one's bráins òut* 知恵を絞る, 熟考する

bèat a pèrson's bráins òut 《口》(人の)頭を激しく殴る

blòw one's [a pèrson's] bráins òut 《口》頭を銃で撃って自殺する[(人を)殺す]

cùdgel [OR ***ràck, wràck***] ***one's bráin(s)*** 《口》知恵を絞る

gèt one's bràin in [OR ***into***] ***géar*** 《口》頭を働かせて調子を上げる

**hàve (gòt) ... on the bráin* 《口》…が念頭を去らない, …で頭がいっぱいである

pìck a pèrson's bráin(s) 《口》(人の)考え[知識]を利用する,(人に)教えてもらう

ràck one's bráin(s) 知恵を絞る

tàx a pèrson's bráin(s) (難題で)(人の)頭を悩ませる

── 動 他《口》…の頭を強く殴る[強く打って殺す]

▸▸ **~ còral** 名 C U〘動〙ノウサンゴ《造礁サンゴの一種》 **~ dàmage**(↓) **~ dèath** 名 U〘医〙脳死 **~ dràin** 名 C《単数形で》《口》(外国や競争会社への)頭脳流出 **~ fàg** 名 U《口》(長い緊張による)精神的疲労 **~ fèver** 名 U《旧》〘医〙脳膜炎, 脳炎 **~ scàn** 名 C〘医〙脳スキャン《脳腫瘍などを診断するための画像》 **~ stèm** 脳幹 **~ sùrgery** 名 U ① 脳外科手術 ②《通例否定文で》とても難しいこと, 難問 **~ trùst** 名 C《米》(特に米国政府の)専門家顧問団 **~ wàve** 名 C ① 脳波 ②《口》=brainstorm ❷

__bráin·chìld__ 名 C《口》思考の産物;独創的な考え, 新案, 新機軸

__bráin dàmage__ 名 U 脳損傷

__bráin-dàmaged__ 形

__bráin-dèad__ 形〘医〙脳死状態の;《戯》ばかな, 愚かな

__bráin·less__ /-ləs/ 形 愚かな **~·ly** 副

__bráin·pàn__ 名 C《主に米口》頭蓋(ずがい)(skull)

__bráin·pòwer__ 名 U 思考力, 知能

__bráin·stòrm__ 名 C ❶《単数形で》《口》(突然の)頭の混乱, 精神錯乱 ❷《単数形で》《主に米口》ふと浮かんだ名案, ひらめき ‖ have a ~ 名案がひらめく ❸(問題解決の)自発的集団討議

── 動 自 ブレーンストーミングをする ── 他 …をブレーンストーミングにかける **~·ing** 名 U ブレーンストーミング《思いつくままに意見を出し合うこと》

__bráin·tèaser__ 名 C(考えるのが楽しい)難問

__bráin·wàsh__ 動 他 …を洗脳する;…を洗脳して〈…〉させる〈**into** *doing*〉 **~·ing** 名 U C 洗脳

__bráin·wòrk__ 名 U 頭を使う仕事, 頭脳労働

__brain·y__ /bréɪni/ 形《口》頭のよい, 聡明(そうめい)な

__bráin·i·ness__ 名 U 聡明(であること)

__braise__ /breɪz/ 動 他〔肉・野菜など〕を軽くいためてからとろ火で蒸し煮する ‖ *braising* steak (堅い)とろ火用ステーキ(⇨ BOIL[1] 類語P)

*__brake__[1] /breɪk/(♦同音語 break)名 C ❶ ブレーキ, 制動機 ‖ I applied [OR put on] the ~*s* gently so as not to skid in the snow. 雪道でスリップしないよう慎重にブレーキをかけた / slam [OR jam] on the ~*s* 急ブレーキをかける / release [OR take off] the ~(*s*) ブレーキを外す /「an emergency [OR a parking, a hand] ~ サイドブレーキ(❗a side brake とはいわない)❷〈…の〉抑え, 歯止め〈**on**〉‖ put the ~*s on* spending 支出を抑える

—動 他 自 (車などに)ブレーキをかける
▶▶~ **drùm** 名 C 〘機〙ブレーキ胴, ブレーキドラム ~ **flùid** 名 U (自動車などの油圧式制動装置の) ブレーキ液 ~ **hórsepower** 名 C ブレーキ馬力《摩擦検力器で測定した純馬力》, 軸馬力《略 bhp, b.hp.》 ~ **lìght** 名 C (自動車の) 制動灯 ~ **lìning** 名 C ブレーキライニング《ブレーキの裏張り》 ~ **pàd** 名 C ブレーキパッド《ディスクブレーキのディスクに押しつけられるパッド》 ~ **pèdal** 名 C (自動車の) ブレーキペダル (brake) ~ **shòe** 名 C 〘機〙(自動車などの)ブレーキシュー

brake² /breɪk/ (♦ 同音語 break) 名 C ❶〘紡〙荒梳(あらすき)ぐし《麻などの茎を粉砕する機械》 ❷ 荒まぐわ, 砕土機

brake³ /breɪk/ (♦ 同音語 break) 名 C《古》《文》(低木などの)茂み, やぶ

brake⁴ /breɪk/ (♦ 同音語 break) 名 C U 〘植〙シダ類《比較的大きな種類のもの》(fern, bracken)

brake·man /bréɪkmən/ 名 (複 **-men** /-mən/) C《主に米》(列車の) 車掌助手; (列車の) ブレーキ係 (《英》brakesman); (ボブスレーの)ブレーカー《ブレーキを操作する選手. 舵(かじ)をとる選手は driver》

bram·ble /brǽmbl/ 名 C 〘植〙❶ キイチゴ属の植物《ブラックベリー・キイチゴなど》; 《英》ブラックベリーの実 (→ blackberry) ❷ (一般に)とげのある灌木(かんぼく); イバラ, ノバラ

bram·bling /brǽmblɪŋ/ 名 C 〘鳥〙アトリ

bran /bræn/ 名 U ぬか, ふすま; もみ殻(→ chaff¹, husk)
▶▶~ **tùb** 名 C《英》(宝探しの)もみ殻おけ, 福おけ《子供が中に隠されたおもちゃなどを探す》(→ lucky bag)

*****branch** /bræntʃ | brɑːntʃ/ 名 動

中心義 枝, 枝分かれしたもの

名 枝❶ 支店❷ 支流❸ 部門❹

—名 (複 **~·es** /-ɪz/) C ❶ 枝 (⇨ 類語) ‖ Break some ~*es* off that dead tree for the fire. たき火用にあの枯れ木から枝を何本か折ってきて
❷ **支店**, 支部, 分館 ‖ a ~ **office** in Sapporo 札幌支店 / a local ~ 地方の支店 / a ~ **manager** [secretary] 支店長[部長] / a ~ library 図書館分館
❸ **支流**; (=~ **line**)支線; 《米・方》小川(creek) ‖ a ~ of the Thames テムズ川の支流
❹ **部門**; (学問の)分科; 分家; (言語分類上の)語派 ‖ the **executive** ~ of government 行政府 / the ~ of linguistics called etymology 語源学と呼ばれる言語学の分野 / one of the ~*es* of the Sato family 佐藤家の分家の1つ ❺ 💻 (プログラムの流れの) 分岐 ❻ (シカの) 枝角(prong); 〘解〙(神経・血管・リンパ管などの)枝葉, ラムス
—動 (**~·es** /-ɪz/; **~ed** /-t/; **~·ing**)
—自 ❶ 枝を出す, 枝を広げる《*out*》 ❷ (道・事業などが)〈複数に〉分かれる〈**into**〉; (道などが)〈本道から〉分岐する, (乗り物などが)〈わき道に〉それる《*off*》〈**from** …から; **to** …へ〉 ‖ The road ~*ed off to* the right. 道は右へ分かれた ❸〈…へ〉話題を変える, (話題が)〈…に〉変わる《*off*》〈**into**〉 ❹ 💻 分岐(命令を実行)する
—他 …を枝状に分ける

brànch óut* 〈自〉① 活動や興味を〈新しい分野に〉広げる; 事業を〈…へと〉拡張する〈into**〉 ‖ The company has ~*ed out into* the IT business. その会社はIT産業に乗り出した ② ⇨ 自 ❶

類語 《名 ❶》**branch** 大小に関係なく一般的な語.
bough, limb 大枝.
twig, sprig 小枝.
spray 花・実などのついた小枝.
shoot 若枝.

▶▶~ **wàter** 名 U ① (川からの・支流への) 引き水 ② 《米南部》(清涼飲料水などに対して)ふつうの飲料水

***brand** /brænd/
—名 C ❶ **銘柄**, ブランド; 商標, トレードマーク; (特定の)品種, 造り(make); 商品, 製品 ‖ What ~ of detergent do you use? どこの洗剤を使っていますか / generic ~s 無印商品 / store [《英》own] ~*s* 自社ブランド / the ~ leader=the leading ~ 売れ筋商品, トップブランド / John Lennon ~ eyeglasses ジョン=レノンブランドの眼鏡
❷ 種類, タイプ; 型 ‖ the American ~ of rationalism アメリカ版合理主義
❸ (牛などに押す)焼印; (昔, 罪人・奴隷に押した)烙印(らくいん); 汚名(stigma) ‖ the ~ of Cain 〘聖〙カインの烙印, 殺人の罪 / the ~ of a traitor 裏切者の汚名
❹ 燃え木, 燃えさし; 《文》たいまつ
❺《文》剣 ❻ (=~**ing ìron**)《古》焼きごて
—動 他 ❶ (+目+補 / 目+**as** 名)〔人〕に…の烙印を押す ‖ They were ~*ed* (*as*) liars. 彼らはうそつきの烙印を押された / His actions ~*ed* him (*as*) a racist. 彼の行動が彼自身に人種差別主義者の汚名を着せた
❷〔牛など〕に〈…の〉焼印を押す〈**with**〉(♦ しばしば受身形で用いる)
❸ …を心に刻みつける ‖ a scene ~*ed* in her memory 彼女の記憶に焼きついた光景 ❹ …に商標をつける
~·er 名 C 焼印を押す人[道具]
▶▶~ **ìmage** 名 U C ブランドイメージ《消費者が特定のブランドに対して持つイメージ》 ~ **lòyalty** 名 U 〘商〙ブランドロイヤルティ《消費者が特定のブランドに引かれる度合い》 ~ **mànagement** 名 U 〘商〙ブランド管理《ブランドのイメージを高めるために会社が行うさまざまな施策》 ~ **mànager** 名 C ブランド管理者 ~ **nàme** (↓)

bran·dish /brǽndɪʃ/ 動 他 (威嚇・誇示のために)〔武器など〕を振り回す

bránd nàme 名 C 商標名, ブランド名
bránd-nàme 形 ブランド名入りの; 有名ブランドの

***brand-new** /brændnjúː/ <⊴ 形 真新しい, 新品の

***bran·dy** /brǽndi/ 名 (複 **-dies** /-z/) U ブランデー; 強い果実酒 (♦ 種類をいうときはC); C ブランデー1杯 ‖ apple ~ アップルブランデー / two *brandies* and soda ソーダ水で割ったブランデー2杯
▶▶~ **bùtter** 名 U 《英》ハードソース《ブランデーにバターや砂糖などを混ぜたソース》(《米》hard sauce) ~ **snàp** 名 C 《英》ブランデースナップ《ブランデー風味のショウガ入りクッキー》 ~ **snìfter** 名 C ブランデーグラス(snifter)

brant /brænt/ 名 (複 ~ OR ~**s** /-s/) C 《米》〘鳥〙(北米・北欧産の)黒ガン(《英》brent goose)

***brash¹** /bræʃ/ 形 ❶《米》性急な, 無鉄砲な, 衝動的な; 軽率な, 慎みのない; 元気のよい, 威勢のよい ❷ 厚かましい, 横柄な ❸ (色彩が)派手な, けばけばしい ❹ (木材が)もろい, 折れやすい **~·ly** 副 **~·ness** 名

brash² /bræʃ/ 名 C (岩や氷の)破片(の山)

Bra·sil·i·a /brəzíliə/ 名 ブラジリア《ブラジルの首都》

***brass** /bræs | brɑːs/ 名 (▶ brassy 形, brazen 形) ❶ U 真ちゅう, 黄銅 ❷ C 《通例 the ~(es)》《集合的に》真ちゅう製家具[器具], 真ちゅう製品《馬具飾り・レタリング鋳型など》 ❸ 《the ~》《集合的に》《単数・複数扱い》金管楽器; (楽団の)金管楽器部 ❹ 《通例 the ~》《口》図々しさ, 厚かましさ ‖ He had the ~ to ask my daughter out. 彼は厚かましくも私の娘をデートに誘った ❺ C 《主に英》(教会の壁・床にはめ込む記念用の) 真ちゅう板; 墓碑銘(の真ちゅう板) ❻ U 《単数・複数扱い》《口》高級将校(top brass) ❼ U 《英口》金, 銭(ぜに) ‖ *Where there's muck, there's ~.* 《諺》汚物のある所には金がある; 手を汚さなければ富は得られない ❽ C 〘機〙軸受けメタル

(*as*) *bòld as bráss* 《口》実に図々しい[しく]
còld enough to frèeze the bálls òff a bràss mónkey ⊗《英卑》凍えるほど寒い
dòuble in bráss (2役) 掛け持ちする《金管楽器奏者の間では楽器の掛け持ちがよくあったことから》
It's bràss mónkeys [OR *mónkey wèather*]. 《英》極寒だ

B

—形《限定》❶ 真ちゅう(製)の ❷ 金管製の ‖ a ～ instrument 金管楽器 ❸ 図々しい, 厚かましい
—動 他《次の成句で》
bràssed óff 《英口》〈…に〉うんざりした, 退屈した〈**with**〉
▶▶ **～ bánd** 名 C《単数・複数扱い》ブラスバンド, 吹奏楽隊 **～ hát** 名 C《主に英俗》高級将校; 高級官吏, お偉方 **～ knúckles** 名 複《米》メリケンサック《格闘の際にはめる金属製こぶし当て》(knuckle duster) **～ ríng** 名《the ～》《米口》成功へのチャンス **～ rùbbing** 名 C U (真ちゅう製の飾りや墓碑銘などの) 拓本; 拓本とり **～ tácks** (↓)

bras·se·rie /bræ̀səríː | bræ̃səri/ 名 C ブラッスリー《庶民的なフランス料理店》; (簡単な食事もできる)ビヤホール

bras·si·ca /brǽsɪkə/ 名 C 〘植〙 アブラナ属の植物《キャベツ・カリフラワー・ブロッコリー・ナタネなど》

brass·ie /brǽsi | bráːsi, brǽsi/ 名 C《口》《旧》〘ゴルフ〙ブラッシー, 2番ウッド

bras·siere, -sière /brəzíər | brǽziə, brǽs-/ 名 C《通例 ～s》ブラジャー(bra)

bràss tácks 名 複 ❶ 真ちゅうのびょう ❷ (物事の) 核心, 要点
gèt [OR *còme*] *dòwn to bràss tácks* 《口》核心を突く

bráss·wàre 名 U《集合的に》真ちゅう製品

brass·y /brǽsi | bráːsi/ 形〔◁ brass 名〕❶ 真ちゅう製の; 真ちゅう色の; 真ちゅうで飾った; 真ちゅうの(ような) ❷ 金属音の; 耳障りな, けたたましい ❸《けなして》けばけばしい ❹ 図々しい, 自信たっぷりの **bráss·i·ly** 副 厚かましく, 自信たっぷりに **bráss·i·ness** 名

brat /bræt/ 名 C《口》《けなして・戯》❶ 子供, じゃり; 悪がき ❷《米口》軍人の子供 **brát·tish, brát·ty** 形 **brátt·i·ness** 名 U がきっぽさ

Bra·ti·sla·va /brɑ̀ːtɪsláːvə | bræ̀-/ 名 ブラチスラバ《スロバキアの首都》

brát·pàck 名 C《集合的に》《口》悪がき連《成功に思い上がった若い俳優たちなど》 **～·er** 名

brat·wurst /bráːtwəːrst | brǽt-/ 名 U C ブラットブルスト《豚肉に香辛料をきかせたソーセージ》

Braun·schwei·ger /bráunʃwàɪgər/ 名 C U (燻製(くんせい)にした)香料入りレバーソーセージ

bra·va·do /brəváːdou/ 名 (複 **～s**, **～es** /-z/) U 強がり, 虚勢 ‖ locker-room ～ 舞台裏だけでの強がり

⁑**brave** /breɪv/
—形〔▶ bravery 名〕(**brav·er**; **brav·est**)
❶ **a** **勇敢な**, 勇ましい(↔ cowardly, timid) (⇨ 類語) ‖ ～ soldiers 勇敢な兵士たち / a ～ deed 勇敢な行い / (as) ～ as a lion (ライオンのように) とても勇敢な / put on a ～ **face** 無理に平気なふりをする
b 《It is ～ of *A* to *do* / *A* is ～ to *do* で》…するとは*A*(人)は勇気がある ‖ It was ～ *of* him *to* fight such an enemy.＝He was ～ *to* fight such an enemy. そんな敵と戦うとは彼も勇敢だったものだ
❷《the ～ で集合名詞的に》《複数扱い》勇者たち
❸《限定》《文》華やかな, 見事な; 素晴らしい ‖ a ～ sight 見事な眺め
—動 (**～s** /-z/; **～d** /-d/; **brav·ing**) 他…に**勇敢に立ち向かう**; …に(公然と)反抗する, あえて…する(↔ *give in to*) ‖ ～ the winter in Moscow モスクワの冬に立ち向かう
bràve it óut (困難な状況下で)頑張り通す
bràve óut ... / *bràve ... óut* 〈他〉〔困難など〕に勇敢に立ち向かう
—名 C (北米先住民の)戦士
～·ness 名 U 勇敢, 勇ましさ; 立派さ

類語 《形 ❶》**brave** 勇気を表す一般語. 沈着・果敢をほのめかし, 外面的な勇ましさを表すことが多い.
courageous 恐怖を感じても, それに妨げられないで務めを果たす気力を表し, 強い信念に基づく確固たる決意をほのめかす.
bold 大胆さ・図太さ・不敵さを示す.
gallant 華々しい勇敢さを表す.

▶▶ **～ nèw wórld** 名 C 素晴らしい新世界 (♥ しばしば皮肉を込めて使われる) (♦ Aldous Huxley の反ユートピア小説 *Brave New World* (1932) から. 小説の題名は Shakespeare の *The Tempest* 中のせりふから)

brave·ly /bréɪvli/ 副 勇敢に(も)

***brav·er·y** /bréɪvəri/ 名〔◁ brave 形〕U 勇敢さ [な行動] (♦ courage に比べ, 肉体的な危険に果敢に立ち向かうことを強調する) ‖ an act of great ～ 大変勇敢な行為

bra·vo /brɑ́ːvou, ‒́‒/ 間 ブラボー, うまいぞ; でかした
—名 (複 **～s**, **～es** /-z/) C ❶ ブラボー(という叫び声), 喝采(かっさい)の声 ❷ 刺客, 暴漢

bra·vu·ra /brəvjúərə/ 名 U ❶ 〘楽〙 ブラブーラ《技巧を要する勇壮華麗な楽句[演奏]》 ❷ 勇壮華麗な演技[行動]

brawl /brɔːl/ 名 C ❶ (街頭などでの) 派手な口論[けんか] ❷《米・カナダ俗》乱恥気パーティー —動 自 ❶ (街頭などで)派手に口論[けんか]する ❷《文》(川などが)音を立てて流れる **～·er** 名 C けんか[口論]をする人

brawn /brɔːn/ 名 U ❶ (特に腕・脚の)たくましい筋肉; (知力に対して)筋力, 腕力 ❷《英》＝headcheese

brawn·y /brɔ́ːni/ 形 筋骨たくましい, 力の強い, 屈強な **bráwn·i·ness** 名

bray[1] /breɪ/ 名 C ロバの鳴き声; けたたましい(笑い)声; (らっぱなどの)騒々しい音
—動 自 (ロバが)鳴く; けたたましい(笑い)声を上げる; わめく, どなる —他…をけたたましい声で言う

bray[2] /breɪ/ 動 他 ❶ …を(臼(うす)で)ひく ❷ 〘印〙〔インク〕をまんべんなく薄く塗る

braze /breɪz/ 動 他…をハンダ付けにする; …を真ちゅうで作る[飾る]

***bra·zen** /bréɪzən/ 形〔◁ brass 名〕❶《けなして》図々しい, 厚かましい ‖ a ～ hussy 破廉恥女 / a ～ lie しらじらしいうそ ❷ 真ちゅう(製)の; 真ちゅうのように堅い, 真ちゅう色の ❸ (音が)耳障りな
—動 他…に平然と立ち向かう《*out*》
bràzen it óut 図々しく構える, 平気で押し通す
～·ly 副 **～·ness** 名

brázen·fàced 形 ＝brazen ❶

bra·zier[1] /bréɪʒər | -ziə/ 名 C (金属製の)火鉢; バーベキュー用こんろ

bra·zier[2] /bréɪʒər | -ziə/ 名 C 真ちゅう細工師

⁑**Bra·zil** /brəzíl/ 《アクセント注意》
—名 ❶ ブラジル《南米の連邦共和国. 公式名 the Federative Republic of Brazil. 首都 Brasilia. 略 Braz.》
❷ (＝～ nùt) C 〘植〙ブラジルナッツ《南米産の巨木》; その種子《食用》
❸ U ＝Brazilwood

***Bra·zil·ian** /brəzíliən/ 形 ブラジル(人)の
—名 C ブラジル人

Brazíl·wòod 名 U 〘植〙 (一般に) ジャケツイバラ属の木; (特に)スオウ《赤・紫の染料を採ったり, バイオリンの弓となる》

Braz·za·ville /brǽzəvɪl, bráːzəvìːl/ 名 ブラザビル《コンゴ共和国の首都》

BRB, brb 略 *be r*ight *b*ack (すぐ戻ります) (♦ 主にEメールやチャットで使われる)

BrE 略 *Br*itish *E*nglish

***breach** /briːtʃ/ 名〔◁ break 動〕C ❶ U C 〈契約・義務・道徳などの〉違反(行為), 不履行, 破棄(↔ compliance) (→ break) 〈**of**〉 ‖ commit a ～ *of* contract 契約違反を犯す / in ～ *of* human rights 人権を侵害して / a ～ *of* etiquette 非礼 / a ～ *of* security (厳戒体制の)突破; 機密漏洩(ろうえい) ❷ 不和, 絶交; 断絶〈**in** 関係の; **between** …間の〉; 争い ‖ heal a ～ 仲直りさせる / a ～ *between* old and young 老若 [世代] 間の断絶 ❸ (堤防・壁などの)割れ目, 裂け目; 穴, 突破口 ❹ (鯨の) ジャンプ
stànd in the bréach 攻撃の矢面(やおもて)に立つ
stèp into the bréach 急きょ代役を務める

―動他 ❶〔法律・契約など〕を破る ❷〔堤防・壁など〕に穴を開ける，突破口を開く ―自 (鯨が)ジャンプする
▸▸～ of prívacy 名UC プライバシーの侵害 ～ of prómise 名UC〘法〙約束破棄，(特に) 婚約不履行 ～ of the péace 名UC〘法〙治安妨害 (罪) ～ of trúst 名UC〘法〙背任(行為)

:bread /bred/ 《発音注意》(◆同音語 bred)
―名U ❶ パン ‖ a slice [piece, loaf] of ～ パン1枚[1切れ，1斤] / bake [toast] ～ パンを焼く[トーストにする] / spread butter on the ～ パンにバターを塗る ❷ 食物，**糧**(かて)；**生計** ‖ our daily ～ 日々の糧 / the ～ of life 命の糧，心の栄養 / make [OR earn, gain] one's ～ 生計を立てる / *Man* [OR *One*] *cannot live by ～ alone.* 《諺》人はパンのみにて生きるにあらず(◆聖書の言葉) ❸ 《旧》《俗》金(かね)
brèad and círcuses 食物と娯楽の供給；政府に対する民衆の不満を緩和する手段
brèad and wáter 最も簡素な食事
brèad and wíne 〘宗〙パンとぶどう酒，聖餐(せいさん)
brèak bréad ① 〈…と〉お相伴をする，食事を共にする〈**with**〉 ② 聖餐式に出席する
càst [OR ***thròw***] ***one's bréad upon the wáters*** (目先の)報酬を考えずに善行をする(◆聖書の言葉)
knòw which side one's bréad is bùttered (***on***) 《口》利にさとい，得になる[気に入られる]すべを知っている
tàke (***the***) ***bréad out of a pèrson's móuth*** (人の) 生活の道を奪う
the bèst [OR ***grèatest***] ***thíng since slìced bréad*** 《口》とても素晴らしいもの[人](♥しばしば皮肉)
wànt one's bréad bùttered on bòth sídes 《口》すぎたぜいたくを望む
―動他 (料理で)…にパン粉をまぶす
▸▸～ and bútter (↓) ～ bìn 名C《英》＝breadbox ～ knìfe 名C パン切りナイフ (⇨ KNIFE 図) ～ púdding 名UC ブレッドプディング《薄切りパンをミルクに浸し，卵・乾燥果物・香辛料を加えてオーブンで焼いた菓子[プディング]》 ～ sáuce 名U ブレッドソース《パン粉を加えて濃くしたホワイトソース》

bread-and-butter /brèdnbʌ́ṭər/ 〈シ〉 形《限定》❶ 生計に関する；生活に必要不可欠な ‖ a ～ job 生業 ❷ 当てになる；基本的な，重要な ❸ 接待に対するお礼の ‖ a ～ letter もてなしに対する礼状
▸▸～ púdding 名UC《英》ブレッドアンドバター＝プディング《薄切りのバター付きパンを乾燥果物・砂糖とともに重ねミルクと卵を混ぜたものをかけて焼いたデザート》

bread and butter /brèdnbʌ́ṭər/ (→ bread-and-butter) 名U ❶ バター付きのパン ❷ 必要な食物；生計(の資(もと))；不可欠なもの ❸ 日常茶飯事，ふつうのもの[人]

bréad·bàsket 名C ❶ 《米》(食卓用の) パンかご ❷ 《the ～》(特に米国の中西部などの) 穀倉地帯 ❸ 《口》腹，おなか(stomach)

bréad·bòard 名C ❶ パンこね台；パン切り台 ❷ 〘電子〙ブレッドボード《試作設計用の電子回路板》
―動他 …をブレッドボード上に組む

bréad·bòx 名C《米》パン入れ容器

bréad·crùmbs 名複 パンくず；パン粉

bréad·frùit 名C〘植〙パンの木(の実)《南太平洋諸島原産のクワ科の樹木．果肉がパンを思わせる》

bréad·line 名C《米》援助用食料を待つ人の列；《英》最低生活水準
on [OR ***belòw***] ***the bréadline*** 《英》食うや食わずで，ごく貧しい

bréad·stìck 名C (かりかりに焼いた)棒型パン

bréad·stùffs 名複《米》パンを作る材料《各種穀物の粉》；(種々の)パン

***breadth** /bredθ, bretθ/ 《発音注意》名〔◁ broad 形〕❶UC 幅(→ length)；広さ(width) ‖ It's ten feet in ～. それは幅10フィートです (＝It's ten feet wide.) ❷U (知識・経験などの)広さ，範囲〈**of**〉‖ his ～ *of* knowledge [interest] 彼の知識[興味]の広さ ❸U 心の広さ，寛容，寛大 ❹C 《旧》〈布などの〉一幅物，本幅物〈**of**〉‖ a ～ *of* canvas (決まった)一幅の画布

bréadth·wìse, -wàys 副形 横方向に[の]

bréad·wìnner 名C (一家の)稼ぎ手，大黒柱

⁑break /breɪk/ 《発音注意》(◆同音語 brake) 動 名
中心義 **(外的な要因によって) Aを分割する** (★Aは具体的な「物」に限らず，「約束」や「継続状態」など多様)

動他 壊す❶ 破る❻ 中断する❼ 自 壊れる❶
名 破損❶ 中断❸ 休憩❹

―動 〔▶ breach 名〕(～s /-s/；**broke** /broʊk/；**bro·ken** /bróʊkən/；～·**ing**)
―他 ❶ …を**壊す**，砕く，割る，折る(↔ repair)；〈2つ以上のものに〉…を砕く，折る〈**in, into**〉；…を切り離す ‖ They *broke* the window with a bat. 彼らはバットで窓を壊した / She *broke* the cracker *into* pieces. 彼女はクラッカーを粉々に砕いた / ～ a thread [twig] *in* two 糸を2つに引きちぎる[小枝を2つに折る]
❷〔そろっているもの〕をばらす，分割する (→ *break up* (↓))；〔紙幣など〕をくずす ‖ ～ up a set of books 本のセットをばらす / Could you ～ a twenty? 20ドル札をくずしていただけませんか
❸〔機械など〕を壊す，故障させる；〔金庫〕を破る ‖ She *broke* her hair drier when she dropped it. 彼女はドライヤーを落として壊してしまった
❹〔骨〕を折る ‖ He *broke* his arm. 彼は腕を骨折した (◆He had [OR got] his arm broken. よりも一般的)
❺〔表面・皮膚など〕を裂く，傷つける；…に穴を開ける ‖ Did you ～ the skin on your knee when you fell? 転んだときひざをすりむきましたか
❻〔規則・契約など〕を**破る**，無視する，破棄する，無効にする ‖ We must not ～ **the** law. 法律を破ってはいけない / He *broke* his promise [OR word]. 彼は約束を破った / The fine for ～*ing* the speed limit is quite high. スピード違反の罰金はかなり高い
❼〔継続していた状態〕を破る，**中断する**，遮る，妨げる；〔癖・習慣など〕を断ち切る ‖ A piercing shriek *broke* the silence. 金切り声が沈黙を破った / She *broke* her diet by eating a piece of cake. ケーキを1切れ食べて彼女のダイエットは中断した / I *broke* my journey at Chicago. 旅行の途中シカゴで泊まった / ～ his concentration 彼の集中力を途切れさせる / ～ the peace 平和を乱す / ～ the cigarette habit 喫煙の習慣をやめる
❽〔関係など〕を断つ；〘電〙〔回路など〕を遮断する，〔電話など〕の接続を切る ‖ ～ our ties with them 彼らとの関係を断つ / ～ an electric current 電流を断つ
❾〔難局〕を打破する，打開する，破る，突破する；〔金庫〕を破る ‖ The dog *broke* his hold and ran away. 犬は彼の手から逃げ去った / ～ a way through difficulties 難局を切り抜ける / ～ a deadlock [OR stalemate] 膠着(こうちゃく)状態を打開する / ～ jail 牢を破る，脱獄する
❿〔気力・体力など〕を弱らせる，失わせる，まいらせる，くじく；〔人〕の気をくじく ‖ The accident *broke* her heart. 事故現場を見て彼女の心は痛んだ / ～ his spirit 彼のやる気をそぐ / ～ our will 我々の意志をくじく
⓫〔衝撃・効果など〕を減じる，弱める；…の勢いをそぐ ‖ The hay *broke* his fall. 干し草は彼の落下の衝撃を和らげた ⓬〔人〕を破滅させる，挫折(ざせつ)させる，破産させる ‖ The scandal *broke* him. スキャンダルの後，彼は立ち直ることができなかった ⓭ (軍隊などで)〔人〕を降格させる ⓮〔ニュースなど〕を〈人に〉打ち明ける，知らせる〈**to**〉；〔秘密・ため息など〕を漏らす，口にする；〔話・記事など〕を発表する，流す ‖ Her brother *broke* the good **news** *to* her. 兄が

B

朗報を彼女に伝えた / ～ a scandal in the papers スキャンダルを新聞にすっぱ抜く ⓯〔記録〕を破る, 更新する ‖ She *broke* the world record. 彼女は世界記録を破った / ～ the thousand yen line (株などが) 1,000円台を突破する ⓰〔暗号〕を解読する ;〔問題・事件など〕を解く, 解決する ⓱〔アリバイなど〕を崩す ⓲〘法〙〔遺言〕を無効にする ⓳〘テニス〙〔相手のサーブ〕を破る, ブレークする ⓴〔旗・帆など〕を揚げる, 広げる ㉑〔動物〕をならす, しつける, 〔人〕を訓練する (→ *break in* (↓))

— 自 ❶ **壊れる**, 割れる, 崩れる ; 切れる, 折れる ; 〈2つ以上のものに〉割れる 〈**in, into**〉 ‖ The ice *broke* under our feet. 私たちの足下で氷が割れた / The rope *broke* under the strain. ロープが引っ張られて切れた / His leg *broke* when he fell down the stairs. 彼は階段から落ちて脚の骨を折った / The plate *broke into* pieces. 皿が粉々に砕けた

❷ 破れる, つぶれる, 穴があく ‖ The blister *broke*. 水ぶくれがつぶれた

❸ (機械などが) 故障する, 壊れる

❹ 〈束縛・拘束などから〉逃げ出す, 脱出する ; 野放しになる 〈**from**〉 (♦ しばしば形容詞補語を伴う) ‖ The thief *broke* **free** [OR **loose**] *from* the police. 泥棒は警察から逃げ出した

❺ 急に走り出す, 飛び出す ; ダッシュする ‖ The troops *broke* in panic. 軍隊はパニック状態になって敗走した

❻ (突然) 現れる ; (嵐(あらし)・歓声などが) 突然起こる ‖ An inspiration *broke* upon me. 私に霊感がひらめいた / Cheers *broke* from the crowd. 観客から歓声が上がった ❼ (仕事・会話などを) 中断する, 休憩する ‖ Why don't you ～ for coffee? コーヒーで一息入れてはどうだい ❽ 〈…と〉関係を断つ, 断絶する, 縁を切る 〈**with, from**〉 (→ *break with* (↓)) ‖ The connection between them has *broken*. 彼らの間の関係は切れてしまった / He *broke with* his girlfriend. 彼は恋人と別れた ❾ (話・ニュースなどが) 発表される ‖ The story *broke* on the Internet. その話はインターネットで流された ❿ (天候などが) 急変する, 崩れる ; 変わり目にくる, 終わる ‖ The cold wave has *broken*. 寒波が終わった ⓫ 夜が明ける (♦ 主語は day, dawn, daylight など) ‖ I finished my homework just as dawn was ～*ing*. ちょうど夜が明けてきたときに宿題が終わった ⓬ (波が) 〈…に当たって〉砕ける 〈**against, over**〉 ; (霜・氷が) 溶ける, (雲・霧などが) 消散する, 切れる ‖ The waves are ～*ing against* the rocks. 波が岩に当たって砕けている / The clouds are ～*ing*. 雲が切れてきた ⓭ (感情の高ぶりで突然声が) 変わる, 上ずる, 割れる ;〘楽〙(楽器・音声の) 音域が変わる ; (変声期で) 声変わりする ;〘音声〙二重母音化する ‖ Her voice *broke* with emotion. 感情が高まり彼女の声が上ずった ⓮ (体力・気力が) 衰える, (心が) 悲しみに打ちひしがれる, 張り裂ける, くじける, まいる ; (圧力などに) 屈する, 負ける ‖ His health *broke* due to overwork. 彼は過労のため健康を害した ⓯《+副》《主に米口》(事が) 起こる, …の状態になる (♦ 副 は様態を表す) ‖ Things are ～*ing* well for us. 事態は我々にとって有利に展開している ⓰ 破産する, 破綻(はたん)する ⓱ (株価・価格が) 急落する, 暴落する ; (熱などが) 急に下がる ⓲〘ビリヤード〙(ゲーム開始の際に) 玉を突いて散らす ⓳〘クリケット・野球・サッカー〙(球が) 急に曲がる, カーブする ⓴〘ボクシング・レスリング〙(クリンチから) 離れる, ブレークする ㉑ (出産前に) 破水する

*__bréak awáy__ 〈自〉 ① 〈束縛から〉逃れる, (急に) 走り [逃げ] 出す, 脱走する 〈**from**〉 ‖ The suspect *broke away from* the policeman. 容疑者は警官を振りきって逃げた ② 〈人・思想などと〉絶縁する ; 〈伝統・習慣などを〉断つ, やめる 〈**from**〉 ‖ He could not ～ *away from* his mother after all. 結局彼は母親から自立できなかった / ～ *away from* a superstitious custom 迷信による習わしを断つ ③ (裂けて・割れて) ばらばらになる, 〈…から〉はがれる 〈**from**〉 ④ (競技者が) 先頭に立つ ; 先に飛び出す

*__bréak dówn__ 〈自〉 ① (機械・車などが) **故障する**, 壊れる (✎ pack up, conk out) ‖ My car *broke down* in the mountains. 私の車は山中で故障した ② (計画・交渉などが) 失敗する, 行き詰まる (founder) ; (制度・関係などが) 駄目になる, 失敗する, 決裂する ‖ All his projects seem to ～ *down*. 彼の計画はすべて挫折しそうだ / Negotiations between the two countries have *broken down*. 2国間の交渉は決裂した ③ 泣き崩れる, **取り乱す** ; 肉体的 [精神的] にまいる (✎ crack up) ④ (圧力などに) 屈する ‖ He finally *broke down* and confessed to the crime. 彼はとうとう耐えきれなくなって罪を告白した ⑤ 〈…に〉分解される, 分類される, 分析される 〈**into**〉 — 〈他〉《**bréak dówn ...** / **bréak ... dówn**》 ① …を壊す, つぶす, 倒す (smash down ; demolish) ‖ They *broke down* the regulatory bill. 彼らはその規制法案をたたきつぶした ② 〔考え・情報など〕を 〈…に〉分類する, 分析する, 細分化する 〈**into**〉 ‖ These data can be *broken down into* three categories. これらのデータは3つの範疇(はんちゅう)に分類できる ③〔物質〕を 〈…に〉分解する 〈**into**〉 ④〔障害・偏見など〕を取り除く, 乗り越える (overcome) ‖ It's not easy to ～ *down* racial prejudice. 人種的偏見を取り除くことは容易ではない

break even ⇨ EVEN [2] (成句)

bréak for ... 〈他〉 …に向かって突進する, 速度を急激に上げる

brèak fórth 〈自〉 突然現れる, 飛び出して来る ; 急に 〈…〉し出す 〈**into**〉 ‖ The children *broke forth into* song. 子供たちは突然歌い出した

*__brèak ín__ 〈他〉《**brèak ín ...** / **brèak ... ín**》 ① 〔馬〕を調教する, 馴らす ;〔人〕を訓練する, 仕込む ‖ ～ *in* the new employees 新入社員を教育する ②〔靴など〕を**履き慣らす** ;〔道具・車など〕を使い慣らす ‖ I'm ～*ing in* a new pair of shoes. 今新しい靴を履き慣らしているところだ ③〔物〕を (内側に) たたきつぶす, 粉々に壊す —〈自〉 ① (建物などに) **押し入る**, 侵入する ‖ ～ *in* through a window 窓から侵入する ② (話に) **割り込む**, 口を挟む (♦ 直接話法にも用いる) (butt [OR cut] in) ‖ He *broke in* with a stupid question. 彼は人の話を遮って愚かな質問をした

brèak ín on [OR ***upon***] ***...*** 〈他〉〔人の会話・思考など〕の邪魔をする, …を妨げる, …に割り込む (interrupt) ‖ I accidentally *broke in on* a private conversation. 私は知らずに秘密の会話の邪魔をしてしまった

*__bréak into__ 〈他〉 **I** 《**bréak into ...**》 ① ⇨ 自 ❶ ② 〔建物など〕へ (不法に) **押し入る**, 乱入する ; 💻〔コンピューター〕に侵入する ‖ A burglar *broke into* the convenience store. 夜盗がコンビニへ押し入った ③ 急に…し始める (burst into) ‖ ～ *into* tears [laughter, song, a run] 急に泣き [笑い, 歌い, 走り] 出す ④〔事業・市場など〕に進出する ;〔職・地位など〕にありつく ‖ ～ *into* films 映画界に進出する ⑤〔予備の食糧・貯金など〕に手をつける (dip into) ;〔容器の中の飲食物など〕を食べ [飲み] 始める ‖ I'll have to ～ *into* my savings. 貯金に手をつけなければならないだろう ⑥〔会話など〕に口を挟む, …を邪魔する (interrupt, disturb) ‖ I'm sorry to ～ *into* your conversation. お話に口を挟んですみません ⑦《英》(小銭がないので) 〔高額紙幣〕をくずして使う **II** 《**brèak *À* into *B́***》 ⑧ *A*を*B*に分割する, 割る

brèak À of B́ *A* (人) の*B* (癖など) をやめさせる ‖ ～ her *of* fidgeting 彼女のもじもじする癖をやめさせる

*__brèak óff__ 〈他〉 **I** 《**brèak óff ...** / **brèak ... óff**》 ① …を 〈…から〉**切り離す**, もぎ取る 〈**from**〉 ‖ He *broke off* a piece of stone *from* the cliff. 彼は崖から岩塊を削り取った ② …を**急にやめる**, 中断する, 打ち切る ‖ She *broke* our discussion *off* to answer the telephone. 彼女は私たちとの話を中断して電話に出た ③〔関係など〕を断ち切る (terminate) ‖ Our government *broke off* diplomatic relations with that country. 我が政府はその国との外交関係を断った **II** 《**brèak *A* óff *B***》 ④ *A*を

*B*からもぎ取る[切り離す] ―〈自〉① 〈…から〉切り離される, もぎ取られる〈from〉 ② (話などを)急にやめる, 口をつぐむ ‖ He *broke off* in the middle of his speech. 彼はスピーチの途中で急にやめた ③ 〈…を〉中断する, 小休止する〈from〉 ‖ Let's ～ *off* for a while. しばらく休もう ④ 〈…と〉関係を断つ, 別れる〈with〉 ‖ John and Mary have *broken off*. = John has *broken off with* Mary. ジョンとメアリーは別れた

*__*brèak óut*__ 〈自〉 ① (戦争・火事などが)**起こる**, 勃発(ぼっぱつ)する; (伝染病などが)発生する, 広がる; (叫び声・災いなどが)起こる (⇨ HAPPEN 類語) ‖ A fire *broke out* at 1 a.m. 午前1時に火事が起こった / Flu epidemics *broke out* in several cities. いくつかの都市でインフルエンザが広まった ② 〈束縛から〉逃げ出す, 脱走する〈from, of〉 ‖ He *broke out of* jail. 彼は牢から脱走した ③ (発疹(ほっしん)・汗などが)〈…に〉**急に出る**, 発生する〈on〉; (肌が)〈発疹・汗などに〉覆われる〈in, with〉 ‖ A rash has *broken out on* his face. = His face has *broken out in* a rash. 彼の顔に急に吹き出物が出てきた / ～ *out in* a cold sweat 冷や汗をかく ④ 〈…から〉抜け出す〈of〉 ‖ ～ *out of* our routine 型にはまった生活を変える ⑤ (感情的なことについて) 急に〈…〉し出す〈in, into / *doing*〉 ‖ Suddenly, she *broke out in* [OR *into*] tears. 突然彼女はわっと泣き出した ⑥ 〈叫び声などを〉突然上げる〈with, in〉 ‖ They *broke out with* a cheer. 彼らは急に歓声を上げた / She *broke out*, "You are lying!" 彼女は「あなたはうそをついている」と突然叫んだ ―〈他〉《*brèak óut ...* / *brèak ... óut*》 ① 《口》 (使用のため) …を取り出す, 準備する ② 《米》〔データなど〕を種類別に分ける, 〈ほかから〉分離する〈from〉

*__*brèak thróugh*__ 〈他〉《*brèak thróugh ...*》 ① …を突き破る ‖ Their troops *broke through* the enemy line(s). 彼らの軍は敵の戦線を突破した ② (太陽などが)〔雲〕を破って顔を出す ③ 〔困難・遠慮など〕を克服する, なくす (overcome) ‖ He could not ～ *through* her shyness. 彼は彼女の内気さを取り除けなかった ④ (数量・率などが)…の線を突破する, 壁を越える ―〈自〉 ① 突き破る ② (太陽などが)(雲間から)現れる, 顔を出す; (特徴・感情などが) 現れる ③ (困難を克服して) 成功する; 新発見をする, 大進歩を遂げる

*__*brèak úp*__ 〈他〉 **I** 《*brèak úp ...* / *brèak ... úp*》 ① 〔物〕を**ばらばらにする**, 〈…に〉分解する〈into〉 ‖ They *broke up* the statue and sold it for scrap. 彼らはその像を解体しスクラップとして売った ② …を〈…に〉分割する〈into〉 ‖ ～ *up* an office *into* several sections 事務所をいくつかの部分に分ける ③ 〔集会など〕を**解散させる**; 〔活動・けんかなど〕をやめさせる (bust up) ‖ The police *broke up* the crowd. 警察は群衆を追い散らした / *Break it up!* もうやめろ (♥ けんかなどをやめさせるとき) ④ 〔関係・状況など〕を**解消する**, 断ち切る, 中断する ⑤ 〔人〕の心を乱す, まいらせる ‖ He was all *broken up* by his mother's death. 母親が死んで彼はすっかりまいっていた ⑥ (新しい色・模様などを加えて)…の味を出させる, …を面白くする **II** 《*brèak ... úp*》 ⑦ 《主に米口》〔人〕を大笑いさせる, 笑いこけさせる ―〈自〉 ① (物が) ばらばらになる, 〈…に〉分解する〈into〉 ‖ The boat *broke up* on the reef. 船は暗礁に乗り上げ大破した ② (関係・友情などが) 壊れる, 終わる; (人が)〈…と〉絶交する, 離婚する(split up)〈with〉 ‖ They had a quarrel and *broke up*. 彼らはけんか別れした ③ (集会・群衆などが) 解散する ④ 《主に英》 (学校・学生などが) 〈…の〉休暇に入る〈for〉 (↔ *go back*) ‖ ～ *up for* the summer 夏休みに入る ⑤ 《英》 (肉体的・精神的に) 衰弱する, すっかりまいる ⑥ 《米口》大笑いする, 笑いこける ⑦ (携帯電話で) (通話[声]が) 途切れる

bréak with ... 〈他〉〔組織など〕を脱退する; 〔人〕と関係を断つ, 絶交する; 〔古い考え・伝統など〕を絶つ, 捨てる ‖ ～ *with* tradition 伝統と決別する

COMMUNICATIVE EXPRESSIONS

1 **Brèak 「a lég [OR your báck, your néck]!** うまくいくよ; 幸運を祈ってるよ (♥ 演技者を舞台に送り出すときの励ましの表現. "Good luck." と役者に言うのは縁起が悪いとされ, わざと縁起の悪いことを言うようになった)

―名 (複 **～s** /-s/) Ⓒ ❶ **破損**, 骨折; 破損箇所, 骨折箇所 ❷ 〈…の〉割れ目, 切れ目, ひび〈in〉 ‖ The sun is shining through a ～ *in* the clouds. 雲間から太陽が顔をのぞかせている

❸ 〈…の〉**中断**, 中止〈in〉 ‖ a ～ *in* a conversation 会話の中断 / a career ～ 一時休職 / a commercial ～ CMタイム

❹ 小休止, **休憩**, 短い休暇 (→ coffee break, tea break); Ⓤ 《英》 (授業の間の) 休み時間 (《米》 recess) ‖ **take** [OR **have**] a five-minute ～ for coffee 5分間休憩してコーヒーを飲む / I am on my lunch ～. 昼食休み中です

❺ 《通例単数形で》 〈…との〉 断絶, 絶縁, 決別〈with, from〉 ‖ He **made** a clean ～ *with* his gambling buddies. 彼はギャンブル仲間ときっぱり縁を切った

❻ Ⓤ 始まり ‖ the ～ of day [OR dawn] 夜明け

❼ (天候・生活などの)急変; (株価・物価などの)急落 ‖ a ～ in the weather 天候の変化; 天気の回復

❽ 突進, 突入; 脱走, 脱獄 ‖ make a ～ for it 脱走する[を図る]

❾ 《口》 運, 機会; 特典, 優遇 ‖ a bad ～ 不運 / get a lucky [OR good, big] ～ チャンスをものにする / catch a ～ 幸運をつかむ / a **tax** ～ 租税優遇措置 ❿ 〖電〗 (回路)遮断, 断線 ⓫ 〖野球・クリケット〗(ボールの)曲がり, カーブ ⓬ 〖テニス〗サービスブレーク《相手のサービスゲームを破ること》(break of service, service break) ⓭ 〖ボクシング・レスリング〗ブレーク《もみ合いの状態から離れること》 ⓮ 〖ビリヤード〗1回の連続得点; 初キュー ⓯ 〖楽〗 (声域の)転換点; (ジャズの即興的な)ソロの部分

gìve [OR ***cùt***] ***a pèrson a bréak*** 〔人〕にチャンス[特典]を与える; 〔人〕を堪忍してやる(→ CE 2)

give a person an even break ⇨ EVEN²(成句)

COMMUNICATIVE EXPRESSIONS

2 **Gíve me a bréak!** ① (もう一度)チャンスをくれ ② もうたくさんだ, いい加減にしろ ③ 勘弁してよ, ちょっと待ってよ

3 **I nèed a bréak.** まいったな; 一息つきたいよ (♥ 心理的あるいは肉体的に疲れていることを表す)

▸▸ **～ing and éntering** 名 Ⓤ 〖法〗建造物不法侵入(罪) (housebreaking) **～ing pòint** 名 Ⓒ 〖工〗(材料などの)破壊点; (忍耐・抵抗などの)限度 **～ pòint** 名 Ⓒ 中止点, 休止点; 💻 (プログラムの)区切り点, ブレークポイント; 〖テニス〗ブレークポイント《あと1ポイントで相手のサービスゲームを破れる状態》; =breaking point **～ tìme** 名 Ⓤ 《英》休憩時間

break·a·ble /bréɪkəbl/ 形 壊せる; 壊れやすい
―名 Ⓒ 《～s》割れ物

break·age /bréɪkɪdʒ/ 名 ❶ Ⓤ 破損; Ⓒ 破損箇所 ❷ Ⓒ 《通例 ～s》破損物; 破損高[額]; 破損賠償額

bréak·awày 名 Ⓒ ❶ 《単数形で》 (グループなどからの) 分離, 独立, 離脱(者), 脱走(者); (伝統などからの) 決別 ❷ (演劇のセットなど) 簡単に取り壊しのできるもの ❸ 《豪・ニュージ》(牛・馬の) 暴走; 逃げた家畜 ❹ (サッカー・ホッケーなどでの) 奇襲; 突進 ❺ 〖ラグビー〗フランカーの1人
―形 《限定》分離[離脱, 独立]した; 壊れやすい

bréak·bèat 名 Ⓒ ブレークビート《ダンスミュージックなどで使われる速い拍子のリズム》; Ⓤ ブレークビートを生かしたダンスミュージック

bréak-bùlk 形 (貨物を部品や送付先ごとに) 小口分けした, 小口分けにして混載した

bréak·dàncing 名 Ⓤ ブレークダンス《街頭で行われるアクロバティックな踊り》
bréak-dànce 動 自 ブレークダンスをする **bréak·dàncer** 名 Ⓒ ブレークダンスをする人

*__bréak·dòwn__ 名 C ❶ (機械などの)故障 ❷ C U 崩壊，瓦解(がかい)，断絶；(交渉などの)決裂 ‖ a ～ of authority 権威の崩壊 / a ～ in communications コミュニケーションの断絶 ❸ (心身の)衰弱，神経衰弱 ‖ have [OR suffer] a ～ 健康を害する / a nervous ～ 神経衰弱 ❹ 分類；内訳 ‖ a complete ～ of the supplies needed 必要備品の全内訳 ❺ U 〘化〙分解，分析 ❻ 〘電〙放電，絶縁破壊 ❼ ブレークダウン《にぎやかなカントリーダンス》
▸▸ ～ **lòrry** [**trùck**] 名 C 《英》レッカー車 (《米》tow truck, wrecker)

break·er /bréɪkər/ 名 C ❶ 寄せて砕ける波，白波 (⇨ WAVE 類語) ❷ 《しばしば複合語で》(物を)壊す[砕く]人[もの]；破砕機，砕石[炭]機；調教師 ‖ a law～ 法律違反者 ❸ 〘電〙回路遮断機，ブレーカー (circuit breaker) ❹ 〘無線〙(CB無線で)交信を求める人，アマチュア無線家；使用中のチャンネルに割り込もうとする人 ❺ 《俗》ブレークダンスをする人(breakdancer)

brèak-éven /＋ ˊ ˉ ˉ/ 形 《通例限定》収支とんとんの ‖ the ～ point 損益分岐点 ━名 C 損益平衡

‡**break·fast** /brékfəst/ (発音注意)
━名 (複 **～s** /-s/) U/C 《単数形で》**朝食** (の時間) ‖ What do you have **for** ～? 朝食には何を食べますか / My family eats [OR has] a late ～ on Sundays. 我が家では日曜日は遅い朝食をとる (♦形容詞を伴う場合は冠詞がつく) / **serve** ～ 朝食を出す / be **at** ～ 朝食中である；朝食の席にいる
hàve [OR ***èat***] ***a pèrson for bréakfast*** 《口》〔人〕を簡単にやっつける；〔人〕に散々小言を言う，〔人〕を非難する
━動 自 〈…で〉朝食をとる〈**on**〉‖ ～ *on* toast and coffee トーストとコーヒーで朝食をとる
語源 break (破る) + fast (断食)：前の晩の夕食以後続いていた断食を朝食で破ることから.
▸▸ ～ **nòok** 名 C (台所の) 軽食スペース ～ **tàble** 名 C 朝食の食卓 ～ **télevision** 名 U テレビの早朝番組

bréak·frònt 形 《限定》名 C 前面中央部がせり出した(飾り棚[書棚])

***bréak-ìn** 名 C 押し込み(強盗)，押し入り，不法侵入

***bréak·nèck** 形 《限定》(首の骨を折るほど)非常に危険な(速さの)，無謀な ‖ at ～ speed 猛スピードで

bréak·òut 名 C ❶ (刑務所などからの) (集団) 脱走，脱獄；逃亡；包囲網突破 ❷ (災害・戦争などの)発生，勃発(ぼっぱつ) ❸ 明細書，内訳；《米》(データの)分析，要約
━形 《米口》❶ 予想外の成功をもたらす；突然の増加[前進]をもたらす ‖ a ～ musical [play] 大成功のミュージカル[芝居] ❷ 《米口》(母体の委員会から分かれた)分科会の

***bréak·thròugh** 名 C ❶ (知識・技術などの)飛躍的進歩，躍進，発展；目覚ましい発見 ‖ achieve a ～ in electric vehicle technology 電気自動車技術において飛躍的進歩を遂げる / make a ～ 大発見をする ❷ 〘軍〙防衛線突破(作戦) ❸ 障害の突破[除去，解決]
▸▸ ～ **blèeding** 〘医〙破綻(はたん)出血《異常に長く続く月経出血. 経口避妊薬の副作用とされる》

***bréak·ùp** 名 C U ❶ 分解，解体，分割；分裂，解散 ❷ (人間関係の)解消，決裂，別れ，仲たがい

bréak·wàter 名 C 防波堤

bream /briːm/ 名 (複 ～ OR **～s** /-z/) C 〘魚〙ブリーム《ヨーロッパ産のコイ科の淡水魚またはタイ科の海水魚》(→ sea bream)；北米産のクロマス科の淡水魚

***breast** /brest/ (発音注意) 名 (複 **～s** /-s/) C ❶ 乳房 (→ body 図) ‖ A mother was giving the ～ to her baby. 母親が赤ん坊に乳をやっていた / a woman with large ～*s* 胸の豊かな女性 / suck [take] the ～ 乳を吸う[飲む] / ～ cancer 乳癌(がん) ❷ (人・動物の)胸；(衣服の) 胸部 (⇨ 類語P) ‖ hold a baby tightly to one's ～ 赤ん坊をしっかりと胸に抱く / a ～ pocket 胸ポケット ❸ U C (鳥などの)胸肉 ❹ 《文》心，胸中 ‖ have a troubled ～ 悩みを抱える
bèat one's bréast (胸をたたいて)大げさに悲しむ[悔やむ，怒る]
màke a clèan bréast (***of ...***) (…を) 洗いざらい打ち明ける，告白する，白状する

胸	男性・子供の	chest	胸回り(の寸法)
	性別にかかわりなく		臓器を含む胸部全体
		heart	心臓
		breast	衣服の胸部
	女性の		乳房
		bosom	
		bust	胸回り(の寸法)

♦「(女性の) 乳房」を表す bosom は breast よりやや古風で文語的.
♦衣服の胸回りの寸法については，紳士服では breast [OR chest]，婦人服では bust を用いる.
━動 (**～s** /-s/；**～·ed** /-ɪd/；**～·ing**) 他 ❶ …を胸で受ける ‖ ～ the tape (ゴールの)テープを(胸で)切る，トップでゴールする ❷ …に立ち向かう ‖ ～ the wave(s) 波に向かって進む ❸ 〔丘や坂〕の頂上まで登る
▸▸ ～ **implant** 名 C (豊胸手術用) 胸部インプラント ～ **jòb** 名 C 《口》豊胸手術 ～ **lìft** 名 C 胸部整形 (→ facelift) ～ **mìlk** 名 U 母乳

bréast·bòne 名 C 〘解〙胸骨

bréast-fèed 動 (**-fed** /-fèd/) 他 自 (子供に) 母乳を与える，(…を)母乳で育てる **-fèd** 形 母乳で育った

brèast-hígh 形 副 胸まで届く高さの[で]；胸まで (水中に)沈んだ[で]

bréast·pìn 名 C 《古》(胸元の)飾りピン，ブローチ

bréast·plàte 名 C ❶ (よろいの)胸当て；(馬具の)鞅(むながい) ❷ 〘ユダヤ教〙(高僧が胸に下げる)胸当て

bréast·stròke 名 U 動 自 平泳ぎ(で泳ぐ)

bréast·wòrk 名 C 〘軍事〙(仮設陣地の)低い胸壁《土などを胸の高さまで積み上げた防壁》

‡**breath** /breθ/ (発音注意)
━名 [▶ breathe 動] (複 **～s** /-s/) ❶ U **息**，呼気，吸気，呼吸；C (1回ごとの)呼吸，息 ‖ I smelled sake on his ～. 彼の息は酒臭かった / **take** [OR **draw**] **deep** ～*s* (何度か) 深呼吸をする (→ CE 1) / gasp for ～ はあはあ息をする / pause for ～ 一息つく
❷ C 《a ～》(風の) そよぎ，微風 ‖ There is not a ～ of wind around here. この辺りは風がそよとも吹かない
❸ C 《a ～》〈…の〉気配，兆候〈**of**〉‖ a ～ *of* scandal [spring] スキャンダルのにおい[春の兆し]
❹ U 《英では古》活気，生命力 ❺ U 〘音声〙無声音
****a brèath of frèsh áir*** ① 新鮮な空気 (を吸うこと)；戸外の散歩 ② 《口》新鮮味をもたらす人[もの]，一服の清涼剤
(***àll***) ***in one bréath*** 一気に，一息に
****càtch one's bréath*** ① (恐怖・驚きなどで)息をのむ，(ショックなどで) 息を詰める ② 一息つく，一休みする ‖ I don't have time to *catch* my ～. 息つく暇もない；すごく忙しい
dràw (***a***) ***bréath*** ① 息を吸う；一休みする ② 生きる，生きている
gèt one's bréath bàck [OR ***agàin***] (運動などの後で) ふつうの息遣いに戻る；ショックから立ち直る
****hòld one's bréath*** ① 息を止める ② 息を殺す，固唾(かたず)をのむ ‖ Don't *hold* your ～. 期待しないで待ってろよ，たぶんそんなことは起こらないよ
in the sàme bréath 直後に，舌の根も乾かぬうちに
one's [OR ***the***] ***làst*** [OR ***dỳing***] ***bréath*** 臨終の時；死
****out*** [OR ***shòrt***] ***of bréath*** **息が切れて**
sàve one's bréath (言っても無駄なので)黙っている
tàke bréath 一息つく，休む
****tàke a pèrson's bréath awày*** (人を) はっとさせる (→ breathtaking)
the brèath of lífe 元気づけるもの，必要[不可欠]なもの

under [OR *below*] *one's bréath* 小声で
wàste one's bréath いたずらに言を費やす，無駄なことを言う
with bated breath ⇨ BATE(成句)

COMMUNICATIVE EXPRESSIONS
1 **Tàke a déep brèath.** 深呼吸してごらん；落ち着いて（＝Take it easy.）

▸▸~ **mìnt** 名 C （口臭を消す）ハッカキャンディー ~ **tèst** (↓)

breath·a·ble /bríːðəbl/ 形 (生地・衣類が)透湿性の

breath·a·lyze /bréθəlàɪz/ 動 他〔運転者〕を酒気検知器でテストする(♦ しばしば受身形で用いる)

breath·a·lyz·er /bréθəlàɪzər/ 名《ときに B-》C《商標》酒気検知器(♦ *breath*＋*analyzer* より)

breathe /briːð/ 《発音注意》
—動〔◁ breath 名〕(~s /-z/；~d /-d/；**breath·ing**)
—自 ❶ **呼吸する**，息をする《*in, out*》‖ Please ~ *in* **deeply** and ~ *out* slowly. 大きく息を吸って，ゆっくり吐いてください / ~ **hard** 息遣いが荒い
❷ 生きている，息がある ‖ The patient [tradition] is still *breathing*. その患者[伝統]はまだ生きている
❸ (布などが)通気性がある
❹ (ワインが)空気にさらされる《風味がよくなる》
❺ (香りなどが)発散する；(感情・雰囲気などが)表れる，示される ‖ Power ~*d* from the young athletes. 若い運動選手たちから力強さが発散していた
❻ 一息入れる，休憩する ❼《文》(風が)そよぐ
—他 ❶ …を**吸う**，吸い込む，呼吸する《*in*》(inhale) ‖ ~ (*in*) fresh **air** 新鮮な空気を吸う
❷ …を吐き出す《*out*》(exhale) ‖ He ~*d* **a sigh** of relief. 彼はほっとため息をついた
❸ …をそっと言う，ささやく(♦ しばしば直接話法にも用いる) ‖ "I love you," he ~*d*. 「愛してるよ」と彼はささやいた / Don't ~ a word of it to anyone. そのことはだれにも一言も話すな ❹〔活力など〕を〈…に〉吹き込む〈**into**〉‖ His speech ~*d* **life** *into* the party. 彼のスピーチのおかげでパーティーが活気づいた ❺〔感情・雰囲気など〕を示す，表す ‖ ~ confidence [malevolence] 自信[悪意]を表に出す ❻〔馬など〕を休ませる，…に一息つかせる
brèathe (*frèely* [OR *èasily*]) *agáin* (緊張などが解けて)ほっとする(♦ breathe easy [OR easier] などともいう)
brèathe one's lást 《文》息を引き取る
bréathe upon [OR *on*] ... 〈他〉① …に息を吹きかける ②《堅》〔人の名声など〕を汚す，おとしめる
live and breathe ... ⇨ LIVE¹(成句)

COMMUNICATIVE EXPRESSIONS
1 **I don't have tìme to bréathe.** 息つく間もないほど忙しい
2 **It's like bréathing.** お茶の子さいさいだね(♥「(息をするように)何も考えなくてもできてしまう」の意)

breath·er /bríːðər/ 名 C ❶《口》小休止，一休み ‖ take [OR have] a ~ 一休みする ❷ (特定の仕方で)息[呼吸]をする人[動物] ‖ a heavy ~ 息遣いの荒い人 ❸ (小さな)通気孔；(貯蔵タンクなどの)息抜き管

breath·ing /bríːðɪŋ/ 名 U ❶ 呼吸；息遣い；一呼吸，一息 ❷〔ギリシャ文法〕気息の有無；気音符
▸▸~ **apparàtus** [OR **machìne**] 名 C 呼吸具 ~ **spàce** [**spèll, ròom**] 名 U C 一息つく暇，一休み；休息の場；考えたりする機会；(活動に必要な)空間，余地

breath·less /bréθləs/ 形 ❶ 息を切らした，あえいでいる ‖ The walk uphill left me ~. 坂を上って息切れした ❷ (興奮・緊張などで)息もつけない，息を殺している ‖ ~ with panic 恐怖で息もつけない ❸ 息もつけないほどの；緊迫した ‖ at a ~ speed (息もつけないほどの)猛スピードで ❹ そよとも風の吹かない，よどんだ，息詰まる ❺ 息絶えた，死んだ **~·ly** 副 **~·ness** 名

bréath·tàking 形 息をのむような，素晴らしい；驚くべき **~·ly** 副

bréath tèst 名 C (運転者の)酒気検査
bréath-tèst 動 他〔運転者など〕に酒気検査をする

breath·y /bréθi/ 形 気息音の，気息音質の；(歌声などに)呼吸音の交じる[聞こえる] **bréath·i·ness** 名

bred /bred/ (♦ 同音語 bread) 動 breed の過去・過去分詞 —形《複合語で》育ちが…の ‖ well-~ 育ちのよい

breech /briːtʃ/ 名 C ❶ 砲尾，銃尾 ❷《英では古》尻(しり)，臀部(でんぶ)；後部，底部；滑車の最下部 ▸▸~ **bìrth** [**delìvery**] 名 C〔医〕骨盤位出産[分娩(ぶんべん)]，逆子(さかご)

bréech·clòth 名 C 褌(ふんどし)，腰布

breech·es /brítʃɪz/ 《発音注意》名 複 (britches) ❶ 七分ズボン《現在では特に乗馬用》‖ riding ~ 乗馬ズボン ❷《口》ズボン
▸▸~ **bùoy** 名 C (ズック製の)半ズボン型救命ブイ

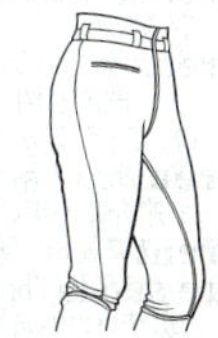
breeches ❶

bréech·lòader 名 C 元込め銃，後装砲(→ muzzleloader)
-lòading 形

breed /briːd/ 動 (~s /-z/；**bred** /bred/；~**·ing**) 他 ❶ (増殖・品種改良などのために)〔動物〕を飼育する，〔植物〕を栽培する；…を品種改良する，繁殖させる〈**for** …用に / **to do** …させるために〉(⇨ GROW 類語P) ‖ These dogs are *bred to* work. この犬は使役用に繁殖されている
❷《通例受身形で》(人が)養育される，しつけられる〈**to do** …するように / **as** …として；**for** …に向くように〉；…が〈…に〉教え込まれる，植えつけられる〈**into**〉(→ ill-bred, well-bred) ‖ I was born and *bred* in Hokkaido. 私は生まれも育ちも北海道です / be *bred to* obey the rules 規則に従うようにしつけられる / *What's bred in the bone will come out in the flesh* [OR *blood*]. 《諺》カエルの子はカエル ❸ …を発生させる，もたらす，引き起こす ‖ Poverty has *bred* crime in this town. この町では貧困が犯罪を引き起こしてきた ❹ (動物が)〔子〕を産む；〔卵〕をかえす ❺〔理〕〔核物質〕を核反応によって増殖させる
—自 ❶ (動物が)子供を産む，繁殖する ‖ ~ like rabbits 子供が次々と生まれる ❷ (物事が)生じる，起こる
—名 C ❶ 品種，系統(→ crossbreed, half-breed) ‖ a dying [rare] ~ 絶滅寸前の[珍しい]品種 ❷《通例単数形で》種類，型，タイプ ‖ a new ~ of women 新しいタイプの女性たち
▸▸~ **apárt** 名 C 一般とは異なる人(々)，独特な人(々)

breed·er /bríːdər/ 名 C ❶ 繁殖家，ブリーダー，(家畜)飼育家，(植物)栽培家 ❷ 繁殖用動植物《種馬・種牛など》❸ 原因，根源 ❹ (＝~ **reàctor**)〔理〕増殖(型原子)炉 ❺ ⊗《俗》《蔑》異性愛者

breed·ing /bríːdɪŋ/ 名 U ❶ 飼育；繁殖；品種改良，育種；〔理〕増殖(作用) ‖ the ~ season 繁殖期 ❷ 家系，血統；養育；教育，しつけ；育ち(のよさ)，しつけ(のよさ) ‖ a man of good ~ 育ちのよい人
▸▸~ **gròund** 名 C《通例 ~s》(動物の)繁殖場所，飼育場；《通例単数形で》〈思想・悪・病気などの〉発生地，温床〈**for**〉

breeze¹ /briːz/ 名 (複 **breez·es** /-ɪz/) ❶ C U そよ風，微風(♦ 不快な風には用いない. ⇨ WIND¹ 類語) ‖ The school flag was waving in the ~. 校旗が風にそよいでいた ❷ C《単数形で》《口》楽なこと ‖ The test was a ~ for him. 彼にはそのテストは楽勝だった ❸〔気象〕(ビューフォート風力階級における) light air (至軽風) と gale (強風) の間の風《風速が毎秒1.6–13.8m の風で，light breeze, gentle breeze, moderate breeze, fresh breeze, strong breeze の5段階に分けられる. → Beaufort scale》
in a bréeze 《米口》やすやすと
shòot the bréeze 《主に米口》無駄話[閑談]をする
—動 自 《+副句》《口》軽やかに[すいすいと]動く，滑るように進む(♦ 副句 は方向を表す) ‖ She ~*d* in. 彼女はすっと入

B

って来た / ～ away [OR off] さっと立ち去る
—他 (あまり努力しないで)〔試験など〕を楽にこなす
*bréeze through ... 〈他〉…を楽々と突破[通過]する ‖ ～ through the first round 軽く1回戦を突破する

B

breeze² /briːz/ 名 ❶ U 石炭[コークス]の燃えかす《建築用ブロックの混合材料》 ❷ =breezeblock
breeze³ /briːz/ 名 C 〔虫〕ウシアブ(gadfly)
bréeze·blòck 名 C 《英》軽量ブロック(《米》cinder block)
bréeze·wày 名 C 《米》(家屋とガレージの間などの)屋根付き歩廊
***breez·y** /bríːzi/ 形 ❶ そよ風の吹く；風通しのよい ❷ (人・態度が)生き生きとした，陽気な；気楽な；無頓着(むとんちゃく)な，ざっくばらんな **bréez·i·ly** 副 **bréez·i·ness** 名
Bren /bren/ 名 (=～ gùn) C ブレン銃《第2次世界大戦で連合軍が用いた空冷式軽機関銃の一種》
brent /brent/ 名 《主に英》=brant
bre·sao·la /bresóulə, brɪzóu-/ 名 U 〔料理〕ブレザーオラ《塩漬けの牛肉》(◆イタリア語より)
breth·ren /bréðrən/ 名 複 《旧》(◆brother の複数形の1つだが，通例以下の意味にのみ用いる)〔宗〕同じ教会の男性信徒；同志，仲間(♥主に呼びかけ)
Bret·on /brétən | -ɔ̃n/ 形 (フランスの)ブルターニュ(Brittany)の，ブルターニュ[ブルトン]人[語]の
—名 C ブルターニュ[ブルトン]人；U ブルターニュ[ブルトン]語《ケルト語派の1つ》
breve /briːv, +米 brev/ 名 C ❶〔音声〕短母音記号《短母音の /ă/ /ŭ/ などの上につける ˘ の記号》；〔韻律〕弱音節記号(˘) ❷〔楽〕2全音符《全音符の2倍の長さを持つ音符》 ❸ (昔の)勅令，令状
bre·vet /brévɪt/ 〔軍〕名 C 名誉昇進；名誉昇進辞令(◆しばしば形容詞的に用いられる) ‖ a ～ officer 名誉昇進将校 —動 (～·ed OR -vet·ted /-d/；～·ing OR -vet·ting) 他〔人〕を名誉昇進させる，…に名誉昇進辞令を与える
bre·vi·a·ry /bréviὲri | -viəri/ 名 (複 -ries /-z/) C 〔カト〕聖務日課書；(一般に)日禱(にっとう)書
brev·i·ty /brévəṭi/ 名 〔◁ brief 形〕 U ❶ (表現の)簡潔(性) ‖ *Brevity is the soul of wit.* 言は簡をもって尊しとする[Shak *HAM* 2:2] ❷ (時間の)短さ ‖ the ～ of human life 人生のはかなさ
***brew** /bruː/ 動 他 ❶〔ビール〕を醸造する ❷ **a** (+目)〔紅茶・コーヒーなど〕を入れる ‖ ～ a pot of tea ポット1杯の紅茶を入れる **b** (+目 *A*+目 *B*≒+目 *B*+**for** 目 *A*) *A*(人)に*B*(コーヒー・紅茶など)を入れる ‖ He ～*ed* some coffee *for* the guests. 彼は客にコーヒーを入れた
—自 ❶ (紅茶・コーヒーが)入る ❷ 《しばしば進行形で》(よくないことが)起ころうとしている《*up*》 ‖ A heavy storm is ～*ing*. 激しい嵐(あらし)になろうとしている / There is trouble ～*ing* in his family. 彼の一家にトラブルが持ち上がろうとしている ❸ ビールを醸造する
brèw úp 《英口》〈他〉(*brèw úp ...* / *brèw ... úp*)〔コーヒー・紅茶など〕を入れる —〈自〉コーヒー[紅茶など]を入れる
—名 ❶ C U ビール，醸造酒；(紅茶・コーヒーなどの)飲み物；(紅茶などの)入れ方；銘柄 ‖ home ～ 自家製ビール / a strong ～ of tea 濃く入れた紅茶 / This is a fine ～. What is it? おいしく入っていますね．銘柄は何ですか ❷ C 《通例単数形で》ごちゃ混ぜのもの ❸ C 《通例単数形で》1回の醸造量，1杯分のコーヒー[紅茶，ビール]
bréw·er 名 C ビール醸造者[会社]
▸▸ **～'s yéast** 名 U C 醸造用酵母
***brew·er·y** /brúːəri/ 名 (複 -er·ies /-z/) C (ビールなどの)醸造所(brewhouse)(→ distillery)，ビール会社
bréw·pùb 名 C 《主に米》自家製のビールを出すパブ
brew·ski, -sky /brúːski/ 名 C 《米口》(1本[缶]の)ビール
bréw-ùp 名 C 《英口》お茶を入れること；お茶の休憩
bri·ar /bráɪər/ 名 =brier¹, brier²
***bribe** /braɪb/ 動 他 **a** (+目)〔人〕を〈…で〉買収する〈**with**〉；〔人〕に賄賂(わいろ)を贈って〈…に〉する〈**into**〉 ‖ ～ a policeman *with* one million yen 警官を100万円で買収する / ～ him *into* silence 彼に賄賂を渡して口を封じる **b** (+目+**to do** / **into doing**)〔人〕を買収して…させる ‖ ～ a referee [*to* fix [OR *into* fixing] a match レフェリーを買収して八百長させる
bribe [*one's wáy* [OR *oneself*] *to* [*into, out of*] ...] 賄賂を使って…を得る[に入る，から出る] ‖ He ～*d* his *way to* power. 彼は賄賂を使って権力を得た
—名 C 賄賂(の金品) ‖ take [OR accept] ～*s* 賄賂を受け取る / offer [OR give] a ～ 賄賂を贈る
brib·er·y /bráɪbəri/ 名 U 賄賂の授受，贈収賄(《口》payoff)
BRIC /brɪk/ 略 =BRICs
bric-a-brac /bríkəbræ̀k/ 名 U 《通例集合的に》骨董(こっとう)品，古器物類；がらくた ‖ a piece of Victorian ～ ビクトリア時代の骨董品1点
:brick /brɪk/
—名 (複 **～s** /-s/) C ❶ (個々の)**れんが**；U《集合的に》れんが ‖ a pile of ～*s* れんがの積み山 / lay ～*s* れんがを積む / a house in **red** ～ 赤れんがの家
❷ 《英》おもちゃのブロック，積み木
❸ 《通例単数形で》《旧》《口》頼りになる人，まさかの時の友 ‖ a real ～ 本当に頼りになる人 ❹ れんが状のもの ‖ a ～ of ice cream 四角いアイスクリーム
a brìck shòrt [OR *shy*] *of a lóad* 《口》間抜け，ばか(◆a few または数詞がついて ... bricks となることもある)
be built like a brick shithouse ⇨ SHITHOUSE(成句)
brìcks and mórtar (資産としての)住宅 ‖ invest in ～*s and mortar* 住宅を買う
dròp a brick 口を滑らせる，へまをする
hìt the bricks 《米口》① 職[家など]を一生懸命探し回る ② ストを打つ
like a cat on hot bricks ⇨ CAT(成句)
like a ton of bricks ⇨ TON(成句)
màke brìcks without stráw 必要な[適切な]準備なしに仕事に取りかかる
shìt a brick ⊗《卑》ものすごくびびる
—動 他 〔壁など〕をれんがで造る；…をれんがで囲う《*off*》；〔穴など〕をれんがでふさぐ《*up, in*》(◆しばしば受身形で用いる)
▸▸ **～ réd** (↓) **～ wáll** (↓)
bríck·bàt 名 C ❶ (人に投げつけるための)れんが片，れんが(など)のつぶて ❷ 《通例 ～s》酷評，非難，憎まれ口
bríck·fìeld 名 =brickyard
bríck·làyer 名 C れんが積み職人
-làying 名 U れんが積み(工事，仕事)
brìck réd ◁ 名 U 赤れんが色
brìck-réd 形 赤れんが色の
brìcks-and-mórtar 形 (電子商取引と対比して)店舗を持った ‖ ～ retailers 従来型の小売商(↔ online retailers)
brìck wáll 名 C ❶ れんが塀 ❷ 克服し難い障壁
bàng one's héad against [OR *on*] *a brìck wáll* 無理なことを試みる
be like tàlking to a brìck wáll まるでれんがの壁に向かって口をきいているように難しい[いら立たしい]
be úp against a brìck wáll 壁にぶち当たっている，八方ふさがりである
còme úp against a brìck wáll =*hit a brick wall* (↓)
hìt a brìck wáll 壁にぶち当たる，進展しない
sèe through a brìck wáll 不思議な洞察力がある
bríck·wòrk 名 U ❶ れんが造りの建造物[壁，塀など] ❷ れんが積み[工事]；れんが積みの技術[技量] ❸ C 《～s》《英》れんが製造所
bríck·yàrd 名 C れんが工場，れんが店
BRICs /brɪks/ 略 *B*razil, *R*ussia, *I*ndia and *C*hina《21世紀初頭に顕著な経済発展を遂げた4か国を指す》

brid·al /bráɪdəl/ 形《限定》花嫁の, 新婦の; 結婚式の(nuptial) ‖ a ~ shower《米》ブライダルシャワー《結婚する女性を女性の友人たちが贈り物(shower gift)を持ち寄って祝福するパーティー》
— 名 C《米》結婚式, 婚礼(wedding)
▸▸ ~ règistry 名 C U《主に米》ブライダルレジストリー, 結婚祝い希望品目一覧《デパートなどのサービスの1つ. 新郎新婦が欲しいもののリストを作成し, 贈る側はその中から選ぶ》

***bride** /braɪd/ 名 C 花嫁, 新婦(↔ bridegroom) ‖ The ~ tossed her bouquet. 花嫁は花束を投げた《これを拾った女性が次に結婚できるとの言い伝えがある》/ the ~ and groom 新郎新婦(♦日本語の「新郎新婦」に引かれて ×the groom and bride としない)

bríde·gròom 名 C 花婿, 新郎(groom)(↔ bride)

brídes·màid 名 C (結婚式で)花嫁付き添いの未婚女性(↔ best man)

brìde-to-bé 名 (複 **brides-**) C 結婚間近の女性

‡bridge[1] /brɪdʒ/ 名 動
— 名 (複 **bridg·es** /-ɪz/) C ❶ **橋**, 橋梁(きょうりょう), 陸橋, 歩道橋 ‖ the Brooklyn *Bridge* (ニューヨークの)ブルックリン橋 / London *Bridge* ロンドンブリッジ(♦《英》では固有名詞の場合通例 the がつかない) / **build** [OR construct, ×make] a ~ over [OR across] a stream 川に橋を架ける / cross a ~ 橋を渡る / a suspension ~ つり橋 / a wooden ~ 木造の橋
❷〈2つの間の〉**架け橋**, 橋渡し〈**between**〉‖ The Internet provides a ~ *between* you and the world. インターネットはあなたと世界の架け橋となる / a ~ of friendship 友情の架け橋
❸《通例 the ~》**艦橋**, 船橋, ブリッジ
❹ 橋状のもの; 鼻梁(びりょう), 鼻柱; (眼鏡の)ブリッジ《左右のレンズの間の部分》;〖楽〗(バイオリンなどの弦を支える)こま, 柱(じ);〖歯〗(義歯を支える)ブリッジ ❺ (= ~ **pàssage**)〖楽・放送〗ブリッジ《2つの主題や主要な場面をつなぐ音楽・演技・効果音など》❻ (= ~ **cìrcuit**)〖電〗ブリッジ型回路
❼〖ビリヤード〗キュー台, (指で作る)ブリッジ
bùild brídges 仲裁する
bùrn one's brídge (***behind one***) 背水の陣を敷く
cròss that [OR ***one's***] ***brídge when one cómes to it*** 問題が起きてから対応する
water under the bridge ⇨ WATER(CE 1)
— 動 他 ❶〔川など〕に橋を架ける; …に架かる橋の役目をする ‖ They ~*d* the stream with a log. 丸木で小川に橋を架けた / A log ~*s* the stream. 丸木橋が小川に架かっている ❷〔断絶・相違など〕を埋める, …の橋渡しをする ‖ ~ the cultural **gap** between East and West 東西間の文化的ギャップを埋める
▸▸ ~ **lòan** 名 C《米》〖金融〗(短期の)つなぎ融資(《主に英》bridging loan)

bridge[2] /brɪdʒ/ 名 U〖トランプ〗ブリッジ(→ auction bridge) ▸▸ ~ **mìx** 名 C ブリッジミックス《キャラメルやナッツなどをチョコレートでコーティングした菓子》

brídge-bùilding 名 U (2者間の)橋渡しをすること, 架け橋となること

brídge·hèad 名 C ❶〖軍〗橋頭堡(ほ)《友軍の渡河・上陸を援護する目的で敵地に設けた陣地》❷《通例単数形で》躍進の拠点, 足がかり

Bridge·town /brídʒtàʊn/ 名 ブリッジタウン《西インド諸島, バルバドスの首都》

brídge·wòrk 名 ❶ C U〖歯〗ブリッジ, 架工義歯(bridge); ブリッジ技工 ❷ U〖建〗橋の各部分; 架橋工事

brídging lòan 名 C《主に英》〖金融〗(短期の)つなぎ融資(《米》bridge loan)

bri·dle /bráɪdl/ 名 C ❶ 馬勒(ばろく)《おもがい(headstall)・くつわ(bit)・手綱(たづな)(reins)からなる》(⇨ HARNESS 図); (特に)手綱 ❷ 拘束(物), 抑制 ‖ put a ~ on one's desires 欲望を抑える — 動 他 ❶〔馬〕に馬勒をかける ❷ …を抑制する — 自〈…に対し〉つんとする, 反り返る《*up*》〈**at**〉(♥ 軽蔑・憤慨・誇りなどを表す) ▸▸ ~ **pàth** 名 C 乗馬道《車は通れない》(《英》bridleway)

Brie /bri:/ 名 U C ブリー《フランス産の白カビチーズ》

‡brief /bri:f/
— 形 (▶ brevity 名)(**~·er**; **~·est**)
❶ (時間的に)**短い**, つかの間の(⇨ SHORT 類語) ‖ He made a ~ visit to Okinawa. 彼は沖縄にちょっと立ち寄った / a ~ period of peace つかの間の平和 / for a ~ moment ほんの少しの間
❷ 簡潔な, **手短な** ‖ Be as ~ as you can. できるだけ手短にお願いします / a ~ introduction 手短な紹介 / ~ and to the point 簡にして要を得た
❸ (衣服が)丈の短い ❹ 素っ気ない, ぶっきらぼうな
to be brief NAVI 手短に言えば, 簡単に言うと ‖ *To be* ~, this file cannot be loaded due to a system error. 簡単に言いますと, このファイルはシステムエラーのため読み込みができないんです
— 名 (複 **~s** /-s/) C ❶ **摘要, 概要**; 要領書 ‖ draw up a ~ 要領書を作成する
❷《主に英》(任務・責任などを規定する)**指令**, 指示(事項) ‖ stick to one's ~ 指示されたことだけをする
❸《~s》ブリーフ《男性用・女性用の短い下ばき》
❹〖法〗訴訟事件覚書;《米》弁論趣意書;《英》(法廷弁護士用に作成された)訴訟事件摘要書; (法廷弁護士の)訴訟事件 ‖ have plenty of ~*s* (法廷弁護士が)仕事が多い, はやる ❺ = briefing ❻〖宗〗(bull[2] よりは略式の)教皇書簡 ❼《英口》事務弁護士, 法廷弁護士
hòld a [***nò***] ***bríef for ...*** …を弁護[支持]する[しない]
in bríef NAVI 要するに, 一口で言えば(⇨ NAVI表現 12); 要点のみの ‖ John called me (as many as) three times on his way to my house. *In* ~, he has no sense of direction. ジョンは私の家に来る途中3回も電話をかけてきた. 要するに彼は方向音痴なのだ / news *in* ~ 要点のみのニュース
tàke a bríef (法定弁護士が)訴訟事件を引き受ける
— 動 他 ❶〔人〕に事前に細かい指示[情報]を与える〈**on, about** …について / **to do** …するように〉‖ The captain was fully ~*ed on* [OR *about*] the weather. 機長は天候についての十分な情報を与えられていた
❷ …を要約する, …の摘要を作る ❸《英》〔法廷弁護士〕に(訴訟事件摘要書により)事件を説明[依頼]する
~·ness 名 U 簡潔であること; 短いこと

bríef·càse 名 C 書類かばん, ブリーフケース(⇨ SUITCASE 図, TRUNK 類語)

***brief·ing** /brí:fɪŋ/ 名 ❶ C (事前の)打ち合わせ, 説明会 ❷ C U (事前の)説明, 指示, ブリーフィング ‖ receive (a) thorough ~ 事前に詳細な説明を受ける

‡brief·ly /brí:fli/
— 副 (**more ~**; **most ~**)
❶ **少しの間**, ちょっと ‖ She was here **only** ~. 彼女はほんの少しの間しかここにいなかった
❷ 手短に, 簡潔に ‖ to put it ~ NAVI 手短に言えば / It is discussed **only** ~ here. ここでは手短に論じるにとどめる ❸《文修飾》NAVI 手短に言えば(in brief, to be brief) ‖ *Briefly*, you can't trust him. 要するに, 彼は信用できないということだ

bri·er[1] /bráɪər/ 名 C〖植〗イバラ; イバラの茂み

bri·er[2] /bráɪər/ 名 C ❶〖植〗ブライア《南ヨーロッパ原産のツツジ科の植物》❷ ブライアパイプ《❶の根で作る》

brig[1] /brɪg/ 名 C ブリッグ《2本マストの横帆船》

brig[2] /brɪg/ 名 C《米》船内営倉; (一般に)営倉

Brig. 略 Brigadier

***bri·gade** /brɪgéɪd/ 名 C ❶〖軍〗旅団《およそ5,000人からなる》(→ army) ❷ (軍隊式組織を持つ)団体 ‖ a fire ~ 消防団 ❸《単数形で》⊗《口》《しばしば蔑》(共通の信念などを持つ人々の)団体 ‖ the anti-nuclear ~ 反核団体

B

— 動 他 ❶ …を〈…と〉結びつける〈**with**〉 ❷ …を旅団に編制する

brig·a·dier /brìgədíər/ ⊲シ 名 C 〖軍〗(英国の)旅団長；陸軍准[代]将《少将と大佐の間の階級. 略 Brig.》
▸▸ **~ géneral** 名 C 〖軍〗(米国の陸軍・空軍・海兵隊の)准将, 代将《略 Brig.Gen., B.G.》(→ general)

brig·and /brígənd/ 名 C 《旧》山賊, 盗賊
~·age /-ɪdʒ/ 名 U 山賊[盗賊]行為

brig·an·tine /brígəntìːn/ 名 C 〖海〗ブリガンティン《2本マストの帆船》

Brig.Gen. 略 *Brig*adier *Gen*eral

***bright /braɪt/ 形 副 名

中心義▶ **明るく輝く**(★「火」や「星」など視覚的な明るさを持つものに限らず,「性格」「頭脳」「将来の見通し」など抽象的なものにも用いる)

> 形 **光り輝く❶ 明るい❶ 鮮やかな❷ 生き生きした❸ 利口な❹**

— 形 〔▶ brighten 動〕(**~·er**；**~·est**)
❶ **光り輝く, 明るい**；うららかな(↔ dark, dim, black)(→ brilliant) ‖ a ~ fire 明るく燃える火 / a ~ morning うららかな朝 / (as) ~ as day [OR noonday] とても明るい
❷ (色などが)**鮮やかな**, 鮮烈な(↔ dull) ‖ a ~ **color** 鮮やかな色 / a ~ red jacket 鮮やかな[派手な]赤のジャケット
❸ **生き生きした**, 快活な, 陽気な；喜び[希望]にあふれた, 晴れやかな ‖ with a ~ smile 明るい微笑を浮かべて / Her eyes were ~ **with** happiness. 彼女の目は幸福で生き生きとしていた
❹ (特に子供が)**利口な**, 利発な, 賢い；(行動・考えなどが)気のきいた(↔ dull)(⇨ CLEVER 類語) ‖ a ~ boy 利口な少年 / a ~ idea うまい考え
❺ 見通しの明るい, 望みのある(↔ black) ‖ a ~ future 明るい未来 / take on a ~ aspect 明るい様相を帯びる / look on [OR at] the ~ **side of things** 物事の明るい面を見る, 物事を楽観的に見る
❻ (声・音が)高くはっきりした ‖ her ~ and sweet voice 彼女のよく響く美しい声 ❼ 華やかな, 輝かしい ‖ a ~ reputation 華々しい名声
(***as***) ***bright as a button*** ⇨ BUTTON(成句)
bright and bréezy 陽気な, 快活な
— 副 (**~·er**；**~·est**)
《文》輝いて, 明るく(brightly) ‖ The moon is shining ~. 月がこうこうと輝いている
bright and éarly 朝早く[早いうちに]
— 名 C (**~s**) ❶ 鮮やかな色 ❷ 《米》(自動車のヘッドライトの)ハイビーム
▸▸ **~ líghts** 名 複 《the ~》楽しい都会の生活 **~ spárk** 名 C 《英口》(特に有望な若者に対して)機転がきく[利口な]人(♥ しばしば皮肉として) **~ spót** 名 C (ほかに比べて)楽しい[うまくいく]こと[時期]

bright·en /bráɪtən/ 動 〔⊲ bright 形〕 自 ❶ (色が)(光り)輝く, 明るくなる；(表情などが)晴れやかになる；(景気などが)よくなる, 好転する《***up***》(↗ perk up) ‖ His face ~*ed* (*up*) [at the thought [with hope]. 彼の顔はそのことを考えて[希望で]ぱっと明るくなった ❷ (天候が)よくなる《***up***》 — 他 …を輝かせる, 明るくする；…を晴れ晴れとさせる, 陽気にする；…(の前途)を明るくする《***up***》

bright-éyed ⊲シ 形 生き生きとした
bright-èyed and bùshy-táiled 目を覚まして

***bright·ly** /bráɪtli/ 副 輝いて, 明るく；晴れやかに, 陽気に；(色について)鮮やかに ‖ shine ~ 明るく輝く / ~ colored dresses 鮮やかな色の服

***bright·ness** /bráɪtnəs/ 名 U ❶ 輝き, 明るさ；〖光〗輝度 ❷ 鮮やかさ；華やかさ ❸ 頭脳明敏, 利発, 聡明

Brigh·ton /bráɪtən/ 名 ブライトン《イングランド南東部, イギリス海峡に面する保養都市》

Bríght's disèase 名 U 〖医〗ブライト病《慢性的な腎炎(じんえん)の一種》

brill /brɪl/ 名 (複 ~ OR ~s /-z/) C 〖魚〗(ヨーロッパ産の)ヒラメの一種

bril·liance /bríljəns/, **-lian·cy** /-si/ 名 U ❶ 光輝, 輝き；光沢 ❷ 素晴らしさ, 見事さ；華麗さ；(音色の)清澄さ ❸ 頭脳明敏, 抜群の才能

***bril·liant /bríljənt/

— 形 (**more ~**；**most ~**)
❶ **燦然**(さんぜん)**と輝く, きらめく**；とても明るい；(色が)鮮やかな(↔ dark)(♦「まぶしくて困るほど明るく輝く」の意で, bright より強い) ‖ ~ gems きらきらと輝く宝石 / ~ sunshine きらめく陽光 / a ~ smile 輝くばかりの微笑 / a ~ green 鮮やかな緑色
❷ **素晴らしい**, 見事な；華やかな；際立った ‖ an **absolutely** ~ work [performance] 非常に素晴らしい作品[演技] / ~ prospects 素晴らしい前途 / a ~ career 素晴らしい経歴
❸ 〈…の〉**才能にあふれた**〈**at**〉 ‖ He is ~ *at* mathematics. 彼は数学が大変よくできる / a ~ young musician 才能豊かな若い音楽家
❹ 《英口》楽しい ❺ (特にダイヤモンドが)ブリリアントカットの
— 名 C ブリリアントカットの宝石《特にダイヤモンド》
~·ly 副

bril·lian·tine /bríljəntìːn, ╌╌╌/ 名 U ブリリアンティーン《男性用油性整髪料の一種；《米》光沢のある美しい毛織地》

***brim** /brɪm/ 名 C ❶ (帽子の)つば ❷ (コップ・茶わんなどの)縁, へり ‖ (full) to the ~ (縁まで)あふれんばかりに
— 動 (**~s** /-z/；**brimmed** /-d/；**brim·ming**) 自 〈…で〉(縁まで)いっぱいになる, あふれそうになる；〈…で〉あふれ出る(overflow)《***over***》〈**with**〉 ‖ He was *brimming over with* gratefulness. 彼は感謝の気持ちで(胸が)いっぱいになってきた — 他 〔器など〕を(縁まで)いっぱいにする
~·less 形 (帽子が)つばなしの

brim·ful /brìmfúl, ╌╌/ ⊲シ 形 《叙述》〈…で〉縁までいっぱいの, あふれそうな〈**of, with**〉 ‖ a glass ~ *of* [OR *with*] beer ビールをなみなみと注いだグラス

brimmed /brɪmd/ 形 ❶ (容器が)縁までいっぱいの(brimful) ❷ 《複合語で》…のつばがついた ‖ a wide-~ hat つば広の帽子

brím·stòne 名 U 《古》硫黄(sulfur)
fire and brimstone ⇨ FIRE(成句)

brin·dle /bríndl/ 名 U ぶち, まだら；C ぶちの動物《特に犬》 — 形 = brindled

brin·dled /bríndld/ 形 ぶちの, まだらの

brine /braɪn/ 名 U ❶ (漬物用などの)塩水 ❷ 《文》海水；《the ~》海, 大海原, 大洋
— 動 他 …を塩水につける[浸す]
▸▸ **~ shrìmp** 名 C 〖動〗ブラインシュリンプ《塩水湖に生息する小型の甲殻類》

***bring /brɪŋ/

中心義▶ **…を話者の注目する場所[状態]に移行させる**

— 動 (**~s** /-z/；**brought** /brɔːt/；**~·ing**)
— 他 ❶ **持って来る, 連れて来る**(⇨ FETCH[1] 類語) **a** 《+目》〔人〕を(こちらへ)連れて来る,〔物〕を(こちらへ)持って来る(♦ しばしば方向を表す 副句 を伴う) ‖ He *brought* his fiancée **to** the party with him. 彼はパーティーに婚約者を同伴した / She didn't ~ her umbrella (with her). 彼女は傘を持って来なかった / ~ work **home** 仕事を家に持ち帰る
b 《+目 *A*+目 *B* ⇄ +目 *B*+**to** [**for**] 目 *A*》*A*(人など)に*B*(物)を持って来る(♦ to は単に方向を示すだけだが, for は「…のために」の意味. 目 *B* が it などの代名詞の場合は, ˣbring me it とはいえず, bring it to me のようにいう) ‖ *Bring* me a glass of water, please. 水を1杯お願いします(♥ Could I have ...? とする方が丁寧) / He

brought a present *for* me from abroad. 彼は私のために外国からプレゼントを持って来てくれた

語法☆☆ 「連れて来る」,「持って来る」の訳になることが多いが, 聞き手のところへ「連れて行く」「持って行く」の意味になる場合もある. これは come が「来る」だけでなく, 聞き手のところへ「行く」ことも含むのと同じ(⇨COME). 〈例〉I'll *bring* the paper to you. そちらへ新聞を持って行きます

❷ **a** 《+目+副句》〔人〕を〈ある場所に〉来させる, 導く〈**to**〉; 〔物〕を(ある方向に)動かす ‖ A few minutes' walk *brought* us *to* the station. 数分歩くと駅に出た(=After a few minutes' walk, we came to the station.) / What (has) *brought* you here? ここへはどんな用でいらしたのですか / Please ～ the candle away from the curtain. ろうそくをカーテンから離してください

b 《+目+*doing*》〔人〕を…して[しながら]来させる ‖ The bell *brought* the children running into their classroom. ベルが鳴って子供たちは教室に駆け込んだ

❸ **a** 《+目》(物事が)…を〈…に〉**もたらす**〈**to, into**〉‖ This ～*s* no comfort. これは何の慰めにもならない / The sad news *brought* tears *to* her eyes. 悲しい知らせを聞いて彼女の目に涙が込み上げてきた / Wealth ～*s* cares with it. 金持ちになると心配事が増える

b 《+目 *A*+目 *B*⇄+目 *B*+**to** 目 *A*》(物事が)*A*(人など)に*B*(物事)をもたらす ‖ Getting up early will ～ us good health. = Getting up early will ～ good health *to* us. 早起きは健康にいい

❹ …を〈ある状態に〉する, …に**至らせる**, 導く〈**to, into, under**〉‖ I must ～ this matter *to* your attention. この件を君に知らせなければならない / ～ him *to* life 彼を生き返らせる / The law will be *brought into* effect as of May 1. その法律は5月1日から施行される / ～ oneself *under* control 自分を抑える

❺ 《+目+**to** *do*》《通例否定・疑問文で》〔人〕を…**する気にさせる**; 《～ oneself to *do* で》…する気になる ‖ What *brought* you *to* say so? どうして君はそんなことを言う気になったの / I cannot ～ myself *to* believe it. どうしてもそれは信じられない

❻ **a** 《+目》…(の値)で売れる ‖ Eggs ～ a good price today. 卵は今日はいい値で売れる

b 《+目 *A*+目 *B*》*A*(人)に*B*(収入・利益)をもたらす ‖ The part-time job ～*s* me 50,000 yen a month. そのバイトは月5万円になる

❼ 〈…に対して〉〔訴訟など〕を起こす〈**against**〉‖ He *brought* an action *against* his landlord. 彼は家主を訴えた

❽ 《通例受身形で》(放送番組が)〈…に〉提供される, 流される〈**to**〉‖ This program was *brought to* you by A Company. この番組はA社の提供によりお送りしました

***brìng abóut ...** / **brìng ... abóut** 〈他〉〔変化・事故など〕を(徐々に)**引き起こす**(cause); 〔結果など〕を招く(♦ 似た意味を表す句に lead to, give rise to がある) ‖ The negotiations *brought about* a satisfactory result. 交渉は満足な結果を生んだ / ～ *about* changes in ... …に変化をもたらす

brìng alóng ... / **brìng ... alóng** 〈他〉① …を〈…に〉連れて[持って]来る〈**to**〉‖ You can ～ your friends *along to* the party. パーティーに友達を連れて来てもいいよ ② …の進歩を助ける, 成長を促す

***brìng aróund** [《英》**róund**] 〈他〉 **I** 《**brìng ... aróund** [《英》**róund**]》① 〔人〕を説得して〈考え方などに〉同調させる, 〔人〕の考えを〈…の方に〉変えさせる〈**to**〉‖ They tried to ～ him *around to* their way of thinking. 彼らは彼を説得して自分たちの考え方に同調させようとした ② 〔話題など〕を〈都合のよい方に〉転じさせる〈**to**〉 ③ 《口》〔人〕の意識を回復させる **II** 《**brìng aróund** [《英》**róund**] **...** / **brìng ... aróund** [《英》**róund**]》④ 〈人の家などに〉…を連れて来る[行く]〈**to**〉‖ *Bring* your wife *around* next time. 今度は奥さんを連れていらっしゃい ⑤ 〔車など〕を(建物のこちら側に)動かす[回す] ⑥ 〔食べ物・飲み物など〕を配って回る

brìng awáy ... / **brìng ... awáy** 〈他〉〔印象・情報など〕を〈…から〉持ち帰る〈**from**〉

***brìng báck ...** / **brìng ... báck** 〈他〉① …を持ち[連れ]帰る ‖ *Bring* me *back* some eggs. (= *Bring* some eggs *back* for me.) 卵を買って来てください ② …を〈…に〉戻す, 返却する; 〔人〕を〈元の状態に〉回復させる〈**to**〉‖ A few days' rest will ～ you *back to* health. 2, 3日休養すれば健康体に戻れますよ / ～ her *back to* reality [OR earth] 彼女を現実に引き戻す ③ (物事が)…を思い出させる, 〔記憶〕をよみがえらせる ‖ These pictures ～ *back* memories of my school days. これらの写真を見ると学生時代を思い出す ④ …を復活させる, 生き返らせる(revive) ‖ ～ *back* capital punishment 死刑を復活させる

brìng *À* before *B́* *A*(人・物)を*B*の前に連れて来る; *A*(案件など)を*B*(委員会など)に持ち出す ‖ ～ the matter *before* the council その問題を評議会にかける

***brìng dówn** 〈他〉 **I** 《**brìng dówn ...** / **brìng ... dówn**》① …を降ろす ② 〔獲物など〕を仕留める; 〔鳥・飛行機など〕を撃ち落とす; 〔飛行機〕を着陸させる ‖ He *brought down* the deer with one shot. 彼は1発でシカを仕留めた ③ 〔人・政府など〕を(打ち)倒す(overthrow, topple); 『ラグビー・アメフト』…を(タックルして)倒す ‖ The scandal may ～ *down* the President. そのスキャンダルで大統領は失脚するかもしれない ④ 〔物価・質など〕を〈…まで〉下げる〈**to**〉(↔ *put up*) ‖ ～ the price *down to* five hundred dollars 値段を500ドルまで下げる ⑤ 《堅》〔罰・怒りなど〕を〈…に〉こうむらせる〈**on, upon**〉‖ ～ *down* God's wrath *upon* oneself 神の怒りを(我が身に)招く / My only son has just *brought down* trouble *on* my family again. うちの一人息子がまた家族にトラブルを持ち込んだ **II** 《**brìng ... dówn**》⑥ 〔人〕をがっくりさせる, 落ち込ませる

brìng fórth ... / **brìng ... fórth** 〈他〉① 〔現象・結果など〕を生じさせる, 生む, 引き起こす; 《文》〔子〕を産む; 〔果実〕をつける ‖ His remark *brought forth* a heated debate. 彼の発言がもとで激論が巻き起こった ② 《堅》…を取り出す; (人々の前に)…を持ち出す

***brìng fórward ...** / **brìng ... fórward** 〈他〉① …の期日[時間]を繰り上げる(advance; put forward)(↔ *put back*) ‖ The date for the party has been *brought forward* from the 8th to the 4th. パーティーの日取りは8日から4日に繰り上げられた ② 『簿』…を次ページに繰り越す ③ 〔議案・計画など〕を提起する, 持ち出す(put forward) ‖ ～ *forward* an objection 異論を唱える

***brìng ín ...** / **brìng ... ín** 〈他〉① 〔物・風習など〕を持ち込む, 〔作物〕を取り入れる; 〔規則・制度など〕を導入する ② 〔利益・収入〕を生み出す, もたらす ‖ Each sale will ～ (him) *in* 5,000 yen. 1つ売れるごとに(彼に)5,000円のもうけが入る ③ 〔人〕を仲間に引き入れる, …に参加させる〈**on** …の(仕事に) / **to** *do* …するのに〉‖ ～ them *in on* the plan 彼らをその計画に引き入れる ④ 〔議案など〕を提出する; (陪審員が)〔評決〕を下す ⑤ …を引用する, …に言及する ⑥ 〔人〕を逮捕する, 拘引する ⑦ 『野球』〔走者〕を生還させる

brìng *À* into *B́* ① *B*(話など)の中で*A*(話題など)に言及する, ふれる ② *B*(計画など)に*A*(人)を引き込む, 参画させる ③ ⇨ 他 ❸**a**, ❹

brìng ... into being ⇨ BEING²(成句)

***brìng óff ...** / **brìng ... óff** 〈他〉① 〔難事〕をやってのける ‖ Did you ～ it *off*? うまくできたかい / Ichiro *brought off* a 23-game hitting streak. イチローは23試合連続安打を記録した ② (難破船などから)〔人〕を救出する ③ ⊗《卑》…をいかせる

***brìng ón ...** / **brìng ... ón** 〈他〉① 〔災い・病気など〕をも

たらす（→ CE 1）‖ His overwork *brought on* an illness. 彼は過労が原因で病気になった ②〔人〕の能力を伸ばす，〔学力など〕を向上させる；〔作物〕の発育を促進する ‖ Warm weather ～*s on* the crops. 天候が暖かいと収穫が増える ③…を登場させる，出す ‖ *Bring* it *on*! どんと来い，かかって来い（♥けんかなどをけしかけられて）

brìng À on [OR ***upon***] ***B́*** *B*（人など）に*A*（悪い状況）をもたらす ‖ He *brought* the trouble *on* himself. 彼はその災難を自ら招いた

****brìng óut*** 〈他〉 Ⅰ《***brìng óut ...*** / ***brìng ... óut***》①…を取り出す ②〔製品〕を**発表する**，〔本〕を出版する ③…を持ち出す Ⅱ《***brìng óut ...***》④〔才能・性質など〕を〈…に〉発揮させる，引き出す〈**in**〉‖ Hardship ～*s out* the best *in* people. 苦難に出会うと人間の最もよい面が現れるものだ ⑤〔意味など〕を**明らかにする**；〔特徴など〕を際立たせる，引き立てる ‖ That will ～ *out* the point better. その方が要点がはっきりする Ⅲ《***brìng ... óut***》⑥〔人〕の内気を直す，〈自分の殻から〉…を抜け出させる〈**of**〉；《旧》〔若い女性〕を社交界に出す ‖ We tried to ～ Julia *out of* herself [OR her shell]. 我々はジュリアの内気を直すように努めた ⑦（気候などが）〔花・葉〕を開かせる ⑧〔言葉など〕を口に出す，言う ‖ You should frame every sentence in your mind before you ～ it *out*. まず心の中で文を組み立ててから口に出して言いなさい ⑨《英》…にストライキをさせる

brìng À óut in B́ 〈他〉《英》*A*（人）の肌に*B*（吹き出物など）を出させる

brìng óver 〈他〉 Ⅰ《***brìng óver ...*** / ***brìng ... óver***》…を（遠方より）持って来る，連れて来る ‖ Buddhism was *brought over* from India. 仏教はインドから伝来した Ⅱ《***brìng ... óver***》〔人〕を説いて〈自分の意見などに〉引き入れる〈**to**〉‖ ～ him *over to* our side 彼を私たちの側に引き入れる

bring oneself to do ... ⇨ 他 ❺

brìng a pèrson thróugh (...)〈他〉〔人〕に（困難・病気などを）切り抜けさせる；〔人〕の命を救う ‖ His strong character *brought* him *through* (the ordeal). 強い性格のおかげで彼は（その試練を）切り抜けた

brìng ... tó /túː/〈他〉（♦ to は副詞）①〔人〕を正気づかせる ‖ A shot of brandy *brought* the woman *to*. 1口のブランデーでその女性は意識を回復した ②〔船〕を止めさせる

bring ... to bear ⇨ BEAR[1]（成句）

bring ... to pass ⇨ PASS[1] 名（成句）

brìng a pèrson to him/herséĺf 〔人〕を正気づかせる

brìng togéther ... / ***brìng ... togéther*** 〈他〉①…を寄せ集める ②〔人・男女など〕を会わせる，結びつける，親しくさせる；〔人〕を和解させる ‖ This incident *brought* them *together*. この事件が彼らを結びつけた

brìng únder 〈他〉 Ⅰ《***brìng ... únder***》…を（権力などで）屈服させる，鎮圧する Ⅱ《***brìng À únder B́***》⇨ 他 ❹

****brìng úp*** 〈他〉《***brìng úp ...*** / ***brìng ... úp***》①〔子供〕を**育てる**，しつける（⇨ GROW 類語P）（♦しばしば受身形で用いる）‖ Parents today are uncertain (about) how to ～ *up* their children. 今どきの親は子供の育て方に自信がない / He is very well *brought up*. 彼はとても育ちがよい / be *brought up* to respect one's parents 両親を敬うようしつけられる / be *brought up* (as) a Catholic カトリック教徒として育てられる ②（画面上に）…を表示させる ③〔問題など〕を**持ち出す**，話題にする（↷ drag up；raise）；〔人（の名前）〕を〈候補者などに〉挙げる〈**for**〉‖ This is not the time to ～ *up* the subject. 今はそのことを話題にするときではありません ④…を〈あるレベルまで〉上げる〈**to**〉⑤〔食べ物など〕を吐く（↷ throw up）⑥〔人〕を〈困難・障害などに〉遭わせる，直面させる〈**against**〉⑦…を急に止める；〔船〕を止める ‖ A sudden sound *brought* the horse *up* (short [OR sharp]). 急に物音がしたので馬は（とっさに）足を止めた ⑧〔人〕を〈…で〉訴える，裁判にかける〈**for**〉⑨〔軍隊〕を（前線に）集結する ━〈自〉急に止まる；（船が）投錨（とうびょう）する

COMMUNICATIVE EXPRESSIONS

1 **Whát bròught this ón?** 一体なぜこんなことになってしまったんだ（♥予期せぬ出来事に対して）

brìng-and-búy sàle 名 C《英》（持ち寄りの）チャリティーバザー（♦bring and buy ともいう）

brìnging-úp 名 U（子供の）教育，しつけ

***brink** /brɪŋk/ 名 C《単数形で》❶（崖（がけ）などの）縁，先端；水際（edge）‖ He stood on the ～ of the cliff. 彼は崖の端に立った ❷（危険・驚きなどの）間際，寸前

****on*** [OR ***at, to***] ***the brínk of ...*** …にひんして，…の間際で ‖ Poaching has brought white rhinos *to the* ～ *of* extinction. 密猟によってシロサイは絶滅の危機にひんしている / be *on the* ～ *of* war [collapse] 戦争［崩壊］の瀬戸際にある / be *on the* ～ *of* a breakthrough 大技術革新の寸前にある

brink·man·ship /brɪ́ŋkmənʃɪp/ 名 U【政】瀬戸際政策《戦争寸前まで圧力をかけ続ける外交的駆け引き》（♦《米》では brinksmanship ともいう）

brin·y /bráɪni/ 形 塩水（brine）の；塩辛い
━名《the ～》《英口》海，大海原

bri·o /bríːoʊ/ 名 U 活気，元気，陽気（♦イタリア語より）

bri·oche /brióʊʃ | -ɔ́ʃ, -óʊʃ, ━/ 名 C ブリオッシュ《卵・バター入りの軽くて甘いフランスの菓子パン》

bri·quette, -quet /brɪkét/ 名 C（粉炭を固めた）練炭，たどん；練炭状のもの

Bris·bane /brízbən, -beɪn/ 名 ブリスベーン《オーストラリア南東部の港湾都市，クイーンズランド州の州都》

***brisk** /brɪsk/ 形（～·**er**；～·**est**）（♦最上級 ～est はまれ）❶（動作などが）活発な，きびきびとした ‖ I had a ～ walk to the station. 私は駅まで早足で歩いた ❷（空気・風などが）ひんやりさわやかな，爽快（そうかい）な ❸（口調・マナーが）てきぱきした ‖ The clerk was ～ and businesslike. 店員はてきぱきと事務的に応対した ❹（商売が）活況の（↔ slow）‖ Business is ～ today. 今日は商売繁盛だ
━動 他…を速める《**up**》
～·**en** 動 自 他 活気づける ～·**ly** 副 活発に，きびきびと
～·**ness** 名 U 活発，活況；元気

bris·ket /brískɪt/ 名 U（牛などの）胸（肉），ブリスケ

bris·ling /brízlɪŋ, brís-/ 名 C【魚】小イワシ（sprat）

***bris·tle** /brísl/ 名 C ❶（動物・人のひげなどの）剛毛；（植物の）（剛毛状の）とげ ❷（ブラシの）（針）毛 ‖ a toothbrush with nylon ～*s* ナイロン製の毛の歯ブラシ
━動 自 ❶態度を硬化させる，気色ばむ〈**at** 無礼・非難などに；**with** 怒りで〉❷（髪の毛などが）逆立つ；（動物が）（怒って）毛を逆立てる ❸《+**with** 名》（場所などが）…で充満する；〔困難など〕に満ちている ‖ Manhattan ～*s with* towering buildings. マンハッタンには高層ビルが林立している ━他 ❶〔毛〕を逆立てる ❷〔ブラシ〕に毛を植える

bris·tly /brísli/ 形 ❶剛毛の生えた［多い］；剛毛質の，剛毛のような；（毛髪などが）ごわごわの ❷怒りっぽい，短気な

Bris·tol /brístəl/ 名 ブリストル《イングランド南西部の港湾都市，エーボン州の州都》

▸▸～ **Chánnel** 名《the ～》ブリストル海峡《ウェールズとイングランドの間の入江》

Brit /brɪt/ 名 C 形《口》英国人（の）

Brit. 略 Britain, British

***Brit·ain** /brítən/ 名 Great Britain の略称（→ Great Britain, United Kingdom）
語源 ラテン語で「ブリトン人（Briton）の島」の意.

Bri·tan·nia /brɪtǽnjə/ 名 ❶ブリタニア《Great Britain 島のローマ時代の呼称》❷大英帝国（the British Empire）；グレートブリテン島（Great Britain）❸ U ブリタニア《Great Britain または British Empire を象徴する女性．かぶとをかぶり，盾（たて）と三つまたの矛（ほこ）を持つ》❹ =britannia metal

▸▸～ **mètal** 名 U ブリタニアメタル《すず・銅・アンティモニー

の合金. 食器用》

Bri·tan·nic /brɪtǽnɪk/ 形《旧》=British (♦主に次の句で用いる) ‖ His [Her] ～ Majesty 英国国王[女王]陛下《略 HBM》

britch·es /brítʃɪz/ 名《次の成句で》

be* [*get*] *too big for one's britches ⇨ BIG(成句)

Brit·i·cism /brítɪsìzm/ 名 U C (Americanism に対し)イギリス英語特有の語法[表現, 慣習]; 英国なまり

⁑Brit·ish /brítɪʃ/ 形 名

―形 ❶ **英国の**, グレートブリテン島の; 英国人の; イギリス英語の ❷ 英連邦の, 大英帝国の

―名 ❶《the ～》《複数扱い》《集合的に》英国人[民]

❷ U =British English

The best of British* (*luck*)*! ⇨ BEST(成句)

▸▸ **～ Acádemy** 名《the ～》英国学士院《人文学の研究・発展を目的として1901年創設. 略 B.A., BA》 **～ Antàrctic Térritory** 名 英領南極地域《大西洋南部から南極にわたる英国植民地》 **～ Ásian** 名 C 英国育ちのインド[パキスタン, バングラデシュ]人 **～ Bròadcasting Corporátion** 名《the ～》英国放送協会, BBC **～ Colúmbia** 名 ブリティシュコロンビア《カナダ西部, 太平洋岸の州. 州都 Victoria. 略 B.C., BC》 **～ Cómmonwealth of Nátions** 名《the ～》英連邦《the Commonwealth of Nations の旧称》 **～ Cóuncil** 名《the ～》ブリティッシュカウンシル, 英国文化協会《英語の普及と英国文化の海外への紹介を目的とした政府後援の機関. 1934年創設. 略 B.C., BC》 **～ Émpire** 名《the ～》大英帝国 **～ Énglish** 名 U (American English に対し) イギリス英語 (British)《略 BrE》 **～ Índia** 名 (昔の) 英領インド **～ Ìndian Ócean Tèrritory** 名《the ～》英領インド洋領土《インド洋のチャゴス諸島からなる》 **～ Ísles** 名《the ～》イギリス[英国]諸島《グレートブリテン, アイルランドおよび付近の島々よりなる》 **～ Muséum** 名《the ～》大英博物館《ロンドンにある博物館. 1753年創設》 **～ Súmmer Tìme** 名 U 英国夏時間《GMT (グリニッジ標準時) より1時間繰り上げた時間. 3月の終わりから10月の終わりまで. 略 BST》 **～ thérmal ùnit** 名 C 〘理〙英国熱量単位《1ポンド(約0.45kg)の水をカ氏1度上昇させるのに必要な熱量. ガスの熱量表示に用いられる. 略 Btu, BTU》 **～ Vìrgin Íslands** 名 =Virgin Islands

Brit·ish·er /brítɪʃər/ 名 C《主に米口》《英では旧》英国人

Brítish·ìsm 名 =Briticism

***Brit·on** /brítən/ (♦同音語 Britain) 名 C ❶ 英国人 (♦主に新聞で用いる) ❷ ブリトン人《ローマ侵入以前のブリテン島の住民》

Brit·ta·ny /brítəni/ 名 ブルターニュ(半島), ブリタニー《フランス北西部の半島を中心とする地域》

brit·tle /brítl/ 形 ❶ 堅くてもろい, 砕けやすい (⇨ WEAK 類語) ❷ 不安定な; はかない, 移ろいやすい ‖ a ～ friendship もろい友情 ❸ 優しさを欠く; 心の冷たい ❹ (音が)鋭い, 金属性の

―名 U ブリットル《豆板状の菓子》 **～·ness** 名

▸▸ **～ bóne disèase** 名 =osteoporosis **～ stàr** 名 C 〘動〙クモヒトデ類

bro. /broʊ/ 名 (複 **bros.**)《口》=brother

broach /broʊtʃ/ (♦同音語 brooch) 動 他 ❶〔話題〕を〈人に〉切り出す, 持ち出す〈**to, with**〉‖ The subject was *～ed with* no preliminary explanation. その話題は何の前置きもなしに持ち出された ❷〔たる〕に飲み口をつける; (飲み口を開けて)〔酒など〕を出す ❸ (穴ぐり器で)〔穴〕を開ける[広げる] ―自 (鯨などが)海面に浮上する; 〘海〙(船が)舷側を風に向ける ―名 C ❶ 穴ぐり器; (たる)口開け錐(きり) ❷ 先のとがった道具; 焼肉用串

⁑broad /brɔːd/《発音注意》

中心義 **見通しを妨げるものがなく広々とした**(★視覚的な対象に限らず,「意味」や「計画」などにも用いる)

> 形 **広い❶ 広範囲な❷ 概略の❸ 広々とした❹ 明白な❺**

―形〔▶ breadth 名, broaden 動〕(**～·er**; **～·est**)

❶ (幅の)**広い** (↔ narrow) (⇨ WIDE 類語P); 《数詞を伴って》幅…の ‖ a ～ river [street, staircase] 広い川[通り, 階段] / a passage four feet ～ 幅4フィートの小道

❷ **広範囲な**, さまざまな ‖ The candidate won ～ support from the voters. その候補者は有権者の広範な支持を得た / a ～ **range** [OR spectrum] of interests [experience] 幅広い趣味[経験]

❸《限定》**概略の**, 大ざっぱな, 要点だけの ‖ He gave a ～ outline of the project. 彼は計画の概略を示した / Labor and management are in ～ agreement. 労使は大筋で合意している / in a ～ sense 広義で

❹ (海・土地などが)**広々とした** ‖ a ～ expanse of fields [water] 広々とした畑[海]

❺ **明白な** ‖ a ～ hint すぐにわかる暗示

❻ くまなく行き渡った, いっぱいにあふれた ‖ in ～ daylight 白昼に / a ～ grin [smile] 満面の笑顔[ほほ笑み]

❼ (考え・意見などが) 寛容な, 偏見のない ‖ The principal takes a ～ view of bilingual education. 校長は2言語教育に関して偏りのない見方をする / a ～ mind 広い心 ❽〘言〙(方言などが) 強い, 丸出しの ‖ a ～ Australian accent 強いオーストラリアなまり ❾ 露骨な, 下品な ‖ a ～ joke みだらな冗談 ❿〘音声〙(母音が)開口音の (father の /ɑː/ など); (音声表記が)簡易表記の

(*as*) *broad as a barn door* ⇨ BARN DOOR(成句)

bròad in the béam 尻(しり)の大きい

hàve a bròad báck 軽々と問題を処理できる

hàve bròad shóulders 肩幅が広い; 大きな責任をとれる

in broad* (*brush*) *strokes ⇨ STROKE[1](成句)

It's as bròad as it's lóng.《口》どっちにしても変わりはない, 五十歩百歩だ

―名 C ❶ ⊗《主に米俗》《蔑》女, すけ ❷《単数形で》広い部分 ‖ the ～ of the back 背中(の広い部分)

―副 すっかり, 十分に

～·ness 名

▸▸ **～ árrow** 名 C 雁股(かりまた)矢《幅広の矢尻(やじり)のついた矢》; 雁股矢印《英国で官有物に押す》 **～ bèan** / 英 ⌒⌒ / 名 C 〘植〙ソラマメ **～ brùsh** (↓) **Bròad Chúrch** 名 ① 《the ～》広教会派 (の)《英国国教会内の自由主義的な一派 (→ High Church, Low Church)》

broad arrow

② C《b- c-》幅広い意見[信念, 流儀など]を持つ組織[団体] **～ gàuge** ⇨ GAUGE **～ jùmp** 名《the ～》《米》幅跳び (《英》long jump) **～ móney** 名 C 〘金融〙全通貨供給量 (broad supply)《銀行預金などもすべて含まれる》

B́-ròad 名 C (英国の) B級道路《A級道路に次ぐ下位道路》(→ A-road)

bróad·bànd 名 U 形 ブロードバンド(の); 〘電子〙広帯域(の)

***bróad-bàsed** 形《通例限定》広い基盤を持つ

bróad-brìmmed 形 広縁の, つばの広い (wide-brimmed) ‖ a ～ hat 広縁帽

bróad brùsh 名 C 大づかみの説明[話し方]

bróad-brùsh 形《限定》全般的な, 大まかな ‖ ～ guidance 概要説明

⁑broad·cast /brɔ́ːdkæ̀st | -kɑ̀ːst/

―名 (複 **～s** /-s/) C U ❶ (ラジオ・テレビの) **放送**; 放送番組 ‖ We will extend the ～ and keep you informed. 放送時間を延長してお送りします / a nationwide [regional] television ～ 全国[地方]向けテレビ放送 / a live ～ of a baseball game 野球の実況

B

放送 / in a ~ on May 2 5月2日の放送で
❷ (種などの)ばらまき
—動 (~s /-s/ ; -cast, 《ときに》 ~·ed /-ɪd/ ; ~·ing)
—他 ❶〔番組・ニュースなど〕を**放送する**(↷ put out) ; 放送で…を伝える ; インターネットで…を配信する ‖ The concert was ~ live. そのコンサートは生中継された
❷〔うわさ・情報など〕を**広める**, 流布させる ; …を多くの人に話す ‖ The rumor was ~ throughout the city. そのうわさは町中に広まった / I don't want to ~ my mistake. 自分の失敗はあまり多くの人に話したくない
❸〔種など〕をまき散らす
—自 **放送する** ; テレビ[ラジオ]に出る ‖ CNN also ~*s* in Japan. CNNは日本でも放送している / She often ~*s* on「an Internet radio station [political topics]. 彼女はしばしばインターネットラジオ[政治問題についての番組]に出演する
—形 《比較なし》 ❶ 放送の, 放送された ‖ on ~ news 放送されたニュースで ❷ (種などが)まき散らされた ❸ 流布された, 広範囲にわたった
—副 《比較なし》(テレビ・ラジオで)人々に達するように ; くまなく広がるように
語源 broad(広い)+cast(投げる)

*__broad·cast·er__ /brɔ́ːdkæstər | -kɑ̀ːst-/ 名 C ❶ 放送者, キャスター, アナウンサー ; 放送局(の放送装置) ❷ 種まき機, 種をばらまく人

*__broad·cast·ing__ /brɔ́ːdkæstɪŋ | -kɑ̀ːst-/ 名 U 放送 ; 放送業 ‖ cable [shortwave] ~ 有線[短波]放送

bróad·clòth 名 U ❶ 広幅の上等の黒ラシャ地 ; 各種の広幅織物 ❷ ブロード《ワイシャツなどの服地》

*__broad·en__ /brɔ́ːdən/ 動 〔◁ broad 形〕 自 広くなる, 広がる《*out*》 ‖ The path ~*s* here. 道はここで広くなる / Her smile ~*ed*. 彼女の顔に笑みが広がった —他 …を広くする, 広げる ‖ ~ one's horizons [OR mind] 視野を広める

bròad-léaved, -léaf ◁ 形 《限定》広葉の

bróad·lòom 名 U 形 広幅織りの(カーペット)

*__broad·ly__ /brɔ́ːdli/ 副 (more ~ ; most ~) ❶ 一般的に ; 大ざっぱに, ほぼ ‖ We reached ~ similar conclusions. 我々はほぼ同じ結論に達した ❷ 《文修飾》 NAVI 大ざっぱに言って (→ *broadly speaking* (↓)) ❸ 広く, 広範囲に ❹ はっきりと, あからさまに, (好意を示して)にっこりと ‖ smile [OR grin] ~ 満面に笑みを浮かべる

bròadly spéaking NAVI 大ざっぱに言って, 概して (⇨ NAVI表現 12) ‖ *Broadly speaking*, there are about 6,000 languages in the world. 大ざっぱに言うと, 世界にはおよそ6,000の言語がある

bròadly-básed 形 《通例限定》多種類の, 広範な

bròad-mínded ◁ 形 心の広い, 寛容な(↔ narrow-minded) ~·ly 副 ~·ness 名

bróad·shèet 名 =broadside ❸

bróad·side 名 C ❶ 〘海〙(水面上に出た)舷側(げんそく) ; 舷側砲(の一斉射撃) ❷ (新聞紙上などでの)激しい非難[攻撃] ❸ 片面刷りの大判紙 ; 普通サイズの新聞
—副 (船が)舷側を向けて ; (車が)側面を向けて
bròadside ón ... 一方を…に向けて
—動 他 《米》 ❶ …の側面に衝突する ❷ …を強く非難する

bròad-spéctrum ◁ 形 (薬剤が)用途の広い

bróad·swòrd 名 C だんびら《広刃の刀》

Bróad·wày 名 ブロードウェイ《米国ニューヨーク市のマンハッタン島を南北に縦断する大通り. 劇場街として知られる》; ニューヨークの演劇界 ‖ Lloyd Webber's new musical is on ~ now. ロイド=ウェバーの新作ミュージカルが今ブロードウェイで上演中だ

bróad·wìse /-wàɪz/, **-wàys** /-wèɪz/ 副 横向きに, 横の方に

Brob·ding·nag /brɑ́(ː)bdɪŋnæ̀g | brɔ́b-/ 名 巨人の国《Swift 作 *Gulliver's Travels* 中の国》(→ Lilliput)
Bròb·ding·nág·i·an 形 巨大な —名 C 巨人

bro·cade /broʊkéɪd | brə-/ 名 U 錦織り, 金襴(きんらん)
—動 他 …を錦織りにする

Bró·ca's àrea /bróʊkəz-/ 名 U 〘解〙ブローカ野《発話にかかわる脳の部位. フランス人医師 Paul P. Broca が発見》

broc·co·li /brɑ́(ː)kəli | brɔ́k-/ 名 U C 〘植〙ブロッコリー

bro·chette /broʊʃét/ 名 C (料理用の) 焼き串 ; C U 焼き串を使った料理

*__bro·chure__ /broʊʃʊ́ər | bróʊʃə, brɔʃʊ́ə/ 《発音注意》 名 C 小冊子, パンフレット

brochúre·wàre 名 U ブロシュアウェア《紙媒体の会社案内をそのまま掲載しているだけのウェブサイト》

brock /brɑ(ː)k | brɔk/ 名 C 《英》アナグマ(badger)

bro·de·rie an·glaise /brὸʊdəriː ɑːŋgléɪz | -dəri ɔ́ŋgleɪz/ 名 U イギリス刺繍(ししゅう)《花模様の刺繍》

bro·gan /bróʊgən/ 名 C 《通例 ~s》ブロガン《足首まである丈夫な作業靴》

brogue[1] /broʊg/ 名 C 《通例単数形で》田舎なまり, (特に)アイルランド・スコットランドなまり

brogue[2] /broʊg/ 名 C 《通例 ~s》ブローグ《丈夫な編み上げ靴. 上部に飾り穴がある》

broil[1] /brɔɪl/ 動 他 ❶ 《米》〔肉〕をあぶる, 焼く(grill) ❷ (日差しなどが)…に照りつける(⇨ BAKE 類語P)
—自 ❶ 《米》(肉が)焼ける ❷ (人が)日に焼ける ; 焼けるように暑くなる ‖ a ~*ing* day 猛暑の日
—名 U C 焼く[あぶる]こと ; 《米》焼き肉

broil[2] /brɔɪl/ 名 C 《古》けんか, 口論 ; 騒ぎ

broil·er /brɔ́ɪlər/ 名 C ❶ (=~ chìcken) ブロイラー《焼き肉用若鶏》 ❷ (=~ pàn) 《米》焼肉器, グリル ❸ 《口》猛暑の日

‡**broke** /broʊk/
—動 ❶ break の過去 ❷ 《古》break の過去分詞 ‖ *If it ain't ~, don't fix it.* 《諺》壊れていないなら修理するな (♥ うまくいっていることに変更を加えようとする人に対して「余計なことをするな」の意味で用いる)
—形 《比較なし》《叙述》《口》一文無しの(⇨ POOR 類語)
be dèad [OR *flàt,* 《米》 *stòne,* 《英》 *stòny*] *bróke* 全くの一文無しである
gò bróke 《口》破産する(↗ go bankrupt)
gò for bróke 《口》すべてを賭(か)ける, 一か八(ばち)かやってみる ‖ a *go-for-broke* legal battle すべてを賭けての法的闘争

‡**bro·ken** /bróʊkən/
—動 break の過去分詞
—形 《比較なし》 ❶ (機械が) **故障した**, 動かない ‖ a ~ camera 壊れたカメラ
❷ **砕けた** ; (骨などが)折れた ‖ a ~ glass 割れたコップ / a ~ leg 骨折した足
❸ 《通例限定》途切れ途切れの, 乱された ‖ a ~ sleep 断続的な眠り
❹ 《限定》(人が)意気消沈した, 打ちひしがれた ; 衰弱した ‖ a ~ man 失意の人 / ~ spirit 意気消沈
❺ 《通例限定》(約束・法などが)破られた, 不履行の ‖ a ~ promise [agreement] 破られた約束[協定]
❻ 《限定》(言葉遣いが)めちゃくちゃの, 間違いだらけの ‖ ~ English 片言の[あやしげな]英語
❼ 《限定》(家庭・結婚などが)崩壊した, 破綻(はたん)した ‖ a ~ family 崩壊した家族 / a ~ marriage 破綻した結婚生活 ❽ 《通例限定》(表面が) でこぼこの ‖ a ~ ground でこぼこなグラウンド ❾ 不完全な ; 断片的な ; 半端の ‖ ~ size 不ぞろいのサイズ / a ~ number 端数
~·ly 副 途切れ途切れに, つっかえつっかえ ~·ness 名
▸▸ ~ chórd 名 C 〘楽〙分散和音(arpeggio) ~ héart 名 C 失意, 失望, 失恋 ~ hóme 名 C 崩壊した家庭 ~ líne 名 C 破線(…) ; 折れ線 ~ réed 名 C 〘聖〙折れた葦(あし)《頼りにならない人[もの]のたとえ》 ~ wínd 名 U 馬のぜんそく

*__bròken-dówn__ ◁ 形 《通例限定》(病気・老齢などで)衰弱した ; (建物が)荒れ果てた ; (機械などが)故障した

B

bròken·héarted ⟨ジ⟩ 形 悲嘆に暮れた, 失恋した

*__bro·ker__ /bróukər/ 名 C ❶ 仲介者, 周旋屋, ブローカー ❷ 株式仲買人(stockbroker)
— 動 他 …の仲介[調停役]をする, ブローカーとして働く ‖ ～ the sale of a house 住宅販売の仲介をする / a US-～*ed* cease-fire 米国の仲介による休戦

bro·ker·age /bróukərɪdʒ/ 名 U ❶ ブローカー業, 仲介[周旋]業 ; C 仲介会社 ‖ a ～ firm ブローカー業者 ❷ 仲介[周旋]料, 口銭

brok·ing /bróukɪŋ/ 名 U 《英》 ブローカー業 ; 《形容詞的に》仲買(業)の, 仲介の

brol·ly /brá(:)li | bróli/ 名 (複 **-lies** /-z/) C 《英口》傘

bro·me·li·ad /broumí:liæd/ 名 C 〔植〕アナナス

bro·mide /bróumàɪd/ 名 ❶ U C 〔化〕 臭化物 ; 臭化カリウム《かつて鎮静剤として用いた》 ❷ C 《堅》 陳腐な言葉[考え] ▸▸ ～ **pàper** 名 U 〔写〕 ブロマイド紙《臭化銀を用いた高感度印画紙》

bro·mine /bróumì:n/ 名 U 〔化〕 臭素《非金属元素. 元素記号 Br》

bron·chi /brá(:)ŋkaɪ, -ki: | brɔ́ŋ-/ 名 bronchus の複数

bron·chi·al /brá(:)ŋkiəl | brɔ́ŋ-/ 形 《通例限定》〔解〕 気管支の ▸▸ ～ **tùbe** 名 C 《通例 ～s》〔解〕気管支

bron·chi·tis /brɑ(:)ŋkáɪṭəs | brɔŋkáɪtɪs/ 名 U 〔医〕 気管支炎 **bron·chí·tic** 形 〔医〕気管支炎の

bron·chus /brá(:)ŋkəs | brɔ́ŋ-/ 名 (複 **-chi** /-kaɪ, -ki:/) C 〔解〕気管支

bron·co /brá(:)ŋkou | brɔ́ŋ-/ 名 (複 **～s** /-z/) C (米国西部の)(半)野生馬, ブロンコ馬

brónco·bùster 名 C 《口》野生馬をならすカウボーイ

Bron·të /brá(:)nṭi | brɔ́n-/ 名 ブロンテ《19世紀英国の女流小説家の3姉妹. 生年順に **Charlotte ～** (1816–55), **Emily ～**(1818–48), **Anne ～**(1820–49)》

bron·to·saur /brá(:)nṭəsɔ̀:r | brɔ́n-/ 名 C 〔古生〕 ブロントサウルス《apatosaurus の旧称》

bron·to·sau·rus /brà(:)nṭəsɔ́:rəs | brɔ̀n-/ ⟨ジ⟩ 名 = brontosaur

Bronx /brɑ(:)ŋks | brɔŋks/ 名 《the ～》ブロンクス《米国ニューヨーク市北部の1行政区》 ▸▸ ～ **chéer** 名 C 《米口》(唇と舌を震わせて出す)野卑なあざけり[やじ]

*__bronze__ /brɑ(:)nz | brɔnz/ 名 ❶ U ブロンズ, 青銅《銅とすずの合金》 ; (すず以外との) 銅合金 ❷ U 青銅色, 赤褐色, 黄褐色 ❸ C 青銅製品, ブロンズ像 ❹ (= ～ **médal**) U C 銅メダル ‖ win [OR get] a ～ at the Olympics オリンピックで銅メダルを獲得する
— 形 《限定》 ❶ 青銅(製)の ‖ a ～ statue ブロンズ像, 銅像 ❷ 青銅色の
— 動 他 …の表面を青銅(状のもの)で仕上げる, …を青銅色にする ; 〔肌〕を褐色に焼く ‖ His face was ～*d* by outdoor life. 彼の顔は野外生活で褐色に日焼けしていた
▸▸ **Brónze Àge** 名 《the ～》〔考古〕 青銅器時代 (3500–1500B.C.) ; 《b- a-》〔ギ神〕青銅時代 ～ **médalist** 名 C 銅メダリスト **Brònze Stár (Mèdal)** 名 C 〔米軍〕 青銅星章, ブロンズスター勲章《空中戦以外での武功に対して贈られる》

brooch /broutʃ, +米 bru:tʃ/ 《発音注意》 (♦ 同音語 broach) 名 C ブローチ, 襟留め

*__brood__ /bru:d/ 《発音注意》 名 C 《集合的に》《単数・複数扱い》 ❶ 一かえりのひな ; (動物の) 一腹の子 ‖ a ～ of chickens 一かえりの鶏のひな ❷ 《口》《戯》 (一家の) (たくさんの) 子供たち ❸ U (ミツバチなどの) 幼虫, ハチの子 ❹ 同種の人[もの]の集まり, 連中 ‖ the new ～ of designers 新しいデザイナーたち
— 動 自 ❶ 〈…について〉考え込む, 気に病む ; 沈思黙考する 〈**on, over, about**〉 ‖ Don't ～ *over* such trifles. そんなつまらないことにくよくよするな ❷ (鳥が) 卵を抱く ❸ (闇(やみ)・暗雲などが) 〈…に〉 垂れ込める 〈**over, on**〉 — 他 (鳥が)〔卵〕を抱く — 形 《限定》(動物が)繁殖用の

brood·er /brú:dər/ 名 C ❶ ひな保育器[箱] ; ひなを育てる人 ❷ 思いにふける人

bróod·màre 名 C 〔動〕繁殖用牝馬(ひんば)

brood·y /brú:di/ 形 ❶ (鳥が) 卵を抱きたがる ; 《英口》(女性が)子供を切望する ❷ ふさぎ込んだ, 考え込んだ
bróod·i·ness 名

*__brook__[1] /brʊk/ 名 C 小川, 細流 (⇨ RIVER 類語) ‖ a babbling ～ さらさら流れる小川
▸▸ ～ **tròut** 名 C 《米》〔魚〕カワマス《北米東部産》

brook[2] /brʊk/ 動 他 《通例否定文で》《堅》…を忍ぶ, …に耐える ; (事態などが)…を許す

bróok·lìme 名 U 〔植〕カワヂシャ《水辺に生える》

Brook·lyn /brʊ́klɪn/ 名 ブルックリン《米国ニューヨーク市の1行政区》 **Bróok·lyn·ìte** /-lɪnàɪt/ 名

*__broom__ /bru:m, brʊm/ 名 ❶ C ほうき, 長柄のブラシ ‖ a whisk ～ 小ぼうき / a man with a ～ ほうきを持った人 ; 改革者(→ new broom) ❷ U 〔植〕エニシダ
▸▸ ～ **cùpboard** 名 C 《英》 ① 作りつけの掃除用具入れ ② 《しばしば戯》小部屋

bróom·bàll 名 U ブルームボール《ブルーム (ほうきに似たスティック) でボールを打ち, スケートの代わりにシューズを履くアイスホッケーに似た氷上スポーツ》

bróom·stìck 名 C ほうきの柄《魔女が乗って空を飛ぶとされた》

Bros., bros. /brʌ́ðərz, brɑ(:)z | brɔz/ 略 Brothers ‖ Jones *Bros.* & Co. ジョーンズ兄弟商会

*__broth__ /brɔ(:)θ/ 名 U C ❶ (肉・魚・野菜などの煮出し汁からとった)薄いスープ ❷ (微生物)培養液[基]

broth·el /brá(:)θəl | brɔ́θ-/ 名 C 売春宿

***__broth·er__ /brʌ́ðər/ 名 間
— 名 (複 **～s** /-z/, ❷❸ではしばしば **breth·ren** /bréðrən/) C ❶ **兄, 弟**, (男の) 兄弟 (→ sibling, sister) ‖ How many ～*s* do you have? 兄弟は何人いるの / He is like a ～ to me. 彼は私にとって兄 [弟] のようだ / They are like ～ and sister. あの2人はまるで兄妹[姉弟]みたいだ(♦ sister and brother の語順ではない)

語法 ☆☆ (1) ふつう英語では「兄」「弟」を単に brother という. 区別する必要がある場合, 兄は an older [《英》 elder] brother または a big brother, 弟は a younger brother または a little [OR kid] brother という.
(2) 日本語の「兄さん」「お兄ちゃん」などの呼びかけには用いない. ふつうは John, Mike のように名前で呼ぶ.

❷ (兄弟同然の)親友 ; 同業者, 同僚, 仲間 ; (大学学生会の)会員 ; (同じ国籍・人種・宗教などの)男性 ; 同胞, 同志 ; 《形容詞的に》 仲間の, 同僚の ‖ ～*s* in arms 戦友 / a fraternity ～ (男性の) 学生クラブ会員 ; 寮友 / a ～ doctor 同僚の医師
❸ 〔宗〕同じ教会の男性信徒 ; 《しばしば B-》修道士, ブラザー ‖ *Brother* Matthew ブラザー=マシュー (♥主に呼びかけ・称号に用いる) / a lay ～ (カトリックの) 平(ひら) 修道士, 労働修士 ❹ 〈…に〉似た [関係のある] もの 〈**to**〉 ❺ 《米口》 黒人, 黒人仲間(soul brother) (♥ 黒人の間で使われる)
not one's brother's keeper ⇨ KEEPER(成句)
— 間 《主に米口》畜生, 何てこった, おやおや, へえ(♥ 失望・困惑・驚きを表す)

*__broth·er·hood__ /brʌ́ðərhʊ̀d/ 名 C ❶ U 兄弟の間柄 ; (兄弟同然の) 親しい関係 ; 兄弟愛 ‖ promote international ～ 国際的な友好関係を推し進める ❷ 《単数・複数扱い》友愛団体, 組合, 協会 ❸ 《米》 (鉄道) 労働組合 ❹ 《the ～》《集合的に》同業者, 仲間, 構成員 ; 修道会

*__brother-in-law__ /brʌ́ðərɪnlɔ̀:, +米 -lɑ̀:/ 名 (複 **brothers-** /brʌ́ðərz-/ OR **～s** /-z/) C 義理の兄[弟]

broth·er·ly /brʌ́ðərli/ 形 《通例限定》兄弟の[らしい] ; 親密な, 親身な **-li·ness** 名

brough·am /brú:əm/ 名 C ❶ (御者席が外についた) (昔の) 1頭立て四輪馬車 ❷ (運転者席に屋根のない) ブルーム型自動車

B

:brought /brɔːt/ 《発音注意》 動 bring の過去・過去分詞
brou·ha·ha /brúːhɑːhɑː, ‐‐́‐/ 名 C 《通例単数形で》《堅》世間の興奮, から騒ぎ, 騒動
***brow** /brau/ 《発音注意》 名 C ❶《通例 ~s》まゆ(毛) (eyebrow) ‖ His ~*s* went up. (驚いて[あきれて]) 彼はまゆを上げた ❷ 額(ひたい) (forehead) ‖ mop [OR wipe] one's ~ 額(の汗)をぬぐう / a wrinkled ~ しわの寄った額 ❸《通例単数形で》崖(がけ)っぷち, 坂[丘]のてっぺん
knìt [OR ***fùrrow***] ***one's brόws*** 眉間(みけん)にしわを寄せる, まゆをひそめる(♥ 集中・不快・心配などの表情)
▸▸ ~ **lìft** 名 C 額の整形手術(→ facelift)
brόw·bèat 動 (**-beat**; **-beat·en**; **~·ing**) 他 …を〈…する よう〉脅す〈**into**〉‖ He ~ her *into* accepting his offer. 彼は彼女を脅して申し出を承諾させた
:brown /braun/
―形 (**~·er**; **~·est**)
❶ **茶色の, 褐色の** ‖ ~ **eyes** [**hair**] 茶色の目[髪]
❷ 茶色い[浅黒い]肌の; 日焼けした ‖ go ~ in the sun 日に焼ける
(*as*) ***brown as a berry*** ⇨ BERRY(成句)
dò ... ùp brόwn 《米口》…を完璧(かんぺき)にやり遂げる
in a bròwn stúdy ぼんやりと物思いにふけって
―名 (複 **~s** /-z/) ❶ U C **茶色, 褐色**; 茶色の絵の具[染料] ‖ light [**dark, reddish**] ~ 薄[こげ, 赤]茶色 / **golden** ~ きつね色
❷ U 茶色の服 ‖ dressed in ~ 茶色の服を着て
❸ C 茶色い[浅黒い]肌の人; 茶色いもの
―動 他 …を茶色[褐色, きつね色]にする; [人]を日焼けさせる; …をきつね色に焼く[いためる]
―自 日に焼ける; 茶色[褐色, きつね色]になる
****bròwn a pèrson óff*** 〈他〉《通例受身形で》《口》〈…で〉退屈[うんざり]している, 落ち込んでいる, 怒っている〈**with**〉‖ He is getting ~*ed off with* his job. 彼は仕事に飽き飽きしてきた
bròwn óut 《米》〈他〉《***bròwn óut ...***》…を灯火管制下に置く
~·ish 形 茶色[褐色]がかった **~·ness** 名
▸▸ ~ **ále** 名 U 《英》ブラウンエール《甘口の黒ビール》; C ブラウンエール1杯[1本] ~ **álgae** 名 複 〖植〗褐藻(かっそう)類 ~ **bág** (↓) ~ **béar** 名 C ヒグマ ~ **bréad** 名 U ① (全粒小麦粉で作る)黒パン ② 《米》蒸しパンの一種 ~ **cóal** 名 U 褐炭 (lignite) ~ **dwárf** 名 C 〖天〗褐色矮星(わいせい)《核融合反応によって輝くことのできない小星》 ~ **gòods** 名 複 〖商〗茶色もの《テレビ・オーディオ装置など外装が茶色の家庭用電化製品》(→ white goods) ~ **nòsing** 名 U C ごますり ~ **páper** 名 U 褐色の包装紙 ~ **rát** 名 C 〖動〗ドブネズミ ~ **ríce** 名 U 玄米 ~ **sáuce** 名 U 〖料理〗ブラウンソース《小麦粉とバターをいためたルーをブイヨンで溶かしたソース》 ~ **súgar** 名 U 赤砂糖, 黒砂糖 ~ **tróut** 名 C 〖魚〗ブラウントラウト《ヨーロッパ原産の淡水魚. マスの一種》
brόwn-bàg 動 他 《米》《しばしば ~ it の形で》[弁当]を(職場・学校などに)持参する ―自 酒を(レストランなどに)持ち込む **~·ger** 名 C 《米》(職場などに)弁当持参の人 **~·ging** 名
brόwn bàg 名 C 《米》(弁当を持参するのに使う)褐色の紙袋
brόwn·fìeld 形 《限定》《英》(再開発用に)さら地になった ‖ a ~ site 再開発用のさら地 ―名 C 《米》環境汚染のために利用されなくなった工業[商業]区域
Bròwn·i·an mόvement [**mόtion**] /bràuniən-/ 名 《the ~》〖理〗ブラウン運動《Robert Brown が発見した流体中の微粒子の不規則運動》
brown·ie /bráuni/ 名 C ❶ ブラウニー《ナッツ入りチョコレートケーキ》 ❷ 《the B-s》《米》ガールスカウト[《英》ガールガイド]の年少団 ❸ 《B-》《米》ガールスカウト[《英》ガールガイド]の年少団員 (《英》Brownie Guide) ❹ ブラウニー《スコットランドの伝説で, 夜間にそっと家事をしてくれる茶色の妖精(ようせい)》
▸▸ **Brόwnie pòint** 名 《また b- p-》 C 《通例 ~s》《口》《戯》(人に取り入って得た)得点 ‖ earn [OR get] oneself ~ *points* 点数稼ぎをする
brown·ing /bráuniŋ/ 名 U ❶ 褐色にすること ❷ 《英》〖料理〗褐色の着色味つけ剤《スープを作るときの焦がした砂糖・小麦粉など》
Brown·ing /bráuniŋ/ 名 Robert ~ ブラウニング (1812–89)《英国の詩人》
bròwn-nόse /+ ‐́‐/ 《主に米口》 動 他 自 (人に)へつらう, ごまをする ―名 C ごますり(brownnoser)
brόwn·òut 名 U 《主に米》点灯制限; (電力不足などによる)電圧低下, 部分停電(→ blackout); (一時的な)集中力欠如
brόwn·stòne 名 《米》 U 赤褐色砂岩; C それを使った建築物《特にニューヨークのアパート建築》
browse** /brauz/ 動 自 ❶ 〈本などに〉ざっと目を通す, 拾い読みする〈**through**〉‖ ~ *through* a magazine 雑誌にざっと目を通す ❷ (商品などを)見て歩く, 冷やかす《around***》 ❸ 🖳 (ネットワークを介して)(データ・ファイルを)閲覧する ❹ (動物が)〈新芽・若葉などを〉食べる〈**on**〉
―他 ❶ [商品など]を見て歩く, ざっと見る ❷ 🖳 [データなど]を閲覧する ❸ (動物が)[新芽・若葉など]を食べる
―名 ❶ C 《通例単数形で》ざっと目を通すこと, 拾い読み; 店を冷やかすこと ❷ U (動物の食べる)新芽, 若葉 ❸ C 🖳 走査
brows·er /bráuzər/ 名 C ❶ 本を拾い読みする人, (冷やかしで)商品を見て歩く人 ❷ 🖳 (インターネットのウェブサイトを見るための)閲覧ソフト, ブラウザ(web browser)
bru·cel·lo·sis /brùːsɪlóusɪs/ 名 U 〖医〗ブルセラ病《細菌による人・牛馬の伝染病》
Bru·in /brúːɪn/ 名 《ときに b-》 C (童話・民話などに出てくる)クマ
***bruise** /bruːz/ 《発音注意》 名 C ❶ あざ; 打撲傷, 打ち身 ‖ get a ~ on one's arm 腕にあざを作る ❷ (果物・野菜に生じた)傷, 傷み ❸ 心の傷[痛手]
―動 他 ❶ …にあざを作る, 打撲傷を負わせる; [果物など]に傷をつける, …を傷める ‖ I ~*d* my leg against the table. 脚をテーブルに打ちつけてあざができた ❷ [感情など]を傷つける(♦ しばしば受身形で用いる) ‖ ~ his feelings 彼の感情を傷つける ❸ [食べ物・薬など]をすりつぶす, 打ちつぶす ―自 あざ[打ち身]ができる; (感情が)傷つく, (果物などが)傷つく(♦ 通例 easily, badly など様態を表す副詞を伴う) **~d** 形
bruis·er /brúːzər/ 名 C 《口》《けなして》荒くれ者; プロボクサー
bruis·ing /brúːziŋ/ 名 U 打撲傷(bruise)
―形 不愉快な; 過酷な
bruit /bruːt/ 動 他 [うわさ]を広める《***about, abroad***》‖ It was ~*ed about* that ... …というううわさが広まった
―名 C 〖医〗(聴診器で聞き取れる)異常音
brum·ma·gem /brʌ́mədʒəm/ 《ときに B-》 形 《限定》安ぴか物の, にせ物の ―名 C 安ぴか物
Brum·mie /brʌ́mi/ 名 C バーミンガム市民
―形 バーミンガムの
brunch /brʌntʃ/ 名 U C ブランチ《昼食兼用の遅い朝食》(♦ 用法については ⇨ BREAKFAST)
語源 *br*eakfast+l*unch* の混成語.
***Bru·nei** /brúːnaɪ, ‐́‐/ 名 ブルネイ《東南アジア, ボルネオ島北西部の国. 公式名 the Negara Brunei Darussalam. 首都 Bandar Seri Begawan》
bru·net, bru·nette /bruːnét/ 形 名 C ブルネットの(人)《髪・目が黒味がかり, しばしば皮膚の色が浅黒い》(♦ brunette は本来女性形. 《米》では男女共に brunet を用いることがある. 《英》では通例 brunette を用い, 女性のみを指すことが多い. → blond)
brunt /brʌnt/ 名 《the ~》(非難の)矢面(やおもて)
****bèar*** [OR ***tàke, sùffer***] ***the brúnt of ...*** [攻撃・非難な

ど〕の矢面に立つ

bru·schet·ta /bruskétə/ 名 U 『料理』ブルスケッタ《オリーブ油を塗ったトーストにチーズ・野菜をのせたイタリア風オープンサンド》

‡brush¹ /brʌʃ/
—名 (複 ~·es /-ɪz/) C ❶ **ブラシ, はけ**(→ fireplace 図) ‖ apply lipstick **with** a ~ リップブラシで口紅をつける / a floor ~ 床掃除用ブラシ(→ hairbrush, toothbrush, paintbrush)
❷ 絵筆, 毛筆;《the ~》画法, 画風 ‖ van Gogh's ~= the ~ of van Gogh ゴッホの画風
❸《通例単数形で》ブラシをかけること;一なで, 一触れ ‖ give one's clothes a good [quick] ~ 服に念入りに[さっと]ブラシをかける / a ~ of the hand 手での一なで
❹〈…との〉遭遇;小競り合い, いさかい;〈…への〉抵触〈**with**〉(♥深刻な事態を遠回しに表現するときにも用いる) ‖ We had a ~ *with* the enemy. 我々は敵と一戦を交えた / have a ~ *with* the law 法に触れる
❺《通例 ~es》(ドラム・シンバルをたたく)ブラシ
❻『電』(モーターなどの)ブラシ, 刷子(さっし)
❼(特にキツネの)ふさふさとした尾《狩猟の記念》
❽《the ~》すげない拒絶 ‖ get the ~ あっさり断られる / give him the ~ 彼を素っ気なく断る
(as) dàft as a brúsh 《英口》分別のない, ばかな
be tárred with the sàme brúsh 同じ欠点を持っている, (仲間と)同罪である
—動 (~·es /-ɪz/; ~ed /-t/; ~·ing)
—他 ❶ **a** 《+目》…に**ブラシ[はけ]をかける**, …を(ブラシで)磨く ‖ ~ one's **hair** [clothes] 髪[服]にブラシをかける / ~ one's **teeth** 歯を磨く(♦ ×polish one's teeth とはいわない) **b** 《+目+補〈形〉》〔歯など〕を磨いて…にする ‖ ~ one's teeth clean 歯を磨いてきれいにする
❷ (ブラシ・手で)〔ほこりなど〕を〈…から〉払いのける《*off, away*》〈**off**〉 ‖ He ~*ed* dust *off* his pants. 彼はズボンのほこりを払った / The waiter ~*ed* the crumbs *away*. そのウエーターはパンくずを払いのけた
❸ …をかすめる, …に軽く触れる ❹ …に〈ペンキ・油などを〉はけで塗る〈**with**〉;〔ペンキ・油など〕を〈…に〉はけで塗る〈**over, on**〉 ‖ ~ a table *with* varnish テーブルにニスを塗る / ~ paint *over* graffiti 落書きの上にペンキを塗る
—自 〈…を〉かすめて通る, かすめる《*by, past*》〈**by, past, against**〉 ‖ Someone ~*ed past* (me) in the darkness. 暗闇(くらやみ)でだれかが(私のわきを)かすめて通り過ぎた / ~ *against* a freshly painted wall ペンキ塗りたての壁をかする
brùsh asíde [OR awáy] ... / brùsh ... asíde [OR awáy] 〈他〉① …を払いのける(→ 他 ❷) ②〔意見・問題点など〕を無視する, 軽くあしらう(wave aside; dismiss) ‖ His protest was ~*ed aside* by the judge. 彼の抗議は判事に無視された
brùsh báck a person / brùsh a pèrson báck 〈他〉『野球』〔打者〕にすれすれのボールを投げてのけぞらせる
brùsh dówn ... / brùsh ... dówn 〈他〉《英》(ブラシ・手で)〔人・衣服〕のほこり[汚れ]を払い落とす ‖ She ~*ed* her coat *down*. 彼女はコートのほこりを払い落とした / He ~*ed* himself *down*. 彼は体についた汚れを払った
**brùsh óff* 〈他〉《*brùsh óff ... / brùsh ... óff*》① …を払いのける ‖ ~ one's hair *off* 髪を払いのける ②〔人・衣服〕のほこり[汚れ]を払い落とす(→ 他 ❷) ③〔人・問題点など〕を無視する, はねつける,〔人〕につれなくする, …と縁を切る(rebuff) —〈自〉(ほこりなどが)(ブラシで)落ちる
brùsh óff on a pérson 《英》〈自〉(他人の癖などが)〔人〕にうつる, つく
brùsh óver 〈他〉 **I** 《*brùsh óver ...*》〔人・事柄など〕に軽く触れる, …を軽くあしらう **II** 《*brùsh A óver B*》⇨ 他 ❹
brúsh (up) against ... 〈他〉…に軽く触れる[かする]
**brùsh úp (on) ...* 〈他〉《受身形不可》〔忘れかけた語学など〕をやり直して磨きをかける

~·less 形 ブラシ[はけ]のいらない

***brush²** /brʌʃ/ 名 U ❶《主に米・豪・ニュージ》雑木林;低木の茂み, やぶ(bush) ❷《米》(切り落とした)小枝, そだ ❸(雑木林に覆われた)未開拓地

brúsh·bàck 名 C 『野球』ブラッシュボール《故意に打者の体すれすれに投げる速球》

brúsh-òff 名 C《単数形で》《口》(素っ気ない)無視, 拒絶, 解雇 ‖ give [get] the ~ 無視する[される]

brúsh·ùp 名 C《通例単数形で》❶《英》(以前学んだことの)復習, 勉強し直し ‖ a three-day ~ course 3日間の復習講座 ❷(破損箇所の)修理, 手入れ

brúsh·wòod 名 U 柴(しば), そだ

brúsh·wòrk 名 U 画法, 画風

brusque /brʌsk | brʊsk, bru:sk, brʌsk/ 形 (態度・話し方などが)ぶっきらぼうな, ぞんざいな, 素っ気ない
~·ly 副 **~·ness** 名

brus·que·rie /brʌ̀skərí: | brʊ́skərì:/ 名 U《文》ぶっきらぼう, 素っ気なさ, 無愛想

Brus·sels /brʌ́səlz/ 名 ブリュッセル《ベルギーの首都》
▸▸ **~ cárpet** 名 C ブリュッセルじゅうたん《小さなループ模様のじゅうたん》 **~ láce** 名 U ブリュッセルレース《花模様の高級レース》 **~ spróut** 名 C 『植』芽キャベツ

brut /bru:t/ 形 (スパークリングワインが)辛口の

***bru·tal** /brú:təl/ 形〔◁ brute 名〕(**more ~; most ~**) ❶ 残酷な, 無情な;野蛮な, 乱暴な(⇨ CRUEL 類語) ‖ a ~ slander 非情な中傷 ❷(言動などが)情け容赦ない, 遠慮しない;(事実などが)紛れもない ‖ She expressed her feelings with ~ honesty. 彼女は心境を赤裸々に語った / the ~ truth 紛れもない真実 **~·ly** 副

bru·tal·ism /brú:təlìzm/ 名 U 『建』野性派《打ち放しコンクリートなどで量感と荒々しさを出す》

***bru·tal·i·ty** /bru:tǽləṭi/ 名 (複 **-ties** /-z/) ❶ U 獣性, 残忍, 野蛮, 乱暴 ❷ C 残虐行為, 蛮行

bru·tal·ize /brú:təlàɪz/ 動 他 ❶ …を残忍[無情]にする, 非人間的にする ❷ …を残酷に取り扱う
brù·tal·i·zá·tion 名

***brute** /bru:t/ 名〔▸ brutal 形, brutish 形〕C ❶《口》《時に戯》獣のような人, 残忍[粗暴]な人, 人でなし;いやなやつ ❷(人間に対する)獣;(大きくて力の強い)動物;《the ~》獣性, 獣欲(⇨ ANIMAL 類語) ‖ a ~ of a man 獣のような男 —形《限定》❶ 理性[知性]のない, 獣じみた ❷ 非情な;厳然たる ‖ a ~ fact 紛れもない事実 ❸ 残忍な, 粗暴な;肉体的な, 肉体の ‖ ~ force 腕力, 暴力 ❹(人間に対して)獣の, 動物の

brut·ish /brú:ṭɪʃ/ 形〔◁ brute 名〕獣の(ような);残忍な;理性のない, 鈍感な **~·ly** 副 **~·ness** 名

Bru·tus /brú:ṭəs/ 名 **Marcus Junius ~** ブルータス(85? –42 B.C.)《ローマの政治家. Caesar の暗殺者の1人》

bry·o·ny /bráɪəni/ 名 (複 **-nies** /-z/) C 『植』ブリオニア《ウリ科のつる植物》

Bry·thon·ic /brɪθɑ́nɪk/ 形 ケルト人[語]の, ケルト文化の

BS 略《米》*B*achelor of *S*cience(理学士);《英》*B*achelor of *S*urgery(外科医学士);*B*ritish *S*tandard(s)(英国規格)

B/S, b.s. 略『簿』*b*alance *s*heet;『法』*b*ill of *s*ale

BSc 略 *B*achelor of *Sc*ience(理学士)

BSE /bì: es í:/ 名 U 牛海綿状脳症, 狂牛病(♦ *b*ovine *s*pongiform *e*ncephalopathy の略)

BSI 略 *B*ritish *S*tandards *I*nstitution(英国規格協会)

B-side 名 C《(the) ~》《英》(レコードの)B面, 裏面

BST 略 *b*ovine *s*omato*t*rophin(牛成長ホルモン);*B*ritish *S*ummer *T*ime

Bt 略 Baronet;*B*acillus *t*huringienis(土壌細菌)

BT 略 *B*ritish *T*elecom(英国電信電話会社)

Bt géne 名 C Bt遺伝子《自然界の土壌中に存在する細菌の遺伝子. 遺伝子組み換え植物の開発に使われる》

Btu, BTU 略 *B*ritish *t*hermal *u*nit

btw, BTW 略 *b*y *t*he *w*ay(♦主にEメールやチャットで

用いる)
B2B /bìː tə bíː/ 略《口》business-*to*-business
B2C /bìː tə síː/ 略《口》business-*to*-consumer
***bub·ble** /bʌ́bl/ 名 C ❶ 泡, あぶく;(ガラス・琥珀(こはく)中の)泡, 気泡(⇨ FOAM 類語) ‖ soap ~*s* 石けんの泡 / blow ~*s* シャボン玉を吹く;風船ガム(bubble gum)をふくらます ❷ 透明な(半)球状のもの ❸ 実体のないもの;夢のような計画;ぺてん ‖ a ~ company 泡抹(ほうまつ)会社 ❹ 過熱投機,(経済の)バブル ❺(漫画の)吹き出し(speech bubble) ❻ 💻(=~ **mèmory**) バブルメモリー《磁気バブルを利用した記憶装置》 ❼ U 泡立つ音, 煮えたぎる音 ❽ 防御[隔離]された場所;防御[隔離]するもの, 覆い
bùrst a pèrson's búbble (人の)幻想を打ち砕く
bùrst the búbble =*prick the bubble* ②(↓)
on the búbble 《米俗》(スポーツ選手・チームが)どんじりでその地位が奪われそうな, 危うい地位の[にいる]
prìck the búbble ① シャボン玉を突き破る ② 実体を暴く, 化けの皮をはぐ
the bùbble búrsts バブルが崩壊する;絶頂期が急に終わる ‖ The economic ~ *burst.* バブルがはじけた[崩壊した]
— 動 自 ❶ 泡立つ, 沸騰する《*up*》;ぶくぶく[ふつふつ]音を立てる《*away*》‖ The soup began to ~ *up.* スープが煮え出した ❷〈喜びなどで〉興奮する, 沸き立つ《*over*》〈**with**〉;(感情などが)込み上げる《*up*》‖ I'm *bubbling* (*over*) *with* joy. 私はうれしさいっぱいで舞い上がっています / Excitement ~*d up* in me. ふつふつと興奮が込み上げてきた
▶▶ ~ **and squéak** 名 C《英》〖料理〗バブル=アンド=スクイーク《キャベツ・ジャガイモ・肉などをいためた料理》 ~ **bàth** 名 U 泡立て剤;C(それを入れた)泡ぶろ ~ **bòy disèase** 名《通例 the ~》バブルボーイ症候群(♦ 重症複合型免疫不全症の俗称. 以前は患者が感染症予防のために常時ビニールテント内に隔離されていた) ~ **gùm** 名 U 風船ガム ~ **jèt prìnter** 名 C 💻 バブルジェットプリンター《インクジェット式プリンターの1方式》 ~ **pàck** 名 U =blister pack ~ **tèa** 名 U バブルティー《黒いタピオカの粒を沈めたアイスティー》 ~ **wràp** 名 U《商標》気泡緩衝シート, エアーキャップ《小さな気泡が並んだビニールシート》
búbble-inflàte 動 他〔株価など〕を暴騰させる **-inflàted** 形
bub·bler /bʌ́blər/ 名 C《米・豪》噴水式水飲み器
bub·bly /bʌ́bli/ 形 ❶ 泡だらけの, 泡立つ;泡のような ❷ 元気のよい, 活気のある — 名 U《口》シャンペン
bu·bo /bjúːboʊ/ 名(複 **~es** /-z/) C〖医〗鼠蹊(そけい)腺腫(せんしゅ) **bu·bón·ic** 形
bubònic plágue 名 U〖医〗腺(せん)ペスト
bu·ca·ti·ni /bùːkətíːniː/ 名 U〖料理〗ブカティーニ《中心に穴のあいたパスタの一種》
buc·cal /bʌ́kəl/ 形 頬(ほお)の, 口の
buc·ca·neer /bʌ̀kəníər/ 名 C ❶ 海賊《特に17世紀に西インド諸島付近を荒した》 ❷(政界・実業界の)策士
buc·ca·neer·ing /bʌ̀kəníərɪŋ/ 形 無謀な;山師のような
Bu·chan·an /bjukǽnən/ 名 **James** ~ ブキャナン(1791–1868)《米国の第15代大統領(1857–61)》
Bu·cha·rest /búːkərèst | ˌ--ˈ-/ 名 ブカレスト, ブクレシュチ《ルーマニアの首都》
***buck**[1] /bʌk/ 名(複 **~s** /-s/) C ❶ 雄ジカ;(カモシカ・ヤギ・羊・レイヨウ・ウサギ・カンガルーなどの)雄(↔ doe);《南ア》レイヨウ《雌雄とも》 ❷《口》《旧》(元気のよい)若者;⊗《蔑》黒人[北米先住民]の若者 ❸《古》(18, 19世紀の)しゃれ者, 伊達(だて)男 ❹(馬の)跳ね上がり
— 形 雄の;《俗》《戯》男の;《米口》〖軍〗最下級の ‖ a ~ private (兵卒中最下級の)2等兵
— 動 自 ❶(馬が)(乗り手を振り落とそうとして)跳ね上がる ❷(ヤギなどが)頭[角]を下げて突きかかる ❸ 頑強に抵抗[反対]する ❹(自動車などが)がくんと動く — 他 ❶(馬が)〔乗り手〕を振り落とす《*off*》 ❷《米》〖フットボール〗〔敵陣〕に頭を下げて突入する ❸ …に頑強に抵抗[反対]する ‖ ~ the system [trend] 体制[流れ]に逆らう
búck for ... 〈他〉《口》〔昇進・報酬など〕を得ようと頑張る
bùck úp 《口》〈他〉《*bùck úp ...* / *bùck ... úp*》〔人〕を元気づける ‖ *Buck* yourself *up*! 元気を出せ — 〈自〉① 元気を出す ②《命令形で》《旧》急げ
▶▶ ~ **fèver** 名 U C《米口》狩猟の初心者が獲物を初めて見つけたときの興奮;(一般に)初体験時の興奮
buck[2] /bʌk/ 名 C ❶《米・カナダ》木びき台(sawhorse) ❷(体操用の)跳馬(vaulting horse)
buck[3] /bʌk/ 名 C ❶〖ポーカー〗バック《親番の印》 ❷《the ~》責任
pàss the búck* 《口》〈…に〉責任を転嫁する〈to**〉

COMMUNICATIVE EXPRESSIONS

1 **The bùck stòps hére.** 最終責任は私がとる(♥ Truman 米大統領の座右の銘. here とは「私のところ」の意味で, with me ともいえる)

buck[4] /bʌk/ 名 C《口》(米・豪・ニュージーランドの)1ドル
make a quìck [OR *fàst*] *búck* 《口》(不正な手段で)やすやすとひともうけする
Buck /bʌk/ 名 **Pearl** ~ バック(1892–1973)《米国の女流作家. ノーベル文学賞受賞(1938)》
buck·a·roo, -er·oo /bʌ̀kərúː, ˌ--ˈ-/ 名(複 **~s** /-z/) C《米口》《旧》カウボーイ;=broncobuster
búck·bòard 名 C《米・カナダ》バックボード《車体に長い弾力性のある板を渡した無蓋(むがい)四輪馬車》
***buck·et** /bʌ́kət | -ɪt/ 名(複 **~s** /-s/) C ❶ バケツ;バケツ状のもの,(掘削機・浚渫(しゅんせつ)機の)バケット,(水車の)水受け,(タービンの)羽根 ❷〈…の〉バケツ1杯(の量)(bucketful)〈**of**〉‖ a ~ *of* water バケツ1杯の水 ❸《~s》《口》大量, たくさん ‖ The rain「comes down [OR falls] in ~*s*. バケツをひっくり返したように雨が降る / ~*s* of money 大金 / weep [OR cry] ~*s* 大泣きする / sweat ~*s* 大量の汗をかく(♦ 特に雨・涙などについて, 副詞的に用いることもある) ❹ 💻 バケット《補助記憶装置から1回で転送できるデータの単位》
a drop in the [OR *a*] *bucket* ⇨ DROP(成句)
kìck the búcket 《俗》くたばる, 死ぬ

COMMUNICATIVE EXPRESSIONS

1 **For crỳing in a búcket!** ええっ, なにぃ(♥ 怒り・驚き・ショックの叫び声. =For crying out loud!)

— 動 他〔水〕をバケツでくむ[運ぶ] — 自 ❶《口》(自動車が)乱暴に走る, がたがた進む(♦ 通例方向を表す 副句 を伴う) ❷《英口》(雨などが)激しく降る《*down*》(♦ 通例 it が主語) ‖ It started to ~ *down.* どしゃ降りになってきた
▶▶ ~ **brigàde** 名 C(消火活動中の)バケツリレーの隊列;(一般に)緊急時に助け合う人々 ~ **hàt** 名 C バケツ帽《バケツ型をしたつば広帽子》 ~ **sèat** 名 C バケットシート《自動車などの, 背のラインに沿って丸みのある1人用座席》(→ bench seat) ~ **shòp** 名 C《口》《けなして》①〖株〗いんちき[もぐり]仲買店 ②《英》(航空券などの)安売り店
bucket·ful /bʌ́kɪtfʊ̀l/ 名 C バケツ1杯(の量)
búck·èye 名 C ❶〖植〗(北米産)トチノキ(の実) ❷〖虫〗アメリカタテハモドキ ❸《B-》米国オハイオ州民
▶▶ **Bùckeye Stàte** 名《the ~》米国オハイオ州の俗称
búck·hòrn 名 C シカの角;U シカの角製品
Bùck Hóuse 名 バックハウス《バッキンガム宮殿の俗称》
Bùck·ing·ham Pálace /bʌ̀kɪŋəm-/ 名 バッキンガム宮殿《ロンドンにある英国王室の宮殿》
Buck·ing·ham·shire /bʌ́kɪŋəmʃər, -ʃɪər/ 名 バッキンガムシャー《イングランド中部の州. 州都 Aylesbury》
***buck·le** /bʌ́kl/ 名 C ❶(ベルト・バッグなどの)バックル, 留め金;(靴の)飾り用バックル ❷(熱・圧力などによる金属の)ゆがみ, ねじれ — 動 他 ❶ …をバックル[留め金]で留める[締める]《*on, up, together*》‖ ~ (*up*) one's shoes 靴の留め金を留める ❷(圧力・衝撃などで)…を曲げる, ゆがめる — 自 ❶(ベルトなどが)バックル[留め金]で留まる[締まる] ❷(圧力・衝撃などで)曲がる;(ひざ・脚などが)曲がる;

(精神的に)〈…に〉まいる，つぶれる〈under〉‖～ *under* the strain 緊張で押しつぶされる
bùckle dówn 〈自〉〈仕事などに〉本気で取りかかる，身を入れる〈to〉
bùckle tó 〈自〉《旧》仕事に身を入れる
bùckle únder 〈自〉〈人の圧力に〉屈する，〈人の〉言いなりになる〈to〉 ―〈他〉《*bùckle únder ...*》⇨ 自 ❷
bùckle úp 〈自〉シートベルトを締める(《英口》belt up)

buck·ler /bʌ́klər/ 名 C (昔の)小型の円盾(まるたて)

Buck·ley's /bʌ́kliz/ 名《次の成句で》
(not) have Búckley's (chànce) 可能性が(ほとんど)ない

buck·min·ster·ful·ler·ene /bʌ̀kmɪnstərfʊ́ləriːn/ 名 U 〖化〗バックミンスターフラーレン《60個の炭素原子からなる安定した分子》(♦米国の建築家・哲学者 Buckminster Fuller(1895-1983)の名にちなむ)

bùck-náked 形 副《主に米口》素っ裸の[で]

búck-pàssing 名 U 責任転嫁(→ buck³)

buck·ram /bʌ́krəm/ 名 U バックラム《にかわなどで固めた綿[麻]布．製本・洋服の芯(しん)などに用いる》

Bucks 略 Buckinghamshire

Bùck's Fízz 《また Buck's f-》 名 U C 《英》バックスフィズ《シャンペンまたは白ワインとオレンジジュースのカクテル》

búck·shòt 名 U バックショット《シカなどの中型獣猟用の散弾》

búck·skìn 名 ❶ U バックスキン《もともとはシカ皮，現在ではふつう羊のもみ革をいう》 ❷ C 《～s》バックスキンのズボン[靴] ❸ C 《米》灰色がかった黄色の馬

búck·thòrn 名 C 〖植〗クロウメモドキの類

bùck·tóoth 名 (複 **-teeth** /-tíːθ/) C そっ歯 **～ed** 形

búck·whèat 名 C 〖植〗ソバ(の実)

buck·y·balls /bʌ́kibɔ̀ːlz/ 名 複 =buckminsterfullerene

bu·col·ic /bjukɑ́(ː)lɪk | -kɔ́l-/ 形 羊飼いの；牧歌的な；田園(生活)の ―名 C 《通例 ～s》牧歌，田園詩
-i·cal·ly 副

*__bud__¹ /bʌd/ 名 C ❶ つぼみ；芽 ‖ put forth [OR out] ～*s* 芽を出す / come into ～ つぼみ[芽]が出る ❷ 発達初期の[未成熟な]人[もの]；若造，小娘 ‖ the ～ of a new idea 新しいアイデアの萌芽 ❸ つぼみ状のもの；〖動〗(下等動物の)芽体，無性芽(gemma)；〖解〗芽状突起 ‖ taste [OR gustatory] ～*s* 味蕾(みらい) / a cotton ～ 《英》綿棒
in búd つぼみの[芽の出た]状態の[で] ‖ The roses are *in* ～. バラはつぼみが出ている
in the búd 未熟な ‖ an actor *in the* ～ 俳優の卵
**nìp ... in the búd* 〔反乱など〕を芽のうちに摘む
―動 (**～s** /-z/；**bud·ded** /-ɪd/；**bud·ding**) 自 ❶ 芽を出す，つぼみが出る《*out*》 ❷ 〖動〗無性芽で生殖する

bud² /bʌd/ 名《米口》=buddy

Bu·da·pest /búːdəpèst | bjùːdəpést/ 〈シ〉 名 ブダペスト《ハンガリーの首都》

Bud·dha /búdə, +米 búːdə/ 名 仏陀(ぶっだ)，仏《特に仏教の開祖，釈迦牟尼(しゃかむに)を指す》；C 仏像

*__Bud·dhism__ /búdìzm, +米 búːdìzm/ 名 U 仏教(→ Mahayana, Hinayana)

*__Bud·dhist__ /búdɪst, +米 búːdɪst/ 名 C 仏教徒
―形 仏教(徒)の；仏陀の **Bud·dhís·tic** 形

bud·ding /bʌ́dɪŋ/ 形 《限定》芽[つぼみ]を出し始めた；発達の初期の；新進の(⇨ PEOPLE メタファーの森) ‖ a ～ lawyer 新進の弁護士

bud·dle·ia /bʌ́dliə, bʌdlíːə/ 名 C 〖植〗フジウツギの類

bud·dy /bʌ́di/ 《主に米口》 名 (複 **-dies** /-z/) C 仲間，友達，相棒；《呼びかけで》君，(怒って)おまえ ―動 (**-died** /-d/；**-dy·ing**) 自〈…と〉親しく付き合う《*up*》〈to, with〉
▸▸ ～ **mòvie** 名 C 友情映画《友情をテーマとした映画》
～ **sỳstem** 名 C 《通例単数形で》バディ方式《登山などで2人が1組になって協力する方式》

bùddy-búddy /+ ˊ-ˋ-/ 形 ⊗《口》《蔑》大の仲よしの；親友ぶる

budge /bʌdʒ/ 動 《通例否定文で》自 ちょっと動く；譲歩する，態度を変える ‖ He didn't ～ an inch from his proposal. 彼は自分の提案を一歩も譲らなかった
―他 …をちょっと動かす；〔人〕の態度を変えさせる ‖ The drawer's stuck and I can't ～ it. 引き出しが引っかかってちっとも動かない
bùdge úp [《米》*óver*] 〈自〉《口》席を詰める

budg·er·i·gar /bʌ́dʒərigɑ̀ːr/ 名 C 〖鳥〗セキセイインコ《オーストラリア産》

‡**budg·et** /bʌ́dʒət | -ɪt/
―名 (複 **～s** /-s/) C ❶ **予算**(案) ‖ the ～ **for** this fiscal year 今年度の予算 / a program with a ～ of one billion yen 10億円の予算のついた計画 / cut a ～ by ten percent 予算を10%カットする / make a ～ 予算を編成する / exceed [OR go over] a ～ 予算を超過する

連語 【形/名+～】the defense [education] ～ 防衛[教育]予算 / the federal ～ 連邦政府予算 / the annual ～ 年間予算 / the total ～ 総予算 / a balanced ～ 均衡予算
【動+～】balance the [OR one's] ～ 予算内に収める，収支が合うようにする / approve a ～ 予算を承認する / present a ～ 予算案を提出する / increase [reduce] a ～ 予算を増やす[減らす]
【～+名】a ～ deficit 財政赤字 / ～ cuts 予算の削減 / a ～ surplus 予算の超過

❷ **経費**，費用，運営費；生活費；収支 ‖ on a shoestring ～ わずかの生活費[経費]で / a family ～ 家計 / balance the ～ 収支を均衡させる
❸ 《古》(物の)一まとまり，1束
below [OR *under, within*] *búdget* 予算内で
on a búdget 余計な金を使わずに，予算どおりに ‖ *on a* tight ～ 限られた予算で
over búdget 予算超過で
―形 《限定》**安い**，お徳用の(♥ cheap の婉曲語) ‖ at a ～ price 安い値段で
―動 (**～s** /-s/；**～·ed** /-ɪd/；**～·ing**)
―他 ❶ …(の全額)を〈…の〉予算に計上する，予算に見積もる〈for〉 ❷ …に予算を割り当てる ❸ …の使用計画を立てる ‖ *Budget* your time. 時間の予定を立てなさい
―自〈…の〉予算を立てる〈for〉 ‖ ～ *for* a vacation 休暇(の費用)の予算を立てる
～·ar·y 形 予算の[に関する] **～·ing** 名
語源 古いフランス語 *bougette*(小さな皮袋)から，その中身を指すようになった．
▸▸ ～ **accòunt** 名 C 《英》(デパートなどの)クレジット；(銀行の)自動支払口座 ～ **dèficit** 名 C 〖財政〗財政赤字

budg·ie /bʌ́dʒi/ 名《口》=budgerigar

Bue·nos Ai·res /bwèɪnəs áɪrɪz | -nɒs-/ 名 ブエノスアイレス《アルゼンチンの首都》

buff /bʌf/ 名 ❶ C 《口》ファン，…狂 ‖ a baseball ～ 野球ファン / a car [fitness, numbers] ～ カーマニア[フィットネス狂，数字マニア] ❷ U (牛・水牛などの)淡黄色のもみ革；淡黄色 ❸ C もみ革製の衣服《特に軍服》
in the búff 《口》裸で
―形 淡黄色の，もみ革製の；《俗》美しい顔立ちと体格の，筋骨たくましい
―動 他 …を(もみ革・革砥(かわと)で)磨く，研ぐ《*up*》
bùff úp 〈自〉《口》体を鍛える

*__buf·fa·lo__ /bʌ́fəlòʊ/ 名 (複 **-los, -loes** /-z/；《集合的に》**buf·fa·lo**) C ❶ (インド・アフリカ産の)スイギュウ ❷ (北米産の)バイソン(bison) ―動 (**-los, -loes** /-z/；**-loed** /-d/；**～·ing**) 他《米口》…を困惑させる；…を脅す
▸▸ ～ **gràss** 名 C 〖植〗米国中部の平原に繁茂する雑草

Buf·fa·lo /bʌ́fəlòʊ/ 名 バッファロー《米国ニューヨーク州西部，エリー湖に面した商工業都市》

Bùffalo Bíll 名 バッファロー＝ビル(1846-1917)(♦米国

B

の冒険家・興業師 William F. Cody の通称)

Búffalo wìngs 名 複 〖料理〗バッファローウイングズ《鶏の手羽を揚げスパイスのきいたソースをかけたもの》

buff·er[1] /bʌ́fər/ 名 C ❶ 衝突を和らげる人[もの], 緩衝国 ❷《～s》《英》(鉄道の)緩衝装置[器] ❸ 💻一時保存領域, バッファー《データの流入量と処理量の差を調整するために設けられた, 一時保存のためのメモリー(領域)》 ❹〖化〗緩衝剤 ── 動 他 ❶ …の緩衝装置として機能する, 衝撃を和らげる ❷ 💻〔データ〕を一時領域に保存する, バッファリングする ❸〖化〗…を緩衝剤で処理する

hìt the búffers 《口》困難にぶつかる

▸▸ **～ stàte** 名 C (敵対する大国間の)緩衝国 **～ stòck** 名 C U 備蓄品 **～ zòne** 名 C 緩衝地帯

buff·er[2] /bʌ́fər/ 名 C ❶ 研ぐ人 ❷ 革砥; 研磨輪

buff·er[3] /bʌ́fər/ 名 C《英口》《けなして》時代遅れの人間, 無能なやつ(♦しばしば old buffer として用いる)

buf·fet[1] /bəféɪ, buféɪ | bʊ́feɪ, bʌ́feɪ/《発音注意》名 C ❶ (駅・列車などの)軽食堂, ビュッフェ ❷ (セルフサービスの)軽食, 立食; 立食用カウンター[テーブル] ❸ /＋英 bʌ́fɪt/ 食器棚 ▸▸ **～ càr** 名 C《英》食堂車, ビュッフェ車

buf·fet[2] /bʌ́fət | -ɪt/ 名 C ❶《旧》(手・こぶしでの)打撃, 殴打 ❷ (運命・風波に)もまれること, 翻弄(ほんろう); 災難 ‖ the ～*s* of unkindly fortune 不運に痛めつけられること ── 動 他 (運命・風波などが)…を打ちのめす, もてあそぶ(♦しばしば受身形で用いる) **～·ing** 名

buf·fle·head /bʌ́flhèd/ 名 C〖鳥〗ヒメハジロ

buf·fo /búːfoʊ | búfoʊ/ 名 (複 **～s** /-z/ OR **-fi** /fiː/) C (特にイタリア歌劇の)道化役(歌手)

buf·foon /bəfúːn/ 名 C 道化師; ばか, がさつ者 ‖ play the ～ おどける, ばかなまねをする

～·er·y 名 U 下品な振る舞い

***bug** /bʌg/ 名 C ❶《主に米口》(小さな)虫, 昆虫; 昆虫に似た小動物《クモ・ムカデなど》;〖虫〗半翅目(はんしもく)の昆虫(true bug) ❷《口》病原体, 細菌, ウイルス; 細菌性の病気 ‖ a flu ～ インフルエンザウイルス ❸ 隠しマイク, 盗聴装置 ‖ plant a ～ in the telephone 電話に盗聴装置をつける ❹《修飾語を伴って》《口》…マニア, …熱に取りつかれた人;《the ～》…熱 ‖ the camera ～ カメラマニア / He was bitten by the scuba diving ～. 彼はスキューバダイビング熱に取りつかれた ❺ (機械・機構などの)欠陥, 故障; 💻(プログラムやシステムの)不具合, バグ

(*as*) *snùg as a búg* (*in a rúg*) とても暖かで気持ちよい

pùt a bùg in a pèrson's éar 《米口》(人に)そっと教えてやる

── 動 他 ❶ …に隠しマイク[盗聴装置]を仕掛ける; …を盗聴する ❷《口》…を悩ます ── 自 (驚きなどで)目が丸くなる

bùg óff 〈自〉《米俗》《しばしば命令形で》① あっちへ行け ② ほっといてくれ

bùg óut 〈自〉《俗》① さっと逃げる ②《米》(びっくりして)(目が)丸くなる; びっくりする ③《米》義務[責任]を逃れる

▸▸ **～ spràу** 名 C《口》虫よけスプレー

bug·a·boo /bʌ́gəbùː/ 名《主に米》＝bugbear

búg·bèar 名 C 心配[不安]の種

búg-èyed /英 ⌐⌐/ ⟨ジ⟩ 形《口》(驚きなどで)目を丸くした; 出目の

búg·fix 動 自 名 C 💻バグを修正する(作業) **～·ed** 形

***bug·ger** /bʌ́gər/ 名 C ❶ ⊗《主に英卑》いやなやつ, 間抜け ❷《俗》(親愛の情を込めて)やつ ❸ とても難しいこと ‖ This lawbook is a ～ to understand. この法律の本は難しくてわからない ❹ ⊗《俗》《蔑》男性の同性愛者

not give a búgger ちっとも構わない

plày sìlly búggers 人を困らせるようなばかなことをする

── 動 他 ❶ ⊗《主に英卑》…を台無しにする《*up*》 ❷《主に命令形で》⊗《主に英卑》…なんかくそ食らえ ‖ *Bugger* the exams! 試験なんて構うもんか / I'll be ～*ed*! たまげたよ / I'm ～*ed* if ... …なんかするものか ❸ ⊗《卑》《蔑》…と男色[肛門(こうもん)性交]をする

bùgger abóut [OR *aróund*]〈他〉(*bùgger abóut* [OR *aróund*] ... / *bùgger* ... *abóut* [OR *aróund*]) ⊗《英卑》〔人〕にひどい仕打ちをする, 〔人〕を無駄に使う ──〈自〉⊗《英卑》何もしないでぶらぶらする

Búgger it! ⊗《英卑》こん畜生

Búgger me! ⊗《英卑》これはたまげた

bùgger óff 〈自〉《しばしば命令形で》⊗《英卑》立ち去る

── 間 ⊗《英卑》畜生 ‖ Oh ～! Where have I left my umbrella? 畜生, 傘をどこへ置き忘れたんだろう

▸▸ **～ áll** 名 U ⊗《英卑》無(nothing), 何もないこと

bug·gered /bʌ́gərd/ 形 ⊗《英卑》❶ くたくたに疲れた ❷ 壊れた, 駄目になった

bug·ger·y /bʌ́gəri/ 名 U ⊗《英卑》肛門性交

Búg·gins' tùrn /bʌ́gɪnz-/ 名 C《英口》年功序列

bug·gy[1] /bʌ́gi/ 名 (複 **-gies** /-z/) C ❶ (昔の)1頭立ての軽装馬車(《米》では四輪, 《英》では二輪) ❷ バギー(《米》cart)《小型の自動車》‖ a golf ～ ゴルフカート ❸《英》(折り畳み式で軽量の)ベビーカー, 乳母車(《米》stroller)(→ pushchair)

bug·gy[2] /bʌ́gi/ 形 ❶ 害虫がはびこった ❷ 💻(プログラムなどが)バグのある ❸《口》狂った

búg·hòuse 名 C ⊗《俗》《蔑》精神科病院

bu·gle[1] /bjúːgl/ 名 C (軍隊)らっぱ ── 動 自 らっぱを吹く ── 他 〔召集〕をらっぱを吹いて知らせる

-gler 名 C らっぱ手

bu·gle[2] /bjúːgl/ 名 C〖植〗アジュガ, セイヨウキランソウ

bu·gle·weed /bjúːglwìːd/ 名 C ＝bugle[2]

buhl /buːl/ 名 U ブール象眼(ぞうがん)《青貝・真ちゅうなどを木にはめ込んだもの》

******build** /bɪld/《発音注意》動 名

中心義▶ **Aを築く**(★Aは「家」「道路」のように具体的なものから「関係」「人格」など抽象的なものまで含む)

── 動 (**～s** /-z/; **built** /bɪlt/; **～·ing**)

── 他 ❶ **a** (＋目)〔家など〕を〈…で〉**建てる, 建設する**, 〔船・道路・家具など〕を**作る**(↔ demolish)〈**of, in, from**〉(⇨ 類語); (鳥が)〔巣〕を作る; 〔火〕を起こす ‖ We are against ～*ing* a nuclear power station. 私たちは原子力発電所の建設に反対だ / His **house** is *built of* brick. 彼の家はれんが造りです / ～ a ship [bypass] 船[バイパス]を造る / ～ a bridge over a river 川に橋をかける / Urban crows ～ nests out of wire hangers. 都会のカラスは針金のハンガーで巣を作る / ～ a fire 火を起こす

Behind the Scenes **If you build it, he will come.** それをつくれば彼はやってくる 映画 *Field of Dreams* の中で, トウモロコシ畑に野球場をつくれば誰かがよみがえることを主人公に伝える天の声(♥ 何かをすれば誰かが参加・協力するのでやってみろと提案する際に. he をほかの代名詞や人の名前などに変えて用いることも)

b (＋目 *A*＋目 *B* ⇄ ＋目 *B*＋**for** 目 *A*) *A* (人など)に *B* (物)を作ってやる ‖ Father *built* me a model car.＝Father *built* a model car *for* me. 父は僕に模型自動車を作ってくれた

❷〔事業・名声・関係など〕を**築き上げる**, 育成[形成]する(→ *build up* (↓)) ‖ Language ～*s* our social relationships. 言葉が私たちの社会的関係を築く / ～ a sense of world citizenship 世界市民という意識を作る / ～ (up) one's vocabulary [character] 語彙(ごい)を増やす[人格を形成する]

❸《受身形で》…の体格をしている(⇨ BUILT 形) ‖ He is heavily [athletically] *built*. 彼はがっしりした[運動選手のような]体格をしている / The sumo wrestler is *built* like a big tank. その力士はまさに巨漢だ

❹ 💻〔プログラムなど〕を機械語に変換する(compile)

── 自 ❶ 建築[建造]する; 建築に従事する(♦《文》では進行形で受身の意味を表すことがある. 〈例〉The world's biggest battleship was then *building*. 世界最大の戦艦が当時建造中であった(＝... then being built))

❷(量などが)増す, 高まる ‖ as the winds ～ 風が強くなるにつれて ❸💻(プログラムなどが)機械語に変換される

build A̍ around B̍ 〈他〉*A*(物語・論など)を*B*をベースにして作り上げる(♦しばしば受身形で用いる)

build in ... / build ... in 〈他〉①《通例受身形で》〔家具など〕を作りつけにする,〔装置〕を組み込む ②〔条項・要素など〕を組み入れる(incorporate)(⇨ BUILT-IN)

⁎***build A̍ into B̍*** 〈他〉①*A*(家具など)を*B*(場所)に作りつけにする ‖ ～ a wardrobe *into* a wall 洋服だんすを壁に作りつけにする ②*A*(装置など)を*B*(機械など)に組み込む ‖ Safety devices were *built into* the machines. 機械に安全装置が組み込まれた ③*A*を*B*(制度など)に組み込む ‖ ～ instruction in the use of personal computers *into* our curriculum パソコン使用の指導を我々のカリキュラムに組み込む ④*A*を使って*B*を作り出す

⁎***build on*** [OR ***upon***] 〈他〉**I** 《***build on*** [OR ***upon***] ...》①〔成功・成果など〕を基礎にして発展させる[する] **II** 《***build A̍ on*** [OR ***upon***] ***B̍***》②*B*の基礎の上に*A*(議論・事業など)を築く ‖ He *built* an empire *on* petroleum. 彼は石油で一大帝国を築き上げた ③*B*を当てにして*A*(希望・期待など)をふくらませる ‖ Don't ～ too many hopes *on* his promises. 彼の約束を当てにあまり過大な希望を抱かないことだ **III** 《***build on ...*** / ***build ... on***》④〔建物〕を〈…に〉建て増しする〈**to**〉(♦しばしば受身形で用いる) ‖ This part of the house was *built on* last year. 家のこの部分は昨年増築された

⁎***build up*** 〈他〉《***build up ...*** / ***build ... up***》①《通例受身形で》(空地などが)建物でいっぱいになる ‖ The fields are all *built up* now. 野原は今ではすっかり建物で埋め尽くされている ②〔富・事業・信頼など〕を(徐々に)築き上げる, 増大[増強]させる ‖ This business cannot be *built up* in a day. この商売は一朝一夕に築き上げられるものではない ③(特に病後などに)〔健康〕を増進させる, …(の体)を鍛える ④…を褒める, 褒めそやす, (宣伝して)売り込む

― 〈自〉〈…のレベルに〉高まる, 強まる, 増大する〈**to**〉 ‖ Tension is ～*ing up to* a climax. 緊張は最高度にまで高まりつつある

build up to ... 〈他〉…のために(徐々に)準備(工作)する, 備える

― 名 U C ❶体格 ‖ He had a boxer's [slim] ～. 彼はボクサーのような[ほっそりした]体格をしていた ❷(乗り物などの)構造, つくり ❸💻(機械語に)変換済みのプログラム；プログラムの変換

類語 《他 ❶》**build** 構造物を作ることを表す最も一般的な語. 大小にかかわらず, 具体的なものから比喩(ひゆ)的・抽象的なものまで, 広範囲に用いられる.
construct 設計を含む知的で複雑な建造過程を強調. 〈例〉*construct* a dam [railway] ダム[鉄道]を建設する
erect 形式ばった語で「高いものを建てる」意が強い. 〈例〉*erect* a tower [statue] 塔[像]を建てる

⁎**build·er** /bíldər/ 名 C ❶建てる人, 建築家, 建築(請負)業者 ‖ a master ～ 大工の棟梁(とうりょう) ❷発展させる人[もの], 築き上げる人[もの] ‖ an empire ～ 帝国の建設者

▸▸ **～'s mèrchant** 名 C《英》建築資材業者

⁎⁎⁎**build·ing** /bíldɪŋ/

― 名 (複 **～s** /-z/) ❶ C **建物**, 建築物, ビル, ビルディング (♦日本語の「ビル」に当たるものだけでなく一般の家なども含む) ‖ There are a lot of old ～*s* in this neighborhood. この辺りには古い建物が多い / The office is on the top floor of a 30-story ～. 事務所は30階建ビルの最上階にある / the Diet *Building* (日本の)国会議事堂 / demolish [OR pull down] a ～ 建物を取り壊す

連語 【動＋～】build [OR construct] a ～ 建物を建てる / destroy a ～ 建物を破壊する / design a ～ 建物を設計する
【形/名＋～】an apartment ～ アパート / 「an office [a government] ～ オフィス[官庁]ビル / a historic ～ 歴史的建造物 / a public ～ 公共の建物

❷ U **建設**, 建築(術), 建築業 ‖ road ～ 道路建設 / the ～ of a new society 新しい社会の建設
❸《形容詞的に》建築の ‖ ～ costs [**materials**] 建築費[資材] / ～ regulations 建築規制

▸▸ **～ blòck** 名 C《～s》建築用ブロック；(おもちゃの)積み木；構成要素[部品] **～ cóntractor** /英 ―――――/ 名 C 建築(請負)業者 **～ lìne** 名 C 建築許可境界線 **～ pèrmit** 名 C 建築許可 **～ sìte** 名 C 建築現場；建設用地 **～ socìety** (↓)

⁎**búilding socìety** 名 C《英》住宅金融組合(《米》savings and loan association)

búild·òut 名 C U 成長, 発展, 拡大

⁎**búild·ùp, búild-ùp** 名 ❶ U/C《単数形で》(特に望ましくないものの)増加, 蓄積, 堆積(たいせき) ‖ a military ～ 兵力の増強 / a ～ of agricultural chemicals inside the body 農薬の体内蓄積 ❷ C 前宣伝, 売り込み ‖ The rookie pitcher was given a tremendous ～ in the media. その新人投手はメディアで大々的に売り込まれた ❸ C (イベント・クライマックスに向けての)盛り上がり；準備期間 ‖ the long ～ to the opening of the new bridge 新しい橋の開通に向けての長期にわたる準備期間

⁑**built** /bɪlt/

― 動 build の過去・過去分詞

― 形 《比較なし》《複合語で》…づくりの, …製の, …な体格の ‖ a newly-～ airport 新設された空港 / a slightly-～ fashion model ほっそりした体つきのファッションモデル / a powerfully-～ man がっしりとした体格の男性

bùilt-ín <ジ 形《限定》❶作りつけの, はめ込みの(fitted) ‖ ～ cupboards 作りつけの食器棚 ❷固有の, 本来備わっている ‖ a ～ immunity 身に備わった免疫性 ❸💻(プログラムやコマンドが)組み込みの

bùilt-úp <ジ 形 ❶組み立て(式)の；重ね合わせた ‖ ～ shoes 厚底靴 ❷住宅の密集した ‖ a ～ area 住宅密集地

Bu·jum·bu·ra /bù:dʒəmbúərə/ 名 ブジュンブラ《ブルンジの首都》

⁎**bulb** /bʌlb/ 名 C ❶電球(light bulb) ‖ a 100 watt ～ 100ワットの電球 ❷(ユリ・タマネギなどの)球根, 鱗茎(りんけい)；球根植物 ‖「dig up [plant] ～*s* 球根を掘る[植える] ❸球根状のもの, (温度計の水銀柱などの)球状部 ❹〖解〗延髄(えんずい)；骨髄

語源 ギリシャ語 *bolbos*(タマネギ)から.

bul·bous /bʌ́lbəs/ 形 球根の(ある), 球根から育つ；球根状の, 丸くふくらんだ

bul·bul /búlbul/ 名 C ❶〖鳥〗(アジア・アフリカ産の)ヒヨドリ ❷歌手；詩人

bul·gar /bʌ́lgɑːr/ 名 (＝～ whèat) U ブルグル(小麦)《特にトルコで食べられる小麦を蒸して乾かした穀物食品》

⁎**Bul·gar·i·a** /bʌlgéəriə/ 名 ブルガリア《ヨーロッパ南東部の共和国. 公式名 the Republic of Bulgaria. 首都 Sofia》

⁎**Bul·gar·i·an** /bʌlgéəriən/ 形 ブルガリア(文化)の；ブルガリア人[語]の

― 名 ❶ C ブルガリア人(Bulgar) ❷ U ブルガリア語

⁎**bulge** /bʌldʒ/ 名 C ❶ふくらみ, 隆起；(たるの)胴 ‖ What's that ～ in your coat pocket? コートのポケットのふくらみは何ですか / a midriff ～ 腹のぜい肉 ❷〈数・量などの〉(一時的な)増加, 急増；〈価格の〉急騰〈**in**〉 ‖ a ～ *in* food prices 食料品価格の急騰 ❸《the ～》《主に米俗》有利, 優勢 ‖ have [OR get] the ～ on ... …より有利である, …に勝る ❹(戦線などの)突出部

― 動 自 ❶ふくらむ, 出っ張る《***out***》 ‖ Their eyes began to ～ in surprise. びっくりして彼らは目が飛び出しそうになった ❷《しばしば進行形で》〈…で〉いっぱいである

B

B

〈with〉（♥ 量の多さに対する驚きを表すこともある）‖ Sunday newspapers ～ *with* ads. 日曜の新聞は広告でいっぱいだ ━他…をふくらます《*out*》‖ ～ one's cheeks *out* 頬(ほお)をふくらませる
be bulging at the seams ⇨ SEAM(成句)
bul·gur /bʌ́lgər, búl-/ 名 =bulgar
bu·lim·i·a /bjulímiə, -líːm-/ 名 U 〘医〙過食症《病的な飢餓感》(→ anorexia) **-ic** 名 C 形 過食症の(患者) ‖ ～ purging 過食後の下剤使用[嘔吐(おうと)]
***bulk** /bʌlk/ 名〔▶ bulky 形〕❶《the ～》〈…の〉大半，大部分〈of〉‖ The ～ *of* complaints came from younger viewers. 苦情の大半は年齢の若い視聴者からだった ❷ U かさ，大きさ，体積；大量，巨大さ ‖ a ship of great ～ 巨大な船 ❸ C《通例単数形で》巨大なもの；巨体，肥満体 ❹《形容詞的に》大量の，大口の；ばらの ‖ ～ production 大量生産 ❺ U（ばら積みの）積荷；(未包装の）大量供給品 ❻ U（胃腸の運動を助ける）繊維質の多い食物 ❼ U（紙・本などの）厚み，束(つか)
**in búlk* ① 大口で，大量に ‖ buy *in* ～ 大量に買う ②（穀類などが）小分けされずに
━動 自 ❶《通例 ～ large で》大きく見える，重要に思われる ‖ The problem ～*ed* large in their minds. その問題は彼らにとって重要だと思われた ❷ 増える，大きくなる，かさむ《*up, out*》；(スポーツ選手などが)体重が増える，筋肉がつく《*up*》
━他（重要でないものを加えて）…を大きくする，かさばらせる，ふくらませる《*up, out*》‖ add some advertisements to ～ a book *out* 本を厚くするために広告を加える
▶▶ ～ **bùying** 名 U C（安値での）大量買い付け ～ **càrrier** 名 C ばら積み貨物船《穀物や鉱石を運ぶ》～ **máil** 名 C《米》バルクメール《同一郵便物を大量・低料金で送れる制度》
búlk·hèad 名 C（船内・飛行機内の）隔壁；(鉱山・トンネル内の)遮断壁
bulk·y /bʌ́lki/ 形〔◁ bulk 名〕❶ かさばった，ばかに大きい，かさばって扱いにくい ❷（人が）背が高い，頑丈な
búlk·i·ly 副 **búlk·i·ness** 名
***bull¹** /bul/ 名 C ❶（去勢していない）雄牛（↔ cow¹）（⇨ OX 類語P）❷（鯨・象など大型動物の成熟した）雄（↔ cow¹）‖ a ～ elephant 雄の象 ❸〘株〙買い方，強気筋（↔ bear²）；景気について楽観的見方をする人 ❹《the B-》〘天・占星〙牡牛(おうし)座；金牛宮(Taurus) ❺（体格・声などが大きくて）攻撃的な人
a rèd ràg to a búll《英》(人を)怒らせるもの
like a bùll at a gáte がむしゃらに，猛然と
like a bùll in a chína shòp 他人の迷惑も考えないで，無神経に，乱暴に；無器用に
tàke [OR *sèize*] *the bùll by the hórns* 危険・困難などに敢然と立ち向かう
━動 他 ❶〘株〙(高値を見込んで)…を買いあおる ❷ …を無理［乱暴］に押し進める ‖ ～ one's way through the crowd 人ごみを力ずくで押し分けて進む ━自 押し進む
▶▶ ～ **bàrs** 名 複（自動車の前面につける）動物よけ ～ **fíddle** 名 C《主に米口》ダブルベース(double bass) ～ **márket** 名 C〘株〙強気市場 **Bùll Rún** 名〘米史〙ブルラン《米国南北戦争の初期に2度の戦いが行われたバージニア州の川の名，また，その戦い》～ **snáke** 名 C〘動〙ブルスネーク《北米産の無毒の蛇》～ **térrier** 名 C〘動〙ブルテリア《ブルドッグとテリアとの交配種》
bull² /bul/ 名 C（ローマ教皇の）大勅書，教書
bull³ /bul/ 名 ❶ U《口》とんちんかんな話(Irish bull)；でたらめ ‖ That's a load [OR lot] of ～. ばかばかしい（♥ 相手の言い分をけなす俗な表現）❷ C《米》(大)失言
fúll of búll ばかを言って，無意味なことだらけの
shòot [OR *thròw, flìng*] *the búll*《米俗》たわいもない話をする，おしゃべりをする
▶▶ ～ **sèssion** 名 C《米》(少人数での形式ばらない)自由討論，だべり
***búll·dòg** 名 C ❶〘動〙ブルドッグ ❷《英口》(オックスフォード大学，ケンブリッジ大学の)学生監補佐 ━動 他《米》〔子牛〕の角をつかんでねじ伏せる；…を激しく攻撃する
▶▶ ～ **clìp** 名 C《英》《商標》ブルドッグクリップ《ばねの強い書類ばさみ》
bull·doze /búldòuz/ 動 他 ❶〔土地〕をブルドーザーでならす，〔障害物〕をブルドーザーで除去する ❷《口》…を無理やり押し進める ‖ ～ one's way through the opposition 反対を強引に押し切る ❸《口》…を脅す，強制する，…を脅して〈…〉させる〈into〉
bull·doz·er /búldòuzər/ 名 C ❶ ブルドーザー ❷ 強制する人，無理やり押し進める人，脅迫者
bull·dyke, bull dyke /búldàɪk/ 名 C《けなして》男役のレズビアン
***bul·let** /búlɪt/ 名（複 **～s** /-s/）C ❶ 弾丸，銃弾，弾；(広く)薬包(cartridge) ‖ The ～ hit her in the leg. 銃弾は彼女の足に当たった / He was killed by a ～. 彼は銃弾に当たって死んだ / shoot a ～ 弾を撃つ / a stray ～ 流れ弾 / ～ wounds 銃創 ❷（項目などを強調するための）黒丸印 ❸ 弾丸のようなもの；〘野球〙剛速球
bìte the búllet つらいことに耐える（♦ 麻酔薬がない時代に患者が弾丸をかんで手術の痛みに耐えたことから）
swèat búllets《米口》ひどく汗をかく，ひどく心配する
▶▶ ～ **pòint** 名 C（文書中で黒丸印などをつけて示した）要点，重要ポイント；その印《黒丸・四角印など》～ **tràin** 名 C《口》弾丸列車；(日本の)新幹線(列車)
bùllet-héaded ⊲ 形 丸い頭の，頭の小さい
***bul·le·tin** /búlətɪn, -lɪ-/ 名 C ❶（ラジオ・テレビなどの）ニュース速報 ‖ a weather ～ お天気速報 ❷（政府機関などの）公報，告示，掲示 ❸（学会などの）会報，紀要；(大学の)便覧；社報
▶▶ ～ **bòard** 名 C ①《米・カナダ》(学校などの) 掲示板（《英》notice board）② 💻（インターネット上に設けられた）電子掲示板(bulletin board system, bbs)
búllet·pròof 形 防弾の ‖ a ～ vest 防弾チョッキ
búll·fìght 名 C 闘牛(の見せ物)
～·er 名 C 闘牛士 **～·ing** 名 U 闘牛(の術)
búll·fìnch 名 C〘鳥〙ウソ《アトリ科の鳴鳥》
búll·fròg 名 C〘動〙ウシガエル，食用ガエル
búll·hèad 名 C〘魚〙(ナマズなど)頭の大きい魚
bùll·héaded ⊲ 形《口》頑固な，強情な，石頭の
～·ly 副 **～·ness** 名
búll·hòrn 名 C《主に米・カナダ》ハンドマイク(《英》loud-hailer)
bul·lion /búliən/ 名 U 金[銀]の地金，金[銀]塊
bull·ish /búlɪʃ/ 形 ❶ 雄牛のような ❷〘株〙値上がり気味の，強気の **～·ly** 副 **～·ness** 名
bùll-nécked ⊲ 形 猪首(いくび)の
búll-nòsed 形 団子っ鼻の
bull·ock /búlək/ 名 C 去勢した雄牛；雄の(子)牛
búll·pèn 名 C《主に米》❶〘野球〙ブルペン《救援投手の練習場》；《集合的に》救援投手 ❷ 牛の囲い場 ❸《口》仮留置場
búll·rìng 名 C 闘牛場
búll·rùsh 名 =bulrush
búll's-èye, búlls·èye 名 C ❶ 的(まと)の中心，金的；中心に当たった矢[弾丸]；命中 ‖ *Bull's-eye!*《口》やった；大当たり ❷《口》的を射た発言，図星，そのものずばり ❸《旧》(屋根・甲板の明かり取り用の)円ガラス；(円形の)明かり取り，通気孔 ❹（黒白のしまのある）丸い大きなあめ玉 ❺ 集光レンズ；集光レンズ付きランプ
hìt the bùll's-èye 的に当てる；核心を突く
búll·shìt ⊗《卑》《蔑》名 U たわごと(nonsense)（♦ bulls—, B.S. と書かれることがある）━動（**-shit·ted** /-ɪd/；**-shit·ting**）他 自（…に）たわごとを言う；(…を)だます
***bul·ly¹** /búli/ 名（複 **-lies** /-z/）C 弱い者いじめをする人，いじめっ子，乱暴者 ‖ a big ～ 大きな[大人の]いじめっ子
━動（**-lies** /-z/；**-lied** /-d/；**～·ing**）他〔弱い者〕をいじめ

B

る，脅す；…を脅して〈…を〉させる〈**into**〉‖ She was *bullied* at school. 彼女は学校でいじめに遭った / There was a lot of ～*ing* in this office. この会社では多くのいやがらせがあった / He *bullied* the company *into* silence. 彼は会社を脅して沈黙させた　**～·ing** 名
語源 もとは「恋人」を意味したが，「いばる人」などの意を経て(bull(雄牛)との連想もあり)意味が逆転した．
▸▸**～ púlpit** 名Ⓒ《単数形で》《米》(ある問題について発言できる)権威ある地位[職]

bul·ly² /búli/ 形《主に米口》素晴らしい，立派な
―間 でかした，うまい ‖ *Bully* for you! でかした，あっぱれ；《皮肉を込めて》大したもんだ

búlly·bòy 名 ＝bully¹

búlly·ràg 動 (**-ragged** /-d/；**-ragging**) 他《米口》…をいじめる；…を脅しつける(ballyrag)

bul·rush /búlrʌ̀ʃ/ 名Ⓒ ❶〖植〗フトイの類；《英》ガマ属の植物 ❷〖聖〗パピルス

bul·wark /búlwərk/ 名Ⓒ ❶ 堡塁(ほうるい)，防壁；防波堤 ❷〈…に対する〉防護者[物]〈**against**〉 ❸《～s》〖海〗舷牆(げんしょう)《舷側の上にある波よけ用の低い壁》

***bum¹** /bʌm/ 名Ⓒ《口》❶ 怠け者，ろくでなし；《米》ホームレス(♥ 婉曲的には street [OR homeless] person という)；《the ～》浮浪生活 ‖ Don't be a lazy ～! 怠けているんじゃありません(♥ 怠けがちな人に注意するときの決まり文句) ❷《複合語で》(スポーツなどの) 愛好家，…狂 ‖ ski ～*s* スキー狂
on the búm 《米》① 浮浪生活をして ‖ go *on the* ～ 路上生活者になる ② ひどい状態で，乱れて；故障して
―形《限定》❶ 貧弱な，粗末な，使い物にならない ❷ 誤った；にせの ‖ give her a ～ steer 彼女に間違った指示[提案]をする
―動 (**bummed** /-d/；**bum·ming**) 自《主に米口》浮浪生活をする，乞食(こじき)をして[のらくら] 暮らす《***around, about***》 ―他…をたかる，ねだる
bùm óut 〈他〉〔人〕をがっかりさせる；…に失敗する
▸▸**～ ràp** 名Ⓒ《主に米口》いわれのない告発[批判]，ぬれぎぬ ‖ take [OR get, be handed] a ～ *rap* 不当な批判を受ける　**～'s rúsh** 名《the ～》《米口》(人を)つまみ出す[たたき出す]こと，突然の解雇；(考えなどを)すぐに捨てること ‖「give him [get] the ～*'s rush* 彼をたたき出す [たたき出される]

bum² /bʌm/ 名Ⓒ《英口》尻(しり)(buttocks)
gèt [OR *pùt*] *bùms on séats* 《英口》(劇・映画・演者などが)観客を引きつける[呼ぶ]

búm·bàg 名Ⓒ《英口》ウエストポーチ(《米》fanny pack)

bum·ble¹ /bʌ́mbl/ 動自 ❶ つかえながら[不明瞭(ふめいりょう)に]しゃべる ❷ よろよろ進む；不器用にやる，へまをする

bum·ble² /bʌ́mbl/ 動自 (虫が)ぶんぶんいう[うなる]

búmble·bèe 名Ⓒ〖虫〗マルハナバチ

bum·bling /bʌ́mblɪŋ/ 形《口》ぎこちない，不器用な，へまをする

búm·bòat 名Ⓒ 物売り船《停泊中の船舶に食料品などを売って回る》

bumf /bʌmf/ 名Ⓤ《主に英口》(紙くず同然の)書類；《旧》トイレットペーパー

bum·fluff /bʌ́mflʌ̀f/ 名Ⓤ《英口》生えたての口ひげ

bum·mer /bʌ́mər/ 名Ⓒ ❶《a ～》《口》いやな思い [経験]，失敗 ‖ It was such a ～ that he resigned. 彼が辞職したのは本当にがっかりだ / What a ～! 何てこった / Oh, that's a ～. まいったね，残念だね(♥ 同情を込めて失望・落胆を表す) ❷《主に米俗》幻覚剤の副作用 ❸《主に米俗》ホームレス　―間《米俗》何てこった，がっかりだ

***bump** /bʌmp/ 動 (**～s** /-s/；**～ed** /-t/；**～·ing**) 他 ❶ …にどすんとぶつかる [衝突する]；…を〈…に〉どすんとぶつける〈**against, on**〉‖ That truck ～*ed* our car. そのトラックが我々の車にどすんと衝突した / I almost ～*ed* my head *against* a tree. 頭を木にぶつけそうになった ❷ (予約超過などで)〈飛行機の搭乗予約者名簿から〉…を外す；《米・カナダ》〈仕事・地位などから〉…を外す，罷免(ひめん)する〈**from** …から；**for** ほかの人のために〉 ❸ …をがたごと進ませる [行かせる]；…を乱暴に揺する ‖ ～ one's way along ... …をがたごとと進む
―自 ❶〈…に〉どすんとぶつかる[衝突する]〈**against, into**〉‖ She ～*ed*「*against* the table [*into* him]. 彼女はテーブルに[彼に]ぶつかった ❷ (車が)〈…を〉がたごと進む《***along***》〈**along, across,** etc.〉
be bùmping along the bóttom 《英》(経済が)低迷する
bùmp and grínd 《口》(扇情的な)腰振りダンスをする
**bùmp ínto ...* 〈他〉① ⇨ 自❶ ②《口》〔人〕にばったり出会う(run into)，〔問題など〕に突き当たる ‖ I ～*ed into* an old friend of mine. 昔からの友人の1人にばったり出くわした
**bùmp óff ... / bùmp ... óff* 〈他〉《口》…を殺す(murder)
bùmp úp ... / bùmp ... úp 〈他〉《口》①〔値段など〕を上げる ②…を急に昇進させる，上の地位に就ける(♦ しばしば受身形で用いる)
bùmp úp against ... 〈他〉…にぶつかる，出くわす；〔困難な状況〕に突き当たる
―副 どすんと；急激に，突然に ‖ come [OR go] ～ どすんと衝突する / things that go ～ in the night 《口》《戯》夜中に聞こえる気味悪い物音
―名Ⓒ ❶ 衝突(のショック)；追突；どすん[どん，ごつん，ばたん，ぽこん]という音，衝突音 ‖ with a ～ どすんと；急激に，突然に ❷ (打撲による) こぶ；(路面などの) でこぼこ ‖ He got a big ～ on his forehead. 彼はおでこに大きなこぶを作った / a ～ on [OR in] a road 道のでこぼこ ❸ (軽い) 接触事故 ❹〖空〗突然の上昇気流(による飛行機の揺れ) ❺ 昇格，昇給 ❻《the ～s》《英口》胴上げ《誕生日の子供に年齢の数だけ行う》 ❼《旧》《戯》頭蓋骨(ずがいこつ)の隆起；(骨相に現れた)(天賦の)才能 ❽《米俗》強い酒(の1杯)
like a bùmp on a lóg 《米口》ぼんやりとして

***bump·er¹** /bʌ́mpər/ 名Ⓒ ❶ (特に自動車の前後の)バンパー，緩衝器[装置] ❷《旧》〖クリケット〗高く跳ね上がる球
▸▸**～ càr** 名Ⓒ ぶつけ合って遊ぶ小型電気自動車　**～ stìcker** 名Ⓒ (車の) バンパーにはったステッカー《宣伝用など》

bump·er² /bʌ́mpər/ 形《限定》並外れて大きな，豊富な ‖ a ～ crop 大豊作 / a ～ year 豊年

bùmper-to-búmper ⟨シ⟩ 形 副 (車のバンパー同士が接触するほど)数珠つなぎの[で]，大渋滞の[で]

bumph /bʌmf/ 名 ＝bumf

bump·kin /bʌ́mpkɪn/ 名Ⓒ《口》田舎者，武骨者

bump·tious /bʌ́mpʃəs/ 形 出しゃばりな，高慢な，うぬぼれの強い　**～·ly** 副　**～·ness** 名

bump·y /bʌ́mpi/ 形 (道が)でこぼこの；(車が)がたがた揺れる；(音楽などが)調子の一定していない；《口》浮き沈みの激しい ‖ have a ～ ride [OR flight] 問題を抱えている，苦労している　**búmp·i·ly** 副　**búmp·i·ness** 名

***bun** /bʌn/ 名Ⓒ ❶《米》丸い[細長い]パン《ハンバーガー・ホットドッグ用など》；(干しブドウなどを入れた) 小型の丸い(菓子) パン ❷ (後頭部で丸く1つにまとめた) 束髪，お団子 ‖ Her hair was tied back in a ～. 彼女の髪は後ろで丸く束ねてあった ❸《～s》《米俗》尻(しり)
have a bún in the òven 《俗》身ごもる

***bunch** /bʌntʃ/ 名 (複 **～·es** /-ɪz/) Ⓒ ❶ (果物の) ふさ；(同じ物の)束(⇨ BUNDLE 類語) ‖ a ～ of grapes 1ふさのブドウ / a ～ of flowers [keys] 1束の花 [鍵(かぎ)] ❷《口》(同じ物の)群れ，一団；《単数形で》(一団の)人々，一味 ‖ a (whole) ～ of cops 警官の一団 / in ～*es* 群れをなして ❸《主に米口》多数 [量] ‖ Thanks a ～. どうもありがとう (＝Thanks a lot.) (♥ しばしば皮肉で) / a ～ of people たくさんの人 ❹《～es》《英》後頭部で左右に分けて結んだ髪型
a bùnch of fíves 《英口》げんこつ
the best of a bad bunch ⇨ BEST(成句)

the best [OR *pick*] *of the bunch* ⇨ BEST(成句)
— 動 (~·es /-ɪz/ ; ~ed /-t/ ; ~·ing) 他 ❶ …を束にする, まとめる, ひとかたまりに集める《*up, together*》‖ He ~*ed up* the vegetables. 彼は野菜を束にした / *Bunch* the children *up*. 子供たちを集めなさい ❷〔布地〕にひだを寄せる — 自 束になる, ひとかたまりに集まる《*up, together*》
▸▸ ~ **gràss** 名 C (一般に)ふさをつける草, 束状草類

bunch·y /bʌ́ntʃi/ 形 ふくらんだ；ふさ状の
búnch·i·ly 副

bun·co, -ko /bʌ́ŋkoʊ/ 《米俗》名 (複 ~s /-z/) C 詐欺, ぺてん；U (トランプ賭博(とばく)の)いかさま
— 動 他 …をぺてんにかける

Bun·des·rat /bʊ́ndəsrɑ̀ːt/ 名 ❶ ドイツの連邦上院 ❷ (スイス·オーストリアの)連邦議会

***bun·dle** /bʌ́ndl/ 名 C ❶ 束, 包み (⇨ 類語) ‖ a ~ of newspapers [sticks] 新聞[小枝]の束 / bind [OR tie] ... (up) in a ~ …を束ねる ❷《a ~》《通例否定文で》〈…で〉いっぱいの人[もの]；〈…の〉かたまり〈**of**〉‖ She isn't a ~ *of* laughs. 彼女はあまり楽しい人ではない / a ~ *of* energy エネルギーのかたまり ❸《a ~》《口》〈…の〉多量, たくさん〈**of**〉；大金 ‖ have a ~ *of* fun at the party パーティーで大いに楽しむ / a ~ *of* contradictions 多くの矛盾点 / That computer cost a ~. あのコンピューターは高かった / make a ~ 大金を手に入れる ❹〘解〙(神経などの)繊維束；〘植〙(維)管束 ❺ 💻 (まとめ売りする)ソフトとハードのセット；同梱[バンドル]ソフト《コンピューターに最初から組み入れられているソフトウェアや装備など》
a bùndle of nérves 《口》非常に神経質な人(→ ❷)
dròp one's búndle 《豪·ニュージ口》うろたえる；やる気をなくす, あきらめる
gò a búndle on ... 《通例否定文で》《英口》…が大好きである ‖ I don't *go a* ~ *on* her new dress. 彼女の新しい服は好みじゃない
— 動 他 ❶ …を(ざっと)束ねる[包む]《*up, together*》‖ She ~*d* and pinned her hair. 彼女は髪をざっと束ねピンで留めた ❷ 💻〔アプリケーション〕を〈コンピューター本体に〉付加インストールする；〔ソフト〕を〈本体と〉抱き合わせで販売する〈**with**〉 ❸〔人〕を追い立てる《**away, off, out, etc.**》；〔人〕を急いで〈車などに〉乗せる〈**into**〉‖ She ~*d* the children *off* to school. 彼女は子供たちを学校に追い立てた — 自 (ひとかたまりになって)急ぐ；急いで立ち去る《**away, off, out, etc.**》；急いで〈…に〉入る〈**into**〉‖ They ~*d into* taxis. 彼らは慌ててタクシーに乗り込んだ
bùndle úp* 〈他〉 I 《*bùndle úp ...* / *bùndle ... úp*》⇨ 他 ❶ II 《*bùndle ... úp*》〔子供など〕を〈厚手の衣類で〉暖かくくるむ〈in**〉‖ *Bundle* yourself *up* against the cold. 寒さに備えて暖かく着込みなさい —〈自〉〈厚手の衣類で〉暖かく着込む〈**in**〉

類語 《名 ❶》 **bundle** 多くのものを無雑作に束ねたもの.
bunch 同種のものの集まり, 特にきちんと束ねたもの. 〈例〉a *bunch* of flowers 花束
parcel 輸送や販売のためにきっちり包んだもの
package parcel の大きいもの
packet parcel より小さいもの
pack 主に人や動物の背で運ぶための包み. 米国では packet の意でも用いる. 〈例〉a *pack* [《主に英》*packet*] of cigarettes たばこ1箱

bundt /bʌnt, bʊnt/ 名 C 《商標》バント型《リングケーキ焼き器》‖ a ~ cake バントケーキ

bún·fight 名 C 《英口》《戯》❶ ティーパーティー ❷ 公式行事 ❸ 白熱の討論；小競りあい, 口げんか

bung /bʌŋ/ 名 C ❶ (たるの)栓；注ぎ口 ❷《英口》賄賂(わいろ) — 動 他 ❶ …を栓でふさぐ；(一般に)…をふさぐ《*up*》‖ [The pipe [My nose] is all ~*ed up*. パイプ[鼻]がすっかり詰まっている ❷《英口》…を(ほうり)投げる；…を突っ込む, …にチップ[賄賂]を渡す

***bun·ga·low** /bʌ́ŋɡəloʊ/ 名 C 平屋住宅, バンガロー《平屋造りの小さな家·別荘》(❗ キャンプ場などにある簡易宿泊施設は cabin という)

bun·gee /bʌ́ndʒi(ː)/ 名 C バンジー(bungee cord [rope])《荷崩れを防ぐのに用いる伸縮性のあるひも》
— 動 自 バンジージャンプをする
▸▸ ~ **jùmp** [**jùmping**] 名 U バンジージャンプ《伸縮性のあるロープをつけて高所から飛び降りる遊び》 ~ **jùmper** 名 C バンジージャンプをする人

búng·hòle 名 C (たるの)注ぎ口

bun·gle /bʌ́ŋɡl/ 動 自 他 (仕事などに[を])しくじる, やり損なう — 名 C しくじり, へま, 不手際；失敗作 **-gler** 名 C へまをする人 **-gling** 形《限定》へまな, 不手際の

bun·ion /bʌ́njən/ 名 C 〘医〙(足の親指の付け根にできる)腱膜瘤(けんまくりゅう)

bunk[1] /bʌŋk/ 名 C ❶ (船·列車などの)寝台, 寝棚 ❷《口》(一般に)寝場所, (仮の)寝床
— 動 自 《主に米》(しばしば共有の)寝棚[仮の寝床]で寝る
▸▸ ~ **bèd** 名 C 二段ベッド(の一方)

bunk[2] /bʌŋk/ 名 U 《口》たわごと, でたらめ

bunk[3] /bʌŋk/ 《英口》動 自 逃げ(去)る — 他 ❶ …をサボる, 逃れる ❷〔料金などの支払い〕を不法に怠る
— 名 C 逃走, ずらかり
dò a búnk こっそり逃げる

***bunk·er** /bʌ́ŋkər/ 名 C ❶ (船·屋外の)燃料庫 ❷ 爆[銃]弾から身を守るシェルター ❸〘ゴルフ〙バンカー《ゴルフコースのくぼ地に砂を入れた障害物》 — 動 他 ❶ …に燃料を補給する ❷〘ゴルフ〙〔ボール〕をバンカーに打ち込む；《受身形で》バンカーにつかまる；《英口》…を窮地に陥れる
▸▸ ~ **bùster** 名 C 〘米軍〙バンカーバスター《地下に潜り軍施設などを爆破する爆弾》

Bùnker Híll 名 バンカーヒル《米国マサチューセッツ州ボストン市近郊の丘. 独立戦争時の激戦地》

búnk·hòuse 名 C 作業員宿舎

búnk·màte 名 C 《米》(兵舎の)相部屋仲間, 戦友

bun·kum /bʌ́ŋkəm/ 名 U 《口》《旧》ほら, いい加減な話, たわごと(♦ buncombe ともいう)

búnk-ùp 名 C 《単数形で》《英口》(人を)上へ押し上げる[引き上げる]こと

***bun·ny** /bʌ́ni/ 名 (複 **-nies** /-z/) C ❶ 子ウサギ, うさちゃん, うさぎさん(♥ 小児語) ❷ (=~ **girl**)バニーガール《ウサギに似せた衣装をつけたクラブのホステス》
nòt a hàppy búnny 《英口》機嫌がよくない, ご機嫌ななめで
▸▸ ~ **hùgger** 名 C 《口》《通例けなして》① 動物愛護主義者 ② 環境保護論者 (→ tree-hugger, fish hugger) ~ **slòpe** 名 C 《米》(スキーの)初心者向けのスロープ

búnny-hòp 名 C うさぎ跳び — 動 自 うさぎ跳びをする

Bùn·sen búrner /bʌ̀nsən-, +米 ˌ-ˌ-ˈ-/ 名 C ブンゼンバーナー《実験用小型ガスバーナー. 考案者 Robert Wilhelm Bunsen の名前から》

bunt[1] /bʌnt/ 動 他 ❶〘野球〙〔球〕をバントする；バントして〔走者〕を〈…へ〉進める〈**to**〉 ❷ (人や動物が)…を頭で押す, 角で突く — 自 ❶ バントする ❷ 頭で押す, 角で突く
— 名 C ❶〘野球〙バント(した球) ❷ 押し, 突き；〘空〙バント《部分的に逆宙返りを加える飛行》 **~·er** 名

bunt[2] /bʌnt/ 名 C 〘海〙帆腹《帆の風をはらむ部分》；(魚網の)きんちゃく部

bun·ting[1] /bʌ́nt̬ɪŋ/ 名 C 〘鳥〙ホオジロ(の類)

bun·ting[2] /bʌ́nt̬ɪŋ/ 名 U 《集合的に》旗, まん幕；旗布

bun·ting[3] /bʌ́nt̬ɪŋ/ 名 《米》❶ C (幼児の)おくるみ ❷ U おくるみ用の布地

Bun·yan /bʌ́njən/ 名 **John** ~ バニヤン(1628–88)《英国の宗教文学者》

***buoy** /búː(ː)i, bɔɪ | bɔɪ/ 《発音注意》(♦《英》同音語 boy) 名 C ❶ ブイ, 浮標 ❷ 救命ブイ[浮き袋](life buoy)
— 動 他 ❶〔人〕を元気[勇気]づける《*up*》(♦ しばしば受身形で用いる) ❷ …を浮かせておく, 浮かす《*up*》；〔価格など〕を(下落しないよう)支える ❸〔水路など〕をブイで示す

buoy·an·cy /bɔ́ɪənsi, +米 búːjən-/ 《発音注意》名 U

❶浮力, 浮揚性 ❷(精神的打撃からの)回復力；快活さ, 朗らかさ ❸(株価・物価などの)騰貴傾向

*__buoy·ant__ /bɔ́ɪənt, +米 búːjənt/ 形 ❶(精神が)回復力のある, すぐ元気を取り戻す；(人が)快活な, 朗らかな, 楽天的な ❷(経済などが)上昇傾向の ❸浮力[揚力]のある, 浮きやすい；(液体や気体が)浮かすことができる, 浮かせやすい **~·ly** 副

bup·pie, -py /bʌ́pi/ 名 (複 **-pies** /-z/) C《口》バッピー《都会の黒人エリート層》(♦ *b*lack+*yuppie* より)

bur /bəːr/ 名 C ❶(クリなどの)いが；いがのある実をつける植物 ❷=burr¹

▸▸ **~ òak** 名 C〔植〕(北米産の)シラカシ

burb /bəːrb/ 名 C《通例 the ~s》《米口》=suburb

Bur·ber·ry /bə́ːrbəri, +米 -bèri/ 名《商標》バーバリー《英国製のベルト付きレインコート；防水布》

bur·ble /bə́ːrbl/ 動 自 ❶(川などが)ごぼごぼ[ぶくぶく, さらさら]と音を立てる ❷《口》(人が)〈…について〉ぺちゃくちゃしゃべる, まくしたてる《*on*》〈**about**〉(♦直接話法にも用いる) ❸〔空〕(気流が)乱流となる ── 名 U ❶ごぼごぼ(いう音)；《口》ぺちゃくちゃ(しゃべる声) ❷〔空〕(気流の)剥離

burbs /bəːrbz/ 名 複《the ~》《米口》郊外(住宅地)(suburbs)

:**bur·den¹** /bə́ːrdən/

── 名 (複 **~s** /-z/) C ❶(精神的)重荷, **負担**(となるもの)；(重い)**義務**, 責任 ‖ The task was a great ~ to the students. その課題は生徒には大きな負担だった / I don't want to be a ~ to [OR on] anybody. だれのやっかいにもなりたくない / the ~ of guilt [taxation] 罪の意識の重荷[納税の義務] / The ~ will **fall** on all of us. その負担は私たち全員にのしかかるだろう

連語 【名/形+~】 the tax ~ 税負担 / a financial ~ 財政的負担 / a debt ~ 負債 / a heavy ~ 重い負担

【動+~】 bear [OR carry, shoulder, take on] a ~ 責任を負う / place [OR impose] a ~ on ... …に負担を課す / share a ~ 責任を分担する / reduce [increase] a ~ 負担を減らす[増やす]

❷(重い)荷, **荷物**, 積み荷(⇨ LOAD 類語) ‖ a beast of ~ 荷物運搬用の動物 / a ship of ~ 貨物船

❸U(船の)積載量[能力]

the bùrden of próof 〔法〕立証[挙証]責任

── 動 (**~s** /-z/；**~ed** /-d/；**~·ing**) 他 ❶…に〈…で〉負担をかける；…を困らせる, 悩ます〈**with**〉(♦しばしば受身形で用いる) ‖ Don't ~ others *with* your personal problems. 個人的な問題で他人を煩わせるな

❷《通例受身形で》〈荷物・重荷を〉背負う, 負う〈**with**〉

bur·den² /bə́ːrdən/ 名 ❶《the ~》要旨, 要点, 主題 ❷C〔楽〕(歌の)折り返し(句)(refrain)

bur·den·some /bə́ːrdənsəm/ 形 負担の重い, 耐え難い, 面倒な, 骨の折れる

bur·dock /bə́ːrdɑ̀(ː)k | -dɔ̀k/ 名 C〔植〕ゴボウ《great burdock は食用》

*__bu·reau__ /bjʊ́ərou, ─ ´ /《発音注意》名 (複 **~s, ~x** /-z/) C ❶(官庁の)局 ‖ the Federal *Bureau* of Investigation 連邦捜査局, FBI ❷(情報の収集・提供などを行う)事務所[局]；(新聞社などの)支局 ‖ a travel ~ 旅行案内所 / the Washington ~ of *The Times* タイムズ紙のワシントン支局 ❸《英》書き物机《引き出しがつき, 上部の覆いを開くと机代わりになる》；《米》(引き出し付き)衣装だんす

語源 「書き物机」,「机のある部屋」の意のフランス語から.

*__bu·reau·cra·cy__ /bjuərɑ́(ː)krəsi | -rɔ́-/ 名 (複 **-cies** /-z/) ❶UC官僚政治, 官僚制 ❷《通例 the ~》《集合的に》官僚(集団) ❸U官僚主義《繁雑で時間のかかる行政上の手続き[規則]》；お役所仕事

*__bu·reau·crat__ /bjʊ́ərəkræ̀t/ 名 C 官僚, 役人；官僚主義的な人(♥規則・手続きなどに厳しく融通がきかないという含みを持つ)

bu·reau·crat·ese /bjʊ̀ərəkrætíːz, -íːs/ 名 U お役所[官僚]言葉

*__bu·reau·crat·ic__ /bjʊ̀ərəkrǽṭɪk/ ⟨シ⟩ 形 (**more ~；most ~**)官僚政治[主義]の；官僚的な **-i·cal·ly** 副

bu·reau·cra·tize /bjuərɑ́(ː)krətàɪz | -rɔ́-/ 動 他 …を官僚体制[主義]にする **bu·rèau·cra·ti·zá·tion** 名

bu·reau de change /bjʊ̀ərou də ʃɑ́ːndʒ | -ʃɔ́ndʒ/ 名 (複 **bureaux de c-** /-rouz-/) C《英》(外国通貨の)両替店[所](♦フランス語より)

bu·reaux /bjʊ́ərouz, ─ ´ / 名 bureau の複数の1つ

bu·rette, +《米》**-ret** /bjuərét/ 名 C〔化〕ビュレット《少量の液体を計る目盛り付きガラス管》

burg /bəːrg/ 名 C ❶《米口》(小さな)都市, (静かな)町 ❷(中世の)城塞(じょうさい), 城市

bur·gee /bə́ːrdʒiː/ 名 C (ヨットなどの標識に用いる)三角旗

bur·geon /bə́ːrdʒən/ 動 自《文》芽を出す, 萌(も)え出る；急に成長[発展]する, 急増する **~·ing** 形

burg·er /bə́ːrgər/ 名 C ❶ハンバーガー(hamburger), ハンバーグ用の牛肉 ❷《複合語で》ハンバーガー風の食べ物 ‖ beef*burger*, cheese*burger*

bur·gess /bə́ːrdʒɪs/ 名 C ❶《英》《古》自治都市(borough)の市民, 自由民 ❷〔英国史〕(自治都市や大学選出の)代議士 ❸〔米国史〕(バージニア・メリーランドの植民地会議の)下院(House of Burgesses)議員

burgh /bə́ːrou | bʌ́rə/ 名 C《スコット》《古》自治都市(borough)

burgh·er /bə́ːrgər/ 名 C《古》《戯》(一般の)市民；中産階級の市民

*__bur·glar__ /bə́ːrglər/ 名 C (押し込み)強盗, 泥棒《本来は「夜盗」を指した》(⇨ THIEF 類語)

▸▸ **~ alàrm** 名 C《米》自動盗難警報装置, 防犯ベル

bur·glar·ize /bə́ːrgləràɪz/ 動 他《米・カナダ》〔建物に〕強盗[押し込み]に入る

*__bur·gla·ry__ /bə́ːrgləri/ 名 (複 **-ries** /-z/) UC 強盗, 押し込み；〔法〕住居侵入罪(⇨ ROBBERY 類語)

bur·gle /bə́ːrgl/ 動 他《主に英》=burglarize

bur·go·mas·ter /bə́ːrgəmæ̀stər | -mɑ̀ːs-/ 名 C (オランダ・ドイツなどの都市の)市長(mayor)

bur·goo /bə́ːrguː, bəːrgúː/ 名 (複 **~s** /-z/) ❶《米》U バーグー《主に野外で食べられる肉と野菜の濃厚なスープ》；C(野外の)バーグーパーティー ❷〔海〕(水夫用の)濃いオートミール

Bur·gun·dy /bə́ːrgəndi/ 名 ❶ブルゴーニュ《フランス中東部の地方》❷(複 **-dies** /-z/)《また b-》UC ブルゴーニュ産の(赤)ワイン；(一般に)赤ワイン；U 赤紫色

── 形 赤紫色の

*__bur·i·al__ /bériəl/ 名〔◁ bury 動〕❶UC 埋葬；C 葬式 ‖ His body was brought home for ~. 彼の遺体は埋葬のため故郷に運ばれた ❷C〔考古〕墓所, 墓

▸▸ **~ gròund** 名 C 埋葬地, 墓地

bu·rin /bjʊ́ərɪn/ 名 C ❶ビュラン《彫刻刀》❷〔考古〕ビュラン石器

burk /bəːrk/ 名《英俗》=berk

bur·ka /bʊ́ərkə/ 名 (複 **~** OR **~s** /-z/) C ブルカ《イスラム女性が人前で着る頭から全身を覆う外衣》(♦ burkha, burqa ともつづる)

*__Bur·ki·na Fa·so__ /bə(ː)rkìːnə fɑ́ːsou | -fǽ-/ 名 ブルキナファソ《西アフリカの国. 首都 Ouagadougou》

burl /bəːrl/ 名 C ❶(糸・毛糸・布などの)こぶ, たま ❷《米》(木の)こぶ《薄く切って化粧板にする》

bur·lap /bə́ːrlæp/ 名 U バーラップ, 黄麻布《ジュートなどの粗い麻布, 袋地》

bur·lesque /bəːrlésk/ 名 C ❶(純文学作品などの)戯作(げさく), パロディー；U 茶番, 滑稽(こっけい), ふざけ ❷《米》バーレスク《ヌードショーを主な出し物にしたバラエティーショー》

── 形 茶化した, ふざけた

── 動 他 …を茶化す, 滑稽に作り替える

B

bur·ly /bə́ːrli/ 形 (人が)たくましい, がっしりした
-li·ness 名
Bur·ma /bə́ːrmə/ 名 ビルマ《the Union of Myanmarの旧称》
***Bur·mese** /bə̀ːrmíːz, +米 -míːs/ ⊲ 名 (複 ~) ❶ C ビルマ人 ❷ U ビルマ語 ❸ (= ~ **cát**) C バーミーズ《ミャンマー原産の猫》
━形 ビルマの；ビルマ人[語]の

*****burn**[1] /bəːrn/ 動 名

中心義 燃える, 燃えて熱や明るさを生じる

動 自 燃える❶ ほてる❸ やけどする❹ かっかとする❻
他 燃やす❶ やけどさせる❹
名 やけど❶

━動 (~**s** /-z/；~**ed** /-d/ OR **burnt** /-t/；~**·ing**) (♦《米》では主に burned を用い,《英》では burned, burnt とも同程度に用いられる. 過去分詞の形容詞的用法の場合は《米》《英》共に burnt がふつう)
━自 ❶ **燃える**；焼ける, 焦げる；燃焼する, 火事になる ‖ Paper ~*s* easily. 紙は燃えやすい / This fuel ~*s* well [badly]. この燃料はよく燃える [燃えない] / The toast is ~*ing*! トーストが焦げてる / The bungalow ~*ed* and partly collapsed. その平屋住宅は火事に遭って一部が倒壊した
❷ (灯・ろうそくなどが) 光る, 輝く, ともる ‖ Keep the lights ~*ing* all day. 電灯は1日中つけておきなさい
❸ **ほてる**, 真っ赤になる；焼けるように感じる, (口・舌が)ひりひりする ‖ The child ~*ed* with (a) fever. その子は熱でほてっていた / His face was ~*ing* with shame. 恥ずかしさのあまり彼の顔は真っ赤になっていた
❹ **やけどする**；日焼けする(→ tan[1]) ‖ My skin ~*s* easily in the sun. 私の肌はすぐ日焼けする
❺ 焼け死ぬ, 焼死する ‖ An old man ~*ed* to death in the fire. 老人が1人火事で焼死した
❻《通例進行形で》〈…で〉**かっかとする**, 興奮する, 燃える〈**with**〉‖ She was ~*ing with* anger. 彼女は怒りに燃えていた
❼《通例進行形で》 **a** 《+**to** *do*》…したくてうずうずする, たまらない ‖ She was ~*ing to* ask him the question. 彼女は彼にそのことを聞きたくてたまらなかった **b** 《+**for** 名》…を熱望する (♦ for 名 の後に to *do* を伴うこともある) ‖ be ~*ing for* victory 勝利を熱望する / The spectators were ~*ing for* the competition to start. 観客たちは試合が始まるのを今か今かと待っていた ❽ 《+副句》《口》(ある方向へ) 猛スピードで走る ‖ The police car was ~*ing* up the highway. パトカーが高速道路を猛スピードで飛ばしていた ❾《米》電気いすで死刑になる
━他 ❶ …を**燃やす**, 焼く；…を焦がす；(薬品で)…を焼く, 焼灼(しょうしゃく)する (⇨ BAKE 類語P) ‖ They ~*ed* the documents in the fire. 彼らは文書を火にくべて焼き捨てた / The temple was ~*ed* to「the ground [ashes]. その寺は焼け落ちた [すっかり焼けた] / I *burned* the toast. トーストを焦がしてしまった(❗「パン[ケーキ]を焼く」は bake [×burn] bread [a cake])
❷ …を(燃料として)燃やす；〔カロリー〕を燃焼させる, 消費する ‖ This car ~*s* a lot of gas. この車はうんとガソリンを食う / Brisk walking ~*s* almost as many calories as jogging. 速歩きはジョギングとほぼ同じ熱量を消費する
❸ 〔ろうそく・明かりなど〕に火をともす, 点火する ‖ ~ candles ろうそくに火をともす
❹ …を**やけどさせる**；…を(やけどするほど)日焼けさせる；(摩擦などで)…をひりひりさせる ‖ He ~*ed* his hand on the hot iron. 彼は熱くなったアイロンで手をやけどした / Hot chili ~*s* the tongue. 辛い唐辛子は舌をひりひりさせる / be **badly** ~*ed* ひどいやけどを負う
❺ …を焼き殺す, 焼死させる；…を火あぶりの刑にする；《米》…を電気いすで死刑にする ‖ A woman was ~*ed* (to death) in the fire. その火事で女性が1人焼死した / Joan of Arc was ~*ed* at the stake. ジャンヌ=ダルクは火あぶりの刑に処された ❻〔れんが・陶器など〕を焼いて作る ❼〔穴・跡など〕を焼いて[焦がして]作る；〔焼き印〕を押す ‖ The cigarette ash ~*ed* a hole in the blanket. たばこの灰が毛布に焦げ穴を作った ❽《米口》〔人〕をかっかとさせる, 怒らせる ❾《受身形で》(気持ちが) 傷つけられる ❿《受身形で》《口》金をだまし取られる, 大金を失う, (商取引で)痛い目に遭う ⓫ 💻〔CDなど〕にデータを書き込む,〔CDなど〕を焼く；〔データ〕を…に書き込む, 焼く

bùrn awáy 〈他〉《***bùrn awáy ...*** / ***bùrn ... awáy***》…を燃え尽きさせる, 焼き尽くす, 焼き払う ━〈自〉① 燃え尽きる ② 燃え続ける
****bùrn dówn*** 〈他〉《***bùrn dówn ...*** / ***bùrn ... dówn***》〔家屋など〕を**全焼させる** ‖ The restaurant was ~*ed down*. そのレストランは全焼した ━〈自〉① (家屋などが) **全焼する**, 焼け落ちる ② 火勢が弱まる(↔ *burn up*)
búrn in ... / ***búrn ... in*** 〈他〉①〔名前など〕を焼き込む, …に焼き印を押す ②〔印象など〕を(記憶・脳裏に)焼きつける ③〔写真の一部〕を焼き込んで黒くする
bùrn À into B́ 〈他〉① *A* (文字など)を*B* に焼き込む, 焼き印する ② *A* (印象など) を*B* (心・記憶など) に焼きつける, 刻む
****bùrn óff*** 〈他〉《***bùrn óff ...*** / ***bùrn ... óff***》…を燃やしきる, 燃やして取り除く, 焼き払う；(運動などで)〔脂肪など〕を燃焼させる ━〈自〉① 燃え尽きる ② (朝もやなどが) 晴れ上がる
****bùrn óut*** 〈他〉《***bùrn óut ...*** / ***bùrn ... óut***》①〔人の情熱・体力〕を使い果たす, 燃え尽きさせる(♦しばしば受身形で用いる) ‖ Stress will ~ her *out*. ストレスのせいで彼女は消耗してしまうだろう ② (火事で)〔人〕を〈…から〉焼け出させる〈**of**〉(♦しばしば受身形で用いる) ‖ His family was ~*ed out*. 彼の家族は焼け出された ③〔電気器具など〕を使いすぎで駄目にする, 焼き切る ‖ The light bulb was ~*ed out*. 電球が切れた ④《通例受身形で》(建物の内部が)全焼[焼失]する ━〈自〉① 燃え尽きる；(ロケットなどの)燃料が尽きる ② (電気器具などが) 使いすぎて駄目になる, 焼き切れる ③ 体力を使い切る, 消耗する；(病気・情熱などが) すっかりなくなる, 燃え尽きる ‖ Many ER nurses ~ *out* and quit at an early age. 多くの救急処置室担当の看護師が若いうちに燃え尽きて辞めてしまう
bùrn rúbber 《口》(車で)急発進して走り去る
bùrn onesèlf óut ① (火が) 燃え尽きる ② (電気器具などが) (使いすぎや過熱で) 止まる ‖ The motor ~*ed* itself *out*. モーターが止まった ③ (病気・問題などが)徐々に消滅する[快方に向かう] ④ 働きすぎて倒れる, 燃え尽きる
bùrn ... to a crísp …を真っ黒焦げにする
****bùrn úp*** 〈他〉 **I** 《***bùrn úp ...*** / ***bùrn ... úp***》① …を焼き尽くす ② (エンジンなどが)〔燃料〕を大量に消費する, 使い切る；〔金〕を使い切るほど浪費する ③〔カロリー・脂肪〕を燃焼させる **II** 《***bùrn ... úp***》④《米口》〔人〕を怒らせる ‖ That really ~*s* me *up*. そいつは実に腹が立つな **III** 《***bùrn úp ...***》⑤〔道〕を高速で飛ばす ━〈自〉① ぱっと燃え上がる (↔ *burn down*) ② 燃え尽きる, 焼けうせる ③《米口》かっとなる ④《進行形で》《口》熱がある
(*A person's*) ***ears are burning.*** ⇨ EAR[1](成句)
━名 (複 ~**s** /-z/) ❶ C **やけど**；焼け焦げ；日焼け；火事《やけどは軽い順から a first [second, third]-degree burn という》‖ **suffer** ~**s to** one's hand 手にやけどを負う ❷ U (擦り傷や熱い液体を飲んだときの) ひりひりする痛み [感じ] ❸ C 燃焼；(ロケットエンジンの) 点火 ‖ The rocket made a good ~. ロケットはうまく点火した ❹《the ~》(激しい運動の後の) 筋肉のほてり[痛み] ‖ go for the ~ 運動で一汗かく
▸▸ **~ ràte** 名 C U 〖経〗(資本)燃焼率, バーンレート《収入に対する投資の比率》

burn[2] /bəːrn/ 名 C《スコット・北英》小川(brook)

bùrned-óut 〈シ〉 形 =burnt-out

burn·er /bə́ːrnər/ 名 C ❶ (ストーブ・こんろなどの)バーナー, 火口(ほくち) ❷ 燃焼装置, 燃焼炉 ❸ CD[DVD]書き込みソフト[ドライブ](CD burner, DVD burner)

bur·net /bərnét | bə́ːnɪt/ 名 C 〘植〙ワレモコウ

***burn·ing** /bə́ːrnɪŋ/ 形《限定》❶ (赤々と)燃えている(ような) ❷ 焼けつくような；ひりひりする ‖ ~ deserts 焼けつくような砂漠 ❸ (感情などが)燃えるような, 激しい(↔mild) ‖ have a ~ interest in ... …に強い興味を持つ / a ~ ambition 燃えるような野望 ❹ 重大な, 差し迫った ‖ a ~ issue [OR question] 差し迫った重要問題
—副 燃えるように ‖ ~ hot 燃えるように熱い **~·ly** 副
▸▸**~ búsh** 名 C 〘植〙ニシキギ科の植物

bur·nish /bə́ːrnɪʃ/ 動 他 …を磨く, 光らせる **~ed** 形

bur·nouse, +《米》**-noose** /bə(ː)rnúːs/ 名 C (アラビア人の)フード付きマント

búrn·òut 名 U ❶ U C (精神的・肉体的)消耗, 燃え尽き ‖ the ~ syndrome 燃え尽き症候群 ❷ (ロケット燃料などが)燃え尽きること ❸ 〘電〙過熱断線

Burns /bəːrnz/ 名 **Robert ~** バーンズ(1759–96)《スコットランドの詩人》

búrn·sìdes 名 複 バーンサイドひげ《あご先をきれいにそり, 頰(ほお)ひげと口ひげを生やしたひげ型》

***burnt** /bəːrnt/ 動 burn[1]の過去・過去分詞の1つ
—形《限定》焼けた, 焦げた；やけどした ‖ ~ cookies 黒焦げのクッキー
▸▸**~ óffering** 名 C ① 燔祭(はんさい)《祭壇で焼いて神にささげるいけにえ》 ② 《戯》焼け焦げた食べ物 **~ siénna** 名 U 赤褐色(の顔料) **~ úmber** 名 U 濃茶色(の顔料)

bùrnt-óut 〈シ〉 形 (建物が)燃え尽きた, 焼け落ちた；(電気器具が)焼け切れた, 動かなくなった；(人が)精力を使い果たした, 疲れきった

burp /bəːrp/ 《口》 名 C げっぷ(belch)；げっぷの音；うえっ, げーっ(♥ 疑念・軽蔑を表す) **—**動 自 げっぷをする
—他 〔赤ん坊〕に(背中をたたいて)げっぷをさせる
▸▸**~ gùn** 名 C 《米口》自動式拳銃(けんじゅう)[小銃]

bur·qa /bə́ːrkə/ 名 =burka

burr[1] /bəːr/ 名 C ❶ (歯科医などの)ドリル(の刃先) ❷ (金属の切れはしなどの)ぎざぎざ, まくれ ❸ (クリなどの)いが(bur) **búr·ry** 形 いが[とげ]のある, ちくちくする

burr[2] /bəːr/ 名 C《通例単数形で》❶ 〘音声〙巻舌[喉音(こうおん)]の r 音《北イングランド・スコットランド方言の特徴》；(一般に)なまりの強い発音 ❷ (電話・歯車などの)ぶーんとうなる音 **—**動 自 巻舌[喉音]で話す；ぶーんとうなる

bur·ri·to /bəríːtoʊ/ 名 (複 **~s** /-z/) C ブリトー《肉・チーズ・野菜を tortilla で包んだメキシコ料理》

bur·ro /bə́ːroʊ | bʊ́r-/ 名 (複 **~s** /-z/) C 《主に米》(荷役用の小型の)ロバ

Bur·roughs /bə́ːroʊz | bʌ́roʊz/ 名 バロウズ ❶ **Edgar Rice ~** (1875–1950)《米国の作家》 ❷ **William (Seward) ~**(1914–97)《米国の作家》

bur·row /bə́ːroʊ | bʌ́r-/ 名 C ❶ (動物の)穴, (地下の)巣 ❷ 隠れ場 **—**動 自 ❶ (動物が)〈…に〉穴を掘る〈**in, into, under**〉 ❷ (動物が)穴で生活する, (穴に)隠れる ❸ (人が)(もぞもぞと)〈…に〉潜り込む[体をすり寄せる]〈**into, under**〉 ❹ (ものを探すために)〈…に〉手を滑り込ませる〈**into, in, through**〉 **—**他 ❶ 〔地面〕に穴を掘る；〔穴・道〕を掘る ❷ …を隠す, 埋める ❸ 〈…に〉〔手など〕を滑り込ませる；〔顔・体〕を押し当てる〈**into**〉
búrrow into ... 〈他〉…を調べる, 掘り下げる

bur·sa /bə́ːrsə/ 名 (複 **~s** /-s/ OR **-sae** /-siː/) C 〘解〙滑液嚢(のう)

bur·sar /bə́ːrsər/ 名 C 《主に英》❶ (大学などの)会計[管財]係 ❷ 大学奨学生(《米》scholarship student)

bur·sa·ry /bə́ːrsəri/ 名 (複 **-ries** /-z/) C ❶ 《主に英》(大学の)会計係の部屋[職] ❷ 《スコット》大学奨学金

bur·si·tis /bərsáɪtɪs | bəː-/ 名 U 〘医〙滑液嚢炎

‡burst /bəːrst/
—動 (**~s** /-s/；**burst**；**~·ing**)
—自 ❶ **a** (爆弾・花火などが)爆発する；(管・タイヤ類が)**破裂する**, バーストする；(堤防・はれ物・つぼみが)破れる, ほころびる ‖ The boiler ~. ボイラーは爆発した / The dam threatens to ~. ダムは決壊の恐れがある
b 《+補〈形〉》(扉が)ぱっ[ばーん]と開く ‖ The door ~ **open.** ドアがばーんと開いた
❷ 《通例進行形で》〈…で〉いっぱいである〈**with**〉；《口》おなかがいっぱいだ；(おしっこを)漏らしそうだ ‖ The soccer stadium was *~ing with* supporters. サッカー競技場はサポーターで超満員にふくれ上がっていた / The puppies are *~ing with* energy. その子犬たちは元気いっぱいだ / "Have some more?" "No thanks. I'm *~ing.*" 「もう少しいかがですか」「いや結構. おなかがパンクしそうです」/ Where's the loo? I'm *~ing.* トイレはどこ, 漏れそうなんだ
❸ **a** 〈感情などで〉はち切れんばかりになる, 非常に興奮する〈**with**〉 ‖ The children were *~ing with* excitement [joy]. 子供たちはとても興奮して[喜んで]いた
b 《+*to do*》《通例進行形で》…したくてうずうずしている ‖ He was *~ing to* tell her the news. 彼はその知らせを彼女に伝えたくてうずうずしていた
❹ 《+副句》急に(勢いよく)(ある方向に)動く, 出て行く；飛び出す[飛び込む]；急に現れる[聞こえてくる] ‖ Tears ~ forth. 涙がどっとあふれ出た / ~ in [out] ぱっと飛び込む[飛び出す] / ~ into a room 部屋に飛び込む / The sun ~ through the clouds. 太陽が雲間からぱっと顔を出した
—他 ❶ **a** 《+目》…を爆発させる, 破裂させる；…を破る, 突破する；…を(破裂するくらいに)ふくらます[満たす] ‖ ~ a balloon 風船を破裂させる / ~ a blood vessel (興奮したりして)血管を破裂させる / The river ~ its banks. 川の土手が決壊した / ~ one's sides with laughter 腹の皮をよじって笑う **b** 《+目+補〈形〉》〔扉など〕をぱっと開く ‖ He ~ the door open. 彼はドアをぱっと開けた
❷ 〔プリントアウトした連続用紙など〕を1枚ずつに切り離す
be bursting at the seams ⇨ SEAM(成句)
bùrst ín on [OR ***upon***] ***...*** 〈他〉(部屋などにうっかり入って)〔人の話・会議など〕を中断する[に割り込む] ‖ I ~ *in on* the meeting. (うっかり部屋に入り)会議の邪魔をしてしまった
****búrst into ...*** 〈他〉① **突然**…**に入る**(→自❹) ② **急に**…**し始める**, 急に…になる ‖ She ~ *into* tears [laughter, speech]. 彼女は突然わっと泣き[どっと笑い, ぺらぺらと話し]出した / ~ *into* flame(s) たちまち燃え上がる / ~ *into* blossom あっという間に花が咲き出す
búrst on [OR ***upon***] ***...*** 〈他〉① (考えなどが)〔人〕に思いつく ‖ The truth ~ *upon* him. 彼は突然真相がわかった ② 〔場面・場所〕に突如現れる, 突然現れて邪魔をする[人々の耳目を集める]
búrst onto ... 〈他〉=*burst on* ②(↑)
****bùrst òut*** 〈他〉《***bùrst óut ...***》突然…と叫ぶ[声を出す] ‖ "It can't be true," she ~ *out.* 彼女は突然大きな声で「信じられないわ」と言った **—**〈自〉① 破裂する ② (疫病・戦争などが)突然発生[勃発(ぼっぱつ)]する
****bùrst óut dóing*** 突然…し出す ‖ She ~ *out* laughing. 彼女は急に笑い出した
fit to búrst 今にもはち切れそうで；大いに
—名 (複 **~s** /-s/) C ❶ 爆発, 破裂, バースト；破裂箇所, 裂け口 ❷ (エネルギーなどの)突発, 噴出；(感情の)爆発, ほとばしり(outburst)；突然の増加, 一時的な勢い ‖ a ~ **of** applause [gunfire] どっと起こる喝采(かっさい)[突然の砲火の嵐(あらし)] / a ~ **of** anger [laughter] 怒りの爆発[哄笑(こうしょう)の渦] / put on a ~ **of** speed 一気にスピードを上げる / in a short ~ 短時間で一気に ❸ 集中的な努力[頑張り](の時間)

burst·er /bə́ːrstər/ 名 C ❶ 爆発物, 炸薬(さくやく) ❷ 激しい風 ❸ バースター《コンピューターなどの連続用紙を1枚ず

B

B

つ切り離す機械》

burst·y /bə́:rsti/ 形 断片的な, 細切れの

bur·ton /bə́:rtən/ 名《次の成句で》

gò for a búrton《英口》殺される；災難に遭う；駄目になる, 壊れる

*__Bu·run·di__ /burúndi/ 名 ブルンジ《アフリカ中東部の共和国. 公式名 the Republic of Burundi. 首都 Bujumbura》 **~·an** 名 形

***bur·y** /béri/《発音注意》(♦ 同音語 berry)

―動 (▶ burial 名) (**bur·ies** /-z/; **bur·ied** /-d/; **~·ing**)

―他 ❶〔遺体〕を**埋葬する** (→ burial) (↔ *dig up*) (♦「火葬する」は cremate)；〔近親者〕と死別する ‖ The boys *buried* their pet rabbit behind the house. 男の子たちは死んだペットのウサギを家の裏手に埋めた / be *buried* at sea 水葬に付される / He *buried* his wife just before he retired. 彼は退職直前に妻に先立たれた / a ~*ing* ground 埋葬地, 墓地

❷ **a** 《+目》(地中に) …を**埋める**；(埋めて) …を隠す (↔ uncover) (♦ しばしば受身形で用いる) ‖ Pompeii was *buried* in the eruption. ポンペイは噴火で地中に埋められた / ~ a treasure 宝物を埋蔵する / be *buried* **deep** underground 地中深くに埋められる

b 《+目+補〈形〉》…の状態で…を埋める ‖ be *buried* **alive** 生き埋めになる；世間と没交渉である

❸ …を**隠す**, 見えなくする, うずめる《*away*》；〔真相など〕を葬り去る, 忘れ去る；〔感情など〕をしまい込む, 隠す；《受身形で》うずもれる ‖ She *buried* her **face** in her hands. 彼女は顔を両手で覆った / ~ one's differences 意見の相違は忘れて仲直りする (⇨ *bury the* HATCHET) / His desk is *buried* **deep** under faxes and photocopies. 彼の机はファックスやコピーに埋もれている

❹《~ oneself で》〈仕事・追憶などに〉没頭する[している] (immerse)；〈田舎などに〉引きこもる〈**in**〉‖ She *buried* herself *in* her research. 彼女は研究に没頭した

❺〔ナイフ・牙(きば)など〕を深々と突き立てる；〔くぎなど〕を打ちつける ‖ Shut up, or I'll ~ this phone in your head. 黙らないとこの電話でぶん殴るぞ / A thorn *buried* itself in my thumb. とげが親指に刺さった

dèad and búried とっくに死んで[無効になって]いて

*****bus** /bʌs/ 名 動

―名 (複 **bus·es**, +《米》**bus·ses** /-ɪz/) C ❶ **バス**, 路線バス (→ coach) (⇨ CAR 類語P) ‖ I went there by [OR on a] ~. そこにはバスで行った / Be careful not to **take** the wrong ~. バスを乗り間違えないようにね / The ~*es* are not running today. 今日はバスは運行していません / a ~ tour guide バスガイド (✎ ×a bus guide とはいわない)

連語 【動 (+前) +~】 catch [miss] a ~ バスに間に合う [乗り遅れる] /「get on [OR board] a ~ バスに乗り込む / ride (in [OR on]) a ~ バスに乗 (って移動す) る / get off [OR out of] a ~ バスから降りる
【~+名】 a ~ driver [fare] バス運転手 [運賃] / a ~ service バスの便 [運行] / a ~ tour バス旅行 / a ~ ride バスに乗ること

❷《口》自動車, 飛行機 ❸ 🖳 (コンピューター内のデータや信号の)転送路, バス《ISA, PCI などの規格がある》

mìss the bús 好機を逃す(miss the boat)

thròw a pèrson under the bús《米俗》〔人〕を (私利のために) 犠牲にする, 裏切る, 窮地に追い込む

―動 (**bus·es** OR **bus·ses** /-ɪz/; **bused** OR **bussed** /-t/; **bus·ing** OR **bus·sing**)

―自 ❶ バスで行く ❷《米》(レストランの) 給仕助手をする

―他 ❶〔一団の人〕をバスで運ぶ ❷《米》〔ある人種の学童〕を(人種の異なる住民が居住する地区(の学校)へ)バス通学させる《人種間の融和を促進するための施策》 ❸《米》(給仕助手として)〔汚れた皿・食卓〕を片づける[洗う]

bús it バスで行く

語源 omnibus(すべての人のための(乗り物))の短縮形.

▶▶ **~ làne** 名 C バス(専用)レーン(busway) **~ pàss** 名 C (無料または割り引きの)バス定期券 **~ shèlter** 名 C《英》(屋根付きの)バスの待合所 **~ stàtion** 名 C バスターミナル(→ depot) **~ stòp** 名 C バス停留所

bús·bòy 名 C《主に米》バスボーイ《男性のレストランの食器片づけ係》

bus·by /bʌ́zbi/ 名 (複 **-bies** /-z/) C バズビー帽《衛兵などの飾りのついた高い毛皮帽》

***bush**[1] /bʊʃ/ 名 (複 **~·es** /-ɪz/) C ❶ 低木, 灌木(かんぼく) (⇨ TREE 類語P) ‖ Small ~*es* are planted along the edge of a garden. 庭の境には低木が植えられている / trees and ~*es* 高木と低木 / a lilac ~ ライラックの木 ❷ (低木の)茂み, やぶ ❸ 茂みに似たもの, ふさふさ[もじゃもじゃ]したもの；キツネの尾；⊗《俗・卑》女性の恥毛 ‖ a ~ of hair もじゃもじゃの髪 ❹ U《しばしば the ~》(オーストラリア・アフリカなどの)未開墾地, 森林地

****bèat around*** [OR ***about***] ***the búsh***《主に否定文で》遠回しに言う, はっきりと言わない (↔ come to the point) ‖ There's no point *beating around the* ~. 遠回しに言ってもしょうがない；単刀直入にいこう

bèat the búshes 〈…を求めて〉くまなく探し回る〈**for**〉‖ *beat the ~es for* work 足を棒にして仕事を探す

gò búsh《豪》① 人里を離れる, 姿を消す ② (動物が)野生に戻る

―動 自 茂みのようになる[広がる]《*out*》

▶▶ **~ fìre** 名 C (未開地の)山火事 (♦ forest fire (森林火災) と区別) **~ hàt** 名 C ブッシュハット, つば広帽子 **~ jàcket** 名 C ブッシュジャケット (safari jacket) **~ lèague** (↓) **~ pìlot** 名 C (正規航空路外の)辺境を飛ぶ飛行士 **~ plàne** 名 C 辺境軽飛行機《雪上・氷上離着陸用装備を持つ》 **~ tèlegraph** 名 U《口》口コミ, うわさの広まる経路(grapevine)

bush[2] /bʊʃ/ 名《英》=bushing

Bush /bʊʃ/ 名 ブッシュ ❶ **George Herbert Walker ~** (1924–)《米国第 41 代大統領 (1989–93)》 ❷ **George Walker ~** (1946–)《米国第 43 代大統領 (2001–09). ❶ の息子》

búsh·bàby 名 =galago

bushed /bʊʃt/ 形 ❶《口》疲れ果てた ❷《豪・ニュージ口》(やぶの中で)迷子になった；困惑した

***bush·el** /bʊ́ʃəl/ 名 C ❶ ブッシェル《ヤード・ポンド法の体積単位. =4 pecks [8 gallons].《米》では穀物・果物の乾量単位で, 約 35*l*,《英》では乾量・液量単位で, 約 36*l*. 略 bu.》 ❷《~ of で》《口》大量, 多数

bu·shi·do /bú:ʃidou | buʃí:dou/ 名 U (日本の)武士道 (♦ 日本語より)

bush·ing /bʊ́ʃɪŋ/ 名 C ❶〖機〗ブッシュ《摩耗を防ぐために心棒などの穴にはめ込んだ金属の内張り, また回転軸のベアリング》 ❷〖電〗(ケーブルを防護する)套管(とうかん), ブッシング (《英》bush)

búsh lèague 名 C《米》〖野球〗マイナーリーグ (minor league) **búsh·lèague** 形 マイナーリーグの；《口》二流の, 並の **búsh lèaguer** 名 C マイナーリーガー

Bush·man /bʊ́ʃmən/ 名 (複 **-men** /-mən/) C ❶ ブッシュマン《南西アフリカに住む San 族の旧称》；U ブッシュマン語《サン語(San)の旧称》 ❷《b-》オーストラリアの森林地の住民

búsh·màster 名 C〖動〗ブッシュマスター《熱帯アメリカ産の毒蛇》

bush·meat /bʊ́ʃmì:t/ 名 U (アフリカの野生動物の)肉

búsh·rànger 名 C《米》辺境地の居住者

búsh·whàck 動《米・カナダ》自 ❶ 叢林(そうりん)に住む, 叢林を旅する[切り開いて進む] ❷ 奇襲する, ゲリラ攻撃する

―他《口》…を奇襲する, 待ち伏せする

~·ing 名 U 叢林をかき分けて進むこと；ゲリラ攻撃 **~·er** 名 C《米・豪・ニュージ》叢林を切り開く人；叢林に隠れて[暮らして]いる人；〖米国史〗(南北戦争当時の)ゲリラ兵

*__bush·y__ /bύʃi/ 形 やぶに覆われた；やぶのような，ふさふさ[もじゃもじゃ]した __búsh·i·ly__ 副 __búsh·i·ness__ 名

__bushy·tailed__ /bύʃitèɪld/ 形 =bright-eyed

*__bus·i·ly__ /bízɪli/ 副 忙しそうに，せっせと，熱心に，盛んに

busi·ness /bíznəs/ 《発音注意》 名 形

中心義 人がかかわる仕事や事柄

名 職業❶ 商売❶ 関心事❺ 用件❻ 事柄❽

―名 (複 ~·es /-ɪz/) U ❶ U C 職業，仕事，**商売**，営業；実業，事業 (⇨ JOB 類語P) ‖ What is his ~?=What ~ is he in? 彼の職業は何ですか / be in the insurance [hotel, advertising] ~ 保険[ホテル，広告]業に就いている / a man of ~ 事業家，商売人 / That designer is doing ~ all over the world. そのデザイナーは世界中で事業を行っている / do ~ with ... …と取り引きをする / go into ~ 実業界に入る / go out of ~ 廃業する / a ~ unit (企業の)部門

❷ 景気；商取引，商況；商売のやり方，商慣習 ‖ Health food shops are doing good ~. 健康食品の店がとてもはやっている / How is ~? 景気はどうですか / *Business* is good [OR brisk, booming]. 景気が好調である (♦「低迷している」は bad, slack, quiet など) / drum up ~ 顧客[取り引き]を増やす / big ~ 大規模な商取引 / Overcharging is bad ~. 値段が不当だと商売はうまくいかない

❸ C 店；企業，会社，事業所 ‖ I have a ~ in Hong Kong. 香港に店を持っている / **run** a ~ 店[会社]を経営する / start [OR set, open] up a ~ 店[会社]を始める / close down a ~ 店[会社]を閉める / sell [buy] out a ~ 店を売却する[買い取る] / a family ~ 親族経営の店[会社] / a big ~ 大企業

❹ (遊びに対して) 仕事 (↔ pleasure) ‖ *Business* before pleasure. お楽しみの前にまず仕事 / mix [combine] ~ with pleasure 遊びと仕事を混同する[兼ねる]

❺ 《通例 one's ~》**関心事**，関係のある事柄；務め，任務，義務，本分 ‖ That's our ~, not yours. それは我々の問題で君には関係ないことだ / My private affairs are nobody's ~ but my own. 私の一身上の事柄は私のことでだれの知ったことでもない / It's the ~ of a student to study. 勉強は学生の本分だ

❻ **用件**，用事 ‖ What's your ~ here? ここに何の用ですか / I have some urgent ~ with you. あなたに急用があります

❼ 議題，議事日程 ‖ the ~ of the day 本日の議事日程 / Is there any other ~? その他の議題はありますか (♥協議事項リストにない議題の有無を確認する決まり文句. → AOB) ❽ U/C 《単数形で》《口》(漠然と出来事・状況などを指して)こと，もの，**事柄**；やっかいなこと，難問題 ‖ Being in love is an exhausting ~. 恋をするというのはしんどいことだ / What a ~! 何とやっかいな / I'm fed up with this whole ~. こんなことにはもううんざりだ

be bàck in búsiness 《口》(今度は)順調である

be nòt in the bùsiness of dóing …するつもりはない

be the búsiness 《英口》とてもよい，素晴らしい

bùsiness as úsual 《掲示》平常どおり営業いたします；(状況の変化にもかかわらず)慣行どおりにことを行うこと；(障害にかかわらず)平穏な[旧態依然とした]状態(の)

còme [OR ***gèt***] ***to búsiness*** 仕事[用件]に取りかかる

dò a ròaring búsiness 商売繁盛だ

dò the búsiness ① 必要なことをやってのける，任務を果たす ② ⊗《卑》セックスをする

*__*gèt dòwn to búsiness*__* 本題に入る；本気で取りかかる

gèt the búsiness 《米俗》ひどい目に遭う，厳しくしかられる

give a pèrson the búsiness 《米俗》〔人〕をひどい目に遭わせる，厳しくしかる

gò abòut one's búsiness せっせと自分の仕事をする；(人のおせっかいをやめて)自分のことだけをする[考える]

*__*hàve nò búsiness*__* 〈…をする〉権利[理由]はない，〈…するのは〉間違っている〈*doing* / **to** *do*〉 ‖ You *have no* ~ reading my letter. 私の手紙を読むなんてひどい

in búsiness ① 営業して，会社を経営して ② 《口》開始の準備が整って

like nòbody's búsiness 《口》途方もなく，ものすごく速く[多く，うまく] ‖ She can play the violin *like nobody's* ~. 彼女はバイオリンを弾くのがとてもうまい

màke it one's búsiness to do …することを自分の仕事にする[引き受ける]；きっと…する

mèan búsiness 本気である

*__*mìnd one's òwn búsiness*__* **他人事に口を挟まない** (→ CE 2) ‖ *Mind* your *own* ~! 私のことに口を出さないで

on búsiness 所用で，仕事で ‖ No admittance except *on* ~. 《掲示》無用の者立ち入り禁止

òut of búsiness 破産して，廃業して

sènd a pèrson about his/her búsiness 《旧》〔人〕に余計な世話を焼くなと言う；(邪魔だから)立ち去れと言う

COMMUNICATIVE EXPRESSIONS

1 **Bùsiness is búsiness.** 商売は商売 (♥「仕事に人情は禁物」の意)

2 "Whàt are you dóing?" "**I'm jùst mìnding my òwn búsiness.**" 「何をしているの」「自分の用事をしているだけだ」(♥「人のことなんか聞いていないで，自分の用事を済ませたらどうなんだ」「私の勝手でしょ」というニュアンス)

3 **(It's) nòne of my búsiness.** 私には関係ありません (♥「関知しない，関与したくない」の意)

4 **It's 「nòne of** [OR **not**] **your búsiness.** つべこべ言わないで；君には関係ないよ(♥「口出しするな」という意味のややぶしつけな表現. not を使うとやや穏やかな表現になる. =It's no business of yours. / (I'll thank you to) mind your own business. / Get your nose out of my business.)

5 **(Júst) tàking càre of búsiness.** 用事[仕事]をしているだけだ；別に(♥「最近どう」といった問いかけに対する漠然とした返事. 省略して T.C.B. ともいう)

―形 《限定》商売上の，職業の ‖ a ~ meeting 商談 / a ~ lunch 商談を兼ねた昼食会

語源 古英語 *bisig*(忙しい) + *-nes*(「状態」を表す名詞語尾)から.

▸▸ ~ **administràtion** 名 U 経営学；(大学の)経営学科 ~ **càrd** 名 C (業務用)名刺 ~ **clàss** (↓) ~ **cònfidence** 名 U 景況感，ビジネスコンフィデンス《景気の先行きに対する確信度》 ~ **cỳcle** 名 C 景気循環(《英》trade cycle) ~ **dày** 名 C 《主に米》=workday ~ **dòuble** 名 C 〘トランプ〙ペナルティーダブル《ブリッジの手の1つ》 ~ **ènd** 名 《the ~》《口》(道具などの)役目を果たす部分[先端]；(事業の) 最も重要な部分，稼動部分 ~ **hòurs** 名 複 勤務[営業]時間 (office hours) ~ **pàrk** 名 C 《英》オフィス地域(office park)《オフィスビル・公園・駐車場・レストランなどが整っている新計画の地域》 ~ **plàn** 名 C 事業計画 ~ **prócess reenginèering** 名 U (新技術活用のための)企業の組織などの再編成 《略 BPR》 ~ **schòol** 名 C ① 実務(専修)学校《簿記・速記などを教える》 ② 《米》経営学大学院 ~ **stùdies** 名 U (科目としての)経済・経営学 ~ **tràvel** 名 U 商用旅行，出張

__búsiness clàss__ 名 U (旅客機の) ビジネスクラス《first class と economy class の中間》
__búsiness-clàss__ 形 副 ビジネスクラスの[で]

__búsiness·lìke__ 形 事務的な，てきぱきとした (日本語の「ビジネスライク」と違い，必ずしも「事務的」「冷たい」という含みはない)

*__busi·ness·man__ /bíznəsmæ̀n/ 名 (複 **-men** /-mèn/) C ❶ 実業家，企業の経営者[管理職にある人](ふつうのサラリーマンは office worker などという) ‖ a small ~ 小企業経営者 ❷ 実業家としての資質を備えた人；実務家

タイプの人間，お金のことに強い人

búsiness·pèrson 名 C 実業家(♦男女共に用いる)

bùsiness-to-búsiness 形 (取り引きが) 企業間で行われる《略 B2B》

B

***búsiness·wòman** 名 (複 **-wòmen**) C 女性実業家[企業経営者]，女性の管理職

bus·ing, +《米》**-sing** /bʌ́sɪŋ/ 名 U《米》(特に学童の別の学区への)バス輸送(→ bus)

busk /bʌsk/ 動 自 大道芸をする **~·er** 名

bus·kin /bʌ́skɪn/ 名 ❶ C (昔，古代悲劇の役者が履いた底の厚い)半長靴 ❷《the ~》《古》(ギリシャ風の)悲劇

bus·load /bʌ́slòud/ 名 C 大勢[満員]のバス乗客；バス1台分の乗客

bus·man /bʌ́smən/ 名 (複 **-men** /-mən/) C《古》バスの運転手[乗務員](♦現在は bus driver という)

▸▸**~'s hóliday** 名 C《単数形で》《口》本業と同じようなことをして過ごす休日[余暇]

buss /bʌs/ 名 動《英では古》《米口》=kiss

bus·ses /bʌ́sɪz/ 名 bus の複数の1つ

***bust**[1] /bʌst/ 名 C ❶ 上半身像，胸像(→ statue, torso) ❷ (人間の)胸部；(特に女性の)胸部，バスト(のサイズ)；(婦人服の) 胸回り (⇨ BREAST 類語P) ‖ have a ~ of 86 cm バストが86cmある

語源 ラテン語 *bustum* (墓標) から. 墓の上に胸像を建てる習慣があった.

***bust**[2] /bʌst/ 動 (**~s** /-s/；**~·ed** /-ɪd/ OR **bust**；**~·ing**) 他 《口》❶ …を破裂[爆発]させる；…を壊す，砕く，駄目にする；…をやっつける；〔記録など〕を破る ‖ He ~*ed* the balloon carelessly. 彼はうっかりその風船を割ってしまった / ~ one's arm 腕を骨折する ❷ …を破産させる，〔資金〕をショートさせる ‖ His irresponsibility ~*ed* the company. 彼の無責任のせいでその会社は破産した ❸《主に米》…を逮捕する；(警察が)(予告なしに)…を手入れする，…に踏み込む ‖ get ~*ed* 逮捕される ❹《主に米》(軍隊で)…を降級させる ❺《主に米》…を殴る

—自《口》❶ 破裂[爆発]する；壊れる，駄目になる ❷ 破産する，資金不足になる ❸〘トランプ〙(ブラックジャックで) 21点を超えるカードを引いて負ける

bùst a gút ① =bust one's ass(↓) ② 大笑いする

bùst one's áss [OR *bútt, chóps*]《俗》非常に熱心に[一生懸命に]〈…を〉やる〈**to do** / *doing*〉

bùst óut《口》〈自〉①〈…から〉脱走する〈**of**〉② 退学させられる ③〈カードゲームで〉すってんてんになる〈**of**〉④〈従来よりも〉もっといいことを始める，〈…から〉抜け出てよりよくなる〈**of**〉—〈他〉《***bùst óut ...*** / ***bùst ... óut***》① …を逃走させる ② …を放校する

bùst úp《口》〈他〉《***bùst úp ...*** / ***bùst ... úp***》① …を破裂[爆発]させる，破壊する；…をぶん殴ってけがさせる ② …をけんか別れさせる ③〔会合・乱闘など〕をやめさせる (♂ break up) ④〔大企業〕を小さな会社に分割させる —〈自〉① 破裂 [爆発] する ②〈…と〉仲たがいする，別れる〈**with**〉‖ They ~*ed up* a year ago. 彼らは1年前に別れた ③ 大笑いする

... or búst!《口》何が何でもやるぞ[行くぞ]，(がむしゃらにやってみて)駄目なら破滅だ

—名 C《口》❶ 破産；不況 ❷ 逮捕；(警察の)手入れ ❸ 失敗(作)，へま；失敗者 ❹《主に米》パンチ，一撃 ❺ どんちゃん騒ぎ

—形《口》❶《英》壊れた ❷ 破産した，無一文の ‖ go ~ (会社・人が)破産する(go bankrupt)

bus·tard /bʌ́stərd/ 名 C〘鳥〙ノガン(野雁)《猟鳥》

bust·ed /bʌ́stɪd/ 形《米口》(悪事が)ばれている

bust·er /bʌ́stər/ 名 C《主に口》❶《しばしば複合語で》破壊するもの[人]；〔法〕を破る人；退治する人[もの]；《米・カナダ》野生馬をならす人(broncobuster)；(売れ行き・人気などで) ほかを圧倒するもの[人] ‖ copyright-~*s* 著作権を侵す人たち / crime-~*s* 犯罪を追及する者たち ❷ 強風 ❸ U《主に米・カナダ》兄さん，おい君(♥男性に対するや軽蔑的な呼びかけ)

bus·tier /bù:stiéɪ | bʌ́stièɪ, bʊs-, -tiə/ 名 C ビュスティエ《肩ひも・そでのない女性用のぴったりした胴着》

***bus·tle**[1] /bʌ́sl/ 《発音注意》動 自《+副句》忙しそうに(あちこち)立ち回る，せわしなくする ‖ He was *bustling* about in the kitchen. 彼は台所でせかせかと動き回っていた

—他《+目+副句》…を (あちこち) 忙しそうに立ち回らせる，(…の方へ)せき立てる

—名 U/C《単数形で》せわしげな動き；にぎわい，喧騒(けんそう)，ざわめき ‖ There was much ~ as the party broke up. パーティーがお開きになってとてもざわめいていた / in a ~ せわしなく

bus·tle[2] /bʌ́sl/ 《発音注意》名 C バッスル《18世紀後半にスカートの後ろを広げるために用いた腰当て》

bust·ling /bʌ́slɪŋ/ 《発音注意》形 (場所が)〈…で〉あふれている，満ちている〈**with**〉‖ Osaka is ~ *with* life. 大阪は活気にあふれている

búst-ùp 名 C《口》(友好関係の) 破綻(はたん) (breakup)；《主に英》(激しい)口論，けんか

bust·y /bʌ́sti/ 形《口》(女性が)胸の豊かな

bús·wày 名 C バス専用路線[レーン]

*****bus·y** /bízi/ 《発音注意》形 動 名

中心義 余裕がない

—形 (**bus·i·er**；**bus·i·est**)

❶ (人が) **忙しい**，多忙な；手が空いていない；仕事中で〈**with, at, about, on, over** …で / *doing* …するのに〉(♦前置詞は with が最も一般的) (↔ free, idle) ‖ I'm sorry I'm ~ now. I'll call you back later. 今忙しいので，後ほどこちらからお電話します (♥仕事など真にやむを得ない事情で「手が離せない」場合は tied up を用いる方が誤解を招きにくい) / The homework kept me very ~. その宿題でとても忙しかった / I was too ~ to notice it. 忙しすぎて気づかなかったんだ / He has been ~ *with* [OR *at, on*] the project. 彼はそのプロジェクトでずっと忙しい / My son is always ~ reading [×to read] comic books. 息子はいつも漫画を読むのに忙しい (♦busy は不定詞を伴わない. また busy *in* getting ... のように in を伴うことがあるがふつう省略される) / a ~ person 忙しい人 / a ~ tongue おしゃべり

❷ (時間・生活などが)忙しい，せわしい；(場所などが)活気に満ちた，にぎやかな ‖ a ~ **day** [morning] 慌ただしい日[朝] / a very ~ life 忙しい生活 / a ~ shop 活気のある店 / a ~ street にぎやかな通り，繁華街

❸《比較なし》《主に米》(電話が)話し中で，使用中で ‖ The line is ~. (交換手などが) お話し中です (《英》The line [OR number] is engaged.)

❹ ごてごてした，けばけばしい；ごちゃごちゃした ‖ The curtain is too ~ for this room. そのカーテンはこの部屋にはごてごてしすぎて似合わない

(as) busy as a bee [OR *beaver*] ⇨ BEE(成句)

gèt búsy ①《口》(真剣に)活動し始める，取りかかる ②《米俗》セックスする

—動 (**bus·ies** /-z/；**bus·ied** /-d/；**~·ing**) 他《~ oneself で》忙しく過ごす〈**with, in, at, about** …で / *doing* …するのに〉‖ I don't want to ~ myself *with* such a thing. そんなことにはかかわりたくないね / My brother *busied* himself preparing for the prom. 私の兄はダンスパーティーの準備で忙しかった

—名 (複 **bus·ies** /-z/) C《英俗》刑事，でか

~·ness 名 U 忙しさ，多忙

▸▸**~ bée** 名 C《口》働き者 **~ Lízzie** 名 C〘植〙ホウセンカ **~ sìgnal** 名 C《米》(電話で) 話し中を示す信号(音)(《英》engaged tone)

búsy·bòdy 名 (複 **-bodies** /-z/) C《口》おせっかい屋，余計な世話を焼く人

***búsy·wòrk** 名 U《主に米》遊ばせないためにだけさせる仕事《授業の残り時間に行うテストなど》

B

but /弱 bət, 強 bʌt/ 接 前 副 代 名 動

―接 Ⅰ【等位接続詞】❶《前の語・句・節に対して対立・対照・制限を表す語・句・節を導いて》**しかし，(だ)が**，けれど(も)，ただし(♦however, still, yet などより意味が弱い) ‖ He is small, ~ (he is) strong. 彼は小柄だが強健だ(=Though [OR Although] he is small, he is strong.) / He tried very hard, ~ he couldn't reach the top. 彼は一生懸命やったが，トップにはなれなかった / My cousin bets on horses ~ not on dogs. 私のいとこは競馬には賭(か)けるがドッグレースには賭けない / It is true that she's not exactly good-looking, ~ she's got brains. なるほど彼女は必ずしも美人ではないが頭がいい(♦but の前の節に譲歩の意味の indeed, sure, It is true, of course, may などが置かれることがある) / The expression is certainly used in English, ~ in a rather restricted context. 確かにその表現は英語で使われるが，どちらかというと限定された文脈においてだ

語法 ★☆ (1) 日本語でよく使われる前後の対立を表さない「…(だ)が」に当たるのは but ではなく and である．〈例〉I went there *and* I had fun. 私はそこへ行ったが，とても面白かった
(2) 日本語では「…ですが」と文尾を濁して断言を避けることが多いが，そのつもりで "... but." と文を途中で終わらせると否定的なニュアンスになるので注意．
(3) 英語では人や物について批判する前に肯定的なコメントをし，but の後に批判などを続けることが多い．〈例〉Our new homeroom teacher is very kind, *but* has a bad sense of humor. 新しい担任の先生は優しいけど話がつまらないんだよね

❷《前の否定語と呼応して》(…ではなく)**て** ‖ They own not one ~ three cars. 彼らは1台ではなく3台の車を所有している / He is not a designer ~ a musician. 彼はデザイナーではなくて音楽家だ / He came to Japan not to teach English ~ to study aikido. 彼は英語を教えるためではなく合気道を勉強しに日本へ来た(♦He didn't come to Japan to teach English but to study aikido. とすることもでき，その方が口語的) / Ray was not only a director, ~ an artist and writer. レイは映画監督だけでなく演奏家で作家でもあった / It is not that he is unsociable ~ that he is shy. 彼は非社交的なのではなくて内気なんです

❸ **a**《語を繰り返して強意を表して》本当に ‖ She talked to me about everything, ~ everything. 彼女は何もかも話してくれました，本当に何もかも

b《感動表現の後，強意を表して》いや(はや)，おや，まあ ‖ (Good heavens,) ~ he's good-looking! (これは驚いた)ほんと，ハンサムじゃないか / "I'm getting married." "*But* that's wonderful!"「私，結婚するの」「まあ，素晴らしい」

❹ (すみません)が(♦Sorry, Excuse me などの後で，ほとんど意味を持たずに付け加えられる) ‖ Excuse me, ~ would you mind not smoking here? すみませんが，ここではたばこを吸わないでくれませんか / I'm sorry, ~ you have nothing to do with it. 失礼ですが，あなたには関係のないことです / Forgive me, ~ I don't think so. すみませんが，私はそうは思いません

❺《話題を転換して》**さて**，では ‖ *But* now to the second question. では第2の質問です

Ⅱ【従位接続詞】❻《否定文の後で副詞節を導いて》《文》

a …しないでは(…ない)，(…すれば)必ず…する ‖ I never pass my old house ~ (that) I think of my grandfather. (前に住んでいた)古い家の前を通るときは必ず祖父のことを思い出す(♦I never pass my old house without thinking of .... の方が一般的) / Not a day goes by ~ (that) I think of her. 彼女のことを考えないで1日が過ぎることはない(♦主節と従属節で主語が異なるので ×Not a day goes by without thinking of her. とはいえない) / *It never rains ~ it pours.*《諺》降れば必ずどしゃ降り；2度あることは3度ある(♦災難[不幸]に限定されず，よいことについても用いられる) **b** …しないほど ‖ He is not「such a fool [OR so foolish] ~ (that) he can see that. 彼はそれがわからないほどばかではない

❼《条件を表す副詞節を導いて》《通例 ~ that ...》《文》…しなければ(♦but 以下は通例直説法がくる) ‖ We should have arrived sooner ~ *that* we met with an accident. 事故に遭わなかったらもっと早く着いていたはずだ / I could not have believed it ~ *that* I saw it. もしそれを見なかったらとても信じられなかっただろう

❽《名詞節を導いて》《文》…と(いうこと)(♦deny, doubt, question, wonder などの否定文・疑問文の後で用いる．but that となることもある．現代では単に that を使うのがふつう) ‖ I do not deny ~ (*that*) it is true. それが本当であることは否定しない / There is no doubt ~ (*that*) he is guilty. 彼が有罪だということは疑いない

❾《名詞節を導いて》《文》…でないと(いうこと)(♦say, think, know, believe, consider, be sure, fear などの否定・疑問に続く名詞節を導く．but that, 《口》では but what となることもある) ‖ I am not sure ~ (*that*) she may come. 彼女は来るかもしれない / Who knows ~ (*that*) it is true? それが真実でないことをだれが知っていよう

but that ⇨ 接 ❻, ❼, ❽, ❾

but thén (***agàin***) ① そうはいっても，その反面 ‖ Your plan is good, ~ *then* who will carry it out? あなたの計画は素晴らしいが一体だれが実行に移すのですか / *But then* (*again*) I (would) think we should respect the citizens' decision. でもやはり私は市民の決定を尊重すべきだと思います(♥譲歩しながらも反論を示す表現) ② だって ‖ She speaks very good English — ~ *then* she did live in London for ten years. 彼女はとても上手に英語を話す，だってロンドンに10年間住んでいたからね

nót but that [《口》***what***]；《古》***nót but ...*** …というのも本当だが；…でないとは言わないが ‖ I cannot help you, *not ~ that* I pity you. 君に同情しないわけではないが，私は手助けできないよ

COMMUNICATIVE EXPRESSIONS

1 **But dìdn't you** agrée with the propòsal **yoursélf?** あなただってその提案に賛成したじゃないですか(♥相手の言動の矛盾を指摘する)

2 **Nó, but lòok at the bríght sìde.** 確かにそうではないが，よい面も考えてごらんよ(♥悪い状況にいる相手が否定的なことを言った際に用いる励まし)

3 **Yés, (I sèe your póint) but** you're ignòring the síde effècts. ごもっともですが，しかしあなたは副作用について考慮に入れていません(♥相手の言い分を一応容認しながらも反論に出る．=Mmm,「nice idea [OR that's all very well] but ....)

―前 …を**除いて**，…のほかに(は)，…を別にして(は) **a**《all, any, each, every, no および who などの後で》(⇨ 類語) ‖ Everybody ~ me was tired. 私以外は皆疲れていた(♦(1) Everybody but I ... とすれば but は接続詞とも解されるが，but me の方が一般的．(2) but ... は必ず中心となる名詞・代名詞の後に置かれるため，×But me, everybody was tired. とはいえない) / Nobody ~ him could be so self-centered. 彼ほど自己中心的になれる人はほかにはいないだろうね / All ~ one of you have written the same answer. 皆さんの中で1人を除いて全員が同じ答えを書いています

b《next, last などの後で》‖ John lives next door ~ one to us. ジョンは1つおいた隣の部屋[家]に住んでいる / This is the last episode ~ one of the drama. これはそのドラマの最後から2つ目の話です

c《原形不定詞・to 不定詞を伴って》‖ She did nothing ~ cry. 彼女は泣き叫ぶだけだった / He cannot choose ~ resign. 彼は辞任せざるを得ない / I had no choice ~ *to* leave her alone. 僕は彼女をそっとしておく以外どうしようもなかった / There remains no more ~ *to* thank you. あなたにお礼を言うこと以外にはもう何も残っていない (♦ but の前に do か can があれば原形不定詞をとり, do や can が前にない場合や, choice という語がある場合は to 不定詞をとるのがふつう)

all but ⇨ ALL(成句)

anything but ⇨ ANYTHING(成句)

bùt for ... ①《仮定法で》…がなければ, …がなかったら (without) ‖ *But for* your help, we could not carry out the plan. あなたの援助がなければ計画は実行できないだろう (=If it were not for your help, ...) / I'd have died ~ *for* your warning. 君の警告がなかったら僕は死んでいただろう (=... if it had not been for your warning.) ②《直説法で》…を別にすれば, …のほかは (except for) ‖ The square was deserted ~ *for* occasional cabs. ときどきタクシーが通るほかは広場には人気(ひけ)はなかった

―副 ❶ ほんの, ただ, …だけ(only) ; たった, つい(just) ‖ She is ~ a child. 彼女はほんの子供だ / I heard it ~ now. たった今それを聞いたところだ / to name ~ a few ほんの少しだけ名前を挙げると

❷《条件節などで》…さえ(すれば) ;《can, could とともに》とかく, 少なくとも ‖ If I had ~ known he was ill, I would have visited him. 彼が病気だと知ってさえいたら見舞いに行ったのに / If I could ~ see her. 彼女に会えさえすればなあ / I can ~ try. ともかくやってみるさ

❸《副詞を強調して》《俗》とにかく, しかも ‖ Get there ~ fast! とにかくすぐにそこへ行け ❹《文末で》《豪・ニュージ・スコット口》しかしながら(however)

but góod 《口》(強調して)本当に, ひどく, 徹底的に ‖ He botched that job, ~ *good*. 彼はその仕事を散々にしくじった

cannot but do ⇨ CAN[1](成句)

―代《関係代名詞》《否定文中の先行詞に照応して》《旧》…しない… (that [OR who] ... not) (♦ ふつうは主格として用いられる) ‖ There were few ~ went there. そこへ行かなかった人はわずかだった / There is no rule ~ has exceptions. 例外のない規則はない(=There is no rule without exceptions.)

―名 (複 **~s** /-s/) C 異論 ;「しかし」という言葉 ‖ Go to school, no ~*s* about it. 文句を言わずに学校に行きなさい / There's no time for ifs and ~*s*.「もしも」とか「しかし」とか言ってる暇はない

―動 他 …に「しかし」と言う ‖ *But* me no buts.「しかし, しかし」と言うな ; 異を立てるな(♦ 最初の But が 動 で後の buts は 名. 動 but はこの成句でのみ用いられる. 今では単に No buts. というのがふつう)

類語《前》**but** except ほど除外の意は強くない.〈例〉All *but* John went there. ジョンのほかはみんながそこへ行った (♦ みんなが行ったことに重点) / All went there *except* John. ジョンを除いてはみんなそこへ行った (♦ ジョンが行かなかったことに重点)
save except よりも堅い文章で用いられる(♦ 前置詞句などの前では, ふつう but は用いない.〈例〉She never comes here *except* [OR *save*] in summer. 彼女は夏以外はここへ来ることはない)

bu·tane /bjúːteɪn, ―´/ 名 U《化》ブタン《炭化水素の一種. 燃料用》

bu·ta·nol /bjúːtənɔ̀ul, -nɑ̀(ː)l | -nɔl/ 名 U ブタノール《アルコールの一種. butyl alcohol ともいう》

butch /butʃ/ 《口》形 ❶ (女性が)男のような, 男っぽい ❷ (男が)たくましい, 男らしく, 荒っぽい

―名 C ⊗《蔑》(レズビアンの)男役

***butch·er** /bútʃər/ 名 C ❶ 食肉処理業者 ; 肉屋 ‖ at the ~'s 肉屋 (の店) で / ~'s meat (鳥や肉加工食品を除いた)食肉 ❷ (残酷な)虐殺者, 容赦なく殺戮(さつりく)を行わせる人《将軍・裁判官など》

hàve [OR ***tàke***] ***a bútcher's at ...*** 《英口》…を一目見る

―動 他 ❶ …を畜殺(して食肉に)する ;〔人〕を殺戮する, 虐殺する(⇨ KILL **類語P**) ❷ …を台無しにする

語源「雄ヤギ(bouc)を殺して肉を売る人」の意の古いフランス語 *bochier* から.

▸▸ **~ blòck** (↓)

bútcher·bìrd 名 C《鳥》モズの類

bútcher blòck 名 C ❶ 肉切り用まな板 (butcher's block) ❷《米》寄せ木 ; それに似せた合板

bútcher-blòck 形 寄せ木造り[模様]の

butch·er·y /bútʃəri/ 名 (複 **-er·ies** /-z/) ❶ C《英》食肉処理場 (slaughterhouse) ; 精肉店 ❷ U 食肉処理(業), 肉屋業 ❸ U 残酷な殺戮 ; 大量虐殺 ❹ C《口》大失敗, 台無し

but·ler /bʌ́tlər/ 名 C 執事 ; (ワイン・食器などを管理する) 使用人頭

***butt**[1] /bʌt/ 名 C ❶ (たばこなどの) 吸いさし ❷《米口》《英・方》尻(しり) (buttocks) ‖ fall on one's ~ 尻もちをつく ❸ (道具・武器の)太い方の端《銃の台尻・むちの握り・釣りざおの手元など》‖ a rifle ~ 銃の台尻 ❹ (木の根元近くの) 太い幹 ❺《米俗》紙巻きたばこ ‖ a pack of ~*s* たばこ1箱

kìck a pèrson's bútt =*kick a person's* ASS[2]

wòrk [***plày***] ***one's bútt off*** 懸命に働く[遊ぶ]

―動 他 …の端を〈…に〉つなげる, ぴたりとつける〈**on, upon, against**〉

―自 端がぴたりとつながる[接する]〈**on, upon, against**〉

COMMUNICATIVE EXPRESSIONS

1 **Gèt your bútt over hère.** こっちへ来い(♥ ぶしつけな命令表現)

▸▸ **~ lìft** 名《口》=buttocks lift

butt[2] /bʌt/ 名 C ❶ (あざけり・批評の) 的 (まと), 対象 ‖ make a ~ of him 彼を笑いものにする ❷ 標的, 的 (target) ❸ (射撃場の)あずち《標的の後ろの盛土》;《~s》射撃場(range) ❹ (鳥を撃つときの)隠れ場所

butt[3] /bʌt/ 動 他 (頭・角(つの)で)…を押す, 突く ;〔頭〕をぶつける ‖ ~ heads with ...《米口》…と角を突き合わせる, 争う

―自 頭突きをする ; 突撃する, 直進する

bùtt ín 〈自〉①〈会話などに〉口を挟む, 割り込む〈**to**〉② 余計な手出しをする〈**on**〉

bùtt óut 〈自〉《主に米口》口出し[干渉]をやめる

―名 C 頭突き, 角での一突き

butt[4] /bʌt/ 名 C ❶ (ワイン・ビールなどの) 大だる ❷《米》1たる(の量)《液量の単位. 126 ガロン》

butte /bjuːt/ 名 C《米》(西部などの) 平原上に孤立した山[丘]

:but·ter /bʌ́tər/

―名 U ❶ バター ‖ spread bread with ~=spread ~ on bread パンにバターを塗る / a pat [OR piece,《英》knob] of ~ バターのひとかたまり / Brush the inside of the pan with **melted** ~. 型の内側に溶かしたバターを塗ります

❷《複合語で》バター状のもの ; (常温で固形の) 植物性油脂 ‖ peanut ~ ピーナッツバター / cocoa ~ カカオ脂《化粧品の原料》❸《口》へつらい, おべっか

like a knife through butter ⇨ KNIFE(成句)

(***lóok as if***) ***bùtter wouldn't mèlt in one's móuth*** 《口》虫も殺さぬような顔をしている

―動 (**~s** /-z/ ; **~ed** /-d/ ; **~·ing**) 他 …にバターを塗る ; …にバターで味をつける[料理をする] ‖ ~ bread パンにバターを塗る / ~*ed* carrot ニンジンのバターいため

bùtter úp ... / ***bùtter ... úp*** 〈他〉《口》…にへつらう, おべっかを使う

bùtter úp to ... 〈他〉《口》…にお世辞を言って近づく, …に取り入る

▸▸ **~ bèan** 名 C ① =lima bean ②《米》=wax bean
~ knìfe 名 C バターナイフ(⇨ KNIFE 図)

bútter·bàll 名 C《米口》❶《けなして》ずんぐり太った人

❷(シチメンチョウなどの)太った鳥
bútter·crèam 名U バタークリーム
bútter·cùp 名C〚植〛キンポウゲの類
búttercup squàsh 名C〚植〛バターカップ《セイヨウカボチャの一種》
bútter·fàt 名U 乳脂肪《バターの原料》
bútter·fìngers 名複《通例単数扱い》《口》よく物を落とす人, 不器用[不注意]な人 **-fìngered** 形
bútter·fìsh 名(複 ~ OR ~·es /-ɪz/) C〚魚〛ギンポの類《大西洋岸及び北太平洋岸産のぬるぬるした魚》
***but·ter·fly** /bʌ́ṭərflàɪ/ 名(複 **-flies** /-z/) C ❶ チョウ(蝶)(♦ 一般に「移り気」「軽薄」などの象徴とみなされる. → ❷) ‖ *Butterflies* flit [OR flutter] from flower to flower. チョウが花から花へと飛ぶ ❷ 移り気な人, 浮気者 ‖ a social ~ (あちこちのパーティーに顔を出す)社交好きの(軽い)人 ❸ (=~ **stròke**) U バタフライ(泳法) ‖ swim (the) ~ バタフライで泳ぐ ❹ (-flies)《口》(緊張・不安による)そわそわした気持ち; 心配, 不安
brèak a bútterfly on a whéel チョウを車輪でつぶす; 必要以上に大がかりな[厳しい]手段を用いる
**hàve* [OR *gèt*] *bútterflies* (*in one's stómach*)* (緊張・不安で)胃がしくしくする, 落ち着かない
── 動 (**-flies** /-z/; **-flied** /-d/; **~·ing**) 他〔食肉・エビなど〕を蝶形に切り開く
語源 butter(バター)+fly(飛ぶ虫):一説ではチョウはバターを盗むと信じられたことから.
▸▸ ~ **effèct** 名C バタフライ効果《小さなことがのちに累進的にもたらす大きな効果》 ~ **fìsh** 名C〚魚〛チョウチョウウオ《熱帯魚の一種》 ~ **nùt** 名C〚機〛蝶ナット(wing nut) ~ **vàlve** 名C 蝶形弁 (→ throttle) ~ **wèed** 名C〚植〛バタフライウィード《トウワタ属の乳液を分泌する草. 北米産》
bútter·mìlk 名U ❶ バターミルク《バターをとった後の牛乳》 ❷ (バクテリアを添加した)発酵乳
bútter·nùt 名C〚植〛バターナット(の木)《北米産のクルミの一種》 ▸▸ ~ **squásh** 名C 冬カボチャの一種《とっくり形, 皮は黄褐色, 身はオレンジ色》
bútter·scòtch 名U バタースコッチ《バター製糖菓》; バタースコッチソース
but·ter·y¹ /bʌ́ṭəri/ 名C ❶ 酒類[食品]貯蔵室 ❷《主に英》(大学の)食品売店《通例バーも併設されている》
but·ter·y² /bʌ́ṭəri/ 形 ❶ バターのような; バターを塗った ❷《米》おべっかを使う, へつらう
butt·in·sky /bʌtínski/ 名C《俗》おせっかい屋(♦ butt in+-sky(男性の姓につくロシア語の語尾)より)
but·tock /bʌ́ṭək/ 名C (片方の)尻(しり); (~s)尻(⇨ BACK 図) ▸▸ ~**s lìft** 名《主に米口》C尻の美容整形手術
:but·ton /bʌ́tən/
── 名(複 **~s** /-z/) C ❶ (衣服の)**ボタン**; ボタン状のもの;《主に米》記章, バッジ ‖ fasten [OR do up] a ~ on a coat コートのボタンをかける / undo a ~ ボタンを外す / wear a campaign ~ キャンペーンバッジをつけている / bright ~ eyes きらきら輝くつぶらな瞳(ひとみ)
❷ (機械装置などの)**押しボタン**, つまみ ‖ **push** [OR **press**] an elevator ~ エレベーターの押しボタンを押す / a ~ on the remote control リモコンのボタン
❸ 💻 コンピューター画面上のアイコン; マウスのボタン ‖ **press** the left ~ of [OR on] the mouse マウスを左クリックする ❹ つぼみ; 開いてないキノコ ❺〚フェンシング〛(剣先の)たんぽ ❻《通例 B-s》《単数扱い》《英口》《旧》(ホテルなどの)ボーイ ❼《a ~》少量; あまり価値のないもの ‖ not worth a ~ 少しも価値がない
(as) bright as a bútton 《口》とても賢い, 利発な
(as) cùte as a bútton 《米口》(小さくて)かわいらしい
at [OR *with*] *the tòuch* [OR *pùsh*] *of a bútton* とても簡単に
prèss the bútton 《口》物事を開始する
pùsh [OR *prèss*] *a pèrson's búttons* 《口》(人)の行動・反応を引き出す; (人を)怒らせる
pùsh [OR *prèss*] *(àll) the rìght búttons* 《口》うまくやる, 首尾よくやる
(rìght) on the bútton 《口》正確な, 適切な; 《主に米口》時間どおりに, ぴったりと

COMMUNICATIVE EXPRESSIONS
[1] **You réally knòw what búttons to pùsh.** 君には本当に腹が立つな(♥「どこを刺激すれば私を怒らせることになるか知っている」の意)

── 動 (**~s** /-z/; **~ed** /-d/; **~·ing**)
── 他 ❶ …の**ボタンをかける**, …をボタンで留める《*up*》; …にボタンをつける ‖ He didn't ~ the top two buttons. 彼は上の2つのボタンをかけていなかった / ~ a coat 上着のボタンをかける / *Button* your lip [OR mouth]!《口》おしゃべりはやめろ ❷〔人〕に〈…を着せて〉ボタンをかける〈**into**〉 ‖ She ~*ed* herself *into* a dress. 彼女はワンピースを着てボタンをかけた ── 自 ボタンで留まる《*up*》; ボタンがつく ‖ This dress ~*s* (*up*) in front. このワンピースは前でボタンを留めるようになっている
bùtton dówn ...* / *bùtton ... dówn 〈他〉《米俗》きちんと考える, 明確にする
bútton it 《口》《命令形で》黙っていろ
bùtton úp 〈他〉(***bùtton úp ...* / *bùtton ... úp***) ① ⇨ 他 ❶ ② …をしっかりと閉じる ③ …に決着をつける(♦ しばしば受身形で用いる) ‖ I can't leave until it's all ~*ed up*. すべて決着がつくまで行くわけにはいきません ④《受身形で》口をつぐんでしゃべらない, 黙っている ──〈自〉① ⇨ 自 ② 黙る
▸▸ ~ **màn** 名C《米口》雇われた殺し屋 ~ **múshroom** 名C かさの開いていないマッシュルーム《食用》
bùtton-dówn ⟨シ⟩ 形《限定》❶ (襟先が)ボタンで留まる, ボタンダウンの ‖ a ~ collar ボタンダウンの襟 ❷《米口》(人・会社などが)保守的な, 型にはまった(♦ buttoned-down ともいう)
bùttoned-úp 形《口》自分の考えや感情を表面に出さない; 無口で内気な; 地味な
bútton·hòle 名C ❶ ボタン穴 ❷《英》=boutonniere
── 動 他 ❶《口》〔人〕をつかまえて長話を聞かせる ❷ …にボタン穴をあける; 穴かがりをする
búttonhole stìtch 名U ボタンホールのかがり縫い
bútton·hòok 名C ボタンかけ《靴・手袋などのボタンをかけるときに用いる鍵形(かぎがた)の道具》
bútton·wòod 名C《米》〚植〛アメリカスズカケノキ《北米原産. 材は良質》
but·tress /bʌ́trəs/ 名C〚建〛控え壁, バットレス ── 動 他 …を(控え壁で)補強する; …を支える, 支持する《*up*》
but·ty /bʌ́ṭi/ 名(複 **-ties** /-z/) C《主に北イング口》サンドイッチ
bu·tyr·ic /bjutírɪk/ 形 酪酸の[を生じる]
bux·om /bʌ́ksəm/ 形 (女性が)小太りで健康そうな; (女性が)胸の豊かな **~·ness** 名
*****buy*** /baɪ/(♦ 同音語 by) 動 名
── 動 (**~s** /-z/; **bought** /bɔːt/; **~·ing**)
── 他 ❶ **買う** **a** 《+目》〔商品など〕を買う, 購入する (↔ sell)〈**for** いくらで; **from** …から〉(♦《口》では get もよく使われる) (⇨ 類語) ‖ You can ~ that same tie *for* ¥1,000 less across the street. それと同じネクタイが通りの向こう側では1,000円安く買えますよ / I *bought* this bag on the Internet. このかばんはインターネットで買いました / ~ a car *from* [《口》*off*] him 彼から車を買う / ~ shares in a firm 会社の株を買う
b 《+目 *A*+目 *B*⇄+目 *B*+**for** 目 *A*》*A*(人)に*B*(物)を**買ってやる** ‖ He *bought* ⌈her a ring [OR a ring *for* her]. 彼は彼女に指輪を買ってやった(♦ 受身形は A ring was bought for her (by him). のほか She was bought a ring (by him). も可能. ⇨ PB 13) / I *bought* myself an MD player. 私は(自分のために)M

Dプレーヤーを買った

c 《+目+補〈形〉》〔物品〕を…の状態で買う ‖ I *bought* this jacket ready-made. 私はこの上着を出来合いで買った

❷《しばしば否定文で》(金が)…を買うことができる，買うのに十分である ‖ Money cannot ～ (you) happiness.＝Happiness cannot be *bought* with money. 幸せは金では買えない

❸ (犠牲を払うなどして)…を手に入れる，得る(♦ しばしば受身形で用いる) ‖ His success was dearly *bought*. 彼の成功は高価な犠牲を払って得られた

❹《口》…を真(ま)に受ける，信じる ‖ I won't ～ that lame excuse. あの下手な弁解はまともには受け取れない

❺《通例受身形で》買収される

―自 買う，購入する；買い付け[バイヤー]の仕事をする

bùy báck ... / ***bùy ... báck*** 〈他〉…を買い戻す

bùy ín 〈他〉《***bùy ín ...*** / ***bùy ... ín***》① 《英》(大量に)…を買い込む，買いだめする (↔ *sell out*) ② (競売で希望する値段がつかない場合に)〔自分の品〕を買い戻す ―〈自〉(株を買って)株主として入り込む；金を払ってメンバーになる(♦ buy oneself [OR one's way] in ともいう)

búy into ... 〈他〉① (株を買って)…に株主として入り込む；金を使って…にメンバーとして入り込む(♦ buy oneself [OR one's way] into ... ともいう) ②《口》〔考え〕を信じ込む，無批判に受け入れる

búy it ：《米》***bùy the fárm*** 《口》(事故・戦争などで)死ぬ，殺される；不運に遭う(♦ 通例過去または現在完了で用いる)

bùy óff ... / ***bùy ... óff*** 〈他〉〔人〕を〈…で〉買収して解決する，金を払って〔人〕を言うとおりにさせる〈**with**〉

*****bùy óut*** 〈他〉 **I** 《***bùy óut ...*** / ***bùy ... óut***》〔人など〕から株[権利など]をすっかり買い取る；〔企業〕の株を買い占める，…を買収する **II** 《***bùy ... óut***》《英》〔人〕を金で〈…から〉除隊[免除]させる〈**of**〉(♦ 目的語はしばしば oneself)

bùy óver ... / ***bùy ... óver*** 〈他〉〔人〕を買収して味方につける[抱き込む]

buy time ⇨ TIME(成句)

bùy úp ... / ***bùy ... úp*** 〈他〉〔土地・チケット・株など〕を買い占める，買い尽くす

PLANET BOARD 13

George was bought a bicycle. のような受身形を使うか.

問題設定 give, send などの二重目的語構文をとる動詞は間接目的語を主語とした受身形が可能であるが，buy, sing, write などにも同じことが言えるかどうかを調査した.

Q 次の (a) ～ (c) を使いますか.

(a) George **was bought a bicycle** for his birthday.
(b) The baby **was sung a song** by her mother.
(c) Alice **was** sometimes **written a letter** by her grandparents.

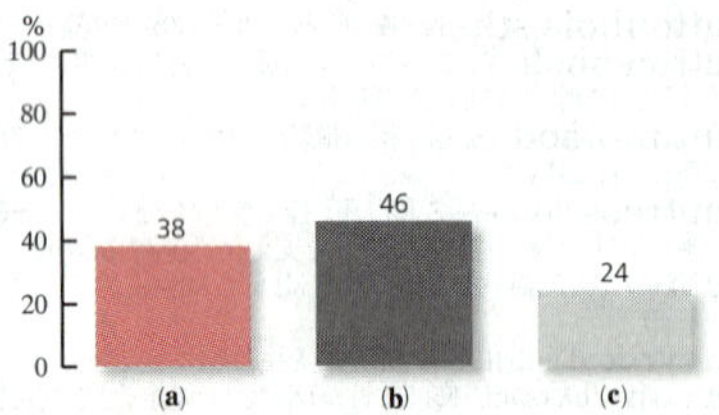

(a) を使用すると答えた人は約4割，(b) では半数近かったが，(c) は約¼だった．使用すると答えた人の中でも，多くの人が代替表現をあげた．(a) は代わりの表現として，George was *given* a bicycle for his birthday. / George got [OR received] a bicycle for his birthday. などをあげた人が多い．(b) の代替表現としては，能動態の The baby's mother sang her a song. / The mother sang a song to her baby. が多くあがったが，受動態の The baby *was sung to* by her mother. もあげられた．(c) では，能動態の Alice's grandparents sometimes wrote her a letter. が多いが，受動態の Alice *was* sometimes *written to* by her grandparents. をあげた人もいた.

学習者への指針 buy, sing, write などの動詞で間接目的語を主語にした受身形は可能だが，別の表現の方がより自然になることも多い.

COMMUNICATIVE EXPRESSIONS

1 **(Còuld I) bùy you a drínk?** ① お酒を1杯おごらせてください(♥ 誘い) ② お酒を作りましょうか(♥ 家庭などで酒を用意して出すときのユーモラスな表現)

2 **I'll búy it** [OR **thát**]. 信じよう，了解したよ

Behind the Scenes **I'd buy that for a dollar.** もちろんさ；いいね 映画 *Robocop* に出てくるテレビ番組の中で使われているせりふ．SF小説 *The Marching Morons* に出てくるせりふ Would you buy it for a quarter? (信じられるかい) をもじったもの (♥ I'll buy that. は「よしわかった；信じるよ」の意で，名案などを評価・支持・快諾するときに言う．for a dollar がつくと，よりくだけた表現になる)

3 **I'm búying.** 私がおごりますよ(♥ 飲み物などをおごるときに用いる)

―名 (複 **～s** /-z/) C《口》❶ 買うこと，購入(purchase) ❷ 買ったもの；買えるもの ‖ This sweater was a good [bad] ～. このセーターは買い得[損]だった

類語 《他 ❶》**buy** 買い物全般に使えるが，特に日常的な買い物に多く用いる.
purchase 形式ばった語で，大量・高額の買い物に，また交渉を経て買う場合などに多く用いる.

bùy-and-hóld 形《証券》購入保持の《投資後は長期に持ち続け相場全体の値上がりを待つ》‖ ～ investors 長期保持投資家

búy·bàck 名U形 買い戻し(の)，(特に)自社株買い戻し(の)

*****buy·er*** /báɪər/ 名 (複 **～s** /-z/) C ❶ 買い手，購入(予定[希望])者，客(↔ seller)(♦ 不動産・車など高額のものを買う人を指すことが多い．それに対し日用品・食料品などを買う人は shopper) ‖ a potential [OR prospective] ～ 潜在的購買者，買う可能性のある人 ❷ (店・企業などの)バイヤー，仕入れ担当者[部長]，買い付け係

▶▶ **～'s** [**～s'**] **márket** /, ‒‒‒/ 名 C《経》買い手市場《商品の供給が過剰で価格が安く，買い手に有利な市況》(↔ seller's [sellers'] market)

búy·òut 名 C《商》❶ 買い占め，(企業などの)買収 ‖ a ～ firm 企業買収専門会社 ❷ (従業員に対する)解雇料，早期退職金 ‖ offer a two-year ～ 給与2年分の解雇料を支払う

*****buzz*** /bʌz/ 動 自 ❶ (昆虫・オートバイ・飛行機などが)ぶーんという音を立てる，ぶんぶん飛び[走り]回る《**around, about, etc.**》；(ブザー・タイマーなどが)ぶーと鳴る ❷ がやがや〈…のことを〉いう[話す]〈**about**〉；(場所が)〈…で〉ざわめく，ざわつく，どよめく〈**with**〉‖ The whole school was ～*ing with* preparations for the school festival. 学校全体が文化祭の準備でざわついていた ❸ (頭が)〈考えなどで〉いっぱいになる〈**with**〉；(考えなどが)〈頭に〉こびりつく〈**around, about**〉‖ Her head was ～*ing with* new ideas.＝New ideas were ～*ing around* (in) her head. 彼女の頭は新しい考えでいっぱいだった ❹ ブザーで〈…に〉知らせる，ブザーで〈…を〉呼び出す〈**for**〉❺ 忙しく〈…を〉動き回る《***around, about***》〈**around, about**〉；急いで行く[走る]《***along***》❻ 耳鳴りがする ―他 ❶ ブザーで…に連絡する[…を呼び出す] ❷《口》《空》(飛行機が)〔地表・ほかの飛行機など〕とすれすれに高速で飛行する，すれすれ

に飛行して…に警告する ❸《口》…に電話をする
bùzz ín 〈他〉(**bùzz ... ín**) (建物の入口の警備装置を遠隔操作して)ドアをあけて〔人〕を中に入れる ―〈自〉《米口》中に入る;到着する
bùzz óff 〈自〉《口》立ち去る(♦ しばしば命令文で用いる)
― 名 Ⓒ ❶ (虫の羽・機械などの) ぶーん(という音);ブザー音, ブザーでの合図[呼び出し], 電話(での呼び出し) ❷《単数形で》ざわめき, どよめき;ささやき;ざわざわ(いう音) ‖ a ~ of excitement 興奮のどよめき ❸《単数形で》《口》うわさ ❹《単数形で》わくわくする気持ち, 興奮, 熱意;興奮した雰囲気;《口》酔った快感 ‖ get a ~ from [OR out of] ... …で興奮する[わくわくする]
gìve a pèrson a búzz ①〔人〕に電話をする ② (物事が)〔人〕に快感[興奮]を与える
▸▸ ~ **cùt** 名 Ⓒ バズカット《かみそりで頭髪をそり落としたヘアスタイル》 ~ **gròup** 名 Ⓒ 小さく分かれた討議グループ ~ **sàw** 名 Ⓒ《米・カナダ》(小形の) 丸のこ (circular saw)

buz·zard /bʌ́zərd/ 名 Ⓒ ❶《英》〖鳥〗ノスリ(ヨーロッパ産タカの一種);《米》=turkey buzzard ❷《米》いやらしい[強欲な]人

buzz·er /bʌ́zər/《発音注意》名 Ⓒ ブザー(の音)

búzz·wòrd 名 Ⓒ《口》(素人には重要そうに聞こえる特定分野の)専門用語;決まり文句, 流行語

buz·zy /bʌ́zi/ 形 (場所や雰囲気が)にぎやかな, わくわくする

BVM 略 *B*lessed *V*irgin *M*ary(聖母マリア)

b/w 略 black and white

bwa·na /bwɑ́ːnə/ 名 Ⓒ だんな (master)《東アフリカの男性に対する敬称・呼びかけ》

***by** /baɪ/(♦ 同音語 buy, bye) 前 副

中心義 …に近接して(★物理的な近さだけでなく, 時間的な近さ, また「行為者」「行為と手段」といった関係の近さも表す)

― 前 ❶《行為者》 **a**《受身文で》**…によって**, …に, …による ‖ He was arrested ~ the police. 彼は警察に逮捕された / Japan is surrounded ~ the sea. 日本は海に囲まれている **b**《名詞の後で》…による, …作の ‖ a novel ~ Dickens ディケンズの小説 (=a novel written by Dickens ディケンズによって書かれた小説) / a painting ~ Monet モネ作の絵

> **語法 ★★** 受身形の文では, 対応する能動態の文の主語を by ... で表す. しかし, 実際の受身文では行為者が特定できなかったり, 表す必要がなかったりして by ... のつかない場合も多い. また by の後に人称代名詞 (me, you, him, her, them など)がくることは少ない.〈例〉English is spoken in Australia. オーストラリアでは英語が話されている(♦ by them, by people などはふつうつけない)

❷《手段・方法・媒介》…で, …を使って ‖ He went there ~ car [train]. 彼は車[電車]でそこへ行った(→ 語法 (1)) / travel ~ air [sea, land] 空路[水路, 陸路]で旅行する / ~ e-mail Eメールで / ~ mail [OR post] 郵便で / ~ mistake 誤って / ~ permission of the author 著者の許可を得て / He was run over ~ a car. 彼は車にひかれた(→ 語法 (2)) / What do you mean ~ that? それはどういう意味ですか / He is better known ~ his nickname. 彼はあだ名の方がよく知られている

> **語法 ★☆** (1) by の後の交通手段は無冠詞. ただし限定語句を伴うときは by the 3:15 train (3時15分の電車で) のように the を伴うことがある. 名詞が冠詞や所有格だけを伴うときは in または on を使う.〈例〉*in* the [my] car その[私の]車で / *on* a train 電車で
> (2) He was run over with a car. とすると, だれかが意図を持って彼をひいたという意味になる. したがって, 人間の意図が関連していない be struck by lightning (雷に打たれる) のような場合の by は, with では置き換えられない.

❸《関連》…に関して, …に対して(♦ 後の名詞は無冠詞) ‖ He is an architect ~ profession. 彼の職業は建築家だ / I know him ~ name [sight]. 彼の名前[顔]は知っている / She is Spanish ~ birth. 彼女は生まれはスペインだ
❹《基準・準拠》…で, …によって ‖ It is two o'clock ~ my watch. 私の時計では2時です / It is all right ~ [OR with] me. 僕はそれでいいよ / Don't judge a person ~ his appearance. 人を見掛けで判断するな
❺《動作を受ける体や道具の一部を指して》…のところ[部分]を ‖ He took [OR grabbed] me ~ the hand [shoulders]. 彼は私の手[両肩]をつかんだ(♦ 体の一部を表す名詞の前に the がつく. この場合 ... by my hand [shoulders] と所有格を使うのは非標準的) / pick up the card ~ one corner カードの端を持ってつまみ上げる
❻《子供の出生時の(現在と異なる)配偶者を指して》…との間にもうけた ‖ She has two children ~ her first husband. 彼女には最初の夫との間にできた2人の子がいる
❼《位置》**…のそばに[の, を]**, …の近くに[の, を] (near, beside) ‖ I sat ~ the fire. 私は火のそばに座った / I haven't got the book ~ me. その本は今手元にはありません / I live ~ the sea. 海の近くに住んでいます

> **語法 ☆☆ by と near**
> (1) by the sea は海のすぐそばを表す. near the sea は海からそれほど遠くない所という意味合いになる.
> (2) 都市名の前には near を用いて by は用いない.〈例〉He was born near [×by] Athens. 彼はアテネの近くで生まれた

❽《通過》**…のそばを通って** (past) ‖ Being near-sighted, she passed right ~ me without noticing. 近視なので, 彼女は私のすぐそばを気づかずに通り過ぎた
❾《経由》**…を経由して**, …を通って (through) ‖ We came home ~ (way of) London. 私たちはロンドン経由で帰って来た / He came in ~ the back door. 彼は裏口から入って来た
❿《come, drop, stop などとともに》…に[へ](立ち寄る) ‖ stop ~ the house 家に立ち寄る(♦ stop by だけでも「立ち寄る」の意味になる. → 副 ❹)
⓫《期限》**…までに(は)**(♦ till, until は「…まで(ずっと)」の意. → until 前 ❶ 語法) ‖ Will you finish it ~ tomorrow morning? 明朝までにこれを仕上げてくださいませんか / Be here ~ nine o'clock. 9時までにここに来なさい / He should be here ~ now. 彼はもう来てもいいころなのに / *By* the time we arrive, all the food will be gone. 私たちが着くまでには, 食べ物は全部なくなっているだろう(♦ ×By the time we will arrive, ... は不可)

> **語法 ☆☆** by nine o'clock は before nine o'clock と言い換えてよい場合もあるが, 前者が「9時ちょうども含めてそれより遅れない」ことを表すのに対し, 後者は「9時よりある程度前」であることを表すのがふつう. 同様に, 上の用例の副詞節 by the time we arrive は before we arrive に意味が近いが, 前者では私たちが到着する時間と主節の出来事との間がそれほど開いていないという含みがあるのに対し, 後者はより漠然と「到着する前に」を表す.

⓬《期間》…のうちに (during) ‖ ~ day [night] 昼の間[夜間]に, 日中[夜間]は
⓭《単位》**…ぎめで**, …単位で ‖ We sell sugar ~ the pound. 砂糖はポンド単位で売っている / They were paid ~ the hour [day]. 彼らは時間給[日給]だった / ~ the hundred(s) 何百となく
⓮《程度・差異》**…だけ**, …の差で;…ずつ ‖ I missed the train ~ a minute. 1分違いで電車に乗り遅れた / You are taller than me ~ two inches. 君は僕より2インチだけ背が高い (=You are two inches taller than me.) / day ~ day 日に日に / little ~ little 少しずつ / step ~ step 一歩一歩 / pitch ~ pitch (野球で) 1球ごとの[に]

B

B

⓯《誓い》…に誓って ‖ ～ God [OR Heaven(s)] 神かけて，必ず
⓰《乗除計算》かける，割る ‖ 3 (multiplied) ～ 4 is [OR equals] 12. 3かける4は12 / 12 (divided) ～ 4 is [OR equals] 3. 12割る4は3
⓱《サイズ》縦横 ‖ a room fifteen feet ～ ten 幅15フィート奥行10フィート[幅10フィート奥行15フィート]の部屋
⓲《方位》…寄りの ‖ northeast ～ north 北北東
⓳〔人〕に対して ‖ do well ～ him 彼によくしてやる
―副 ❶ 近くに，**そばに** ‖ There was a brook close ～. すぐそばに小川があった
❷（わきを）通り過ぎて ‖ She passed ～ without a word. 彼女は一言も言わずにそばを通り過ぎた
❸（時が）過ぎ去って ‖ as years go ～ 年月が過ぎるにつれ
❹（人の所に）立ち寄って ‖ Tell him to stop ～ for a chat with me. 世間話でもしに私の所に寄ってくれるよう彼に伝えてくれ
❺ 取りのけて，わきへ（aside）‖ Let's put [OR set, lay] some money ～ for next week. 来週のために金をいくらか別にして(とって)おこう
bỳ and bý 《旧》やがて，次第に
bỳ and lárge 全般的に(on the whole)；一般的に，ふつう(usually) ‖ *By and large*, European people like watching soccer games more than baseball games. 概してヨーロッパの人々は野球よりもサッカーの試合を見るのが好きだ
by fár 《比較級・最上級を強めて》ずっと，はるかに
by onesélf ひとりで，独力で
by the by [OR ***bye***] ⇨ BYE ²(成句)

by- /baɪ-/ 接頭 (♦ bye- ともつづる) ❶「わきの」の意 ‖ *by*-street ❷「副[二]次的な」の意 ‖ *by*-product

bý-blòw 名 C ❶ 偶然の災難，とばっちり ❷ 非嫡出子

bý-càtch 名 U 外道(げどう)《釣りで，目的とする魚以外の魚》

‡bye¹ /baɪ/ (♦ 同音語 buy, by)
―間《口》**じゃあね**，さよなら（goodbye）（⇨ GOODBYE 類語）(♥ ふざけて「さよなら」を言うときには，Hasta la vista.（スペイン語），Auf Wiedersehen.（ドイツ語），Adieu.（フランス語），Ciao.（イタリア語），Sayonara.（日本語）など，さまざまな言語におけるあいさつ表現が使われる）
Býe for nòw. 《口》じゃあまたね
―名 U さよなら[おやすみ]（のあいさつ）(♦ 副詞的にも用いる)
sày býe to ... 〔人〕にさよならを言う

***bye²** /baɪ/ 名 C ❶（トーナメント戦での）不戦勝；シード(権) ‖ draw a ～ 不戦勝になる，シードされる ❷〖ゴルフ〗（マッチプレーで）勝負決定後に残ったホール ❸〖クリケット〗打球によらない得点
by the býe ついでだが，ところで(by the way)

bye- /baɪ-/ 接頭 =by-

bye-bye /bàɪbáɪ/ (→ 名) 間《口》さようなら，バイバイ(♥ 大人が用いると子供っぽく思われることがある)（⇨ GOODBYE 類語）
―名 /⌐⌐/ U《米》ねんね(sleep) (♦《英》では bye-byes の形も用いる)
gò bỳe-býe さよならする；おやすみ[ねんね]する
gò (to) bỳe-býes 《英》おやすみ[ねんね]する

býe-làw 名 C ❶（組合・会社などの）規則，規約 ❷《英》（自治体などの）条，地方法(《米》ordinance)

bý-elèction, býe- 名 C《英》〖政〗（下院の）補欠選挙

Bye·lo·rus·sia /bièlourʌ́ʃə/ 名 Belarus の旧称
-sian 名 形

bý·gòne 形《限定》過ぎ去った(past)，昔の ‖ a ～ age 昔
―名 C《通例 ～s》過ぎ去った[昔の]こと

COMMUNICATIVE EXPRESSIONS
1 **Let bỳgones be býgones.** 過ぎた(いやな)ことは忘れよう[水に流そう]

bý·làw 名 =bye-law

bý·lìne 名 C ❶（新聞・雑誌の記事でタイトルの下の）筆者名(♦ by ... と筆者名を書くことから) ❷〖サッカー〗ゴールライン(♦ byeline ともつづる)
―動 他 署名入りで…に記事を書く ‖ a ～*d* article 署名入りの記事

bý·nàme 名 C（同姓の人を区別するための）あだ名

BYOB 略 *B*ring *y*our *o*wn *b*ottle [*b*eer, *b*ooze].（酒は各自持参のこと）(♦ パーティーなどの招待状に記す)

***by·pass** /báɪpæ̀s | -pɑ̀ːs/ 名 C ❶ バイパス，わき道，迂回(うかい)路 ‖ take the ～ バイパスを行く[通る] ❷〖医〗バイパス(形成手術)《血管閉塞(へいそく)の治療》‖ heart ～ surgery 心臓バイパス手術 ❸（ガス・水道の）補助管，側管；〖電〗分路
―動 他 ❶ …を避けてバイパスを行く[回り道をする]，…を迂回する ‖ ～ a city 市街を迂回して通過する ❷ …にバイパスを建設する ❸〔上司・手続き・困難など〕を抜かす，避ける，無視する（↷ get (a)round）‖ ～ a difficult problem 難問を避ける / ～ established diplomatic channels 正規の外交ルートを飛び越す ❹〔ガス・水など〕を側管へ導く

bý·pàth 名 (複 **-paths** /-pæ̀ðz, -pæ̀θs | -pɑ̀ːðz, pɑ̀ːθs/) C わき道(byway)，間道；(問題などの重要でない)側面

bý·plày 名 C〖劇〗わき演技，バイプレー

bý-pròduct 名 C 副産物；副次的結果

Byrd /bəːrd/ 名 バード ❶ **Richard** ～ (1888-1957)《アメリカの南極探検家》❷ **William** ～ (1543-1623)《イギリスの作曲家》

byre /báɪər/ 名 C《英》牛小屋，牛舎(cowshed)

bý·ròad 名 C わき道，小道

By·ron /báɪərən/ 名 **Lord George Gordon** ～ バイロン(1788-1824)《英国のロマン派の詩人》
By·ron·ic /baɪərɑ́(ː)nɪk | -rɔ́n-/ 形 バイロン(風)の《情熱的・神秘的で憂いを帯びた》

bys·si·no·sis /bìsɪnóusɪs/ 名 (複 **-ses** /-siːz/) U C〖病理〗綿肺症《綿工場の労働者に多い肺疾患》

bys·sus /bísəs/ 名 (複 **～·es** /-ɪz/, **-si** /-saɪ/) ❶ C〖動〗（軟体動物が岩に付着するのに用いる）足糸(そくし) ❷ U（ミイラを包んだ）亜麻布

by·stand·er /báɪstæ̀ndər/ 名 C 傍観者

bý·strèet 名 C 裏通り，横町

byte /baɪt/ 名 C 💻 バイト《コンピューターで処理する情報の量の最小単位．通例 8bits を 1byte として扱う》

bý·wày 名 C ❶ わき道，間道（↔ highway）❷《the ～s》（研究などの）わき道，あまり知られていない分野

bý·wòrd 名 C ❶ 決まり文句，よく使う言葉；諺(ことわざ)，言い習わし ❷〈通例悪いことの〉見本，代表〈**for**〉；笑い草

Byz·an·tine /bízəntiːn, -tàɪn | bɪzǽntàɪn, baɪ-, -tiːn/ 形 ❶ ビザンティウム(Byzantium)(風)の；ビザンチン帝国の；東方教会(Eastern Orthodox Church)の ❷〖建〗ビザンチン様式の ❸ 複雑な，込み入った；頑固な
―名 C ビザンティウム[ビザンチン帝国]の人
▸▸ **～ Émpire** 名《the ～》ビザンチン帝国《A.D. 476-1453. 首都 Constantinople. 東ローマ帝国ともいう》

By·zan·ti·um /bɪzǽnʃiəm, -zǽnṭi-, baɪ-/ 名 ビザンティウム《ボスポラス海峡南岸の古代ギリシャの都市．後の Constantinople. 現在の Istanbul》

C c

Confident and unafraid, we must labor on — not toward a strategy of annihilation but toward a strategy of peace. 自信をもち恐れることなく，我々は努力を続けねばならない — 人類絶滅の戦略に向かってではなく，平和の戦略に向かって (⇨ J. F. KENNEDY)

c[1], **C**[1] /siː/ 名 (複 **c's, cs** /-z/ ; **C's, Cs** /-z/) C ❶ シー《英語アルファベットの第3字》 ❷ c[C]の表す音 ❸ (活字などの) c[C]字 ❹ C字形(のもの) ❺ (連続するものの)第3番目;〘数〙第3の既知数;定数 ❻ (品質・等級などの)3流品，Cクラス ❼ U (ローマ数字の) 100 ❽ U C〘楽〙ハ音;ハ音の鍵盤(けんばん)[弦];ハ調;4/4拍子を示す符号 ❾ U C (学業成績の)C，良

▸▸ ～ **clèf** 名 C〘楽〙ハ音記号(⇨ CLEF 図)

c[2] 略 circa

C[2] 記号〘化〙carbon(カーボン)

C[3] 略 Celsius ; centigrade ; 💻C言語《プログラム言語の一種》

c. 略 carat ;〘野球〙catcher ; caught by ; cent(s) ;〘フットボール〙center ; centi- ; centigrade ; centimeter(s) ; century ; chapter ; circa ; copyright《記号 ©》; cubic

C. 略 Cape ; Catholic ; Celsius ; Centigrade ; Conservative ; Coulomb

¢ 記号 cent(♦ $，£などと異なり数字の後につく)

ca, ca. 略 circa

Ca 記号〘化〙calcium(カルシウム)

CA 略〘郵〙California ; *C*entral *A*merica ; chartered *a*ccountant ;〘心〙*c*hronological *a*ge(暦年齢)

***cab** /kæb/ 名 C ❶ タクシー (taxi (cab)) ‖ Is there a good place near here to catch [OR get] a ～? この近くでタクシーを拾うのにいい場所はありますか / take a ～ タクシーに乗る / go to the station by [OR in a] ～ 駅までタクシーで行く / flag down a ～ (手などを振って) タクシーを止める / call for a ～ タクシーを呼ぶ ❷ (バス・トラック・クレーン車・機関車などの)運転席 ❸ (1頭立ての二輪または四輪の)つじ馬車

―動 (**cabbed** /-d/ ; **cab·bing**) 自 ❶ タクシーで行く (♦ go by cab の方がふつう) ❷ タクシーを運転する，タクシーの運転手をする ―他 …をタクシーで運ぶ

CAB 略 *C*itizens' *A*dvice *B*ureau ((英国の) 市民相談局) ; *C*ivil *A*eronautics *B*oard ((米国の) 民間航空委員会)

ca·bal /kəbǽl/ 名 C《通例けなして》❶ (政治上の) 秘密結社;徒党;陰謀団 ❷ 陰謀;術策

cab·a·la /kəbɑ́ːlə/ 名 ❶ U カバラ《ヘブライ神秘哲学》 ❷ C 秘儀;秘教(♦ kabbalah, cabbala ともつづる)

cáb·a·lìsm 名 U C カバラの教理;神秘主義 **cáb·a·list** 名 C カバラ研究家;神秘主義者 **càb·a·lís·tic** 形

ca·bal·le·ro /kæbəljéərou/ 名 (複 **～s** /-z/) C ❶ (スペインの)紳士;騎士 ❷《米南西部》乗馬者，騎手

ca·ban·a /kəbǽnə | -bɑ́ːnə/ 名 C《米》(海辺・プールサイドの)簡易脱衣所

cab·a·ret /kæ̀bəréɪ/ 名 ❶ C U キャバレーショー《レストランやクラブで演じられる歌や踊り》 ❷ C キャバレー《キャバレーショーを上演するクラブ》

***cab·bage** /kǽbɪdʒ/ 名 ❶ U C (1玉の)キャベツ; U (料理用の) キャベツ (の葉) ‖ three ～*s* キャベツ3個 / two heads of ～ キャベツ2玉(♦ lettuce, garlic などの球状の野菜類の数え方も同じ) / a (stuffed) ～ roll ロールキャベツ ❷ U C キャベツに近縁の植物《ハクサイ (Chinese cabbage)など》; ある種のヤシの頂頂部の新芽 ❸ C《英》《けなして》無気力な人 ❹ C ⊗《英》《蔑》(脳の損傷などによる)植物状態の人(vegetable)

▸▸ ～ **bùtterfly** 名 C〘虫〙モンシロチョウ ～ **pàlm** 名 C〘植〙ダイオウヤシ《キューバ原産. 葉芽は食用》 ～ **ròse** 名 C〘植〙セイヨウバラ

***cab·by, cab·bie** /kǽbi/ 名《口》=cabdriver

cáb·driver 名 C タクシーの運転手

ca·ber /kéɪbər/ 名 C ケーバー《スコットランド高地で棒投げ競技に用いられる長く太い棒》

Ca·ber·net Sau·vi·gnon /kæ̀bərneɪ sòuviːnjóun | -njɔ́n/ 名 C U カベルネ=ソービニョン《主にワイン用黒ブドウの一種;それから造る辛口赤ワイン》

càb fíle 名 C 💻キャブファイル《Microsoft 社の圧縮形式で，Windows で使われる書庫ファイル》

***cab·in** /kǽbɪn/ 名 C ❶ (通例木造の簡素な) 小さい家，小屋(⇨ COTTAGE 類語) ‖ a log ～ 丸太小屋 ❷ (遊覧船などの) 船室，キャビン;(軍艦の) 士官室 ‖ a second-class ～ 2等船室 ❸ (飛行機・宇宙船の) キャビン，機室《荷物室・操縦室および客室》;(乗用車の) 室内 ‖ a pressurized ～ (航空機の)気密室

―動 他《しばしば ～ed で形容詞として》《文》…を狭い所に閉じ込める ‖ She hated her ～*ed* life. 彼女は自分の窮屈な暮らしがとてもいやだった

▸▸ ～ **bòy** 名 C キャビンボーイ《客船で高級船員や旅客につく給仕》 ～ **clàss** 名 U (客室の) 特別2等《first class と tourist class の中間》 ～ **crèw** 名 C《集合的に》《単数・複数扱い》(旅客機の)客室乗務員 ～ **crùiser** 名 C キャビンクルーザー《居室付きの行楽用大型モーターボート》 ～ **fèver** 名 U《口》閉所熱《長期間の隔離生活に起因する情緒不安定》

***cab·i·net** /kǽbɪnət/ 名 C ❶ (飾り) 戸棚，整理だんす;収納箱[ケース]，(仕切り付きの) (貴重品) 箱 ‖ a cocktail ～ カクテル調製用折り畳みテーブル付き飾り戸棚 / a ～ edition (書物の) 小型愛蔵版 / a filing [OR file] ～ 書類整理棚 / ～ wood 飾り棚用木材 ❷ (テレビ・オーディオ機器などの)キャビネット，木製ケース，外箱 ❸《しばしば the C-》《単数・複数扱い》内閣;《集合的に》閣僚;《米》大統領の顧問団;《英》閣議 (室) ‖ The ～ are divided on this issue. 内閣 [閣僚たち] はこの問題で意見が分かれている / The *Cabinet* resigned en bloc [OR masse]. =The entire *Cabinet* resigned. 内閣は総辞職した / form a ～ 組閣する / the Shadow *Cabinet*《英》影の内閣

cábinet·màker 名 C (高級)木工家具製造者

cábinet·wòrk 名 U (高級)木工家具

***ca·ble** /kéɪbl/ 名 ❶ C U ケーブル，被覆電線 ‖ lay 「a submarine [OR an undersea] ～ 海底ケーブルを敷設する / a fiberoptic ～ 光ファイバーケーブル / coaxial ～ 同軸ケーブル ❷ C U (麻・ワイヤーなどの) 太索(ふとづな)，綱索(こうさく)，ワイヤーロープ;〘海〙錨索(びょうさく) ❸ (= ～ **télevision** [**TV**]) U ケーブルテレビ ‖ watch a film on ～ ケーブルテレビで映画を見る / have ～ ケーブルテレビが受信できる ❹ C (海外)電報，(海底)電信 ‖ send a message by ～ 電信でメッセージを送る ❺ (= ～ **stitch**) C 縄編み

―動 他 ❶ (海外) 電報を打つ **a** 《+目》〔人〕に電信を送る;〔通信など〕を電信で送る **b** 《+目 *A*+目 *B* ⇄ +目 *B* +to 目 *A*》*A* (人) に *B* (物) を電信で伝える[送る] ‖ I ～*d* them $100 [an on-the-spot report]. =I ～*d* $100 [an on-the-spot report] *to* them. 彼らに100ドル[現地レポート]を電信で送った **c** 《(+目)+(**that**) 節》(…に)…だと電報で知らせる ‖ I ～*d* (her family) *that* she was alive. 私は彼女が生きていることを(彼女の家族に)電報で知らせた ❷ …を太索[鋼索]で留める;…にケーブルを敷設する ❸ [地域・家庭など]に有線テレビを架設する(♦ しばしば受身形で用いる) ‖ These areas will soon be ～*d*. これらの地域は間もなくケーブルテレビが視聴できるようになる ―自 (海底)電信で通信する，(海外)電報を打つ

C

▶▶ ～ **càr** 名 C ケーブルカー；ロープウェイ ～ **mòdem** 名 C ケーブルモデム ～ **ràilway** 名 C ケーブル鉄道, 鋼索鉄道 ～ **relèase** 名 C 〖写〗ケーブルシャッター《シャッターを切るためのワイヤー》 ～ **splìcer** 名 C ケーブル接続技士

cáble·càst 名 C ケーブルテレビ局による放送(作品)

cáble·gràm 名 =cable ❹

cáble(-)rèady 形 (テレビ受像機が) ケーブルテレビの放送を視聴できる, ケーブルテレビ対応型の

cáble·wày 名 C 空中ケーブル, 索道, ロープウェイ

cab·man /kǽbmən/ 名 (複 **-men** /-mən/) C ❶ (昔の) 馬車の御者 ❷ =cabdriver

cab·o·chon /kǽbəʃɑ̀(ː)n | -ʃɔ̀n/ 名 C カボション《丸く磨き上げた宝石》；U カボションカット

ca·boo·dle /kəbúːdl/ 名 U 《口》群れ (♦ 通例次の成句で用いる)

the whòle (kìt and) cabóodle だれも彼も, 何もかも

ca·boose /kəbúːs/ 名 C 《米》(貨物列車後尾の) 乗務員用車両

Cab·ot /kǽbət/ 名 **John** ～ カボット (1450?–98?) 《イタリアの探検家. 1497年に北米大陸を発見した》

cáb·òver 名 C キャブオーバー《運転席がエンジンの上にあるトラック》

cab·ri·ole /kǽbriòul/ 名 C 〖バレエ〗カブリオール《片足にほかの足を打ち当てる跳躍》

cab·ri·o·let /kæ̀briəléɪ | ⌐⌐⌐/ 名 C ❶ ほろ屋根式クーペ型自動車 (→ convertible) ❷ (折り畳み式ほろの) 1頭立て二輪馬車

cáb·stànd 名 C タクシー駐車場[乗り場]

ca'can·ny /kɔ̀ːkǽni/ 名 U 《英旧》(労働者の) サボタージュ, 怠業(戦術)

***ca·ca·o** /kəkéɪou, -kɑ́ː-, -káu-/ 名 (複 **～s** /-z/) C 〖植〗カカオの木；(=～ **bèan**) カカオの種子[実]《ココア・チョコレートの原料》

cac·cia·to·re /kɑ̀ːtʃətɔ́ːri | kætʃ-/, **-ra** /-rə/ 形 《名詞の後に置いて》〖料理〗カッチャトーレの, 狩人風の《ハーブとマッシュルームを入れてトマトソースで煮る》(♦ イタリア語より)

ca·cha·ca /kəʃɑ́ːsə/ 名 U カシャーサ《ブラジルのホワイトラム酒》(♦ ポルトガル語より)

cach·a·lot /kǽʃəlòu | -lɔ̀t/ 名 =sperm²

cache /kæʃ/ (♦ 同音語 cash) 名 C ❶ (宝・弾薬・食糧などの) 隠し場所；(隠し場所の) 貯蔵品 ❷ (=～ **mèmory**) 💻 キャッシュメモリー《データやプログラムなどへの再アクセスを高速化するための補助メモリー》

―― 動 他 ❶ …を(隠し場所に)隠す, 貯蔵する ❷ 💻 〔プログラムやデータ〕をキャッシュ(メモリー)に保存する

cache·pot /kǽʃpɑ̀(ː)t | -pòu/ 名 C (植木鉢を入れる) 飾り鉢

ca·chet /kæʃéɪ | ⌐⌐/ 《発音注意》名 C ❶ (良質・優秀・威信などを示す) 特徴, しるし；U 高い身分[地位], 威信 ❷ 公式認可の印；(公文書などの) 封印, 公印 ❸ (封筒などに消印代わりに押される) 標語・意匠 (など) ❹ 〖医〗カシェー《薬を包むオブラート・カプセル》

cach·in·nate /kǽkɪnèɪt/ 動 自 《文》(無遠慮に) 大[高]笑いする **càch·in·ná·tion** 名 U C 大[高]笑い

ca·chou /kəʃúː/ 名 C 《旧》口中芳香錠

càck-hánded /kæk-/ ⟨ﾌ 形 《英口》《けなして》不器用な；左利きの

cack·le /kǽkl/ 動 自 ❶ (めんどりが卵を産んだ後に) くわっくわっと鳴く ❷ かん高い声で笑う ❸ 《口》かん高い声でしゃべる ―― 他 …をかん高い声で笑いながら言う

―― 名 C U ❶ (めんどりの) くわっくわっ (と鳴く声) ❷ かん高い(笑い)声；(とりとめのない) おしゃべり

cùt the cáckle 《口》無駄話をやめて要点に移る

ca·cog·ra·phy /kækɑ́(ː)grəfi | -kɔ́g-/ 名 U 《堅》❶ 悪筆, 下手な字 (↔ calligraphy) ❷ つづり間違い (↔ orthography)

ca·coph·o·ny /kækɑ́(ː)fəni | kəkɔ́f-/ 名 (複 **-nies** /-z/) U C 《堅》不協和音, 耳障りな音 **-nous** 形

cac·tus /kǽktəs/ 名 (複 **～·es** /-ɪz/ OR **-ti** /-taɪ/) C 〖植〗サボテン

cad /kæd/ 名 C 《口》《旧》下品な男, 下種(ゲス)野郎 **cád·dish** 形 下品な, 下種な

CAD /kæd, sìː eɪ díː/ 名 U 💻 キャド《コンピューター援用設計》(♦ *c*omputer-*a*ided *d*esign の略)

ca·dav·er /kədǽvər/ 名 C 〖医〗(特に解剖用の人間の) 死体 **-er·ic** 形 死体の

ca·dav·er·ous /kədǽvərəs/ 形 《文》死体の(ような)；青ざめた；やつれ果てた

CAD/CAM /kǽdkæm/ 名 U 💻 キャド=キャム《コンピューター援用による設計および製造》(♦ *c*omputer-*a*ided *d*esign/computer-*a*ided *m*anufacturing の略)

cad·die /kǽdi/ 名 C (ゴルフの) キャディー ―― 動 (**-died** /-d/; **-dy·ing**) 自 キャディーを務める ▶▶ ～ **bàg** 名 C キャディーバッグ ～ **càrt** 名 C キャディーカート

cád·dis flỳ /kǽdɪs-/ 名 C 〖虫〗トビケラ

cáddis wòrm 名 C 〖虫〗イサゴムシ《トビケラの幼虫》

cad·dy¹ /kǽdi/ 名 動 =caddie

cad·dy² /kǽdi/ 名 (複 **-dies** /-z/) C 茶筒；小容器

ca·dence /kéɪdəns/ 名 C ❶ (一連の音・動きなどの) リズム, 調子, 拍子；(言葉の) 調子, (声の) 抑揚 ❷ (文末で) 声の調子を落とすこと ❸ 〖楽〗終止(形), カデンツ **-denced** 形

ca·den·za /kədénzə/ 名 C 〖楽〗カデンツァ《独唱[奏]者の技巧を発揮させる華麗な無伴奏の部分》

ca·det /kədét/ 名 C ❶ (陸海空軍の) 士官学校生徒；警察学校生徒；(一般学校の) 軍事教練を受ける生徒 ❷ 《米》《豪》見習い ❸ 《旧》次男以下の息子, 弟 ‖ a ～ branch 分家 **～·shìp** 名 U cadet の地位

▶▶ ～ **còrps** 名 C 《英》(一般学校の) 軍事教練隊

cadge /kædʒ/ 動 《口》他 〔金・食べ物など〕を〈…から〉ねだる[たかる]〈**off, from**〉 ―― 自 ねだる, たかる **cádg·er** 名

ca·di /kɑ́ːdi/ 名 C (イスラム教国の) 下級裁判官

Cad·il·lac /kǽdɪlæk/ 名 ❶ C 《商標》キャデラック《米国製高級乗用車》 ❷ 《the ～》《米口》最高級品

cad·mi·um /kǽdmiəm/ 名 U 〖化〗カドミウム《金属元素. 元素記号 Cd》

ca·dre /kǽdri | kɑ́ːdə/ 名 C ❶ (軍・政党などの) 幹部団, 中核グループ ❷ (反体制の) 活動家(集団)

ca·du·ce·us /kədjúːsiəs/ 名 (複 **-ce·i** /-siaɪ/) C 〖ギ神〗Hermes のつえ《平和と医術の象徴》

caduceus

cae·cum /síːkəm/ 名 《英》=cecum

Caer·phil·ly /kɑːrfíli | ke-/ 名 U ケアフィリーチーズ《ウェールズ産の白いチーズ》

Cae·sar /síːzər/ 名 ❶ **Gaius Julius** ～ シーザー, カエサル (100–44 B.C.) 《ローマ共和政末期の政治家・将軍》 ❷ (Augustus から Hadrian までの) ローマ皇帝(の称号) ❸ 《しばしば c-》C (一般に) 皇帝；独裁者, 暴君 ❹ C 《英口》〖医〗帝王切開

▶▶ ～ **sálad** 名 C シーザーサラダ《レタス・クルトン・チーズなどをオリーブ油ベースのドレッシングであえたもの》

Cae·sar·e·an /sɪzéəriən/ 形 (♦ 《米》では cesarean ともつづる) ❶ 帝王切開の ❷ シーザー[カエサル]の；(ローマ) 皇帝の；専制君主の

―― 名 (=～ **séction**) 《しばしば c-》C 帝王切開(術)

Cae·sar·ism /síːzərɪ̀zm/ 名 U 専制政治, 独裁政治 **-ist** 名

cae·si·um /síːziəm/ 名 《英》=cesium

cae·su·ra /sɪzjúərə/ 名 (複 **～s** /-z/ OR **-rae** /-riː/) C 〖韻〗中間休止《詩行中の(意味の)切れ目》；〖楽〗中間休止

CAF 略 《米》〖商〗*c*ost *a*nd *f*reight (運賃込み値段)

ca·fe, ca·fé /kæféɪ | ⌐⌐/ 名 C ❶ コーヒー店, 喫茶店；

(小さな) レストラン《ふつう酒類は売らない》‖ a transport ～《英》長距離トラック運転手用食堂(《米》truck stop) ❷ 💻カフェ《電子メールやインターネット上で仲間同士が意見を交わす場》(→ cybercafe) ❸ カフェ《歩道上に張り出して設けたレストラン》‖ a street [《英》pavement, 《米》sidewalk] ～ カフェテラス (❗「カフェテラス」は和製語) ❹《米》酒場；キャバレー，ナイトクラブ

▸▸ **～ au láit** /kæfèɪ oʊ léɪ | kæfeɪ-/ 名 U カフェオレ《牛乳入りコーヒー》(♦ フランス語より) **～ bàr** 名 C カフェバー《アルコール類も出す》 **～ nóir** /kæfèɪ nwɑ́ːr/ 名 U ブラックコーヒー **～ socíety** 名 U (一流レストラン，ナイトクラブの常連からなる)上流社交グループ

CAFE /kæféɪ | ´-´/ 略《米》*c*orporate *a*verage *f*uel *e*conomy(企業平均燃費節約)《車両燃費の向上を図るもの. 1999年制定, 2005年改正》

caf·e·te·ri·a /kæfətíəriə/ 名 C カフェテリア《セルフサービスの食堂》(♦ スペイン語より) ── 形《限定》《米》カフェテリア形式の，(制度などが)自分で選択できる方式の

ca·fe·tiere, -tière /kæfətɪ́ər | -tiéə/ 名 C《英》カフェティエール，(フランス式)コーヒーポット(❗日本ではよく紅茶を入れるのに用いるが本来コーヒー用)

cafetiere

caff /kæf/ 名《英口》＝cafe

caf·feine /kǽfiːn | ´-/ 名 U〖薬〗カフェイン《コーヒー・茶などに含まれる. 興奮剤・鎮痛剤に使われる》‖ ～-free coffee カフェイン抜きのコーヒー

caf·fè lat·te /kæfeɪ lɑ́ːteɪ/ 名 U カフェラッテ《熱く泡立てた牛乳に小量の濃いコーヒーを入れた飲み物》(♦ イタリア語より)

CAFTA, Caf·ta /kǽftə/ 略《米》*C*entral *A*merican *F*ree *T*rade *A*greement(中米自由貿易協定)

caf·tan /kǽftən | -tæn/ 名 C カフタン《中近東で男性が着る丈の長い服》；カフタン風の上衣(♦ kaftan ともつづる)

cage /keɪdʒ/ 名 C ❶ 鳥かご；(動物の)おり ‖ She found her beloved parakeet lying on the floor of its ～. 彼女は大事なインコが鳥かごの床に横たわっているのを見つけた ❷ 捕虜収容所；留置所，獄舎 ❸ (エレベーターの)箱；(鉱山の)ケージ《人員・資材などの昇降用》；(銀行などの格子のある) 窓口 ‖ a bank teller's ～ 銀行の出納係の窓口 ❹〖野球〗バッティングケージ；〖バスケットボール〗ゴールのバスケット；〖ホッケー・サッカー〗ゴール(ネット)

ràttle a pèrson's cáge《口》(人を)わざと怒らせる

── 動 他《通例受身形で》鳥かご[おり]に入れられる；〈…に〉監禁される《*in, up*》〈in〉‖ After two weeks in the hospital, I was feeling ～*d in*. 入院して2週間たったころからかごに入れられた[監禁された]ように感じていた

caged 形 かごの ‖ a ～ bird かごの鳥

▸▸ **～ bìrd** 名 C かごに入れて飼う鳥

cáge-frèe 形 (鶏が)放し飼いの

ca·gey, ca·gy /kéɪdʒi/ 形 (**-gi·er**；**-gi·est**)《口》〈…について〉抜け目のない；用心深い，慎重な，秘密主義の〈**about**〉

-gi·ly 副 **-gi·ness** 名

ca·goule /kəgúːl/ 名 C《英》カグール《フード付きでひざ辺りまである軽い防水着》

ca·hoots /kəhúːts/ 名 複《口》共同，共謀(♦ 通例次の成句で用いる)

in cahóots (with ...) (…と)共謀して，ぐるになって

CÀI 略 💻 *c*omputer-*a*ided [-*a*ssisted] *i*nstruction (コンピューター援用学習システム)

cai·man, cay- /kéɪmən/ 名 (複 **～s** /-z/) C〖動〗カイマン《熱帯アメリカ産のワニ》

Cain /keɪn/ 名〖聖〗カイン《Adam と Eve の長男で弟 Abel を殺した》

ràise Cáin《口》騒ぎを起こす；問題を起こす

ca·ïque /kaɪíːk/ 名 C ❶ (ボスポラス海峡で用いられる細長い)こぎ舟 ❷ (地中海東部で用いられる)小型帆船

Cai·rene /káɪəriːn/ 形 カイロの；カイロ市民の ── 名 C カイロ市民

cairn /keərn/ 名 C ❶ ケルン《記念碑・道標用の積み上げた石》，石塚 ❷ (＝**～ térrier**)ケアーンテリア《スコットランド原産の小型のテリア犬》

cairn·gorm /kéərngɔ̀ːrm | ´-´/ 名 U〖鉱〗煙水晶

Cai·ro /káɪəroʊ/ 名 カイロ《エジプト＝アラブ共和国の首都》

cais·son /kéɪsɑ̀(ː)n | -sən/ 名 C ❶ 潜函(せんかん)，ケーソン《その中で水中工事ができるようになっている箱》❷ (沈没船を浮揚させる)浮き箱；(ドックの入り口となる)扉船(とびらぶね) ❸ 弾薬箱；(二輪の)弾薬馬車《現在は軍葬でひつぎを運ぶ》

▸▸ **～ disèase** 名 U〖医〗潜函病，ケーソン病

ca·jole /kədʒóʊl/ 動 他〔人〕を(おだてて)言いくるめる；口車に乗せて〔人〕に〈…〉させる〈**into**〉；口車に乗せて〔人〕に〈…〉するのをやめさせる〈**out of**〉‖ The salesman ～*d* my daughter *into* buying a piano. 店員は私の娘にうまいことを言ってピアノを買わせた ── 自 おだてる，言いくるめる **-jól·er·y** 名 (複 **-er·ies** /-z/) U C 甘言でつること，口車に乗せること **～·ment** 名

Ca·jun /kéɪdʒən/ 名 C ケイジャン人《カナダのアカディア出のフランス人移民の子孫で現在米国ルイジアナ州に住む人々》；U ケイジャン語 ── 形 ケイジャン人の

:cake /keɪk/

── 名 (複 **～s** /-s/) ❶ U **ケーキ**；C (1個の)**ケーキ**(♦ 柔らかく焼いた菓子. 堅く焼いた tart (タルト) や pie (パイ)，cream puff(シュークリーム)などは pastry という)(❗洋菓子[ケーキ]店は cake [pastry] shop または《米》bakery という) ‖ She is very fond of ～. 彼女はケーキが大好きだ / three slices [OR pieces] of chocolate ～ チョコレートケーキ3切れ / (a) sponge ～ スポンジケーキ / a fancy ～ デコレーションケーキ(❗「デコレーションケーキ」は和製語) / a birthday [Christmas] ～ バースデー[クリスマス]ケーキ / make [bake] a ～ ケーキを作る[焼く] / *You can't*「*have your ～ and eat it* (*too*) [OR *eat your ～ and have it* (*too*)]. 《諺》菓子を食べてなお持っていることはできない；両方よいことはない / *Let them eat ～*. 《諺》ケーキを食べさせなさい(♦ フランスの民衆がパンを食べられないと聞かされた王妃 Marie Antoinette の言葉とされる. 他人の苦しみを理解していないことのたとえとして使われる)

❷ C 薄くて平たいパン；パンケーキ；(丸くて平たい)焼き[揚げ]物 ‖ a fish ～ 魚肉団子 ❸ C (平たくて堅い) かたまり ‖ a ～ of soap [ice] 石けん[氷塊]1個 ❹ (the ～)分け前の全体[総額]，(特に)総収益，「パイ」

a pìece of cáke《口》たやすいこと(♦ 依頼への返答では "Piece of cake."「お安いご用です」のように a を省略する)

càkes and àle《旧》(人生の)快楽 ‖ Life is not all ～*s and ale*. 人生は楽しいことばかりではない

tàke the cáke《米》想像以上に悪い[よい]，並外れている(♥ 常識外れのもの[行動]などに対する驚きを強調. けなす意味のことが多いが，よい意味でも使う) ‖ That *takes the* ～. そいつはびっくり仰天だ

── 動 他《通例受身形で》(…が) べっとりこびりつく〈**with, in**〉‖ His shoes were ～*d with* [OR *in*] mud. 彼の靴には泥がべっとりこびりついていた ── 自 固まる，凝固する ‖ The blood had ～*d* (dry). 血は乾いて固まっていた

caked 形

▸▸ **～ knìfe** 名 C ケーキ用ナイフ《ケーキを切ったり盛ったりするときに使うへら状のナイフ》(⇨ KNIFE 図) **～ mìx** 名 U C ケーキミックス《ケーキを作る材料》 **～ pàn [tìn]** 名 C ケーキの焼き型(⇨ PAN[1] 図)

cáke·wàlk 名 C ❶ ケークウォーク《最も巧みな歩きぶりをした者に賞としてケーキを与えるアメリカ黒人の余興》；ケークウォークダンス(曲) ❷《口》ごく簡単な仕事

CÀL 略 *C*hina *A*ir*l*ines (チャイナエアライン)；💻 *c*omputer-*a*ssisted [-*a*ided] *l*earning (コンピューター援用学習)

cal. 略 calendar；caliber；calorie(s)

Cal. 略 California

C

cal·a·bash /kǽləbæʃ/ 名C ❶〘植〙ヒョウタン(gourd); ヒョウタンの木(の実)《熱帯アメリカ産》 ❷ ヒョウタン製品《たばこのパイプ・椀(わん)など》

cal·a·boose /kǽləbùːs/ 名C《米方・口》刑務所, 監獄

ca·la·di·um /kəléɪdiəm/ 名C〘植〙カラジウム《観葉植物の一種. 熱帯アメリカ原産》

C

Cal·ais /kæléɪ | ←-/ 名 カレー《フランス北部, ドーバー海峡に臨む港湾都市》

cal·a·ma·ri /kæləmáːri/ 名CU〘料理〙カラマリ《料理用イカ》(♦イタリア語より)

cal·a·mine /kǽləmàɪn/ 名U カラミン《酸化亜鉛に少量の酸化第二鉄を加えた粉末. 軟膏(なんこう)などに用いる》
▸▸ ～ **lòtion** /, +←――←-/ 名U カラミンローション《日焼け後などに用いる化粧水》

cal·a·mint /kǽləmɪ̀nt/ 名C〘植〙カラミント《ハーブの一種》

ca·lam·i·tous /kəlǽmət̬əs | -lǽmɪ-/ 形 災難をもたらす, 不幸な, 悲惨な **～·ly** 副

*__ca·lam·i·ty__ /kəlǽmət̬i/ 名 (複 **-ties** /-z/) ❶C 悲惨な出来事, 災難(⇨ DISASTER 類語) ‖ The tsunami was a great [OR grave] ～ for the people on the coast. その津波は沿岸の住民にとって大災害だった ❷U 不幸, 難儀 ‖ survive the ～ of war 戦禍を生き延びる

cal·a·mus /kǽləməs/ 名 (複 **-mi** /-maɪ/) C ❶〘植〙ショウブ; U ショウブの根 ❷〘植〙籐(とう) ❸〘鳥〙(羽の)羽軸(じく)根

cal·car·e·ous /kælkéəriəs/ 形 炭酸カルシウムの[を含む], (土壌が)石灰質の

cal·ce·o·lar·i·a /kælsiəléəriə/ 名C〘植〙カルセオラリア《熱帯アメリカ産. 観賞用》

cal·ces /kǽlsiːz/ 名 calx の複数の1つ

cal·cic /kǽlsɪk/ 形 石灰質の; カルシウムを含む

cal·cif·er·ous /kælsɪ́fərəs/ 形〘化〙炭酸カルシウムを生じる; 炭酸カルシウム含有性の

cal·ci·fi·ca·tion /kæ̀lsɪfɪkéɪʃən/ 名U ❶ 石灰化 ❷〘生理〙石灰化, 組織内石灰沈着;〘解〙体内石灰組織 ❸〘地〙石灰地質 ❹ 土壌面カルシウム ❺ (態度などの)硬化

cal·ci·fy /kǽlsɪfàɪ/ 動 (**-fies** /-z/; **-fied** /-d/; **～·ing**) 他 自 (…を[が])石灰化する; (態度などを[が])硬化させる[する]

cal·cine /kǽlsàɪn/ 動 他〔鉱物など〕を焼いて灰[粉末]にする ―自 焼けて灰[粉末]になる **càl·ci·ná·tion** 名

cal·cite /kǽlsàɪt/ 名U〘鉱〙方解石

*__cal·ci·um__ /kǽlsiəm/ 名U〘化〙カルシウム《アルカリ土類金属元素. 元素記号 Ca》
▸▸ ～ **cárbide** 名U〘化〙炭化カルシウム, カーバイド ～ **cárbonate** 名U〘化〙炭酸カルシウム ～ **chlóride** 名U〘化〙塩化カルシウム《除湿剤・融雪剤などに用いる》 ～ **hydróxide** 名U〘化〙水酸化カルシウム, 消石灰(slaked lime) ～ **óxide** 名U〘化〙酸化カルシウム, 生石灰

cal·cu·la·ble /kǽlkjʊləbl/ 形 計算できる; 信頼できる, 当てになる

:**cal·cu·late** /kǽlkjʊlèɪt/《アクセント注意》
―動〔▶ calculation 名〕(**～s** /-s/; **-lat·ed** /-ɪd/; **-lat·ing**)
―他 ❶ **a** (＋目) …を**計算する**, 算出する(✎ reckon [OR tot] up)〈at, as …だと; on …に基づいて〉‖ The cost was ～*d as* [OR *at*] ¥60,000. 費用は6万円と計算された / ～ the size of the moon 月の大きさを算出する
b (＋**that** 節 / **wh** 節) …だと[かを]計算する ‖ He ～*d how* many days had passed. 彼は何日たったか数えた
❷ **a** (＋目)(推理によって)…を判断[予測]する; …を見積もる ‖ They ～*d* the risk of waiting another week. 彼らはもう1週間待った場合のリスクを予想した
b (＋**that** 節 / **wh** 節) …だと[かを]判断[予測]する ‖ They ～*d that* living costs would rise almost 1% during August. 彼らは8月中に生活費がほぼ1%上昇するだろうと見積もった / We cannot ～ *what* damage it will cause. それがどれだけの損害を与えるか予測がつかない
❸ (＋目＋**to** *do*)《通例受身形で》…するように意図される ‖ Her smile was ～*d to* charm him. 彼女のほほ笑みは彼を魅惑しようと計算されたものだった
❹《米・方》…と思う, 信じる(suppose, believe) ‖ I ～ it's a good idea. いいアイデアだと思うよ
―自 ❶ 計算する
❷ (＋**on** [**upon**] 名) …を当てにする, 見込む, 予想する ‖ Did you ～ *on* my support? 私の支援を当てにしていたのか / I hadn't ～*d on* being outwitted by a newcomer. 新人に出し抜かれようとは思ってもみなかった
càlculate in ... / *càlculate ... in* 〈他〉…を勘定に入れる ‖ I forgot to ～ the carfare *in*. 車代を勘定に入れるのを忘れていた
càlculate A into B AをBに入れて勘定する
語源 ラテン語 *calculus*(計算用の小石)から「計算する」に転じた.

*__cal·cu·lat·ed__ /kǽlkjʊlèɪt̬ɪd/ 形《限定》❶ 綿密に考え抜いた, 計算された; 故意の, 計画的な ‖ He took a ～ risk in investing in the project. 彼はリスクを承知の上でその事業に投資した / a ～ insult 意図的な侮辱 / ～ bankruptcy 計画倒産 ❷ 算出[算定]された

cal·cu·lat·ing /kǽlkjʊlèɪt̬ɪŋ/ 形《けなして》勘定高い, 打算的な, 抜け目のない **～·ly** 副

*__cal·cu·la·tion__ /kæ̀lkjʊléɪʃən/ 名〔◁ calculate 動〕
❶U 計算(すること), 算出; C 計算の結果, 答え ‖ I made an error in my ～. 計算を間違えた / By my ～(*s*), donations will come to one million yen. 私の計算では寄付は100万円に達するでしょう / make [OR do] a rapid mental ～ 素早く暗算をする / Your ～*s* are correct. 君の計算は合っている ❷U/C《しばしば ～s》予測, 見積もり ‖ The result is beyond ～. 結果は予測がつかない / Her ～ was that he would obey her meekly. 彼女の予想では, 彼は素直に言いなりになるはずだった ❸U (自分の利益だけを考えての)綿密な計画; 打算, 損得勘定 ‖ with astute [cool] ～ 抜け目なく[冷静に]打算して
cál·cu·là·tive 形 計算上の; 計画的な; 打算的な, 勘定高い

*__cal·cu·la·tor__ /kǽlkjʊlèɪt̬ər/ 名C ❶ (小型の)計算器 ‖「an electronic [a pocket] ～ 電卓[ポケット電卓] ❷ 計算者; 計算[算出]表

cal·cu·lus /kǽlkjʊləs/ 名 (複 **～·es** /-ɪz/ OR **-li** /-laɪ/) ❶〘数〙U 微積分学; C 計算法 ‖ differential [integral] ～ 微[積]分法 ❷C〘医〙結石; 歯石

Cal·cut·ta /kælkʌ́t̬ə/ 名 カルカッタ《インド北東部の港湾都市. Kolkata の旧称》 **-tan** 名C形 カルカッタ市民(の)

cal·de·ra /kældéərə/ 名C カルデラ《火山爆発でできた火口の盆地状のくぼ地》

cal·dron /kɔ́ːldrən/ 名《主に米》＝cauldron

Cal·e·do·ni·a /kælɪdóʊniə/ 名《文》カレドニア《スコットランドのラテン語による古名》

Cal·e·do·ni·an /kælɪdóʊniən/ 形名 ❶C《文》カレドニア[古代スコットランド]の(人); スコットランドの(人) ❷〘地〙カレドニア期(の)

:**cal·en·dar** /kǽləndər/《アクセント注意》
―名 (複 **～s** /-z/) C ❶**カレンダー**, 暦 ‖ a gardener's ～ 園芸暦 / tear a sheet off the ～ カレンダーをめくる
❷ 暦法, 暦 ‖ the solar [lunar] ～ 太陽[太陰]暦 / the Julian [Gregorian] ～ ユリウス[グレゴリオ]暦
❸ (行事などの)年間一覧表, 予定表;《米》スケジュール帳(《英》diary); 公判日程表;《米》審議日程表; 聖人名録 ‖ My ～ is full [OR crowded]. 予定がいっぱいだ / The event is not on the ～. その行事は予定表に載っていない
―動 他 …を予定表に記入する, 予定に組む
語源 ラテン語 *kalendarium*(会計簿)から. *kalendae*(月の第1日)に利子を支払う習慣があった古代ローマで, 金貸し

の「会計簿」が「月日の一覧表」だった.
▶▶ **~ dáy** 名 C 暦日《真夜中から次の真夜中までの24時間》 **~ mónth** 名 C 暦月;丸1か月 **~ yéar** 名 C 暦年;丸1年《1月1日から12月31日まで》(→ fiscal year) ‖ in ~ *year* 2013 西暦2013年に

cal·en·der /kǽləndər/ 名 C カレンダー《紙・布などのつや出し機械》 ━動 他 …をカレンダーにかける

cal·ends /kǽlendz/ 名 複 《古代ローマ暦の》(月の) 第1日, ついたち

ca·len·du·la /kæléndʒələ | -dju-/ 名 C 〚植〛キンセンカ《キク科. 観賞用》; 干しキンセンカ《傷薬に用いる》

calf[1] /kæf | kɑːf/ 《発音注意》 名 (複 **calves** /kævz | kɑːvz/) C ❶ 子牛(♦肉は veal)(⇨ ox 類語P); (象・鯨・カバなどの) 子 ‖ an elephant ~ 子象 ❷ =calfskin ❸ 〚海〛(氷河・氷山から欠け落ちた)氷塊

in [OR ***with***] ***cálf*** (牛が)子をはらんで

kill the fàtted cálf 〈…を〉盛大に歓迎する〈**for**〉《放蕩(ほうとう)息子の帰りを, 太った子牛を殺して祝した父親の話から》(♦聖書の言葉より)

calf[2] /kæf | kɑːf/ 名 (複 **calves** /kævz | kɑːvz/) C ふくらはぎ(⇨ BODY 図)

cálf-lèngth 形 (ブーツなどが)ふくらはぎまで達する

cálf·skìn 名 U 子牛の皮, 子牛のなめし革

cal·i·ber, 《英》**-bre** /kǽləbər/ 名 ❶ U 器量, 力量, 才幹;優秀さ, 値打ち ‖ He is not (a person) of presidential ~. 彼は大統領になるような器ではない / a man of poor [high] ~ 才幹の乏しい[優れた]人物 ❷ C (銃の)口径;(円筒・管の)内径, 直径;(弾丸の)直径 ‖ a 32-~ pistol 32口径の拳銃(けんじゅう)

cal·i·brate /kǽləbrèɪt/ 動 他 〔計器類〕の口径を測定する;…に目盛りをつける;…の目盛りを修正する
càl·i·brá·tion 名 U 目盛りつけ; C 目盛り

ca·li·ces /kéɪlɪsìːz/ 名 calix の複数

cal·i·co /kǽlɪkòu/ 名 (複 **~s,** **~es** /-z/) ❶ U 《英》キャラコ;《米》(捺染(なっせん)した)さらさ ❷ C まだら模様の動物
━形 ❶ 《英》キャラコの;《米》さらさ模様の ❷ まだらの
▶▶ **~ càt** 名 C 《米》三毛猫

Calif. 略 California

Cal·i·for·nia /kæ̀ləfɔ́ːrnjə | -niə/ 《発音・アクセント注意》 名 カリフォルニア《米国西部, 太平洋岸の州. 州都 Sacramento. 略 Cal., Calif., 〚郵便〛CA》 **-ni·an** 形 名 C カリフォルニア州の(人) ▶▶ **~ póppy** 名 C 〚植〛ハナビシソウ《米国カリフォルニア州の州花》

cal·i·for·ni·um /kæ̀ləfɔ́ːrniəm/ 名 U 〚化〛カリフォルニウム《人工放射性元素. 元素記号 Cf》

cal·i·per /kǽlɪpər/ 名 C ❶ 《~s》カリパス, パス《物の厚さ, 円管の外径などの測定用器具》 ‖ a pair of ~*s* 1丁のカリパス / inside [outside] ~*s* 内[外]測カリパス
❷ 《通例 ~s》《英》(足の不自由な人用の)金属性の添え木
━動 他 …をカリパスで測る

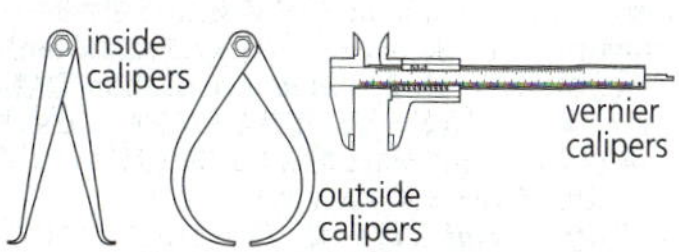

caliper ❶

ca·liph, -lif /kéɪlɪf/ 名 C カリフ《イスラム教国の最高統治者(の称号)》

ca·liph·ate /kǽlɪfèɪt/ 名 C カリフの地位;カリフの任期;カリフの統治領

cal·is·then·ics /kæ̀lɪsθénɪks/ 名 《単数・複数扱い》美容[柔軟]体操(法) **-thén·ic** 形

ca·lix /kéɪlɪks/ 名 (複 **-li·ces** /-lɪsìːz/) C ❶ 杯(さかずき);聖餐(せいさん)杯 ❷ 〚生〛杯状器官(calyx)

calk[1] /kɔːk/ 名 C (蹄鉄(ていてつ)や靴の)滑り止めくぎ[スパイク] ━動 他 …に滑り止めくぎ[スパイク]をつける

calk[2] /kɔːk/ 動 《米》=caulk

⁑call /kɔːl/ 動 名

中心義 呼ぶ(こと)

> 動 他 呼ぶ❶❹❺ 名づける❶ みなす❷ 電話をかける❸
> 自 大声で呼ぶ❶ 電話する❷ 訪ねる❸
> 名 電話❶ 呼び声❷ 短い訪問❸

━動 (**~s** /-z/; **~ed** /-d/; **~·ing**)
━他 ❶ **a** 《+目+補〈名〉》…を…と**呼ぶ**;〔赤ん坊・動物など〕を…と**名づける** ‖ *Call* me Hiro. 僕をヒロと呼んでくれ / What do you ~ this flower in English?=What is this flower ~*ed* in English? この花は英語で何といいますか(❗この意味では say は用いない) / The baby was ~*ed* Alice after [《米》for] her aunt. 赤ん坊はおばにちなんでアリスと名づけられた
b 《+目+**by** 名》…を…の名[あだ名など]で呼ぶ ‖ Don't ~ me *by* my nickname [pet name] in public. 人前で僕をあだ名[愛称]で呼ばないでくれ
❷ 《+目+補》…を…と思う;…を…と**みなす**[言う] ‖ Are you ~*ing* me stupid [a coward]? 僕のことを間抜け[意気地なし]と言うのか(♦ ×calling me to be ... とはしない) / He has no property that he can really ~ his own. 彼には本当に自分のものだと言える財産は何もない / She ~*s* herself an artist. 彼女は芸術家だと自称している(♥しばしば皮肉)
❸ …に**電話をかける**, 電話する(《英》ring)(→ *call up* 〈他〉①(↓)) ‖ He ~*ed* me from Italy last night. 昨夜彼がイタリアから電話してきた / I'll ~ her about the contract. 彼女に電話して契約のことを聞いてみよう / You're ~*ing* the wrong number. 番号違いですよ / You can ~ me collect. 《米》=You can reverse the charges when you ~ me. 《英》コレクトコールで電話してきてもいいよ / ~ 5267 5267番に電話する

> **Behind the Scenes** **I'll call you.** 電話するよ アメリカの人気コメディードラマ *Friends* の中で, 主人公のひとりである Chandler がつまらないデートの後に相手に言ったせりふ(♥もう連絡を取る気がない男性が女性に対してデートの後に使うごまかしの文句)

❹ (大声で)〔名前など〕を**呼ぶ**, 叫ぶ;〔人〕に声をかける(♦直接話法にも用いる)(→ *call out* 〈他〉①(↓));〔名簿など〕を読み上げる;〔人〕を(眠りから)呼び起こす(⇨ CRY 類語) ‖ Somebody ~*ed* me [my name] from across the square. だれかが広場の向こう側から私[私の名前]を呼んだ / I ~*ed* hello [goodbye] to him. 私は彼に大声でやあ[さよなら]と呼びかけた / ~ the roll 名簿を読み上げる, 出欠をとる / Please ~ me at six tomorrow morning. 明朝6時に起こしてください
❺ **a** 《+目》(電話・声をかけて)…に来てもらう;…を**呼ぶ**;呼び寄せる ‖ I was ~*ed* (away) to supper [the phone]. 夕食に呼ばれた[電話口に呼び出された] / The manager ~*ed* her secretary in [into her room]. 部長は秘書を中に[室内に]呼び入れた / ~ 「a doctor [the police, an ambulance] 医者[警察, 救急車]を呼ぶ / The mountain is ~*ing* me. 山が私を呼んでいる(♥比喩(ひゆ)的表現) **b** 《+目 *A*+目 *B*⇄+目 *B*+**for** 目 *A*》*A*(人)に*B*(タクシーなど)を呼ぶ ‖ *Call* me a taxi.=*Call* a taxi *for* me. タクシーを呼んでくれ
❻〔証人など〕を召喚する〈**as** …として / **to *do*** …するように〉(♦しばしば受身形で用いる) ‖ She was ~*ed to* testify at the hearing. 彼女は聴聞会で証言するよう呼び出された / The defense ~*ed* 「the witness [him *as* a witness]. 被告側は証人を[彼を証人として]召喚した
❼ (職務などに)〔人〕を招く[就かせる];…を召集する(♦しばしば受身形で用いる) ‖ She was ~*ed* to the bar. 彼女

C

C

は弁護士の資格をとった / be ～*ed*「to the colors [OR into the army] 軍隊に召集される
❽〔会議など〕を召集する(↔ dismiss);〔選挙など〕を公示する ‖ A committee meeting has been ～*ed* for June 6. 委員会は6月6日に開かれることになっている / ～ a huddle 《米口》会議のために人を呼び集める / ～ an election 選挙を公示する
❾《+目+補》(概算で)…を…ということにする;…を…で手を打つ ‖ I think you owe me more, but let's ～ it 200 dollars. 君に貸したのはもっと多いと思うが, 200ドルということにしておこう / Let's ～ it a draw. 引き分け[五分五分]ということにしよう
❿…の指令を出す, …を命じる, …を宣言する ‖ He ～*ed* a halt to the game. 彼はその試合の停止を命じた / An embargo was ～*ed* against that country. その国に対して輸出禁止が宣言された / ～ a strike ストの指令を出す
⓫ …を呼び起こす,〔注意など〕を喚起する ‖ May I ～ your attention to the diagram? 図をご覧ください / This photo ～*s* to mind my happy childhood. この写真を見ると幸せな子供時代の記憶が呼び起こされる
⓬〔貸し金〕の返済を要求する;(償還のため)〔債券〕の提出を求める ‖ They ～*ed* his debts. 彼らは借金を返せと彼に要求した
⓭〔人〕に〈発言などについて〉説明[証明]を求める;…を〈…について〉とがめる, 非難する〈**on**〉‖ The chair ～*ed* him *on* the story. 議長は彼にその話の根拠を示せと言った / He was ～*ed on* his vulgar language. 彼は下品な言葉遣いをとがめられた
⓮〔選挙の結果など〕を(正確に)予測する ‖ ～ the outcome of a race レースの結果を見事に言い当てる
⓯《+目+**to** *do*》《古》(神の声などが)〔人〕に…せよと呼びかける ‖ He felt ～*ed to* build a temple. 彼は神殿を建てよという神の声を聞いた気がした
⓰〘トランプ〙〔札〕を要求する,〔相手〕に(札を見せることを)要求する;(ポーカーで)〔前の人〕と同額を賭(か)ける;(ブリッジで)…をビッドする
⓱〘スポーツ〙 **a**《+目》(審判が)〔判定〕を〈選手に〉下す, …だと宣言する〈**on**〉‖ The referee ～*ed* a foul [penalty] *on* Takagi. 審判は高木にファウル[ペナルティー]を宣言した **b**《+目+補》(審判が)〔選手〕に…の判定を下す ‖ The umpire ～*ed* the pitch a ball [strike]. 審判は投球をボール[ストライク]と判定した / ～ a runner safe [out] 走者にセーフ[アウト]と宣言する
⓲(悪天候などのため)〔試合〕を中止する《*off*》‖ The game was ～*ed* (*off*) because of rain. 雨のため試合は中止された / a ～*ed* game コールドゲーム
⓳(ビリヤードで)〔ポケットに入れる球〕を指定する
⓴(コイン投げで)〔コインの表か裏か〕を言う ‖ ～ heads [tails] 表[裏]と言う ㉑(スクエアダンスで)〔ステップなど〕の指示を発する ㉒(鳴き声をまねて)〔鳥・動物〕をおびき寄せる ㉓ 💻〔サブルーチン〕を呼ぶ
—自 ❶ **大声で呼ぶ**, 叫ぶ;呼びかける〈**to** 人に / **to** *do* …するように〉(→ *call out*〈自〉(↓)) ‖ Didn't you hear me ～? 私が呼んだのが聞こえなかったの / A policeman ～*ed to* me *to* stop. 警官が私を大声で呼び止めた / The loud speaker ～*ed* for passengers *to* board the ship. スピーカーが乗客に乗船するようアナウンスした
❷ **電話する**(《英》ring) ‖ Thanks for ～*ing*. お電話ありがとう / She ～*ed* to tell him that she had arrived at Narita. 彼女は電話で成田に着いたと彼に伝えた
❸〈人を〉ちょっと**訪ねる**〈**on**〉;〈場所に〉立ち寄る〈**at**〉;〈…に〉(乗り物が)停車する, (船が)寄港する〈**at**〉(⇨ VISIT 類語P) ‖ She says she will ～ next week. 彼女は来週訪ねると言っています(♦ ❷の「電話する」の意味にもとれる場合がある) / I'll ～「*on* you [*at* your office] on the way. 途中でちょっとお訪ねします[会社にお寄りします] / Does this train ～ *at* Fukushima? この列車は福島に止まりますか ❹(鳥・動物が)鳴く ❺(トランプで)コールする ❻(コイン投げで)表か裏かを言う

càll aróund〈自〉① 《米》〈…に〉あちこち電話する〈**to**〉② ちょっと立ち寄る

call at ... ⇨ 自 ❸

càll awáy ...* / *càll ... awáy〈他〉《通例受身形で》(用事で)呼び出される(→ 他 ❺ **a**)

càll báck〈他〉**I**《***càll báck ...* / *càll ... báck***》① …を呼び戻す ‖ His mother ～*ed* him *back* as he was leaving. 彼が立ち去ろうとしたとき母親が呼び返した **II**《***càll ... báck***》② (電話をかけた人が)〔相手〕に電話をかけ直す;〔電話をかけてきた人〕に折り返し電話する ‖ Shall I have him ～ you *back* when he comes home? 彼が帰りましたら折り返し電話させましょうか ③〔欠陥品など〕を回収する(→*call in*〈他〉③) **—**〈自〉① 電話をかけ直す ‖ I'll ～ *back* later. 後でまたお電話します ②《英》(人・店などを)もう一度訪ねる

càll bý〈自〉《英》(通りすがりに)ちょっと立ち寄る

càll dówn〈他〉《***càll dówn ...* / *càll ... dówn***》①〈…に〉〔天罰など〕が下るように祈る〈**on**〉‖ He ～*ed down* God's damnation *on* them. 彼らに天罰が下るよう彼は祈った ②《英では旧》…を〈…のことで〉厳しくしかる, けなす〈**for**〉‖ He ～*ed* me *down for* coming late. 遅刻したといって彼は私をしかり飛ばした ③〔人〕に降りて来るように言う;…を呼び出す;(下にいる人などに)〔警告など〕を呼びかける **—**〈自〉(階下などに)声をかける

****càll for ...***〈他〉①〔人〕を**誘い**[迎え]**に行く**,〔物〕を取りに行く ‖ What time shall I ～ *for* you tomorrow? 明日は何時にお迎えに参りましょうか / To be left till ～*ed for*. 受け取りに来るまで保管のこと ② …を求めて呼ぶ;…を注文する ③ …を**要求する**;…に〈…するよう〉求める〈**to** *do*〉‖ They ～*ed for*「the Prime Minister's resignation [OR the Prime Minister *to* resign]. 彼らは首相の辞職を要求した ④ (物が)…を必要とする;…が適当である(require) ‖ This work ～*s for* skill and patience. この仕事には熟練と忍耐が必要だ ⑤《米》(天気予報などで)…を予報する ‖ The weather forecast ～*s for* more snow tomorrow. 天気予報では明日はさらに雪が激しくなる

càll fórth ...* / *càll ... fórth〈他〉《堅》(物事が)…を呼び起こす(inspire);…を引き出す ‖ The President's remarks ～*ed forth* strong protests. 大統領の発言は強い抗議を招いた

càll a pèrson fórward〔人〕に前に進み出るように言う

****càll ín***〈他〉《***càll ín ...* / *càll ... ín***》①〔医師・専門家など〕を呼ぶ, 招く ‖ The army were ～*ed in* to put down the riot. 暴動鎮圧のため軍に出動が要請された / ～ *in* a doctor 医者に来てもらう ② …を呼び入れる(→ 他 ❺ **a**) ③〔欠陥品・貨幣・貸し出し本など〕を回収する(recall)(→*call back*〈他〉③) ④〔貸し金など〕の返却を要求する ‖ ～ *in* a loan ローンの支払いを求める / ～ *in* a favor 恩返しを求める **—**〈自〉①〈人を〉訪ねる〈**on**〉,〈場所に〉立ち寄る〈**at**〉‖ ～ *in at* a bookshop 書店に立ち寄る ② 電話で連絡をとる, 電話を入れる ‖ ～ *in* sick (勤務先などに)病気で休むと電話する ③ (ラジオ・テレビ番組に)電話で参加する(⇨ CALL-IN)

****càll óff ...* / *càll ... óff***〈他〉①〔犬・人など〕に(攻撃・追跡などを)やめさせる ‖ Center fielder Hamilton ～*ed off* Murphy. (野球で)センターのハミルトンがマーフィーを制止し(て自分でフライを捕球し)た ②〔約束など〕を**取り消す**;〔計画・試合など〕を取りやめる, 中止する(cancel)(→ 他 ⓲) ‖ The strike was ～*ed off* early in the morning. ストライキは早朝に解除された

****càll on ...***〈他〉① …を**訪ねる**(→ 自 ❸) ②《米》(クラスなどで)…を指名する, 当てる ‖ The teacher ～*ed on* George to give his opinion. 先生はジョージを指名して意見を述べさせた ③《堅》(=***càll upon ...***)〔人〕に〈…するように〉**頼む**[要求する, 命じる]〈**to** *do*〉‖ They ～*ed on*

[OR *upon*] him *to* give them advice on the matter. 彼らはその件について彼に助言を求めた ④ (= ***càll upon ...***)〔特定の能力など〕に頼る, …を利用する
càll óut 〈他〉《***càll óut ...*** / ***càll ... óut***》 ① …を大声で呼ぶ[言う] (♦直接話法にも用いる) ‖ He ~*ed out* that the barn was burning. 彼は納屋が燃えているぞと叫んだ / ~ *out* a warning 大声で警告を発する ② …を(緊急に)呼び出す;〔軍隊など〕を召集する, 出動させる ③〔労働者〕にストライキを指令する ④〔ある才能など〕を引き出す ‖ The crisis ~*ed out* the best in him. 危機に際して彼の最高の能力が発揮された ⑤《古》…に決闘を挑む
— 〈自〉大声で呼びかける ‖ He ~*ed out* to us for help. 彼は大声で私たちに助けを求めた
càll óut for ... 〈他〉 ①〔ある行動など〕を強く要求する;…を必要とする ②《米》(電話で)〔料理など〕の出前を頼む ‖ ~ *out for* pizza ピザの出前を頼む
càll óver 〈他〉《***càll óver ...*** / ***càll ... óver***》(やや離れた所から)…を呼び寄せる —〈自〉ちょっと訪ねる
càll róund 〈自〉= *call around* ②(↑)
****càll úp*** 〈他〉《***càll úp ...*** / ***càll ... úp***》 ①《主に米》…に電話する(《英》ring up);〔眠っている人〕を起こす ‖ *Call* me *up* at eight. 8時に電話して[起こして]くれ ②…を徴兵する(《米》draft);〔軍隊など〕を召集する;…をチームのメンバーに選ぶ〈**for** …のために / **to do** …するように〉(♦しばしば受身形で用いる) ‖ ~ *up* a militia *for* active service 義勇軍を召集して実戦に当たらせる / He was ~*ed up* [*for* the game [OR *to* play] against Brazil. 彼は対ブラジル戦に選手として選ばれた ③〔記憶・力など〕を呼び起こす;…を思い出させる;〔霊など〕を呼び出す ‖ ~ *up* memories of childhood 子供時代を思い起こさせる / ~ *up* all one's strength ありったけの力を振り絞る ④…を審議にかける;…を召喚する ⑤💻〔情報〕を(ディスプレーに)呼び出す ‖ ~ *up* a list of customers on the computer コンピューターで顧客名簿を呼び出す —〈自〉《主に米》電話する
fèel [OR ***be***] ***cálled to do*** …することを使命だと感じる
whàt is cálled ; ***whàt we*** [OR ***you, they***] ***cáll*** いわゆる (so-called) ‖ That's *what we* ~ "betrayal." それはいわゆる「裏切り」だ

COMMUNICATIVE EXPRESSIONS

1 **Càll someone who cáres.** だれか心配してくれる人がいたら呼んだら;そんなこと気にかけてくれる人がいるわけないでしょ(♥皮肉を込めた上っ面の同情を表す)
2 **Còuld I cáll you?** ①(今忙しいので)後で電話してもいいですか(♥ビジネスなどの場面で用いる) ②またそのうち電話してもいいですか(♥異性を誘うときなどに用いる)
3 **Còuld I hàve** her **cáll you?** 彼女に電話を(折り返し)かけさせましょうか
4 **Còuld I tèll** him **who's cálling?** 彼にどなたからの電話かお伝えしていいですか;どちら様ですか(♥相手の名前を第三者が尋ねるときの丁寧な表現)
5 **Dòn't cáll us, wè'll cáll you.** 用があればこちらから連絡します, 考えておきましょう(♥面接などで志願者に対し婉曲的に断るときの表現)
6 **Lét's** [OR **(It's) tíme to**] **càll it a níght** [**dáy**]. 今夜[今日]はここまでで切り上げるとしよう;今夜[今日]はこれでお開きにしましょう
7 **May I ásk who's cálling?** どちら様ですか(♥電話の取り次ぎの際などに用いる丁寧な表現)
8 **Whàt's it cálled?** それって何て言うんでしたっけ(♥文末は上昇調で発音し, 何かの呼び名などを尋ねるときに用いる)
9 **Yòu cálled?** ①お電話いただいたようですが(♥折り返し電話したときに相手の用件を尋ねる表現) ②お呼びですか(♥人に呼ばれて行ったときにおどけて用いる表現)

—名(複 **~s** /-z/) Ⓒ ❶ **電話**(をかけること), 通話((telephone call)) ‖ Who answered [OR took] her ~? 彼女の電話に出たのはだれだい / Give me a ~ at nine. 9時に電話して / I had a ~ from a stranger. 知らない人から電話があった / There's a ~ for you. あなたに電話ですよ / I'll **return** your ~ later. 後で折り返し電話します / The ~ **came** at ten o'clock sharp. その電話は10時ぴったりにかかってきた / **make** [OR place] a ~ to a friend 友達に電話をかける / **get** [OR **receive**] a ~ 電話を受ける / a wake-up ~ モーニングコール(❗「モーニングコール」は和製語) / a prank [OR crank] ~ いたずら電話

連語 【名/形+~】 a long-distance [《米》toll, 《英旧》trunk] ~ 長距離電話 / a local [OR city] ~ 市内通話 / a collect [《英》reversed-charge, transferred-charge] ~ コレクトコール / a toll-free ~ フリーダイヤル通話 / an international ~ 国際電話 / an emergency ~ 緊急電話 / a conference ~ 電話会議

❷ **呼び声**, 叫び;(鳥などの)鳴き声, さえずり;(獲物をおびき寄せる)鳥獣のまね声, 呼び笛 ‖ A ~ for help came from inside the house. 助けを求める叫びが家の中から聞こえた / The children ran up to her at her ~. 彼女が呼ぶと子供たちは駆け寄った
❸ (儀礼・職業上の) **短い訪問**〈**on** 人への;**at** 場所への〉;(お得意先)回り;〈…への〉寄港〈**at**〉‖ I'll make [OR pay] a ~ [*on* him [*at* his house] tomorrow. 明日彼[彼の家]を訪ねよう / pay a courtesy [return] ~ *on* her 彼女を表敬[答礼]訪問する / The doctor is out on a ~. 先生は今往診に出かけています / The ship made a ~ *at* Hong Kong. 船は香港に寄港した(→ *a* PORT *of call*)
❹ 〈…への〉要求, 要請〈**for, on**〉; Ⓤ〈…の〉需要〈**for**〉‖ Their ~ *for* the conservation of the forest was ignored. 森林の保全を求める彼らの要請は無視された / I have many ~*s on* my time. 何かと時間をとられることが多い / There's not much ~ *for* dresses of this kind. この手のドレスはあまり需要がない
❺ Ⓤ《否定文・疑問文で》必要;根拠, 理由〈**for** …の / **to do** …する〉‖ There's no ~ [*for* shouting [OR *for* you *to* shout]. どならなくてもいいよ(♥相手の不作法をとがめるときなどに用いる)
❻ 《単数形で》招き;召集;招請;(神の)お召し;使命感 ‖ She felt the ~ to become a nun at 17. 彼女は17歳で修道女になれというお告げを聞いた / answer [OR respond to] the ~ of duty 義務感の呼びかけに応じる
❼ 《the ~》《文》〈…の〉魅力;誘惑〈**of**〉‖ the ~ *of* the unknown world 未知の世界の誘惑[呼び声] ❽ 点呼(roll call);(空港での)搭乗案内 ❾ 合図, 信号〔劇〕リハーサルへの召集 ‖ a bugle ~ らっぱの集合合図 / an actor's ~ (舞台監督の演技者への)登場合図 ❿〔スポーツ〕(審判の)判定 ⓫〔トランプ〕コール, (ブリッジで)ビッド;〔スクエアダンス〕指示 ⓬ (貸し金の)支払請求;(= **~ òption**)(株主の)株式取得選択権 ⓭《口》決定;判断 ‖ make a ~ 決定する / It's your ~. それは君の判断次第だ
(***above and***) ***beyond the càll of dúty*** 職務の範囲を越えて
Gòod [***Bàd***] ***cáll!*** 《口》よい[よくない]判断だ
hàve first càll on ... 〔人の援助など〕を真っ先に利用する権利がある
****on*** [OR ***at***] ***cáll*** ①(医者などが)呼べばいつでも応じる;待機している ‖ a doctor *on* ~ (宿直などで)いつでも来てくれる医者 ②請求があり次第支払いできる
the càll of náture 《戯》《婉曲的》生理的要求, 便[尿]意 ‖ answer *the* ~ *of nature* トイレに行く
too close to call ⇨ CLOSE²(成句)
within cáll 呼べば聞こえる[電話・無線で連絡できる]所に, すぐ近くに ‖ Stay *within* ~, children! みんな, 声が届く所にいなさいよ
▶▶ **~ bòx** 名Ⓒ《米》(道路わきの)緊急電話;《英》公衆電話ボックス(《米》phone booth) **~ cènter** 名Ⓒ コールセンター《多数の電話と要員を置き, 客の注文を受けたり

相談に対応したりする事務所) **~ gìrl** 名C コールガール(電話で呼び出せる売春婦) **~ lètters** 名複《米》(放送局などの)呼び出し符号, コールサイン(《英》call sign) **~ lòan** 名C コールローン《請求あり次第返済するという条件の貸し付け》 **~ nùmber** 名C《米》図書請求[整理]番号(《英》pressmark) **~ òption** 名C〖経〗買付選択肢, コールオプション(↔ put option)《一定期間内に株式・通貨などを一定価格で買う権利》 **~ scréening** 名U 受信判別機能《登録した特定の番号からの受信を受け付けない電話の機能》 **~ sìgn [sìgnal]** 名C《英》=call letters

C

CALL /kɔːl/ 略 computer assisted language learning(コンピューター援用言語学習)

cal·la /kǽlə/ 名C〖植〗❶(=~ lìly)カラー, オランダカイウ《観賞用植物》❷ ヒメカイウ《湿地植物》

cáll·bàck 名C ❶ 折り返し電話 ❷(欠陥製品の)回収 ❸《主に米》二次面接通知 ❹(一時帰休労働者の)呼び戻し ❺ コールバック《折り返し接続先から呼び出されて通信をする方法. 通話料を接続先負担にしたりセキュリティーを確保したりするために使われる》

cáll·bòard 名C 楽屋掲示板《けいこの予定を掲示》

cáll·bòy 名C ❶(俳優の出番を告げる)呼び出し係 ❷(ホテルの)ボーイ(bellboy)

***call·er** /kɔ́ːlər/ 名C ❶ 電話をかける人 ❷(短時間の)訪問者 ❸(ビンゴゲームで)数を読み上げる人;(スクエアダンスで)指示を与える人 ❹《豪・ニュージ》レースの解説者, スポーツのコメンテーター

▸▸**~ ÍD [identificátion]** 名U(電話の)発信者確認(装置)(《英》caller display) ‖ My answering machine has ~ *ID*. 私の留守電には発信者確認装置がついている

cal·lig·ra·phy /kəlígrəfi/ 名U 能書, 達筆;書法, 書道, 装飾的書体

-pher 名C(能)書家 **càl·li·gráph·ic** 形

cáll-ìn 名C《米》視聴者電話参加番組

call·ing /kɔ́ːlɪŋ/ 名 ❶C 天職, 職業(⇨ JOB 類語P) ‖ a carpenter by ~ 職業は大工 ❷C《単数形で》(強い内的)衝動 ❸U 叫び(声) ▸▸**~ càrd** 名C《米・カナダ》(訪問の際に残す)名刺(《英》visiting card)

Cal·li·o·pe /kəláɪəpi/ 名 ❶〖ギ神〗カリオペ《叙事詩の女神》❷(c-)C《米》カリオペ《パイプオルガンの一種》

cal·li·per /kǽlɪpər/ 名《英》=caliper

cal·lis·then·ics /kæ̀lɪsθénɪks/ 名《英》=calisthenics

Cal·lis·to /kəlístoʊ/ 名 ❶〖ギ神〗カリスト《Artemis の侍女. Zeus と通じたため Hera にクマに変えられた》❷〖天〗カリスト《木星の第4衛星》

cal·los·i·ty /kəlɑ́(ː)səṭi | -lɔ́s-/ 名(複 **-ties** /-z/)〖植〗(樹皮の)こぶ;(皮膚の)たこ, まめ(callus)

cal·lous /kǽləs/ 形 無感覚な, 無神経な;無情な

~·ly 副 **~·ness** 名

cáll-òut 名C(修理などの)出張サービス ‖ a ~ charge 出張料

cal·low /kǽloʊ/ 形《けなして》未熟な **~·ness** 名

cáll-ùp 名 ❶UC《通例単数形で》《英》徴兵, 召集(令)(《米》draft) ❷C(スポーツチームなどの)選手選抜

cal·lus /kǽləs/(♦ 同音語 callous) 名C ❶(皮膚の)たこ;〖医〗(骨折箇所にできる)仮骨 ❷〖植〗(樹皮の傷口の)仮皮

:calm /kɑːm/《発音注意》

─形(**~·er;~·est**)

❶(人・態度などが)**落ち着いた**, 冷静な;平静な(↔ excited) ‖ stay [OR keep, **remain**] ~ in an emergency 緊急時に冷静でいる / speak in a ~ voice 落ち着いた声で話す

❷(天候・海などが)風のない, 波の立たない, ないだ, **穏やかな**(↔ rough, stormy)(⇨ 類語) ‖ The sea is ~ today. 今日は海が穏やかだ / ~ and clear weather 風のない晴れ渡った天気

─名(複 **~s** /-z/)❶U/C《単数形で》**平穏**, 平静, 平和;(海・天候などの)穏やかさ, なぎ ‖ *Calm* has been restored after yesterday's rioting. 昨日の暴動の後静けさが戻った / the ~ of the evening 夕べの静けさ / a dead [OR flat] ~ 大なぎ

❷C〖気象〗(ビューフォート風力階級における)静穏《風速が毎秒0.2m以下》❸U 冷静, 落ち着き

the càlm before the stórm 嵐(あらし)の前の静けさ《変事が起こる直前の一時的な不気味な静穏さ》

─動(**~s** /-z/;**~ed** /-d/;**~·ing**)

─自 **静まる**, 落ち着く, 穏やかになる***《down》*** ‖ When you feel panicky, ~ *down* by taking deep breaths. パニックに陥ったときは深呼吸して落ち着きなさい

─他 …を落ち着かせる, 静める, なだめる***《down》***(↔ excite) ‖ ~ one's nerves 神経を落ち着かせる / *Calm* yourself *down*, will you? 落ち着いてくれないか

~·ness 名

類語《形 ❷》**calm** 動き・動揺・興奮がなく静かな;本来は海・天候に用い stormy(荒れた)に対する語.〈例〉*calm* weather 穏やかな日和(ひより)

still 物音や動く気配のない.〈例〉a *still* empty room ひっそりとしてだれもいない部屋

quiet 騒音・動揺などがない.〈例〉a *quiet* town 静かな町(♦「(がやがや話をしないで)静かにしなさい」は Be *quiet*.「(動かないで)じっとしていなさい」は Keep *still*.)

silent 音や声を立てない.〈例〉*silent* snow 音もなく降る雪

noiseless 騒音や音を立てない.〈例〉the *noiseless* atmosphere of the library 図書館の静かな雰囲気

hushed 音や声を抑えて静かな.〈例〉*hushed* silence in an examination room 試験場の音を殺した静けさ

tranquil calm よりなお落ち着いた穏やかさ, 平和に安んじた状態. calm は一時的, tranquil は永続的な状態を暗示する.〈例〉a *tranquil* retired life 平穏な隠退生活

serene 気品・優雅・清澄さをたたえた穏やかさ.〈例〉a *serene* autumn day 穏やかな澄みきった秋の日

***calm·ly** /kɑ́ːmli/ 副(**more ~;most ~**)穏やかに, 静かに;落ち着いて

cal·o·mel /kǽləmèl/ 名U〖化〗塩化第1水銀, 甘汞(かんこう)《殺菌・殺虫剤. 下剤》

Cál·or gàs /kǽlər-/ 名U《英》《商標》キャラーガス《液化ブタン. ボンベ詰めの家庭用燃料》

ca·lor·ic /kəlɔ́(ː)rɪk/ 形 カロリーの;熱の

─名U 熱, 熱素

***cal·o·rie** /kǽləri/《発音注意》名C ❶〖生理〗大カロリー(large calorie, kilocalorie)《1kgの水を1℃高めるのに必要な熱量. 略 Cal, kcal》;カロリー《食物の含む熱量の単位》‖ I'm counting my ~*s* lately, trying to lose weight. やせようとして最近はカロリー計算をしている / A banana contains [OR has] about 100 ~*s*. バナナ1本は約100カロリーだ / a low [high] ~ diet 低[高]カロリー食 ❷〖理〗カロリー《熱量単位. 小カロリーともいう. 1gの水を1℃高めるのに必要な熱量. 略 cal》

cal·o·rif·ic /kæ̀lərífɪk/ 形《通例限定》熱を生じる;カロリーの(高い), (人を)太らせる

▸▸**~ válue** 名C 発熱量, 発熱量

cal·o·rim·e·ter /kæ̀lərímәṭər | -rími-/ 名C 熱量計

cal·trop, -trap /kǽltrəp/ 名C ❶ 鉄菱(てつびし)《4本のスパイクがあり, 地上に撒(ま)き馬の進入を止めたり, タイヤをパンクさせたりする》❷〖植〗ハマビシ《とげのある実を結ぶ》❸(~s)〖植〗ムラサキイガヤグルマギク

cal·u·met /kǽljumèt/ 名C(北米先住民の)儀式用の長いパイプ《和平のしるしに吸う》

ca·lum·ni·ate /kəlʌ́mnièɪt/ 動他《堅》…を中傷する

ca·lùm·ni·á·tion 名

cal·um·ny /kǽləmni/ 名(複 **-nies** /-z/)UC《堅》中傷,

名誉毀損(きそん)；悪質なデマ **ca·lúm·ni·ous** 形 中傷の

Cal·va·ry /kǽlvəri/ 名 (複 **-ries** /-z/) ❶〚聖〛カルバリ《キリスト処刑の地. Golgotha のラテン名》❷《c-》C キリストのはりつけの像 ❸《c-》C《文》受難

calve /kæv | kɑːv/ 動 自 ❶ (牛などが) 子を産む ❷ (氷塊が) 分離する ―他 ❶ (人が)〔牛〕の出産を助ける ❷ (氷山が)〔氷塊〕を分離する ▸▸**cálving gròund** 名 C U (牛・トナカイなどの)繁殖地(→ breeding ground)

calves /kævz | kɑːvz/ 名 calf[1,2]の複数

Cal·vin /kǽlvɪn/ 名 **John** ～ カルビン, カルバン (1509–64)《スイスの神学者・宗教改革指導者》

Cal·vin·ism /kǽlvənìzm/ 名 U カルビン主義
-ist 名 形 **Càl·vin·ís·tic** 形

calx /kælks/ 名 (複 **～·es** /-ɪz/ OR **cal·ces** /kǽlsìːz/) C 金属灰

Ca·lyp·so /kəlípsoʊ/ 名 ❶〚ギ神〛カリプソ《Odysseus を自分の島に7年の間引き留めた海の精》❷ (複 **～s** /-z/)《c-》U C カリプソ《西インド諸島起源の音楽》

ca·lyx /kéɪlɪks/ 名 (複 **～·es** /-ɪz/ OR **-ly·ces** /-lɪsìːz/) C ❶〚植〛萼(がく) ❷〚生〛＝calix ❷

cam /kæm/ 名 C〚機〛カム《回転部分の突起. 回転運動を上下運動に変える装置》

CAM /kæm/ 略 💻 *c*omputer-*a*ided [OR -*a*ssisted] *m*anufacturing(コンピューター援用製造)；💻 *c*ontent-*a*ddressable *m*emory(連想記憶装置)；*c*omplementary and *a*lternative *m*edicine(補完[代替]医療)

ca·ma·ra·de·rie /kɑ̀ːmərɑ́ːdəri | kæ̀-/ 名 U 友情, 友愛(♦ フランス語より)(＝comradeship)

Camb. 略 Cambridge

cam·ber /kǽmbər/ 名 U C ❶ (甲板・道路・梁(はり)などの)上反り；(飛行機の翼の)キャンバー《湾曲(度)》❷ (自動車の車輪の上方の)外側への反り
―動 自 他 (梁などが[を])上反りになる[する]

cam·bi·um /kǽmbiəm/ 名 (複 **～s** /-z/ OR **-bi·a** /-biə/) U C〚植〛形成層

***Cam·bo·di·a** /kæmbóʊdiə/ 名 カンボジア《インドシナ半島南西部の王国. 公式名 the Kingdom of Cambodia. 首都 Phnom Penh》

***Cam·bo·di·an** /kæmbóʊdiən/ 形 カンボジアの, カンボジア人[文化]の；クメール語の
―名 C カンボジア人；U クメール語

Cam·bri·a /kǽmbriə/ 名 カンブリア《ラテン語によるウェールズの古名》

Cam·bri·an /kǽmbriən/ 形 名 C ❶ カンブリア [ウェールズ]の, カンブリア人(の) ❷〚地〛カンブリア紀[系]の；《the ～》カンブリア紀 [系] ‖ the ～ explosion カンブリア爆発《カンブリア紀における動物の急激な分化》

cam·bric /kéɪmbrɪk/ 名 U キャンブリック《上質で薄地の白い亜麻・麻・木綿布》

Cam·bridge /kéɪmbrɪdʒ/ 《発音注意》名 ケンブリッジ ❶ 英国東部の学園都市. ケンブリッジ大学の所在地 ❷ 米国マサチューセッツ州東部の学園都市. ハーバード大学の所在地 ▸▸～ **blúe** ① 名 U《英》淡青色, ライトブルー(→ Oxford blue) ② 名 C ケンブリッジ大学の代表選手 ～ **Univérsity** 名 ケンブリッジ大学《13世紀に創立され, オックスフォード大学とともに英国の伝統ある大学として有名》

Cam·bridge·shire /kéɪmbrɪdʒʃər/ 名 ケンブリッジシャー《イングランド中東部の州. 州都 Cambridge. 略 Cambs.》

Cambs. 略 Cambridgeshire

cam·cord·er /kǽmkɔ̀ːrdər/ 名 C (携帯用の) ビデオカメラ(♦ *cam*era＋*corder* より)

:came /keɪm/ 動 come の過去

***cam·el** /kǽməl/ 名 (複 ～ OR **～s** /-z/) ❶ C ラクダ(→ dromedary) ‖ the Arabian [Bactrian] ～ ヒトコブ[フタコブ]ラクダ ❷ U ラクダ色, 黄褐色 ❸ C〚海〛(沈没船引き揚げに用いる)浮箱
strain at a gnat and swallow a camel《口》(大事を見過ごして)小事にこだわる
▸▸～**('s) hàir** 名 U ① ラクダの毛の織物 ② (画筆などに用いる)ラクダの毛(の代用品) ～**'s nòse** 名(↓)

cam·el·eer /kæ̀məlíər/ 名 C ラクダ追い[引き]

ca·mel·li·a /kəmíːliə/ 名 C〚植〛ツバキ

Cam·e·lot /kǽməlɑ̀(ː)t | -lɒt/ 名〚アーサー王伝説〛キャメロット《アーサー王の宮廷があったという場所》；理想的な場所[時代, 雰囲気]

cámel's nòse 名《次の成句で》
gèt [***allòw***] ***the cámel's nòse in*** [OR ***under***] ***the tent*** 先頭を切る[切らせる]；将来の布石を敷く[敷かせる](♦ ラクダの鼻がテントに入れば後に体が, そして群れが続くというアラブの物語から)

Cam·em·bert /kǽməmbèər/ 名《ときに c-》U カマンベール《柔らかくて味の濃いチーズ》

cam·e·o /kǽmiòʊ/ 《発音注意》名 (複 **～s** /-z/) C ❶ カメオ；浮き彫り ‖ a ～ brooch カメオのブローチ ❷ (演劇・映画などの)名場面, (一場面だけ端役として出る)名優の登場場面 ❸ (文字などの)さわり；珠玉の小品
―形 カメオ風の；小規模だが目立つ

:cam·er·a /kǽmərə/
―名 (複 **～s** /-z/) C ❶ **カメラ**, 写真機；テレビカメラ ‖ He uploaded the pictures from his **digital** ～ to his home page. 彼はその写真をデジタルカメラからホームページにアップロードした / load [OR put film in] a ～ カメラにフィルムを入れる / point a ～ at the MC 司会者にカメラを向ける / a **video** [**television**, TV] ～ ビデオ[テレビ]カメラ / a security ～ 防犯カメラ / a ～ **crew** (テレビ・映画などの)撮影班 ❷ 暗箱(あんばこ)
in cámera 〚法〛判事の私室で；非公開で, 秘密に ‖ The trial was held *in* ～. 裁判は非公開で行われた
on cámera 生放送中のテレビカメラの前で, 撮影中で (↔ off camera)
語源「丸天井の部屋」の意のラテン語から. cabaret, chamber, comrade と同系.
▸▸～ **lú·ci·da** 名 C /-lúːsɪdə/〚光〛カメラルシダ, 転写[写生]器《トレース用》 ～ **ob·scú·ra** 名 C /-əbskjʊ́ərə/ 暗箱 ～ **phòne** 名 C カメラフォン, カメラ機能携帯電話

cámera·màn /-mæ̀n/ 名 (複 **-mèn** /-mèn/) C (特に映画・テレビの) カメラマン (♦ 性差別を避ける表現は camera operator. 女性形は camerawoman) (→ photographer)

càmera-réady <シ 形 印刷準備のできた, 製版済みの

cámera-shỳ 形 写真[撮影]嫌いの

***Cam·e·roon, -roun** /kæ̀mərúːn/ 名 カメルーン《アフリカ中西部, ギニア湾に面する共和国. 公式名 the Republic of Cameroon. 首都 Yaoundé》
～·i·an 形 名 C カメルーンの(人)

cam·i·knick·ers /kǽmɪnɪ̀kərz/ 名 複《英》キャミニッカーズ《上下続きの女性用下着》(♦ *cami*sole＋*knickers* より)

cam·i·sole /kǽmɪsòʊl/ 名 C ❶ キャミソール《女性用の上半身だけのそでなしの下着》❷ 女性用上衣

cam·o /kǽmoʊ/ 名 ＝camouflage

cam·o·mile /kǽməmàɪl/ 名 C〚植〛カミツレ, カモミール《ヨーロッパ原産のキク科の薬草》

cam·ou·flage /kǽməflɑ̀ːʒ/ 名 U〚軍〛偽装, 迷彩；(一般に) ごまかし, 変装, カモフラージュ；(動物の) 擬態 ‖ in verbal ～ 言葉でカモフラージュして / dressed in ～ 変装して ―動 他 …を(…で)偽装する, 迷彩を施す, ごまかす〈**with**〉(♦ しばしば受身形で用いる) ▸▸～ **gèar** 名 U 迷彩服；変装用装備 ～ **ùniform** 名 C U 迷彩服

:camp[1] /kæmp/
―名 (複 **～s** /-s/) ❶ C (登山者・軍隊などの)**野営地**；U キャンプ, 野営 ‖ We set up a base ～ at the foot of the mountain. 我々は山のふもとにベースキャンプを設置した / a training ～ 訓練キャンプ
❷ C U《集合的に》野営テント, 仮設小屋[宿舎] ‖ pitch

C

[OR make] ～ テントを張る / strike [OR break (up)] ～ テントを畳む / have a ～ beside a lake 湖畔に小屋を持っている
❸ C (難民・捕虜などの) **収容所** ‖ a refugee ～ 難民収容所
❹ C U キャンプ場, (夏期の)林間[臨海]学校, 合宿生活 ; 〖スポーツ〗(選手の)キャンプ地 ‖ a summer ～ 林間学校
❺ C 《集合的に》《単数・複数扱い》(主義などが同じ)陣営, 同志, 党派 ‖ That policy has support in the liberal as well as the conservative ～. その政策は保守陣営同様, 自由主義陣営にも支持されている / the opposite ～ 敵陣営 ❻ C 《集合的に》野営する人々, キャンプの一行 ❼ C U 兵役, 軍務 ; 軍隊生活 ❽ C 《南ア》(さくをした)草原地 ❾ C 《豪・ニュージ》(牛・羊の)集合場所
―動 (～s /-s/ ; ～ed /-t/ ; ～·ing) 自 ❶ **テントを張る**, 野営する, キャンプする《*out*》‖ We went ～*ing* by [×to] the lake. 湖畔へキャンプしに行った / Children like ～*ing out* even in the backyard. 子供たちは裏庭ででもキャンプするのが好きだ
❷ 仮住まいする《*out*》‖ I'll have to ～ *out* at my friend's place until I find an apartment. アパートを見つけるまでは友人宅に仮住まいしなければならないだろう
❸ (報道記者などが)居座る, 座り込む《*out*》
▸▸ ～ **béd** 名 C 《英》(携帯用)折り畳み式ベッド (《米》 cot) **Càmp Dávid** 名 キャンプ＝デービッド《メリーランド州にある米国大統領専用の別荘》 **Cámp Fìre** 名 《米》キャンプファイヤー団《少女の健康・公共道徳などの育成を目的に1910年に設立. 現在は少年団員も含む》 ～ **fóllower** /, ＋ˊ‐ˋ‐‐/ 名 C ① 非戦闘従軍者《特に売春婦・商人など》 ② (ある団体の)会員以外の支持者, (特に私利的の) 同調者 ～**ing sìte** 名 C ＝campsite ～ **mèeting** 名 C 《米》野外伝道集会

camp² /kæmp/ 形 (滑稽(こっけい)なほど)気取った, わざとらしい, 芝居がかった ; (特に男性が)女のような
―名 U わざとらしい[芝居がかった]しぐさ, 気取り
―動 自 他 (…を)わざとらしく演じる
càmp it úp 気取った[わざとらしい]しぐさをする ; 女みたいに振る舞う

***cam·paign /kæmpéɪn/ 《発音注意》 名 動

―名 (複 ～s /-z/) C ❶ (社会的・政治的・商業的) **組織的活動**, 運動, キャンペーン ; (特に)選挙運動〈**against** …に反対の ; **for** …に賛成の / **to do** …する〉‖ The government **launched** a nationwide ～ *against* drunken driving. 政府は飲酒運転撲滅の全国的キャンペーンを開始した / a ～ *for* basic human rights 基本的人権を求める運動 / She joined the ～ *to* save sea turtles. 彼女はウミガメを救う運動に参加した
連語 【名/形＋～】 a presidential ～ 大統領選挙運動 / an election ～ 選挙運動 / an advertising ～ 広告キャンペーン / a sales ～ 販売促進運動
【動＋～】 lead a ～ 運動を指揮する / run [OR conduct] a ～ 運動を行う / mount a ～ 運動を計画して実施する
❷ (一連の) 軍事行動, 方面作戦 ; U 従軍 ‖ a military ～ 軍事作戦 / the air ～ 空爆 / on ～ 従軍して
―動 (～s /-z/ ; ～ed /-d/ ; ～·ing) 自 (選挙・政治などの) 運動をする〈**against** …に反対して ; **for** …に賛成して / **to do** …するために〉‖ The group is ～*ing* vigorously *against* deforestation. そのグループは精力的に森林伐採反対運動をしている / ～ *for* a candidate 立候補者のために選挙運動をする / ～ *to* improve working conditions 労働条件改善のための運動をする
▸▸ ～ **chàirman** 名 C 選挙参謀長[事務局長] ～ **mànager** 名 C 選挙対策責任者

*__cam·paign·er__ /kæmpéɪnər/ 名 C (社会・政治などの) 運動家〈**against** …に反対の ; **for** …に賛成の〉‖ an anti-drug ～ 薬物反対運動家 / a ～ *for* basic human rights 基本的人権を求める運動家

cam·pa·ni·le /kæmpəníːli/ 名 (複 **～s** /-z/ OR **-li** /-liː/) C (教会堂から独立した)鐘楼

cam·pa·nol·o·gy /kæmpənɑ́(ː)lədʒi | -nɔ́l-/ 名 U 鐘学 ; 鳴鐘術 **-gist** 名

cam·pan·u·la /kæmpǽnjulə/ 名 C 〖植〗カンパニュラ《釣り鐘型の花をつけるホタルブクロ・ツリガネソウなど》

Cam·pa·ri /kæmpɑ́ːri, kɑːm-/ 名 U 〖商標〗カンパリ《イタリアの Campari 社製食前酒》

*__camp·er__ /kǽmpər/ 名 C ❶ キャンパー, キャンプする人 ❷ 《主に米》キャンプ用トレーラー(caravan) ❸ (＝～ vàn) 《英》キャンピングカー (❗「キャンピングカー」は和製語) (⇨ RECREATIONAL VEHICLE 図)
a hàppy cámper 《しばしば否定形で》《口》(境遇などに)満足している人, 幸せな気分の人

*__cámp·fìre__ 名 C キャンプファイア(を囲む集い)

*__cámp·gròund__ 名 C 《米》キャンプ場(《英》 campsite)

cam·phone /kǽmfòun/ 名 ＝camera phone

cam·phor /kǽmfər/ 名 U 樟脳(しょうのう) ; 樟脳類似物 ‖ a ～ ball 樟脳の玉 ▸▸ ～ **trèe** 名 C 〖植〗クスノキ

cam·phor·ate /kǽmfərèɪt/ 動 他 …に樟脳を入れる, …を樟脳で処理する

cam·pi·on /kǽmpiən/ 名 C 〖植〗ナデシコ科の植物

camp·o·ree /kæmpəríː/ 名 C 《主に米》ボーイ[ガール]スカウト地方大会(→ jamboree)

cámp·sìte 名 C 《英》キャンプ場(《米》 campground)

cámp·stòol 名 C 《米》(携帯用)折り畳み式腰かけ

*__cam·pus__ /kǽmpəs/ 名 ❶ C U (大学・高校などの) キャンパス, 構内《敷地と建物》‖ students living on [×in] and off ～ 学内外に居住する学生たち ❷ C 《米》(病院・会社などの)敷地, 構内 ❸ 《形容詞的に》大学の, 学園の ‖ ～ life 学園生活

camp·y /kǽmpi/ 形 《口》＝camp²

cám·shàft 名 C 〖機〗カム軸

Ca·mus /kæmúː/ 名 **Albert** ～ カミュ(1913-60)《フランスの小説家・劇作家. 1957年ノーベル賞受賞》

***can¹ /弱 kən ; 強 kæn/

中心義 Aを実現し得る (★Aは「行為」に限らず「状況」も含む)

―助 (◆否定形は cannot /kǽnɑ(ː)t | -nɔt/, 《口》 can't /kænt | kɑːnt/ ; 過去形は could /弱 kəd ; 強 kud/)
❶ 《能力》(…することが) **できる**(be able to) ; (…する)方法を知っている ‖ Her two-year-old son ～ ride a bicycle. 彼女の2歳の息子は自転車に乗ることができる / "*Can* you speak Japanese?" "Yes, I ～. [No, I *can't*.]" 「日本語が話せますか」「はい, 話せます[いいえ, 話せません]」 (♥ 相手の能力をあからさまに尋ねる言い方なので, Do you speak ...? を用いた方が無難) / Do you think you ～ repair the air conditioner? エアコンを直せると思いますか / We must try to do all we ～. 我々はできる限りのことをしなければならない / Simon ～ drive, *can't* he? サイモンは車の運転ができるんですよね / Money *cannot* [OR *can't*] buy happiness. 金で幸せを買うことはできない / I ～ hear the sound. 音が聞こえる (⇨ **語法** (3)) / I *can't* understand what he's talking about. 彼が何のことを話しているのか理解できない (⇨ **語法** (4))

語法 ☆☆ (1) can には不定詞・分詞・動名詞の形がないので, be able to で代用する (⇨ ABLE **語法** (1)).
(2) 過去形の肯定文では, could を用いると仮定法と紛らわしいので, was [OR were] able to で代用することが多い (⇨ ABLE **語法** (3)).
(3) see, hear, feel, smell などの知覚動詞は, can を伴っても能力の意味は弱く, can を伴わない場合と意味の違いはあまりない. ただし, can を伴うと一時的状態を表すことが多い. これらの動詞はふつう進行形では使われないのでその代用とみなすことができる. can を伴うのは

《米》より《英》に多い.〈例〉I *can* see Tom coming. トムが来るのが見える (♦ ×I'm seeing Tom coming. は不可)
(4) believe, understand, imagine, remember などの精神活動を表す動詞も can を伴うか伴わないかで意味の違いはあまりない. ただし can を伴うと「努力して」の意味が強くなる.〈例〉I don't [*can't*] remember his name. 彼の名前を覚えていない[思い出せない]
(5) 動詞 know は通例 can とともに用いることはできない. 代わりに tell などを用いる.〈例〉You *can* tell [×know] from her face that she is very happy. 彼女の顔つきでとても幸せだということがわかる

❷《可能》 **a** (周囲の状況から)…**するのが可能だ**, …できる ‖ We ~ get to the airport by car in 20 minutes. 空港まで車で20分で行けます / We're quite busy and *can't* talk to you at the moment. 今とても忙しくてお話しできません / *Can* you come to the party on Sunday? 日曜日にパーティーに来られますか / *Can't* you make it tonight? 今晩来られないの？(♥いら立ちを表すことが多い)
b 《提案》…できる, …してはどうか ‖ We ~ send you a sample, if you wish. お望みでしたら見本をお送りすることもできますよ / I ~ give you a lift to the station. 駅まで送って行こうか (♥ 相手の利益になる提案では could より can の方がふつう. ⇨ COULD ❼)
c 《否定文で》《拒絶》…できない ‖ We *cannot* accept these terms. この条件は受け入れられない

❸《口》《許可》…**してもよい** (may, be allowed to) ‖ *Can* I come in? 入ってもいいですか / "*Can* I (possibly) use your camera?" "「Of course you ~. [I'm afraid you *can't*.]" 「カメラを借りてもいいですか」「もちろんいいですよ[悪いけど貸せません]」(♥ possibly を加えるとより丁寧になる) / You *can't* smoke here. ここではたばこは吸えません

語法☆☆ (1)「許可」を求める場合, Could I ...? とすると Can I ...? より丁寧になる. それに対する答えには could ではなく, can を用いる.〈例〉"*Could* I (possibly) ask you to give me a wake-up call?" "Yes, of course (you *can* [×could])." 「モーニングコールをかけていただけますか」「ええ, いいですとも」(♥ possibly を加えるとより丁寧になる) (⇨ COULD ❻)
(2) 相手に「許可」を与える場合, You can ... の方が You may ... より一般的でかつやわらかい言い方である. くだけた会話ではふつうcanを用いる.
(3)「不許可」は《口》では may not より can't, cannot の方がふつう. 強い禁止には must not を用いる (⇨ MAY ❷ **語法**).

❹《可能性・推量》 **a** (…することが)**あり得る**, 一般的にある ‖ Anyone ~ make mistakes. だれでも過ちを犯すことはある / Accidents ~ happen. 事故は起こり得る / New York ~ be quite hot in summer. ニューヨークの夏はとても暑いことがある / Smoking ~ cause serious health problems. 喫煙によって健康に重大な問題が生じ得る

語法☆☆「可能性・推量」の意では, can は「(出来事・状況などが) 理論上あり得る, 一般的にある」ことを示し,「特定の場合」については, may, might, could を用いる.〈例〉"Do you know where Paul is?" "Well, he *could* [OR may, might, ×*can*] be in the library." 「ポールがどこにいるかご存じですか」「そう, 図書館にいるかもしれませんよ」

b 《否定文で》…**であるはずがない** ‖ That *can't* be true. それが本当であるはずがない / They *can't* be satisfied with the result. 彼らが結果に満足しているはずがない (♦ 対応する肯定の意味「…であるに違いない」には must を用いる. ⇨ MUST[1] ❹ **a**)
c 《can't have+過去分詞で》…**したはずがない** ‖ They *can't* have done it. 彼らがそんなことをしたはずがない (♦ 対応する肯定の意味「…であったに違いない」は「must have+過去分詞」で表す. ⇨ MUST[1] ❹ **b**)
d 《疑問文で》…**であるはずがあろうか**;《疑問詞を伴って》(一体)…であり得るだろうか (♥ 驚き・困惑・不安などを表す) ‖ *Can* the rumor be true? そんなうわさが本当のはずがあるだろうか / *Can* my daughter have done it? うちの娘がそんなことをやるはずがあるだろうか / How ~ you eat the whole pizza? 一体どうやったらピザ全部を食べられるのか / Where ~ he possibly be? 一体彼はどこにいるのだろう

❺ **a** 《Can you ...? で》《口》《依頼・要請》…**してくれますか**, してください (♥ Could you ...? の方が丁寧な言い方) ‖ *Can* you tell me the way to the station? 駅へ行く道を教えてくれますか / *Can* you help me with my term paper? 期末レポートを手伝ってくれませんか / *Can* you hold on? 電話を切らずにお待ちいただけますか
b 《Can I ...? で》《申し出》…しましょうか ‖ *Can* I help you? 手伝いましょうか / What ~ I do for you? (店員などが) どういうご用でしょうか / *Can* I get you a cup of coffee? コーヒーをお持ちしましょうか

❻《口》《軽い命令・指示》…**しなさい**, …したらどうだ ‖ You ~ go to bed now. もう寝なさい / You ~ give me a call later. 後で電話をしてください / You ~ get out! 出てったらどうだ / *Can't* you just leave him alone? 彼をそっとしておいてやれないのか

as ... as (...) can bé 《堅》この上なく…である (♦ 2つの…の部分には同一の形容詞がくる) ‖ We are *as* happy *as* (happy) ~ *be*. 私たちはこの上なく幸せです
càn but dó 《堅》ただ…するだけだ (♦ but は副詞で only の意) ‖ I ~ *but* do my best. ただベストを尽くすだけだ
cànnot but dó 《堅》…するより仕方がない, …せざるを得ない (cannot help *doing*) (♦ 今日では cannot help *doing* または cannot help but *do* がふつう. → help) (⇨ PB 35) ‖ He *could not but* fail. 彼の失敗はやむを得なかった
cànnot ... tóo ... どんなに…してもしすぎることはない ‖ You *cannot* be *too* careful about your health. どんなに健康に注意してもしすぎることはない

COMMUNICATIVE EXPRESSIONS

1 "Cán you pìck ùp the kíds after schòol tomórrow?" "**Càn dó.**" 「明日放課後子供たちを迎えに行ってくれる？」「いいとも」(♥「Can you [Will you be able to] ...? の依頼表現に対する肯定の答え. くだけた表現で「いいよ, オーケー」の意. 否定には No can do. を用いる)
2 **Hòw can you bè sò** cáreless? どうしてそんなに不注意なのですか (♥ 相手の態度・性格を非難する)
3 **(Ì) càn tóo.** できますとも (♥「できないだろう」と言われて言い返す表現. can, too 共に強く発音)
4 **(I) wòuld if I còuld(, but I cán't).** できることならやっているよ (でもできないんだ)
5 **I'll dò what** [OR **all**] **I cán.** できるだけのことはします (♥ いずれも結果を保証しないあいまいな約束だが, all の方がより「善処する」意味合いが強い)

***can**[2] /kæn/ 名 C ❶《主に米》(缶詰の) 缶 (《英》tin), 缶の中身 ;〈…の〉缶1杯 (の量)〈**of**〉‖ recycle empty ~*s* 空缶をリサイクルする / drink a ~ *of* beer ビールを1缶飲む ❷《しばしば修飾語を伴って》(通例ふた・取っ手付きの) 缶, 金属製容器 ‖ a milk ~ ミルク缶 / a garbage ~ 《米》台所のごみ入れ缶 / a watering ~ じょうろ ❸ (スプレーなどの) 容器 ‖ a ~ of hairspray ヘアスプレーの缶 ❹《the ~》《口》刑務所 ;《米》便所 ❺《米俗》尻(けつ) ❻《~s》《俗》ヘッドホン
a càn of wórms 《口》解決困難な問題
càrry the cán 《英口》〈…の〉責任を取らされる〈**for**〉
in the cán 《口》① (仕事などが) 完成して, (映画が) いつでも封切れる状態で ② (契約が) まとまって, 決まって
— 動 (**canned** /-d/ ; **can·ning**) 他 ❶ …を缶詰めにする ❷ …を録音[録画]する ❸《米俗》…を解雇する, 首にする

❹《俗》…をやめる, よす ‖ *Can* that noise! 黙れ / *Can* it! 静かにしろ

▸▸**～ òpener** 名 C《米》缶切り(《英》tin opener)

can. 略 canceled, cancellation ; cannon, canon ; canto

Can. 略 Canada, Canadian

Ca·naan /kéɪnən/《発音注意》名【聖】カナン《現在のパレスチナに当たる地》; 約束の地

Ca·naan·ite /kéɪnənàɪt/ 名 C カナン人 ; U カナン語
— 形 カナンの, カナン人[語]の

⁑Can·a·da /kǽnədə/
— 名 **カナダ**《北米大陸北部にある英連邦内の独立国. 首都 Ottawa. 略 Can.》
▸▸**～ bálsam** 名 U バルサム《balsam fir から得られるレジン. 顕微鏡のプレパラートに使う》 **～ Dày** 名 カナダ連邦成立記念日《7月1日》 **～ góose** 名 C【鳥】カナダガン

⁑Ca·na·di·an /kənéɪdiən/《発音注意》
— 形 **カナダ(人)の**
— 名 (複 **～s** /-z/) C **カナダ人**
▸▸**～ bácon** 名 U カナディアンベーコン《ふつうのベーコンより脂肪分が少ない》 **～ Énglish** 名 U カナダ英語 **～ Frénch** 名 U カナダフランス語 **～ Shíeld** 名 U カナダ楯(たて)状地

Ca·na·di·an·ism /kənéɪdiənìzm/ 名 U カナダ英語特有の語法[表現]

***ca·nal** /kənǽl/《アクセント注意》名 C ❶ 運河, 水路 ‖ the Suez [Panama] *Canal* スエズ[パナマ]運河 / build [OR construct] a ～ 運河を造る / an irrigation ～ 灌漑(かんがい)用水路 ❷【解】(動植物の体内の)管《食道・気管・脈管など》‖ the alimentary ～ 消化管 ❸【天】(火星の)運河
語源「送水管, 溝」の意のラテン語 *canalis* から. channel と同語源.
▸▸**～ bòat** 名 C (平底で幅の狭い) 運河船 **Canál Zòne** 名《the ～》運河地帯《パナマ運河および両岸約8kmの地帯》

can·a·li·za·tion /kæ̀nələzéɪʃən | -laɪ-/ 名 U 運河開設, 運河化 ; 水路系統(組織)

can·a·lize /kǽnəlàɪz/ 動 他 ❶ …に運河を開削する, 水路を設ける ; 〔河川〕を運河化する ❷《堅》〔感情など〕にはけ口を与える, …を(ある方向に)導く

can·a·pé /kǽnəpèɪ/ 名 C ❶ カナッペ《薄切りのパンやクラッカーにハム・チーズなどをのせた前菜》 ❷ (18世紀フランスで用いられた)ソファー

ca·nard /kənɑ́ːrd | kǽnɑːd/ 名 C ❶《文》(悪意の) 虚報, でっち上げ ❷ 先尾翼(のついた飛行機)

***ca·nar·y** /kənéəri/《発音注意》名 (複 **-nar·ies** /-z/) C ❶【鳥】カナリア ❷ (＝～ **yéllow**) U カナリア色, 鮮黄色 ❸ (＝～ **wìne**) U カナリア諸島産の白ワイン ❹ カナリーダンス《16世紀の宮廷ダンス》
▸▸**Canàry Íslands** 名《the ～》《複数扱い》カナリア諸島《アフリカ北西岸近くのスペイン領の諸島》

ca·nas·ta /kənǽstə/ 名 U カナスタ《トランプ遊びの一種》; C (カナスタでの)7枚組

Ca·nav·er·al /kənǽvərəl/ 名 **Cape ～** ケープカナベラル《米国フロリダ州東部の大西洋に臨む岬. 一時ケープケネディと呼ばれた. ケネディ宇宙センターがある》

Can·ber·ra /kǽnbərə/ 名 キャンベラ《オーストラリアの首都》

can·can /kǽnkæ̀n/ 名 C《しばしば the ～》カンカン《足を高くけり上げて踊るダンス》

⁑can·cel /kǽnsəl/
— 動 (**～s** /-z/ ; **-celed**,《英》**-celled** /-d/ ; **-cel·ing**,《英》**-cel·ling**)
— 他 ❶〔契約・注文・予定など〕を**取り消す**, 無効にする, **中止する** (call off) ‖ All flights are ～*ed* due to the storm. 暴風雨のため全便欠航です / ～ a contract 契約を破棄する / ～ an order 注文を取り消す / ～ a plan [trip] 計画[旅行]を中止する
❷〔切手〕に消印を押す, 〔入場券など〕にはさみを入れる ; 〔小切手〕に支払い済みの印をつける ‖ ～*ed* checks 支払い済み小切手
❸ …を相殺 [帳消し] にする ; …を清算する《*out*》‖ She agreed to ～ the debt. 彼女は借金の帳消しに同意した
❹〔文字〕を(線を引いて)消す, 抹消する ;【印】…を削除する
❺【数】(約分で)〔約数〕を消去する ; (方程式で)〔共通項〕を消去する ❻ 💻〔プログラムの実行〕を取りやめる, 〔操作〕を中止する, キャンセルする
— 自 ❶ 相殺される《*out*》❷ 取り消す ❸【数】(約数・共通項が)消去できる[される]
— 名 (複 **～s** /-z/) C ❶ 取り消し, 解消, 相殺 ❷【印】削除(部分) ; 組み替え(部分), 差し替え(ページ) ❸ 消印

can·cel·la·tion /kæ̀nsəléɪʃən/ 名 ❶ U 取り消し, 解消 ; 相殺 ❷ C 消印, (切符の)パンチ穴

⁑can·cer /kǽnsər/
— 名 (複 **～s** /-z/) ❶ U C **癌**(がん) ; C 悪性腫瘍(しゅよう) ‖ *Cancer* has become the number one cause of death in Japan. 癌は日本人の死亡原因の第1位となっている / The ～ has spread to the brain. 癌が脳に転移した / 「an early [the terminal] stage of ～ 初期[末期]の癌

連語【名/形＋～ / ～＋名】gastric [skin, prostate] ～ 胃[皮膚, 前立腺]癌 / breast [lung] ～ 乳[肺]癌 / ～ patients [cells] 癌患者[細胞] / ～ screening [research] 癌検診[研究] / ～ risk [incidence] 癌になる危険性[確率]
【動＋～】get [OR develop] ～ 癌にかかる / have ～ 癌にかかっている / cause ～ 癌を引き起こす / detect ～ 癌を発見する

❷ C 害悪(などのもと), 悪弊(⇨PROBLEM **メタファーの森**) ‖ a ～ in society 社会の悪弊
語源「カニ」を意味するラテン語から. 癌腫(がんしゅ)周辺のふくれ上がった静脈の形がカニの足に似ていると考えられた.
▸▸**～ stèm céll** 名 C 癌幹細胞《癌腫の中心にあって癌を拡大・転移させる中心的細胞》

***Can·cer** /kǽnsər/ 名 ❶ U【天・占星】蟹(かに)座 ; 巨蟹(きょかい)宮《黄道十二宮の第4宮》(the Crab) (⇨ ZODIAC 図) ‖ the tropic of ～ 北回帰線 ❷ C【占星】蟹座 [巨蟹宮] 生まれの人 **Can·cér·i·an** 名 形

***can·cer·ous** /kǽnsərəs/ 形 癌の, 癌にかかった ; 癌のような

can·de·la /kændíːlə/ 名 C【光】カンデラ《光度の単位. 記号 cd》

can·de·la·bra /kæ̀ndəlɑ́ːbrə/ 名 candelabrum の複数の1つ

can·de·la·brum /kæ̀ndəlɑ́ːbrəm/ 名 (複 **～s** /-z/ OR **-bra** /-brə/) C 枝付き燭台(しょくだい)

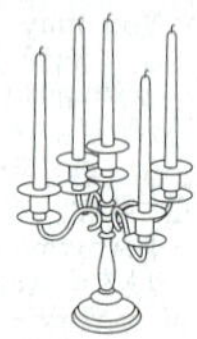
candelabrum

can·des·cent /kændésənt/ 形《まれ》白熱の
-cence 名 U《まれ》白熱

***can·did** /kǽndɪd/ 形 ❶ 率直な, 包み隠しのない ; 歯に衣(きぬ)着せない, 腹蔵のない (♦ frank よりも容赦のなさを強調する場合がある) ‖ a ～ opinion [discussion] 率直な意見[討論] / to be ～ with you 率直に言えば ❷ (写真が)ポーズをとらない(で撮った), スナップの ; 気づかれずに撮った, 隠し撮りの ‖ a ～ snapshot スナップ写真
— 名 C スナップ写真
～·ly 副 率直に ;《文修飾》率直に言って **～·ness** 名
▸▸**～ cámera** 名 C (特に隠し撮り用の) 小型カメラ ;《C- C-》キャンディードカメラ, どっきりカメラ《人をだますところを隠し撮りする米国のテレビ番組》

can·di·da /kǽndɪdə/ 名 U【医】カンジダ菌

can·di·da·cy /kǽndɪdəsi/ 名 (複 **-cies** /-z/) U C 〈…への〉立候補 (資格 [期間]) 〈**for**〉‖ declare [OR announce] one's ～ *for* ... …への立候補を表明する

*****can·di·date** /kǽndɪdèɪt/ 《アクセント注意》 名 (複 **～s** /-s/) C ❶ 〈…の〉(立)候補者；求職者〈**for**〉‖ The convention nominated a ～ *for* president. 党大会は大統領候補者を指名した / put up a ～ 候補者を立てる ❷ 《英》〈試験・学位などの〉志願者，受験者〈**for**〉‖ a ～ *for* an exam 受験志望者 / a Ph.D. ～ 博士号を目指す人，博士課程の大学院生 ❸ 〈…に〉ふさわしい人[もの，こと]；〈…に〉なりそうな人，〈…の〉候補〈**for**〉‖ Those who are overweight are seen as poor ～*s for* promotion. 太りすぎの人は昇進にふさわしくないとみなされる / a ～ *for* stardom スターになりそうな人

語源 「白衣を着た」の意のラテン語 *candidatus* から．古代ローマの官職候補者が高潔の象徴である白衣を着て選挙運動をした(⇨ AMBITION 語源).

can·di·da·ture /kǽndɪdətʃər/ 名 《主に英》=candidacy

can·died /kǽndid/ 形 《限定》砂糖でくるんだ，砂糖で煮た，砂糖漬けにした ‖ ～ peel オレンジ[レモン]の皮の砂糖漬け《ケーキ用》/ ～ fruit 果実の砂糖漬け

*****can·dle** /kǽndl/
—名 (複 **～s** /-z/) C ❶ **ろうそく**；ろうそく状のもの ‖ blow [put] out a ～ ろうそくを吹き消す[消す] / **light** a ～ ろうそくに火をつける / leave a ～ burning ろうそくの火を消さずにおく
❷ 〘光〙カンデラ，燭光(しょっこう)(candela)；国際燭光(international candle)《かつての光度単位》

bùrn the cándle at bòth énds (体力・金銭面で)自分を酷使する，無理をする

cànnot [OR ***be unàble to, be nòt fit to***] ***hòld a cándle to ...*** 《口》…とは比べものにならない，…の足下にも及ばない(♦「作業する人の手元をろうそくで照らす助手にさえなれない」の意から)

hòld a cándle to ... 《通例否定文で》…に比肩し得る，…と同レベルである

nòt wòrth the cándle 骨折りがいのない，割に合わない ‖ *The game is not worth the* ～. 《諺》勝負事はろうそく代にも値しない；骨折り損のくたびれもうけ

—動 他 〔卵〕を明かりに照らして(鮮度を)検査する

cándle·hòlder 名 C (一般に小さくて頑丈な)ろうそく立て，燭台(しょくだい)

cándle·lìght 名 U ❶ ろうそくの明かり；薄暗い照明 ❷ たそがれ時，夕暮れ

▸▸ **～ vìgil** 名 C U ろうそくを灯しての慰霊祭；平和の祈り[抗議]の集い(♦ candle vigil ともいう)

cándle-lìt 形 《限定》ろうそくに照らされた

Can·dle·mas /kǽndlməs/ 名 (=～ **Dày**)聖燭(せいしょく)節《2月2日．聖母マリアの清めの祝日》

cándle·pòwer 名 U 燭光《光度の単位》

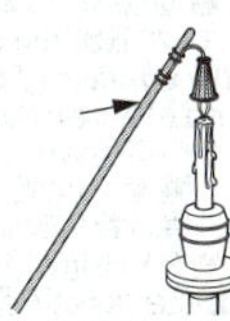

candlesnuffer

cándle·snùffer 名 C ろうそく消し

cándle·stìck 名 C (細くて高い)ろうそく立て，燭台

cándle·wìck 名 ❶ C U ろうそくの芯(しん) ❷ U キャンドルウィック《刺繍(ししゅう)用の木綿糸(を使った刺繍)，または刺繍が施された木綿布》

càn-dó 〈ジ〉 形 《限定》《口》やる気のある，積極的な

can·dor /kǽndər/ 名 U 率直さ，誠実さ，公平

C&W 略 〘楽〙 country *and* western

*****can·dy** /kǽndi/ 名 (複 **-dies** /-z/) U ❶ 《米》キャンディー(《英》sweets)；C (1個の)キャンディー《あめなどの砂糖菓子やチョコレートなども含む》‖ a piece of ～ キャンディー1個 / mixed [OR assorted] *candies* キャンディーの各種詰め合わせ ❷ 《主に英》氷砂糖(《米》rock candy) ❸ 《米俗》麻薬《強い習慣性のあるコカイン・ヘロインなど》

like tàking cándy from a bàby 《口》赤子の手をねじるような；とてもたやすい

—動 (**-dies** /-z/；**-died** /-d/；**～·ing**) 他 ❶ …を砂糖でくるむ，砂糖漬けにする，シロップ煮にする ❷ (煮詰めるなどして)…を砂糖の結晶にする
—自 糖衣でくるまれる；(砂糖の)結晶になる

▸▸ **～ àpple** 名 C 《米》リンゴあめ(《英》toffee apple)《リンゴを棒に刺してあめをからめた菓子》 **～ bàr** 名 C 《米》棒状のチョコレート菓子 **～ càne** 名 C 《米》(先の曲がった)ステッキ状のあめ **～ flòss** 名 U 《英》① 綿あめ(《米》cotton candy) ② 人の気は引くが実体・価値のないもの **～ strìper** 名 C 《米口》(10代の)ボランティアの看護助手《赤白のしまの制服を着ている》

candy apple

cándy-strìped /-stràɪpt/ 形 棒あめじまの

cándy·tùft 名 C 〘植〙マガリバナの類

*****cane** /keɪn/ 名 C ❶ ステッキ，つえ ❷ (竹・籐(とう)・キイチゴなどの)茎；U 籐材，竹材 ❸ (草花や木を支える)竹製支柱，細棒 ❹ (体罰に使う)むち；《the ～》むちで打つ罰 ‖ get [give] the ～ (罰として)むちで打たれる[打つ] ❺ U サトウキビ(sugar cane)，サトウモロコシ(sorghum)
—動 他 (処罰のため)〔子供〕をむちで打つ

▸▸ **～ sùgar** 名 U 蔗糖(しょとう)(→ beet sugar) **～ tòad** 名 C 〘動〙オオヒキガエル《中南米原産》

cáne·bràke 名 C 《米》竹[籐，サトウキビ]の茂み

can·id /kǽnɪd/ 名 C 〘動〙イヌ科の動物の総称《キツネ・コヨーテなど》

*****ca·nine** /kéɪnàɪn/ 《発音注意》 形 犬の(ような)；イヌ科の
—名 C ❶ 犬，イヌ科の動物 ❷ (=～ **tòoth**)犬歯

can·ing /kéɪnɪŋ/ 名 U C むち打ち《もと籐のむちを使った》；(徹底的に)やっつけること

Cànis Májor /kèɪnɪs-/ 名 〘天〙大犬座

Cànis Mínor 名 〘天〙小犬座

can·is·ter /kǽnɪstər/ 名 C ❶ キャニスター《コーヒー・たばこなどを入れる小さな缶[箱]》❷ (防毒マスクの)フィルター装置 ❸ (=～ **shòt**)(大砲用の)散弾，ガス弾

can·ker /kǽŋkər/ 名 U ❶ 〘植〙胴枯れ病(に冒された部分) ❷ 〘獣医〙(犬・猫などの)外耳炎 ❸ 《主に米》口腔潰瘍(こうくうかいよう)，鵞口瘡(がこうそう) ❹ C 腐敗[破壊]を起こすもの，病根，弊害 —動 他 自 (…を[が])胴枯れ病にかからせる[かかる]；(…を[が])腐敗させる[する]

～·ous 形

cánker·wòrm 名 C シャクトリ虫《果樹の害虫》

can·na /kǽnə/ 名 C 〘植〙カンナ

can·na·bis /kǽnəbɪs/ 名 U 〘植〙大麻(たいま)(hemp)；カンナビス《大麻の乾燥した雌ずい．麻薬の一種》

*****canned** /kænd/ 形 《通例限定》❶ 缶[瓶]詰めの ‖ ～ salmon 缶詰のサケ / *Canned* Heat 《商標》缶入り(固形)燃料 ❷ 《口》《しばしばけなして》(生放送でなく)録音[録画]された；あらかじめ用意された；(創造性がなく)代わり映えしない ‖ ～ laughter (番組の途中で入れる)録音済みの笑い声 ❸ 《俗》酔った

cán·nel /kǽnəl/ 名 (=～ **còal**) U 燭炭(しょくたん)

can·nel·lo·ni /kænəlóuni/ 名 複 カネロニ《パスタ料理の一種》(♦ 素材としては複数扱い．料理としては単数扱い)

can·ner·y /kǽnəri/ 名 (複 **-ner·ies** /-z/) C 缶詰工場

Cannes /kænz/ 名 カンヌ《フランス南東部，地中海に面した保養都市．国際映画祭で有名》

can·ni·bal /kǽnɪbəl/ 名 C 人食い人(種)；共食いする動物

can·ni·bal·ism /kǽnɪbəlɪzm/ 名 U 人食い；共食い
càn·ni·bal·ís·tic 形

can·ni·bal·ize /kǽnɪbəlàɪz/ 動 他 ❶ (ほかの機械に再使用するため)〔部品〕を取り外す，〔機械〕をばらす；(ほかの組織の設立・補強のため)〔人材など〕を引き抜く；…を(本の)題材にとる ❷ …を共食いする ❸ (新機種が)〔古い機種〕を

C

売れなくする **càn·ni·bal·i·zá·tion** 名

can·no·li /kənóuli, kæ-/ 名 複 カンノーリ《筒型に揚げた生地に甘いクリームを詰めたイタリアの菓子》

*__can·non__ /kǽnən/ (♦ 同音語 canon) 名 (複 **~s** /-z/ OR ❶で~) Ⓒ ❶ (昔の)大砲；(飛行機・戦車に搭載の)機関砲 ❷ (鐘の)つり手 ❸ (= ~ **bòne**) (有蹄(ゆうてい)類の)砲骨 ❹ 〖機〗中空軸, 中空シャフト ❺ 《英》= carom ❶
── 動 自 ❶ 《英》= carom ❶ ❷ 〈…に〉激しく衝突する, ぶつかる〈**against, into**〉; ぶつかって跳ね返る《*off*》
▶▶ ~ **fòdder** 名 Ⓒ 《口》砲弾の餌食(えじき)(となる兵たち)；消耗品扱いされる人

can·non·ade /kæ̀nənéɪd/ 名 Ⓒ (連続)砲撃；手厳しい非難 ── 動 他 自 (…を)(連続的に)砲撃する

cánnon·bàll 名 Ⓒ ❶ (昔の) 砲弾, 砲丸 ❷ (テニスの)猛烈なサーブ ❸ 《米》〖水泳〗(= ~ **dìve**)抱え型飛び込み
── 動 自 《米口》高速で動く

can·non·eer /kæ̀nəníər/ 名 Ⓒ (昔の)砲兵, 砲手

*__can·not__ /kǽnɑ(:)t | -nɔt/ can の否定形 (♦ can not と2語に分けて書かれることもあるが, 誤りとされることもあるので cannot と1語にする方が一般的. 《口》では can't が用いられる)

can·nu·la /kǽnjulə/ 名 (複 **~s** /-z/ OR **-lae** /-lì:/) Ⓒ 〖医〗カニューレ, 排管《体内に挿入する細い管》

can·ny /kǽni/ 形 ❶ 抜け目のない；慎重な, 用心深い ❷ 《北イ》《スコット》素敵な；巧みな；気持ちのいい
-ni·ly 副 **-ni·ness** 名

*__ca·noe__ /kənú:/ 《アクセント注意》 名 Ⓒ カヌー《kayak も含む》 ‖ paddle [ˣrow] a ~ カヌーをこぐ
pàddle one's òwn canóe 《口》自立する；他人に頼らない；自分のやりたいようにやる
── 動 自 カヌーをこぐ[で行く] ‖ ~ down a river 川をカヌーで下る / go ~*ing* カヌーをこぎに行く
~·ist 名 Ⓒ (スポーツや趣味で)カヌーをこぐ人

can·o·la /kənóulə, kǽnoulə/ 名 Ⓒ キャノーラ《カナダ原産のアブラナの類》；Ⓤ その種子《食用油を採る》

can·on¹ /kǽnən/ (♦ 同音語 cannon) 名 Ⓒ ❶ 教会法；教会法令集, (一般の)法令(集) ❷ 原則；基準, 規範；規範集 ‖ a ~ to go by よるべき基準 ❸ (聖書の) 正典 (↔ Apocrypha)；(作家の)真作(目録) ❹ 《しばしば C-》ミサ典文；(カトリック公認の)聖徒名簿 ❺ 〖楽〗カノン, 追復曲
▶▶ ~ **láw** 名 Ⓤ 教会法(典)

can·on² /kǽnən/ (♦ 同音語 cannon) 名 Ⓒ 聖堂参事会員(→ chapter)

ca·non·i·cal /kənɑ́(:)nɪkəl | -nɔ́n-/ 形 ❶ 教会法の [による] ❷ 権威を認められた, 正統の(orthodox)；容認された ❸ (聖書) 正典に属する ‖ the ~ books (聖書の) 正典 ❹ 聖堂参事会員の ── 名 Ⓒ 《~s》(教会法で定められた司祭の)法服, 祭服 **~·ly** 副
▶▶ ~ **hóurs** 名 複 〖宗〗 ① (カトリックで1日7回の) 祈りの時間 ② (英国国教会での) 結婚式挙行時間《午前8時から午後6時まで》

can·on·ize /kǽnənàɪz/ 動 他 ❶ [死者] を聖者に列する (♦ しばしば受身形で用いる) ❷ …を正典に加える ❸ …を(教会の)権威をもって認める ❹ …を賛美する
càn·on·i·zá·tion 名 Ⓤ 列聖

can·on·ry /kǽnənri/ 名 Ⓤ ❶ 聖堂参事会員の地位 [聖職禄] ❷ 《集合的に》聖堂参事会員

ca·noo·dle /kənú:dl/ 動 自 他 《口》(男女が)抱き合う, 抱き締める, 愛撫(あいぶ)し合う

*__can·o·py__ /kǽnəpi/ 名 (複 **-pies** /-z/) Ⓒ ❶ (玉座・ベッドなどを覆う) 天蓋(てんがい) ❷ 《文》空 ❸ (入り口の) 天蓋形日よけ；(戸口などの)張り出しびさし；(飛行機の操縦室を覆う)キャノピー；(パラシュートの)傘；(森林を覆う)林冠

canst /弱 kənst；強 kænst/ 助 《古》can¹ の直説法・二人称・単数・現在形(♦ 主語が thou のときに用いる)

cant¹ /kænt/ 名 Ⓤ ❶ (特殊な職業・グループ内での) 仲間言葉；隠語(→ jargon)；流行語；専門用語 ❷ (うわべだけの)偽善的な言葉(遣い), 空(から)念仏 ── 動 自 仲間言葉[隠語]を使う；うわべだけの[偽善的な]ことを言う

cant² /kænt/ 名 Ⓒ ❶ (堤防・結晶などの) 斜面；斜角；傾斜 ❷ (物を傾けるような急な)一突き, 動き
── 動 他 ❶ …に斜面をつける；…を斜めに切る ❷ …を傾ける；ひっくり返す ── 自 傾く；ひっくり返る《*over*》
▶▶ ~ **hòok** 名 Ⓒ かぎてこ《製材所などで丸太を引っかけて転がすために用いる》

*__can't__ /kænt | kɑ:nt/ cannot の短縮形 (♦ 米英の発音の違いに注意. 米音では /t/ が聞き取りにくく can と間違えやすい)

Cant. 略 〖聖〗Canticles；Cantonese

Can·tab /kǽntæb/ 略 of Cambridge University (♦ ラテン語 *Cantabrigiensis* より. 学位の後につけて用いる)

can·ta·bi·le /kæntɑ́:bɪlèɪ/ 〖楽〗 副 形 カンタービレで[の], 歌うように[な] ── 名 Ⓒ カンタービレの楽節[楽章]

Can·ta·brig·i·an /kæ̀ntəbrídʒiən/ 〈シ〉 形 名 Ⓒ (英国または米国の)Cambridge の(市民)；(英国の)ケンブリッジ大学の(学生[卒業生])；(米国のマサチューセッツ州の)ケンブリッジ[ハーバード]大学の(学生[卒業生])

can·ta·loupe /kǽnṭəlòup | -lù:p/ 名 Ⓤ Ⓒ カンタループメロン；マスクメロン《一般に果肉がオレンジ色》

can·tan·ker·ous /kæntǽŋkərəs/ 形 根性曲がりな；口論好きな；《米口》扱いづらい **~·ly** 副 **~·ness** 名

can·ta·ta /kəntɑ́:ṭə | kæn-/ 名 Ⓒ 〖楽〗カンタータ

can·teen /kæntí:n/ 名 Ⓒ ❶ 《英》酒保《兵営などの売店兼娯楽場》(《米》post exchange)；(工場・学校などの)食堂(cafeteria)；売店；臨時の売店 ‖ a wet [dry] ~ 酒類を売る[売らない]売店 ❷ 水筒 ❸ 《英》(家庭用)食器入れ(canteen of cutlery)；(軍用の)食事道具入れ

can·ter /kǽnṭər/ 名 Ⓒ ❶ 《単数形で》〖馬術〗緩い駆け足, キャンター ❷ キャンターで馬に乗ること
in [OR ***at***] ***a cánter*** 楽々と
── 動 自 他 (馬が[を])キャンターで駆ける[駆けさせる]

Can·ter·bur·y /kǽnṭərbèri | -bəri/ 名 カンタベリー《イングランド南東部, ケント州の都市. 英国国教会の総本山の所在地》
語源 Cant- は Kent の異形態, -bury は「とりで, 町」の意で「ケント人の町」から.
▶▶ ~ **bèll** 名 Ⓒ /英 ⌐⌐/ 〖植〗フウリンソウ ~ **Tàles** 名 /英 ⌐⌐/ 《the ~》カンタベリー物語《G. Chaucer 作の物語集》

can·ti·cle /kǽnṭɪkl | -tɪ-/ 名 ❶ Ⓒ 典礼聖歌, 賛美歌 ❷ Ⓒ (祈禱(きとう)書中の)頌歌(しょうか) ❸ 《the C-s》〖聖〗(ソロモンの)雅歌(the Song of Solomon)
the Canticle of Canticles =❸

can·ti·le·ver /kǽnṭəlì:vər | -tɪ-/ 名 Ⓒ 片持ち梁(ばり)《橋などの建造物・バルコニー・ひさしを支える梁》
── 動 他 …を片持ち梁で支える, 片持ち梁工法で作る
── 自 片持ち梁のように突き出る
▶▶ ~ **brìdge** 名 Ⓒ 片持ち梁橋

can·tle /kǽnṭl/ 名 Ⓒ 鞍尾(あんび)《鞍(くら)の後方の反り上がった部分》

can·to /kǽntou/ 名 (複 **~s** /-z/) Ⓒ 編《長詩の区切り》

can·ton /kǽntɑ̀(:)n | -tɔ̀n/ 名 Ⓒ ❶ (スイスの)州；(フランスの)小郡 ❷ /-tən/ 〖紋章〗(盾の右上隅の)小区画

Can·ton /kæntɑ́(:)n | -tɔ́n/ 〈シ〉 名 広東(カントン)《中国南東部, 広東省の省都広州(コワンチョウ)(Guangzhou)の旧名》

Can·ton·ese /kæ̀ntəní:z/ 〈シ〉 形 広東の, 広東人 [語] の ── 名 (複 ~) Ⓒ 広東人；Ⓤ 広東語

can·ton·ment /kæntɑ́(:)nmənt | -tú:n-/ 名 Ⓤ (軍隊の)宿舎割り当て, Ⓒ 宿営；(昔の英領インドの)兵舎

can·tor /kǽntər | -tɔ:/ 名 Ⓒ (教会の) 聖歌隊長 [先唱者]；(ユダヤ教会の)朗詠者

can·tor·i·al /kæntɔ́:riəl/ 形 聖歌隊長[先唱者]の；聖歌隊席の北側の

Ca·nuck /kənʌ́k/ 名 Ⓒ 《米・カナダ俗》カナダ人；⊗《米・カナダ》《蔑》(特に)フランス系カナダ人

Ca·nute /kənjú:t/ 名 カヌート(Cnut, Knut) (994?–

1035)《デンマーク王(1018–35)で, イングランド王(1016–35)とノルウェー王(1028–35)を兼ねた》

***can·vas** /kǽnvəs/ 名 (複 **~·es** /-ɪz/) ❶ U ズック(地)《綿・麻などで作られる丈夫な布地》;《形容詞的に》ズック(地)の ‖ a ~ bag ズックのかばん ❷ C カンバス, 画布; (カンバスに描かれた)油絵 ❸ C 帆;《集合的に》帆一式; U 帆布 ❹ C テント;《集合的に》テント群 ❺ U キャンバス(地)《刺繍(しゅう)の台地にする織り目の粗い布》 ❻ C (競艇用ボートの前後の)ズックで覆った部分 ❼《the ~》(ボクシング・レスリングのリングの)床, キャンバス

òn a bròader [OR ***wìder, làrger***] ***cànvas*** より大局的に

under cánvas ① テントを張って, (軍隊などが)露営して ② (船が)帆を張って

cánvas·bàck 名 C 〖鳥〗オオホシハジロ《北米産のカモ》

***can·vass** /kǽnvəs/ 動 自 (選挙の)票集めに回る, 票集めをする; 〈…の〉勧誘[依頼]に回る〈**for**〉‖ ~ *for* votes [the party] 投票を頼んで回る[党の選挙運動をする]

— 他 ❶〔場所〕を回って〈票・注文などを〉依頼する;〔人〕に〈…を〉依頼[勧誘]して回る〈**for**〉;〔支持など〕を依頼する ‖ He ~*ed* the whole town *for* donations. 彼は寄付集めのため町中を回った / ~ support *for* ... …への支持を頼んで回る ❷〔人〕に意見を聞く;〔意見〕を調査する ❸ …を徹底的に討論する ❹《英》〔計画など〕を提案する(♦ しばしば受身形で用いる) — 名 C ❶ 票集め, 選挙運動; 勧誘, 懇請; 意見調査 ‖ a house-to-house [OR door-to-door] ~ 戸別訪問 ❷ 徹底的な調査[討論]

~·er 名 C 勧誘者; 戸別訪問のセールスマン; 選挙運動員

***can·yon** /kǽnjən/ 名 C 峡谷《通例流れのある深い谷》(→ Grand Canyon) **~·ing** 名 U 峡谷下り

can·zo·ne /kænzóʊni | -tsóʊneɪ/ 名 (複 **~s** /-z/ OR **-ni** /-ni/) C ❶〖楽〗カンツォーネ《イタリア・南フランスのマドリガル風の叙情的歌曲(canzona)》 ❷《文》中世イタリア・プロバンスの叙情詩

can·zo·net /kænzənét | kæntsóʊnet/ 名 C カンツォネッタ《17, 18世紀に流行した明るく陽気な小歌曲》

:cap¹ /kæp/

— 名 (複 **~s** /-s/) C ❶ (縁なし)**帽子**《まびさしのあるものも含む》;《修飾語を伴って》(特別な用途のための)帽子; (地位・職業・メンバーであることを示す)帽子(⇨ HAT 類語) ‖ I took off my ~ to the priest. 牧師に敬意を表して帽子を脱いだ / He had a ~ on.＝He was **wearing** a ~. 彼は帽子をかぶっていた / He is **in** a peaked ~. 彼はまびさし[つば]のついた帽子をかぶっている / a shower ~ シャワーキャップ / a **baseball** ~ 野球帽 / a nurse's ~ ナースキャップ

❷ (大学の)角帽《ふさ付きで卒業式などにかぶる》(→ *cap and gown*(↓));《英》(代表チームの一員であることを示す)選手帽; (選手帽を与えられた)代表選手 ‖ He won his first ~ for Japan against France. 彼はフランス戦で初めて日本代表に選ばれた / a new ~ 代表新人選手

❸ 帽子状のもの; 覆い, ふた;〖歯〗(治療した歯の)冠; (瓶・カメラレンズ・万年筆の)キャップ

❹ (鳥の色の目立つ)頭頂部; キノコのかさ;〖建〗柱頭

❺ 〈物価・賃金などの〉上限〈**on**〉‖ put [OR place] a ~ *on* public spending 公共支出に上限を設ける

❻ 雷管(percussion cup); (おもちゃのピストルの)紙火薬

❼ (すり減ったタイヤの表面につけた)新しいトレッド

❽《英口》避妊用ペッサリー

càp and gówn (大学卒業式などの)角帽とガウン, 式服

càp in hánd 《英》＝HAT *in hand*

If the càp fíts(, ***wéar it***). 《英》＝*If the* SHOE *fits*(, *wear it*).

put [OR ***get***] ***one's thinking cap on*** ⇨ THINKING CAP

sèt one's cáp for [《英》***at***] ***...*** 《旧》(女性が)〔男性〕をとりこにしようとする, …と結婚しようとする

— 動 (**~s** /-s/; **capped** /-t/; **cap·ping**)

— 他 ❶ …に帽子[ふた]をかぶせる, キャップをかぶせる;〔歯〕に人工冠をかぶせる(♦ しばしば受身形で用いる) ‖ have one's teeth *capped* 歯に冠をかぶせてもらう

❷ …の上を〈…で〉覆う; …にかぶさる〈**with**〉(♦ しばしば受身形で用いる) ‖ The mountains were *capped with* snow. 山々は雪を頂いていた

❸ …に劣らないことをする[言う]; …をしのぐ ‖ Can you ~ his story? 彼のより面白い話があるかい / ~ a joke (前の人より)いっそう面白い冗談を言う ❹ …を〈…で〉仕上げる, 締めくくる〈**with**〉‖ ~ a meal *with* dessert デザートで食事を締めくくる ❺〔歳出・賃金など〕の上限を定める(♦ しばしば受身形で用いる) ❻《通例受身形で》《英》代表チームの選手に選ばれる(→ 名 ❷) ❼ (業績などにより)…に特別の帽子を授ける;《スコット・ニュージ》…に学位を与える

càp óff ... / ***càp ... óff*** 〈他〉《口》…を終える

to càp it áll (***off***) 挙げ句の果てに ‖ She fell off the bike, skinned her knee, and *to* ~ *it all*, lost her keys. 彼女は自転車で転倒して, ひざをすりむいた上に鍵(かぎ)をなくした

語源 ラテン語 *cappa*(ずきん)から.

▶▶ **~ slèeve** 名 C キャップスリーブ《肩先を覆う程度の短いそで》

cap sleeve

cap² /kæp/ 名 U 〖経〗❶ ＝capitalization ❷《複合語で》…規模の ‖ a mid-*cap* firm 中規模資本の会社

CAP 略 *C*ivil *A*ir *P*atrol(民間航空巡視員); *C*ommon *A*gricultural *P*olicy ((EUの)共通農業政策); *c*omputer-*a*ided *p*roduction

cap. 略 capacity;〖印〗capital (letter); capitalize, capitalized; caput

***ca·pa·bil·i·ty** /kèɪpəbíləṭi/ 名〔◁ capable 形〕(複 **-ties** /-z/) ❶ U C 〈…する〉能力, 生まれつきの力(↔ inability)〈**of doing** / **to do**〉;〈…の〉才能, 腕前〈**for**〉‖ He has the ~ ⌈*to* do [OR *of* doing] the job well. 彼にはその仕事をうまく処理する能力がある / It is beyond my *capabilities to* arrange a graduation party. 卒業パーティーのおぜん立ては私の手に負えない

❷ C《通例 -ties》可能性; 将来性, 素質 ‖ make the best use of one's *capabilities* 自分の可能性を最大限に活用する / a young man of enormous *capabilities* 並外れた素質を持った青年 ❸ U C (特別な目的のための)能力; (材料などの)性能; (国などの)戦力 ‖ the *capabilities* of the computer コンピューターの処理能力 / a nuclear (weapons) ~ 核戦力

:ca·pa·ble /kéɪpəbl/《発音注意》

— 形 (**more ~**; **most ~**)

❶《叙述》**…する能力[才能]がある**, …できる(↔ incapable)〈**of** 名 / ***doing***〉(⇨ ABLE 類語) ‖ Computers are ~ ⌈*of* performing [×to perform] billions of calculations every second. コンピューターは毎秒数十億の計算ができる / Are you ~ *of* running the entire distance? 全行程を走り切ることができますか(Can you run ...?) / He is **quite** [**perfectly**] ~ *of* solving this kind of problem. 彼ならこの手の問題は十分[完璧(かんぺき)に]解決できる

❷ (**+of** 名)《叙述》…が可能である, …されやすい, …の余地がある, …を許す ‖ These phenomena are ~ *of* rational explanation. これらの現象は合理的に説明できる / She was ~ *of* disastrous misunderstanding. 彼女はひどい誤解を受けやすかった / a plan ~ *of* improvement＝a plan ~ of being improved 改善の余地がある計画

❸ **有能な**, 実力のある(↔ incompetent) ‖ a very ~ teacher 大変有能な教師 / I'll leave everything in your ~ hands. すべて(有能な)あなたに任せます

❹《叙述》(人が)〈悪いことなどを〉平気でやる傾向[性向]がある, …しかねない〈**of**〉‖ We're all ~ *of* violence. 我々はみな暴力を振るいかねない

❺《複合語で通例限定形容詞を作って》利用可能な ‖ net～ cellphones インターネットに接続可能な携帯電話

COMMUNICATIVE EXPRESSIONS

1 **I dòn't fèel cápable.** 私にはできません（♥ 自分には能力がないことを表す形式ばった表現. I can't. /《口》I'm no good at this [that]. /《口》Can't manage.）

～·ness 名 **-bly** 副 うまく, 上手に

ca·pa·cious /kəpéɪʃəs/ 形 広々とした；たっぷり入る；心の広い ‖ a ～ handbag たくさん入るハンドバッグ

～·ly 副 **～·ness** 名

ca·pac·i·tance /kəpǽsɪtəns/ 名 U 〘電〙静電容量

ca·pac·i·tate /kəpǽsɪtèɪt/ 動 他《堅》❶ …にできるようにする；…に法的資格を与える ❷〘生理〙〔精子〕に受精能を与える

ca·pac·i·tor /kəpǽsətər | -pǽsɪ-/ 名 C 〘電〙コンデンサー, 蓄電器(condenser)

ca·pac·i·ty /kəpǽsəṭi/

—名（複 **-ties** /-z/）❶ U/C《単数形で》**収容［受容］能力**；(器物などの)容量, 収容量；(形容詞的に)収容能力いっぱいの, 満員の ‖ At 80,000 the seating ～ of the stadium is the largest in the country. スタジアムの収容人員は8万で我が国最大である / a tank with a ～ of 10 gallons 10ガロン入りタンク / a ～ crowd [OR audience] 満員の観客

❷ U C（知的)能力, 才能；適性；性能, 特性；潜在能力, 可能性〈**for** …の / **to** *do* …する〉(⇨ ABILITY 類語) ‖ Our brains have an innate ～ *to* understand the structure of a language. 人間の脳には言語の構造を理解する生まれながらの能力がある / the ～ *for* creative thinking 創造的思考のできる才能 / the ～ of an atomic bomb 原爆の(破壊)力

❸ U/C《単数形で》最大生産量［能力］；最大容量；(エンジンの) 総排気量 ‖ This plant has an annual ～ of 2,000 cars. この工場は年間2,000台の車を生産できる / work「at full [below] ～ フル［生産量を落として］操業する ❹ C《通例単数形で》(人の)資格, 地位, 役割 ‖ I'm meeting you today **in** my ～ as the team representative. 今日はチームの代表という立場でお目にかかっています / work **in** many *capacities* いろいろな役割で働く ❺ U =capacitance ❻ C《単数形で》〘法〙法的資格［能力］

**to capácity* 最大限まで

càp-and-tráde 形〘環境〙キャップアンドトレード方式の《炭素排出の上限(cap)を決め, その過不足を互いに取り引きする方式》

cap-a-pie, -à- /kæ̀pəpíː/ 副《古》頭のてっぺんからつま先まで；すっかり(entirely)

ca·par·i·son /kəpǽrɪsən/ 名 C《しばしば ～s》飾り馬衣；豪華な衣裳 —動 他〈…で〉〔馬〕を飾り立てる；〔人〕を盛装させる〈**in, with**〉(♦ しばしば受身形で用いる)

***cape**[1] /keɪp/ 名 C ❶ ケープ《首の周りで留めて肩から垂らすゆったりしたそでなし外衣. マントより短い》❷ コートの肩当て ❸《米》動物の頭から首の毛皮《狩猟の戦利品》

caped 形 ケープを着た

***cape**[2] /keɪp/ 名 ❶ C 岬 ❷《the C-》=the Cape of Good Hope

▶▶**Càpe Canáveral** 名 ⇨ CANAVERAL **Càpe Cód** 名 ⇨ COD **Càpe Cólored** 名 C《南ア》(黒人と白人の) 混血 (の人) **Càpe Dútch** 名 U =Afrikaans **Càpe Hórn** 名 ⇨ HORN **Càpe of Gòod Hópe** 名《the ～》喜望峰 **Cápe Tòwn** 名 ケープタウン《南アフリカ共和国の立法上の首都(行政上の首都は Pretoria)》 **Càpe Vérde** (↓)

cap·e·lin /kéɪpəlɪn/ 名（複 ～ OR ～s /-z/）C〘魚〙カラフトシシャモ《北洋産. タラの釣り餌(え)などに用いる》

ca·per[1] /kéɪpər/ 動 自 跳ね回る, はしゃぎ回る（♦ 方向を示す副詞を伴う） —名 C ❶ 跳ね回り, はしゃぎ回り ❷ 悪ふざけ, いたずら ❸《口》不法行為, (盗みなどの)犯罪

cùt「a cáper [OR cápers] はしゃぎ回る, 跳ね回る

ca·per[2] /kéɪpər/ 名 C〘植〙ケーパー《地中海産の低木》；《～s》酢漬けにしたケーパーのつぼみ

cap·er·cail·lie /kæ̀pərkéɪli/ 名 C〘鳥〙オオライチョウ

cápe·skìn 名 U ケープスキン《手袋用の羊皮の一種》

***Càpe Vérde** /-vɔ́ːrd/ 名 カーボベルデ《アフリカ西方の群島 (the Cape Verde Islands) からなる共和国. 首都 Praia》

cap·il·lar·i·ty /kæ̀pɪlǽrəṭi/ 名 U 毛管現象

cap·il·lar·y /kǽpəlèri | kəpíləri/ 名（複 **-lar·ies** /-z/）C ❶ 毛(細)管 ❷ 毛細血管 —形 ❶ 毛髪状の ‖ a ～ tube 毛(細)管 ❷ 毛(細)管の；毛(細)管現象の

▶▶**～ áction** 名 U 毛管現象 **～ attráction** 名 U 毛管引力

cap·i·tal[1] /kǽpəṭəl | kǽpɪ-/ (♦ 同音語 Capitol) 名 形

中心義 **(Aの)頭に相当する(もの)**（★Aは「国」「単語」「事業」など多様)

> 名 **首都❶ 大文字❷ 資本❸**
> 形 **資本の❶ 主要な❷ 首都の❸ 大文字の❹**

—名（複 **～s** /-z/）❶ C（通常政府のある）**首都**, 首府；(産業・ビジネスなどの) 中心地 ‖ Ottawa is the ～ of Canada. オタワはカナダの首都である / a state ～ 州都 / Silicon Valley is the ～ of the hi-tech industry. シリコン＝バレーはハイテク産業の中心地である

❷（=**～ létter**）C **大文字**, 頭文字（↔ small letter）‖ printed [written] in *～s* 大文字で印刷された［書かれた］

❸ U/C《単数形で》**資本**(金)；元手(→ working capital, venture capital) ‖ the accumulation of ～ 資本の蓄積 / **human** ～ 人的資本 / fixed ～ 固定資本 / circulating [OR floating, flowing] ～ 流動資本 / share ～ 株式資本 / ～ and interest 元利 / raise ～ 元手［資本］を集める / start a new business with ～ of $100,000 10万ドルの元手で新しい商売を始める

❹ U〘商〙資本(額), 純資産；(発行株式の)額面総額

❺ U（利益などの) 源；資源 ❻《しばしば C-》U《集合的に》資本家(階級) ‖ ～ and labor 労資

màke cápital (out) of ... …を(自分の利益のために) 利用する

—形《比較なし》《通例限定》❶ **資本の** ‖ the ～ **market** 資本市場 / ～ **investment** 資本投資

❷ **主要な**, 主な；非常に重要な ‖ of ～ importance 極めて重要な

❸（都市が)中央政府のある, **首都の** ‖ a ～ city 首都

❹ **大文字の**, 頭文字の（↔ small）‖ Van Gogh is spelled with a ～ "G." ファン＝ゴッホは大文字のGでつづられる

❺ 死刑にすべき；致命的な ‖ a ～ crime [OR offense] 死刑に値する犯罪 / a ～ error 致命的ミス

❻《英口》《旧》優れた, 一流の ‖ *Capital!* 素敵だ, 最高だ

with a càpital Á 特筆大書すべき, 真の意味での（♦ *A*には強調する語の頭文字が大文字で入る）‖ an environmentalist *with a* ～ E 本当の環境保護論者

▶▶**～ ádequacy ràtio** 名 C〘金融〙(銀行の)自己資本比率 **～ ássets** 名 複〘経〙資本資産, 固定資本(fixed assets) **～ chàrge** 名 C〘会計〙資本費(負債に対する利子の支払減価消却費など) **～ expénditure** 名 U〘経〙資本支出（♦ ～ spending, ～ outlay などともいう) **～ gáins** (↓) **～ góods** 名 複〘経〙資本財(↔ consumer goods) **～ lévy** 名 C〘経〙資本課税, 財産税 **～ púnishment** 名 U 極刑, 死刑 (death penalty) **～ shíp** 名 C 主力艦《戦艦・巡洋艦など》 **～ stóck** 名 C U（発行済み)株式総額；株式資本, 資本金 **～ súm** 名 C（支払われる保険金の)最高額；一時払い保険金

cap·i·tal² /kǽpətəl | kǽpɪ-/ (♦ 同音語 Capitol) 名 C 〖建〗柱頭

***càpital gáins** 名 複 〖経〗キャピタルゲイン, 資本利得, 資産 ‖ ～s tax 資本利得税《略 CGT》

càpital-inténsive ⟨シ⟩ 形 資本集約的な (→ labor-intensive)

***cap·i·tal·ism** /kǽpətəlìzm | kǽpɪ-/ 名 U 資本主義

***cap·i·tal·ist** /kǽpətələst | -ɪtəlɪst/ 名 C ❶ 資本主義者 ❷ 資本家；(一般に)資産家, 大金持ち
—形 資本主義の, 資本家の (capitalistic) ‖ a ～ society [economy, system] 資本主義社会[経済, 体制]

cap·i·tal·is·tic /kæ̀pətəlístɪk | kæ̀pɪ-/ ⟨シ⟩ 形 資本家の；資本主義の；資本主義を擁護する ‖ ～ nations 資本主義諸国 **-ti·cal·ly** 副

cap·i·tal·i·za·tion /kæ̀pətələzéɪʃən | -ɪtəlaɪ-/ 名 U ❶ 大文字で書く[印刷する]こと ❷ 資本への転換(額), 資本化, 投資 ❸ (企業の)総資本；(授権済みの)株式・債券総額

***cap·i·tal·ize** /kǽpətəlàɪz | kǽpɪ-/ 動 他 ❶〔語〕を大文字で書く[印刷する, 始める] ❷ …を資本に転換する ❸〔支出・収入〕の額を見積もる ❹〖会計〗〔諸経費〕を資産勘定に計上する ❺〔企業〕に資本を投下する ‖ The firm is ～*d* at $70 million. その会社の資本は7千万ドルである
—自 〈…に〉乗ずる, つけ込む〈**on, upon**〉‖ ～ *on* an opponent's mistake 相手のミスにつけ込む

cap·i·tal·ly /kǽpətəli | kǽpɪ-/ 副 ❶ 見事に, 上手に ❷ 死刑に処すべく

cap·i·ta·tion /kæ̀pɪtéɪʃən/ 名 U 人頭税(poll tax)；頭割り勘定

Cap·i·tol /kǽpətəl | kǽpɪ-/ (♦ 同音語 capital) 名 ❶《the ～》《米》国会議事堂 ❷《通例 c-》C《米》州議会議事堂 ❸ (古代ローマの)Jupiter の神殿；《the ～》(古代ローマの) カピトリヌスの丘 ▸▸**～ Híll** 名 ① U 《口》国会, 議会 (Congress) ‖ on ～ *Hill* 議会では ② キャピトルヒル《Washington, D.C. の米国国会議事堂のある丘》

ca·pit·u·lar /kəpítʃələr | -pítju-/ 形 ❶ (教会) 参事会 (chapter)の ❷〖植〗頭(球)状の；〖解〗有頭骨の

ca·pit·u·late /kəpítʃəlèɪt | -pítju-/ 動 自 (条件付きで)〈…に〉降伏する；〈要求などに〉屈伏する(↷ cave in)〈**to**〉
-là·tor 名 **-la·tò·ry** 形

ca·pit·u·la·tion /kəpɪ̀tʃəléɪʃən | -pɪ̀tju-/ 名 ❶ U《堅》条件付き降伏；屈伏；C 降伏文書 ❷ C《堅》(主要事項の)要約 ❸ C《～s》〖史〗協定, 協定事項

cap·let /kǽplət/ 名 C カプセル錠(♦ 商標 Caplet より)

ca·po /kɑ́:pou, kǽ-/ 名 C《米口》(マフィアの)ボス, 組長(♦ captain の意のイタリア語より)

ca·po·ei·ra /kæ̀puéɪrə/ 名 U カポエイラ《ブラジル起源のダンス的要素を含んだ格闘技》

ca·pon /kéɪpɑ̀(:)n | -pən/ 名 C 去勢したおんどり《食肉用》

ca·pote /kəpóut/ 名 C《米》〖史〗(軍人・旅行家などの)フード付き長外套(がいとう)

cap·pel·let·ti /kæ̀pəléṭi/ 名 U 〖料理〗カッペレッティ《帽子型のパスタにひき肉やチーズを詰めたイタリア料理》

cap·per /kǽpər/ 名 C ❶《米俗》(競りなどの)さくら, おとり ❷《通例 the ～》《米口》(物事の) 極めつけ, 仕上げ ‖ The ～ was a sudden leap in prices. 極めつけは物価の急上昇だった

cap·puc·ci·no /kɑ̀:pətʃí:nou | kæ̀pu-/ 名 (複 **～s** /-z/) U C カプチーノ《泡立てたミルク入りのエスプレッソコーヒー》

ca·pric·ci·o /kəprí:tʃiòu/ 名 (複 **～s** /-z/) ❶ C〖楽〗カプリッチオ, 狂想曲 ❷ U ふざけ；気まぐれ

ca·pric·ci·o·so /kəprì:tʃióusou/ 形 副 〖楽〗奇想的な[に]

ca·price /kəprí:s/ 名 ❶ C U 気まぐれ, 移り気(な性質)；(予想し難い) 急激な変化 ❷ C 奇抜な芸術作品；〖楽〗= capriccio

***ca·pri·cious** /kəpríʃəs/ 形 気まぐれな, 移り気な；突然変化しやすい **～·ly** 副 **～·ness** 名

***Cap·ri·corn** /kǽprɪkɔ̀:rn/ 名 ❶ U 〖天・占星〗山羊(やぎ)座；磨羯(まかつ)宮《黄道十二宮の第10宮》(the Goat) (⇨ ZODIAC 図) ‖ the tropic of ～ 南回帰線, 冬至線 ❷ C〖占星〗山羊座[磨羯宮]生まれの人

cap·rine /kǽpraɪn/ 形 ヤギの(ような)

cap·ri·ole /kǽpriòul/ 名 C (バレエの) 跳躍；〖馬術〗カプリオール《跳躍の一種》

caps. 略 〖印〗capital letters；capsule

cap·si·cum /kǽpsɪkəm/ 名 C〖植〗唐辛子；U その実

cap·size /kǽpsàɪz | -ˊ/ 動 他 自 (ボートなどを[が]) ひっくり返す[返る], 転覆させる[する]

cap·stan /kǽpstən/ 名 C ❶ キャプスタン《ロープ・ケーブルなどの巻揚機》 ❷ (テープレコーダーの) キャプスタン《テープを一定の速度で送る巻軸》
▸▸**～ làthe** 名 C タレット旋盤

cáp·stòne 名 C ❶ (石壁などの)笠石, 冠石 ❷ 絶頂

cap·su·lar /kǽpsələr | -sjʊ-/ 形 カプセル(状)の；カプセルに入れた

***cap·sule** /kǽpsəl | -sju:l/《発音注意》名 C ❶ (薬の)カプセル (⇨ MEDICINE 類語P) ‖ Take two ～*s* thirty minutes after meal. 食後30分に2カプセルを服用してください / in ～ form カプセルの形の[で] ❷ (ロケットの) 宇宙カプセル(space capsule)；(飛行機本体から分離できる)操縦室 ❸ (ワインボトルの)コルク覆い ❹〖植〗蒴(さく)；蒴果 ❺〖解〗被嚢(ひのう)；(大脳白質の)内包；〖生〗莢膜(きょうまく) ❻ 短い要約
—形《限定》❶ 高度に凝縮した, 非常に短い ❷ 小型の
—動 他 ❶ …をカプセルで包む；…にカプセルを取りつける ❷ …を要約する, 簡潔にする

cap·sul·ize /kǽpsəlàɪz | -sjʊ-/ 動 =capsule

***Capt.** 略 Captain

*****cap·tain** /kǽptən | -tɪn/ 名 動
—名 (複 **～s** /-z/) C ❶ **船長**, 艦長；(航空機の)**機長**, パイロット (♦ 呼びかけにも用いる) ‖ Hello, this is your ～ speaking. (機内放送で) こんにちは, こちらは機長です / the ～ and crew 船長[機長]と乗組員
❷ (チームの) **キャプテン**, 主将 ‖ He is (the) ～ of a soccer team. 彼はサッカーチームの主将だ(♦ しばしば無冠詞で用いる)
❸ (特定の分野の)長, (特に産業界の)指導者, 大御所 ‖ ～*s* of industry 産業界の大御所たち
❹〖軍〗(米英陸軍・米海兵隊の)大尉；(米空軍の)大尉(→ group captain)；(米英海軍・米沿岸警備隊の) 大佐 (♦ 呼びかけにも用いる)
❺《米》分署長, 警部 (《英》chief inspector)；(消防署の)中隊長 ❻《英》(工場などの)職長, 班長(foreman)；(学校の)級長, 学級委員 ❼《米》(ホテルの)ボーイ頭(bell captain)；(レストランの)ウエーター主任
—動 他 …のキャプテン[船長, 機長]を務める ‖ ～ a football team フットボールチームの主将を務める
～·cy, ～·shìp 名 U C captain の地位[権限, 任期, 管轄区域]；キャプテンとしての指導力
語源 ラテン語 *caput*(頭)から. capital, chapter, chieftain と同系.
▸▸**Cáptain Amèrica** 名 キャプテン＝アメリカ《米国のコミックスの主人公》

***cap·tion** /kǽpʃən/ 名 C ❶ 見出し, 表題(title)；(挿絵・写真・漫画の)説明文, キャプション；(映画・テレビの)字幕 (subtitle) (→ closed caption) ❷〖法〗(法律文書の) 頭書 ❸ 💻 キャプション《プログラム中で使用するオブジェクトにつける見出し》 —動 他《通例受身形で》表題 [説明文] がつけられる (♦ しばしば名詞補語を伴う) ‖ The photograph was ～*ed* "Spring Snow". その写真には「春の雪」と表題がついていた

cap·tious /kǽpʃəs/ 形《堅》揚げ足取りの；あら探しの好きな；相手をわなにかける ‖ ～ questions 相手を引っかけるような質問 **～·ly** 副 **～·ness** 名

C

*cap·ti·vate /kǽptɪvèɪt/ 動 他 (機知・美・知性などで)〔人〕を魅了する, 夢中にさせる；…の心を奪う(♦しばしば受身形で用いる) ‖ We were ～d by the beauty of the scenery. 我々はその景色の美しさにうっとりした
-vàt·ing 形 うっとりさせる -vàt·ing·ly 副 càp·ti·vá·tion 名 -và·tor 名 C 魅了する人

*cap·tive /kǽptɪv/ 形〔◁ capture 動〕❶ 捕虜になった, 捕らわれた ‖ Two reporters were taken ～ by the rebels. 2人の記者が反乱軍に捕らえられた / hold a civilian ～ 民間人を捕虜にする / a ～ animal 捕獲動物 / ～ breeding (希少動物の)人工繁殖 ❷《限定》自由を失った, 自由のきかない, 隷属した(→captive audience) ‖ a ～ nation 隷属国家 / a ～ market 専属市場 ❸《限定》(施設・サービスなどが)会社・組織専用の ❹〈…に〉魅了された, うっとりした(captivated)〈to〉
—名 C ❶ 捕虜, 囚人；捕獲された動物 ❷ (恋などの)とりこ ‖ a ～ to love 恋のとりこ
▶▶ ～ áudience 名 C (ラジオ・スピーカーなどで)いやでも聞かされる人々 ～ ballóon 名 C 係留気球

*cap·tiv·i·ty /kæptívəṭi/ 名 ❶ U 捕らわれの状態［期間］, 拘留；従属, 隷属 ‖ in ～ 捕らわれの身で；捕獲状態で ❷《the C-》〖聖〗バビロンの捕囚

cap·tor /kǽptər/ 名 C 捕らえる人, 捕獲者

‡cap·ture /kǽptʃər/
—動〔▶ captive 形〕(～s /-z/；～d /-d/；-tur·ing)
—他 ❶〔人〕を捕らえる, 捕虜［囚人］にする；〔動物〕を捕獲する (↔ release) ‖ The pilot is thought to have been ～d. パイロットは捕虜になったものと考えられる / A monkey was ～d on the outskirts of the town. 1匹の猿が町の外れで捕獲された
❷〔場所〕を攻略する, 占領する
❸ (言葉・写真などで)〔事件・場面など〕をとらえる, 記録する, 活写する ‖ ～ his dignity on canvas 彼の威厳をカンバスに表現する / ～ the essence of her film in a brief review 短い評論で彼女の映画の神髄をとらえる
❹〔人〕を魅了する, とりこにする；〔注意・興味など〕をとらえる ‖ ～ the attention of the world 世界の注目を集める / ～ the imagination of children 子供たちの想像力をかき立てる ❺〔権力など〕を勝ち取る；〔賞品・票など〕を獲得する ‖ ～ power by constitutional means 合法的手段で権力を握る / ～ the luxury car market 高級車市場を占有する ❻ (チェスなどで)〔こま〕を取る ❼ 🖳〔画像・音声データなど〕を取り込む ❽〖理〗〔粒子〕を捕獲する
—名 (複 ～s /-z/) ❶ U 捕獲, 逮捕, 占領, 分捕り
❷ C 捕獲物, 分捕り品；捕虜
❸ C〖チェス〗相手のこまを取る手 ❹ U〖理〗放射性捕獲
❺ U 🖳 (データの)取り込み, キャプチャー

Cap·u·chin /kǽpjuʃən | -tʃɪn/ 名 C ❶ カプチン修道会士 ❷《c-》フード付きの女性用外とう ❸《c-》〖動〗フサオマキザル, カツラザル《南米産》

cap·y·ba·ra /kæ̀pibɑ́ːrə/ 名 C〖動〗カピバラ《南米産の水辺にすむ齧歯(げっし)類》

‡car /kɑːr/
—名 (複 ～s /-z/) C ❶ 自動車, 車, 乗用車(《米》automobile；《米口》auto；《英》motorcar)(♦通例バス, トラックは含まない. ⇨ 類語P) ‖ My mother goes to work by ～. 母は車で通勤している / We're going to York in [×by] a friend's ～. 私たちは友人の車でヨークへ行きます / drive [park] a ～ 自動車を運転［駐車］する / get into [out of] a ～ 自動車に乗り込む［から降りる］(♦ ×get on [off] a car とはいわない. → train)
❷ 鉄道車両, 客車 (rail(road) car, 《英》carriage)；《米》貨車；電車(→ streetcar, cable car) ‖ a subway ～ 地下鉄の車両
❸《英》(列車の)車両, …車 ‖ a dining ～ 食堂車
❹ (エレベーターの)箱(cage)；(気球・飛行船の)つりかご；(ロープウェイの)ゴンドラ ❺《文》戦車(chariot)

<table>
<tr><td></td><td></td><td>《米》</td><td>《英》</td><td></td></tr>
<tr><td rowspan="6">車</td><td>ダンプカー</td><td>dump truck</td><td>dumper</td><td rowspan="6">vehicle</td></tr>
<tr><td>トラック</td><td>truck</td><td>lorry</td></tr>
<tr><td>路線バス</td><td rowspan="2">bus</td><td>bus</td></tr>
<tr><td>観光バス</td><td>coach</td></tr>
<tr><td>乗用車</td><td colspan="2" rowspan="4">car</td></tr>
<tr><td>(列車の)車両</td></tr>
<tr><td colspan="2">エレベーターの箱</td><td></td></tr>
<tr><td colspan="2">ロープウェイのゴンドラ</td><td></td></tr>
</table>

♦「乗用車」を《米》では automobile (《口》では auto), 《英》では motorcar という.
♦ vehicle には自転車を含めることもある.
♦《英》でもトラックを truck ということがある.

▶▶ ～ alàrm 名 C 車の警笛《盗難予防用》 ～ bòmb 名 C 自動車爆弾《テロリストなどが用いる》 ～ bóot sàle 名 C《英》トランクセール《集まった人々の車のトランクから持ち寄った品を販売する》 ～ còat 名 C カーコート《ひざ上までの短いコート》 ～ navigàtion 名 U カーナビ ～ pàrk 名 C《英》駐車場(《米》parking lot) ～ phòne 名 C 自動車電話 ～ pòol (↓) ～ sèat 名 C ① (車の)チャイルドシート (child seat) ② 車の座席 ～ shòw 名 C 自動車展示会, モーターショー (auto [OR motor] show) ～ tàx 名 C《英》道路(利用)税 (road tax) ～ wàsh 名 C 洗車場；洗車装置

car. 略 carat

ca·ra·ba·o /kɑ̀ːrəbɑ́ːoʊ/ 名 =water buffalo

car·a·cal /kǽrəkæ̀l, kǽrə- | kǽrə-/ 名 C〖動〗カラカル《アフリカ・南アジア産のヤマネコの一種》；U その毛皮

Ca·ra·cas /kərɑ́ːkəs | -rǽ-/ 名 カラカス《南米ベネズエラの首都》

car·a·cole, -col /kǽrəkòʊl/ 〖馬術〗名 C (左右への)半回転, 半旋回 —動 自 半回転する, 半旋回する

car·a·cul /kǽrəkəl/ 名 =karakul

ca·rafe /kərǽf/ 名 C カラフェ《ガラス製の水差し. ワイン入れ》；カラフェ1杯の分量

car·a·mel /kǽrəməl | -mèl/ 名 ❶ U カラメル (シロップ) ❷ U C キャラメル ❸ U カラメル色, 淡褐色
～·ìze 動 他 自 (砂糖を[が])カラメル(状)にする[なる]

car·a·pace /kǽrəpèɪs/ 名 C (カメ・カニなどの)甲殻

car·at /kǽrət/ 名 C ❶ カラット《宝石類の重量単位. 200mg》 ❷ =karat

*car·a·van /kǽrəvæ̀n/ 名 C ❶ (砂漠などの) キャラバン, 隊商 ❷《英》移動住宅, トレーラーハウス(《米》trailer) ❸ (サーカスの動物などの)ほろ付き馬車, 有蓋(ゆうがい)貨物運搬車 (van) ❹ (隊を組んで旅をする)乗り物の一団, 一行 ‖ a ～ of cars 一団の自動車の列 / a candidate's ～ 遊説キャラバン —動 (～ed OR -vanned；～·ing OR -van·ning) 自《英》トレーラーハウスで旅行する ‖ go ～ing in Italy トレーラーハウスでイタリアを旅行する
▶▶ ～ pàrk [sìte] 名 C《英》トレーラーハウス用駐車地(《米》trailer park)

car·a·van·ning /kǽrəvæ̀nɪŋ/ 名 U《英》トレーラーハウスで行く休暇旅行(《米》trailer camping)

car·a·van·sa·ry /kæ̀rəvǽnsəri/, -se·rai /-sərài/ 名 (複 -ries /-z/, -rais /-z/) C ❶ (近東の)隊商宿；(大きな)旅館, ホテル ❷ 隊商(caravan)

car·a·vel /kǽrəvèl/ 名 C (14-17世紀にスペイン人・ポルトガル人の使った)軽量の小型帆船

car·a·way /kǽrəwèɪ/ 名 C〖植〗キャラウェー, ヒメウイキョウ《セリ科》；(= ～ sèed) U キャラウェーの実《香味料》

carb[1] /kɑːrb/ 名《口》=carburetor

carb[2] /kɑːrb/ 名 C《通例 ～s》《米口》炭水化物 (carbo-

hydrate)(を含む食品)
car·bide /kάːrbàɪd/ 名 U C 〘化〙炭化物；炭化カルシウム，カーバイド
car·bine /kάːrbìːn | -bàɪn/ 名 C カービン銃
carbo- /kɑːrbou-, -bə-/ 連結形「炭素」の意(♦ 母音の前では carb-)
*__car·bo·hy·drate__ /kὰːrbouhάɪdreɪt/ 名 ❶ C U 〘化〙炭水化物 ❷ C 《通例 ~s》でんぷん質の食物
▶▶ ~ **lòading** 名 U (マラソンなどの前に運動機能を高めるための)多量の炭水化物摂取，カーボローディング
car·bòl·ic ácid /kɑːrbὰ(ː)lɪk- | -bɔ́l-/ 名 U 〘化〙石炭酸，フェノール(phenol)
carbòlic sóap 名 U (消毒用の)石炭酸石けん
cárbo-lòad 動 自 《米口》(持久走などの直前に)炭水化物を多量に摂取する
-lòading 名 =carbohydrate loading
car·bon /kάːrbən/
―名 (複 ~s /-z/) ❶ U 〘化〙**炭素**《非金属元素. 元素記号 C》
❷ U 二酸化炭素ガス(carbon dioxide)《温室効果ガスの1つ》 ❸ C 〘電〙(アーク灯の)炭素棒；(電池の)炭素棒［板］ ❹ =carbon paper ❺ =carbon copy ①
▶▶ ~ **blàck** 名 U カーボンブラック《通例すすとして得られる炭素の黒い微粉末》 ~ **cópy** 名 C ① カーボン紙による複写物 ② 非常によく似た人［もの］，うり二つ ③ (電子メールでの)カーボンコピー《略 cc. 複数のあて先に同一のメールを送信する設定》 ~ **crèdit** 名 U C 炭素クレジット《炭素排出権取引の際の単位》 ~ **cỳcle** 名 C 〘理〙炭素の循環；〘物〙炭素サイクル ~ **dáting** (↓) ~ **dióxide** (↓) ~ **emìssions** 名 複 二酸化炭素の排出(量) ~ **fìber** 名 U 炭素繊維，カーボンファイバー ~ **fóotprint** 名 C (二酸化)炭素排出量［実績］ ~ **monóxide** 名 U 〘化〙一酸化炭素 ~ **monóxide detèctor** 名 C 一酸化炭素探知器 ~ **offsèt** カーボンオフセット《排出した二酸化炭素を植林などによって相殺すること》 ~ **pàper** 名 C (複写用)カーボン紙 ~ **restráint** 名 C U (大気中への)炭素放出抑制(策) ~ **sequestrátion (technòlogy)** 名 U 炭素封鎖(技術)《石油・天然ガスなどを採掘する際にCO_2を地底に封じ込め，環境保護を目指すこと. またその技術》 ~ **sìnk** 名 C (炭素を吸収し環境保全に役立つと考えられる)大森林地帯 ~ **tàx** 名 C U 炭素税；二酸化炭素排出税 ~ **tetrachlóride** 名 U 〘化〙四塩化炭素《消火器・ドライクリーニングなどに用いる》 ~ **tràding** 名 U 炭素排出権取引
car·bo·na·ceous /kὰːrbənéɪʃəs/ 形 炭素の(多い)，炭素からなる
car·bo·na·do /kὰːrbənéɪdou/ 名 (複 ~s, ~es /-z/) C 黒ダイヤモンド《研磨・切削用》
car·bon·ara /kὰːrbənάːrə/ 形 〘料理〙カルボナーラの，(パスタソースが)ベーコンと卵を混ぜた(♦ イタリア語より)
car·bon·ate /kάːrbənèɪt/ 名 U C 〘化〙炭酸塩［エステル］ ―動 他 ❶ …を炭酸塩化する；炭化する ❷ …を炭酸ガスで飽和させる ‖ ~*d* drinks 炭酸飲料 / ~*d* water ソーダ水 **càr·bon·á·tion** 名
càrbon dáting 名 U 炭素年代測定《炭素14の半減期を基準にして行う考古学上の年代測定》 **cárbon-dàte** 動 他 [発掘品]を炭素年代測定法で測定する
*__càrbon dióxide__ 名 U 〘化〙二酸化炭素，炭酸ガス ‖ Burning fossil fuels produces ~. 化石燃料を燃やすと二酸化炭素が発生する / a ~ extinguisher 二酸化炭素消火器《二酸化炭素を消火に使う. CO_2 extinguisher ともいう》
car·bon·ic /kɑːrbά(ː)nɪk | -bɔ́n-/ 形 炭素[炭酸，二酸化炭素]の[から得られる] ▶▶ ~ **ácid** 名 U 〘化〙炭酸
car·bon·if·er·ous /kὰːrbənífərəs/ ⟨シ 形 ❶ 炭素［石炭］を産出する[含む] ❷ 《C-》〘地〙石炭紀の
―名 《the C-》〘地〙石炭紀(の地層)
car·bon·ize /kάːrbənàɪz/ 動 他 ❶ …を炭化する ❷ …を炭素で処理する，炭素と化合させる ―自 炭化する
càr·bon·i·zá·tion 名 U 炭化；(石炭の)乾留(かんりゅう)
cárbon-restràined 形 (大気への)炭素放出を抑制した，炭素放出の抑制を求められた
car·bo·run·dum /kὰːrbərʌ́ndəm/ 名 U 《商標》カーボランダム《種々の研磨剤の総称》
cár·bòy 名 C かご［箱］入りの大型ガラス［プラスチック］瓶《酸類など腐食性液体を入れる》
car·bun·cle /kάːrbʌ̀ŋkl/ 名 C ❶ 〘医〙癰(よう)《膿(のう)を持つ皮膚の炎症》 ❷ (丸くカットした)ザクロ石(garnet)
car·bún·cu·lar 形
car·bu·re·tion, -ra·tion /kὰːrbəréɪʃən | -bju-/ 名 U (内燃機関の)気化
car·bu·re·tor, 《英》 **-ret·tor** /kάːrbərèɪṭər | kὰːbərétə, -bju-/ 名 C キャブレター，気化器
*__car·cass,__ 《英》 **-case** /kάːrkəs/ 名 C ❶ (動物の)死体；(食肉用動物の)胴体；(鳥の)がら ❷ 《けなして・戯》(人間の)(死)体 ‖ Get [OR Shift, Move] your great ~ out of my house! 邪魔だから出て行け ❸ (建物・船などの)残骸(ざんがい)，形骸 ‖ the ~ of a once-glorious empire かつて栄光に輝いた帝国の形骸 ❹ (船・車・建物などの)枠組，骨組，下部構造
car·cin·o·gen /kɑːrsínədʒən/ 名 C 発癌(はつがん)物質
càr·cin·o·gén·ic 形
car·ci·no·ma /kὰːrsənóumə | -sɪ-/ 名 (複 ~s /-z/ OR **-ma·ta** /-mətə/) C 〘医〙癌，癌腫(がんしゅ)

***card**[1] /kɑːrd/ 名 動

中心義 厚みのある紙片

名 **カード❶ 名刺❷ はがき❸ トランプの札❺**

―名 (複 ~s /-z/) C ❶ (厚紙・プラスチック製の)**カード**，磁気カード《キャッシュカード・クレジットカードなど》(→ credit card, ID card, identity card, smart card) ‖ I was asked to show my membership ~ at the gate. ゲートで会員証の提示を求められた / These shops accept Visa ~*s*. これらの店ではビザカードが使えます / I'll「put it on [OR pay for it with] my ~. それは私のカードで払いましょう / pay by credit ~ クレジットカードで支払う / skim a ~ (クレジット)カードの情報を不正に読み取る
❷ (業務用の)**名刺**(business card)；(訪問の際に残す)名刺(calling [《英》visiting] card) ‖ exchange ~*s* 名刺を交換する
❸ **はがき**(post card)；あいさつ状，招待状，賀状，カード ‖ I sent her a thank-you ~. 彼女にお礼のはがきを送った / a Christmas [birthday] ~ クリスマス[誕生日]カード / a greeting ~ (クリスマス・母の日などの)あいさつ状 / an invitation ~ 招待状 / a get-well ~ 病気のお見舞状
❹ U 《英》ボール紙，厚紙(cardboard)
❺ **トランプの札**，カード；《~s》《単数・複数扱い》トランプ(遊び)(❗ trump は「切り札」のこと) ‖ Let's play ~*s*. トランプをしようよ / a pack [OR deck] of ~*s* トランプ1組 / shuffle [deal] the ~*s* トランプを切る［配る］ / be cheated at ~*s* トランプでいかさまに引っかかる
❻ 方策，手段；決め手 ‖ I've played「my last ~ [OR all my ~*s*]. 万策尽きてしまった / a sure [safe, doubtful] ~ 確かな［安全な，疑わしい］策 / play one's best ~ 切り札を出す，とっておきの手を使う / hold strong ~*s* in the negotiations 交渉での切札になるような強力な対応策を持っている
❼ 取り組み，試合；催し物；呼び物 ‖ a drawing ~ 呼び物，好カード ❽ 《旧》《口》面白い[おどけた]やつ；(変わった)やつ；《形容詞を伴って》…なやつ ❾ (機能を追加するための)拡張カード，拡張ボード《PC card だけでなく基板を装着するボード型のものも指す》；パンチカード ❿ (ゴルフ・クリケ

ットの) スコアカード；(サッカーでの) 反則カード《イエローカード・レッドカードなど》 ⓫《～s》《英口》従業員関係書類《雇用主が預かる国民保険証など》 ⓬ (レストランの) メニュー；ワインリスト ⓭〘海〙コンパスカード, 羅牌(らはい)

a fèw cárds shòrt [OR ***shỳ***] ***of a (fúll) déck*** 《口》あまり頭のよくない

gèt [OR ***be gìven***] ***one's cárds*** 《英口》首になる

give a pèrson's cárds 《英口》(人を)首にする

hàve a [OR ***anòther***] ***cárd up one's sléeve*** 《口》切り札[奥の手]を持っている

hòld àll the cárds 《口》強い[有利な]立場に立つ

*__*in*__ [《英》 ***on***] ***the cárds*** 《米口》ありそうな, 起こりそうな(♦カード占いより) (⇨ LIFE メタファーの森) ‖ It's quite *in* [OR *on*] *the ~s* 「for him to [OR that he may] win the election. 彼が選挙に勝つ見込み大だ

plày [OR ***kèep, hòld***] ***one's cárds clòse to one's vést*** [OR ***chést***] 意図を隠す, 手の内を見せない

plày one's càrds ríght 事をうまく処理する (⇨ LIFE メタファーの森) ‖ If you *play* your *~s right*, you'll be promoted. うまくやれば昇進できるよ

plày the ... cárd (交渉などで) …を切り札に話を有利に進める ‖ *play the* election ~ 選挙をちらつかせて話を有利に進める

*__*pùt*__ [OR ***lày***] ***one's cárds on the táble*** 手の内をすっかり明かす, 何もかも話す

shòw one's cárds =*show one's* HAND

stàck the cárds =*stack the* DECK

The càrds are stácked against [***in favor of***] ***....*** 状況が…に不利 [有利] である (♦ cards の代わりに odds, 《米》 deck や chances, chips などもよく用いられる)

— 動 他 ❶ (記録・整理のため)…をカードに記す；[ゴルフなどのスコア] をつける ❷《米口》〔人〕の身分証明書を調べる《法律上飲酒できる年齢かをチェックするため》 ❸《受身形で》〘サッカー〙イエロー[レッド]カードを示される

語源 「パピルスの紙片」の意のラテン語 *charta* から. chart, charter と同語源.

▸▸ **~ càtalog** 名 C 《米》 (書籍などの) カード式索引 **~ gàme** 名 C トランプゲーム, カード遊び **~ índex** /ˌ ―ˊ―/ 名 C 《英》 =card catalog **~ pùnch** 名 C 《英》 =keypunch **~ rèader** 名 C カード読み取り機 **~ shàrk** [**shàrp(er)**] 名 C トランプ賭博(とばく)のいかさま師；トランプの名人 **~ tàble** 名 C (折り畳み式の) トランプ用テーブル **~ vòte** 名 C 《英》⇨ BLOCK VOTE

card² /kɑːrd/ 名 C (金属製の)すきぐし；(綿・羊毛などの)けば立て機 — 動 他 〔羊毛など〕をすく；…をけば立てる

Card. 略 Cardinal

car·da·mom /kɑ́ːrdəməm/ 名 C 〘植〙カルダモン《ショウガ科の植物》；U カルダモンの実《香辛料・薬用》

card·bòard 名 U ボール紙, 厚紙

— 形《限定》❶ 厚紙製[状]の ‖ a ~ box 段ボール箱 ❷ (文学作品の登場人物などが)非現実的な, 実体のない, 皮相な ‖ a silly play with ~ characters 現実感に欠ける人物が登場するばかげた芝居

▸▸ **~ cíty** 名 C 《英口》 段ボール街《ホームレスが段ボールなどで家を作って住んでいる地域》 **~ cút-out** 名 C ボール紙の切り抜き(絵)；(本や映画の中の)間の抜けた人物, 実質のない人[もの]

cárd-càrrying 形《限定》会員証を持った, (政党に) 正式に所属している；本物の, 典型的な

cárd·hòlder 名 C カード所持者《特にクレジットカード・キャッシュカード》

car·di·ac /kɑ́ːrdiæ̀k/ 形《限定》〘医〙心臓(病)の；(胃の)噴門の — 名 C 心臓病患者 ▸▸ **~ arrést** 名 U 心(拍) 停止 ‖ be in ~ *arrest* 心臓が止まっている **~ compréssion** [**masságe**] 名 C U 心臓マッサージ **~ infárction** 名 U 〘医〙心筋梗塞(こうそく)

Car·diff /kɑ́ːrdəf | -dɪf/ 名 カーディフ《ウェールズの首都. ブリストル海峡に面した港湾都市》

car·di·gan /kɑ́ːrdɪgən/ 名 C カーディガン (♦ これを愛用した英国の Cardigan 伯爵の名にちなむ)

car·di·nal /kɑ́ːrdɪnəl/ 名 C ❶〘カト〙枢機卿(すうきけい)《ローマ法王の最高顧問. 深紅の衣と帽子を着けている》 ❷ (= **~ réd**) U 深紅, 緋色(ひいろ) ❸〘鳥〙コウカンチョウ(紅冠鳥) ❹ (= **~ númber**) 基数《one, two, three など》(↔ ordinal number) ❺ (18 世紀に流行した) 女性用マント《フード付きの赤く短いもの》

— 形《限定》❶ 基本的な；主要な, 主な ‖ a ~ rule [error] 基本的な規則 [誤り] / a matter of ~ importance 非常に重要な事柄 ❷ 深紅の, 緋色の

~·ly 副 著しく **~·shìp** 名 =cardinalate

▸▸ **~ flòwer** 名 C 〘植〙ベニバナサワギキョウ (紅花沢桔梗) 《北米産》 **~ númeral** 名 =cardinal number (↔ ordinal number) **~ póints** 名 複 基本 4 方位《東西南北. north, south, east, west の順にいう》 **~ sín** 名 C ① 《主に戯》(避けるべき愚かしい) 悪事 ② 大罪 (deadly sin) **~ vírtues** 名 複 主徳, 枢要徳《古代哲学では justice, prudence, temperance, fortitude の 4 徳, キリスト教では 7 徳》

car·di·nal·ate /kɑ́ːrdɪnəlèɪt/ 名 U 〘カト〙枢機卿の地位[職, 権威, 任期]；《集合的に》枢機卿

car·di·o /kɑ́ːrdiou/ 名 U 《口》カーディオ, 心臓によい運動

cardio- /kɑːrdiou-, -diə-/ 連結形「心臓(の)」の意(♦ 母音の前では cardi-)

cárdio·gràm 名 =electrocardiogram

cárdio·gràph 名 =electrocardiograph

càr·di·óg·ra·phy 名

car·di·ol·o·gy /kɑ̀ːrdiɑ́(ː)lədʒi | -ɔ́l-/ 名 U 心臓(病)学

-o·lóg·i·cal 形 **-gist** 名

càrdio·púlmonary 形 心肺の

▸▸ **~ resuscitátion** 名 U 心肺蘇生(そせい)術

càrdio·respíratory 形 心肺組織[機能]の[に関する]

càrdio·váscular <シ 形〘解〙心臓血管の

cárd·phòne 名 C 《英》カード式公衆電話

cárd·shàrp, -shàrper 名 C トランプのいかさま師

cárd-skìmming 名 C 形 (クレジットカードなどの) カード情報の不正読み取り(の)

⁝care /keər/ 名 動

中心義 注意を払う(こと)

名 世話❶ 注意❷ 心配❸
動 自 気遣う❶ 他 したいと思う❷

— 名 (▶ careful 形) (複 **~s** /-z/) U ❶ **世話**, 保護；介護, ケア；管理；《英》児童保護(child care) ‖ I'm now under a doctor's ~. 私は今医者にかかっている / **provide** free **health** ~ (**service**) 無料の健康管理サービスを提供する / medical [dental] ~ 医療 [歯の管理] / intensive ~ 集中治療 / home ~ 在宅介護 [看護] / skin [hair] ~ products スキン [ヘア] ケア製品 / leave the documents in his ~ 書類を彼に委託する / the property within her ~ 彼女の管理下にある財産

❷ **注意**, 用心；〈…への〉配慮, 心遣い(↔ carelessness) 〈**for**〉 ‖ She filled in the application form with (the) greatest ~. 彼女は細心の注意を払って応募用紙に記入した / exercise due ~ 必要な注意を払う / Fragile. Handle with *Care*. 《表示》壊れ物につき取り扱い注意 / show no ~ *for* others 他人への配慮に欠ける

❸ **心配**, 気遣い, 気苦労, 懸念；C 《しばしば ~s》心配事, 苦労の種 (↔ pleasure) (⇨ ANXIETY 類語) ‖ Let's forget our ~*s*. 心配事は忘れよう / She doesn't have a ~ in the world. 彼女には何一つ苦労がない / Stop taking the ~*s* of the world on your shoulders. 世の悩みを我がことのように心配するのをやめなさい / His face appeared free from ~ after the trial. 裁判が終わって彼の顔は晴れ晴れとしていた / all earthly ～*s* 浮世のあらゆる苦労 / domestic [OR family] ～*s* 家庭の心配事

❹ Ⓒ Ⓤ 関心；関心事，気を配るべきもの[こと]，(保護)責任のあるもの ‖ The garden is my special ～. その庭園は私が特に大事にしている

cáre of ... ；《米》***in cáre of ...*** …気付，…方《略 c/o, c.o.》‖ Write to me ～ *of* the Japanese Embassy in Brunei. ブルネイの日本大使館気付で手紙を下さい

hàve a cáre 《通例命令形で》《旧》気をつける

in [OR ***into***] ***cáre*** 《英》(子供が)公共の施設に保護されて

in the cáre of a pèrson ; ***in a pèrson's cáre*** 〔人〕に預けられて，〔人〕の世話になって

****tàke cáre*** ① 注意する，気をつける〈**to do** …するように / (**that**) 節 …するように / **over, with** …に〉‖ *Take* ～ or you will fall! 気をつけなさい，さもないと落ちますよ / *Take* ～ not *to* drop your wallet. = *Take care* (*that*) you do not drop your wallet. 財布を落とさないように注意しなさい(♦ that 節 中では未来の内容を表す場合でもふつう現在形を用いる) / Every ～ was *taken to* keep the secret. その秘密を守るためあらゆる注意が払われた / *take* ～ *over* one's hairstyle 髪型に気を遣う ②《口》じゃあ，さよなら(♥別れのあいさつ) ‖ *Take* ～! See you next week. じゃあ，また来週お目にかかります

➡英語の真相➡

長旅に出る相手などに対して「どうぞお体に気をつけてください」の意で Please take good care of yourself. のように please や good をつけていうと，特に目上の相手に対しては「相手が自分で自分の面倒もみられない」という意味に受け止められたり，なれなれしすぎると感じられることもある. 別れのあいさつとしては Take care of yourself. や Take care. のように please や good をつけない言い方が好まれる.

****tàke cáre of ...*** ①**…の世話をする** (look after)；…を大事にする (⇨ PROTECT 類語P) ‖ She *took* good ～ *of* her children. 彼女は子供たちの面倒をよくみた / *Take* ～ *of* [your health [yourself]. 健康[体]に気をつけなさい / He was too weak to *take* ～ *of* himself. 彼は自分のことを自分でできないほど弱っていた ② …を処理する，扱う；《俗》…をやっつける，殺す ‖ They cannot *take* ～ *of* this problem. 彼らにはこの問題は扱えない / Everything had been *taken* ～ *of* in my absence. 私のいない間にすべてがしかるべく処理されていた ③ …の支払いを引き受ける(→ CE 4)

—動 (**～s** /-z/ ; **～d** /-d/ ; **car·ing**)

—自《進行形不可》《通例否定文・疑問文で》❶ 〈…を〉**気遣う**，心配する，〈…に〉関心を持つ〈**about**〉‖ "Isn't he worried about his grades?" "No, he doesn't seem to ～." 「彼，成績を気にしているかしら」「気にかけている様子はないね」/ My wife doesn't ～ a bit about jewelry. 妻は宝石に全く関心がない / I don't ～. 構いません；結構です

❷ 《if 節を伴って》気にかける，反対する ‖ "Will you go?" "I don't ～ *if* I go." 「行くかい」「行ってもいいよ」(♦この if は条件を表す. → 他 ❶)

—他 《進行形不可》❶ 《通例否定文・疑問文で》**a** 《+ **wh** 節》…かどうか気にかける ‖ I don't ～ (at all) *what* you think about me. 君が私のことをどう思おうが(全然)平気だ[構わない] / Who ～*s what* you did? 《反語的に》君が何をしたかだれが気にするものか / I don't ～ if [OR *whether*] your car breaks down or not. 君の車が故障しようがしまいが僕の知ったことではない

b 《+**that** 節》…ということを気にかける ‖ He doesn't seem to ～ *that* he is short. 彼は背が低いのを気にしているようには思えない

❷ 《+**to do**》《通例否定文・疑問文・条件文で》**…したいと思う**，…する気がある ‖ Would you ～ *to* go part of the way with me? 途中までご一緒しませんか(♥ Would you like to ...? と誘うよりも押しつけがましくない. → CE 7) / I don't think I ～ *to* join them for supper. あの人たちと夕食を一緒にしたいとは思わない / The police may tell you only as much as they ～ *to*. 警察は自分たちが知らせたいことしか教えてくれないかもしれない / You've broken school regulations more times than I ～ *to* remember. 私が記憶しきれないほど君は何回も校則を破ったね

****cáre for ...*** 〈他〉①《通例否定文・疑問文・条件文で》…を**好む** (like)，愛する，望む ‖ She didn't ～ *for* the movie. 彼女はその映画が好きではなかった / Would you ～ *for* some pie? パイを少しいかがですか(→ CE 6) / Whenever a man began to ～ *for* her, she avoided him. 男が彼女を好きになりだすと彼女はいつも会わないようにした ② …の**世話をする**，面倒をみる (take care of) ‖ I ～*d for* my brother through his illness. 兄が病気の間私が介護をした

for àll a pèrson cáres 《口》だれが気にするものか，(人の)知ったことではない ‖ You can go to blazes *for all* I ～. 地獄へでも落ちるがいい，だれが気にするものか

COMMUNICATIVE EXPRESSIONS

1 **(Do you) càre if I jóin you?** ご一緒していいですか(✐May I join you?)

2 「**Do you thìnk** [OR **Whàt màkes you thìnk**] **I cáre?** 私が気にすると思うかい，関係ないね

3 **I cònldn't càre léss** (about sòcial státus). 私は(社会的地位など)全く気にも留めないよ[どうでもいい](♦《主に米》で could care less も同じ意味で使われる)(♥話題となっていることに対する話者(=主語)の無関心・居直りなどを意味する. 主語が一人称でない場合は主語に対する話者の批判的な気持ちを表す)

4 **I'll** [OR **Lèt me**] **tàke cáre of thàt**. それは私に任せて(♥しばしば勘定を引き受ける意味で用いる)

5 "It lóoks as if it's gòing to ráin." "**Whò cáres**?" 「雨が降りそうだね」「どうだっていいよ」(♥「だれが構うものか」の意. 投げやりで失礼な印象を与えることもある)

6 **(Would you) càre for anóther (óne)?** (飲み物などを)もう1杯いかがですか(♥丁寧に食べ物・飲み物を勧める表現)

7 **(Would you) cáre to?** やってみますか(♥興味があるかどうか尋ねる丁寧な表現)

8 **(Would you) càre to jóin us?** ご一緒にいかがですか

▸▸ **～ làbel** 名 Ⓒ (衣類につけた洗濯の)取り扱い表示ラベル **～ pàckage** 名 Ⓒ 《米口》ケアパッケージ《家を遠く離れて生活する軍人や学生・囚人などに送る食料や衣類の包み》 **～ wòrker** 名 Ⓒ 《主に英》ケアワーカー《福祉施設などで働く介護人》

CARE /keər/ 略 *C*ooperative for *A*merican *R*elief *E*verywhere Inc.(米国対外援助物資発送協会)

ca·reen /kərí:n/ 動 自 ❶ (船が)(航行中に)傾く；(一般に)傾斜する ❷ (揺れながら全速力で)走行する，暴走する (career) ❸ 《主に米》向こう見ずに突き進む

—他 〔船〕を片舷(ﾁﾝ)に傾ける；傾けて修理[清掃]する

:ca·reer /kəríər/ 《発音・アクセント注意》名 動

中心義 **長期にわたって携わる職業**

—名 (複 **～s** /-z/) Ⓒ ❶ **職業**，仕事《特別な訓練を要し，長期または生涯従事する仕事》(⇨ JOB 類語P) ‖ She dreamed of a ～ **as** a fashion designer. 彼女はファッションデザイナー(として)の仕事を夢見ていた / a ～ **in** journalism ジャーナリズムの仕事

❷ (❶の職業に従事した)**生涯**；経歴；履歴，キャリア；職歴〈**as** …としての；**in** …の分野での〉‖ late in one's ～ 晩年に / at the beginning [height] of one's ～ 生涯の初め[最盛期]に / have a magnificent ～ 素晴らしい経歴を持つ / He **began** his ～ *as* a violinist in 1960. 彼は1960年にバイオリニストとして活動を始めた(❗「キャリアアップ」は和製語. career advancement などという)

C

❸ (職業上の)成功；出世 ‖ promote one's own ～ 出世する / make a ～ as a result of great effort 大いに努力したかいあって出世する / carve out a ～ for oneself in the army 努力して軍隊で昇進する
❹ 《形容詞的に》(一生の)職業とする；専門的な；(女性が)職業に就いている；職業に関する ‖ a ～ change 転職
連語 【～+名】 ～ development 能力開発 / a ～ path 職業の進路 / a ～ ladder 出世の階段 / ～ choice 職業選択肢 / ～ [《英》 ～s] advice [OR guidance] 就職指導
❺ U 疾走, 猛進 ‖ in [OR at] full ～ 全速力で
── 動 (～s /-z/ ; ～ed /-d/ ; ～·ing) 自 《+副句》(特に車が)(制御されずに)疾走する, 突進する (♦ 副句 は方向を表す) ‖ The car ～*ed* down the slope and into the river. 車は猛烈なスピードで坂を下り川の中へ飛び込んだ
語源 ラテン語 *cararia*(馬車の)から. car と同語源.
▶▶ ～ **brèak** 名 C 休職 [充電] 期間 ～ **còunselor** 名 C 《米》(高校などの)職業指導教官(《英》 careers adviser [OR officer]) ～ **gìrl** [**wòman**] 名 C キャリアガール[ウーマン]《専門的技能を持ち, 第一線で働いている女性》(中立 professional worker)

ca·reer·ism /kərfərìzm/ 名 U 立身出世主義 **-ist** 名

cáre·frèe 形 心配[苦労]のない, のんきな；無責任な

‡care·ful /kéərfəl/
── 形 〔◁ care 名〕(more ～ ; most ～)
❶ **a** (人が)(潜在的危険・事故などに)**注意深い**, 用心深い, 気をつける, 慎重な (↔ careless) (⇨ 類語) ‖ Be ～ (on the stairs)! (階段では)気をつけてね / You can't be too ～. いくら気をつけても気をつけすぎることはない / a ～ driver 慎重なドライバー
b 《+to *do* / (that) 節 / wh 節》…するように[…ということに] 気をつける ‖ He was ～ not *to* trip over the wire. 彼はコードでつまずかないように注意した / That secretary is ～ *to* speak politely to her superiors. あの秘書は目上の人と話すときには慎重に言葉を選ぶ (♦ 《口》では be careful and *do* の形もある. 〈例〉 Be *careful* not to fall. = Be *careful* and don't fall. 落ちないように気をつけなさい) / Be ～ (*that*) you don't lose the key. 鍵(かぎ)をなくさないように気をつけなさい(♦ that 節 中では未来の内容を表す場合でもふつう現在形を用いる) / Be ～ *how* you talk. 話し方に注意しなさい
c 《+with 名》…の扱いに気を配る ‖ Be ～ *with* my car. 僕の車を注意して扱ってくれ
d 《+about [of, in] 名 / (in) *doing*》…に気をつける ‖ Be ～ (*in* [OR *about*]) crossing the street. 通りの横断には気をつけて (♦ 後ろに動名詞がくるときの前置詞は in か about だが, しばしば省略される) / Be ～ *of* the dog. 犬に気をつけなさい
❷ (人が)〈…を〉大切にする, 〈…に〉気を配る〈**about, for, of**〉 ‖ Her father was not ～ *of* her feelings. 彼女の父親は彼女の気持ちを気にかけていなかった
❸ (物事が) 入念 [慎重, 綿密] になされた, 丹念な ‖ a ～ answer 慎重な答え / give the facts ～ **consideration** 事実をじっくり考慮する
❹ 〈金銭・資源などの〉使い方に慎重な〈**with**〉
～·ness 名 U 注意深さ, 慎重さ
類語 《❶》 **careful** 誤りを犯さないように細かい注意を払う.
cautious 危険・損害を警戒して慎重な. 〈例〉 a *cautious* investor 用心深い投資家
wary 懸念される危険などに対して用心深く気を配る.

‡care·ful·ly /kéərfəli/
── 副 (more ～ ; most ～)
注意して, **気をつけて**, 慎重に；念を入れて ‖ **Listen** to me ～. 私の言うことを注意して聞きなさい / Read the instructions ～ before you begin the test. 試験に取りかかる前に注意書きをよく読みなさい / a ～ planned operation 入念に計画された作戦

cáre·gìver 名 C 《米》 世話をする人；在宅介護人, 看護人(《英》 carer) **-gìving** 名 形

***care·less** /kéərləs/ 形 ❶ **a** (人・行為が)不注意な, 軽率な, うかつな(↔ careful) ‖ The dog was hit by a ～ driver. 犬は不注意な運転手にはねられた **b** 《*A* is ～ to *do* / It is ～ of *A* to *do* で》*A* (人)が…するとは不注意である ‖ You were ～ *to* leave your umbrella in the train. = It was ～ *of* you *to* leave your umbrella in the train. 電車に傘を忘れてきたとはうかつでしたね ❷ (人が)無関心な；《叙述》〈…を〉気にかけない, 〈…に〉無頓着(むとんちゃく)な 〈**of, about, with, in**〉 ‖ She gave a ～ shrug. 彼女はどうでもよいというように肩をすくめた / be ～ *of* the consequences 結果を気にしない / be ～ *about* one's health [safety] 健康 [安全] に気を配らない / be ～ *with* money 金の使い方に無頓着だ / be ～ *in* speech 言葉遣いに無頓着だ ❸ (物事が)不注意になされた, いい加減な, おざなりな；思慮のない ‖ I made a few ～ mistakes. ケアレスミスをいくつかした / a ～ remark うかつな発言 ❹ 気取らない ‖ a ～ gesture 気取らない身振り / ～ charm たくまざる魅力 ❺ 心配事のない, 気楽な (carefree) **～·ly** 副

***care·less·ness** /kéərləsnəs/ 名 U 不注意, 軽率, うかつ；無頓着；気楽さ, のんき

***car·er** /kéərər/ 名 C 《英》 世話をする人, 看護 [介護] 人, 在宅介護人

***ca·ress** /kərés/ 《発音注意》 動 他 ❶ …を愛撫(あいぶ)する, 抱き締める；(愛情を込めて)…を軽くなでる, …に触れる ❷ (風・波などが)…に軽く触れる；(音・音楽が)…に優しく聞こえる ── 名 C 愛撫, 抱擁；キス；軽く触れること

car·et /kǽrɪt/ 名 C (校正などの)挿入記号(∧)

cáre·tàker 名 C ❶ (留守の間に雇われる) (建物などの) 世話人；《英》 (アパート・事務所などの) 管理人 (《主に米》 janitor) ❷ 世話をする人《親, 先生, 乳母など》 ❸ (一時的な)職務代行者 ── 形 《限定》暫定的な, 一時的な

cáre·wòrn 形 心配[苦労]でやつれた

cár·fàre 名 U 《米》(バス・タクシーなどの)料金, 運賃

***car·go** /kɑ́ːrgou/ 名 (複 ～es, + 《米》 ～s /-z/) ❶ C U (主に船・飛行機の) 積み荷, 貨物 (⇨ LOAD 類語) ‖ The tanker carried a ～ of oil from Kuwait to Japan. そのタンカーは石油の積み荷をクウェートから日本へ運んだ / a ～ ship [plane] 貨物船 [輸送機] ❷ 《～es》 = cargo pants
▶▶ ～ **bày** 名 C (航空機・船舶などの) 貨物室 ～ **pànts** 名 複 カーゴパンツ《太ももの部分に大きなポケットのついたズボン》 ～ **pòcket** 名 C (まちとふたのついた)大ポケット

cár·hòp 名 C 《米・カナダ口》(車に乗ったままの客に食事を運ぶ)ドライブインのウエーター[ウエートレス]

Car·ib /kǽrɪb/ 名 (複 ～ OR ～s /-z/) C (西インド諸島の)カリブ人；U カリブ語

Car·ib·be·an /kæ̀rəbíːən, kəríbi-/ 〈シ〉 形 ❶ カリブ海(諸島)の ❷ カリブ人の
── 名 ❶ C カリブ人 (Carib) ❷ (= ～ **Séa**) 《the ～》 カリブ海 《中米・南米・西インド諸島に囲まれた海》

car·i·bou /kǽrəbùː/ 名 (複 ～ OR ～s /-z/) C 〖動〗 カリブー《北米産の大型のシカ. トナカイの近種》

***car·i·ca·ture** /kǽrɪkətʃùər/ 名 ❶ C (人物・出来事などの特徴を誇張した) 風刺画, 風刺漫画；風刺文 ‖ He made a ～ of the prime minister. 彼は首相を戯画化した ❷ U 漫画化, 戯画法 ❸ C 下手なまねごと, 不当なこと ‖ a ～ of justice 正義のまねごと
── 動 他 …を風刺漫画的に描く, 〈…として〉戯画化する〈**as**〉
-tùr·ist 名 C 風刺(漫)画家

car·i·es /kéəriz/ 名 U 〖医〗 カリエス, (特に)虫歯

car·il·lon /kǽrəlɑ̀(ː)n | kərɪ́ljən/ 名 C ❶ カリヨン, 組鐘《音階の異なる複数のベルを鍵盤で演奏する装置. 通例塔などに設置される》 ❷ (カリヨンの効果を出す)オルガンの音栓

***car·ing** /kéərɪŋ/ 形 《通例限定》 ❶ 人の世話をする, 面倒

をみる；人を思いやる，親切な ‖ a very ～ boy とても親切な少年 ❷ 医療福祉に携わる ‖ ～ organizations 福祉団体 / the ～ professions 福祉[医療]関係の職業
——名 C 福祉[医療]事業

car·i·ole /kǽriòul/ 名 C ❶ 小型の1頭立て二輪無蓋(ᵇᵃ)馬車 ❷ ほろ付きの荷馬車

car·i·ous /kéəriəs/ 形 カリエスにかかった

cár·jàck 動 他 〔自動車〕を強奪する，乗っ取る
～·er 名 **～·ing** 名 U C 自動車強奪，乗っ取り

Car·lisle /kɑ́ːrlàil | ‒́‒/ 名 カーライル《イングランド北西部カンブリア州の州都》

cár·lòad 名 C（貨車）1台分の人々[貨物]；《主に米》(貨物運賃の割り引きを受ける)最低量

Car·lo·vin·gi·an /kɑ̀ːrləvíndʒiən, -lou-/ ⊲シ 形 名 = Carolingian

Car·lyle /kɑːrláil/ 名 **Thomas** ～ カーライル（1795–1881）《英国の評論家・歴史家》

cár·màker 名 C 《主に米》自動車製造業者

car·man /kɑ́ːrmən/ 名 (複 **-men** /-mən/) C 《旧》電車[トラック，貨車]の運転手

Car·mel·ite /kɑ́ːrməlàit/ 名 C 《カト》カルメル会修道士[修道女] ——形 カルメル会修道会の

car·mine /kɑ́ːrmàin/ 名 U カーミン，洋紅《コチニール(cochineal)から作る顔料》；深紅色 ——形 深紅色の

car·nage /kɑ́ːrnidʒ/ 名 U 大量殺戮(ˢᵃᵗˢᵘʳⁱᵏᵘ)，大虐殺

car·nal /kɑ́ːrnəl/ 形《限定》《堅》❶ 肉体の ❷ 肉欲の；官能的な ‖ ～ desire 性欲 **car·nál·i·ty** 名 U 肉欲(にふけること)；性交渉；煩悩(ᵇᵒⁿⁿᵒᵘ) **～·ly** 副
▸▸**～ knówledge** 名 C 《堅》《主に法》性交渉

*__car·na·tion__ /kɑːrnéiʃən/ 名 ❶ C 《植》カーネーション(の花) ❷ U 桃色；淡紅色 ——形 桃色[淡紅色]の

Car·ne·gie /kɑːrnéigi/ 名 **Andrew** ～ カーネギー（1835–1919）《スコットランド生まれの米国の鉄鋼王・社会事業家》 ▸▸**～ Háll** 名 /kɑ̀ːrnəgi/ カーネギーホール《ニューヨーク市にある世界的に有名な演奏会場》

car·nel·ian /kɑːrníːliən/ 名 C U 《鉱》紅玉髄，赤めのう

*__car·ni·val__ /kɑ́ːrnivəl/ 名 ❶ C U カーニバル，謝肉祭《ローマカトリック教国での Lent(四旬節)前の祝祭．carnival の最終日が Mardi Gras》‖ *Carnival* in Rio リオのカーニバル ❷ C（定期的)催し物[競技]，祭典，大会；お祭り騒ぎ，どんちゃん騒ぎ ‖ a winter sports ～ 冬のスポーツの祭典 / in a ～ atmosphere お祭り気分で ❸ C 《米》巡業サーカス，巡業見世物興行
語源「肉を断つこと」の意のラテン語 *carnelevarium* から．断食をするキリスト教の受難節(Lent)を指したが，後にその前の祝祭を意味するようになった．

car·ni·vore /kɑ́ːrnəvɔ̀ːr | -nɪ-/ 名 C ❶ 肉食動物（→ herbivore, omnivore）；食肉目の動物；食虫植物 ❷ 肉好きな人

car·niv·o·rous /kɑːrnívərəs/ 形（動物が)肉食性の（→ herbivorous, omnivorous）；肉食動物の；(植物が)食虫の

car·ny¹, **-ney**, **-nie** /kɑ́ːrni/ 名 (複 **-neys**, **-nies** /-z/) C 《米口》❶ =carnival ❷ 巡業見世物興行(の団員)，旅芸人

cár·ny² 《英俗・方》動 他 …を説得して〈…〉させる〈**into**〉

car·ob /kǽrəb/ 名 《植》C イナゴマメ；U その実

*__car·ol__ /kǽrəl/ 名 C（特にクリスマスに歌われる）喜びの歌，聖歌，賛美歌(⇨ PSALM 類語) ‖ a Christmas ～ クリスマスキャロル / a ～ service キャロルサービス《クリスマスキャロルを歌う礼拝式》 ——動 (**～s** /-z/；**-oled**, + 《英》**-olled** /-d/；**-ol·ing**, + 《英》**-ol·ling**) 自 ❶ クリスマスキャロルを歌う；(楽しげに)歌う ❷ クリスマスキャロルを歌って家々を回る ‖ We went (out) ～*ing* for charity. 私たちは慈善のためにキャロルを歌って家々を回った ——他 …を楽しげに歌う，…を歌で褒めたたえる
～·er, 《英》**～·ler** 名 C キャロルを歌う人

Car·o·li·na /kæ̀rəláinə/ ⊲シ 名 カロライナ《米国大西洋岸の旧英国植民地．1729年にノースカロライナとサウスカロライナに分割》；《the ～s》南北カロライナ州
-lín·i·an 形 名 C 南[北]カロライナ州の(住民)

Car·o·line /kǽrəlàin, -əlɪn/, **Car·o·le·an** /kæ̀rəlíːən/ 形 英国王チャールズ(Charles) 1[2]世(時代)の

Càroline Íslands 名《the ～》《複数扱い》カロリン諸島《太平洋西部の600余島からなる諸島．パラオやミクロネシア連邦を含む》

Car·o·lin·gi·an /kæ̀rəlíndʒiən/ ⊲シ 形 名 C（フランク王国の)カロリング朝の(人)

car·om /kǽrəm/ 《米・カナダ》名 C ❶ 《ビリヤード》キャノン（《英》cannon）《手玉が的玉(ᵐᵃᵗᵒᵈᵃᵐᵃ)に2つ続けて当たること》❷ ぶつかって跳ね返ること ——動 自 ❶ 《ビリヤード》キャノンを打つ（《英》cannon）❷ ぶつかって跳ね返る《***off***》

car·o·tene /kǽrətiːn/ 名 U C 《化》カロテン

ca·rót·id /kərɑ́(ː)ṭɪd | -rɔ́t/ 名（= ～ àrtery）C 《解》頸(ᵏᵉⁱ)動脈 ——形 頸動脈の

ca·rous·al /kəráuzəl/ 名 = carouse

ca·rouse /kəráuz/ 《文》動 自 飲んで騒ぐ
——名 C 酒宴，どんちゃん騒ぎ

*__car·ou·sel__ /kæ̀rəsél/ 名 C ❶ 《主に米》回転木馬(merry-go-round) ❷（空港などの荷物用の）回転コンベヤー(システム)(luggage carousel)

*__carp__¹ /kɑːrp/ 名 (複 ～ OR **～s** /-s/) C コイ；コイ科の魚 ‖ a ～ streamer こいのぼり

carp² /kɑːrp/ 動 自 あら探しをする，とがめ立てする；文句を言う〈**at** 人に；**about** …について〉(→ carping)

car·pac·cio /kɑːrpɑ́ːtʃou | -pǽtʃiòu, -pǽtʃou/ 名 C U 《料理》カルパッチョ《スライスした牛や魚の生肉に野菜やチーズをのせオリーブ油をかけたイタリア料理》(♦ イタリアの画家 Vittore Carpaccio (1450–1525) から．その作品によく使われる赤が生肉の色を思わせるのにちなむ)

car·pal /kɑ́ːrpəl/ 名 C 形 《解》手根(ˢʰᵘᵏᵒⁿ)(骨)(の)，手首(の骨)(の) ▸▸**～ túnnel sỳndrome** 名 U 《医》手根管症候群《手指に痛みを伴う．略 CTS》

Car·pà·thi·an Móuntains /kɑːrpèɪθiən-/ 名《the ～》カルパチア山脈《ポーランド南部からルーマニア北西部まで延びる山脈．the Carpathians ともいう》

car·pe di·em /kɑ̀ːrpi díːem/ 間（未来を憂えず）現在を楽しめ(♦ seize the day の意のラテン語より)

car·pel /kɑ́ːrpəl/ 名 C 《植》心皮

*__car·pen·ter__ /kɑ́ːrpənṭər/ 名 C 大工，(木工製品などの)職人 ‖ a weekend ～ 日曜大工 / a ～'s shop 大工の仕事場 ——動 自 大工仕事をする ——他 《通例受身形で》(大工仕事で)作られる，組み立てられる ‖ The wooden bridge was very skillfully ～*ed*. その木造の橋は上手に組み立てられていた ▸▸**～ ànt** 名 C オオアリ《木に巣穴を作る害虫》 **～ bèe** 名 C クマバチ《朽ち木の穴にすむ群生しないハチ》 **～'s lèvel** 名 C 水準器

car·pen·try /kɑ́ːrpəntri/ 名 U 大工仕事，大工職；木工品

‡**car·pet** /kɑ́ːrpət | -pɪt/
——名 (複 **～s** /-s/) C ❶ **カーペット**，じゅうたん，敷物(♦ carpet は床全体に敷き詰め固定するもの．部分的に敷くものは rug という)；U じゅうたん地 ‖ I put down a ～ in the living room. リビングにじゅうたんを敷いた / vacuum a ～ カーペットに掃除機をかける / a woolen ～ 毛織のじゅうたん / a fitted ～ 床の寸法に合わせた敷物
❷ 《文》(じゅうたんのような)一面の広がり ‖ a ～ of wild flowers 辺り一面の野の花
❸ 《主に米口》(テニスなどで使用する)人工芝の敷物

on the cárpet ①《口》(目上の人に)(叱責(ˢʰⁱˢˢᵉᵏⁱ)のため)呼びつけられて ‖ The boss called her *on the* ～ for that error. 上司はそのミスのことで彼女を呼びつけてしかった
②《主に英》審議中で，検討中で

swèep ... under the cárpet …を見つからないように隠す，知らせないでおく

——動 他 ❶ 《通例受身形で》(床などが)じゅうたんを敷き詰

めてある，じゅうたん敷きになっている ❷《通例受身形で》《文》(地面などが)〈…で〉覆われている〈with〉‖ The stone steps were ~*ed with* moss. 石畳はこけで覆われていた ❸《主に英口》…を呼びつけて厳しくしかる
▸▸ ~ **bèetle** [**bùg**] 名 C 《虫》ヒメマルカツオブシムシ《幼虫はじゅうたんや毛織物を害する》 ~ **bòmbing** (↓) ~ **clèaner** 名 C じゅうたん洗浄機[剤] ~ **slìpper** 名 C《通例 ~s》(じゅうたん地状の)スリッパ ~ **swèep·er** 名 C じゅうたん(用)掃除器

cárpet·bàg 名 C (じゅうたん地の)旅行かばん

cárpet·bàgger 名 C ❶《米国史》(南北戦争後) 南部で一旗揚げようとした北部人 ❷ ⊗《口》《蔑》《けなして》(特別なつながりのない選挙区で議席を得るために出馬する) よそ者の政治家，落下傘候補

cárpet bòmbing 名 U じゅうたん爆撃
cárpet-bòmb 動 他 〔ある場所〕にじゅうたん爆撃をする；(特にEメールで)〔不特定多数のアドレス〕に広告を送る

cár·pet·ing /-ɪŋ/ 名 ❶ U じゅうたん地；《集合的に》じゅうたん，敷物類 ❷ C《主に英口》叱責

cárp·ing /kɑ́ːrpɪŋ/ 形 口やかましい；あら探しをする
── 名 U あら探し

cár pòol 名 C ❶ カープール(グループ)《(通勤などで) 1台の車に交替で相乗りする取り決め；その取り決めに参加しているグループ》 ❷ =motor pool
cár·pòol 動 自 相乗りする，相乗りで行く

cár·pòrt 名 C カーポート《差しかけ屋根の簡易車庫》

car·pus /kɑ́ːrpəs/ 名 (複 **-pi** /-paɪ/) C《解》手根(しゅこん)，手首；《集合的に》手根骨

car·rel /kǽrəl/ 名 C (図書館の)個人用読書席

⁑**car·riage** /kǽrɪdʒ/《発音注意》
── 名 (複 **-riag·es** /-ɪz/) ❶ C (特に自家用の) **四輪馬車**，馬車 ‖ a ~ and pair [four] 2頭[4頭]立ての馬車 / an open ~ 天蓋(てんがい)がない馬車
❷ C《英》客車，車両(railway carriage,《米》car) ‖ a first class ~ 1等車両
❸ C《米》乳母車(baby carriage)
❹ U/C《単数形で》立ち居振る舞い，身のこなし，態度 ‖ Her ~ is graceful. 彼女の立ち居振る舞いは上品だ / his buoyancy of ~ 彼の身のこなしの軽やかさ ❺ C (大砲などの) 運搬用の台車；(タイプライターなどの) キャリッジ，送り装置 ‖ a gun ~ 砲車 ❻ U《主に英》運搬，運送，輸送；運賃，輸送料 ‖ expenses of ~ 輸送料 / the ~ of goods by sea [land, air] 貨物の海上 [陸上，空の] 輸送 / ~ forward [free]《英》運賃着払い[無料]で
▸▸ ~ **bòlt** 名 C《建》根角ボルト ~ **clòck** 名 C《英》(取っ手付きケースに入った) 携帯時計 ~ **hòuse** 名 C《米》馬車置き場；(古い馬車置き場の建物を改装した) リフォーム住宅 ~ **rèturn** 名 C (タイプライターの) 行間レバー(line space lever) ~ **tràde** 名 C《米》《集合的に》(劇場・商店の)上得意，金持ちの顧客(層)

cárriage·wày 名 C《英》車道(→ divided highway)

***car·ri·er** /kǽriər/《発音注意》名 C ❶ 運ぶ人，運ぶもの ‖ a mail ~ 郵便配達人(《英》postman) / a newspaper ~ 新聞配達人 / a message ~ メッセンジャー / a baggage ~ ポーター ❷ (船・バス・鉄道などの)輸送[運送]会社；(特に)航空会社 ‖ a common ~ (鉄道・船会社などを含む)一般運送業者 ❸《医》保菌者，保有者，キャリア；伝染病媒体 ‖ an AIDS ~ エイズのキャリア ❹《遺伝》保因者，担体 ❺ 輸送車，輸送船[機]；航空母艦(aircraft carrier) ❻ 運搬設備[容器]；(自転車などの)荷台；コンベヤー；導管 ❼ 電気通信会社；携帯電話会社 ❽ 保険会社 ❾ (薬剤用の)基剤 ❿《英》=carrier bag ⓫ =carrier pigeon ⓬ =carrier wave
▸▸ ~ **bàg** 名 C《英》買い物袋(《米》shopping bag)(⇨ BAG 図) ~ **pígeon** 名 C 伝書バト；観賞用の大型イエバト ~ **wàve** 名 C《無線》搬送波

car·ri·ole /kǽriòʊl/ 名 =cariole

car·ri·on /kǽriən/ 名 U (動物の) 腐肉；嫌悪を催させるもの ── 形《限定》腐った，いやな；腐肉を食べる
▸▸ ~ **cròw** 名 C《鳥》ハシボソガラス

Car·roll /kǽrəl/ 名 **Lewis ~** キャロル(1832-98)《英国の童話作家・数学者》

***car·rot** /kǽrət/ 名 C ❶ ニンジン；C U (食料としての)ニンジン ❷ 甘い誘い，人を釣る手段，ほうび ‖ They「dangled a ~ in front of his nose [OR offered him a ~] to get him to join. 彼らは彼を引き込もうとして目の前にニンジンをぶらさげた [ほうびをちらつかせた] ❸《~s》《口》《通例けなして》赤毛の人
the càrrot and (*the*) *stíck* あめとむち，脅しとすかし

càrrot-and-stíck 形《限定》ニンジン[あめ]とむちによる ‖ ~ approach あめとむちの攻略[接近]法

cár·rot·y /-i/ 形 ニンジンのような色[味]の；赤毛の

car·rou·sel /kæ̀rəsél/ 名《米》=carousel

⁑**car·ry** /kǽri/ 動 名

中心義 **Aを支えて運ぶ**(★Aは具体的な「物」に限らず，「音」や「情報」のような抽象的なものまで多様．文脈によって「支える」側面，もしくは「運ぶ」側面のどちらかに重きが置かれた意味になる)

> 動 他 **持ち運ぶ❶ 持ち歩く❷ 伝える❸❹ 行かせる❻ 支える❽**

── 動 (**-ries** /-z/；**-ried** /-d/；**~·ing**)
── 他 ❶ (人が)…を**持ち運ぶ**，持って行く，運搬[運送]する；(乗り物などが)〔人・物〕を運ぶ，輸送する(⇨ FETCH¹ 類語) ‖ The porter *carried* the suitcase into the room. (ホテルの) ボーイはスーツケースを部屋に運んだ / She *carried* her child on her back. 彼女は子供を背負っていった / The injured were *carried* to the hospital. 負傷者たちは病院に運び込まれた / I will ~ the secret with me to the grave. その秘密を墓場まで持って行くつもりだ / The bus *carried* fifty passengers to the airport. バスは50人の乗客を空港へ運んだ / The wind *carries* seeds for great distances. 風は種を遠くまで運ぶ
❷ …を**持ち歩く**，身につけている，携帯する，携行する；…を備えている ‖ I never ~ cash when I'm abroad. 外国では現金は決して持ち歩かない / In films, a spy always *carries* a gun. 映画ではスパイはいつも拳銃を身につけている / The cruiser *carries* six 20-inch guns. その巡洋艦は6門の20インチ砲を備えている
❸〔音など〕を**伝える**；(流れ・管などが)…を運ぶ，送る；(道が)〔交通量〕をさばく；(導線などが)〔電気〕を通す；〔病原体〕を保菌[保有]する；〔病気など〕を感染させる；…の可能性を有する ‖ Air *carries* sound. 空気は音を伝える / Many diseases are *carried* by insects. 多くの病気は昆虫によって伝染する / ~ the hepatitis C virus C型肝炎ウイルスを運ぶ，C型肝炎のキャリアである
❹〔情報・ニュースなど〕を**伝える**，報道する，載せる ‖ *The Times carried* a series of articles on Japan. タイムズ紙は日本に関する一連の記事を掲載した
❺ …を心に抱く，覚えている ‖ People ~ their own visions of foreign lands in their heads. 人々は独自の異国のイメージを頭に思い描いているものだ
❻ (物・事が)〔人〕を〈…へ〉**行かせる**，駆り立てる，到達させる〈**to**〉‖ I have enough money to ~ us *to* Aomori. 我々が青森まで行ける金は持っている / Her ambition *carried* her *to* the top. 野心のおかげで彼女はトップの地位まで上り詰めた
❼〈次の段階まで〉…を進める，発展させる；〈ある方向へ〉…を延長する，広げる，移す〈**to, into**〉‖ The civil war was *carried to* the border. 内戦は国境まで拡大した
❽ …の重みを**支える**，担う；…に耐える ‖ ~ the weight of the body 体重を支える / the thick wire cable ~*ing* a gondola ゴンドラを支えている太いワイヤーロープ / The finances of this country will not ~ an in-

crease in the armed forces. この国の財政は軍の増強に耐えられないだろう
❾ (容器・乗り物などが) …を収納［収容］できる ‖ This suitcase will ~ all of the clothes you need. このスーツケースなら君の必要な衣服はみな入るだろう / This elevator cannot ~ more than ten people. このエレベーターに乗れるのは10人までだ
❿ (店が)〔商品〕を在庫として持っている, 扱っている, 売っている ‖ That store *carries* herbs and spices. あの店はハーブやスパイスを置いている
⓫〔体〕をある姿勢に保つ；(《~ oneself で》)振る舞う ‖ The fashion model *carries* her head erect. そのファッションモデルは頭を真っすぐに保っている / She *carried* herself gracefully. 彼女は上品に振る舞った
⓬ (属性・結果として) …を持っている；〔権威・責任・利子など〕を伴う ‖ The crime *carries* a heavy penalty. その犯罪には重い刑が科せられる / Power *carries* responsibility with it. 権力は責任を伴う / This loan *carries* 5% interest. このローンには5%の利子がつく
⓭ 《通例進行形で》〔子〕をはらんでいる (♥ pregnant の婉曲語) ‖ She is ~*ing* her second child. 彼女は2人目の子を身ごもっている ⓮ (土地が)〔家畜〕を養えるだけの作物を産出する；(金が) …を養う ⓯〔パートナーなど〕を(援助して)やっていかせる, 〔業務など〕を(努力して)維持する, 支える, 〔責任など〕を担う ‖ His performance *carries* the whole play. 彼の演技で芝居全体が持っている ⓰〔議案など〕を通過させる (♦ しばしば受身形で用いる) ‖ The decision was *carried* by a narrow margin. 決議はわずかな差で採択された ⓱ 《受身形不可》《米》〔選挙区〕の過半数の票を得る ‖ He *carried* California. 彼はカリフォルニアで過半数の票を得た ⓲〔聴衆〕を引きつける, 感動させる, …の支持を得る；〔会議など〕で自分の意見を通す ‖ His oratory *carried* the audience. 彼の演説は聴衆を感動させた ⓳〔とりでなど〕を攻略する ⓴ (名簿・ラベルなどに) …を記載する, 載せる ㉑〔数字〕を1桁(ケタ)繰り上げる, 送る；〖簿〗〔勘定〕を〈次のページ・帳簿に〉繰り越す〈**to**〉 ㉒〖楽〗〔曲〕を正確に歌う, 演奏する ‖ ~ a tune 音程を外さないで歌う ㉓〖ゴルフ〗〔ある距離〕を1打で飛ばす ㉔〖バスケットボール〗〔ボール〕をキャリーする
—自 ❶ (音・弾丸・ボールなどが) 達する, 届く, 射程を持つ ‖ Her first drive *carried* to the green. 彼女のドライバーの第1打はグリーンへ届いた / His voice *carried* over the noise of the crowd. 彼の声は群衆のざわめきを越えて届いた ❷ 運搬人を務める, 運搬する；(物が) 運搬される ‖ Heavy loads do not ~ easily. 重い荷物は簡単には運べない ❸ 議案が通過する

càrry áll [OR ***éverything***] ***before one*** 困難［敵など］をものともしない, 破竹の勢いである

càrry alóng ... / càrry ... alóng 〈他〉① …を持ち歩く ② 最後まで…を勇気づける［頑張らせる］ ③〔人〕の共感を呼ぶ

càrry aróund [OR ***abóut***] ***... / càrry ... aróund*** [OR ***abóut***] 〈他〉…を持ち［連れて］歩く ‖ I don't want to ~ this heavy bag *around* all day. この重いバッグを一日中持って歩きたくない

****càrry awáy ... / càrry ... awáy*** 〈他〉① …を持ち去る ② 《通例受身形で》無我夢中になる ‖ I got a little *carried away*. 私はちょっと自制心を失った

càrry ... báck 〈他〉① …を元の所へ運ぶ ②〔人〕に〈昔のことを〉思い出させる〈**to**〉 ‖ The song *carried* me *back to* my childhood. その歌を聴いて私は子供のころを思い出した

càrry fórward ... / càrry ... fórward 〈他〉① …を前進させる ②〖簿〗〔総計など〕を次のページ［欄］に送る；〔勘定など〕を繰り越す；(一般に) …を (次期に) 繰り越す ‖ The total was *carried forward* into next month's account. 総計は翌月精算へ先送りされた

càrry it óff (***wéll***) (困難などを) 見事に切り抜ける；平然とやってのける

****càrry óff ... / càrry ... óff*** 〈他〉①〔賞など〕を獲得する ②〔困難なこと〕をうまくやり遂げる；〔洋服など〕を上手に着こなす, 格好よく見せる ③ (力ずくで) …を奪い去る ④ 《通例受身形で》(病気などで) 命を落とす ‖ He was *carried off* by pneumonia. 彼は肺炎で亡くなった

****càrry ón*** 〈自〉① (中断せず)〈…を〉**続ける**, (中断した後にさらに) 続行する〈**with**〉 ‖ The police *carried on with* the investigation. 警察は捜査を続行した ② 生き続ける, 生き永らえる ③ 《口》無作法に振る舞う；〈…のことで〉騒ぎ立てる, まくし立てる〈**about**〉 ‖ What are you ~*ing on about*? 何を騒ぎ立てているんだ (♥ 話者のいら立ちを表す) ④ 《英》動き［走り］続ける ⑤ 《旧》《口》〈…と〉浮気をする〈**with**〉(♥ 批判の気持ちを表す) —〈他〉《***càrry ón ... / càrry ... ón***》 ①〔事業・会話など〕を続ける, (引き継いで) 経営する (conduct) ‖ He *carried on* the new enterprise. 新しい事業を進めた ②〔会話など〕をし続ける；〈…し〉続ける〈***doing***〉

****càrry óut ... / càrry ... óut*** 〈他〉①〔計画など〕を**実行する**, 実施する (put into practice ; conduct) ‖ He *carried out* his promise. 彼は約束を実行した ②〔仕事・任務など〕を完遂する, 成し遂げる, 果たす (accomplish) ‖ The task must be *carried out* now. その仕事は今成し遂げねばならない

càrry óver 〈他〉《***càrry óver ... / càrry ... óver***》 ①〔残った部分など〕を〈…に〉持ち越す；…を〈別の分野に〉持ち込む〈**to, into**〉 ②〖簿〗…を〈次に〉繰り越す, 持ち越す〈**to**〉 ‖ The deficits were *carried over to* the next year's budget. 損失は次年度の予算へ持ち越された ③ …を延期する —〈自〉残る；〈…に〉持ち越される, 引き継がれる, 及ぶ〈**to, into**〉

càrry thróugh 〈他〉 **I** 《***càrry thróugh ... / càrry ... thróugh***》 ① …を成し遂げる, 成就させる ‖ The new project will be *carried through*. 新しい計画が遂行されるだろう **II** 《***càrry ... thróugh***》 ②〔人〕に (困難などを) 切り抜けさせる, やり抜かせる ‖ Their encouragement *carried* her *through*. 彼らの励ましが彼女を最後までやり抜かせた **III** 《***càrry À through B́***》 ③ *A* (人) に *B* (困難など) を切り抜けさせる —〈自〉① 持続する, 生き残る ② 《米》〈約束したことなどを〉きちんとやる〈**on, with**〉

càrry ... tòo fár …をやりすぎる, 度を越す ‖ He *carried* the joke *too far*. 彼は冗談の度がすぎた

cárry ... with one ① …を持ち歩く ② …を覚えている ③〔人〕を納得させる, 説得する ‖ The priest *carried* all the villagers *with* him. 神父は全村人を納得させた

—名 (複 **-ries** /-z/) ❶ U/C 《単数形で》(銃などの) 射程, 砲弾の届く範囲；(ゴルフの) 打球の飛距離, キャリー ‖ a ~ of 300 yards 300ヤードの飛距離 ❷ U/C 《単数形で》運搬 ‖ do a ~ of ... …を運搬する ❸ C (水路間の) 陸上運搬 ❹ C 《米》〖アメフト〗ボールを持って走ること

▸▸ **~ing capàcity** 名 U ① 積載量 ②〖生態〗飽和水準 (saturation level)；収容力 **~ing chàrge** 名 C ① 《米》(分割払いで購入した品物の) 利息分 ② 諸掛り《在庫など現在利益を生んでいない資産にかかる費用》 **~ tràde** 名 U〖金融〗キャリートレード《低金利の通貨を借りて高金利の通貨の市場に投資すること》

cárry·àll 名 C ❶ 《米》大きな手さげ袋［バスケット］, 合切(がっさい)袋 ❷ (1頭立ての) 軽装有蓋(ゆうがい)馬車 ❸ 《米》(向かい合う長い座席のついた) 乗合自動車

cárry·bàck 名 U C〖税〗繰り戻し (額) (↔ carryover) 《一定額を昨年度出費として差し引くこと, その額. 税負担軽減措置の1つ》

cárry·còt 名 C 《英》携帯用ベビーベッド

carrycot

càrrying-ón 名 (複 **carryings-on**) C 《口》いかがわしい振る舞い

***cárry-òn** 名 C 機内持ち込み荷物；U/C 《通例単数形

で)《英口》空騒ぎ ―形 機内持ち込み(用)の

cárry·òut 形《限定》《米・スコット》(料理が)持ち帰りの(takeout,《英》takeaway) ―名Ⓒ 持ち帰りの料理;持ち帰り食品店(takeout,《英》takeaway)

cárry·òver 名Ⓒ《通例単数形で》❶〖簿〗繰り越し(額);〖税〗繰り延べ(額)《一定額を次年度以降に繰り越すこと,その額.税負担軽減措置の1つ》❷(商品・穀物などの)持ち越し分 ❸残っているもの,名残

C

***cár·sìck** 形《通例叙述》車に酔った ‖ get ～ 車酔いする **～·ness** 名Ⓤ 車酔い

Càr·son Cíty /kɑ́ːrsən-/ 名 カーソンシティ《米国ネバダ州の州都》

***cart** /kɑːrt/ 名Ⓒ ❶(二輪または四輪の)荷馬車;(二輪1頭立ての)軽装馬車 ❷《米》手押し車;(スーパーなどの)ショッピングカート(《英》trolley) ❸《米》(食事を運ぶ)ワゴン(《英》trolley) ‖ a grocery ～ 食料品運搬用カート ❹(ゴルフ場などの)電動カート

pùt the cárt before the hórse 本末転倒する

―動他 ❶…を(荷車で)運ぶ ❷《+目+副句》《口》〔かさばるものなど〕を持ち運ぶ,持ち歩く(♦副句は方向を表す)

càrt awáy ... / càrt ... awáy 〈他〉①…を荷車で運び去る ②〔人〕を連れ去る

càrt óff ... / càrt ... óff 〈他〉=*cart away* ②(↑)

▸▸～ **tràck** 名Ⓒ《英》(農業用小型車両が通る)狭いでこぼこ道,農道

cart·age /kɑ́ːrṭɪdʒ | kɑ́ːt-/ 名Ⓤ 荷車[トラック]運送(料)

carte blanche /kɑ̀ːrt blɑ́ːnʃ/ 名(複 **cartes blanches** /kɑ̀ːrts-/) ⓊⒸ 白紙[全権]委任(状);自由裁量権(♦フランス語より)

***car·tel** /kɑːrtél/ 名Ⓒ《単数・複数扱い》❶カルテル,(価格維持を目的とした)企業連合 ❷(政界の)政党連合

Car·ter /kɑ́ːrṭər/ 名 **James Earl ～ Jr.** [**Jimmy ～**] カーター(1924–)《米国第39代大統領(1977–81)》

Car·te·sian /kɑːrtíːʒən | -ziən/ 形 デカルト(Descartes)の,デカルト学派の ―名Ⓒ デカルト信奉者 **～·ism** 名Ⓤ デカルト哲学 ▸▸～ **coórdinates** 名複〖数〗(平面・および空間の)デカルト座標,直交座標

Car·thage /kɑ́ːrθɪdʒ/ 名 カルタゴ《アフリカ北岸にあったフェニキア人の古代都市》

Car·tha·gin·i·an /kɑ̀ːrθədʒíniən/ 形名Ⓒ カルタゴの(人)

cárt·hòrse 名Ⓒ(大型の)荷馬車馬

Car·thu·sian /kɑːrθjúːʒən | -ziən/ 形名Ⓒ〖カト〗カルトゥジオ修道会の(修道士[女])《St. Bruno が設立》

car·ti·lage /kɑ́ːrṭəlɪdʒ/ 名ⓊⒸ〖解〗軟骨(組織) **càr·ti·lág·i·nous** 形

cárt·lòad 名Ⓒ 荷(馬)車1杯分(の荷);《通例 ～s》《口》大量

car·tog·ra·phy /kɑːrtɑ́(ː)grəfi | -tɔ́g-/ 名Ⓤ 地図製作(法) **-pher** 名Ⓒ 地図製作者 **càr·to·gráph·ic** ◁ 形

***car·ton** /kɑ́ːrtən/ 名Ⓒ ❶カートン,ボール箱;(牛乳などの)紙パック(❗牛乳・ジュースなどの紙容器を「パック」というのは和製語で,英語では carton を使う) ❷(中身の入った)1カートン(分) ‖ a ～ of cigarettes たばこ1カートン

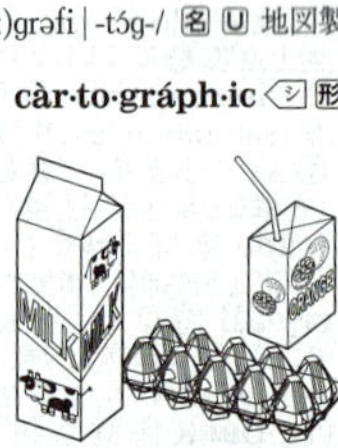

carton ❶

***car·toon** /kɑːrtúːn/《アクセント注意》名Ⓒ ❶(通例1こまの)(時事)風刺漫画,時事漫画 ‖ The ～ showed the president riding a two-headed horse. その風刺漫画には双頭の馬に乗った大統領が描かれていた / draw a political ～ 政治風刺漫画を描く ❷(新聞・雑誌の)連続漫画(comic strip) ❸アニメ(animated cartoon),漫画映画 ‖ a TV ～ テレビ漫画 / ～ characters アニメのキャラクター ❹〖美〗絵を描くための実物大の下絵 **～·ist** 名Ⓒ 風刺漫画家

cár·tòp 形《限定》自動車の屋根に載せて運べる ‖ a ～ boat (車で運べる)軽便ボート

car·touche /kɑːrtúːʃ/ 名Ⓒ ❶〖建〗渦巻装飾 ❷〖考古〗(古代エジプトの碑文の国王・神の名を囲む)楕円(だえん)の枠 ❸弾薬筒,薬包

***car·tridge** /kɑ́ːrtrɪdʒ/ 名Ⓒ ❶弾薬筒,薬包,薬莢(やっきょう) ‖ a ball [blank] ～ 実弾[空包] ❷(液体・粉末の)カートリッジ,小型容器 ‖ an ink ～ for a pen 万年筆のインクカートリッジ / a toner ～ for a copy machine コピー機器のトナー容器 ❸〖写〗マガジン,パトローネ《円筒形のフィルム容器》❹(レコードプレーヤーの)カートリッジ,ピックアップ ▸▸～ **bèlt** 名Ⓒ 弾薬帯 ～ **clìp** 名Ⓒ(銃器の)挿弾子 ～ **pàper** 名Ⓤ カートリッジ紙《もと薬莢に使われた厚手の丈夫な紙》～ **pèn** 名Ⓒ カートリッジ式ペン

cárt·whèel 名Ⓒ ❶側転 ‖ turn [OR do] ～*s* (何回も)側転をする ❷(荷車などの)車輪 ―動自 側転をする

***carve** /kɑːrv/ 動他 ❶〔材料〕を彫って〈…を〉作る〈**into**〉;〈…から〉…を彫って作る〈**out of, from**〉‖ He ～*d* the marble *into* a statue. = He ～*d* a statue *out of* the marble. 彼は大理石で像を彫り上げた ❷〔模様・名前など〕を〈…に〉彫る,刻む〈**in, on**〉;…の表面に〈模様などを〉彫る〈**with**〉‖ He ～*d* his initials *on* the school desk. 彼は学校の机にイニシャルを刻んだ / The tombstone was ～*d with* strange animals. 墓石には奇妙な動物たちが彫られていた ❸ **a** 《+目》(食卓で)(主人などが)〔肉〕を切り分ける,薄く[小さく]切る ‖ On Thanksgiving Day, my father ～*d* the turkey. 感謝祭の日には父がシチメンチョウの肉を切り分けた **b** 《+目 *A*+目 *B* ⇄ +目 *B*+for 目 *A*》*A*(人)に*B*(肉など)を切り分けてやる ‖ Mother ～*d* us the chicken. = Mother ～*d* the chicken *for* us. 母は私たちに鶏肉を切って分けてくれた ❹〖スキー〗エッジをきかせて〔ターン〕をする ❺《受身形不可》〔人生・道など〕を切り開く,〔名声・地位など〕を努力して得る《*out*》(♦通例 for oneself を伴う) ‖ ～ *out* a career for oneself 自分の努力で人生を切り開く ❻〔土地など〕を分割する;〔費用など〕を削減する

―自 ❶彫刻する ❷肉を切り分ける

càrve úp ... / càrve ... úp 〈他〉①〔肉〕を切り分ける ②(自分に都合のよいように)〔土地・会社など〕を分割する,分配する(♥非難の意を込めて使われる) ‖ The country was ～*d up* by the three tribes. その国は3つの民族によって分断された ③《英口》〔ほかの車〕を追い越して急にその前に入る ④《口》〔人〕を(ナイフで)めった切りにする

cár·vel-bùilt /kɑ́ːrvəl-/ 形〖海〗(外板が)平張りの(↔ clinker-built)

cárve·òut, cárve-òut 名Ⓒ ❶〖商〗(親会社から分離した)分割会社,子会社(spinoff) ❷(雇用主や保険会社による)医療費補償の減額

carv·er /kɑ́ːrvər/ 名Ⓒ ❶彫刻家 ❷肉を切り分ける人 ❸肉切りナイフ;《～s》肉切り用のナイフとフォーク(⇨ KNIFE 図) ❹(食卓用の)ひじ付きいす

cárve-ùp 名Ⓒ《単数形で》《英口》山分け,分配;(会社・国などの)分割,分断

carv·ing /kɑ́ːrvɪŋ/ 名 ❶Ⓤ 彫刻(術) ❷Ⓒ 彫刻(物),彫り物 ▸▸～ **knìfe** [**fòrk**] 名Ⓒ(食卓で用いる大型の)肉切り用ナイフ[フォーク]

***cár·wàsh** 名Ⓒ 洗車場[装置];洗車

car·y·at·id /kæ̀riǽṭəd | -ɪd/ 名(複 **～s** /-z/ OR **-i·des** /-ədìːz/) Ⓒ〖建〗(ギリシャ建築の)女像柱

ca·sa·ba /kəsɑ́ːbə/ 名Ⓒ カサバメロン《マスクメロンの一種》

Ca·sa·blan·ca /kæ̀səblǽŋkə/ 名 カサブランカ《モロッコ北西部の港湾都市》

Cas·a·no·va /kæ̀zənóʊvə | -sə-/ 名 ❶ **Giovanni Jacopo ～** カサノバ(1725–98)《イタリア人冒険家.好色で知られる》❷Ⓒ《a ～》女たらし

***cas·cade** /kæskéɪd/ 名Ⓒ ❶小滝,階段状をした滝(♦

waterfall より《堅》）(⇨ FALL 類語) ❷ (小滝のような)波状に垂れ下がっているもの《緞帳(どんちょう)・レース・髪など》❸《単数形で》大量に流れ出る水[もの] ‖ a ~ of sound 轟音(ごうおん) ❹ Ⓒ Ⓤ 〖電〗直列つなぎ, カスケード ❺ 情報[知識]の段階的伝達

— 動 自 ❶ (水などが)滝のように〈…を〉流れる〈**down, past,** etc.〉❷ (髪などが)〈…に〉垂れかかる〈**down, over,** etc.〉‖ Blonde hair ~*d down* her shoulders. ブロンドの髪が彼女の両肩にかかっていた — 他 ❶ …を滝のように流す ❷ …を伝える, 直伝する ‖ We will have to ~ this information (down) to all levels of the organization. この情報は組織のあらゆるレベルに流さなければならないだろう ❸ 🖳 〔画面上の複数のウィンドウ〕を(タイトルバーが見えるように)ずらして重ね合わせる

▸▸ ~ **connèction** 名 Ⓒ Ⓤ 🖳 カスケード接続《複数のハブを階層上に接続すること》 **Cascáde Rànge** 名《the ~》カスケード山脈《米国カリフォルニア州北部からカナダ西部に至る山脈》

cas·car·a /kæskǽrə | -kɑ́ːrə/ 名 〖植〗Ⓒ クロウメモドキ；Ⓤ クロウメモドキの樹皮；それから採れる下剤

⁑case[1] /keɪs/

中心義 **特定の個々の出来事・状況**

名 **事例❶ 場合❷ 実情❸ 訴訟❻ 症例❽**

— 名 (複 **cas·es** /-ɪz/) Ⓒ ❶ **事例**, 実例 (⇨ INSTANCE 類語) ‖ a classic ~ of 「sexual harassment [domestic violence, child abuse] セクハラ[家庭内暴力, 児童虐待]の典型的な事例 / 「a special [an unusual, a similar, a typical] ~ 特別な[珍しい, 類似した, 典型的な]例 / an extreme ~ 極端な例

❷ **場合**；《通例単数形で》(人が置かれている)状況, 立場(♦関係詞で修飾する場合は where か in which を使う) ‖ Poverty is no shame in your ~. 君の場合, 貧乏は恥ではない / in this ~ この場合は / in most ~*s* たいていの場合 / in the ~ of your son (=in your son's ~) あなたの息子さんの場合には (❗日本語の「それはケースバイケースだ」は英語では It depends (on the situation). という. 英語の case by case は「1件ずつ丁寧に」の意味)

❸《the ~》**実情**, 真相, 事実(♦ be 動詞の補語となる場合が多い) ‖ If that's the ~, you have (a) reason to be angry with her. もしもそれが真相だとしたら, 君が彼女に腹を立てるのも無理はない / Is it really the ~ that you attacked him first? 君が最初に彼にけんかを仕掛けたというのは本当かい / as is often the ~ (with ...) (…には)よくあることだが(⇨ AS 代 ❷)

❹ 事柄, 問題 ‖ a ~ of life and death 死活問題 / a ~ of honor [conscience] 名誉[良心]にかかわる問題

❺ (捜査を要する)事件, 犯罪 ‖ a murder ~ 殺人事件 / break [OR solve, crack] a ~ 事件を解決する

❻ 〖法〗**訴訟**(事件), 裁判；判例 ‖ a criminal [civil] ~ 刑事[民事]訴訟 / win [lose] a ~ 訴訟に勝つ[負ける] / bring a ~ to court 事件を法廷に持ち込む / assemble [OR gather] a ~ (立件のため)証拠を集める / a leading ~ 先例となる判決

❼《通例単数形で》(法廷・一般的な議論などでの)主張, 申し立て, 論拠〈**for** …に賛成の；**against** …に反対の〉‖ The prosecutor has a strong [OR good, clear] ~ *against* him. 検察官は彼に反論するだけの十分な論拠を持っている / the ~ *for* the defense [prosecution] 弁護側[検察側]に有利な申し立て / the ~ *against* [*for*] abortion 中絶反対[賛成]論

❽《修飾語を伴って》**症例**, 病状；患者(♦ patient とは違い, 患者そのものよりも症例・病状に重点が置かれる)；福祉[養護]対象者 ‖ Very few ~*s* of malaria were reported in this country. マラリアの症例はこの国ではほとんど報告がなかった / a hopeless ~ 回復の見込みのない患者(→❾) / emergency ~*s* 急患

❾《口》変人, 変わり者；《修飾語を伴って》…の人(→ hard case) ‖ a hopeless ~ 救いようのない人(→❽)

❿ Ⓒ Ⓤ 〖文法〗格；格関係；格を示す語形 ‖ the nominative [objective, possessive] ~ 主[目的, 所有]格

a càse in póint 適例

as the càse may bé 場合によって(は), 事情に応じて(♦文頭では用いられない)

be a cáse of ... 《口》…という事情[場合]である ‖ I don't want to quit school, but it'*s a* ~ *of* not having any other choice. My father died. 学校をやめたくないけれど, ほかに方法がないんだ. 父が死んだのだから

be on a pèrson's cáse 《口》(人に)文句を言い続ける, (人を)目のかたきにする ‖ He has *been on* my ~, ever since I challenged his opinion in a meeting. 会議で彼の意見に反対して以来, 彼はずっと私を目のかたきにしている

(***be***) ***on the cáse*** (なすべきことを)すでにやっている, それに対応している

gèt òff a pèrson's cáse 《通例命令形で》《口》(人に)文句を言うのをやめる；(人への)干渉をやめる ‖ *Get off* my ~! ほっといてくれ(♥ 失礼な表現)

I rèst my cáse. ① 〖法〗これで証言[弁論]を終えます ② 《ときに戯》もうこれ以上言うべきことはありません(♥主張が証明されたときにおどけて言う)

⁎***in ány càse*** NAVI **いずれにしても**, とにかく(anyway) ‖ *In any* ~, I'll let him know. いずれにしても彼に知らせるよ(♥「とにかくこうしよう」という結論の前置きに用いる)

⁎***in cáse of ...*** 《通例文頭で》もし…の場合には, もし…したら(♦ in the case of と区別. →❷) ‖ *In* ~ *of* fire, don't take the elevator. 火災のときはエレベーターを使ってはいけません / *In* ~ *of* any problems, give me a call. もし何か問題があったら電話して

in nìne càses out of tén 十中八九

in nó càse どんな場合でも決して…ない(never)

⁎***in thát*** [OR ***which***] ***càse*** もしそう(だった)なら

⁎(***jùst***) ***in càse ...*** ① 《接続詞句で》**…するといけないから**(《堅》lest)；…に備えて ‖ Take an umbrella with you *in* ~ it rains. 雨が降るといけないから傘を持って行きなさい ② 《接続詞句で》**もし…ならば**, (万一)…の場合には(if) ‖ *In* ~ I'm late, don't wait up for me. もし帰りが遅いようだったら先に寝ていて ③《接続詞句で》…だといけないので念のため言っておきますが(♥ときに明白なことについて聞き手が理解していないことを非難して使う) ‖ I'm reading a book, *in* ~ you didn't notice! 本を読んでいるんだ, 見ればわかるだろう ④ 万一に備えて(♦通例文尾で用いられる) ‖ You should take the map along *just in* ~. 万一に備えて地図を持って行きなさい

màke a fèderal cáse out of ... 《米》…を大げさに言う, 事を大げさにする ‖ Don't *make a federal* ~ *out of* it. そんなに大げさに反応するなよ, 落ち着けよ

màke (***out***) ***a cáse*** 弁じる, 訴える〈**for** …に賛成して；**against** …に反対して〉‖ He *made* (*out*) *a* ~ *for* [*against*] the consumption tax. 彼は消費税擁護[反対]の議論を展開した

thát [OR ***súch***] ***bèing the cáse*** そういう事情なので

COMMUNICATIVE EXPRESSIONS

1 **Lét us tàke a hypothètical cáse: Assùme** you are the Président. 仮にこういう場合を想定してみましょう. あなたが大統領だったとします(♥ 仮定を述べる前置きの表現で, 講義中など形式ばった状況で用いる. ↘Suppose you were the President.)

2 **Lét's tàke the càse of** Bách. NAVI バッハの場合を取り上げてみましょう(♥ 例示の表現)

3 **Thát sèems to bè the càse.** 確かにそのようです(♥相手からの情報の確認に対する返答)

▸▸ ~ **hìstory** 名 Ⓒ (社会学・医学などの)事例史；既往歴, 病歴 ~ **làw** 名 Ⓤ 〖法〗判例法 (↔ statute law)

C

〜 stùdy 名C 事例研究；事例史

‡case² /keɪs/

—名（複 cas·es /-ɪz/）C ❶《しばしば修飾語を伴って》**容器, ケース**, 箱, …入れ ‖ a glass 〜 ガラスの陳列ケース / a jewelry 〜 宝石箱 / a packing 〜 荷箱
❷さや, 覆い, カバー ‖ a knife 〜 ナイフのさや ❸1箱(の量) ‖ a 〜 of beer ビール1箱 ❹《英》スーツケース ❺1対；1組 ‖ a 〜 of pistols 2丁の拳銃(けんじゅう) ❻(窓・戸などの)外枠 ❼〖製本〗(本に取りつける前の)表紙 ❽〖印〗植字用ケース, 活字盤(→ upper case, lower case)

—動他 ❶《通例受身形で》〈…に〉覆われて[包まれて]いる〈in〉‖ an electrical cord 〜*d in* heat-resistant rubber 耐熱性ゴムで被覆された電気のコード
❷《俗》(泥棒が)〔家・銀行など現場〕を下見する(♦特に case the joint で用いる) ❸…を容器に入れる

cáse·bòok 名C (法律・医学などの)判例集, 事例集；専門分野の資料教本

cáse·hàrden 動他 ❶〔鋼鉄〕の表面を硬化する[焼入れする] ❷〔人〕を無神経[平気]にさせる ‖ a 〜*ed* politician 鉄面皮の政治家

ca·se·in /kéɪsiɪn, -siːn/ 名U〖化〗カゼイン

cáse·lòad 名C (裁判所・ソーシャルワーカーなどの)担当件数

cáse·màte 名C (戦艦の) 砲郭《大砲の保護壁》；(要塞(ようさい)の)砲塁

case·ment /kéɪsmənt/ 名C ❶ (＝〜 **wíndow**) 開き窓 ❷枠, 覆い ❸《文》窓

cáse·wòrk 名U ケースワーク《自力で生活できない個人・家族などの社会環境などを長期にわたり検討し, 助言・指導する仕事》 〜**·er** 名C ケースワーカー

‡**cash** /kæʃ/

—名U ❶ **現金**《硬貨または紙幣》‖ I don't have much 〜 on [OR with] me. あまり現金の持ち合わせがない / hard [OR cold, ready] 〜 現金 / petty 〜 (臨時支出用の)小額の現金
❷ **即金**, 現金(払い)《小切手も含める. カードや手形は含まない》‖ Are you paying in 〜 or「charging it [OR by credit card]?＝(Will this be) 〜 or charge? 現金ですか, それとも(クレジット)カードですか / pay $500 **in** 〜 即金[現金]で500ドル支払う
❸金(money)《小切手や手形を含むすぐに自由になる金》‖ be「short of [OR strapped for]〜 金が足りない / be out of 〜 現金を切らしている / **raise** 〜 資金を集める

càsh dówn 《英》即金で, 現金で ‖ He paid for the boat 〜 *down*. 彼はそのボートを即金で買った
càsh in hánd (売り手側の税金逃れに)現金払いで
càsh on delívery (配達時の)代金引換で(《米》collect on delivery)(略 COD)
càsh on the bárrelhead 《米》即金, 現金(払い)(《英口》(*cash*) *on the nail*)
càsh ùp frónt 《米》即金で, 現金で

—動(〜**·es** /-ɪz/；〜**ed** /-t/；〜**·ing**)他 **a** (＋目)〔小切手・手形など〕を**現金にする**, 換金する ‖ Can you [I] 〜 this **check** here? ここでこの小切手を現金にしてくれますか[(私が)できますか] **b** (＋目 *A*＋目 *B*⇄＋目 *B*＋**for** 目 *A*) *A*(人)のために*B*(小切手など)を現金化する ‖ The bank 〜*ed* him the check.＝The bank 〜*ed* the check *for* him. 銀行は彼の小切手を現金にしてくれた

*****càsh ín*** 〈自〉① 現金化して精算する；精算して事業[契約など]から手を引く ② 《口》(利益を得る目的で)〈…に〉つけ込む, 〈…を利用して〉悪賢く立ち回る〈**on**〉③《俗》大もうけする ④《俗》死ぬ —〈他〉(***càsh ín ...*** / ***càsh ... ín***)〔保険・債券など〕を精算して現金化する；(精算して)…から手を引く；〔ポーカーなどのチップ〕を現金化する
càsh óut 〈自〉《米》① 長期間所有していた資産を売却して利益をあげる ② 当日分の売り上げを勘定する ③《俗》死ぬ；自殺する —〈他〉(***càsh óut ...*** / ***càsh ... óut***)〔資産など〕を売却して利益をあげる
càsh úp 《英》〈他〉(***càsh úp ...*** / ***càsh ... úp***)〔売り上げ〕を勘定する —〈自〉＝*cash out*〈自〉②(↑)

語源「箱」の意のラテン語 *capsa* から.「金を入れる箱」, さらに中身の「金」に転じた. case と同語源.

▸▸ 〜 **advànce** 名C (銀行からのカードによる)現金引き出し 〜 **bàr** 名C (パーティーなどで)アルコール飲料を現金で売るコーナー 〜 **bòx** 名C (毎日の売り上げを保管する)金庫 〜 **càrd** 名C《英》(銀行の)キャッシュカード(《米》ATM card) 〜 **còw** 名C《俗》もうかる商品[事業]；金のなる木 〜 **cròp** 名C 換金作物(↔ subsistence crop) 〜 **dèsk** 名C《英》(商店の)支払いカウンター, レジ 〜 **díscount** 名U 現金割引(額) 〜 **dispènser** 名C《英》(銀行の)現金自動預払機 〜 **flòw** 名U/C《単数形で》キャッシュフロー《企業における現金の流出入(額)》 〜 **kìtty** 名C (ある共同の目的に使うための)積立金 〜 **machìne** 名C《英》＝ATM 〜 **règister** 名C 金銭登録器, レジ(スター)

càsh-and-cárry 形副 現金払い・配達なしの[で]
—名U C 現金払い・配達なし制(の量販店)

cásh·bàck 名U C キャッシュバック《客が店頭でデビットカードで買い物をし, 現金を受け取ること. またその現金；客が物品を購入後に受ける一定額の現金の払い戻し》

cásh·bòok 名C 現金出納帳

cash·ew /kæʃuː/ 名C ❶カシュー《ウルシ科の常緑樹》❷(＝〜 **nùt**)カシューナッツ

cash·ier¹ /kæʃíər/《アクセント注意》名C (銀行・商店などの)現金出納係, レジ係；(銀行の)会計[経理]課長

cash·ier² /kæʃíər/ 動他…を(軍役から)免職にする, (一般に)解雇する ‖ a 〜*ed* colonel 元大佐

cash·less /kæʃləs/ 形 現金不要の

cash·mere /kæʒmɪər | kæʃ-/《発音注意》名U カシミヤ毛[糸]；カシミヤ織

cásh-stàrved 形《限定》金に困っている, 窮乏した

cásh-stràpped 形《限定》《口》資金難の, 財政難の

cas·ing /kéɪsɪŋ/ 名C ❶包むもの[材料]；(ソーセージなどの)皮《豚などの腸》；(タイヤの)ケース ❷(窓・扉の)枠 ❸((ガス)油田の)鉄パイプ

***ca·si·no** /kəsíːnoʊ/《発音注意》名(複 〜**s** /-z/) ❶C カジノ《賭博(とばく)場のある娯楽施設》❷U〖トランプ〗カジノ

cask /kæsk | kɑːsk/ 名C たる；(特に)酒だる1杯(の量) ‖ a 〜 of wine ワイン1たる

cas·ket /kæskət | kɑ́ːskɪt/ 名C ❶《主に米》棺おけ, ひつぎ(♦coffin の婉曲語) ❷(宝石用)小箱, 手箱

Càs·pi·an Séa /kæspiən-/ 名《the 〜》カスピ海《ロシア南部からイラン北部にまたがる世界最大の塩水湖》

casque /kæsk/ 名C ❶《古》騎士のかぶと ❷〖動〗頭部にできるかぶと状の突起

Cas·san·dra /kəsǽndrə/ 名 ❶〖ギ神〗カッサンドラ《トロイの王の娘で凶事の予言者》❷C (一般に)(世に入れられない)凶事の予言者

***cas·sa·va** /kəsɑ́ːvə/ 名C〖植〗キャッサバ《熱帯産の根茎のイモ》；U その根茎から採るでんぷん(tapioca)

cas·se·role /kǽsəròʊl/ 名C ❶キャセロール(casserole dish)《耐熱性の料理用深皿》❷C U キャセロール料理 ❸(実験用)柄付き耐熱小皿
—動他…をキャセロールで料理する

***cas·sette** /kəsét/ 名(複 〜**s** /-s/) C ❶(録音・録画用の)カセット, カセットテープ ‖「an audio [a video]〜 オーディオ[ビデオ]カセット / available on 〜 カセット版あり /「put on [eject, fast-forward] a 〜 カセットをかける[取り出す, 早送りする] / a 〜 deck [player, recorder, tape] カセットデッキ[プレーヤー, レコーダー, テープ] ❷(プリンターなどのインクリボンの)カセット ❸〖写〗マガジン, パトローネ《円筒形のフィルム容器》

cas·sia /kǽʃə | kǽsiə/ 名 ❶U 桂皮《肉桂(シナモン)の代用》❷C〖植〗カシア

Cas·si·ni /kæsíːni, kəsíːni/ 名 ❶ **Jean Dominique** 〜 カッシーニ(1625–1712)《イタリア生まれのフランスの天文学者》❷〖天〗カッシーニ《土星探査機》

Cas·si·o·pe·ia /kæ̀siəupíːə/ 名 ❶ 〖ギ神〗カシオペア《Andromeda の母》 ❷ 〖天〗カシオペア座

cas·sock /kǽsək/ 名 C 司祭平服, カソック

cas·sou·let /kæ̀səléɪ | -su-/ 名 C U 〖料理〗カスレ《フランス料理で種々の肉と白インゲンとの煮込み》

cas·so·war·y /kǽsəwèəri/ 名 (複 **-war·ies** /-z/) C 〖鳥〗ヒクイドリ《オーストラリア・ニューギニア産》

‡cast /kæst | kɑːst/

中心義 **Aを特定の方向に投げる**(★Aは具体的な「物」に限らず, 「非難」「視線」「役」など抽象的なものも含む)

> 動 他 **向ける❶ 投じる❶❷ 配役を決める❸**
> 名 **配役❶**

―動 (**~s** /-s/; **cast**; **~·ing**)

―他 ❶ **a** 《+目+副句》〔目・視線〕を**向ける**;〔光・影など〕を**投じる**;〔非難・疑惑など〕を投げかける;〔魔法〕をかける(♦ 副句 は方向・場所を表す) ‖ He ~ [his eyes [OR a look, a glance] at [OR toward] the waitress. 彼はウエートレス(の方)をちらりと見た / The lamp was ~*ing* a soft **light** on the dinner table. ランプが柔らかい光を食卓に投げかけていた / ~ **doubt** on ... …に疑問を投げかける / ~ a spell on ... …に魔法をかける **b** 《+目 *A*+目 *B*⇄+目 *B*+**at** 目 *A*》*A* (人) に*B* (視線など) を向ける ‖ He ~ her a searching look.=He ~ a searching look *at* her. 彼は彼女に探るような視線を送った

❷〔票〕を**投じる** ‖ ~ a **vote** [OR ballot] in an election 選挙で投票する

❸〔演劇・映画など〕の**配役を決める**;〔役柄〕を決める;〔俳優〕に〈…の〉役を当てる;〔人〕を〈…と〉決めつけた見方をする〈**as**〉 ‖ ~ a movie [play] 映画 [劇] の配役を決める / He was ~ *as* [OR in the role of] the villain. 彼はかたきの役を当てられた

❹《堅》…を投げる;〔人〕を(牢獄などに)ほうり込む;〔さいころ〕を投げる(⇨ THROW 類語) ‖ ~ the first stone 真っ先に非難する / The die is ~. さいは投げられた(⇨ DIE²)

❺〔釣り糸・網など〕を水に投げ入れる ‖ ~ a fishing line 釣り糸を投げ込む / ~ a net into the water 網を水に投げ込む ❻ …を投げ捨てる;(蛇が)〔皮〕を脱ぐ;(動物が)〔角〕を落とす;(馬が)〔蹄鉄(ていてつ)〕を落とす;(植物が)〔葉〕を落とす ‖ The snake ~*s* its skin. 蛇は脱皮する ❼〔溶けた金属・プラスチックなど〕を型に流し込んで形を作る;…を〈溶けた金属などで〉鋳造(ちゅうぞう)する〈**in**〉 ‖ His statue was ~ *in* bronze. 彼の銅像は青銅で鋳造されていた ❽ (一定の型に)…をはめる, まとめる, 〈…の〉形にする〈**in**〉 ‖ His first novel was ~ *in* the form of an autobiography. 彼の最初の小説は自伝の形をとった / ~ a plan 案を練る ❾〔天宮図〕から星占いをする

―自 ❶ 釣り糸[さいころなど]を投げる

❷ (映画・演劇などの)配役を決める

càst aróund [OR ***abóut***] 〈自〉〈…を〉あれこれと探し回る, (見つけようと) 思案する〈**for**〉 ‖ He ~ *about for* some way to escape. 彼は逃げ道はないかと辺りを探し回った

càst asíde ... / càst ... asíde 〈他〉(不要なものとして) …を捨てる;〔人〕を見捨てる ‖ ~ *aside* one's coat コートを脱ぎ捨てる

càst awáy ... / càst ... awáy 〈他〉① =*cast aside* (↑) ② 《受身形で》難破して(島などに)打ち上げられる

càst dówn ... / càst ... dówn 〈他〉① …を投げ下ろす;〔目〕を伏せる(lower) ② 《受身形で》落胆する, 失望する ‖ He has been ~ *down* ever since his party was defeated in the election. 彼は党が選挙で負けて以来ふさぎ込んでいる

****càst óff*** 〈他〉 **I** 《***càst óff ... / càst ... óff***》 ① …を放棄する, 捨て去る(discard);〔人〕を見捨てる;〔衣服など〕を脱ぎ捨てる ‖ He ~ *off* his usual shyness and started to speak candidly. 彼はふだん内気なのをかなぐり捨てて率直に話し始めた ② 〖海〗(とも綱を解いて)〔船〕を出す;〔とも綱〕を解く ③ 〖印〗〔原稿〕の組み上がり行[ページ]数を計算する **II** (***càst óff ...***) ④ 〔編み目〕を留める ―〈自〉① 〖海〗(とも綱を解いて)船を出す, とも綱が解かれる, 出航する ② 編み目を留める

càst ón 〈他〉(***càst ón ...***)〔編み始めの目〕を作る ―〈自〉編み始めの目を作る

càst óut ... / càst ... óut 〈他〉《主に文》…を追い出す, …を〈…から〉追放する〈**from, of**〉 ‖ He was ~ *out of* the village after injuring an elder. 彼は長老にけがをさせて村から追放された

càst úp ... / càst ... úp 〈他〉① …を投げ上げる;〔目〕を上に向ける ② (波が)…を岸に打ち上げる

―名 (複 **~s** /-s/) C ❶ 《集合的に》《単数・複数扱い》(演劇・映画などの)**配役**, 出演者一同, キャスト(♦《米》では通例単数扱い. 《英》では個々の出演者に重点を置く場合複数扱い) ‖ The entire ~, except the lead, were already decided. 主役以外の出演者全員はすでに決まっていた / an all-star ~ オールスターキャスト, スター総出演 / a ~ of thousands 大人数の出演者

❷ 鋳造物;鋳型(いがた);流し型

❸ 〖医〗ギプス(plaster cast) ‖ His left arm is in a ~. 彼は左腕にギプスをしている

❹ (釣り糸・網・さいころなどを)投げること;(投げ込み用の)釣り糸;投網(とあみ);(投げて出た)さいころの目[数字] ‖ a ~ of dice さいころの一振り ❺ ひと投げで届く距離 ❻ 《単数形で》《通例修飾語を伴って》型, 種;傾向, 性質;外観, 外形 ‖ He has a conservative ~ of mind. 彼は保守的な考え方を持っている / a feminine ~ of countenance 女性的な顔立ち ❼ 《単数形で》色合い, 色調 ‖ gray with a green ~ 緑色がかった灰色 ❽ (ミミズの)盛り土 ❾ 軽い斜視 ❿ 猟犬が臭跡を探し回ること

▸▸ **~ íron** (↓) **~ nèt** 名 C =casting net

cas·ta·nets /kæ̀stənéts/ 名 複 《a pair of ~で》カスタネット(1組)

cást·awày 形 名 C 難破[漂着]した(人);見捨てられた(人[もの])

***caste** /kæst | kɑːst/ (♦ 同音語 cast) 名 C ❶ カースト《Brahman(僧侶), Kshatriya(貴族・武人), Vaisya(農民・商人), Sudra(労働者)の4階級からなるヒンドゥー教徒の世襲的階級制度の1つを指す》;U カースト制度 ❷ U (一般的に世襲の) 厳格な階級制度 (化);社会的身分 ‖ lose in ~ 社会的地位[信用]を失墜する, 落ちぶれる ❸ 排他的特権階級 ❹ 〖虫〗(集団生活を営む昆虫の)職能形態

cas·tel·lat·ed /kǽstəlèɪtɪd/ 形 城郭風の, 城のような造りの;城のある;ぎざぎざのある

cast·er /kǽstər | kɑ́ːstə/ 名 C ❶ 投げる人[もの];活字鋳造器 ❷ 卓上薬味入れ;薬味入れを並べる台 ❸ 脚輪, キャスター ▸▸ **~ sùgar** 名 U 《英》グラニュー糖, 精白糖

cas·ti·gate /kǽstɪgèɪt/ 動 他 《堅》〈…のことで〉…を懲罰する;…を酷評する〈**for**〉

càs·ti·gá·tion 名 **-gà·tor** 名

cast·ing /kǽstɪŋ | kɑ́ːst-/ 名 ❶ C 鋳物, 鋳造物;U 鋳造 ❷ U C 配役 (の決定) ❸ U 〖釣り〗キャスティング《釣り糸の投げ込み》

▸▸ **~ càll** 名 C キャスティングコール《配役を選ぶための面接・オーディション》 **~ còuch** 名 《the ~》《口》配役担当者の寝いす《役を餌(えさ)に役者に関係を迫るために使われるといわれる》 **~ dirèctor** 名 C 配役担当者 **~ nèt** 名 C 投網(cast net) **~ vóte** 名 C 《通例単数形で》キャスティングボート《賛否同数のとき, 通常議長が投じる決定票》

càst íron 名 U 鋳鉄(ちゅうてつ)

càst-íron <シ 形 《限定》① 鋳鉄製の ② 堅い, 丈夫な;厳しい, 頑固な ‖ a ~ stomach 頑丈な胃

‡cas·tle /kǽsl | kɑ́ːsl/ 《発音注意》

―名 (複 **~s** /-z/) C ❶ **城**, とりで;城のような大邸宅

❷ 安全な場所 ‖ *An Englishman's house is his ~.* 《諺》英国人の家はその人の城である (♦「だれも侵せない場所」の意. A man's house is his castle. ともいう)

C

❸《旧》《口》〖チェス〗ルーク，城将
(**bùild**) ***càstles in***「***the aír*** [OR ***Spáin***] 空想(にふける)，空中楼閣(を描く)
—動〖チェス〗自 キングをキャスリングする《キングをルークで守るための特別な手》 **—他**〔キング〕をキャスリングする

cást·òff 名 C《通例 ～s》お下がりの服，古着；捨てられたもの **—形**《限定》お下がりの，着古した；見捨てられた

cas·tor¹ /kǽstər | kɑ́ːs-/ 名 U ビーバー香《ビーバーから採れる油性物質．薬剤・香水用》；C ビーバー帽；U ビーバー生地 ▸▸**～ bèan** 名 C ヒマの種子；《米》＝castor-oil plant **～ óil** 名 U ひまし油《潤滑剤・下剤》

cas·tor² /kǽstər | kɑ́ːs-/ 名 C ＝caster ❷, ❸

cástor-òil plànt 名 C〖植〗ヒマ，トウゴマ《インド原産トウダイグサ科の丈の高い植物》

cas·trate /kǽstreɪt | ─́─/ 動 他 ❶ …を去勢する(emasculate)，〔卵巣〕を取り去る ❷〔文章など〕を骨抜きにする ❸ …の活力を奪う **cas·trá·tion** 名

cas·tra·to /kæstrɑ́ːtoʊ/ 名 (複 **-ti** /-tiː/) C カストラート《昔少年の声域を保つために去勢された男性歌手》

Cas·tries /kæstríːz/ 名 カストリーズ《西インド諸島，セントルシアの首都》

Cas·tro /kǽstroʊ/ 名 **Fidel ～** カストロ(1927–)《キューバの革命家・首相(1959–76)・国家評議会議長(1976–2008)》

*__cas·u·al__ /kǽʒuəl, kǽzju-/《発音注意》形〔▶ casualty 名〕(**more ～ ; most ～**) (♦ ❶❺❻ は比較なし) ❶《通例限定》何気ない，ふと思いついた，思いつきの(↔ serious) ‖ a ～ lie [remark] 何気ないうそ[ひと言] ❷《通例限定》無頓着(とんちゃく)な，あまり関心のない，さりげない(↔ careful) ‖ He took a ～ glance at the newspaper. 彼は新聞にさっと目を走らせた / Even to the ～ observer, the seriousness of the situation was obvious. 傍観者にさえ状況の深刻さは明らかだった ❸ 形式ばらない，カジュアルな，打ち解けた(↔ formal) ‖ The hotel had a warm, ～ atmosphere. そのホテルには温かくリラックスできる雰囲気があった / ～ clothes カジュアルな服装 / a ～ get-together 気が置けない集まり / ～ Friday カジュアルな服装で出勤する金曜日 ❹ いい加減な，投げやりな，怠慢な ❺《限定》偶然の，思いがけない；たまたまの ‖ a ～ encounter [OR meeting] 偶然の出会い ❻《限定》臨時の，不定期の，行きずりの ❼ あまり親しくない，表面的な
—名 C ❶ 臨時雇いの労働者 ❷《～s》ふだん用の衣服[靴]，カジュアルウエア ❸《英》カジュアル族《カジュアルファッションを好む暴力的な若者たち》 **～·ness** 名
▸▸**～ láborer [wórker]** 名 C 臨時労働者 **～ séx [relátionship]** 名 C 行きずりのセックス

*__cas·u·al·ly__ /kǽʒuəli/ 副 ❶ ふと，何気なく，無頓着に ❷ 形式ばらないで，くだけて，カジュアルに ❸ いい加減に，投げやりに ❹ 偶然に，たまたま

*__cas·u·al·ty__ /kǽʒuəlti/ 名〔◁ casual 形〕(複 **-ties** /-z/) C ❶ (戦争・事故などにおける)死傷者，犠牲者；《-ties》死傷者数 ‖ The air bombing yesterday caused heavy *casualties*. 昨日の空爆で多数の死傷者が出た
❷〈ある出来事・状況での〉犠牲者，犠牲となったもの〈**of**〉
❸ (＝**～ wàrd [depàrtment]**) U《英》(病院の)救急医療センター(《米》emergency room)
❹ 死傷事故 ‖ ～ insurance 傷害保険

cas·u·ist /kǽʒuəst | kǽzjuist/ 名 C ❶ (倫理・モラルについての)決疑論者 ❷ 詭弁(きべん)家(sophist)
càs·u·ís·tic(al) 形

cás·u·ist·ry /-ri/ 名 (複 **-ries** /-z/) ❶ U 決疑論 ❷ C 詭弁，こじつけ

ca·sus bel·li /kɑ̀ːsus béliː/ 名 (複 ～)《ラテン》(＝case of war) C 戦争の原因[理由]，紛争のもと[口実]

⁝cat /kæt/ 名 動

—名 (複 **～s** /-s/) C ❶ 猫；〖動〗ネコ科の動物 (♦ ライオン・トラなど大型種は big cat という)；猫のような動物(♦ 形容詞は feline)(→ fat cat, copycat) ‖ have [OR keep] a ～ 猫を飼っている / a domestic ～ (野生のネコ科動物と区別して)猫 /「an alley [OR a stray, a street] ～ 野良猫 (♦「雄猫」he-cat, tomcat,「雌猫」she-cat,「とら猫」tabby(cat),「三毛猫」tortoise-shell cat,「子猫」kitten,「猫ちゃん」《小児語》pussy(cat). 鳴き声は meow,《主に英》miaow,「のどを鳴らす」は purr という) / ～ food キャットフード / (*Even*) *a cat may look at a king.*《諺》猫でさえ王様を見てよい；どんな弱い立場の人にも相応の権利がある (♦「マザーグース」から) / *When the ～'s away, the mice will play.*《諺》猫が留守の間にネズミは遊ぶ；鬼のいぬ間に洗濯
❷《口》意地悪女，陰口をきく女
❸《主に米俗》《旧》やつ《特に1950–60年代のビート世代によく用いられた》；ジャズ奏者，ジャズ狂(hepcat) ‖ a swell [cool] ～ いい[いかした]やつ / a queer ～ 変な男
❹《the ～》〖史〗九尾のむち(⇨ CAT-O'-NINE-TAILS)
❺ ナマズ(catfish) ❻〖海〗1本マストの小帆船(catboat)；(いかりをつり上げる)吊錨架(ちょうびょうか)(cathead)；いかり綱 ❼ 触媒コンバーター

bèll the cát《口》猫の首に鈴をつける，(人のために)危険なことを進んでする (♦ Aesop's Fables より) ‖ "We should warn him about his misbehavior." "Who will *bell the* ～?"「彼に無作法を注意すべきだよ」「だれが猫の首に鈴をつけるんだ」

fight like càt(s) and dóg(s)《口》激しく戦う[口論する] ‖ Our sons used to *fight like ～s and dogs* when they were little kids. 息子たちは幼いときよくひどいけんかをしたものだ

(***Has the***) ***càt gòt your tóngue?***《口》(黙っている子供などに向かって)どうして何も言わないの

It ràins [OR ***pòurs***] ***càts and dógs.***《通例進行形で》《口》どしゃ降りだ

lèt the cát out of the bàg《口》(思わず)秘密を漏らす；秘密が漏れる (♦ The cat is out of the bag. (秘密が漏れている)の形でも用いる)

like a càt on「***a hòt tìn róof*** [《英》***hòt brícks***]《口》そわそわして；落ち着かないで

like a scàlded cát《英》慌てふためいて，ものすごい勢いで

like the càt that àte [OR ***gòt, swàllowed***] ***the canáry***《米》；***like the càt that gòt the créam***《英》とても満足そうで

lòok like sómething the cát bròught [OR ***dràgged***] ***in***《口》汚らしい，ひどくむさくるしい；変な身なりをしている

not hàve [OR ***stànd***] ***a càt in héll's chànce*** (***of dòing***)《口》(…する)万に一つの見込みもない

play「***cat and mouse*** [OR ***a cat-and-mouse game, a game of cat and mouse***] ***with ...*** ⇨ CAT AND MOUSE(成句)

pùt [OR ***sèt***] ***the cát among the pìgeons***《英口》(秘密などがばれて)騒ぎを引き起こす

sée which wày the càt júmps《口》日和見する，形勢を見守る

There's mòre than óne wày to skìn a cát. (従来のやり方だけでなく)いろいろな手がある

There is no room to swing a cat. ⇨ ROOM(→ CE 2)

You càn't swing a cát. ＝ *There's no* ROOM *to swing a cat.*

COMMUNICATIVE EXPRESSIONS

1 **Lòok what the cát's dràgged ín.** おや，だれかと思ったら；これはこれは，あなたにお会いできるなんて(♥「あれあれ，猫が何を引きずり込んできたのかと思ったら(こんなうす汚いものだった)」から，現れた人を「醜い・身なりがひどい」とけなすことで「歓迎しない」気持ちを表すぶしつけな表現．しばしば思いがけず入って来た人に驚いて言う．ごく親しい人に対してなら相手を迎えるふざけたあいさつにもなり得る)

2 **Whò's shé, the càt's móther?**《英》(当人の前で)「あの女の人」などと言っては失礼ですよ(♥ 子供などに対し

て「she ではなく本人の名前をきちんと言うのが礼儀ですよ」としつける表現. 特に相手の女性が自負心のある人だと話者が判断した場合に用いる. he を使った表現はない)
—動 他〔いかり〕を揚げる —自《米俗》(異性を求めて)うろつく, 〈いかがわしい女性と〉付き合う《*around*》〈with〉
▸▸～ **and móuse** (↓) ～ **bùrglar** 名 C (2階から忍び込む)泥棒 ～ **flàp** [**dòor**] 名 C 猫の出入りするドア ～ **lìtter** 名 U (ペット, 特に猫のトイレ用)吸湿材《ときに kitty litter(もと商標)ともいう》～**'s cràdle** 名 U あや取り ～**'s whískers** [**pyjámas**] 名《the ～》《口》飛び切りよい人[もの]

CÀT 略 *c*lear *a*ir *t*urbulence ; *c*ollege *a*bility *t*est ; *C*ollege of *A*dvanced *T*echnology ; *c*omputer-*a*ssisted [-*a*ided] *t*esting ; *c*omputer-*a*ided *t*rading ; *c*omputerized *a*xial *t*omography
▸▸～ **scàn** /kæt/ 名 C 《医》X線体軸断層写真 (CT scan) ～ **scànner** /kæt/ 名 C X線体軸断層写真撮影装置(CT scanner)

cat. 略 catalog(ue)

cata- 接頭「下へ, 下に」の意(◆母音, h の前では cat-)

ca·tab·o·lism /kətǽbəlìzm/ 名 U 《生》異化作用 (↔ anabolism) **càt·a·ból·ic** 形

cat·a·chre·sis /kæ̀ţəkríːsɪs/ 名 (複 **-ses** /-sìːz/) U C (語句の)誤用, (比喩(ゆ)の)乱用 **-chres·tic(al)** 形

cat·a·clysm /kǽţəklìzm/ 名 C ❶ 地殻の大変動 ; 大洪水 ❷ 政治的[社会的]激変
càt·a·clýs·mal, càt·a·clýs·mic 形

cat·a·comb /kǽţəkòum | -kùːm/ 名 C 《通例 ～s》❶ カタコンベ, 地下墓地 ❷ (地下墓地のような)複雑な地下通路

cat·a·falque /kǽţəfɔ̀ːk | -fælk/ 名 C (葬儀用の装飾のある)霊柩(れいきゅう)台[車], 棺架

Cat·a·lan /kǽţələn | kǽtəlæn/ 形 カタロニア (Catalonia)の, カタロニア人[語]の
—名 C カタロニア人 ; U カタロニア語 (ロマンス語の一種)

cat·a·lep·sy /kǽţəlèpsi | kǽtə-/ 名 U 《医》(てんかんなどに伴う)(全身)強硬(症)
càt·a·lép·tic 形 名 C 強硬症の(患者)

cat·a·logue, + 《米》**-log** /kǽţəlɔ̀(ː)g | kǽtə-/ 名 C ❶ カタログ ; (通例アルファベット順の)目録 ; (図書館の)目録カード(card catalog) ; 商品目録 ‖ a library ～ 図書館の蔵書目録 / an on-line ～ オンライン目録 / a mail-order ～ 通信販売のカタログ ❷《単数形で》連続, 一連(の…) (◆通例よくない事柄に用いる) ‖ a ～ of failures 失敗の連続 ❸《米・カナダ》(大学の)講座一覧表(course catalog)(《英》calendar)
—動 他 …の目録を作成する ; …を目録に載せる ; …を(目録にして) 分類する, リストにする ‖ The magazines were *cataloged* in chronological order. 雑誌類は年代順に分類されていた
—自 目録を作成する ; 目録に載る
-lòg(u)·er 名 C 目録製作者

Cat·a·lo·ni·a /kæ̀ţəlóuniə | kæ̀tə-/ 名 カタロニア (スペイン北東部の地中海に面した地方) **-ni·an** 形 名

ca·tal·pa /kətǽlpə/ 名 C 《植》キササゲの類

ca·tal·y·sis /kətǽləsɪs/ 名 (複 **-ses** /-sìːz/) U C 《化》触媒作用

cat·a·lyst /kǽţəlɪst/ 名 C ❶《化》触媒 ❷〈…を〉触発するもの[人]〈for〉

cat·a·lyt·ic /kæ̀ţəlíţɪk/ 形 触媒作用の ▸▸～ **convérter** 名 C 触媒コンバーター《自動車の排気ガス浄化装置》

cat·a·lyze /kǽţəlàɪz/ 動 他 ❶《化》〔反応〕を(触媒で)促進する ❷ …を生み出す, 引き起こす ❸ …に大変革をもたらす

cat·a·ma·ran /kæ̀ţəmərǽn/ 名 C ❶ 双胴船 ❷ 丸太のいかだ(舟)

catamaran ❶

cat·a·mite /kǽţəmàɪt/ 名 C 稚児(ちご)《男色の相手方となる少年》

cat·a·mount /kǽţə-màunt/ 名 C ネコ科の野獣 ; 《米》(特に)ピューマ(cougar), オオヤマネコ(lynx)

càt and móuse 名 U ❶ 猫とネズミ《子供の遊び》❷ 追いつ追われつの状況[争い]
càt-and-móuse ⊲ 形《限定》残酷な, 他者の苦しみを喜ぶ ; (じわじわ)苦しめる
plày 「**càt and móuse** [OR ***a càt-and-móuse game, a gàme of càt and mòuse***] ***with*** …」《口》…をじらす ; …をはぐらかす ; 好機がくるまで…の様子をうかがっている

cat·a·pult /kǽţəpʌ̀lt/ 名 C ❶ 弩(ど), 石弓《昔の兵器. 石・矢などをばね仕掛けで射る》❷《英》ぱちんこ(《米》slingshot) ❸ カタパルト《航空母艦の艦載機射出装置》
—動 他 ❶ …を弩[カタパルト]で打ち出す ; …を発射する ❷ …を飛び出させる ; …を (突然ある状態に) させる ‖ ～ the nation *into* crisis 国を(突然)危機に陥らせる
—自 (弩・カタパルトで)打ち出される, 発射される ; 素早く動く

cat·a·ract /kǽţərækt/ 名 C ❶ 大滝, 瀑布(ばくふ) (⇨ FALL 類語) ❷《医》白内障, (水晶体の)混濁部 ❸ どしゃ降り ; 洪水 **càt·a·rác·tous** 形

ca·tarrh /kətάːr/ 名 U カタル《特に鼻・のどの粘膜に起こる炎症》 **～·al** 形

***ca·tas·tro·phe** /kətǽstrəfi/ 名 C ❶ (突然の) 大災害, 大変動 ❷ C U 悲劇的結末, 破局 ; 不幸, 災難(⇨ DISASTER 類語) ❸《劇》(悲劇の)大詰め, 結末
▸▸～ **thèory** 名 U 《数》カタストロフィ[破局]理論《突然の不連続的事象を説明するための幾何学的理論》

cat·a·stroph·ic /kæ̀ţəstrά(ː)fɪk | -strɔ́f-/ ⊲ 形 破滅的な, 大異変の, 悲惨な ; (病が)重篤(じゅうとく)な **-i·cal·ly** 副

cat·a·to·ni·a /kæ̀ţətóuniə/ 名 U 《心》緊張(型分裂)病
càt·a·tón·ic 形 名 C 緊張(型分裂)病の(患者)

cát·bìrd 名 C 《鳥》ネコマネドリ《北米産. 猫に似た声を出す》; ネコドリ《オーストラリア産》 ▸▸～ **sèat** 名《the ～》《米口》有利な[うらやましい]立場[状態] ‖ be (sitting) in the ～ *seat* 有利な立場に立っている

cát·bòat 名 C (船首近くに1本マストを立てた)小型帆船

cát·càll 名 C 《通例 ～s》(芝居・スポーツ観戦での) (不満の)やじ, (鋭い)口笛 ‖ make ～*s* やじる
—動 自 やじを飛ばす

***catch /kætʃ/ 動 名

中心義 動きのあるものをとらえる (★意識的な場面に限らず, 偶然の場合も含む. また知覚的にとらえる場合にも用いる)

> 動 他 **捕まえる❶ つかむ❷ 見つける❸ 追いつく❹ 間に合う❺ 感染する❻ 理解する❼**
> 名 **捕らえること❶**

—動 (**～·es** /-ɪz/ ; **caught** /kɔːt/ ; **～·ing**)
—他 (◆進行形はまれ)(❗「情報をキャッチする」のように「手に入れる」の意味の場合は catch ではなく get や obtain を使う) ❶ **a** (+目) …を(追いかけて) **捕まえる**, 捕らえる, 取り押さえる ; …をわなにかけ(て捕まえ)る ; 〔動いているもの〕を受け止める, 受ける (⇨ TAKE 類語) ‖ That cat has never *caught* a mouse! あの猫ったらネズミを捕まえたためしがないんだから / ～ fish in a net 魚を網で捕まえる / She *caught* the apple I threw to her with both hands. 彼女は私が投げたリンゴを両手で受け止めた
b (+目 *A*+目 *B*⇄目 *B*+**for** 目 *A*) *A*(人)に*B*(魚など)を捕ってやる ‖ He *caught* me the biggest goldfish in the tank.=He *caught* the biggest goldfish in the tank *for* me. 彼は私のために水槽にいる金魚の中からいちばん大きいのを捕ってくれた
❷ …を**つかむ** (↔ release) ‖ Her brother *caught* her by the wrist. 彼女の兄は彼女の手首をつかんだ (◆「人」に重点を置いた表現で「手首をつかんで引き留めた」という意味. ときに caught her wrist ともいうが, こちらは「手首」に

重点がある) / ～ him for a minute after the meeting 会合の後で彼をちょっと引き止める
❸〔人〕が〈…しているところを〉**見つける**[捕まえる]〈**at, in** / *doing*〉‖ She was *caught in* the shop at midnight. 彼女は真夜中にその店にいるところを見つかった / The visitors *caught* us in our pajamas. みんながパジャマ姿でいるところへ突然客が現れた / ～ them *at* rehearsal 彼らがリハーサルしているところを見つける / ～ him (*in* the act of) sneaking into the classroom 彼がこっそり教室に入り込むところを見つける / ～ him napping 彼がうたた寝をしているところを見つける；《口》彼の油断に乗じる / ～ oneself daydreaming 突然空想にふけっている自分に気づく / You'll never ～ me playing cards with him again. 《口》彼とは二度とトランプはしないよ / ～ him red-handed 彼を現行犯で捕まえる
❹…に**追いつく**；〔人〕に会う[…をする]のに間に合う，〔人〕に連絡がつく(♦ 受身形はまれ) ‖ You'll ～ him if you hurry. 急げば彼に追いつくだろう / I tried to call you, but couldn't ～ you. 君に電話連絡しようとしたが捕まらなかった
❺〔列車など〕に**間に合う**(↔ miss[1])；…に乗る(♦ 受身形はまれ) ‖ Can I ～ the 8 o'clock train? 8時の電車に間に合いますか
❻〔伝染性の病気〕に**感染する**，かかる(↔ escape)；〔火〕がつく；〔なまり・癖・感情など〕に染まる ‖ ～ measles はしかにかかる / ～ (a) cold 風邪をひく(♦ a headache, an illness などには suffer from を用いる) / The hut *caught* fire. 小屋に火がついた / The audience *caught* the speaker's enthusiasm. 聴衆は講師の熱弁に魅せられた
❼《進行形・受身形不可》《通例疑問文・否定文で》…の意味をとらえる，…を**理解する**(⇨ UNDERSTAND 類語) ‖ I don't quite ～ what you're saying. おっしゃっていることがよくわかりません / ～ the subtle nuance of a remark 発言の微妙なニュアンスをつかむ
❽《通例受身形で》〈雨・嵐(あらし)などに〉襲われる，〈悪い状況に〉捕まる〈**in**〉‖ The ship was *caught in* a storm. 船は嵐に襲われた
❾ **a** 《+目》(打撃が)…に当たる，ぶつかる；(感情が)…を捕らえる，襲う ‖ The blow *caught* him in the stomach. 彼は腹に一撃を食らった / He *caught* a cup with his elbow. 彼はひじを茶わんにぶつけた / Sorrow *caught* the widow. 未亡人は悲しみに襲われた
b 《+目 *A*+目 *B*》*A*(人)に*B*(一撃)を与える ‖ She *caught* him a blow on the head. 彼女は彼の頭に1発食らわした
❿〔物〕が落ちて来るのを受ける；〔光・風など〕を受ける ‖ a pail to ～ the drips 滴り落ちる水を受ける手おけ
⓫〖野球〗〔投手〕の捕手を務める；〖クリケット〗〔ボール〕をダイレクトキャッチする
⓬《～ oneself で》自分を(急に)抑える，思いとどまる ‖ He started to talk about it but quickly *caught* himself. 彼はその話をしかけたがすぐ口をつぐんだ
⓭…を〈…に〉引っかける，絡ませる，動かなくする〈**on, in**〉；(くぎなどが)…に引っかかる ‖ I *caught* my finger *in* the door. 指をドアに挟んでしまった / The nail *caught* her sleeve. (=Her sleeve *caught on* the nail.) くぎが彼女のそでに引っかかった
⓮(素早く)…を見る；…を(何とか)聞き取る；〔注意〕を引く，〔心〕を引きつける ‖ They could not ～ what she was saying. 彼らには彼女の言っていることが聞き取れなかった / ～ sight [OR a glimpse] of a friend 友人をちらっと見かける / His **eye** [attention] was **caught** by the beautiful painting. 彼はその美しい絵画に目[注意]を引かれた(♦ catch a person's eye [attention] 以外，受身形はまれ) / He *caught* the public ear with that poem. 彼はその詩で大衆の耳を捕らえた
⓯〔放送・映画など〕を(逃さずに)見る[聞く] ‖ Let's ～ the 9 o'clock news. 9時のニュースを聞いてみよう
⓰…を(正確に)描く，(とらえて)描き出す ‖ The portrait ～*es* a sadness in his expression. その肖像画は彼の表情の悲しさをとらえている / ～ a likeness 似たところを正しく描き出す
⓱〔人〕をだます ‖ He *caught* me by a trick. 彼は策略を使って私をだました / Those sugary words *caught* many people. その甘い言葉に多くの人が引っかかった
━自 ❶〈…に〉絡まる，引っかかる〈**on, in**〉；(錠が)かかる ‖ The anchor *caught in* the rocks. いかりが岩の間に引っかかった / The lock won't ～. 錠が(どうしても)かからない ❷(火が)つく；(物が)燃え出す；(モーターが)かかる ‖ The motor churned and *caught*. モーターがブルブルと音を立ててかかった ❸〖野球〗捕手を務める

cátch at ... 〈他〉…をつかもうとする；…に飛びつく ‖ ～ *at* the idea その考えに飛びつく / *A drowning man will ～ at a straw.* 《諺》おぼれる者はわらをもつかむ(♦ 今は clutch at の方がふつう)

cátch it [《主に米》***hell***] 《口》罰を受ける，しかられる ‖ You'll ～ *it* if you lie again. またうそついたらまずいぞ

****càtch ón*** 〈自〉《口》①(製品・考えなどが)〈…に〉**人気を得る**，はやる，成功する〈**with**〉‖ The phrase *caught on* (*with* young people). その言い方は(若者たちの間に)流行した ②〈…を〉**理解する**，把握する〈**to**〉

càtch óut 〈他〉Ⅰ《***cátch ... oùt***》①〔人〕の間違い[無知・うそ]を見破る；〔不正・うそ〈の現場〉〕を見つける〈**in**〉‖ The prosecutor *caught* the witness *out*. 検事は証人のうそを見抜いた ②《通例受身形で》窮地に陥る Ⅱ《***càtch óut ...*** / ***càtch ... óut***》③〖野球〗〔打者〕(の打ったボール)を捕球してアウトにする

****càtch úp*** 〈自〉①〈…に〉追いつく〈**with,** 《米》**to**〉‖ I'll ～ *up with* you soon. すぐに追いつきますよ ②〈仕事・勉強などに関して〉遅れを取り戻す〈**on, with**〉‖ He has a lot of work to ～ *up on*. 彼には遅れを取り戻さないといけない仕事がたくさんある / ～ *up on* one's sleep 睡眠[眠っていなかった分]を取り戻す ③〈近況などについて〉新しい情報を知る，聞く〈**on**〉；〈人に〉久しぶりに会って近況などを聞く〈**with**〉‖ I'd like to ～ *up on* all the gossip. うわさ話を全部知っておきたい ④〈犯人などを〉逮捕する，処罰する〈**with**〉 ⑤〈…に〉悪い結果をもたらす，〈…に〉(過ちなどの)報いがある〈**with**〉‖ His evil ways *caught up with* him at last. ついに彼の悪業の報いがあった ━〈他〉Ⅰ《***càtch úp ...*** / ***càtch ... úp***》①…をぱっとつかむ，急に取り上げる ‖ He *caught up* the book and ran out. 彼はその本をひっつかんで走り出て行った ②《通例受身形で》〈…に〉絡まる，〈悪い事態に〉巻き込まれる，つかまる〈**in**〉‖ His shirt was *caught up in* the machine. 彼のシャツが機械に絡まった ③《通例受身形で》〈…に〉没頭する〈**in**〉‖ get *caught up in* one's thoughts 考えにふける Ⅱ《***càtch ... úp***》④《主に英》…に追いつく ⑤《米》〔人〕に〈最新情報を〉与える〈**on**〉

càtch úp on ... 〈他〉① =*catch up*〈自〉②③(↑) ②《口》(年齢・病気などが)〔人〕にこたえてくる，〔人〕を変える ‖ Age has *caught up on* her. 年をとって彼女も老けた

COMMUNICATIVE EXPRESSIONS

1 **Càtch me láter [sòme óther tìme].** 後でね[またの機会にね](♥ 時間がなくて話に応じられないときの断り)
2 **I dìdn't càtch** your náme. お名前は何でしたっけ(♥ 紹介されたばかりの人の名前を聞き逃したり，忘れてしまったときに再度尋ねる表現)
3 **(I'll) càtch you láter.** ではまた後で(♥ 別れるときのあいさつ. 通例「後で」会う当てが実際にある場合に用いる)
4 You **wòn't** [OR **wòuldn't**] **càtch me** clèaning úp after you. あなたが散らかした後を私が掃除して回ると思ったら大間違いだからね(♥「そんなことは決してしない」の意)

━名 (複 **～·es** /-ɪz/) Ⓒ ❶**捕らえること**，捕獲；捕球；Ⓤ キャッチボール(❗「キャッチボール」は和製語) ‖ make a nice ～ 見事に捕球する / a diving ～ ダイビングキャッチ / play ～ キャッチボールをする

❷ 捕らえたもの，捕獲物；捕獲量 ‖ We got a good [poor] ～ of sardine. イワシが大漁[不漁]だった / a fine ～ of fish 十分な漁獲量
❸《単数形で》《旧》理想的なもの[人]，掘り出し物；(特に結婚相手として)望ましい人 ‖ It's no (great) ～. (あまり)大したもの[ありがたいもの]ではない / He'd be a good ～ for you. 彼は君にはいい結婚相手だよ
❹《通例単数形で》《口》わな，ごまかし；隠れた問題点，難点(↔ advantage) ‖ There's a ～ in [OR to] it somewhere. どうもそいつはどこかくさい / The ～ is (that) we don't know her address. 問題は彼女の住所を知らないことだ / What's the ～? 何かたくらんでいるの
❺ 留め金，掛け金 ❻ (声・息の)途切れ，引っかかり ‖ There was a ～ in her voice. 彼女はちょっと声を詰まらせた ❼〘楽〙輪唱《特に滑稽(ｺｯｹｲ)な効果を出す歌詞のもの》
▶▶ **～ cròp** 名 C 間作(ｶﾝｻｸ)用作物 **～ phràse** 名 C 人の注意を引くうたい文句，標語，キャッチフレーズ(❗日本語の「キャッチフレーズ」より意味が広い)

cátch·àll 名 C 雑品入れ，半端物置場；包括的な語句
── 形《限定》包括的な

cátch-as-càtch-cán 名 U《古》〘レスリング〙(かつての)フリースタイル ── 形 副《主に米》手段を選ばない(で)，行き当たりばったりの[で] ‖ a ～ life その日暮らし

***catch·er** /kǽtʃər/ 名 C ❶〘野球〙捕手，キャッチャー ❷ 捕らえる人[道具]

catch·ing /kǽtʃɪŋ/ 形《通例叙述》《口》❶ 伝染性の，うつりやすい ❷ 魅力的な，人目を引く(catchy)

catch·ment /kǽtʃmənt/ 名 U C ❶ (特に雨水の)集水(装置)；集水された(雨)水(量) ❷ (=～ àrea)(貯水池・湖・川などの)集水[流水]域；(学校の)学区，(病院の)受持区域

cátch·pènny 形《限定》安ぴかの，きわものの

càtch-22 /-twèntitú:/ 名 C《通例単数形で》八方ふさがりの状況；板挟み，ジレンマ(♦米国の作家 Joseph Heller の同名の小説(1961)より)

catch·up /kǽtʃəp, kétʃ-/ 名 =ketchup

cátch-ùp 名 C《口》❶ 追いつくための努力，巻き返し ‖ play ～ (スポーツ・企業などで)相手に追いつき追い越そうとする，巻き返しを図る ❷《米》(質・量の基準値への)引き上げ ‖ a budgetary ～ 予算引き上げ

cátch·wòrd 名 C ❶ (政党などの)スローガン，標語，宣伝文句 ❷ (辞書・百科事典などの)欄外見出し語，柱(guide word) ❸ (役者登場の際の)合図

catch·y /kǽtʃi/ 形 ❶ 人の注意[関心]を引く ❷ (曲が)覚えやすい ❸ 人を引っかけるような ❹ 断続的な

cat·e·chet·i·cal /kæ̀təkétɪkəl/, **-chet·ic** /-kétɪk/ 形 教義問答の；(教授法が)問答式の **～·ly** 副

cat·e·chism /kǽtəkìzm/ 名 C《通例単数形で》❶ 教理問答(集)，公教要理 ❷ 問答式教授；問答式教科書 ❸ 教義のようなもの ❹ 連続質問 **càt·e·chís·mal** 形

cat·e·chist /kǽtəkɪst/ 名 C 教理問答の教師；問答式教授者

cat·e·chize /kǽtəkàɪz/ 動 他 ❶〔人〕に(教義を)問答方式で教える ❷〔人〕を尋問する；〔人〕に系統的[徹底的]に質問する

cat·e·chu·men /kæ̀təkjú:mèn/ 名 C (洗礼・堅信礼前の)教義学習者

cat·e·gor·i·cal /kæ̀təgɔ́(:)rɪkəl/ ⊲ 形《通例限定》❶ 無条件の，絶対的な；明白な；断言的な ❷〘論〙範疇(ﾊﾝﾁｭｳ)の **～·ly** 副 断言的に，きっぱりと
▶▶ **～ impérative** 名 C〘哲〙(カントの)定言的命令《人間一般に無条件に当てはまる道徳的命令》

cat·e·go·rize /kǽtɪgəràɪz/ 動 他 (範疇・類を立てて)…を類別する，分類する

***cat·e·go·ry** /kǽtəgɔ̀:ri | -gəri/《アクセント注意》
── 名 (複 **-ries** /-z/) C (⇨ BYB) ❶ 種類，**部類**；部門，区分 (⇨ SORT 類語) ‖ different *categories* of workers いろいろな職種の労働者 / **fall into** two *categories* 2つの種類に分けられる / people **in** this ～ この分類に入る人々 / a *Category* three hurricane《米》カテゴリー3のハリケーン《ハリケーンの強さを5段階に分ける．5が最強》
❷〘哲・論〙カテゴリー，範疇
▶▶ **～ kìller** 名 C カテゴリーキラー《安値による大量販売で周辺の小売店を破産に追い込む大型チェーンストア》

cat·e·nac·cio /kæ̀tənɑ́:tʃiou, kɑ̀:tə-/ 名 U〘サッカー〙カテナチオ《守備に重点を置く戦術》(♦「かんぬき」の意味のイタリア語より)

cat·e·nar·y /kǽtənèri | kətí:nəri/ 名 (複 **-nar·ies** /-z/) C ❶〘数〙懸垂線 ❷ (電車の架線をつるす)懸垂索
── 形 ❶《限定》懸垂線の ❷ 鎖の，鎖状の

***ca·ter** /kéɪtər/ 動 自 ❶ (通例仕事として)〈宴会・グループなどの〉料理をまかなう〈**to, for, at**〉‖ This café ～*s to* students. この喫茶店は学生相手に食事を出している / ～ *for* [OR *at*] a banquet 宴会の仕出しをする ❷〈…に〉娯楽[必要なもの]を提供する；〈…の〉要求を満たす，望みどおりにする〈**to, for**〉；〈悪い趣味・傾向などに〉こびる〈**to**〉‖ a politician ～*ing to* [OR *for*] his district 地元の人たちの要望に手を貸す政治家 ❸ 〈…を〉考慮に入れる，斟酌(ｼﾝｼｬｸ)する〈**to,**《英》**for**〉
── 他《米》〔パーティーなど〕の料理を準備する，仕出しをする
～·er 名 C 仕出し屋，宴会業者；サービス提供者

càt·er-córnered /kæ̀tə-/ ⊲ 形 副《米》対角線上の[に]，斜めの[に](diagonal(ly))

***ca·ter·ing** /kéɪtərɪŋ/ 名 U 仕出し[配膳](業)，ケータリング

***cat·er·pil·lar** /kǽtərpɪ̀lər/《アクセント注意》名 C ❶ イモ虫，毛虫《チョウ・ガなどの昆虫の幼虫》❷《C-》《商標》キャタピラー[無限軌道]式トラクター ❸ (戦車などの)キャタピラー，無限軌道装置 ▶▶ **～ tráctor** [**trèad**] 名 C キャタピラー[無限軌道式]トラクター

cat·er·waul /kǽtərwɔ̀:l/ 動 自 (発情期の猫のように)ぎゃーぎゃー言う，わめき散らす
── 名 C (ぎゃーぎゃーという)わめき声

cát·fìsh 名 (複 ～ OR ～**·es** /-ɪz/) C ナマズの類

cát·gùt 名 U ガット，腸弦《羊などの腸から作る強いひも．ラケットの網・弦楽器の弦・外科の縫合糸などに用いる》

Cath. 略 Cathedral；Catholic

ca·thar·sis /kəθɑ́:rsɪs/ 名 (複 **-ses** /-si:z/) U C ❶〘心〙浄化(法)，カタルシス《抑圧された情緒を吐き出させること》❷〘美〙カタルシス《(悲劇による)感情の浄化》

ca·thar·tic /kəθɑ́:rtɪk/ 形 (感情の)浄化をもたらす；〘美〙カタルシスの；〘医〙便通をつける ── 名 C 下剤

Ca·thay /kæθéɪ/ 名《古》《文》中国(China)

cát·hèad 名 C 吊錨架(ﾁｮｳﾋﾞｮｳｶ)《船首の両側に突き出たいかりをかけておくところ》

***ca·the·dral** /kəθí:drəl/《発音注意》名 C ❶ 司教座聖堂，大聖堂《教区(diocese)の司教(bishop)が管轄》❷

Boost Your Brain!

category

category は本来「物事を分類し認識するための根本的な枠組み」のことであり，哲学や論理学では「範疇(はんちゅう)」，カテゴリー」と訳される．ギリシャ語の kategorein に由来し，元は「述語」の意味である．物や人を分類するときに「Aは赤い／Bは白い」と色で分類することもできるし，「Aさんは男だ／Bさんは女だ」と性別で分類することもできる．category とは色や性別のような分類の枠組みのことであり，「PはQである」の「Qである」のように述語の形で記述できるような属性のことである．

category とは，一般的には明確にそれぞれが他と区分けされている集合ではなく，中心的な典型事例と周辺的な事例により構成されていると考えられる．例えば「鳥」という category から人がまず連想するのは，空を飛ぶカラスやスズメなどであり，ペンギンやダチョウは意識から排除されている．だから，「鳥は空を飛ぶ」という文を読んでも，違和感なしで受け入れることができるのである．

(一般に)大伽藍(がらん), 大寺院 ―形《限定》❶ 司教座のある；大聖堂の(ような) ‖ a ～ church 司教座聖堂 / a ～ city 大聖堂のある町 ❷ 権威のある
▸▸～ **céiling** 名 C カテドラル天井《中心の棟に向かって傾斜している高い天井》

Cath·er·ine /kǽθərɪn/ 名 ❶ ～ **II** エカテリーナ2世 (1729-96)《ロシアの女帝 (1762-96). Catherine the Great とも呼ばれる》 ❷ ～ **de Mé·di·cis** /katrɪn də medɪsɪs/ カトリーヌ=ド=メディシス(1519-89)《フランス王アンリ2世の妃(きさき). 息子が王になると摂政を務めた》
▸▸～ **whèel** 名 C 回転花火

cath·e·ter /kǽθəṭər | kǽθɪ-/ 名 C 〖医〗カテーテル《尿道・膀胱(ぼうこう)などに挿入する中空・管状の医療器具》

cath·e·ter·ize /kǽθəṭəràɪz | kǽθɪt-/ 動 他 〖医〗…にカテーテルを挿入する **càth·e·ter·i·zá·tion** 名 C U 心臓カテーテル法《カテーテルにより心臓の検査や治療を行う》

cath·ode /kǽθoʊd/ 名 C 〖電〗(電解槽・真空管などの)陰極(↔ anode)；(蓄電池の)陽極 ▸▸～ **ráy** 名 C 陰極線

càthode-ráy tùbe 名 C ブラウン管, 陰極線管《略 CRT》

***Cath·o·lic** /kǽθəlɪk/ 《アクセント注意》 形 ❶ 《通例限定》(ローマ)カトリック教(会)の；(プロテスタントに対して)カトリックの(↔ Protestant)；《ときに c-》(東西分裂以前の)古代キリスト教会の；全キリスト教会の ‖ the ～ Church カトリック教会 ❷ 《c-》普遍的な, 包括的な；(趣味・関心などが) 幅広い；寛大な ‖ a person with *catholic* tastes and interests 幅広い趣味と関心の持ち主
―名 C (ローマ)カトリック教徒, 旧教徒
ca·thól·i·cal·ly 副 普遍的に；寛大に

***Ca·thol·i·cism** /kəθɑ́(ː)ləsìzm | -θɔ́l-/ 名 U カトリシズム《特にローマカトリック教会の信仰・教義・儀式・制度》

cath·o·lic·i·ty /kæ̀θəlísəṭi/ 名 U ❶ 普遍性；包括性；(興味・関心の) 広さ ‖ ～ of viewpoint 見解の広さ ❷ 《C-》=Catholicism

ca·thol·i·cize /kəθɑ́(ː)ləsàɪz | -θɔ́l-/ 動 他 自 ❶ (…を[が])普遍化する[普遍的になる] ❷ 《C-》(…を[が])カトリック教徒にする[なる], カトリック化する

cat·i·on /kǽṭàɪən/ 名 C 陽イオン(↔ anion)

cat·kin /kǽtkɪn/ 名 C (クリ・ヤナギの類の花のような)尾状花(序)

cat·like /kǽtlàɪk/ 形 猫のような；こそこそした, 忍びやかな

cát·mìnt 名 =catnip

cát·nàp 名 C うたた寝
―動 (-**napped** /-t/；-**nap·ping**) 自 うたた寝する, 仮眠する

cát·nìp 名 C 〖植〗イヌハッカ, チクマハッカ《猫がその葉のにおいを好む》；好ましいもの[こと]

Ca·to /kéɪṭoʊ/ 名 **Marcus Porcius** ～ ❶ (大) カトー (Cato the Elder) (234-149 B.C.)《ローマの将軍・政治家・文人. Cato the Censor ともいう》 ❷ (小)カトー(Cato the Younger)(95-46 B.C.)《大カトーの曾孫(そうそん). ローマ共和制末期の政治家・ストア哲学者》

cat-o'-nine-tails /kæ̀ṭənáɪntèɪlz/ 名 (複 ～) C 九尾の猫むち《昔, 主に海軍の体罰に用いられた9本縄のむち》

cát's-èye 名 C ❶ キャッツアイ, 猫目石 ❷ (道路などの) 夜間反射装置《ヘッドライトの光を反射する》 ❸ (透明で中心に色がついた)おはじき

Cáts·kill Mòuntains /kǽtskɪl-/ 名 《the ～》キャッツキル山脈《米国ニューヨーク州南東部の山脈. the Catskills とも》

cát's-pàw 名 C ❶ 手先(に使われる人)(♦ 猿が火中のクリを取るのに猫の手を使ったという寓話(ぐうわ)から) ❷ 猫足結び《滑車に綱をかけるときの結び方》

cát·sùit 名 C ジャンプスーツ《ぴったりした上下続きの女性用の服. 長そでで下部はズボン》

cát·sup 名 《米》=ketchup

cát·tàil 名 C 〖植〗ガマ

cat·ter·y /kǽṭəri/ 名 (複 -**ter·ies** /-z/) C 猫の繁殖・飼育用の施設

cat·tish /kǽṭɪʃ/ 形 =catty

***cat·tle** /kǽṭl/ 名 U 《集合的に》《複数扱い》 ❶ 牛(の群れ), 畜牛《cows, bulls, steers などの総称》(⇨ ox 類語P) ‖ The ～ are in the fields. 牛は野に出ている / raise ～ 牛を飼う / two hundred (head of) ～ 200頭の牛(♦ cattle は「群れ」として考えるので, two, three といった小さな数とともには用いない. また不可算名詞なので ×a cattle, ×cattles は不可) / great herds of ～ 牛の大群 ❷ 《けなして》畜生ども, 野郎ども
▸▸～ **càke** 名 U 《英》(かたまり状にした) 牛の飼料 ～ **càll** 名 C 《米口》公開オーディション ～ **ègret** 名 C 〖鳥〗ショウジョウサギ《牛の周りにいる虫を食べる》 ～ **guàrd** [《英》**grìd**] 名 C 《米》家畜逃亡防止装置《道の溝上に間隔をあけて渡した数本の棒からなり, 車や人は通れるが牛は通れない》 ～ **plàgue** 名 U 〖獣医〗牛疫 ～ **pròd** 名 C (電気で軽いショックを与える) 牛追い棒 ～ **trùck** 名 C 《英》家畜運搬車(《米》stock car)

cat·tle·man /kǽṭlmən/ 名 (複 -**men** /-mən/) C 牛飼い；牧場主(中立 rancher, cattle owner)

catt·ley·a /kǽtliə/ 名 C 〖植〗カトレア

cat·ty /kǽṭi/ 形 (主に女性が)意地悪な, 陰険な；猫のような
-**ti·ly** 副 -**ti·ness** 名

càtty-córnered 形 副 《米口》=cater-cornered

CATV 略 *c*ommunity *a*ntenna *t*ele*v*ision

cát·wàlk 名 C (橋・作業場・舞台天井などの一端に設けた)狭い通路；(ファッションショーの)張り出し舞台

Cau·ca·sia /kɔːkéɪʒə | -ziə/ 名 コーカサス, カフカス (地方)《黒海とカスピ海の間. the Caucasus ともいう》

Cau·ca·sian /kɔːkéɪʒən | -ziən/ 形 ❶ 白色人種の ❷ コーカサス[カフカス]の, コーカサス人の ❸ カフカス語族の
―名 ❶ C 白人 ❷ C コーカサス人 ❸ U カフカス語

Cau·ca·soid /kɔ́ːkəsɔ̀ɪd/ 名 C 形 コーカソイド (の), 白色人種(の)(→ Mongoloid, Negroid)

Cau·ca·sus /kɔ́ːkəsəs/ 名 《the ～》 ❶ コーカサス[カフカス]山脈(the Caucasus Mountains)《黒海とカスピ海の間にまたがる山脈》 ❷ =Caucasia

cau·cus /kɔ́ːkəs/ 名 C ❶ 《主に米》(非公開の) 党員[派閥]集会；党[派閥]幹部集会 ❷ 《英》(議会の)会派
―動 自 《主に米》党員集会を開く

cau·dal /kɔ́ːdəl/ 形 尾(状)の；尾部(近く)の ～**·ly** 副

⁑**caught** /kɔːt/ 《発音注意》 動 catch の過去・過去分詞

caul /kɔːl/ 名 C ❶ 羊膜(の一部)《赤ん坊の誕生時に頭を覆っていることがあり, 吉兆とされる》 ❷ 〖解〗網《腹膜の二重になったところ》

caul·dron /kɔ́ːldrən/ 名 C ❶ 大がま, 大なべ ❷ 沸き立つこと, 興奮状態

cau·li·flow·er /kɑ́(ː)liflàʊər, kɔ́ː- | kɔ́-/ 名 C 〖植〗カリフラワー(の花球)(♦ 料理の材料としては U)
▸▸～ **chéese** 名 U 《英》カリフラワーチーズ《カリフラワーにチーズソースを添えた料理》 ～ **éar** 名 C (ボクサー・レスラーの)つぶれた耳

caulk /kɔːk/ 動 他 (槙肌(まいはだ)(oakum)などで)〔船〕の水漏れを防ぐ；〔窓枠・管の継ぎ目など〕の隙間(すき)をふさぐ
―名 U 隙間止めの詰め物 ～**·er** 名

***cau·sal** /kɔ́ːzəl/ 形 ❶ 原因の, 原因となる；因果関係の ‖ ～ relation 因果関係 ❷ 〖文法〗原因[理由]を示す ‖ a ～ conjunction 原因の接続詞
―名 C 〖文法〗原因を示す語(句) ～**·ly** 副

cau·sal·i·ty /kɔːzǽləṭi/ 名 U C ❶ 因果関係[性] ‖ the law of ～ 因果性[律] ❷ 原因

cau·sa·tion /kɔːzéɪʃən/ 名 U (結果を)引き起こすこと；原因(をなすもの)；因果関係(causality)

cau·sa·tive /kɔ́ːzəṭɪv/ 形 ❶ 原因となる；(結果を)引き起こす ‖ be ～ of war 戦争の原因となる ❷ 〖文法〗原因を示す, 使役の ‖ ～ verbs 使役動詞
―名 C 〖文法〗使役動詞(let, make など) ～**·ly** 副

⁂**cause**[1] /kɔːz/ 《発音注意》 名 動

中心義 物事を引き起こす(もと)

—名 (複 caus·es /-ɪz/) ❶ Ⓒ Ⓤ **原因** (↔ effect, result), 原因となる物事 [人] ‖ Smoking is a major [OR main] ～ of lung cancer. 喫煙は肺癌(がん)の主な原因である / The police are now investigating the ～ of the accident. 警察は事故の原因を目下捜査中だ / ～ and effect 原因と結果, 因果(関係) / the ～ of global warming 地球温暖化の原因

連語 【形/名+～】 a possible ～ 考え得る原因 / 「a root [an underlying] ～ 根本的な [根底にある] 原因 / an important ～ 重要な原因 / a real ～ 真の原因

❷ Ⓤ Ⓒ **理由**, 根拠〈**for** …の / **to** *do* …する〉; 正当な理由 [動機] (⇨ REASON 類語) ‖ There is no ～「*for* complaint [OR *to* complain]. 不平を言う理由は何もない / the ～ of school phobia 学校嫌いの理由 / be absent without (good) ～ (大した) 理由もなく欠席する / with [without] (good) ～ しかるべき理由があって [理由もなく] / show ～ 正当な理由を示す

語法 ☆☆ ❶ ❷ の cause を主語にした場合, 補語に because of や due to などをつける必要はない. 〈例〉 The *cause* of the fire was the careless disposal of a cigarette. 火事の原因はたばこの不始末だった

❸ Ⓒ (正当な理由の)主張, **主義**; **大義**; (社会)運動; 目的 ‖ They promoted the ～ of animal liberation. 彼らは動物解放運動を促進した / fight [die] for a noble [worthy] ～ 崇高な[立派な]目的のために闘う[死ぬ] / in the ～ of justice 正義のために ❹ Ⓒ 〖法〗訴訟(事件); 訴訟の理由; (訴訟の)申し立て ‖ plead one's ～ 訴訟の申し立てをする / a ～ of action 訴因 ❺ Ⓒ 議論の主題

be for [OR ***in***] ***a gòod cáuse*** (慈善のための)価値ある[立派な]目的のためである

màke còmmon cáuse (***with a pérson***) 同じ目的のために(人と)協力する, 提携する

—動 (**caus·es** /-ɪz/; **～d** /-d/; **caus·ing**) 他 ❶ **a** 《+目》…の原因となる, …を**引き起こす**, もたらす(↔ prevent) (♦ 主によくないことに用いる) ‖ The heavy rain ～*d* floods. 豪雨で洪水になった / She is always *causing* trouble. 彼女はいつも問題を起こしている / ～ damage [**problems**] 損害[問題]を引き起こす **b** 《+目 *A*+目 *B*≒+目 *B*+**for** [**to**] 目 *A*》 *A* (人など)に *B* (事)をもたらす[こうむらせる] ‖ His careless driving ～*d* his mother great anxiety.=His careless driving ～*d* great anxiety *to* his mother. 彼の不注意運転は母親に大変な心配をかけた

❷ 《+目+**to** *do*》…に(意図せずに)…させる ‖ The icy street ～*d* the cars *to* skid. 通りが凍っていたため車はスリップした(⇨ FORCE 類語)

～·less 形 理由[動機]のない

'cause, cause² /kɑ(ː)z, kɔːz | kɔz/ 接 副 《口》=because

cause cé·lè·bre /kɔ̀ːz səlébrə, kòuz-/ 名 (複 **causes cé·lè·bres**) Ⓒ 注目を集める問題, 有名な(裁判)事件

cau·se·rie /kòuzəríː | kóuzəri/ 名 Ⓒ ❶ (知的な) おしゃべり, 雑談 ❷ (新聞紙上などの) 肩の凝らない(文芸)随筆, 閑話

cáuse·wày 名 Ⓒ 湿地に土を盛って作った道, 土手道; 舗装道路

caus·tic /kɔ́ːstɪk/ 形 ❶ 腐食性の, 苛性(かせい)の ‖ ～ potash 苛性カリ / ～ soda 苛性ソーダ ❷ 辛辣(しんらつ)な, 痛烈な ❸ 〖理〗火線の, 火面の

—名 Ⓒ ❶ 腐食剤 ❷ 〖理〗火線; 火面

-ti·cal·ly 副 **caus·tíc·i·ty** 名 Ⓤ 腐食性; 辛辣さ

cau·ter·ize /kɔ́ːtəràɪz/ 動 他 (熱したこて [針] などで) 〔傷〕を焼灼(しょうしゃく)する **càu·ter·i·zá·tion** 名

cau·ter·y /kɔ́ːtəri/ 名 (複 **-ter·ies** /-z/) Ⓒ 焼灼器具 [剤]; Ⓤ 焼灼

cau·tion /kɔ́ːʃən/ 《発音注意》 名 〔▶ cautious 形〕 ❶ Ⓤ 用心, 注意; 慎重(さ) (↔ carelessness) ‖ exercise [OR use] extreme ～ 十分な注意を払う / drive with ～ 慎重に運転する / for ～'s sake 念[用心]のため

❷ Ⓤ 警戒, 警告; Ⓒ 警告(戒め)の言葉; 《主に英》(軽い罪に対して警察などが出す) 警告 (《米》 warning) 《再度同じような罪を犯せば罰せられるという内容》 ‖ He was dismissed with a ～. 彼は論旨免職となった ❸ Ⓒ 《単数形で》《旧》《口》びっくりさせるような人[もの]; 面白い人

èrr on the side of cáution 用心しすぎる

thròw [OR ***càst, flíng***] ***càution to the wínd***(***s***) 慎重さをかなぐり捨てる, 無謀な行動をとる

COMMUNICATIVE EXPRESSIONS

1 **Cáution!** 注意(♥ 看板などの表現)

2 **Procèed with cáution.** 気をつけて歩いてください; 注意して事を進めてください

—動 他 ❶ 警告する **a** 《+目》…に警告する, 注意する〈**against** …しないように; **about** …について〉 ‖ The doctor ～*ed* him *against* his jogging. 医者は彼にジョギングをしないように注意した **b** 《+目+**to** *do*》…に…するよう警告する(♦ to *do* は not を伴うことが多い) ‖ He ～*ed* me not *to* say anything. 彼は私に何もしゃべるなと警告した **c** 《(+目) +**that** 節》(…に) …であると警告する ‖ We must ～ you *that* you are violating the law. 君が法律を犯していると警告しなければならない / "Not so loud," he ～*ed*. 「そう騒ぐな」と彼は注意した

❷ 《主に英》〖法〗…に〈…のことで〉警告を与える〈**for**〉《軽い罪を犯した者に対する警告》(♦ しばしば受身形で用いる) ‖ I got ～*ed for* speeding. スピード違反で警告を受けた

❸ 《主に英》〖法〗(警官などが)〔被疑者〕に法律上の権利を告げる《取り調べに当たって, 被疑者の発言が公判で証拠として用いられることがあると告げること》

—自 〈…しないように〉注意[警告]を与える〈**against**〉

cau·tion·ar·y /kɔ́ːʃənèri | -əri/ 形 警告となる

***cau·tious** /kɔ́ːʃəs/ 形 〔◁ caution 名〕 (**more ～**; **most ～**) ❶ 〈…に〉用心 [注意] 深い, 慎重な (↔ careless) 〈**about, of, in**〉 (⇨ CAREFUL 類語) ‖ She was very ～ *about* investing her money. 彼女は投資に関しては極めて慎重だった (♦ 前置詞の後に *doing* がくることが多い) / a ～ banker 慎重な銀行家 / ～ optimism 過度の期待をしない楽観 (論) ❷ 《+**not to** *do*》…しないように気をつける, 注意する ‖ I was ～ *not to* talk too much. 私はしゃべりすぎないよう気をつけた

～·ly 副 **～·ness** 名 Ⓤ 用心深さ, 慎重さ

cav·al·cade /kævəlkéɪd/ ◁ 名 Ⓒ ❶ 騎馬行進 [行列]; 馬車[自動車]行列; パレード ❷ 〈…の〉一続き〈**of**〉

cav·a·lier /kævəlɪ́ər/ ◁ 名 Ⓒ ❶ 《C-》〖英国史〗(チャールズ1世時代の) 王党員 (→ Roundhead) ❷ 《文》(特に女性に付き添う)礼儀正しい紳士 ❸ 《古》乗馬者, 騎士

—形 《通例限定》(重大事に)無頓着(むとんちゃく)な; 尊大な, 横柄な; くだけた態度の **～·ly** 副

***cav·al·ry** /kævəlri/ 名 (複 **-ries** /-z/) 《通例 the ～》《集合的に》《単数・複数扱い》機甲部隊; 騎兵隊 ‖ They had 5,000 ～ at their disposal. 彼らは5,000人の騎兵隊を擁していた **～·man** /-mən/ 名 (複 **-men** /-mən/) Ⓒ 機甲部隊[騎兵隊]員

:cave /keɪv/

—名 (複 **～s** /-z/) Ⓒ ❶ 洞穴, 洞窟(どうくつ), **ほら穴**; 横穴 ‖ stumble upon a ～ 洞窟を偶然発見する

❷ (地下の) 貯蔵庫 ‖ a wine ～ ワイン貯蔵庫

—動 他 …に穴を掘る; 穴を掘って…を作る

—自 ❶ 洞窟を探検する ‖ go *caving* 洞窟探検に行く

❷ 《主に米》=*cave in*(↓)

****càve ín*** 〈自〉 ① 〈…の上に〉落ち込む, 陥没する, 崩れ落ちる〈**on**〉; へこむ ② 〈…に〉降参する, 屈服する, 折れる〈**to**〉; へこたれる ‖ ～ *in to* a demand 要求に屈服する —〈他〉 《***càve ín*** ... / ***càve*** ... ***ín***》…を陥没させる, 崩れさせる

▶▶ **～ dwèller** 名 Ⓒ (石器時代の) 穴居人 **～ pàinting** 名 Ⓒ (先史時代の)洞窟壁画

C

ca·ve·at /kǽviɑ̀ːt | kǽviæ̀t/ 名 C ❶ 警告；但し書き ❷〖法〗(訴訟で)手続停止通告 ▶▶～ **émp·tor** /-émptɔːr, -tər/ 名 U〖商〗(商取引での)買い手危険負担

cáve-ìn 名 C ❶ (鉱山などの)陥没[落盤](箇所)，(屋根の)陥没(箇所) ❷《単数形で》降参，屈服

*__cáve·màn__ 名 (複 **-mèn** /-mèn/) C ❶ =cave dweller ❷《口》(特に女性に対して)粗野で不遠慮な男

cav·ern /kǽvərn/ 名 C (大きな)ほら穴，洞窟
―動 他 ❶ …を洞窟の中に封じ込める ❷ …に洞窟を掘る

cav·ern·ous /kǽvərnəs/ 形 ❶ 洞窟のような；ほら穴[洞窟]の多い ❷ (音・声が)うつろな　**～·ly** 副

cav·i·ar, -are /kǽviɑ̀ːr/ 名 U キャビア《チョウザメ(sturgeon)の腹子の塩漬け》
càviar to the géneral ふつうの人にはわからない[好かれない]もの；猫に小判[←Shak *HAM* 2：2]

cav·il /kǽvəl/ 動 (《英》**-illed** /-d/；**-il·ling**) 自〈…に〉(つまらない)難癖[けち]をつける〈**at, about**〉
―名 C 難癖，けち　**～·(l)er** 名

cav·i·ta·tion /kæ̀vɪtéɪʃən/ 名 U ❶ キャビテーション，空洞現象《プロペラの回転などで液体中に空洞が生じること》❷ (病気による体の)空洞化

*__cav·i·ty__ /kǽvəṭi/《発音注意》名 (複 **-ties** /-z/) C ❶ 空洞，穴 ❷〖解〗腔(こう)《体内の器官の空所》‖ the nasal [oral] ～ 鼻[口]腔 ❸ 虫歯(の穴) ‖ fill a ～ 虫歯を詰める ▶▶～ **wàll** 名 C (中が空洞の)二重壁

ca·vort /kəvɔ́ːrt/ 動 自 はしゃぎ回る，跳ね回る

caw /kɔː/ 名 C (カラスの)かーかー(という鳴き声)
―動 自 かーかーと鳴く

cay /kiː/ 名 C 小島，サンゴ礁，砂州

cay·enne /keɪén/ 名 (=～ **pépper**) U 唐辛子

Cb 記号〖化〗columbium(コロンビウム)

CB 略 *C*itizens(') *B*and(市民バンド)；*C*ompanion (of the Order) of the *B*ath(《英国の》バス勲爵士)
▶▶～ **ràdio** 名 U 市民バンド無線(CB)

CBC 略 *C*anadian *B*roadcasting *C*orporation (カナダ放送協会)

CBD, C.B.D. 略〖商〗*c*ash *b*efore *d*elivery (受け渡し前金払い)

CBE 略 *C*ommander (of the Order) of the *B*ritish *E*mpire(大英帝国勲位3等勲爵士)

CBI 略 *C*onfederation of *B*ritish *I*ndustry (英国産業連盟)

CBS 略 *C*olumbia *B*roadcasting *S*ystem《米国の放送会社》

CBT 略 *C*omputer-*b*ased *t*esting；*C*omputer-*b*ased *t*raining

cc 略 *c*arbon *c*opy；*c*ubic *c*entimeter(s)

CC 略 *C*ity *C*ouncil(《英国の》市議会)；*C*ounty *C*ouncil(《英国の》州議会)；*C*ricket *C*lub

cc. 略 chapters

CCD 略 *c*harge-*c*oupled *d*evice《デジタルカメラなどの感光部分に使われる電荷結合素子》

CCO 略 *C*hief *C*ompliance *O*fficer (《米国の》最高法令順守責任者)

CCTV 略 *c*losed-*c*ircuit *t*ele*v*ision

CCU 略 *c*ardiac *c*are *u*nit(心疾患管理室[部])；*c*oronary *c*are *u*nit(冠(状)(動脈)疾患の集中治療室[病棟])；*c*ritical *c*are *u*nit(《危急》重症患者管理室[部])

C-cùp 形 (女性の胸が)豊満な，Cカップの

cd, c.d. 略 *c*an*d*ela；*c*ash *d*iscount

Cd 記号〖化〗cadmium(カドミウム)

*__CD__[1] /sìː díː/ 名 (複 **CDs, CD's** /-z/) C コンパクトディスク(♦ *c*ompact *d*isc の略) ‖ play a ～ CDをかける
▶▶～ **bùrner** 名 C CD書き込み装置《CDに音楽などの情報を記録するコンピューター周辺機器》，CD書き込みソフトウェア ～ **plàyer** 名 C コンパクトディスク[CD]プレーヤー(→ compact disc)

CD[2] 略 *c*ertificate of *d*eposit；*C*ivil *D*efense；《フランス》*C*orps *D*iplomatique(=Diplomatic Corps)

Cdr 略 Commander

CD-R 略 *c*ompact *d*isc *r*ecordable

Cdre 略 Commodore

*__CD-ROM__ /sìːdiːrɑ́(ː)m | -rɔ́m/ 名 C シーディーロム《読み出し専用の情報が記憶されたコンパクトディスク》(♦ *c*ompact *d*isc *r*ead-*o*nly *m*emory の略) ▶▶～ **drìve** 名 C シーディーロムドライブ《CD-ROM読み取り装置》

CD-RW 略 *c*ompact *d*isc *r*e*w*ritable

CDT 略 *C*entral *D*aylight *T*ime (《米国の》中部夏時間)；*C*raft, *D*esign, and *T*echnology(《英国で教科としての》工作)

Ce 記号〖化〗cerium(セリウム)

CE 略 *C*hemical *E*ngineer；*C*hurch of *E*ngland；*C*ivil *E*ngineer；*C*ommon *E*ra(西暦紀元)

:cease /siːs/《発音注意》
―動 [▶ cessation 名] (**ceas·es** /-ɪz/；**～d** /-t/；**ceas·ing**)
―他 **やめる**(↔ start, begin) **a** 《+目》…を**やめる**，停止する (⇨ STOP 類語) ‖ The company ～*d* the production of tobacco. その会社はたばこの生産を打ち切った / *Cease* fire! 撃ち方やめ
b 《+*doing*》…するのをやめる[中止する，終える] ‖ At last, he ～*d* complaining. やっと彼は文句を言うのをやめた
c 《+*to do*》(だんだん)…しなくなる (♦ 主として無生物主語．人が主語の場合も無意志がふつう) ‖ Further help ～*d to* be necessary. それ以上の援助は必要でなくなった / Dinosaurs ～*d to* exist about 65,000,000 years ago. 恐竜は約6,500万年前に絶滅した / She ～*d to* be talked about. 彼女は人のうわさに上らなくなった
―自 終わる，やむ ‖ The rain has ～*d*. 雨がやんだ
cèase and desíst〖法〗(業務などを)停止する ‖ send a ～*-and-desist* letter to ... …に業務の停止を求める手紙を送る
―名《次の成句で》
without céase 絶え間なく，ずっと

*__céase-fìre, céase·fìre__ 名 C ❶ 停戦，休戦 ‖ agree to a Christmas ～ クリスマス期間中の休戦に合意する ❷ 射撃中止の命令

cease·less /síːsləs/ 形 絶え間のない，不断の　**～·ly** 副

ce·cro·pi·a /sɪkróupiə/ 名 (=～ **móth**) C〖虫〗テンサン《北米産の大型のガ(蛾)》

ce·cum, 《英》**cae-** /síːkəm/ 名 (複 **-ca** /-kə/) C〖解〗盲嚢(もうのう)，盲腸　**-cal** /-kəl/ 形

*__ce·dar__ /síːdər/(♦ 同音語 seeder) 名 ❶ C ヒマラヤスギ；ヒマラヤスギに似た針葉樹《スギ・ヒノキなど》‖ ～ pollen スギ花粉 ❷ U シーダー材，スギ材 (cedarwood) ‖ a ～ canoe シーダー材で造ったカヌー
▶▶～ **of Lébanon** 名 C〖植〗レバノンスギ

cede /siːd/(♦ 同音語 seed) 動 他《堅》〈…に〉〔権利〕を譲渡する，〔領土〕を割譲する〈**to**〉(→ cession)

ce·dil·la /sədílə/ 名 C セディーユ《フランス語で c の下につけて /s/ の音であることを示す記号．〈例〉façade》

ceil /siːl/ 動 他 (板・漆喰(しっくい)で)〔建物〕の天井を張る，〔天井〕の上張りをする

cei·lidh /kéɪli/ 名 C《スコット・アイル》ケーリー《伝統的な音楽・物語などを楽しむ行事》

:ceil·ing /síːlɪŋ/《発音注意》
―名 (複 **～s** /-z/) C ❶ **天井**(板) (↔ floor)；(天井のように)頭上を覆うもの；天蓋(てんがい) ‖ a fly on the ～ 天井にとまっているハエ
❷ 〈賃金・価格などの〉上限〈**on, for**〉‖ price ～*s for* petrol ガソリンの上限価格 / impose [OR set] a ～ *on* wages 賃金に上限を定める
❸〖空〗(航空機の)上昇限度；〖気象〗雲底高度
❹〖海〗(船舶の)内装の板(張り)
gò through the céiling (価格などが)急騰する
hìt the céiling 《口》かっとなる，かんしゃくを起こす

▶▶ ～ fàn 名 C 天井扇風機 ～ ròse 名 C 〖電〗ロゼット(rose)《照明器具コードの天井接続口》

cel·an·dine /séləndàɪn/ 名 C 〖植〗❶ クサノオウ (草の王)の類 ❷ キンポウゲの類

ce·leb /səléb/ 名 C 《口》名士, セレブ(celebrity)

Cel·e·bes /séləbiːz | səlíːbiz/ 名 セレベス(島), スラウェシ(島)(Sulawesi)《インドネシア中央部の島》

cel·e·brant /séləbrənt/ 名 C ❶ (聖餐(せいさん)式をつかさどる)司祭；(宗教的儀式の)参列者 ❷《米》(一般に)祝う人

:**cel·e·brate** /séləbrèɪt/ 《アクセント注意》

—動〔▶ celebration 名, celebrity 名〕(～s /-s/；-brat·ed /-ɪd/；-brat·ing)

—他 ❶〔祝日・行事など〕を(盛大に)**祝う**, 記念する(♦「人」を目的語にして「祝う」は congratulate) ‖ My grandfather ～*d* his eighty-eighth **birthday** yesterday. 祖父は昨日88歳の誕生祝いをした / ～「New Year [one's tenth **anniversary**] 新年[10周年]を祝う

❷〔儀式・祝典〕を執り行う, 挙行する ‖ ～ Mass ミサを挙げる ❸ …を褒めたたえる〈**for** …のことで；**as** …として〉‖ People ～*d* the pilot *for* his feat. 人々はそのパイロットの偉業を褒めたたえた —自 ❶ (盛大に) 祝う, 記念式典を行う ❷ (宗教)儀式を行う

-brà·tor 名 =celebrant

·**cel·e·brat·ed** /séləbrèɪṭɪd/ 形 有名な, 著名な〈**for** …で；**as** …として〉(⇨ FAMOUS 類語) ‖ He is ～ *for* his work in biotechnology. 彼は生物工学上の業績で有名である / a ～ writer 著名な文筆家

:**cel·e·bra·tion** /sèləbréɪʃən/

—名〔◁ celebrate 動〕(複 ～s /-z/) U ❶ **祝賀**, (盛大な)お祝い；C 祝賀会[式], 祝典 ‖ **in** ～ **of our victory** 我々の勝利を祝して / a cause for ～ 喜ばしいこと

❷ 賞賛, 賛美

ce·leb·ra·to·ry /séləbrətɔ̀ːri | sèləbréɪtəri/ 〈シ〉 形《限定》祝賀(用)の

·**ce·leb·ri·ty** /səlébrəṭi | -rɪ-/ 名〔◁ celebrate 動〕(複 -ties /-z/) ❶ C 有名人, 著名人；(特に芸能界・文壇などの) 名士, セレブ (↔ nobody) ‖ The ～ came under extreme media scrutiny after his divorce. その有名人は離婚後マスコミの厳しい目にさらされるようになった / literary *celebrities* 文壇の著名人 ❷ U 有名, 名声 ‖ a person with ～ and power 名声と権力を持つ人物

ce·ler·i·ty /səlérəṭi/ 名 U 《文》(行動の)敏捷(びんしょう), 敏速

·**cel·er·y** /séləri/ 名 U セロリ ‖ a stick [OR stalk] of ～ セロリ1茎 / a head of ～ セロリ1株

ce·les·ta /səléstə/ 名 C 〖楽〗チェレスタ《有鍵(ゆうけん)打楽器の一種》

ce·les·tial /səléstʃəl | -tiəl/ 形《限定》❶ 天の, 空の (↔ terrestrial) ‖ a ～ body 天体 ❷ 天上の, 天国の ‖ ～ beings 天人 ❸ 天国のような, 素晴らしい, 至上の ‖ ～ music とても美しい音楽 / ～ bliss 至福 **～·ly** 副

▶▶ ～ equátor 名《the ～》〖天〗天の赤道 ～ glóbe 名 C 天球儀 ～ guídance 名 U (ミサイルや宇宙船の)天測誘導 ～ horízon 名 C 〖天〗水[地]平線 ～ mechánics 名 U 天体力学 (gravitational astronomy) ～ navigátion 名 U 〖海〗天測航法 ～ póle 名 C 〖天〗天球の極 ～ sphére 名《the ～》天球《観測者を中心として描いた半径無限大の仮想の球》

cel·i·ba·cy /séləbəsi/ 名 U ❶ (特に宗教的な誓いを立てての)独身(生活) ❷ 禁欲

cel·i·bate /séləbət/ 名 C 形 (特に宗教的誓いを立てて)独身でいる人(の), 独身主義者(の)

cell /sel/(♦ 同音語 sell)

中心義 (基本単位となる)小さな区分

—名 (複 ～s /-z/) C ❶ (修道院・刑務所などの) 小個室, **(独)房** ‖ a windowless ～ 窓のない独房

❷ 〖生〗**細胞**, (組織内の)小空洞；(ミツバチの巣の)巣房；(昆虫の)翅室(しつ)；(植物の)花粉嚢(のう) ‖ Scientists are searching for foods which prevent the growth of cancer ～*s*. 科学者たちは癌(がん)細胞の増殖を抑える食品を探している / red blood ～*s* 赤血球

❸ (政党・秘密組織などの)支部, 細胞, 下部組織 ‖ a terrorist ～ テロリストの下部組織

❹ 〖電〗**電池** (♦ cell の集まったものが battery) ‖ a dry ～ 乾電池 / a solar ～ 太陽電池 / a fuel ～ 燃料電池

❺ 💻 セル《表計算ソフトのシート上のマス目》

❻ (セルラー式電話通信網の)1区画, 1区域, セル；《主に米口》=cell phone ❼ (修道院付属の)小修道院；(修道士の)僧房；(隠遁(いんとん)者の)小屋

▶▶ ～ bòdy 名 C 〖生〗細胞体, 周核体 ～ division 名 U C 〖生〗細胞分裂 ～ fùsion 名 U 〖生〗細胞融合 ～ mèmbrane 名 C U 〖生〗細胞膜 ～ phòne 名 C =cellphone ～ wàll 名 C 〖生〗細胞壁 ～ yèll 名 C 《米口》携帯電話による大声での会話

·**cel·lar** /sélər/(♦ 同音語 seller) 名 C ❶ 地下の貯蔵室；地下室 ‖ They stored the potatoes in the ～. 彼らはジャガイモを地下室に蓄えた ❷ (地下の)ワイン貯蔵室, ワインセラー (wine cellar) ❸ (個人・レストランなどの) 所蔵ワイン ‖ keep a good (wine) ～ ワインを豊富に蓄えている ❹《the ～》《米》(運動競技などでの)最下位

—動 他〔ワインなど〕を地下の貯蔵室に置く[蓄える]

cel·lar·age /sélərɪdʒ/ 名 U ❶《集合的に》地下室 ❷ 地下室保管料

céll·blòck 名 C (刑務所の)独房棟

cel·lie /séliː/ 名 C 《俗》❶ =celly ❷ 携帯電話をよく使う人

cel·lo /tʃélou/ 名 (複 ～s /-z/) C チェロ(violoncello)

cél·list 名 C チェロ奏者

cel·lo·phane /séləfèɪn/ 《発音注意》名 U 《商標》セロファン

·**céll·phòne** 名《主に米》携帯電話(《英》mobile phone) ‖ a ～ holster (ベルトなどにつける)携帯電話ケース

cel·lu·lar /séljulər/ 形 ❶ 細胞の[からなる] ❷ 小区画式の ❸ (生地などが)目の粗い ❹ (無線通信が)小区画[ゾーン]方式の；(電話が)セルラーの, 移動の

▶▶ ～ phóne 名 C 《主に米》=cellphone

cel·lu·lase /séljulèɪs | séljəlèɪz/ 名 U 〖生化〗セルラーゼ《繊維素分解酵素》

cel·lu·lite /séljulàɪt/ 名 U 脂肪(塊)；セルライト《特に女性の大腿(だいたい)部などの皮下に沈着するとされる》

·**cel·lu·loid** /séljulɔ̀ɪd/ 《アクセント注意》名 U ❶《商標》セルロイド ❷ (昔の)映画フィルム；映画(♦ 商標より)

cel·lu·lose /séljulòus/ 名 U 繊維素, セルロース

cèl·lu·ló·sic 形

▶▶ ～ ácetate 名 U 〖化〗アセチルセルロース, 酢酸繊維素 ～ nítrate 名 U 〖化〗ニトロセルロース, 硝酸繊維素

cel·ly /séli:/ 名 C 《俗》携帯電話, ケータイ

Cel·si·us /sélsiəs/ 形 セ氏の (centigrade)《略 C》(→ Fahrenheit) ‖ 10°～=10°*C* セ氏10度 / a ～ thermometer セ氏温度計

—名 セ氏 (♦ 創案者のスウェーデンの天文学者 Anders Celsius(1701–44)の名から)

語法 ☆☆ (1) 10°Celsius, 10°C は共に ten degrees Celsius と読む.
(2) 旧名の Centigrade もしばしば使われるが, 科学用語としては Celsius が正式.
(3) 気温をいう場合,《英》では Celsius,《米》では Fahrenheit が一般的.

Celt /kelt, selt/ 名 C ケルト《紀元前5–4世紀にブリタニアにまで進出した民族；ケルト語派の言語を使う現代ヨーロッパ人. アイルランド・ウェールズ・ブルターニュなどの住民》

·**Cel·tic** /kéltɪk, sél-/ 形 ケルト人[語派]の, ケルト文化の ‖ Welsh is a ～ language. ウェールズ語はケルト語派の言語である —名 U ケルト語(派)

▶▶ ～ cróss 名 C ケルト十字架《一般のラテン十字架の中心に輪がついたもの》(⇨ CROSS 図) ～ frínge 名

C

《the ～》《集合的に》ケルト外辺人《一般の英国人に対して,高地スコットランド人・アイルランド人・ウェールズ人・コーンウォール人》 **～ Séa** 名《the ～》ケルト海域《アイルランドの南,コーンウォールの西の海域》

cem·ba·lo /tʃémbəlòu/ 名 =harpsichord

*__ce·ment__ /səmént/ 《アクセント注意》 名 U ❶ セメント ‖ mix ～ with sand セメントに砂を混ぜる ❷ 接合剤, 接着剤；歯科用セメント ❸ きずな ❹〖歯〗セメント質

sèt in cemént しっかり固められた, 確固とした

—動 他 ❶…を(セメントなどで)固める[接合する]《*together*》；…にセメントの上塗りをする《*over*》(♦ しばしば受身形で用いる) ‖ ～ (*over*) part of the front yard 前庭の一部をセメントで固める ❷…を強固にする ‖ ～ a relationship 関係を強める —自 (セメントで)固められる

▸▸ **～ mìxer** 名 C コンクリートミキサー

ce·men·ta·tion /sìːmentéɪʃən/ 名 U ❶ セメント接合[塗布] ❷〖冶〗セメンテーション, 浸炭《製鋼技術》

ce·men·tum /səméntəm/ 名 U (歯の)セメント質

*__cem·e·ter·y__ /séməteri | -təri/ 《アクセント注意》 名 (複 **-ter·ies** /-z/) C (通例教会に付属していない)墓地, 共同墓地, 霊園(♦ 教会付属の墓地は churchyard) ‖ a municipal ～ 市[町]営墓地

cen. 略 central；century

cen·o·taph /sénətæf | -tɑːf/ 名 C (埋葬場所とは別に建てられた)死者(特に戦没者)のための記念碑

Ce·no·zo·ic /sìːnəzóuɪk, -nou-/ ＜シ 形〖地〗新生代の —名《the ～》新生代《現在に及ぶ》

cense /sens/ 動 他 …に香をたく, 焼香する

cen·ser /sénsər/ 名 C (特に宗教儀式用の)香炉

*__cen·sor__ /sénsər/ 名 C ❶ (出版物・映画・報道・郵便物などの)検閲官 ‖ a military ～ 軍の検閲官 ❷〖ローマ史〗監察官《人口調査・風紀取り締まりなどを担当》 ❸ U〖心〗検閲《潜在意識抑圧力》 —動 他 (政府・検閲官などが)…を検閲する；…を(検閲して)修正[削除]する ‖ Obscene passages were ～*ed* from the book. 猥褻(わいせつ)な部分が本から(検閲で)削除された / ～ textbooks 教科書を検閲する **cen·só·ri·al** 形 検閲(官)の

cen·so·ri·ous /sensɔ́ːriəs/ 形〈…について〉批判的な, あら探しの好きな, 口やかましい〈**of**〉 **～·ly** 副

*__cénsor·shìp__ 名 U ❶ 検閲 (制度) ‖ press ～ 報道の検閲 ❷〖ローマ史〗監察官の職[権限, 任期] ❸〖心〗潜在意識抑圧力, 検閲

cénsor·wàre 名 U 💻 センサーウェア, 検閲ソフト《特定のウェブサイトを見られないようにする》

cen·sur·a·ble /sénʃərəbl/ 形 非難されて当然の, 責められるべき

*__cen·sure__ /sénʃər/ 名 U C 非難, 叱責(しっせき), とがめ, 譴責(けんせき)；酷評 ‖ pass a vote of ～ (on him) (彼に対する)不信任案[非難決議]を通過させる / open to public ～ 公の非難にさらされて

—動 他 …を〈…のことで〉非難する, とがめる, 酷評する；(正式に)…を譴責する〈**for**〉(⇨ CRITICIZE 類語) ‖ ～ an official *for* his improper behavior 彼の不適切な行動に対して公務員を譴責する / ～ her *for* not paying her dues 会費不払いのかどで彼女をとがめる

-sur·er 名 C 非難する人

*__cen·sus__ /sénsəs/ 名 C ❶ 国勢調査, 人口調査；(公の)集計調査；交通調査 ‖ A national ～ is taken every ten years. 国勢調査は10年ごとに行われる / a ～ taker 国勢調査員 ❷ (古代ローマでの) 市民とその財産の登録《課税のために用いられた》

:**cent** /sent/ (♦ 同音語 scent, sent)

—名 (複 **～s** /-s/) C ❶ セント《米国・カナダ・オーストラリアなどの通貨単位. 1ドル(dollar)の100分の1. 記号¢. 略号 c., C., ct.》；1セント銅貨 (penny) ‖ Letters are 60 ～*s* each. 封書は1通につき60セントである

❷《口》わずかな金額, はした金(→ red cent) ‖ I wouldn't pay her a ～. 彼女にはびた一文払いたくない / save every ～ possible 一銭たりとも無駄にしない

❸ U (単位としての) 100 (→ percent) ‖ 88 per ～ 88 パーセント

pùt in one's twò cénts' wòrth 《米口》自分の意見を勝手に差し挟む(⇨ PENNYWORTH(成句))

twò cénts 《米口》価値のないもの ‖ feel like *two* ～*s* 恥ずかしく感じる

語源 ラテン語 *centum*(100)から.

cent. 略 centigrade；central；century

cent- /sent-/ 連結形 =centi-

cen·taur /séntɔːr/ 名 C〖ギ神〗ケンタウロス《半人半馬の怪物》

cen·ta·vo /sentɑ́ːvou/ 名 (複 **～s** /-z/) C センターボ《フィリピン・メキシコ・キューバの peso や euro 導入以前のポルトガルの escudo, ブラジルの real などの基本通貨の100分の1に当たる》；1センターボ(銅)貨

cen·te·nar·i·an /sèntənéəriən | -tɪ-/ 形 100歳(以上)の, 100年の —名 C 100歳(以上)の人

cen·te·nar·y /senténəri | -tíː-/ 形 名《主に英》=centennial

*__cen·ten·ni·al__ /senténiəl/ 形 100年ごとの, 100周年記念の；100年(間)の, 100年続いた；(満)100歳の

—名 C《主に米》100年祭, 100周年記念 **～·ly** 副

⁝**cen·ter**, 《英》**-tre** /sénṭər/ 名 動

中心義 中心点

—名 〔▶ central 形〕 (複 **～s** /-z/) C ❶ **中心**, 中央；〖数〗(円・球・正多角形の)中心；(回転の)中心(軸), 中心点；〖機〗(旋盤の)センター；(果物・ケーキなどの)芯(しん) (⇨ MIDDLE 類語P) ‖ **at** the ～ of a circle 円の中心に / off ～ 中心から外れて / The earth revolves around its ～. 地球は中心を軸として回転している / The puppy left a puddle **in** the ～ of the floor. 子犬が床の中央に水たまりを残していった / the ～ of gravity (物の)重心；興味[活動]の中心

❷ **中心地**；《主に英》(都市・町の)中心街(city [OR town] centre, 《米》downtown)；(興味・活動などの)的(まと), 源, 中心(となる人[もの, こと])；(活動・社会事業などの)中心施設, **センター**；核, 中核, 中枢；〖軍〗本隊 ‖ Milan has **become** the ～ of fashion. ミラノは流行の中心地になった / a cultural ～ 文化の中心(地) / The young prince was the ～ of attention. 若い王子は注目の的であった / a shopping [leisure, medical] ～ ショッピング[レジャー, 医療]センター / a ～ for animal research 動物研究センター / a community ～ 公民館[公会堂]

❸〖生理〗中枢 ❹〖スポーツ〗(野球・バスケットボール・ホッケーなどの)センター, 中堅手；(サッカーなどで)(サイドからの)センタリング ❺《通例 the ～ または the C-》〖政〗中道派；中道的立場；中道政策[政見] ‖ a party of the ～ 中道政党 / I am left [right] of ～. 私は中道左[右]寄りだ ❻《形容詞的に》中心の, 中央の；中道派の ‖ a ～ court (テニスの)中央コート / take ～ stage 目立つ, 際立つ

be the cènter of a pèrson's úniverse (人の)人生で最も大切である

—動 (**～s** /-z/；**～ed**, 《英》**～d** /-d/；**～·ing**, 《英》**-tring**)

—自 ❶ **中心にある**[集まる]；〈…に〉**集中する**, 〈…を〉中心[核]とする〈**on, upon, in, around**〉 ‖ The spotlight ～*ed on* the stage. スポットライトは舞台に集中した / His interest ～*s on* the outcome of the election. 彼の関心はもっぱら選挙結果にある / Her plans always ～*ed around* her child. 彼女の計画はいつも子供中心だった

❷〖スポーツ〗ボールをセンターに送る[ける]；センターを務める

—他 ❶ …を〈…に〉**集中させる**〈**on, upon, in, around**〉 ‖ She ～*ed* her thoughts *on* the problem. 彼女はその問題に考えを集中した / The program was ～*ed on* the artist's personal life. 番組はそのアーティストの私生活を中心に描いていた

❷ …を中心[中央]に置く ‖ ～ the title on the page タ

イトルをページの真ん中に置く ❸ …の中心を決める ❹ 〖スポーツ〗〔ボール〕をセンターに送る[ける]；〖アメフト〗(センターが攻撃開始時に)〔ボール〕をスナップする
語源「とがった先端，コンパスの中心」の意のラテン語 *centrum* から.
▸▸ ～ **báck** 名 C 〖サッカーなど〗センターバック ～ **bìt** 名 C 回し錐(ᵇ) ～ **fíeld** 名 U 〖野球〗センター，中堅 ～ **fíelder** 名 C 〖野球〗センター，中堅手 ～ **fórward** 名 C 〖サッカーなど〗センターフォワード ～ **hálfback** 名 C 〖サッカーなど〗センターハーフ《ハーフバックのうち中央にいる選手》 ～ **of éxcellence** 名 C 最高水準達成がねらえる場所 ～ **stáge** (↓)

cénter·bòard 名 C (ヨットなどの)垂下竜骨

cen·tered, 《英》 **-tred** /séntərd/ 形 ❶ 《複合語で》中心に…の入った；…を中心とする ‖ an almond-～ chocolate アーモンドが中心に入ったチョコレート / a family-～ lifestyle 家庭中心の生活 ❷ 《主に米》(精神的に)落ち着いた，安定した，バランスのとれた

cénter·fòld 名 C ❶ (新聞・雑誌などの)見開きページ ❷ 折り込みのヌード写真(のモデル)

cènter-léft 形 中道左派の(left-of-center)

cénter·pìece 名 C センターピース《テーブルなどの中央の飾り》；最も重要な[目を引く]もの，中心

cènter-ríght 形 中道右派の(right-of-center)

cénter·sprèad 名 C ❶ (新聞・雑誌などの)見開きページ ❷ 見開きページの記事

cènter stáge 名 C 舞台中央；興味の中心 ‖ take ～ 重要な役割を担う；最も注目を集める
—副 舞台中央に，注目の的に

cen·tes·i·mal /sentésəməl/ 形 百分法の，百進法の；100分の1の ～**·ly** 副

cen·tes·i·mo /sentésəmòu/ 名 (複 ～**s** /-z/ OR **-mi** /-mi:/) C ❶ チェンテジモ《euro 導入以前のイタリアの通貨単位で lira の100分の1》；チェンテジモ硬貨 ❷ センテシモ《ウルグアイの通貨単位で peso の100分の1》

centi- /sentə-|senti-/ 連結形「100分の1の(hundredth)；100(倍)の(hundred)」の意

cénti·gràde 形 名 =Celsius

cénti·gràm 名 C センチグラム《100分の1グラム. 略 cg》

cénti·lìter 名 C センチリットル《100分の1リットル. 略 cl》

cen·time /sá:ntì:m|sɔ́n-/ 名 C サンチーム《euro 導入以前のフランスなどの通貨単位. 100分の1フラン》；1サンチーム貨

cénti·mèter 名 C センチメートル《100分の1メートル. 略 cm, cm.》

cèntimeter-gràm-sécond 形 (長さ・質量・時間の)センチメートル・グラム・秒単位制の，CGS単位(系)の

cènti·millionáire 名 C 億万長者

cen·ti·mo /séntəmòu|-tɪ-/ 名 (複 ～**s** /-z/) C センチモ《euro 導入以前のスペインの peseta，コスタリカの colon，ベネズエラの bolivar，パラグアイの guarani の100分の1の通貨単位》

cénti·pède /-pì:d/ 名 C 〖動〗ムカデ

cen·tral /séntrəl/ 形 名

—形 〔◁ center 名〕(**more** ～；**most** ～) (♦ ❶, ❷ は比較なし)
❶ 《通例限定》**中心(部)の**，中央(部)の ‖ ～ Europe 中部ヨーロッパ / The typhoon hit the ～ parts of the country. 台風は国の中央部分を襲った
❷ 《通例限定》**中心的な**，中枢の，中核の；中央制御的な，集中方式の ‖ play a ～ role 中心的役割を果たす / the ～ office 本部，中央局 / a ～ committee 中央委員会
❸ 主要な，(何よりも)重要な(↔ minor)；〈…に〉不可欠な〈**to**〉 ‖ The tax reform is ～ *to* the government's policy. 税制改革は政府にとって重要な政策だ
❹ (中心部にあって)便利な，(どこからも)行きやすい ‖ My office is very ～. うちの社は(中心部にあって)とても便がいい
❺ 《口》(ある事柄が)中心となった(♦「名詞+central」が補語となることが多い) ‖ The district has become refugee ～. その地域は避難民が生活を圧倒するようになってきた. ❻ 〖生理〗中枢神経の ❼ 〖政〗中道の ❽ 〖音声〗中舌音の ‖ a ～ vowel 中舌母音 (/ʌ, ə:, ə/ など)
—名 (複 ～**s** /-z/) C 本部，中央統轄部
～**·ly** 副 中央[中心]に；中心となって ‖ ～ heated 集中暖房の
▸▸ **Cèntral Àfrican Repúblic** (↓) ～ **áir** 名 U セントラル冷房 (↔ central heating) ‖ install ～ *air* セントラル冷房を設置する《略 C/A》 **Cèntral América** (↓) ～ **bánk** 名 C 中央銀行《国の金融制度の中枢をなす》 ～ **cíty** 名 C 《米》(大都市圏の)中心部，中心都市 ～ **góvernment** 名 C U 中央政府，政府 (↔ local government) ～ **héating** 名 U セントラルヒーティング，集中暖房方式 **Cèntral Intélligence Àgency** 名 《the ～》(米国)中央情報局《略 CIA》 ～ **lócking** 名 U セントラルロッキング《車の1つのドアをロックするとすべてのドアがロックされる方式》 ～ **nérvous sỳstem** 名 C 〖解〗中枢神経系 **Cèntral Párk** 名 セントラルパーク《ニューヨーク市のマンハッタン島中心部にある公園》 ～ **prócessing ùnit** 名 C 💻 中央処理装置《略 CPU》 ～ **reservátion** 名 C 《英》(道路の)中央分離帯(《米》median strip) **Céntral (Stándard) Tìme** 名 U (米国・カナダの)中部標準時《略 C.(S.)T.》

***Cèntral Àfrican Repúblic** 名 《the ～》中央アフリカ《アフリカ大陸中央部の共和国. 首都 Bangui》

Cèntral América 名 中央アメリカ，中米
Cèntral Américan 形 名

céntral·ìsm 名 U 中央集権制度[主義]；中央集権化
-ist 名 形

cen·tral·i·ty /sentrǽləti/ 名 U 中心的位置[状態]；中心になること[傾向]

***cen·tral·ize** /séntrəlàɪz/ 動 他 ❶ 〔国家・組織・経済など〕を中央集権化する；〔権力など〕を集中させる ‖ a highly ～*d* society [system] 高度に中央集権化した社会[組織] ❷ …を中央に集める；〔活動など〕を1か所に集中させる
—自 ❶ 中央集権化する ❷ 集中する
cèn·tral·i·zá·tion 名

***cen·tre** /séntər/ 名 動 《英》=center

cen·tric /séntrɪk/ 形 中央の，中心の(central)；〖植〗(珪藻(ᶦᵗᵘ)が)放射相称の

-centric 連結形「…の中心を持つ；…を中心とする」の意 ‖ poly*centric*, ego*centric*

***cen·trif·u·gal** /sentrífjəgəl|sèntrɪfjú:gəl/ 形 (↔ centripetal) ❶ 〖理〗中心から遠ざかる，遠心性の；遠心力を使う ❷ 〖生理〗遠心神経性の，輸出性の ❸ 〖植〗外側に向かって生長する ❹ 分離主義的な ～**·ly** 副
語源「中心(center)から逃げる」の意のニュートンの造語.
▸▸ ～ **fórce** 名 U 〖理〗遠心力

cen·tri·fuge /séntrɪfjù:dʒ/ 名 C ❶ 遠心分離機 ❷ 宇宙船の加速をシミュレートするための回転する機械
—動 他 …を遠心分離機にかける

cen·trip·e·tal /sentrípətəl|-ɪtəl/ 形 (↔ centrifugal) ❶ 〖理〗中心に向かう，求心性の；求心力を使う ❷ 〖生理〗求心の，輸入性の ❸ 〖植〗求心性の，中央に向かって生長する ❹ 中央集権的な ～**·ly** 副
語源「中心(center)に向かう」の意のニュートンの造語.
▸▸ ～ **fórce** 名 U 〖理〗求心力

cen·trist /séntrɪst/ 形 中道の
—名 C 中道派の人，穏健な考えの人

cen·tu·ri·on /sentjúəriən/ 名 C 〖ローマ史〗百人隊(century)の隊長

⁑cen·tu·ry /séntʃəri/

—名 (複 **-ries** /-z/) C ❶ **1世紀**《略 c.》；100年(間) ‖ The 20th [OR twentieth] ～ **saw** the birth of the

"information age." 20世紀には「情報時代」が誕生した / in the 21st [OR twenty-first] ~ 21世紀に《2001–2100年. 俗に2000–2099年とすることもある》/ in the early 12th [OR twelfth] ~ 12世紀初頭に / at the turn of the ~ 世紀の変わり目に / the 5th [OR fifth] ~ B.C. 紀元前5世紀《紀元前500年–401年》/ over [OR through] the *centuries* 何世紀もの間 / during the past ~ 過去100年の間(♦「前世紀の間」は during the last century)
❷ 100で1組[1単位]のもの;《英》(クリケットの)100点
❸〘史〙百人隊《古代ローマの軍隊で, 60隊で legion を編成する》; 百人組《古代ローマの投票単位》
▸▸~ **plànt** 名 C〘植〙リュウゼツラン

CÈÓ 略 *c*hief *e*xecutive *o*fficer(最高経営責任者)

cep /sep/, **cèpe** /sep/ 名 C〘植〙ヤマドリタケ, セップ, ポルチーニ《美味な食用キノコ》

ce·phal·ic /səfǽlɪk/ 形 頭(部)の, 頭蓋(ずがい)の
▸▸~ **índex** 名 C〘人類〙頭指数《頭の縦横比》

ceph·a·lo·pod /séfələpɑ̀(:)d | -pɔ̀d/ 名 C 頭足類動物《イカ・タコなど》 ―形 頭足類の

***ce·ram·ic** /sərǽmɪk/ 形 陶磁器の; 陶磁器製造の, 陶芸の ‖ a ~ plate 陶製の皿 ―名 ❶ U (陶磁器類を作るのに使われる)非金属無機材料; セラミックス ❷ C《~s》《単数扱い》陶芸, 製陶術;《複数扱い》陶磁器類

ce·ram·i·cist /sərǽməsɪst | -rǽmɪ-/ 名 =ceramist

cer·a·mist /sérəmɪst/ 名 C 陶芸家, 窯業家

Cer·ber·us /sɜ́ːrbərəs/ 名〘ギ神〙ケルベロス《頭が3つある地獄の番犬》

*__ce·re·al__ /síəriəl/《発音注意》(♦ 同音語 serial) 名 ❶ U C シリアル《cornflakes, oatmeal など. 主に朝食用》❷ C《通例 ~s》穀物, 穀類(の植物); U 穀粒
語源「(農業の女神)Ceres の」の意のラテン語 *Cerealis* から.

cer·e·bel·lum /sèrəbéləm/ 名 (複 **~s** /-z/ OR **-bel·la** /-bélə/) C〘解〙小脳 **-lar** 形

cer·e·bral /sérəbrəl/ 形 ❶ 大脳の, 脳の ‖ ~ anemia 脳貧血 ❷ 知性に訴える, 理知的な **~·ly** 副
▸▸~ **córtex** 名《the ~》〘解〙大脳皮質 ~ **hémi·sphere** 名 C〘解〙大脳半球《右(right)と左(left)の2つがある》~ **pálsy** 名 U〘医〙脳性麻痺(まひ)

cerebro- /sərəbrou-, -brə-/ 連結形「脳, 大脳」の意

cèrebro·spínal /-spáɪnəl/ ＜シ 形〘解〙脳脊髄(せきずい)の

cèrebro·váscular /-vǽskjulər/ ＜シ 形〘解〙脳血管の

cer·e·brum /səríːbrəm, sérəbrəm/ 名 (複 **~s** /-z/ OR **-bra** /-brə/) C〘解〙大脳

cere·ment /síərmənt/ 名 ❶ U (死体などを包む)ろう引き布 ❷ C《通例 ~s》経帷子(きょうかたびら)(graveclothes)

cer·e·mo·ni·al /sèrəmóuniəl/ ＜シ 形〔◁ ceremony 名〕儀式の, 儀式用の, 正式の; 儀式ばった, 形式[格式]ばった ―名 C 儀式; U 儀礼, 儀礼的態度 **~·ly** 副

cer·e·mo·ni·ous /sèrəmóuniəs/ ＜シ 形〔◁ ceremony 名〕❶ 儀式ばった, 堅苦しい; 仰々しい ❷ 礼式にかなった, 極めて丁重な ❸ 儀式の(ceremonial)
~·ly 副 **~·ness** 名

:**cer·e·mo·ny** /sérəmòuni | -mə-/
―名〔▶ ceremonial 形, ceremonious 形〕(複 **-nies** /-z/) ❶ C **儀式**, 式典, 式 (⇨ 類語) ‖ **attend** a wedding ~ 結婚式に出席する / a graduation ~ 卒業式 (《米》commencement) /「an opening [a closing] ~ 開会[閉会]式 / hold [OR perform] a ~ 式を挙行する / **at the awards** ~ 表彰式で
❷ U (公式の)作法(に従うこと), **儀礼** ‖ with due ~ 古式にのっとり ❸ U 形式ばること, 堅苦しさ; 形式だけの行為 ‖ without ~ 儀式ばらずに, くだけて / with (great) ~ 儀式ばって, 仰々しく
stànd on céremony《通例否定文で》形式にうるさい, 格式ばる ‖ Let's not *stand* much *on* ~. あまり格式ばるのはよそうじゃないか

類語《❶》**ceremony** 宗教的・社会的・国家的な厳粛な儀式.〈例〉an opening *ceremony* 開会式
rite 定められた形式に従って行われる, 主として宗教的な儀式.〈例〉a burial *rite* 葬式

Ce·res /síəriːz/ 名 ❶〘ロ神〙ケレス《豊穣(ほうじょう)の女神.〘ギ神〙の Demeter に相当》❷〘天〙ケレス《1801年に発見された最大の小惑星. 2006年より準惑星に分類》

ce·rise /sərí:z/ 名 U 形 サクランボ色(の), 紅色(の)(♦ フランス語より)

ce·ri·um /síəriəm/ 名 U〘化〙セリウム《希土類金属元素. 元素記号 Ce》

cer·met /sɜ́ːrmèt/ 名 U サーメット《耐熱性合金》

CERN /sɜːrn/ 略 l'Organisation européenne pour la Recherche nucléaire (欧州原子核研究機構)《スイスのジュネーブにある世界最大規模の素粒子物理学研究機関. 略称は *C*onseil *E*uropéen pour la *R*echerche *N*ucléaire(機構設立のための評議会)の頭文字から》

cert /sɜːrt/ 名 C《英口》確かなこと(certainty); 必ず…するだろう人;(競馬で)(確実な)本命馬

cert. 略 certificate; certification; certified

⋮**cer·tain** /sɜ́ːrtən/ 形 代

中心義 (客観的な基準に照らして)確かな

形 確信して❶ 確実な❷ 一定の❸ ある❹ ある程度の❺

―形〔▶ certainty 名〕(**more** ~; **most** ~)(♦ ❸❹❺は比較なし)
❶ **a**《+(**that**) 節 / **wh** 節》(人が)…ということを**確信して**, 確実だ[間違いない]と思って(↔ uncertain, unsure)(⇨ SURE 類語) ‖ I am ~ (*that*) he will succeed. = I am ~ of his success. 私は彼が成功すると確信している / She felt ~ *that* they would offer her the job. その仕事をもらえるものと彼女は確信していた / I am not ~ *who* will win the election. だれが当選するか確信がない(♦ wh 節 は否定文・疑問文で用いられる)
b《+**of** [**about**] 名》(人が)…を**確信して** ‖ I think he's arriving this evening, but I'm not ~ *of* that. 彼は今晩着くと思うが, 確信はない / Are you **absolutely** ~ *of* [OR *about*] his honesty? 彼の誠実さについてはっきりとした確信がありますか(♦ certain を修飾する強意の副詞には very や extremely はふつう使わず, absolutely, quite などを用いる) / He is ~ *of* getting into the finals. 彼は決勝まで行く自信がある(♦ He is certain to get into the finals. は「彼は必ず決勝まで行く(と思う)」の意. → ❷ **c**)
❷ **確実な**(↔ doubtful) **a** (物事が)確実な, 正確な, 信頼できる ‖ There is no ~ cure for the disease. その病気に対する確実な治療法はない / His judgment is ~. 彼の判断は間違いない / Whether he will come or not is not ~. 彼が来るかどうか確かではない / ~ evidence 動かし難い証拠
b《It is ~ (that) [wh] ... で》…ということは確実[確か]である(↔ unlikely) ‖ It is ~ *that* he will win the gold medal. 彼が金メダルをとるのは確実だ(♦ ×It is certain for him to win ... とはいわない) / It is not ~ *when* the train will arrive. 電車がいつ到着するかはっきりしない
c《+**to do**》(人・物が)…することは確実で, 必ず[きっと]…する(♦「確実だ」と思っているのは話者で, 文の主語ではない) ‖ He is ~ *to* forgive you. = It is ~ that he will forgive you. 彼はきっとあなたのことを許す / Prices are **almost** ~ *to* go up. 物価が上がるのはほぼ確実だ / There's ~ *to* be a car park somewhere. 駐車場はどこかにきっとある
❸《限定》**一定の**, 定められた(↔ indefinite)(♦ 単数名詞

につくときは不定冠詞 a を伴う. ❹❺も同じ) ‖ We agreed to do the job on ～ conditions. 私たちは一定の条件でその仕事をすることに同意した / at a ～ place and time 一定の場所と時刻に / under [OR in] ～ circumstances 一定の状況では

❹ 《限定》《堅》(はっきりと言わずに)ある；(人名につけて)…という (♥ 場合によってはぶしつけな言い方) ‖ There are ～ things I haven't told you about yet. まだ君に話していないことがある / a woman of a ～ age 《戯》年配の女性 (♥ 主に中年の女性に対して年齢を明らかにするのを避ける言い方) / a ～ Mr. Smith スミスさんとかいう人

英語の真相

日本語の「ある…」は特別意味のないことが多いが, 英語の a certain ... は意図的に具体的な情報提供を拒んでいるような印象を与えることが多い. 友人を紹介する際などに "He is a student at a certain university in Tokyo."と言うと, その大学が名門であるか非常に評判が悪く, あえて大学名を隠しているように感じられることが多いため, He is a student at a university in Tokyo. のように certain をとって a university とするか具体的な大学名を出すのが一般的である.

❺ 《限定》**ある程度の**, いくらかの ‖ to a ～ degree [OR extent] ある程度 / We need a ～ **amount** of patience to get through this difficult period. この困難な時期を乗り越えるにはある程度の忍耐が必要だ

*__*for cértain*__ **確かに(は)** (for sure) (♦ know, say, tell の後に用いることが多い) (→ CE 1) ‖ I don't know *for* ～ whether the museum is open on Monday. 博物館が月曜日に開いているかどうかはっきりとは知らない

*__*màke cértain*__ ① 〈…が〉確実であるようにする, 確実に〈…するように〉手配する (make sure) 〈**of**/(**that**) 節〉 ‖ *make* ～ *of* a seat 座席を確保する / I will *make* ～ *that* he gets there in time. 彼が遅れずにそこに着くようにします ② 〈…を〉確かめる 〈**of**/**that** 節 /**wh** 節〉 ‖ I'll call and *make* ～ *who* is coming to the meeting. 会議にだれが来るのか電話して確かめます / *Make* ～ *of* your data before you present it to the client. 依頼人に提出する前に資料を確認しなさい

COMMUNICATIVE EXPRESSIONS

1 **I càn't sáy for cértain.** 確かではない；断言できない (♥ 発言に自信がないときに用いる. ↘I'm not sure./ ↗I'm afraid I can't be certain about it.)

2 **I'm àbsolutely [a hùndred percènt, fàirly] cértain.** 絶対[100パーセント, かなり]確かだ

3 **It's cértain.** 確かです；間違いありません

—代 《複数扱い》《堅》〈…の中の〉数名, いくつか 〈**of**〉 ‖ *Certain of* the senators strongly opposed the proposal. 上院議員の数名はその提案に強く反対した

cer·tain·ly /sə́ːrtənli/

—副 (**more ～** ; **most ～**) (♦ 疑問文では用いない)

❶ 《しばしば文修飾》**確かに**, きっと (♥ 大部分は認めながら完全には賛成していないというニュアンスを示すことが多い. → definitely) ‖ This is ～ the best film of the year. これは確かに今年の映画の中のベストワンだ / He ～ can't drive a car. 確かに彼は車の運転ができない (♦ 通例否定語を先行させることはできない. ×He can't ～ drive ....とはしない) / *Certainly*, television has a strong impact on children. 確かにテレビは子供に強い影響を及ぼす / He will **almost** ～ get reelected if he can maintain his current approval rating. 現在の支持率を維持できれば彼はほとんど間違いなく再選されるだろう / ～ **true** 間違いなく確かである

❷ 《比較なし》《返答として》**もちろんです**, いいですとも, 承知しました (sure, of course) (→ CE 1, 2, 3) ‖ "Can I have a glass of wine, please?" "*Certainly*, sir." 「ワインを1杯頂けますか」「かしこまりました」/ "Did you tell her about it?" "*Certainly* **not**!" 「そのことを彼女に話したのか」「とんでもない」

COMMUNICATIVE EXPRESSIONS

1 **Cértainly.** もちろんですとも；そのとおりだ (♥ 強い承諾や同調を表す)

2 **Cértainly, if** [OR **provìded**] the páyment stàys the sáme. いいですよ, 手当さえ同じならね

3 **Cèrtainly nót.** 絶対駄目だ；お断りだ；とんでもない (♥ 強い否定や反対を表す)

4 **You cèrtainly cán!** もちろんいいですよ (♥ 許可などを求められたときの肯定的な返事. =By all means. /↘《口》Sure. /↘《口》Go ahead.)

*__cer·tain·ty__ /sə́ːrtənti/ 名 〔◁ certain 形〕 (複 **-ties** /-z/) ❶ U (客観的)確実性, 必然性；確信；自信がある態度 (↔ uncertainty, doubt) 〈**of** …の / **that** 節 …という〉 ‖ We can have no ～ 「*of* success [*that* he will arrive tonight]. うまくいく[彼が今晩着く]という確信は持っていない / with absolute ～ 絶対的な確信を持って
❷ C 確実なこと[もの, 人], 必然的なこと ‖ Your failure was a dead ～ from the beginning. 君が失敗することは最初から絶対に確実だったのだ / That horse is a ～ to win. あの馬が勝つのは確実だ / a moral ～ まず間違いのないこと

for a cértainty 確かに ‖ I know this *for a* ～. このことは間違いなく知っている

cer·ti·fi·a·ble /sə́ːrṭɪfàɪəbl/ 形 ❶ 正式に保証[証明]できる ❷ 《口》精神障害と断定できる **-bly** 副

*__cer·tif·i·cate__ /sərtífɪkət/ 《発音注意》(→ 動) 名 C ❶ 証明書, 保証書 ‖ a birth [marriage] ～ 出生[結婚]証明書 / My (family) doctor issued a medical ～ for me. (かかりつけの) 医者が健康診断書を出してくれた / a death ～ 死亡診断書 / a copyright ～ 版権証書 / a ～ of origin (輸入品の)原産地証明書
❷ 修了証書, 免許状 (♦ 卒業証書は diploma) ‖ a teacher's ～ 教員免許状 ❸ 証券, 株券 ‖ a stock ～ =a ～ of stock 株券 / a gift ～ 商品券 ❹ (検閲により公式に与えられた映画の)最適年齢区分, (…歳)向け
—動 /sərtífɪkèɪt/ 他 《通例受身形で》証明書 [免許状] を受ける；(～d で形容詞として)《英》資格[免許]のある
▶▶ **～ of depósit** 名 C 定期預金証書

cer·ti·fi·ca·tion /sə̀ːrṭɪfɪkéɪʃən/ 名 U 証明, 保証, 認可；C 証明書, 保証書

cer·ti·fied /sə́ːrṭɪfàɪd/ 形 証明[保証]された, 公認の
▶▶ **～ chéck** [《英》 **chéque**] 名 C 支払保証小切手 **～ máil** 名 U 《米》配達証明郵便 (物) 《受け取り時に署名する. 損害賠償はない》(《英》recorded delivery) **～ mílk** 名 U 《米》(公的な基準に合った) 保証牛乳 **～ pùblic accóuntant** 名 C 《米》公認会計士 (《英》chartered accountant)

*__cer·ti·fy__ /sə́ːrṭɪfàɪ/ 動 (**-fies** /-z/ ; **-fied** /-d/ ; **～·ing**) 他
❶ 証明する, 保証する **a** 《+目》(しばしば文書で)…を証明する, 証言する；…(の品質・価値) を保証する ‖ ～ the truth of a claim 主張の真実性を証明する (♦「身分を証明する」は prove one's identity) / ～ a product 製品を保証する **b** 《+ (**that**) 節》…ということを証明する ‖ This card *certifies that* he is a member of this club. このカードは彼が当クラブの会員であることを証明するものです / I hereby ～ *that* ... =This is to ～ *that* ... ここに…なることを証明する《証明書の文句》 **c** 《+目+ (**as**) 形 / 目+ (*to be*) 補》…が…であると証明する, 認定する ‖ The accounts were *certified* (*as*) correct. 決算に誤りのないことが証明された / The driver was *certified* dead on arrival. 運転手は到着時死亡と認定された ❷ 〔人〕に〈…としての〉証明書[免許状]を与える〈**as**〉(♦ しばしば受身形で用いる) ❸ 《主に英》〔人〕を精神障害であると認定する (♦ しばしば受身形で用い, 形容詞補語を伴うことがある) ❹ (銀行が) 小切手の支払いを保証する ‖ The bank *certified* my check. 銀行は私の小切手の支払いを保証した

C

―自〈…を〉証明する〈to〉

cer·ti·tude /sə́ːrṭətjùːd | -tɪ-/ 名 U 確信；確実性；C 確実なこと

ce·ru·le·an /sərúːliən/ 形《文》紺碧(こんぺき)の，空色の ‖ ～ blue セルリアンブルー《明るい緑がかった青色》

Cer·van·tes /sərvǽntiːz | səː-/ 名 **Miguel de ～** セルバンテス（1547–1616）《スペインの小説家. 代表作 *Don Quixote*》

cer·vi·cal /sə́ːrvɪkəl | səváɪ-/ 形〘解〙子宮頸管(けいかん)部の；首の，頸部の ‖ a ～ canal 子宮頸管
▸▸ **～ cáncer** 名 C U 子宮頸癌(がん) **～ sméar** 名 C《英》パップテスト《子宮癌検査法の一種》(《米》Pap smear) **～ vértebra** 名 C 頸椎(けいつい)

cer·vix /sə́ːrvɪks/ 名（複 **-vi·ces** /-vəsiːz, səːrváɪsiːz/ OR **～·es** /-ɪz/）C〘解〙子宮頸管；首頸部；頸状部分

Ce·sar·e·an, -i·an /sɪzéəriən/ 名 C U 形《米》帝王切開(の)(《英》Caesarean)

ce·si·um,《英》**cae-** /síːziəm/ 名 U〘化〙セシウム《アルカリ金属元素. 元素記号 Cs》

ces·sa·tion /seséɪʃən/ 名〔◁ cease 動〕U C 休止，停止

ces·sion /séʃən/（♦ 同音語 session）名《堅》❶ U（領土などの）割譲，（権利・財産などの）譲渡 ❷ C 割譲[譲渡]したもの(→ cede)

cess·pit /séspɪ̀t/ 名 C ❶ 汚水だめ ❷《英》悪のたまり場

cess·pool /séspùːl/ 名 C ❶ 汚水だめ ❷ 悪のたまり場

CET 略 *C*entral *E*uropean *T*ime（中央ヨーロッパ標準時）

ce·ta·cean /sɪtéɪʃən/ 形 名 C〘動〙クジラ目の(動物)《鯨・イルカなど》

Cey·lon /sɪlɑ́(ː)n | -lɔ́n/ 名 セイロン《Sri Lanka（スリランカ）の旧称》

Cey·lon·ese /sɪ̀ləníːz/ 形 セイロンの，セイロン人[語]の
―名（複 ～）C セイロン人

Cé·zanne /seɪzɑ́ːn | sɪzǽn/ 名 **Paul ～** セザンヌ（1839–1906）《フランスの画家》

Cf 記号〘化〙californium（カリフォルニウム）

CF 略 *c*enter *f*ield(er)

***cf.**[1] 略 /sìːéf, kəmpéər/ compare（参照せよ）（♦ ラテン語 *confer*（参照せよ）の略）

cf.[2] 略 calfskin

C/F 略〘簿〙*c*arried *f*orward（繰り越し）

CFC /sìː ef síː/ 名 C U〘化〙フロンガス（♦ chlorofluorocarbon の略）

CFL 略 *C*anadian *F*ootball *L*eague（カナディアンサッカーリーグ）

CFO 略 *c*hief *f*inancial *o*fficer（最高財務責任者）

CFS 略 *c*hronic *f*atigue *s*yndrome

cg, cgm 略 centigram(s)

CG 略 💻 *c*omputer *g*raphics；*c*omputer-*g*enerated

CGI 略 💻 *c*ommon *g*ateway *i*nterface《インターネット上でHTTPサーバー・ソフトウェアがほかのプログラムを呼び出して，その結果をクライアントに返す仕組み》

cgs 略 *c*entimeter-*g*ram-*s*econd

CGS 略 *C*hief of *G*eneral *S*taff（(英国の)参謀総長）

ch 略 *c*entral *h*eating

CH 略 *C*ompanion of *H*onour（(英国の)名誉勲位勲爵士）

ch. 略 chaplain；chapter；check（小切手）；chief；child(ren)；church

Ch. 略 China

Cha·blis /ʃæblíː | ∸–/ 名 U シャブリ《ブルゴーニュ産の白ワインまたはそれに似たほかの産地のワイン》

cha-cha /tʃɑ́ːtʃɑ̀ː/, **cha-cha-cha** /tʃɑ̀ːtʃɑːtʃɑ́ː/ 名 C チャチャチャ《mambo に似た南米起源の踊り；その曲》
―動 自 チャチャチャを踊る

cha·conne /ʃɑːkɑ́(ː)n, -kɔ́ːn | ʃəkɔ́n/ 名 C シャコンヌ《スペイン起源の緩やかなテンポの舞踊；その曲》

chad /tʃæd/ 名 U 💻 チャド，穿孔(せんこう)くず《カードに孔をあけたときに生じる紙くず》

***Chad** /tʃæd/ 名 ❶ チャド《アフリカ中北部の共和国. 公式名 the Republic of Chad. 首都 N'Djamena》❷ **Lake ～** チャド湖

***Chad·i·an** /tʃǽdiən/ 形 チャド(共和国)の，チャド人[語]の ―名 C チャド人

cha·dor, -dar /tʃɑ́ːdɔːr/ 名 C チャードル《イスラム・ヒンドゥー教の女性が頭と体を覆う布》

chae·bol /tʃéɪbɑ(ː)l, káɪ- | -bɔːl/ 名（複 ～ OR **～s** /-z/）C（韓国の）財閥（♦ 韓国語より）

chafe /tʃeɪf/ 動 他 ❶ …をすり減らす；…をすりむく ❷（手などで）…をこすって暖める ❸ …をいら立たせる，怒らせる
―自 ❶ こすれる，すり減る，すりむける ❷〈…に〉いら立つ，じれる〈at, under〉
―名 U ❶ すり減り；すり傷(の痛み) ❷ いら立ち

chaf·er /tʃéɪfər/ 名 C〘虫〙コガネムシ

chaff[1] /tʃæf | tʃɑːf/ 名 U ❶ もみ殻 ❷（飼料用の）切りわら，まぐさ ❸ くだらないもの，がらくた ❹（方向探知機をごまかすために飛行機からまく）金属片
sèparate [OR ***sòrt*** (***òut***)] ***the whèat*** [OR ***gràin***] ***from the cháff*** よいものと駄目なものを区別する

chaff[2] /tʃæf | tʃɑːf/ 名 U（悪意のない）冷やかし，からかい
―動 他〔人〕を冷やかす ―自 冗談を言い合う

chaf·fer /tʃǽfər/ 動 自 ❶ 値切る ❷ しゃべり合う

chaf·finch /tʃǽfɪntʃ/ 名 C〘鳥〙ズアオアトリ《ヨーロッパ産の鳴き鳥》

cháfing dìsh 名 C（卓上調理・保温用の）こんろ付きなべ

chafing dish

cha·grin /ʃəgrín | ʃǽgrɪn/《発音注意》名 U 残念さ，悔しさ；腹立たしさ ‖ to my ～（私にとって）悔しいことに
―動 他《通例受身形で》残念がる，悔しがる；腹立たしく思う ‖ I was greatly ～*ed* at receiving letters of complaint. 苦情の手紙を受け取って非常に腹立たしく思った **-grined** 形

****chain** /tʃeɪn/ 中心義 つなぐ[つながっている]もの
―名（複 **～s** /-z/）C ❶ C U 鎖，チェーン；装飾用の鎖，(官職を示す)鎖（♦ 鎖を作る1個1個の輪は link という）‖ Always keep your dog on a ～. 犬はいつも鎖につないでおきなさい / Pull the ～ to flush.（鎖を引いて）トイレの水を流しなさい / put the ～ on the door ドアにチェーンをかける / put ～*s* on the tires タイヤにチェーンをつける / a ～ of office（儀式などで着ける）官職者の飾り鎖
❷《～s》《文》手錠，足[手]かせ；束縛するもの；拘束，監禁 ‖ in ～*s* 拘束されて，捕らわれの身で
❸〈…の〉**一続き，一連**〈of〉‖ a ～ *of* mountains＝a mountain ～ 山脈 / a ～ *of* events 一連の出来事 / The students formed a human ～ around the embassy. 学生たちは人間の鎖で大使館を取り囲んだ
❹（店・ホテル・映画館などの）チェーン ‖ a hotel ～ ホテルのチェーン ❺（100節からなる測量用の）測鎖（の長さ）《66フィート（20.1メートル）の Gunter's chain と100フィート（30.5メートル）の engineer's chain がある》❻〘化〙（原子の）連鎖 ❼（互いに近づいては離れていく）手をつないで踊るダンスの形 ❽〘海〙錨鎖(びょうさ)；《～s》留め板《帆船のマストを支える横支索を固定. 水深測定場所になっている》
pùll [OR ***yànk***] ***a pèrson's cháin***《口》（間違いを信じ込ませて）(人を)からかう，困らせる
―動（**～s** /-z/；**～ed** /-d/；**～·ing**）他 …を〈…に〉鎖でつなぐ；…を〈…に〉束縛する，拘束する《***up, down***》〈to〉（♦ しばしば受身形で用いる）‖ The guard dogs were kept ～*ed up*. 番犬は鎖につながれていた / We shouldn't be ～*ed to* the past. 過去に縛られてはいけない / My sister is ～*ed down* with the care of her twin babies. 姉は双子の赤ん坊の世話に追われている

▶▶～ àrmor 名 U =chain mail ～ gàng 名 C (野外労働時に)鎖で数珠つなぎにされた囚人たち ～ guàrd 名 C (自転車の)チェーンカバー ～ lètter 名 C 連鎖手紙, 幸運[不幸]の手紙《受取人が次々と数名に同文の手紙を出すもの》; チェーンメール《受取人に同内容のメールを多数の人に送るよう促すメール》 ～ máil 名 U 鎖帷子(かたびら) (❗「チェーンメール」は chain letter [OR e-mail]) ～ of commánd 名 C 指揮[命令]系統 ～ reáction (↓) ～ sàw 名 C チェーンソー《携帯用動力のこぎり》 ～ stìtch 名 C U (刺繍(ししゅう)の)チェーンステッチ; (編み物の)鎖編み ～ stòre 名 C チェーンストア(《英》 multiple store) (⇨ STORE 類語P)

chàin-lìnk fénce 名 C 金網のフェンス[さく]

chàin reáction 名 C 〖理〗連鎖反応 (♥ 比喩(ゆ)的にも用いる) **chàin·reáct** 動 自 連鎖反応を起こす

cháin-smòke 動 自 他 (たばこを)次々と続けて吸う **cháin-smòker** 名 **cháin-smòking** 名

chair /tʃeər/ 名 動

—名 (複 ～s /-z/) C ❶ (背もたれのある1人用の) いす ‖ Have [OR Take] a ～, please. どうぞおかけください / **sit** (down) **in** [OR **on**] a ～ いすに座る (♦ ふつう in はひじかけのあるいす, on はひじかけのないいすの場合)

chair ❶

❷ 《the ～》**議長席[職], 議長**; 会長(職), 司会者; 裁判官(の職); 《英》市長の職 (♥ (1) chairman の代用語として男女共に用いられる. (2) 呼びかけには, 男性なら Mr. Chair, 女性なら Madam Chair という) ‖ take the ～ 議長を務める, 司会をする / address the ～ 議長に呼びかける
❸ 大学教授の職; (大学の)講座 ‖ hold a university ～ 大学教授である / establish a ～ of bioethics 生命倫理学の講座を設ける
❹ 《the ～》《米口》電気いす(による死刑)(electric chair) ‖ get the ～ (電気いすで)死刑になる
❺ (オーケストラの)演奏者席 ❻ 《主に英》(レールの)チェア《レールを枕木に留める鉄製ブロック》

on the edge of one's chair ⇨ EDGE(成句)

COMMUNICATIVE EXPRESSIONS

1 **Pùll up a cháir.** まあ座れよ, 仲間に入りな (♥ 話に加わるよう誘う表現)

—動 他 ❶ 〔会議〕の議長を務める ‖ ～ a **meeting** [**committee**] 会議[委員会]の議長を務める ❷ 《主に英》〔勝者〕を(いすや肩に)乗せて[座った姿勢で]高々と運ぶ

▶▶～ càr 名 C 《米》=parlor car ～ lìft 名 C ① (スキー場などの)リフト ② 車いす用昇降機

***chair·man /tʃéərmən/

—名 (複 **-men** /-mən/) C ❶ **議長**, 座長, 司会者 (→ chairwoman) (♥ 男女共に用いられる. 性差別を避けて chair, chairperson も用いられる) ‖ He acted **as** ～ at the meeting. 彼が会議の議長を務めた (=He took the chair at the meeting.)
❷ **委員長**; (会社の)**社長**, 会長 ‖ a ～ of the board=a board ～ 取締役会長 / a **vice** ～ 副社長[会長, 委員長] ❸ (大学などの学部の)主任教授; 学科長 ❹ 《C-》中国共産党の主席 ❺ いすかご(sedan chair)のかつぎ手
～·ship 名 U/C 《単数形で》議長[委員長]の職, 任期

cháir·pèrson 名 =chairman, chairwoman (♥ 性差別をなくすために生まれた語)

***cháir·wòman** 名 (複 **-wòmen**) C 女性の議長[委員長, 会長, 司会者]

chaise /ʃeɪz/ 《発音注意》 名 C ❶ (昔の2人[1人]乗りの)軽二輪ほろ付き馬車; 駅伝馬車 ❷ 《米》=chaise longue
▶▶～ **lóngue** /ʃèɪz lɔ́(ː)ŋ/ 名 (複 **chaises longues**) C ① 寝いす, 長いす ② 《米》(庭や浜辺で使う)寝いす

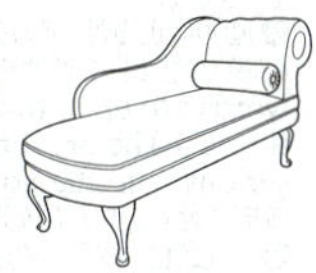

chaise longue ①

chai tea /tʃàɪ tíː/ 名 C U チャイティー《紅茶にスパイスとミルクを入れたインドの飲み物》

chak·ra /tʃʌ́krə/ 名 C チャクラ, (体の)つぼ《ヨガで心身のエネルギーが存在するとされる人体の7つの中枢の1つ》

chal·ced·o·ny /kælsédəni/ 名 (複 **-nies** /-z/) C U 〖鉱〗玉髄

Chal·de·a /kældíːə/ 名 カルデア《古代バビロニアの南部の地方》

Chal·de·an /kældíːən/ 名 ❶ C カルデア人 ❷ U カルデア語 —形 カルデアの, カルデア人[語]の

cha·let /ʃæléɪ | ⌐-/ 名 C シャレー《スイスの山小屋》; シャレー風の家[別荘]

chal·ice /tʃǽlɪs/ 名 C ❶ ワイン用の杯 ❷ 聖杯《聖餐(せいさん)・ミサ用の杯》

***chalk** /tʃɔːk/ 名 ❶ U 白亜; C 〖地〗白亜の堆積(たいせき)層 ❷ U チョーク, 白墨 (♦ 種類をいうときは C) ‖ a piece [OR stick] of ～ チョーク1本 / write in red ～ 赤いチョークで書く / a box of colored ～*s* 色チョーク1箱 (♦ ふつうは U だが, いろいろな種類があるときは複数形になる) ❸ C (ビリヤードのキューにつける)チョーク《滑り止め》

(*as*) ***dìfferent as chàlk and chéese***; ***like chàlk and chéese*** 《英》外見は同じでも本質の異なる, 似て非なる

by a lóng chàlk 《英》=*by a* LONG SHOT

chàlk and tálk 《英》講義と黒板による伝統的授業法 (→chalk talk)

—動 他 ❶ …を[に]チョークで書く ‖ ～ words on the blackboard 黒板にチョークで文字を書く / The walls were ～*ed* with obscenities. 壁にはチョークで卑猥

(ﾋﾞﾘﾔｰﾄﾞ) なことが書いてあった ❷〔ビリヤードのキューなど〕にチョークをつける ❸《英》(パブなどで)〔飲み物など〕をつけにする
chàlk óut ... / *chàlk ... óut* 〈他〉① (チョークで)…の輪郭を描く ② …の骨子を決める[説明する]
chàlk úp ...* / *chàlk ... úp* 〈他〉①…を(チョークで)書く[記録する];〔得点·勝利·利益〕をあげる,〔記録〕を達成する ②《英》〔勘定〕を〈…の〉つけにする〈to**〉‖ ~ it *up to* him [OR his account] それを彼の勘定につけておく ③《主に米口》…を〈…の〉せいにする[おかげだとする],〈…に〉帰する〈**to**〉‖ ~ *up* his mistake *to* ignorance 彼の誤りを無知のせいにする
chalk ... up to experience ⇨ EXPERIENCE(成句)
▶▶ ~ **tàlk** 名 C 《米》黒板に図解や例などをチョークで書きながら行う堅苦しくない話[講演, 講義] (→*chalk and talk*) ~ **stripe** (↓)

chálk·bòard 名《米》=blackboard

chálk·fàce 名《the ~》教育の現場;教職《coalface にならって》‖ at the ~ 教育の現場で(の)

chálk strìpe 名 U チョークストライプ《濃い色の地に白のかすれた感じのしまの柄》 **chálk-strìpe(d)** 形

chalk·y /tʃɔ́ːki/ 形 白亜質[色]の;チョークのような
chálk·i·ness 名

chal·lenge /tʃǽlɪndʒ/ 《アクセント注意》 名 動

中心義 能力が試される課題

— 名 (複 **-leng·es** /-ɪz/) ❶ C U (挑戦に値する) **課題**, (能力が試される)難題;やりがい;意欲[興味]をそそるもの;力試し ‖ the ~ **facing** us all 私たち全員が直面している課題 / This issue will **present** a ~ to them. この問題は彼らに難題を突きつけることになるだろう / **face** [OR **meet**, **rise to**] a ~ 難題に立ち向かう[うまく対処する] / The mystery was a ~ to him. そのなぞは彼の好奇心をかき立てた
❷ C U 〈正当性·権力などに対する〉異議(申し立て), 抗議, 疑義(の提出);説明の要求〈**to**〉‖ Her thoughtless words are open to ~. 彼女の不用意な言葉は問題にされやすい / The great number of signatures poses a serious ~ *to* the government. 署名の数の多いことが政府に対する重大な抗議になっている
❸ C (競技·技量への)**挑戦**, チャレンジ〈**to** …への / **to** *do* …しようという〉;(決闘·試合などの) 申し込み;挑戦状 ‖ Will you accept my ~ *to* climb to the top of that tree? あの木のてっぺんに登るという私の挑戦を受けますか / give a ~ 挑戦する / a ~ *to* a duel 決闘の申し込み
❹ C 誰何(ｽｲｶ)《番兵などが身分や行動の確認のために呼び止めること》 ❺ C《米》(投票(資格)に対する)異議申し立て ❻ C 〖法〗(陪審員に対する)忌避 ❼ U 〖医〗攻撃《実験動物に抗原[病原体]を投与して免疫反応を誘発すること》
— 動 (**-leng·es** /-ɪz/; **~d** /-d/; **-leng·ing**)
— 他 ❶ **a** 《+目》…を問題にする, …に**異議を唱える**, 疑義を抱く ‖ I ~ the truth of his story. 彼の話が本当かどうか疑問だ / ~ a prevailing theory 通説に対して異議を唱える
b 《+目+**to** *do*》…が…するのに異議を唱える ‖ We ~*d* the school *to* prohibit the use of bikes. 私たちは学校がオートバイの使用を禁止するのに異議を唱えた
❷ **挑戦する a** 《+目》〔人〕に挑戦する, 挑む ‖ She is going to ~ me for the presidentship of the student council. 彼女は生徒会長に私の対立候補として立つつもりでいる
b 《+目+**to** 名》〔人〕に〔勝負など〕を挑む ‖ We ~*d* them *to* a game of baseball. 私たちは彼らに野球の試合を申し込んだ
c 《+目+**to** *do*》〔人〕に…するように挑む ‖ I ~*d* my brother *to* beat me at tennis. 私はテニスで私を負かしてみろと弟に挑んだ
❸ 《+目+**to** *do*》(大胆に) …に…してみろと要求する ‖ I ~ you *to* show your proof. (出せるものなら)証拠を出して見せてごらん
❹ **a** 《+目》〔人の好奇心など〕を**刺激する**, …の意欲をそそる;…の能力を試す ‖ What my uncle says always ~*s* me. おじさんの言うことにはいつも刺激される
b 《+目+**to** *do*》…が…するように刺激する, 意欲を持たせる ‖ Our boss always speaks in a way which ~*s* us *to* be more creative. 私たちの上司はいつも私たちにもっと創意工夫をするようにと迫る
❺〔注意·賞賛など〕を要求する, 促す ‖ The dangerous situation ~*d* his best attention. 危険な状況のため彼は最大の注意を必要とした
❻〔人〕に誰何する ❼〖法〗〔陪審員〕を忌避する ❽《米》〔投票(資格)〕について異議を申し立てる ❾〖医〗〔組織〕を攻撃する《病原体を投与して免疫反応をみる》

***chal·lenged** /tʃǽlɪndʒd/ 形《複合語で》❶ 身体的[精神的]に不利な(♥ disabled, handicapped, disadvantaged の代わりの語として使われる) ‖ visually [mentally] ~ 視覚[知的]障害の ❷《戯》(特定の性質·能力が)不足した(♥ 通例難解で誇大表現的な副詞とともに用いて滑稽(ｺｯｹｲ)·皮肉な効果をねらう) ‖ I'm financially ~ at the moment. 今はお金がない / vertically ~ 背が低い / culinarily ~ 料理が下手な / sartorially ~ ひどい格好の / aesthetically ~ 美的要素が不足した, 醜悪な / clue-~ 糸口が見つからない

***chal·leng·er** /tʃǽlɪndʒər/ 名 C ❶〈…への〉挑戦者, チャレンジャー〈**to, for**〉;異議を唱える人 ‖ the ~ *for* the bantamweight title バンタム級タイトルの挑戦者 ❷《C-》チャレンジャー(号)《1986年打ち上げ直後に爆発炎上した米国のスペースシャトル2号機》

***chal·leng·ing** /tʃǽlɪndʒɪŋ/ 形 ❶ 意欲[興味]をそそる, やりがいのある;魅力的な(♦「つらい」「厳しい」の意味を婉曲的に表す場合にも用いる) ‖ a ~ job やりがいのある仕事 ❷ 挑戦的な, けんか腰の

chal·lis /ʃǽli | -ɪs/ 名 U シャリ織り《軽い服地》

cha·lyb·e·ate /kəlíːbiət | -líb-/ 形 ❶《限定》(鉱泉が) 鉄の塩類を含む ❷ (鉱泉水が)鉄の味がする

cham·ber /tʃéɪmbər/ 《発音注意》
— 名 (複 **~s** /-z/) C ❶ (特定の目的の)**部屋**, 室;(官邸·宮廷などの) 応接室, 接見室 ‖ a torture ~ 拷問室 / a burial ~ 埋葬室《教会や墓地の地下にある》/ a gas ~ ガス(処刑)室 / a ~ of horrors 恐怖の部屋《犯罪者の像や刑具などを陳列した部屋》
❷《the ~》**議院** ‖ the upper [lower] ~ 上[下]院 / the *Chamber* of Deputies (イタリアなどの)下院
❸ 議場, 会議所, 会館;評議会, 協議会 ‖ a council ~ (議会·委員会などの)議場 / a ~ of commerce 商工会議所 ❹《~s》判事室《法廷にかけない審判などを行う》;〖英法〗(法曹学院内の)弁護士事務室 ❺ (機械内の)仕切られた空間;(銃の)薬室,(連発拳銃の弾丸を入れる)輪胴, 弾倉 ‖ a revolver with six ~*s* 6連発のリボルバー / a combustion ~ (機関内の) 燃焼室 ❻ (動植物体内の) 小室, 空洞, 窩(ｶ)(cavity) ‖ a ~ of the heart 心房, 心室 ❼《古》《文》私室, 寝室
— 動 他 〔弾〕を薬室に込める;…を部屋に閉じ込める
▶▶ ~ **cóncert** 名 C 室内楽演奏会 ~ **mùsic** 名 U 室内楽 ~ **òrchestra** 名 C 室内楽団 ~ **pòt** 名 C 寝室用便器

cham·bered /tʃéɪmbərd/ 形《限定》❶《複合語で》…の室[仕切り空間]のある;(銃が)…の薬室がある ❷〖考古〗(墓が)埋葬室を持った

cham·ber·lain /tʃéɪmbərlɪn/ 名 C ❶ 侍従;(貴族の)家令 ❷ (市などの)収入役(treasurer) ❸ 教皇の(名誉)随行員

Cham·ber·lain /tʃéɪmbərlɪn/ 名 (**Arthur**) **Neville** ~ チェンバレン(1869–1940)《英国の政治家·首相(1937–40)》

chámber·màid 名 C (ホテルの) 部屋係のメード(中立 room attendant)

cham·bray /ʃǽmbrèɪ/ 名 U シャンブレー織り《薄手のギンガム布地》

cha·me·le·on /kəmíːliən/ 《発音注意》 名 C ❶【動】カメレオン ❷《米》【動】アノールトカゲ ❸《しばしばけなして》無節操な[気の変わりやすい]人

cha·mè·le·ón·ic 形 カメレオンのような；節操のない

cham·fer /tʃǽmfər/ 名 C (木材などを45度に) 面取りしてできる面；溝 ―動 他 …を面取りする；…に溝をつける

cham·ois /ʃæmwɑ́ː | ⌐⌐/ 《発音注意》(→❷) 名 (複 ~ /-z/) ❶ C【動】シャモア, アルプスカモシカ ❷ /ʃǽmi/ (= ~ **lèather**) U C シャミ革, セーム革《羊・シカ・ヤギのなめし革》 ❸ U 淡黄褐色

cham·o·mile /kǽməmàɪl/ 名 =camomile

champ[1] /tʃæmp/ 動 自 ❶ (人が)〈…を〉むしゃむしゃ食べる；(馬が)〈まぐさを〉むしゃむしゃかむ〈**at**〉 ❷ (人が)いら立つ〈**at** …に；**to do** …して〉 ―他 ❶ …をむしゃむしゃ食べる[かむ] ❷《スコット口》〔ポテトなど〕をつぶす
―名 C《単数形で》むしゃむしゃかむこと[音]

champ[2] /tʃæmp/ 名《口》=champion

cham·pagne /ʃæmpéɪn/ 《発音注意》 名 U ❶ シャンペン, シャンパン《フランス北東部シャンパーニュ地方特産の発泡白ワイン》‖ *Champagne* corks will be popping. シャンペンのコルクが抜かれるだろう(♦「祝い事がある」の意)
❷ シャンペン色《ややオレンジがかった黄色》
―形《限定》❶ シャンペン(色)の ❷ ぜいたくな
▸~ **flùte** 名 C シャンペングラス ~ **sócialist** 名 C《けなして》シャンペン社会主義者《社会主義者的な考えを持ちながらぜいたくに暮らす人》

cham·paign /ʃæmpéɪn/ 名 U《古》平原, 平野

cham·pers /ʃǽmpərz/ 名《主に英口》=champagne

cham·pi·on /tʃǽmpjən/
―名 (複 **~s** /-z/) C ❶ 選手権保持者, **チャンピオン**(《口》champ)；優勝者；〈…に〉優れた人〈**at**〉‖ That weak boy trained so hard that he **became** the **world** karate ~. その体の弱い少年は熱心に練習した結果, 空手の世界チャンピオンになった / a tennis ~ テニスの選手権保持者 / the reigning ~ 現選手権保持者 / a **defending** ~ 選手権防衛者 / a ~ *at* gardening 園芸に優れた人
❷〈主義・主張などの〉闘士, 擁護者, 支援者〈**of**〉‖ a ~ *of* the oppressed 抑圧された人々のために闘う人
❸《史》《文》戦士, 闘士
―形《比較なし》❶《限定》チャンピオンの, 最優秀の ‖ the ~ team 優勝チーム
❷《口》優れた, 一流の ‖ That's ~! そいつはすごい
―動 他〔主義・主張〕のために闘う；…を擁護する, 支持する ‖ ~ the **cause** of political reform 政治改革のために闘う / The Conservative Party ~*s* a smaller government. 保守党はより小さな政府を唱えている

cham·pi·on·ship /tʃǽmpjənʃɪp/
―名 (複 **~s** /-s/) ❶ C《しばしば the ~》**選手権** ‖ win [lose] a ~ 選手権を取る[失う] / hold the **world** ~ 世界選手権を保持する
❷ C《しばしば ~s》選手権大会, 決勝戦 ‖ He will be competing in the **world** ~ next month. 彼は来月の世界選手権大会に出場する予定だ ❸ U〈…の〉擁護〈**of**〉‖ the ~ **of** freedom of speech 言論の自由の擁護

Champs É·ly·sées /ʃɑ̀ːnz èɪlizéɪ | ʃɔ̀nz əlíːzeɪ/ 名《the ~》シャンゼリゼ《パリのコンコルド広場から凱旋(がいせん)門まで延びる大通り》

Chanc. 略 Chancellor；Chancery

chance
/tʃæns | tʃɑːns, tʃæns/ 名 形 動

中心義 場合によっては生じる事態

名 可能性❶ 機会❷ 偶然❸ 危険❹

―名 (複 **chanc·es** /-ɪz/) ❶ U/C《しばしば ~s》**可能性**, 見込み, 公算〈**of** (*doing*) …する/(**that**) 節 …であるという〉‖ He **has little** [a **good**] ~ *of* winning first prize at the quiz contest. 彼がクイズ大会で1等賞をとる見込みはほとんどない[かなりある] (♦ ×chance to win first prize ... とはいわない) / We **have a better** ~ this time. 今回の方が見込みがある / There's no ~ *that* she is at home. 彼女が在宅している可能性はない / The ~*s* are slim [OR slight] *that* he can score from so far out. 彼があんな遠くから得点できる可能性は低い / The ~*s* are ten to one ⌈in your favor [against you]. 形勢は10対1で君に有利[不利]だ
❷ C《単数形で》〈…する〉**機会**, 好機, チャンス〈**to do** / **of** (*doing*)〉(⇨ OPPORTUNITY 類語, メタファーの森) ‖ This is our last ~ *to* see her before she leaves. これは彼女がたつ前に会える最後のチャンスだ / a ~ in a million まれな好機；百万に一つの機会 / the ~ of a lifetime 一生に1度のチャンス / let a ~ slip by (みすみす) 好機を逃す / **have** [**get**] a ~ *to* talk to the mayor 市長と話す機会がある[を得る] / **take** the ~ *to* meet a big shot 大物に会う機会を利用する / be **given** a ~ *of* going abroad 海外へ行く機会を与えられる / miss a ~ チャンスを逃す
❸ U **偶然**(↔ design)；運, 巡り合わせ, 勝算；C《a ~》思いがけない[運のよい]出来事 (♦ C の場合は形容詞を伴う) ‖ It was (a) pure [OR sheer] ~ that we met there. そこで我々が会ったのは全く偶然のことだった / *Chance* plays an important part in poker. ポーカーでは運が重大な役割を果たす / By a happy ~ we met at the party. 運よく我々はそのパーティーで出会った / leave things [nothing] to ~ 物事を運に任せる[何事も運任せにしない] / a game of ~ (賭博(とばく)のような)運だけのゲーム
❹ C **危険**, (一か八(ばち)かの) 冒険 ‖ He ran the ~ of losing his job. 彼は仕事を失うような危険を冒した (→ *take a chance*(↓))
❺ C (宝くじの)札, 券 ❻ C【野球】捕殺[刺殺]の機会

(a) fàt chánce 《口》《反語的に》暗い見通し

a ghost of a chance ⇨ GHOST(成句)

as chànce would háve it たまたま, 偶然(→ *by chance*(↓))

by ány chànce 《疑問文で》**もしかして**, あるいは ‖ Do you know her phone number, *by any* ~? ひょっとして彼女の電話番号を知ってるかい / Do you think you could *by any* ~ finish it by tomorrow? もしかして明日までにそれを終えることができそうですか (♥ 要求が強制的になるのを防ぐために用いる. → possibly)

by chánce **偶然に**, たまたま(by accident) ‖ I ran into her *by* ~. 彼女に偶然出くわした / *by* ~ or by design 偶然であるか意図的であるかは別として

fàncy a pèrson's chánces 《否定文で》(人が) 成功すると思う, うまく〈…することが〉できると思う〈**of** *doing*〉‖ I don't *fancy* our ~*s of* catching the last train. 終電には間に合わないと思う

given hàlf a chánce わずかでもチャンスがあれば

have an eye for [OR ***to, on***] ***the main chance*** ⇨ EYE(成句)

nó chànce ; ***nót a chànce*** 《口》**間違いなく…ない**；(そんなことは) ありっこない ‖ "Will you marry me?" "*Not a* ~!" 「結婚してくれますか」「まさか」

not have a chànce in héll 〈…する〉可能性は全くない〈**of** *doing*〉

on the (***óff***) ***chànce*** もしやと思って；〈…を〉期待して；…かもしれないと思って〈**of** *doing* / **that** 節〉‖ I know she is out on Fridays, but I called her *on the* (*off*) ~. 彼女が毎週金曜日は家にいないことは知っているが, もしやと思って電話をしてみた

stànd a chánce 《主に否定文で》〈…する〉**見込みが(十分に)ある**〈**of** *doing*〉‖ He doesn't *stand a* ~ *of* being elected. 彼が選ばれる見込みはない

*tàke「a chánce [OR chánces] 危険を冒す，一か八かやってみる；〈…に〉賭(か)ける〈on〉‖ She *took a* ～ and asked him for a date. 彼女は思いきって彼にデートを申し込んだ / *take a* ～ *on* the weather 天気はその時任せ

tàke one's chánce(s) ① 機会［チャンス］をつかむ ② 運を天に任せる

C

COMMUNICATIVE EXPRESSIONS

1 **Any chánce (of** bòrrowing your gòld néck-lace)? (あなたの金のネックレスを借りられる) 可能性はあるかしら；お願い(金のネックレス貸してよ)(♥ 頼み事をする際のくだけた表現)

2 "If I gèt promóted, I'd be àble to màke mòre móney." "**Chánce would be a fine thíng.**" 《英》「昇進すればもっと稼げるよ」「そうなればいいけど無理だよ」

3 **Gìve me a chánce.** 私にやらせて (みて) ください (♥「少なくとも機会だけは与えてください」の意.「もう一度」なら another [OR a second] chance)

4 **I'll gìve you a chánce.** 君にチャンスを与えよう；許してあげる(から今度はちゃんとやれ)よ

5 **(The) chánces are (that)** she has nò idéa what háppened. 彼女はたぶん何が起きたかまるで知らないよ (♥ 可能性・推測を表す表現)

6 **Thère's a gòod chánce** he's nòt hóme yèt. 彼はおそらくまだ帰宅していないだろう (♥ 可能性を表すくだけた表現. =I bet he's not .... / ✐He's probably not ....)

7 **There's「a snòwball's [OR nòt a] chànce in héll.** 無理だね(♥ 断りを表すややぶしつけな表現)

8 **Thère's jùst a chánce I can [OR could]** fix your rádio. あなたのラジオを直してあげられるかもしれない (♥ 自分の能力を謙虚に表すくだけた表現)

9 **When you gèt a chánce [OR mínute].** 時間があったら(でいいですから)(♥ 頼み事をするときに用いる)

―形 《比較なし》《限定》偶然の (↔ planned) ‖ a ～ meeting 偶然の出会い / a ～ hit まぐれ当たり / ～ visitors 不意の来客

―動 (**chanc·es** /-ɪz/；**～d** /-t/；**chanc·ing**)

―自 《進行形はまれ》《文》 **a** 《+to *do*》偶然［たまたま］…する，図らずも…する，…する巡り合わせになる ‖ My parents ～ *to* be from the same prefecture. 私の両親はたまたま同じ県の出身です / ～ *to* find a four-leaf clover 偶然四つ葉のクローバーを見つける

b 《It ～ (that) 節 で》偶然…となる［が起こる］‖ It (so) ～*d that* we were on the same bus. 私たちは偶然同じバスに乗り合わせた

―他 《口》 **a** 《+目》…を(運を天に任せて)やってみる，…に賭ける ‖ I'll ～ another throw of the dice. 運を天に任せてもう一度さいころを振ってみよう / I'll ～ it though the result is doubtful. 結果はどうなるかわからないが思いきってやってみよう

b 《+*doing*》思いきって…してみる ‖ She did not want to ～ driving home in the dense fog. 彼女は濃霧の中をあえて車で帰宅する気にはならなかった

chánce on [OR ***upon, across***] **...** 《堅》〈他〉偶然…に出会う，…を見つける ‖ I ～*d upon* an old photograph. 偶然古い写真を見つけた

chan·cel /tʃǽnsəl | tʃɑ́ːn-/ 名 C 内陣《教会の祭壇周辺の部分》(⇨ CHURCH 図)

chan·cel·ler·y /tʃǽnsələri | tʃɑ́ːn-/ 名 (複 **-ler·ies** /-z/) ❶ U chancellor の職［地位］ ❷ C chancellor の官庁［事務局］ ❸ C chancellor の公邸 ❹ C 《主に米》大使館［領事館］の事務局

***chan·cel·lor** /tʃǽnsələr | tʃɑ́ːn-/ 名 (複 **～s** /-z/) C ❶《しばしば C-》(ドイツ・オーストリアの) 首相 ❷《英》大臣，司法官 ‖ the Lord (High) *Chancellor* 大法官 ❸《米》(一部の大学で) 学長，総長 (president)；《英・カナダ》名誉学長［総長］《実務は vice-chancellor が行う》 ❹《米》衡平法裁判所判事 ❺ (ローマカトリック教会の) 教皇庁尚書院長；(英国国教会の) 主教区法律顧問 ❻《英》(大使館の) 一等書記官

the Chàncellor (of the Exchéquer) 《英》財務大臣 (《米》the Secretary of the Treasury)

～·shìp 名 U chancellor の職［任期］

chànce-médley 名 U 〖法〗(正当防衛による) 偶発殺人；偶発的行動［出来事］(♦ まれにしか用いない)

chan·cer·y /tʃǽnsəri | tʃɑ́ːn-/ 名 (複 **-cer·ies** /-z/) C ❶《米》衡平法裁判所 (court of chancery [equity]) ❷《the C-》《英》大法官法廷《高等法院の一部》 ❸《主に英》公文書保管庁 ❹ 大使館［領事館］の事務局 ❺〖レスリング〗ヘッドロック (headlock)

chan·croid /ʃǽŋkrɔɪd/ 名 U 〖医〗軟性下疳(げかん)

chanc·y /tʃǽnsi | tʃɑ́ːn-/ 形 《口》当てにならない，偶然の；危なっかしい **chánc·i·ness** 名

***chan·de·lier** /ʃændəlíər/ 《アクセント注意》名 C シャンデリア

chan·dler /tʃǽndlər | tʃɑ́ːn-/ 名 C ❶ (各種の) 商人，…商 ‖ a ship('s) ～ 船具商 ❷ ろうそく製造販売人

chan·dler·y /tʃǽndləri | tʃɑ́ːn-/ 名 (複 **-dler·ies** /-z/) ❶ C 雑貨［ろうそく］倉庫［商店］ ❷ U 雑貨

***change /tʃeɪndʒ/ 動 名

中心義 **Aを変える［替える］**(★Aの内容を変える場合と，A自体を別のものに取り替える場合のどちらにも用いる)

> 動 他 **変える❶ 取り替える❸ 両替する❹**
> 　 自 **変わる❶ 着替える❷ 乗り換える❸**
> 名 **変化❶ 取り替え❷ 乗り換え❷ 小銭❸**
> 　 **釣り銭❸**

―動 (**chang·es** /-ɪz/；**～d** /-d/；**chang·ing**)

―他 ❶ …を**変える**，変化させる，変更する，改める〈**from** …から；**to, into** …に〉(⇨ 類語) ‖ I've ～*d* my phone number because of too many crank calls. いたずら電話があまりにも多いので私は電話番号を変えた / Leaves ～ color in the fall. 秋になると葉の色が変わる / ～ the subject 話題を変える / ～ one's **mind** 気が変わる / I had my dental appointment ～*d from* Monday *to* Tuesday. 歯医者の予約を月曜日から火曜日に変更してもらった / The witch ～*d* the princess *into* a swan. 魔女は王女を白鳥に変えた

❷《通例受身形不可》(複数の同種のものの中で別のものへ) …を替える，変える；…を乗り換える；…を〈人と〉交換する〈**with**〉(♦ 目的語は複数形) ‖ Let's ～ seats. 席を交換しましょう / Can I ～ places *with* you?=Can we ～ places? 場所を替わっていただけますか / You must ～ trains [×the train] at the next stop to go to Wimbledon. ウィンブルドンへ行くには次の駅で乗り換えなくてはなりません / ～ jobs 職を変える (♦ change one's job なら単数形) / ～ schools 転校する

❸ …を〈…と〉**取り替える** (exchange)〈**for**〉‖ I want to ～ my shoes *for* a bigger pair. 靴をもっと大きなサイズのものと替えたい / ～ a tire タイヤを取り替える / ～ one's doctor 医者を替える

❹ **a** 《+目》〔お金〕を〈…に〉**両替する**；…を〈…に〉くずす〈**into, for**〉‖ I need to ～ a five-pound note. 5ポンド紙幣を両替しなくては / Can you ～ a dollar bill *for* [OR *into*] four quarters? 1ドル札を25セント硬貨4枚に替えてくれませんか **b** 《+目 *A*+目 *B* ⇄ +目 *B*+for 目 *A*》*A* (人) に *B* (お金) を両替してやる ‖ I ～*d* her a thousand-yen note.=I ～*d* a thousand-yen note *for* her. 彼女に1,000円札をくずしてやった

❺〔服など〕を(着)替える，〔赤ん坊〕のおむつ［衣服］を替える；〔ベッド〕のシーツを替える；〔人〕を着替えさせる ‖ I ～*d* the baby [OR baby's diaper]. 赤ん坊のおむつを替えた / You can ～ clothes in this room. この部屋で着替え

ていいよ / ～ oneself into ... …に着替える
—⾃ ❶ **変わる**, 変化する〈**from** …から；**to, into** …に〉(⇨ VARY **類語**) ‖ Things have ～*d* dramatically. いろいろなものが劇的に変わった / The wind ～*d from* south *to* north. 風が南から北に変わった / Her voice ～*d to* a whisper. 彼女の声がささやき声になった / A caterpillar ～*s into* a butterfly. イモ虫はチョウになる
❷ **着替える**〈**out of** …を脱いで；**into** …に〉‖ I have no time to ～. 着替えをする時間がない / He ～*d out of* his uniform. 彼は制服を脱いで着替えた / *Change into* something nicer for dinner. もっとディナーにふさわしいものに着替えなさい
❸ **乗り換える**〈**from** …から；**to** …に〉‖ All ～. どなたもお乗り換えです / *Change* at Shinjuku for Mitaka. 新宿で三鷹行きに乗り換えなさい / We ～*d from* train *to* bus. 我々は電車からバスに乗り換えた
❹〈人と〉交換する〈**with**〉‖ If you prefer this pen, I'll ～ *with* you. このペンの方がよければ交換してあげよう
❺《英》(自動車の)ギアを〈…に〉入れ換える(《米》shift)〈**into**〉‖ ～ *into* second gear ギアをセカンドにする
❻ (月が)形を変える ❼ 声変わりする(break)
chànge aróund ...* / *chànge ... aróund 〈他〉〔家具など〕の位置を変える；〔部屋〕の模様替えをする
chànge báck 〈自〉元〈の…〉に戻る；元〈の服〉に着替える〈**into**〉‖ I ～*d back into* my jeans. いつものジーンズに着替えた —〈他〉(***chànge báck ...* / *change ... báck***) …を元〈の…〉に戻す〈**into, to**〉
chánge dòwn 〈自〉《英》(自動車の)ギアを〈…速に〉シフトダウンする〈**into, to**〉(《米》shift down, downshift) ‖ ～ *down into* second ギアをセカンドに入れ替える
chànge for the bétter よくなる, 改善する
chànge óff 〈自〉交替する(take turns)；(同一人が別々のことを) 交互にする ‖ We ～*d off* at riding the bicycle. 代わる代わるに自転車に乗った
****chànge óver*** 〈自〉① **交替する** ② 切り替える, 変更する, 移行する, 転換する〈**from** …から；**to** …に〉‖ ～ *over from* gas *to* electricity for heating 暖房をガスから電気に切り替える ③《英》〘スポーツ〙サイド〔コート〕をチェンジする
chànge róund 〈自〉① =*change over* ①(↑) ② = *change over* ③(↑) ③ (風向きが)変わる〈**from** …から；**to** …に〉—〈他〉(***chànge róund ...* / *chànge ... róund***)《英》=*change around*(↑)
chànge úp 〈自〉①《英》(自動車の)ギアを〈…速に〉シフトアップする(《米》shift up, upshift)〈**to, into**〉②《米》〘野球〙(投球を)チェンジアップする

COMMUNICATIVE EXPRESSIONS
[1] **You nèver chánge.** 相変わらずだね：懲りない人だ

—名 (複 **chang·es** /-ɪz/) ❶ Ⓒ Ⓤ〈…の〉**変化**, 変遷, 変更；移り変わり〈**in, of**〉‖ **make** a ～ *in* schedule 予定を変更する / a ～ *of* address [course] 住所〔進路〕変更 / the ～ from autumn to winter 秋から冬への季節の移り変わり / a ～ for the better [worse] 好転〔悪化〕/ make one or two ～*s* to the original 原文を1, 2か所変える / *A ～ is as good as a rest.* 《諺》変化は休息に匹敵する《仕事などを変えると気分も新たになる》
連語 **【形+～】** a social ～ 社会の変化 / a major [OR significant, big] ～ 大きな変化〔変更〕/ a fundamental [radical] ～ 根本的な〔過激な〕変化〔変更〕/ a structural ～ 構造上の変化
❷ Ⓒ〈…の〉**取り替え**, 交換〈**of**〉；(服・下着などの)着替え；**乗り換え** ‖ We want a ～ *of* government. 我々は政権の交替を求めている / a ～ *of* oil=an oil ～ オイル交換 / a ～ *of* clothes 服の着替え
❸ Ⓤ (硬貨の) **小銭**；くずした〔両替した〕お金；**釣り銭** ‖ I have three dollars in ～. 小銭で3ドルある / a dollar and ～ 1ドルと数セント(♦端数を示す) / small ～ 小銭 / loose ～ ばらの小銭 / Could you give me the ～ in quarters? クォーター〔25セント硬貨〕に両替してください / Her ～ from a dollar was 33 cents. 彼女は1ドル出して33セントのお釣りをもらった / I'm afraid you gave me the wrong ～. お釣りが間違っています / Keep the ～. (運転手などに)お釣りはいいよ / No ～ given. 《掲示》お釣りは出ません / Exact ～, please. お釣りのないように願います
❹ Ⓒ《通例 a ～》気分転換, 転地(療養) ‖ a ～ of air (主に療養のための)転地 / a ～ of scene [OR scenery] 違った環境 / That makes a ～. それは目先が変わっていいね ❺《C-》Ⓤ《英》(昔の)取引所《Exchange の略と誤ってしばしば 'Change と書かれる》❻ Ⓒ《通例 ～s》組鐘の鳴らし方の順序
a chànge of héart (通例よい方への)心変わり, 心境の変化 ‖ have *a ～ of heart* 気持ちが変わる
a chànge of páce 《主に米》気分転換；それまでのやり方の変更
****for a chánge*** 気分転換に, 目先を変えて ‖ Let's eat out *for a* ～. (気分を変えて)外で食事をしよう
gèt nò chánge out of a pérson 《英口》〔人〕から何もいいものが引き出せない；(仕事・議論で)〔人〕に全く歯が立たない〔なかなか勝てない〕
rìng the chánges 〈…を〉手を変え品を変えて〔いろいろ〕やる〔言う〕〈**on, with**〉
the chànge of lífe 《口》(女性の)更年期(menopause)
類語 **《他 ❶》 change** 「変える」の意を表す最も一般的な語で, どんな変化についても広範囲に用いられる. 〈例〉*change* a plan 別の計画にする(→ vary)
alter 部分的に変えたり改めたりする. 〈例〉*alter* a plan 計画を一部手直しする
convert 別のもの・形・状態などに変える. 〈例〉*convert* a bedroom into a study 寝室を書斎に模様替えする
modify (ほかのものや基準などに合わせて) 部分的に改めたり修正したりする. 〈例〉*modify* one's behavior 行いを改める
transform 形や外観や性質を変える. 〈例〉*transform* a feudal nation into a modern state 封建国家を近代国家に変える
▸▸ **～ màchine** 名 Ⓒ 小銭〔硬貨〕両替機《紙幣を硬貨に両替する》 **～ mànagement** 名 Ⓤ 変革管理《組織が必要とする変革を策定すること》 **～ pùrse** 名 Ⓒ《米》(女性の)小銭入れ **～ rìnging** 名 Ⓤ 音色の異なる1組の鐘をさまざまに鳴らす法

change·a·ble /tʃéɪndʒəbl/ 形 (人の気分・天候などが)変わりやすい；気まぐれな；変更できる；(光沢・外観が)いろいろに変化して見える
chànge·a·bíl·i·ty 名 **～·ness** 名 **-bly** 副

change·ful /tʃéɪndʒfəl/ 形 変化に富む；変わりやすい, 不安定な **～·ly** 副

change·less /tʃéɪndʒləs/ 形 変化のない；安定した **～·ly** 副

change·ling /tʃéɪndʒlɪŋ/ 名 Ⓒ 取替え子《民話で, 妖精(ようせい)たちがさらった子の代わりに置いていく醜い子》

chánge·òver 名 Ⓒ (生産方式・装置・製品などの)転換, 変更；(状況などの)一変；〘スポーツ〙コートチェンジ

chang·er /tʃéɪndʒər/ 名 Ⓒ ❶ 変える人〔もの〕❷ 💻チェンジャー《複数のディスクなどを入れておき, 使うディスクを切り替える装置；端子の形状を変える部品》

chánge-ùp 名 Ⓒ〘野球〙チェンジアップ《速球と同じフォームで投げる緩い投球》；《米口》変化 ‖ That's another strikeout on a ～. チェンジアップでまた三振です

chánging ròom 名 Ⓒ《英》ロッカールーム, 更衣室

Chang Jiang /tʃɑ̀ːŋ dʒiɑ́ːŋ | tʃæ̀ŋ dʒiǽŋ/ 名 長江, 揚子江《中国の華中地域を流れ東シナ海へ注ぐ大河》

***chan·nel** /tʃǽnəl/《発音注意》
中心義 **Aを通す(もの)**(★Aは「電波」や「水」など多様)
—名 (複 **～s** /-z/) Ⓒ ❶ (テレビの) **チャンネル**, (ラジオ・テ

C

レビの）周波数帯；チャンネルの番組 ‖ What's **on** *Channel* 3? 3チャンネルでは何をやっていますか / change [OR switch] ～*s* チャンネルを変える / have a monopoly of TV ～*s* （テレビの）チャンネル権を握っている
❷ 《しばしば ～s》（情報などの）**伝達経路**, ルート, 道筋 ‖ He was kept informed through the usual ～*s*. 彼には通常のルートを通して常に情報が伝えられていた / new ～*s* of trade 新しい貿易ルート
❸ **海峡** ‖ the (English) *Channel* イギリス[英仏]海峡
❹ **水路**, 航路 ‖ follow the ～ into the port 水路を通って港に入る / The ～ is marked by buoys. 航路は浮標で示されている
❺ 川床, 流床 ❻ 〖生〗導管, 水管；排水路；（敷居などの）溝；細長い隙間(すきま) ❼ （話・行動などの）方向；（感情・精力などの）はけ口, 分野 ‖ steer the conversation into safer ～*s* 話をもっと無難な方向に持っていく / find a ～ for *one's* energy 自分の精力を傾ける分野を見つける ❽ 💻（情報の転送・記憶などに用いる）回路 ❾ 霊媒（者）
gò [OR ***wòrk***] ***through the proper chánnels*** しかるべき[正規の]手順を踏む
― 動 （～s /-z/；-neled, 《英》 **-nelled** /-d/；**-nel·ing**, 《英》 **-nel·ling**）
― 他 ❶ 〔精力・金銭など〕を〈…に〉注ぐ〈**into**〉；…を〈望ましい方向へ〉向ける〈**to, toward**〉 ‖ He ～*ed* all his energy *into* community service. 彼は社会奉仕に精根を傾けた / ～ one's thoughts *toward* getting into university 大学入学を目指して考えを切り替える
❷ …を水路[管など]で運ぶ[通す]
❸ …に水路を開く；…に溝を掘る（♦ しばしば受身形で用いる） ❹ 〔資金・援助など〕を〈…のルートを〉通して送る〈**through**〉 ‖ Many countries ～ their aid *through* nongovernmental organizations. 多くの国は非政府組織を通して援助を行っている ❺ 〔霊など〕とチャネリングする, 交信する ❻ 〔人〕になりきる, 〔人〕を（本人そっくりに）まねる, 演じる ‖ Lady Gaga ～*s* Marilyn Monroe in the video. その動画ではレディー＝ガガがマリリン＝モンローになりきっている
chànnel óff ... / ***chànnel ... óff*** 〈他〉 ① 〔水・液体〕を水路を使って排出する ② 〔精力・金銭など〕を消耗[浪費]する
～·er 名 C ① 溝を掘る人 ② 霊媒者, チャネラー
▶▶ **Chànnel Íslands** /英 ∸∸∸∸/ 名 《the ～》チャネル諸島《イギリス海峡にある英領の島々》 **Chànnel Túnnel** 名 《the ～》英仏海峡トンネル

chánnel-hòp 動 自 《英口》 ❶ ＝channel-surf ❷ 英仏海峡を頻繁に行き来する
chánnel-hòpper, chánnel-hòpping 名

chan·nel·ize /tʃǽnəlàɪz/ 動 《主に米》＝channel

chánnel-sùrf 動 自 （リモコンを使って）テレビのチャンネルを次々に変える（→ zap）
chánnel-sùrfer, chánnel-sùrfing 名

chan·son /ʃɑːnsɔ́ːn | ʃɔ́nsən/ 名 （複 **～s** /-z/）《フランス》（＝song） C シャンソン, （フランスの）歌
▶▶ **～ de géste** /-də ʒest/ 名 （複 **～s de g-**）《フランス》（＝song of heroic acts） C （中世フランスの）武勲詩

***chant** /tʃænt | tʃɑːnt/ 名 C ❶ （単調な抑揚の）詠唱歌, （朗詠調の）聖歌, 賛美歌；U （音楽様式としての）詠唱聖歌 ‖ Gregorian ～ グレゴリオ聖歌 ❷ 単調な歌 ❸ （群衆が声をそろえて連呼する）語句, スローガン；シュプレヒコール
― 動 他 ❶ 〔詩篇・聖歌〕を詠唱する ❷ …を調子をそろえて繰り返し唱える, シュプレヒコールする（♦ 直接話法にも用いる） ‖ "We are the Champions!" ～*ed* the fans. 「我々がチャンピオンだ」とファンたちは繰り返し叫んだ
― 自 ❶ 詠唱する；単調な声で話す ❷ 連呼する, 調子をそろえて叫ぶ **～·ing** 名

chan·te·relle /ʃæ̀ntərél | ʃɔn-/ 名 C 〖植〗アンズタケ《食用キノコ》

chan·teuse /ʃɑ̀(ː)ntúːz | ʃɔntə́ːz/ 名 C （特にナイトクラブの）女性歌手（♦ フランス語より）

chan·tey, -ty /ʃǽnti/ 名 （複 **-teys, -ties** /-z/） C 《米》（作業に合わせて船員が歌う）はやし歌, 船頭歌（♦ 《英》では shanty のつづりがふつう）

chan·ti·cleer, -cler /tʃǽntəklɪər | ʃɑ́ːn-/ 名 C 《文》（特におとぎ話で）おんどり（rooster）

chan·try /tʃǽntri | tʃɑ́ːn-/ 名 （複 **-tries** /-z/） C ❶ （冥福(めいふく)を祈ってもらうための）寄進 ❷ 寄進された礼拝堂

Cha·nu·kah /hάːnəkə/ 名 ＝Hanukkah

***cha·os** /kéɪɑ̀(ː)s | -ɔs/ 《発音注意》 名 U ❶ 無秩序, 混沌(こんとん), 大混乱（⇨ CONFUSION 類語） ‖ The street was in total [OR complete, utter] ～ after the explosion. 爆発後, 通りは大混乱状態だった / economic [social] ～ 経済的[社会的]混乱
❷ C 《a ～》混沌としたもの, 無秩序なもの[状態] ‖ His desk was a ～ of papers. 彼の机の上には書類が散らかっていた ❸ 《しばしば C-》（天地創造以前の）混沌, カオス（↔ cosmos¹） ❹ （＝～ thèory）〖理・数〗カオス理論《一見無秩序に見える現象が実は複雑な法則に支配されているという理論》 ❺ 《C-》〖ギ神〗カオス《天地創造後に最初に生まれた神；混沌の化身》

***cha·ot·ic** /keɪɑ́(ː)ṭɪk | -ɔ́t-/ 形 混沌とした, 無秩序な；〖理・数〗カオスの **-i·cal·ly** 副

***chap¹** /tʃæp/ 名 C 《英口》やつ, 男（♦ boy, man, fellow に代わる語. 愛称語に chappie, chappy がある） ‖ He's a nice ～. あいつはいいやつだ / old [OR my] ～ 《呼びかけ》ねえ君（♥ old, my は親愛の情を表す）

chap² /tʃæp/ 動 （**chapped** /-t/；**chap·ping**） 他 自 （皮膚などを[が]）ひび割れさせる[する], あかぎれになる
― 名 C 《通例 ～s》ひび割れ, あかぎれ
▶▶ **Cháp Stìck** 名 C 《米》《商標》リップクリーム

chap³ /tʃæp/ 名 ＝chop²

chap. 略 chapter；chaplain

chap·ar·ral /ʃæ̀pərǽl/ 名 U 《米》（低木の密生した）茂み, やぶ

cha·pa·ti, -pat·ti /tʃəpάːti/ 名 （複 ～ OR **～s** /-z/） U C チャパティ《粗びきの小麦粉をパンケーキのように薄く伸ばして焼いたもの. インドの主食》

cháp·bòok 名 C 呼び売り本《呼び売り商人（chapman）が売った物語・俗謡などの小型本または冊子》

cha·peau /ʃæpóu | ∸∸/ 名 （複 **～s, ～x** /-z/） C 帽子（hat）（♦ フランス語より）

***chap·el** /tʃǽpəl/ 名 C ❶ （学校・病院・刑務所などの施設, 私邸にある）礼拝室；（教会堂内の）礼拝堂；（教会付属の）小聖堂, チャペル ‖ a hospital ～ 病院内の礼拝室 / a wedding ～ 結婚式専用のチャペル
❷ 《英》（イングランド・ウェールズの非国教徒の）教会堂；（スコットランドの）ローマカトリック教会 ❸ U 礼拝式（♦ この意味では無冠詞） ‖ go to ～ 礼拝に行く / keep [miss] ～ （学生が）礼拝に出席[欠席]する ❹ 葬儀場[室] ❺ 《英》新聞・印刷組合の支部；その組合員たち
― 形 《比較なし》《英口》非国教徒の（Nonconformist）（↔ church） ‖ Are you church or ～? あなたは英国国教会の信徒ですか, それとも非国教徒ですか
▶▶ **～ of éase** 名 C （教区の教会から遠い）信徒用の礼拝堂 **～ of rést** 名 C 《英》（葬儀場の）遺体安置室

chápel·gòer 名 C 《英》非国教徒

chap·er·on, -one /ʃǽpəròun/ 《発音注意》 名 C （一般に未成年者の集まりなどでの）付添人；（結婚前の女性の）社交界の付添人《多くは年配の女性が務める》 ― 動 他 自 （…の）付き添いをする **-òn·age** 名 U 付き添い

***chap·lain** /tʃǽplɪn/ 名 C ❶ （学校・病院・船舶などの施設付きの）聖職者, 司祭；従軍司祭；（刑務所の）教戒師 ❷ （礼拝堂付きの）聖職者, 司祭 **～·cy** 名 （複 **-cies** /-z/） ① U 聖職者の地位 ② C 聖職者の居所, 礼拝堂

chap·let /tʃǽplət/ 名 C ❶ （頭に載せる）花輪 ❷ （短い）数珠 ❸ 〖建〗数珠つなぎ, 玉縁(たまぶち) **～·ed** 形

Chap·lin /tʃǽplɪn/ 名 **Sir Charles Spencer ～** チャップリン（1889－1977）《英国出身の映画俳優・監督・制作者.

通称 Charlie Chaplin》

chap·man /tʃǽpmən/ 名 (複 **-men** /-mən/) C《英》《古》呼び売り商人，行商人(peddler)

chap·pie /tʃǽpi/ 名《英口》=chap¹

chaps /tʃæps/ 名 複 (臀部(でんぶ)のない)皮ズボン《カウボーイ用で通常のズボンの上にはく》

chaps

:chap·ter /tʃǽptər/

—名 (複 **~s** /-z/) C ❶ (書物・論文などの) **章** (略 chap., ch., c.) ‖ **in** ~ 3 = **in** the third ~ 第3章で / a ~ **on** the history of science 科学の歴史に関する章

❷ (人生・歴史などの) 重要な一区切り，一時期 ‖ High school was an exciting ~ of my life. 高校時代は人生の中でも楽しい一時期だった

❸〔宗〕聖堂参事会《dean が主宰し，canon が出席して行う》；《集合的に》聖堂参事会員

❹《主に米》(組合・団体などの)支部，分会；支部の会合 ❺ (詩篇の後に続けて読む) 聖書抜節 ❻ (条約・法令などの)条項

a chàpter of áccidents 《英》度重なる災難[事故]

chàpter and vérse ① 聖書の(章と節の)正確な出典；(一般に) 正確な出典，典拠 ② 正確かつ詳細 ‖ This magazine gives ~ *and verse* on how to select a personal computer. この雑誌にはパソコンの選び方が詳しく書いてある ③《副詞的に》正確かつ詳細に

▶▶ **Chàpter 11** [OR **XI**] /-ılévən/ 名〔米法〕破産法第11章《会社更生法》‖ file (for) ~ *11* 破産法第11章[自発的破産] を申請する **~ hòuse** 名 C 聖堂参事会会議所；《米》(大学の)学生友愛会会館 **Chàpter 7** [OR **VII**] /-sévən/ 名〔米法〕破産法第7章《破産によって企業の消滅を推し進めるための規定》

char¹ /tʃɑːr/ 動 (**charred** /-d/；**char·ring**) 他 (火が)〔木〕を炭にする，黒焦げにする **—自** 炭になる，黒焦げになる

—名 U 黒焦げになったもの

char² /tʃɑːr/ 名《英口》《旧》=charwoman

—動 (**charred** /-d/；**char·ring**) 自 (女性が)清掃員をする

char³ /tʃɑːr/ 名 (複 ~ OR **~s** /-z/) C〔魚〕イワナの類

char⁴ /tʃɑːr/ 名 U《英口》《旧》茶(tea)

char·a·banc /ʃǽrəbæŋ/ 名 C《英》(昔の) 大型遊覧バス(motor coach)

:char·ac·ter /kǽrəktər/《アクセント注意》 名 動

中心義 **(ほかとの違いが)はっきり目立つもの**

名 **性格❶ 特徴❷ 登場人物❺ 文字❼**

—名 〔▶ characteristic 形，characterize 動〕(複 **~s** /-z/) ❶ U/C《通例単数形で》(個人・団体・国民などの)**性格**，個性，気質 ‖ You can't tell people's ~ by their blood types. 血液型で人の気質を語ることはできない / My brothers are entirely different in ~. 私の兄弟は性格がまるで違う / There is a dark side to her ~. 彼女の性格には暗い面がある / national ~ 国民性 / the ~ of the American people アメリカ人の国民性 / the British ~ 英国人かたぎ / a woman of strong ~ 気性の強い女 / build [OR form] his ~ 彼の性格を形成する

❷ U/C《単数形で》(総合的な) **特徴**，特質，特性 (♦ character を構成する個々の特徴は characteristic)；性質；種類 (⇨ QUALITY 類語) ‖ The trees on this island have a peculiar ~. この島の樹木は一種独特だ

❸ U 品性，徳性，(優れた)人格；芯(しん)の強さ，精神力(⇨ 類語) ‖ a person of good ~ 人格者 / ~ building 人格形成

❹ U/C《単数形で》《堅》(人物の) 評判，名声 ‖ His ~ was defamed by the journalists. 彼はジャーナリストたちによって名誉を傷つけられた / a slur on his ~ 彼の評判を傷つけるもの / blacken her ~ 彼女の評判を汚す

❺ C (劇・小説・映画などの)**登場人物**，キャラクター；(登場人物の) 役；U (登場人物の) 性格描写 ‖ a main [OR leading] ~ in a film 映画の主人公 / a Disney ~ ディズニー映画のキャラクター

❻ C《通例修飾語を伴って》人，人物；《口》変わり者，変人 ‖ a well-known ~ 有名人 / an interesting ~ 面白い人 / a suspicious ~ 不審人物 / She was quite a ~. 彼女は全くの変わり者だった

❼ C **文字** (→ letter) (♦ ふつう character は表意文字を，letter は表音文字を表す)；書体 ‖ Chinese ~*s* 漢字

❽ C 印，記号；暗号 ‖ a musical ~ 楽譜の記号

❾ C 💻 キャラクター，文字を表す記号；文字コード

❿ C《旧》(前の雇用者が発行する) 人物証明書，推薦状

⓫ C《堅》地位，身分；資格 ‖ his official ~ 彼の公的資格 ⓬ U〔遺伝〕形質

in cháracter 調和した；役にはまった；〈その人に〉ふさわしい〈**with**〉‖ The work is *in* ~ *with* him. その仕事は彼に向いている

out of cháracter 調和しない；役に不向きな；〈…の〉柄にない〈**with**〉‖ Her statement last night was completely *out of* ~. 昨夜の彼女の発言は全く彼女らしくなかった / go [OR live] *out of* ~ 柄にもない生き方をする

—動 他《古》❶〔文字〕を(碑に)刻む，彫る

❷〔性格〕を描写する，記述する

~·ful 形 特徴[個性]のある，独特な；興味を引く

~·less 形 特徴[個性]のない，平凡な；つまらない

類語 **《名 ❸》 character** 徳性・品位・人格といった要素を重視した，その人特有の性質.〈例〉noble *character* 高潔な人格

individuality その人を他人と区別する独特の個性.〈例〉strong *individuality* 強烈な個性

personality 人間としてその人を特徴づける個性．特有の持ち味や人柄を含意する．〈例〉charming *personality* 魅力的な人柄

▶▶ **~ àctor** 名 C 性格俳優 **~ assassinátion** 名 U (公人などへの)中傷，誹謗(ひぼう) **~ còde** 名 C 💻 文字コード《個々の文字につけられた番号》 **~ recognítion** 名 U 💻 文字認識《手書き文字や印刷文字の電子的認識》 **~ rèference** 名 C =character ❿ **~ sèt** 名 C 💻 文字セット，フォント《同一書体でコンピューターが表示できる文字の種類で，1つの文字セットは英数字・ひらがな・カタカナ・漢字・特殊文字などからなる》 **~ skètch** 名 C 人物[性格]描写

:char·ac·ter·is·tic /kæ̀rəktərístık/《アクセント注意》<シ

—形 〔◁ character 名〕(**more ~**；**most ~**) 〈…に〉**特有の**，独特の；〈…の〉特徴をよく示す；いかにも…らしい〈**of**〉‖ a ~ **feature** of young children 幼児に特有の特徴 / my mother's ~ laugh 母の特徴的な笑い声 / the long neck that is ~ *of* the giraffe キリンに特有の長い首 / It's ~ *of* him to be concerned about other people's health. 他人の健康を心配するなんていかにも彼らしい

—名 (複 **~s** /-s/) C ❶《しばしば ~s》**特徴**，**特性**，特質 (⇨ FEATURE 類語) ‖ physical [facial] ~*s* 身体的[顔の] 特徴 / an outstanding ~ ひときわ目立つ特徴

❷〔数〕(対数の)指標

char·ac·ter·is·ti·cal·ly /kæ̀rəktərístıkəli/ 副《しばしば文修飾》いかにも…らしく；特徴的に

char·ac·ter·i·za·tion /kæ̀rəktərəzéıʃən | -tərai-/ 名 U C 特質[特性]の記述；(演劇・小説などでの)性格描写

＊char·ac·ter·ize /kǽrəktəràız/ 動 〔◁ character 名〕他 ❶ …を特徴[特色]づける (♦ しばしば受身形で用いる) ‖ That pop singer is ~*d* by her high-pitched voice. あのポップシンガーは高い声が特徴だ ❷《+目+**as** 名・形》…を…と述べる [みなす] ‖ He ~*d* the 1990s *as* a period of radical change. 彼は1990年代を激

動の時代ととらえた / He can be ～*d as* efficient. 彼は有能だといえる

cha·rade /ʃəréɪd | -rɑ́:d/ 名 C ❶《～s》《単数扱い》シャレード《一方が身振りで言葉を表し, 他方が言い当てる遊び》❷ シャレードのヒント ❸（見えすいた）振り, 見せかけ

chár·bròil 動 他《米》〔肉など〕を炭焼きにする

C

***char·coal** /tʃɑ́:rkòʊl/《発音注意》名 U ❶ 木炭, 炭 ‖ a bale [piece] of ～ 炭1俵[個] / wood ～ 木炭 ❷（絵画に用いる）木炭 ‖ a sketch drawn in ～ 木炭で描いたスケッチ ❸（=～ **dràwing**）C 木炭画 ❹（=～ **gràỳ**）濃い灰色, チャコールグレー ‖ ～-colored 黒灰色の / a ～ gray suit チャコールグレーのスーツ

char·cu·te·rie /ʃɑ:rkú:tərì:, ―――/ 名（複 **～s** /-z/）C（豚）肉加工食品専門店；U《集合的に》（豚）肉加工食品（♦フランス語より）

chard /tʃɑ:rd/ 名 C〖植〗フダンソウ《カブの一種. 食用》

Char·don·nay /ʃɑ̀:rdənéɪ | -dən-/ 名《ときに c-》U C シャルドネ《フランス東部原産の辛口白ワイン；その白ワイン用ブドウ》

***charge /tʃɑ:rdʒ/ 名 動

中心義 **Aを負わせる**（★Aは「支払い」や「責任」など多様）

> 名 **料金❶ 非難❹ 告発❹**
> 動 他 **請求する❶ つけで買う❷ 告訴する❸**

―名（複 **charg·es** /-ɪz/）❶ U/C《～s》〈主にサービスに対する〉**料金**, 代価, 費用, 手数料〈**for**〉（⇨ PRICE 類語P, SALARY 類語）‖ There is a ～ of 5 dollars *for* cleaning. クリーニング代は5ドルです / You can use the hotel's golf course at no extra ～. ホテルのゴルフコースは割増料金なしでご利用いただけます / No admission ～. = No ～ *for* admission.《掲示》入場無料 / telephone [postal] ～*s* 電話[郵便]料金 / a **service** ～ *for* gift-wrapping 贈答用包装のサービス料
❷ C U 金銭的負担, 経費, 出費；債務；税金 ‖ at one's own ～ 自費で
❸ C《米口》= charge account
❹ C〈…に対する〉**非難**；**告発**, 問責；容疑, 罪〈**against**〉‖ The mother was arrested **on** a「～ of murder [OR murder ～]. その母親は殺人罪で逮捕された / bring [OR make] a ～ of conspiracy *against* him 陰謀のかどで彼を告発する / **face** a ～ of robbery 強盗の嫌疑をかけられる
❺ C 突撃, 強襲；突撃の合図；〖スポーツ〗チャージによる反則行為 ‖ a keeper ～ キーパーに対する反則行為
❻ U C 世話, 保護；管理, 監督 ‖ a ～ of elephants 象の保護 ❼ C《堅》《戯》委託された人《特に子供》, 預かり物 ‖ The babysitter read her ～*s* to sleep. ベビーシッターは本を読み聞かせて子供たちを寝かしつけた ❽ U 責任, 任務 ❾ C 命令, 指令, 指示；〖法〗説示 ❿ C《旧》面倒な責務 ⓫ U（容器・設備などの）仕込み量, 容量 ⓬ U C（電池の）充電（量）‖ be on ～ 充電中である / give a battery a ～ 電池を充電する ⓭ C〖理〗電荷《単位はクーロン. 記号 q》‖ a positive [negative] ～ 陽[陰]電荷 ⓮ U（爆発物の）装填量；弾薬；C（火薬1発分の）装填；（1回分の）麻薬；（劇などの）迫力 ⓯ C《a ～》《米》興奮, スリル ‖ give him a ～ 彼を興奮させる, 楽しませる ⓰ U 荷物, 重荷 ⓱ C〖紋章〗（楯の）紋章

dròp the chárges (***against ...***)（…に対する）告発を取り下げる

gèt a chárge (***out of ...***)《米》（…を）楽しむ

give a pèrson in chárge《英》〔人〕を〈警察に〉引き渡す〈**to**〉

****in chárge*** (***of ...***)（…を）**管理**[世話, 担当, 監督]**して** ‖ the doctor [OR teacher] *in* ～ 主治医[担当教員] / Mr. Grey is *in* ～ *of* the class. グレー先生がそのクラスの担任です

in [OR ***under***] ***the chàrge of a pérson***；***in*** [OR ***under***] ***a pèrson's chárge***〔人〕に預けられて, 世話をされて

prèss [OR ***prefèr, brìng***] ***chárges of ... against a pérson***〖法〗…の罪で〔人〕を告訴する

revèrse the chárges《主に英》料金先方払いで電話をかける（《米》call collect）

****take chárge of ...*** …**を引き受ける**, 担当[管理]する

―動（**charg·es** /-ɪz/；**～d** /-d/；**charg·ing**）

―他 ❶ **a**《+目》〔金額〕を〈…の代金として〉**請求する**；〔人〕に〈…の代金として〉**請求する**〈**for**〉；〔税金・利子・手数料など〕を〈…に〉課する〈**on**〉‖ This museum ～*s* no admission **fee**. この博物館は入場料がかからない / The restaurant ～*d* $70 *for* the dinner. レストランはディナー代として70ドル請求した / The store will ～ you *for* delivery. 店は配送料を請求してくるよ / Tax was ～*d on* the income. その所得に税金がかかった
b《+目 *A*+目 *B*》*A*（人）に〈…代として〉*B*（金額）を請求する〈**for**〉‖ He ～*d* me 100 dollars *for* repairing my car. 彼は車の修理代として私に100ドル請求してきた
❷ …を**つけで買う**；…の代金を〈…の〉つけにする, …を〈…の〉勘定につける《**up**》〈**to, against**〉；…を〈…の〉クレジットカードで支払う〈**on**〉‖ *Charge* it, please. つけにしておいてください / I ～*d* a suit *on* my credit card. スーツをクレジットカードで支払った / My wife ～*d* the expense *to* my account. 妻はその費用を私の口座につけた
❸ **a**《+目+**with** 名》〔人〕を…のかどで**告訴**[告発]**する**, 非難する ‖ The boy was ～*d with* car theft. 少年は車を盗んだかどで告訴された / They ～*d* the cashier *with* stealing the company's money. 彼らはそのレジ係を会社の金を着服したとして告発した
b《+**that** 節》《堅》…と（言って）非難する ‖ She ～*d that* I was a coward. 彼女は私をおく病者だと非難した
❹ …に突撃する, …を急襲する, 攻撃する；〖スポーツ〗〔相手の選手〕に体当たりする, チャージングする ‖ The cat ～*d* the chickens in the garden. 猫が庭にいた鶏を襲った
❺《+目+**to** [**on, against**] 名》〔誤りなど〕を…に帰する, …のせいにする ‖ He ～*d* the car accident *to* [OR *against*] me. 彼はその自動車事故を私のせいにした / ～ a crime *on* her 彼女に罪を負わせる
❻《堅》**a**《+目+**with** 名》《通例受身形で》任務[責任]を任される[引き受ける] ‖ I am ～*d with* promoting tourism. 私は観光事業の促進を任されている
b《～ oneself with ... で》…の責任を引き受ける, 担当する ‖ I ～ myself *with* the task of disarming the bomb. 私は爆弾処理の仕事を担当している
❼《+目+**to** *do*》〔人〕に…するように命令[指示]する；《米》〖法〗（裁判官が）〔陪審員など〕に…するように説示する ‖ He was ～*d to* appear in court. 彼は出廷するように命じられた ❽《堅》〔容器・機械など〕に〈…を〉詰める《**up**》〈**with**〉‖ ～ a furnace *with* coal 暖炉に石炭をくべる / ～ an extinguisher *up* 消火器に液剤を充塡（じゅうてん）する / ～ a glass グラスを（酒で）満たす ❾〔電池など〕を充電する《**up**》；〖電〗…に帯電させる ‖ ～ a cellphone *up* 携帯電話を充電する ❿《古》〔銃など〕に〈…を〉装塡（そうてん）する〈**with**〉；〔銃など〕を構える ‖ ～ a cannon *with* shot 大砲に弾を込める ⓫《通例受身形で》《文》〈…で〉飽和の状態である；〈感情などで〉満ちている〈**with**〉‖ air ～*d with* steam 水蒸気で飽和した空気 / The atmosphere was ～*d with* excitement. その場の雰囲気は興奮に満ちていた ⓬《米口》…を興奮させる, 喚起する《**up**》‖ A good speaker knows how to ～ *up* an audience. 話の上手な人は聴衆を盛り上げる方法を知っている ⓭《通例受身形で》〖紋章〗（楯に）〈…の〉紋章がついている

―自 ❶〈…の〉支払[料金]を請求する〈**for**〉‖ ～ *for* the service サービス料を請求する
❷ つけで買い物をする
❸ **a**〈…に向かって〉突撃[突進]する〈**at**〉；〖スポーツ〗体当たりする ‖ ～ *at* the enemy 敵に向かって突撃する

b 《+副句》(…の方へ)急いで行く ‖ ~ into [out of] the room 部屋に駆け込む[から駆け出る]
❹ (電池などが)蓄電する, 充電される《*up*》
chàrge dówn 〈自〉〈…に〉襲いかかる, 突進する〈**on**〉
chàrge óff ... / chàrge ... óff 〈他〉《米》…を〈損失[必要経費]として〉処理する〈**as**〉 ‖ I will ~ it *off as* a business expense. 事業経費としてそれを処理するつもりだ
▶▶ ~ **accòunt** 名 C 《米》掛け売り, つけ(《英》credit account) ~ **càrd** 名 C クレジットカード(credit card) ~ **dènsity** 名 U 〖理〗電荷密度 ~ **hànd** 名 C 《英》職工長, 班長 ~ **nùrse** 名 C 《英》(病棟担当の)主任看護師 ~ **shèet** 名 C 《英》(警察の)拘引者名簿

charge·a·ble /tʃɑ́ːrdʒəbl/ 形 ❶ (費用・負債などが)〈…に〉負わされるべき;(税などが)〈…に〉課せられるべき〈**to**〉 ❷ (罰・とがなどを)科せられるべき, 起訴されるべき ‖ be ~ with murder 殺人罪で起訴されるべきだ

charged /tʃɑːrdʒd/ 形 《限定》 ❶ 感情のたかぶった, 激論を招きそうな ❷ 帯電した

char·gé d'af·faires /ʃɑːrʒèɪ dəféər | ʃɑ̀ːʒeɪ dæ-/ 名 (複 **chargés d-** /-z/) C 代理大使[公使] (♦フランス語で「仕事(affairs)を託された人」の意から)

charg·er /tʃɑ́ːrdʒər/ 名 C ❶ 装填者;装薬器 ❷ 〖電〗充電器 ❸ 軍馬, 騎兵馬

chár·grill 動 《主に英》=charbroil

Chàr·ing Cróss /tʃærɪŋ-/ 名 チャリングクロス《ロンドン中央部, トラファルガー広場の東に続く繁華な地域》

*__char·i·ot__ /tʃæriət/ 名 C ❶ (古代ギリシャ・ローマの)戦車《戦闘[競走]用二輪馬車》 ❷ (特に儀式用の)四輪馬車;立派な馬車, 花馬車

char·i·o·teer /tʃæriətíər/ 名 C 戦車の御者

cha·ris·ma /kərízmə/ 《発音注意》 名 (複 **~·ta** /-tə/) ❶ U 人の心をつかむ魅力[統率力], カリスマ性 ❷ 〖宗〗C 神から与えられた特別の能力《病気治癒など》

char·is·mat·ic /kærɪzmǽt̬ɪk/ 形 カリスマ的な;カリスマ派の ━名 C カリスマ派の信徒

*__char·i·ta·ble__ /tʃǽrət̬əbl | -ɪtə-/ 形 〔◁ charity 名〕 ❶ 《限定》慈善の(ための) ‖ a ~ organization 慈善団体 ❷ 慈悲深い, 施しを惜しまない ❸ 寛容な, 好意的な〈**to, toward** 人に;**about** 過ちなどに〉 **-bly** 副 **~·ness** 名

:__char·i·ty__ /tʃǽrət̬i/
━名 〔▶ charitable 形〕 (複 **-ties** /-z/) U ❶ **慈善事業**[基金];《集合的に》慈善団体;C (個々の)**慈善団体** ‖ The money will go to ~. その金は慈善事業に使われる / raise money **for** ~ 慈善事業のために金を集める / donate money to *charities* 金を慈善団体に寄付する
❷ **慈善**(行為), 施し;慈悲(心);援助(品), 義捐(ぎえん)金 ‖ *Charity begins at home.* 《諺》慈悲は我が家から;愛は先ず身内から / out of ~ 慈悲心から, 気の毒に思って / live on [OR off] ~ 援助金に頼って暮らす
❸ 《形容詞的に》慈善の(ための) ‖ a ~ concert チャリティーコンサート / a ~ school (慈善団体が援助する)慈善学校 / a ~ walk 慈善募金のための競歩大会
❹ (人を評価する際の)**寛容**, 思いやり ‖ The reviewer showed no ~ toward his new film. その批評家は彼の新作映画に対して手厳しかった
❺ 《しばしば C-》(キリスト教的)愛, 博愛
▶▶ ~ **càse** 名 C (公的)援助の必要な人 ~ **shòp** 名 C 《英》=《米》thrift shop

chár·làdy 名 《英》《旧》=charwoman

char·la·tan /ʃɑ́ːrlətən/ 名 C ほら吹き, 山師;やぶ医者 **~·ìsm** 名 U いんちき, はったり

Charles /tʃɑːrlz/ 名 チャールズ ❶ ~ **I** チャールズ1世(1600–49)《英国王(1625–49). ピューリタン革命で処刑》 ❷ ~ **II** チャールズ2世(1630–85)《英国王(1660–85). ❶の子. 王制復古を実現》 ❸ チャールズ皇太子(1948–)《英国の Elizabeth II の第1王子》
▶▶ **~'s Wain** /tʃɑ̀ːrlzɪz wéɪn/ 名 《英》《古》〖天〗北斗七星(the Plough, 《米》the Big Dipper)

Charles·ton /tʃɑ́ːrlstən/ 名 チャールストン ❶ 米国ウェストバージニア州の州都 ❷ 米国サウスカロライナ州の海港 ❸ 《通例 the c-》1920年代に米国で流行したダンス

chár·ley hòrse /tʃɑ́ːrli-/ 名 C 《単数形で》《米口》(特に)足の筋肉の硬直(cramp), こむら返り

char·lie /tʃɑ́ːrli/ 名 C ❶ 《英口》ばか ❷ 《C-》(通信で)Cを表す符号 ❸ U 《口》コカイン

char·lotte /ʃɑ́ːrlət/ 名 C シャルロット《果物・クリームなどをスポンジケーキなどに詰めた菓子》
▶▶ ~ **rússe** 名 C /-rúːs/ シャルロットリュース《スポンジケーキの間にカスタードを詰めた冷たい菓子》

*__charm__ /tʃɑːrm/ 名 ❶ U 魅力, 人を魅了する力;C 《通例 ~s》魅力(的な特質), 魅力となる点《美貌(びぼう)など》(❗「チャームポイント」は和製語. 英語では an attractive feature という) ‖ Our dog turns on the ~ to go for a ride in the car. 我が家の犬は車に乗って出かけたくて愛嬌(あいきょう)を振りまく / a young doctor of irresistible ~ 抗し難い魅力を備えた若い医者 / He fell captive to her ~*s*. 彼は彼女の魅力のとりこになった
❷ C (首飾りや腕輪の鎖に下げる)小さな飾り
❸ C 呪文(じゅもん), まじない(spell);魔除け, 護符, お守り ‖ a good-luck ~ 幸運のお守り《ウサギの足・蹄鉄(ていてつ)など》/ a ~ against bad luck 厄除けの護符
❹ C 〖理〗チャーム《クオークの6種ある特性の1つ》
wòrk like a chárm 見事に成功する, 素晴らしい効果[効き目]がある
━動 他 ❶ …を魅了する, うっとりさせる ‖ I was ~*ed* by her spirit. 彼女の元気にほれぼれした
❷ **a** 《+目》魔法で…を操る ‖ ~ a snake 蛇を操る
b 《+目+補 / 副句》魔法(のような力)で…を…の状態にする;魅力を利用して〔人〕に…させる〈**into *doing***〉;…を〈人から〉うまく入手する, 巻き上げる〈**out of, from**〉;〔道〕をうまくつける〈**into** …に入り込む;**out of** …から抜け出る〉 ‖ I wish I could ~ my baby asleep. 赤ちゃんを魔法で眠らせることができたらなあ / She ~*s* me *into* doing what she wants. 彼女の魅力に負けてつい言いなりになってしまう / ~ money *out of* him うまいことを言って彼から金を巻き上げる / ~ one's way *into* [*out of*] ... 魅力を利用して…に入り込む[から脱け出す]
━自 ❶ 魅力がある, 人をうっとりさせる ❷ 魔法をかける, 呪文を唱える

COMMUNICATIVE EXPRESSIONS
1 **Chármed(, I'm súre.)** お目にかかれて大変光栄です(♥気取った表現)

~·less 形 魅力のない, つまらない
▶▶ ~ **offènsive** 名 C 《単数形で》魅了攻撃《もっともらしいことを言ったり愛想を振りまいて人を魅了する》 ~ **schòol** 名 C 《口》《旧》チャームスクール《女性が美容・教養・社交を学ぶ》

charmed /tʃɑːrmd/ 形 ❶ 魔法をかけられた;魔法(の力)で守られた ❷ 〖理〗(クオークが)チャームの性質を持った
hàve [OR *lèad, lìve*] *a chàrmed lífe* 奇跡的に危険を免れる
▶▶ ~ **círcle** 名 C (限られた人だけの)特権グループ

charm·er /tʃɑ́ːrmər/ 名 C ❶ 魅力ある人[もの] ❷ 魔法使い, 魔術師(magician) ‖ a snake ~ 蛇使い

*__charm·ing__ /tʃɑ́ːrmɪŋ/ 形 (**more ~ ; most ~**) ❶ 魅力的な(♥主に女性が用いる);(人が)チャーミングな, 感じのよい(♦男性についても用いる);(事が)楽しい, (物が)快い(↔ unpleasant) ‖ a ~ girl [smile, little village] 魅力的な少女[微笑, 小さな村] ❷ 《口》《戯》《間投詞的に》ひどいね, ごあいさつだね(♥非難・不賛同を示す) ‖ "She left the dishes for us to wash." "*Charming*!" 「彼女は皿洗いを私たちに任せて行ったよ」「ひどいね」 **~·ly** 副

char·nel /tʃɑ́ːrnəl/ 名 (=~ **hòuse**) C 納骨堂;死体安置所 ━形 死[墓]のような

Char·on /kéərən/ 《発音注意》 名 ❶ 〖ギ神〗カロン《三途(さんず)の川(Styx)の渡し守》 ❷ 〖天〗カロン《冥王(めいおう)星の

最大の衛星. 2006年に準惑星に分類》

:chart /tʃɑːrt/
—名 (複 **~s** /-s/) Ⓒ ❶ **図, 図表**；グラフ；略図 ‖ a weather [medical, sales, temperature] ~ 天気図[カルテ, 売上表, 体温表] / as shown **in** the ~ below 下の図に示すように / a bar [pie] ~ 棒[円]グラフ

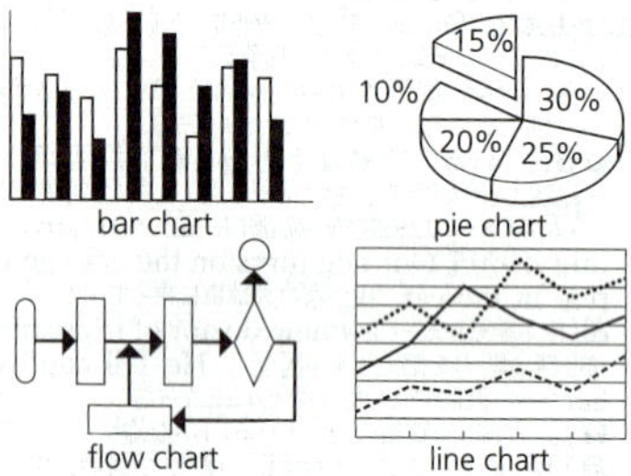

chart ❶

❷ **海図**, 水路図；航空図；星図(⇨ MAP 類語P)
❸《通例 the ~s》週間ヒットチャート ‖ The song went straight into the ~*s* at No.1. その歌は週間ヒットチャートでいきなり第1位となった / top the ~*s* チャート第1位になる / number five **on** the ~*s* チャートの第5位
❹ 天宮[占星]図(birth [OR natal] chart)
off the chárts《米口》(値段・大きさ・質などが)とてつもない
—動 他 ❶ …を図表化する；…を(図表に)観測記録する, 図表で示す ‖ You can ~ your **progress** on this graph. このグラフであなたの進歩の跡がたどれます
❷ …の計画を立てる ‖ ~ a course of learning 学習方針を立てる ❸ …を海図[地図など]に記す, …の海図[地図など]を作る；海図[地図など]上で〔進路〕をたどる
—自 (CDなどが)ヒットチャートに入る ‖ ~ at No. 3 チャートで第3位だ

***char·ter** /tʃɑ́ːrtər/ 名 Ⓒ ❶ (組織の指針・権利などを記した)憲章；(会社・法人の)定款 ‖ the *Charter* of the United Nations 国連憲章 / a Children's *Charter* 児童憲章 ❷ (政府[王]が都市・大学・会社などに設立や権利を認める)許可[勅許](状)；支部設立許可 ‖ the Great *Charter* (英国の)大憲章(Magna Carta) / be granted a ~ to trade in an area 地域で商取引する認可を交付される ❸《a ~》《英》〈好ましくないことに対する〉お墨付き, 特免, 公認〈**for**〉‖ Newspapers described the act as a ~ *for* cheats. その法令は詐欺にお墨付きを与えるようなものだと各紙は述べた ❹ Ⓤ (乗り物の)チャーター, 契約使用；《形容詞的に》臨時貸し切り便の ❺ チャーター便[機, 船]；(それを利用した)旅行
—動 他 ❶〔乗り物〕をチャーターする；…を借りきる(⇨ BORROW 類語P) ❷ …に認可[勅許]を交付する
~·er 名 Ⓒ 契約使用者；(特に)用船契約者
▶▶ **~ còlony** 名 Ⓒ〔米国史〕特許植民地《英国王から民間に下付された特許状による植民地. コネティカット, ロードアイランドなど》 **~ flìght** 名 Ⓒ (飛行機の)チャーター便 **~ mémber** 名 Ⓒ《米》(団体の)設立メンバー(《英》founder member) **~ pàrty** 名 Ⓒ 用船契約(書) **~ schòol** 名 Ⓒ《米》(教師・親・団体が設立・運営する)公認学校

***char·tered** /tʃɑ́ːrtərd/ 形《限定》❶ 認可[勅許]を受けた ❷ チャーターした；借りきった ▶▶ **~ accóuntant** 名 Ⓒ《英》＝《米》certified public accountant

Char·tism /tʃɑ́ːrtɪzm/ 名 Ⓤ〔英国史〕チャーティスト運動《1837-48年の議会改革運動》 **-tist** 名 形

char·treuse /ʃɑːrtrúːz | -trɜ́ːz/ 名《しばしば C-》Ⓤ シャルトルーズ《フランス産の緑色または黄色のリキュール酒》；黄緑色 **—形** 黄緑色の

chár·wòman 名 (複 **-wòmen**) Ⓒ《旧》(事務所・一般家庭の)女性の清掃員(中立 charworker, char)

char·y /tʃéəri/ 形《叙述》❶ 〈…に対して〉用心深い；おく病な, …したがらない〈**of**〉 ❷ 〈…を〉出し惜しむ, なかなか…しない〈**of**〉‖ He is ~ *of* praise. 彼はあまり人を褒めようとしない **chár·i·ly** 副 **chár·i·ness** 名

Cha·ryb·dis /kərɪ́bdɪs/ 名〔ギ神〕カリュブディス《海の魔女. Messina 海峡に住んで航海者を苦しめた》(→ Scylla)

:chase¹ /tʃeɪs/
—動 (**chas·es** /-ɪz/；**~d** /-t/；**chas·ing**)
—他 ❶ (捕らえようと)…を**追いかける**, 追跡する ‖ The boy ~*d* a ball. 少年はボールを追いかけた(＝The boy ~d after a ball.) / We boarded the plane at five and ~*d* the setting sun. 5時に搭乗し, 沈み行く太陽を追って飛んだ
❷ …を獲得[達成]しようと励む, **追求する**；〔異性〕をつけ回す ‖ ~「the contract [one's dream, the first win] 契約獲得[夢の実現, 初勝利]を目指す / ~ women 女の尻(しり)を追う
❸〔人〕に思い出させる, 催促する
❹ …を〈場所・地位などから〉追い払う《***away, off, out***》〈**from, out of, off**〉；…を〈…へ〉追い込む《***in***》〈**into**〉‖ *Chase* the dog *away*! その犬を追い払って / The president ~*d* corrupt officials *out of* office. 大統領は腐敗した官僚を公職から追放した
❺〔野球〕〔相手投手〕を降板に追い込む, ノックアウトする
—自 ❶ 〈…を〉**追う**, 追跡する；追求する；《口》〈異性を〉追い回す〈**after**〉‖ ~ *after*「a fox [novelties, girls] キツネ[目新しさ, 女の子の尻]を追う ❷《+副句》(ある場所・方向へ)**急ぐ**, 走り回る ‖ ~「around town [down the motorway] 町中を駆け回る[高速道路を急ぐ]
chàse dówn ... / chàse ... dówn〈他〉《米》…を急いで追って捕まえる；…を探し当てる, 突き止める
chàse úp ... / chàse ... úp〈他〉①〔約束したことなど〕を思い出させる ② …を督促する, 急がせる ③《英》…を一生懸命捜す
gò (and) chàse oneséIf《口》(邪魔するのをやめて)出て行く
—名 (複 **chas·es** /-ɪz/) Ⓒ ❶ **追跡**；追求 ❷ (映画などの)追跡場面 ‖ a car ~ カーチェイス ❸《the ~》狩猟 ❹《C-》《英》(地名で)チェイス《もとは「猟場」の意》 ❺ ＝steeplechase ❻ (ジャズの)チェイス《2人の奏者が交代で即興演奏すること》
cùt to the cháse 本題に入る
******gìve cháse***《堅》〈…を〉追う, 追跡する〈**to**〉
lèad a pèrson (on) a (mèrry) cháse〔人〕をあちこち引っ張り回して無駄骨を折らせる

chase² /tʃeɪs/ 名 Ⓒ ❶ 溝, (パイプなどをはめ込む)溝すじ ❷ 砲の前身《砲身から砲口まで》 ❸〔印〕チェース《活字の締め枠》 **—動 他**〔金属〕に浮き彫り模様を施す

chas·er /tʃéɪsər/ 名 Ⓒ ❶ 追跡する人[もの] ❷ 障害馬《steeplechase に出場する馬》 ❸《口》チェーサー《強い酒とともに, あるいは後で飲む軽い飲み物, または弱い酒の後に飲む強い酒》

***chasm** /kæzm/《発音注意》名 Ⓒ ❶ (地表の)深い裂け目, 峡谷；亀裂 ❷ 〈…間の〉(感情などの)隔たり, 溝, 格差〈**between**〉；(絶望の)深み, 深淵 ❸ 欠落, 途切れ

chas·sis /ʃǽsi/ 名 (複 **~** /-z/) Ⓒ ❶ (自動車・飛行機の)シャシー, 車台；(大砲の)砲座 ❷ (テレビ・ラジオの)シャシー《部品を据えつける台座》

chaste /tʃeɪst/ (♦同音語 chased) 形 ❶ 貞節な, 貞淑な；純潔の ❷ (言動が)慎み深い, つつましやかな ❸ (文体・装飾などが)飾り立てない, 簡素な **~·ly** 副

chas·ten /tʃéɪsən/ 動 他《通例受身形で》❶ (苦難などによって)懲らしめられる ❷ (感情などが)和らぐ

chas·tise /tʃæstáɪz/ 動 他 ❶ …を厳しく叱責(しっせき)[非難]する ❷《旧》…を折檻(せっかん)する, 懲罰する **~·ment** 名

chas·ti·ty /tʃǽstəṭi/ 名 U ❶ 貞節；(性的)純潔 ❷ (文体などの)簡潔さ ▶▶ ~ **bèlt** 名 C 貞操帯

chas·u·ble /tʃǽzjubl/ 名 C カズラ《司祭がミサのときに着るそでなしの法衣》

chat¹ /tʃæt/
— 動 (~s /-s/；**chat·ted** /-ɪd/；**chat·ting**) 自 ❶ (親密に)**おしゃべりする**，雑談する《*away*》〈**to, with** 人と；**about** …について〉‖ What were you *chatting away to* her *about*? 彼女と何をぺちゃくちゃしゃべり込んでたの ❷ 💻(ネットワーク上で)チャットする

chàt úp ... / ***chàt ... úp*** 〈他〉《口》① 〔異性〕となれなれしく話す，…を口説く(come on to) ② (下心を持って)〔人〕と話す

— 名 (複 **~s** /-s/) C U **おしゃべり**，雑談；💻チャット ‖ an idle ~ 無駄話 / **I had a ~ with** my neighbor over the fence. 私は垣根越しに隣人とおしゃべりをした / **for a ~** おしゃべりをしに

▶▶ ~ **ròom** 名 C 💻チャットルーム《リアルタイムの会話ができるウェブサイト》 ~ **shòw** 名 C 《英》＝talk show

chat² /tʃæt/ 名 C 鳴き鳥《ノビタキ・ツグミなど》

châ·teau, cha·teau /ʃætóu | ˊ－/ 《発音注意》 名 (複 **~s, ~x** /-z/) C (フランスの)城；(田舎の)大邸宅《ブドウ園がついていてワインの名によく使われる》(♦フランス語より)

Cha·teau·bri·and /ʃætòubriɑ́ːn | ʃætou-/ 〈ジ〉 名 《ときに c-》 C シャトーブリアン《牛ヒレ肉で作る厚いステーキ》

chat·e·laine /ʃǽṭəlèɪn/ 名 C (昔の)女性用腰鎖《鍵(かぎ)・時計・財布などをつける》

chát·fèst 名 C 《口》雑談会；(テレビなどの)トークショー

chát·lìne 名 C 《英》チャットライン《多数の人が同時に話せる電話サービス》

Chat·ta·noo·ga /tʃæṭənúːgə/ 名 チャタヌーガ《米国テネシー州南東部の都市．南北戦争の古戦場》

chat·tel /tʃǽṭəl/ 名 C 《通例 ~s》家財；〖法〗動産 ‖ goods and ~*s* 家財道具一切 / ~*s* personal 〖法〗純粋動産 / ~*s* real 〖法〗不動産的動産

chat·ter /tʃǽṭər/ 動 自 ❶ (ぺちゃくちゃくだらない)おしゃべりをする《*away, on*》〈**to** 人と；**about** …について〉‖ ~ *on about* silly things つまらないことをぺちゃくちゃしゃべり続ける ❷ (寒さ・恐怖などで)(歯が)かちかち鳴る ❸ (鳥獣が)(短く甲高い声で続けて)鳴く《*away*》 ❹ (機械が)かたかた音を立てる — 名 U ❶ くだらないおしゃべり，無駄話 ‖ a stream of ~ よどみなく続くおしゃべり(の声) ❷ (鳥獣の)甲高くて短い鳴き声；(機械・歯の)かたかたいう音

▶▶ **~ing clásses** 名 複 《the ~》《英》《けなして》(政治・社会などの問題について)声高に議論する知識階級

chat·ter·bot /tʃǽṭərbɑ̀(ː)t | -bɔ̀t/ 名 C しゃべるロボット；💻チャターボット《人間と疑似的会話をするプログラム》

chátter·bòx 名 C 《口》おしゃべりな人[子供]

chat·ty /tʃǽṭi/ 形 《口》 ❶ おしゃべり好きな ❷ (文体・話しぶりが)会話調の，くだけた **-ti·ly** 副 **-ti·ness** 名

chát·ùp 名 C 《しばしば形容詞的に》《英口》(人に)なれなれしく話しかけること

▶▶ ~ **lìne** 名 C 《英口》甘言，調子のいい言葉

Chau·cer /tʃɔ́ːsər/ 名 **Geoffrey** ~ チョーサー(1343?–1400)《英国の詩人．代表作 *The Canterbury Tales*》

Chau·cé·ri·an 形 チョーサー(流)の

chauf·feur /ʃoufə́ːr | ˊ－/ 名 C お抱え運転手
— 動 他 (お抱え運転手として)〔自動車〕を運転する，〔人〕を車に乗せて行く — 自 お抱え運転手を勤める

chau·vin·ism /ʃóuvənìzm/ 名 U 《けなして》ショービニズム，狂信的[好戦的]愛国主義；(同性・同人種などへの)狂信 ‖ male ~ 男尊女卑 **-ist** 名 **chàu·vin·ís·tic** 形 **chàu·vin·ís·ti·cal·ly** 副

語源 ナポレオンを崇拝したフランス軍人 Chauvin の名から．

ChB 略 《ラテン》*Chirurgiae Baccalaureus* (＝Bachelor of Surgery)

cheap /tʃiːp/ 形 名 副

— 形 (**~·er**；**~·est**)
❶ (商品が)**安い**，廉価な，買い得の；(店が)低料金の(↔ expensive)(⇨ 類語, PB 14)；《英》割り引きの ‖ Is there anything ~*er*? もっと安い品はありませんか / This jacket's a bargain — it's ~ at twice the price! この上着は特売品です — 倍のお値段でもお買い得ですよ / a ~ but nice restaurant 安いがおいしいレストラン / be ~ at the price 安い買い物だ / a ~ rate 割引料金
❷ (不当に)賃金の低い ‖ ~ labor 低賃金労働力
❸ (商品が)**安物の**，安っぽい ‖ The suit looks ~. そのスーツは安っぽいね / a ~ toy ちゃちな玩具(がんぐ)
❹ 軽蔑すべき；(内容が)低俗な；(人柄・言動が)卑劣な，安っぽい ‖ a ~ novel [joke, remark] 三文小説[低俗な冗談，愚論] / a ~ thrill [trick] 安直な刺激[小細工] / You look ~ wearing so much makeup. そんな厚化粧だと安っぽく見えるよ
❺ 価値の低い，軽視される ‖ Life becomes ~ in wartime. 戦時には人命が軽く扱われる
❻ 安易な，楽な，簡単に手に入る ‖ win a ~ victory 楽勝する ❼ 〖経〗(通貨が)価値の下落した；低金利の ❽ 《米》(人が)けちな(《主に英》mean)

chèap and chéerful 《英》安いけれどよい
chèap and násty 《英》安かろう悪かろう
fèel chéap 恥ずかしく思う，きまりが悪い

PLANET BOARD 14

cheap price, cheap salary などと言うか.

問題設定 「安い値段」や「安い給料」というとき，cheap という語を使うかどうかを調査した．

Q 次の(a)～(c)のどれを使いますか．(複数回答可)

(1) (a) I bought the camera **at a low price**.
(b) I bought the camera **at a cheap price**.
(c) I bought the camera **cheaply**.
(d) どれも使わない

(2) (a) He gets **a low salary**.
(b) He gets **a poor salary**.
(c) He gets **a cheap salary**.
(d) どれも使わない

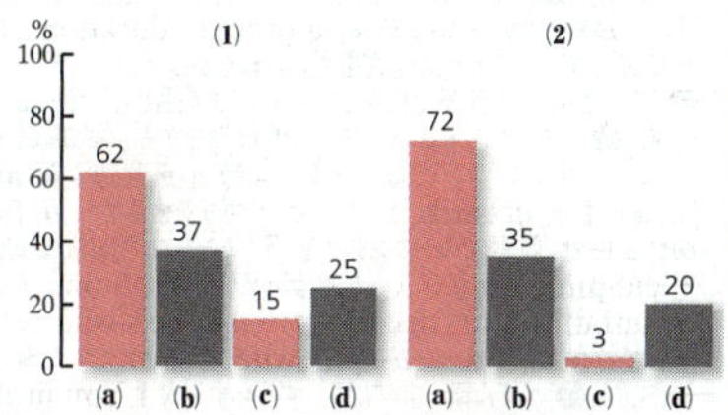

(1) では，(a) の at a low price を使う人が62%で最も多く，(b) の at a cheap price は37%，(c) の cheaply は15%と少なかった．(a) と (b) は同じ意味とする人も多いが，「(b) の cheap は値引きであることを表す」とのコメントもある．¼の人はどれも使わないと答え，代替表現として I bought [OR got] the camera cheap. / I bought the camera for a good [OR great] price. などがあげられた．

(2) では，(a) の a low salary が72%と多く，(b) の a poor salary が35%で，(c) の a cheap salary は3%に過ぎなかった．「low は客観的描写だが，poor は感情や価値判断が入る」などの意見が見られる．⅕の人はどれも使わないと答え，代替表現としては His salary is low. / He doesn't get paid very much. などがあげられた．

学習者への指針 *cheap* price という言い方もできるが，*low* price の方が一般的であり，salary に関しては cheap は使わず，ふつう low を用いる．

hòld ... chéap …を見くびる, 軽んじる

—名《次の成句で》

on the chéap《口》(不当に)安く, 安い値段で

—副 安く ‖ Quality does not come ～. 質をよくするには金がかかる / be going ～ (物が)安く売られている

～·ish 形 いくらか安い, 安めの　**～·ness** 名 U 安さ

類語《形 ❶》**cheap**「質が悪い」ことも暗示するので, それを避けて inexpensive, low-priced などが用いられる.「(給与が)安い」という場合は cheap ではなく, low, small を用いる(⇨ PB 14).
inexpensive 値段の張らないことを強調し,「安っぽい」という意味はない.
economical「安くつく, 経済的な」の意.〈例〉an *economical* little car 燃費が安くつく小型車

語源「買い物」の意の中英語 *chep* から. good cheap(よい買い物)から「安い」に転じた.

▸▸**～ crédit** 名 C U 〖経済〗低利金融　**～ móney** 名 U 低金利　**～ shót** 名 C《米》不当な[悪意のある]批評[攻撃]

chéap-chìc 形 安価だがしゃれた感じの, チープシックな ‖ ～ apparel チープシックな衣服

cheap·en /tʃíːpən/ 動 他…を安くする, 値を下げる;…を安っぽくする;…の値打ちを下げる　—自 安くなる

chéap-jàck 名 C たたき売りの商人, 安物を売り歩く人

—形 安っぽい, 粗悪な

***cheap·ly** /tʃíːpli/ 副 安く, 安価に;安っぽく, 俗悪に;手軽に, 苦労せずに;軽視して

chea·po /tʃíːpoʊ/, **chea·pie** /tʃíːpi:/ 形 名 C《口》安く質が悪い(もの)

chéap·skàte 名 C《口》けちん坊, しみったれ

chéap·wàre 名 U 💻安く手に入るソフトウェア

***cheat** /tʃiːt/ 動 他 ❶ (⇨ 類語) **a**《+目》(利益を得るため)〔人〕をだます;…を欺く, 惑わす ‖ The salesman ～*ed* me on the used car deal. その店員は中古車の取り引きで私をだました / ～ the taxman 脱税する / feel ～*ed* だまされた気がする, 釈然としない / ～ one's way to the top 周りを欺いてトップになる **b**《+目+(**out**) **of** 名》〔人〕から…をだまし取る, 奪う ‖ He ～*ed* the widow (*out*) *of* her fortune. 彼はその未亡人から財産を巻き上げた / Poverty ～*ed* her *of* a proper education. 彼女は貧乏できちんとした教育を受けられなかった
❷〔死・運命〕を(幸運や機転によって)うまく逃れる, 免れる
—自 ❶ ごまかしをする;〈…で〉不正行為をする;〈試験で〉カンニングをする;〈コンピューターゲームで〉不正改造する〈**at, in, on**〉‖ ～ *at* cards トランプでいかさまをする / ～ *in* [OR *on*] a test 試験でカンニングする(❗「カンニング」は和製語. → cunning) ❷《口》〈…を裏切って〉浮気する〈**on**〉(≒ be unfaithful to ; deceive) ‖ ～ *on* one's wife 妻に隠れて浮気する / a ～*ed*-upon wife 浮気されていた妻
—名 C ❶ ぺてん師, 詐欺師, ずるをする人 ‖ You little ～! このいかさま野郎め ❷《単数形で》ぺてん, 詐欺;ごまかし, 不正;カンニング ‖ a ～ sheet《口》カンニングペーパー(❗ ×cunning paper とはいわない) ❸ 💻(コンピューターゲームでの)不正改造 ❹ U〖トランプ〗ダウト

～·er 名 C《主に米》詐欺師;《～s》《俗》眼鏡, サングラス

類語《他 ❶》**cheat** ごまかして利を得る.〈例〉*cheat* one's customers (商人が)客をだます
deceive わざと真実を隠したりゆがめたりして誤ったことを信じ込ませる.〈例〉*deceive* the people 国民を欺く
trick 計略で欺く;必ずしも動機が邪悪とは限らない.〈例〉*trick* a suspect into making a confession かまをかけて被疑者に自白させる

Che·chen /tʃétʃen/ 名 (複 **～** OR **～s** /-z/) C チェチェン人; U チェチェン語　—形 チェチェン人[語]の

Chech·nya, -nia /tʃetʃnjáː/ 名 チェチェン《コーカサス山脈北斜面に位置する共和国. 首都 Grozny》

*****check**[1] /tʃek/ 動 名 間

中心義 …をいったん止めて検査する(★文脈によって「いったん止める」側面, もしくは「検査する」側面のどちらかに重きが置かれた意味になる)

動 他 検査する❶　阻止する❸　抑える❹
名 検査❶　チェックマーク❷　阻止❸　会計伝票❹　小切手❺　預かり証❻

—動 (**～s** /-s/ ; **～ed** /-t/ ; **～·ing**)
—他 ❶ **検査する**, 点検する **a**《+目》(好ましい状態にあるかどうか)…を検査する, 点検する;(確実かどうか)…を調べる, 確かめる;〈…がないか〉…(の中味)を点検する〈**for**〉;…を〈…と〉照合[比較点検]する〈**with, against**〉‖ The mechanic ～*ed* the oil [tires]. 整備士はオイル[タイヤ]を点検した / ～ his story 彼の話の裏をとる / ～ my bag *for* my ID card 身分証明書が紛れ込んでいないかバッグを調べる / I ～*ed* my watch *against* the station clock. 腕時計が正確かどうか駅の時計で確かめた
b《+(**that**) 節》《受身形不可》…であることを(調べて)確認する ‖ Will you ～ *that* the door is locked? ドアに鍵(かぎ)がかかっていることを確かめてくれるかな
c《(+**with** 名)+**wh** 節 / **wh to *do***》《受身形不可》…かどうかを(…に)確かめる, 調べる ‖ I'll ～ *with* her *what* time her train will arrive. 彼女の乗る列車は何時に着くか本人に確かめておきます
❷《米》(照合・選択の印に)…にチェックマーク(✓)をつける(《英》tick)《***off***》‖ *Check off* their names on the list. リストの彼らの名前にチェックの印をつけてくれ / *Check* (*off*) the correct answer. 正しい答えに印をつけなさい(♥ テストなどの指示文で)
❸ …を(食い)止める, **阻止する**, …に歯止めをかける ‖ ～ the「flow of traffic [spread of AIDS] 交通の流れを止める[エイズの蔓延(まんえん)を阻止する]
❹〔衝動など〕を**抑える**, 抑制する ‖ I held out my hand and ～*ed* her. 手を伸ばして彼女(の言葉・動き)を制した / ～ oneself 自制する, 思いとどまる, 言葉を飲み込む
❺《米》(クロークなどで)〔所持品〕を一時預けにする;(空港などで)〔手荷物〕を預ける ‖ Let's ～ our coats first. まずコートを預けよう / I ～*ed* my suitcases and hurried to the gate. スーツケースを預けて搭乗口へ急いだ
❻〖チェス〗〔相手のキング〕にチェック[王手]をかける
—自 ❶ 検査[調査, 点検]する, 確かめる〈**on, into** …を; **for** …がないかどうか; **in** …(の中)を; **through** …を一通り〉;〈人に〉相談する〈**with**〉‖ He ～*ed* to see that no one was hiding behind the door. 彼はドアの後ろにだれも隠れていないのを見て確かめた / Let me ～ *on* his present address. 彼の現住所を確認してみます / ～ *through* a draft *for* spelling mistakes スペルミスがないか草稿を一通り点検する / I will ～ *with* a lawyer before making the contract. 契約を結ぶ前に弁護士に相談します
❷ (警戒・不安のため)突然立ち止まる ‖ She ～*ed* and turned back. 彼女は急に立ち止まって振り返った
❸《米》〈…と〉一致する, 符合する〈**with**〉‖ The description ～*s with* the photograph. 人相書きはその写真と一致する ❹ (猟犬が)(臭跡を確認するため)立ち止まる ❺〖トランプ〗ほかの人が賭(か)けるのを待つ, 手控える

chèck báck〈自〉① また後で〈…の〉様子を見る〈**on**〉② また後で〈…に〉相談する〈**with**〉

****chèck ín***〈自〉①〈ホテルなどで〉**宿泊の手続きをする**, チェックインする〈**at**〉(↔ *check out*);(飛行機の)搭乗手続きをする〈**at** 空港で; **for** …便の〉;〈受付などで〉(記帳して)到着[来院, 出席]を届ける〈**at**〉;(タイムレコーダーを押して)出勤の届けをする(↔ *check out*);到着する ‖ ～ *in at* a hotel ホテルにチェックインする / ～ *in for* Flight 636 636便の搭乗手続きを済ませる ②(決まった時間などに)〈…に〉連絡する〈**with**〉—〈他〉《***chèck in ...*** / ***chèck ... ín***》①〔人〕のチェックイン手続きをする ②(空港などで)〔手荷物〕を預

ける ③《米》〔借り出したもの〕の返却手続きをする；〔貸し出したもの〕を確認[記帳]して受け取る
chéck into ... 〈他〉① 〔ホテル・病院など〕にチェックイン[到着記帳]する ②…を(さらに詳しく)調査する
⁎*chèck óff ... / chèck ... óff* 〈他〉…に**チェックマーク**(✓)**をつける**[つけて数える](→ 他 ❷)
chéck on ... 〈他〉…を確かめる(→ 自 ❶)
⁎*chèck óut* 〈他〉(*chèck óut ... / chèck ... óut*) ①…(の真偽)を**よく調査する**，点検[検査]する ②《口》(面白い[魅力的な]ので)…を見てみる，〔場所〕に行ってみる ③(手続きをして)〔本・ビデオなど〕を〈…から〉**借り出す**〈**of**〉；(預かり証と引き換えに)〔所持品〕を受け取る ‖ ～ *out* a book from a library＝～ a book *out of* a library 図書館から本を借り出す ④(手続きをして)〔人〕をチェックアウトさせる；〔物〕を貸し出す ⑤《主に米》(大型店で)(レジ係が)〔商品〕の会計をする；(客が)〔買い物〕の勘定を払う ⑥《米》〔パイロットなど〕の資格を認定する —〈自〉① 勘定を済ませて〈ホテルなどを〉出る，**チェックアウトする**〈**of**〉(↔ *check in*)；《口》(タイムレコーダーを押して)退社する ② 正しい[本当だ]とわかる；よい状態[順調]だとわかる ‖ His story ～*ed out*. 彼の話は正しいとわかった ③《米口》退去する，出て行く；〈人と〉関係を絶つ〈**on**〉 ④《米》(スーパーマーケットで)支払う ⑤《俗》死ぬ
chèck óver ... / chèck ... óver 〈他〉(問題がないかどうか)…をよく調査[点検]する；(健康状態について)〔人〕を検査する
chèck thróugh ... 〈他〉〔…の中味や誤りの有無など〕をよく[詳しく]調べる(→ 自 ❶)
⁎*chèck úp* 〈自〉〈人物・素行などを〉**よく調査する**，〈…の〉真偽を確かめる，〈人の〉安否などを確かめる〈**on**〉 ‖ ～ *up on* him 彼の経歴[人柄，素行]を調べ上げる

COMMUNICATIVE EXPRESSIONS

1 **I'll hàve to chéck this with** my bóss. このことについては上司に確認しなければなりません
2 **Lèt me chéck if I understànd you corréctly.** おっしゃりたいことを私が正しく理解しているか確認させてください(♥ 相手の発言の主旨や要点を確認する際の前置き)

—名 (複 **～s** /-s/) C ❶ **検査**，点検，調査〈**on, of** …に関する；**for** …を探す；**with** 人に対する；**in, through** 中味などの〉；検査基準，確認[照合]のための原簿[見本] ‖ Did you have a ～ *in* your bag? かばんの中は調べたの / go for a dental ～ 歯の検査に行く / security ～*s* 保安点検

連語 【動+～(+前)】 give ... a ～ ; make [OR do, carry out] a ～ on ... …を点検[調査]する / keep a ～ on ... …を継続的に観察[監視]する / run a ～ on ... (情報収集のために)…を一通り点検[調査]する

❷ (＝～ **màrk**)《米》**チェックマーク**(✓)(《英》tick)《項目の選択や照合済みであることを示す記号. 日本と異なりテスト採点時に正答を示すのにも使われる. → cross 名 ❷》
❸ **阻止**，妨害；抑制；(突然の)停止；阻止[抑制]するもの[手段] ‖ Food shortages put a constant ～ on population increases. 食糧不足は人口増加を常に抑制する
❹《米》(レストランなどの)**会計伝票**，勘定書(《英》bill) ‖ Can I have the ～, please? (✎ *Check*, please.) お勘定をお願いします / Separate ～*s*, please. 別々の会計にしてください / pay one's ～ 勘定を支払う
❺《米》**小切手**(《英》cheque) ‖ pay by ～ 小切手で支払う / write him 「a $30 ～ [OR a ～ for $30] 彼に30ドルの小切手を切る
❻《米》(手荷物などの)**預かり証**，合い札；(コートなどの)預かり所 ‖ a baggage [《英》luggage] ～ 手荷物預かり証 / a coat ～ (レストランや劇場の)クローク ❼〖アイスホッケー〗チェック ‖ a body ～ ボディーチェック，体当たり ❽ U〖チェス〗王手，チェック ‖ in ～ (キングが)王手をかけられて
hòld [OR *kèep*] *... in chéck* …を抑える ‖ *keep* prices [one's temper] *in* ～ 価格[かんしゃく]を抑える

—間 ❶《主に米口》(一覧表と品物を照合しながら)オーケー；(承諾・同意して)いいよ，合点だ ❷〖チェス〗王手
語源 ペルシャ語 šāh(王)から変化した古フランス語 *eschec*(チェスの「王手」)から. chess と同語源.
▸～ **bòx** 名 C 💻チェックボックス《選びたい項目をマウスでクリックするとチェックマークがつく小さな枠》 ～ **càrd** 名 C《米》(銀行が発行する)小切手支払保証カード(《英》cheque card)；《米》デビットカード(debit card) ～ **càshing càrd** 名 C《米》(特定の店での買い物時の)小切手清算カード ～**ing accòunt** 名 C《米》当座預金(《英》current account) ～**s and bálances** 名 複 抑制と均衡《組織内の特定の個人や集団に権力が集中することを防ぐシステム》 ～ **stùb** 名 C《米》(切り取った後の)小切手帳の控え ～ **vàlve** 名 C 逆流防止弁

check² /tʃek/ 名 C 碁盤[格子]じま，チェック；チェックの布 ‖ a ～ shirt チェックのシャツ

chéck·bòok 名 C《米》小切手帳(《英》chequebook)
▸～ **jóurnalism** 名 U 小切手帳ジャーナリズム《大金を支払って独占インタビュー記事などを仕立てる》

⁎**checked** /tʃekt/ 形 チェック[格子じま，市松模様]の

check·er¹, 《英》**cheq·uer** /tʃékər/ 名 C ❶《通例 ～s》碁盤じま，格子じま ❷《～s》《単数扱い》《米》チェッカー(《英》draughts)《こまを使う盤上ゲーム》 ❸ チェッカーのこま —動 他 …を格子じま模様にする；色とりどりにする

check·er² /tʃékər/ 名 C 点検者；点検する装置；《米》(スーパーなどの)レジ係 ‖ a spelling ～ スペルチェッカー

chécker·bòard 名 C《米》チェッカー盤(《英》draughtboard)《チェッカー・チェス用》

check·ered, 《英》**cheq·uered** /tʃékərd/ 形 ❶ 碁盤[市松]模様の ❷ 変化に富んだ ‖ a ～ career 波乱に富んだ[数奇な]生涯 ▸～ **flág** 名 C チェッカーフラッグ《自動車レースで走行終了を合図する白黒碁盤模様の旗》

chéck·ers 名 U《米》＝draughts

⁎**chéck-ìn** 名 U C (ホテルなどでの)チェックイン，宿泊手続き；(空港などでの)搭乗手続き；チェックインカウンター

chéck·lìst 名 C チェックリスト，照合表，一覧表

chéck·màte 名 U ❶〖チェス〗詰み(mate) ❷ 行き詰まり，頓挫(とんざ)；敗北 —動 他 ❶〖チェス〗〔キング〕を詰める ❷ …を挫折[敗北]させる，阻止する

chéck·òff 名 C《米》(組合費の)給料天引き

⁎**chéck·òut** 名 ❶ U (ホテルの)チェックアウト，チェックアウトの時間 ‖ What time is ～? チェックアウトは何時ですか / past ～ チェックアウトをオーバーして ❷ U (スーパーなどの)支払い；C レジ ‖ a ～ counter レジ ❸ C 点検，チェック ❹ C《米》チェックアウトをしている人

chéck·pòint 名 C 出入国管理[審査]事務所；(交通の)検問所

chéck·ròom 名 C《米》❶ (ホテル・劇場などの)クローク ❷ 携帯品一時預かり所(《英》left-luggage office)

chéck·sum 名 U C チェック＝サム《データが正しくやりとりされたかどうかを確かめる方法の1つ；その値》

chéck·ùp 名 C 検査，点検；健康診断 ‖ get [OR have] a medical ～ 健康診断を受ける

ched·dar /tʃédər/ 名《ときに C-》U チェダーチーズ

⁑**cheek** /tʃiːk/
—名 (複 **～s** /-s/) ❶ C **頰**(ほお)(⇨ FACE 図)；顔の側面；頰の内側《口の中の頰の部分》 ‖ He kissed the girl **on** the ～. 彼は少女の頰にキスをした / She bit her ～*s* to keep from laughing. 彼女は笑いをかみ殺した / hollow ～*s* こけた頰 / with flushed ～*s* 頰を赤らめて / Her ～*s* **flushed** [OR **burned**]. 彼女は頰を赤らめた
❷ U/C《単数形で》《口》生意気(な態度[言葉])，図々しさ ‖ What (a) ～! = Of all the ～. 何て生意気な / None of your ～! 生意気なことをするな，出しゃばるな / They gave the teachers ～. 彼らは先生たちに生意気な口をきいた / She had the ～ to make me pick her up at the airport. 彼女は図々しくも私に空港に車で迎えに来させた / have a ～ 図々しい ❸ C《～s》(器具などの)側面

C

❹ Ⓒ《口》尻(しり)(の片方)(buttock)
chèek by jówl 〈…と〉並んで，〈…と〉ぴったりくっついて；〈…と〉仲むつまじく〈**with**〉‖ The family lived ～ *by jowl* in a cheap flat. 一家は粗末なアパートに仲むつまじく暮らしていた
chèek to chéek 頬をすり寄せて ‖ dance ～ *to* ～ チークダンスをする(❗「チークダンス」は和製語)
tùrn the òther chéek もう一方の頬を向ける，(侮辱などに対して)仕返しをしない(♦聖書の言葉より)
(*with*) (*one's*) *tongue in* (*one's*) *cheek* ⇨ TONGUE(成句)
—動 他《英口》…に生意気な口をきく[態度をとる] ‖ He's always ～*ing* his elders. 彼は年長者に生意気な口をきいてばかりいる

chéek·bòne 名 Ⓒ 頬骨(ほおぼね)

chéek·pìece 名 Ⓒ (馬具の)側部革ひも，頬革(ほおがわ)

cheek·y /tʃíːki/ 形 生意気な，厚かましい(⇨ RUDE 類語)
chéek·i·ly 副 **chéek·i·ness** 名

cheep /tʃiːp/ 動 自 (ひな鳥が)ちいちい鳴く
—名 Ⓒ (ひな鳥の)か細い鳴き声 ‖ not a ～ (out of ...)《口》何の音もしない，(…から)何の音沙汰(おとさた)もない

‡cheer /tʃɪər/
—名 (複 **～s** /-z/) ❶ Ⓒ **歓声**，**喝采**(かっさい)；声援 ‖ The prince's speech was received with ～*s* from the audience. 王子のスピーチは聴衆の喝采に迎えられた / A deafening [OR tremendous] ～ 「went up [OR rose]. 耳を覆うばかりの大歓声が起こった / **give** a ～ 歓声を上げる / two ～*s* 控えめな熱意，条件付き賛成
❷ Ⓤ 陽気さ，快活さ ‖ My grandfather was always full of ～. 祖父はいつも陽気な人だった
❸ Ⓒ Ⓤ 慰め，元気づけるもの；喜び ‖ words of ～ 慰めの言葉 / The news brought us great ～. その知らせは私たちを大いに元気づけた
❹ 《～s》《間投詞的に》⇨ CHEERS
thrèe chéers 〈…に〉万歳三唱，声援すること〈**for**〉‖ *Three* ～*s for* our hometown hero! ふるさとの英雄に万歳三唱(♦ Hip, hip, hurray [OR hooray, hurrah]! と3回言う)
—動 (**～s** /-z/；**～ed** /-d/；**～·ing**)
—他 ❶ (賛成・歓迎のために)…に**喝采を送る**，歓声を上げる，歓呼する ‖ The audience ～*ed* his announcement of a tax cut. 聴衆は減税についての彼の発言に喝采した
❷ …を**元気づける**，慰める；喜ばす(♦しばしば受身形で用いる) ‖ Everyone felt ～*ed* by the news of the rescue. だれもがその救出の知らせに元気づけられた
❸ (スポーツの応援で) …を声援する，励ます《*on*》‖ Your classmates are here to ～ you *on*. クラスメートが君を応援するために来ているよ
—自 **歓声を上げる**，喝采する ‖ When the band appeared on the stage, the fans ～*ed* madly. そのバンドがステージに現れると，ファンは狂ったように歓声を上げた
chèer úp* 〈自〉元気づく** ‖ She seemed to ～ *up* at the sight of me. 彼女は私の姿を見て元気づいたようだった / *Cheer up*! Everything will be all right. 元気を出して．何もかもうまくいくさ —〈他〉《*chèer úp ...* / *chèer ... úp*》…を**元気づける**；〔場所など〕を華やいだ雰囲気にする ‖ Let's ～ her *up*. 彼女を励まそう

***cheer·ful** /tʃíərfəl/ 形 (**more ～**；**most ～**) ❶ 元気のよい，機嫌のよい；陽気な ‖ How can you be so ～ in this difficult situation? こんな困難な状況で，よくもそんなに陽気でいられるね / a ～ voice [face] 元気のよい声[機嫌のよい顔] ❷ 気分を明るくする，心地よい ‖ ～ news 明るい知らせ ❸ 《限定》喜んでする，心からの ‖ a ～ worker 意欲的な労働者 / ～ obedience 心からの服従
～·ly 副 快活に，喜んで **～·ness** 名 Ⓤ 上機嫌，快活さ

cheer·i·ly /tʃíərəli/ 副 元気に，生き生きと；明るく

cheer·ing /tʃíərɪŋ/ 形 (人を)元気づける
—名 Ⓤ 喝采，激励 ▸▸ **～ úp** 名 Ⓒ 激励(すること)

cheer·i·o /tʃìərióu/ 〈シ〉 間 《英口》 ❶ ではまた，じゃあね(♥別れ際のあいさつ) ❷《旧》(乾杯の前に)乾杯

***chéer·lèader** 名 Ⓒ ❶ チアリーダー，チアガール，応援団員 ❷ 無批判な賛同者

cheer·less /tʃíərləs/ 形 元気のない，活気のない，陰気な，うら寂しい **～·ly** 副 **～·ness** 名

cheers /tʃɪərz/ 間 ❶ (乾杯の前に)乾杯 ❷《英口》ではまた，じゃあね(♥別れ際のあいさつ) ❸《英口》ありがとう

cheer·y /tʃíəri/ 形 元気な，陽気な，生き生きした；活気づける，明るい **chéer·i·ly** 副 **chéer·i·ness** 名

***cheese**[1] /tʃiːz/ 名 (複 **chees·es** /-ɪz/) Ⓤ チーズ(♦種類を表すときは Ⓒ)；Ⓒ (ひとかたまりに成型した) チーズ ‖ Try some ～ on your spaghetti. スパゲッティにチーズを少しかけてみてはどう / a slice of ～ チーズ1切れ / two ～*s* チーズ2個
hàrd chéese 《英口》《間投詞的に》それはおあいにくさま，それは残念でしたね
Sày chéese! (写真を撮るときに)はいチーズ
▸▸ **～ slìcer** 名 Ⓒ チーズスライサー《チーズを薄切りにする道具》 **～ stráw** 名 Ⓒ 《通例 ～s》チーズストロー《チーズ風味の薄い層状のスナック菓子》

cheese[2] /tʃiːz/ 動 他 ❶《通例受身形で》《英口》〈…に〉飽きる，退屈する；〈…のことで〉腹を立てる《*off*》〈**about, with, at**〉 ❷《俗》やめる
Chéese it! 《旧》《俗》① 気をつけろ ② 逃げろ；出て行け

chéese-bòard 名 Ⓒ チーズをのせる[切る]盆；(コースとして出される)チーズの盛り合わせ

chéese·bùrg·er 名 Ⓒ チーズバーガー

chéese·càke 名 ❶ Ⓒ Ⓤ チーズケーキ ❷ Ⓤ《口》セミヌードの女性の写真(→ beefcake)

chéese·clòth 名 Ⓤ (もとチーズを包んだ) 目の粗い薄手の綿布，寒冷紗(しゃ)

chéese-cùtter 名 Ⓒ (針金の)チーズ切り

chéese·pàring 形 名 Ⓤ けちな(こと)

chees·y /tʃíːzi/ 形 ❶ チーズのような ❷《口》安っぽい，粗悪な；うそくさい ‖ a ～ grin 作り笑い **chées·i·ness** 名

chee·tah /tʃíːṭə/ 名 Ⓒ 〖動〗チーター

***chef** /ʃef/ 名 Ⓒ ❶ 料理長，コック長，シェフ ❷ 料理人，コック —動 自 シェフとして働く
▸▸ **～('s) sálad** 名 Ⓤ Ⓒ シェフサラダ《レタス・トマトなどにゆで卵や細切り鳥肉・ハム・チーズなどを加えたサラダ》

chef d'œu·vre /ʃèɪ dɜ́ːvrə/ 名 (複 **chefs-** /ʃèɪ dɜ́ːvrə/) 《フランス》(=principal work) Ⓒ 傑作，名作

Che·khov /tʃékɔ(ː)f/ 名 **Anton Pavlovich ～** チェーホフ(1860–1904)《ロシアの劇作家・小説家》

che·la[1] /kíːlə/ 名 (複 **-lae** /-liː/) Ⓒ 〖動〗(カニなどの)はさみ

che·la[2] /tʃéɪlə, -lɑ(ː)/ 名 Ⓒ (ヒンドゥー教の)修行僧

che·late /kíːlèɪt/ (→ 動) 形 ❶〖化〗キレート化合物の ❷〖動〗(エビ・カニのような)はさみを持った
—名 Ⓤ〖化〗キレート化合物《血色素・葉緑素など》
—動 /kíːlèɪt | kìːléɪt/ 他 自〖化〗キレート化合物を作る

che·lic·er·a /kəlísərə/ 名 (複 **-rae** /-riː/) Ⓒ (カブトガニやクモの)鋏角(きょうかく)，大顎(おおあご)

che·lic·er·ate /kəlísərèɪt, -ət/ 〖動〗名 Ⓤ 鋏角亜門《クモ，サソリ，カブトガニなどの節足動物》 —形 鋏角亜門の

Chel·sea /tʃélsi/ 名 チェルシー《ロンドンのテムズ川北岸の住宅地区》 ▸▸ **～ bóot** 名 Ⓒ チェルシーブーツ《側面にゴム布が入っていてかかとが高い》 **～ bùn** 名 Ⓒ《英》干しブドウ入りのロールパン **～ pénsioner** 名 Ⓒ (英国の退役軍人・傷痍(しょうい)軍人のための) チェルシー王立病院 (the Chelsea Royal Hospital)の入院患者

Chel·ten·ham /tʃéltənəm/ 名 チェルトナム《イングランド西部グロスターシャー北部の都市．パブリックスクール・競馬・塩泉・音楽祭などで有名》

chem. 略 chemical, chemist, chemistry

‡chem·i·cal /kémɪkəl/ 《発音注意》
—形 《比較なし》《限定》**化学(上)の**，化学作用[薬品]によ

る, 化学的に作られた ‖ ～ industries [engineering] 化学工業[工学] / a ～ reaction 化学反応 / ～ weapons 化学兵器

—名 (複 ～s /-z/) C ❶ 化学製品[薬品] ‖ toxic ～*s* 有毒な化学薬品 / fine ～*s* 精製化学製品《少量・高純度の薬品など》 ❷ 薬物, 麻薬 ‖ ～ abuse 薬物乱用 / ～ dependency 薬物依存

～·ly 副

▸▸**～ bónd** 名 C 化学結合 **～ enginéer** 名 C 化学工学(技術)者 **～ wárfare** 名 U 化学戦

che·min de fer /ʃəmæ̀n də féər/ 名 U 〖トランプ〗バカラの一種(♦「鉄道」の意のフランス語より)

che·mise /ʃəmíːz/ 名 C シュミーズ《下着》; シュミーズドレス《シュミーズのようなシンプルな形のワンピース》

*__chem·ist__ /kémɪst/ 名 C ❶ 化学者 ❷《英》薬剤師 (pharmacist, 《米》druggist); 薬局(店主) ‖ a ～'s (shop) 薬局(《米》drugstore)

*__chem·is·try__ /kémɪstri/ 名 (複 **-tries** /-z/) ❶ U 化学 ‖ applied ～ 応用化学 / inorganic [organic] ～ 無機[有機]化学 ❷ U C 化学的性質[反応, 現象]; 化学構造 ‖ the ～ of iron 鉄の化学的性質 ❸ U 不思議な作用 ‖ the ～ of politics 政治の不思議な作用 / the strange ～ of love 愛の不思議な働き ❹ U 相性 ‖ We went out together, but the ～ wasn't there. 私たちはデートしたが, 気が合わなかった / have good [bad] ～ with ... …と相性がよい[悪い]

▸▸**～ sèt** 名 C (子供用)化学(実験)セット

chemo /kíːmoʊ, kémoʊ/ 名 U =chemotherapy

chemo- /kiːmoʊ-, -mə-/ 連結形「化学」の意(♦母音の前では chem-)

che·mo·stat /kíːmoustæ̀t, kémoʊ-/ 名 C ケモスタット《細菌の培養法の一種》

chè·mo·sýn·the·sis /-sínθəsɪs/ 名 U 〖生〗化学合成

chè·mo·thér·a·py /-θérəpi/ 名 U 化学療法 ‖ I opted for ～ rather than an operation. 私は手術よりは化学療法の方を選んだ

-ther·a·péu·tic 形 化学療法の, 化学療法による

chem·ur·gy /kéməːrdʒi/ 名 U 《米》農産化学 **-gic** 形

che·nille /ʃəníːl/ 名 U シェニール糸(で織った布)《刺繍(ししゅう)用・縁飾り用のけば立てた糸》

cheong·sam /tʃɔ́ːŋsɑ̀ːm | tʃɔ̀ŋsǽm/ 名 C チョンサン(長衫), チャイナドレス《高襟で脚部にスリットのある婦人服》

*__cheque__ /tʃek/ 名 C 《英》小切手(《米》check)

chéque·bòok 名 《英》=checkbook

cheq·uer /tʃékər/ 名 動 《英》=checker[1]

chéq·uered /-d/ 形 《英》=checkered

*__cher·ish__ /tʃérɪʃ/ 動 他 ❶〔人〕をかわいがる, 慈しむ;〔物〕を大切にする ‖ She ～*es* the letters her grandmother wrote to her. 彼女は祖母からの手紙を大事にしている / ～ one's family [child] 家族[子供]を慈しむ / his most ～*ed* possession(s) 彼の最も大切な持ち物

❷〔希望・思い出・信念など〕を心に抱く, 懐かしむ ‖ ～ hopes [dreams, ideas] 希望[夢, 考え]を心に抱く / ～ the memory of the old days 昔の思い出を懐かしむ

❸〔権利・伝統など〕を守る, 大事に育てる ‖ This is a country where people ～ their independence. ここは国民が自主独立を尊ぶ国だ / ～ a tradition 伝統を守る

Cher·no·byl /tʃə(ː)rnóʊbəl/ 名 チェルノブイリ《1986年, 原発の炉心溶融事故があったウクライナ北部の町》

Cher·o·kee /tʃérəkìː/ 名 (複 ～ OR ～s /-z/) C チェロキー族《オクラホマ州の北米先住民の一部族》; U チェロキー語

—形 チェロキー族[語]の ▸▸**～ ròse** 名 〖植〗ナニワイバラ《白い花をつけるツルバラで, 米国 Georgia 州の州花》

che·root /ʃərúːt/ 名 C 両切り葉巻たばこ

*__cher·ry__ /tʃéri/ 名 (複 **-ries** /-z/) C ❶ サクランボ, サクランボに似た実 ❷ (=～ **trèe**)桜の木, 桜に似た木; U 桜材 ‖ The ～ blossoms [OR flowers] are at their best now. 桜の花は今が見ごろだ ❸ (=～ **réd**) U サクランボ色 ❹《通例単数形で》⊗《俗・卑》処女(性), 童貞; ⊗《卑》処女膜 ‖ lose one's ～ 処女[童貞]でなくなる

a bite at* [OR *of*] *the cherry ⇨ BITE(成句)

a bowl of cherries ⇨ BOWL[1](成句)

the chèrry on the cáke (期待したものについてきた) 思いがけない幸運[おまけ]

—形 ❶ (=～ **réd**) サクランボ色の ❷《限定》桜材の ❸ ⊗《俗・卑》処女の, 童貞の; 真新しい

▸▸**～ bòmb** 名 C 《米》赤いかんしゃく玉 **～ brándy** 名 U チェリーブランデー《サクランボを漬けて作る》 **～ làurel** 名 C 〖植〗セイヨウバクチノキ; ゲッキツ **～ pìcker** 名 C 《口》① 競り上げ作業台付きクレーン(車) ② サクランボを摘む人 **～ plùm** 名 C 〖植〗ミロバランスモモ **～ tomáto** 名 C ミニトマト

chérry·pìck 動 他 自 (いいものだけを)えり抜く, 選抜する

cher·ub /tʃérəb/ 名 C ❶ (複 **cher·u·bim** /tʃérəbɪm, kér-/ OR **～s** /-z/)〖宗〗ケルブ, ケルビム, 智天使《天使の階級の1つで, 知識をつかさどる. 翼を持った子供の姿で表される》(→ order ⑫); ケルブの像 ❷ (複 **～s** /-z/)丸々と太った無邪気な子供

che·rú·bic 形 ケルブ[天使]のように丸々として無邪気な

cher·vil /tʃə́ːrvəl/ 名 U 〖植〗チャービル《セリ科の香草. サラダなどに使う》

Chès·a·peake Báy /tʃèsəpiːk-/ 名 チェサピーク湾《米国メリーランド州とバージニア州に入り込んだ大西洋に面した湾》

Chesh·ire /tʃéʃər/ 名 ❶ チェシャー《England 中西部の州》 ❷ U チェシャーチーズ《元来, 英国チェシャー州産》

grín like a Chèshire cát 《通例進行形で》(特に歯をむき出しにして)意味もなくにやりと笑う(♦ *Alice's Adventures in Wonderland* に登場する「にやにや笑う猫」より)

*__chess__ /tʃes/ 名 U チェス, 西洋将棋(しょうぎ)(→ checkmate) ‖ play (at) ～ チェスをする

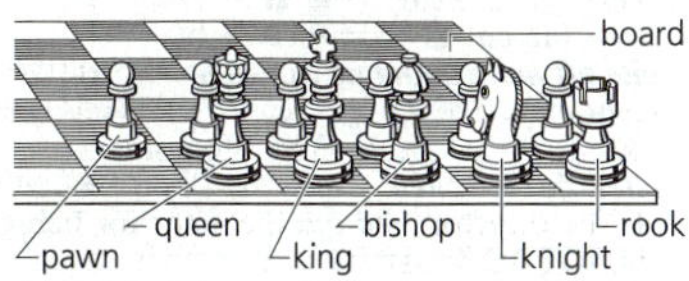

chess

chéss·bòard 名 C チェス盤

chéss·màn /-mæ̀n/ 名 (複 **-mèn** /-mèn/) C チェスのこま

‡**chest** /tʃest/

—名 (複 **～s** /-s/) C ❶ 胸; 肺 (⇨ BREAST 類語P) ‖ The burglar was shot in the ～. 強盗は胸を撃たれた / I had my ～ X-rayed. 胸のレントゲン写真を撮ってもらった / have a broad ～ 幅の広い胸をしている / a hairy ～ 毛深い胸 / throw out one's ～ (得意になって) 胸を張る / beat [OR pound, thump] one's ～ (元気いっぱい[虚勢を張って])胸をたたく / ～ pains 胸の痛み / His ～ was heaving. 彼の胸は(荒い呼吸などのために)大きく波打っていた

❷ (収納・輸送用のふた付きの丈夫な)大箱; (薬品などの)戸棚 ‖ a carpenter's ～ 大工の道具箱 / a medicine ～ 薬品戸棚; 薬品箱 ❸ 〈…の〉1箱分〈**of**〉 ‖ a ～ *of* tea 1箱分の茶 ❹ たんす(chest of drawers)

*__*gèt ... òff one's chést*__ 《口》〔悩み・苦しみなど〕を打ち明けて胸のつかえを下ろす

play* [OR *keep*] *one's cards close to one's chest ⇨ CARD[1](成句)

—動 他 〖サッカー〗〔ボール〕を胸で進める

▸▸**～ frèezer** 名 C (上開きの) 箱型冷凍庫 **～ of dráwers** (複 **～s of d-**) 名 C 整理だんす

-chested /-tʃestɪd/ 連結形 …の胸をした ‖ broad-*chested* 胸の幅が広い / bare-*chested* 胸をあらわにした

ches·ter·field /tʃéstərfì:ld/ 名 C ❶(背もたれとひじかけが同じ高さの)ソファー；《カナダ》(一般に)ソファー ❷チェスターフィールド(コート)《隠しボタンでビロードの襟の男性用オーバーコート》

Ches·ter·ton /tʃéstərtən/ 名 **G(ilbert) K(eith)** ～ チェスタトン(1874-1936)《英国の評論家・作家》

C

***chest·nut** /tʃésnʌt/ 名 C ❶クリ(の実) ❷(＝～ **trèe**) クリの木；U クリ材 ❸クリに似た木《トチノキなど》 ❹U くり色 ❺栗毛(くりげ)の馬 ❻《口》古臭い冗談，聞き飽きた話 ‖ Not that old ～! そんな聞き飽きた話はよしてくれ

pùll a pèrson's chéstnuts out of the fíre 火中のクリを拾う；他人のために危険を冒す

▸▸～ **óak** 名 C 〘植〙チェストナットオーク《北米東部産》

chest·y /tʃésti/ 形《口》❶胸郭の発達した；胸[乳房]の大きい ❷《英》胸の病気の，痰(たん)の絡んだ ❸《米》尊大な，うぬぼれの強い

che·vál glàss [mìrror] /ʃəvǽl-/ 名 C (前後に傾く)大姿見

chev·a·lier /ʃèvəlíər/ 名 C (フランスのレジオンドヌール勲位(the Legion of Honor)などの)勲爵士；(フランスの)騎士，カバリエ《もと最下級の貴族》

Chev·i·ot /ʃéviət | tʃí:v-/ 名《しばしば c-》❶C チェビオットヒツジ ❷U チェビオット(❶からの毛織物)

▸▸～ **Hílls** 名《the ～》チェビオット丘陵《イングランドとスコットランドの境界にある丘陵地帯》

chè·vre /ʃévrə/ 名 U シェーブル《ヤギの乳のチーズ》

Chev·ro·let /ʃèvrəléɪ | ˌ-ˌ-ˊ-/ 名 C《商標》シボレー《米国製の大衆向け自動車》

chev·ron /ʃévrən/ 名 C ❶山形そで章《軍・警察で階級などを示すV[Λ]字形のそで章》❷〘紋章〙山形，逆V字形

***chew** /tʃu:/ 動 他 ❶〔食べ物など〕を(よく)かむ，かんで食べる；…をかみ砕く，咀嚼(そしゃく)する《*up*》‖ You should ～ your food well. 食べ物はよくかみなさい ❷(神経質に)〔唇・つめなど〕をかむ ━自 ❶〈…を〉(よく)かむ；〈…に〉かみつく〈**at, on**〉❷《米》かみたばこをかむ

bite off more than one can chew ⇨ BITE(成句)

chéw on ... 〈他〉①…をよくかむ，…にかみつく(→自❶) ②…についてよく考える，熟考する(consider)

chèw óut ... / chèw ... óut 〈他〉《米口》…をしかり飛ばす ‖ The director ～*ed out* the actor for being late. 監督はその役者が遅れたことでどなりつけた

chèw óver ... / chèw ... óver 〔物事〕を熟考する(turn [OR mull] over；consider)；(徹底的に)論じる

chèw úp ... / chèw ... úp 〈他〉①…をよくかむ；…をかみ砕く ②《口》(かみ砕いたように)…をぐちゃぐちゃにする，傷つける ③(支出などが)〔予算など〕を使い果たす

━名 C ❶《単数形で》かむこと；一口 ‖ have a ～ at [OR on] ... …を一口かむ ❷かむ[かまれる]もの；《～s》(キャンディーなどの)菓子；(かみたばこの)一かみ分 ‖ a ～ of tobacco かみたばこの一かみ分

▸▸～**ing gùm** 名 U チューインガム

chéwing-stìck 名 C (アフリカ，アジアで用いられる)歯ブラシ代わりの小枝

chew·y /tʃú:i/ 形 (よく)かむ必要のある

Chey·enne[1] /ʃàɪǽn/ 〈ミ〉 名 (複 ～ OR ～**s** /-z/) C シャイアン族《北米先住民の一部族》；U シャイアン語 ━形 シャイアン族[語]の

Chey·enne[2] /ʃàɪǽn/ 〈ミ〉 名 シャイアン《米国ワイオミング州の州都》

chez /ʃeɪ/ 前《フランス》(＝at the home of)《しばしば戯》…の家で

chi /kaɪ/ 名 C カイ《ギリシャ語アルファベットの第22字．Χ，χ》

Chiang Kai-shek /tʃǽŋ kaɪʃék/ 名 蔣介石(しょうかいせき)(1887-1975)《中華民国[台湾]総統．また Chiang Chieh-shih /-tʃieʃí:/ ともいう》

Chi·an·ti /kiá:nti | -ǽn-/ 名 U キャンティ《イタリア産の(赤)ワイン》

chi·a·ro·scu·ro /kià:rəskʊ́ərou/ 名 U (絵画での)明暗の配分；キアロスクール画

chi·as·ma /kaɪǽzmə/ 名 (複 **-ma·ta** /-mətə/ OR ～**s** /-z/) C ❶〘解〙視神経交差 ❷〘発生〙キアズマ，染色体交差(点)

chi·as·mus /kaɪǽzməs/ 名 (複 **-mi** /-maɪ/) C〘修〙交錯(法)《2つの同じ関係にある句または節が反復されるときの語順の転置．〈例〉"white lilies and roses red," "We live to die, but we die to live."》

chic /ʃi:k/ 形 (服装などが)上品な，粋な，シックな；流行の ━名 U 上品さ，シックさ

chi·ca /tʃí:kə/ 名 C《米口》少女，娘

Chi·ca·go /ʃɪkɑ́:gou/ 名 シカゴ《米国イリノイ州北東部，ミシガン湖に面した大都市》

～·an 名 C 形 シカゴ市民(の)

▸▸～ **Clímate Exchànge** 名《the ～》シカゴ気候取引所《二酸化炭素やメタンの排出権取引を仲介する》

Chi·ca·na /tʃɪkɑ́:nə/ 名 C メキシコ系米国人女性

chi·cane /ʃɪkéɪn/ 動 自 ごまかす，言い抜ける ━他 …をだます ━名 C ❶(カーレース，オートレース場や一般道にある減速のための)カーブ区間，シケイン ❷《旧》(トランプで)切り札の1枚もない手

chi·can·er·y /ʃɪkéɪnəri/ 名 (複 **-er·ies** /-z/) U C ごまかし，言い逃れ，詭弁(きべん)

Chi·ca·no /tʃɪkɑ́:nou/ 名 (複 ～**s** /-z/) C チカーノ《メキシコ系米国人の男性》(♦女性形 Chicana)

chi·chi /ʃí:ʃi:/ 形 けばけばしい；気取った ━名 U 虚飾

***chick** /tʃɪk/ 名 C ❶(かえったばかりの)ひよこ；ひな鳥(⇨ HEN 類語P) ❷子供 ❸⊗《俗》《ときに蔑》若い女性，娘(♥主に男性が用い，呼びかけにも用いられる)

▸▸～ **flìck [fìlm]** 名 C U《口》《通例けなして》チックフリック《若い女性向け恋愛映画》 ～ **lìt** /-lɪt/ 名 U《口》《通例けなして》チックリット《若い独身女性向け恋愛小説》(♦lit は literature より)

chick·a·dee /tʃíkədi:/ 名 C〘鳥〙アメリカコガラ

****chick·en** /tʃíkɪn/

━名 (複 ～**s** /-z/) ❶C 鶏；(特に)若鶏(⇨ HEN 類語P) ‖ Which came first, the ～ or the egg? 鶏が先か卵が先か(→ chicken-and-egg) / *Don't count your ～s before they're hatched* [《米》*they hatch*].《諺》捕らぬタヌキの皮算用 / go to bed with the ～*s*《米口》夜早く寝る

❷U 鶏肉，チキン(⇨ MEAT 類語P) ‖ ～ breast [leg] 鶏胸[もも]肉 / We had roast ～ for dinner. 夕食にローストチキンを食べた / fried ～ フライドチキン

❸C《口》おく病者 ❹(＝～ **gàme**) U《口》度胸試し(のゲーム)《同時に危険な行為を開始し，最初におじけづいて止めた者が負けになる》‖ play ～ 度胸の試し合いをする

like a chícken with its hèad cùt óff《米》；*like a hèadless chícken*《英》狂ったように，パニック状態で

the chìckens còme hòme to róost (人が)当然の報い[罰]を受ける

━形《口》おく病な ‖ I was too ～ to bungee jump. おく病すぎてバンジージャンプができなかった

━動 自《+out》《口》(弱気・恐怖心から)おじけづく，おじけづいて〈…を〉やめる〈**of**〉‖ Our partner ～*ed out of* the deal at the last minute. 相棒はぎりぎりになってその取り引きから手を引いた

▸▸～ **fèed** 名 U《口》はした金(がね) ～ **flù** 名 C ＝bird flu ～ **hàwk** 名 C《米》家禽(かきん)を襲うタカ **Chícken Lìttle** 名 C 心配性の人 ～ **pòx** 名 U 水疱瘡(ほうそう)，水痘(すいとう) ～ **rùn** 名 C ①(金網で囲った)鶏の飼育場 ②《南ア口》(黒人支配を恐れた)白人の大量国外脱出 ～ **wìre** 名 U 六角形の目の金網

chìcken-and-égg 形《限定》(鶏が先か卵が先かのような)どちらが原因でどちらが結果かわからない

chìcken-frìed stéak 名 C《米》チキンフライドステーキ《通例丸い小さめの牛肉に衣をつけて揚げたもの》

chícken-hèarted [-lìvered] 〈ミ〉 形 おく病な

chícken·shìt《主に米俗》《けなして》 名 U つまらないこと
—形 ❶つまらない, ささいな ❷意気地なしの

chíck·pèa 名 C 〘植〙ヒヨコマメ

chíck·wèed 名 U 〘植〙ハコベの類

chic·le /tʃíkl/ 名 U チクル《中南米産の樹脂から採るチューインガムの原料》

chi·co /tʃí:kou/ 名 (複 **~s** /-z/) C 《米口》少年, 青年

chic·o·ry /tʃíkəri/ 名 U C 〘植〙チコリ, キクニガナ (《米》endive) 《サラダ用》; U チコリの粉《チコリの根をいってひいたもの. コーヒーの添加物・代用物》

chide /tʃaɪd/ 動 (**chid·ed**, **chid** /tʃɪd/; **chid·ed**, 《古》**chid·den** /tʃídən/) 他…を〈…のことで〉しかる, 小言を言う〈**for**〉 —自しかる, たしなめる

***chief** /tʃi:f/ 名 形

—名 (複 **~s** /-s/) C ❶ (団体・組織の)**長**, **チーフ**; 長官 ‖ a fire ~ 《米》消防署長 / a branch ~ 支店長 / a section ~ 課[部]長 / the ~ of state 元首 / the ~ of police 《米》警察署長 / the *Chief* of Staff 米陸[空]軍参謀総長
❷部族の長, 首長, 族長 ‖ a native American ~ 北米先住民の首長 ❸《口》上司, ボス, 親分; 《年長者などへの呼びかけ》チーフ, だんな ❹〘紋章〙盾の上部3分の1の部分

in chíef 《名詞の後に置いて》最高位の, 長の ‖ a commander *in* ~ 最高指揮官 / the editor *in* ~ 編集長 (♦ a commander-in-chief, the editor-in-chief のようにハイフンを入れることもある)

—形 《比較なし》《限定》(⇨ 類語) ❶**主な**, 主要な, 第1の ‖ Her ~ concern is the latest fashions. 彼女の最大の関心事は最新の流行です / *Chief* **among** them is .... それらの中で主なものは…だ / the ~ reason 主な理由 ❷**最高(位)の**, 長の ‖ the ~ cook コック長 / a ~ cook and bottle washer 《口》雑事を取り仕切る人

類語 《形》**chief** 地位・権力・重要度などにおいて首位を占め, ほかのすべてを従える地位にある. 〈例〉one's *chief* aim in life 人生の主な目的
main 全体を構成する部分・単位のうちで中心となる, いちばん大きな[重要な]. 〈例〉the *main* office 本店
principal 権力・重要度・大きさなどで第1位にあり, しばしばほかを支配・管理する意味を含む. 〈例〉the *principal* actor in the troupe 一座の主役俳優 (♦ 3語のうち, principal がいちばん堅い語, chief と principal は「人」と「物」の両方について, main は「物」についてのみ用いられる)

▶▶ **~ cónstable** 名 C 《英》州[管区]警察本部長 **~ exécutive** 名 C 行政長官; 《C- E-》《米》大統領 **~ exécutive òfficer** 名 C 最高経営責任者 (略 CEO) **~ inspéctor** 名 C 《英》警部 **Chìef Jústice** 名 《the ~》《米》最高裁判所長官; 《c- j-》 C 裁判長 **~ màster sérgeant** 名 C (米空軍の)上級曹長 **~ pètty ófficer** ⟨☞⟩ 名 C (海軍の)上等兵曹 **~ rábbi** 名 《ときに C- R-》《the ~》(英国などの)ユダヤ人社会の最高指導者, ラビ長 **~ superinténdent** 名 C 《英》警視正 **~ technícian** 名 C (英空軍の)上等兵曹補 (flight sergeant と sergeant の間) **~ wárrant òfficer** 名 C (米軍の)上級準尉[兵曹長] **Chìef Whíp** 名 《ときに c- w-》《the ~》(英国政党の)院内幹事

***chief·ly** /tʃí:fli/ 副 ❶まず第1に, とりわけ ‖ I bought the house ~ because of its good location. 特に立地条件がよいのでその家を買った ❷主として, 主に ‖ It is ~ a matter of cost. それは主として費用の問題だ

***chief·tain** /tʃí:ftən/ 名 C 族長, 首長; 首領, 指導[指揮]者 **~·cy**, **~·shìp** 名 U C 首長[首領]の地位[職]

chiff·chaff /tʃíftʃæ̀f/ 名 C 〘鳥〙チフチャフ《ムシクイの類のヨーロッパ産の鳴き鳥》

chif·fon /ʃɪfɑ́(:)n | ʃífɔn/ 名 ❶ U シフォン《絹などの薄い織物》 ❷ C 《通例 ~s》婦人服の飾り《リボンなど》
—形 シフォンで作った, シフォンのような; (ケーキ・パイなどが)軽くて舌触りのよい

chif·fo·nier /ʃɪfəníər/ 名 C ❶《米》(鏡のついた)背の高い整理だんす ❷《英》低い戸棚《サイドテーブルとしても使う》

chif·fo·robe /ʃífəròub/ 名 C 《英》(引き出しのついている)洋服だんす

chig·ger /tʃígər/ 名 C 〘動〙❶ツツガムシ(jigger) ❷=chigoe

chignon

chi·gnon /ʃí:njɑ̀(:)n | -njɔn/ 名 C シニョン, お団子《女性の首の後部に結った束髪》(♦ フランス語より)

chi·goe /tʃígou/ 名 C 〘虫〙スナノミ

chi·hua·hua /tʃɪwɑ́:wə/ 《発音・アクセント注意》 名 C チワワ《メキシコ原産の小型愛玩(あい)犬》

Chi·kun·gun·ya /tʃìkəngʌ́njə/ 名 U チクングンヤ熱《蚊がウイルスを媒介する東アフリカや南アジアの伝染病》

chil·blain /tʃílblèɪn/ 名 C 《通例 ~s》しもやけ **~ed** 形

***child** /tʃaɪld/

—名 〔▶ childish 形, childlike 形〕(複 **chil·dren** /tʃíldrən/) C ❶ (大人に対して)**子供**, 児童; 未成年者 (♦ 性別が不明のときや性を問題にしないときは it で受ける) (⇨ 類語P) ‖ You aren't a ~ any more. おまえはもう子供じゃないんだよ / Women and *children* first. (救援活動などで)女性と子供優先 / as a ~ 子供のころ / a ~ of four=a four-year-old ~ 4歳児 / a **young** ~ 幼児 / ~ welfare 児童福祉 / *Children* should be seen and not heard. 子供たちは(大人の集まりに)いてもよいが静かにしていなければならない
❷ (親に対して)**子** (↔ parent) ‖ They **had** no *children*. 彼らには子供がなかった / an only ~ 一人っ子
❸ (ある時代・環境などの)申し子, 落とし子 ‖ a ~ of the age [revolution] 時代[革命]の申し子 / a ~ of nature 自然児, 無邪気な人
❹子供じみた人; 経験不足の人 ‖ Don't be a ~. ばかな[子供みたいな]まねはよせ / be a ~ in financial matters 財政上のことに関して無知である

like a chìld in a swéetshop 《英》やりたい放題で, (幸せなあまり子供のように)夢中になって

with chíld 《旧》身ごもって, 妊娠して (♥ be pregnant の婉曲的表現) ‖ be great [OR heavy, big] *with* ~ 出産が近づいている / get her *with* ~ 彼女を妊娠させる

子供	child kid minor	**baby**	赤ん坊
		infant	乳児, 幼児
		toddler	よちよち歩きの幼児
		child	14–15歳ぐらい以下の子供
	adolescent	**boy**	赤ん坊から10代の男の子
		girl	赤ん坊から10代の女の子
大人	adult grown-up major	**man**	成人の男性
		woman	成人の女性

♦ くだけた baby に対して, infant は改まった語. 《英》では4, 5–7, 8歳の子供に用いる(→ infant school).
♦ child に対する kid, adult に対する grown-up はそれぞれ前者よりもくだけた語. kid は young people(若者)を指して用いることもある(college *kids* 大学生).
♦ minor, major は法律用語で, それぞれ「未成年者」「成人」に当たる.
♦ adolescent は child と adult の間の「青春期」の男女(およそ13–18歳).

♦ teenager は13–19歳の男女をいう.
♦ juvenile は法律用語で,「少年・少女」を指す.「少年の・少女の」の意味で形容詞としても用いられる.
♦ youth は主に10代後半の男性に用いる.
♦ 通例「若者たち」は young people で, the young は堅い言い方.

▸▸ ~ **abùse** 名 U 児童虐待 ~ **bénefit** 名 C《英・ニュージ》(国が支給する)児童手当 ~ **crédit** 名 C 児童控除《児童養育費として税金から控除される金額》 ~ **pródigy** 名 C 神童, 天才児 ~ **restràint** (**sỳstem**) 名 C (車・飛行機の)幼児用シートベルト;(取り外し式の)幼児用いす ~ **sèat** 名 C =car seat ❶ ~**'s plày** 名 U 雑作(ぞうさ)ないこと, ごく簡単な仕事 ~ **suppòrt** 名 U《米》(離婚後支払う)子供の養育費

chíld·bèaring 名 U 出産, 分娩(ぶんべん)
— 形 子供の産める

chíld·bèd 名 U《古》産褥(さんじょく) ‖ ~ fever 産褥熱

chíld·bìrth 名 U C 出産, 分娩 ‖「a difficult [an easy] ~ 難[安]産 / die in ~ お産で死ぬ

***chíld·càre** 名 U (保育園やベビーシッターによる)保育

chìld-céntered 形 子供中心の

childe /tʃaɪld/ 名《古》名門の子弟, 貴公子 (♦ 通例 C- で人名とともに用いる)

‡**child·hood** /tʃáɪldhʊ̀d/
— 名 (複 ~**s** /-z/) U C ❶ **子供のころ**, 幼児期 [時代] ‖ She **had** [OR **spent**] a happy ~. 彼女は幸せな子供時代を過ごした / I think (that) winters were more severe **in** my ~. 子供のころは冬はもっと厳しかったように思う / We've been neighbors since [OR from] **early** ~. 我々は幼い子供のころから近所付き合いをしている / in one's second ~ もうろくして / ~ memories 子供のころの記憶 / ~ cancer 小児癌(がん)
❷ (発達の) 初期の段階 ‖ the ~ of Western civilization 西欧文明の初期段階

***child·ish** /tʃáɪldɪʃ/ 形〔◁ child 名〕❶ 子供の, 子供用の ‖ a high ~ laugh 子供特有の甲高い笑い声 / ~ games 子供に適したゲーム ❷ (大人が) 子供じみた, 大人げない, ばかげた;単純すぎる (⇨ CHILDLIKE 類語) ‖ Don't be so ~! ばかなことはするな / It was ~ of me to lock myself in here. ここへ閉じこもったりして大人げないことをしました **~·ly** 副 子供っぽく **~·ness** 名 U 子供っぽさ, 幼稚なこと

child·less /tʃáɪldləs/ 形 子供のいない ‖ a ~ couple 子供のいない夫婦 / die ~ 子なくして死ぬ

***child·like** /tʃáɪldlàɪk/ 形〔◁ child 名〕(大人が) 子供のように純真な, 無邪気な, 子供のような (⇨ 類語) ‖ his ~ trust in others 他人に対する彼の純真な信頼

類語 **childlike** よい意味で「子供のような」.〈例〉*childlike* candor 子供のような素直さ
childish 悪い意味で「子供っぽい」.〈例〉a *childish* temper 子供っぽいかんしゃく
infantile「幼児の(ような)」の意で, 幼稚さをさらに強調する.〈例〉*infantile* behavior ひどく幼稚な振る舞い

chíld·mìnd·er 名 C《英》(特に両親が共働きの児童を預かる)ベビーシッター **-mìnd·ing** 名

chíld·pròof 形 子供がいじっても大丈夫な, 子供がいたずらできない;子供に安全な — 動 他 …を子供に安全にする

chíld(-)rèaring 名 U 子育て(child-raising)

‡**chil·dren** /tʃíldrən/ 名 child の複数

***Chil·e** /tʃíli/ 名 チリ《南米南西部の共和国. 公式名 the Republic of Chile. 首都 Santiago》
~·an 形 名 C チリの(人)
▸▸ ~ **pìne** 名 C〖植〗チリマツ (monkey puzzle) ~ **saltpéter** 名 U チリ硝石(niter)

***chil·i,**《英》**chil·li** /tʃíli/ 名 (複 **-ies** /-z/) ❶ C〖植〗(= ~ **pèpper**) (熱帯産の) チリトウガラシ (のさや) ❷ (= ~ **pòwder**) U (香辛料の)チリ ❸ =chili con carne
▸▸ ~ **còn cár·ne** /-kɑ̀(ː)n kɑ́ːrni | -kɒ̀n-/ 名 U チリコンカルネ《チリトウガラシ・牛ひき肉・豆などの入ったシチュー風のメキシコ料理》 ~ **dòg** 名 C《米》チリドッグ《チリコンカルネをのせたホットドッグ》 ~ **sàuce** 名 U《米》チリソース《トマトを唐辛子で煮詰めたソース》

***chill** /tʃɪl/ 動〔▶ chilly 形〕他 ❶ (凍らない程度に)〔食べ物・飲み物など〕を冷やす ‖ I like my beer ~*ed*. 冷えたビールがいいな / ~ the fruit salad フルーツサラダを冷やす / ~*ed* meat 冷蔵肉 ❷〔人〕を寒がらせる;〔場所など〕を冷たくする (♦ しばしば受身形で用いる) ‖ The rain ~*ed* the air. 雨で空気がひんやりした / I'm ~*ed* to the bone. 私は体の芯(しん)まで冷えきっている ❸ (寒さ・恐怖などで)〔人〕をぞっとさせる (♦ しばしば受身形で用いる) ‖ She was ~*ed* with fear. 彼女は恐ろしさにぞっとした / ~ his blood 彼の胆(きも)を冷やさせる ❹〔熱意・希望など〕を冷ます, くじく;〔人〕を落胆させる
— 自 ❶ (物が)冷える;(人が)寒けがする ❷《口》落ち着く, 冷静になる;(仲間と) ゆったりくつろぐ《*out*》‖ *Chill out*, man, I didn't mean to leave you behind. まあ, 落ち着けよ. 君を置き去りにするつもりはなかったんだ ❸〖冶〗(鋳鉄の表面が)冷硬する
— 名 C ❶《通例単数形で》(不快感を伴う)冷たさ, 冷え ‖ There was a ~ in the air. 外気は肌寒かった / the ~ of the night 夜間の冷え込み / take the ~ off ... 〔水・部屋など〕を少し暖める ❷ 寒け, 悪寒(おかん);(悪寒を伴う)風邪 ‖ catch [OR take, get] a ~ (寒くて)ぞくぞくする ❸《単数形で》(恐怖などで)ぞっとする感じ
sènd a chíll dòwn one's spíne; ***sènd chílls dòwn*** [OR ***ùp***] ***one's spíne*** 背筋をぞくっとさせる
— 形 (天候や風が)冷たい, 寒い
~·ing 形 身の毛もよだつような, 恐ろしい **~·ness** 名 U 寒け;冷淡さ
▸▸ ~ **bùmps** 名 複 =gooseflesh ~ **fàctor** 名 U 風の冷却効果 ~ **ròom** 名 C《主に英》(ナイトクラブ・会社内などの)リラックスルーム;リラックス用のウェブサイト

chil·lax /tʃɪlǽks/ 動 自《口》リラックスする, のんびりする (♦ *chill* out+re*lax* より)

chilled-óut, chilled 形《口》くつろいだ

chill·er /tʃílər/ 名 C ❶ 冷却装置, 冷蔵庫 ❷《俗》人をぞっとさせるような小説[映画]

***chil·li** /tʃíli/ 名《英》=chili

chill·ing /tʃílɪŋ/ 形 身の毛もよだつような, 恐ろしい

chill-out /tʃílàʊt/ 名 U チルアウトミュージック《ヒーリング音楽の一種》

***chill·y** /tʃíli/ 形〔◁ chill 名〕❶ ひんやりする, うすら寒い, 冷たい ‖ The evenings were turning ~. 夕方は冷え込むようになった ❷ 寒けのする, ぞくぞくする ‖ feel ~ 寒けがする ❸ よそよそしい, 冷淡な ‖ ~ manner 冷淡な態度
chíll·i·ly 副 冷淡に **chíll·i·ness** 名 U 寒け;冷淡さ

chi·lo·pod /káɪləpɑ̀(ː)d | -pɒd/ 名 C〖動〗唇脚(しんきゃく)類ムカデ綱《節足動物の分類単位の1つ》

Chim·bo·ra·zo /tʃìmbərɑ́ːzoʊ/ 名 チンボラソ山《標高6,310メートル. エクアドルの最高峰で地球の中心から頂上までを計るとエベレスト山より高い》

***chime** /tʃaɪm/ 名 C ❶ 鐘の音 ‖ the ~*s* of Big Ben ビッグ=ベンの鐘の音 ❷《通例 ~s》調律した1組の鐘 ‖ Church ~*s* sounded the hour. 教会の鐘が時を告げた ❸《しばしば ~s》〖楽〗チャイム《オーケストラで用いる調律したベルや金属棒のセット》
— 動 自 ❶ (鐘が) 調子を合わせて鳴る;(時計が) 鳴る;美しい音を出す ❷〈…と〉調和する, 一致する〈**with**〉
— 他 ❶ (1組の鐘を鳴らして)〔曲〕を奏でる;〔鐘〕を鳴らす ❷ (鐘で)〔時〕を告げる;(鐘で) …を呼ぶ[呼び出す] ‖ The college clock ~*d* two. 大学の時計が2時を打った
****chìme ín*** 〈自〉① (会話などに) 口を挟む,〈言葉を挟んで〉話に加わる〈**with**〉;相づちを打つ (♦ 直接話法にも用いる) ‖ They ~*d in with* their own experience. 彼らは話の仲間に入って自分たちの経験談をした ②〈…と〉調和 [一

致, 同意]する〈with〉‖ His illustrations ～ *in* perfectly *with* the text. 彼の挿絵は文章とよく調和している

chi·men·ea /tʃìmənéːə/ 名 C 土器ストーブ《粘土で作ったずんぐりしたストーブ》(♦ スペイン語より)

chi·me·ra, -mae- /kaɪmíərə/ 《発音注意》名 ❶ 《C-》[ギ神]キマイラ《頭はライオン, 胴はヤギ, 尾は蛇で, 火を吐く怪物》 ❷ C (一般に)怪物 ❸ C 幻想, 空想 ❹ C [生]キメラ《異組織の接合体》 ❺ C [魚]ギンザメ

chi·me·ri·cal /kaɪmérɪkəl/ 形 空想上の, 途方もない, あり得ない; 空想にふける **～·ly** 副

chim·i·chan·ga /tʃìmɪtʃáːŋgə/ 名 C U [料理]チミチャンガ《野菜・肉などをトルティーヤで巻き, 油で揚げたメキシコ料理》

***chim·ney** /tʃímni/ 名 C ❶ 煙突(♦ 屋内の管を含めた全体を指す場合と屋根の上に出た部分だけを指す場合がある) ‖ The factory ～*s* belched smoke into the sky. 工場の煙突が空に煙を吐き出した ❷ (ランプの)火屋(ほや) ❸ [登山]チムニー《登ることのできる岩壁の縦の裂け目》

▶▶ **～ brèast** 名 C 炉胸《煙突が壁から部屋に張り出している部分》 **～ pìece** 名 C 《英》マントルピース(mantelpiece) **～ pòt** 名 C 煙突冠《通風をよくするため煙突の上につける土管・金属管》 **～ stàck** 名 C 《英》煙突の屋根の上に出ている部分; (工場などの)高い煙突 **～ swèep** 名 C 煙突掃除人 **～ swìft** 名 C [鳥]エントツアマツバメ《北米産》

chimp /tʃɪmp/ 名 《口》=chimpanzee

***chim·pan·zee** /tʃìmpænzíː/ 〈シ〉 名 C [動]チンパンジー(《口》chimp)

:chin /tʃɪn/

―名 (複 **～s** /-z/) C **下あご**, あごの先(⇨ FACE 図) (→ jaw) ‖ a double ～ 二重あご / rub [OR stroke] one's ～ あごをなでる(♥ 考えごとをするときのしぐさ) / rest one's ～ in one's hand(s) 頬(ほお)づえを突く / up to the [OR one's] ～ in ... …にすっかりはまって / lift one's ～ あごを上げる(♥ 拒否や尊大さなどを示すしぐさとしても使われる)

(***kèep one's***) ***chín ùp*** 《口》(苦難・苦境・逆境などにあって)めげない, へこたれない, 元気を失わない ‖ *Keep* your ～ *up!*=*Chin up!* 元気を出せよ

lèad with one's chín 強引な行動をとって衝突を招く, 軽率な振る舞いをする(♦ ボクサーが弱点であるあごを無防備なままにすることから)

tàke it on the chín ① 困難[苦痛, 批判など]に耐える, めげない ② 打撃をあごに食らう, ひどい目に遭う, 敗北を喫する(♦ it の代わりに具体的な名詞が入ることもある)

―動 (**chinned** /-d/; **chin·ning**)

―他 ❶ 〔バイオリンなど〕をあごに当てる, あごで押さえる ❷ (懸垂で)〔鉄棒〕の上まで首を出す; (《～ oneself で》懸垂する《*up*》) ❸ 《英俗》〔人〕のあごにパンチを食らわす

―自 ❶ 懸垂をする ❷ 《米俗》おしゃべりをする, 雑談する

▶▶ **～ stràp** 名 C (帽子などの)あごひも

Ch'in /tʃín/ 名 秦(しん)《中国最初の統一王朝. 221-206B.C.》(♦ Qin ともつづる)

Chin. 略 China, Chinese

***chi·na** /tʃáɪnə/ 名 ❶ U 陶磁器; (集合的に)瀬戸物, 陶磁器製品(chinaware)(cup, plate など) ‖ a piece of ～ 陶磁器1つ ❷ C 《英俗》友達, 仲間

―形 陶磁器(製)の ‖ a ～ vase 陶磁器製の花瓶

語源 原産地 China(中国)にちなむ(→ japan).

▶▶ **～ clày** 〈シ〉 名 U 陶土, 高陵土(kaolin)

:Chi·na /tʃáɪnə/

―名 ❶ **中国**《略 Ch., Chin. 公式名は the People's Republic of China 中華人民共和国, 首都 Beijing (北京). 略 PRC》 ❷ 中華民国(the Republic of China)《台湾. 首都 Taipei(台北)》

not for all the tea in China ⇨ TEA(CE 1)

▶▶ **～ blúe** (↓) **～ róse** 名 C [植]コウシンバラ《中国原産》; ブッソウゲ, ハイビスカス **～ Séa** 名 《the ～》シナ海 **～ sýndrome** 名 《通例 the ～》チャイナ=シンドローム《米国の原子炉が溶融して地球の反対側の中国まで達するほどの最悪の事故のこと》(→ meltdown) **～ trée** 名 C =chinaberry

chi·na·ber·ry /tʃáɪnəbèri | -bəri/ 名 (複 **-ries** /-z/) C [植]センダン《アジア原産の落葉高木》(china tree)

Chìna blúe 名 U 青灰色, 浅葱(あさぎ)色
chìna-blúe 形

chína·gràph 名 C 《英》チャイナグラフ(chinagraph pencil)《ガラス・金属などに書けて消すこともできる色鉛筆》

Chi·na·man /tʃáɪnəmən/ 名 (複 **-men** /-mən/) C ❶ 《旧》《けなして》中国人(Chinese) ❷ [クリケット]右から左へそれる球《左腕投手が右打ちの打者に投げる》

Chína·tòwn 名 C チャイナタウン, 中華街

Behind the Scenes **(Forget it, Jake,) it's Chinatown.** 逆らってもしようがないさ; こういう運命なんだ 退廃的犯罪映画 *Chinatown* の中で, 元警官で私立探偵の主人公 Jake が, ロサンゼルスの水道利権をめぐる巨大な陰謀に巻き込まれ, 逃亡させたかった女性 Evelyn を殺されてしまったとき, 同僚に言われたせりふ. 「ジェーク, もう忘れろ. 所詮これがチャイナタウンなんだ」(♥ どうにもならない相手・状況について, 「なす術はない; どうにもならないから諦めろ」と言いたいときに)

chína·wàre 名 U 《集合的に》陶磁器, 瀬戸物

chínch /tʃɪntʃ/ 名 C [虫]カメムシ《穀類の害虫》(chinch bug); 《米南部》ナンキンムシ(bedbug)

chin·chil·la /tʃɪntʃílə/ 名 ❶ C [動]チンチラ《南米産の小型齧歯(げっし)類》; U その毛皮 ❷ U 《米》チンチラ織り《厚手の毛織物. オーバー用など》

chine /tʃaɪn/ 名 C ❶ (特に動物の)背骨(backbone) ❷ 背骨付きの肉 ❸ 尾根 ❹ 船底と舷側(げんそく)が接する部分

―動 他 背骨と一緒に[背骨に沿って]〔肉〕を切る

***Chi·nese /tʃàɪníːz/ 〈シ〉 形 名

―形 (◁ China 名) **中国の**, 中国人[語]の ‖ ～ characters 漢字

―名 (複 **～**) ❶ C **中国人**; 中国系の人 ❷ U **中国語** ❸ C 《口》中国料理(の店)

▶▶ **～ bóx** 名 C 入れ子箱 **～ cábbage** [**léaves**] 名 C ハクサイ(白菜) **～ chéckers** 名 U ダイヤモンドゲーム《星形の盤を用い2-6人でするゲーム》 **～ góoseberry** 名 C [植]キーウィフルーツ **～ lántern** 名 C (祭礼などの)ちょうちん(Japanese lantern); [植]ホオズキ **～ médicine** 名 U 漢方薬 **～ púzzle** 名 C 非常に込み入ったパズル; 複雑な難問 **～ réd** 名 U 朱色 **～ wàll** 名 C 越え難い障壁(♦ Great Wall of China 万里の長城より) **～ whíspers** 名 U 《英》伝言ゲーム《1つのメッセージをささやき声で伝えて, その正確さを競う》

Ch'ing /tʃɪŋ/ 名 清(しん)《中国最後の王朝. 1644-1912》(♦ Qing ともつづる)

chink[1] /tʃɪŋk/ 名 C (細長い)裂け目, 割れ目, 隙間(すき)

a chìnk in a pèrson's ármor (性格・議論・計画などの)弱点

chink[2] /tʃɪŋk/ 名 C 《通例単数形で》(硬貨・ガラスの)ちゃりん[ちりん]という音 **―動** 自 他 (硬貨・ガラスが[を])ちゃりん[ちりん]という[いわせる]

Chink /tʃɪŋk/ 名 C ⊗《俗》《蔑》中国人

chin·less /tʃínləs/ 形 ❶ あごのない ❷ 《主に英口》性格の弱い

▶▶ **～ wónder** 名 C 《英口》《けなして》(良家の)ばか息子

chi·no /tʃíːnou/ 名 (複 **～s** /-z/) U あや織り綿布《軍服・作業服用》; C 《～s》チノパンツ《あや織り綿布のズボン》

chi·noi·se·rie /ʃɪnwáːzəri(ː), ʃìːn-, ʃiːn-/ 名 (複 **-ries** /-z/) 《ときに C-》U C シノワズリ《西洋で流行した中国趣味の美術様式(の作品)》(♦ フランス語より)

C

Chi·nook /ʃənúk | tʃɪnúːk/ 名 (複 ～ OR **～s** /-s/) C ❶《集合的に》チヌーク族《北米コロンビア川の河口地域に住んでいた北米先住民の一部族》; チヌーク族の人 ; U チヌーク語 ❷《c-》米国ロッキー山脈の東側に吹き下ろす乾燥した暖風 ❸ (=～ **sálmon**)《c-》C〖動〗キングサーモン《北太平洋産の大型のサケ》; U その身 **～·an** 名 形
▸▸～ **Járgon** 名 U チヌーク混合語《北米コロンビア川流域で話されたチヌーク語と英語・フランス語との混合語》

chintz /tʃɪnts/ 名 U チンツ《プリント模様の綿布》

chintz·y /tʃíntsi/ 形 チンツの[で飾った] ; 安っぽい, けばけばしい ;《米口》けちな

chín-ùp 名 C《主に米》(鉄棒での)懸垂(pull-up)

chín-wàg《英口》 名 C《単数形で》おしゃべり, 雑談
—— 動 (**-wagged** /-d/ ; **-wag·ging**) 自 おしゃべりする

‡chip /tʃɪp/ 中心義 小さな一片
—— 名 (複 **～s** /-s/) C ❶ (瀬戸物などの)欠けあと, 欠け目, 欠けた傷 ‖ make a ～ in (the edge of) a cup カップ(の縁)を欠く
❷ (木・石・金属・ガラスなどの)**かけら**, 破片, **切れ端**, 一片 ‖ The floor was covered with wood *～s*. 床は木っ端だらけだった ❸《～s》(食べ物・菓子などの) 薄切り, 小片 ❹《～s》《米》ポテトチップス(《英》(potato) crisps) ;《英》(細長い) フライドポテト (《米》French fries) ❺〖電子〗チップ (microchip) ; 集積回路 ❻ (ルーレット・ポーカーなどで) チップ《賭(か)け金の代わりに用いられる丸いプラスチック製の札》, 数取り(counter) ;《英口》金銭, 銭 ❼〖サッカー・ラグビー〗ボールを短く高く上げるキック ; (=～ **shòt**)〖ゴルフ〗チップショット《ボールを短く打ち上げること》

a bárgaining chìp (交渉などで相手の譲歩を引き出すための)切り札

a chìp off the òld blóck《口》(性格・行動・外見が)親にそっくりな子, (特に)父親そっくりな息子

cásh [OR ***cáll***] ***ìn one's chíps*** ①《口》死ぬ ② (賭博(とばく)で)チップを現金に換える ; (株・債権などを)現金化する ③ 影響力を行使する

******hàve a chíp on one's shòulder***《口》(ひがみなどから)けんか腰である, 怒りっぽい

have hàd one's chíps《英口》負ける, 運が尽きる, 見込みがない, チャンスを逃す, 殺される ‖ You'*ve had* your *～s*. You are fired! 君もこれまでだね, 首だ

in the chíps 金持ちで, 裕福で, 富んで

lèt the chíps fàll where they máy《米口》どうなろうと構わない, 成り行きに任せる(♦ きこりの仕事は木を切ることであって木っ端など問題ではないことから)

when the chìps are dówn《口》せっぱ詰まった際に, いざというときに (♦ ポーカーのチップが置かれていよいよ手を見せ合うことから)(⇨ LIFE メタファーの森)

—— 動 (**～s** /-s/ ; **chipped** /-t/ ; **chip·ping**)
—他 ❶〔物の表面・縁など〕を**欠く**, 薄く削る, 割る ‖ a *chipped* saucer 縁の欠けた受け皿
❷〔小片など〕を〈…から〉削り取る, かき落とす, はがす《**away, off**》〈**from, off**〉‖ ～ ice *from* the car windows 車のウインドーの氷をかき落とす ❸〔像・銘など〕を削って彫る, 彫って作る ‖ ～ a figure out of wood 木を彫って像を作る ❹〖サッカー・ラグビー〗〔ボール〕をけり上げて近くに落とす ;〖ゴルフ〗〔ボール〕をチップショットする ❺《英》(フライ用に)〔ジャガイモなど〕を細長く切る
—自 ❶ (陶器などが)**欠ける**, 欠け落ちる《**away**》
❷ (ペンキなどが)〈…から〉そげ落ちる《**away, off**》〈**off**〉‖ The paint has *chipped off* the front door. 玄関のドアのペンキがはげ落ちてしまった ❸〖サッカー・ラグビー〗ボールを上方へ短くける ;〖ゴルフ〗チップショットをする

chìp awáy at ...〈他〉…から少しずつ削り取る ; …を徐々に崩す[減らす] ‖ Their repeated criticisms *chipped away at* his aggressiveness. 彼らの度重なる批判で彼の攻撃的な姿勢は徐々に崩れていった

******chìp ín*** 〈自〉① (金・労力などを)出し合う, 寄付する, 提供する〈**on** …のために ; **with** …の割り前を〉②《口》(人の話などに) 割り込む, 〈意見などを〉差し挟む (put in ; interject)〈**with**〉(♦ 直接話法にも用いる) —〈他〉《***chìp ín ...*** / ***chìp ... ín***》〔金・労力など〕を出し合う, …を寄付する
▸▸～ **and PÍN** [pín] 名 U チップ=アンド=ピン制度《デビットカードやクレジットカードを用いたサイン不要の電子決済》 ～ **càrd** 名 C チップカード, ICカード《IC上に識別データを電子的に記録したカード》 ～ **sèt** 名 C 💻チップセット《マザーボード上のメモリーシステム・システムハードウェア・バスシステムなどの機能をつかさどる半導体回路群の総称》 ～ **shòp** 名 C《英口》fish and chips などを売る店

chíp·bòard 名 U (木屑(くず)などを原料とした)削片板, 合成板

chip·munk /tʃípmʌ̀ŋk/ 名 C〖動〗シマリス

chip·o·la·ta /tʃɪ̀pəlɑ́ːt̬ə/ 名 C《英》チポラータ《スパイスのきいた小型の細いソーセージ》

chi·po·tle /tʃɪpóutleɪ/ 名 C U〖料理〗チポレ《メキシコで使うスモークした唐辛子》

Chip·pen·dale /tʃípəndèɪl/ 名 **Thomas ～** チッペンデール(1718–79)《英国の家具製作者》 —— 形 (家具が)チッペンデール様式の《凝った装飾を特徴とする》

chip·per /tʃípər/ 形《口》元気のいい, 快活な
—— 名 C ❶ 木を細かく砕く機械 ; ポテトチップ用にジャガイモを薄く切る装置 ❷ =chip shop

Chip·pe·wa /tʃípəwɑ̀ː, -wɔ̀ː, -wə/ 名 (複 ～ OR **～s** /-z/) C =Ojibwa

chip·ping /tʃípɪŋ/ 名 C《通例 ～s》《英》こっぱ, 木片 ; (道路・鉄道敷設用の)砕石 ▸▸～ **spàrrow** 名 C〖鳥〗チャガシラヒメドリ《北米産の小鳥》

chip·py /tʃípi/ 名 (複 **-pies** /-z/) C ❶《英口》fish and chips を売る店 ❷《英口》大工 ❸《米口》あばずれ女, 売春婦 —— 形《口》怒りっぽい, いらつきやすい ; (アイスホッケーの試合・選手が)荒っぽい

Chi-Rho /kàɪróu/ 名 (複 **～s** /-z/) C カイロー《Christ を表すギリシャ語の最初の2字からの組み合わせ文字》

chi·rog·ra·phy /kaɪərɑ́(ː)grəfi | -rɔ́g-/ 名 U 手書き ; 筆跡, 書体(handwriting)

chi·ro·man·cy /káɪərəmæ̀nsi/ 名 U 手相術

Chi·ron /káɪərɑ̀(ː)n | -rən, -rɔ̀n/ 名〖ギ神〗ケイロン《半人半馬のケンタウロス(centaur)族の1人. 医術に長じていた》

chi·rop·o·dist /kərɑ́(ː)pədɪst | kɪrɔ́p-/ 名 C《主に英》(まめなどの)足治療医(《主に米》podiatrist)

chi·rop·o·dy /kərɑ́(ː)pədi | kɪrɔ́p-/ 名 U《主に英》(まめなどの)足の治療(《主に米》podiatry)

chi·ro·prac·tic /káɪərəpræ̀ktɪk, -rou- | ˌ-ˌ-ˈ-/ ⟨シ⟩ 名 U カイロプラクティック, 脊柱(せきちゅう)指圧治療 **-tor** 名

chirp /tʃəːrp/ 動 自 ❶ (小鳥・虫が)ちっちっと鳴く ❷ 楽しげに話す —他 楽しげに…と言う (♦ 通例直接話法で用いる) —— 名 C (小鳥・虫の)ちっちっ(という鳴き声)

chirp·y /tʃə́ːrpi/ 形《口》楽しげな, 快活な
chírp·i·ly 副 **chírp·i·ness** 名

chirr /tʃəːr/ 動 他 (キリギリス・コオロギなどが) ちいちい[ちりっちりっ] と鳴く —— 名 C ちいちい, ちりっちりっ《キリギリス・コオロギなどの鳴き声》

chir·rup /tʃírəp/ 動 自 ❶ (小鳥・虫が) ちっちっと鳴く ❷ 楽しげに言う ❸ 舌打ちして馬をせき立てる —他 …と[を]かん高い声で言う —— 名 C ❶ (小鳥・虫の) ちっちっ(という鳴き声) ❷ (馬をせき立てる)舌打ちの音 **-rup·py** 形

chis·el /tʃízəl/《発音注意》名 C のみ ; たがね
—— 動 (**～ed**, 《英》**-elled** /-d/ ; **～·ing**, 《英》**-el·ling**) 他
❶ …をのみで彫る, 彫刻する ‖ *～ed* features (のみで刻んだような) 彫りの深い顔立ち ❷《主に米口》…をだます ; 〔物〕をだまし取る ;〔人〕から〈…を〉だまし取る〈**out of**〉‖ He was *～ed out of* every penny he had. 彼は有り金残らず巻き上げられた
—自 ❶ のみを使う, 彫刻する ❷《主に米口》不正を働く
～·(l)er 名 C《主に米口》ぺてん師, いかさま師

chí-squàre tèst /káɪ-/ 名 C〖数〗カイ二乗検定《統計学的検定法の1つ》

chit[1] /tʃɪt/ 名 C (生意気な)小娘
chit[2] /tʃɪt/ 名 C ❶ (飲食代などの) 伝票 ❷ 文書《領収書·命令書など》
chít·chàt《口》 名 U 動 自 雑談(をする)
chi·tin /káɪtɪn/ 名 U 〚生化〛キチン質《甲殻(こうかく)類の外骨格·菌類の細胞壁などの主成分》
chi·ton /káɪtən, +米 -tɑ(ː)n, +英 -tɔn/ 名 C ❶ キトン《古代ギリシャ人がじかに着たガウン》 ❷ 〚貝〛ヒザラガイ
chit·ter /tʃɪ́ţər/ 動 自 (鳥が)さえずる;《スコット·方》寒さで震える
chitter·lings /tʃɪ́ţərlɪŋz/ 名 複 豚の小腸《料理用》(♦ chitlin(g)s とも書く)
chi·val·ric /ʃɪ́vəlrɪk/ 形 騎士道の
chiv·al·rous /ʃɪ́vəlrəs/ 形 〔◁ chivalry 名〕騎士道にかなった, 勇敢な, 名誉を重んじ礼儀正しい, (女性·弱い者に)優しく寛大な, 義俠(ぎきょう)心の厚い **~·ly** 副
chiv·al·ry /ʃɪ́vəlri/ 名 〔▶ chivalrous 形〕 ❶ U 騎士道精神《勇敢で礼節を心得, 弱き者を助ける》; C 騎士道的振る舞い; U (女性に対する)丁重さ ❷ U 騎士道制度 ❸ U 《集合的に》騎士たち
chive /tʃaɪv/ 名 C 《通例 ~s》〚植〛チャイブ, エゾネギ《ユリ科. 葉は香味料》 **—**形 チャイブの
chiv·vy, -y /tʃɪ́vi/ 動 (**-vied**, **-ied** /-d/; **-vy·ing**, **-y·ing**) 他 〔人〕を(しつこい要求で)悩ます, せき立てる
chla·myd·i·a /kləmɪ́diə/ 名 (複 **-i·ae** /-iiː/) ❶ C 〚生〛クラミジア《トラコーマや尿道炎などの病原体》 ❷ U クラミジア感染症《性感染症》
chlo·ral /klɔ́ːrəl/ 名 U 〚化〛 ❶ クロラール《無色·油状の刺激臭のある液体. DDTの原料》 ❷ (=**~ hýdrate**) 抱水クロラール《催眠剤》
chlor·dane /klɔ́ːrdèɪn/ 名 U 〚化〛クロルデン《殺虫液》
chlo·rel·la /klərélə/ 名 U 〚生〛クロレラ
chlo·ric /klɔ́ːrɪk/ 形 〚化〛塩素の; 塩素を含む
▸▸ **~ ácid** 名 U 〚化〛塩素酸
chlo·ride /klɔ́ːraɪd/ 名 U C 〚化〛塩化物; さらし粉(chloride of lime)
chlo·ri·nate /klɔ́ːrɪnèɪt/ 動 他 …を塩素で処理[殺菌]する; 〚化〛…を塩素と化合させる
chlò·ri·ná·tion 名 U 塩素処理
chlo·rine /klɔ́ːriːn/ 名 U 〚化〛塩素《非金属元素. 元素記号 Cl》
chlò·ro·flù·o·ro·cár·bon /klɔ̀ːrouflùəroukáːrbən/ 名 U フロンガス《エアゾールなどに用いられていたが現在は使用禁止. 略 CFC》
chlo·ro·form /klɔ́(ː)rəfɔ̀ːrm/ 名 U 〚薬〛クロロフォルム《麻酔剤》 **—**動 他 クロロフォルムで…に麻酔をかける
chlo·ro·phyll /klɔ́(ː)rəfɪl/ 名 U 葉緑素, クロロフィル
chlo·ro·plast /klɔ́(ː)rəplæ̀st/ 名 C 〚植〛葉緑体
choc /tʃɑ(ː)k | tʃɔk/ 名《口》=chocolate
▸▸ **~ ìce** 名 C 《英》チョコレートで包んだアイスクリーム
choc·a·hol·ic /tʃɑ̀(ː)kəhɑ́(ː)lɪk | tʃɔ̀kəhɔ́lɪk/ ⟨シ⟩ 名 = chocoholic
choc·cy /tʃɑ́(ː)ki | tʃɔ́ki/ 名 (複 **-ies** /-z/) U 《英口》チョコレート; C チョコレート菓子
chock /tʃɑ(ː)k | tʃɔk/ 名 C ❶ (車輪·たるの転がりを防ぐ)くさび, 止め木 ❷ チョック, 導索器《ロープを通しておく装置》 **—**動 他 〔車輪など〕を(くさびで)止める;《英》〔ボート·たるなど〕にくさびを当てて支える
chock-a-block /tʃɑ́(ː)kəblɑ̀(ː)k | tʃɔ̀kəblɔ́k/ ⟨シ⟩ 形 ❶《叙述》《口》⟨…が⟩ぎっしり詰まった⟨**with**⟩ ❷ 〚海〛滑車同士が触れ合うほどロープが引かれて
chock-full /tʃɑ̀(ː)kfúl | tʃɔ̀k-/ ⟨シ⟩ 形《叙述》《口》⟨…が⟩ぎっしり詰まった⟨**of**⟩
choc·o·hol·ic /tʃɑ̀(ː)kəhɑ́(ː)lɪk | tʃɔ̀kəhɔ́lɪk/ ⟨シ⟩ 名 C 《口》《戯》チョコレート中毒の人, チョコレートの大好きな人
choc·o·late /tʃɔ́(ː)klət/ 《発音·アクセント注意》
—名 (複 **~s** /-s/) ❶ U **チョコレート** ‖ a bar of ~=a ~ bar 板チョコ1枚, チョコバー1本 / a piece of ~ チョコレート1切れ / ~ chips チョコレートチップス
❷ C チョコレート菓子 ‖ a box of ~*s* チョコレート1箱
❸ C U チョコレート飲料, ココア ‖ a cup of hot ~ 1杯の熱いチョコレート[ココア] ❹ U チョコレート色, 茶褐色
—形《比較なし》 ❶ チョコレート製[風味]の
❷ チョコレート色の
語源 ナワトル語 *čokola*(苦い水)から.
▸▸ **~ chìp cóokie** 名 C チョコレートチップ入りクッキー
chócolate-bòx 形《限定》(景色·絵が)(チョコレートの箱の絵のように)きれいだが面白みのない
choc·o·la·tier /tʃɔ̀(ː)kəlatíər, +米 tʃɑ̀(ː)kə-/ 名 C チョコレート製造[販売]業者, チョコレート菓子職人
Choc·taw /tʃɑ́(ː)ktɔː | tʃɔ́k-/ 名 (複 **Choc·taw** OR **~s** /-z/) ❶ U C チョクトー族(の人)《北米先住民の一種族》 ❷ U チョクトー語 **—**形 チョクトー族[語]の

choice /tʃɔɪs/ 名 形

—名 (複 **choic·es** /-ɪz/) ❶ C 選ぶこと, **選択** ‖ She had to **make** a ~ between family and career. 彼女は家族か仕事かどちらかを選ばなければならなかった / We **had** a few ~*s* open to us. 私たちにはとり得る道がいくつかあった / There were two ~*s* **available** to us. 私たちには2つの選択肢があった / **make** a good [wrong] ~ 正しい[間違った]選択をする
❷ U/C 《a ~》**選択権**, 選択の自由; 選択の機会; 選択能力 ‖ I'm sorry, but you **have** no ~. 残念ですが, あなたに選ぶ権利はありません(→ *have no choice but to do* (↓)) / The ~ is yours.=It's your ~. 選ぶのはあなたですよ / You **have** a ~ of soup or salad. スープかサラダのどちらかを選べます
❸ U/C 《a ~》選択の範囲, 選択の幅 ‖ This store has a poor [wide] ~ of shirts. この店はワイシャツの品ぞろえが貧弱[豊富]だ
❹ C 選ばれたもの[人], **えり抜き** ‖ What is your ~? どれを選びますか / Take your ~, everyone. 皆さんお好きなものをお取りください / This ring is the perfect ~ for my wife. この指輪は妻にぴったりだ
at* (*one's* (*òwn*)) *chóice 好みのままに, 随意に
be spòiled [《主に英》***spòilt***] ***for chóice*** 選択肢が多くて選ぶのが難しい
by [OR ***for***] ***chóice*** 特に, 好んで, 選ぶとすれば ‖ Nobody is homeless *by* ~. だれも好きでホームレスになっているわけではない
hàve nò chóice but to dó …するしか選択の道がない ‖ I *had no* ~ *but to* call for help. 私は助けを呼ばざるを得なかった
of chóice 好みの; えり抜きの, 最高の ‖ the treatment *of* ~ 最高の治療
of one's* (*òwn*) *chóice 自分で選んだ, 好みの ‖ the restaurant *of* your ~ あなたのお好みのレストラン
—形 (**choic·er**; **choic·est**)《限定》
❶ (特に食べ物について)高級な, 優良の, 上質の; (品物が)最高の, **選び抜かれた** ‖ ~ vegetables 精選野菜 / a box of the *choicest* apples 極上のリンゴ1箱
❷ (米国の肉の等級で)上の《prime(最上)と good(良)の中間》 ‖ ~ beef 上の牛肉
❸ (言葉が)慎重に選ばれた; 乱暴な, 口汚い, 辛辣(しんらつ)な(♥ 反語的に) ‖ in a few ~ words 乱暴な言葉で
~·ly 副 **~·ness** 名
choir /kwáɪər/ 《発音注意》 名 C ❶《集合的に》《単数·複数扱い》(教会などの)聖歌隊; (一般の)合唱隊(♦《米》では通例単数扱い. 《英》では個々の成員に重点を置く場合複数扱い)
❷《通例単数形で》(教会の)聖歌隊席, 内陣 ❸ (オーケストラで)同属楽器の部, 群 ‖ a brass ~ 金管楽器群
▸▸ **~ lòft** 名 C (教会内の) 階上の聖歌隊席 **~ òrgan** 名 C 〚楽〛クワイアオルガン《合唱の伴奏に用いるオルガン》
~ schòol 名 C (教会付属の)聖歌隊学校

C

chóir·bòy 名 C 少年聖歌隊員(中立 choir member)
chóir·màster 名 C 聖歌隊指揮[指導]者
*__choke__ /tʃoʊk/ 動 他 ❶ …を窒息させる, 息苦しくさせる ‖ The murderer ~*d* his victim to death. 殺人犯は被害者を窒息死させた / She was ~*d* with the smoke from the burning fish. 彼女は焼けている魚の煙でむせた ❷〔場所・排水管など〕をふさぐ, 詰まらせる, いっぱいにする《*up*》‖ Mud ~*d* the drain. 泥で配水管が詰まった / The streets were ~*d* (*up*) with traffic. 通りは車で大渋滞をきたしていた ❸《口》〈感情の起伏などが〉〔声・言葉・人(の胸)〕を詰まらせる;《受身形で》〈感情で〉胸がいっぱいになる《*up*》〈**with**〉‖ Her voice was ~*d with* sobs. 彼女は泣きじゃくって声が詰まった / His sad story ~*d* me *up*. 彼の悲しい話に胸を締めつけられた / I was ~*d with* anger at his words. 彼の言葉に無性に腹が立った ❹〔感情など〕を抑える, こらえる《***back, down***》‖ She stood there *choking back* her tears. 彼女は涙を抑えながらそこに立っていた / ~ *down* a sob すすり泣きをぐっとこらえる ❺〔成長・発展など〕を妨げる, 阻む;(周囲の植物が)…の育ちを遅らせる, …を枯らす ❻〔内燃機関〕への空気の供給を減らす;〔エンジン〕のチョークを引く
—自 ❶〈…で〉息が詰まる, 窒息する, むせる〈**on**〉‖ He ~*d on* a mouthful of food. 彼は食べ物をほおばってのどを詰まらせた ❷《口》〈感情の起伏で〉(言葉などが)詰まる, つかえる, 口がきけなくなる《*up*》〈**with**〉‖ She was almost *choking with* emotion. 彼女は感情が高ぶってほとんど口もきけなかった ❸《口》(肝心なときに緊張などで)しくじる, あがる《*up*》 ❹ バット[ラケットなど]を短く握る《*up*》
chòke dówn ... / ***chòke ... dówn***〈他〉①〔食べ物など〕をやっと飲み込む ②〔感情など〕を抑える(→ 他 ❹)
chòke óff ... / ***chòke ... óff***〈他〉①〔行為など〕を思いとどまらせる, 阻止する;〔発展など〕を阻害する;〔…の供給〕を止める ②〔話・議論など〕をやめさせる
chòke óut ... 声を詰まらせて…を言う(♦ 直接話法にも用いる)
chòke úp〈他〉《***chòke úp ...*** / ***chòke ... úp***》①〔管・道など〕をふさぐ, 詰まらせる(→ 他 ❷) ②《受身形で》《口》〈…で〉気が動転する, 怒る〈**about**〉‖ She is pretty ~*d up about* his death. 彼女は彼の死でかなり気が動転している —〈自〉《口》①(感情の高ぶりや緊張のあまり)ものが言えなくなる, 絶句する(→ 自 ❷) ②《主に米》(緊張して)硬くなる, あがる, しくじる(→ 自 ❸)
—名 C ❶ 窒息, むせぶこと[声] ❷(エンジンの)チョーク, 空気絞り弁;U(チョークでの)空気量の調節 ❸(= ~̃ **còil**)〖電〗チョークコイル《交流電流の通過に抵抗を示すコイル》❹(管・銃腔などの)狭窄(きょうさく)部, 絞り
▶▶ **~ chàin** 名 C 抑制用首輪(choke collar)《犬の訓練などに使う. 犬が引っ張るときつくなる》
chóke·chèrry 名 C〖植〗(北米産の)ヤマザクラの一種;(渋味のある)その実
chóke·dàmp 名 U(炭坑などに発生する)窒息ガス
chóke·hòld 名 C 首締め;がんじがらめにすること, 牛耳ること ‖ have ... in a ~ …を牛耳っている
chok·er /tʃóʊkər/ 名 C チョーカー《短い首飾り》;(聖職者などの)立ちカラー;(ぴったりした)襟巻き
chok·ing /tʃóʊkɪŋ/ 形 ❶ 息苦しい, 息の詰まる ❷(声が)むせんだ, 息が詰まったような **~·ly** 副
chok·y /tʃóʊki/ 形 息苦しい;(感情の高ぶりで)むせぶような
cho·la /tʃóʊlə/ 名 C チョーラ《スペインおよび米国先住民の先祖を持つ中米の女性》
chol·er /kɑ́(:)lər | kɔ́lə/ 名 U ❶(中世の医学で)胆汁《4体液(humor)の1つで短気の原因とされた》❷《古》《文》かんしゃく
*__chol·er·a__ /kɑ́(:)lərə | kɔ́l-/ 名 U〖医〗コレラ ‖ a ~ epidemic コレラの流行
chol·er·ic /kɑ́(:)lərɪk | kɔ́l-/ 形 短気な, 怒りっぽい;怒った
*__cho·les·ter·ol__ /kəléstəròʊl | -ɔl/ 名 U〖生化〗コレステロール ‖ ~-lowering drugs コレステロール降下剤

cho·lo /tʃóʊloʊ/ 名(複 **~s** /-z/) C チョーロ《スペインおよび米国先住民の先祖を持つ中米の男性》
chomp /tʃɑ(:)mp | tʃɔmp/ 動 他 自《口》(…を)むしゃむしゃかむ —名 C むしゃむしゃ(かむこと[音])
Chom·sky /tʃɑ́(:)mski | tʃɔ́m-/ 名 **Noam ~** チョムスキー(1928–)《米国の言語学者. 変形生成文法の創始者》
chon·droi·tin /kəndróʊɪtɪn, -drɔ́ɪ-/ 名 U〖化〗コンドロイチン《軟骨や腱(けん)などの主要成分》
Chong·qing /tʃʊ̀ŋtʃíŋ/ 名 重慶(チョンチン)《中国四川(スーチョワン)省中南部, 揚子江に臨む工業都市》
choo-choo /tʃúːtʃùː/ 名(複 **~s** /-z/) C 汽車ぽっぽ(♦ choo-choo train ともいう)
chook /tʃʊk/ 名 C《豪・ニュージ》《口》❶ 鶏(chicken) ❷《けなして》ばばあ

⁑choose /tʃuːz/

—動〔▶ choice 名〕(**choos·es** /-ɪz/; **chose** /tʃoʊz/; **cho·sen** /tʃóʊzn/; **choos·ing**)
—他 ❶ **選ぶ**(⇨ 類語) **a**《+目》…を〈…から〉選ぶ, 選択する〈**from, among, out of, between**〉‖ You should ~ your words **carefully** on formal occasions. 改まった席では言葉は慎重に選ぶべきだ / *Choose* only one *out of* these toppings. このトッピング中から1つだけ選びなさい
b《+目 *A*+目 *B* ⇄ +目 *B*+**for** 目 *A*》*A*(人)に*B*(人・物)を選ぶ ‖ I *chose* him the largest apple. = I *chose* the largest apple *for* him. 彼にいちばん大きいリンゴを選んであげた
c《+目+**to be** 名 / 目+**as** [**for**] 名》…を…に選ぶ, 選出する ‖ The club *chose* my sister *to be* president. そのクラブは私の姉を部長に選んだ / We *chose* Dr. Bender *as* [OR *for*] chairman. 我々はベンダー博士を議長に選んだ
d《+目+***to do***》…を…する役に選ぶ ‖ They *chose* her *to* represent the country. 彼らは彼女を国の代表に選んだ
❷ …の方を**選ぶ** **a**《+目》〈…よりも〉…の方を選ぶ, 好む〈**over**〉‖ ~ leisure *over* [OR rather than] goods 物より自由に使える時間の方を選ぶ
b《+***to do***》(むしろ)…することに決める, …することを好む ‖ She *chose* not *to* take a train. 彼女は列車に乗らないことにした
c《+**wh *to do*** / **wh** 節》…かを決める ‖ You'd better ~ *what to* do. どうするかあなたが決めなくてはね / Have you *chosen what* you're going to sing? 何を歌うか決めましたか
—自 ❶〈…から〉選ぶ, 選択する〈**from, between, among**〉‖ There are many dictionaries to ~ *from*. 選べる辞書がたくさんある / You can ~ *between* camping and staying in the lodge. キャンプするか山小屋に泊まるかを選択できます / They are allowed to go home at a time of their own *choosing*. 彼らは皆自分の好きな時間に帰宅することが許されている
❷ 望む, 欲する ‖ Do as you ~. 好きなようにしなさい / You can stay here if you ~. お望みならここにいて結構です
cànnot chòose but dó《堅》…するほかない, …せざるを得ない(have no choice but to do) ‖ I *could not* ~ *but* obey her order. 彼女の命令に従わざるを得なかった
chòose úp《米》〈他〉《***chòose úp ...***》(試合などのために選手を選んで)〔チーム〕を分ける ‖ The children *chose up* sides for the game. 子供たちは試合のため2チームに分かれた —〈自〉(2つのチームを作るために)チーム分けする
There is nòthing [***not mùch, lìttle***] ***to chóose between ...*** …の間に相違は全く[ほとんど, あまり]ない
類語《他 ❶》**choose**「選ぶ」の意を表す最も一般的な語. 自分の判断と決定を強調する場合もある. 〈例〉*choose* a teaching career 教師の道を選ぶ

select 多数の対象の中から注意深く考慮・識別して適当なものを選ぶ.〈例〉*select* books for children 子供用の本を選ぶ(♦2者から選ぶときは, choose は用いても, select は用いない)
pick やや口語的な語.〈例〉She *picked* a yellow dress to wear to the wedding. 彼女は結婚式に着ていくのに黄色いドレスを選んだ(♦ pick もふつう choose, select と同じように慎重な選択を意味するが, 厳密に判断・識別しないで, 好みや手近さによって選ぶ場合にも用いる)

choos·er /tʃúːzər/ 名 C 選ぶ人;えり好みする人 ‖ *Beggars can't be* ~*s*. 《諺》物もらいにえり好みはできない

choos·y, choos·ey /tʃúːzi/ 形 《口》えり好みする, 好みがやかましい

***chop**[1] /tʃɑ(ː)p | tʃɔp/ 動 (**chopped** /-t/; **~·ping**) 他 ❶ (おのやナイフなどで)…をたたき切る, 切り落とす, 切り払う 《*down, away, off*》 ‖ The lumberjack *chopped down* the tree. きこりはその木を切り倒した / ~ branches *away* [OR *off*] 枝を切り払う / ~ one's way through the underbrush 下生えを切り開いて進む ❷ …を(細かく)切り刻む《*up*》; …を切り刻んで〈…に〉する〈**into**〉(⇨ CUT 類語P) ‖ First, ~ *up* the onions. まずタマネギを刻みなさい / ~ meat *into* cubes 肉をさいの目に切る ❸〔ボール〕をカットする, カットして打つ ❹〔予算・費用など〕を削減する, 削る《*off*》;〔計画など〕を取りやめる, 中止する;〔人〕を首にする, お払い箱にする(♦しばしば受身形で用いる) ‖ Our budget was *chopped* by twenty percent. 我々の予算は20%削減された
—自 (おのなどで)〈…を〉ぶった切る, たたき切る, 〈…に〉切りかかる《*away*》〈**at**〉 ‖ ~ *away at* a tree 木をたたき切る
chòp báck ... / chòp ... báck 〈他〉〔樹木〕を剪定(せんてい)する, 刈り込む
**chòp dówn ... / chòp ... dówn* 〈他〉① (おのなどで)〔木〕を切り倒す(→ 他 ❶) ②〔計画・案など〕をつぶす
**chòp óff ... / chòp ... óff* 〈他〉① …を切り離す, 切り取る(→ 他 ❶) ②〔人〕の話を遮る
—名 C ❶ (おのなどで)たたき切ること, 切断;(手による)鋭い一撃, 打撃 ‖ cut down a tree with one ~ 一撃で木を切り倒す / take a ~ at ... …をたたき切る ❷ (あばら骨付きの)厚切り肉片, チョップ ❸ (テニスなどの)チョップストローク《球に逆回転を与える》 ❹ U 《米》(動物の餌(えさ)用に)ひいた穀物 ❺ U/C 《単数形で》逆波, 三角波;逆波を受けて荒れた水面 ❻ 《the ~》《英口》解雇, 首
be for the chóp 《英口》① 首になりそうである ② 中止[廃止]されそうである
be gìven the chóp 《英口》① 首になる ② (計画などが)中止になる
gèt the chóp 《英口》① 首になる ② 中止になる
▸**chópping blòck [bòard]** (↓) **~ shòp** 名 C 《米俗》(盗品の車の)解体屋

chop[2] /tʃɑ(ː)p | tʃɔp/ 名 C 《~s》 ❶ 《口》あご(jaw);あごの周り, 口元;頬(ほお) ❷ 《俗》(ジャズ・ロックの)演奏技術
bùst a pèrson's chóps 《米俗》(人に)がみがみ言う, 批判する
bùst one's chóps 《米俗》努力する
lìck one's chóps 期待して待つ, 舌なめずりする

chop[3] /tʃɑ(ː)p | tʃɔp/ 動 (**chopped** /-t/; **chop·ping**) 自 (風などが)突然向きを変える《*about,* (*a*)*round*》;(人が)急に気を変える《*about*》
chòp and chánge 《英口》(人が)ぐらぐらと気が変わる, たびたび意見[方針]を変える

chop[4] /tʃɑ(ː)p | tʃɔp/ 名 ❶ C (もとインド・中国の)意匠, 商標;官印;許可証 ❷ U 《口》品質, 等級 ‖ first-~ 一級品の / not much ~ 《主に豪・ニュージ》あまりよくない

chòp-chóp 副 急いで, 早く —間 急げ

chóp·hòuse 名 C ステーキ屋, 焼肉店

Cho·pin /ʃóupæn | ʃɔ́pæŋ/ 名 **Frédéric François ~** ショパン(1810–49)《ポーランド生まれのピアニスト・作曲家》

chop·per /tʃɑ́(ː)pər | tʃɔ́p-/ 名 C ❶ 《口》ヘリコプター
Behind the Scenes **Get to the chopper.** 逃げろ;退散だ SF映画 *Predator* の中で, 主人公の米軍特殊救出部隊隊長 Dutch が, 宇宙生物プレデターの襲撃を受けた際に, そばにいた女性に「ヘリに乗れ」と伝えたせりふ(♥自分たちに都合の悪いことなどがあって, その場からすぐにでも立ち去りたい際にふざけて用いる)
❷ 《口》チョッパー《フロントフォークを長くしハンドルを高くしたオートバイ》 ❸ おの;肉切り包丁(cleaver) ❹ 《~s》《俗》(入れ)歯 ❺ 〖野球〗高いバウンドの内野ゴロ ❻ 〖電子〗チョッパー《一定間隔で電流や光線を遮断する装置》
—動 自 ヘリコプターで行く —他 …をヘリコプターで運ぶ

chópping blòck [bòard] 名 C 《英》まな板
on the chópping blòck (仕事などを)失いそうな[で], 大幅に減らされそうな[で]

chop·py /tʃɑ́(ː)pi | tʃɔ́pi/ 形 (海などが)波の立つ, 荒れる

***chóp·stìck** 名 C 《通例 ~s》箸(はし) ‖ a pair of ~*s* 箸1ぜん / use ~*s* 箸を使う / eat with ~*s* 箸で食べる

chop su·ey /tʃɑ̀(ː)p súːi | tʃɔ̀p-/ 名 U チャプスイ《肉・野菜を煮込んだ米国式中国料理》

cho·ral /kɔ́ːrəl/ 形〔◁ chorus 名〕合唱(用)の;合唱付きの;聖歌隊[合唱団]の ‖ ~ singing 合唱

cho·rale /kəræ̀l | kɔrɑ́ːl/ 名 C ❶ コラール《賛美歌の旋律をもとにした編曲》;(ルター派の)(合唱用)賛美歌 ❷ 《主に米》合唱隊(chorus)

***chord**[1] /kɔːrd/ 《発音注意》(♦同音語 cord) 名 C ❶ 〖数〗(弧に対する)弦 ❷ (心の)琴線 ‖ strike [OR touch] the right ~ 巧みに相手の心に訴える ❸ 〖空〗翼弦 ❹ 〖工〗(桁組(けたぐみ)(truss)の)弦材 ❺ 〖解〗=cord ❹ ❻ 《文》(ハープなどの)弦
strike [OR *tòuch*] *a chórd* 〈人の〉心に(ある)感情[記憶, 反応]を呼び覚ます〈**with**〉 ‖ Her words *struck a* sympathetic ~. 彼女の言葉は共感を呼び起こした

***chord**[2] /kɔːrd/ 《発音注意》(♦同音語 cord) 名 C 〖楽〗和音, コード —動 自 和音を演奏する **~·al** 形

chor·date /kɔ́ːrdeɪt, -dət/ 名 C 〖動〗原索動物《ホヤ・ナメクジウオの類》

chore /tʃɔːr/ 《発音注意》 名 C ❶ 《しばしば ~s》雑用;家事《掃除・洗濯など》, 日課 ‖ do household ~*s* 家事をする ❷ いやな仕事(⇨ TASK 類語) ‖ It was always hard to get our youngest son to do his ~*s*. 末の息子にいやがる仕事をさせるのにいつも苦労した

cho·re·a /kəríːə | kɔːríə/ 名 U 〖医〗舞踏病(St. Vitus's dance)《顔面や手足が不随意に動く》

cho·re·o·graph /kɔ́(ː)riəgræ̀f | -grɑ̀ːf/ 動 他 ❶ 〔バレエなど〕の振り付けをする ❷ 〔行事など〕を計画・監督する —自 振り付けをする
chò·re·óg·ra·pher 名 C 振り付け師

cho·re·og·ra·phy /kɔ̀(ː)riɑ́(ː)grəfi | -ɔ́g-/ 名 U ❶ 振り付け(法);振り付けの記録 ❷ (行事などの)演出
-o·gráph·ic 形 **-o·gráph·i·cal·ly** 副

cho·ric /kɔ́(ː)rɪk/ 形 合唱の;合唱曲風の;合唱用の;(古代ギリシャ劇の)合唱舞踊の

cho·ris·ter /kɔ́(ː)rəstər | -rɪs-/ 名 C 聖歌隊員《特に子供》

cho·ri·zo /tʃəríːzou/ 名 (複 **~s** /-z/) U C チョリソー《豚肉を細かく刻んでスパイスと混ぜて作るソーセージ》

chor·tle /tʃɔ́ːrtl/ 動 自 満足げに高笑う —名 C 満足げな高笑い

***cho·rus** /kɔ́ːrəs/ 《発音注意》 名 C ❶ 合唱, 合唱曲[節], コーラス;(独唱部に続く)折り返し部(refrain) ‖ a mixed ~ 混声合唱 / a ~ for male [female] voices 男声[女声]コーラス ❷ 《集合的に》《単数・複数扱い》合唱団[隊];(ミュージカルなどの)ダンサー集団 ❸ 《a ~ of ...で》…の一斉に発した声[言葉, 叫びなど], 唱和, 異口同音 ‖ There was a ~ *of* criticism at his words. 彼の言葉に一斉に非難の声が上がった ❹ 《集合的に》《単数・複数扱い》(古代ギリシャ劇の)コロス, 合唱隊《舞台の周囲にいて劇

の情景説明などを唱和する演技者集団) ❺ (エリザベス朝演劇の)語り手《劇の筋, 特にプロローグとエピローグを述べる役者》; そのせりふ

語法☆☆ ❷❹の場合,《米》では通例単数扱い.《英》では全体を一つの集団と見る場合単数扱い, 個々の成員に重点を置く場合複数扱い.

C

in chórus 声をそろえて, 一斉に; 合唱して

—動 他 …を合唱する; …を一斉に[口をそろえて]言う(♦直接話法にも用いる)

▸▸~ **gìrl** 名 C (レビューなどの) コーラスガール (中立 chorus member)

‡chose /tʃouz/ 動 choose の過去

‡cho·sen /tʃóuzən/

—動 choose の過去分詞

—形《比較なし》《限定》❶ **選ばれた**, 特典を与えられた(♥しばしば皮肉を含む); 好きな ‖ one's ~ path 決めた道[進路] ❷【宗】神に選ばれた ‖ the ~ people [OR race] 神の選民《ユダヤ人の自称》

chou /ʃuː/ 名 (複 **~x** /ʃuː/) C シュークリーム (cream puff); U シュークリームの皮 (choux pastry)

Chou En-lai /dʒòu enlái/ 名 =Zhou Enlai

chough /tʃʌf/ 名 C【鳥】ベニハシガラス《ヨーロッパ産》

chòux pástry /ʃùː-/ 名 U シュークリームの皮[生地]

chow /tʃau/ 名 ❶ (=~ **chòw**) C チャウチャウ《中国原産の中型犬》 ❷ U《俗》食べ物

—動 自《米口》〈…を〉(がつがつ)食べる《*down*》〈**on**〉

chow-chow /tʃáutʃàu/ 名 U ❶ 果物・その皮・ショウガの中国風砂糖漬け ❷ 中国の野菜のからし漬け

chow·der /tʃáudər/ 名 U チャウダー《ハマグリ・魚・野菜などを煮込んだシチュー》

chów·hòund 名 C《米口》大食漢 (glutton)

chow mein /tʃàu méin/ 名 U 焼きそば, チャーメン

Chr. 略 Christ, Christian,【聖】Chronicles

Chrim·bo, Crim·bo /krímbou/ 名《英口》=Christmas

Chris /kris/ 名 クリス《Christopher (男子の名), Christina, Christine (女子の名) の愛称》

chrism /krizm/ 名 ❶ U (洗礼などに使われる) 聖油 ❷ U C 聖油を塗る儀式《特に東方正教会の堅信礼で》

Chris·sake /kráiseik/ 名《次の成句で》

for Chrissake ⊗《卑》=*for Christ's* SAKE

***Christ** /kraist/ 名 ❶ キリスト《預言の実現であるとされるナザレのイエスの称号 (Jesus the Christ); 後に Jesus Christ と固有名詞化された》 ❷《ときに the ~》(旧約聖書に預言された)救世主

for Christ's sake ⇨ SAKE[1](成句)

—間 ⊗《俗》《蔑》しまった, うわっ, 畜生, まあ(♥信仰心の厚い人などは不快に感じることが多い)(→ Jesus) ‖ *Christ*! I forgot! しまった. 忘れてた / *Christ*, yes [no]! もちろん[とんでもない](♦yes, no の前で意味を強める)

語源 ギリシャ語 *christos* ((神に)油を注がれた者) から.

▸▸~**('s) thòrn** 名 C【植】ハマナツメ《キリストのいばらの冠に用いられたといわれるとげのある低木》

chris·ten /krísən/ 動 他 ❶ …に洗礼を授ける; …に(洗礼)名をつける, 命名する ‖ They ~*ed* him John. 彼らは彼にジョンと(洗礼)名をつけた ❷《口》…を初めて使う,〔新しいものなど〕をおろす

Chris·ten·dom /krísəndəm/ 名《旧》❶ U キリスト教世界[国] ❷《the ~》《集合的に》キリスト教徒

chris·ten·ing /krísəniŋ/ 名 U C 洗礼(式), 命名(式)

‡Chris·tian /krístʃən/

—形 ❶《比較なし》**キリスト教の**; キリストの教えを信じる; キリスト教徒の[らしい] ‖ a ~ wedding [funeral] キリスト教式の結婚式[葬式] / a ~ missionary キリスト教伝道者 / ~ faith キリスト教(の教義) / ~ ethics キリスト教の倫理 ❷ (**more ~**; **most ~**)《ときに c-》《口》(人・行動が) (クリスチャンのように) 親切な, 寛大な ‖ have a ~ concern for others 他人への優しい心遣いを示す

—名 (複 **~s** /-z/) C ❶ **キリスト教徒**, クリスチャン ‖ a devout ~ 敬虔(けいけん)なキリスト教徒 / **become** a ~ キリスト教徒になる ❷《口》親切な[立派な]人

▸▸~ **Áid** 名 クリスチャンエイド《発展途上国に支援を行う英国の慈善団体》 ~ **éra** 名《the ~》西暦紀元 (→ A.D.) ~ **nàme** 名 C 洗礼名; (姓に対して) 名 (→ surname) ~ **Scíence** 名 クリスチャンサイエンス《1866年, 米国で Mary Baker Eddy により創始された宗教. 病気は神の教えの体得・信仰によっていやされると説く》 ~ **Scíentist** 名 C クリスチャンサイエンスの信者[支持者]

***Chris·ti·an·i·ty** /krìstʃiǽnəṭi/《発音・アクセント注意》名 U ❶ キリスト教 ❷ キリスト教信仰[精神, 実践]; キリスト教徒であること ❸ =Christendom

Chris·tie /krísti/ 名 クリスティ ❶ **Agatha ~** (1891-1976)《英国の推理小説家》 ❷《通例 c-》C【スキー】クリスチャニア (Christiania, Christy)《両足をそろえて急回転する技術》

Chris·tie's /krístiz/ 名 クリスティーズ《ロンドンの美術品競売商. 正式名は Christie, Manson & Woods Ltd.》

Chríst·lìke 形 キリストのような **~·ness** 名

‡Christ·mas /krísməs/《発音注意》

—名 (複 **~·es** /-iz/) ❶ (=~ **Dáy**) U **クリスマス**《12月25日; キリストの降誕祭を祝うものだが, 最近は宗教的な意味を離れたより一般的な祭日としても祝われるようになった》(→ Xmas) ‖ How do you celebrate ~ back home? 故郷[お国]ではクリスマスをどんなふうに祝いますか / at ~ クリスマスに / on ~ **Day** クリスマスの日に / a green [white] ~ 雪のない[雪のある]クリスマス (♦形容詞を伴うときは a が必要) / the ~ spirit クリスマス精神《和解・寛容などの》/ "(A) Merry ~ (to you)!" "(The) same to you!"「クリスマスおめでとう」「あなたも」(♦(1) 口頭でいうとき冠詞はしばしば省略されるが, A は to you をつけると省略しないのがふつう. (2) クリスマス休暇のあいさつでも, 相手がキリスト教徒ではない場合は Happy holidays!, Have a happy holiday! などの表現が推奨される)

❷ U C クリスマスの季節 (Christmastide); **クリスマス休暇** (Christmas holidays) ‖ **spend** ~ with one's family クリスマス休暇を家族と過ごす / go home **for** ~ クリスマスに帰省する / at ~ クリスマスの季節に / three ~*es* in a row with no snow 3年連続で雪なしのクリスマスの季節

語源 Christ(キリスト)のための mass(ミサ).

▸▸~ **bòx** 名 C《英》(使用人や郵便配達人などへの)(お金の) クリスマスプレゼント (→ Boxing Day) ~ **càke** 名 C U クリスマスケーキ《特に英国ではマジパン (marzipan) と砂糖ごろもをかけたフルーツケーキ》 ~ **càrd** 名 C クリスマスカード ~ **càrol** 名 C クリスマスキャロル《祝歌》 ~ **crácker** 名 C クリスマスクラッカー《クリスマスパーティー用の爆竹. 中に小玩具などが入っている》 ~ **Éve** (↓) ~ **prèsent** 名 C クリスマスプレゼント ~ **púdding** 名 U C《英》クリスマスプディング《クリスマスに食べるドライフルーツなどの入ったプディング》 ~ **ròse** 名 C クリスマスローズ《冬に白い花をつけるキンポウゲ科の植物》 ~ **stócking** 名 C (サンタクロースに贈り物を入れてもらうため) クリスマスイブに下げる靴下 ~ **trèe** 名 C クリスマスツリー ~ **vacátion** 名《the ~》《米》クリスマス休暇, 冬休み (《英》Christmas holidays)

***Chrìstmas Éve** 名 C《無冠詞で》クリスマスイブ《クリスマスの前夜;《米》では12月24日の夜,《英》では24日丸1日を意味することもある》

Christ·mas·sy /krísməsi/ 形 クリスマスらしい[にふさわしい]

Chrístmas·tìme 名 U クリスマスシーズン

chro·ma /króumə/ 名 U 色の純度, 色度; 彩度

chro·ma·key /króuməkìː/ 名 U クロマキー《複数の画像を合成する手法の1つ》

—動 他〔複数の画像〕を合成する

chro·mat·ic /kroumǽtɪk | krə-/ 形 ❶ 色の[に関する], 色彩の ❷〖楽〗半音階の(→ diatonic) **-i·cal·ly** 副
▸▸ **~ aberrátion** 名 U〖光〗色収差《焦点距離または倍率が光の波長によって異なるために像の縁が色づいて見える現象》

chro·ma·tin /króumətɪn/ 名 U〖生〗(染色体の) 染色質, クロマチン

chro·ma·tog·ra·phy /kròumətá(:)grəfi | -tɔ́g-/ 名 U〖化〗クロマトグラフィー《混合物の色層分析法》

chrome /kroum/ 名 U ❶ クロム合金；クロムめっき物；クロム系顔料 ❷ =chromium ▸▸ **~ àlum** 名 U クロムミョウバン《硫酸カリウム12水和物の通称. インク製造, 媒染剤に用いる》 **~ stéel** 名 U クロム鋼 **~ yéllow** 名 U クロムイエロー, 黄鉛《黄色顔料の一種》

chro·mic /króumɪk/ 形〖化〗(3価の)クロムの

chro·mi·um /króumiəm/ 名 U〖化〗クロム《金属元素. 元素記号 Cr》 ▸▸ **~ stéel** 名 U クロム鋼

chro·mo·gen /króumədʒən/ 名 U〖化〗クロモゲン, 色原体

chro·mo·gen·ic /kròumədʒénɪk/ 形 ❶ 色を発する；〖写真〗発色現象の ❷〖化〗クロモゲンの[に関する]

chro·mo·some /króuməsòum/ 名 C〖生〗染色体
chrò·mo·só·mal 形 ▸▸ **~ máp** 名 C〖生〗染色体地図 **~ númber** 名 C〖生〗染色体数

chro·mo·sphere /króuməsfɪər/ 名 C〖天〗(太陽の) 彩層；(恒星の)ガス層

Chron. 略〖聖〗Chronicles

chron·ic /krá(:)nɪk | krɔ́n-/ 形 ❶《限定》(病気が) 慢性の(↔ acute)；(人が)持病のある, 長患いの ‖ a ~ illness [case] 持病[慢性病患者] / ~ depression 慢性的うつ病 ❷ (悪い状態などが)長引く, 絶え間のない ‖ a ~ recession 長引く不況 ❸ 習慣的な, 常習の ‖ a ~ shoplifter 万引きの常習犯 ❹《英口》ひどい, お粗末な ‖ The performance was absolutely ~. その演技は全くお粗末だった **-i·cal·ly** 副 **chro·níc·i·ty** 名
▸▸ **~ fatígue sỳndrome** 名 U 慢性疲労症候群《略 CFS》

chron·i·cle /krá(:)nɪkl | krɔ́n-/ 名 C ❶〈…の〉年代記, 編年記；歴史書；記録, 物語〈**of**〉‖ a detailed ~ *of* the battle その戦いの詳細な記録 ❷《the ... C-》(新聞名として)…クロニクル(紙) ‖ the *San Francisco Chronicle* サンフランシスコ=クロニクル紙 ❸《the C-s》〖聖〗歴代志《旧約聖書中の上下2書. 略 Chron.》(the Book of Chronicles) ── 動 他 …を年代記に載せる；…を(年代順に)記録する **-cler** 名

chrono- /krɑ(:)nə- | krɔ-/ 連結形「時」の意(◆ 母音の前では chron-) ‖ *chron*icle, ana*chron*ism

chròno·biólogy 名 C 時間生物学《時間経過と生命体のリズムの相関関係の研究》

chróno·gràph 名 C ❶ クロノグラフ《時間の経過を正確に記録する計器》 ❷ ストップウォッチ

chron·o·log·i·cal /krɑ̀(:)nəlá(:)dʒɪkəl | krɔ̀nəlɔ́dʒ-/ <ジ 形 年代順の；年代学的な ‖ in ~ order 年代順に / a ~ table 年表 / ~ age 暦年齢(→ mental age)
~·ly 副

chro·nol·o·gy /krəná(:)lədʒi | -nɔ́l-/ 名 (複 **-gies** /-z/) ❶ U 年代学 ❷ U 年代順(配列) ❸ C 年表, 年代記
-gist 名 C 年代学者

chro·nom·e·ter /krəná(:)məṭər | -nɔ́mɪ-/ 名 C クロノメーター, 精密時計

chrys·a·lis /krísəlɪs/ 名 (複 **~·es** /-ɪz/ OR **chry·sal·i·des** /krɪsǽlədìːz/) C ❶ (チョウ・ガなどの) さなぎ (の殻) ❷ 発展途上の段階 ‖ an administration-in-~ 発足間近の政権

chry·san·the·mum /krəsǽnθɪməm, -zǽn-/ 名 C〖植〗キク(の花)

chrys·o·ber·yl /krísəbèrɪl/ 名 U〖鉱〗金緑石, クリソベリル《宝石》

chrys·o·prase /krísəprèɪz/ 名 U〖鉱〗緑玉髄, クリソプレース《宝石》

chub /tʃʌb/ 名 (複 **~** OR **~s** /-z/) C〖魚〗チャブ ❶ ヨーロッパ産のウグイの類 ❷ 北米産サケ科の小型魚の総称

chub·by /tʃʌ́bi/ 形 丸々太った, 丸ぽちゃの ‖ a ~-faced girl 丸ぽちゃ顔の少女(⇨ FAT 類語) **-bi·ness** 名

chuck**[1] /tʃʌk/ 動 他 ❶《口》**a**《+目》…を(無造作に)投げる, ぽいっと捨てる ‖ ~ the receipt into the trash can レシートをごみ箱にぽいと捨てる **b**《+目 *A*+目 *B*⇄+目 *B*+**to** 目 *A*》*A* (人) に*B* (物) を投げ渡す ‖ *Chuck* me a towel.=*Chuck* a towel *to* me. タオルをこっちに投げてくれ ❷《口》〔仕事など〕をやめる, よす《in, up***》；〔物〕を捨てる《***away, out***》；《英口》〔恋人〕を捨てる (throw over) ‖ ~ it all *in* [OR *up*] (全く新しいことをするために) すべてを投げ出す ❸〔人・動物〕〈のあごの下など〉を(戯れに) 軽くなでる〈**under**〉‖ He ~*ed* the child *under* the chin as if to say good-bye. 彼はさよならの代わりに子供のあごの下を軽くなでた
chùck awáy ... / chùck ... awáy 〈他〉《口》① …を捨てる(→ ❷) ② …を(邪魔なので)どかす ③ …を〈…に〉無駄に使う〈**on**〉
chùck ín ... / chùck ... ín 〈他〉《口》①《受身形不可》〔仕事など〕をやめる, 中止する(→ ❷) ② …を詰め込む ③《英口》(会話・文書などに)〔意見など〕を挟む, 付け加える；…をおまけにつける
chùck (it) dówn 《英口》《It ~ で》雨が激しく降る
chùck A óff B 〈他〉① *A* (人) を*B*から追い出す ②《~ oneself off ... で》(高い所から)ジャンプする
chùck óut ... / chùck ... óut* 〈他〉《口》① 〔人〕を〈…から〉追い出す〈of**〉 ② 〔物〕を捨てる(→ ❷)
chùck úp 〈他〉《*chùck úp ... / chùck ... úp*》①《口》〔仕事など〕をやめる(→ ❷) ②《口》〔食べたもの〕を吐く ── 〈自〉《口》吐く, もどす
── 名 C ❶《口》無造作に投げること ❷《口》(あごの下を) 軽くなでること ‖ give a little ~ under the chin あごの下を軽くなでる ❸《the ~》《英》解雇；恋人を振ること

chuck[2] /tʃʌk/ 名 ❶ (=**~ stèak**) U チャック《牛の首から肩の部分の肉》 ❷ C (旋盤などの) チャック《材料を固定する装置》

chuck·er-out /tʃʌ̀kəráut/ 名 (複 **chuck·ers-**) C《英口》(劇場・飲食店などの)用心棒(bouncer)

chúck·hòle 名 C《米》(道路の)穴, くぼみ

***chuck·le** /tʃʌ́kl/ 動 自〈…のことで〉くすくす笑う, 含み笑いをする〈**at, about, over**〉(⇨ LAUGH 類語P) ‖ I ~*d* to myself over the comic. その漫画本を読みながらついくすくすと笑ってしまった ── 他《直接話法で》…とくすくす笑う ── 名 C くすくす[くっくっ]《含み笑い》；こっこっ《ニワトリのひなを呼ぶ鳴き声》‖ What were all the ~*s* about? 何をみんなでくすくす笑ってたんだ

chúckle·hèad 名 C《口》ばか, 愚か者 **~·ed** 形

chúck wàgon 名 C《米口》炊事馬車《牛飼いやきこりの食料や調理器具を積んだ馬車》

chuffed /tʃʌft/ 形《叙述》《英口》大変うれしい, 楽しい

chug /tʃʌg/ 名 C《通例単数形で》しゅっしゅっ (という音)《汽車などの音》 ── 動 (**chugged** /-d/；**chug·ging**) 自 しゅっしゅっと音を立てる[立てて進む]《***along***》 ── 他《米口》〔酒・ビールなど〕を一気飲みする

chug-a-lug /tʃʌ́gəlʌ̀g/ 動 (**-lugged** /-d/；**-lug·ging**) 他 自《米俗》(ビールなどを)一気飲みする(chug)

chuk·ka /tʃʌ́kə/ 名 (=**~ bòot**) C チャッカ《ポロ選手などが履く, スウェード製のくるぶしまでのブーツ》

chuk·ker /tʃʌ́kər/ 名 C (ポロ競技の)チャッカー, 回《1回は7分半》

chum[1] /tʃʌm/《旧》《口》名 C 仲良し, 親友
── 動 (**chummed** /-d/；**chum·ming**) 自 ❶〈…と〉仲良くする《***up***》〈**with**〉 ❷《旧》(寮などで)相部屋になる

chum[2] /tʃʌm/ U (釣りの)まき餌(え)

chum·my /tʃʌ́mi/ 形《口》仲良しの, 親しい

C

C

-mi·ly 副 **-mi·ness** 名

chump /tʃʌmp/ 名 C ❶《口》愚か者，だまされやすい人，かも ❷《英》太い方の端 ❸ (＝～ **chòp**)(特に羊の)腰肉の厚い切り身 ❹ 太い木切れ

off one's chúmp《口》頭がおかしい

⏩ ～ **chànge** 名 U はした金；ささいな事柄

chun·der /tʃʌ́ndər/《主に豪口》動 自 へどを吐く

― 名 U 吐くこと

Chung·king /tʃʊ̀ŋkíŋ/ 名 ＝Chongqing

***chunk¹** /tʃʌŋk/ 名 C ❶ かたまり，(パン・木材などの)厚切り ‖ a huge ～ of meat 大きな肉のかたまり ❷ かなりの量［額］，多量 ‖ The boy bit a large ～ out of the chocolate rabbit. その男の子はウサギの形をしたチョコレートからかなりの量をかみ取った / a ～ of change 大金

― 動 他 ❶《米》…をいくつかのかたまりに分ける ❷〘心・言〙(ある共通の概念に従って)…をグループ分けする

chunk² /tʃʌŋk/ 名 C 動 自 がちゃん［かちゃん，がつん，ごつん］という音(を立てる)

chunk·y /tʃʌ́ŋki/ 形 ❶ (人が)ずんぐりした；堅くて太い［厚い］，頑丈な ❷ (ウール(の衣類)が)厚手の ❸ (食べ物が)かたまりの入った，つぶつぶの

Chun·nel /tʃʌ́nəl/ 名《口》《the ～》英仏海峡トンネル《愛称として用いられる》(♦ *Ch*annel＋T*unnel* より)

chun·ter /tʃʌ́nṭər/ 動 自《英口》ぶつぶつ(不平を)言う

*****church** /tʃəːrtʃ/ 名 動

― 名 (複 **～·es** /-ɪz/) ❶ C (主にキリスト教の)**教会**；《英》国教会の教会(→ chapel)(♦ いずれも礼拝堂としての建物を指す) ‖ There is a ～ with a red roof near my house. うちの近くに赤い屋根の教会がある

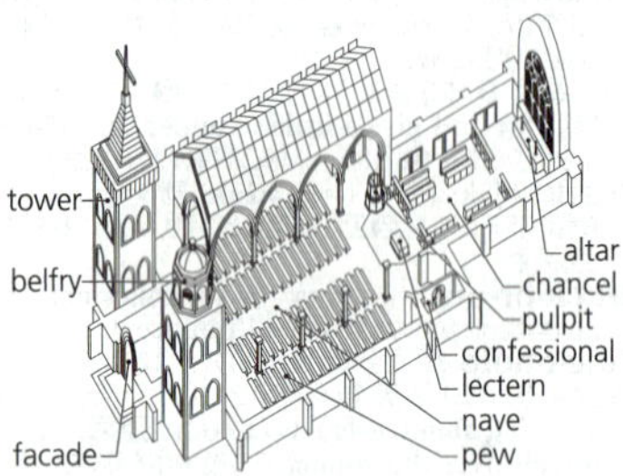

church ❶

❷ U《無冠詞で》(教会での)**礼拝** ‖ We go to [OR attend] ～ every Sunday morning. 私たちは毎週日曜日の朝教会に礼拝に行く / He is now at [OR in] ～. 彼は今教会で礼拝に参加している / after [before] ～ 礼拝後［前］

❸《しばしば C-》C《集合的に》全キリスト教徒；(教会の)会衆

❹《通例 C-》C (キリスト教の)**教派**；(ある宗派の)教会 ‖ an established *Church* 英国国教会 / a Protestant *Church* プロテスタント派の教会 / the Roman Catholic *Church* ローマカトリック教会 / the Orthodox *Church* ギリシャ正教(会)

❺《しばしば C-》U (世俗的権力に対する宗教的権力としての)**教権**，**教会組織** ‖ conflict between (the) *Church* and (the) State 教会と国家の対立 / the separation of ～ and state 政教分離 ❻ U **聖職**，僧職 ‖「go into [OR enter] the ～ 聖職に就く

(as) poor as a church mouse ⇨ MOUSE(成句)

― 動 他《古》教会で〔出産後の女性〕に礼拝を行う

⏩ ～ **kèy** 名 C 先が三角にとがった器具《缶に穴を開けるときに用いる》 **Chùrch Mílitant** 名《the ～》戦う教会《現世で悪と戦うキリスト教徒》

church key

Chùrch of Éngland 名《the ～》英国国教会(the English [Anglican] Church) **Chùrch of Jèsus Chrìst of Làtterdày-Sáints** 名《the ～》末日聖徒イエス＝キリスト教会《モルモン教(Mormon Church)の正式名称》 **Chùrch of Scótland** 名《the ～》スコットランド教会《スコットランドの国教会，長老派》 ～ **schòol** 名 C《英》国教会付属の学校；《米》教会付属の私立学校 ～ **sèrvice** 名 C (教会の)礼拝式

chúrch·gòer 名 C (規則的に)教会に行く人

chúrch·gòing 名 U 形 教会通い(する)

Church·ill /tʃə́ːrtʃɪl/ 名 **Sir Winston (Leonard Spencer)** ～ チャーチル(1874–1965)《英国の政治家，首相(1940–45, 1951–55)》

chúrch·man /-mən/ 名 (複 **-men** /-mən/) C ❶ (男性の)聖職者，牧師(中立 priest) ❷ (熱心な)教会の男性信者(中立 church member)

chúrch·wàrden ⟨ジ⟩ 名 C ❶ 教区委員《英国国教会・米国監督教会で事務などを行う教区の代表者》 ❷《英》陶製の長いパイプ

chúrch·wòman 名 (複 **-wòmen**) C ❶ (女性の)聖職者 ❷ (熱心な)教会の女性信者

church·y /tʃə́ːrtʃi/ 形 ❶ 教会(の教え)に忠実な，教会一点張りの ❷ 教会のような

chúrch·yàrd 名 C 教会の構内；教会付属の墓地

churi·dar /tʃúːrɪdɑːr/ 名 C《通例複数形で》チュリダ《インドの足首までのパンツ》

churl /tʃəːrl/ 名 C 無作法者，気難しい人

churl·ish /tʃə́ːrlɪʃ/ 形 粗野な，がさつな；気難しい

～·ly 副 **～·ness** 名

churn /tʃəːrn/ 名 C ❶ 攪乳(かくにゅう)器 ❷《英》大型ミルク缶 ❸ (よりよいサービスをする方への)乗り換え

― 動 他 ❶〔牛乳・クリーム〕を(バターを作るために)かき回す；(かき回して)バターを作る ❷ …を激しくかき混ぜ(て泡立て)る《*up*》❸〔支持など〕を激しく訴える《*up*》‖ ～ *up* support for ... …に対する支持を訴える

― 自 ❶ (液体が)激しく動く［泡立つ］；動揺する《*up*》；(よりよいサービスをする方へ)乗り換える ❷ (胃が)むかつく

****chùrn óut ...* / *chùrn ... óut*** 〈他〉…を(機械的に)大量生産する，粗製乱造する

churr /tʃəːr/ 名 C (ヨタカなどの)ちいちい(と鳴く声)(chirr)

― 動 自 ちいちいと鳴く

chute /ʃuːt/《発音注意》名 C ❶ 荷滑り，シュート《物を下へ滑り落とす管やとい》❷《口》＝parachute ❸ (ボブスレーなどの)滑走斜面；(プールの)ウォータースライダー

― 動 自 他 (…が[を])シュートを滑り落ちる［落とす］

chut·ney /tʃʌ́tni/ 名 U チャツネ《果実・酢・香辛料を混ぜた調味料》

chutz·pah, -pa /hʊ́tspə/ 名 U《口》図太さ，剛胆さ(♦ 通例よい意味で用いる．イディッシュ語より)

Ci 略 curie(s)

CI, ci 略 *C*hannel *I*slands

***CIA** /sìː aɪ éɪ/ 名《the ～》米国中央情報局《軍隊・政治的機密情報の防諜(ぼうちょう)活動を行う機関》(♦ *C*entral *I*ntelligence *A*gency の略)

cia·bat·ta /tʃəbǽṭə, -bɑ́ːṭə/ 名 U C チャバータ《オリーブオイルを加えて表皮を堅く焼き上げた北イタリア発祥のパン》(♦「スリッパ」の意のイタリア語より)

ciao /tʃaʊ/ 間 こんにちは；さようなら(♦ イタリア語より)

ci·ca·da /sɪkéɪdə | -kɑ́ː-/ 名 (複 **～s** /-z/ OR **-dae** /-diː/) C〘虫〙セミ

cic·a·trix /síkətrɪks/, **-trice** /-trɪs/ 名 (複 **-tri·ces** /sìkətráɪsiːz/) C ❶〘医〙瘢痕(はんこん)，傷跡 ❷ 葉などが落ちた跡，葉痕

cic·e·ly /sísəli/ 名 (複 **-lies** /-z/) C〘植〙ヤブニンジンの類

《セリ科》

Cic·e·ro /sísəròu/ 名 **Marcus Tullius** ～ キケロ (106–43 B.C.)《ローマ共和制末期の弁論家・政治家・著述家》
Cìc·e·ró·ni·an 形 キケロ(流)の, 荘重で流麗な, 雄弁な

cic·e·ro·ne /sìsəróuni/ 名 (複 **～s** /-z/ OR **-ni** /-ni:/) C (名所などの)案内人, ガイド

cich·lid /síklid/ 名 C 〖魚〗シクリッド, カワスズメ《シクリッド科の熱帯性淡水魚の総称. 観賞魚が多い》

CID, C.I.D. 略 *C*riminal *I*nvestigation *D*epartment (of Scotland Yard) ((ロンドン警視庁の) 犯罪捜査課)

-cidal 接尾 《形容詞語尾》「殺す(力のある)」の意(♦ -cide の形容詞形) ‖ homi*cidal*

-cide 接尾 《名詞語尾》「殺すこと (killing); 殺す人 [もの] (killer)」の意 ‖ sui*cide*, homi*cide*

ci·der, 《英》**cy-** /sáidər/ 名 U ❶《米》リンゴ汁, リンゴジュース(❗日本の清涼飲料水の「サイダー」は soda あるいは soda pop [OR water] という) ‖ hot ～ 温めたリンゴ汁《米国では秋から冬にかけて野外の集まりなどでよく飲まれる》 ❷《英》リンゴ酒(《米》hard cider) ❸ C cider のコップ[グラス]1杯

ci-de·vant /sì:dəvá:n | -vɔ́ŋ/ 形《フランス》(=former) 《堅》(役職などにつけて)以前の, 前の

CIF, c.i.f. 略 〖商〗*c*ost, *i*nsurance, and *f*reight (運賃・保険料込み値段)

cig /sɪg/ 名《口》=cigarette, cigar

ci·gar /sɪgá:r/ 名 C 葉巻, シガー
clóse [OR *nìce trý*] *but nò cigár* 《米口》(かなりいい線をいっていたが)大成功とはいえない(→ CE 1)

COMMUNICATIVE EXPRESSIONS

1 "I suppóse our sòng appéaled to them the móst." "It was **clóse, but nò cigár**. They selècted anòther sóng." 「私たちの歌がいちばんアピールしたよね」「残念だがそうじゃなかった. 別の歌が選ばれたんだ」(♥「接戦だったが賞品の葉巻はもらえない」から「もう少しで正解だった」「惜しいが成功[達成]しなかった」の意)

cig·a·rette, 《米ではまれに》**-ret** /sìgərèt, ´-`-|`-´, `-´-/
── 名 (複 **～s** /-s/) C (紙巻き)**たばこ** ‖ a pack [《英》packet] of ～*s* たばこ1箱 / have a ～ 一服する / **smoke** [puff on] a ～ たばこを吸う[ふかす] / **light** (up) a ～ たばこに火をつける / roll a ～ たばこを巻く
▸▸ **～ bùtt** 名 C たばこの吸い殻 **～ càrd** 名 C 《英》シガレットカード《たばこのパッケージ内に入っている絵カード》 **～ ènd** 名 C 《主に英》=cigarette butt **～ hòlder** 名 C 紙巻きたばこ用パイプ **～ lìghter** 名 C ライター **～ pànts** 名 複 シガレットパンツ《特に女性用の細身のズボン》 **～ pàper** 名 U 紙巻たばこ用の薄い紙

cig·a·ril·lo /sìgərílou/ 名 (複 **～s** /-z/) C 細い葉巻

cig·gy, -gie /sígi/ 名 C 《口》=cigarette

ci·lan·tro /sɪlá(:)ntrou | -lǽn-/ 名 U 《米》コリアンダーの葉《ハーブとして用いられる》

cil·i·a /síliə/ 名 cilium の複数

cil·i·ar·y /sílièri | -əri/ 形 ❶ まつげの, (目の)毛様体の ❷ 〖生〗繊毛の ▸▸ **～ mùscle** 名 C 〖解〗毛様体筋

cil·i·ate /síliət/ 名 C 繊毛虫類に属する原生動物《ゾウリムシ・ツリガネムシなど》 ── 形 〖生〗繊毛のある

cil·i·um /síliəm/ 名 (複 **-i·a** /-iə/) C ❶ 〖解〗まつげ (eyelash) ❷ 〖生〗繊毛

cim·bal·om /símbələm/ 名 C 〖楽〗ツィンバロム《箱型ツィターの一種. 小型のハンマーで弦を打って演奏する》

C in C 略 *C*ommander *in C*hief

cinch /sɪntʃ/ 名 C ❶《a ～》簡単なこと ‖ The last question is a ～. 最後の問題は朝飯前だ ❷《主に米口》確実なこと; たやすいこと; きっと何かをする人, 本命 ‖ She is a ～ to win the game. = It is a ～ that she will win the game. 彼女が勝つに決まってる ❸《米》(馬の) 鞍帯(くらおび), 腹帯
── 動 他 ❶《主に米口》…を確実にする ❷《米》〔馬〕に腹帯をつける;《主に米口》…をしっかり締める[握る]

cin·cho·na /sɪŋkóunə/ 名 ❶ C キナの木 ❷ U キナの樹皮《キニーネ(quinine)を採る》

Cin·cin·nat·i /sìnsənǽṭi/ 〈シ〉名 シンシナティ《米国オハイオ州南西部の都市》

cinc·ture /síŋktʃər/ 名 C 《文》(僧衣などの)帯, ベルト

cin·der /síndər/ 名 ❶ C (石炭・まきなどの)燃えかす, おき(火) ❷ C 《～s》灰; (火山の)噴石; U (溶鉱炉の)スラッグ
bùrnt to a cínder 黒焦げになった
～·y 形 ▸▸ **～ blòck** 名 C 《米》(cinder を混入した建築用の)軽量ブロック(《英》breeze block)

Cin·der·el·la /sìndərélə/ 《アクセント注意》〈シ〉名 ❶ シンデレラ《童話の主人公. 継母にいじめられるが, 魔法使いの助けによって幸運をつかみ, 王妃となる》 ❷ C 不遇にある人, 埋もれた事柄 ❸《形容詞的に》一躍有名になった
語源 cinders(灰)+*-ella*(「小さい」の意の接尾辞):灰をかぶって働く娘

cine- /sɪni-/ 連結形「映画」の意 ‖ *cine*-projector (映写機)

cíne-càmera 名 C 《英》映画カメラ(《米》movie camera)

cíne-fìlm 名 U 《英》映画フィルム(《米》movie film)

***cin·e·ma** /sínəmə/ 名 ❶ C 《英》映画館 (《米》movie theater [OR house]) ‖ What's on at the ～? その映画館では何をやっていますか ❷《the ～》《集合的に》映画 (⇨ PICTURE 類語) ‖ go to the ～ 映画を観に行く ❸ U 《しばしば the ～》《主に英》映画製作, 映画産業 ‖ work in the ～ 映画業界で働く / stars of American ～ アメリカ映画界のスター達
語源 cinematograph の短縮形.
▸▸ **～ vé·ri·té** /-vèrətéɪ | -véritei/ 名 U シネマベリテ《ドキュメンタリー形式の映画製作技法》(♦ フランス語より) (=cinema truth)

cínema·gòer 名 《英》=moviegoer

cin·e·ma·theque /sìnəmətéк/ 名 C 小さい映画館《特に実験的[前衛的]な映画劇場》; フィルムライブラリー

***cin·e·mat·ic** /sìnəmǽṭɪk/ 〈シ〉形 映画の [に関する]; 映画的な

cin·e·mat·o·graph /sìnəmǽṭəgræ̀f | -grà:f/ 名 C 《主に英》映写機; 映画カメラ

cin·e·ma·tog·ra·pher /sìnəmətá(:)grəfər | -tɔ́g-/ 名 C 撮影技師; 《主に英》映写技師

cin·e·ma·tog·ra·phy /sìnəmətá(:)grəfi | -tɔ́g-/ 名 U 映画撮影技法[技術] **-màt·o·gráph·ic** 形

cin·e·phile /sínəfàɪl/ 名 C 《英》映画ファン, 映画通

cin·e·plex /sínəplèks/ 名 C 《英》《商標》シネプレックス《複数のスクリーンを持つ複合型映画館》(♦ *cine*ma+com*plex* より)

Cin·e·ram·a /sìnərǽ:mə/ 名 U 《商標》シネラマ《超ワイドスクリーンで立体感を出す方式の映画》(♦ *cine*ma+pan*orama* より)

cin·e·rar·i·a /sìnəréəriə/ 名 C ❶ 〖植〗サイネリア, シネラリア《カナリア諸島原産のキク科の観賞用植物》 ❷ cinerarium の複数形の1つ

cin·e·rar·i·um /sìnəréəriəm/ 名 (複 **～s** /-s/ OR **-i·a** /-iə/) C 納骨所

cin·e·rar·y /sínərèri | -rəri/ 形 《限定》(火葬後の) 灰の ‖ a ～ urn 骨つぼ

cin·na·bar /sínəbà:r/ 名 U ❶ 〖鉱〗辰砂(しんしゃ)《水銀の原鉱石で, 赤色顔料に用いられる》 ❷ 朱色(vermillion) ❸ (=～ mòth) C 〖虫〗ヨーロッパ産の大型のヒトリガ

cin·na·mon /sínəmən/ 名 U ❶ シナモン, 肉桂(にっけい)《香辛料》 ❷ C 肉桂樹(の樹皮) ❸ 肉桂色, 明るい黄褐色
── 形 肉桂色の ▸▸ **～ bèar** 名 C 北米産の赤茶色の毛色のクロクマ **～ tòast** 名 U 《米》シナモントースト《バターを塗ったトーストにシナモンと砂糖をかけたもの》

cinque /sɪŋk/ 名 C (さいころやトランプの)5(の目)

Cìnque Pórts 名 複 《英国史》五港《イングランド南東部の特権的な5つの海港》

cínque·fòil 名 C ❶《植》キジムシロ《バラ科の植物. 葉片5枚の葉を持つ》 ❷《建》五葉[弁]飾り《梅鉢型の装飾》

CIO 略 chief information officer (最高情報責任者) ; Congress of Industrial Organizations (→ AFL-CIO)

ci·pher /sáɪfər/ 名 ❶ U C 暗号(法) ; 暗号文書 ❷ C 暗号解読の鍵(かぎ) ❸ C (数字の)ゼロ ❹ C 何のとりえもない人[もの] ❺ C 組み合わせ文字 ━動 他 …を暗号で書く[に組む] **~ lòck** 名 C U 暗証番号式錠前, サイファーロック式錠

cir·ca /sə́ːrkə/ 前 《通例年代の前で》約《略 c., ca.》(♦ ラテン語より) ‖ born ~ 1650 1650年ごろの生まれ

cir·ca·di·an /səːrkéɪdiən/ 形 《限定》《生理》24時間周期の ‖ the ~ rhythm 24時間単位のリズム, 体内時計

Cir·ce /sə́ːrsi/ 名 《ギ神》キルケ《Odysseus の仲間たちを豚に変えた魔女》

‡cir·cle /sə́ːrkl/ 中心義 輪(を描くように動く)

━名 (▶ circulate 動, encircle 動, circular 形) (複 **~s** /-z/) C ❶ **円** ; **輪** ; 円で区切られた領域 ‖ Draw a ~ with a pair of compasses. コンパスで円を描きなさい / make a ~ with one's forefinger and thumb 人差し指と親指で輪を作る / a perfect ~ 完璧(かんぺき)な円

❷ (物・人々などが) **円形になったもの** ‖ Spectators formed a ~ around him. 彼の周りに見物人の輪ができた / a ~ of chairs 円形状に並べたいす / sit **in** a ~ 輪になって座る

❸ 《しばしば ~s》(興味・仕事などを共有する) **仲間**, 社会, …界 ‖ well known in business [literary, political] ~s 実業[文学, 政]界で有名な / move in different [exclusive, high] ~s 別々の[上流の]社会で活躍する (❗「同好会」の意味の「サークル」は英語では club)

❹ (劇場の半円形の) 2階客席, バルコニー席(《米》balcony) (→ dress circle)

❺ (行動・影響の) 範囲 ‖ have a large [small] ~ of friends 交際が広い[狭い] / a narrow [wide] ~ of acquaintance 狭い[広い]交友範囲 ❻ 曲線路, 周回路 ; 円周軌道 ❼ 目の周りのくま ❽ 循環, 繰り返し ‖ Stop speaking in ~s. 何度も同じことを言うな

còme [OR ***tùrn, gò***] ***fùll círcle*** (プロセス・議論などが) 一巡して元に戻る

gò aròund [(《英》) ***ròund***] ***in círcles*** (議論などが) 堂々巡りする ; 無意味な行動を繰り返す, 成果がないまま努力を続ける ‖ Our discussion *went around* and *around in* ~s. 我々の議論は何の解決策にもたどり着かないまま延々と続いた

rùn aròund [(《英》) ***ròund***] ***in círcles*** 成果がなく忙しく駆けずり回る

rùn círcles aròund ... …よりはるかに優れている, …に先行する

squàre the círcle (円を面積の等しい正方形にするかのような) 不可能なことを企てる ‖ If you want both total freedom and security, you are trying to *square the* ~. 完全な自由と安全の両方とも欲しいなんて, それは無理というものだ

━動 (**~s** /-z/ ; **~d** /-d/ ; **-cling**)

━他 ❶ …を **(丸で) 囲む** ; …を取り巻く ‖ *Circle* the right answers. 正解を丸で囲め ❷ …の**周りを回る**, …(の上)を旋回する ; …の周りを迂回(うかい)する (⇨ TURN 類語) ‖ Two helicopters ~*d* the vast search area. 2機のヘリコプターが広大な探索地域を旋回した ━自 回る, 円を描く, 旋回する《*around*》〈**around** …の周りを ; **over** …の上を〉; 〈…の周りに〉輪を作る〈**around**〉‖ Electrons ~ *around* the nucleus. 電子は原子核の周りを回る

circle báck 〈自〉一回りして元に戻る

cir·clet /sə́ːrklət/ 名 C 小円, 小環, 輪形の装飾品 ; (特に頭につける)飾り輪

***cir·cuit** /sə́ːrkət | -kɪt/ (発音注意) 名 C ❶ 円周, 周回コース ; 周回すること, 周遊 ; 円周で囲まれた区域 ‖ The earth's ~ of the sun takes a year. 地球が太陽の周りを1周するのに1年かかる / make a ~ of the pond 池の周りを1周する / a leisurely ~ around [OR of] Hokkaido 北海道の周遊観光旅行 ❷《電》回路, 回線 (→ printed circuit) ‖ [a closed [an open] ~ 閉[開]回路 / an electrical [integrated] ~ 電気[集積]回路 ❸ (説教師・セールスマンなどの)巡回, 巡回地 ; 巡回裁判(区) ‖ a salesperson on the East Coast ~ 東海岸を回るセールスマン / on the lecture [diplomatic] ~ 講演[外交]旅行で[中の] / a ~ judge (英国の)巡回裁判官 ❹ (劇場・映画館・ナイトクラブなどの)チェーン, 興業系列 ❺ (スポーツの)リーグ, 連盟 ; (ゴルフ・テニスなどの)巡回試合, サーキット, 巡業 ‖ the American golf ~ 全米ゴルフサーキット ❻《主に英》(自動車レース・競馬などの)競走路 ❼ (= **~ tràining**)《スポーツ》サーキットトレーニング《一定の順序で一連の運動を繰り返す練習法》‖ do ~*s* サーキットトレーニングをする ❽《宗》メソジスト教会区

━動 他 …を巡回[一周]する ━自 巡回[一周]する

~ bòard 名 C 基板 **~ brèaker** 名 C《電》回路遮断器 **~ cóurt** 名 C《米》巡回裁判所 **~ rìder** 名 C《米》(教区を馬で回ったメソジスト派の)巡回牧師

cir·cu·i·tous /sə(ː)rkjúːətəs | -ɪtəs/ 形 回り道の ; 遠回しの **~·ly** 副 **~·ness** 名

cir·cuit·ry /sə́ːrkətri/ 名 U 《集合的に》回路(設計) ; 回路の構成部品

***cir·cu·lar** /sə́ːrkjulər/ 形 (◁ circle 名) (**more ~** ; **most ~**) (♦ ❷❹ は比較なし) ❶《通例限定》円形の, 円を描く ; らせん状の ‖ a ~ motion 円運動 / ~ stairs らせん階段 ❷《通例限定》(経路などが)循環の, 環状の ‖ a ~ route 循環経路 / a ~ tour [ticket] 周遊旅行[切符] ❸ 非論理的な ; 遠回しの, 核心に到達しない ‖ a ~ argument [discussion] 循環論法[回りくどい議論] ❹ 回覧用の ‖ a ~ letter 回状 ━名 C 配布文, ちらし, 回状 ‖ send out a ~ 回状を送る **-lár·i·ty** 名

~ bréathing 名 U 循環呼吸法《吹奏楽器などが音を連続して出すために鼻で吸い込んだ息をそのまま呼気として使う呼吸法》 **~ sáw** 名 C 丸のこ

cir·cu·lar·ize /sə́ːrkjuləràɪz/ 動 他 ❶ (パンフレットなどで)…を広める ❷ …にアンケートを行う[送る]

***cir·cu·late** /sə́ːrkjulèɪt/ 動 (◁ circle 名) (▶ circulation 名) 自 ❶ (血液・水などが)〈…を〉循環する〈**around, through, etc.**〉‖ Blood ~*s through* the body. 血液は体内を循環する ❷ (空気などが)(自由に)流れる, 動く, 循環する ‖ Air doesn't ~ at all in this room. この部屋はとても換気が悪い ❸ (物が)行き渡る, 出回る ; (貨幣などが) 流通する ❹ (ニュース・うわさなどが) 広まる ‖ Gossip [OR Rumor] ~*s* quickly. うわさはすぐに広がる ❺ (人がパーティーなどで)いろいろな人と話をしながら動き回る ‖ The host ~*d* among his guests. 主人は招待客の間を話をして回った ━他 ❶ 〈…に〉…を循環させる, 行き渡らせる ; 〔うわさなど〕を広める ; 〔貨幣など〕を流通させる〈**through**〉 ❷ …を配布する ; 〔手紙など〕を回覧する

-là·tor 名 C 循環装置, サーキュレーター

cìrculating líbrary 名 C ❶ (有料の) 貸し出し図書館(lending library) ❷ 移動図書館(mobile library)

***cir·cu·la·tion** /sə̀ːrkjuléɪʃən/ 名 (◁ circulate 動) ❶ U C 血行 ; (液体・空気の)循環, 流れ ‖ The medicine stays in the ~ for two hours. その薬は2時間血液中を循環し続ける / have (a) good [bad, poor] ~ 血行がよい[悪い] / improve ~ 血の巡りをよくする

❷ U (報道・情報などの)流布 ; (貨幣の)流通, 貨幣量 ; (新聞・雑誌の)配布, 頒布(はんぷ) ‖ Her music has achieved wide ~ in Japan. 彼女の音楽は日本で広く聴かれている / The new coins went into ~. 新しい硬貨が使われ始めた ❸ C《単数形で》(新聞・雑誌の)発行部数, 売れ行き ; (図書館の) 本の貸出部数 ‖ The magazine has a high

～. その雑誌は売れ行きがよい / a daily ～ of 40,000 日刊4万部

*in circulátion ①(人が)社会的活動に加わっている；現役で活動している；ほかの人々と交わっている ‖ Surprisingly, he is already back *in* ～ after that horrible injury. 驚くことに，あんなひどいけがの後で彼はすでに社会復帰している ②(貨幣・物などが)流通[流布，市販]されている

òut of circulátion ①現役で活動していない；人々から離れた ②流通[流布，市販]されていない，使われていない ‖ be taken *out of* ～ 流通[使用]されなくなる

cir·cu·la·to·ry /sə́ːrkjulətɔ̀ːri | sə̀ːkjuléɪtəri/ 形 (血液・樹液などの)循環の

▸▸～ **sýstem** 名 (the ～)循環(器)系

circum- /səːrkəm-/ 接頭「周りに；取り囲んで(around, about)」の意 **a** (副詞的に) ‖ *circum*fuse (周囲に注ぎかける) **b** (前置詞的に) ‖ *circum*-Pacific (太平洋周辺の)

cìrcum·ámbient 形 (主に文)取り囲む

cir·cum·cise /sə́ːrkəmsàɪz/ 動 他 …に割礼(かつれい)を施す **-cìs·er** 名 C 割礼を施す人

cir·cum·ci·sion /sə̀ːrkəmsíʒən/ 名 U ❶割礼(ユダヤ教・イスラム教などの儀式で男子の陰茎の包皮を切除する) ❷(女子の)陰核切除(female circumcision) ❸(the C-)キリスト割礼祭(1月1日)

cir·cum·fer·ence /sərkʌ́mfərəns/ 名 U C 円周；周囲(の長さ)，外周，境界線 ‖ The earth is 40,000 kilometers in ～. 地球の円周は4万キロだ / the ～ of one's chest 胸囲 **cir·cùm·fer·én·tial** 形

círcum·flèx 名 C 曲折アクセント(符号)(circumflex accent)(フランス語などで用いられる ^ などの符号)
──形 ❶曲折アクセントのある ❷湾曲した

cìrcum·fúse 動 他 ❶(古)〔光・液体など〕を注ぐ，浴びせる ❷(堅・文)(光・液体などで)…を取り囲む，(光・液体などに)…を浸す

cìrcum·locútion 名 U C 回りくどい表現，遠回しな言い方 **-lócutory** 形 遠回しの

cìrcum·lúnar <シ 形〔天〕月を巡る，月を囲む

cìrcum·návigate 動 他 (船・飛行機で)〔世界・島〕を1周する **-navigátion** 名

cìrcum·pólar 形〔天〕周極の；〔地〕極地付近の

cir·cum·scribe /sə́ːrkəmskràɪb/ 動 他 ❶…の周りに線を引く；…を線で囲む ❷(堅)〔行動など〕を制限する(limit)，封じ込める；…を限定する(♦しばしば受身形で用いる) ❸〔数〕〔円など〕を外接させる(↔ inscribe)；…に外接する ‖ a ～*d* circle 外接円

cir·cum·scrip·tion /sə̀ːrkəmskrípʃən/ 名 U ❶制限，限定 ❷周辺，境界線；(限定された)範囲 ❸ C (貨幣の周りの)銘刻 ❹〔数〕外接

cìrcum·sólar 形 太陽を巡る，太陽周辺の

cir·cum·spect /sə́ːrkəmspèkt/ 形 慎重な，用心深い **cìr·cum·spéc·tion** 名 **～·ly** 副

:**cir·cum·stance** /sə́ːrkəmstæ̀ns, ＋英 -stɑ̀ːns, -stəns/
──名〔▸ circumstantial 形〕(複 **-stanc·es** /-ɪz/) ❶ C (通例 ～s)(周囲の)**状況**，(出来事の原因となる)要因，**事情** ‖ **under** [OR **in**] normal ～*s* ふつうだったら，通常は / **in** [OR **under**] **certain** ～*s* 特定の状況では / if ～*s* permit 事情が許せば / depending on ～*s* 事情次第で / only **in** exceptional ～*s* 特別な状況下でのみ / extenuating ～*s* 〔法〕(刑などの)軽減事由
❷ C (通例 ～s)財政[収入]事情，境遇，**暮らし向き** ‖ **in** comfortable [OR easy, good] ～*s* 暮らしが楽で / **in** bad [OR poor, needy] ～*s* 貧しい暮らしで
❸ U (制御できない)偶発的事情，運 ‖ They were compelled to leave their country by (force of) ～. 彼らはよんどころない事情で自国から追われた / victims of ～ 運命の犠牲者 ❹ C 出来事，事実 ‖ The shattering ～ was the terrorist attack. その衝撃的な出来事はテロリストによる攻撃であった

in redùced círcumstances (婉曲的)零落(れいらく)して，以前よりも貧しい状況で

under [OR in] nò círcumstances (いかなる状況でも)決して…ない ‖ *Under no* ～*s* should you use it without his consent. いかなる場合も彼の承諾なしにそれを使うべきではない(♦文頭に用いると倒置語順になる)

under [OR in] the círcumstances ; given the círcumstances 状況が状況なので，そういう事情なので

語源 *circum-* round＋*-stance* stand：周りに立つ(こと)，囲む(こと)

cir·cum·stanced /sə́ːrkəmstæ̀nst/ 形 ある状況[境遇，立場]にある

cir·cum·stan·tial /sə̀ːrkəmstǽnʃəl/ <シ 形〔◁ circumstance 名〕❶〔法〕状況に基づく[関する] ❷特定の状況に関する ❸(堅)詳細な ❹仰々しい **～·ly** 副

▸▸～ **évidence** 名 U〔法〕状況証拠

cir·cum·stan·ti·ate /sə̀ːrkəmstǽnʃièɪt/ 動 他 (まれ)…の状況[詳細]を述べて立証する

cir·cum·vent /sə̀ːrkəmvént/ 動 他 ❶〔困難など〕を(巧みに)回避する，切り抜ける ❷…を迂回(うかい)する ❸(古)…を出し抜く，…の裏をかく **-vén·tion** 名

*__cir·cus__ /sə́ːrkəs/ 名 C ❶(巡業の)サーカス団，サーカス，曲芸 ‖ The ～ is coming to town. サーカスが町にやって来る / The ～ is a wonderland of miracles. サーカスは奇跡の起こる素晴らしい所だ / a lion-tamer at a ～ サーカスのライオン使い / go to the ～ サーカスを見に行く / present [OR put on] a ～ サーカスを催す ❷〔建〕(古代ローマの)円形競技場 ❸(英)(放射状の街路の中心に当たる)円形広場(♦通例 C- として地名に用いる)(⇨ SQUARE 類語) ‖ Piccadilly *Circus* ピカデリーサーカス ❹(口)ばか騒ぎ，混乱状態，騒がしい集団；人を楽しませるにぎやかなこと[人] ‖ The mayoral election was a media ～. その市長選はマスコミの報道合戦だった / The classroom soon turned into a ～ atmosphere. 教室はすぐに羽目を外した雰囲気になった

cirque /səːrk/ 名 C〔地〕カール(氷河の浸食でできたすり鉢状の地形)(♦「カール」はドイツ語 Kar より)

cir·rho·sis /səróusɪs/ 名 U 肝硬変

cir·rhot·ic /sərɑ́(ː)tɪk | -rɔ́t-/ 形 肝硬変の

cir·ro·cu·mu·lus /sìroukjúːmjuləs, sìrə-/ 名 (複 ～ OR **-li** /-laɪ/) U C〔気象〕巻積雲

cir·ro·stra·tus /sìroustréɪtəs, sìrəstrɑ́ː-/ 名 (複 ～ OR **-ti** /-taɪ/) U C〔気象〕巻層雲

cir·rus /sírəs/ 名 (複 **cir·ri** /-aɪ/) U C ❶〔気象〕絹雲 ❷〔植〕巻きひげ ❸〔動〕触毛

CIS 略 Commonwealth of Independent States

cis- 接頭「…のこちら側の」の意(↔ trans-)

cis·al·pine /sɪsǽlpàɪn/ 形 アルプスの南側の，(ローマから見て)アルプスのこちら側の

CISC 略 complex instruction set computer (多数の複雑な命令を処理できるCPU(の構造))(↔ RISC)

cis·lu·nar /sɪslúːnər/ 形 月と地球の間の

cis·sy /sísi/ 形 名 (英口)＝sissy

Cis·ter·cian /sɪstə́ːrʃən/ 形 名 C シトー派修道会の(修道士[女])

cis·tern /sístərn/ 名 C (トイレなどの)タンク；(特に雨水を貯める)貯水槽

*__cit·a·del__ /sítədəl/ 名 C ❶城塞(じょうさい)，要塞，とりで ‖ The ～ has fallen. 城塞が陥落した ❷(比喩的に)とりで，牙城(がじょう)，本拠 ‖ the last ～ of human rights 人権の最後のとりで ❸救世軍の集会場

*__ci·ta·tion__ /saɪtéɪʃən/ 名〔◁ cite 動〕❶ U 引用，引証；C 引用語[句，文] ‖ the source of a ～ 出典 ❷ C 〈…に対する〉顕彰，賛辞，表彰(状)〈**for**〉‖ a ～ *for* bravery 勇敢さを賛える表彰状 ❸ C (主に米)〔法〕(法廷への)召喚(状)；(以前の判例の)引用

*__cite__ /saɪt/ (♦同音語 sight, site) 動〔▸ citation 名〕他 ❶〔書物・文章・著者など〕を(典拠として)引用する ‖ ～

biblical passages 聖書の章句を引用する ❷ …に〈証拠・理由として〉言及する, …を〈例として〉引き合いに出す〈as〉‖ ~ statistics to prove one's theory 自分の説を立証するために統計を引き合いに出す / ~ several incidents *as* the motive of his crime 彼の犯罪の動機としていくつかの事例を挙げる ❸〘法〙…を(法廷に)召喚する ❹ (特に軍隊で)…を〈勇敢な行為に対し〉表彰する；(一般に)…を〈優れた業績に対し〉賞賛する〈for〉

CITES /sáɪtiːz/ 略 *C*onvention on *I*nternational *T*rade in *E*ndangered *S*pecies of Wild Fauna and Flora(サイテス, 絶滅の恐れのある野生動植物の種の国際取引に関する条約)

cit·i·fy /sítɪfàɪ/ 動 他《けなして》〔場所〕を都市化する；〔人〕を都会風にする **-fied** 形 (習慣・服装などが)都会風の

:cit·i·zen /sítəzən, -sən | sítɪ-/
—名 (複 **~s** /-z/) Ⓒ ❶ (1国の)**国民**, **公民**《帰化した人を含み, その国の国民としての一定の権利を持つ》‖ He became a ~ of the United States at the age of sixteen. 彼は16歳のときアメリカ合衆国民になった / British ~*s* 英国民 / a native-born ~ 《米》生粋の国民 / a naturalized ~ 帰化国民
❷ (1都市の)**市民**《通例社会的権利・義務を持つ人をいう》‖ the ~*s* of Nara 奈良市民 ❸ (ある場所の) 住民, 居住者；《米》(軍人・警官などに対する) 民間人 (civilian) ‖ **senior** ~*s* お年寄り (♥ old people の婉曲的表現) / a ~ of the world 世界市民, 国際人
▸▸ **~'s arrést** 名 Ⓒ 民間人による逮捕《特例により認められる》 **~s' bánd** 名《また C- B-, C- b-》Ⓒ Ⓤ 市民バンド《一般市民の個人的連絡用に割り当てられた無線電信の周波数帯. 略 CB》 **~s' gróup** 名 Ⓒ 市民団体 (♦ citizen's g-, citizens g- とも書く)

cít·i·zen·ry /-ri/ 名 Ⓤ Ⓒ《集合的に》市民

***cit·i·zen·ship** /sítɪzənʃìp/ 名 Ⓤ ❶ 市民[公民]権, 市民の義務 ‖ He holds dual ~, Turkish and Italian. 彼はトルコとイタリアの2つの国籍を持っている / grant [OR give] ~ 市民権を与える / acquire [OR receive] ~ 市民権を獲得する ❷ 市民[国民]であること, 市民[国民]としての身分[地位]

cit·rate /sítrèɪt/ 名 Ⓤ〘化〙クエン酸塩

cit·ric /sítrɪk/ 形 ❶ 柑橘(かんきつ)類の；柑橘類から採った ❷〘化〙クエン酸(性)の ‖ ~ acid クエン酸

cit·ron /sítrən/ 名 ❶ Ⓒ〘植〙シトロン(の木)《レモンより大きめの柑橘類》 ❷ Ⓤ 砂糖漬けにしたシトロンの皮

cit·ron·el·la /sìtrənélə/ 名 Ⓒ ❶ レモングラス《南アジア産の香料植物》 ❷ Ⓤ シトロネラ油《防虫剤や香料用》

cit·rous /sítrəs/ 形 =citrus

cit·rus /sítrəs/ 名 Ⓒ 柑橘類(の果実) —形 柑橘類の
▸▸ **~ frùit** 名 Ⓒ 柑橘類の果実

:cit·y /síti/
—名 (複 **cit·ies** /-z/) Ⓒ ❶ **都市**, 都会, 大きな町(→ urban) ‖ The ~ offers more amenities than the country. 都会は田舎よりもいろいろ便宜を与えてくれる / I bought a house in a quiet suburb to get away from the noisy ~. 騒々しい都会から抜け出そうと静かな郊外に家を買った (♦《米》でいう city の多くは《英》では town と呼ばれる)
連語 【形+~】a big [OR large, great] ~ 大都市 / an ancient ~ 古代都市 / the capital ~ 首都 / a major ~ 主要[大]都市 / the inner ~ 中心市街(スラムを指すことが多い) / a sister ~ 姉妹都市
❷ 市 (《英》では勅許状によって指定され, 通例 cathedral を有する都市. 《米》では州政府から自治権を認められた都市) ‖ the ~ of Oxford オックスフォード市
❸ 《the ~》《米》市当局；《集合的に》《単数・複数扱い》市民 ‖ The entire ~ is struggling to promote social welfare. 市民全体が社会福祉を促進しようと取り組んでいる ❹《the C-》《英》シティー《ロンドンの旧市街地で, 金融・商業の中心》(♦ the City of London ともいう) ❺《ほかの名詞の後で用いて》…な場所[状態] ‖ It was panic ~ after the earthquake. 地震の後はパニック状態だった ❻《形容詞的に》都市[都会]の；市の ‖ I'm enjoying the advantages of ~ life. 私は都会生活の便宜を楽しんでいる / ~ property 市の所有物
▸▸ **~ céntre** 名 Ⓒ《英》(市の) 中心街, 繁華街 (《米》downtown) **~ cóuncil** 名 Ⓒ 市議会 **~ dèsk** 名 Ⓒ《米》(新聞の) 地方記事を扱う部署；《英》(新聞の) 経済記事を扱う部署 **~ èditor** 名 Ⓒ《米》(新聞社の) 地方記事編集長[部長]；《C-》《英》(日[週]刊紙の) 経済部長 **~ fáther** 名 Ⓒ《通例 ~s》《英》市政の担当者 **~ háll** 名《また C- H-》Ⓒ《米》市役所, 市庁舎；Ⓤ 市当局 **~ mánager** 名 Ⓒ《米》(市議会の任命による) 市政管理官 **~ plánning** 名 Ⓤ《米》都市計画 (《英》town planning) **~ ròom** 名 Ⓒ《米》(新聞などの) 地方版編集部 **~ slìcker** /英 ⌐⌐⌐/ 名 Ⓒ《口》《けなして》あか抜けていてずる賢い都会人 **~ státe** 名 Ⓒ (主に昔の) 都市国家 **~ tàp** 名 Ⓤ 都市の水道水

cíty·scàpe 名 Ⓒ 都市の景観

cíty·wìde 形 副 全市的な[に], 市全域に及ぶ(ように)

civ·et /sívɪt/ 名 ❶ (=~ cát) Ⓒ ジャコウネコ ❷ Ⓤ ジャコウ《ジャコウネコから採る香料》 ❸ Ⓤ ジャコウネコの毛皮

***civ·ic** /sívɪk/ 形《限定》❶ 市の, 都市の ‖ ~ problems 都市問題 ❷ 公民の, 市民としての；市民のための ‖ ~ leaders 市民活動家 / ~ life 市民生活 / ~ pride 市民としての誇り / a ~ hall 市民会館
▸▸ **~ cénter** 名 Ⓒ《米》市民センター《公共の文化・娯楽施設の集まる建物》；《英》官公庁や公共施設の集まる地区

civ·ics /sívɪks/ 名 Ⓤ《主に米》市民論, 市政学, 公民科《市民の権利・義務などを扱う》

:civ·il /sívəl, +英 -ɪl/
—形 (**more ~**, **~·er**；**most ~**, **~·est**) (♦ ❹ 以外比較なし)
❶《限定》(軍人・官吏に対して) **民間の**, 一般市民の；(武官に対して) 文官の (↔ military)；(教会に対して) 世俗の ‖ ~ authorities 文官 / ~ architecture (教会ではない) 一般建築物
❷《限定》**市民の**, 市民としての ‖ ~ duties 市民の義務
❸《限定》(争いなどが) 国内の ‖ (a) ~ conflict 内乱, 国内紛争
❹ 儀礼的な；(表面的に)〈…に〉礼儀正しい(↔ rude)〈to〉(⇨ POLITE 類語) ‖ What I received from him was nothing more than a ~ reply. 彼から受け取ったのは社交辞令程度の返事でしかなかった ❺《限定》〘法〙民事の (↔ criminal) ‖ a ~ court 民事法廷 ❻ (天文時[暦]に対して) 民間常用の ‖ a ~ day [year] 暦日[年]
keep a civil tongue in one's head ⇨ TONGUE(成句)
▸▸ **~ áction** 名 Ⓒ 民事訴訟 **~ defénse** 名 Ⓤ (戦争や自然災害時の) 民間防衛 (団) **~ disobédience** 名 Ⓤ 市民的反抗《納税拒否など, 非暴力的手段で政治への抗議の意を示すこと》 **~ engineér** 名 Ⓒ 土木技師 **~ engineéring** 名 Ⓤ 土木工学 **~ láw** 名 Ⓤ 民法, 私法(↔ criminal law)；ローマ法, 大陸法(↔ common law) **~ libertárian** 名 Ⓒ 市民的自由の擁護者 **~ líberty** 名 Ⓤ/Ⓒ《通例 -ties》市民的自由《言論・思想の自由など》‖ a ~ *liberties* group 市民的自由擁護団体 **~ lìst** 名《ときに C- L-》《the ~》《英》(議会が認可する) 王室費 **~ márriage** 名 Ⓒ Ⓤ (宗教上の儀式によらない) 届け出結婚 **~ pártnership** 名 Ⓒ Ⓤ《英》=~ union **~ ríghts** (↓) **~ sérvant** (↓) **~ sérvice** 名《the ~》行政機関, 官庁, 役所；《集合的に》公務員, 役人 **~ ùnion** 名 Ⓒ Ⓤ《米》シビルユニオン《結婚と同等の法的権利が認められている関係》 **~ wár** (↓) **~ wróng** 名 Ⓒ Ⓤ〘法〙民事訴訟につながるような行為

***ci·vil·ian** /səvíliən/《アクセント注意》名 Ⓒ (軍人・警官などに対する)一般市民, 民間人；文民

—形《通例限定》一般市民の，民間人の；文民の ‖ The war caused many ～ deaths. その戦争で多くの一般市民が死亡した / ～ clothes (軍服・制服に対して)平服，私服 / ～ government 文民統治

ci·vil·i·ty /səvíləṭi/ 名 (複 **-ties** /-z/) ❶ U 礼儀正しさ，丁寧 ❷ C《通例 -ties》丁寧な振る舞い[言葉]

*__ci·vi·li·za·tion__ /sìvələzéɪʃən | -laɪ-/ 名 ❶ U C 文明；文明化された状態(⇨ CULTURE 類語, BYB) ‖ advanced ～*s* 高度な文明 / a lost [OR vanished] ～ 失われた文明 / bring ～ to people 人々に文明をもたらす ❷ U 文明化(する過程) ❸ U C (特定の地域・時代の)文明；文明の発達した地域 ‖ The ～「flourished for a century [spread rapidly]. その文明は1世紀にわたって栄えた[急速に広がった] / the ancient ～*s* of Asia アジアの古代文明 ❹ U《集合的に》文明世界，文明諸国(民) ‖ All ～ wishes for world peace. すべての文明諸国が平和を望んでいる ❺ U (文明の発達による)近代的な[便利な]生活；文明の利点[利器] ‖ City-dwellers sometimes should get away from ～. 都市に住む人々はときには文明生活から離れる方がよい

*__civ·i·lize__ /sívəlàɪz/ 動 他 ❶ …を文明化する，開化させる ❷ …を洗練する，教化する

*__civ·i·lized__ /sívəlàɪzd/ 形 ❶ 文明化した (↔ primitive) ‖ a ～ society 文明社会 ❷ 洗練された，教養のある；礼儀正しい ‖ have a ～ conversation 教養のある会話をする / a ～ manner 礼儀正しい振る舞い ❸ 快適な

civ·il·ly /sívəli/ 副 ❶ 礼儀正しく，丁寧に ❷ 民法上(は)

*__cìvil ríghts__ 名 複《ときに C- R-》市民権，公民権《特に合衆国憲法補正第13条および第14条によって確立された市民権》‖ the ～ movement 公民権運動 / violate ～ 公民権を侵害する

cìvil ríghter, cìvilríghtist 名 C 公民権運動家

*__cìvil sérvant__ 名 C 公務員，役人；文官

*__cìvil wár__ 名 ❶ C U 内乱，内戦(の状態) ❷《the C- W-》〖米国史〗南北戦争(1861–65)；〖英国史〗ピューリタン革命，大内乱《Charles 1世時代の国会派と王党派の争い(1642–46, 1648–52)》；スペイン内戦(1936–39)

civ·vies /síviz/ 名 複《口》(軍服に対して)平服，背広(civilian clothes)(♦主に軍人が使う語)

civ·vy /sívi/ 名 C〖軍〗《口》民間人 ▸▸**Cívvy Strèet** 名《ときに c- s-》U《英口》(軍隊生活に対して)市民生活

CJD 略 *C*reutzfeldt-*J*acob *d*isease

ck., ck 略 cask；check

Cl 記号〖化〗chlorine(塩素)

cl. 略 carload；centiliter(s)；class；classification；clause；clearance；clerk；closet；cloth

clack /klæk/ 動 自 ❶ かたっ[かたかた，こつこつ]と音を立てる ❷《英では古》ぺちゃくちゃしゃべる ❸ (めんどりなどが)こっこっと鳴く

—他 …にかたっ[かたかた，こつこつ]と音を立てさせる

—名 C《通例単数形で》かたっ[かたかた](という音)

clad[1] /klæd/ 動《文》clothe の過去・過去分詞の1つ

—形《しばしば複合語で》《堅》〈…の〉衣服を着た；〈…に〉覆われた〈**in**〉‖ bikini-～ ビキニを着た

clad[2] /klæd/ 動 (**clad**；**clad·ding**) 他〔表面〕を(ほかの金属で)被覆する

clad·ding /klǽdɪŋ/ 名 U ❶ 被覆材料 ❷ 建物の外装

claim /kleɪm/ 動 名

中心義 **物事を(自分のものとして)主張する**

—動 (**～s** /-z/；**～ed** /-d/；**～·ing**)

—他 ❶ **主張する** (♦特に真偽が定かでないことについていう) **a** (+目) …を(事実だと)主張する，言い張る ‖ ～ innocence 無実を主張する / ～ sexual discrimination 性差別があったと主張する

b (+**to** *do*) …すると主張する ‖ He ～*s to* be brave, but I don't believe him. 彼は自分は勇敢だと言っているが私は信じない / The suspect ～*ed to* have been at home at the time of the murder. 容疑者は殺人事件があったときは家にいたと主張した

c (+(**that**) 節) …であると主張する ‖ She ～*s that* she didn't steal it. 彼女はそれを盗んでいないと言っている / "It's not my fault," he ～*ed*.「それは私の失策ではない」と彼は主張した

d (+目+**to be** 補) …が…であると主張する ‖ He ～*ed* the document *to be* genuine. 彼はその文書が本物だと主張した

❷ (当然の権利として)…を〈…に〉**要求する**，請求する，補償を求める〈**from, on, against**〉(⇨ DEMAND 類語) ‖ He'll ～ compensation *from* us for his losses. 彼は損失補塡(ほてん)を我々に求めるだろう / I'll ～ my money **back**. 私は金の返還を求めるつもりだ / ～ a wage increase 賃上げを要求する / ～ a reward 報酬を求める

❸〔責任など〕が自分にあると主張する，…を自分がしたと発表する ‖ The terrorist group ～*ed* **responsibility** for the explosion. そのテロリストグループは爆破は自分たちがやったと主張した[犯行声明を出した]

❹〔所有・資格など〕の権利を主張する，…を自分のものだと主張する；〔タイトル・賞など〕を獲得する；〔落とし物など〕の返還を求める ‖ If the king died, his eldest son would ～ the throne. もし王が死んだら長男が王位継承の権利を主張するだろう / ～ one's baggage at the counter カウンターで荷物の受け取りを請求する / ～ the victory 勝利を主張する / ～ a title [prize] タイトル[賞]を獲得する / I handed in the wallet to the police, but nobody has ～*ed* it. 警察に落とし物の財布を届けたがだれも取りに来ていない ❺〔注意〕を引く，〔関心〕を呼ぶ ‖ I did my best to ～ her attention. 私は彼女の注意を引こうと全力を尽くした ❻ (災害・事故・戦争などが)〔人命〕を奪う ‖ The Kobe earthquake ～*ed* over 5,000 lives. 神戸の震災で5,000以上の人命が失われた

—自〖法〗**損害賠償[保険金]を請求する**〈**against** …に；**on, for** …を〉‖ I ～*ed on* the insurance and got £1,000. 私は保険金を請求して1,000ポンドを受け取った / ～ *against* him *for* one's travel expenses 彼に旅費を請求する

—名 (複 **～s** /-z/) C ❶ (事実だとの) **主張**，断言〈**to** *do* …するという / **that** 節 …という〉(❗「クレーム(相手に対する苦情・不満)をつける」は claim ではなく make a complaint という) ‖ He denied [OR rejected] their ～*s that* he was a drug addict. 彼が麻薬常用者だという彼らの主張を彼は否定した / I **make** no ～ *to* be a math teacher, but I can solve that problem. 私は数学教師だとはいわないが，その問題なら解ける

❷ U C 〈…を当然取得できる〉**権利**，権利の主張，〈…に対して主張し得る〉資格〈**to, on**〉‖ You **have** no ～*s on* the company. 会社に請求する権利は君にはない / His ～ *to* the inheritance led to a lawsuit. 彼が遺産相続の権利を主張したことで訴訟が起きた

❸〈金銭などの〉(当然の権利としての)**要求**，**請求**〈**for**〉；〈保険契約に基づく〉支払要求〈**on**〉；請求[要求]金額 ‖ put in a ～ *for* ... (自分のものだとして)…を要求する / a ～ *for* damages [traveling expenses] 損害賠償[旅費]の請求 / He **made** a false ～ *on* his insurance. 彼は保険金の支払いを不正に請求した / pay a ～ in full 請求の満額を払う / a pay ～《英》賃上げ要求 ❹ (法的手続を経て)権利を主張されたもの[金]，(入植者・鉱山業者などの権利設定済みの)土地；(支払われるべき)保険金

__one's clàim to fáme__ 自慢の種 ‖ The hotel's only ～ *to fame* is that John Lennon once stayed there for a week. そのホテルの唯一の自慢はかつてジョン＝レノンが1週間滞在したことだ

__jùmp a cláim__《米》他人の土地・権利を奪い取る

__lày cláim to ...__ ① …に対する権利を主張する ②《通例否定文で》〔知識・技能など〕があると言う

__stàke (òut) a__ [OR *__one's__*] *__cláim__* 自分のものだと主張する

(♦もと杭(くい)で囲んで自分の土地の所有権を主張したことから)
語源 ラテン語 *clamare*(大声で叫ぶ)から. acclaim, exclaim, proclaim と同系.

claim·ant /kléɪmənt/ 名 C 権利を主張する人,(遺産などの)請求者;〔法〕原告;《英》(国の給付金などの)受給者

cláim-jùmping 名 U 《米》他人の土地の権利を奪うこと(⇨ *jump a* CLAIM) **-jùmper** 名

clair·voy·ance /kleərvɔ́ɪəns/ 名 U 千里眼, 透視(力);(優れた)洞察力

clair·voy·ant /kleərvɔ́ɪənt/ 形 名 C 千里眼の(人), 透視力のある(人);(優れた)洞察力の(持ち主)

clam /klæm/ 名 C ❶ 二枚貝《アサリ・ハマグリなど》‖ ~ chowder クラムチャウダー《ハマグリ入りのスープ》 ❷ 《米口》口の堅い人, 無口な人 ❸ 《米俗》1ドル

(*as*) ***hàppy as a clám*** 《米》とても幸せ[ご機嫌]な
shùt up like a clám 貝のように黙ってしまう

—動 (**clammed** /-d/; **clam·ming**) 自 《主に米》貝を採る ‖ go *clamming* 潮干狩に行く

****clàm úp*** 〈自〉《口》(貝のように)〈…に〉口を閉ざす〈**on**〉

cla·mant /kléɪmənt/ 形 《文》 ❶ 騒々しい ❷ 緊急の, 急を要する **~·ly** 副

clám·bàke 名 C 《米》海辺でハマグリなどを焼いて食べるパーティー;《米口》(陽気な)集まり, パーティー

***clam·ber** /klǽmbər/ 動 自 《+副句》(四つんばいで…に)はい上がる, よじ登る;(苦労して…に[から])やっと登る[下りる] ‖ ~ up [OR over] the slippery rocks 滑りやすい岩をどうにかよじ登る / ~ onto [OR into] the bus バスにやっと乗り込む / ~ out of bed ベッドからはい出る

—名 C 《通例単数形で》はい上がり, よじ登り

clám·dìggers 名 複 クラムディガーズ《ふくらはぎの下までのカジュアル半ズボン》

clam·my /klǽmi/ 形 じめじめした, 冷たくてねっとりした **-mi·ly** 副 **-mi·ness** 名

***clam·or** /klǽmər/ 名 〔▶ clamorous 形〕 U/C 《通例単数形で》 ❶ (大きな)叫び声, わめき声, どよめき;(絶え間ない)騒音;(動物の)やかましい鳴き声 ‖ the ~ outside 外の喧噪(けんそう) ❷ 不満[抗議, 要求など]の叫び, 猛烈な訴え〈**for** …を求める; **against** …に反対の〉 ‖ the growing ~ *for* tax reform 税制改革を求めて高まりつつある声 / the ~ *against* the restriction 規制に反対する猛烈な抗議

—動 自 大声で叫ぶ; 猛烈な要求[抗議]をする〈**for** …を求めて; **against** …に反対して / **to** ***do*** …するように〉 ‖ The kids ~*ed for* attention. 子供たちは注意を引こうと大声で叫んだ / ~ *against* corruption 汚職に対して猛烈に抗議する / My children were ~*ing to* go skiing. 子供たちはスキーに連れて行ってくれとうるさく言っていた

—他 ❶ **騒ぎ立てる a** 《+目》…を騒ぎ立てる, うるさく言う ‖ She ~*ed* her demands. 彼女は自分の要求を騒ぎ立てた **b** 《+**that** 節》…だと騒ぎ立てる (♦ 直接話法にも用いる) ‖ They ~*ed that* the accident was caused by carelessness. その事故は不注意のために起こったのだと彼らは騒ぎ立てた ❷ 騒ぎ立てて〔人〕に強制する〈**into** …するように; **out of** …をやめるように〉 ‖ ~ the mayor *out of* office 騒ぎ立てて市長を辞職させる **~·er** 名

clam·or·ous /klǽmərəs/ 形 〔◁ clamor 名〕 ❶ 騒々しい, やかましい ❷ うるさく要求する **~·ly** 副

***clamp**[1] /klæmp/ 名 C ❶ 締め具, クランプ, かすがい ❷ 《英》(駐車違反用の)車輪止め(wheel clamp,《米》Denver boot)

—動 他 ❶ **a** 《+目》(締め具で)…を〈…に〉締めつける, しっかり固定する; …を押さえつける, 押し当てる《***together***》〈(**on**)**to, between,** etc.〉 ‖ ~ two panels *together* 2枚のパネルをしっかり固定する **b** 《+目+補〈形〉》…を締めて…の状態にする ‖ ~ one's mouth shut [OR tight] 口をきゅっと結ぶ ❷ 《英》〔駐車違反の車〕に車輪止めをかける(《米》boot) (♦ しばしば受身形で用いる) ❸ …を〈…に〉強制する, 課する〈**on**〉 —自 (口が)ぎゅっと結ばれる《***together***》

****clàmp dówn on ...*** 〈他〉…を厳しく取り締まる, 弾圧する ‖ The police are ~*ing down on* speeding. 警察はスピード違反を厳しく取り締まっている

clamp[2] /klæmp/ 名 C 《英》(土・わらをかぶせた)(ジャガイモなどの)山

clámp·dòwn 名 C 《通例単数形で》《口》〈…の〉厳しい取り締まり, 弾圧〈**on**〉

clám·shèll 名 C ❶ (二枚貝の)貝殻;(一般に)二枚貝のような構造を持つもの ❷ 《米口》(ハマグリ形の)竣渫(しゅんせつ)用の泥さらい機 —形 《限定》二枚貝のような構造を持つ ‖ a ~ phone 折り畳み式(携帯)電話

***clan** /klæn/ 名 C ❶ 《集合的に》《単数・複数扱い》(一般に)一族;《口》大家族;《口》(興味・目的などを同じくする)仲間, 集団 ‖ the Campbell ~ キャンベル一族 ❷ (特にスコットランド高地地方の)氏族

clan·des·tine /klændéstɪn, klǽndestàɪn/ 形 秘密の, 人目をはばかる **~·ly** 副 **~·ness** 名

clang /klæŋ/ 名 C 《通例単数形で》(金属が)がんがん[がちゃがちゃ](という音) —動 自 他 (金属などが[を])がんがんと鳴る[鳴らす]; がちゃがちゃ音を立てて動く[動かす]

clang·er /klǽŋər/ 名 C 《英口》大きなへま
dròp a clánger 大きなへまをする; 言わずもがなのことを言ってしまう

clang·or /klǽŋgər/ 名 U 動 自 かんかん[がんがん](と鳴る) **~·ous** 形

clank /klæŋk/ 名 C 《通例単数形で》がちがち[がちゃがちゃ](という音)《重いよろいがぶつかるときのような音》
—動 自 他 (…が[を])がちがちと鳴る[鳴らす]

clan·nish /klǽnɪʃ/ 形 《主にけなして》排他的な, 派閥的な **~·ly** 副

clans·man /klǽnzmən/ 名 (複 **-men** /-mən/) C 同じ氏族[一族]の人 **-wòman** 名

***clap**[1] /klæp/ 動 (**clapped** /-t/; **clap·ping**) 他 ❶ 〔手〕をたたく;〔人・演技など〕に拍手(喝采(かっさい))する ‖ They *clapped* their hands in delight when the comedian appeared. そのコメディアンが登場すると彼らは大喜びして拍手した / ~ hands once (= ~ once) (合図などで)1回手をたたく ❷ 《+目+**on** 名》(親しみを込めて)〔人〕の(肩・背など)を軽くたたく ‖ ~ him *on* the back [shoulder] 彼の背中[肩]をぽんとたたく ❸ …を〈…に〉(急に[勢いよく])置く〈**over, to, in, etc.**〉;〔人〕を〈刑務所に〉ぶち込む〈**in, into**〉 ‖ She *clapped* her hands *to* [OR *over*] her mouth. 彼女は口を両手でさっと押さえた / ~ one's hand *to* one's forehead (困惑して)自分の額をぴしゃりとたたく / ~ him *in* [OR *into*] prison [OR jail] 彼を刑務所にほうり込む ❹ (鳥が)〔羽〕をばたばたさせる
—自 拍手(喝采)する ‖ The audience *clapped* enthusiastically. 観衆は熱狂的に拍手喝采した / ~ in time to the music 音楽に合わせて手をたたく

clàp ón 〈他〉 Ⅰ 《***clàp ón ...*** / ***clàp ... ón***》〔帽子〕をさっとかぶる, …をさっと置く[のせる] Ⅱ 《***clàp A on B***》《口》突然*A*(課金・規制など)を*B*(物)に課す ‖ The government has *clapped* another 10% tax *on* cigarettes. 政府は急きょたばこにまた10%上乗せ課税した

clàp óut ... / ***clàp ... óut*** 〈他〉手をたたいて〔リズム〕をとる

—名 C ❶ 《単数形で》拍手, 拍手の音; 喝采 ‖ give a big ~ to the performers 演技者たちに盛大な拍手を送る ❷ (雷などの)突然の大きな音 ‖ a ~ of thunder 雷鳴 ❸ 《単数形で》(平手で)軽くたたくこと[音]; ぱちっ[ぱちん, ぴしゃり](という音) ‖ give him a (friendly) ~ on the shoulder (親愛の情から)彼の肩をたたく

clap[2] /klæp/ 名 《the ~》《俗》性病,(特に)淋病(りんびょう)(gonorrhea)

clap·board /klǽbərd, klǽpbɔ̀ːrd/ 名 C 《主に米》下見板, 羽目板(《主に英》weatherboard)

clàpped-óut <シ 形 《口》(車・機械が)使い古しておんぼ

ろの；疲れ果てた（♦叙述用法では clapped out）

clap·per /klǽpər/ 名 C ❶（鐘の）舌；ハンマー ❷ 拍手する人

like the cláppers 《英口》非常に速く；がむしゃらに

clápper·bòard 名 C 〖映〗カチンコ

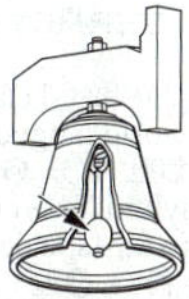

clapper ❶

clapperboard

cláp·tràp 名 U 《口》人気取り；実のない言葉

claque /klæk/ 名 C ❶（劇場で）雇われて拍手喝采（かっさい）する［やじを飛ばす］連中，さくら ❷ こびへつらう連中

clar·et /klǽrət/ 名 ❶ U C クラレット《ボルドー産の赤ワイン》；類似の赤ワイン ❷ U 濃い赤紫色

―形 濃い赤紫色の

*__clar·i·fy__ /klǽrəfàɪ/ 動〔◁ clear 形〕（**-fies** /-z/；**-fied** /-d/；**~·ing**）他 ❶ **a**《＋目》〔考え・立場など〕を明確にする，わかりやすく説明する；〔意識など〕をはっきりさせる ‖ ～ one's ideas 自分の考えを明確にする / ～ the government's position 政府の立場を明確にする **b**《＋**wh** 節》…を明確にする ‖ ～ *what* I just said 今言ったことを明確にする

❷〔バター・液体など〕を透明にする；…を純化する ‖ *clarified* butter 純正バター《加熱して不純物を取り除いたもの》

―自（バター・液体などが）透明になる，純化する

COMMUNICATIVE EXPRESSIONS

1「**Lèt me**［OR **Allòw me to**］**clárify thàt.** それは誤解です；説明させてください（♥ 相手の誤解を解く際の切り出し文句）

clàr·i·fi·cá·tion 名 U C〈…についての〉説明〈**on**〉；浄化

clar·i·net /klæ̀rənét/《発音注意》名 C クラリネット

~·ist,《英》**~·tist** 名 C クラリネット奏者

clar·i·on /klǽriən/ 名 C ❶ クラリオン《中世に戦場で使われた高音のトランペット》；（オルガンの）クラリオン音栓 ❷ クラリオンの音色，明るい響き ―形 明るく高らかな

▶▶ **~ càll** 名 C《通例単数形で》（人々にすぐ行動をするよう促す）高らかな呼びかけ

*__clar·i·ty__ /klǽrəṭi/ 名〔◁ clear 形〕❶ U/C《a ～》（思考・文体などの）明快さ，平明 ❷ U（音の）明澄（めいちょう）；（画像などの）明瞭（めいりょう）さ；（液体・気体・ガラスなどの）透明，清明 ❸ U 明晰（めいせき）に思考する能力 ‖ ～ of mind 明晰な頭脳

clark·i·a /klɑ́ːrkiə/ 名 C〖植〗クラーキア，サンジソウ《米国西部産の観賞植物》

clar·y /kléəri/ 名（複 **clar·ies** /-z/）C〖植〗オニサルビアの類《香料が採れる》

*__clash__ /klæʃ/ 動 自 ❶（軍隊・集団などが）〈…と〉衝突する，ぶつかる；（スポーツの試合で）〈…と〉対戦する〈**with**〉（⇨ CRASH¹ 類語）‖ Two thousand students *~ed with* police outside the embassy. 2,000人の学生が大使館の外で警官隊と衝突した ❷（意見・利害などが）対立する；言い争う〈**with** …と；**over, on** …のことで〉‖ All his ideas *~ed with* mine. 彼の考えはことごとく私の意見と対立した / ～ *over* an issue ある問題で（意見が）対立する ❸《進行形不可》（予定などが）〈…と〉かち合う〈**with**〉❹《進行形不可》（色彩・パターンが）〈…と〉調和しない〈**with**〉‖ This tie *~es with* your plaid jacket. このネクタイは君の格子じまの上着と合わない ❺（金属などが）（ぶつかり合って）がちゃんと音を立てる

―他（打ちつけて）…をがちゃんと鳴らす

―名 C ❶ 衝突，小競り合い〈**between** …の間の；**with** …との〉；〈…との〉試合〈**against, with**〉；（意見・利害の）対立；言い争い ‖ He was injured in a ～ *with* the other team's players. 彼は相手チームの選手との小競り合いでけがをした / a ～ of ideas［interest］意見［利害］の対立 / a personality ～＝a ～ of personality 性格の不一致 ❷（予定などが）〈…の間で〉かち合うこと〈**between**〉‖ There is a ～ *between* two TV programs.（見たい）2つのテレビ番組がかち合っている ❸（金属などがぶつかり合って出す）がちゃんという大きな音 ‖ a ～ of cymbals シンバルのじゃんと鳴る音 / with a ～ がちゃんと音を立てて ❹ 色［パターン］の不調和

*__clasp__ /klæsp | klɑːsp/ 名 C ❶（バッグ・ベルトなどの金属製の）留め金，締め金，バックル ❷《通例単数形で》（固い）握手，強くつかむこと；強い抱擁 ❸ 従軍記念略章

―動 他 ❶ …を強く握る，つかむ；…をしっかり抱き締める（⇨ HOLD¹ 類語）‖ ～ her by the arm＝～ her arm 彼女の腕をつかむ / ～ him「to one's bosom［in one's arms］彼を強く胸［腕］に抱き締める / ～ one's hands 両手の指を組み合わせる ❷（留め金で）…を留める

clàsp hánds 固い握手を交わす

▶▶ **~ knìfe** 名 C 折り畳みナイフ

****__class__ /klæs | klɑːs/ 名 形 動

中心義 共通点のある人や物の集まり

名 クラス❶ 授業❷ 階級❹ 種類❺ 等級❻

―名〔▶ classify 動〕（複 **~·es** /-ɪz/）C ❶《集合的に》《単数・複数扱い》**クラス**，学級，組（の生徒たち）（♦《米》では通例単数扱い．《英》ではクラスを一体とみる場合は単数扱い，一人一人を意識する場合は複数扱い）‖ The ～ is［OR are］always quiet. そのクラスはいつも静かだ / Now, ～, let's sing a song. さあ，クラスのみんな，歌を歌いましょう / Tim and I are in the same ～. ティムと私はクラスが同じだ / The ～ meets every day Monday through Friday. そのクラスは月曜から金曜まで毎日授業がある / work hard to catch up with one's ～ クラスに追いつくために一生懸命勉強する / the fifth grade ～ 5年生のクラス

❷ U C **授業**（時間）（lesson），講義；講座，コース ‖ We have five *~es* on Wednesday. 水曜日は5時間授業だ / The psychology ～ is on Fridays. 心理学の講義は毎週金曜日にある / The teacher dismissed the ～ at four. 先生は4時に授業を終わりにした / **in** ～ 授業中（に）/ attend ～ 授業に出席する / take a ～ 授業を受講する

❸《集合的に》《単数・複数扱い》《米》同期の卒業生（のクラス）‖ the ～ of 1998 1998年卒業組

❹《集合的に》《単数・複数扱い》（社会）**階級**，（社会）階層；U 階級制度 ‖ The main **social** *~es* are the upper ～, the **middle** ～ and the lower ～. 主要な社会階級とは，上流，中流，下層階級だ / the working ～ 労働者階級 / the ruling ～ 支配階級 / a ～ system 階級制度

❺（同質の）部類，**種類**，範疇（はんちゅう）‖ different *~es* of verbs 異なる種類の動詞

❻ U《しばしば複合語で》**等級**，ランク；（乗り物の）…等 ‖ travel first ～ ファーストクラスで旅行する /「an economy-［a business-］～ ticket エコノミー［ビジネス］クラスのチケット / a world-～ player 世界レベルの選手

❼ U《口》（服装・行動の）優雅，上品；（技能などの）優秀，卓越 ‖ have［OR show］～ 品がある / an actor with ～ 優れた俳優

❽ U《英》（大学の）優等試験の等級 ‖ graduate with a first-～ honours degree 第一等優等学位を得て卒業する ❾〖生〗（分類学上の）綱（こう）《門（phylum, division）の下，目（もく）（order）の上》

in a cláss of［OR *on*］*its*［OR *one's*］*ówn*；*in a cláss by itsélf*［OR *onesélf*］並ぶものがない，断然優秀な

C

C

─形《比較なし》《限定》《口》優秀な, 一流の ‖ a ～ player 一流のプレーヤー
─動 他 ❶《+目+as 名・形》…を…とみなす(♦しばしば受身形で用いる) ‖ They want to be ～*ed as* political refugees. 彼らは政治難民とみなされることを望んでいる ❷ …を〈…に〉分類する, 〈…の〉部類に入れる〈**with, among**〉; …に等級をつける
▸▸ ～ **áct** 名 C《口》一流の人[もの] ～ **áction** 名 C U《米》集団訴訟, 共同訴訟 ～ **lìst** 名 C《英》(大学の)試験合格者等級別名簿 ～ **strúggle** [**wár**] 名 U/C《単数形で》階級闘争

clàss-cónscious ⊲ 形 階級意識を持った
～·ness 名 U 階級意識

‡clas·sic /klǽsɪk/
─形 (**more ～ ; most ～**)(♦❸以外比較なし)《通例限定》
❶ (芸術・文学などが) **第一級の**, 最高水準の, 優れて定評のある; 模範的な (⇨ CLASSICAL 類語) ‖ a ～ novel 第一級の小説
❷ (事例などが) 典型的な, 代表的な, よくある ‖ a ～ example [OR case] of misunderstanding よくある誤解の例 / a ～ symptom of neurosis ノイローゼの典型的な症状 ❸ (衣服・デザインなどが) 上品で流行に左右されない, 簡素で均衡のとれた, 定番の ‖ a ～ pleated skirt オーソドックスなプリーツスカート ❹《口》(言動などが) ふるっている, 傑作な, おかしな
─名 (複 **～s** /-s/) C ❶ **第一級の作品**, 名著, **古典**; 一流の作家[芸術家] ‖ Many Beatles' songs are now rock ～*s.* ビートルズの歌の多くは今やロック音楽の古典だ / read the German ～*s* ドイツの古典を読む
❷ 典型[代表, 伝統]的なもの[行事, 試合など] ‖ The World Series is a baseball ～. ワールドシリーズは野球の伝統的行事である ❸ 上品で簡素な(伝統的な)衣服 ❹《通例 the ～s》《複数扱い》(古代ギリシャ・ローマの)古典; 《C-s》《単数扱い》(講座・科目としての)古典, 古代ギリシャ・ローマ(文学[哲学, 歴史学])研究; 《旧》古典学者[研究家] ❺《口》(言動などが)ふるっていること, 傑作 ‖ That's a ～! そりゃあ傑作だ
語源 ラテン語 *classicus* (古代ローマ市民の6階級のうち「最高階級の」)から.
▸▸ ～ **ráces** 名《the ～》クラシックレース ① (英国の) 明け4歳馬による5大競馬《One Thousand Guineas, Two Thousand Guineas, Oaks, Derby, St. Leger》 ② (米国の) 明け4歳馬による3大競馬《Kentucky Derby, Preakness Stakes, Belmont Stakes》

‡clas·si·cal /klǽsɪkəl/
─形《比較なし》《通例限定》❶ (学説などが) (近・現代のものと区別して) **古典的な**; 正統(派)の, 伝統的な ‖ ～ liberalism 伝統的な自由主義 / ～ economics 古典派経済学
❷ (文学・芸術が) 古典主義の《簡素・調和を重んじる》(→ classicism); 古典的な, 懐古的な ‖ (the) ～ ballet クラシックバレエ
❸〘楽〙(ポピュラーに対して) **クラシックの**; 古典派の《特に18世紀半ばから19世紀初頭にかけてのヨーロッパのクラシック音楽の様式についていう》(→ baroque, romantic)
❹ (古代ギリシャ・ローマの) **古典の**, 古典文学[哲学, 歴史学]の; (文化・芸術などが) 古代ギリシャ・ローマ風の (⇨ 類語) ‖ a ～ education 古典教育 / the ～ languages 古典語《ギリシャ語・ラテン語》
❺ 初期段階の; 〘理〙(学説が)相対性理論と素粒子論に基づかない ❻ 典型的な, 代表的な(→ classic)
～·ly 副 古典的[風]に, 伝統的に, 懐古的に

類語 《❹》 **classic** 元来は「第一級の」の意. 〈例〉 *classic* authors 第一級の作家たち
classical 元来は「古代ギリシャ・ローマに関する」という意味. 〈例〉 *classical* authors 古代ギリシャやローマの作家たち

▸▸ ～ **músic** 名 U 古典派音楽; (ポピュラー音楽に対して)クラシック音楽(❗ ×classic music は誤り)

clas·si·cism /klǽsɪsɪ̀zm/ 名 U ❶ 古典主義; 擬古主義(→ romanticism) ❷ 古典の学識 ❸ ギリシャ語・ラテン語の語法

clas·si·cist /klǽsɪsɪst/ 名 C ❶ 古典主義者 ❷ 古典学者, ギリシャ・ローマ研究家

clas·si·cize /klǽsɪsàɪz/ 動 他 …を古典風にする
─自 古典様式をまねる

·clas·si·fi·ca·tion /klæ̀sɪfɪkéɪʃən/ 名 〔◁ classify 動〕
❶ U 分類(法), 格付け ‖ ～ of world languages 世界の言語の分類 ❷ C 分類項目, 類型, 区分 ❸ U〘生〙分類《動物の分類段階は一般に phylum (門) – class (綱) – order (目) – family (科) – genus (属) – species (種); 植物は division (門) 以外は動物に同じ》 ❹ U (文書・情報などの) 機密区分《restricted (部外秘), confidential (秘), secret (極秘), top secret (最高機密) など》 ❺ C〘図書〙図書分類法(→ decimal)

clas·si·fied /klǽsɪfàɪd/ 形《通例限定》❶ (文書・情報などが) 機密扱いの, 極秘の ❷ 分類された
─名 C《(the) ～s》(新聞などの)案内広告
▸▸ ～ **advertísement** [**ád**] 名 C (新聞の) 内容別案内広告, 三行広告

·clas·si·fy /klǽsɪfàɪ/ 動〔◁ class 名〕〔▶ classification 名〕(**-fies** /-z/ ; **-fied** /-d/ ; **～·ing**) 他 ❶ …を分類する; …を等級分けする, 格付けする〈**into** …に; **as** …として; **according to** …によって〉(♦しばしば受身形で用いる) ‖ They were *classified* on the basis of place of birth. 彼らは出生地をもとにして分けられた / The books were *classified* [*into* five categories [*as* entertainment, *according to* subject]. それらの本は5つのカテゴリーに[娯楽本として, テーマ別に]分類された
❷〔公文書・情報など〕を機密扱いにする
-fi·a·ble 形 分類できる; 機密扱いすべき

class·ism /klǽsɪ̀zm | klɑ́ːs-/ 名 U 階級差別 **-ist** 形 名

class·less /klǽsləs | klɑ́ːs-/ 形 ❶ 階級のない ❷ どの階級にも属さない **～·ness** 名

·class·mate /klǽsmèɪt | klɑ́ːs-/ 名 C 同級生, 級友, クラスメート; 《米》同期(卒業)生 ‖ He is my ～. = He and I are ～*s.* 彼と私は同級生だ

‡class·room /klǽsrùːm, -rʊ̀m | klɑ́ːs-/
─名 (複 **～s** /-z/) C **教室**; 《形容詞的に》教室の ‖ We have lunch **in** our ～. 私たちは昼食を教室でとる / ～ activities 学級活動 / computers for ～ use 教室用コンピューター / ～ practice (理論に対して)教室での実践

class·y /klǽsi | klɑ́ːsi/ 形《口》洗練された, 優雅な
cláss·i·ness 名

clat·ter /klǽtər/ 動 自 ❶ (皿などが) かたかた[がちゃがちゃ]音を立てる; かたかた[がたがた]動く ❷ ぺちゃくちゃしゃべる ─他 …をかたかた[がちゃがちゃ]鳴らす
─名 C ❶《単数形で》かたかた[がちゃがちゃ](という音); 騒音 ❷ 騒々しい話し声

·clause /klɔːz/ 名 C ❶〘文法〙節《文の一部を成す語群で, 中に「主語+動詞」を含むものをいう》(→ phrase) ‖ a main ～ 主節 / a subordinate [OR dependent] ～ 従(属)節 ❷ (法律・条約などの)条項, 箇条 ‖ a penal ～ 罰則条項 **cláus·al** 形

claus·tro·pho·bi·a /klɔ̀ːstrəfóʊbiə/ 名 U 閉所恐怖症; (制約から受ける)不快感
-bic 形 名 C 閉所恐怖症の(人); (場所が)狭苦しい

clav·i·chord /klǽvɪkɔ̀ːrd/ 名 C〘楽〙クラビコード《ピアノの前身となった鍵盤(けん)楽器》

clav·i·cle /klǽvɪkl/ 名 C〘解〙鎖骨(collarbone)

cla·vier /kləvíər/ 名 C 鍵盤; 鍵盤楽器

·claw /klɔː/ 名 C ❶ (鳥・獣・爬虫(はちゅう)類などの)かぎづめ; (昆虫の)つめ; (カニ・エビなどの)はさみ(⇨ NAIL 類語P)
❷ かぎづめ状のもの; くぎ抜きの先端
gèt one's cláws into a person ① 〔人〕を自分の言いなりにする ② (女が)〔男〕を引っかける ③ 〔人〕を酷評する

—動 他 ❶…をつめで引っかく, 引き裂く, つかむ ❷…を引っかいて作る［掘る］ —自 ❶〈…を〉つめで引っかく〈at〉 ❷〈…を〉(つかもうとして)手で探る〈at〉
clàw báck ... / clàw ... báck 〈他〉① (努力して) …を徐々に取り戻す ②《英》(政府が)〔交付金など〕を追加税の形で回収する
clàw óff 〈自〉〖海〗船首を風上に向ける
clàw one's wáy ① (両手を使って) にじるように進む (♦方向を表す 副句 を伴う) ② 困難を克服して［人を押しのけて］成功する
▸▸~ hàmmer 名 C くぎ抜き付き金づち；《米口》燕尾(えんび)服

cláw·bàck 名 C U《英》(政府が) 交付金を税金で取り戻すこと；(特に課税で)取り戻した金額

***clay** /kleɪ/ 名 U ❶ 粘土, 土 ‖ potter's ~ 陶土 / a lump of ~ ひとかたまりの粘土 / ~ pot 粘土のつぼ ❷〖地〗粘土質の沈積土(→ silt) ❸《文》(人間の)肉体(♦神が土から人間の肉体を創造したという聖書の故事による)；(人間のもととされる)土 ‖ die and turn to ~ 死んで土に返る ❹ (=~ còurt)〖テニス〗クレーコート《表面が土のコート》
have feet of clay ⇨ FOOT(成句)
▸▸~ pígeon 名 C ① クレー《クレー射撃 (trapshooting) で使う粘土製の標的》 ②《俗》人からつけ込まれやすい人, かも ~ pígeon shòoting 名 U《英》=trapshooting,《米》skeet shooting

clay·ey /kléɪi/ 形 粘土状［質］の；粘土を塗った

clay·more /kléɪmɔ̀ːr/ 名 C クレイモア ❶ スコットランド高地人が使った幅の広い両刃の剣 ❷ (=~ míne) 対人地雷の一種

***clean** /kliːn/ 形 副 動 名

中心義 汚れのない (★目に見えるものに限らず, 「心」や「音」などについても用いる)

> 形 きれいな❶ 真新しい❷ 純粋な❸
> 動 他 きれいにする❶

—形 (~·er ; ~·est)
❶ (物・体などが)きれいな, 清潔な, 汚れていない, 洗いたての (↔ dirty, foul) ‖ Wash your hands ~ before dinner. 食事前に手をきれいに洗いなさい / wear ~ underwear 清潔な下着を身につけている / keep the kitchen ~ 台所を清潔にしておく
❷《限定》真新しい, 未使用の；白紙の, 何も書いてない ‖ a ~ sheet of paper (未使用の)白紙
❸ 不純物の入っていない, 純粋な；汚染されていない；(傷口などが) 感染していない ‖ ~ water きれいな［汚染されていない］水 / her face ~ of makeup 化粧を(きれいに)落とした彼女の顔
❹ 訂正の (少) ない；読みやすい ‖ Please make a ~ copy of this draft. この下書きを清書してください / a ~ manuscript きれいな［訂正のない］原稿
❺ (人・動物が) きれい好きな, 身ぎれいな (↔ untidy) ‖ Cats are ~ animals. 猫はきれい好きな動物だ
❻《比較なし》《口》犯罪歴［前科］のない；《俗》《叙述》武器［盗品, 麻薬など］を隠し持っていない, 麻薬をやっていない；シロの ‖ a ~ driver's license (違反履歴のない) きれいな運転免許証
❼ (道徳的に)潔白な, 高潔な, 正直な(↔ immoral)；(スポーツで) 反則を犯さない, フェアな ‖ lead a ~ life 清廉潔白な生活をする / a ~ fighter フェアな選手, クリーンファイター ❽ 卑猥(ひわい)でない(↔ dirty) ‖ Keep it ~. みだらな話は慎むこと / a ~ joke 品の悪くない冗談 / good, ~ fun 上品［健全］な楽しみ(♥しばしば反語で) ❾ 形のよい, 整った, すっきりした；(飛行機などが)流線型の ‖ a ~ profile 整った横顔 / the ~ line of one's jaw あごのきれいな輪郭 / a ~ prose style すっきりした散文体 ❿ でこぼこのない；滑らかな；障害(物)のない；欠点［故障, 傷］のない ‖ make a ~ cut with a razor かみそりですぱっと切る(→ clean-cut) / a ~ drain 詰まっていない排水管 / a ~ harbor 良港 / ~ lumber［《英》timber］節(ふし)のない材木 ⓫ (音・画像が)明瞭(めいりょう)な；(味・香りなどが)新鮮でさわやかな ‖ a ~ sound 澄んだ音 / a ~ flavor さわやかな風味 ⓬ 鮮やかな, 見事な ‖ a ~ hit〖野球〗クリーンヒット, 快打 / a ~ jump (バーなどに触れない) 鮮やかなジャンプ / a ~ escape 鮮やかな脱走 ⓭《限定》《動作名詞を伴って》完全な, 全くの ‖ make a ~ break with the past 過去と完全に決別する ⓮ (兵器・設備が) 放射性降下物の少ない, 放射能を出さない ‖ a ~ bomb 放射性降下物の少ない爆弾 ⓯ 無公害の, 有害物質を出さない ‖ ~ energy クリーンエネルギー《太陽熱など》 ⓰〖宗〗(戒律に照らして)心身にけがれのない；(食物として)不浄でない, 食べることが許されている
as clean as a whistle ⇨ WHISTLE(成句)
**còme cléan* 《口》(秘密などについて)一切を話す, 白状する〈with 人に；about …について〉
have clean hands ; *keep one's hands clean* ⇨ HAND(成句)

COMMUNICATIVE EXPRESSIONS
1 **It's sò cléan you can èat òff the flóor.** (床の上のものを食べられるくらい)とても清潔だ

—副《比較なし》❶《口》全く, すっかり；鮮やかに, 見事に (♦forget 及び移動を表す動詞とともに用いる) ‖ I ~ forgot about the meeting. 会合のことをすっかり忘れていた / The bullet went ~ through his arm. 銃弾は彼の腕を貫通した / get ~ away まんまと逃げうせる
❷ きれいに ‖ *A new broom sweeps ~.*《諺》新しいほうきはきれいに掃ける；新任者は改革に熱心だ ❸ 公正に, フェアに ‖ play the game ~ 正々堂々と試合する
—動 (~s /-z/ ; ~ed /-d/ ; ~·ing)
—他 ❶ …をきれいにする, 掃除する, 片づける；…を手入れする, …を(ドライ)クリーニングする ‖ Have you ~*ed* your room yet? 部屋の掃除はもう済んだの / ~ one's teeth 歯を磨く / ~ oneself 顔や手［体］を洗う / ~ the silver 銀器を磨く
❷ 〈…から〉〔汚れなど〕を取り除く, 落とす《away, off》〈from, off〉；…から〈汚れなどをとって〉きれいにする〈of〉 ‖ ~ *off* the dirt *from* one's shoes 靴の泥を落とす / ~ one's hands *of* dirt 手の汚れをきれいに落とす
❸ …を空(から)にする；〔料理 (の皿)〕を平らげる ‖ ~ one's plate 皿の料理を(全部)平らげる
❹〔魚・鳥など〕を(内臓をとって)下ごしらえする
—自 ❶ きれいにする, (家の)掃除をする；顔や手［体］を洗う ❷ (+副)きれいになる, 汚れが落ちる(♦副 は様態の副詞) ‖ A porcelain sink ~*s* easily [well]. 陶製の流しは簡単に［よく］洗える
clèan dówn ... / clèan ... dówn 〈他〉《主に英》(ブラシをかけたり拭いたりして) …をすっかりきれいにする
clèan óff ... / clèan ... óff 〈他〉① (ごみなどを取り除いて) …をきれいにする ② …を取り除く(→ 他 ❷)
**clèan óut ... / clèan ... óut* 〈他〉① …を空にする；…の中をきれいに片づける, (ごみを出して)掃除する；〔ごみ〕を取り除く ‖ ~ *out* a drawer 引き出しを空にして片づける ②《口》〔人・場所〕から〈金・品物を〉全部取り去る［盗む, 巻き上げる］〈of〉；《受身形で》破産する, 一文なしになる ‖ The robbery ~*ed* him *out* (*of* money). 彼は盗難に遭って金をすっかり巻き上げられた / He was ~*ed out* when he left Las Vegas. 彼はラスベガスを去るときには一文なしになっていた ③《米口》〔人〕を〈場所・組織から〉追い出す, 放逐する〈of〉
**clèan úp* 〈他〉《clèan úp ... / clèan ... úp》① …をすっかりきれいにする, きれいに掃除する［片づける］；〔汚いものなど〕を取り除く ‖ *Clean up* your room. 部屋を掃除しなさい / a *cleaned-up* version of a popular video (セックスや暴力シーンなどを消した) 人気ビデオの浄化版 ②

C

《口》〔人〕の体をきれいにする；《～ oneself up で》体[手]をきれいに洗う，身ぎれいにする ③《米口》〔仕事など〕を片づける，終わらせる；〔請求書など〕を清算する ④〔都市・政界など〕から犯罪[腐敗など]を一掃する，…を浄化する；〔敵〕を一掃する ⑤《口》〈…で〉〔大金〕をもうける，大もうけ[ぼろもうけ]する〈**at, in, on**〉 ―〈自〉 ① すっかりきれいにする，きれいに掃除する；体[手]をきれいに洗う，身支度をする ②《口》〈…で〉(あっという間に)大もうけ[ぼろもうけ]する〈**at, in, on**〉‖ ～ *up on* the stock market 株で大もうけする ③《口》賞などをさらう，総なめにする

clèan úp after a pérson 〔人〕が汚したあとをきれいにする[片づける]

clèan úp on ... 〈他〉《米俗》…をやっつける(defeat)

―名 C《単数形で》《主に英》きれいにすること ‖ Give your room a (good) ～. 自分の部屋を(よく)掃除しなさい **～·ness** 名

▶▶ **～ ròom** 名 C 清浄室，無菌室《精密部品の組み立てや生物実験に使われる》 **～ technòlogy** 名 C U クリーンテクノロジー《環境を汚染しない科学技術》

clèan-cút ⊲ 形 ❶ (特に男性が) 身なりのきちんとした，清潔な ❷ 輪郭のはっきりした ❸ 明確な，はっきりした

***clean·er** /klíːnər/ 名 C ❶ 清掃(作業)員，掃除をする人 ❷ (ドライ) クリーニング店の主人[店員]；《通例 the ～s, the ～'s》(ドライ) クリーニング店 ‖ Your suit is at the ～*s*. あなたのスーツはクリーニングに出ています ❸ 掃除機 ‖ a vacuum ～ 電気掃除機 ❹ 洗剤，クリーナー

tàke a pèrson to the cléaners [OR ***cléaner's***] 《口》 ①〔人〕から金を(全部)巻き上げる，〔人〕を一文なしにする ②〔人〕をこき下ろす；…をこてんぱんに負かす

***clean·ing** /klíːnɪŋ/ 名 U ❶ 掃除，清掃 (→ spring-cleaning) ‖ do the ～ 掃除をする ❷ 洗濯，クリーニング ❸ (物の) 手入れ ▶▶ **～ làdy** [**wòman**] 名 C 女性の清掃員(中立 (house) cleaner)

clèan-límbed ⊲ 形 手足がすらりと伸びた；(体形が)均整のとれた

***clean·li·ness** /klénlinɪs/ 《発音注意》 名 U 清潔；きれい好き ‖ Don't be obsessive about ～. 小ぎれいさにあまりにこだわってはいけない

clèan-líving 形 健全な；品行方正な

clean·ly[1] /klíːnli/ 副 ❶ きれいに，清潔に ❷ すんなりと，容易に ❸ 潔白に，正々堂々と

clean·ly[2] /klénli/ 形《古》きれい好きな；いつもきれいにしてある

***cleanse** /klenz/ 《発音注意》 動 他 ❶〔肌・傷口〕をきれいにする，洗浄する(clean) ‖ ～ a wound 傷口を洗う / a *cleansing* cream クレンジングクリーム ❷〔人(の心)など〕を〈汚れ・罪を取り除いて〉清める；〔場所・組織など〕から〈不正など〉を取り除く，一掃する〈**of**〉‖ ～ the soul *of* sin 心の罪を洗い清める

cleans·er /klénzər/ 名 C クレンザー，洗剤；洗顔料

clèan-sháven ⊲ 形 きれいにひげをそった

***cléan·ùp** 名 C ❶《通例単数形で》大掃除 ❷《通例単数形で》(犯罪・悪などの)一掃，浄化 ‖ a ～ campaign 一掃[浄化]運動 ❸〖野球〗4番打者(❗日本語のクリーンナップ(トリオ)と異なり3番，5番打者は含まない) ‖ bat ～ 4番打者を務める / the ～ hitter [position] 4番打者[の打順] ❹《俗》大もうけ ―形〖野球〗4番(打者)の

***clear /klɪər/ 形 副 動 名

中心義 邪魔なものがなく，すっきりとした

> 形 はっきりした❶ 確信した❷ 澄んだ❹ 晴れた❺ くっきりした❻ 障害物のない❾
> 動 他 片づける❶ 晴らす❹ 自 晴れる❶

―形 (▶ clarity 名, clarify 動)(**～·er**；**～·est**)

❶ **a** **はっきりした**，わかりやすい，明白な，明快な，明瞭(めいりょう)な；疑いようのない，明らかな(↔ ambiguous)(⇨ 類語) ‖ Its meaning [The reason] is **quite** ～. その意味[理由]は極めて明白だ / OK. I'll **make** it ～ to you. よろしい，それでははっきりさせよう(♥ make it clear は目上から目下に対してというニュアンスがあるので一般的には clarify を用いる方が無難) / You must never be late again. Is that ～? 二度と遅れてはいけませんよ．わかりましたね(♥ ときにいら立ちを表す) / This was ～ to everyone. このことはだれにも明らかだった / a ～ case of cheating 明らかな詐欺事件

b 《It is ～ (to *A*) + that 節 / wh 節 / wh + to *do* で》…ということ[…かどうか]は明らかである ‖ It is ～ *that* they do not intend to compromise. 彼らが妥協するつもりがないことは明らかだ / It **became** [OR **was made**] ～ *that* these problems require a separate study. これらの問題は個別に研究する必要があると判明した

❷《叙述》**確信した**，自信のある，はっきり知っている〈**on, about, of** …について / **that** 節 …ということを / **wh** 節 …かどうかを / **wh to** ***do*** …するかどうかを〉‖ I'm ～ *on* that point. その点に関しては自信があります / He seems ～ *that* their relationship has ended. 彼は自分たちの関係は終わったと確信しているようだ / I wasn't ～ (*about*) *what* we had to do. 我々が何をなすべきか私には確信がなかった / Are you ～ (*about*) *where to* meet them? 彼らにどこで会うのかわかっていますか

❸ 明晰(めいせき)な，透徹した，鋭敏な ‖ a ～ mind 明晰な頭脳 / ～ analysis [reasoning] 明晰な分析[推論] / have ～ ideas about environmental policy 環境政策について明確な考えを持っている

❹ (水・空気・ガラスなどが)**澄んだ**，透明な；(目が)澄みきった ‖ ～ water 澄んだ水(♦ clean water は「汚れていない水」の意) / ～ soup 澄んだスープ，コンソメ / ～ glass 透明なガラス / ～ eyes 澄んだ目

❺ (よく)**晴れた**，雲[霧]のない(↔ cloudy) ‖ It is ～ and cold today. 今日はよく晴れて寒い / a ～ sky 晴れ渡った空 / on a ～ day よく晴れた日に

❻ (形・輪郭などが)**くっきりした**，明確な(↔ indistinct) ‖ ～ contours くっきりした輪郭 / a ～ TV picture 鮮明なテレビの画像

❼ (音・声が)よく響く，澄んだ；〖音声〗(l 音が)明音の《little などの語頭の l 音》(↔ dark) ‖ in a high, ～ voice 高いよく通る声で / ～ pronunciation 明瞭な発音

❽ 明るい，輝く；(色が)鮮やかな，純度の高い；《古》(炎が)煙をあげずに燃える ‖ a ～ light 明るい光 / a ～ red 鮮やかな赤

❾ **障害物のない**，開けた，空いた；〈障害物などの〉ない〈**of**〉‖ His desk is ～. 彼の机の上には何もない / a ～ view of the countryside 遮るものもない田園の眺め / The road is now ～ *of* snow. 道路にはもう雪はない

❿《叙述》〈…と〉かかわり[接触]のない，離れている ‖ We are now ～ *of* danger. もう危険は脱した / Keep ～ *of* that fellow. あの男には近づくな ⓫《叙述》〈義務・負債などを〉免れた〈**of**〉；(日が)予定のない，暇な ‖ ～ *of* debt 借金がない / ～ *of* suspicion 疑いの晴れた / keep next Monday ～ 次の月曜日を空けておく ⓬ (表情などが) 晴れやかな ‖ a ～ countenance 晴れ晴れとした表情 ⓭ 傷[汚れ，しみ]のない；(木材が) 節のない ‖ a ～ complexion (顔の)きれいな色つや ⓮ やましいところのない，潔白な ‖ with a ～ conscience 良心にやましいところなしに ⓯《限定》正味の(net)，丸々の；無条件の，絶対の ‖ a ～ profit 純益 / for three ～ days 丸々3日間 / a ～ $10,000 (after taxes) (税引き後) 手取り1万ドル / a ～ victory 完璧(かんぺき)な勝利 ⓰ (船で)積荷が空の

Àll cléar! 警報解除(⇨ ALL CLEAR)

COMMUNICATIVE EXPRESSIONS

1 **Can I gèt this cléar?** (要点などを)確認させてください(♥ 相手の言ったことが不明瞭だった場合などに用いる形式ばった表現)

2 「**Do I màke** [OR **Have I màde**] **mysèlf cléar?** 私

の言うことがわかりましたか(♥「ちゃんとわかっただろうね」と念を押すやや命令調の意味合いを持つことが多い. =Is that clear?)
3 **I hópe thàt's cléar.** わかりましたね(♥ 相手の理解を確認する表現. =Do you see what I mean?)
4 **It's (as) clèar as dáy.** それは明々白々だ
5 **Lèt's be (pèrfectly) cléar about it.** (要点などを)はっきりさせておこう(♥ 要点や結論について念を押す表現で, 特に相手の誤解を避けたいような状況で用いる)
6 **Óne thìng that's nòt cléar to me is** how they gòt ìnto the buílding. 彼らがどうやって建物に入ったのか, そのことだけがわからない

―副 (~·er ; ~·est) (♦❶❷は比較なし)
❶〈…から〉離れて〈**of**〉‖ Stand ~ *of* the door. ドアから離れてください / steer ~ *of* such topics そのような話題は避けて通る
❷《口》すっかり, 全く;《主に米》〈…まで〉ずっと〈**to**〉‖ The thief got ~ away. 泥棒は完全に逃げうせた / go ~ across the lake 湖を横切って(ずっと)向こう岸まで行く / Fill the box ~ *to* the top. 箱に上までいっぱい詰めなさい / He read ~ *to* the end of the letter. 彼はその手紙を最後まで全部読んだ ❸ 明らかに, 明瞭に, はっきりと (clearly) (♦ ふつう loud and clear の句で) ‖ I hear you loud and ~. あなたの声が大きくはっきり聞こえますよ

―動 [▶ clearance 名] (~s /-z/ ; ~ed /-d/ ; ~·ing)
―他 ❶〈障害物を取り除いて〉〔場所〕を**片づける**, きれいにする;〔スペース〕を作る;〔場所〕から〈人・物を〉片づける[取り除く]〈**of**〉;〔人・物〕を〈…から〉片づける[取り除く]〈**from, off**〉;〔人〕を〈…から〉締め出す〈**from**〉‖ ~ the table 食卓(の上のもの)を片づける / ~ a space on the desk for a computer パソコンを置くため机の上を片づけスペースを作る / ~ a river *of* pollution 河川の汚染を浄化する / After the bomb was found, the police ~*ed* the street. 爆弾が見つかり警察は道路から人々を退去させた / Posters were ~*ed from* [OR *off*] the bulletin board. ポスターは掲示板から外された / ~ the plates *from* the table 食卓の皿を片づける / ~ one's **throat** せき払いする
❷〔頭など〕をはっきりさせる;〔酔い〕を覚ます ‖ He went out for a walk to ~ his head. 彼は頭をはっきりさせるため散歩に出かけた
❸ 💻〔不要なデータ〕を消去する;〔メモリー〕からデータを消去する
❹〔人〕の嫌疑を**晴らす**;…を〈…から〉免れさせる, 解く〈**of**〉(♦ しばしば受身形で用いる) ‖ He was ~*ed of* the charge of murder. 彼にかかっていた殺人の嫌疑が晴れた / ~ oneself 自分の無罪を明らかにする / ~ one's mind *of* doubt 心の疑念を解く
❺〔人〕に(機密などの扱いを)認める ‖ They were ~*ed* for secret research. 彼らは秘密の研究に携わる資格を認められた ❻(税関検査を済ませた後などで)〔船・飛行機・旅客など〕の出国[入国]を許可する, …に出入港[離着陸]許可を与える ‖ The plane was ~*ed* for takeoff. 飛行機は離陸を許可された ❼ …を認可する;…の認可を〈…に〉受ける〈**with**〉‖ The chairman ~*ed* the article for publication. 委員長はその記事の公表を認めた / get a film ~*ed* 映画を認可してもらう / ~ a plan *with* headquarters 本部に計画の許可を求める ❽(触れずに)…を通過する;〔ある高さ〕を飛び越す, クリアする ‖ ~ a tunnel トンネルを抜ける / ~ a fence [hurdle] さく[ハードル]をきれいに飛び越す / ~ 1.60 meters in the high jump 高跳びで160センチをクリアする ❾〔税関〕を通過する ❿〔釣り糸など〕のもつれを解く ⓫〔手形・小切手〕を手形交換所に通す, 交換清算する ⓬〔勘定・借金〕を清算する ⓭ …の純益をあげる ‖ ~ $1,000 in a transaction 取り引きで1,000ドルの純益をあげる ⓮(サッカーなどで)〔ゴールに近づいたボール〕をクリアする
―自 ❶ きれいになる, 澄む;(空が)**晴れる**;(表情などが)明るくなる, 晴れる;(頭が)はっきりする;(肌が)きれいになる ‖ The day ~*ed*. 天気になった / His mind ~*ed* gradually. 彼の頭はだんだんはっきりしてきた
❷(霧・熱・問題などが)消える, なくなる; 💻(データが)消去される ❸(船・飛行機などが)出入港[離着陸]許可を得る ❹(手形・小切手が)交換所を通る, 清算される ❺(サッカーなどで)(ボールが)クリアーされる

***clèar awáy** 〈他〉《*clèar awáy* ... / *clèar* ... *awáy*》① …を片づける, 取り除く ‖ The wind ~*ed* the smoke *away*. 風が煙を吹き払った / ~ the tea things *away* お茶の道具を片づける ② …を立ち去らせる ―〈自〉①(食事の)後片づけをする ②(雲・霧が)晴れる ③ 立ち去る

***clèar óff** 〈他〉Ⅰ《*clèar óff* ... / *clèar* ... *óff*》①〔借金〕を完済する ② …を片づける Ⅱ《*clèar óff* ...》③ …から立ち去る Ⅲ《*clèar A òff B*》④ AをBから立ち去らせる ―〈自〉《口》《しばしば命令文で》(急いで)立ち去る

***clèar óut** 〈他〉《*clèar óut* ... / *clèar* ... *óut*》① …の中身を出してきれいに片づける;〔ごみなど〕を(きれいに)片づける;…を一掃する ‖ She ~*ed out* her desk. 彼女は机の中のものを出して片づけた ②《口》〔人〕を一文無しにする;〔人〕から〈…を〉完全に奪う;〔人〕を〈…から〉追い出す〈**of**〉‖ That would ~ me right *out*. そんなことをしたらすっからかんになってしまう ―〈自〉①《口》〈…から〉(急いで)立ち去る, 出て行く〈**of**〉; 家を出る ②(中身を出して)きれいに片づける

***clèar úp** 〈他〉《*clèar úp* ... / *clèar* ... *úp*》① …をすっかり整頓(せいとん)する, きれいにする;〔ごみ・仕事など〕を(すっかり)片づける ‖ The kitchen was ~*ed up*. 台所はきれいに整頓された ②〔問題・事件など〕を**解明する**;〔誤解など〕を解く ‖ It helped to ~ the horrible affair *up*. それはその忌まわしい事件の解明に役立った / ~ *up* a misunderstanding 誤解を解く ③〔病気〕を治す ‖ This ointment should ~ *up* the rash in a few days. この軟膏(なんこう)をつければ発疹(ほっしん)は2, 3日で治るはずです ―〈自〉①(天気が)回復する, **晴れる**;(顔つきなどが)明るくなる ‖ 「The weather [OR It] ~*ed up* quickly after the rain. 雨がやむとたちまち晴れ上がった ② 片づける, 整頓する ③(病気が)治る ‖ Hasn't your cold ~*ed up* yet? 風邪はまだ治っていないのですか ④(事態が)明らかになる, 解明される

―名 ❶ Ⓒ 空き地 ❷《通例 the ~》《米口》運動能力向上薬(♦ 尿検査で検出されないとされることから)

in cléar (暗号文でなく)生(なま)文で(↔ in code)
in the cléar ① 何[だれ]にも妨げられずに, 何の制約も受けずに ② 疑いが晴れて; 危険が去って; 病気が治って ③ 借金がなくて ④(競争などで)リードして

類語《形 ❶》clear あいまいさが少しもなく, はっきりしていることを表す最も一般的でくだけた語.
plain 複雑さがなく単純ではっきりした. 〈例〉a *plain* expression 単純明快な表現
distinct 容易にほかと区別して見える[聞こえる, 理解できる]ほどはっきりとして鮮明な. 〈例〉*distinct* handwriting 明瞭な筆跡
evident 外面的状況から直ちにはっきり認められる; 疑いの余地なく明白な. 〈例〉his *evident* delight 見るからにうれしそうな彼の様子
apparent 外面的状況から明らかである(ように思われる). 〈例〉It was *apparent* that he was ill. 明らかに彼は病気だった(♦ apparent defeat は「明白な敗北」(=evident defeat)と「一見敗北に見えるもの」(=seeming defeat)の両義が成り立つ)
obvious 際立ってはっきりした. 〈例〉an *obvious* change in fashions 流行の明らかな変化
manifest はっきり表面に出ていて紛れもなく明らかな. 〈例〉his *manifest* malice 彼の明白な悪意

***clear·ance** /klíərəns/ 名 ❶ⒸⓊ 取り片づけ, 除去, 撤去 ❷ⓊⒸ 隙間(すきま), 間隔, 頭上高《トンネルの天井と車の間など》❸Ⓤ(正式な)許可; 通関手続き, 出入港許可; 離

着陸許可 ❹ =security clearance ❺ (=～ sàle) Ⓒ 在庫一掃セール ❻ Ⓤ (森林などの) 開墾；Ⓒ 切り開いた場所 ❼ Ⓤ Ⓒ 手形交換 ❽ Ⓒ 〘スポーツ〙クリア《サッカーなどでボールを自陣のゴール近くから外に出すこと》

clèar-cút ⊲ジ 形 ❶ 《限定》輪郭のはっきりした ❷ 明確な, 明快な ❸ 樹木がすべて切り払われた
—動 他 …の樹木をすべて切り払う

clèar-éyed 形 ❶ 目の澄んだ；よく目が見える ❷ 明敏な, 洞察力のある

clèar·héaded ⊲ジ 形 頭脳明晰(めいせき)な　**～·ly** 副

***clear·ing** /klíərɪŋ/ 名 Ⓒ ❶ (森林内の) (木の生えていない) 空き地；開拓地, 開墾地 ❷ (銀行間の) 手形交換；《～s》手形交換高
▸▸ **～ bànk** 名 Ⓒ 《英》(ロンドンの)手形交換銀行

cléaring·hòuse 名 Ⓒ ❶ 手形交換所 ❷ 情報の収集・提供を行う機関

⁝clear·ly /klíərli/
—副 (**more ～**；**most ～**)
❶ **はっきりと**, 見[聞き]やすく；**わかりやすく**, 疑いようもなく ‖ Speak more ～. もっとはっきり話しなさい / Now we can **see quite** ～ where we went wrong. 私たちがどこで間違ったのか今ならはっきりわかる / The terms need to be ～ **defined** first. まず用語をはっきり定義する必要がある / The tower is ～ **visible.** その塔ははっきり見える / think ～ 筋道を立てて[論理的に]考える
❷ 《文修飾》**明らかに** ‖ *Clearly*, he is wrong. =He is ～ wrong. 明らかに彼は間違っている
❸ 《返答》いかにも, そのとおり, もちろん

clear·ness /klíərnəs/ 名 Ⓤ ❶ 清らかさ, 明澄(めいちょう), 鮮明 ❷ 明白, 明確さ ❸ 障害物のないこと, 無傷 ❹ 潔白

cléar·òut 名 Ⓒ 《通例単数形で》《英》(不用品の) 片づけ, 処分

clèar·síghted ⊲ジ 形 ❶ 視力のよい ❷ 明敏な, 洞察力のある　**～·ness** 名

cléar·wày 名 Ⓒ 《英》駐停車禁止区域

cleat /kliːt/ 名 Ⓒ ❶ (靴の)滑り止め, スパイク；《～s》《米》スパイクシューズ ❷ 〘海〙クリート, 索留め《ロープを結ばずに絡めて留めるもの》 ❸ (補強用に当てる)押さえ木[金]
—動 他 …をクリートで押さえる, クリートに留める

cleav·age /klíːvɪdʒ/ 名 ❶ Ⓒ Ⓤ (襟元から見える) 胸の谷間 ❷ Ⓒ 裂け目；溝；(意見などの) 不一致 ❸ Ⓤ 〘生〙(卵の)分裂；〘化〙(分子などの)分裂 ❹ Ⓤ 〘鉱〙(結晶の)劈開(へきかい)

cleave[1] /kliːv/ 動 (**～d** /-d/ OR **cleft** /kleft/ OR **clove** /klouv/；**～d** OR **cleft** OR **clo·ven** /klóuvən/；**cleav·ing**) 他 ❶ …を裂く, 割る, (木目などに沿って)…を切り離す；〔社会など〕を分裂させる ❷ 《文》〔道〕を切り開く；〔風・水など〕を切って進む　—自 ❶ 裂ける, 割れる；(卵などが)分裂する ❷ 〈風・水などを〉切って進む〈**through**〉

cleave[2] /kliːv/ 動 自 《文》 ❶ 〈…に〉くっつく, 付着する (adhere)〈**to**〉 ❷ 〈…に〉執着する, 忠実である〈**to**〉

cleav·er /klíːvər/ 名 Ⓒ 肉切り包丁, 中華包丁

cleav·ers /klíːvərz/ 名 《通例単数・複数扱い》〘植〙ヤエムグラの類

clef /klef/ 名 Ⓒ 〘楽〙音部記号 ‖ F ～ ヘ音記号 / G ～ ト音記号

clef

cleft[1] /kleft/ 名 Ⓒ (岩石の)裂け目, 割れ目

cleft[2] /kleft/ 動 cleave[1] の過去・過去分詞の1つ
—形 裂けた, 割れた；(葉が)尖裂(せんれつ)の
in a cleft stick ⇨ STICK[1](成句)
▸▸ **～ líp** 名 Ⓒ 口唇裂　**～ pálate** 名 Ⓒ 口蓋(こうがい)破裂　**～ séntence** 名 Ⓒ 〘文法〙分裂文, 強調構文《焦点を当てる語句を It is ... that で挟む文》

clem·a·tis /klémətəs | -tɪs/ 名 Ⓒ 〘植〙クレマチス

clem·en·cy /klémənsi/ 名 Ⓤ Ⓒ ❶ 寛大さ, 温情, 慈悲 (mercy)；慈悲深い行為 ‖ make a plea for ～ 温情的措置を願い出る ❷ (気候の)温和

clem·ent /klémənt/ 形 ❶ 寛大な, 慈悲深い ❷ (気候が)温和な(mild)

clem·en·tine /kléməntàɪn/ 名 Ⓒ クレメンタイン《小型のミカン》

***clench** /klentʃ/ 動 他 ❶〔歯〕を食いしばる,〔こぶし〕を固める (♥ 怒り・決意などを表す) ‖ ～ one's teeth [OR jaws] 歯を食いしばる / with fingers ～*ed* into a fist こぶしを固めて ❷ …を〈…に〉しっかり握る〈**in, between**〉；…をしっかりかみ締める ‖ He ～*ed* the handle of his umbrella *in* his left hand. 彼は傘の柄を左手でしっかり握り締めた ❸ =clinch ❸
—自 (歯・こぶしが)固く締まる；(筋肉などが)堅くなる
—名 Ⓒ 《単数形で》歯を食いしばること, こぶしを固めること；握り締めること

Cle·o·pat·ra /klìːəpǽtrə/ 名 クレオパトラ (69–30B.C.) 《エジプトのプトレマイオス朝最後の女王》

clep·sy·dra /klépsɪdrə/ 名 (複 **～s** /-z/ OR **-drae** /-driː/) Ⓒ (古代の)水時計(water clock)

clere·sto·ry /klíərstɔ̀ːri/ 名 (複 **-ries** /-z/) Ⓒ ❶ 〘建〙(教会などの)明かり層, 高窓 ❷ (列車内の)屋根窓

***cler·gy** /klə́ːrdʒi/ 名 《通例 the ～》《集合的に》《通例複数扱い》(特にキリスト教の) 聖職者 (clergymen) (↔ laity) ‖ Twenty ～ were present. 20人の聖職者が出席していた / join the ～ 聖職者になる / without benefit of ～ 《戯》正式に結婚せずに(→ benefit of clergy)

clérgy·man /-mən/ 名 (複 **-men** /-mən/) Ⓒ (男性) 聖職者(中立 (member of the) clergy)

clérgy·wòman 名 Ⓒ 女性聖職者

cler·ic /klérɪk/ 名 Ⓒ 聖職者

***cler·i·cal** /klérɪkəl/ 形 ❶ 事務の, 書記の ‖ a ～ error 誤記 ❷ 聖職(者)の　—名 Ⓒ 《～s》司祭服, 僧服
～·ly 副
▸▸ **～ cóllar** 名 Ⓒ (一部の聖職者が着ける) 帯状の白い立ち襟

cler·i·cal·ism /klérɪkəlɪ̀zm/ 名 Ⓤ ❶ (政治上の) 聖職権主義, 教会政治主義 ❷ (政治上の)聖職者[教会]の権力　**-ist** 名

cler·i·hew /klérihjùː/ 名 Ⓒ 〘韻〙クレリヒュー《有名人をテーマにした滑稽(こっけい)4行詩》

⁝clerk /kləːrk | klɑːk/ 《発音注意》
—名 (複 **～s** /-s/) Ⓒ ❶ (会社・銀行の)**事務員**, 社員, 行員 ‖ a bank ～ 銀行員 / a junior ～ in an insurance office 保険会社の平社員 ❷ (官庁・議会の)事務官, 職員；(裁判所の) 書記 ‖ a city ～ 市の職員 ❸ 《米》**店員**, 売り子 ❹ 《米》(ホテルの) フロント係 (desk clerk) ❺ 教会書記 ❻ 《堅》聖職者, 牧師；《古》学者
a Clèrk of the Clóset 《英》国王[女王]付き首席司祭
a clèrk of the cóurse 競馬[カーレース]の審判委員
a clèrk of (*the*) *wórks* 《英》建築現場監督
—動 自 《米》事務員[店員]として勤める ‖ She ～*ed* in the store. 彼女はその店で店員として働いた

clerk·ly /klə́ːrkli | klɑ́ːk-/ 形 事務員の[らしい]；《米》店員の[らしい]

clérk·shìp 名 Ⓤ 事務員[書記, 《主に米》店員] の職[身分]

Cleve·land /klíːvlənd/ 名 クリーブランド ❶ (**Stephen**) **Grover ～** (1837–1908)《米国の第22・24代大統領(1885–89；1893–97)》 ❷ 米国オハイオ州北東部の都市

⁝clev·er /klévər/ 中心義» **物事を巧みにこなせる**
—形 (通例 **～·er**；**～·est**) (⇨ PB 15)
❶ **a** (人が)頭のよい, **利口な**, 才気に富む(↔ dull, stupid)(⇨ 類語) ‖ a ～ child 頭のよい子
b 《It is ～ of *A* to *do* / *A* is ～ to *do* で》 A が…するのは頭がよい [賢明だ] ‖ Don't you think he is ～ *to*

have gotten such an important job? あんな要職に就いたなんて彼は頭がいいって思わないか / It is ~ *of* you *to* see that. それがわかるとは君は頭がいいですね
❷ (言動・考えなどが)巧みな, 工夫に富んだ, 気のきいた(↔ unimaginative) ‖ What a ~ idea! 何ていい考えだ / a ~ speech 巧みな演説 / by ~ strategy 巧妙な策略で ❸ 器用な, 上手な(↔ clumsy); 手際[身のこなし]の鮮やかな〈**with** …を扱うのが; **at** … (をするの) が〉‖ Grandma has ~ fingers. おばあちゃんは指先が器用だ / be ~ *with* one's hands 手先が器用である / be ~ *at* [×in] making pretty things きれいなものを作るのが上手である ❹ 利口ぶった, 口先だけ上手な; 抜け目のない, ずる賢い; (口のきき方が)生意気な ‖ Don't get ~ with me! 小生意気な口をきくんじゃないよ ❺《叙述》《否定文で》《英口》健康な ❻《米方》(人が) (それほど利口ではないが) 人のよい, 愛想のよい; (動物が)扱いやすい, おとなしい

(*as*) ***clever as a wagonload*** [OR ***cartload***] ***of monkeys*** ⇨ MONKEY(成句)

be tòo clèver by hálf 《英口》あまりにも利口すぎる[抜け目がなさすぎる]

~·ness 名

類語《❶》**clever**「頭がよい, 賢い, 利口な」の意を表す一般語.
wise「非常に聡明(そうめい)で正しい判断力を持つ, 賢明な」の意で, 人格も立派なことを意味する.
bright「頭の回転が速い, 利発な」の意. 〈例〉a *bright* student 頭のよい学生
intelligent「理解力が十分ある」の意. 生来の能力を表し動物にも使える. 〈例〉an *intelligent* dog 利口な犬
intellectual「理解力が優れて高度の知識を持つ, 理知的な」の意で, 蓄積された能力をいう. 人間のみに使う. 〈例〉an *intellectual* giant 並外れて知性が優れた人
smart「利口な, 頭のよい, 才気走った」の意. (♦「頭がよい」の意では clever, bright, smart は intelligent, intellectual よりも口語的. clever には「抜け目のない, ずる賢い」の意味がある. また, smart が《主に米》でこの意味で使われる)

▸▸ **~ clògs** 名 複 =clever Dick (↓) **~ Dìck** [**dìck**] 名 C 《英口》利口ぶった人

clèver-cléver 〈ジ〉 形 《英口》《けなして》利口ぶった

clev·er·ly /klévərli/ 副 ❶ 利口に, 如才なく ❷ 巧妙に; 器用に

clev·is /klévɪs/ 名 C Uリンク, U字かぎ

clew /kluː/ 名 C ❶《海》帆耳《横帆の下隅, 縦帆の後下隅》; 《~s》(ハンモックの)つるし縄 ❷ 糸玉 ❸《古》=clue
— 動 他 ❶〔糸〕を玉にする ❷《海》帆耳を引き下げて〔帆〕を広げる《***down***》; 帆耳を引き上げて畳む《***up***》

cli·ché /kliːʃéɪ | ニ/ 名 ❶ C 《言》常套(じょうとう)句《as cool as a cucumber, far and wide, halcyon days など》; 陳腐な表現[決まり文句]; 陳腐な思想[テーマ]; ありきたりな人 ❷ U 決まり文句の使用 ❸ U 《主に英》《印》ステロ版; 電鋳版(♦ フランス語より)

cli·chéd, -ché'd /kliːʃéɪd | ニ/ 形 陳腐な ‖ a ~ response 紋切り型の返事

click¹ /klɪk/ 動 自 ❶ (マウスで)〈…を〉クリックする〈**on**〉‖ ~ *on* the hyperlink ハイパーリンクをクリックする ❷ かちっ[かちゃり, ぱちん]と音がする[動く]; (かかとが)こつこつと音を立てる (♦ ときに形容詞補語を伴う) ‖ The shutter ~*ed*. シャッターがかしゃっと鳴った / The door ~*ed* shut. ドアがかちっと音を立てて閉まった ❸ (物事が)ぴんとくる, ひらめく; 《It ~+that 節 で》(…であることが) (急に)わかる ‖ His joke ~*ed*, and they all laughed. 彼の冗談がわかり, みんな笑った / It finally ~*ed that* physics was a lot of fun. 物理学がとても面白いことがやっとわかった ❹ 〈…と〉意気投合する, 〈異性と〉仲よくなる〈**with**〉‖ I ~*ed with* my husband the first time we met. 夫とは初めて会ったときから馬が合った ❺ (物事が)うまく運ぶ; (劇・流行などが)〈…に〉受ける〈**with**〉‖ Everything ~*ed*. 万事うまくいった / The fashion ~*ed with* young women. そのファッションは若い女性に受けた
— 他 ❶ …をかちっ[かちり, ぱちん]と鳴らす ‖ They ~*ed* their glasses together. 彼らはグラスをかちんと合わせた《乾杯のしぐさ》/ ~ one's fingers 指をぱちんと鳴らす / ~ one's tongue 舌打ちする / ~ one's heels 左右の靴のかかとをかちっと合わせる《敬礼の姿勢など》❷ 〔マウスのボタン〕をクリックする; 〔アイコンやファイル名〕を(マウスで)クリックする ‖ ~ the mouse button マウスのボタンをクリックする (♦「画面上のアイコンをクリックする」の意味では click on が広く使われる. → 自 ❶)

clìck into pláce ① (部品などが) かちっと音を立てて正しい位置に落ち着く ② (物事が)はっきり理解される

— 名 C ❶ かちっ, かちり, ぱちり, がちゃ, こつん(という音) ‖ The lock opened with a ~. 錠はかちりと音を立てて開いた ❷ クリック ‖ give a (double) ~ on the icon アイコンを(ダブル)クリックする ❸《音声》舌打ち音《英語では馬などの動物への合図に使い, tut-tut, tsk-tsk などとつづる》❹《機》歯止めのつめ《歯車の逆回転を防ぐ》

~·a·ble 形

▸▸ **~ and mórtar** 形 名 C 店舗とウェブサイト両方兼備の (店) (→ bricks-and-mortar) **~ bèetle** 名 C コメツキムシ (snapping beetle) **~ ràte** 名 C (広告などの)クリック率(~-through rate)

click² /klɪk/ 名 C 《俗》キロメートル (kilometer) ‖ five

PLANET BOARD 15

clever の比較級・最上級は -er, -est か more ~, most ~ か.

問題設定 clever など一部の形容詞は比較級・最上級を作るときに原級の語尾に -er, -est をつける形と原級の前に more, most を置く形の両方があるとされる. どちらの形が優勢か調査した.

Q 次の表現のどちらを使いますか.
(**a**) She is **more clever** than her sister.
(**b**) She is **cleverer** than her sister.
(**c**) 両方
(**d**) どちらも使わない

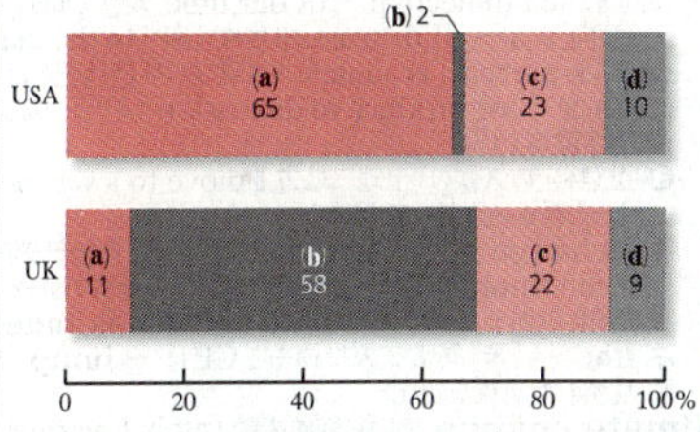

全体では, (a) の more clever のみを使うという人と (b) の cleverer のみを使うという人とでは数に大差なく, 両方使うという人も2割強いた. しかし, 米英差がかなり顕著で, 《米》では (a) のみ, 逆に《英》では (b) のみを使うと答えた人が, それぞれ半数以上を占めている. ただし,「この文では smarter や more intelligent の方が自然だ」として, どちらも使わないと答えた人が約1割いた.

参考 polite, common についても同様の調査をした. polite では more polite のみが82%, politer のみが7%, common では more common のみが91%, commoner のみが2%であり, polite と common では米英差はあまりなかった.

学習者への指針 clever についてはどちらの比較形を使ってもよいが, polite, common に関しては more ~, most ~ を使う方がよいだろう.

long ～s 5キロもの長い行程

click·er /klíkər/ 名C ❶ カチッと音を出すもの[人]；リモコン ❷【印】植字職長

:cli·ent /kláiənt/
—名(複 **～s** /-s/) C ❶ (弁護士·建築士·カウンセラーなどへの)**依頼人**；(医者の)患者(⇨ VISITOR 類語P)
❷ 顧客，お得意，クライアント ‖ a hairdresser's ～ 美容院の客(♦ 一般に client は「サービス」を買う「客」，customer は「商品」を買う「客」)
❸ (政府機関の)援助を受ける人；《古》他人の援助を受ける人 ‖ a welfare ～ 社会福祉を受ける人 ❹ (＝～ **státe**) 保護国，属国《政治·経済·防衛を他国に依存する国》 ❺ 🖳クライアントコンピューター[ソフトウェア]，端末《ネットワーク内で，サーバーに制御され，端末または個々のユーザーが利用するために使われるコンピューターまたはソフトウェア》

cli·en·tele /klàiəntél | klì:ɔn-/ 名C《通例単数形で》《集合的に》《単数·複数扱い》❶ (弁護士などの)依頼人たち ❷ (商店·劇場などの)常連，顧客

clìent-sérver, clìent/sérver 形《限定》🖳クライアントサーバーシステムの《サービスを受ける側と与える側が連携してデータ処理を行う》

·cliff /klɪf/ 名C (特に海岸の) 崖(がけ)，絶壁 ‖ the white ～s of Dover ドーバーの白い崖

clíff·hànger 名C ❶ (小説·ドラマなどの) 続きが知りたくなる終わり方 ❷ (最後まで)はらはらさせる物語[試合]
-hànging 形

cli·mac·ter·ic /klaɪmǽktərɪk, klàɪmæktérɪk/ 名C ❶ 更年期 ❷ 転換期，危機；厄年《西洋では7年ごと》❸【植】(リンゴなどの)成熟直前の時期
—形 更年期の；危機の；厄年の；【植】成熟直前の

cli·mac·tic /klaɪmǽktɪk/ 形 絶頂の；最高潮の

:cli·mate /kláɪmət/
—名(複 **～s** /-s/) ❶ C U (ある土地の長期間にわたる平均的) **気候** (⇨ WEATHER 類語P) ‖ We have a mild ～ here. 当地は気候が温暖です / Britain's wet ～ doesn't agree with me. イギリスの湿気の多い気候は私の体質に合わない / a tropical [temperate] ～ 熱帯性[温帯性]気候 / a ～ chart [OR map] 気候図
❷ C《通例単数形で》(社会的·精神的)風土，環境；風潮，傾向 ‖ the intellectual ～ of our time 現代の知的風土[傾向] / a ～ of distrust 不信の風潮 / **in** the current [OR present] **economic** ～ 現在の経済状況では / **create** a ～ for productive discussion 実り多い議論ができる環境を作る
❸ C (特定の気候の) 土地，地方 ‖ move to a warmer ～ もっと暖かい土地へ転居する
▶▶ ～ **chànge** (↓) ～ **contròl** 名C U ① 空気調節(air conditioning) ② 気候調節《特定の地域の気候を人工的に調節すること》 **Clìmate Extrémes Ìndex** 名《the ～》《米》異常気象指標《略 CEI》 ～ **jùmp** 名C 気候の大規模な変化

clímate chànge 名U 気候変動《global warming(地球温暖化)を含め，さまざまな要因に起因する地球規模の気候の変化を表す語》

·cli·mat·ic /klaɪmǽtɪk/ 形《限定》気候(上)の，風土の
-i·cal·ly 副

cli·ma·tol·o·gy /klàɪmətá(:)lədʒi | -tɔ́l-/ 名U 気候学，風土学 **-to·lóg·i·cal** 形 **-gist** 名

·cli·max /kláɪmæks/ 名 [▶ climactic 形] ❶ C《通例単数形で》《物事の》頂点，絶頂，最高潮；《演劇·文章などの》最高潮の場面，山場〈**of, to**〉‖ The party reached its ～ with the appearance of the movie star. その映画スターが登場してパーティーは最高潮に達した / an exciting ～ *to* a play 手に汗を握る劇のクライマックス ❷ C《通例単数形で》性的絶頂感，オルガスム(orgasm) ❸ U【修】クライマックス，漸層法《次第に文勢を強める修辞法》(↔ anticlimax)；C クライマックスの語句 ❹ U【生態】極相，安定期 —動 自 〈…で〉頂点に到達する〈**in, with**〉；オルガスムに達する —他 …を頂点に到達させる

:climb /klaɪm/ 《発音注意》(♦ 同音語 clime) 動 名
中心義 (何かに沿って)高い方へ進む
—動 (**～s** /-z/；**～ed** /-d/；**～·ing**)
—自 ❶ (手足を使って)**登る**，(苦労して)**よじ登る**《*up*》〈**up** …を；**to** …に〉(→ *climb down* (↓))；登山する ‖ Our party ～*ed to* the top of the mountain and set up our flag. 我々一行は山頂に到達し旗を立てた / The monkey ～*ed up* the tree and threw down a coconut. 猿は木に登ってココヤシの実を投げ落とした / go ～*ing* in the Japan Alps 日本アルプスに登山に行く
❷《＋副句》(手足を使って…の方へ)進む，移動する ‖ ～ **into** [out of] a taxi タクシーに乗り込む[から降りる] / ～ onto a bicycle 自転車に(飛び)乗る / ～ **over** a fence さくを乗り越える
❸ (道などが)上りになる；(太陽·煙·飛行機などが)昇る，上昇する；(利益·物価·ランクなどが)上がる，騰貴(とうき)する ‖ Profits are sure to ～. 利益は間違いなく増大する / Our plane ～*ed* to 25,000 feet. 飛行機は25,000フィートまで上昇した ❹ (植物が) (巻きついて)上に伸びる ❺ 〈…へ〉(努力して)昇進する，出世する〈**to**〉‖ ～ *to* power 権力の座に上り詰める
—他 ❶ …を**登る**，**よじ登る** ‖ ～「a mountain [**stairs**] 山に[階段を]登る / ～ a tree [cliff] 木に[崖(がけ)を]よじ登る ❷ (植物が)(生長して)…にはい上がる ❸〔栄達の道〕を歩む，出世する，昇進する；〔順位表など〕の上位にいく

clìmb dówn 〈他〉《*clìmb dówn* ...》(手足を使って)…を降りる，下る ‖ ～ *down* a tree 木からはって降りる
—〈自〉① 降りる，下る ②〈…について〉自分が間違っていると認める，引き下がる〈**over, on**〉

clímb into ... 〈他〉①〔車など〕に乗り込む(→ 自❷) ②〔服など〕を(慌てて)着る

clímb out of ... 〈他〉①〔車·ベッドなど〕からはい出る(→ 自❷) ②〔服など〕を(慌てて)脱ぐ

hàve a móuntain to clìmb 非常に困難な仕事に就いている

COMMUNICATIVE EXPRESSIONS
1 **Gò clìmb a trée.** うせろ，向こうへ行け

—名(複 **～s** /-z/) C《通例単数形で》❶ (よじ) 登ること，上り；登るところ，斜面 ‖ This mountain is a dangerous ～. この山に登るのは危険だ ❷ 上昇；騰貴 ❸〈…への〉昇進，出世〈**to**〉

clímb·dòwn 名C (主張·要求などの)譲歩，撤回

·climb·er /kláɪmər/ 名C ❶ よじ登る人；登山家 ❷ つる性植物《ツタなど》❸《口》出世主義者，野心家

·climb·ing /kláɪmɪŋ/ 名U 登ること；登山
▶▶ ～ **fràme** 名C《英》ジャングルジム(jungle gym) ～ **ìrons** 名《複》(木登りなどで使う) スパイク，アイゼン ～ **pérch** 名C【魚】キノボリウオ，アナバス《東南アジア産の淡水魚. 空気呼吸ができ，地上をはって歩くことがある》

clime /klaɪm/ (♦ 同音語 climb) 名C《通例 ～s》《主に文》❶ 地方，国 ❷ 気候，風土

·clinch /klɪntʃ/ 動 他 ❶〔契約など〕を取り決める；〔議論など〕に決着をつける ‖ The fingerprint ～*ed* his conviction. その指紋で彼の有罪が確定した / ～ a deal 取り引きをまとめる ❷〔勝利〕を得る；〔大会·試合など〕に勝つ ‖ ～ a victory 勝利を勝ちとる ❸〔くぎ·ボルト〕の先を曲げて留める[締める]；(この方法で)…をしっかり留める ❹【海】…を折り返し止めでくくりつける
—自 ❶【ボクシング】クリンチする ❷ 抱き合う，抱擁する

clínch it 《口》決意を固めさせる；決着をつける
—名C ❶【ボクシング】クリンチ ❷ 抱擁 ‖ go into a ～ 抱き合う ❸ くぎ[ボルト]の先の曲げ留め；留める[締める]もの ❹ (＝～ **knòt**)【海】折り返し止め《ロープの結び目の末端を折り返して細いロープでくくりつける結び方》

clinch·er /klíntʃər/ 名C ❶《通例単数形で》《口》決め手となる議論[事実] ❷ (くぎ先を)打ち曲げる器具

cline /klaɪn/ 名 C ❶(漸次変異が生じていく)連続体 ❷〖生態〗クライン《同じ種に属する個体群の中の特徴の連続的変異》

cling** /klɪŋ/ 動 (**clung** /klʌŋ/ ; **~·ing**) 自 ❶〈…に〉ぴったりくっつく, こびりつく〈**to**〉(⇨ STICK² 類語) ‖ Wet clothes ~ *to* the body. ぬれた衣服が体にべったりくっつく ❷(手・足で絡んで)〈…に〉しがみつく, 離れない, まとわりつく;(つるなどが)絡みつく《together, on***》〈**to, onto**〉‖ The little boy was ~*ing to* me. 小さな男の子が私にしがみついて離れなかった / ~ *to* a handrail 手すりにしがみつく / Japanese tend to ~ *together* in foreign countries. 日本人は外国では(自分たちだけで)固まる傾向がある ❸《(+**on**)**to** 名》〔考え・因習・地位など〕に執着する, 固執する ‖ ~ *to* an old concept 古い考えを捨てきれない / ~ *to* office [power] 地位[権力]にしがみつく ❹(においなどが)〈…に〉(しみついて)とれない〈**to**〉
—名 C 種離れの悪い果実(clingstone)

clíng·fìlm 名 U《英》《商標》(食物を包む)透明ラップ

clíng·ing /-ɪŋ/ 形 ❶(衣服が)体にぴったり合う ❷依存心の強い
▸▸ **~ víne** 名 C《米口》《旧》《けなして》何かと男に頼る女

clíng·stòne 形 名 C 種離れの悪い(果実)《桃・プラムなどについていう》

cling·y /klíŋi/ 形 ❶(衣服が)体にぴったり合う ❷依存心の強い(clinging)

***clin·ic** /klínɪk/ 名 C ❶(大学・病院付属の)診療所;(病院内の)…科;《英》個人[専門]病院, クリニック;《米》集団医療センター《1つの施設を数人の専門科医が共同で使用し診療を行う》;その医師のグループ ‖ a psychiatric ~ 精神科センター / a diabetic ~ 糖尿病科 ❷診療, 専門的助言[相談] ❸臨床講義 ❹(医学以外の)相談所;(特定の技術・スポーツなどの短期間の)教室 ‖ a public-speaking [toastmaster's] ~ 話し方[司会者]教室

***clin·i·cal** /klínɪkəl/ 形 ❶《限定》臨床の ‖ a ~ lecture 臨床講義 / a ~ test 臨床テスト ❷診療所[病院]の;病床の ‖ a ~ diary 病床日誌 ❸《通例限定》冷静な, 客観的な;冷ややかな(♥批判的に用いる) ❹(建物・部屋などが)飾りのない, 簡素な **~·ly** 副
▸▸ **~ médicine** 名 U 臨床医学 **~ thermómeter** 名 C 検温計, 体温計

cli·ni·cian /klɪníʃən/ 名 C 臨床医

clink¹ /klɪŋk/ 名 C《通例単数形で》ちりん[かちん](という音)《グラスを合わせたときなどの音》
—動 自 他 (ガラスなどが[を])ちりん[かちん]と鳴る[鳴らす]

clink² /klɪŋk/ 名 C《旧》《俗》刑務所(prison)

clink·er¹ /klíŋkər/ 名 ❶ U (石炭などを燃やした後の)焼塊;C 溶岩塊 ❷ C 硬質れんが

clink·er² /klíŋkər/ 名 C ❶《米口》失敗;失敗作;《単数形で》(演奏で)調子外れの音 ❷《英》《旧》素晴らしい人[もの]

clìnker-búilt 〈≺〉 形 (ボートの船体が)よろい張りの, 重ね張りの(↔ carvel-built)

cli·nom·e·ter /klaɪnɑ́(ː)məṭər | -nɔ́mɪ-/ 名 C 傾斜計

Clin·ton /klíntən/ 名 **William Jefferson ~** クリントン(1946–)《米国第42代大統領(1993–2001)》

Cli·o /kláɪoʊ/ 名 (複 **~s** /-z/) ❶〖ギ神〗クレイオ《歴史の女神. Nine Muses の1人》❷ C 米国のテレビコマーシャル賞;その小型像

***clip**¹ /klɪp/ 動 (**clipped** /-t/ ; **clip·ping**) 他 ❶(はさみで)…を切る, 切り取る;〔羊毛〕を刈る;〔芝生・生垣など〕を刈り込む ‖ Your nails need *clipping*. つめを切らないとね / ~ (wool from) a sheep 羊の毛を刈る ❷〔記事など〕を〈…から〉切り抜く〈**from, out of**〉‖ ~ a recipe *from* [OR *out of*] a newspaper 新聞からレシピの記事を切り抜く ❸〔語・文章など〕を切り詰める, 省略する;〔言葉〕をきびきびした調子で言う;〔権限など〕を縮小する;〈記録などを〉…だけ短縮する〈**off, from**〉‖ ~ two seconds *off* a record 記録を2秒縮める ❹〔硬貨〕の端を削り取る;《英》〔切符〕(の端)を切る, はさみを入れる ❺ 🖳〔画像の一部〕から領域の外の部分を切り取る ❻《口》…をぶん殴る, 打つ;…(の端[側面])に当たる, 当たって(別の方向に)それる ‖ I *clipped* him on [OR around] the ear. やつの横っ面を張ってやった ❼《米俗》…から金をだまし取る, ぼる
—自 ❶切り取る ❷《主に米口》〈…を〉疾走する〈**along, down, etc.**〉
—名 C ❶《単数形で》(髪・羊毛・芝などの)刈り込み;《通例重ねて》ちょきちょき(という音) ❷刈られたもの;(1シーズンに刈られた)羊毛量 ❸映画[ビデオ映像]の抜粋, 🖳ビデオクリップ《動画の一部分》;(新聞の)切り抜き ❹《口》強打, 素早いパンチ ❺《単数形で》《口》速度;《米》1回 ‖ at a rapid ~ 素早く / at a ~ 一度に
▸▸ **~ àrt** 名 U 🖳クリップアート《ウェブサイトやデジタルメディアで配布され, 切りばりしてワープロ文書やウェブページに使用できるグラフィックス・写真など》 **~ jòint** 名 C《俗》法外な料金をとる店《ナイトクラブなど》

***clip**² /klɪp/ 名 C ❶クリップ, 紙[書類]ばさみ;クリップ留めの装身具《ブローチ・イヤリングなど》‖ a tie ~ ネクタイ留め ❷(機関銃などの)挿弾子《自動銃に挿入される薬包の留め金具》❸〖アメフト〗クリッピング《背後から妨害する反則》
—動 (**clipped** /-t/ ; **clip·ping**) 他 ❶…を〈…に〉クリップで留める《***on, together***》〈**to, on, onto**〉‖ ~ a brooch *on* ブローチをクリップで留めつける ❷〖アメフト〗…をクリッピングする —自 (クリップで)〈…に〉留められる《***on***》〈**to**〉

clíp·bòard 名 C ❶紙ばさみ板《クリップのついた書き物用の板》❷ 🖳クリップボード《コピーや切り取りを行ったデータを一時的に保存しておくスタックメモリー》

clíp-clòp 名 C《単数形で》馬のひづめの(ような)音, ぱかぱか, ぱたぱた —動 (**-clopped** /-t/ ; **-clop·ping**) 自 ぱかぱか[ぱたぱた]音を立てる[立てて動く]

clíp-òn 形《限定》名 C クリップ留めの(装飾品)

***clipped** 形 ❶短く刈り込まれた ❷(話し方が)早口できびきびした(♥とっつきにくいという意味を含むことがある)
▸▸ **~ fórm [wórd]** 名 C (語の)短縮形[省略語]《fan <*fan*atic; phone <tele*phone* など》

clip·per /klípər/ 名 C ❶刈る人 ❷《通例 ~s》はさみ, バリカン, つめ切り(⇨ SCISSORS 類語P) ❸快速帆船 ❹〖電子〗リミッター ❺《米》(速い動きの)気象前線
▸▸ **~ chìp** 名 C 🖳クリッパーチップ《米国で導入が検討された, コンピューターや携帯電話に装備することで政府当局が私的な会話を聞いたり読んだりできるようにするチップ》

clip·ping /klípɪŋ/ 名 C《通例 ~s》切り取ったもの;(新聞・雑誌の)切り抜き(《英》cutting)

clique /kliːk/ 名 C《集合的に》徒党, 派閥 —動 自 徒党を組む **clí·quish, clí·qu(e)y** 形 排他的な

clit·ic /klíṭɪk/ 名 C〖言〗接語《I'm の 'm のように, アクセントを持たずに前後の語に付着する要素》

clit·o·ris /klíṭərəs/ 名 C〖解〗陰核, クリトリス **-ral** 形

Cllr 略《英》councillor

***cloak** /kloʊk/ 名 C ❶(緩いそでなしの)外套(がいとう), マント ❷《単数形で》〈…を〉覆い隠すもの;仮面;〈…の〉口実〈**for**〉‖ an old theme presented in a new ~ 新しい衣をつけた古くからのテーマ / under the ~ of charity [darkness] 慈善に名を借りて[闇に紛れて] ❸《~s》《英》= cloakroom ❸
—動 他 ❶〔人〕に外套を着せる ❷…を〈…で〉覆い隠す〈**in, with**〉‖ ~ one's identity 正体を隠す / ~ a coup *in* legality クーデターに合法の仮面をかぶせる

clòak-and-dágger 形《通例限定》(小説などが)陰謀[スパイ]ものの

clóak·ròom 名 C ❶(劇場などの)携帯品預かり所, クローク ❷《米》議院控え室 ❸《英口》洗面所, 便所(《米》restroom) ❹《米》ウォークインクローゼット

clob·ber¹ /klɑ́(ː)bər | klɔ́bə/ 動 他《口》❶…をめった打ちにする ❷…を徹底的にやっつける

clob·ber² /klɑ́(ː)bər | klɔ́bə/ 名 U《英口》衣服(clothes);身の回り品

cloche /klouʃ | klɔʃ/ 名 C ❶ (= ~ **hàt**) 釣鐘形婦人帽 ❷ (園芸用の)釣鐘形の覆い(♦ フランス語より)

cloche ❶

‡clock¹ /klɑ(:)k | klɔk/
— 名 (複 **~s** /-s/) C ❶ **掛け [置き] 時計**, (一般に) 時計 (→ watch) ‖ Our ~ is five minutes fast [slow]. うちの時計は5分進んでいる [遅れている] / The ~ **struck** [says] nine. 時計が9時を打った [指している] / set the ~ 「by the radio [for six] ラジオで [6時に] 時計を合わせる / a digital [quartz] ~ デジタル [クオーツ] 時計 / a table [wall] ~ 置き [掛け] 時計 / a body ~ 体内時計 / How I hate my **alarm** ~! 目覚まし時計なんか大嫌いだ / a grandfather('s) ~ (振子式)箱型大時計
❷ 《the ~》《口》(一般に) メーター類;スピードメーター;走行距離計 (odometer);タイムレコーダー (time clock);(タクシーの) 料金メーター (taximeter);ストップウォッチ (stopwatch) ❸ 💻クロック《コンピューター内の各ハードウェアの動作の周期を取るため用いられる周期信号》 ❹ (タンポポの)冠毛 ❺ 《英俗》顔, 面(つら)(face)

**against the clóck* 時間に追われて, 時計とにらめっこで (against time) ‖ a race *against the* ~ 時間との競争
**around* [OR *round*] *the clóck* : *the clòck aróund* [OR *róund*] 昼夜ぶっ通しで, 少しも休まず ‖ arrange for nurses *around the* ~ 24時間完全看護の手はずを整える / sleep *the* ~ *around* 12時間 (以上) ぶっ通しに眠る《時計の針が一回りすることから》
bèat the clóck 予定より早く仕事を済ませる
clèan a pèrson's clóck 《米口》(人を) 徹底的にやっつける
kìll [OR *rùn òut*] *the clóck* 《米》(競技で)(リードしているチームが)(ボールをキープして)時間をかせぐ
pùnch a [OR *the*] (*tíme*) *clòck* 《米》タイムレコーダーを押す;規則正しい就業時間の仕事に就いている
**pùt* [OR *tùrn,* 《米》 *sèt*] *the clóck bàck* ① (冬時間用に) 時計を遅らせる;時計を逆に回す ② 時代に逆行する ‖ One can't *put the* ~ *back* to an earlier age. 時間を昔に巻き戻すことはできない
pùt the clóck fòrward [《米》 *ahèad*] (*an hòur*) (夏時間用に)時計を(1時間)進ませる
wàtch the clóck 時計ばかり見ている, 《けなして》(仕事・授業などの)終業時刻ばかり気にする

COMMUNICATIVE EXPRESSIONS
1 **If I could ónly tùrn bàck the clòck.** 時間を巻き戻せればいいのに;今さらどうにもならない(♥ 後悔を表す. =If I could only turn back the hands of time.)
2 **You [Thát fàce] could stòp a clóck.** ひどいなり[顔]だな(♥ 相手の装いなどがひどいときに用いるくだけた表現)

— 動 (**~s** /-s/ ; **~ed** /-t/ ; **~·ing**)
— 他 ❶ 《口》〔タイム・速度など〕の記録を出す;…の速度を〈…と〉記録する〈at / *doing*〉‖ His fastball was ~*ed at* 155 k.p.h. 彼の速球は時速155キロと計測された / He ~*ed* [OR was ~*ed at*] 11.6 seconds in the 80-meter hurdles. 彼は80メートルハードルで11.6秒の記録を出した / He was ~*ed* doing almost 200 mph on the straightaway. 彼は直線コースで時速200マイル近くを記録した
❷ (ストップウォッチで)…のタイムを計る
❸ 《俗》〔人の頭・顔〕を殴る ‖ ~ him one in the jaw 彼のあごに一発食らわせる
❹ 《英口》…に気づく, …をじっと見る
❺ 《英口》(高く売るために)〔車〕の走行距離計を巻き戻す
clòck ín [《英》 *ón*] 〈自〉(タイムレコーダーで) 出勤時刻を記録する
clòck óut [《英》 *óff*] 〈自〉(タイムレコーダーで) 退出時刻を記録する
**clòck úp ...* / *clòck ... úp* 〈他〉①〔距離・速度など〕を達成する ②〔勝利・得点〕をあげる

▶▶ ~ **gòlf** 名 U クロックゴルフ《円形の芝生の端の文字盤から順次, 中心にあるカップにボールをパットして入れる競技》 ~ **rádio** 名 C 目覚ましラジオ ~ **spèed** 名 C 💻クロックスピード《CPUの動作速度を示す》 ~ **tòwer** 名 C 時計台

clock² /klɑ(:)k | klɔk/ 名 C 靴下のくるぶしから上につける模様

clóck-wàtcher 名 C (終業)時間ばかり気にする人
clóck-wàtching 形

clóck·wìse 形 副 時計回り[右回り]の[に] (↔ counter-clockwise)

clóck·wòrk 名 U 時計[ぜんまい] 仕掛け;《形容詞的に》時計[ぜんまい] 仕掛けの ‖ a ~ toy ぜんまい仕掛けのおもちゃ / with ~ precision 機械で測ったような正確さで
(*as*) *règular as clóckwork* いつも決まった時刻に;定期的に
**like clóckwork* 規則正しく, 正確に ‖ go [OR run] *like* ~ 予定どおりに[滞りなく](事が)運ぶ

clod /klɑ(:)d | klɔd/ 名 C ❶ (土の) かたまり;土くれ ❷ 《口》ばか, のろま **~·dish** 形 土くれの(ような);のろまな

clód·hòpper 名 C ❶ 《口》《けなして》武骨者, 田舎者;のろま ❷ 《通例 ~s》《口》大きく重い靴, どた靴

***clog** /klɑ(:)ɡ, klɔ:ɡ | klɔɡ/ 名 C ❶ 《通例 ~s》木底の靴, 木靴 ❷ (動物の動きを抑える)おもり木;障害物, 邪魔物

clog ❶

pòp one's clógs 《英口》《戯》ぽっくり死ぬ
— 動 (**clogged** /-d/ ; **clog·ging**) 他 …を阻害する, 邪魔する;〔管・道路など〕を〈…で〉詰まらせる《*up*》〈**with**〉‖ Traffic is *clogged* at the stadium entrance. 競技場の入口で交通渋滞が起きている / a drainpipe *clogged up with* kitchen waste 台所のごみで詰まった排水管
— 自 〈油・ちりなどで〉動きが悪くなる, 詰まる《*up*》〈**with**〉
▶▶ ~ **dànce** 名 C 木靴ダンス

clog·gy /klɑ́(:)ɡi, klɔ́:ɡi | klɔ́ɡi/ 形 ❶ かたまりの多い ❷ (液体が)べたつく

cloi·son·né /klɔ̀ɪzənéɪ | klwɑ:zɔ́neɪ/ 名 U 形 七宝焼(の) ‖ ~ enamel 七宝

clois·ter /klɔ́ɪstər/ 名 C ❶ 《通例 ~s》(修道院・大学などの中庭を囲む)回廊, 歩廊 ❷ 修道院;《the ~》隠遁(いんとん)生活, 修道院生活 ❸ 人里離れた場所 — 動 他 …を修道院に閉じ込める;《~ oneself で》引きこもる
~ed 形 ① 修道院にこもった, 世を捨てた ② 回廊のある

clois·tral /klɔ́ɪstrəl/ 形 ❶ 修道院の [に入った] ❷ 世間から隔離された ❸ 世を捨てた, 隠遁の

clomp /klɑ(:)mp | klɔmp/ 名 C 《単数形で》どすんどすん(という音) — 動 自 どすんどすんという音を立てて歩く

clone /kloun/ 名 C ❶ 【生】クローン, 栄養系, 分枝系《ある生物の1個体や細胞から無性生殖により増殖した子孫》 ❷ 本物そっくりのもの [人] ❸ 💻クローン《システムの構成が同一のコンピューター》‖ an IBM ~ IBM互換機
— 動 他 ❶ …を無性生殖させる, …のクローンを造る ❷ …の複製を造る ❸〔他人の携帯電話など〕のIDを不正にコピーする — 自 無性生殖する, クローン化する

clonk /klɑ(:)ŋk, klɔ:ŋk | klɔŋk/ 名 C 《単数形で》がーん[ごーん](という音)
— 動 他 ❶ …にがーん [ごーん] という音を立てさせる ❷〔人〕を強く打つ — 自 がーん[ごーん]という音を立てる

clop, clop-clop /klɑ(:)p | klɔp/ 名 C 《単数形で》ぱかっぱかっ(という音)《馬のひづめなどの音》 — 動 (**clopped** /-t/ ; **clop·ping**) 自 ぱかっぱかっという音を立てて歩く

‡close¹ /klouz/ 《発音注意》 動 名
中心義 開いているものを閉じた状態にする

動 他 閉める❶❷ 閉じる❶ 閉鎖する❸
終える❹ 自 閉まる❶

—動 (clos·es /-ɪz/; closed /-d/; clos·ing)

—他 ❶ …を閉める, 閉じる, ふたをする(↔ open)(⇨類語) ‖ *Close* the **door** behind you, please. 入ったらドアを閉めてください / Keep your **eyes** ~*d* until I say OK. いいよって言うまで目を閉じていなさい / ~ a box 箱にふたをする / ~ a book 本を閉じる

❷〔店・事業所など〕を**閉める**, 閉店する, 終業[休業]する; …を閉鎖する, 廃業する(↔ open) ‖ The restaurant has long since been ~*d*. そのレストランはずいぶん前に廃業した / We were forced to ~ our Tokyo branch. 東京支店を閉めざるを得なかった

❸〔道路・国境・入口など〕を〈…が入れないように〉**閉鎖する**, 遮断する; 〔施設〕を封鎖する〈**to**〉; 〔穴など〕をふさぐ ‖ That street is ~*d to* traffic [cars]. あの通りは通行止め[車両通行止め]になっている / ~ an airport 空港を封鎖する

❹ …を**終える**, やめる; 〔会など〕を終了する(↔ begin)(⇨END 類語) ‖ The chair ~*d* the meeting at four. 議長は会議を4時に終わらせた / ~ a dispute 論争に終止符を打つ

❺〔交渉・商談など〕を妥結させる; 〔契約など〕を結ぶ; 〔勘定〕を清算する ‖ ~ a deal [OR bargain] 取り引きをまとめる / ~ an account 勘定を締める, 清算して取り引きを終える

❻〔距離・差異〕を詰める, 縮める ‖ ~ the gap between the rich and poor 貧富の格差を縮める ❼〔心・門戸など〕を〈…に対して〉閉ざす〈**to**〉 ‖ I ~*d* my mind *to* the truth. 本当のことに心を閉ざした[を見まいとした] ❽〔腕・手〕を〈…に回して〉抱える, 持つ, 握る〈**around, over**〉 ❾《電》〔回路〕をつなぐ ❿ 💻〔ファイル・プログラム〕を閉じる

—自 ❶ (戸などが)**閉まる**; 閉じる; (穴などが)ふさがる(↔ open) ‖ The door doesn't ~ properly. そのドアはきちんと閉まらない / My eyes are *closing*. (眠くて)目が閉じそうだ

❷ 閉店[終業, 休業]する, 閉鎖される ‖ The bar ~*s* at midnight. そのバーは午前0時に閉店する

❸ 終わる, 終結する; 閉会になる ‖ The meeting ~*d* with a prayer. 集会は礼拝で幕を閉じた

❹ 集まる, 結合する ‖ Streams of protesters ~*d* on the square. 抗議する人の波が広場に結集した ❺ (距離・差異が)詰まる, 縮まる; 〈…に〉近づく, 迫る〈**on**〉 ‖ ~ *on* the front runner 先頭の走者に肉薄する ❻ (腕・手が)〈…を〉抱える, つかむ, 握る〈**around, over**〉 ‖ The rescuer's arms ~*d around* her. 助けに来てくれた人が彼女をしっかり抱きかかえた ❼《株》(商いが)〈…で〉引ける〈**at**〉

clóse around [OR ***about***] ... 〈他〉① …を徐々に取り囲む ② …をしっかりつかむ(→ 自 ❻)

****clòse dówn*** 〈自〉① (店・工場などが)閉鎖[廃業]する ②《米》(霧などが)〈…に〉立ち込める, (闇などが)〈…に〉迫る〈**on**〉 ③《英》放送を終了する —〈他〉《***clòse dówn ...*** / ***clòse ... dówn***》〔店・工場など〕を閉鎖[廃業]する

****clòse ín*** 〈自〉① (敵軍などが)〈…を〉包囲する, 〈…に〉迫ってくる〈**on, upon, around**〉 ‖ The enemy ~*d in on* us. 敵が我々に迫ってきた ② (日が)徐々に短くなる; (夜が)〈…に〉迫ってくる〈**on**〉; (天気が)ますます悪くなる ‖ Night was *closing in on* the village. 村に夜のとばりが降りようとしていた —〈他〉《***clòse ín ...*** / ***clòse ... ín***》…を閉じ込める

clòse óff ... / ***clòse ... óff*** 〈他〉…を封鎖して〈…が〉入れないようにする(block [OR seal] off)〈**to**〉

clòse ón ... 〈他〉①〔人・動物〕に次第に接近する(→ 自 ❺) ②(ローンを組んで)〔不動産〕の売買契約を結ぶ

clòse óut ... / ***clòse ... óut*** 〈他〉①《米》〔在庫品〕を見切って売る ②《米》…を(さっさと)おしまいにする; 〔スポーツのシーズンなど〕を〈…で〉締めくくる〈**with**〉 ③〔事業・口座など〕を清算する

close ranks ⇨ RANK(成句)

clòse úp 〈他〉《***clòse úp ...*** / ***clòse ... úp***》①〔本・バッグなど〕を閉じる ②〔会合など〕を打ち切る; 〔事業など〕を閉鎖する; 〔店・事務所など〕を(一時)閉める ‖ He ~*d up* all the gambling rooms. 彼はすべての賭博(とばく)室を閉鎖した ③〔列などの間隔〕を詰める; 〔傷口・隙間(すきま)〕をふさぐ —〈自〉① 閉店する, 終業する ② 寄り集まる; 間隔を詰める; (傷口・隙間などが)ふさがる, 閉じる ③ 口を閉ざす, 黙る

clóse with ... 〈他〉〔敵軍など〕と接近戦をする, 戦い始める

—名 C ❶《単数形で》《堅》終わり, 終結 ‖ The long summer holidays have finally come to a ~. 長い夏休みもついに終わった / **at the** ~ of the century 世紀末に際して / **draw to a** ~ 終わりになる[近づく] / bring ... to a ~ …を終わらせる / a complimentary ~ (手紙の)結句 ❷《楽》終止(形)(cadence)

類語 《他 ❶》 **close, shut** shut の方が口語的で, しばしば意味が強い. *close* a door 単に「開いた戸を閉じた状態にする」/ *shut* a door 引く・押す・施錠などの動作を暗示して「戸をぴたりと閉める」/ *close* one's eyes 単に「(両まぶたを合わせて)目を閉じる」/ *shut* one's eyes「(ぴたっと)目を閉じ(て見ないようにす)る」

**close[2] /klous/ 《発音注意》 形 副 名

中心義 ⇒ **密接な**(★物理的な近さに限らず, 「時間」や「関係」などについても用いる)

形 近い❶ 親密な❷ 綿密な❹ 密集した❺ 互角の❻
副 近くに❶

—形 (clos·er; clos·est)

❶ (距離的・時間的に)〈…に〉(ごく)**近い**, 接近した(↔ far)〈**to**〉(♦ near 以上の近接を意味することが多い) ‖ No one could **get** ~ *to* the president after the parade. パレードの後だれも大統領に近づけなかった / Her birthday is ~ *to* mine. 彼女の誕生日は私の誕生日に近い / It's ~ *to* 8. もうすぐ8時だ / a ~ view 近景 / at ~ range [OR quarters] 至近距離から / We've **come** ~ *to* ending this dispute. 我々はこの論争の終結に近づいた

❷ 〈…に〉(関係が)近い, **親密な**, 親しい〈**to**〉(⇨FAMILIAR 類語) ‖ Don't **get too** ~ with him. 彼とはあまり親しくするなよ / a ~ **friend** [relative] 親友[近親者] / have a ~ **relationship** with ... …と親密な関係を保つ / according to sources ~ *to* Mr. A A氏に近い筋によると

❸ 〈…に〉酷似した〈**to**〉; (数量が)ほぼ同じ, 近い ‖ She felt something ~ *to* jealousy toward her friend. 彼女は友達に何か嫉妬(しっと)のようなものを感じた / The boy is ~ *to* tears. 少年は今にも泣きそうだ / a ~ resemblance 酷似 / ~ in age ほぼ同じ年齢の / Inflation is now ~ *to* 7%. 今やインフレは7%近い

❹《限定》**綿密な**, 徹底的な, 注意深い; 厳重な ‖ Keep a ~ eye [OR watch] on that fellow. あの男から目を離すなよ / a ~ investigation 綿密な調査 / pay ~ attention 細心の注意を払う / a ~ translation 忠実な翻訳 / a ~ reading 精読 / on *closer* examination もっとよく検査して見ると / take [OR have] a ~ **look** at our lifestyle ライフスタイルを見つめ直す / The document is held in ~ control. その文書は厳重な管理下に置かれている

❺ **密集した**, 密な; (織物が)目の詰まった ‖ ~ writing 細かく字を詰めて書いたもの / a ~ weave 目の詰んだ織物

❻ (勢力が)**互角の**, 接戦の ‖ It was a ~ and very exciting game. 接戦で非常に面白い試合だった / a ~ vote 賛否ほぼ同数の投票 ❼ 密閉した, すっかり囲まれた; 狭い; (部屋などが)風通しの悪い, 蒸し暑い; うっとうしい ‖ a

～ siege 完全な包囲 / It was very ～ in the room with all the windows shut. 部屋は窓がすべて閉まっていてすごくむっとした / The weather is very ～. 天気がとてもうっとうしい ❽《叙述》〈…について〉口の堅い, 秘密にしたがる〈**about**〉; 無口な; 打ち解けない ‖ He keeps very ～ *about* his past. 彼は過去については口を閉ざしたままである ❾《叙述》《英》〈…に〉けちで〈**with**〉‖ She is ～ *with* her money. 彼女は金に細かい ❿ 監禁された ‖ a ～ prisoner 重禁固の囚人 ⓫ (髪・ひげ・芝などが)短く刈り込まれた ‖ The barber gave him a ～ shave. 理髪師は彼のひげをきれいにそった ⓬ 隠された, 内密の ‖ lie [OR keep (oneself)] ～ 隠れている / keep it a ～ secret それを極秘にしておく ⓭ 手に入れにくい ‖ Money is ～. 金詰まりだ ⓮【音声】(母音が)閉じた《舌を口蓋(こうがい)に近づけて発音する》(↔ open) ‖ ～ vowels 閉母音《/iː/, /uː/ など》⓯ やっとの, きわどい

tòo clòse to cáll (競技・選挙などで)どちらが勝つかわからない, 接戦である

COMMUNICATIVE EXPRESSIONS

1 "Did they wìn the gáme?" "**Nòt èven clóse.**" 「彼らは試合に勝ったの」「ぼろ負けだよ」(♥ 相手の発言に対して「それどころではない, 全然」と否定する表現. 正解・成功などから「ほど遠い」場合に用いることが多い)

2 **Só clòse, and yèt sò fár.** 惜しいな

3 **Thát was clòse.** 危なかった(♥ 接戦や危機的な状況などあわやという場面を脱したときに用いる)

4 **Thàt's clóse.** 惜しい(♥ 相手の推測が「あと少しで正解だ」の意. =(You're) close.)

5 **The clósest we gòt to** fínding him **was** his òutdated phóne nùmber. 彼の消息をたどろうとしたが結局彼の古い電話番号がわかっただけだった(♥ 十分な結果が出なかった[目標が達成できなかった]ときの到達点)

―副 (**clos·er**; **clos·est**)

❶ (空間的・時間的に)〈…の〉**近くに**; 〈…に〉接近して, すぐそばに〈**to, by**〉‖ He drew a little *closer to* me. 彼は私の方に少し近寄った / She lives ～ *by* the sea. 彼女は海の近くに住んでいる / Let's sit ～ **together**. 詰め合って座ろう / I have never seen a TV star this ～. テレビタレントをこんなに近くで見たことはなかった / follow ～ behind すぐ後について行く

❷ 密集して, (体に)ぴったりと; 短く(刈って) ‖ We were packed ～ (**together**) at the rock concert. 私たちはそのロックコンサートですし詰めの状態だった / This dress fits a bit too ～. このドレスは少しきつい / He cut his hair ～. 彼は髪を短く刈った

close at hand ⇨ HAND(成句)

****clòse bý*** すぐそばに[の](nearby)

clóse on [OR ***upon***] ***...*** =*close to* ... ②(↓)

clóse to ... ① ⇨ 形 ❶, ❷, ❸, 副 ❶ ②《数字を伴って》…に近い, およそ… ‖ He must be ～ *to* fifty. 彼は50歳近いに違いない ③《*close to*》すぐ近くで[に]

clòse úp 〈…に〉接近して〈**to**〉, ごく近くで(見て)

****còme*** [OR ***gò***] ***clóse to ...*** もう少しで…する ‖ She *came* ～ *to* tears [winning]. 彼女は今にも泣き出しそうだった[もう少しで勝つところだった]

cùt it clóse =*cut it* FINE

rùn ... clóse 《英》…をきわどく追い詰める, …と競り合う

too close for comfort ⇨ COMFORT(成句)

―名 (複 **～·es** /-ɪz/) Ⓒ《主に英》❶ (大寺院・学校などの建物に囲まれた)境内, 構内, 中庭;【法】囲い地 ❷ 袋小路, 路地; (C-)…通り

▶▶ **～ cáll** 名 Ⓒ《口》危機一髪(narrow escape) **～ corporátion** 名 Ⓤ 閉鎖会社《株主が5人以下で, 株を公開していない会社》 **～ hármony** 名 Ⓤ【楽】密集和声 **～ quárters** 名 複 窮屈な場所; 接近戦 **～ sèason** 名 Ⓒ《英》=closed season **～ sháve** 名 Ⓒ =close call **～ thíng** 名 Ⓒ ① =close call (↑) ② きわどい勝利

clòse-crópped /klòus-/ ⦅シ⦆ 形 短く刈った

***closed** /klouzd/ 形《限定》(↔ open) ❶ 閉じた, 密閉した; 囲った(enclosed); 屋根のついた; 閉店[休業]の ‖ a ～ door 閉まっているドア / a ～ elevator ドアの閉まったエレベーター / in one's ～ hand 握り締めた手の中に / a ～ library 閉館した図書館 / *Closed* Today《掲示》本日休業 ❷ 排他的な, 制限された; 〈…に〉非公開の〈**to**〉; 閉鎖的な; 自給自足の ‖ We can no longer overlook their ～ markets. もはや彼らの閉鎖的な市場を大目に見ることはできない / a ～ hearing [session] 非公開の聴聞会[会議] / a ～ membership 限定会員 ❸【音声】(音節が)子音で終わる ‖ a ～ syllable 閉音節 ❹【数】(曲線が)閉じた; (面が)体積を包む; (集合が)閉じた

▶▶ **～ bóok** 名 Ⓒ〈人にとって〉不可解なこと[人]〈**to**〉 **～ cáption** (↓) **～ círcuit** 名 Ⓒ【電】閉回路(↔ open circuit) **～ sèason** 名 Ⓒ《主に米》禁猟[漁]期; (スポーツなどの)シーズンオフ(off season,《英》close season) **～ shóp** 名 Ⓒ クローズドショップ(union shop)《労働組合員のみが雇用される事業所》(↔ open shop)

clòsed cáption 名 Ⓒ【放送】クローズドキャプション《解読装置によって映る字幕. 特に難聴者用》

clòsed-cáptioned 形

clòsed-cìrcuit télevision 名 Ⓤ 有線テレビ方式《建造物内部の監視システムなどに使われる. 略 CCTV》

clòsed-dóor ⦅シ⦆ 形 非公開の, 秘密の

clòsed-énd ⦅シ⦆ 形 ❶ あらかじめ限定された; (質問などが)選択型の ❷【証券】(投資信託などが)閉鎖型の(↔ open-end(ed))

clòsed-mínded 形 狭量な, 他人の意見を聞かない

clóse·dòwn /klóuz-/ 名 Ⓒ《単数形で》❶ 操業停止, 閉店 ❷《英》放送終了

clòse·físted /klòus-/ ⦅シ⦆ 形 握り屋の, けちな

clòse-fítting /klòus-/ 形 (衣服が)体にぴったりした

clòse-gráined /klòus-/ ⦅シ⦆ 形 木目の細かい, 目の詰まった

clòse-háuled /klòus-/ ⦅シ⦆ 形 副【海】(帆が)詰め開きの[で], 一杯開きの[で]

clòse-ín /klòus-/ 形 ❶ 至近距離(から)の ❷《米》(都市の)中心に近い

clòse-knít /klòus-/ ⦅シ⦆ 形 団結した, 緊密な

clòse-lípped /klòus-/ ⦅シ⦆ 形 口の堅い, 無口の

:close·ly /klóusli/《発音注意》

―副 (**more ～**; **most ～**)

❶ **綿密に**; 詳細に; 厳重に, しっかりと ‖ They examined the evidence ～. 彼らは証拠を綿密に調べた / Your secret is ～ guarded. 君の秘密は厳重に守られている / watch the developments ～ 事態をじっと見守る / look ～ at his face 彼の顔をよく見る

❷ **相接して**, ぎっしりと, ぴったりと(♦ 場所の接近をいうときは close を用いるのがふつう) ‖ This was ～ followed by his assassination. この後ですぐ彼が暗殺された / ～ written pages 文字がぎっしり書き込まれたページ

❸ **密接に**; 細部まで ‖ Thought and language are ～ **related** [OR **linked**]. 思考と言語は密接に結びついている / Environmental problems are ～「**related to** [OR **associated with**] the global economy. 環境問題は世界経済と密接に関連している / He ～ resembles his father. 彼は父親にとてもよく似ている ❹ 親しく, 親密に

clòse-mínded /klòus-/ 形 =closed-minded

clòse-móuthed /klòusmáuðd/ 形 口が重い, 無口な

close·ness /klóusnəs/ 名 Ⓤ ❶ 密閉, 閉鎖; 蒸し暑さ, 息苦しさ, うっとうしさ ❷ 親密さ, 親近 ❸ 接近, 近似; (織物などの)目の細かさ ❹ 厳密, 厳重 ❺ けち

clóse·òut /klóuz-/ 名 Ⓒ《米》在庫一掃セール

clos·er /klóuzər/ 名 Ⓒ ❶ 閉塞器 ❷ 閉じる人[もの] ❸《米口》【野球】(勝ち試合の最後を締める)抑え投手(closing pitcher)(→ starter, setup); 最終回; ダブルヘッダーの第2試合

clòse-ránge /klòus-/ 形 《限定》近くからの
clòse-rún /klòus-/ 形 《限定》（競走・選挙などが）僅差(きんさ)での ‖ a ～ thing 僅差での勝負
clòse-sét /klòus-/ 〈シ〉 形 間隔の狭い
clos·et /klá(:)zət | klɔ́zɪt/ 《発音注意》 名 C ❶ 《主に米》物置，納戸(なんど)，押し入れ；戸棚(cupboard) ‖ a china ～ 食器棚 / a walk-in ～ ウォークインクローゼット ❷ 《古》（読書・思索・応接用の）私室，小室 ❸ 《the ～》秘密の状態（♦ 特に同性愛者であることを隠すこと） ❹ 《古》＝water closet
a skeleton in the closet ⇨ SKELETON(成句)
còme òut of the clóset 自分の秘密を明かす；（自分が）同性愛者であることを公言する
―形 《限定》 ❶ 私的な，内密の ‖ ～ information 内密の情報 / a ～ alcoholic 隠れアルコール依存症 ❷ 空論の，机上の ‖ a ～ strategist 机上の戦術家
―動 他 《通例受身形または ～ oneself で》私室に閉じこもる；（密談のため）〈…と〉部屋にこもる，密談する〈**with**〉 ‖ ～ oneself in one's suite （ホテルの）自室に閉じこもる
▸▸ ～ **quèen** 名 C ⊗《蔑》隠れゲイ，同性愛者であることを隠している男性
closet·ed /klá(:)zəṭəd | klɔ́zɪtɪd/ 形 （特に同性愛者であることを）隠した；（人が）隠れて信奉する
clóse-ùp /klóus-/ 《発音注意》 名 C ❶ クローズアップ，大写し ‖ ～ camera shots カメラによる近接撮影 ❷ 詳細な考察[検査，描写]
clos·ing /klóuzɪŋ/ 名 U C ❶ 閉鎖，閉店；〖株〗引け《その日の最後の立ち合い》 ❷ 締め切り，決算 ❸ 終結，結び（の言葉） ―形 《限定》終わりの；閉店の；決算の
▸▸ ～ **dàte** 名 C 締め切り日，決算日 ～ **prìce** 名 C 〖株〗引け値，終値 ～ **tìme** 名 C U 閉店時間
clo·sure /klóuʒər/ 名 U C ❶ （工場・学校などの）閉鎖，（橋・道路などの一時的な）閉鎖；終結 ❷ 締め切り(closing) ❸ （物の口を）閉じるもの，ふた ❹ 〖心〗（悲劇的体験後の）一段落（をつけたという実感） ❺ ＝cloture ❻ 〖数〗閉包
―動 ＝cloture
clot /kla(:)t | klɔt/ 名 C ❶ （血などの）かたまり，凝血 ❷ 小集団 (cluster) ❸ 《英口》ばか，のろま ―動 （**clot·ted** /-ɪd/；**clot·ting**） 自 凝固する ―他 …を凝固させる，…を覆う ▸▸**clòtted créam** 名 U 《英》クロテッドクリーム《生乳を熱して採る濃厚なクリーム》
:cloth /klɔ(:)θ/ 《発音注意》
―名 （複 **～s** /klɔ(:)ðz, klɔ(:)θs/） ❶ U 織物，**布**；服地，ラシャ ‖ ～ of gold [silver] 金[銀]糸織，金[銀]襴(らん) / woolen ～ 毛織物 / a yard [piece] of ～ 1ヤール[1片]の服[布]地 / books bound in green ～ 緑色のクロス装の本
❷ C （しばしば複合語で）（ある用途の）**布切れ**，…クロス《テーブルクロス・ふきん・ぞうきん・腰巻き》(loincloth) ‖ a table with a ～ テーブルクロスをかけた食卓 / lay the ～ 食卓の用意をする ❸ U 〖海〗帆布；《集合的に》帆 ❹ 《the ～》僧服；聖職；《集合的に》聖職者(clergy) ‖ a man of the ～ 聖職者 ❺ C 〖劇〗背景幕
be cùt from the sàme clóth （性格・態度などが）よく似ている ‖ Don't assume that all women are *cut from the same* ～. 女性はみんな同じなどと思ってはいけない
cut one's coat according to one's cloth ⇨ COAT(成句)
make ... up out of whole cloth ⇨ WHOLE CLOTH(成句)
▸▸ ～ **cáp** 名 C 《英》（労働者のかぶる）布製の平たい帽子
clóth·bòund 形 （本の表紙が）クロス装の
clothe /klouð/ 動 （**～d** /-d/，《古》《文》**clad** /klæd/） 他 ❶ 《受身形または ～ oneself で》〈…を〉着る（↔ unclothe, undress）〈**in**〉（♦ dress の方が一般的） ‖ be ～*d in* white 白い服を着ている / warmly ～*d* 暖かい格好をした ❷ …に衣服を与える ‖「～ and feed [OR feed and ～] one's family 家族を養う ❸ …を覆う，隠す；隠蔽(いんぺい)する ❹ （権力・性質などを）…に与える

:clothes /klouz, klouðz | klouðz, klouz/ 《発音注意》
―名 複 （♦ cloths とは発音・意味が異なるので注意） ❶ 着るもの，**衣服**（⇨ 類語） ‖ I always **wore** ～ handed down from my brother. 着るものはいつも兄のお下がりだった / *Clothes do not make the man.* 《諺》人間の価値は着るものでは決まらない /「**put on** [**take off**] one's ～ 服を着る[脱ぐ] / summer [spring] ～ 夏[合]服 / the men **in** their work ～ 作業服の男たち / a ～ [×cloth] **shop** 衣料品店

語法 ☆☆ (1)「衣類1点」は，a ×cloth [×clothes, ×clothing] ではなく，「an article [OR an item, a piece] of clothing という．なお，a suit of clothes は，いわゆる「スーツ」など「上下で1セットの服」をいう．
(2) clothes は数詞とともに用いないので ×two clothes は誤りで two articles of clothing が正しい．しかし，some [many, a lot of, a great deal of] clothes は可能．
(3) They buttoned up their clothes.（彼らは服のボタンをかけた）のように，話し手の意識が服の一点一点に置かれる場合に clothes が使われ，集合的に「衣類」をいう場合は clothing を使う．
(4)「服を1着君にあげよう」などと会話の中でいうときは，"I'll give you a piece of clothing."とはいわず，より具体的に，例えば "I'll give you a jacket." などという方がふつう．

❷ ＝bedclothes ❸ 洗濯物

類語 《❶》 **clothes** 上着・ズボンなど，ある人が実際に着用している個々の衣類の集まり．
clothing clothes よりやや格式ばった語で，集合的に衣類というもの．
dress 主として女性・子供の服，男性の場合は正装．
suit 男性では coat，(vest)，trousers，女性では coat，skirt，(blouse) とそろった服装．
garment 衣類 (clothing) の1点をいい，格式ばった語．

▸▸ ～ **bàsket** 名 C 洗濯物を入れるかご ～ **brùsh** 名 C 洋服ブラシ ～ **hànger** 名 C 洋服かけ，ハンガー ～ **mòth** 名 C 〖虫〗イガ（衣蛾） ～ **pèg** 名 C 《英》＝clothespin ～ **prèss** 名 C 衣装戸棚
clóthes·hòrse 名 C ❶ 物干し ❷ 《口》流行を追って服装に凝る人(fashion plate)

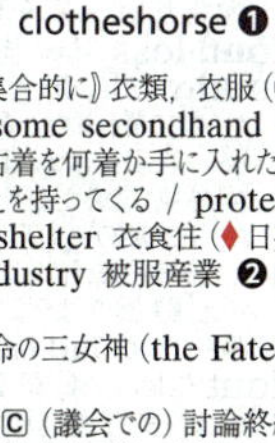
clotheshorse ❶

clóthes·lìne 名 C 物干し綱
―動 他 〖アメフト〗…をクロスラインで倒す《相手の首に腕をかけて倒す反則行為》
clóthes·pìn 名 C 《米》洗濯ばさみ
cloth·ier /klóuðiər/ 名 C 洋服屋；服地屋
***cloth·ing** /klóuðɪŋ/ 名 ❶ U 《集合的に》衣類，衣服（⇨ CLOTHES 語法 類語） ‖ I got some secondhand ～ at a flea market. ノミの市で古着を何着か手に入れた / bring a change of ～ 着替えを持ってくる / protective ～ 防護服 / food, ～ and shelter 衣食住（♦ 日英の語順の違いに注意） / the ～ industry 被服産業 ❷ C 覆い ‖ a ～ of snow 雪帽子
Clo·tho /klóuθou/ 名 〖ギ神〗運命の三女神 (the Fates) の1人《生命の糸を紡ぐ女神》
clo·ture /klóutʃər/ 《米》 名 U C （議会での）討論終結（《英》closure） ―動 他 …の討論を終了（して採決）する
:cloud /klaud/ 《発音注意》
―名 〔▶ cloudy 形〕（複 **～s** /-z/） ❶ C U **雲** ‖ Dark ～*s* are hanging low over the city. 黒い雲が町に低く垂れ込めている / The ～*s* are breaking [OR lifting]. 雲が晴れてきた / The sky is almost free of ～*s*. 空に

はほとんど雲がない / ～ cover (一定の場所を)覆う雲
❷ Ⓒ (雲のように)もうもうと立ち込める〈…の〉煙《砂ぼこり・蒸気など》〈**of**〉‖ The dust rose in ～*s.* ほこりがもうもうと立った / a ～ *of* steam 湯気
❸ Ⓒ〈人・鳥・昆虫などの〉大群, 多数〈**of**〉‖「a ～ [OR ～*s*] *of* bees ミツバチの大群
❹ Ⓒ Ⓤ (鏡・大理石などの)曇り, 傷; (透明な液体の)濁り
❺ Ⓒ 暗くさせるもの, (心配・疑いなどのため心に広がる)暗い影, 暗雲; 憂うつ ‖ cast a ～ on one's happiness [reputation] 幸福[名声]に暗い影を投げかける / *Every cloud has a silver lining.* 《諺》どんな雲にも輝く裏がある; 苦あれば楽あり
❻ (＝～ **compùting**) Ⓤ クラウドコンピューティング《個々のコンピューターではなくインターネット上に保存されたソフト・データなどを各端末から利用する形態のサービス》

a clòud on the horízon 心配の種
have one's head in the clouds ⇨ HEAD(成句)
in the clóuds ① 空高く ② 上の空で, 夢を見ているような状態で ③ 空想的な, 非現実的な
on clòud níne [OR ***séven***] 《口》有頂天の, 幸福の絶頂の
****under a clóud*** 疑惑を受けて, 不興を買って, 信頼を失って

COMMUNICATIVE EXPRESSIONS
① **It appèared** [OR **dròpped**] **from the clóuds.** びっくりしたよ; 突然のことで度胆を抜かれた

―動 (**～s** /-z/; **～·ed** /-ɪd/; **～·ing**)
―自 ❶ (空が)曇る《**over, up**》; (ガラスなどが)曇る《**up**》‖「The sky [×It] ～*ed over.* 空が一面かき曇った
❷ ぼやける, 不明瞭(ふめいりょう)になる, 混乱する ‖ Her judgment ～*ed.* 彼女の判断に迷いが出た
❸ (顔(の表情)が)〈…で〉暗くなる, 曇る《**over**》〈**at, with**〉
―他 ❶ (雲・霧が)…を覆う, 曇らせる《**over, up**》‖ The moon was ～*ed over.* 月はすっかり雲に隠れていた
❷〔ガラスなど〕を曇らせる; …を濁らせる; …をぼやけさせる, 不明瞭にする; …を混乱させる ‖ Tears ～*ed* her eyes. 彼女の目は涙で曇った
❸ …を暗くする, …に暗影を投ずる ‖ My mind was ～*ed* with doubt. 私の心は疑惑の暗雲に覆われた (⇨ MOOD メタファーの森) ❹〔名声など〕に傷をつける
語源「岩のかたまり, 岩山」の意の中英語 *cloude* から. 積乱雲を指して用いられたことから, 「雲」に転じた.

▸▸ ～ **chàmber** 名 Ⓒ 〔理〕霧箱《気体中の荷電粒子線などの動きを観察する装置》 ～ **fòrest** 名 Ⓒ 雲霧林 (fog forest) ～ **sèeding** 名 Ⓒ 雲の種まき《人工降雨のため雲中にドライアイスや沃化銀(ようかぎん)などの粒子をまくこと》(→ rainmaking)

clóud·bùrst 名 Ⓒ 突然の豪雨
clòud-cápped 〈シ〉 形 雲を頂いた, 雲にそびえる
clòud-cúckoo-lànd 名 Ⓤ 理想郷, 夢幻郷 ‖ live in ～ 現状をわきまえず夢ばかり見ている
cloud·ed /kláudɪd/ 形 ❶ 曇った, 暗い ❷ (気が) ふさいだ; 混乱した ▸▸ ～ **lèopard** 名 Ⓒ 〔動〕ウンピョウ(雲豹)
clóud·less /-ləs/ 形 雲のない, 晴れ渡った
***cloud·y** /kláudi/ 《発音注意》 形 〔◁ cloud 名〕 ❶ (空が) 雲に覆われた, 雲が出ている, 曇った (↔ clear) ‖ It'll be ～ with occasional rain tomorrow. 明日は曇りときどき雨になるだろう / a ～ sky 曇り空 ❷ (液体が) 濁った, 不透明の; (大理石などが)雲模様の; (色が)ぼかしの入った ❸ 不明瞭(ふめいりょう)な, あいまいな ‖ ～ ideas はっきりしない考え ❹ 雲の(ような) ❺ (表情などが)ふさいだ; (目が)涙で潤んだ **clóud·i·ness** 名
clout /klaut/ 名 Ⓒ ❶ 《通例単数形で》《口》殴打, 強打; 〔野球〕長打 ❷ Ⓤ 《口》権力, 影響力 ❸ 〔弓術〕(布製の)的; 的中 ―動 他 …を殴る, 強打する
clove[1] /klouv/ 名 Ⓒ 〔植〕チョウジ, クローブ《香料》
clove[2] /klouv/ 名 Ⓒ (ニンニク・タマネギなどの)小鱗茎(りんけい)
clove[3] /klouv/ 動 cleave[1] の過去の1つ
clóve hìtch 名 Ⓒ 巻き結び
clo·ven /klóuvən/ 動 cleave[1] の過去分詞 ―形 (2つに) 分かれた, 裂けた ▸▸ ～ **hóof** [**fóot**] 名 Ⓒ ① (牛・羊などの)偶蹄(ぐうてい), 分趾蹄(ぶんしてい) ② 悪魔 ‖ show the ～ *hoof* [OR *foot*] 悪魔の本性を現す
***clo·ver** /klóuvər/ 名 Ⓤ (♦ 種類をいうときはⒸ) クローバー, シロツメクサ(→ four-leaf clover)
be [OR ***lìve***] ***in clóver*** ぜいたく[安楽]に暮らす
clóver·lèaf 名 (複 **～s** /-s/ OR **-leaves** /-li:vz/) Ⓒ 《主に米》クローバー形のインターチェンジ[立体交差]
―形 四つ葉(模様)の

cloverleaf

***clown** /klaun/ 名 Ⓒ ❶ 道化師 ❷ 《ときにけなして》おどけ者, ふざけてばかりいる人 ‖ make a ～ of oneself 《口》ばかなことをする, 笑い者になる ❸ 《口》ばか者 ❹ 《古》田舎者 ―動 自 道化役を演じる, おどける《**around, about**》
―他〔役柄・しぐさ〕を誇張して[おかしく]演じる
～·ish 形 道化のような, おどけた
cloy /klɔɪ/ 動 自 (甘いもの・楽しみなどが)鼻につく; (人が)うんざりする ―他〔人〕をうんざりさせる **～·ing** 形 甘ったるい, うんざりする, 鼻につく **～·ing·ly** 副
clóze tèst /klóuz-/ 名 Ⓒ 穴埋め式(読解力)テスト, クローズテスト(cloze exercise, cloze drill)

*****club** /klʌb/ 名 動
―名 (複 **～s** /-z/) Ⓒ ❶ 《集合的に》《単数・複数扱い》(♦ 《米》では通例単数扱い, 《英》では個々のメンバーに重点を置く場合複数扱い) (社交・スポーツなどの) **クラブ**, (同好)会; (英国の)社交クラブ《地位のある男性だけを会員とする》; スポーツチーム ‖ I belong to the Drama *Club.* 私は演劇クラブに入っています / **join**「an Alpine [a tennis] ～ 山岳会[テニスクラブ]に入る / a political ～ 政治同志会, 政治結社 / ～ membership クラブ会員資格
❷ (会員に種々の特典を与える) クラブ, 共済会 ‖ a buyer's ～ 購買者友の会 ❸ (ディスコなどの) クラブ; ナイトクラブ ❹ クラブ室[会館] ❺ **こん棒**; (ゴルフなどの) クラブ; (体操・曲芸用の) こん棒 (Indian club) ❻ 〔トランプ〕クラブ; 《～s》《単数・複数扱い》(13枚からなる)クラブの組札
be in the (***púdding***) ***clùb*** 《英口》妊娠している
「***Wèlcome to*** [OR ***Jòin***] ***the clúb!*** (悪い状況が) 私[我々]も同様だ ‖ "I failed that test." "Welcome to the ～!"「その試験に落ちたんだ」「こっちも同じ」
―動 (**～s** /-z/; **clubbed** /-d/; **club·bing**)
―他 …をこん棒で打つ; 〔銃〕をこん棒代わりに使う
―自 ❶ 《+**together**》《英》(共通の興味・目的の人が集まって) クラブを作る, 金を出し合う, 協力し合う ‖ His friends *clubbed together* to give him a fine funeral. 友人たちは金を出し合って彼に立派な葬式を出してやった ❷ 《英口》ナイトクラブで遊ぶ ‖ go *clubbing* ナイトクラブ通いをする
▸▸ ～ **càr** 名 Ⓒ 《主に米》(休憩・軽食などができる)特別客車, 社交客車 (bar car, lounge car) ～ **cháir** 名 Ⓒ 低い重厚な安楽いす ～ **clàss** 名 Ⓤ 《英》(旅客機の)クラブクラス《economy class と first class の中間》 ～ **mòss** /英 ⌒⌒/ 名 Ⓒ 〔植〕ヒカゲノカズラ ～ **sándwich** 名 Ⓒ クラブサンドイッチ《3段重ねのサンドイッチ》 ～**-sándwich generàtion** 名 Ⓒ クラブサンド世代《子供・孫・親の3世代の世話をせざるを得ない年齢層の人々》(→ sandwich generation) ～ **sóda** 名 Ⓒ Ⓤ 炭酸水 (soda water) (♦ 起源は商標) ～ **stèak** 名 Ⓤ Ⓒ 《米》クラブステーキ《牛のあばら肉の小型ステーキ》
club·ba·ble, -a·ble /klʌ́bəbl/ 形 クラブ会員として適格な; 社交的な **clùb·ba·bíl·i·ty** 名
clúb·bing /-ɪŋ/ 名 Ⓤ ナイトクラブに行くこと
clùb·fóot 名 (複 **-feet** /-fí:t/) Ⓒ 内反足(の状態)
～·ed 形
clúb·hòuse 名 Ⓒ クラブ会館; (スポーツ施設の)更衣室

clúb·lànd 名 U 《英》夜の歓楽街
clúb·man /-mən/ 名 (複 **-men** /-mən/) C 社交クラブの会員；熱心にクラブに通う人(中立 club member)
clúb·wòman 名 (複 **-wòmen**) C 社交クラブの女性会員；クラブの活動に熱心な女性(中立 club member)
cluck /klʌk/ 動 自 ❶ (めんどりが)こっこっと鳴く[呼ぶ] ❷ (不平・不満などを示すのに)舌打ちする ❸ 関心を示す
—他 〔舌〕を鳴らす，…を舌打ちして示す[呼ぶ] ‖ ～ disapproval 非難の言葉をつぶやく
—名 C ❶ こっこっ(という鳴き声)；ちぇっ《舌打ちの音》 ❷ 《主に米口》愚か者(→ dumb cluck)
clue /kluː/
—名 (複 **～s** /-z/) C ❶ 〈…のなぞを解く〉鍵(かぎ)，**手がかり**，〈研究・捜査などの〉糸口，端緒〈**to, about, as to**〉‖ Her study of gorilla society 「**gives** us [OR **provides**] new ～*s to* human behavior. ゴリラ社会に関する彼女の研究は人間の行動のなぞを解く新しい手がかりを与えてくれる ❷ (クロスワードパズルなどの)鍵
not hàve a clúe* 《口》何も知らない〈about** …について / **wh** 節 …か / **wh to** *do* …すべきかどうか〉；無知[無能]である

COMMUNICATIVE EXPRESSIONS
1 **Àny clúe** where he (has) disappeared (to)? 彼がどこに消えたか知っている？(♥ 人から情報を聞き出す際のくだけた質問表現. ✐Can [OR Could] you tell me where he has gone (to)(, please)?)
2 **Gèt a clúe.** 腹の立つやつだな；怒っているのがわからないのか(♥ かなりくだけた表現)
3 「**You're withòut** [OR You dòn't hàve] **a clúe.** 全然わかってないね (♥ 相手の批判などに対して異論を唱えるときに用いるくだけた表現. ＝You're clueless.)

—動 (**～s** /-z/；**～d** /-d/；**clue·ing, clu·ing**) 他 《次の成句で》
clùe ín [《英》*úp*] ... / *clùe ... ín* [《英》*úp*] 〈他〉《口》〔人〕に〈必要な[最新の]〉情報を与える；《受身形で》〈…について〉博学である，明るい〈**on, about**〉
clùed-ín 形 《米口》〈…を〉よく知っている，〈…に〉通じている(《英》clued-up)〈**on**〉
clùed-úp 形 《英口》＝clued-in
clúe·less /-ləs/ 形 《口》何も知らない，愚かな
clump /klʌmp/ 名 C ❶ (樹木の)茂み；(人の)群れ ❷ (土・細菌などの)かたまり(lump) ❸ 《単数形で》重い足音；どすんという音
—動 自 ❶ 重い足音を立てて歩く ❷ 固まる，群れをなす《*together*》 —他 …を固まらせる，群生させる
clum·sy /klʌ́mzi/ 形 ❶ (動作が)無器用な，ぎこちない；まずい，下手な；気のきかない，世渡り下手の(↔ clever) ‖ ～ fingers 無器用な指先 / He is ～「with tools [at apologies]. 彼は道具の使い方[謝るの]が下手だ / It was ～ of him to spill the wine. ワインをこぼしてしまうとは彼もまずかったね ❷ (道具などが)扱いにくい；(手順などが)ややこしい **-si·ly** 副 **-si·ness** 名
clung /klʌŋ/ 動 cling の過去・過去分詞
clunk /klʌŋk/ 名 C ❶ がーん[ごーん，からん，ごつん](という音) ❷ 《口》強打(したときの音) ❸ 《米口》ばか，のろま
gò clúnk 駄目になる，ぽしゃる
—動 自 がーんという音を立てる
clunk·er /klʌ́ŋkər/ 名 C 《米口》おんぼろ(車[機械])；価値のないもの；下手くそなやつ[選手]
clunk·y /klʌ́ŋki/ 形 《米口》不器用な；ぎこちない，不出来な；靴底の重い；がーんという音のする
clus·ter /klʌ́stər/ 名 C ❶ (果実・花などの)ふさ，束 ‖ a ～ of grapes [daisies] ブドウのふさ[ヒナギクの束] ❷ (同種のもの・人の)群れ，集団 ‖ houses scattered in ～*s* 群落をなして点在している家々 ❸ 〔音声〕子音群(《例》*strengths* の str-, -ngths) ❹ 〔天〕星団；〔化〕クラスター《原子などがいくつか集まってかたまりをなしているもの》 ❺ 〔米陸軍〕(同じ勲章の再授与を示す)金属製の略章《勲章のリボンにつける》 ❻ 💻(磁気ディスクの)クラスター《磁気ディスク内の論理的な最低使用単位》
—動 自 ❶ ふさをなす，鈴なりになる；〈…の周りに〉群がる《*together*》〈**around**〉‖ The firemen ～*ed around* the nozzle of the hose. 消防士はホースの筒口の周りに群がった ❷ 〔統計〕(結果が)〈ある数値の周辺に〉集中する〈**around**〉 —他 …を〈…の周りに〉群がらせる〈**around**〉；…をふさ状にする
▸▸ ～ **bòmb** 名 C クラスター爆弾 ～ **hèadache** 名 U 〔医〕群発頭痛《激しい発作を繰り返す偏頭痛》
***clutch**[1] /klʌtʃ/ 動 他 …をぐっとつかむ，握り締める ‖ She ～*ed* the child to her breast. 彼女はその子を胸にしっかりと抱いた / ～ each other in joy 喜んで固く抱き合う
—自 ❶ 〈…を〉ぐっとつかもうとする，〈…に〉すがりつく〈**at**〉‖ *A drowning man will* ～ *at a straw.* 《諺》おぼれる者はわらをもつかむ / He desperately ～*ed at* the excuse. 彼は必死でその言い訳にすがりついた ❷ クラッチペダルを操作する
—名 C ❶ (自動車の)クラッチペダル ‖「let in [OR push in, step on] the ～ クラッチを踏む / 「let out [OR release] the ～ クラッチから足を離す ❷ 《米口》重大な場面，最大の山場，(野球などの)ピンチ ‖ He is a good friend in a ～. 彼はピンチのときに頼りになる友人だ ❸ 《単数形で》ぐっとつかむこと；把握 ‖ make a ～ at ... …をつかもうとする ❹ つかもうとする手[つめ]；《通例 ～es》魔手；(人の)手中，支配，影響力 ‖「be in [fall into, get out of] his ～*es* 彼の手中にある[に陥る，を脱する] ❺ (＝～ **bàg**)クラッチバッグ(clutch purse)《肩ひもや持ち手のないハンドバッグで，男性の持ち物としても使う》
—形 《限定》決定的場面での；(特に野球で)いざというとき頼りになる ‖ a ～ player ピンチに強い[頼りになる]選手
clutch[2] /klʌtʃ/ 名 C ❶ 一かえしの卵；一かえりのひな ❷ 《口》群，集団(cluster)
clut·ter /klʌ́ţər/ 動 他 …を〈…で〉散らかす《*up*》〈**with**〉‖ My room is ～*ed up with* (stacks of) magazines. 私の部屋は雑誌(の山)で雑然としている
—名 U/C 《単数形で》散らかしたもの(の山)；乱雑，混乱
***cm, cm.** 略 centimeter(s)
Cm 記号 〔化〕curium(キュリウム)
CM 略 *c*ommand *m*odule；*C*ommon *M*arket；*c*ommon *m*eter
CMG 略 *C*ompanion (of the Order) of St. *M*ichael & St. *G*eorge ((英国の)聖マイケルおよび聖ジョージ勲位最下級勲爵士)
Cmnd. 略 Command Paper(英国王の勅令書)
CMOS /síːmɑ(ː)s | -mɔs/ 略 💻 *c*omplementary *m*etal *o*xide *s*emiconductor(相補型MOS. 金属酸化膜半導体を用いた集積回路)
CND 略 *C*ampaign for *N*uclear *D*isarmament ((英国の)核軍縮運動)
CNG 略 *c*ompressed *n*atural *g*as(圧縮天然ガス)
CNN 略 *C*able *N*ews *N*etwork
C-note 名 C 《米俗》100ドル札
CNS 略 *c*entral *n*ervous *s*ystem(中枢神経系統)
Co 記号 〔化〕cobalt(コバルト)
CO ⌫ 略 〔郵〕Colorado；Colombia《国際車両登録》；*C*ommanding *O*fficer；*c*onscientious *o*bjector
***Co.** /koʊ/ 略 *Co*mpany
... and Co. /ənd kʌ́mpəni/ ① …商会 ‖ Belly *and Co.* ベリー商会 ②《*... and co.*》《口》…とその仲間，一行
***c/o** /sìːóʊ/ ⌫ 略 〔郵〕(in) *c*are *o*f
co- /koʊ-/ 接頭 ❶「共同，相互」などの意 ‖ *co*operate, *co*author, *co*-CEOs, *co*premier ❷ 〔数〕「余・補(complement of)」の意 ‖ *co*sine
:coach /koʊtʃ/ 《発音注意》
—名 (複 **～·es** /-ɪz/) C ❶ (スポーツ選手・チームの)**コーチ**，監督(→ manager ❶)；(声楽・演技などの)指導員；個人教授，家庭教師 ‖ a tennis ～ テニスのコーチ / the ～ of

C

the national team ナショナルチームのコーチ / a head ～ ヘッドコーチ / a voice ～ 声楽の先生
❷《主に英》(長距離用) **大型バス** ‖ travel by ～ 大型バスで旅行する ❸《英》(鉄道の) **客車** (carriage,《米》car) (⇨ CAR 類語P) ❹ Ⓤ《米》(飛行機の) エコノミークラス；(列車の) 2等 ❺ (通例4頭立ての) 大型四輪馬車
drìve a còach and hórses through ... 《英》〔法律・意見など〕を無効にする，論破する
── 動 (**～es** /-ɪz/；**～ed** /-t/；**～·ing**)
── 他 ❶〔人・チーム〕を**コーチする，指導する**；…の家庭教師[個人教授]をする〈**in** 科目・種目の；**for** …の準備に〉(⇨ TEACH 類語) ‖ I ～ a sandlot baseball team. 私は草野球チームのコーチをしています / ～ a singer *for* the audition オーディションに備え歌手を指導する
❷〔人〕に〈話す内容などの〉指示を与える〈**on, in**〉
── 自 バス[馬車など]で行く
── 副 《比較なし》エコノミークラス[2等]で
語源 この馬車が最初に作られたハンガリーの都市 Kócs から. 15世紀に王子が結婚式に使ったことから有名になった.
▶▶ **～ clàss** 名 Ⓤ《米》(飛行機の) エコノミークラス ‖ a ～ *class* fare [seat] エコノミークラス料金[座席] **～ hòuse** 名 Ⓒ 馬車置場 **～ stàtion** 名 Ⓒ《英》長距離バスの発着所

cóach·man /-mən/ 名 (複 **-men** /-mən/) Ⓒ《旧》(馬車の) 御者(ぎょしゃ)(中立 coach driver)
cóach·wòrk 名 Ⓤ 自動車[列車]の車体(製作)
co·ad·ju·tor /kouǽdʒʊtər/ 名 Ⓒ ❶《堅》助手，補佐 ❷〖教会〗監督補；〖カト〗補助司教
co·ag·u·lant /kouǽgjulənt/ 名 Ⓒ 凝固剤；凝血剤
co·ag·u·late /kouǽgjulèɪt/ 動 他 自 (…を[が]) 凝固させる[する] **co·àg·u·lá·tion** 名
:coal /koul/ 《発音注意》
── 名 (複 **～s** /-z/) ❶ Ⓤ **石炭** (→ brown coal, soft coal) ‖ Put some more ～ on the fire. 火にもう少し石炭をくべなさい / burn [mine] ～ 石炭を燃やす[掘る] / switch from ～ to gas for heating 暖房を石炭からガスに切り替える / the ～ industry 石炭産業
❷ Ⓒ (しばしば ～s) (燃料用に砕いた) 石炭；赤熱した石炭[木炭，燃料] ‖ cook (steak) over ～*s* (ステーキを) 炭火にかけて料理する ❸ Ⓤ 木炭
càrry [OR ***tàke***] ***còals to Néwcastle*** 《英》無駄骨を折る，余計な仕事をする (♦ Newcastle は石炭の産地であることから)
hàul [OR ***dràg, ràke***] ***a pèrson over the cóals*** 《口》〔人〕を〈…のことで〉強くしかる〈**for**〉‖ He was *hauled over the ～s for* coming late to practice. 彼は練習に遅れて来たことでひどくしかられた
── 動 他 ❶ …に石炭を補給する ❷ …を燃やして木炭にする ── 自 石炭を採掘する
▶▶ **～ gàs** 名 Ⓤ 石炭ガス；石炭の燃焼によって出るガス **～ mèasures** 名 《the ～》〖地〗夾炭(きょうたん)層 (石炭を含む地層) **～ scùttle** 名 Ⓒ (室内用の) 石炭入れ [バケツ] **～ tàr** 名 Ⓤ コールタール (染料・塗料・医薬などに用いる)
còal-bláck 形 真っ黒の
co·a·lesce /kòuəlés/ 動 自 合体する，(政党などが) 合併する **-lés·cence** 名 Ⓤ 合体，合併 **-lés·cent** 形 合体[合併]した
cóal·fàce 名 ❶ Ⓒ 石炭採掘の表層 ❷《the ～》《英》(仕事の) 現場
at the cóalface 現場の，現場で働いている
cóal·fìeld 名 Ⓒ 炭田
cóal-fìred 形 石炭で熱せられた[動く]，石炭火力の
cóal·hòuse 名 Ⓒ 石炭倉庫
***co·a·li·tion** /kòuəlɪ́ʃən/ 名 Ⓒ Ⓤ 合同，連合；(政党などの一時的な) 連立，提携 ‖ The ruling party, in ～ with the Green Party, succeeded in passing their bill. 緑の党と連立していた与党は法案を通過させることに成功した / form a ～ to defeat the sales tax 売上税に対抗して提携する / a ～ government 連立政権[政治]
cóal·mìne 名 Ⓒ 炭鉱
cóal·mìner 名 Ⓒ 炭鉱労働者
coal·y /kóuli/ 形 石炭の(ような)，真っ黒な
coam·ing /kóumɪŋ/ 名 Ⓒ《通例 ～s》〖海〗防水縁材 (甲板の開口部への浸水を防ぐ縁材)
cò-ánchor 名 Ⓒ 共同ニュースキャスター(の1人)
── 動 自 共同ニュースキャスターを務める
***coarse** /kɔːrs/ (♦同音語 course) 形 ❶ (きめ・粒などが) 粗い，ざらざらした (↔ fine[1]) ‖ ～ sand 粒の粗い砂 / a ～ fabric 目の粗い布地 ❷ 粗野な，下品な，みだらな ‖ ～ language 下品な言葉遣い / ～ manners 不作法 / ～ jokes みだらな冗談 ❸ 粗悪な，劣等な，粗雑な ‖ ～ food 粗食 / ～ goods 粗悪品 **～·ly** 副 **～·ness** 名
▶▶ **～ físh** 名 Ⓒ《英》雑魚(ざこ)，(サケ・マス以外の) 淡水魚 **～ físhing** 名 Ⓤ《英》雑魚釣り (♦ coarse fish は本来は釣りの対象とならない)
còarse-gráined ⟨シ⟩ 形 ❶ きめの粗い，ざらざらした ❷ 下品な，粗野な
coars·en /kɔ́ːrsən/ 動 他 自 (…を[が]) 粗野[下品，ざらざら]にする[なる]
:coast /koust/ 《発音注意》
── 名 (複 **～s** /-s/) Ⓒ ❶ **沿岸** (地方)，海岸 (通例海岸沿いの広い地域) (⇨ SHORE[1] 類語) ‖ The pilot spotted the smugglers' boat heading for the ～. パイロットは海岸に向かっている密輸者のボートを見つけた / towns **on** [OR **along**] the ～ 海岸沿いの町 (♦ 海岸に沿ってある程度長く続いている場合に along を用いる) / sail off the west ～ of Hawaii ハワイ島の西海岸沖を航行する / a ～ road 湾岸道路
❷《the C-》《米》太平洋沿岸地方
❸《米・カナダ》(そりなどが滑降できる) 坂，斜面；(そりなどの) 滑降；(自転車・自動車の) 惰力走行
from còast to cóast 《米》(米国の) 東海岸から西海岸まで，全国的に，津々浦々

COMMUNICATIVE EXPRESSIONS
1 **The còast is cléar.** 辺りに邪魔者はいない，人目がない (♥「今がチャンスだ」の意)

── 動 自 ❶ (+副句) (自転車・自動車などが) 惰力で進む，(動力を用いずに) 坂を下る；(そりなどが) 滑降する ‖ ～ down the hill 惰力で坂を下る
❷〈物事を〉大した苦労もせずに楽々とやってのける，気楽に(行動)する《***along***》〈**through, to,** etc.〉‖ ～ *to* victory 楽々と勝つ / ～ *through* one's college のんびりやって大学を出る / ～ *along* in class 授業を気楽に受ける
❸ (+副句) 沿岸を航行する ── 他 …の沿岸を航行する
▶▶ **～ guàrd** 名 《the C- G-》《米》国家沿岸警備隊；(一般に) 沿岸警備隊(員) **Cóast Rànges** 名 《the ～》海岸山脈 (北米太平洋岸沿いの山脈. アラスカからカリフォルニア南部に至る)
***coast·al** /kóustəl/ 形《限定》沿岸(地方)の，海岸沿いの ‖ a ～ area 沿岸地域 / ～ waters 沿岸水域
coas·teer·ing /kóustìərɪŋ/ 名 Ⓤ コースティアリング (海岸近くの崖からのダイビングと岩登りをミックスしたスポーツ)
coast·er /kóustər/ 名 Ⓒ ❶ (グラス・酒瓶などの) 盆，コースター ❷ 沿岸貿易船 ❸ ジェットコースター (roller coaster) ▶▶ **～ bràke** 名 Ⓒ《米》コースターブレーキ (ペダルを逆回転して止める自転車用ブレーキ)
cóast·guàrds·man /-mən/ 名 (複 **-men** /-mən/) Ⓒ 沿岸警備隊員 (中立 coast guard)
cóast·lànd 名 Ⓒ《通例 ～s》沿岸地帯
***cóast·lìne** 名 Ⓒ 海岸線
còast-to-cóast 形 (大陸・島などの) 端から端まで；《米》太平洋岸から大西洋岸まで
cóast·wìse 副 形 海岸に沿って[沿った]
:coat /kout/ 《発音注意》 中心義 覆う(もの)
── 名 (複 **～s** /-s/) Ⓒ ❶ **コート**，オーバー，上っ張り；《英では旧》(スーツの) **上着** (jacket) ‖ May I take your ～?

コートをお預かりしましょうか /「**put on** [**take off**] a leather ～ 革のコートを着る[脱ぐ] / a woman **in** a white ～ 白いコートを着た女性 / a lab ～ 白衣 / **Wear** a ～ and tie to the wedding. 結婚式には上着とネクタイを着用しなさい
❷ (動物の)毛皮, 被毛;(植物の)表皮;外包;被膜
❸〈ペンキなどの〉塗装(膜), コーティング〈**of**〉‖ I applied a ～ *of* paint to the doghouse. 犬小屋にペンキの上塗りをした
cùt one's cóat accòrding to one's clóth 《英》分相応の暮らしをする, 身の程に合わせる
tràil one's cóat 口論[けんか]を吹っかける
tùrn [OR ***chànge***] ***one's cóat*** 変節する, 改宗する
── 動 (**～s** /-s/ ; **～·ed** /-ɪd/ ; **～·ing**) 他 …の表面を〈…で〉覆う;…に〈…を〉塗る, かぶせる〈**with, in**〉(♦しばしば受身形で用いる) ‖ She ～*ed* the cake *with* chocolate. 彼女はケーキにチョコレートを塗った / a table ～*ed with* [OR *in*] dust ほこりだらけのテーブル
▶▶ **～ ármour** 名 U 《英》紋章 **～ chèck** 名 C 《米》(係のいる)クロークルーム (cloakroom) **～ hànger** 名 C ハンガー, 洋服かけ **～ of árms** 名 C (盾形の)紋章;紋章付きの外衣 **～ of máil** 名 C 鎖帷子(かたびら)《中世の防具》

cóat·drèss 名 C 前ボタンのあるコート風女性用ドレス

coat·ed /kóuṭɪd/ 形 ❶ 上塗りした ❷ (布地に)防水加工した ❸ (紙が)光沢のある

coat·ee /kòutíː/ 名 C 《英》(女性・子供用の)短い上着

co·a·ti /kouáːṭi/ 名 C 〘動〙ハナグマ《中南米産のアライグマ科の動物》

coat·ing /kóuṭɪŋ/ 名 C U ❶ 上塗り;被覆物, コーティング ❷ 上着用生地

cóat·ràck 名 C (クロークなどの)洋服かけ

cóat·tàil 名 C 《通例 ～s》(モーニング・夜会服などの2つに割れた)上着のすそ
on a pèrson's cóattails (人の)おかげで, (人に)頼って

cò·áuthor 名 C 共著者 ── 動 他 …を共著する
～ed 形 **～·shìp** 名

coax /kouks/ 動 他 ❶ **a** 《+目》〔人〕をおだてて[なだめて]〈…を〉させる[〈…の〉状態にする]〈**into**〉;〔人〕をおだてて[なだめて]〈…を〉やめさせる〈**out of**〉,〔物〕をうまく扱って〈…の状態へ〉思うように動かす〈**into, out of, etc.**〉‖ ～ her「*into* good temper [OR *out of* bad temper] 彼女をなだめて機嫌を直させる / I ～*ed* my son *into* eating carrots. 息子をなだめてニンジンを食べさせた / ～ a key *into* a lock 錠にうまく鍵(かぎ)を差し込む **b** 《+目+**to** *do*》〔人〕をおだてて[なだめて]…させる ‖ ～ him *to* take the medicine 彼をなだめて薬を服用させる
❷ 《+目 *A*+**from** [**out of**] 名 *B*》*B*(人)をうまく言いくるめて*A*(物)を手に入れる;*B*から*A*をうまく引き出す ‖ He ～*ed* money [a confession] *from* [OR *out of*] her. 彼はうまく言って彼女に金を出させた[告白させた]
── 自 (優しく)説得する, なだめる
～·er 名 C うまく言いくるめる人 **～·ing** 名 U なだめること, おだてること ‖ a bit of ～ ちょっとしたおだて **～·ing·ly** 副

co·áxial 形 共通の軸を持った, 同軸の **～·ly** 副
▶▶ **～ cáble** [**líne**] 名 C 〘電〙同軸ケーブル

cob /kɑ(ː)b | kɔb/ 名 C ❶ =corncob ❷ 雄の白鳥 (↔ pen[4]) ❸ 短足で頑丈な乗用馬 ❹ 《英》=cobnut ❺ 《英》(石炭などの丸い)かたまり ❻ 《英》(丸い)パン

co·balt /kóubɔːlt/ 名 U ❶ 〘化〙コバルト《金属元素. 元素記号 Co》❷ (=**～ blúe**) コバルトブルー《酸化コバルトを含む青色絵の具》;濃青色 ▶▶ **～ 60** [**síxty**] 名 U コバルト60《コバルトの放射性同位体》

cob·ble[1] /kɑ́(ː)bl | kɔ́bl/ 名 =cobblestone (⇨ STONE 類語P) ── 動 他〔道路など〕に玉石を敷く

cob·ble[2] /kɑ́(ː)bl | kɔ́bl/ 動 他 ❶ 《旧》〔靴など〕を修繕する ❷ …を継ぎはぎする;急造する《**up, together**》‖ the ～*d*-together unity of ... …を継ぎはぎして作った連合(体)

cob·bler /kɑ́(ː)blər | kɔ́b-/ 名 C ❶ 靴直し(店) ‖ *Let the ～ stick to his last.* 《諺》靴直しは靴直しの仕事に専念させよう;他人事に口を挟まず本分を尽くせ(→ last[3]) ❷ 《米》フルーツパイの一種 ❸ U ワインに砂糖・レモンなどを加えた氷入りの飲み物 ❹ 《～s》《英俗》睾丸(こうがん);たわごと

cóbble·stòne 名 C (敷石・舗装用の)丸石, 玉石

co·bel·lig·er·ent /kòubəlídʒərənt/ 〈シ〉 名 C 共戦国, 戦争参加国[者] (→ ally)

cób·nùt 名 C 〘植〙西洋ハシバミ(の実);ヘーゼルナッツ

COBOL, Co·bol /kóubɔ(ː)l/ 名 U 🖳コボル言語《事務処理用の共通言語として開発されたプログラミング言語》(♦ *co*mmon *b*usiness *o*riented *l*anguage の略)

co·bra /kóubrə/ 名 C 〘動〙コブラ《アジア・アフリカ産の毒蛇》

cob·web /kɑ́(ː)bwèb | kɔ́b-/ 名 C ❶ 《通例 ～s》(特に古くなった)クモの巣[糸] ❷ (クモの巣のように)繊細なもの;巧妙なわな ❸ 《～s》混乱, もつれ;頭のもやもや
blòw [OR ***clèar***] ***the cóbwebs*** もやもやを吹き飛ばして頭[気分]をすっきりさせる《***away, off***》
-wèbbed 形 クモの巣の張った **-wèbby** 形 クモの巣だらけの

co·ca /kóukə/ 名 C 〘植〙コカ《低木》;U コカの葉《乾燥したものからコカインを採る》 ▶▶ **～ pàste** 名 U コカペースト《コカインのもととなるコカの葉をすりつぶしたもの》

Co·ca-Co·la /kòukəkóulə/ 名 U 《商標》コカコーラ (→ Coke)

*__co·caine__ /koukéɪn/ 名 U 〘薬〙コカイン (《口》coke) 《コカの葉(coca)から採る麻酔剤. 麻薬の一種》

co·cain·ism /koukéɪnɪzm/ 名 U コカイン中毒

coc·cus /kɑ́(ː)kəs | kɔ́k-/ 名 (複 **coc·ci** /-saɪ/) C ❶ 〘生〙球菌 ❷ 〘植〙分離果の一部

coc·cyx /kɑ́(ː)ksɪks | kɔ́k-/ 名 (複 **～·es** /-ɪz/ OR **-cy·ges** /kɑ(ː)ksáɪdʒìːz/) C 〘解〙尾骨

cò·cháir 名 C 共同議長[司会者]
── 動 他 …の共同議長[司会者]を務める

co·chin /kóutʃɪn/ 名 《ときに C-》C コーチン種《アジア原産のニワトリ. 大型で食用》

coch·i·neal /kɑ́tʃənìːl, ⌐⌐⌐/ 名 U コチニール《エンジムシの雌から採る深紅の染料》;C エンジムシ

coch·le·a /kóukliə | kɔ́k-/ 名 (複 **～s** /-z/ OR **-le·ae** /-liìː/) C 〘解〙(内耳の)蝸牛殻(かぎゅうかく)

coch·le·ar /kóukliər, kɑ́(ː)- | kɔ́k-/ 形 (内耳の) 蝸牛殻の ‖ the ～ canal 蝸牛管

*__cock__[1] /kɑ(ː)k | kɔk/ 名 C ❶ 《英》おんどり (《米》rooster) (↔ hen) (⇨ HEN 類語P) (♦鳴き声は cock-a-doodle-doo) ‖ The ～ crows at 5 a.m. every morning. そのおんどりは毎朝5時に鳴く ❷ 《主に複合語で》雄鳥 ‖ a ～ pheasant 雄のキジ (→ peacock) ❸ ⊗《卑》陰茎 (penis) ❹ 《英》雄のサケ[エビ, カニ] ❺ 風見鶏(weathercock) ❻ 《単数形で》《英口》《旧》おまえ(♥男性間での呼びかけに使う) ❼ (ガス・水道などの)栓, コック, 蛇口(tap, faucet) ‖ turn on [off] the ～ 栓を開ける[閉める] ❽ (銃の)撃鉄, 打ち金;U 撃鉄を起こした状態 ❾ (帽子などを)傾けること, (帽子のつばの)上ぞり ❿ U 《英口》くだらないこと, たわごと(nonsense)
at fùll cóck (銃の)撃鉄をいっぱい起こして
the còck of the wálk (グループ内の)ボス, お山の大将, いばり散らす人
── 動 他 ❶〔頭・帽子など〕を傾ける, かしげる;〔帽子のつば〕をそらせる ‖ She ～*ed* her head to one side at the teacher's question. 彼女は教師の質問に首をかしげた ❷〔耳・目など〕を(ある方向に)向ける;(犬が)〔耳・後足など〕をぴんと立てる[上げる],〔耳〕をそばだてる;〔まゆ〕を上げる《***up***》‖ ～ one's eye (驚いたように)目を見開く / ～ one's ear (犬が) 耳をぴんと立てる;(人が) 聞き耳を立てる, 注意して聞く ❸〔銃〕の撃鉄を起こす;〔カメラ〕のシャッターをセットする;〔こぶし・腕〕を振り上げる, 振りかぶる, 曲げる

C

—自 (耳・尾などが)ぴんと立つ
còck úp ... / còck ... úp 〈他〉 ①〔耳など〕をぴんと立てる;〔足〕を上げる(→ 他❷) ②《英口》…をめちゃめちゃにする, 台無しにする ‖ We ~*ed* the whole thing *up*. すべてを台無しにした
▶▶ **~ed hát** (↓) **~ spárrow** 名 C ① 雄のスズメ ②《英》《旧》けんか早い小男

cock² /kɑ(:)k | kɔk/ 名 C 《旧》干し草堆(たい), 稲むら《干し草やわらを円錐(えんすい)形に積んだもの》

cock·ade /kɑ(:)kéɪd | kɔk-/ 名 C (花飾りやリボンによる)帽章

cock-a-doo·dle-doo /kà(:)kədù:dldú: | kɔ̀k-/ 名 U こけこっこー《おんどりの鳴き声》

cock-a-hoop /kà(:)kəhú:p | kɔ̀k-/ 形《叙述》副 意気揚々とした[として], 得意満面の[で]

cock-a-leek·ie /kà(:)kəlí:ki | kɔ̀k-/ 名 U 《スコット》コッカリーキー《ニラ入り鶏肉スープ》

cock·a·ma·mie /kà(:)kəméɪmi | kɔ̀k-/ 〈シ〉 形 《主に米口》ばかげた, ささいな

còck-and-búll stòry 名 C 《口》でたらめな話 (♦ おんどりが雄牛に変身するという民話からといわれる)

cock·a·poo /ká(:)kəpù: | kɔ́k-/ 名 C 〘動〙コッカプー《コッカースパニエルとプードルの交配種》(♦ *cock*er (spaniel) + *poo*dle より)

cock·a·too /ká(:)kətù: | kɔ̀kətú:/ 名 (複 **~s** /-z/) C 〘鳥〙オウム, バタン《冠毛のあるオウムの総称》

cock·a·trice /ká(:)kətràɪs | kɔ́k-/ 名 C コカトリス (→ basilisk)

cóck·chàfer 名 C 〘虫〙コフキコガネ《樹木や穀物などの害虫》

cóck·cròw 名 U 《文》夜明け《おんどりが鳴く時刻》

còcked hát 名 C (礼装用) 船形帽; (昔の兵士がかぶった) 縁折帽, 三角帽
knòck [OR *bèat*] *... into a còcked hát* 《英》…を完全にやっつける; …を形無しにする

cocked hat

cock·er /kà(:)kər | kɔ́k-/ 名 (= **~ spániel**) C 〘動〙コッカースパニエル《小型の愛玩(あいがん)犬》

cock·er·el /ká(:)kərəl | kɔ́k-/ 名 C (1歳未満の) 若いおんどり

còck·éyed 〈シ〉 形 ❶ 斜視の(squint) ❷ 傾いた, ゆがんだ ❸《口》非現実的な; 酔った

cóck·fìght 名 C 闘鶏(試合)

cóck·fìghting 名 U 闘鶏

còck·hórse 〈シ〉 名 C 揺り木馬; 棒馬

cock·le¹ /ká(:)kl | kɔ́kl/ 名 C ❶〘貝〙トリガイ (の殻) ❷ =cockleshell ❷ ❸ (紙・布などの)しわ
wàrm the cóckles of a pèrson's héart (人を) 温かい(ほのぼのとした)気持ちにしてくれる, 心から喜ばせる
—動 自 他 (紙などが[に])しわになる[を寄せる]

cock·le² /ká(:)kl | kɔ́kl/ 名 C 麦畑の雑草, (特に) ムギナデシコ

cóckle·shèll 名 C ❶ トリガイの殻 ❷ 底の浅い小船

cock·ney /ká(:)kni | kɔ́k-/ 名 ❶《しばしば C-》C ロンドン子《イーストエンドに住み, その言葉に独特のなまりがある. 伝統的には Bow bells の聞こえる所に生まれ育った人》 ❷ U ロンドンなまり, コクニー《h 音の脱落や /eɪ/ を /aɪ/ と発音することなどを特徴とする》(→ Estuary English) ❸ C 《豪》フエダイ(snapper)の幼魚
—形《しばしば C-》ロンドン育ちの; ロンドンなまりの

*__cock·pit__ /ká(:)kpɪt | kɔ́k-/ 名 C ❶ (飛行機・宇宙船の) 操縦室, コックピット; (レーシングカー・ヨットの) 運転席 ❷ 闘鶏場; 戦場

cock·roach /ká(:)kròutʃ | kɔ́k-/ 名 C 〘虫〙ゴキブリ

cocks·comb /ká(:)kskòum | kɔ́ks-/ 名 C ❶ (おんどりの)とさか ❷〘植〙ケイトウ ❸ =coxcomb

cóck·sùcker 名 C ⊗《卑》フェラチオをする人; 《主に米》最低なやつ(♥ 相手をののしるときに言う)

còck·súre 〈シ〉 形 ❶ (間違いないと) 確信しきった, 思い込んだ ❷ 自信過剰の **~·ly** 副 **~·ness** 名

*__cock·tail__ /ká(:)ktèɪl | kɔ́k-/ 名 ❶ C カクテル ‖ mix ~*s* カクテルを調合する / a ~ bar (ホテルなどの) カクテルバー ❷ C U カクテル料理《シーフード・果物などの前菜料理》‖ (a) shrimp [fruit] ~ 小エビ [フルーツ] のカクテル ❸ C (特に危険なものの) 混合物, 取り合わせ (→ Molotov cocktail) ‖ a lethal ~ of drugs and alcohol 麻薬とアルコールの致命的な取り合わせ
▶▶ **~ drèss** 名 C カクテルドレス《カクテルパーティーなどに着る準正式の婦人服》 **~ lòunge** 名 C (ホテルやクラブ内の) カクテルラウンジ, バー **~ pàrty** 名 C カクテルパーティー《軽食の出る社交パーティー》 **~ rìng** 名 C カクテルリング《宝石類をはめ込んだ豪華な指輪》 **~ shàker** 名 C カクテルシェーカー **~ stìck** 名 C カクテルスティック《カクテルのチーズやオリーブの実などに刺すようじ》

cóck-tèaser 名 C 《卑》《俗》誘惑しておきながら最後は許さない女, じらす女

cóck-ùp 名 C 《英口》混乱, へま

cock·y /ká(:)ki | kɔ́ki/ 形《口》うぬぼれた, 生意気な; 気取った **cóck·i·ly** 副 **cóck·i·ness** 名

co·co /kóukou/ 名 (複 **~s** /-z/) C 〘植〙ココヤシ (の実) (coconut (palm))

*__co·coa__ /kóukou/ 《発音注意》 名 ❶ U ココア《カカオ豆の粉末》 ❷ U C (1杯の) ココア (hot chocolate) ❸ U ココア [焦げ茶] 色 ▶▶ **~ bèan** 名 C カカオ豆 **~ bùtter** 名 U カカオ脂, ココアバター《チョコレートなどの原料》

*__co·co·nut, co·coa-__ /kóukənʌ̀t/ 名 C ココナッツ《ココヤシの実》; U ココナッツの果肉《食用》; (= **~ pàlm**) C ココヤシ(の木) ‖ shredded ~ 細かく刻んだココナッツ
▶▶ **~ bùtter** 名 U =coconut oil **~ cràb** 名 C 〘動〙ヤシガニ **~ mátting** 名 U ココナッツの繊維で織った敷物 **~ mìlk** 名 U ココナッツミルク《ココナッツの果汁》 **~ òil** 名 U ヤシ油 **~ shỳ** 名 C 《英》ココナッツ落とし《祭りなどでのゲーム》

co·coon /kəkú:n/ 名 C ❶ (カイコなどの) まゆ; (クモなどの) 卵嚢(らんのう) ❷ (まゆのように) くるむもの, 覆い; (兵器などの) 保護被膜 —動 他 (まゆのように) …をぴったりくるむ; 保護する —自《米口》世間を離れて家に引きこもる **~ed** 形 **~·er** 名

co·coon·ing /kəkú:nɪŋ/ 名 U 《米口》引きこもり; 家庭第一主義

co·cotte /koukɑ́(:)t | kəkɔ́t/ 名 C ❶ (耐熱) 丸小皿 (♦ 通例 en cocotte の形で) ❷《旧》(派手な)売春婦

*__cod¹__ /kɑ(:)d | kɔd/ 名 (複 ~ OR **~s** /-z/) C 〘魚〙タラ(codfish); U タラの肉 ‖ ~ and chips 《英》フィッシュアンドチップスの一種

cod² /kɑ(:)d | kɔd/ 《英口》 動 (**cod·ded** /-ɪd/; **cod·ding**) 他 自 かつぐ, からかう —形 うその —名 C 冗談

Cod /kɑ(:)d | kɔd/ 名 **Cape ~** コッド岬《米国マサチューセッツ州南東部の岬》

CÒD¹ 略 *c*hemical *o*xygen *d*emand; *C*oncise *O*xford *D*ictionary

CÒD² 略 *c*ash [《米》*c*ollect] *o*n *d*elivery (配達時代金引換で) ‖ send ... ~ 着払いで…を送る

co·da /kóudə/ 名 C 〘楽〙コーダ, 終結部; 〈小説などの〉締めくくり〈**to**〉

cod·dle /ká(:)dl | kɔ́dl/ 動 他 ❶ …を甘やかす《*up*》 ❷〔卵など〕をゆっくりゆでる, とろ火で煮る

‡**code** /koud/ 中心義 体系的なもの(にする)
—名〔▶ codify 動〕(複 **~s** /-z/) (⇨ BYB) ❶ C U 暗号, 符号, 略号, 信号, コード (体系) ‖ The message wasn't written in ~ but simply garbled! その伝言は暗号で書かれたのではなく文字化けしただけだ (♦「(暗号ではなく) 平(ひら) 文で」は in clear という) / decipher [OR break, crack] a ~ 暗号を解読する / a telegraphic

〜 電信暗号 / a bar 〜 バーコード / Morse 〜 モールス符号
❷ C (ある社会·階級·集団などの)**規範**, おきて, 慣例, 決まり ‖ a 〜 of conduct 行動規範 / a 〜 of honor 社交儀礼; (昔の)決闘の作法 / a 〜 of morals＝a moral 〜 道徳律 / a 〜 of practice 業務規程 / a 〜 of manners 礼儀作法 / the 〜 of the school 校則 / a dress 〜 服装の決まり, ドレスコード
❸ C (電話の)市外局番 (《米》area code, 《英》dialling code); 郵便番号 (《米》zip code, 《英》postcode) ‖ What's the 〜 for York? ヨークの市外局番は何番ですか ❹ U C 💻コード, 符号; 符号システム; ソースコード, プログラム (source code) ❺ C **法典** ‖ the civil [penal] 〜 民法 [刑法] ❻ C 〖生〗情報 ‖ the genetic 〜 遺伝情報 ❼ C 《米俗》心停止の患者
brìng ... ùp to códe 《米》(最新の基準に合うように)〔建物など〕を改装する
── 動 (**〜s** /-z/; **cod·ed** /-ɪd/; **cod·ing**)
── 他 ❶ …を法典化する ❷ …を暗号にする, 符号にする (↔ decode) ❸ 💻〔プログラム〕を作成する, コーディングする ── 自 ❶ 〖生〗(遺伝子が)〈…の〉遺伝情報を指定する 〈**for**〉 ❷ 《米俗》心停止する
▸▸ **〜 bòok** 名 C (電信)符号帳, 記号[暗号]一覧表 **〜 nàme** (↓) **〜 nùmber** 名 C 符号数字, 暗証番号 **〜 wòrd** 名 C 暗号用語句; 婉曲表現

co·dec /kóudèk/ 名 C 💻コーデック (*co*der-*dec*oder または *co*mpression-*dec*ompression の略で, 音声や映像などを圧縮·解凍するモジュールプログラム)

co·deine /kóudìːn/ 名 U コデイン (阿片(あへん)から採る鎮痛·催眠剤)

códe nàme 名 C コードネーム, 暗号名
códe-nàmed 形 コードネームをつけた, コード化された

cò·depéndency 名 U 共依存 (看護の必要な人とその看護をする人との関係) **-depéndent** 形

cod·er /kóudər/ 名 C 《口》コンピューターブログラマー; コード[暗号]化する人[機械]

códe-shàre 形 名 C (複数航空会社間の)コード共通化[共同運行方式]の(航空機) (一方の会社が別の会社の航空券も売る) **-shàring** 名

cò·determinátion 名 U 〖経営〗(企業の計画策定において)(労使双方の)共同決定, 労働者の経営参加

co·dex /kóudèks/ 名 (複 **-di·ces** /-dɪsìːz/) C (特に聖書·古典の)写本

cód·fìsh 名 ＝cod[1]

codg·er /kɑ́(ː)dʒər | kɔ́dʒə/ 名 C 《口》(特に年をとった)変人, 偏屈者

co·di·ces /kóudɪsìːz/ 名 codex の複数

cod·i·cil /kɑ́(ː)dəsɪl | kóudɪ-/ 名 C ❶ 遺言補足書 (変更·取り消しなどを書いたもの) ❷ 付録, 補遺

cod·i·fy /kɑ́(ː)dɪfàɪ | kóud-/ 動 (▶ code 名) (**-fies** /-z/; **-fied** /-d/; **〜·ing**) 他 ❶ …を法典に編む, 成文化する ❷ …を体系化する; 組織立てる
còd·i·fi·cá·tion 名 **-fì·er** 名 C 法典編纂(へんさん)者

cod·ling[1] /kɑ́(ː)dlɪŋ | kɔ́d-/ 名 C 〖魚〗子ダラ

cod·ling[2] /kɑ́(ː)dlɪŋ | kɔ́d-/, **-lin** /-lɪn/ 名 C 《英》(料理用の)細長いリンゴ

cód-lìver òil /ˌ-ˌ-ˈ-/ ⊲シ 名 U 肝油 (ビタミンA, Dを多く含む)

cód·pìece 名 C (男子の)ズボンの前につけた袋 (15-16世紀に流行した服装)

cods·wal·lop /kɑ́(ː)dzwɑ̀(ː)ləp | kɔ́dzwɔ̀l-/ 名 U 《英口》たわごと

co·ed, co-ed /kóuèd/ 名 C 《米口》《旧》(男女共学校の)女子学生 ── 形 《口》男女共学の

cò·éditor 名 C 共編者

cò·educátion 名 U (男女)共学 **〜·al** 形

cò·effícient ⊲シ 名 C ❶ 〖数〗係数 ❷ 〖理〗係数, 率 ‖ the 〜 of expansion 膨張係数

coe·la·canth /síːləkæ̀nθ/ 《発音注意》 名 C 〖魚〗シーラカンス (白亜紀に絶滅したと考えられていたが, 1938年にアフリカ東岸で発見された)

cò·énzyme 名 C 〖生化〗コエンザイム, 補酵素, 助酵素

co·équal 形 名 C (地位などが)〈…と〉同等[同格]の(人) 〈**with**〉 **〜·ly** 副

*__co·erce__ /kouə́ːrs/ 動 他 (権力·脅迫などによって)…を威圧して〈…〉させる; …に〈…を〉強制する, 強要する〈**into**〉 ‖ 〜 him *into* drinking 彼に無理に酒を飲ませる

co·er·cion /kouə́ːrʃən/ 名 U ❶ 威圧; 強制 ❷ 圧政

co·er·cive /kouə́ːrsɪv/ 形 威圧的な; 強制的な **〜·ly** 副

cò·etérnal ⊲シ 形 永遠に共存する **〜·ly** 副

co·e·val /kouíːvəl/ 形 名 C 《堅》同時代の(人[もの]); 同年代の(人) **〜·ly** 副

cò·evolútion 名 U 〖生〗共進化 (系統的に無関係な複数の種が互いに関連し合って同時に進化すること)

cò·exíst 動 自 〈…と〉同所に[同時に]存在する, 共存する; (国家·人々が)平和的に共存する〈**with**〉

cò·exístence 名 U 共存
-exístent 形 共存する, 同時代の

cò·exténsive 形 (時間的·空間的に)同一の広がりを持つ **〜·ly** 副

C. of C. 略 *C*hamber *of C*ommerce

C. of E. 略 *C*hurch *of E*ngland

*****cof·fee** /kɔ́(ː)fi, ＋米 kɑ́(ː)fi/
── 名 (複 **〜s** /-z/) U ❶ **コーヒー** ‖ "How would you like your 〜?" "With cream, please." 「コーヒーはどのようにしましょうか」「クリームを入れてください」/ a cup of 〜 コーヒー1杯 / **black** 〜 クリーム[ミルク]の入っていないコーヒー / strong [weak] 〜 濃い[薄い]コーヒー / **drink** [OR **have**] 〜 コーヒーを飲む / **make** [OR brew] 〜 コーヒーを入れる / decaffeinated [fresh, instant] 〜 カフェイン抜きの[入れたての, インスタント]コーヒー
❷ C 1杯のコーヒー ‖ Two 〜*s*, please. コーヒーを2つ下さい (♦ 注文する場面では two cups of coffee よりこの方がふつう) / Who wants a 〜? コーヒーの欲しい人はだれ? ❸ (＝**〜 bèan**) (集合的に)コーヒー豆; (＝**〜 trèe**)

Boost Your Brain!

code

code とは「ある情報を一定の規則に従って別の形で表したもの, あるいは表すための記号体系」を指す.「符号, 暗号, 略号」などと訳される. 例えば, zip code [《英》postcode] (郵便番号) とは住所を数字で表示した符号であり, bar code (バーコード) とはしま模様の線の太さによって数値や文字などの情報を表す符号を指す. コンピューターの分野では数値や文字などの情報に対応する二進法の符号のことを言う. 遺伝子とはDNA分子の上に塩基配列の形で記録されている genetic code (遺伝情報) のことである.

ある情報をコードへ変換することを encode「記号化する」, コードを元の情報に戻すことを decode「解読する」と言う. コンピューター, 記憶や脳, 遺伝子などのメカニズムを説明する時に用いられる用語である. コンピューターでは映像や文書などの情報をデジタルの符号に変換することが encode, それを元の情報に戻すことが decode である. 記憶は, 情報を人間の記憶に取り込める形式に変換する encoding「記銘, 符号化」, それを保つ storage「保持, 貯蔵」, それを再び思い起こす retrieval「想起, 検索」の3つのプロセスにより成り立っている.

code の語源はラテン語で「木製の書板」を意味する codex. 原義は「言葉で記録された規則」を指す. そこからある共同体における規範や慣例や約束事, そして, 民法 (civil law, the civil code) や刑法 (criminal law, the penal code) などの法典も code と呼ばれる. dress code「ドレスコード, 服装規定」とは, 時や場所や状況に応じて求められる身だしなみのことを言う.

Ⓒ コーヒーの木；コーヒーの粉末 ‖ a pound of ～ コーヒー豆1ポンド ❹ コーヒー色

COMMUNICATIVE EXPRESSIONS

1 **Wàke úp and smèll the cóffee.** なに寝言を言っているんだ，いい加減に目を覚ませ(♥「現実を認識せよ」の意)

▶▶ ～ **bàr** 名 Ⓒ《英》コーヒースタンド《コーヒーと軽い食事を出す店》 ～ **brèak** 名 Ⓒ コーヒーの時間，休憩時間 ～ **càke** 名 Ⓤ Ⓒ コーヒーケーキ ①《米》コーヒーとともに食べるナッツ・干しブドウなどの入ったケーキ ②《英》コーヒー風味のケーキ ～ **chèrry** 名 Ⓒ コーヒーチェリー《コーヒー豆を含んだコーヒーの実》 ～ **cùp** 名 Ⓒ コーヒーカップ ～ **èssence** 名 Ⓤ《英》コーヒーエッセンス《主に製菓用のコーヒーの濃縮液》 ～ **grìnder** 名 Ⓒ コーヒー豆ひき器 ～ **hòuse** 名 =coffeehouse ～ **klàtch** [**klàtsch**] /-klætʃ/ 名 Ⓒ (コーヒーなどを飲みながらの) おしゃべりの集まり ～ **machìne** 名 Ⓒ コーヒーの自動販売機 ～ **màker** 名 Ⓒ コーヒーメーカー ～ **mìll** 名 Ⓒ コーヒー豆ひき器，ミル(coffee grinder) ～ **mòrning** 名 Ⓒ《英》(慈善などのために催される) 朝のコーヒーの会 ～ **shòp** 名 Ⓒ (ホテルなどの) 喫茶室；コーヒー販売店 ～ **tàble** 名 Ⓒ コーヒーテーブル《居間に置く低いテーブル》

cóffee·hòuse 名 Ⓒ コーヒー店《英国では17–18世紀に文人・政治家の集会所として利用された》

cóffee·pòt 名 Ⓒ コーヒーポット，コーヒー沸かし

cóffee-tàble bòok 名 Ⓒ 大型の豪華本，飾りのための本

cof·fer /kɔ́(ː)fər/ 名 Ⓒ ❶ 貴重品箱，金庫 ❷《～s》財源，資金 ❸【建】格間(ごう)《天井などの内側の装飾的なくぼみ》 ❹ =cofferdam
—動 他 ❶ …を貴重品箱にしまう ❷〔天井〕を格間で飾る

cóffer·dàm 名 Ⓒ 囲堰(いぜき)《水中工事のため，一時的に周囲を囲い水を抜いたもの》；潜函(せんかん)

*__cof·fin__ /kɔ́(ː)fən | -ɪn/ 名 Ⓒ ❶ 棺，ひつぎ(《主に米》casket) ❷《俗》おんぼろ飛行機，ぼろ船
—動 他 …をひつぎに入れる
▶▶ ～ **nàil** 名 Ⓒ《旧》《俗》紙巻きたばこ

cò-fóund, cò·fóund 動 他 …を共同で設立する ～**·er** 名

cò-fúnd 動 他 …に共同出資する

cog /kɑ(ː)g | kɔg/ 名 Ⓒ (歯車の) 歯；歯車
__slìp a cóg__ へまをやる；判断力[理性]を失う
cogged 形 歯[歯車]のついた

cog. 略 cognate

co·gen·cy /kóudʒənsi/ 名 Ⓤ 説得力

cò·generátion 名 Ⓤ コジェネ(レーション)，熱電併給《発電時の廃熱を冷暖房などに再利用する》

co·gent /kóudʒənt/ 形 納得できる，説得力のある ～**·ly** 副

cog·i·tate /kɑ́(ː)dʒɪtèɪt | kɔ́dʒ-/ 動《堅》自〈…について〉熟考する〈**about, on**〉 —他 …を熟考する **còg·i·tá·tion** 名 Ⓤ 熟考；Ⓒ 考え **-tà·tive** /英 -tə-/ 形 熟考する

cò·gi·to, èr·go súm /kòugətou ə̀ːrgou súm | kɔ̀gɪ-/ 我思う，ゆえに我在り《デカルトの根本哲学を表す言葉》

co·gnac /kóunjæk | kɔ́n-/ 名 Ⓤ コニャック《フランスのコニャック地方産のブランデー》

cog·nate /kɑ́(ː)gnèɪt | kɔ́g-/ 形 ❶ 同族の；母方の (↔ agnate) ❷【言】同語族の，同語源の ❸ 同種の，同質の
—名 Ⓒ ❶ (母方の) 親族，血族 ❷【言】同族語

cog·ni·tion /kɑ(ː)gnɪ́ʃən | kɔg-/ 名 ❶ Ⓤ 認識，認知，知覚 ❷ Ⓒ 認識されたもの，知識 ～**·al** 形

*__cog·ni·tive__ /kɑ́(ː)gnəṭɪv | kɔ́g-/ 形 認識の，認知の
▶▶ ～ **díssonance** 名 Ⓤ Ⓒ【心】認知的不協和 ～ **scíence** 名 Ⓤ 認知科学《言語学・心理学・人工知能などに基づいて人間の知識の機能・構造を究明する学問》

cog·ni·za·ble /kɑ́(ː)gnɪzəbl | kɔ́g-/ 形 ❶《堅》認識できる，知覚できる ❷【法】(裁判の) 管轄権がある

cog·ni·zance /kɑ́(ː)gnɪzəns | kɔ́g-/ 名 Ⓤ ❶《堅》認識，知ること；知り得る範囲 ❷【法】承認；裁判管轄権 ❸ 紋章，記章
__tàke__ [__hàve__] __cógnizance of ...__ 《堅》…に気づく[気づいている]；…を考慮に入れる[入れている]

cog·ni·zant /kɑ́(ː)gnɪzənt | kɔ́g-/ 形《叙述》《堅》〈…を〉知っている，認識している〈**of**〉

cog·no·men /kɑ(ː)gnóumən | kɔg-/ 名 (複 ～**s** /-z/ OR **-nom·i·na** /-nɑ́(ː)mɪnə | -nɔ́m-/) Ⓒ ❶ (古代ローマ人の) 家名，第3名《Marcus Tullius Cicero なら Cicero のこと》 ❷ 姓(surname) ❸ 名；あだ名

co·gno·scen·ti /kɑ̀(ː)njəʃénṭi | kɔ̀gnə-/ 名 複 (単数形 **-te** /-ti/)《the ～》(美術品などの) 鑑識眼のある人たち，目利き(connoisseurs)

cóg·whèel 名 Ⓒ 歯車

co·hab /kóuhæb/ 名《口》=cohabitant

co·hábit 動 自 ❶〈…と〉同棲(どうせい)する(↘ live together)〈**with**〉 ❷ 共存[共生]する **-habitátion** 名

co·hábitant 名 Ⓒ 同棲者

co·héir 名 Ⓒ 共同相続人

co·here /kouhíər/ 動 自 ❶ (緊密に) 結びつく；【理】凝集する ❷ (議論・文体などの) 筋が通る，一貫している ❸〈…に〉一致する〈**with**〉

co·her·ence /kouhíərəns/ 名 Ⓤ ❶ 結合；結束 ❷ (論理・文体などの) 一貫性 ❸【理】(光波などの) 干渉性

co·her·en·cy /kouhíərənsi/ 名 =coherence

*__co·her·ent__ /kouhíərənt/ 形 (**more** ～；**most** ～) ❶ (議論などが) 一貫した，筋の通った(↔ incoherent)；(人が) 理路整然と話す ❷ 結合[結束]している ❸【理】(光波などが) 干渉性の ～**·ly** 副

*__co·he·sion__ /kouhíːʒən/ 名 Ⓤ ❶ 結合；粘着；結束[団結]力 ‖ Japanese are known for their strong ～ in the workplace. 日本人は仕事場での結束力が強いことで知られている ❷【理】(分子の) 凝集力

co·he·sive /kouhíːsɪv/ 形 ❶ 結合[結束]力のある ❷ 粘着力のある，【理】凝集性の ～**·ly** 副 ～**·ness** 名

co·ho /kóuhou/ 名 (複 ～ OR ～**s** /-z/) (=～ **sàlmon**) Ⓒ【魚】ギンザケ《北太平洋・五大湖産の小型のサケ》

co·hort /kóuhɔːrt/ 名 Ⓒ ❶《けなして》仲間，同僚；追従者 ❷ 古代ローマの歩兵隊；《～s》(一般に) 軍団 ❸ 集団，グループ；(統計上ある特徴を共有する) 群

co·hosh /kóuhɑ(ː)ʃ | -hɔʃ/ 名 Ⓒ Ⓤ【植】コホッシュ《北米東部産のサラシナショウマ類およびルイヨウボタン類の総称，民間療法の薬草》

cò·hóst 名 Ⓒ 共同主催；共催国[者] —動 他 …を共催する ‖ Japan ～*ed* the 2002 World Cup with South Korea. 日本は2002年にワールドカップを韓国と共催した

COI 略 *C*entral *O*ffice of *I*nformation ((英国の) 中央情報局)

coif /kɔɪf/ (→ 名 ❸, 動 他 ❷) 名 Ⓒ ❶ 頭にぴったりの帽子[頭巾(ずきん)]，(修道女のベールの下の) 頭巾 ❷ (昔かぶとの下に着けた) 鎖頭巾 ❸ /kwɑːf/《米口》=coiffure —動 他 ❶ …に頭巾をかぶせる ❷ /kwɑːf/ …の髪を整える

coif·feur /kwɑːfɔ́ːr/ 《発音注意》名 Ⓒ《堅》男性理髪師，美容師(♦フランス語より)(中立 hairdresser)

coif·feuse /kwɑːfɔ́ːz/ 《発音注意》名 Ⓒ《堅》女性理髪師，美容師(♦フランス語より)(中立 hairdresser)

coif·fure /kwɑːfjúər/ 《発音注意》《堅》名 Ⓒ 髪形
—動 他 …の髪型を整える

coign /kɔɪn/ 名 Ⓒ (壁・建物の) 外角；(部屋の) 隅

*__coil__ /kɔɪl/ 動 他〔ロープなど〕をぐるぐる巻く《**up**》；…を〈…に〉巻きつける〈**around**〉 ‖ *Coil up* the garden hose. 庭のホースを巻きなさい / The snake ～*ed* itself tightly *around* the rabbit. 蛇はウサギにしっかり巻きついた
—自 ❶ ぐるぐる巻きになる，輪を作る；(蛇が) とぐろを巻く《**up**》；〈…に〉巻きつく〈**around**〉 ❷《＋副句》くねる，蛇行する；渦巻き状に動く ‖ The river ～*s* through the valley. その川は谷間を蛇行している
—名 Ⓒ ❶ (縄・針金などの) 一巻き，輪；渦；とぐろ巻き ‖ a

~ of rope [wire] 一巻きのロープ[針金] ❷〘電〙コイル；(冷暖房設備などの)らせん状の配管 ❸(自動車の)点火コイル ❹(自動販売機用に一巻きにした)コイル切手 ❺ 避妊リング
shùffle òff this mòrtal cóil 《主に戯》死ぬ

coin /kɔɪn/
―名 (複 **~s** /-z/) ❶Ⓒ(金・銀・銅貨などの)**硬貨**，コイン；Ⓤ《集合的に》硬貨(♦紙幣は《米》bill,《英》note) ‖ We tossed [flipped] a ~ to choose the road. 私たちはどの道を行くかで(表か裏かを賭(か)けて)コインを投げた[指ではじいた] / a gold [silver] ~ 金[銀]貨 / *~s* in circulation 現在流通している硬貨 / I paid him in ~. 私は彼に硬貨で支払った
❷《形容詞的に》硬貨の，硬貨を使う，コイン式の ‖ a ~ laundry コインランドリー(Laundromat)
❸Ⓤ《集合的に》金 ‖ false ~ にせ金
pày a pèrson báck in his/her (òwn) cóin 〔人〕にしっぺ返しをする
the òther sìde of the cóin 反対の見方；物事の反対側
twò [OR ***dìfferent, òpposite***] ***sìdes of the sàme cóin*** 表裏一体
―動 〔▶ coinage 名〕(**~s** /-z/；**~ed** /-d/；**~·ing**) 他
❶〔貨幣〕を鋳造する ❷〔新語〕を作り出す，…を造語する ‖ ~ a new **term** [**phrase**] 新語[新しい表現]を作る
còin móney [OR ***it*** (***ín***)] 《通例進行形で》《英口》どんどん金をもうける
▸▸ **~ bòx** 名Ⓒ(公衆電話などの)硬貨受け；《英》公衆電話

coin·age /kɔ́ɪnɪdʒ/ 名〔◁coin 動〕Ⓤ ❶《集合的に》硬貨，貨幣(coins) ❷貨幣制度 ❸(語句を)新しく作り出すこと；Ⓒ新造語 ❹貨幣鋳造(権)

co·in·cide /kòuɪnsáɪd/ 《アクセント注意》動 自 ❶(物事が)〈…と〉同時に起こる，同時である〈**with**〉‖ Luckily, my vacation *~d with* my wife's. 幸い休暇が妻の休暇と一致した ❷(意見・趣味などが)〈…と〉一致する，合う(↔ disagree)〈**with**〉‖ My opinion didn't ~ *with* hers this time. 今回は彼女の意見と一致しなかった ❸(道などが)合流する；(場所が)〈…と〉合致する〈**with**〉

co·in·ci·dence /kouínsɪdəns/ 《アクセント注意》名ⓊⒸ〈…との〉偶然の一致〈**with**〉；暗合；符合；同時発生 ‖ It was pure ~ that we booked into the same hotel. 私たちが同じホテルに予約を入れたのは全くの偶然だった / What a ~! 何という偶然だろう / by ~ 偶然の一致で

co·íncident 形《堅》❶(時・場所が)〈…と〉一致した，同時に起こる〈**with**〉❷符合する，合致する

co·ìncidéntal ⊲ 形《通例叙述》(偶然に)一致する；同時に発生する **~·ly** 副

cò·insúrance 名Ⓤ共同保険

coir /kɔ́ɪər/ 名Ⓤコイア《ココナッツの繊維．マット・ロープ用》

co·i·tus /kóuət̬əs | kóuɪ-/ 名Ⓤ《堅》性交 **-tal** 形
▸▸ **~ in·ter·rúp·tus** /-ɪnt̬ərʌ́ptəs/ 名Ⓤ中絶性交，膣外射精(coitus interrupted)(♦ラテン語より)

co·jo·nes /kəhóuniz, +米 -neɪs, +英 -neɪz/ 名 複 ❶《主に米口》睾丸(こう) ❷勇気，気力(♦スペイン語より)

coke[1] /kouk/ 名Ⓤコークス《燃料》 ―動 他〔石炭〕をコークスにする ―自 (石炭が)コークスになる

coke[2] /kouk/ 名Ⓤ《俗》コカイン(cocaine)
―動 他…をコカインで麻痺(ひ)させる《*up*》

Coke /kouk/ 名《しばしば c-》ⓊⒸ《商標》コーク，コカコーラ(Coca-Cola)

cok·ing /kóukɪŋ/ 名Ⓤコークス化

col /kɑ(:)l | kɔl/ 名Ⓒ ❶(峰と峰の間の)鞍部(あん)，コル ❷〘気象〙気圧の谷

col. 略 collect(ed)；college, collegiate；colony；color(ed)；column

Col. 略 Colombia；Colonel；Colorado；〘聖〙Colossians

col- 接頭 《l の前で》=com- ‖ *col*lateral

***co·la** /kóulə/ 名 ❶Ⓤコーラ飲料；Ⓒ(1本[1杯]の)コーラ ❷Ⓒ〘植〙コーラの木(kola)《アフリカ原産の常緑高木》；コーラの実(cola nut)《飲料・薬品の原料》

COLA /kóulə/ 略〘経〙*c*ost *o*f *l*iving *a*djustment 《(米国の)生計費調整条項》

col·an·der /kʌ́ləndər/ 名Ⓒ(台所用の)水切り

colander

col·can·non /kɑ(:)lkǽnən, kəl- | kɔl-, kəl-/ 名Ⓤコルカノン《ジャガイモとキャベツで作るアイルランド・スコットランド料理》

col·chi·cum /kɑ́(:)ltʃɪkəm | kɔ́l-/ 名Ⓒ〘植〙イヌサフラン；Ⓤその乾燥した種子[球茎]《リューマチ・痛風治療薬として用いられる》

***cold** /kould/ 形 名 副

形 寒い❶ 冷めた❷ 冷淡な❸ 冷静な❹
名 寒さ❶ 風邪❷

―形 (**~·er**；**~·est**)
❶**寒い**，冷たい(↔ hot)；(人が)寒けがする ‖ It's ~ outside; come in here and get warm. 外は寒いから，中へ入って暖まって / before it **gets** ~ 寒くなる前に / a ~ wind 冷たい風 / ~ **weather** 寒い気候 / bitterly [OR freezing, ice, stone] ~ とても冷たい[寒い] / turn ~ 突然寒くなる / He **felt** ~. 彼は寒けがした
❷(料理などが)**冷めた**；冷やして食べる，冷製の ‖ Don't let your dinner get ~. 食事が冷めてしまいますよ / ~ **water** [**drinks**] 冷たい水[飲み物] / have lamb ~ ラムを冷やして(煮こごりのようにして)食べる
❸ **冷淡な**，情のこもらない，よそよそしい；冷酷な(↔ friendly) ‖ His tone was ~. 彼の口調はよそよそしかった / Don't be so ~ to me. そんなに冷たくしないで / a ~ look [greeting] 冷たい表情[冷淡なあいさつ]
❹**冷静な**，感情を抑えた(↔ emotional) ‖ a ~ evaluation 私情を交えない評価
❺冷たくなった，死んだ；《叙述》《口》(殴られて)意識不明の ‖ He was knocked ~. 彼は殴られて意識不明になった
❻(色が)寒色の《blue, gray など》❼(女性が)不感症の
❽(獣などのにおいが)かすかな ‖ The trail went ~. 臭跡は途切れた ❾《叙述》《口》(ゲーム・クイズなどで)見当外れの(↔ warm, hot) ‖ You're getting ~*er*. 正解から遠のいてますよ ❿準備なしの，即座の
(***as***) ***còld as íce*** [OR ***stóne***] (氷[石]のように)非常に冷たい，非情な
càtch a pèrson cóld 〔人〕の不意を突く
gèt [OR ***hàve***] ***a pèrson cóld*** 《口》〔人〕を意のままにする；散々やっつける
in cold blood ⇨ BLOOD(成句)
lèave a pèrson cóld 〔人〕に何の感動[印象]も与えない，〔人〕の興味を引かない ‖ Baseball *leaves* me ~. 野球には興味ないね(=Baseball isn't for me. / I'm not very interested in baseball.)
òut cóld 気絶して

COMMUNICATIVE EXPRESSIONS
① **(Is it) còld enòugh for yóu?** 寒いですね(♥寒い時期の会話の切り出しに用いる皮肉な表現)

―名 (複 **~s** /-z/) ❶Ⓤ《しばしば the ~》**寒さ**，冷たさ，寒気(↔ heat)；寒け，悪寒 ‖ They nearly died of ~. 彼らは危うく寒さで死ぬところだった / He was blue with ~. 彼は寒さで真っ青になっていた / keep off the ~ 寒さを防ぐ
❷ⒸⓊ **風邪**，感冒(→ influenza, flu) ‖ **I caught** (a) ~. 私は風邪をひいた(♦修飾語を伴うと catch a bad cold のように必ず a をつける) / I have a bad [slight] ~. 私はひどい[軽い]風邪だ(♦have の場合は修飾語がなくても have a cold となる) / He's in bed **with** a ~.

彼は風邪で寝込んでいる / All of them are absent with ～*s*. 彼らは全員風邪で休みです / a head [chest] ～ 鼻風邪[せき風邪]

còme [OR ***be bròught***] ***ìn from the cóld*** (冷遇の後)受け入れられる, 認められる

òut in the cóld のけ者にされて, 無視されて ‖ They left me *out in the* ～. 彼らは私を無視した

―副《比較なし》《口》❶ 準備[予約]なしに ‖ go into a test ～ リハーサルなしで試験に入る(♦ 形 ❿ の補語としての用法とも解せる) ❷《米》完全に, すっかり；突然に ‖ I'm not going to quit ～. 完全にはやめるつもりはない / stop ～ ぴたりと(立ち)止まる

▸▸ **～ cáll** (↓) **～ cásh** 名 U《米》(カードに対して)現金(hard cash) **～ chísel** 名 C (金属用の)たがね **～ cómfort** 名 U おざなりの慰め[励まし] **～ crèam** 名 U コールドクリーム《化粧用》 **～ cùts** 名 複 コールドカット《ハム・サラミなどの盛り合わせ》 **～ dúck** 名 U コールドダック《発泡性のブルゴーニュワインとシャンペンを混ぜた飲み物》 **～ féet** (↓) **～ físh** 名 C《米口》冷たい人 **～ fràme** 名 C (苗木などを保護するための)加温をしないフレーム **～ frónt** 名 C /, ⌐⌐/〖気象〗寒冷前線(↔ warm front) **～ fúsion** 名 U 常温核融合 **～ líght** 名 U C 冷光《燐光(りんこう)・蛍光など》 **～ pàck** (↓) **～ rúbber** 名 U 低温ゴム《タイヤなどに使う強い合成ゴム》 **～ shóulder** (↓) **～ snàp** 名 C (突然の)一時的な寒波 **～ sòre** 名 C 口唇ヘルペス **～ spèll** 名 C =cold snap **～ stéel** 名 U 刃物《ナイフ・刀など》 **～ stórage** 名 U 冷蔵；保留, 棚上げ **～ stòre** 名 C 冷蔵室[倉庫] **～ swéat** 名 C《a ～》冷や汗 ‖ break out in a ～ *sweat* 冷や汗をかく **～ túrkey** (↓) **～ wár** (↓) **～ wàve** 名 C ① 寒波 ② コールドパーマ

còld-blóoded ⊲シ 形 ❶ (動物が)冷血の ❷ 冷酷な, 残酷な **～·ly** 副

còld cáll 名 C (セールスなどの)勧誘電話[訪問]

cóld-càll 動 他 …に(セールスなどの)勧誘電話をかける, 訪問販売する；前触れなしに…に電話をかける

còld-cálling 名 U 電話勧誘販売

còld-éyed 形 冷たい目つきの；クールな, 冷静な

còld féet 名 複 おじけ, 逃げ腰

*****gèt*** [OR ***hàve***] ***còld féet*** おじけづく

còld-héarted ⊲シ 形 冷淡な, 情愛のない **～·ly** 副

***cold·ly** /kóuldli/ 副 冷淡に, 冷静に, 冷たく

cold·ness /kóuldnəs/ 名 U 冷淡さ；寒さ, 冷たさ

cóld pàck 名 C 冷湿布；(缶詰の)低温処理法

cóld-pàck 動 他 …に冷湿布をする；…を低温処理法で缶詰めにする

cóld-ròll 動 他〔金属〕を冷間圧延する(↔ hot-roll)

còld shóulder 名《the ～》冷遇, 軽視(⇨ SHOULDER (成句))

còld-shóulder 動 他 …を冷遇する

còld-shóuldered 形 冷遇された

còld túrkey 名 U (麻薬・たばこなどを)突然断つこと；(麻薬などを断つことによる)禁断症状 ‖ go ～ 禁断症状に陥る

―副《主に米》ぶっきらぼうに, いきなり

***còld wár** ⊲シ 名《しばしば the C- W-》冷戦《第2次大戦後の米ソ間の対立(1946–89)》

cole /koul/ 名 C《古》キャベツ類の葉菜(kale)

cò-léad 動 他 …とともに首位に立つ **～·er** 名

co·le·op·ter·ous /kɑ̀(ː)liɑ́(ː)ptərəs | kɔ̀liɔ́p-/ ⊲シ 形 甲虫類の, 鞘翅(しょうし)類の **-ist** 名 C 甲虫研究者

Cole·ridge /kóulərɪdʒ/ 名 **Samuel Taylor ～** コールリッジ(1772–1834)《英国の詩人・批評家》

cole·seed /kóulsìːd/ 名 U C《旧》〖植〗セイヨウアブラナ, ナノハナ(rape)

cole·slaw /kóulslɔ̀ː/ 名 U コールスロー《細かく刻んだキャベツのサラダ》

co·le·us /kóuliəs/ 名 C〖植〗コリウス《シソ科の観賞用植物》

cóle·wòrt 名《古》=cole

co·ley /kóuli/ 名 C U《英》〖魚〗タラ科の食用魚(saithe)《北大西洋産》

col·ic /kɑ́(ː)lɪk | kɔ́l-/ 名 U 形 (主に幼児の)疝痛(せんつう)(の)

-ick·y 形 疝痛の(する)

co·li·form /kóuləfɔ̀ːrm | -li-/ 名 U 形 大腸菌(の) ‖ ～ bacteria 大腸菌

col·i·se·um /kɑ̀(ː)ləsíːəm | kɔ̀l-/ 名 C 大競技場, 大劇場(colosseum)

co·li·tis /kouláɪṭəs | -tɪs/ 名 U 大腸炎, 結腸炎

coll. 略 collateral；collect；college, collegiate；colloquial

***col·lab·o·rate** /kəlǽbərèɪt/ 動 自 ❶ (特に科学・文芸の分野で)共同して働く；合作する, 共同研究する〈**with** 人と；**on, in** …を / **to do** …するために〉 ‖ She ～*d with* her brother *on* the design of the house. 彼女は弟と協力してその家を設計した / ～ *in* designing a new hybrid car 協力して新しいハイブリッド車を設計する / ～ *to* develop a product 協同して製品の開発に当たる ❷ 〈占領軍・敵国に〉協力する〈**with**〉

-rà·tive /英 -rə-/ 形 協力的な, 協力する；合作の, 共同制作の **-rà·tive·ly** /英 -rə-/ 副

***col·lab·o·ra·tion** /kəlæ̀bəréɪʃən/ 名 U ❶ 共同, 協力；合作；共同研究〈**with** 人との；**between** …間での；**in** …での〉(♦ 特定の分野における仕事上の共同作業を指す. 単なる「協力」には cooperation を用いる) ‖ in ～ *with* Mr. and Mrs. Ito 伊藤氏夫妻と共同して ❷ C 合作品, 共同研究[制作]品 ❸ (占領軍・敵国への)協力

～·ist /-ɪst/ 名 C (敵・占領軍への)協力者

col·lab·o·ra·tor /kəlǽbərèɪṭər/ 名 C ❶ 協力者；共著者, 合作者 ❷ =collaborationist

col·lage /kəlɑ́ːʒ | kɔ-/ 名 ❶〖美〗U コラージュ《画面に写真・新聞・布などをはりつけていく技法》；C コラージュ作品 ❷ C 寄せ集め

col·la·gen /kɑ́(ː)lədʒən | kɔ́l-/《発音・アクセント注意》名 U〖生化〗コラーゲン, 膠原(こうげん)質《骨などに存在するタンパク質》

col·lap·sar /kəlǽpsaːr/ 名 C〖天〗=black hole

***col·lapse** /kəlǽps/ 動 (**-laps·es** /-ɪz/；**～d** /-t/；**-laps·ing**) 自 ❶ (建物・屋根などが)崩れ落ちる, 崩壊する；(家具などが)壊れる(≒ fall down) ‖ The roof is in danger of *collapsing*. 屋根が崩れ落ちそうだ / The bridge ～*d* under the weight of the crane. 橋はクレーンの重さに耐えかねて崩れた ❷ (人が)倒れる, (倒れて)意識不明になる；(健康・体力などが)急に衰える；意気消沈する；《口》(人が)(疲れなどから)へたり込む ‖ ～ from loss of blood 出血(多量)で意識をなくす / ～ on a sofa ソファーに倒れ込む ❸ (計画・事業などが)(突然)つぶれる, 破綻(はたん)する, 失敗に終わる(≒ fall apart, go under)；(価格・価値が)暴落する ‖ The peace talks have ～*d* again. 講和会議はまた決裂した / The project ～*d* owing to their withdrawal. 彼らが手を引いたため計画は御破算になった ❹ (笑いなどで)体を折り曲げる ‖ ～ with laughter at a joke 冗談に体を折り曲げて大笑いする ❺ (いす・道具・地図などが)折り畳める ❻ (血管・肺などが)虚脱する；(パラシュート・タイヤなどが)しぼむ

―他 ❶ …をつぶす ‖ The weight of the snow ～*d* the roof. 雪の重みで屋根がつぶれた ❷〔いすなど〕を折り畳む ❸〔血管・肺など〕を虚脱させる

―名(複 **-laps·es** /-ɪz/) ❶ U/C《単数形で》(計画・事業などの)破綻, 失敗, 挫折 ❷ U (建物・屋根などの)倒壊, 崩壊, 崩落 ‖ the ～ of an apartment building during an earthquake 地震の際に起きたアパートの倒壊 ❸ U/C《単数形で》(人が)倒れること；(健康などの)衰え, 衰弱 ‖ He suffered a ～ from overwork. 彼は過労がもとで健康を害した ❹ C《単数形で》(価値の)急落 ‖ the ～ of prices 物価の急落

語源 *col-* together＋*-lapse* fall(倒れる)

col·laps·i·ble /kəlǽpsəbl/ 形 (いす・ベッドなどが)折り畳

み式の(folding)

col·lar /ká(:)lər | kɔ́lə/ 名 C ❶(服の)襟；カラー ‖ He turned up the ～ of his coat to look cool. 彼は格好つけてコートの襟を立てた / a tight ～ きつい襟 / a stiff ～ 堅い[のりのきいた]カラー / grab him by the ～ 彼の胸ぐらをつかむ ❷(犬などの)首輪；(馬の)首当て，はも(⇨HARNESS 図) ❸(動物・鳥の)襟輪《首の周りの被毛・羽毛の変色部》 ❹首飾り；(勲章の)首章 ‖ a diamond ～ ダイヤの首飾り ❺〘機〙継ぎ輪，接管 ❻〘植〙頸領(けいりょう)《根と茎との境界部》 ❼〘料理〙首肉のベーコン；《英》ロール巻き ❽《俗》逮捕

hòt under the cóllar 《口》怒って；困って

―動 他 ❶《俗》…の襟首を捕まえる；…を捕らえる；…を支配する ‖ The thief was ～*ed* by the police. 泥棒は警察に捕まった ❷《口》〔人〕に話しかけて引き止める ❸…に襟[カラー]をつける；〔動物〕に首輪をつける

▸▸ ～ **bùtton** [《英》**stùd**] 名 C 襟留め用ボタン

cóllar·bòne 名 C 鎖骨(clavicle)

col·lard /ká(:)lərd | kɔ́l-/ 名 C 《通例 ～s》《英方》《米》〘植〙コラード《ケール(キャベツの原種)の一種. 食用》

▸▸ ～ **grèens** 名 複 (食用の)コラードの葉

col·lar·less /ká(:)lərləs | kɔ́l-/ 形 襟のない

col·late /kəléɪt/ 動 他 ❶〔テキスト・データ〕を突き合わせる，照合する，比較対照する ❷〘製本〙…のページ順をそろえる **-lá·tor** 名 C 照合者；ページをそろえる人；パンチカード整理機

col·lat·er·al /kəlǽţərəl/ 形 ❶付随する，補足する；付帯的な，二次的な ‖ ～ evidence 裏付け証拠 / ～ questions 付帯質問 ❷傍系の(↔ lineal) ‖ a ～ descendant 傍系子孫 ❸平行した，相並んだ ❹〘商〙見返りの，担保の ‖ ～ security 見返り担保

―名 ❶ C 傍系親族 ❷ U/C《単数形で》担保(物件) ‖ use ... as ～ …を担保として使う **～·ly** 副

▸▸ ～ **dámage** 名 U 《集合的に》付帯的被[損]害，巻き添え《軍事行動によって一般人がこうむる犠牲や被害》

col·lat·er·al·ize /kəlǽţərəlàɪz/ 動 他 …を担保として使う，…を担保によって保証する

col·la·tion /kəléɪʃən/ 名 ❶ U 照合，対照，突き合わせ；(書物の)ページ合わせ ❷ C 〘カト〙(断食日の)軽食；(食事時以外の)軽食

col·league /ká(:)li:g | kɔ́l-/ 《アクセント注意》

―名 (複 **～s** /-z/) C (職場の)**同僚**(⇨ FRIEND 類語) ‖ one of my ～*s* at the bank 銀行の同僚の1人

～·shìp 名 U 同僚関係

col·lect[1] /kəlékt/ 動 形 副

―動〔▶ collection 名，collective 形〕(**～s** /-s/；**～·ed** /-ɪd/；**～·ing**)

―他 ❶〔人・物など〕を〈…から〉**集める**(↔ scatter)〈**from**〉；(一箇所に)まとめる(⇨ GATHER 類語P) ‖ Convenience stores ～ used bottles for recycling. コンビニではリサイクル用に使用済みの瓶を回収している / ～ **information** [**data**] *from* various sources さまざまな情報源から情報[データ]を集める

❷(趣味として)〔切手など〕を集める，**収集する** ‖ My hobby is ～*ing* foreign coins. 私の趣味は外国のコインを集めることです / ～ stamps 切手を収集する

❸〔税金・代金〕を**徴収する**，〔寄付〕を募る；〔年金・給料など〕を受け取る；〔賞など〕を得る，受ける ‖ ～ contributions from supporters 支持者たちから寄付を集める / ～ the newspaper **money** 新聞代の集金をする / The old man ～*ed* his pension from the post office. 老人は郵便局から年金を受け取った

❹…を蓄積する，蓄える；〔光・エネルギー・熱など〕を誘引する ‖ All the furniture had ～*ed* a fine layer of dust. どの家具にもうっすらとほこりがたまっていた / This antenna ～*s* the signal broadcast from the satellite. このアンテナは衛星からの放送電波をとらえる

❺…を取りに[呼びに，迎えに，連れに]行く[来る]；…を(途中)車に乗せる ‖ Did you ～ today's paper? 今日の新聞を取って来たかい / They ～ the rubbish three days a week. ごみは週に3日回収に来る / He ～*s* his daughter from the day-care center at six o'clock. 彼は6時に託児所へ娘を迎えに行く

❻〔自制心〕を取り戻す，〔勇気・力〕を奮い起こす，〔考え〕をまとめる；《～ oneself で》落ち着く ‖ ～ one's thoughts 考えをまとめる / ～ all one's strength ありったけの力を奮い起こす / After a pause she ～*ed* herself. しばらくして彼女は落ち着きを取り戻した

❼〔馬〕を落ち着かせる，御す；…の歩幅を詰めさせる

―自 ❶(人・動物が)**集まる**；蓄積する，(雪・ほこりなどが)積もる ‖ A crowd ～*ed* around the wreck. 事故車の周りに野次馬が集まっていた / A pile of leaves ～*ed* by the door. 葉っぱが戸口にたまった

❷〈…を〉集金する，〈…の〉寄付を募る〈**for**〉；〈…の〉支払いを受ける〈**on**〉 ‖ ～ *for* charities 慈善団体のために寄付を募る / ～ *on* the damage to our house 住宅損害保険金の支払いを受ける

collèct úp ... / collèct ... úp 〈他〉…を全部集める[まとめる]

―形 副 《比較なし》《米》代金受取人払いの[で] ‖ send a package ～ 荷物を料金先方払いで送る / make a ～ call＝call ～ コレクトコールで電話する(《英》reverse the charges)

語源 *col-* together＋*-lect* gather(集める)

col·lect[2] /ká(:)lèkt | kɔ́l-/ 名 C (ローマカトリック・英国国教会の)特禱(とくとう)

***col·lect·ed** /kəléktɪd/ 形 ❶《叙述》沈着な，冷静な ❷《限定》(ある著作家の作品が)網羅的に集められた，1巻にまとめられた ‖ the ～ works of Poe ポー全集 ❸〘馬術〙(馬の歩き方が)歩幅を詰めた

col·lect·i·ble, -lect·a- /kəléktəbl/ 形 収集の価値のある，集められる ―名 C 《通例 ～s》収集品，収集家好みのもの(→ collector's item)

‡col·lec·tion /kəlékʃən/

―名〔◁ collect[1] 動〕(複 **～s** /-z/) ❶ U C 集めること，**収集**，採集，(郵便物の)回収 ‖ Garbage ～ is on Thursdays. ごみの収集は木曜日です / a ～ **of** DNA samples DNA標本の採集 / **data** ～ データ収集

❷ C **収集物**，所蔵品，コレクション ‖ Our ～ includes many rare fossils.＝Many rare fossils are **included in** our ～. 当館の所蔵品には数多くの珍しい化石が含まれている / a wonderful ～ **of** antiques 素晴らしい骨董(こっとう)品のコレクション

❸ C (詩・小説・音楽などの)選集

❹ C 蓄積，堆積(たいせき)，集まり ‖ a ～ of pencil stubs and paper clips 鉛筆の使い残りや紙挟みの山 ❺ C 募金，寄付金 ‖ make [OR take (up)] a ～ (教会で礼拝の後などに)寄付金を集める / a ～ for famine relief 飢饉(ききん)救済募金 ❻ C (服装の)新作発表会，コレクション ‖ the winter ～*s* in Milan ミラノでのウインターコレクション ❼ C (～s)《英》(オックスフォード大学などの)学期試験

▸▸ ～ **bòx** 名 C (慈善事業などのための)献金箱，募金箱，回収箱 ～ **plàte** 名 C (教会の)献金皿

***col·lec·tive** /kəléktɪv/ 形〔◁ collect[1] 動〕❶集団(として)の，共同の(↔ individual) ‖ a ～ note 共同覚書 / ～ ownership [responsibility] 共同所有(権)[責任] / a ～ decision 総意に基づく決定 / ～ will 全体の意志 / ～ assets 全財産 / the right to ～ (self-)defense 集団的自衛権 / ～ action 一致団結した行動 ❷集積された，集合(体)によってできた ❸〘文法〙集合(名詞)の

―名 C ❶集合体，共同体；集団企業[農場] ❷＝collective noun **～·ly** 副

▸▸ ～ **bárgaining** 名 U (労使間の)団体交渉 ～ **fárm** 名 C (特に旧ソ連の)集団農場，コルホーズ ～ **léadership** 名 U 集団指導(体制) ～ **nóun** 名 C 〘文法〙集

合名詞《単数の形で集団を表す名詞. 例えば family, crowd, cattle など》 **～ secúrity** 名 U 集団安全保障 **～ uncónscious** 名 C《単数形で》〚心〛集合的無意識

col·lec·tiv·ism /kəléktɪvɪ̀zm/ 名 U 集産主義 **-ist** 名 形

col·lec·ti·vize /kəléktɪvàɪz/ 動 他〔産業など〕を集産(主義)化する, 共営化する(♦しばしば受身形で用いる) **col·lèc·ti·vi·zá·tion** 名

C

***col·lec·tor** /kəléktər/ 名 C ❶ 収集家, 採集家, コレクター ‖「a stamp [an art] ～ 切手[美術品]収集家 ❷ 集めることを仕事にする人, 集金人, 収税官 ‖ a garbage ～ ごみ回収者 / a ticket ～ 集札係 ❸ (発電機の)集電子; (トランジスタの)コレクター ▸▸ **～'s item [piece]** 名 C (収集家向きの)珍品, 稀覯(きこう)品, 絶品

***col·lege /ká(ː)lɪdʒ | kɔ́l-/

―名 (複 **-leg·es** /-ɪz/) ❶ U C《主に米》**単科大学**, カレッジ《university と異なり博士課程・修士課程を持たない》; (university の一部をなす)(専門)**学部**; (一般に)**大学**; 《形容詞的に》大学の, 大学生用の ‖ Where do you go to ～? = What ～ do you go to? どこの大学へ行っていますか / enter [graduate from] ～ 大学へ入る[を卒業する] / be **in** [OR **at**] ～ 大学に在学中である(♦ school と同じく, これらの用法では冠詞をつけない) / work one's way through ～ 働いて大学の学費を稼ぐ / the *College* of Law 法学部 / a ～ **student** [professor] 大学生[教授]

❷ C 専門学校, 各種学校 ‖ a ～ of education = a teacher's training ～ 教員養成学校(♦ teachers(') training college ともつづる) / a business ～ ビジネススクール

❸ C《英》(university を構成する自治組織としての)**学寮** ‖ Balliol *College* (オックスフォード大学の)ベリオル学寮

❹ C《英》…校《学寮にならったパブリックスクールの名称に用いる》‖ Eton *College* イートン校

❺ C (college の)(全)校舎, 寮舎 ‖ live in ～ 校舎[寮舎]に住んでいる ❻ C《集合的に》《単数・複数扱い》(college の)教職員と学生全体 ❼ C (一定の権限・義務を有する)団体, 協会, 学会; (寄付金を得て共同生活を営む)聖職者の一団, 僧団 ‖ a ～ of surgeons 外科医師会

▸▸ **Cóllege Bòard** 《米》名 ①《the ～》大学入学試験委員会《SAT の開発を行う. ニューヨーク市に本部を置く》 ② C《～s》《商標》(この委員会による)大学入学試験 **Còllege of Cárdinals** 名《the ～》〚カト〛枢機卿(すうきけい)会[団] **～ pùdding** 名 U C《英》ドライフルーツ入りのプディング

col·le·gi·an /kəlíːdʒiən/ 名 C 大学の在校生, 卒業生

col·le·gi·ate /kəlíːdʒiət/ 形 大学の; 大学生(用)の ‖ a ～ dictionary 大学生用辞書
▸▸ **～ chúrch** 名 C ① (司教管区に属さない) 参事会管理の教会 ②《米・スコット》協同教会

***col·lide** /kəláɪd/ 動〔▸ collision 名〕自 ❶ 衝突する, ぶつかる〈**with** …と; **into** …に〉(♦特に動くものや人同士の衝突をいう. → crash[1]) ‖ He ～*d with* a lady passing across the corridor. 彼は廊下を横切っていく女性とぶつかった / The bike ～*d into* a wall. その自転車は壁にぶつかった ❷ (意見などが)衝突する, 相反する〈**with** …と; **over** …のことで〉‖ The two countries ～*d over* coastal fishing rights. 両国は沿岸の漁業権をめぐって意見が対立した

col·lie /ká(ː)li | kɔ́li/ 名 C〚動〛コリー(犬)

col·lier /ká(ː)ljər | kɔ́liə/ 名 C《主に英》❶《旧》炭鉱作業員 ❷ 石炭船

col·lier·y /ká(ː)ljəri | kɔ́l-/ 名 (複 **-lier·ies** /-z/) C 炭鉱; 採炭所

***col·li·sion** /kəlíʒən/ 名〔◁ collide 動〕U C 衝突〈**with** …との; **between** …(2者)の〉(→collision course); (意見・利害などの)対立, 衝突 ‖ in ～ 衝突[対立]して / come into ～ *with* ... …と衝突[対立]する / in a ～ *with* a car 自動車との衝突(事故)で / a head-on ～ *between* a taxi and a bus タクシーとバスの正面衝突 / a ～ of interests 利害の衝突[対立]
▸▸ **～ còurse** 名 C (そのまま進めば衝突・対立は避け難い)衝突進路

col·lo·cate /ká(ː)ləkèɪt | kɔ́l-/ 動 自〚言〛(語が)〈ほかの語と〉連結して用いられる〈**with**〉
―他 …を並べる; (特定の場所に)配置する, 配列する

col·lo·ca·tion /kà(ː)ləkéɪʃən | kɔ̀l-/ 名 U C 配置, 配列; 〚言〛(語の)連結, コロケーション《語相互間の自然な結びつき》; 連語

col·lo·di·on /kəlóudiən/ 名 U〚化〛コロジオン《ニトロセルロースの混合液. 傷口の被覆やフィルム製造用》

col·loid /ká(ː)lɔɪd | kɔ́l-/ 名 U〚化〛コロイド, 膠質(こうしつ)
col·lói·dal 形

col·lop /ká(ː)ləp | kɔ́l-/ 名 U ❶《英方》《米》(ベーコンなどの)薄い肉片; (一般に)小片, 薄片 ❷《米・スコット》(太った人の)皮膚のひだ

colloq. 略 colloquial, colloquialism

***col·lo·qui·al** /kəlóukwiəl/ 形〚言〛口語体の, 日常会話体の(↔ literary) ‖ a ～ style 口語体 **～·ly** 副

col·ló·qui·al·ìsm /-ɪ̀zm/ 名 C 口語的表現; 口語体

col·lo·qui·um /kəlóukwiəm/ 名 (複 **～s** /-z/ OR **-qui·a** /-kwɪə/) C 学会, セミナー

col·lo·quy /ká(ː)ləkwi | kɔ́l-/ 名 (複 **-quies** /-z/) C《堅》(正式の)会話, 会談; 討議, 協議

col·lo·type /ká(ː)lətàɪp | kɔ́l-/ 名 ❶ U〚印〛コロタイプ(版)《写真製版による印刷法の1つ》 ❷ C コロタイプ印刷物

col·lude /kəlúːd/ 動 自〈…と〉結託[共謀]する〈**with**〉

col·lu·sion /kəlúːʒən/ 名 U C (特に訴訟での)共謀, 結託, 談合 **-sive** 形

col·ly·wob·bles /ká(ː)liwɑ̀(ː)blz | kɔ́liwɔ̀blz/ 名《単数・複数扱い》《口》《主に戯》腹痛; 腹鳴り; 《英口》(胃の痛くなるような)心配, 不安

Colo. 略 Colorado

col·o·bus /ká(ː)ləbəs | kɔ́l-/ 名〚動〛コロブス《アフリカ・アジア産の尾が長く主に植物食の猿》

co·logne /kəlóun/ 名 U オーデコロン(eau de Cologne)

Co·logne /kəlóun/ 名 ケルン(ドイツ語名 Köln)《ドイツ西部のライン川に面した都市》

***Co·lom·bi·a** /kəlʌ́mbiə | -lɔ́m-/ 名 コロンビア《南米北西部の共和国. 公式名 the Republic of Colombia. 首都 Bogotá》

***Co·lom·bi·an** /kəlʌ́mbiən | -lɔ́m-/ 形 コロンビアの
―名 C コロンビア人

Co·lom·bo /kəlʌ́mbou/ 名 コロンボ《スリランカの海港都市. 旧首都》

***co·lon**[1] /kóulən/ 名 C ❶ (句読点の)コロン《:》(♦前文に続けて解説を述べたり詳述したりする場合, 例を挙げる場合, 引用文を導く場合, 手紙の呼びかけ(《例》Dear Mr. Wilson:), 数の対比を表す場合(《例》1:2:4), 時間・章節を表す場合(《例》at 5:30)などに用いる) ❷ (複 **co·la** /-lə/) コーロン《古典詩で2[6]の韻脚を持つ詩句》

co·lon[2] /kóulən/ 名 (複 **～s** /-z/ OR **co·la** /-lə/) C〚解〛結腸 ‖ ～ cancer 結腸癌(がん)
co·lón·ic 形 結腸の **―名** C U〚医〛結腸洗浄
▸▸ **～ bacíllus** 名 C 大腸菌

co·lon[3] /kəlóun | kɔlɔ́n/ 名 C コロン《コスタリカ・エルサルバドルの通貨単位》

***colo·nel** /kɔ́ːrnəl/ 《発音注意》(♦同音語 kernel) 名 C ❶《米》〚陸軍・空軍・海兵隊〛大佐, 《英》〚陸軍・海兵隊〛大佐《brigadier(准将)と lieutenant colonel(中佐)の中間》 ❷ = lieutenant colonel ❸《米》カーネル《ケンタッキー州など米中・南部で軍人以外の人に州政府が贈る尊称》
～·cy 名 U 大佐の地位[職]
▸▸ **Còlonel Blímp** 名 C《主に英》(初老の)横柄な反動主義者, (一般に)反動主義者(reactionary)(♦英国の

政治漫画家 David Low の作品中の人物から)

co·lo·ni·al /kəlóuniəl/ 形〔◁colony 名〕《限定》❶植民地の, 植民地風の;(特に)英領植民地の ❷《しばしばC-》《米》英領植民地(時代)の;(家具などが)コロニアル風の ❸〖生態〗群落[群棲(ぐんせい)]する ━名 C ❶植民地住民 ❷《米》コロニアル風の家具[建物] **~·ly** 副

co·lo·ni·al·ism /-ìzm/ 名 U 植民地主義, 植民地(搾取)政策 **-ist** 名 形

col·o·nist /ká(:)lənɪst | kɔ́l-/ 名 C 植民地開拓者, 入植者;植民地住民

col·o·ni·za·tion /kà(:)lənəzéɪʃən | kɔ̀lənaɪ-/ 名 U 植民地建設, 植民地化

col·o·nize /ká(:)lənàɪz | kɔ́l-/ 動〔◁colony 名〕他 ❶ …を植民化する ❷〔人〕を入植させる
━自 植民地を開拓する;入植する **-nìz·er** 名

col·on·nade /kà(:)lənéɪd | kɔ̀l-/ 名 C〖建〗コロネード, 柱廊並木, 街路樹 **-nád·ed** 形 柱廊付きの

co·lo·no·scope /kəlá(:)nəskòup | -lɔ́-/ 名 C〖医〗結腸内視鏡 **cò·lo·nós·co·py** 名 C 結腸内視術

col·o·ny /ká(:)ləni | kɔ́l-/
━名〔▶colonial 形, colonize 動〕(複 **-nies** /-z/) C
❶ **植民地**, 移民地;《the Colonies》〖米国史〗(独立当時の)東部13植民地[州];〖ギリシャ史〗植民自治都市;〖ローマ史〗征服植民地 ‖ Australia is a **former** British ~. オーストラリアはもとイギリスの植民地である
❷《単数形で》《単数·複数扱い》植民団, 移民団
❸(同業者などの)集団;(同業者集団の)居住地, …村;(治療目的などの)隔離地区, コロニー(の住人) ‖ an artist('s') ~ 芸術家村 / a nudist ~ 裸体主義者居住地区
❹ 居留地, …人街;《単数·複数扱い》外国人居留民 ‖ the American ~ in Paris パリのアメリカ人居住地区
❺《単数·複数扱い》〖生〗(同一種生物の)コロニー;群体;集落 ‖ a ~ of ants アリのコロニー

col·o·phon /ká(:)ləfà(:)n | kɔ́ləfɔ̀n/ 名 C (写本·書籍の)奥書, 奥付;(本の扉の)出版社のマーク

col·or, 《英》col·our /kʌ́lər/ 名 動

中心義 色(をつける)(★文脈により「皮膚の色」「顔色」などの限定された意味になる)

━名(複 **~s** /-z/) ❶ U C **色, 色彩**;《形容詞的に》色に関する;色付きの, カラーの(♦「モノクロの」は (in)「black and white [monochrome]」)(→ colored)(⇨ 類語) ‖ "What's your favorite ~?" "It's white."「あなたが好きなのは何色ですか」「白です」(♦ white color とはいわない) / That's your ~. その色がよく似合いますね / be pale in ~ 色が薄い / the ~*s* of the rainbow 虹(にじ)の色 / fundamental [OR primary] ~*s* 原色 / ~ vision 色覚 / a (**full**) ~ print カラー印刷物[写真], 色刷り版画 / a bright [dark] ~ 明るい[暗い]色
❷ U C (人種の指標としての)**皮膚の色**;(人が)有色であること(→ colored);C (皮膚の色で区分した)人種 ‖ I don't care what ~ she is [×has]. 私は彼女の皮膚の色[人種]にはこだわらない / people of ~ 有色人種の人々 / people of all ~*s* and cultures あらゆる人種と文化圏に属する人々
❸ U C **着色料, 絵の具**, ペンキ, 染料, 顔料 ‖ oil ~ 油絵の具 / lip ~ 口紅
❹ U/C《単数形で》(体調のバロメーターとしての)血色, 顔色;紅潮 ‖ Your ~ doesn't look good. 顔色がよくないね / have a high ~ (熱で)顔が赤い
❺ C《~s》(特に公式行事で用いる)国旗, 軍旗, 連隊旗, 船旗(⇨ FLAG[1] 類語) ‖ raise the ~*s* 国旗を掲揚する
❻ C《~s》《主に英》(スポーツチームの選手がつける特定の色の)バッジ[帽子, リボン];(騎手が着る鮮やかな色の)騎乗服;競走馬のゼッケン;(ギャングなどが着る)派手な服;(代表選手が着る)チームカラーの服 ‖ He got [OR won] his ~*s*. 彼はレギュラー[代表選手]になった
❼ C《~s》(学校·スポーツチームなどのシンボルとしての)スクール[チーム]カラー(❗「校風」の意味の「スクールカラー」は school spirit; the traditional character of the school などという) ‖ Our school ~*s* are blue and pink. 私たちの学校のスクールカラーは青色とピンク色だ
❽ C《~s》性質, 本性;自分の考え, 立場
❾ U 外見, 外面;偽装 ‖ a tale with only the slightest ~ of truth ほとんど真実味のない話
❿ U 興味を持たせるもの, 面白さ;(文体の)生彩, 活気;(絵画などの)色使い, 配色 ‖ add ~ to ... …に生彩[彩り]を添える ⓫ C〖紋章〗(金属色以外の)基調色《通例 gules(赤), vert(緑), sable(黒), azure(青), purple(紫)の5色》 ⓬ C〖楽〗音色 ⓭ C〖ビリヤード〗(的玉·赤玉以外の)色玉 ⓮ C〖理〗(量子色力学(chromodynamics)におけるクォークの)色 ⓯ U〖法〗(法·職務などの権限があるかのような)外観 ‖ under ~ of law 法の外観の下に ⓰ U〖採鉱〗砂中に含まれる微量の砂金

chànge cólor 顔色が変わる;血の気がうせる, 青ざめる;紅潮する
gìve [OR ***lènd***] ***cólor to ...*** 〔話など〕をもっともらしく見せる;〔記述〕をもっと興味深くする
nàil one's còlors to the mást 立場[主義主張]をはっきりする[揺るがせない]
òff cólor ① 顔色の悪い ② 悪趣味な, 猥褻(わいせつ)な, 下品な
sàil under fàlse cólors 本心を隠して行動する[世渡りする]
sèe the còlor of a pèrson's móney 《口》(人に)支払い能力があるかどうか確かめる
sèe a pèrson's (trùe) cólors; sèe a pèrson in his/her trùe cólors (人の)本性がわかる
shòw [OR ***revèal, declàre, displày***] ***one's (trùe) cólors; shów onesèlf in one's trùe cólors*** 本性[本心]を現す;態度を明確にする
under cólor of ... …を口実にして
****with flying colors*** ⇨ FLYING COLORS(成句)

━動(**~s** /-z/; **~ed** /-d/; **~·ing**)
━他 ❶ **a** 《+目》…に**色を塗る**, 着色する, …を染める ‖ ~ one's hair 髪を染める
b 《+目+補〈形〉》…を…色に塗る[染める] ‖ *Color* the wall yellow. 壁を黄色く塗りなさい
❷〔意見·態度など〕に影響を与える;…を(偏見·先入観などで)ねじ曲げる, 変形させる ‖ ~ his opinions 彼の見解に影響を与える / views ~*ed* by prejudice 偏見に染まったものの見方
❸ …に生彩を与える, 色彩を添える, …を絵画的にする
━自 ❶ 変色する;紅葉する, 色づく
❷ 塗り絵をする, 絵に色をつける
❸ 紅潮する, 〈…に〉赤面する(blush)《*up*》〈**at**〉

còlor ín ... / còlor ... ín 〈他〉〔塗り絵など〕に色を塗る, 着色する

類語 《名 ❶》 **color** 「色」を表す最も一般的な語.
shade 濃淡·明暗の度合いをいう. 〈例〉all *shades* of blue 青のあらゆる色合い
hue 詩など文語的表現で用いる. color とほぼ同じ意味だが, 微妙な色調について述べるときによく用いる.
tint 明るい色合い. 〈例〉beautiful autumn *tints* 美しい秋の彩り
tinge 混合してややぼかされた色. 〈例〉green with a yellowish *tinge* 黄色味がかった緑色

▶▶ **~ bàr** [**lìne**] 名 C《通例単数形で》(白人と有色人種間の)人種差別(color prejudice) **~ còde** (↓) **~ guàrd** 名 C《米》(部隊の)旗手 **~ phàse** 名 C〖動〗色相《遺伝もしくは季節的変化による動物の体毛·羽毛の変色》 **~ prèjudice** 名 U =color bar **~ schème** 名 C (室内装飾·庭園設計などの)色彩配合, 配色 **~ separàtion** 名 U 色分解《カラー印刷の基本となる4つの版を作ること, および作られた版》 **~ sèrgeant** 名 C 英国海兵隊最高位下士官 **~ thèrapy** 名 U C カラーセラピー, 色彩療法 **~ wàsh** 名 U 泥絵の具, 水性塗料

C

col·or·a·ble /kʌ́lərəbl/ 形 ❶ 着色できる ❷ まことしやかな；虚偽の **~·ness, còl·or·a·bíl·i·ty** 名

Col·o·rad·o /kɑ̀(ː)lərǽdou | kɔ̀lərɑ́ː-/ <シ 名 ❶ コロラド(州)《米国西部の州. 州都 Denver. 略 Colo.,〖郵便〗CO》 ❷《the ~》コロラド川《ロッキー山脈に源を発し，カリフォルニア湾に注ぐ. グランドキャニオンで有名》
-rád·an 形 名 C コロラド州の(人)
▸▸**~ (potáto) bèetle** 名 C〖虫〗コロラドハムシ《ジャガイモの害虫》

col·or·ant /kʌ́lərənt/ 名 C 着色剤, 染料, 顔料

col·or·a·tion /kʌ̀ləréɪʃən/ 名 U ❶ 着色；配色 ‖ protective ~ 保護色 ❷ 着色[彩色]法 ❸ 特色, 特徴

col·o·ra·tu·ra /kʌ̀lərətúərə | kɔ̀l-/ 名〖楽〗❶ U コロラトゥーラ《声楽の技巧的装飾》；その楽曲 ❷ C コロラトゥーラソプラノ歌手

cólor-blìnd 形 ❶ 色覚障害の ❷ 人種偏見のない
~·ness 名

cólor·càst《米》名 U カラーテレビ放送
—動 (**color·cast** OR **~·ed** /-ɪd/；**~·ing**) 他 自 (番組を)カラーでテレビ放送する

cólor còde 名 C (識別のための)色分け
cólor-còde 動 他 …を色分けして区別する
cólor-còded 形 色分けされた ‖ a ~ terrorism warning system 色分けによる対テロ警戒システム《危険の度合いによって5段階の色で示すなど》

còlor-coórdinated 形 色合いの調和がとれた

co·lo·rec·tal /kòulouréktəl/ 形〖解〗結腸直腸の ‖ ~ cancer 結腸直腸癌(がん), 大腸癌
cò·lo·réc·tum 名 (複 **~s** /-z/ OR **-ta** /-tə/) C 直腸結腸(♦ colon+rectum)

***col·ored,**《英》**-oured** /kʌ́lərd/ 形 ❶ 着色された, 色付きの；《複合語で》…色の(⇨ 語法) ‖ Brightly ~ birds are easier to see. 鮮やかな色の鳥はよく目立つ / wine-~ ワインカラーの

語法 ☆☆ -colored は red, blue など色彩を明確に表す語とともには用いない.〈例〉The shirt is「red (in color) [×red-colored]. そのシャツは赤色だ

❷ ⊗《旧》《蔑》有色人種の；黒人の(♦ この意味では black がふつう) (⇨ BLACK 類語) ❸《C-》《南ア》カラードの (→ 名 ❷) ❹ (意見・解釈などが)ゆがめられた, 誇張された ‖ a ~ statement 誇張された声明
—名 C ❶ ⊗《旧》《蔑》有色人種, 黒人 ❷《通例 the C-s》《集合的に》《南ア》カラード《白人と非白人の混血で英語かアフリカーンス語を母語とする人》 ❸《~s》白以外の[色物の]衣類[シーツ, 布地]

cólor·fàst 形 (布地が)色のあせ[落ち]ない, 変色しない
~·ness 名

***col·or·ful,**《英》**-our-** /kʌ́lərfəl/ 形 (**more ~**；**most ~**) ❶ 色彩豊かな, 色鮮やかな, カラフルな ‖ a ~ T-shirt 派手なTシャツ ❷《通例限定》生き生きした, 華やかな, 興味深い (↔ boring) ‖ a ~ expression 生き生きした表現 / have a ~ past 華やかな経歴を持つ ❸《婉曲的》(言葉が)無礼な, ぶしつけな, 下品な ‖ in ~ language 下品な言葉で **~·ly** 副

col·or·ing /kʌ́lərɪŋ/ 名 U ❶ U C 着色剤, 絵の具, 染料 ‖ (a) food ~ 食品着色剤 ❷ 着色(法), 配色；色彩効果 ❸ 顔色, 皮膚の色 ❹ 見せかけ, 外観
▸▸**~ bòok** 名 C 塗り絵帳

col·or·ist /kʌ́lərɪst/ 名 C 彩色に関する人《髪を染める美容師など》；〖美〗コロリスト《色使いが巧みな画家；形象より色彩を重視する画家》
còl·or·ís·tic 形 彩色に関する, 彩色の巧みな

col·or·ize /kʌ́ləràɪz/ 動 他〔白黒フィルム〕に(コンピューター処理で)色をつける **còl·or·i·zá·tion** 名

col·or·less /kʌ́lərləs/ 形 ❶ 無色の ❷ 生彩のない, ぱっとしない ❸ 青白い, くすんだ ❹ 中立的な, 偏見のない
~·ly 副 **~·ness** 名

col·or·way,《英》**-our-** /kʌ́lərwèɪ/ 名 (衣類などの) 配色, 色の組み合わせ

***co·los·sal** /kəlɑ́(ː)səl | -lɔ́s-/ 形 ❶ 巨大な (⇨ HUGE 類語)；〖建〗(柱が)2階分以上の高さの；〖美〗(彫像が)実物の2倍以上の大きさの ‖ a ~ building 巨大な建造物 ❷ 驚くべき, 途方もない；素晴らしい ‖ a ~ waste of money 膨大な浪費 / ~ mistakes とんでもない誤り / a ~ view 素晴らしい景色

Col·os·se·um /kɑ̀(ː)ləsíːəm | kɔ̀l-/ 名 ❶《the ~》コロセウム《古代ローマの大円形闘技場》 ❷《c-》=coliseum

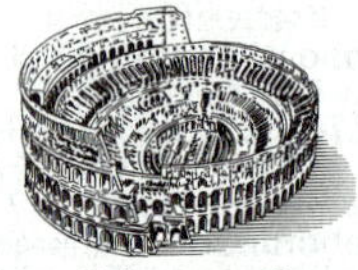
Colosseum ❶

Co·los·sians /kəlɑ́(ː)ʃənz | -lɔ́ʃ-/ 名《the ~》〖聖〗コロサイ人への手紙, コロサイ書《新約聖書の一書. 略 Col.》

co·los·sus /kəlɑ́(ː)səs | -lɔ́s-/ 名 (複 **~·es** /-ɪz/ OR **-si** /-aɪ/) C ❶ 巨像；《the C-》(ロードス島の港口にあった)アポロンの巨像《世界七不思議の1つ》 ❷ 巨人, 偉人, 巨大な(帝)国, 巨大なもの

co·los·to·my /kəlɑ́(ː)stəmi | -lɔ́s-/ 名 (複 **-mies** /-z/) C〖外科〗人工肛門(こうもん)形成(術)；人工肛門
▸▸**~ bàg** 名 C 人工肛門袋, 結腸瘻嚢(ろうのう)

co·los·trum /kəlɑ́(ː)strəm | kəlɔ́s-/ 名 U 初乳, コロストラム《授乳開始後数日間の母乳》

***col·our** /kʌ́lər/ 名 動《英》=color
▸▸**~ sùpplement** 名 C《英》(新聞の日曜版などの)カラー版の付録雑誌

colt /koult/ 名 C ❶ 雄の子馬《通例4歳未満》(↔ filly) (⇨ HORSE 類語P) ❷ 経験の浅い人, 未熟者, 青二才；新米のスポーツ選手

Colt /koult/ 名 C《商標》コルト式自動拳銃(♦ 発明者 Samuel Colt より)

col·tan /kɑ́(ː)ltæn | kɔ́l-/ 名 U〖鉱〗コルタン《集積回路に使われるコンゴなどで産出される鉱石》

col·ter /kóultər/ 名《米》=coulter

colt·ish /kóultɪʃ/ 形 ❶ ふざける, じゃれる；子馬の(ような) ❷ 未熟な, 訓練されていない

cólts·fòot 名 C〖植〗フキタンポポの類

col·um·bar·i·um /kɑ̀(ː)ləmbéəriəm | kɔ̀l-/ 名 (複 **-i·a** /-iə/) C ❶ (骨つぼを安置する壁がんの並ぶ) 納骨堂 ❷ 納骨壁がん

Co·lum·bi·a[1] /kəlʌ́mbiə/ 名 アメリカ合衆国《女性の擬人名》 **-an** 形

Co·lum·bi·a[2] /kəlʌ́mbiə/ 名 ❶ コロンビア《米国サウスカロライナ州の州都》 ❷《the ~》コロンビア川《ロッキー山脈に源を発し, 太平洋に注ぐ》 ❸ (=**~ Univérsity**) コロンビア大学《ニューヨーク市にある》 ❹ コロンビア号《2003年2月事故により失われたNASAのスペースシャトル》

col·um·bine /kɑ́(ː)ləmbàɪn | kɔ́l-/ 名 C〖植〗オダマキ

Co·lum·bus /kəlʌ́mbəs/ 名 ❶ **Christopher ~** コロンブス(1451?–1506)《1492年アメリカ大陸に到達したイタリアの航海者》 ❷ コロンバス《米国オハイオ州の州都》
▸▸**~ Dày** 名《米》コロンブス記念日《Columbus が米大陸に到達したとされる日を記念する祝日. もと10月12日. 現在は多くの州で, 10月の第2月曜日》

‡col·umn /kɑ́(ː)ləm | kɔ́l-/《発音注意》
中心義 柱(のように縦長のもの)
—名 (複 **~s** /-z/) C ❶〖建〗**円柱**, 柱《通例礎石・柱・柱頭飾の3部からなる》
❷ 円柱状のもの；機械の操縦装置, コラム (→ steering column) ‖ a ~ of smoke 立ち上る煙 / a control ~ 操縦用コラム
❸ (新聞などの) (縦の) **欄**, 段 (略 col.) ‖ a「home affairs [literary, sports, help-wanted] ~ 家庭 [文芸, スポーツ, 求人]欄(→ agony column, gossip column, personal column)

❹ (新聞・雑誌などの)特別寄稿欄, コラム
❺ (数表などの)縦の行, 縦列(↔ row¹) ; (表計算ソフトの)シート上の縦列, カラム
❻ 〘軍〙縦隊, 縦列(↔ line¹)(→ fifth column) ; (人・動物・車・船などの移動中の長い) 列 ‖ walk in a ～ 1列縦隊で進む / a long ～ of refugees 難民の長い列 ❼ = column dress
～ed 形 円柱のある ; 縦断に分けた ; 縦断式に印刷した
▸▸ **～ drèss** 名 C コラムドレス **～ ínch** 名 C (新聞などの)1インチコラム欄《横1欄×縦1インチ分のスペース》

co·lum·nar /kəlʌ́mnər/ 形 円柱の[で作った]

col·umn·ist /kɑ́(ː)ləmnɪst | kɔ́l-/ 名 C コラムニスト, (新聞・雑誌の) 特別寄稿欄執筆者 ‖ a political ～ for *Newsweek* ニューズウイーク誌の政治コラム執筆者

col·za /kɑ́(ː)lzə | kɔ́l-/ 名 C 〘植〙セイヨウアブラナ (rape), ナノハナ ▸▸ **～ òil** 名 U 菜種油(rape oil)

com 略 コム(ドメイン)《commercial の略で, 会社等営利団体のインターネット・サイトのアドレスにつく組織属性の略号》(→ dot-com)

COM /kɑ(ː)m | kɔm/ 名 C コンピューター出力マイクロフィルム(♦ *c*omputer *o*utput (on) *m*icrofilm の略)

com. 略 commerce, common

Com. 略 Commissioner, Committee

com- 接頭 ❶「共に, 一緒に(with, together)」の意 ‖ *com*bine ❷「全く(altogether)」の意 ‖ *com*mand(♦ b, m, p の前で使われ, l の前では col-, r の前では cor-, それ以外の場合は con- となる)(⇨ co-)

co·ma /kóumə/ 名 C 昏睡(こんすい) ‖「be in [go into, lapse into] a ～ 昏睡状態にある[陥る]

Co·man·che /kəmǽntʃi/ 名 (複 ～ OR ～s /-z/) C コマンチ族《北米先住民の一種族》; U コマンチ語

cò-márket 動 他 …を共同で発売する

co·ma·tose /kóumətòus/ 形 昏睡(状態)の ; 《戯》鈍い, 不活発な ‖ a ～ economy 低迷経済

comb /koum/ 《発音注意》 名 C ❶くし ; 飾りぐし ; 《単数形で》くしでとかすこと ‖ He ran a ～ through his (mop of) messy hair. 彼はもじゃもじゃの髪をくしでとかした ❷ (鶏の) とさか (cockscomb) ; とさか状のもの《波頭・屋根の棟など》 ❸ ハチの巣 (honeycomb) ; ハチの巣状の構造体, ハニカム ❹ 《豪・ニュージ》羊毛などのすき具
— 動 他 ❶ …をくしでとかす ; 〔羊毛・綿など〕をすく ‖ ～ *one's* hair 髪をくしでとかす ❷ …を〈…を求めて〉くまなく捜す〈for〉 ‖ She ～*ed* her room *for* the missing ring. 彼女はなくした指輪を部屋中捜し回った
— 自 (波が)盛り上がって砕ける
còmb óut ... / còmb ... óut 〈他〉 ① 〔髪〕をくしできれいにとかす ; くしですいて〈…から〉〔もつれなど〕をほどく, 取り除く〈of, from〉 ‖ ～ the mud *out of* the dog's fur 犬の毛からくしで泥を取り除く ② 〔不要な人・物〕を〈…から〉排除する〈of, from〉 ③ …を〈…から〉くまなく捜し求める〈from〉
cómb through ... 〈他〉 …をくまなく捜す ; …をじっくり調べる
～·lìke 形 くし状の **～ed** 形 《複合語で》 (…の) とさか(状のもの)の(ある)
▸▸ **～ jèlly** 名 C 〘動〙クシクラゲ

comb. 略 combination ; combined ; combining

com·bat /kɑ́(ː)mbæt | kɔ́m-/ (→ 動) 名 U C ❶ 戦闘, 戦い ; 《形容詞的に》戦闘の, 戦闘状態にある ; 戦闘用の(⇨ BATTLE 類語) ‖ The young soldier was killed [wounded] in ～. その若い兵士は戦闘で死亡[負傷]した / armed ～ 武力による戦闘 / a ～ plane 戦闘機 / ～ dress 戦闘服 ❷ 対決, 対立, 抗争, 論争, 競争〈**with, against** …との ; **between** …間の〉 ‖ a ～ *between* adults and minors 成人と未成年者の対立 ❸ 《～s》(ポケットの多い)緩やかなズボン
— 動 /kəmbǽt | kɔ́mbæt/ (**～·ed**, ＋《米》 **-bat·ted** /-ɪd/ ; **～·ing**, ＋《米》 **-bat·ting**) 他 ❶ 〔犯罪・社会悪など〕を撲滅しようとする ; …を防ぐ, …に激しく抵抗する ‖ ～ disease [inflation, crime] 病気[インフレ, 犯罪]を防ぐ ❷ 《堅》…と戦闘を行う, 交戦する
— 自 《古》〈…と〉戦う, 奮闘する〈**with, against**〉
▸▸ **～ fatìgue** 名 ① U 〘医〙戦闘疲労症《長期の戦闘後などに起こる神経症》 ② C 《～s》 野戦服 **～ fòod** 名 C U 野戦食

com·bat·ant /kəmbǽtənt | kɔ́mbət-/ 名 C 戦闘員 ; 交戦国 — 形 戦闘に携わる

com·bat·ive /kəmbǽṭɪv | kɔ́mbət-/ 形 闘争的な, けんか好きな **～·ly** 副

combe /kuːm/ 名 C 《英》《深く狭い》谷あい, 山峡

comb·er /kóumər/ 名 C ❶ (羊毛・綿などを) すく機械[人] ❷ 寄せて砕ける大波(breaker)

:com·bi·na·tion /kɑ̀(ː)mbɪnéɪʃən | kɔ̀m-/
— 名 〔◁ combine 動〕 (複 **～s** /-z/) ❶ U **結合**, 連結, 組み合わせ ; C **組み合わさったもの**, 結合体 ; コンビ ; 小楽団 ‖ Recently, slacks **in** ～ **with** low heels are in fashion. 最近ローヒールと組み合わせたスラックスが流行している / The accident was caused by a ～ **of** internal and external factors. その事故は内外の要因が組み合わさって引き起こされた / color ～*s* 色の組み合わせ, 配色
❷ C 連合組織 ‖ political ～*s* 政治連合体
❸ C (コンビネーション錠を開ける)文字[数字]の組み合わせ
❹ C 兼用品 ; 《形容詞的に》兼用の ‖ a ～ general store and tavern 雑貨屋兼居酒屋
❺ C 〘ボクシング〙コンビネーション《打ち分けによる連打》
❻ C 《～s》《英旧》上下一続きの下着 ❼ C 〘数〙組み合わせ ❽ C 〘数〙部分集合 (subset) ❾ C 〘チェス〙一連の決まったこまの動き ❿ U 〘化〙化合 ; 化合物の構造, 化合物の構造における物質単位 ⓫ C 《英》サイドカー付きオートバイ
▸▸ **～ drùg** 名 C 複合薬《2種以上の抗生物質などの混合薬》 **～ lòck** 名 C ダイヤル錠, 文字[数字]合わせ錠

:com·bine /kəmbáɪn/ (→ 他 ❹, 名)
— 動 〔▶ combination 名〕 (**～s** /-z/ ; **～d** /-d/ ; **-bin·ing**)
— 他 ❶ 〈…と〉…を**結びつける**, 結合する, 連結する, 組み合わせる〈**and, with**〉 (⇨ CONNECT 類語) ‖ This film ～*s* a romance *and* a mystery. この映画はロマンスとミステリーが組み合わさったものだ
❷ 〈…と〉…を兼ね備える〈**with, and**〉; 〔2つ以上の作業〕を同時に処理する ‖ His store ～*s* a coffee shop *with* [OR *and*] a flower shop. 彼の店は喫茶店と花屋を兼ねている / ～ kindness *with* [OR *and*] coldness 親切さと冷酷さを兼ね備える ❸ 〘化〙…を化合させる ❹ /kɑ́(ː)mbàɪn | kɔ́m-/〔農作物〕をコンバインで収穫する
— 自 ❶ 〈…と〉結びつく, 組み合わさる, 連結する〈**with**〉 ‖「Red and blue ～ [OR Red ～s *with* blue] to make purple. 赤と青を合わせると紫になる
❷ 連合する, 合併する ; 協力する ; 共同で働く[作用する] ‖ Imagination and talent ～*d* to produce a Broadway hit. 創意と才能が相まってブロードウェイでのヒット作を生み出した ❸ 〘化〙〈…と〉化合する, 結合する〈**with**〉 ❹ コンバインで収穫する
— 名 /kɑ́(ː)mbàɪn | kɔ́m-/ (複 **～s** /-z/) C ❶ 企業グループ ; (政治上の)連合 ❷ 〘農〙コンバイン《刈り取りと脱穀を同時に行う機械》
▸▸ **～ hárvester** 名 C 刈り取り脱穀機, コンバイン

***com·bined** /kəmbáɪnd/ 形 《限定》 結合した, 連合した, 共同の ; 化合した ; 兼ね備えた ‖ a ～ effort 共同の成果
— 名 U C 〘スキー〙複合競技

comb·ings /kóumɪŋz/ 名 複 (くしですき取った)抜け毛

combíning fòrm 名 C 〘文法〙連結形《複合語・合成語の一部をなす要素》(→ prefix, suffix)

com·bo /kɑ́(ː)mbou | kɔ́m-/ 名 (複 **～s** /-z/) C ❶ 《口》コンボ《小編成のジャズバンド》 ❷ 《主に米口》料理の組み合わせ ❸ (一般に)兼用品

cómb-òut 名 C くしで毛をすき取ること ; (余剰人員など

の)削減，整理

cómb·òver 名 U はげ隠し，バーコードヘア《はげを隠すために周辺に伸ばした髪の毛》

com·bust /kəmbʌ́st/ 動 他 …を燃焼させせる —自 …が燃焼する

com·bus·ti·ble /kəmbʌ́stəbl/ 形 燃えやすい，可燃性の；(人が)激しやすい —名 C 可燃物

com·bùs·ti·bíl·i·ty 名

com·bus·tion /kəmbʌ́stʃən/ 名 U ❶ 燃焼 ‖ spontaneous ～ 自然燃焼 ❷〖化〗燃焼

▸▸ **～ chàmber** 名 C 〖機〗(エンジンの)燃焼室

***come /kʌm/ 動 名

中心義 話し手が意識を向けている所へ移動する (★移動する主体は「人」に限らず，「季節」「状態」「事」など多様)

> 動 自 来る❶ ❿ 移動する❷ 着く❸ 巡ってくる❹ なる❺ するようになる❻ 起こる❼ 出てくる❽ 浮かぶ❾ 手に入る⓫ 達する⓬

—動 (～s /-z/; came /keɪm/; come /kʌm/; com·ing)

—自 ❶ **来る**，やって来る，行く **a** (話し手あるいは話題になっている人物のいる場所へ)来る，やって来る(↔ go[1])；(相手のいる場所あるいは相手が行く所へ)行く，出向く(♦ 通例方向を表す 副句 を伴う)(⇨ 語法) ‖ "Would you ～ here, please?" "I'm *coming*."「こちらに来てくれませんか」「いま行きます」(♦ この場合，×I'm going. は不可) / "May I ～ in?" "Come (on) in!"「入ってもいいですか」「お入りなさい」(♥ 入室許可の応答としては "Enter."(入れ)より "Come in." の方が丁寧. "Come on in." はさらに強く入室を勧める気持ちが加わる. "Won't you come in?" (お入りになりませんか) は丁寧すぎて儀礼的に響くことがある) / *Come* this **way**. こちらへどうぞ / Look, here ～*s* the bus. ほら，バスが来ましたよ / He *came* into [out of] the room. 彼は部屋に入って[から出て]来た / I've just ～ **back** from work. ちょうど仕事から帰って来たところです / I came home late last night. 昨夜は遅くに帰宅した / Will you ～ **to** dinner [lunch] tomorrow? 明日夕食[昼食]を食べに来ませんか / I'll ～ with you. ご一緒しましょう / I'll ～ **to** your office at two tomorrow. 明日の2時に会社へお伺いします

b 《+to *do* / *doing*》…しに来る[行く] ‖ I'll ～ *to* see you. (=I'll ～ (and) see you.) お伺いします(→ *come and do* (↓)) / Will you ～ shopping with me? 一緒に買い物に行きませんか (♦ 用法については ⇨ go[1] 動 自 ❷ a)

c 《+*doing*》…しながら来る[行く] ‖ He *came* humming into the room. 彼は鼻歌を歌いながら部屋に入って来た

> **語法** ☆☆ **come と go**
> come と go の関係は日本語の「来る」と「行く」の関係と異なる. **come** は話し手または相手のいる[行く]所に向かう動作を表す. **go** はそれ以外の所に向かう動作を表す. 〈例〉I'll *come* [×go] to see you tomorrow. 明日伺います この例では，相手のいる所に向かう動作なので go ではなく come を用いる. 〈例〉Are you *coming* [*going*] to the party? パーティーにいらっしゃいますか この例では，パーティーが話し手の家で開かれる場合や話し手がそのパーティーに行く場合は coming だが，話し手がパーティーに行かない場合や行くかどうかわからない場合は going になる

❷ 《+副句》(特定の距離を)**移動する**，やって来る；進歩する (♦ come の後に距離を表す語句が前置詞なしで用いられる) ‖ We've ～ a hundred miles in an hour. 1時間で100マイル来ました / We have ～ a long way toward completing our project. 我々は計画の達成に向けて大いに前進した

❸ **着く**，到着する；〈…に〉到達する；〈…の話題に〉ふれる，及ぶ〈**to**〉‖ He hasn't ～ yet. 彼はまだ来ていない / The train is *coming*. 列車が到着します / First ～, first served. 早い者勝ち，先着順 (♦ この come は過去分詞) / *Coming* soon! 近日公開[上映] / We haven't ～ *to* the final chapter yet. まだ最終章までたどり着いていない / The detective *came* right *to* the point. 刑事はすぐさま要点にふれた

❹ (時節・機会などが)**巡ってくる**，到来する ‖ Spring has ～. 春が来た / Christmas is *coming* soon. もうすぐクリスマスがやって来る / The time has ～ for us to make a decision. 我々が決断をするときが来た / The time will ～ when he'll regret his past deeds. 彼が過去の行いを後悔するときが来るでしょう

❺ **a** 《+補〈形〉》(ある状態に)**なる** (♦ 話し手にとって好ましい状態を示す形容詞や un- で始まる過去分詞を補語とすることが多い. ⇨ GO[1] 動 自 ❹ a) ‖ Our dream has ～ **true**. 我々の夢が実現した / Everything will ～ (out all) right in the end. 結局は万事うまくいくだろう / Her eyes *came* open. 彼女の目が開いた / Your shoelace has ～ undone [OR untied]. 靴のひもがほどけているよ / ～ **alive** 生き生きする / ～ easy 簡単になる / ～ loose 緩んでくる；はがれる / ～ unstuck はがれる

b 《+**into** [**to**] 名》(ある状態・事態に)入る，なる(→ *come into* ...〈他〉❺(↓), *come to* ...〈他〉❸(↓)) ‖ ～ *into* being 生まれる / ～ *to* an end 終わる

❻ 《+**to** *do*》…**するようになる** ‖ You'll ～ *to* like this place soon. じきにこの地が気に入るようになるでしょう (♦ ×You'll become to like ... とはいわない) / How did you ～ *to* know him? どうやって彼と知り合ったの

❼ **a** (事が)**起こる**，生じる；〈人の〉身に降りかかる〈**to**〉‖ Can you guess what ～*s* next? 次に何が起こるか推測できますか / The best [worst] is yet to ～. 最もよい[悪い]のはこれからだ / No harm will ～ *to* you. あなたがひどい目に遭うことはないでしょう

b 《+副+**to** 名》(技能などが)〔人〕に身についている (♦ 副 は easily, naturally などの様態の副詞) ‖ Singing ～*s* naturally *to* her. 歌を歌うのは彼女にはわけないことだ

❽ 《+副句》**出てくる**，現れる；(言葉などが)発せられる(♦ 副句 は方向を表す) ‖ The sun *came* up above the mountain. 太陽が山の上に出てきた / The skyscrapers *came* into view [OR sight] as we approached the city. その町に近づくにつれ超高層ビルが見えてきた(→ *come into* ...〈他〉(↓)) / Not a word *came* from his mouth. 一言も彼は話さなかった

❾ (考えなどが)〈人の心に〉**浮かぶ**〈**to, into**〉‖ A good idea *came* [*to* me [OR *to* mind, *into* my mind]. いい考えが心に浮かんだ / His name will soon ～ back *to* me. じきに彼の名前を思い出します

❿ 《+副句》《進行形不可》(順序として)**来る**；《first, last などの序数を伴って》…番目に来る；(…番目に) 重要だ ‖ April ～*s* between March and May. 4月は3月と5月の間に来る / Work ～*s* before play. 遊ぶのは働いた後で / She *came* last in the race. 彼女は競争でびりだった / His family ～*s* before his job. 彼にとっては仕事よりも家族の方が大切だ

⓫ 《進行形不可》**a** 《+補〈形〉》(商品などが) **手に入る**，出回る ‖ Tickets to the Olympics don't ～ cheap. オリンピックの切符は安くは手に入らない

b (ある状態で)手に入る〈**in** …の型・色・寸法で；**with** …付きで〉‖ This dress ～*s in* four sizes. この服は4サイズある / Yes, the hamburger ～*s* (complete) *with* French fries. はい，ハンバーガーにはフライドポテトがつきます(→ complete 形 ❷)

⓬ 〈…に〉**達する**，届く《*up, down*》〈**to**〉；(人の感覚・気持ちに)〈…として〉達する，〈…と〉感じられる〈**as**〉‖ The dress ～*s* (*down*) *to* her ankles. そのドレスは足首まである / The water *came* (*up*) *to* my chin. 水があごまで上が

ってきた / The bus line ~*s* near the school. バス路線は学校の近くまで来ている / The news *came as* a great surprise [relief] to me. その知らせに私はとても驚いた [安心した] / It ~*s as* no surprise that he was fired. 彼が解雇されたと聞いても驚かない ⑬ (遺産などとして)〈…の〉ものになる, 遺贈される〈**to**〉;(人が)〈遺産などを〉相続する〈**into**〉‖ According to his will, his stocks ~ *to* me on his death. 彼の遺言状によれば, 彼が亡くなると株券は私のものになる / ~ *into* a large fortune 莫大(ばく)な財産を相続する ⑭〈…の範囲に〉収まる〈**within**〉‖ The matter doesn't ~ *within* the scope of his expertise. その問題は彼の専門知識では扱えない ⑮《命令文で》さあ, ほら, おい, これ(♥ 激励・慰め・いら立ち・非難などを表す)(=*come on*〈自〉①(↓)) ‖ *Come*, cheer up! さあ, 元気を出して / *Come* now, stop complaining. さあ, もう不平を言うのはやめなさい / *Come*, ~, tell me all about it. ほら, 全部話してごらん ⑯《年月などを示す語句を後に伴って》《口》…になると, …が来ると ‖ He will be twenty ~ Sunday. 彼は今度の日曜で20歳になる(♦ come Sunday は when Sunday comes の意で, 仮定法現在の特殊な用法. come が前置詞的に用いられているとも考えられる) ⑰《俗》オルガスムに達する

— 他 《～+the 名・形 で》《口》〈…に対して〉…のように振る舞う, (虚勢を張って)…ぶる〈**over, with**〉‖ Don't ~ the bully *over* me. そんなにいばりちらさないでくれ / Don't ~ the innocent *with* me. 僕に対して純情ぶったりするなよ

(***as***) ***... as they cóme*** この上なく…だ (♦ …には clever, stupid, tough などの形容詞が入ることが多い) ‖ He's *as* stupid *as they* ~. 彼は本当に愚かなやつだ

as it cómes (飲み物を) どんなふうでもお任せで ‖ "How do you like your coffee?" "*As it* ~*s*." 「コーヒーはどのように」「お任せでよろしく」

****còme abóut*** 〈自〉① (予想外のことが) **起こる**, 生じる;《It ~ about+that 節 で》…ということになる (⇨ HAPPEN 類語) ‖ How did the accident ~ *about*? 事故はどうして起きたのか / How did it ~ *about that* a peace accord was reached? どのように和平協定が締結されるに至ったのか ② (船が) 向きを変える

****còme acróss*** 〈自〉① (考え・意見などが) はっきり伝わる ‖ His opinion didn't really ~ *across*. 彼の意見はあまりうまく伝わらなかった ② 印象を与える〈**to** 人に;**as, like** …だと〉‖ She *came across* (*to* me) *as* (being) rather impudent. (私には) 彼女がかなり図々しいように思えた / I didn't ~ *across* very well in the interview. 面接であまりよい印象を与えなかった ③《口》〈情報・金などを〉与える, 渡す, 〈借金を〉返す〈**with**〉 ④《主に米口》(女性が) 性交渉に同意する — 〈他〉(***cóme acròss ...***)《受身形不可》① 〔場所など〕を横切ってやって来る ② 〔人〕に**偶然出会う**, 〔物〕をふと見つける (happen on) ‖ I *came across* an old friend yesterday. 昨日旧友にばったり出会った / She *came across* her mother's diary in the attic. 彼女は屋根裏部屋で母親の日記を見つけた

còme áfter ... 〈他〉《受身形不可》① 〔出来事・時間など〕の後に来る (follow) (→ 自 ⑩) ② …の後をつける, 追跡する, 追いかける

****còme alóng*** 〈自〉① やって来る ②《進行形で》〈計画などが〉進む, はかどる〈**with**〉(come on);(人が) 元気になる ‖ How is he *coming along with* his thesis? 彼の論文の進み具合はどうですか ③《進行形不可》(思いがけず) 生じる, 現れる ‖ Somebody might ~ *along* to help me. だれか来て助けてくれるかもしれない ④〈人と〉一緒に来る [行く]〈**with**〉, 同じ場所へ行く ‖ Would you like to ~ *along* (*with* me)? (私と) 一緒においでになりますか ⑤《命令形で》急げ, 頑張れ (come on);(冗談は) よせ

còme and dó …しに来る (→ 自 ❶b) ‖ Why don't you ~ *and* see us tonight? (=Why don't you ~ to see us tonight?) 今晩おいでになりませんか

語法 ☆☆ 《口》の特に命令文では come to ... より come and ... の方がふつう. また《米口》ではしばしば and が省略される. ただし come の変化形では省略不可. 〈例〉*Come* eat with us. 食事にいらっしゃい (⇨ AND ❷ **d**)

còme and gó 行ったり来たりする;動き回る;現れたり消えたりする, 移り変わる ‖ My headache ~*s and goes*. 頭痛がしたりしなかったりだ

còme apárt [OR ***to píeces***] 崩れる, ばらばらになる;(関係・計画などが) 駄目になる, 崩壊する (⇨ *come apart at the* SEAMS)

****còme aróund*** 〈自〉① 迂回(うかい)する, 遠回りする ②〈人を〉訪れる, 順に回る〈**to**〉;(メモなどが) 回される ‖ Please ~ *around* at five. 5時にいらしてください ③ (同調して)〈…に〉意見を変える, 同意する〈**to**〉‖ She finally *came around to* our way of thinking. 彼女はやっと我々の考え方に同意してくれた ④ (年間行事などが) 巡ってくる ‖ The Olympic Games will ~ *around* again soon. もうすぐオリンピックがまた巡ってくる ⑤ 意識を取り戻す ‖ When I *came around*, I was on the bed. 気づいたらベッドの上にいた —〈他〉(***come around ...***) …を訪れる

cóme at ... 〈他〉《受身形不可》① 〔人〕に襲いかかる ‖ He *came at* me with a hammer. 彼は金づちを手に襲いかかってきた ② (多数の問題・出来事などが) 〔人〕に押し寄せる, …を混乱させる ③《英》〔真相など〕をつかむ ④《口》〈特定の方法で〉〔問題〕に取り組む〈**from**〉‖ Let's ~ *at* the problem *from* another angle. 別の視点からこの問題を考えてみよう

còme awáy 〈自〉① (物の一部が)〈…から〉外れる〈**from**〉 ②〈…から〉離れる, 立ち去る〈**from**〉 ③《受身形不可》〈特定の印象を抱いて〉去る〈**with**〉‖ I *came away with* the impression that she was not very happy. 別れるとき, 彼女はそれほど幸せそうではなかった ④〈望むものを手に入れて〉去る〈**with**〉‖ ~ *away with* the victory 勝利を得て立ち去る

****còme báck*** 〈自〉①〈…から〉帰って来る〈**from**〉(→ 自 ❶ **a**, CE 6) ② 再び始まる ③〈人の記憶に〉よみがえる〈**to**〉(→ 自 ❾, CE 13) ④ 再びはやり出す, 返り咲く (⇨ COMEBACK) ‖ Ballroom dancing is starting to ~ *back*. 社交ダンスがまた流行し始めている ⑤ (少し時間をおいて) 返事をする, (返事などが) 来る〈**to** 人に;**on** …のことで〉‖ Let me ~ *back to* you *on* that later. その件については後でお返事いたします ⑥《受身形不可》〈問題などに〉再びふれる〈**to**〉‖ I'll ~ *back to* that in a minute. その点については後ほどすぐにまた取り上げます ⑦ 激しく言い返す (retort)〈**at** 人に;**with** 言葉などを〉 ⑧《スポーツで》〈…から〉(劣勢の選手・チームが) 点差を埋める, 挽回(ばんかい)する〈**from**〉

Behind the Scenes **Shane. Shane. Come back!** シェーン, 戻ってきて;行かないで アメリカの西部劇映画 *Shane* の中で, 流れ者の Shane に助けられた開拓農民の息子 Joey が去りゆく Shane に叫んだせりふ (♥ 立ち去ってほしくない人, あるいはいなくなってしまったが戻ってきてほしい人に対してふざけて用いる. 名前 (Shane) の部分は該当者の名前に可変. 映画の中の少年のように叫ぶ感じで言う場合が多い)

còme befóre ... 〈他〉《受身形不可》① 〔法廷など〕に出頭する, 出向く ② (問題などが) 〔法廷など〕に上程される ③ …よりも重要である, …に優先する (→ 自 ⑩)

****còme betwéen ...*** 〈他〉《受身形不可》① 〔人々〕を仲たがいさせる ‖ I won't let anything ~ *between* us. どんなことがあっても私たちの仲を裂くようなことはさせません ② …の間を妨げる ‖ His family problem ~*s between* him and his work. 家庭の問題が彼の仕事の妨げになっている

****còme by*** 〈他〉 **I** (***cóme by ...***) ① …を (苦労して) **手に入れる** ‖ Decent jobs are hard to ~ *by* these days. 最近はまともな仕事になかなかありつけない ② 〔傷など〕を受

ける **II** 《*còme bý* ...》 ③ …に立ち寄る ‖ I *came by* the house. その家に立ち寄った **一**〈自〉《*còme bý*》ちょっと立ち寄る ‖ I'll ～ *by* and pick you up at two o'clock. 私が2時にちょっと寄って車にお乗せしましょう

còme cálling ①〈申し出などの用事で〉接触[連絡]して来る〈**with**〉 ② 立ち寄る

come close to ... ⇨ CLOSE²(成句)

*****còme dówn*** 〈自〉 ① 下がる, 降りて来る, 落ちる(descend)(↔ *go up*) ② (雨などが)降る ③ (飛行機などが)(緊急)着陸する；墜落する ④ (木などが)倒れる, (建物が)取り壊される；(屋根などが)つぶれる ⑤ (価格などが)下がる(decrease)；(人が)値を下げる, 値引きする ⑥ (命令などが)(人に)伝えられる；(音が)聞こえてくる〈**from** …から；**to** …へ〉 ‖ The order *came down from* the boss. 上司から指示が届いた ⑦ (伝統・物語などが)引き継がれる〈**to** …へ；**from** …から〉 ‖ This story has ～ *down to* us *from* our ancestors. これは先祖から伝えられている話だ ⑧ (南方へ)やって来る, 訪れる, (大都会などから地方へ)下る〈**from** …から；**to** …へ〉(↔ *come up*) ‖ *Come down to* Florida for the winter vacation. 冬休みはフロリダにいらっしゃい ⑨ (賛成[反対]を)決める〈**in favor of, on the side of** …に賛成の；**against** …に反対の〉(→ *come out*〈自〉⑧(↓)) ‖ They *came down on* our *side*. 彼らは我々の側についてくれた / The council *came down against* [*in favor of*] the proposal. 協議会はその提案に反対[賛成]の意向を示した ⑩ 評判を落とす, 落ちぶれる(↔ *come up*)(→ comedown) ‖ ～ *down* in the world 零落する / ～ *down* in her opinion 彼女から評価されなくなる ⑪ 〈夢・興奮から〉覚める, 現実に戻る；《口》〈麻薬などによる効き目から〉覚める〈**off, from**〉(→ comedown) ‖ ～ (back) *down* to earth 夢から覚めて現実に戻る ⑫ 《英》〈特にオックスフォード・ケンブリッジ大学を〉卒業する〈**from**〉(↔ *come up*)

*****còme dówn on ...*** 〈他〉《受身形不可》 ① 〈…のことで〉…を厳しく非難する, 懲らしめる〈**for**〉(♦ 通例 hard や類似の意味の副詞(句)を伴う) ‖ Don't ～ *down* too hard *on* me. あまり厳しく責めないでください / ～ *down* like a ton of bricks *on* ... …を猛烈に責め立てる ② …に〈支払いなどを〉要求する〈**for**〉

*****còme dówn to ...*** 〈他〉《受身形不可》 ① …に達する(→ 自 ⑫) ② 要するに…ということになる ‖ When you ～ *down to* it, that's why you were dismissed. つまるところ, 君はそれで解雇されたのだ(→ CE 1) ③ …まで落ちぶれる

*****còme dówn with ...*** 〈他〉《受身形不可》〔軽い病気〕に**かかる**(contract)(⇨ HEALTH メタファーの森) ‖ I think I'm *coming down with* a cold. どうも風邪をひいたらしい

cóme for ... 〈他〉 ① …しに来る[行く], …を取りに来る[行く], 〔人〕を迎えに来る[行く] ‖ How about *coming for* a walk this afternoon? 今日の午後散歩に行きませんか / Would you like to ～ *for* a coffee? コーヒーを飲みにいらっしゃいませんか / Can I ～ *for* you at five? 5時に迎えに行ってもいいですか ② (警察などが)〔人〕を連行する ③〔人〕に襲いかかる

còme fórth 〈自〉 ① 《古》出て来る, 現れる ② 《古》進み出て〈…〉する〈**to do**〉 ③ 《堅》提供される(→ forthcoming)

*****còme fórward*** 〈自〉 ① 前に出る ② 名乗り出る, 〈…を〉志願する〈**for**〉；〈…することを〉進んで申し出る〈**to do**〉 ‖ Many volunteers *came forward to* help us. 大勢のボランティアが進んで私たちを助けてくれた

còme fórward with ... 〈他〉 …を提案する, 申し出る；〔情報など〕を提供する, …の提供を申し出る ‖ He *came forward with* help. 彼は援助を申し出た

*****cóme from ...*** 〈他〉《進行形不可》 ① …から来る ‖ Did you ～ straight *from* the station? 駅から真っすぐおいでになりましたか ② …の**出身である**；…から得られる[生じる], …に由来する, …で生産される ‖ Where do [×did] you ～ *from*? ご出身はどちらですか / This word ～*s from* Greek. この語はギリシャ語が起源です / *Coming from* him, the information is reliable. 情報が彼から来ているなら信頼できます ③ …の家系の出である(come of) ‖ She ～*s from* a royal family. 彼女は王室の生まれだ ④ …が**原因である**(come of) ‖ His illness ～*s from* smoking too much. 彼の病気はたばこの吸いすぎが原因です ⑤ 《通例進行形で》《口》(人の)言動[性格]が…に根ざしている(→ CE 10)

*****còme ín*** 〈自〉 ① 入って来る, (部屋などに)入る(enter)(↔ *go out*)(→ 自 ❶a)；到着する(arrive), 出勤する；(知らせなどが)届く；(商品が)入荷する(→ incoming) ‖ I *came in* early today to finish my work. 今日は仕事を終わらせるため早めに出勤した / A report of a plane crash is *coming in*. 飛行機墜落の知らせが入って来ている ② (金が)(収入として)入って来る(→ income) ‖ He has $2,000 a year *coming in* from his investments. 彼は投資した金から年に2,000ドルを収入として得ている ③ (季節・気候などが)始まる ④ (潮が)満ちてくる(↔ *go out*) ⑤ 旬(しゅん)を迎える ‖ When does salmon ～ *in*? サケの旬はいつですか ⑥ 〈…に〉かかわる, 参画する〈**on**〉；登場する(場がある) ‖ I want you to ～ *in on* our project. 我々の企画に参加してもらいたい / That's where you ～ *in*. そこで君の出番だ ⑦ (発言するために)〈話を〉遮る, 〈話に〉割り込んで発言する〈**on**〉(→ CE 2) ⑧ (新製品などが)普及する, (法律などが)施行される ‖ The new regulation *came in* last month. 先月新たな法令が施行された ⑨ 流行し始める(↔ *go out*) ‖ Short hair is *coming in* again. 短い髪型がまたはやり出している ⑩ (政党が)政権を握る(→ incoming) ⑪ 《序数を伴って》(競技などで)…等に入る(→ 自 ⑩) ‖ He *came in* third in the Boston marathon. 彼はボストンマラソンで3位に入った ⑫ (商取引などが)…という結果になる ‖ The project *came in* much better than we expected. その計画は思っていたよりずっとうまくいった ⑬ 役に立つ(♦ しばしば形容詞補語を伴う) ‖ It might ～ *in* handy [OR useful] later. 後で役に立つかもしれない ⑭ 《命令形で》(通信などで)応答願います ⑮ ⇨ 自 ⓫b ⑯ 〖スポーツ〗(クリケットで)打席に入る；(交替選手が)戦列に入る

còme ín for ... 〈他〉《受身形不可》〔非難・賞賛など〕を受ける, 〔注目など〕の的になる ‖ The police ～ *in for* a great deal of criticism these days. 近ごろ警察は大変な批判の的になっている

còme ín with ... 〈他〉《口》(事業などで)〔人〕に加わる

*****còme ínto ...*** 〈他〉《受身形不可》 ① 〔場所〕に入って来る ② 〔職場〕に到着する ③ ⇨ 自 ⓭ ④ …にかかわる, …にとって重要だ(→ CE 11) ‖ His nationality shouldn't ～ *into* it. 彼の国籍を問題にすべきではない / No, luck didn't ～ *into* it. いいえ, 運のせいではありませんでした ⑤ 〔ある状態〕になる(♦ 主に抽象名詞を伴う)(→ 自 ❺b)

連語 【～+into 名】(♦ 自 ❺b, ❽, ❾ および各名詞を参照) ～ *into* existence 生まれる / ～ *into* play 活動[作用, 影響]し始める / ～ *into* contact with ... …と接触する / ～ *into* effect [OR force, operation] (法などが)実施される / ～ *into* conflict with ... …と衝突[矛盾]する / ～ *into* view 見えてくる / ～ *into* office 政権を握る / ～ *into* one's own 本領を発揮する / ～ *into* use 使われ出す

còme it òver [OR ***with***] ***a pérson*** 《通例否定命令文で》《主に英口》〔人〕に対して横柄に[偉そうに]振る舞う(→ 他) ‖ Don't ～ *it over* [OR *with*] me. 偉そうにするな, 生意気だぞ

*****cóme of ...*** 〈他〉《受身形不可》 ① …から生じる, 由来する, …が原因である(*come from*) ‖ No good *came of* it. 何のいい結果も得られなかった ② 〔家系など〕の出身である(come from) ‖ She *came of* a wealthy family in London. 彼女はロンドンの裕福な家の出だ

*****còme óff*** 〈自〉 ① (ボタン・柄などが)とれる, (塗料が)はがれ

る，はがれて〈…に〉つく〈**on, onto**〉‖ The wet paint *came off onto* my elbow. 塗りたてのペンキがひじについた ②《口》(計画などが)行われる，実現する；〔様態を表す副詞を伴って〕結局…になる ‖ How did the ceremony ～ *off*? 式はどうでしたか / The candidate *came off* badly in the interview. その志願者は面接の出来が悪かった / ～ *off* second best 2位に甘んじる ③《口》うまくいく ‖ The experiment didn't ～ *off*. 実験はうまくいかなかった ④ 立ち去る ⑤ (催し物などが) 興行期間を終える；(物事が) 終了する ⑥《米》(人が)〈…の〉印象を与える〈**as**〉‖ She sometimes ～*s off as* unkind. 彼女は不親切な印象を与えるときがある ⑦《俗》オルガスムに達する ━〈他〉《**còme óff ...**》《受身形不可》① …からとれる，はがれる ‖ The handle *came off* the pot. なべから取っ手がとれた ②〔場所など〕を去る ③《英》〔乗り物など〕から落ちる ④ (霧・風などが) …からやって来る ⑤ (金額が) …から値引きされる ⑥〔飲酒・麻薬など〕をやめる ⑦ …を完全に終える；《米》〔けがなど〕から回復する

***còme ón** 〈自〉①《命令形で》急げ，頑張れ，元気を出して，さあ(どうぞ)(♥ 激励・勧誘などを表す)；おいよせ，ばか言うな，さあ来い (♥ 疑念・挑発などを表す) ‖ *Come on*, the train is coming. さあ急いで，電車が来るよ ② (明かりが) つく，(機械などが) 作動する ③《通例進行形で》(番組が)始まる；(季節・天候などが)始まる，やって来る；《英口》(女性が) 生理が始まる ④〈…し〉始める〈**to do**〉‖ It's *coming on to* rain. 雨が降り始めた ⑤ (役者が) 舞台〔場面〕に登場する ⑥ (スポーツで交替選手として) 試合に出る ⑦《通例進行形で》(軽い病気などが)始まる，襲ってくる ‖ I've got the flu *coming on*. どうもインフルエンザにやられたようだ ⑧《しばしば進行形で》〈仕事などが〉進展する，進歩する，上達する〈**with**〉；成長する ‖ How are you *coming on with* your homework? 宿題の進み具合はどうかね / ～ *on* in leaps and bounds とんとん拍子に進歩する ⑨ 電話に出る ⑩《主に米口》〈…であるような〉印象を与える〈**as**〉━〈他〉《**cóme on ...**》① (偶然) …を見つける，〔人〕に会う ②〔電話〕に出る ③〔テレビ・舞台など〕に出る

cóme ⌈***on to*** [OR ***onto***⌉ **...** 〈他〉①《受身形不可》《口》〔新しい議題など〕を議論〔検討〕し始める，話題にする ②《口》〔異性〕に言い寄る ③〔舞台〕に登場する；〔法廷〕に出廷する ④ (商品が)〔市場〕に出回る

***còme óut** 〈自〉① 外に出る，出かける〈**for** …しに；**with** 人と〉‖ Will you ～ *out for* a drink *with* me tonight? 今晩一緒に飲みに行きませんか ② (人を) 訪ねて行く ‖ I'll ～ *out* and see you someday. いつか遊びに行きます ③ 退院する；出獄する；除隊する ④ (真実などが) **明るみに出る**，知れ渡る；(結果などが) 発表される；(性質などが) 出る，現れる ‖ The truth *came out* only last week. 真実はつい先週わかったところだ / It *came out* that the politician was involved in the scandal. その政治家が不正にかかわっていたことが明らかになった ⑤ (本などが) 出版される，(CDなどが) 発売される (appear) ⑥ (言葉が) 出る；(発言などが) 聞こえる，理解される；(意図が) 伝わる (♦ しばしば様態を表す副詞を伴う) ‖ I didn't mean to hurt you, but it just *came out* that way. 傷つけるつもりはなかったのだが，ついそういう言い方になってしまって / His words *came out* all wrong. (言い方がまずかったので) 彼の気持ちは相手に正しく伝わらなかった ⑦《様態を表す副詞または補語を伴って》結果が…になる (→ outcome) ‖ His presentation *came out* well in the end. 彼の発表は結局うまくいった ⑧ 態度を表明する〈**for, in favor of** …に賛成の；**against** …に反対の〉；はっきり言う (→ *come down* 〈自〉⑨ (↑)) ‖ The mayor *came out in favor of* the budget proposal. 市長は予算案に賛成の意を表した ⑨ (しみが) 抜ける，落ちる；(色が) あせる；(物が) 抜ける ⑩ (太陽・月などが) 出る ⑪ (花が) 咲く，(草木が) 芽を出す ⑫ (写真などが) (よく) 写る ‖ Group photos usually ～ *out* well. 集合写真はたいていきれいに撮れる ⑬ (算数の問題などが) 解ける ⑭《口》同性愛者であることを公にする；〈…(である)と〉公表する〈**as**〉(♦ as 以下はそれまで隠してきた不都合な事実) ⑮《英》ストライキをする (《米》walk [OR go] out) ⑯《英》《旧》(若い女性が) 社交界にデビューする ⑰ (ペイシェンスなどのカードゲームが) カードを使い果たして終わる

còme óut at ... 〈他〉《受身形不可》(計算の結果などが) …になる

còme óut in ... 〈他〉《受身形不可》《英》(人が)〔出来物など〕を発疹(ﾊｯｼﾝ)する，(皮膚が)〔吹き出物など〕で覆われる ‖ ～ *out in* spots [OR a rash] 発疹ができる

còme óut of ... 〈他〉《受身形不可》① …から外へ出る ②〔病院〕から退院する；〔施設など〕を出る ③〔状態〕から抜け出る ‖ ～ *out of* retirement 引退から返り咲く ④ …からとれる，外れる ⑤ (汚れが) …から落ちる ⑥ (結果などが) …から得られる ‖ A new idea *came out of* the discussion. その討議から新しい考えが生まれた ⑦ (起源などが) …に由来する ⑧《～ out of oneself で》自分の殻から出る，人と打ち解ける

***còme óut with ...** 〈他〉《受身形不可》①〔びっくりするようなこと〕を(出し抜けに)口に出す，言い出す ②〔新製品〕を発売する

***còme óver** 〈自〉①〈…へ〉ぶらりとやって来る〈**to**〉‖ Why don't you ～ *over* and tell me about it? うちに来てその話を聞かせてくれない ② はるばるやって来る〈**from** …から；**to** …へ〉‖ Please ～ *over to* Japan to see us sometime. そのうち日本へ遊びに来てください ③ **a** (考えなどが) はっきり理解される ‖ ～ *over* loud and clear 明瞭(ﾒｲﾘｮｳ)に伝わる **b** (声・メッセージなどが) (電話・ラジオなどで) 聞こえる，伝えられる ④《英》〈…の〉印象を与える (♦ big, well, badly などの様態の副詞または as ... を伴う) ‖ She *came over* as a skillful administrator. 彼女は有能な管理者という印象だった ⑤《英口》《形容詞補語を伴って》(突然) …になる ‖ I *came over* (all) faint. 突然ふらふらした ⑥〈…の側に〉つく；〈…に〉意見を変える〈**to**〉━〈他〉《**còme óver ...**》《受身形不可》① (感情・欲求などが)〔人〕を襲う ‖ I can't understand what *came over* him. 一体彼に何が起きたのか理解できない ② (声が)〔電話〕を通して聞こえる，(ニュースが)〔ラジオなど〕で伝えられる ‖ I heard the news *coming over* the radio. ラジオでその知らせを聞いた

còme róund ＝*come around* (↑)

***còme thróugh** 〈自〉① (知らせ・結果などが) 伝えられる，受信される；(文書などが) 届く ② (意図・性格が) 理解される，(感情が) 伝わる ‖ Her love of nature ～*s through* in her essay. 彼女の自然を愛する気持ちはその随筆から伝わってくる ③《口》〈…で〉要求〔期待〕に応える，〈金・情報などを〉提供する〈**on, with**〉‖ He finally *came through with* the manuscript. 彼はやっと何とか原稿を提出できた ④ (法令・申請などが) 通る，認可される ⑤ (太陽・月が) (雲などの隙間(ｽｷﾏ)から) 見えてくる ⑥ 部屋を移動する ⑦ (病気から) 回復する ━〈他〉《**cóme through ...**》《受身形不可》①〔場所〕を通り抜ける，通過する，立ち寄る ②〔病気・危機〕を切り抜ける

***cóme to** 〈他〉《**cóme to ...**》《受身形不可》① …へ来る〔行く〕(→ 自 ❶**a**) ②〔場所〕に**達する**，届く (→ 自 ⑫) ③〔状態〕に達する，結局…となる (⇨ **連語**，→ 自 ❺**b**) ‖ So, it has ～ *to* this. 結局こういうことになってしまうのか (♥ 事態がうまく進展しなかったときなどの驚きを表す) / What is ⌈it all [OR the world]⌉ *coming to*? 一体どうなってしまうんだ (♥ 失望などを表す) / Her efforts *came to* nothing. 彼女の努力は何にもならなかった ④ …について話す ⑤ 合計…となる ‖ That ～*s to* $165.39 with tax. 税込みで合計165ドル39セントになる ⑥ (考えなどが)〔人〕に思いつく，思い出される (→ 自 ❾) ⑦ (問題が) …のことになる (→ *when it comes to ...* (↓)) ⑧《～ to oneself で》意識を回復する，自制心を取り戻す ⑨ (財産などが)〔人〕に よって相続される ━〈自〉① **意識を取り戻す** ‖ After a while he *came to*. しばらくして彼は意識を取り戻した (♦

C

to は副詞で /tuː/ と発音する) ② (船が)停船[停泊]する

連語 【~+to 名】 ~ *to* an end 終わる / ~ *to* a halt 停止する / ~ *to* a decision [OR conclusion] 結論に達する / ~ *to* power 権力を握る / ~ *to* light (秘密などが) 明るみに出る [発覚する] / ~ *to* (one's) mind [OR head] 心に浮かぶ (→ 自 ⑨) / ~ *to* life 生き生きする, 活気を帯びる / ~ *to* terms with ... 〔現実など〕を受け入れる / ~ *to* the fore 目立つ, 重要な位置につく / ~ *to* fruition (計画などが)成就する

come to pass ⇨ PASS¹ 名 (成句)

còme to thát 《口》そのことなら ‖ I was happy at that time — ~ *to that*, most of us were. 当時私は幸せだった, そういえば我々の大部分がそうだった

còme to thínk of it 思えば, そういえば ‖ *Come to think of it*, he hasn't paid me. 考えてみたら, 彼にまだ金を払ってもらっていない

còme togéther 〈自〉 ① (線などが) 交わる ② 仲直りする ③ 提携する, 連合する

*__*cóme under ...*__* 〈他〉《受身形不可》 ① …の管轄[支配]下にある ‖ His case *came under* military jurisdiction. 彼の訴訟は軍の管轄下にあった ② 〔批判・攻撃など〕を受ける ‖ The chief inspector *came under* heavy pressure to resign. 警部は辞任を強く迫られた / ~ *under* attack from the media マスコミからの攻撃を受ける / ~ *under* scrutiny 詳しく調べられる ③ 〔項目など〕に分類される, …の項目に入る

*__*còme úp*__* 〈自〉 ① 上がってくる, 〈建物の上の階へ〉来る ; 〈水面に〉浮上する〈**to**〉; 〈画面・電光掲示板などに〉現れる〈**on**〉 ‖ Please ~ *up to* my room on the third floor. 3階の私の部屋へいらっしゃい / A message *came up on* the computer. コンピューターにメッセージが出た ② (歩いて) 〈…に〉近づいて来る 〈**to**〉 ③ 〈北方に向かって〉来る, 〈都会に〉出る, 上る, 上京する〈**to**〉(↔ *come down*) ④ (太陽・月が)昇る(↔ *go down*) ⑤ (植物が) 芽を出す ⑥ (食べたものが)吐き出される ⑦ (風が) 吹き始める ; (歓声などが)沸き起こる ; (明かりが)つく ⑧ (話題などが)取り上げられる ‖ Many questions *came up* during the discussion. 討論では数多くの問題が議題に上った ⑨ (問題などが) 生じる, 持ち上がる ‖ Sorry, I can't see you today. Something urgent has ~ *up*. 申し訳ありませんが, 今日はお会いできません. 急用ができたもので ⑩ (試験で) (問題などが)出される ⑪ (訴訟などが) 審理される ⑫ 《進行形で》(重要な行事などが) やって来る, 行われる (→ upcoming) ‖ The election is *coming up* soon. もうすぐ選挙だ ⑬ (職などの空きが)出る ; 〈売り・競りに〉出される〈**for**〉 ‖ A part-time position will ~ *up* next week. 来週には非常勤の口が空くだろう / The building has ~ *up for* sale. そのビルが売りに出されている ⑭ 《coming up! で》(ウエーターが客の注文に対して)ただいま(お持ちします) ‖ "I'll have another cup of coffee." "*Coming* (right) *up*, sir." 「コーヒーをもう1杯」「はい, ただいま」 ⑮ 出世する (↔ *come down*) ⑯ 《英》《補語・様態の副詞を伴って》(過程・活動・時間を経て)…の状態になる ; (人が)…の状態になる ‖ ~ *up* beautiful [like new] (磨くなどして)美しく[新品同様に]仕上がる / ~ *up* empty (ねらったものを)手に入れずに終わる ⑰ 《英》〈特にオックスフォード・ケンブリッジ大学に〉入学する〈**to**〉(↔ *come down*) ⑱ (くじの番号などが) 当たる ⑲ つやが出る ━〈他〉《***còme úp ...***》《受身形不可》…を上がってくる ‖ She *came up* the hill. 彼女は丘を登ってきた

*__*còme úp against ...*__* 〈他〉《受身形不可》〔困難・反対など〕に出くわす, 直面する ; 〔競争相手〕と対戦する ‖ We *came up against* fierce opposition to the plan. 我々はその計画に対し猛烈な反対に遭った

còme úp for ... 〈他〉《受身形不可》 ① ⇨ *come up* 〈自〉 ⑬ (↑) ② …する [される] 予定になっている ‖ The construction plan ~*s up for* review in the next meeting. 建設計画は次回の会合で再検討されることになっている ③ 〔選挙〕に立候補する, …の候補に挙げられる ‖ In two years he will ~ *up for* reelection. 2年後, 彼は再選に出馬するだろう

còme úp on ... 〈他〉《受身形不可》《進行形で》《米》〔時間・期日・年齢〕に近い, 近づく

còme úp to ... 〈他〉《受身形不可》 ① ⇨ *come up* 〈自〉 ①②③(↑) ② …に達する, 届く(→ 自 ⑫) ③ 《通例進行形で》〔時間・状態など〕に近づく(approach) ④ 〔水準〕に達する ; 〔期待〕に添う ‖ His recent work doesn't ~ *up to* our expectations. 彼の新作は我々の期待に添うものではない

*__*còme úp with ...*__* 〈他〉《受身形不可》 ① 〔考えなど〕を**思いつく** ‖ I think you can ~ *up with* a better solution. 君ならもっとよい解決方法を考えつくと思うんだが ② 〔必要なもの〕を生み出す ‖ How did you ~ *up with* such a large amount of money? どうやってそんな大金を工面したんだ

cóme upon ... 〈他〉《受身形不可》 ① =*come on ...* 〈他〉①(↑) ② (感情などが)〔人〕を襲う ③ (好ましくないことが)〔人〕を不意に襲う

còme what máy たとえ何が起きても(whatever happens) ‖ *Come what may*, I won't betray you. たとえ何が起きてもあなたを裏切りません

come within ... 〈他〉 ⇨ 自 ⑭

hàve ... cóming (***to one***) 《口》…を当然として受ける ‖ "Jim was fired." "Well, I think he *had* it *coming* (*to* him)." 「ジムが解雇されたよ」「まあ当然だね」

if it còmes to thát ① =*come to that* (↑) ② それが必要であれば(if necessary)

not còme to múch 大してものにならない ‖ I *don't* think he will ~ *to much*. 彼は大してものにならないと思う

not know whether [OR ***if***] ***one is coming or going*** ⇨ KNOW (成句)

to cóme 《名詞の後に置いて》来るべき, 将来の (→ coming) ‖ The effect of landmines will last for many years *to* ~. 地雷の効力は今後何年間にもわたって持続するだろう

*__*when it cómes to ...*__* 《口》…**のこととなると** ; 〈…する〉段になると〈*doing*〉(♦ まれに when it comes down to ... ともいう) ‖ *When it* ~*s to* modern jazz, Bill knows everything. モダンジャズのことなら, ビルは何でも知っている / We must be very careful *when it* ~*s to* buying a house. 家の購入に当たっては十分注意しなければならない

COMMUNICATIVE EXPRESSIONS

1 **Básically, it còmes dówn to** whether she apróves or nòt. NAVI つまり彼女が承諾するかどうかにかかっているわけです (♥ 論点・要点を述べる際の言い出しの表現. =What it (all) comes [OR boils] down to is ....)

2 **Can** [OR **May**] **I còme ín hére?** ちょっと発言していいですか(♥ 議論に口を挟む際に用いる切り出しの表現)

3 **Còme agáin?** 何ですって, もう一度言ってください

4 **Còme and gét it!** 食事の用意ができましたよ

5 **Còme and jóin us.** 一緒においでよ (♥ 誘いのくだけた表現. =Why don't you join us?)

6 **Còme báck** (**ànytíme** [**sóon, when you can stày lónger**]). また(いつでも[近いうちに, もっと長くいられるときに])いらしてください(♥ 宿の主人などが客に対して)

7 **Còme óff it!** いい加減なことを言うな, 冗談じゃない ; もうよしなさい

8 **Còme ón, it càn't be thát bàd.** そんなことないだろ, そこまでひどいはずないよ (♥ 否定的な考えを持っている相手をなだめたり, 励ましたりするときに)

9 **Còming thróugh**(**, plèase**)**.** 通してください(♥ 人込みを割って通路などを通り抜けたいときに)

10 **Do you sèe where I'm còming fróm?** (私の立

場・根拠などが)おわかりいただけましたか
11 **Hòw does thát còme into it?** それがどんな関連があるっていうの. 関係ないじゃない(♥ 修辞疑問. =What's that got to do with it?/✐That doesn't matter. /✐《堅》That shouldn't concern us.)
12 **I knéw it was còming.** そうなることは予想していた
13 **It's còming báck to me nów.** ようやく思い出してきた(✐I remember (now).)
14 **Néxt, we còme to** the detáils of the cóntract. NAVI 次に契約の詳細について取り上げます(♥ 次の話題に移る際の切り出し文句)
15 **Whát's còming óff?** 何が起きているの;やあ;どうしたの(♥ 問いかけのあいさつとして用いる俗語表現)
16 **Whére do you còme óff sáying thàt?** そんなことを言う根拠は何だ(♥ 相手が思い込みなどで自分の考えに過剰な自信を持っているときに)
17 **Wòn't you còme ín?** どうぞお入りください(♥ 部屋などに相手を招き入れる表現. さらに強く勧める場合は Come on in! という)
18 **You'll gèt what's cóming to you.** そのうち罰が当たるぞ
19 **You've gòt anòther thínk cóming** if you thínk I'm gòing to dò as you sáy. 私が君の言うとおりにすると思ったら大間違いだ;自分の立場を考え直してみるんだね(♥ くだけた表現)

—名 U《俗》精液(semen)

come·back /kʌ́mbæ̀k/ 名 C ❶《通例単数形で》復帰, 返り咲き, カムバック ‖ make [OR stage] a miraculous ~ as a singer 歌手として奇跡的な返り咲きを果たす ❷《米》(試合途中の)追い上げ, 巻き返し ❸《通例単数形で》《口》(効果的な)即答, 辛辣(しんらつ)な答え;口答え, 減らず口 ❹ U《否定文で》《英》弁償, 補償 ❺《豪・ニュージ》羊毛・食肉両用の羊

co·me·di·an /kəmíːdiən/ 名 C ❶ 喜劇役者, コメディアン;お笑い芸人 ❷(一般に)おどけ者, 三枚目(♥ 通例皮肉を込めて使われる) ❸ 喜劇作家

co·me·dic /kəmíːdɪk/ 形 喜劇の

co·me·di·enne /kəmìːdién/ 名 C 喜劇女優;女性のコメディアン(♦ 現在は女性にも comedian を使うのがふつう)

come·down /kʌ́mdàun/ 名 C《通例単数形で》《口》❶(地位・名誉などの)失墜, 落ちぶれ, 転落 ❷ 期待外れ, 失望 ❸ 麻薬が切れること[切れた状態]

com·e·dy /kɑ́(ː)mədi | kɔ́m-/ 名〔▶ comic 形〕(複 **-dies** /-z/) ❶ U(映画・演劇などの一部門としての)喜劇, コメディー;C(一編の)喜劇, コメディー(↔ tragedy)(→ situation comedy) ‖ a slapstick ~ どたばた喜劇 / a musical ~ 喜歌劇 ❷ U(人生などの)喜劇的要素, 喜劇性;C(人生の一場面・事件としての)喜劇的な出来事 ‖ There's not much ~ in modern life. 現代生活にはあまり喜劇的な要素がない

▸▸ **~ of mánners** 名 C(複 **-dies of m-**)風俗喜劇《社交界の風俗などを風刺的に描く演劇[小説, 映画]》

còme-híther 形《限定》《口》(女の眼差しなどが)(こちらにいらっしゃいと)誘惑するような, こびた

come·ly /kʌ́mli/ 形《古》《文》《戯》(特に女性が)美しい, 見目麗しい **-li·ness** 名

cóme-òn 名 C《通例単数形で》《口》誘惑(するような眼差し[しぐさ]);(客寄せの)おとり商品

com·er /kʌ́mər/ 名 C ❶《複合語で》来る人(→ latecomer, newcomer) ‖ the first ~ 先着者 / open to all ~s 飛び入り自由 ❷《米口》将来有望な人[もの]

co·mes·ti·ble /kəméstəbl/ 名 C《通例 ~s》《堅》《戯》食料品, 食物 —形 食べられる

com·et /kɑ́(ː)mɪt | kɔ́m-/ 名 C【天】彗星(すいせい), ほうき星 ‖ Halley's *Comet* ハレー彗星 **~·ar·y** 形
語源「髪の毛の長い(星)」の意のギリシャ語 *komētēs* から.

come·up·pance /kʌ̀mʌ́pəns/ 名 C《通例単数形で》《口》当然の報い, 天罰

com·fit /kʌ́mfɪt/ 名 C《旧》コンフィット, 砂糖菓子

‡com·fort /kʌ́mfərt/《発音・アクセント注意》
中心義 心の安らぎ(をもたらすもの[人])
—名〔▶ comfortable 形〕(複 **~s** /-s/) ❶ U **快適さ**, 満足, 心地よさ(↔ discomfort) ‖ These clothes are designed for ~ and style. これらの服は着心地とスタイルの両面を考えてデザインされている / She looked after the ~ of her guests. 彼女は客が快適でいられるよう気を配った / live in ~ 気まま[快適]に暮らす
❷ U **慰め**, 安らぎ, 安心(→ cold comfort) ‖ I spoke a few words of ~ to him. 私は彼に二言三言慰めの言葉をかけた / I have found great ~ in your letter. あなたのお手紙にはずいぶん慰められました / bring [OR give] him ~ 彼に慰みを与える / **take** [OR draw, derive] ~ from ... …から慰めを得る
❸ C《通例 ~s》生活を快適にするもの(→ creature comforts) ‖ We stayed in a first class hotel with all the modern ~*s*. 私たちはあらゆる現代風の快適な設備が備わった最高級のホテルに泊まった / the ~*s* of civilization 生活を快適にする文明の利器
❹ C《通例単数形で》慰めとなるもの[人], 満足感を与えるもの ‖ A letter from him was a great ~ to her while she was in hospital. 入院中彼女には彼からの手紙が大きな慰めだった / It's a ~ to be able to speak to you. お話できてうれしく思います
❺ C《米・方》キルト地のベッドカバー
tòo clòse for cómfort (距離的・量的に)接近しすぎて気になって, 恐怖[不安]に陥って ‖ The car came a little *too close for* ~. その車は危険を感じるほど近寄ってきた
—動(**~s** /-s/; **~·ed** /-ɪd/; **~·ing**) 他 ❶ …を慰める;…を安心させる, 元気づける ‖ I tried to ~ her about her father's death. 父親を亡くした彼女を慰めようとした
❷〔身体など〕を心地よくする, 楽にする;…の痛みを和らげる
語源 *com-* completely+*-fort* strong:非常に強くて満足を与えてくれるもの
▸▸ **~ fòod** 名 C U コンフォートフード, 家庭の味《家庭で手作りした栄養価が高く精神的にも安らぎを得られるような食べ物》 **~ stàtion** 名 C《米》《婉曲的》公衆便所(《英》convenience)

‡com·fort·a·ble /kʌ́mfərṭəbl | -fət-/《発音・アクセント注意》
—形〔◁ comfort 名〕(**more ~; most ~**)
❶(衣服・家具などが)**快適な**, 心地よい;(人に)安らぎを与える;(人が)気が置けない(↔ uncomfortable) ‖ This chair is ~ to sit on. このいすは座り心地がいい / a quite ~ bed 寝心地のとてもよいベッド / a ~ sleep 安眠 / He is a ~ person to be with. 彼は気楽に付き合える人物だ
❷《通例叙述》(人が)**心地よく感じる**, 苦痛[苦労, 心配]のない, 気楽な, リラックスした ‖ Please take off your jacket and be ~. どうぞ上着を脱いでくつろいでください / Please make yourself ~. どうぞお楽に / **We feel ~ with** our own dialect. 自分のお国言葉は落ち着く
❸(収入などが)十分な;(人が)何不自由ない, 暮らし向きが楽な ‖ I don't have much money but I'm ~. お金はあまりないが暮らし向きはまあまあだ
❹(競技・選挙などで)(点差などが)十分開いた, 楽な ‖ The first runner had a ~ lead over [OR on] the others. 第1走者はほかの走者を大きくリードした / a ~ win 楽勝
~·ness 名

***com·fort·a·bly** /kʌ́mfərṭəbli | -fət-/ 副 ❶ 快適に, 安楽に, くつろいで, ゆったりとして;何不自由なく ‖ I want to live ~ in the wilderness. 自然の中でゆったりと暮らしたい ❷ 楽々と, 悠々と ‖ He got a van that holds eight people ~. 彼は8人が楽に乗れるバンを買った / We will ~ finish on time. 悠々時間どおりに終わるだろう
be còmfortably óff 暮らし向きが楽である(♥「rich という

ほどではないが暮らしには不自由していない」の意)

com·fort·er /kʌ́mfərṭər/ 名 C ❶ 慰める人[もの]；《the C-》聖霊(the Holy Spirit) ❷《米・カナダ》キルトの掛け布団 ❸《旧》(ウールの)スカーフ ❹《英》(赤ん坊用の)乳首, おしゃぶり(《米》pacifier)

***com·fort·ing** /kʌ́mfərṭɪŋ/ 形 慰めになる **~·ly** 副

com·frey /kʌ́mfri/ 名 C 〖植〗コンフリー《ムラサキ科の薬草の一種》

com·fy /kʌ́mfi/ 形《口》=comfortable

***com·ic** /kɑ́(:)mɪk | kɔ́m-/ 形〔◁ comedy 名〕❶《限定》喜劇の(↔ tragic) ‖ a ~ actor 喜劇俳優 ❷ 喜劇的な, 滑稽(こっけい)な ‖ a ~ character ひょうきん者

—名 C ❶ 喜劇役者[作家](comedian)；滑稽な人[もの] ❷(=~ **bòok**)漫画本[雑誌] ❸(=~ **strìp**)《the ~s》《米》(新聞の)漫画欄

▸▸ ~ **ópera** 名 C 喜歌劇 ~ **relíef** 名 U (劇中の)喜劇的挿話《話の展開の緊張を一時的にほぐすために挿入される場面》

com·i·cal /kɑ́(:)mɪkəl | kɔ́m-/ 形 滑稽な, おかしな

còm·i·cál·i·ty 名 **~·ly** 副

***com·ing** /kʌ́mɪŋ/ 名 ❶ C《単数形で》到来, 接近, 出現, 来訪 ‖ Thanks to migratory birds, we can recognize the ~ of a new season. 渡り鳥によって私たちは新しい季節の到来を知ることができる / with the ~ of computers コンピューターの出現とともに / ~ of age 成人年齢, 成人になったこと ❷《the C-》キリストの再臨

còmings and góings ① (人の)往来, 出入り ② 出来事, 事件

—形《限定》❶ 近づいている, 次の ‖ Animals' strange behavior might warn us of a ~ earthquake. 動物たちの奇妙な行動は地震が近いことの警告かもしれない / the ~ population crisis 来たるべき人口危機 ❷ 前途有望な, 新進の ‖ a ~ kabuki actor 目下売り出し中の歌舞伎俳優

cóming òut, cóming-òut 名 (複 **comings out** OR **coming outs** OR **coming-outs**) C U ❶ (国際) 社会へのデビュー ‖ a ~ party デビューお披露目パーティー ❷ カミングアウト《同性愛者であることの公表》

Com·in·tern /kɑ́(:)məntə̀ːrn | kɔ́mɪn-/ 名《the ~》コミンテルン, 共産主義インターナショナル, 第三インターナショナル《the Third International. 1919–43》(♦ *Com*munist *Intern*ational の略)

com·i·ty /kɑ́(:)məṭi | kɔ́m-/ 名 (複 **-ties** /-tɪz/) ❶ U 礼儀, 礼譲 ❷ C (相互利益のための国際間などの)協定

▸▸ ~ **of nátions** 名《the ~》国際礼譲《各国間で互いに相手の法律・慣習を尊重し合うこと》

comm. 略 commission；committee

com·ma /kɑ́(:)mə | kɔ́mə/ 名 C ❶ コンマ, 読点《,》(→ inverted comma) ❷〖楽〗コンマ, 微小音程 ❸〖虫〗コンマチョウ《タテハチョウの一種》

‡**com·mand** /kəmǽnd | -mɑ́ːnd/ 動 名

> 動 他 命令する❶ 指揮する❷ 自在に操る❻
> 名 命令❶ 支配(力)❷

—動 (**~s** /-z/；**~·ed** /-ɪd/；**~·ing**)

—他 ❶ **命令する**(⇨ ORDER 類語) **a** 《+目》(権限を持って)…を命令する ‖ The chairman ~*ed* silence. 議長は静粛にと命じた **b** 《+目+**to *do***》〔人〕に…するよう命じる ‖ The officer ~*ed* the soldier *to* leave the room. その将校は兵士に部屋から出て行くように命じた **c** 《+**that** 節》…と命じる ‖ He ~*ed that* the hostages be [《主に英》should be] set free. 彼は人質を釈放するように命じた / "Bail out the boat," he ~*ed*. 「ボートから水をかき出せ」と彼は命令した

❷〔軍隊など〕を**指揮する** ‖ He ~*ed* the UN troops in Angola. 彼はアンゴラで国連軍を指揮した

❸《受身形・進行形不可》…を支配する, 制する ‖ The party ~*s* a majority in the Diet. その党は議会で多数を制している / ~ the sea [air] 制海[空]権を握る

❹《受身形・進行形不可》(場所が)〔景色〕を見渡せる, …ににらみをきかせる ‖ The hill ~*s* a fine view. その丘からの見晴らしは素晴らしい / The fort ~*s* the inlet. そのとりでは入江ににらみをきかせている

❺《受身形・進行形不可》〔同情・尊敬など〕を集める, …に値する；(品物が) …の値で売れる；(人が) …を稼げる ‖ His impartiality ~*ed* respect. 彼の公平さは尊敬を集めた / Oil ~*s* a high price now. 石油は現在高値をつけている / ~ her attention 彼女の注意を引く

❻ …を**自在に操る**；…を思いのままにできる ‖ She ~*s* a large vocabulary [sum of money]. 彼女は豊富な語彙(ごい)[大金]を意のままに使える

❼《古》〔感情など〕を抑制する ‖ ~ oneself 自制する

—自 命令する, 指揮する；支配する ‖ Who ~*s* here? この指揮官はだれだ

—名 (複 **~s** /-z/) ❶ C 〈…せよという〉**命令**, 指図〈**to *do*** / **that** 節〉‖ at the word of ~ 〖軍〗(発射・前進などの)号令で, 号令がかかると / give a ~ *to* attack 攻撃命令を下す / He issued a ~ *that* no cars were allowed on Sundays. 彼は日曜日は車両通行止めであるという指示を出した

❷ U **支配(力)**, 指揮(権)；C〖軍〗司令部；管轄区域；C 指揮[管轄]下の部隊；(独立)戦闘隊 ‖ get the ~ of the sea 海上を制覇する / an officer in ~ 指揮官 / a ~ structure 指揮系統 / the High [OR Supreme] *Command* 最高司令部 / the Fighter *Command* 戦闘機隊

❸ U/C《単数形で》(外国語などを)自由に使える能力, 駆使(力)；(感情などの)抑制(力) ‖ She has a good ~ of Japanese. 彼女は日本語を自在に使いこなせる / have no ~ over oneself 自分で自分がどうにもならない

❹ C 💻 コマンド, 命令 ‖ a ~ line (interface) コマンド行インターフェース, コマンド入力画面

at a pèrson's commánd (人の)自由[言いなり]に, 自由に使えて ‖ I am *at* your ~. おっしゃるとおりにします

****in commánd of ...*** …を指揮して, 支配下に治めて

tàke [OR ***hàve***] ***commánd of ...*** …を指揮する

under a pèrson's commánd ; ***under the commànd of a pérson*** (人の)指揮下に[で]

▸▸ ~ **ecónomy** 名 C =planned economy ~ **intèrpreter** 名 C 💻 コマンドインタープリタ(shell)《キーボードから入力されたコマンドを解釈し, OSに実行させるプログラム》 ~ **lànguage** 名 U 💻 コマンド言語《OSが実行できるコマンドの集合》 ~ **mòdule** 名 C 〖宇宙〗(宇宙船の)指令船《略 CM》 ~ **pàper** 名 C《英》(国王の命令で議会に提出される) 勅令書 ~ **perfórmance** 名 C《通例単数形で》《英》御前演奏[上演] ~ **pòst** 名 C (軍の)戦闘指令所, 指令本部

com·man·dant /kɑ́(:)məndæ̀nt | kɔ́m-/ 名 C (要塞(ようさい)などの)司令官；〖米軍〗(軍の学校の)校長

com·man·deer /kɑ̀(:)məndíər | kɔ̀m-/ 動 他 ❶ (軍用・公用に)…を徴発する ❷ …を強奪[略奪]する

***com·mand·er** /kəmǽndər | -mɑ́ːnd-/ 名 C ❶ 指揮者, 指導者；(軍隊の) 指揮官, 指令官 ❷〖海軍〗中佐《captain(大佐)の下, lieutenant commander(少佐)の上. 略 CDR., Cdr., Cmd., Cmdr., com., Com., Comdr.》❸《英》(ロンドン警視庁の) 警視長 ❹《英》上級勲爵士(knight commander)

~·ship 名 U commander の地位[職]

▸▸ ~ **in chíef** 名 (複 **~s in c-**) C (1国の) 最高司令官；(軍の)総司令官《略 C. in C.》

***com·mand·ing** /kəmǽndɪŋ | -mɑ́ːnd-/ 形《通例限定》❶ 命令的な, 支配力を持つ；(人・容貌(ようぼう)などが)威厳のある, 堂々とした, 際立った ❷ (丘などが)見晴らしのきく

▸▸ ~ **ófficer** 名 C (部隊の)指揮官

com·mand·ment /kəmǽndmənt | -mɑ́ːnd-/ 名 C ❶

神の命令, 掟；モーセの十戒の1つ ‖ the Ten *Commandments* (モーセの)十戒 ❷《戯》命令, 指令

com·man·do /kəmǽndoʊ | -mάːn-/ 名 (複 ~s, ~es /-z/) Ⓒ 奇襲部隊(員), コマンド
go commándo 《口》《戯》下着をつけない

comme il faut /kʌ̀m iːl fóʊ | kɔ̀m-/ 形 《叙述》 副 《フランス》(=as it should be)儀礼にかなった[て], しかるべき[く]

com·mem·o·rate /kəmémərèɪt/ 動 他 ❶ (儀式·祭典などを行って)…を記念する, 祝う ‖ We ~*d* the 50th anniversary of our school. 私たちは我が校の創立50周年を祝った ❷ (物·祭日·行事が)…の記念となる, …を追悼する ‖ a monument *commemorating* the war dead 戦没者を追悼する記念碑

com·mem·o·ra·tion /kəmèməréɪʃən/ 名 ❶ Ⓤ 記念 ‖ in ~ of ... …を記念して ❷ Ⓒ 記念の式典

com·mem·o·ra·tive /kəmémərəṭɪv/ 形 記念の, 記念する —名 Ⓒ 記念品, 記念切手[貨幣](commemorative stamp [coin])

com·mence /kəméns/ 動 〔▶ commencement 名〕 他 ❶ …を開始する, 始める (⇨ BEGIN 類語) ‖ ~ a ceremony 式典を開始する ❷ 《+*doing* / *to do*》…し始める ‖ ~ studying law=~ *to* study law 法律の勉強を始める
—自 〈…で〉始まる〈**with**〉‖ The ceremony ~*d with* his opening address. 式典は彼の開会の辞で始まった

com·mence·ment /kəménsmənt/ 名 〔◁ commence 動〕 Ⓤ/Ⓒ 《通例単数形で》 ❶ 《堅》開始, 始まり(の時) ‖ the ~ of a game 試合開始 ❷ 《米》(大学·高校の)学位授与式(の日), 卒業式(の日) ‖ ~ ceremonies 卒業式の式典

com·mend /kəménd/ 動 他 ❶ …を〈…のことで〉賞賛する, 褒める(praise)〈**for, on**〉‖ They ~*ed* the soldier *for* his bravery. 彼らはその兵士の勇敢さを褒めたたえた / The book doesn't have much to ~ it. その本は大して推奨に値しない ❷ …を〈…に〉推薦する, 推挙する〈**to**〉(♦ この意味では recommend の方がふつう) ❸ 《~ one-self で》〈…に〉よい印象を与える, 受け入れられる, 気に入られる〈**to**〉‖ This plan is unlikely to ~ itself *to* them. この計画は彼らに受け入れられそうもない ❹ 《文》…を〈…に〉ゆだねる, 託する, 任せる〈**to**〉‖ She ~*ed* the child *to* her aunt's care. 彼女はその子をおばに託した

com·mend·a·ble /kəméndəbl/ 形 賞賛されるべき, 立派な, 感心するほどの **-bly** 副

com·men·da·tion /kὰ(ː)məndéɪʃən | kɔ̀m-/ 名 ❶ Ⓤ Ⓒ 賞賛(praise)；推奨, 推薦 ❷ Ⓒ 賞(品)

com·mend·a·to·ry /kəméndətɔ̀ːri | -təri/ 形 《古》賞賛の；推奨の

com·men·su·ra·ble /kəménsərəbl | -ʃə-/ 形 ❶ 同じ基準で計量できる；〖数〗(数が)公約数のある ❷ 《叙述》《堅》比例した, 釣り合った **-bly** 副

com·men·su·rate /kəménsərət | -ʃə-/ 形 ❶ 〈…に〉比例した, 釣り合った〈**with**〉 ❷ 〈…と〉同じ空間[時間]にわたる, 同延の, (大きさ·時間などが)〈…と〉等しい〈**with**〉 ❸ =commensurable ❶ **~·ly** 副

com·ment /kά(ː)ment | kɔ́m-/
—名 (複 **~s** /-s/) ❶ Ⓒ Ⓤ **論評**, 見解, 評言, コメント, 批評；批判〈**on, about** …についての；**that** 節 …という〉‖ Does anyone have any ~*s*? 何か意見のある人はいますか / His statement **received** much ~ in the newspapers. 彼の発言は新聞紙上であれこれ批評を受けた / The number of dropouts is a ~ *on* the quality of our education. 中途退学者の数が我が国の教育の質を物語っている / No ~! 何も申し上げることはありません, ノーコメント / **make** a ~ *on* ... …について意見を述べる / be fair ~ 《英》もっともな論評[意見]である / a ~ box ご意見箱
❷ Ⓤ うわさ話, ゴシップ ‖ Their divorce aroused much ~ in the town. 彼らの離婚は町中のうわさになった ❸ Ⓒ (書物の)注釈, 注解, 解説 ❹ Ⓒ 🖳 コメント《プログラム上にプログラマーがメモとして書き添えた説明書き》

COMMUNICATIVE EXPRESSIONS

[1] **Have you gòt any cómments on** the nèw currículum? 新しいカリキュラムについて何かご意見はありますか(♥ 意見を尋ねる形式ばった表現. =What is your reaction to ...?/↘What do you think about ...?)

—動 (**~s** /-s/；**~·ed** /-ɪd/；**~·ing**)
—自 〈…について〉**論評する**, 批評する, 意見を述べる, コメントする〈**on, upon, about**〉‖ He declined to ~ further (*on* the issue). 彼は(その問題について)それ以上論評するのを避けた
—他 ❶ 《+**that** 節》…と論評する, 意見を述べる ‖ He ~*ed that* students don't seem to study as hard as they used to. 彼は学生たちが以前ほど熱心に勉強していないようだという意見を述べた(♦ that は省略できない) / "This dress is more becoming," she ~*ed*. 「このドレスの方が似合いますよ」と彼女は意見を言った ❷ 🖳 [プログラム]にコメントを書き添える；…をコメント扱いにする《**out**》

COMMUNICATIVE EXPRESSIONS

[2] **Can** [OR **May**] **I just cómment on** the fìnancial situátion? 財政状況について一言いいですか(♥ 発言を申し出る切り出し文句)

[3] **I'm afráid I càn't cómment on thàt rìght nów.** すみませんが, 今そのことについてコメントすることはできません(♥ 意見を述べることを避けるときに用いるやや形式ばった表現. ↘No comment. /↘I'd rather not say anything about that now. /↘《口》Can't say.)

***com·men·tar·y** /kά(ː)məntèri | kɔ́məntəri/ 名 (複 **-tar·ies** /-z/) ❶ Ⓤ Ⓒ (テレビ·ラジオの)〈…の〉実況放送, 解説〈**on**〉‖ give a live ~ *on* a baseball game 野球の試合の実況生中継を行う / a ~ box (実況中継の)放送室 ❷ Ⓒ 〈…の〉(一連の)注釈, 解説；注釈書, 解説書〈**on**〉；Ⓤ Ⓒ 論評, 批評 ‖ a ~ *on* the Bible 聖書の注釈(書) ❸ Ⓒ 〈…の〉実情を示すもの〈**on**〉‖ The high divorce rate is a sad ~ *on* our society. 高い離婚率が我々の社会の悲しい実情を示している ❹ Ⓒ 《通例 -taries》〈…の〉実録〈**on**〉‖ Caesar's *Commentaries on the Gallic War* シーザーのガリア戦記
a rùnning cómmentary ① (テレビ·ラジオの)〈…の〉実況中継, 同時解説〈**on**〉 ② 際限のない〈…の〉解説〈**on**〉

com·men·tate /kά(ː)məntèɪt | kɔ́m-/ 動 自 〈…の〉注釈をする；解説をする；実況放送する〈**on**〉

***com·men·ta·tor** /kά(ː)məntèɪṭər | kɔ́m-/ 名 Ⓒ ❶ (放送などで)(時事問題やスポーツなどの)解説者, コメンテーター ❷ (テレビ·ラジオの)実況放送者[アナウンサー] ❸ (書物·音楽などの)注釈者

***com·merce** /kά(ː)mərs | kɔ́məːs/ 《アクセント注意》 名 〔▶ commercial 形〕 Ⓤ ❶ 商業；通商, 貿易 ‖ ~ and industry 商工業 / a Chamber of *Commerce* 商工会議所 / domestic [foreign] ~ 国内[外国]貿易 / the Department of *Commerce* 《米》商務省《日本の経済産業省に相当》 ❷ 《旧》交流, 交際 ❸ 《旧》性交渉

:com·mer·cial /kəmə́ːrʃəl/
—形 〔◁ commerce 名〕 (**more ~**；**most ~**) (♦ ❶ ❹ ❺ は比較なし)
❶ 《通例限定》**商業(上)の**, 通商の, 貿易の, 商売(用)の ‖ a ~ firm 商事会社, 商社 / a ~ correspondence 商業通信(文) / ~ law 商法 / a ~ treaty 通商条約
❷ 《通例限定》営利的な, 利益を生む, 採算のとれる；営業用の, 市販の, 大量生産された ‖ The movie was a ~ success. その映画は興業的に成功した / This book is not **purely** ~. この本は純粋に商業目的で書かれたものではない / a ~ enterprise 営利事業 / a ~ value (利益が見込める[採算がとれる]) 商業的な価値 / ~ products 市販用製品 / manufacture ~ toys 大量販売を見込んだおもちゃを製造する

C

❸ 利潤優先の，もうけ主義の ‖ His later works have become too ～. 彼のそれ以後の作品はあまりにももうけ主義になっている
❹ (化学物質が) 純度が低い，工業用の ❺ (放送が) 民間の，スポンサー付きの ‖ ～ television 民放テレビ
━名 (複 ～s /-z/) Ⓒ (テレビ・ラジオの) **コマーシャル**，広告放送 ‖ run a TV [OR television] ～ for a new product 新製品のテレビコマーシャルを出す
～·ly 副 商業[通商]上，商業[営利]的に，大量販売で
▶▶ **～ árt** 名 Ⓤ 商業美術 **～ bánk** 名 Ⓒ 商業[市中]銀行 **～ brèak** 名 Ⓒ (テレビ・ラジオの) コマーシャルのための番組中断 **～ pàper** 名 Ⓒ Ⓤ 商業手形，約束手形 《略 CP》 **～ tráveller** 名 Ⓒ 《英》《旧》販売外交員，セールスマン (traveling salesman) **～ véhicle** 名 Ⓒ 商用運搬車 《料金をとって人や荷物を運ぶ車両》

com·mér·cial·ìsm /-ìzm/ 名 Ⓤ 商業主義；営利本位(主義)

com·mer·cial·ize /kəmə́ːrʃəlàɪz/ 動 他 …を商業化[商品化]する；…を営利の目的にする，…でもうける (♦しばしば受身形で用いる) ‖ ～ Christmas クリスマスを営利の具にする **com·mèr·cial·i·zá·tion** 名

com·mi·na·tion /kà(ː)mɪnéɪʃən | kɔ̀m-/ 名 Ⓤ (神罰の) 威嚇(いかく) (denunciation)，脅し；呪(のろ)い

com·min·gle /kəmíŋgl | kə-/ 動 《文》 他 …を〈…と〉混ぜ合わせる〈**with**〉 ━自 混じり合う

com·mis·er·ate /kəmízərèɪt/ 動 自 〈…に〉同情する，〈…を〉哀れむ〈**with**〉 **-à·tive** /英 -ə-/ 形

com·mis·er·a·tion /kəmìzəréɪʃən/ 名 Ⓤ Ⓒ 哀れみ，同情；哀れみ[同情]の言葉

com·mis·sar /ká(ː)məsɑ̀ːr | kɔ̀mɪsɑ́ː/ 名 Ⓒ (旧ソ連の) 人民委員 《他国の大臣・長官に相当. 1946年以降 minister と改称》

com·mis·sar·i·at /kà(ː)məséəriət | kɔ̀mɪ-/ 名 ❶ Ⓤ 補給物資[食糧] ❷ Ⓒ 《主に軍》兵站(へいたん)部 ❸ Ⓒ (旧ソ連の) 人民委員会 《1946年以降 ministry と改称》

com·mis·sar·y /ká(ː)məsèri | kɔ́mɪsəri/ 名 (複 **-sar·ies** /-z/) Ⓒ ❶ 《米》(軍基地などの) 売店；(映画・テレビスタジオなどの) 食堂 ❷ 代理(人) (delegate)；司教代理

:com·mis·sion /kəmíʃən/
━名 〔◁ commit 動〕 (複 ～s /-z/) ❶ 《しばしば C-》 Ⓒ 《集合的に》《単数・複数扱い》 (♦《米》では通例単数扱い. 《英》では全体を一つの集団と見る場合単数扱い，個々の委員に重点を置く場合複数扱い) **委員会** ‖ the Atomic Energy *Commission* 《米》原子力委員会 / The President 「set up [OR established] a ～ 「**on** alcohol abuse [to work out a reform]. 大統領はアルコール乱用に関する[改革案作成の]委員会を組織した
❷ Ⓤ 業務委託[代理]；Ⓤ Ⓒ 〈…に対する〉**代理手数料**，歩合〈**on**〉 ‖ ～ sale 委託販売 / a ～ agent 委託仲買人 / She got a ～ of 10 percent *on* all the sales made. 彼女は総売り上げの1割を手数料として得た
❸ Ⓒ 依頼された仕事；(特に画家・音楽家などに対する) 作品の依頼，注文 ‖ He carried out the ～ to paint her portrait. 彼は依頼された彼女の肖像画を描き上げた
❹ Ⓤ (権限・任務などの) **委任**，委託 ‖ ～ of full power 全権委任 ❺ Ⓒ Ⓤ (委任を受けた) 権限，職権；任務 ‖ You must not go beyond your ～. 自分の職権以上のことをしてはならない / He carried out his ～ successfully. 彼は自分の任務を立派に果たした ❻ 《軍》 Ⓒ 将校の任命辞令；Ⓤ (任命された) 地位 [権限] ‖ receive [resign] one's ～ 将校に任官する [を退官する] ❼ Ⓤ 〈犯罪などを〉犯すこと〈**of**〉 ‖ the ～ *of* 「a crime [an error] 罪[過ち]を犯すこと
in commission ① (車・機械などが) 現在使用中で，使用可能で；(軍艦が) 就役中で (↔ *out of commission*) ② (人が) 委託を受けて
on commission 歩合制で；委託を受けて ‖ We sell goods *on* ～. 当社は品物の委託販売をしております
òut of commission ① (車・機械などが) 現在故障中で，使用不能で；(軍艦が) 退役した (↔ *in commission*) ② (人が) 病気で，けがをした
━動 (～s /-z/；～ed /-d/；～·ing) 他 ❶ a 《+目》〔任務・仕事など〕を委託する，委嘱する；〔作品など〕を依頼する，注文する ‖ The government ～*ed* a 「**report** on [study of] the problem. 政府はその問題についての報告[調査]を委嘱した / a specially ～*ed* painting by a well-known artist 著名な画家に特別に依頼して制作してもらった絵画 b 《+目+**to** *do*》〔人〕に…するよう依頼[注文]する ‖ We ～*ed* a famous architect *to* design our beach house. 我々はある有名な建築家にビーチハウスを設計するように依頼した ❷ 《通例受身形で》〈…の位で〉将校に任命される〈**as**〉 ❸ 〔軍艦など〕を就役させる；〔新しい機械・設備など〕を作動[稼動]させる
▶▶ **～ed ófficer** 名 Ⓒ 士官，将校 (→ noncommissioned officer)

com·mis·sion·aire /kəmìʃənéər/ 名 Ⓒ 《主に英》(ホテル・劇場などの) (制服の) 守衛

***com·mis·sion·er** /kəmíʃənər/ 名 Ⓒ ❶ 《しばしば C-》 (政府などの任命による) (委員会の) 委員，理事 ‖ EU *Commissioners* in Brussels ブリュッセルのEU委員 ❷ (官庁の) 長官，局長 ‖ a police ～ 《米》(都市の) 警察部長 / the *Commissioner* of the Metropolitan Police 《英》ロンドン警視総監 ❸ 地方行政官，弁務官 ‖ High *Commissioner* 高等弁務官 ❹ 《米》(プロ野球などの) コミッショナー (最高責任機関[者])
▶▶ **～ for óaths** 名 (複 **～s f- o-**) Ⓒ 《英》《法》宣誓管理官

com·mis·sure /ká(ː)məʃʊ̀ər | kɔ́mɪsjʊ̀ə/ 名 Ⓒ 《解》(神経の) 横連合；(骨の) 接合部；(まぶた・唇などの) 合わせ目

:com·mit /kəmít/ 中心義 **責任を負わせる** (★責任を負わせる対象が話し手自身の場合もある)
━動 〔▶ commission 名，commitment 名〕 (～s /-s/；**-mit·ted** /-ɪd/；**-mit·ting**)
━他 ❶ 〔犯罪・過失など〕を**犯す**，行う ‖ ～ 「a murder [an **offence**, a **crime**] 殺人 [犯罪] を犯す / ～ **suicide** 自殺する / ～ an error 過ちを犯す / *Commit* no nuisance. 《掲示》小便をする [ごみを捨てる] べからず (♦「迷惑になることをするな」の意より)
❷ …に〈…する〉義務[責任]を負わせる，余儀なく〈…を〉させる〈**to**〉 (♦ to の目的語はしばしば *doing*) ‖ The agreement *committed* the government *to* arms reduction. その協定によって政府は軍備削減の義務を負うことになった / The contract *committed* me *to* appearing on the TV program. 契約によってそのテレビ番組に出ざるを得なかった
❸ 《～ oneself または受身形で》**言質**(げんち)**を与える**，堅く約束する〈**to** …の / **to** *do*, **to** *doing* …すると〉 ‖ We are *committed to* doing our duty. 我々は任務を遂行いたします / ～ oneself *to* a promise 必ず約束を守ると誓う / ～ oneself *to* go [OR going] はっきり行くと約束する
❹ 《～ oneself または受身形で》〈…に関して〉態度[意見]を明らかにする〈**on**〉；献身する，忠誠[忠節を守ること]を誓う〈**to** …に / **to** *doing* …することに〉；〈…に〉深くかかわる，加担する〈**to**〉 ‖ He refused to ～ himself *on* the decision. 彼はその決定について意見を表明することを拒んだ / ～ oneself *to* working for peace 平和のために働くことに献身する / be fully *committed to* one's work 自分の仕事に打ち込んでいる / ～ oneself *to* marriage 結婚することをはっきり決める
❺ 〔金・時間・人など〕を〈…に〉出す(と言う)〈**to**〉 ‖ Japan is required to ～ more money *to* this project. 日本はこの計画にさらに多くの金を支出するよう求められている / ～ the troops *to* battle 部隊を戦闘に投入する
❻ (保護・保管などのために) …を〈…に〉**委託する**，ゆだねる，任せる〈**to**〉 ‖ The boy was *committed to* (the care of) his uncle. その少年はおじに預けられた

❼ (保存・処理などのために)…を〈…に〉任せる, 託す〈to〉‖ I pored over the letter and *committed* it *to* memory. 私はその手紙をじっくり読んで頭に入れた / ～ one's promises *to* paper 約束を紙に書き留める / ～ a body *to* the earth [waves] 遺体を土葬[水葬]に付す ❽ …を〈…に〉収容[収監]する〈to〉(♦ しばしば受身形で用いる) ; [人]を〈裁判に〉かける〈for〉‖ ～ him *to* prison [a mental hospital] 彼を収監する[精神科病院に収容する] / She was *committed for* trial. 彼女は裁判にかけられた ❾ [議案]を〈委員会などに〉付託する〈to〉

━自〈…に〉忠節を誓う, 深くかかわる〈to〉

COMMUNICATIVE EXPRESSIONS

1 **I'd ràther nòt commít myself on** the íssue. その問題については意見を控えたいと思います (♥ 意見を述べることを避けるときに用いる形式ばった表現. ↘I'd rather not say anything about it. / ↘No comment.)

com·mit·ment /kəmítmənt/

━名 〔◁ commit 動〕(複 **～s** /-s/) ❶ C U (固い) **約束**, 公約, しなければいけないこと, 責任〈**to** …の / **to** *do*, **to** *doing* …するという〉‖ I **made** a ～ *to* pay off all my debts. 私は借金を全額払うと約束した / I have other ～*s*, so I can't meet you. ほかにやらなければならないことがあるので君に会えない

❷ C 〈…への〉**かかわり**, 関与 ; U 〈主義などへの〉献身, 傾倒〈to〉‖ He **has** a strong ～ *to* the movement. 彼はその運動に深くかかわっている ❸ U C (令状による) (刑務所・病院への)収容, 拘留 ❹ U C (金・時間・人などの) 投入, 充当 ❺ U 委託 ; (議案の)委員会付託

com·mit·tal /kəmíṭəl/ 名 U ❶ (刑務所・病院への) 収容, 拘留 ❷ 埋葬

com·mít·ted /-ɪd/ 形《限定》献身的な, 熱心な

com·mit·tee /kəmíṭi/

━名 (複 **～s** /-z/) C ❶《集合的に》《単数・複数扱い》〈…に関する〉**委員会**〈**on**〉; (全)委員 ; 《C-》(全院委員会に移行した) 下院 ‖ The ～ meets ⌈every week [at ten]. 委員会は毎週[10時に] 開かれる / The ～ are [OR is] divided on this question. 委員会 (の委員たち) はこの問題で意見が分かれている / The budget must be approved by the full ～. 予算は全会一致で承認されねばならない / hold [attend] a ～ 委員会を開く[に出席する] / a ～ **meeting** [**member**] 委員会の会合 [委員] / a ～ chair 委員長

連語 【形/名+～】 a select ～ (議会の) 特別委員会 / a standing ～ 常任委員会 / a Senate [House] ～ 《米》上 [下] 院の委員会 / ⌈a management [an executive] ～ 運営 [執行] 委員会 / an advisory ～ 諮問委員会

【動+～】 ⌈set up [OR establish] a ～ 委員会を設ける / chair a ～ 委員会で議長を務める

語法 ☆☆ (1)《米》では通例単数扱い. 《英》では全体を一つの集団と見る場合単数扱い, 個々の委員に重点を置く場合複数扱い.

(2) 1人の委員のことは a *committee* member または a member of a *committee* などという.

(3) 日本語では「午後に委員会がある」のように委員会の会議の意味でも用いられるが, 英語では *committee* meeting という.

❷ 〘法〙《英》管財人, 受託人 ; 《主に米》(心神喪失者の) 後見人

commíttee·man /-mən/ 名 (複 **-men** /-mən/) C (委員会の) 委員 ; (米国の選挙区の) 政治指導者 (中立 committee member, member of committee)

commíttee·wòman 名 (複 **-women**)

com·mode /kəmóʊd/ 名 C ❶ 飾りだんす, 整理だんす ❷ おまる ; 《米》《婉曲的》便所, トイレ ❸《米》移動式洗面台《下が戸棚》

com·mod·i·fy /kəmá(ː)dɪfàɪ | -mɔ́dɪ-/ 動 他 〔芸術的・文化的価値のあるもの〕を商品化する

com·mòd·i·fi·cá·tion 名 U ① (スポーツ・文化などを) 商品化すること ② 通貨を商取引や投機の対象とすること

com·mo·di·ous /kəmóʊdiəs/ 形 ❶《堅》(家・部屋が) 広々とした (spacious), (容器などが) ゆったりした ❷《古》便利な, 役に立つ **～·ly** 副

com·mod·i·tize /kəmá(ː)dɪtàɪz | -mɔ́dɪ-/ 動 =commodify **com·mòd·i·ti·zá·tion** 名

***com·mod·i·ty** /kəmá(ː)dəṭi | -mɔ́d-/ 名 (複 **-ties** /-z/) C U ❶ 産物《特に鉱物・農産物》; 商品 ‖ agricultural *commodities* 農産物 / ～ exchanges 商品取引所 / ～ prices 物価 / the ～ [OR *commodities*] market 商品市場 ❷ 有用なもの, 便利なもの ‖ household *commodities* (なべ・かまなどの) 家庭用品

com·mo·dore /ká(ː)mədɔ̀ːr | kɔ́m-/ 名 C ❶〘海軍〙准将《少将と大佐の間》(→ air commodore) ; (小艦隊の) 司令官, 代将 ❷ 提督《艦隊の艦長》❸ (商船隊の) 上席船長 ❹ ヨットクラブの会長 (の敬称)

*****com·mon** /ká(ː)mən | kɔ́m-/

中心義 **(多くの人に)共通の**

━形 (**more ～**, **～·er** ; **most ～**, **～·est**) (♦ ❶❹❻ 以外は比較なし. ⇨ PB 15)

❶ **ふつうの**, ふつうに見られる, よくある, **ありふれた** ; おなじみの (⇨ 類語) ‖ "Suzuki" is one of the ～*est* Japanese family names. 「鈴木」は日本でいちばんよくある名字の1つだ / It is very [OR quite] ～ for Japanese businessmen to exchange (name) cards. 日本のビジネスマンが名刺を交換するのはよくあることだ (♦ ×It is very common that ... とはできない) / a ～ flower ありふれた草花 / a ～ experience だれでもするような経験

❷《通例限定》〈…に〉**共通の**, 共有の, 共用の〈to〉(⇨ MUTUAL 類語) ‖ This is a problem ～ *to* us all. これは我々全員に共通する問題だ / ～ interests of a group グループの共通の利益 / a ～ language 共通語 / ～ property 共有財産 / have a ～ ancestor [origin] 共通の祖先[起源]を有する / by ～ consent 満場一致で

❸ 一般の, 公共の ‖ ～ nuisances 一般の迷惑, 公害 / a ～ road 公道

❹《通例限定》一般に広く行き [知れ] 渡った ‖ It's a ～ belief that cats always land on their feet. 落とされた猫がいつも足から着地するということは広く知られている

❺《限定》並の, 当たり前の ; 地位[身分]のない, 平(ひら)の, 一般大衆の ‖ a ～ soldier 一兵卒 / the ～ people 庶民

❻ 並以下の ; 下等の ; 卑俗な, 下品な ‖ ～ manners 下品な態度 ❼〘文法〙普通(名詞)の ; (ラテン語・ドイツ語などの性が) 通性の ❽〘数〙共通の, 公約の ❾〘韻〙(音節が) 長短共通の ; 〘楽〙普通拍子の《特に4分の4拍子. 符号 C》

còmmon-or-gárden 《英口》ありきたりの, ごくふつうの (《米口》garden-variety)

━名 (複 **～s** /-z/) C ❶ **共有地**, 公有地 ; 《しばしば ～s》共同牧草地[荒地] ❷ 共同使用権, 入会(いりあい)権 ❸《英俗》=common sense ❹〘宗〙(礼拝の) 一般儀式文, (ミサの) 共通式文[ミサ曲] ❺ 《～s》⇨ COMMONS

****hàve ... in cómmon*** (***with ...***) (…と) **共通して…を持つ** ‖ Do Japanese college students *have* a lot *in* ～ *with* their U.S. counterparts? 日本の大学生はアメリカの大学生と共通したところが多いのですか

òut of the cómmon 並外れた[て], 異常な[に]

～·ness 名

類語 《形 ❶》 **common** 日常よく見聞きしたり起こったりする, ふつうのものに用いる.

average 平均的な, 並のものに用いる.

ordinary 型にはまってごくありふれた, 平凡なものに用いる.

usual いつも見聞きしたり経験したりして, 当たり前になっているものに用いる.

▶▶ **～ cárrier** 名 C ① 運輸[輸送]業者《個人または鉄道・バス・船舶・航空機会社など》② 《米》(電信・電話などの)

C

通信事業者[会社] ~ **chórd** 名C〘楽〙普通和音, 三和音(triad) ~ **cóld** 名《the ~》(流感でない)ふつうの風邪 ~ **cúrrency** 名U〘経〙共通通貨 ~ **décency** 名U 常識的な礼儀(作法);良識 ~ **denóminator** 名C《通例単数形で》①〘数〙公分母 ②共通要素, 共通した特徴 ~ **divísor** [**fáctor**] 名C〘数〙公約数《略 C.D.》‖ the greatest ~ *divisor* 最大公約数《略 G.C.D.》 **Còmmon Éntrance** 名《ときに c- e-》U《英》共通入学試験《public school 入学を希望する学童がふつう13歳で受ける》 **Còmmon Éra** 名《the ~》= Christian Era ~ **fráction** 名C〘数〙常分数 ~ **góod** 名《the ~》公共の利益 ~ **gróund** 名U(社会関係・議論・相互理解などの)共通基盤 ~ **knówledge** 名U 常識, 周知の事実 ~ **lànd** 名U《英》共有地, 公有地(common) ~ **láw** (↓) **Còmmon Márket** 名《the ~》欧州共同市場, 欧州経済共同体(European Economic Community)《EU(European Union)の前身》 ~ **múltiple** 名C〘数〙公倍数《略 C.M.》‖ the least [lowest] ~ *multiple* 最小公倍数《略 L.C.M.》 ~ **nóun** 名C〘文法〙普通名詞 **Còmmon Práyer** 名U〘英国国教会〙公禱(こうとう);《the ~》祈禱(きとう)書(the Book of Common Prayer) ~ **ròom** 名C《主に英》(大学などの)談話室, 休憩室, 控え室 ~ **sénse** (↓) ~ **stóck** 名C《米》通常[普通]株(↔ preferred [OR preference] stock) ~ **tíme** [**méasure**] 名U〘楽〙普通拍子《4分の4拍子. 符号C》 ~ **tóuch** 名《the ~》庶民感覚, 大衆[庶民]性 ~ **yèar** 名C 平年(→ leap year)

com·mon·age /ká(:)mənɪdʒ | kɔ́m-/ 名U ❶(共有地での)放牧権, (牧草地などの)共有(権);共有地 ❷一般庶民(commonalty)

com·mon·al·i·ty /kà(:)mənǽləṭi | kɔ̀m-/ 名(複 **-ties** /-z/) ❶UC 共通の特徴 ❷ = commonalty ❶

com·mon·al·ty /ká(:)mənəlti | kɔ́m-/ 名《the ~》《複数扱い》(上流階級に対して)平民, 庶民

com·mon·er /ká(:)mənər | kɔ́m-/ 名C ❶(貴族に対して)平民 ❷(英国の大学の)自費学生 ❸共有権者

cómmon-làw 形《限定》慣習[普通]法上の, 内縁の

▶▶ ~ **húsband** 名C 内縁の夫 ~ **spóuse** 名C 内縁の配偶者(♦性別を明示する必要がない場合に用いる) ~ **wífe** 名C 内縁の妻

còmmon láw 名U〘法〙❶コモン=ロー, 慣習法(→ equity);判例法, 不文法(↔ statute law) ❷英米法(↔ civil law)

:com·mon·ly /ká(:)mənli | kɔ́m-/

—副 **一般(的)に**, ふつうに, たいていの人々によって ‖ St. Nicholas is ~ called [known as] Santa Claus. 聖ニコラスはふつうサンタクロースと呼ばれて[として知られて]いる / a ~ **used** expression 広く使われている言い回し

***com·mon·place** /ká(:)mənplèɪs | kɔ́m-/ 形 ❶ふつうの, 平凡な, (日常)当たり前の ‖ Space travel will be ~ in the future. 宇宙旅行は将来当たり前のことになるだろう ❷面白みのない, ありふれた ‖ a ~ expression 言い古された表現

—名C ❶《通例単数形で》陳腐な文句, 使い古された語句 ❷ありきたりのこと, 日常茶飯事 ‖ Sadly, juvenile crime has become a ~. 悲しいことに未成年の犯罪は日常茶飯事になっている

▶▶ ~ **bòok** 名C 名句のメモ帳;名句集

com·mons /ká(:)mənz | kɔ́m-/ 名 ❶《the C-》《集合的に》《単数・複数扱い》(英国・カナダの)下院;下院議員;(特に英国で貴族に対して)平民;庶民;平民階級 ‖ the House of *Commons* 《英》下院(の建物) ❷U(特に大学などの)食堂

còmmon·sénse 形 常識に基づく, 常識的な

***còmmon sénse** 名U 常識(的な判断力), 良識, コモンセンス(♦判断力に関する語. 知識に関しては common [OR general] knowledge を用いる) ‖ He always uses [OR exercises] (his) ~ in business. 彼はいつも仕事で常識的な判断をする

***com·mon·wealth** /ká(:)mənwèlθ | kɔ́m-/ 名 ❶《the C-》イギリス連邦, 英連邦(♦ the Commonwealth of Nations ともいう. イギリス・カナダ・オーストラリアなど) ❷《the C-》連邦, 国家;民主国家, 共和国;《集合的に》国民 ‖ the *Commonwealth* of Australia オーストラリア連邦共和国 ❸《the C-》《米》コモンウェルス《アメリカ合衆国の連邦内の独立共和国としての Puerto Rico および the Northern Mariana Islands の呼称》;《通例 the C-》(米国の)州《厳密には Massachusetts, Pennsylvania, Virginia, Kentucky の公式名称》 ❹C(共通の利害を持つ)団体 ❺《the C-》〘英国史〙イギリス共和国《1649–60年の英国の政体》

▶▶ **Cómmonwealth Dày** 名 英連邦記念日《3月の第2月曜日. Empire Day の新しい名称》 **Còmmonwealth of Indepèndent Státes** 名《the ~》独立国家共同体《旧ソ連内の共和国を中心として1991年結成. 略 CIS》

***com·mo·tion** /kəmóʊʃən/ 名U/C《通例単数形で》混乱, 大騒ぎ;騒動, 暴動 ‖ cause [OR create, make, raise] a ~ 騒ぎを起こす

***com·mu·nal** /kəmjúːnəl | kɔ́mju-, kəmjúːnəl/ 形 ❶(共同)社会(community)の ‖ ~ life 社会生活 ❷共有の, 共用の, 公共の ‖ ~ property 共有財産 ❸コミューン(commune)の ❹(人種・宗教・言語などを異にする)共同体間の ‖ ~ violence [tension] 共同体間の暴力沙汰[緊張状態] **~·ly** 副

com·mú·nal·ìsm /英 ⸗⸗⸗⸗/ 名U 共同生活;地方自治主義;(特に人種・宗教上の理由による)(地域)共同体中心主義

com·mune[1] /ká(:)mjuːn | kɔ́m-/ 名C ❶《集合的に》《単数・複数扱い》コミューン, コムーネ《フランス・ベルギー・イタリアなどの最小自治行政区》;地方自治体;(中世代)自治都市 ❷《集合的に》《単数・複数扱い》(共産国の)共同自治体《中国の人民公社など》 ❸《集合的に》《単数・複数扱い》(自由な)生活共同体 ❹《the C-》パリコミューン《1871年3月から5月までパリを支配した革命的自治政権》

com·mune[2] /kəmjúːn/ 動 自 ❶〈…と〉親しく語らう, (霊的に)交わる〈**with**〉‖ ~ *with* nature 自然に親しむ / ~ together 親しく語り合う ❷《米》聖体を拝領する

com·mu·ni·ca·ble /kəmjúːnɪkəbl/ 形(思想などが)伝達可能な;(病気が)伝染性の **-bly** 副

com·mu·ni·cant /kəmjúːnɪkənt/ 名C ❶聖体拝領者 ❷伝達者

:com·mu·ni·cate /kəmjúːnɪkèɪt/《アクセント注意》

—動〔▶ communication 名〕(**~s** /-s/; **-cat·ed** /-ɪd/; **-cat·ing**)

—他 ❶〔情報・意思・感情など〕を〈…に〉**伝達する**;《~ oneself で》(気持ちなどが)〈…に〉伝わる〈**to**〉‖ We'll ~ the results *to* the applicants by mail. 結果については応募者に郵便でお知らせいたします / People ~ their ideas quite easily through computer networks. 人々はコンピューターネットワークでごく簡単に意見交換をしている / Her fear ~*d* itself *to* me. 彼女が怖がっているのが僕にもわかった

❷〈…に〉〔熱・運動〕を伝える;《通例受身形で》(病気が)〈…に〉伝染する, 蔓延(まんえん)する〈**to**〉‖ The AIDS virus was ~*d to* many countries. エイズウイルスは多くの国に広がった

—自 ❶〈…と〉**連絡をとる**, 通信する, 意思を通じ合う〈**with**〉‖ ~ *with* each other by cellphone 互いに携帯電話で連絡を取り合う / use sign language to ~ *with* people with hearing difficulties 耳の不自由な人たちと話をするために手話を使う / ~ **effectively** 効果的に意思疎通する

Behind the Scenes **What we've got here is (a) failure to communicate.** どうも意思の疎通が欠け

ているようだ；こいつには意味が通じない Paul Newman 主演の映画 *Cool Hand Luke*（邦題「暴力脱獄」）の中で，刑務所長が言ったせりふ．脱獄を試み続ける主人公 Luke も映画の終盤で同じせりふを言う．映画のキャッチコピーとしても用いられた（♥（特に絶対的な権力など）思い通りにならない相手や状況に対して．しばしば刑務所長の口調をまねて米国南部なまりでゆっくり発音される）

❷（部屋などが）〈…と〉通じる，続いている〈**with**〉‖ The living room ～*s with* the kitchen. 居間は台所に通じている

❸〘宗〙聖餐（せいさん）にあずかる，聖体を拝領する

語源「共有する」の意のラテン語 *communicare* から．common と同語源．

com·mu·ni·ca·tion /kəmjùːnɪkéɪʃən/

━名〔◁ communicate 動〕（複 **～s** /-z/）（⇨ BYB）❶ Ⓤ **伝達**，連絡；**通信**，情報交換；〈…との〉意思の疎通，コミュニケーション，交際〈**with** …との；**between** …の間の〉‖ A smile is the first step to international ～. ほほ笑みは国際交流への第一歩である / The chief medium of ～ today is e-mail. 今日の主たる通信手段はEメールです / The ship is out of ～. その船は連絡を絶っている / They were in ～ *with* their host families in Britain. 彼らはイギリスのホストファミリーと連絡をとり続けた / **improve** ～ *between* company departments 会社の部門間の情報交換を改善する / effective ～ *between* employers and staff 使用者と職員との間の効果的な意思の疎通 / ～ skills [OR language arts] コミュニケーション能力

❷ Ⓒ〈…との〉伝達事項，伝言，手紙〈**with**〉‖ All ～*s with* the outside world were censored. 外部との通信［連絡］はすべて検閲された / receive a ～ from the President 大統領からメッセージを受け取る / personal ～（論文の出典などで）私信

❸ Ⓤ/Ⓒ《～s》（電話・ラジオ・コンピューターなどの）通信手段［網］‖ *Communications* in the flooded area are not yet working. 洪水に見舞われた地域の通信網はまだ機能していない / a vast ～*s* network 巨大な通信情報網 / satellite ～*s* 衛星通信 / a ～*s* **system** 通信システム ❹ Ⓒ《～s》（道路・鉄道などの）輸送網 ❺ Ⓒ《～s》《単数扱い》情報工学

～·al 形

▸▸ **～ còrd** 名 Ⓒ《英》（列車内などの）非常連絡［急停車］用のひも（emergency cord） **～ gàp** 名 Ⓒ コミュニケーションギャップ《年齢・社会階層間などの意思疎通の欠如》 **～ pòrt** 名 Ⓒ 💻通信ポート《シリアル接続用のポート》 **～ skìlls** 名 複（言語による）伝達［発表］能力 **～ sóftware** 名 Ⓤ 💻通信ソフト《ネットワークやほかのコンピューターとの通信を制御する》，チャットソフト **～ spèed** 名 Ⓒ Ⓤ 💻通信速度 **～(s) sàtellite** 名 Ⓒ 通信衛星 **～(s) thèory** 名 Ⓒ Ⓤ 情報理論

com·mu·ni·ca·tive /kəmjúːnəkèɪṭɪv | -nɪkə-/ 形 ❶《通例叙述》話好きの，あけっぴろげの ❷ 情報伝達の，意思疎通の，通信の ❸（外国語教育で）コミュニケーション能力を重視する **～·ness** 名 **～·ly** 副

com·mun·ion /kəmjúːniən/ 名 ❶ Ⓤ〈…との〉心の通い合い，親しい語らい，親交〈**with**〉‖ hold ～ *with* ... …と親しく語らう［交わる］/ hold ～ *with* oneself（倫理的問題などについて）深く考える ❷ Ⓒ 宗派，教派 ❸ Ⓤ《(Holy) C-》聖餐（せいさん）式；聖体拝領 ‖ give ～（司祭が）正餐を執り行う / take ～ 聖体を拝領する ❹ Ⓤ 共有，参加 ‖ ～ of interest with others ほかとの利害の共有

com·mu·ni·qué /kəmjúːnɪkèɪ/ 名 Ⓒ（外交上などの）コミュニケ，公式声明 ‖ a joint ～ 共同声明

com·mu·nism /ká(ː)mjunɪ̀zm | kɔ́m-/ 名 Ⓤ ❶ 共産主義 ❷《通例 C-》共産主義運動［理論］❸《通例 C-》（一党独裁の）共産主義体制

com·mu·nist /ká(ː)mjunəst | kɔ́mjunɪst/ 名 Ⓒ コミュニスト，共産主義者；《C-》共産党員

━形《比較なし》共産主義（者）の；《C-》共産党の ‖ ～ nations 共産主義諸国 / the ～ bloc 共産圏，共産主義ブロック / the *Communist* Party 共産党

còm·mu·nís·tic 形

com·mu·ni·ty /kəmjúːnəṭi/

━名（複 **-ties** /-z/）Ⓒ ❶ **地域社会**，コミュニティー（local community）；市町村（などの自治体）‖ My grandparents live **in** a retirement ～. 私の祖父母は退職者用コミュニティーに住んでいる / ～ welfare 地域（住民）の福祉

❷《通例 the ～》《集合的に》《単数・複数扱い》地域社会の全住民，**地域住民**（♦ 集合的に用いる場合，《米》では通例単数扱い．《英》では全体を一つの集団と見る場合単数扱い，個々の成員に重点を置く場合複数扱い）‖ The sports center is for the use of the local ～. スポーツセンターは地域住民の使用に供されている

❸《集合的に》《単数・複数扱い》（人種・宗教・職業・利害などを共にする）**（共同）社会**，集団，…界 ‖ a religious ～ 宗教的共同体，教団 / the Protestant ～ プロテスタント社会 / the immigrant ～ 移民社会 / the U.S. business ～ 米国実業界 / the academic ～ 学界

❹ Ⓤ Ⓒ（居住地域への）帰属意識，一体感，共通意識；一致，類似性 ‖ a strong sense of ～ 強い（地域）帰属意識［連帯感］/ ～ of interest 利害の一致

❺（国家間の）共同体（→ European Community）‖ the international ～ 国際社会 ❻《the ～》社会（一般），世間，公衆（the public）‖ contribute to the prosperity of the ～ at large 広く社会全体の繁栄に貢献する ❼ Ⓤ 共有，共同責任，共同参与 ‖ ～ of goods 動産の共有 ❽〘生態〙（動物の）群れ，（植物の）群落，群生

語源 *commun-* common（共同の）+ *-ity*（「性格・状態」を表す名詞語尾）

▸▸ **～ antènna télevision** 名 Ⓤ 共同視聴アンテナテレビ，有線テレビ（cable television）（略 CATV） **～ càre** 名 Ⓤ《英》コミュニティーケア《在宅介護支援制度》 **～ cènter** 名 Ⓒ コミュニティーセンター，公民館，公会堂 **～ chèst** /ˌ--ˈ-/ 名 Ⓒ 共同募金 **～ còllege** 名 Ⓒ《米・カナダ》コミュニティーカレッジ《地域の要請に応える地方の短期大学》；《英》コミュニティースクール《地域の大人に

Boost Your Brain!

communication

communication「コミュニケーション」とは「思考，感情，意思などのさまざまな情報内容」を「話し言葉や書き言葉，身振り手振りや表情などのさまざまな手段」を使い，お互い伝え合うことを言う．語源はラテン語の communicare「共有する」から．

communication には送り手，受け手，情報，そして情報を送るための手段・媒体が必要である．受け手は送り手が想定していた相手とは限らない．時間的空間的に遠く離れた受け手が情報を受け取ることもありうる．「電話・電信・インターネットなどの通信システム」を指すときは，communications と複数形の形をとる．

言語以外の手段による意思の疎通を nonverbal communication（非言語コミュニケーション）と言う．人間のコミュニケーションは，実はかなりの部分が非言語的な手段でおこなわれていることが分かっている．顔の表情やしぐさや身振り，声の調子だけではなく，衣服やヘアスタイルなども相手に何らかのメッセージを伝えるコミュニケーション手段である．

コミュニケーションをおこなうのは人間だけではない．ホタルの光の明滅やミツバチが餌（えさ）のありかを仲間に教える8の字を描くダンスも，仲間に情報を伝達するコミュニケーションである．

も開かれている中等学校) ～ hòme 名C《英》少年院，教護院 (→ approved school) ～ polìcing 名U 土地密着型の警察制度 ～ pròperty 名U 夫婦共有財産 ～ sérvice 名U (ボランティアとしての) 社会奉仕；《英》〘法〙(軽犯罪者に科する) 社会奉仕(命令) ～ síng·ing 名U (会衆の) 全員合唱 ～ spírit 名U 共同体意識

C

com·mut·a·ble /kəmjúːṭəbl/ 形 ❶〘法〙減刑できる ❷ 交換できる，転換できる ❸ 通勤可能な

com·mu·ta·tion /kὰ(ː)mjutéɪʃən | kɔ̀m-/ 名UC ❶《米》(定期券による) 通勤 ‖ ～ passengers 通勤客 ❷〘法〙減刑 ❸ 交換，代替；(支払い方法などの) 切り替え；〘電〙整流

▸▸ ～ tìcket 名C《米》定期券(《英》season ticket)

com·mu·ta·tive /ká(ː)mjətèɪṭɪv | kəmjúːtə-/ 形 ❶〘数〙可換の ❷ 交換の，代替の

com·mu·ta·tor /ká(ː)mjətèɪṭər | kɔ́mju-/ 名C〘電〙整流器；整流子

***com·mute** /kəmjúːt/ 動自 ❶ a 通勤[通学]する，通う〈**from** …から；**to** …へ；**between** …間を〉‖ He ～*s from* Yokohama *to* Tokyo.＝He ～*s between* Yokohama and Tokyo. 彼は横浜から東京に通勤[通学]する b (＋副句)…の距離を通勤[通学]する(♦ commute の後に距離を表す語句が前置詞なしで用いられる) ‖ ～ a long distance every day to work 毎日長距離を通勤する ❷〈…の〉代わりとなる〈**for**〉❸ 一括払いをする ❹〘数〙交換可能である

—他 ❶〘法〙〔刑罰など〕を〈…に〉替える，減刑する〈**to**〉‖ ～ a death sentence *to* life imprisonment 死刑を終身刑に減刑する ❷ …を〈…と〉交換[置換]する〈**for, into**〉❸〔支払い方法など〕を〈…に〉切り替える〈**for, into, to**〉

—名C《通例単数形で》通勤[通学](距離)

語源 *com-* completely＋*-mute* change(変える)

***com·mut·er** /kəmjúːṭər/ 名C 通勤[通学]者 ‖ a ～'s pass [OR ticket] 定期券 / a ～ train 通勤通学電車

▸▸ ～ bèlt 名《the ～》(大都市の)通勤圏，ベッドタウン

***Com·o·ros** /ká(ː)məròuz | kɔ́m-/ 名《the ～》コモロ《インド洋西部の島嶼(とうしょ)からなる連邦共和国. 公式名 the Federal Islamic Republic of the Comoros. 首都 Moroni》 **Cóm·o·ran** 形名

comp¹ /kɑ(ː)mp | kɔmp/《米口》名C 優待[招待]券；贈呈本 —形《限定》優待の，招待の —動他…を無料で提供する(♦ *compl*imentary より)

comp² /kɑ(ː)mp | kɔmp/ 動自〘楽〙(ジャズで)(不規則なリズムで)和音の伴奏をつける

comp³ /kɑ(ː)mp | kɔmp/ 名《米口》＝compensation；《英口》＝comprehensive；《英口》＝competition

comp. 略 comparative；compound

***com·pact¹** /kəmpǽkt/ (→ 名) 形 (**more ～；most ～**) ❶ 場所をとらない；小型で高性能の；(自動車などが) 小型で経済的な ‖ a ～ camera 小型カメラ / a ～ office 小さいが合理的に作られているオフィス ❷ ぎっしり[きちんと]詰まった；密度の高い；堅く締まった ‖ ～ evergreens 密集した常緑樹 / ～ knitwear 目の詰んだニットウエア ❸ (体格が) 小さいがよく引き締まった，がっちりした ‖ a sumo wrestler of ～ build 小柄だががっしりした体格の力士 ❹ (文体・文章などが) 簡潔な ‖ a ～ statement 簡潔な表現 ❺《叙述》《古》〈…から〉できている(composed)〈**of**〉

—動他 ❶《通例受身形で》押し固められる，圧縮される；(表現などが) 簡潔にされる ‖ ～*ed* soil 固められた土壌 ❷《古》〈材料を〉混合し押し固めて…を作る〈**of**〉

—自 押し固められる，圧縮される

—名 /ká(ː)mpækt | kɔ́m-/ C ❶ コンパクト《鏡のついた携帯用おしろい・パフ入れ》❷ (＝～ càr)《米》小型自動車 (♦ subcompact car よりも大きく midsize car より小さい) ❸〘冶〙焼結のため粉状の金属を圧縮したもの

～**·ly** 副　～**·ness** 名

語源 *com-* together＋*-pact* fasten(しっかり締める)

▸▸ ～ dísc [dísk] 名C コンパクトディスク(略 CD) ～ dísc plàyer 名C CDプレーヤー

com·pact² /ká(ː)mpækt | kɔ́m-/ 名CU (正式の)契約，協定 ‖ the Mayflower *Compact* 〘米国史〙メイフラワー誓約

com·pac·tor /kəmpǽktər/ 名C (台所の) ごみ処理器《ごみを小さく圧縮して処理しやすくする》

:com·pan·ion /kəmpǽnjən/

—名 (複 **～s** /-z/) C ❶ **連れ**；仲間，同僚；お供，相手；(苦境などでの) 道連れ；愛人 (⇨ FRIEND 類語) ‖ a constant ～ いつも一緒にいる友達 / a traveling ～ 旅の道連れ / one's ～ for a walk 散歩の連れ / a drinking ～ 飲み友達 / a ～ in arms 戦友

❷ (対・組の)片割れ；〈…の〉添え物，つきもの〈**to**〉‖ Cinderella lost the ～ *to* the glass shoe. シンデレラはガラスの靴の片方をなくした / White wine is the usual ～ of fish. 白ワインはふつう魚料理につきものだ / a ～ volume [OR piece] 姉妹編 / a ～ website 連動ウェブサイト ❸ 付き添い(paid companion)《住み込みで老人や病人の相手をする主に女性》(❗博覧会などの案内係を指す「コンパニオン」の意味では guide を用いる) ❹ (書名などで)〈…の〉案内(書)，手引き(書)〈**to**〉‖ *A Companion to the Bible*「聖書入門」❺《英》《旧》簡便な道具セット ‖ Travelers' *Companion* 旅行(者)の友《旅行用小物セット》❻《C-》《英》最下級勲爵士 ‖ a *Companion* of the Bath 最下級バス勲爵士 ❼〘天〙伴星《二重星のうち暗く見える星》(→ primary)

—動他《堅》…に付き添う

語源 ラテン語 *com-*(共に)＋*panis*(パン)：パン[食事]を共にする人. company と同語源.

▸▸ ～ ànimal 名C コンパニオン＝アニマル《単に飼育するだけでなく，伴侶としての役割も持つペット. 特に犬・猫のこと》(♦ pet より《堅》) ～ cèll 名C〘植〙伴細胞《師管の発育と機能にかかわる》 ～ sèt 名C《英》暖房用具セット《火かき棒・シャベル・火箸(ひばし)など》

com·pan·ion·a·ble /kəmpǽnjənəbl/ 形 一緒にいて楽しい，付き合いのよい **-bly** 副

com·pan·ion·ate /kəmpǽnjənət/ 形《堅》仲間の，連れの；気[趣味]の合った

▸▸ ～ márriage 名U 友愛結婚《子供を産まないこと，離婚の場合に経済的責任を負わないことが条件》

compánion·shìp 名U 友達付き合い；仲間関係

compánion·wày 名C〘海〙甲板昇降口(階段)

:com·pa·ny /kʌ́mpəni/ 名動

中心義 一緒にいる人[こと]

名 会社❶ 仲間❷ 来客❸ 同席❹

—名 (複 **-nies** /-z/) ❶ C《集合的に》《単数・複数扱い》**会社**，商会，企業；(社名に名前の出ない)共同経営者；《集合的に》社員 (♦ 社名としての略は Co. /kʌ́mpəni, kou/) (⇨ 類語)；《形容詞的に》会社の ‖ My son is in [OR with] an insurance ～. 息子は保険会社に勤めている (♦ ×goes to an insurance company とはいわない) / work for a large [OR big] ～ 大会社に勤める (♦「会社に行く(＝出勤する)」は go to work) / a ～ employee 会社員，サラリーマン / ～ policy 会社の方針 / John Smith and *Company*＝John Smith & *Co.* ジョン＝スミス商会《「ジョン＝スミスとその他の共同経営者の会社」の意》/ an incorporated ～《米》；a limited (liability) ～《英》有限責任会社 (♦ 社名とともに用いる場合は《米》Inc. や《英》Ltd. と略す. 〈例〉《米》Brown Publishing Company, Inc.《英》Brown & Co., Ltd.《英》では株式を公開している場合には PLC, plc. (public limited company) をつけることが義務づけられていて，British Gas PLC などのように表記する) / a private ～《英》(株式非公開の) 個人会社 / a public ～《英》株式

公開会社 / a paper ～ 製紙会社 (◥ 日本語の「ペーパーカンパニー」は a dummy company (created for tax purposes))

連語 【動＋～】 run a ～ 会社を経営する / form [OR found] a ～ 会社を設立する / join a ～ 入社する / take over a ～ 会社を継ぐ[乗っ取る] / be employed in a ～ 会社に勤めている / have [own] a ～ 会社を所有する

❷ Ⓤ 《通例集合的に》**仲間**, 友達；同伴者, 連れ ‖ My daughter keeps good [bad] ～. 私の娘はよい[悪い]仲間と付き合っている / get into bad ～ 悪い仲間に入る / He is good [bad, poor] ～. 彼は一緒にいて楽しい[つまらない]相手だ (♦ この例のように個人を指すこともあるが, 不可算名詞扱いなので a はつかないことに注意) / *Two's* ～, *three's* 「*a crowd* [OR *none*]. 《諺》2人だと楽しいが, 3人は駄目 (♦ 特に恋人同士は2人だけにしておく方がよいという意味で用いられる) / People judge you by the ～ you keep. 人は付き合う友によって判断される

❸ Ⓤ 《通例集合的に》**来客**, (特に)泊まり客(♦ 複数・個人いずれにも用いる) ‖ have ～ for dinner 夕食に客がある

❹ Ⓤ 仲間と(一緒に)いること, **同席**, 付き合い ‖ I enjoyed your ～. ご一緒できて楽しかったです (♥ 別れ際の言葉) / Ellen's shy in 「his ～ [the ～ of strangers]. エレンは彼[知らない人]が一緒だと恥ずかしがる / in mixed ～ 男女同席(の席上)で

❺ Ⓒ 《集合的に》《単数・複数扱い》(俳優などの)一座, 一団；(同じ目的を持つ人々の)一団, 一行 ‖ a touring ～ 旅回りの一座 / an opera ～ 歌劇団 / a ～ of travelers 旅行者の一行

❻ Ⓤ 《集合的に》同席の人々, 集まった人々 ‖ the assembled ～ 集まった人たち

❼ Ⓒ 《集合的に》《単数・複数扱い》〖軍〗(歩兵)中隊《約120名》；消防隊；《英》Girl Guides の隊；〖海〗全乗組員《高級船員(officers)を含む》 ❽ Ⓒ 〖史〗(中世の)ギルド, 同業組合 ❾ 《形容詞的に》人前だけの, とりすました, よそ行きの ‖ ～ manners よそ行きの作法[振る舞い]

語法 ☆☆ 集合的に用いられる場合, 《米》では通例単数扱い. 《英》では全体を一つの集団と見る場合単数扱い, 個々の成員に重点を置く場合複数扱い.

and cómpany ① ⇨ 名 ❶ ② 《口》…とその仲間[一味] ‖ Bob *and* ～ ボブ一味[一派]

(be) in gòod cómpany ① よい仲間と付き合って(いる) (→ 名 ❷) ② (できない事柄について)ほかの(偉い)人たちも同じだ[できない] (♥「君だけではないから気にしなくてよい」の意) ‖ I err [OR sin] *in good* ～. 私だけでなく偉い人たちも同じ間違いを犯している(♥ 自己弁護の言葉)

in cómpany ① 人前で, 人中で ‖ feel uncomfortable *in* ～ 人中では落ち着かない ② 〈人と〉一緒に, 連れ立って 〈**with**〉

****kèep a pèrson cómpany*** 〔人〕に同行する, 〔人〕の相手をする；(人のある行為に)付き合う ‖ We'll *keep* her ～ until you get back. あなたが戻るまで私たちが彼女のお相手をしましょう

kèep cómpany 〈人と〉付き合う, 交際する, ねんごろである 〈**with**〉

pàrt cómpany 〈人と〉別れる；絶交する；意見を異にする 〈**with**〉 ‖ We *parted* ～ at Ueno. 我々は上野で別れた

prèsent còmpany excépted 《挿入句》ここにお集まりの方々は別にして (♥ その場の人たちにも当てはまりそうな苦言などを和らげる)

―― 動 (**-nies** /-z/; **-nied** /-d/; **～·ing**)

― 自 《文》〈…と〉交際する〈**with**〉

― 他 《古》…に付き添う, 同行する

類語 《名 ❶》 **company** 《米》では種類・規模にかかわらず「会社」を表す最も一般的な語. 「仲間同士で始めた事業体」というのが本来の意味.

enterprise 「事業を行う組織体」という概念的な意味が強い.

corporation 「有限会社」「株式会社」の意味で, 法人として法的な権利と義務を有するもの.

firm 2人以上の合資で経営される事業体. 商会. 最近では company とほとんど同意に使われているが, company の方がより格式ばった語.

▶▶ **～ càr** 名 Ⓒ (社員個人に貸し出される)社用車 **～ láw** 名 Ⓤ 会社法 **～ màn** 名 Ⓒ 会社側(につく)社員；会社人間 (中立 loyal employee [worker]) **～ sécretary** 名 Ⓒ 《英》経理・法律担当部長 **～ tòwn** 名 Ⓒ 企業城下町 **～ ùnion** 名 Ⓒ 企業内組合；御用組合

compar. 略 comparative

***com·pa·ra·ble** /ká(ː)mpərəbl | kɔ́m-/ 《発音・アクセント注意》 形 〔◁ compare 動〕 (**more ～**; **most ～**) ❶ (数量・質・重要性などにおいて)〈…と〉似通った, 同様の, ほぼ同等の 〈**to, with**〉 ‖ The dolphin has a brain ～ in size *to* the human brain. イルカは人間の脳に匹敵する大きさの脳を持つ

❷ 《しばしば否定文で》〈…と〉比較に値する, 〈…に〉匹敵する (↔ unequal) 〈**to, with**〉 ‖ No other hospital is ～ *to* that in the quality of its cancer treatment. 癌(がん)治療の優秀さではその病院に匹敵するところはない

còm·pa·ra·bíl·i·ty, ～·ness 名 **-bly** 副 比較できる[匹敵する]ほどに, 同等に

***com·par·a·tive** /kəmpǽrət̬ɪv/ 形 〔◁ compare 動〕

メタファーの森 company 会社

company ⇨ ship (会社⇨船)

「会社」は, 「船」に例えられ, 「社員」は船に乗る「乗組員」に例えられる.

また, 船は目的地に向かって航行することから, 会社の経営状態が船の進む様子になぞらえられて表現される.

➤ I feel my company is **sinking**. 私は自分の会社が沈みつつあると感じる (♦ 会社の業績が悪化していることを表す)

➤ We should **run a tight ship** on expenditure to get through the recession. 不況を乗り切るには支出を厳しく管理しなければならない (♦ tight は「統制が厳しい」の意で, run a tight ship で「厳しく管理する」という意味の成句表現)

➤ This is not just about the sales department—we are **all in the same boat**. これは営業部だけの問題ではありません. みな同じ船に乗っているのですから. (♦ all in the same boat は「運命共同体」「一蓮托生」の意)

➤ This is **uncharted territory** for our company. これは私たちの会社にとって未知の領域だ

➤ Harmful rumors are spreading about our company's product. Let's just **wait for the storm to pass**. 当社の製品のよくないうわさが広がってきている. 嵐が去るまで待とう.

➤ We need to **take a different direction**; otherwise our company will be **on the rocks**. 違う方向に進まなければならない. そうでなければ私たちの会社は行き詰ってしまう (♦ on the rocks は文字どおりには「座礁する」の意で, ここでは「(会社の経営が)行き詰まる」という意味を表す)

➤ Our section's sales are **on course for** recovery. 私たちの部署の売上は回復基調に乗っている (♦ on course for ... は「…の方向に進んで」の意)

《限定》❶ 比較の, 比較に基づく, 比較による ‖ ~ linguistics 比較言語学 / the ~ merits of the two proposals 両提案を比較したときの(それぞれの)利点 ❷ 比較的な; 相対的な; まあまあの, かなりの ‖ a ~ success まずまずの成功 / live in ~ comfort 比較的安楽に暮らす / a ~ stranger 比較的なじみのない人 ❸ 〘文法〙比較(級)の (→ positive, superlative) ‖ the ~ degree 比較級 / a ~ adjective [adverb] 比較級の形容詞[副詞]

—名 《the ~》〘文法〙比較級; 比較級の語形

***com·par·a·tive·ly** /kəmpǽrəṭɪvli/ 副 ❶ 比較的, 割に ‖ a ~ rare example 比較的まれな例 ❷ 比較してみると ‖ ~ speaking 比較して言えば

***com·pare** /kəmpéər/ 動 名

—動 〔▶ comparison 名, comparable 形, comparative 形〕(~s /-z/; ~d /-d/; -par·ing)

—他 ❶ **a** 《+目》〔2つ以上のもの〕を**比較する**, 比べる(⇨ 類語) ‖ We ~*d* the two restaurants and chose the one with an open terrace. 私たちは2つのレストランを比較してオープンテラスのある方を選んだ / He ~*d* the Japanese and the British railways from the standpoint of efficiency. 彼は日英の鉄道を効率性の点で比較した / ~ prices for tablet computers タブレットコンピューターの値段を比較する / ~ apples and oranges リンゴとオレンジを比べる; 比べても意味のない全く違ったものを比べる

b 《+目+**with** [**to**] 名》…を…と**比べる**(♦ この意味では with が正しいとされ, 堅い文体では with が好まれるが, 一般には to も用いられる. → ❷) ‖ You should ~ your test results *with* those of other students. 君はテスト結果をほかの生徒たちの結果と比べるべきだ

❷ 《+目+**to** [**with**] 名》…を…に**たとえる**, なぞらえる(♦ この意味では to がふつうだが, with が用いられることもある) ‖ Time is often ~*d to* a river. 時間はしばしば川にたとえられる / He is often ~*d to* Marlon Brando. 彼はしばしばマーロン=ブランドにたとえられる

❸ 〘文法〙《通例受身形で》(形容詞・副詞が)比較変化する ‖ The word "cold" can be ~*d* by adding "-er" and "-est". "cold"という語は -er, -est をつけて比較変化が可能である

—自 ❶ 《+副+**with** 名》…に比べて…である ‖ This year's wine ~*s* 「very **favorably** [**unfavorably**] *with* last year's. 今年のワインは昨年のものよりかなりいい[劣る] / How do this year's models ~ *with* last year's? 今年のモデルは去年のと比べてどうですか

❷ 《+**with** 名》…に匹敵する; 《通例否定文・疑問文で》…との比較に耐える(♦《米》では to もときに用いられる) ‖ How can this ~ *with* that? これがあれと比較になるだろうか[ならないほど劣っている] / As a salesman, no one in our company can ~ *with* him. セールスマンとして我が社の中で彼に匹敵する者はいない

(**as**) ***compáred with*** [OR ***to***] **...** …と比較して; …に対して ‖ Domestic car sales are weak ~*d to* exports. 自動車の国内販売は輸出に比べて低調だ

compare notes ⇨ NOTE(成句)

—名 U 《文》比較(♦ 通例次の成句で用いる)

beyond [OR ***without***] ***compáre*** 《文》比類のないほど ‖ The Sahara is *beyond* ~ in its mysterious beauty. サハラ砂漠は比類のないほど神秘的で美しい

語源 *com-* together + *-pare* equal(等しい): (優劣・大小などを決めるために)等しく集める

類語 《他 ❶》**compare** 類似点と相違点を見いだして価値・優秀さを知る. 〈例〉*compare* two cultures 2つの文化を比較する
contrast 特に相違点を強調して対比させる. 〈例〉*contrast* two cultures 2つの文化を対比させる

***com·par·i·son** /kəmpǽrɪsən/

—名 〔◁ compare 動〕(複 ~s /-z/) ❶ U C **比較**; 対照, 対比 〈**of** …の; **with** …との; **between, of** …間の〉 ‖ **make** [OR draw] a ~ 「*between* Yokohama and Kobe [OR *of* Yokohama *with* Kobe] 横浜と神戸を比較する / This will **allow** (a) ~ *between* the two results. これで2つの結果が比較できるようになる

❷ U 《否定文で》(比較できるだけの)**類似(性)**, 比較の可能性[余地] ‖ There is no ~ between the two teams. その2つのチームはまるで比較にならない(♥「一方がはるかに優れている」の意)

❸ C 〈…に〉たとえ(られ)ること 〈**to**〉; 〘修〙比喩(ゆ)(simile, metaphor) ‖ The ~ of life *to* a drama is common. 人生をドラマにたとえることはよくある

❹ U 〘文法〙(形容詞・副詞の)比較変化 ‖ degrees of ~ 比較変化の級《positive, comparative, superlative》

bèar [OR ***stànd***] ***compárison*** (***with ...***) (…に)匹敵する

beyond (***àll***) ***compárison*** (全く)比較にならない(ほど), 無類の

by [OR ***in***] ***compárison*** 《しばしば文頭に用いて》NAVI それに引き換え(⇨ NAVI表現 4)

in [OR ***by***] ***compárison with*** [OR ***to***] **...** …と比べると ‖ *In* ~ *with* Japanese students, the French have a larger presence at this school. 日本人学生と比べると, この学校はフランス人の方が多い

pàle in [OR ***by***] ***compárison*** …と比べると見劣りがする 〈**with, to**〉

compárison-shòp 動 自 (競合商品[商店]と価格・サービスなどを)比較しながら買い物をする

-shòpper 名 **-shòpping** 名

***com·part·ment** /kəmpɑ́ːrtmənt/ 名 C ❶ (仕切った)区画[部屋] ‖ a baggage ~ 手荷物室 / a freezer ~ (冷蔵庫の)冷凍室 ❷ (列車・客室などの)コンパートメント; 《米》(寝台列車の)寝台・トイレ付きの個室 ‖ a non-smoking ~ 禁煙コンパートメント[客室] / a first-class ~ 一等客室, グリーン個室 ❸ (船の)防水隔室 ❹ (ほかと切り離して考えるべき)分野, 領域

~·al 形 **com·part·mén·tal·ly** 副

語源 *com-* together + *-part-* divide + *-ment* (名詞語尾): 仕切ること, 仕切られたもの

com·part·men·tal·ize /kəmpɑ̀ːrtménṭəlaɪz | kɔ̀mpɑːt-/ 動 他 …を細かく仕切る[分類する]

***com·pass** /kʌ́mpəs/ 《発音注意》名 C ❶ 羅針盤[儀], 方位磁針 ‖ a radio ~ 無線方向探知機 ❷ 《通例 ~es》(製図用の)コンパス ‖ a pair of ~*es* コンパス1丁 / draw a circle with ~*es* コンパスで円を描く ❸ 《単数形で》(周囲の)境界線; (囲まれた)区域, 領域, 境界, 範囲; 限界 ‖ within the ~ of 「the city walls [a single page] 市の城壁内で[1ページの範囲の中で] / beyond the ~ of my brain 私の理解を超えて ❹ 《単数形で》(声・楽器の)音域, 声域 ‖ the ~ of his voice 彼の声域

—動 他 ❶ …を回る, 1周する ‖ ~ the earth 地球を1周する ❷ …を取り囲む ❸ 《堅》…を理解する, 把握する ❹ 《文》〔目的など〕を遂げる ‖ ~ one's ends 目的を達する

▸▸ **~ càrd** 名 C 〘海〙羅針盤の指針面, 羅針牌(はい)《東西南北が細かに記された羅針盤用目盛円板》 **~ plànt** 名 C 〘植〙コンパス植物, 磁石植物《葉を方位磁針のように通常南北に出す性質の植物. 米国中部の草原に自生するヒナギクの一種など》 **~ ròse** 名 C 《単数形で》(東西南北を示す)方位円 **~ sàw** 名 C 〘木工〙回しびきのこ **~ wíndow** 名 C 半円形の出窓

compass rose

***com·pas·sion** /kəmpǽʃən/ 名 U 〈…に対する〉哀れみ, 深い同情 〈**on, for, toward**〉(→ sympathy)(⇨ PITY 類語) ‖ have [OR feel] ~ *on* [OR *for*] the homeless ホームレスに同情する / arouse ~ 同情を引く / show deep ~ *toward*(*s*) ... …に対して深い同情を示す

⏩～ **fatìgue** 名 U 同情疲れ《窮状の訴えが長期化して同情心が薄れること》

com·pas·sion·ate /kəmpǽʃənət/ 形 ❶ 哀れみ深い，情け深い ❷《英》(休暇・手当などが)特別(配慮)の ‖ a ～ allowance 特別手当 **～·ly** 副 ⏩～ **léave** 名 U (家族の病気・不幸などに際し与えられる)特別休暇

com·pat·i·bil·i·ty /kəmpæ̀ţəbíləţi/ 名 (複 **-ties** /-z/) U ❶ 適合性，両立性 ❷ U 互換性 ❸ (血液・薬品などの)適合性；(化合物の)融和性，和合性

com·pat·i·ble /kəmpǽţəbl/ 形 (**more** ～；**most** ～) ❶ 〈…と〉両立できる，矛盾しない；よい組み合わせになる〈**with**〉‖ Your values aren't ～ *with* mine. あなたの価値観は私とは合わない ❷ (人が)〈…と〉仲よくやっていける，気が合う〈**with**〉 ❸ 💻〈…と〉互換性のある，同じOS[プログラム]が使用可能な〈**with**〉‖ My printer is ～ *with* most computers. 私のプリンターはほとんどのコンピューターと互換性がある ❹ (血液・薬品などが) 適合性[融和性，和合性]のある；〖医〗適合した《拒絶反応なく移植可能》

── 名 C 💻互換機，互換ソフト

～·ness 名 **-bly** 副 互換性があるように，両立して，矛盾なく

com·pa·tri·ot /kəmpéɪtriət | -pǽ-/ 名 C ❶ 同国人 ❷ 同僚

com·peer /kəmpíər | kɔ́mpɪə/ 名 C 《堅》同輩；仲間

com·pel /kəmpél/ 動 (▶ compulsion 名, compulsive 形, compulsory 形) (**～s** /-z/；**-pelled** /-d/；**-pel·ling**) 他 ❶ (＋目＋**to** *do*) (状況・命令などが)〔人〕に強いて[やむを得ず]…させる，〔人〕を…する羽目に追い込む(⇨ FORCE 類語) ‖ The scandal *compelled* him *to* resign. スキャンダルのため彼は辞めざるを得なかった / She was *compelled to* drink more than she could. 彼女はとても飲めないほどの酒を無理やり飲まされた ❷《進行形不可》〔服従・沈黙など〕を〈人に〉強いる，強要する；〔態度・行動など〕を〈人に〉とらせる，余儀なくさせる〈**from**〉‖ He *compelled* obedience *from* us. 彼は我々に服従を強要した / Their dance *compelled* the audience's attention. 彼らのダンスはいや応なしに観客の目を引いた ❸《文》(ある方向へ)…を無理やり行かせる

com·pel·ling /kəmpélɪŋ/ 形 ❶ 説得力のある，納得のいく，反論できない；尊敬[賞賛]せずにいられない；興味を引く ‖ a ～ personality 尊敬の念を抱かせる人格 ❷ やむにやまれぬ，いや応なしの，抗し難い **～·ly** 副

com·pen·di·ous /kəmpéndiəs/ 形 《堅》簡潔な，簡単で要領を得た[包括的な]

com·pen·di·um /kəmpéndiəm/ 名 (複 **～s** /-z/ OR **-di·a** /-diə/) C ❶ 要約，摘要；(簡単だが包括的な)概説 ❷《主に英》(ゲーム・書簡用品の)詰め合わせ；レターセット

com·pen·sa·ble /kəmpénsəbl/ 形 補償できる

com·pen·sate /ká(:)mpənsèɪt | kɔ́m-/ 動 (▶ compensation 名, compensatory 形) 他 ❶〔人〕に〈…に対して〉埋め合わせをする，償う，補う，補償する〈**for**〉‖ The firm ～*d* her *for* the injury she sustained. 会社は彼女が受けたけがに対して補償した ❷《米》〔人〕に支払いをする，報酬を出す〈**for**〉‖ The company ～*d* her *for* the [OR her] extra work. 会社は彼女の超過勤務に対して報酬を払った ── 自 ❶ 〈…に対して〉埋め合わせる，償う(↘ make up for)〈**for**〉‖ His eagerness ～*d for* his lack of experience. 彼の場合，熱意が経験不足を補っていた / ～ *for* a loss 損失を補償する ❷〖心〗補償する《劣等感を隠すために強がりを言うなど》

語源 *com-* together＋*-pens-* weight＋*-ate* (動詞語尾)：2つのものを計算して釣り合わせる

com·pen·sa·tion /kà(:)mpənséɪʃən | kɔ̀m-/ 名 (◁ compensate 動) U C ❶ 〈…に対する〉補償金；《米》給料，報酬〈**for**〉‖ unemployment ～ 失業手当 ❷〈…に対する〉埋め合わせ，償い，補償〈**for**〉；《通例 ～s》埋め合わせになるもの ‖ He bought his wife a ring in [OR as, by way of] ～ *for* forgetting all about her birthday. 妻の誕生日をすっかり忘れていた埋め合わせに彼は指輪を買ってやった / ～ *for* a loss [an injury] 損害[傷害]補償 / pay ～ 補償を支払う ❸〖心〗補償(行動)

com·pen·sa·to·ry /kəmpénsətɔ̀:ri | kɔ̀mpənséɪtəri, kəmpénsətəri/ 形 (◁ compensate 動) 補償の，代償の，賠償の，埋め合わせの

⏩～ **dámages** 名 複〖法〗損失補塡(ほてん)賠償金《与えた損失に見合う額の賠償金》

com·pere, com·père /ká(:)mpèər | kɔ́m-/ 名 C 《英》(テレビ・ラジオや舞台の)司会者(《米》emcee)

── 動 他 自 (…の)司会を務める

com·pete /kəmpí:t/

── 動 (▶ competition 名, competitive 形) (**～s** /-s/；**-pet·ed** /-ɪd/；**-pet·ing**) 自 ❶ 競う，**競争する**，張り合う〈**with, against** …に対抗して；**for** …を求めて〉‖ She is *competing* keenly *with* two other candidates *for* a seat in the general election. 彼女は総選挙でほかの2人の候補者と議席を激しく争っている

❷〈競技などに〉**参加する**〈**in**〉‖ ～ *in* a race [contest] 競争[コンテスト]に参加する

❸《通例否定文で》〈…に〉**比肩する**，匹敵する〈**with**〉‖ Small shops cannot ～ *with* supermarkets in price. 小さな店は価格の点でスーパーに太刀打ちできない

com·pe·tence /ká(:)mpətəns | kɔ́mpɪ-/ 名 (▶ competent 形) U ❶ (特定のことをこなす専門的)能力，有能さ，力量，適格〈**for, in** …の；**in** *doing* / **to** *do* …する〉；C (特定の) 技術 (⇨ ABILITY 類語) ‖ She has proved her ～ as a manager. 彼女は経営者としての手腕を証明した / I doubt his ～ *for* [OR *in* doing, *to* do] the job. 彼にその仕事ができるか疑問だ ❷〖法〗(裁判所の)権限，管轄；(裁判官としての)法的資格 ‖ beyond [within] the ～ of this court 当法廷の権限外[内]で ❸〖言〗言語能力 (linguistic competence) (→performance) ❹〖生理〗正常に機能すること ❺〖生〗反応能《胚(はい)などが発育促進因子や誘導因子に対して所定の感応性を持つこと》 ❻ C《単数形で》《旧》(働かなくても)楽に暮らせる財産

com·pe·ten·cy /ká(:)mpətənsi | kɔ́mpɪ-/ 名 ＝competence(♦competence より使用頻度は低い)

com·pe·tent /ká(:)mpətənt | kɔ́mpɪ-/ 《発音・アクセント注意》 形 (**more** ～；**most** ～) ❶ 有能な；適任の〈**at, in** …に；**for** / **to** *do* …するのに〉(⇨ ABLE 類語) ‖ a ～ secretary 有能な秘書 / He is ～ *for* [OR *to* do] the task. 彼にはその仕事をするだけの力がある / She is ～ *in* five languages. 彼女は5つの言語に堪能(たんのう)だ ❷ 満足できる，(特に優れているわけではないが)十分な，まあまあの ‖ a ～ job まあまあの仕事 ❸《叙述》〖法〗合法的な，法的に認められた，法的資格[権限]のある ‖ This court is not ～ to deal with the case. 当法廷はその件を扱う権限を持たない ❹〖生理〗正常に機能する；〖生〗反応能を持つ **～·ly** 副

com·pet·ing /kəmpí:ţɪŋ/ 形 《限定》両立しない ‖ ～ claims 同時に満たすことができない要求

com·pe·ti·tion /kà(:)mpətíʃən | kɔ̀m-/

── 名 (◁ compete 動) (複 **～s** /-z/) ❶ U **競争**，競合，競り合い〈**with** …との；**between** …間の；**for** …を求めての〉‖ *Competition* lowers prices. 競争は価格を下げる / It was a thrill to be **in** ～ *with* professional golfers for the first time. 生まれて初めてプロゴルファーたちと競い合ってぞくぞくした / ～ *for* a prize 入賞争い / in the face of ～ 競争に直面して / face [OR come up against] ～ 競争にさらされる

連語 【形/名＋～】 fierce [OR stiff] ～ 激しい競争 / international [national] ～ 国際[全国的な]競争 / increased ～ 激化した競争

❷ C **競技(会)**，**試合**；〈…する〉コンペ〈**to** *do*〉‖ enter a ～ 競技に出場する[エントリーする] / a national ～ 全国大会 / win [lose] a boxing ～ ボクシングの試合に勝つ[負ける] / come first **in** the ～ 試合で1番になる / a ～

to select a designer for the new school building 新校舎の設計者を決めるコンペ
❸《通例 the ～》《しばしば集合的に》**競争相手**；ライバル商品 ‖「size up [check out] the ～ 試合相手[商売敵](の力)を値踏みする[調べる] / foreign ～ (競争相手の)外国企業 / no [little, not much] ～ 問題に[ほとんど問題に]ならない競争相手 ❹ Ⓤ〖生態〗生存競争

C

:com·pet·i·tive /kəmpéṭəṭɪv/
―形〔◁ compete 動〕(**more ～ ; most ～**)
❶ **競争の**, 競争による ‖ a ～ **market** 競争市場 / ～ **tender** 競争入札 / gain a ～ advantage over one's rival ライバルに対して競争で優位に立つ
❷ (価格などが)競争できる, 競争力のある, 〈ほかと〉張り合える〈**with**〉; 格安の ‖ The travel agency offered flights to Miami at ～ prices [OR rates]. その旅行社はマイアミ行きの飛行便を格安な料金で提供した / **highly** ～ 非常に競争力がある ❸ 競争心の強い ‖ She was very ～ with women. 彼女は同性に対するライバル意識が強かった / ～ spirit 競争心 **～·ly** 副 **～·ness** 名

***com·pet·i·tor** /kəmpéṭəṭər | -pétɪ-/ 名 Ⓒ ❶《しばしば one's ～》競争相手, 競合他社 ❷ 競技者, 出場者

com·pi·la·tion /kɑ̀(:)mpɪléɪʃən | kɔ̀m-/ 名 Ⓤ 編集；Ⓒ 編集したもの

***com·pile** /kəmpáɪl/ 動 他 ❶〔情報・資料など〕を収集してまとめる；〔本・リストなど〕を〈…から〉作る[編集する]〈**from**〉‖ ～ a dictionary 辞書を編集する / ～ an anthology *from* his novels and letters 彼の小説と書簡で選集を編む ❷ 💻〔プログラム〕をコンパイルする, 実行ファイルに変換する

com·píl·er /-ər/ 名 Ⓒ 編集者；💻コンパイラー《高級言語で記述したプログラムを実行ファイルに変換するプログラム》

com·pla·cen·cy /kəmpléɪsənsi/, **-cence** /-səns/ 名 Ⓤ 自己満足, 独りよがり

com·pla·cent /kəmpléɪsənt/ 形〈…について〉自己満足した, 独りよがりの〈**about**〉(→ smug) **～·ly** 副

:com·plain /kəmpléɪn/
―動〔▶ complaint 名〕(**～s** /-z/ ; **～ed** /-d/ ; **～·ing**)
―自 ❶ **不平[苦情]を言う**, こぼす, 愚痴る〈**to** …に；**about, of** …について〉(♦ for や against はとらない) ‖ My mother is always *～ing to* me *about* something. 母は年中何かにつけて私に文句ばかり言っている / He *～ed of* not being trusted at work. 彼は職場で信頼されていないと不満を漏らした / ～ **bitterly** *about* his behavior 彼の行動について激しく文句を言う
❷《**+of** 名》〔体の不調・苦痛など〕を訴える ‖ ～ *of* indigestion [a headache] 消化不良[頭痛]を訴える
❸ (警察などに)(正式に)訴える〈**to** …に；**about** …について〉‖ ～ *to* the police *about* one's noisy neighbors 騒々しい隣人のことで警察に訴え出る(♦ 相手に直接非難を向ける場合は to の代わりに against を使う)
❹ (建物・機械などが)きしむ；《文》悲しげな音を立てる, うめく
―他《(**+to** 名) + (**that**) 節》《受身形不可》(…に)…と**不平[苦情]を言う**, こぼす ‖ He *～ed* (*to* her) *that* his room was so cold. 彼は(彼女に)部屋がとても寒いと文句を言った(♦ ×He complained her that ... とはいえない) / "All he cares about is his job," she *～ed*. 「あの人が気にしているのは仕事のことだけ」と彼女はこぼした

COMMUNICATIVE EXPRESSIONS
1 "Hòw's it góing?" "**(I) càn't complàin.**"「調子はどうだい」「まあまあってとこだね」
2 **I réally mùst complàin.** 文句があります
3 **I wànt to complàin about** our hóusing condìtions. 我々の住宅事情について文句を言いたい(♥ 不平を切り出すときの表現)

～·er 名 **～·ing·ly** 副 不平を言って, こぼしこぼし

com·plain·ant /kəmpléɪnənt/ 名 Ⓒ〖法〗告訴人, 原告(plaintiff)

***com·plaint** /kəmpléɪnt/ 名〔◁ complain 動〕❶ Ⓤ Ⓒ 不平, 苦情, 愚痴〈**against** …に対する；**about** …について / **that** 節 …という〉‖ He made a ～ to his landlord *about* the water leak. 彼は大家に水漏れについて苦情を言った / I have a ～. クレームがあります(♥ 店などで苦情を言うとき.「苦情」の意の「クレーム」は和製語) / a letter of ～ 苦情の手紙 /「act on [respond to] a ～ 苦情を受けて動く[に答える] / "How are you today?" "No *～s*."「今日の調子はどうですか」「上々だね」/ a ～ procedure 苦情処理 ❷ Ⓒ 不平[苦情]の種, 不満のもと ❸ Ⓒ〖法〗(正式の)告訴, (民事訴訟の原告側の)申し立て；《米》訴状, (民事訴訟で)原告の最初の訴答 ‖ file [OR lodge, submit] a ～ against ... …を告訴する
❹ Ⓤ 病訴, 愁訴, 体の不調[苦痛]の訴え；Ⓒ 病気, 体の不調 ‖ have a stomach ～ 胃の調子が悪い

com·plai·sance /kəmpléɪsəns | -zəns/ 名 Ⓤ 愛想がよいこと, 親切；従順

com·plai·sant /kəmpléɪsənt | -zənt/ 形 愛想のよい, 親切な；従順な **～·ly** 副

com·pleat /kəmplíːt/ 形 =complete ❹

***com·ple·ment** /kɑ́(:)mplɪmənt | kɔ́mplɪ-/ (→ 動) (♦ 同音語 compliment) 名 Ⓒ ❶〈…を〉補って完全にするもの, 補完物〈**to**〉‖ Good wine is a ～ *to* an evening meal. 夕食にはよいワインがあれば申し分ない ❷《単数形で》(必要な)総数[量]；(船などの)定員, 定数 ‖ a full ～ of staff 定員いっぱいのスタッフ ❸ (対の)一方 ❹〖文法〗補語；補文 ‖「a subjective [an objective] ～ 主格[目的格]補語 ❺〖数〗余角；補集合；補数 ❻ Ⓤ〖生理〗(血液・リンパ中の)補体 ❼〖楽〗補足音程
―動 /kɑ́(:)mplɪmènt | kɔ́mplɪ-/ 他 …を補完する；…を引き立てる ‖ They're a perfect team because their talents ～ each other. 彼らはそれぞれの技量を補い合って完璧(かんぺき)なチームになっている / The tie ～*s* your suit. そのネクタイはスーツを引き立てていますね
語源 *com-* together + *-ple-* fill (満たす) + *-ment* (名詞語尾)：必要なものを満たすこと

***com·ple·men·ta·ry** /kɑ̀(:)mplɪménṭəri | kɔ̀mplɪ-/ (◁ ♦ 同音語 complimentary) 形 (**more ～ ; most ～**) ❶〈…に〉相補的な, 補い合う；補って完全にする〈**to**〉‖ ～ angles〖数〗余角 ❷《限定》補完医学[療]の[で用いられる]
▸▸ **～ cólor** 名 Ⓒ《しばしば ～s》〖美〗① 補色, 余色 ② =secondary color **～ distribútion** 名 Ⓤ〖言〗相補分布 **～ médicine** 名 Ⓤ 補完医学[療] (alternative medicine)《伝統的西洋医学[療]を補完するもの. 鍼灸(しんきゅう)・整骨など》

:com·plete /kəmplíːt/ 形 動

中心義 **すべてを満たして完全な状態(にする)**

形 **完全な❶ すべてがそろった❷ 完成した❸**
動 他 **完全なものにする❶ 完成する❷**

―形 (**more ～**, 《まれ》**-plet·er** ; **most ～**, 《まれ》**-plet·est**)《通例比較なし》
❶ **完全な**, 完璧(かんぺき)な(⇨ 類語), 徹底した；《限定》全くの ‖ His marriage came as a ～ surprise to me. 私にとって彼の結婚は本当に驚きだった / a ～ failure 完全な失敗 / an **almost** ～ lack of information 情報がほぼ全くないこと / a ～ fool 大ばか者(♦ 完全さの度合いを示す場合は, 比較変化することもある.〈例〉His book is the most ～ treatment of the subject. 彼の本はその問題を最も完璧に扱ったものだ)
❷ **すべてがそろった**, 欠けたところのない；《叙述》〈…を〉完備した, 〈…が〉ついた〈**with**〉‖ a ～ dinner set 完全なーそろいの食器(♦ 絶対的な状態なので比較はできない.〈例〉×a more ～ dinner set) / the ～ works of Agatha Christie アガサ=クリスティー全集 / a box lunch ～

with chopsticks 箸(はし)までついている弁当
❸《通例叙述》**完成**[完結]**した**, 仕上がった(⇨ END 類語) ‖ Your assignment must be ~ by tomorrow morning. 課題は明朝までに終えなさい
❹《主に戯》熟達した, 非の打ち所のない (compleat) ‖ a ~ chess player チェスの達人 ❺〘植〙(花が)完全な《萼片(がくへん), 花弁, 雄しべ, 雌しべのすべてを備えている》
—動 〔▶ completion 名〕(**~s** /-s/ ; **-plet·ed** /-ɪd/ ; **-plet·ing**)
—他 ❶ (欠けたものを補って)…をすべてそろえる, **完全なものにする** ; …を完璧にする ‖ This will ~ my coin collection. これで私のコイン収集は完全なものになる / A baby will ~ their happiness. 赤ちゃんがいれば彼らの幸福は完璧なものになる
❷ …を仕上げる, 終わらせる, **完成する** ; …を達成する(♦ しばしば受身形で用いる) ‖ Only half of the students ~*d* the course. 学生の半数しかそのコースを修了しなかった / **successfully** ~ a project プロジェクトを成功裏に終わらせる ❸〔質問用紙など〕に必要なことを書き入れる ‖ ~ a form [questionnaire] 用紙[アンケート]に記入する
❹〘アメフト〙(クォーターバックが)〔フォワードパス〕を成功させる
—自《英》不動産の売買を完了する
~·ness 名
語源 *com-* completely+*-plete* filled : 十分満たされた
類語《形 ❶》**complete** 必要な部分などが全部備わって「完全な」.〈例〉the *complete* works of Chikamatsu 近松全集
perfect すべての点において欠けたところがなく, 望み得る最高の状態にあって「完全な, 完璧な」.〈例〉a *perfect* translation 申し分のない完璧な訳

com·plete·ly /kəmplíːtli/
—副《通例比較なし》**完全に**, 全くすっかり ‖ The band's name is now (**almost**) ~ forgotten. そのバンドの名前は今では(ほぼ)完全に忘れられている / ~ silent [**different**] 全く静かな[異なった](♦「変化が完結した状態」を示さない語とともには使えない.〈例〉He is *completely* bald [×tall].) / Humans are not as ~ social as ants or bees. 人類はアリやハチほどには完全に集団生活を営む動物ではない (♦ 否定文では部分否定を表す) / I agree with you ~. ご意見に全面的に賛成です (♦ この位置では "in every respect" の意味になるのがふつう) / I ~ agree with you. ご意見に全く賛成です (♦ この位置では "strongly" に近い意味)

com·ple·tion /kəmplíːʃən/ 名〔◁ complete 動〕❶ U 完成, 完了 ; 修了, 達成 ; U C〘法〙(不動産などの)売買契約成立 ‖ The new hotel is nearing ~. 新しいホテルは完成間近だ / bring ... to ~ …を完成させる, 仕上げる / on ~ of my whole course of study 私が全課程修了の際に / a ~ date 締め切り日 ❷ C〘アメフト〙成功したフォワードパス

com·plex /kɑ̀(ː)mpléks | kɔ́mpleks/ ⊲シ (→ 名) 形 名
—形 (**more ~** ; **most ~**)
❶ **複合 (体) の**, (密接に関連した) 多くの部分からなる ‖ a ~ network of roads 複合的な道路網
❷ **複雑な**, 込み入った, 錯綜(さくそう)した (↔ simple) ‖ a ~ argument [situation, personality] 複雑な議論 [状況, 性格] ❸〘文法〙複合の, 複文の ‖ a ~ word 複合語
❹〘数〙複素数の ❺〘化〙錯体(さくたい)の
—名 /kɑ́(ː)mplèks | kɔ́m-/ (複 **~·es** /-ɪz/) C ❶ (施設などの) **複合体**, 集合体, 共同ビル ‖ a sports [leisure, cinema] ~ (複合)スポーツ施設[レジャーセンター, シネマコンプレックス] / a petrochemical ~ 石油化学コンビナート /「a housing [OR an apartment] ~ 団地
❷〘心〙コンプレックス《無意識に抑圧された感情・観念》(❢ complex だけでは「劣等感」を意味しない)(→ inferiority complex, Oedipus complex, superiority complex, persecution complex)
❸《口》〈…についての〉固定[強迫]観念, 強い嫌悪感[偏見]〈**about**〉‖ My son has a ~ *about* being fat. 私の息子は太っているとかたくなに思い込んでいる [太っていることに強い嫌悪感を抱いている] ❹〘化〙錯体
語源 ラテン語 *com-*(共に) +*plectere*(織る, 編む) : 組み合わせる
▸▸ **~ fráction** 名 C〘数〙繁[複]分数 **~ númber** 名 C〘数〙複素数 **~ séntence** 名 C〘文法〙複文《従属節を含む文. → compound sentence》

com·plex·ion /kəmplékʃən/ 名 ❶ C U 顔色, 血色 ; 肌の色つや ‖ have a fair [dark, ruddy, pale] ~ 色白の[浅黒い, 血色のよい, 青白い]顔色をしている ❷ C《通例単数形で》様子, 外観 ; 様相, 形勢 ; 性質 ‖ The evidence put a (whole) new ~ on the case. その証拠が挙がって事件は(全く)新たな様相を呈してきた
語源「組み合わさったもの」の意のラテン語 *complexion* から(→ complex 語源). 中世生理学で体液(humours)の割合で人の顔色や性質が決まると考えられた.
com·pléx·ioned 形《複合語で》…の顔色の ‖ a fair-~ girl 色白の少女

com·plex·i·ty /kəmpléksəṭi/ 名 (複 **-ties** /-z/) ❶ U 複雑(性), 錯綜 ❷ C《通例 -ties》複雑なもの

com·pli·ance /kəmpláɪəns/ 名〔◁ comply 動〕U ❶〈要求・命令などに〉応じる[従う]こと, 応諾, 服従〈**with**〉❷ 人の言いなりになること ; 卑下, 追従
in compliance with ... 〔人の希望など〕に従って, …に応じて

com·pli·ant /kəmpláɪənt/ 形〔◁ comply 動〕❶ 柔順な, (人の)言いなりになる, 唯々(いい)諾々とした ❷〈規格・基準などに〉従う〈**with**〉 **~·ly** 副

com·pli·cate /kɑ́(ː)mpləkèɪt | kɔ́mplɪ-/ (→ 形) 動 他
❶ …を複雑にする(↔ simplify), 理解[対処]しにくくする, 紛糾させる ‖ to ~ things [OR matters] further ... さらにやっかいなことには… ❷〘医〙〔病気など〕を悪化させる, 合併症を引き起こす ‖ Diabetes often ~*s* other conditions. 糖尿病はほかの症状を悪化させることが多い
—形 /kɑ́(ː)mpləkət | kɔ́mplɪ-/〘生〙(植物の葉・昆虫の羽などが)縦状に重なった
語源 *com-* together+*-plic-* fold (折り重ねる) +*-ate* (動詞・形容詞語尾) : 重なり合って複雑にする

com·pli·cat·ed /kɑ́(ː)mpləkèɪṭɪd | kɔ́mplɪ-/
—形 (**more ~** ; **most ~**)
❶ **複雑な, 込み入った**, ややこしい, 処置が困難な ‖ a situation too ~ to explain in words 言葉では説明できないほど複雑な状況
❷ 複雑な機構[作り]の, 多くの要素よりなる
❸〘医〙合併[併発]した
~·ly 副

com·pli·ca·tion /kɑ̀(ː)mpləkéɪʃən | kɔ̀mplɪ-/ 名 C
❶ (物事・物語などを)複雑にする問題[要因], やっかい事 ; 複雑な [混乱した] 状態 ‖ Because of some legal ~*s* our plan was delayed. 法的なやっかい事のために我々の計画は遅れた ❷ U 複雑化 ; 紛糾 ‖ the ~ of an already serious problem すでに深刻な問題のいっそうの紛糾 ❸〘医〙《通例 ~s》病気の併発, 合併症 ‖ ~*s* of obesity 肥満に伴う余病 / pregnancy ~*s* 妊娠中に生じる合併症

com·plic·it /kəmplísət/ 形 共謀して, 連座して
com·plic·i·ty /kəmplísəṭi/ 名 U〈…との〉共犯, 共謀, 連座〈**in**〉

com·pli·ment /kɑ́(ː)mpləmənt | kɔ́mplɪ-/《発音注意》(→ 動) 名 ❶ C 賛辞, 褒め言葉, お世辞(↔ criticism) (⇨ 類語) ‖ Thank you for your ~. お褒めいただいてありがとうございます (♥ 英語圏では褒め言葉に対して謙遜(けんそん)せず, このように受け入れるのが自然) / I paid her a ~ on her performance. 私は彼女の演技を褒めた / "Interesting tie!" "Can I take that as a ~?"「面

白いネクタイですね」「それって褒め言葉ととっていいの？」/ Your presence is a great ～. ご臨席いただき光栄です（♦ パーティーなどの出席者へのあいさつ）/ deserve a ～ 賛辞に値する / shower him with ～*s* 彼を褒めちぎる / a left-handed《米》[《英》back-handed] ～ よくも悪くも解釈できる賛辞 ❷ Ⓤ（言葉・態度による）敬意の表現 ‖ He paid her the ～ of meeting her parents. 彼は（彼女に敬意を示して）彼女の両親と会った ❸ Ⓒ《～s》あいさつの言葉 ‖ the ～*s* of the season（クリスマス・新年などの）時候のあいさつ / My ～*s* to the chef. 料理長によろしく（♥ 料理に対する褒め言葉）/ Please present her with my ～*s*.《堅》彼女によろしくお伝えください（♦ Please give my best regards to her. などの方がふつう）

retùrn the cómpliment ① 返礼する ② （不愉快な思いをさせられたことに対する）仕返しをする

(***with the***) ***còmpliments of a pérson*** ; ***with a pèrson's cómpliments*** 謹呈，贈呈（♦ 著者・企業などが無料で送る品に記す丁寧な文句）‖ *With* the author's ～*s* 著者謹呈

— 動 /ká(:)mpləmènt | kɔ́mplɪ-/ 他 ❶〔人〕を〈…について〉褒める；〔人〕に〈…の〉お祝いを言う〈**on, for**〉‖ ～ him *on* his great speech 素晴らしい演説だったと彼を褒める ❷《英では古》（敬意を示すため）〔人〕に〈…を〉贈呈する，うやうやしくささげる〈**with**〉‖ ～ her *with* an honorary degree 彼女に名誉学位を贈呈する

類語 《名 ❶》**compliment**, **flattery** 両方とも「お世辞」という訳語を当てることがあるが，compliment は心からの，または儀礼的な「褒め言葉，賛辞」で，flattery は下心などのある，心にもない，口先だけの「へつらい，おべっか」.

▸▸ ～(s) **slìp** 名 Ⓒ《英》（社名・住所入りの）贈呈票（♦ 品物を送る際に添える）

com·pli·men·ta·ry /kɑ̀(:)mpləménṭəri | kɔ̀mplɪ-/ 〈シ〉 形 ❶ 贈呈された，無料の ‖ a ～ ticket 招待券 ❷ 賞賛する，お世辞の；敬意を表した，あいさつの

▸▸ ～ **clóse** /-klóuz/ 名 Ⓒ 手紙の結びの文句（Sincerely yours, Yours truly など）

com·pline, com·plin /ká(:)mplɪn | kɔ́m-/ 名 Ⓤ〘宗〙終課，終とう（修道院の日課に定められた1日7回の礼拝時間の最後のもの）

***com·ply** /kəmpláɪ/ 動〔▶ compliance 名, compliant 形〕(**-plies** /-z/ ; **-plied** /-d/ ; **～·ing**) 自〈願い・命令などに〉応じて[添って]行動する；〈…に〉応じる；〈規則・基準などに〉従う〈**with**〉‖ We are ready to ～ *with* his wishes [request]. 彼の願い[要求]に応じる用意がある / ～ *with* the regulation 規定に従う

com·po /ká(:)mpou | kɔ́m-/ 名（複 **～s** /-z/）Ⓤ Ⓒ 混合物，合成材；《俗》〘建〙漆喰（しっくい），モルタル

***com·po·nent** /kəmpóunənt/ 名 Ⓒ ❶（機械・車などの）構成部品[部分] ‖ electronic ～*s* 電子部品 / stereo ～*s* ステレオコンポ ❷ 構成要素 ‖ analyze a sentence into its ～*s* 文を構成要素に分析する / a basic [vital] ～ in a success 成功の基本的[不可欠な]要素 ❸〘数〙（ベクトルの）成分；〘化〙（化合物を構成している）元素成分 — 形《比較なし》《限定》構成している，構成要素としての ‖ ～ parts 構成要素

com·port /kəmpɔ́:rt/ 動 他《～ oneself で》《堅》振る舞う，（地位・階級などにふさわしく）身を処する ‖ ～ oneself gracefully 優雅に振る舞う — 自《堅》〈…に〉ふさわしい，適合する〈**with**〉 **～·ment** 名 Ⓤ《堅》振る舞い，行状

:com·pose /kəmpóuz/ 中心義 …を形作る

— 動〔▶ composition 名, composure 名, composite 形〕(**-pos·es** /-ɪz/ ; **～d** /-d/ ; **-pos·ing**)

— 他 ❶《進行形不可》**a**《+目+**of** 名》《受身形で》…で**構成される**（⇨ CONSIST 類語P）‖ The city is ～*d of* seven wards. その都市は7つの区からなっている / a team ～*d* mainly [largely, entirely] *of* females 主に[大部分，完全に]女性からなるチーム

b《+目》（要素が集まって）…を構成している；（要素・部品などを集めて）…を組み立てる，作り上げる ‖ Three parties ～ the coalition government. 連立政権は3党で構成されている / ～ an easy meal using leftovers 残り物で簡単な食事を作る

❷〔音楽・詩・芸術作品〕を**創作する**；〔手紙・演説〕を（入念に）書く；〔絵画・写真〕の構図を決める ‖ ～ a piano sonata ピアノソナタを作曲する

❸《受身不可》〔心〕を落ち着ける；〔態度〕を和らげる；《～ oneself で》（努めて）気を静める，落ち着く ‖ After the terrible argument, she took a short walk to ～ herself. 激しい口論の後，心を静めるため彼女は少し散歩をした / ～ one's thoughts for ... 気を静めて…に取りかかる ❹《古》〔論争など〕を調停する ❺〘印〙〔活字〕を組む；…を活字に組む

— 自 ❶ 作曲する；詩を作る；（絵などが）構図としてまとまる ❷〘印〙活字を組む

語源 *com-* together＋*-pose* put：一緒に置いて1つのものを作る

com·posed /kəmpóuzd/ 形《叙述》落ち着いた，平静な (calm) **-pós·ed·ly** /-əd-/ 副

***com·pos·er** /kəmpóuzər/ 名 Ⓒ 作曲家

***com·pos·ite** /kəmpá(:)zət | kɔ́mpəzɪt/《発音注意》(→ 動) 形《通例限定》❶ 合成[混成]の，複合の ‖ ～ material（モルタルなどの）合成材 / a ～ carriage（複数の等級の客室がある）混合客車 ❷〘植〙キク科の ❸〘数〙合成[複合]関数の ❹《C-》〘建〙コンポジット[混合柱]式の（イオニア式とコリント式を合成した古代建築様式の1つ）

— 名 Ⓒ ❶ 合成[混成]物；（建築用の）合成材 ❷〘植〙キク科の植物 ❸《主に米口》（犯人の）モンタージュ写真 ❹《C-》Ⓤ〘建〙コンポジット[混合柱]様式

— 動 /kəmpá(:)zət | kɔ́mpəzàɪt/ 他〔写真など〕を合成する **～·ly** 副

▸▸ ～ **constrúction** 名 Ⓤ Ⓒ〘建〙混合様式建築 ～ **phótograph** 名 Ⓒ 合成写真 ～ **schòol** 名 Ⓒ（カナダの）総合中等学校

***com·po·si·tion** /kɑ̀(:)mpəzíʃən | kɔ̀m-/ 名〔◁ compose 動〕❶ Ⓤ 構造，構成，組織，組成，合成；組織成分 ‖ the ～ of a mineral 鉱物の組成 / analyze the ～ of the soil 土壌の成分を分析する / in ～ 構造[構成]上は / the ～ of a new government 新政府の組織結成 ❷ Ⓤ 合成（すること）；Ⓒ 合成物[材]，（合成の）模造品 ‖ the ～ of forces〘理〙力[波動]の合成 ❸ Ⓤ 作曲；Ⓒ（音楽・文学・芸術）作品；Ⓤ 作曲技法，文学[芸術]作品の創作技法 ❹ Ⓒ（教科としての）作文 ❺ Ⓤ Ⓒ（写真・絵などの）構図 ❻ Ⓒ〘法〙妥協，和解；（債権者と債務者間の）示談，債務免除；示談金 ‖ make a ～ with one's creditors 債権者と債務免除で合意する ❼ Ⓤ〘言〙（語の）複合 ❽ Ⓤ〘印〙植字，組版 ❾ Ⓤ〘数〙合成関数（の形成）

com·pos·i·tor /kəmpá(:)zəṭər | -pɔ́zɪ-/ 名 Ⓒ 植字工

com·pos men·tis /kɑ̀(:)mpəs ménṭəs | kɔ̀mpəs méntɪs/ 形《叙述》〘法〙精神の健全な；正気の（→ non compos mentis）（♦ ラテン語より）

***com·post** /ká(:)mpoust | kɔ́mpɔst/ 名 ❶ Ⓤ 堆肥（たいひ），積み肥（ごえ）；配合土，培養土 ❷ Ⓒ 混合物，合成物

— 動 他 …を堆肥にする；〔土地〕に堆肥を施す

***com·po·sure** /kəmpóuʒər/ 名〔◁ compose 動〕Ⓤ 落ち着き，平静，沈着 ‖ keep [lose] one's ～ 平静を保つ[失う] / recover [OR regain] one's ～ 落ち着きを取り戻す / with perfect ～ 落ち着き払って，全く動揺せずに

com·pote /ká(:)mpout | kɔ́m-/ 名 コンポート ❶ Ⓒ Ⓤ 果物のシロップ漬け[煮] ❷ Ⓒ 果物・菓子をのせる高足付きの皿

***com·pound**[1] /ká(:)mpaund | kɔ́m-/《アクセント注意》(→ 動) 形《比較なし》《通例限定》❶ 合成の，複合の，混合[混成]の；〘化〙化合物の ❷〘生〙複数の部分[個体]からなる ❸〘文法〙（語・文が）複合の

— 名 Ⓒ ❶ 複合[合成]物；〘化〙化合物 ‖ Water is a ～

of hydrogen and oxygen. 水は水素と酸素の化合物である ❷(さまざまな要因の) 入り混じり, 混合 ‖ Marriage is like a ～ of commitment and compromise. 結婚は献身と妥協の共存のようなものだ ❸〖文法〗複合語《2つ以上の語が結びついてできた語. 〈例〉bookcase, high school》 ❹ (=～ **léaf**)〖植〗複葉

— 動 /kəmpáund/ 他 ❶〔問題など〕を悪化させる, こじらせる (♦ しばしば受身形で用いる) ‖ The situation was ～*ed* by his sudden illness. 彼の急病により状況は悪化した / ～ the problem 問題をこじらせる ❷〈成分など を組み合わせて〉〔合成物〕を作る[構成する];〔薬〕を〈…から〉調合する〈**of, from**〉;〔語〕を複合[合成]する(♦ しばしば受身形で用いる) ‖ a substance ～*ed of* two different chemicals 2種類の化学薬品からなる物質 / ～ a new medicine *from* twelve ingredients 12種類の成分から新しい薬を調合する ❸ …を〈…と〉混合する〈**with**〉;〔成分など〕を混ぜ合わせて〈…を〉作る〈**into**〉‖ ～ herbs *into* a medicine ハーブを混ぜ合わせて薬品を作る ❹〔利息〕を複利計算にする ❺〔負債〕を(一部免除して) 清算する, 和解に付す ❻〖法〗(金銭の授受で)〔犯罪〕を示談にする, 和議にする **—** 自 複合する;示談にする

語源 *com-* together+*-pound* put: 一緒に置く

▶▶ **～ éye** 名 C (昆虫の) 複眼 **～ fráction** 名 C〖数〗繁分数 (complex fraction) **～ frácture** 名 C 複雑骨折 **～ ínterest** 名 U〖商〗複利 **～ séntence** 名 C〖文法〗重文《節を等位接続詞でつないだ文》(→ complex sentence) **～ tíme** 名 U《英》〖楽〗複合拍子《3拍子が2個以上合わさった 6/4, 9/8 など》

com·pound² /ká(:)mpàund | kɔ́m-/ 名 C (塀・さくなどで囲んだ) 地区, 構内;(外国人・先住民など用の) 特別居住区;《南ア》(囲いをした) 移民労働者の住宅地区

***com·pre·hend** /kà(:)mprɪhénd | kɔ̀m-/ 動 他《進行形不可》❶《しばしば否定文で》…を理解する (⇨ UNDERSTAND 類語) **a** 《+目》〔意味・性質・重要性〕を理解する, 把握する ‖ He didn't fully ～ the implication of the figures. その数字の意味するところを彼は完全にはわかっていなかった **b** 《+that 節》…ということを理解する ‖ She instantly ～*ed that* he was looking for a job. 彼が仕事を探しているということが彼女にはすぐにわかった **c** 《+wh 節》…かを理解する ‖ I cannot ～ *how* he missed that chance. 彼がどうしてせっかくの機会を逃したのか私には理解できない ❷《堅》…を含む **—** 自 理解する

語源 *com-* together+*-prehend* seize (把握する)

com·pre·hen·si·ble /kà(:)mprɪhénsəbl | kɔ̀m-/ 形〈…にとって〉(十分に) 理解できる, わかりやすい〈**to**〉

còm·pre·hèn·si·bíl·i·ty 名 **-bly** 副

***com·pre·hen·sion** /kà(:)mprɪhénʃən | kɔ̀m-/ 名 U ❶ 理解, 把握;(理解によって得た) 知識 ‖ attain full ～ of ... …を完全に理解する / have no real ～ of ... …についてはっきりとは理解していない / in ～ of his instruction 彼の指示を了解した上で ❷ (人の) 理解力 ‖ It is beyond my ～. それは私には理解できない / his ～ of language 彼の言語理解能力 ❸ C U《主に英》理解力テスト ‖ a listening ～ 聞き取り力[ヒアリング]テスト

***com·pre·hen·sive** /kà(:)mprɪhénsɪv | kɔ̀m-/ <シ 形 (**more ～; most ～**) ❶ 包括的な, 幅広い, 広範囲にわたる ‖ a ～ survey [study, knowledge] 広範囲にわたる調査[研究, 知識] / ～ insurance 総合保険 ❷《英》(教育が) 総合的な《11-18歳の能力の異なった生徒が同じ学校や同じクラスで勉強する》❸《古》理解の;理解力のある

— 名《英》=comprehensive school

～·ly 副 **～·ness** 名

▶▶ **～ examinàtion** 名 C (学位をとるためなどの) 総合試験 **Comprehènsive (Nùclear) Tèst Bàn Tréaty** 名 包括的核実験禁止条約 (略 CTBT) **～ schòol** 名 C《英》総合中等学校《職業教育・一般教育を同時に施す中等学校》

***com·press** /kəmprés/《アクセント注意》(→ 名) 動 他 ❶ …を押し[締め]つける;〔空気・ガスなど〕を圧縮[圧搾]して〈…に〉詰め込む〈**into**〉‖ She ～*ed* her lips grimly. 彼女は険しい表情で唇を結んだ / The gas was ～*ed into* a cylinder. その気体は圧縮されてボンベに詰め込まれた ❷〔文章など〕を〈…に〉要約する;〔時間など〕を〈…に〉短縮する〈**into**〉‖ He tried to ～ his thoughts *into* fewer words. 彼は自分の考えをもっと少ない言葉に要約しようとした ❸ 💻〔ファイル・データ〕を圧縮する **—** 自〈…に〉圧縮される〈**into**〉 **—** 名 /ká(:)mprès | kɔ́m-/ C ❶ (止血用などの) 圧迫包帯, 湿布 ‖ a cold ～ 冷湿布 ❷ (綿花を包装する) 圧搾機 **～·i·ble** 形 圧縮できる

▶▶ **～ed áir** 名 U 圧搾空気

***com·pres·sion** /kəmpréʃən/ 名 U 圧縮, 圧搾;〖機〗(内燃機関内での燃料の) 圧縮(率);要約;💻(ファイル・データの) 圧縮

com·pres·sive /kəmprésɪv/ 形 圧縮力のある;圧縮する

com·pres·sor /kəmprésər/ 名 C 圧縮[圧搾]装置, コンプレッサー

***com·prise** /kəmpráɪz/ 動 他《進行形はまれ》(⇨ CONSIST 類語) ❶ (全体が) …からなる, 構成される;…を含む ‖ The U.S.A. ～*s* fifty states and Washington, D.C. アメリカ合衆国は50州および首都ワシントンからなる (♦ 受身形は Fifty states and Washington, D.C. are comprised in [×by] the U.S.A.) ❷ (部分が) …を構成する, 作り上げる (✎ make up) ‖ Ten chapters ～ the first part. 10章で第1部を構成する (♦ かつては ❷ の用法は誤りと考える人が多かったが, 現在はその受身形 The first part is comprised of [×by] ten chapters. とともに容認される傾向にある)

***com·pro·mise** /ká(:)mprəmàɪz | kɔ́m-/ 名《発音・アクセント注意》❶ U C 妥協, 歩み寄り ‖ The coalition government was the result of ～ on all sides. その連立政権はすべての派の妥協の結果だった / settle an argument by ～ 妥協によって論争を収める ❷ C 妥協案, 妥協の産物[結果] ‖ make a ～ 妥協する / reach [OR arrive at, come to] a ～ with her on an issue ある問題で彼女と歩み寄る ❸ C 中間のもの, 折衷物 ‖ A folding umbrella is a ～ between size and convenience. 折り畳み傘は大きさと便利さを折衷したものだ ❹ C (性質・名声などを) 損なう[危うくする]もの

— 動 自 妥協する, 歩み寄る;(不名誉な) 譲歩をする〈**with** 人と;**on, over** …のことで〉‖ The management ～*d with* the union *on* [OR *over*] working conditions. 経営者側は労働条件をめぐって組合側と妥協した / I cannot ～ *on* fundamentals. 基本的な点で妥協できない

— 他 ❶ (思慮のない行為などにより)〔人 (の名誉・名声など)〕を危うくする, 評判を落とす;…を危険にさらす;《～ oneself で》評判を落とす, 体面を汚す ‖ Being seen with him ～*d* her reputation. 彼と一緒のところを見られて彼女は評判を落とした ❷〔主義・理想など〕を曲げる

語源 ラテン語 *com-* (共に)+*promittere* (約束する): (調停者に従うという) お互いの約束

cóm·pro·mìs·ing /-ɪŋ/ 形 (人の名声などを) 傷つけるような, 危うくする, 危険な

Comp·stat, Comp·stat /ká(:)mpstæt, ニニ/ 名 U《米》コンプスタット《ニューヨーク市警察が始めたコンピューター利用による犯罪捜査ネットワーク》(♦ *Computer*+*statistics* より)

comp·trol·ler /kəntróulər/《発音注意》名 C (特に官職名で) (会計) 検査官 (controller) ‖ the *Comptroller* General (米国の) 会計検査院院長

***com·pul·sion** /kəmpʌ́lʃən/ 名〔◁ compel 動〕❶ C〈…しようとする〉(やみ難い) 衝動〈**to do**〉;〖心〗強迫衝動 (♦ 多くは危険なことやよくないことについていう) ‖ She felt a ～ *to* slap his face. 彼女は彼の顔をひっぱたいてやりたい衝動に駆られた ❷ U/C《単数形で》強制, 無理強い ‖ He felt no ～ to attend the meeting. 彼にはその会議に出なければという気持ちはなかった / under ～ 強制さ

れて

*com·pul·sive /kəmpʌ́lsɪv/ 形〔◁ compel 動〕❶ やみ難い；抗し難い ‖ a ～ desire やみ難い欲求 / a ～ gambler どうしても足の洗えない賭博(とばく)師 ❷ (本・番組が)面白くてやめられない ‖ Comic books are ～ reading. 漫画本は読み出したらやめられない ❸ 強制的な，無理強いの；〖心〗強迫衝動的な ──名 C 強迫衝動に支配される人 ～·ly 副 ～·ness 名

*com·pul·so·ry /kəmpʌ́lsəri/ 形〔◁ compel 動〕❶ 強制された，義務的な(↔ voluntary)；必修の ‖ ～ education 義務教育 / a ～ subject 必修科目 / Judo is ～ at my school. 柔道は私の学校では必修です ❷ 強制する(↔ permissive)
──名 (複 -ries /-z/) C 〖スポーツ〗(体操・フィギュアスケートなどの)規定演技，コンパルソリー -ri·ly 副

com·punc·tion /kəmpʌ́ŋkʃən/ 名 U 《通例否定文で》〈…についての〉良心の呵責(かしゃく)，気のとがめ，後ろめたさ；軽い後悔〈about〉

com·pu·ta·tion /kɑ̀(ː)mpjutéɪʃən | kɔ̀m-/ 名 ❶ U (特に計算機を用いての)計算，算定；計算法；コンピューターの使用 ❷ C 計算の結果
～·al 形《限定》計算に関する；コンピューター(使用)の

*com·pute /kəmpjúːt/ 動 他 …を計算する，査定する；…を〈…と〉見積もる〈at〉 ‖ ～ its cost *at* about $1,000 その費用を約1,000ドルと見積もる
──自 ❶ 計算[査定]する ❷ コンピューターを使う ❸《口》《否定文で》意味をなす，もっともである
語源 *com-* together＋*-pute* think

com·put·er /kəmpjúːtər/

──名 (複 ～s /-z/) C ❶ **コンピューター**，電子計算機；計算機 ‖ The ～ ⌈has crashed [OR is down]. コンピューターが故障した / write **on** a ～ コンピューターで書く / feed data to the ～ コンピューターにデータを入力する / ～ peripherals コンピューター周辺機器

連語 【動＋～】 use a ～ コンピューターを使う / switch [OR turn] on [off] a ～ コンピューターの電源を入れる[切る] / boot [OR start] up a ～ コンピューターを立ち上げる[起動する] / shut down a ～ コンピューターを終了させる
【名/形＋～】 a personal ～ パソコン / a desktop [notebook, laptop] ～ デスクトップ[ノート型，ラップトップ]パソコン / a home ～ 家庭用パソコン

❷ 計算する人，計算者
▸▸ ～ **cónferencing** 名 U コンピューター会議《コンピューターを使って遠隔地の人と行う会議》 ～ **crìme** 名 C/U《集合的に》コンピューター犯罪 ～ **dàting** 名 U コンピューターによる良縁探し ～ **gàme** 名 C コンピューターゲーム ～ **gráphics** 名 U 💻コンピューターグラフィックス《コンピューター上で処理・編集・作成した画像・図形．略 CG》 ～ **lànguage** 名 C 💻コンピューター言語，プログラミング言語(→ programming language)《COBOL, BASIC など》 ～ **líteracy** 名 U コンピューターリテラシー《コンピューターの使用に関する知識と技能》 ～ **mòdeling** 名 U コンピューターモデルによる調査 ～ **scíence** 名 U コンピューターサイエンス ～ **vírus** 名 C 💻コンピューターウイルス《コンピューターシステムに侵入してほかのプログラムやシステムを破壊するプログラム》

compúter-àided 形 コンピューター支援の[を利用した]
▸▸ ～ **design** 名 U コンピューター援用の設計《コンピューターとの対話形式による設計．略 CAD》 ～ **manufácturing** 名 U コンピューター援用の製造《コンピューターを採用して製品を製造すること．略 CAM》

com·put·er·ate /kəmpjúːtərət/ 形《口》＝computer-literate

com·put·er·ese /kəmpjùːtəríːz/ 名 U《戯》コンピューター用プログラミング言語，コンピューター言語

compùter-fríendly 形 ❶ コンピューターで扱える[扱いやすい] ❷ コンピューターに明るい

compúter-gènerated 形 コンピューターで作られた ‖ ～ music コンピューターで作った音楽

compùter-illíterate 形 コンピューターを使えない，コンピューターの知識が乏しい

*com·put·er·ize /kəmpjúːtəràɪz/ 動 他 ❶〔データ〕をコンピューターに入れる；…をコンピューターで処理[管理]する，コンピューター化する ‖ ～ the entire operation すべての作業をコンピューターで処理する / ～*d* typesetting コンピューター組版 ❷ …にコンピューターを設備[導入]する
com·pùt·er·i·zá·tion 名
▸▸ ～**d àxial tomógraphy** 名 U〖医〗X線体軸断層撮影(computed tomography)《略 CAT, CT》

compùter-líterate 形 コンピューターを使える，コンピューター(の操作)に詳しい(↔ computer-illiterate)

compúter·phòbe 名 C コンピューター恐怖症の人

*com·put·ing /kəmpjúːtɪŋ/ 名 U コンピューターの利用[使用]

*com·rade /kɑ́(ː)mræd | kɔ́mreɪd/《発音・アクセント注意》名 C ❶ (通例男性の)(同じ経験を共有した)友達，同僚，仲間(⇨ FRIEND 類語)；戦友(comrade-in-arms) ‖ an old ～ (苦楽を共にした)旧友 ❷ (同じ政党・組合などの)党員，組合員；(特に共産党の)同志 ‖ Chairman Mao was our great ～. 毛主席は我々の偉大な同志であった / *Comrade* Krylenko (敬称または呼びかけで)同志クリレンコ
～·ly 形 友人[仲間]の(ような)，同志的な ～·shìp 名 U 友人[仲間]であること；友人関係；友情，同志愛

còmrade-in-árms 名 (複 **comrades-**) C《旧》戦友

Com·sat /kɑ́(ː)msæt | kɔ́m-/ 名《ときに c-》C《口》コムサット，通信衛星(♦ *com*munication＋*sat*ellite より)

*con¹ /kɑ(ː)n | kɔn/ 名 C ❶ 反対；反対論，反対投票 ‖ the pros and ～*s* 賛否両論 ❷ 反対者，反論者

con² /kɑ(ː)n | kɔn/ 動 (**conned** /-d/；**con·ning**) 他〔船〕の操舵(そうだ)を指揮する

*con³ /kɑ(ː)n | kɔn/《口》動 (**conned** /-d/；**con·ning**) 他 (信用させて)〔人〕をだます，引っかける；取り込み詐欺にかける；〔人〕を丸め込んで〈…を〉させる〈**into** *doing*〉；〔人〕から〈…を〉巻き上げる〈**out of**〉；〔金など〕を〈…から〉巻き上げる〈**out of**〉 ‖ I was *conned into* buying the house. 私はだまされてその家を買わされた / ～ him *out of* $30＝～ $30 *out of* him 彼から30ドルをだまし取る / ～ one's way into ... 策略でうまく…に入り込む[ありつく]
──名 C《通例単数形で》詐欺，ぺてん
語源 confidence(信用)の短縮形
▸▸ ～ **àrtist** 名 C《口》① うそつき ② ぺてん師 ～ **gàme** 名 C ＝confidence game ～ **màn** 名 C《口》詐欺師 ～ **trìck** 名 C ＝confidence trick

con⁴ /kɑ(ː)n | kɔn/ 動 (**conned** /-d/；**con·ning**) 他《古》…を(入念に)学ぶ，勉強する；暗記する《*over*》

con⁵ /kɑ(ː)n | kɔn/ 名 ＝convict

con- 接頭《c, d, f, g, j, n, q, s, t, v の前で》＝com- ‖ *con*cern, *con*duct

Co·na·kry /kɑ́(ː)nəkri | kɔ̀nəkríː/ 名 コナクリ《西アフリカ，ギニアの首都》

con a·mo·re /kɑ̀(ː)n əmɔ́ːreɪ | kɔ̀n-/ 副《イタリア》(＝with love)〖楽〗愛情を込めて，優しく

con bri·o /kɑ̀(ː)n bríːoʊ | kɔ̀n-/ 副《イタリア》(＝with vigor)〖楽〗元気よく，活発に

con·cat·e·nate /kɑ(ː)nkǽtənèɪt | kən-/ 動 他《堅》…を(鎖状に)つなぐ[結びつける]，連結する

con·cat·e·na·tion /kɑ(ː)nkæ̀tənéɪʃən/ 名 U C 連結；(事件などの)連続，連鎖

con·cave /kɑ̀(ː)nkéɪv | kɔ̀n-/ ⟨シ⟩ 形 凹面(おうめん)の，凹形の(↔ convex) ‖ a ～ lens 凹レンズ

con·cav·i·ty /kɑ(ː)nkǽvəti | kɔ̀n-/ 名 (複 **-ties** /-z/) U 凹状；C 凹面，くぼみ

con·cà·vo-concáve /kɑ(ː)nkèɪvoʊ- | kɔn-/ ⟨シ⟩ 形

〖光〗(レンズが)両側とも凹面の, 両凹の

concàvo-convéx 〈シ〉 形 〖光〗凹凸(おうとつ)レンズの；一面が凹状で他面が凸状の, 凹凸の ‖ a ～ lens 凹凸レンズ

con·ceal /kənsíːl/ 動 他 ❶ …を隠す (⇨ HIDE¹ 類語) ‖ We found a microphone ～*ed* inside the flowerpot. 私たちは植木鉢の中に隠しマイクを発見した / The entrance was ～*ed* from the road by trees. 木々で入口は道路から見えなかった ❷ **a** 《+目》〔感情·真実など〕を〈…に〉隠しておく, 秘密にする (✎ cover up) 〈**from**〉 ‖ She ～*ed* her motive for the crime *from* her lawyer. 彼女は罪を犯した動機を弁護士に打ち明けなかった / ～ the fact that ... …という事実を隠す **b** 《+wh 節》…であるかを隠す ‖ He ～*ed how* disappointed he was. 彼はどんなにがっかりしたかを隠して言わなかった

con·ceal·er /kənsíːlər/ 名 C コンシーラー《しみ·くま·吹き出物を隠すために部分的に用いる肌色の化粧品》

con·ceal·ment /kənsíːlmənt/ 名 U 隠すこと, 隠匿；隠された状態, 潜伏

con·cede /kənsíːd/ 動 〔▶ concession 名〕 他 ❶ (しぶしぶ)認める **a** 《+目》〔正当性·真実など〕を(しぶしぶ)認める **b** 《(+to 名)+(that) 節》(…に)…であることを(仕方なく)認める ‖ We were forced to ～ *that* we had made a big mistake. 私たちは大きな間違いをしていたことを認めざるを得なかった / *Conceding that* she is a star player, she's impossible to deal with. 彼女が花形選手であることは認めるにしても彼女と付き合うのは不可能だ / "Maybe you're right," he ～*d*.「おそらく君が正しいのだろう」と彼は認めた **c** 《+目 *A*+目 *B* ≒ +目 *B*+to 目 *A*》*A* (人など)に対し*B* (主張など)を認める ‖ I have to ～ you that point. その点に関しては君に一歩譲るしかない

❷ **a** 《+目》…を(権利·特権として)許す, 与える；〔権利·特権など〕を与える ‖ ～ leadership of the party 党の指導権を与える **b** 《+目 *A*+目 *B* ≒ +目 *B*+to 目 *A*》*A*(人·団体)に*B*(権利など)を許す, 与える ‖ The government ～*d* the right to vote *to* all citizens. 政府は全国民に投票権を与えた / ～ independence *to* a region 地域の独立を認める / ～ us the privilege of free admission 我々に自由に入れる特権を与えてくれる

❸ (スポーツで)〔得点など〕を〈…に〉許す〈**to**〉 ‖ ～ a goal [game, match] 得点を許す[勝ちを譲る] / ～ 10 points *to* her 彼女に10点与えてしまう[とられる]

❹ (正式な結果が出る前に)〔選挙·戦いなど〕における敗北を〈…に〉認める〈**to**〉 ‖ The Prime Minister ～*d* the election *to* his opponents. 首相は選挙で相手側に敗れたことを認めた / ～ defeat 敗北を認める

―自 〈…に〉譲歩する, 容認する；敗北を認める〈**to**〉 ‖ ～ *to* his demand(s) 彼の要求に応じる

語源 *con-* together+*-cede* give away(譲る)

con·ceit /kənsíːt/ 名 ❶ U 《けなして》うぬぼれ, 思い上がり ‖ As successful as he was, the man had no trace of ～. あれほど成功した男なのに, 彼にはうぬぼれのかけらもなかった / Stars are often full of ～. スターは往々にしてうぬぼれが強い ❷ C 空想的な発想, 思いつき；(凝った[奇抜な])比喩(ひゆ)

con·ceit·ed /kənsíːt̬ɪd/ 形 《けなして》うぬぼれた, 思い上がった ‖ He is ～ about his looks. 彼は自分のルックスにうぬぼれている **～·ly** 副 **～·ness** 名

con·ceiv·a·ble /kənsíːvəbl/ 形 考えられる, 想像し得る (↔ inconceivable) ‖ It is hardly ～ that he said such a thing. 彼がそんなことを言ったとはとても考えられない (=He can't conceivably have said such a thing.) / by every ～ means 考えられるすべての手段で

con·ceiv·a·bly /kənsíːvəbli/ 副 ❶ 《文修飾》考えられる限りでは, たぶん ❷ 《can を伴う否定文·疑問文で》一体, およそ, とても

con·ceive /kənsíːv/ 動 〔▶ concept 名, conception 名〕 他 《通例進行形不可》 ❶ 〔考えなど〕を抱く, 〔計画など〕を思いつく；《文》〔感情など〕を抱く ‖ ～ a「bright idea [project] 名案[計画]を思いつく / He ～*d* a great love for jazz. 彼はジャズをこよなく愛した

❷ **a** 《+目+as 名·形 / 目+to be 補》…が…であると思う, 考える ‖ Nobody ～*s* the earth *as* flat anymore. 地球が平面だと考える人はもはやいない **b** 《+that 節》…であると思う (♦ think, believe などの方がふつう) ‖ I ～ *that* you are right. あなたが正しいと思う

❸ 《通例否定文·疑問文で》 **a** 《+目》…を想像する, 心に描く ‖ I can't ～ my life without him. 彼なしの人生なんて想像できない **b** 《+ (that) 節 / wh 節》…と[…かと]想像する ‖ We could not ～ *that* such a beautiful place really existed. そんな美しい場所が本当に存在するとは想像もできなかった / I can't ～ *how* I missed that goal. なぜあのときゴールを外したのか見当もつかない

❹ (女性が)〔子〕をはらむ ‖ ～ a child 妊娠する / She was ～*d* when her father was over 50. 彼女は父親が50歳を過ぎてからできた子だった

❺ 《通例受身形で》創設される ‖ a new nation ～*d* in liberty 自由の理念によって創設された新国家 (♦ Lincoln の Gettysburg Address の一節)

―自 ❶ 《+of 名》《通例否定文で》…を想像する, …と思いつく；…を〈…と〉考える〈**as**〉 (♦ 受身形可) ‖ He couldn't ～ *of* her leaving him behind. 彼女に見捨てられるなんて彼には想像もできなかった / Even inconvenience can be ～*d of as* a charm of rural life. 田園生活では不便さも魅力の1つと考えられる ❷ (女性が)妊娠する

con·cel·e·brate /kɑ́(ː)nséləbrèɪt | kɔn-/ 動 自 〖宗〗共同でミサを執行する **còn·cèl·e·brá·tion** 名

‡con·cen·trate /kɑ́(ː)nsəntrèɪt | kɔ́n-/ 《アクセント注意》

―動 (**～s** /-s/；**-trat·ed** /-ɪd/；**-trat·ing**)

―他 ❶ 〔努力·注意など〕を〈…に〉**集中する**〈**on, upon**〉 ‖ The government is *concentrating* its efforts *on* stabilizing prices. 政府は物価安定に全力を傾けている / ～ one's attention [mind] *on* [OR *upon*] ... …に注意[意識]を集中する

❷ 〔人·物〕を〈…に〉集中させる, 集結させる (↔ scatter) 〈**in, on, at, etc.**〉 ‖ Wineries are ～*d in* the southern part of the country. ワイン醸造所はその国の南部に集中している ❸ 〔液体など〕を濃縮する

―自 ❶ 〈…に〉**精神を集中する**；全力を傾ける, 専念する (↔ pay no attention) 〈**on, upon**〉 ‖ Stop bothering me! I can't ～ *on* memorizing my lines. 邪魔するのをやめてよ. 集中してせりふを覚えられないじゃない

❷ 〈…に〉集中する〈**in, at, on, etc.**〉 ‖ The population tends to ～ *in* large cities. 人口は大都市に集中する傾向がある ❸ 濃縮する

―名 (複 **～s** /-s/) C U 濃縮物[液体]；精選鉱 ‖ orange juice ～ 濃縮オレンジジュース

語源 *con-* together+*center* center+*-ate* (動詞語尾)：同じ中心に集まる

***con·cen·trat·ed** /kɑ́(ː)nsəntrèɪt̬ɪd | kɔ́n-/ 形 ❶ 《限定》集中した；(憎しみなどが)激しい, 強烈な ❷ (液体などが)濃縮した

‡con·cen·tra·tion /kɑ̀(ː)nsəntréɪʃən | kɔ̀n-/

―名 (複 **～s** /-z/) U ❶ 〈…への〉**精神集中**, 専心, 専念 (↔ inattention) 〈**on, upon**〉 ‖ He aimed the dart with great ～. 彼は一心にダーツの的をねらった / Greater ～ *on* domestic issues is essential. 国内問題にもっと力を入れることが絶対必要だ / lack [lose] ～ 集中力に欠ける[を失う] / **in** ～ 集中して

❷ (一点への)**集中**, 集結〈**of** …の；**in, on** …への〉；C 集中[集結]されたもの ‖ ～ *of* capital [armaments] 資本[軍事力]の集結 / the **high** [OR heavy] ～ *of* population *in* large cities 大都市における激しい人口の集中

❸ U C 濃縮；〖化〗濃度 ❹ C (専攻(major)の中の)重点研究(分野) ❺ (トランプの)神経衰弱(memory)

▶▶ **～ càmp** 名 C 強制収容所

C

***con·cen·tric** /kənséntrɪk/ 形《数》(円・球が) 同一の中心を持っている, 同心の；(円錐(すい)などが) 同軸の (↔ eccentric) ‖ ～ circles 同心円

⁝con·cept /ká(ː)nsèpt | kɔ́n-/《アクセント注意》
—名〔◁ conceive 動〕(複 **～s** /-s/) Ⓒ (⇨ BYB) ❶ **概念**, 観念；(全体的) 理解〈**of** …の / **that** 節…という〉(⇨ THOUGHT[1] 類語) ‖ He has no ～ *of* money. 彼にはまるでお金の観念がない
❷ (商品・販売の) **コンセプト**, テーマ；《形容詞的に》(自動車などが) 実験的モデルとして［新しい観点で］試作された ‖ a ～ car コンセプトカー

***con·cep·tion** /kənsépʃən/ 名〔◁ conceive 動〕❶ Ⓤ Ⓒ 概念, 観念；(全体的) 理解, (だいたいの) 考え, 考えつくこと (⇨ THOUGHT[1] 類語) ‖ have no ～ of ... …が思いつかない, わからない / beyond one's ～ 到底理解できない ❷ Ⓤ Ⓒ 受胎, 懐妊；受精；《生》胚(はい), 胎児 ❸ Ⓤ (考えなどを) 頭に浮かべること, 概念形成；Ⓒ 考案, 草案 ‖ a bright ～ うまい思いつき / the ～ of a new superhero 新しいスーパーヒーローの創案

con·cep·tive /kənséptɪv/ 形 概念形成力を持つ, 考えることのできる

***con·cep·tu·al** /kənséptʃuəl/ 形 概念 (上) の, 概念的な, 概念に基づいた ‖ ～ thinking 概念的思考
～·ìsm 名 Ⓤ《哲》概念論 **～·ist** 名 **～·ly** 副
▸▸ **～ árt** 名 Ⓤ 概念芸術《概念と過程を重視する芸術》

con·cép·tu·al·ìze /-àɪz/ 動 他 …を概念化する

⁝con·cern /kənsə́ːrn/ 動 名

中心義 …とかかわりを持つ

> 動 他 関係する❶ 関心を持つ❷
> 心配している［させる］❸ 関与［関連］する❹
> 名 心配❶ 関心事❷ 関与❹

—動 (**～s** /-z/；**～ed** /-d/；**～·ing**)
—他 ❶ …に**関係する**, 影響を与える, …にとって重要なことである ‖ This ～*s* you personally. このことはあなたに個人的に関係があるんですよ / Water quality ～*s* us all. 水質は我々すべてにかかわることだ / Your reputation is ～*ed*. あなたの評判がかかっているのですよ
❷ **a**《～ oneself で》〈…に〉**関心**［興味］**を持つ**〈**with, about**〉‖ He did not ～ himself *with* gossip. 彼はうわさ話に関心を示さなかった / Don't ～ yourself *about* other people's affairs. 他人の問題に口を出すな
b《受身形で》強い関心を持っている, 重要視している〈**with, about** …に, …を /《主に英》**to** *do* …することに［を］〉‖ The government is ～*ed to* find ways of hushing up the scandal. 政府はそのスキャンダルをもみ消す方法を見つけようと躍起になっている
❸ **a**《受身形で》**心配している**, 気遣っている〈**about, for, over** …を / **that** 節 …ということを〉(♥ 自分以外の人に対する気遣いを表すことも多い. → nervous) ‖ I'm ～*ed about* her illness. 彼女の病気が心配だ / Bosses should be ～*ed about* the morale of their staff. 上司たるものは部下のやる気に気を配るべきである / We are deeply ～*ed that* our dog seems to have no energy. 犬が弱っているようなので私たちは大変心配している
b《＋目》…を**心配させる**, 気遣わせる ‖ Your attitude ～*s* me very much. あなたの態度がとても心配です
❹ **a**《＋目》(事柄が) …に**関与［関連］する**, …のことである, …について扱う ‖ This video ～*s* giraffes. このビデオはキリンを扱ったものだ **b**《受身形で》(事柄が)〈…に〉関係［関連］する〈**with**〉;《受身形または ～ oneself で》(人が)〈…に〉関与［関係］する〈**with, in**〉‖ The story is ～*ed with* a woman who became an astronaut. その物語は宇宙飛行士になった女性の話だ / We are not ～*ed with* the matter. 我々はその問題には関与していない / He was ～*ed in* the murder case. 彼は例の殺人事件にかかわっていた / My father is ～*ed in* real estate. 私の父は不動産業に携わっている

as* [OR *so*] *fàr as ... be concèrned …に関する限り ‖ *As far as* they *were* ～*ed*, everything was going well. 彼らに関する限り, 万事順調に進んでいた
as fàr as Í'm concèrned 私の意見では, 私見によれば
To whòm it may concérn 関係者各位《不特定の相手にあてた手紙・推薦状・証明書などの頭に用いる》
where ... is concèrned ＝*as* [OR *so*] *far as ... be concerned* (↑)

COMMUNICATIVE EXPRESSIONS
1 **Thát shòuldn't concérn us (at thìs póint).** (現時点では)そのことは気にするべきではない, (今は)関係ない (♥ 論点から外れていたり, 後で検討すれば済むような発言があった際に, 取り上げずに保留する)

—名 (複 **～s** /-z/) ❶ Ⓤ〈…についての〉**心配**, 不安, 懸念；気がかり, 気遣い〈**about, for, over**〉；Ⓒ 心配事, 不安の種 (⇨ ANXIETY 類語) ‖ She is filled with ～ *about* her son's illness. 彼女は息子の病気のことをひどく心配している / The mayor showed considerable ～ *for* those who lost their houses. 市長は家を失った人たちへの大きな懸念を表明した / Remember, I did it out of ～ *for* you. いいかい, 君のことが心配だからやったんだよ / raise ～ 懸念を生じさせる
❷ Ⓒ **関心事**, (関心・注意などを引く重要な) 事柄；問題 ‖ It's no ～ of mine. 私の知ったことではない / That's none of your ～. それは君の知ったことじゃない / Mind your own ～*s*. 余計なお世話だ (♦ この 3 例では, concern の代わりに business を使う方が《口》) / raise ～*s* 問題を提起する / Our **main** ～ is to supply the local people with fresh milk every day. 私たちの主な関心事は地元の人々に毎日新鮮な牛乳を届けることだ
❸ Ⓒ 事業；企業, 会社, 商社 ‖ a publishing ～ 出版社 / a going ～ 営業している［うまくいっている］会社［企業］
❹ Ⓒ Ⓤ〈…との〉(利害) 関係, **関与**, 関連；株式〈**in, with**〉‖ She has a ～ *in* the fast-food business. 彼女はファーストフードビジネスにかかわりがある / I have no ～ *with* the crime. 私はその犯罪とは何の関係もない / He has a ～ *in* this company. 彼はこの会社に出資している
❺《旧》《口》Ⓒ 込み入った仕掛け, やっかいなもの
of concérn 〈…に〉関係［関連］のある〈**to**〉‖ This is a matter *of* great ～ *to* our family. これは我が家にとっては重大問題だ / an issue *of* public ～ 一般大衆に関係ある問題

Boost Your Brain!
concept

concept は哲学用語としては「概念」と訳すが, 日常的にはそのまま「コンセプト」と表記されることが多い.
語源はラテン語の conceptum「心に描かれたもの」. 例えば「白い花」という言葉に対して人が心に描くイメージはそれぞれ少しずつ異なるだろう. その一方で, 白い花について共通のイメージをお互いが持っているという前提で「僕は白い花が好きだ」「私は好きではない」と意思疎通を行うことができる. このように他者と共有することのできる「一般化した特徴や性質」が concept である.
concept はさらに「他者に伝達したい理念や思想」をも意味する. concept car (コンセプトカー) は「新しいスタイルを持った試作的な車」であり, the concept of advertisement (広告のコンセプト) は「広告が伝えたい方向性や理念」を意味する.

⁝con·cerned /kənsə́ːrnd/
—形 (**more ～**；**most ～**) (♦ be concerned の用法については → concern)
❶《比較なし》《通例名詞の後に置いて》**関係のある**, かかわりがある ‖ the people ～ 関係者一同

❷《限定》心配した，気がかりな ‖ with a ～ look 心配そうな顔つきで

*con·cern·ing /kənsə́ːrnɪŋ/ 前 …について，…に関して(about) ‖ We have no information ～ his whereabouts. 彼の居所については何の情報もない（♦ about や on と異なり，疑問文の末尾に置いた ˣWhat is this book concerning? のような形は不可）/ *Concerning* the second point, we will discuss it in a later section. NAVI 2点目に関しては後の節で議論する（⇨ NAVI表現 11）

con·cert /ká(ː)nsərt | kɔ́n-/ (→ 動)
—名 (複 ～s /-s/) ❶ C 音楽会，演奏会，**コンサート**；《形容詞的に》コンサート用［専門］の ‖ I went to my first rock ～ when I was fifteen. 15歳のとき初めてロックコンサートに行った / **give** [OR **play**, hold, stage, ˣopen] a ～ 演奏会を開く / at「the Pavarotti [ˣPavarotti's] ～ パバロッティのコンサートで
❷ U《堅》強調，提携；一致
in cóncert* ① 〈…と〉協調して，一緒になって〈with**〉‖ work *in* ～ (*with* ...) (…と) 力を合わせて働く ② コンサートに(生)出演して
—動 /kənsə́ːrt/ 他《堅》…を協議して決める；…に合意する —自 協力する，歩調を合わせて行動する
▸▸ ～ **gránd** 名 C コンサートグランド《コンサート用の大型グランドピアノ》 ～ **háll** 名 C コンサートホール ～ **pìtch** 名 U ① 《楽》コンサートピッチ《各楽器共通の演奏会用の標準調子》② (能率などの) 絶好調，やる気満々 ‖ at ～ *pitch* 大いに張りきって，いつでもオーケーで〈**for**〉

con·cert·ed /kənsə́ːrṭɪd/ 形《限定》協議の上での；共同での ‖ by a ～ effort 協力して **～·ly** 副

cóncert·gòer 名 C 演奏会の常連

con·cer·ti·na /kɑ̀(ː)nsərtíːnə | kɔ̀n-/ 名 C 《楽》コンサーティーナ《ボタンを押して演奏するアコーディオンに似た小型の楽器》 —動 自 ぺしゃんこになる；しわになる

con·cer·ti·no /kɑ̀(ː)ntʃərtíːnoʊ | kɔ̀n-/ 名 (複 ～s /-z/) C 《楽》小協奏曲

con·cert·ize /ká(ː)nsərtàɪz | kɔ́n-/ 動 自《米》(職業として)(各地で)演奏会を開く

***cóncert·màster** 名 C《主に米》《楽》コンサートマスター(《英》leader)《オーケストラの第1バイオリンの首席奏者で指揮者の補助役》

***con·cer·to** /kəntʃéərṭoʊ/ 《発音注意》名 (複 ～s /-z/ OR **-ti** /-tiː/) C 《楽》協奏曲，コンチェルト ‖ a violin [piano] ～ バイオリン[ピアノ]協奏曲

***con·ces·sion** /kənséʃən/ 名 〔◁ concede 動〕❶ U C 〈…への〉譲歩，容認〈**to**〉；C 譲歩事項 ‖ Could you make a small ～? 少し譲歩していただけませんか（♥ 交渉の際に譲歩を促す形式ばった表現）/ settle a dispute by mutual ～ 互いに譲歩して紛争を解決する / wage ～*s* 賃金についての譲歩 ❷ U (権利などの) 付与，許与；C (政府などから許与された)権利；(採掘などのための)土地使用権，そのような土地；(劇場・公園などでの)営業権(を持つ売店) ‖ oil ～*s* in the Middle East 中東での石油採掘権 / a beer ～ at a baseball stadium 野球場でのビールの販売店[権] ❸ C (～s)《米》売店などで売られるもの ❹ C 《通例 ～s》《英》割引 ‖ special ～*s* for old people 老齢者対象の特別割引 ❺ C 《カナダ》郡区の区画の下位区分；(～s)田園や低木地域 **～·al, ～·ar·y** 形
▸▸ ～ **stànd** 名 C《米》(公園・博覧会などの)売店

con·ces·sion·aire /kənsèʃənéər/ 名 C《英》権利保有者；(劇場・スタジアムなどの売店の) 営業権保有者（♦ concessioner ともいう）

con·ces·sion·a·ry /kənséʃənèri | -əri/ 形《通例限定》譲歩の；譲与された；《英》割り引きの ‖ ～ fares 割引料金

con·ces·sive /kənsésɪv/ 形 譲歩の，譲歩的な；《文法》譲歩を表す ‖ a ～ conjunction 譲歩接続詞《although, even if など》/ a ～ clause 譲歩節《譲歩接続詞に導かれる節》

conch /kɑ(ː)ŋk, kɑːntʃ, kɔːŋk | kɔŋk, kɔntʃ/ 名 (複 ～s /-s/ OR **～·es** /-ɪz/) C 巻き貝(の殻)

con·chie, con·chy /ká(ː)ntʃi | kɔ́n-/ 名 (複 **-chies** /-z/) C《英口》《けなして》良心的兵役拒否者

con·chol·o·gy /kɑ(ː)ŋká(ː)lədʒi | kɔŋkɔ́l-/ 名 U 貝類学

con·ci·erge /koʊnsjéərʒ | kɔ́nsieəʒ/ 名 C (特にフランスのアパート・ホテルの)門衛，守衛，管理人；(ホテルの)コンシェルジュ，接客係，案内係

con·cil·i·ar /kənsíliər/ 形 会議[協議会]の

con·cil·i·ate /kənsílièɪt/ 動 他《堅》❶〔人〕をなだめる，慰撫する；〔敵など〕を懐柔する ❷ …を調停する ❸《古》〔好意・尊敬〕を得る **-à·tor** 名 C 慰撫者；調停者

con·cil·i·a·tion /kənsìliéɪʃən/ 名 U 慰撫(いぶ)；懐柔；調停 ‖ a ～ board 調停委員会

con·cil·i·a·to·ry /kənsíliətɔ̀ːri | -təri/ 形 なだめるような；懐柔的な；調停的な

con·cise /kənsáɪs/ 《アクセント注意》形 ❶ 簡潔な，簡明な(⇨ SHORT 類語) ❷《限定》(本などが)簡約版の **～·ly** 副 **～·ness** 名

con·ci·sion /kənsíʒən/ 名 U (特に文体の) 簡潔，簡明

con·clave /ká(ː)nklèɪv | kɔ́n-/ 名 C ❶《カト》(枢機卿(すうきけい)による)教皇選挙会議，コンクラーベ ❷ 秘密会議 ‖ sit in ～ 秘密会議に出席する

con·clude /kənklúːd/ 中心義 結果を出して終える
—動〔▸ conclusion 名，conclusive 形〕(～s /-z/；**-clud·ed** /-ɪd/；**-clud·ing**)
—他 ❶ ((＋**from** 名)＋**that** 節 / **wh** 節)《進行形不可》(推論・考慮の結果)…と**結論を下す**，断定する；…かどうか結論づける ‖ You can't ～ *from* a single study *that* the teaching method is ineffective. 1つの調査(結果)だけを基にその教授法に効果がないと結論づけることはできません / "I was quite wrong," he ～*d*.「全く僕の間違いだった」と彼は結論として言った / It is too soon to ～ *whether* our plan is successful. 我々の計画が成功しているかどうかを結論づけるのは時期尚早である
❷ …を〈…で〉**終える**，締めくくる〈**with, by**〉(⇨ END 類語) ‖ They ～*d* the conference *with* a call for peace. 彼らは平和を願って集会を終えた / ～ a speech「*by* saying [OR *with* the remark] that ... …と言って演説を締めくくる / ～ negotiations 交渉を終える
❸〔条約・協定など〕を〈…と〉取り決める，**締結する**〈**with**〉‖ A peace treaty was ～*d* between the two countries. 両国間で平和条約が締結された / ～ a deal *with* him 彼と取り引きを結ぶ ❹《米》《旧》…を決める，決心する〈**to do** …することを / **that** 節 …ということを〉
—自 ❶ (話・集会などが)〈…で〉終わる，(人が)〈…を持って〉話を結ぶ(↘ finish off)〈**by, with**〉‖ The ceremony ～*d with* the graduates tossing their hats in the air. 卒業式は卒業生が帽子を空中にほうり投げて終了した / *concluding* remarks 結びの言葉
❷ 結論[合意]に達する；決定する
to conclúde NAVI 終わるに当たって，結論を言うと(⇨ NAVI表現 9) ‖ *To* ～, close cooperation between students and teachers will be necessary to achieve this goal. 結論を言うと，この目標を達成するには生徒と教師の緊密な協力体制が不可欠だ
語源 *con-* together＋*-clude* shut, close：共に閉じる

con·clu·sion /kənklúːʒən/
—名〔◁ conclude 動〕(複 ～s /-z/) C ❶ (推論・証拠に基づく)〈…という〉**結論**，決定，最終的判断〈**that** 節〉‖ We「came to [OR arrived at, **reached**] the ～ *that* the robbery must have been an inside job. 我々はその強盗事件は内部犯行だったに違いないという結論に達した / You mustn't jump [OR leap] to ～*s*. 軽々に結論に飛びついてはいけない
連語【形＋～】a firm [wrong] ～ 確固たる[間違った] 結論 / a general ～ 全体[一般] 的な結論 / a logical ～ 論理的な結論 / a foregone ～ 初めから決まっている結論

【動+～】 avoid the ～ that ... …という結論を避ける (♦ difficult to や not などの否定的表現の後で) / support a ～ 結論を支持する / draw a ～ (from ...) (…から)結論を導く
❷《通例単数形で》**終わり**, 終結; **結び**; 結果 (→ foregone conclusion) ‖ at the ～ of the speech 演説の結びで / bring ... to a ～ …を終わらせる
❸ U (契約などを) 結ぶこと, **締結** ‖ the ～ of a treaty 条約の締結 ❹〘論〙(三段論法の)結論, 帰結

* ***in conclúsion*** NAVI 結びとして, 最後に (finally) (♦ ×as a conclusion とはいわない) (⇨ NAVI表現 9) ‖ *In* ～, let me just say this. 結論として以下のことが言えます (♥ 結論を述べる際の切り出し文句)

COMMUNICATIVE EXPRESSIONS

1 **Thát sèems to be the (ònly lògical) conclúsion to our discússion.** 我々の議論の (唯一の論理的な) 結論はそういうことですね (♥ 議事進行役が結論の確認をする)

2 **There is ònly òne conclúsion.** 結論は1つしかありません(♥ 結論を述べる際の切り出し文句)

***con·clu·sive** /kənklúːsɪv/ 形〔◁ conclude 動〕決定的な, 明確な ‖ ～ evidence 決定的な証拠
～·ly 副 **～·ness** 名

con·coct /kənkά(ː)kt | -kɔ́kt/ 動 他 ❶〔食べ物・飲み物など〕を材料を混ぜて作る, 調製[調合]する (♥ ときにあり合わせの材料でぞんざいに作ることを含意する) ❷〔うそ・口実など〕をでっち上げる, 捏造(ねつぞう)する (↘ cook up);〔陰謀など〕を仕組む ‖ ～ a plot 陰謀を仕組む
-cóc·tion 名 C 調製(物); でっち上げ; 作り話[事]

con·com·i·tance /kənkά(ː)mətəns | -kɔ́mɪ-/ 名 U ❶ 随伴, 共存 ❷〘カト〙併存《聖体のパンの中にキリストの体と血が共存するという教え》

con·com·i·tant /kənkά(ː)mətənt | -kɔ́mɪ-/ 《堅》 形 (…に)付随する, 相伴う ‖ ～ circumstances 付帯状況
―名 C 随伴物, 付き物 **～·ly** 副

con·cord /kά(ː)nkɔːrd | kɔ́ŋ-/ 《アクセント注意》 名 U ❶《堅》〈…との〉友好関係, 協調〈**with**〉; C 友好条約, 協定 ❷ 一致, 調和 ❸〘文法〙一致, 呼応《文中で2語以上の語が人称・性・数・格の点で相関連した形態を持つこと》 ❹ C〘楽〙協和(音) (↔ discord)

Con·cord /kά(ː)ŋkərd, kά(ː)n- | kɔ́ŋ-/ 名 コンコード ❶ 米国マサチューセッツ州東部, Boston 近郊の町《独立戦争の古戦場》 ❷ 米国ニューハンプシャー州の州都

con·cord·ance /kənkɔ́ːrdəns/ 名 ❶ C 用語索引, コンコーダンス ‖ a ～ to [OR of] the works of Melville メルビル全集用語索引 ❷ U 一致, 調和

con·cord·ant /kənkɔ́ːrdənt/ 形 《堅》 (…に) 一致した, 調和した **～·ly** 副

con·cor·dat /kənkɔ́ːrdæt | kɒn-/ 名 C 協約, 協定; (教皇庁と国家の間の)政教条約, コンコルダート

con·course /kά(ː)nkɔːrs | kɔ́ŋ-/ 名 ❶ C (駅・空港などの)中央ホール, コンコース, (公園の)中央広場; 大通り ❷ C 《堅》群れ, 群衆; U 集合, 合流

⁑**con·crete** /kɑ(ː)nkríːt | kɔ́ŋkriːt/ 《アクセント注意》 (→ 名 動)
―形 (**more ～**; **most ～**)
❶ **具体的な**, 現実的な (↔ abstract); 特定の (↔ general); **明確な**; 具象の; **有形の** (⇨ ABSTRACT BYB) ‖ Our plans are not yet ～. 我々の計画はまだ具体化していない / a ～ noun〘文法〙具象名詞 (↔ abstract noun)
❷ **コンクリート製の** ‖ a ～ block コンクリートブロック / ～ walls コンクリート塀[壁]
―名 /kά(ː)nkriːt | kɔ́ŋ-/ U **コンクリート** ‖ reinforced ～ 鉄筋コンクリート
(be) sèt in cóncrete 《通例否定文で》(考え・計画などが) 変更できない, 不変の
―動 /kά(ː)nkriːt | kɔ́ŋ-/ (→ ❷) 他 ❶ …をコンクリートで覆う[舗装する]《**over**》; …をコンクリートで固定する ‖ ～ a road (*over*) 道路をコンクリートで舗装する ❷ /英 kənkríːt/ 《古》…を固める; …を具象化する
～·ly 副 **～·ness** 名
▶▶ **～ júngle** 名 C 《通例単数形で》 コンクリートジャングル《都会をジャングルに見立てて表現した非情な環境》 **～ mìxer** 名 C コンクリートミキサー **～ músic** 名 U〘楽〙ミュージックコンクレート, 具象音楽《自然の音などを電子的に合成して作る音楽》 **～ póetry** 名 U 具象詩《語や文字を絵の形に配列する前衛詩》

con·cre·tion /kɑ(ː)nkríːʃən | kən-/ 名 ❶ U 凝固, 凝結 ❷ C 凝固体;〘医〙結石;〘地〙団塊

con·cre·tize /kɑ(ː)nkríːtàɪz | kɔ́ŋkriːtàɪz/ 動 他 …を具体[具象]化する

con·cu·bi·nage /kɑ(ː)nkjúːbɪnɪdʒ | kɒn-/ 名 U 内縁関係, 同棲(どうせい)

con·cu·bine /kά(ː)ŋkjubàɪn | kɔ́ŋ-/ 名 C 内縁の妻; 愛人; (一夫多妻制社会で)第2夫人

con·cu·pis·cent /kɑ(ː)nkjúːpɪsənt | kən-, kɒn-/ 形 ❶ 好色な ❷ 強欲な **～·ly** 副 **-cence** 名

***con·cur** /kənkə́ːr/ 《アクセント注意》 動 (**-curred** /-d/; **-cur·ring**) 自 ❶ 賛成する, 同意する (agree) 〈**with** 人[意見]に; **in, on** 事柄に関して〉 ‖ I *concurred with* him *in* [OR *on*] that matter. その件について私は彼と同意見だった / ～ *with* the committee [statement] 委員会[声明]に賛同する ❷ (出来事などが) 〈…と〉同時に起こる, 重なる〈**with**〉; 相互に働いて〈…〉する〈**to do**〉; 協力し合う ‖ The conference ～*s with* Easter week. その会議は復活祭の週と重なる / Several events *concurred to* bring about this result. いくつかの出来事が重なって結果的にこうなった ―他 《+**that** 節》…であると意見が一致する ‖ Three judges *concurred that* he was guilty. 3人の裁判官は彼が有罪であるということで意見が一致した / "You're right," he *concurred*. 「君たちの言うとおり」と彼は賛成した

con·cur·rence /kənkə́ːrəns | -kʌ́r-/ 名 ❶ C 《単数形で》(諸種の要素・原因などが)同時に作用[発生]すること, 共働, 相互作用; 協力 ❷ U/C 《単数形で》(意見などの) 一致, 同意 ❸ C〘数〙集合点

con·cur·rent /kənkə́ːrənt | -kʌ́r-/ 形 ❶ 〈…と〉同時に起こる, 共起[共存]する; 共同して作用する, 協力する〈**with**〉 ❷ (意見などが)一致した ❸〘数〙1点に集まる
～·ly 副 同時に

con·cuss /kənkʌ́s/ 動 他 ❶ 《通例受身形で》(人が) 脳震盪(しんとう)を起こす, 気絶する ❷ …を激しく振動させる

con·cus·sion /kənkʌ́ʃən/ 名 U C ❶〘医〙(脳) 震盪 ❷ 激しい振動; 衝撃

***con·demn** /kəndém/ 《発音注意》 動〔▶ condemnation 名〕 他 ❶ …を〈…の理由で〉激しく非難する, 責める, 糾弾する (↔ hail) 〈**for, as**〉 (♦ 主に道徳的な理由からの非難) (⇨ CRITICIZE 類語) ‖ The press ～*ed* the Hollywood stars 「*for* their immorality [OR *as* immoral]. 報道はハリウッドスターたちの倫理感のなさを非難した
❷ 《通例受身形で》 **a** 《+目》〈…で〉有罪と宣告される〈**for**〉; 〈…の刑を〉宣告される〈**to**〉 ‖ He was ～*ed to* six months' imprisonment *for* theft. 彼は窃盗罪で6か月の禁固刑を宣告された / a ～*ed* man 死刑囚
b 《+目+**to do**》…する刑を宣告される ‖ be ～*ed to* be shot 銃殺刑を言い渡される
❸ 《通例受身形で》 **a** 《+目+**to** 名》 苦境に追いやられる, 運命づけられる ‖ The family was ～*ed* to poverty. その家族は貧乏を運命づけられていた
b 《+目+**to do**》…することを運命づけられる [強いられる] ‖ They were ～*ed to* spend the next six weeks cleaning graffiti off the town's walls. 彼らはこれから6週間かかって町内の壁の落書きを消す破目になった
❹ (言動・表情などが)…の罪[やましさ]を証明する, …を非難する根拠を与える ‖ His looks ～*ed* him. 様子からして彼のやましさを物語っていた ❺ …を〈使用に適さないと〉

公表する〈as〉；…の廃棄処分を申し渡す(♦しばしば受身形で用いる) ‖ ～ the meat *as* harmful to human health その肉は人間の健康に有害であると公表する / a ～*ed* building (危険で) 使用禁止にされた建物 ❻《米》〘法〙(公共用に)…を接収する

•con·dem·na·tion /kɑ̀(:)ndemnéɪʃən | kɔ̀n-/ 名 〔◁ condemn 動〕 U C ❶ 〈…に対する〉激しい非難, 糾弾〈of〉‖ international ～ *of* Serbia's invasion セルビアの侵略に対する国際的非難 ❷ 有罪宣告 ❸《米》〘法〙(財産などの)接収

con·dem·na·to·ry /kəndémnətɔ̀:ri | -təri/ 形 非難を表す；有罪宣告の

con·den·sate /kɑ́(:)ndensèɪt | kɔ́n-/ 名 U 凝縮液；C〘化〙(縮合反応で生じる)凝縮物, 圧縮物

con·den·sa·tion /kɑ̀(:)ndenséɪʃən | kɔ̀n-/ 名 U ❶ 濃縮, 圧縮；凝縮, 液化；短縮, 要約化 ❷ (窓ガラスなどに冷えてできる) 水滴, 結露 ❸ U/C《通例単数形で》濃縮物；圧縮した文章[思想], 要約

▸▸ **～ tràil** 名 C 飛行機雲(contrail)

•con·dense /kəndéns/ 動 他 ❶〔気体など〕を〈…に〉凝結させる, 液化する〈into〉‖ ～ steam *into* water 蒸気を液化する ❷〔液体〕を濃縮する；《～ed で形容詞として》濃縮の (⇨ SHORT 類語) ‖ ～*d* soup 濃縮スープ / ～*d* milk コンデンスミルク, 練乳 ❸〔文章など〕を短縮する, 要約する(↘ boil down)；〔考え・一連の出来事など〕を〈…に〉凝縮する, 圧縮する〈into〉‖ Haiku poets ～ many meanings *into* each phrase. 俳人は多くの意味を個々の言葉に凝縮して表現する ─自〈…に〉凝結する；濃縮される, 圧縮される；短縮される〈into〉

con·dens·er /kəndénsər/ 名 C 凝縮器；液化装置；〘電〙コンデンサー(capacitor)；〘光〙集光レンズ, 集光器

con·de·scend /kɑ̀(:)ndɪsénd | kɔ̀n-/ 動 自 ❶《しばしばけなして》(地位・身分が上の人が)へりくだって優しく[親切にも]〈…〉する〈to do〉‖ The president ～*ed to* take advice from his employees. 社長は偉ぶらずに従業員からの忠告を受け入れた ❷〈人に〉偉ぶった[恩着せがましい]態度をとる〈to〉‖ ～ *to* one's neighbors 近所の人たちに見下したような態度をとる ❸〈人に〉…のような恥ずべきことをする〈to / to do〉‖ ～ *to* accept bribes 賄賂(わいろ)を受け取るような品位を落とすことをする

còn·de·scénd·ing /-ɪŋ/ 形 ❶〈目下の者に〉優しい, 謙虚な〈to〉❷ 人を見下したような **～·ly** 副

con·de·scen·sion /kɑ̀(:)ndɪsénʃən | kɔ̀n-/ 名 U ❶ (目下の者への)優しさ, 謙虚 ❷ 偉そうな態度

con·di·ment /kɑ́(:)ndɪmənt | kɔ́n-/ 名 C《通例 ～s》香辛料, スパイス, 調味料

‡con·di·tion /kəndíʃən/ 名 動

中心義 物事が成り立つための条件

名 状態❶ 体調❶ 状況❷ 条件❸

─名 (複 **～s** /-z/) ❶ U/C《単数形で》(物の) **状態**, 調子, コンディション；(人間・動物の)健康状態, 〈…できる〉**体調**〈to do〉(⇨ STATE 類語) (❗ 健康状態についていうのがふつう. スポーツ選手の調子について「コンディションは上々だ」というときには I'm in 「good shape [OR top form].) ‖ My car is **in** good [bad, perfect] ～. 私の車の調子はよい[悪い, 完璧(かんぺき)だ] / His physical ～ held up well. 彼の体調は好調を維持していた / With such a high fever, you're 「**in** no [OR not **in** a] ～ *to* go and see her off. そんなに熱が高くては, とても彼女を見送りに行ける状態ではない

❷ C《～s》(周囲の)諸条件, **状況**, 事情；環境, 状態；天候状態, 気象状況 ‖ The drug proved effective against cancer **under** laboratory ～*s*. その薬は実験室の条件下では癌(がん)に対して効き目があることが証明された / social [economic, market] ～*s* 社会[経済, 市場]情勢 / living [working] ～*s* 生活[労働]環境 / a change in weather [OR climatic] ～*s* 気象状況の変化

❸ C **条件**；(合意・契約などの)〈…という〉条件〈**that** 節〉；必要条件 ‖ a necessary [sufficient] ～ 必要[十分]条件 / meet [OR satisfy] a ～ 条件を満たす / make it a ～ that ... …ということを条件にする / 「lay down [OR impose] ～*s* 条件を設ける / accept the offer on one ～ 条件付きで申し出を受ける(→ term, CE 1)

❹ C 病気, 疾患, 体の変調(♦通例体の部分を表す修飾語を伴う) ‖ have a heart [lung] ～ 心臓[肺]を患っている ❺ C《単数形で》《堅》社会的状態, 身分 ‖ people of 「every ～ [OR all ～*s*] あらゆる身分の人々 ❻ C《米》追試験(科目)；要追試験の成績[評点] ❼ C〘言〙条件(節)；〘論〙条件, (仮命題の)前項；〘法〙条件, 条項, 条件規定[約款]

in* 「*a dèlicate* [OR *a cèrtain, an ìnteresting*] *condítion 妊娠している

in mìnt condítion 真新しい；完全な状態で

on nò condítion 決して…ない ‖「I will *on no* ～ [OR *On no* ～ will I] agree to your proposal. 私は絶対にあなたの提案には賛成しません

*•**on (the) condítion that ...*** **…という条件で**, もし…なら(only if) ‖ I will lend you the money *on* ～ *that* you pay it back in a month. 1か月後に返済するという条件で金を貸そう

òut of condítion ① (人が)体調が悪い, 体調を崩して ② (物が)調子が悪い, 保存状態が悪い

COMMUNICATIVE EXPRESSIONS

1 **I'll dò it on óne condìtion.** 条件付きならやりましょう

2 **My condítion for** coóperating **is that** I gèt pròperly rewárded. 正当な報酬をもらうという条件であれば協力します(♥ 条件を申し出る際の表現)

─動 (**～s** /-z/；**～ed** /-d/；**～·ing**)

─他 ❶〔人・動物〕をならす, 適応させる, 教え込む〈**to, into** …に / **to do** …するように〉(♦しばしば受身形で用いる) ‖ Some men are ～*ed into* looking down on women. 女性を軽蔑するように慣らされている男性もいる / The mass media has ～*ed* us *to* regard advertising as profitable. マスメディアのせいで, 私たちは広告が有益なものだと思い込んでいる / ～ oneself *to* …に慣れる, 体を慣らす

❷ …を決定する, 左右する, 制約する, 条件づける；…を〈…という〉条件次第とする〈**on, upon**〉‖ Success is ～*ed* by ability and effort. 成功は能力と努力によって決まる / Receiving the gift was ～*ed on* his good behavior. 贈り物がもらえるのは彼が行儀よくしていることが条件だった(♦was conditional on ... の方がふつう)

❸ …を調整する, …の調子を整える；〔髪・肌など〕を良好な状態にする[保つ]；(冷暖房で)〔空気〕の調節をする ‖ ～ damaged hair 傷んだ髪を整える / ～ the team members for the next game 次のゲームに備えてチームのメンバーの調子を整える ❹《米》〔学生〕に追試験を受けさせる ❺〘心〙…に条件づけをする

•con·di·tion·al /kəndíʃənəl/ 形 ❶ 条件付きの, 暫定的な(↔ unconditional)；〈…を〉条件として(の)；〈…〉次第の〈**on, upon**〉‖ My agreement is ～ *on* taking on no responsibility for the result. 私は結果について一切の責任を負わなくてよいという条件であれば同意します (♥ 条件を示す形式ばった表現) / ～ approval 条件付き承認 / a ～ discharge 条件付き釈放 ❷《限定》〘文法〙条件を表す ‖ a ～ clause 条件節 / the ～ mood 条件法

─名 C〘文法〙条件節[文]；《the ～》条件法

con·dì·tion·ál·i·ty 名 U 条件付きであること **～·ly** 副 条件付きで

con·di·tioned /kəndíʃənd/ 形 ❶《複合語で》…の状態の ‖ a well-～ car (整備の行き届いた) 調子のよい車 / an ill-～ athlete 体調の悪い運動選手 ❷ 条件付きの(conditional) ❸〘心〙条件づけられた；習得的な

⏩～ réflex [respónse] 名C〘心〙条件反射
*con·di·tion·er /kəndíʃənər/ 名UC ❶(毛髪用)コンディショナー ❷(洗濯物の)柔軟仕上剤
con·di·tion·ing /kəndíʃənɪŋ/ 名U ❶(人・動物を)ならすこと；調教；調節，整調；空調 ❷〘心〙条件づけ
con·do /ká(ː)ndoʊ | kɔ́n-/ 名《米口》=condominium ❶
con·do·la·to·ry /kəndóʊlətɔ̀ːri | -təri/ 形 弔意(ちょうい)を表す，お悔やみの
con·dole /kəndóʊl/ 動自 弔慰する，お悔やみを述べる，慰める〈with 人に；on …のことで〉‖ ～ *with* him *on* the death of his father 彼に父親の死のお悔やみを述べる
～·ment 名
*con·do·lence /kəndóʊləns/ 名U 弔意，悔やみ；C《通例 ～s》お悔やみの言葉，哀悼の辞 ‖ a letter of ～ 悔やみ状 / offer [OR express] one's ～*s* to ... …にお悔やみを述べる / pay [OR make] a ～ call 弔問する
*con·dom /kʌ́ndəm | kɔ́n-/《発音・アクセント注意》名C コンドーム，スキン
con·do·min·i·um /kɑ̀(ː)ndəmíniəm | kɔ̀n-/ 名 ❶C《米》分譲マンション[アパート] (condo)；U 分譲所有 ❷U〘国際法〙共同統治；C 共同統治国[地]
con·done /kəndóʊn/ 動他〔罪・過ちなど〕を見逃す，大目に見る，容赦する　còn·do·ná·tion 名
con·dor /ká(ː)ndər | kɔ́ndɔː/ 名C〘鳥〙コンドル《南米アンデス山脈産の大型の猛禽(もうきん)》
con·duce /kəndjúːs/ 動自《堅》〈望ましい結果に〉至る，〈…に〉通じる(lead)，貢献する〈**to, toward**〉
*con·du·cive /kəndjúːsɪv/ 形《叙述》〈…に〉貢献する〈**to**〉
‡con·duct /kəndʌ́kt/《アクセント注意》(→ 名)
中心義》周囲を導くような行い(をする)
—動 (～s /-s/；～·ed /-ɪd/；～·ing)
—他 ❶ …を(主導して)遂行する，**実施する**(↘ carry out [OR on])，取り仕切る；運営する ‖ ～ a「survey of [study on] the disease その病気の調査[研究]を行う / ～ a symposium 討論会の座長を務める / ～ a business 事業を経営する
❷〔楽団など〕を**指揮する**
❸《～ oneself＋副 で》**行動する**，振る舞う(♦ 副 は様態を表す)(⇨ ACT 類語) ‖ He ～*ed* himself well [with dignity]. 彼は立派に[堂々と]振る舞った ❹《＋名＋副句》(…の方へ)…を**導く**，案内する，引率する(⇨ GUIDE 類語) ‖ The receptionist ～*ed* me in. 受付係が私を中に案内してくれた / a ～*ed* tour 案内人[ガイド]付きの観光旅行[見学] ❺〘理〙〔電気・熱・音など〕を伝導する，伝える；(管を通して)…を導く ‖ Glass does not ～ electricity. ガラスは電気を通さない / Sewage is ～*ed* through these pipes. 下水はこれらのパイプを通じて運ばれる
—自 指揮者を務める
—名 /ká(ː)ndʌkt | kɔ́n-/《アクセント注意》U ❶(特に倫理面から見た)**行動**，振る舞い ‖ a code of ～ 行動規範 / professional ～ 職業上の行動 ❷〈…の〉遂行；指導(法)，管理，運営(法)〈**of**〉‖ His ～ *of* the meeting was improper. 彼の会議の進め方は不適切だった
語源 *con-* together＋*-duct* lead：共に導く
con·duct·ance /kəndʌ́ktəns/ 名U〘電〙コンダクタンス，伝導係数《抵抗の逆数》
con·duc·tion /kəndʌ́kʃən/ 名U〘理〙(熱・電気などの)伝導
con·duc·tive /kəndʌ́ktɪv/ 形〘理〙伝導性の
⏩～ educátion 名U《英》誘導教育《(特に子供の)運動障害に対し，一定の行動を反復して課すことによって自立を促す治療法》
con·duc·tiv·i·ty /kɑ̀(ː)ndʌktívəṭi | kɔ̀n-/ 名U〘理〙伝導性[率]；〘電〙導電率
*con·duc·tor /kəndʌ́ktər/ 名C ❶(オーケストラなどの)指揮者 ❷(バス・路面電車の)車掌；《米》(列車の)車掌(《英》guard) ❸指導者，経営者，管理者 ❹〘理〙伝導体，導体；避雷針(lightning rod) ‖ Copper is a good ～ of heat and electricity. 銅は熱と電気の良導体だ　**-tress** 名C(女性の)車掌(♦ 現在は女性にも conductor を使うのがふつう)
con·du·it /ká(ː)nduət | kɔ́ndjuɪt/ 名C ❶(水などの)導管，パイプ；水路，暗渠(あんきょ)，溝；(電線の)線渠 ❷〈…の〉伝達経路，ルート〈**for**〉
con·dyle /ká(ː)ndàɪl | kɔ́n-/ 名C〘解〙関節丘
*cone /koʊn/ 名C ❶〘数〙円錐(えんすい)(形)，錐 ‖ a right circular ～ 直円錐 ❷円錐状のもの；アイスクリームのコーン；円錐形の道路工事標識(traffic cone)；高温測定錐 ❸〘植〙球果，松ぼっくり(《英》fir cone)；(ヒカゲノカズラ類の)胞子嚢穂(のうすい)；(ホップなどの)円錐状の花 ❹〘解〙(網膜内の)錐(状)体 ❺〘地〙火山錐，コニーデ ❻(＝～ shèll) イモ貝
—動他 …を円錐状にする
còne ... óff / còne óff ... 〈他〉《英》〔車線〕を(円錐標識で)遮断する
co·ney /kóʊni/ 名(複 ～s /-z/) C ❶《英》〘紋章〙ウサギ；U ウサギの毛皮 ❷《米》〘魚〙ハタの一種 ❸〘聖〙〘動〙ハイラックス(hyrax)
con·fab /ká(ː)nfæb | kɔ́n-/《口》名 =confabulation
—動自 /kənfǽb/ =confabulate
con·fab·u·late /kənfǽbjulèɪt/ 動自 ❶《堅》(…と)談笑する，歓談する；《米》議論する ❷〘心〙作話する
con·fab·u·la·tion /kənfæ̀bjuléɪʃən/ 名UC ❶談笑，歓談，おしゃべり；《米》議論，会議 ❷〘心〙作話(症)
con·fect /kənfékt/ 動他 ❶(材料を集めて)…を調合する，こしらえる ❷《堅》…を砂糖漬け(菓子)にする
con·fec·tion /kənfékʃən/ 名C ❶甘いもの，菓子，キャンディー，(果物の)砂糖漬け ❷凝った作りのもの[建物，婦人服] ❸U(材料の)調合，配合(mixing)
con·fec·tion·er /kənfékʃənər/ 名C 菓子屋，菓子作りの職人 ⏩～'s sùgar 名U《米》粉砂糖
con·fec·tion·er·y /kənfékʃənèri | -ʃənəri/ 名(複 -er·ies /-z/) U ❶《集合的に》菓子・ケーキ類 ❷菓子製造[販売]業；C 菓子屋，ケーキ屋
*con·fed·er·a·cy /kənfédərəsi/ 名(複 -cies /-z/) C ❶連合，同盟；連合体，同盟国 ❷陰謀，共謀；徒党 ❸《the C-》=*the* CONFEDERATE *States of America*
*con·fed·er·ate /kənfédərət/ (→ 動) 名C ❶共犯者，共謀者 ‖ a ～ in the robbery 強盗の共犯者 ❷同盟者[国，州] ❸《C-》〘米国史〙(南北戦争の)南部連邦支持者；南軍兵士
—形《限定》❶同盟[連合]した ❷《C-》〘米国史〙南部連邦の ‖ the *Confederate* Army 南軍
the Confèderate Stàtes of América 〘米国史〙南部連邦《1861年，アメリカ合衆国を脱退した南部の11州が形成した．1865年南北戦争の終結後に解体》
—動 /kənfédərèɪt/ 他 …を〈…と〉同盟[連合]させる〈**with**〉
—自〈…と〉同盟を組む；共謀する〈**with**〉
*con·fed·er·a·tion /kənfèdəréɪʃən/ 名 ❶C 同盟[連合]国 ❷U 同盟，連合，連盟 ❸《the C-》〘米国史〙アメリカ植民地同盟(1781–89)；〘カナダ史〙カナダ連合(1867)
the Confederàtion of Brìtish Índustry 英国産業連合《英国の経営者団体》
*con·fer /kənfə́ːr/《アクセント注意》動〔▶ conference 名〕(-ferred /-d/；-fer·ring) 自 相談する；意見を交わす，協議する〈**with** …と；**on, about** …について〉(⇨ TALK 類語P) ‖ ～ *with* an adviser *on* a matter 問題について顧問と協議する —他〔賞・学位・栄誉・権利など〕を〈…に〉授与する，授ける；〔性格・特質など〕を〈…に〉与える〈**on, upon**〉(⇨ GIVE 類語) ‖ ～「an award [a degree] *on* [OR *upon*] him 彼に賞[学位]を与える
～·ment 名CU 授与
語源 *con-* together＋*-fer* bring：共にもたらす
con·fer·ee, -ferr- /kɑ̀(ː)nfəríː | kɔ̀n-/《アクセント注意》名C ❶会談出席者，協議者，評議員；相談相手 ❷(賞・学位を)授けられる人，受領者，拝受者

con·fer·ence /ká(:)nfərəns | kɔ́n-/
—名〔◁ confer 動〕(複 **-enc·es** /-ɪz/) Ⓒ ❶〈…に関する〉(通例数日間続く公式の)**会議**, 協議会〈**on**〉; (党)大会, 総会 (→ convention); (相談・話し合いなどの) 会合 (⇨ MEETING 類語) ‖ He spoke **at** an international ～ *on* the ozone layer. 彼はオゾン層に関する国際会議で発表した / a ～ between a student and a teacher 学生と教師との面談 / see a lawyer for a ～ 相談のため弁護士に会う
連語 【名/形＋～】 a peace ～ 平和会談 / a party ～ 党大会 / a press [OR news] ～ 記者会見 / a national ～ 全国大会 / an annual ～ 年次大会
【動＋～】 hold [OR have] a ～ 会議を開く / call a ～ 会議を召集する / organize [OR host] a ～ 会議を主催する / attend a ～ 会議に出席する
❷ Ⓤ 協議(すること), 相談 ‖ be in ～ with ... …と協議[会議]中である / meet in ～ 協議のために集まる
❸ (プロテスタント諸派の)(年次)協議会 ❹《主に米》(スポーツ競技などの)連盟, リーグ ❺ Ⓤ (学位などの)授与
—動 自 会議を開く[に参加する]
▶▶ ～ **càll** 名 Ⓒ (3人以上で行う)電話による会議[協議]

con·fer·enc·ing /ká(:)nfərənsɪŋ | kɔ́n-/ 名 Ⓤ 会議開催[出席] ‖ video ～ ビデオ会議

con·fess /kənfés/ 《アクセント注意》 動 〔▶ confession 名〕 他 ❶ **a** 《＋目》〔罪・過ちなど〕を〈…に〉白状[自白]する, 告白する, 打ち明ける(↔ *cover up*)〈**to**〉‖ The stalker ～*ed* his guilt *to* the police. そのストーカーは警察に自白した **b** 《(＋**to** 名)＋(**that**) 節》(…に)…だと白状[自白]する ‖ He ～*ed* (*to* me) *that* he had broken the window.＝He ～*ed*, "I broke the window." 彼は(私に)自分が窓を割ったと白状した
❷ 認める **a** 《＋目》…を認める (⇨ ADMIT 類語) ‖ She ～*ed* her mistake. 彼女は自分の過ちを認めた **b** 《＋(**that**) 節》…だと認める ‖ I ～ I'm surprised at the result. 正直言ってその結果には驚いています / I must ～ *that* her criticism is just. 彼女の批判も当然だと認めなくては **c** 《＋目＋(**to be**) 補》…が…だと認める(♦ 目 は通例 oneself) ‖ He ～*ed* himself (*to be*) disappointed. 実のところがっかりしているのだと彼は認めた
❸ 〘カト〙〈司祭に〉〔罪〕を告解する, ざんげする〈**to**〉; (司祭が)〔信者〕の告解[ざんげ]を聞く
—自 ❶〈…を〉白状[自白]する, 告白する, 打ち明ける; 認める (✎ own up)〈**to**〉‖ ～ *to* a crime 罪を告白する / She ～*ed to* (having) a dread of heights. 彼女は実は高い所が怖いのだと言った ❷〘カト〙〈…に〉告解[ざんげ]する〈**to**〉‖ ～ *to* a priest 司祭にざんげする
stànd conféssed as ... …であることは明らかだ, …だと認められている
語源 *con-* together＋*-fess* acknowledge(認める) : はっきり認める

con·fessed /kənfést/ 形 《限定》(自白によって)本人も認める(とおりの) **con·fess·ed·ly** /kənfésɪdli/ 副 《文修飾》自白によれば, 本人も認めるとおり; 明らかに

con·fes·sion /kənféʃən/ 名 〔◁ confess 動〕 ❶ Ⓤ〈…の〉白状, 自白, 告白〈**of**〉; (事実などを)認めること; Ⓒ 自白[告白]の内容 ‖ ～ *of* one's guilt [weakness] 罪の自白[自分の弱さを認めること] / make a ～ 自白[告白]する
❷ Ⓤ Ⓒ 〘カト〙告解, ざんげ ‖ go to ～ ざんげに行く / hear ～*s* (司祭が)告解[ざんげ]を聞く ❸ Ⓒ 信仰告白 ‖ a ～ of faith 信仰告白 ❹《ときに C-》Ⓒ《単数・複数扱い》(共通の教義を持つ)宗派

con·fes·sion·al /kənféʃənəl/ 名 Ⓒ (教会の中の) ざんげ室, 告解場(⇨ CHURCH 図); (司祭への)告解, ざんげ
—形 告白[自白]の; 信仰告白の; 教派の

con·fes·sor /kənfésər/ 名 Ⓒ ❶ 聴罪司祭《カトリック教会で告解を聞く司祭》❷《古》(カトリックの) 証聖者《殉教はしなかったが迫害にもめげずに信仰を守った人》‖ Edward the *Confessor* エドワード懺悔(ざんげ)王 ❸ 告白者

con·fet·ti /kənféṭi/ 名 Ⓤ (色とりどりの) 紙吹雪《カーニバルや結婚式でまかれる》

con·fi·dant /ká(:)nfɪdænt | kɔ́n-/ 名 Ⓒ (秘密も打ち明けられるほどの) 腹心の友 (♦ 女性形は -dante /-dænt/ だが, 現在は女性にも confidant を使うのがふつう)

***con·fide** /kənfáɪd/ 動 〔▶ confidence 名, confident 形〕 自 《＋**in** 名》❶〔人〕に(秘密・悩み事などを)(信頼して)打ち明ける ‖ My wife rarely ～*s in* me about her work. 妻は仕事のことではほとんど打ち明け話をしてくれない ❷〔能力などを〕信頼する, 信用する ‖ I ～ *in* my doctor's judgment. かかりつけの医者の判断を信頼している
—他 ❶ **a** 《＋目》(信頼して)〔秘密など〕を〈…に〉打ち明ける〈**to**〉‖ He ～*d* his problems *to* me. 彼は悩み事を打ち明けてくれた **b** 《＋(**to** 名)＋(**that**) 節》(信頼して)(…に)…だと打ち明ける ‖ He ～*d* (*to* me) *that* he was frightened of thunder. 彼は(私に)実は雷が怖いのだと打ち明けた / "I'm going to leave Tim," she ～*d*. 「ティムとは別れるつもりよ」と彼女は打ち明けた ❷《旧》(信頼して)〔仕事・世話など〕を〈…に〉ゆだねる, 委託する〈**to**〉

‡**con·fi·dence** /ká(:)nfɪdəns | kɔ́n-/ 《アクセント注意》
—名 〔◁ confide 動〕〔▶ confident 形, confidential 形〕(複 **-denc·es** /-ɪz/) Ⓤ ❶ **信頼**, 信用, 信任(↔ distrust)〈**in** …に対する / **that** 節 …という〉(⇨ BELIEF 類語) ‖ I **have** great ～ *in* my partner [his integrity]. 仲間[彼の誠実さ]を大変信頼している / Don't put too much ～ *in* what she says. 彼女の言うことをあまり信用してはいけない / strengthen ～ *in* the euro ユーロに対する信頼を強める / a vote of ～ 信任投票 / every ～ 全幅の信頼 / **public** ～ 大衆の信頼
連語 【動＋～】 win [OR gain] a person's ～ (人の)信頼を得る / lose a person's ～ (人の)信頼を失う / restore a person's ～ (人の)信頼を回復する
❷ 確信; **自信**〈**in** …への / **that** 節 …という〉; 大胆さ, 厚かましさ ‖ He has ～ (*that*) he will prevail. 彼には勝つという確信がある / Jim lacks ～ *in* himself. ジムは自分に自信が持てない / He is full of ～. 彼は自信満々だ / We do not have enough ～ to publish our research yet. まだ我々の研究を公にするだけの自信はない / give him the ～ to *do* 彼に…する自信を与える / restore [lose] ～ 自信を取り戻す[失う] / with ～ 自信を持って, 安心して / business ～ 実業界の景気判断
❸ (秘密を)打ち明けること; Ⓒ 打ち明け話, 秘密, 内緒ごと ‖ She surprised him with her ～. 彼女は打ち明け話をして彼を驚かせた / I will tell you this in the strictest ～. これは極秘でお話しします
tàke a pèrson into one's cónfidence 〔人〕に(秘密を)打ち明ける
▶▶ ～ **gàme** [《英》**trìck**] 名 Ⓒ 信用詐欺, 取り込み詐欺 ～ **ìnterval** 名 Ⓒ Ⓤ 〘統計〙信頼区間 ～ **màn** 名 Ⓒ《旧》＝con artist ～ **trìckster** 名 Ⓒ《英》取り込み詐欺師

cónfidence-bùilding 名 信頼を生む

‡**con·fi·dent** /ká(:)nfɪdənt | kɔ́n-/ 《アクセント注意》
—形 〔◁ confide 動〕(**more ～** ; **most ～**)
❶《叙述》**確信して**, 固く信じて (↔ unsure)〈**of, about** …を/(**that**) 節 …であると〉(⇨ SURE 類語) ‖ She is [OR **feels**] ～ (*that*) she is popular at work. 彼女は自分が勤め先で評判がいいと固く信じている / He is ～ *of* success. 彼は成功するものと確信している / I am not very ～ *about* today's game. 今日の試合にはあまり自信がない
❷ **自信に満ちた**(↔ anxious, diffident) ; 大胆な, うぬぼれた ‖ Be ～ in yourself. 自分に自信を持ちなさい / in his usual ～ way 彼のいつもの自信たっぷりの態度で
～·ly 副 確信して; 自信を持って

***con·fi·den·tial** /kà(:)nfɪdénʃəl | kɔ̀n-/ 《アクセント注意》
〈シ〉 形 〔◁ confidence 名〕(**more ～** ; **most ～**) ❶ 秘密の, 内密の, 機密の ‖ The documents were kept ～.

C

その文書は機密［マル秘］扱いにされていた / *Confidential*（手紙の上書きで）親展 ❷（信頼していて）親密な，打ち解けた；秘密を打ち明ける（ときのような）（⇨ FAMILIAR 類語）‖ His voice dropped to a ～ undertone. 彼は声を落としひそひそ声になった / He soon became ～ with her. 彼は間もなく彼女と打ち解けた仲になった ❸《比較なし》《限定》信任の厚い，腹心の ‖ a ～ assistant 腹心の助手

C

con·fi·den·ti·al·i·ty /kɑ̀(ː)nfədènʃiǽləṭi | kɔ̀nfɪ-/ 名 U 機密性，秘密性 ▸▸**～ agréement** 名 C 秘密保持契約（♦ non-disclosure agreement ともいう）

con·fi·den·tial·ly /kɑ̀(ː)nfɪdénʃəli | kɔ̀n-/ 副 内密に，内緒で，内内で；《文修飾》内緒の話だが

con·fid·ing /kənfáɪdɪŋ/ 形《限定》人を（すぐに）信頼する，相手を疑おうとしない **～·ly** 副

*__con·fig·u·ra·tion__ /kənfɪ̀gjəréɪʃən/ 名 C（各部分の）相関位置，配置；（配置によって決まる）形状；外形；輪郭；事情；状況；💻（コンピューター・ソフトウェアの）設定

con·fig·ure /kənfígjər/ 動 他 ❶（形に合わせて）…を形成する，配列する，構成する（♦ しばしば受身形で用いる）❷ 💻〔コンピューター・ソフトウェア〕の設定をする

*__con·fine__ /kənfáɪn/（→ 名）動 他 ❶ **a**《＋目》…を〈ある範囲内に〉限定する，限る，とどめる〈**to**〉‖ Her manager ～*d* the interview *to* topics related to her new film. 彼女のマネージャーはインタビュー時の話題を彼女の新作映画に関するものに限定した **b**《～ oneself または受身形で》〈…に〉限定する〈**to**〉‖ I wish you would ～ yourself *to* the subject under discussion. 討議中の話題に（話を）限定していただきたいと存じます / Land fever is not ～*d to* the U.S. 土地ブームは米国に限ったことではない ❷《通例受身形で》〈狭い場所に〉閉じ込められる，監禁される（↘ shut in［OR up］）；病床に就く〈**in, to**〉；《旧》出産の床に就く ‖ He is ～*d in* jail. 彼は留置されている / be ～*d to* bed （病気で）寝込んでいる / be ～*d to* a wheelchair 車いすの生活をしている

── 名 /kɑ́(ː)nfaɪn | kɔ́n-/《アクセント注意》C《通例 ～s》境界，国境；限界，限度 ‖ within［beyond］the narrow ～*s* of the local community 地域共同体の狭い範囲内［外］で

語源 *con-* together＋*-fine* end：共に終わる

*__con·fined__ /kənfáɪnd/ 形《通例限定》（空間などが）限られた，狭い ‖ a ～ space 狭い空間

*__con·fine·ment__ /kənfáɪnmənt/ 名 ❶ U 監禁（状態），幽閉；制限（状態）‖ be placed［OR held］in ～ 監禁状態に置かれている ❷ U C《旧》出産，分娩（ぶんべん）‖ a difficult ～ 難産 / a home ～ 家での出産

‡**con·firm** /kənfə́ːrm/

── 動〔▶ confirmation 名〕（～s /-z/；～ed /-d/；～·ing）

── 他 ❶ **a**《＋目》〔証拠・陳述・風説など〕を（本当だと）**確認する**，認める，確証する；〔予約・会合など〕を（電話・書面で）確認する ‖ The report of a plane crash has now been ～*ed*. 飛行機墜落事故の報道は間違いないことが確認された / His greatness has been ～*ed* by time. 彼の偉大さは時がたって確認された / Please ～ your plane reservation by telephone. 電話で飛行機の予約を確認してください **b**《（＋to 名）＋that 節 / wh 節》（人に）…ということ［…かどうか］を確認［確言］する ‖ She ～*ed to* me *that* the rumor was true. そのうわさは本当だと彼女は私に認めた / Can you ～ *which* flight we are taking? 我々はどの便の飛行機に乗ることになっているのか確認してくれますか / "I live here," he ～*ed*. 「私はここに住んでいます」と彼は認めた

❷〔権力など〕をより強固にする；〔考え・決意など〕をいっそう固めさせる ‖ The news ～*ed* my resolution to run for office. その知らせで官職に立候補する決意は固まった / His reply ～*ed* her suspicion(s). 彼の返答は彼女の疑念をいっそう強固にした / ～ one's position as ... …としての地位を強固なものにする

❸（法的手続きにより）〔条約・任命など〕を承認［追認］する，批准（ひじゅん）する ‖ be ～*ed* in office （責任ある）地位に就くことを承認される ❹《通例受身形で》〖宗〗堅信礼を受ける

語源 *con-* completely＋*-firm*（しっかりした）：しっかりさせる

*__con·fir·ma·tion__ /kɑ̀(ː)nfərméɪʃən | kɔ̀n-/ 名〔◁ confirm 動〕❶ U C 確認；承認，批准 ‖ nod one's head in ～ うなずいて承認を示す / evidence in ～ of ... …を確かであるとする［裏づける］証拠 ❷ C 確認するもの，確証 ❸ U C〖宗〗堅信礼，按手（あんしゅ）式；（ユダヤ教徒の）信仰確認の儀式

con·fir·ma·to·ry /kənfə́ːrmətɔ̀ːri | -tə-/, **-tive** /-ṭɪv/ 形 確証する，確認のための

con·firmed /kənfə́ːrmd/ 形《限定》（状態・習慣などが）根深い，変わりそうにない，常習的な；（病気が）慢性の ‖ a ～ vegetarian［bachelor］徹底した菜食［独身］主義者

con·fis·cate /kɑ́(ː)nfɪskèɪt | kɔ́n-/ 動 他（罰として）…を没収［押収］する；（職権で）…を差し押さえる

còn·fis·cá·tion 名 U C 没収，押収；差し押さえ

con·fís·ca·tò·ry /英 ––––––/ 形 没収の，没収する

con·fit /kɔːnfíː, kɔ̃ː(ŋ)-, koʊn- | kɔn-/ 名 C U〖料理〗コンフィ《カモ・豚などの肉をその脂肪に浸して熱した後，冷やして固めた保存食》（♦ フランス語より）

con·fla·gra·tion /kɑ̀(ː)nfləgréɪʃən | kɔ̀n-/ 名 C 大火事，大火

con·flate /kənfléɪt/ 動 他 …を融合［合成］する；（特に）〔2種の異本〕を1つにまとめる

-flá·tion 名 U C 融合；（2種の異本の）合成（本）

‡**con·flict** /kɑ́(ː)nflɪkt | kɔ́n-/《アクセント注意》（→ 動）

中心義 ぶつかり合う（こと）

── 名（複 ～s /-s/）U C ❶（主義・主張の）**争い**，闘争，論争（↔ agreement）〈**between** …間の；**with** …との；**over, on** …に関する〉（⇨ QUARREL[1] 類語）‖ political［ideological］～ 政争［イデオロギー論争］/ class ～ 階級闘争 / ～*s between* Church and State 教会と国家の争い / avoid (a) ～ 争いを避ける

❷（意見などの）不一致，**衝突**，軋轢（あつれき）；矛盾，食い違い；葛藤（かっとう）〈**between** …間の；**with** …との；**over, on** …に関する〉‖ There is ～ *over* the number of people killed. 死亡者数については食い違いがある / His duty often came into ～ *with* his conscience. 彼はしばしば任務と良心の板挟みになった / His opinion is **in** ～ *with* the evidence. 彼の意見は証拠と合わない / a ～ of interests［opinions］利害［意見］の衝突

❸ **戦争**，武力衝突（♦ 主に新聞用語）‖ (an) armed ～ 武力衝突 / a military ～ 軍事衝突

── 動 /kənflíkt/（～s /-s/；～·ed /-ɪd/；～·ing）自（人・意見などが）〈…と〉**対立する**，相反する，矛盾する（↔ agree）；（予定などが）〈…と〉かち合う〈**with**〉‖ That ～*s with* my ten o'clock dentist's appointment. それだと10時の歯医者の予約とかち合います / ～*ing* testimony 矛盾する証言

語源 *con-* together＋*-flict* strike：打ち合う

con·flict·ed /kənflíktɪd/ 形《主に米口》〈相反することで〉気持ちがひどく揺れて，思い煩って〈**about**〉

con·flict·ing /kənflíktɪŋ/ 形 相争う；矛盾する，一致しない；衝突する ‖ ～ testimony 矛盾する証言

con·flu·ence /kɑ́(ː)nfluəns | kɔ́n-/ 名 C《通例単数形で》❶（河川の）合流；合流地点 ❷（2つ以上のものの）融合，同時発生

con·flu·ent /kɑ́(ː)nfluənt | kɔ́n-/ 形（河川などが）合流する，落ち合う ── 名 C 合流する河川；支流

con·fo·cal /kənfóʊkəl/ 形〖数〗焦点を共有する，同焦点の ‖ ～ conics 同焦点円錐（えんすい）曲線

*__con·form__ /kənfɔ́ːrm/ 動〔▶ conformation 名，conformity 名〕自 ❶ 慣習を守る；〈習慣・規則などに〉従う，順応する〈**to, with**〉‖ These acts do not ～ *to* the Constitution. これらの法令は違憲である ❷〈…と〉一致［合致］する，同じである〈**to, with**〉‖ This plan does not

～ *with* the specifications. この図面は仕様書と一致しない / ～ *to* a pattern パターンどおりになる ―他…を〈…と〉一致[合致]させる〈**to, with**〉(⇨ ADAPT 類語)
語源 *con-* together＋*-form*：同じように形作る

con·form·a·ble /kənfɔ́ːrməbl/ 形 ❶《叙述》〈…に〉合致する, 適合する；似通った〈**to**〉 ❷ 従順な；〈…に〉よく従う[添う]〈**to**〉 ❸〘地〙(地層が)整合の **-bly** 副

con·form·ance /kənfɔ́ːrməns/ 名 ＝conformity

con·for·ma·tion /kɑ̀(ː)nfɔːrméɪʃən | kɔ̀n-/ 名 ❶ C 構造, 外形；(各部分の)調和のとれた配置 ❷ U〈…との〉適合, 合致〈**to, with**〉 ❸ C〘化〙(分子の)配列

con·form·ist /kənfɔ́ːrmɪst/ 名 C (習慣・規則などの)遵守者；《しばしば C-》《英》英国国教徒(↔ nonconformist) ―形 順応する, 体制順応的な
-ism 名 U (英国国教)遵奉

·con·form·i·ty /kənfɔ́ːrməṭi/ 名 U ❶〈…との〉合致, 一致；類似〈**to, with**〉‖ ～ *to* the Constitution 合憲 / in ～ *with* ... …と合致して ❷〈…への〉服従, 追随, 遵奉〈**with, to**〉‖ in ～ *with* her instructions 彼女の指示に従って ❸《英》英国国教遵奉

·con·found /kənfáʊnd/ (→ ❸) 動 他 ❶〔人〕をすっかり困惑[当惑]させる, 狼狽(ろうばい)させる ‖ My mother-in-law's sudden arrival ～*ed* me. 義母の突然の来訪に私は当惑した ❷〔計画・希望など〕を打ち砕く；〔予測など〕の裏をかく；《古》〔敵〕を破る ❸ /《米》kɑ̀(ː)nfáʊnd/ いまいましい, 畜生(♥ damn の婉曲語. 怒り・いら立ちを表す) ‖ *Confound* it [you]! こんちくしょう[この野郎] ❹ …を〈…と〉混同する, 取り違える〈**with**〉‖ ～ the means *with* the ends 手段を目的と混同する ❺〔問題など〕をさらに悪くする[混乱させる]

con·found·ed /kənfáʊndɪd/ 形《限定》《旧》《口》❶ いまいましい, べらぼうな ❷ 困惑した, 面食らう **～·ly** 副

con·fra·ter·ni·ty /kɑ̀(ː)nfrətə́ːrnəṭi | kɔ̀n-/ 名 (複 **-ties** /-z/) C (宗教・慈善事業の)友愛団体, 奉仕団体

·con·front /kənfrʌ́nt/ 動 他 ❶〔危険・問題など〕に立ち向かう, 直面する；〔人〕と対決する, 相対する(⇗ square up to) (↔ evade) ‖ ～ danger 危険に立ち向かう ❷ (敵対者・困難などが)〔人〕に立ちはだかる；《受身形で》〈困難・問題などに〉直面する, 立ち向かう〈**by, with**〉‖ She was ～*ed by* reporters. 彼女の前に記者たちが立ちはだかっ(て質問攻めにし)た / We are ～*ed with* enormous difficulties. 我々は大変な困難に直面している ❸〔人〕を〈対立者などと〉対決させる〈**with**〉；〔人〕に〈証拠物件などを〉突きつける〈**with**〉‖ The suspect was ～*ed with* the evidence. 容疑者は証拠を突きつけられた
語源 *con-* together＋*-front* front 額(ひたい)：額と額を合わせる

·con·fron·ta·tion /kɑ̀(ː)nfrʌntéɪʃən | kɔ̀n-/ 名 U C ❶ 対決；対立；衝突〈**with** …との；**between** …間の〉‖ the ～ *between* the President and Congress 大統領と議会の対立 / avoid ～ *with* neighbors 隣人との衝突を避ける / a military ～ 軍事衝突 ❷ 比較, 対比

Con·fu·cian /kənfjúːʃən/ 形 孔子(Confucius)の, 儒教(徒)の ―名 C 儒者 **～·ìsm** 名 U 儒教

Con·fu·cius /kənfjúːʃəs/ 名 孔子, 孔夫子 (551?–479 B.C.)《中国の哲学者. 儒教の祖》

:con·fuse /kənfjúːz/
―動〔▶ confusion 名〕(**～s** /-ɪz/；**～d** /-d/；**con·fus·ing**) 他 ❶ …を**うろたえさせる**, 当惑させる, まごつかせる；《受身形で》〈…に〉うろたえる, 当惑する〈**about, by**〉‖ The reporters ～*d* me *by* asking innumerable questions. 私は記者たちから数々の質問を浴びせられ頭が混乱した / I was ～*d about* which one to choose. 私はどちらを選ぶべきかまごついた / He was ～*d by* his blunder. 彼は自分のへまにうろたえた
❷ …を〈…と〉**混同する**, 取り違える〈**with**〉‖ ～ the twins 双子を混同する / ～ a butterfly *with* [OR and] a moth チョウをガと混同する ❸〔問題など〕をわかりにくくする；…を混乱させる ‖ His comment further ～*d* the **issue**. 彼の発言のおかげで問題はいっそう複雑になった
語源 *con-* together＋*-fuse* pour：ごっちゃに注ぐ

·con·fused /kənfjúːzd/ 形 (**more ～**；**most ～**) ❶ 当惑した, うろたえた；判断力を失った, ぼけた ‖ a ～ look うろたえた様子 ❷ 混乱した, ごちゃごちゃの ❸ 見分けのつかない **-fus·ed·ly** /-fjúːzɪdli/ 副 うろたえて；混乱して

·con·fus·ing /kənfjúːzɪŋ/ 形 (**more ～**；**most ～**) 頭を混乱させる(ような), 紛らわしい(↔ clear)；当惑させる, うろたえさせる **～·ly** 副《文修飾》紛らわしいほどに

:con·fu·sion /kənfjúːʒən/
―名〔◁ confuse 動〕❶ U〈…についての〉**混乱**(**状態**), めちゃめちゃ；無秩序, 乱雑〈**about, over, as to**〉(⇨ 類語) ‖ All was ～. すべてがめちゃくちゃだった / There is still some ～ *about* the number of casualties. 死傷者数についてはまだはっきりしない / The enemy fled **in** ～. 敵は算を乱して退散した / **cause** [OR **create**] ～ 混乱を生じさせる
❷ U/C《単数形で》〈…間の〉**混同**, 紛らわしさ〈**between**〉‖ There is a ～ *between* the letter O and the number 0. 文字のOと数字の0の混同がある / **avoid** ～ 混同を避ける
❸ U 当惑, 困惑；頭の混乱 ‖ This sudden change of plans threw us all into a flurry of ～. この突然の予定変更で我々は皆うろたえた / cover one's ～ 心の動揺を隠す / In his ～, he gave the wrong answer. 彼は頭が混乱して, 間違った答えをしてしまった
❹ U〘心〙精神錯乱, 意識障害

> **類語**《❶》**confusion** 雑然と混在して個々の区別がつかない状態.
> **disorder** 正常な位置・配列・秩序などが乱された状態.
> **mess** 不潔・不快な混乱・乱雑.
> **chaos** (原始の混沌(こんとん)状態を思わせる)極度の混乱・無秩序.
> **muddle** (しばしば不手際などから生じる) 手のつけられない混乱

con·fu·ta·tion /kɑ̀(ː)nfjutéɪʃən | kɔ̀n-/ 名 C U 論破；反論, 反証

con·fute /kənfjúːt/ 動 他《堅》〔人〕を論破する, やり込める；〔議論〕の誤りを立証する

Cong. 略 Congregational；Congress

con·ga /kɑ́(ː)ŋgə | kɔ́ŋ-/ 名 C ❶ コンガ《アフリカ起源のキューバの踊り》；コンガの曲 ❷ コンガドラム《両手で打つ縦長の太鼓》 ―動 自 コンガを踊る

con·geal /kəndʒíːl/ 動 自 ❶ (血液・油脂などが) 凝固する；凍る ❷ はっきりした形をとる

con·ge·la·tion /kɑ̀(ː)ndʒɪléɪʃən | kɔ̀n-/ 名 U《堅》凝結, 凝固

con·ge·ner /kɑ́(ː)ndʒənər | kəndʒíːnə/ 名 C 同種類の動植物；(性質・行動などが)似ている人[もの]

con·ge·ni·al /kəndʒíːniəl/ 形 ❶ (場所・仕事などが)〈人の性格・好みなどに〉適した, 合った〈**to**〉 ❷〈…と〉同じ性質の, 気心の合った〈**to**〉
con·gè·ni·ál·i·ty 名 **～·ly** 副

con·gen·i·tal /kəndʒénəṭəl | -ɪtəl/ 形《通例限定》(病気・欠陥などが)生まれつきの, 先天的な **～·ly** 副

còn·ger (**éel**) /kɑ́(ː)ŋgər- | kɔ́ŋ-/ 名 C〘魚〙アナゴ

con·ge·ries /kɑ́(ː)ndʒəriːz | kɔndʒíə-/ 名 (複 **～**) C《単数扱い》(雑然とした)寄せ集め, 集積

con·gest /kəndʒést/ 動 他《通例受身形で》❶ …が〈人・車などで〉いっぱいになる, 混雑する〈**with**〉‖ a ～*ed* road 混雑した通路 ❷〘医〙…がうっ血する, 充血する

·con·ges·tion /kəndʒéstʃən/ 名 U ❶ 密集, 混雑 ‖ traffic ～ 交通渋滞 ❷〘医〙うっ血, 充血
▸▸ **～ chàrge** 名 C《英》渋滞税, 道路混雑料《都心に進入する車輛に課す通行料》**～ prìcing** [《英》**chàrging**] 名 U 渋滞課金制, 混雑料徴収(→ road pricing)

con·glom·er·ate /kənglɑ́(ː)mərət | -glɔ́m-/ (→ 動)

名 C ❶〘経〙コングロマリット, 巨大複合企業 ❷ 集塊；集合体 ‖ a ~ of many nationalities 多民族の集合体 ❸ U〘地〙礫岩(れきがん) ── 形 ❶ 巨大複合企業の ❷ 密集して固まった, 集塊状の；〘地〙礫岩性［質］の ── 動 自 /kənglɔ́mərèɪt/ 丸く固まる, 集塊状になる, 複合企業を形成する ── 他 …を丸く固める, 集塊状にする

C

con·glom·er·a·tion /kənglɑ̀(:)məréɪʃən | -glɔ̀m-/ 名 ❶ U 丸く固まること；集塊（状態） ❷ C《通例単数形で》（異質のものの）集合（体）；複合企業の形成

***Con·go** /kɑ́(:)ŋgou | kɔ́ŋ-/ 名 ❶ コンゴ共和国《アフリカ中央部, 大西洋に面する国. 公式名 the Republic of the Congo. 首都 Brazzaville》 ❷ コンゴ民主共和国《旧名ザイール. 公式名 the Democratic Republic of the Congo. 首都 Kinshasa》 ❸《the ~》コンゴ川《コンゴ盆地を主流域に, 大西洋に注ぐ》

***Con·go·lese** /kɑ̀(:)ŋgəlíːz | kɔ̀ŋ-/ 〈シ〉 形 コンゴ（人）の ── 名（複 ~）C コンゴ人

con·grats /kəngrǽts/ 間《口》おめでとう (congratulations)

***con·grat·u·late** /kəngrǽtʃəlèɪt, -grǽdʒ- | -grǽtʃu-/《アクセント注意》動〔▶ congratulation 名〕他 ❶〔人〕に〈人の幸運・成功などについて〉祝辞を述べる, …を祝う〈**on, upon**〉；…を〈…のことで〉賞賛する〈**for**〉‖ I ~ you. おめでとう / They ~*d* me *on*「my promotion [having won a scholarship]. 彼らは私に昇進［奨学金を獲得したことで］おめでとうと言ってくれた / She is to be ~*d for* the excellent job. 彼女の素晴らしい仕事ぶりは賞賛されるべきだ ❷《~ oneself で》誇りに思う, 喜ぶ, 得意がる〈**on, upon, for** …のことを / **that** 節 …ということを〉‖ He ~*d* himself *on* opening his own restaurant. 彼は自分のレストランを開店できてうれしかった / We ~*d* ourselves *that* we'd changed people's attitude toward recycling. 我々は人々のリサイクルに対する考え方を変えたことを誇らしく思った
-là·tor 名 C 祝う人, 祝いの客

***con·grat·u·la·tion** /kəngrӕtʃuléɪʃən/ 名〔◁ congratulate 動〕❶ C《~s》祝辞, 祝いの言葉〈**on** …についての；**to** 人への〉‖ *Congratulations*! おめでとう（♥ 人の幸運・成功などを祝うときの文句であり, 新年・クリスマス・誕生日などの祝辞には用いない. かつては結婚式で花嫁に言うことは失礼とされていたが, 現在は若い世代を中心に用いられることが多い.《口》では Congrats! と言うこともある）/ *Congratulations to* you *on* your new record! 新記録おめでとう / *Congratulations on* your success in the examination! 合格おめでとう / He received many ~*s on* his marriage. 彼は結婚に当たって多くの祝辞を受けた ❷ U 祝うこと, 祝い

con·grat·u·la·to·ry /kəngrǽtʃələtɔ̀ːri | -grӕtʃuléɪtəri/ 〈シ〉 形 祝いの, 祝賀の ‖ a ~ address 祝辞 / a ~ letter [telegram] お祝い状［祝電］

con·gre·gant /kɑ́(:)ŋgrɪgənt/ 名 C《主に米》（特に宗教目的での）会衆

con·gre·gate /kɑ́(:)ŋgrɪgèɪt | kɔ́ŋ-/ 動 自（人が）集まる, 会合する ── 他 …を招集する

***con·gre·ga·tion** /kɑ̀(:)ŋgrɪgéɪʃən | kɔ̀ŋ-/ 名 C ❶《集合的に》《単数・複数扱い》（教会の）会衆；（特定の教会の）全教会員 ‖ There is a large ~ at church on Sundays. 日曜日ごとに教会にはたくさんの会衆が集まる / The ~ were praying silently. 会衆は静かに祈りをささげていた ❷（人・動物・物の）集団, 集会 ❸ U 集まること, 集合 ❹《英》（大学の）教授会, 評議会 ❺〘カト〙（簡単な誓願を立てる）修道会；教皇庁の省；枢機卿(すうききょう)委員会

con·gre·ga·tion·al /kɑ̀(:)ŋgrɪgéɪʃənəl | kɔ̀ŋ-/ 〈シ〉 形 ❶ 集団の；会衆の ❷《C-》組合教会の ‖ the *Congregational* Church 組合教会

Còn·gre·gá·tion·al·ìsm /-ìzm/ 名 U 組合教会主義 **-ist** 名 形

:con·gress /kɑ́(:)ŋgrəs | kɔ́ŋgres/《アクセント注意》── 名（複 **~·es** /-ɪz/）C ❶《C-》**米国議会**（→ parliament, diet²）；米国議会の会期；《集合的に》《単数・複数扱い》（任期中の）米国国会議員団 ‖ a Member of *Congress*（米国の）国会議員,（特に）下院議員《略 M.C.》/ both Houses of *Congress* 米国議会上下両院《the Senate と the House (of Representatives) からなる》/ the 70th *Congress* 第70米国議会
❷（特に共和国の）議会, 国会
❸（国家・教会・学会などの）代表者会議, 代議員会, 大会 ‖ **hold**「an international [a medical] ~ 国際会議［医学学会］を開催する ❹ 連合団体 ‖ the *Congress* of Industrial Organizations（米国の）産業別労働組合会議《略 C.I.O., CIO》 ❺ U 集合, 会合 ❻ U《旧》交際；性交 ‖ sexual ~ 性交
語源 *con-* together + *-gress* go, step：一緒に行く［集まる］(こと, 所)

***con·gres·sion·al** /kəngréʃənəl/ 形《限定》議会の, 国会の；《C-》米国国会［議会］の,（特に）下院の ‖ a *Congressional* district 下院議員選挙区
▶▶ **Congrèssional Mèdal of Hónor** 名《the ~》《米》名誉勲章《実戦での武勲に対して議会の名において贈られる最高勲章》

***cón·gress·man** /-mən/ 名（複 **-men** /-mən/）《しばしば C-》C 米国国会議員,（特に）下院議員（→ senator）‖ ~ (James) Jones（ジェームズ＝）ジョーンズ下院議員（中立 Member of Congress, congressperson）
-wòman 名（複 **-wòmen**）

cóngress·pèrson 名《しばしば C-》C（男女の区別なく）米国国会議員；（特に）下院議員

con·gru·ence /kɑ́(:)ŋgruəns | kɔ́ŋ-/ 名 U ❶ 一致, 調和 ❷〘数〙合同

cón·gru·en·cy /-ənsi/ 名 = congruence ❶

con·gru·ent /kɑ́(:)ŋgruənt | kɔ́ŋ-/ 形 ❶《堅》〈…と〉一致［調和］する〈**with**〉 ❷〘数〙合同の ‖ ~ triangles 合同の三角形 **~·ly** 副

con·gru·i·ty /kəngrúːəti/ 名（複 **-ties** /-z/）C U《堅》適合；一致, 調和；一致点

con·gru·ous /kɑ́(:)ŋgruəs | kɔ́ŋ-/ 形《堅》〈…に〉適当な, 適する；〈…と〉一致［調和］する〈**with**〉 **~·ly** 副

con·ic /kɑ́(:)nɪk | kɔ́n-/ 形〘数〙円錐(えんすい)（体）の
▶▶ **~ séction** 名 C〘数〙円錐曲線

con·i·cal /kɑ́(:)nɪkəl | kɔ́n-/ 形 円錐状の **~·ly** 副

co·ni·fer /kɑ́(:)nəfər | kɔ́nɪ-/ 名 C 針葉樹, コニファー
co·nif·er·ous 形

conj. 略 conjugation；conjunction

con·jec·tur·al /kəndʒéktʃərəl/ 形 推測による；憶測好きな **~·ly** 副

***con·jec·ture** /kəndʒéktʃər/ 名 U 推測, 憶測；C 推測による判断［意見］, 憶説 ‖ That is nothing but ~. それは全くの憶測だ / It's only ~ that they'll go. 彼らが行くというのは単なる憶測だ / make [OR form, hazard] a ~ on [OR as to] ... …について推測する
── 動 他 推測する (guess) **a**《+目》…を〈…から〉推測する, 憶測する〈**from**〉 **b**《+**that** 節 / **wh** 節》…である［…か］と推測する ‖ He ~*d that* it could be made chemically. 彼はそれが化学的に製造できると推測した **c**《+目+（**to be**）補》…を…であると推測する ‖ I ~ it *to be* the truth. 私の憶測するところではそれは真実です
── 自 推測する

con·join /kəndʒɔ́ɪn/ 動 他 自《堅》（…が［を］）結合させる［する］；連合させる［する］ ▶▶ **~ed twíns** 名 複〘医〙結合体, 重複双生児《身体の接合した双生児》

con·joint /kəndʒɔ́ɪnt/ 形《限定》結合した；連合の, 共同の (joint) **~·ly** 副

con·ju·gal /kɑ́(:)ndʒugəl | kɔ́n-/ 形《限定》婚姻（上）の；夫婦（間）の ‖ ~ rights〘法〙夫婦間の権利 / ~ affection 夫婦愛 **~·ly** 副

con·ju·gate /kɑ́(:)ndʒugèɪt | kɔ́n-/（→ 形）動 他 ❶

〖文法〗〔動詞〕を活用[変化]させる ❷〖化〗…を共役させる
━自 ❶〖文法〗(動詞が)活用[変化]する ❷〖生〗(バクテリアなどが)接合する ━形 /ká(ː)ndʒugət | kɔ́n-/ ❶ 結合した；対になった ❷〖文法〗(語が)同語根の ❸〖生〗接合の ❹〖化〗共役の；〖数〗(点・線など)共役の

con·ju·ga·tion /kɑ̀(ː)ndʒugéɪʃən | kɔ̀n-/ 名 U C ❶〖文法〗(動詞の)活用(形)，変化(形) ‖ the strong [weak] ~ 強[弱]変化 / the regular [irregular] ~ 規則[不規則]変化 ❷ 結合 ❸〖生〗接合 ❹〖化〗共役

con·junct /ká(ː)ndʒʌŋkt | kɔ́n-/ 形 結合した；連合した，共同の

con·junc·tion /kəndʒʌ́ŋkʃən/ 名 ❶ C〖文法〗接続詞 ‖ a coordinate ~ 等位接続詞 / a subordinate ~ 従位[属]接続詞 ❷ U C 結合，連結；連合，共同 ❸ C (事件などの)同時発生 ❹ U C〖天・占星〗合(ごう)《天体と天体の見掛け上の近接》；(惑星の)朔(さく)(↔ opposition)

in conjúnction (with ...) (…と)協力して，共に，一緒に(なって)(☞ together (with))

con·junc·ti·va /kɑ̀(ː)ndʒʌŋktáɪvə | kɔ̀n-/ 名 (複 ~s /-z/ OR -vae /-viː/) C〖解〗(眼球の)結膜

con·junc·tive /kəndʒʌ́ŋktɪv/ 形 ❶〖文法〗接続詞的な ‖ ~ adverbs 接続副詞《still, though, yet など》/ the ~ mood 接続法 ❷ 結合[連結]する[した]
━名 C《古》〖文法〗接続語[詞]；接続法　~·ly 副

con·junc·ti·vi·tis /kəndʒʌ̀ŋktɪváɪṭəs | -tɪs/ 名 U〖医〗結膜炎

con·junc·ture /kəndʒʌ́ŋktʃər/ 名 C (事件の)巡り合わせ，結合；状況，(特に)急場，危機

con·ju·ra·tion /kɑ̀(ː)ndʒuréɪʃən | kɔ̀n-/ 名 C U ❶《文》悪魔・霊などを呼び出すこと；呪文(じゅもん)，まじない，魔法 ❷ (神への)祈願(adjuration)

con·jure /ká(ː)ndʒər | kʌ́n-/《アクセント注意》動 他 ❶ (魔法で[のように])…を〈…から〉作る[出す]《up》〈out of, from〉；(魔法のように)…を消す《away》‖ ~ up a nice meal あっという間においしい料理を作る / ~ a rabbit away [out of a hat] (奇術で)ウサギを消す[帽子から出す] ❷ (呪文を唱えて)〔悪魔・霊など〕を呼び出す《up》‖ ~ up the spirits of the dead 死者の霊を呼び出す ❸ …を思い浮かべる[浮かばせる]，思い起こす[起こさせる]《up》(call [OR summon] up；evoke) ‖ What does the word "Japan" ~ up for you?「日本」という言葉で何を思い浮かべますか ❹《古》〔人〕に〈…するよう〉懇願する〈to do〉 ━自 ❶ 魔法[手品]を使う ❷ (呪文を唱えて)悪魔を呼び出す

con·jur·er, -ju·ror /ká(ː)ndʒərər | kʌ́n-/ 名 C ❶ 奇術師，手品師 ❷ 魔法使い(sorcerer)

cónjuring trìck 名 C 手品，奇術

conk[1] /kɑ(ː)ŋk, kɔːŋk | kɔŋk/ 名 C《英俗》鼻；《旧》頭
━動 他《主に米俗》〔人〕の鼻[頭]を殴る

conk[2] /kɑ(ː)ŋk, kɔːŋk | kɔŋk/ 動 自《口》❶ (機械などが)急に止まる，故障する《out》❷ (疲れきって)ぐっすり寝込む；気を失う；死ぬ《out》

conk·er /ká(ː)ŋkər | kɔ́ŋk-/ 名《英口》❶ C トチの実(《米》horse chestnut) ❷ U/C (~s)《単数扱い》トチの実遊び《トチの実を糸でつるして遊ぶ子供のゲーム》

conn /kɑ(ː)n | kɔn/ 動《米》= con[2]

Conn. 略 Connecticut

con·nate /ká(ː)neɪt | kɔ́n-/ 形 ❶ 生まれつきの，生得の；(病気などが)先天的な ‖ a ~ disease 先天病 ❷ 起源[性質]が共通の，同類の ❸〖生〗(葉が)合生の，合着の ❹〖地〗(水が)遺留の；同生の

con·nect /kənékt/
━動〔▶ connection 名, connective 形〕(~s /-s/；~·ed /-ɪd/；~·ing)
━他 ❶ …を〈…と〉**つなぐ**，結ぶ，**連結する**，接続する(↔ separate)〈to, with〉(⇨ 類語) ‖ The new Shinkansen which ~s Hakata *with* Kagoshima began operations in 2011. 博多と鹿児島を結ぶ新しい新幹線が2011年に開通した / ~ a scanner *to* a computer スキャナーをコンピューターにつなぐ
❷〔電気・ガス・水道など〕を〈本線・本管に〉つなぐ(↔ disconnect)《up》；💻…を〈インターネット・ネットワークなどに〉接続する〈to〉‖ My router doesn't ~ me *to* the Internet. 私のルーターではインターネットにつながらない
❸《通例受身形または ~ oneself で》〈…と〉**関係がある**，〈…に〉**縁故関係がある**〈with〉‖ These two factors are **closely** [**directly**] ~*ed*. この2つの要素は密接に[直接]関連している / She hopes to ~ herself *with* the law firm. 彼女はその法律事務所とつながりを持とうとしている / He is ~*ed with* the「royal family [stage]. 彼は王室と縁故関係にある[舞台に関係している]
❹ …を〈…と〉関連させて考える，…を〈…と〉結びつける〈with〉‖ People ~ Iceland *with* volcanos and glaciers. 人々はアイスランドといえば火山と氷河を思い浮かべる
❺ …を〈…と〉電話でつなぐ〈to, with〉‖ I'll ~ you *with* the conference room. 会議室におつなぎします
━自 ❶〈…と〉つながる，接続する〈with〉；〈インターネットなどに〉接続する〈to〉❷ (乗り物が)〈…と〉接続[連絡]する〈with〉‖ This flight ~*s with* the one for Seoul at Narita. この便は成田でソウル行きに接続します ❸ (論理の)筋が通る，意味が通じる ❹〈…と〉気持ちが通じる，理解し合う，親しくなる〈with〉❺《口》〖スポーツ〗ボールを打つ，〈的などに〉当たる，当てる〈with〉

類語《他 ❶》**connect** 道具・材料やある関係によってつなぐ.
join 2つ以上のものを直接触れ合うようにつなぐ.〈例〉*join* hands 手をつなぐ
link connect とほぼ同意であるが，しばしば connect よりも強い「つながり」を意味する.〈例〉*link* arms 腕を組む
combine 異なった性質のものを(しばしばもとの要素が識別できないように)結びつけて新しいものを作る.〈例〉*combine* factions into a party 派閥を合体して一党にする
unite 結合して新しいものを作る. join や combine よりも「1つの緊密な結合体」を作るという意味が強調される.〈例〉The two nations were *united* into one nation. 2国は統合されて1つの国になった

▸▸ ~ **tìme** 名 U 💻接続時間

***con·nect·ed** /kənéktɪd/ 形 ❶ つながった，連結した；接続した ❷ 論理的に一貫した ❸ 血縁[姻戚(いんせき)]関係のある ❹ (有力者と)関係[親交]のある ‖ a well-~ businessman 有力者と強力なコネのある実業家
~·ly 副 論理一貫して　~·ness 名

Con·nect·i·cut /kənéṭɪkət/《発音注意》名 コネチカット《米国北東部の州，州都 Hartford. 略 Conn.,〖郵便〗CT》

con·nect·ing /kənéktɪŋ/ 形《限定》(ほかのものを)つなぐ，接続させる ‖ a ~ door 部屋と部屋とをつなぐドア

▸▸ ~ **ròd** 名 C〖機〗連接棒

:con·nec·tion, +《英》**-nex·ion** /kənékʃən/
━名〔◁ connect 動〕(複 ~s /-z/) ❶ U C (物事の)**関係**，関連；因果関係〈**with** …との；**between** …の間の〉‖ What ~ does this **have** *with* the previous event? これは前の事件とどんな関係があるのか / a close ~ *between* smoking and lung cancer 喫煙と肺癌(がん)の密接な関係 / **make** [OR establish] a ~ 関係を作る
❷ U C〈…への〉**結合**，接続，連結(状態)〈to〉；C 結びつけるもの，結合[連結]部 ‖ (a) ~ *to* the Internet = (an) Internet ~ インターネットへの接続
❸ C《通例 ~s》(乗り物の)〈…との〉接続，乗り継ぎ；接続の乗り物〈with〉‖ have good train ~*s* 列車の乗り継ぎがうまくいく / make a ~ *with* a bus to New York ニューヨーク行きのバスに乗り継ぐ / miss one's [OR the] ~ 接続する乗り物に遅れる ❹ U C (人間的・社会的な)〈…との〉関係，親交〈with〉；《通常 ~s》(婚姻などによる)親

C

戚(しんせき), 縁者 ‖ in close ～ *with* the other members ほかのメンバーと親密な間柄で ❺ Ⓒ《～s》有力な知人, コネ ‖ He **has** powerful ～*s* in the government. 彼は政府に強力なコネがある / She used her ～*s* to get the job. (=She got the job through her ～*s*.) 彼女はコネを使ってその職を得た ❻ Ⓒ (電話などの)**接続**, 連絡 ; (電気器具などの) 接触 ‖ have a bad telephone ～ 電話がうまくつながらない ❼ Ⓒ《俗》麻薬の売人[売買]

C

in connéction with ... ① …に関連して ‖ He is being questioned *in* ～ *with* the murder. 彼はその殺人事件に関して今尋問を受けているところだ ② (乗り物が) …と接続して(→❸) ③ …とともに, 一緒に

in thìs* [*thàt*] *connéction NAVI これ[それ]に関連して, ついでに言うと ‖ We have been discussing what the most effective way to learn a language is. *In that* ～, I would like to quote a paragraph from this book. 私達はここまで言語を学ぶ最も効果的な方法は何か議論した. その関連でこの本の一節を引用したい

con·nec·tive /kənéktɪv/ 形《限定》結合[連結]する, 接続の ―名 Ⓒ ❶ 結合[連絡]するもの ❷〖文法〗連結辞 (接続詞・関係代名詞など) **còn·nec·tív·i·ty** 名

▸▸ ～ **tìssue** 名 Ⓤ〖解〗結合組織

con·nex·ion /kənékʃən/ 名《英》=connection

Con·nie /kɑ́ni/ 名 コニー ❶ Constance の愛称 ❷ Conrad, Cornelius の愛称

cón·ning tòwer /kɑ́(ː)nɪŋ-｜kɔ́n-/ 名 Ⓒ (潜水艦の) 展望塔 ; (軍艦の) 司令塔

con·nip·tion /kənɪ́pʃən/ 名 Ⓒ《しばしば ～s》《米口》ヒステリーの発作, 怒りの爆発

con·niv·ance /kənáɪvəns/ 名 Ⓤ 見て見ぬふり, 黙認 ‖ with his ～ 彼の黙認の下に

con·nive /kənáɪv/ 動 自 ❶〈…を〉見て見ぬふりをする, 黙認する〈**at, in**〉❷〈…と〉共謀する〈**with**〉

***con·nois·seur** /kɑ̀(ː)nəsə́ːr｜kɔ̀n-/《発音注意》名 Ⓒ (特に美術品の) 鑑定家 ; 目利き, 通(つう) (♦ フランス語より) ‖ a ～ of wine [antiques, opera] ワイン通[古美術鑑定家, オペラ通] **～·shìp** 名 Ⓤ 鑑定眼, 鑑定業

con·no·ta·tion /kɑ̀(ː)nətéɪʃən｜kɔ̀n-/ 名 Ⓒ 言外の意味, 含み ; 内包 (↔ denotation) ; Ⓤ 言外の意味を含む[表す]こと ‖ words with emotional ～*s* 感情的な含みを持った語

con·note /kənóut/ 動 他 ❶ 言外に…を意味する, ほのめかす(↔ denote) ❷ (結果・条件として) …を伴う, 含む, 内包する

con·no·ta·tive /kɑ́(ː)nətèɪtɪv｜kɔ́n-/ 形 含みのある

co·noid /kóunɔɪd/ 形 円錐(えんすい)状[形]の, 尖円(せんえん)状[形]の ―名 Ⓒ 円錐曲線体, 尖円体 ; 円錐状のもの

***con·quer** /kɑ́(ː)ŋkər｜kɔ́ŋ-/《発音注意》(♦ 同音語 conker) 動 他 ❶〔敵〕を打ち破る ;〔敵国〕を征服する ;〔領土〕を戦い取る (⇨ 類語) ‖ The Normans ～*ed* England in 1066. ノルマン人は1066年にイングランドを征服した / ～ an enemy 敵を打破する ❷ (努力して) …を獲得する ;〔山など〕を征服する ;〔困難など〕を克服する,〔感情〕を抑える ‖ Antibiotics have ～*ed* many diseases. 抗生物質のおかげで多くの病気を克服することができた ❸〔名声など〕を勝ち取る,〔商売などの分野〕で成功する ―自 勝つ, 勝利を得る ‖ I came, I saw, I ～*ed*. 来た, 見た, 勝った (Caesar の言葉. ラテン語 *Veni, vidi, vici.* より)

～·a·ble 形

類語《他 ❶》**conquer** 努力を繰り返し, または組織的抵抗を排して征服する. defeat よりも堅い語.
defeat「打ち負かす」の意を表す一般語. 決定的にではなく一時的に打ち勝つ場合も多い.
beat defeat とほぼ同じ意味を表すくだけた語.
overcome 困難を克服して勝つ.〈例〉*overcome* opposition 反対を克服する
subdue 抵抗心を失わせて徹底的に服従させる.〈例〉*subdue* a rebellion 反乱を鎮圧する

***con·quer·or** /kɑ́(ː)ŋkərər｜kɔ́ŋ-/ 名 Ⓒ 征服者, 勝利者 ‖ William the *Conqueror* ウィリアム征服王

***con·quest** /kɑ́(ː)nkwèst｜kɔ́ŋ-/《発音・アクセント注意》名 ❶ Ⓤ/Ⓒ《単数形で》征服 ; (武力による) 奪取 ; (欠点・課題などの) 克服 ‖ the Mongolian ～ of Eurasia モンゴル帝国のユーラシア征服 / the ～ of inflation インフレの克服 ❷ Ⓒ 征服して得たもの, 被征服民, 占領地 ❸ Ⓤ《しばしば戯》(好意・愛情などの) 獲得 ; Ⓒ 口説き落とした人 (♥ しばしば純粋な恋愛対象でないということを示す) ‖ make a ～ of her 彼女を口説き落とす ❹《the C-》= Norman Conquest

con·quis·ta·dor /kɑ(ː)nkíːstədɔ̀ːr｜kɔnkwístə-/ 名 (複 **～s** /-z/ OR **-do·res** /-dɔ́ːreɪz, -reɪs, -riːz/) Ⓒ (16世紀にメキシコ・ペルーを征服した) スペインの征服者

Con·rad /kɑ́(ː)nræd｜kɔ́n-/ 名 **Joseph ～** コンラッド (1857–1924)《ポーランド生まれの英国の小説家》

Cons. 略 Conservative

con·san·guin·e·ous /kɑ̀(ː)nsæŋgwíniəs｜kɔ̀n-/ 〈シ〉 形 同一血族の, 血縁の
-guín·i·ty 名 Ⓤ 血族(関係), 血縁

***con·science** /kɑ́(ː)nʃəns｜kɔ́n-/《発音・アクセント注意》名〔▶ conscientious 形〕Ⓤ Ⓒ 良心, 道義心 ; 善悪の判断力, 分別 ; 罪の意識, 気のとがめ(♦ 修飾語を伴うときは a をつける) ‖ Her ～ pricked her. 彼女は良心がとがめた / The boys' ～*s* were not quite easy about the prank. 悪ふざけのことで男の子たちはいくぶん気がとがめていた / He did nothing against his ～. 彼は良心に反するようなことは何もしなかった / She has no ～ at all about lying. 彼女はうそをつくことを何とも思っていない / have a clear [bad, guilty] ～ やましいところがない [ある] / feel a twinge [OR pang] of ～ やましい気持ちになる / make ... a matter of ～ …を良心の問題とする ; …を良心的に扱う

for cónscience(') sàke 自分の気が済むように, 気休めに ; 後生だから

in àll* [OR *gòod*] *cónscience 《主に否定文で》良心にかんがみて, 心底より

on one's cónscience 気にかかって, 気に病んで ‖ Could you sleep at night with that *on* your ～? それが気にかかったままで夜眠れますか

▸▸ ～ **clàuse** 名 Ⓒ《主に米》〖法〗良心条項《自分の道徳的・宗教的良心に従って遵法を拒む者に対し, その義務を免除する法律の条項》 ～ **mòney** 名 Ⓤ 罪滅ぼしの献金《脱税者などが匿名で償いのために行う献金》

cónscience-strìcken [**-strùck, -smìtten**] 形 気がとがめる, 良心の呵責(かしゃく)にさいなまれている

***con·sci·en·tious** /kɑ̀(ː)nʃiénʃəs｜kɔ̀n-/《アクセント注意》〈シ〉 形〔◁ conscience 名〕❶ 念入りな, 綿密な, 徹底した ‖ I was more than usually ～ about locking the door. 私はいつもより念を入れてドアに鍵(かぎ)をかけた / do ～ work 入念な仕事をする ❷ 良心的な, 誠実な ; 良心[善悪の判断力]にかかわる ‖ That was very ～ of you. それはずいぶんと良心的なことでしたね **～·ly** 副 良心的に ; 入念に **～·ness** 名 Ⓤ 良心的なこと, 誠実

▸▸ ～ **objéction** 名 Ⓒ Ⓤ 良心的兵役拒否 ～ **objéctor** 名 Ⓒ 良心的兵役拒否者 (略 CO)

:con·scious /kɑ́(ː)nʃəs｜kɔ́n-/《発音注意》
―形 (**more ～ ; most ～**)
❶《叙述》(+**of** 名 / **that** 節) …を**意識**[自覚]して, …に**気づいて** (↔ unconscious, unaware) ;〔痛みなど〕を覚えて (⇨ AWARE 類語) (♦ of の代わりに about を用いるのは不可) ‖ The student became ～ *of* the teacher looking over his shoulder. 生徒は教師が肩越しに見つめていることに気づいた / I'm acutely ～ *of* my responsibility. 自分の責任を深く自覚している / She was ～ *that* she was being followed by a stranger. 彼女は見知らぬ人物に尾行されているのに気づいていた
❷ 意識のある, 正気の ‖ He was still ～ when the

ambulance arrived. 救急車が到着したとき彼はまだ意識があった / Has he become ～ yet? 彼はもう意識が戻りましたか[気がつきましたか] ❸《限定》意識的な；意図的な，故意の；意識した，自覚した ‖ without much ～ **effort** 大して意識的な努力をせずに / make a ～ **decision** not to change a plan 計画を変えないよう意識的に決断する / ～ guilt 自覚している罪 / with ～ superiority 優越感を自覚して ❹ 意識を有する，知覚する ‖ Humans are ～ beings. 人間は意識を持つ生き物だ ❺《複合語で》…を意識している，…を気にかける ‖ The British (people) are very accent-～. イギリス人は非常に発音にやかましい / Inflation taught consumers to be more price-～. インフレのおかげで消費者はもっと価格に敏感になることを学んだ / a family-～ man 家族を大事にする人 / a race-～ society 民族意識の強い社会
—名《the ～》〘心〙意識(↔ the unconscious)
～·ly 副 意識して，自覚して；故意に，意識的に

con·scious·ness /ká(ː)nʃəsnəs | kɔ́n-/
—名 U ❶ **意識**，正気 ‖ **lose** [**regain**, recover] ～ 意識を失う[取り戻す] / come to ～ 正気づく
❷ 社会意識，思想，考え方；〘心〙意識(the conscious) ‖ change the political [moral] ～ of society 社会の政治[道徳]意識を変える / below the ～ 意識下で / a stream of ～ 意識の流れ
❸ U/C《a ～》気づいていること〈**of** …に / **that** 節 …という ことに〉；自覚 ‖ ～ *of* guilt 罪の意識 / He had an intense ～「*of* his dependence [*that* he was dependent] on his parents. 彼は両親に頼っていることを重々自覚していた

cónsciousness-ràising 名 U ❶ 意識向上，自己啓発 ❷ (集団心理療法を通じての)自己発見

con·script /kənskrípt/ (→ 名) 動 他《通例受身形で》〈…に〉徴兵される，徴募される(《米》draft)〈**into**〉‖ be ～*ed into* the army 陸軍にとられる
—名 /ká(ː)nskrìpt | kɔ́n-/ C (志願兵に対して)徴集兵

con·scrip·tion /kənskrípʃən/ 名 U 徴兵，徴募

con·se·crate /ká(ː)nsəkrèɪt | kɔ́nsɪ-/ 動 他 ❶ …を神聖にする，清める；〔人〕を聖職に叙任する；〔パンとぶどう酒〕を聖別する；〈神などに〉…を奉献する〈**to**〉‖ ～ a church 献堂する ❷《口》…を〈目的のために〉ささげる(devote)〈**to**〉‖ ～ one's life *to* art 一生を芸術にささげる

con·se·cra·tion /kɑ̀(ː)nsəkréɪʃən | kɔ̀nsɪ-/ 名 U C ❶ 聖化；聖別；奉献(の儀式) ‖ the ～ of a church 献堂(式) ❷ 聖職叙任 ❸ 献身，精進 ‖ the ～ of one's life to art 一生を芸術にささげること

con·sec·u·tive /kənsékjʊt̬ɪv/ 形《通例限定》❶ (中断することなく)連続した ‖ win four ～ games on the road 敵地で4試合続けて勝つ / for five ～ days 続けて5日間 ❷ (論理的に)筋の通った ❸〘文法〙結果を表す ‖ a ～ clause 結果節 ❹〘楽〙並行の
～·ly 副 連続して **～·ness** 名 U 連続(性)

con·sen·su·al /kənsénʃuəl | -sju-/ 形 ❶ 合意上の，合意による ‖ a ～ marriage 合意の結婚 ❷〘生理〙交感作用の，交感性の ‖ ～ actions 交感作用の働き

con·sen·sus /kənsénsəs/ 名 U/C《通例単数形で》❶ 大多数の意見，(関係者の)総意，(大方の)世論 ‖ The ～ was that inflation would continue at the present rate. 大方の意見はインフレが現在の速度で進行し続けるだろうということだった / national ～ 国民の総意 ❷ (意見・証言などの)一致，合意，コンセンサス〈**about, on** …について の / **that** 節 …という〉‖ There is (a) broad ～ of opinion *on* this issue. この問題に関しては意見はおおかた一致している(♦この語自体が「大多数の意見」の意味にもなるので(→❶)，of opinion を付け加えるのは重複となり避けるべきだという人もいる) / reach [OR arrive at, get] a ～ on ... …について合意に達する

con·sent /kənsént/ 《アクセント注意》名 ❶ U 〈…についての〉同意，承諾，賛成，許可，お墨付き(↔ refusal)〈**to**〉(→ informed consent) ‖ They got married without their parents' ～. 2人は双方の両親の同意なしに結婚した / They gave [refused] their ～ *to* her request. 彼らは彼女の要請を承諾した[しなかった] / a divorce by ～ 協議離婚 / *Silence gives* ～.《諺》沈黙は承認のしるし ❷ U (意見などの)一致，合意 ‖ by mutual ～ 双方合意の上で / by common ～ 万人の認めるところによって，満場一致で ❸ C (公的な)許可証，認定書
—動 自《進行形はまれ》(↔ refuse) **a** 〈…に〉同意する，承諾する〈**to**〉‖ She ～*ed to* my studying abroad. 彼女は私の留学に同意した / ～ *to* a proposal [plan] 提案[計画]に同意する **b** 《+**to** *do*》…することに同意する ‖ They finally ～*ed to* help me. 彼らはついに私を援助することに同意した
語源 *con-* together＋*-sent* feel：同じように感じる
▶▶ **～ing ádult** 名 C〘法〙性行為への同意能力を有する年齢に達した成人(→ age of consent)

con·se·quence /ká(ː)nsəkwens | kɔ́nsɪkwəns/
—名 (▶ consequent 形，consequential 形) (複 **-quenc·es** /-ɪz/) ❶ C《通例 ～s》〈…にとっての〉(必然的な，主に悪い)**結果**，成り行き；論理的な帰結，結論〈**for**〉(⇨ EFFECT 類語) ‖ Chug-a-lugging liquor can have dreadful ～*s*. 酒の一気飲みは恐ろしい結果を招くことがある / The ～ was a rapid worsening of their relationship. その結果彼らの関係は急速に悪化した / by natural ～*s* 自然の成り行きで / It follows as a logical ～ that ... 論理的帰結として…となる
連語【形＋～】inevitable ～*s* 避けられない結果 / dire ～*s* 恐ろしい結果 / disastrous ～*s* 悲惨な結果 / serious ～*s* 深刻な結果 / unintended ～*s* 予期しない結果 / important ～*s* 重大な結果 / direct ～*s* 直接の結果 / long-term ～*s* 長期的に与える影響
❷ U《主に否定文で》《堅》**重要さ**，重大性(⇨ IMPORTANCE 類語) ‖ A little delay is of no great ～. ちょっとした延期は大して影響しない / a matter of ～ 重要な事柄 ❸ C《～s》《単数扱い》《英》結果ゲーム(参加者が筋を知らずに次々に物語の一部を付け加えて最後の人が "And the consequences were ..." で話を結ぶ遊び)
in cónsequence；***as a cónsequence*** NAVI〈…の〉結果として，ゆえに〈**of**〉；したがって ‖ The Internet is now widely accessible. *As a* ～, the media for advertising is undergoing a change. 現在インターネットは広く普及している．それにより広告の媒体は変化しつつある
tàke [OR ***bèar, sùffer, fàce***] ***the cónsequence***(***s***) 〈行為などの〉結果を甘んじて受ける，責任をとる〈**of**〉

con·se·quent /ká(ː)nsəkwènt | kɔ́nsɪkwənt/ 《発音注意》形〔◁ consequence 名〕❶ 〈…の〉結果として起こる，〈…に〉続く(↔ antecedent)〈**on, upon**〉‖ heavy rains and the ～ flooding of the farmland 豪雨とそれに続く農地の冠水 / political decisions ～ *on* an event 事件の結果下された政治的決定 ❷《古》(論理上)必然的な，当然の；《旧》論理的に一貫した，筋道の通った ❸〘地〙(川・谷などが)必従(ひつじゅう)の(地表面の最初の傾斜方向に沿うこと) —名 C ❶ (続いて起こる)結果 ❷〘論〙後件；〘数〙(比例の)後項

con·se·quen·tial /kɑ̀(ː)nsɪkwénʃəl | kɔ̀n-/ ⊲ 形〔◁ consequence 名〕❶ 〈…の〉結果として起こる〈**on, upon**〉；論理的帰結としての，首尾一貫した ❷ 重要な(♦この語義を認めない人も多い) ❸〘法〙間接的結果としての ‖ ～ damages 間接損害 **～·ly** 副

con·se·quent·ly /ká(ː)nsəkwèntli | kɔ́nsɪkwənt-/ 《アクセント注意》副 NAVI Ⓦ その結果(として)，したがって，それゆえに(♦主に文頭で，また文中ではしばしば and の後ろで用いられる)(⇨ THEREFORE 類語，NAVI表現 10) ‖ The company went bankrupt, and ～ many employees lost their jobs. その会社は破産し，その結果多くの従業員が職を失った

con·ser·van·cy /kənsə́ːrvənsi/ 名 (複 **-cies** /-z/) ❶ Ⓒ《集合的に》《単数・複数扱い》(港湾・河川・天然資源などの)管理[保護]委員会 ❷ Ⓤ (天然資源などの)保護

***con·ser·va·tion** /kɑ̀(ː)nsərvéɪʃən | kɔ̀n-/ 名 Ⓤ ❶ (動植物・森林などの)保護；(建物・文化遺産などの)保存；資源保護 ‖ the ～ of habitats [water power] 生息地[水力資源]保護 / nature ～ 自然保護 ❷〘理〙不滅，不変 ‖ (the) ～ of energy エネルギー保存[不滅](の法則) / the ～ of mass [OR matter] 質量保存(の法則)

▶▶ ～ **àrea** 名 Ⓒ《主に英》文化財[環境]保護地区

***con·ser·vá·tion·ist** /-ɪst/ 名 Ⓒ 自然保護論者

***con·ser·va·tism** /kənsə́ːrvətìzm/ 名 Ⓤ ❶ 保守主義；保守的傾向 ❷《C-》(英国)保守党の政策[主義]

***con·ser·va·tive** /kənsə́ːrvəṭɪv/ 形 (**more** ～；**most** ～) ❶ 保守的な，急速な変化を望まない，伝統主義の；(政治的)保守主義の(↔ progressive, radical) ‖ He is ～ in his habits. 彼は習慣をなかなか変えない / ～ politics 保守政治 ❷《C-》《比較なし》(英国などの)保守党の ❸ (服装などが)地味な ‖ a ～ suit 地味なスーツ ❹ 控えめな，慎重な ‖ a ～ estimate 内輪の見積もり / a ～ investment 控えめな投資 ―名 Ⓒ ❶ 保守的な人，旧弊家 ❷《C-》(英国)保守党党員[支持者]

～·ly 副 保守的に；控えめに **～·ness** 名 Ⓤ 保守性

▶▶ **Consèrvative Júdaism** 名 Ⓤ 保守的ユダヤ教 (→ Orthodox Judaism) **Consérvative Pàrty** 名《the ～》《単数・複数扱い》(英国などの)保守党

con·ser·va·toire /kənsə́ːrvətwɑ̀ːr, ―――́―/ 名 Ⓒ (特にヨーロッパの)音楽学校[院]；舞台芸術学校

con·ser·va·tor /kənsə́ːrvəṭər, kɑ́nsərvèɪṭər | kɔ́nsəvèɪ-/ 名 Ⓒ ❶ (博物館などの)管理(責任)者；(港湾などの)管理[保護]委員 ❷〘法〙(禁治産者の)後見人

con·ser·va·to·ry /kənsə́ːrvətɔ̀ːri | -təri/ 名 (複 **-ries** /-z/) Ⓒ ❶《英》(家屋に付属した)温室《植物の避寒用またはサンルーム》❷《主に米》=conservatoire

***con·serve** /kənsə́ːrv/ (→ 名) 動 他 ❶〔環境・資源〕を保存する，保護する，維持する；〔エネルギーなど〕を節約する (⇨ PROTECT 類語P) ❷《通例受身形で》〘生化・物〙一定に保たれる ❸〔果物〕を砂糖漬けに(して保存)する，ジャムにする ―名 /kɑ́(ː)nsəːrv | kɔ́n-, kənsə́ːv/ Ⓤ/Ⓒ《しばしば ～s》(果物の)砂糖漬け；ジャム

⁝con·sid·er /kənsídər/《アクセント注意》

中心義≫ よく考える

> 動 他 よく考える❶ みなす❷ 考慮に入れる❸ 思いやる❹

―動〔▶ consideration 名, considerable 形, considerate 形〕(**～s** /-z/；**～ed** /-d/；**～·ing**)

―他 ❶ (判断・決定する前に)**よく考える** **a**《+目》…についてよく[慎重に]考える，検討する；…を熟考する(↘ chew on)；…を〈…にふさわしいかどうか〉検討する，考慮する〈**for**〉‖ You must ～ the time factor when you plan your trip. 旅行の計画を立てるときには時間的要素を考えなくてはいけない / after ～*ing* all the possibilities すべての可能性を考えた挙げ句 / The company is **carefully** ～*ing* him *for* promotion. 会社は彼を昇進させるかどうか慎重に考慮中だ

b《+*doing*》…することをよく考える，…しようかと思う ‖ She is seriously ～*ing* applying [×to apply] for the position. 彼女はその職に応募しようかと真剣に考えている

c《+**wh to** *do* / **wh** 節》…かをよく考える ‖ I've been ～*ing what to* say at the wedding reception. 私は結婚披露宴で何を話そうかと考えている / ～ *whether* it is important (or not) それが重要かどうか検討する

❷ **a**《+目+(**to be**) 補 / **as** 名・形 / **to** *do*》《進行形不可》…を…と**みなす**，考える (↘ see as) ‖ They ～ her (「*to be* [OR *as*]) a good doctor.=She is ～*ed* (「*to be* [OR *as*]) a good doctor. 彼女は名医だとみなされている (♦ 能動態の consider ... as の形は頻度が低い) / I ～ the driver responsible for the accident. 私は運転者に事故の責任があると思う / ～ oneself lucky 自分は幸運だと思う / I ～ the trip *to* have benefited me greatly. その旅行は大変ためになったと思っています

b《+(**that**) 節》…と思う，考える，判断する ‖ I ～ *that* I am a fortunate person. (=I ～ myself a fortunate person.) 私は自分を運のよい人間だと思っている

❸ **a**《+目》(評価・判断するときに)…を**考慮に入れる**，斟酌(しんしゃく)する ‖ This room is rather small when we ～ the number of guests. 客の数を考えるとこの部屋はかなり狭い **b**《+(**that**) 節 / **wh** 節》…ということを考慮に入れる ‖ If you ～ *that* it's hand-knit, the price is reasonable. (=*Considering* it's hand-knit, ...) 手編みだということを考えると，妥当な値段だ / If we ～ *how* long he's been learning the guitar, he's not very good. これまでどれくらい長い間ギターを習ってきたかを考えると，彼はあまりうまくない

❹〔ほかの人(の気持ち・立場)〕を気にかける，**思いやる** ‖ She never ～*s* other people. 彼女は他人のことなどお構いなしだ / ～ his feelings 彼の気持ちを思いやる

❺《堅》…を注視する ‖ ～ a painting 絵をじっと見つめる

―自 熟考する；よく考える ‖ Please give me time to ～. 考える時間を下さい

all things considered ⇨ THING(成句)

COMMUNICATIVE EXPRESSIONS

1 **Consìder it dóne.** 喜んでやりましょう，承知しました，任せてください (♥ 依頼に対する返答．「もう済んだと思っていい」の意)

⁝con·sid·er·a·ble /kənsídərəbl/ 形 名

―形〔◁ consider 動〕《比較なし》❶ (数・量・程度などが)**かなりの**，相当の (↔ inconsiderable, small) (♦ 実質的には「多くの，大きな」の意) ‖ I bought stock in ～ quantity. かなり大量に株を買った / a ～ **amount** of damage 相当な被害 / make ～ progress かなり進歩する / a ～ **number** of people かなりの数の人々

❷ 考慮[注目]すべき，無視できない；(人が)著名な，重要な ‖ a ～ fact 考慮すべき事実

―名 Ⓤ/Ⓒ《a ～》《米口》かなりの数[量，程度]，多量，多数 ‖ He did ～ toward it. 彼はそれにかなり寄与した / a ～ of ... 相当数[量]の… / by ～ 相当に

⁝con·sid·er·a·bly /kənsídərəbli/

―副《比較なし》相当に，**かなり** (♦ しばしば比較級の形容詞とともに用いる) (⇨ VERY 類語P) ‖ **vary** ～ かなり異なる / be ～ **reduced** 大きく減る / The overall cost was ～ **higher** than expected. 総経費は予想よりずっと高かった

***con·sid·er·ate** /kənsídərət/ 形〈…に対して〉思いやりのある (↔ inconsiderate)〈**of, to, toward(s)**〉；《It is ～ of *A* to *do* / *A* is ～ to *do* で》…するとは *A* は思いやりがある ‖ He was ～ *of* his patients. 彼は患者に思いやりがあった / a ～ attitude 思いやりのある態度 / It was ～ *of* you not *to* mention my name.=You were ～ not *to* mention my name. あなたが私の名前を口にしないでくれてありがたかった

～·ly 副 思いやり深く **～·ness** 名

⁝con·sid·er·a·tion /kənsìdəréɪʃən/

―名〔◁ consider 動〕(複 **～s** /-z/) ❶ Ⓤ Ⓒ 熟慮，**考慮**，**検討** ‖ Your proposal deserves careful ～. あなたの提案は慎重に考慮されてしかるべきだ / No ～ is given to these data. こうしたデータは何ら考慮されていない / leave ... out of ～ …を考慮に入れない，…を度外視する

❷ Ⓒ **考慮すべき事柄**，検討事項，要因，**理由** ‖ Cost is an important ～. コストのことを考えることが大切だ / That's a ～. それは考慮すべき点だ / above all other ～*s* ほかの何物にも増して考慮すべき / for educational

〜*s* 教育上の理由で
❸ Ⓤ〈…に対する〉思いやり，配慮〈**for**〉‖ a lack of 〜 *for* others 他人に対する思いやりのなさ / show 〜 *for* his feelings 彼の気持ちを思いやる ❹ Ⓒ《単数形で》《堅》報酬，償い，心付け；〖法〗(契約上の)対価，約因 ‖ for a small 〜 わずかな報酬で ❺ Ⓤ 尊敬，尊重；《古》重要性 ‖ be of no [little] 〜 全く[ほとんど]取るに足らない
in considerátion of ... ① …を考慮して，…のために ② …の報酬[返礼]として ‖ *in* 〜 *of* your services to me 私に尽くしてくれた謝礼として
****tàke ... into considerátion*** …を考慮に入れる
under considerátion 考慮[検討]中の[で]

COMMUNICATIVE EXPRESSIONS
1 **But there are òther considerátions.** しかしほかにも考慮に入れるべきことがあります(♥ 異なる観点を示す際の導入表現)
2 **I'll give that àll the considerátion it's dúe.** そのことは十分に考慮します

con·sid·ered /kənsídərd/ 形《限定》よく考えた上での，熟慮の末の

con·sid·er·ing /kənsídərɪŋ/ 前 …を考慮すれば，…の割には ‖ She managed the shop well, 〜 her lack of experience. 彼女は経験の少ない割にはうまくその店を経営した(♦ considering の前のコンマは省略可)
—接 …であることを考えれば，…である割には ‖ *Considering* (that) he's only five, he plays the violin well. ほんの5歳だということを考えると彼はバイオリンが上手だ / You got your driver's license quickly 〜 how little you practiced. ほとんど練習しなかった割にはすんなりと運転免許証が取れたね
—副《文末で》《口》すべてを考慮すると，割合に ‖ Everything went off well, 〜. 何もかも割にうまくいった(♦ 後の all the circumstances が省略された形)

con·sig·lie·re /kounsɪgljéəreɪ, kɑ(:)n-, -ri/ 名(複 **-ri** /-ri:/)《イタリア》Ⓒ コンシリエーレ，(犯罪組織の)助言者，アドバイザー

con·sign /kənsáɪn/ 動 他 ❶ …を〈…に〉引き渡してやっかい払いする(deliver)〈**to**〉‖ be 〜*ed to* jail 刑務所にぶち込まれる ❷ …を〈望ましくない状態に〉追いやる〈**to**〉‖ be 〜*ed to* oblivion 忘れ去られる ❸〔商品〕を〈…に〉託送する〈**to**〉❹ …を〈人(の管理[世話])に〉託する，ゆだねる；〔金〕を〈銀行に〉預ける〈**to**〉

con·sign·ee /kɑ̀(:)nsaɪní: | kɔ̀n-/ 名 Ⓒ 荷受人；(委託販売の)受託者

con·sígn·ment /-mənt/ 名 ❶ Ⓒ 託送品；販売委託品 ❷ Ⓤ (商品の)託送；委託(販売) ‖ on 〜 委託販売で
▸▸ 〜 **shòp** [**stòre**] 名 Ⓒ《米》委託販売店

con·sign·or /kənsáɪnər/ 名 Ⓒ 荷主；(委託販売の)委託者

con·sist /kənsíst/《アクセント注意》
—動 (〜**s** /-s/；〜**ed** /-ɪd/；〜**ing**) 自《通例進行形不可》❶《+**of** 名》〔複数の部分・要素〕から**なる**，**成り立っている** (↷ be made up of) (⇨ 類語) ‖ Water 〜*s of* hydrogen and oxygen. 水は水素と酸素からなる / The committee 〜*s of* representatives from all the prefectures. この委員会は全県の代表で構成されている
❷《+**in** 名》《堅》(原因・特質などが)…に**ある**，**存する**，含まれる(♦ この意味では lie¹ の方がより一般的) ‖ Education does not 〜 only *in* learning facts. 教育は単に事実を学ぶことだけにあるのではない
語源 *con-* together + *-sist* stand：共に立つ
類語 《❶》 **consist** (*of*) 自動詞で「(…から)なる」.
compose 他動詞で「…を構成する」. be composed of「…で構成される，…からなる」という受身形で用いられることが多い.
constitute 他動詞で compose と同じく「…を構成する」.
comprise 他動詞で (1)「…からなる」(=consist of) (2)「…を構成する」(=compose) の両義に用いられる.
「英国はイングランドとウェールズとスコットランドと北アイルランドからなる」という内容は次のように表せる.
The United Kingdom [*consists of* [OR *is composed of, comprises*] England, Wales, Scotland, and Northern Ireland. / England, Wales, Scotland, and Northern Ireland *compose* [OR *constitute, comprise*] the United Kingdom.

con·sis·tence /kənsístəns/ 名 =consistency

***con·sis·ten·cy** /kənsístənsi/ 名〔◁ consistent 形〕(複 **-cies** /-z/) ❶ Ⓤ (理論・行動上の)首尾一貫性；堅実性 (↔ inconsistency) ‖ arguments lacking 〜 一貫性に欠ける議論 / with 〜 着々と ❷ Ⓤ Ⓒ (どろどろした液体の)濃度，粘度 ‖ Beat an egg to a creamy 〜. 卵をクリーム状にねっとりするまでかき混ぜなさい

***con·sis·tent** /kənsístənt/ 形〔▶ consistency 名〕(**more** 〜；**most** 〜) ❶ (人が)〈信念・言動などにおいて〉首尾一貫した；常に変わらない〈**in**〉‖ He is not 〜 *in* his actions. 彼の行動は首尾一貫していない / a 〜 supporter 徹頭徹尾支援してくれる人 / 〜 behavior 首尾一貫した態度 ❷《叙述》〈…と〉一致する，調和する，両立する (↔ inconsistent)〈**with**〉‖ This evidence is not 〜 *with* what she said the last time. この証拠は前回彼女が話したことと一致しない ❸ (論議・思考などが) 矛盾していない，筋の通った ‖ a 〜 argument 矛盾しない議論 ❹ 安定した，堅実な，着実な ‖ one of the most 〜 players 最も安定したプレーヤーの1人 / a 〜 improvement 着実な進歩 **〜·ly** 副

con·sis·to·ry /kənsístəri/ 名 (複 **-ries** /-z/) Ⓒ〖宗〗教会会議，宗教法廷；(教皇の主宰する)枢機卿(すうきけい)会議；《英》(英国国教会の)主教区法院 **còn·sis·tó·ri·al** 形

con·so·la·tion /kɑ̀(:)nsəléɪʃən | kɔ̀n-/ 名 ❶ Ⓤ 慰め，慰謝；Ⓒ 慰めとなるもの ‖ find 〜 in music 音楽を慰めとする ❷《形容詞的に》(試合が) 敗者復活の ‖ a 〜 game 敗者復活戦 ▸▸ 〜 **prìze** 名 Ⓒ 残念賞

con·so·la·to·ry /kənsóulətɔ̀:ri | -sɔ́lətəri/ 形 慰めの，慰めとなる

***con·sole¹** /kənsóul/ 動 他〔人〕を〈…で〉慰める，元気づける〈**with**〉；〈悲しみなどに対して〉〔人〕を慰める〈**for, on**〉；(〜 oneself で)自らを慰める(↔ distress)〈**with** …で / **that** 節 …ということで〉(♦ 直接話法にも用いる) ‖ I 〜*d* her *on* having lost her dog. 愛犬をなくした彼女を慰めた / 〜 him *for* his misfortune 彼の不運を慰める (♦ 人以外を目的語にして ×console his misfortune とはいわない) / He 〜*d* himself *with* the thought that he had done his best. 彼は全力を尽くしたんだと考えて自らを慰めた

***con·sole²** /kɑ́(:)nsoul | kɔ́n-/ 名 Ⓒ ❶ 💻 コンピューターの入力操作装置，コマンドコンソール《一般には，データの入出力やプログラムの制御を行う装置であるディスプレーとキーボードを指す》；計器盤，制御台，本体部分[装置] ❷ (テレビ・ステレオなどの)キャビネット ❸ (パイプオルガンの鍵盤(けんばん)・ペダル・ストップなどを含む)演奏台 ❹ (自動車の運転席横の)コンソールボックス，物入れ ❺〖建〗渦巻き型持ち送り ❻ (= 〜 **tàble**) コンソールテーブル《脚を渦巻き型持ち送り風に作った小テーブル．壁際に置くか壁に固定する》

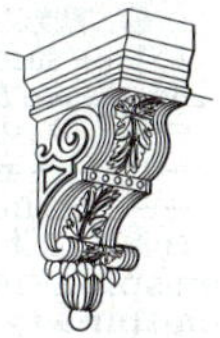
console² ❺

***con·sol·i·date** /kənsɑ́(:)lɪdèɪt | -sɔ́l-/ 動 他 ❶〔権力・関係など〕を強化する；〔地位・立場など〕を強固にする，固める ‖ The company 〜*d* its hold on the market. その会社は市場支配を強めた / 〜 one's power 権力を強化する ❷〔学校・会社など〕を合併する，統合する；〔ばらばらになっているもの〕を1つにまとめる ‖ 〜 two companies into one 2社を合併して1つにする ❸《主に英》〔別々の法律〕を1つにまとめる ━自 ❶ 固まる；強固になる ❷ 1つになる, 合併する ‖ The two firms ~*d* into one. その2つの企業は1つに合併した

語源 *con-* fully (十分に) + *-solid-* (がっちりした) + *-ate* (動詞語尾)

-dà·tor 名 C 固める人[もの]

▸▸**Consòlidated Fúnd** 名《ときに c- f-》《the ~》《英》コンソル基金, 整理公債基金 **~d schòol** 名 C《米》統合学校《過疎地区の数校を統合した公立学校》

con·sol·i·da·tion /kənsɑ̀(ː)lɪdéɪʃən | -sɔ̀l-/ 名 U ❶ 合併, 統合 ❷ 強化, 地固め

con·sols /kənsɑ́(ː)lz | kənsɔ́lz, kɔ́nsɔlz/ 名 複《英》コンソル[整理]公債《1751年にそれまでの利子の異なる政府公債を併合整理したもの》

con·som·mé /kɑ̀(ː)nsəméɪ | kɔnsɔ́meɪ, kən-, kɔ́nsəmèɪ/ 名 U コンソメ, 澄ましスープ(→ potage)(♦フランス語より)

con·so·nance /kɑ́(ː)nsənəns | kɔ́n-/ 名 ❶ U《堅》一致, 調和 ‖ in ~ with ... …と調和して ❷ C〘楽〙協和(音)(↔ dissonance) ❸ C〘韻〙子音韻《子音だけの押韻. mock と make など》(↔ assonance)

con·so·nant /kɑ́(ː)nsənənt | kɔ́n-/ 名 C 子音(↔ vowel)；子音字 ━形《叙述》《堅》〈…と〉調和する, 一致する〈**with**〉；《限定》〘楽〙協和音の(↔ dissonant)

~·ly 副

con·so·nan·tal /kɑ̀(ː)nsənǽntəl | kɔ̀n-/ 〈シ〉 形 子音の, 子音的な

*__con·sort__[1] /kɑ́(ː)nsɔːrt | kɔ́n-/ (→ 動) 名 C ❶ (特に国王・女王の)配偶者(→ prince consort, queen consort) ❷ 僚船, 僚艦

━動 /kənsɔ́ːrt/ 自 ❶《堅》〈望ましくない人と〉交際する, 仲間付き合いをする(⤷ knock about [OR around])《*together*》〈**with**〉(♥批判的に用いられる) ‖ ~ *with* gangsters やくざ連中[暴力団員]と付き合う ❷《古》〈…と〉調和する, 一致する〈**with, to**〉

con·sort[2] /kɑ́(ː)nsɔːrt | kɔ́n-/ 名 C 古楽の合奏[唱]団；《集合的に》古楽の楽器の1組

in cónsort (*with* ...)《古》《堅》(…と)一緒に, 協力して

*__con·sor·ti·um__ /kənsɔ́ːrtiəm, -sɔ́ːrʃiəm/ 名 (複 **~s** /-z/ OR **-ti·a** /-tiə, -ʃiə/) C ❶ (1つの事業に共同で取り組む)共同企業体, 資本家連合, 合弁企業, コンソーシアム；国際借款団；(大学などの)団体連合 ❷ U《古》〘法〙配偶者権

con·spec·tus /kənspéktəs/ 名 C 概観；概要

*__con·spic·u·ous__ /kənspíkjuəs/ 形 (**more ~ ; most ~**) ❶ 〈…で〉人目を引く, 目立つ, 際立った, 異彩を放つ〈**for**〉‖ He is ~ *for* his mustache. 彼は口ひげで目立っている / She was ~ in her white dress. 白いドレスを着て彼女は際立っていた / make oneself ~ (変わった行動・服装などで) 人目につく / cut a ~ figure 異彩を放つ ❷ (程度が) 著しい (♦よいことにも悪いことにも用いられる) ‖ a ~ success 大成功 ❸ はっきり見える

conspìcuous by one's ábsence (人が) いないのでかえって目立つ(♥いるべきなのにいないことを強調する)

~·ly 副 **~·ness** 名

▸▸**~ consúmption** 名 U (富や地位を誇示するための)派手な浪費

con·spir·a·cist /kənspírəsɪst/ 名 C 陰謀説支持者

*__con·spir·a·cy__ /kənspírəsi/ 名 (複 **-cies** /-z/) ❶ U C 陰謀, 共謀, 謀議〈**against** …に対する / **to do** …しようとする〉；〘法〙共同謀議 ‖ He was accused of ~ *to* hijack an airplane. 彼は飛行機の乗っ取りを企てた罪で告訴された / a ~ *against* [OR *to* overthrow] the government 政府転覆の陰謀 / a ~ of silence 沈黙を守る申し合わせ ❷ C 陰謀団

▸▸**~ thèory** 名 C U 陰謀説《説明し難い事件は陰謀によるという考え》

con·spir·a·tor /kənspírətər/ 名 C 陰謀[共謀]者

con·spir·a·to·ri·al /kənspìrətɔ́ːriəl/ 〈シ〉 形 陰謀の, 共謀の；(人の振る舞いが)意味ありげな

*__con·spire__ /kənspáɪər/ 動 自 ❶ 陰謀を企てる, 共謀する, たくらむ〈**with** 人と；**against** …に対して / **to do** …しようと〉‖ He ~*d with* others *to* import arms. 彼はほかの者と共謀して武器を輸入しようとした / ~ *against* the new manager 共謀して新任マネージャーの足を引っ張る ❷ (事件などが) 重なり合って…する〈**to do**〉；〈…に不利な〉結果 [状況] をもたらす〈**against**〉‖ Everything ~*d to* keep me from finishing my work. いろいろなことが重なって仕事が終わらなかった

*__con·sta·ble__ /kɑ́(ː)nstəbl | kʌ́n-/《発音・アクセント注意》名 C ❶《英》(平(ひら)の) 巡査(police officer) (♥上司から部下の警官に対する呼びかけとしても用いる) ‖ a Chief *Constable* (州などの) 警察本部長 / a police ~ (平の)巡査 ❷《米》(町・村の)治安担当者, 保安官 ❸ (城・要塞(さい)の)城代, 司令官 ❹ (中世王室の)長官, 大臣

con·stab·u·lar·y /kənstǽbjulèri | -ləri/ 名 (複 **-lar·ies** /-z/) C《主に英》(ある管区の)警察隊

con·stan·cy /kɑ́(ː)nstənsi | kɔ́n-/ 名 U ❶ 不変性, 恒久性, 恒常性 ❷ 志操堅固；忠実, 貞節

:con·stant /kɑ́(ː)nstənt | kɔ́n-/ 中心義 **不変の**

━形 (**more ~ ; most ~**)

❶ **一定の, 不変の** ‖ Drive at a ~ speed, and you can save gas. 一定のスピードで運転すれば, ガソリンが節約できる / keep the temperature ~ 温度を一定に保つ / at a ~ rate 一定の割合で / **remain** ~ 変わらないままである

❷《通例限定》**絶え間ない**, 不断の；頻繁な, たびたびの(↔ occasional) (⇨ CONTINUAL 類語) ‖ He was in ~ pain. 彼は絶え間ない痛みを感じていた / make ~ trips to the bathroom トイレに頻繁に通う ❸ 心変わりしない；〈…に〉忠実な, 貞節な〈**to**〉‖ He remained ~ *to* his word. 彼は自分の約束にずっと忠実だった

━名 (複 **~s** /-s/) C ❶〘数・理〙定数；率 ‖ the ~ of gravitation 重力定数 / the circular ~ 円周率 ❷ 不変のもの ‖ Our friendship has been a ~. 我々の友情は不変のものだ

Con·stan·tine /kɑ́(ː)nstəntàɪn, -tìːn | kɔ́n-/ 名 **~ I** コンスタンティヌス1世(272?-337)《ローマ皇帝(306-337). ローマ帝国を再統一し, キリスト教を公認. 大帝 (the Great)と呼ばれる》

Con·stan·ti·no·ple /kɑ̀(ː)nstæntənóupl | kɔ̀nstæntɪ-/ 名 コンスタンティノープル《トルコのイスタンブールの旧称》

:con·stant·ly /kɑ́(ː)nstəntli | kɔ́n-/

━副 (**more ~ ; most ~**)

絶えず, 頻繁に, 常に, いつでも(↔ occasionally) ‖ I'm ~ telling our son to behave himself. 息子にお行儀よくしなさいといつも言っている / She's ~ complaining. 彼女は不平ばかり言っている (♦しばしば進行形とともに用いて非難を表す) / ~ **changing** scenery 絶えず変化する風景

*__con·stel·la·tion__ /kɑ̀(ː)nstəléɪʃən | kɔ̀n-/ 名 C ❶〘天〙星座；星座が占める天界の区分 ❷《単数形で》(有名人などの)一団, 集まり；(関連あるものの)集まり, 一連のもの ‖ A ~ of daisies dotted the field. たくさんのヒナギクが野に点在していた / a ~ of famous movie stars 有名な映画スターの一群 ❸〘占星〙星位, 星運

con·ster·na·tion /kɑ̀(ː)nstərnéɪʃən | kɔ̀n-/ 名 U (狼狽(ろうばい)するような)驚き, 驚愕(きょうがく), 仰天 ‖ in ~ びっくり仰天して

con·sti·pate /kɑ́(ː)nstɪpèɪt | kɔ́n-/ 動 他《通例受身形で》❶ 便秘する ‖ be ~*d* 便秘している ❷ 妨害されている

con·sti·pa·tion /kɑ̀(ː)nstɪpéɪʃən | kɔ̀n-/ 名 U ❶ 便秘 (♥直接的な表現. 婉曲的には irregularity を用いる) ❷ 妨害(されていること)

*__con·stit·u·en·cy__ /kənstítʃuənsi | -stítju-/ 名 (複 **-cies** /-z/) C ❶ 選挙区 ‖ a three-member ~ 定員3名の

選挙区 ❷《集合的に》《単数・複数扱い》(1地区の)選挙民, 有権者 ‖ represent a ～ 選挙区(の選挙民)を代表する ❸《集合的に》《単数・複数扱い》顧客；支持者, 支持層 ‖ establish a ～ 地盤を築く

con·stit·u·ent /kənstítʃuənt | -stítju-/ 名 C ❶ 有権者, 選挙人 ❷ 要素, 成分, 構成物質 ‖ the ～*s* of water 水の成分 ❸〚文法〛(文の)構成要素
━形〔◁ constitute 動〕《限定》❶ 構成要素の, 成分の ‖ a ～ element 構成要素 ❷ 代表者を選出できる, 選挙[任命]権を持つ ‖ a ～ body 選挙母体 ❸ 憲法制定[改正]権のある ▶▶**～ assémbly** 名 C《集合的に》《単数・複数扱い》〚政〛憲法制定[改正]会議

con·sti·tute /ká(ː)nstətjùːt | kɔ́nstɪtjùːt/《アクセント注意》動〔▶ constitution 名, constituent 形〕他《進行形不可》❶ (性質上)…(ということ)になる, …をなす, …に等しい(♦ 実質的には be と同じ意味) ‖ Such action could ～ an invasion of privacy. そのような行動はプライバシーの侵害となりかねない / This letter does not ～ a formal contract. この手紙は正式の契約をしたことにはならない ❷ …を構成する, 形成する(↗ make up)(⇨ CONSIST 類語) ‖ Twelve jurors ～ a jury. 陪審は12名の陪審員で構成される(＝A jury consists of twelve jurors.) ❸《通例受身形で》《堅》(法律により)設立される ‖ Democratic governments are ～*d* by the people. 民主政府は国民によって樹立される ❹《堅》任命する
語源 *con-* together＋*-stitute* set up(組み立てる)

:con·sti·tu·tion /kà(ː)nstətjúːʃən | kɔ̀nstɪtjúː-/
━名〔◁ constitute 動〕(複 **～s** /-z/) C ❶《しばしば the C-》**憲法**；(団体などの)定款, 規約, 決まり ‖ Freedom of speech is guaranteed under the *Constitution* of Japan. 言論の自由は日本国憲法で保障されている / the Ninth Article of the *Constitution* 憲法第9条 / *Constitution* (Memorial) Day (日本の)憲法記念日 / the revision [OR amendment] of the *Constitution* 憲法改正
連語 【動＋～】draft [OR draw up] a ～ 憲法を起草する / amend the *Constitution* 憲法を改正する / adopt a ～ 憲法を採択する
❷《通例単数形で》健康；体質, 体格；気質, 性分 ‖ He has a strong ～ and has never caught a cold. 彼は丈夫な体質で風邪をひいたこともない / have the ～ of an ox とても頑強な体質をしている
❸ U C 構成, 組成, 構造 ‖ the ～ of the solar spectrum 太陽スペクトルの構造 ❹ U 制定, 設立

con·sti·tu·tion·al /kà(ː)nstətjúːʃənəl | kɔ̀nstɪtjúː-/ ＜ 形 ❶《限定》憲法(上)の, 憲法に基づく；合憲の；立憲制の ‖ a ～ amendment 憲法修正案 / The United Kingdom is a ～ monarchy. 英国は立憲君主国である ❷《通例限定》体質(上)の；生まれつきの ‖ a ～ weakness 生来の病弱 ❸ 構造(上)の, 本質的な
━名 C《旧》健康維持のために規則正しく行う散歩[運動] ‖ He takes a morning ～. 彼は健康のために毎朝散歩する
～·ism 名 U 立憲制[政治], 立憲主義；憲法擁護 **～·ist** 名 C 立憲主義者；憲法擁護者 **～·ly** 副 ① 憲法上(では)；合憲的に ② 構造[体質]的に；本質的に；性格的に, 生まれつき

con·sti·tu·tion·al·i·ty /kà(ː)nstətjùːʃənǽləṭi | kɔ̀nstɪtjùː-/ 名 U 合憲性

con·sti·tu·tion·al·ize /kà(ː)nstətjúːʃənəlàɪz | kɔ̀nstɪtjúː-/ 動 他《米》…に憲法を敷く；…を立憲制度化する；…を憲法に組み入れる, 合憲化する

con·sti·tu·tive /ká(ː)nstətjùːṭɪv | kənstítju-, kɔ́nstɪtjùː-/ 形 ❶ 構成する, 構成要素である；本質的な ❷〚生化〛(酵素が)常に体内(組織)に存在する

con·strain /kənstréɪn/ 動〔▶ constraint 名〕他 ❶《受身形で》〈…〉せざるを得ない〈**to** *do*〉‖ be ～*ed to* agree 無理やり同意させられる ❷ …を〈…から〉抑制する〈**from**〉(♦ しばしば受身形で用いる) ❸《文》…を閉じ込める, 監禁する, 拘束する

con·strained /kənstréɪnd/ 形 不自然な, ぎこちない ‖ a ～ smile 作り笑い **-stráin·ed·ly** /-əd-/ 副

con·straint /kənstréɪnt/ 名〔◁ constrain 動〕❶ C 制約, 束縛, 抑制〈**on** …への；**of** …による〉‖ The plan was changed due to time ～*s*. 時間の制約のため計画は変更された / the financial ～*s on* a company 会社への財政的な制約 ❷ U 強制, 圧力 ‖ under ～ 強いられて ❸ U (心理的)圧迫, 抑圧；気詰まり, 遠慮 ‖ All ～ vanished between the two. 2人の間の気まずさはすっかりなくなった

con·strict /kənstríkt/ 動 他 ❶ …を締めつける, 圧縮する；〔筋肉など〕を収縮[収斂(しゅうれん)]させる ❷〔自由・選択など〕を制限する ━自 収縮する, 狭まる
-stríc·tive 形 締めつける, 圧縮する；収縮[収斂]させる

con·stric·tion /kənstríkʃən/ 名 ❶ U C 締めつけ, 圧縮 ❷ U C 締めつけられる感じ, 窮屈さ ‖ a ～ in one's throat のどを締めつけられる感じ ❸ C 締めつけるもの

con·stric·tor /kənstríktər/ 名 C ❶〚動〛(獲物を締め殺す)大蛇(→ boa constrictor) ❷〚解〛括約筋 ❸ 締めつけるもの[人], 圧縮器

:con·struct /kənstrʌ́kt/《アクセント注意》(→ 名)
━動〔▶ construction 名, constructive 形〕(～**s** /-s/；～**·ed** /-ɪd/；～**·ing**) 他 ❶ 〈…で〉〔建物など〕を**建設する** (↗ put up) (↔ destroy), 〔機械など〕を組み立てる〈**of, out of, from**〉(♦ しばしば受身形で用いる) (⇨ BUILD 類語) ‖ ～ a bridge 橋を建設する / a building ～*ed of* wood 木造建築物
❷〔理論・文章など〕を組み立てる, 構成する ‖ ～ a sentence [theory] 文[理論]を組み立てる
❸〚数〛〔図形・線など〕を作図する
━名 /ká(ː)nstrʌkt | kɔ́n-/ (複 **～s** /-s/) C ❶ 構成概念；〚言〛句を形成する語群 ❷ 建造物, 構成物
語源 *con-* together＋*-struct* build

:con·struc·tion /kənstrʌ́kʃən/
━名〔◁ construct 動〕(複 **～s** /-z/) ❶ U **建設**, 建造(↔ destruction)；建設工事[作業]；建造方式；建設業 ‖ This (web) page is under ～. この(ウェブ)ページは準備中です / a ～ site 工事現場 / under ～ 工事中で[の] / The church is of simple ～. その教会は簡素なつくりである / work in ～ 建設の仕事をしている / the ～ industry 建設業
❷ C **建造物**, 建物 ‖ a solid concrete ～ がっしりしたコンクリートの建造物
❸ U C (理論・制度などの)構成(法), 構築, 組み立て ‖ the ～ of psychological theory 心理学理論の構成
❹ C 解釈, 意味づけ(♦ construe の名詞形) ‖ She put a wrong ～ on his remarks. 彼女は彼の言葉を曲解した ❺ C〚文法〛構文, 語句の構成 ❻ U〚数〛作図
～·al 形 **～·al·ly** 副
▶▶**～ pàper** 名 U《米》多色の工作用紙《特に教材用》

con·strúc·tion·ist /-ɪst/ 名 C ❶《米》(法律などの)解釈者 ‖ a strict ～ 厳格に解釈する人 ❷ ＝constructivist

con·struc·tive /kənstrʌ́ktɪv/ 形〔◁ construct 動〕(**more ～；most ～**) ❶ 建設的な, 役に立つ, 前向きの(↔ destructive) ‖ a ～ discussion 建設的な議論 ❷ 構造(上)の, 建設(上)の ❸〚法〛解釈に基づく, 推定の
～·ly 副

con·struc·tiv·ism /kənstrʌ́ktɪvìzm/ 名《ときに C-》U〚美〛構成派, 構成主義《20世紀初頭ロシアの美術家たちの間に起こった, 工業材料を用いた形態的構成を主体とする芸術運動》 **-ist** 名

con·struc·tor /kənstrʌ́ktər/ 名 C 建設者, 建設業者；(海軍の)造船技師

con·strue /kənstrúː/ 動 他 ❶《＋目＋副 / 目＋as 名・

形》《通例受身形で》…と解釈される, みなされる ‖ My well-intentioned remarks were wrongly ～*d*. 私の善意で行った寸評は間違って受け取られた / Her comment was ～*d as* positive. 彼女の発言は前向きであるとみなされた ❷《旧》〔特にラテン語・ギリシャ語〕を(口頭で)逐語訳をする ❸《旧》〘文法〙〔文など〕を構成要素に分析する;〔語句〕を文法的に用いる[組み立てる]
—自《旧》〘文法〙構成要素に分析する[される]

C

con·sub·stan·ti·a·tion /kà(ː)nsəbstæ̀nʃiéɪʃən | kɔ̀n-/ 名U〘宗〙両体共存説《キリストの肉と血が聖餐(せいさん)のパンとぶどう酒と共存するという説》

***con·sul** /ká(ː)nsəl | kɔ́n-/ 名C ❶ 領事 ‖ a ～ general 総領事 / the British *Consul* in Nagoya 名古屋駐在の英国領事 ❷ (古代ローマの) 執政官 ❸ (フランス第1共和制下の) 執政 **～·ship** 名

con·su·lar /ká(ː)nsələr | kɔ́nsju-/ 形 領事の;(古代ローマの)執政(官)の

con·su·late /ká(ː)nsələt | kɔ́nsju-/ 名 ❶C 領事館 ❷U 領事の職[権限, 任期](consulship) ▸▸**～ géneral** 名C (複 **～s g-**)総領事館;U 総領事の職

***con·sult** /kənsʌ́lt/ 《アクセント注意》動〔▶ consultation 名〕他 ❶〔専門家〕に〈…について〉**相談する**, 助言[意見]を求める〈**about, on**〉;…と話し合う, 協議する (⇨ TALK 類語P) ‖ *Consult* your doctor *about* how much exercise you need. どのくらいの運動量が必要か医者に相談しなさい (↷ See your doctor about ....) / ～ a lawyer *on* the matter そのことについて弁護士に相談する ❷〔辞書・地図・電話帳など〕を調べる(refer to) ‖ *Consult* your dictionary when you come across an unfamiliar word. 知らない語にぶつかったら辞典を引きなさい
—自 ❶ 相談する, 話し合う, 意見を交換する〈**with** …と; **on, about** …について〉(♦ 他 が「権威ある人・ものに意見・助言・情報などを求める」のに対し, 自 は「互いに意見を交換して相談する」の意) ‖ I'll decide after ～*ing with* my wife. 妻と相談の上決めます ❷《主に米》〈…の〉顧問[コンサルタント]を務める〈**for**〉‖ She ～*s for* several companies. 彼女はいくつかの会社の顧問をしている
—名CU 相談;診察

con·sul·tan·cy /kənsʌ́ltənsi/ 名 (複 **-cies** /-z/) ❶C コンサルタント機関[会社] ❷U コンサルタント機関[会社]による専門的アドバイス

:con·sul·tant /kənsʌ́ltənt/
—名 (複 **～s** /-s/) C ❶〈専門分野の〉**顧問**, 相談相手, コンサルタント〈**on**〉;《英》(病院の)顧問医師, 医長 ‖ a ～ *on* foreign policy 外交政策顧問 ❷ 相談する人

***con·sul·ta·tion** /kà(ː)nsəltéɪʃən | kɔ̀n-/ 名〔◁ consult 動〕❶U 相談, 話し合い, 協議〈**with** …との; **on** …に関する〉;C 診察 ‖ in ～ *with* ... …と相談[協議]して / a ～ paper [OR document] 協議報告書 ❷C 協議会, (特に医者など専門家の) 会議 ‖ have [OR hold] a top-level ～ on trade 貿易に関するトップレベルの会議を行う ❸U (書物などの)参照, 参考

con·sul·ta·tive /kənsʌ́ltəṭɪv/ 形 相談の, 諮問の (advisory) ‖ a ～ committee 諮問委員会

con·sult·ing /kənsʌ́ltɪŋ/ 形《限定》専門的助言を与える, 顧問の ‖ a ～ lawyer [engineer] 顧問弁護士[技師] / a ～ physician 顧問医師, 専門医《治療法などについて同僚の医師・患者に助言を与える》 —名U コンサルタント業 ▸▸**～ ròom** 名C《英》診察室

con·sum·a·ble /kənsjúːməbl/ 形 消費できる
—名C《通例 ～s》消費財, 消耗品

***con·sume** /kənsjúːm/ 動〔▶ consumption 名, consumptive 形〕他 ❶〔燃料・時間・エネルギーなど〕を(大量に)消費する, 費やす, 使い果たす(↷ get [OR go] through);…を浪費する ‖ Putting up the tent ～*d* most of my energy. テントを張るのにエネルギーのほとんどを使い果たした ❷〔商品・サービスなど〕を消費する(↔ produce) ❸…を食べる, 飲む, 食い[飲み]尽くす ‖ Our boys ～ one kilo of rice per day. うちの息子たちは1日に米を1キロ平らげる ❹ (火が) …を焼き尽くす, 完全に破壊する ‖ Flames ～*d* the building. 炎は建物を焼き尽くした ❺《通例受身形で》〈感情などに〉身を焼かれる思いになる (↷ eat up)〈**with**〉‖ I was ～*d with* jealousy [hatred]. 私は嫉妬(しっと)[憎悪]に燃えた —自 消費する
語源 *con-* fully (十分に) + *-sume* take:すっかり取ってしまう

:con·sum·er /kənsjúːmər/
—名 (複 **～s** /-z/) C ❶ **消費者**, 消費国(↔ producer) ‖ Manufacturers are very sensitive to ～*s'* tastes. 製造者は消費者の好みに大変敏感だ / ～ prices 消費者物価 / ～ demand [protection] 消費者需要[保護] ❷〘生態〙(食物連鎖中の) 消費者《ほかの生物の生産した有機物を摂取する》
▸▸**～ cónfidence** 名U 消費者心理《消費者の景気に対する安心度》 **～ crédit** 名U (個人の信用取引による物品購入についての) 消費者信用 **～ dúrables** 名複〘経〙耐久消費財《自動車・大型電気製品など》 **～ fínance** 名U 消費者金融 **～ gòods** 名複〘経〙消費財 (↔ producer goods, capital goods) **～ gròup** 名C 消費者 (保護[運動]) 団体 **～ lóyalty** 名U 消費者の忠実性 [度]《同一製品をどの程度繰り返し購入するかの確実性》 **～ príce ìndex** 名C《単数形で》消費者物価指数 (略 CPI) **～ socíety** 名C《主にけなして》消費社会 **～ spénding** 名U 一般消費者の消費動向

consùmer-fríendly 形 消費者に優しい

con·sum·er·ism /kənsjúːmərɪzm/ 名U ❶ 消費者(保護) 運動 ❷《けなして》消費促進主義 ❸〘経〙コンシューマリズム《消費拡大を健全な経済にとって善と考える》

con·sum·er·ist /kənsjúːmərɪst/ 名C 消費者運動の活動家;消費拡大主義者

***con·sum·ing** /kənsjúːmɪŋ/ 形 ❶《複合語で》(…を)消費する ‖ a time-～ job 時間のかかる仕事 ❷《限定》強い, 激しい ‖ ～ passion 強い熱意

con·sum·mate /ká(ː)nsəmèɪt | kɔ́n-/(→ 形) 動 他 ❶ …を完成[完了]する, 達成[成就]する ❷〔結婚〕を肉体関係を結んで完全なものにする —形 /káːnsəmət | kənsʌ́mət/《通例限定》❶ 完全な, 完璧(かんぺき)な(♦ 悪い意味でも用いる) ‖ ～ happiness この上ない幸せ ❷ 練達の
～·ly 副

con·sum·ma·tion /kà(ː)nsəméɪʃən | kɔ̀n-/ 名U ❶ 完成, 完了, 成就, 達成;(肉体関係を結ぶことによる)結婚の完成 ❷ (望ましい)終結, 終焉(しゅうえん);極致

***con·sump·tion** /kənsʌ́mpʃən/ 名〔◁ consume 動〕❶U 消費;飲食;C《単数形で》消費量(↔ production) ‖ conspicuous ～ (これ見よがしの) 派手な散財 / for public ～ 大衆 (の消費) 向けの[に] / reduce electricity ～ 電力消費量を減らす / a car with low fuel ～ 燃費のいい車 / (a) daily ～ of alcohol 一日のアルコール消費量 / (a) ～ tax 消費税 ❷U《旧》消耗性疾患;肺結核

con·sump·tive /kənsʌ́mptɪv/ 形〔◁ consume 動〕❶《旧》肺結核の ❷《主にけなして》破壊的な;消費する, 浪費的な ‖ ～ of time and money 時間と金のかかる
—名C《旧》肺結核患者 **～·ly** 副

cont. 略 containing;contents;continent;continued

:con·tact /ká(ː)ntækt | kɔ́n-/《アクセント注意》(→ 動) 名 動 形
中心義 **接触 (する)** (★物理的な接触に限らず,「(人と人との)かかわり」についても用いる)
—名 (複 **～s** /-s/) ❶U〈人との〉**連絡**, 交際, 関係〈**with**〉‖ I got in ～ *with* my friends from high school about the alumni reunion. 同窓会のことで高校時代の友人と連絡をとった / Put me in ～ *with* decision-makers. 意思決定者と連絡をとらせてください / The pi-

lot lost ~ *with* the control tower. パイロットは管制塔との交信がとれなくなった / **make** radio ~ 無線で連絡をとる / Let's keep [OR stay] **in** ~. 連絡を保ちましょう / France **maintains** close ~ *with* French-speaking countries. フランスはフランス語圏の国々と密接な関係を保っている
❷ Ⓤ (人・物が)〈…と〉触れ合っていること, **接触**; 触れ合い, 出会い, 遭遇〈**with**〉‖ In race walking you must keep one foot **in** ~ *with* the ground. 競歩では片足を地面につけていなければならない / Bringing this wire into ~ *with* that one will cause a short circuit. この電線をその電線に触れさせるとショートを起こす / on ~ (*with* ...) (…と)接触すると; (…に)触れると / **come into** ~ *with* ... …と接触[遭遇]する / a point of ~ 接触点 / physical [direct] ~ 身体[直接]的接触
❸ Ⓒ《通例 ~s》つて, コネ; 懇意な有力者, 仲介人; 橋渡しする人, 運び屋 ‖ John has good ~*s*. ジョンは有力なコネを持っている ❹ Ⓒ〖医〗(伝染病患者との)接触者, 保菌容疑者 ❺ Ⓤ Ⓒ〖電〗接触, 接点; 接触装置 ‖ break [make] ~ 電流を切る[つなぐ] ❻ Ⓒ =contact lens
— 動 /ká(ː)ntækt | kɔ́n-, + kəntǽkt/
— 他 …と連絡をとる, …と出会う, 接触する; …を接触させる ‖ Let's ~ the donor as soon as possible. できるだけ早くドナーと連絡をとろう (♦ ˣcontact with ... とはしない) / ~ the police 警察に連絡する — 自 接触する
— 形《限定》❶ (緊急)連絡用の ‖ a ~ number 連絡先の電話番号 ❷ 接触する[による]; 触発性の ‖ ~ dermatitis 接触性の皮膚炎
語源 *con-* together + *-tact* touch(触れる)
▶▶ ~ **flying [flight]** 名 Ⓤ〖空〗接触[有視界]飛行 (↔ instrument flying) ~ **lens** 名 Ⓒ コンタクトレンズ ~ **print** 名 Ⓒ〖写〗密着印画 ~ **sheet** 名 Ⓒ〖写〗密着印画紙 ~ **sport** 名 Ⓒ 接触競技《ラグビーなど》

con·ta·gion /kəntéɪdʒən/ 名 ❶ Ⓤ (病気の)(接触)伝染 (→ infection); Ⓒ (接触)伝染病; 伝染媒体《ウイルスなど》 ❷ Ⓤ Ⓒ 伝染, 感染, 伝播(㍍); 悪影響, 弊風

***con·ta·gious** /kəntéɪdʒəs/ 形 ❶ (病気が)(接触)感染性の; 病気を伝染する; 伝染病患者(用)の (→ infectious); 《通例叙述》(人が)伝染病を患っている ‖ a ~ disease (接触)伝染病 ❷ (気分などが)人から人に移りやすい, 広がりやすい, 影響を及ぼすような ‖ Yawning is ~. あくびは移る / ~ laughter 次々に伝わる笑い
~·ly 副 ~·ness 名

con·tain /kəntéɪn/

中心義 …を(中身として)含む

— 動 (▶ content[1] 名, containment 名)(~s /-z/; ~ed /-d/; ~·ing) 他《進行形不可》(♦ 名詞は content[1]) ❶ (容器などが)…を**含む**; (構成部分として)…を含む, …からなる (⇨ 類語) ‖ These parcels ~ wheat. これらの包みには小麦が入っている / Apples ~ vitamin C and dietary fiber. リンゴにはビタミンCと食物繊維が含まれている / Some brilliant ideas are ~*ed* **in** [ˣby] his report. 彼の報告書には素晴らしい考えがいくつか含まれている / The committee ~*s* six members. その委員会には委員が6人いる (♦ この文の contain は consist of で言い換えられる)
❷ (会場などが)…の**収容能力がある**, (容器に)…(の分量)が入る (hold) ‖ This banquet hall ~*s* up to 300 people. この宴会場は300人まで収容できる / The bottle ~*s* a liter. その瓶には1リットル入る
❸《通例否定文で》〔感情など〕を抑える, こらえる (≒ hold [OR keep] back); 《~ oneself で》自制する ‖ I was unable to ~ my laughter [anger]. 笑い[怒り]をこらえることができなかった / The dog couldn't ~ itself for joy. その犬はうれしくてじっとしていられなかった
❹〔病気・災害など〕が広がるのを防ぐ, 阻止する; 〖軍〗〔敵〕を牽制(㍍)する ‖ ~ a disease [fire] 病気[火事]が広がるのを防ぐ / ~ wage increases 賃金の上昇を抑える
❺《受身形で》(地域などが)囲まれる ‖ Most of the city is ~*ed* between the river on the west and the hills on the east. 市の大半は西の川と東の山に挟まれている ❻〖数〗〔辺が〕〔角〕を挟む ❼〖数〗…を因数として持つ, …で割り切れる ‖ 6 ~*s* 3 and 2. 6は3と2で割り切れる
~**ed** 形 落ち着いた, 自制した
語源 *con-* together + *-tain* hold(持つ)
類語《❶》**contain** 内容・中身(の全部または一部)として「…を含む」,「中に…が入っている」の意で, 含有成分を述べる場合にも用いる.
include 全体を構成する一部として「含む」「中に入っているものの一部として…がある」.〈例〉The price *includes* postage charges. その値段には郵便料金も含まれている. ただし,「含む」の意味では両語共通して用いられる場合もある.〈例〉The list *contains* the names of the teachers. その名簿には先生の名前が載っている (♦ 先生の名前だけとは限らない) / The list *includes* the names of the teachers. その名簿には先生の名前も含まれている (♦ 例えば「生徒や父母の名前のほかに先生の名前も」の意味が示される) / The bill *contained* [OR *included*] several new clauses. その法案には新条項がいくつか含まれていた (♦ この文では, どちらでも同じ意味を表す)

***con·tain·er** /kəntéɪnər/《発音注意》名 Ⓒ ❶ 容器, 入れ物《box, bottle, bowl, can, jar, carton など》‖ plastic ~*s* プラスチックの容器 / an airtight ~ 密封容器 ❷ (貨物輸送用の)コンテナ ‖ a ~ car コンテナ用貨車
▶▶ ~ **ship** 名 Ⓒ コンテナ船

con·tain·er·ize /kəntéɪnəràɪz/ 動 他 …をコンテナに詰め込む; …をコンテナで輸送する
-**ized** 形 **con·tàin·er·i·zá·tion** 名 Ⓤ コンテナ輸送

con·táin·ment /-mənt/ 名〔◁ contain 動〕Ⓤ ❶ 抑制 ❷〖政〗封じ込め ‖ a ~ policy 封じ込め政策

con·tam·i·nant /kəntǽmɪnənt/ 名 Ⓒ 汚染物質

***con·tam·i·nate** /kəntǽmɪnèɪt/ 動 他 ❶ …を汚す, 汚くする; (特に)放射能で汚染する ‖ The river was ~*d* by industrial waste. 川は産業廃棄物で汚染されていた ❷ …を堕落させる; …に悪影響を及ぼす ‖ ~ the mind of the public 民衆の心に悪影響を及ぼす

***con·tam·i·na·tion** /kəntæ̀mɪnéɪʃən/ 名 ❶ Ⓤ (放射能などによる)汚染; 堕落 ❷ Ⓒ 汚染するもの; 堕落させるもの ❸ Ⓤ〖言〗混成, 混交 (blending)《smoke と fog を組み合わせて smog という語を作るなど》

contd. 略 continued

conte /kount | kɔnt/ 名 Ⓒ 短編, コント; 中世説話

con·temn /kəntém/ 動 他《古》…を軽蔑する

***con·tem·plate** /ká(ː)ntəmplèɪt | kɔ́n-/《アクセント注意》動〔▶ contemplation 名, contemplative 形〕他 ❶ **a** 《+目》(将来のこととして)…を意図する, …するつもりである ‖ She is *contemplating* a visit to India. 彼女はインドを訪れる計画を立てている **b** 《+*doing*》…しようと考える ‖ Stuck in traffic, he ~*d* taking a side street. 渋滞で立ち往生して彼は横丁に入ろうかと考えた ❷ …を予期[予想]する, …をあり得ることだと思う ‖ They ~*d* various obstacles. 彼らはいろいろと障害が起こるだろうと考えた / be too dreadful [OR horrifying] to ~ 考えるだけでもぞっとする ❸ **a** 《+目》…について思い巡らす, …を熟考する ‖ ~ one's future 自分の将来について思いを巡らす **b** 《+**wh** 節》…かどうかを思い巡らす ‖ He was *contemplating what* could happen if the truth ever came out. 彼は万一真相が明るみに出たらどんなことになるだろうかと思い巡らしていた ❹ …をじっと見つめる, 凝視する ‖ The woman stood *contemplating* the drawing. その女性はじっと絵を見つめて立っていた
— 自 思い巡らす, 沈思黙考する, 瞑想(㍍)する
-**plà·tor** 名 Ⓒ 沈思黙考する人

con·tem·pla·tion /kɑ̀(ː)ntəmpléɪʃən, -tem- | kɔ̀n-/

C

名〔◁ contemplate 動〕U ❶ 沈思黙考，熟考；(宗教的)瞑想 ‖ deep in ～ 瞑想にふけって ❷ 期待；計画；意図 ‖ be in ～ 計画[意図]されている ❸ 凝視

con·tem·pla·tive /kəntémplətɪv/ 形〔◁ contemplate 動〕沈思黙考する，瞑想する
— 名 C (宗教的)瞑想にふける人

con·tem·po·ra·ne·i·ty /kəntèmpərəníːəṭi/ 名 U 同時代に存在[発生]すること，同時代性

con·tem·po·ra·ne·ous /kəntèmpəréɪniəs/ 形 (出来事が)〈…と〉同時代に存在[発生]する，同時代の〈with〉
～·ly 副

:con·tem·po·rar·y /kəntémpərèri | -pərəri/
— 形 《比較なし》 ❶ **現代の，現代的な** (⇨ MODERN 類語) ‖ ～ **art** 現代芸術 / ～ life 現代生活
❷〈…と〉**同時代に存在する**[起こる]，同時代の〈**with**〉‖ the statesmen ～ *with* Nixon ニクソンと同時代の政治家たち ❸ 同年輩の，(ほぼ)同い年の
— 名 (複 **-rar·ies** /-z/) C ❶〈…と〉**同時代の人**〈**of**〉‖ a ～ *of* Mozart モーツァルトと同時代の人
❷ 同年輩の人 ❸ 同時代の新聞[雑誌]，競合紙[誌]
語源 *con-* with＋*-tempor-* time＋*-ary*(形容詞語尾)：時代を同じくする

***con·tempt** /kəntémpt/ 名〔▶ contemptible 形，contemptuous 形〕❶ U/C 《単数形で》〈…に対する〉軽蔑，侮蔑；さげすみ (↔ respect)〈**for**〉‖ Spitting is a gesture of ～. つばを吐くのは侮蔑を表すしぐさだ / His girlfriend seems to have ～ *for* him. 彼のガールフレンドは彼を軽蔑しているようだ / Such behavior is beneath ～. そのような振る舞いは軽蔑にも値しない / He holds convention in ～. 彼は世間のしきたりを軽蔑している / with ～ 軽蔑して
❷ U 軽蔑されていること，不名誉，恥辱 ‖ fall into ～ 軽蔑される，恥をかく / bring her into ～ 彼女に恥をかかせる ❸ U/C 《単数形で》全くの無視 ‖ act in ～ of danger 危険をものともせず行動する ❹ U 〖法〗(法廷などに対する)侮辱，侮辱行為 ‖ ～ of court 法廷侮辱(罪)

con·tempt·i·ble /kəntémptəbl/ 形〔◁ contempt 名〕軽蔑すべき **-bly** 副

***con·temp·tu·ous** /kəntémptʃuəs | -tjuəs/ 形〔◁ contempt 名〕❶ (人が)軽蔑を示す；〈…を〉軽蔑する〈**of**〉‖ Deep down, she was ～ *of* the politician. 彼女は内心ではその政治家を軽蔑していた ❷〈危険などを〉ものともしない〈**of**〉 **～·ly** 副 **～·ness** 名

***con·tend** /kənténd/ 動〔▶ contention 名，contentious 形〕自 ❶ 《＋**with** 名》〔困難などと〕闘う，…に対処する ‖ He had to ～ *with* a storm of complaint calls. 彼は苦情電話の嵐(あらし)に対処しなければならなかった (♦ ふつう have to とともに用いる) ❷〈賞などを求めて〉争う，競う〈**for**〉；〈…に〉打ち勝とうとする〈**with, against**〉(♦ 必ずしも故意を意味しない) ‖ They ～*ed for* first prize. 彼らは1等賞を求めて争った / ～ *with* [OR *against*] an opponent (競争)相手と張り合う / ～*ing* passions 相争う激情 ❸ 《文》〈…と〉論争する〈**with**〉
— 他 《＋**that** 節》…ということを(強く)主張する ‖ They ～ *that* nuclear weapons are necessary for national defense. 彼らは核兵器は国防上必要だと主張している

***con·tend·er** /kənténdər/ 名 C〈タイトル・地位などの〉競争者，競技者，ライバル(のチーム)〈**for**〉；主張者 ‖ a ～ *for* the title タイトルへの挑戦者

:con·tent¹ /kɑ́(ː)ntent | kɔ́n-/ 《アクセント注意》
— 名〔◁ contain 動〕(複 **～s** /-s/) C ❶ 《～s》(容器・部屋などの)**中身** ‖ the ～*s* of the can 缶詰の中身
❷ 《～s》(本・手紙・演説などの)**内容**，記事；(本の)項目，**目次**；U (形式・文体に対し)題材，内容(♦ 複数形は個々の具体的な事柄，単数形は抽象的な主題を表す) ‖ the ～*s* of his remark 彼の発言の内容 / the table of ～*s* (本の)目次 / the ～*s* page 目次ページ / His speech lacked ～. 彼の話には内容がなかった / form and ～ in art 芸術における形式と内容
❸ 《通例単数形で》含有量 ‖ the iron ～ of an ore 鉱石の鉄含有量 ❹ C U 容量，容積，体積 ‖ solid ～(*s*) 容積，体積 ❺ U 💻 コンテンツ《電子的に利用できる情報サービスの内容．CD-ROM・ホームページの内容など，利用者にとって価値のあるデータの集合体のすべてをいう》
▸▸ **～ sìte** 名 C 💻 コンテントサイト《ある特定のトピックについて十分な情報をコンテンツに持つウェブサイト》 **～ wòrd** 名 C 〖文法〗内容語《名詞・動詞・形容詞などのように実質的な内容を表す語》(↔ function word)

***con·tent²** /kəntént/ 《アクセント注意》 形 (**more ～**；**most ～**) 《叙述》 ❶〈…に〉満足して〈**with**〉；満ち足りて心安らかな ‖ I'm ～ *with* (you) the way you are. そのままのあなたに満足しています / She is well ～ *with* very little. 彼女はごくわずかなものですっかり満足している / Not ～ *with* hurting my feelings, he stepped on my foot as well. 私の感情を傷つけることで満足せず[傷つけた上に]，彼は私の足を踏みつけもした ❷ 《＋**to** *do*》甘んじて[文句も言わずに]…する ‖ He was quite ～ *to* be a bank manager in the small town. 彼はその小さな町の銀行支店長でいることに甘んじていた
— 動 他 ❶ …を〈…で〉満足させる〈**with**〉‖ A glance at him at the bus stop ～*ed* her. バス停で彼を一瞬でも見ることができて彼女は満足だった ❷ 《～ oneself で》〈…に〉満足する〈**with**〉‖ The little girl ～*ed* herself *with* a small piece of cake. 少女は小さなケーキ1切れに満足した
— 名 ❶ U 満足 (↔ discontent) (⇨ 類語) ‖ in ～ 満足して ❷ C 《英》(上院での)賛成投票(者)
to one's hèart's contént 心行くまで，思う存分

> **類語** 《名 ❶》 **content, contentment** 今持っているものに満足して心が安んじている状態．content の方が文語的．〈例〉*contentment*, the source of happiness 幸福の源泉である満足
> **satisfaction** 欲望・必要などが十分に満たされた状態，それに伴う快感．

***con·tent·ed** /kənténṭɪd/ 形 《通例限定》〈…に〉満ち足りた，満足した，甘んじている〈**with**〉‖ a reasonably ～ state ほどほどに満ち足りた状況 / a ～ expression on the parents' faces 両親の満足げな表情 / the people ～ *with* their government 自国の政府に(一応)満足している国民 **～·ly** 副 **～·ness** 名

***con·ten·tion** /kəntén∫ən/ 名〔◁ contend 動〕❶ C〈…という〉主張，論点〈**that** 節〉‖ 「My ～ is [OR It is my ～] *that* he is innocent. 私の主張は彼は無罪だということだ ❷ U C 論争，口論，論戦；争い，競争 ‖ an issue of ～ 議論の対象となる問題 / He is in ～ for the position. 彼はその地位を得ようと争っている
a bone of contention ⇨ BONE(成句)

con·ten·tious /kəntén∫əs/ 形〔◁ contend 動〕❶ 論争好きな ❷ 議論[異議]のある ‖ a ～ issue 異論のある問題 ❸ 〖法〗係争の，訴訟の **～·ly** 副 **～·ness** 名

***con·tent·ment** /kənténtmənt/ 名 U 満足 (⇨ CONTENT² 類語) ‖ *Contentment is better than riches.* 《諺》満足は富に勝る

:con·test /kɑ́(ː)ntest | kɔ́n-/ 《アクセント注意》(→ 動)
— 名 (複 **～s** /-s/) C ❶ (小規模の)**競技(会)**，コンテスト ‖ I won the arm-wrestling ～. 腕相撲大会で優勝した / enter an oratorical ～ 弁論大会に参加する
❷〈…の〉争い，抗争〈**for**〉‖ a bitter [OR hard-fought] ～ *for* the leadership [presidency] 激しい党首[大統領]選 / The choice of a suitable successor was no ～. ふさわしい後継者を選ぶ作業はすんなりいった
❸ 論争，論議
— 動 /kəntést/ 《アクセント注意》(**～s** /-s/；**～·ed** /-ɪd/；**～·ing**) 他 ❶ …を**得ようと争う**，競う；〔選挙・試合など〕を戦う ‖ ～ a prize 賞品を争う / ～ a seat in the Diet 国会の議席を争う / ～ an **election** 選挙を戦う

❷ **a** (＋目)…に異議を申し立てる，抗弁する ‖ ～ the will 遺言を無効だと主張する / ～ the judgment 裁きに異議を申し立てる **b** (＋**that** 節)…だと異議を申し立てる ‖ He ～*ed that* my remark was off the point. 彼は私の発言は的を射ていないと主張した
～·a·ble 形 議論の余地がある，争うべき
語源 *con-* together＋*-test* witness 証明する：勝敗を証明してもらう

con·test·ant /kəntéstənt/ 名 C ❶ 競技参加者，コンテスト出場者 ‖ ～*s* on quiz shows クイズ番組の出場者 ❷ (選挙結果などに対する)異議申立人，抗議者；〘法〙検認異議申立人

con·tes·ta·tion /kɑ̀(ː)ntestéɪʃən | kɔ̀n-/ 名 U 《堅》論争；主張

:con·text /kɑ́(ː)ntekst | kɔ́n-/ 《発音·アクセント注意》
—名 (複 **～s** /-s/) C U ❶ (文章の)**前後関係**，文脈，コンテクスト ‖ The meaning of a word depends on its ～. 単語の意味はその文脈によって決まる / quote [OR take] her words out of ～ 彼女の言葉を前後関係を無視して引用する / **in** ～ 前後の関係を考慮して
❷ (事件などの)**背景**，状況；環境 ‖ No custom can be understood out of its cultural [social] ～. どんな風習もその文化[社会]的背景を離れては理解できない / Poverty **provides** the ～ of this case. 貧困がこの事件の背景となっている / in the present ～ of a lingering recession 現在の長引く不況の中では / **in** this ～ この状況では

con·tex·tu·al /kəntékstʃuəl | -tjuəl/ 形 文脈上の，文脈による **～·ly** 副

con·tex·tu·al·ize /kɑ(ː)ntékstʃuəlàɪz | -tju-/ 動 他 …を文脈の中に置く，前後関係に結びつける；…を情況に当てはめる **con·tèx·tu·al·i·zá·tion** 名

con·ti·gu·i·ty /kɑ̀(ː)nt̬əgjúːəṭi | kɔ̀ntɪ-/ 名 U 《堅》接触；隣接；〘心〙接近

con·tig·u·ous /kəntígjuəs/ 形 《堅》❶ 〈…に〉接触する；境を接する，隣接する〈**to, with**〉 ❷ (時間·順序などの点で)近い，次の，続く **～·ly** 副

con·ti·nence /kɑ́(ː)ntənəns | kɔ́ntɪ-/ 名 U ❶ 《堅》自制；(特に性欲の)節制 ❷ 〘医〙排泄(はいせつ)抑制能力

:con·ti·nent[1] /kɑ́(ː)ntənənt | kɔ́ntɪ-/
—名 (複 **～s** /-s/) C ❶ **大陸** ‖ the African ～ アフリカ大陸 ❷ 《the C-》(イギリスから見て)ヨーロッパ大陸 ‖ holidays on the *Continent* ヨーロッパでの休暇 / **on** the *Continent* (イギリスとは違い)大陸では

con·ti·nent[2] /kɑ́(ː)ntənənt | kɔ́ntɪ-/ 形 ❶ 自制する；禁欲[節制]する ❷ 排泄を抑制できる **～·ly** 副

·con·ti·nen·tal /kɑ̀(ː)ntənént̬əl | kɔ̀ntɪ-/ 〈ヨ〉 形 ❶ 大陸の，大陸的な ❷ 《ときに C-》《限定》(イギリスに対して)ヨーロッパの，ヨーロッパ大陸(風)の；(料理が)正統ヨーロッパ風の，フランス式の ‖ ～ markets ヨーロッパ市場 / a ～ café ヨーロッパ風のカフェ ❸ 《限定》アメリカ本土の，北米大陸の ‖ The ～ United States doesn't include Hawaii. アメリカ本土にはハワイは含まれない ❹ 《通例 C-》〘米国史〙(独立戦争当時の)アメリカ植民地の
—名 《通例 C-》C ❶ (イギリス人を除く)ヨーロッパ人，ヨーロッパ大陸出身者[居住者] ❷ 〘米国史〙(独立戦争時の)アメリカ軍兵士；(独立戦争時に大陸会議によって発行された)アメリカ紙幣
▸▸ **～ bréakfast** 名 C (ヨーロッパ)大陸式朝食《パンとコーヒー程度の軽い朝食》(→ English breakfast) **～ clímate** 名 C U 大陸性気候 **Còntinental Cóngress** 名 《the ～》〘米国史〙大陸会議《独立戦争当時の北米の英国植民地諸州の代表者会議. 1776年に独立宣言を公布》 **～ divíde** 名 《the ～》大陸分水嶺(れい)；《C- D-》ロッキー山脈分水嶺 **～ dríft** 名 U 〘地〙大陸移動(説) **～ quílt** 名 C 《英》羽毛入り掛け布団 **～ shélf** 名 C 《通例単数形で》〘地〙大陸棚 **～ slópe** 名 C 《単数形で》〘地〙大陸棚斜面

con·tin·gen·cy /kəntíndʒənsi/ 名 (複 **-cies** /-z/) ❶ C 偶然の事件，不慮の事故 ‖ provide for every ～ あらゆる不測の事態に備える ❷ U 偶然性，偶然の条件に左右されること ❸ C 臨時出費 ▸▸ **～ fèe** 名 C 《米》(弁護士に支払われる)成功報酬 **～ plàn** 名 C 不測の事態に備えての計画 **～ tàble** 名 C 〘統計〙分割表

·con·tin·gent /kəntíndʒənt/ 形 ❶ 《叙述》〈…に〉依存する，左右される〈**on, upon**〉 ‖ The plans for outdoor events are ～ *on* the weather. 屋外行事の企画は天候に左右される ❷ 起こる可能性のある，不測の ❸ 偶発的な；臨時の；〘論〙偶然的な
—名 C ❶ 《集合的に》《単数·複数扱い》小グループ，代表団，派遣団；(軍隊の)分遣隊 ‖ a ～ of doctors 医療班 / the feminist ～ フェミニストグループ / a large ～ from Japan 日本からの大人数の代表団 ❷ 偶発事，不慮の出来事 **～·ly** 副
▸▸ **～ wòrker** 名 C 臨時雇いの労働者

·con·tin·u·al /kəntínjuəl/ 形 [◁ continue 動] 《限定》断続して続く，繰り返して起こる，頻繁な(♦ 悪いことについて使うことが多い) (⇨ 類語) ‖ receive ～ complaints 頻繁に苦情を受ける

類語 **continual** 長い間断続的に繰り返して起こる. 〈例〉 *continual* rain 長雨(♦ 途切れがあってもよい)
continuous 時間的または空間的に途切れなく長く続く. 〈例〉 *continuous* rain (途切れなく)降り続く雨 (♦ continual と continuous の区別は最近ではあいまいになりつつあり，特に continual はしばしば「途切れなく続く」の意味で用いられる)
constant 継続·反復の間隔·割合·状況が一定不変なことを強調. 〈例〉 a *constant* increase in population 人口の絶え間ない増加
incessant 運動·活動に中断のないことを強調. 〈例〉 *incessant* rain しきりに降る雨
perpetual いつまでも反復または継続する；ときにいら立ちを暗示. 〈例〉 the *perpetual* whining of a baby 赤ん坊の泣きやまない声

·con·ti·nu·al·ly /kəntínjuəli/ 副 絶えず，しきりに，断続的に，立て続けに ‖ My parents are ～ arguing. 両親は絶えず口げんかをしている / He's ～ asking for money. 彼はたびたび金の無心をしてくる(♥ 進行形とともに用いて，非難や迷惑の感情を表すことがある)

con·tin·u·ance /kəntínjuəns/ 名 [◁ continue 動 自] U/C 《単数形で》❶ 《堅》続くこと，継続，持続；継続期間 ‖ of long ～ 長期の ❷ 〘米法〙(訴訟手続の)延期

con·tin·u·ant /kəntínjuənt/ 〘音声〙 名 C 継続音，連続音《音質を変えずに延長できる子音. /f, v, m, s, r/ など》(↔ stop) —形 《限定》継続音の

·con·tin·u·a·tion /kəntìnjuéɪʃən/ 名 [◁ continue 動 他] U/C 《単数形で》❶ 続けること，連続，継続；存続 ‖ A ～ of that habit will send you to (the) hospital. その習慣を続けていれば病院行きだ / a ～ of the search 捜索の継続 ❷ C 《通例単数形で》続くもの(の一部)；〈小説などの〉続き，続編；〈道路·建物などの〉延長部〈**of**〉 ‖ The Mediterranean is a ～ *of* the Atlantic. 地中海は大西洋の続きだ ❸ (中断後に)再び続けること ‖ The ～ of the meeting was postponed. 会議の再開は延期になった
▸▸ **～ schòol** 名 C (勤労学生などのための)補習学校

con·tin·u·a·tive /kəntínjuèɪṭɪv | -tínjuə-/ 形 ❶ 《堅》連続する[させる] ❷ 〘言〙継続的な，非制限的な
—名 C 継続詞《yes, well, and, that など》

con·tin·u·a·tor /kəntínjuèɪṭər/ 名 C 継続者，引き継ぐ人；(ほかの人の)続編執筆者

:con·tin·ue /kəntínju(ː)/ 《アクセント注意》
—動 [▶ continuance 名, continuation 名, continuity 名, continual 形, continuous 形] (**～s** /-z/；**～d** /-d/；**-u·ing**)

C

— 他 ❶ **a** 《+目》…を**続ける**，継続する；…を存続させる（↔ stop）‖ ~ a war 戦争を継続する / ~ one's study 勉強[研究]を続ける
b 《+*to do* / *doing*》（人・物が）…し**続ける** ‖ I ~*d*「*to* surf [OR surfing] the Net late into the night. 夜遅くまでネットサーフィンを続けた / ~ *to* smoke たばこを吸い続ける
❷（中断後に）**再び続ける** **a** 《+目》…を再び続ける，続行[再開]する ‖ After teatime, she ~*d* her work. お茶の時間の後彼女は仕事を再開した / To be ~*d*. 続く，以下次号 / *Continued* on page 10. 10ページへ続く / Could we ~ this later? この話はまた後でいいですか（♥話題・議論などをいったん中断する許可を求める表現）
b 《+*to do* / *doing*》…を再びし続ける ‖ We ~*d*「*to* garden [OR gardening] after lunch. 私たちは昼食後庭仕事を再び続けた
c 《直接話法で》…だと話を続ける ‖ "And I'll do it too," he ~*d*.「そして私はそれをやり遂げてみせる」と彼は話を続けた
❸〖米法〗〔訴訟など〕を延期する ❹（空間的に）…を延長する
— 自 ❶（物が）（間断なく）**続く**，持続[継続]する；存在し続ける，存続する（↔ stop）（⇨ 類語）‖ The war ~*d* for many years. 戦争は何年も続いた / His work ~*d* into the night. 彼の仕事は夜更けまで続いた / Sunny skies will ~ today. 今日もうららかな天気が続くでしょう / Things will ~ as they are. 事態は今後も今のままだろう
❷（人が）〈…を〉やり続ける；（中断後に）〈…を〉続ける〈**with**〉‖ ~ *with* one's work 仕事を続ける / ~ *with* the medicine 薬（の服用）を続ける
❸（中断後に）再開する ‖ The meeting ~*d* after a short break. 短い休憩の後に会議は再開された
❹《+副句》（人が）道を歩き続ける，進む；（道などが）続く（♦副句 は方向を表す）‖ We ~*d* up the path. 私たちは道を上り続けた / ~ along the road 道を歩き続ける / The road ~*s* to the highway. その道はハイウェイに続いている ❺ 話を続ける ‖ Please ~. どうぞ続けてください ❻《+(**to be**) 補》引き続き…（のまま）である（♦to be は省略しないのがふつう）‖ His heart ~*d* (to be) heavy. 彼の心は相変わらず重かった / I ~*d* to be under that impression. 私はそう思い続けていた ❼ 留まる〈**in, at** 地位・場所に；**as** …として〉‖ ~ *in* office 職に留まる，留任する / ~ *as* secretary 秘書の仕事を続ける

類語 《自 ❶》**continue** 継続して「終わらない」ことを強調．〈例〉The party *continued* after you left. あなたが帰られてからもパーティーは続きました
last 特定の期間続く；損傷・消滅などせずに続く．〈例〉enough food to *last* all winter 冬を越すのに十分な食糧
endure 外部からの力に抗したり耐えたりして続く．
persist 執拗（しつよう）に長く続く．

con·tin·u·ing /kəntínju(ː)ɪŋ/ 形 《限定》継続する，引き続きの ‖ ~ high prices 相も変わらずの物価高
▸▸ ~ **educátion** 名 U 継続教育，成人教育

***con·ti·nu·i·ty** /kà(ː)ntənjúːəṭi | kɔ̀ntɪnjúː-/ 名〔◁ continue 動〕（複 **-ties** /-z/）❶ U 連続（性），（政策などの）継続性；C 連続体，一続きのもの ‖ ~ of policy 政策の継続性 ❷ C U（話の流れの）論理的つながり，因果関係 ‖ *continuities* between diet and health ダイエットと健康の因果関係 ❸ U（映画の画面などの）滑らかなつながり；C（番組の間に入れるアナウンサーの）つなぎ文句 ❹ C コンテ，詳細な撮影台本
▸▸ ~ **annòuncer** 名 C つなぎ担当アナウンサー

con·tin·u·o /kəntínjuòu/ 名 U〖楽〗（特にバロック音楽での）通奏低音（basso continuo）

***con·tin·u·ous** /kəntínjuəs/ 形〔◁ continue 動〕（**more** ~ ; **most** ~）（♦❷❸は比較なし）《通例限定》❶ 途切れのない，継続[連続]した，間断ない，つながった（↔ occasional）（⇨ CONTINUAL 類語）‖ There was a ~ line of customers into the discount store. 安売店への客の列がずっとつながっていた / This freeway is ~ with the tunnel. この高速道路はトンネルにつながっている / a ~ noise 途切れのない騒音 / a ~ supply of emergency food 途切れない緊急食料の供給 ❷《口》繰り返して起こる，頻繁な ❸〖文法〗進行形の ❹〖数〗連続の
▸▸ ~ **asséssment** 名 U《英》継続評価《試験の成績だけでなく学習過程全般にわたる評価》 ~ **creátion** 名 U（宇宙・物質の）継続的発生（説） ~ **ténse** 名 U C〖文法〗継続時制，進行形

***con·tin·u·ous·ly** /kəntínjuəsli/ 副 連続して，継続して ‖ work ~ for six hours 6時間ぶっ続けに働く

con·tin·u·um /kəntínjuəm/ 名（複 **-u·a** /-juə/）C《通例単数形で》連続（体）

con·tort /kəntɔ́ːrt/ 動 他 ❶〔顔・体〕をねじ曲げる，ゆがめる ‖ his face ~*ed* with agony 苦悶（くもん）にゆがんだ彼の顔 ❷〔文章など〕を歪曲（わいきょく）する — 自 ゆがむ

con·tor·tion /kəntɔ́ːrʃən/ 名 ❶ U C ねじれ，ゆがみ；ゆがんだ状態；（文意などの）歪曲 ❷ C（目標達成のための）複雑な手続き ~**·ist** 名 C（体を自由に曲げることができる）軽業（かるわざ）師，曲芸師；歪曲する人

***con·tour** /kɑ́(ː)ntuər | kɔ́n-/ 名 C ❶《しばしば ~s》（山・海岸・人体などの）輪郭，輪郭線；外形 ‖ the natural ~*s* of the coast 自然のままの海岸線 / the ~ of the body 体の線 / the ~ of his face 彼の顔の輪郭 ❷（= ~ **lìne**）（地図の）等高線 ❸〖音声〗音調曲線
— 動 他 ❶《通例受身形で》（別のものに合わせて）輪郭が作られている，表面が曲線になっている ‖ The sofa is ~*ed* for comfort. ソファーはくつろげるように型どりされている ❷〔地図〕に等高線をつける；（道などが）…の等高線に沿う
— 形 《限定》輪郭に合わせた；等高線に沿った
▸▸ ~ **lìne** 名 C 等高線，（海図上の）等深線 ~ **màp** 名 C 等高線地図 ~ **plòwing** 名 U 等高線耕作

contr. 略 contraction

con·tra /kɑ́(ː)ntrə | kɔ́n-/ 名《しばしば C-》C コントラ《ニカラグアの反政府組織の一員》

contra- /kɑ(ː)ntrə- | kɔn-/ 接頭 ❶「反・逆・抗（against, opposite）」などの意 ‖ *contra*dict（反駁（はんばく）する）❷〖楽〗「1オクターブ低い」の意 ‖ *contra*bass

contra·band /kɑ́(ː)ntrəbæ̀nd | kɔ́n-/ 名 U《集合的に》密輸品；密輸，密貿易；（戦時）禁制品
— 形 密輸の；（輸出入）禁止の ‖ ~ goods 密輸品

con·tra·bass /kɑ́(ː)ntrəbèɪs | kɔ̀ntrəbéɪs, ⌐⌐⌐/ 〖楽〗名 C コントラバス（double bass）
— 形 コントラバスの《通常の低音より1オクターブ低い》

con·tra·cep·tion /kɑ̀(ː)ntrəsépʃən | kɔ̀n-/ 名 U 避妊（法）

con·tra·cep·tive /kɑ̀(ː)ntrəséptɪv | kɔ̀n-/ ⊲ 形《限定》避妊（用）の ‖ ~ pills 避妊薬 — 名 C 避妊具[薬]

‡con·tract /kɑ́(ː)ntrækt | kɔ́n-/《アクセント注意》（→ 動）
中心義 **引き合う（こと）**
— 名（複 **~s** /-s/）❶ C U **契約**，請負；協定，協約〈**with** …との；**for** …のための / **to do** …する〉；U 契約法；《形容詞的に》契約の；（契約で）雇われた ‖ We **made** a ~ *with* the company「*to* purchase [OR *for* the purchase of] 50 cars. 我々はその会社と車50台を購入する契約を結んだ / He was under ~ to the record company. 彼はそのレコード会社と契約していた / a ~ of employment 雇用契約 / on a five-year ~ 5年契約で / (a) breach of ~ 契約違反 /「a form [conditions] of ~ 契約書[条件] / a ~ killer 殺し屋

連語 【動+~】break a ~ 契約を破る / terminate a ~ 契約を終了［解除］する / win a ~ 契約を勝ち取る / get a ~ 契約を取りつける
【形+~】an unfair ~ 不公平な契約 / an exclusive ~ 独占契約 / a long-term [short-term] ~ 長[短]期契約 / a temporary ~ 仮契約

❷ Ⓒ **契約書**；協約書 ‖ He **signed** a ～ with a professional soccer team. 彼はプロサッカーチームとの契約書に署名した / 「draw up [OR write (up)] a ～ 契約書を作成する / exchange ～*s* 契約書を交わす
❸ Ⓒ《口》(暗殺者に対する)殺人の指令, 依頼 ‖ put a ～ out on ... (殺し屋に金を払って)…の殺しを依頼する
❹ Ⓒ《旧》(正式の)婚約；結婚 ‖ a marriage ～ 婚約
❺ (= ～ **bridge**) Ⓤ〖トランプ〗コントラクトブリッジ
―動 /kəntrǽkt/ (→ 他 ❶, 自 ❶) (～s /-s/；～·ed /-ɪd/；～·ing)
―他 ❶ /, +米 kɑ́(ː)ntrӕkt, +英 kɔ́ntrӕkt/ **契約する**, 請け負う **a** 《+目》…を契約する；〔協定・同盟など〕を〈…と〉結ぶ〈**with**〉；《旧》〔結婚〕を契る ‖ ～ a trade agreement *with* the country その国と通商協定を結ぶ / ～ an alliance 同盟を結ぶ / ～ a marriage 婚約する
b 《+**to** *do*》…することを請け負う, …する契約を結ぶ ‖ We ～*ed to* build a new city library. 我々は新しい市立図書館の建設を請け負った
c 《+目+**to** *do* / 目+**for** 名》〔人・会社など〕に…(すること)を請け負わせる ‖ I ～*ed* the company *to* do the repairs of my house. 私はその会社に家の補修を請け負わせた
❷ …を**縮小する**, 狭める；〔筋肉など〕を収縮させる, 引き締める(↔ stretch)；〔まゆ〕をしかめる, 寄せる(knit)；〔語・句など〕を〈…に〉縮約[短縮]する〈**to**〉‖ ～ a muscle 筋肉を引き締める / ～ one's eyebrows まゆをひそめる / "I am" is often ～*ed to* "I'm." I am はよく I'm と短縮される
❸ 〔重い病気〕にかかる, 感染する (⤳ go [OR come] down with)；〔悪習など〕に染まる；〔借金など〕を作る ‖ ～ pneumonia 肺炎にかかる / ～ a debt 負債を作る
―自 ❶ /, +米 kɑ́(ː)ntrӕkt, +英 kɔ́ntrӕkt/ **a** (仕事などの)**契約を結ぶ**, 請け負う〈**with** …と；**for** …を, …の〉‖ ～ *with* a builder *for* a new building 建設業者と新ビル建築の契約を結ぶ **b** 《+**with** 名+**to** *do*》〔人〕と…する[してもらう]契約を結ぶ ‖ We ～*ed with* her *to* do the work. 私たちは彼女とその仕事をしてもらう契約をした
❷ **縮小する**；狭まる, 減少する；収縮する(↔ expand)；まゆをしかめる；(語・句などが)縮約[短縮]される ‖ The pupils of our eyes ～ in bright light. 私たちの瞳(ひとみ)は明るい光が当たると収縮する
còntract ín 〈自〉《英》〈…へ〉(公式に)参加することを約定する〈**to**〉
·còntract óut 〈自〉《英》〈…から〉脱退する, 〈…への〉不参加の契約をする〈**of**〉 ―〈他〉《*còntract óut* ... / *còntract* ... *óut*》〔仕事など〕を〈…に〉請負[下請]に出す〈**to**〉
語源 *con-* together＋*-tract* draw：一緒に引く
▸▸ ～ **wòrker** 名 Ⓒ (正社員でない)契約労働者

con·tract·i·ble /kəntrǽktəbl/ 形 =contractile

con·trac·tile /kəntrǽktəl | -taɪl/ 形〖生〗収縮性の, 収縮できる[する] ‖ ～ muscles 収縮筋
còn·trac·tíl·i·ty 名

·con·trac·tion /kəntrǽkʃən/ 名 ❶ Ⓒ Ⓤ (筋肉の)収縮；《しばしば ～s》陣痛 ‖ have a mild ～ 軽い陣痛がある ❷ Ⓤ (一般に)収縮, 縮み ‖ the ～ of the metal 金属の縮み ❸ Ⓤ Ⓒ (語の)短縮, 縮約；Ⓒ 短縮[縮約]形 (isn't(=is not), it's(=it is)など) ❹ Ⓤ Ⓒ (経済活動などの)縮小；不況

·con·trac·tor /kɑ́(ː)ntrӕktər | kəntrǽk-/ 《アクセント注意》名 Ⓒ ❶ 契約者, (土木事業などの) 請負業者 ‖ defense ～*s* 防衛関係の請負業者 ❷ 収縮するもの, (特に)収縮筋

·con·trac·tu·al /kəntrǽktʃuəl/ 形《限定》契約(上)の, 取り決めによる **～·ly** 副

·con·tra·dict /kɑ̀(ː)ntrədɪ́kt | kɔ̀n-/ 動 (▶ contradiction 名, contradictory 形) 他 ❶ 〔人の言うこと〕に反駁(はんばく)する；…と逆のことを言う；…を虚偽[不正確]だと述べる；〔主張など〕を否定[否認]する (↔ confirm) ‖ We'd better not ～ the boss. 上司と反対の意見を述べない方がいいな / flatly ～ his claim 彼の主張に真っ向から反対する / The evidence was ～*ed* by other witnesses. その証言はほかの証人によって否定された ❷ …と矛盾する；《～ oneself で》矛盾したことを言う, 矛盾する ‖ These data ～ each other. これらのデータは互いに矛盾している ―自 矛盾したことを言う
語源 *contra-* against＋*-dict* speak：反対を言う

·con·tra·dic·tion /kɑ̀(ː)ntrədɪ́kʃən | kɔ̀n-/ 名 〔◁ contradict 動〕 ❶ Ⓤ 矛盾 ‖ The result was in complete ～ to the intentions of the committee. 結果は委員会の意図したものと完全に矛盾していた / internal ～ 内部矛盾 ❷ Ⓒ 矛盾点, 矛盾した言動, 一貫しない行動 ‖ spot a ～ 矛盾点を見つける / a ～ between word and deed 言行の矛盾点 / a flat ～ 明らかな矛盾点 ❸ Ⓤ Ⓒ 反駁, 反対；否定 ‖ He is impatient of ～. 彼は反駁されることに我慢できない / give a flat ～ to ... …をきっぱり否定する
a contradìction in térms 名辞の矛盾《意味内容の相反する語の結びつき. circular triangle(丸い三角)など》

·con·tra·dic·to·ry /kɑ̀(ː)ntrədɪ́ktəri | kɔ̀n-/ 〈シ〉 形 〔◁ contradict 動〕 ❶ 〈…と〉矛盾する, 相反する, 首尾一貫しない〈**to**〉(⇨ OPPOSITE 類語) ‖ give ～ accounts 矛盾した説明をする / a plan ～ *to* common sense 常識とは相いれない計画 ❷ (人が)議論好きな
―名 (複 **-ries** /-z/) Ⓒ〖論〗矛盾対当《一方が真ならば他方は偽, またはその逆の関係の命題》

còntra·dístinction 名 Ⓤ 対照, 対比 ‖ in ～ to ... …と対比して **-distínctive** 形 対比的な

cóntra·flòw 名 Ⓒ《英》(道路工事などによる)一時的車線規制《一方の車線を閉鎖して, ほかの車線を両方向の通行に使用すること》

con·trail /kɑ́(ː)ntreɪl | kɔ́n-/ 名 Ⓒ (主に米)飛行機雲

con·tral·to /kəntrǽltou | -trɑ́ːl-/ 名 (複 **～s** /-z/) Ⓒ〖楽〗コントラルト(alto)《女声の低音域》；コントラルト歌手；(楽曲の)コントラルトの声部(♦イタリア語より)

còntra·posítion 名 Ⓤ 対置, 対立；〖論〗換質換位, 対偶

con·trap·tion /kəntrǽpʃən/ 名 Ⓒ 妙な仕掛け, からくり

con·tra·pun·tal /kɑ̀(ː)ntrəpʌ́ntəl | kɔ̀n-/ 〈シ〉 形〖楽〗対位法の[による](→ counterpoint) **～·ly** 副

con·trar·i·an /kəntréəriən/ 名 Ⓒ 人と違った行動をとる人；株式市場の流れに逆らう投資家, 逆張り投資家

con·tra·ri·e·ty /kɑ̀(ː)ntrəráɪəṭi | kɔ̀n-/ 名 (複 **-ties** /-z/) ❶ Ⓤ〖論〗反対；不一致 ❷ Ⓒ 矛盾点

con·tra·ri·ly /kɑ́(ː)ntrèrəli, ⁻⁻⁻⁻ | kəntréərəli, kɔ́ntrəri-/ (→ ❷) 副 ❶ これに反して, 反対に ❷ /kəntréərə-/ 意地悪く, 意固地に

con·trar·i·ness /kəntréərinəs/ 名 Ⓤ 意地悪, 意固地

con·tra·ri·wise /kɑ́(ː)ntreriwàɪz | kəntréəri-/ 副 ❶ 《文修飾》これに反して, 他方 (on the contrary) ❷ (順序・方向を)反対に, 逆に

·con·tra·ry /kɑ́(ː)ntrèri | kɔ́ntrəri/ 《アクセント注意》(→ 形❹) 形 ❶ (性質などが)反対の；〈…と〉相いれない, 相反する〈**to**〉(⇨ OPPOSITE 類語) ‖ My views were ～ *to* those of my parents. 私の意見は両親のそれと逆だった / *Contrary to* popular belief, English food is not bad. 俗説とは違って, イギリス料理はまずくない (♦ contrary to ... の形で副詞的にも用いる)
❷ 《限定》(方向・位置などが) 反対の ‖ We went in ～ directions. 我々はそれぞれ反対方向に行った ❸ 《限定》(風・天候が)逆の, 都合の悪い ‖ ～ winds 逆風(♦「逆風をついて(帆走する)」は (sail) against the wind) ❹ /kəntréəri/ 意固地な, 反抗的な
―名 《the ～》(正) 反対, 逆 (のこと) ‖ The truth is quite the ～. 真実は全く逆だ
·on the cóntrary **それどころか**, まるで反対で ‖ "That's a good idea." "*On the* ～, it won't work." 「それはいい考えだ」「とんでもない, 全然うまくいかないよ」(♥ 相手の言

C

ったことに対する強い異議を表す. 単に客観的事実を示して訂正するなら actually が無難) / Although Betty was late for their date, Tom did not get angry. *On the* ~, he apologized for setting too early a time. トムはベティがデートに遅れたのに怒らなかった. それどころか時間を早く設定しすぎたことを謝った

C

****to the cóntrary*** それと反対の趣旨[内容]で[の], それと逆に[の] ‖ I have nothing to say *to the* ~. 私に異議はありません

:con·trast /ká(:)ntræst | kɔ́ntrɑ̀:st/ 《アクセント注意》(→動) 中心義 相違(を際立たせる)

―名 (複 **~s** /-s/) ❶ U C 〈…との〉**対比**, 対照 〈**with, to**〉 ‖ make [OR provide] a striking [beautiful] ~ *with* …と著しい[美しい]対照をなす

❷ C U (対比による大きな)**差異**, 相違〈**between** …間の; **with, to** …との〉 ‖ Another ~ *with* London is that taxis are easily available. ロンドンともう一つ(大きく)違う点はタクシーが簡単につかまることだ / She made a good ~ *to* the other women in the hall. 彼女は大広間のほかの女性たちとは好対照であった / a growing ~ *between* 「the rich and the poor [OR rich and poor] 金持ちと貧しい者との間のますます広がる格差

❸ C 《単数形で》〈…と〉対照的な人[もの]〈**to**〉 ‖ He is a total ~ *to* his father in appearance. 彼は父親とは見掛けが全く対照的だ ❹ U (テレビ画面の)コントラスト; 〖美〗〖写〗(色彩・明暗などの)対比, コントラスト

by [OR ***in***] ***cóntrast*** NAVI ⓦ それとは対照的に, それに比べて (⇨ NAVI表現 4) ‖ My mother speaks English fluently. *By* ~, my father can hardly speak a word of it. 母が流暢(りゅうちょう)な英語を話すのに対して父はほとんど一言も話せない

in cóntrast with [OR ***to***] ***...*** …に対比して, …と対照をなして, …とは著しく違って ‖ *In* ~ *to* the last rainy season, when we had little rain, it rained a lot this year. 空梅雨だった去年とは対照的に今年は雨が多かった

―動 /kəntrǽst, ká(:)ntræst | kənrɑ́:st/ (**~s** /-s/; **~·ed** /-ɪd/; **~·ing**)

―他 …を〈…と〉**対比させる**, 対比して違いを目立たせる〈**with, and**〉 (⇨ COMPARE 類語) ‖ *Contrast* his actions *with* [OR and] his promises. 彼の行動を彼が約束したことと比べてみなさい / as *~ed with ...* …に対して

―自 《+**with** 名》…と**対照をなす**, 対比によって引き立つ ‖ His white hair *~ed* **sharply** [OR **strongly**] *with* his dark suit. 彼の白髪は黒っぽい服と際立った対照をなしていた

▸▸ **~ mèdium** 名 C 〖医〗造影剤

con·trast·ing /kəntrǽstɪŋ | -trɑ́:st-/ 形 《通例限定》互いに異なる(♥「好ましい異なり方をしている」という含意がある)

con·tras·tive /kəntrǽstɪv, ká(:)ntræstɪv | kən-trɑ́:s-/ 形 対照的な **~·ly** 副

con·trast·y /ká(:)ntræsti, kəntrǽsti | kəntrɑ́:sti/ 形 《口》(写真・映画・テレビが)コントラストの強い; 硬調な

con·tra·vene /kà(:)ntrəví:n | kɔ̀n-/ 動 他 ❶〔法律など〕に違反する, …を犯す ❷ …と矛盾する, …に反する

con·tra·ven·tion /kà(:)ntrəvénʃən | kɔ̀n-/ 名 U 違反; C 違反行為

in contravéntion of …に違反して

con·tre·temps /ká:ntrətɑ̀:ŋ | kɔ́ntrətɔ̀:ŋ/ 名 C あいにくの出来事; 思いがけない災難; いさかい(♦ フランス語より)

:con·trib·ute /kəntríbjət | -tríbju:t, kɔ́ntribjù:t/ 《アクセント注意》

―動 〔▶ contribution 名〕 (**~s** /-s/; **-ut·ed** /-ɪd/; **-ut·ing**)

―他 ❶〔金品〕を**寄付する** 〈**to, toward** …に; **for** …のために〉 ‖ A great amount of money was ~*d* 「*to* the fund [*for* social work]. 多額の金がその基金[社会事業]に寄付された

❷〔作品・記事など〕を〈新聞・雑誌などに〉**寄稿する**〈**to**〉 ‖ ~ articles *to* various journals いろいろな雑誌に記事を寄稿する

❸〔知識・時間など〕を〈…に〉**提供する**, ささげる〈**to**〉 ‖ There are many opportunities for you to ~ your time and skills *to* volunteer work. ボランティアの仕事に時間や技術を提供できる機会はいくらでもある

―自 ❶〈…に〉**寄付する**〈**to, toward**〉 ‖ ~ *to* charity チャリティーに寄付する

❷〈…に〉**寄稿する**〈**to**〉 ‖ He ~*s* regularly *to* several magazines. 彼は定期的にいくつかの雑誌に寄稿している

❸《+**to** 名》…に**寄与[貢献]する**; …を助長する, もたらす, …の一因となる(♥ よい意味にも悪い意味にも用いる); 〔討議など〕で意見を言う ‖ Tourism ~*s* **significantly** [OR greatly] *to* the economy of Singapore. 観光はシンガポールの経済に大きく貢献している / Air pollution ~*s* *to* the spread of hay fever. 大気汚染は花粉症の蔓延(まんえん)の一因となっている / a *contributing* **factor** *to* global warming 地球温暖化への要因 / ~ *to* a discussion 議論で意見を出す

語源 *con-* together+*-tribute* give

▸▸ **contrìbuting éditor** 名 C 寄稿編集者《編集者格の資格を与えられていて時折寄稿する人》

:con·tri·bu·tion /kà(:)ntrɪbjú:ʃən | kɔ̀n-/

―名 〔◁ contribute 動〕 (複 **~s** /-z/) ❶ U 〈…への〉**寄付**, 寄贈; C 〈…への〉寄付金, 寄贈品〈**to, toward**〉 ‖ The alumni's ~ helped build the new library. 卒業生の寄付金は新しい図書館建設の一助となった / make a ~ *to* the fund その基金に寄付する / collect ~*s* from supporters 支持者から寄付金を集める

❷ U 〈…への〉**貢献**, 寄与; C 《通例単数形で》〈…への〉貢献[寄与]となるもの〈**to, toward**〉; (討議などで)意見を言うこと ‖ This award goes to Mr. Kuno for his ~ *to* the improvement of office efficiency. この賞は職場効率改善への貢献に対し久野氏に与えられる / **make** a significant [OR major] ~ *to* science 科学に重要な貢献をする / make a ~ *to* the debate 討議で意見を言う

❸ C 〈…への〉寄稿作品〈**to**〉 ‖ a ~ *to the Daily Mail* デイリーメール紙への寄稿

❹ C (年金などの)保険料, 積立金

***con·trib·u·tor** /kəntríbjuṭər/ 名 ❶ C 〈…への〉寄付者, 寄贈者; 寄稿家; 貢献者; 貢献物〈**to**〉 ❷ C 《堅》〈…の〉一因, 原因〈**to**〉

con·trib·u·to·ry /kəntríbjutɔ̀:ri | -təri/ 形 《限定》❶ 寄与する, 一助となる ‖ a ~ factor in the disease その病気を引き起こす原因 ❷ 寄付の[による]; (雇用側と被雇用者側の)保険料分担による

―名 (複 **-ries** /-z/) C 寄与者; 〖英法〗無限責任社員

▸▸ **~ négligence** 名 U 〖法〗寄与過失

con·trite /kəntráɪt | kɔ́ntràɪt/ 形 悔い改めた, 悔悛(かいしゅん)の情を示す **~·ly** 副

con·tri·tion /kəntríʃən/ 名 U 悔悟, 悔悛; 〖カト〗痛悔《神の前で罪を心から悔やむこと》

con·triv·ance /kəntráɪvəns/ 名 ❶ U 考察; 工夫, 発明(の才); C U 計略 ❷ C 考案[発明]品; 仕掛け, 機械装置 ❸ C U 《通例けなして》(小説・映画などの筋の)不自然なところ, わざとらしさ

***con·trive** /kəntráɪv/ 動 他 ❶〔悪事など〕をたくらむ, もくろむ; 〔手立てなど〕を考え出す, 案出する ‖ ~ a means of escape 脱走の手段を考え出す ❷〔道具・器具など〕を工夫して作る, 発明する ‖ The sailor ~*d* a signal mirror from an aluminum can. 船乗りはアルミ缶を工夫して信号鏡を作った ❸《+**to** *do*》何とか[どうにか]…する; 《皮肉で》へまをして…する ‖ I will ~ *to* be there by one o'clock. 何とか1時までにはそこに行っているようにします / He ~*d to* make matters worse. 彼はへまをして事態を悪化させた ―自 工夫する; 計画する; たくらむ

-trív·er 名 C 考案者; 計略家

con·trived /kəntráɪvd/ 形 作り物の, 不自然な

con·trol /kəntróʊl/ 《発音注意》 名 動

中心義 …をしっかりと管理する

名 支配❶ 規制❶ 抑制❷ 制御❷
動 他 支配する❶ 抑制する❸

— 名 (複 **~s** /-z/) ❶ U 〈…に対する〉**支配**(力), 統制(力), 管理, 監督, **規制**, 取り締まり〈**of, over**〉‖ She **has** good ~ *over* [OR *of*] her staff. 彼女はスタッフをよく掌握している / India was **under** [OR **in**] the ~ *of* Britain for many years.=Britain was in ~ *of* India for many years. インドは長い間イギリスの支配下にあった (♦ control の前の the の有無による意味の違いに注意. → *in control* (↓)) / international ~ *of* atomic energy 原子力エネルギーの国際管理 / the ~ *of* inflation インフレの抑制 / **gun** ~ 銃規制 / traffic ~ 交通規制
連語 【動+~(+前)】 exert ~ over *one's* children 子供たちを掌握する / assume complete ~ of the country 国を完全に支配する / exercise ~ over ... …を支配する / gain [lose] ~ of ... …の支配権を握る[失う] / take ~ of ... …を支配する / keep [OR retain, maintain] ~ 支配力を維持する
❷ U 〈感情などの〉**抑制**(力); 〈機械・装置などの〉**制御**(操作)〈**of, over**〉; (病気・火事などの)蔓延(まんえん)防止 ‖ She **has** no ~ *over* her feelings. 彼女は感情を抑えられない / He **lost** ~ (*of* himself). 彼は自分を抑えられなくなった / I **lost** ~ *of* my car. 車を制御できなくなった (♦ 物を主語にする場合は My car went out of control. という) / birth ~ 避妊
❸ C 《しばしば ~s》〈…に対する〉統制手段, 抑制策[措置], 規制策〈**on, over**〉‖ Export ~*s* were placed [OR imposed] *on* these products. これらの製品に輸出規制が課された / maintain ~*s over* illegal immigrants 不法移民の規制を続ける
❹ C 《しばしば ~s》(機械・飛行機などの)制御[調整, 操縦]装置(一式); (ラジオ・テレビなどの)調節用つまみ ‖ be at the ~*s* of an aircraft 飛行機を操縦している
❺ C 《通例単数形で》 コントロールキー (control key) 《略 Ctrl》 ❻ U 《集合的に》《単数・複数扱い》指令部; 監督者, 管制員; スパイの元締め ❼ U C (出入国時の)審査(所) ‖ go through passport ~ 旅券審査を通過する
❽ U 〔野球〕制球(力), コントロール ‖ The pitcher is struggling with his ~. ピッチャーはコントロールに苦労している ❾ C (実験結果の)対照標準, 比較基準 ❿ C (降霊術の)支配霊

beyònd [OR ***outsìde***] ***one's contról*** 手に負えない, どうにもならない

*****in contról* (*of …*)** (…を)支配[管理, 制御]して ‖ He is *in* ~ *of* the shipping industry. 彼は海運業を牛耳っている

*****òut of contról* 制御しきれなくなって** (↔ *under control*) ‖ Things are getting *out of* ~. 事態は収拾がつかなくなっている

*****under contról*** 制御[抑制]されて; 順調[正常]で (↔ *out of control*) (♦ 否定には not under control より out of control を用いるのがふつう) ‖ The fire is now *under* ~. 火事は今は収まっている / She brought herself *under* ~. 彼女は自分を抑えた

— 動 (~s /-z/; **-trolled** /-d/; **-trol·ling**)
— 他 ❶ **a** 《+目》〔組織・人・行動など〕を**支配する**, 統制する, 管理する, 掌握する (⇨ GOVERN 類語) ‖ The British Empire once *controlled* the seven seas. 大英帝国はかつて7つの海を支配した / You must learn to ~ your dog while walking it on the street. 通りを散歩させているときには犬をコントロールできなければいけない **b** 《+wh 節》…かを管理[制御]する ‖ Some parents want to ~ *what* their children learn in school. 子供たちが学校で何を学ぶかを取り仕切りたいと思っている親もいる
❷〔機械・システムなど〕を制御する, 操作する ‖ This button ~*s* the temperature in this room. この部屋の温度の調整はこのボタンでする / ~ the manufacturing process 製造工程を制御する
❸〔感情など〕を**抑制する**; 〔病気など〕の蔓延を防ぐ; 〔状況〕の悪化を防ぐ, …を阻止する ‖ ~ one's emotions [anger] 感情[怒り]を抑える / ~ one's tongue 口を慎む / ~ violence 暴動を抑える
❹〔価格・数量など〕を規制する, 統制する ‖ ~ prices 物価を統制する / ~ inflation インフレを抑える ❺〔実験結果〕を比較基準と比較対照する ❻〔勘定など〕を照合する
— 自 《+for 名》…を考慮に入れる

COMMUNICATIVE EXPRESSIONS
1 **Contról yoursèlf.** しっかりしろ, 落ち着くんだ

~·la·ble 形 支配[管理, 制御]できる; 操縦できる
▸▸ **~ frèak** 名 C 《口》支配狂 **~ gròup** 名 C 対照群 《実験結果を対照するために, その実験の条件を与えられていないグループ》 **~ kèy** 名 C コントロールキー 《ほかのキーと一緒に押すことで特定の機能を持つ. キーボードでは Ctrl などと表記される》 **contròlling ínterest** 名 C 《通例単数形で》支配者持ち分 《会社を支配するのに十分な持ち株》 **~ pànel** 名 C (航空機などの) 制御盤 **~ ròd** 名 C (原子炉の) 制御棒 **~ ròom** 名 C (録音スタジオの)調整室; 管制室 **~ tòwer** 名 C (空港の)管制塔, コントロールタワー

con·trólled /-d/ 形 制御された, 規制された; 冷静な
▸▸ **~ expériment** 名 C 対照実験 **~ súbstance** 名 C 規制薬物 《法により所有・使用が規制されている薬物. 特に麻薬》

***con·trol·ler** /kəntróʊlər/ 名 C ❶ 管理者, 監督者 ‖ an air-traffic ~ 航空管制官 ❷ (企業・大学などの) 監査役; 会計検査官 (comptroller) ❸ 制御装置, 調節器 ‖ a temperature ~ 温度調節装置

***con·tro·ver·sial** /kà(ː)ntrəvə́ːrʃəl | kɔ̀n-/ 〈シ 形 〔◁ controversy 名〕 (**more ~; most ~**) ❶ 論争(上)の; 論争の的となる, 物議をかもす ‖ a ~ subject 論争の的となる問題 ❷ 論争好きな **~·ly** 副

còn·tro·vér·sial·ist /-ɪst/ 名 C 論争好きな人

***con·tro·ver·sy** /ká(ː)ntrəvə̀ːrsi | kɔ́n-, kəntrɔ́vəsi/ 《アクセント注意》 名 〔▸ controversial 形〕 (複 **-sies** /-z/) U C 〈…についての〉(長期の)論争, 論戦 (♦ 特に広く一般に知られる論争をいう) 〈**about, over, surrounding**〉 (⇨ ARGUMENT 類語) ‖ The bill was passed without ~. 議案は特に論議もなく通過した / The new law caused [OR aroused, sparked] much ~. 新法は多くの論議を引き起こした / engage in a ~ with [OR against] him 彼と論争をする

con·tro·vert /ká(ː)ntrəvə̀ːrt | kɔ̀ntrəvə́ːt/ 〈シ 動 他 …を否定する, 反論[論駁(ばく)]する
cón·tro·vèrt·i·ble /ˊ-ˋ-ˋ--/ 形

con·tu·ma·cious /kà(ː)ntəméɪʃəs | kɔ̀ntju-/ 〈シ 形 《古》〔法〕反抗的な, 不従順な; (特に)法廷の命令[召喚]に応じない **~·ly** 副

con·tu·ma·cy /kəntjúːməsi | kɔ́ntju-/ 名 U 《古》〔法〕(特に法廷の命令[召喚]に対する)不従順, 不服従

con·tuse /kəntjúːz/ 動 他 《通例受身形で》〔医〕打撲傷[挫傷(ざしょう)]を負う

con·tu·sion /kəntjúːʒən/ 名 C U 〔医〕打撲傷, 挫傷

co·nun·drum /kənʌ́ndrəm/ 名 C なぞ, 難問; (特に)(答えにごろ合わせや地口が入る)なぞなぞ

con·ur·ba·tion /kà(ː)nə(ː)rbéɪʃən | kɔ̀n-/ 名 C コナーベーション, 大都市圏 《大都市とその周辺の郊外・小都市群の集合体》

con·va·lesce /kà(ː)nvəlés | kɔ̀n-/ 動 自 (病後・術後に)(徐々に)快方に向かう

con·va·les·cence /kà(ː)nvəlésəns | kɔ̀n-/ 名 C 《単

数形で》(病後・術後に)快方に向かうこと；回復期

con·va·les·cent /kɑ̀(ː)nvəlésənt | kɔ̀n-/ ⦅シ⦆ 形 快方に向かっている；《限定》回復期(患者向き)の ‖ a ～ diet 回復期の患者向きの食事 / a ～ home [OR hospital] 回復期患者保養所 ──名 C 回復期の患者

con·vec·tion /kənvékʃən/ 名 U 〘理〙(流体の)対流, 遷流；〘気象〙(熱・大気の)対流 **-tive** 形

▸▸ **～ òven** 名 C 対流式オーブン

con·vec·tor /kənvéktər/ 名 (＝**～ hèater**) C 対流放熱[暖房]器, コンベクター

***con·vene** /kənvíːn/ 動 〔▸ convention 名〕 自 (会議のために)集まる, 会合する, 参集する；(会議が)開催される ──他〔会議(の委員)〕を召集する, 集める；…を(法廷などに)召喚する **-vén·er, -vé·nor** 名 C (会議などの)召集者；《英》(特に)議長, (労組の)委員長

***con·ven·ience** /kənvíːniəns/ 名 〔◁ convenient 形〕 ❶ U 便利, 便宜, 好都合；C U 便利な事情[状態] (↔ inconvenience) ‖ I keep a bicycle at my office for ～. 私は便利なように自転車を職場に置いている / Living in the country, I miss the ～ of big city life. 田舎に住んでいると大都会の生活の便利さが恋しい / The traffic signs are in three languages for the ～ of tourists. 旅行客に便利なように交通標識が3か国語で書かれている / for ～('s) sake 便宜上 / If it suits your ～, can you come tomorrow morning at 9:00? ご都合がよろしければ明日の朝9時に来られますか / a marriage of ～ 政略結婚 / Shopping on the Internet is a great ～. インターネットでの買い物は非常に便利だ

❷ C 便利なこと[もの]；《～s》快適な設備 ‖ make a ～ of ... …をいいように利用する, 人のよさにつけ込む / an apartment with all modern ～*s* あらゆる最新設備の整ったアパート(→ mod cons) ❸ C 《英》(公衆)便所(public convenience)

at a pèrson's convénience (人の)都合のよい時に

at a pèrson's èarliest convénience (人の)都合がつき次第(♦ ビジネスレターなどで使われる)

▸▸ **～ fòod** 名 C U インスタント食品 **～ stòre** 名 C コンビニエンスストア(《英》corner shop)

:con·ven·ient /kənvíːniənt/
──形 〔▸ convenience 名〕 (**more ～；most ～**)
❶ (物が)**便利な**, 目的にかなった, **使いやすい**, **都合のいい** (↔ inconvenient) 〈**for, to** …にとって / **to *do*** …するのに〉 ‖ A microwave oven is a ～ kitchen appliance. 電子レンジは便利な調理器具だ / Would ten o'clock tomorrow be ～ *for* you? 明日の10時でご都合はよろしいですか (♦ ... to you よりも for の方が一般的) / Come and see me whenever it's ～ *for* you. いつでも都合のいいときに遊びにいらっしゃい (♦ 人を主語にして ˣwhenever you are ... とはいわない) / The city is ～ *to* live in. 都市は住むには便利だ / a ～ place *for* [ˣto] the meeting 会合に便利な場所 / From here it is very ～ *for* him *to* commute to his office. ここからだと彼が会社に通勤するのにとても便利だ / It is ～ that the trains run 24 hours. 列車が一日中運転されていて便利だ / the most ～ **way** to send a package abroad 海外に荷物を送る最も便利な方法

❷《叙述》〈…に〉近くて便利な (↔ inaccessible) 〈《英》**for,** 《米》**to**〉 ‖ Her house is very ～ *to* the shopping center. 彼女はショッピングセンターに近い便利な所に家がある

❸《限定》手近な, 折よい ‖ He went out and hailed a ～ taxi. 彼は外へ出てちょうど通りかかったタクシーを呼び止めた ❹ (態度などが)便宜的な, ご都合主義の

***con·ven·ient·ly** /kənvíːniəntli/ 副 ❶ 便利 (なよう) に, 都合よく；《文修飾》都合のよいことに ❷ 故意に, わざと意図的に(♦ forget, ignore, lose などとともに用いる)

con·vent /kɑ́(ː)nvənt | kɔ́n-/ 名 C ❶ (女子) 修道会 (→ monastery)；(女子)修道院 ❷ (＝**～ schòol**) C 修道会付属(女)学校 ‖ enter a ～ 修道女[尼]になる

con·ven·ti·cle /kənvéntɪkl/ 名 C 《史》(特に16-17世紀英国非国教徒の)秘密礼拝集会(所)

***con·ven·tion** /kənvénʃən/ 名 〔◁ convene 動〕 ❶ U C 慣習, しきたり, 社会通念；(一般的)合意事項；(芸術における)伝統的手法, 約束事(⇨ HABIT 類語P) ‖ In Korea, the ～ that people respect their elders still has real meaning. 韓国では人々が年長者を敬うというしきたりが今も生きている / I don't want to be a slave to ～. 慣習に束縛されたくない / defy [OR flout] the ～*s* of society 社会の慣習に反抗する / by ～ しきたりとして

❷ C (業界・政治・宗教団体などの)(定期)大会, 総会, 会議；《主に米》(綱領・候補者などを定める)党大会(→ conference) (⇨ MEETING 類語) ‖ a teachers' ～ 教職員大会 / have [OR hold] an annual ～ 年次大会を開く / the Democratic Party ～ 民主党大会 / a nominating ～ 候補者指名大会 ❸ C 〈…に関する〉(国際) 協定, 協約〈**on**〉(♦ treaty(条約)よりも「申し合わせ」の意味合いが強い) ‖ a copyright ～ 著作権協定 ❹ U C 〘トランプ〙(ブリッジのビッドに関する)パートナー間の取り決め

***con·ven·tion·al** /kənvénʃənəl/ 形 (**more ～；most ～**) (♦ ❶❸ は比較なし) ❶ 伝統的な, 慣習に基づく, 世間通例の, 慣例に従う, しきたりどおりの ‖ *Conventional* behavior in one country is not always accepted in other countries. ある国の慣習的な振る舞いがほかの国々で常に受け入れられるとは限らない / ～ morality 昔ながらの道徳 / (the) ～ wisdom (一般) 通念 ❷《しばしばけなして》ありきたりの, 月並みの；型にはまった, 独創的でない (↔ unconventional) ‖ be ～ in one's daily life＝lead a ～ daily life 月並みな日常生活を送る ❸《限定》(エネルギー・武器などが)在来型の, 原子力によらない, 非核の ‖ ～ fuels 在来型の燃料《coal, oil, natural gas, wood など》/ a ～ war (核兵器を用いない)通常戦争

～·ly 副 慣習に従って；《文修飾》伝統として(は), 伝統的に

con·vén·tion·al·ìsm /-ɪzm/ 名 U C 伝統尊重, 慣例(主義)；しきたりに従った(だけの)もの

con·ven·tion·al·i·ty /kənvènʃənǽləṭi/ 名 (複 **-ties** /-z/) U 因習性, 慣例尊重

con·ven·tion·eer /kənvènʃəníər/ 名 C 《米》大会出席者

con·ven·tu·al /kənvéntʃuəl, 英+ -tju-/ 形 (女子) 修道院の；(女子)修道院的な ──名 C 修道士, 修道女

con·verge /kənvə́ːrdʒ/ 動 自 (線・道路が)〈一点に〉集まる〈**on**〉；(同じ目的・結果に向かって)集中する；〘数〙収束する (↔ diverge)

con·ver·gence /kənvə́ːrdʒəns/ 名 U 一点に集まること, 集中；〘数〙収束(↔ divergence)

con·ver·gent /kənvə́ːrdʒənt/ 形 一点に集まる, 集中する；〘数〙収束性の(↔ divergent)

▸▸ **～ evolútion** 名 U 〘生〙収斂(しゅうれん)進化《異系統の動植物が似た環境の中で似た方向に進化すること. 有袋類のフクロモモンガと齧歯(げっし)類のモモンガなど》

con·ver·sance /kənvə́ːrsəns/, **-san·cy** /-sənsi/ 名 U 精通；親密, 親交

con·ver·sant /kənvə́ːrsənt/ 形 《叙述》(研究・経験の結果として)〈…に〉精通している, 詳しい〈**with**〉

:con·ver·sa·tion /kɑ̀(ː)nvərséɪʃən | kɔ̀n-/
──名 〔◁ converse¹ 動〕 (複 **～s** /-z/) U C ❶ (打ち解けて)**話すこと**；**会話**, 対話, 対談, 会談, おしゃべり〈**with** …との；**between** …間の〉 ‖ I **had** [OR held, carried on] a long ～ on the phone *with* a friend from school. 学校の友人と電話で長話をした / We spent our time in ～. 我々はおしゃべりをして時間を過ごした / a topic of ～ 話題 / start [OR strike up] a ～ *with* ... …と話し始める / get into (《主に米》a) ～ *with* ... …と話し始める / be **in** ～ *with* ... …と対話中である / have a ～ in English 英語で話をする

連語 【形+～】 casual ～ くだけた会話 / polite ～ 如才ない会話 / telephone ～ 電話での会話 / private ～ 内緒の会話 / everyday ～ 日常(的な)会話
❷ コンピューターとのリアルタイムのやりとり
màke conversátion (社交上無理に)話をする
▶▶ **～ pìece** 名 C ① (面白い)話の種, 格好の話題 ② (18世紀英国で流行した)集団肖像画, 風俗画 **～ stòp-per** 名 C 思いがけない[応答しにくい]発言

con·ver·sa·tion·al /kɑ̀(ː)nvərséɪʃənəl | kɔ̀n-/ ◁ 形 会話の, 会話体の ‖ a ～ style 会話体 **～·ly** 副

còn·ver·sá·tion·al·ist /-ɪst/ 名 C 話好きな人 ; 話上手な人

con·verse[1] /kənvə́ːrs/ 動 〔▶ conversation 名〕 自 (打ち解けて) 会話をする, 談話を交わす 〈**with** 人と ; **on, about** …について〉 ‖ He seemed able to ～ *with* perfect strangers *about* almost anything. 彼は赤の他人とでもほとんど何についても会話ができるように思えた

con·verse[2] /kɑ́(ː)nvəːrs | kɔ́nvəːs/ (→ 形) 名 《しばしば the ～》反対 ; 〖数〗逆 ; 〖論〗換位命題 **─形** /kənvə́ːrs, kɑ́(ː)nvəːrs | kɔ́nvəːs, kənvə́ːs/ 《限定》(位置・順・関係・動きなどが)逆の, 反対の, あべこべの

con·verse·ly /kənvə́ːrsli, kɑ́(ː)nvəːrsli | kɔ́nvəːsli, kənvə́ːsli/ 副 逆に ; 《文修飾》NAVI ⓦ 逆に言えば ‖ Cactuses need little water to grow. *Conversely*, too much water will wither (up) the plant. サボテンは成長するのにほとんど水を必要としない. 逆に水をやりすぎると枯れてしまう

***con·ver·sion** /kənvə́ːrʒən | -ʃən/ 名 〔◁ convert 動〕 U C ❶ (形・システム・用途などの)変化, 転換, 変換, 切り替え ; (建物の)改造〈**from** …からの ; **into, to** …への〉; C 転換[改造]されたもの ; 《英》改造された建物(の一部) ‖ the ～ of liquid *into* vapor 液体の気化 / ～ *from* electric *to* gas heating 電気による暖房からガス暖房への切り替え / a house ～ (大きな家の)アパートへの改造
❷ 改宗, 回心 ; (主義などの)転向, 変節〈**from** …からの ; **to** …への〉 ‖ ～ *to* Islam イスラム教への改宗
❸ C 〖アメフト・ラグビー〗コンバート(による得点)《タッチダウン[トライ]後のゴールキックに成功すること》 ❹ 両替, 兌換(だかん), 換金 ; 〖法〗(財産・債務の)転換 ❺ 〖数〗換算 ‖ a ～ table 換算表 ❻ (ほかのソフトウェア上でも利用できるようにするためのデータの)変換 ❼ 〖心〗転換《抑圧された願望が身体的症状として現れること》
▶▶ **～ vàn** 名 C 《米》運転席後ろを居住空間にしつらえたバン(van conversion)

***con·vert** /kənvə́ːrt/ 《アクセント注意》(→ 名) 動 〔▶ conversion 名〕 他 ❶ 〔形・システム・用途など〕を〈…に〉変える, 転換[変質]させる ; 〔建物〕を〈…に〉改造[改装]する 〈**into, to**〉 (⇨ CHANGE 類語) ‖ A solar heating system ～*s* sunlight *into* heat. 太陽熱暖房装置は太陽光線を熱に変える / ～ a bookstore *into* a convenience store 書店をコンビニに変える ❷ 〔人〕を変える ; 〔人〕を改宗させる, 転向させる〈**from** …から ; **to** …に〉 ‖ He was ～*ed to* Buddhism. 彼は仏教に改宗した / ～ him *to* an early riser 彼を早起きに変える ❸ 〔通貨・債券など〕を〈…に〉交換する, 両替する, 換金する ; 〔度量衡の表示〕を〈…に〉換える ; 〖法〗〔財産〕を〈…に〉種類転換する 〈**into, to**〉 ‖ ～ securities *into* cash 有価証券を換金する / ～ yen *into* dollars 円をドルに替える ❹ 〖アメフト・ラグビー〗〔タッチダウン・トライ〕をコンバートする ❺ (ほかのソフトウェア上でも利用できるように)〔データ〕(の形式)を変換する **─自** ❶ 変わる, 転換[転用]する ; 切り替わる〈**from** …から ; **into, to** …に〉 ‖ This sofa ～*s into* a bed. このソファーはベッドに変わる ❷ 改宗する, 転向[改心]する ; (信念・習慣などが)変わる〈**from** …から ; **to** …へ〉 ‖ ～ *from* Judaism *to* Christianity ユダヤ教からキリスト教へ改宗する ❸ 〖アメフト・ラグビー〗コンバートする
prèach to the convérted 改宗者に改宗を勧める ; 釈迦(しゃか)に説法する

─名 /kɑ́(ː)nvəːrt | kɔ́n-/ C ❶ 改宗者, 転向者〈**from** …からの ; **to** …への〉 ❷ 〈…に〉最近熱中し始めた人〈**to**〉

con·vert·er /kənvə́ːrtər/ 名 C ❶ コンバーター, 変換装置 ; 〖電〗整流器 ; 〖ラジオ〗周波数変換器 ; 〖放送〗チャンネル変換器 ; (ほかのソフトウェア上でもデータを利用できるようにするための)変換プログラム ❷ 〖冶金〗転炉 ; (=**～ reàc-tor**)〖理〗転換炉

***con·vert·i·ble** /kənvə́ːrtəbl/ 形 ❶ (形・システム・用途などが)〈…に〉変えられる, 転換[転用]できる〈**into, to**〉 ‖ a ～ sofa-bed ソファーベッド ❷ (通貨が)(金やほかの通貨, 特に米ドルに)兌換(だかん)できる ; (債券などが)転換可能な ‖ a ～ bond 転換社債 / a ～ note 兌換券 ❸ (自動車が)折り畳み[取り外し]ができるほろ付きの, コンバーティブルの ❹ 〖論〗同義の **─名** C ❶ コンバーティブル《折り畳み[取り外せる]ほろ付き自動車》(❗ open car とはいわない) ❷ ソファーベッド ❸ 《通例 ～s》転換証券
con·vèrt·i·bíl·i·ty 名

con·ver·tor /kənvə́ːrtər/ 名 =converter

con·vex /kɑ̀(ː)nvéks | kɔ̀n-/ ◁ 形 ❶ 凸面(とつめん)の, 凸形の(↔ concave) ‖ a ～ lens 凸レンズ ❷ 〖数〗(多角形が)凸の, どの内角も180度以下の **～·ly** 副

con·vex·i·ty /kənvéksəti/ 名 (複 **-ties** /-z/) U C 凸状 ; 凸面(体)

con·vex·o-con·cave /kənvèksoukɑ(ː)nkéɪv | -kɔn-/ ◁ 形 一面が凸状で他面が凹(おう)状の, 凸凹の ‖ a ～ lens 凸凹レンズ

con·vex·o-con·vex /kənvèksoukɑ(ː)nvéks | -kɔn-/ ◁ 形 両凸の(biconvex)

***con·vey** /kənvéɪ/ 《アクセント注意》 動 〔▶ conveyance 名〕 他 ❶ **a** 《+目》(人・態度などが)〔考え・情報など〕を〈…に〉伝える (⤳ put across) 〈**to**〉 ‖ I somehow ～*ed* my enthusiasm *to* the job interviewer. 面接試験者に自分の熱意をどうにか伝えた / Please ～ my best wishes *to* him. 彼によろしくお伝えください **b** 《+to 名》+**wh** 節 / **that** 節》…ということを(…に)伝える ‖ I was unable to ～ *to* Alan *how* I felt about him. 彼のことをどう思ったかをアランに伝えることができなかった
❷ 《堅》…を運ぶ, 運搬[輸送]する (♦この意味では carry が一般的) ❸ (経路・媒体として)…を伝える, 送る〈**from** …から ; **to** …へ〉 ‖ Sound is ～*ed* by air. 音は空気によって伝えられる ❹ 〖法〗(譲渡証書によって)〔不動産・財産の所有権〕を〈…に〉譲渡する, 移譲する〈**to**〉 ‖ ～ one's estate *to* one's son 財産(権)を息子に譲渡する

con·vey·ance /kənvéɪəns/ 名 〔◁ convey 動〕 ❶ U 運搬, 運輸, 輸送 ; 伝導 ; 伝達 ❷ C 《堅》《戯》運輸[輸送]機関, (特に)乗り物, 車両 ❸ 〖法〗U (不動産の)譲渡 ; C 譲渡証書

con·vey·anc·er /kənvéɪənsər/ 名 C 不動産譲渡取扱人[専門弁護士]

con·vey·anc·ing /kənvéɪənsɪŋ/ 名 U 〖法〗(不動産)譲渡手続き, 譲渡証書の作成

con·vey·or, con·vey·er /kənvéɪər/ 名 C ❶ 運搬人 ; 運搬装置 ❷ (=**～ bèlt**)コンベアのベルト

***con·vict** /kənvíkt/ 《アクセント注意》(→ 名) 動 〔▶ conviction 名 ❸〕 他 ❶ 〔人〕に〈犯罪の〉判決を下す, 有罪を宣告する〈**of**〉; (公判で)〔人〕の有罪を証明する(↔ acquit) (♦しばしば受身形で用いる) ‖ He was ～*ed of* rape. 彼は強姦(ごうかん)罪の判決を受けた / a ～*ed* prisoner 既決囚 ❷ 〔人〕に〈過ちなどを〉悟らせる ; 〔人〕が〈…であることを〉示す〈**of**〉
─名 /kɑ́(ː)nvɪkt | kɔ́n-/ C 有罪の判決を受けた者, 既決囚 ; 服役囚(《口》con) ‖ an escaped ～ 脱獄囚

***con·vic·tion** /kənvíkʃən/ 名 〔◁ convince 動〕 ❶ U C 〈…という〉確信, 信念〈**that** 節〉 (⇨ BELIEF 類語) ‖ It is my firm ～ *that* he will bring home the gold. 彼が母国に金メダルをもたらすだろうと私は固く信じている / in [OR under] the ～ *that* our judgment was right 我々の判断は正しかったと確信して / speak with ～ 確

信を持って話す / have strong political ~*s* 強い政治的信念を持つ ❷ Ⓤ 納得させること, 説得(力) ‖ His excuse doesn't carry much ~. 彼の言い訳はあまり説得力がない / be open to ~ 説得に応じる ❸〔◁ convict 動〕ⓊⒸ〈…についての〉有罪の決定(をされること)〈**for**〉; 有罪判決の宣告 ‖ a ~ *for* murder 殺人での有罪判決 / a previous ~ 前科

have the courage of one's convictions ⇨ COURAGE(成句)

COMMUNICATIVE EXPRESSIONS

1 **Thàt is my convíction.** 私はそう確信している(♥ 確信を表す形式ばった表現)

:con·vince /kənvíns/

―動〔▶ conviction 名〕(**-vinc·es** /-ɪz/ ; **~d** /-t/ ; **-vinc·ing**) 他 ❶ **a** 《+目》〔人〕を**納得させる**, 確信させる ; 《受身形で》納得[確信]している ‖ Her excuse for not showing up didn't ~ us. 彼女の来なかった言い訳は私たちを納得させなかった / He did not sound ~*d*. 彼は納得していないようだった **b** 《+目+(**that**) 節 / 目+**of** 名》〔人〕に…ということを**納得[確信]させる** ; 《受身形で》…ということを**確信している** ‖ I ~*d* him「*of* his mistake [OR *that* he was mistaken]. 私は彼に間違っていることを納得させた / She is ~*d*「*of* his guilt [OR *that* he is guilty]. 彼女は彼の有罪を確信している / He can't do it, I'm ~*d*. きっと彼にはそれができないよ

❷《+目+**to** *do*》〔人〕を説得して…させる, 〔人〕に…するよう納得させる ‖ She ~*d* her son *to* go to the dentist. 彼女は息子を説得して歯医者に行かせた

***con·vinced** /kənvínst/ 形 信念[信仰]の固い, 確信に満ちた(♦ 宗教的・政治的信条について用いる) ‖ a ~ Christian 信仰心の強いキリスト教徒

***con·vinc·ing** /kənvínsɪŋ/ 形 (**more ~ ; most ~**) ❶ なるほどと思わせる, 納得のいく, もっともらしい(↔ unconvincing) ‖ ~ scientific evidence 納得のいく科学的証拠 ❷ (勝利などが) 疑う余地のない, 完璧(かんぺき)な ‖ a ~ victory [OR win] 圧勝 **~·ly** 副 納得のいくように

con·viv·i·al /kənvíviəl/ 形 ❶ 浮かれ気分の, 陽気な ‖ in a ~ mood 浮かれ気分で ❷ 宴会(向き)の, 懇親的な ‖ a ~ party [OR meeting] 懇親会

con·vìv·i·ál·i·ty 名 (複 **-ties** /-z/) ⓊⒸ 宴席好き ; 陽気な性格[行動] **~·ly** 副

con·vo·ca·tion /kὰ(:)nvəkéɪʃən | kɔ̀n-/ 名 ❶ Ⓤ (宗教・学術会議などの)召集 ❷ Ⓒ 集会, 会議 ; 《C-》(英国国教会の)聖職者会議 ; 《英》(大学の)評議会 ; 《米》(大学の)学位授与式, 卒業式(の集い)

con·voke /kənvóuk/ 動 他 《堅》…を呼び集める ; 〔会議〕を召集する

con·vo·lut·ed /ká(:)nvəlù:t̬ɪd | kɔ́n-/ 形 ❶ 回旋状の ❷ 複雑な, 込み入った **~·ly** 副

con·vo·lu·tion /kὰ(:)nvəlú:ʃən | kɔ̀n-/ 名 Ⓒ ❶ 《しばしば ~s》回旋, 渦巻き ; 複雑さ ❷〖解〗脳回《大脳表面の屈曲》;〖数〗畳み込み

con·vol·vu·lus /kənvá(:)lvjuləs | -vɔ́l-/ 名 (複 **~·es** /-ɪz/ OR **-li** /-laɪ/) Ⓒ〖植〗セイヨウヒルガオ

***con·voy** /ká(:)nvɔɪ | kɔ́n-/ (→ 動) 名 ❶ Ⓒ《集合的に》《単数・複数扱い》(集団で動く)車の一団, 船団 ; 護送車隊[船団] ‖ The ~ contains 50 vehicles. その輸送車隊は50台の車両からなる ❷ Ⓤ 護送, 護衛 ‖ under ~ 護送[警衛]されて / ~ system 護送船団方式

in cónvoy 車隊[隊列]を組んで

―動 /+米 kənvɔ́ɪ/ 他 (軍艦・軍隊などが) …を護送する, 護衛する

con·vul·sant /kənvʌ́lsənt/ 形 けいれんを引き起こす

con·vulse /kənvʌ́ls/ 動 他 ❶〔体〕を激しく震わせる ; 〔社会〕を揺るがす ❷《通例受身形で》〔神経・筋肉〕がけいれんする ; 〈激情で〉身が震える, 身もだえする〈**with**〉‖ be ~*d with* laughter 笑い転げる

con·vul·sion /kənvʌ́lʃən/ 名 Ⓒ ❶《しばしば ~s》〖医〗けいれん, 引きつけ ‖ go into ~*s* 引きつけを起こす ❷《~s》(こらえられない)笑いの発作 ❸ (自然の)異変, 変動 ; 《文》(政治的・社会的)動乱 ‖ a political ~ 政変

con·vul·sive /kənvʌ́lsɪv/ 形 けいれん性の, けいれんを引き起こす ; 発作的な ; 急激な **~·ly** 副

co·ny /kóuni/ 名 =coney

coo /ku:/ 動 自 ❶ (ハトが) くうくう鳴く ; (赤ん坊が上機嫌で)くっくっと言う ❷ (恋人が)甘いささやきを交わす

―他 …を甘くささやきかける

―名 Ⓒ《単数形で》(ハトの)くうくう(いう声)

CÒO 略 Chief Operating Officer (最高業務遂行責任者)《通常CEOの下》

cò·occúr 動 自 同時に起こる[生じる]

cò·occúrrence 名 Ⓤ 共起(きょうき)(性)

coo·ee /kú:i(:), ―´―/ 間 名 Ⓒ《英口》おーい (と呼ぶ声) ‖ within ~ (of ...) 《豪・ニュージ》(…の)とても近くに

:cook /kuk/ 《発音注意》動 名

―動 (**~s** /-s/ ; **~ed** /-t/ ; **~·ing**)

―他 ❶ **a** 《+目》(熱を加えて)…を**料理する**《煮る・焼く・揚げるなど》(♦ cook は加熱調理を表し, 刺身やサラダには make, prepare, fix などを使う) ; 〔料理・食事など〕を準備する, 作る ‖ My roommate and I take turns ~*ing* supper. ルームメートと私は交替で夕食を作ります / *Cook* vegetables in boiling water for 2 minutes. 2分間沸騰したお湯で野菜をゆでなさい / Ready-~*ed* meals are served on airplanes. 機上では出来合いの食事が出される / ~ rice ご飯を炊く / ~ a **meal** 食事を作る / ~ roast chicken ローストチキンを作る / a ~*ed* breakfast 手をかけて作った朝食《cereal などではなく, 卵やベーコンなどのある朝食》

b 《+目*A*+目*B* ⇄ +目*B*+**for** 目*A*》*A*(人)に*B*(食事)を作ってやる ‖ Mother ~*ed* me lunch. 母は私に昼食を作ってくれた (♦ 目*B*を主語にした受身は可能だが, 目*A*を主語とした ˣI was cooked lunch (by Mother). はふつういわない)

❷ 《口》…をでっち上げる, 改ざんする, 不正に変更する ‖ ~ the books 帳簿を不正に改ざんする

―自 ❶ **料理する** ‖ I don't mind ~*ing* tonight. 今夜は料理を作ってもいい / I often ~ **for** my girlfriend. 僕はよく彼女に料理を作ってあげる

❷ 煮える, 火が通る ‖ The pumpkin is ~*ing*. カボチャが煮えている ❸《進行形で》《口》(計画などが)ひそかに練られる, (事が)生じる(→ CE 1) ❹《米口》うまくやる ; 元気にやる (♦ be cooking with gas ともいう) ‖ The band is ~*ing*. そのバンドの演奏は活気があってとてもいい ❺《口》(人が)暑さでうだる

còok dówn 〈自〉煮詰まる ―〈他〉《***còok dówn ...*** / ***còok ... dówn***》…を煮詰める

****còok úp ...*** / ***còok ... úp*** 〈他〉① 〔食事〕を(素早く)作る (≒ rustle up), 温める ② 《口》〔話・口実など〕をでっち上げる(concoct) ‖ ~ *up* an alibi アリバイをでっち上げる

COMMUNICATIVE EXPRESSIONS

1 **Whàt's cóoking?** 何が起こっているんだ ; どうしたんだ(♥ くだけた表現)

―名 (複 **~s** /-s/) Ⓒ **料理人**, コック ; (役割として)料理をする人 (♦ 自分の所の cook を指す場合は無冠詞で用いることが多い. 〈例〉*Cook* has given in his notice. コックが辞めると言ってきた) ‖ She is「a **good** [OR an excellent] ~. 彼女は料理がうまい / be「a bad [OR an awful] ~ 料理が下手だ / Were you the ~? あなたがこれを料理した人ですか / *Too many ~s spoil the broth* [OR *stew*]. 《諺》料理人が多すぎるとスープの味が駄目になる ; 船頭多くして船山に登る

be chìef cóok and bóttle wàsher 《戯》(シェフから皿洗いまでのように)さまざまな仕事を一手に引き受けてこなす

Cook /kuk/ 名 **James ~** クック (1728–79)《英国の探検家. 通称 Captain Cook》

cóok·bòok 名 C 料理の本(《主に英》cookery book)

còok-chíll ⟨シ⟩ 形 《限定》《英》料理した後冷蔵[冷凍]して保存した

cook·er /kʊ́kər/ 名 C ❶ 《英》炊事用具《なべ・かまの類》‖ a rice ~ 炊飯器 ❷ 《通例 ~s》《英口》(生で食べるよりは)加熱調理用果物《特にリンゴ》

cook·er·y /kʊ́kəri/ 名 (複 **-er·ies** /-z/) ❶ U 料理法[術] ❷ C 《米》料理場, 調理室

▸▸**~ bòok** 名 C 《主に英》=cookbook

cóok·hòuse 名 C (キャンプ場などの) 屋外炊事場 ; (船の)炊事室(galley)

cook·ie, cook·y /kʊ́ki/ 名 (複 **cook·ies** /-z/) C ❶ 《米》クッキー(《英》biscuit) ; 《スコット》菓子パン ❷ 《形容詞を伴って》《米口》(…な)人, やつ ‖ a smart ~ 頭の切れるやつ / a tough ~ しっかり者, 芯(しん)のある人 ❸ 《米俗》《旧》魅力[惑]的な若い女性, いかす女 ❹ 💻 クッキー《WWW サーバーが利用者のコンピューターにデータを保存してユーザーを識別し, サーバーへのアクセスを管理する仕組み》

tòss one's cóokies 《米俗》吐く

COMMUNICATIVE EXPRESSIONS

1 **That's the wáy the còokie crúmbles.** (不運だが避けられない出来事に対して)世の中ってそんなものさ

▸▸**~ cùtter** (↓) **~ jàr** (↓) **~ shèet** 名 C 《米》(食べ物を焼く) 鉄[アルミ] 板 (《英》 baking sheet [OR tray])

cóokie cùtter 名 C 《米》クッキーの抜き型

cóokie-cùtter 形 《米口》型にはまった, 似たりよったりの

cóokie jàr 名 C クッキー入れ

be càught with one's hànd in the cóokie jar 《口》不正行為が見つかる

:cook·ing /kʊ́kɪŋ/

―名 U ❶ (熱を通して) **料理すること** ‖ Don't **do** any ~. Just tea will be fine. 料理は結構, お茶だけで構いません ❷ 調理した食べ物, 料理 ‖ home [Japanese] ~ 家庭[日本]料理

―形 《比較なし》《限定》 料理に適した[使われる] ‖ ~ utensils 調理用具 / ~ sherry 料理用のシェリー酒 / a ~ pot (料理用)深なべ / a ~ apple 料理用リンゴ

▸▸**~ gàs** 名 U 《米》 (ボンベ詰めの) 家庭用燃料 (LPG, 《英》Calor gas)

cóok·òff 名 C 《米》クックオフ《野外料理パーティーの1つ. 料理コンテストが行われることも多い》

cóok·òut 名 C 《主に米》野外料理パーティー

cóok·shòp 名 C 《英》料理用具[器具]店

cóok·wàre 名 U 《集合的に》料理[調理]用具

cooky /kʊ́ki/ 名 =cookie

:cool /kuːl/ 中心義 **標準よりも冷たい**

―形 (**~er** ; **~est**)

❶ (天候・空気などが)**涼しい**, さわやかな, ひんやりとする ; うすら寒い (↔ warm) ‖ It is pleasantly ~ out on the porch. ベランダに出ると涼しくて気持ちがいい / a ~ evening 涼しい夕方 / ~ air ひんやりした空気

❷ (液体などが)冷えた, 冷めた ‖ This pudding isn't ~ yet. このプディングはまだ冷えていない / ~ water 冷たい水 / keep food ~ so that it does not spoil 食べ物が悪くならないように冷蔵する

❸ 〈…に関して〉**冷静な**, 落ち着いた〈**about**〉(→ CE 2) ‖ a person with a ~ head (難しい状況でも) 冷静な人 / ~, calm and collected 落ち着き払って

❹ 〈…に〉**冷淡な**, よそよそしい, 無関心な (↔ friendly) 〈**toward, about**〉‖ Ed responded with a ~ "O.K." エドは冷淡に「いいよ」と答えた / Everyone was very ~ 「*toward* me [*about* my idea]. みんなが私[私の案]にとても冷淡だった / Relations between the two countries have been rather ~. 両国の関係はかなり冷えている / a ~ welcome よそよそしい歓迎

❺ 《口》素敵な, かっこいい, 素晴らしい ‖ You look ~ in that new swimsuit! 新しい水着で素敵

❻ (衣服などが) 涼しそうな ; (色が) 寒色の (↔ warm) ‖ She was dressed in ~ white linen. 彼女は涼しげな白い麻の服を着ていた / a ~ color 涼しそうな色

❼ 平然とした, 図々しい, 厚かましい ‖ a ~ lie 厚かましいうそ / a ~ card [《旧》hand] 鉄面皮なやつ

❽ 《限定》《量・金額を強調して》《口》…もの, 丸々(♥ 楽をして手に入れたという含みがある) ‖ make a ~ million dollars 100万ドルもの大金をもうける

(as) cool as a cucumber ⇨ CUCUMBER(成句)

COMMUNICATIVE EXPRESSIONS

1 **It's** [OR **I'm**] **cóol.** 大丈夫, 平気だから

2 **Kèep** [OR **Stày**] **cool.** 慌てるな

3 **(That's) cóol.** いいね, OKだよ(♥ 賛辞・同意を表すくだけた表現)

―動 (**~s** /-z/ ; **~ed** /-d/ ; **~·ing**)

―自 ❶ 涼しくなる, 冷める, 涼む《*down, off*》(↔ *warm up*) ‖ The tea has ~*ed* (*down*). お茶が冷めてしまった / They went out for an evening drive to ~ *off*. 彼らは涼みに夕方のドライブに出かけた / ~ *down* after running ランニングの後でクールダウンする ; 軽く運動して筋肉疲労を除く

❷ (熱・怒り・人などが) 落ち着く, 収まる, 冷める《*down, off*》‖ *Cool down!*=*Cool* it! 落ち着け, 冷静になれ / Her enthusiasm has ~*ed* toward that rock group. そのロックグループへの彼女の熱は冷めてしまった

―他 ❶ …を涼しくする, 冷やす《*down, off*》(↔ *warm up*) ‖ ~ one's soup (*down*) by blowing on it ふうふう息を吹きかけてスープを冷ます / have a shower to ~ oneself (*off*) シャワーを浴びて涼しくなる

❷ 〔怒りなど〕を静める, 冷ます《*down, off*》‖ ~ his ardor (*off*) 彼の熱意を冷ます

cool it 《口》 ① 気楽に[のんびり]する ② 落ち着く

―名 ❶ 《通例 the ~》涼しい場所[時] ; 涼しさ, 涼気 ‖ **in** the ~ of the evening 夕方の涼しいときに

❷ 《one's ~》《口》冷静, 落ち着き ‖ **keep** [**lose**, **blow**] one's ~ 冷静でいる[冷静さを失う] ❸ U かっこよさ

―副 冷静に

plày it cóol 《口》(本当の気持ちを隠して)冷静に振る舞う, クールにやる, 感情を抑える

▸▸**~ bàg** [**bòx**] 名 C 《英》(戸外用) 食品保冷箱, アイスボックス (《米》cooler) **~ing tòwer** 名 C (再使用する水の)冷却塔

coo·la·bah /kúːləbàː/ 名 C =coolibah

cool·ant /kúːlənt/ 名 U C (エンジン・原子炉などの) 冷却水[液, 剤], クーラント ; (切削工具の)潤滑液

cóol-drìnk 名 U 《南ア》=soft drink

***cool·er** /kúːlər/ 名 C ❶ 冷却[保冷] 容器 [装置] ‖ a wine ~ ワインクーラー ❷ 《米》冷房装置(air-conditioner) ; 冷蔵庫 ❸ 冷たい飲み物《ふつうワイン・果汁・ソーダ水を混ぜ合わせたもの》 ❹ 《the ~》《旧》《俗》刑務所, (独)房

còol·héaded ⟨シ⟩ 形 冷静な, 落ち着いた

coo·li·bah /kʊ́lɪbàː/ 名 C 【植】クーラバー《オーストラリアの水辺に生えるユーカリノキの一種》

Coo·lidge /kúːlɪdʒ/ 名 (**John**) **Calvin ~** クーリッジ (1872–1933)《米国の第30代大統領(1923–29)》

coo·lie /kúːli/ 名 C 《旧》クーリー(苦力)《旧中国・インドなどの下層労働者》; ⊗《蔑》インド亜大陸からの移民

còoling-óff pèriod 名 C ❶ (論争などの) 冷却期間 ❷ クーリングオフ期間《購入契約後, 買い手が無条件で解約できる期間》

***cool·ly** /kúːlli/ 副 冷静に ; よそよそしく ; 涼しく

Cool·Max /kúːlmæks/ 名 U 《商標》クールマックス《スポーツウエアなどに用いる透湿性に優れたポリエステル繊維》

cool·ness /kúːlnəs/ 名 U 涼しさ ; 冷静 ; よそよそしさ ; 図々しさ

coombe, coomb /kuːm/ 名 =combe

coon /kuːn/ 名 C ❶ 《米口》=raccoon ❷ ⊗《卑》《蔑》黒人

in [OR *for*] *a cóon's àge* 《米口》長い間
cóon·hòund 名 C 〘動〙クーンハウンド《黒地に褐色のぶちのあるアメリカ原産のアライグマ猟用猟犬》
cóon·skin 名 U C アライグマの毛皮(製品)
coop /kuːp/ 名 C 鶏小屋, おり
fly the cóop 《米俗》脱獄する, 逃げ出す, 離れる
── 動 他 ❶《通例受身形で》〈…に〉閉じ込められる, 監禁される《*up*》〈**in**〉 ❷ …を小屋[おり]に入れる

C

co-op /kóuɑ̀(ː)p | -ɔp/ 名 C 《口》 ❶ 生活協同組合, 生協 ❷ 生活協同組合の事業[売店, 農場]
coop·er /kúːpər/ 名 C おけ職人, たる職人
coop·er·age /kúːpərɪdʒ/ 名 U おけ・たる製造 ; C おけ・たる工房 ; 《集合的に》おけ・たる類
*__co·op·er·ate,__ + 《英》**co-op-** /kouɑ́(ː)pərèɪt | -ɔp-/ 動〔▶ cooperation 名〕自 ❶ (共通の目的・利益のために)協力する, 協同する〈**with** 人と ; **in, on** …で / **to do** …するのに〉 ‖ I ~*d with* my brother in rearranging our room. 弟と力を合わせて私たちの部屋の模様替えをした / They ~*d on* rigging bids. 彼らは入札で談合した ❷ (要求・命令などに)応じる, 協力する
語源 ラテン語 *co-*(共に)+*-operari*(働く)から.
‡**co·op·er·a·tion,** + 《英》**co-op-** /kouɑ̀(ː)pəréɪʃən | -ɔ̀p-/
── 名〔◁ cooperate 動〕(複 **~s** /-z/) U ❶ **協力**, 協同〈**between** …間の ; **in** …における ; **with** …との / **to do** …する〉; (要請を入れて)援助すること, 手助け ‖ **economic** ~ *between* two countries 2国間の経済協力 / in ~ *with* ... …と協力[協同]して / **international** ~ *to* reduce dioxin pollution ダイオキシン汚染を減らすための国際協力
連語 【形+~】 military ~ 軍事協力 / technical ~ 技術協力 / political ~ 政治的協力 / close ~ 緊密な協力
❷ 〘経〙協同組合(の設立)
*__co·op·er·a·tive,__ + 《英》**co-op-** /kouɑ́(ː)pərəṭɪv, -ɑ́(ː)pərèɪ- | -ɔ́p-/ 形 ❶ 協力的な, 協同の (↔ uncooperative) ‖ The apartment manager was very ~ in helping with our move. マンションの管理人は私たちの引っ越しにとても協力的であった ❷《通例限定》協同組合の ‖ a ~ farm 協同農場 / a ~ society 生活協同組合, 生協 / a ~ store [OR shop] 協同組合の販売店
── 名 C ❶ 協同組合 (の販売店) 《略 co-op》 ‖ a farmers' ~ 農業協同組合 / a consumers' ~ 消費者協同組合, 生活協同組合 ❷ 《米》(居住者の)共有アパート
~·ly 副 協力的に, 協力して
co·op·er·a·tor /kouɑ́(ː)pərèɪṭər | -ɔ́p-/ 名 C ❶ 協力者, 協同する者 ❷ 協同組合員
co-opt, co·opt /kouɑ́(ː)pt | -ɔ́pt/ 動 他 ❶ (現会員などが)…を〈委員会などの〉新会員に選ぶ[任命する]〈**into, onto**〉(♦ しばしば受身形で用いる) ‖ ~ her *onto* a committee 彼女を委員会の新委員に選ぶ ❷ …を(自分の側に)取り込む, 吸収する, 利用する
cò-op·tá·tion, -óp·tion 名 **cò-óp·tive** 形
*__co·or·di·nate,__ + 《英》**co-or-** /kouɔ́ːrdɪnèɪt/ 《発音注意》(→ 名 形) 動 他 ❶ …を組織する, 調整する ‖ ~ a campaign 運動を組織する / ~ economic policies at the international level 国際的レベルで経済政策の調整を図る ❷〔体の各部分〕を調和させる ‖ He couldn't ~ his legs with his hands when doing the breast stroke. 彼は平泳ぎで手と足の動きをうまく合わせることができなかった ❸〔服・家具など〕をコーディネートする, 調和させる ── 自 〈…と〉協調する, 調和する, コーディネートしている〈**with**〉
── 名 /kouɔ́ːrdɪnət/ C ❶《~s》〘数〙座標 ❷《~s》(服・家具などの)コーディネート ❸ (階級・重要度などが)同等の人[もの]
── 形 /kouɔ́ːrdɪnət/ ❶ 同等の, 対等の ❷〘文法〙等位の (↔ subordinate)
▶▶ **~ cláuse** 名 C 〘文法〙等位節 **coòrdinating conjúnction** 名 C 〘文法〙等位接続詞 (and, but, or など)
*__co·or·di·na·tion__ /kouɔ̀ːrdɪnéɪʃən/ 名 U ❶ 調整 ; 〘生理〙(諸筋肉の働きなどの)協調, 整合 ; 〘化〙配位結合《原子の結合》 ‖ hand-eye ~ 視覚と手の連動 ❷ 同等(化), 対等関係
▶▶ **~ còmpound** 名 C 〘化〙配位化合物《配位結合をする化合物》 **~ ìssue** 名 C (組織内における)意思疎通の欠如にかかわる問題 (♦ 主に悪い結果について使う) **~ nùmber** 名 C 〘化〙配位数《化合物・結晶内の中心原子に直接結合する原子やイオンの数》
coot /kuːt/ 名 (複 ~ OR **~s** /-s/) C ❶ 〘鳥〙オオバン ❷ 《通例 old ~》《口》《けなして》(高齢者の)間抜け, 変人
(*as*) *bàld as a cóot* すっかりはげ上がって (♦ 全体が黒いオオバンの, くちばしから額にかけてが白いところから)
coot·ie /kúːṭi/ 名 C 《俗》シラミ (louse)
cò·ówn 動 他 …を共同で所有する **~·er** 名
*__cop__ /kɑ(ː)p | kɔp/ 名 C 《口》警官, おまわり (→ police)
It's a fàir cóp. 《英口》まんまと(現行犯で)捕まった (♦ 捕まって犯人が言う言葉)
nòt mùch cóp 《英口》大してよくない[役に立たない]
── 動 (**copped** /-t/ ; **cop·ping**) 他 ❶《俗》〔賞など〕を手にする, 獲得する ; 《米》〔麻薬〕を手に入れる ❷ 《米》〔態度など〕をとる ‖ ~ an attitude 偉そうな態度をとる ❸〔非難・損害など〕を受ける, こうむる ❹〔人〕を〈…で〉現行犯逮捕する, 捕まえる〈**for**〉 ‖ He was *copped for* speeding. 彼はスピード違反で捕まった ❺〔物〕をつかむ, 持っている ‖ ~ hold of ... 《英口》…をつかむ, 持っている (♦ 通例命令形で用いる) ❻ 《俗》…を盗む
Còp (a lòad of) thís. 《英口》(驚くべきことに対して)見て[聞いて](ください)
cóp it 《口》 ① 《英》罰せられる, しかられる ② (事故などで)命を落とす
còp óff 〈自〉《英俗》〈人と〉性交渉を持つ〈**with**〉
còp óut 〈自〉《俗》〈責任などから〉逃避する, 手を引く〈**of**〉; 〈人の〉約束に背く〈**on**〉
cóp to ... 〈他〉《米俗》…を認める
▶▶ **~ shòp** 名 C 《英口》警察署
co·pa·cet·ic /kòupəséṭɪk | -síːt-/ 〈シ〉 形 《米口》申し分ない, 素晴らしい
co·pal /kóupəl/ 名 U コーパル《種々の熱帯樹から採れる樹脂でニス・ラッカーなどの原料》
co·par·ent /koupéərənt/ 名 C 離婚[別居]後も平等に子供を養育していく親 **~·ing** 名 U 共同養育
co·part·ner /kòupɑ́ːrtnər/ 名 C 仲間, 同僚 ; (会社の)共同出資者, パートナー **~·shìp** 名
co·pay /kóupèɪ, ˌˊ/ 名 C U =copayment
co·pay·ment /kóupèɪmənt, ˌˊ‐‐/ 名 C U 《米》(健康保険などでの雇用主と被雇用者との)共同支払(金), (医療保険での)自己負担(金)
COPD 略 chronic *o*bstructive *p*ulmonary *d*isease (慢性閉塞性肺疾患)
‡**cope**[1] /koup/
── 動 (**~s** /-s/ ; **~d** /-t/ ; **cop·ing**) 自 ❶ 〈難局・問題などを〉**うまく処理する**, 切り抜ける (⤳ get by, make out) ; 〈…に〉対処[対応]する ; 〈苦痛・侮辱に〉耐える, 我慢する〈**with**〉 ‖ The task seems formidable, but I think I can ~. その仕事は大変そうだが何とかやれるだろう / The new manager ~*d* **well** *with* a difficult period. 新しい部長は困難な時期をうまく切り抜けた / ~ on a low allowance 少ない予算で何とかやっていく
❷ (機械・システムが)〈仕事などを〉こなす, 処理する, さばく〈**with**〉

COMMUNICATIVE EXPRESSIONS
1 **(I'm afràid) I càn't cópe (with thàt).** (そのことには)(残念ながら) 対処できません ; できません (♥ 能力的に[可能性として]できないことを述べるやや形式ばった表現)

cope² /koup/ 名 C ❶ コープ《聖職者が行列の際などに着るマント型の法衣》 ❷《文》天蓋(てんがい), 覆い
── 動 他 …にコープを着せる, 覆いをする
co·peck /kóupek/ 名 =kopek
Co·pen·ha·gen /kóupənhèɪgən | ━ ━ ━/ ≪ 名 コペンハーゲン《デンマークの首都》
co·pe·pod /kóupipɑ̀(:)d | -pɔ̀d/ 名 (複 ~ OR -pods /-z/) C 〖動〗カイアシ[橈脚(じょうきゃく)]類《魚の餌(えさ)になるケンミジンコなど》
Copèrnican sýstem [théory] /koupə́ːrnɪkən-/ 名《the ~》〖天〗コペルニクス説；地動説 (→ Ptolemaic system)
Co·per·ni·cus /koupə́ːrnɪkəs/ 名 **Nicolaus ~** コペルニクス (1473–1543)《ポーランドの天文学者. 地動説を提唱》
cópe·stòne 名 C 〖建〗笠石(かさいし), 冠石(かんむりいし)《壁の上に載せる石》
cop·i·er /kɑ́(:)piər | kɔ́p-/ 名 C 複写機；複写[複製]する装置
co·pi·lot /kóupàɪlət/ 名 C 副操縦士, コーパイロット
cop·ing /kóupɪŋ/ 名 C 〖建〗(塀などの)笠石
▸▸ **~ sàw** 名 C 弓のこぎり, 細工用糸のこぎり
co·pi·ous /kóupiəs/ 形 多量の, 豊富な, おびただしい；《古》(思想・表現が)豊富な ‖ a ~ harvest 豊作 / ~ rainfall おびただしい降雨量 **~·ly** 副
co·pla·nar /koupléɪnər/ 形 〖数〗同一平面の, 共面の
cò·pla·nár·i·ty 名 U C 共面(性)
co·pol·y·mer /koupɑ́(:)ləmər | -pɔ́lɪ-/ 名 C 〖化〗共重合体
cóp·òut 名 C《俗》(責任や仕事を)投げ出すこと；その言い訳
cop·per¹ /kɑ́(:)pər | kɔ́pə/ 名 ❶ U 〖化〗銅《金属元素, 元素記号 Cu》 ❷ C《主に英》銅貨；《~s》小銭 ❸ U 銅色, 赤褐色 ❹《形容詞的に》銅(製)の；銅色の ‖ a ~ mine 銅山 / ~ wire 銅線 ❺ C《英》《旧》(炊事・洗濯用の)大なべ, 湯沸かし ❻ C (明るい赤褐色の羽を持つ)シジミチョウ ── 動 他 〔船底・なべなど〕に銅を張る[かぶせる]
~·y 形 銅の(ような)；銅色の
語源 ギリシャ語 *Cyprim(aes)* (キプロス島 (Cyprus) の(金属))から. 当地が銅の産地であった.
▸▸ **~ béech** 名 C 〖植〗ブナの一種《葉が銅色をしている. ヨーロッパ産》 **~ súlfate** 名 U 〖化〗硫酸銅
cop·per² /kɑ́(:)pər | kɔ́pə/ 名《口》=cop 名
cop·per·as /kɑ́(:)pərəs | kɔ́p-/ 名 U 〖化〗緑礬(りょくばん)
còpper-bóttomed ≪ 形《主に英》信頼できる, 絶対安全な
cópper·hèad 名 C 〖動〗コッパーヘッド《北米産のマムシの一種》
cópper·plàte 名 ❶ U カッパープレート書体《整った続け字の書体》 ❷ C 銅板；銅板彫刻, 銅版印刷
cópper·smìth 名 C ❶ 銅細工人, 銅器製造者 ❷〖鳥〗ムネアカゴシキドリ《東南アジア産》
cop·per·y /kɑ́pəri/ 形 (色が)銅のような；銅色の
cop·pice /kɑ́(:)pəs | kɔ́pɪs/ 名 =copse
co·pra /kóuprə, kɑ́(:)- | kɔ́-/ 名 U コプラ《乾燥したココヤシの実. ヤシ油の原料》
cò·prócessor 名 C 🖳 補助プロセッサー
co·pro·duce /kòuprədjúːs/ 動 他 〔テレビ番組など〕を共同製作する **-production** 名 **-producer** 名
copse /kɑ(:)ps | kɔps/ 名 C (定期的に刈り込む)雑木林
── 動 他 〔樹林〕を刈り込む
Copt /kɑ(:)pt | kɔpt/ 名 C ❶ コプト人《古代エジプト人の子孫でキリスト教を信じる者》 ❷ コプト教徒
cop·ter /kɑ́(:)ptər | kɔ́p-/ 名《口》=helicopter
Cop·tic /kɑ́(:)ptɪk | kɔ́p-/ 形 コプト人[語]の ── 名 U コプト語《古代エジプト語から発達した言語で, 現在ではコプト教会の儀式にのみ用いられる》 ▸▸ **~ Chúrch** 名《the ~》コプト教会《エジプト古来のキリスト教会》

cop·u·la /kɑ́(:)pjʊlə | kɔ́p-/ 名 (複 **~s** /-z/ OR **-lae** /-liː/) C 〖文法〗連辞, 繋辞(けいじ), 連結詞(linking verb)《文または命題の主部と述部をつなぐ. 英語では be, seem, appear, become など》
cop·u·late /kɑ́(:)pjʊlèɪt | kɔ́p-/ 動 自 〈…と〉性交する；交尾する〈**with**〉
cop·u·la·tion /kɑ̀(:)pjʊléɪʃən | kɔ̀p-/ 名 U C 性交；交尾, 交接
cop·u·la·tive /kɑ́(:)pjʊlətɪv | kɔ́p-/ 形 ❶〖文法〗連結する ‖ ~ verbs 連結動詞 ❷《堅》交接の
── 名 C 〖文法〗繋辞, 連結詞

⁝cop·y /kɑ́(:)pi | kɔ́pi/ 名 動

> 名 コピー❶ 1部❷ 複製❸
> 動 他 写しをとる❶ まねる❺

── 名 (複 **cop·ies** /-z/) ❶ C 〈…の〉**コピー**, 写し, 複写(↔ original)〈**of**〉(♦ 複写機によるコピーは photocopy ともいう) (⇨ 類語) ‖ You'll have to send a ~ *of* your passport with your visa application. ビザを申請する際にはパスポートのコピーを送る必要があります / **I made** a ~ *of* the receipt just in case. 念のため領収書のコピーをとっておいた / keep a ~ *of* ... …の写しをとっておく / a **hard** ~ ハードコピー《データを紙に印刷したもの》
❷ C 〈本・新聞・雑誌などの〉**1部**, 1冊, 1通；(焼き増しした写真・CDなどの) 1枚〈**of**〉‖ His book has now **sold** 30,000 *copies*. 彼の本はもう3万部売れた / a presentation [OR complimentary] ~ 贈呈本 / a current ~ *of New Yorker* 「ニューヨーカー」の最新号
❸ C 〈絵画などの〉**複製**, 模写；〈時計・衣服などの〉模作品, 模造品；〖遺伝〗〈DNAなどの〉複製 (↔ original) 〈**of**〉‖ This looks like a Rembrandt, but it's only a ~. これはレンブラントの真筆のように見えるがただの模写だ / A cloned cow is an exact genetic ~ *of* an ordinary one. クローン牛は遺伝子的には親の複製である
❹ U C (印刷用)原稿；(印刷物中の絵や写真に対する)文章部分 ‖ hand in one's ~ to the editor 原稿を編集者に手渡す / (a) fair [OR clean] ~ 清書原稿 / a rough ~ 下書き, 草稿
❺ U (新聞・雑誌などの)記事材料, ねた ‖ The case will make good ~. その事件はいいねたになるだろう
❻ U 広告文, コピー(❗「キャッチコピー」は和製語)
── 動 (**cop·ies** /-z/ ; **cop·ied** /-d/ ; **~·ing**)
── 他 ❶〔書類など〕の**写しをとる**, …を複写する, コピーする ‖ Could you ~ this letter for me? この手紙をコピーしてくださいますか
❷〔他社の製品・鍵(かぎ)など〕を模造する；〔絵画〕を模写する, 複製する；〔写真〕を焼き増しする (⇨ IMITATE 類語) ‖ This card is hard to ~. このカードはコピーするのが難しい / ~ a key 合い鍵を作る
❸ …を(書き)写す, 写しとる, 転写する《*out, down*》〈**from** …から；**into, onto** …に〉‖ ~ the data *into* a notebook その資料[データ]をノートに書き写す
❹ 🖳〔ファイルなど〕をコピーする〈**from** …から；**to** …に〉‖ Some viruses can be transmitted by ~*ing* infected files *from* disk *to* disk. ある種のコンピューターウイルスは感染したファイルをディスクからディスクにコピーすることで伝染する
❺〔他人の思想・行動など〕を〈…から〉**まねる**, 模倣する〈**from**〉‖ ~ the behavior of other people 他人の行動をまねる / ~ the fashion 流行を追う
❻ (試験で)〔(他人の)答案〕をカンニングする, こっそり写す
── 自 ❶ 写しをとる, 複写する, コピーする；模倣する, まねる；〈…から〉(書き)写す, 転写する〈**from**〉‖ ~ *from* life 写生する ❷《+副》(ある状態で)複写できる ❸ (試験で)〈他人の答案を〉写す, カンニングする《*off*》〈**from**〉
còpy dówn ...* / *còpy ... dówn 〈他〉〔話された内容・黒板

の文字など〕を書き取る
còpy ín ... / còpy ... ín 〈他〉〈書類のコピー・Eメールなどを〉〔人〕にも送る，〔人〕を〈…の〉送り先(リスト)に含める〈**on**〉‖ Can you ～ me *in on* the memo you've sent to Ken? ケンに送った文書を私にも送ってもらえますか
còpy úp ... / còpy ... úp 〈他〉…を清書する
類語《名 ❶》**copy**「写し」を意味する最もふつうの語.
reproduction 原物そっくりだが，材料・大きさなどが必ずしも同じでない写し．複製.
duplicate 全く同じ材料・方法で通例同時に作られた2つのうちの1つ.
replica 原作者自らまたはその指導により製作された美術品の正確な複製.
facsimile 正確な模写・複写であるが原寸大でない場合が多い.
▸▸～ **dèsk** 名 C《米》(新聞社などの) 編集机 ～ **èditor** 名 C ＝copyreader ～ **protèction** 名 U (プログラムの)不正複製防止

cópy·bòok 名 C 習字(練習)帳；《米》複写簿
blòt one's cópybook 《英》経歴を汚す
—形《限定》❶ 型どおりの，陳腐な ‖ ～ maxims 月並みな格言 ❷《英》正確な，模範的な，完璧(かんぺき)な

cópy·bòy 名 C (新聞社の) 男性の雑用係 (中立 copy messenger [clerk])

cópy·càt 名 C《口》《けなして》他人をまねる人[子供]，まねっ子(♦ 主に子供が用いる．呼びかけにも用いる) —形《限定》人をまねた ‖ a ～ crime [killing] 模倣犯罪[殺人]

cópy·èdit 動 ＝copyread

cópy·hòld 名 U《英》(もと荘園裁判所の謄本記録による) 謄本保有(地) ～**·er** 名

cop·y·ist /ká(:)piɪst | kɔ́p-/ 名 C 筆写生，複写係；(特に芸術の)模倣者

cópy·lèft 名 U 〔法〕コピーレフト《無料プログラムの頒布時に主張される権利の一形態．第三者がそのプログラムを改変して再頒布するときも無料で，だれがいかなる改変を加えることも自由なプログラムであり続けることの要求》(♦ copyright をもじった造語)

cópy·rèad 動 (-**read** /-rèd/) 他〔原稿〕を整理[校正，編集]する ～**·er** 名 C (新聞社・出版社の)原稿整理係

*__cop·y·right__ /ká(:)piràɪt | kɔ́pi-/ 名 U C 〈…の〉著作権，版権，複製権〈**in, on, for, of**〉《記号©》‖ Who owns [OR has, holds] the ～ *in* [OR *on, of*] this play? この芝居の著作権者はだれですか / The novel is still under ～. その小説はまだ版権が切れていない / *Copyright* © 1998 by ... 1998年…著作権取得《書物の版権表示文句》/ breach of ～ 著作権の侵害 / infringe a ～ 著作権を侵害する
—形 著作権で保護された，版権のある；著作権保護のための
—動 他 …の著作権 [版権] を取得 [確保] する ‖ This short story is still ～*ed*. この短編小説はまだ版権がある
▸▸～ **lìbrary** 名 C 納本図書館《国内で出版された書物をすべて受け入れる権利を有する図書館》

cópy·writer 名 C コピーライター，広告文案家

coq au vin /kòuk ou vǽn | kɔ̀k-/ 名 U〔料理〕コッコーバン《鶏肉の赤ワイン煮》(♦ フランス語より)

co·quet·ry /kóukɪtri | kɔ́-/ 名 U《文》(女の)媚態(びたい)，こび，しな，コケティッシュな振る舞い

co·quette /koukét | kɔ-/ 名 C 男にこびを売る女，コケティッシュな女，男たらし

co·quet·tish /koukétɪʃ | kɔ-/ 形 男にこびを売る，なまめかしい，コケティッシュな ～**·ly** 副

cor /kɔːr/ 間《英口》おやまあ，あれまあ(♥ 驚き・いら立ちなどを表す) ‖ *Cor* blimey! おやまあ

cor. 略 corner；corpus

Cor. 略〔聖〕Corinthians

cor- 接頭 (r の前で)＝com- ‖ *cor*relation

cor·a·cle /kɔ́(:)rəkl/ 名 C コラクル《ウェールズやアイルランドで使う小枝や木の骨組に獣皮や防水布を張った舟》

*__cor·al__ /kɔ́(:)rəl/ 名 ❶ U サンゴ；(宝飾用の)アカサンゴ，モモイロサンゴ ❷ C〔動〕サンゴ虫 ❸ C サンゴ細工 ❹ U サンゴ色《淡紅色》❺ U 受精していないエビやカニの卵《煮ると淡紅色になる》—形 ❶ サンゴ(製)の ❷ サンゴ色の ‖ ～ lips 紅い唇 ❸ サンゴを作る ‖ a ～ polyp サンゴ虫
▸▸～ **rèef** 名 C サンゴ礁 **Còral Séa** 名《the ～》サンゴ海《南太平洋西部の海域》～ **snàke** 名 C〔動〕サンゴヘビ《特に米国南部産の小型の毒蛇》

córal·bèrry 名 C〔植〕マンリョウ(万両)《ヤブコウジ科の低木》

cor·al·line /kɔ́(:)rəlàɪn/ 形 サンゴの(ような)，サンゴでできた —名 C サンゴモ；〔動〕コケムシ

cor an·glais /kɔ̀ːr ɑ(:)ŋgléɪ | -ɔ́ŋgleɪ/ 名 (複 **cors a-** /kɔ̀ːr-/) C〔楽〕コールアングレ，イングリッシュホルン (→English horn)

cor·bel /kɔ́ːrbəl/ 名 C〔建〕コーベル，持ち送り《壁面から突き出て上部の構造を支えるれんが・石など》

cor·bie /kɔ́ːrbi/ 名 C《スコット》〔鳥〕ハシボソガラス，ワタリガラス

córbie·stèps 名 複〔建〕いらか段《破風(はふ)の両側につける階段状の持ち出し》

*__cord__ /kɔːrd/(♦ 同音語 chord) 名 ❶ U C ひも，細引き，綱 (⇨ 類語)；(一定の長さの)ひも，締め具 ‖ nylon ～ ナイロンひも / tie the ～*s* of a gown ガウンのひもを結ぶ ❷ C U (電気の) コード，電線 ‖ the phone ～ 電話線 ❸ C (織物の)畝；U 畝織りの布地，コーデュロイ，コール天(corduroy)；C《～s》コーデュロイのズボン ‖ a ～ jacket コール天のジャケット ❹ C〔解〕索状組織，帯 ‖ the spinal ～ 脊髄(せきずい) / the umbilical ～ へその緒 / the vocal ～*s* 声帯 ❺ C コード《燃料用木材の材積単位．通例128立方フィート(約3.625m³)》
cùt the (*umbìlical*) *córd* 独り立ちする (♦「へその緒を切る」から)
—動 他 …をひもで縛る[つなぐ]；…にひもをつける
類語《名 ❶》太さは thread<string<cord<rope<cable の順に太くなる.
▸▸～ **blòod** 名 U 臍帯(さいたい) 血《へその緒から採取した血液．幹細胞の源となる》

cord·age /kɔ́ːrdɪdʒ/ 名 U《集合的に》綱・ひも類；(特に船の)索類

cord·ed /kɔ́ːrdɪd/ 形 ❶ 細引きをかけた；ひも状の ❷ (筋肉が)張り詰めた，筋張った ❸ 畝織りの

*__cor·dial__ /kɔ́ːrdʒəl | -diəl/ 形 ❶ 心からの，心温まる，丁寧な ‖ a ～ welcome 心からの歓迎 ❷ (嫌悪などが) 激しい，心底からの ‖ They have a ～ dislike for each other. 彼らは互いに心底から嫌っている
—名 ❶ U C《主に米》リキュール酒《香味を加えた強いアルコール飲料》；《英》コーディアル《果汁・ハーブなどで作るシロップ．水で薄めて飲む》❷ U 強心剤，強壮剤

cor·di·al·i·ty /kɔ̀ːrdʒiǽləṭi | -diǽl-/ 名 (複 **-ties** /-z/) ❶ U 真心，誠心誠意；温情 ❷ C《通例 -ties》真心のこもった言動

cor·dial·ly /kɔ́(:)rdʒəli | -diəli/ 副 ❶ 真心を込めて，心から；謹んで ‖ Yours ～＝*Cordially* yours 敬具《親しい者同士での手紙の結句》❷ 心底から，強く

cor·dil·le·ra /kɔ̀ːrdɪljéərə，＋米 kɔːrdílərə/ 名 C (特に中南米の)大山脈，大山系

cord·ite /kɔ́ːrdàɪt/ 名 U コルダイト《無煙火薬》

cord·less /kɔ́ːrdləs/ 形 (電気)コードのない[いらない]，電池式の ‖ a ～ telephone [mouse] コードレス電話 [マウス] —名 C コードレス電話

cor·don /kɔ́ːrdən/ 名 C ❶ 非常 [警戒] 線；〔軍〕哨兵(しょうへい) 線；(伝染病発生地の) 防疫線 ‖ a ～ of police 警察の非常線 / form a ～ around ... …の周りに非常線を張る ❷〔園芸〕(果樹の) 単茎仕立て ❸〔建〕蛇腹層 (stringcourse)
—動 他 …に非常線を張る，…を遮断する《*off*》(seal off)

cor·don bleu /kɔːrdɔ̀ːn blú | kɔ̀ːdɔn blɜ́ː/ ＜フ 名 (複

~s OR -dons bleus) Ⓒ 一流の料理人
—形《限定》(料理の腕が)一流の(♦フランス語より)

cor·don sa·ni·taire /kɔːrdɔ̀ːn sɑ̀ːnitéər | sæ-/ 名 (複 -dons -taires) 《フランス》(=sanitary cordon) Ⓒ ❶ 伝染病予防線, 防疫線 ❷ (敵対国間の)緩衝国[地帯]

cor·do·van /kɔ́ːrdəvən/ 名 Ⓤ コードバン《光沢のある柔らかいなめし革. 現在は馬の尻(しり)の皮から作るものを指す》

cor·du·roy /kɔ́ːrdərɔ̀ɪ/ 名 ❶ Ⓤ コーデュロイ(地), コール天 ❷ Ⓒ《~s》コーデュロイのズボン
▸▸ ~ **róad** 名 Ⓒ (沼地などで)丸太を並べて造った道路

córd·wòod 名 Ⓤ 一定の長さに切られた木材《まき・建材》

core /kɔːr/ 名 Ⓒ ❶ (リンゴ・ナシなどの)(種を含む)芯(しん) ‖ This apple is rotten at the ~. このリンゴは芯が腐っている ❷《通例 the ~》〈ものの〉中心(部);〈問題の〉核心, 要点〈**of**〉‖ get straight to the ~ *of* a problem 問題の核心にずばりと入る / Compassion is at the ~ *of* social work. 思いやりが社会福祉事業の根底にある / ~ subjects 必須科目 / the ~ business 中核となる事業 ❸ (集団の)中核をなす人々 ❹ 〘地〙地核, コア ❺ 〘地〙(土・岩・氷などの円筒形の)採取サンプル ‖ ice ~*s* 氷の採取サンプル ❻ 💻 磁気コア, 磁心記憶装置 ❼ (電磁石・コイルなどの)磁心, コア, 発電子鉄心;(鋳型の)中子(なかご);(ベニヤ板の)芯材;(木の)木質部;〘考古〙石核《剥片・石刃を削り取った後の石》;(原子炉の)炉心
to the córe ① 骨の髄まで, 根っから(の) ‖ He was German *to the* ~. 彼は骨の髄までドイツ人だった / The company is rotten *to the* ~. その会社は骨の髄まで腐りきっている ② はなはだしく ‖ She was shocked *to the* ~. 彼女はひどくショックを受けた
—動 他 …の芯を抜き取る
▸▸ ~ **CPÍ** 名《通例 the ~》《主に米》コア消費者物価《変動の激しい食料品とガソリンなどエネルギー費を除いた物価指数》 ~ **currículum** 名 Ⓒ 〘教育〙コアカリキュラム《中核となる科目にほかの諸科目を有機的に配して教育内容の統合を図った教科課程》 ~ **dùmp** 名 Ⓒ 💻 メインメモリーの内容の複製 ~ **inflátion** 名 Ⓤ コアインフレ《食料品とエネルギー費を除いたインフレ(率)》 ~ **time** 名 Ⓤ《英》コアタイム《フレックスタイム制で, 必ず全員が出勤する時間帯》

CORE /kɔːr/ 略 *C*ongress *o*f *R*acial *E*quality ((米国の)人種平等会議)

co·ref·er·en·tial /kòurefərénʃəl/ ⊲ 形 〘言〙同一指示の

co·re·li·gion·ist /kòurɪlídʒənɪst/ 名 Ⓒ 同宗教信者

Co·rel·li /kouréli, kə-/ 名 **Arcangelo** ~ コレッリ(1653–1713)《イタリアの作曲家・バイオリニスト》

co·re·spond·ent /kòurɪspɑ́(ː)ndənt | -spɔ́nd-/ 名 Ⓒ 〘法〙(姦通(かんつう)を原因とする離婚訴訟の)共同被告(→ respondent)

cor·gi /kɔ́ːrgi/ 名 Ⓒ 〘動〙コーギー《ウェールズ原産の短脚の犬. 一般に Welsh corgi という》

co·ri·an·der /kɔ́(ː)riændər | ⸗⸗⸗⸗/ 名 Ⓤ 〘植〙コエンドロ, コリアンダー《セリ科の香草. 種子は香料》

Cor·inth /kɔ́(ː)rɪnθ/ 名 コリント《ギリシャ南部の海港. 古代ギリシャの商業・文化の中心地》

Co·rin·thi·an /kərínθiən/ 形 コリント(ス)の;コリント人[風]の;〘建〙コリント様式の ‖ the ~ order コリント様式(→ order) —名 ❶ Ⓒ コリント人;ぜいたくな遊び人;《戯》(特にヨットの)金持ちのアマチュア運動家 ❷ Ⓤ 〘建〙コリント様式 ❸《the ~s》《単数扱い》〘聖〙コリント人への手紙, コリント書《新約聖書中の書. 略 Cor》

cork /kɔːrk/ 名 ❶ Ⓤ コルク《コルクガシ(cork oak)の外皮下にできるコルク組織をはぎ取ったもの》;〘植〙コルク組織 ❷ Ⓒ コルク栓;(一般に)栓 ‖ draw [OR pull out] a ~ 栓を抜く ❸ Ⓒ (釣りの)浮き
—動 他 ❶ …に(コルク)栓をする《**up**》‖ ~ (*up*) a bottle 瓶に栓をする ❷《口》〔感情など〕を抑える, こらえる《**up**》 ❸ (役者などが)〔顔・手〕を焼きコルクで黒く塗る
còrk úp 〈他〉《*còrk úp* ... / *còrk* ... *úp*》⇨ 他 ❶, ❷
—〈自〉《命令形で》《英俗》口を閉じろ
▸▸ ~ **òak** 名 Ⓒ 〘植〙コルクガシ《地中海沿岸産》

cork·age /kɔ́ːrkɪdʒ/ 名 Ⓤ 栓抜き料, 持ち込み料《客持参の酒類に対してレストラン・ホテルなどが要求する》

corked /kɔːrkt/ 形 (ワインが)コルク栓の劣化で味が損なわれた

cork·er /kɔ́ːrkər/ 名 Ⓒ ❶ (コルクの)栓をする人[機械] ❷ とどめを刺す議論[事柄] ❸《口》素敵な人[もの], 驚くべきもの[人] ❹ ひどくおかしな冗談[悪ふざけ], 大ぼら

cork·ing /kɔ́ːrkɪŋ/ 《俗》《旧》形 素晴らしい
—副 素晴らしく

córk·scrèw 名 Ⓒ コルク[栓]抜き;らせん状のもの ‖ a ~ staircase らせん階段 —動 自 らせん状[ジグザグ]に進む —他 …を(ぐるぐる)巻く[ねじる]

córk·wòod 名 Ⓒ 〘植〙コルクウッド《木質部が軽くて気孔のある木. バルサ(balsa)など》;Ⓤ その材

cork·y /kɔ́ːrki/ 形 コルク状[質]の;=corked

corm /kɔːrm/ 名 Ⓒ 〘植〙球茎《クロッカス・シクラメンなど》(→ bulb)

cor·mo·rant /kɔ́ːrmərənt/ 名 Ⓒ ❶ 〘鳥〙ウ(鵜) ❷《口》食いしん坊, 貪欲(どんよく)な人

:corn[1] /kɔːrn/
—名 (複 ~s /-z/) Ⓤ ❶《集合的に》《米・カナダ・豪》**トウモロコシ**(Indian corn,《英》maize) ‖ an ear of ~ トウモロコシ1本 / husk [OR shuck] ~ トウモロコシの皮をはぐ ❷《集合的に》《主に英》**穀物**(♦特にその地域の主要穀物を指す. イングランドでは小麦(wheat), スコットランドではカラスムギ(oats)) ‖ ~ and beans 穀類と豆類 / grow [OR raise] ~ 穀物を作る / a field of ~ 穀物[小麦, 大麦, カラスムギ]畑
❸《口》(音楽・映画・冗談などについて)おセンチな[退屈な, 陳腐な, 時代遅れの]もの ❹《主に英》穀草《脱穀前の小麦・トウモロコシなど》‖ cut the ~ 穀草を刈る ❺ Ⓒ 穀粒;(こしょうの)粒 ‖ a few ~*s* of pepper こしょう数粒 ❻ スイートコーン ❼ =corn liquor ❽ =corn snow
èarn one's córn 《英口》投資[給料]に見合うだけの働きをする
—動 (~s /-z/; ~ed /-d/; ~·ing) 他 (粒塩または塩水で)〔牛肉など〕を塩漬けにして保存する(→ corned)
▸▸ ~ **bèef** 名 Ⓤ =corned beef **Córn Bèlt** 名《the ~》コーンベルト《米国中西部のトウモロコシ栽培の盛んな地帯》 ~ **bòrer** 名 Ⓒ 〘虫〙ズイムシ, メイチュウ《アワノメイガの幼虫でトウモロコシの害虫》 ~ **brèad** 名 Ⓤ《米》トウモロコシパン ~ **chìp** 名 Ⓒ コーンチップ《ひき割りトウモロコシの練り粉を薄くかりかりに揚げたスナック菓子》 ~ **cìrcle** 名 Ⓒ ミステリーサークル(crop circle)《穀物畑などにできる正体不明の模様》(❗「ミステリーサークル」は和製語) ~ **dòg** 名 Ⓒ《米》コーンドッグ, アメリカンドッグ《串に刺したフランクフルトソーセージにトウモロコシの練り粉をつけて揚げたもの》 ~ **dòlly** 名 Ⓒ《英》ワラを編んで作る人形の形をした飾り ~ **exchànge** 名 Ⓒ (英国の)穀物取引所 **Córn Làws** 名《the ~》(英国の)穀物条例《穀物輸入に重関税を課した. 1846年廃止》 ~ **lìquor** 名 Ⓤ《米》コーンウイスキー ~ **òil** 名 Ⓤ トウモロコシ油《胚芽(はいが)から採る》 ~ **on the cób** 名 Ⓤ 軸付きトウモロコシ ~ **pòne** (↓) ~ **sàlad** 名 Ⓤ Ⓒ 〘植〙コーンサラダ ~ **sìlk** 名 Ⓒ《米》トウモロコシの穂の毛 ~ **snòw** 名 Ⓤ《主に米・カナダ》〘スキー〙コーンスノー, ざらめ雪 ~ **sỳrup** 名 Ⓤ《主に米》コーンシロップ《コーンスターチから作るシロップ》

corn[2] /kɔːrn/ 名 Ⓒ (足にできる)魚の目, たこ
trèad on a pèrson's córns (人の)感情を害する

córn·bàll 《米口》形 陳腐な, 古臭い;おセンチな(corny)
—名 Ⓒ センチな人

córn·còb 名 Ⓒ ❶ トウモロコシの穂軸 ❷ (=~ **pípe**)《米》コーンパイプ《火皿がトウモロコシの穂軸でできたパイプ》

córn·crìb 名 Ⓒ《米》(換気のできる)トウモロコシ貯蔵所

cor·ne·a /kɔ́ːrniə/ 名 Ⓒ 〘解〙(目の)角膜 **-al** 形

C

corned /kɔːrnd/ 形 《限定》塩漬けにした ‖ ～ mutton 塩漬け羊肉
▶▶ **～ béef** 名 U コーンビーフ(corn beef)《塩漬け牛肉》
cor·nel /kɔ́ːrnəl/ 名 C 〖植〗ミズキの類
cor·nel·ian /kɔːrníːliən/ 名 =carnelian
⁑**cor·ner** /kɔ́ːrnər/ 名 動
中心義 角(かど), 隅
―名 (複 **～s** /-z/) C ❶ **角**, 端 ; (部屋・箱などの)隅 ‖ An empty in-box sat **on** the ～ of his desk. 彼のデスクの隅には空の書類入れが置かれていた / round off the [his] ～*s* 角をとって丸くする[彼の人柄を円満にする] / Look at the graph **in** the top left-hand ～ of the page. ページの上部左隅にあるグラフを見なさい / A group of students stood **in** a (far) ～ of the cafeteria. カフェテリアの(奥の)隅に一団の生徒が立っていた (❗デパートなどの「キッチンコーナー」は a section [OR counter] for kitchenware という. 広い区画の場合は department も使う)
❷ 《しばしば単数形で》**曲がり角**, (道の)角, 急カーブの所 ‖ a store on [OR at] the ～ 角の店 / the second house **around** the ～ 角を曲がって2軒目の家 / at the ～ of Hill Road and Highway 15 ヒル通りと15号線の交差する角で / **turn** a ～ 角を曲がる / on [OR at, in] every ～ ここかしこに
語法 ☆☆ 日本語では外側から見た場合「かど」, 内側から見た場合「すみ」と言うが, 英語ではいずれも corner. 前置詞は前者では on [at], 後者では in を用いる. 〈例〉 a streetlight *on* [OR *at*] a street *corner* 通りの角の街灯 / a table *in* the *corner* of the room 部屋の隅のテーブル
❸ (口・目などの)隅, 端 ‖ the ～*s* of his mouth 彼の口の端 / see ... out of the ～ of one's eye 目の隅で…を見る
❹ 《通例単数形で》**窮地**, 逃げられない状況 ‖ talk oneself into a ～ 口を滑らせて自ら窮地に陥る / paint [OR box] oneself into a ～ 動きのとれない状況に自らを追い込む / back [OR force, paint, box] him into a ～ 彼を窮地に追いやる / in [out of] a tight ～ 窮地に陥って[を脱して]
❺ 地区, 地方 ; 町[村]外れ ; 人里離れた所, 最果て ‖ The news soon spread to every ～ of the town. その知らせは間もなく町の隅々にまで広まった / from the four ～*s* of the earth [OR world] 世界の隅々から
❻ (ボクシング・プロレスなどのリングの)コーナー ; (選手の介添えをする)セコンド ❼ (=～ **kìck**) 〖サッカー〗コーナーキック ; 〖野球〗(ホームプレートの)コーナー ❽ 《通例単数形で》〖商〗〈製品の〉買い占め〈**in**〉; 〈市場の〉独占〈**on**〉 ‖ have [OR get, make] a ～ 「*in* sugar [*on* the wheat market] 砂糖を買い占める[小麦市場で買い占めを行う] ❾ 《形容詞的に》角[隅]にある ; 角[隅]用の ; 街角の ‖ a ～ seat 隅の席 / a ～ cupboard 隅置き戸棚
* ***cùt córners*** ① (角を曲がらずに) 近道をする ② (仕事などで)手抜きをする, 経費[時間, 労力]を節約する
cùt (《英》 ***òff***) ***a*** [OR ***the***] ***córner*** (角を曲がらずに) 近道をする
fight one's córner 《英》 論を張って自分の地位[利益]を守る(♦ fight の代わりに argue, defend, stand のような動詞を使うことがある)
hàve a córner on ... …が勝っている ; …を支配している
hàve a pèrson in one's córner 〔人〕を自分の陣営[味方]につける, 〔人〕が自分を支持[支援]している
* ***(jùst) aròund*** [OR ***ròund***] ***the córner*** ① ⇨ ❷ ② 《口》 (同じ通りではないが) すぐ近くに ③ 間近に迫って ‖ The vacation is *just around* [OR *round*] *the* ～. 休暇はもうすぐだ
tùrn the córner ① ⇨ ❷ ② (病気などが) 峠を越す, 危機を脱する

―動 (**～s** /-z/ ; **～ed** /-d/ ; **～·ing**)
―他 ❶ …を窮地に追い込む, 逃げられないようにする (♦しばしば受身形で用いる) ‖ You are ～*ed*. 君は袋のねずみだ ❷ 〔人〕を〈意見[話]をするために〉無理やり引き止める〈**for**〉; 〔人〕に余儀なく〈…〉させる〈**into** ***doing***〉 ❸ 〔市場〕を占有する, 支配する ; 〔商品・株〕を買い占める ‖ ～ the market by buying up all the soybeans 大豆をすべて買い占めて市場を支配する ❹ …に角をつける, …を隅に置く[押しやる]
―自 (＋副)(車・運転手が)角を曲がる, カーブを切る ; 急旋回する (♦ 副 は様態を表す) ‖ This car ～*s* well [poorly, badly]. この車はコーナリングがよい[悪い]
▶▶ **～ kìck** 名 C 〖サッカー〗コーナーキック **～ òffice** 名 C コーナーオフィス《ビルの角にある見晴らしのよい部屋. 重役のオフィスを指す》 ‖ take over the ～ *office* 重役になる **～ stòre** [《英》 **shòp**] 名 C (主に住宅街・街角にある)小さな食料雑貨店
córner·bàck 名 C 〖アメフト〗コーナーバック《ハーフバックの位置でディフェンスする》
cór·nered /-d/ 形 ❶ 角のある ; 《複合語で》…角形の, …者間の ‖ a six-～ room 六角形の部屋 / a three-～ meeting 3者間の会合 ❷ 窮地に追い詰められた
córner·màn 名 (複 **-mèn** /-mèn/) C 〖ボクシング〗セコンド
***córner·stòne** 名 C ❶ 〖建〗隅石, 礎石《建物の土台の角に据える石. 定礎を記念する言葉・年月日などが記される》 ‖ lay the ～ of ... …の定礎式を行う ❷ 〈物事の〉基礎, 土台〈**of**〉
córner·wìse, -wàys 副 角をなすように《約45度に》; (角から角へ)斜めに
cor·net /kɔːrnét | kɔ́ːnɪt/ 名 C ❶ 〖楽〗コルネット ; コルネット奏者 ❷ (キャンディーなどを入れる)円錐(えんすい)形の紙袋 ; 《英》(アイスクリーム用の)コーン(《米》 cone)
-nét·ist, -nét·tist /英 ニ－－/ 名 C コルネット奏者
córn·fèd 形 ❶ (家畜などが) トウモロコシで育った ❷ 《米口》よく肥えた, 太った ; 田舎くさい, あか抜けしない
córn·fìeld 名 C 《米》トウモロコシ畑 ; 《英》穀物畑
córn·flàkes 名 複 コーンフレーク《トウモロコシをつぶして焼いたもの. 朝食用》
córn·flòur 名 U ❶ トウモロコシ粉 ❷ 《英》=cornstarch
córn·flòwer 名 C 〖植〗ヤグルマギク
córn·hùsk 名 C 《米》トウモロコシの皮
córn·hùsking 名 《米》 U トウモロコシの皮むき ; C トウモロコシの皮むき祭
cor·nice /kɔ́ːrnəs | -nɪs/ 名 C ❶ 〖建〗軒蛇腹(のきじゃばら) ; コーニス ; (天井と壁の間の)くり形 ❷ 〖登山〗雪庇(せっぴ)
-niced 形

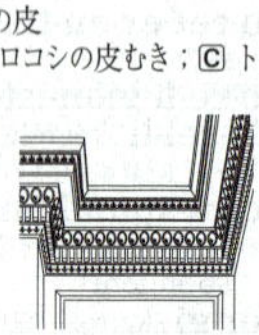
cornice ❶

Cor·nish /kɔ́ːrnɪʃ/ 形 (英国の)コーンウォール(Cornwall)の, コーンウォール人[語]の
―名 U コーンウォール語《古代ケルト語の1方言》; 《the ～》《集合的に》《複数扱い》コーンウォールの人々
▶▶ **～ créam** 名 U =clotted cream **～ pásty** 名 C 《英》コーニッシュパスティ《肉や野菜を中に入れて焼いたパイ》
córn·mèal 名 U 《米》ひき割りトウモロコシ粉 ; 《英》ひき割り麦粉 ; 《スコット》オートミール
córn pòne 《米南部》 名 U トウモロコシパン
―形 純田舎風の
corn·rows /kɔ́ːrnròuz/ 名 複 コーンロウ《髪の毛を少しずつ取り分けて三つ編みにし, 地肌にぴったりつける黒人のヘアスタイル》
córn·stàrch 名 U 《米》コーンスターチ(《英》 corn flour) 《トウモロコシのでんぷん》
cor·nu /kɔ́ːrnjuː/ 名 (複 **-nua** /-njuə/) C 〖解〗角状突起, 角(つの)
cor·nu·co·pi·a /kɔ̀ːrnəkóupiə | -nju-/ 名 C ❶ 《単数

形で)〚ギ神〛豊饒(ほうじょう)の角(horn of plenty)《Zeus に授乳したというヤギの角. 果物や花などのあふれる角として描かれる》 ❷《単数形で》豊富, 豊饒 ‖ a ～ of information 豊富な情報 ❸円錐(えんすい)形[角形]の容器

Corn·wall /kɔ́ːrnwɑ̀ːl | -wɔ̀ːl/ 名 コーンウォール《イングランド南西端の州. 州都 Truro /trúərou/》

corn·y /kɔ́ːrni/ 形《口》古臭い, 陳腐な; 感傷的な, おセンチな

co·rol·la /kəróulə | -rɔ́lə/ 名 C〚植〛花冠

cor·ol·lar·y /kɔ́ːrəlèri | kərɔ́ləri/ 名 (複 **-lar·ies** /-z/) C〈…の〉(直接的)推論; 当然の結果[帰結]〈**of, to**〉 ―形 推論の; 当然起こる

co·ro·na /kəróunə/ 名 (複 **～s** /-z/ OR **-nae** /-niː/) C ❶〚天〛コロナ《皆既日食のとき太陽の周りに見られる光環》; (太陽・月の)かさ ❷〚解〛冠状部《歯・頭蓋骨(ずがいこつ)などの上部》; 〚植〛(水仙などの)副花冠, 小冠 ❸〚建〛コロナ《cornice の上部突出部》; (教会堂などの)円形シャンデリア ❹〚電〛コロナ放電(corona discharge) ❺コロナ葉巻

▸▸**Coròna Aus·trá·lis** /-ɔ(ː)stréɪlɪs/ 名〚天〛南の冠座(the Southern Crown) **Coròna Bo·re·á·lis** /-bɔːriéɪlɪs, +米 -ǽlɪs/ 名〚天〛北の冠座(the Northern Crown)

coróna·gràph 名 C コロナグラフ《コロナ観測用の特殊望遠鏡》

cor·o·nal /kɔ́(ː)rənəl/(→ 形) 名 C《文》宝冠, 小冠; 花冠, 花環; 栄冠 ―形 /kəróunəl/ ❶〚天〛コロナ[光環]の; 〚植〛副花冠の ❷〚解〛頭頂の, 冠状縫合の ❸宝冠[花冠]の ▸▸**～ súture** 名 C〚解〛冠状縫合

cor·o·nar·y /kɔ́(ː)rənèri | -nəri/ 形《通例限定》❶〚解〛冠状の; 冠状動脈の; 心臓の ‖ a ～ attack 心臓発作 ❷冠の, 冠状の ―名 (複 **-nar·ies** /-z/) U C 冠(動脈)血栓(症) ▸▸**～ ártery** 名 C〚解〛冠(状)動脈 **～ thrombósis** 名 U C〚医〛冠(動脈)血栓(症)

cor·o·na·tion /kɔ̀(ː)rənéɪʃən/ 〈ﾌﾞ〉 名 C 戴冠(たいかん)式, 即位式; U 戴冠, 即位

co·ro·na·vi·rus /kəróunəvàɪərəs/ 名 C〚医〛コロナウイルス《呼吸器感染症を起こす》

cor·o·ner /kɔ́(ː)rənər/ 名 C 検死官 ‖ a ～*'s* inquest 検死 **co·ro·nial** /kəróuniəl/ 形

cor·o·net /kɔ̀ːrənét | kɔ́rənɪt/ 名 C ❶(王族・貴族などの)小冠, 宝冠 ❷(女性用の)冠状頭飾り, 花冠 ❸(馬の)蹄冠(ていかん)

corp., Corp. 略 corporal; corporation

cor·po·ra /kɔ́ːrpərə/ 名 corpus の複数

cor·po·ral¹ /kɔ́ːrpərəl/ 形《限定》身体[肉体]の **còr·po·rál·i·ty** 名 **～·ly** 副

▸▸**～ púnishment** 名 U 体刑, 体罰《むち打ち刑など》

cor·po·ral² /kɔ́ːrpərəl/ 名 C ❶〚米陸軍・海兵隊〛兵長; 〚英陸軍〛伍長(ごちょう), 兵長《下士官の最下位で sergeant の下. 略 corp., Corp.》‖ the Little *Corporal* 小伍長《ナポレオン1世のあだ名》❷《C-》《米》地対地ミサイル

cor·po·rate /kɔ́ːrpərət/ 形《限定》❶法人(組織)の; 団体の, 会社[企業]の ‖ a ～ body = a body ～ 法人 / ～ property [assets] 法人財産[資産] / a ～ image 企業イメージ / ～ identity 企業イメージ戦略 / ～ hospitality 企業接待 / *Corporate* America [Britain] 米国[英国]ビジネス界(♦新聞用語) ❷結合した, 連合した, 団結した, 共同の ‖ ～ responsibility 共同責任 **～·ly** 副 ▸▸**～ gòvernance** 名 U 企業統治, コーポレートガバナンス **～ ráider** 名 C 企業買収人, 乗っ取り屋

cor·po·ra·tion /kɔ̀ːrpəréɪʃən/ 〈ﾌﾞ〉 名 C ❶《単数・複数扱い》大企業, 株式会社《略 corp., Corp.》(⇨ COMPANY 類語) ‖ a multinational ～ 多国籍企業 / a large American ～ アメリカの大企業 / a ～ lawyer 会社顧問弁護士 ❷《単数・複数扱い》法人, 社団法人 ‖ a public ～ 公営企業体, 公社, 特殊法人 ❸《単数・複数扱い》《英》(都市の)自治体, 市政機関《市長・市会議員などにより構成される》‖ the Mayor and ～ 市長と当局 / a ～ bus 市営バス ❹《旧》《戯》太鼓腹

▸▸**～ tàx** 名 U《英》法人税(《米》corporate (income) tax)

cor·po·rat·ism /kɔ́ːrpərətɪzm/ 名 U〚政・経〛協調組合主義《国家の主要経済機能が一体化して運営される政治システム》

cor·po·ra·tize /kɔ́ːrpərətàɪz/ 動 他〔公的組織〕を民営化する **còr·po·ra·ti·zá·tion** 名 U 民営化

cor·po·re·al /kɔːrpɔ́ːriəl/ 形 ❶身体(上)の, 肉体上[的]の(↔ spiritual) ❷物質的な, 実体のある, 触知できる ❸〚法〛有形[有体]の **～·ly** 副

cor·po·re·al·i·ty /kɔːrpɔ̀ːriǽləṭi/ 名 U 有形であること, 物質性; 肉体的存在

cor·po·sant /kɔ́ːrpəzæ̀nt, -sæ̀nt/ 名 U = St. Elmo's fire

*__corps__ /kɔːr/ (発音注意) 名 (複 **corps** /kɔːrz/) C《集合的に》《単数・複数扱い》(♦《米》では通例単数扱い. 《英》では全体を一つの集団と見る場合単数扱い, 個々の成員に重点を置く場合複数扱い) ❶《しばしば C-》〚軍〛軍団, 兵団《2つ以上の師団と補助部隊からなる》; (特殊技能を有する)…(部)隊 ‖ the Marine *Corps* 《米》海兵隊 / the medical ～ 医療部隊 ❷(同じ仕事をする人々の)団体, 団, 班 ‖ a diplomatic ～ 外交団 / a press ～ 記者団

corps de bal·let /kɔ̀ːr də bæléɪ | -bǽleɪ/ 名 (複 **corps de ballet** /kɔ̀ːrz-/) C《単数・複数扱い》〚バレエ〛コールドバレエ, 群舞団(♦フランス語より)

*__corpse__ /kɔːrps/ 名 C (特に人間の)死体, 死がい(♦ remains や body を用いる方がふつう. 動物の死体は carcass) ―動《俗》〚劇〛自 (役者が)(せりふを忘れたり吹き出したりして)演技を損ねる ―他〔共演者〕の演技を損ねさせる

corps·man /kɔ́ːrzmən/ 名 (複 **-men** /-mən/) C〚米軍〛衛生兵

cor·pu·lence /kɔ́ːrpjuləns/, **-len·cy** /-lənsi/ 名 U 肥満, 肥大

cor·pu·lent /kɔ́ːrpjulənt/ 形 肥満した, 太った **～·ly** 副

*__cor·pus__ /kɔ́ːrpəs/ 名 (複 **cor·po·ra** /-pərə/ OR **～·es** /-ɪz/) C ❶(特定の主題に関する)全文献, 資料集成; (作家などの)全集 ‖ compile a ～ of international law 国際法に関する全文献を集める / the Hardy ～ = the entire ～ of Hardy's works ハーディ全集 ❷〚言〛言語資料体, コーパス《言語研究のために集めデータベース化した資料》❸(利子・収入に対して)元金, 基本資産 ❹〚解〛(器官の)主要部 ❺《戯》(人・動物の)(死)体

▸▸**～ cal·ló·sum** /-kəlóusəm/ 名 (複 **corpora cal·lo·sa** /-sə/) C〚解〛脳梁(のうりょう)《左右の大脳半球を連絡する神経繊維の束》 **Còr·pus Chrís·ti** /-krísti/ 名〚カト〛聖体節《Trinity Sunday の後の木曜日》 **～ de·líc·ti** /-dɪlíktaɪ, -tiː/ 名 C《単数形で》〚法〛犯罪を証明[構成]する事実; 被害者の遺体 **～ lú·te·um** /-lúːtiəm/ 名 (複 **corpora lu·te·a** /-luːtiə/) 〚生理〛(卵巣の)黄体 **～ stri·á·tum** /-straɪéɪṭəm/ 名 (複 **corpora stri·a·ta** /-ṭə/) C〚解〛(脳の)線条体

cor·pus·cle /kɔ́ːrpʌsl/ 名 C ❶〚生〛血球 ‖ red [white] ～*s* 赤[白]血球 ❷〚理〛微粒子 **cor·pús·cu·lar** 形

cor·ral /kərǽl | -rɑ́ːl/ 名 C ❶《米》(家畜などの)さく囲い(pen); おり ❷車陣《野営中に防備のため荷馬車を円形に並べて作る》 ―動 (**-ralled** /-d/; **-ral·ling**) 他 ❶《主に米》〔家畜など〕を囲い[おり]に入れる, さくで囲う; 〔一群の人・物〕を集める ❷〔馬車など〕を円陣に並べる

⁑**cor·rect** /kərékt/ 形 動

中心義 (標準から外れず)正しい

―形 (more ～; most ～)

❶《比較なし》**正しい**, **正確な**, (ある基準と対照して)誤りがない; (人が)正しい〈**in** …の点で / **to *do*** …するのは〉(↔ in-

correct, false, inaccurate)(⇨ 類語) ‖ the ～ time 正確な時刻 / the ～ **answer** 正しい答え，正解 / That's ～.=*Correct.* そのとおり(=That's right.) / Am I ～ *in* thinking that you are a pianist? あなたはピアニストだと考えていいのですね / I think you were ～ *to* reject the offer. あなたがその申し出を断ったのは正解だと思う / Is it ～ that she has resigned? 彼女が辞めたというのは本当ですか
❷ (振る舞い・服装などが) **適切[適当]な**，穏当な，当を得た，規準[しきたり]にかなった(⇨ 類語) ‖ Breaking a promise is not a ～ thing to do. 約束を破ることはしてはいけないことだ / It is not ～ to call on a person at midnight. 真夜中に人を訪問するのは礼儀にかなったことではない / It is ～ of you to say so. あなたがそう言うのももっともだ
❸ 政治的に正しいと認められた(→ politically correct)
── 動 〔▶ correction 名〕(**～s** /-s/ ; **～·ed** /-ɪd/ ; **～·ing**)
他 ❶〔誤り〕を正す，**訂正する**；…を添削[校正]する；…の誤りを直す；〔人〕に誤っていると言う(♦ 直接話法にも用いる) ‖ ～ a newspaper report 新聞の報道の誤りを指摘する / ～ one's pupils' compositions 生徒の作文を直す / ～ proofs 校正をする / "The Berlin Wall was demolished in 1989, not in 1990," John ～*ed* me. 「ベルリンの壁は1990年ではなく1989年に壊されたのだ」とジョンは私を訂正して言った
❷〔悪弊・病気など〕を治す[正す]；〔器具など〕を調整する，修正[補正]する；〔有害物質など〕を中和する ‖ ～ one's watch 時計を合わせる / ～ inflation インフレ状態を正常化する ❸〔人〕を〈…のことで〉戒める，罰する，しかる，矯正する〈**for**〉 ‖ ～ him *for* being late so often 彼の遅刻の多いことを戒める

COMMUNICATIVE EXPRESSIONS

1 **I stànd corrécted.** おっしゃるとおり私が間違っていました(♥ 自分の誤りを認める形式ばった表現)
2 **If I may corréct you, I belíeve** that case was in 1995, not 1996. 訂正させていただけるなら，その事件は1996年ではなく1995年に起きたと思います (♥ 相手を訂正する際の丁寧な切り出し文句. ↘Well, as a matter of fact, that case ....)
3 **(Plèase) corréct me if I'm wróng.** 間違っていたら訂正してください (♥ 発言内容に確信が持てないときの前置き表現)

～·a·ble, ～·i·ble 形 訂正可能な，調整可能な
語源 *cor-* together＋*-rect* made straight (真っすぐにした)

類語 《形 ❶，❷》 **correct, right** 同義に用い交換可能なことが多いが，correct は誤り・欠点のなさを，right は真実・規準に反しないことを強調. 〈例〉 the *correct* [OR *right*] decision 正しい決定 / *correct* behavior 礼儀正しい[きちんとした]振る舞い
accurate 真実・規準と合致させるために注意を払ったことを暗示. 〈例〉 an *accurate* calculation 正確な計算
exact 真実・規準と完全に合致することを強調. 〈例〉 the *exact* number of students 正確な学生数
precise 細部まで(ときに細かすぎるほど)exact な. 〈例〉 a *precise* definition 厳密な定義

***cor·rec·tion** /kərékʃən/ 名 〔◁ correct 動〕 ❶ U 訂正，修正，補正；(悪影響などの)抑制；添削；校正；C 訂正[修正]箇所，訂正の書き入れ ‖ The article needs ～. その記事は訂正が必要である(=The article needs to be corrected.) / ～ of mistakes 誤りの訂正 / make a ～ 誤りを訂正する / mark ～*s* on students' essays 学生の小論文に手を加える ❷ U 《間投詞的に》もとい，もとへ(♦ 前言を言い直すときに用いる) ‖ These words come from Latin. *Correction.* Greek. これらの語はラテン語，もとへ，ギリシャ語が起源です ❸ U 《旧》矯正；懲らしめ，処罰，戒め(punishment)；C 《～s》《米》(罪人の)矯正手段《監禁・保護観察など》 ‖ a house of ～ 矯正院，感化院 / He is vicious beyond ～. 彼は矯正不能なほど狂暴だ ❹ U C 《数・理》補正，調節；補正量[値] ❺ U 《株》(株価の上昇後の)急激な反落
▸▸ **～ flùid** 名 U (手書き・タイプライター用の)修正液

cor·rec·tion·al /kərékʃənəl/ 形 《主に米》矯正的な，懲らしめの ‖ a ～ center [OR facility, institution] 刑務所

cor·rect·i·tude /kəréktɪtjùːd/ 名 U 正確さ，適正；品行方正

cor·rec·tive /kəréktɪv/ 形 矯正的な，矯正する ‖ ～ training (非行少年などの)矯正訓練
── 名 C 矯正物，矯正手段 **～·ly** 副

***cor·rect·ly** /kəréktli/ 副 ❶ 正しく，正確に ‖ He pronounced my name ～. 彼は私の名前を正確に発音した ❷ 《文修飾》当を得たことには，正確に言えば ‖ Quite ～, he donated the prize money to charity. 彼が賞金を慈善事業に寄付したのは実に当を得たことだった(=It was quite right that he ....)

cor·rect·ness /kəréktnəs/ 名 U 正しいこと，正確さ；礼儀にかなっていること

cor·re·late /kɔ́(ː)rəlèɪt/ 動 自 〈…と〉互いに関係がある，相互関係を持つ〈**to, with**〉 ── 他 …を〈…と〉互いに関連させる，…の相互[因果]関係を示す〈**with**〉
── 名 C 相互関係を持つ人[もの]

***cor·re·la·tion** /kɔ̀(ː)rəléɪʃən/ 名 U C ❶ 〈…との〉相互[相関]関係，相関性〈**between, with**〉 ‖ a high ～ *between* smoking and lung cancer 喫煙と肺癌(がん)との高い相関関係 / the ～ of exercise *with* health 運動と健康の相関性 / in ～ *with* the diagram その図表と関連して ❷ 《統計》相関(関係) **～·al** 形
▸▸ **～ coefficient** 名 C 《統計》相関係数

cor·rel·a·tive /kərélətɪv/ 形 ❶ 〈…と〉互いに関連[対応]する，相関的な〈**with, to**〉 ❷ 《文法》相関の ‖ ～ conjunctions 相関接続詞《both ... and ... など》
── 名 C 相関物；《文法》相関語(句)
～·ly 副 **cor·rèl·a·tív·i·ty** 名 U 相関性，相関関係

***cor·re·spond** /kɔ̀(ː)rəspɑ́(ː)nd | -spɔ́nd/ 動 〔▶ correspondence 名〕 自 ❶ (物・事が)〈…に〉一致する，符合する；釣り合う，相応する，照応する(↔ differ)〈**with, to**〉 ‖ Her actions and her words don't ～.=Her actions don't ～ *with* her words. 彼女の言行は一致していない / His explanation ～*ed* closely [OR exactly] *to* your observations. 彼の説明はあなたの観察報告とぴったり一致していた
❷ (性格・機能・地位などの点で)〈…に〉相当する，対応する〈**to**〉 ‖ The American FBI ～*s to* the British MI5. アメリカのFBIはイギリスのMI5に相当する
❸ (定期的に)〈…と〉文通する，書簡を交わす〈**with**〉 ‖ Jim and I have been ～*ing with* each other for years. ジムと私はもう何年も手紙のやりとりをしている
語源 *cor-* together＋*-respond* answer：答え合う

***cor·re·spond·ence** /kɔ̀(ː)rəspɑ́(ː)ndəns | -spɔ́nd-/ 名 〔◁ correspond 動〕 U C ❶ 〈…との〉文通，通信〈**with, between**〉；U 《集合的に》(やりとりされた)書簡，手紙，通信文，文書 ‖ get into ～ *with* ... …と文通を始める / be in ～ *with* ... …と文通している / learn by ～ 通信教育で学ぶ / business [OR commercial] ～ 商業通信，商用文 / diplomatic ～ 外交文書 / personal [OR private] ～ 私信 ❷ 〈…との〉一致，符合；相応，調和〈**between, to, with**〉 ‖ There is little ～ *between* his words and deeds [OR of his words *with* his deeds]. 彼の言葉と行動はほとんど一致しない ❸ (性格・機能などの)〈…との〉類似，対応，相当〈**between, to, with**〉 ‖ a ～ *between* the two myths 2つの神話間の類似点
▸▸ **～ còllege** 名 C 通信教育大学 **～ còlumn** 名 C 《英》(新聞・雑誌の)投書欄，読者通信欄 **～ còurse** 名 C 通信教育課程 **～ schòol** 名 C 通信教育学校，(大

学の)通信教育部

cor·re·spond·ent /kɔ̀(ː)rəspɑ́(ː)ndənt | -spɔ́nd-/ 名 Ⓒ ❶ (新聞・テレビ・ラジオの)通信員, 特派員, 通信記者; (新聞・雑誌などへの)投稿者, 投書者 ‖ Here's a report from our ～ in Moscow. 我が社のモスクワ特派員からの報告があります / He was dispatched [OR sent] to Israel as a war ～. 彼は従軍記者としてイスラエルに派遣された / a foreign ～ 海外特派員 / the political ～ for *The Times* 「タイムズ」の政治(部)記者
❷ 《形容詞とともに用いて》文通者, 通信者 ‖ I'm sorry to have been such a poor ～. こんな筆不精でごめんなさい / a good [bad] ～ 筆まめ[筆不精]な人
❸ 〘商〙(商社などの)海外[地方]代理店; 海外[地方]駐在員 ❹ 《堅》対応[一致]するもの
—形 〈…と〉一致する, 相応する, 対応する(corresponding) 〈**with, to**〉 ‖ be ～ *with* his wishes 彼の望みと一致する **～·ly** 副

cor·re·spond·ing /kɔ̀(ː)rəspɑ́(ː)ndɪŋ | -spɔ́nd-/ 形 ❶ 一致する, 相応する; 対応する, 類似する ‖ the ～ period of last year 昨年の同時期
❷ 通信[文通]する, 通信関係の ‖ a ～ member (学会などの)通信会員《名誉会員》
～·ly 副 相応するように, (それに)対応して, それにつれて
▸▸ **～ ángles** 名 複 〘数〙同位角

cor·ri·da /kɔ(ː)ríːdə/ 名 Ⓒ 闘牛 (bullfight) (♦ スペイン語より)

cor·ri·dor /kɔ́ːrɪdər | kɔ́rɪdɔ̀ː/
—名 (複 **～s** /-z/) Ⓒ ❶ **廊下**, 通廊, 回廊; 《英》(客車の)通廊 (♦「廊下」は《米》では hall, hallway もよく使う) ‖ My office is at the end of the ～. 私の事務所は廊下のいちばん奥です / I'll wait out **in** the ～. 外の廊下で待っています / **down** the ～ 廊下に沿って[を行くと]
❷ 回廊地帯《外国領を通って海港などに至る細長い地域》; 鉄道線路用地; (飛行機が外国上空を飛ぶときなどの)規定航空路; (宇宙船の)規定通路 ‖ an air ～ 〘空〙空中回廊 / the Polish *Corridor* ポーランド回廊
❸ (道路・河川などに沿った)連続都市地帯; (複数の都市地域を結ぶ)細長い人口密集地域
▸▸ **～s of pówer** 名 《the ～》権力の回廊《最重要事項の政府決定がなされる場》(♦ C. P. Snow の小説 *The Corridors of Power*(1964)から)

cor·rie /kɔ́(ː)ri/ 名 Ⓒ 〘地〙カール (cirque) 《山腹のすり鉢形のくぼ地》

Cor·rie·dale /kɔ́(ː)rideɪl/ 名 (複 **～** OR **～s** /-z/) Ⓒ 〘動〙コリデール《ニュージーランド原産の毛肉兼用の羊》

cor·ri·gen·dum /kɔ̀(ː)rɪdʒéndəm/ 名 (複 **-da** /-də/) Ⓒ ❶ (印刷物の訂正すべき)間違い, ミスプリント ❷ 《-da で》正誤表

cor·ri·gi·ble /kɔ́(ː)rɪdʒəbl/ 形 改め得る, 矯正できる; (人が)素直に改める, 従順な

cor·rob·o·rate /kərɑ́(ː)bərèɪt | -rɔ́b-/ 動 他 (証拠・権威などにより)〔陳述など〕を強固[確実]なものにする, 確証する, 裏づける(♦ しばしば受身形で用いる) **-rà·tor** 名

cor·rob·o·ra·tion /kərɑ̀(ː)bəréɪʃən | -rɔ̀b-/ 名 Ⓤ 確実にする[される]こと, 確証; Ⓒ 確証になるもの[こと] ‖ in ～ of one's views 自分の見解を確証するために / look for ～ of his statement 彼の陳述の裏付けを探す

cor·rob·o·ra·tive /kərɑ́(ː)bərèɪtɪv | -rɔ́bərə-/ 形 確証的な, 確実にする

cor·rob·o·ra·to·ry /kərɑ́(ː)bərətɔ̀ːri | -rɔ́bərətəri/ 形 =corroborative

cor·rob·o·ree /kərɑ́(ː)bəri | -rɔ́b-/ 名 Ⓒ ❶ コロボリー《オーストラリア先住民アボリジニの歌と踊りからなる集会》 ❷ 《主に豪》(一般に)お祭り騒ぎ

cor·rode /kəróʊd/ 動 他 ❶ (さび・化学作用などが)…を腐食[浸食]する ❷ 〔心など〕をむしばむ
—自 腐食する; (心などが)むしばまれる

cor·ro·sion /kəróʊʒən/ 名 Ⓤ Ⓒ 腐食[浸食](作用); 腐食によって生じたもの《さびなど》; (苦しみなどが)心をむしばむこと ‖ ～ resistance 耐食性

cor·ro·sive /kəróʊsɪv/ 形 ❶ 腐食[浸食]性の; (心などを)むしばむ ❷ (批評などが)辛辣(しんらつ)な, 鋭い
—名 Ⓒ 腐食性のあるもの **～·ly** 副 **～·ness** 名
▸▸ **～ súblimate** 名 Ⓤ 《旧》〘化〙=mercuric chloride

cor·ru·gate /kɔ́(ː)rəgèɪt/ 動 他 …を波形にする, しわ[畝]をつける —自 波形[しわ]になる

cor·ru·gat·ed /kɔ́(ː)rəgèɪtɪd/ 形 波形の, 波状の, ひだの寄った ‖ ～ iron なまこ板 / ～ paper [OR cardboard] 段ボール紙

cor·ru·ga·tion /kɔ̀(ː)rəgéɪʃən/ 名 Ⓤ 波形にすること, しわ[畝]をつけること; Ⓒ 波状の溝, しわ

***cor·rupt** /kərʌ́pt/ 形 ❶ 賄賂(わいろ)で左右される, 不正な; 汚職の ‖ ～ practices (買収などの)不正行為 / ～ officials accepting bribes 収賄の汚職官吏 ❷ (道徳的に)堕落した, 退廃した ‖ a ～ society 退廃した社会 ❸ 💻(プログラム・データなどが)エラーが入り込んだ; (原稿・原文などが)改悪[改変]された; (言語が)なまった, 転訛(てんか)した ❹ 《古》腐った, 腐敗した; 汚染された
—動 (▶ corruption 名) 他 ❶ …を(賄賂で)買収する, …に贈賄する ‖ ～ a politician with a bribe 賄賂で政治家を買収する ❷ …を(道徳的に)堕落[腐敗]させる ❸ 〔原稿・原文など〕を改悪[改変]する; 〔言語〕をなまらせる; 💻〔プログラム・データなど〕にエラーを引き起こさせる(♦ しばしば受身形で用いる) ❹ 《古》…を汚す, 腐敗させる —自 ❶ 堕落[腐敗]する; 買収される ❷ (物が)腐敗する, 悪くなる ❸ (原稿・原文などが)改悪[改変]される; (言語が)なまる; 💻(データ・ディスクなどが)壊れる **～·ly** 副 **～·ness** 名
語源 *cor-* fully (十分に) + *-rupt* break: すっかり壊れてしまう

cor·rupt·i·ble /kərʌ́ptəbl/ 形 賄賂のきく, 買収できる; 腐敗[堕落]しやすい
cor·rùpt·i·bíl·i·ty 名 **-bly** 副

***cor·rup·tion** /kərʌ́pʃən/ 名 (◁ corrupt 動) Ⓤ ❶ 不正行為; 賄賂, 収賄(しゅうわい) (bribery), 買収, 汚職 ‖ expose ～ 不正(行為)を暴露する / political ～ 政界汚職 / bribery and ～ =《米》graft and ～ 贈収賄 ❷ (道徳的)腐敗, 堕落 ‖ moral ～ 道徳的腐敗 ❸ Ⓒ 《通例単数形で》(原文の)改変, 改悪; (言語の)なまり, 転訛; 💻(プログラム・データの)破壊 ❹ 《古》腐敗; 汚染

cor·rup·tive /kərʌ́ptɪv/ 形 腐敗[堕落]させる(傾向のある), 腐敗性の

cor·sage /kɔːrsɑ́ːʒ, ⌐⌐/ 名 Ⓒ ❶ コサージュ《女性が胸や肩につける小さな花束》 ❷ 《古》(婦人服の)腰から上の部分, 胴部(bodice)

cor·sair /kɔ́ːrseər/ 名 Ⓒ (特に17世紀にアフリカ北部バーバリー地域沿岸に出没した)私掠(しりゃく)船; 《古》(一般に)海賊(船)

corse /kɔːrs/ 名 =corpse

corse·let /kɔ́ːrslət/ (→❷) 名 Ⓒ ❶ (昔の)胴よろい ❷ /kɔ̀ːrsəlét/ コースレット《コルセットとブラジャーの組み合わさった女性の下着》(♦ 商品名から)

cor·se·lette /kɔ̀ːrsəlét/ 名 =corselet ❷

cor·set /kɔ́ːrsət | -ɪt/ 名 Ⓒ コルセット《体型を整えるための女性の下着の一種, または医療用》
～·ed 形 コルセットをした

Cor·si·ca /kɔ́ːrsɪkə/ 名 コルシカ(島)《地中海にあるフランス領の島. ナポレオン1世の生地》

Cor·si·can /kɔ́ːrsɪkən/ 形 コルシカ島(Corsica)の, コルシカ島人の, コルシカ方言の
—名 Ⓒ コルシカ島人; Ⓤ コルシカ方言

cor·tège /kɔːrtéʒ | -téɪʒ/ 名 Ⓒ (葬式などの)行列; 《集合的に》随員団, 供奉(ぐぶ)団

Cor·tés, -tez /kɔːrtéz | ⌐⌐/ 名 **Hernando ～** コルテス (1485–1547)《メキシコを征服したスペインの探検家》

cor·tex /kɔ́ːrteks/ 名 (複 **～·es** /-ɪz/ OR **-ti·ces** /-t̬ɪsìːz/)

Ⓒ ❶〘解〙(脳・腎臓(じんぞう)などの)皮質, 外皮 ❷〘植〙樹皮, 皮層;(薬用)外皮

cor·ti·cal /kɔ́ːrṭɪkəl/ 形〘解〙皮質[外皮]の;(大)脳皮質の(働きによる);〘植〙皮層の, 樹皮の

cor·ti·sol /kɔ́ːrṭəsɔ̀ul, -zɔ̀ul/ 名 Ⓤ〘生化〙コルチゾール《ヒドロコルチゾン(hydrocortisone)の別名》

cor·ti·sone /kɔ́ːrṭəzòun, -sòun | -tɪ-/ 名 Ⓤ〘生化〙コーチゾン《副腎(ふくじん)皮質ホルモンの1つ. 炎症・アレルギーの治療薬》

co·run·dum /kərʌ́ndəm/ 名 Ⓤ〘鉱〙コランダム, 鋼玉, 金剛砂《研摩剤》

cor·us·cate /kɔ́(ː)rəskèɪt, +米 kɑ́(ː)r-/ 動 自《堅》❶きらっと光る ❷(才気などが)ひらめく **-ca·tion** 名

cor·vée /kɔːrvéɪ | kɔ́ːveɪ/ 名 Ⓤ ❶(封建領主のための)強制労役, 賦役 ❷(公共工事などのための)勤労奉仕, 強制労働

cor·vette /kɔːrvét/ 名 Ⓒ〘海〙❶(古代の)コルベット艦《大砲1列を備えた木造平甲板戦艦》❷コルベット艦《小型の軽武装高速艦》

cor·vi·na /kɔːrvíːnə/ 名 Ⓒ コルビナ《米国太平洋沿岸でとれるニベ科の釣魚》

cor·vine /kɔ́ːrvaɪn/ 形 カラスの(ような)

cor·y·phée /kɔ̀(ː)rɪféɪ, +米 kɑ̀(ː)rɪ-/ 名 Ⓒ〘バレエ〙コリフェ《コールドバレエのリーダー》(♦フランス語より)

co·ry·za /kəráɪzə/ 名 Ⓤ〘医〙鼻風邪, 鼻カタル

cos[1] /kɑ(ː)s | kɔs/ 名 (=～ **léttuce**) Ⓒ《英》タチチシャ《葉が長くぱりぱりしているレタス》(《米》romaine)

***cos**[2], **'cos, coz** /kəz, +米 kɑ(ː)z, kɔːz | +英 kɔz/ 接《口》=because

cos[3] /kɑ(ː)s | kɔz/ 略〘数〙cosine

COS, C.O.S. 略〘商〙*c*ash *o*n *s*hipment (積み出し払い); *C*hief *o*f *S*taff

Co·sa Nos·tra /kòusə nóustrə | -zə nɔ́s-/ 名《米》コーザノストラ《米国のマフィア組織》

co·sec /kóusèk/ 略 cosecant

co·se·cant /kòusíːkənt/ 名 Ⓒ〘数〙コセカント, 余割《略 cosec》

cosh /kɑ(ː)ʃ | kɔʃ/《英口》名 Ⓒ(先に鉛などを詰めた)こん棒, 警棒 ── 動 他 …をこん棒で殴る

cosh·er /kɑ́(ː)ʃər | kɔ́ʃə/ 動 他 …をひどくかわいがる, 甘やかす《*up*》

co·sign /kòusáɪn/ 動 他 自 (…に)連署する, 連帯保証人として署名する

co·sig·na·to·ry /kòusígnətɔ̀ːri | -təri/ 形 連署の ── 名 (複 **-ries** /-z/) Ⓒ 連署者, 連署国

co·sine /kóusàɪn/ 名 Ⓒ〘数〙コサイン, 余弦《略 cos》

co·sleep /kòuslíːp/ 動 自 (子供と)添い寝する **～·ing** 名 Ⓤ 添い寝

cos·me·ceu·ti·cal /kɑ̀(ː)zməsúːṭɪkəl | kɔ̀z-/ 名 Ⓒ 薬用化粧品(♦*cosme*tic+pharma*ceutical* より)

***cos·met·ic** /kɑ(ː)zméṭɪk | kɔz-/ 名 Ⓒ《通例 ～s》❶化粧品 ‖ apply [OR put on] ～*s* 化粧品を塗る[つける] ❷欠点を隠すもの, 糊塗(こと)の手段, ごまかし
── 形 ❶《限定》美容[美顔]の, 化粧の;美容整形の ‖ ～ surgery 美容外科(→ plastic surgery) ❷うわべ(をよくする)だけの, 表面的な ‖ a ～ exercise その場しのぎのもの[行為] ❸装飾用の, 装飾的な **-i·cal·ly** 副

cos·me·ti·cian /kɑ̀(ː)zmətíʃən | kɔ̀z-/ 名 Ⓒ《米》化粧品業者;美容師

cos·me·tol·o·gy /kɑ̀(ː)zmətɑ́(ː)lədʒi | kɔ̀zmətɔ́l-/ 名 Ⓤ 美容術 **-gist** 名 Ⓒ 美容師

***cos·mic** /kɑ́(ː)zmɪk | kɔ́z-/, **-mi·cal** /-mɪkəl/ 形《通例限定》❶全宇宙の;(地球に対して)宇宙の;宇宙からやって来る ‖ the ～ laws 宇宙の法則 ❷広大無辺な, 果てしない;途方もない, 大規模な;重大な ‖ a disaster of ～ proportions [OR scale] 大規模な災害 / a matter of ～ importance 途方もなく重要な事柄 **-mi·cal·ly** 副
▸▸ ～ **dúst** 名 Ⓤ〘天〙宇宙塵(じん) ～ **ra·di·á·tion** 名 Ⓒ Ⓤ〘天〙=cosmic ray ～ **ráy** 名 Ⓒ《通例 ～s》〘天〙宇宙線

cosmo- 連結形「世界(world);宇宙(universe)」の意

cos·mog·o·ny /kɑ(ː)zmɑ́(ː)gəni | kɔzmɔ́g-/ 名 Ⓤ 宇宙創造[発生];Ⓒ 宇宙発生[進化]論
còs·mo·gón·ic(al) 形 **-nist** 名

cos·mog·ra·phy /kɑ(ː)zmɑ́(ː)grəfi | kɔzmɔ́g-/ 名 Ⓤ 宇宙形状誌[学]《宇宙の形状・構造を扱う》 **-pher** 名 Ⓒ 宇宙形状誌学者 **còs·mo·gráph·ic(al)** 形

cos·mol·o·gy /kɑ(ː)zmɑ́(ː)lədʒi | kɔzmɔ́l-/ 名 Ⓤ〘天〙宇宙論
còs·mo·lóg·i·cal 形 **-gist** 名 Ⓒ 宇宙論研究者

cos·mo·naut /kɑ́(ː)zmənɔ̀ːt | kɔ́z-/ 名 Ⓒ (特に旧ソ連, ロシアの)宇宙飛行士(→ astronaut)

cos·mop·o·lis /kɑ(ː)zmɑ́(ː)pəlɪs | kɔzmɔ́p-/ 名 Ⓒ (さまざまな国の人々が住む)国際都市

***cos·mo·pol·i·tan** /kɑ̀(ː)zməpɑ́(ː)lətən | kɔ̀zməpɔ́lɪ-/ 〈シ〉形 ❶全世界にわたる;全世界を代表する, 国際色豊かな ‖ a ～ gathering 国際的な会合 ❷(考え方などが)世界主義の, コスモポリタンの, 世界的視野を持つ ‖ a ～ outlook 世界的視野 ❸(動植物が)世界中に分布している
── 名 Ⓒ ❶世界主義者, 世界[国際]人, コスモポリタン ❷世界中に分布する動[植]物 ❸ Ⓒ Ⓤ コスモポリタン《ウオツカとリキュール, ライムなどで作るカクテル》
～·ìsm 名 Ⓤ 世界主義, コスモポリタニズム
語源 ギリシャ語 *kosmos*(世界)+*polītēs*(市民)から.

cos·mop·o·lite /kɑ(ː)zmɑ́(ː)pəlàɪt | kɔzmɔ́p-/ 名 =cosmopolitan

***cos·mos**[1] /kɑ́(ː)zməs | kɔ́zmɔs/ 名 (↔ chaos) ❶《the ～》(秩序と調和のある)宇宙(⇨ UNIVERSE 類語) ❷ Ⓤ (思想などの)整然たる体系 ❸ Ⓤ 調和, 秩序

cos·mos[2] /kɑ́(ː)zməs | kɔ́zmɔs/ 名 (複 ～ OR ～·**es** /-ɪz/) Ⓒ〘植〙コスモス

Cos·sack /kɑ́(ː)sæk, -ək | kɔ́sæk/ 名 Ⓒ (南ロシアの)コサック人;コサック騎兵 ── 形 コサック(人)の

cos·set /kɑ́(ː)sət | kɔ́sɪt/ 動 他 …を(過保護なぐらい)かわいがる, 甘やかす

⁑**cost** /kɔːst, kɑ(ː)st | kɔst/《発音注意》名 動

中心義 **(物事を得るための)代償(を要する)**

── 名 (複 **～s** /-s/) ❶ Ⓤ Ⓒ **費用**, 代価, 価格, **原価**, 出費;《～s》(企業・家庭などの)諸経費(♦個々の品物の「値段」は price がふつう. ⇨ PRICE 類語P) ‖ She gave me $30 to **cover the** ～ **of meals.** 彼女は食事代に30ドルくれた / at a ～ of ¥100,000 10万円(の費用)で / My foreign friends are always complaining about the high ～ of living in Tokyo. 外国人の友人たちはいつも東京の高い生活費のことをこぼしている / below ～ 原価以下で / sell at less than ～ price 原価以下で売る / The new boss ordered us to cut ～*s*. 新任の上司は我々に経費を切り詰めるよう命じた / ～ **saving(s)** [OR reduction, cut(s)] コストの削減, コストダウン(❗ cost down とはいわない.「コストアップする」は increase [OR raise] the cost,「コストダウンする」は lower [OR cut] the cost のようにいう)

連語 **【形+～】** total ～ 総費用 / average ～ 平均的な費用 / low ～ 低いコスト / additional [OR extra] ～ 追加の費用 / running ～*s* 運営[維持]費 / labor ～ 人件費
【動+～】 pay [OR meet, bear] the ～ (of ...) (…の)費用を払う / cover a ～ 費用をまかなう / reduce a ～ 費用を切り詰める / keep down the ～ 費用を抑える / estimate a ～ 費用を見積もる / incur a ～ 費用を負担する

❷ Ⓤ/Ⓒ《通例単数形で》(目的達成のための)**犠牲**, 損失, 代償 ‖ Job loss is often the ～ of automation. 失業はしばしば自動化の代償だ / **at great** ～ 大きな犠牲を払って, 大損して

❸ Ⓒ《~s》(勝訴当事者が敗訴当事者に請求する)訴訟費用(court costs)

*__*at áll còst*(*s*)__；__*at ány còst*__ どんなに費用をかけても，どんな犠牲を払っても，**ぜひとも** ‖ She intended to save her daughter's life *at all ~s*. 彼女はどんなことをしても娘の命を救うつもりだった

__*at cóst*__ 原価で

*__*at the cóst of ...*__ …を犠牲にして

__*cóunt the cóst*__ ① 事前に危険［損失，困難］を考慮する ②（事後に）被害［損失］の程度を判断する

__*to one's cóst*__ 自らの苦い経験から，自分が被害をこうむって ‖ He is treacherous, as I learned [OR discovered] *to* my ~. 苦い経験から知ったことだが，彼はすぐに裏切るよ(♦ 使う動詞は know, learn, find など)

━動 (**~s** /-s/；**cost** → 他 ❹；**~·ing**)

━他 ❶《受身・進行形不可》 **a** 《+目》〔値段〕がかかる，〔金額〕を費させる ‖ How much does an upgrade to business class ~? ビジネスクラスにするといくらかかりますか

b 《+目 *A*+目 *B*》(物が) *A*(人)に *B*(費用)が**かかる** ‖ It will ~ you $500 to fly to Boston. 飛行機でボストンに行くには500ドルかかる(♦ ... ˣcost $500 to [OR for] you とはいわない)

❷《受身・進行形不可》《(+目 *A*)+目 *B*》(物・事が)(*A*(人)に) *B*(時間・労力など)がかかる［必要である］；*B*(労力など)を費させる；*B*(財産・生命など)を失わせる［犠牲にさせる］ ‖ The project ~ much time and effort. その計画には多くの時間と労力を要した / The doctor's carelessness ~ him his life. 医者の不注意で彼は命を落とした

❸《受身・進行形不可》《口》〔人にとって〕かなりの費用がかかる，高くつく ‖ If you don't buy a new car now, it will ~ you. 今新車を買わないと高くつきますよ / ~ money 金がかかる，とても高くつく

❹ (**~·ed** /-ɪd/)〔製品・事業など〕の原価［費用］を見積もる《*out*》(♦ しばしば受身形で用いる)

━自《口》費用がかかる，高くつく

__*còst a pèrson déar*(*ly*)__ 〔人〕にとって高くつく，〔人〕をひどい目に遭わせる

▸▸ ~ **accòuntant** 名 Ⓒ 原価計算係 ~ **accòunting** 名 Ⓤ (経営改善のための)原価会計；《旧》(製品・サービスの)原価計算 ~ **cènter** 名 Ⓒ 〖経営〗コストセンター《企業内で直接利益を生み出さない部門》(↔ profit center) ~ **of lìving** 名《the ~》生計費 ~ **príce** 名 Ⓤ 原価，元値，仕入れ値

cos·tal /kɑ́(:)stəl | kɔ́s-/ 形〖解〗肋骨(ろっこつ)の，肋骨に近い；〖植〗(葉の)主脈の；〖虫〗(昆虫のはねの)翅脈(しみゃく)の

co-star /kóustɑ̀:r/ 名 Ⓒ (映画・演劇の)共演者

━動 (**-starred** /-d/；**-star·ring**) 自〈…と〉(主役として)共演する〈**with**〉 ━他 …を共演させる

có-stàrred 形 **có-stàr·ring** 形

cos·tard /kɑ́(:)stərd | kʌ́s-/ 名《しばしば C-》Ⓒ《英》コスタード《英国産の調理用大型リンゴ》

Cos·ta Ri·ca /kòustə rí:kə | kɔ̀stə-/ 名 コスタリカ《中米の共和国. 公式名 the Republic of Costa Rica. 首都 San José》 **Còsta Rícan** 形 コスタリカの，コスタリカ人の ━名 Ⓒ コスタリカ人

cóst-bènefit 名 Ⓤ〖経〗費用便益

cóst-cùtting 名 Ⓤ 経費削減

còst-efféctive ⟨シ⟩ 形 費用効果の高い，効率的な

~·ly 副 **~·ness** 名

còst-effícient 形 =cost-effective

cos·ter /kɑ́(:)stər | kɔ́s-/ 名《英》=costermonger

cóster·mònger 名 Ⓒ《英》《旧》呼び売り商人《果物・野菜などを手押車で売り歩く》

cost·ing /kɔ́:stɪŋ, kɑ́(:)st- | kɔ́st-/ 名 ❶ Ⓒ 原価計算；《しばしば ~s》原価 ❷ Ⓒ Ⓤ 見積もり

cos·tive /kɑ́(:)stɪv | kɔ́s-/ 形 ❶ 便秘した，便秘を起こす ❷ (動作・反応が)遅い，いやいやながらの

~·ness 名 **~·ly** 副

***cost·ly** /kɔ́:stli | kɔ́st-/ 形 (**-li·er, more ~**；**-li·est, most ~**) ❶ 高価な，値段のはる，費用のかかる (⇨ EXPENSIVE 類語) ‖ ~ furniture 高価な家具 ❷ 犠牲［損失，労力］の大きな，不利益な ‖ a ~ war 犠牲の大きな戦争 / a ~ mistake 手痛い間違い **-li·ness** 名

còst-of-líving ìndex 名 =retail price index

còst-plús ⟨シ⟩ 形《限定》(契約などが)コストプラス［協定利益加算］方式の

***cos·tume** /kɑ́(:)stju:m | kɔ́s-/ 名 ❶ Ⓤ Ⓒ (ある国民・時代などに特有の)服装，身なり ‖ Japanese ~ 和服 / a girl in national [OR folk] ~ 民族衣裳を着た少女

❷ Ⓤ Ⓒ (演劇や舞踏会などの)衣装，仮装服，コスチューム ‖ Halloween ~ ハロウィーンの仮装 / wear historical ~*s* 時代衣装を着ている / stage ~*s* 舞台衣装

❸ Ⓒ (特定の目的・季節に着る)服装；《英》《旧》(上下組み合わせの)婦人服(ensemble)；(女性用)水着(swimming costume) ‖ a riding ~ 乗馬服

❹《形容詞的に》仮装の，衣装の ‖ a ~ ball 仮装舞踏会 / have a ~ change (演劇などで)衣装替えをする

━動 他〔人〕に衣装を着せる；〔劇など〕の衣装を調達［デザイン］する ‖ She was ~*d* in a sari. 彼女はサリーを着ていた

▸▸ ~ **dràma** [**pìece, plày**] 名 Ⓒ (時代衣装をつけて演じる)時代劇 ~ **jèwelry** 名 Ⓤ 模造装身具

cos·tum·er /kɑ́(:)stju:mər | kɔ́s-/ 名 Ⓒ (演劇・仮装舞踏会用の)衣装屋，貸衣装屋

cos·tum·ier /kɑ(:)stjú:mièɪ | kɔstjú:miə/ 名《英》=costumer

***co·sy** /kóuzi/ 形 名 動《英》=cozy

-si·ly 副 **-si·ness** 名

***cot**[1] /kɑ(:)t | kɔt/ 名 Ⓒ ❶《米》(折り畳み式の)簡易ベッド(《英》camp bed) ❷《英》幼児用ベッド(《米》crib)；軽寝台 ❸〖海事〗ハンモック式の簡易ベッド，吊床

▸▸ ~ **dèath** 名 Ⓤ Ⓒ《英》乳幼児突然死症候群(《米》crib death)

cot[2] /kɑ(:)t | kɔt/ 名 Ⓒ ❶ (家畜)小屋(cote)；《古》《文》小さな家，あばら家 ❷ 指サック

cot[3] /kɑ(:)t | kɔt/ 略〖数〗cotangent

co·tan·gent /kòutǽndʒənt/ 名 Ⓒ〖数〗コタンジェント，余接《略 cot》

cote /kout/ 名 Ⓒ《しばしば複合語で》(羊・ハト・家禽(かきん)などの)小屋(cot) ‖ a dove-~ 鳩舎(きゅうしゃ)

***Côte d'I·voire** /kòut di:vwɑ́:r/ 名 コートジボアール《アフリカ西部の共和国. 公式名 the Republic of Côte d'Ivoire. 首都 Yamoussoukro》

co·te·rie /kóuṭəri/ 名 Ⓒ《集合的に》(共通の興味などで結ばれたしばしば排他的な)仲間，同人，グループ

co·ter·mi·nous /kòutə́:rmɪnəs/ 形《堅》❶〈…と〉共通の境界を持つ，隣接する〈**with, to**〉 ❷ (時間・空間などが)同一範囲内の，同一の広がりを持つ

coth /kɔ(:)θ, +米 kɑ(:)θ/ 名 Ⓒ〖数〗双曲余接

co·til·lion /koutíliən, kə-/ 名 Ⓒ ❶ コティヨン(の曲)《フランス18世紀起源の活発な舞踊》 ❷《米》(社交界に初めて出る女性のための)正式舞踊会

Co·to·pa·xi /kòuṭəpǽksi, -pɑ(:)ksi | kɔ̀tə-, koutə-/ 名 コトパクシ山《エクアドル中部の活火山. 5,897m》

:cot·tage /kɑ́(:)ṭɪdʒ | kɔ́t-/

━名 (複 **~s** /-ɪz/) Ⓒ ❶ (ふつう平屋の)**小さな家**，田舎家；(農家の使用人などのための)小屋(⇨ 類語)

❷《米》(避暑地などの)小別荘；ロッジ ‖ He has a summer ~ in Karuizawa. 彼は軽井沢に避暑用の別荘を持っている

類語 《❶》 **cottage, cabin, lodge** すべて小屋を意味するが，近年はかなり設備の充実した別荘風の建物を指すことが多い.
hut, shack, shanty 粗末な小屋.
shed 差しかけ小屋，物置き.

-tag·ey 形

C

▶▶ ～ chéese 名 U カッテージチーズ《スキムミルクから作る柔らかいつぶつぶのある白チーズ》 ～ hóspital 名 C 《英》(田舎の)小病院 ～ índustry 名 C 家内工業 ～ lóaf 名 C 《英》(大小2つを重ね合わせた)焼いたお供えもち状のパン ～ píe 名 C U 《英》=shepherd's pie

cot·tag·er /ká(:)ṭɪdʒər | kɔ́t-/ 名 C 田舎家[小住宅]に住む人;《米》別荘で休暇を過ごす人

cot·ta·ging /ká(:)ṭɪdʒɪŋ | kɔ́tɪ-/ 名 U 《英俗》男性同性愛者が(公衆トイレで)行為の相手を探すこと

cot·ter¹, -tar /ká(:)ṭər | kɔ́tə/ 名 C 農民;小作人《昔,スコットランド・アイルランドで住居を与えられる代償として労働力を提供した人》

cot·ter² /ká(:)ṭər | kɔ́tə/ 名 C 【機】❶ コッター,くさび(栓) ❷ (=～ pìn) コッターピン,割りピン《穴に通してから先端を左右に開いて固定する》

⁑cot·ton /ká(:)tən | kɔ́t-/

—名 (複 ～s /-z/) U ❶ 綿,綿花 ‖ raw ～ 原綿 / waste ～ くず綿 / spin ～ into yarn 綿を紡いで糸にする / pick [grow, cultivate, raise] ～ 綿を摘む[栽培する] / stuff a cushion with ～ クッションに綿を詰める

❷ (=～ plànt)《集合的に》ワタ

❸ U C 綿布,綿織物;《主に英》綿糸,木綿糸 ‖ sewing ～ カタン糸 / a needle and ～ 木綿糸を通した縫い針 / a spool [《英》reel] of ～ 一巻きの木綿糸

❹《形容詞的に》綿の,木綿の,綿製の ‖ He always buys 100% ～ shirt(s). 彼はいつも綿100パーセントのシャツを買う / ～ mills 綿紡績工場 / a ～ handkerchief 木綿のハンカチ / ～ goods 綿製品 ❺ (ワタ以外の植物の)綿毛 ❻《米》脱脂綿(《英》cotton wool)

in tàll cótton 《米俗》とてもうまくいった,大成功した

—動 (～s /-z/; ～ed /-d/; ～·ing) 自《口》仲よくやる;同調する(♦ 通例次の成句で用いる)

còtton ón 〈自〉《口》〈事柄・状況に〉気づく,〈…が〉わかる,〈…を〉悟る〈to〉‖ She finally *～ed on to* her limitations. 彼女はやっと自分の力の限界を悟った

cótton to ... 〈他〉《米口》①《しばしば否定文で》…が好きになる;…に引かれる,なつく ‖ The girl didn't ～ *to* her stepmother at first. 少女は最初のうち継母が好きになれなかった ②…に気づく,…がわかる

còtton úp to ... 〈他〉《口》…と近づき[仲よし]になる;…に取り入る

▶▶ ～ bátting 名 U 《米》精製綿,脱脂綿(《英》cotton wool❷) Cótton Bèlt 名 《the ～》コットンベルト《米国南部の綿花栽培地帯》 ～ búd 名 C 《英》綿棒(swab,《米》Q-tip) ～ càke 名 U 綿の実の搾りかす《飼料用》 ～ cándy 名 U 《米・カナダ》綿菓子,綿あめ(《英》candy floss) ～ gìn 名 C 綿繰り機《種子から綿の繊維を分離する》 ～ gràss 名 U 【植】ワタスゲ ～ stainer 名 C 【虫】コットンステイナー,アカホシカメムシ《綿の実にしみをつける害虫》 ～ swàb 名 C 《米》綿棒 ～ wàste 名 U くず綿糸《機械掃除用》 ～ wóol (↓)

cótton·mòuth 名 《米》=water moccasin

cótton-pìcking 形 《限定》《米口》ひどい,いまいましい;全く,ほんの(♥ 不満・いら立ち・強意を表す)

cótton·sèed 名 U C 綿の種子,綿の実

cótton·tàil 名 C 【動】ワタオウサギ《北米産》

cótton·wòod 名 C 【植】(米国産)ポプラ《種子が綿毛で覆われている》

còtton wóol 名 U ❶《米》生綿(きわた),原綿 ❷《英》精製綿,詰め綿;脱脂綿(absorbent cotton)

wràp a pèrson in còtton wóol 《英口》〔人〕を甘やかす,過保護にする

cot·ton·y /ká(:)təni | kɔ́t-/ 形 綿のような;ふわふわした;けば立った

còttony-cúshion scàle 名 C 【虫】イセリヤカイガラムシ

cot·y·le·don /kà(:)təlí:dən | kɔ̀tɪ-/ 名 C 【植】子葉《胚(はい)の初葉》

***couch¹** /kautʃ/ 名 C ❶ (背もたれが低く,ひじかけが一方にだけある)長いす,寝いす,カウチ;ソファー(sofa);(精神科などの)診察用寝いす ‖ His father was stretched out on the ～ watching TV when we came in. 私たちが部屋に入ると彼の父親はカウチに寝そべってテレビを見ていた ❷《主に文》寝台(bed),ふしど,寝床;休息所 ‖ retire to one's ～ 寝床に退く ❸【醸造】麦芽床 ❹ (絵画などの)下塗り,地塗り

on the cóuch (精神・神経科で)治療を受けている

—動 他 ❶《通例受身形で》〈…で〉表現される,言い表される〈in〉‖ be *～ed in* legal terminology 法律用語で表現される ❷《～ oneself または受身形で》《文》(休息のために寝いすなどに)横になる ❸〔やりなど〕を下段に構える ❹ …に縫い取りをする —自 ❶《文》横たわる,寝そべる(↘ lie down),休む ❷ (動物などが)(穴ややぶなどに)ひそむ,うずくまる;待ち伏せする

▶▶ ～ potàto 名 C 《口》カウチポテト《いつも座り込んでスナック菓子を食べながらテレビ・ビデオを見ている人》 ～ sùrfing 名 U カウチサーフィン《旅行時に相互に宿泊場所を提供し合うこと》

couch² /ku:tʃ, kautʃ/ 名 (=～ gràss) U 【植】カモジグサの類

couch·ant /káutʃənt/ 形《名詞の後に置いて》【紋章】(獣が)頭をもたげてうずくまっている

cou·chette /ku:ʃét/ 名 C 簡易寝台(車)《座席が折り畳み式になっている》

cou·dé /ku:déɪ/ 名 C 形 クデ望遠鏡(の)

cou·gar /kú:gər/ 名 C 《米》【動】クーガー,ピューマ(puma)

***cough** /kɔ:f, kɑ(:)f | kɔf, kɔ:f/ 《発音注意》動 自 ❶ せきをする,せき払いをする ‖ ～ over one's cigarette たばこを吸っていてせきをする / ～ from breathing smoke 煙を吸ってむせる ❷ (エンジンなどが)(点火不良などで)せき込むような音を出す

—他 せきをして…を吐き出す《*up, out*》‖ ～ *up* [OR *out*] phlegm [blood] せきをして痰(たん)[血]を吐き出す

còugh one's hèad óff 激しくせき込む

còugh óut ... / còugh ... óut 〈他〉① ⇨ 他 ②《口》せき込みながら…を言う,しぶしぶ…を言う;〔情報など〕を漏らす

**còugh úp* 〈他〉(*còugh úp ... / còugh ... úp*) ① ⇨ 他 ②《口》〔金・品物〕をしぶしぶ引き渡す[差し出す] ③《口》〔秘密など〕をしゃべる,白状する ‖ *Cough* it *up*. 泥を吐いてしまえ —〈自〉金をしぶしぶ出す[払う]

—名 C せき,せき払い;《a ～》せきの出る状態[病気] ‖ have a bad [OR terrible, heavy] ～ ひどいせきをしている / give [OR let out] a little ～ 軽いせき払いをする / suppress a ～ せきを抑える / whooping ～ 百日ぜき / a dry ～ からせき / a choking [persistent] ～ 息の詰まるような[しつこい]せき

▶▶ ～ dròp 名 C せき止めドロップ ～ mìxture 名 U 《英》せき止め水薬 ～ sỳrup 名 U 《米》せき止めシロップ

cough·ing /kɔ́:fɪŋ, kɑ́(:)f- | kɔ́(:)fɪŋ/ 名 U せきをすること

⁑could /弱 kəd;強 kud/

—助 can¹ の過去形(♦ 否定形は could not,《口》couldn't /kúdənt/) **I【直説法】** ❶《能力・可能・許可・可能性》…できた;…が可能だった;あり得た ‖ My daughter ～ play chess at the age of four. 私の娘は4歳でチェスをすることができた(≒My daughter was able to play ....) (♦ 能力) / I was so upset that I *couldn't* speak a word. 気が動転して一言も話すことができなかった(♦ 可能. → 語法 (4)) / I ～ use his computer whenever I wanted to. いつでも使いたいときに彼のコンピューターを使うことができた(♦ 許可) / He ～ be very critical at times. 彼は時折とても批判的になることがあった(♦ 可能性)

語法 ☆☆ (1) 肯定文での could は過去であることが文脈上明らかでないと,仮定法と区別しにくい.したがって直説法では could を避けて was [OR were] able to で代用することが多い(⇨ ABLE 語法).

(2) 過去の習慣的能力ではなく，特定の事柄が「(1回だけ)できた」という意味ではふつう could は使わず，was [OR were] able to, managed to, succeeded in *doing* などを用いる．〈例〉He「*was able to* [OR *managed to*；*could] pass the exam. 彼は試験に合格することができた．
(3) 過去において「できなかった」を表す否定文には，特定の出来事であっても could not [OR couldn't] がふつうに使われる．〈例〉He *couldn't* [OR *wasn't able to*] pass the exam. 彼は試験に合格できなかった
(4)「…できた」が主語の能力ではなく，周囲の状況から可能になったという場合には肯定文でも could が使える．〈例〉I'm very glad (that) you *could* come. あなたが来られたことがとてもうれしい
(5) see, hear, feel, smell などの知覚動詞や，guess, understand, imagine, remember などの精神活動を表す動詞では，could を用いて過去の一時的な事柄を表せる（⇨ CAN¹ ❶ 語法 (3)(4)）．〈例〉I *could* see the boat coming. その船が来るのが見えた

❷ 《時制の一致》…できる，…が可能だ；…してよい（♦ 間接話法および複文の従属節で，主節の動詞が過去形ならば，時制の一致によって can が could になる）‖ He said that he ～ swim well. 彼は上手に泳げると言った（=He said, "I can swim well."）/ I knew he *couldn't* tell her the truth. 彼が彼女に真実を話すことができないことはわかっていた / She said her husband *couldn't* have done such a thing. 彼女は夫がそのようなことをするはずがないと言った（=She said, "My husband can't have done such a thing."）/ He asked me if he ～ smoke. 彼はたばこを吸ってもよいかと尋ねた（=He said (to me), "Can I smoke?"）

Ⅱ【仮定法とそれに由来する用法】 ❸ 《if 節で》 **a** 《could＋原形動詞で仮定法過去を表す》(もし)…**できれば**；《I wish に続く節で》…**できればよいのに** ‖ If Grandma ～ use a computer, I would e-mail her. おばあちゃんがコンピューターを使えればEメールを送るのに / I wish I ～ drive. 車が運転できたらなあ

語法 ☆☆ 条件節中で丁寧な依頼・要請を表すこともある（⇨ ❺, ❻）．〈例〉I think it would be a good idea if you *could* tell me the whole story. 話をすっかり聞かせてくださるのがいいと思います / I wonder if I *could* have another glass of water. 水をもう1杯頂けるでしょうか

b 《could have＋過去分詞で仮定法過去完了を表す》(もし)…**できたなら**；《I wish に続く節で》…**できたらよかったのに** ‖ If I ～ have taken a week off, I would have traveled abroad. もし1週間休みがとれていたら，海外旅行に出かけたのだが / I wish I ～ have met you at the airport. 君を空港まで出迎えられたらよかったのだが

❹ 《if の帰結節で》 **a** 《could＋原形動詞で仮定法過去を表す》(もし…ならば)…**することができるだろう(に)** ‖ If I had enough money, I ～ buy a car. お金が十分あれば車が買えるのだが（=..., I would be able to buy a car.）/ We ～ finish the work if we really tried hard. 本気でやれば仕事を終わらせてしまえるだろう
b 《could have＋過去分詞で仮定法過去完了を表す》(もし…ならば)…**することができただろう(に)** ‖ If you had arrived a bit earlier, you ～ have seen him. もし君がもう少し早く着いていたら，彼に会うことができたでしょうに（=..., you would have been able to see him.）/ I *couldn't* have done otherwise. (やろうとしても)ほかにやりようがなかっただろう

❺ 《Could you ...?》(迷惑でなければ)…**してくださいませんか**（♥ Can you ...?, Would you ...? よりも丁寧な依頼を表す．改まった表現なので，親しい相手に用いると，よそよそしい印象を与えることがある．→ ❸ 語法, CAN¹ ❺）‖ *Could* you show me the book? その本を見せてくださいませんか / *Could* you (possibly) let me borrow your car? 車を貸していただけるでしょうか（♥ possibly を加えるとより丁寧になる）/ *Couldn't* you come a little earlier? もう少し早めにおいで願えませんか（♥ Could you ...? よりも強制的な表現で相手に対するいら立ちを表すこともある）

❻ 《Could I [we] ...?》…**してもよろしいですか**（♥ 丁寧な要請．I [we] 以外の語を主語にすることも可能）‖ *Could* we (possibly) use the room this afternoon? その部屋を午後に使わせていただけますか（♥ possibly を加えるとより丁寧になる）/ "*Could* I have another cup of tea?" "Of course, you can." 「紅茶をもう1杯頂いてもよろしいですか」「もちろん，いいですよ」（♦ 許可を与える場合，返答には could でなく can を用いる．⇨ CAN¹ ❸ 語法 (1)）

英語の真相
英語の Could you ...? は自分の利益のために何かを依頼する表現であり，相手にとっても利益になる場合には用いられない．例えば，人を招待する際などに「来てくださいませんか」の意で Could you come to our house for dinner next Sunday? と言うと，特に《英》では無理に「来てくれ」と頼み込んでいるような印象を持たれたり，夕食以外に何か別の用件があると思われてしまう恐れがある．人を招待する場合，英語では「来られるかどうか」を聞くよりも「来る意志があるかどうか」を聞く Would you like to come ...? を用いるのが一般的である．

❼ 《I [We, You] could ...》(何なら)…**してもいいですよ**；…してはどうでしょう（♥ 控えめな提案．本当は乗り気ではない，心からの申し出ではないというニュアンスになることもあるため，遠慮している相手には can を用いる方がよい．⇨ CAN¹ ❷b）‖ I ～ do that for you. あなたの代わりに私がそれをしてあげてもいいですよ / We ～ try asking him. 彼に頼んでみてはどうだろう / You ～ ask him for advice. 彼にアドバイスを求めてはどうですか

❽ 《You could ...》(よかったら)…**してください**（♥ 軽い指示）‖ You ～ start by filing these letters for me. 手始めにここにある手紙をファイルしてください

❾ 《口》…**したらどうなんだ**，…しようと思えばできるのに(なぜそうしないのだ)；《could have＋過去分詞で》…してもよかっただろうに（♥ 婉曲的な非難）‖ You ～ close the door. ドアを閉めたらどうだ / You ～ have told me. 私に話してくれてもよかっただろうに

❿ …**したいくらいだ**；《could have＋過去分詞で》…したいくらいだった（♥ 強い感情を表す）‖ I ～ kill him! あいつを殺してやりたいくらいだ / I ～ have torn my hair out in despair. 絶望のあまり髪をむしりたいくらいだった

⓫ （♦ 通例 /kʊd/ と発音）《可能性・推量》 **a** 《could＋原形動詞で》(ひょっとすると)…**かもしれない**（♦ この意味の肯定文では can は使えない．「理論上あり得る」の意味であれば can が使える（⇨ CAN¹ ❹ 語法）．may や might よりも可能性が低い場合に用いる）；《否定文で》…であるはずがない；《疑問文で》(一体)…だろうか ‖ The professor ～ be in his office. 教授は研究室にいるかもしれない（=Perhaps [OR It is possible that] the professor is in his office.）/ It *couldn't* be true. それが本当であるはずがない / How ～ it be true? どうしてそれが本当なのだろうか / What else ～ it be? ほかに何だっていうんだ **b** 《could have＋過去分詞で》(あるいは)…だったかもしれない；《否定文で》…だったはずがない；《疑問文で》(一体)…だったのだろうか ‖ He ～ have lied to us. 彼は私たちにうそをついたのかもしれない（=Perhaps [OR It is possible that] he lied to us.）/ She *couldn't* have forgotten her appointment. 彼女が約束を忘れたはずがない

could do with ... ＝DO *with* ... ①

***couldn't** /kʊ́dənt/ could not の短縮形（⇨ COULD）

couldst /kudst/ 助 《古》can¹の直説法・二人称・単数・過去形（主語が thou のときに用いる）

could've /kʊ́dəv/ could have の短縮形

cou·lee /kúːli/ 名 C ❶《米・カナダ》(北西部の)深い峡谷《夏はふつう水がかれる》; 小渓谷 ❷〖地〗溶岩流

cou·lis /kuːlíː | kúːli/ 名 (複 ~ /-liːz/) C〖料理〗クーリ, ピューレ(♦フランス語より)

cou·lisse /kuːlíːs/ 名 C〖劇〗舞台そで(の背景)

cou·loir /kulwáːr | kúːlwɑː/ 名 C (山腹の)深い峡谷

cou·lomb /kúːlɑ(ː)m | -lɔm/ 名 C〖理〗クーロン《電気量の単位. 略 C》

C

coul·ter, +《米》**col·ter** /kóultər/ 名 C すき先《すきの刃の前に取りつけた刃》

coun·cil /káunsəl/ (♦同音語 counsel)

—名 (複 **~s** /-z/) C《集合的に》《単数・複数扱い》(♦《米》では通例単数扱い. 《英》では個々の成員に重点を置く場合複数扱い) ❶ (州・市・町など地方自治体の)**議会**, 参事会; 《英》地方自治体 ‖ the Los Angeles City *Council* ロサンゼルス市議会 / gain a seat on the local ~ 地方議会の議員となる / a county [district] ~ 州議会[地区評議会]

❷ **評議会**, 協議会, 理事会, 審議会, 諮問委員会, 代議員会(議); **会議**, 協議 ‖ a Cabinet *Council* 閣議 / the Science *Council* of Japan 日本学術会議 / Japanese Language *Council* 国語審議会 / the United Nations Security *Council* 国連安全保障理事会 / a family ~ 家族会議 / assemble [go into, hold] a ~ 会議を召集する[開く] / She is on the ~. (=She is a member of the ~.) 彼女は評議員だ / in ~ 会議中で; 諮問機関に諮って / Readers in *Council* 紙上意見交換会《新聞の投書欄》

❸《形容詞的に》《英》(住宅が)地方自治体所有の, **公営の** ‖ a ~ worker 地方公務員

❹ 宗教会議, 教会会議; (カトリックの)公会議

▸▸ **~ chàmber** 名 C《英》(大)会議室 **~ estàte** 名 C《英》公営住宅(地) **~ hòuse** [**flàt**] 名 C ① 議事堂, 会議所 ②《英》公営住宅 **~ hòusing** 名 U《集合的に》《英》公営住宅 **~ of wár** 名 (複 **~s of war** /-z-/) C (緊急)軍事会議, (緊急)対策会議 **~ tàx** 名 U/C《単数形で》《英》住民税, 市民税

cóun·cil·man /-mən/ 名 (複 **-men** /-mən/) C《米》(特に地方議会の)議員(中立 council(l)or, council member)

***coun·ci·lor,** 《主に英》**-cil·lor** /káunsələr/ (♦同音語 counsel(l)or) 名 C ❶ **評議員**, 参事官 ‖ the House of *Councilors* (日本の)参議院 ❷ (地方議会の)州[市, 町]会議員(councilman, councilwoman) ‖ a town ~ 町会議員

cóuncil·wòman 名 (複 **-wòmen**) C《主に米》(特に地方議会の)女性議員(→ councilman)

***coun·sel** /káunsəl/ (♦同音語 council) 名 ❶ C《単数・複数扱い》法律顧問, 顧問弁護士, 法廷弁護士; 《集合的に》弁護士団(♦通例冠詞はつけない)(→ barrister, lawyer) ‖ ~ for the plaintiff [defense] 原告[被告]側弁護士 / the former ~ to the President 大統領の元法律顧問 / a Queen's [OR King's] *Counsel* 王室顧問弁護士, 勅選弁護士《略 Q.C. [OR K.C.]》 ❷ U《文》相談, 協議, 審議 ‖ hold ~ with ... …と相談する, 協議する ❸ U C《堅》助言, 忠告, 勧告(⇨ ADVICE 類語) ‖ give [OR offer] ~ 助言する / follow his ~=take ~ from him 彼の意見[忠告]に従う / moral [practical] ~s 道徳上の[実際的な]忠告

a còunsel of despáir ① 最後の手段, 絶望的なあがき ② あきらめなさいとの忠告

a còunsel of perféction ① 道徳的理想への助言《完璧(かんぺき)な人になれというキリスト教の教え》(♦聖書の言葉より) ② 理想的だが非現実的な助言(案)

kèep one's òwn cóunsel 自分の計画[考え]を秘密にしておく

tàke cóunsel 〈…と〉相談する, 協議する〈**with**〉

—動 (**-seled**, 《英》**-selled** /-d/; **-sel·ing**, 《英》**-sel·ling**) 他 (専門家の立場から)忠告[助言]する **a** 《+目》〔人〕に助言[忠告]する〈**about, on** …について; **against** …しないように〉; …を勧める ‖ A psychiatrist ~*s* people with mental problems. 精神科医は心の問題を抱える人のカウンセリングをする / He ~*s* students *on* [OR *about*] how to find work. 彼は学生の就職相談をしている / I ~*ed* her *against* accepting the offer. 私は彼女にその申し出に応じないように忠告した / ~ prudence 慎重な態度を勧める **b** 《+目+**to do**》《堅》〔人〕に…するように勧める[忠告する] ‖ The doctor ~*ed* me *to* quit smoking. 医者は私にたばこをやめるようにと忠告した

—自 ❶ 相談[協議]する ❷ 忠告する, 助言する〈**on** …について; **against** …しないように〉 ❸ 忠告に従う

***coun·sel·ing,** 《英》**-sel·ling** /káunsəlɪŋ/ 名 U (専門家の心理などについての)助言, 指導, カウンセリング ‖ She is undergoing [OR receiving, having] ~ for depression. (=She is in ~ for depression.) 彼女はうつ病でカウンセリングを受けている / marriage ~ 結婚相談 / bereavement ~ 死別カウンセリング《身内の死後, 後に残された人たちのためのカウンセリング》

***coun·se·lor,** 《英》**-sel·lor** /káunsələr/ (♦同音語 council(l)or) 名 C ❶ 顧問, 相談役(adviser), カウンセラー; (一般に)相談相手 ‖ a judicial ~ 法律顧問 / a vocational ~ 職業に関する相談員 ❷《米》(学生の勉学などの)相談員, 指導教官 ❸《米・アイル》(法廷)弁護士(♥呼びかけにも用いる)(⇨ LAWYER 類語) ❹《米》(林間学校などの)指導員

the Còunsellor of Státe 《英》(王のいない間の)臨時摂政

còunselor-at-láw 名 (複 **counselors-** /-z-/)《米・アイル》=counselor ❸

count[1] /kaunt/ 動 名

中心義 数える, 数えるだけの価値がある(とみなす)

—動 (**~s** /-s/; **~·ed** /-ɪd/; **~·ing**)

—他 ❶ **a** 《+目》…(の数)を**数える**, 計算する, 勘定する; 合計する《*up*》 ‖ Always ~ the change before you leave the cashier. レジを離れる前には必ず釣り銭を数えなさい / ~ heads [OR noses] (出席者の)人数を数える / When they ~*ed up* the votes the second time, they saw that the Governor had lost. 票数を再度数え直してみると州知事の負けていたことがわかった / ~ the **number** [costs] of ... …の数を数える[費用を計算する] **b** 《+**wh** 節》…か数える ‖ *Count how* many people are present. 何人出席しているか数えなさい

❷ …を(全体の)**数に入れる**, 勘定[考慮]に入れる; …を含める; …を〈…の〉1つ[1人]とみなす〈**among** …の中の; **as** …として〉(⇨ RELY 類語) ‖ I had four pieces of luggage, not ~*ing* my camera. カメラを入れないと荷物は4個あった / Don't ~ me *among* your friends. 僕を友達とは思わないでくれ

❸ 《+目+補〈(**as**) 名・形〉》《進行形不可》…を…と思う[考える](♦**as** 形の代わりに **for** 形もときに用いられる) ‖ I ~*ed* myself lucky to be at the deciding game of the World Series. ワールドシリーズの優勝決定戦の場に居合わせて幸せだと思った / ~ him *as* [OR *for*] dead 彼を死んだものとみなす / This must be ~*ed as* one of the most momentous events of the century. これは今世紀の最も重要な出来事の1つとみなさねばならない

—自 ❶ **数える**, 数え上げる, (1, 2, 3と)数を順に言う; 計算する, 勘定する《*up*》〈**from** …から; **to** …まで〉 ‖ My son can't ~ yet. 息子はまだ数が言えない / ~ *from* 1 (*up*) *to* 10 1から10まで数える

❷ 《+副句》《進行形はまれ》(全部で…の)数になる(♦count の後に数を表す語句が前置詞なしで用いられる) ‖ The books ~ about two thousand. 本は約2,000冊になる

❸ 《進行形不可》価値を有する, 重要[大切]である, 問題になる; 影響力を持つ ‖ It's the thought that ~*s*. 大切

なのは気持ちだ, 気は心 / His experience as a military officer ~*ed* in getting him elected to the board. 陸軍将校としての経歴が有利に作用し彼は委員会のメンバーに選出された ❹ (公式に)認められる, 有効である ‖ Your vote doesn't ~. あなたの投票は無効です ❺ 《進行形不可》みなされる 〈**as** …と; **among** …の1つと〉 ‖ His victory ~*s as* one of the great comebacks in golf history. 彼の勝利はゴルフ史上偉大な返り咲きの一例と考えられている / He does not ~ *among* my friends. 彼は私の友人ではない ❻ 〘楽〙拍子をとる

can count … on the fingers of one hand ⇨ FINGER (成句)

****cóunt against*** 〈他〉 **I** 《*cóunt against* …》…にとって不利に働く ‖ That will ~ *against* her. それは彼女にとってマイナスになるだろう **II** 《*còunt À against B́*》AをBにとって不利に作用させる ‖ ~ the error *against* the man その過失でその男への評価を下げる

còunt dówn 〈自〉数を逆に数える;(ロケット発射時などに)秒読みをする;〈特定の日・時がくるのを〉指折り数える[数えて準備する]〈**to**〉 ― 〈他〉《*còunt dówn* … / *còunt* … *dówn*》…を逆に数える

cóunt for … 〈他〉 ① …の価値がある ‖ ~ *for* little ほとんど価値がない / Education ~*s for* something in all nations. 教育はどこの国でも重きを置かれる ② …に数えられる ‖ A touchdown ~*s for* six points. タッチダウンは6点になる

còunt ín … / ***còunt … ín*** 〈他〉…を勘定に入れる, 含める;《口》…を仲間に入れる (↔ *count out*) ‖ If you're going to the movies, ~ me *in*. 映画に行くのだったら, 僕も仲間に入れて

còunt óff 《米》 〈他〉《*còunt óff* … / *còunt … óff*》 ① …が全部いる[ある]のかどうか数える ② …を数えて分ける ― 〈自〉(軍隊などで)順次番号を唱える;(同人数の)班に分かれる

****cóunt on*** [OR ***upon***] ***…*** 〈他〉…に**頼る**;…を当てにする, 期待する (⇗ rely on) ‖ He cannot be ~*ed on*. 彼は頼りにならない / Don't ~ *on* my taking it. 私がそれを受け取るとは期待しないでよ / I am ~*ing on* this work to bring me the money to travel. この仕事をやれば旅行費用が出ると当てにしている / I was ~*ing on* more. もっと期待していたのに(期待に及ばなかった)

****còunt … óut*** 〈他〉 **I** ① …を**除外する**, 仲間に入れない (↔ *count in*) ‖ *Count* me *out* of the plan. その計画から私を外してくれ ② 〘ボクシング〙(10数えて)…にノックアウトを宣告する **II** 《*còunt óut* … / *cóunt … òut*》〔物など〕を(1つずつ)数えて出す[与える]

còunt the dáys [OR ***hóurs***] 指折り数えて待つ, 待ち遠しくてたまらない

cóunt toward … 〈他〉…に資する, …の評価につながる

còunt úp … / ***còunt … úp*** 〈他〉…を全部数える, 数え上げる(→ 他 ❶)

còunt úp to … 〈他〉 ① …まで数える (→ 自 ❶) ② 合計…になる ‖ It ~*s up to* a sizable amount. それは合計すればかなりの数量になる

Whò's cóunting? 《口》何回あっても気にしない, 大したことはないよ

― 名 (複 **~s** /-s/) ❶ C 《通例単数形で》**数えること**, 計算, 勘定 ‖ Breathe in to the ~ of five, hold. 5つ数えるまで息を吸って, 止めて / He took [OR did] a ~ of how many people attended. 彼は何人の人が出席したか数えた / by actual ~ 実数(計算)で / beyond [OR out of] ~ 数えきれない, 無数の

❷ U/C 《通例単数形で》総計, 総数, 総額 ‖ The body ~ was 15. 死体は全部で15体だった / The blood has a very high potassium ~. 血液中には非常に多量のカリウムが含まれている / a pollen ~ (大気中の)花粉数

❸ C 〘法〙(起訴状の)訴因 ‖ be charged with [OR on] one ~ of theft 1件の窃盗の訴因で告発される

❹ C 《しばしば ~s》問題点, 論点 ‖ I agree with you **on** several ~*s*. いくつかの点で君に賛成だ / **on** this ~ この点に関しては

❺ C 〘ボクシング〙(ダウン時の)カウント;〘野球〙(打者の)カウント;〘レスリング〙カウント ‖ He got up at [OR on] the ~ of seven. 彼はカウント7で起き上がった / beat the ~ (ボクサーが)カウント10までに起き上がる / The ~ stood at three and one. カウントはスリーボール, ワンストライクだった ❻ C (糸の)番手《紡績糸の太さや質を示す》

at (the) làst cóunt 最新の集計[数字]では, 最新の情報では ‖ There were forty at (the) last ~. 最新の集計では40人だった

dòwn for the cóunt 《米》= *out for the count* ① ③ (↓)

kèep (a) cóunt 〈…の〉数を覚えている, 〈…を〉数え続ける 〈**of**〉

lòse cóunt 〈…の〉数を忘れる;〈…の〉数がわからなくなる, 数を数えきれなくなる 〈**of**〉 ‖ *lose* ~ *of* time 時間がわからなくなる

òut for the cóunt ① 〘ボクシング〙ノックアウトされて(立ち上がれずに) ② ぐっすり眠って, 意識を失って ③ 打ちのめされて, 負けて, 疲れ果てて;死んで

tàke the cóunt 〘ボクシング〙ノックアウトになる

▸▸ **~ing hòuse** 名 C 《古》会計事務所;(工場・会社などの)会計課 **~ nòun** 名 C 〘文法〙可算名詞 (countable noun)《数えられるものを表す名詞》(→ mass noun)

count[2] /kaunt/ 名 C (英国以外の欧州諸国の)伯爵《英国の earl に相当》

▸▸ **~ pálatine** 名 (複 **~s p-**) C パラティン伯 (《英》Earl Palatine)《もと領地内で王権の一部行使を認められていた領主》(→ county palatine)

***count·a·ble** /káunṭəbl/ 形 数えられる;〘文法〙可算の
― 名 C 〘文法〙可算名詞 (↔ uncountable)

▸▸ **~ nóun** 名 C 〘文法〙= count noun

***cóunt·dòwn** 名 U/C 《通例単数形で》(ロケットの発射時などの)秒読み《0まで数を逆に数える》, 最終準備;(大事を行う)最後の瞬間

***coun·te·nance** /káuntənəns/ 名 ❶ C (性格・感情などを示す)顔つき, 表情;顔立ち, 容貌(ぼう), 顔 (⇨ FACE 類語) ‖ Her ~ fell. 彼女は落胆の色を浮かべた / change (one's) ~ 顔色を変える ❷ U/C 《単数形で》冷静, 落ち着き ‖ with a good ~ 落ち着き払って / keep one's ~ 平静を保つ;(おかしくても)すましている / lose ~ 落ち着きを失う, 狼狽(ばい)する ❸ U 是認(の顔色・様子);賛意, (精神的)支持, 奨励 ‖ give [OR lend] ~ to … …に賛意を示す / find no ~ in … …の支持を得られない

kèep a pèrson in cóuntenance (支援を与えて)〔人〕の顔を立てる, 〔人〕に恥ずかしい思いをさせない

out of cóuntenance 度を失って, どぎまぎして;気を悪くして ‖ put him *out of* ~ 彼を困惑させる, 彼に恥ずかしい思いをさせる;彼を立腹させる

― 動 他 《主に否定文で》《堅》 **a** 《+目》…に賛意を示す, …を支持する;…を是認[容認]する;…を奨励する **b** 《(+目) + *doing*》(〔人〕が)…するのを許す, 容認する ‖ Your father won't ~ you [OR your] marrying him. お父さんはあなたが彼と結婚するのを許さないだろう

:count·er[1] /káunṭər/
― 名 (複 **~s** /-z/) C ❶ (銀行・商店などの)**カウンター**, 勘定台;(レストラン・バーなどの)カウンター;(物品の)陳列台, 売台, 売場 ‖ I reconfirmed my flight at the check-in ~. チェックインカウンターで乗る便の再確認をした / a delicatessen ~ (調理済)食品陳列台 / serve [OR sit] **behind the ~** 売り場で働く
❷ 《米》(台所の)調理台 (《英》worktop) ❸ (ゲームでの)カウンター, 数取り, チップ《得点の計算やゲーム盤上に載せたりするための木や象牙(ぞう)製の小円板》 ❹ 計算機, 計数器;(票などを)数える人;〘理〙(放射線の)計数管 ‖ a Gei-

C

ger ～ ガイガーカウンター ❺ 代用貨幣, トークン
over the cóunter ① (薬を買う時などに) 処方箋(せん)[特別許可証]なしで ② 証券業者の店頭で
under the cóunter (取り引きなどが) こっそりと, やみ(値)で, 不法に(♦ 店のカウンターの下で警察や一般客に見つからないように違法なものを取り引きしたことから)

C

***count·er²** /káunṭər/ 副 〈…と〉逆方向に；逆に, 反対に 〈**to**〉 ‖ His views often ran ～ *to* those of his colleagues. 彼の見解はしばしば同僚たちの見解に反した / act [OR go] ～ *to* his instructions 彼の指示に背く
── 形 ❶ 〈…と〉逆の, 反対の〈**to**〉 ‖ The result is ～ *to* what I expected. 結果は私の期待とは反対だ / on the ～ side 反対側に / a ～ order 前の命令を取り消す命令 ❷ 控えの, 副の
── 名 C ❶ 逆(contrary), 反対(方向)；反対物, 抵抗[阻止]する力；反論, 応酬 ‖ as a ～ to ... …に対抗するものとして ❷ 〘ボクシング〙カウンターブロー；〘フェンシング〙受流し；〘アメフト〙カウンタープレー《ディフェンスの裏をかくランプレー》 ❸ 〘海〙船尾の湾曲部 ❹ 〘印〙(活字の面の)谷
── 動 他 ❶ **a** 《+目》〔意見など〕に反対する, 反論[反駁(はんばく)]する〈**with** …で / **by** *doing* …して〉 ‖ He ～*ed* our argument *with* his own. 彼は我々の論拠に対し自分の論拠を示して反論した **b** 《+**that** 節》…だと反論[反駁, 応酬]する ‖ He ～*ed that* there wasn't enough time left. 彼は十分な時間が残されていないと反論した / "That doesn't make sense," he ～*ed*. 「それでは筋が通らない」と彼は応酬した ❷ …に〈…で〉対抗する, 逆らう〈**with**〉 ‖ ～ terrorism *with* economic sanctions テロ行為に経済制裁をもって対抗する ❸ …を抑止する；…に反撃する, …を迎え撃つ；〘ボクシング〙…を打ち返す
── 自 ❶ 反対する, 対抗する, 反論[応酬]する〈**with** …で / **by** *doing* …して〉 ❷ 反撃する, 迎え撃つ；〘ボクシング〙身をかわしながら打ち返す
▸▸ **Còunter Reformátion** 名 《the ～》反宗教改革《16・17世紀に宗教改革に対抗して起きたカトリック教会内部の革新運動》

counter- /kaunṭər-/ 連結形 ❶「逆の, 反対の, 対抗の」の意 ‖ *counter*clockwise, *counter*attack ❷「副の, 対応する」の意 ‖ *counter*part, *counter*foil

***còunter·áct** 動 他 …に対し逆の行動[働き, 作用]をする；(対抗する力によって)…を阻止する, くじく, 妨げる；…を中和する ‖ ～ the effects その効果を失わせる

còunter·áction 名 U C ❶ 反作用, 抵抗, 対抗(活動) ❷ (計画などの)妨害, 阻止；(薬の)中和作用

còunter·áctive 形 反作用の, 中和性の

cóunter·attàck 名 C 反撃, 逆襲
── 動 他 自 (…に)反撃[逆襲]する

còunter·attráction 名 C 反対引力

cóunter·bàlance 名 C ❶ 平衡[釣り合い]重り, 平衡錘(すい) ❷ 釣り合いをとる力[勢力] ‖ act as a ～ to ... …の埋め合わせになる ── 動 /ˌ-ˈ-/ 他 …を釣り合わせる；…(の効果)を相殺する；…の埋め合わせ[補い]をする

cóunter·blàst 名 C (主に新聞で)〈…に対する〉猛烈な反論[抗議]〈**to**〉

cóunter·chàrge 名 C 反撃, 逆襲；〘法〙反訴
── 動 他 …に反撃[逆襲]する；〘法〙…を反訴する

cóunter·chèck 名 C ❶ 《古》対抗手段, 妨害 ❷ 再照合 ── 動 /ˌ-ˈ-/ 他 …に対抗する, …を妨害する

cóunter·clàim 名 C 〘法〙反訴
── 動 自 他 (…に)反訴する

còunter·clóck·wìse 形 副 《米・カナダ》時計の針と逆回りの[に], 左回りの[に](《英》anticlockwise)

cóunter·cùlture 名 U 反文化《既成の価値観などに反抗する若者の文化》 **còunter·cúltural** 形

cóunter·cùrrent 名 C 逆流；対抗する流れ

còunter·éspionage 名 U 防諜(ぼうちょう)活動[組織], 逆スパイ活動

***coun·ter·feit** /káunṭərfìt/ 形 ❶ にせの, 偽造の；模造の, まがい(物)の(⇨ FALSE 類語P) ‖ a ～ dollar bill 偽造の1ドル紙幣 ❷ 偽りの, 見せかけの, うわべだけの ‖ ～ sympathy うわべだけの同情
── 動 他 ❶ …のにせ物を作る, …を偽造する ❷ …のふりをする, …に見せかける ‖ ～ an air of indifference 無関心を装う ❸ 《文》…にそっくり似る, 酷似する
── 名 C にせ物, 模造品；偽造通貨, にせ札

cóun·ter·fèit·er 名 C 偽造者；模造者；にせ金作り

cóunter·fòil 名 C 《主に英》(小切手などの)控え(stub)

còunter·insúrgency 名 U (軍・警察による)反乱[暴動]鎮圧, 対ゲリラ活動

còunter·intélligence 名 U 防諜活動, スパイ防止活動

còunter·intúitive 形 直観[常識, 経験]に反した
～·ly 副

còunter·írritant 名 C 〘医〙反対刺激剤

cóunter·màn /-mæ̀n/ 名 (複 **-mèn** /-mèn/) C 《米》(男性の)カウンター係(中立 counter attendant)

coun·ter·mand /káunṭərmæ̀nd, ˌ-ˈ- | kàuntəmɑ́:nd/ (→ 名) 動 他 ❶ 〔命令・注文など〕を取り消す, 撤回する ❷ (反対の命令を出して)…を呼び戻す
── 名 /káunṭərmæ̀nd | -mɑ̀:nd/ C 取り消し命令

cóunter·màrch 名 C 反対方向への行進, 反対(デモ)行進；(形勢)逆転 ── 動 自 他 (…が[を])回れ右して行進する[させる]；(…が[を])逆転する[させる]

cóunter·mèasure 名 C 対抗策, 対抗[報復]手段

cóunter·mìne 名 C 対敵坑道《敵の坑道を爆破するための坑道》

cóunter·mòve 名 C 反対[対抗]運動

còunter·offénsive 名 C 〘軍〙反攻, 逆襲

cóunter·òffer 名 C 逆提案, 反対提案；〘商〙カウンターオファー, 修正申し込み

cóunter·pàne 名 C 《旧》ベッドの上がけ

***coun·ter·part** /káunṭərpɑ̀:rt/ 名 C ❶ 〈…に〉対応[相当]するもの[人], 同等のもの[人]〈**to**〉 ‖ the French Foreign Minister and his Egyptian ～ フランスの外相とエジプトの外相 / The Emperor of Japan can be considered the ～ of the Queen of England. 日本の天皇はイギリスの女王に相当する人と考えられる ❷ よく似たもの[人](の一方)；対の一方 ❸ 〘法〙副本, 写し ❹ (芝居などの)相手役

cóunter·plòt 名 C (敵の裏をかく)対抗策
── 動 (**-plot·ted** /-ɪd/；**-plot·ting**) 自 (敵の)裏をかく

cóunter·pòint 名 ❶ U 〘楽〙対位法；C 対旋律 ❷ C 対照項[物], 補完項[物] ── 動 他 〘楽〙〔旋律〕に対旋律を加える；…を対比して強調する

cóunter·pòise 名 ❶ C 平衡錘(すい) ❷ C 均衡をとるもの, 平衡力 ❸ U 《古》均衡, 釣り合い ‖ be in ～ 釣り合いがとれている ── 動 他 ❶ …と釣り合う, …を釣り合わせる, 平衡させる ❷ …を補う, 相殺する

còunter·prodúctive ⊲ン 形 逆効果を生じる[招く]

cóunter·pùnch 名 C 〘ボクシング〙カウンターパンチ
── 動 自 カウンターパンチを打つ

còunter·reformátion 名 U C 反(対)改革

còunter·revolútion 名 C 反革命

còunter·revolútionary 形 名 (複 **-ar·ies** /-z/) C 反革命の(運動家)

cóunter·scàrp 名 《the ～》(城の堀の)外壁, 外岸(の斜面)

cóunter·sìgn 動 他 〔文書〕に連署[副署]する
còunter·sígnature 名 C 連署, 副署

cóunter·sìnk 動 (**-sank** /-sæŋk/；**-sunk** /-sʌŋk/；**～·ing**) 他 ❶ 〔穴〕の口を円錐(えんすい)形に広げる, …に皿穴をあける ❷ 〔ねじなどの頭〕を皿穴に埋める
── 名 C 皿もみ錐(きり)；皿穴

cóunter·spỳ 名 (複 **-spies** /-z/) C 逆[対抗]スパイ

cóunter·sùnk 形 (ねじなどの頭が)皿穴に埋められた

cóunter·tènor /英 ˌ-ˈ-/ 名 C 〘楽〙カウンターテナー

《男性が裏声で出す，テノールより高い音》；カウンターテナー歌手

còunter·térrorism 名 U テロ対抗措置［手段］‖ a ～ officer テロ対抗措置専門官 **-térrorist** 名 形

cóunter·tòp 名 C 《米》調理台(《英》worktop)

cóunter·tràde 名 U バーター貿易，見返り貿易

coun·ter·vail /kàunṭərvéɪl/ 動 他 …に対抗する；…を償う，補う，相殺する

coun·ter·vail·ing /kàunṭərvéɪlɪŋ, ‐‐‐‐/ 形 《限定》《堅》相殺するような

cóunter·vìolence 名 U 報復的暴力

cóunter·wèight 名 C 平衡錘(すい)；釣り合いをとるもの(counterbalance)

count·ess /káunṭəs | -ɪs/ 名 C 伯爵夫人《count²（英国ではearl）の妻》；女性伯爵(♥ 呼びかけにも用いる)

cóunt·ing /-ɪŋ/ 前 …を数に入れて

count·less /káuntləs/ 形 《通例限定》数えきれない（ほど多い），無数の(⇨ NUMEROUS 類語)

coun·tri·fied /kʌ́ntrifàɪd/ 形 《態度・身なりなどが》田舎じみた，やぼったい；《景色などが》ひなびた

coun·try /kʌ́ntri/ 《発音注意》 名 形

名 国❶ 祖国❶ 国民❷ 田舎❸ 地域❹ 地方❹

―名 (複 **-tries** /-z/) ❶ C 国，国家，国土；《one's ～》**祖国**，自国 ‖ Students from various Asian *countries* gathered in the forum. アジア諸国の学生たちが公開討論会に集まった / What is your native [OR mother, home] ～? お国はどちらですか / *So many countries, so many customs*. 《諺》国の数と同じだけ風習がある；所変われば品変わる / return to one's ～ 祖国に帰る / **leave** the ～ 国を離れる / love of one's own ～ 祖国愛

連語 【形+～】 a foreign ～ 外国 / a developing [developed] ～ 発展途上［先進］国 / a third ～ 第三国

❷ 《the ～》《集合的に》《単数扱い》**国民**（全体）；大衆，民衆；選挙民（全体）‖ The whole ～ is opposed to any nuclear wars. 全国民がいかなる核戦争にも反対している

❸ 《通例 the ～》**田舎**(countryside)，田園地帯(↔ town)；地方 ‖ My parents are thinking of moving to the ～. 両親は田舎に引っ越すことを考えている / live in the ～ 田舎に住んでいる / town and ～ 都会と田舎

❹ U 《しばしば形容詞を伴って》（特徴のある）**地域，地方**，土地，場所；（知識などの）領域，分野 ‖ open ～ 広々とした土地 / unknown ～ 未知の土地；未知の領域［分野］/ walking [cycling] ～ 歩くのに［サイクリングに］適した所

❺ U （作家・作品などに）ゆかりの土地 ‖ Dickens ～ ディケンズゆかりの地 ❻ U 《法》陪審 ❼ =country music

acròss cóuntry 田野を横切って，道のない所を通って；クロスカントリーで［の］

gò [OR ***appèal***] ***to the cóuntry*** 《英》（議会を解散して）国民の総意を問う，総選挙を行う

one's líne of còuntry 《英》得意なこと［もの］，精通しているもの

COMMUNICATIVE EXPRESSIONS

1 **It's a frèe cóuntry.** それくらいのことはいいでしょ(♥ 自分の行動・言動を正当化するときなどに使う表現)

―形 《限定》 ❶ 田舎の，地方の，田舎風の ‖ ～ life 田舎の暮らし / a ～ road 田舎道 ❷ カントリーミュージックの

▸▸ ～ **and wéstern** 名 U カントリーミュージック，(カントリーアンド) ウエスタン《米国南部・西部の民謡音楽》 ～ **búmpkin** 名 C 《けなして》田舎者(bumpkin) ～ **clùb** 名 C カントリークラブ《ゴルフ場などの設備を持つ郊外の社交クラブ》 ～ **cóusin** 名 C お上りさん ～ **dánce** 名 C カントリーダンス《英国起源のフォークダンス》 ～ **gén-tleman** 名 C 田舎紳士；地方の名士［資産家］ ～ **hóuse** 名 C （地方の大地主などの）大邸宅 ～ **mìle** 名 C 《口》長距離 ～ **mùsic** 名 U =country and western ～ **róck** 名 U ① カントリーロック《ロック調のウエスタン音楽》 ② 《地》母岩 ～ **séat** 名 C 田舎の大邸宅［屋敷］

coun·try·fied /kʌ́ntrifàɪd/ 形 =countrified

***cóuntry·man** /-mən/ 名 (複 **-men** /-mən/) C ❶ 《通例 one's ～》同国人，同郷の人 ‖ my fellow ～ 私の同郷人 ❷ 地方の人，田舎者 ❸ （特定の土地の）人，住民（中立 ❶，❸ citizen, inhabitant, resident ❷ country dweller）

‡cóuntry·sìde

―名 《通例 the ～》 ❶ **田舎**，田園地帯，地方(♦ その地域の自然の美しさなどに言及するときに用いることが多い) ‖ live **in the** ～ 田舎に住む / the English ～ 英国の田園地帯 / **the surrounding** [**open**] ～ 郊外の［広々とした］田園地帯

❷ 《集合的に》《単数扱い》（ある）地方［田舎］の住民

còuntry·wíde <ジ 形 副 全国的な［に］

cóuntry·wòman 名 (複 **-wòmen**) C (→ countryman) ❶ 同郷［同国］の女性 ❷ 田舎［地方］の女性

‡coun·ty /káunṭi/

―名 (複 **-ties** /-z/) C ❶ 《米》**郡**(♦ 州(state)の下の行政区画．ルイジアナ州ではparish，アラスカ州ではboroughという) ‖ Madison *County* （米国アイオワ州の）マディソン郡

❷ 《英》**州**(♦ 政治・司法・行政上の最大区画)；《アイル》県；（英連邦諸国の）州 ‖ the ～ of Dorset ドーセット州

❸ 《the ～》《集合的に》《単数・複数扱い》郡民，州民

―形 《英》州の名門（の出）の；上流（階級）の

▸▸ ～ **bórough** 名 C 《英》特別市《イングランド・ウェールズ・北アイルランドの行政上countyと同格の都市．1974年廃止》 ～ **clérk** 名 C 《米》郡書記（官） ～ **cóuncil** 名 C 《集合的に》《単数・複数扱い》《主に英》州議会(♦ 米国では通常「郡議会」をいう) ～ **cóuncillor** 名 C 《英》州議会議員 ～ **cóurt** 名 C 《米》郡裁判所《民事・刑事を扱う》；《英》州裁判所《主にイングランド・ウェールズの民事を扱う》 ～ **fáir** 名 C 《米》農業博覧会，農産物共進会 ～ **pálatine** 名 (複 **-ties p-**)（また C- P-） C パラティン伯領《もとCount Palatineが領有した王権州》 ～ **séat** 名 C 《米》郡庁所在地 ～ **tówn** 名 C 《英》州庁所在地

còunty·wíde 形 副 全州［郡］的な［に］

***coup** /kuː/ 《発音注意》 名 (複 **coups** /-z/) C ❶ クーデター(coup d'état) ❷ （商売などの）（予想外の）大当たり，大成功 ‖ make [OR pull off] a great ～ 大成功を収める ❸ （アメリカ先住民の）勇敢な行為《特に戦いで敵の戦士に触れる行為》(♦ フランス語で「一撃」の意)

coup de grâce /kùː də ɡrɑ́ːs/ 名 (複 **coups de g-** /kùː də ɡrɑ́ːs/) C ❶ 情の一撃《死の苦しみを長引かせないための一撃》 ❷ （競技などでの）とどめの一撃(♦ フランス語より)(=stroke of mercy)

coup d'état /kùː deɪtɑ́ː/ 名 (複 **coups d-** /kùː deɪtɑ́ː/) C クーデター《武力による政変》(♦ フランス語で「国家への一撃」の意)

cou·pé /kuːpéɪ | ‐‐/, **coupe** /+kuːp/ 名 C ❶ クーペ（型自動車）《2-6人乗りでツードア箱型》 ❷ クーペ型馬車《昔の2人乗りの四輪箱馬車》(♦ フランス語より)

‡cou·ple /kʌ́pl/ 名 動

中心義 共にある2つ［2人］

―名 (複 **～s** /-z/) (→❹) C ❶ 〈同じ種類の〉**2つ**，2人；**一対**，一組(♦ pairと異なり，必ずしも2つでそろいになる関係である必要はない．⇨ PAIR 類語)〈**of**〉‖ a ～ *of* students 2人の学生(→ *a couple of* ... ①(↓))

❷ 《集合的に》《単数・複数扱い》**カップル**，一組の男女《夫婦・婚約中の男女・恋人同士など》；（ダンスの）男女一組；（ゲ

ームの) パートナー同士 ‖ We showered rice on the newly **married** ～. 私たちは新婚のカップルに米を投げかけた / an elderly ～ 年配の夫婦

語法 ☆☆ couple のそれぞれに重点を置いている場合は複数扱い. 〈例〉 The couple *are* happily married. そのカップル[2人]の結婚生活は幸せだ
couple が1つの単位と考える場合は単数扱い. ただし代名詞で受けるときは they を使う. 〈例〉 The couple *has* two children. They want to buy a bigger house. その夫婦には子供が2人いて, もっと大きな家を欲しがっている

❸ 〈…の〉2つ3つ, 数個〈**of**〉(→ *a couple of* ... ②(↓)) ‖ another ～ *of* hours さらに(もう)2, 3時間 / every ～ *of* years 2, 3年ごとに / over the past [OR last] ～ *of* months 最近[ここ]数か月にわたって
❹ (㊗ **～**) (キツネ狩り用の) 二頭一組の猟犬 ❺ (**～s**) (2頭の猟犬を一緒につなぐための)一組の首輪 ❻ 〘機〙偶力

a cóuple of ... ① **2つの**, 2人の ‖ a ～ of boys 2人の少年 ② **2, 3の**, いくつかの；少数の(a few) ‖ *a* ～ *of* minutes [days, weeks] 2, 3分[日, 週間] / drive for *a* ～ *of* miles 車を運転して2, 3マイル行く / I had *a* ～ (*of*) drinks after dinner. 食事の後で2, 3杯飲んだ

語法 ☆☆ (**1**) a couple of ... を受ける動詞は複数形. 〈例〉 *A couple of* days have [*has] passed. 2, 3日が過ぎた
(**2**) 《米》では of を省略することがある. また《口》では a coupla /kʌ́plə/ となることがある.
(**3**) more, less を伴う場合には of は省略される. 〈例〉 We need *a couple* more cups for guests. 客用にあともう2, 3客のカップが必要だ
(**4**) of 以下が省略されることがある. 〈例〉 Do you like them? Take *a couple*. 気に入りましたか. 2つ3つお取りください(of them の省略)

━動 (**～s** /-z/ ; **～d** /-d/ ; **coupl·ing**)
━他 ❶ …を〈…に〉つなぐ, 結合する, 結びつける；〔車両など〕を連結する《***up, together***》〈**to, onto**〉 ‖ ～ (*up*) the wagons 貨車を連結する / Will you ～ this part *to* [OR *onto*] that one? この部品をあの部品につないでもらえますか ❷ 《受身形で》〈…と〉結びつく〈**with**〉 ‖ His recent losses, ～*d with* today's injury, make it likely that he'll retire from the ring. 最近の敗北に今日のけがが加わり彼がリングを去る可能性が高い ❸ …を〈…と〉結びつけて考える, 連想する〈**with**〉 ‖ In many people's mind the art of detection is ～*d with* the name (of) Sherlock Holmes. 推理で見破る技術はよくシャーロック＝ホームズの名前と結びつけて考えられる ❹ 〔人など〕を〈…と〉一組[カップル]にする〈**with**〉 ❺ 〘電〙〔回路〕を接続する
━自 ❶ 〈…と〉つながる, 結合する；カップルになる《***up***》〈**with**〉 ❷ 《堅》(動物が)交尾する；〈…と〉性交する〈**with**〉

cou·pler /kʌ́plər/ 名 C ❶ 連結するもの[人]；(車両の)連結器 ❷ 〘楽〙カプラー《オルガンなどの鍵盤(㊌)連結装置》 ❸ 💻カプラー《変復調装置》；〘写〙発色剤に添加する薬品

cou·plet /kʌ́plət/ 名 C 2行連句, 対句

cou·pling /kʌ́plɪŋ/ 名 C ❶ 《通例単数形で》連結, 結合；(音楽録音の)カップリング ❷ 交接, 交尾 ❸ 〘機〙(車両の)連結器；(機械の)連結装置, 継ぎ手；〘電〙(2つの回路の)結合装置 ❹ 恋愛関係にある2人(couple)

***cou·pon** /kjúːpɑ(ː)n | -pɒn/ 名 C ❶ クーポン, 切り取り切符；(鉄道などの)クーポン式乗車券；(配給)切符 ❷ 割引券, 優待券；景品(引換)券；(新聞・雑誌・広告などについている) 切り取り申し込み券, 応募券 ‖ a fifty-cent off ～ 50セント割引クーポン ❸ 《英》(サッカーくじなどの)申し込み用紙 ❹ (国債などの)利札

:cour·age /kɔ́ːrɪdʒ | kʌ́r-/ 《発音・アクセント注意》
━名 〔▶ courageous 形, encourage 動〕 U 〈…する〉**勇気**, 度胸, 大胆さ〈**to do**〉；気丈さ (↔ cowardice) ‖ **Have** the ～ *to* say no to your mother just this once! 今度だけは母親に「ノー」と言う勇気を持ちなさい / a man **of** ～ 勇気のある人 / lose ～ 落胆する / **pluck** [OR summon, screw] up the ～ 勇気を奮い起こす / show **great** ～ 大きな勇気を示す / **with** ～ 勇気を持って

hàve the còurage of one's convíctions (反対に遭っても)自分の信じることを断行[言明]する勇気がある
tàke cóurage 勇気がいる, 勇気を出す；〈…から〉勇気をもらう, 元気づけられる〈**from**〉
tàke one's còurage in bòth hánds 勇気を奮い起こす

***cou·ra·geous** /kəréɪdʒəs/ 《アクセント注意》 形 〔◁ courage 名〕 勇気のある, 勇敢な, 度胸のいい (↔ cowardly) (⇨ BRAVE **類語**) ‖ It was ～ of you to oppose him.＝You were ～ to oppose him. 彼に反対するとは君も勇敢だったね / a ～ decision 勇気ある決断
～·ly 副 **～·ness** 名

cour·gette /kʊərʒét | kɔː-/ 名 《英》＝zucchini

***cou·ri·er** /kɔ́ːriər | kʊ́ə-/ 名 C ❶ (書類・荷物の) 運搬人, 急送便会社[業者]；《形容詞的に》急送の ‖ send out invitations by ～ 招待状を急送便で送る (♦ この用法では無冠詞) ❷ (外交)特使；(スパイ・地下組織などの)密使 ❸ 《主に英》(旅行会社の)添乗員, ガイド, ツアーコンダクター
━動 他 (急送便を使って)〔荷物・書類など〕を送る, 輸送する

⁝course /kɔːrs/ (♦ 同音語 coarse) 名 動

中心義 (**Aが)進む道のり**(★Aは「教育」「乗り物」「行動」など多様)

名 教科課程❶ 進路❷ 方針❸ 経過❹ コース❼

━名 (㊗ **cours·es** /-ɪz/) C ❶ (大学などの) 〈…の〉**教科課程**；講座, コース；単位〈**in** …の分野の；**on** …のテーマの〉 ‖ The school runs [OR offers] a nursing and welfare ～. その学校には介護福祉のコースがある / a ～ of study 学習課程, カリキュラム；学習指導要領 / a commercial ～ 商業課程 / a summer ～ 夏期講座 / give [OR teach] a ～ *on* [*of] current literature 現代文学についての講座を教える / **take** [do] a ～ *in* chemistry 化学の科目を受ける[履修する] / a **training** ～ 訓練課程
❷ U/C 《通例単数形で》**進路**, 道筋；(船・飛行機などの)針路；(川の) 水路 ‖ Our ～ was due east. 私たちは真東に向かっていた / the ～ of a ship [river] 船の針路[川筋] / change [OR shift] ～ 針路を変える / set a ～ for ... …に向かって針路をとる / be off [on] ～ 正しい針路からそれている[に沿っている] / Their plans were blown off ～ when all flights were canceled. すべての便が欠航になって彼らの計画に番狂わせが生じた
❸ 《通例単数形で》(行動の)**方針**, 方向, 方策, やり方 ‖ Your best ～ is to tell your parents what you're worried about. 最善の策は君の両親に悩みを打ち明けることだ / hold [change] one's ～ of action 行動方針を維持[変更]する / steer a middle ～ between ... …の中道を行く
❹ 《通例 the ～》(時・事件などの)**経過**, 推移, 成り行き, 流れ；進行, 前進 ‖ the ～ of life 人生行路 / the ～ of events 事の成り行き, 事態(の推移) / change the ～ of history 歴史の流れを変える
❺ 〘医〙クール《一定期間継続する治療・投薬》 ‖ The doctor put me on a ～ of antibiotics. 医者は抗生物質を1クール投与してくれた / a prescribed ～ of treatment 医者の決めた一連の治療
❻ (コース料理の)1品, コース(♦ 順次出されるそれぞれの料理を指す. 「フルコース」は英語では a full-course meal という) ‖ the first ～ 最初の料理 / the main ～ メインディッシュ, 主要料理 / a five-～ meal＝a meal of five ～*s* 5品からなるコース
❼ (競走・競技の)**コース**, 走路；ゴルフコース ‖ the ～ of a

marathon マラソンコース / a golf ～ ゴルフコース ❽〘建〙(屋根・壁面の石・れんがなどの)水平の層 ❾(グレーハウンドの(嗅覚よりも)視覚に頼っての)獲物(特にノウサギ)の追跡 ❿〘海〙大横帆, 裾帆(すそ)

be on cóurse ①⇨名❷ ②〈目標などを〉達成できそうだ〈**for** / **to do**〉‖ He *is on* ～ *for* [OR *to* get] (the) first prize. 彼は1等賞を獲得しそうだ

in cóurse of ... …中で[の] ‖ *in* ～ *of* construction 建築中で[の]

*****in due course*** ⇨ DUE(成句)

*****in*** [OR ***during, over***] ***the cóurse of ...*** …のうち[間]に；…の最中に[で] ‖ He was *in the* ～ *of* a conversation with her. 彼は彼女と話をしている最中だった / *in the* ～ *of* a year 1年のうちに

in the còurse of náture；***in the òrdinary*** [OR ***nàtural, nòrmal***] ***còurse of evénts*** [OR ***thíngs***] 自然の成り行きで, 自然に；ふつうは(usually)

in the còurse of tíme そのうちに, やがて, 時がたつにつれて

*****of cóurse*** /əv kɔ́ːrs, əf-/(♦②③の場合, 非常にくだけた会話では of が落ちて, 単に course となることもある) ①**当然(のことながら)**, 言わなくてもわかっているでしょうが(♥「だれでも当然知っていることだ, そんなことも知らないのか」という含みがあるので, 失礼に聞こえることがある) ‖ To abolish war is, *of* ～, a very difficult problem. 戦争をなくすことは当然のことながら大変難しい問題だ / "Where are we going?" "To the station, *of* ～." 「どこへ行くんですか」「もちろん駅にさ」(♥「決まってるじゃないか」というニュアンス) ②**もちろん**(♥相手に何かを頼まれたとき, 賛成や許可を表すことができる. ただし疑問文の場合は注意が必要である. 例えば Can I borrow your pen? のように形が疑問文であっても内容が依頼などであれば問題ないが, Do you speak English? のように純粋に何かを聞いている場合 of course と返事をすると失礼になることが多い. → certainly ❷) ‖ "Are you all right?" "Yes, *of* ～." 「大丈夫ですか」「ええ, もちろん」/ "You don't mean that, do you?" "*Of* ～ not." 「本気じゃないんだろう」「もちろん違うとも」/ "Can I call you?" "*Of* ～." 「電話していいですか」「もちろん」/ "Have you finished your homework?" "*Of* ～." 「宿題は終わったの」「もちろん」(♥①の意味にとられることがあり, 場合によっては失礼に聞こえることがある) ③そうでしょうとも(♥相手の言い分を認める) ‖ "I can speak English." "*Of* ～ you can." 「私は英語を話せるんですよ」「そうでしょうとも」/ "You know, he's always been doing his best." "*Of* ～, but he should have asked us for help earlier." 「わかるだろ, 彼はいつだって全力を尽くしているんだ」「もちろん, ただ彼はもっと早く助力を求めるべきだったよ」(♥相手の意見を認めつつ角を立てずに反論する) ④《しばしば but などの節を伴って》確かに…ではあるが(しかし) ‖ He always gets good marks [OR grades], *of* ～, but has no thought for others. 確かに彼はいつもよい成績をとるが, 他人に対する思いやりがない ⑤そうでしたね(♥相手の言葉でやっと気づいて) ‖ "Two tons?" "Oh, *of* ～." 「2トンだって」「ああ, そうでしたね」

par for the course ⇨ PAR¹(成句)

rùn [OR ***tàke***] ***one's cóurse*** (最後まで)自然の経過[成り行き]をたどる, 自然に終息する[収まる] ‖ Let things *take* their own ～. (事態を)成り行きに任せろ / It took three days for the fever to *run* its ～. 熱が治まるのに3日かかった

stày the cóurse 困難にめげず最後まで頑張る, 簡単にあきらめない

—動 (**cours·es** /-ɪz/；**～d** /-t/；**cours·ing**)

—自 ❶《(＋副句)》《文》(液体などが)勢いよく流れる；(考えなどが)駆け巡る(♦副句は経路・方向を表す) ‖ Blue blood ～*s* through her veins. 高貴な血が彼女の体内に流れている / Copious tears ～*d* down his cheeks. 涙が止めどなく彼の頬(ほお)を流れた ❷グレーハウンドを使って狩りをする

—他 (グレーハウンドを使って)〔ノウサギなど〕を狩る；〔グレーハウンド〕に獲物を追わせる

cóurse·bòok 名C《英》(課程に従った)教科書

cours·er¹ /kɔ́ːrsər/ 名C《文》駿馬(しゅんめ)

cours·er² /kɔ́ːrsər/ 名C〘鳥〙ツバメチドリの類《アジア・アフリカ産》

cóurse·wàre 名U 学習用ソフト

cóurse·wòrk 名U 授業とその課題

C

⁂court /kɔːrt/ 名 動

中心義 囲まれた場所

名 裁判所❶ 法廷❶ 裁判官❶ コート❷ 王宮❸ 中庭❹

—名 (複 **～s** /-s/) C ❶**裁判所**；**法廷**；U C 裁判, 公判；《the ～》《集合的に》《単数扱い》**裁判官**, 判事(♦1人の裁判官は judge. the court は裁判所の職員・傍聴人までを含めることがある) ‖ Order **in** the ～! 静粛に《裁判官の注意》/ The ～ will **hear** the case next week. 裁判所はこの事件を来週審理する / a ～ of law [OR justice, judicature] 裁判所, 法廷 / federal ～*s* (米国の)連邦裁判所 / take him to ～ 彼を裁判に訴える / produce evidence to the ～ 証拠を法廷に提出する / appear **in** ～ 出廷する / hold ～ 開廷する / ～ procedures 法廷手続き / make a ～ decision on ... …に判決を下す / a series of ～ **cases** 一連の訴訟事件 / **Tell** the ～ what you saw then. 裁判官にあなたがそのとき見たことを話しなさい

❷ C U (テニス・バスケットボールなどの) **コート** ‖ a tennis ～ テニスコート / a hard [clay, grass] ～ (テニスの)ハード[クレー, 芝生の]コート / go on ～ against the favorite 優勝候補と対戦する

❸《しばしば C-》C U **王宮**, 宮殿；《the ～》《集合的に》《単数扱い》(国王・王族と廷臣を含めての)宮廷；(王・女王の)拝謁式, 御前会議 ‖ at ～ 宮中で, 宮廷で / be presented at ～ (初めて)拝謁を賜る / The *Court* is in mourning. 宮廷は喪に服している / hold ～ 拝謁式[御前会議]を開く / a ～ ball 宮中舞踏会

❹(建物や壁に囲まれた)**中庭**(courtyard)；《英》(ケンブリッジ大学などの)方形中庭；(博物館などの)中庭式区画, …部 ❺袋小路, 路地；(表通りから引っ込んで3方を家並に囲まれた)中庭状の広場 ❻ C U (団体・法人・会社などの)役員会, 重役会；《集合的に》役員, 重役 ‖ a ～ of inquiry 《英》事故原因調査委員会[調査団] ❼(広い敷地に囲まれた)大邸宅, 荘園領主の邸宅；大型マンション, アパート(♦しばしば固有名詞の一部として用いられる. 〈例〉Hampton Court)

gò to cóurt ①〈…のことで〉裁判に訴える〈**over**〉 ②宮中に参内(さんだい)する

have [OR ***get***] ***one's day in court*** ⇨ DAY(成句)

hòld cóurt ①⇨名❶ ②⇨名❸ ③《口》(人が集まるように)面白い話などをする；(その価値はないが)注目を浴びる

laugh ... out of court ⇨ LAUGH(成句)

out of cóurt ①法廷外で, 示談で ‖ settle ... *out of* ～ …を示談で解決する ②審理されないで, 却下して, 考慮に値しない ‖ rule [OR put] ... *out of* ～ …を却下する[考慮から外す]

pày cóurt to ... …にこびへつらう, …のご機嫌をとる；求愛する

—動 (**～s** /-s/；**～·ed** /-ɪd/；**～·ing**)

—他 ❶〔好意・支持など〕を得ようと努める, 求める ‖ ～ success [popularity] 成功[人気]を求める / ～ his approval 彼の承認を求める ❷〔災いなど〕を自ら招く ‖ He has ～*ed* disaster by taking drugs for years. 彼は何年も麻薬をやって災いを招いてきた / ～ danger 危険を招くような行動をする ❸《旧》〔人〕の機嫌をとる；〔女性〕に言い寄る, 求愛する ❹(動物の雄が)〔雌〕に誘いをか

ける
—自《旧》求愛する；《進行形で》(男女が)(結婚を前提に)交際する ‖ ～*ing* couples 交際中のカップル
▶▶～ **bóuillon** /kɔ̀ːr búːljɑːn | kɔ̀ːt búːjɔn/ 名 U 『料理』(野菜類と白ワインなどで作る)出し汁《魚をゆでるのに用いる》 ～ **càrd** 名 C 《英》=face card ～ **of appéal** 名 (複 **～s of a-**) C ① 《～s》《米》控訴裁判所《連邦巡回裁判所または州の上級裁判所》；《the C- of A-s》《米》(ニューヨーク州・メリーランド州・ワシントンD.C.の)最高裁判所 (the Appellate Court) ② 《the C- of A-》《英》控訴院《イングランドおよびウェールズでの民事・刑事の第2審裁判所》(the Appeal Court) **Còurt of Arbitrátion for Spórt** 名 《the ～》スポーツ仲裁裁判所《本部はスイスのローザンヌ. 1984年創立》 ～ **of cláims** 名 (複 **～s of c-**) C 《米》請求裁判所《(連邦)政府に対する請求を審査する》 ～ **of domèstic relátions** 名 (複 **～s of d-**) C 《米》家庭裁判所 (family court) ～ **of inquíry** [**enquíry**] 名 (複 **～s of i-**) C ① 事故[災害]調査委員会 ② 『軍』査問会議《軍法会議にかけるかどうかを審査する》 ～ **of láw** 名 (複 **～s of l-**) C 裁判所, 法廷 ～ **órder** 名 C 『法』裁判所命令 ～ **plàster** 名 U ばんそうこう (♦ 昔, 宮廷女官がつけぼくろに用いたことから) ～ **repórter** [《英》 **recórder**] 名 C 法廷記録係[速記者] ～ **shòe** 名 C 《英》=pump² ～ **tènnis** 名 U 《米》コートテニス (《英》 real tennis)《高い壁で四方を囲んだコートで行う屋内球技の一種. ローンテニスの原型とされる》

*__cour·te·ous__ /kɔ́ːrṭiəs/ 形 〈…に対して〉礼儀正しい, 丁重な；思いやりのある, 親切な〈**to, toward**〉(⇨ POLITE 類語) ‖ He is very ～ *to* his superiors. 彼は目上の人に対して大変礼儀正しい / It was ～ of you to write a letter. ご丁寧にお便りを頂きありがとうございます / in ～ words 丁重な言葉で **～·ly** 副 **～·ness** 名

cour·te·san /kɔ́ːrṭəzən | kɔ̀ːtɪzǽn/ 名 C 《主に文》(特に昔王侯貴族の相手をした)高級娼婦(しょうふ)

*__cour·te·sy__ /kɔ́ːrṭəsi/ 名 (複 **-sies** /-z/) U ❶ 礼儀正しさ, 丁重さ；C 丁重な言動 (↔ discourtesy) ‖ as a matter of ～ 礼儀として / with ～ 礼儀正しく / She had the ～ to answer my letter. 彼女は律義にも私の手紙に返事をくれた / Do me the ～ of listening to what I have to say. せめて私の言うことを聞いてください (↝ Please listen to ...) ❷ 好意；承諾；U C 優遇 ‖ show ～ 好意を示す / extend [OR accord] him the ～ of ... 彼に…の優遇を与える

by cóurtesy (権利としてでなく)儀礼上(の)；慣例により[る]

*(***by***) ***cóurtesy of ...*** ① …の好意により ‖ *by* ～ *of* the author 著者のご好意により《転載の断り書き》 ② 《口》…の結果として；…のおかげで

—形 《限定》儀礼上の；(ホテル・空港などの交通機関が)無料提供の, サービスの ‖ a ～ visit 表敬訪問 / a ～ shuttle bus 無料シャトルバス
▶▶～ **càll** 名 C 表敬訪問 ～ **càrd** 名 C (銀行・ホテルなどの)優待[招待]券 ～ **lìght** 名 C (自動車の)室内灯 ～ **tìtle** 名 C 名誉称号《貴族の子女につける Lord, Lady など, 法的でない慣習上の称号》

cóurt·hòuse 名 (複 **-hous·es** /-hàuzɪz/) C 裁判所；《米》郡庁舎

cour·ti·er /kɔ́ːrṭiər/ 名 C 廷臣, 宮廷人

court·ly /kɔ́ːrtli/ 形 宮廷風の；品格のある, 優雅な, 上品な **-li·ness** 名 ▶▶～ **lòve** 名 U (中世の)宮廷風恋愛

cóurt-màr·tial /-mɑ̀ːrʃəl | ⌐⌐–/ ◁シ 名 (複 **courts-** /-s-/ OR **～s** /-z/) C 軍法会議 —動 (**～ed**, 《英》 **～led** /-d/；**～·ing**, 《英》**～·ling**) 他 …を軍法会議にかける

cóurt·ròom 名 C 法廷

cóurt·shìp 名 ❶ C U (結婚前の)交際(期間) ❷ U (動物の)求愛行動

cóurt·sìde 名 C 形 副 (テニスやバスケットボールコートなどの)コートサイド(の[で])

*__cóurt·yàrd__ 名 C (城・邸宅・大学などの)中庭

cous·cous /kúːskùːs/ 名 U 『料理』クスクス《ひき割りの小麦を蒸したもの. 肉と野菜のシチューを添えて食べる北アフリカ起源の料理》

**__cous·in__ /kʌ́zən/ 《発音注意》
—名 (複 **～s** /-z/) C ❶ **いとこ** (♥ 呼びかけにも用いるが《堅》) ‖ a **first** [OR **full**] ～ (実の)いとこ / a second ～ またいとこ
❷ 血縁, 親類, 縁者 ‖ a distant ～ 遠い親戚(しんせき)
❸ 《通例 ～s》(文化・人種などが)〈…に〉よく似た人[もの], 〈…の〉兄弟分, いとこ分〈**to, of**〉‖ our English ～*s* (通例アメリカ人から見て)我々の兄弟分であるイギリス人たち / His idea is ～ *to* mine. 彼の考えは私のとよく似ている
❹ 卿(けい)《昔, 君主がほかの君主または臣下の貴族に用いた敬称》
～·ly 形 いとこ間の；いとこのような **～·hòod, ～·shìp** 名 U いとこ関係
▶▶～ **gérman** 名 C (複 **～s g-**) 《旧》(実の)いとこ

couth /kuːθ/ 形 《叙述》《戯》洗練された, 上品な
—名 U 洗練, 品のよさ

cou·ture /kutjúər/ 名 U 高級婦人服仕立て(業)；《集合的に》高級婦人服(→ haute couture)

cou·tu·ri·er /kutjúərièɪ/ 名 C 高級婦人服デザイナー

cou·tu·rière /kutjúərièɪ/ 名 C (女性の)高級婦人服デザイナー

co·va·lence /kouvéɪləns/ 名 C 『化』共有原子価 **-lent** /-lənt/ 形

cove /kouv/ 名 C ❶ 小湾, 入江 (♦ bay より小さい) ❷ 『建』コーブ《凹面形のアーチ[繰形]. 特に壁と天井の接合部のくぼみ》

cov·en /kʌ́vən/ 名 C ❶ 魔女の集会[集団]《ふつう13人からなる》 ❷ 《しばしばけなして》秘密の(排他的)グループ

*__cov·e·nant__ /kʌ́vənənt, +米 -nǽnt/ 名 C ❶ (公式)契約, 盟約；(信徒の)誓約 ‖ make a ～ 契約をする ❷ 『法』捺印(なついん)契約；契約条項, 約款 ❸ 《the C-》『聖』(神とイスラエル人の間の)契約, 聖約 ‖ the Ark of the *Covenant* 契約の箱《モーセの十戒を刻んだ石を納めた箱》/ the Land of the *Covenant* 契約の地《Canaan のこと》 ❹ 《英》(慈善事業・教会への)定期的支払契約[証書]
—動 自 契約する, 盟約する〈**with** 人と；**for** …を〉
—他 契約によって…を約束する[定める]〈**to** *do* …することを / **that** 節 …ということを〉；《英》…を〈慈善などに〉定期的に与える契約をする〈**to**〉‖ He ～*ed to* pay $200 a month *to* the church. 彼は月に200ドルを教会に拠出する契約をした

cov·e·nant·er /kʌ́vənæ̀nṭər | kʌ́vənəntə/ 名 C ❶ 契約者, 盟約者 ❷ 《C-》『スコット史』国民盟約[厳粛同盟]支持者

Còv·ent Gárden /kʌ̀vənt-/ ◁シ 名 ❶ コベントガーデン《ロンドン中央部の地区. かつて青果市場があった》 ❷ (同地区にある)王立歌劇場

Cov·en·try /kʌ́vəntri | kɔ́v-/ 名 コベントリー《イングランド中部, ウェストミッドランド州の工業都市》

sènd a pèrson to Cóventry 《主に英》〔人〕を仲間外れにする；締め出す

**__cov·er__ /kʌ́vər/ 動 名

中心義 **Aを覆う** (★Aは具体的な「物」に限らず,「話題」「ニュース」「距離」など多様. それに応じて覆う手段も「扱う」「報道する」「行く」などとなる)

動 他 **覆う❶ 扱う❹ 報道する❺ 行く❻**
名 **覆い❶ 防御❷**

—動 (**～s** /-z/；**～ed** /-d/；**～·ing**)
—他 ❶ (保護のために)…を〈…で〉**覆う**, 覆い隠す, 包む〈**with**〉；…に〈…を〉かける〈**with**〉；…に覆い[ふた]をする ‖ I

～*ed* the sofa *with* burlap to give it a rustic touch. 田舎風の感じを与えるためソファーを麻布で覆った / He ～*ed* his face *with* his hands in shame. 彼は恥ずかしくて両手で顔を覆った / *Cover* pan and leave for 5 minutes. なべにふたをして5分間そのままにしておきなさい / Keep your head ～*ed* when you enter the construction site. 工事現場に行くときは頭部を保護しなさい

❷ …を〈…で〉覆い尽くす；…に(一面に)〈…を〉塗る；…に(いっぱいに)〈…を〉まき散らす〈**in, with**〉；…(の範囲)に広がる ‖ Snow ～*ed* the ground. 雪が地表を覆っていた / A passing car ～*ed* me *with* [OR *in*] mud from head to foot. 通りすがりの車のおかげで全身泥まみれになった / The wall of my room is ～*ed with* sports posters. 私の部屋の壁はスポーツ選手のポスターだらけだ / This farm ～*s* more than 1,000 acres. この農場は1,000エーカー以上にわたって広がっている

❸〔失敗など〕を隠す, 包み隠す ‖ She laughed to ～ her embarrassment. 彼女は照れ隠しに笑った / ～ one's tracks 自分の足跡を隠す；行方をくらます

❹〔問題・話題など〕を**扱う**(deal with), 含む；〔地域・仕事など〕を担当する；(法律・規則などが)…に適用される ‖ This book ～*s* a wide range of topics in biochemistry. この本は生化学の広範囲に及ぶ話題を扱っている / The reform ～*s* all aspects of education. この改革は教育のあらゆる面にかかわるものだ / The salesman only ～*s* rich neighborhoods. そのセールスマンは高級住宅地を専門に担当している / a computer that can ～ all the possible moves in chess チェスで可能な指し手をすべて処理できるコンピューター / The law ～*s* such cases. その法律はこうした事件に適用される

❺(新聞・テレビ・報道機関などが)…を**報道する**, 取材する, 伝える ‖ The reporter ～*ed* the air disaster. その記者は航空機事故を報道した / ～ news stories concerning ⌈foreign affairs [national politics] 外交問題[国内政治]に関するニュースを報道する

❻〔…の距離〕を**行く**, 旅する, 踏破する ‖ ～ 200 miles in a day 1日に200マイル行く / ～ the distance in 18 hours その距離を18時間で踏破する

❼(人・金額などが)〔費用・支出・損害額など〕をまかなう, 捻出(ねんしゅつ)する, 償う, 補塡(ほてん)する ‖ He has enough money with him to ～ his travel expenses. 彼は旅行の費用をまかなうのに十分な金を持ち合わせている / ～ the loss 損失を補塡する

❽…に保険をかける〈**against, for** …に対し / **to** *do* …することに対し〉‖ My house is ～*ed against* [OR *for*] fire. 私の家には火災保険がかけられている

❾…を援護する, かばう；〚軍〛…を援護(射撃)する；(大砲などが)…を射程内に保つ；(銃などで)…にねらいをつけている；(カメラ・レンズが)…(の範囲)を撮影できる ‖ I'll ～ you while you move forward. 君が前進する間僕が援護するよ / ～ oneself by lying うそをついて保身を図る / The guns of the fort ～ the harbor. 要塞(ようさい)の大砲は港を射程内に収めている / Hands up! We've got you ～*ed*. 両手を上げろ, おまえにねらいをつけてるぞ

❿(野球・クリケットで)(失策に備えて)〔味方選手〕の後方に位置をとる, …をカバーする；(野球で)〔守備位置〕をカバーする, …のベースカバーに入る；(サッカーなど団体競技で)〔相手選手〕をマークする ⓫〔歌・曲〕のカバーバージョンを出す(→cover version) ⓬(賭(か)けで)〔相手の賭け金〕に合わせる《相手の賭け金と同額の金を出す》 ⓭〚トランプ〛(ブリッジで)〔前の札〕よりも上位の札を出す ⓮(種馬などが)〔雌〕に種付けする, …と交尾する；(めんどりが)〔卵・ひななど〕を抱く

—㊀ ❶〈人の〉代わり[代理]を務める, 代役をする〈**for**〉‖ Jane ～*ed for* her (sick) colleague. ジェーンは病気の同僚の代わりを務めた ❷(虚偽の報告をしたりその場を取り繕ったりして)〈人を〉かばう, 〈人に〉口裏を合わせる〈**for**〉‖ Will you ～ *for* me? 僕に話を合わせてくれないか ❸(表面を)隠す, 覆う ❹〚トランプ〛(ブリッジで)上位の札を出す

còver ín 〈他〉 **I** 《***còver ín*** ... / ***còver*** ... ***ín***》…を覆う, 覆い尽くす；〔穴など〕を埋める, ふさぐ；〔テラスなど〕に屋根をつける **II** 《***còver À in B́***》AをBですっかり覆う(→ ㊀ ❷)

còver óver ... / ***còver*** ... ***óver*** 〈他〉…の上を〈…で〉すっかり覆う(obscure)〈**with**〉

****còver úp*** 〈他〉《***còver úp*** ... / ***còver*** ... ***úp***》① …(の事実)を**隠す**, 秘密にする, 隠蔽(いんぺい)する(hush up；conceal) ‖ ～ *up* a scandal [mistake] スキャンダル[間違い]を隠す ②(保護する・隠すなどの目的で)…を〈…で〉覆う, …に〈服を〉着せてやる〈**with**〉 —〈自〉①〈人を〉かばう〈**for**〉②服を着込む

—名 (複 **～s** /-z/) Ⓒ ❶ **覆い**, カバー, ふた；(本の)表紙(❗表紙にかぶせる「カバー」は (book) jacket, wrapper という)；《～s》(上にかける)寝具一式；《～s》グラウンドシート ‖ a pillow ～ 枕カバー / a ～ for a personal computer パソコンのカバー / creep under the ～*s* 布団の中に潜り込む / the front [back] ～ 表[裏]表紙

❷ Ⓤ (攻撃からの)**防御**；〚軍〛援護, 護衛；(悪天候・攻撃・捜索などからの)避難場所；(身を隠すことのできる)茂み, やぶ, 岩(陰), 遮蔽(しゃへい)物；(鳥獣の)隠れ場所 ‖ **provide** air ～ 飛行機による援護を行う / seek ～ 避難場所を捜す / run for ～ 身を隠す場所を求めて走る

❸《通例単数形で》見せかけ, 口実, かこつけ；〈…の〉隠れみの〈**for**〉；(スパイなどの)にせの身元 ‖ The company is a ～ *for* the laundering of drug money. その会社は麻薬取引で得た金を洗浄するための隠れみのだ

❹ Ⓤ 《英》〚財政〛補償[補塡]用資金；〈…に対する〉保険, 保険保護 (《米》coverage)〈**against, for**〉‖ **provide** [OR give] ～ *against* fire [theft] 火災[盗難]による損害に対し補償を与える

❺(食卓上の)1人前の食器類《皿・ナイフ・フォーク・スプーン・ナプキンなどを総称して》‖ *Covers* were laid for eight. 8人分の食事の用意ができていた

❻ Ⓤ Ⓒ 封筒, (封筒兼用の) 郵便書簡 ‖ under separate ～ 別封[別便]で / under plain ～ 発信人名が書かれていない封筒で ❼ Ⓤ (ある地域の) 植物；〚生態〛植生 ❽ Ⓤ〈…の〉代理, 代役〈**for**〉‖ provide emergency ～ *for* an injured co-worker けがをした同僚に代わって緊急の代理を務める ❾ Ⓤ (スキーなどに適した地表を覆う) 積雪, 降雪；曇天(どんてん) ❿ ＝cover charge ⓫ ＝cover point ⓬ ＝cover version

blòw a pèrson's cóver (人の) 正体やたくらみを明らかにする[ばらす]

brèak cóver (人が)隠れ場所から出る；(獲物などが)(追われて)隠れ場所から飛び出す

from còver to cóver (本の)初めから終わりまで

****tàke cóver*** 〈…から〉隠れる, 避難する〈**from**〉；待避する

under cóver ① 封筒に入れて(→ 名 ❻) ② 隠れて, (軒下に) 避難して ‖ get *under* ～ 安全な所に隠れる ③ 秘密に, こっそりと ‖ work *under* ～ to collect information 情報を集めるため身元を隠して働く

under (***the***) ***cóver of*** ... ① …に乗じて ‖ *under* ～ *of* darkness 闇(やみ)に乗じて ② …に見せかけて, かこつけて ‖ *under* ～ *of* friendship 友情を装って

▸▸ **～ chàrge** 名 Ⓒ 《通例単数形で》カバーチャージ《レストラン・ナイトクラブなどの席料》 **～ cròp** 名 Ⓒ 間作《地味(ちみ)を保護するために作るクローバーなど》 **～ gìrl** 名 Ⓒ カバーガール《雑誌などの表紙を飾る魅力的な女性》(中立 cover model) **～ lètter** 名 Ⓒ 《米》同封の説明書, 添え状, 添書(《英》covering letter) **～ nòte** 名 Ⓒ 《英》(保険の) 仮契約書 **～ pàge** [**shèet**] 名 Ⓒ ①(ファックス送信につける)添え状 ②(報告書・原稿などにつける)表紙 **～ pòint** 名 Ⓒ 〚クリケット〛カバーポイント《point と mid off の中間の野手(の守備位置)》 **～ prìce** 名 Ⓒ カバープライス《印刷物の表紙に表示されている価格》 **～ stòry** 名 Ⓒ ① カバーストーリー《雑誌で表紙に関連した記事》 ②(真相を隠す) 作り話 **～ vèrsion** 名 Ⓒ カバー

バージョン《別人による録音(盤)》

*cov·er·age /kʌ́vərɪdʒ/ 《発音注意》 名 U ❶ (新聞・テレビなどの)取材, 報道;取材範囲[規模];(テレビ・ラジオの)視聴範囲 ‖ His address won favorable ~ in the press. 彼の演説はマスコミで好意的に報道された / nationwide TV ~ of the Masters Tournament マスターズトーナメントの全国向けテレビ報道 ❷《米》〖保険〗(保険の)補償[担保]範囲, 補償金額(《英》cover) ‖ He has very little ~ on his house. 彼は家にほとんど保険をかけていない / insurance ~ 保険による補償 ❸ (新聞・雑誌などの)普及率 ❹ (一般に)適用範囲[額] ❺〖アメフト〗カバー《防御側が相手方の選手や守備範囲をマークすること》

cóver·àll 名 C 《通例 ~s》カバーオール《上下続きで衣服の上に着る仕事着》

cov·ered /kʌ́vərd/ 形 ❶ 覆い[ふた]のついた ❷ 帽子をかぶった ❸ 遮蔽された ❹《複合語で》…で覆われた

▸▸ ~ wágon 名 C《米》(西部開拓者が用いた)ほろ馬車

*cover·ing /kʌ́vərɪŋ/ 名 C ❶ (保護したり隠すために)覆っているもの, 覆い, カバー ‖ a ~ for a chair いすの覆い / a floor ~ 床の敷物 ❷《通例単数形で》(覆っている)層 ‖ a light ~ of snow うっすらと積もっている雪

— 形《限定》覆う, 援護する ‖ ~ fire 援護射撃

▸▸ ~ létter [nóte] 名 C《英》=cover letter

cover·let /kʌ́vərlət/ 名 C ベッドの上がけ

cov·ert /kóuvəːrt, kouvə́ːrt, kʌ́vərt | kʌ́vət, kóuvəːt, kouvə́ːt/ 形 はっきりと示され[認められ]ない, 内密の(↔ overt) ‖ ~ reasons はっきりと示されない理由 / ~ operations officers (政府の)内密工作員

— 名 C (獲物の)隠れ場所;〖鳥〗覆い羽根 ~·ly 副

▸▸ ~ còat 名 C《英》カバートコート《軽いあや織り布地製の短いコート. 乗馬・狩猟用》

cov·er·ture /kʌ́vərtʃʊ̀ər, -tʃər/ 名 U ❶《文》覆い, 保護;隠れ場所 ❷〖法〗妻の身分

cóver-ùp 名 C ❶《通例単数形で》隠蔽(いんぺい)(策), もみ消し ❷ (水着などの上に)羽織る衣服

cov·et /kʌ́vət | -ɪt/ 動 他 〔他人のもの〕をむやみに欲しがる

— 自 むやみに欲しがる

cov·et·ous /kʌ́vɪţəs/ 《発音注意》 形 〈…を〉むやみに欲しがる〈of〉;欲ばりな ‖ be ~ *of* his property 彼の財産を欲しがる ~·ly 副 ~·ness 名

cov·ey /kʌ́vi/ 名 C (ウズラなどの)小さな群;(子供などの)一団, 一群

*cow¹ /kau/

— 名 (複 ~s /-z/) C ❶ (成長した) **雌牛**, 乳牛 (↔ ox, bull¹);(一般に)牛(♦ 鳴き声は moo)(⇨ ox 類語P) ‖ milk a ~ 牛の乳を搾る / keep ~*s* 牛を飼う / a milk [OR dairy] ~ 乳牛 / a cloned ~ クローン牛 / a herd of ~*s* 牛の群れ

❷ (象・サイ・鯨・アザラシなどの)雌(の成獣)(↔ bull¹) ‖ a ~ moose 雌のヘラジカ ❸ ⊗《俗》《蔑》(いやな)女, うすのろ女 ❹《豪・ニュージ口》虫の好かないやつ, いやなこと

hàve aców 《口》ひどく怒る[驚く, 動揺する]

till [OR *until*] *the còws come hóme* 《口》いつまでも, 永久に(♥「時間を無駄にして長々とやり続ける」というニュアンスがある) ‖ She will keep on playing the piano *till the ~s come home*. 彼女はいつまでもピアノを弾き続けていそうだ

▸▸ ~ chìp 名 C《米》乾いた牛の糞 ~ dòg 名 C《米》牛追い犬(herding dog) ~ pársley 名 U〖植〗ヤマニンジン ~ pársnip 名 C〖植〗ハナウドの類(♦ hogweed ともいう) ~ pòny 名 C《米》(カウボーイの乗る)牧牛用の馬 ~ tòwn 名 C《米》牧畜地域の田舎町

cow² /kau/ 動 他《通例受身形で》(暴力などで)…が脅かされる, 脅かされて…する

*cow·ard /káuərd/ 《発音・アクセント注意》 名 C《けなして》おく病者, 意気地なし, 卑怯(ひきょう)者 ‖ Don't be a ~! びくびくするな / You ~! この意気地なし / I was going to declare my love to her but turned ~. 彼女に愛を打ち明けるつもりだったがおじけづいてしまった(♦ しばしば無冠詞で用いる) / play the ~ 卑怯な振る舞いをする

— 形 ❶《文》おく病な, 卑怯な ❷〖紋章〗動物が尾を足の間に挟んでいる

語源「しっぽ」の意のラテン語 *cauda* から. おびえた犬などがしっぽを両足の間に挟んだ様子より.

cow·ard·ice /káuərdɪs/ 名 U おく病, 卑怯

*cow·ard·ly /káuərdli/ 形 おく病な, 意気地のない, 卑怯な(《口》yellow)(↔ brave) ‖ ~ behavior おく病な態度 / It is ~ of you to pretend he wasn't your friend. 彼が友人ではなかったようなふりをするなんておまえは卑怯だ — 副 おく病に, 卑怯にも -li·ness 名

ców·bèll 名 C ❶ 牛の首につける鈴 ❷〖楽〗カウベル《打楽器の一種》

Behind the Scenes **more cowbell 誰もがもっと必要とするもの;処方箋;解決策** アメリカの最長寿バラエティー番組 *Saturday Night Live* の中のコントのせりふより. ロックバンド Blue Öyster Cult のヒット曲 "(Don't Fear) The Reaper" の制作ドキュメントパロディーで, 演奏に使われたカウベルという打楽器がうるさいにもかかわらず, プロデューサーが周りの意に反し,「ヒットさせたいならもっとカウベルが聞こえないと!」などと言い続け, 最後には I got a fever, and the only prescription is more cowbell!「俺には熱があるんだ. それを治せる唯一の処方箋(せん)はもっとカウベルを鳴らすことだ」と叫ぶ. このコントがうけたおかげで曲そのものもヒットした(♥ 決め手となる何かが必要なとき, あるいは何らかの対応策が求められる場面などで, We need more cowbell. と言う)

ców·bìrd 名 C〖鳥〗ウシドリ(牛鳥)《北米産》

*cow·boy /káubɔ̀ɪ/ 名 C ❶ カウボーイ, 牧童(中立 cowhand) ‖ play ~*s* and Indians 西部劇ごっこをする / a ~ movie 西部劇 ❷《口》悪徳業者 ❸《主に米俗》向こう見ずな人[ドライバー] ▸▸ ~ càpitalism 名 U《米》無節操[悪徳]資本主義 ~ hàt 名 C カウボーイハット(Stetson, ten-gallon hat, rodeo hat)

ców·càtcher 名 C《米》(機関車などの前部に取りつけた)排障器

cow·er /káuər/ 動 自 (寒さ・恐怖のため)すくむ, 縮こまる, 畏縮(いしゅく)する

ców·gìrl 名 C《米》カウガール《牧場で働く女性》(中立 cowhand)

ców·hànd 名《米》=cowboy ❶

ców·hèel 名 U C《英》カウヒール《ゼリー状に煮込んだ牛の足の料理》

ców·hèrd 名 C《古》《文》牛飼い, 牧童

ców·hìde 名 U 牛皮;牛革;C 牛革のむち

cowl /kaul/ 名 C ❶ 頭巾(ずきん)付きの修道服;その頭巾 ❷ (煙突の)通風帽;(通風筒の)集風器 ❸ カウル《自動車の前窓と計器板を含む部分》 ❹ =cowling

ców·lìck 名 C (額の上の)立ち毛, 逆毛(さかげ)

cowl·ing /káulɪŋ/ 名 C カウリング《航空機のエンジンカバー》

ców·l·nèck 名 C ゆったりしたひだの入った襟ぐり(の婦人服)

cow·man /káumən/ 名 (複 -men /-mən/) C ❶ 牛飼い ❷《米》牧場主, 牧畜家

có·wòrker /英 ⌐⌐⌐/ 名 C 共働者, 協力者, 仕事仲間

ców·pàt 名 C《英》丸い牛の糞(ふん)(のかたまり)

ców·pèa 名 C〖植〗ササゲの一種;その種子

ców·pòke 名《米口》=cowboy ❶

ców·pòx 名 U〖獣医〗牛痘(ぎゅうとう)

ców·pùncher 名《米口》=cowboy ❶

cow·rie, -ry /káuri/ 名 (複 -ries /-z/) C〖貝〗コヤスガイ(子安貝)・タカラガイ(宝貝)の類

ców·shèd 名 C 牛舎, 牛小屋

ców·slìp 名 C ❶〖植〗キバナノクリンソウ《サクラソウ科の植物》 ❷《米》=marsh marigold

cox /kɑ(ː)ks | kɔks/(♦ 同音語 cocks) 名 動 =coxswain

C

cox·a /ká(:)ksə | kɔ́ksə/ 名 (複 **cox·ae** /-siː/) C 〘解〙 ❶ 股関節(hip joint)；臀部(でんぶ)(hip) ❷ 〘動〙(節足動物の)基節《足が胴体に接する部位》 **cóx·al** 形

cox·comb /ká(:)kskòʊm | kɔ́ks-/ 名 C 《古》(愚かな)しゃれ者, 気取り屋 **~·ry** 名 (複 **-ries** /-z/) C おしゃれ, 気取り；気取った振る舞い

cox·swain /ká(:)ksən, -swèɪn | kɔ́k-/ 名 C ❶ (ボートの)舵手(だしゅ), コックス(cox) ❷ 艇長
―動 他 自 (…の)舵手[艇長]を務める

coy /kɔɪ/ 形 ❶ (特に女性が)はにかんで見せる, 恥ずかしそうなふりをする ❷ 〈物事を〉隠したがる〈**about**〉
~·ly 副 はにかんで **~·ness** 名 U はにかみ

coy·ote /kaɪóʊṭi, káɪout | kɔɪóʊti, kɔ́ɪout/ 名 (複 ~ OR **~s** /-z/) C ❶ 〘動〙コヨーテ《北米大草原に住むイヌ科の動物》 ❷ 《米俗》(米国内への)密入国手引人

coy·pu /kɔ́ɪpuː, ―́―/ 名 =nutria

coz /弱 kəz, 強 kʌ(:)z, kɔːz | kɔz/ 接 《口》=because

coz·en /kʌ́zən/ 動 《文》他 …を欺く, だます；…からだまし取る；だまして…させる ―自 だます, ごまかす
~·age 名 U 詐欺, ごまかし

co·zy, 《英》**co·sy** /kóʊzi/ 形 ❶ (部屋・いすなどが)(暖かくて)居心地のよい, (ゆったりと)くつろげる ❷ (人などが)打ち解けた, 親しみの持てる ❸ なれ合いの
―名 (複 **-zies** /-z/) C (茶器の)保温カバー；保温器
―動 (**-zies** /-z/；**-zied** /-d/；**~·ing**) 自 《~ up to ... で》《口》…に取り入る, …と近づきになる ―他 《口》…を安心させる；…をだます《***along***》 **-zi·ly** 副 **-zi·ness** 名

cp, c.p. 略 *c*andle*p*ower；*c*hemically *p*ure

CP 略 *C*anadian *P*ress；*C*ape *P*rovince；*c*erebral *p*alsy；*C*ommand *P*ost；*c*ommercial *p*aper；*C*ommunist *P*arty

cp. 略 compare；coupon

CPA 略 *c*ertified *p*ublic *a*ccountant ((米国の) 公認会計士)

CPI 略 *c*onsumer *p*rice *i*ndex ((米国の) 消費者物価指数)

cpl 略 corporal

CPO 略 *C*hief *P*etty *O*fficer

CPR 略 *C*anadian *P*acific *R*ailway；*c*ardio*p*ulmonary *r*esuscitation

cps, c.p.s. 略 *c*haracters *p*er *s*econd(毎秒…字)；*c*ycles *p*er *s*econd(毎秒…サイクル)

CPS 略 *C*rown *P*rosecution *S*ervice ((英国の) 検察局)；💻 *c*haracters *p*er *s*econd

CPU 略 💻 *c*entral *p*rocessing *u*nit (中央演算処理装置)

cr 略 credit, creditor；crown

Cr[1] 記号 〘化〙chromium(クロミウム)

Cr[2] 略 Councillor

***crab**[1] /kræb/ 名 C ❶ 〘動〙カニ；カニに似た動物《ヤドカリなど》；U カニの肉 ‖ *Crabs* usually move sideways. カニは通常横に歩く ❷ (=**~ lòuse**)ケジラミ；《~s》《口》ケジラミ症 ❸ 《the C-》〘天〙蟹(かに)座；〘占星〙巨蟹(きょかい)宮(Cancer) ‖ She was born under the *Crab*. 彼女は蟹座生まれだ ❹ 〘空〙(横風に対する)斜め飛行 ❺ 〘機〙巻き上げ機, 移動ウインチ

càtch a cráb (ボートで)こぎ方がまずくてバランスを崩す

―動 (**crabbed** /-d/；**crab·bing**) 自 ❶ カニを捕まえる ‖ go *crabbing* カニ漁に行く ❷ 斜め歩き[カニ歩き]をする ❸ (飛行機・船が)(横風[潮流]の影響を補正するため)斜め飛行[航行]をする
―他 〘機〙〔飛行機・船〕を斜め飛行[航行]させる

▸▸ **~ stìck** 名 C カニカマ《カニの身に似せたカマボコ》

crab[2] /kræb/ 《口》動 (**crabbed** /-d/；**crab·bing**) 自 不平を言う ―他 ❶ …をこき下す, …にけちをつける ❷ …を駄目にする ‖ ~ the deal 取り引きを妨害する ―名 C ❶ 《通例単数形で》《米口》《けなして》気難しい人, 不平ばかり言う人 ❷ (=**~ àpple**)(小粒で酸味の強い)野生リンゴ

crab·bed /kræbɪd/ 《発音注意》 形 ❶ 気難しい, 意地の悪い ❷ (書体が)読みにくい；《旧》(文体などが)わかりにくい, 難解な **~·ly** 副 **~·ness** 名

crab·by /kræbi/ 形 =crabbed ❶

cráb·èater sèal 名 C 〘動〙カニクイアザラシ《南氷洋産》(♦ crab-eating seal ともいう)

cráb·gràss 名 U 《米》〘植〙メヒシバ《芝生を荒らす雑草. crab grass とも書く》

cráb·mèat 名 U カニの肉

cráb·wìse 副 カニのように；横ばいに(sideways)

‡crack /kræk/ 中心義 **鋭い音を立てて割れ目が入る**

―動 (**~s** /-s/；**~ed** /-t/；**~·ing**)
―自 ❶ **ひびが入る**, 砕ける, 割れ目ができる；割れる, 裂ける(♦ break と異なり「ばらばらにならない程度」についていう)；(表情が) 崩れる ‖ The windshield ~*ed* when a pebble hit it. 小石が当たってフロントガラスにひびが入った / His face ~*ed* into a smile. 彼は破顔一笑した
❷ (突然) **鋭い音を立てる**；鋭い音を立てて割れる[折れる] ‖ Thunder ~*ed*. 雷鳴がとどろいた / The branch of the tree ~*ed* loudly in the storm. 嵐(あらし)で木の枝がめりめりと大きな音を立てて折れた
❸ 〈…に〉激しくぶつかる〈**against, on**〉 ‖ My head ~*ed against* the beam. 私は頭を梁(はり)にぶつけた
❹ 《口》まいる, へこたれる；気が変になる, 自制心を失う《***up***》；(犯人などが)口を割る, 自白する；(組織・関係などが)壊れる, 駄目になる ‖ He ~*ed up* when he was fired. 解雇されて彼はすっかりまいってしまった / ~ under stress and overwork ストレスと過労でまいる
❺ (声が)かすれる, 上ずる；声変わりする ‖ His voice ~*ed* with emotion. 胸がいっぱいになって彼は声がかすれた
―他 ❶ …に**ひびを入れる**；…を鋭い音を立てて割る[砕く, 壊す]；〔小麦など〕をひき割りにする ‖ The ball ~*ed* the window. ボールが(当たって)窓ガラスを割った / She ~*ed* some eggs into a bowl. 彼女は卵をいくつか割ってボールに入れた / ~ a nut (クルミなどの)木の実を割る
❷ …を突然鋭く鳴らす；…をぱちんと鳴らす ‖ ~ one's knuckles 指をぽきぽき鳴らす / ~ a whip むちを鳴らす
❸ 〔頭など〕を〈…に〉激しくぶつける〈**against, on**〉；〔人〕の〈…を〉ぴしゃりと打つ[殴る]〈**over, on, in, across**〉 ‖ ~ one's head *against* someone else's 頭を他人の頭にごつんとぶつける / I ~*ed* him right *across* the face. 彼の横っ面を張り飛ばした
❹ …を少し開ける；〔金庫〕を破る；《米口》〔本〕を開く, 開いて読む；〔微笑〕を漏らす ‖ ~ a window 窓を少し開ける / ~ a safe 金庫を破る / ~ a book 本を開く / ~ a smile 微笑を漏らす ❺ 《口》〔難問など〕を解く, 解決する；〔暗号〕を解読する；〔障壁〕を打破する ‖ I haven't ~*ed* the problem yet. 私はまだその問題を解けないでいる / ~ a murder case 殺人事件を解決する / ~ the enemy's code 敵の暗号を解読する ❻ (精神的・肉体的に) …をまいらせる；…を損なう；〔敵・犯罪組織など〕を壊滅させる ❼ 〔冗談・警句〕を言う ‖ The captain often ~*ed* jokes before a game to relieve the tension. キャプテンは緊張を和らげるために試合前によく冗談を飛ばした
❽ 《口》〔酒瓶〕を開けて飲む ‖ ~ a whisky bottle ウイスキー瓶を開けて飲む ❾ 〔目標など〕を首尾よく達成する；《口》〔市場など〕に何とか割り込む ❿ 〘化〙〔石油・タールなど〕を熱分解する ⓫ 💻 《口》〔コンピューターソフト〕を不法にコピー[改造]する, 〔他人のコンピューターネットワーク〕に不正侵入する；〔フリーソフト〕を改良する

be cràcked úp to be ... 《通例否定文で》《口》…であると言われ[思われ]ている, …という評判である(♦ 強意の all, everything を伴うことがある) ‖ The TV drama isn't all it's ~*ed up to be*. そのテレビドラマは評判ほどのものではない

cràck dówn* 〈自〉〈…に対して〉断固たる処置をとる, 〈…を〉厳しく取り締まる〈on**〉 ‖ ~ *down on* illegal parking 違法駐車を厳しく取り締まる

C

cráck into ... 〈他〉 ① 〔他人のコンピューターネットワーク〕に不正侵入する(→ cracker ❹) ② 《口》〔職業・地位など〕に就く

cráck it 《主に英口》何とかやり遂げる［解決する］‖ I've got *it* ～*ed*. やったぞ

cràck ón 〈自〉《英口》〈仕事などを〉(早く終わらせようと)懸命に続ける〈**with**〉

cràck ópen 〈他〉《***cràck ... ópen*** / ***cràck ópen ...***》① 《口》〔瓶〕を開ける；〔瓶〕のふたを開ける，栓を抜く(→ 他 ❽) ② …を割る，こじ開ける ‖ ～ an egg *open* 卵を割る ―〈自〉割れて開く，裂ける

****cràck úp*** 《口》〈自〉① まいる，へこたれる，気が変になる(→ 自 ❹) ② (車・飛行機が)ぶつかって大破する；(組織などが)壊れる ③ 大笑いする，大いに楽しむ［面白がる］―〈他〉 **I** 《***cràck ... úp*** / ***cràck úp ...***》〔車・飛行機〕を(ぶつけて)大破させる **II** 《***cràck ... úp***》《受身形不可》…を大笑いさせる，大いに楽しませる［面白がらせる］

cràck wíse 《米口》冗談［皮肉］を言う，気のきいたことを言う

****gèt crácking*** 《口》急ぐ；急いで［さっさと］〈仕事などに〉取りかかる〈**on**〉

―名 (複 **～s** /-s/) Ⓒ ❶ 〈…の〉**割れ目**，裂け目，**ひび**，クラック〈**in, between**〉‖ The jar has a tiny ～ *in* it. そのつぼには小さなひびが入っている / *Cracks in* the wall could be a sign of cheap work. 壁の裂け目は作業が雑であった証拠と考えられる
❷ 〈戸・窓・カーテンなどの〉わずかな開き，**隙間**(すきま)〈**in**〉；《a ～》《副詞的に》少し ‖ a ～ *in* the curtains カーテンの隙間 / open the door a ～ ドアをほんの少し開ける
❸ (銃・雷・むちなどの)**鋭い音** ‖ the ～ of a rifle shot ライフルの銃声 / the ～ of a whip むちのぴしっという音 / a loud ～ of thunder 雷のとどろき
❹ 〈…への〉(音を伴う)激しい一撃〈**on, to**〉‖ give him a ～ *on* the head 彼の頭を強く殴る / a ～ *to* the jaw あごへの一撃 ❺ 〈考え・システム・組織の〉欠点，欠陥〈**in**〉；(精神的・肉体的な)欠陥［損傷］，気のふれ ‖ the ～*s in* the government's foreign policy 政府の外交政策の欠陥 ❻ (緊張などによる)声のかすれ，上ずり；(思春期の)声変わり ‖ a ～ in one's voice つぶれた声 ❼ 《口》〈…についての〉(しばしばいやみな)冗談，皮肉，警句；気のきいた文句，しゃれ，冷やかし(wisecrack)〈**about**〉‖ make a ～ 皮肉［きつい冗談］を言う ❽ 《単数形で》《口》〈…の〉試み，試し；チャンス〈**at**〉‖ give her a ～ *at* the job 彼女に仕事の機会を与える ❾ 《スコット・北イング》楽しい会話，おしゃべり；Ⓤ 《アイル》楽しみ；楽しいひと時 ‖ have a great ～ about ... …について楽しい会話をする ❿ Ⓤ 《俗》クラック(crack cocaine)《高純度の結晶状コカイン》‖ on ～ クラックを使用して，いかれて

a fàir cràck of the whíp 《英口》公平な参加［成功］の機会

****at the cràck of dáwn*** 夜明けに；早朝に

fáll [OR ***slìp***] ***through*** [OR ***between***] ***the crácks*** 見落とされる，無視される

****hàve*** [OR ***tàke***] ***a cráck at ...*** …をやってみる

pàper [OR ***smòoth***] ***òver the crácks*** 問題［欠点］を隠蔽(いんぺい)する(♦ ひびを隠すために紙などをはることから)

COMMUNICATIVE EXPRESSIONS

1 **What's the cráck?** 《英》何事だ；最近どうだい

―形 《比較なし》《限定》優れた，一流の ‖ a ～ shot 射撃の名手 / a ～ soccer player 一流のサッカー選手

▸▸ **～ báby** 名 Ⓒ クラック常用の母親から生まれた子供

cráck·bràined 形 《口》気のふれた(ような)；全くばかげた

***crack·down** /krǽkdàun/ 名 Ⓒ 《通例単数形で》〈…への〉激しい処置，(厳重な)取り締まり；警察の手入れ；弾圧〈**on**〉‖ a ～ *on* organized crime 組織犯罪の取り締まり

cracked /krækt/ 形 ❶ ひびの入った，割れた；砕けた；ひいた ❷ (声が)しわがれた，つぶれた；声変わりした ❸ 《叙述》《口》気のふれた，狂気じみた

▸▸ **～ whéat** 名 Ⓤ ひき割り小麦

***crack·er** /krǽkər/ 名 Ⓒ ❶ クラッカー《薄い堅焼きビスケット》 ❷ クラッカー(Christmas cracker)《端を引くと破裂し，菓子・おもちゃなどが飛び出す紙筒》；かんしゃく玉，爆竹(firecracker) ❸ 《～s》くるみ割り器(nutcrackers) ❹ クラッカー《ネットに不正アクセスをする人》 ❺ 《英口》素敵な人［もの］；魅力のある人［女性］ ❻ ⊗《米》《蔑》(南部の)貧しい白人 ❼ 《化》クラッカー，分解蒸留器［装置］

crácker-bàrrel 形 《米》(観点・意見などが)単純な，素朴な，ありきたりの

crácker·jàck 《主に米口》形 優れた，一流の；ずば抜けた ―名 Ⓒ 優れた人；飛び切り上等のもの

crack·ers /krǽkərz/ 形 《叙述》《口》気のふれた；いら立って；夢中の ‖ go ～ 気がふれる；熱中する

cráck·hèad 名 Ⓒ 《俗》クラック常用者

cráck·hòuse 名 Ⓒ 《俗》(麻薬の)クラックを吸う場所［密売所］

crack·ing[1] /krǽkɪŋ/ 《口》形 《限定》素晴らしい，素敵な ―副 とても，非常に

crack·ing[2] /krǽkɪŋ/ 名 Ⓤ ❶ 《化》(石油などの)クラッキング，分(解蒸)留 ❷ クラッキング《コンピューターソフトの不正コピー［改造］行為，コンピューターネットワークへの不正アクセス行為》

***crack·le** /krǽkl/ 動 自 ❶ ぱちぱち［ぱりぱり］音を立てる；(ラジオなどが)(雑音で)があがあいう ‖ The twigs ～*d* as they burned. 小枝がぱちぱち音を立てて燃えた ❷ 〈生気・熱意などに〉満ちている〈**with**〉‖ The movie ～*s with* horror. その映画には怖いところがいっぱいある ―他 ❶ …をぱちぱちいわせ(て割)る ❷ 〔陶磁器〕にひび割れ模様を入れる ―名 Ⓤ Ⓒ ❶ ぱちぱち［ぱりぱり］(いう音) ❷ (陶磁器の)細かいひび(模様)；ひび焼き(crackleware)

crack·ling /krǽklɪŋ/ 名 ❶ Ⓤ ぱちぱち［ぱりぱり］と音を立てること ❷ Ⓒ 《～s》《米》/ Ⓤ 《英》かりかりに揚げた豚［ガチョウ］の肉片 ❸ Ⓒ ⊗《英俗》《蔑》性的魅力のある女性

crack·ly /krǽkli/ 形 ぱりぱり［ぱちぱち］いう

crack·nel /krǽknəl/ 名 Ⓒ ❶ 堅焼きビスケット ❷ 《～s》《米》かりかりに揚げた肉片(cracklings)

cráck·pòt 《口》名 Ⓒ (けなして)変わり者 ―形 《限定》常軌を逸した，風変わりな

cráck·ùp 名 Ⓒ 《通例単数形で》《口》❶ (神経)衰弱；崩壊 ❷ (飛行機・自動車の)激突，衝突

-cracy 接尾 《名詞語尾》「統治，支配；政体」の意 ‖ auto*cracy*, bureau*cracy*

***cra·dle** /kréɪdl/ 名 ❶ Ⓒ 揺りかご，小児用ベッド ‖ I rocked my little sister to sleep in her ～. 揺りかごに入った妹を揺すって寝かしつけた ❷ 《the ～》〈…の〉発祥地，揺籃(ようらん)の地〈**of**〉‖ the ～ *of* coffee コーヒー発祥の地 ❸ 《the ～》幼年時代，揺籃期 ❹ Ⓒ 揺りかご状のもの；(電話の)受話器台；船架，進水台；(自動車修理用の)移動車［台］；(高架作業用の)ゴンドラ；《採鉱》選鉱台 ‖ put the telephone back in the ～ 受話器を受け台に戻す

from the cràdle to the gráve 揺りかごから墓場まで，生まれてから死ぬまで，一生涯

ròb the crádle 《米口》自分よりずっと若い人を愛人［配偶者］にする

―動 他 ❶ 〔赤ん坊〕を揺りかごに入れる，揺すってあやす；…を養育する ‖ ～ a baby 赤ん坊を抱いてあやす ❷ …を(優しく［保護するように］)抱く，抱える ‖ He ～*d* the puppy in his arms. 彼は両腕で子犬を抱きかかえた ❸ 〔受話器〕を受け台に置く；(一般に)…を架台に乗せる ❹ 《採鉱》〔砂金〕を選鉱台で洗う ❺ …の発祥の地である

crádle-snàtcher 名 Ⓒ 《英口》(けなして)(自分よりずっと若い相手と)性的関係を結ぶ［結婚する］人

crádle·sòng 名 Ⓒ 子守歌(lullaby)

***craft** /kræft | krɑːft/ 名 (複 **～** OR **～s** /-s/) ❶ Ⓒ (手先でする)作業，手芸；(特殊な技術を要する)仕事，職業；《～s》手工芸品，クラフト ‖ the carpenter's ～ 大工の仕事 / arts and ～*s* 美術工芸 / a folk ～ 民芸品 / a ～ shop

手工芸店 ❷ Ⓤ 技巧，技能；技，腕 ‖ The traditional ～ of candle-making is being revived. ろうそく作りの伝統的な技が復活しつつある / a chair carved with great ～ 見事な腕で彫られたいす ❸ Ⓒ (複 ～) (小型の)船舶；飛行機(aircraft)；宇宙船(spacecraft) ‖ a sailing ～ 小帆船 / a landing ～ 揚陸艇 ❹ Ⓤ 《けなして》悪だくみ，悪知恵，狡猾(こうかつ)さ ‖ a thief with great ～ 悪知恵にたけた盗人 / use ～ and guile 手練手管(てれんてくだ)を弄(ろう)する ❺ Ⓒ 《集合的に》同業者組合(員)；《the C-》フリーメーソンの組合

―動 他 《通例受身形で》…が手先で[巧みに]作られている ‖ This china must have been ～*ed* in the 15th century. この陶器は15世紀に作られたに違いない / ～*ed* furniture 工芸家具

▸▸ ～ **knìfe** 名 Ⓒ 《英》万能ナイフ ～ **ùnion** 名 Ⓒ 職能別労働組合(→ industrial union)

crafts·man /krǽftsmən | krɑ́ːfts-/ 名 (複 **-men** /-mən/) Ⓒ ❶ 職人；工芸家；名工，技巧家(中立 craftperson) ‖ a traditional ～ 伝統工芸家 / a master ～ 名匠 ❷ 《英》英国電気機械技術部隊の二等兵

～·shìp 名 Ⓤ (職人の)技量，腕前

cráfts·pèrson 名 Ⓒ 職人，工芸家 《男女共》

cráfts·wòman 名 (複 **-wòmen**) Ⓒ (女の)職人，工芸家(中立 craftsperson)

cráft·wòrk 名 Ⓤ (手)工芸；(手)工芸作品

craft·y /krǽfti | krɑ́ːfti/ 形 (**craft·i·er, more ～ ; craft·i·est, most ～**) ❶ 《通例けなして》ずるい，悪賢い，狡猾な(◆ cunning よりも頭のよさを強調する) ‖ a ～ scheme 悪だくみ / a ～ idea ずるい考え / (as) ～ as a fox (キツネのように)とても悪賢い ❷ 《主に英口》器用な，技が巧みな

cráft·i·ly 副 **cráft·i·ness** 名

crag /kræg/ 名 ❶ Ⓒ 切り立った岩，ごつごつした岩 ❷ Ⓤ 〘地質〙(イングランド東部の)貝砂層

crag·gy /krǽgi/ 形 ❶ (顔が)いかつい，彫りの深い(◆ 通例よい意味で用いる) ❷ 岩だらけの，ごつごつして険しい

crags·man /krǽgzmən/ 名 (複 **-men** /-mən/) Ⓒ 岩登りの熟練者

cram /kræm/ 動 (**crammed** /-d/ ; **cram·ming**) 他 ❶ 〔物・知識など〕を〈場所・容器などに〉詰め込む，押し込む《*in*》〈**into**〉 ‖ I *crammed* the fishing gear *into* the trunk. 釣り道具一式を車のトランクに詰め込んだ / He *crammed* the hamburger *into* his mouth and ran to his class. 彼はハンバーガーをほおばって自分のクラスに走った / I can't ～ any more knowledge *in* at a time. 一度にこれ以上の知識は詰め込めない

❷ **a** 《＋目》〔場所など〕を〈…で〉ぎっしりと満たす〈**with**〉 ‖ People *crammed* the square to welcome the gold medalist back. 金メダリストを歓迎するため人々が広場を埋め尽くした / ～ a suitcase *with* clothes スーツケースに衣類を詰め込む **b** 《＋目＋補〈形〉》《通例受身形で》〔乗り物・部屋など〕を…の状態にする ‖ The bus was *crammed* full. そのバスは(人で)ぎゅうぎゅう詰めだった ❸ …にたらふく食べさせる；《～ oneself で》〈…を〉たらふく食べる〈**with**〉 ‖ He *crammed* himself *with* cake(s). 彼はケーキをたらふく食べた ❹ …をがつがつ食べる，かき込む《*down*》 ❺ 《口》〔人〕に〈…の〉詰め込み勉強をさせる；…を〈…のため〉詰め込み勉強する〈**for**〉

―自 ❶ 〈場所などに〉ぎっしり入り込む，詰めかける《*in*》〈**into, onto**〉 ‖ Crowds of fans *crammed into* the hall. 多数のファンがホールにいっぱい詰めかけた ❷ むさぼり食う ❸ 《口》〈…のための〉詰め込み勉強をする〈**for**〉 ‖ ～ *for* an exam 試験に備えて詰め込み勉強をする

―名 Ⓤ ❶ すし詰め(の状態) ❷ 《口》詰め込み[一夜漬けの]勉強

▸▸ ～ **schòol** 名 Ⓒ (日本などの)学習塾，予備校 ～ **sèssion** 名 Ⓒ 集中講座

cràm-fúll ⟨シ⟩ 形 〈…で〉ぎゅうぎゅう詰めの〈**of**〉

cram·mer /krǽmər/ 名 Ⓒ ❶ 《英》(受験のための)詰め込み主義の教師[学校，教材] ❷ 不正料金を請求する電話会社(→ cramming)

cram·ming /krǽmɪŋ/ 名 Ⓤ ❶ 詰め込むこと，詰め込み教育 ❷ クラミング《電話会社が勝手に契約内容を変更したり，利用していないサービスの料金を不正に請求すること》

cramp[1] /kræmp/ 名 ❶ Ⓒ Ⓤ (筋肉の)けいれん，引きつり；(局部的な)麻痺(まひ)(→ writer's cramp) ‖ get (《米》 a) ～ in one's right leg 右足(の筋肉)が引きつる ❷ Ⓒ 《～s》(月経時に起こる)激しい腹痛

―動 自 けいれん[腹痛]を起こす

cramp[2] /kræmp/ 名 Ⓒ ❶ (＝～ ìron) かすがい ❷ クランプ，締め金，締めつけ金具 ❸ 拘束物，制限するもの；Ⓤ 束縛された状態 ―動 他 ❶ …をかすがいで止める，…を締めつける ❷ 《通例受身形で》…が束縛される，制限される；…が(狭い場所に)閉じ込められる《*up*》 ❸ 〔自動車などの前輪〕の方向を急角度に変える

cramp a person's style 《口》⇨ STYLE(成句)

cramped /kræmpt/ 形 ❶ けいれんを起こした ❷ 窮屈な，狭い；(人が)窮屈で動けない ❸ (筆跡が)小さくて読みにくい

cram·pon /krǽmpɑ̀(ː)n, -pən | -pɔ̀n, -pən/ 名 Ⓒ 《通例 ～s》 ❶ (靴につける)スパイク；〘登山〙アイゼン ❷ 《古》(重いものを持ち上げる)つかみ金，かぎ鉄；＝grapnel ❷

cran·ber·ry /krǽnbèri | -bəri/ 名 (複 **-ries** /-z/) Ⓒ 〘植〙ツルコケモモ(の実)，クランベリー

▸▸ ～ **bùsh** 名 Ⓒ 《主に米》〘植〙ガマズミに似た北米北部産の低木《花は白色のまり状で赤い実がなる》

crane /kreɪn/ 名 Ⓒ ❶ ツル；ツルに似た鳥《サギ・コウノトリなど》 ❷ クレーン，起重機 ‖ operate a ～ クレーンを操作する / hoist cargo ⌈with a [OR by] ～ 船荷をクレーンで持ち上げる ❸ クレーン状の装置[器具]；(映画・テレビ用の)カメラ移動装置，クレーン

―動 他 ❶ 〔首〕をツルのように伸ばす；〔首〕を〈…から〉出す〈**out of**〉 ‖ ～ one's neck *out of* a window 窓から首を出す ❷ …をクレーンで動かす ―自 (よく見ようとして)首を伸ばす《*forward*》〈**over** …の上に；**out of** …から〉

▸▸ ～ **flỳ** 名 Ⓒ 〘虫〙ガガンボ(《英》 daddy longlegs)

cránes·bìll 名 Ⓒ 〘植〙フウロソウの類《ゼラニウム・ゲンノショウコなど》

cra·ni·al /kréɪniəl/ 形 《限定》〘解〙頭蓋の；頭(蓋)骨の

cra·ni·ol·o·gy /krèɪniɑ́(ː)lədʒi | -ɔ́l-/ 名 Ⓤ 頭骨学

cra·ni·om·e·try /krèɪniɑ́(ː)mətri | -ɔ́m-/ 名 Ⓤ 頭骨測定(学)

cra·ni·um /kréɪniəm/ 名 (複 **～s** /-z/ OR **-ni·a** /-niə/) Ⓒ 〘解〙頭骨；頭蓋(skull)

crank[1] /kræŋk/ 名 Ⓒ 〘機〙クランク ―動 他 ❶ …をクランク状に曲げる ❷ …をクランクを回して動かす《*up*》

crànk ... óut 〈他〉《口》《けなして》…を機械的に作り出す，(苦もなく)量産する

crànk úp 〈他〉《***crànk úp ...*** ; ***crànk ... úp***》 ① ⇨ ❷ ② 《口》…の勢い[弾み]をつける；…の音量を上げる ―〈自〉《俗》麻薬を注射する

crank[2] /kræŋk/ 名 Ⓒ ❶ 《口》《けなして》変わり者，変なやつ；凝り屋 ❷ 《米口》気難し屋，つむじ曲がり ❸ 《文》変わった[ひねった]言い回し ❹ 《米俗》＝methamphetamine

cránk·càse 名 Ⓒ (内燃機関の)クランク室

cránk·pìn 名 Ⓒ 〘機〙クランクピン

cránk·shàft 名 Ⓒ 〘機〙クランク軸

crank·y /krǽŋki/ 形 ❶ 《口》風変わりな，突拍子もない ❷ 《主に米口》怒りっぽい，気難しい；意地が悪い ❸ (機械が)がたがたの **cránk·i·ly** 副 **cránk·i·ness** 名

cran·ny /krǽni/ 名 (複 **-nies** /-z/) Ⓒ (壁・岩などの)割れ目，裂け目，ひび ‖ in every nook and ～ 隅々に至るまで，くまなく **-nied** 形 割れ目[ひび]のある

crap[1] /kræp/ ⊗《卑》名 Ⓤ ❶ たわごと，ほら，うそ；くだらぬこと ‖ He's full of ～. あいつはうそっぱちばかり言う / Cut the ～! くだらぬおしゃべりはよせ / I don't have to take ～ from you. 君からひどいことを言われるいわれはない / This newspaper article is a load [《米》 bunch]

of ~. この新聞記事は全くひどい[ばかげている] ❷くず, がらくた ❸排泄(はいせつ)物, 大便, くそ; Ⓒ《単数形で》排便 ‖ have [OR take] a ~ 大便をする ❹ひどい[不当な]扱い
do the cráp out of ... 〔人・物〕をどえらく…する ‖ He beat *the* ~ *out of* me in the game. ゲームで僕は彼にぼろくそに負けた
—形 ひどい, 劣った, くだらない
—動 (**crapped** /-t/; **crap·ping**) 自 大便をする
cràp ón 〈自〉くだらないことをしゃべり続ける

crap² /kræp/ 名Ⓒ《米》クラップス(さいころ賭博(とばく))で負けの一振り《2個のさいころの目の合計が2, 3, 12の場合》
—動 (**crapped** /-t/; **crap·ping**) 自《次の成句で》
cràp óut 〈自〉《米俗》(クラップスで)負け数字を振り出す, 負ける; しくじる; (計画などから)降りる, 手を引く

crape /kreɪp/ 名 ❶Ⓤクレープ, ちりめん(crepe)《喪服に用いる黒い絹地》 ❷Ⓒ(帽子・そでに巻く)喪章
▸▸ **~ mỳrtle** 名Ⓒ〖植〗サルスベリ

crap·pie /krǽpi/ 名Ⓒ〖魚〗クラッピー《北米産のクロマス科の小型魚》

crap·py /krǽpi/ 形《通例限定》《俗》劣悪な, くだらない

craps /kræps/ 名Ⓤ《米》クラップス《さいころ賭博の一種》 ‖ shoot ~ クラップス賭博をする

cráp·shòot 名Ⓒ ❶《米口》危険な賭(か)け ❷=craps

cráp·shòoter 名Ⓒ《米》クラップス賭博をする人

***crash¹** /kræʃ/
—動 (**~·es** /-ɪz/; **~ed** /-t/; **~·ing**)
—自 ❶(車・列車・運転者が)**衝突事故を起こす**, 〈…に〉**衝突する**, ぶつかる〈**into, onto, against**〉; (飛行機が)**墜落する** ‖ A car *~ed into* the train. 車が列車に衝突した / The airplane *~ed into* the mountainside resulting in 30 deaths. 飛行機が山腹に激突し30名の死者を出した
❷(大きな音を立てて)**激突する**, 激しくぶつかる, ぶつかって倒れる[壊れる, 砕ける, 落ちる]《*down*》〈**into, onto, to, against** …に; **through** …を通って, ぶち抜いて〉 ‖ Several rocks came *~ing down onto* the bus. 数個の岩がバスに向かってがらがらと落ちて来た / A meteor *~ed through* our neighbor's roof. 隕石が隣家の屋根を突き破った / The vase *~ed to* the floor. 花瓶ががちゃんと床に落ちた / The big waves *~ed against* the rocks. 大波が岩に当たって音を立てて砕けた
❸ **a** すさまじい音を立てる《*out*》 ‖ A peal of thunder *~ed out*. 雷鳴がとどろいた
b 《+補〈形〉》激しい音を立てて…になる ‖ The door *~ed* shut. ドアがばたんと閉まった
❹《+副句》激しい勢いで[騒々しく]突き進む[押し入る] (♦副句は方向を表す)
❺(事業・計画などが)突然駄目になる, 失敗する; 倒産する; (物価などが)急落する; 《口》(株式相場が)暴落する
❻💻(コンピューターが)突然機能停止する, クラッシュする
❼《口》(疲れたりして)眠り込む《*out*》; (他人の家などに)急に泊まる〈**at** 家に; **with** 人の所に〉 ‖ ~ *out* on a couch ソファーで眠り込む / Who did you ~ *with* last night? 夕べはだれの所に泊まったの
❽《米俗》(麻薬が切れて)気分が悪くなる ❾《主に英》(試合で)大敗する ❿〖医〗心臓の鼓動が停止する
—他 ❶〔車など〕を〈…に〉**衝突させる**, ぶつける; 〔飛行機〕を〈…に〉**墜落させる**〈**into**〉(⇨ 類語) ‖ He *~ed* his bike *into* a telephone pole. 彼は電柱にバイクをぶつけた
❷(激しい音を立てて)…を〈…にぶつけて〉**壊す**〈**against**〉; …をがちゃんと〈…に〉落とす《*down*》〈**on**〉(⇨ 類語) ‖ I *~ed* my favorite mug *down on* the floor. 気に入っているマグを床に落として壊してしまった
❸ **a** 《+目》…に**大きな音を立てさせる** ‖ ~ the cymbals together シンバルを打ち鳴らす
b 《+目+補〈形〉》激しい音を立てて…を…の状態にする ‖ ~ a door shut ドアをばたんと閉める
❹(激しい音を立てて)…を押し進む; 〔赤信号など〕を無視して走る ‖ ~ one's way through the undergrowth がさがさとやぶをかき分けて進む
❺《口》〔パーティー・劇場など〕に(招待状・切符なしで)押しかける, 潜り込む(gatecrash) ❻💻〔コンピューター・プログラム〕を急に動かなくさせる, クラッシュさせる
cràsh and búrn 〈自〉《米口》① 駄目になる, 大失敗する, 破滅する ② (疲れて)眠り込む
cràsh aróund [OR *abóut*] 〈自〉《口》(物を倒したりしながら)騒々しく動き回る
cràsh dówn 〈自〉《文》① (人生などが)〈…にとって〉台無しになる, 無意味になる〈**around, about**〉 ② 激しい音を立てて崩れ落ちる(→ 自 ❷)
cràsh ín 〈自〉《文》(人生などが)〈…にとって〉無意味になる〈**on**〉
cràsh óut 〈自〉① すさまじい音を立てる(→ 自 ❸**a**) ② 《口》眠り込む(→ 自 ❼)
—名 (複 **~·es** /-ɪz/) Ⓒ ❶(車・列車などの)**衝突(事故)**; (飛行機の)**墜落**; (すさまじい音を伴う)倒壊, 崩壊(《米》wreck) ‖ He was killed **in a car** [train] ~. 彼は自動車[列車]の衝突事故で命を落とした / a plane ~ 飛行機の墜落
❷《通例単数形で》(物が落ちるときなどの)**すさまじい音**, **轟音**; がちゃん[からから](という音) ‖ A giant tree fell with a ~. 巨木がすさまじい音を立てて倒れた / a ~ of thunder [applause] 雷鳴のとどろき[割れるような拍手喝采(かっさい)] ❸(事業などの)失敗, 崩壊; (株式相場の)暴落 ‖ a stock-market ~ 株式市場の暴落 ❹💻(コンピューターの)突然の機能停止, クラッシュ
—形《比較なし》《限定》速成の; 応急の; 集中的な ‖ go [be] on a ~ diet 急激なダイエットをする[中である]
—副《比較なし》すさまじい音を立てて ‖ *Crash* went the shutters. がしゃっとシャッターが閉まった

類語 《他 ❶, ❷》 **crash** 大きな音を立てて激しく壊す[衝突させる].
crush 強い力で押しつぶす.
smash 突然激しい力で粉々にする. crash より意味が強い.
clash「激しくぶつかる大きな音」または「意見の衝突」を強調する.

▸▸ **~ bàrrier** 名Ⓒ《英》ガードレール; 危険防止用フェンス **~ còurse** 名Ⓒ短期集中講座 ‖ take a ~ *course* in Spanish スペイン語の短期集中コースをとる **~ dìve** (↓) **~ hèlmet** 名Ⓒ(バイクなどの)事故防止用ヘルメット **~ pàd** 名Ⓒ ① (自動車などの)緩衝装置, 防衝パッド ② 《旧》《俗》臨時のねぐら, 一夜の宿 **~ prògram** 名Ⓒ突貫計画, 大変革計画

crash² /kræʃ/ 名Ⓤ《旧》クラッシュ《麻・綿などの粗い布地. タオル・テーブルかけ用》

crásh dìve 名Ⓒ(潜水艦の)急速潜航; (飛行機の)急降下 **crásh-dìve** /ˌ–´–/ 動 自 (潜水艦が)急速潜航する; (飛行機が)急降下する

crásh·ing /-ɪŋ/ 形《限定》《口》全くの, 完全な

crásh-lànd /ˌ–´–/ 動 自 他 (飛行機などが[を])強行着陸[不時着]する[させる] **crásh-lànded** 形 不時着した **crásh lànding** /ˌ–´––/ 名Ⓒ強行着陸, 不時着

crass /kræs/ 形 無神経な, 愚鈍な; (愚鈍さなどが)とてつもない **~·ly** 副 **~·ness** 名

-crat 接尾《名詞語尾》❶「-cracy の支持者, 一員」の意 ‖ demo*crat*, theo*crat* ❷「(特定の)権力階層の一員」の意 ‖ aristo*crat*, bureau*crat*, pluto*crat*, techno*crat*
-crát·ic(al) 接尾《形容詞語尾》

crate /kreɪt/ 名Ⓒ ❶(ガラス・陶器などの)運搬用木枠, 枠箱; 木枠1杯の量 ❷《旧》《口》(おんぼろ)飛行機[自動車]
—動 他 …を枠箱に入れる《*up*》

***cra·ter** /kréɪṭər/ 名Ⓒ ❶(火山の)噴火口, 火口 ❷(月面などの)クレーター; 隕石(いんせき)孔 ❸(爆撃などでできた)大穴 ❹《C-》〖天〗コップ座 ❺(古代ギリシャ・ローマでワインと水を混ぜるのに用いた)大鉢(krater)

—動 他〔地面など〕に穴をあける ‖ a ~*ed* airfield (爆撃で)穴だらけの飛行場 —自 穴ができる；クレーター状になる
▶▶**Cràter Láke** 名 クレーター湖《米国オレゴン州南西部の死火山の噴火口にある湖》；C《c- l-》火口湖

cra·vat /krəvǽt/ 名 C (男性が首に巻く)スカーフ；《米》ネクタイ

crave /kreɪv/ 動 他 ❶ **a** 《+目》…を切望する，熱望する (lust after；↘ hanker after) ‖ ~ some chocolate チョコレートが食べたくてたまらない **b** 《+**to** *do*》…することを切望する ‖ He ~*d to* be named to the team. 彼はしきりにそのチームに指名されることを望んだ ❷ 《古》…を懇願する —自 〈…を〉切望[熱望]する，渇望する〈**for, after**〉 ‖ ~ *for* freedom 自由を切に求める / ~ *after* affection 愛情を渇望する

cra·ven /kréɪvən/ 形 (人・行動が)ひどくおく病な
—名 C《古》おく病者，小心者 **~·ly** 副

crav·ing /kréɪvɪŋ/ 名 C 渇望，切望〈**for** …への / **to** *do* …したいという〉(♥「好ましくないものを求めている」という意味を含むことがある)(⇨ DESIRE 類語)

craw /krɔː/ 名 C ❶《旧》(鳥・昆虫の)餌袋(えぶくろ)(crop) ❷《口》(動物の)胃袋(stomach)
stick in a person's craw =stick in a person's THROAT

cráw·fish 名《米》=crayfish
—動 自《米口》手を引く，降りる

crawl /krɔːl/ 動 自 ❶ (人・虫・植物などが)はう，はって進む(♦ 通例方向を表す 副句 を伴う)(⇨ 類語) ‖ The baby ~*ed* to his daddy. 赤ん坊はパパの所へはいはいしていった / A beetle [~*ed* into [came ~*ing* out of] a hole. カブトムシが穴にはい込んだ[穴からはい出してきた] / ~ on hands and knees 四つんばいになってはう ❷ (人・乗り物などが)ゆっくり進む，徐行する(♦ 通例方向を表す 副句 を伴う) ‖ The bus ~*ed* along the crowded street. バスは混雑した通りをのろのろと進んだ ❸《口》《けなして》〈…に〉ぺこぺこする，取り入る；(よりを戻そうと)下手に出る〈**to**〉 ‖ ~ *to* one's boss 上司に取り入る ❹ 《+**with** 名》《通例進行形で》(場所が)(人・虫)でいっぱいである ‖ The airport was ~*ing with* cameramen. 空港にはカメラマンがいっぱい詰めかけていた ❺ (虫がはっているかのように)むずむず感じる，ぞくぞくする ‖ The horrible scene made my flesh ~. その恐ろしい光景を見て身の毛がよだった ❻ (塗ったペンキなどが)流れ落ちてむらになる
—名 ❶ C《a ~》はうこと；のろのろ進むこと，徐行 ‖ The procession moved at a ~. 行列はゆっくりと進んだ / The car slowed to a ~. 車は速度を落として徐行した ❷《the ~》【水泳】クロール(crawl stroke) ‖ do [OR swim] the ~ クロールで泳ぐ ❸ C (テレビ・映画などの)画面をスクロールする字幕

類語 《自 ❶》**crawl** 腹ばいあるいは四つんばいの状態でゆっくり進む.
creep (気づかれないように)ゆっくり，こっそり，あるいは忍び足ではうようにして進む.

▶▶**~ing pèg** 名 C【為替】クローリングペッグ(方式)，(平価の)小刻み調整 **~ spàce** 名 U (天井裏・床下などの)狭い隙間

crawl·er /krɔ́ːlər/ 名 C ❶《口》(虫・赤ん坊のように)はうもの；のろのろ進む車 ❷ キャタピラー付きのトラクター ❸《英口》おべっか使い，ご機嫌とり
▶▶**~ làne** 名 C《英》(坂道での)低速車線

crawl·y /krɔ́ːli/ 形 むずむず[ぞくぞく]する(creepy)

cráy·fìsh /kréɪ-/ 名 (複 ~ OR ~·es /-ɪz/) C U【動】ザリガニの類；イセエビの類

cray·on /kréɪɑ(ː)n, -ən | -ɒn, -ən/ 名 C ❶ クレヨン ‖ in ~(*s*) クレヨンで(描いた) ❷ クレヨン画
—動 他 自 (…を)クレヨンで描く

craze /kreɪz/ 名 C ❶〈…に対する〉熱狂〈**for**〉；(一時的な)大流行(⇨ FASHION 類語) ‖ He has a ~ *for* hip hop. 彼はヒップホップに夢中である ❷ (陶器のうわ薬の)細かいひび(模様)
—動 他 ❶《通例 ~d で形容詞として》…の気を狂わせる，…を夢中にさせる ‖ a ~*d* look 狂ったような表情 / soccer-~*d* サッカーが大好きな ❷〔陶器〕のうわ薬の表面に細かいひび(模様)を入れる(♦ しばしば受身形で用いる) —自 ❶ 細かいひびが入る ❷ 気が狂う

cra·zy /kréɪzi/
—形 (**-zi·er**；**-zi·est**)
❶ **a** 《叙述》《口》〈…に〉**夢中になった，熱狂した**〈**about**〉 ‖ He is ~ *about* soccer. 彼はサッカーに夢中だ / She is ~ *about* that waiter. 彼女はあのウエーターにのぼせている **b** 《複合語で》…に熱狂した，夢中の ‖ golf-~ men ゴルフに夢中の男たち
❷ **気の狂った**，正気でない；(気も狂わんばかりに)いらいらして[怒って]いる(⇨ MAD 類語) ‖ Are you ~? 気は確かか
❸《口》**a** ばかげた，むちゃな，途方もない(↔ sensible)；奇妙な ‖ a ~ theory ばかげた理論 / She showed up in her ~ dress. 彼女は変てこなドレスを着て現れた **b** 《It is ~ of *A* to *do* / *A* is ~ to *do* で》*A*が…するのはばかげた[むちゃな]ことだ ‖ [You're ~ [OR It's ~ *of* you] *to* go swimming in this weather. こんな天気の日に泳ぎに行くなんてむちゃだよ ❹ (角度が)ふつうでない，ゆがんだ ❺《古》(船・建物が)がたがたの
(as) crazy as a loon ⇨ LOON²(成句)
crazy like a fox ⇨ FOX(成句)
drìve [OR *màke*] *a pèrson crázy* 〔人〕の気を狂わせる；〔人〕をいらいらさせる ‖ Quit your griping; it's *driving* me ~. 愚痴をこぼすのはやめろ. 聞いていると気が狂いそうだ
gò crázy 《口》気が狂う；ひどく興奮する，熱狂する
lìke crázy 猛烈に，ものすごく

COMMUNICATIVE EXPRESSIONS
1 [**It may sòund** [OR **I knów it sòunds**] **crázy, but** I spènt a fórtune to bùy her a ríng. ばかげているかもしれませんが，私は彼女に指輪を買うために大金を投じました(♥ しばしば打ち明け話の前置きとして用いる)
2 **You'd be crázy nòt to** tàke his advíce. 彼のアドバイスを聞かないなんてどうかしてますよ(♥ 強く勧める表現)

—名 (複 **-zies** /-z/) C《主に米口》狂った人
-zi·ly 副 気が狂ったように；熱狂的に **-zi·ness** 名 U 発狂；熱狂
▶▶**~ bòne** 名 C《単数形で》《米》=funny bone **~ gólf** 名 U《英》ミニゴルフ(《米》miniature golf) **Cràzy Hórse** 名 クレイジー＝ホース(1849?-77)《北米先住民スー族(Sioux)の指導者. Little Bighorn の戦いでカスター将軍を破る》 **~ páving** 名 U《英》不ぞろいの敷石の歩道 **~ quílt** 名 C《米》パッチワーク[寄せ切れ細工]のキルト(のベッドカバー)；〈…の〉寄せ集め〈**of**〉

creak /kriːk/ 動 自 ❶ きしむ，きーきー音を立てる ‖ The old gate ~*ed* open. その古い門がぎいと開いた ❷ きーきー音を立てて動く —名 C きしむ音，きーきー(という音)

creak·y /kríːki/ 形 ❶ きーきー音を立てる，きしむ ❷《口》がたがたの，古ぼけた **créak·i·ly** 副 **créak·i·ness** 名

cream /kriːm/
—名 (複 **~s** /-z/) ❶ U **クリーム**，乳脂 ‖ Do you take ~ in your coffee? コーヒーにクリームを入れますか / whipped ~ 泡立てたクリーム，ホイップクリーム / fresh ~ 生クリーム
❷ C U クリーム状[入り]の食品；クリーム菓子 ‖ (an) ice ~ アイスクリーム / chocolate ~*s* チョコレートクリーム(菓子) / a custard ~ 《英》カスタード入りビスケット / ~ of tomato soup クリーム入りトマトスープ
❸ C U (化粧・洗浄用などの)クリーム ‖ shaving [cleansing] ~ シェービング[クレンジング]クリーム / sunscreening ~ 日焼け止めクリーム / apply cold ~ to one's face 顔にコールドクリームを塗る
❹《the ~》〈…の〉最上の部分，精髄，粋〈**of**〉 ‖ the ~ *of* our volleyball team 我がバレーボールチームの精鋭 / the ~ *of* society 社交界の花 / the ~ *of* a story

[joke] 話の佳境 [しゃれの落ち] / the ～ *of* the ～ 最良のもの, えり抜き ❺ Ⓤ クリーム色
the crèam of the cróp 最良の人[もの]
―動 (**～s** /-z/ ; **～ed** /-d/ ; **～·ing**)
―他 ❶ …をクリーム状にかき混ぜる
❷ 《主に米口》…を打ちのめす, 殴る ; (スポーツで)…を徹底的に負かす ‖ We were ～*ed* in the final game. 決勝戦でこてんぱんにやっつけられた ❸ 〔牛乳〕からクリームを分離する ❹ 〔コーヒーなど〕にクリームを入れる ; 〔野菜など〕をクリーム (ソース) で料理する ; …にクリームをかける ‖ ～*ed* potatoes クリームで調理したポテト ❺ 〔肌など〕をクリームで手入れする, …にクリームを塗る ❻ ⊗《卑》(性的に興奮して)〔下着〕をぬらす ―自 ❶ (牛乳が)クリームを生じる, (牛乳に)乳皮が張る ❷ ⊗《卑》性的に興奮する
crèam ... óff* / *crèam óff ... 〈他〉 ① …の最上部分をえり抜く, 精選する ② 《口》〔法外な利益など〕を自分のものにする ; …を横領する
―形 クリーム色の
▶▶ **～ chéese** 名 Ⓤ クリームチーズ 《きめ細かい白い未発酵のチーズ》 **～ of tártar** 名 Ⓤ 酒石英 《ベーキングパウダーなどに用いる》 **～ púff** 名 Ⓒ ① シュークリーム (❗「シュークリーム」 はフランス語の chou à la crème の chou (/ʃu/ ;「キャベツ」の意)と, 英語の cream を合体させた仏英混成の和製語) ② 《米俗》調子のよい中古車 ③ 《俗》意気地のない男, 弱虫 ; 《米》つまらないもの ④ 《けなして》男性の同性愛者 ⑤ 《形容詞的に》美しくうわべを飾った **～ sóda** 名 Ⓤ Ⓒ 《主に米》バニラ風味のソーダ水 (❗日本語の「クリームソーダ」 は ice-cream soda) **～ téa** 名 Ⓤ Ⓒ 《主に英》 午後の軽食 《スコーン・ジャム・ホイップクリームと紅茶の食事》

créam-còlored 形 クリーム色の

crèam·crácker 名 Ⓒ 《英》 クリームクラッカー 《甘みのないクラッカー》

creamed /kriːmd/ 形 ❶ クリーム [牛乳] で料理した ❷ 《口》(車などが)大破した(wrecked)

cream·er /kríːmər/ 名 ❶ Ⓤ クリーマー 《クリームの代用》 ❷ Ⓒ 《米》クリーム入れ ❸ Ⓒ クリーム分離器

cream·er·y /kríːməri/ 名 (複 **-er·ies** /-z/) Ⓒ ❶ 乳製品工場 ❷ 《旧》乳製品店

cream·y /kríːmi/ 形 ❶ クリームの入った ; クリーム状[質]の ❷ (色が)クリームがかった **créam·i·ness** 名

***crease** /kriːs/ 名 ❶ Ⓒ (布・顔などの)しわ ; (紙・布・ズボンなどの) 折り目 ‖ iron out the ～*s* in a blouse アイロンでブラウスのしわをのばす / He always has a sharp ～ in his pants. 彼のズボンにはいつもきちんと折り目がついている ❷ 《the ～》〖クリケット〗クリース 《投手または打者の位置を示す白線》; 〖アイスホッケー・ラクロス〗ゴールクリース 《ゴールの周りの区域》
―動 他 ❶ …にしわ[折り目, ひだ]をつける ; 〔人の顔など〕にしわを寄らせる ‖ ～ one's trousers ズボンに折り目をつける / His forehead was ～*d*. 彼の額にはしわが寄っていた ❷ (銃弾などが) …にかすり傷を負わせる ❸ 《英口》〔人〕を殴りつける, 強打する ―自 しわになる, しわが寄る ‖ This material ～*s* easily. この布地はすぐしわになる
crèase úp 《英口》〈他〉 《***crèase ... úp***》 …を大笑いさせる, 面白がらせる ―〈自〉 大笑いする
～d 形 しわの寄った ; 折り目のついた

créase-resìstant 形 (布が) しわにならない, しわの寄りにくい

⁑cre·ate /kri(ː)éɪt, ⌒⌒/ 《発音注意》

―動 〔▶ creation 名, creature 名, creative 形〕 (**～s** /-s/ ; **-at·ed** /-ɪd/ ; **-at·ing**)
―他 ❶ (神・自然などが) …を**創造する** ‖ "God ～*d* the world." "I thought Buddha did." 「神様が世界を創造したんだ」「仏様だと思っていたよ」
❷ (創造力などにより)…を**創り出す**, 創作[創造]する ; …を考案する ‖ ～ [modern poetry [a work of art] 現代詩 [芸術作品] を創作する / The birth of the Internet has ～*d* a new life-style for many people. インターネットの誕生で多くの人々にとって新しい生活様式が生み出された
❸ 〔部署・官職・機構など〕を創設する ; 〔雇用など〕を生み出す, 創出する ‖ ～ a company 会社を創設する / the **newly** ～*d* post of CEO 新設された最高経営責任者の地位 / ～ a lot of new jobs 新たな雇用を大量に生み出す
❹ …を引き起こす, もたらす ‖ The news ～*d* a sensation. そのニュースはセンセーションを巻き起こした / Tension was ～*d* between the neighboring towns. 隣り合った町の間に緊張が生じた
❺ 〖劇〗 (俳優が) …の役の型を作り出す ‖ ～ a new 007 新しい007の型を作る ❻ **a** 《＋目》〔貴族など〕を作る ‖ ～ new peers 新しい貴族を作る **b** 《＋目＋補 〈名〉》 〔人〕に (爵位などを) 授ける, 〔人〕を (爵位などに) 叙する ‖ He was ～*d* a baron. 彼は男爵の位を授けられた
―自 ❶ 創造する, 創作する ❷ 《英口》騒ぎを起こす, 騒ぎ立てる ; ぶつぶつ言う

⁑cre·a·tion /kri(ː)éɪʃən/
―名 〔◁ create 動〕 (複 **～s** /-z/) Ⓤ ❶ **創造** ; **創作** ; 〈機構などの〉 創設 ; 〈流儀・型などの〉 創始 〈**of**〉 ‖ the ～ *of* a new opera 新しいオペラの創作 / the ～ *of* a nation [new department] 国家 [新部門] の創設 / a **job** ～ scheme 雇用創出計画
❷ Ⓒ 《しばしば戯》(芸術・ファッションなどの)**創作品** ; (想像力などの) 産物 ‖ artistic [literary] ～*s* 芸術 [文学] 作品 / the ～*s* of Picasso ピカソの作品 / the latest ～*s* from Paris haute couture パリのオートクチュール最新流行の婦人服 / This dish is her own ～. この料理は彼女が自分で考案したものだ ❸ 《the C-》(神の)天地創造 ❹ 《しばしば C-》 Ⓤ (神の)創造物, 天地, 宇宙 ; 万物, 生きとし生けるもの ; 全世界 ‖ the myth of *Creation* 天地創造の神話 / Man is the lord of ～. 人間は万物の霊長である ❺ (位階・爵位などの)授与, 叙任
▶▶ **～ science** 名 Ⓤ 創造科学 《聖書の天地創造神話を事実と信じ科学的に説明しようとするもの》

cre·a·tion·ism /kri(ː)éɪʃənɪzm/ 名 Ⓤ ❶ 天地創造説 ❷ 霊魂創造説, 創造論 《世界や生命は聖書(創世記)にあるように神がすべてを現在のままの形で創造したとする説》

⁑cre·a·tive /kri(ː)éɪṭɪv/
―形 〔◁ create 動〕 (**more ～ ; most ～**)
❶ 《通例限定》**独創[創造]的な** ; 創作上の ‖ ～ ideas 独創的な考え / ～ activity 創作活動 / a course in ～ writing (小説などの)創作[文章作法]講座 / her ～ use of sounds 彼女の独創的な音の使い方 / ～ power 創作力
❷ (人が)独創[創造]力のある
❸ 《口》 法の目をかいくぐった ‖ ～ accounting [OR accountancy] (巧みな)会計操作, 粉飾決算
―名 Ⓒ 独創[創造]的な人
～·ly 副 **～·ness** 名

cre·a·tiv·i·ty /krìːeɪtívəṭi | krìːə-/ 名 Ⓤ 創造性 ; 創造力, 独創力

***cre·a·tor** /kri(ː)éɪṭər/ 名 〔◁ create 動〕 ❶ Ⓒ 創造者, 創始者, 創作者, 考案者 ❷ 《the C-》創造主, 神

⁑crea·ture /kríːtʃər/ 《発音注意》
―名 〔◁ create 動〕 (複 **～s** /-z/) Ⓒ ❶ **生き物** ; (特に人間以外の) 動物 ‖ Human beings are articulate ～*s*. 人間は考えをはっきり表現できる生き物だ / all living ～*s* 生きとし生けるもの / marine [wild] ～*s* 海の[野生の]生物 / ～*s* of the forest 森の生き物たち / dumb ～*s* 物言わぬ生き物, 動物
❷ (想像上の) 奇怪な生き物 ‖ ～*s* from outer space 異星人 / a legendary ～ 伝説上の生き物
❸ 《特に愛情・軽蔑などを表す形容詞とともに》**人**, やつ, 女 ‖ a lovely young ～ かわいい若い女の子 / Poor ～! か

わいそうに / What a ～! 何たるやつだ / fellow ～s 同胞, 人間同士 ❹ 手先, 奴隷, 〈…の〉言いなりになる人〈**of**〉‖ a ～ *of* habit 習慣の奴隷 ❺ (特に好ましくない)作り出されたもの, 産物
▶▶ ～ **còmforts** /英 ╌╌/ 名 複 肉体の慰安となるもの《おいしい食事, 暖かい衣服など》

crèche /kreʃ, kreɪʃ/ 名 C ❶《米》キリスト生誕の光景《クリスマスの飾り物》❷《主に英》託児所, 保育所 (day nursery) ❸ 児童養護施設(♦フランス語より)

cred /kred/ 名 U《口》評判, 信用；受け入れられること ‖ street ～ 都会の若者に受けること；若者の間での信用

cre·dal /kríːdəl/ 形 =creedal

cre·dence /kríːdəns/ 名 ❶ U 信用, 信頼 ‖ give [OR attach] ～ to gossip うわさ話を信じる / a letter of ～ 信任状 ❷ (=～ **tàble**) C〔宗〕祭器卓《ぶどう酒とパンを置く》

cre·den·tial /krədénʃəl/ 名 C《通例 ～s》❶ (元首・政府から出される)信任状；(一般に)証明書, 資格認定書 ❷ 資格, 証明となるもの　**～ed** 形 資格のある

＊**cred·i·bil·i·ty** /krèdəbíləṭi/ 名 U 信頼(できること), 信用, 信憑(しんぴょう)性 ‖ lose [gain, restore] one's ～ 信用を失う[得る, 回復する] ▶▶ ～ **gàp** 名 C ① 不信感 ② (公式発表と事実との)食い違い, (言行などの)不一致

＊**cred·i·ble** /krédəbl/ 形 信用[信頼]できる, 確かな ‖ ～ evidence 信用できる証拠　**-bly** 副

＊＊**cred·it** /krédət | -ɪt/

中心義≫ **信用, 信用によって得られるもの**

―名 (複 ～s /-s/) ❶ U **掛け売り**, つけ, 信用貸し[取引], クレジット；(信用取引上の)支払猶予期間；(取り引き上の)信用(度) ‖ This store offers (six months') interest-free ～. この店は(6か月)無利息の掛け売りをしてくれる / No ～ is given at this shop. 当店では掛け売りのお取り扱いはいたしません / a letter of ～ (銀行などが発行する)信用状《略 L/C》
❷ U 〈…に対する〉**名声**, 評判；賞賛；名誉, 手柄[功績]を認めること〈**for**〉；(信用から生じる)影響力 ‖ The boy has lost ～ with his friends. 少年は友達の間で評判を落とした / **deserve** ～ 賞賛に値する / The ～ *for* restoring our company should go to him. 我が社を再建した功績は当然彼にある / The director **took** [OR **got**] ～ *for* the box-office hit. 監督は大当たり興行の功績を認められた / *Give* ～ *where* ～*'s due.*《諺》褒めるべき点は褒めよ；正当に評価せよ
❸ C《a ～》〈…にとって〉誇り[名誉]となる人[もの]〈**to**〉‖ She is a ～ *to* our school. 彼女は我が校の誇りだ
❹ U C **預金**(残高)；(銀行の)(上限)貸付金(額), 融資；(銀行口座への)振込金額 ‖ I have a ～ of 500 dollars in the bank. その銀行に500ドル預金がある / a ～ balance 各種精算後残高 / ease [tighten] ～ (金融機関が)金融を緩和する[引き締める]
❺ C〔簿〕貸方(↔ debit)；貸方記入 ‖ The bank entered $20,000 to the ～ of the company. 銀行は2万ドルをその会社の貸方勘定として記入した
❻ U **信用, 信頼**；信頼性, 確実性 ‖ I place [OR put] ～ in what she says. 私は彼女の話を信用している / These facts lend ～ to the rumor. こうした事実からするとあのうわさは本当だ / give ～ to ... …を信用する
❼ C《通例 ～s》クレジットタイトル《映画・テレビなどの出演者・協力者などのリスト》；(出版物に記す)謝辞 ‖ opening ～s (映像作品の)巻頭クレジット ❽ U《主に米》〔教育〕(学課の)履修証明；C 履修単位 ‖ a course for four ～s=a 4-～ course 4単位の科目 / required ～s 必須単位 / advanced ～s 既習単位《編入先の大学が認める他大学での取得単位》❾ C 税額控除(tax credit)

dò a pèrson crédit；*dò crédit to a pérson*〔人〕の名誉となる, 〔人〕の評判を高める

＊*gìve a pèrson crédit for ...* ①〔人〕を…であると思う ‖ I *gave* him ～ *for* being a more capable man. 彼はもっと有能な男だと思っていた ②〔人〕を…のことで認める, …を〔人〕の手柄だと認める ‖ Probably I should *give* him ～ *for* the success of the project. 企画が成功したという点は彼の手柄と認めなければならないだろう(♥不当な評価を正すというニュアンスになることもある)

＊*in crédit* (銀行口座に)預金[残高]があって；借金がなくて ‖ Your account is more than 10,000 dollars *in* ～. あなたの口座には1万ドル以上の残高があります

＊*on crédit* クレジットで, 信用貸しで, 掛け売りで ‖ buy [sell] a piano *on* ～ クレジットでピアノを買う[売る] / deal *on* ～ 信用取引をする

on the crédit side よい点として(♥欠点を挙げた後でよい面を述べるときなどに用いる) ‖ *On the* ～ *side*, the restaurant has a homey atmosphere. よい面としては, あのレストランには家庭的な雰囲気がある

＊*to one's crédit* ① 賞賛に値することには；立派なことに(♥しばしば非難に対して弁護する場合に用いる) ‖ *To* her ～, she didn't complain at all. 感心なことに彼女は一言も不平を言わなかった / It was *to* her ～ that she took care of her mother-in-law devotedly. 彼女が献身的に義母の世話をしたのは立派だった ② 自分の業績として ‖ He has dozens of patents *to* his ～. 彼は自分の名義で多数の特許権を持っている

―動 (～s /-s/；～·ed /-ɪd/；～·ing)
―他《進行形不可》❶ …を信じる, 信用する(♦主に疑問文・否定文で用いる) ‖ I can hardly ～ what he says. 彼の言うことはとても信じられない
❷《+目 *A*+to 名 *B* / 目 *B*+with 名 *A*》*A*(金額)を*B*(人・勘定)の貸方に記入する ‖ We'll ～ the tax refund *to* your account.=We'll ～ your account *with* the tax refund. 免税分はあなたの口座に振り込みます
❸ a《+目 *A*+with 名 *B* / 目 *B*+to 名 *A*》《通例受身形で》*A*(人)には*B*の功績があると思う, *B*(功績など)を*A*(人)に帰する；*B*(創作物など)を*A*(人)の作品だとする ‖ She is ～*ed with* the completion of our project.=The completion of our project is ～*ed to* her. 我々の事業の完成は彼女によるところが大きいと考えられている
b《+目 *A*+with 名 *B*》*A*(人)に*B*(能力・性質など)があると考える ‖ I ～ him *with* consideration for others. 彼には他人に対する思いやりがあると思う
❹《+目+as 名》…を…だとみなす ‖ He is ～*ed as* the originator of the concept. 彼はその着想の発案者とみなされている ❺《主に米》〔教育〕…に〈…の〉履修単位を与える〈**with**〉
▶▶ ～ **accòunt** 名 C《英》=charge account ～ **bùreau** 名 C《米》信用調査所(《英》credit-reference agency) ～ **càrd** (↓) ～ **chèck** 名 C 信用調査 ～ **hìstory** 名 C U 信用履歴 ～ **hòur** 名 C《米》〔教育〕(履修科目の)単位 ～ **lìne** 名 C ① クレジットライン《新聞の記事・テレビ番組などで書き添える情報提供者の名》② 信用貸付限度額 ～ **nòte** 名 C《英》(返品した商品と同額の品物の)商品引き換え証 ～ **ràting** 名 C (信用取引の相手の)信用(度)等級[格付け] ‖ ～ *rating* agencies 信用格付け機関 ～ **socìety** 名 C 職業別信用団体 ～ **squèeze** 名 C〔経〕金融引き締め(政策) ～ **tìtles** 名 複 クレジットタイトル《映画・テレビの製作者名などの字幕》～ **trànsfer** 名 U C《英》銀行口座振替 ～ **ùnion** 名 C 信用組合 ～ **vòucher** 名 C 商品券

cred·it·a·ble /krédəṭəbl | -ɪt-/ 形 ❶ 賞賛に値する；(…の)名誉となる ❷ (…の)せいである, (…に)よる　**-bly** 副

＊**crédit càrd** 名 C クレジットカード ‖ pay by [OR with a] ～ クレジットカードで支払う

＊**cred·i·tor** /krédəṭər | krédɪ-/ 名 C 債権者(↔ debtor) ‖ a ～ nation 債権国(↔ debtor nation)

crédit-wòrthy 形 (貸し付けで)信用がある
-wòrthiness 名

cre·do /kréɪdoʊ, kríː-/ 名 (複 ～s /-z/) ❶《the C-》〔宗〕使徒信条(the Apostles' Creed)；ニケア信条(the

C

Nicene Creed)；信徒［ニケア］信条につけた曲，クレドー ❷ Ⓒ 信条(creed)

cre·du·li·ty /krədjúːləṭi/ 名 Ⓤ すぐに信じ込む性質，だまされやすさ

***cred·u·lous** /krédʒələs | krédju-/ 形 ❶ (はっきりした証拠もないのに)すぐに信じ込む，だまされやすい ❷ 軽信に基づく **~·ly** 副 **~·ness** 名

***creed** /kriːd/ 名 Ⓒ ❶ (キリスト教信者側の) 信条 (→dogma) ❷ 《the C-》使徒信条 (Apostles' Creed) ❸ (一般に宗派の) 教義，信条；宗教，宗派 ‖ men of many ～*s* and cultures さまざまな宗教・文化の人々 ❹ (一般に)信念，信条，主義 ‖ the humanist ～ 人文主義者の信条 **~·al, cré·dal** 形
語源 ラテン語 *credo*(私は信じる)から．

creek /kriːk, +米 krɪk/ 名 Ⓒ ❶ 《米・豪・ニュージ》支流，クリーク；小川 ❷ 《英》(海・川・湖の)入り江，小湾
up shìt créek (without a páddle) ⊗《卑》=*up the creek (without a paddle)* ①(↓)
up the créek (without a páddle) 《口》① 苦境に立って ②《英》愚かな，誤った

Creek /kriːk/ 名 (複 ～ or **~s** /-s/) Ⓒ クリーク人《北米南東部の先住民の数部族の同盟の一員》；Ⓤ クリーク語

creel /kriːl/ 名 Ⓒ (魚釣り用の)びく；(魚を入れる)しょいかご

creep** /kriːp/ 動 (▶ creepy 形)(**~s** /-s/；**crept** /krept/；**~·ing**) 自 ❶ (+副句)(人・動物が)(気づかれないように)そっと動く，忍び足で歩く；(物が)のろのろ進む(♦ 副句 は方向を表す) ‖ The cat *crept* into the kitchen. 猫はこっそり台所に入り込んだ / Our car *crept* through thick fog. 私たちの車は濃霧の中をのろのろと進んだ / She *crept* out of the room so as not to wake her baby. 彼女は赤ん坊を起こさないように部屋からこっそり抜け出た ❷ (赤ん坊・動物・昆虫などが)はう，はって進む(⇨ CRAWL 類語) ‖ They *crept* on all fours looking for my contact lens. 彼らは四つんばいになってはいながら私のコンタクトレンズを捜してくれた ❸ (植物のつる・根などが) 〈…を〉はい広がる，絡まる〈**up, over**〉；(霧・雲などが)〈…に〉次第に垂れ込める〈**into, over, etc.**〉‖ Ivy had *crept up* the white wall. ツタが白壁をはっていた ❹ (感情などが) (知らぬ間に)〈…に〉忍び寄る，入り込む；(間違いなどが)入り込む，発生する《in***》〈**into, over**〉；(歳月などが)知らぬ間に過ぎて行く《***by***》‖ A note of dismay *crept into* her voice. 彼女の声にはどこか落胆の響きがあった / Doubts will ～ *in*. 疑念は知らぬ間に忍び込むものだ ❺ (数・量が) (ゆっくりと着実に) 増加する《***up***》❻ (金属などが) (重圧・熱などで)変形する，たわむ ❼ 《英口》〈…に対して〉卑屈に振る舞う，こびへつらう〈**to**〉❽ (肌が)(恐怖・嫌悪感などで) むずむずする，ぞっとする ‖ make his flesh [or skin] ～ 彼をぞっとさせる
crèep úp on ... 〈他〉(知らぬ間に)…に忍び寄る；…にこっそり近づく ‖ Old age *crept up on* her. 彼女はいつの間にか年老いた
make a person's flesh creep ⇨ 自 ❽, FLESH (成句)
── 名 ❶ Ⓒ 《口》いやなやつ，嫌われ者；《英》おべっか使い，ごますり人間 ❷ Ⓤ/Ⓒ 《単数形で》ゆっくりとした動き；忍び寄り，忍び歩き，忍び込み；はうこと，四つんばい；徐行 ‖ move at a ～ 徐行する ❸ 《the ～s》《口》ぞっとする感じ，戦慄(せんりつ)；嫌悪感 ‖ The scene gave me the ～*s*. その現場を見て私はぞっとした ❹ Ⓤ 〖地〗下降漸動 ❺ Ⓤ 〖工〗クリープ《加熱・加圧による金属材料の変形》❻ Ⓤ 〖鉱〗(坑道床盤などの) 盤ぶくれ ❼ Ⓒ (オートマチック車の)クリープ《アクセルを踏まなくても動く現象》❽ Ⓒ 《英》(動物の)くぐり穴 ❾ Ⓤ 《英》(家畜用の)離乳食

creep·er /kríːpər/ 名 Ⓒ ❶ はう人[もの]；はう動物[昆虫]；つる植物，ツタ ❷ 〖鳥〗キバシリ ❸ Ⓒ 《通例 ～s》(靴底の)滑り止めの金属片 ❹ 《主に米》(赤ん坊用の)はいはい着 ❺ (浚渫(しゅんせつ)用の)つかみ機(grapnel) ❻ (種々の)架台，船架，進水架

creep·ing /kríːpɪŋ/ 形 《限定》(ツタなどが) はう；ゆっくり進む；忍び寄る ‖ ～ inflation 〖経〗忍び寄るインフレ
▸▸ **～ Jésus** 名 Ⓒ 《英口》卑劣漢，偽善者

creep·y /kríːpi/ 形 〔◁ creep 動〕 ❶ はう，のろのろ動く ❷ 《口》不快な，不気味な，ぞっとする
créep·i·ly 副 **créep·i·ness** 名

crèepy-cráwly /-́-̀-́-/ 名 (複 **-crawl·ies** /-z/) Ⓒ 《口》(クモ・ミミズなどの気味の悪い)はう虫

cre·mate /kríːmeɪt | krəméɪt/ 動 他 《通例受身形で》〔死体〕が火葬にされる **-má·tion** 名

cre·ma·to·ri·um /krìːmətɔ́ːriəm | krè-/ 名 (複 **~s** /-z/ or **-ri·a** /-riə/) Ⓒ 火葬場

cre·ma·to·ry /kríːmətɔ̀ːri | krémətəri/ 形 火葬の
── 名 (複 **-ries** /-z/) Ⓒ 《米》火葬炉；=crematorium

crème brûlée /krèm bruːléɪ, krìːm-, krèɪm-/ 名 (複 **~s** /-z/) Ⓒ Ⓤ クレームブリュレ《カスタードに砂糖をかけて表面を焦がしたデザート》(♦ フランス語より)

crème caramel /krèm kærəmél, -́-̀-́-/ 名 (複 **c-caramels** or **crémes c-**) Ⓒ クレームカラメル《デザート菓子》，プリン(♦ フランス語より)

crème de la crème /krèm də lɑː krém/ 名 Ⓒ 《単数形で》最良物；精華，えり抜き，選良(♦ フランス語より)(=cream of the cream)

crème de menthe /krèm də mɑ́ːnt | -mɔ́nt/ 名 (複 **c- de menthes** or **crèmes de m-**) Ⓒ クレーム＝ド＝マント《ハッカ入りのリキュール》(♦ フランス語より)(=cream of mint)

cren·el·ate, 《英》**-late** /krénəlèɪt/ 動 他 …に銃眼付き胸壁をつける **-(l)àt·ed** 形 **crèn·el·(l)á·tion** 名

Cre·ole /kríːoul/ 名 ❶ Ⓒ クレオール人《西インド諸島・中南米に移住したヨーロッパ人の子孫》❷ Ⓒ (ルイジアナ州などの) フランス系移民の子孫 ❸ Ⓒ ヨーロッパ人と黒人の混血児 ❹ Ⓤ クレオール語《ルイジアナ州のフランス系移民の子孫が話す混交フランス語》❺ 《c-》Ⓤ 〖言〗クレオール，混交言語《ヨーロッパ諸語と現地語の混成語で母語として話されているもの》(→pidgin)
── 形 ❶ クレオール人[語]の ❷ 《c-》(動植物が)外来種でその地方に育った ❸ 《通例 c-》《主に米》(料理が) クレオール風の《トマト・タマネギ・こしょうのソースで調理された》

cre·o·sote /kríːəsòut/ 名 Ⓤ ❶ クレオソート《防腐・医療用》❷ (=～ oil)クレオソート油，タール油《木材の防腐剤》
── 動 他 〔木材〕をクレオソートで処理する
▸▸ **～ bùsh** 名 Ⓒ メキシコ，アメリカ西部の乾燥地に自生する低木《葉はクレオソートのにおいがする》

crepe, crêpe /kreɪp/ 名 Ⓤ ❶ クレープ《表面に細かいしわを出した織物》，縮み，ちりめん ❷ =crepe rubber ❸ クレープ《薄[流し]焼きのパンケーキ》(♦ フランス語より)
▸▸ **～ de Chíne** /-de ʃíːn/ 名 Ⓤ クレープデシン (China crepe)《薄手の絹クレープ》 **～ pàper** /英 -́-̀-/ 名 Ⓤ ちりめん紙，クレープペーパー《装飾用》 **～ rúbber** 名 Ⓤ クレープゴム《縮みじわをつけた板ゴム．靴底用》 **crêpe suzétte** 名 /-suzét/ (複 **~s s-**, **c- -zéttes**) Ⓒ クレープシュゼット《オレンジ風味のソースとリキュール，ブランデーをかけたクレープ．食べる前に点火する》(♦ フランス語より)

crept /krept/ 動 creep の過去・過去分詞

cre·pus·cu·lar /krɪpʌ́skjulər/ 形 ❶ 《文》薄明の；薄暗い；(文明などが)黎明(れいめい)期の ❷ 〖動〗薄明活動性の

cresc., cres 略 crescendo

cre·scen·do /krəʃéndou/ 副 形 〖楽〗クレシェンドで[の]，次第に強く(なる)(略 cres(c)．記号 <)(↔ decrescendo) ── 名 (複 **~s, ~es** /-z/ or **-di** /-di/) Ⓒ ❶ 〖楽〗クレシェンド，漸強法[楽節] ❷ 次第に強まること；絶頂 ── 動 自 次第に強まる(♦ イタリア語より)

cres·cent /krésənt | krézənt, krésənt/ 名 Ⓒ ❶ 三日月，弦月(⇨ MOON 図) ❷ 三日月形；三日月形のもの；《主に英》三日月形街路[家並] ❸ 《しばしば C-》(トルコ・イスラム教の象徴としての)三日月；《the C-》イスラム教；オスマントルコの勢力 ❹ 〖虫〗三日月形の模様があるガ，チョウ類
── 形 《限定》❶ 三日月形の ❷ 《文》次第に増大する

▶▶**Créscent wrènch** 名 C 《商標》クレセントスパナ《開口部の大きさを自由に調節できる》

cre·sol /kríːsɑ(ː)l, -soul | -sɔl/ 名 U 〖化〗クレゾール

cress /kres/ 名 U 〖植〗カラシナの類

crest /krest/ 名 C ❶《単数形で》(山などの)頂上；尾根；波頭；(川の)最高水位点；(物事の)頂点，絶頂(climax) ‖ at the ~ of his career 彼の生涯の絶頂期で ❷ (鳥の)とさか，羽冠；(馬・ライオンなどの)首筋，たてがみ ❸〖紋章〗(楯形紋章の)頂飾り；(封印・皿・便箋(びんせん)などの)家紋，紋章 ❹ (かぶとの)羽飾り，前立て；かぶと ❺〖解〗(骨の)稜(りょう) ❻〖建〗棟飾り

on* [OR *rìding*] *the crèst of the* [OR *a*] *wáve 得意の絶頂で

── 動 他 ❶〔山など〕の頂上に達する；〔波〕の波頭に乗る ❷ …に〈羽飾り[頂飾り]を〉つける〈**with**〉；…の羽飾り[頂飾り]となる ── 自 (波が)波頭を立てる；《米》(川の水位・人気などが)頂点に達する

~·ed 形 とさか[羽冠]のある；家紋[紋章]のある **~·less** 形 家紋[頂飾り]のない；身分の低い

crést·fàllen 形 とさかを垂れた；意気阻喪(そそう)した

cre·ta·ceous /krɪtéɪʃəs/ 形 ❶ 白亜(質)の ❷《C-》〖地〗白亜紀[系]の ── 名《the C-》〖地〗白亜紀[系]

Cre·tan /kríːtən/ 形 名 C クレタ島の(住民)

Crete /kriːt/ 名 クレタ(島)《地中海東部のギリシャ領の島. エーゲ文明発祥の地》

cre·tin /kríːtən | krétɪn/ 名 C ❶《旧》〖医〗クレチン病患者 ❷ ⊗《蔑》ばか **~·ous** 形

cré·tin·ìsm 名 U 〖医〗クレチン病《甲状腺(せん)の機能低下で起こる. 骨・精神の発育阻害がある》

cre·tonne /kríːtɑ(ː)n, krɪtɑ́(ː)n | kretɔ́n, krétɔn/ 名 U クレトンさらさ《カーテンや家具覆い》

Crèutz·feldt-Já·kob disèase /krɔ̀ɪtsfelt jɑ́ːkoub- | -jǽkɔb-/ 名 U 〖医〗クロイツフェルトヤコブ病《進行性認知症や筋肉のけいれんなどを起こす脳疾患》

cre·vasse /krəvǽs/ 名 C ❶ (氷河の)クレバス，深い裂け目 ❷《米》(堤防の)裂け目

crev·ice /krévɪs/ 名 C (岩・壁の)細い割れ目，裂け目

:crew[1] /kruː/

── 名 (複 **~s** /-z/) C《集合的に》《単数・複数扱い》(♦ 集合的に用いる場合，《米》では通例単数扱い.《英》では個々の成員に重点を置く場合複数扱い) ❶ (船の)**乗組員**(全員)；(高級船員を除いた)船員たち；(飛行機・列車などの)**乗務員**(全員)；(宇宙船の)乗組員，クルー(全員)(♦ crew の一人一人は crewman, crew member という) ‖ All the passengers and ~ were saved by lifeboats. 乗客と乗組員は全員救助艇に救助された / officers and ~ 士官およびほかの全乗組員 / a four-man ~ 4人編成の乗務員

❷ (特殊技術を要する仕事に従事する)一団，一組，…班

連語 ❶❷【名+~】a flight ~ 飛行機乗務員 / a ground ~ (飛行場の)地上整備[勤務]員 / a TV ~ テレビの撮影班 / a camera [film] ~ 撮影[映画制作]班 / a fire ~ 消防隊 / an ambulance ~ 救急隊

❸ ⊗《口》《しばしば蔑》一団の人々，連中 ‖ a motley ~ 雑多な人々の一群

❹ (ボートの)クルー；ボートレース；U《米》ボート競技 ‖ a varsity ~ (特にオックスフォード・ケンブリッジ)大学クルー

❺《主に米口》(ラップ・ブレークダンスなどの)グループ

── 動 他《通例受身形で》乗組員が乗っている

── 自〈…のために〉乗組員[乗務員]を務める〈**for**〉

▶▶**~ cùt** (↓) **~ néck** 名 C /ˌ⸗⸗/ クルーネック，丸首《セーター・Tシャツの首にぴったりした襟ぐり》

crew[2] /kruː/ 動《英》crow[2]の過去の1つ

créw cùt 名 C クルーカット《男の髪型. 角刈りの一種》

créw-cùt 形

crew·el /krúːəl/ 名 C 刺繍(ししゅう)用毛糸

créwel·wòrk 名 U (毛糸の)刺繍

créw·man /-mən/ 名 (複 **-men** /-mən/) C 乗組員の1人(crewmate)(中立 crew member [hand])

***crib** /krɪb/ 名 C ❶《主に米》(枠付きの)ベビーベッド(《英》cot) ❷ 飼い葉[まぐさ]おけ(manger)；《英》(クリスマスに教会などで飾る)キリスト生誕の光景(《米》crèche)(♦ キリストは生まれたときまぐさおけに寝かされたといわれることから) ❸《口》(対訳付きの)とらの巻，自習書(《米》pony)；カンニングペーパー ❹ 盗用(したもの)，剽窃(ひょうせつ)(したもの) ❺《主に米俗》(アパートの)1家族分の住居，家；自宅 ❻ U〖トランプ〗クリベッジ《ゲームの一種》(cribbage)；(クリベッジの)捨て札 ❼〖建〗枠工《丸太枠》；〖採〗(縦坑の)木積(きづみ)，枠組 ❽《豪・ニュージ》簡単な食事，軽食 ❾《米》〖農〗(穀物・塩の)貯蔵所；家畜小屋，牛舎 ❿ 売春宿

── 動 (**cribbed** /-d/；**crib·bing**) 他 ❶《口》…を〈…から〉盗用[剽窃]する，〔答え〕をカンニングする〈**from, off**〉；《古》…を盗む ❷《古》…を(狭い所に)閉じ込める ❸ …に枠組を設ける ── 自 ❶《口》とらの巻を使う；〈…から〉カンニングする，盗用[剽窃]する〈**from, off**〉 ❷《英口》《旧》ぶつぶつ不平を言う

▶▶**~ dèath** 名 U C《米・カナダ》乳幼児の突然死(sudden infant death syndrome,《英》cot death) **~ shèet** 名 C《口》カンニングペーパー

crib·bage /kríbɪdʒ/ 名 U クリベッジ《トランプ遊びの一種》‖ a ~ board クリベッジの得点表示盤

crib·ber /kríbər/ 名 C ❶《口》盗用者，剽窃者；こそ泥 ❷《口》カンニングする学生 ❸ まぐさおけをかむ癖のある馬

crick /krɪk/ 名 C《通例 a ~》(首・背中などの)筋肉の引きつり，筋違え ‖ a ~ in one's back 背中の凝り

── 動 他 …の筋を違える；〔体の一部〕にけいれんを起こさせる

***crick·et**[1] /kríkət | -ɪt/ 名 C ❶〖虫〗コオロギ；ケラ(mole cricket)；コオロギに似た各種の昆虫 ❷ コオロギのような音を出すおもちゃ

(as) mèrry* [OR *lìvely*] *as a crícket とても陽気[元気]な

***crick·et**[2] /kríkət | -ɪt/ 名 U クリケット《英国の国技で11人2チームで行う戸外球技》

nòt crícket 《口》フェア[公明正大]でない ‖ It's *not* ~ to tell on other people. 人の告げ口をするのはフェアじゃないね

── 動 自 クリケットをする **~·er** 名 C クリケット競技者 **~·ing** 形 クリケット(用)の，クリケットをする

cri de cœur /krìː də kɔ́ːr/ 名 (複 **-s de c-**)《フランス》(=cry of (the) heart) C 心の底からの訴え[抗議]

***cried** /kraɪd/ 動 cry の過去・過去分詞

cri·er /kráɪər/ 名 C ❶ 叫ぶ人；泣く人 ❷ (法廷の)廷吏《呼び出し係》；(町の)ふれ役(town crier) ❸ 呼び売り商人

cri·key /kráɪki/ 間《英口》おやまあ(♥ 驚きを表す. Christ の婉曲語)

:crime /kraɪm/

── 名〔▶ criminal 形〕(複 **~s** /-z/) ❶ C (法律上の)**罪**，**犯罪**；U《集合的に》犯罪，犯罪[違法]行為(→ sin[1])(⇨ 類語) ‖ Japan isn't the ~-free paradise it used to be. 日本はもうかつてのような犯罪のない楽園ではない / a ~ of passion 痴情による犯罪 / a life of ~ 犯罪に明け暮れる一生 / *Crime doesn't pay*.《諺》犯罪は割に合わない

連語【動+~】commit [×do, ×make] a ~ 罪を犯す / prevent a ~ 犯罪を防止する / investigate a ~ 犯罪を捜査する / combat [OR fight (against), tackle] ~ 犯罪と戦う
【形/名+~】a serious [OR major, ×heavy] ~ 重大な犯罪 / a petty [OR minor] ~ 軽犯罪 / a corporate ~ 企業犯罪 / a capital ~ 死刑に値する犯罪 / a violent ~ 暴力犯罪 / a car ~ 車上荒らし / a sex ~ 性犯罪 / a war ~ 戦争犯罪 / organized ~ 組織犯罪 / a juvenile ~ 少年犯罪

❷ C《通例 a ~》(道徳上の)罪，罪悪；《口》非難すべきこと，恥ずべき行為 ‖ It's a ~ to waste our natural resources. 天然資源を浪費するのはよくないことだ

C

類語《❶》**crime** 法律上処罰の対象となる犯罪.〈例〉the *crime* of murder 殺人の罪
sin 宗教上・道徳上の罪悪.〈例〉the *sin* of envy ねたみの罪
offense 道徳・慣習・法律などに違反することのすべてで, 軽重を問わない.〈例〉a traffic *offense* 交通違反 / a minor *offense* 軽犯罪
vice 不道徳な習慣的行為.〈例〉the *vice* of luxury ぜいたくという悪徳

▶▶**～ agàinst humánity** 名 (複 **～s a- h-**) Ⓒ (大量殺戮(さつりく)などの)人類に対する犯罪 **～ fíction** [**nòvels**] 名 Ⓤ 犯罪小説 **～ prevèntion** 名 Ⓤ 犯罪防止 ‖ a *crime-prevention* program 犯罪防止計画 **～ ràte** 名 Ⓒ 犯罪発生率 **～ shèet** 名 Ⓒ《英》軍律違反の処罰記録 **～ sỳndicate** 名 Ⓒ 組織暴力団 **～ wàve** 名 Ⓒ《通例単数形で》犯罪の異常増加 **～ wrìter** 名 Ⓒ 犯罪小説家

Cri·me·a /kraɪmíːə | -míə/ 名《the ～》クリミア (半島), クリム(ロシア語名 Krim)《ウクライナ南部, 黒海北岸に突き出た半島》

Cri·mé·an 形 クリミア半島の
▶▶**～ Wár** 名《the ～》クリミア戦争(1853–56)《クリミア半島を主戦場に, ロシアと英・仏・トルコ・サルデーニャなどの連合軍との間で行われた戦争》

:crim·i·nal /krímɪnəl/
―形〔◁ crime 名〕《比較なし》❶《通例限定》**犯罪の**, 犯罪(の処罰)に関する;〖法〗**刑事上の**(↔ civil)
連語【～+名】a ～ offense 刑事犯 / a ～ court 刑事裁判所 / a ～ case 刑事事件 / ～ justice 刑事裁判[司法] / ～ charges 刑事告発
❷ 犯罪を構成する, 罪になる;罪を犯した ‖ a ～ act 犯罪行為 / ～ damage 他人の財産に損害を与える犯罪
❸ (道徳上)罪深い, 不道徳な ❹《口》けしからぬ, 非常識な, 恥ずべき ‖ a ～ waste of resources 資源の恥ずべき浪費 / It's ～ of you to throw away your mother's old photograph albums. 君が母親の昔の写真のアルバムを捨ててしまうなんてけしからん
―名 (複 **～s** /-z/) Ⓒ **犯罪者;犯人** ‖ The ～ is still at large. その犯人はまだ捕まらない / a war ～ 戦犯 / a habitual [OR hardened] ～ 常習犯 / arrest a ～ 犯人を逮捕する **～·ly** 副 罪を犯して;刑法上
▶▶**～ láw** 名 Ⓤ 刑法 (↔ civil law) **～ récord** 名 Ⓒ 前科

crim·i·nal·is·tics /krìmɪnəlístɪks/ 名 Ⓤ 犯罪捜査学, 科学的犯罪捜査法

crim·i·nal·i·ty /krìmɪnǽləṭi/ 名 (複 **-ties** /-z/) ❶ Ⓤ (行為などの)犯罪性 ❷ Ⓒ《しばしば **-ties**》犯罪行為

crim·i·nal·ize /krímɪnəlàɪz/ 動 他 (法制化して)〔行為〕を違法とする;〔人〕を犯罪者にする
crìm·i·nal·i·zá·tion 名

crim·i·no·gen·ic /krìmɪnədʒénɪk/ 形 犯罪 (者) を生み出すような

crim·i·nol·o·gy /krìmɪnɑ́(ː)lədʒi | -nɔ́l-/ 名 Ⓤ 犯罪学
crìm·i·no·lóg·i·cal 形 **-gist** 名 Ⓒ 犯罪学者

crimp /krɪmp/ 動 他 ❶ …にひだ[しわ]をつける, 折り目を作る ❷〔髪〕を縮らせる, カール[ウエーブ]させる ❸《米口》…を邪魔する, 妨げる
―名 Ⓒ ❶ ひだをつけること, 縮らせること ❷ ひだ, 折り目 ❸《～s》カールした髪
pùt a crímp in ... 《米口》…を邪魔する

***crim·son** /krímzən/《発音注意》形 深紅(色)の;(怒り・恥ずかしさで顔が) 真っ赤な ‖ I turned ～ with embarrassment. 私は恥ずかしくて真っ赤になった
―名 Ⓤ 深紅色;深紅色染料[顔料]
―動 自 深紅色になる;赤面する **―他** …を深紅色にする

cringe /krɪndʒ/ 動 自 ❶ (恐怖などで) すくむ, 畏縮(いしゅく)する;(困惑して)たじろぐ ❷ (…に)ぺこぺこする, へつらう
―名 Ⓒ ❶ 卑屈, 畏縮 ❷ へつらい, 追従(ついしょう)

críngе·wòrthy 形《英口》当惑するような, すくむ思いの

crin·kle /kríŋkl/
動 自 ❶ しわが寄る, 縮れる;曲がりくねる ❷ かさかさ音を立てる **―他** …にしわを寄せる;…を曲がりくねらせる

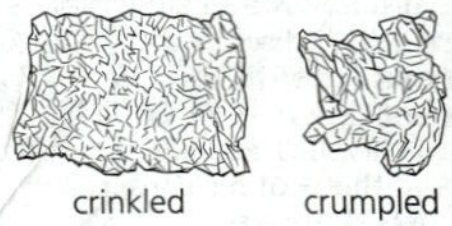

crinkle

―名 Ⓒ しわ, 縮れ;くねり
-kly 形 しわだらけの;(髪が)縮れた

crin·o·line /krínəlɪn/ 名 ❶ Ⓤ クリノリン《衣服の型崩れを防ぐ丈夫な裏地》❷ Ⓒ (昔, スカートをふくらませるために着用した)クリノリン製ペチコート;張り入りスカート

cripes /kraɪps/ 間《俗》おやまあ, これは(♥ 驚きを表す)

***crip·ple** /krípl/ 名 Ⓒ ❶ ⊗《古》《蔑》手足の不自由な人[動物], 肢体不自由者;障害者(中立 disabled person) ❷《口》(情緒面で)問題がある人 ‖ an emotional ～ 自分の感情を表現できない人
―動 他 ❶〔人〕の肢体を不自由にする, …に障害を与える (♦ しばしば受身形で用いる) ❷ …の機能を麻痺(まひ)させる, …を損なう(♦ しばしば受身形で用いる) ‖ The traffic system was ～*d* by the snowstorm. 吹雪によって交通網は麻痺した **-pling** 形 障害のある, 麻痺した

***cri·ses** /kráɪsiːz/ 名 crisis の複数形

:cri·sis /kráɪsɪs/
―名〔▶ critical 形 ❷❸❻〕(複 **-ses** /-siːz/) Ⓒ Ⓤ ❶ (政治・社会・経済的な)**危機**, 難局, 重大局面;転機;決定的な段階 ‖ Our country is in an **economic** ～. 我が国は経済危機に陥っている / face an energy ～ エネルギー危機に直面する /「come to [OR reach] a ～ 危機に達する / bring ... to a ～ …を危機に追い込む / When the star quit the show, the theater was left at a ～ point. そのスターがショーから降りて劇場は最悪の状態になった / pass the ～ 峠を越す ❷〖医〗(病気の)発症, クリーゼ《病状の急激な変化》❸ (物語・劇の)危機一髪の場面
▶▶**～ mànagement** 名 Ⓤ 危機管理

***crisp** /krɪsp/ 形 (**～·er**;**～·est**) (♦ ❶, ❷ の意では crispy ともいう) ❶ (食べ物などが)かりかり[ぱりぱり]した, (堅いが)砕けやすい, さくさくした ‖ ～ bacon かりかりのベーコン
❷ (野菜などが)ぱりぱりした, 新鮮な ‖ ～ lettuce ぱりっとしたレタス ❸ (紙・布地などが) ぱりっとした, ぴんとした ‖ a ～ dollar bill 手の切れるようなドル札 ❹ (天気などが) 身の引き締まるような, 爽快(そうかい)な;寒い ‖ (the) ～ morning air さわやかな朝の空気 ❺ (音・イメージなどが)鮮明な ❻ (行動などが)きびきびした, てきぱきした ‖ a ～ order てきぱきした命令(♥「無駄がなく多少冷たい」というニュアンスを持つ) ❼ (表現などが)簡潔な, 引き締まった ‖ a ～ style 簡潔な文体 ❽ (身なりなどが)小ぎれいな ‖ the nurses in their ～ white こざっぱりした白衣の看護師たち ❾ (髪などが)縮れた;波立った;しわの寄った
―名 Ⓒ ❶ かりかりしたもの ‖ burn ... to a ～ …を焼いてかりかりにする, 黒焦げにする ❷《通例 ～s》《英》ポテトチップス(《米》chips)
―動 他 ❶ (料理などで) …をかりかり [ぱりぱり] にする ❷《古》〔髪など〕をちりちりにする **―自** かりかり[ぱりぱり]になる
～·ly 副 **～·ness** 名

crísp·brèad 名 Ⓒ 低カロリークラッカー《ダイエット用》

crisp·y /kríspi/ 形 (食べ物などが) かりかり〔ぱりぱり〕した;新鮮な(→ crisp)

criss·cross /krískrɔ̀(ː)s/ 名 Ⓒ ❶ 十文字, ×印《無学な人が署名代わりに使う》❷ 交差模様 **―形**《通例限定》十文字の;交差する **―副** 交差して **―動** 自 交差するように動く, 縦横に動く **―他** …を縦横に動く ‖ ～ a state 州を縦横に動き回る **～ed, ～·ing** 形

crit. 略 critic, critical, criticism

***cri·te·ri·on** /kraɪtíəriən/《発音注意》名 (複 **-ri·a** /-riə/ OR **～s** /-z/) Ⓒ〈判断・評価の〉基準, 標準, 尺度〈**for**〉(⇨

STANDARD 類語) ‖ products that meet certain environmental *criteria* 一定の環境基準に見合った製品 / set [OR establish] the *criteria for* ... …の基準を設ける / by social *criteria* 社会的な基準によって

crit·ic /krítɪk/
—名〔▶ critical 形 ❶❹❺, criticize 動〕(複 ~s /-s/) Ⓒ ❶ (文芸・美術・音楽などの職業的な)**批評家**, 評論家, 鑑定家 ; (一般に)批評者, 判定者 ‖ a literary [film] ~ 文芸[映画]評論家
❷ あら探しをする人 ‖ She is a ~ in the neighborhood. 彼女は近所のうるさ方だ

crit·i·cal /krítɪkəl/
—形〔◁ critic 名 ❶❹❺, crisis 名 ❷❸❻〕(**more ~ ; most ~**)
❶ 〈…に〉**批判的な**, 口やかましい〈**of**〉‖ The teacher was so ~ *of* her paper that the girl burst into tears. 教師にレポートを酷評されてその女の子はわっと泣き出した / The paper is **highly** ~ *of* [×on] the government. その新聞は非常に政府に批判的だ
❷ 〈…にとって〉**決定的な**, 転機の, **重大な** ; 危機的な〈**to**〉‖ Water is ~ for normal body functioning. 水は体が正常に機能するために必要不可欠である / It's ~ that people know [《主に英》should know] more about AIDS. 人々がエイズについてもっと知ることが緊要である / a ~ moment in one's life 人生の転機 / a ~ stage [change] 決定的な段階[変化] / of ~ importance 非常に重要な / play a ~ **role** in environmental protection 環境保護において重大な役割を果たす
❸ (病状などが)危険な ; 重症の ‖ The patient was in (《英》a) ~ condition. 患者は危篤状態にあった / a ~ list 危篤患者リスト
❹ 厳密な, 綿密な ; 批判の, 本文批評の ‖ a ~ approach 厳密な研究法 / ~ philosophy (カントの)批判哲学 / a ~ edition (本文)校訂版
❺ 《比較なし》《限定》批評の, 評論(家)の ; 批判力のある ‖ a ~ review 評論誌 / receive [OR win, get] ~ acclaim 批評家に賞賛される / (with) a ~ eye 批評眼(で)
❻ 《比較なし》【理】臨界の ‖ a ~ test [OR experiment] 臨界実験 / go ~ (原子炉が)臨界に達する
▶▶ ~ **ángle** 名 Ⓒ ① 【光】臨界角《全反射をなす最小の入射角》② 【空】臨界角, 失速角 ~ **máss** 名 ⒸⓊ ① 【理】臨界質量《核連鎖反応が起こり得る最低質量》② (ある事態が起こるための)必要量 ~ **páth** 名 Ⓒ 《単数形で》臨界経路, クリティカルパス《計画を最短工期・最少経費で実行するための作業手順》 ~ **pàth análysis** 名 Ⓤ クリティカルパス分析《コンピューターで分析して最も有効な作業手順を決定する方法》 ~ **pòint** 名 Ⓒ 【化】臨界点《ある物質の液体状態と気体状態の密度が同じになって区別がつかない点》 ~ **préssure** 名 Ⓤ 【化】臨界圧力《臨界状態にある気体・蒸気の圧力》 ~ **státe** 名 Ⓤ 【化】臨界状態 ~ **témperature** 名 ⒸⓊ 【化】臨界温度《臨界状態にある気体・蒸気の温度. この温度を超えると気体は圧力だけでは液化しない》

crit·i·cal·i·ty /krìtɪkǽləṭi/ 名 Ⓤ ❶ (切迫した)重大局面 ❷ 【理】臨界

crit·i·cal·ly /krítɪkəli/ 副 ❶ 危うく, きわどく ‖ be ~ ill 危篤状態である ❷ 批判的に

crit·i·cism /kríṭəsìzm | krítɪ-/
—名 (複 **~s** /-z/) ❶ Ⓤ (文学作品などの)**批評**, 批判 ; (聖書の)批評 ; Ⓒ 評論(文) ‖ art [literary] ~ 芸術[文芸]批評 / textual ~ 本文批評, 原典研究 / the higher ~ (聖書の)高等批評《内容の研究》/ the lower ~ (聖書の)下等批評《字句の研究》
❷ ⓊⒸ 非難, 批判, あら探し ‖ attract ~ 物議をかもす / take [accept] ~ 批判を受け止める[認める]

crit·i·cize, + (英)**-cise** /kríṭəsàɪz | krítɪ-/
—動〔◁ critic 名〕(**-ciz·es**, **-cis·es** /-ɪz/ ; **~d** /-d/ ; **-ciz·ing**, **-cis·ing**)
—他 ❶ …を〈…のことで〉**非難[批判]する**〈**for**〉; …の悪口を言う (⇨ 類語) ‖ They **strongly** ~*d* the police *for* not dealing with the case quickly. 彼らは警察がその事件に素早く対処しなかったことを厳しく批判した / Stop *criticizing* others. 人を非難するのはやめなさい ❷ …を批評[評論]する ‖ ~ a work of art 芸術作品を批評する
—自 非難する ; 批評する

類語 《他 ❶》 **criticize** 欠点を見つけ不利な判断を下す.
blame 間違い・過失などの責任を問い責める. 〈例〉*blame* a person for an accident 人に事故の責任を問う
censure blame より強い権能で criticize して叱責(しっせき)する. 〈例〉*censure* a person for his/her neglect of duty 人を職務怠慢できつく非難する
condemn 極めて強い調子で非難したりけなしたりする.
denounce 公に非難する.

***cri·tique** /krɪtíːk/ 名 Ⓒ (文芸作品などの)批評, 批判 ; 評論(文) ; 批評法 —動 他 …を批評[批判]する

crit·ter /kríṭər/ 名 Ⓒ 《口》生物(creature) ; 《通例形容詞とともに》人, やつ, やっこさん

CRM 略 *c*ustomer *r*elationship *m*anagement (顧客関係管理) ; *C*ombat *R*eadiness *M*edal ((米空軍の)戦闘即応記章) ; *c*ounter-*r*adar *m*easures [*m*issile] (対レーダー妨害[ミサイル])

croak /kroʊk/ 動 自 ❶ (カエル・カラスなどが)があがあ[かあかあ]鳴く ; しわがれ声を出す ❷ 《口》不平を言う, 愚痴る ❸ 《俗》死ぬ —他 ❶ …をしわがれ声で言う (♦ 直接話法にも用いる) ❷ 《俗》…を殺す —名 Ⓒ (カエル・カラスなどの)があがあ[かあかあ]鳴く声 ; しわがれ声

croak·y /króʊki/ 形 があがあいう, しわがれた

Cro·at /króʊæt, -ət/ 名 Ⓒ クロアチア人 ; Ⓤ クロアチア語

***Cro·a·tia** /kroʊéɪʃə/ 名 クロアチア《ヨーロッパ南東部の共和国. 旧ユーゴスラビアの一部. 公式名 the Republic of Croatia. 首都 Zagreb》

***Cro·a·tian** /kroʊéɪʃən/ 形 クロアチアの, クロアチア人[語]の —名 ⒸⓊ クロアチア人[語]

croc /krɑ(ː)k | krɔk/ 名 《口》=crocodile

cro·chet /kroʊʃéɪ | ⌒⌒/ 名 Ⓤ クロッシェ, かぎ針編み —動 自 他 (…を)かぎ針で編む

crock[1] /krɑ(ː)k | krɔk/ 名 Ⓒ ❶ 陶器のかめ[つぼ] ❷ (~s)《旧》陶器類(crockery) ; 瀬戸物のかけら ❸ ⊗《主に米俗》《蔑》ばかげた話, うそ ‖ a ~ of shit 大うそ, ナンセンス

crock[2] /krɑ(ː)k | krɔk/ 名 Ⓒ 《口》《けなして》老いぼれ ; ぽんこつ車 —動 他 …を役に立たなくする, 駄目にする《*up*》

crocked /krɑ(ː)kt | krɔkt/ 形 《叙述》《俗》酔っ払った

crock·er·y /krɑ́(ː)kəri | krɔ́k-/ 名 Ⓤ 《集合的に》陶器類, 瀬戸物

crock·et /krɑ́(ː)kɪt | krɔ́k-/ 名 Ⓒ 【建】(ゴシック建築の尖塔(せんとう)などの)唐草浮彫模様

Crock·ett /krɑ́(ː)kɪt | krɔ́k-/ 名 **David** [**Davy**] ~ クロケット(1786–1836)《米国の西部開拓者・政治家. Alamo の戦いで戦死》

***croc·o·dile** /krɑ́(ː)kədàɪl | krɔ́k-/ 名 Ⓒ ❶ 【動】クロコダイル《熱帯産の大形ワニ》(→ alligator) ; (alligator 科の種も含め一般に)ワニ ; Ⓤ ワニ革 ❷ 《英口》(2列になって歩く)人[(特に)学童]の列 ▶▶ ~ **bìrd** 名 Ⓒ 【鳥】ワニチドリ, ナイルチドリ(Egyptian plover) ~ **clìp** 名 Ⓒ 《主に英》【電】鰐口(わにぐち)クリップ(alligator clip) ~ **tèars** 名 複 /⌒⌒/ 空涙 (♦ ワニは獲物を食べながら涙を流すという伝説から) ‖ shed [OR cry, weep] ~ *tears* うそ泣きする

croc·o·dil·i·an /krɑ̀(ː)kədíliən | krɔ̀k-/ 形 名 Ⓒ 【動】ワニ類(の)

cro·cus /króʊkəs/ 名 (複 **~·es** /-ɪz/ OR **cro·ci** /-kìː, -kàɪ, -sàɪ/) Ⓒ 【植】クロッカス

Croe·sus /kríːsəs/ 名 ❶ クロイソス《紀元前6世紀のリディアの最後の王. 巨大な富を持っていた》‖ (as) rich as ~ 非常に金持ちの ❷ Ⓒ 大金持ち, 大富豪

C

croft /krɔ(:)ft/ 《英》 名 C (屋敷続きの)小農場；(スコットランドの)小作地
croft·er /krɔ́(:)ftər/ 名 C 《英》(スコットランドの)小作人
Cróhn's dis·èase /króunz-/ 名 C U 〘医〙クローン病《消化管の慢性的炎症が特徴》
crois·sant /krwɑːsɑ́ːn | krwǽsɔn/ 名 (複 **~s** /-z, -ts/) C クロワッサン《三日月形のロールパン》(◆フランス語より)
Cro-Ma·gnon man /kròumǽgnən | -mǽnjɔn, -njən/ 名 C 〘人類〙クロマニョン人
crom·lech /krɑ́(:)mlek | krɔ́m-/ 名 C 〘考古〙❶ クロムレック, 環状列石 ❷ =dolmen
Crom·well /krɑ́(:)mwəl, -wel | krɔ́m-/ 名 **Oliver ~** クロムウェル(1599–1658)《英国の政治家・軍人・護国卿(きょう)(Lord Protector)(1653–58). ピューリタン革命の指導者でチャールズ1世を処刑して一時共和制を樹立》
crone /kroun/ 名 C ⊗《蔑》しわだらけの老婆(♥《米》では「人生経験豊富で実力を有する中高年女性」という積極的な意味で使われ始めている)
cron·ing /króunɪŋ/ 名 U 年配女性への尊敬[敬老精神]
▸▸ **~ cèremony** 名 C 《米》クローニングセレモニー《中年に入った女性(例えば50歳の誕生日)を祝う会》
Cro·nus /króunəs/ 名 〘ギ神〙クロノス《巨人の1人で, Uranus と Gaea の子. 父を倒し, 世界を支配するが, 後に子の Zeus に退けられる. 〘ロ神〙の Saturn に相当》
cro·ny /króuni/ 名 (複 **-nies** /-z/) C 《通例 -ies》《口》《しばしばけなして》(長年の)親友, 旧友
cro·ny·ism /króuniìzm/ 名 U 《口》《けなして》(政界などで友人を登用する)身びいき, えこひいき(→ **nepotism**)
***crook** /kruk/ 名 C ❶《口》泥棒, ぺてん師, 犯罪者 ❷(先の曲がった)羊飼いのつえ；司教杖(じょう) ❸ 曲がり(目)；(川・道・身体などの)湾曲[屈曲]部分 ‖ (in) the ~ of one's arm ひじの内側(に) / have a ~ in one's back 背中が曲がっている
by hook or (by) crook ⇨ HOOK(成句)
on the cróok 曲がったことをして, 不正に
—形《通例叙述》《豪・ニュージ口》❶ 病気の；けがをした ❷(状況が)ひどい, 不愉快な
—動 他 〈…への合図に〉〔腕・指など〕を(かぎ形に)曲げる〈**at, for**〉‖ ~ a [OR one's] finger (かぎ状に)指を曲げる；(人に)こっちへ来るようにと合図する —自 曲がる, 湾曲する
***crook·ed** /krúkɪd/ 《発音注意》 形 ❶《口》不正な, 不正直な(⇨ HONEST メタファーの森) ‖ ~ dealings [profits] 不正取引[利得] ❷ 曲がった, ねじれた；変形した；(年で)腰の曲がった ‖ narrow and ~ streets 狭いくねくねした道 / a ~ smile にやりとした(唇の片端だけが上がった形の)笑い / ~ teeth 歯並びの悪い歯 ❸《豪・ニュージ口》〈…に〉怒った〈**on**〉
~·ly 副 **~·ness** 名
cróok·nèck 名 C 《米》〘植〙ツルクビカボチャ
croon /kruːn/ 動 他 …を口ずさむ；甘い声で歌う[言う](◆直接話法にも用いる) ‖ ~ one's baby to sleep 小声で歌って赤ん坊を寝かしつける
—自 小声で感傷的に歌う, 甘い声で歌う[言う]
—名 C 《単数形で》小声で歌うこと；低く抑えた歌声
croon·er /krúːnər/ 名 C 小声で歌う人, (特に)甘い声で感傷的に歌う歌手
‡crop /krɑ(:)p | krɔp/
—名 (複 **~s** /-s/) C ❶《しばしば ~s》**作物**, 収穫物(⇨ 類語) ‖ Wheat is an important ~ in the U.S. 小麦は米国の重要な農作物だ / cash ~s 換金作物 / cereal [root] ~s 穀類[根菜類] / harvest [OR gather] a ~ 作物を収穫する / **grow** a ~ of wheat [barley] 作物の小麦[大麦]を栽培する
❷(一地方・一季節の)収穫高, 生産高；作柄(⇨ 類語) ‖ have a good [bad, poor] ~ of wheat 小麦が豊作[不作]である / an average ~ of rice 平年作の米
❸《通例単数形で》(続出する)群, 組；〈…の〉山〈**of**〉‖ this year's ~ *of* freshmen 今年の1年生 / a ~ *of* new problems 続出する新たな問題 / a ~ *of* lies うそ八百 / a thick ~ *of* hair ふさふさした髪
❹ 短く刈り込む髪型 ❺(1頭分の)なめし革 ❻(動物の)耳を切ってつけた印《持ち主を示す》 ❼ むちの柄；(乗馬用の)短いむち(riding crop)；=hunting crop ❽〘動〙(鳥の)嗉嚢(そのう)；(昆虫・ミミズなどの)餌袋(えぶくろ)
—動 (**~s** /-s/; **cropped** /-t/; **crop·ping**)
—他 ❶〔髪〕を短く刈り込む, 〔布・写真などの端〕を切り落とす；〔動物の耳〕を切る(◆ときに short などの形容詞補語を伴う) ‖ have one's hair *cropped* 髪を刈ってもらう / ~ one's hair close [OR short] 髪を短く刈る
❷ …を収穫する, 取り入れる ❸(動物が)〔草など〕を食べる, かみ切る ‖ Geese *cropped* our lawn. ガチョウが芝生の先を食い切った ❹〔土地〕に〈作物を〉植えつける〈**with**〉‖ ~ a field *with* wheat 畑に麦をまく
—自 ❶(作物が)できる(◆通例様態の副詞を伴う) ‖ The rice will ~ well this year. 今年の米は豊作だろう
❷ 作物を作る
cròp óut 〈自〉(鉱脈などが)露出する, 表に出る
****cròp úp*** 〈自〉① (不意に)持ち上がる ② 話題になる

類語《名 ❶, ❷》**crop** 1回の刈り入れ, または季節の収穫高；農業・商業でふつうに用いる語. 〈例〉the wheat *crop* of the year その年の小麦の収穫高
harvest 収穫・収穫期・収穫高；やや文語的な語. 〈例〉the season of *harvest* 取り入れの季節
yield 時間と労力の報いとしての収穫ということを強調する語. 〈例〉a good *yield* of potatoes ジャガイモの豊作

▸▸ **~ cìrcle** 名 C =corn circle **~ dùster** 名 C 農薬散布(飛行)機 **~ rotàtion** 名 U 〘農〙輪作(rotation of crops) **~ spràying** 名 U 《英》=crop-dusting **~ tóp** 名 C (腹部がむき出しになる)短いタンクトップ(cropped top)
cróp-dùsting 名 U 農薬の空中散布
cróp·lànd 名 U 作付け用地, 耕作地
crop·per /krɑ́(:)pər | krɔ́pə/ 名 C ❶ 刈り込む人, 作付け人, 耕作者；《主に米》(作物の一部をもらう約束で土地の耕作をする)分益小作人(sharecropper)；刈り込み機 ❷ 皮革裁断機[者]；(布の)けば刈り機[者] ❸《形容詞とともに》収穫のある作物 ‖ a good [OR heavy] ~ 収穫の多い作物 / a light ~ 収穫の少ない作物
còme a crópper 《口》(オートバイ・馬などから)どっと倒れ落ちる；大失敗をする
cro·quet /kroukéɪ | króuki, -eɪ/ 名 U クロッケー《木製の球を使ってする戸外競技》；C (相手の球を)はね飛ばすこと
—動 他 自 (クロッケーで自分の球を当てて)(相手の球を)はね飛ばす
cro·quette /kroukét | krɔ-, krou-/ 名 C コロッケ
crore /krɔːr/ 名 C 《インド》1千万
Cros·by /krɔ́(:)zbi, krɑ́(:)z- | krɔ́z-, krɔ́s-/ 名 **Bing ~** クロスビー(1904–77)《米国の歌手・俳優》
cro·sier, -zier /króuʒər | -ziə, -ʒə/ 名 C 司教杖, 牧杖(ぼくじょう)

‡cross /krɔ(:)s/ 動 名 形

中心義 **線と線が交わる**(★線は線状のものを広く含み, 「道のり」「橋」「脚」など多様)
—動 (**~·es** /-ɪz/; **~ed** /-t/; **~·ing**)
—他 ❶ …を**横切る**, **渡る**, 横断する, 越える；〔人〕を渡らせる, 渡るのを助ける；(橋などが)…にかかっている；〔ゴールの線など〕に着く；〔境界(線)〕を越える ‖ Be careful when you ~ the **road**. 道路を横断するときは気をつけなさい / ~ a river 川を渡る / She ~*ed* the campus to the canteen. 彼女はキャンパスを横切って学生食堂に行った / The guard ~*ed* the children. ガードマンが子供たちに道を渡らせた / The bridge ~*es* the Hudson River. その橋はハドソン川にかかっている / ~ the finish line in first place ゴールラインを1位で切る / The refugees

~*ed* the border. 難民たちは国境を越えた
❷ …と**交差する**, 交わる；〔脚・腕など〕を組み合わせる ‖ In three blocks this street ~*es* Fifth Avenue. 3ブロック先でこの通りは五番街と交差します / two lines ~*ing* each other 互いに交わる2本の線 / Sitting with your legs ~*ed* in a train can be a bother to others. 列車の中で足を組んで座ると他人の迷惑になる場合がある
❸ (考え・表情などが)〔心・顔〕をよぎる ‖ Such a unique idea never ~*ed* my mind. そんなユニークな考えは思いつきもしなかった / A look of pain ~*ed* his face. 苦痛の表情が彼の顔をよぎった
❹ …を〈…と〉交配する, 雑種にする〈**with**〉‖ a setter ~*ed with* a spaniel スパニエル犬との雑種のセッター犬
❺ …に(横)線を引く ‖ ~ a cheque 《英》横線小切手にする《小切手に二重線を引いて指定銀行渡りにする》/ ~ one's t's tの文字の横線を引く；細かいところまで気を配る
❻ …を邪魔する, ……に反対する；…を否認する；…を怒らす ‖ I won't be ~*ed* on this decision. この決定のことで邪魔[反対]はさせないぞ / be ~*ed* in love 恋路に邪魔が入る, 失恋する / If you ~ him, we're done. 彼を怒らせたらもうおしまいだ
❼ …に十字の印をつける；《~ oneself で》(キリスト教信者が)十字を切る(⇨ *cross one's* HEART)
❽ 《受身形不可》(手紙などが)…と行き違う ‖ Your letter must have ~*ed* mine (in the mail). 君の手紙はきっと僕のと行き違いになったのだろう / If this reminder and your payment have ~*ed*, we apologize. この督促状とお支払いが行き違いになっている場合はご容赦ください ❾〔電話〕を混線させる ❿〖サッカー〗〔ボール〕を(左[右]翼から)中央にパスする

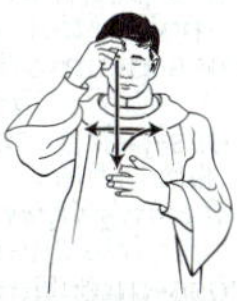
cross oneself

—自 ❶ **横切る**, 渡る《*over*》〈**over** …を；**from** …から；**to, into** …へ〉；(橋などが)かかる ‖ ~ *over to* a table 横切ってテーブルの所に行く
❷ (2つのものが) **交差する**, 交わる；(人が) 会う ‖ Our paths haven't ~*ed* a lot recently. 最近あまりお会いしませんね
❸ (手紙が) 行き違いになる ❹ 交配する, 雑種になる ❺ (電話が) 混線する ❻〖サッカー〗ボールを(左[右]翼から)中央にパスする ❼〖劇〗舞台を横切る
cròss óff 〈他〉 Ⅰ《*cròss óff ... / cròss ... óff*》〔名前など〕を(リストなどから)線を引いて消す (delete) Ⅱ《*cròss À òff B́*》*A*(名前など)を*B*(リストなど)から線を引いて消す
cròss óut ... / cròss ... óut 〈他〉〔誤りなど〕を線を引いて消す(score [OR strike] out；delete)
cròss óver 〈自〉① 横切る, 渡る(→ 自 ❶) ②〈他党に〉くら替えする, 寝返る〈**to**〉③ (芸術家などが)〈ほかの分野に〉転身する；(音楽で)クロスオーバーする《ジャズからロックなどへ変わる》〈**to**〉④《英旧》死ぬ —〈他〉《*cròss óver ...*》…を横切る, 渡る(→ 自 ❶)
cròss thróugh ... / cròss ... thróugh 〈他〉＝*cross out*(↑)
cròss úp ... / cròss ... úp 〈他〉《米口》① …を混乱させる, まごつかせる；駄目にする ② …をだます, 裏切る
—名 (複 **~·es** /-ɪz/) Ⓒ ❶ (キリスト教信仰の象徴としての)**十字架**；はりつけ台；《the C-》キリストがはりつけにされた十字架；キリスト教 ‖ die on the ~ はりつけになる / a follower of the *Cross* キリスト教徒
❷ (印としての) 十字形《×や+のこと. 地図上での所在地を示したり, 正答を示す tick(✓)に対し誤答を示したり, 名前を書けない人が署名代わりに書いたりした印》；(胸に切る)十字の印 ‖ He put a ~ on the map to mark where we were. 彼は私たちの現在地を示すため地図に×印をつけた / make a [OR one's] ~ ×印の署名をする / make the sign of the ~ 十字を切る(＝cross oneself)

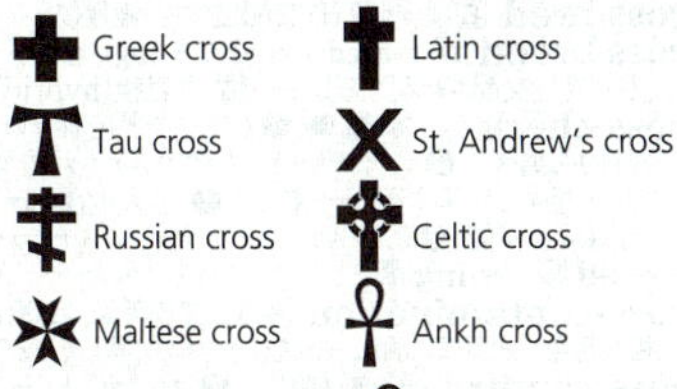

cross ❶

❸《通例単数形で》〈…の間の〉異種交配；交配種, 雑種；中間物, 折衷〈**between**〉‖ A liger is a ~ *between* a lion and a tiger. ライガーはライオンとトラの雑種である / His greeting was a ~ *between* a yawn and a nod. 彼のあいさつはあくびとも会釈ともつかないものだった / My boyfriend is a ~ *between* Brad Pitt and Tom Hanks. 私のボーイフレンドはブラッド＝ピットとトム＝ハンクスを足して2で割ったような人です
❹《しばしば C-》十字形勲章；(墓碑・町の中心などの)十字塔[標]；十字架を頂く[十字形の]建造物[記念碑]；十字杖(じょう)《大司教の職標》‖ George ~ 《英》ジョージ十字勲章《民間人の勇敢な行為に与えられる》
❺ (一般に)試練, 苦難；邪魔, 障害 ‖ a ~ in love 恋路の邪魔 / *No ~, no crown.* 《諺》苦難なくして栄光なし
❻《俗》八百長試合；ぺてん, 詐欺, 不正, ごまかし ❼〖ボクシング〗クロス (パンチ)；〖サッカー〗クロスパス ❽《the C-》〖天〗十字星 ‖ the Southern [Northern] *Cross* 南[北]十字星 ❾〖機〗十字形管；〖証券〗クロス(売買)
a cróss to bèar [OR ***càrry, tàke ùp***] (背負うべき)試練・苦難 ‖ We all have our ~*es to bear*. 我々は皆試練を背負っている
on the cróss ① 斜めに, はすに ‖ cut *on the* ~ (布地などを)はすに切る ②《俗》不正を働いて(↔ *on the square*)
—形 (**~·er**；**~·est**)
❶ 不機嫌な, 怒った〈**with** 人に；**about, at** …のことで / **that** 節 …ということで〉‖ My father is ~ *with* me *about* my coming home late every night. 父は私の帰りが毎晩遅いのでおかんむりだ / (as) ~ as two sticks とても機嫌の悪い
❷ (直角または斜めに) 横切った, 交差した ‖ a ~ street 大通りと交差する通り
~·ness 名
▸▸ **~ bènch** 名 Ⓒ《英》(英国上院の)無所属[中立]議員席 **~ hàirs** 名 複 (光学器械の) 照準用十字線 **~ ównership** (↓) **~ pròduct** 名 Ⓤ〖数〗クロス乗積, 交代積 **~ sèction** /ˌ-ˊ-/ 名 ① Ⓒ Ⓤ 横断面, 断面図, 一面 ② Ⓒ《通例単数形で》代表的な例[面] ③ Ⓒ〖理〗断面積《原子核に対し粒子が反応を起こす確率》**~ strèet** 名 Ⓒ《主に米》交差道路

cross- /krɔ(ː)s-/ 連結形 ❶「十字架」の意 ‖ *cross*-bearer (十字架奉持者) ❷「横切る」の意 ‖ *cross*bar ❸「交差して」の意 ‖ *cross*-examine, *cross*-contamination (複合汚染) ❹「…を横切って (across)」の意 ‖ *cross*-country

cróss·bàr 名 Ⓒ ❶ 横木, 横棒, かんぬき；横線, 横じま ❷ (フットボールのゴールの) クロスバー；(高跳びの) バー ❸ (自転車の)バー

cróss·bèam 名 Ⓒ〖建〗横桁(よこげた), 大梁(おおはり)

cróss-bèdding 名 Ⓤ〖地〗斜(交)層理《主要堆積面に対して斜交する地層を持つ状態》

cróss-bèncher 名 Ⓒ 無所属[中立]議員

cróss·bìll 名 Ⓒ〖鳥〗イスカ

cróss·bònes 名 複 大腿(だいたい)骨2本を交差させた図《死・危険の象徴》(→ SKULL and crossbones)

cróss-bòrder 形《限定》国境を越える；越境の

cróss·bòw /-bòʊ/ 名 Ⓒ 弩(おおゆみ), クロスボウ《中世の武器》

C

C

cróss·brèd 名 C 形 異種·交配種(の), 雑種(の)
cróss·brèed 動 (-bred /-bred/ ; ~·ing) 他 自 (…を[が])異種交配させる[する] ── 名 C 雑種(hybrid)
cróss-chèck /, ﹅﹅/ 動 他 ❶〔データなど〕を種々の角度·資料から調べる ❷(アイスホッケーなどで)スティックを両手に持って相手を妨害する ── 名 C ❶ 念入りな調査, 別の方法による確認 ❷(アイスホッケーなどの)クロスチェック ~·ed 形 ~·ing 名
cròss-contaminátion 名 U 交差汚染, 二次汚染, 相互汚染《病原菌に触れ, それをほかのものに移してしまうこと》
*__cròss-cóuntry__ ⟨ジ 形《限定》❶ クロスカントリーの《道路を通らず野原を横切る. 略 XC, X-C》‖ a ~ race [skier] クロスカントリーレース[のスキーヤー] ❷ 幹線(ルート)を離れた ❸ 全国を横断する ‖ a ~ concert tour 全国横断演奏旅行 ── 副 クロスカントリーで；幹線(ルート)を離れて；全国を横断して ── 名 (複 -tries /-z/) U C クロスカントリー競技[レース]
cròss-còuntry skíing 名 U 〘スキー〙(クロスカントリーの)長距離レース(langlauf)
cròss-cúltural ⟨ジ 形《限定》異文化間の
cróss·cùrrent 名 C ❶ 逆流 ❷ 相反する傾向
cròss-curricular 形 教科横断的な, 複数の教科にまたがる
cróss·cùt /, ﹅﹅/ 形 横びき(用)の；斜め[横]に切った ── 動 (-cut ; -cut·ting) 他 ❶ …を横に切る, 横断する；横びきする ❷(映画で)ほかのシーンを挿入する ── 名 /﹅﹅/ C ❶ 間道, 近道；横断路 ❷ 横切り, 横びきのこぎり ❸ 切り返し《ある場面に別の場面を織り混ぜる技法》(crosscutting) ▸▸ ~ sàw 名 C 横びきのこぎり
cróss-drèssing 名 U 服装倒錯《異性の服の着用》
crosse /krɔ(:)s/ 名 C ラクロス用のスティック
crossed /krɔ(:)st/ 形 ❶ 十文字の, 十文字に置いた, 交差した ❷ 十字に線を引いた, 横線を引いた；ばつ印で消した ❸ 妨害[邪魔]された ❹(電話が)混線した ▸▸ ~ chéck [《英》chéque] 名 C 〘商〙横線小切手 ~ èye 名 C 内斜視(↔ walleye)
cròss-exámine 動 他 ❶ …を厳しく詰問[追及]する ❷〘法〙〔相手方の証人〕を反対尋問する -examinátion 名 U C 反対尋問
cróss-èyed ⟨ジ 形 内斜視の(↔ walleyed)
cròss-fáde (→ 名) 動 自 (映像·音が)クロスフェードする《1つの音や映像を次第に消しながら別の音や映像をはっきりさせる》 ── 名 /﹅﹅/ C クロスフェード
cròss-fértilize 動 他 自 ❶〘生〙他家受精[受粉]させる[する] ❷(思想などを)交流させる[する] -fertilizátion 名
cróss·fìre 名 U ❶〘軍〙十字砲火 ❷(意見などの)激しいやりとり
*__be càught in the cróssfire__ 論争に巻き込まれている, 板挟みになっている
cròss-gráined ⟨ジ 形 ❶ 木目の不規則な, 板目の ❷《口》根性のひねくれた, 扱いにくい
cróss·hàtch 動 他〔画面〕に網目状の陰影[クロスハッチ]をつける
cróss-hàtching 名 U (画面に)網目状の陰影をつけること
cróss·hèad 名 C ❶ プラスねじ ❷〘機〙クロスヘッド《ピストンロッドの滑頭(すべりがしら)》 ❸ =crossheading
cróss·hèad·ing 名 C (長い新聞記事の)中見出し
cròss-índex 動 他 …に相互参照をつける
*__cross·ing__ /krɔ́(:)sɪŋ/ 名 ❶ C (道路·鉄道の)交差点；横断歩道；踏み切り；(川などの)渡れる箇所, 渡船所(「スクランブル交差点」は一般的には an intersection with diagonal crosswalks(斜めの横断歩道のある交差点)のように説明する) ‖ a pedestrian ~ 横断歩道 / a railroad ~ 踏み切り / a border ~ 国境検問所 / a puffin ~ (英国の)押しボタン式横断歩道 ❷ U C 横断；(特に船による)渡航 ‖ have a smooth [rough] ~ 穏やかな[荒れた]渡航をする ❸ U C 妨害, 反対 ❹ U C 〘生〙(異種)交配 ❺ C 十字形の教会の内陣と外陣の交わる場所
cròss-légged ⟨ジ 形 副 あぐらをかいた[かいて]；足を組んだ[組んで]
*__cross·ly__ /krɔ́(:)sli/ 副 ❶ 横に, 斜めに ❷ 意地悪く, 機嫌悪く, すねて, 怒って ❸ 逆に, 反対に
cros·sop·te·ryg·i·an /krɑ(:)sà(:)ptərídʒiən | krɔsɔ̀p-/ 名 (複 ~ OR ~s /-z/) C 形〘魚〙総鰭(き)類(の)《体の構造が原始的な両生類に近い. 現生種は coelacanth のみ》
cróss·òver 名 C ❶ 歩道橋, 横断橋 ❷〘鉄道〙渡り線 ❸(予備選挙で)ほかの政党へくら替えした投票者 ❹ U〘楽·美〙クロスオーバー《異なるジャンルとの混合》
cròss-ównership, cròss ównership 名 U 〘経済〙(株などの)持ち合い
cròss-párty 形 党派を超えた, 超党派の
cróss·pàtch 名 C《口》気難し屋
cróss·pìece 名 C〘建〙横木, 横材
cròss-plátform 形 💻(アプリケーションソフトが)複数のOSに対応している(multi-platform)
cross-ply /krɔ́(:)splàɪ/ 形《英》(自動車のタイヤが)クロスプライの《繊維製のコードを対角線状に何枚かはり合わせて強化した》
cròss-póllinate 動 他 …に他花[他家]受粉させる -pollinátion 名
cròss-promótion 名 U C〘商〙抱き合わせ宣伝《2社が一緒になって宣伝すること》 ~·al 形
cròss-púrpose 名 C《しばしば ~s》食い違った意向, 相反する目的
*__at cròss-púrposes__ ⟨…と⟩互いに誤解して, 食い違ったことをして[言って]⟨with⟩
cròss-quéstion 動 他 …を厳しく詰問[追及]する ── 名 C 厳しい詰問[追及]；反対尋問 ~·ed, ~·ing 形
cròss-refér 動 (-referred /-d/ ; -refer·ring) 他 自 (…を)相互参照させる[する] -reférring 形
cròss-réference 名 C (同一書中の)⟨…への⟩相互[前後]参照, クロスレファレンス⟨to⟩ ── 動 他《通例受身形で》〔本〕に⟨…への⟩相互参照がつけられる⟨to⟩ ~d 形
cróss·ròad 名 C ❶ 交差道路；(2つの本道を結ぶ)横道 ❷《~s》《単数扱い》十字路, 交差点；(四つ辻(つじ)などにできた)十字街；活動の中心地；(人生などの)重大な分かれ道, 岐路 (⇨ LIFE メタファーの森, LOVE メタファーの森) ‖ be at the ~*s* 岐路に立つ
cróss-sèll·ing /-ɪŋ/ 名 U 抱き合わせ販売
cròss-sháreholding 名 C U (複数の株式会社間の)株の持ち合い
cròss-spécies 形 異種間の《例えばヒトとウシの間の》‖ a ~ infection 異種間感染
cróss-stìtch 名 C 千鳥がけ, クロスステッチ(したもの) ── 動 他 自 (…を)千鳥がけ(に)する
cróss·tàlk 名 U ❶(ラジオ·電話などの)混線 ❷ 当意即妙の応答, 掛け合い ❸(会議中などの)雑談, 会話
cròss·tówn ⟨ジ 形《限定》町を横切る, (同じ町で)互いに反対の位置にある ‖ a ~ bus 市内横断バス ── 副 町を横切って
cròss-tráin 動 他 自 複数の技能訓練をする[受ける]；複数のスポーツでトレーニングさせる[する]
cròss·tráiner 名 C クロストレーナー《複数のスポーツに対応できる運動靴；同時に複数のスポーツでトレーニングしている人》
cròss-tráining 名 U 2種以上の仕事[スポーツ]ができるように訓練すること
cróss·trèes 名 複〘海〙檣頭(しょうとう)横材
cròss-vóting 名 U 交差投票《議会で自党に反対投票したり他党に賛成投票などをすること》
cróss·wàlk 名 C《米·豪》横断歩道(《英》pedestrian crossing)
cróss·wàys /-wèɪz/ 副 =crosswise
cróss·wìnd 名 C (飛行機·船などが受ける)横風
cróss·wìse /-wàɪz/ 副 形 横切って(いる), 十字形に[の],

斜めに[の]

cróss·wòrd (pùzzle) 名 C クロスワードパズル ‖ do a [OR the] ～ クロスワードパズルを解く

cros·ti·ni /krɑ(:)stí:ni | krɔs-/ 名 C 《複数扱い》クロスティーニ《薄切りパンに具材をのせた前菜》(♦ イタリア語より)

crotch /krɑ(:)tʃ | krɔtʃ/ 名 C ❶ (人体の)また；(木・ズボンなどの)また ❷ (道路・川などの)分岐点

crotch·et /krá(:)tʃət | krɔ́tʃɪt/ 名 C ❶ 《英》〖楽〗4分音符(《米》quarter note) ❷ 気まぐれな考え, 独りよがり

crotch·et·y /krá(:)tʃəţi | krɔ́tʃ-/ 形 《口》気まぐれな, 偏屈な, 気難しい **-et·i·ness** 名

crotch·less /krá(:)tʃləs | krɔtʃ-/ 形 (下着が) 股間部分のあいた

crouch /krautʃ/ 《発音注意》 動 自 ❶ うずくまる, しゃがむ；(飛びかかろうと)身をかがめる《***down***》；〈…の上に〉身を乗り出す〈**over**〉‖ I *～ed down* to fix my shoe lace. 私は靴ひもを直すためにしゃがんだ ❷ (動物・猫などが) (飛びかかろうと) 身をかがめる ‖ The cat *～ed*, ready to attack its prey. 猫は獲物に襲いかかろうと身をかがめた

— 他 〔頭・ひざ〕を(卑屈に)低く曲げる

— 名 C 《単数形で》うずくまる[しゃがむ]こと[姿勢] ‖ The sprinter went into a ～. 短距離走者は腰を落とした姿勢に入った

croup /kru:p/ 名 U 〖医〗クループ《気管やのどに炎症を起こし呼吸困難になる子供の病気》

～·y 形 クループの；クループに侵された

crou·pi·er /krú:piər, -pièɪ/ 名 C ❶ (ルーレットなどの)台付き係 ❷ (宴会の)副司会者《食卓の下座につく》

crou·ton /krú:tɑ(:)n, ─́ ─̀ | -tɔn/ 名 C 《通例 ～s》クルトン《揚げたり焼いたりしたパンの小片. スープに入れる》

crow[1] /krou/ 《発音注意》 名 C ❶ カラス《raven, rook[1], jackdaw などを含む》‖ (as) black as a ～ (カラスのように) 真っ黒な / a white ～ 珍奇なもの ❷ かなてこ (crowbar) ❸ 《俗》年とった[醜い]女(old crow)

*__*as the crów flies*__* 一直線に, 最短距離で

èat crów 《米口》屈辱を味わう《前言を取り消したり誤りを認めるなど》

Stòne the crópws! 《英口》おやおや, これはこれは(♥ 驚き・不信などを表す)(=*Stone me!*)

crow[2] /krou/ 動 自 ❶ (♦ 過去形は《英》では crew /kru:/ とも)(おんどりが)鳴く, ときを告げる ❷ (赤ん坊が) 喜んで(きゃっきゃっと) 叫ぶ ❸ 〈相手の失敗などに〉勝ち誇る；喜びの声を上げる；〈…を〉自慢する, 得意になる〈**over, about**〉

— 名 C 《通例単数形で》❶ おんどりの鳴き声 ❷ (特に赤ん坊の)喜んで上げる叫び；(一般に)歓喜の叫び

Crow /krou/ 名 C クロー人《スー族 (Sioux) に属する北米先住民. 東部モンタナに住む》；U その言語

crów·bàr 名 C バール, かなてこ

crow·berry /króubèri | -bəri/ 名 (複 **-berries** /-z/) C 〖植〗ガンコウラン(の実)

crowd /kraud/ 名 動

— 名 (複 **～s** /-z/) C (♦ 集合的に用いる場合, 《米》では通例単数扱い. 《英》では全体を一つの集団と見る場合単数扱い, 個々の人々に重点を置く場合複数扱い) ❶ 《集合的に》《単数・複数扱い》**群衆**, 人込み (⇨ 類語) ‖ The ～ was dispersed by the police. 群衆は警察に解散させられた / I went after him, but I lost him in the ～. 彼を追いかけたが, 人込みの中で見失った

❷ 《集合的に》《単数・複数扱い》**観客**, 聴衆 ‖ The match **attracted** [OR drew] 「a **large** [OR a huge, quite a] ～. その試合は非常に多くの観客を集めた

❸ 多数 [たくさん] (のもの) ‖ *Crowds* [OR A ～] of fans trailed along behind the pop singer. たくさんのファンがそのポップシンガーの後からぞろぞろついて行った / have a ～ of things to do することがたくさんある / *～s* of boys and girls 大勢の男の子と女の子

❹ ⊗《口》《しばしば蔑》連中, 仲間 ‖ The pub was filled with the usual ～. パブはいつもの連中でいっぱいだった / the Hollywood ～ ハリウッドの連中 / Don't mix with the wrong ～. 悪い連中とは付き合うな

❺ 《the ～》大衆, 民衆(♦ ときにけなす意味で用いられる) ‖ appeal to the ～ 民衆に訴える

fòllow [OR ***gò with, mòve with***] ***the crówd*** 大勢に従う, 付和雷同する

pàss in a crówd 目立って見劣りはしない, まずふつうである(♦ may, might, will, would とともに)

stànd óut from the crówd 目立つ, 衆に抜きん出る

— 動 (**～s** /-z/ ; **～·ed** /-ɪd/ ; **～·ing**)

— 自 ❶ 〈…に〉**群がる**《***around***》〈**around, about**〉(surround) ‖ Passers-by *～ed around* the street performer. 通行人たちが大道芸人の周りに集まった

❷ (群がって)押し寄せる[入る, 進む]《***in***》〈**into, onto** …に；**through** …を通って〉‖ ～ forward 群がって押し進む / The schoolchildren *～ed into* the bus. 学童たちは押し合いながらバスに乗り込んだ / *～ through* a door ドアからなだれ込む / A new set of images *～ed in*. 一連のイメージが新たにどっと浮かんできた

— 他 ❶ (人などが)〔場所〕に**群がる**, ぎっしり詰まる；《受身形で》(場所が)〈…で〉いっぱいになる〈**with**〉‖ Spectators *～ed* the stadium. 観客がスタジアムを埋め尽くした / All the shelves were *～ed with* stuffed animals. 棚という棚はぬいぐるみでいっぱいだった

❷ 〔人・物〕を〈…に〉ぎっしり詰め込む, 押し込む《***in***》〈**into, onto**〉‖ ～ job applicants *into* a small room 狭い部屋に求職者を詰め込む

❸ (考え・計画などが)〔頭・心など〕を満たす, いっぱいにする

❹ 〔人〕のすぐそばに近寄る；〔人〕にうるさく催促する, せがむ ‖ They *～ed* the debtor for payment. 彼らは債務者にやいのやいのと支払いを催促した ❺ …を押す, 押しやる ‖ The train of cyclists *～ed* us off the sidewalk. サイクリストの列が我々を歩道から押しのけた

cròwd ín on [OR ***upon***] ***a pérson*** 〈他〉〔人〕を目がけてどっと押し寄せる, のしかかる；(思い出などが)〔人(の脳裏)〕にどっと浮かぶ ‖ The deadline was *～ing in on* him. 締め切りが彼に迫っていた

*__*cròwd óut ... / cròwd ... óut*__* 〈他〉(入れる余地がなくて)〈…から〉…を押し出す, 押しのける〈**of**〉；…を圧倒する；…を除く ‖ The bigger companies are *～ing out* small businesses. 大手企業が中小企業を圧倒しつつある / This article was *～ed out of* yesterday's edition. この記事は昨日の版から外された

類語 《名 ❶》 **crowd** 「群衆」を表す一般語. 密集して一人一人の区別がつかない(ふつう無秩序な)群れ.
throng crowd より格式ばった語. ひしめき合いながら移動する意味が強いことがある.
swarm 大勢群がってあちこち移動する (しばしば騒々しい)集団を暗示する軽蔑的な語. 〈例〉a *swarm* of sightseers (にぎやかにぞろぞろと連れ立って)群れて動く観光客
mob 無秩序で無法な(制御のきかない)群衆.
multitude 群れ集まる人々の数の多さを強調する.

***crowd·ed** /kráudɪd/ 形 ❶ 込んだ, 混雑した；ぎっしり詰まった ‖ a ～ bus 込み合ったバス / a ～ theater 満員の劇場 / a ～ city 人口密度の高い都市 ❷ (物事が) いっぱいの；波乱に満ちた ‖ have a ～ schedule 予定がぎっしり詰まっている / busy and ～ years 多事多難な歳月

crówd·fùnding 名 U クラウドファンディング《ある事業計画に対して主にウェブ上で一般人から出資を募ること》

crówd-plèaser 名 C 大衆受けする人[もの, 事柄]

crówd-pùller 名 C 《口》呼び物, 人寄せをするもの[人]

crówd·sòurcing 名 C クラウドソーシング《群衆の知を利用した開発形態》(♦ *crowd*+out*sourcing* より)

crówd-sùrfing 名 U クラウドサーフィン《歌手などがライブコンサートで聴衆にかつがれて会場を練り歩くこと. crowd surf ともいう》 **crówd-sùrf** 動 自

crów·fòot 名 (複 **~s** /-s/)〖植〗キンポウゲ, ウマノアシガタ

‡crown /kraʊn/

―名 (複 **~s** /-z/) C ❶ **王冠**, 宝冠 ‖ wear a ～ 王冠をかぶる

❷《the ～》**王位**, 帝位；王権, 統治権；国王, 女王, 君主 ‖ succeed to the ～ 王位を継承する

❸ (勝利の)栄冠, 花冠(garland)；栄誉, 栄光；《the ～》(スポーツでの)王座, 優勝 ‖ a laurel ～ 月桂冠 / a ～ of thorns (キリストがかぶせられた) いばらの冠《苦難の象徴》/ a ～ of glory 栄光の冠《勝利者が受ける栄誉》/ He took the heavyweight boxing ～. 彼はボクシングのヘビー級の王座を獲得した

❹《単数形で》最も高い部分, 頭のてっぺん；(山の) 頂上；(木の)てっぺん；(帽子の)山, クラウン；(アーチの)迫頭(せりがしら)；(瓶の)王冠；(鳥の)とさか；〖植〗樹冠 ‖ the ～ of the hill 丘の頂上 ❺ (英国の) クラウン貨幣《25ペンス相当で現在では記念貨幣にのみ使われる. 旧5シリング相当》；(英国以外の) crown に相当する名称の貨幣 (→ krona, krone) ❻〖歯〗歯冠(↔ root[1])；人工歯冠 ❼ 王冠の形をしたもの [飾り, バッジ]；(時計の)竜頭(りゅうず)

―動 (**~s** /-z/；**~ed** /-d/；**~·ing**)

―他 ❶《通例受身形で》王冠を授けられる, 戴冠する(♦ しばしば名詞補語を伴う) ‖ He was *～ed* **king**. 彼は王位に就いた

❷《+目+補〈名〉》〔人〕を正式に…と認める ‖ The organization *～ed* him athlete of the year. 協会は彼を年間最優秀選手と認定した

❸ (成功・栄誉などが)〔努力など〕の報いとなる, 結果を飾る；…を華やかに締めくくる；(人が) …の最後を〈…で〉飾る〈**with**〉(♦ しばしば受身形で用いる) ‖ My efforts were *～ed with* success. 努力は成功で報いられた / To ～ his misfortunes, he was taken ill. 不幸の果てに彼は病に倒れた(♦ 悪い状況にも用いる)

❹ …の頂上にある；…に〈…を〉冠する；…の頂上を〈…で〉覆う〈**with**〉；〔歯〕に人工歯冠をかぶせる(♦ しばしば受身形で用いる) ‖ The hill is *～ed with* pine trees. その丘の頂上は松の木で覆われている ❺《口》〔人〕の頭を殴る

―自 (分娩(ぶんべん)時に)胎児の頭が完全に現れる

to cròwn it áll さらにその上；なお悪いことには

~ed 形

▸▸**Cròwn attórney** 名 C《カナダ》検察官, 検事 **～ cáp** 名 C (瓶の) 王冠 **Cròwn Cólony** 名 C《英》(国王の) 直轄植民地 **Cròwn Cóurt** (↓) **Cròwn Dérby** 名 U ダービー磁器《英国 Derby 産の磁器で, 王室認可を表す王冠の印がついている》 **～ed héad** 名 C《通例 ～s》(男女を問わず) 君主 **～ gláss** 名 U クラウンガラス ① 光学器械用の屈折率の低いガラス ② (昔に使用されていた)円盤状にした(強化)窓ガラス **～ jéwels** 名 複 ① (国王・女王が国家的式典で身に着ける) 王冠・王笏(おうしゃく)などの宝石 ② (個人・家族の)大切な持ち物；睾丸(こうがん) **～ lánd(s)** 名 U ① 王室御料地 ② 英連邦内の公有地 **～ of thórns** 名 複 ①〖動〗オニヒトデ《サンゴを食害する》②〖植〗ハナキリン《とげのある多肉植物》 **～ prínce** 名《しばしば C-》C (英国以外の) 皇太子《英国では the Prince of Wales》 **～ príncess** 名《しばしば C-》C ① (英国以外の)皇太子妃 ② 女子の王位継承者 **Cròwn prósecutor** 名 C《イング・ウェールズ・カナダ》=Crown attorney **～ róast** 名 C (子羊・豚の骨付きあばら肉を) 王冠型に整形したロースト **～ sàw** 名 C 円筒型の回転のこぎり

***Cròwn Cóurt** 名 C U《英》(イングランドとウェールズの) 刑事裁判所《1971年創設》

crown·ing /kráʊnɪŋ/ 形《限定》この上ない, 最高の, 頂点をなす ―名 U C 戴冠(式)；〖医〗排臨《胎児の頭が骨盤出口に現れた状態》

crów's-fòot 名 (複 **-feet** /-fiːt/) C ❶《通例 -feet》目じりのしわ, カラスの足跡 ❷ (刺繍(ししゅう)の縫い目を止める) 三つまた縫い取り

crów's-nèst 名 C〖海〗クローネスト, 檣頭(しょうとう)見張り座 [台]；(一般に)見張り台

cro·zier /króʊʒər | -ziə, -ʒə/ 名 =crosier

CRT 略 *c*athode-*r*ay *t*ube(ブラウン管(式の画面))

cru /kruː/ 名 (複 **~s** /kruː/) C (高級ワインを産出するフランスの)ブドウ園, ワイン産地；そこで生産されるワイン(♦ フランス語より)

cru·ces /krúːsiːz/ 名 crux の複数の1つ

***cru·cial** /krúːʃəl/ 形 (**more ～**；**most ～**) ❶ 〈…にとって〉重大な, 非常に重要な；決定的な〈**to, for**〉‖ The board made a ～ decision. 役員会は重大な決定をした / at ～ moments 重大なときに / The art of persuasion is ～ *for* a salesperson. セールスマンにとって説得術は極めて重要である / It is ～ that each know [《主に英》should know] what to do. めいめいが何をなすべきか知ることが不可欠だ ❷ 厳しい, つらい, 試練の ❸《英口》素晴らしい, 素敵な **~·ly** 副

cru·ci·ble /krúːsəbl/ 名 C ❶〖冶〗るつぼ, 湯だまり ❷《堅または文》厳しい試練；試練の場

cru·ci·fer /krúːsɪfər/ 名 C ❶〖植〗十字花植物《花びらが4枚で十文字に咲くアブラナ科の植物. キャベツ, 白菜, 大根, かぶなど》❷ (宗教的行列などの)十字架奉持者

cru·cif·er·ous /kruːsɪ́fərəs/ 形〖植〗十字花の

cru·ci·fix /krúːsəfɪ̀ks/ 名 C キリスト磔刑(たっけい)像(のついた十字架)

cru·ci·fix·ion /krùːsəfɪ́kʃən/ 名 U ❶ はりつけ, 磔刑；《the C-》キリストの十字架上の死 ❷《C-》C キリスト磔刑図

cru·ci·form /krúːsɪfɔ̀ːrm/ 形 (通例建造物が) 十字(架)形の

cru·ci·fy /krúːsɪfàɪ/ 動 (**-fies** /-z/；**-fied** /-d/；**~·ing**) 他 ❶ …をはりつけにする (♦ しばしば受身形で用いる) ❷ …を責め苦しめる, 虐待[迫害]する

crud /krʌd/ 名《口》❶ C 汚くていやなやつ [もの] ❷ U (スキーに適さない)べた雪

crud·dy /krʌ́di/ 形 汚れた, くだらない, 劣った

***crude** /kruːd/ 形 (**crud·er**；**crud·est**) ❶ (製品・作品などが)粗削りの, 未完成の, まずい；(考えなどの)未熟な, 粗雑な, 雑駁(ざっぱく)な；大ざっぱな, 概算の ‖ a ～ piece of woodwork 粗削りの木細工 / in ～ terms 大まかに言えば ❷ (言動が)粗野な, ぞんざいな, ぶっきらぼうな；みだらな ‖ ～ manners 無作法 / His ～ joke offended the ladies. 彼のみだらな冗談は女性たちに不快感を与えた ❸《比較なし》天然のままの, 生(き)の；未加工[精製]の (→ raw) ‖ ～ oil [OR petroleum] 原油 / ～ rubber 生ゴム ❹ ありのままの, 飾らない, むき出しの ‖ ～ reality ありのままの現実 ❺〖統計〗未調整の, 未修正の, 粗(あら)… ‖ a ～ total 未調整の総計

―名 U 未加工物, (特に)原油(crude oil)

~·ly 副 **~·ness** 名

cru·di·tés /krùːdɪtéɪ | ˊ‐ˊ‐/ 名 複 生野菜の前菜 (♦ フランス語より)

cru·di·ty /krúːdəṭi/ 名 (複 **-ties** /-z/) ❶ U 生の状態[性質]；未熟, 粗野 ❷ C 未熟[粗野]な言動；未完成品

‡cru·el /krúːəl/

―形 〔▶ cruelty 名〕(**-el·er**,《英》**-el·ler**；**-el·est**,《英》**-el·lest**)

❶ **a** (人・行為が)〈…に〉**残酷な**, 情け容赦のない, 残忍な, 無慈悲な〈**to**〉(⇨ 類語) ‖ How can some people be so ～ for money? どうしてお金のためにそんなに残酷になれる人がいるのか / a ～ act 残忍な行為 / Don't be ～ *to* animals. 動物を虐待してはいけない

b《It is ～ of *A* to *do* / *A* is ～ to *do* で》*A*(人)が…するとはひどい[残酷だ] ‖ It is ～ *of* him *to* ignore her. = He is ～ *to* ignore her. 彼女を無視するとは彼もひどい男だ

❷ (肉体的・精神的に)**苦痛をもたらす**, 厳しい, きつい ‖ a ～ war 悲惨な戦争 / ～ heat 厳しい暑さ / a ～ criticism

厳しい批判
be crùel to be kínd (人のため[将来]を思い)つらく当たる, 心を鬼にする
類語 《❶》**cruel** 他人の苦しみに無関心な, 平気で苦しみを与える. 〈例〉*cruel* remarks むごい言葉
brutal けだもののように残忍で暴力を振るう. 〈例〉a *brutal* killer 残忍な殺し屋
pitiless 慈悲を示そうとしない. 〈例〉a *pitiless* sentence 非情な判決
ruthless 目的達成のため手段を選ばず, 情け容赦もなく cruel なことをする. 〈例〉*ruthless* in collecting debts 血も涙もなく借金を取り立てる
savage 猛烈に brutal な. 〈例〉a *savage* attack 猛烈な攻撃
語源「血まみれの」の意のラテン語 *crudus* から. crude と同語源.

cru·el·ly /krúːəli/ 副 ❶ 残酷に, むごく ‖ be treated ～ 虐待される ❷《口》ひどく, とても ‖ ～ outright ひどくあけすけな

cru·el·ty /krúːəlti/ 名〔◁ cruel 形〕(複 **-ties** /-z/) ❶ U 〈…に対する〉残酷さ, 無慈悲さ, 冷酷さ〈**to**〉‖ the ～ of fate 運命の冷酷さ / ～ *to* animals 動物虐待 / She had the ～ to deny a drink of water *to* the homeless woman. 彼女は残酷にもホームレスの女性に水を1杯与えるのを拒んだ ❷ C 残酷な行為 ; 〚法〛(配偶者に対する)(肉体的・精神的)虐待

crùelty-frée 形 (化粧品・薬品などが)動物実験を行わずに開発[製造]された

cru·et /krúːɪt/ 名 C ❶ (食卓用の酢・油・塩・こしょうなどを入れる)調味料用の小瓶 ❷ (＝**～ stànd**)《英》調味料用の小瓶立て ❸ 祭瓶《聖餐(せいさん)式用の水・ぶどう酒を入れる》

cruise /kruːz/ 《発音注意》 動 自 ❶ (遊覧船などが)巡航する ; (艦船が)巡洋する ; (人が)巡遊する(♦ 通例場所・方向を表す 副句 を伴う) ‖ go *cruising* in the Mediterranean 地中海クルーズに行く
❷ (飛行機・船・車などが) 巡航[経済]速度 (cruising speed) で飛ぶ[走る] ❸ (タクシーなどが)流す ; (パトカーが)巡回する, (哨戒(しょうかい)艇が)海域をパトロールする ; (人が)車をゆっくり走らせる ❹ (人が)漫遊する, 歩いて行く ❺《俗》(セックスの相手を求めて) (町などを) 歩き回る ❻ (特にスポーツで)〈勝利を〉手に入れる, 楽勝する〈**to**〉
─ 他 ❶ …を巡航[巡洋]する ; …をゆっくり運転して回る[歩き回る] ❷《俗》(セックスの相手を求めて)〔歓楽街など〕をうろつき回る ; 〔セックスの相手〕を求めてうろつき回る
be crùising for a brúising 《主に米口》ばかなことをして自ら窮地に陥る[困難を招く]
─ 名 C 巡航, 遊覧航海, クルーズ, 巡回 ; 漫遊 ‖ go on a world ～ 世界漫遊の船旅に出る
▸▸ **～ contròl** 名 C U クルーズコントロール《車についている走行速度を一定に保つ装置》 **～ mìssile** 名 /英 ⌒⌒/ C 〚軍〛巡航ミサイル《超低空を飛ぶ》 **～ shìp** 名 C 遊覧船

cruis·er /krúːzər/ 名 C ❶ 巡洋艦(→ destroyer, battleship) ‖ a battle ～ 巡洋戦艦 ❷ 大型快速遊覧船, クルーザー (cabin cruiser) ❸ 巡航船 ; 流しのタクシー ; 《米》パト(ロール)カー(squad car)

crúiser·wèight 名 〚ボクシング〛 U クルーザー級 ; 《主に英》ライトヘビー級 ; C その階級のボクサー

crúising spèed 名 C U (飛行機・自動車などの) 巡航[経済]速度

crul·ler /krʌ́lər/ 名 C《米》❶ クルーラー《揚げたねじり菓子》❷ ドーナツ

crumb /krʌm/ 《発音注意》 名 C ❶ (パン・菓子などの)かけら, 小片 ; パン粉 ‖ ～*s* of bread パンくず / ～*s* from a rich man's table 金持ちが貧者に与えるわずかばかりの施し[情け](♦ 聖書の言葉より) ❷ U パンの柔らかい中身の部分(↔ crust) ❸ 〈…の〉わずか, ほんの少し, 少量〈**of**〉‖ a ～ *of* comfort わずかな慰め, せめてもの救い / ～*s of* knowledge わずかばかりの知識 ❹《主に米俗》《旧》くだらない[いやな]やつ, くず
─ 動 他 ❶ …にパン粉をまぶす ❷〔パンなど〕をパン粉(状)にする ❸〔テーブルなど〕のパンくずを払う

***crum·ble** /krʌ́mbl/ 動 他〔パンなど〕を粉[くず]にする, 砕く ; …をぼろぼろにする ‖ *Crumble* some toast to put on the soup. トーストを崩してスープの上にのせなさい / ～ the biscuit for the baby 赤ん坊のためにビスケットを小さく砕く ─ 自 粉々になる ; (国・希望などが) 徐々に崩れる《*away*》‖ Seeing that couple, my ideal image of (a) marriage has ～*d*. あのカップルを見て私の結婚の理想像が崩れてしまった
─ 名 C U クランブル《小麦粉・バターなどで作ったそぼろ状のトッピングをのせて焼いた果物のデザート》
語源 crumb(パンくず)＋*-le*(動詞語尾) : くずにする

crum·bly /krʌ́mbli/ 形 崩れやすい, もろい
─ 名 C《口》《しばしばけなして・戯》老人

crumbs /krʌmz/ 間《英口》《旧》おやまあ(♥ 驚きを表す. Christ の婉曲語)

crumb·y /krʌ́mi/ 形 ❶ パンくずの(ような), パンくずだらけの ❷ ＝crummy

crum·horn /krʌ́mhɔ̀ːrn/ 名 C 〚楽〛クルムホルン(krumhorn)《ルネサンス期のリード楽器の1つ》

crum·my /krʌ́mi/ 形《口》❶ うす汚れた, 胸のむかつくような ❷ くだらない, 取るに足らない ❸ 哀れな, 惨めな ❹《叙述》気分がすぐれない

crum·pet /krʌ́mpɪt/ 名《英》❶ C クランペット《鉄板で焼く小型のパン. 片面に多数の小さな穴があいている》❷ U ⊗《口》《蔑》性的魅力のある女たち ❸ C《口》《古》頭

crum·ple /krʌ́mpl/ 動 他 ❶ …をもみくちゃにする, しわくちゃにする《*up*》❷ …を圧倒する, 倒れさせる, 崩れさせる
─ 自 ❶ 倒れる, 崩れる ❷ (顔が)(今にも泣き出しそうに)くしゃくしゃになる ─ 名 C しわ, もみくちゃ
▸▸ **～ zòne** 名 C (自動車の最先端[後]部をわざと壊れやすくした)衝撃緩和部分

crum·pled 形 /krʌ́mpld/ 形《限定》しわくちゃになった (⇨ CRINKLE 図)

***crunch** /krʌntʃ/ 動 自 ❶〈堅いものを〉ぽりぽり[がりがり]かむ《*up*》〈**on**〉❷《＋副句》(砂利道・雪道などを)ざくざく音を立てながら歩く[動く] ‖ ～ through the snow 雪をざくざく踏んで進む ❸ ざくざく[ばりばり]音を立てる
─ 他 ❶ …をぽりぽり[がりがり]かむ ‖ He was ～*ing* crackers, watching TV. 彼はテレビを見ながらクラッカーをぽりぽり食べていた ❷〔砂利・雪など〕をざくざく踏みつける ; …をばりばりいわせる ; …をばりばりと砕く《*up*》❸ 💻〔大量の数字・データ〕を早く処理する
─ 名 C《通例単数形で》❶ ざくざく[ぽりぽり](という音(を立てること)) ❷《the ～》《口》危機, 緊張 ❸ 〚経〛引き締め, 金融逼迫(ひっぱく) ‖ a credit ～ (銀行の) 貸し渋り / in a ～ ピンチで / feel the ～ 資金が十分にない ❹ (腹筋強化のための) 起き上がり体操 ‖ do ～*es* 腹筋運動をする (sit-up)
when [OR ***if***] ***it còmes to the crúnch*** ; ***when the crùnch cómes*** 《口》いざというときには, いよいよとなると

crunch·y /krʌ́ntʃi/ 形 ❶ (食べ物をかんだときに) ぱりぱり[ばりばり] 音のする ❷《米口》政治的にリベラルで環境を意識した

crup·per /krʌ́pər/ 名 C ❶ (馬具の) しりがい (⇨ HARNESS 図) ❷ 馬の尻(しり)

***cru·sade** /kruːséɪd/ 名 C ❶ (ある主義・思想などの) 擁護運動 ; (社会悪などの)撲滅[改革]運動〈**for** …に賛成の ; **against** …に反対の / **to** *do* …するための〉‖ launch [join] a ～「*for* human rights [*against* cancer]」人権擁護[癌(がん)撲滅]運動を始める[に加わる] ❷《しばしば C-s》〚史〛十字軍 ❸ 聖戦, 宗教戦争
─ 動 自 ❶ 擁護[改革, 撲滅] 運動をする〈**for** …に賛成の ; **against** …に反対の〉❷ 十字軍[聖戦]に加わる
語源 *crus-* cross＋*-ade* 名詞語尾 : 十字架の印を付ける

C

こと

cru·sad·er /kruːséɪdər/ 名 C 改革運動家, 十字軍戦士

cruse /kruːz, +米 kruːs/ 名 C 《古》(水・油などを入れる)つぼ

*__crush__ /krʌʃ/ 動 他 ❶ **a** 《+目》(強い力で)…を押しつぶす, 踏みつぶす, ぺちゃんこにする；…をしわくちゃ[くしゃくしゃ]にする ‖ *Crush* cans for disposal. 缶はつぶしてごみに出しなさい / ～ cockroaches in the kitchen 台所でゴキブリを踏みつぶす / Dozens of people were ～*ed* to death in the earthquake. 何十人もの人々がその地震で圧死した

b 《+目+補》…を押しつぶして…にする ‖ The grain was ～*ed* flat by the storm. 暴風で穀物はなぎ倒された

❷ …を砕いて〈…に〉する, 砕く《*up*》〈**into**〉(⇨ CRASH[1] 類語) ‖ ～ rocks (*into* powder) 岩を(粉々に)砕く

❸〔反乱など〕を弾圧[抑圧]する(snuff out)；〔相手〕を完全に打ち負かす ‖ The police ～*ed* the anti-government demonstrators. 警察は反政府デモを鎮圧した / They were ～*ed* into submission. 彼らは制圧され服従を強いられた

❹〔人の心〕をくじく,〔人〕を打ちひしぐ；〔気力・自信など〕をくじく ‖ He was ～*ed* by the news. その知らせに彼はがっくりときた / You can ～ a child by criticizing him. 子供は批判されるとくじけることがある

❺ (果汁などのため)…を搾る, 搾り出す《*out*》‖ ～ grapes (for juice) ブドウの果汁を搾る / ～ *out* the juice from grapes ブドウの果汁を搾り出す ❻ …を〈…に〉押しつける〈**against**〉；…を強く抱き締める；…を〈…に〉押し[追い]込む《*in*》〈**into**〉；…を押し分けて進む〈**through**〉‖ Every morning, I am ～*ed into* a train. 毎朝私は列車にぎゅうぎゅう詰めにされている / ～ one's way *through* the crowd 人込みを押し分けて進む

― 自 ❶ 押し合う；〈…に〉殺到する《*in*》〈**into, through**〉‖ ～ *into* a small room 小さな部屋に殺到する ❷ つぶれる, 壊れる；しわくちゃになる ‖ Polyester fabrics do not ～ easily. ポリエステルの生地はしわになりにくい

crùsh ón ... 〈他〉〔人〕に熱を上げる, 性的魅力を感じる

crùsh óut ... / crùsh ... óut 〈他〉① 〔果汁など〕を搾り出す(→ 他 ❺) ② …をもみ消す ‖ ～ *out* a cigarette たばこの火をもみ消す ③ (空きがないため)…を〈…から〉除外する, 締め出す〈**of**〉

crùsh úp 〈他〉《***crùsh úp ... / crùsh ... úp***》…を押し砕く(→ 他 ❷) ― 〈自〉《英口》すし詰めになる

― 名 ❶ U C 押しつぶすこと, 粉砕, 鎮圧, 殺到 ❷ C 《通例単数形で》大群集, 雑踏；押し合い ❸ C 《口》〈特に年上の人への〉ほれ込み, 恋慕, 思い入れ；熱中〈**on**〉；その相手 ‖ have [OR get] a ～ *on* him 彼に熱を上げる ❹ U 果汁飲料 ❺ (＝～-**pèn**) C さくで囲った家畜用の狭い通路

～·a·ble 形

▸▸ **～ bàr** 名 C 《英》劇場内の飲み物スタンド **～ bàrri·er** 名 C 《英》(一時的な)混雑防止さく **～ spàce** 名 C U クラッシュスペース《混雑緩和のために設けられたスポーツ施設内などのスペース. または乗用車が衝突したときの衝撃を吸収できる内部の空間》

crush·er /krʌ́ʃər/ 名 C ❶ 押しつぶすもの[人], 粉砕機, クラッシャー ❷ 痛烈な一撃；人を圧する議論[事柄]

crúsh·ing /-ɪŋ/ 形 圧倒的な ‖ a ～ defeat 完敗 / a ～ reply 相手をぎゃふんといわせる返答 **～·ly** 副

*__crust__ /krʌst/ 名 C U ❶ パンの皮[耳](→ crumb)；C (a ～)堅くなったパンの一切れ；《口》生活の糧(かて) ‖ earn a ～ 生計を立てる ❷ U パイの皮 ❸ (雪・土などの)堅い表層；〖地〗地殻；(動物の)甲殻 ‖ a ～ of snow クラスト, 雪殻, 硬雪面 ❹ 〖医〗かさぶた ❺ (ワインなどの)澱(おり) ❻ (態度などの)上っ面 ❼ U 《口》鉄面皮, 厚顔, 厚かましさ

― 動 他 …を〈堅い皮[殻]で〉覆う〈**with**〉；…にかさぶたを生じさせる ― 自 (表面に)固い皮[殻]が生じる《*over*》

crus·ta·cean /krʌstéɪʃən/ 名 C 形 甲殻類(の)

crust·ed /krʌ́stɪd/ 形 ❶ 外皮のある, 表面が固くなった ❷ (ワインなどが)澱の出た ❸ 古めかしい, 古くて神々しい

crust·y /krʌ́sti/ 形 ❶ 外皮[外殻]のある；皮殻質の, 硬い ❷ (特に老人が)ぞんざいな, 素っ気ない, 怒りっぽい

crúst·i·ly 副 **crúst·i·ness** 名

crutch /krʌtʃ/ 名 C ❶ 松葉づえ ‖ on (a pair of) ～*es* 松葉づえを突いて ❷ 《単数形で》支え, 頼り, 助け；支柱 ❸ ＝crotch ― 動 他 …を(松葉づえで)支える

crux /krʌks/ 名 (複 **～·es** /-ɪz/ OR **-cru·ces** /krúːsiːz/) 《通例 the ～》最重要点；(議論などの)核心, 的 ‖ the ～ of a problem 問題の最重要点

***__cry__** /kraɪ/ 動 名

― 動 (**cries** /-z/；**cried** /-d/；**cry·ing**)

― 自 ❶ (涙を流して)**泣く**, 嘆く(↔ laugh)〈**over, about** …のことで；**with, in, for** …で；**for** …を欲しがって〉(⇨ 類語) ‖ Dad always *cries* at sad scenes on TV. パパはテレビの悲しいシーンを見るといつも泣きます / What are you ～*ing about*? 何で泣いているの / ～ *with* frustration 失望して泣く / ～ *for* joy うれし泣きする / The baby was ～*ing for* milk. 赤ん坊はミルクを欲しがって泣いていた

❷ (大声で)**叫ぶ**, わめく, どなる《*out*》〈**to** 人に；**for** …を求めて / **to do** …するように〉(⇨ 類語) ‖ She cried *out to* passersby *for* help. 彼女は通行人に助けてくれと大声で叫んだ / ～ *out* in pain [surprise] 苦痛のあまり[驚いて]大声を出す / I *cried* for her *to* come back. 戻って来てくれと彼女に大声で叫んだ

❸ (動物, 特に鳥が)(大きな声で)鳴く, (犬が)ほえる

― 他 ❶ **a** …を**大声で叫ぶ**[言う]《*out*》‖ Andy *cried* (*out*) my name in the crowd. アンディは人込みの中で私の名前を大声で呼んだ

b 《(+**out**)+**that** 節》…と**大声で言う**, 叫ぶ ‖ She *cried out that* her bike was gone. ＝She *cried*, "My bike is gone." 彼女は自転車がなくなったと叫んだ

❷〔涙〕を流す；《～ oneself to ... で》泣いて…する[…の状態になる] ‖ ～ bitter tears 悲痛な涙を流す / The girl *cried* herself *to* sleep. 少女は泣きながら寝入ってしまった

crý before one is húrt 《口》事が起こる前に[訳もなく]泣きわめく, 取り越し苦労をする

crỳ dówn ... / crỳ ... dówn 〈他〉…をけなす, そしる(↔ *cry up*)

cry one's eyes [***heart***] ***out*** ⇨ EYE(成句), HEART(成句)

cry for the moon ⇨ MOON(成句)

cry foul ⇨ FOUL(成句)

crỳ óff 〈自〉《主に英口》(約束などを)取り消す, (計画・取り引きなどから)手を引く, 降りる ‖ He *cried off* at the last moment. 彼は土壇場になって降りた ― 〈他〉《***crỳ òff dóing***》〔…する契約・予定など〕を取りやめる[取り消す]

crỳ óut 〈自〉① 大声で叫ぶ(→ 自 ❷) ② 《通例進行形で》〈…を〉大いに必要とする〈**for**〉；…する必要が大いにある〈**to do**〉‖ The country is ～*ing out for* foreign investment. その国は外国からの投資を必要としている / problems ～*ing out to* be solved 解決を要する問題 ③ 〈…に〉激しく抗議[反対]する〈**against**〉‖ The prisoners *cried out against* their cruel treatment. 囚人たちは虐待に激しく抗議した ― 〈他〉《***crỳ óut ...***》…と大声で叫ぶ[言う](→ 他 ❶)

crý over ... 〈他〉〔不公平・不幸など〕を嘆き悲しむ ‖ *It's no use ～ing over spilt* [OR *spilled*] *milk.* 《諺》こぼれたミルクを嘆いても無駄だ；覆水盆に返らず

crỳ úp ... / crỳ ... úp 〈他〉…を褒めそやす(↔ *cry down*)

for crỳing òut lóud 《口》①《間投詞的に》これは驚いた, あきれた, 何ということだ(♥ 怒り・焦り・驚きを表す) ② どうか, 一体(♥ 命令・質問を強める) ‖ *For ～ing out loud*, stop whining. お願いだからむずかるのをやめて

― 名 (複 **cries** /-z/) C ❶ **叫び**(声), 大声〈**of** …の；**for** …を求めての〉‖「give (out) [OR utter, let out] a ～ *of*

despair 絶望の叫び声を発する / a ~ *for* help 助けを求める叫び声 / **with** a ~ *of* pain 苦痛の叫び声を発しながら
❷《単数形で》(ひとしきり) 泣くこと, すすり泣き ‖ I felt very well after I had a good ~. 思いきり泣いたら気分がすっきりした / Let her have her ~ out. 彼女には泣きたいだけ泣かせてやりなさい
❸ (動物の) 鳴き声;猟犬のほえ声 ‖ *cries* of jackals ジャッカルのほえ声 ❹ 嘆願, 切望, 要求 ❺ ときの声 (outcry);(政治的)スローガン, 標語(battle cry, war cry)
**be a fàr crý from ...* ① …から遠く離れている ②《口》…と大きく違っている ‖ My income *is a far* ~ *from* his. 私の収入は彼のには及びもつかない
in fùll crý (猟犬が)一斉に追跡して;激しく攻撃[追求]して;食い下がって
within crý (*of ...*) (…から) 呼べば聞こえる所に, 指呼の間に

類語《自 ❶》**cry**「泣く」の意の一般語.
weep 涙を流して泣く.
sob すすり泣く, しくしく泣く.
moan うめくように低く泣き悲しむ.
《自 ❷》**cry** 大声を出す.「叫ぶ」の意の一般語.
shout (しばしばほかの声を圧して聞こえるように)声を限りに叫ぶ.
scream 興奮・恐怖・痛みなどから大声で叫ぶ.
call 離れた人などに聞こえるように大声で叫ぶ [呼びかける].
yell 力いっぱいの声でどなったり言ったりする.

crý·bàby 名 (複 **-babies** /-z/) C 泣き虫, 弱虫(♦主に子供についていう);愚痴っぽい人
cry·ing /kráɪɪŋ/ 形《限定》❶ 叫ぶ, 泣く ❷ 緊急な;(害悪などが) 目に余る, ひどい ‖ a ~ need 差し迫った必要 / a ~ evil 目に余る害悪 / a ~ shame 赤恥
cryo- /kraɪoʊ-, -ə-/ 連結形「冷凍の, 低温の」の意(♦ギリシャ語より) ‖ *cryo*gen
cry·o·gen·ic /kràɪoʊdʒénɪk, kràɪə-/ ⊲シ 形 低温の;低温製造の;低温貯蔵の ‖ ~ engineering 低温工学
crỳ·o·gén·ics /-s/ 名 U 低温学
cry·on·ics /kraɪá(:)nɪks | -ɔ́n-/ 名 U 人体冷凍保存術
crỳo·súrgery 名 U 凍結手術
crỳ·o·thér·a·py 名 C《医》冷凍療法
crypt /krɪpt/ 名 C ❶ 地下室, (特に) 地下聖堂 [礼拝堂, 墓所] ❷《解》陰窩(いんか), 小嚢腺(のうせん)
cryp·tic /kríptɪk/ 形 ❶ 秘密の, 神秘的な;なぞめいた, (意味の) あいまいな ‖ a ~ comment [policy] 不可解な論評 [方針] ❷ 暗号 [符丁] を用いる ❸《動》身を隠すのに適した ‖ ~ coloration 保護色 **-ti·cal·ly** 副
crypto- /krɪptoʊ-, -tə-/ 連結形 (♦母音の前では crypt-)「秘密の, 隠れた」の意
cryp·to·gam /kríptəgæ̀m/ 名 C《旧》《植》隠花植物 (↔ phanerogam) **crỳp·to·gám·ic** /-gǽmɪk/, **cryp·tóg·a·mous** /-tá:gəməs | -tɔ́g-/ 形
cryp·to·gen·ic /krìptədʒénɪk, -toʊ-/ 形《病理》(病気などが) 原因不明の, 潜原性の
crýp·to·gram /-græ̀m/ 名 C 暗号(文)
crýp·to·gràph /-græ̀f | -grà:f/ 名 ❶ =cryptogram ❷ U 暗号表記[解読]装置
cryp·tog·ra·phy /krɪptá(:)grəfi | -tɔ́g-/ 名 U ❶ 暗号表記[解読]法 ❷ 暗号文 **-pher** 名 C 暗号専門家;暗号法考案者 **crỳp·to·gráph·ic** 形 暗号の
cryp·tol·o·gy /krɪptá(:)lədʒi | -tɔ́lə-/ 名 U 暗号 [書記, 解読] 研究
cryp·to·me·ri·a /krìptəmíəriə/ 名 C《植》(日本の)スギ
crys·tal /krístəl/ 名 ❶ U 水晶 ❷ C 水晶製品 [細工];(占いなどで用いる)水晶玉 ❸ U クリスタルグラス;《集合的に》クリスタルグラス製品 ❹ C (時計の)ガラス[プラスチック]のふた (《英》watch glass) ❺ U C《化・鉱》結晶 (体) ‖ snow ~*s* 雪の結晶 / quartz ~ 水晶結晶板 ❻ C《無線》(検波用)鉱石, 鉱石検波器 ❼ U《米俗》粉末状の覚醒(かくせい)剤
(***as***) ***clèar as crýstal*** (水晶のように)透明な, 明々白々な
— 形 ❶ 水晶(製)の;(水晶のように)澄んで透明な ❷《無線》鉱石検波器を使用した
▸▸ **~ báll** 名 C (予言・占い用の) 水晶玉 **~ cléar** 形 (水晶のように) 澄んだ;非常に明白な **~ gàzing** 名 U (水晶玉を凝視する) 水晶占い **~ héaling** [**thérapy**] 名 U 水晶療法 **~ làttice** 名 C 結晶格子 **~ mèth** 名 U《俗》メタンフェタミン《覚醒剤》(methamphetamine) **~ sèt** 名 C《無線》(初期の)鉱石検波受信器
crys·tal·line /krístələn | -làɪn/ 形 ❶ 水晶からなる ❷《文》水晶のような, 透明な, 澄みきった
▸▸ **~ léns** 名《the ~》《解》(眼球の)水晶体
crys·tal·li·za·tion /krìstələzéɪʃən | -laɪ-/ 名 U 結晶, 晶化;具体化
crys·tal·lize /krístəlàɪz/ 動 他 ❶ …を結晶させる ❷〔考え・計画など〕を明確にする, 具体化する《*out*》❸《通例 ~d で形容詞として》…を砂糖漬けにする ‖ ~*d* fruit 砂糖漬けの果物 — 自 ❶ 結晶(化)する ❷ 明確な形をとる, 具体化する《*out*》 **-lìz·a·ble** 形
crys·tal·log·ra·phy /krìstəlá(:)grəfi | -lɔ́g-/ 名 U 結晶学 **-pher** 名 C 結晶学者 **-lo·gráph·ic** 形
crys·tal·loid /krístəlɔ̀ɪd/ 形 晶質の;結晶のような
— 名 C ❶《化》晶質 ❷《植》仮晶体《植物の細胞の中に見られるタンパク質のかたまり》
Cs 記号《化》cesium(セシウム)
CS 略 *c*apital *s*tock;*c*hartered *s*urveyor;*C*hief of *S*taff;*C*hristian *S*cience, *C*hristian *S*cientist;*C*ivil *S*ervice;*C*ourt of *S*ession
cs. 略 case(s)
C/S 略 *c*ycles per *s*econd(秒当たりサイクル数)
CSA 略《米国史》*C*onfederate *S*tates of *A*merica(アメリカ連邦)
CSE 略《教育》*C*ertificate of *S*econdary *E*ducation (英国の)中等教育資格(試験)(→ GCE)
C-sèction 名 C《米》《医》帝王切開 (Caesarean section)
CS gás 名 U 催涙ガスの一種 (♦ B. *C*arson と R. *S*taughton(米国の化学者)から)
C-SPAN /sí:spæ̀n/ 名《商標》シースパン《米国のケーブルテレビ会社. *C*able *S*atellite *P*ublic *A*ffairs *N*etwork より》
CSS 略 💻 *c*ascading *s*tyle *s*heet《HTMLの詳細なレイアウト設定を行う記述規則》
CST 略 *C*entral *S*tandard *T*ime
C-sùite 名 C《通例単数形で》(企業などの) 上層部《CEO, CIO など C(=chief)のつく幹部をまとめていう》
CSV 略 💻 *c*omma *s*eparated *v*alue(s) (format)《コンマ(,)でフィールドの区切りを表し, テキストデータを記録する保存形式》
CSYS 略 *C*ertificate of *S*ixth *Y*ear *S*tudies《(スコットランドの)6年生修了試験》
CT 略 *C*entral *T*ime;*c*omputerized [OR *c*omputed] *t*omography (コンピューター制御レントゲン断層写真);《郵》Connecticut ▸▸ **~ scàn** 名 C =CAT scan **~ scànner** 名 C =CAT scanner
ct. 略 carat;cent;certificate
Ct. 略 Connecticut;Count(伯爵)
CTC 略《英》*C*ity *T*echnology *C*ollege (英国のシティー=テクノロジー=カレッジ)《技術とビジネスを重視した中等教育機関》
CTO 略 *c*hief *t*echnology *o*fficer (技術最高責任者);*c*ombined *t*ransport *o*perator(複合輸送業者)
ctrl, Ctrl 略 💻control《キーボード上での control key の表示略号》
C2C /sì: tə sí:/ 略 *c*onsumer-*to*-*c*onsumer (インターネットオークションなどによる消費者[個人]間の直接取引)

Cu 記号 〘化〙copper(銅)(♦ラテン語 *cuprum* より)
CU, cù 略 See you.(♦主にEメール用)
cu. 略 cubic
*__cub__ /kʌb/ 名 C ❶ (キツネ・クマ・ライオンなどの) 子, 幼獣 ❷《旧》(無作法な) 若者, 青二才 ❸《旧》新米, 見習い; (特に) 駆け出し記者 (cub reporter) ❹《the Cubs》カブスカウト団;《しばしば C-》=cub scout
— 動 (**cubbed** /-d/; **cub·bing**) 自 ❶ (母獣が) 子を産む ❷ 子ギツネ狩りをする
▸▸ **~ repórter** 名 C《口》駆け出しの記者 **~ scòut** 名 C《しばしば C- S-》カブスカウト《ボーイスカウト運動で《米》8–10歳,《英》8–11歳の幼年団員》
*__Cu·ba__ /kjúːbə/ 名 キューバ《カリブ海にある共和国. 公式名 the Republic of Cuba. 首都 Havana》
▸▸ **~ líbre** /-líːbrə/ 名 U C キューバリブレ《ラムとライムジュースとコーラのカクテル》
*__Cu·ban__ /kjúːbən/ 形 キューバ(人)の
— 名 C キューバ人
▸▸ **~ héel** 名 C キューバンヒール《あまり高くないヒール》
cúbby·hòle 名 C 小さな物入れ室; 小さな部屋
*__cube__ /kjuːb/ 名 C ❶ 立方体, 正六面体; 立方体のもの; (特に料理の) さいころ切り ‖ an ice ~ 角氷 / cut the cheese into small ~*s* チーズを小さなさいの目に切る / a ~ steak さいころステーキ ❷〘数〙3乗, 立方 ‖ The ~ of 2 is 8. 2の3乗は8
— 動 他 ❶〘数〙…を3乗する (♦しばしば受身形で用いる) ‖ 2 ~*d* is 8. 2の3乗は8 ❷〔立方体〕の体積[容積]を求める ❸ …を立方体にする[切る] (⇨ CUT 類語P) ‖ ~ a potato ジャガイモをさいの目に切る ❹ (柔らかくするため)〔肉〕に碁盤の目状の切り目を入れる
▸▸ **~ ròot** 名 C /英 ニ-/〘数〙3乗根, 立方根
*__cu·bic__ /kjúːbɪk/ 形 ❶ 立方体の, 体積の ‖ a ~ meter [foot] 立方メートル[フィート] / ~ measure 体積, 容積 ❷〘数〙3乗の, 3次の ‖ a ~ equation 3次方程式 ❸〘結晶〙立方[等軸]晶系の(isometric)
— 名 C〘数〙3次曲線, 3次(方程)式
cu·bi·cal /kjúːbɪkəl/ 形 =cubic ❶
cu·bi·cle /kjúːbɪkl/ 名 C (学校の寮などのように仕切った)小部屋; (研究用などの)小個室; (プールの)更衣室; シャワー室
cu·bi·form /kjúːbɪfɔ̀ːrm/ 形 立方体の
cub·ism, C- /kjúːbɪzm/ 名 U〘美〙キュービズム, 立体派
-ist 名 C 形 立体派の(芸術家)
cu·bit /kjúːbɪt/ 名 C キュービット, 腕尺《ひじから中指の先端までの長さ. 古代の尺度》
cu·boid /kjúːbɔɪd/ 形 ❶ 立方形の ❷〘解〙立方骨の ‖ a ~ bone 立方骨
— 名 C ❶〘数〙直方体, 直平行六面体 ❷〘解〙立方骨
cuck·old /kʌ́kəʊld/ 名 C《旧》妻を寝取られた男
— 動 他 (夫が)〔人〕の妻を寝取る, (妻が)〔夫〕に不義をする
~·ry 名 U C《旧》妻を寝取られること
*__cuck·oo__ /kúːkuː, kúkuː | kúkuː/《発音注意》名 (複 **~s** /-z/) C ❶ カッコウ; カッコウの鳴き声 ❷《口》間抜け, ばか, 変人
the cùckoo in the nést ありがたくない闖入(ちんにゅう)者(♦カッコウがほかの鳥の巣に卵を産むことから)
— 形《叙述》《口》間抜けの, 気の変な
— 動 他 (カッコウの鳴き方のように)…を絶え間なく繰り返す
— 自 カッコウと鳴く
▸▸ **~ clòck** 名 C 鳩時計 **~ shrìke** 名 C〘鳥〙アサクラサンショウクイ, オオサンショウクイ《スズメ目サンショウクイ科の鳥》 **~ spìt** 名 U アワフキムシ(の泡)
cúckoo·flòwer 名 C〘植〙タネツケバナの類
cu·cum·ber /kjúːkʌmbər/ 名 C〘植〙キュウリ
(*as*) ***còol as a cúcumber*** (非常に) 冷静で, 落ち着き払って
cu·cur·bit /kjuːkə́ːrbɪt/ 名 C〘植〙ヒョウタン
cud /kʌd/ 名 U (反芻(はんすう)動物の) 食い戻し, 反芻食塊
chèw the cúd (牛などが) 反芻する; 熟考する, 思い巡らす
cud·dle /kʌ́dl/ 動 他 …を(優しく)抱き締める
— 自 ❶〈…に〉寄り添って寝る, 寄り添う《*up, together*》〈to〉❷《口》〈人に〉こびる, へつらう《*up*》〈to〉
— 名 C ❶ 抱擁 ❷ 寄り添うこと
▸▸ **~ pùddle** 名 C《口》(パーティーなどで) 折り重なって[抱き合って]横たわる人の山
cúddle·some /-səm/ 形 抱き締めたいような, かわいい
cud·dly /kʌ́dli/ 形 ❶ =cuddlesome ❷《限定》《英》(ぬいぐるみなどが)柔らかい, ふんわりした
cud·dy /kʌ́di/ 名 (複 **-dies** /-z/) C ❶ 船[ボート]の小室, 小船室; (小型汽船などの)調理室, 食器室(pantry) ❷ (一般に)小室; 物置, 戸棚
cudg·el /kʌ́dʒəl/ 名 C こん棒
tàke ùp the cúdgels (***for ...***) (…のために) 敢然と戦う, (…を)強く弁護する
— 動 (《英》**-elled** /-d/; **-el·ling**) 他 …をこん棒で打つ
cudgel one's brains ⇨ BRAIN(成句)
cúd·wèed 名 C〘植〙ハハコグサ
*__cue__[1] /kjuː/(♦同音語 queue) 名 C ❶〘劇〙(次の演技などの) きっかけのせりふ[しぐさ], キュー ‖ I missed my ~ and ruined the whole scene. 自分の出番を忘れてし

Boost Your Brain!

culture と civilization

culture「文化」と civilization「文明」はほぼ同じ意味で用いられることもあるし, 対立的な概念として意識的に使い分けられることもある. culture は「共同体の中で次の世代へと受け継がれていく慣習や儀式, 芸術や宗教, 言語などの精神的所産, 社会におけるソフトウェアの側面」, 一方 civilization は「技術の進歩によって得られる物質的所産, 社会におけるハードウェアの側面」と大きく定義することはできるが, 実際の語義はもう少し複雑である. この2つの語の持つ意味の広がりは, この語がたどってきた歴史から読み取ることができる.

culture はラテン語の colere「耕す」に由来し, 「耕したもの, 人間が手を加えたもの」を意味する. culture とは, そもそもは人間が大地を耕し, 共同体を形成し, そしてその共同体を構成する人々の間で受け継がれていく生活様式の総体を意味する. 地球上には様々な民族が存在し, それぞれが独自の文化を持っている. 文化とは多様であり「優れた文化」「劣った文化」と優劣をつけることは原理的にはできない. そうした考え方を cultural relativism「文化相対主義」と呼ぶ.

culture を持つのは人間だけではない. ニホンザルがサツマイモを洗って食べたり, カラスがクルミや貝を落として割ったり, 道行く車に割らせたりすることも, そうした行為が次の世代へと伝承されていったとき, culture であると言える.

また, culture は「精神を耕すこと」で「教養」, 「(細菌や細胞などを)人為的に繁殖させること」で「培養」という意味も持つ.

一方, civilization はラテン語で「都市」を意味する civitas に由来する. 18世紀に啓蒙主義の進歩的思想と共にフランス語から入ってきた新しい語である. 近代国家の成立過程で, 人口が集中し都市が形成され, 法制度や社会制度が整備されていった「社会の先進的状態」が civilization であると言える. civilization はもともと「文明は優れている」「未開は劣っている」という差別的な意識を含んでいる言葉だが, 同時に「私たちのこの文明は本当に優れていると言えるのか」「ほかの文明の形はありえないのか」と現代文明に対する根源的な批判の契機となる概念でもある. 文明論の多くでは, そうした視点から問題提起がなされている.

まいそのシーン全体を台無しにしてしまった ❷ 合図, きっかけ〈for …の; to *do* …する〉; 暗示, 手がかり

*(***right** [OR **as if**]) **on cúe** ちょうどよいときに, タイミングよく

tàke one's cúe from … …の手本[助言]に従う, …にならう

―動 (~d /-d/; cu·ing, cue·ing) 他 **a** 《+目》…にきっかけを与える, キューを出す **b** 《+目+to *do*》…に…するようキューを出す

cùe ín … / cùe … ín 〈他〉 ① 《主に米》【劇・楽】(台本・脚本などに)〔せりふ・歌・効果など〕を挿入する ② 《口》…に合図で知らせる; …に〈新しい情報などを〉与える〈on〉‖ ~ him *in on* what has been happening 彼に事の成り行きを知らせる

▸▸ **~ bìd** 名 U キュービッド《ブリッジの手法の1つ》 **~ càrd** 名 C キューカード《テレビなどで出演者への指示やせりふなどを書いたカード》

cue² /kjuː/ 名 C ❶ (ビリヤードなどの)キュー, 突き棒 ❷ おさげ髪(queue) ❸ (売場などの)列(queue)

―動 (cu·ing, cue·ing) 他 ❶〔突き玉〕をキューで突く ❷〔髪〕をおさげにする ―自 列を作る

▸▸ **~ bàll** 名 C 【ビリヤード】キューボール, 突き玉

cuff¹ /kʌf/ 名 C ❶ そで口, カフス ❷ 《米・豪》(ズボンのすその)折り返し(《英》turnup) ❸ 《~s》《俗》手錠(handcuffs) ❹ (長手袋の) 手首から上にかぶさる部分 ❺ 【医】カフ《血圧計で上腕に巻きふくらませる布》

****off the cúff*** 《口》即興で[の]; 非公式に[の] ‖ speak *off the* ~ 即興で演説する

on the cúff 《口》掛けで[の], クレジットで[の]

―動 他 ❶ 《俗》…に手錠をかける ❷ …にカフス[折り返し]をつける

▸▸ **~ lìnk** 名 C 《通例 ~s》カフスボタン

cuff² /kʌf/ 動 他〔人〕を平手で打つ ―名 C 平手打ち

Cu·fic /kjúːfɪk/ 形 名 =Kufic

CUI 略 💻 *c*haracter *u*ser *i*nterface 《文字入力によるコンピューターの操作. キーボードから文字命令を入力することで制御を行うコンピューターの操作法》

cui bo·no /kwìː bóunou | kù(ː)i bóunou, kwìː-, -bɒn-/ 間 《ラテン》だれの利益になるのか; 何の役に立つのか

cui·rass /kwɪrǽs/ 名 C ❶ (皮製の) 胴よろい; その胸当て ❷ 保護, 防御[する]もの; 【動】(骨鱗(こつりん)を保護する)骨板, 鱗甲

cui·sine /kwɪzíːn/ 名 U ❶ (国・地方などの特徴を出した独特の)料理法, 調理法 ❷ (レストランなどの)料理(♦フランス語より)(=kitchen)

cuisse /kwɪs/, **cuish** /kwɪʃ/ 名 C (よろいの)もも当て

CUL, cul 略 See you later.(♦主にEメールで使う)

cul-de-sac /kʌ́ldəsæ̀k, kʊ́l-, ˌ-ˈ-/ 名 (複 **~s** /-s/ OR **culs-** /kʌ́lz-/) C 袋小路, 行き止まり; 窮地(♦フランス語より)

cu·li·nar·y /kʌ́lənèri, kjúː- | kʌ́lɪnəri, kjúː-/ 形 台所(用)の; 料理(用)の

cull /kʌl/ 動 他 ❶ 《通例受身形で》〈…の中から〉選び出される, 選ばれる; (花などが)摘まれる〈from〉‖ *~ed from* a variety of sources いろいろの資料から抜粋された ❷ 〔余分な家畜など〕をえり分けて殺す, はねる, 間引く

―名 C ❶ はねられたもの[家畜] ❷ 選別; 間引き

cul·let /kʌ́lɪt/ 名 U (再生用の)くずガラス

cul·mi·nate /kʌ́lmɪnèɪt/ 動 自 ❶ 〈…で〉頂点に達する, 頂点をなす; (最終的に) 〈…と〉なる〈in, with〉‖ The parade *~d in* fireworks. パレードは花火で頂点に達した / Their disagreement *~d in* a quarrel. 意見の不一致から彼らはついに口論になった ❷ 【天】(天体が)子午線上に達する, 正中[南中]する ―他 (行事などが)頂点となって…を終わらせる, …の仕上げとなる; …をクライマックスにする ‖ His appearance *~d* the political convention. 彼の登場で政治集会は頂点に達した

cul·mi·na·tion /kʌ̀lmɪnéɪʃən/ 名 C 《単数形で》 ❶ 最高点[絶頂] (に達すること) ❷ 【天】子午線通過《天体が最高度に達すること》, 南中

cu·lottes /kjúː(ː)lɑːts, ˌ-ˈ- | kjulɔ́ts/ 名 複 キュロット《半ズボン状の女性用スカート》

cul·pa·ble /kʌ́lpəbl/ 形 とがめられるべき, 非難に値する, 有罪の ‖ ~ negligence 不行届き, 重い過失

cùl·pa·bíl·i·ty 名 ▸▸ **~ hómicide** 名 U 【法】過失殺人《故意や正当防衛でない殺人》

cul·pa·bly /kʌ́lpəbli/ 副 不行届きで

cul·prit /kʌ́lprɪt/ 名 C ❶ 犯人, 罪人; 【法】被告人 ❷ 原因

***cult** /kʌlt/ 名 C ❶ カルト《反社会的な教義の狂信》; カルト教団[集団] ‖ join [quit, leave] a ~ カルト(教団)に入る[から脱する] ❷ (特定の人・理念・事物の)礼賛, 崇拝; 礼賛[崇拝]対象; 一時的な熱中, 流行(fad), …熱 ‖ the ~ of in-line skating インラインスケート熱 ❸ (宗教的) 儀式, 祭儀 ❹ 《形容詞的に》カルト的な, 特定の集団に人気のある ‖ a ~ movie カルト映画 **~·ic** 形 **~·ism** 名 U 礼賛, 崇拝, 熱狂 **~·ist** 名 C 崇拝[熱狂]者

cul·ti·va·ble /kʌ́ltɪvəbl/ 形 耕作[栽培, 教化]できる

cul·ti·var /kʌ́ltɪvɑ̀ːr/ 名 C 栽培変種植物 (♦ *culti*vated + *var*iety より)

cul·ti·vat·able /kʌ́ltɪvèɪtəbl/ 形 =cultivable

***cul·ti·vate** /kʌ́ltɪvèɪt/ 動 〔▸ cultivation 名〕 他 ❶ 〔土地〕を開墾する, 耕作可能にする; 〔土壌〕をすき返す, …を耕す ‖ The settlers *~d* the wasteland. 移住者たちは荒地を耕した ❷ 〔植物・作物〕を栽培する; 〔水産物〕を養殖する; 〔微生物〕を培養する(culture) ‖ ~ vegetables 野菜を栽培する / ~ oysters カキを養殖する / ~ bacteria 細菌を培養する ❸ 〔才能・教養など〕を養う, 伸ばす; …を育成する ‖ They recognized her talent early on, and put a lot of effort into *cultivating* her voice. 彼らは早くから彼女の才能を認め, その声に磨きをかけるように努めた / ~ a taste for music 音楽の趣味を養う / ~ one's mind 心を磨く / ~ an image イメージを作り上げる ❹ 〔交際〕を深める; 〔人〕との親交を築く(♥「自分の利益のために人を利用する」という意味で使われることもある) ‖ He often goes to parties to ~ clients. 顧客を開拓するため彼はよくパーティーに参加する / ~ (a) friendship with … …との友情を深める

***cúl·ti·vat·ed** /-ɪd/ 形 ❶ 耕作された ‖ ~ land 耕作地 ❷ 栽培された ❸ 教化[洗練]された, 教養のある ‖ a ~ reader 教養ある読者

cul·ti·va·tion /kʌ̀ltɪvéɪʃən/ 名 〔◁ cultivate 動〕 U ❶ 耕作; 栽培; 養殖 ‖ allow land to go out of ~ 土地を荒れるがままにしておく ❷ 教化, 育成 ❸ 洗練, 教養

cul·ti·va·tor /kʌ́ltɪvèɪtər/ 名 C ❶ 耕作者; 栽培者 ❷ 耕耘(こううん)機, 中耕機

:cul·tur·al /kʌ́ltʃərəl/

―形 《比較なし》《通例限定》**文化の**, 文化的な; **教養の** ‖ ~ differences [background] 文化的相違[背景] / ~ values 文化的価値観 / a ~ heritage 文化遺産 / a ~ center 文化の中心地

▸▸ **~ anthropólogy** 名 U 文化人類学 **Cùltural Revolútion** 名 《the ~》(中国の)文化大革命(1966–76)

***cul·tur·al·ly** /kʌ́ltʃərəli/ 副 文化的に, 教養として; 《文修飾》文化的には

cul·tu·ra·ti /kʌ̀ltʃərɑ́ːtiː, -réɪtaɪ/ 名 複 文化人たち, 教養人階級(♦ literati からの造語)

:cul·ture /kʌ́ltʃər/ 名 動

―名 (複 **~s** /-z/)(⇨ BYB) ❶ U C **文化**; U 芸術, 文芸 (⇨ 類語) ‖ *Culture* is passed on from generation to generation. 文化は世代から世代へと伝えられる / Language and ~ go hand in hand. 言語と文化は切っても切れない関係にある / **in** Western [Japanese] ~ 西洋[日本]文化では / the ancient Greek and Roman *~s* 古代ギリシャ・ローマ文化 / youth [popular,

drug, computer] ～ 若者[大衆, 麻薬, コンピューター]文化 / shame ～*s* and guilt ～*s* 恥の文化と罪の文化
❷ U **教養, 洗練**, (社会の)文化的達成度 ‖ She is a person of ～. 彼女は教養のある人だ
❸ U 耕作, 栽培 ; 飼育, 養殖 ‖ the ～ of pearls 真珠の養殖 ❹ U (細胞・微生物などの)**培養**(cultivation) ; C 培養菌[細胞] ‖ a ～ of human cells 人の細胞組織の培養 ❺ U (心身の)鍛練 ‖ physical ～ 身体の鍛練
── 動 (～**s** /-z/ ; ～**d** /-d/ ; **-tur·ing**) 他 ❶〔微生物〕を培養する ; …を培養基に用いる
❷〔土地〕を耕す, 〔作物〕を栽培する(cultivate)

類語 《名 ❶》 **culture** ある国や社会の人々の習慣・考え方・生活様式・芸術などを総体的に表す.
civilization 「文明」の意で, 高度の芸術・科学・宗教・政治・社会制度などが発達した状態. culture は精神面に, civilization は物質面に重点が置かれる.

語源 「耕すこと」の意のラテン語 *cultura* が「精神を耕すこと」に用いられ, 「教養, 文化」に転じた. agriculture と同系.
▶▶ ～ **of life** 名 C U 生命の文化 《妊娠中絶や安楽死に反対してカトリック教会が提唱し, 米国の保守系政治家が多用する言葉》 ～ **shòck** 名 U C カルチャーショック 《異文化に突然接したときに感じる困惑》 ～ **vùlture** 名 C 《口》異常に教養を身につけたがる人, えせ文化人

cúl·tured /-d/ 形 ❶【生】栽培[養殖, 培養]された ‖ ～ viruses 培養ウイルス ❷ 教養のある, 洗練された ‖ her ～ tones 彼女の上品な口調
▶▶ ～ **péarl** 名 C 養殖真珠

cul·vert /kʌ́lvərt/ 名 C ❶ (道路・鉄道などの下を横切る)地下水路, 下水溝, 暗渠(あんきょ) ❷ (地下に電線などを通す)線渠, 地下ケーブル

cum /kʌm, kʊm/ 前 《通例ハイフン付き複合語中で》…兼…, …付き…(with) ‖ a kitchen-～-living room 台所兼居間 ▶▶ ～ **dívidend** 副【株】配当付きで (略 cum div.)(↔ ex dividend)

cum·ber /kʌ́mbər/ 動 他 ❶ 《旧》〈…で〉…を邪魔する, …の動きを妨げる ; 〔場所〕をふさぐ〈**with**〉 ❷ 《古》〈…で〉…を困らせる, 悩ませる〈**with**〉 ; …にやっかい[負担]をかける
── 名 C 《古》邪魔(者), 妨害(物)

Cum·ber·land /kʌ́mbərlənd/ 名 カンバーランド 《イングランド北西部の旧州. 現在カンブリアの一部》

cúm·ber·some /-səm/ 形 ❶ (重く大きくて)扱いにくい, 手に負えない ❷ やっかいな, 面倒な, 煩わしい ‖ a ～ procedure 面倒な手続き ❸ (語句などが)長くて複雑な
～**·ly** 副 ～**·ness** 名

Cum·bri·a /kʌ́mbriə/ 名 カンブリア 《イングランド北西部の州. 州都 Carlisle》

cum·brous /kʌ́mbrəs/ 形 =cumbersome
～**·ly** 副 ～**·ness** 名

cum·in /kʌ́mɪn, kjúːmɪn/ 名 C【植】ヒメウイキョウ(姫茴香)の類(の種子)《芳香があり, 調味料・薬用とする》

cum lau·de /kʊ̀m láudi | kʌ̀m lɔ́ːdeɪ, kʊ̀m lɔ́ː-/ 副 《ラテン》(=with praise)《米・カナダ》優等の[で]《優等の位では第3位》(→ summa cum laude, magna cum laude)

cum·mer·bund /kʌ́mərbʌ̀nd/ 名 C カマーバンド 《タキシードの下に巻く飾り腹帯》

cummerbund

cum·quat /kʌ́mkwɑ(ː)t | -kwɒt/ 名 =kumquat

cu·mu·late /kjúːmjʊlèɪt/ (→ 形) 動 他 …を積み重ねる, 蓄積する ; …を1つにまとめる ── 自 蓄積される, 積もる ── 形 /kjúːmjʊlət, -lèɪt/ 積み重ねた
cù·mu·lá·tion 名

cu·mu·la·tive /kjúːmjʊləṭɪv, -lèɪ-/ 形 累積[累加]する ; 累積による ‖ a ～ effect 累積効果 / a ～ deficit 累積赤字 / a ～ poison 累加毒薬 / ～ evidence【法】累積証拠 / a ～ sentence【法】併科刑宣告 / ～ dividends【商】累積配当 ～**·ly** 副
▶▶ ～ **vóting** 名 U 累積投票法 《各投票者に候補者数と同数の票を与え, 同一の候補者に全部を投票しても, 何人かの候補者に分散して投票してもよい制度》

cu·mu·lo·nim·bus /kjùːmjʊloʊnímbəs/ 名 (複 ～**·es** /-ɪz/ OR **-bi** /-baɪ/) U【気象】積乱雲

cu·mu·lus /kjúːmjʊləs/ 名 (複 **-li** /-laɪ/) ❶ U【気象】積雲 ❷ C 累積, 堆積(たいせき) **-lous** 形 積雲状の

cu·ne·i·form /kjúːnɪfɔ̀ːrm, -nɪɪ-, -niə-, kjʊ́neɪ-, kjuníː-/ 形 ❶ 楔形(くさびがた)の ❷ 楔形文字の ‖ the ～ alphabet 楔形文字アルファベット ❸【解】(足首の)楔状骨の ── 名 ❶ U 楔形文字(で書かれたもの) ❷ C【解】(足首の)楔状骨

cun·ni·lin·gus /kʌ̀nɪlíŋgəs/ 名 U クンニリングス 《女性の性器を口で愛撫すること》

***cun·ning** /kʌ́nɪŋ/ 《発音注意》 形 ❶ ずる賢い, 狡猾(こうかつ)な ‖ a ～ liar [politician] 狡猾なうそつき[政治家] / a ～ scheme 悪賢いたくらみ / (as) ～ as a fox (キツネのように)狡猾な ❷ 《米口》かわいらしい ❸ 器用な, 巧みな
── 名 U ❶ ずる賢さ, 狡猾さ(❗試験の「不正行為」の意味での「カンニング」は和製語. 英語では cheating, cribbing という) ‖ He used low ～. 彼はずるい手を使った ❷ 器用さ, 手際のよさ ～**·ly** 副

cunt /kʌnt/ 名 C ❶ ⊗《卑》女性の陰部[性器] ; 性交 ❷ ⊗《蔑》(性的対象としての)女 ❸ ⊗《蔑》いやなやつ ; うすのろ

⁑cup /kʌp/ 名 動

── 名 (複 ～**s** /-s/) C ❶ **カップ, 茶わん**(♦ 取っ手のついた, 通例温かい飲み物用の容器. 冷たい飲料用のコップは glass. ご飯用の茶わんは bowl. → mug[1]) ‖ The handle broke off when she dropped the ～ on the floor. 彼女がカップを床に落としたので取っ手がとれてしまった / a coffee [tea] ～ コーヒー[ティー]カップ / a ～ and saucer ソーサー[受け皿]付きのカップ
❷ 〈…の〉**カップ1杯**(の量)(cupful) ; 【料理】カップ 《大さじ16杯分. 約8オンス (237cc) に相当》〈**of**〉 ‖ a ～ *of* coffee [tea] コーヒー[紅茶]1杯 / Would you like another ～ (*of* cocoa)? (ココアの)お代わりはいかがですか / two ～*s of* flour 小麦粉2カップ
❸ カップ状のもの ; 【植】(花の)萼(がく)(calyx) ; (ドングリの)殻斗(かくと) ; 【解】(骨の)杯状窩(か) ; (運動用)サポーター ; (ブラジャーの)カップ ; (ゴルフの)ホール(のカップ) ‖ This bra is a B ～. このブラジャーのサイズはBカップです
❹ 《しばしば the C-》(金・銀製などの)**賞杯**, カップ ; 競技大会 ‖ the Davis *Cup* (テニスの)デビスカップ / win the World *Cup* ワールドカップで優勝する
❺ 聖餐(せいさん)杯(chalice) ; 聖餐のぶどう酒 ❻ C U 《英》カップ 《ワインやリンゴ酒とフルーツジュースを混ぜたパンチに似たパーティー用の冷たい飲み物》 ‖ claret ～ クラレットカップ ❼ 《文》運命(の杯), (人生の)経験 ‖ drink a「bitter ～ [OR ～ of bitterness] 苦い経験をする / drink the ～ of joy [sorrow] 喜び[悲しみ]を味わう

a pèrson's cùp of téa 《口》(人の)性[好み]に合った人[もの] (♦ ふつう否定文で用いるが, 肯定文の場合は強調的で, しばしば just, exactly, absolutely などの副詞を伴う) ‖ Singing karaoke isn't my ～ *of tea*. カラオケで歌うのは性に合わない

in one's cúps 《口》《旧》酔って, 一杯機嫌で(drunk)

── 動 (～**s** /-s/ ; **cupped** /-t/ ; **cup·ping**) 他 ❶〔手のひらなど〕を丸めてカップ状にする ‖ in *cupped* hands 両の手のひらを丸めた中に / He *cupped* his hands around his mouth and shouted across the ravine. 彼は両手を口に当てて峡谷に響き渡るように叫んだ
❷ 手のひらをカップ状に丸めて…を囲む[に当てる] ; …をカップ(状のもの)ですくう[受ける] ‖ He *cupped* his chin in one hand. 彼は頬(ほお)づえを突いた
❸【史】【医】〔人〕に吸い玉をつけて放血する

▸▸～ **fìnal** /ˌ ＿＿/ 名《ときに C- F-》Ⓒ《英》(サッカーなどの)決勝戦 **～ fùngus** 名Ⓒ チャワンタケ《子のう菌類の1つ. 胞子を生じる部分はしばしば茎がなく, 浅い茶わん状になる》 **～ hòlder** 名Ⓒ (乗用車内などの)カップホルダー ‖ *cup-holder* cuisine カップホルダー向きに包装された食品 **～ tìe** 名Ⓒ《英》(ラグビーなどの)優勝杯争奪戦

cup·board /kʌ́bərd/ 《発音注意》
─名 (複 **～s** /-z/) Ⓒ ❶ **食器棚**, カップボード ‖ The ～ is bare. 戸棚は空っぽだ;お金がない
❷《主に英》**押し入れ**, クローゼット(《米》closet)
a skeleton in the cupboard ⇨ SKELETON(成句)

cúp·càke 名Ⓒ カップケーキ《カップ状の型で焼いた小さいケーキ》(《英》fairy cake)

cup·ful /kʌ́pfʊ̀l/ 名Ⓒ ❶〈…の〉茶わん1杯(の量)〈**of**〉❷《主に米·カナダ》〔料理〕計量カップ(1杯分)《約8オンス(237cc)相当》

Cu·pid /kjú:pɪd/ 名 ❶〔ロ神〕キューピッド《恋愛の神. Venus の子で, ふつう弓矢を持ち翼の生えた裸の美少年の姿で表される.〔ギ神〕の Eros に当たる》❷《c-》Ⓒ キューピッドの画像
plày Cúpid 二人の仲を取り持つ
▸▸**～'s bòw** 名ⓊⒸ /-bòʊ/ キューピッドの弓(に似た形のよい上唇)

cu·pid·i·ty /kjʊpídəṭi/ 名Ⓤ《堅》貪欲(どんよく), 強欲

cu·po·la /kjú:pələ/ 名Ⓒ ❶ 丸屋根, 丸天井;(屋根の上の)小型ドーム状の建造物(望楼など) ❷〔冶〕キューポラ, 溶銑(ようせん)炉 ❸(軍艦の)回転砲塔

cupola ❶

cup·pa /kʌ́pə/ 名Ⓒ《英口》紅茶1杯(cup of tea)

cup·ping /kʌ́pɪŋ/ 名Ⓤ〔医〕吸角法
▸▸**～ glàss** 名Ⓒ〔医〕(昔, 放血に用いた)吸い玉

cu·pre·ous /kjú:priəs/ 形《旧》《文》銅の(ような), 銅を含んだ

cu·pric /kjú:prɪk/ 形〔化〕(第2)銅の

cu·prite /kjú:praɪt/ 名Ⓤ〔鉱〕赤銅鉱

cu·pro·nick·el /kjù:prouníkəl/ 名Ⓤ キュープロニッケル(銅とニッケルの合金)

cu·prous /kjú:prəs/ 形〔化〕第1銅の

cur /kə:r/ 名Ⓒ ❶(下等で性質の悪い)雑種犬, 駄犬 ❷《旧》《口》《けなして》卑しい人間, 卑怯(ひきょう)者

cur·a·ble /kjʊ́ərəbl/ 形 治癒できる, 治せる
cùr·a·bíl·i·ty 名

cu·ra·çao /kjʊ́ərəsòʊ, -sàʊ, ＿＿＿/ 名Ⓤ キュラソー《オレンジの香りをつけたリキュール酒. 西インド諸島原産》

cu·ra·cy /kjʊ́ərəsi/ 名 (複 **-cies** /-z/) Ⓒ 牧師補(curate)の職[地位, 任期]

cu·ra·re, cu·ra·ri /kjʊərá:ri/ 名Ⓤ クラーレ《南米先住民が毒矢に塗ったり薬として用いた植物から採る樹脂》

cu·ras·sow /kjʊ́ərəsòʊ/ 名Ⓒ〔鳥〕ホウカンチョウ(鳳冠鳥)(中南米産のシチメンチョウに似た鳥)

cu·rate /kjʊ́ərət/ 名Ⓒ (教区の)司祭補《vicar, rector の助手》 ▸▸**～'s égg** 名Ⓒ《通例単数形で》《英》よいところもあれば悪いところもあるもの

cur·a·tive /kjʊ́ərəṭɪv/ 形 ❶ 病気に効く, 治療効果のある ‖ a ～ agent 治療薬 ❷ 治療(用)の
─名Ⓒ 治療薬, 医薬

cu·ra·tor /kjʊəréɪṭər/ 名Ⓒ (博物館·図書館などの)館長, 管理者 **-tó·ri·al** 形

curb /kə:rb/ 名Ⓒ ❶〈…の〉抑制, 制御, 拘束〈**on**〉‖ put [OR keep] a ～ *on* spending [one's feelings] 出費[自分の感情]を抑える ❷《米·カナダ》(歩道の)縁石(ふちいし)(《英》kerb);囲いの枠, 縁, (円形の構造物の)化粧縁 ❸(くつわのはみの)留めぐつわ(curb bit)《馬のあごの下を通り, はみの両わきに結びつけられている革ひも[鎖]》
─動 他 ❶ …を抑制する, 制御する, 制約する, …に歯止めをかける ‖ ～ one's curiosity [temper] 好奇心[短気]を抑える / ～ spending 出費を抑える / ～ freedom of the press 出版の自由を制約する ❷〔馬〕に留めぐつわをつける, 〔馬〕を留めぐつわで抑制する
▸▸**～ ròof** 名 ①Ⓒ 駒形(こまがた)屋根《2段以上の勾配(こうばい)面からなる》②《英》=mansard roof **～ sèrvice** 名Ⓤ《米》(ドライブインなどで)駐車中の客に注文品を運ぶサービス

curb·ing /kə́:rbɪŋ/ 名Ⓤ《米》(歩道の)縁石;縁石材料

cúrb·sìde 名Ⓒ 形《米》歩道の縁石側(の), 道端(の), 歩道, 車寄せ(《英》kerbside)
▸▸**～ sèrvice** 名Ⓤ =curb service

cúrb·stòne 名Ⓒ《米》(歩道の)縁石(《英》kerbstone)

curd /kə:rd/ 名 ❶Ⓤ/Ⓒ《通例 ～s》凝乳《牛乳の凝固したもの. チーズの原料》❷Ⓤ 凝乳状のもの ‖ bean ～ 豆腐 ❸Ⓒ (ブロッコリー·カリフラワーなどの)球
▸▸**～ chéese** /ˌ ＿＿/ 名ⒸⓊ《主に英》柔らかい滑らかなチーズ

cur·dle /kə́:rdl/ 動 他 自 ❶(牛乳などを[が])凝乳にする[なる];凝固させる[する](coagulate) ❷(…を[が])駄目にする[なる]

cure /kjʊər/
─動 (**～s** /-z/; **～d** /-d/; **cur·ing**)
─他 ❶(人·薬などが)〔患者·病気〕を**治す**, 治癒させる;〔患者〕を〈病気から〉治癒させる〈**of**〉(⇨ 類語P) ‖ ～ a disease [patient] 病気[患者]を治す / The new medicine has ～*d* him *of* cancer. その新薬は彼の癌(がん)を治した
❷ **a** (＋目)〔困った事態·問題など〕の解決策を見いだす, …を救済[解決, 除去]する ‖ ～ a global **problem** 世界的な問題を解決する /～ the bleak economic situation 経済不況を打開する **b** (＋目＋**of** 名)〔人〕の癖などを**直す**, 〔人〕から不安などを**取り除く** ‖ The experience ～*d* him *of* ignoring deadlines. その体験のおかげで彼は締め切りを無視しなくなった
❸〔肉·魚など〕を(塩漬け·燻製(くんせい)などによって)保存する;(保存がきくように)〔たばこ·皮など〕を(乾燥させて)加工する
❹〔ゴム〕を加硫処理する, 硬化させる;…を化学処理により硬化させる
─自 ❶(医者·薬が)病気を治す;病気が治る;(薬が)効く ❷(肉·魚·たばこなどが)加工(処理)される《保存に適した状態になる》❸(ゴムが)加硫処理され, 硬化する
─名 (複 **～s** /-z/) Ⓒ ❶〈…の〉**治療法**, (治療)薬〈**for**〉‖ a ～ *for* insomnia 不眠症の治療法[薬]
❷ **治癒**, 回復;治療, 医療 ‖ effect [OR work] a ～ 治療効果を発揮する / achieve a complete ～ 全快[完治]する ❸〈悪弊·社会問題などの〉矯正(法), 救済(策), 解決(策)〈**for**〉‖ a miracle ～ *for* (a) recession 不況の奇跡的打開策 ❹ 魂の救済 ❺ 司牧;司祭(補)の職[地位] ❻(肉·魚·果物·たばこなどの)保存(法)

治る	get well 自	主語は人	よくなる
	get over 他		〔病気〕を克服する
	recover 自 他		回復する 〔健康〕を取り戻す
	be cured	主語は人·病気·傷	(人·病気が)治る
	be healed		(傷·人が)治る

♦ get well, get over は口語的.
♦ get well は recover と同意で「(元の状態まで)よくなる, 回復する」, get better は「(そのときの状態より)よくなる, 快方に向かう」.

語源「注意, 世話」の意のラテン語 *cura* から.

cu·ré /kjuréɪ, kjʊ́əreɪ | kjʊ́əreɪ/ 名Ⓒ (フランスの)教区司祭

***cúre-àll** 名Ⓒ 万能薬(panacea)

cu·ret·tage /kjʊ̀rətá:ʒ | kjʊərétɪdʒ/ 名Ⓤ〔医〕掻爬(そうは), 人工妊娠中絶

cu·rette /kjʊərét/ 〖医〗名Ⓒ キュレット《鋭利なさじ形の外科用器具》 ―動他…をキュレットで掻爬する

*__cur·few__ /kə́ːrfjuː/ 名 ❶Ⓒ（戒厳令下などの）夜間外出禁止令 ‖ impose [lift] a ～ 外出禁止令を課す[解除する] ❷Ⓤ 外出禁止時間，外出禁止開始時刻 ‖ under ～（夜間）外出禁止で ❸ⒸⓊ《米》門限 ‖ You must be back by (the) ～. 門限までに帰って来なさい ❹Ⓤ（中世の）消灯令[時刻]；（中世・現代の）消灯の合図の鐘，晩鐘

cu·ri·a /kjʊ́əriə/ 名（複 **-ri·ae** /-riìː/）❶《the C-（Romana /roʊmɑ́ːnə/）》ローマ教皇庁 ❷Ⓒ（古代ローマの）クリア《10行政区の1つ》；元老院；クリア集会所[礼拝所] ❸Ⓒ 教皇庁法廷；（中世の）法廷

cu·rie /kjʊ́əri, kjuríː/ 名Ⓒ キュリー《放射能強度の単位》（♦キュリー夫妻にちなむ）

Cu·rie /kjʊ́əri, kjuríː/ 名 キュリー ❶ **Marie ～**（1867–1934）《ポーランド生まれのフランスの物理・化学者．夫Pierre とともに1898年ラジウムを発見した．ノーベル物理学賞(1903)，化学賞(1911)受賞》 ❷ **Pierre ～**（1859–1906）《フランスの物理・化学者．ノーベル物理学賞受賞(1903)》

cu·ri·o /kjʊ́əriòʊ/ 名（複 **～s** /-z/）Ⓒ 珍しくて風変わりな人[もの]；骨董(こっとう)品（♦curiosity の短縮形）

*__cu·ri·os·i·ty__ /kjʊ̀əriɑ́(ː)səṭi | -ɔ́s-/《アクセント注意》名〔◁ curious 形〕（複 **-ties** /-z/）❶Ⓤ/Ⓒ《単数形で》好奇心，詮索(せんさく)好き〈**about** …についての / **to do** …したいという〉‖ My friend is burning with ～ *to* know her age. 私の友人は彼女の年齢をひどく知りたがっている / Just out of ～, how much did that ring cost? ちょっと聞きたいんだけど，その指輪いくらしたの / arouse [OR pique, stimulate] his ～ 彼の好奇心をかき立てる / satisfy one's intellectual ～ 知的好奇心を満足させる / *Curiosity killed the cat.*《諺》好奇心は猫をも殺した；詮索好きは身を滅ぼす ❷Ⓒ 珍品，骨董品；珍しいもの[こと，人] ‖ a ～ shop 骨董屋 ❸Ⓤ 珍しさ，珍奇 ‖ ～ value 希少価値

:cu·ri·ous /kjʊ́əriəs/

―形〔▶ curiosity 名〕（**more ～；most ～**）

❶ **a 好奇心の強い**，〈…を〉知りたがる〈**about, as to**〉；**詮索好きな**（↔ uninterested）‖ Journalists are insatiably ～ people. ジャーナリストたちは飽くことなく詮索したがる人々だ / I'm ～ *about* the sounds that come from my neighbor's house at night. 夜，隣の家から聞こえてくる音が何なのか知りたいものだ

b《+**to do**》しきりに…したがって ‖ The exchange student is ～ *to* learn everything about Japan. その交換学生は日本について何でも知りたがっている

❷ **奇妙な**，不可思議な，好奇心をそそる（↔ ordinary）（⇨ STRANGE 類語）‖ It is ～ that she hasn't arrived. 彼女がまだ来ていないのは妙だ / a ～ answer [incident] 奇妙な答え[出来事] / in a ～ way 妙なふうに / what is most ～ ひどく奇妙なことに（♦挿入句として用いる）/ ～ to say 妙な話だが（♦通例文頭で用いる）

❸《古》綿密な，入念な；精密な，精巧な

～·ness 名

*__cu·ri·ous·ly__ /kjʊ́əriəsli/ 副 ❶ 物珍しそうに，物好きに ❷ 奇妙に，（奇妙なくらいに）ひどく ‖ a ～ long letter 変に長い手紙 ❸《文修飾》奇妙[不思議]なことに(は) ‖ *Curiously* (enough), the key was never found. 不思議なことに，その鍵(かぎ)はとうとう見つからなかった

cu·ri·um /kjʊ́əriəm/ 名Ⓤ〖化〗キュリウム《放射性元素．元素記号 Cm》

*__curl__ /kəːrl/ 動 他 ❶〔髪〕をカールさせる，巻く ‖ ～ one's hair 髪をカールする ❷〔指・尻尾(しっぽ)・紙など〕を〈…の周りに〉丸める，湾曲させる，巻きつける〈**around**〉‖ ～ one's hand [fingers] *around* the microphone 手[指]を丸めてマイクを握る ❸〔口・唇〕をゆがめる（♥軽蔑のしるし）‖ He ～*ed* his lip in a sneer. 彼は冷笑して唇をゆがめた ❹〔バーベルなど〕を（腕などだけで）持ち上げる

―自 ❶（髪が）カールする，丸まる ❷（指・紙・葉などが）〈…の周りに〉丸まる，湾曲する；（つるなどが）〈…に〉巻きつく〈**around**〉；体を〈ボールのように〉丸める《**up**》〈**into**〉‖ ～ (*up*) *into* a ball 体を（小さく）丸める / ～ *up* on the sofa with a book ソファーに丸くなって本を読む / want to ～ *up* and die 恥ずかしくて死んでしまいたい ❸（口・唇が）ゆがむ ‖ His mouth ～*ed* cynically. 彼の口は皮肉っぽくゆがんだ ❹《+副句》（煙・霧などが）ゆらゆら立ち上る[揺らめく]；（波が）（うねり）立つ（♦副句は方向を表す）‖ The waves ～*ed* around the boat. ボートの周りは波立った ❺（ボールなどが）カーブする；（道などが）曲がりくねる ❻〖スポーツ〗カーリングをする

*__cùrl úp__〈他〉《**cùrl úp ...** / **cùrl ... úp**》① …を丸める ②《口》〔人〕を当惑させる，むかつかせる ―〈自〉① ⇨ 自❷ ②《口》当惑する，むかつく

make a person's toes curl ⇨ TOE（成句）

―名Ⓒ ❶ 巻き毛，カール；《～s》巻き毛の髪 ❷ らせん[曲線]状のもの；渦巻き形のもの；（口・唇などの）ゆがみ；（渦巻き状の）波頭 ‖ a ～ of smoke らせん状に立ち上る煙 ❸Ⓤ/Ⓒ《単数形で》カールさせる[巻く]こと；カールした状態，ねじれ，ゆがみ ‖ in ～ カールした / out of ～ カールのとれた ❹Ⓤ（ジャガイモなどの葉が巻き上がる）萎縮(いしゅく)病 ❺〖ウエートトレーニング〗カール《前腕部だけを使うバーベルの上下運動》 **～ed** 形

▸▸ **～ing ìron** 名Ⓒ《米》（頭髪用の）カールごて，ヘアアイロン **～ing tòngs** 名 複《英》＝curling iron

curl·er /kə́ːrlər/ 名Ⓒ ❶（髪を）カールさせるもの，カーラー ❷ カーリング(curling)の選手

cur·lew /kə́ːrljuː/ 名（複 **～** OR **～s** /-z/）Ⓒ〖鳥〗ダイシャクシギ（大杓鷸）

cur·li·cue /kə́ːrlikjùː/ 名Ⓒ 装飾用渦巻き，（飾り書き書体の）渦巻き

curl·ing /kə́ːrlɪŋ/ 名Ⓤ カーリング《氷上でストーンを滑らせて円の中に入れるスコットランド起源のスポーツ》

▸▸ **～ stòne** 名Ⓒ カーリングストーン《カーリング用の取っ手のついた平円形の石》

cúrl·pàper 名Ⓒ（髪を巻く）カールペーパー

*__curl·y__ /kə́ːrli/ 形（**curl·i·er；curl·i·est**）❶ 巻き毛の，カールした，縮れた ‖ naturally ～ hair 癖毛 ❷ らせん[渦巻き]状の，巻いた，反った，ねじれた；（木目が）波模様の

cúrl·i·ness 名

cur·mudg·eon /kəːrmʌ́dʒən/ 名Ⓒ 怒りっぽい人，意地の悪い人 **～·ly** 形

cur·rant /kə́ːrənt | kʌ́r-/ 名Ⓒ ❶ スグリ属の実[木] ❷（料理によく用いられる）小粒の種なし干しブドウ

*__cur·ren·cy__ /kə́ːrənsi | kʌ́r-/ 名〔◁ current 形〕（複 **-cies** /-z/）❶ⓊⒸ（一国の）通貨，貨幣；（特に）紙幣；通貨代用物；Ⓤ（貨幣の）流通，通用 ‖ The unit of ～ in Britain is the pound. イギリスの通貨単位はポンドである / US ～ is in dollars. アメリカの通貨はドルである / The euro has become the first common ～ in Europe since Roman times. ユーロはローマ時代以来ヨーロッパで最初の共通通貨となった / (a) **foreign** ～ 外貨 / a **single** ～（複数の国で通用する）単一通貨

❷Ⓤ（習慣・考え・言葉などの）広まり，普及，流布，通用；受容，容認；Ⓒ 通用[流布]期間 ‖ That therapy has wide [limited] ～. その療法は広まっている[限られた範囲でしか用いられない] / This newly coined word seems likely to acquire [OR gain] ～. この新語は広まりそうだ

:cur·rent /kə́ːrənt | kʌ́r-/（♦同音語 currant）形 名

中心義 **今まさに通っている(流れ)**

形	現在の❶ 通用している❷
名	流れ❶ 電流❷ 風潮❸

―形〔▶ currency 名〕（**more ～；most ～**）

❶《比較なし》《通例限定》**現在の**，今の，目下の，現時点の，

(現在)進行中の；現代の；最新の(⇨ MODERN 類語) ‖ Try to keep up with ～ affairs. 時事問題に遅れずについていくようにしなさい / I can't comment on the ～ negotiations. 目下進行中の交渉についてはコメントできません / his ～ job [address] 彼の現在の職[住所] / the ～ week [month, year] 今週[月，年] / ～ English 現代英語，時事英語 / the ～ mayor 現市長 / the ～ issue of the magazine その雑誌の最新号
❷ (思想・言葉・習慣などが)**通用している**，一般に受け入れられている；(ファッション・うわさなどが)流行[流布]している；(貨幣が)流通中の ‖ That tax-rate table is still ～. その税率表はまだ通用している / ～ opinions [OR beliefs] 通説 / a rumor ～ among students 学生の間に広まっているうわさ / ～ fashions はやりのファッション / under ～ law 現行法の下で
━名 (複 **～s** /-s/) Ⓒ ❶ (水・空気・熱などの)**流れ**；水流，潮流，海流，気流 ‖ swim against the ～ of a river 川の流れに逆らって泳ぐ / be swept away by the ～ 流れにさらわれる / ocean ～*s* 海流 / an upward [a downward] ～ of air 上昇[下降]気流
❷ Ⓒ Ⓤ 〖電〗**電流** (→ alternating current, direct current) ‖ (an) **electric** ～ 電流 / switch [OR turn] on the ～ 電気のスイッチを入れる
❸ **風潮**，思潮，傾向，動向，趨勢(すうせい)；時流；(時・事象の)流れ ‖ a ～ of thought 思潮 / the ～ of public opinion 世論の動向 / He managed to ride the ～*s* of his time. 彼は何とか時流に乗った / swim with [against] the ～ 時流に乗る[逆らう]
語源 ラテン語 *currere*(走る)から.
▶▶ ～ accòunt 名 Ⓒ 《英》=checking account ～ affáirs 名 複 時事問題 ～ ássets 名 複 〖商〗流動資産(→ fixed assets)

cur·rent·ly /kɔ́ːrəntli | kʌ́r-/
━副 《比較なし》 ❶ **現在(は)**，今(は)，目下 ‖ Your proposal is ～ being examined. 君の提案は現在検討中です / What are you ～ working on? 今は何に取り組んでいますか / ～ **available** 現在利用[入手]可能な
❷ 一般に，広く ‖ It is ～ reported that ... …と一般に伝えられている

cur·ri·cu·lar /kəríkjulər/ 形 教育課程の，カリキュラムの(→ extracurricular)

cur·ric·u·lum /kəríkjuləm/ 《アクセント注意》 名 (複 **～s** /-z/ OR **-la** /-lə/) Ⓒ 教育課程，カリキュラム ‖ on the ～ 履修可能で / The school has a wide ～. その学校はカリキュラムの幅が広い
▶▶ ～ **ví·tae** /-váɪti | -víːtaɪ, -váɪtiː/ 名 (複 **-la v-**) Ⓒ 《ラテン》(=course of life) Ⓒ 履歴書(《米》résumé) (略 CV, cv)

cur·ried /kɔ́ːrid | kʌ́rid/ 形 カレー(粉)で調理[調味]した

cur·ri·er /kɔ́ːriər | kʌ́r-/ 名 Ⓒ 製革工

cur·rish /kɔ́ːrɪʃ/ 形 駄犬(cur)のような；下劣な；怒りっぽい，がみがみ言う **～·ly** 副

cur·ry[1] /kɔ́ːri | kʌ́ri/ 名 (複 **-ries** /-z/) ❶ Ⓤ Ⓒ カレー(料理) ‖ ～ and rice カレーライス / a hot [medium, mild] ～ 辛口[中辛，甘口]カレー / a beef ～ ビーフカレー ❷ (=～ **pòwder**) Ⓤ カレー粉
━動 (**-ries** /-z/；**-ried** /-d/；**～·ing**) 他 …にカレーで味をつける，…をカレー料理にする；(-ried で形容詞として)カレー味をつけた ‖ *curried* chicken カレー味のチキン

cur·ry[2] /kɔ́ːri | kʌ́ri/ 動 (**-ries** /-z/；**-ried** /-d/；**～·ing**) 他 ❶ 《主に米》〔馬〕に馬ぐしをかける ❷ 〔なめし革〕を仕上げる
curry favor ⇨ FAVOR(成句)

cúrry·còmb 名 Ⓒ 動 他 馬ぐし(をかける)

curse /kɔːrs/ 動 他 ❶ 〈…したことで〉〔人・物〕をののしる，腹立たしく思う〈**for** / **for** *doing*〉；…に悪態をつく ‖ I ～*d* myself *for* losing my wallet. 札入れをなくして自分自身に腹が立った ❷ …を呪(のろ)う，…に呪いをかける(↔ bless) ‖ She ～*d* him in her heart. 彼女は心の中で彼を呪った / *Curse* it! 畜生 / *Curse* you! くたばれ ❸ 《受身形で》〈…に〉たたられる，苦しむ，悩む〈**with**〉 ‖ The family is ～*d with* bad luck. その家族は不運にたたられている
━自 〈…を〉ののしる，〈…に〉悪態をつく〈**at**〉 ‖ ～ and swear 悪口雑言を吐く
cùrse óut ... / *cùrse ... óut* 〈他〉いきり立って〔人〕をののしる
━名 Ⓒ ❶ 悪態，ののしりの言葉(♦ Blast it [OR you]!, Confound it [OR you]!, Damn it [OR you]! など) ❷ 〈…への〉呪い〈**on, upon**〉，呪いの言葉，呪文(じゅもん) ‖ The town was under a ～. その町は呪われていた / put a ～ *on* him 彼に呪いをかける / call down ～*s upon* ... …に天罰が下るように祈る ❸ 《通例 a ～》呪われた人[もの]；〈…にとっての〉たたり，災禍，天罰，災いのもと；悪害〈**to**〉(↔ blessing) ‖ Sharks can be a ～ *to* fishermen. サメは漁師にとってやっかい者といえる ❹ 〖宗〗破門 ❺ 《the ～》《旧》《俗》月経(期間) ‖ get the ～ 月経になる
not give a tinker's curse ⇨ TINKER(成句)

curs·ed /kɔ́ːrsɪd, kəːrst | kɔ́ːsɪd, kəːst/, 《古》 **curst** /kəːrst/ 形 ❶ 呪われた，たたられた ❷ 《限定》《旧》《口》呪うべき，いまいましい，いやな ‖ this ～ cold このいやになる風邪 / Shut your ～ mouth. 黙れ
～·ly 副 いまいましく，ひどく **～·ness** 名

cur·sive /kɔ́ːrsɪv/ 形 筆記体の
━名 Ⓤ 筆記体文字[活字]；筆記原稿

cur·sor /kɔ́ːrsər/ 名 Ⓒ ❶ 💻 (画面の)カーソル《コンピューターの画面上の文字入力位置を示す点滅》 ❷ (主に昔の計算尺の)カーソル

cur·so·ri·al /kəːrsɔ́ːriəl/ 形 〖動〗走行に適した器官のある

cur·so·ry /kɔ́ːrsəri/ 形 急いだ，ぞんざいな ‖ a ～ glance ちらっと見ること / a ～ inspection 通り一遍の検査
-ri·ly 副 **-ri·ness** 名

curt /kəːrt/ 形 ❶ (人・態度・言葉などが)ぶっきらぼうな ‖ a ～ reply 素っ気ない返事 ❷ 簡潔な
～·ly 副 **～·ness** 名

***cur·tail** /kəːrtéɪl/ 動 他 〔期日・話など〕を短縮する，切り詰める；〔経費など〕を削減する；〔権力など〕を縮小する ‖ The trip was ～*ed*. 旅行は短縮された / ～ one's spending 出費を削減する

cur·tail·ment /kəːrtéɪlmənt/ 名 Ⓒ Ⓤ 短縮，削減；縮小化，切り詰めること

:**cur·tain** /kɔ́ːrtən/ 《発音注意》
━名 (複 **～s** /-z/) Ⓒ ❶ **カーテン**(→ drape) ‖ **draw** [OR pull] the ～*s* カーテンを引く(♦「開ける」「閉じる」どちらにも用いる) / open [OR part, pull back] the ～*s* カーテンを開ける / a ～ rod カーテンロッド / net ～*s* レースカーテン
❷ 《通例 the ～》(劇場の)**幕**，緞帳(どんちょう)；開演[終演](時間) ‖ the ～ goes up [OR rises, is raised] 幕が上がる / the ～ falls [OR drops, is dropped, comes down] 幕が下りる / The ～ is at 6:30. 開演[終演]は6時30分だ
❸ 《通例単数形で》**カーテン[幕]状のもの**，隠す[覆う，仕切る]もの ‖ a thick ～ of fog 濃い霧のカーテン / a ～ of smoke 煙幕
❹ 《～s》《口》終わり，最後，悲惨な結果；死 ‖ It'll be ～*s* for the team if they lose their confidence. 自信を失ったらチームはおしまいだ ❺ =curtain wall
behìnd the cúrtain 人に隠れて，こっそりと
brìng dòwn the cúrtain on ... …を終わりにする，…に幕を下ろす
dràw a [OR *the*] *cúrtain(s) over* [OR *on*] *...* …を隠す；…についての話を途中でやめる
rìng dòwn [*ùp*] *the cúrtain* ① 〖劇〗幕を下ろす[上げる]，(合図の)ベルを鳴らす ② 《口》〈…を〉終わらせる[始める]，〈…の〉終末[開始]を告げる〈**on**〉
tàke a cúrtain =*take a* BOW[1](成句)
the cùrtain 「*còmes dówn* [OR *fálls*] *on ...* 《文》…が終わる

—動 (~s /-z/; ~ed /-d/; ~·ing) 他 ❶ …にカーテン[幕]を張る;《~edで形容詞として》カーテンのある ‖ ~*ed* windows カーテンの下がった窓 ❷ …をカーテン[幕]で隠す[覆う]

cùrtain óff ... / *cùrtain ... óff* 〈他〉…をカーテンで仕切る

C

▸▸~ càll 名 C カーテンコール《幕切れに観客が拍手喝采(かっさい)して俳優たちを舞台に呼び戻すこと》 ~ lècture 名 C《旧》(寝室などで)妻が夫に内々に言う小言 ~ ràil 名 C カーテンレール ~ ràiser 名 C ① 開幕劇, 前狂言 ② (大事の前の)序の口, 幕開け, 前座 ~ spèech 名 C 〖劇〗(幕前での)終演のあいさつ ~ wàll 名 C ① 〖城〗幕壁《2つの稜堡(りょうほ)をつなぐ壁》 ② 〖建〗間壁, 隔壁

cúrtain-ùp 名 C《単数形で》《英》開演, 開幕

curt·sy, -sey /kə́ːrtsi/ 名 (複 **-sies, -seys** /-z/) C (女性の丁重な)おじぎ《ひざを曲げ, 片足を後ろに引いて上体を少しかがめる》‖ drop [OR make] a ~ (to ...) (…に)おじぎをする

—動 (**-sied, -seyed** /-d/) 自 (女性が)丁重におじぎをする

curtsy

cur·va·ceous /kəːrvéɪʃəs/ 形 (女性が)曲線[肉体]美の

cur·va·ture /kə́ːrvətʃʊ̀ər, -tʃər | kə́ːvətʃə, -tjʊ̀ə/ 名 C U ❶ 曲げる[曲がる]こと;曲がった状態;〖医〗(背骨などの)湾曲, 屈曲 ❷ 湾曲部[面] ❸ 〖数〗曲率, 曲度

:curve /kəːrv/《発音注意》

—名 (複 ~s /-z/) C ❶ **曲線**, 曲面 ‖ in a ~ 曲線を描いて

❷ (道路・川などの) 湾曲部, **カーブ** ‖ The car rounded a sharp ~ (in the road). 車は急カーブ(した道路)を曲がった / The road makes 「a hairpin [an S] ~ ahead. 道路はこの先でヘアピン[S字]カーブになっている

❸ 〖数〗曲線;〖統計〗曲線図表[グラフ] ‖ the population ~ 人口曲線 ❹《~s》(女性の体の)曲線(部), 曲線美 ❺ (=~ bàll)〖野球〗カーブ ❻ 〖教育〗相対評価 ‖ mark [OR grade] on a ~ カーブ評価法に従って評価する ❼《the ~》《米口》時流 ‖「ahead of [behind] the ~ 時流に先がけて[取り残されて]

thròw [OR *pìtch*] *a pèrson a cúrve* (*bàll*) ① 〔打者〕にカーブを投げる ② 《米口》〔人〕を驚かす, 〔人〕の意表をつく, (難問などで)…を困惑させる

—動 (~s /-z/; ~d /-d/; **curv·ing**)

—他 ❶ …を(丸く)曲げる, カーブさせる ‖ A sad smile ~*d* his lips. 悲しげな笑みで彼の口元がゆがんだ

❷ 〖野球〗〔打者〕にカーブを投げる

❸ 〔学生など〕の評価点を曲線グラフでつける

—自 曲がる, カーブする, 曲線を描く ‖ The road ~*d* sharply to the right. 道は急に右にカーブした

▸▸~ bàll 名 C 〖野球〗カーブ

***curved** /kəːrvd/ 形 曲がった, カーブした, 湾曲した

cur·vet /kəːrvét, +米 kə́ːrvət/ 名 C 〖馬術〗跳躍, クルベット《前脚が地に着かないうちに後脚で跳び上がること》

—動 (**-vet·ted, -vet·ed** /-ɪd/; **-vet·ting, -vet·ing**) 自 (馬が)跳躍する

cur·vi·lin·e·ar /kə̀ːrvɪlíniər/ 〈⊴〉, **-e·al** /-iəl/ 形 曲線からなる, 曲線で囲まれた[描かれた] **~·ly** 副

curv·y /kə́ːrvi/ 形 湾曲した, 曲線状の

Cúsh·ing's disèase /kʊ́ʃɪŋz-/ 名 U 〖医〗クッシング病《クッシング症候群のうち脳下垂体の腫瘍(しゅよう)が原因で起こる病態》(♦ 発見者の医師 H. W. Cushing の名より)

***cush·ion** /kʊ́ʃən/《発音注意》名 C ❶ クッション, 座布団 ‖ plump a ~ up クッションを軽くたたいてふっくらさせる ❷ クッション状のもの ‖ a ~ of moss on a rock 岩に生えたこけのじゅうたん ❸ 〈衝撃[震動, 騒音]を〉和らげるもの, 緩衝材〈**against**〉;(じゅうたんの下に敷く)マット;空気クッション;(まさかの時の)備え, 貯金 ‖ A hovercraft rides on a ~ of air. ホバークラフトは空気クッションの上を浮かんで走る / We need a ~ *against* the coming recession. 来たるべき景気後退に備えて緩衝策が必要だ ❹ (ビリヤード台のへりに張った)クッション

—動 他 ❶ …(の衝撃・不安)を和らげる, …を衝撃から守る ❷〔人・物〕を〈悪影響・害悪から〉保護する, 守る〈**against, from**〉 ❸ 《通例受身形で》クッションがついている ‖ The grip is ~*ed* with a rubber tube. グリップにはゴムチューブ製のクッションがついている **-ion·y** 形

cushion the blow ⇨ BLOW[1](成句)

cush·y /kʊ́ʃi/ 形《口》❶ (仕事・役職などが)楽な, 快適な(♦ ときにけなして用いられる) ‖ a ~ job 楽な仕事 ❷《米》(家具などが)心地よい

cusp /kʌsp/ 名 C ❶ とがった先端 ❷ 〖数〗(2曲線の出会う)尖点(せんてん) ❸ 〖天〗(三日月の)角;〖占星〗黄道十二宮における2つの宮の境い目 ‖ on the ~ of ... …の変わり目で[に] ❹ 〖建〗カスプ《ゴシック建築の窓の装飾に用いた突起模様》 ❺ (葉の)尖(せん);(歯冠の)咬頭(こうとう);〖解〗心臓弁の三角形のふた

cus·pid /kʌ́spɪd/ 名 C 犬歯(canine tooth)

cus·pi·dor /kʌ́spɪdɔ̀ːr/ 名 C《米》痰(たん)つぼ(spittoon)

cuss /kʌs/ 名 C《口》❶ =curse ❷ やつ, 野郎 ‖ a queer old ~ 変てこな老いぼれ —動 =curse

cuss·ed /kʌ́sɪd/ 形《口》つむじ曲がりの, 強情な;いらいらさせる **~·ly** 副 **~·ness** 名

cúss·wòrd 名 C《口》ののしりの言葉;呪(のろ)いの言葉, 汚らしい言葉

cus·tard /kʌ́stərd/ 名 U ❶ カスタード《卵・牛乳・砂糖・香料などを混ぜて加熱したもの》‖ ~ pudding (カスタード) プリン ❷ カスタードソース《カスタードパウダー (custard powder)と牛乳で作る》

▸▸~ píe 名 C カスタード入りパイ《喜劇などで役者が相手に投げつけるのに使われる模造パイ》;どたばた喜劇 ~ pòwder 名 U《英》カスタードパウダー《卵を粉末状にしたものに粉・砂糖などを加えた調理材料》

Cus·ter /kʌ́stər/ 名 **George Armstrong ~** カスター(1839-76)《米国の将軍. 北米先住民 Sioux 族との戦いで戦死》

cus·to·di·al /kʌstóudiəl/ 形 保護の, 保管の, 拘留の ‖ the ~ parent 親権者

cus·to·di·an /kʌstóudiən/ 名 C (特に公共建築物の)保管者, 管理人;守衛, 番人

***cus·to·dy** /kʌ́stədi/ 名 U ❶ 〈子供の〉保護, 保護監督(権[責任]);〖法〗(特に子供に対する離婚後の)親権〈**of**〉監護(権) ‖ He has ~ *of* the child. 彼はその子の親権者である / joint ~ 共同親権 ❷ 保護, 保管, 管理 ‖ The documents are in the ~ of my secretary. その書類は私の秘書が保管している ❸ 拘置, 拘留, 拘束 ‖ The suspect was (held [OR kept]) in ~ over the weekend. 容疑者は週末の間拘置されていた / take him into ~ 彼を拘留する

:cus·tom /kʌ́stəm/

—名 (複 ~s /-z/) ❶ U C (社会的な)**慣習**, 風習, 習わし;〖法〗慣習, 慣習法 ‖ It is a Japanese ~ to take your shoes off at the front door. 玄関で靴を脱ぐのが日本の習慣です / Each country has its own manners and ~*s*. どの国にもそれぞれの風俗習慣がある / The ~ of saying grace before meals is dying out in the States. 食事の前にお祈りをする習慣はアメリカでは廃れつつある / a local [traditional] ~ 地元の[伝統的な]風習 /「keep up [break] an old ~ 昔からの慣習を守る[破る]

❷ U/C《単数形で》(個人の)**習慣** (⇨ HABIT 類語P) ‖ It is her ~ to have a swim before work. 仕事の前にひと泳ぎするのが彼女の習慣だ / He got up at six, as is his ~. いつものように彼は6時に起床した

❸ 《~s》⇨ CUSTOMS ❹ Ｕ 《英》《堅》(商売上の)愛顧，引き立て；《集合的に》顧客，得意先 ‖ have a lot of ~ 顧客が多い
—形 《比較なし》《限定》《主に米》あつらえの，注文製の；注文品を扱う ‖ ~ clothes 注文服 / a ~ tailor 注文服専門の洋服屋

cus·tom·ar·i·ly /kʌ̀stəmérəli | kʌ́stəmərəli/ 副 習慣的に，慣例上；一般に，通常は

cus·tom·ar·y /kʌ́stəmèri | -məri/ 形 ❶ 習慣的な，慣例の，通常の ‖ It is ~ for the Japanese to send New Year's cards. 年賀状を出すのが日本人の習慣になっている / the ~ monthly meeting 月例の会合 ❷ 《限定》日ごろの，いつも(どおり)の ‖ her ~ smile 彼女のいつもの笑顔 ❸ 〖法〗慣例による，慣習的な

cùstom-búilt ⊲シ 形 (自動車などが)注文製の

cùstom-desígn 動 他 …を顧客に合わせてデザインする

cùstom-devélop 動 他 …を顧客の要望に合わせて開発する

cus·tom·er /kʌ́stəmər/

—名 (複 ~s /-z/) Ｃ ❶ **顧客**，(店の)客，得意先，取引先 (⇨ VISITOR 類語P) ‖ The ~ is always right. お客様は常に正しい；お客様は神様です(♥ 顧客を大切にというモットー) / a regular [potential] ~ 固定客[潜在的な客] / an old ~ なじみの客
❷ 《形容詞を伴って》《口》(相手をしなければならない)(…な)人，やつ ‖ a tough ~ 手に負えないやつ / an ugly ~ 乱暴者
▸▸ ~ bàse 名 Ｃ 《通例単数形で》〖商〗総顧客(数)，顧客層 ~ sèrvice 名 Ｕ 《または~s》顧客サービス(業務[部])

cústomer-frìendly 形 客の立場に立って考えた，顧客本位の

customer-renèwal ráte 名 Ｃ 〖商〗顧客再契約率

cústom·hòuse, cústoms- 名 Ｃ 税関

cus·tom·ize /kʌ́stəmàɪz/ 動 他 ❶ …を注文で作る (♦ しばしば受身形で用いる) ❷ 💻〔機器の構成・画面表示・設定〕を自分の好みに合わせて変更する，カスタマイズする
-ized 形 **cùs·tom·i·zá·tion** 名

cùstom-máde ⊲シ 形 注文の，あつらえの (tailor-made)；あつらえ向きの；💻ユーザーの注文に合わせて製造する，カスタムメードの ‖ ~ shoes 注文靴

cùstom-órder 動 他 …を特注する

cus·toms /kʌ́stəmz/ 名 複 ❶ 《しばしば (the) C-》関税局 (♦ この意味では通例《米》では単数扱い，《英》では複数扱い)；(空港・港の) 税関；税関の手続き ‖ I always feel nervous at ~ even though I've nothing to declare. 申告するものが何もないときでも税関ではいつもびくびくする / 「get through [OR clear, pass] ~ 税関を通過する / a ~ officer [check] 税関職員[検査] ❷ (= ~ dùties) 関税 ‖ pay ~ on imported goods 輸入品の関税を払う ▸▸ ~ ùnion 名 Ｃ 関税同盟

cùstom-táilor 動 他 …を注文に合わせて作る

cut /kʌt/ 動 名 形

中心義 (Aを)切る (★Aは具体的な「物」に限らず，「費用」や「ガスや電気の供給」など多様)

> 動 他 切る❶ 切り取る❷ 刈る❺ 削減する❻
> 自 切れる❶
> 名 切ること❶ 切り傷❶ 削減❷

—動 (~s /-s/ ; cut ; cut·ting)
—他 ❶ a 《+目》(刃物などで)…を**切る**，切断する，裂く；…を傷つける (♥ 故意の場合も過失の場合も含む) ‖ The governor ~ the tape at the opening ceremony. 知事は開会式でテープカットをした / She ~ her toe on a piece of broken glass. 彼女はガラスの破片でつま先を切った / ~ oneself けがをする
b 《+目+補 〈形〉》…を(刃物などで)切って…にする ‖ The thief ~ the bag open to steal the money. 泥棒は金を盗もうとしてバッグを切り裂いた / ~ one's head open 頭に切り傷をこしらえる
❷ **切り取る** a 《+目》…を〈…から〉切り取る，切り離す《*away, off, out*》〈**out of, from, off**〉；〔菓子・肉など〕を〈…に〉切り分ける〈**in, into**〉(⇨ 類語P)；〔木など〕を切り倒す《*down*》‖ He ~ a branch *from* the apple tree. 彼はリンゴの木から枝を切り落とした / She ~ the actor's photograph *out of* the paper. 彼女はその俳優の写真を新聞から切り取った / I ~ the pie equally 「*in* two [*into* quarters] so the kids wouldn't quarrel. 子供たちがけんかしないようにパイを均等に2つ[4つ]に切った
b 《+目 *A*+目 *B* ⇄ +目 *B*+for 目 *A*》*A*(人)に*B*(物)を切ってやる ‖ Could you ~ me a piece of cake? = Could you ~ a piece of cake *for* me? 私にケーキを1切れ切っていただけますか
c 《+目+補 〈形〉》…を〈…から〉解放して…の状態にする〈**from**〉‖ The driver was ~ free *from* the wreckage and taken to the hospital. 運転手は(車の)残骸(ざん)から救い出されて病院に運ばれた
❸ …を切って作る；…を切って〈…に〉する〈**into**〉；〔衣服など〕を裁断する；〔宝石・ガラス〕をカットする，削る；〔文字・像など〕を刻む，彫る ‖ ~ a radish *into* a rose ハツカダイコンを切ってバラの花の形にする / We ~ our initials into the school desk. 私たちは学校の机にイニシャルを彫りつけた
❹ 〔穴〕を〈…に〉開ける〈**in**〉；〔道・トンネルなど〕を〈…に〉掘る，…を切り開く〈**in, through**〉‖ Somebody ~ a hole *in* the fence. だれかがフェンスに穴を開けた / ~ one's way *through* a forest 道を切り開きながら森の中を進む
❺ a 《+目》〔髪・草・作物など〕を**刈る**，刈り取る；〔草花〕を摘み取る ‖ have one's hair ~ 髪を刈ってもらう (= have [OR get] a haircut) / ~ one's nails つめを切る / Time to ~ the grass, honey. そろそろ芝生を刈らないとね，あなた
b 《+目+補 〈形〉》…を刈って[切って]…にする ‖ have one's hair ~ short 髪を短く刈ってもらう / This skirt was ~ too short. このスカートの仕立ては短かすぎた / ~ the lawn close 芝生を短く刈る
❻ 〈…から〉〔費用など〕を**削減する**，切り詰める〈**from**〉；〔時間・話など〕を短縮する；〔量・数・人など〕を減らす；〔人〕を解任する，〔チームなど〕から外す；(映画・テレビなどで)〔フィルム〕を〈…から〉カットする，編集する；〔番組・本・シーンの一部〕を〈…から〉省く，削除する〈**from, out of**〉；💻(画面上から)〔文字・画像〕を切り取る，カットする ‖ My salary was ~ by twenty percent. 私の給料は20%カットされた / ~ costs [the defense budget] コスト[防衛予算]を削減する / ~ a scene *from* a film 映画から1場面をカットする / ~ the first two lines and paste them at the end of the paragraph 最初の2行を切り取ってパラグラフの最後にはりつける / ~ taxes 減税する
❼ 〔ガス・電気・水道・食料など(の供給)〕を止める，切る，消す《*off*》；〔エンジンなど〕を切る；〔人・地域〕を〈輸送・通信などの手段から〉遮断する，〈…から〉隔離する《*off*》〈**from**〉；〔悪ふざけ・おしゃべりなど〕をやめる，よす；〔話など〕を遮る；〔関係など〕を断つ ‖ The typhoon ~ (*off*) the water supply. 台風で水の供給が断たれた / *Cut* the noise, will you? I can't sleep! 騒ぐのはやめろ．眠れないじゃないか / ~ the engine エンジンを切る
❽ (線などが)…と交差する，…を横切る；(物が)〔場所〕を区分する，仕切る；…を〈…に〉分断する〈**in, into**〉‖ The river ~*s* the village *in* two. 川が村を二分している
❾ 〔酒類・薬物など〕を〈…で〉薄める，割る〈**with**〉；〔脂肪・汚れなど〕を分解する，溶かす，落とす；《通例受身形で》(ヘロインなどが)〈…の〉混ぜ物が入っている〈**with**〉‖ He ~ the whiskey *with* water. 彼はウイスキーを水で割った / This detergent ~*s* grease effectively. この洗剤は

C

油をよく落とす
❿《主に米》〔学校・授業・会議など〕を欠席する, サボる, すっぽかす ‖ ～ school [classes] 学校[授業]をサボる
⓫〔人の感情・心〕を傷つける, 苦しめる, 侮辱する;(寒風などが)〔人〕の肌を刺す ‖ Her cruel words ～ her husband deeply. 彼女のひどい言葉が夫の心を深く傷つけた / ～ her to the heart [OR quick] 彼女の感情をひどく傷つける
⓬《口》〔人〕を無視する, 〔人〕に知らん顔をする (→ *cut a person dead*(↓)) ⓭〔目立った動作など〕を見せる, 示す, 行う ‖ ～ a joke 冗談を言う / ～ a caper はしゃぎ回る
⓮〔トランプカード〕を2組に分ける, カットする, 切る;(親などを決めるために)〔カード〕を引く, とる ⓯《否定文で》〔仕事・事態など〕を処理する, うまく扱う, 収拾する ‖ Ken can't ～ this kind of work. こんな仕事はケンの手には負えない ⓰〔契約など〕を結ぶ ‖ ～ a deal 契約[協定]を結ぶ
⓱〔レコード・テープなど〕に録音する;〔曲〕をレコーディングする;〔レコード・CDなど〕を製作する, 編集する, カッティングする ‖ She ～ her third album last month. 彼女は先月3枚目のアルバムを作った ⓲〔歯〕を生やす ‖ The baby ～ his first tooth. 赤ん坊に最初の歯が生えた ⓳(球技で)〔ボール〕をカットする, (ゴルフで)〔ボール〕をカット打ちする, スライスさせて打つ ⓴〔馬など〕を去勢する
— 自 ❶(刃物が) **切れる** (♦しばしば様態の副詞を伴う. 進行形は不可. ふつう現在形で用いる) ‖ The razor ～*s* well. そのかみそりはよく切れる
❷(物が)切れる(♦様態の副詞(句)を伴う. 進行形は不可. 過去形にもふつうならない) ‖ This kind of cheese ～*s* easily. この種類のチーズは簡単に切れる / This frozen meat won't ～. この凍った肉はなかなか切れない
❸ 💻(画面上から文字・画像を)切り取る ‖ ～ and paste カットアンドペースト[切りばり]する(→ cut and paste)
❹(寒風などが)身を刺す, (言葉などが)人(の感情)を傷つける(♦しばしば様態の副詞を伴う) ‖ Her remark ～ deep. 彼女の言葉は大変身にしみた ❺ 急に方向[進路]を変える ‖ The runner ～ to the right. 走者は急に右に曲がった ❻(トランプで)カードを切る, カードを2分する, カードをとる ❼(映画・テレビなどの撮影・録音を)中断する, やめる, カットする;《命令形で》カット(♥場面撮影などの終わりの合図);(映画・テレビなどで)〈別の場面へ〉切り替える〈**to**〉
❽ 歯が生える ❾(テニスなどで)ボールをカットする, ボールをカット打ちする ❿〈…を〉通り抜ける, 通って近道をする〈**through**〉;〈…を〉横切る, 突っ切る〈**across**〉‖ They ～ *through* the forest. 彼らは森を通り抜けた

(食物を)**切る**	**cut**	タマネギ・リンゴなどを	切り刻む	**chop**
		肉・レバーなどを		**mince** **hash**
		タマネギ・ジャガイモなどを	さいの目に切る	**dice**
		チーズ・肉などを		**cube**
		ニンジン・キャベツなどを	細長く切る	**shred**
		タマネギ・ジャガイモなどを	薄く削ぐ	**slice**

♦「切り刻む」の意では mince の方が chop より細かに切ることを意味する. 野菜の場合は「みじん切りにする」, 肉の場合は「ミンチにする」の意.
♦「さいの目[さいころ状]に切る」の意では dice の方が cube よりももっと小さく切ること.
♦「(チーズやニンジンを)おろす」のは grate.

****be cùt óut for*** [OR ***to be***] ***...*** 《通例否定文・疑問文で》《口》…(するの)に向いている, 必要な能力[資質]を持っている;…に釣り合っている ‖ She *is* not ～ *out* 「*for* writing [OR *to be* a writer]. 彼女は物書きに向いていない
****cùt acróss ...*** 〈他〉① …を横切る, 横切って近道をする(→ 自 ❿) ②〔個々の領域〕を越える, 〔多領域〕にわたる;…に影響を及ぼす;〔意見の相違など〕を乗り越える ‖ They raised an issue that ～*s across* all social classes. 彼らはあらゆる社会の階層に影響を及ぼす問題を提起した ③ …に反する, …と食い違う
cùt alóng 〈自〉《旧》《口》急いで通り過ぎる
cùt and rún 《口》(難局に直面して)急いで逃げる, 慌てて逃げ出す(♥非難の意を含む)
cút at ... 〈他〉…に切りつける, 打ちかかる;…をせっせと[慎重に]切る
****cùt awáy ... / cùt ... awáy*** 〈他〉〈…から〉…を切り払う[離す], …を切り捨てる〈**from**〉
****cùt báck*** 〈自〉①〈…を〉**削減**[縮小]**する**〈**on**〉‖ ～ *back on* defense spending 防衛費を削減する ②(健康のために)〈摂取量を〉**減らす**〈**on**〉‖ ～ *back on* fat 脂肪摂取量を減らす ③(カメラ・映像が)元の場面へ戻る —〈他〉《***cùt báck ... / cùt ... báck***》①〔生産・出費・人員など〕を削減する ‖ ～ *back* production by 15% 生産を15%削減する ②〔枝など〕を切り詰める, 刈り込む, 先を切る
cùt a pèrson déad 〔人〕に知らないふりをする ‖ I ran into him in the hall yesterday, but he ～ me *dead*. 昨日廊下で彼に出くわしたが彼は私を無視した
****cùt dówn*** 〈他〉《***cùt dówn ... / cùt ... dówn***》①〔出費・酒など〕を〈…まで〉**減らす**, 少なくする;〔文章など〕を〈…まで〉縮める(reduce)〈**to**〉‖ We ～ the report *down to* a moderate length. 我々は報告書を程よい長さに縮小した ②〔木など〕を切り倒す(→ 他 ❷)(fell) ③〔衣服〕のサイズを詰める ④〔車など〕を(不要な部分を取って)作り替える ⑤《通例受身形で》(病気・銃などで)死ぬ ‖ My husband was ～ *down* by cancer. 私の夫は癌(がん)で亡くなった —〈自〉〈出費・酒などの量を〉減らす〈**on**〉‖ ～ *down on* smoking たばこの量を減らす
****cùt ín*** 〈自〉①〈話に〉割り込む, 口を挟む, 遮る〈**on**〉(♦直接話法にも用いる) ‖ He ～ *in on* our conversation. 彼は私たちの会話に割り込んできた ②(人・車などが)〈…に〉割り込む〈**on**〉③(機械が)(自動的に)作動し始める, 電源が入る ④《旧》(ダンス中のカップルに)割り込む, パートナーを横取りする —〈他〉《***cùt ín ... / cùt ... ín***》①《口》〔人〕を〈…の〉仲間に加える, 加入させる;…を〈…の〉分け前にあずからせる〈**on**〉②《米》(料理で)小麦粉に〔バターなど〕を混ぜる
cùt in líne [OR ***frónt***] 《米》列に割り込む(《英》jump the queue)
cút into ... 〈他〉①〔話・列など〕に割り込む ②〔蓄え・利益など〕に食い込む;…を減らす ③ …に切り込む, 〔果物・ケーキなど〕にナイフを入れる
cút it 《口》①《主に否定文で》〈人の〉要求を満たす, 期待に応える, 満足のいく状態である〈**with**〉‖ We need a better CD player; this one just doesn't ～ *it*. もっとよいCDプレーヤーがいるね, これでは駄目だ ②《主に命令文で》やめる, よす
cut loose ⇨ LOOSE(成句)
****cùt óff ... / cùt ... óff*** 〈他〉① …を切り取る, 切り離す(→ 他 ❷) ② …の供給を止める;…を隔離する, 孤立させる(→ 他 ❼) ③〔進行・眺望など〕を遮る, 断つ;〔機械など〕を突然止める;〔人(の話)〕を遮る(silence);〔電話の通話〕を切る(♦しばしば受身形で用いる) ‖ The grove ～ *off* the view. 木立が視界を遮っていた ④〔人〕を廃嫡する, …に相続権を与えない(disinherit) ‖ Jim's father ～ him *off* without a penny. ジムの父は彼にびた一文相続させなかった ⑤〔人〕を〈…から〉疎外する, 疎遠にする〈**from**〉(♦しばしば受身形で用いる) ⑥《受身形で》(突然)死ぬ ⑦《米口》〔人(の車)〕の前に割り込む
****cùt óut*** 〈他〉《***cùt óut ... / cùt ... óut***》① …を〈…から〉切り抜く[取る], 取り除く(→ 他 ❷) ②〔衣服など〕を裁断する;…を〈…から〉切って[切り取って]作る〈**of**〉;〔道など〕を切り開く ③ …を〈…から〉削除する〈**of, from**〉④(健康のために)〔食べ物など〕を控える, やめる;…を〈メニューから〉外す〈**of**〉⑤《しばしば命令形で》〔不愉快なことなど〕をやめる, よす(desist)(→ CE 1) ⑥〔光など〕を遮る, ふさぐ ⑦〔人〕を〈…から〉外す, 除外する;〔人〕を〈遺言(の遺産相続人)から〉

外す〈of〉‖The boys ～ her *out of* their conversation. 男の子たちは彼女を会話に加わらせなかった ―〈自〉①(エンジンなどが)停止する，作動しなくなる ②(車が)突然車線から飛び出す，急に車線を変更する ③《米口》急いで立ち去る

**cùt ... shórt* ①…を切って短くする(→ ⑭ ❺b) ②〔話など〕を短く切り詰める‖I had to ～ my speech *short*. 私はスピーチを縮めなければならなかった ③〔人〕の話を急に遮る；…を定刻前に切り上げる‖I ～ her *short* to change the topic. 話題を変えるために私は彼女の話を遮った

cùt thróugh〈他〉Ⅰ《*cùt thróugh ...*》①…を通って近道をする，…突っ切る(→ ⓐ ❿) ②〔形式主義的な手続きなど〕をうまく切り抜ける，何とか克服する，簡略に済ませる ③…を切る，断ち切る Ⅱ《*cùt Á thròugh B́*》④ Bを切り開いてA(道など)を作る(→ ⑭ ❹)

**cùt úp*〈自〉《米口》(人の注意を引こうとして)ふざける，おどける，騒ぐ ―〈他〉《*cùt úp ... / cùt ... úp*》①…を細かく切る ②《英口》〔人(の車)〕の前に無理に割り込む，…に対して無謀な追い越しをする ③《通例受身形で》(人が)傷つく ④《通例受身形で》〈…のことで〉落胆する，しょげ返る〈about〉‖He was ～ *up about* his uncle's death. 彼はおじが死んで落胆していた ⑤《口》〔人〕を酷評する

cùt ùp róugh 《英口》けんか腰になる，怒り狂う

COMMUNICATIVE EXPRESSIONS

1 **Cùt it** [OR **that**] **óut!** やめろ(♥ 不愉快なことをする相手に対するいら立ちを表す)

―名 (複 **～s** /-s/) Ⓒ ❶ **切ること**，切断，切り込み；〈…の〉**切り傷**，切り口，傷口〈in〉‖The robber made a ～ at him with a knife. その強盗はナイフで彼に切りつけた

❷〈賃金・税金などの〉**削減**，カット〈in〉‖I'll have to take a 10% pay ～. 私は10%の給与ダウンを受け入れなければならないだろう / **tax** ～*s* 減税 / a ～ *in* income [interest rates] 所得[利率]の引き下げ

❸(原稿・映画・話などの)削除；削除部分‖They made three more ～*s* in the film. 彼らはその映画からさらに3箇所削除した

❹《通例単数形で》(髪・服などの)スタイル，散髪；髪型，ヘアスタイル；(服の)仕立て‖a crew ～ クルーカット / a jacket of the latest ～ 最新のスタイルのジャケット

❺肉片，(肉などの)切り身‖a ～ of beef [pork] 1切れの牛肉[豚肉]

❻《口》《通例単数形で》(利益などの)分け前，取り分，口銭 ❼(刃物・棒などによる)一撃 ❽(映画・テレビの)場面の急激な転換[切り替え]；(映画の)編集(のバージョン)‖the director's ～ 監督による編集 ❾通り抜けの道，通路，水路，切り通し，運河；近道‖He **took a short** ～ across the parking lot. 彼は近道をして駐車場を横切った ❿(ボールの)カット打ち，スピン；(野球での)バットの一振り，スイング ⓫(レコード・CDなどの中の)1曲‖a ～ from an album アルバムからの1曲 ⓬(電気・水道などの)供給停止；停電 ⓭《主に米》(授業などの)無断欠席，サボり，ずる休み ⓮〈…に対する〉(感情を傷つける)皮肉，侮辱，悪口〈at〉⓯(紙片・わらなどで作った)くじ‖draw ～*s* くじを引く ⓰(人を)故意に避けること，知らんぷり，無視 ⓱(トランプで)2つの山に分けること，札を切ること ⓲〖ゴルフ〗予選通過

a cút above ... 《口》(人・物が)…より一段上，より一枚上手(うわて)‖She is *a* ～ *above* the rest. 彼女はほかより一枚上だ

máke the cùt 〖ゴルフ〗(必要なスコアを出して)予選落ちを免れる；(一般に)(削減の中で)勝ち組として残る

miss the cùt 〖ゴルフ〗(必要なスコアを出せずに)予選落ちする；(一般に)(削減の中で)脱落する，落伍する

the cùt and thrúst 《英》〈…の〉白熱した雰囲気，厳しい環境〈of〉‖*the* ～ *and thrust of* politics [a debate] 厳しい政界[白熱した論争]

―形《比較なし》❶切った，切り離された，切断された；切り傷になった‖～ flowers 切り花 ❷カットして作った，裁断された ❸削減した，削除した，切り下げた‖at ～ prices 割引値で

▶▶ **～ and páste** (↓) **～ fástball** 名Ⓒ〖野球〗カットファストボール《打者の手元で曲がる速球》(《口》cutter) **～ gláss** 名Ⓤ カットガラス《表面をカットして模様をつけたガラス(器具)》

cùt-and-cóver 名Ⓤ〖土木〗開削式工法

cùt-and-dríed 〈ジ〉形 ❶《通例叙述》すっかり確定している，変更できない ❷(言葉・意見などが)月並な，新鮮味のない

cùt and páste 名Ⓤ 💻カットアンドペースト《画面上で文字や画像を切り取り，別の場所にはりつけること》

cùt-and-páste 形 切りばりの，寄せ集めの

cu·ta·ne·ous /kjutéɪniəs/ 形〖医〗皮膚の；皮膚を冒す(↔ subcutaneous)

cút·awày 形 ❶(図面・模型などが)(一部を切除して)内部が見えるようになった ❷(コートの前すそが)斜めに切れている；燕尾(えんび)服状の

―名Ⓒ ❶〖映画〗場面転換《同時に進行している別のシーンに切り替えること》❷(内部を見えるようにした)表面切除模型[図] ❸(＝**～ cóat**)燕尾服，モーニング

cút·bàck 名Ⓒ〈生産・人員などの〉削減，縮小〈in〉

***cute** /kjuːt/ 形 (**cut·er**；**cut·est**) ❶かわいい，魅力的な；《米口》(異性として)魅力的な(♦ 男女両方について使用できる)‖a ～ girl かわいい少女 ❷《主に米口》利口な，抜け目のない；小ざかしい‖Don't get ～ with me. おれをだまそうとするなよ ❸《米》気取った，きざな‖a ～ remark きざな文句

(*as*) *cute as a button* ⇨ BUTTON(成句)

～·ly 副 **～·ness** 名

cute·sy /kjúːtsi/ 形《口》かわい子ぶった，利口ぶった

cu·ti·cle /kjúːṭɪkl/ 名Ⓤ ❶(つめの)あま皮 ❷〖解〗表皮(epidermis)，上皮，外被，外膜，角皮 ❸〖動・植〗クチクラ，角皮《生物の体表を覆う細胞の最外部を形成する堅く薄い膜》

cut·ie, cut·ey /kjúːṭi/ 名Ⓒ《口》かわい子ちゃん

cút-ìn 名Ⓒ〖映画・テレビ〗カットイン，切り込み《場面の流れの中に挿入した別の場面》

cu·tis /kjúːṭɪs/ 名 (複 **-tes** /-ṭìːz/) Ⓒ〖解〗真皮(dermis)

cut·lass /kʌ́tləs/ 形 ❶(昔の船乗りが用いた)そり身の短剣 ❷《カリブ》＝machete

cútlass·fish 名 (複 **～** OR **～·es** /-ɪz/) Ⓒ〖魚〗タチウオ《鋭い歯と背中いっぱいに走る背びれがある》

cut·ler /kʌ́tlər/ 名Ⓒ 刃物屋，刃物師

cut·ler·y /kʌ́tləri/ 名Ⓤ《集合的に》《主に英》カトラリー(《米》flatware, silverware)《ナイフ・フォークなど》；《米》(鋭利な)刃物《ナイフ・はさみなど》

cut·let /kʌ́tlət/ 名Ⓒ ❶(焼いたり揚げたりする)肉の薄切り；カツレツ ❷(ひき肉などの)薄型コロッケ

***cút·òff, cút-òff** 名Ⓒ ❶切り離すこと；停止，打ち切り‖a total ～ of supplies 物資の全面的な供給停止 ❷期限，締め切り，限界(点)；区分‖the ～ date for registering 登録期限 ❸《主に米》近道；〖地〗(川の湾曲部を直通する)新水路 ❹〖機〗(蒸気・水などの)遮断(装置) ❺《～s》(ジーンズを切って作った)短パン，ショートパンツ ❻〖野球〗内野手による外野手からのバックホームの中継

cút·òut, cút-òut 名Ⓒ ❶〖電〗回路遮断器，安全器 ❷(木・紙などの)切り抜き ❸切り取られたもの，削除部分

cùt-príce 〈ジ〉形《英》＝cut-rate

cút·pùrse 名《古》すり(pickpocket)

cùt-ráte 〈ジ〉形《米》《限定》値引[割引]した；(店が)安売りの；品質の悪い(《英》cut-price)

***cut·ter** /kʌ́ṭər/ 名Ⓒ ❶《しばしば ～s》切る道具，切[裁]断機，カッター‖a pair of wire ～*s* 針金切り1丁 ❷切る人；裁断師；(映画の)編集者 ❸〖海〗カッター《軍艦など大きな船に付属する小艇》監視船，沿岸警備艇；(1本マストに2本の前帆のついた)小帆艇；(乗客を船から陸へ運ぶ)はしけ ❹《米》小型馬そり

C

C

cút·thròat 名 C ❶ 《旧》人殺し；狂暴な犯罪者 ❷（= ~ **rázor**）《英》（折り畳み式の）西洋かみそり ❸（= ~ **tròut**）〘魚〙カットスロート（トラウト）《あごの下に赤またはオレンジ色の斑点（はんてん）がある北米産のマス》 ━形《限定》❶《古》人殺しの；残忍な ❷ 非情な，情け容赦のない ‖ ～ competition 激烈な競争 ❸〘トランプ〙3人でする

***cut·ting** /kʌ́tɪŋ/ 名 ❶ U C 切断，裁断 ❷ C 切除部分；（挿し木用の）切り枝；《英》（新聞などの）切り抜き（《主に米》clipping）‖ press ～*s* 新聞の切り抜き ❸ C 《英》（道路・水路などの）切り通し，掘り割り ❹ U（映画の）編集；（レコードの）カッティング

━形（**more** ～；**most** ～）❶（言葉などが）人を傷つけるような，辛辣（しんらつ）な ‖ ～ remarks 辛辣な言葉 ❷（風などが）身を切るように冷たい ‖ a ～ wind 身を切るような風 ❸《限定》（刃物が）鋭利な，切れる

▸▸ ～ **bòard** 名 C 《米》食べ物を切る板，まな板；布地・皮革を切る裁ち板（《英》chopping board） ～ **édge** 名 C ①《単数形で》（ある分野などの）指導的地位，最先端 ‖ at [OR on] the ～ *edge* of ... …の最先端に ②《単数形で》（相手に対して）優位に立つ要素，特質 ③（工具などの）刃先，カッティングエッジ ～ **gráss** 名 C〘動〙ヨシネズミ《西アフリカで食用とされる》（cane rat, grasscutter） ～ **hòrse** 名 C〘動〙カッティングホース《牛の群れの中から一頭だけを分け離すように訓練された馬》 ～ **ròom** 名 C フィルム編集室

cut·tle /kʌ́ṭl/ 名 =cuttlefish

cúttle·bòne 名 C イカの甲

cúttle·fìsh 名（複 ～ OR ～·**es** /-ɪz/）C〘動〙コウイカ（→ squid）

cút·ùp 名 C《米口》ひょうきん者 ━形 ❶ 切り刻んだ；道がでこぼこの ❷《叙述》《口》気分が落ち込んだ

cút·wàter 名 C ❶（船首の）水切り ❷（橋脚のくさび形の）水よけ

cút·wòrk 名 U ❶ カットワーク，切り抜き刺繍（ししゅう） ❷ アップリケ

cút·wòrm 名 C 根切り虫

Cuz·co /kúːskoʊ | kús-/ 名 クスコ《ペルー南部の都市．インカ帝国の首都》

CV 略《ラテン》*curriculum vitae*

cwm /kʊm, kuːm/ 名 C《英》〘地〙（特にウェールズ地方の）カール（cirque）

CWO 略〘軍〙*C*hief *W*arrant *O*fficer（（米軍の）上級准尉[兵曹長]）

c.w.o. 略〘商〙*c*ash *w*ith *o*rder（現金払い注文）

cwt 略 hundredweight（♦ c はラテン語 *centum*（=hundred）より）

-cy /-si/ 接尾《名詞語尾》❶《性質・状態》‖ accura*cy*, bankrupt*cy* ❷《地位・職・身分》‖ colonel*cy*, magistra*cy*

cy·an /sáɪən, -æn/ 名 U 形 緑色がかった青色（の），シアン（の）《カラー印刷での3原色の1つ》

cy·an·ic /saɪǽnɪk/ 形 ❶〘化〙シアンの[を含む] ❷ 青い，青みがかった

cy·a·nide /sáɪənàɪd/ 名 U〘化〙シアン化物，青化物；（特に）青酸カリ（→ potassium cyanide）

cy·a·no·co·bal·a·min /sàɪənoʊkoʊbǽləmɪn/ 名 U〘生化〙シアノコバラミン《肝臓・魚・卵などに含まれるビタミン》

cy·an·o·gen /saɪǽnədʒən/ 名 U〘化〙シアン，青素《無色有毒の可燃ガス》

cy·a·no·gen·e·sis /sàɪənoʊdʒénəsɪs/ 名 U〘化〙シアン発生[形成] **-gen·ic** 形

cy·a·no·hy·drin /sàɪənoʊháɪdrɪn/ 名 U〘化〙シアノヒドリン

cy·a·no·sis /sàɪənóʊsɪs/ 名 U〘医〙チアノーゼ《血液中の酸素不足で皮膚が紫色になる状態》

cyber- /saɪbər-/ 連結形 「コンピューター，（特にインターネットでの）通信に関する」の意 ‖ *cyber*buck=*cyber*cash=*cyber*money（電子マネー），*cyber*college（インターネット上で授業を行う大学），*cyber*freak=*cyber*junkie（インターネット狂），*cyber*media（電子メディア），*cyber*pal（サイバーパル[友達]），*cyber*police（サイバー警察），*cyber*scholarship（インターネット利用による学術（活動）），*cyber*stalking（電子メールによるいやがらせ）

cýber·càfe 名 C インターネットカフェ《インターネットを利用できる喫茶店》

cýber·còn 名 C サイバー詐欺，インターネット詐欺

cýber·crìme 名 U C サイバー犯罪，ネット犯罪《インターネットを使った犯罪》 **-crìminal** 名 C サイバー犯罪者

cýber·fràud 名 C U インターネット詐欺（行為）

cýber·màll 名 C インターネット上のショッピングモール

cy·ber·na·tion /sàɪbərnéɪʃən/ 名 U（生産工程などの）コンピューター（自動）制御

cy·ber·net·ics /sàɪbərnéṭɪks/ 名 U サイバネティックス，人工頭脳学 **-ic** 形 サイバネティックスの，人工頭脳の

cỳber·phóbia 名 U（根拠のない）コンピューター恐怖症 **-phóbic** 名 C コンピューター恐怖症の人

cýber·pùnk 名 C ❶ サイバーパンク《コンピューターに管理される未来社会を題材にしたSF小説》；その作家 ❷ ネットワークに不正アクセスする人（hacker）

cỳber·secúrity /英 ⌣⌣/ 名 U サイバーセキュリティー《コンピューターへの不法侵入・データの改ざんなどに対して防御すること》

cýber·sèx 名 U サイバーセックス《コンピューターゲームなどによる疑似的性体験；インターネットを介した疑似的性交渉》

cýber·spàce 名 U ❶ サイバースペース《インターネット上に構成されているデジタル情報のやりとりの行われる概念上のネットワーク社会》 ❷ =virtual reality

cýber·squàtting 名 U サイバースクワッティング《有名企業の名称をドメイン名として登録し，それを売って利益を得ること》 **-squàtter** 名 C サイバースクワッター

cýber·tèrrorìsm 名 U サイバーテロ《インターネットを利用してコンピューターシステムの破壊を行うこと》 **-tèrrorist** 名 C サイバーテロリスト

cýber·wàr 名 U サイバー戦，情報戦《情報システムにおける戦い》

cy·borg /sáɪbɔːrg/ 名 C サイボーグ，人造人間《特殊な環境でも生活できるよう改造された人工的な人間》
語源 *cyber*netic（人工頭脳の）+*org*anism（生体）

cy·brar·y /sáɪbreri | -brəri/ 名 C サイブラリー，電脳図書館（♦ *cyber*+li*brary* より） **cy·brár·ian** 名 C

cy·cad /sáɪkæd/ 名 C〘植〙ソテツ

cy·cla·mate /sáɪkləmèɪt, síklə-/ 名 U C〘化〙チクロ《一時期人工甘味料として使用されたが，発癌（はつがん）物質とみなされ使用禁止になった》

cy·cla·men /síkləmən, -men, sáɪ-/ 名 C〘植〙シクラメン

‡**cy·cle** /sáɪkl/
━名（複 ～**s** /-z/）C ❶ **循環**，（現象などの）一巡り；**周期**；繰り返し，反復 ‖ the business ～ 景気の循環 / the ～ of the seasons 季節の移り変わり / break a vicious ～ 悪循環を断つ / A new store seems to open on that corner on a three-year ～. あの角の店は3年周期で入れ替わっているようだ
❷〘理〙（振動などの）一周期，サイクル；サイクル《1回の処理に必要な時間・また繰り返される一連の手順の1回分》
❸（特定の主題・英雄などに関する）一群の詩歌[物語，伝説]；一連のもの ‖ a song ～（ある作曲家の）一連の歌曲
❹ **自転車**（bicycle），三輪車（tricycle），オートバイ（motorcycle）；《単数形で》自転車に乗ること ‖ a two-hour ～ 自転車で2時間行くこと ❺《the ～》《米》〘野球〙サイクルヒット《1試合に一人で単打・2塁打・3塁打・本塁打を打つこと》 ❻ 長い年月，一時代 ❼〘天〙（天体の）軌道
━動（～**s** /-z/；～**d** /-d/；**-cling**）
━自 ❶ **自転車に乗る**（♦ しばしば方向を表す副句を伴う）‖ ～ to work 自転車で出勤する / go *cycling* サイクリングに出かける ❷ 循環する，回帰する ━他 …を循環させる

語源 ギリシャ語 *kyclos*(輪)から. bicycle と同系.
▸▸～ **làne** 名 C 《英》自転車専用レーン(《米》bicycle [bike] lane)

cýcle-rìckshaw 名 C 自転車タクシー

cy·clic /sáɪklɪk, sík-/ 形 ❶ 周期的な, 循環する；周期の ❷ 〖植〗輪性の, 輪生花の ❸ 〖化〗環式(化合物)の ❹ 〖数〗巡回的な ▸▸～ **ÀMP** 名 U 〖生化〗環状AMP

cy·cli·cal /síklɪkəl, sáɪ-/ 形 =cyclic ❶ **～·ly** 副

***cy·cling** /sáɪklɪŋ/ 名 U サイクリング, 自転車[三輪車, バイク]に乗ること

***cy·clist** /sáɪklɪst/ 名 C 自転車[オートバイ, 三輪車]乗り(cycler)

cyclo- 連結形「環状の」の意；〖化〗「環式の」の意(♦ 母音の前では cycl- を用いる) ‖ *cyclo*id；*cyclo*tron

cy·clo-cross /sáɪkloʊkrɔ̀(ː)s/ 名 U 《英》自転車によるクロスカントリー競技

cy·cloid /sáɪklɔɪd/ 名 C ❶ 〖数〗サイクロイド, 擺線(はいせん) ❷ 円鱗(えんりん)魚 ―形 ❶ 円状の ❷ (魚が)円鱗のある
cy·clói·dal 形

cy·clom·e·ter /saɪklɑ́(ː)məṱər | -klɔ́mɪ-/ 名 C ❶ (自転車などの)走行距離計 ❷ 円弧測定器

cy·clone /sáɪkloʊn/ 名 C ❶ 〖気象〗サイクロン《インド洋の大型の熱帯性低気圧による暴風》；低気圧；大竜巻(⇨ WIND[1] 類語) ❷ (一般に)旋風 ❸ 遠心分離機
cy·clón·ic 形

cy·clo·pe·an /sàɪkləpíːən/ <ジ 形 ❶ キュクロプス(Cyclops)の(ような) ❷ 〖建築〗キュクロプス式の, 巨石を積み上げた

cy·clo·pe·di·a, -pae- /sàɪkləpíːdiə/ 名 =encyclopedia **-pé·dic** 形

Cy·clops /sáɪklɑ(ː)ps | -klɔps/ 名 C ❶ (複 **-clo·pes** /-klóʊpiːz/) 〖ギ神〗キュクロプス《1つ目の巨人》 ❷ 《c-》(複 **cyclops**) ミジンコ(water flea)

cy·clo·ram·a /sàɪklərǽmə, -rɑːmə | -rɑ́ːmə/ 名 C ❶ 円形パノラマ ❷ 〖劇〗背景の空幕, 円形ホリゾント

cy·clo·tron /sáɪklətrɑ̀(ː)n | -trɔ̀n/ 名 C 〖理〗サイクロトロン《原子の人工破壊に用いる加速装置の一種》(→ betatron)

cyg·net /sígnət/ (♦ 同音語 signet) 名 C 白鳥の子

cyl·in·der /sílɪndər/ 名 C ❶ 円筒, 円柱(⇨ SOLID 図) ❷ (回転式ピストルの)弾倉；〖機〗シリンダー, 気筒 ❸ (圧縮空気などの)ボンベ ‖ an oxygen ～ 酸素ボンベ
fire* [OR *wòrk, rùn, hìt*] *on àll cýlinders 全力を出す
▸▸～ **blòck** 名 C 〖機〗(エンジンの)シリンダーブロック ～ **hèad** 名 C 《通例単数形で》シリンダーヘッド《内燃機関内のシリンダー末端を覆う弁》 ～ **sèal** 名 C 〖考古〗円筒状の石印[土器]

cy·lin·dri·cal /səlíndrɪkəl/, **-dric** /-drɪk/ 形 円柱の, 円筒形の **-cal·ly** 副

cym·bal /símbəl/ (♦ 同音語 symbol) 名 C 〖楽〗シンバル
～·ist 名 シンバル奏者

cym·bid·i·um /sɪmbídiəm/ 名 C 〖植〗シンビジウム《熱帯性のランの一種》

cyme /saɪm/ 名 C 〖植〗集散花序(の花) **cý·mose** 形

Cym·ric /kímrɪk, kʌ́m-/ 形 名 =Welsh

cyn·ic /sínɪk/ 名 C ❶ 皮肉屋, 冷笑家 ❷ 《C-》キニク[犬儒]派の哲学者
語源「犬のような」の意のギリシャ語 *kynikos* から. ギリシャ哲学の一派で美徳を実践するために禁欲生活を送っていた学者たちの生活を「犬のような」と皮肉った.

cyn·i·cal /sínɪkəl/ 形 (**more ～**；**most ～**) ❶ 〈…に〉皮肉な, 冷笑的な；ひねくれた, 人間不信の, 懐疑的な〈**about**〉 ‖ The salesman was ～ *about* his chances for advancement. そのセールスマンは昇進の機会について懐疑的だった ❷ 自分の利益だけを考える **～·ly** 副

cyn·i·cism /sínɪsɪ̀zm/ 名 U ❶ 冷笑的な性質[考え方]；冷笑的な言動 ❷ 《C-》キニク派の哲学

cy·no·sure /sáɪnəʃʊ̀ər, sínə- | sáɪnəsjʊ̀ə, sínə-, -ʃʊ̀ə, -zjʊ̀ə, -ʒʊ̀ə/ 名 C 《単数形で》❶ 注目[賞賛]の的 ❷ 指針, 目標となるもの

Cyn·thi·a /sínθiə/ 名 ❶ 《文》(女神として擬人化された)月 ❷ =〖ギ神〗Artemis, 〖ロ神〗Diana

cy·pher /sáɪfər/ 名 動 =cipher

cýpher·pùnk 名 C 💻 (ネットワーク上で)暗号を用いる人, サイファーパンク《特に当局からの監視・干渉を避けることを意図して暗号を用いる》

***cy·press** /sáɪprəs/ 名 ❶ C 〖植〗イトスギ(糸杉)；U イトスギ材 ❷ C イトスギの(小)枝《喪の象徴》

***Cyp·ri·ot** /sípriət/ 形 キプロス島(人[語])の
―名 (複 **～s** /-s/) ❶ C キプロス人 ❷ U キプロス語《ギリシャ語のキプロス方言》

***Cy·prus** /sáɪprəs/ 名 キプロス《地中海東部の共和国. 公式名 the Republic of Cyprus. 首都 Nicosia》

Cy·ril·lic /sərílɪk, sɪ-, kɪ-/ 名 U 形 キリル文字(の) ‖ the ～ alphabet キリル字母《ロシア字母の基礎となった》

cyst /sɪst/ 名 C ❶ 〖生〗包嚢(ほうのう), 包子 ❷ 〖医〗嚢胞, 嚢腫(のうしゅ)

cys·tec·to·my /sɪstéktəmi/ 名 C ❶ 嚢腫切除 ❷ 膀胱(ぼうこう)切除

cyst·ic /sístɪk/ 形 ❶ 包嚢の(ある)；包嚢に包まれた ❷ 〖解〗膀胱の；胆嚢の ▸▸～ **fi·bró·sis** 名 U /-faɪbróʊsɪs/ 〖医〗嚢胞性繊維症《小児の遺伝性疾患》

cys·ti·cer·cus /sìstɪsə́ːrkəs/ 名 (複 **-ci** /-saɪ/) C 〖動〗嚢虫(のうちゅう)《条虫のうち, 有鉤(ゆうこう)条虫の幼虫. 人間の全身のあらゆる場所に寄生しさまざまな症状を起こす》

cys·ti·tis /sɪstáɪṱɪs/ 名 U 〖医〗膀胱炎

-cyte 連結形「細胞(cell)」の意 ‖ leuco*cyte* (白血球)

Cyth·e·re·a /sìθəríːə/ 名 〖ギ神〗キュテレイア, キュテラの女神《アフロディテの異名》

Cyth·e·re·an /sɪθərí(ː)ən/ 形 ❶ 金星の ❷ キュテレイアの, アフロディテの

cyto- 連結形「細胞(cell)」の意(♦ 母音の前では cyt-) ‖ *cyto*plasm

cy·to·ge·net·ics /sàɪṱoʊdʒənéṱɪks/ <ジ 名 U 〖生〗細胞遺伝学 **-i·c(al)** 形 **-i·cal·ly** 副 **-i·cist** 名

cy·tol·o·gy /saɪtɑ́(ː)lədʒi | -tɔ́l-/ 名 U 細胞学
cỳ·to·lóg·ic(al) 形 **-gist** 名 C 細胞学者

cy·to·plasm /sáɪṱəplæ̀zm | sáɪtoʊ-, -tə-/ 名 U 〖生〗細胞質 **-plás·mic** 形

cy·to·sine /sáɪṱəsiːn | -toʊ-, tə-/ 名 U 〖生化〗シトシン《核酸の成分》

czar /zɑːr, tsɑːr/ 名 C ❶ 皇帝；(特に)(帝政)ロシア皇帝, ツァー ❷ 独裁者 ❸ 権力者, 大ボス ‖ a ～ of finance 財界の大御所(♦ tsar, tzar ともつづる) ❹ 《通例修飾語句を伴って》(政府に任命された)担当官

czar·das, csar- /tʃɑ́ːrdɑːʃ | -dæʃ/ 名 (複 ～) C チャルダッシュ《ハンガリーの舞曲》

cza·ri·na /zɑːríːnə, tsɑː-/ 名 C (帝政)ロシアの皇后(♦ tsarina, tzarina ともつづる)

czar·ism /zɑ́ːrɪzm, tsɑ́ːr-/ 名 U ❶ ロシア帝政 ❷ 独裁[専制]政治(♦ tsarism, tzarism ともつづる) **-ist** 名 形

***Czech** /tʃek/ (♦ 同音語 check) 名 (複 **～s** /-s/) ❶ C チェコ人 ❷ U チェコ語
―形 チェコの, チェコ人[語]の；旧チェコスロバキアの

***Czech·o·slo·vak** /tʃèkoʊslóʊvæk, +米 -vɑːk/ <ジ 形 旧チェコスロバキアの
―名 (複 **～s** /-s/) C 旧チェコスロバキア人

***Czech·o·slo·va·ki·a** /tʃèkəsloʊvɑ́ːkiə | -vǽk-, tʃèk-əslə-/ 名 旧チェコスロバキア《ヨーロッパ中部にあった社会主義共和国. 首都 Prague. 1993年 the Czech Republic と Slovakia に分かれた》
-ki·an 形 名 =Czechoslovak

***Czèch Repúblic** 名 《the ～》チェコ《中欧の共和国. 1993年チェコスロバキアから分離独立. 首都 Prague》

Czer·ny /tʃéərni, tʃə́ːrni/ 名 **Karl ～** チェルニー (1791–1857)《オーストリアのピアニスト・作曲家》

D

The nation that **destroys** its soil **destroys** itself. 国土を破壊する国家はその国自体を破壊する
(⇨ F. D. ROOSEVELT)

d

D

d, D[1] /diː/ 名 (複 **d's, ds** /-z/ ; **D's, Ds** /-z/) C ❶ ディー《英語アルファベットの第4字》❷ d [D] の表す音 ❸ (活字などの) d [D] 字 ❹ D字形(のもの) ❺ (連続するものの)第4番目；〘数〙第4の既知数 ❻ U (ローマ数字の) 500 ‖ DC, dc 600 ❼ U C〘楽〙ニ音；ニ音の鍵盤(けんばん)〔弦など〕；ニ調 ❽ U C 可《学業成績の最低合格点》 ▸▸**D làyer** 名《the ～》ディー層《最も地表に近い電離層》
D[2] 記号〘化〙deuterium (重水素)
d. 略 date ; daughter ; day ; deci- ; degree ; 《英》penny (♦ ラテン語 *denarius* より. 現在は英語名から p. を用いる) ; deputy ; diameter ; died ; dose ; drachma
D. 略 December ; Democrat, Democratic ; Doctor ; Don ; Dutch
'd /əd/ ❶《主に代名詞の後で》had, would, should の短縮形 ‖ You'*d* better go. / I'*d* love to. ❷《疑問詞の後で》did の短縮形 ‖ Where'*d* he go?
da 略 deca-
DA 略 *D*epartment of *A*griculture (《米国の》農務省) ; 《米》*D*istrict *A*ttorney ; 《米》*d*on't [*d*oesn't] *a*nswer
Da. 略 Danish
D/A 略〘商〙*d*ays after *a*cceptance ((手形) 引き受け後…日(払い)) ; *d*eposit *a*ccount
dab[1] /dæb/ 動 (**dabbed** /-d/ ; **dab·bing**) 他 …を軽くはたく[たたく], そっと当てる；〔ペンキ・薬など〕を〈…に〉さっと塗る〈**on, onto**〉‖ ～ one's eyes with a handkerchief ハンカチで目をそっと押さえる —自〈…を〉軽くはたく[たたく], 〈…に〉そっと当てる〈**at**〉 —名 C ❶ (柔らかい, 湿ったものの)少量, わずか ‖ a ～ of paste 少量ののり ❷ 軽くはたくこと；(軽い)一塗り, 一はけ ❸《～s》《英俗》指紋
dab[2] /dæb/ 名 C〘魚〙小型のカレイ《特にマコガレイ》
dab[3] /dæb/ 名 (= ～ **hánd**) C《英口》〈…の〉名人, 達人〈**at, with**〉‖ a ～ (hand) *at* fencing フェンシングの名手
dab·ble /dæbl/ 動 自 ❶ (軽い気持ちで)〈…に〉手を出す, 〈…を〉かじる〈**in, at, with**〉‖ ～ *in* politics 政治をかじる ❷ (浅い所で)水遊びする；(鳥が)(餌(えさ)を捕まえようとして)くちばしを水に突っ込む —他 (水をはね返したりして)…をぬらす；〈水の中で〉〔手や足〕をばちゃばちゃさせる〈**in**〉
-bler 名 C (物事を)道楽半分にする人
▸▸**dàbbling dúck** 名 C〘鳥〙カモ
da ca·po /dɑː kɑ́ːpou/ 副 形《イタリア》〘楽〙ダカーポ《「初めから繰り返せ」の演奏指示. 略 D.C.》
dace /deɪs/ 名 (複 ～ OR **dac·es** /-ɪz/) C〘魚〙ウグイ《コイ科の淡水魚》
da·cha /dɑ́ːtʃə | dǽ-/ 名 (複 ～) C (ロシアの田舎の)別荘
dachs·hund /dɑ́ːkshùnd | dǽksənd/ 名 C〘動〙ダックスフント《短脚胴長のドイツ原産の猟犬》
Da·cron /déɪkrɑ(ː)n | dǽkrɔn/ 名 U《商標》ダクロン《ポリエステル系合成繊維》
dac·tyl /dǽktɪl/ 名 C〘韻〙(近代詩の)強弱弱格；(古典詩の)長短短格 **dac·týl·ic** 形 名 C《通例 ～s》〘韻〙強弱弱[長短短]格の(詩)
dad /dæd/
—名 (複 **～s** /-z/) C《口》**父さん**, おやじ, パパ (↔ mom, mum[1]) (♥ くだけた会話では father や papa よりもよく使われる. 呼びかけにも用いられる. → daddy) ‖ Mom, where's *Dad*? ママ, パパはどこ (♦ 家族間では通例固有名詞的に Dad を用いる) / My ～'s strong! 僕の父さん強いんだぞ
Da·da /dɑ́ːdɑː/ 名 U ダダ(イズム)《20世紀初頭の芸術・文学運動. 既成の芸術観を否定した》
～·ìsm 名 = Dada **～·ist** 名 C 形 ダダイスト(の)
dad·dy /dǽdi/
—名 (複 **-dies** /-z/) ❶ C《口》**お父ちゃん**, パパ (→ mommy, mummy[1]) (♥ dad よりも親しみがこもっており子供が好んで用いる. 用法は dad と同様)
❷《the ～》(同類の中で)最高[最重要]の人[もの]；大御所, 長老；先駆け
▸▸**～ lónglègs** 名 (複 ～ **-legs**) C《単数・複数扱い》① 《米口》〘動〙ザトウムシ ② 《英口》〘虫〙ガガンボ (《米》crane fly)
da·do /déɪdou/ 名 (複 **～s, ～es** /-z/) C〘建〙腰羽目；ディドー《円柱の台石の cornice と base の間》
▸▸**～ ràil** 名 C 腰羽目繰形《床から1メートル程度の高さに水平に取りつける細長い装飾板》
Daed·a·lus /dédələs | díː-/ 名〘ギ神〙ダイダロス《クレタ島の迷宮を造った名工で Icarus の父》
dae·mon /díːmən/ 名 C ❶〘ギ神〙ダイモン《神と人の間に位置する超自然の存在》❷ 守護神 ❸《古》= demon ❹ 💻 デーモン《UNIXでの種々の要求を扱うバックグラウンド処理プログラム》(♦ *d*isk *a*nd *e*xecution *mon*itor の略)
dae·món·ic /dɪmɑ́(ː)nɪk/ 形
daff /dæf/ 名《口》= daffodil
daf·fo·dil /dǽfədɪ̀l/ 名 ❶ C〘植〙ラッパズイセン《ウェールズの国花》, スイセン ❷ U 鮮黄色
daf·fy /dǽfi/ 形《口》= daft
daft /dæft | dɑːft/ 形《主に英口》❶ とんまな, ばかな ❷《叙述》夢中になって
(*as*) *daft as a brush* ⇨ BRUSH[1](成句)
～·ness 名
dag[1] 略《米》decagram(s)
dag[2] /dæg/ 名 C《～s》❶《豪・ニュージ口》変わっている人 ❷《豪口》流行遅れの人, 保守的な人 ❸《豪・ニュージ口》糞(ふん)がこびりついて固まった羊の毛の束 ❹ 着物の縁飾り
ràttle one's dágs《豪・ニュージ口》急ぐ
Da·ge·stan /dɑ̀ːgɪstɑ́ːn/ 名 ダゲスタン《北コーカサスのカスピ海西岸ロシア連邦内の共和国. 首都 Makhachkala》
Da·ge·stá·nian 形 ダゲスタンの；ダゲスタン人[語]の —名 C ダゲスタン人；U ダゲスタン語
dag·ger /dǽgər/ 名 C ❶ 短剣, 短刀 ❷〘印〙ダガー, 剣標 (obelisk)《参照・死没などを表す. †》‖ a double ～ ダブルダガー (‡) ❸ 人の心を傷つけるもの；不安の種
at [OR *with*] *dàggers dráwn*《英》いがみ合って〈**with** 人と；**over** …のことで〉
lòok [OR *shòot*] *dággers* (*at a pérson*) (人を)すごい目でにらみつける
da·go /déɪgou/ 名 (複 **～s, ～es** /-z/) C ⊗《俗・卑》デイゴウ《スペイン・イタリア・ポルトガル系の人》(♥ 極めて差別的な表現)
da·guerre·o·type /dəgérətàɪp, -gérou-/ 名 U ダゲレオタイプ, (昔の)銀板写真法；C 銀板写真
Dág·wòod (**sàndwich**) 名 C《米》ダグウッドサンドイッチ《具をたくさん挟んだ厚いサンドイッチ》(♦ 漫画 *Blondie* より)
dahl·ia /dǽljə | déɪliə/ 名 C〘植〙ダリア
Dail Eir·eann /dɔɪl éɪrən | -ɛər-/ 名《the ～》(アイルランドの)下院
dai·ly /déɪli/ 形《比較なし》《限定》❶ 毎日の, 日々の, 日常の；(日曜以外) 毎日の ‖ Convenience stores focus on selling ～ necessities. コンビニは日用品に力点を置いている / *Daily* calls from Mom are getting on

my nerves. 母が毎日電話をかけてくるのでいらいらする / a ~ newspaper 日刊紙 / one's ~ life 日常生活 ❷ 1日ごとの, 1日単位の ‖ the required ~ supply of calories 1日に必要とされるカロリー / a ~ wage of $120 120ドルの日給
—副 《比較なし》毎日, 日ごとに ‖ The store is open from 10 a.m. to 7 p.m. ~. その店は毎日午前10時から午後7時まで営業している
—名 (複 -lies /-z/) Ⓒ 《口》 ❶ 《しばしば -lies》日刊新聞 ❷ (= ~ hélp) 《英》《旧》通いのお手伝いさん ❸ 《-lies》(映画の)編集前のフィルム(rushes)
▶▶ ~ dóuble 名Ⓒ (競馬の)重勝(式の賭(か)け)《2つのレースを1組にして, それぞれの1着馬を当てる方式》 ~ dózen 名《one's ~》《旧》《口》日課の体操[運動]

dain·ty /déɪnṭi/ 形 ❶ きゃしゃな, 優美な ‖ ~ hands きゃしゃな手 / a ~ lace handkerchief きれいなレースのハンカチ ❷ 洗練された, 優雅な ❸ (味・センスなどに)うるさい, やかましい ‖ a ~ eater 食べ物にうるさい人 ❹ おいしい, 美味な; 上等の —名 (複 -ti·es /-z/) Ⓒ おいしいもの, 珍味 -ti·ly 副 -ti·ness 名

dai·qui·ri /dáɪkəri/ 名 (複 ~s /-z/) Ⓒ ダイキリ《ラム酒とレモンとライムジュースのカクテル》

dair·y /déəri/ 《発音注意》名 (複 dair·ies /-z/) Ⓒ ❶ (農場の)乳製品加工[製造]所, バター・チーズ製造所 ❷ 乳製品販売所[会社], 牛乳店 ❸ 酪農場(dairy farm) ❹ Ⓤ 《集合的に》乳製品 (dairy products) ❺ (=córner ~)《ニュージ》(地元の)小さな雑貨店
—形 ❶ 《限定》ミルクから作られる[を含む]; 酪農の ❷ (ユダヤ教の食物規定で)(食物が)牛乳系の
▶▶ ~ càttle 名Ⓤ 《集合的に》《複数扱い》乳牛 ~ fàrm 名Ⓒ 酪農場 ~ fàrming 名Ⓤ 酪農業 ~ pròd·ucts 名 複 酪農製品, 乳製品

dáiry·ing 名Ⓤ 酪農業

dáiry·màid 名Ⓒ 《古》酪農場で働く女性, 乳搾りの女性 (中立 dairy worker [employee])

dáiry·man /-mən/ 名 (複 -men /-mən/) Ⓒ 《旧》酪農場主; 酪農場で働く男性; 乳製品販売業者 (中立 dairy farmer) -wòman 名 (複 -wòmen) Ⓒ 女性酪農場主; 酪農場で働く女性

da·is /déɪɪs/ 名Ⓒ 《通例単数形で》(講堂などの)演壇

dai·sy /déɪzi/ 名 (複 -sies /-z/) Ⓒ ❶ 〖植〗デージー《ヒナギク(English daisy)など》 ❷ 《俗》逸品, 一流のもの[人]
(as) frèsh as a dáisy 元気いっぱいの, はつらつとした
be pùshing ùp (the) dáisies 《口》死んで埋葬されている
語源 古英語 *dæges eage*(昼の目, 太陽)から. 花が太陽に似ていることによる.
▶▶ ~ chàin 名Ⓒ ① デージーの花輪 ② (関連する人・ものの)連続 ③ デイジーチェーン《SCSIタイプなどの周辺機器の直列的接続方法》 ~ whèel 名Ⓒ デイジーホイール《タイプライターや初期のプリンターの印字部品. 金属またはプラスチックの小円盤の縁に活字が彫ってある》

dáisy·cùtter 名Ⓒ ❶ 〖軍〗破砕性爆弾(daisy bomb)《地表近くで炸裂し, 地上兵の殺傷やヘリコプターの着陸地点の確保を目的とする》 ❷ 〖スポーツ〗地をはうようなボール

Da·kar /dɑːkɑ́ːr | dǽkɑː/ 名 ダカール《セネガルの首都》

Da·ko·ta /dəkóuṭə/ 名 ダコタ ❶ Ⓤ 米国中西部の旧準州《1889年ノースダコタ州とサウスダコタ州に分離》 ❷ (複 ~ OR ~s /-z/) Ⓒ スー族《北米先住民》; Ⓤ スー族語 -tan 形名

dal 略 decaliter(s)

Da·lai La·ma /dɑ̀ːlaɪ lɑ́ːmə | dæ̀-/ 名 《the ~》ダライ=ラマ《チベット仏教の教主》

dale /deɪl/ 名Ⓒ (特にイングランド北部の)谷

dales·man /déɪlzmən/ 名 (複 -men /-mən/) Ⓒ (特にイングランド北部の)谷間の住人 (中立 dale inhabitant [dweller])

Dal·las /dǽləs/ 名 ダラス《米国テキサス州北東部の都市. Kennedy 大統領暗殺(1963)の地》

dal·li·ance /dǽliəns/ 名ⓊⒸ 《文》恋の戯れ; 時間の浪費 ‖ sexual ~ いちゃつき

dal·ly /dǽli/ 動 (-lied /-d/; ~·ing) 自 ❶ 〈物・考えなどを〉もてあそぶ, 漫然と考える; 〈異性と〉戯れる〈with〉 ❷ だらだら過ごす, ぐずぐず手間取る —他 〔時間・機会など〕を浪費する《*away*》 -li·er 名

Dal·ma·tia /dælméɪʃə/ 名 ダルマチア《ユーゴスラビア西部のアドリア海に面する海岸地方》

Dal·ma·tian /dælméɪʃən/ 形 ダルマチア(人)の
—名Ⓒ ❶ ダルメシアン《白地に黒または茶色の斑点(はんてん)がある中型犬》 ❷ ダルマチア人

dal·mat·ic /dælmǽṭɪk/ 名 Ⓒ ダルマチカ《助祭用の祭服》; (英国国王の)戴冠式用式服

dal se·gno /dɑːl séɪnjou | dæl sé-/ 副 《イタリア》〖楽〗ダルセーニョ《「記号のところから繰り返せ」の演奏指示. 略 D.S.》

dal·ton /dɔ́ːltən/ 名Ⓒ 〖理〗原子質量単位(atomic mass unit)(♦John Dalton の名にちなむ)

dal·ton·ism /dɔ́ːltənɪ̀zm/ 名Ⓤ 《しばしば D-》〖医〗(先天性)赤緑色覚異常(protanopia)

***dam**[1] /dæm/ (♦同音語 damn) 名Ⓒ ❶ ダム, せき; (ビーバーの)せき ‖ the Aswan *Dam* アスワンダム ❷ Ⓤ せき止めた水 ❸ 〖歯〗(治療中に唾液(だえき)を抑える)ゴム板 ❹ 障害(となるもの) —動 (dammed /-d/; dam·ming) 他 ❶ …にダムを建設する; …をダムでせき止める《*up*》 ❷ …を遮る, 抑える《*up*》 ‖ ~ *up* one's feelings 感情を抑える

dam[2] /dæm/ (♦同音語 damn) 名Ⓒ (家畜の)母獣 (↔ sire)

dam[3] 略 decameter(s)

****dam·age** /dǽmɪdʒ/ 《アクセント注意》名 動
—名 (複 -ag·es /-ɪz/) ❶ Ⓤ **損害**, 損傷; 悪影響〈to …への; from …による〉 ‖ The earthquake **caused** [OR **did**, ˣmade, ˣgave] 「a lot of [OR much] ~ *to* the city. 地震はその市に多大な損害を与えた / The forest has **suffered** severe [OR serious] ~ *from* acid rain. 森は酸性雨によって深刻な被害を受けている / The ~ *to* the company's reputation couldn't be undone. その会社の信用に対する悪影響は取り返しがつかなかった
連語 【形/名+~】 extensive ~ 広範囲にわたる被害 / minor [OR slight] ~ わずかな損害 / flood ~ 洪水による被害 / brain ~ 脳損傷 / environmental ~ 環境への悪影響 / criminal ~ 器物損壊(罪)
❷ Ⓒ 《~s》〖法〗損害賠償金 ‖ pay [claim] ~*s* of $3,000 3,000ドルの損害賠償金を支払う[請求する] / seek ~*s* 損害賠償を求める

COMMUNICATIVE EXPRESSIONS
1 **The dàmage is dóne.** もう手遅れだ; 後の祭りだ
2 **Whàt's the dámage?** 支払[勘定]はいくらですか(♥レストランなどで用いるユーモラスな表現)

—動 (-ag·es /-ɪz/; ~d /-d/; -ag·ing)
—他 〔物・体の一部〕に**損害**[損傷]**を与える**; 〔体面・名声など〕を傷つける(⇨ INJURE 類語P) ‖ Too much pitching ~*d* the rookie's arm. ピッチングのしすぎでルーキーの腕が傷んだ / Her image was **badly** [OR **severely**] ~*d*. 彼女のイメージはひどく傷ついた / a bomb-~*d* jeep 爆弾で破損したジープ —自 傷む, 傷つく
▶▶ ~ limitátion [《主に米》 contról] 名Ⓤ 被害対策《被害を最小限に食い止めるための対策》

***dam·ag·ing** /dǽmɪdʒɪŋ/ 形 (more ~; most ~) 〈…に〉有害な〈to〉 ‖ Excessive salt is ~ *to* human health. 過度の塩分は人間の健康にとって有害だ / a ~ effect 悪い影響 ~·ly 副

dam·a·scene /dǽməsìːn/ 名 ❶ 《D-》Ⓒ ダマスカス市民 ❷ Ⓤ 象眼細工
—形 ❶ 《D-》ダマスカス市(民)の ❷ 象眼のある
—動 他 〔鋼・金属〕に波状の模様をつける; …を象眼で飾る

Da·mas·cus /dəmǽskəs/ 名 ダマスカス《シリア=アラブ共和国の首都》 ▶▶ ~ stéel 名Ⓤ ダマスカス鋼《刀剣用

D

の波状模様入りの鋼》

dam·ask /dǽməsk/ 名 U ❶ ダマスク織《両面を紋織りにした絹・麻・木綿などの織物》 ❷ ダマスカス鋼 (Damascus steel)；その波状模様 ❸ 淡紅色 ━形《文》淡紅色の ━動 他《文》…を紋織りにする

▸▸ ～ **róse** 名 C ダマスクローズ《香りのよい淡紅色のバラ》

*__dame__ /deɪm/ 名 C ❶ ⊗《米口》《しばしば蔑》女 ❷ (D-)《英》デイム《ナイト(knight)と同等の位を持つ女性の称号. 男子の Sir に相当し, 洗礼名の前につける；knight [baronet] の夫人 (に対する正式の尊称)》 ❸《主に英》(パントマイムで男性の演じる)滑稽(こっけい)な中年女性 ❹《古》《戯》年輩の女性(matron) ❺ 修道女

D

dám·fòol, dámn·fòol 名 C《旧》《口》どうしようもない愚か者 ━形《限定》とても愚かな

dam·mit /dǽmɪt/ 間《口》畜生, くそっ (♦ damn it の変形)(→ damn 動 ❶)

*__damn__ /dæm/《発音注意》(♦ 同音語 dam) 動 (~s /-z/；~ed /-d/；~·ing) 他 ❶ …を呪(のろ)う, ののしる；《間投詞的に》《口》畜生, くそっ(♥ 怒り・いら立ち・軽蔑・落胆などを表すが, 非常に乱暴な表現なので避ける方がよい. もとは露骨さを避けて d— /diː, dæm/, d—n /diːn, dæm/ と書かれたが, 現在は darn で代用されることが多い) ‖ *Damn*!= *Damn* it (all)! 畜生, 何てこった, 知るか / Don't say it, ～ you! この野郎, そんなこと抜かすな / *Damn* the rain! いまいましい雨め / God ～ (it)! ちぇっ, しまった, 畜生 / Go ahead. *Damn* the consequences [expense]. さあ, やりたまえ. 結果[費用]はどうだろうと構わないから ❷ (神が) …を永遠の罰に処する, 地獄に落とす ❸ …を破滅させる, …の破滅のもととなる ‖ With this foolish act he ～*ed* himself in everyone's opinion. このばかげた行動で彼は自ら評判を地の底まで落としてしまった ❹ (批評家などが) …をこき下ろす, 散々にけなす ‖ The newspapers all ～*ed* the play. 新聞は各紙ともその芝居を酷評した

(*as*) ***nèar as dámn it*** 《英口》ほとんど (♦ (as) near as dammit ともいう)

dámn ... with fàint práise 冷ややかな褒め方をして…をそれとなく批判する

Dámned if I [*you*] ***dò,*** (***and***) ***dámned if I*** [*you*] ***dòn't.*** どっちにしても批判を受ける[けなされる]

(***I'm*** [OR ***I'll be***]) ***dámned if ...*** 《口》絶対に…(し)ない ‖ *I'll be* ～*ed if* I'd tell on you. 君のことを告げ口なんかするものか / "What happened?" "*Damned if* I know."「何が起こったんだ」「知るもんか」

(***Well,***) ***I'll be dámned, ...*** 《口》こいつはまいった [驚いた], …だとは(♥ 強い驚き・いら立ちなどを表す) ‖ *Well, I'll be* ～*ed*, my watch has stopped again. こいつはまいった, また時計が止まってしまった

━名 C《a ～》《否定文で》ほんの少量, 少し

*__*nòt gíve*__ [OR *càre*] ***a dámn*** 《口》全く気にしない〈**about** …を / **wh** 節 …か〉‖ I do*n't give* [OR *care*] *a* ～ *what* he says. 彼が何を言おうが構うものか

nòt wòrth a dámn 《口》何の価値もない

━形《比較なし》《限定》《口》=damned ‖ That's a lot of ～ nonsense. そいつは全くばかばかしいことだ / a ～ fool 大ばか

━副《比較なし》《形容詞・副詞を修飾して》《口》ひどく, とても, 全く ‖ The town is pretty ～ dead. 町には全く活気がない / ～ good すごくいい

dàmn áll 《英口》無, ゼロ(nothing) ‖ There's ～ *all* in my wallet. 財布の中は空っぽだ

dàmn néar ほとんど(almost)

Dàmn stráight [OR ***right***]***!*** 全くそのとおり

dàmn wéll 絶対に；間違いなく ‖ You know ～ *well* I don't mean it. 私が本気で言っていないことはよくわかっているくせに

dam·na·ble /dǽmnəbl/ 形 ❶ いまいましい, ひどい ❷ 地獄に落ちるべき, 呪われるべき **-bly** 副

dam·na·tion /dæmnéɪʃən/ 名 U 地獄に落ちる[落とす]こと, 破滅 ━間 畜生；ちぇっ

dam·na·to·ry /dǽmnətɔ̀ːri | -təri/ 形 非難する, 呪いをもたらす；地獄に落とす(ような)

*__damned__ /dæmd/ 形 (♦ 形 ❶, 副 では露骨さを避けて d—d /diːd/ などと書かれることがある. 現在は darned で代用されることが多い) ❶《限定》《口》いまいましい；忌まわしい；《強意》全くの, とてつもない(♥ 怒り・いら立ちを強調する非常に乱暴な表現なので避ける方がよい) ‖ Get that ～ cat out of the house. そのいまいましい猫を家から追い出せ / That's the ～*est* thing I ever saw. 今まで見たこともないようなとてつもないものだ ❷ 地獄に落ちた, 呪われた；《the ～ で集合名詞的に》《複数扱い》地獄の亡者ども ‖ souls of the ～ 地獄に落ちた亡者どもの魂 ━副《形容詞・副詞を修飾して》《口》ひどく, とても, やけに ‖ It's ～ hot. やけに暑い / She's just ～ beautiful. 彼女は全く超のつく美人だ

damned·est, damnd·est /dǽmdɪst/ 名《one's ～, the ～》《口》最善(best), 最大限(utmost) ‖ do [OR try] *one's* ～ 全力を尽くす

━形《限定》《the ～》全く異常な[驚くべき]

damn·ing /dǽmɪŋ/ 形 批判的な；(証拠などが)有罪を証明する ‖ This report is particularly ～ of the president. この報告書は特に大統領にその責任があるとしている **～·ly** 副

Dam·o·cles /dǽməklìːz/ 名【ギ神】ダモクレス《Dionysius 王の廷臣. 王は髪の毛1本で頭上に剣をつるした宴席に彼を招き, 王位につきまとう危険を示した》

a [OR ***the***] ***sword of Damocles*** ⇨ SWORD(成句)

Dà·mon and Pýth·i·as /dèɪmən ənd píθiæs/ 名《複数扱い》【ギ伝説】ダモンとピュティアス；無二の親友

*__damp__ /dæmp/ 形 (~·er；~·est) ❶ 湿った, (少し)ぬれた (♦ 不快な湿気についていう) (↔ dry) (⇨ WET 類語) ‖ The cellar was ～ and moldy. 地下室はじめじめしていてかび臭かった / ～ clothes 湿った服 / ～ weather [air] じめじめした天気[空気] ❷ 無気力な, 活気のない

━名 U ❶ (不快な)湿気, 湿り；湿った箇所 ‖ There's a patch of ～ on the sheet. シーツにはぬれたところが見られる ❷ C《単数形で》《古》落胆 ‖ cast a ～ over ... …を意気消沈させる ❸ (坑内の)有毒ガス

━動 他 ❶ …を湿らせる (dampen) ‖ ～ a hand towel ハンドタオルを湿らす ❷ …の勢い[活力など]を鈍らせる[そぐ], …を鎮める《**down**》‖ ～ his spirits [enthusiasm] 彼の意気[熱意]をくじく / ～ *down* wage increases 賃金の上昇を鈍化させる ❸ 〔火・楽器の音など〕を弱くする；〔火〕を埋(い)ける《**down**》‖ ～ the fire by putting sand over it 砂をかけて火を消す ❹【楽】〔ピアノの弦など〕の振動を止める；【理】〔振動〕の振幅を減少させる

dàmp óff 〈自〉【植】立ち枯れ病になる

～·ly 副 **～·ness** 名

▸▸ ～ (**-proof**) **còurse** 名 C《英》(壁の内部の)防湿層[材] **～ squíb** 名 C《英》期待外れのもの, 効果のないもの

dámp-drỳ 動 (**-dried** /-d/；**～·ing**) 他〔洗濯物〕を生乾きにする

damp·en /dǽmpən/ 動 他 ❶ …を湿らせる ❷ …の勢い[元気]をくじく, …を抑制する ━自 湿る **～·er** 名

damp·er /dǽmpər/ 名 C ❶ 勢い[活気, 楽しみ]をそぐ人[もの] ❷ (管楽器の)弱音器；(ピアノの)止音器, ミュート ❸ (計器・車の)ダンパー[緩衝装置], 制動器 ❹ (炉などの)通風調節弁

pùt a dámper on ... …の勢いを減じる, …に水を差す

dámp-pròof 形 防湿の, 防湿性の ━動 他 …を防湿する ▸▸ ～ **còurse** 名 C =damp course

dam·sel /dǽmzəl/ 名 C《古》《文》(未婚の)乙女

a dàmsel in distréss 《戯》悩める女性

dámsel·flỳ 名 (複 **-flies** /-z/) C【虫】イトトンボ

dam·son /dǽmzən/ 名 ❶ C セイヨウスモモ(の木) ❷ U 暗紫色

Dan /dæn/ 名 ダン《Daniel の愛称》

dance /dæns | dɑːns/ 動 名

—動 (**danc·es** /-ɪz/ ; **~d** /-t/ ; **danc·ing**)

—自 ❶ **踊る**, ダンスをする〈with 人と ; to …に合わせて〉‖ We ~*d to* Irish music in a circle. 私たちはアイルランドの曲に合わせ輪になって踊った
❷《+副句》踊りながら移動する ; (踊っているように)軽快に動く[移動する] (♦ 副句 は場所・経路・方向を表す) ‖ She ~*d* along the street. 彼女は軽やかに通りを歩いて行った
❸ (感情の高まりなどで)小躍りする, 跳ね回る ; (心・血などが)鼓動[躍動]する ‖ ~ with joy 喜んで小躍りする
❹《+副句》(葉・波などが)揺れる, 舞う (♦ 副句 は場所を表す) ‖ The leaves ~*d* in the breeze. 木の葉がそよ風に揺れた / the sunlight *dancing* on the water's surface 水面を揺れる日の光

—他 ❶〔踊り〕を**踊る**, …のダンスをする ‖ ~ the rumba ルンバを踊る ❷《+目+副句》踊りながら…を移動させる ; …を踊らせる ;〔赤ん坊など〕を踊るように揺する ‖ Romeo ~*d* her out to the balcony. ロミオは踊りながら彼女をバルコニーに連れ出した / ~ the new year in 踊って新年を迎える / ~ the night away 一晩中踊り明かす ❸ …を踊らせて…(の状態)にする ‖ He ~*d* her to exhaustion. 彼は踊りの相手をして彼女をくたくたにさせた

dànce aróund ... 〈自・他〉《米口》あいまいな言い方で(要点を)ぼやかす, (問題を)はぐらかす

—名 (複 **danc·es** /-ɪz/) C ❶ **ダンス**, 舞踊 ; (ワルツ・タンゴなど特定の)ダンス ; ひと踊り ‖ May I have the next ~? 次のダンスのお相手を願えますか / a social ~ 社交ダンス
❷ ダンスパーティー, 舞踏会 (♦ dance party ともいうが, 社交的な行事としては通例 dance だけでよい) ‖ give [OR have, hold] a ~ 舞踏会を催す / go to a ~ ダンスパーティーに行く ❸ ダンス曲 (dance music) ❹ U 舞踊法[術] ❺ 飛び跳ねること, 小躍り ‖ do a ~ of excitement うれしくて小躍りする

lèad a pèrson a (mèrry) dánce 《英》(不可解な言動などで)〔人〕を散々手こずらせる, 当惑させる

▸▸ ~ **bànd** 名 C ダンスバンド ~ **càrd** 名 C ① ダンスカード《かつて舞踏会で女性が踊る相手の名を書き込んだカード》② 《米口》予定表 ~ **flòor** 名 C ダンスフロア《クラブなどの踊る場所》 ~ **hàll** 名 C ダンスホール ~ **of déath** 名《the ~》死の舞踏《死神が人々を墓場に導く場面を描いた図. 中世の絵画・彫刻の主題に用いられた》 ~ **stùdio** 名 C ダンス教室

***danc·er** /dǽnsər | dɑ́ːnsə/ 名 C ダンスをする人 ; (職業的な)ダンサー, 踊り子, 舞踊家 ‖ She's a good ~. 彼女は踊りが上手だ / a ballet ~ バレエダンサー

***danc·ing** /dǽnsɪŋ | dɑ́ːns-/ 名 U ダンス(をすること), 舞踊 ‖ She took ~ and singing lessons four times a week. 彼女は週に4回踊りと歌のレッスンを受けていた
▸▸ ~ **gìrl** 名 C (職業的な)踊り子 (中立 dancer)

D̀ & C̀ 略 《医》*d*ilatation [*d*ilation] *and c*urettage (頸管(けいかん)拡張子宮内膜掻爬(そうは)術)

***dan·de·li·on** /dǽndəlàɪən | -di-/ 名 C 《植》タンポポ
語源 フランス語 *dent*(歯) + *de*(…の) + *lion*(ライオン) : ライオンの歯(葉のぎざぎざから).
▸▸ ~ **clòck** 名 C タンポポの綿毛

dan·der /dǽndər/ 名 U ❶《口》怒り, かんしゃく ❷ (動物の皮膚や羽毛から出る)ふけ, 鱗片(りんぺん)
gèt one's [a person's] dánder ùp 《口》怒る[(人を)怒らせる]

dan·di·fied /dǽndɪfàɪd/ 形 (男性が)しゃれた, めかした ; (文体が)粋な

dan·dle /dǽndl/ 動 他 ❶〔赤ん坊〕を揺すって[ひざに乗せて]あやす ❷ …をかわいがる

dan·druff /dǽndrəf/ 名 U ふけ

dan·dy /dǽndi/ 名 (複 **-dies** /-z/) C 《旧》❶ ダンディー, しゃれ者, 伊達(だて)男 ❷《口》第一級のもの, 素晴らしいもの
—形 ❶《主に米口》素晴らしい, 一流の ❷ ダンディーな, おしゃれな
fine and dandy ⇨ FINE[1] (成句)
~·ìsm 名 U 伊達好み

***Dane** /deɪn/ 名 C ❶ デンマーク人 ; デンマーク系の人 ❷《史》デーン人《9-11世紀にスカンジナビアから英国に侵入したバイキング》

dang /dæŋ/ 形 副 動《口》《婉曲的》= damn

dan·ger /déɪndʒər/

—名〔▸ dangerous 形, endanger 動〕(複 **~s** /-z/) ❶ U/C 《a ~》**危険**, 危難, 危険状態 ; 危険性 (↔ safety) 〈of …の / that 節 …という〉(⇨ 類語) ‖ *Danger*! Keep out! 《掲示》危険, 立ち入るな / Their last-minute decision averted the ~ *of* nuclear war. 彼らの土壇場での決定で核戦争の危機が回避された / There was no ~ *that* a fire would break out. 火事が起こる危険はなかった / **face** ~ 危険に直面する[さらされる] / **avoid** ~ 危険を避ける

連語 **【形+~】** great [OR grave, serious] ~ 重大な危険 / immediate [OR imminent] ~ 差し迫った危険 / real ~ 真の危険 / potential [OR possible] ~ 潜在的な危険 / obvious ~ 明白な危険

❷ C 〈…にとって〉**危険な人[もの]**, 脅威〈to〉‖ No home is free from hidden ~*s* for small children. 小さな子供たちにとって隠れた危険物のない家庭などあり得ない / Fog is a ~ *to* pilots. 霧はパイロットにとって危険だ

****in dánger (of ...)*** (…の) **危険にさらされて** (♦ dangerous との区別に注意) ‖ His life was *in* serious ~. 彼は危険な状態[重体]だった / Pandas are *in* ~ *of* extinction. パンダは絶滅の危機にさらされている

òut of dánger 危険[危機]を脱して

類語 **《❶》danger** 「危険」を表す最も一般的な語.
risk 自ら(思いきって, ときに一か八(ばち)か)冒す危険. 〈例〉run the *risk* of losing one's entire fortune 全財産を失う危険を冒す
peril 差し迫った重大な危険.
hazard 偶然に左右される(予測できても)回避できない危険. 〈例〉Icy roads are a *hazard* to drivers. 凍った道路は車の運転者にとって危険だ
jeopardy 損害・破滅など, 特に極度の危険にさらされていることを強調する語. 〈例〉Academic freedom is in *jeopardy*. 学問の自由が危うい状態にある

▸▸ ~ **lìst** 名 C 《英》重病患者名簿 ; (動植物の)絶滅危惧(きぐ)種リスト ‖ be on [off] the ~ *list* 《英》(患者が)危篤状態である[を脱している] ~ **mòney** 名 U 《英》危険手当

dan·ger·ous /déɪndʒərəs/

—形〔◁ danger 名〕(**more ~ ; most ~**)
❶ **a** (物・事が)〈…にとって〉**危険な**, 危ない (↔ safe) 〈to, for〉(♦「危険な状態にある」は in danger) ‖ Alcohol abuse is extremely ~ *to* your health. アルコールの乱用は健康に極めてよくない / You asked her about her past? You ventured into ~ territory. 彼女に過去のことを尋ねたんだって? 危険な領域に踏み込んだね / a ~ crossing [bridge] 危険な交差点[橋]
b 《It is ~ (for *B*) to *do A* / *A* is ~ (for *B*) to *do* で》(*B* (人) が) *A* をするのは危険である (♦ ×It is dangerous that .... は不可) ‖ It is ~ *for* a beginner *to* climb that mountain in winter. = That mountain is ~ *for* a beginner *to* climb in winter. 初心者が冬にあの山に登るのは危険だ
❷ **危害を与える**, 有害な ‖ That dog looks ~. あの犬は人に危害を加えそうだ / **potentially** ~ 危険を及ぼす可能性がある / a ~ drug 危険薬物
~·ness 名

dan·ger·ous·ly /déɪndʒərəsli/ 副 危険(なほど)に ; 危険を冒して ‖ be ~ ill 重病である

D

·dan·gle /dǽŋgl/ 動 自 ❶〈…から〉ぶら下がる，ぶらぶら揺れる〈**from**〉‖ Big earrings were *dangling from* her ears. 彼女の両耳から大きなイヤリングが下がっていた ❷〈人に〉つきまとう，後を追い回す〈**after**〉 ━他 ❶…をぶら下げる，ぶらぶらさせる ‖ The boy sat on the chair *dangling* his legs. 少年はいすに座って足をぶらぶらさせていた ❷〈人の前で〉…を(欲しがるように)ちらつかせる，…で〈人を〉つる〈**before, in front of**〉‖ He ～*d* a promotion *before* me. 彼は私に昇進をちらつかせた

kèep [OR ***lèave***] ***a pèrson dángling*** 《口》(知りたいことを教えないで)〔人〕をやきもきさせておく

━名 U C ぶら下がること；ぶら下がるもの

dàngling párticiple 名 C 〖文法〗懸垂分詞《主節の主語を意味上の主語としない分詞》(♦ ふつう誤りとされる)〈例〉*Looking* out of the window, something green caught my eye. 窓の外を眺めていたら，緑色のものが目に留まった(♦ When I was looking .... の意味)

Dan·iel /dǽnjəl/ 名 ダニエル ❶〖聖〗ユダヤの預言者；(旧約聖書の)ダニエル書《略 Dan》❷ C 名裁判官

·Dan·ish /déɪnɪʃ/ 形 デンマーク(Denmark)の，デンマーク人［語］の ━名 ❶ U デンマーク語 ❷ (＝～ **pástry**) C《口》デニッシュペーストリー《果物・木の実などを使った菓子パン》❸《the ～》《集合的に》《複数扱い》デンマーク人

▸▸ **～ blúe** 名 U デニッシュブルー《青い筋の入った白いデンマークチーズ》

dank /dæŋk/ 形 (うすら寒く)じめじめした，湿っぽい
～·ly 副 **～·ness** 名

dan·seur /dɑːnsə́ːr | dɒnsə́ː/ 名 C 男性のバレエダンサー(♦ フランス語より)

dan·seuse /dɑːnsúːz | dɒnsə́ːz/ 名 C バレリーナ，女性のバレエダンサー(♦ フランス語より)

Dan·te /dɑ́ːnteɪ | dǽnti/ 名 ～ **Alighieri** ダンテ(1265–1321)(中世イタリア最大の詩人)
Dan·tésque 形 ＝Dantean

Dan·te·an /dǽntiən/ 形 ダンテの，ダンテの作品の
━名 C ダンテ研究家

Dan·ube /dǽnjuːb/ 名《the ～》ダニューブ川，ドナウ川(ドイツ語名 Donau)《ドイツ南西部から黒海に注ぐ大河》

Dao·ism /dáuɪzm/ 名 ＝Taoism

dap /dæp/ 動 (**～s** /-s/；**dapped** /-t/；**dap·ping**) 自 ❶ 餌(え)をそっと水面に落とす［落として魚を釣る］❷ (鳥が)ひょいと水に潜る ❸ (石などが)(水面を)かすめて飛ぶ；弾む
━他〔石など〕を(水面に)弾ませる

Daph·ne /dǽfni/ 名 ❶〖ギ神〗ダフネ《Apollo の求愛から逃れるため月桂樹と化した妖精(ようせい)》❷《d-》C〖植〗ジンチョウゲ

dap·per /dǽpər/ 形 ❶ (男性が)こざっぱりした，小ぎれいな ❷ きびきびした，機敏な

dap·ple /dǽpl/ 名 ❶ U C まだら，ぶち ❷ C ぶちの馬［動物］ ━動 他 …をまだらにする

dap·pled /dǽpld/ 形 まだら(模様)の ‖ ～ shade (樹間から漏れる陽光で)まだら(模様)になった木陰

dàpple-gráy,《英》**-gréy** 〈シ〉形 名 C 灰色の地に黒みがかったぶちのある，連銭葦毛(れんぜんあしげ)の(馬)

DAR, D.A.R 略 *D*aughters of the *A*merican *R*evolution

Dar·by and Jo·an /dɑ̀ːrbi ənd dʒóun/ 名《複数扱い》《主に英》《しばしば戯》仲のよい老夫婦 ‖ the ～ club《英》老人クラブ

Dar·da·nelles /dɑ̀ːrdənélz/ 名《the ～》《複数扱い》ダーダネルス海峡《トルコのマルマラ海とエーゲ海を結ぶ海峡》

:dare /deər/
━動 (**～s** /-z/；**～d** /-d/，《方》《古》**durst**；**dar·ing**)
━他 ❶《＋(**to**) *do*》(♦ 否定文・疑問文で用いる．to が省略されるのは通例否定文・疑問文の場合．→ 助 語法 (1)) **思いきって…する**，あえて［図々しくも］…する (♦ 通例進行形不可) ‖ I wouldn't ～ (*to*) speak to her when she's pouting. 彼女の機嫌が悪いときには，あえて話しかけたりはしない

語法 ☆☆ dare は《口》ではあまり用いられず，ほかの表現を用いることが多い．例えば，The child *dares to* enter a dark room. に代えて，The child isn't afraid to enter a dark room. (この子は暗い部屋に怖がらずに入って行く)，She doesn't *dare to* tell the truth. に代えて，She doesn't have the courage to tell the truth.(彼女には真実を語る勇気がない)などとする．

❷《＋目＋**to** *do*》〔人〕に(危険なことなどを)してみろと挑む(challenge) ‖ I ～ you *to* do it by yourself. ひとりでやれるものならやってみろよ / I ～ you!《口》やってみろ ❸《文》〔危険・死など〕を恐れない，〔困難など〕に勇敢に挑む

·Dòn't [OR ***Jùst***] ***you dáre*** (***do*** ...)***!*** (…しては)駄目だ，(…するなんて)とんでもない(♥ 怒り・いら立ちを表す) ‖ *Don't you* ～ touch me! 私に触らないで

━助 (**～d** /-d/，《方》《古》**durst**) (♦ 否定形は dare not，《主に英》daren't)《通例否定文・疑問文で》**思いきって…する**，あえて…する，…する勇気がある ‖ *Dare* she tell him the truth? 彼女は彼に思いきって真実を話すだろうか (＝Does she ～ to tell him the truth?) / He ～ not criticize his boss. 彼には自分の上司を批判する勇気がない(♦ dares となることもある) / I ～*n't* ask how much it will cost. それがいくらするかあえて尋ねない / I ～*d* not speak frankly. 私には率直に話す勇気がなかった

語法 ☆☆ (**1**) 助動詞用法は《主に英》であり，本動詞用法の方がふつう．ただし本動詞として使われるときでも不定詞の to を省略することがあるので，本動詞用法と助動詞用法の区別がつけにくい場合もある．
(**2**) 過去であることが文脈から明らかな場合 dare および dare not [OR daren't] が過去形の代わりに用いられることがある．

dàre I sáy (***it***) あえて言わせてもらえば(♥ 相手にとって不愉快なことなどを切り出す際に用いる丁寧な表現)

·How dáre you do ...? よくも…できるものだ ‖ *How* ～ *you* speak like that? よくもそんな口がきけるな

I dàre sáy：***I dàresáy*** 《文頭・文尾で副詞句のように用いて》おそらく，たぶん；《しばしば後に but ... を続けて》そうかもしれないが… ‖ *I* ～ *say* you've already heard about this. このことについてはおそらくもう聞いていると思いますが / *I* ～ *say*, but he is still wrong. そうかもしれないが，それでも彼は間違っている

━名 C《通例 a ～》(危険・困難などへの)挑戦 ‖ He climbed on to the roof on [《英》for] a ～. 彼は危険を冒して屋根に上った

dáre·dèvil 形《限定》向こう見ずの，命知らずの
━名 C 向こう見ずの人

dare·n't /déərənt/《主に英》dare not の短縮形

dàre·sáy 〈シ〉動 ＝dare say(⇨ I DARE say)

Dar es Sa·laam /dɑ̀ːr es səlɑ́ːm/ 名 ダルエスサラーム《タンザニアの首都・海港》

·dar·ing /déərɪŋ/《発音注意》形 ❶ 大胆な，恐れを知らぬ，勇敢な ‖ Their ～ rescue saved the lives of many people. 彼らの勇敢な救助活動が多くの命を救った ❷ 斬新(ざんしん)な；衝撃的な ‖ have a ～ sense of color 大胆な色彩感覚を持っている ━名 U 大胆不敵 **～·ly** 副

Dar·jee·ling /dɑːrdʒíːlɪŋ/ 名 ❶ ダージリン《インド北東部の都市》❷ (＝～ **téa**) U C ダージリン茶

:dark /dɑːrk/ 形 名

中心義 暗い(★実際に光がなく暗い様子に限らず，「情勢」や「表情」などについても用いる)

━形〔▶ darken 動，darkness 名〕(**～·er**；**～·est**)
❶ **暗い**(↔ light[1])，薄暗い ‖ The sky was ～ with hanging clouds. 空は雲が垂れ込めていて暗かった / We reached the summit before it got ～. 我々は暗くなる前に頂上に達した / Suddenly the room went ～. 突然部屋が暗くなった / *The ～est hour is that before the dawn.* 《諺》いちばん暗いのは夜明け前；最悪の状態は

好転の兆し / a ～ day 暗い日
❷ (色が) **濃い**, 黒ずんだ (↔ light¹) (⇨ THICK 類語P) ‖ ～ red 暗赤色 / a ～ suit 黒っぽいスーツ
❸ (髪・瞳(ひとみ)・肌が)黒い；(人が)髪の色の黒い, ブルネットの；目が黒い；肌の浅黒い (↔ fair¹) ‖ ～ **hair** [**eyes**] 黒い髪 [瞳] / a tall, ～ and handsome man 背が高く髪が黒いハンサムな男性
❹ (考えなどが)邪悪な, よこしまな, 腹黒い；悪い, 負の, 悪影響を及ぼす ‖ ～ thoughts よこしまな考え / the ～ side of the reform 改革の悪い面

Behind the Scenes **the dark side (of the Force)** 暗黒面 SF映画 *Star Wars* の中で, 宇宙を取り巻くフォースというものがあり, 正しいフォースが正義であるのに対し, 暗黒面は怒り・恨み・破壊・支配といった負の心からなっており, 暗黒面に導かれてはいけないという考えがある (♥ ちょっとした悪さをした自分や他人のことを, おどけたりからかったりする際に用いる. (ダイエット中なのにチョコレートを食べてしまった人が言い訳して) I was seduced by the dark side. 暗黒面に誘惑されてしまった)

❺ (時代・情勢などが)暗澹(あんたん)たる, 陰うつな；(気分などが) 陰気な；(表情などが) 不機嫌な (↔ cheerful) ‖ People didn't lose their sense of humor even during the ～ years of the war. 戦争中の暗い時代でも人々はユーモアのセンスを失わなかった
❻ 理解し難い, 意味のあいまいな；なぞめいた；秘密の, 隠された ‖ a ～ saying 意味のあいまいな格言 / keep it ～ それを隠しておく ❼ 《米》 (気味悪い) 皮肉なユーモアの ‖ a ～ comedy ブラックユーモアにあふれたコメディー ❽ 《堅》 無知の；文明の光に浴さない, 暗黒の；《～est で無冠詞で》《戯》(地域が)へんぴな, 未開の ‖ in the ～*est* ignorance 全くの無知で ❾ (音・味などが) 豊かな, 深みのある ‖ a ～ flavor 深い香り ❿ 《米》(劇場などが)閉まっている(closed) ⓫ 〖音声〗(1音が) 後母音的な (↔ clear) ‖ a ～ l 暗いl 《belt, bell のように子音の前または語尾の /l/》
—名 (複 **～s** /-s/) ❶ 《the ～》**闇**(やみ), 暗がり ‖ Her eyes grew used to the ～. 彼女の目は闇に慣れてきた / feel for one's shoes in the ～ 暗がりで手探りで靴を捜す
❷ Ⓤ 《無冠詞》 夜；夕暮れ ‖ *Dark* came on. 夕闇が迫ってきた / at ～ 夕暮れに / after [before] ～ 日が暮れてから[暮れる前に] ❸ Ⓤ (色の) 暗さ；Ⓒ 暗い色 [影] ‖ the lights and ～*s* of a paint 絵の具の明暗
⁎***in the dárk*** ① ⇨ 名 ❶ ② 知らずに (uninformed)；無知で ‖ He was totally *in the* ～ as to the real situation. 実情について彼は全く何も知らなかった / keep [OR leave] her *in the* ～ 彼女に知らせないでおく ③ 秘密に ‖ His dealings were done *in the* ～. 彼の取り引きはこっそり行われた
whistle in the dárk 強がる；自信ありげなふりをする
～·ish 形 やや暗い, 薄暗い
▸▸ **～ adaptàtion** 名 Ⓤ (目の) 暗順応 (↔ light adaptation) **Dárk Àges** 名 《*the* ～》《複数扱い》(ヨーロッパの)暗黒時代 《5-10世紀》；《d-》《けなして・戯》(一般に) 暗黒時代 **～ biólogy** 名 Ⓤ 黒い生物学 《生物兵器に関する研究》 **～ chòcolate** 名 Ⓤ ブラックチョコレート (《英》plain chocolate) 《ミルクの入らないチョコレート》 **Dàrk Cóntinent** 名 《the ～》 暗黒大陸 《ヨーロッパ人から見た未知の時代のアフリカ大陸》 **～ glásses** 名 複 サングラス **～ hórse** 名 Ⓒ ダークホース ① 力量が未知で勝利の可能性のある人 ② 予想外の有力な候補者 [競争相手] **～ lántern** 名 Ⓒ (光を調節できる) 龕灯(がんどう)ちょうちん **～ mátter** 名 Ⓤ 〖天〗 ダークマター, 暗黒物質 **～ reàction** 名 Ⓤ 〖植〗 暗反応 《光合成の1段階》 **～ stár** 名 Ⓒ 〖天〗暗黒星

dark·en /dɑ́ːrkən/ 動 〔◁ dark 形〕 他 ❶ …を (薄) 暗くする ‖ ～ a room 部屋を暗くする ❷ …を黒くする ‖ She ～*ed* her lashes with mascara. 彼女はマスカラでまつげを黒く塗った ❸ …を陰うつ[憂うつ]にする, 〔表情など〕を険悪にする —自 ❶ (薄)暗くなる；ぼんやりしてくる ‖ the ～*ing* sky 暗くなっていく空 ❷ 黒ずむ ❸ 陰うつ [憂うつ] になる, (表情などが) 険悪になる ‖ Her face ～*ed* with fury. 彼女の顔は怒りのため険悪になった

dark·ie /dɑ́ːrki/ 名 ⊗《口》《蔑》＝darky
dark·ling /dɑ́ːrklɪŋ/ 副 形 《古》《文》暗がりで(の)；(薄)暗い(dark)
dark·ly /dɑ́ːrkli/ 副 ❶ 暗く, 黒く ❷ 陰気に；陰険に, 険悪に ❸ 不可解に, あいまいに
⁑**dark·ness** /dɑ́ːrknəs/
—名 〔◁ dark 形〕 Ⓤ ❶ **暗さ**, 闇(やみ), 暗がり ‖ **in total** [OR pitch, complete] ～ 真っ暗闇で / under cover of ～ 暗闇に乗じて / disappear **into** the ～ 暗闇の中に消えていく
❷ 夜, 日没時 ‖ *Darkness* **fell**. 夜のとばりが下りた / hours of ～ 夜間 ❸ (色の) 黒みがかっていること, 暗さ ❹ 邪悪 ‖ the forces of ～ 悪の力 ❺ 秘密, 秘匿(ひとく)
dárk·nèt 名 Ⓒ 💻 ダークネット《信頼する人との間のみで構築するネットワーク. 特にファイル共有のために使われる》
dárk·ròom 名 Ⓒ 〖写〗暗室
dárk·some /-səm/ 形 《古》《文》暗い；陰うつな
dark·y /dɑ́ːrki/ 名 (複 **dark·ies** /-z/) Ⓒ ⊗《口》《蔑》黒人
⁎**dar·ling** /dɑ́ːrlɪŋ/ 名 Ⓒ ❶ 《しばしば愛情を込めた呼びかけ》最愛の人, いとしい人, あなた (♥ 親子・夫婦・恋人間のほか, 他人, 特に女性に対して親しみを表すため用いることがある) ‖ My ～! あなた, おまえ / Fred and Sue, you've got to help too, ～*s*. フレッドにスー, あなたたちも手伝ってくれなきゃ駄目よ / Be a ～ and stay here. お願いだからここにいてください ❷ 《the ～》お気に入り, (特定の集団に) 人気のある人 ‖ He is the ～ of our class. 彼は私たちのクラスの人気者だ ❸ 素敵な [かわいらしい] 人 [もの] ‖ He's such a ～. 彼ってとても素敵な人よ
—形 (**more ～**；**most ～**) 《限定》 ❶ 最愛の；お気に入りの ‖ ～ friends 親友 ❷ 《口》素敵な, かわいらしい (♥ 主に女性が用いる) ‖ What a ～ dress! 何てかわいい服だこと
darn¹ /dɑːrn/ 動 他 〔ほころび・破れ目など〕をかがる；…を繕う —自 繕い物をする —名 Ⓒ かがった部分
darn² /dɑːrn/ 動 形 副 間 《口》《婉曲的》＝damn ‖ *Darn* it. 畜生, ちぇっ
darned /dɑːrnd/ 形 副 《主に米口》《婉曲的》＝damned **～·est** 形
darn·er /dɑ́ːrnər/ 名 Ⓒ ❶ かがる人；かがり針；かがり台 ❷ 〖虫〗トンボ
darn·ing /dɑ́ːrnɪŋ/ 名 Ⓤ 《集合的に》繕い物
▸▸ **～ nèedle** 名 Ⓒ ① かがり針 ② 《米方》〖虫〗トンボ
DARPA /dɑ́ːrpə/ 略 *D*efense *A*dvanced *R*esearch *P*rojects *A*gency (国防高等研究開発局) 《米国国防総省内の一部局》
⁎**dart** /dɑːrt/ 名 Ⓒ ❶ 投げ矢, (先のとがった小さな) 飛び道具 《吹き矢など》；《～s》《単数扱い》ダーツ, 投げ矢遊び ‖ play ～*s* ダーツをする ❷ 《単数形で》素早い動き, 突進 ‖ make a ～ 「for the door [at the target] ドアに向かって突進する [目標物に急に襲いかかる] ❸ (洋服の) ダーツ ❹ 《単数形で》激しい感情 (の急襲) ❺ 〖動〗 (カタツムリの) 交尾矢；(昆虫の) 針
—動 自 《+副句》 (特定の方向へ) さっと動く ‖ The snake ～*ed* forward. 蛇がさっと飛びかかった / Their eyes ～*ed* to him. みんなの視線がさっと彼の方に向けられた
—他 〔視線〕を〈…へ〉投げかける〈**at**〉；…をさっと出す；…を素早く動かす ‖ She ～*ed* another look *at* me.＝She ～*ed* me another look. 彼女はもう一度ちらりとこちらを見やった
dárt·bòard 名 Ⓒ ダーツ盤
dart·er /dɑ́ːrṭər/ 名 Ⓒ ❶ さっと動くもの [人, 動物] ❷ 〖鳥〗ウ (鵜) の類 (anhinga) ❸ 〖魚〗ダーター, 矢魚 《北米産の淡水魚》 ❹ 〖虫〗ベッコウトンボ
Dart·moor /dɑ́ːrtmʊər | -mɔː/ 名 ダートムア 《イングランド, デボン州にある先史遺跡に富む荒野》

Dart·mouth /dɑ́ːrtməθ/ 名 ダートマス《イングランド, デボン州の海港. 英国海軍兵学校の所在地》

Dar·win /dɑ́ːrwɪn/ 名 **Charles** (**Robert**) ～ ダーウィン(1809–82)《英国の生物学者. 進化論を唱えた》

Dar·win·i·an /dɑːrwíniən/ 形 ダーウィン(説)の, 進化論の ―名 C ダーウィン(説)[進化論]信奉者

Darwin·ism /dɑ́ːrwɪnìzm/ 名 U ダーウィン説；進化論 **-ist** 名 形 =Darwinian

＊**dash** /dæʃ/ 動 自 ❶ 突進[疾走]する；突然素早く動く；急行する；急いで出発する(♦ 通例方向を表す 副句 を伴う)(⇨ HASTEN 類語) ‖ He ～*ed* out, slamming the door behind him. 彼は戸をばたんと閉めて飛び出して行った / They all ～*ed* down the stairs to welcome me. 私を出迎えるためにみんないっせいに階段を駆け降りた ❷ 〈…に〉激しくぶつかる[ぶつかって壊れる], 衝突する〈**against**〉‖ The tanker ～*ed against* the reef. タンカーは暗礁に激突した

―他 ❶ …を〈…に〉たたきつける, 投げつける〈**against, onto, to,** etc.〉；…を突き[はね]飛ばす ‖ The waves ～*ed* the boat *against* the rocks. 波がボートを岩礁にたたきつけた / ～ a glass *to* the ground コップを地面にたたきつける ❷《堅》…を打ち砕く(smash) ‖ be ～*ed* to pieces 打ち砕かれて粉々になる ❸〔希望など〕を打ち砕く；…をがっかりさせる ‖ Her hopes were ～*ed* by the news. 彼女の希望はその知らせで打ち砕かれた ❹〔水など〕をはねかける, ぶっかける ‖ A passing car ～*ed* water all over my clothes. 通りすがりの車に服一面水をはねかけられた ❺《英口》…を呪(のろ)う(→ damn 動 ❶)(♥ damn の婉曲語. damn を略して d— と書くことから) ‖ *Dash* it all! (少しいらいらして)くそっ, 畜生, いまいましい ❻ …に〈別のものを〉混ぜる；…を〈別のものを加えて〉変化させる[よくする]〈**with**〉‖ ～ coffee *with* milk コーヒーにミルクを入れる

dàsh dówn 〈他〉《*dàsh dówn ... / dàsh ... dówn*》…を一気に飲む；…を一気に仕上げる[書く, やってのける] ‖ ～ *down* a drink (酒を)一息に飲む

＊*dàsh óff* 〈他〉《*dàsh óff ... / dàsh ... óff*》…を急いでやってのける[書く](scribble), 一気に仕上げる ―〈自〉急いで去る[行く]

COMMUNICATIVE EXPRESSIONS

1 **(Sórry,) I've gòt to dásh nòw.** (ごめん)もう行かなきゃ(♥ いとまを告げるくだけた表現)

―名 C ❶《単数形で》〈…への〉突進, ダッシュ〈**for**〉；急いで行く[行う]こと；急襲；《主に米》短距離競走 ‖ make a ～ *for* the goal ゴールに向かって突っ走る / make a ～ *for* it (何かを避けるために)急いで走る / a ～ to the airport 空港まで急いで行くこと / a hundred-meter ～ 100メートル走 ❷ ダッシュ(—)《句読点の一種》(❗ 文字の肩につける符合(例えばA'「エーダッシュ」)は英語では prime という) ❸《a ～》(よくするための)少量の混ぜ物, 添加；加味 ‖ a ～ of salt 一振りの塩 / Scotch stock with a ～ of Irish アイルランドの血が少し混じったスコットランドの血統 ❹《電信》(モールス信号の)長音, ツー(↔ dot[1]) ❺ U 力強さ, 勢い, 活気；堂々たる態度 ❻ = dashboard ❼《楽》スタッカート記号(ˈ や ˇ)

cùt a dásh 《主に英口》(服装・行動が)人目を引く；さっそうとしている

dásh·bòard 名 C ❶ (自動車・飛行機などの)ダッシュボード, 計器盤 ❷ (馬車などの)泥よけ ❸ 💻 ダッシュボード《複数の情報源から集めたデータを一覧表示する機能, またそのためのソフト》 ▶▶ ～ **dìning** 名 U《戯》車中食《車の運転をしながら食べること》

dash·er /dǽʃər/ 名 C ❶ 突進する人 ❷ 攪拌(かくはん)器 ❸《口》さっそうとしている人；威勢のいい人

da·shi·ki /dəʃíːki/ 名 C ダシキ《アフリカで主に男性が着用する派手な色彩のゆったりした上衣》

dash·ing /dǽʃɪŋ/ 形 ❶ 威勢[元気]のよい ❷ さっそうとした, スマートな；派手な **～·ly** 副

das·tard /dǽstərd/ 名 C《旧》《戯》卑怯(ひきょう)者 **～·ly** 形

DAT /dæt/ 略 💻 *d*igital *a*udio *t*ape

dat. 略 dative

:**da·ta** /déɪṭə, dǽṭə, dɑ́ːṭə/

―名 (♦ 本来は datum の複数形. 一般には不可算名詞として扱い, 改まった文体では複数扱いされる. 可算名詞としての単数形は one of the data がふつうで, datum は学術的文章以外ではまれ) U ❶ **資料**, データ；(観察や実験によって得た)事実, 数値；統計；論拠 ‖ We have little ～ **on** supernovae. 超新星に関してはごくわずかなデータしかない / The latest ～ is [OR are] available. 最新のデータが利用[入手]可能です / Our results are based on ～. 我々の成績はデータに基づいています / raw ～ 未処理のデータ / Our ～ **show(s)** [OR **suggest(s)**] that this new method is more effective. この新しい方法の方が有効だということを我々のデータは示している / ～ collection [analysis] データ収集[分析]

❷ (コンピューターの)データ, 情報 ‖ store a large amount [×number] of ～ 大量の情報を蓄える / feed ～ into a computer コンピューターにデータを入力する

連語 ❶❷ 【動＋～】 get [OR collect] (the) ～ データを集める / obtain (the) ～ データを得る / access (the) ～ データにアクセスする / analyze (the) ～ データを分析する / provide [present] (the) ～ データを提供[提示]する

▶▶ ～ **bànk** 名 C ① データバンク, 情報銀行 ② =database ～ **brèach** 名 C 💻 データ[情報]漏洩(ろうえい) ～ **bùs** 名 C 💻 データバス《CPUとメモリーと周辺機器の間でのデータのやりとりをする回路》 ～ **càpture** 名 U 💻 (自動装置や感知器などでの)データ収集 ～ **cènter** 名 データセンター《顧客のサーバーを預かり, 管理・運用を行う施設》 ～ **compréssion** 名 U 💻 データ圧縮 ～ **hìgh·way** 名 C =information superhighway ～ **míning** 名 U 💻 データマイニング《データベースから未知の有用な情報を抽出すること》 ～ **prócessing** 名 U 💻 データ処理 ～ **protéction** 名 U 💻 (法で定められた)データ保護 ～ **sèt** 名 C 💻 データセット ～ **thèft** 名 C 💻 データ[情報]盗用 ～ **wàrehouse** 名 C 💻 データウェアハウス《時系列に整理・統合された大量のデータ, またその管理システム》

＊**dáta·bàse** 名 (複 **-bas·es** /-ɪz/) C 💻 データベース ▶▶ ～ **mánagement sỳstem** 名 C 💻 データベース管理システム

:**date**[1] /deɪt/ 名 動

中心義 特定の日時(に会う約束)

名 日付❶ 日時❷ 年代❸ デート❹
動 他 日付を書く❶ デートする❹ 自 始まる❶

―名 (複 **～s** /-s/) C ❶ (手紙などの)**日付**(♦ ときに場所も含む)；(書類の交付・貨幣の鋳造などの時を示す)日付 ‖ This letter bears no ～. この手紙には日付が入っていない / the ～ on the letter その手紙の日付

語法 ☆☆ **日付の表示法と読み方**

《米》では June 13(th), 2013 の表示がふつうで, 読み方は June thirteen(th). 数字のみを略記する場合は月・日・年の順に 6/13/2013 または 6.13.2013 とする. 《英》では 13(th) June(,) 2013 の表示がふつうで, 読み方は the thirteenth of June, June the thirteenth. 数字のみを略記する場合は日・月・年の順に 13/6/2013 または 13.6.2013 とする.

❷ (出来事の起こる)**日時**, 日取り；(一般に)年月日, (月の)…日 ‖ We moved the ～ **for** the meeting forward. 会議の日時を繰り延べた(♦ date の後の前置詞は, これから起こることには of, for のどちらも使えるが, すでに起こったことには of を使う) / The government has set [OR fixed] no firm ～ **for** the election. 政府は選挙の日

取りをはっきり決めていない / one's ～ **of** birth 生年月日 / the expiration [《英》 expiry] ～ 有効[使用]期限, 賞味期限 / **at** a given ～ 規定の日時に / We'll reply **at** an early ～. すぐにお答えいたします / **at a later** ～ 後日 / I don't think I'll be busy next Friday — let's make it a ～. 次の金曜日は忙しくないと思いますよ. その日に決めましょう / What's the ～ today? = What ～ is it today? 今日は何日ですか (♦「今日は何曜日ですか」は date を使わず What day (of the week) is (it) today? という)

❸ 《～s》(人の)生没年, 存続[在位]期間;(物の製作された)**年代**, 時代 ‖ The building was of Tudor ～. その建物はチューダー朝時代のものだった

❹ 《口》会合の約束;**デート**(の約束);《口》デートの相手 ‖ I have a ～ with my accountant. 会計士と会う約束がある / make a ～「for dinner [with one's boyfriend] 夕食[彼とのデート]の約束をする / I took her to the movies on a ～. 彼女を映画のデートに連れ出した / go (out) on a ～ デートに出かける / dance with one's ～ デートの相手とダンスをする

❺ 《口》(特に巡業の一部としての)出演契約

òut of dáte ① 時代遅れで[の], 古めかしい (⇨ OUT-OF-DATE) ‖ go *out of* ～ 時代遅れになる, 廃れる ② 有効期限が切れた[て]

**to dáte* 現在まで(のところ) ‖ *To* ～ we have done half the task. 今日までのところ作業は半分終わった

ùp to dáte ① 最新の情報[流行など]を取り入れた;現代的な, 最新の (⇨ UP-TO-DATE) ‖ We improved the system and brought it *up to* ～. 我々はシステムを改良して最新のものにした / bring him *up to* ～ on ... …についての最新情報を彼に伝える ② = *to date*(↑)

COMMUNICATIVE EXPRESSIONS

[1] (OK,) **it's a dáte.** (よし)その日にしよう;その日でいいね(♥ 約束の日時の確認の際に)

―動 (**～s** /-s/; **dat·ed** /-ɪd/; **dat·ing**)

―他 ❶〔手紙・文書など〕に**日付を書く** (♦しばしば受身形で補語として日付を伴う) ‖ His **letter** was ～*d* Oct. 8, 2013. 彼の手紙は2013年10月8日付だった

❷ …の時期を〈…と〉定める, …の年代を〈…と〉算定する〈**from, to, at**〉‖ This artifact can be ～*d at* around 2000 B.C. この(人工)遺物はおよそ紀元前2000年のものと推定できる

❸ …の時代(の特徴)を示す;〔人〕の年齢を表す;…を時代遅れに見せる ‖ The slang you used ～*d* you so quickly. 君の使ったスラングで君の年がすぐにわかった

❹ 《口》…と会う約束をする, **デートする**;交際する

―自 ❶〈ある時代から〉**始まる**, 起源を持つ〈**from**〉;〈…に〉さかのぼる《***back***》〈**to**〉‖ This ceremony ～*s*「*back to* [OR *from*] the 17th century. この儀式は17世紀にまでさかのぼる ❷ 古臭くなる, 時代遅れになる ❸ 《口》デートする, 交際する (go out) ‖ They have been *dating* for over a year. 彼らは1年以上も交際している

dát(e)·a·ble 形 年代[時期]を推定できる **dát·er** 名 C 日付スタンプ

▸▸ **～ lìne** 名 《しばしば D- L-》《通例 the ～》日付変更線 **～ ràpe** (↓) **～ stàmp** (↓)

date² /deɪt/ 名 C ナツメヤシ(の実), デーツ;(= **～ pàlm**) 〘植〙ナツメヤシ

dáte·bòok 名 C 《米》(新聞編集者の)予定記事録;(一般に)メモ帳 ‖ my 2014 ～ 私の2014年度用の手帳

dat·ed /déɪt̬ɪd/ 形 ❶ 時代遅れの, 古臭い(out-of-date) ❷ 日付のある[ついた]

date·less /déɪtləs/ 形 ❶ 日付のない ❷ 《古》《文》無限の ❸ 古さを感じさせない

dáte·lìne 名 C (新聞・手紙などの)発信地・日付欄

dáte ràpe 名 U C デートレイプ《デートの相手によるレイプ》 **dáte-ràpe** 動 他

dáte stàmp 名 C (郵便物などに押す)日付印字器, 日付スタンプ;日付印, 消印 **dáte-stàmp** 動 他

dáting àgency [sèrvice] 名 C 恋人紹介業者

dáting bàr 名 C 《米》デートバー《若い未婚の男女用の社交場》

da·tive /déɪt̬ɪv/ 形 名 C 〘文法〙与格(の);与格の語句《英語では間接目的語として扱われる. 〈例〉I gave *him* a book. I gave it to *him*.》 **da·tí·val** /-táɪ-/ 形

da·tum /déɪt̬əm, dǽ- | déɪ-/ 名 C ❶ (複 **da·ta** /déɪt̬ə/) ⇨ DATA ❷ 〘論〙前提事項 ❸ 《～s》〘測量〙基準点[線, 面]

daub /dɔːb/ 動 他 ❶〔漆喰(しっくい)・泥など〕を〈…に〉塗(りつけ)る〈**on**〉;…に〈…を〉塗(りつけ)る〈**with**〉❷ …を〈…で〉汚す〈**with**〉❸〔絵の具〕をぞんざいに塗る ―自 絵の具(など)を塗りたくる ―名 ❶ U (漆喰などを)塗ること, 一塗り ❷ U 壁塗り材料;塗りつけたもの;汚れ ❸ C 下手な絵 **～·er** 名 C へぼ絵かき

*****daugh·ter** /dɔ́ːt̬ər/ 《発音注意》 名 形

―名 (複 **～s** /-z/) C ❶ **娘**;息子の妻 (daughter-in-law);養女;(女性の)まま子(stepdaughter);(動物の)雌の子 (♥ 英語では相手が目の前にいるかどうかにかかわらずファーストネームで呼び合うのが基本なので your daughter という言い方は失礼なことが多い. また son と違って呼びかけには用いない. → husband, son, wife) ‖ My aunt has three ～*s* and two sons. おばには娘が3人と息子が2人いる / the elder ～ 年上の娘

❷ 女性の子孫 ❸〈特定の集団・地域・文化と〉密接に結びついた女性[少女]〈**of**〉‖ Joan of Arc was a faithful ～ *of* France. ジャンヌ=ダルクはフランスに忠実な娘であった ❹ 《堅》娘にたとえられるもの;所産, たまもの ‖ Spanish is a ～ of Latin. スペイン語はラテン語の派生言語である / a ～ of civilization 文明の所産 ❺ (= **～ élement**) 〘理〙(放射性物質の自然崩壊によって生じた)子元素, 核種

―形 娘の, 娘のような;〘生〙分裂によって生じる

▸▸ **Dàughters of the Amèrican Revolútion** 名 《the ～》アメリカ革命の娘《独立戦争参加者の子孫で構成する女性団体. 略 DAR》

dáughter-in-làw 名 (複 **daughters-**) C 息子の妻, 嫁

daugh·ter·ly /dɔ́ːt̬ərli/ 形 娘らしい

daunt /dɔːnt/ 動 他 《通例受身形で》ひるむ;おじける

nòthing dáunted 少しもくじけず[ひるまず]に

～·ing 形 人の気力をくじくような, きつい **～·ing·ly** 副

dáunt·less /-ləs/ 形 恐れを知らない, 豪胆な **～·ly** 副 **～·ness** 名

dau·phin /doufǽn, dóufən | dɔ́ːfɪn, dóu-/ 名 《しばしば D-》C 〘フランス史〙ドーファン《フランス第1王子の称号》

Dave /deɪv/ 名 デーブ《David の愛称》

dav·en·port /dǽvənpɔ̀ːrt/ 名 C 《米》(ベッドにもなる)大型ソファー;《英》(引き出し付きの)小型の書き物机

Da·vid /déɪvɪd/ 名 ❶ 〘聖〙ダビデ《イスラエル第2代の王》❷ **St. ～** 聖ダビデ《6世紀のウェールズの守護聖人》

Dàvid and Golíath ダビデとゴリアテ(のような)《少年ダビデが巨人ゴリアテを倒したという旧約聖書の話から, 小さい者がはるかに大きな相手を倒すことをいう》

da Vin·ci /də víntʃi/ 名 **Leonardo ～** ダ=ビンチ (1452–1519)《イタリアのルネサンス期の画家・彫刻家・建築家・科学者》

Dávis Cùp 名 《the ～》デビスカップ《1900年米国の政治家 D. F. Davis が国際テニス男子団体選手権試合のために寄贈した優勝杯》;デビスカップ戦

dav·it /dǽvɪt/ 名 C 〘海〙ダビット《ボートやいかりを上げ下げするための舷側(げんそく)より突き出たクレーン状の鉄柱》

Da·vy Jones /dèɪvi dʒóunz/ 名 海の悪霊 ▸▸ **Dàvy Jònes's lócker** 名 《単数形で》《口》海の底, 海の墓場

Dávy (làmp) 名 C 《英》デービー灯《昔の坑内用安全灯》

daw·dle /dɔ́ːdl/ 動 自 のらくらと時を過ごす, ぐずぐずする;ぶらぶら進む ‖ ～ over the lipstick selection ぐずぐず

口紅を選ぶ **-dler** 名 C のろま，ぐず；怠け者

‡dawn /dɔːn/ 《発音注意》

—名 (複 **~s** /-z/) ❶ U C 《無冠詞で》**夜明け** (の時刻)，明け方，暁，あけぼの(→ false dawn) ‖ It'll soon be ~. 間もなく夜が明ける / *Dawn* is **breaking**. 夜が明けかけている / I sneaked out of the house **before** ~. 夜明け前にそっと家を抜け出た / **at** ~=at the crack [OR break] of ~ 夜明けに / from ~ till [OR to] dusk 夜明けから夕暮れまで

❷ 《the ~》(物事・現象・時期の)**始まり**，初め ‖ the ~ of a golden age 黄金時代の始まり / at [from] the ~ of history 歴史の初めに[から]

—動 (**~s** /-z/；**~ed** /-d/；**~·ing**) 自 ❶ **夜が明ける**，明るくなる (♦ しばしば形容詞補語を伴う) ‖ The **day** *~ed* bright and clear. 夜が明けて明るく晴れ渡った朝となった(♦ ×The night dawned. とはいわない)

❷ (物事が)現れ始める，発達し始める；(ある時代・時期が)始まる ‖ Signs of comprehension began to ~ in his eyes. 彼の目に理解の色が見え始めた

❸ 《受身形不可》(物事が)〈…に〉わかり出す；(考え・感情が)〈…に〉芽生える〈**on, upon**〉(strike) ‖ A totally new idea *~ed on* me. 全く新しい考えが私の心に浮かんできた / It began to ~ *on* him that he needed her. 自分には彼女が必要だということが彼にわかり始めた

▸▸ **~ chórus** 名 C 《単数形で》① (夜明けの) 鳥のさえずり ② (一般に) 明け方の騒音 **~ ráid** 名 C ① (警察などの) 夜明けの急襲 ② 《英》〖経〗取り引き開始と同時にある株式を大量に買い付けること **~ rédwood** 名 C 〖植〗アケボノスギ(metasequoia)

dawn·ing /dɔ́ːnɪŋ/ 名 《文》❶ U 夜明け ❷ 《the ~》(物事の)始まり，兆し

‡day /deɪ/ 名 形

中心義▷ **日の当たっている期間** (★その期間が「1日」「一生」「歴史」など，どの単位でとらえられるものかに応じて意味が多様化する)

> 名 日❶❷ 昼間❸ 時代❺ 生涯❻ 全盛時代❼

—名 (複 **~s** /-z/) C ❶ **日**，(時間の単位としての)1日，1昼夜，24時間 ‖ There are 365 *~s* in a year. 1年は365日です / What ~ of the week [month] is it (today)? 今日は何曜日[何日]ですか / Every ~ is a new ~. 毎日毎日が新しい / each ~ 毎日 / every other [OR second] ~ 1日おきに，2日目ごとに / the following [previous] ~ (その)翌日[前日]に / the ~ before yesterday おととい / the ~ after tomorrow あさって / a few *~s* later 数日後 / for *~s* (on end) 何日も(続けて) / earlier [later] in the ~ その日早いうちに[遅くに] / one spring ~ ある春の日に(♦ one のついた day は on なしで副詞的に用いる) / **spend** three *~s* in New York ニューヨークで3日間過ごす / *A ~ after the fair.* 《諺》市(いち)の次の日；後の祭り

❷ (ある特定の)**日**，1日，期日；記念日，祝日，祭日，…デー ‖ The ~ of our departure is drawing near. 我々の出発の日が近づいている / We got engaged **on** the ~ of our graduation. 私たちは卒業の日に婚約した / He was born the ~ I left for Rome. 彼は私がローマにたつ日に生まれた (♦ the day 以下は副詞的に働く) / Tomorrow is a big ~ for me. 明日は私にとってとても大切な日だ / **on** Christmas [New Year's] *Day* クリスマス[元日]に / an election ~ 選挙(の投票)日 / an opening ~ 初日，開幕日 / a visiting ~ 面会日 / set the ~ for the meeting 会議の日を決める

❸ C U **昼間**，日中 (→ night) 《日の出から日の入りまでの明るい時間》；C 《通例単数形で》(起きて活動している時間としての)1日；《古》《文》昼の明かり，日の光 ‖ Some animals are not active during the ~. 動物の中には昼間活動しないものもいる / *Day* breaks [OR dawns]. 夜が明ける / It's been a long ~. 長い1日でした / What a ~! 何という日だ(♥ よい場合にも悪い場合にも用いる)

❹ (労働などの単位としての)1日；1日の労働時間 ‖ work a seven-hour ~ 1日7時間働く / I put in a good ~'s work. 1日たっぷり仕事をした / be on *~s* 《口》(夜勤ではなく)日勤である / a five-~ week 週5日制

❺ 《しばしば ~s》**時代**；時期；《the ~》現代，当時 ‖ the good old *~s* 古きよき時代，懐かしき昔 / in the old *~s* 昔(は) / the average English person of Shakespeare's ~ シェークスピアの時代の平均的イギリス人 (♦ his day (彼の時代) のように所有格による制限がある場合は通例単数形) / **in those** *~s* あの[その]ころ(は)，当時 / up to [OR until] the present ~ 今日まで

❻ 《one's ~s》(人の)**生涯**，寿命；《修飾語を伴って》(人の)…時代 ‖ He ended his *~s* in New York. 彼はニューヨークで最期を迎えた / in his later [last] *~s* 彼の晩年[死の直前]に / He is a friend from her younger *~s*. 彼は彼女の若いころからの友達だ / my student *~s* 私の学生時代

❼ 《one's ~》**全盛時代**[期]，活躍期，若いころ；好機 ‖ She was gorgeous in her ~. 彼女は全盛期にはあでやかだった / This town has seen better *~s*. この町も今はさびれてしまった / He has had his ~ as an athlete. 彼は運動選手としてのピークを過ぎた / It's not your ~. 君は今日はついていない / Don't give up and your ~ will come. あきらめなければいつか成功する日が来るだろう / *Every dog has his* [OR *its*] ~. 《諺》だれにでもいい時代があるものだ ❽ 《the ~》戦い，試合；勝利 ‖ lose the ~ 戦い[議論]に負ける / The ~ will be ours. 勝利はこっちのものだ / How is the ~ going? (勝負の) 形勢はどんな具合か ❾ 〖天〗(太陽または月の位置を基準にした)1日；(惑星の)1自転日 ‖ a solar [lunar] ~ 太陽[太陰]日

***àll dày* (*lóng*)** 一日中，終日 (♦ 通例 all the day とはいわない)

àll in a dày's wórk (やっかいだが) 手慣れた仕事[作業]，やりつけていること

***ány dày* (*nów*)** 《口》今日にでも，すぐにでも

(*as*) *clèar* [OR ***plàin***] ***as dáy*** 極めて明白で

(*as*) *hònest as the dáy* (*is lóng*) 《旧》真正直な

by dáy 昼間は，日中は(↔ *by night*)

by the dáy ① 日割りで；日給で ② 日増しに

****càll it a dáy*** 《口》1日の仕事を終える，切り上げる；退職する ‖ Let's *call it a* ~. I'm really tired. 今日は終わりにしよう．もうくたくただ

càrry [OR ***wìn***] ***the dáy*** 戦いを制する，議論に勝つ(→ 名 ❽)

còunt the dáys 指折り数えて待つ

dày after dáy 来る日も来る日も，毎日(♥ しばしば単調・退屈を含意する)

dày and nìght*；*nìght and dáy 昼も夜も，いつも (♦ 夜に重点を置く場合は後者)

dày by dáy 日ごとに，日に日に (少しずつ)，徐々に ‖ It is getting warmer (and warmer) ~ *by* ~. 日に日に暖かくなっている

dày ín, dày óut*；*dày ín and dày óut 明けても暮れても，毎日

...'s dàys are númbered …の寿命[時代，地位]はそう長くない

from dày óne 最初から，初めから

from dày to dáy ① (変化などが) 1日ごとに ② その日暮らしで

from óne dày to the néxt 1日ごとに，日が変わるごとに

hàve àll dáy 《否定文で》時間がたっぷりある(→ CE 4)

hàve an òff dáy ついていない[調子の悪い]日である

hàve [OR ***gèt***] ***one's dáy in cóurt*** 法廷で陳述の機会を持つ；《米》意見を言う機会を持つ

if he [OR ***she*, etc.**] ***is a dáy*** (年齢について) 少なくとも (♦

主節の後にくる) ‖ He's seventy, *if he is a* ～. 彼は少なくとも70歳だ
in a dáy 1日のうちに；一朝一夕に ‖ *Rome was not built in a* ～. 《諺》ローマは1日にしてならず
in all one's born days ⇨ BORN(成句)
in thìs dày and àge 今日[現代]において(なお)
làte in the dáy 遅すぎて，手遅れで
líve to fight anòther dáy 生きてまた戦う日がある，もう一度挑戦する
màke a dáy of it 《口》楽しく1日を過ごす
＊***màke a pèrson's dáy*** (人を)楽しくさせる，喜ばせる ‖ Her presence *made* my ～. 彼女がいたので私は幸せだった

Behind the Scenes **Go ahead, make my day.** やれるものならやってみろ；そうなったらすごく嬉しい Clint Eastwood 主演の映画 *Sudden Impact*(邦題「ダーティーハリー4」)で，人質に銃を突きつけた強盗に，主人公が銃を向けて言った「撃てるものなら撃ってみろ．そうしたらこっちもおまえが撃てて嬉しいぜ」という決めぜりふ．Make My Day Law の形で，自宅で自己防衛のために拳銃等の使用を認める米国の州法のニックネームにもなった(♥ 相手がやることが自分にとって願ってもないことであるような場面で)

nàme the dáy (特に女性が)結婚の日取りを決める
not give a person the time of day ⇨ TIME(成句)
of the dáy ① (特定の)時の，当時の；現代の，今日の ② 本日の (du jour) (♥ レストランのメニューなどで用いる) ‖ (the) fish *of the* ～ 本日の魚料理
＊***óne dày*** (未来の)いつか；(過去の)ある日
óne of thèse (fíne) dàys 近日中に；(そんなことをしていたら)そのうちに(♥ 警告するときに用いる)
óne of thòse dàys 特に運の悪い[ついていない]日
pass the time of day ⇨ TIME(成句)
rùle the dáy 牛耳る，支配する
sàve the dáy 窮地を救う；逆転勝ちする
sèize the dáy 今を精いっぱい生きる
sóme dày いつか，やがて
tàke it [OR ***things***] ***òne dày at a tíme***；***tàke èach dáy as it cómes*** 結果を心配せず物事を処理する
＊***the òther dáy*** 先日，つい最近
thése dàys このごろは，近ごろは(♦ 通例現在形，ときに完了形で用いる) ‖ He's smoking too much *these* ～*s*. 彼は近ごろたばこを吸いすぎだ / in *these* ～*s* when science is omnipotent 科学万能の近ごろは (♦ 通例は in をつけずに副詞的に用いるが，in these days when ... や in these days of ... の場合は in がつく)
to the [OR ***a***] ***dáy*** (1日の違いもなく)きっちり ‖ ten years ago *to the* ～ ちょうど10年前
to this dáy 今日まで，今でもなお

COMMUNICATIVE EXPRESSIONS

1 **Are you hàving a bàd hàir dáy?** 今日はひどいなりだな(♥ 相手の髪型に限らず装いなどがひどいときに用いるくだけた表現)
2 **Hàve a nìce** [OR **gòod**] **dáy.** よい1日を；いってらっしゃい (♥ 別れるときや店員が客に用いる．午後遅い時間には用いない)
3 **I hàve a bìg dáy tomòrrow.** 明日は忙しいので (♥ 人の家を訪問して，いとまを告げる際などに)
4 **(I) hàven't gòt àll dáy.** そんな時間はありません；急ぎますので(♥「そんなことにかかずらっている暇はない」の意)
5 **It's jùst one of thòse dáys.** こういう日もあるさ (♥ 不運が続いたときなどにあきらめの気持ちを込めて)
6 **It's nòt èvery dáy that** you gèt to mèet a súperstàr. スーパースターに会えるなんてめったにあることじゃないよ[幸運だよ](♥ 珍しいことについて述べるときに)
7 **Òne dày at a tíme.** 焦らないで；少しずつやっていけばいい
8 **Thát'll be the dày.** その日が来るのが楽しみだ (♥ しばしば「そんなことはない」という皮肉の意味で用いる)
9 **Thóse were the (good old) dáys.** あのころはよかった(♥「昔はひどかったなあ」という皮肉の意味で用いられることもある)

──形 《比較なし》《限定》日中の；昼間勤務の；1日の
▸▸ **～ bòy** (↓) **～ càmp** 名C《米》デイキャンプ《昼間の子供のキャンプ》 **～ càre** 名U デイケア，日中保育[介護] **～ gìrl** (↓) **～ jòb** 名C ①《米口》(特に芸術上の成功を目指す人が生活費を稼ぐために行う) アルバイト ②《単数形で》(現在ついている) 職，本職 ‖ Don't give up the ～ *job*. 《口》手慣れた仕事を捨てるな；不得手なことには手を出すな **～ làborer** 名C 日雇い労働者 **～ lìly** 名C 〖植〗デイリリー，ヘメロカリス《ユリ科の宿根草．花は1日でしぼむ》 **～ nùrsery** 名C 託児所，保育園 **～ óff** 名 (複 **days o-**) C 非番の日，休暇；休日 (⇨ HOLIDAY 類語) ‖ have [OR take] a ～ *off* 休みをとる **Dày of Júdgment** 名《the ～》〖聖〗最後の審判の日 **～ of réckoning** 名C (借金などの)清算日，過去の悪行[過ち]の報いを受ける日 **～ óut** 名 (複 **days o-**) C 日帰りの旅行 **～ pùpil** 名C《英》(寄宿学校の)通学生 **～ reléase** 名U《英》(企業の)研修制度(♦ 社員に休暇を与えて研修[大学通学]させる) **～ retúrn** 名C《英》日帰り割引往復切符 **～ ròom** 名C (病院・兵舎などの) 娯楽室 **～ schòol** 名C ① 週日に授業を行う小[中]学校；昼間学校 (↔ night school) ② 通学学校 (↔ boarding school) ③ (特定の1日に行われる) 特別講座 **～ shìft** 名C《通例単数形で》昼間勤務(時間)，昼勤，昼番；《集合的に》《単数・複数扱い》昼番勤務者(↔ night shift) ‖ on the ～ *shift* 昼勤で **～ stùdent** 名C (寄宿舎に入らない)通学生 **～ tràder** (↓) **～ trìp** 名C 日帰り旅行

dáy·bèd 名C《米》昼間休むためのベッド[ソファー]；ベッド兼用のソファー
dáy·bòok 名C ❶ 業務日誌 ❷《米》日記(diary)
dáy-bòy, dáy bòy 名C《英》(寄宿舎に入らない)男子通学生(→ boarder[1])
dáy·brèak 名U 夜明け(dawn) ‖ at ～ 夜明けに
dáy-càre 形《限定》日中保育[介護]の
▸▸ **～ cènter** 名C 託児所，保育園；老人[身障者]昼間介護センター《区別するときは day-care center for the elderly, adult day-care center などとする》
dáy·drèam 名C 白日夢，空想；(実現しそうもない)夢
──動 自 白昼夢を見る，〈…の〉夢想にふける〈**about, of**〉
～·er 名
dáy-gìrl, dáy gìrl 名C《英》(寄宿舎に入らない)女子通学生(→ boarder[1])
Day-Glo /déɪɡlòu/ 名U《商標》デイグロー《蛍光顔料の一種》 ──形《また d- g-》蛍光色の；派手な，安ぴかの
＊**day·light** /déɪlàɪt/ 名U ❶ 昼の光，日光；昼間，日中 ‖ ～ hours 昼間の時間 / in [OR by] ～ 明るいうちに ❷《無冠詞で》夜明け (dawn) ‖ at [before] ～ 夜明けに[前に] ❸ (競争相手などとの) 明らかな隔たり，距離 ❹ あからさま，公然，周知；世間の目 ‖ bring a scandal into the ～ スキャンダルを世間の目にさらす
bèat [OR ***knòck, pòund***] ***the (lìving) dáylights out of a pérson*** 《口》〔人〕をひどく打ちのめす；(競技で)〔人〕に圧勝する
fríghten [OR ***scàre***] ***the (lìving) dáylights out of a pérson*** 《口》〔人〕を非常に怖がらせる
＊***in bròad dáylight*** 白昼に；公然と
sèe dáylight ① (それまで不明確であったことを)理解する ‖ begin to *see* ～ on the problem その問題がわかり始める ② 完了[解決]に近づく，めどが立つ ③ 日の目を見る，公刊される
▸▸ **～ róbbery** 名CU 白昼強盗；U《英口》法外な代金(の請求)(《米》highway robbery)
dàylight-sáving tìme 名U《主に米》夏時間 (daylight savings [time]，《英》summer time)《夏期に時計を通常1時間進めて時間を有効に使う．略 DST》

***dáy·lòng** 副 形 《限定》終日(の), 一日中の
dáy·pàck 名 C デイパック《1日分の荷物が入る程度のリュック》
days /deɪz/ 副 《主に米》毎日(昼間に), 決まって日中に(↔ nights)
***day·time** /déɪtàɪm/ 名 U 形 昼間(の), 日中(の)《日の出から日没までの間》(↔ nighttime) ‖ in [OR during] (the) ～ 昼間に, 日中に(↔ at night) / a ～ telephone number 日中に連絡のとれる電話番号
***dày-to-dáy** ⟨ジ⟩ 形 《限定》 ❶ 毎日起こる, 日々の, 日常の(daily) ‖ ～ living 毎日の暮らし ❷ その日暮らしの, 1日限りの, 日ごとの ‖ make plans on a ～ basis 1日ごとに計画を立てる ―副 1日ごとに, 毎日
dáy tràder 名 C デイトレーダー《主にインターネットを使い1日のうちに株の売り買いを繰り返し, 利ざやを稼ぐ投資家》
dáy-tràde 動 自 デイトレードをする **dáy tràding** 名
dáy-trìpper 名 C 日帰り旅行者
dáy·wèar 名 U 普段着
daze /deɪz/ 動 他 《通例受身形で》ぼうっとする, ぼう然とする, 困惑する ―名 C 《単数形で》ぼうっとした状態; 困惑 ‖ wander about in a ～ ぼうっとしたまま歩き回る
dáz·ed·ly /-ɪdli/ 副 ぼうっとして; 目がくらんで
***daz·zle** /dǽzl/ 動 他 《通例受身形で》 ❶ (まぶしさで)目がくらむ, まぶしがる ‖ He was ～*d* by the head-lights. 彼はヘッドライトの光に目がくらんだ ❷ 〈美しさ・知識・技術などに〉眩惑(げんわく)される, 驚嘆する 〈**with, by**〉 ‖ The crowd was ～*d by* the President's oratory. 群衆は大統領の雄弁に酔った ―自 ❶ (光が)まぶしいほどに輝く ❷ (妙技などが)驚嘆をうむ ―名 U/C 《単数形で》 ❶ まぶしさ, 目のくらむような状態; 眩惑(されること) ❷ まばゆいもの[光]
-zler 名 C まぶしいほどの美人モデル
daz·zling /dǽzlɪŋ/ 形 目もくらむほどの, まばゆい
～·ly 副
dB, db 略 decibel(s)
d.b.á. 略 《米》*d*oing *b*usiness *a*s
DBE 略 *D*ame Commander (of the Order) of the *B*ritish *E*mpire(大英帝国勲位二等勲爵士)
dbl. 略 double
DBMS 略 💻 *d*ata*b*ase *m*anagement *s*ystem
DBS 略 *d*irect *b*roadcasting by *s*atellite; *d*eep *b*rain *s*timulation
DC 略 〖楽〗*d*a *c*apo; 〖電〗*d*irect *c*urrent; *D*istrict *C*ommissioner; *D*istrict of *C*olumbia
DCL 略 《英》*D*octor of *C*ivil *L*aw
DCM 略 〖軍〗*D*istinguished *C*onduct *M*edal ((英国の)殊勲章)
DD, D.D. 略 〖商〗*d*emand *d*raft(要求払い手形) 〖米軍〗*d*ishonorable *d*ischarge(懲戒除隊); *D*octor of *Di*vinity(神学博士)
D-dày 名 U ノルマンディー上陸の日《1944年6月6日》; C 作戦決行日, 攻撃開始日

Behind the Scenes 第2次大戦中に連合軍がナチスドイツ制圧のため北フランス侵攻を開始した日. 元は「上陸作戦」を意味する軍事用語(♥ 重要な出来事が起きる予定日. ゲームなどで動詞形 d-day'd「攻撃した[された]」, あるいは d day の形で「ダイエットを始める日」を意味する俗語の用法もある. So, when's your D-day? で, いつ作戦決行するの)

DDE 略 💻 *D*ynamic *D*ata *E*xchange《Windows 上のアプリケーション間のデータ共有の方式の1つ》
DDoS /dìːdɑ́(ː)s | -dɔ́s/ 略 💻 *D*istributed *D*enial *o*f *S*ervice(分散型サービス妨害)
DDS 略 💻 *d*igital *d*ata *s*torage《主にネットワークサーバーなどで用いられる小型カセット型の磁気テープを用いた大容量バックアップ装置》; *D*octor of *D*ental *S*cience; *D*octor of *D*ental *S*urgery(歯科医学博士)
DDT /dìː diː tíː/ 名 U ディーディーティー《白色・無臭の強力な殺虫剤. 現在は多くの国で使用禁止》
DE 略 〖郵〗Delaware
de- 接頭 ❶「除去, 分離」の意 ‖ *de*rail, *de*throne ❷「反対, 逆」の意 ‖ *de*activate, *de*code ❸「降下」の意 ‖ *de*cline, *de*grade ❹「全く(entirely)」の意 ‖ *de*nude, *de*relict
***dea·con** /díːkən/ 名 C (カトリック・英国国教会の)助祭《聖職者になるために訓練中の人》; (ギリシャ正教会の)補祭(ほさい); (プロテスタントの)執事; (初期の教会の)任命された聖職者(♦ 女性形は deaconess /díːkənɪs/ だが, 通例女性にも deacon を用いる)
de·ac·ti·vate /diǽktɪvèɪt/ 動 他 ❶ …を不活発にする; 〔爆発物〕を爆発しないようにする; 〔化学薬品〕を非活性化する ❷ 〖軍〗…の任務を解く **de·àc·ti·vá·tion** 名

*****dead** /ded/ 形 名 副

中心義 生命を失った

形 死んだ❶ 枯れた❶ 効力のない❷ 動かない❸ 無感覚の❺ 全くの❾
名 死者❶ 副 全く❶ 真っすぐに❷

―形 〔◁ die¹ 動 | ▶ death 名〕《通例比較なし》 ❶ **死んだ**, 死んでいる(⇨ 類語); **枯れた**(↔ alive, living) ‖ He has been ～ for two years. 彼が死んで2年になる(= It is [OR has been] two years since he died. = He died two years ago.) / Make one move, and you're a ～ man. 少しでも動いてみろ, 命はないぞ / The lion fell ～ after the hunter shot it. ライオンはハンターに撃たれた後倒れて死んだ / a ～ **body** 死体 / clinically ～ 臨床死の / brain-～ 脳死(状態)の / ～ leaves [flowers] 枯れ葉[枯れた花] / be shot ～ 撃たれて死ぬ / be found ～ 死んでいるところを発見される
❷ **効力のない**[を失った], 役に立たない; 廃れた, 使用されていない; (壁などが)出入口のない; (土地などが)不毛の; (グラス・ボトルが)空の, 空いた ‖ ～ law [customs] 廃れた法[習慣] / a ～ language 使用されなくなった言語, 死語 / ～ soil 不毛の土壌
❸ **動かない**, 機能しない(↔ working), 止まった; (石炭などが)火の消えた; (水・空気などが)よどんだ, 沈滞した; (球が)弾まない; (金などが)遊んでいる, 利益を生まない; (火山などが)活動を停止した ‖ The line has gone ～. 電話が通じなくなっている / ～ coals 火の消えた石炭 / a ～ tennis ball 弾まないテニスボール / ～ capital 遊休資本 / a large ～ stock 大量のデッドストック[売れ残り]
❹ 生命のない, 無生物の ‖ A stone is ～. 石に生命はない / ～ matter 無生物 / a ～ planet (生物のいない)死の惑星
❺ 《叙述》**無感覚の**, 感覚を失った, 麻痺(まひ)した; (人が)〈…に〉無感動な, 感情を欠いた 〈**to**〉 ‖ My fingers are ～ with cold. 寒さで指が無感覚になっている / go ～ 無感覚になる / be ～ *to* all feelings of sympathy 同情の気持ちが全くない
❻ 活気[生気]のない, 不活発な, さえない, 無気力な(↔ lively); つまらない, 退屈な ‖ a ～ party さえないパーティー / a ～ description 生気のない描写 / a ～ market 沈滞した市場 ❼ (光・色などが)鈍い, ぼけた, くすんだ; (音が)残響がない, デッドな ‖ a ～ brown color くすんだ茶色 ❽ ひっそりした, 静まりかえった, 死んだような ‖ a ～ village 人のいなくなった村 / a ～ calm 大なぎ / in the ～ hours of the night 草木も眠る真夜中に ❾ 《限定》完全な, **全くの**; 確実な, 正確な, 的確な; 出し抜けの, 突然の ‖ (a) ～ silence 全くの静寂[沈黙] / ～ level 真っ平ら / the ～ opposite 正反対 / in ～ earnest 真剣そのもので / a ～ shot 百発百中の射手, 射撃の名手 / in the ～ center of the target 的のど真ん中に / come to a ～ stop 急に[ぴたりと]止まる ❿ 《通例叙述》《口》疲れきった ‖ feel pretty ～ くたくたである ⓫ 〖電〗電流の流れて

いない，切れた；(バッテリーが)上がった ‖ The wire is ～. その電線には電流が流れていない / a ～ battery 上がったバッテリー ⓬〖スポーツ〗(ボールが)競技線外にある，無効の，死んだ；(ゴルフボールが)ホールのすぐ近くにある；《主に英》(フィールドなどが)ボールが転がらない

(as) dead as a [OR *the*] *dodo* ⇨ DODO(成句)

(as) dead as a doornail ⇨ DOORNAIL(成句)

dèad and búried (考え・物事などが)完全に終わって，けりがついて；なくなった，廃れた

dèad and góne (主に人が)死んだ，死んでいる

dèad on arrível ① (病院) 到着時すでに死亡の ②《米口》(案などが)立ち消えになった

dròp déad ① 突然[ぽっくり]死ぬ ②《主に命令形で》《口》くたばってしまえ；(そんなことは)やめてくれ；出て行け

dròp dòwn déad =*drop dead* ①

lèave a pèrson for déad (人を)死んだものとして見捨てる

mòre dèad than alíve 半ば死人同様(の状態)で，息も絶え絶え(の状態)で

COMMUNICATIVE EXPRESSIONS

1 **I wòuldn't be sèen** [OR **càught**] **déad** in such a dréss. こんなドレスを着るのは絶対にいやよ(♥「…の状態で死んでいるところを発見されたくない」の意から「(恥ずかしくて)絶対にいやだ」という拒絶を表すくだけた表現. in のほかに at(…に出席するのは), with(…と一緒にいるのは), *doing*(…するのは)なども用いられる)

2 (You'll dó thàt) **òver my dèad bódy.** やれるものならやってみろ(♥「私の死体を乗り越えてやれ」の意から「(私が生きているうちは)絶対に許さない」という強い反対を表す)

━名 ❶《the ～, one's ～》《集合的に》《複数扱い》**死者** ‖ the living and the ～ 生者と死者 / The family still mourns for its ～. 一家は身内の死者を今なお悼んでいる / That music is loud enough to wake the ～. あの曲は死者を目覚めさせるほどうるさい

❷《the ～》死んだ状態 ‖ raise ... from the ～ …を死からよみがえらせる；…の勢力を回復させる / rise [OR come back] from the ～ (人が)死からよみがえる；息を吹き返す，勢力を回復する ❸《通例 the ～》(寒さ・暗さなどの)真っ最中 ‖ in the ～ of night ；《英》at ～ of night 真夜中に / in the ～ of winter 真冬に，冬の盛りに

━副《比較なし》❶ 完全に，**全く**；絶対に；《英口》とても，非常に ‖ He's ～ right. 全く彼の言うとおりだ / ～ beat くたくたに疲れた；無一文の / ～ drunk べろんべろんに酔った / ～ broke すってんてんで / ～ sure 全く確信して / ～ on time きっちり時間どおりに / be ～ set on *doing* …しようと固く決心している / stop ～ ぴたりと止まる

❷ **真っすぐに**，まともに，直接に ‖ ～ ahead 真っ正面に，真っすぐ前方に / ～ straight 一直線の[に]

cùt a pèrson déad 〔人〕を見て見ないふりをする，全く無視する

COMMUNICATIVE EXPRESSIONS

3 **I'm déad against** their idéa. 彼らの考えは承諾しかねる(♥ 反対・異論を表すくだけた表現)

類語《形 ❶》**dead**「死んだ」の意を表す一般語.
deceased 亡くなった. 形式ばった語で，主に法律用語.〈例〉the heir of the *deceased* 故人の相続人
departed 主に宗教用語.「あの世に旅立った」の意を表す婉曲的な語.〈例〉the soul of one's *departed* father 身まかった父親の霊
late 故人の姓名・肩書きの前につける語.〈例〉the *late* President 故大統領

▸▸ **～ báll** 名 C〖球技〗デッドになったボール《ラインを割ったボールなど》(❗日本語の「デッドボール(死球)」は和製語.「彼はデッドボールを受けた」は He was hit by a pitch [OR pitched ball]. のようにいう) **～ bòlt** 名 C デッドボルト(《英》mortice lock)《ばねの力を用いない回転錠》 **～ cénter** (↓) **～ dròp** 名 C デッドドロップ《スパイが機密情報の受け渡しに使う場所》 **～ dúck** 名 C《口》見込みのない人[もの]，敗残者；《米》罰を受ける人 **～ énd** 名 C (通路などの) 行き止まり，袋小路；行き詰まり，窮地 ‖ come to [OR reach] a ～ *end* 行き詰まる **～ hánd** 名 ① U =mortmain ②《the ～》好ましくない影響力 **～ héat** 名 C (競走の)同着，デッドヒート(❗日本語の「デッドヒート」(激しい競り合い) の意味はない) ‖ The race ended in a ～ *heat* between A and B. レースはAとBの同着だった / in a ～ *heat* 抜きつ抜かれつで **～ létter** 名 C ①《通例単数形で》空文《励行されていない法令》② 配達[返送]不能郵便物 **～ líft** 名 C U (パワーリフティングの) デッドリフト《立った姿勢でバーベルを腰の高さまで持ち上げること》；デッドリフト競技 **～ lóad** 名 C 死荷重《車体などのそれ自体の重さ》(↔ live load) **～ lóss** 名 C ① 丸損 ②《通例単数形で》《英口》つまらない人[もの]，役立たず **～ màn** 名 C《俗》空の酒瓶 (ⓒ) (dead one) **～ màrch** 名 C (特に軍隊での) 葬送行進曲 **～ méat** 名《俗》① C U 死体，死肉 ② U かなり深刻な状況 **～ néttle** 名 C〖植〗オドリコソウ **～ réckoning** 名 U (船・飛行機の) 推測航法《天体観測によらず位置を推測する方法》；推測(guesswork) **～ rínger** 名 C《口》〈…と〉そっくりな人[もの]〈**for**〉 **Dèad Séa** 名《the ～》死海《イスラエルとヨルダンの間にある塩水湖》 **Dèad Séa Scròlls** 名 複《the ～》死海文書[写本]《1947年から56年ごろ発見された古代ユダヤ教の教典その他の写本》 **～ sét** 名 C (猟犬が獲物の所在を示すときの) 不動の姿勢 **～ sóldier** 名 C =dead man (↑) **～ tìme** 名 C ①〖電子〗(指令してから作動するまでの) 無駄時間 ② =down time ③《俗》生物分解に要する時間 **～ wéight** 名 ① C U (死人のような) ずっしりした重み ②《通例単数形で》C 重荷，負担 ③ C 自重 **～ white (European) mále** 名 C 今は亡き (ヨーロッパ系) 白人男性《ヨーロッパ系の白人男性であるがゆえに歴史上重要視されている人物》 **～ zòne** 名 C ① 活気のない場所；(国・民族などの)境界地帯 ② (携帯電話の)圏外 ③〖生〗酸欠海域《酸素が欠乏し生物が生存できない海域》

dèad-(and)-alíve 〈シ〉 形《英口》不活発な，生気のない；面白くない，さえない

déad·bèat 〈シ〉《俗》名 C ❶《米》借金[勘定]を払わない人 ‖ a ～ dad 養育費を払わない父親 ❷ 怠け者，ぐうたら者 ━形 踏み倒しの；〖機〗振動[跳ね返り]のない

déad·bòlt 名 C ❶ =dead bolt (↑) ❷ デッドボルト錠 (deadbolt lock)《航空機操縦室へのドアの補強用》

dèad-càt bóunce 名 C《口》〖株〗(下落基調の相場や株価の)一時的小反騰

dèad cénter 名 C ❶ (クランクの) 死点 (dead point) ❷ (旋盤の)止まりセンター ❸ ど真ん中

dead·en /dédən/ 動 他 ❶〔熱意・力・活気など〕をそぐ；〔感覚など〕を麻痺(ⓒ)させる，〔苦痛〕を和らげる ❷〔音・光など〕を鈍くする，弱める ❸〔壁・天井など〕を防音にする
～·ing 形

dèad-énd 形《限定》❶ 行き止まりの ❷ (職場・計画などが) 昇進[発展]の見込みのない ‖ a ～ job 先行きの見込みのない仕事 ❸《米口》乱暴な，裏町の《恵まれない貧困地域の若者についていう》‖ a ～ kid 無法な若者
━動 自《米》行き止まりになる **～·er** 名 C

déad·fàll 名 C《米》❶ (上から重いものを落として獲物を捕る)落としわな ❷ (森林の)一群の倒木とやぶ ❸ 倒木

déad·hèad 名 C ❶《主に米口》(招待券による) 無料入場者[乗客] ❷《米口》回送車，回送飛行機 ❸《口》《けなして》間抜け，能なし ❹ (咲き終わって)しぼんだ花，花がら
━動 他〔植物〕からしぼんだ花を取り除く
━自《米口》(列車・車などを)回送する

déad·lìght 名 C ❶〖海〗(舷窓(ⓒ)の)内ぶた ❷《米》明かり取りの窓

***déad·lìne** 名 C ❶〈借金の返済・原稿などの〉締め切り，(最終)期限〈**for**〉‖ The ～ is drawing near. 締め切りが迫っている / a ～ *for* payment 支払期限 / meet [miss] a ～ 締め切りに間に合わせる[間に合わない] / work to a ～ 期限に間に合うように仕事を進める ❷ (昔の刑務所など

の)死線《囚人が越えると射殺される》

*déad·lòck 名 ❶ U/C《単数形で》〈…の件での〉行き詰まり〈over〉(「デッドロックに乗り上げる」という日本語は lock (錠) を rock (岩) と誤解したことから) ‖ The peace talk「is at [came to, reached, ended in] a ~. 平和会談は行き詰まりの状態にある[行き詰まった] / break [OR resolve] a ~ 行き詰まりを打開する ❷ C《英》開閉に必ず鍵(かぎ)を必要とする錠 ❸ C《米》(試合などで) 同点 ❹ デッドロック《複数のプログラムが互いに相手の出力[入力]待ちになりそれ以上進めない状態》

── 動 他《通例受身形で》〈…の件で〉行き詰まる〈over〉‖ They were ~ed over the question. 彼らはその問題をめぐって行き詰まった ── 自 行き詰まる ~ed 形 (議論・交渉などが)行き詰まった;(試合などが)同点の

*dead·ly /dédli/ 形 (-li·er, more ~ ; -li·est, most ~) ❶ 致命的な, 死をもたらす;非常に危険[有害]な, 破壊的な;命がけの ‖ a ~ disease 命にかかわる病気 / a ~ poison 猛毒 / a ~ weapon 凶器 / with a ~ effect upon a person 人を殺すほどの効力のある / a ~ jump 死に至るジャンプ ❷《限定》殺しても飽き足りない, 生かしてはおけない;互いに命をねらい合う ‖ their *deadliest* enemy 彼らにとって最大の不倶戴天(ふぐたいてん)の敵 ❸《限定》極度の, はなはだしい;全くの ‖ in ~ earnest 全く本気で, 真剣そのもので ❹《口》ひどく退屈な, 飽き飽きする ‖ a ~ conversation あくびの出そうな会話 ❺ (ねらいなどが)正確な, ねらいを外さない ‖ a ~ marksman 射撃の名手 ❻《限定》死(人)のような ‖ ~ stillness 死のような静けさ ❼ 冷酷非情な, 憎々しげな

── 副 ❶ 死(人)のように ❷ はなはだしく, 極度に(♥ 不快さを表す) ‖ The party was ~ dull. パーティーは死ぬほど退屈だった **-li·ness** 名

▸▸ **~ níghtshade** 名 C =belladonna **~ síns** 名 複《the ~》〖宗〗(地獄に落ちる7つの)大罪《高慢(pride), 貪欲(どんよく)(covetousness), 色欲(lust), 怒り(anger), 大食(gluttony), ねたみ(envy), 怠惰(sloth)》

dèad-man's flóat 名 C《米》〖水泳〗うつぶせ浮き《両手を前に伸ばし両足をそろえて泳ぐ姿勢》

dèad-man's hándle [pédal] 名 C デッドマンズハンドル[ペダル]《電車で手を放すと自動的にブレーキのかかる安全装置》

dèad·pán 形 副 無表情な[に] ── 名 C 無表情な顔[人, 役者] ── 動 (**-panned** /-d/ ; **-pan·ning**) 他 …を無表情な顔で言う[振る舞う](♦ 直接話法にも用いる)
── 自 無表情な顔で言う[振る舞う]

déad·wòod 名 U ❶ 枯れ木[枝] ❷ 役に立たない人[もの] ‖ cut out (the) ~ 不用のものを切り捨てる ❸ 〖海〗力材(りきざい)

:deaf /def/《発音注意》
── 形 [▶ deafen 動](~·er; ~·est)
❶ **耳が(よく)聞こえない** (♥ 差別語とはされていないが hearing-impaired を代用語として用いることがある. → blind, dumb);《the ~ で集合名詞的に》《複数扱い》耳の不自由な人々 ‖ go [OR become] ~ 耳が遠くなる / be born partially ~ 生まれつき難聴である / be ~ in one ear 片方の耳が遠い / *None (are) so ~ as those that won't hear.*《諺》聞こうとしない者ほど耳の遠い者はいない
❷ (+to 名)《叙述》…を聞こうとしない, …に注意を払わない ‖ be ~ *to* criticism 批判に耳を傾けようとしない
(as) deaf as a post ⇨ POST²(成句)
fàll on dèaf éars (忠告などが)聞き入れられない
tùrn a dèaf éar 〈…に〉全く耳を貸さない〈to〉

COMMUNICATIVE EXPRESSIONS
1 **Are you déaf? I sáid, "Gìve it úp."** 聞こえなかったの,「あきらめろ」って言ったんだよ(♥ 親しい相手にしか使えないかなりくだけた表現)

~·ness 名 ▸▸ **~ àid** 名 C《英》=hearing aid

dèaf-and-dúmb <シ> 形 聾唖(ろうあ)者(用)の ‖ the ~ language 手話(♦ sign language の方がふつう)

deaf·en /défən/ 動 [◁ deaf 形] 他 ❶ (特に騒音などが)…(の耳)を聾(ろう)する;…を聞こえなくする(♦ しばしば受身形で用いる) ❷ …に防音装置を施す

deaf·en·ing /défənɪŋ/ 形 耳をつんざくような ‖ ~ applause 割れんばかりの拍手喝采(かっさい) **~·ly** 副

dèaf-múte <シ> 名 C 形 ⊗《蔑》聾唖者(の)

⁑deal[1] /diːl/ 動 名

中心義 **分け前を与える**

── 動 (~s /-z/ ; **dealt** /delt/ ; ~·**ing**)
── 他 ❶ **a** (+目)…を**(分け)与える**, 分配する;〔カード〕を配る《out》‖ The profits were *dealt out* among the members. その利益はメンバーに分配された / ~ (*out*) cards カードを配る
b (+目 *A*+目 *B* ⇄ +目 *B*+to 目 *A*) *A* (人) に *B* を (分け)与える, 分配する;(裁判官が) *A* (人) に *B* (刑罰) を与える (≒ mete out, administer);*B* (カード) を *A* (人) に配る《out》‖ ~ (*out*) punishment [a harsh sentence] *to* him 彼に罰[厳しい判決]を与える / He was *dealt* three aces. 彼はエースのカードを3枚配られた
❷ (+目 *A*+目 *B* ⇄ +目 *B*+to 目 *A*) *A* (人) に *B* (打撃など) を与える, 加える ‖ The strong yen *dealt* our business a fatal [OR decisive] **blow**. 円高が当社の事業に致命的な打撃を与えた / ~ a **blow** *to* him 彼に一撃を加える ❸《口》〔麻薬〕を密売買する
── 自 ❶ (トランプで) カードを配る ‖ shuffle and ~ カードを切って配る ❷《口》麻薬を密売買する

*·**déal in** 〈他〉 **I** 《**déal in ...**》 ① 〔商品〕を**商う**, 扱う (handle);〔仕事など〕に**従事する**, かかわる(be engaged) ‖ Sorry, we don't ~ *in* [×with] dictionaries. 申し訳ありませんが当店では辞書は扱っておりません / She *dealt in* some questionable practices. 彼女は何かよからぬことに従事していた ② …に基いて判断する, …を問題にする ‖ He doesn't ~ *in* rumors. 彼はうわさで判断したりしない **II** 《**dèal a person ín**》《口》〔人〕を(ゲームや事業の仲間に)入れる ‖ *Deal* me *in*! 私も入れて

dèal òut a pérson / dèal a pèrson óut 〈他〉《口》〔人〕を〈仲間から〉外す〈of〉

*·**déal with ...** 〈他〉 ①《進行形不可》〔主題など〕を扱う, 論じる (cover) ‖ The book ~*s with* air pollution in Japan. その本は日本の大気汚染について論じている ② 〔難しい問題・状況など〕に**取り組む**, …を**処理する**(handle, tackle);〔問題のある人など〕を扱う;〔人〕を処罰する ‖ ~ *with* 「a problem [an emergency] 問題[緊急事態]に対処する / I'll show you how to ~ *with* him when he's angry. 怒っているときの彼をどう扱うか教えてあげよう ③ 〔人〕に対して(…に)振る舞う, 扱う(♦ 様態の副詞を伴う) ‖ The waitress *dealt* politely *with* the impatient diner. ウエートレスはいら立った客を丁重に扱った ④ 〔人・会社〕と商売[取り引き]する, かかわりを持つ ‖ We ~ *with* contractors in many cities. 当社では多くの都市で契約者と取り引き関係を持っています / ~ *with* a firm 会社と取り引きする

COMMUNICATIVE EXPRESSIONS
1 **Déal with it.** ① 頑張れ;何とかするんだ(♥ 励ましのくだけた表現) ② やれるものならやってみろ;どうだ(♥ 相手に難題などを突きつけて用いる挑戦的な表現)
2 **I càn't déal with it àny móre.** もう我慢がならない;もうこれ以上できない;耐えられない

── 名 (複 ~s /-z/) C ❶ (特に商売上・政治上の) **取り引き**, 協定, 取り決め;《口》(互いに)得する取り引き;闇(やみ)取引, 密約 ‖ **make** [OR do, strike, cut] a ~ **with** them 彼らと取り引きする / He got a real [OR good] ~ on his new house. 彼は新しい家に関していい買い物をした
❷《単数形で》《口》(他人に対する)扱い, 仕打ち(♦ 通例修飾語を伴う) ‖ get a bad [OR raw, rough] ~ ひどい仕打ちを受ける / a fair [OR square] ~ 正当な扱い
❸《通例単数形で》(トランプで)カードを配ること;配られたカ

ード, 手; 配る番; (トランプの)一勝負 ‖ It's my ～. 今度は僕の配る番だ

(*a*) ***big deal*** ⇨ BIG DEAL

COMMUNICATIVE EXPRESSIONS

3 **It's a déal.** それで決まりだ(♥相手の条件を承諾して)

4 **It's nò bìg déal.** 大したことじゃないよ; そんなに騒ぐほどのことじゃない(♥くだけた表現)

5 **Whàt's the déal?** どうしたんだ; どうなっているんだ, どうするつもりなんだ

6 **Whàt's your déal?** どうしたの; 何考えてるの (♥注意がこちらに向いていない相手に呼びかけるくだけた表現)

deal[2] /diːl/

―名 C ((a ～)) (かなりの)**量[程度]** (♦通例次の成句で用いる)

*_**a grèat** [OR **gòod**] **déal**_ ① 多量, たくさん ‖ eat *a good* [OR *great*] ～ たくさん食べる ② ((副詞的に))大いに, とても (⇨ VERY 類語P); 頻繁に; ((比較級, 最上級, too などを修飾して)) ずっと ‖ We used to go *a good* ～ to the theater. その劇場にはしょっちゅう行ったものだ / look *a good* ～ better ずいぶん元気そうに見える / We don't hear the expression *a great* [×good] ～ in formal speech. 改まった発言の中ではその表現を耳にすることはあまりない(♦否定文では good は用いない)

a grèat [OR ***gòod***] ***déal of ...*** 非常にたくさんの…, 多量の, 多くの (♦ of の後は通例不可算名詞がくる) ‖ *a great* ～ *of* time [money, work] 大量の時間[金, 仕事]

deal[3] /diːl/ 名 U モミ[松]材; モミ[松]の板

―形 モミ[松]材[板]の

deal·er /díːlər/ 名 C ❶ (取扱) 業者, 商人; (証券取引の)ディーラー; (麻薬の)密売人 ‖ a used-car ～=a ～ in used cars 中古車ディーラー / a wholesale [retail] ～ 卸売[小売]商 ❷ (トランプで)札の配り手, 親

déaler·shìp 名 U C (特定地域での) 販売権 (を持つ業者)

deal·ing /díːlɪŋ/ 名 ❶ C ((通例 ～s)) 商取引; (商売などの) 関係, 付き合い; U C 売買 ‖ We have ～*s* with several companies. 我が社は数社と取り引き (関係) がある / fair [fraudulent] ～*s* 公平 [不正] 取引 / business ～*s* 商取引 / ～*s* on the stock exchange 株の売買 / drug ～ 麻薬の売買 ❷ U 取り引きの仕方; (人に対する)振る舞い, 対応 ‖ honest ～ 正直な対応

dealt /delt/ 動 deal[1] の過去・過去分詞

dean /diːn/ 名 C ❶ (大学の)学部長; ((米))学生(補導)部長; ((英))学生監 ‖ the ～ of the medical school 医学部長 ❷ ((宗))(英国国教会の大聖堂などの)司祭長; (カトリック教会の)地方副監督, 司教地方代理 ❸ (団体の)長老, 最古参者　**～·shìp** 名 U dean の職[任期]

▸▸**～'s lìst** 名 C ((米))(大学の)成績優秀者名簿

dean·er·y /díːnəri/ 名 (複 **-er·ies** /-z/) U dean の地位[権限]; C dean の公邸[管区]

dear

/dɪər/(♦同音語 deer) 形 副 名 間

―形 (▶ endear 動)(**～·er**; **～·est**)

❶ 〈…にとって〉**いとしい**, かわいい; 親愛な 〈**to**〉 ‖ my ～ wife 我が愛する妻 / her ～*est* **friend** 彼女の親友 / ～ little boy (呼びかけで)かわいい坊や(♥愛情を込めて little や old を付け加えることがある) / My daughter is ～ *to* me. うちの娘ってかわいいんだよ / This town is ～ *to* my family. この町は私の家族にとって懐かしい

❷ 〈…にとって〉貴重な, 大切にしている〈**to**〉; ((限定))心からの, 切実な ‖ everything that is ～ *to* him 彼にとって大切なものすべて / It was my grandmother's ～*est* wish to have her ashes scattered over the Atlantic. 遺骨を大西洋上にまいてもらうのが祖母のたっての願いだった(♦通例 dearest の形をとる)

❸ ((限定))((手紙の書き出しまたは呼びかけで))**親愛なる**, 敬愛する ‖ *Dear* Sir [OR Madam] 拝啓 / *Dear* Mrs. Dole ドール夫人様 / *Dear* Joel 親愛なるジョエル / *Dear* God 神様

語法☆☆ 後に続く語によって改まった形式から親しい間柄まで幅広い手紙に用いられる.
(1) Dear Sir [Madam] は面識のない, もしくは目上の男性[女性]に対して, Dear Sirs は会社, 団体に対して用いる. 相手の性別が不明の場合は Dear Sir or Madam を用いる.
(2) Dearest Joel のように最上級を用いるのは((旧)).
(3) ((英))では My をつけて My Dear Mr. ... とすることもあるが, ((米))では((旧)).
(4) Dear の後に full name を書くのは誤り.

❹ ((主に英)) **a** ((通例叙述))(物が)高価な(↔ cheap) (⇨ EXPENSIVE 類語) ‖ This desk is too ～. この机は値段が高すぎる / Five pounds! That's a bit ～. 5ポンドですって, ちょっと高いんじゃないの **b** (店などが)値段が高い

hòld ... déar …をいとしく[大切に]思う

―副 ((英)) 高い値段で; 大きな犠牲を払って ‖ buy cheap and sell ～ 安く買って高く売る / The mistake cost him ～. その失敗は彼にとって高いものについた

―名 (複 **～s** /-z/) C ❶ ((呼びかけで)) ねえあなた [おまえ] (♥通例親しい間柄で用いられるが, 知らない子供などに対してあるいは店員が客に対しても用いることがある) ‖ My ～! ねえあなた [おまえ] (♦ My dearest! ともいう) / Will you have an ice cream, ～? ねえあなた, アイスクリームを食べますか ❷ かわいい人, 愛する者; 親切な人, いい人 ‖ Be a ～ and keep quiet. いい子だから静かにしていてね

―間 まあ, おや(♥困惑・驚き・同情などを表す) ‖ Oh ～!=*Dear*, ～!=*Dear* me! おや, まあ, へえ, これはこれは / Oh ～, no! とんでもない

～·ness 名

▸▸**Dèar Jóhn** (**lètter**) 名 C ((口)) (女性から男性への)縁切りの手紙, 絶縁状

dear·est /díərɪst/ 名 C ((呼びかけで))最愛の人

dear·ie /díəri/ 名 C ((主に英口)) ((旧)) かわいい人 (darling), あなた (♥通例呼びかけとして女性が自分より若い人に対して用いる)

*__dear·ly__ /díərli/ 副 ❶ 愛情込めて, 心から; 切実に, とても (♦通例 love などの動詞とともに用いる) ‖ He loved his children ～. 彼は子供たちを心から愛していた / I would ～ love to marry her. 彼女と心から結婚したいのです ❷ 高くついて, 大きな代償を払って ‖ You'll pay ～ for that mistake. その失敗は高いものにつくぞ

dearth /dəːrθ/ 名 U/C ((a ～)) ❶ 〈…の〉不足, 欠乏 (lack) 〈**of**〉 ‖ a ～ *of* information 情報不足 ❷ 食糧不足, 飢饉(ききん)

***death

/deθ/

―名 (◁ dead 形 | ▶ dead 形, die[1] 動)(複 **～s** /-s/) ❶ U C **死**, 死亡(↔ life, birth); C 死に方; U 死んだ状態 ‖ Cancer is now the chief cause of ～ in Japan. 日本の死因のトップは癌(がん)です / from birth to ～ 生まれたときから死ぬまで, 一生涯 / fear [OR dread] ～ 死を恐れる / I still mourn [OR lament] my friend's ～. 友人の死を今なお悼んでいる / ～*s* from overwork 過労による死亡件数 / The airplane crash **caused** 62 ～*s*. 飛行機の墜落事故で62人が死亡した / die a hero's [peaceful] ～ 英雄的な [安らかな] 死を遂げる / dance with ～ 危ないことをする / till [OR until] ～ 死ぬまで / fall [jump] to one's ～ 転落死 [飛び下り自殺] する / people on ～ 死刑囚

連語 【形/名+～】 a sudden ～ 突然死 / an accidental ～ 不慮の死; ((法)) 事故死 / a tragic ～ 悲劇的な死 / a mysterious [OR suspicious] ～ なぞの死 / brain ～ 脳死 / a violent ～ 非業の死

❷ ((the ～)) 〈…の〉消滅, 終わり 〈**of**〉 ‖ the ～ *of* communism [one's hope] 共産主義の滅亡[希望の消滅]

❸ ((D-)) U 死神 ((黒衣をまとい鎌(かま)を持った骸骨(がいこつ)として表される)) ❹ ((the ～, one's ～)) 死因, 命取り ‖ Drinking was「*the* ～ of him [OR *his* ～]. 飲みすぎが彼の死因だった ❺ Ⓒ 殺人, 殺戮(さつりく)(されること) ; Ⓤ 死刑 ‖ a ～ threat 殺害予告, 殺すという脅し / The terrorist was sentenced [OR condemned] to ～. そのテロリストは死刑を宣告された

(as) sùre as déath 全く確かで

at dèath's dóor 死にひんして

be déath on ... 《口》 ① …(の処理)がとても上手である ‖ That batter *is* ～ *on* a low fast ball. あのバッターは低めの速球を軽々と打ち返せる ② …が大好きだ ③ …に対してひどく厳しい ‖ Mr. Ono *is* ～ *on* cheating. 小野先生はカンニングにはひどく厳しい

D

be ìn at the déath ① (狩りで) 獲物の最期を見届ける ② (出来事などの)結末を見届ける ; 重要な場面に立ち会う

be the déath of ... …を死ぬほど苦しめる[悩ます] ; …を殺す(♥ 誇張あるいはおどけた表現で, will, would とともに用いられる) ‖ That boy will「*be the* ～ *of* me [×be my death]. あの少年には全く手を焼くよ

bèat [《英》 ***flòg***] ***... to déath*** 〔不要なこと〕をくどくど言う

càtch [OR ***tàke***] ***one's déath*** (***of còld***) 《口》 ひどい風邪をひく(♥ 薄着での外出などを注意するときに用いる)

dìe a [OR ***the***] ***déath*** ① 完全な失敗に終わる, (芝居が)受けない ② (流行・考えなどが)廃れる ③ (役者・劇などに)うんざりする

dìe a nàtural déath ① 自然死する ② (興奮などが) 静まる ; (流行・考えなどが)廃れる

****dò ... to déath*** ① …をいやになるほど繰り返す ‖ I used to like that song, but now it's *done to* ～. その歌は昔は好きだったが, 今ではもううんざりだ ② 〔人〕を殺す

hòld [OR ***hàng***] ***ón like*** [OR ***for***] ***grìm déath*** 《英》必死の思いでしがみつく

like déath (***wàrmed óver*** [《英》 ***úp***]) 《口》 疲れ果てている ; ひどく体調が悪い

****pùt ... to déath*** …を殺す ; …を処刑する

****to déath*** ① **死に至るまで** ; (…して) 死ぬ ‖ starve [be burnt, be frozen, be shot] *to* ～ 飢死する [焼死する, 凍死する, 射殺される] ② **極度に, すっかり** ‖ You scared [OR frightened] me *to* ～. 死ぬほど驚いたよ, びっくりするじゃないか / be sick *to* ～ of ... …にうんざりしている

to the déath (戦いなどで)死ぬまで ; 最後まで

▸▸ ～ **bènefit** 名 Ⓒ 〖保険〗死亡保険[給付]金 ～ **blòw** 名 Ⓒ 致命的一撃 ～ **càmp** 名 Ⓒ 死の収容所 ～ **cèll** 名 Ⓒ 死刑囚監房 ～ **certìficate** 名 Ⓒ 死亡証明書 ～ **dùty** 名 Ⓒ 《通例 ～ duties》(英国の)遺産相続税(♦ 現在は inheritance tax という) ～ **hòuse** 名 Ⓒ 《米口》死刑囚の監房棟 ～ **knèll** (↓) ～ **màsk** 名 Ⓒ デスマスク, 死面 ～ **mètal** 名 Ⓤ 〖楽〗デスメタル《無気味さを強調したメタルロック》 ～ **pènalty** 名 《the ～》死刑, 極刑 ～ **ràte** 名 Ⓒ 死亡率 (mortality) ～ **ràttle** 名 Ⓒ 《単数形で》死前喘鳴(ぜんめい)《臨終の際の気管の雑音》; 最後のあがき ～ **rów** 名 Ⓤ (特に米国の) 死刑囚の監房棟 ‖ on ～ *row* 死刑判決を受けて ～ **sèntence** 名 Ⓒ 死刑宣告 ～ **squàd** 名 Ⓒ 暗殺者集団, 殺し屋の一味《政敵などを抹殺するために雇われる一味》 ～ **tàx** 名 Ⓒ 《米》 ① =estate tax ② 遺産相続税 (inheritance tax) ～ **thròes** 名 複 断末魔 (のもがき) ～ **tòll** 名 Ⓒ (事故などの) 死亡者数 **Dèath Válley** 名 死の谷《米国カリフォルニア州とネバダ州にまたがる砂漠盆地》 ～ **wàrrant** (↓) ～ **wìsh** 名 Ⓒ 《単数形で》〖心〗死の願望《自分[他人]の死を願うこと》

déath·bèd 名 Ⓒ 《通例単数形で》死の床 ; 臨終 ‖ a ～ confession 死に際の告白

****on one's déathbed*** 臨終で[に]

déath·blòw 名 Ⓒ 致命的な打撃

déath-dèaling 形 死をもたらす, 致命的な

déath knèll 名 Ⓒ 弔鐘(passing bell) ; 《通例 the ～》終末[破滅]を告げる出来事[前兆]

sòund [OR ***tòll, rìng***] ***the déath knèll of ...*** …の終わりを告げる

death·less /déθləs/ 形 《主に文》《戯》不死の, 不滅の, 不朽の ～**·ly** 副 ～**·ness** 名

déath·lìke 形 死のような

death·ly /déθli/ 形 ❶ 致死の, 致命的な ❷ 死[死人]のような, 死を思わせる ‖ a ～ silence 水を打ったような静けさ
―― 副 非常に, ひどく

déath's-hèad 名 Ⓒ (死の象徴の)しゃれこうべ(の画像)

déath·tràp 名 Ⓒ 《口》死の危険をはらむ建物[乗り物, 場所, 状況]

déath wàrrant 名 Ⓒ ❶ 死刑執行令状 ❷ (希望・期待などを打ち砕く)とどめの一撃

sìgn one's (***òwn***) ***déath wàrrant*** 自分で自分の首を絞める

déath·wàtch 名 Ⓒ ❶ 死者[死にかけている人]への寝ずの番, 通夜 ❷ (= ～ **bèetle**)〖虫〗シバンムシ(死番虫)《この虫が木を食うかちかちという音が死の前兆と考えられた》

deb /deb/ 名 《口》=debutante

de·ba·cle /deɪbɑ́:kl/ 名 Ⓒ ❶ 総崩れ ; 大敗北 ; 大失敗 ❷ 川の氷が割れること

de·bag /dì:bǽg/ 動 (**-bagged** /-d/ ; **-bag·ging**) 他 《英俗》(罰・冗談で)…のズボンを脱がす ; 《米俗》…を去勢する

de·bar /dɪbɑ́:r/ 動 (**-barred** /-d/ ; **-bar·ring**) 他 《通例受身形で》 ❶ 〈…から〉締め出される, 除外される〈**from**〉 ❷ 〈…するのを〉妨げられる, 禁じられる〈**from**〉 ～**·ment** 名

de·bark¹ /dɪbɑ́:rk/ 動 =disembark

dè·bar·ká·tion 名

de·bark² /dɪbɑ́:rk/ 動 他 〔木〕の皮をはぐ

***de·base** /dɪbéɪs/ 動 他 …の品質[価値など]を低下させる ; …の身分[品性]を落とす ～**·ment** 名

de·bat·a·ble /dɪbéɪṭəbl/ 形 ❶ 議論の余地のある ❷ (土地などが)係争中の **-bly** 副

:de·bate /dɪbéɪt/
―― 名 (複 **～s** /-s/) ❶ Ⓤ Ⓒ 〈…についての〉**討議**, 論争〈**on, over, about**〉; 熟慮 (⇨ ARGUMENT 類語) ‖ After much ～ we decided to refuse the offer. いろいろ討論した結果私たちはその申し出を断ることに決めた / the international ～ *on* whaling 捕鯨に関する国際討論
❷ Ⓒ 〈…についての〉(公式の)討論会, 弁論会, ディベート〈**about, on**〉 ‖ We will hold a ～ *on* the use of atomic energy. 私たちは原子力エネルギーの利用について討論会を開きます / speak **in** a ～ 討論会で話す

連語 ❶ ❷ 【形+～】 a heated ～ 熱弁 / a presidential ～ 大統領候補者同士の討論(会) / a parliamentary ～ 議会での討論 / a public [political] ～ 公開[政治]討論(会)
【動+～】 have a ～ 討論をする / lose [win] a ～ 討論に負ける[勝つ] / open a ～ 討論(会)を始める

under debáte 論争中で[の]

―― 動 (**～s** /-s/ ; **-bat·ed** /-ɪd/ ; **-bat·ing**)
―自 ❶ **討論する**, 論争する〈**on, upon, about** …について ; **with** …と〉(⇨ DISCUSS 類語) ‖ I ～*d* with him *on* the death penalty endlessly [heatedly]. 彼と死刑について延々と[興奮して]議論した
❷ 熟慮する, 考慮する ‖ ～ with oneself ひとりで思案する
―他 ❶ **a** 《+目》…について〈人と〉**討議する**, 討論する〈**with**〉; 〔人〕と〈…について〉討論する〈**on, upon, about**〉 ‖ We ～*d* the issue *with* him. = We ～*d* him *on* [OR *upon, about*] the issue. 私たちはその問題について彼と討論した **b** 《+**wh** 節 / **wh to** ***do***》…かを討議する ‖ We ～*d where to* go for the summer. 我々は夏にはどこへ行ったらいいか議論した
❷ **熟慮する a** 《+目》…を熟慮する ‖ I ～*d* the wisdom of what I was doing. 私がやろうとしていることが賢明なのかどうか思案した **b** 《+**wh** 節 / **wh to** ***do***》…かを熟慮する ‖ I am just *debating whether* I should buy a house. 家を買うべきかどうか今ちょうど考えているところです **c** 《+***doing***》…しようかどうかよく考える ‖ ～

going on a diet ダイエットしようかどうかと考える
語源 *de-* down+*-bate* beat：たたき落とす

de·bat·er /dɪbéɪt̬ər/ 名 C 討論者, 討議者；論客

debáting society 名 C 弁論部, 討論部

de·bauch /dɪbɔ́ːtʃ/ 《堅》 動 他 (不節制・肉欲などで)…を堕落させる；《旧》〔女性〕を誘惑する
—名 C 放蕩(ほうとう), 堕落；遊興, 乱行(orgy) **~ed** 形

de·bauch·ee /dèbɔːtʃíː/ 名 C 《堅》放蕩者, 道楽者

de·bauch·er·y /dɪbɔ́ːtʃəri/ 名 (複 **-er·ies** /-z/) U C 放蕩；(-eries)遊興, 乱行(orgies)

de·beak /dìːbíːk/ 動 他 (けんかをさせないために)〔鶏〕の上くちばしの先端を切除する

de·ben·ture /dɪbéntʃər/ 名 C ❶ (=~ **bònd**)《米》無担保社債 ❷ 債務証書 ❸ (税関の)戻し税証明書

de·bil·i·tate /dɪbílɪtèɪt/ 動 他…を衰弱させる；…を弱体化させる **-tàt·ed** 形 衰弱した **-tàt·ing** 形 衰弱させる **de·bìl·i·tá·tion** 名

de·bil·i·ty /dɪbílət̬i/ 名 (複 **-ties** /-z/) C U (病気による体の)衰弱

deb·it /débət｜-ɪt/ 名 C (帳簿の) 借方 (記入)；借方欄合計額(↔ credit)；(銀行口座の)引き落とし(額) ‖ on the ~ side 借方に；好ましくない面として
—動 他〔勘定〕を借方に記入する；〔人〕の借方に記入する；〔金額〕を(口座から)引き落とす ‖ ~ $150 against [OR to] me [OR my account] =~ me [OR my account] with $150 =~ $150 from my account 私の口座の借方に150ドルを記入する
▸▸~ **càrd** 名 C デビットカード《クレジットの代金が銀行口座から自動的に相手側に引き落とされる方式のカード》 ~ **nòte** 名 C 負債残高通知書《会社が顧客に送付する》

deb·o·nair /dèbənéər/ 〈シ〉 形 (通例男性が)愛想のよい, 感じのよい；陽気な, 快活な, 気さくな

de·bouch /dɪbáutʃ/ 動 自 (川などが) (狭い場所から) 広い場所に流れ出る；(人が) (狭い場所から) 広い場所に進出する, 現れる **~·ment** 名

de·brief /dìːbríːf/ 動 他〔任務を終えた兵士など〕に報告を求める

de·bris, dé- /dəbríː｜débriː/ 《発音注意》 名 U ❶ (破壊された後の)残骸(ざんがい), 瓦礫(がれき)；がらくた(の山) ‖ the ~ after the explosion 爆発後の瓦礫 ❷〘地〙岩屑(がんせつ)

debt /det/ 《発音注意》
—名 (複 **~s** /-s/) C ❶ **借金**, 負債, 債務；U 借金のある状態 ‖ a ~ of 10,000 dollars 1万ドルの借金[負債] / be **in** [**out of**] ~ 借金している[いない]
連語 【形+~】 a long-term ~ 長期にわたる借金 / the national ~ 国債 / a foreign ~ 外国債 / a total ~ 負債総額 / a bad ~ 不良債権
【動+~】 have a ~ 借金がある / owe a ~ 借金をする /「pay off [OR repay, clear] a ~ 借金を返済する / collect a ~ 借金を回収する / run up a ~ 借金を増やす / reduce a ~ 借金を減らす
❷《通例単数形で》(人に)報いるべきもの, 負い目, おかげ, 恩義 ‖ I owe a ~ of gratitude to his parents. 彼の両親には恩義を受けている ❸《古》〘宗〙罪
**be in a pèrson's débt*；*be in débt to a pèrson* ①〔人〕に借金している ②〔人〕に恩義を受けている, 借りがある, 感謝している
pày one's débt (*to society*) 刑に服する

COMMUNICATIVE EXPRESSIONS
1 **I'm in your débt.** おかげさまです；ありがとうございます(♥ 形式ばった感謝の表現. =I'm in debt to you.)

▸▸~ **collèctor** 名 C 借金取り立て業者 ~ **of hónor** 名 C (賭博(とばく)による借金のように)法的にでなく道義的に支払うべき借金 ~ **óverhang** 名 C 債務超過 ~ **ràt·ing** 名 C〘経営〙負債利子支払力評価《負債を有する企業を対象に Moody's のような格付け会社が行う》 ~ **re·líef** 名 U 債務免除[軽減] ~ **sèrvice** [OR **sèrvic·ing**] 名 U〘経営〙(利子を含めての)負債返済事務

dèbt-équity ràtio 名 C〘金融〙(自己資本に対する)負債比率

dèbt-for-équity swàp 名 C《通例単数形で》〘金融〙債権の株式化《優先株を発行して同額の債務と交換すること》

***debt·or** /dét̬ər/ 名 C 債務者, 借主(↔ creditor)
▸▸~ **in possèssion** 名 C《米》〘経営〙資産占有債務者《破産申告した後も経営権を保持して再建を目指す(現)経営者》 ~ **nàtion** 名 C 債務国

de·bug /dìːbʌ́g/ 名 U 💻 (作成中のプログラムの) エラーチェック, デバッグ —動 (**-bugged** /-d/；**-bug·ging**) 他 ❶〔機械など〕から欠陥を除く；💻〔作成中のプログラム〕のエラーチェックをする, デバッグを行う ❷〔盗聴器〕を取り除く ❸《米口》(殺虫剤などで)…から害虫を取り除く

de·bug·ger /dìːbʌ́gər/ 名 C ❶ 💻デバッグ用のプログラム, デバッガー ❷ 害虫駆除者[剤]

de·bunk /dìːbʌ́ŋk/ 動 他…の正体を暴露する, …の仮面をはぐ **~·er** 名 C 暴露者

De·bus·sy /dèɪbjusíː｜dəbúːsi/ 名 **Claude Achille** ~ ドビュッシー(1862–1918)《フランスの作曲家》

***de·but,** 《米》**dé-** /deɪbjúː｜déɪbjuː, dé-/ 《発音注意》 名 C ❶ (芸能界への)デビュー, 初出演, 初舞台 ‖ She made a stunning ~ at the Met. 彼女はメトロポリタンオペラ劇場で衝撃的なデビューを果たした ❷ 初登場, 初公開 ‖ His ~ as goalkeeper was disastrous. 彼のゴールキーパーとしての初登場は惨憺(さんたん)たるものだった ❸《旧》(女性の)社交界への初登場
—動 自 〈…として〉デビューする, 初めて出る〈**as**〉；(新製品などが) 公開される ‖ The new OS ~*ed* in October to mixed reviews. その新オペレーティングシステムは10月に初めて出たが評価はまちまちだった —他…をデビューさせる, 初登場させる；…を公開する(♦ フランス語より)

deb·u·tante, déb- /débjutàːnt/ 名 C 初めて社交界に出る女性；(演劇・スポーツなどの分野で) 初登場する女性 (♦ フランス語より)

dec. 略 deceased

***Dec.** 略 *Dec*ember

deca- /dekə-/ 連結形「10(ten)」の意(♦ 母音の前では dec- を用いる) ‖ *dec*athlon, *dec*ade

:dec·ade /dékeɪd, dɪkéɪd/
—名 (複 **~s** /-z/) C ❶ **10年間** ‖ a ~ ago 10年前に / **for** ~*s* 数十年の間 / **over** two ~*s* 20年にわたって / **in the next** [**last, past**] ~ 次の[過去]10年間に / ~*s*-old mysteries 何十年にも及ぶなぞ
❷ 10個1組, (書物の)10巻

dec·a·dence /dékədəns/ 名 U (道徳・文芸などの) 衰微, 退廃；衰退期

***dec·a·dent** /dékədənt/ 形 衰微した, 退廃的な；デカダンスの —名 C 退廃的な人；デカダンス派の作家

de·caf, -caff /díːkæf/ 形 名 U C《口》カフェイン抜きの(コーヒー)(♦ decaffeinated の短縮形)

de·caf·fein·at·ed /dìːkǽfɪnèɪt̬ɪd/ 形 名 U C カフェインを取り除いた(コーヒー・茶)

dec·a·gon /dékəgà(ː)n｜-gən/ 名 C 十角形, 十辺形 **de·cág·o·nal** 形

déca·gràm 名 C デカグラム《10g》

dec·a·he·dron /dèkəhíːdrən/ 名 (複 **~s** /-z/ OR **-dra** /-drə/) C 十面体 **-dral** 形

de·cal /díːkæl, dɪkǽl/ 名 U C =decalcomania；C (転写式)ステッカー

de·cal·co·ma·ni·a /dɪkæ̀lkəméɪniə/ 名 ❶ U (絵や模様を木・金属・陶磁器・ガラスなどに写す)転写法 ❷ C 転写画, 移し絵；転写される絵[模様]が描かれた紙

déca·lìter 名 C デカリットル《10リットル》

Dec·a·logue /dékəlɔ̀(ː)g/ 名《the ~》(モーセの) 十戒 (the Ten Commandments)

déca·mèter 名 C デカメートル《10メートル》

de·camp /dɪkǽmp/ 動 自 ❶ 急に[こっそり]立ち去る, 逃

D

亡する ❷ キャンプを引き上げる **~·ment** 名

de·cant /dɪkǽnt/ 動 他〔液体〕を(沈殿物をかき混ぜないようにしながら)別の容器に移し替える；《英》〔人〕を別の場所に運ぶ **de·can·tá·tion** 名

de·cant·er /dɪkǽnṭər/ 名 Ⓒ デカンター《ワインなどを瓶から移し替えておくガラスの器》

de·cap·i·tate /dɪkǽpɪtèɪt/ 動 他…の首を切り落とす，…を打ち首にする **de·càp·i·tá·tion** 名

dec·a·pod /dékəpɑ̀(ː)d | -pɔ̀d/ 名 Ⓒ 〖動〗十脚類《エビ・カニなど》 ── 形 十脚類の

D

de·car·bon·ize /dìːkɑ́ːrbənàɪz/ 動 他〔特に内燃機関〕から炭素を除去する **de·càr·bon·i·zá·tion** 名

dec·a·syl·la·ble /dékəsɪ̀ləbl/ 名 Ⓒ 10音節の詩行 **dèc·a·syl·láb·ic** 形 10音節(の詩行)からなる

de·cath·lete /dɪkǽθlìːt/ 名 Ⓒ 10種競技選手

de·cath·lon /dɪkǽθlɑ(ː)n | -lɔn/ 名 Ⓤ《しばしば the ~》10種競技(→ pentathlon)

***de·cay** /dɪkéɪ/ 動 自 ❶ (徐々に)腐る，腐敗する(⇨ 類語) ‖ Your teeth have begun to ~. あなたの歯は虫歯になりかけています ❷ (体力・勢力・体制などが)(徐々に)衰える，衰退[減退]する，衰微する；(建物・場所などが)荒廃する；(質・技術などが)低下する，悪化する ‖ Grandma's physical powers have ~*ed* with age, but her sharp tongue hasn't. 年とともにおばあちゃんの体力は衰えてきたが，毒舌は健在だ / Our political system is ~*ing*. 我々の政治体制は衰退しつつある ❸〖理〗(放射性物質が)(自然)崩壊する；(物理的な量が)減衰する ❹〖理〗(人工衛星が)減速する ── 他…を(徐々に)腐らせる；衰退させる ‖ a ~*ed* tooth 虫歯

── 名 Ⓤ ❶ 腐敗(した状態)，腐朽 ❷ (徐々の)衰退，衰微；荒廃；(力・健康などの)減退，低下 ‖ economic ~ 経済的衰退 / fall into ~ 衰微[荒廃]する / former glories now in ~ 今では朽ち果てた昔の数々の栄光 ❸ Ⓒ《単数形で》歯の悪くなった部分 ❹〖理〗(放射性物質の)崩壊；(物理的な量の)減衰 ‖ the radioactive ~ of uranium ウラニウムの放射性崩壊 ❺〖天〗(人工衛星の)減速 ❻〖楽〗(音の)減衰，フェードアウト

類語《自 ❶》**decay** 健全な状態から自然に徐々に悪くなる．
rot decay より強い語，特に植物質が腐敗する．ときに動物質に用い，また悪臭の発散を含意することもある．〈例〉Fallen leaves *rot*. 落ち葉は腐る
spoil 食品が腐る．〈例〉Foods *spoil* quickly in summer. 夏は食べ物の傷みが速い

Dec·can /dékən/ 名《the ~》デカン高原《インド南部の大部分を占める高原》

de·cease /dɪsíːs/《発音注意》名 Ⓤ《堅》〖法〗死亡 ── 動 自《古》死亡する(⇨ DIE[1] 類語P)

de·ceased /dɪsíːst/ 形《堅》〖法〗死去した，故…(⇨ DEAD 類語)；《the ~ で名詞的に》《単数・複数扱い》(特定の)死者(たち)，故人

de·ce·dent /dɪsíːdənt/ 名 Ⓒ《米》〖法〗死者，故人

***de·ceit** /dɪsíːt/ 名 ❶ Ⓤ 欺く[だます]こと，欺瞞(ぎまん)，ぺてん，ごまかし；虚偽[欺瞞]性 ‖ engage in deliberate ~ 計画的な詐欺を行う ❷ Ⓒ 策略，たくらみ，詐欺行為

de·ceit·ful /dɪsíːtfəl/ 形 人を欺く；人を惑わす **~·ly** 副 **~·ness** 名

***de·ceive** /dɪsíːv/ 動 他 ❶ **a** (+目)〔人〕をだます，欺く(➘ take in)；惑わす，誤らせる(⇨ CHEAT 類語) ‖ My ears must be *deceiving* me. 私は聞き違えしているに違いない / I've been ~*d* by you. 君を見損なっていた **b** (+目+**into** *doing*)〔人〕をだまして…させる ‖ He was ~*d into* buying an expensive item. 彼はだまされて高い品を買った ❷《~ oneself で》(自分に都合がいいように)自分をごまかす，現実[真実]から目をそらす ‖ He's just *deceiving* himself with dreams of success. 彼は(見込みがないのに)成功するという夢を抱いている(だけだ) ❸〔夫・妻〕を裏切って〈…と〉浮気をする(➘ cheat on)〈**with**〉 ── 自 だます，うそをつく，詐欺を働く

-céiv·er 名 Ⓒ だます人，詐欺師

de·cel·er·ate /dìːsélərèɪt/ 動 他…の速度を落とす ── 自 減速する(➘ slow down)(↔ accelerate)

de·cèl·er·á·tion 名 **-à·tor** 名 Ⓒ 減速装置

***De·cem·ber** /dɪsémbər/ 名 Ⓒ Ⓤ《通例無冠詞単数形で》12月《略 Dec.》(⇨ JANUARY 用例)

***de·cen·cy** /díːsənsi/ 名(複 **-cies** /-z/) ❶ Ⓤ 礼儀正しさ，(動作・服装などの)上品さ，品位；(振る舞いが)良識あること，趣味のよさ；世間体(てい) ‖ It's a question of common ~. それはごくふつうの良識の問題だ / behave with ~ 礼儀正しく振る舞う / for ~'s sake 体面上 / You should at least have the ~ to remove your hat! せめて帽子をとるくらいの礼儀はわきまえていないとね ❷《the -cies》《堅》礼儀作法；人並みの生活に欠かせないもの ‖ observe the *decencies* 礼儀作法を守る

de·cen·ni·al /dɪséniəl/ 形 10年間続く，10年間の；10年ごとの ── 名 Ⓒ 10周年記念(祭) **~·ly** 副

****de·cent** /díːsənt/《発音・アクセント注意》

── 形 (**more ~ ; most ~**)

❶《通例限定》《口》けっこうよい，まあまあの；(量的に)一応満足のいく，かなりの，相当の ‖ She had a ~ income. 彼女には相当な収入があった / a ~ meal けっこうよい食事 / a ~ job まあまあの仕事

❷ **きちんとした**，見苦しくない，しかるべき ‖ His parents begged him to show up at the church in ~ clothes. 両親はきちんとした服装で教会に来るよう彼に頼んだ / ~ people まともな人々

❸ **上品な**，趣味のよい；慎み深い；礼儀正しい ‖ I never told him anything but ~ things. 彼に下品なことを言ったことはない / ~ language 上品な言葉(遣い)

❹ 適切な，合った ‖ She left a ~ interval before remarrying. 彼女はしかるべき期間をおいてから再婚した / Tea was served in ~ time. ちょうどよいころ合いにお茶が出された / a ~ dress for the occasion その場合にふさわしい服 ❺《通例叙述》《英口》親切な，優しい；寛大な ‖ He was very ~ to me. 彼は私にとても親切だった / It is awfully ~ of you (to do the work for me). (私の代わりにその仕事をしてくれて)本当にありがとう ❻《口》人前に出られるものを着ている；裸[下着だけ]ではない ‖ She knocked at the door and called, "Are you ~?" 彼女はドアをノックして大きな声で「ちゃんと服は着ているの[開けてもいいですか]」と言った

dò the dècent thíng 道義的に行動する；責任をとって辞任する；(男性が)責任をとって結婚する

de·cent·ly /díːsəntli/ 副 ❶ きちんと，上品に，見苦しくないように ❷《口》かなりに，相当に

de·cen·tral·ize /dìːséntrəlàɪz/ 動 他〔産業・人口など〕を分散させる；〔行政権など〕を地方分権にする

de·cèn·tral·i·zá·tion 名

***de·cep·tion** /dɪsépʃən/ 名 ❶ Ⓤ 欺くこと，欺瞞(まん)，詐欺；だまされること ‖ the ~ of the public 一般大衆を欺くこと / obtain money by ~ 金をだまし取る ❷ Ⓒ ごまかし，ぺてん，トリック；にせ物；欺くもの

***de·cep·tive** /dɪséptɪv/ 形 欺瞞的な，人を惑わすような；紛らわしい，当てにならない ‖ *Appearances are* ~.《諺》見掛けは当てにならない **~·ly** 副 **~·ness** 名

deci- /desə- | desi-/ 連結形「10分の1(の)」の意(♦ 通例メートル法単位で用いる) ‖ *deci*liter

dec·i·bel /désɪbèl/ 名 デシベル《電気量・音量の単位．略 dB, db》

****de·cide** /dɪsáɪd/

── 動〔▶ decision 名，decisive 形〕(**~s** /-z/；**-cid·ed** /-ɪd/；**-cid·ing**)

── 他 ❶ **決心[決定]する，決める a** (+**to** *do*)…しようと決心[決意]する；…すると決定する，決める ‖ We **finally** ~*d to* get married in Hawaii. 私たちは最終的にハワイ

で結婚することに決めた / She ~*d* not *to* take offense. 彼女は腹を立てまいと心に決めた
b 《+(**that**) 節》…ということを決定[決心]する；…と判断する ‖ We ~*d* (*that*) we would get married in October. 我々は10月に結婚しようと決めた / It was ~*d that* he「be sent [《主に英》should be sent] to Eton. 彼はイートン校にやられることに決まった / "He's not much over sixty," she ~*d*. 彼は60を大して超えていない，と彼女は判断した
c 《+**wh** 節 / **wh to** *do*》…かどうかを決める ‖ A layperson isn't supposed to ~ *if* someone is dead. 素人が人の死亡の判定をしてはならない / Have you ~*d what to* order for breakfast? 朝食の注文は決まった？
d 《+目》…を決める，…に結論[判決]を下す ‖ Have you ~*d* your own future? 君自身の将来は決めたのか
❷ **決心[決意]させる** **a** 《+目》(物事が)〔人〕に決心させる ‖ Your words have ~*d* me. 君の言葉で決心がついた
b 《+目+**to** *do*》〔人〕に…する決心をさせる ‖ What has ~*d* you *to* become a doctor? 何で医者になる決心をしたのですか（♦ decide を ❶ **a** の意味で用いて What has made you decide to become ...? とする方がふつう）
c 《+目+**against** 名》〔人〕に…しない決心をさせる ‖ The weather forecast ~*d* me *against* going to the beach. 天気予報を聞いて海辺に行くのをやめた
❸〔論争・競技など〕に**決着をつける**，…を解決する ‖ That kind of evidence would ~ the matter. そういった証拠があれば一件落着するだろう / His home run ~*d* the game. 彼のホームランで試合が決まった
—自 ❶ **a** 《+**on** [**upon**] 名》…を(どれにするか)**決める**，決定する；(2つ以上のものの中から)…に決める（↷ settle on）‖ Have you ~*d on* a name for the baby yet? 赤ちゃんの名前はもう決めましたか / They ~*d on* sharing the profits equally. 彼らはもうけを均等に分けることに決めた
b 決心[決意]する；**決定する**，決める〈**between** …のどちらかに；**about** …について；**against** …しないことに；**for, in favor of** …することに〉‖ She ~*d* of her own free will. 彼女は自分の意志で決めた / I cannot ~ *between* the two of you. あなた方のどちらとも決められない / We have to ~ *about* a date for the reception. レセプションの日取りを決めなければならない / He ~*d for* [*against*] going abroad. 彼は外国に行く[行かない]ことに決めた
❷〖法〗判定[判決]を下す〈**for, in favor of** …に有利な；**against** …に不利な〉‖ The judge ~*d against* [*for, in favor of*] the defendant. 判事は被告に不利[有利]な判決を下した

COMMUNICATIVE EXPRESSIONS
1 **I càn't decíde.** 決められない；どうしよう（♥ 決心がつかないときや確信が持てないときに用いる）
2 **I'd ràther nòt decíde ànything nów.** 現時点では結論を出したくありません（♥ 意見・回答を保留する）
3 **Whén did we decíde thàt?** そうだっけ；そんなこといつ決めたっけ（♥ 都合の悪いときにとぼけて用いる）

-cíd·a·ble 形
語源 *de-* off, away+*-cide* cut：切り離して決めてしまう
類語 **decide**「決める」の意を表す一般的な語.
make up one's **mind** decide とほぼ同意の口語表現.
determine きっぱりと決める. 強い決意と決めた内容に最後まで固執する気持ちを表す.
resolve 決然として決める. 遂行しようという確固たる意志や意図を表す.

de·cid·ed /dɪsáɪdɪd/ 形《限定》❶ 疑問の余地のない，はっきりした ‖ a ~ change はっきりした変化 ❷ 断固とした，確固たる ‖ in a ~ tone きっぱりとした口調で
類語 **decided**「すでに decide された」という受身の意味.〈例〉a *decided* victory（もう勝敗が決まってしまって動かすことのできない）確定した勝利
decisive「全体の局面の結果を決定づける（ような）」という能動の意味.〈例〉a *decisive* victory（戦争の）決着をつけるような勝利（♦ 両方とも「決定的な勝利」と訳せるが，意味は上のように異なる）

*__de·cid·ed·ly__ /dɪsáɪdɪdli/ 副 ❶ 間違いなく，明らかに ❷ 確固[断固]として，きっぱりと

de·cid·er /dɪsáɪdər/ 名 C ❶ 決定者，裁決者 ❷ 決勝戦；決勝点

de·cid·u·ous /dɪsídʒuəs | -sídju-/ 形 ❶ 落葉性の（↔ evergreen）❷（成長段階で）抜け変わる，脱落性の ‖ ~ teeth 乳歯(milk teeth)

déci·gràm 名 C デシグラム《1/10グラム》

de·cile /désaɪl, désɪl/ 名 C〖統計〗デシル，10分位数《総量を10等分した1つの数量》 —形 デシルの

déci·lìter 名 C デシリットル《1/10リットル》

dec·i·mal /désəməl/ 形 ❶ 10進法の ‖ ~ notation 10進記数法 / ~ classification（図書の）10進分類法 ❷ 小数の —名 C 小数 ‖ a recurring [or circulating] ~ 循環小数 **~·ly** 副 小数で；10進法で
➡ **~ cúrrency** 名 U 10進法通貨(制度) **~ fráction** 名 C〖数〗小数（→ common fraction）**~ pláce** 名 C〖数〗小数位 **~ pòint** /英 ニニ/ 名 C〖数〗小数点 **~ sỳstem** 名《the ~》10進法

dec·i·mal·ize /désəməlàɪz/ 動 他 …を10進法に移行する **dèc·i·mal·i·zá·tion** 名

dec·i·mate /désəmèɪt/ 動 他（疫病・天災などが）…を大量に殺す；…を大幅に減らす **dèc·i·má·tion** 名

déci·mèter 名 C デシメートル《1/10メートル》

de·ci·pher /dɪsáɪfər/ 動 他〔暗号など〕を解読する（↔ encipher）；〔読みにくい文字など〕を判読する
~·a·ble 形 **~·ment** 名

****de·ci·sion** /dɪsíʒən/《発音注意》

—名〔◁ decide 動〕(複 **~s** /-z/) ❶ C U **決定**，決心，結論，決着，解決〈**about, on** …に関する / **to** *do* …する / **that** 節 …という〉‖ He **makes** the final ~ *on* purchasing.（物品の）購入に関しては彼が最終決定をする / The ~ belongs to my wife. 決定権は妻にある / Nothing will affect my ~ *to* leave this job. この仕事を辞める決意は何をもってしても変わらないだろう / The government's ~ *that* taxes be reduced was universally approved. 減税という政府の決定は万人に受け入れられた / a ~ by majority 多数決 / reach [or come to] a ~ 決定される，解決する / **take** a vital [tough, hasty] ~《英》極めて重大な[難しい，早まった]決定をする
❷ U 決断力，果断 ‖ a man of ~ 決断力のある人 ❸ C（法廷での）判決 ‖ a ~ on a case 事件の判決 ❹ C（特にボクシングで）判定勝ち ‖ win by a ~ 判定勝ちする（→ split decision）

COMMUNICATIVE EXPRESSIONS
1 **The decision is yóurs.** 決めるのはあなたです；あなた次第です（↷ It's for you to decide.）

*__decísion-màking__ 名 U（企業などの）意思決定
-màker 名

*__de·ci·sive__ /dɪsáɪsɪv/ 形〔◁ decide 動〕(**more ~；most ~**) ❶ 決定的な（⇨ DECIDED 類語）‖ play a ~ role [or part] in ... …において決定的な役割を果たす / a ~ ballot 決戦投票 / a ~ battle 決戦 ❷ 決断力のある；断固とした ‖ a ~ leader 決断力のあるリーダー ❸ 明らかな，疑う余地のない ‖ ~ evidence 確証 / a ~ superiority 紛れもない優勢
~·ly 副 決定的に；決然と，断固として **~·ness** 名

*__deck__ /dek/ 名 (複 **~s** /-s/) C ❶〖海〗デッキ，甲板；主甲板 ‖ the main ~ 正甲板 / the upper [lower] ~ 上[下]甲板 / the forecastle [promenade] ~ 前[遊歩]甲板 / below ~(*s*) 主甲板の下に[へ] ❷ デッキ状のもの；(建物の)階，床；(バスなどの)デッキ，階，客室；デッキ(橋の)

D

道路面；雲の層；《米》(日光浴用などの板張りの)テラス(→ sun deck) ‖ the top [OR upper] ～ of a bus (2階建て)バスの上の階(→ double-decker) ❸《主に米》(トランプの)1組(《英》pack) ❹《米口》(ヘロインなど)麻薬1包み[1組] ❺テープ[カセット]デッキ ❻《口》地面 ❼(スケートボード・スノーボードの)板

a few cards short [OR ***shy***] ***of a*** (***full***) ***deck*** ⇨ CARD[1] (成句)

clèar the déck(***s***) ① 甲板上を片づけて戦闘準備をする ② (片づけて)次の活動の準備をする

hìt the déck ①《口》(主に危険・危害を逃れるため)床[地面]に伏せる；地面に落ちる ② 起床する；仕事に取りかかる

nòt plàying with a fúll dèck ①《米俗》少々頭がおかしい ② (交渉などで)何かを隠している

*·***on déck*** ① デッキに出て ②《米口》準備ができて；(野球で)(次打者として)控えて ‖ an *on*-～ circle 〖野球〗ネクストバッターズサークル

stàck the déck [《英》***cárds***] ① トランプを不正に切る ② 〈…に不利になるように〉ひそかに仕組む〈**against**〉

── 動 他 ❶《通例受身形で》〈…で〉飾られる，〈…で〉着飾る《*out*》〈**with, in**〉 ‖ His belt was *～ed with* brass studs. 彼のベルトは真ちゅうの飾りびょうで飾られていた / She is *～ed out in* furs. 彼女は毛皮で着飾っている ❷《口》〔人〕を(床に)殴り倒す ❸ …に甲板を張る

▸▸ **～ chàir** 名 C デッキチェア《ズック布張り折り畳み式のいす》(⇨ CHAIR 図) **～ hànd** 名 C 甲板員 **～ quòits** 名 U《英》(船上での)デッキ輪投げ **～ shòe** 名 C デッキシューズ **～ tènnis** 名 U デッキテニス《ネットを挟んでゴムの輪を投げ合う船上競技》

déck·chàir 名 C《英》＝deck chair

deck·er /dékər/ 名 C《しばしば複合語で》…層のもの；…層の甲板の船 ‖ a double-～ bus 2階建てバス / a triple-～ sandwich 3段重ねのサンドイッチ

déck·hòuse 名 C 〖海〗甲板室

deck·ing /dékɪŋ/ 名 U (庭などの)テラス；その用材

dèck·le édge /dèkl-/ 名 C (特に手すき紙の)耳の端，ぎざぎざの縁 **dèckle-édged** 形

de·claim /dɪkléɪm/ 動 自 ❶ (劇的な調子で)熱弁を振るう，(身振りを交え)大声で話す ❷〈…を〉激しく非難する，〈…に〉猛烈に抗議する ── 他 …を熱烈に話す；…を朗唱する **～·er** 名 C 演説者，熱弁家

dec·la·ma·tion /dèkləméɪʃən/ 名 U C ❶ 朗読(法)，演説(法)；熱弁；朗読[演説]の練習 ❷ 朗読に適した詩文[演説文]

de·clam·a·to·ry /dɪklǽmətɔ̀:ri | -təri/ 形 朗読風の，演説調の；美辞麗句を連ねた；大げさな

‡dec·la·ra·tion /dèkləréɪʃən/

── 名 〔◁ declare 動〕(複 **～s** /-z/) U C ❶〈…の〉**宣言**，布告〈**of**〉 ‖ issue a ～ *of* war 宣戦布告を発する / the Universal *Declaration of* Human Rights 世界人権宣言 / **sign** a joint ～ 共同宣言に署名する / **make** a ～ *of* independence 独立を宣言する

❷ 公表，発表，告知；告白 ‖ the ～ of the poll《英》選挙投票結果の公表 / make a ～ of one's intent 真意を公表する；明らかにする / a ～ of love 愛の告白

❸ (所得・課税品などの)申告；申告書 ‖ a ～ of income 所得の申告 / a customs ～ 税関申告(書)

❹ 〖法〗(原告の)請求申し立て；(証人の)無宣誓証言

❺ 〖トランプ〗切札宣言；得点宣言 ❻ 〖クリケット〗イニング中断宣言 ❼ 💻 (変数の型などの)宣言

Declaràtion of Indepéndence 名《the ～》(米国の)独立宣言《1776年7月4日採択》

de·clar·a·tive /dɪklǽrəṭɪv/ 形 宣言[申告]の；陳述的な ‖ a ～ sentence 〖文法〗平叙文 **～·ly** 副

de·clar·a·to·ry /dɪklǽrətɔ̀:ri | -təri/ 形 ＝declarative

‡de·clare /dɪkléər/ 中心義 **…をはっきりと示す**

── 動 〔▸ declaration 名〕(**～s** /-z/；**～d** /-d/；**-clar·ing**)

── 他 ❶ **宣言する a** (＋目)…を宣言する，布告する，公表[正式発表]する ‖ Britain *～d* **war** on [OR against] Germany in September 1939. 英国は1939年9月にドイツに宣戦布告した / ～ martial law 戒厳令を布告する **b** (＋(**that**) 節)…だと宣言[布告]する ‖ The government *～d* (to the press) *that* life in the capital was returning to normal. 政府は(記者団に)首都の生活は平常に戻りつつあると発表した **c** (＋目＋(**to be**) 補)…が…だと宣告する ‖ Abraham Lincoln's birthday was *～d* (*to be*) a federal holiday. エイブラハム＝リンカーンの誕生日は連邦の休日であると布告された / He was *～d* **bankrupt**. 彼は破産を宣告された / I ～ the meeting open. (議長が)開会を宣言します

❷ **断言する a** (＋目)…をはっきりと述べる，断言[言明]する，申し立てる(⇨ AFFIRM 類語) ‖ He *～d* his innocence. 彼は自分の無実を申し立てた **b** (＋(**that**) 節)…だとはっきりと述べる，断言[言明]する ‖ She *～d that* she was not interested in the deal. 彼女はその取り引きに関心がないと断言した / "I will not resign," he *～d* on his home page.「私は辞任するつもりはない」と彼は自分のホームページではっきり述べた **c** (＋目＋(**to be**) 補)…が…であると断言する ‖ He *～d* her (*to be*) the apple of his eye. 彼は彼女がとても大切な人だと断言した

❸ (税関などで)〔課税品〕**の申告をする**；〔所得など〕を申告する ‖ "(Do you have) anything to ～? " "No, nothing."「申告するものはありますか」「いえ，ありません」

❹ **a** (＋目)(物が)…を明らかにする，示す ‖ *The heavens ～ the glory of God*. 天が神の栄光を顕示する(♦聖書の言葉) **b** (＋目＋(**to be**) 補)…が…であると明らかにする ‖ His actions *～d* him (*to be*) a sloppy thinker. その行動で彼がずさんな考え方をする人であることが明らかになった

❺ 〖トランプ〗…を切り札と宣言する；〔持ち札〕を知らせる

── 自 ❶ 公式に表明する，公言する，宣言する〈**for, in favor of** …に賛成を；**against** …に反対を〉 ‖ A few *～d for* [OR *in favor of*] the rebels. 何人かは反逆者を支持すると表明した ❷〈…への〉立候補を表明する〈**for**〉 ❸ 〖クリケット〗(打者側が)(途中で)イニングの終了を宣言する

decláre onesèlf ① 正体，身分などを明らかにする；意図を明確にする ②《古》愛の告白をする

(***Wéll,***) ***I*** (***dó***) ***decláre!*** (やあ)これは驚いた[困った](♥信じ難いこと・驚き・いら立ちを表す)

語源 *de-* fully＋*-clare* clear：全く明らかにさせる

de·cláred 形 公表[申告]した，公然の **-clár·ed·ly** 副 公然と，明白に

de·clar·er /dɪkléərər/ 名 C ❶ 宣言[申告]者 ❷ 〖トランプ〗切り札宣言者

dé·clas·sé /dèɪklæséɪ | ─ ́─/ 形 ❶ 社会的地位を失った，零落した ❷ 下層階級の，下品な(♦フランス語より)

de·clas·si·fy /dì:klǽsɪfàɪ/ 動 (**-fied** /-d/；**～·ing**) 他 〔政治情報など〕の機密を解除する，…を機密リストから外す **de·clàs·si·fi·cá·tion** 名

de·clen·sion /dɪklénʃən/ 名 ❶ U 〖文法〗(名詞・代名詞・形容詞などの)語形変化，格変化；C 同じ語形変化の語群 ❷ U 傾き，傾斜；C 下り坂 ❸ U《文》堕落，衰微

dec·li·na·tion /dèklɪnéɪʃən/ 名 U C ❶ (下向きの)傾斜 ❷ U 堕落，悪化 ❸《米》謝絶，辞退 ❹ U (基準からの)逸脱，ずれ ❺ 〖天〗赤緯 ❻ 〖理〗(地磁気の)偏角

‡de·cline /dɪkláɪn/ 中心義 **下に傾く**

── 動 (**～s** /-z/；**～d** /-d/；**-clin·ing**)

── 自 ❶ (力・健康などが)**衰える**，衰退する；(価値が)下がる；減少する，減る；(国家などが)堕落する ‖ My mother's health was *declining* rapidly. 母の健康は急速に衰えつつあった / The income of factory workers *～d* by 1.9%. 工場労働者の収入は1.9%下落した / The number of students has *～d* from 1,000 to 700. 生徒数は1,000人から700人に減った / ～ in value 価値が下がる

❷ **丁重に断る**，辞退する(⇨ REFUSE[1] 類語) ‖ He was

invited, but ～*d.* 彼は招待されたが辞退した / ～ with thanks ありがたく辞退する
❸ **下へ傾く**, 傾斜する；(日が)沈む；(道などが)下りになる；(1日・人生などが)終わりに近づく ‖ The day is *declining.* 日が暮れかけている / one's *declining* years 《文》晩年
❹ 〖文法〗(名詞・形容詞・代名詞などが)屈折変化する
―他 ❶ **a** 《+目》〔申し出・招待など〕を**丁重に断る**, 辞退する ‖ He ～*d* our **offer** [**invitation**]. 彼は我々の申し出［招待］を辞退した **b** 《+**to** *do*》…するのを断る ‖ The Senator ～*d to* comment on the plans. 上院議員はその計画にコメントするのを断った ❷ 〖文法〗〔名詞・形容詞・代名詞など〕を屈折変化させる ❸ …を(下へ)傾ける
―名 U/C 《単数形で》 ❶ 〈…の〉**衰え**, 衰退, 堕落；減少；〈物価の〉下落；〈健康の〉衰え, 衰弱〈**in**〉 ‖ the ～ of communism 共産主義の衰退 / The ～ *in* (the) birth rate is alarming. 出生率の低下が気がかりだ / a ～ *in* prices 物価の下落 / fall [OR go] into (a) ～ 衰退する, 衰弱する / **economic** ～ 経済の衰退 ❷ 下り勾配(こうばい), 下り坂；晩年 ‖ in the ～ of life 晩年に
on the declíne；***in declíne*** 次第に衰えて, 下り坂になって
語源 *de-* down＋*-cline* bend：下へ曲がる

de·cliv·i·ty /dɪklívəṭi/ 名 (複 **-ties** /-z/) U C 下り坂, 下り傾斜(↔ acclivity)

de·coc·tion /dɪká(ː)kʃən | -kɔ́k-/ 名 U 煎(せん)じ出し, 煮出し；C 煎じたもの［薬］

de·code /dìːkóʊd/ 動 他 ❶〔暗号・符号〕を解読する(↔ encode) ❷ 〖放送〗…を変換する；💻〔暗号化・符号化されたデータ〕を元に戻す, 復号する, デコードする ❸〔言語的・非言語的伝達〕を分析し理解する ―自 意味を理解する

de·cod·er /dìːkóʊdər/ 名 C ❶ 暗号解読者；暗号解読装置 ❷ 💻 (暗号化・符号化データの)復号器, デコーダー

de·coke /dìːkóʊk/ 動 《英》＝decarbonize

dé·col·le·tage /dèɪkɑːltáːʒ | -kɔl-/ 名 U C (襟を大きく開けた)低いネックライン(の衣装)(♦ フランス語より)

dé·col·le·té /dèɪkɑːltéɪ | deɪkɔ́lteɪ/ 形 ネックラインの低い(衣装をつけて)
―名 C (婦人服の)低いネックライン(♦ フランス語より)

de·col·o·nize /dìːká(ː)lənàɪz | -kɔ́l-/ 動 他 …を(植民地状態から解放して)独立させる **de·còl·on·i·zá·tion** 名

de·com·mis·sion /dìːkəmíʃən/ 動 他 ❶〔船など〕の就役を解く ❷ …の使用を中止する；〔原子炉〕を廃炉にする
～·er 名 **～·ing** 名

de·com·pose /dìːkəmpóʊz/ 動 他 …を〈成分・要素に〉分解する；腐敗させる〈**into**〉 ―自 分解する；腐敗する
-pós·er 名 C 分解する人［もの］；〖生〗分解者, 分解生物

de·com·po·si·tion /dìːkà(ː)mpəzíʃən | -kɔm-/ 名 U 分解；腐敗

de·com·press /dìːkəmprés/ 動 他 ❶ …を減圧する ❷ 💻〔圧縮されたデータ〕を元に戻す

de·com·pres·sion /dìːkəmpréʃən/ 名 U ❶ 減圧 ❷ 〖医〗(心臓などに加えた圧力の)解圧処置 ❸ 💻 圧縮データの解凍 ▸▸ **～ chàmber** 名 C 減圧室, 気圧調節室 **～ sìckness** 名 U ＝caisson disease

de·com·pres·sor /dìːkəmprésər/ 名 C ❶ 〖機〗(エンジンの)減圧装置 ❷ 💻 (圧縮されたファイルの)解凍プログラム［ソフト］

de·con·di·tion /dìːkəndíʃən/ 動 他 …の体力を減退させる, …の筋力を弱める；〔習慣的反応〕を消去する
～·ing 名 U 〖心〗脱条件づけ

de·con·ges·tant /dìːkəndʒéstənt/ 名 U C うっ血［鼻詰まり］緩和剤
―形 鼻詰まりなどを緩和［除去］する

de·con·glom·er·ate /dìːkənglá(ː)mərèɪt | -glɔ́mə-/ 動 自 (企業が)複合体から個々の会社に分割する(♦ ときに deconglomeratize ともいう) **-glòm·er·á·tion** 名

de·con·se·crate /dìːká(ː)nsəkreɪt | dìːkɔ́nsɪ-/ 動 他〔教会など〕を世俗化する **de·còn·se·crá·tion** 名

de·con·struct /dìːkənstrʌ́kt/ 動 他 …を分解［解体］する；(脱構築の手法を用いて)…を批評する

de·con·struc·tion /dìːkənstrʌ́kʃən/ 名 U 脱構築, デコンストラクション《1960年代にフランスの哲学者 Jacques Derrida が提唱した文学批評の方法》
～·ism 名 **～·ist** 名 形 **-tive** 形

de·con·tam·i·nate /dìːkəntǽmɪnèɪt/ 動 他〔地域・物・人など〕から放射能［毒ガスなど］を除去する, 汚染を除く, …を浄化する

de·con·tam·i·na·tion /dìːkəntæ̀mɪnéɪʃən/ 名 U C 放射能［汚染］除去 ‖ a ～ tent (放射能・バイオテロなどによる)汚染除去［洗浄］用テント［施設］

de·con·trol /dìːkəntróʊl/ 動 (**-trolled** /-d/；**-trol·ling**) 他 …の統制を解除する ―名 U 統制解除

de·cor, dé·cor /deɪkɔ́ːr | ˊ--/ 名 U 装飾, 室内装飾；舞台装置(♦ フランス語より)

***dec·o·rate** /dékərèɪt/ 《発音注意》 動 〔▶ decoration 名〕(**～s** /-s/；**-rat·ed** /-ɪd/；**-rat·ing**) 他 ❶ …を〈…で〉飾る, 装飾する〈**with**〉；(物が)…の装飾となる ‖ The car was ～*d with* ribbons and a "Just Married" sign. その車はリボンと「結婚ほやほや」の掲示で飾られていた ❷ 《主に英》〔家・部屋〕にペンキを塗る, 〔部屋・壁〕に壁紙を張る ❸ 《通例受身形で》(人が)〈…に対して〉勲章［メダル］を受ける〈**for**〉 ‖ He was ～*d for* bravery. 彼はその勇敢な行為に対し勲章を授けられた
―自 《主に英》(家などに)ペンキを塗る；(壁に)壁紙を張る

***dec·o·ra·tion** /dèkəréɪʃən/ 名 〔◁ decorate 動〕
❶ C 飾り, 装飾品；《～s》(特別な行事のための)飾りつけ ❷ U 装飾, 飾りつけ；室内装飾 ‖ interior ～ 室内装飾 ❸ C 〈…に対する〉勲章, メダル〈**for**〉
▸▸ **Decorátion Dày** 名 C 《米》《旧》＝Memorial Day

***dec·o·ra·tive** /dékərəṭɪv/ 形 (**more ～**；**most ～**) 装飾的な, 装飾(用)の；お飾りの, 実用性のない ‖ a ～ picture 装飾的絵画 / This belt is more ～ than practical. このベルトは実用的というよりはむしろ装飾的である
～·ly 副 **～·ness** 名 ▸▸ **～ árts** 名 複 工芸美術(品)《機能性と芸術性を兼ね備えた家具・陶器・ガラス器など》

***dec·o·ra·tor** /dékərèɪṭər/ 名 C 装飾家, (特に)室内装飾家；塗装［壁紙張り］をする人 ‖ an interior ～ 室内装飾家

dec·o·rous /dékərəs/ 形 礼儀正しい, きちんとした；趣味のよい, 上品な **～·ly** 副 **～·ness** 名

de·co·rum /dɪkɔ́ːrəm/ 名 ❶ U 礼儀正しさ；上品さ ❷ C 《しばしば ～s》エチケット

de·cou·page, dé- /dèɪkupáːʒ/ 名 U デコパージュ《紙の切り抜きを張る装飾技法》；C デコパージュの作品(♦ フランス語より)

de·cou·ple /dìːkʌ́pl/ 動 他 《堅》…を〈…から〉切り離す〈**from**〉；(地下で爆発させて)〔爆発音［衝撃］〕を和らげる

***de·coy** /díːkɔɪ/(→ 動) 名 C ❶ おとり, デコイ《野鳥をおびき寄せるための(模造の)鳥》 ‖ a ～ duck おとりのカモ ❷ おとりになる人［もの］ ‖ a police ～ 警察のおとり ❸ (カモなどの)おとり池
―動 /dɪkɔ́ɪ/ 他 …をおびき寄せる, 誘致する

***de·crease** /dìːkríːs/ 〈ジ〉(→ 名)
―動 (**～s** /-ɪz/；**～d** /-t/；**-creas·ing**)
―自 (量・数・強さなどが)**減少する**, 減る, 下落する〈**in** …が, **from** …から, **to** …に〉(⤵ go [OR come] down)(↔ increase)(⇨ 類語) ‖ The total number of complaints ～*d*「*from* 100 *to* 90 [by 10%]. クレームの総数は100から90に［10%］減少した / ～ *in* price 値が下がる
―他 …を減少させる, 減らす(⇨ 類語) ‖ ～ one's speed スピードを落とす / be **significantly** ～*d* 大きく減る
―名 /díːkriːs/ (複 **～s** /-ɪz/) C U 減少, 縮小, 下落；減少量［額］〈**in** …における；**of** …の量の〉 ‖ a **significant** ～ *in* production [exports] 生産量［輸出］の大幅な減少 / a ～ *of* 15% 15%の減少 / the rate of ～ 減少率
on the décrease 次第に減少して(↔ *on the increase*)

類語《動》**decrease**, **lessen** 次第に減少する.
diminish 減少の原因となるほかからの力を強調する語.〈例〉The war *diminished* our country's wealth. 戦争で我が国の富は減った
reduce diminish に「切り下げる」の意が加わった語.〈例〉*reduce* fuel consumption 燃費を減らす
dwindle 次第に減少して無に近づく；好ましくない減少に用いる.〈例〉Her hopes gradually *dwindled* away. 彼女の希望はだんだんしぼんでいった

***de·cree** /dɪkríː/ 名 ❶ C U (政府・教会などの)布告, 法令；(ローマ皇帝の)勅命 ‖ issue a presidential ～ 大統領令を出す / by ～ 法令によって ❷ C (裁判所の)命令, 判決 ‖ a ～ of divorce 離婚判決 ❸ C 〖宗〗神意, 摂理, 天命
── 動 他 (正式に)命じる **a** 《+目》…を命じる, 布告する；…を判決する ‖ ～ an amnesty 恩赦(おんしゃ)の布告を出す
b 《+**that** 節》…であると定める[命じる] ‖ He ～*d that* specialists be [《主に英》should be] paid more than ordinary workers. 彼は専門職の人間は一般の労働者より多くの報酬を受けてしかるべきだと宣言した
c 《+目+補〈形〉》…を…であると決定する ‖ The committee ～*d* the film unsuitable for children. 委員会はその映画を子供には不向きであると決定した
── 自 命令する
▶▶ **～ ábsolute** 名 C 〖法〗離婚確定判決 **～ ní·si** /-náɪsaɪ/ 名 (複 **～s n-**) C 〖法〗離婚の仮判決

dec·re·ment /dékrɪmənt/ 名 U C ❶ 《堅》減少, 漸減 ❷ 減少量[高]；〖数〗減少分(↔ increment)

de·crep·it /dɪkrépɪt/ 形 ❶ 老いぼれた；老衰した ❷ 老朽の

de·crep·i·tude /dɪkrépɪtjùːd/ 名 U 老衰；老朽

de·cre·scen·do /dìːkrəʃéndoʊ/ 〖楽〗(↔ crescendo) 副 形 デクレシェンドで[の], 次第に弱く(なる)《記号 >》
── 名 (複 **～s** /-z/) C 漸次弱音；漸弱楽節

de·cres·cent /dɪkrésənt/ 形 ❶ 次第に減少する, 漸減的の(↔ crescent) ❷ (月が)欠けていく, 下弦の

de·cre·tal /dɪkríːtəl/ 名 C ローマ教皇令；《D-s》ローマ教皇教令集

de·crim·i·nal·ize /dìːkrímɪnəlàɪz/ 動 他 …を犯罪の対象から外す, 解禁する ‖ ～ marijuana マリファナを解禁する **de·crìm·i·nal·i·zá·tion** 名

de·cry /dɪkráɪ/ 動 (**-cried** /-d/；**～·ing**) 他 …を公然と非難する, 厳しく批判する；…をけなす

Boost Your Brain!

deduction と induction

deduction「演繹(えんえき), 演繹法」とは, ラテン語の ducere「導く」に de-「下に」という接頭辞がついた形から成った語. 一般的・普遍的な前提から, 論理に従って, 特殊・個別の結論へと展開していく推論を指す.「すべての人間は死ぬ」という大前提から,「ソクラテスは人間である」という小前提に基づき,「従ってソクラテスは死ぬ」という結論に達する三段論法 (syllogism) は演繹法の一つである. 演繹的推論は前提が正しければ必ず正しい.

一方, induction「帰納, 帰納法」とは, ducere に in-「上に」という接頭辞がついた形から成った語. 観察や実験によって得られた個別の事例から一般論 (generalization) を導き出す推論を指す. 例えば「私が昨日見たカラスは黒かった」「今日見たカラスもやはり黒かった」といった複数の観察例から「すべてのカラスは黒い」という一般化した結論にたどり着くのが帰納法である. 帰納は新たな事例により反証される可能性が常にある. 次に見たカラスが白かった場合,「すべてのカラスは黒い」という一般論は否定される.

なお数学的帰納法 (mathematical induction) とは, 自然数に関する命題 (proposition) を帰納的な手続きを使って証明する方法であり, 論理学や科学における帰納的推論ではない.

de·crypt /dìːkrípt/ 動 他 〔暗号〕を解読する
-crýp·tion 名 U 暗号解読

***ded·i·cate** /dédɪkèɪt/ 《アクセント注意》動 〔▶ dedication 名〕他 ❶ …を〈特別な用途・目的のために〉ささげる, 充てる〈**to**〉(⇨ DEVOTE 類語) ‖ He ～*d* himself *to* working on his novel. 彼は小説の執筆に全力を傾けた / This gallery is ～*d to* Andy Warhol's works このギャラリーの展示はすべてアンディ＝ウォーホル(の作品)だ / ～ oneself *to* research 研究に専念する ❷ 〔著書など〕を〈…に〉献呈する〈**to**〉；(ラジオなどで)〔曲〕を〈…のために〉演奏する, リクエストする〈**to**〉‖ ～ a book *to* one's friend 本を友人に献呈する / *Dedicated to* my beloved wife 本書を愛妻にささぐ《献呈の辞》❸ 〈神・聖人・功労者などに〉…を奉納[献納]する, …の献納の式[行事]を行う〈**to**〉‖ a temple ～*d to* Apollo アポロンを祭った神殿 ❹ 《米》〔公共施設など〕の落成式を行う, …を一般に公開する ‖ The playground was ～*d* today. 運動場が今日一般に公開された **-cà·tor** 名

***ded·i·cat·ed** /dédɪkèɪtɪd/ 形 ❶ 〈…に〉献身的な, 熱心な, 熱中している〈**to**〉‖ He is ～ *to* his job. 彼は仕事に打ち込んでいる / a ～ nurse 献身的な看護師 ❷ 《限定》専用の ‖ a ～ bike lane 自転車専用レーン **～·ly** 副

***ded·i·ca·tion** /dèdɪkéɪʃən/ 名 〔◁ dedicate 動〕❶ U 〈…への〉献身, 専念〈**to**〉‖ ～ *to* a job 仕事に打ち込むこと ❷ U 献呈, 奉納；C (本の)献辞 ❸ C 開館式, (新教会堂の)献堂式

ded·i·ca·to·ry /dédɪkətɔ̀ːri | -təri/ 形 奉納の；献身の；献呈の

***de·duce** /dɪdjúːs/ 動 他 ❶ 《進行形はまれ》**a** 《(+**from** 名) +**that** 節 / **wh** 節》(…から)…だと推測する, 推論する (↔ induce) ‖ I ～ *that* he is ill as I have not seen him since Sunday. 日曜日から会っていないので彼は病気なのだと思う **b** 《+目》〈…から〉…を推測[推論]する, 演繹(えんえき)する (☞ piece together, work out)〈**from**〉‖ What do you ～ *from* these facts? このような事実から何を推測しますか ❷ 《古》…の起源[由来]を尋ねる, 〔経路〕をたどる **-dúc·i·ble** 形 演繹[推論]できる
語源 *de-* from＋*-duce* lead：…から導く

***de·duct** /dɪdʌ́kt/ 動 他 〈…から〉…を控除する, 差し引く；…を減じる〈**from**〉(♦ しばしば受身形で用いる) ‖ Income tax is normally ～*ed from* a person's wages before he or she receives them. 所得税はふつう給料をもらう前に差し引かれている

de·duct·i·ble /dɪdʌ́ktəbl/ 形 (税金から)控除できる, 差し引ける

***de·duc·tion** /dɪdʌ́kʃən/ 名 ❶ U C 推論〈**from** …からの / **that** 節…という〉；C 演繹的に得た結論；U 演繹法 (↔ induction) (♦ 動詞は deduce) (⇨ BYB) ‖ make a ～ *from* what he says 彼の言から推論する ❷ U 〈…からの〉差し引き, 控除；C 控除額〈**from**〉(♦ 動詞は deduct) ‖ ～*s from* his taxable income 課税対象になる彼の収入からの控除額

de·duc·tive /dɪdʌ́ktɪv/ 形 演繹的な, 推論的な (↔ inductive) **～·ly** 副

***deed** /diːd/ 名 C ❶ (意図的な)行為, 行い(⇨ ACT 類語) ‖ So you've done the ～ and apologized to him. そうか, よくぞ彼に謝った / Helping an old lady cross the street was his good ～ for the day. 高齢の女性が道路を渡るのを助けたことが彼の一日一善だった / do an evil ～ 悪業をする / do the dirty ～ 《戯》悪いことをする；セックスをする ❷ 《しばしば ～s》〖法〗(譲渡・売買・契約などの)(捺印(なついん))証書 ‖ a ～ to the house 家の権利書
── 動 他 《米》〔財産など〕を証書にして〈…に〉譲渡する〈**to**〉
▶▶ **～ bòx** 名 C (鍵(かぎ)のかかる)証書保管箱 **～ of cóv·enant** 名 C 《英》〖法〗個別約款捺印証書 **～ pòll** 名 C (複 **～s p-** OR **～ polls** /-z/)〖法〗単独捺印証書

dee·jay /díːdʒèɪ/ 名 《口》＝disk jockey

***deem** /diːm/ 動 他 《進行形不可》《堅》**a** 《+目+〈to

be) 補)…を…だと考える，判断する，信じる ‖ She ~*ed* it her duty to report him to the authorities. 彼女は彼のことを当局に報告するのは自分の義務だと思った / They took every precaution ~*ed* necessary. 彼らは必要と思われる予防策をすべて講じた / He was ~*ed to be* the father of the child. 彼はその子の父親だとみなされた **b** 《+ (**that**) 節》…だと考える［判断する］‖ They ~*ed that* his allegation was unfounded. 彼の主張は根拠のないものと考えられた

de-em·pha·size /dìːémfəsàɪz/ 動 他 …にあまり重点を置かない，…をこれまでほど強調しない **-pha·sis** 名

deep /diːp/ 形 副 名

中心義 深い（★垂直方向または水平方向(奥行き)の物理的な深さに限らず，「色」「事柄」「心」などについても用いる）

形 深い❶ 奥行きがある❷ 強烈な❺ 濃い❻ 深遠な❼ 没頭した❾ 副 深く❶

―形〔▶ depth 名, deepen 動〕(~·er ; ~·est)

❶ **a** 深い，深さのある (↔ shallow)；深さが…の ‖ a ~ lake [hole] 深い湖［穴］/ The river gets much ~*er* in the middle. 川の真ん中はぐっと深くなっている / a ~ wound [wrinkle] 深い傷［しわ］/ How ~ is the pond? 池の深さはどのくらいか / The snow lies six inches ~ on the roof. 雪は屋根に6インチ積もっている **b** 《主に複合語で》…の深さの ‖ ankle -~ in water くるぶしまで水につかって

❷ **奥行きがある**，奥行きが…の；…列に並んだ，…層になった ‖ a ~ closet [shelf] 奥行きのある押し入れ［棚］/ a table 80cm wide and 50cm ~ 幅80cm奥行き50cmのテーブル / Cars are parked three ~ in front of the house. その家の前に車が3列に並んで駐車している

❸ 奥まった，奥深い，深い所にある ‖ a house ~ in the woods 森の奥深くにある家

❹ 深くまで及ぶ，深い所からくる，深々と吸う［吐く］‖ If you get stage fright, take a ~ **breath**. あがってしまったら深呼吸しなさい / a ~ sigh 深いため息 / a ~ pain 深部に感じる痛み / a ~ gaze 深く突き通すような視線 / make a ~ bow 深々とおじぎする

❺ 《限定》**強烈な**，強度の；(感情・信念などが)心からの，激しい，深い，痛切な；(眠りなどが)深い；(季節・夜などが)深まった ‖ ~ affection [sympathy] 心からの愛情［同情］/ a ~ sorrow [fear] 深い悲しみ［強い恐れ］/ ~ emotions 激しい感情 / The hypnotist put her into a ~ sleep. 催眠術師は彼女を深い眠りに導いた / ~ silence 深い静寂 / ~ winter 真冬

❻ (色が)**濃い** (⇨ THICK 類語P)；(声・音が)太く低い，重々しい ‖ a ~ red 真紅 / the ~ blue sky 紺碧(こんぺき)の空 / a ~ voice 太い声

❼ **深遠な**，深みのある；難解な，はっきりしない；計り知れない，不可解な ‖ a ~ insight 深い洞察(力) / a ~ discussion 深みのある議論 / a ~ mystery 深い神秘 / This novel is a bit too ~ for me. この小説は私にはちょっと難しすぎる / "What is time?" "That's a ~ question." 「時間って何」「それは不可解な問題だ」

❽ 《限定》重大な，深刻な；(数量的に)大きい；根深い ‖ When Mom finds out you've broken her vase you'll be in ~ trouble. ママの花瓶を割ったことがばれたら大変なことになるよ / ~ cuts in the budget 予算の大幅な削減

❾ 〈…に〉**没頭した**，夢中になった，ふけっている；深くはまり込んだ〈**in**〉‖ He seems to be ~ *in* his work. 彼は勉強［仕事］に打ち込んでいるようだ / ~ *in* thought [argument] 深く考え込んで［議論に夢中になって］/ a man ~ *in* debt 借金で首の回らない男 ❿ 本心を隠した，腹黒い ‖ He's a ~ one. 彼は悪賢いやつだ ⓫ 《スポーツ》(打者やフォワードラインから離れた)深い所(へ)の ‖ a hit to ~ center field センターの深い所へのヒット

―副 (~·er ; ~·est)

❶ **深く**(に)，奥深く(に) ‖ They dug ~*er* until a hot spring gushed out. 彼らは温泉が吹き出るまでずっと深く掘った / breathe ~ 深く息を吸う / go ~ **into** the woods 森の奥深く分け入る / I believe that ~ in his heart he was grateful, though he never expressed his thanks. 謝意を表明しはしなかったが，彼は心の奥底では感謝していたと思う

❷ 遅く(まで)，先まで ‖ work ~ **into** the night 夜遅くまで働く / ~ **into** the future 遠い将来まで

❸ 突っ込んで，深く，深刻に ‖ sink ~*er* into melancholy いっそう憂うつな気分になる

❹ 《スポーツ》(打者やフォワードラインから離れた)深い所［位置］に ‖ play ~ (野手などが)深く守る

dèep dówn 心の底では，内心は；実際のところ，紛れもなく

rùn [OR ***gò***] ***déep*** 深くまで及ぶ；(感情・問題などが)深く根ざす ‖ Superstition still *runs* ~ in our society. 迷信はいまだに我々の社会に深く根づいている

―名 ❶ 《the ~》《文》海原，わだつみ ❷ 《通例 the ~》(季節などの)さなか，最中 ❸ C 《通例 ~s》(海・湖・川などの)深み，深淵 ❹ C 《通例 ~s》(感情・思想などの)深奥 ❺ 《the ~》(クリケットで)外野の遠い地点

in déep (面倒などに)深入りして；借金して

~·ness 名

▸▸ **~ bráin stimulàtion** 名 U 《医》脳深部刺激療法《パーキンソン病の治療法》 **~ ecólogy** 名 U ディープエコロジー《人間存在を環境の単なる一要素として環境問題を深く見直す哲学体系》 **~ fréezer** 名 C ＝deep-freeze **~ kíss** 名 C 《旧》ディープキス (French kiss) **~ móurning** 名 C 本喪服；(黒ずくめの喪服で表される)深い哀悼 **~ pócket** 名 C 《口》① 強大な財源 ② 強大な財源を持つ個人［会社］；いい金づる **Dèep Sóuth** 名 《the ~》(米国南部色の強い)最南部地域，ディープサウス《ジョージア・サウスカロライナ・アラバマ・ミシシッピ・ルイジアナの5州》 **~ spáce** 名 U 地球大気圏外の宇宙，太陽系外の宇宙空間 (outer space) **~ strúcture** 名 U C 《文法》深層構造《生成文法で表現を生み出す基本構造》(→ surface structure) **~ thróat** 名 C ディープスロート，内部告発者

déep-dìsh 形 《主に米》《料理》深い皿で焼いた

dèep-dýed 形 根っからの，筋金入りの

***deep·en** /díːpən/ 動〔◁ deep 形〕自 ❶ 深まる，深くなる ❷ (景気などが)深刻になる ❸ (色が)濃くなる；(音・声などが)低くなる；(気圧が)低くなる ❹ 息を深く吸い込む
―他 ❶ …を深くする ‖ ~ a well 井戸を深くする / ~ sorrow 悲しみを深める ❷〔理解・知識など〕を深める ❸ …を深刻にする ❹〔色〕を濃くする；〔声・音など〕を低める

déep·frèeze 名 C (長期保存用)急速冷凍冷蔵庫；U 《口》(活動・交渉などの)凍結状態

dèep-fréeze 動 (-froze /-fróuz/ OR ~d /-d/ ; -froz·en /-fróuzən/ OR ~d /-d/ ; -freez·ing) 他〔食品〕を急速冷凍貯蔵する

dèep-frý 動 他 …をたっぷりの油で揚げる
~·er 名 C 深いフライパン **~·ing** 名

dèep-láid 〈ジ〉 形 深く［周到に］たくらんだ

:deep·ly /díːpli/

―副 (more ~ ; most ~)

❶ **深く** (♦ 空間的な意味では deep を用いるのがふつう) ‖ dig ~ 深く掘る / **breathe** ~ 深呼吸する / sleep ~ ぐっすりと眠る

❷ **非常に**，深く，強く；徹底的に ‖ He was ~ involved in a pacifist movement. 彼は反戦運動に深くかかわっていた / She felt ~ embarrassed. 彼女はひどく当惑した / Romeo fell ~ in love with Juliet. ロミオはジュリエットと激しい恋に落ちた

dèep-pítched 形 (音が)深い響きの；(香りなどが)深い味わいの；(屋根が)急勾配の

D

dèep-pócketed 形 強大な財源を持つ, 金持ちの(→deep pocket)
dèep-róoted ◁ 形 深く根ざした, 根の深い
dèep-séa ◁ 形 《限定》深海の；遠洋の
dèep-séated ◁ 形 ❶ 深層にある ‖ a ~ inflammation 深い所にある炎症 ❷ 根深い
dèep-sét 形 ❶ 深くくぼんだ ‖ ~ eyes 深くくぼんだ目 ❷ 深く根ざした
dèep-síx 動 他 《米俗》…を捨てる, 廃棄[投棄]する(♦昔, 深さ six fathoms [feet] の場所に水葬[埋葬]にしていた慣習から)

dèep-vèin thrombósis 名 U 〖医〗深部静脈血栓症, (俗に)エコノミークラス症候群《略 DVT》
déep-wàter 形 ❶ =deep-sea ❷ 水深の大きい
＊**deer** /dɪər/(♦同音語 dear) 名 (複 ~) C シカ(鹿) (♦「シカ肉」は venison.「雄ジカ」は stag, buck, hart.「雌ジカ」は hind, roe, doe.「子ジカ」は calf, fawn) ‖ a herd of ~ シカの群れ
like a deer caught in the headlights ⇨ HEADLIGHT (成句)
▶▶ ~ **flỳ** 名 C (シカなどにたかる)アブ《ノウサギ病の病原菌を媒介する》 ~ **mòuse** 名 C 〖動〗(北米産の)シロアシハツカネズミ
déer·hòund 名 C ディアハウンド《昔シカ狩りに使われた大型の猟犬》
déer·skìn 名 U C シカ皮(の服)
déer·stàlker 名 C ❶ シカ猟師 ❷ (=~ **hát**) (耳覆いと前後につばのある)鳥打帽

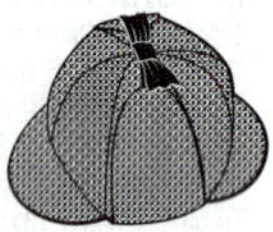
deerstalker ❷

de·es·ca·late /dìːéskəlèɪt/ 動 他 自 (規模・勢力などを[が])段階的に縮小する(↔ escalate)
dè·ès·ca·lá·tion 名
-la·to·ry 形
deet /diːt/ 名 《また D-》 U 《米》《商標》デート《油性液体の駆虫剤. diethyl toluamide から》
def /def/ 形 《主に米俗》かっこいい, いかす(cool)
def. 略 defendant；defense；deferred；definite；definition
de·face /dɪféɪs/ 動 他 …の外観を傷つける, …の表面を汚す；…を(傷つけて)読みにくくする **~·ment** 名
de fac·to /deɪ fæktoʊ, di -/ 形 事実上の (→ de jure) ‖ a ~ state of war 事実上の戦争状態
— 副 実際に[は], 事実上(♦ラテン語より)
▶▶ **de fácto stàndard** 名 C U 💻デファクトスタンダード《広く使われていて事実上の標準となった規格・製品》
de·fal·cate /dɪfǽlkèɪt | díːfæl-/ 動 他 《堅》〔公金〕を横領[不正流用]する **dè·fal·cá·tion** 名 U 公金横領；C 横領額 **-cà·tor** 名
def·a·ma·tion /dèfəméɪʃən/ 名 U 名誉毀損(きそん), 中傷, 誹謗(ひぼう) ‖ a ~ suit 名誉毀損訴訟
de·fam·a·to·ry /dɪfǽmətɔ̀ːri | -təri/ 形 中傷的な, 名誉を傷つける
de·fame /dɪféɪm/ 動 他 …の名誉を傷つける, …を中傷する
de·fang /dɪfǽŋ/ 動 他 …のきばを抜く；…を弱体化する ‖ the ~*ing* of the statute その法令の骨抜き
＊**de·fault** /dɪfɔ́ːlt/ 名 ❶ U C 〈義務の〉不履行, 怠慢；債務不履行, デフォルト〈**on**〉 ‖ be in ~ *on* the loan ローン不履行に陥る ❷ U 〖法〗懈怠(けたい)《特に法廷出頭義務不履行》 ‖ make ~ 欠席する / judgment by ~ 欠席裁判 ❸ U/C 《通例単数形で》💻デフォルト, (ユーザーがほかの値に変更するまで使用される)初期設定値 ‖ a ~ password 初期設定の暫定的パスワード ❹ U (競技への)不参加, 不出場；途中退場, 棄権
＊*by default* ① 不参加[欠場]で ‖ win [lose] a game *by* ~ 不戦勝[不戦敗]する ② 反対[代案]がない状態で
in default of ... 《堅》…がないために；…がないときは ‖ *in* ~ *of* moral support 精神的援助がないために
— 動 自 ❶ 〈義務を〉怠る；〈債務を〉履行しない, デフォルトする〈**on**〉 ❷ 法廷を欠席する, 出廷を怠る ❸ 💻デフォルトに戻す, 〈…に〉初期化する〈**to**〉 ❹ (競技を)欠場する, 途中退場する；不戦敗になる — 他 ❶ 〔義務など〕を履行しない；〔債務〕を支払わない ❷ 〔裁判〕に欠席して負ける；〔人〕に対し義務不履行を宣する ❸ 〔試合など〕を欠場する, 不戦敗になる；〔人・チーム〕を不戦敗とする
~·er 名 C (義務・債務などの)不履行者；裁判欠席者；棄権者；治療を途中でやめた者；〖英軍〗軍規違反者
de·fea·si·ble /dɪfíːzəbl/ 形 破棄[解約]できる
⁑**de·feat** /dɪfíːt/
— 動 (~s /-s/；~·ed /-ɪd/；~·ing)
— 他 ❶ …を**負かす**, 打ち破る(⇨ CONQUER 類語) ‖ Our school ~*ed* a top-seeded team by 3 points. 我が校は第1シードのチームを3点差で破った / He was ~*ed* in battle and lost his life. 彼は戦いに敗れて命を落とした / The proposal was ~*ed* by a majority of 50. その提案は50票差で敗れた[否決された] / be **narrowly** ~*ed* 僅差(きんさ)で破れる
❷ (問題などが)〔人〕に理解し難い ‖ Teenagers' behavior really ~*s* me. 10代の若者のすることは私には実に理解し難い ❸ 〔計画など〕を失敗させる, 挫折(ざせつ)させる, 駄目にする, 覆す ‖ ~ a hope 希望をくじく / He was ~*ed* in all his purposes. 彼の意図はことごとく駄目になった ❹ 〖法〗…を無効にする
— 名 (複 ~s /-s/) ❶ U C **敗北**, 負け(ること) ‖ **suffer** a humiliating ~ 屈辱的な敗北を喫する / admit ~ 負けを認める；あきらめる / 「a narrow [an overwhelming] ~ 惜[惨]敗 / a sense of ~ 敗北[挫折]感 / eleven victories and [OR against] five ~*s* 11勝5敗 ❷ C 《通例単数形で》〈…の〉打破, 打倒, 〈…を〉負かすこと〈**of**〉
de·feat·ist /dɪfíːṭɪst/ 名 C 敗北主義者
— 形 敗北主義の[的な] **-ìsm** 名 U 敗北主義
def·e·cate /défəkèɪt/ 動 自 《堅》排便する — 他 …の不純物を除く **dèf·e·cá·tion** 名
＊**de·fect** /díːfekt/(→ 動) 名 ❶ C 欠陥；欠点, 短所, 傷 ‖ We're always aiming to reduce our product ~*s* to zero. 我が社は欠陥品がゼロになるよう絶えず努力しています ❷ U C 不足, 欠如；不足量 ‖ a ~ in hearing 耳が十分に聞こえないこと
in défect of ... …がないので；…がないときは
— 動 /dɪfékt/ 自 (主義・国などを捨ててほかへ)走る, 離反[離脱]する, 寝返る(✎ come over)〈**from** …から；**to** …へ〉 ‖ ~ *to* the rival party ライバル党に寝返る / ~ *from* a cause 主義を捨て(てほかへ走)る
de·féc·tion 名 **de·féc·tor** 名
＊**de·fec·tive** /dɪféktɪv/ 形 (**more** ~；**most** ~) ❶ 欠点[欠陥]のある, 不完全な ‖ ~ products 欠陥製品 / a ~ car 欠陥車 / ~ hearing 難聴 ❷ 〖文法〗活用形の一部を欠いた ‖ a ~ verb 欠如動詞《may, can など》 ❸ 〈…を〉欠いている〈**in**〉(♦この意味では deficient を用いるのがふつう) ❹ ⊗《旧》《蔑》知的障害のある
— 名 ⊗《旧》《蔑》C (肉体的・精神的に)障害のある人
~·ly 副 **~·ness** 名
⁑**de·fence** /dɪféns/ 名 《英》=defense
⁑**de·fend** /dɪfénd/
— 動 〔▶ defense 名, defensible 形, defensive 形〕 (~s /-z/；~·ed /-ɪd/；~·ing)
— 他 ❶ …を〈攻撃・危険などから〉**守る**, 防御する, 防衛する〈**against, from**〉 (↔ attack) (⇨ PROTECT 類語P) ‖ The ozone layer ~*s* the earth *from* ultraviolet rays. オゾン層は地球を紫外線から守っている / ~ oneself *against* the enemy 敵の攻撃に対して自衛する / ~ a child *from* danger 子供を危険から守る
❷ …を〈…に対して〉擁護する, 弁護する(✎ stand up for)〈**against, from**〉 ‖ ~ his conduct *against* criticism 批判に対して彼の行為を支持する
❸ 〖スポーツ〗〔タイトルなど〕を守る, 防衛する；〔ゴールなど〕を

守る, 防御する ‖ The champion ~*ed* his title ten times running. そのチャンピオンはタイトルを連続10回防衛した ❹〘法〙…に抗弁する；(弁護人として)〔被告〕を弁護する ‖ ~ the case その事件の弁護を担当する

—自 防御[擁護]する, 守る

▶▶**~ing chámpion** 名 C ディフェンディング=チャンピオン《防衛を必要とするタイトル保持者》

de·fend·ant /dɪféndənt/ 名 C〘法〙被告(↔ plaintiff)

—形 被告の

de·fend·er /dɪféndər/ 名 C ❶ 防御[擁護]者 ‖ a ~ of the poor 貧しい者の擁護者 ❷〘スポーツ〙(挑戦を受ける)選手権保持者；ディフェンダー, 守備(者)

de·fense, 《英》**-fence** /dɪféns/ (→ 名 ❺)

—名〔◁ defend 動〕(複 **-fens·es, -fenc·es** /-ɪz/) ❶ U 〈…から〉**守ること**, 防御, 防衛, 国防〈**against**〉(↔ offense) ‖ I'm sure they all realized I was innocent, but nobody came to my ~. 皆私の無実を理解していたはずなのにだれも私を擁護しなかった / the ~ of one's country *against* invasion 侵略に対する自国の防衛 / civil ~ 民間防衛 / the Department of *Defense* (米国の)国防総省 / ~ spending [budget, industries] 国防支出(額)[予算, 産業] / *The best ~ is a good offense.* 《諺》攻撃は最大の防御

❷ C〈…に対する〉防御物〈**against**〉；《~s》防衛施設[手段]；要塞(ようさい)；U 防衛体制 ‖ Mountains are a ~ *against* the wind. 山は風を防いでくれる / radar ~*s* 防衛用レーダー施設

❸ U 擁護, 弁護, 弁明；C 擁護論 ❹ U C〘法〙(被告側の)抗弁；《the ~》《単数・複数扱い》《集合的に》弁護人団, 被告側(↔ prosecution) ‖ a ~ **lawyer** 被告側弁護人

❺ /+米 dí:fens/〘スポーツ〙U ディフェンス, 守備；《the ~》《集合的に》《単数・複数扱い》守備チーム ‖ He cut through the ~ and made a goal. 彼はディフェンスをかわして点をとった / play on [《英》in] ~ ディフェンスをやる ❻ (= **~ mèchanism**) C〘生理・心〙防衛機制《苦痛・不安・病原体から自己を守ろうとする防衛反応》

*****in defénse of ...*** …を守るために；…を擁護して ‖ The soldiers died *in ~ of* their homeland. 兵士たちは祖国を守るために死んだ

—動 他 (ゲーム・スポーツなどで)〔相手方〕の攻撃をかわす, …に対して防御する

~·less 形 無防備の, 防衛できない

de·fen·si·ble /dɪfénsəbl/ 形〔◁ defend 動〕防御できる；擁護[弁護]できる **de·fèn·si·bíl·i·ty** 名 **-bly** 副

de·fen·sive /dɪfénsɪv/ 形〔◁ defend 動〕(**more ~**；**most ~**) ❶ 《比較なし》防御[防衛]の, 防備の；防御用の；守備[防御]側の(↔ offensive)；守勢の, 受身の, 防御的な ‖ ~ measures 防御策 / ~ play (スポーツで)防御プレー ❷ (批判などに対して)神経過敏の, 自己防衛的な

—名《the ~》守勢；弁護(側)

*****on the defénsive*** 防御態勢をとる, 守りに入る ‖ The team was put *on the ~* in the second half. そのチームは(試合の)後半に守勢に立たされた

~·ly 副 **~·ness** 名

▶▶**~ médicine** 名 U《主に米》自衛的医療《医療過誤訴訟を避けるため検査や治療を過度に行うこと》

de·fer[1] /dɪfə́:r/ 動 (**-ferred** /-d/；**-fer·ring**) 他 ❶ **a** 《+目》…を延期する, 遅らせる(↷ hold over, put back) ‖ I will ~ my departure. 私は出発を延ばします **b** 《+doing》…するのを延期する ‖ ~ making decisions 決定を延期する ❷〘法〙(裁判官が)〔(量刑)判決の言い渡し〕を延期する ❸《米》〔人〕の徴兵を猶予する

—自 延びる, ぐずぐずする

de·fer[2] /dɪfə́:r/ 動 (**-ferred** /-d/；**-fer·ring**) 自 (敬意を表して)〈…に〉従う, 譲る〈**to**〉‖ ~ *to* her wishes 彼女の希望に従う

def·er·ence /défərəns/ 名 U 服従；尊敬 ‖ pay [OR show] ~ to one's superior 目上の人に敬意を払う

in [OR ***òut of***] ***déference to ...*** …に敬意を表して

def·er·en·tial /dèfərénʃəl/ 〈シ〉形 敬意を表する, 丁重な ‖ with a ~ air うやうやしげに **~·ly** 副

de·fer·ment /dɪfə́:rmənt/ 名 U C 延期；《米》徴兵猶予

de·fer·ral /dɪfə́:rəl/ 名 U C 延期

de·ferred /dɪfə́:rd/ 形 延期された；繰り延べの, 据え置きの ‖ a ~ annuity 据え置き年金 / a ~ sentence〘法〙(裁判所の)刑量判決猶予

▶▶**~ íncome** 名 U C〘会計〙繰延収入《正規の期日前に受け取った収入》 **~ tàx liabílities** 名 複〘会計〙繰延税金負債《実際に支払った税金が本来支払うべき額より少なく, 将来支払わねばならない額》

***de·fi·ance** /dɪfáɪəns/ 名〔◁ defy 動〕U (権力などに対する)反抗, 抵抗, 挑戦；反抗的態度 ‖ He showed his ~ by refusing to answer. 彼は答えようとしないことで反抗的態度を示した / an act of ~ 反抗的行動

in defíance of ... …を無視して ‖ Many people took to the streets *in ~ of* official warnings. 当局の警告を無視して多くの人々がデモ行進した

***de·fi·ant** /dɪfáɪənt/ 形〔◁ defy 動〕反抗的な, 挑戦的な ‖ The students were in a ~ mood. 生徒たちは反抗的なムードだった / a ~ attitude [look, speech] 挑戦的な態度[まなざし, 話しぶり] **~·ly** 副

de·fib·ril·late /di:fíbrɪlèɪt/ 動 他〘医〙〔心臓の繊維の細動〕を(電気ショックなどで)止める, …の鼓動を正常化する

de·fìb·ril·lá·tion 名 U〘医〙除細動 **-là·tor** 名 C〘医〙細動除去器

***de·fi·cien·cy** /dɪfíʃənsi/ 名 (複 **-cies** /-z/) U C ❶ 〈…の〉不足, 欠乏(状態)〈**in, of**〉(↔ sufficiency) (⇨ LACK 類語) ‖ The world will face severe energy ~ during this century. 今世紀中に世界は深刻なエネルギー不足に直面するだろう / (a) vitamin ~ = a ~ *in* [OR *of*] vitamins ビタミン不足 ❷〈…の〉不完全(な状態), 欠陥〈**in**〉‖ moral ~ 道徳的欠陥 / serious *deficiencies in* the education system 教育制度の重大な欠陥

❸ C 不足分[額, 量]

▶▶**~ disèase** 名 U 欠乏病[症]《ビタミンなど必要不可欠な栄養分の欠乏が原因による疾患》

***de·fi·cient** /dɪfíʃənt/ 形 ❶《叙述》〈…が〉欠けている, 不足している〈**in**〉‖ He is ~ *in* [common sense [computer skills]. 彼は常識[コンピューター能力]に欠けている / a diet ~ *in* vitamins ビタミン不足の食事 ❷ 欠陥のある, 不完全な, 不十分な(↔ sufficient)

***def·i·cit** /défəsɪt/ 名 C ❶ 赤字, 不足(額)；欠損(↔ surplus) ‖ run a budget [trade] ~ of one million dollars 百万ドルの財政[貿易]赤字を出す / cover [cut, reduce] the ~ 赤字を埋める[減らす] / a ~-ridden firm 赤字に悩む会社 ❷〈…の〉不足, 欠如；欠陥〈**in**〉‖ ~*s in* memory 記憶力の欠如 ❸ (競技で)負越し

in déficit 赤字の[で]

▶▶**~ fináncing** 名 U (政府の)赤字財政(政策) **~ spénding** 名 U〘経〙(政府による)超過, (赤字)支出

dèficit-fináncе 動 他 …の不足額を調達する ‖ ~ a plan 計画の不足額を調達する

de·fi·er /dɪfáɪər/ 名 C 反抗者, 挑戦者

de·file[1] /dɪfáɪl/ 動 他 ❶《堅》…を汚す ❷ …を冒瀆(ぼうとく)する ❸〔名声など〕を傷つける **~·ment** 名

de·file[2] /dɪfáɪl, dí:faɪl/ 動 自 縦隊で行進する

—名 C (山あいの)狭い道, 隘路(あいろ)

***de·fine** /dɪfáɪn/ 中心義 …の境を明確にする

—動〔▶ definition 名, definite 形〕(**~s** /-z/；**~d** /-d/；**-fin·ing**) 他 ❶ **a** 《+目》…を**定義する**, 定義づける ‖ "What is happiness?" "That's hard to ~." 「幸福って何」「それは定義しづらいね」/ People may ~ race quite differently. 人によって人種の定義はさまざまだろう **b** 《+目 +**as** 名》…を…と定義する ‖ The school authorities ~*d* her behavior *as* disobedience. 学

校当局は彼女の行動を反抗とみなした
❷ a《+目》…(の性質・本質)を**明らかにする**, …(の特徴)を**明確に示す**, はっきり規定する ‖ The role of the Emperor is ～*d* by the Constitution. 天皇の役割は日本国憲法に規定されている b《+**wh** 節》…かを明らかにする ‖ We must ～ *what* our objectives are. 我々の目的は何であるかはっきりしておかなければならない
❸ …の境界を定める；…の輪郭をはっきり描く ‖ The hills were sharply ～*d* against the night sky. 丘は夜空を背景にくっきりと輪郭を描いていた / ～ the boundaries between the two countries 両国間の国境を定める

D

define awáy 〈他〉《***define awáy ...*** / ***define ... awáy***》…を(自分に都合のいいように)定義し直す
-fín·a·ble 形 定義できる
語源 *de-* from＋*-fine* end：端の方から(決める)
▶▶ **～d bénefit pènsion plàn** 名 C 確定給付型年金制度 **～d contribútion pènsion plàn** 名 C 確定拠出型年金制度

defíning vocàbulary 名 C U 〖言〗定義語彙(ごい)《辞書で見出し語を説明するための語彙》

***def·i·nite** /défənət/《アクセント注意》形〔◁ define 動〕(**more ～**；**most ～**) ❶ 確かな, 確実な；はっきりした, 明白な, 明確な ‖ Give me a ～ answer to my proposal. Yes or No? プロポーズへのはっきりした返事をくれ, イエスか, それともノーか / It's ～ that the merger will take place in July. 7月に合併が行われるのは確かだ / a ～ change はっきりとした変化 / ～ evidence 確実な証拠 / for ～ はっきりと ❷《叙述》確かで, 確信して〈**about** …について / **that** 節 …ということを〉‖ I'm not ～ *about* what I am going to do in the future. 私は将来やりたいことが決まっていない / He seems ～ *that* we will stand by him. 彼は我々が支持するだろうと確信しているようだ ❸ (はっきり)限定された, 一定の ‖ a ～ date 一定の日時 ❹《強調に使って》疑問の余地がない, 紛れもない ❺ (輪郭・色などが)はっきりした ‖ ～ features はっきりした目鼻立ち ❻《比較なし》〖文法〗限定する, 限定的な
── 名 C《単数形で》《口》確実なこと；確実視される人
～·ness 名 ▶▶ **～ árticle** 名《通例 the ～》〖文法〗定冠詞《英語では the》(→ indefinite article) **～ íntegral** 名 U〖数〗定積分

‡def·i·nite·ly /défənətli/
── 副 (**more ～**；**most ～**)
❶ 間違いなく, 確かに, 疑いもなく ‖ "The murderer is ～ left-handed," said Inspector Morse.「殺人犯は間違いなく左利きだ」とモース警部は言った
❷《比較なし》《応答で》《肯定を強調して》そうですとも, 全くそのとおりです；《否定を強調して》とんでもない, 断じて(…ない) ‖ "Is he coming?" "*Definitely* [*Definitely* **not**]!"「彼は来るかしら」「来るとも[絶対来ないさ]」
❸ 明確に, **はっきりと**(したやり方で) ‖ state one's views ～ 自分の意見をはっきりと述べる

‡def·i·ni·tion /dèfəníʃən/
── 名〔◁ define 動〕(複 **～s** /-z/) ❶ U C (単語などの)**定義**(づけ)；語義 ‖ "Do you love me?" "That depends on your ～ of love."「私のこと愛してる？」「それは君の愛の定義いかんによるね」/ All ～*s* in that dictionary are **given** using 800 basic words. その辞典のすべての定義は800の基本単語を用いて書かれている
❷ U C〈…の〉明確化, 限定〈**of**〉‖ Having a clear ～ *of* your purpose in life is a way to success. 人生の目的を明確化することが成功への道である
❸ U (レンズによる映像の)鮮明度, (テレビ・音響の)鮮明度 ‖ This photo lacks ～. この写真はピンぼけだ
by definítion 定義上, 当然ながら ‖ Criminals are *by* ～ lawbreakers. 犯罪者とは定義上法律違反者のことだ

***de·fin·i·tive** /dɪfínətɪv/ 形 ❶ 最終的な, 決定的な ‖ a ～ proof [solution, answer] 決定的な証拠[解決策, 答え] ❷《通例限定》最も権威のある, 最も信頼の置ける ‖ a ～ biography 決定版の伝記 ❸ (郵便切手が)(記念切手でなく)通常の ❹〖生〗完全に発育した
── 名 C 通常切手 **～·ly** 副 **～·ness** 名

de·flate /dì:fléɪt/ 動 他 ❶〔風船など〕の空気[ガス]を抜く(⤳ let down)(↔ inflate) ❷〔自信〕を弱める, …を意気消沈させる ❸〖経〗〔膨張した通貨〕を収縮させる
── 自 しぼむ, 収縮する(⤳ go down)
-flá·tor 名 C〖経済〗デフレーター《GNP, GDPから物価変動による影響を排除するために使う指数》

de·fla·tion /dì:fléɪʃən/ 名 U ❶〖経〗デフレ(ーション), 通貨収縮(↔ inflation) ❷ (空気・ガスを)抜くこと ❸ 自信喪失 ❹〖地〗風化, 風食 **～·ar·y** 形〖経〗デフレの, デフレを引き起こす ‖ ～ spiral デフレスパイラル

de·flect /dɪflékt/ 動 他 …の方向を〈…へ〉変えさせる〈**onto**〉, …を屈折させる；〔人の注意・非難など〕を〈…から〉そらす〈**from**〉 ── 自 それる, ゆがむ
de·fléc·tor 名 C (空気・ガスなどの)偏向装置

de·flec·tion, ＋《英》**-flex·ion** /dɪflékʃən/ 名 U C ❶ 片寄り, それ, 偏向 ❷ (光線の)屈折 ❸〖理〗(計器の)ふれ, 偏位

de·flower /dì:fláuər/ 動 他《旧》《文》…の処女を奪う, …を陵辱する

De·foe /dɪfóu/ 名 **Daniel ～** デフォー(1660?–1731)《英国の作家. 主著 *Robinson Crusoe*》

de·fog /dì:fá(:)g, -fɔ́:g｜-fɔ́g/ 動 (**-fogged** /-d/；**-fog·ging**) 他《米》〔車の窓ガラスなど〕から曇りを取り除く
～·ger 名 C《米》曇り取り装置[液]

de·fo·li·ant /dì:fóuliənt/ 名 C U 枯葉剤

de·fo·li·ate /dì:fóulièɪt/ 動 他〔木・森林〕から葉を落とす, …に枯葉剤を用いる
de·fò·li·á·tion 名 U C〖軍〗枯葉作戦 **-à·tor** 名

de·for·est /dì:fɔ́(:)rɪst/ 動 他 …から森林を切り払う(♦ しばしば受身形で用いる) **de·fòr·est·á·tion** 名

de·form /dɪfɔ́:rm/ 動 他 ❶ …を変形させる ❷ …を醜くする；…を奇形にする ❸〖理〗(圧力などによって)…にひずみを起こさせる ── 自 変形する

de·for·ma·tion /dì:fɔ:rméɪʃən/ 名 U ❶ 変形, 歪曲(わいきょく)；変形した形[もの] ❷〖美〗デフォルマシオン ❸ C〖言〗変形語《damn に対する dang など》

de·formed /dɪfɔ́:rmd/ 形 醜く変形した, 奇形の(♥ 人の場合は差別的なので (physically) handicapped などを用いる方がよい)；醜悪な；(心などが)ゆがんだ

de·form·i·ty /dɪfɔ́:rməṭi/ 名 (複 **-ties** /-z/) ❶ U 変形(状態)；奇形；醜さ ❷ C 奇形のもの, (身体の)奇形部

DEFRA /défrə/ 略 *D*epartment of *E*nvironment, *F*ood and *R*ural *A*ffairs((英国の)環境食糧農林省)

de·frag·ment /dì:frægmént/ 動 他 💻〔ファイル〕をデフラグする(♦《口》では defrag /dì:fræg/ という)

de·frag·men·ta·tion /dì:frægmentéɪʃən/ 名 U 💻 デフラグ《ファイルの断片化を解消しディスクの空き領域を増やすこと》

de·fraud /dɪfrɔ́:d/ 動 他〔人〕から〈…を〉だまし取る〈**of**〉‖ ～ her *of* her estate 彼女から財産を詐取する **～·er** 名

de·fray /dɪfréɪ/ 動 他〔費用など〕を支払う(pay)
～·a·ble 形 **～·al** 名 U 支払い

de·friend /dɪfrénd/ 動 他〔人〕を(ソーシャルネットワークの)友人リストから除く, 友達解除する

de·friz·zer /dì:frízər/ 名 U C デフリッザー《縮れ毛の性質を弱めるための頭髪剤》

de·frost /dɪfrɔ́(:)st/ 動 他 ❶〔冷凍食品〕を解凍する(thaw out) ❷〔冷蔵庫〕から霜[氷]を取り除く；《米》〔車の窓ガラス〕から曇りを取り除く(《英》demist) ── 自 解凍する；霜[氷, 曇り]がとれる **～·er** 名 C 除霜装置

deft /deft/ 形 手際のよい, 巧みな, 器用な ‖ a ～ mechanic 熟練工 **～·ly** 副 **～·ness** 名

de·funct /dɪfʌ́ŋkt/ 形 ❶ 故人の, 死んだ(deceased) ❷ 現存しない, 廃れた **～·ness** 名

de·fund /dɪfʌ́nd/ 動 他 …への資金提供をやめる

de·fuse /dìːfjúːz/ 動 他〔爆発物〕から信管(fuse)を外す；…の危険性を弱める

de·fy /dɪfáɪ/ 動〔▶ defiance 名, defiant 形〕(**-fies** /-z/；**-fied** /-d/；**~·ing**) 他 ❶ …に(公然と)反抗する, 挑戦する；…を無視する, ものともしない ‖ The anti-globalist groups *defied* the summit talks by demonstrating on the streets. 反グローバル化主義者のグループはサミットに反対して街頭デモを行った / ~ the law 法律を無視する ❷ …を拒む, 許さない ‖ The mountain scenery *defied* description. その山岳風景は筆舌に尽くしがたかった / ~ explanation [the imagination] 説明不可能である[想像を絶する] ❸《+目+**to** *do*》〔人〕にできるものなら…してみろと迫る ‖ I ~ you *to* prove your point. 君の意見が正しいと論証できるならしてごらん

deg. 略 degree(s)

de·gas /dìːɡǽs/ 動 (**-gassed** /-t/；**-gas·sing**) 他…から(余分な)ガスを除去する

de Gaulle /də ɡóːl, -ɡóʊl/ 名 **Charles** (**André Joseph Marie**) ~ ド=ゴール(1890-1970)《フランスの軍人・政治家. 第5共和制の大統領(1959-69)》

de·gauss /dìːɡáʊs/ 動 他 (磁気機雷を防ぐために)〔船体〕に排磁装置を施す；…を消磁する **~·er** 名

de·gen·er·a·cy /dɪdʒénərəsi/ 名 U (質などの)低下, 悪化；衰退；堕落, 退廃；性的異常；〖生〗退化

de·gen·er·ate /dɪdʒénərèɪt/(→ 形 名) 動 自〈…へ〉低下する, 悪化する；衰える；堕落する〈**into**〉；〖生〗退化する ‖ The debate ~*d into* a shouting match. 討論はわめき合いになった **—**形 /dɪdʒénərət/ (質などが) 低下した, 退化した；堕落した, 退廃した；〖生〗退化した ‖ ~ times 退廃した時代 **—**名 /dɪdʒénərət/ C 堕落した人, 退廃的な人；〖生〗退化した生物

de·gen·er·a·tion /dɪdʒènəréɪʃən/ 名 U ❶ 低下, 悪化；衰退；堕落, 退廃 ❷〖生〗退化 ❸〖医〗(組織の)変性, 変質

de·gen·er·a·tive /dɪdʒénərətɪv/ 形 衰退[堕落, 退化]しやすい, 退行性の；〖医〗変成の, 変質の

de·glaze /dìːɡléɪz/ 動 他 ❶ (つや消し仕上げのために)〔陶磁器など〕からうわ薬を取り除く ❷〖料理〗(ソースやグレービーを作るため)〔なべなどの具〕を水[ワインなど]で薄める

de·grad·a·ble /dɪɡréɪdəbl/ 形 分解できる, 分解性の

deg·ra·da·tion /dèɡrədéɪʃən/ 名 U ❶ 左遷, 降格；地位[称号]剝奪；名声失墜 ❷ (質などの)低下, 退化；堕落 ‖ lead a life of ~ 堕落した生活を送る ❸〖地〗浸食 ❹〖生化〗(有機化合物の)減成；分解

de·grade /dɪɡréɪd/ 動 他 ❶ …の地位を落とす, …を降格する, 左遷する；…から役職[称号]を剝奪する ❷ …の質[価値]を低下させる；…を堕落させる, 面目を失わせる ❸〖化〗…を減成する ❹〖地〗…を浸食する
—自 ❶ 階級が下がる, 墜落する ❷〖化〗減成[分解]する
語源 *de-* down＋grade：地位を下げる

de·grad·ing /dɪɡréɪdɪŋ/ 形 侮辱する, 体面を汚す, 品位を落とす, 屈辱的な

de·grease /dìːɡríːs/ 動 他…のグリースを除去する

de·gree /dɪɡríː/

中心義 (Aの)程度(★Aは「温度」「学業」など多様)

名 度❶ 程度❷ 学位❸ 等級❹

—名 (複 **~s** /-z/) C ❶ (温度の)**度**《略 deg.》；(角度・経緯度などの) 度 ‖「212 ~*s* Fahrenheit [OR 212°F] is 100 ~*s* Celsius [OR 100°C]. カ氏212度はセ氏100度である / three ~*s* of frost 氷点下3度 / minus 30 ~*s* Celsius [OR centigrade] セ氏マイナス30度 / an angle of 90 ~*s* 90度の角, 直角 / The city is on a latitude of「50 ~*s* N [OR 50°N] and a longitude of「75 ~*s* W [OR 75°W]. その都市は北緯50度, 西経75度の所にある / a ~ of freedom〖統計・理〗自由度
❷ C U **程度**, 度合 ‖ It's a matter [OR question] of ~. それは程度の問題だ / Running the marathon requires a **high** ~ of stamina. マラソンを走るには高いレベルのスタミナが必要だ / I don't have the slightest ~ of interest in economics. 私は経済学には全く関心がない / To what ~ will he help us? どの程度彼は手伝ってくれるだろう / to a remarkable ~ 著しく
❸ **学位**, …号；《英》学位取得課程[コース] ‖ a doctor's [×doctor] ~ 博士号 / I'm doing [OR taking] my ~ at Waseda. 私は早稲田大学で学位をとる勉強をしている / She has got a [×the] ~ in law from Columbia. 彼女はコロンビア大学で法律の学位をとった
❹ **等級**, 段階；〖医〗(やけどなどの)損傷度；〖法〗(犯罪, 特に殺人罪の)等級；〖法〗親等(♦序数詞に連結して形容詞的に用いることが多い)；U《古》(社会的)階級, 地位(rank) ‖ The child suffered third-~ burns. その子供は第3度のやけどを負った / murder in the first ~＝first-~ murder 第1級謀殺 / a third-~ relative 3親等の身内 ❺〖楽〗(音階上の)度 ❻〖文法〗(形容詞・副詞の比較の) 級 ‖ the positive [comparative, superlative] ~ 原級[比較級, 最上級] ❼〖数〗次, 次数 ‖ an equation of second ~ 二次方程式

****by degrées*** **次第に**, 徐々に(gradually)
in sòme degrée ある程度, いくぶん (♦ to some [OR a] degree の方がふつう)
nòt ... in the slìghtest [OR ***lèast***] ***degrée*** 少しも…でない(not at all)
to a degrée ① ある程度(まで), 多少 ②《旧》非常に, とても
to sòme [OR ***a cèrtain***] ***degrée*** ＝*to a degree* ①
to the làst degrée 極度に, 全く
to the nth degrée 最高[最大]に, 極度に

de·gres·sive /dɪɡrésɪv/ 形 (税が) 逓減(累進)税率の；下降[減少]する

de·hu·man·ize /dìːhjúːmənàɪz/ 動 他…から人間性を奪う, …を非人間的にする **de·hù·man·i·zá·tion** 名

de·hu·mid·i·fy /dìːhjumídɪfàɪ/ 動 (**-fied** /-d/；**~·ing**) 他…を除湿する **-fì·er** 名 C 除湿器[装置]

de·hy·drate /dìːháɪdrèɪt/ シ 動 他…を脱水する, (貯蔵のために)〔野菜など〕から水分を抜く, …を乾燥させる；…の生気を奪う ‖ ~*d* vegetables 乾燥野菜
—自 乾燥する, 水分を失う；脱水症状になる
-drà·tor 名 C 脱水[乾燥]器；乾燥剤

***de·hy·dra·tion** /dìːhaɪdréɪʃən/ 名 U 脱水；乾燥；〖医〗脱水症状

de-ice, de·ice /dìːáɪs/ 動 他〔窓ガラス・飛行機の翼など〕から氷をとる, …の結氷を防ぐ
-íc·er 名 C 氷結防止装置[剤]

deic·tic /dáɪktɪk/ 形〖論〗直証的な；〖文法〗指示的な, 直示的な **—**名 C〖文法〗指示語 (this, that など)

de·i·fy /déɪɪfàɪ, díː-/ 動 (**-fied** /-d/；**~·ing**) 他…を神としてあがめる；…を神格化する；(至上のものとして)…を崇拝する
dè·i·fi·cá·tion 名

deign /deɪn/ 動 自《+**to** *do*》(もったいなくも[ありがたいことに])…してくださる, …あそばされる ‖ He ~*ed to* agree to my humble request. あの方は私のつまらない要求に応じてくださった (♥ 侮辱のニュアンスを含むことがある) / *Deign to* protect me. (神よ)お守りください《祈り》
—他《主に否定文で》《古》…を(して)くださる ‖ Will you ~ no answer? お返事してくださらないのですか

De·i gra·ti·a /dèriː ɡrɑ́ːtiə/ 副《ラテン》(＝by the grace of God)神の恩寵(おんちょう)によって《略 D.G.》

Dei·mos /déɪmɑ(ː)s | -mɔs/ 名〖天〗ダイモス《火星の2つの衛星のうち小さい方》(→Phobos)

dei·non·y·chus /daɪnɑ́(ː)nɪkəs | -nɔ́nɪ-/ 名 C〖古生〗ディノニクス《白亜紀の小型肉食恐竜の一種》

de·i·on·ize /dìːáɪənàɪz/ 動 他〖化〗…を脱イオン化する, 〔水〕からイオンを除去する **dè·i·on·i·zá·tion** 名

de·ism /díːɪzm | déɪ-/ 名 U 理神論, 自然神論

-ist 名 **dè·ís·tic** 形 理神論(者)の

*__de·i·ty__ /díːəṭi, déɪ- | déɪəti, díː-/ 名 (複 **-ties** /-z/) ❶ Ⓒ 神(god), 女神 ‖ the *deities* of ancient Rome 古代ローマの神々 ❷ 《the D-》全知全能の神, 創造主 ❸ Ⓤ 神性, 神格 ❹ Ⓒ 神格化された人[もの]

de·ix·is /dáɪksɪs/ 名 Ⓤ 〘文法〙ダイクシス, 直示《時・場面によって指示対象が変わる要素：there, she, then など》

dé·jà vu /dèɪʒɑː vjúː/ 名 Ⓤ 〘心〙既視感, デジャビュ《経験のないことをすでに経験したと感じる錯覚》(♦ フランス語より)

de·ject /dɪdʒékt/ 動 他 《古》…を落胆[がっかり]させる

de·ject·ed /dɪdʒéktɪd/ 形 落胆した, がっかりした, 元気のない(⇨ SAD 類語) **~·ly** 副

de·jec·tion /dɪdʒékʃən/ 名 ❶ Ⓤ 意気消沈, 落胆, 気落ち ❷ Ⓤ Ⓒ 〘医〙排便；排泄(はいせつ)物

de ju·re /di dʒúəri | deɪ-/ 形 適法の, 正当な(→ de facto) ―― 副 正当な権利によって, 合法的に(♦ ラテン語より)

dek·ko /dékoʊ/ 名 Ⓒ 《単数形で》《英俗》一目見ること ‖ have a ~ (at ...) (…を)ちらりと見る[のぞく]

Del. 略 Delaware

De·la·croix /déləkrwɑ̀ː/ 名 (**Ferdinand Victor Eugène ~**) ドラクロワ(1798-1863)《フランスロマン派を代表する画家》

Del·a·ware /déləwèər/ 名 デラウェア《米国東部, 大西洋岸の州. 州都 Dover. 略 Del., 〘郵〙DE》
Dèl·a·wár·e·an 形 名 Ⓒ デラウェア州の(人)

⁑**de·lay** /dɪléɪ/
―― 動 (**~s** /-z/; **~ed** /-d/; **~·ing**)
―― 他 ❶ **a** 《+目》…を**延期する**, 延ばす(⇨ 類語) ‖ I've decided to ~ my trip until spring. 春まで旅行を延期することにした
b 《+*doing*》…するのを延ばす(♦ +to *do* はまれ) ‖ She doesn't want to ~ leaving the office because she has to pick up her baby. 子供を引き取らなければならないので彼女はオフィスを出る時間を遅らせたくない
❷ (事が)…を**遅らせる**, 手間取らせる(⇨ 類語) ‖ The plane was ~*ed* due to heavy snow. 大雪のため飛行機が遅れた / The funeral was ~*ed* to allow foreign VIPs to attend. 海外からの要人の出席を考慮して葬儀は遅らせられた ―― 自 遅れる, 手間取る；ぐずぐずする
―― 名 (複 **~s** /-z/) Ⓤ Ⓒ **遅れ**, 遅延, 遅滞；遅延時間；**延期**；猶予 ‖ There was a ⌈three-hour ~ [OR ~ of three hours] before the train started. 列車は3時間遅れで出発した / My work is subject to ~*s*. 私の仕事はどうも遅れがちだ / **cause** a **long** [slight] ~ 長時間の[ちょっとした]遅れを引き起こす / avoid [reduce] a ~ 遅延を回避する[減らす] / without ~ すぐに

類語 《他》**delay** 何かの事情で, またはぐずぐずして不特定期間遅延する. 〈例〉*delay* starting 出発を遅らせる
postpone 会合・行事などをある定まった時期まで延期する. 〈例〉*postpone* a picnic till next Sunday ピクニックを次の日曜日に延期する

▸▸ **~ing tàctic** 名 Ⓒ 《通例 ~s》時間かせぎ作戦

delàyed-áction 形 遅発性の ‖ a ~ bomb 遅発性爆弾《目標に当たってしばらくしてから爆発する》

de·le /díːliː/ 《口》〘印〙 動 他 《命令形で》〔指示した箇所〕をとれ, …を削除せよ《校正用語》(→ delete)
―― 名 Ⓒ 削除記号

de·lec·ta·ble /dɪléktəbl/ 形 ❶ おいしい ❷ 《戯》非常に楽しい；魅力的な ―― 名 Ⓤ おいしいもの
-bly 副 **de·lèc·ta·bíl·i·ty** 名

de·lec·ta·tion /dìːlektéɪʃən/ 名 Ⓤ 《主に戯》喜び, 楽しみ, 歓喜

del·e·ga·cy /délɪgəsi/ 名 (複 **-cies** /-z/) ❶ Ⓤ 代表者の任務[地位]；代表者の派遣 ❷ Ⓒ 代表者[使節]団

*__del·e·gate__ /délɪgət/ (→ 動) 名 〔▶ delegation 名〕 Ⓒ ❶ (会議などの)代表, 代議員；派遣団員(♦ 派遣団は delegation)；代理人 ‖ The US sent a group of ~*s* to the conference. アメリカはその会議に代表団を送った ❷ 《米》(もと territory 選出の)下院議員(発言権はあるが投票権はない) ❸ 《米》(Maryland, Virginia, West Virginia の)州議会の下院議員
―― 動 /délɪgèɪt/ 他 ❶ 〔権限・責任など〕を〈…に〉委譲[委任]する〈**to**〉‖ He ~*d* responsibility *to* his staff. 彼はスタッフに責任をゆだねた ❷ **a** 《+目》〔人〕を代表[代理]として〈…に〉派遣する〈**to**〉‖ The President ~*d* a high official *to* the country for peace talks. 大統領は和平会談のため政府高官をその国に派遣した **b** 《+目+**to** *do*》…するように〔人〕を代理人に指名する ‖ She was ~*d* *to* organize the meeting. 彼女はその会議の開催を任された

*__del·e·ga·tion__ /dèlɪgéɪʃən/ 名 〔◁ delegate 動〕 ❶ Ⓒ 《集合的に》《単数・複数扱い》代表団, 派遣団, 使節団；代表者(♦ 《米》では通例単数扱い. 《英》では一つの集団と見る場合単数扱い, 個々の団員に重点を置く場合複数扱い) ‖ send a ~ to the conference 会議に代表団を送る ❷ Ⓤ (権限・責任などの)委任[委譲]；代表派遣[任命] ‖ ~ of power [OR authority] (to) (…への)権限の委任

*__de·lete__ /dɪlíːt/ 動 他 …を〈書いたものなどから〉削除する, 削る, 抹消する, 消す(↘ cross [OR score, strike] out)〈**from**〉 ―― 名 Ⓒ 💻 デリートキー, 削除キー

del·e·te·ri·ous /dèlɪtíəriəs/ 形 《堅》(心身に)有害な **~·ly** 副 **~·ness** 名

de·le·tion /dɪlíːʃən/ 名 Ⓤ 削除, 消去；Ⓒ 削除箇所

de·lev·er·age /diːlévərɪdʒ | -líːv-/ 名 Ⓤ 借入金削減《株式などの資産活用により負債を減らす(こと)》
―― 動 他 …の借入金削減を図る

delft, D- /delft/ 名 Ⓤ デルフト焼き(delftware)《オランダの都市 Delft 産の白地に青で彩色された陶器》

del·i /déli/ 名 《口》=delicatessen

*__de·lib·er·ate__ /dɪlíbərət/ 《アクセント注意》(→ 動) 形 〔▶ deliberation 名〕(**more ~ ; most ~**) ❶ (前もって)熟考された, 計画的な, 意図的な；故意の(⇨ 類語) ‖ a ~ plan [attack] よく練られた計画[計画的な攻撃] / I take it as a ~ act of rudeness. それは故意に無礼を働いたものだと思う ❷ 慎重な, 思慮深い ‖ a ~ choice 慎重な選択 ❸ ゆっくりと着実[慎重]な ‖ slow, ~ steps ゆっくりと慎重な足取り
―― 動 /dɪlíbərèɪt/ 他 **a** 《+目》…を熟慮[熟考]する, 審議[検討]する ‖ ~ a difficult question 難しい問題をよく考える **b** 《+**wh to** *do* / **wh** 節》…かをよく考える ‖ The committee ~*d* *what* action *to* take. 委員会はどんな行動をとるべきかを審議した ―― 自 〈…について〉熟考する；協議する〈**on, over, about**〉‖ All the members got together to ~ *on* the problem. その問題について検討するためメンバー全員が集まった / She ~*d* *over* buying a new car. 彼女は新しい車を買うことについてじっくり考えた **~·ness** 名

類語 《形 ❶》**deliberate** 自分の言動の意味を承知し, 影響などを慎重に考慮・計算した. 〈例〉a *deliberate* lie 十分計算した上でつくうそ
intentional 偶然や間違いではなく, そのつもりで行う. 〈例〉an *intentional* omission 故意の怠慢
premeditated 前もって計画した；deliberate ほど十分な計算を意味しない. 〈例〉*premeditated* murder 謀殺

⁑**de·lib·er·ate·ly** /dɪlíbərətli/
―― 副 (**more ~ ; most ~**)
❶ **故意に**, わざと ‖ I don't think he ~ lied to me. 彼が故意に私にうそをついたとは思いません
❷ **慎重に**, 熟慮して, ゆっくりと, 注意深く ‖ The son ~ decided not to go into his father's business. 息子はよく考えて父親の事業に就かない決心をした

*__de·lib·er·a·tion__ /dɪlìbəréɪʃən/ 名 〔◁ deliberate 動〕 Ⓤ ❶ 熟慮, 熟考 ‖ after long ~ よくよく考えた上で ❷

Ⓒ《しばしば ~s》討議, 審議 ‖ The Diet will begin its ~*s* tomorrow. 国会は明日から審議を開催する予定だ ❸ 慎重さ, 注意深さ；(話し方・動作などが)ゆっくりしていること ‖ with ~ ゆっくりと慎重に

de·lib·er·a·tive /dɪlíbərèɪt̬ɪv | -ərə-/ 形《堅》❶ 審議する ‖ a ~ body 審議機関 ❷ 熟慮の(上での)

del·i·ca·cy /délɪkəsi/ 《アクセント注意》名〔◁ delicate 形〕(複 **-cies** /-z/) Ⓤ ❶ もろさ, 傷つきやすさ, きゃしゃ；(体の)弱さ, 虚弱 ‖ the ~ of one's health 健康のもろさ ❷ (話し方・振る舞いの)慎重さ ‖ negotiations of great ~ 非常に慎重な交渉 ❸ (取り扱いの)難しさ, 微妙さ ‖ the ~ of the situation 状況の微妙さ ❹ 優美, 優雅, 繊細な美しさ；(感触の)滑らかさ ‖ the ~ of 「the fabric [the lace, one's features] 生地の滑らかさ[レースの繊細な美しさ, 顔立ちの優美さ] ❺ (他人への)心遣い, 思いやり；慎み深さ；(感情・感覚・技巧の)細やかさ, 繊細さ, 敏感さ ‖ the ~ of her sensibilities 彼女の感情の細やかさ / handle the situation with ~ 慎重に事態に対処する ❻ Ⓒ おいしいもの, ごちそう, 珍味 ‖ The Japanese consider blowfish a great ~. 日本人はフグを大変な珍味だと思っている ❼ (計器・器具などの)感度の鋭さ, 精巧

del·i·cate /délɪkət/ 《発音・アクセント注意》
—形〔▶ delicacy 名〕(**more ~ ; most ~**)
❶ (物が)壊れやすい, もろい；**取り扱いの難しい**, 慎重な扱いを要する；微妙な, デリケートな ‖ ~ china 壊れやすい瀬戸物 / a ~ issue 取り扱いの難しい問題 / the ~ **balance** of nature 自然の微妙なバランス / The negotiation was at a ~ stage. 交渉は微妙な段階にあった
❷ (体が)ひ弱な, 虚弱な, きゃしゃな(⇨ THIN 類語) ‖ He used to be a ~ child. 彼はかつては病弱な子だった
❸ **繊細な**, 優美な；精緻(せいち)な, 精巧な ‖ her ~ hands 彼女の優しい手 / a ~ pattern of flowers 優美な花模様
❹ (色が)柔らかな；(味・香りなどが)ほのかな, かすかな ‖ a ~ shade of pink 淡いピンク色 / a ~ sense of smell [touch] ほのかな香り[柔らかな肌触り]
❺ (感覚などが)鋭敏な, 敏感な；(趣味などが)洗練された, 優雅な ‖ have a ~ ear for music 音楽に対する鋭敏[繊細]な感覚を持っている / a ~ taste in clothes 着るものについての洗練された好み
❻ (計器が)感度の鋭い, 精巧な ‖ You need ~ equipment to do eye surgery. 目の手術には精巧な機器[設備]が必要だ ❼ 手際のよい, 巧みな；出来栄えのよい ‖ play with a ~ touch 巧みなタッチで演奏する ❽ (食べ物が)味の細やかな, 口当たりのよい, おいしい
—名 Ⓒ《~s》(洗濯などに注意を要する)繊細な衣類
~·ly 副

del·i·ca·tes·sen /dèlɪkətésən/ 名 ❶ Ⓒ デリカテッセン, 調製食品店(《口》deli) ❷ Ⓤ《集合的に》調製食品《調理済みの肉・魚・チーズ・サラダなど》
語源 ドイツ語 *delikatessen*(おいしい食べ物)から.

de·li·cious /dɪlíʃəs/ 《アクセント注意》形 (**more ~ ; most ~**) ❶ 非常においしい, 美味な；(香りが)非常によい ‖ The strange fruit tasted ~. その見慣れない果物はとてもおいしかった ❷《通例限定》非常に楽しい[面白い], 愉快な ‖ a ~ bit of gossip とても面白いちょっとしたうわさ話 **~·ly** 副 **~·ness** 名

de·light /dɪláɪt/
—名 (複 **~s** /-s/) ❶ Ⓤ **大喜び**, 楽しみ, うれしさ(⇨ PLEASURE 類語) ‖ To my son's ~, he received a card from Santa Claus. 息子が喜んだことにはサンタクロースからカードが届いた / I feel ~ at your quick recovery. 君の急速な回復をうれしく思う / **with** [OR in] great ~ 大喜びで
❷ Ⓒ 喜び[楽しみ]を与えるもの ‖ Babies are always a ~. 赤ん坊は(いつも)喜び[楽しみ]を与えてくれる
tàke* (*a*) *delíght in ... …を喜ぶ, 楽しむ, うれしがる ‖ Our cat *takes* ~ *in* teasing the dog. 我が家の猫はその犬をからかって喜んでいる
—動 (**~s** /-s/ ; **~·ed** /-ɪd/ ; **~·ing**)
—他 …を〈…で〉(大いに)**喜ばせる**[楽しませる, うれしがらせる]〈**with**〉‖ She ~*ed* the audience *with* her song. 彼女は歌って観客を喜ばせた —自 **a**《+**in** 名》〔特に他人が不快に思うようなこと〕に大きな喜び[楽しみ]を感じる, …を大いに喜ぶ, 楽しむ ‖ He ~*ed in* making jokes at other people's expense. 彼は他人をだしにジョークを飛ばして喜んだ **b**《+**to** *do*》…して喜ぶ ‖ We ~ *to* serve our guests. 私たちは客をもてなすことを喜びとしている

:de·light·ed /dɪláɪt̬ɪd/
—形 (**more ~ ; most ~**)
❶《叙述》(非常に)**喜んで** **a**《+**at** [**by, with**] 名》…を非常に喜んで, うれしがって(♦ pleased よりも意味が強い)(⇨ DELIGHTFUL 語法) ‖ She was **absolutely** ~ [×delightful] *at* [OR *by*] the news of our team's victory. 彼女は我がチームの勝利の知らせに大喜びした(♦ very delighted はあまり使われない) / I am ~ *with* my new car. 僕は新しい車がうれしくてならない **b**《+**to** *do*》…して喜んで；喜んで…する ‖ I am ~ *to* meet you. お目にかかれてとてもうれしいです(♥ 初対面のあいさつ. I'm glad to meet you. よりも丁寧) / "We're having a party next Friday night. Can you come?" "I'd be ~ (*to*)!"「今度の金曜日の夜にパーティーをするんだけど来ない」「ええ, 喜んで」 **c**《+**that** 節》…であることを喜んで ‖ He was ~ *that* I was from the same school. 彼は私が同窓生であることを喜んだ
❷《限定》喜びを表した[にあふれた]

COMMUNICATIVE EXPRESSIONS
[1] **Delíghted I was àble to hélp.** お役に立てて光栄です；どういたしまして(♥ お礼に対する形式ばった返答. ↘Not at all. / ↘My pleasure.)
[2] **(I'm) delìghted to háve you (hère).** よくおいでくださいました(♥ 招待客のあいさつに対して招いた側が返す歓迎の言葉)

~·ly 副 非常に喜んで

***de·light·ful** /dɪláɪtfəl/ 形 (**more ~ ; most ~**) (物・事・人が)(人に)喜びを与える, 楽しくさせる, 非常に楽しい, 愉快な ‖ a ~ day [holiday, scene] とても楽しい日[休日, 場面] / a ~ person (人を楽しくさせる)愉快な人
語法 ☆☆ delightful が「他人に喜びを与える」のに対し delighted は「本人(主語)が喜んでいる」.〈例〉Dad is *delightful*. 父さんは愉快な人だ / Dad is *delighted*. 父さんは大喜びしている

COMMUNICATIVE EXPRESSIONS
[1] **Thàt'd be delíghtful.** 喜んで；光栄です(♥ 何かを勧められたときに承諾・感謝を表す少し気取った表現. ↘Yes, please. / ↘Thank you.)

~·ly 副 楽しく, 愉快に

de·lim·it /di:límɪt, dɪ-/ 動 他 …の範囲[境界]を定める[設定する] **-i·tá·tion** 名

de·lin·e·ate /dɪlínièɪt/ 動 他《堅》…(の輪郭)を描く, …を描写する；…を正確に叙述する **de·lìn·e·á·tion** 名

***de·lin·quen·cy** /dɪlíŋkwənsi/ 名 (複 **-cies** /-z/) Ⓤ Ⓒ ❶ (特に青少年の)非行, 犯罪 ‖ juvenile ~ 少年犯罪 ❷《堅》(義務の)不履行 ❸《主に米》《堅》債務不履行, 不履行債務

***de·lin·quent** /dɪlíŋkwənt/ 形 ❶ (若者などが)非行の；非行を犯した ‖ ~ behavior 非行 ❷ 債務不履行の ❸《米》(税金・賃金などが)未納の, 滞納の ‖ a ~ account 未納請求書 ❹《堅》義務[職務]を怠る；怠慢な
—名 Ⓒ 非行少年[少女] ‖ a juvenile ~ 非行少年[少女]

del·i·quesce /dèlɪkwés/ 動 自 ❶ 溶ける, 溶解する；〖化〗(塩類が)潮解する ❷〖植〗(葉脈などが)分岐する
-qués·cence 名 Ⓤ〖化〗溶解；潮解 **-qués·cent** 形 溶解[潮解]する

de·lir·i·ous /dɪlíriəs/ 形 ❶ 譫妄(せんもう)状態の, 一時的に錯乱した ❷ 非常に興奮[熱狂]した, 有頂天の ‖ ~ with joy 喜びで夢中の **~·ly** 副 **~·ness** 名

de·lir·i·um /dɪlíəriəm/ 名 (複 **~s** /-z/ OR **-i·a** /-iə/) U C ❶ 譫妄(状態), 一時的精神錯乱 ❷ 熱狂, 有頂天, 無我夢中 ‖ a ~ of joy 狂喜
▸▸**~ tré·mens** /-trí:menz, -trémənz/ 名 U (アルコール中毒による)振顫(しんせん)譫妄《体が震えて幻覚を見る症状》
de·list /di:líst/ 動 他 …を(絶滅危惧(きぐ)種などの)リストから外す;〔会社〕の上場を廃止する
déli·stỳle 形 デリカテッセン風の
:de·liv·er /dɪlívər/ 中心義 …を外へと放つ

D

動 他 配達する❶ 述べる❷ 果たす❸ 引き渡す❹

— 動 〔▶ delivery 名, deliverable 形, deliverance 名〕(**~s** /-z/ ; **~ed** /-d/ ; **~·ing**)
— 他 ❶〔手紙・品物など〕を〈…に〉**配達する**, 届ける;〔伝言など〕を〈…に〉伝える〈**to**〉‖ Newspapers are *~ed to* each apartment. 新聞は各部屋に配達されます / We will ~ the flowers *to* your mother for you. あなたに代わって私どもでお母様に花をお届けいたします / ~ the **goods** 商品を配送する / He *~ed* her message *to* me. 彼は彼女からの伝言を伝えてくれた
❷ **a** 《+目》〔意見など〕を**述べる**;〔演説・講義など〕をする;〔評決〕を下す ‖ ~ one's opinion 自分の意見を述べる / ~ a speech [lecture] 演説[講義]をする / ~ a verdict 評決を下す **b** 《~ oneself of で》〔意見〕を述べる, 考えていることを言う ‖ He *~ed* himself *of* a few comments. 彼は2, 3自分の見解を述べた
❸〔約束など〕を**果たす**, …を達成する;〔やるべきこと〕をきちんと実行する ‖ The prime minister has to ~ what he promised. 首相は公約したことを実現しなければならない
❹〔土地・財産・身柄など〕を〈…に〉**引き渡す**, 明け渡す, 手離す《*up, over*》〈**to**〉‖ He *~ed* the property *over to* his daughters. 彼は娘たちに財産を譲渡した / They *~ed* themselves [the castle] *up to* the enemy. 彼らは敵に投降した[城を明け渡した] ❺ (医者・助産師が)〔子〕を出産するのを助ける, 分娩(ぶんべん)させる;《通例受身形で》(女性が)〈子を〉出産[分娩]する〈**of**〉‖ My wife was *~ed of* a baby girl. 妻は女の子を産んだ ❻〔打撃など〕を加える;〔ボールなど〕を投げる ‖ He *~ed* a hard blow to my jaw. 彼は私のあごにきつい一発を見舞った / ~ a curve カーブを投げる ❼〔原油など〕を出す;…を産出する ❽《米口》(選挙で候補者のために)〔票〕を集める, 確保する ❾《文》〔人〕を〈…から〉救い出す, 解放する〈**from**〉(⇨ SAVE[1] 類語) ‖ *Deliver* me *from* this mountain of washing. この洗い物の山から解放してほしい
— 自 ❶ (商品などを) 配達する ‖ We will ~ even on Sundays. 当店は日曜日も配達いたします
❷〈期待に〉応える,〈約束を〉果たす〈**on**〉‖ I want you to ~ *on* your promises soon. あなたにすぐに約束を果たしてもらいたい ❸ 子供を産む, 出産する
~·er 名 C 配達人; 救助者, 解放者; 引き渡し人
de·liv·er·a·ble /dɪlívərəbl/ 形〔◁ deliver 動〕配達可能な, 配達の準備ができた — 名 C《通例複数形で》(最終成果物としての)提供品, 製品 **de·lìv·er·a·bíl·i·ty** 名
de·liv·er·ance /dɪlívərəns/ 名〔◁ deliver 動〕❶ U 《堅》〈…からの〉解放, 救出, 救済, 釈放〈**from**〉❷ C 公式見解, (陪審員の)評決
***de·liv·er·y** /dɪlívəri/ 名〔◁ deliver 動〕(複 **-er·ies** /-z/) ❶ U C (手紙・品物などの)配達, 配達行為;…便 ‖ We guarantee prompt ~ (of the goods). 私どもは(商品の) 敏速な配達をお約束いたします / *Delivery* is free within the prefecture. 県内は無料配達いたします / by special [《英》express] ~ 速達便で / on ~ 配達の際に, 現物と引き換えで / collect [OR cash] on ~ 配達時に代金引換で《略 COD》/ next-morning ~ 翌朝配達 (サービス) / make *deliveries* 配達する / a ~ date 配達日 / ~ service 配送(サービス)
❷ C 配達物 ‖ There is a ~ for you. あなたへの配達物[郵便]が来ていますよ ❸ C U 分娩, 出産 ‖ have「an easy [a difficult] ~ 安産[難産]である / preterm ~ 早産 ❹ C《単数形で》話しぶり, 話し方; 発言, 演説; 歌いぶり ‖ have a good [poor] ~ 上手[下手]な話し方だ / a telling ~ 聞き手の心に訴える話しぶり ❺ U C (クリケットなどの)投球(法) ❻ U 解放, 救出
tàke delívery of ... …を(配達してもらって)受け取る
▸▸**~ ròom** 名 C (病院の)分娩室(maternity ward)
***delívery·màn** /-mæ̀n/ 名 (複 **-mèn** /-mèn/) C 配達人, 配送者(中立 deliverer, delivery person)
dell /del/ 名 C《文》(木に覆われた)小さな谷
de·louse /di:láus/ 動 他 …からシラミを駆除する
Del·phi /délfaɪ/ 名 ❶ デルフォイ《Apollo の神殿があった古代ギリシャの都市》❷《商標》💻デルファイ《ボーランド社のコンピューター言語》
Del·phic /délfɪk/, **-phi·an** /-fiən/ 形 ❶ デルフォイの; アポロの神殿[神託]の ❷ 意味のあいまいな
del·phin·i·um /delfíniəm/ 名 C〘植〙デルフィニウム, ヒエンソウ(飛燕草)
del·ta /déltə/ 名 U C ❶ デルタ《ギリシャ語アルファベットの第4字. Δ, δ. 英語の D, d に相当》❷ デルタ字形[三角形]のもの;(河口の)三角洲(す), デルタ
del·ta·ic /deltéɪɪk/ 形 デルタ字形の; デルタ[三角洲]の
▸▸**Délta Fòrce** 名〘米軍〙デルタフォース《反テロ攻撃を任務とする秘密特殊部隊》**~ ràys** 名 複〘理〙デルタ線 **~ wàve [rhỳthm]** 名 C (脳波の)デルタ波《深い睡眠状態を示す》**~ wíng** 〈シ〉名 C (超音速機の)三角翼
DELTA /déltə/ 名 C《英》デルタ《*D*iploma in *E*nglish *L*anguage *T*eaching to *A*dults の略; ケンブリッジ大学認定の外国人向け英語教育資格》
délta-wìng(ed) pláne 名 C 三角翼機
del·toids /déltɔɪdz/ 名 複〘解〙三角筋《肩関節を覆う筋肉. deltoid muscle ともいう》
de·lude /dɪlú:d/ 動 他 …をだます, 欺く; …を迷わせる; …を欺いて〈…〉させる〈**into**〉‖ ~ oneself *into* believing that ... 自分を欺いて…と信じ込む
***del·uge** /délju:dʒ/ 名 C ❶《通例単数形で》大洪水, 大水; 大雨, 豪雨;《the D-》ノア(Noah)の大洪水 ‖ The mining camp was struck by a ~. その採鉱現場は洪水に襲われた ❷《a ~》(洪水のような)殺到 ‖ a ~ of tears あふれる涙 — 動 他 ❶《通例受身形で》(人・場所に)〈…が〉殺到する, 押し寄せる〈**with, by**〉‖ He was *~d with* questions from reporters. 彼に記者からの質問が殺到した ❷ …を水浸しにする
***de·lu·sion** /dɪlú:ʒən/ 名 ❶ U C 思い違い, 錯覚(⇨ ILLUSION 類語) ‖ be under the ~ that ... 間違って…と思い込んでいる ❷ U だますこと, 欺くこと; だまされること, 惑わされること ❸ C〘心〙妄想 ‖ *~s* of grandeur [persecution] 誇大[被害]妄想
de·lu·sive /dɪlú:sɪv/ 形 惑わす, 人を誤らせる, 紛らわしい; 妄想的な **~·ly** 副
de·lu·so·ry /dɪlú:səri/ 形 =delusive
de·luxe, de luxe /dəlʌ́ks/ 形《限定》デラックスな, 豪華な, ぜいたくな ‖ a ~ edition 豪華版
delve /delv/ 動 自〈…を〉(徹底的に)調査する; 探究する; 丹念に探す〈**into**〉‖ ~ *into* the past 過去を深く掘り下げる — 他《古》…を掘る, 掘り起こす **délv·er** 名
Dem /dem/ 名 C《通例 ~s》《米口》(米国の)民主党員
Dem. 略《米》Democrat, Democratic
de·mag·net·ize /dì:mǽgnətàɪz/ 動 他 …から磁性を消す, …を消磁する **dè·màg·net·i·zá·tion** 名
dem·a·gog·ic /dèməgɑ́(:)gɪk | -gɔ́g-/ 〈シ〉形 デマの, 扇動(者)の, 扇動的な **-i·cal·ly** 副
dem·a·gogue, +《米》**-gog** /déməgɑ̀(:)g | -gɔ̀g/ 名 C デマゴーグ, 扇動者, 扇動政治家;(古代ギリシャ・ローマの)民衆の指導者
dem·a·gogu·er·y /déməgɑ̀(:)gəri | -gɔ̀g-/ 名 U 扇動(行為)

dem·a·gog·y /déməgɑ̀(ː)gi | -gɔ̀gi/ 名 ＝demagoguery

de·mand /dɪmǽnd | -mɑ́ːnd/ 名 動

中心義 …を強く要求する

名 要求❶ 差し迫った必要❷ 需要❸
動 他 要求する❶ 尋ねる❷

━名 (複 **~s** /-z/) Ⓒ ❶ (権利としての強い)**要求**, 請求；〘法〙請求(権)〈**for** …を求める / **to do** …するという / **that** 節 …という〉‖ They **made** a ~ *for* [ˣof] a pay increase. 彼らは賃上げ要求をした / There have been ~*s* for the mayor *to* resign.＝... ~*s that* the mayor resign [《主に英》should resign]. 市長は辞職するよう求められている / We try to **meet** [OR satisfy] our customers' ~*s*. 私どもはお客様のご要望にお応えすべく努力しております /「give in to [reject] her ~ 彼女の要求に屈する[をはねつける] / a ~ *for* the telephone bill 電話料金支払請求
❷ (~s) (時間・お金などの)**差し迫った必要**；(必要性から生じる)負担, 苦労, 困難〈**of** …による, **on** …への〉‖ There are great ~*s on* our budget. 我々の出費がかさんでいる / everyday ~*s* 日常の必要
❸ Ⓤ/Ⓒ 《a ~》〘経〙〈…の〉**需要** (↔ supply¹) 〈**for**〉‖ There's a great ~ *for* nurses. 看護師の需要がとても多い / supply and ~ 需要と供給 (♦ demand and supply ともいうが, この語順の方が多い) / create a new ~ 新しい需要を喚起する

連語 【形+~】 a high ~ 大きな需要 / a strong ~ 確固たる需要 /「an increased [an increasing, a growing] ~ 増大した[しつつある]需要 / a potential ~ 潜在的な需要 / a consumer ~ 消費者需要

by [OR ***due to***] ***pòpular demánd*** 多くの人の要望によって
****in demánd*** 需要がある, 必要とされて, 引っ張りだこの ‖ Smartphones are *in* great ~ these days. 最近スマートフォンがよく売れている
****on demánd*** 要求[請求]があり次第(→ on-demand)

━動 (**~s** /-z/；**~·ed** /-ɪd/；**~·ing**)
━他 ❶ (強く)**要求する** (⇨ 類語) **a** 《+目》(権利として)…を〈人に〉強く要求する, 請求する〈**from, of**〉‖ They ~*ed* damages as their right. 彼らは当然の権利として賠償金を要求した / She ~*ed* an apology *from* [OR *of*] the management. 彼女は経営陣に謝罪を迫った / ~ a raise [thorough investigation] 賃上げ[徹底的な調査]を要求する
b 《+**to do**》…することを要求する (♦ +目+to *do* の型はない) ‖ She ~*ed to* know the truth. 彼女は真実を知ることを強く求めた
c 《+(**that**) 節》…ということを要求する ‖ We ~*ed* (of the lawyer) *that* he show [《主に英》should show] us the file. 我々は(弁護士に)そのファイルを見せるよう求めた
❷ **a** 《+目》…を**尋ねる**, 言えと迫る, 詰問する ‖ The police officer ~*ed* my name and address. 警官は私の住所と氏名を問いただした
b 《直接話法で》…と(強く)尋ねる, 詰問する ‖ "Tell me what you have against me," she ~*ed*.「なぜ私を恨んでいるのか言って」と彼女は迫った / "What's in the other bag?" Mary ~*ed* of Nelly.「もう1つの袋には何が入っているの」とメアリーはネリーを問い詰めた
❸ (物事が)…を必要とする；要する ‖ This case ~*s* careful deliberation. この問題は慎重に考慮する必要がある / This email ~*s* an immediate answer. このEメールはすぐに返事を出さなければならない
━自 要求する；尋ねる

語源 *de-* fully(十分に)+*-mand* order(命じる)

類語 《他 ❶》**demand** 高圧的, 命令的に強く要求する.〈例〉*demand* an answer 返事をせよと迫る
claim 自分の当然の権利として要求する.〈例〉*claim* the ownership of an article 品物の所有権を主張する
require 何かの事情, または法規・規準などから必要とする.〈例〉Driving *requires* caution. 運転には慎重さが必要である

▸▸ **~ depòsit** 名 Ⓒ〘経〙要求払い預金, 当座預金 **~ mànagement** 名 Ⓤ《主に英》〘経〙需要管理(策)《政策立案の中に需要抑制を織り込むこと》 **~ nòte** 名 Ⓒ〘経〙要求払い約束手形

***de·mand·ing** /dɪmǽndɪŋ | -mɑ́ːnd-/ 形 (**more ~**；**most ~**) ❶ (仕事などが)骨の折れる, きつい (↔ easy) ‖ a physically ~ job 肉体的にきつい仕事 ❷ (人が)手間のかかる, 人使いが荒い ‖ My boss is very ~. 上司はとても人使いが荒い / a ~ child 手のかかる子供 **~·ly** 副

demánd-pùll (inflátion) 名 Ⓤ〘経〙ディマンドプル(インフレ), 需要過剰(インフレ)

demánd-sìde 形〘経済〙需要側重視の (↔ supply-side) ‖ ~ economics 需要側重視の経済学

de·mar·cate /dɪmɑ́ːrkeɪt | díːmɑː-/ 動 他 ❶ …の境界[限界]を定める ❷ …を区分する

de·mar·ca·tion /dìːmɑːrkéɪʃən/ 名 Ⓤ ❶ 境界[限界](決定) ❷ Ⓒ (はっきりした境界による)区別, 区分 ❸《英》(労働組合間の)業種区分

dé·marche /deɪmɑ́ːrʃ | ⌐-⌐/ 名 Ⓒ ❶ 処置, 手続, 手段 ❷ (外交上の)政策, (特に)転換策 ❸ (市民の)抗議声明 (♦ フランス語より)

de·ma·te·ri·al·ize /dìːmətíəriəlàɪz/ 動 他 自 (…を[が])非物質的にする[なる], 精神的なものにする[なる]

de·mean¹ /dɪmíːn/ 動 他 《通例 ~ oneself で》品位[信望など]を落とす振る舞いをする ‖ I would not ~ myself by apologizing. 謝って自分の品位を落としたりはしない

de·mean² /dɪmíːn/ 動 他 《~ oneself で》《古》振る舞う

***de·mean·or,** 《英》**-our** /dɪmíːnər/ 名 Ⓤ/Ⓒ 《単数形で》振る舞い, 行い, 品行；(他人に対する)態度, 様子, 物腰 ‖ Her cheerful ~ hides her sadness. 彼女は明るく振る舞うことで悲しみを隠している

de·ment·ed /dɪménṭɪd/ 形 認知症の；《口》気の狂った, 取り乱した **~·ly** 副

de·men·tia /dɪménʃə/ 名 Ⓒ〘医〙認知症
▸▸ **~ práe·cox** /-príːkɑ(ː)ks | -kɔks/ 名 Ⓤ《古》〘医〙早発性痴呆症(♦ 現在は schizophrenia (統合失調症)という)

dem·e·rar·a /dèməréərə/ 〈シ〉 名 (＝~ **súgar**) Ⓤ デメララ糖《褐色の粗糖》

de·merge /dìːmə́ːrdʒ/ 動 他 自〘経営〙(大企業の一部などを[が])別会社[子会社]にする[なる]

de·merg·er /dìːmə́ːrdʒər/ 名 Ⓒ Ⓤ《英》〘経営〙(特に合併で生まれた)企業からの分離

de·mer·it /dìːmérɪt/ 名 Ⓒ ❶ 欠点, 短所 ‖ the merits and ~*s* of the plan そのプランの長所と短所 (♦ merit と対比するときは /díːmèrɪts/) ❷ (＝~ **màrk**)《米》(過失・違反などに対する)罰点

de·mesne /dɪméɪn/ 名 Ⓒ 《堅》❶ Ⓤ〘法〙(土地の)私有, 占有 ‖ land held in ~ 私有地 ❷ 所有地, 不動産 ❸ (国王・国家の)領土, 領地(domain) ❹〘史〙(荘園領主の)直属地

De·me·ter /dɪmíːṭər/ 名〘ギ神〙デメテル《農業の女神.〘ロ神〙の Ceres に相当》

demi- 接頭「半分の(half)；部分的(partial(ly))」などの意 ‖ *demi*tasse

dem·i·god /démigɑ̀(ː)d | -gɔ̀d/ 名 (♦ 女性形 demigoddess /-əs | -es/) Ⓒ ❶ (神と人との間に生まれた)半神半人 ❷ 神格化された人

demijohn

dem·i·john /démidʒɑ̀(ː)n | -dʒɔ̀n/ 名 Ⓒ (かご入りの)細口大瓶

de·mil·i·ta·rize /dìːmílɪtəràɪz/ 動 他〔国境地帯など〕

を非武装化する ‖ a ～*d* zone 非武装地帯
dè·mìl·i·ta·ri·zá·tion 名

demi-monde /démi mà(:)nd | dèmimɔ́nd, ⁼⁼⁼/ 名 《the ～》《単数扱い》いかがわしい連中, 異端者

de·mine /dì:máɪn/ 動 他 …から地雷を除去する ‖ *demining* machines 地雷処理機

de·min·er·al·ize /dì:mínərəlàɪz/ 動 他 〔水〕を脱塩する

de·mi·pen·sion /dèmipɑ:nsjóun | -pɔ́nsjɔn/ 名 U 《英》(ホテル・下宿などでの)一泊二食制 (half board) (♦ フランス語より)

*__de·mise__ /dɪmáɪz/ 名 C 《単数形で》❶ 終わり, 終焉(しゅうえん), 廃止 ❷ 《堅》死去, 逝去(せいきょ) ❸ U 〘法〙(遺言・賃貸による)財産権譲渡 ── 動 他 ❶ 〘法〙(遺言などで)〔不動産〕を譲渡する ❷ 〔王位〕を譲る ── 自 ❶ (不動産などが)遺贈される, 相続される ❷ 逝去する, 死ぬ ; 滅びる

demi-sec /dèmisék/ 形 (ワイン・シャンパンが)やや辛口の (♦ フランス語より)

dem·i·sem·i·qua·ver /démisèmikwèɪvər/ 名 C 《英》〘楽〙32分音符 (《主に米》thirty-second note)

de·mist /dì:míst/ 動 《英》＝defog, defrost

dem·i·tasse /démitæ̀s/ 名 C デミタス《食後のコーヒー用の小型カップ》; デミタスコーヒー

dem·i·urge /démiə:rdʒ, ＋英 dí:mi-/ 名 ❶ デミウルゴス《グノーシス主義における宇宙創造主》 ❷ 《堅》支配者, 権力者

dem·o /démou/ 《口》名 (複 **～s** /-z/) C ❶ ＝demonstration ❶ ❷ U (機器・商品などの)展示, 実演 ❸ (機器・商品などの)見本 ; 〘楽〙(新曲の)デモ盤, 試聴テープ ; 💻見本ソフト ❹ 《D-》《米》＝democrat ❷
── 動 他 〔機器・商品など〕の展示[実演]を行う

demo- 連結形 「人々の ; 人口の」の意 ‖ *demo*cracy, *demo*graphy

de·mob /dì:mά(:)b | -mɔ́b/ 《口》 動 (**-mobbed** /-d/ ; **-mob·bing**) ＝demobilize ── 名 ＝demobilization

de·mo·bi·lize /dɪmóubəlàɪz/ 動 他 〔軍隊〕を解隊させる ; 〔兵〕を除隊[復員]させる **de·mò·bi·li·zá·tion** 名

:**de·moc·ra·cy** /dɪmά(:)krəsi | -mɔ́k-/ 《アクセント注意》
── 名 〔▶ democratic 形〕(複 **-cies** /-z/) U ❶ **民主主義**, 民主政治, 民主制 ‖ We share a belief in ～. 我々は民主主義に対する信念を共有している / **parliamentary** ～ 議会制民主主義 / **liberal** ～ 自由民主主義 / direct [representative] ～ 直接[代表]民主制
❷ C **民主 (主義) 国 (家)** ‖ When the king died, the country became a ～. 王が死んでその国は民主主義国になった ❸ 平等原理 ; 民主的運営
語源 *demo-* people＋*-cracy* rule : 民衆による統治

*__dem·o·crat__ /déməkræ̀t/ 《アクセント注意》 名 C ❶ 民主主義者 ; 民主主義擁護者 ❷ 《D-》《米》民主党員[支持者] (→ Republican)

:**dem·o·crat·ic** /dèməkrǽţɪk/ 《アクセント注意》 ⊲シ
── 形 〔◁ democracy 名〕(**more ～ ; most ～**)
❶ (国・政体が)**民主主義の**, 民主政治の ‖ a ～ government 民主政治 / a ～ country 民主国家
❷ (制度・手続きが)**民主的な**, (社会的に)平等な ‖ *Democratic* decision-making takes time. 物事を民主的に決めるには時間がかかる ❸ 大衆的な, 庶民的な ‖ a ～ art form 大衆的な芸術様式 ❹ 《D-》《比較なし》《米》民主党(員)の (→ Republican)
-i·cal·ly 副 民主的に ; 民主主義的に
▶▶ **Democrátic Pàrty** 名 《the ～》(米国の)民主党《共和党と並ぶ2大政党の1つ》(→ Republican Party)

de·moc·ra·tize /dɪmά(:)krətàɪz | -mɔ́k-/ 動 他 …を民主化する ── 自 民主化される, 民主的になる
de·mòc·ra·ti·zá·tion 名

dé·mo·dé /dèɪmoudéɪ | ⁼⁼⁼/ 形 《フランス》(＝out-of-date) 流行遅れの, 廃れた, 旧式の

de·mod·u·late /dì:mά(:)dʒəlèɪt | -mɔ́dju-/ 動 他 〘電子〙…を検波する, 復調する ── 自 💻変調信号から元の情報を取り出す **dè·mòd·u·lá·tion** 名

de·mod·u·la·tor /dì:mά(:)dʒəlèɪţər | -mɔ́djə-/ 名 C 💻復調器《変換されたデータを元の形式に変換し直す装置》

de·mo·graph·ic /dèməgrǽfɪk/ ⊲シ 形 人口統計学の[的な] ‖ ～ transition 人口統計的遷移《出生率や死亡率の主だった変化》 ── 名 C 《単数形で》(統計集団としての)世代人口 **-i·cal·ly** 副

de·mo·graph·ics /dèməgrǽfɪks/ 名 U 実態的人口統計

de·mog·ra·phy /dɪmά(:)grəfi | -mɔ́g-/ 名 U 人口統計学 **-pher** 名 C 人口統計学者

dem·oi·selle /dèmwɑ:zél/ 名 C ❶ 《古》《文》乙女 (damsel), 少女 ❷ (＝**～ cráne**) 〘鳥〙アネハヅル ❸ 〘虫〙ハグロトンボ

*__de·mol·ish__ /dɪmά(:)lɪʃ | -mɔ́l-/ 動 他 ❶ 〔建物など〕を取り壊す, (意図的に)破壊する (↘ break [OR knock, pull, smash] down) (⇨ IDEA メタファーの森) ‖ ～ the statues as idolatrous 彫像を偶像崇拝だとして破壊する ❷ 〔理論・議論など〕を覆す, 粉砕する ❸ 《口》〔対戦相手・敵〕を散々にやっつける, …に圧勝する ‖ The Giants ～*ed* the Braves 9-0. ジャイアンツはブレーブスに9対0で圧勝した ❹ 《口》…を食べ尽くす, 平らげる

dem·o·li·tion /dèməlíʃən/ 名 U ❶ 破壊, 取り壊し ; 爆破 ❷ (理論・計画などの)打破, 粉砕 ❸ C 《～s》(破壊工作用の)爆薬
▶▶ **～ dérby** 名 C 《米》ストックカー競技 (《英》stock-car racing) 《車をぶつけながらゴールを目指すカーレース》 **～ jób** 名 C 粉砕[壊滅]作戦 ‖ do a ～ *job* on ... …を徹底的にやっつける

*__de·mon__ /dí:mən/ 名 C ❶ 悪魔 (devil) ; 悪霊, 鬼 ❷ 悪魔のような人 ; 悪魔のような情念 ‖ the ～ of jealousy [hatred] 嫉妬(しっと)[憎悪]の鬼 ❸ 非凡な人, 鬼才 ; 精力的な人, …の鬼 (♦ しばしば名詞の前に置いて形容詞的にも用いる) ‖ He is a ～ for work.＝He is a ～ worker. 彼は仕事の鬼だ (♥ 賞賛の意味で使われる) ❹ ＝daemon
▶▶ **～ drínk** 名 《the ～》《英口》アルコール飲料

de·mo·ni·ac /dɪmóuniæ̀k/ 形 悪霊に取りつかれた ; 悪魔の(ような) ; 凶悪な ── 名 C 悪霊に取りつかれた人

de·mo·ni·a·cal /dì:mənáɪəkəl, -mou-/ ⊲シ 形 ＝demoniac

de·mon·ic /dɪmά(:)nɪk | -mɔ́n-/ 形 悪魔のような (demoniac) ; 超自然的な力を持つ

de·mon·ize /dí:mənàɪz/ 動 他 …を邪悪なものとして描く ; 悪魔(のよう)にする **dè·mon·i·zá·tion** 名

de·mon·ol·o·gy /dì:mənά(:)lədʒi | -ɔ́l-/ 名 U 悪魔研究, 魔神論, 鬼神論 **-gist** 名

*__de·mon·stra·ble__ /dɪmά(:)nstrəbl | -mɔ́n-, démən-/ 形 論証[証明]できる ; 明白な **-bly** 副

:**dem·on·strate** /démənstrèɪt/ 《アクセント注意》
中心義 はっきりとわかるように示す
── 動 〔▶ demonstration 名〕(**～s** /-s/ ; **-strat·ed** /-ɪd/ ; **-strat·ing**)
── 他 ❶ **論証[証明]する** **a** (＋目) …を論証する, 証明する ; (事物が) …を明らかに示す ‖ The figures **clearly** ～ a link between poverty and crime. その数字は貧困と犯罪との関係を明確に証明している
b (＋**that** 節 / **wh** 節) …ということ[…か]を証明する ‖ Columbus ～*d that* the earth is not flat. コロンブスは地球が平らでないことを証明した / Their task is to ～ *how* badly the river is polluted. 彼らの任務はその川がいかに汚染されているかを証明することだ
c (＋目＋**to be** 補) …を…だと証明する ‖ Garlic has been ～*d to be* effective against cancer. ニンニクが癌(がん)に効果的であることが証明されている
❷ **a** (＋目) (実物・実験などで) 〈…に〉…を**説明する**, 実演して見せる ; 〔商品〕を実物宣伝する 〈**to**〉 ‖ We will now ～ the use of life jackets (*to* you). (客室乗務員など

が)それでは(皆様に)救命胴衣の使い方をご説明いたします / ～ a new product 新製品を実物宣伝する
b 《+**wh** 節 / **wh to *do***》…かを説明する ‖ He ～*d how to* make soba. 彼はそばの打ち方を説明した
❸〔感情など〕を表に出す;〔能力など〕を示す ‖ ～ her skill as a chef 料理長としての彼女の腕前を披露する
━自 ❶ **デモをする**, 示威運動をする〈**for, in favor** [**support**] **of** …に賛成[支持]の; **against** …に反対の〉
❷ 実地説明[実演宣伝]をする

dem·on·stra·tion /dèmənstréɪʃən/
━名〔◁ demonstrate 動〕(複 **～s** /-z/) ❶ Ⓒ **デモ**(行進), 示威運動〈**against** …に反対の; **in favor** [**support**] **of, for** …に賛成[支持]の / **to *do*** …するための〉‖ They held [OR staged, ×made]「an anti-whaling ～ [OR a ～ *against* whaling]. 彼らは反捕鯨デモを行った / a student ～ *to* protest against an illegal arrest 不当逮捕に抗議する学生デモ
❷ Ⓤ Ⓒ **実演による説明**, 実演, 公開実験授業; (商品の)実物宣伝 ‖ I'll give you a ～ of how this printer works. このプリンターの操作を実際にご説明します / a ～ model (試乗車などの)見本展示品
❸ Ⓤ Ⓒ 実証, 証明; 証拠 ‖ the ～ of a theorem 定理の証明 ❹ Ⓒ (感情・技能などの)表出, 表明; 披露 ‖ a ～ of grief [affection] 悲しみ[愛情]の表出

de·mon·stra·tive /dɪmá(ː)nstrəṭɪv | -mɔ́n-/ 形 ❶ (人が) 感情を表に出す; (感情・態度などが) あらわな ‖ ～ behavior 感情をあらわにした態度 ❷ 証明する, 例証的な; (論理的に)決定的な ❸〘文法〙指示の ‖ a ～ pronoun 指示代名詞《this, that など》
━名 Ⓒ〘文法〙指示詞 **～·ly** 副 **～·ness** 名

dem·on·stra·tor /démənstrèɪṭər/ 名 Ⓒ ❶ デモ参加者;《～s》デモ隊 ❷ 実演者, (新製品などの)実演宣伝担当者; (研究室などの)実地教授者, (大学の)実験助手 ❸ (宣伝用の)実物見本, 展示品, 試乗車

de·mor·al·ize /dɪmɔ́(ː)rəlàɪz/ 動 他 ❶ …の士気をくじく(✎ take down) ❷ …を混乱させる, まごつかせる ❸ …の風紀を乱す
de·mòr·al·i·zá·tion 名 **-ìzed** 形 **-ìz·ing** 形

de·mote /dìːmóut/ 動 他 …を降格[左遷]する(↔ promote)(♦ しばしば受身形で用いる) **-mó·tion** 名

de·mot·ic /dɪmá(ː)ṭɪk | -mɔ́t-/ 形 名 Ⓤ ❶《堅》民衆の ❷ (古代エジプトの) 民用文字[デモティック] (の) (→ hieratic); 現代ギリシャ日常語(の)

de·mo·ti·vate /dìːmóuṭɪvèɪt/ 動 他〔人〕のやる気をなくさせる **dè·mo·ti·vá·tion** 名

de·mul·cent /dɪmʌ́lsənt/〘医〙形 痛みを鎮める
━名 Ⓒ Ⓤ 鎮痛剤

de·mur /dɪmə́ːr/ 動 (**-murred** /-d/; **-mur·ring**) 自 ❶ (多少穏やかに)異議を唱える, 反対する ❷《旧》〘法〙(相手方の申し立てに)法律効果不発生の抗弁をする, 妨訴抗弁をする ━名 Ⓤ《堅》異議(申し立て); 躊躇(ちゅうちょ) ‖ submit without ～ 異議を唱えずに服従する **～·ral** 名

de·mure /dɪmjúər/ 形 (特に女性が)控えめな, 内気な
～·ly 副 控えめに **～·ness** 名

de·mur·rage /dɪmə́ːrɪdʒ | -mʌ́r-/ 名 Ⓤ (契約期間を越えた)滞船; 滞船料; (運搬車などの)留置き料

de·mur·rer /dɪmə́ːrər/ (→ ❷) 名 Ⓒ ❶ 抗弁者 ❷ /dɪmə́ːrər | -mʌ́rə/《旧》〘法〙法律効果不発生抗弁, 妨訴抗弁《相手方の申し立てを認めたとしても法的効果は発生しないとする》; 異議

de·my /dɪmáɪ/ 名 (複 **-mies** /-z/) Ⓒ デマイ判紙《《英》では17.5×22.5インチ, 《米》では16×21インチ》

de·mys·ti·fy /dìːmístɪfàɪ/ 動 (**-fied** /-d/; **-fy·ing**) 他 …の神秘性を取り除く, …をわかりやすくする, 明らかにする
dè·mỳs·ti·fi·cá·tion 名

den /den/ 名 Ⓒ ❶ (野獣の) すみか, 巣, 穴 ‖ a lion's ～ ライオンの巣穴(あな) ❷ (隠れ場としての) ほら穴; むさ苦しい部屋[すみか]; (悪人たちの)隠れ家, 巣窟(そうくつ); 子供の秘密の遊び場所 ‖ a ～ of thieves 盗賊たちの隠れ家 / a ～ of iniquity《しばしば戯》悪の巣窟 ❸《米》(家族がくつろげる)居間;《英口》私室, 書斎 ❹《主に米》カブスカウト(Cub Scout)の班《通常8-10人ぐらい》 ━動 (**denned** /-d/; **den·ning**) 自 (野獣が)巣にすむ[隠れる]
▶▶ **～ mòther** 名 Ⓒ《主に米》(カブスカウトの分隊(den)の) 女性指導者 **dènning séason** [**área**] 名 Ⓒ (動物が冬眠のため)巣ごもりする季節[地域]

Den. 略 Denmark

de·nar·i·us /dɪnéəriəs/ 名 (複 **-nar·i·i** /-néəriaɪ/) Ⓒ ❶ (古代ローマの) デナリウス銀貨 ❷ (古代ローマの) 金貨《25 silver denarii に相当》(♦ 頭文字の d. は英国の penny の記号として使われた)

de·na·ry /díːnəri/ 形 10の, 10倍の; 10進(法)の

de·na·tion·al·ize /dìːnǽʃənəlàɪz/ 動 他 ❶〔企業など〕を民営化する ❷〔国〕から国家としての地位を奪う,〔人〕から国籍[国民性]を奪う **de·nà·tion·al·i·zá·tion** 名

de·nat·u·ral·ize /dìːnǽtʃərəlàɪz/ 動 他 ❶ …の本来の性質 [特性] を奪う; …を変性する ❷ …から市民権 [国籍]を奪う **de·nàt·u·ral·i·zá·tion** 名

de·na·ture /dìːnéɪtʃər/ 動 他 ❶ (化学的・物理的手段で)…の本来の性質を変える; (添加物で飲用に適さないように)〔アルコール〕を変性させる ‖ ～*d* alcohol 変性アルコール ❷ (核物質に分裂しないアイソトープを加えて)…から核兵器としての可能性を奪う **-tur·ant** 名 Ⓒ Ⓤ 変性剤

de·na·zi·fy /dìːnáːtsɪfàɪ, -nǽtsɪ-/ 動 (**-fied** /-d/; **～·ing**) 他 …を非ナチ化する **de·nà·zi·fi·cá·tion** 名

den·drite /déndraɪt/ 名 Ⓒ ❶〘解〙(神経細胞の)樹(枝)状突起 ❷ 模樹石《石灰岩などの割れ目にマンガンなど別の鉱石が樹枝状に付着したもの》 **den·drít·ic** 形

den·dro·chro·nol·o·gy /dèndroukrənɑ́(ː)lədʒi | -nɔ́l-/ 名 Ⓤ 年輪年代学

den·drol·o·gy /dendrá(ː)lədʒi | -drɔ́l-/ 名 Ⓤ 樹木学

den·gue /déŋgi/ 名 Ⓤ〘医〙デング熱

Deng Xiao·ping /dʌ̀ŋ ʃàupíŋ/ 名 鄧小平(とうしょうへい) (1904-97)《中国共産党の指導者》

de·ni·a·ble /dɪnáɪəbl/ 形 否認[拒否]できる **-bly** 副

***de·ni·al** /dɪnáɪəl/ 名〔◁ deny 動〕Ⓤ Ⓒ ❶ 否定, 否認〈**of** …の / **that** 節 …という〉‖ The spokesperson issued a ～ *of* the report. 広報官はその報道について否定した / His ～ *that* the money was a bribe was unconvincing. その金が賄賂(わいろ)でないという彼の言い分は信じられなかった / She smiled in ～. 彼女は笑ってそれを否定した / climate change ～ 気候変動 [地球温暖化] 懐疑論《温暖化に関する一般的な認識に対して異論を唱えること》❷ 拒否, 拒絶 ‖ give a flat ～ of ... …をきっぱりと拒絶する ❸ Ⓤ (教義・信仰などの)拒否, 拒絶; 否認;〘心〙否認《苦しい現実などを拒否する状態》‖ be in ～ 現実から逃避している ❹ Ⓤ 禁欲, 自制, 克己(こっき) (self-denial) ❺〘法〙(被告の)否認
▶▶ **～ of sèrvice** 名 Ⓤ Ⓒ 🖳 サービス妨害 [不能] 攻撃《大量のデータを送りつけるなどしてサイトへのアクセスを不能にすること. a denial-of-service(s) attack ともいう》

de·ni·er[1] /dɪnáɪər/ 名 Ⓒ 否定[否認]する人

de·nier[2] /dénjər | déniə/ 名 Ⓤ デニール《糸の太さを表す単位》

den·i·grate /dénɪgrèɪt/ 動 他 …を中傷する, けなす; …を過小評価する **dèn·i·grá·tion** 名

den·im /dénɪm/ 名 Ⓤ デニム《厚地の綿布》; Ⓒ《～s》デニムの衣服《ジーンズ・シャツ・ジャケットなど》

de·ni·tri·fy /dìːnáɪtrɪfàɪ/ 動 他〘化〙(バクテリアが)〔土・水・空気など〕から窒素(化合物)を除去する

den·i·zen /dénɪzən/ 名 Ⓒ ❶《堅》《戯》住民, 居住者 (inhabitant) ‖ the ～*s* of the deep 海の住人, 魚 ❷ (ある場所の)常連 ❸ 帰化動植物;《英》〘史〙(特別)帰化人

***Den·mark** /dénmɑːrk/ 名 デンマーク (デンマーク語名 Danmark)《北ヨーロッパの立憲王国. 公式名 the Kingdom of Denmark. 首都 Copenhagen》

D

de·nom·i·nate /dɪnɑ́(ː)mɪnèɪt | -nɔ́m-/ 動 他 ❶《堅》…を命名する, 称する ❷《受身形で》(ドル・ポンドなど)特定の通貨で表示される ‖ dollar-～*d* debts ドル建ての負債

de·nom·i·na·tion /dɪnɑ̀(ː)mɪnéɪʃən | -nɔ̀m-/ 名 ❶ Ⓒ 宗派, 教派 ‖ the Protestant ～*s* プロテスタント諸派 ❷ Ⓒ Ⓤ (度量衡・金銭などの)単位名称, 金種(きんしゅ), (債券などの)券種(❗日本語の「デノミ」(貨幣の呼称変更・単位の切り下げ) の意味はない. 単位の切り下げは devaluation) ‖ bills of small ～*s* 小額の紙幣 ❸ Ⓒ《堅》(特に種の)名称, 呼称 ❹ Ⓤ 命名 **～·al** 形 宗派の

de·nom·i·na·tor /dɪnɑ́(ː)mənèɪtər | -nɔ́m-/ 名 Ⓒ ❶【数】分母 (↔ numerator) ‖ a common ～ 公分母 / the least [OR lowest] common ～ 最小公分母 ❷ 共通の特徴; (好み・意見などの)基準

de·no·ta·tion /dìːnoutéɪʃən, -nə-/ 名 ❶ Ⓒ (言葉の)明示的意味(↔ connotation); Ⓤ【論】外延 ❷ Ⓤ 表示

de·no·ta·tive /díːnoutèɪtɪv | dɪnóutə-/ 形 ❶ 表示する ❷【論】外延の

***de·note** /dɪnóut/ 動 他 ❶ …の印である; …を示す ❷ …を(はっきりと)意味する(↔ connote)
～·ment 名 Ⓤ Ⓒ 表示 **-nót·ive** 形

de·noue·ment, dé- /dèɪnuːmɑ́(ː)n | -ˊ-ˊ-/ 名 Ⓒ ❶ (劇・小説などの)大団円 ❷ (事件などの)終局, 大詰め

***de·nounce** /dɪnáuns/ 動 〔▶ denunciation 名〕 他 ❶ …を〈…だと〉公然と非難する〈as〉(⇨ CRITICIZE 類語) ‖ He was ～*d as* a traitor. 彼は裏切者として弾劾された / ～ the government's policy 政府の政策を公然と非難する ❷ …を告発する, 訴える〈to …に; as …だと〉‖ He was ～*d as* a criminal *to* the police. 彼は犯人だとして警察に告発された ❸〔条約・協定など〕の終結［廃棄］を通告する **～·ment** 名 Ⓤ 公然の非難; 告発; 廃棄通告
語源 *de-* fully(十分に)＋*-nounce* tell: はっきり告げる

de no·vo /deɪ nóuvou/ 副《ラテン》(＝from that which is new)新たに; 改めて

***dense** /dens/ 形 〔▶ density 名〕 (**dens·er**; **dens·est**) ❶ (人・物が)密集した, 込んだ ‖ The ground was ～ with moss. 地面にはこけがびっしりと生えていた / a ～ crowd 大変な人込み / a ～ [*high] population 密度の高い人口 ❷ (びっしりと詰まって)通過が困難な; 見通しが悪い; (霧・雲などが)濃い(♦ コーヒーが濃い場合は strong, スープが濃い場合は thick を用いる. ⇨ THICK 類語P) ‖ a ～ forest うっそうとした森 / ～ glass (ほとんど光を通さない)濃いガラス / a ～ [*deep] fog (見通しのきかない)深い霧 ❸《口》頭の鈍い, のみ込みが悪い ❹ (文章などの論旨が複雑で)難解な ❺【理】密度の高い, 比重の大きい
～·ness 名

dense·ly /dénsli/ 副 密集して, 濃密に, ぎっしりと

***den·si·ty** /dénsəṭi/ 名 〔◁ dense 形〕 (複 **-ties** /-z/) Ⓤ Ⓒ ❶ 密集, 密度, 込み具合 ‖ Tokyo has a high population ～. 東京は人口密度が高い ❷ (霧などの) 濃さ ❸ Ⓤ (論旨などの)難解さ ❹【理】密度; 比重; 濃度 ❺ Ⓤ 💻 (記憶媒体などの)データ密度 ❻【写】(ネガの)濃度

dent /dent/ 名 Ⓒ (打ってできた表面の)へこみ, くぼみ
****màke** [OR **pùt**] **a dént*** ① 〈…を〉へこます〈in〉② 〈予算などを〉減少させる; 〈…を〉(消費して) 減らす〈in〉‖ You haven't *made a* ～ *in* your cake! ケーキをちっとも食べてないじゃないの ③ 〈問題・仕事などを〉解決し始める〈in〉④ 〈…に〉影響を与える〈on〉
─ 動 他 ❶ …をへこませる ❷ …に(逆の)影響を及ぼす
─ 自 へこむ; (くぎなどが)めり込む

dent. 略 dental, dentist, dentistry

***den·tal** /dénṭəl/ 形《限定》❶ 歯の; 歯科(用)の ‖ ～ care 歯の治療[手入れ] / ～ caries 虫歯(状態) ❷【音声】歯音の ‖ a ～ consonant 歯音 ─ 名 Ⓒ【音声】歯音(/t/, /d/, /θ/, /ð/ など) **～·ly** 副 歯科的に
語源 *den-* tooth(歯)＋*-al*(形容詞語尾)
▶▶ ～ **dám** 名 Ⓒ デンタルダム(歯科治療の際に歯をぬらさないために使われるゴム; オーラルセックスで性感染症予防のために使う薄いゴムシート) ～ **flóss** 名 Ⓤ【歯科】(歯の間のかすを取る)歯牙(しが)用糸, デンタルフロス ～ **hygíene** 名 Ⓤ 歯科衛生 ～ **hygíenist** 名 Ⓒ 歯科衛生士 ～ **núrse** 名 Ⓒ 歯科助手 ～ **pláque** 名 Ⓤ 歯垢(しこう) ～ **retàiner** 名 Ⓒ (歯列矯正後に用いる) 保定装置 ～ **súrgeon** 名 Ⓒ 歯科医 ～ **technícian** 名 Ⓒ 歯科技工士

den·tate /dénteɪt/ 形【動】歯のある; 【植】(葉の端が) 歯状の ▶▶ ～ **gỳrus** 名 Ⓒ【解】歯状回(海馬を構成する脳回の1つ)

den·ti·frice /dénṭəfrɪs | -tɪ-/ 名 Ⓤ 歯磨き(練り状・粉末状のものを含む)

den·tine /déntiːn/, **-tin** /-tɪn/ 名 Ⓤ (歯の)象牙(ぞうげ)質
den·tín·al 形

***den·tist** /dénṭəst | -tɪst/ 名 Ⓒ 歯科医, 歯医者 (→ doctor) ‖ I went to the ～('s). 歯医者に(治療に)行った

den·tis·try /dénṭɪstri/ 名 Ⓤ 歯学, 歯科医学

den·ti·tion /dentíʃən/ 名 Ⓤ Ⓒ ❶ (人・動物の) 歯の状態(その種類・数・歯列など) ❷ 歯生(歯の生える過程)

den·ture /déntʃər/ 名 Ⓒ ❶ (1本または複数の) 義歯 (false tooth) ❷《通例 ～s》一そろいの義歯, 総入れ歯

de·nu·cle·ar·ize /dìːnjúːkliəràɪz/ 動 他 …の核武装を解除[禁止]する **de·nù·cle·ar·i·zá·tion** 名

de·nude /dɪnjúːd/ 動 他 ❶ …を〈…から〉奪う〈of〉;《通例受身形で》裸になる ‖ The whole district was ～*d of* vegetation. その辺り一帯には草木が1本も残っていなかった ❷【地】…を風化浸食して(岩層などを)露出させる
dè·nu·dá·tion 名

de·nun·ci·a·tion /dɪnʌ̀nsiéɪʃən/ 名 〔◁ denounce 動〕 Ⓤ Ⓒ 公然の非難, 弾劾(だんがい), 告発
de·nún·ci·a·tò·ry /英 -ˊ----/ 形 非難を込めた

Den·ver /dénvər/ 名 デンバー(米国コロラド州の州都)
▶▶ ～ **bòot** 名 Ⓒ《米》(駐車違反車につける)車輪止め

⁑**de·ny** /dɪnáɪ/ 中心義 …を認めない
─ 動 〔▶ denial 名〕 (**-nies** /-z/; **-nied** /-d/; **～·ing**) 他
❶ **否定する a**《＋目》…を(真実でないと)否定する, 否認する; …を自分には関係ないと言う ‖ "Do you think I took the money?" "Yes, can you ～ it?" 「私がその金を受け取ったと思うの?」「ええ, 受け取っていないと否定できる?」/ They *denied* any role in the bullying. 彼らはいじめには一切加わらなかったと言った / ～ a charge 罪状を否認する / ～ his murder 彼を殺害したのは自分ではないと言う **b**《＋*doing* / (that) 節》…すること[…ということ]を否定する, …していない[…ではない]と言う ‖ He *denies* starting [*to start] the rumor. 彼はそのうわさを立てていないと言っている / She *denied* having ever touched the safe. 彼女はその金庫には触れていないと言った / There is no ～*ing* [OR It cannot be *denied*] *that* this is a serious problem. これが重大な問題であることは(だれにも)否定できない **c**《堅》(＋目＋**to be** 補) …が…であることを否定する ‖ He *denies* this *to be* the case. 彼はこれは事実ではないと言う
❷ **a**《＋目》〔要求など〕を**拒む** ‖ ～ a petitioner [her plea] 請願者[彼女の請願]に取り合わない **b**《＋目 *A*＋目 *B* ⇄ ＋目 *B*＋to 目 *A*》*A*(人)に*B*を拒む[与えない, 使わせない] ‖ He *denies* his daughter nothing. 彼は娘の言うことは何一つ拒まない / Hooligans were *denied* access to the stadium. フーリガンたちは競技場への立ち入りを拒否された
❸〔教義など〕を拒絶する, 認めない, 受け入れない ‖ ～ one's faith 信仰を拒む
deny onesèlf **(…)** (特に道義上・信仰上の理由で)(…を)自制する, 控える; 自分を犠牲にする ‖ ～ oneself pleasure 快楽を絶つ

COMMUNICATIVE EXPRESSIONS
1 **I'm nòt dénying that** you màde an éffort. あなたが努力したことを否定するつもりはありません(♥ 相手に同意を示しながらほかの論点を挙げて反論する際の前置き)

de·o·dar /dí:ədɑ̀:r, dí:ou-/ 名 C 〖植〗ヒマラヤスギ
de·o·dor·ant /di:óudərənt/ 名 U C 脱臭剤；(体臭を防ぐ)防臭剤 ―形 脱臭[防臭]効果のある
de·o·dor·ize /dióudəràɪz/ 動 他 …の不快な臭気を消す **-iz·er** 名 U C 脱臭剤, デオドライザー
De·o gra·ti·as /dèɪou grά:tiəs/ 間 《ラテン》(=thanks to God) 神に感謝を, ありがたいかな《略 D.G.》
de·on·tic /di(:)ά(:)nṭɪk | -ɔn-/ 形 〖言〗(語や句が) 義務を表す
de·órbit 動 他 自 (…を[が])軌道から外す[外れる]
De·o vo·len·te /dèɪou vəlénti/ 副 《ラテン》(=(if) God willing) 神の御心にかなえば；都合がつけば《略 D.V.》
de·ox·i·dize /dì:ά(:)ksɪdàɪz | -ɔ́k-/ 動 他 …の酸素を除く **de·òx·i·dá·tion, de·òx·i·di·zá·tion** 名
de·ox·y·gen·ate /dì:ά(:)ksɪdʒənèɪt | -ɔ́ks-/ 動 他 〖化〗…から(遊離)酸素を除く(deoxidize)
de·ox·y·ri·bo·nu·cle·ic ácid /diὰ(:)ksiràɪbounjuklì:ɪk- | dì:ɔks-/ 名 U =DNA
dep. 略 depart(s), departure；department；deposit；deputy
de·part /dɪpά:rt/ 動 〔▶ departure 名〕 自 ❶ (人・乗り物が)出発する〈**from** …から；**for** …に向けて〉(↔ arrive) ‖ Our train ~*s from* Tokyo at 9 and arrives at Sendai at 11. 我々の乗る列車は9時に東京を出て, 11時に仙台に着きます / They ~*ed for* Paris on time. 彼らは時間どおりにパリに向けて出発した
❷ 《+**from** 名》〔常道・習慣など〕から外れる, それる, …に反する；〔仕事など〕を辞める ‖ *Departing from* his usual practice, the Prime Minister spoke informally with the press. 首相は慣例に反して記者団と非公式に会見した / ~ *from* custom 慣習に反する / ~ *from* the truth 真実に反する / ~ *from* a job 仕事を辞める
―他 ❶ …を去る, 出発する ‖ We ~*ed* his house. 我々は彼の家を後にした / ~ this life 《堅》《婉曲的》この世を去る, 死ぬ ❷ 《米》〔仕事など〕を辞める
de·párt·ed /-ɪd/ 形 《限定》 ❶ 立ち去った；過ぎ去った, 過去の ❷ 《堅》《文》死んだ；《the ~ で名詞的に》死者(たち) (⇨ DEAD 類語)

de·part·ment /dɪpά:rtmənt/

―名 (複 **~s** /-s/) ❶ C 《集合的に》《単数・複数扱い》(企業などの組織の)**部門**, 部, 課；(大学・学部の)科, 学部；(デパートなどの) 売場 《略 dept.》 ‖ I hope to be assigned to the advertising ~. 宣伝課に配属されたらいいのにと思う / the head of the ~ 課[部]長 / the education [physics] ~ 教育[物理]学科 / The toy ~ is on the fifth floor. おもちゃ売り場は5階です
❷ C 《通例 D-》(米国政府・英国政府の)省(♦ 米国の省の「長官」は secretary. 日本の「省」は Ministry)；(英国政府・米国地方公共団体などの) 局 ‖ the *Department* of State [Defense] (米国の) 国務省[国防総省] / the *Department* for Transport (英国の) 運輸省 / the *Department* of Homeland Security (米国の) 本土安全保障省《2001年9月11日の同時多発テロ後に既存の20以上の省庁を統合して新設》

> **語法** ☆☆ ❶, ❷について, 《米》では通例単数扱い. 《英》では全体を一つの組織と見る場合単数扱い, 個々の成員に重点を置く場合複数扱い.

❸ 《one's ~》《口》(自分にかかわり[責任]のある)領域, 担当分野 ‖ In our house, mowing the lawn is our son's ~. 我が家では芝刈りは息子の担当だ
❹ C (フランスの)行政区, 県
▸▸ **~ stòre** (↓)
de·part·ment·al /dì:pɑ:rtménṭəl/ 〈シ〉 形 (各) 部門(ごと)の, (各)部[課](ごと)の
~·ìze 動 他 …を部門別に分ける **~·ly** 副
depártment stòre 名 C デパート, 百貨店(❗英語では単に depart とはいわない) (⇨ STORE 類語P) ‖ go shopping at [×to] a ~ デパートに買い物に行く
de·par·ture /dɪpά:rtʃər/ 名 〔◁ depart 動〕 ❶ C U 出発；(列車の)発車, 出発列車；(飛行機の)出発便〈**from** …からの；**for** …へ向けての〉(↔ arrival) ‖ Please check in 20 minutes before ~ (time). ご出発(時刻)の20分前までにチェックインしてください / make [OR take] one's ~ *for* Italy イタリアに向けて出発する / airline arrivals and ~*s* 航空機の発着便 / a ~ platform 発車ホーム ❷ C U 〈…からの〉退任, 退場, 離脱〈**from**〉‖ his ~ *from* the post そのポストからの彼の退任 ❸ C (行動・考え・方針などの)新機軸, 新出発 ‖ a new ~ for the store 店にとっての新方針 ❹ C 〈常軌・慣習からの〉逸脱, 離脱〈**from**〉‖ a ~ *from* convention 慣習からの逸脱 ❺ U 〖海〗東西距離《船の出発点からの真東[真西]への距離》
▸▸ **~ lòunge** 名 C (空港などの) 出発ロビー **~s bòard** 名 C (空港・駅などの)出発時刻掲示板

de·pend /dɪpénd/

中心義 頼る
―動 〔▶ dependence 名, dependent 形〕 (**~s** /-z/；**~·ed** /-ɪd/；**~·ing**)
―自 ❶ **当てにする** (♦ しばしば can [could] とともに用いる) (⇨ RELY 類語) **a** 《+**on** [**upon**] 名》…を当てにする, 信頼する；〈金・援助などを〉…に頼る, 依存する〈**for**〉‖ You can always ~ *on* me [my support]. いつでも私[私の援助]を当てにしていい / Paul is a man to be ~*ed on*. ポールは頼りになる男だ(♦ depend on が他動詞のように扱われて受身形になっている) / She ~*s on* part-time jobs *for* most of her income. 彼女は収入のほとんどをアルバイトに頼っている
b 《+**on** [**upon**] 名+**to** *do* / *doing*》…が…するのを当てにする ‖ I can't ~ *on* him 「*to* come [OR coming] on time. (≒I can't ~ *on* his coming on time.) 彼が時間どおりに来ることは当てにできない
c 《+**on** [**upon**]+**it**+**that** 節》…ということを当てにする (♦ ×depend that ... や ×depend on [upon] that ... とはいわない) ‖ You can ~ *upon it that* we will be on your side. 私たちはあなたの味方だと思ってくれていい
❷ 《進行形不可・受身形不可》 **a** 《+**on** [**upon**] 名》…**次第である**, …による ‖ Promotion ~*s on* your job performance. 昇進は君の働きぶり次第だ / The game may be put off ~*ing on* the weather. 試合は天候次第で延期されるかもしれない
b 《+**on** [**upon**]+**wh** 節》…次第である ‖ Your success ~*s on how* hard you study. 君の成功は君がどれだけ一生懸命勉強するかにかかっている / Everything ~*s on what* she does next. すべては彼女の次の行動次第だ / It ~*s* (*on*) *whether* [×if] everyone approves the plan. それは全員がその計画を承認するかどうかにかかっている(♦《口》では, 特に it や that が主語の場合 on [upon] が省略されることが多い. さらに, 主語の it が省略されることもある. 〈例〉Depends how you do it. 君がどのようにそれをするかによる)
❸ 〖文法〗〈…に〉従属する〈**on, upon**〉
❹ 《古》《文》〈…から〉垂れ下がる〈**from**〉
depénding on ... 《前置詞として》…によって, …に従って (according to) ‖ Price varies ~*ing on* size and weight. 値段はサイズと重さによって変わります

COMMUNICATIVE EXPRESSIONS

1 "Can we gèt thère on tíme?" "**Thàt** [OR **It**] (**àll**) **depénds.**" 「時間どおりに向こうへ着けるかなあ」「状況次第だね」(♥ 明確な判断を避ける表現. 後に on 「(the) circumstances [the case] が省略されたもので, 「それは事情[条件]次第だ, 時と場合による」の意)
2 Shé'll be hère. (**You can**) **depénd on** [OR **upon**] **it**. 彼女は来るよ. 大丈夫[信じていいよ](♥「きっと, 必ず」の意. 文頭または文尾につける)

語源 *de-* from + *-pend* hang(かかる)

***de·pend·a·ble** /dɪpéndəbl/ 形 頼りになる, 信頼できる
de·pènd·a·bíl·i·ty 名 **-bly** 副

de·pend·ant /dɪpéndənt/ 名《英》=dependent

***de·pend·ence** /dɪpéndəns/ 名〔◁ depend 動〕U ❶ (生活・援助などを)〈…に〉頼ること, 依存; 従属〈**on, upon**〉(↔ independence) ‖ She shows too much ～ *on* her parents. 彼女は両親に頼りすぎている / their ～ *on* foreign aid 他国の援助への彼らの依存 ❷ (薬物・アルコールなどへの)依存(状態), 常用 ‖ drug [alcohol] ～ 薬物[アルコール]依存(症) ❸〈条件などに〉よること, 依存〈**on, upon**〉‖ the ～ of farmers *upon* the weather 農家(の仕事)の天候への依存

***de·pend·en·cy** /dɪpéndənsi/ 名 (複 **-cies** /-z/) ❶ C 従属物, 付属物; 属国, 属領 ❷ U 依存, 従属

***de·pend·ent** /dɪpéndənt/ 形〔◁ depend 動〕(**more ～; most ～**) ❶〈…に〉頼っている, 依存している〈**on, upon**〉(↔ independent) ‖ That village is ～ *on* the airplane for delivery of their basic supplies. その村は生活必需品の配達を飛行機に依存している / ～ children 扶養すべき子供たち / an oil-～ country 石油(の輸出)に依存している国 ❷〈薬物・アルコールに〉依存している〈**on**〉‖ people ～ *on* alcohol アルコール依存症の人々 ❸《+on [upon] 名》《叙述》…によって決まる, …次第の(♦ depend on より《堅》) ‖ The effect of the drug is highly ～ *on* how you take it. その薬の効果は服用の仕方で大きく左右される ❹〖文法〗従属の(subordinate)
── 名 C 扶養家族; 他人に頼って暮らす人
～·ly 副 ほかに頼って, 従属的に ▸▸**～ cláuse** 名 C〖文法〗従(属)節 **～ váriable** 名 C〖数〗従属変数

de·per·son·al·ize /dìːpə́ːrsənəlàɪz/ 動 他 …の個性を奪う;〖心〗…に自我感[現実感]を失わせる
dè·pèr·son·al·i·zá·tion 名

***de·pict** /dɪpíkt/ 動 他 **a** 《+目》(絵・彫刻などで)…を〈…と〉描く, (言葉で)〈…と〉表す, 描写する〈**as**〉‖ This novel ～*s* war *as* heroic. この小説は戦争を英雄的なものとして描いている **b** 《+目+*doing*》…が…しているところを描く
-píc·tion 名 U C 描写, 叙述

dep·i·late /dépɪlèɪt/ 動 他〔皮膚〕から毛を抜き取る, 脱毛する **dèp·i·lá·tion** 名 U 脱毛(すること)

dep·i·la·tor /dépɪlèɪṭər/ 名 C 脱毛器

de·pil·a·to·ry /dɪpílətɔ̀ːri | -təri/ 形《限定》脱毛用の(効果のある) ── 名 (複 **-ries** /-z/) C U 脱毛剤

de·plane /dìːpléɪn/ 動 自《米・カナダ》飛行機から降りる

***de·plete** /dɪplíːt/ 動 他《通例受身形で》…を減らす; …を使い果たす; 空にする; …から〈…を〉枯渇させる〈**of**〉‖ The stock of wheat is severely ～*d*. 小麦の備蓄減少は深刻だ / Last year's poor harvest ～*d* the stocks *of* rice. 昨年の不作で米の蓄えが枯渇した / ～ a lake *of* fish 湖から魚を捕り尽くす
▸▸**～d uránium** 名 U 劣化[核抜き]ウラン ‖ ～*d uranium* munition 劣化ウラン弾

***de·ple·tion** /dɪplíːʃən/ 名 U 減少; 枯渇; 消耗 ‖ ozone ～ オゾン減少

de·plor·a·ble /dɪplɔ́ːrəbl/ 形 ❶ 嘆かわしい; 悲しむべき ❷ (質的に)全くひどい[悪い]

de·plor·a·bly /dɪplɔ́ːrəbli/ 副 ❶ 嘆かわしいほどに(ひどく) ❷《文修飾》嘆かわしいことに(は)

***de·plore** /dɪplɔ́ːr/ 動 他《進行形不可》❶ (よくないこととして)…を非難する; …に反対である; …を嘆かわしく思う(♦ 人を目的語とはしない) ‖ I ～ people's indifference to politics. 政治に対する人々の無関心を嘆かわしく思う / His attitude is to be ～*d*. 彼の態度は非難されるべきだ ❷〔人の死など〕を嘆き悲しむ, 悼む

***de·ploy** /dɪplɔ́ɪ/ 動 他 ❶〖軍〗〔軍隊〕を戦闘配置に就かせる, 展開[散開]させる;〔兵器など〕を配置する; (一般に)〔人〕を配置する ‖ ～ ground troops 地上軍を配備する ❷〔議論など〕を展開する;〔人材・資金など〕を有効に使う ‖ ～ one's skills 持っている技能を生かす
── 自〖軍〗戦闘配置に就く, 展開[散開]する

***de·ploy·ment** /dɪplɔ́ɪmənt/ 名 C U (部隊などの)配置, 展開; (人材・資金などの)運用

de·po·lar·ize /dìːpóʊləràɪz/ 動 他 ❶〖理〗…の極性[磁気]をなくす ❷〔偏見など〕を解消させる;〖光〗〔光線など〕の片寄りをなくす **dè·pò·lar·i·zá·tion** 名

de·po·lit·i·cize /dìːpəlíṭɪsàɪz/ 動 他 …から政治色を取り去る **dè·po·lìt·i·ci·zá·tion** 名

de·po·nent /dɪpóʊnənt/ 名 C ❶〖法〗(宣誓した)証人 ❷〖ギリシャ語・ラテン語文法〗異態動詞《意味は能動態で形は受動態(ギリシャ語ではさらに中間態)のもの》
── 形〖文法〗(ギリシャ語・ラテン語で)(動詞が)異態の

de·pop·u·late /diːpá(ː)pjulèɪt | -pɔ́p-/ 動 他《通例受身形で》(戦争・病などで)人口が激減する ── 自 人口が激減する **de·pòp·u·lá·tion** 名 U 人口激減

de·port[1] /dɪpɔ́ːrt/ 動 他〔外国人〕を国外に追放する; …を流刑にする

de·port[2] /dɪpɔ́ːrt/ 動 他《～ oneself で》《堅》(…のように)振る舞う ‖ ～ oneself like a king 王侯然と振る舞う

de·por·ta·tion /dìːpɔːrtéɪʃən/ 名 U C (好ましからざる外国人の)(強制)国外追放

de·por·tee /dìːpɔːrtíː/ 名 C 被国外追放者

de·port·ment /dɪpɔ́ːrtmənt/ 名 U《主に英》(洗練された)振る舞い, 物腰;《主に米》態度, マナー

de·pose /dɪpóʊz/ 動 他 ❶ …を(権力の座から)退ける ❷〈…と〉(宣誓)証言する〈**that** 節〉❸《米》〖法〗〔証言者〕を尋問する ── 自 (宣誓)証言する

***de·pos·it** /dɪpá(ː)zət | -pɔ́zɪt/ 名 C ❶《通例単数形で》〈…の〉内金, 手付金, 頭金; 保証金, 敷金〈**on**〉‖「put down [OR pay, leave] a ～ of $10,000 *on* the house その家の頭金として1万ドル払う ❷ (銀行への)預金(額) ‖「an ordinary [a time] ～ 普通[定期]預金 (♦ 預金口座は account) / pull one's ～ out of the bank = take [OR draw] out a ～ 預金を下ろす / have [make] a ～ in a bank 銀行に預金がある[をする] / on ～ 預金してある ❸《英》(選挙の)供託金 ‖ lose one's ～ (得票が足りずに)供託金を没収される ❹ (鉄鉱・石炭・天然ガスなどの)鉱床, 埋蔵物[量] ‖ coal ～*s* 炭層 / rich ～*s* of natural gas 天然ガスの豊富な埋蔵量 ❺ 沈積(物), 沈殿(物), 埋積(物); (ワインなどの)おり ❻ U (電気めっきによる)金属被覆
── 動 (**～s** /-s/; **～·ed** /-ɪd/; **～·ing**) 他 ❶ …を(…に)置く, 下ろす, 置いておく(♦ 通例場所を表す 副句 を伴う) ‖ ～ magazines on the table 雑誌をテーブルに置く ❷ …を堆積(たいせき)させる, 沈殿させる ‖ A great amount of mud was ～*ed* at the mouth of the river. 大量の泥が河口に堆積した ❸〔金・貴重品〕を〈銀行などに〉預ける, 預金する〈**in**〉(➘ put in); (安全のために)…を〈人に〉預ける〈**with**〉‖ ～ 30,000 yen *in* one's bank account 銀行口座に3万円を預金する / ～ valuables *in* the hotel safe ホテルの金庫に貴重品を預ける / ～ papers *with* one's lawyer 書類を弁護士に預ける ❹ …を内金[頭金, 保証金]として払う ‖ ～ $1,000 on the car 車の頭金として1,000ドル払う ❺ (昆虫・魚・鳥が)〔卵〕を産みつける ❻ (自動販売機などに)〔硬貨〕を入れる
▸▸**～ accóunt** 名 C ① 預金口座 (《米》savings account) ②《主に英》通知預金(口座)《引き出すにはふつう7日前の通知が必要》**～ slìp** 名 C《米》預金入金票(《英》paying-in slip)

de·pos·i·tar·y /dɪpá(ː)zətèri | -pɔ́zɪtəri/ 名 (複 **-tar·ies** /-z/) C ❶ 預かり人, 受託者 ❷ =depository ❶

dep·o·si·tion /dèpəzíʃən/ 名 ❶ U (高官などの)罷免; (王の)廃位 ❷ U 宣誓証言(すること) ❸ C 証言記録書; 寄託物 ❹《the D-》〖美〗キリスト降架(の絵[彫刻]) ❺ U 堆積(作用)

de·pos·i·tor /dɪpá(ː)zəṭər | -pɔ́zɪ-/ 名 C 預金者, 寄託者

de·pos·i·to·ry /dɪpá(:)zətɔ̀:ri | -pɔ́zɪtəri/ 名 (複 **-ries** /-z/) C ❶ 貯蔵所, 保管場所, 倉庫 ❷ 預かり人, 受託者

de·pot /déprou/ 《発音注意》(→ ❶) 名 C ❶ /dí:pou | dép-/ 《米・カナダ》(鉄道・バスの)駅, 停車場, 発着所 ❷ 倉庫 ❸ 〖軍〗物資集積所, 兵站(へいたん)部; 補充兵員駐屯地; 連隊本部

de·prave /dɪpréɪv/ 動 他 …を悪化させる; …を堕落させる **dè·pra·vá·tion** 名 U 腐敗, 堕落

de·praved /dɪpréɪvd/ 形 邪悪な; 堕落した; 異常な, 倒錯した

de·prav·i·ty /dɪprǽvəṭi/ 名 (複 **-ties** /-z/) U 堕落; 邪悪; C 不行跡, 悪行

dep·re·cate /déprəkèɪt/ 動 他 …に不賛成を唱える, …を非難する **-càt·ing** 形 ① 非難がましい ② すまなそうな **-càt·ing·ly** 副 **dèp·re·cá·tion** 名 U 反対, 不賛成

dep·re·ca·to·ry /déprəkətɔ̀:ri | -kèɪtəri/, **-tive** /-tɪv/ 形 ❶ 非難の, 反対の ❷ 弁解がましい

de·pre·ci·ate /dɪprí:ʃièɪt/ 動 他 ❶ (事が)…の価値を低下させる, 市場価格を下げる (↔ appreciate); 〔資産〕を減価償却にする ❷ …を見くびる, けなす, さげすむ ‖ Nobody can ～ your efforts. だれも君の努力を見くびることはできない
—自 価値が低下する ‖ The euro continued to ～ against the yen. ユーロは円に対して下落を続けた
-ci·a·to·ry 形 減価する, 下落傾向の; 見くびる, 軽視する

de·pre·ci·a·tion /dɪprì:ʃiéɪʃən/ 名 U ❶ (老朽・損耗などによる)価値の低下; (貨幣の)購買力低下 (↔ appreciation) ‖ currency ～ 通貨の下落 [切り下げ] ❷ 〖商〗減価償却 ❸ 軽視, 見くびり

dep·re·da·tion /dèprədéɪʃən/ 名 C 《通例 ～s》略奪行為

de·press /dɪprés/ 動 〔▶ depression 名〕 他 ❶ 〔人〕を意気消沈させる, 憂うつにする(⤳ get down) ‖ The news ～*ed* me terribly. = I was terribly ～*ed* by [OR at] the news. その知らせにひどくがっかりした / It ～*es* me to think that I'll have to live in this small house. この小さい家に住まなければならないと考えると気がめいる ❷ …の活力を弱める; 〔市場〕を不振にする, 〔相場〕を下げる ‖ ～ the economy 経済を落ち込ませる ❸ …を(押し)下げる ‖ *Depress* this lever in an emergency. 非常のときはこのレバーを下ろしなさい
-prés·si·ble 形

de·pres·sant /dɪprésənt/ 形 ❶ 〖医〗鎮静効果のある ❷ 意気消沈させる —名 C U 〖医〗鎮静剤

de·pressed /dɪprést/ 形 (**more ～; most ～**) ❶ 〈…で〉元気のない, ふさぎ込んだ〈**about, at, by**〉(⇨ SAD 類語) ‖ He was very ～ *about* his blunder. 彼は自分がへまをしたことでとても落ち込んでいた ❷ 〖医〗うつ病の, うつ状態の ❸ 不景気の; (経済的・社会的に)抑圧された ‖ a ～ area (失業にあえぐ)不況地域 ❹ 抑制された, (通常より)抑えられた ‖ ～ appetite 食欲不振

de·press·ing /dɪprésɪŋ/ 形 気のめいる(ような), 憂うつな, 重苦しい ‖ ～ weather [news] いやな天気[ニュース]
～·ly 副 重苦しく, 陰気に, 気がめいるほど

de·pres·sion /dɪpréʃən/
—名 〔◁ depress 動〕(複 **～s** /-z/) ❶ U C **意気消沈**, 憂うつ, ふさぎ ‖ fall into a deep [OR severe] ～ 大いにふさぎ込む ❷ U 〖心〗抑うつ状態, うつ病 ‖ suffer from (clinical) ～ うつ病にかかる ❸ C U **不景気**, 不況, 不振; 不況期(♦「一時的な景気後退」の recession に対し, depression は落ち込みがもっと深刻な「不景気」) ‖ during the (Great) *Depression* (1930年代の)大恐慌中に ❹ C くぼみ, くぼ地 ❺ C 〖気象〗低気圧 ❻ U (活力・活動などの)減退, 衰弱; 〖医〗機能低下 ❼ U 押し下げ(ること); 低下, 下落 ❽ C 〖天・測〗(水平)俯角(ふかく)

de·pres·sive /dɪprésɪv/ 形 ❶ 低下させる ❷ 憂うつな; 〖心〗うつ病の —名 C 〖心〗うつ病患者

de·pres·sor /dɪprésər/ 名 C ❶ 抑圧者[物], 抑制物[剤] ❷ 〖解〗下制筋; (= ～ mùscle) 抑制筋; (= ～ nèrve) 減圧神経 ❸ 〖医〗舌圧子

de·pres·sur·ize /dì:préʃəràɪz/ 動 他 …を減圧する —自 減圧する **de·près·sur·i·zá·tion** 名

dep·ri·va·tion /dèprɪvéɪʃən, dì:prə-, dì:praɪ-/ 名 U C ❶ (権利などの)剥奪 ❷ 《古》(特に聖職からの)罷免 ❸ 喪失, 損失; (必要なものの)欠如, 欠乏, 貧困

de·prive /dɪpráɪv/ 動 他 《+目+of 名》〔人・物〕から…を奪う, 剥奪する; …に…を与えない (⇨ ROB 類語) ‖ The civil war ～*d* thousands of youths *of* educational opportunities. 内戦のために何千人もの若者が教育の機会を奪われた / He was ～*d of* his rights. 彼は権利を剥奪された / ～ oneself *of* ... 自ら…を絶つ, 手放す

de·prived /dɪpráɪvd/ 形 (生活・文化面で)恵まれない, 不足した(♥ poor の婉曲語) ‖ a ～ area 恵まれない地域

de pro·fun·dis /dèɪ proufúndi:s | -prə-/ 副 名 C 《ラテン》(= out of the depth) (悲嘆・絶望の)どん底から(の叫び)

de·pro·gram /dì:próugræm/ 動 他 〔カルト教団の信者など〕を強く説得して信仰を捨てさせる

dept. 略 department; deputy

depth /depθ/
—名 〔◁ deep 形〕(複 **～s** /-s/) ❶ U C **深さ**, 深度; **奥行き** ‖ What [×How] is the ～ of the well? その井戸の深さはどのくらいですか (= How deep is the well?) / The snow is ten inches in ～. 雪は深さ10インチある / at a ～ of 100 feet 100フィートの深さの所に[で]
❷ U (性格などの)深み; (感情などの)深さ, 強さ; (情況・問題などの)重大さ, 複雑さ, 深刻さ ‖ feel the ～ of her sympathy 彼女の同情の深さを感じる
❸ U (知識・理解力などの)深さ, 及ぶ範囲; 聡明, 洞察力 ‖ the ～ of his knowledge 彼の知識の深さ / a book of great ～ 洞察力に満ちた本
❹ U (色の)濃さ, 強さ; (音の)低さ
❺ C 《通例 the ～s》**深い所**, 深海; 奥まった所, 奥地; 深み ‖ in the ～*s* of the ocean 深海に / hidden ～*s* (人の)隠れた素質; (物事の)ひと目ではわからない側面
❻ C 《通例 the ～s》(絶望などの)どん底 ‖ The widow is in the ～*s* of despair [sadness]. その未亡人は絶望[悲しみ]のどん底にいる ❼ C 《the ～s》(冬・夜・不況などの) 真っ最中, たけなわ; 真っただ中 ‖ in the ～*s* of winter 冬のさなかに ❽ C 《通例 ～s》(道徳的な)低さ ❾ U (スポーツチームの)層の厚さ ❿ U 〖写〗深度; 立体感
in dépth あらゆる面にわたって[た]; 徹底的に[な]
*「**òut of** [OR **beyònd**] **one's dépth**」* ① 背の立たない水中で ② 理解できない, 力に余った ‖ I felt totally *out of* my ～ when they started discussing astronomy. 彼らが天文学の議論を始めると私にはさっぱり理解できなかった
plùmb the [OR ***nèw***] ***dépths*** (***of ...***) ① (絶望などの)どん底に達する ‖ *plumb new* ～*s of* unpopularity 不人気の極みに達する ② (…の)奥深い真実を探る ③ (人が)(悲しみ・孤独などを)経験する
sìnk to the dépths (道徳的に)堕落する
▶▶ **～ chàrge** [**bòmb**] 名 C (対潜用の)水中爆雷 **～ of fíeld** 名 U 〖写真〗被写界深度《ピントが合っているとみなせる被写体の前後の領域》 **～ of fócus** 名 U 〖写真〗焦点深度《ピントが合っているとみなせる光軸上の領域》

dep·u·ta·tion /dèpjutéɪʃən/ 名 C 《集合的に》《単数・複数扱い》代表団

de·pute /dɪpjú:t/ 動 他 《堅》❶ …を代理人に任命する ❷ 〔人〕に〈職権・任務などを行うよう〉委任する〈**to do**〉

dep·u·tize /dépjutàɪz/ 動 自 〈人の〉代理を務める; (臨時の)代役をする〈**for**〉 —他 《米》…を代理人に任命する

dep·u·ty /dépjuṭi/ 名 (複 **-ties** /-z/) C ❶ 代理人, 代行; 代表者 ‖ act as his ～ = act as (a) ～ for him 彼の代理を務める ❷ 副官, 補佐 ❸ (= ～ **shériff**) 《米》保安官代理 ❹ (イタリア・フランスなどの)下院議員, 代議士

D

❺《形容詞的に》代理の(acting), 副…, …代理 ‖ a ～ chairman 副会長[議長] / a ～ secretary《米》(連邦各省の)副長官 / a ～ mayor 副市長, 助役
by députy 代理で(by proxy)
⏩～ **lieuténant** 名 C (英国の)州副知事

de·rac·in·ate /dɪrǽsənèɪt/ 動 他 ❶ …を根元から引き抜く, 根こそぎにする(uproot); …を根絶する ❷〔人〕を(快適な環境から)引き離す

de·rail /dɪréɪl/ 動 他《通例受身形で》(列車が)脱線する
—自 脱線する **～·ment** 名 U 脱線; C 脱線事故

de·rail·leur /dɪréɪljər/ 名 C (自転車の)変速装置

de·range /dɪréɪndʒ/ 動 他 ❶《通例受身形で》(人が)錯乱する ❷ …を混乱させる; …の機能(など)を狂わす

de·ranged /dɪréɪndʒd/ 形 錯乱した

deránge·ment /-mənt/ 名 U C 錯乱, 混乱

Der·by /dɑ́ːrbi | dɑ́ː-/ 名 (複 **-bies** /-z/) ❶《the ～》ダービー競馬《1780年以来, London 近くの Epsom Downs で年1回開催される3歳馬によるレース》; ダービーに類する競馬《《米》では特に Kentucky Derby》 ❷《d-》C (だれでも参加できる)競技, レース; 《英》ダービーマッチ《同一地域の2チームによる対戦》 ❸《d-》C《米・カナダ》山高帽子(《英》bowler)

derby ❸

⏩～ **Dày** 名 ダービー競馬開催日《5月最後または6月最初の水曜日》

Der·by·shire /dɑ́ːrbiʃər | dɑ́ː-/ 名 ダービーシャー《イングランド中北部の州. 州都 Matlock /mǽtlɑ̀(ː)k | -lɔ̀k/》

de·ref·er·ence /dìːréfərəns/ 動 他 💻(参照記号を用いて)〔データなど〕を読み出す

de·reg·u·late /dìːrégjulèɪt/ 動 他 …の規制緩和をする, …を自由化する ‖ ～ economy 経済を自由化する

de·reg·u·la·tion /diːrègjuléɪʃən | dìː-/ 名 U 規制撤廃, 緩和

der·e·lict /dérəlɪkt/ 形 ❶ 遺棄された, 見捨てられた, 荒廃した ❷《主に米》義務を怠る, 怠慢な —名 C ❶《堅》(世間から)見捨てられた人, ホームレス ❷ 遺棄物, 遺棄船

der·e·lic·tion /dèrəlíkʃən/ 名 U ❶ 遺棄(された状態) ❷ (意図的な)怠慢; 欠陥 ‖ ～ of duty 職務怠慢

de·re·strict /dìːrɪstríkt/ 動 他 …の制限を解除する

de·ride /dɪráɪd/ 動 他 …を嘲笑(ちょうしょう)する, ばかにする

de ri·gueur /də rɪgə́ːr/ 形《叙述》《堅》儀礼[時代の風潮]上必要で ‖ Evening dress is ～. 必ずイブニングドレス着用のこと(♦フランス語より)

de·ri·sion /dɪríʒən/ 名 U 嘲笑, 愚弄(ぐろう)

de·ri·sive /dɪráɪsɪv/ 形 嘲笑する; ばかにした **～·ly** 副

de·ri·so·ry /dɪráɪsəri/ 形 =derisive

deriv. 略 derivation, derivative

der·i·va·tion /dèrɪvéɪʃən/ 名〔◁ derive 動〕U ❶ 由来, 起源; U C 語源 ❷ C 派生物, 派生語(derivative) ❸〖数〗(定理の)展開

de·riv·a·tive /dɪrívət̬ɪv/ 形〔◁ derive 動〕(ほかから)引き出された; 派生的な
—名 C ❶ 派生物;〖言〗派生語;〖化〗誘導体;〖数〗導関数, 微分係数(♦ differential coefficient ともいう) ❷《しばしば ～s》金融派生商品, デリバティブ

***de·rive** /dɪráɪv/ 動〔▶ derivation 名, derivative 形〕他《+目+from 名》❶ …から…を得る, 引き出す ‖ I ～ great satisfaction *from* swimming. 水泳に大いに満足している ❷ …から…を推理によって引き出す, 推論する ‖ ～ a conclusion *from* several facts いくつかの事実から判断して結論を得る ❸《受身形で》(語などが)…に由来する ‖ The expression is ～*d from* a Chinese legend. その表現は中国の故事に由来する ❹〖化〗〔化合物〕を…から誘導する;〖数〗〔関数〕を誘導する —自《+from 名》…に由来する, …から出ている ‖ The word "karaoke" ～*s from* Japanese. 「カラオケ」という言葉は日本語に由来する

-rív·a·ble 形

derm /dəːrm/, **der·ma** /dɑ́ːrmə/ 名 =dermis

der·ma·ti·tis /dəːrmətáɪt̬əs | -tɪs/ 名 U 皮膚炎

dermato- 連結形「皮」の意(♦母音の前では dermat- を用いる) ‖ *dermato*logy, *dermat*itis

der·ma·tol·o·gy /dəːrmətɑ́(ː)lədʒi | -tɔ́l-/ 名 U 皮膚病学 **-to·lóg·i·cal** 形 **-gist** 名 C 皮膚科専門医

der·mis /dɑ́ːrmɪs/ 名 U〖解〗皮膚; 真皮

der·nier cri /dəːrnieɪ kríː/ 名《フランス》(=last cry)《the ～, le ～》最新流行(♦ le は the に相当するフランス語の定冠詞)

der·o·gate /dérəgèɪt/ 動 自《堅》❶ (価値・権利などを)損なう, 減じる ❷ (…から)逸脱する —他 …をけなす
dèr·o·gá·tion 名 ① C (法律・義務からの)免除 ② U 軽蔑, 中傷

de·rog·a·to·ry /dɪrɑ́(ː)gətɔ̀ːri | -rɔ́gətəri/ 形 さげすむような, 軽蔑的な **de·rò·ga·tó·ri·ly** /英 ‐‐‐‐‐‐‐/ 副

der·rick /dérɪk/ 名 C ❶ デリック起重機 ❷ (油井の)やぐら

der·ri·ere, -ère /dèriéər | ‐‐‐/ 名 C《口》《婉曲的》尻(しり), 臀部(でんぶ)(buttocks)

der·ring-do /dèrɪŋdúː/ 名 U《旧》《戯》大胆な行動; 剛勇 ‖ deeds [OR acts] of ～ 果敢な行動

der·rin·ger /dérɪndʒər/ 名 C デリンジャー《銃身の短い小型のピストル》(♦発明者 Henry Derringer より)

derringer

der·ris /dérɪs/ 名 C〖植〗デリス《マメ科の植物》; U デリス殺虫剤《デリスの根から作られる》

der·vish /dɑ́ːrvɪʃ/ 名 C (イスラム教の)修道僧《激しい踊りや祈禱(きとう)で儀式を行う》

DES 略 💻 *D*ata *E*ncryption *S*tandard 情報暗号化体系《現在では triple DES などが使われている》

de·sal·i·nate /dìːsǽlɪnèɪt/ 動 =desalt

de·sàl·i·ná·tion 名 U 脱塩, 淡水化 **-nà·tor** 名

de·sal·i·nize /dìːsǽlɪnàɪz/ 動《米》=desalt
dè·sàl·i·ni·zá·tion 名

de·salt /dìːsɔ́(ː)lt/ 動 他〔海水〕を脱塩する

de·scale /dìːskéɪl/ 動 他〔ボイラーの内部など〕から湯あかを取り除く

des·cant /déskænt/(→ 動) 名 ❶ U C〖楽〗単純な旋律に随唱される声部 ❷ C 解説, 論説, 批評
—動 /dɪskǽnt/ 自《文》(賞賛して)長々と論評する
⏩～ **recórder** 名 C《英》〖楽〗ソプラノリコーダー(《米》soprano recorder)

Des·cartes /deɪkɑ́ːrt | ‐‐/ 名 **René ～** デカルト(1596–1650)《フランスの哲学者》(→ Cartesian)

***de·scend** /dɪsénd/ 動〔▶ descent 名〕自 ❶ 降りる, 下降する, 下る; (天体が)沈む(↷ go [OR come] down)〈**from** …から; **to, into** …へ〉(↔ ascend) ‖ The airplane slowly ～*ed*. 飛行機はゆっくりと下降した / ～ *from* heaven 天から降りて来る / ～*ing* letters〖印〗ディセンダー(p や q など, 一部が並び線より下に出る活字) ❷ (下方に)傾斜する, 傾斜して〈…に〉至る〈**to**〉‖ The path ～*s* steeply *to* the river. 小道は川に向かって急な下り坂になっている ❸ (霧・闇(やみ)・雰囲気などが)〈…に〉広がる; (夜のとばりが)下りる〈**on, upon**〉‖ A silence ～*ed on* [OR *upon*] the whole town. 町全体に静けさが訪れた ❹ (遺産などが)受け継がれる; (性質などが)遺伝する; 由来する〈**to** …に; **from** …から〉‖ The estate ～*ed to* his three daughters. 財産は彼の3人の娘に受け継がれた / This custom ～*s from* the old days. この習慣は古くからある ❺〈…(する)まで〉身を落とす, 落ちぶれる〈**to**〉; 〈悪い状態に〉陥る〈**into**〉‖ I wouldn't ～ *to* stealing. 私は盗みをするほどまで身を落としたりはしない ❻ (程度・価値などが)下がる;〖楽〗(音階が)下降する
—他 ❶ …を降りる, 下る(↔ ascend) ‖ ～ the stairs

階段を下りる / ～ a river 川を下る ❷《受身形で》〈…の〉血筋である, 系統を引く；〈…に〉由来する〈**from**〉‖ He is ～*ed from* the Stuarts. 彼はスチュアート王家の血を引いている

descénd on [OR ***upon***] ***...*** 〈他〉①(予告なく集団で)…を訪れる ‖ All my friends from college ～*ed on* me. 大学時代の友達がみんなで押しかけてきた ② …を急に攻撃する ③ ⇨ 自 ❸

語源 *de-* down＋*-scend* climb(はうように進む)：はい降りる

▶▶ **～ing òrder** 名 U 降順 (↔ ascending order) ‖ The documents are sorted in ～*ing order* of importance. 書類は重要なものから順に分類されている

de·scend·ant /dɪséndənt/ 名 C 子孫, 末裔(まつえい) (↔ ancestor)；(原型・始祖などに)由来するもの, 起源を持つもの；改良品 ‖ a direct ～ of the Tokugawas 徳川家直系の子孫 ── 形 ＝descendent

de·scend·ent /dɪséndənt/ 形 ❶ 下降の[する] ❷ 先祖伝来の

de·scent /dɪsént/ (♦ 同音語 dissent) 名 〔◁ descend 動〕 ❶ C《通例単数形で》降りること, 下降(↔ ascent) ‖ The aircraft has begun its ～. 飛行機は下降態勢に入っている ❷ C 下り坂, 下り傾斜[勾配(こうばい)] ‖ climb down a steep ～ 急斜面を降りる ❸ C《単数形で》〈…への〉低下, 下落, 零落, 堕落〈**to, into**〉‖ his ～ *into* alcoholism 彼のアルコール依存症への転落 ❹ U 血統, 家系；系統, 系譜 ‖ He is of Polish ～. 彼はポーランド系だ / by ～ 生まれは[家系は] / in direct ～ from ... …の直系で ❺ U《法》(財産・爵位などの)相続, 世襲 ❻ C《単数形で》〈…への〉急襲, 突然の侵入；不意の訪問〈**on, upon**〉

de·scram·ble /dìːskrǽmbl/ 動 他 〔暗号〕を解読する；…からスクランブル信号を除く

-bler 名 C (テレビなどの)スクランブル信号除去機

de·scribe /dɪskráɪb/

── 動 〔▶ description 名, descriptive 形〕(**～s** /-z/；**～d** /-d/；**-scrib·ing**)

── 他 ❶ **特徴を述べる a** 《＋目》…(の特徴)を述べる, 記述する, 説明する；…を(言葉で)描写する, 表現する ‖ Can you ～ your missing dog in more detail? 君の行方不明の犬の特徴をもっと詳しく説明してくれませんか / **as** 「**previously** ～*d* [OR ～*d* **above**] (正式な文書で) 前に[すでに]述べたように / ～ a scene 場面を描写する

b 《＋*doing*》…した様子を述べる ‖ He ～*d* finding the stolen painting. 彼は盗まれた絵を発見したときの様子を説明した

c 《＋wh 節》…かを述べる ‖ *Describe how* the man was dressed. その男がどんな服を着ていたか説明しなさい

語法 ☆☆ (1)「彼にその場面を説明する」は describe the scene to him で, 2つの目的語をとる ˣdescribe him the scene の形は不可.
(2) ❶ c のように間接疑問文を目的語としてとるが that 節 はとらない.

❷《＋目＋as 名・形》…を…だと言う[分類する, 評する] ‖ Would you ～ yours *as* being a happy marriage? ご自分の結婚を幸せだと言えますか

❸《堅》〔図形〕を描く；〔輪郭〕を描いて動く ‖ The plane ～*d* a wide circle in the sky. 飛行機は空中に大きな円を描いて飛行した ❹ …を絵に描く, 絵で表現する

-scríb·a·ble 形 言葉で表せる

語源 *de-* down＋*-scribe* write：書き留める

de·scrip·tion /dɪskrípʃən/

── 名 〔◁ describe 動〕(複 **～s** /-z/) ❶ C U **説明**, 叙述, 記述；**描写** (法) ‖ **Giving** a verbal ～ **of** your feelings helps you to know yourself. 感情を言葉で表現すると自分を知る手助けになる / **give** a **detailed** [brief] ～ **of** [ˣabout, ˣon] ... …を詳細に[簡潔に]説明する (＝describe ... 「in detail [briefly])

❷ C **説明書**；人相書き ‖ He **fits** [OR **answers to**] the ～ of the wanted man. 彼は手配中の男の人相書きにぴったりだ / a **job** ～ 職務記述書

❸ C **種類**, たぐい, 銘柄 ‖ There is no food of any ～. 食物と名のつくものは一つもない / bicycles of 「every ～ [OR all ～*s*] あらゆる種類の自転車

bèggar [OR ***defỳ***] ***descríption*** 筆舌に尽くし難い

beyònd [OR ***pàst***] ***descríption*** 言葉では言い表せないほどの(♥ よい意味にも悪い意味にも使い, 感嘆・驚き・恐れなどを表す)

de·scrip·tive /dɪskríptɪv/ 形 〔◁ describe 動〕〈…を〉描写した, 記述的な〈**of**〉；《文法》記述的な (↔ prescriptive) ‖ ～ linguistics 記述言語学 **～·ly** 副

de·scrip·tor /dɪskríptər/ 名 C 🖳記述子《情報の格納・検索に使う語(句)や英数字》

de·scry /dɪskráɪ/ 動 (**-scried** /-d/) 他 (♦ 進行形はまれ)《文》〔遠くのものなど〕を目に留める, 認める **-scrí·er** 名

des·e·crate /désɪkrèɪt/ 動 他 …の神聖を汚す, …を冒瀆(ぼうとく)する **dès·e·crá·tion** 名 **-crà·tor** 名

de·seg·re·gate /dìːségrɪgèɪt/ 動 他 〔職場・学校など〕の人種差別を撤廃する **de·sèg·re·gá·tion** 名

de·se·lect /dìːsəlékt/ 動 他 ❶《米》…を訓練から解除する[外す]；《英》〔現職議員〕を次回選挙で公認しない ❷🖳 …の選択を解除する, …しないようにする

de·sen·si·tize /dìːsénsətàɪz/ 動 他 〔アレルギー性の人〕の敏感性を減ずる；〔人〕の感受性を鈍化させる；〔フィルム〕の感光度を下げる **de·sèn·si·ti·zá·tion** 名 C U《医》脱感作《抗原の投与を徐々に増やして敏感性を軽減すること》

de·sert[1] /dézərt/ 《アクセント注意》名 ❶ C U 砂漠, 荒れ野；不毛の地 ‖ a large area of ～ 広大な砂漠地帯 / the Gobi *Desert* ゴビ砂漠 ❷ C (心・生活を潤すもののない)不毛の地；(荒涼とした…に囲まれた)砂漠 ‖ a cultural ～ 文化不毛の地 / a concrete ～ コンクリート砂漠

── 形《限定》❶ 砂漠の(ような)；砂漠で育つ ‖ a ～ animal 砂漠の動物 ❷ 人の住まない

▶▶ **～ bòot** 名 C デザートブーツ《スエード革のくるぶしまでのブーツ》 **～ cámouflage** [OR **cámo**] 名 U 形 砂漠迷彩(の) **～ ísland** 名 C (通例熱帯地方の) 無人島 **～-island bóoks** 無人島物語《社会からの孤立を理想として描くものもあればその逆もある》 **Dèsert Stórm sỳndrome** 名 U ＝Gulf War syndrome

de·sert[2] /dɪzə́ːrt/ 《アクセント注意》(♦ 同音語 dessert)

中心義 あるべき所を離れる

── 動 〔▶ desertion 名〕(**～s** /-s/；**～·ed** /-ɪd/；**～·ing**)

── 他 ❶〔人〕を**見捨てる**, 置き去りにする；〔場所〕を見捨てて無人にする；〔支持している組織・商品〕を見限る(♦ しばしば受身形で用いる) (⇨ ABANDON 類語) ‖ Gauguin ～*ed* his family and went to Tahiti. ゴーギャンは家族を捨ててタヒチへ行った / The village has been ～*ed* by the farmers. 村から農民たちが去り, だれもいなくなった / The brand was ～*ed* by consumers due to reports of unsanitary storage practices. そのブランドは不衛生な貯蔵実態が明らかになったため消費者から見限られた

❷〔職務・部署〕を許可なく離れる；〔軍隊〕を脱走する ‖ ～ one's post 部署を捨てる ❸ (力・自信などが) (いざというときに) …からなくなる ‖ Suddenly his courage ～*ed* him. 突然彼は勇気をなくした

── 自 〈職務・部署を〉離れる；〈軍隊を〉脱走する〈**from**〉

de·sert[3] /dɪzə́ːrt/ (♦ 同音語 dessert) 名 〔◁ deserve 動〕 C《通例 ～s》功績；応分の賞罰

gèt [OR ***recèive***] ***one's jùst desérts*** (通例悪い行いに対する)当然の報いを受ける

de·sert·ed /dɪzə́ːrtɪd/ 形 見捨てられた；人のいなくなった[住まなくなった], さびれた

de·sert·er /dɪzə́ːrtər/ 名 C 脱走兵；職場放棄者；遺棄者

de·sert·i·fi·ca·tion /dɪzə̀ːrtəfɪkéɪʃən | -zəːtɪ-/ 名 U《生態》(地域の)砂漠化

de·ser·tion /dɪzə́ːrʃən/ 名 〔◁ desert[2] 動〕 C U (見)

捨てること[られること]，遺棄；職場放棄，(軍隊からの)脱走；〚法〛(配偶者・被扶養者などの)遺棄

:de·serve /dɪzɔ́ːrv/ 《発音注意》

—動 〔▶ desert³ 名〕(**~s** /-z/；**~d** /-d/；**-serv·ing**)

—他 《進行形不可》**値する** **a** 《+目》…(を受ける)に値する，…をもらって当然である ‖ That movie truly *~s* the Oscar. あの映画はアカデミー賞をとるだけのことはある / What have I done to ~ all this? こんなひどい目に遭うなんて，一体私が何をしたというのか / ~ **attention** 注目に値する / get what one *~s* (自分がしたことの)当然の報いを受ける **b** 《+**to** ***do***》…するに値する，…して当然である ‖ You ~ *to* win since you practiced so hard. あれだけ一生懸命練習したのだから勝って当然だ **c** 《+***doing*** / **to be *done***》…されるに値する，…されて当然だ (♦ *doing* は受身の意味となる．また，受身形の動名詞も使われる) ‖ The suggestion *~s* considering [OR *being* considered, *to be* considered]. その提案は検討の価値がある

—自 (…に) ふさわしい，値する ‖ After all she did to raise them, she *~s* better from her children. あんなに一生懸命育てたのだから，彼女は子供たちからもっとよくされていいはずだ

desèrve wéll* [*íll*] *of ... 〔人・団体〕から賞[罰]を受けるに値する；厚遇[冷遇]されて当然である

de·served /dɪzɔ́ːrvd/ 形 相応の，しかるべき，当然の

de·serv·ed·ly /dɪzɔ́ːrvɪdli/ 副 当然(ながら)，正当に

***de·serv·ing** /dɪzɔ́ːrvɪŋ/ 形 ❶《叙述》〈…に〉値する〈**of**〉 ❷ 経済的援助(など)を受けてしかるべき ‖ the ~ poor 援助されてしかるべき貧困者 **~·ly** 副

de·sex /dìːséks/ 動 他 去勢する，…から性的能力[特徴]を奪う；…を中性化する

dés·ha·billé /dèzəbíːeɪ/ 名 =dishabille

des·ic·cant /désɪkənt/ 名 U C 乾燥剤

—形 乾燥力のある

des·ic·cate /désɪkèɪt/ 動 他 ❶ …を乾燥させる，〔食品〕を乾燥保存する ❷〔人〕から活力を奪う **—自** 乾燥する，干上がる **dès·ic·cá·tion** 名 U 乾燥(作用)

des·ic·cat·ed /désɪkèɪṭɪd/ 形 ❶ (食物が)乾燥した，焙(ほう)じた，水気の全くない ❷ 活力のない，活気のない

de·sid·er·a·tum /dɪzìdəráːṭəm/ 名 (複 **-ta** /-ṭə/) C ぜひ必要な[欲しい]もの

:de·sign /dɪzáɪn/ 名 動

—名 (複 **~s** /-z/) ❶ U (服飾・装飾品などの) **デザイン**，(建築物・工業品などの)**設計**，意匠(技術)；(芸術作品の)構想 ‖ This furniture is based on a highly original ~. この家具は斬新なデザインを基に作られている / The hotel is of Victorian ~. そのホテルはビクトリア朝風の設計である / interior ~ インテリアデザイン

❷ C 〈…の〉**設計図**，見取り図，図案〈**for**〉‖ a ~ *for* a kitchen 台所の設計図

❸ C **図柄**，模様 ‖ a ~ on a curtain カーテンの模様 / floral *~s* 花柄

❹ C **計画**，陰謀；U 目的，**意図** (⇨ PLAN 類語) ‖ Is there some ~ in choosing me as leader? 私をリーダーに選ぶなんて何かたくらみでもあるのだろうか

by desígn わざと，故意に ‖ not by accident but *by* ~ 偶然ではなく意図[計画]的に

hàve desígns on* [OR *upon*] *... ①〔物〕を奪おうと下心を抱く ‖ *have ~s on* her property 彼女の財産をねらう ②〔人〕に対して性的な下心を持つ

—動 (**~s** /-z/；**~ed** /-d/；**~·ing**)

—他 ❶ **a** 《+目》…を**デザイン[設計]する** ‖ She *~ed* her own wedding dress. 彼女は自分の婚礼衣装を自身でデザインした / ~ a machine [building] 機械[建物]を設計する **b** 《+目 *A*+目 *B*⇄+目 *B*+**for** 目 *A*》*A* (人) のために*B*を設計する ‖ I hear Calvin Klein *~ed* her that outfit. =I hear Calvin Klein *~ed* that outfit *for* her. あの服はカルバン＝クラインが彼女のためにデザインしたそうだ

❷ 《通例受身形で》(特定の目的のために)**企画[設定]されている**，作られている〈**for** …のために；**as** …として / **to *do*** …するために〉‖ This course is *~ed to* help young mothers. このコースは若い母親を手助けする目的で開講されている / a meal *~ed* specially *for* diabetics 糖尿病患者のための特別な献立

❸ **a** 《+目》…を(体系的に)計画[立案]する，もくろむ；〔言い訳など〕をでっち上げる ‖ ~ a new curriculum 新しい教育課程を作成する / ~ an excuse 言い訳をでっち上げる **b** 《+**to** ***do***》…することを意図する，志す ‖ ~ *to* be a doctor 医者になろうと志す

—自 ❶〈…のために〉デザイン[設計]する，デザイナーの仕事をする〈**for**〉 ❷ 計画する，もくろむ

語源 *de-* down+sign(印をつける)

***des·ig·nate** /dézɪgnèɪt/ (→ 形) 動 他 ❶ 《+目+補〈(**as, for**) 名〉》…を〔特別の用途〕に指定[選定]する(♦ しばしば受身形で用いる) ‖ The government *~d* the kabuki actor (*as*) a living national treasure. 政府はその歌舞伎役者を人間国宝に指定した / This entrance is *~d for* use by those with (physical) disabilities. この入口は身障者用に指定されている

❷ 《+目+ 補〈(**as**) 名〉》…を…と呼ぶ，称する ‖ The latter half of the 20th century is often *~d as* the Information Age. 20世紀の後半はよく情報の時代といわれる ❸ **a** 《+目+ 補〈(**as**) 名〉》〔人〕を…に任命[指名]する ‖ ~ him (*as*) the chairperson 彼を議長に指名する **b** 《+目+**to *do***》〔人〕に…するように指示する ‖ ~ her *to* do the work 彼女にその仕事をするよう指示する

❹ …を示す；…を意味する ‖ Crosses ~ churches on the map. 十字の印は地図上で教会を示す

—形 /dézɪgnət, -nèɪt/ 《名詞の後で》指名された(が未就任の) ‖ an ambassador ~ 任命されたがまだ未就任の大使 / Defense Secretary ~ (米国の)次期国防長官

▶▶ **~d dríver** 名 C 《口》指定ドライバー《パーティーなどに出かける際に，飲酒しない約束で運転手を務める人》 **~d hítter** 名 C〚野球〛指名打者《略 DH》

des·ig·na·tion /dèzɪgnéɪʃən/ 名 U ❶ (官職への) 任命 ❷ C 名称，称号

:de·sign·er /dɪzáɪnər/

—名 (複 **~s** /-z/) C **デザイナー**，設計者，考案者 ‖ a fashion [graphic] ~ 服飾[グラフィック]デザイナー

—形 《限定》❶ デザイナーブランドの，有名デザイナーの名[商標]入りの ‖ ~ jeans デザイナージーンズ

❷ 今はやりの，おしゃれを目的とした

▶▶ **~ báby** 名 C 試験管ベビー(♦ 主にマスコミで用いられる語) **~ drùg** 名 C〚薬〛①《主に米》既存の薬品の化学構造を少し変えた新薬 ② 合成麻薬《麻薬と同様の効果を生むように合成した脱法ドラッグ》 **~ stùbble** 名 U 《口》《戯》(おしゃれとしての)無精ひげ

de·sign·ing /dɪzáɪnɪŋ/ 形 《限定》腹黒い，計画的な

***de·sir·a·ble** /dɪzáɪərəbl/ 形 (**more ~**；**most ~**)望ましい，手に入れたくなる(↔ undesirable)；性的魅力のある ‖ It is most ~ that he attend [《主に英》should attend] the meeting. =It is most ~ for him to attend the meeting. 彼が会に出席することが最も望ましい / a small but highly ~ house 小さいが手に入れたくなるような家 / He is ~ in every way. 彼はどこをとっても(結婚・交際相手として)申し分ない(♥ 性的魅力も含まれる)

—名 C 望ましい人[もの]；性的魅力のある人

de·sìr·a·bíl·i·ty 名 **~·ness** 名 **-bly** 副

:de·sire /dɪzáɪər/

—動 〔▶ desirous 形〕(**~s** /-z/；**~d** /-d/；**-sir·ing**)《進行形不可》 他 ❶ **強く望む** (⇨ WANT 類語) **a** 《+目》…を強く望む，求める，欲しがる ‖ Everyone *~s* love. だれもが愛を求めている / Add more sugar if *~d*. お好みで砂糖を足してください (♦ 説明文中での表現) / the *~d* effect 期待どおりの効果 **b** 《+**to** ***do***》…することを希望

する，願望する ‖ She ～*s to* become a nurse. 彼女は看護師になることを強く望んでいる **c** 《+**that** 節》…ということを望む ‖ My parents ～ *that* I take [《主に英》should take] over their business. 両親は私が家業を継ぐよう望んでいる **d** 《+目+**to** *do*》〔人〕に…してほしいと願う ‖ I ～ my employees *to* be respectful. 従業員たちに礼儀正しくしてほしいと願っています
❷ …と性的関係を望む，…に欲情を抱く ‖ He no longer ～*d* women. 彼はもはや女性と関係を持ちたいと思わなかった ❸ 《古》〔人〕に請う[頼む，懇請する]

lèave nòthing [***mùch, a lòt***] ***to be desíred*** 申し分ない[不満な点が多い] ‖ Your performance *leaves much to be* ～*d*. 君の働きぶりはもっと何とかならないのか

—名 (複 **～s** /-z/) ❶ U C **欲望**，**欲求**，願望〈**for** …への / **to** *do* …したいという / **that** 節 …という〉(⇨ 類語) ‖ She **had** a strong [OR burning] ～ *for* success in life. 彼女は強い出世願望を抱いていた / The ～ *to* be accepted is common to all of us. 他人に受け入れてもらいたいという願望はだれにもみなある / **express** a ～ *to* stop smoking 禁煙したいと表明する
❷ U C 《堅》(正式な)依頼，要望(request) ‖ at the ～ of Her Majesty 女王陛下のご希望により ❸ C 《通例単数形で》《通例 one's ～》《堅》(人の)望んでいること[もの，人] ‖ At last I got my heart's ～. ついに念願のものを手に入れた ❹ C U 性欲 ‖ sexual ～ 性的欲望

類語 《名 ❶》 **desire** 欲望を表す一般的な語.
craving 抑え難い強い欲望；渇望.
lust 強くて好ましくない欲望. また，色欲.
longing 今は手が届かなくてもいつか手に入れることができるかもしれないものに対する強い願望；熱望.
yearning (あこがれ，いとおしさ，切なさなどのこもる)ひたすらな思い；切望.

de·sir·ous /dɪzáɪərəs/ 形 〔◁ desire 動〕《叙述》《堅》望んで，欲して〈**of** …を；**of** *doing* …したいと / **that** 節…であることを〉‖ She is ～ *of* [× for] (living) a simple life. 彼女は質素に暮らすことを願っている / The committee is ～ *that* he select [《主に英》should select] a suitable successor. 委員会は彼が適切な後継者を選ぶことを願っている

de·sist /dɪzíst/ 動 自 やめる〈**from** …を；**from** *doing* …するのを〉(↘ cut out)

⁝**desk** /desk/

—名 (複 **～s** /-s/) C ❶ (事務用・勉強用の) **机** ‖ The manager is [OR is sitting] **at** his [OR the] ～. 部長は仕事[執務]中です / She's away from her ～, perhaps out to lunch. 彼女は席を離れています，たぶん昼食をとりに出かけているんだと思います
❷ (ホテル・空港・病院などの) **受付**，フロント，カウンター ‖ I'll ask at the **front** [《英》**reception**] ～. フロントで尋ねてみよう (❗ 単に front とするのは誤り) / an information ～ 受付，案内係 / a cash ～ 《英》レジ，帳場
❸ (行政機関などの)…部局，課，係；(新聞社・テレビ局などの)編集部，デスク ‖ the news ～ ニュースデスク[編集部] / the sports [arts] ～ スポーツ[学芸]記事編集部 / the city ～ (米国の)ローカル記事編集部；(英国の)経済記事編集部 / a copy ～ 編集デスク《印刷に回す原稿をチェックする係》/ the foreign ～ 外信部
❹ 〖楽〗譜面[楽譜]台；(オーケストラで譜面台を共用する2名分の)弦楽器奏者席，プルト ❺ 《形容詞的に》机で行う，事務の；卓上用の ‖ a ～ sergeant 内勤の巡査部長 / a ～ dictionary 机上版の辞書 / a ～ lamp 卓上ランプ
▸▸ **～ clèrk** 名 C 《米・カナダ》(ホテルの)受付係 **～ dìning** 名 U =desktop dining **～ jòb** 名 C 机に向かってする仕事，事務系の仕事

désk·bòund 形 デスクワークの；机に縛られた

de·skill /dìːskíl/ 動 他 …を(自動化により)単純作業化する；…に単純作業をさせる

***désk·tòp** 形 《限定》(パソコンなどが)机の上に置いて使う，デスクトップ(型)の(→ laptop, palmtop)
—名 C ❶ (=～ **compúter**) 💻デスクトップ型パソコン ❷ 💻デスクトップ《Windows などの基本表示画面. パソコンの画面を作業をする机の上に見立てることから》
▸▸ **～ dìner** 名 C デスクトップダイニングをする人 **～ dìning** 名 U デスクトップダイニング《勤務机に向かいながら食事をとること》 **～ públishing** 名 U デスクトップパブリッシング《パソコンによる卓上出版・編集. 略 DTP》

Des Moines /də mɔ́ɪn/ 名 デ=モイン《米国アイオワ州の州都》

***des·o·late** /désələt/(→ 動) 形 ❶ (土地などが)荒廃した，さびれた，人気(ひけ)のない；不毛の ‖ a ～ landscape 荒涼たる風景 ❷ 孤独な，寂しい，わびしい，惨めな；(雰囲気などが) 陰うつな ‖ feel ～ わびしい思いをする / ～ prospects 暗い見通し **—**動 /désəlèɪt/ 他 ❶ 〔土地など〕を荒廃させる，人も住めなくする ❷ 《通例受身形で》わびしく感じる ‖ He was absolutely ～*d* by her sudden departure. 彼女に突然去られて彼はどうしようもなくわびしかった
～·ly /-lətli/ 副 **～·ness** /-lətnəs/ 名 **-làt·er, -là·tor** 名
語源 *de-* (強意) +*-sol-* alone+*-ate* (動詞・形容詞語尾)：たった1人にしておく

des·o·la·tion /dèsəléɪʃən/ 名 U ❶ 荒廃させること；荒涼とした状態，荒廃 ❷ 惨めさ；孤独

***de·spair** /dɪspéər/ 名 ❶ U 絶望，失望 ‖ To my ～, nobody cared. だれ一人気にかけるものがいないのにはがっかりした / He spent a lifetime searching for the treasure, but finally gave up in ～. 彼はこれまで宝を探し続けてきたがついに絶望してあきらめた / The loss of her family fortune drove her to the depths of ～. 一家の財産を失って彼女は絶望のどん底に落とされた / out of ～ 絶望のあまり ❷ 《the ～》絶望させるもの；救いようのないもの ‖ He was the ～ of his parents. 彼には両親もさじを投げた
—動 〔▶ desperate 形〕 自 絶望する〈**of** …に；**of** *doing* …するのに〉‖ They ～*ed of* their leader. 彼らは自分たちの指導者に絶望した / The sailors ～*ed of* being rescued. 船員たちは救出される望みを捨てた

de·spair·ing /dɪspéərɪŋ/ 形 絶望的な，やけになった (⇨ HOPELESS 類語) **～·ly** 副

des·patch /dɪspǽtʃ/ 動 名 =dispatch

des·per·a·do /dèspərɑ́ːdoʊ/ 名 (複 **～s**, **～es** /-z/) C 《旧》(特に19世紀米国西部の)命知らずの無法者

⁝**des·per·ate** /désp*ə*rət/
—形 〔◁ despair 動〕(**more ～**；**most ～**)
❶ **絶望的な**；望みのない，見込みのない (⇨ HOPELESS 類語) ‖ a ～ look 絶望的な表情 / a ～ illness 治る見込みのない病気，重病
❷ (状況などが)**ひどい**，深刻な；(程度などが)極度の，はなはだしい ‖ a ～ shortage of doctors 深刻な医者不足 / **in ～ need of …** …がどうしても必要で
❸ 《叙述》(人が)〈…を〉欲しくてたまらない〈**for**〉，〈…したくて〉たまらない〈**to** *do*〉；〈…が…してくれるのを〉強く望んで〈**for … to** *do*〉‖ I've been laid off for several months, and am ～ *for* any job. 解雇されて数か月たつので，どんな仕事でもいいから欲しい / I'm ～ *to* meet my keypal. メール友達に会いたくてたまらない / We were ～ *for* the doctor *to* relieve her pain. 私たちは医者が彼女の痛みを和らげてくれることを切に願った
❹ **必死の**，死に物狂いの ‖ The dog made a ～ effort to hold his owner's attention. その犬は躍起になって主人の注意を引き留めておこうとした / in a ～ **attempt** to save her 彼女を救おうと必死の思いで ❺ 自暴自棄の，破れかぶれの ‖ a ～ criminal 自暴自棄の犯罪者
～·ness 名

***des·per·ate·ly** /désp*ə*rətli/ 副 ❶ 自暴自棄で，やけくそで；絶望的に ❷ 極度に，はなはだしく，非常に ❸ どうして

も，是が非でも ‖ We ～ need to launch a new product. 我々はどうしても新製品を売り出す必要がある ❹ 必死に，懸命に ‖ try [struggle] ～ 必死に挑戦する[戦う]

*****des·per·a·tion** /dèspəréɪʃən/ 名 U 絶望；自暴自棄，死に物狂い ‖ You'll drive me to ～. (しつこい相手に)君にはもう我慢できなくなりそうだよ / In ～, I cried out, "Someone, help me!" 私は死に物狂いで「だれか助けてくれ」と叫んだ / out of ～ やけくそな気持ちから

des·pic·a·ble /dɪspíkəbl/ 形 卑しむべき，卑劣な

*****de·spise** /dɪspáɪz/ 動 他《進行形不可》〈…のことで〉…をひどく嫌う；…を軽蔑する(→ *look down on ...*)〈**for**〉‖ He ～*d* himself *for* running away. 彼は逃げ出したことで自己嫌悪に陥った / His offer is not to be ～*d*. 彼の申し出をくだらないと思わない方がいい / She ～*s* bargain hunting. 彼女は特売品あさりをひどく嫌っている

類語 **despise**「軽蔑して嫌う」の意を表す一般語.
disdain 優越・尊大・嫌悪の念を表に出して軽蔑する.〈例〉*disdain* a traitor 裏切り者をさげすむ
scorn 嘲笑(ちょうしょう)的に軽蔑する，また，せせら笑うように拒絶する.〈例〉She *scorned* his advice. 彼女は彼の忠告を鼻先であしらった

:de·spite /dɪspáɪt/
—前 …にもかかわらず(♦ in spite of ... よりやや《堅》) ‖ They went surfing ～ the bad weather. 彼らは悪天候にもかかわらずサーフィンに出かけた / I couldn't sleep ～ the fact (that) I was very tired. とても疲れていたのに眠れなかった / ～ everything いろいろある[あった]にせよ
despite oneself 思わず ‖ *Despite* ourselves we turned our heads to see better. 我々は思わずもっとよく見ようと振り返った
—名 U《古》軽蔑，侮蔑；悪意；危害

de·spoil /dɪspɔ́ɪl/ 動 他 ❶〔場所〕から〈…を〉奪う，略奪する〈**of**〉‖ ～ a place *of* scenic beauty 場所から景観を奪う ❷ …を汚損[染]する **～·er** 名 C 略奪者

de·spond /dɪspɑ́(ː)nd | -spɔ́nd/ 動 自《古》失望する，落胆する

de·spon·den·cy /dɪspɑ́(ː)ndənsi | -spɔ́n-/, **-dence** /-dəns/ 名 U 落胆，失望 ‖ fall [OR sink] into ～ 意気消沈する

de·spon·dent /dɪspɑ́(ː)ndənt | -spɔ́n-/ 形〈…に〉落胆した，失望した〈**about, over**〉 **～·ly** 副

*****des·pot** /déspɑ(ː)t | -pɔt/ 名 C 専制君主，独裁者；(一般に)暴君，圧政者

des·pot·ic /dɪspɑ́(ː)tɪk | -pɔ́t-/ 形 独裁的な；独断的な，横暴な **-i·cal·ly** 副

des·pot·ism /déspətɪ̀zm/ 名 ❶ U 独裁[専制]政治，絶対的支配；圧制 ❷ C 独裁[専制]国家

*****des·sert** /dɪzɔ́ːrt/《発音注意》(♦ 同音語 desert[2,3]) 名 (複 **～s** /-s/) C U ❶ デザート《dinner の最後に出る菓子類・アイスクリーム・チーズ・果物など》‖ I'd like ice cream for ～. デザートにはアイスクリームを頂きます ❷《英》(dinner で菓子類の後に出る)果物[ナッツ]
▶▶ **～ plàte** 名 C デザート用小皿 **～ wìne** 名 U C (デザート用，または食後に出される甘口の)デザートワイン

dessért·spòon 名 C デザートスプーン《teaspoon と tablespoon の中間の大きさのスプーン》
～·ful 名 C 形 デザートスプーン1杯(分)(の)

de·sta·bi·lize /dìːstéɪbəlàɪz/ 動 他 …を不安定にする，…の平衡を失わせる **dè·stà·bi·li·zá·tion** 名

de·stig·ma·tize /dɪstígmətàɪz/ 動 他 …の汚名をそそぐ，不名誉感を除く

*****des·ti·na·tion** /dèstɪnéɪʃən/ 名 C ❶ (旅行などの)目的地，行き先；(品物などの)送り先 ‖ Our ～ is a spa near the mountaintop. 我々の行き先は山頂付近の温泉だ / reach [OR arrive at] one's ～ 目的地に着く / a popular tourist [ski] ～ 人気の観光地[スキー場] / a ～ restaurant お目当てのレストラン ❷ 目的，最終目標
▶▶ **～ chàrge** 名 C《米》(工場から販売地までの車の)配送料 **～ wèdding** 名 C 旅行ウエディング《花嫁花婿と参列者がリゾート地に旅行してそこで結婚式を挙げること》

*****des·tined** /déstɪnd/ 形 ❶ 運命づけられている，運命である〈**to do** …する(と) / **for, to** …に(向かう)〉‖ They were ～ never *to* meet again.＝It was ～ that they would never meet again. 彼らは二度と会えない定めだった / Parents believe their children are ～ *for* 「great things [successful careers]. 親というものは自分の子供たちが偉大なことをする[成功する]運命にあると思い込んでいるものだ ❷〈…行き〉である；〈…に〉予定する，とっておく〈**for**〉；〈…する〉予定である〈**to do**〉‖ These products are ～ *for* the North American market. これらの製品は北米市場向けだ / This land is ～ *to* be an amusement park. この土地は将来遊園地になる予定だ

*****des·ti·ny** /déstəni/ 名 (複 **-nies** /-z/) ❶ C (避けられない[宿命的])出来事；(個々の)運命，定め(⇨ FATE **類語**) ‖ Her ～ was to become a lawyer.＝It was her ～ to become a lawyer. 彼女は弁護士になる運命だった ❷ U 運命(の力)，宿命 ‖ a victim of ～ 運命の犠牲者 / fight against ～ 運命に逆らう

*****des·ti·tute** /déstɪtjùːt/ 形 ❶ 困窮した，生活に事欠く(⇨ POOR **類語**) ‖ a ～ child [family] 生活に困窮した子供[家族] / the ～ 生活困窮者たち ❷《叙述》〈…を〉欠いた，持たない〈**of**〉‖ The accused seemed ～ *of* feeling. 被告は無感情のように見えた / Our town is ～ *of* industry. 私たちの町には産業が全くない

des·ti·tu·tion /dèstɪtjúːʃən/ 名 U 極貧，赤貧(状態)；欠乏，不足(状態)

de·stock /dìːstɑ́(ː)k | -stɔ́k/ 動 自《英》〚商〛在庫整理が進む

de·stress /dìːstrés/ 動 自 くつろぐ，緊張を取り除く
—他 …の体を休ませる，…の緊張をほぐす

:de·stroy /dɪstrɔ́ɪ/《アクセント注意》

—動〔▶ destruction 名, destructive 形〕(**～s** /-z/; **～ed** /-d/; **～·ing**)
—他 ❶ …を**破壊する**(↔ construct)，…に損害を与える ‖ The fire **completely** [partially] ～*ed* his house.＝His house was **completely** [partially] ～*ed* **in** the fire. 火事で彼の家は完全に焼け落ちた[半焼した] / ～ the environment 環境を破壊する / ～ a document 書類を処分する
❷ …を**台無しにする**；〔希望・夢・計画など〕を駄目にする；〔人〕を破滅させる ‖ The car accident ～*ed* his athletic career. 自動車事故のため彼の選手生命は絶たれた / ～ one's hope [reputation] (人の)希望をくじく[評判を台無しにする] / They were utterly ～*ed* when they lost their only son. 彼らはたった1人の息子を失って打ちひしがれていた
❸ …を全滅させる，殺す(dispose of)
❹ (病気の)〔動物〕を処分する(↘ put down)(♦ しばしば受身形で用いる) ‖ The BSE-infected cow had to be ～*ed*. BSEに感染した牛は殺処分されねばならなかった
語源 *de-*(反対)＋*-stroy* build

de·stroy·er /dɪstrɔ́ɪər/ 名 C ❶ 駆逐艦 ❷ 破壊する人[もの]

de·struct /dɪstrʌ́kt/ 名 C《単数形で》(ロケットなどの)発射後の(リモコンによる)意図的な自爆；《形容詞的に》自爆用の —動 他〔発射後のロケットなど〕を自爆させる —自 (発射後のロケットなどが)自爆する

de·struct·i·ble /dɪstrʌ́ktəbl/ 形 破壊[駆除]できる[されやすい] **de·strùct·i·bíl·i·ty** 名

:de·struc·tion /dɪstrʌ́kʃən/
—名〔◁ destroy 動〕❶ U **破壊**，破滅；滅亡(↔ construction) ‖ The typhoon left a trail of great ～. 台風は大きな破壊のつめ跡を残した / the ～ of the 「rain forest [ozone layer] 熱帯雨林[オゾン層]の破壊 /

weapons of **mass** ～ 大量殺戮(さつりく)兵器
❷ Ⓒ《単数形で》(人の)破滅の原因 ‖ Drinking was his ～. 飲酒が彼の命取りになった

de·struc·tive /dɪstrʌ́ktɪv/ 形〔◁ destroy 動〕(**more** ～ ; **most** ～) ❶ 破壊的な ; 〈…に〉破壊[破滅]をもたらす 〈**to**〉; 〈…を〉破壊する 〈**of**〉 (↔ constructive) ‖ a ～ windstorm 破壊的な暴風 / the ～ power of nuclear weapons 核兵器の破壊力 / The policy will be ～ *to* the economy. その政策は経済に破壊をもたらすだろう ❷ (批評などが)否定的な, けなすような ‖ ～ criticism 破壊的批評 **～·ly** 副 **～·ness** 名
▸▸ **～ distillátion** 名 Ⓒ 〘化〙(固体の)加熱分解, 乾留

des·ue·tude /déswɪtjùːd/ 名 Ⓤ 《堅》廃止, 不使用(状態) ‖ fall [OR pass] into ～ 廃止される

des·ul·to·ry /désəltɔ̀ːri | -təri/ 形 ❶ 漫然とした, とりとめのない ❷ 主題から離れた, とっぴな
-ri·ly 副 **-ri·ness** 名 Ⓤ 漫然[散漫]

Det 略 《英·堅》Detective

de·tach /dɪtǽtʃ/ 動 他 ❶ …を〈…から〉分離する, 取り外す〈**from**〉; 《～ oneself で》〈…と〉距離をおく ; 〈…から〉離れる 〈**from**〉 ‖ *Detach* and return the coupon. クーポン券を切り離して返送してください / Our organization tries to ～ itself *from* political issues. 我が団体は政治的問題からは距離をおくようにしている ❷ 〘軍〙〔軍隊など〕を(特別任務に)分遣する ―自 〈…から〉(簡単に)取り外せる, 切り離せる 〈**from**〉 ‖ The hood ～*es* easily *from* the coat. フードはコートから簡単に取り外せる
語源 *de-* from, apart + *-tach* nail(くぎ) : くぎから外す

de·tach·a·ble /dɪtǽtʃəbl/ 形 取り外せる, 分離できる

de·tached /dɪtǽtʃt/ 形 ❶ 私心のない, 公平な, 超然とした ❷ 分離している, (建物が)独立した ‖ a ～ house 独立家屋 **-tách·ed·ly** 副

de·tach·ment /dɪtǽtʃmənt/ 名 Ⓤ ❶ 分離, 孤立 ❷ 無私, 公平, 超然 ❸ (軍隊などの)派遣 ; Ⓒ 派遣隊

de·tail /díːteɪl, dɪtéɪl/
―名 (複 **～s** /-z/) Ⓒ ❶ **細部**, 細目 ; 《～s》**詳細**(な情報·事実) ; Ⓤ 細部のすべて, 詳細な記述 ‖ I can't remember the exact ～*s* **of** the story. その話の細かいところまではっきり思い出せない / Tell me every single ～ **of** what you did. 君がしたことを一つ一つ詳しく話してごらん / **For further** ～*s*, call the following number. 詳細については次の番号に電話してください / down to the last ～ 一部始終[細部]に至るまで ; 詳細に / **provide** [OR **give**] ～*s* **of ...** …にかかわる詳細を示す
❷ ささいな点, 重要でない細目 ‖ Give me an outline, not the ～*s*. ささいな点でなく大筋を話してください
❸ 《～s》**個人情報** 《名前·住所など》‖ Write down your ～*s* on this form. この用紙にあなたの個人情報を書きなさい ❹ Ⓤ Ⓒ (芸術作品や建造物の)細部, 細部の装飾 ; (部分の)詳細図, 拡大図 ‖ the classical Chinese ～ of the gate 門に施された伝統的な中国風の細部装飾 ❺ Ⓤ 特別任務 ; Ⓒ 特別任務の兵士[隊] ‖ a kitchen [cleanup] ～ 炊事[清掃]班
gò into détail(s) 詳細にわたる[説明する]
in détail 詳細に ; 項目を追って (♦ ×in details とはならない) ‖ He explained his theory *in* ～. 彼は自分の説を詳しく説明した
―動 (**～s** /-z/ ; **～ed** /-d/ ; **～·ing**)
―他 ❶ **a** 《+目》…を詳細に記述する ; (箇条書きに)…を列挙する ‖ The features of our products are ～*ed* in this brochure. 我が社の製品の特徴はこのパンフレットに詳細に記されている **b** 《+wh 節》いかに…かを詳述する (♦ wh 節 は主に how ...) ‖ ～ *how* students' aptitudes are assessed 学生の適性能力がどう評価されるかを詳述する
❷ 〔兵士など〕を特別任務に就ける[派遣する] 〈**for, to** …の任務に / **to do** …するために〉(♦ しばしば受身形で用いる) ‖ The police officers were ～*ed to* keep watch. 警戒のために警察官が派遣された ❸ 《米》〔車など〕に(細かい)装飾を施す ❹ 《米》〔車〕を丁寧に洗う
語源 *de-*(強意) + *-tail* cut : 切り刻む
▸▸ **～ màn** 名 Ⓒ プロパー《医師などに新薬を紹介·販売する製薬会社の販売員》(中立 detail person)

de·tailed /díːteɪld, dɪtéɪld/
―形 (**more** ～ ; **most** ～)
詳細な, 細部にまで及ぶ ‖ a ～ description [analysis] 詳細な記述[分析] / ～ **information** 詳細な情報

de·tail·ing /díːteɪlɪŋ, dɪtéɪlɪŋ/ 名 Ⓤ (服などの)細部装飾

de·tain /dɪtéɪn/ 動〔▶ detention 名〕他 ❶ …を勾留(こうりゅう)する, 留置する ‖ The police are allowed to ～ suspects up to 48 hours for questioning. 警察は尋問のため48時間まで容疑者を勾留することが認められている ❷〔人〕を引き留める, 手間取らせる ‖ I don't want to ～ you long, but I need a word with you. 長く引き留めるつもりはありませんがちょっとお話ししたいことがあるんです / Sorry, I was ～*ed* by another appointment. すみません, 別の約束で手間取ってしまって
～·ment 名

de·tain·ee /dìːteɪníː/ 名 Ⓒ (政治的理由による)拘留者

de·tan·gle /dìːtǽŋgl/ 動 他〔髪〕のもつれをほどく, …を解く

de·tect /dɪtékt/ 動〔▶ detection 名, detective 形〕他 《通例進行形不可》❶ …(の存在)を見つける, 検出する ‖ A Geiger counter ～*s* radioactive substances. ガイガーカウンターは放射性物質を検知する / ～ signs of life on Mars 火星に生命の痕跡(こんせき)を見つける
❷ **a** 《+目》〔知覚しづらいものなど〕に気づく, …を感知する (➘ pick up) ‖ My wife somehow ～*s* my misbehavior. 妻はなぜか私の不品行を察してしまう / ～ the smell of gas ガスのにおいに気づく **b** 《+**that** 節 / **wh** 節》…ということを発見する[に気づく] ‖ He ～*ed that* some papers were missing. 彼は書類がいくつかなくなっているのに気づいた ❸ **a** 《+目》〔犯人·犯罪など〕を見つけ出す, 摘発する **b** 《+目+*doing*》…が…しているところを見つける ‖ This security system can ～ someone breaking into your house. この警備システムはだれかが家に侵入しようとするのを検知できます
語源 *de-*(反対) + *-tect* cover(隠す)

COMMUNICATIVE EXPRESSIONS
1 **Do I detéct a nòte of írony** [OR **sárcasm**] **in your vóice?** それは皮肉[いやみ]のつもりですか

de·tect·a·ble /dɪtéktəbl/ 形 探知できる ; 見つけ出せる

de·tec·tion /dɪtékʃən/ 名〔◁ detect 動〕Ⓤ 発見, 看破 ; 露見, 発覚 ; (犯罪などの)捜査

de·tec·tive /dɪtéktɪv/
―名〔◁ detect 動〕(複 **～s** /-z/) Ⓒ ❶ **刑事** ‖ *Detective* Inspector [Sergeant] Rudy Thompson (英国の)警部補[巡査部長]ルディー=トンプソン
❷ **探偵** ‖ a private ～ 私立探偵 ; 私服警官
―形 《比較なし》《限定》❶ **探偵の** ‖ a ～ **story** [OR **novel**] 刑事[探偵]もの, 探偵小説 ; 推理小説
❷ 探知[検出]用の

de·tec·tor /dɪtéktər/ 名 Ⓒ 《通例修飾語を伴って》探知機, 検出器(→ lie detector) ; 〘無線〙検波器(demodulator) ; 〘電〙(漏電の)検電器 ‖ a metal [mine] ～ 金属[地雷]探知機

dé·tente, de- /deɪtάːnt | déɪtɒnt/ 《発音注意》名 Ⓤ (国家間の)緊張緩和(政策), デタント(♦ フランス語より)

de·ten·tion /dɪténʃən/ 名〔◁ detain 動〕❶ Ⓤ (しばしば政治的理由による)拘置, 留置, 勾留 ; 拘置[留置]された状態 ‖ He was held in ～ without trial. 彼は裁判抜きで拘置された / under ～ 拘置中で ❷ Ⓤ Ⓒ (罰としての) 放課後の居残り ‖ Our teacher gave us ～*s*. 私たちは先生に居残りをさせられた
▸▸ **～ cènter** 名 Ⓒ ① 少年鑑別所, 少年院 (♦ detention home ともいう) ② (不法入国者の)一時拘留所

de·ter /dɪtə́ːr/ 《発音注意》動 (**-terred** /-d/ ; **-ter·ring**)

他 ❶ (物・事が)〔人〕に〈…(するの)を〉思いとどまらせる, ためらわせる (↘ put [OR scare] off) 〈**from** (**doing**)〉‖ a new measure to ～ children *from* smoking 子供たちに喫煙を思いとどまらせる新しい手立て ❷ …(の発生)を防ぐ ‖ Adequate precautions can ～ food poisoning. 十分に用心すれば食中毒は防ぐことができる
～·ment 名

de·ter·gent /dɪtə́ːrdʒənt/ 名 U C 洗浄剤；合成洗剤
―形 洗浄性の

***de·te·ri·o·rate** /dɪtíəriərèɪt/ 動 自 (状況・質などが)(徐々に) 悪化する (↘ go down)；悪化して〈…に〉なる〈**into**〉‖ Her health ～*d* rapidly. 彼女の健康は急激に悪化した / The argument ～*d into* a severe fight. 議論はひどいけんかに発展した **―**他 …を悪化させる

de·te·ri·o·ra·tion /dɪtìəriəréɪʃən/ 名 U C (質・価値・活力などの)悪化, 低下(↔ amelioration)

de·ter·min·a·ble /dɪtə́ːrmɪnəbl/ 形 ❶ 決定[確定, 予測]できる ❷〘法〙終結[消滅]すべき

de·ter·mi·nant /dɪtə́ːrmɪnənt/ 名 C ❶ 決定要素 ❷〘数〙行列式；〘生〙決定(遺伝)子
―形 決定する, 限定する ‖ a ～ factor 決定要素

de·ter·mi·nate /dɪtə́ːrmɪnət/ 形 ❶ (はっきり) 限定された, 一定の；明確な ❷《堅》決定的な, 最終的な；断固とした ‖ a ～ answer 確答 ❸〘植〙有限[集散]花序の
～·ly 副 **～·ness** 名 U 明確さ

***de·ter·mi·na·tion** /dɪtə̀ːrmɪnéɪʃən/ 名〔◁ determine 動〕U C ❶ (たとえ困難でも)〈…しようとする〉決心, 決意, 堅い意志, 決断力〈**to do**〉‖ He has a dogged ～ *to* get to the top. 彼にはトップに立つという断固たる決意がある / She showed great ～ in bringing up her children by herself. 彼女は女手ひとつで子供たちを育て上げるという固い決意を見せた ❷ (物・事の)決定, 確定, 解明；(問題などの) 解決, 決着 ‖ His speech influenced the ～ of our policy. 彼の演説は我々の政策決定に影響を与えた ❸ (質・量・性質などの)測定, 決定；〘発生〙(動植物の発育の) 段階決定 ‖ the chromosomes responsible for sex ～ 性別を決定する染色体 ❹ C〘法〙判定, 判決 ❺〘法〙(不動産や利子などの財産権の)停止, 中止

de·ter·mi·na·tive /dɪtə́ːrmənèɪt̬ɪv | -mɪnə-/ 形《叙述》〘法〙決定力のある, 限定的な **―**名 C 決定因, 限定要素；〘文法〙決定詞, 限定詞(determiner)

***de·ter·mine** /dɪtə́ːrmɪn/ 《発音注意》

―動〔▶ determination 名〕(**～s** /-z/；**～d** /-d/；**-min·ing**)
―他 ❶ **a** 《+目》…を**決定する**, 確定する；…を決める要因をなす (⇨ DECIDE 類語) ‖ College students have to ～ their own course of study. 大学生たちはそれぞれの履修課程を決めなければならない / ～ a date for a conference 会議の日取りを決定する / One's character is partly ～*d* genetically. 人の性格は遺伝的にある程度決定づけられている **b** 《+**wh** 節 / **wh to** *do*》…かを決定する ‖ We shall have to ～ *what* countries *to* visit. どんな国を訪れるか決めなくては
❷ **a** 《+目》…を**正確に知る**, 突き止める, 見つける, 測定する, 確定する ‖ ～ the location of a ship 船の位置を正確に知る **b** 《+**wh** 節 / **that** 節》…か[…ということ]を正確に知る, 突き止める ‖ We need to ～ *how* our readers will react. 我々は読者の反応を突き止める必要がある / A closer examination ～*d that* there was nothing wrong with him. 精密検査の結果彼にはどこも悪いところはないということがわかった
❸ 《+**to** *do* / **that** 節》…することを決心する, 決意する ‖ She ～*d* 「*to* find [*that* she would find] her missing father. 彼女は行方不明の父親を見つけ出す決意をした (♦ この意味では be determined to *do* がふつう. → determined) ❹ (物・事が)〔人〕に決心させる〈**to do** …することを / **against** …しないよう；**for** …するよう〉‖ What ～*d* you *to* become a teacher? どうして教師になる決意をしたのですか / The news ～*d* us *against* further delay. その知らせに我々はこれ以上遅らせまいと決心した ❺〔問題・論争〕に〈…という〉決着をつける, 判定を下す〈**that** 節〉‖ The court ～*d that* the defendant was not guilty. 法廷は被告に無罪の判定を下した ❻《古》〘法〙〔財産・権利〕を消滅させる
―自 ❶〈…(すること)を〉決定する, 決心する〈**on**〉‖ They ～*d on* more staff cutbacks. 彼らはさらなる人員削減を決めた / ～ *on* going camping キャンプに行こうと決める ❷《古》〘法〙(財産・権利などが)効力を失う, 消滅する
語源 *de-* down＋*-termine* set bounds：制限を置く

***de·ter·mined** /dɪtə́ːrmɪnd/ 形 (**more ～；most ～**)
❶《叙述》**a** 《+**to** *do* / **that** 節》(人が)〈…することを〉(固く)決心した, 決意した ‖ I'm ～ *to* outwit him. 彼を出し抜いてやろうと決意している / The climbers were ～ *that* they would reach the summit of Everest. 登山家たちはエベレストの山頂に立とうと固く決心した **b** …を決心した, 決意した〈**on**〉‖ That'll make him more ～. それで彼はいっそう決意を固めるだろう / be ～ *on* a course of action 行動方針を心に決めている ❷《限定》断固とした；揺るがぬ, 固く決心した ‖ make a ～ effort 断固たる努力をする / a ～ look [attitude] 断固とした表情[態度]
～·ly 副

de·ter·min·er /dɪtə́ːrmənər | -mɪnə/ 名 C〘文法〙決定詞, 限定詞《名詞の前に位置してその名詞を限定する機能語. 冠詞・指示形容詞・不定形容詞・数詞および代名詞・名詞の所有格を含む》

de·ter·min·ism /dɪtə́ːrmɪnìzm/ 名 U〘哲〙決定論
-ist 名 C 決定論者 **de·tèr·min·ís·tic** 形

de·ter·rence /dɪtə́ːrəns | -tér-/ 名 U 抑止, 阻止；戦争抑止

de·ter·rent /dɪtə́ːrənt | -tér-/ 形 抑止する, 妨げる
―名 C 抑止物, 妨害物；(核兵器保持による)戦争抑止力

***de·test** /dɪtést/ 動 他《進行形不可》**a** 《+目》…をひどく嫌う, 憎む(⇨ DISLIKE 類語) ‖ Dad ～*s* my boyfriend. パパは私の彼氏をひどく嫌っている **b** 《+*doing*》…することをひどく嫌う ‖ We ～ his constantly being late. 彼がいつも遅刻するのは我慢ならない

de·test·a·ble /dɪtéstəbl/ 形 大嫌いな, 忌まわしい
-bly 副

de·tes·ta·tion /dìːtestéɪʃən/ 名 ❶ U 嫌悪, 憎悪 ❷ C《古》ひどく嫌われる人[もの]

de·throne /diθróun/ 動 他〔国王〕を退位させる；〔人〕を(権威ある地位から) 追い払う；〔タイトル保持者〕を打ち負かしてタイトルを奪う **～·ment** 名 U 強制退位；廃位

det·o·nate /détənèɪt/ 動 他 自 (爆弾などを[が]) 爆発させる[する]

det·o·na·tion /dètənéɪʃən/ 名 ❶ U 爆発；C 爆音 ❷ U〘工〙(内燃機関の)異常爆発, 爆燃

det·o·na·tor /dét̬ənèɪt̬ər/ 名 C 雷管, 起爆装置《装薬または弾薬》

***de·tour** /díːtùər, dɪtúər/ 名 C 回り道, 寄り道, (臨時)迂回(うかい)(路) (《英》diversion) ‖ We took [OR made] a ～ around the town center to avoid the traffic jam. 交通渋滞を回避しようと町の中心部を迂回した / I took [OR made] a little ～ to a coffee shop. コーヒーショップにちょっと寄り道をした **―**動 自《主に米》迂回する **―**他〔自動車など〕を迂回させる；〔場所〕を迂回する

de·tox /díːtɑ̀ks | -tɔ̀ks/(→ 動)《口》名 =detoxification
―動 /dìːtɑ́(ː)ks | -tɔ́ks/ 他 =detoxify
▶▶ **～ cènter** 名 C =detoxification center

de·tox·i·fi·ca·tion /dìːtɑ̀(ː)ksɪfɪkéɪʃən | -tɔ̀ks-/ 名 U 解毒(作用) ‖ a ～ program 薬物[アルコール]依存症治療計画
▶▶ **～ cénter** 名 C 薬物[アルコール]依存症治療センター

de·tox·i·fy /dìːtɑ́(ː)ksɪfàɪ | -tɔ́ks-/ 動 (**-fied** /-d/；**～·**

ing) ㊀…の毒性をとる，…を解毒する
―㊁ 薬物[アルコール]依存から回復する

de·tract /dɪtrǽkt/ 動《進行形不可》㊁《(＋**from** 名)》(実際よりも)〔価値など〕を低くする，おとしめる，損なう(diminish；↘ take away from) ‖ ～ *from* the value [quality] of ... …の価値[品質]を損なう
―㊀《(＋目＋**from** 名)》❶〔人(の注意など)〕を…からそらす[紛らす] ‖ He ～*ed* our attention *from* her remark. 彼は彼女の発言から私たちの注意をそらした ❷〔価値・評判・品質など〕から〔ある量〕をそぐ，落とす，損なう ‖ The scandal will ～ a great deal *from* his reputation. そのスキャンダルは彼の評判を大いに損なうだろう
語源 *de-* away, down＋*-tract* draw：引き離す，引き降ろす

de·trac·tion /dɪtrǽkʃən/ 名 U ❶(価値・名声などを)損なうこと ❷《堅》中傷，誹謗(ひぼう)　**-tive** 形

de·trac·tor /dɪtrǽktər/ 名 C 中傷する人，誹謗者

de·train /dìːtréɪn/ 動 ㊁ ㊀(…が[を])列車から降りる[降ろす](↔ entrain[1])　**～·ment** 名

det·ri·ment /détrɪmənt/ 名 U 損害，損失；C《通例単数形で》《堅》損害[損失]を与えるもの ‖ to the ～ of ... …を犠牲にして / without ～ to ... …を損なわずに
dèt·ri·mén·tal ◁ 形 有害な　**-mén·tal·ly** 副

de·tri·tion /dɪtríʃən/ 名 U 摩滅(作用)，消耗

de·tri·tus /dɪtráɪṭəs/ 名 U (浸食などによる)岩屑(がんせつ)；残骸(ざんがい)

De·troit /dɪtrɔ́ɪt/ 名 デトロイト《米国ミシガン州南東部の自動車産業都市》

de trop /də tróu/ 形《フランス》《叙述》余計な，過剰な；不必要な

deuce[1] /djuːs/ 名 ❶ C《主に米》2(点)；(さいころの)2の目；(トランプの)2の札 ❷ U〔テニス・卓球など〕ジュース ❸ C《主に米俗》《旧》2ドル(札)

deuce[2] /djuːs/ 名《旧》《俗》(♥ devil の婉曲語で軽いいら立ちを表す) ❶《the ～》《疑問詞の後で強意語として》一体全体 ❷ U 不運；悪魔 ‖ The ～! しまった；こいつは驚いた / *Deuce* take you. とっととうせろ / The (very) ～ is in you. おまえは全くひどいやつだ
a [OR *the*] *déuce of a ...* ひどい…；ど偉い… ‖ *a* ～ *of a* mess ひどい混乱
the déuce to pày 面倒な事態，後のたたり

deuced /djuːst/ 形《限定》《口》《旧》実にひどい，いまいましい，めっぽうな，大変な ―副 ひどく，やけに；とりわけ

de·us ex ma·chi·na /dèɪus eks mɑ́ːkɪnɑː | -mǽkɪnə/ 名《ラテン》(＝God from the machine) C デウス＝エクス＝マキナ《劇などで急場を救うために突然登場する神[人，装置]》

Deut 略〖聖〗Deuteronomy

deu·te·ri·um /djuṭíəriəm/ 名 U〖化〗重水素

Deu·ter·on·o·my /djùːṭərɑ́(ː)nəmi | -rɔ́n-/ 名〖聖〗申命(しんめい)記《旧約聖書中モーセ5書の第5．略 Deut》

Deut·sche mark /dɔ̀ɪtʃə mɑ́ːrk/, **Deutsch·mark** /dɔ́ɪtʃ-/ 名 C ドイツマルク《euro 導入以前のドイツの通貨単位．略 DM》

de·val·u·ate /dìːvǽljuèɪt/ 動 ＝devalue

de·val·u·a·tion /dìːvæ̀ljuéɪʃən/ 名 U ❶〖経〗(平価)切り下げ ❷ 価値[地位など]の低下[引き下げ]　**～·ist** 名

***de·val·ue** /dìːvǽljuː/ 動 ㊀ ❶〖経〗〔通貨〕を切り下げる；…を〈…に対して〉切り下げる〈**against**〉‖ ～ the won by 5 per cent ウォンを5%切り下げる ❷ …の価値を減じる；…を低く評価する ‖ Their winning the gold medal was ～*d* by the absence of top runners in the race. そのレースには一流のランナーが不参加だったので，彼らが獲得した金メダルの価値が下がってしまった
―㊁〖経〗(通貨の)切り下げをする

De·va·na·ga·ri /deɪvənɑ́ːgəri/ 名 U デバナガリ文字《ヒンディー語・サンスクリット語などを書き表すのに用いる》

dev·as·tate /dévəstèɪt/ 動 ㊀ ❶ …を荒廃させる，破壊する ❷ …を混乱[困惑]させる，圧倒する　**-tà·tor** 名

dev·as·tat·ed /dévəstèɪṭɪd/ 形 打ちのめされた，悲嘆に暮れた，落ち込んだ

***dev·as·tat·ing** /dévəstèɪṭɪŋ/《アクセント注意》形 (**more** ～；**most** ～) ❶ 破壊的な，損害[被害]を与える ❷ 衝撃的な；痛烈な，圧倒的な ‖ the ～ news of a murder 殺人事件の衝撃的ニュース ❸《口》素晴らしい，非常に魅力的な ‖ a ～ smile 魅力的な笑顔　**～·ly** 副

***dev·as·ta·tion** /dèvəstéɪʃən/ 名 U 破壊，破滅；荒廃(状態)

D

*****de·vel·op** /dɪvéləp/《アクセント注意》
中心義 だんだんと完全なものに近づけていく

> 動 ㊀ 発達させる❶　示すようになる❷　開発する❸
> ㊁ 発達する❶　発生する❷

―動 (～**s** /-s/；～**ed** /-t/；～**·ing**)
―㊀ ❶ …を**発達させる**，発展させる；発育させる，育てる(⇨ GROW 類語P) ‖ You need to ～ your strength to be able to make longer shots. より遠くからシュートできるようになるには体力を増強する必要がある / It takes time to ～ trust. 信頼を築くには時間がかかる / She ～*ed* her business into a nationwide chain. 彼女は自分の事業を全国チェーンにまで発展させた / ～ one's idea **further** アイデアをさらに発展させる / ～ good language skills 言語の運用能力を磨く
❷〔個性・傾向など〕を**示すようになる**，発揮する，現す；〔病気〕の症状が出る ‖ My daughter has ～*ed* an interest in judo. 私の娘は柔道に興味を示すようになった / ～ bad habits 悪い癖がつく / ～ mechanical trouble 機械上のトラブルを引き起こす / The pitcher ～*ed* a pain in his right shoulder. その投手は右肩に痛みを感じるようになった
❸〔資源・技術など〕を**開発する**；〔宅地〕を造成する，〔土地〕を開発する ‖ ～ natural resources 天然資源を開発する / ～ a new drug 新薬を開発する / ～ the property into a sports complex その土地を開発してスポーツ施設にする
❹〔理論・筋など〕を展開する，詳説する ‖ This argument is ～*ed* in Chapter 12. この議論は12章に展開されている ❺《米》〔事実など〕を明らかにする，知らせる ‖ He ～*ed* the background of the case. 彼はその事件の背後の事情を明らかにした ❻〖写〗…を現像する ‖ I haven't had the photos I took the other day ～*ed* yet. 先日撮った写真はまだ現像して(もらって)いない ❼〖チェス〗〔こま〕を(有利に)動かす ❽〖楽〗〔主題〕を展開する
―㊁ ❶〈…から〉**発達する**，発展する〈**from**〉；発達[発展，成長]して〈…に〉なる〈**into**〉；発育する；展開する ‖ The hospital is ～*ing into* an international center for cancer treatment. その病院は癌(がん)治療の国際センターになりつつある / Blossoms ～ *from* buds. つぼみから花に生長する / The situation ～*ed* rapidly. 事態は急速に展開した
❷ (隠れていたものが)徐々に現れる，(問題などが)**発生する**；(病気が)発症する ‖ Low-pressure areas ～ over warm tropical waters. 低気圧帯は暖かい熱帯海域に発生する / Major conflicts ～*ed* in Rwanda. ルワンダで大きな紛争が起きた / Symptoms of pneumonia have ～*ed*. 肺炎の兆候が現れてきた
❸《米》明らかになる ‖ It soon ～*ed* that his map was inaccurate. 彼の地図が不正確であることが間もなくわかった ❹〖写〗(フィルムが)現像される
語源 *de-*(反対)＋*-velop* wrap(包む)：包みを開ける

***de·vel·oped** /dɪvéləpt/ 形 (**more** ～；**most** ～)《限定》❶ (国・地域が)先進の ‖ ～ countries 先進諸国 ❷ 発展した；発達した ‖ a highly ～ system 高度に開発されたシステム ❸ よく発育した

***de·vel·op·er** /dɪvéləpər/ 名 ❶ Ⓒ 開発者；💻プログラム開発者[会社]，システム開発者 ❷ Ⓒ 宅地造成業者，デベロッパー ❸ Ⓤ Ⓒ 〘写〙現像液 ❹ Ⓒ 《形容詞を伴って》成長が…な人 ‖ a late [OR slow] ～ 発育の遅い子

⁑**de·vel·op·ing** /dɪvéləpɪŋ/
—形 《限定》**発展[開発]途上の** ‖ ～ **countries**＝the ～ **world** 発展途上国(♦ かつては underdeveloped countries が使われた)

⁑**de·vel·op·ment** /dɪvéləpmənt/
—名 (複 **～s** /-s/) Ⓤ ❶ **発達，発展**(した状態)，発達段階 ‖ the **economic** ～ of Japan 日本の経済発展 / promote the ～ of international trade 国際貿易の発展を推進する / reach its highest ～ 最高度の発達段階に達する
❷ 発育，**成長**；〘生〙発生；(才能などの)啓発，成長段階；(病気などの)発生 ‖ His mental [intellectual, physical] ～ is remarkable. 彼の精神的[知的，肉体的]成長は著しい / ～ of a seed into a plant 種から植物への生長 / The ～ of creative abilities is urgently called for. 創造的能力の啓発が緊急に求められている / the ～ of oneself 自己啓発
❸ Ⓒ 《しばしば ～s》(事態の)進展(状況)，(進展をもたらす)出来事；発達[発展]の結果 ‖ Here are the latest ～*s*. (ニュースで)今入ったニュースをお伝えします / in case of unforeseen ～*s* 不測の出来事に備えて
❹ (理論・筋などの)展開 ‖ the ～ of a novel 小説の(筋の)展開 ❺ Ⓤ (技術・製品などの)開発；Ⓒ 開発された製品 ‖ the ～ of non-polluting automobiles 無公害車の開発 / a research and ～ department 研究開発部門 / New products are under [OR in] ～. 新製品が開発されている ❻ (国・地域などの)開発，発展；(土地・宅地の)造成開発；Ⓒ 造成地，開発地域；団地，建造物群 ‖ the United Nations *Development* Program 国連開発計画 / a housing ～ 住宅団地 ❼ Ⓤ Ⓒ 〘楽〙展開(部) ❽ 〘写〙現像 ❾ 〘チェス〙こまを進めること
▸▸ **～ àrea** 名 Ⓒ (英国の)産業開発地区《政府が新産業の育成促進により失業率を下げようとする地区》

de·vel·op·men·tal /dɪvèləpménṭəl/ ＜シ 形 ❶ 発育[発達]上の；開発の；〘教育〙発達段階に応じた ‖ ～ stages 発展[発達]段階 ❷ 〘生〙発生(上)の **～·ly** 副

de·vi·ance /díːviəns/, **-an·cy** /-ənsi/ 名 Ⓤ (社会的・性的行動における)常軌逸脱(行動)

de·vi·ant /díːviənt/ 形 常軌を逸した；異常な；《けなして》同性愛の —名 Ⓒ 逸脱した人[もの]

de·vi·ate /díːvièɪt/(→ 名 形) 動 自 〈規範・方針などから〉逸脱する〈**from**〉 —他 …を逸脱させる
—名 形 /díːviət/ 《旧》＝deviant

***de·vi·a·tion** /dìːviéɪʃən/ 名 Ⓤ Ⓒ ❶ 〈規範・方針などから〉逸脱〈**from**〉 ‖ ～ *from* a standard 標準からの逸脱 / sexual ～ 性倒錯 ❷ 〘統計〙偏差 ‖ standard ～ 標準偏差 / ～ value 偏差値 ❸ 〘海〙自差《船内の鉄器類によって生じる羅針盤の誤差》 **～·ism** 名 Ⓤ 〘政〙(党理論からの)偏向，逸脱 **～·ist** 名 Ⓒ 偏向者

⁑**de·vice** /dɪváɪs/ 〔中心義〕ある目的のために考え出されたもの
—名 〔◁ devise 動〕(複 **-vic·es** /-ɪz/) Ⓒ ❶ 〈…の〉**装置**，仕掛け，用具〈**for**〉 ‖ a safety [warning] ～ 安全[警報]装置 / a ～ *for* lighting a gas stove ガスストーブの点火装置
❷ 計画，案，策，工夫；策謀，計略 ‖ through a legal ～ 合法的手段で / a desperate ～ to avoid a problem 問題を回避する窮余の策 ❸ (文学表現の)技巧，趣向 ❹ 爆弾，爆発物 ❺ (紋章・記章などの)デザイン，図案
lèave a pèrson to his/her òwn devíces 〔人〕に勝手にやらせる，思いどおり自由にやらせる

***dev·il** /dévəl/ 名 〔▶ devilish 形〕Ⓒ ❶ 悪魔，悪霊，魔神；《通例 the D-》(キリスト教・ユダヤ教の)魔王，サタン(Satan) ‖ Don't tell me you believe in ～*s*. まさかあなたが悪魔の存在を信じているなんて / *Better the* ～ *you know than the devil you don't know.* 《諺》いやなものでも，勝手のわかったものの方がましだ；新しい方へくら替えしたら，もっと悪いかもしれない / *The* ～ *can quote scripture for his purpose.* 《諺》悪魔でも自分の目的のために聖書から引用ができる；よいものも悪用されることがある
❷ 悪いやつ，ひどいやつ；悪党，悪漢；わんぱく坊主，いたずらっ子(♥ 親しみを込めて用いることが多い) ‖ He is a bit of a ～ but I like him. あいつはちょっと悪いやつだけど僕は好きだ ❸ 精力的[大胆]な人；〈学問・技芸などの〉鬼〈**for**〉 ‖ a ～ *for* work 仕事の鬼 ❹ 《修飾語を伴って》《口》…な人，…なやつ(♥ 対象となる人物に対する感情を強調してよい意味にも悪い意味にも用いる．間投詞的に用いるときは，通例 the をつけるか無冠詞) ‖ a poor [lucky] ～ かわいそうな[運のいい]やつ ❺ 《the (very) ～》困り者，やっかい事；難事，難物(♦ 通例 be の補語) ‖ They are the very ～. 彼らは全く手に余る / That's the ～ (of it). それがやっかいなところだ ❻ 《the ～》(悪徳の)権化，化身 ‖ the ～ of greed [vengeance] 欲の権化[復讐(ふくしゅう)鬼] ❼ 《the ～》《強意語として》《疑問詞の後で》一体全体(♥ 驚き・いら立ちなどを表す)；《間投詞として》畜生，まさか，しまった ‖ What the ～ did you do that for? 一体何だってそんなことをしたんだ ❽ 《the ～》闘争心，闘志 ❾ 《旧》《口》下働き；下請け文筆業者；弁護士の助手；印刷所の見習い工(printer's devil) ❿ (紙・ぼろを裂く)切断機
a [OR ***the***] ***dévil of a ...*** 《口》ひどい…；ひどく悪い[やっかいな]…；非常な… ‖ *a* ～ *of a* lot of money けた外れの大金 / have *a* ～ *of a* time [OR job] closing the suitcase スーツケースを閉めるのに一苦労する
between the dèvil and the dèep blùe séa 進退窮まって，窮地に立たされて
fùll of the dévil いつも面倒ばかり起こしていて；とてもいたずらで
gìve the dèvil his dúe いやな[悪い，つまらぬ]やつでも評価すべきことは評価してやる，正当に評価する(⇨ *give a person his/her* DUE)
gò to the dévil ①《命令文で》《口》《旧》うせろ，くたばれ ② 破滅する，堕落する；悪習に陥る
like the dévil すごい速さで，猛烈な勢いで ‖ work *like the* ～ 鬼のように働く
plày the dévil with ... …をひどく傷める，台無し[めちゃめちゃ]にする
ràise the dévil ごたごた[大騒ぎ]を引き起こす，騒ぎ立てる；浮かれ騒ぐ
the dèvil's òwn ... 《口》とても困った…，やっかいな…；非常な ‖ I had *the* ～*'s own* job to get him to stop smoking. 彼にたばこをやめさせるのはとても大変だった / have *the* ～*'s own* luck 非常に幸運である

COMMUNICATIVE EXPRESSIONS
1 **Bè a dévil (and dó it)!** 頑張ってやってみろ
2 **(Èvery màn for himsélf and) the dèvil tàke the híndmost.** 早い者勝ち，人のことなど構っていられない(♥「遅れた者が鬼に食われる」の意)
3 **Spèak** [OR **Tàlk**] **of the dévil** and he will [OR is sùre to] appéar. うわさをすれば影
4 **The dévil màde me dó it.** 魔が差したんだ(♥ しばしばおどけて用いる言い訳の表現)
5 **Thère will bè the dévil to pày** if we dòn't invíte her. 彼女を招待しなかったら後のたたりが恐ろしい[後が大変だ]

—動 (**～s** /-z/；**-iled**，《英》**-illed** /-d/；**-il·ing**，《英》**-il·ling**) 他 ❶ 〔肉・卵など〕にこしょう[からし]で味をつける ❷ 《米口》(うるさくせがんで)〔人〕を悩ます，困らせる
—自 《英口》《旧》〈弁護士の〉下働きをする〈**for**〉
▸▸ **～'s ádvocate** (↓)

dev·iled /dévəld/ 形 〘料理〙香辛料で味つけした

dévil·fìsh 名 (複 **～** OR **～es** /-ɪz/) Ⓒ ❶ 〘魚〙オニイトマキエイ(manta) ❷ (タコ・イカなどの)頭足動物

dev·il·ish /dévəlɪʃ/ 形〔◁ devil 名〕❶ 悪魔の(ような), 極悪非道の；無謀な ❷《口》はなはだしい, とんでもない
—副《口》ひどく, すごく **~·ly** 副 **~·ness** 名

dèvil-may-cáre ⟨シ⟩ 形《限定》向こう見ずな；行き当たりばったりの, 無頓着(むとんちゃく)な

dév·il·ment /-mənt/ 名 U C ❶ 悪ふざけ, いたずら ❷ 悪魔的な仕業, 悪魔的な[奇怪な]現象

dev·il·ry /dévəlri/ 名 (複 **-ries** /-z/) U C ❶ 向こう見ずないたずら, 大胆な行為 ❷ 悪魔の仕業；極悪非道, 残酷な行い

dèvil's ádvocate 名 C ❶ (反論などを喚起するために)わざと反対の立場をとる人, あまのじゃく ❷【宗】列聖調査審問検事

plày (the) dèvil's ádvocate (議論を起こすため) 反対するふりをする, わざと反論する

de·vi·ous /díːviəs/ 形 ❶ (道路が)遠回りの, 曲がりくねった；遠隔の ❷ 不誠実な, 不正な；狡猾(こうかつ)な ‖ a ~ politician 狡猾な政治家 **~·ly** 副 **~·ness** 名

de·vise /dɪváɪz/ 動〔▶ device 名〕他 ❶ …を考案する, (⤷ think up), 工夫する, 計画する；…を発明する ‖ They ~*d* a clever plan to increase sales. 彼らは売り上げを増やす妙案を考え出した / ~ a computer program コンピューターのプログラムを作る / ~ an escape 逃げ道を考える ❷【法】〔不動産〕を〈…に〉遺贈する〈to〉(→ bequeath) —名【法】C (遺言状の) 贈与条項；U 物的財産遺贈；遺贈財産

de·vi·see /dɪvàɪzíː/ 名 C【法】(不動産)受贈者

de·vis·er /dɪváɪzər/ 名 C 考案[発明]者；=devisor

de·vi·sor /dɪváɪzər/ 名 C【法】(不動産)遺贈者

de·voice /dìːvɔ́ɪs/ 動 他【音声】〔有声音〕を無声音化する

de·void /dɪvɔ́ɪd/ 形《叙述》(+of 名)…がない, …を欠いている ‖ Her face was ~ *of* feeling. 彼女の顔は無表情だった

de·vo·lu·tion /dèvəlúːʃən | dìː-/ 名 U ❶ (職務などの)委任；(地方自治体への権力の)委託, 地方分権 ❷《堅》段階的(低レベルへの)移り変わり ❸【法】(財産・権利・権限などの)移転, 継承 ❹【生】退化

de·volve /dɪvɑ́(ː)lv | -vɔ́lv/ 動 他〔義務など〕を〈人に〉移譲する, 委任する〈upon, on, to〉；〔財産など〕を〈人に〉継承させる〈upon, on〉
—自 (義務・仕事などが)〈…に〉移る, 受け継がれる〈upon, on, to〉；(財産などが)〈…に〉継承される〈upon, on〉

de·volved /dɪvɑ́(ː)lvd | -vɔ́lvd/ 形 委任された

Dev·on /dévən/ 名 デボン《イングランド南西部の州. 州都 Exeter. 旧称 Devonshire /dévənʃər/》

De·vo·ni·an /devóuniən/ 形 ❶ デボン州の ❷【地】デボン紀の
—名 ❶ C デボン州の人 ❷《the ~》【地】デボン紀[層]

de·vote /dɪvóut/
—動〔▶ devotion 名〕(~s /-s/；-vot·ed /-ɪd/；-vot·ing) 他 ❶《+目+to 名》〔努力・時間など〕を…に**ささげる**, 充てる, 向ける(→ devoted)(⇨ 類語) ‖ The police ~*d* all their **energies** *to* finding the kidnapper. 警察は誘拐犯の発見に全精力を注いだ / ~ more **time** *to* one's family 家族のことにもっと時間を充てる
❷《~ oneself to ... で》…**に専念する**, 打ち込む, ふける ‖ He ~*d* himself *to* his job. 彼は仕事に専念した / She ~*d* herself *to* caring [×care] for poor people. 彼女は貧しい人々の世話に打ち込んだ

類語 《❶》**devote** 真剣に, 熱心にある目的に全面的に時間・努力などを向ける.
dedicate 格式ばった語で, 気高いまたは神聖な目的に厳粛にささげる. 決意や確信が強調される. 〈例〉*dedicate* oneself [OR one's life] to finding a cure 治療法の発見に身をささげる

de·vot·ed /dɪvóutɪd/ 形 (**more ~**；**most ~**) ❶〈…に〉献身的な, 誠実な；熱愛[熱中]している〈to〉‖ a ~ friend 誠実な友 / His ~ fans awaited his appearance at the stage door. 熱心なファンは楽屋口で彼が現れるのを待ち受けた / She is utterly ~ *to* jazz. 彼女はすっかりジャズに夢中だ ❷《叙述》〈…を〉主題とした,〈…ばかりを〉扱った〈to〉‖ a museum ~ *to* manga 漫画だけを展示している博物館 **~·ly** 副 献身的に, 一心に

dev·o·tee /dèvətíː, dèvou-/ 名 C ❶〈…の〉愛好者, 支持者, …ファン〈of〉❷〈…の〉信者, 帰依者；狂信者〈of〉

*__de·vo·tion__ /dɪvóuʃən/ 名〔◁ devote 動〕U ❶〈…への〉献身, 専心；愛着, 熱愛；ささげること〈to〉(⇨ LOVE 類語) ‖ his ~ *to* duty 職務への彼の専念 / ~ of one's time *to* helping refugees 難民援助に自分の時間を傾注すること ❷ 帰依, 信心 ❸ C《~s》祈禱(きとう), 礼拝 ‖ perform one's ~*s* twice a day 日に2回礼拝する

de·vo·tion·al /dɪvóuʃənəl/ 形 宗教上の儀式に関する, 祈禱の —名 C (短い)祈禱

*__de·vour__ /dɪváuər/《発音注意》動 他 ❶ (人・動物が)…をむさぼり食う, がつがつ食う ❷ …をむさぼるように読む [眺める], 熱心に聞く ‖ ~ a novel 小説をむさぼるように読む / ~ pictures with one's eyes 食い入るように写真を見つめる ❸ (火などが)…をなめ尽くす；(海・闇(やみ)などが)…を飲み込む ❹《受身形で》〈好奇心・心配などに〉注意[心]が奪われる, 夢中になる〈by, with〉‖ She is ~*ed by* guilt. 彼女は罪の意識でいっぱいだ
語源 *de-*(強意)+*-vour* swallow(飲み込む)

*__de·vout__ /dɪváut/《発音注意》形 ❶ 信心深い, 敬虔(けいけん)な ‖ a ~ Buddhist 敬虔な仏教徒 / the ~ 敬虔な人々 ❷《限定》熱烈な, 心からの, 誠実な ‖ a ~ supporter 熱心なサポーター / ~ hope 熱烈な期待 **~·ly** 副

*__dew__ /djuː/ (♦同音語 due) 名 U ❶ 露 ‖ drops of ~ 露のしずく / morning [evening] ~ 朝[夜]露 ❷ (露のように)新鮮な[純粋な]もの；さわやかさ ‖ a lad in the ~ of youth みずみずしい青春期の若者 ❸ (涙・汗などの)しずく ‖ the ~ of sweat 玉の汗 / the ~ of tears 涙のしずく
—動 他 ❶《文》…を露で湿らせる ❷ (涙・汗などの)しずくで…をぬらす ▸▸ **~ pòint** 名《the ~》露点 (温度)《水蒸気が水滴になり始める温度. 略 DP》

dew·ber·ry /djúːbèri | -bəri/ 名 (複 **-ries** /-z/) C【植】デューベリー(の実)《つる性キイチゴの一種》

déw·clàw 名 C ❶ おおかみづめ, 狼爪(ろうそう)《犬などの歩くときに地に着かない退化したつめ》❷ (シカなどの)偽蹄(ぎてい)

déw·dròp 名 C 露の玉[しずく]

Dew·ey /djúːi/ 名 **John ~** デューイ(1859–1952)《米国の哲学者・教育家. pragmatism の大成者》

Dèwey décimal classificàtion [sỳstem] 名《the ~》【図書館】デューイ式10進分類法《Melvil Dewey が1876年に創案》

déw·fàll 名 U《文》❶ 露が降りること ❷ (露の降りる) 夕暮れどき

déw·làp 名 C (牛などの)のど袋；(人の)のどのたるみ

dè·wórm /diː-/ 動 他〔家・犬など〕を駆虫する, …から害虫を駆除する **~·er** 名 C 駆虫剤

dew·y /djúːi/ 形 ❶ 露にぬれた；(肌が) 滑らかでつやのある ❷《文》若々しい, 新鮮な ❸《文》うぶな, 純な
déw·i·ly 副 **déw·i·ness** 名

déwy-èyed ⟨シ⟩ 形 純情な, うぶな；涙にうるんだ

dex·ter /dékstər/ 形《限定》《古》右(側)の；【紋章】(盾の)右側の(↔ sinister)

dex·ter·i·ty /dekstérəṭi/ 名 U ❶ (手先・動作の) 器用さ；手際のよさ[見事さ] ❷ 機敏さ, 巧妙さ, 頭の切れのよさ

*__dex·ter·ous__ /dékstərəs/ 形 ❶ (特に手先が)器用な；手際のよい ❷ 頭の切れる；機敏な
~·ly 副 器用に **~·ness** 名 U 器用さ

dex·tral /dékstrəl/ 形 右側の；右利きの；【動】(貝が)右巻きの；【地】右にずれた(↔ sinistral) —名 C 右利きの人

dextro- /dekstrou-/ 連結形「右, 右回りの」の意(♦母音の前では dextr- を用いる. ラテン語 *dexter* より) ‖ *dextrose, dextral*

dèxtro·rotátion 名 U【光・化】(偏光面の)右旋

D

-**rótatory** 形〘光〙右旋性の

dex·trose /dékstròus｜-tròuz/ 名 U〘化〙ブドウ糖，右旋糖

dex·trous /dékstrəs/ 形 =dexterous

DF, D.F. 略 ❶ *D*efender of the *F*aith（英国王の称号）（♦ ラテン語 *Defensor Fidei* より）❷ *d*irection *f*inder

DFC 略〘英軍〙*D*istinguished *F*lying *C*ross（空軍殊勲十字章）

DfES 略《英》*D*epartment *f*or *E*ducation and *S*kills（教育技能省）

DFM 略〘英軍〙*D*istinguished *F*lying *M*edal（空軍殊勲章）

DG, D.G. 略 by the grace of God（→ Dei gratia, Deo gratias）; *D*irector *G*eneral

DH 略〘野球〙*d*esignated *h*itter —動（**DH's** /-ɪz/; **DH'd** /-t/; **DH·ing**）自 指名打者として出場する

Dha·ka, Dac·ca /dǽkə/ 名 ダッカ《バングラデシュの首都》

dhal, dal /dɑːl/ 名 U レンズ豆；その料理

dhar·ma /dɑ́ːrmə/ 名 U〘ヒンドゥー教・仏教〙ダルマ《宇宙や人間存在の基本原理》；法(law)，徳(virtue)，正義，正しい行い -**mic** 形

DHEA 略〘生化〙dehydroepiandrosterone（デヒドロエピアンドロステロン）《副腎から分泌されるホルモン．老化防止や筋肉増強などの効果があるとされる》

dho·ti /dóuṭi/, **dhoo·tie** /dúːṭi/ 名（複 ~**s**, ~**es** /-z/）C（Hindu の男子の）腰布；腰布用の綿布

dhow /dau/ 名 C ダウ船《アラビア海・東アフリカなどで用いる大三角帆を持った沿岸旅行用の帆船》

DI 略 *D*efence *I*ntelligence（(英国の) 国防情報本部）；〘軍〙*d*rill *i*nstructor；*d*irect *i*njection；*d*iscomfort *i*ndex；(不快指数)

di-[1] 接頭「2つの，2倍［重］の (two, double)」の意（→ mono-）‖ *di*chromatic, *di*oxide

di-[2] 接頭《b, d, l, m, n, r, s, v, ときに g, j の前で》=dis- ‖ *di*rect, *di*verge

di-[3] 接頭《母音の前で》=dia- ‖ *di*electric

dia- 接頭「…を通して (through)；…を横切って (across)；分けて，別々に (apart)」などの意 ‖ *dia*phanous, *dia*meter, *dia*critical

di·a·base /dáɪəbèɪs/ 名 U 粗粒(そりゅう)玄武岩；輝緑岩(dolerite)

*__di·a·be·tes__ /dàɪəbíːṭəs｜-tiːz/ 〈シ〉 名 U〘医〙糖尿病 ▸▸~ **in·síp·i·dus** /-ɪnsípɪdəs/ 名 U〘医〙尿崩症《略 DI》~ **mel·lít·us** /-məláɪṭəs/ 名 U〘医〙真性糖尿病

di·a·bet·ic /dàɪəbéṭɪk/ 〈シ〉 形 糖尿病(患者)(用)の；糖尿病にかかった —名 C 糖尿病患者

di·a·bol·ic /dàɪəbɑ́(ː)lɪk｜-bɔ́l-/ 〈シ〉, **-i·cal** /-ɪkəl/ 形 ❶ 悪魔の(ような)，悪魔的な；残酷な ❷《英口》ひどい，腹立たしい -**i·cal·ly** 副

di·ab·o·lism /daɪǽbəlìzm/ 名 U ❶ 悪魔信仰［崇拝］；悪魔主義 ❷《文》悪魔的性質［所行］ -**list** 名 C 悪魔信仰［崇拝］者

di·a·chron·ic /dàɪəkrɑ́(ː)nɪk｜-krɔ́n-/ 〈シ〉 形〘言〙通時的な《言語事実を史的に研究し記述する》(↔ synchronic) -**i·cal·ly** 副

di·a·crit·ic /dàɪəkríṭɪk/ 形 =diacritical —名 =diacritical mark

di·a·crit·i·cal /dàɪəkríṭɪkəl/ 形 区別をつける，区別のある；区別できる ▸▸~ **márk** 名 C〘言〙発音区別符号《ē, ô, ä, ŭ のように同一文字に ¯ ˆ ¨ ˘ などをつけて，種々の発音を示すのに用いる》

di·a·dem /dáɪədèm/ 名 ❶ C 王冠(crown)；(君主の表象としての)頭飾り ❷《the ~》《文》王権，王位

di·aer·e·sis /daɪérəsɪs｜-fər-/ 名（複 -**ses** /-sìːz/）《英》=dieresis

*__di·ag·nose__ /dàɪəgnóus, ˊ-ˋ-｜dáɪəgnòuz/ 動 他〔病気・機械の故障・問題など〕を〈…と〉診断する，見立てる〈**as**〉；〔人〕を〈…(の病気がある)と〉診断する〈**as, with**〉‖ I ~*d* the computer trouble *as* a bad memory unit. コンピューターの不調は不正メモリーにあると突き止めた / The doctor ~*d* her illness *as* measles. 医師は彼女の病気をはしかと診断した / He was ~*d with* kidney trouble. 彼は腎臓(じんぞう)病と診断された / a TB-~*d* worker 肺結核と診断された労働者 —自 診断する

*__di·ag·no·sis__ /dàɪəgnóusɪs/ 名（複 -**ses** /-sìːz/）C U ❶ 診察；診断 ‖ The doctor made [OR gave] a wrong [OR false, mistaken] ~. 医者は誤った診断をした ❷（原因・性質などの）究明，分析(によって得られた結論)，判断 ‖ What is your ~ of the present monetary crisis? 現在の金融危機をどう判断しますか

di·ag·nos·tic /dàɪəgnɑ́(ː)stɪk｜-nɔ́s-/ 〈シ〉 形《通例限定》診断(上)の；診断に役立つ；《叙述》特徴的な —名 ❶ C《通例 ~s》《単数扱い》診断法［術］❷ U C 💻（ハードウェア・ウイルスなどの）診断プログラム (diagnostic program)；《通例 ~s》診断(結果)
-**ti·cal·ly** 副 -**ti·cian** 名 C 診断する人，診断(専門)医

di·ag·o·nal /daɪǽgənəl/ 形 ❶ 対角線［面］の ‖ a ~ line [plane] 対角線［面］❷ 斜め(模様)の —名 C ❶ 対角線［面］❷ 斜めの方向［列，部分］；あや織り (twill) ❸ 斜線の記号《 / 》 ~**ly** 副 ▸▸~ **párking** 名 U 斜め駐車

diagonal parking

*__di·a·gram__ /dáɪəgræ̀m/ 名 C ❶ 図，図式，図解 ❷ 図表，グラフ，一覧表；《英》(列車の)ダイヤ ❸（幾何学などの）図(形) —動（-**gramed**,《英》-**grammed** /-d/; -**gram·ing**,《英》-**gram·ming**）他 …を図(表)で示す，図解する；…の図形［図表］を作る
語源 *dia-* through, across＋*-gram* writing, drawing：交差して線を引くこと

di·a·gram·mat·ic /dàɪəgrəmǽṭɪk/ 〈シ〉 形 図表の，図式の -**i·cal·ly** 副

*__di·al__ /dáɪəl/ 名 C ❶（計器類の）目盛り盤，(時計の)文字盤 ❷（ラジオ・テレビなどの）ダイヤル ‖ turn the ~ to an all-music station ダイヤルを音楽専門局に合わせる ❸（電話の）回転ダイヤル；(プッシュホンの)ダイヤルボタン ❹《英口》(人の)顔
—動（-**aled**,《英》-**alled** /-d/; -**al·ing**,《英》-**al·ling**）他 ❶〔電話の番号・相手〕に電話［ダイヤル］する（♦ プッシュボタン式にも用いる）‖ I ~*ed* your number but the line was busy. お宅の番号に電話したらお話し中でした / ~ 911（米国で）911番にかける《911は消防署・警察への緊急電話番号．英国では999》❷〔番組など〕をダイヤルを回して選ぶ；〔ラジオなど〕をダイヤルを回して調節［選局］する；〔組み合わせ錠〕のダイヤルを回す ‖ ~ one's favorite program 好きな番組にダイヤルを合わせる
—自 ダイヤルを回す；電話する
dìal ín〈自〉電話回線を使ってほかのコンピューターにつなぐ —〈他〉《**dìal ín ...**》ダイヤルで…を調節する［入力する］
dìal ínto ...〈他〉〔放送局など〕にダイヤルを合わせる；電話回線を使って〔ほかのコンピューター〕につなぐ
dìal óut〈自〉外線で電話をかける
dìal úp〈自〉💻（モデムなどを使って）電話回線でネットワークに接続する，ダイヤルアップ接続をする —〈他〉《**dìal úp ...** / **dìal ... úp**》〔情報・サービスなど〕に電話回線でアクセスする；…を電話で呼び出す
▸▸**dìalling còde** 名 C《英》（電話の）市外局番（《米》area code） **díalling tòne** 名 C《英》=dial tone ~ **tòne** 名 C《米》(電話の)発信音

dial-a- /dáɪələ-/ 連結形「電話で注文できる」の意 ‖ *dial-a-*

bus ダイヤルアバス《電話で配車を依頼するバス》
di·a·lect /dáɪəlèkt/ 名 C U ❶ (地域)方言, 地方語(regional dialect) (♦ 発音だけでなく語彙(ごい)や文法も含む. → accent) ‖ Cockney is a ～ of English. コクニーは英語の方言の1つである / He speaks in the Hiroshima ～. 彼は広島弁で話す
❷ (階級・職業などに)特有の(話し)言葉, 通用語 ‖ a social ～ 社会方言 ❸ (同族語系集団の一部としての) 言語, 同族語 ‖ Indo-European ～*s* インド=ヨーロッパ語族の言語 ❹ 💻 プログラミング言語中の派生言語
dì·a·léc·tal 形 方言の；通語の
di·a·lec·tic /dàɪəléktɪk/ ⊲ジ 名 ❶ U 論法；論証；弁証(法) ❷ C《しばしば ～s》《単数扱い》論理(学)；弁証法的思考
di·a·lec·ti·cal /dàɪəléktɪkəl/ 形 ❶ 物理的な, 論証の, 論法にたけた；弁証法的な ❷ =dialectal **～·ly** 副
▸▸ **～ matérialism** 名 U 弁証法的唯物論
di·a·lec·tol·o·gy /dàɪəlektá(:)lədʒi | -tɔ́l-/ 名 U 方言学[研究] **-gist** 名 C 方言学者
dial·er, 《英》**dial·ler** /dáɪələr/ 名 C ダイヤラー, 自動ダイヤル装置
di·a·logue, +《米》**-log** /dáɪəlɔ̀(:)g/ 名 U C ❶ (作品中の)対話, 会話(部分)；《堅》(一般的な)対話, 会話(♦ 2人の間の会話とは限らない) ‖ *Dialogue* and narrative are combined well in his novels. 彼の小説では会話と地の文との調和がよくとれている / ～*s* between husband and wife 夫婦間の対話 ❷ (問題解決のための)首脳会談, 意見の交換 ‖ The USA entered into a ～ with Iraq. アメリカはイラクとの対話を始めた / The ～ between the two sides broke down. 両者間の会談は決裂した ━動 自《主に米》対話[会話, 交渉]する, 話し合う ━他 …を会話体で表現する
語源 *dia-* between＋*-logue* speech：2人の間の話
▸▸ **～ bòx** 名 C 💻 (コンピューター画面上の) ダイアログ=ボックス《GUIで対話的に各種情報の入出力を行う》
díal-ùp 💻 名 U ダイヤルアップ(接続)《電話回線を介してのインターネット・コンピューターネットワークへの接続(法)》
━形 ダイヤルアップ式の
di·al·y·sis /daɪǽləsɪs/ 名 (複 **-ses** /-sì:z/) C U 《医》(血液)透析；《化》透析 **di·a·lýt·ic** 形
dia·mag·net·ic /dàɪəmæɡnéṭɪk/ ⊲ジ 《理》形 反磁性(体)の ━名 C 反磁性体
-mág·net·ìsm 名 U 反磁性；反磁性現象
di·a·man·té /dì:əmɑ:ntéɪ | -mɔ́nteɪ/ 名 U ディアマンテ《人工宝石をちりばめた装飾品》
━形 ディアマンテをちりばめた(♦ フランス語より)
dia·man·tine /dàɪəmǽntaɪn, -ti:n/ 形 ❶ ダイヤモンドでできた, ダイヤモンドのような ❷ 非常に堅くて丈夫な
di·am·e·ter /daɪǽməṭər | -ɪtə/ 《アクセント注意》名 C U ❶ (円・球の)直径, 差し渡し；(円筒状のものの)幅, 厚さ ‖ The earth is 8,000 miles in ～.=The ～ of the earth is 8,000 miles. 地球の直径は8,000マイルある(=The earth is 8,000 miles across.) ❷ …倍《レンズの倍率の単位》‖ a lens magnifying 100 ～*s* 100倍に拡大するレンズ **-tral** 形 直径の
語源 *dia-* through＋*-meter* measure：真ん中を通しての寸法
di·a·met·ric /dàɪəmétrɪk/ ⊲ジ, **-ri·cal** /-rɪkəl/ 形 ❶ 直径の ❷ (対立・相違などが)正反対の；全くの
di·a·met·ri·cal·ly /dàɪəmétrɪkəli/ ⊲ジ 副 ❶ 完全に異なって, 正反対に ❷ 直径に沿って
di·a·mond /dáɪmənd | dáɪə-/ 《アクセント注意》名 ❶ C U ダイヤモンド, 金剛石；C《～s》ダイヤモンドの装飾品；《形容詞的に》ダイヤモンド(製)の, ダイヤモンドをちりばめた ‖ He bought me a ring with ten ～*s* for our tenth wedding anniversary. 結婚10周年記念に彼は私に10個のダイヤ入り指輪を買ってくれた / a nine-carat ～ necklace 9カラットのダイヤのネックレス / a ～-encrusted watch ダイヤモンドをちりばめた腕時計 ❷ C 菱形(ひしがた), 斜方体；《形容詞的に》菱形の ❸ C (トランプの) ダイヤ(の札)；《～s》《単数・複数扱い》ダイヤの組札 ‖ the seven of ～*s* ダイヤの7 ❹ C 《野球》野球場；内野, ダイヤモンド
dìamond cùt díamond (知恵者同士が) しのぎを削る争い, いずれ劣らぬ好勝負
▸▸ **～ anniversary** 名 C (結婚・即位・定礎などの) 60[ときに75] 周年記念祭 **Díamond Hèad** 名 ダイヤモンドヘッド《米国ハワイ州ホノルルにある岬》 **～ in the róugh** 名 C《米》未加工のダイヤモンド, ダイヤの原石；粗削りだが優れた素質[優しい心]を持つ人 (《英》rough diamond) **～ júbilee** 名 C (国王の即位などの) 60[75] 周年記念式 **～ làne** 名 C《米》ダイヤモンドレーン《バス・タクシー・相乗り車などの専用レーン. 菱形のマークが路上に描かれている》 **～ wédding** 名 C《英》ダイヤモンド婚式《結婚後60[75]周年記念式》
díamond·bàck 名 C《米》《動》❶ (=**～ ráttlesnake**) ダイヤモンドガラガラヘビ ❷ (=**～ térrapin**) ダイヤモンドテラピン《食用ガメ》
dia·mor·phine /dàɪəmɔ́:rfi:n/ 名 U ヘロイン
Di·an·a /daɪǽnə/ 名 ❶ 《ロ神》ダイアナ, ディアナ《月と狩猟の女神. 《ギ神》の Artemis に相当》 ❷ **Lady ～ Spencer** ダイアナ(1961–97)《元チャールズイギリス皇太子妃. パリで交通事故死》
di·a·pa·son /dàɪəpéɪzən/ 名 C ❶ (パイプオルガンの) 基本音栓 ‖ the open [stopped, closed] ～ 開管 [閉管] 音栓 ❷ 音域, 声域
***di·a·per** /dáɪpər | dáɪəpə/ 名 ❶ C《米》おむつ (《英》nappy) ‖ paper ～*s* 紙おむつ ❷ U (パネルなどの) (菱形などの) 連続模様 ❸ U 菱形地紋の布 (のナプキン・タオル) ━動 他 ❶《米》〔赤ん坊〕におむつを当てる；…のおむつを替える ❷ …を(菱形などの)連続模様で飾る
▸▸ **～ ràsh** 名 U おむつかぶれ **～ sèrvice** 名 C《主に米》貸しおむつ
di·aph·a·nous /daɪǽfənəs/ 形 ❶ (布地などが) 透けて見える；(半)透明な ❷《文》おぼろげな, 定かでない
di·a·phragm /dáɪəfræ̀m/ 名 C ❶ 《解》横隔膜；(一般に)隔膜 ❷ 仕切り板 ❸ (マイクロホン・スピーカーなどの)振動板 ❹ (カメラなどの) 絞り ❺ (避妊用) ペッサリー (《英》cap) **dì·a·phrag·mát·ic** 形
di·a·rist /dáɪərɪst/ 名 C 日記をつける人
di·ar·rhe·a, +《英》**-rhoe-** /dàɪərí:ə | -ríə/ 名 U 下痢 (♥ 婉曲的に (have) loose bowels [OR bowel movements] ということが多い)
‡di·a·ry /dáɪəri/
━名 (複 **-ries** /-z/) C ❶ **日記**, 日誌；日記帳 ‖ I've tried to **keep a** ～ a couple of times but it never lasted. 日記をつけようと2, 3度試みてはみたが長続きしたことはない (♦ keep a diary は「継続的に日記をつける」こと. 「ある日の日記をつける」のは write in one's diary)
❷《英》(予定を書き込める)カレンダー式の手帳(《米》datebook)
語源「(食べ物あるいは給料の)毎日の割り当て」の意のラテン語 *diarium* から. 転じて「その記録」となった.
di·as·po·ra /daɪǽspərə/ 名 ❶《the D-》《集合的に》(イスラエル以外に住む) ユダヤ人たち；その居住地 ❷《the D-》(イスラエル以外の国への)ユダヤ人の離散 ❸ U (父祖の地からほかの国への) 人々の離散；故郷離脱者 ❹ U (もと同一地域の)人々[言語, 文化]の離散
di·a·stase /dáɪəstèɪz/ 名 U 《生化》ジアスターゼ, でんぷん糖化酵素(amylase)
di·as·to·le /daɪǽstəli/ 名 U 《生理》心臓拡張 (期) (↔ systole) **dì·as·tól·ic** 形 心臓拡張期の
di·a·ther·my /dáɪəθə̀:rmi/ 名 U 《医》ジアテルミー《高周波電流を用いる透熱療法》 **dì·a·thér·mic** 形
di·a·tom /dáɪətɑ̀(:)m | -tɔ̀m/ 名 C 《植》珪藻(けいそう)
dì·a·to·ma·ceous éarth /dàɪəṭəméɪʃəs-/ 名 U 《地》珪藻土(diatomite)

di·a·tom·ic /dàɪətá(:)mɪk | -tɔ́m-/ ⊲ジ 形 〘化〙 ❶ (1分子中) 2原子の ❷ 2価の

di·at·o·mite /daɪǽṭəmàɪt/ 名 U 珪藻(けいそう)土；珪藻岩

di·a·ton·ic /dàɪətá(:)nɪk | -tɔ́n-/ ⊲ジ 形 〘楽〙 全音階の, 全音階的な (→ chromatic) ‖ the ～ scale 全音階

di·a·tribe /dáɪətràɪb/ 名 C 〈…への〉酷評, 痛烈な皮肉〈against〉

di·az·e·pam /daɪǽzəpæ̀m | -éɪzə-, -ǽzə-/ 名 U 〘薬〙 ジアゼパム《作用の弱い精神安定剤の一種》

D

dib·ble /díbl/ 名 C (球根や苗の植え付けに用いる) 穴掘り具 ── 動 他 (穴掘り具で)〔地面〕に穴を掘る；(掘り具で) …を植える, 〔種〕をまく

dibs /dɪbz/ 名 複《次の成句で》

hàve (*fírst*) *díbs on ...* 《口》…を(最初に)取る[選ぶ]権利がある

── 間《米口》(特に幼児が) 僕の番[分]だ；僕が…とった ‖ *Dibs* on the seat there. そこの席は僕のだ

***dice** /daɪs/ 名 ❶ C さいころ, さい (♦ 本来は die² の複数形だが, 通例2個以上を1組にして振るので dice を用いる.「さいころ1つ」は one of the dice, dice を単数形として用いて a dice ともいう. a die は一般的ではない) ‖ throw [OR roll] the ～ さいころを振る ❷ U さいころ遊び[賭博(とばく)] ‖ play ～ さいころ遊びをする ❸ C (食べ物などの) 小立方体, さいの目 (♦ ときに dices を複数形として用いることがある) ‖ cut the meat into ～ 肉をさいの目に切る

nò díce 《主に米口》 ① (頼みを断って) 駄目, いやだ, まっぴらだ ‖ "Could you lend me some money?" "Sorry, *no* ～." 「お金を貸してもらえる？」「悪いけど駄目だ」 ② 不成功で, 無駄で

The dìce are lóaded (*against a pérson*). (人に) 不利なように仕組まれている, (不公平な状況なので) (人に) 成功の見込みはない (♦ さいころにおもりを埋めて同じ目が出るよう細工をしたことから)

── 動 自 さいころ遊び[賭博]をする ── 他 ❶〔野菜など〕をさいの目に切る《*up*》(⇨ CUT 類語P) ❷〔金など〕をさいころ賭博で失う《*away*》 ‖ He ～*d* his fortune *away* at the casino. 彼はカジノで財産をすってしまった

dìce with déath 《しばしば進行形で》命がけのむちゃをする, 危険なことをする

dic·er /dáɪsər/ 名 C ❶ さいころ賭博をする人 ❷ (食べ物の) さいの目切り機

dic·ey /dáɪsi/ 形 《口》危険の多い, 不確実な

di·chot·o·my /daɪká(:)ṭəmi | -kɔ́t-/ 名 (複 **-mies** /-z/) ❶ C 《通例単数形で》(区別のはっきりしたものを) 2分すること ❷ U 〘生〙 二また分枝 **-mìze** 動 他 **-mous** 形

di·chro·ic /daɪkróuɪk/ 形 ＝dichromatic

di·chro·mat·ic /dàɪkroumǽṭɪk | -krə-/ 形 ❶ 2色(性)の ❷ (三原色中) 2色だけを識別する, 2色性色覚の

di·chro·ma·tism /daɪkróumətɪ̀zm/ 名 U 2色(性)；2色性色覚

dick /dɪk/ 名 ❶ 《D-》ディック《Richard の愛称》‖ Tom, *Dick* and Harry ふつうの人たち ❷ C ⊗《英卑》《蔑》愚か者, ばか ❸ C ⊗《卑》陰茎, いちもつ ❹ C 《主に米俗》《旧》探偵, 刑事, でか (detective)

dick·ens /díkɪnz/ 名 《旧》《口》《婉曲的》＝ devil ❼, deuce² ❶

Dick·ens /díkɪnz/ 名 **Charles** (**John Huffam**) ～ ディケンズ (1812–70) 《英国の小説家》

Dick·én·si·an 形 ディケンズの(作品の)；ディケンズ(の作品)に出てくるような

dick·er /díkər/ 動 自 《主に米》(特に小規模の) 物々交換をする, 小取引をする；値切る, 交渉する〈**with** 人と；**over** 値段について〉

dick·ey /díki/ 名 ＝dicky¹

dick·head /díkhed/ 名 C ⊗《俗》《蔑》間抜け, とんま

dick·y¹ /díki/ 名 (複 **dick·ies** /-z/) C 《口》 ❶ (ワイシャツやブラウスの) 胸当て；(婦人服の) 前飾り ❷ 《主に英》《旧》(車などの) (折り畳み式) 後部座席 (《米》rumble seat)

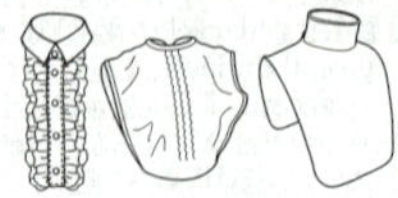
dicky¹ ❶

▸▸ ～ **bìrd** (↓) ～ **bòw** 名 C /-bòu/ 《口》蝶(ちょう)ネクタイ

dick·y² /díki/ 形 《英口》病弱の；頼りにならない

dícky bìrd, dícky·bìrd 名 C 《英》 ❶ 小鳥ちゃん ❷ 《通例否定文で》《俗》一言(も…ない)

nòt hèar [*sày*] *a dícky bìrd* 何も聞いて[言って]いない

di·coty·le·don /dàɪkà(:)ṭɪlí:dən | -kɔ̀tɪ-/ 名 C 〘植〙 双子葉植物 (→ monocotyledon)

dict. 略 dictation, dictator；dictionary

dic·ta /díktə/ 名 dictum の複数

Dic·ta·phone, d- /díktəfòun/ 名 C 《商標》ディクタホーン《口述を録音する速記用器械》

***dic·tate** /díkteɪt | ─́─/ 《アクセント注意》 (→ 名) 動 〔▶ dictation 名〕 他 ❶ 〈…に〉…を口述筆記させる, 書き取らせる〈**to**〉‖ She ～*d* a letter *to* her secretary. 彼女は手紙を秘書に口述筆記させた / The teacher ～*d* the proverb *to* the class. 先生はその諺(ことわざ)をクラスの生徒に書き取らせた ❷ **a** 《＋目》〔条件・方針など〕を〈…に〉命令する, 押しつける〈**to**〉‖ The company ～*d* severe terms *to* its subcontractors. その会社は下請け業者に過酷な条件を押しつけた **b** 《(＋to 名)＋wh 節 / that 節》…ということを(…に)命令[指図]する ‖ She ～*d to* the new staff member *how* he should do his work. 彼女は新部員に仕事のやり方を指示した ❸ **a** 《＋目》(必然的に) …を決定づける；…に影響を与える ‖ Circumstances ～ my course of action. 状況によって私の行動方針は決められる **b** 《＋wh 節 / that 節》…ということを決定づける ‖ Our budget ～*s where* we'll stay. 予算の都合でどこに泊まるかが決まる

── 自 ❶ 〈…に〉書き取らせる, 口述する〈**to**〉‖ ～ *to* a secretary 秘書に書き取らせる / ～ into a tape recorder 口述してテープレコーダーに記録させる ❷ 〈…に〉指図[命令]する〈**to**〉‖ I'm not going to be ～*d to* by anyone. 私はだれの指図も受けるつもりはありません

── 名 /─́─/ C 《通例 ～s》 ❶ 《堅》(権威ある人の) 命令 ❷ (良心・理性などの) 指示, 命じるところ

***dic·ta·tion** /dɪktéɪʃən/ 名 〔◁ dictate 動〕 ❶ U 口述, 書き取り ❷ C 口述[命令]された[書き取られた]言葉 ❸ U 命令, 指図

***dic·ta·tor** /díkteɪṭər, dɪktéɪ- | dɪktéɪ-/ 名 C ❶ 独裁者, 専制君主 ❷ 威圧的な人, ワンマン, いばる人 ❸ 権威者 ❹ (古代ローマの) (臨時) 独裁執政官

dic·ta·to·ri·al /dɪ̀ktətɔ́:riəl/ ⊲ジ 形 独裁者の, 専制的な；高圧的な, 尊大な **～·ly** 副

***dic·ta·tor·ship** /díkteɪṭərʃɪ̀p | dɪktéɪ-/ 名 ❶ C U 独裁(政権), 独裁制；独裁者の統治[治世] ‖ The country is governed by a military ～. その国は軍事独裁政権に支配されている ❷ C 独裁国家 ❸ U 絶対権力, 専制支配

dic·tion /díkʃən/ 名 U ❶ 言葉遣い, 用語(選択) ‖ poetic ～ 詩語法 ❷ 発声法 **～·al** 形

‡dic·tion·ar·y /díkʃənèri | -əri/

── 名 (複 **-ar·ies** /-z/) C ❶ **辞書**, 辞典, 字引《略 dict.》(⇨ 類語) ‖ A ～ is a hodgepodge of words, where mammy is found next to mammoth. 辞書は単語のごった煮で, ママがマンモスの隣にいる / To look up the spelling of a word **in** a ～, you need to guess how to spell it. 単語のつづりを辞書で引くには, どうつづるか推測することが必要だ / This ～ is available on CD-ROM. この辞書はCD-ROM版がある / a Thai-English ～ タイ英辞典 / consult [OR refer to] a ～ 辞書を引く / a walking ～ 《口》生き字引, 物知り

❷ **事典** ‖ a medical ～ 医学事典

❸ (スペルチェッカーなどの) 辞書

語源 ラテン語 *dictiōn* word＋*-ary*(名詞語尾)：単語の本
類語《❶》**dictionary** ふつうの辞書.
lexicon 特にギリシャ・ラテン・ヘブライなどの古典語の辞書.
glossary 特にある専門分野の用語辞書. あるいは巻末の用語集.
thesaurus 類義語・反意語を分類した辞典.

dic·tum /díktəm/ 名 (複 **~s** /-z/ OR **-ta** /-tə/) C ❶《堅》声明, (権威ある)断言 ❷ 格言, 金言 ❸〚法〛＝obiter dictum

did /dɪd/ 助 動 do¹ の過去(⇨ DO¹)

di·dac·tic /daɪdǽktɪk/ 形 ❶ 教訓的な ❷ 人に教えたがる, 教師然とした **-ti·cal·ly** 副 **-ti·cìsm** 名

did·dle¹ /dídl/ 動《口》他 ❶ (物を奪う目的で)…をだます, ぺてんにかける(♦ しばしば受身形で用いる) ‖ ~ him out of his money 彼から金をだまし取る ❷ (意図的に)…を(事実を曲げて)伝える, ごまかす ❸〔コンピューター〕を不正に操作する 一自《主に米》ぶらぶらして時を過ごす ‖ ~ away 浪費する

did·dle² /dídl/ 動 他 自《口》(…を[が])小刻みに素早く動かす[動く]；⊗《主に米卑》《蔑》セックスする

did·dly /dídli/ 名 U ゼロ, 何も(nothing, anything) ‖ It doesn't mean ~. 何の意味もない[ナンセンスだ] / He did ~ all day. 彼は一日中何もしなかった

díddly·squàt /英 ⌐⌐⌐/ 名 ＝diddly

did·dums /dídəmz/ 間《英口》(形式的な同情を示して)おやまあ, あら大変；いい子いい子

did·dy /dídi/ 形《英口》ちっちゃい, ちょっぴりの

did·ger·i·doo /dìdʒəridúː/ 名 (複 **~s** /-z/) C〚楽〛ディジェリドゥー《オーストラリア先住民の木管楽器》

did·n't /dídnt/ did not の短縮形(⇨ DO¹)

di·do /dáɪdoʊ/ 名 (複 **~s**, **~es** /-z/) C《米口》悪ふざけ, おどけ；つまらないもの ‖ cut (up) ~(*e*)*s* 大騒ぎする, ふざける

didst /dɪdst/ 動《古》do¹ の二人称単数過去

die¹ /daɪ/(♦ 同音語 dye)

中心義 **生命を失う**

一動〔▶ death 名, dead 形〕(**~s** /-z/；**~d** /-d/；**dy·ing**)

一自 ❶ **a** (人・動物が)〈…で〉**死ぬ**, 亡くなる(↔ live)〈**from, of**〉(♥ 婉曲的には pass away などを用いる. 知り合いが肉親を亡くしたときは, 直接的な die は避けて I'm sorry to hear you lost your father. や I'm (so) sorry to hear about your father. などを用いるのがふつう)(⇨ 類語P)；(植物などが)**枯れる**, しぼむ, 枯死する ‖ Grandpa ~*d* five years ago at the age of 96. おじいちゃんは5年前に96歳で死んだ / My dog is *dying*. うちの犬が死にそうだ(♦「死んでいる」は My dog is dead.) / It is terrible to realize that even today children are *dying of* starvation. 今もなお子供たちが餓死していく現実を実感するのはつらい / ~ *of* pneumonia [a heart attack] 肺炎[心臓発作]で死ぬ(♦ ˣdie with pneumonia とはいわない. ⇨ PB 16) / ~ *of* old age 老衰で死ぬ / ~ *of* excessive bleeding 出血多量で死ぬ / ~ *from* overwork 過労死する / ~ by one's own hand 自殺する / ~ in battle 戦死する / ~ in one's sleep 寝ている間に死ぬ / ~ in (one's) bed 畳の上で死ぬ / ~ for love 愛のために死ぬ / The crops are *dying* for want of rain. 雨不足で作物が枯れかけている / The flowers ~*d from* frost. 花は霜枯れした

b 《＋補》(通例人が)…の状態で死ぬ, 死んだとき…である ‖ She ~*d* happy [poor]. 彼女は幸福のうちに[貧しいまま]死んだ(♦ die happily は「(自分の人生に満足できた人などが)幸福な死に方をする」の意) / ~ a beggar 野たれ死にする / ~ penniless 一文なしで死ぬ / The poet ~*d* **young**. その詩人は夭折(ようせつ)した

❷ (火・音・感情・習慣などが)**消える**；消滅する；衰える, 弱まる ‖ The wind suddenly ~*d*. 風がにわかにやんだ / John Lennon's fame will never ~. ジョン＝レノンの名声は不滅です / The secret ~*d* with him. その秘密は彼の死とともに消えた / The six-day workweek hasn't ~*d* in our country. 週6日労働制は我が国ではまだなくなっていない

❸《口》(機械が)止まる, 動かなくなる；💻(プログラムが)(異常)停止する ‖ The engine sputtered and ~*d*. エンジンがぷすぷすいって止まった

❹《＋**for** 名 / **to** *do*》《通例進行形で》《口》…が欲しくて[したくて]たまらない, 切望する ‖ I'm *dying for* a smartphone. スマートフォンが欲しくてたまらない / She's *dying to* see the musical before it closes. 彼女は公演が終了する前にそのミュージカルを見たくてたまらない

❺《口》〈飢え・退屈・好奇心・当惑などで〉死ぬほど[死にたいくらい]である〈**of**〉；死ぬかと思うほど驚く[当惑する, 笑いこける, 慌てる](♦ しばしば almost, nearly を伴ったり, 仮定法 could have died などの形をとる) ‖ I'm *dying of* hunger [boredom, laughter]. おなかがすいて[退屈で, おかしくて]死にそうだ / I could have ~*d of* embarrassment. きまりが悪くて死にたいくらいだった / I nearly ~*d* when I heard the news of the accident. その事故の知らせを聞いて死ぬほどびっくりした

❻〈…に〉無関心になる〈**to**〉‖ ~ *to* worldly things 世俗に背を向ける ❼ (野球で)残塁する ‖ ~ on second base 2塁に残塁する

一他《die a ... death の形で》《通例受身形不可》**…な死**

PLANET BOARD 16

die from と die of はどう使い分けるか.

問題設定「…で死ぬ」という場合,「負傷・過労」等の時は die from ...,「病気・飢え」等の時は die of ... がふつうであるというのが通説である. 実際にこの通り前置詞の使い分けがなされているかを調査した.

Q 次の表現のどちらを使いますか.

(1) (a) He died **from** the wound.
　(b) He died **of** the wound.
　(c) 両方
　(d) どちらも使わない

(2) (a) He died **from** pneumonia.
　(b) He died **of** pneumonia.
　(c) 両方
　(d) どちらも使わない

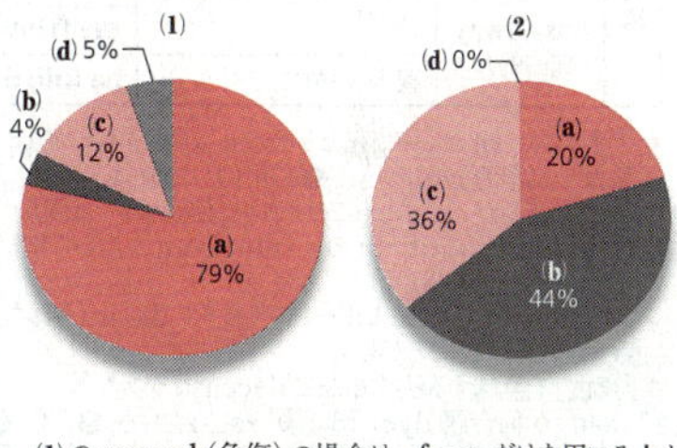

(1) の wound (負傷) の場合は, from だけを用いる人が約80%と断然多く, 両方と答えた人は12%, of だけという人はわずかだった. the の代わりに his を用いた He died from *his* wound. の方がよいとした人もいる.

(2) の pneumonia(肺炎＝病気)の場合は, of だけという人が44%と多かったが, 両方という人が36%, from だけという人も20%おり, 比較的差が小さかった. 全体として, 通説通りの区別をしている人もいるが, 特に(2)では,「どちらを用いても違いはない」という人がかなり多い.

学習者への指針 死ぬ原因が「負傷」である場合は die from ...,「病気」である場合は die of ... が一般的であるが, 後者の場合は from が用いられることもある.

に方をする(♦「...」には形容詞, または名詞の所有格が入る) ‖ ～ an unnatural death 非業の死を遂げる / ～ a happy [miserable] death 幸福な［惨めな］死に方をする / ～ a dog's [hero's] death 悲惨な[英雄らしい]死を遂げる

die a [OR *the*] *death* ⇨ DEATH(成句)

* ***dìe awáy*** 〈自〉(音・風・怒りなどが)次第に弱まる, 徐々に消える(fade)

dìe báck 〈自〉(植物が) 枝先から根元へと次第に枯れる, (地上に出ている部分が)枯れて根だけ残る

* ***dìe dówn*** 〈自〉① (火・風・興奮などが) 静まる, 衰える(subside)(↔ *blow up*) ② =*die back*(↑)

dìe hárd (古い習慣・信仰などが)なかなか消えない；根強く残る；最後まで抵抗する ‖ Old habits ～ *hard*. 古い習慣はなかなか抜けないものだ(⇨ DIEHARD)

dìe láughing 《口》ものすごくおかしい；笑いこける ‖ I thought I'd ～ *laughing*. 笑いすぎで死ぬかと思った

* ***dìe óff*** 〈自〉次々に死ぬ[死んでいなくなる]；(人口などが)どんどん減る

dìe on a pérson 〈他〉①〔人〕にみとられて死ぬ ‖ Before they could get married, he ～*d on* her. 彼らが結婚する前に彼は彼女にみとられて死んだ ②(機械などが)〔人〕が使っているときに動かなくなる, 〔人〕の役に立たなくなる ‖ The PC just ～*d on* me. パソコンは私が使っているときに止まってしまった

* ***dìe óut*** 〈自〉死滅する；完全に消える, 廃れる；(火などが)消える；(風などが)収まる

díe 「***with one's bòots on*** [OR ***in one's bòots***] 現役として活動中に死ぬ；戦死する

* ***to díe for*** 《口》すごくいい, 願ってもない(♦ 通例 be の補語または名詞の後に置く) ‖ That new shop has shoes *to* ～ *for*. あの新しい店にはすごくいい靴がある

COMMUNICATIVE EXPRESSIONS

1 **I'd ràther díe (than** lèave you alóne). (君をひとりにするなんて) 絶対いやだ (♥「それくらいなら死んだ方がましだ」という意味から強い拒絶を表す)

2 **Nèver sày díe!** 弱音を吐くな；くじけるな；勇気を出せ

3 **Whó dìed and màde yóu kìng** [OR **Gòd, Pòpe**]? 何様のつもりだ

死ぬ	die (一般的) / pass away (婉曲的)	病気・老衰・飢えなどで	die of
		負傷・過労・不摂生(ふせっせい)などで	die from
		戦争・事故で	be killed

♦ 大まかには, of は「…で死ぬ」, from は「…がもと・原因で死ぬ」. 典型的な結びつきは ❶ の用例とこのパネルで示したとおりであるが, 必ずしもこのとおりに使われるとは限らず, from の代わりに of, of の代わりに from が用いられることもある(⇨ PB 16).

♦「事故死」の場合, be killed に代わって die in(+事故, 戦争)が使われることがある.

♦「死亡」を意味する法律用語に decease がある.

* **die²** /daɪ/ (♦ 同音語 dye) 名 (複 **～s** /-z/) (→ ❸) C ❶ 〖機〗極印, 打ち抜き型；鋳型(いがた)；ダイス型；雄ねじ切り ❷ 〖建〗台胴《円柱下部の方形部》 ❸ (複 **dice** /daɪs/) さい, さいころ；《dice》さいころ遊び[賭博(とばく)](♦ さいころ1個の意味では下記の成句以外で die を用いるのはまれ)(⇨ DICE)

(***as***) ***stràight as a díe*** 《英》① さいころと同じくらい真っ正直な ② 真っすぐな

The dìe is cást. さいは投げられた；もはや後には引けない(♦ Julius Caesar がルビコン川を渡って合戦を始めたときの言葉. → Rubicon)

díe·bàck 名 C (樹木の)朽枯れ病

díe-càst 動 他 …をダイカストで製造する
── 形 ダイカスト製造の

dief·fen·bach·ia /dìːfənbáːkiə | -bǽk-/ 名 C 〖植〗ディフェンバキア《アフリカ原産の観葉植物》

díe·hàrd 形 名 C (変化に対して)最後まで抵抗する(人)；頑固な(人)

di·e·lec·tric /dàɪɪléktrɪk/ ⊲シ 〖理〗名 C 誘電体, 絶縁体 ── 形 誘電性の, 絶縁の

di·er·e·sis /daɪérəsɪs | -fər-/ 名 (複 **-ses** /-sìːz/) 《米》C 分音符号《隣接の2つの母音を独立して発音することを示す符号. naïve の(¨)など》；U 隣接する母音を独立して発音すること

* **die·sel** /díːzəl/ 名 ❶ (= ～ **fùel** [**òil**]) U ディーゼル用燃料 ❷ (= ～ **èngine**) C ディーゼルエンジン ❸ C ディーゼルエンジン付きの乗り物

‡ **di·et¹** /dáɪət/
── 名 (複 **～s** /-s/) ❶ C U (日常の) **食べ物**；常食 ‖ Their ～ is based on rice. 彼らの食事は米が中心だ / A balanced ～ and exercise are necessary for good health. 健康にはバランスのとれた食事と運動が必要だ / a high-fat ～ 脂肪分の高い食事
❷ C (減量・健康のための)**ダイエット**, 規定食, 療養食；《形容詞的に》低カロリーの, ダイエット用の ‖ a sugar-free ～ 砂糖抜きのダイエット / be **on** a ～ ダイエット［食餌(しょくじ)療法］をしている / go on [off] a ～ ダイエットをする［やめる］ ❸ C 《通例 a ～》(毎日のように繰り返される) お決まりのもの〈**of**〉 ‖ Television offers a steady ～ *of* soap operas in the afternoon. 午後はテレビはお定まりのメロドラマをやる
── 動 自 (減量のため) 食事を制限する, 規定食をとる ‖ Okay. I'll start to ～ ... tomorrow. わかった. ダイエットを始めるよ, 明日からね ── 他 (減量・治療・罰のために)…の食事を制限する, …に規定食をとらせる **～·er** 名

* **di·et²** /dáɪət/ 名 ❶ 《通例 the D-》(デンマーク・日本などの) 国会, 議会 (→ parliament, congress) ‖ The *Diet* is now sitting. 国会は今開会中である ❷ C (昔の連邦などの)会議, 議会；《スコット》〖法〗開廷(日) ❸ C 〖史〗(神聖ローマ帝国の)帝国議会

di·e·tar·y /dáɪətèri | -təri/ 形 ❶ 食事の, 飲食の ❷ 規定[療養] 食の, ダイエットの ── 名 (複 **-tar·ies** /-z/) C 《通例複数形で》《旧》規定食 ▸▸ **～ fíber** 名 U ダイエタリーファイバー《健康増進によいとされる食物繊維》

di·e·tet·ic /dàɪətétɪk/ ⊲シ, **-i·cal** /-ɪkəl/ 形 ❶ 飲食物の ❷ 特別[規定]食(用)の **-i·cal·ly** 副

di·e·tet·ics /dàɪətétɪks/ 名 U 応用栄養学, 食餌療法

di·e·ti·tian, -cian /dàɪətíʃən/ 名 C 栄養士, 栄養学者

Die·trich /díːtrɪk/ 名 **Marlene** ～ ディートリッヒ(1904–92)《ドイツ出身の映画女優・歌手》

‡ **dif·fer** /dífər/ 《アクセント注意》
── 動 〔▶ difference 名, different 形〕 (**～s** /-z/；**～ed** /-d/；**～·ing**) 自 (♦ 進行形・完了形はまれ) ❶ **違う**, 異なる〈**from** …と；**in, as to** …に関して〉 ‖ How does written language ～ *from* spoken language? 書き言葉と話し言葉はどう違いますか / The briefcases ～ *in* size and shape. ブリーフケースは大きさと形がいろいろある / Opinions ～ *as to* which should be put into the cup first, tea or milk. カップに最初に入れるのは紅茶とミルクのどちらがよいかについてはいろいろな意見がある / Circumstances ～ from country to country. 状況は国によってさまざまだ / *Tastes* ～. 《諺》好みは人によって違う；十人十色(といろ)
❷ (人が) **意見が異なる** (↔ agree) 〈**with, from** …と；**on, about, over, in** …に関して〉 ‖ I ～ *with* my colleagues *on* the value of hypnosis as therapy. 私は催眠術が療法として価値があるのかどうかについて同僚たちと意見を異にする / have widely [OR greatly] ～*ing* opinions [views] 著しく意見[見解]が違う

agree to differ ⇨ AGREE(成句)

COMMUNICATIVE EXPRESSIONS

1 **I bèg to díffer.** 賛同しかねます (♥ 特に目上の人に対して反対を表明する形式ばった表現)

語源 *dif-* apart＋*-fer* bring：別々に持って来る

dif·fer·ence /dɪ́fərəns/

━名〔◁ differ 動〕(複 **-enc·es** /-ɪz/) ❶ Ⓒ Ⓤ **違い, 差異**, 相違(点)(↔ similarity)；(目立った)**変化**〈**between** …の間の；**in** …の〉‖ There was very little ～ *between* the two bicycles. その2つの自転車にはほとんど違いがなかった(♦ 3者以上の違いでも among より between を使う方がふつう.〈例〉differences between the three methods 3つの方法の間の違い)(⇨ PB 17) / Can you tell the ～ *between* formal and informal English? 格式ばった英語とくだけた英語の違いがわかりますか / There is a world of ～ *between* theory and application. 理論と応用の間には大変な違いがある / What's the ～? どこが違うのか；どうでもいいじゃないか / notice a ～ *in* his attitude 彼の態度の変化に気づく

連語 【形＋～】 a big [OR great] ～ 大きな違い / a slight [OR small] ～ ささいな違い / 「a significant [OR an important] ～ 重大な違い / a fundamental ～ 根本的な相違 / a major [OR main] ～ 主な違い / much ～ 大きな違い(♦ 主に否定文・疑問文で用いる)

❷ Ⓒ **意見の相違**, 不和, 口論(↔ agreement)〈**between** …の間の；**over** …に関して(の)〉‖ A ～ arose among the members. 会員の間で意見の不一致が生じた / They have settled their ～*s*. 彼らは仲直りした / There was a great ～ of opinion *between* the two political parties. その2つの政党間には大きな意見の食い違いがあった

❸ Ⓤ/Ⓒ《a ～》〈数量などの〉差, 差額〈**between**〉‖ The time ～ *between* Japan and Guam is only one hour. 日本とグアムの時差はたったの1時間です / a ～ of six feet 6フィートの差 ❹ Ⓒ【紋章】(同族中の分家などを識別するための)紋章の部分的変更

bùry* [《英》*sìnk*] *one's dìfferences 小異を捨てる

****màke a* [*nò*] *dífference*** ①〈…に〉相違を生じる[生じない]；影響する[しない], **重要である[ない]**〈**to**〉‖ Visiting the hot spring *made a* great ～ *to* her health. 温泉に行って彼女の体調はとてもよくなった / Add a little olive oil, and it *makes* all the ～. オリーブ油をちょっと加えると, まるっきり味が変わります / It doesn't *make* any ～ whether you have experience or not. 経験があろうとなかろうといっこうに構いません ②〈…の〉差別をする[しない]〈**between**〉‖ We should *make no* ～ *between* the rights of boys and girls. 男の子の権利と女の子の権利に差別を持ち込んではいけない

màke all the dìfference ＝*make a difference*(↑)

sàme dìfference ⇨ SAME(CE 2)

splìt the dìfference ①(量や金額に関して)歩み寄る, 中間をとる ②差を均等に分ける

with a dìfference 《名詞の後で》(ほかのもの[人]とは)ひと味違った, 一風変わった ‖ This is a pizza parlor *with a* ～! ここは一風変わったピザレストランだね

dif·fer·ent /dɪ́fərənt/

━形〔◁ differ 動〕(**more ～；most ～**)

❶〈…とは〉異なる, **違った**〈**from,** 《主に米》**than,** 《主に英》**to**〉(⇨ 類語) ‖ This meal is **very** ～ *from* [OR *than, to*] what I expected. この食事は私が予想していたものとはずいぶん違う / You look **completely** ～ with that haircut. その髪型だと君は全くの別人のように見える(♥ 声の調子や表情次第でよい意味にも悪い意味にもなり得る)

語法 ☆☆ (1) different の強調に使われる副詞としては very, quite, completely などが多い. また比較級の語と同じように much, any, far, no などで修飾することもできる.〈例〉The behavior patterns are not *much different* from those of a decade ago. 行動様式は10年前とほとんど変わらない / Running on a track is essentially *no different* from running on a road. トラックを走ることは本質的に道路を走ることと変わらない

(2) different の後の前置詞は from が最も一般的だが, 《米》では than, 《英》では to も用いられる. 次のように節が続く例では than の使われる頻度が高い.〈例〉His address is different than it was in the past. 彼の住所は前とは違っている

❷〈…とは〉**別の**〈**from**〉‖ This is a ～ movie *from* the one I saw. これは私が見た映画とは別物です

❸《限定》《複数名詞を伴って》**さまざまな**, 種々の；別々の ‖ There are many ～ ways of greeting in the world. 世界中にはさまざまなあいさつの仕方がある / consider the situation from ～ angles 状況をさまざまな角度から検討する / on two ～ occasions 2度別々の機会に(♦ 数詞の後に置いて強調)

❹《通例叙述》《口》風変わりな, 並でない(♥ 遠回しに自分の好みではないことも意味する) ‖ "Do you like my new jacket?" "It's a bit ～." 「私の新しいジャケットはどうかしら」「ちょっと変わってるね」

(as) different as chalk and cheese ⇨ CHALK(成句)

(as) different as night and day ⇨ NIGHT(成句)

PLANET BOARD 17

「3者の間の違い」で difference の後は between か among か.

問題設定 「2者の間の違い」を表す時は difference(s) between ... となるが,「3者の間の違い」の時は前置詞として between, among のいずれを用いるのかを調査した.

Q 次の表現のどちらを使いますか.

(a) There are big differences **between** the three countries.

(b) There are big differences **among** the three countries.

(c) 両方

(d) どちらも使わない

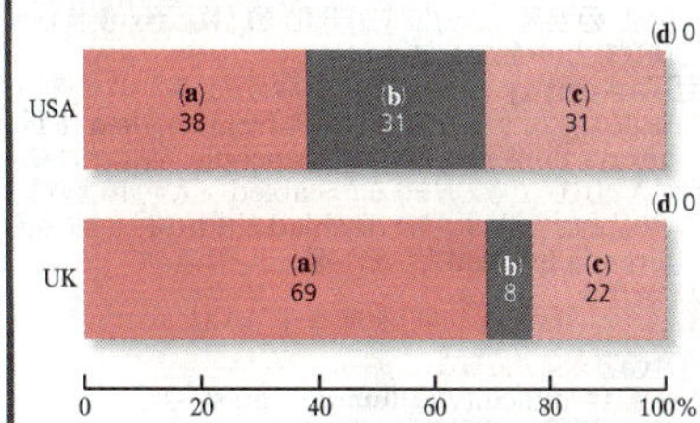

全体では, (a) の between のみを使う人が5割強と最も多く, 両方使う人が3割弱, (b) の among のみを用いる人が2割だった. 《米》では between だけという人は4割弱とやや少ないのに対し, 《英》では between だけの人が約7割に達している. 両方使うとした回答者の中には, 同じ意味という人も多いが,「3国間の地理的・物理的な違いならば between で, 3国間の意見の相違ならば among」「3国中の2国ずつを比較する場合は between で, 3国を一緒にした場合は among」などと述べた人もいる. また, between のみとした人の中にも「数を示さない時は among を用いて, There are big differences among countries. という」と述べた人もおり, among のみとした人の中にも「国名を明示する場合は between を用いて, There are big differences between France, Germany, and Japan. という」と述べた人がいる.

学習者への指針 「3者の間の違い」をいう時には difference の後に among, between ともに使われるが, between を使う方がより一般的である.

D

類語《❶》**different**「違った」の意の最もふつうの語.
distinct 違いをはっきり区別できる.〈例〉*distinct* characteristics はっきりと異なる特性
various 種類の違うものがいろいろある.〈例〉for *various* reasons いろいろな理由で
diverse various よりもさらに大きな相互の違いや多様性があるという意味が込められている.〈例〉*diverse* opinions さまざまな意見

dif·fer·en·ti·a /dìfərénʃiə/ 名 (複 **-ti·ae** /-ʃiìː/) Ⓒ〘哲〙種差《同種の中でほかと区別される特性》; 相違点

***dif·fer·en·tial** /dìfərénʃəl/ 〈ジ〉 形 (**more ~ ; most ~**)(♦ ❶❷ 以外比較なし)《限定》❶《堅》差別的な, 区別をつける; 状況によって変わる ❷《堅》相違点をなしている, 特異な ❸〘理〙差動の,(運動·圧力などの)量の差による ‖ a ~ thermometer 示差寒暖計 ❹〘数〙微分の(↔ integral) ‖ a ~ coefficient 導関数 / a ~ equation 微分方程式
—名 Ⓒ ❶(量·程度などの)差;〘経〙協定賃率差; 利子率差;〘鉄道〙(2つの経路間の)運賃差 ❷〘数〙微分 ❸ (=~ **géar(ing)**)〘機〙差動歯車(装置) **~·ly** 副
▶▶ **~ cálculus** 名 Ⓤ〘数〙微分学

***dif·fer·en·ti·ate** /dìfərénʃièɪt/ 動 他 ❶ …に区別[差別]をつける, …の相違がわかる; …を〈…と〉見分ける〈**from**〉(⇨ DISTINGUISH 類語) ‖ ~ various kinds of rock いろいろな岩石の相違を知る / ~ a llama *from* a camel = ~ between a llama and a camel ラマとラクダを見分ける ❷(特徴などが)…を〈…から〉分かつ, 区別する〈**from**〉‖ What ~*s* human beings *from* other animals? 人間とほかの動物の違いは何か ❸〘生〙…を分化させる ❹〘数〙…を微分する
—自 ❶《**+between** 名》…間の区別[相違]を認める; …間の差別をする ‖ Can you ~ *between* the wines? ワインを区別できますか / ~ *between* friends and acquaintances 友人と知人を区別する ❷ 違った[別の]ものになる, 区別を生じる, 特殊化する ❸〘生〙分化する

***dif·fer·en·ti·a·tion** /dìfərènʃiéɪʃən/ 名 Ⓤ ❶ 区別, 差別 ❷ 特殊化, 派生;〘生〙分化 ❸〘数〙微分(演算), 導関数算出(↔ integration)

***dif·fer·ent·ly** /dífərəntli/ 副 ❶〈…と〉異なって, 違ったように; 別なように(↔ similarly)〈**from, to, than**〉‖ He always thinks ~ *from* other people. 彼はいつもほかの人とは違った考え方をする / ~ abled (人が)障害のある(♥ 婉曲的表現. ふつうは disabled が使われる. ときに differentially abled ともいう) ❷ それとは違って

⁑**dif·fi·cult** /dífɪkəlt, +米 -kʌ̀lt/
中心義 対応が困難な
—形〔▶ difficulty 名〕(**more ~ ; most ~**)
❶ **a 困難な, 容易でない**, 骨の折れる(↔ easy)〈**to *do*** …するのが / **for** …にとって; **of** …が〉(♥「達成に通常以上の努力や特別の技量が必要な」という意味で, 日本語の「難しい」にある「たぶんできない」という含みはない)(⇨ 類語) ‖ This is a ~ **question** *to* answer. これは答えづらい質問だ / She found it very ~ *to* understand him. 彼女は彼をなかなか理解できなかった / a remote place ~ *of* access 行くのが困難なへんぴな場所 /「an **extremely** [a quite] ~ **task** 極めて[非常に]困難な課題 / a ~ **time** 苦しい時
b《It is ~ for *B* to *do A* / *A* is ~ for *B* to *do* で》*B* にとって *A* をするのが困難である ‖ Earthquakes are ~ *to* predict. = It is ~ *to* predict earthquakes. 地震を予知するのは難しい(♦ ×We are difficult to predict earthquakes. とはいわない. We have difficulty predicting ... などとする) / It is ~ *for* parents *to* understand their children's taste in music. 親にとって子供たちの音楽の好みを理解するのは容易ではない(♦ ×It is difficult that parents understand ... とはいわない)
❷(人が)気難しい, 扱いにくい, 頑固な; 苦情が多い, なかなか満足しない ‖ He is brilliant at handling ~ clients. 彼は気難しい顧客の応対が抜群にうまい / ~ neighbors (to get along with) 付き合いにくい隣人
❸(状況が)不利な, 問題点の多い(↔ easy) ‖ The construction work made life ~ *for* many residents. その工事で多くの住民は生活がしにくくなった / under the most ~ circumstances 最も不利な条件下で

COMMUNICATIVE EXPRESSIONS
1 **Dón't bè sò dífficult!** そう難しいことを言わないで
2 **I fínd thàt dífficult to accépt.** それは受け入れかねます(♥ 相手の提案·要求·指示を承諾しかねる際に)

類語《❶》**difficult** は「困難な」, **hard** は「難しい」が訳語として典型的に対応する. difficult はやや堅い語, hard は(ほかにもいろいろな意味を持つ)ごくくだけた語. difficult は問題の複雑さを, hard は要する努力の厳しさやつらさも暗示する.

⁑**dif·fi·cul·ty** /dífɪkəlti, +米 -kʌ̀lti/
—名〔◁ difficult 形〕(複 **-ties** /-z/) ❶ Ⓤ **困難, 難しさ**, 難度(↔ facility); わかりにくさ;〈…することの〉難しさ〈(**in**) *doing*〉‖ The ~ of international relations can only be overcome with patient diplomacy. 国際関係の難しさは忍耐強い外交があって初めて克服できる / I **had great** ~「(*in*) falling [×to fall] asleep. なかなか寝つけなかった(=I found it very difficult to fall asleep.) / a task of little ~ ほとんど苦労のない仕事
❷ Ⓒ 難事, 難題, 障害 ‖ The ~ is to raise people's environmental awareness. 難しいのは人々の環境に対する意識を高めることだ
❸ Ⓒ《通例 -ties》**窮地**, 危機的状況;(特に)財政困難 ‖ The boat was in ~ [OR *difficulties*] offshore. ボートは沖で危険な状態だった / get [OR run] into *difficulties* 窮地に陥る / be in *difficulties* for money 金に困っている / The country is facing financial *difficulties*. その国は財政難に直面している
❹ Ⓤ/Ⓒ《-ties》論争, 口論, 意見の食い違い ‖ get into ~ with the city authorities 市当局ともめる
with difficulty やっと, 辛うじて(↔ *with ease*)
without (àny) difficulty 苦もなく, やすやすと

dif·fi·dence /dífɪdəns/ 名 Ⓤ 自信のなさ(↔ confidence); 気後れ; 内気, 謙虚

dif·fi·dent /dífɪdənt/ 形〈…に〉自信のない(↔ confident)〈**about**〉; ためらいがちな, 内気な(⇨ SHY[1] 類語)
~·ly 副

dif·fract /dɪfrǽkt/ 動 他〘理〙〔光·音波·電波など〕を回折する **-tive** 形 回折する

dif·frac·tion /dɪfrǽkʃən/ 名 Ⓤ〘理〙(光·音波·電波などの)回折 ▶▶ **~ gràting** 名 Ⓒ〘理〙回折格子

***dif·fuse** /dɪfjúːz/《発音注意》(→ 形) 動 他 ❶〔熱·においなど〕を散らす, 発散する ‖ ~ a scent 香りを発散する ❷《堅》〔うわさ·知識など〕を広める, 流布させる, 普及させる ❸〘理〙〔気体·液体など〕を拡散させる;〔光〕を散乱させる ❹《堅》〔権力など〕を拡散させる —自 ❶《堅》(熱などが)散る, 発散する ❷《堅》(うわさ·知識などが)広まる, 流布する; 普及する ❸〘理〙(気体·液体などが)拡散する
—形 /dɪfjúːs/《発音注意》❶ 広がった, 散らばった ❷ 散漫な, 冗漫な, 冗長な ‖ a ~ style 冗漫な文体 ❸〘医〙広範性の, びまん性の **~·ly** 副 **~·ness** 名
語源 *dif-* apart + *-fuse* pour: 別々に注ぐ

dif·fus·er, -fu·sor /dɪfjúːzər/ 名 Ⓒ 散布する人[装置]; 普及者;(ストロボ·ランプの光を和らげる)散光器;(ドライヤーに取りつけて風を和らげる)散風器

dif·fus·i·ble /dɪfjúːzəbl/ 形 拡散できる, 普及できる;〘理〙拡散性の **dif·fùs·i·bíl·i·ty** 名

dif·fu·sion /dɪfjúːʒən/ 名 Ⓤ ❶ 分散, 放散 ❷ 普及;(文化などの)伝播(でんぱ) ❸〘理〙(光·ガスなどの)拡散(作用) ❹(文体などの)散漫, 冗漫

dif·fu·sive /dɪfjúːsɪv/ 形 ❶ 広がりやすい, 放散しがちな,

普及力のある ❷〘理〙拡散性の ❸ 冗漫な, 散漫な

dig /dɪɡ/

━動 (**~s** /-z/ ; **dug** /dʌɡ/ ; **dig·ging**)

━他 ❶〔地面・土地など〕を**掘る**(↔ bury) ; 〔穴・墓など〕を掘って作る, 掘る ‖ ~ the ground 地面を掘る / ~ a **hole** [ditch, tunnel] 穴[溝, トンネル]を掘る

❷ …を**掘り出す**, 掘り当てる ; …を引っ張り出す ‖ ~ potatoes ジャガイモを掘り出す / I *dug* my fishing rod out of the storage closet. 倉庫の戸棚の奥から釣りざおを引っ張り出した

❸ …を(よく調べて)見つけ出す, 発見する, 探り出す ‖ ~ information out of a database データベースから情報を探り出す ❹〔人など〕を突く, **小突く** ; 〔指・刃先など〕を〈…に〉突っ込む〈**into**〉‖ ~ him in the ribs (注意を促すために)彼のわき腹を小突く / ~ a spoon *into* the pudding プディングにスプーンを突っ込む ❺《旧》《俗》…がわかる ; …に注目する ; …を褒める ‖ Do you ~ what I'm saying? 僕の言うことがわかるかい / I really ~ his kind of hitting. 彼式の打法は本当にすごいと思う

━自 ❶〈…を求めて〉(土・穴を)**掘る**〈**for**〉; 〈…を〉掘り進む《***down***》〈**through, into, under**〉; (遺跡の)発掘をする ‖ ~ **deeper** もっと深く掘る / ~ in the sand 砂を掘る / ~ *for* treasure 宝を探して掘る / ~ *through* the debris 瓦礫(がれき)の山を掘り進む / ~ at the site of Mycenae ミケーネの遺跡で発掘を行う ❷ 手を突っ込んで探す〈**in, into** …に ; **for** …を〉; 〈…を〉探究する, 研究する, 探る〈**at, for, into, through**〉‖ ~ down *in* one's pocket ポケット(の中)を探る / ~ **deep** *into* a file 書類を徹底的に調査する / ~ *for* information 情報を探る / ~ *through* papers 書類を調べる / He *dug* hard *at* his studies. 彼は懸命に勉強した ❸《旧》《俗》理解する ‖ You ~? わかるかい ❹《口》〈…に〉いやみを言う〈**at**〉

dìg aróund 〈自〉探し回る ; (情報などを)探り回る

dìg déep 〈自〉① ⇨ 自 ❶, ❷ ② 必要な金[資源など]を何とか用意する

dìg dówn 〈自〉① 探り下げる ② 《米口》身銭を切る

*****dìg ín*** 〈他〉 **I** 《***dìg ín*** **...** / ***dìg*** **...** ***ín***》 ① (塹壕(ざんごう))を掘って)…を配置する ② (土を掘って)〔肥料など〕を埋め込む, 混ぜる ‖ ~ the compost *in* 堆肥(たいひ)を入れる ③ …を突っ込む, 突き刺す **II** 《***dìg ín*** **...**》 ④ ⇨ 自 ❷ ━〈自〉① (攻撃に備えて)塹壕を掘る ② 《主に命令形で》《口》食べ始める ‖ *Dig in* while it's hot. 熱いうちに食べなさいよ ③ 《米》猛烈に攻撃する ④ 自分の立場を固守する (dig in one's heels) ; 忍耐強く待つ, 腰を据える

dìg ínto 〈他〉 **I** 《***dìg ínto*** **...**》 ① ⇨ 自 ❶, ❷ ② 《口》…を食べ始める, …にかぶりつく, …をむさぼり食う ③〔蓄えなど〕に手をつける ‖ ~ *into* one's savings 自分の蓄えに手をつける ④ 《口》(物が)…に食い込む, めり込む ‖ The stiff collar *dug into* my neck. 堅い襟が首に食い込んだ **II** 《***dìg À ìnto B́***》 ⑤ ⇨ 他 ❹ ⑥ *A*を*B*(土)に入れる, *A*を*B*(土)の中に埋め込む

*****dìg óut*** 〈他〉《***dìg óut*** **...** / ***dìg*** **...** ***óut***》 ① …を掘り出す ; …を〈…から〉狩り出す[助け出す]〈**of, from**〉‖ ~ a company *out of* trouble 会社を苦境から救い出す ②〔穴など〕を掘って作る, くり抜く ③ …を〈…から〉見つけ[探し]出す, 手に入れる〈**of, from**〉‖ ~ *out* a lot of information 多くの情報を入手する ━〈自〉《米口》立ち去る ; 逃げ出す

dìg óver **...** / ***dìg*** **...** ***óver*** 〈他〉〔土など〕を掘り返す

dìg onesèlf ín ① 塹壕を掘って身を隠す ② 《口》地位を確保する, 地歩を固める

*****dìg úp*** **...** / ***dìg*** **...** ***úp*** 〈他〉①〔地面など〕を掘り起こす ② …を掘り出す ; 掘って…を取り除く ‖ ~ *up* diamonds ダイヤを掘り出す / ~ *up* the contaminated topsoil 汚染した表土を掘って取り除く ③ 《口》…を探し[調べ]出す, 見つける ; …を明るみに出す(unearth)

━名 (複 **~s** /-z/) Ⓒ ❶《単数形で》突き, 小突き ‖ give him a ~ in the ribs 彼のわき腹を小突く ❷《口》〈…に対する〉当てこすり, いやみ, 皮肉〈**at**〉‖ She couldn't resist a ~. 彼女はいやみを言わずにいられなかった / take [OR make, get in] a ~ *at* her 彼女に皮肉を言う ❸ (遺跡の)発掘 ‖ go on an archaeological ~ 考古学上の発掘に加わる ❹ 一掘り, 掘ること ; 探索 ❺《~s》《米口》住居, 仕事場 ; 《主に英口》下宿

dig. 略 digest

dig·e·ra·ti /dìdʒərɑ́ːṭi/ 名 複 《the ~》コンピューターに詳しい人々 (♦ *dig*ital+lit*erati* より)

*****di·gest*** /daɪdʒést, dɪ-/ 《アクセント注意》(→ 名) 動 〔▶ digestion 名, digestive 形〕 他 ❶〔食べ物〕を消化する ❷〔情報・知識など〕を(熟考の上)理解する, のみ込む ❸ …を(系統的に)整理[分類]する ; …を要約する ❹〘化〙…を温浸する《蒸気・熱・薬品などで柔らかくする》

━自 (食べ物などが)消化される (♦ 通例様態の副詞を伴う) ‖ This food ~*s* well. この食べ物は消化がよい

━名 /dáɪdʒest/ 《アクセント注意》 Ⓒ ❶ 要約, 摘要, ダイジェスト ; (文学作品などの)まとめ, 粗筋 ‖ I read about that in a ~. それについてはダイジェスト版で読んだ ❷ 法令要覧, 判例要旨集 ; 《the D-》ユスティニアヌス法典

語源 *dis-*(離れて)+*-gest* carry(運ぶ)

di·gest·i·ble /daɪdʒéstəbl, dɪ-/ 形 ❶ 消化できる[しやすい] ❷ 要約[分類]できる[しやすい]

di·gèst·i·bíl·i·ty 名 Ⓤ 消化力[率]

*****di·ges·tion*** /daɪdʒéstʃən, dɪ-/ 名 〔◁ digest 動〕 Ⓤ ❶ 消化(作用) ; Ⓒ《通例 a ~》消化力 ‖ have a good [poor] ~ 胃腸が丈夫だ[弱い] ❷ (思想などの)同化吸収(力), 理解(力) ❸〘化〙温浸

*****di·ges·tive*** /daɪdʒéstɪv, dɪ-/ 形 〔◁ digest 動〕《通例限定》消化の, 消化力のある ; 消化を助ける ‖ the ~ system [OR tract] 消化器系 / a ~ gland 消化腺(せん) / ~ disorders 消化不良 / ~ enzymes 消化酵素

━名 Ⓒ ❶ 消化剤, 消化を助けるもの ❷ (= ~ **bìscuit**) 《英》ダイジェスティブビスケット《全粒粉で作るビスケット》

*****dig·ger*** /dɪ́ɡər/ 名 Ⓒ ❶ 掘る人[動物], 穴掘り ; (金鉱などの)採掘者, 炭鉱作業員 ; (考古学上の)発掘者 ❷ 採掘道具, 掘削機 ❸《D-》〘英国史〙ディガーズ, 真正平等派《1649–50年に土地共有を基盤とする農業共同体を作った急進的清教徒の一派(the Diggers)の人》 ❹《通例 D-》⊗《ときに蔑》ディガー《草木の根を常食とした北米先住民》 ❺《ときに D-》《豪・ニュージ口》(特に第1次世界大戦時の)オーストラリア[ニュージーランド]兵 ; 相棒, おまえ (♥ 親しい男性間の呼びかけで)

▸▸ **~ wàsp** 名 Ⓒ 〘虫〙ジガバチ《地中に営巣する》

dig·gings /dɪ́ɡɪŋz/ 名 複 ❶ 発掘物 ❷《しばしば単数扱い》採鉱地, 発掘地 ❸《英口》《旧》下宿

dig·i·cam /dɪ́dʒɪkæ̀m/ 名 =digital camera

*****dig·it*** /dɪ́dʒɪt/ 名 Ⓒ ❶ (10進法の0から9までの)(アラビア)数字 ; (10進法以外で)数を表記するための記号[数字]《2進法の0と1など》; (数字の)桁(けた) ‖ a number of double [OR two] ~*s*=a double-[OR two-] ~ number 2桁の数字 / a twelve-~ display panel 12桁表示のパネル ❷〘解〙(人間の)指 ; (四足歩行動物の)足先 ❸ ディジット, 指幅《長さの単位. 約2センチ》

*****dig·i·tal*** /dɪ́dʒəṭəl | -ɪtəl/ 形《限定》❶ (データ処理が)デジタル方式の, デジタル処理の ; (時計・計器が)デジタル表示の (↔ analog) ‖ ~ broadcasting デジタル放送 / in these ~ times このデジタルの時代に ❷ 指の, つま先の, 指状の ; 指を使う, 指で操作する

━名 =digital television ① **~·ly** 副

▸▸ **~ accéssory** 名 Ⓒ デジタルアクセサリー《デジタル製品の周辺機器》 **~ áudiotape** 名 Ⓤ デジタルオーディオテープ《略 DAT》 **~ cámera** 名 Ⓒ デジタルカメラ **~ clóck** 名 Ⓒ デジタル時計 **~ (còmpact) cassétte** 名 Ⓒ (録音用の)デジタル(コンパクト)カセット《略 DCC》 **~ compréssion** 名 Ⓤ 💻 デジタル圧縮 **~ compúter** 名 Ⓒ 💻 デジタルコンピューター **~ divíde** 名 《the ~》デジタルデバイド, 情報格差《デジタル機器を使えるか使

えないか［所有するかしないか］で生じる格差》 **~ display** 名 U 数値表示 **~ imaging** 名 U デジタル画像処理 **~ information** 名 U デジタル情報 **~ locker** 名 C デジタルロッカー **~ recording** 名 C U デジタル録音 **~ signature** 名 C デジタル署名《デジタル情報が作成者・発信者本人からのものであることを証明する方法》 **~ television** 名 ① U デジタルテレビ ② C デジタルテレビ受像機 **~ video [versatile] disc** 名 C デジタルビデオ［多用途］ディスク《略 DVD》 **~ video recorder** 名 C デジタル録画機《略 DVR》 **~ watch** 名 C デジタル時計

D

dig·i·tal·is /dìdʒɪtǽlɪs | -téɪl-/ 名 U〖植〗ジギタリス, キツネノテブクロ；ジギタリス剤《強心剤》

dig·i·tate /dídʒɪtèɪt/, **-tat·ed** /-tèɪṭɪd/ 形 ❶ 指状突起のある ❷〖生〗指のある ❸〖植〗(葉が)指状の, 掌状の

dig·i·tize /dídʒɪtàɪz/ 動 他〔データなど〕をデジタル化［数値化］する **dig·i·ti·zá·tion** 名 U デジタル化, 数値化

dig·i·tiz·er /dídʒɪtàɪzər/ 名 C デジタイザー《図形情報などをデジタル化して入力する装置》

dig·ni·fied /dígnɪfàɪd/ 形 威厳［品位］のある；自尊心を備えた, 堂々とした

dig·ni·fy /dígnɪfàɪ/ 動 (**-fied** /-d/；**~·ing**) 他 ❶ …に威厳をつける, 重みを加える, …を高貴［立派］にする ❷ …にもったいぶった名前をつける；…を立派なものに見せかける

dig·ni·tar·y /dígnətèri | -təri/ 名 (複 **-tar·ies** /-z/) C 高位の人, 高官, 高僧

***dig·ni·ty** /dígnəṭi/ 名 (複 **-ties** /-z/) U ❶ 尊厳, 尊さ ‖ human ～ 人間の尊厳 / the ～ of labor 労働の尊さ / death with ～ 尊厳死 (→ euthanasia) ❷ 威厳, 貫禄, 品格, 尊敬に値する資質；自尊心, 誇り ‖ a man of quiet ～ 穏やかな威厳のある人 ❸ (態度の)いかめしさ, 荘重さ ‖ behave with great ～ 重々しく振る舞う ❹ 敬意(を払うこと) ❺ C U 高位, 位階の高さ

benèath a pèrson's dígnity (人の)品位を落とす, 体面にかかわる；(人に)ふさわしくない

stànd on one's dígnity もったいぶる, お高くとまる

di·graph /dáɪgræf | -grɑːf/ 名 C ❶ 二重字, 連字《1音を表す2文字. ea /e, iː/, ph /f/, th /θ/ など》 ❷〖印〗合字 (ligature)《Æ など》

***di·gress** /daɪgrés/《アクセント注意》動 自 (通例一時的に)(話の本筋から)離れる, 脱線する

di·gres·sion /daɪgréʃən/ 名 C U (話の)本題から離れること；余談

di·gres·sive /daɪgrésɪv/ 形 本題から離れた, 脱線しがちの, 余談の, 枝葉の；枝葉末節的な

di·he·dral /dàɪhíːdrəl/ 形 ❶ 2平面からなる ❷ 2面角の ―名 ❶ C 2面角 ❷ (= **~ ángle**) U〖空〗(飛行機の翼の)上反角

dik-dik /díkdìk/ 名 (複 **~** OR **~s** /-s/) C〖動〗ディクディク《アフリカ東部産のレイヨウ》

dike[1] /daɪk/ (♦ 同音語 dyke) 名 C ❶ (海・河川の)堤防, 土手(道) ❷ 障壁, 障害 ❸ 溝, 堀；水路 ❹〖地〗岩脈

put one's finger in the dike ⇨ FINGER(成句)

―動 他 ❶ …に堤防を築く ❷ …に溝を作って排水する ‖ a ～*d*-in area of the city その都市の排水により整備した地区

dike[2] /daɪk/ 名 =dyke[2]

dik·tat /dɪktɑ́ːt | díktæt/ 名 C U (敗戦国に対する)一方的な条件の賦課；絶対的な命令(♦ ドイツ語より)

di·lap·i·dat·ed /dɪlǽpɪdèɪṭɪd/ 形 (建物などが)荒廃した；(家具・衣服などが)壊れ(かけ)た

di·lap·i·da·tion /dɪlæ̀pɪdéɪʃən/ 名 ❶ U 荒廃(状態), 破損(状態), 老朽化 ❷ C《～s》(借家などの)破損補償額［修繕費］

di·la·ta·tion /dàɪleɪtéɪʃən/ 名 U ❶ 膨張, 拡張(状態) ‖ ～ of the stomach 胃拡張 ❷〖医〗拡張(症) ❸ = dilation ❶ ❹ 詳述, 敷衍(ふえん)

***di·late** /daɪléɪt/ 動 他 …を広げる, 拡張させる, 膨張させる ‖ These drugs act to ～ the blood vessels. これらの薬品には血管を拡張させる作用がある ―自 ❶ 広がる, 大きくなる, 膨張する ‖ The cat's pupils ～*d* in the darkness. 暗闇(くらやみ)で猫の瞳孔(どうこう)が広がった ❷《+**on** [**upon**] 名》…について詳しく話す［書く］, 敷衍する ‖ ～ *on* one's view 見解を詳説する **-lát·a·ble** 形

di·la·tion /daɪléɪʃən/ 名 U ❶〖医〗(器官の)拡張(手術) ❷ =dilatation ❶

di·la·tor /daɪléɪṭər/ 名 C ❶ 拡張させる人［もの］ ❷ (= **~ mùscle**)〖解〗拡張筋 ❸〖医〗拡張器

dil·a·to·ry /dílətɔ̀ːri | -təri/ 形 ❶ 遅れがちの, ぐずぐずした, 緩慢な ❷ (わざと)遅らせる, 時間かせぎの, 引き延ばしの **-ri·ly** 副 **-ri·ness** 名

dil·do, -doe /díldoʊ/ 名 (複 **~s** /-z/) C 張形(はりがた)；⊗《卑》間抜け

***di·lem·ma** /dɪlémə, daɪ-/ 名 C (⇨ BYB) ❶ ジレンマ, 板挟み(状態) ‖ I'm in a ～ about [OR of] whether to go or stay. 私は行くか留まるか決めかねている / be faced with a ～ ジレンマに陥る, 進退窮まる ❷《口》(一般に)難題, 難問(♦ 本来は「2つの好ましくない選択肢のいずれとも決めかねる状況」を指すので, この意味で用いるのは誤りとする意見も多く, 特に書き言葉では避けられる傾向にある) ❸〖論〗両刀論法

on the horns of a dilemma ⇨ HORN(成句)

dil·et·tan·te /dìlətɑ́ːnt | -tǽnti/ 名 (複 **~s** /-s | -iz/ OR **-tan·ti** /-tɑ́ːnṭi | -tǽntiː/) C ❶ ディレッタント, 道楽半分で芸術［学問］をやる人, 好事家 ❷《古》(素人の)芸術愛好家 ―形 ディレッタントの, なまかじりの, 道楽半分の, 好事家的な **-tánt·ish** 形 **-tánt·ìsm** 名

dil·i·gence /dílɪdʒəns/ 名 U 勤勉, たゆまぬ努力

***dil·i·gent** /dílɪdʒənt/ 形 ❶ 〈…に〉勤勉な, 熱心に働く［勉強する］〈**in**〉(⇨ 類語) ‖ ～ *in* one's work 仕事熱心な / a ～ student of mathematics 数学の勉強に励む学生 ❷ (仕事などが)入念な, 苦心を重ねた ‖ ～ research 入念な調査

> **類語**《❶》**diligent** (しばしばある目標を目指して)たゆまず熱心に励む；していることが好きか楽しいことを暗示する語.
> **industrious** 習慣的または性格的に勤勉な.
> **hardworking** (文字どおりに)一生懸命に仕事をしたり努力したりする.

***dil·i·gent·ly** /dílɪdʒəntli/ 副 精出して, 勤勉に；入念に, 骨折って

dill /dɪl/ 名 ❶ U〖植〗ディル, イノンド(の葉［種］)《ピクルスなどの香料用ハーブ》 ❷ (= **~ píckle**) C (ディルで風味をつけた)キュウリのピクルス

dil·ly /díli/ 名 (複 **-lies** /-z/) C《通例単数形で》《米俗》優れたもの［人］

dil·ly·dal·ly /dílidæ̀li/ 動 (**-lied** /-d/；**~·ing**) 自《口》(心を決めかねて)ぐずぐずする；のらくら過ごす

di·long /dáɪlɔŋ/ 名 C〖古生〗ディロング《2004年に中国で発掘された最古のティラノサウルス類》

dil·u·ent /díljuənt/ 名 U 薄め液, 希釈剤 ―形 薄めるのに用いる, 希釈用の

***di·lute** /daɪlúːt/ 動 他 ❶〈水などで〉…を薄める, 希釈する (water down)〈**with**〉；〔色など〕を淡くする ‖ ～ juice *with* water ジュースを水で薄める ❷〔力・影響・効果など〕を薄める, 弱める ―形《限定》❶ 薄めた, 希釈した, 弱められた；(色などが)さめた, あせた ❷〖化〗溶解力が低い

di·lu·tion /daɪlúːʃən/ 名 ❶ U 薄めること, 希釈；希薄；(価値などの)減少 ‖ ～ of savings by inflation インフレによる貯蓄の目減り ❷ C 希釈物

di·lu·vi·al /daɪlúːviəl/, **-vi·an** /-viən/ 形 大洪水の, (特に)Noah の洪水の

***dim** /dɪm/ 形 (**dim·mer**；**dim·mest**) ❶ (部屋・光が)薄暗い (↔ bright) ‖ a ～ office 薄暗い事務所 / a ～ light ほの暗い明かり ❷ (色が)くすんだ, 光沢のない, あせた ❸ (物が)ぼやけて見える；(記憶・音などが)おぼろげな, か

すかな (↔ distinct) ‖ the ～ outline of an island in the distance 遠くにぼんやりと見える島の輪郭 / She had only ～ memories of her childhood. 彼女は子供時代をぼんやりとしか覚えていなかった / in the ～ and distant past 《ときに戯》遠い昔に ❹ (目が)かすんだ, はっきり見えない ‖ eyes grown ～ with age 年をとってかすんできた目 ❺ 見込みの薄い ‖ Prospects of employment are still ～ for many college graduates. 多くの大学卒業生にとって就職の見通しは依然として暗い ❻《口》(人が)(理解力の)鈍い, さえない

── 動 (**dimmed** /-d/ ; **dim·ming**) 他 ❶ …を薄暗くする ; …をぼやけさせる ; 〔感情・記憶など〕をかすかにさせる ; 〔目など〕をかすませる ; …に陰りをもたらす ❷〔ヘッドライト〕を(下に向けて)暗くする(《英》dip) ── 自 薄暗くなる ; ぼやける ; (感情・記憶などが)薄れる, かげる ; (目が)かすむ

dìm óut ... / dìm ... óut 〈他〉…を(だんだん)暗くする

── 名 C《通例 ～s》《米》(下に向けて)暗くしたヘッドライト ; 駐車表示灯 **～·ness** 名

dim. 略 dimension ; 〖楽〗diminuendo ; diminutive

dime /daɪm/ 名 C ❶ ダイム《米国・カナダの10セント硬貨. → nickel》 ❷《口》わずかの金 ; つまらないもの ‖ not worth a ～ 何の価値もない / one thin ～ とてもわずかの金 ❸ (= **～ bág**)《俗》10ドル相当の麻薬の入った包み

****a dìme a dózen*** 《口》ありふれた ; 1山いくらの, 安っぽい (《英口》two [OR ten] a penny) ‖ Bilinguals are *a ～ a dozen.* バイリンガルなんていくらでもいる

dròp a [OR ***the***] ***díme*** 《米口》〈人を〉密告する〈*on*〉(♦ 公衆電話に dime を入れたことから)

gèt òff the díme 《口》動き出す, 行動を起こす

on a díme 《口》① 狭い所でうまく動いて ‖ This car turns *on a ～.* この車は小回りがきく ② すぐに

▶▶ **～ nóvel** 名 C《米》《旧》(19世紀後半から20世紀初期のペーパーバックの)三文小説(《英》shilling shocker) **～ stòre** (↓)

di·men·sion /dəménʃən | daɪ-/ 名 ❶ C U (長さ・幅・厚さの)寸法, サイズ ; 《～s》広さ, 面積 ; 大きさ, 容積 ‖ The ～*s* of the box are 20cm in length, 10cm in width, and 5cm in height. その箱の寸法は長さ20センチ, 幅10センチ, 高さ5センチです / The box is 2 cubic meters in ～. この箱は体積[容積]が2立方メートルある / A point has no ～. 点は広がりを持たない / an object of great ～*s* 非常に大きな物体 ❷ C《～s》規模, 広がり ; 重要さ ‖ The ～*s* of the market for new game software appear limitless. 新しいゲームソフトの市場規模は無限のように思われる / the ～*s* of the problem 問題の重大さ ❸ C 様相, 面, 局面 ; 特性 ‖ Their relationship assumed [OR gained] a new ～. 彼らの関係は新たな様相を帯びた ❹ C〖理〗次元, ディメンション《物理量を構成する基本的な量の構成関係を示す数》 ❺ C〖数〗次元 ‖ the three ～*s* 3次元《縦・横・高さ》 / of two [three] ～*s* 2[3]次元の, 平面[立体]の

── 動 他 ❶ …を特定の大きさに形作る(♦ しばしば受身形で用いる) ❷〔製図など〕に寸法を示す

di·men·sion·al /dəménʃənəl | daɪ-/ 形 ❶《複合語で》…次元の ‖ a three-～ map 立体地図 ❷ 寸法の(ある)

díme stòre 名 C《米》安物雑貨店

　díme-stòre 形 安物の

dim·e·ter /dímətər | -ɪtə/ 名 C〖韻〗(二詩脚からなる)二歩格(の詩行)

di·min·ish /dɪmínɪʃ/ 動 他 ❶ …を小さくする, 少なくする, 減らす(detract from)(↔ increase) ; 〖建〗〔柱など〕を先細りにする(⇨ DECREASE 類語) ‖ The health warnings gradually ～*ed* the demand for tobacco. 健康への害を示す警告文のおかげでたばこの需要がだんだん少なくなった ❷〔人の権威・名声など〕を落とす, 低める ‖ The scandal would ～ him politically. そのスキャンダルで彼の政治的勢力は弱まるだろう ❸〖楽〗〔音程〕を減音程にする ; 〖建〗先を細くする ── 自 小さくなる, 減少する ; 〖建〗先が細くなる ‖ The excitement of victory ～*ed.* 勝利の興奮が収まった / ～ in size 縮小する

語源 *di-* from + *-min-* less + *-ish* (動詞語尾) : …をより小さくする

▶▶ **～ing retúrns** 名 複〖経〗収穫逓減(ていげん)

di·min·ished /dɪmíníʃt/ 形 ❶〖楽〗半音減の ❷ 減少した ▶▶ **～ responsibílity** 名 U〖英法〗責任軽減《心神耗弱(こうじゃく)などを理由に犯罪者の責任を軽減すること》

di·min·u·en·do /dɪmìnjuéndou/ 〖楽〗(↔ crescendo) 名 (複 **～s** /-z/ OR **～di** /-di/) C 漸次弱音

── 形 副 次第に弱くなる[して]

dim·i·nu·tion /dìmɪnjúːʃən/ 名 U (大きさ・程度・重要度などの)減少, 縮小 ; C《通例単数形で》減少額 ; U〖楽〗(元の長さの¼–½の音節による)主題の短縮

***di·min·u·tive** /dɪmínjutɪv/ 形 ❶ 非常に小さい, ちっぽけな ; 小型の, 小柄な ❷〖文法〗指小の ── 名 C ❶ (= **～ súffix**)〖文法〗指小辞 ; 指小接尾辞《duckling, booklet の -ling, -let や Jackie, Tommy の -ie, -y など》 ❷ 縮小形, 愛称《Thomas に対する Tom や Tommy など. 親愛の情などを表す》 ❸ 非常に小さい人[もの]

～·ly 副 **～·ness** 名

dim·i·ty /díməti/ 名 U しま格子柄の綿布《カーテンなどに用いる》

dim·ly /dímli/ 副 薄暗く ; ぼんやりと ; かすかに

DIMM 略 💻 *d*ual *i*nline *m*emory *m*odule《メモリーの規格の1つ》

dim·mer /dímər/ 名 C ❶ (舞台照明・ヘッドライトなどの)制光装置, 調光器 ❷《～s》《米》(自動車の)駐車灯 ; (ロービーム付きの)ヘッドライト

▶▶ **～ swìtch** 名 C ① 調光スイッチ《照明の明るさを変えられる》 ②《米》= dip switch ①

di·mor·phism /daɪmɔ́ːrfìzm/ 名 U ❶〖生〗二形性《同種の生物に二様の形態・性質があること》 ❷〖結晶〗同質二像《同じ化学成分の鉱物で二様の結晶があること》

di·mor·phous /daɪmɔ́ːrfəs/ 形 ❶〖生〗二形(性)の ❷〖結晶〗同質二像の

dím·òut 名 C《米》(夜間の空襲を避けるために照明を薄暗くする)灯火管制 ; 一部消灯

dim·ple /dímpl/ 名 C ❶ えくぼ ❷ さざ波 ❸ (表面の)小さなへこみ, くぼみ ── 動 他 自 (ほほ笑んで)えくぼを作る[ができる] ; さざ波を立てる[が立つ] **～d** 形 **-ply** 形

Boost Your Brain!

dilemma

dilemma「ジレンマ」の語源はギリシャ語で, di-「2つの」+ -lemma「仮定, 前提」を意味する. 2つの可能性のどちらを選んでも何らかの不利益を被る可能性のある板挟みの状態を言う.

論理学 (logic) における dilemma は三段論法の一つで「両刀論法」とも訳される. 形式的には「選択肢はAかBしかない. AならCとなる. BでもCとなる.」という形をとる.「値下げをしたら利益が減ってしまうので, 店はつぶれてしまう」「値下げをしなければ商品が売れないので, 店はつぶれてしまう」「ゆえに値下げをしてもしなくても店はつぶれてしまう」といったどちらの選択をしても窮地を抜け出すことのできない障害や矛盾を指す.

ヤマアラシのジレンマ (porcupine's dilemma) とは, ドイツの哲学者ショーペンハウアー (⇨ SCHOPENHAUER) の寓話を元に, 精神分析学者のフロイト (⇨ FREUD) が人間関係における複雑な心理を示すたとえ話として紹介し一般に知られるようになった. ハリネズミのジレンマ (hedgehog's dilemma) とも言う. 寒さの中, ヤマアラシは, 暖め合おうと近づくが, お互いの針で傷つけ合うのが怖くて身体を寄せ合うことができない. 相手と近づきすぎると煩わしいが, 離れてしまうと孤独を感じるという「自己の自立」と「相手との一体感」とのバランスをとることの難しさを示唆している.

dim sum /dìm sʌ́m/ 名 U (中華料理の)点心

dím·wìt 名 C《口》《けなして》鈍い人, うすのろ

dím-wìtted 形 鈍い, うすのろの

din /dɪn/ 名 U/C《a ～》(執拗(しつよう)に鳴り響く)大きなやかましい音, 騒音 ── 動 (**dinned** /-d/ ; **din·ning**) 他 ❶ …を騒音攻めにする ❷ …を〈…に〉うるさく繰り返して言う〈**into, in**〉 ── 自 がんがん鳴り響く

di·nar /dɪnɑ́ːr | díːnɑː/ 名 C ディナール《アルジェリア・イラク・ヨルダン・クウェート・チュニジアなどの貨幣(単位)》

D

***dine** /daɪn/ 動 自 正餐(せいさん)をとる ; (一般に)食事をする ‖ I want to ～ with you. あなたと食事を共にしたい / ～ at a friend's house 友人の家で食事をする
── 他 [人]に(正餐を)ごちそうする
dìne ín 〈自〉家で食事をする
dìne on [OR *upon, off*] **...** 〈他〉…をディナーに食べる, …の食事をとる ‖ ～ *on* [OR *upon, off*] duck and green peas カモ肉とグリーンピースの食事をとる
**dìne óut* 〈自〉レストランなどで食事をする, 外食する ; (客として)他人の家で食事する
dìne óut on ... 〈他〉(食事中に)〔面白い話など〕をして人を楽しませる (♦「冒険談などを面白く話すので食事によく招かれる」が原義) ‖ She likes *dining out on* her experience of living in Casablanca. 彼女はカサブランカにいたときの経験を人に聞かせるのが好きだ

din·er /dáɪnər/ 名 C ❶ (特にレストランで常連として) 食事をする人 ❷ 食堂車(dining car) ❸《主に米》(食堂車風の)安レストラン

di·nette /daɪnét/ 名 C (台所の隅などの) 小食堂 ; (= ～ **sèt**)《米》(小食堂用の)テーブル・いすのセット

ding¹ /dɪŋ/ 名 =dingdong ❶
── 動 自 ❶ (鐘などが)鳴る ❷ くどくど述べる
── 他 ❶〔鐘など〕を鳴らす ❷《口》…をしつこく言う(din)

ding² /dɪŋ/ 《米口》 名 C (車体などの表面の)へこみ
── 動 他 …をへこませる〈**up**〉; …を強打する

ding-a-ling /dìŋəlíŋ/ 名 ❶ U 鐘の音 ❷ C《単数形で》《米口》《けなして》奇人, とんま

díng·dòng 名 ❶ U かーんかーん, ごーんごーん, ぴんぽん《鐘・チャイムの音》 ❷ C《単数形で》《英口》白熱した議論, 言い合い ❸ C《米口》《けなして》愚か者 ❹ 騒々しいパーティー ── 形《限定》❶ かーんかーん[ごーんごーん]と鳴る ❷《口》激しくやり合う, 白熱した, 追いつ追われつの ── 副 かーんかーん[ごーんごーん]と ;《英口》激しく

ding·er /díŋər/ 名 C《主に米口》❶ (同種のほかのものより)顕著なもの(humdinger) ❷〘野球〙ホームラン

din·ghy /díŋi, díŋgi/ 名 (複 **-ghies** /-z/) C ❶ (レジャー・レース用の)小型帆船 ❷ 救命ボート ; (親船に載せた)付属小船

dinghy ❶

din·gle /díŋgl/ 名 C《文》《英方》(木の生い茂った)小渓谷

din·go /díŋgoʊ/ 名 (複 **～s, ～es** /-z/) C ❶ ディンゴ《オーストラリア産の赤茶色の野犬》 ❷《豪口》卑怯(ひきょう)者

ding·us /díŋəs/ 名 C《米・南ア口》何とかいうもの, あれ《名前を知らなかったり忘れたものに対する代用語》‖ What do you call that ～ on the end of your fishing rod? 釣りざおの先のあれは何というんですか

din·gy /díndʒi/ 形 (色が)くすんだ ; 薄汚れた, 汚らしい, みすぼらしい **-gi·ly** 副 **-gi·ness** 名 U 薄汚さ

din·ing /dáɪnɪŋ/ 名 U 正餐をとること, 食事
▸▸ ～ **càr** 名 C 食堂車 (diner) (《英》restaurant car) ～ **hàll** 名 C (大学・城などの) 大食堂 ～ **ròom** 名 C (家・ホテルなどの)食堂, ダイニングルーム ～ **tàble** 名 C 食卓

dink¹ /dɪŋk/ 名 C〘テニス〙ドロップショット(drop shot)
── 動 他 ドロップショットで…を打つ

dink², DINK /dɪŋk/ 名 C 共働きで子供のいない夫婦(の一方) (《英》dinky) (♦ *d*ouble [*d*ual] *i*ncome, *n*o *k*ids の略)

din·kum /díŋkəm/ 形《豪・ニュージ口》真実の, 正真正銘の ── 副 本当に

dink·y¹ /díŋki/ 形 ❶《米口》ちっぽけな ; 取るに足りない ❷《英口》小ぎれいな, かわいらしい(♥ 特に女性語)

dink·y² /díŋki/ 名《英口》=dink² (♦ *d*ouble [*d*ual] *i*ncome, *n*o *k*ids *y*et の略)

⁝**din·ner** /dínər/
── 名 (複 **～s** /-z/) ❶ U C **正餐**(せいさん), **ディナー**(♦ 1日のうちの主となる食事. ふつう夕食がこれに相当するが, 日曜日などには昼食のこともある. 《米》では特別な祝祭日の食事は昼食であっても Christmas dinner のように dinner を用いる. 昼食に dinner をとった日の夕食は supper (《英》の一部では tea)で, 夜に dinner をとる日の昼食は lunch と呼ばれる. → lunch, supper) ; 食事, 料理 ‖ They「asked me **to** [OR invited me **to**, invited me **for**] ～. 彼らは私を食事に招いてくれた / I ate [OR had] pasta **for** ～ tonight. 今晩夕食にパスタを食べた / **have** [OR **eat**] ～ 食事をとる(♦ have がふつう. eat は食べる行為を強調する) / **at** ～ 食事の最中に / a four-course ～ 4品の食事

語法 ☆☆ (1) 毎日の食事や食事の量をいうときは U で冠詞をつけない. しかし, 形容詞を伴って食事の性質をいう場合や, 一食分の料理をいう場合は, 不定冠詞をつけたり複数形で用いたりする. 〈例〉She cooked us *a* nice *dinner*. 彼女は私たちにおいしい料理を作ってくれた
(2) 特定の食事を示す場合は定冠詞をつけたり, 所有格を表す語をつけたりする. 〈例〉*The dinner* he made us was really nice. 彼が作ってくれたごちそうは本当においしかった / *Your dinner* is in the oven. あなたの食事はオーブンに入っていますよ

❷ C **晩餐**(ばんさん)**会**, 宴 ; 夕食[食事]会 ‖ a birthday ～ 誕生日の夕食会 / give [OR hold] a ～ for the guest speaker 来賓の講演者のために晩餐会を催す
❸ C 定食(table d'hote), (レストランの)フルコースの食事 ‖ thirty ～*s* at $15 a head 1人15ドルの定食30人前
dòne like (*a*) *dínner* 《豪・カナダ口》歯が立たない, 出し抜かれる
dressed [OR *done*] *up like a dog's dinner* ⇨ DOG (成句)
mòre ... than a pèrson has hàd hòt dínners 《英口》山ほどの…, …を数えきれないほど ‖ I've seen *more* would-be artists *than* you *have had hot* ～*s*. 私はいやというほど多くのアーティスト志望の人たちを見てきた
▸▸ ～ **dànce** 名 C ディナー付きの豪華ダンスパーティー ～ **jàcket** 名 C《英》タキシード (《主に米》tuxedo) ～ **làdy** 名 C《英》(学校の)給食係の女性 ～ **pàrty** 名 C 晩餐会 (dinner) ～ **plàte** 名 C ディナー皿《正餐用食器の一部》 ～ **sèrvice** [**sèt**] 名 C 晩餐用食器一式 ～ **tàble** 名 C 正餐会 (dinner) ; =dining table ～ **thèater** 名 C《米》ディナーシアター《食事をしながら, または食後に観劇のできるレストラン》

***dínner·tìme** 名 U (昼などの)食事時(どき)

dínner·wàre 名 U《米》(テーブルの)食器類《陶器・ガラス器・銀器など》

***di·no·saur** /dáɪnəsɔ̀ːr/ 名 C ❶ 恐竜(《米俗》dino) ❷ 時代遅れでもはや役に立たないもの[人], 無用の長物

dint /dɪnt/ 名 C ❶ へこみ, くぼみ(dent) ❷《古》打撃
by dínt of ... …の力で, …によって ‖ succeed *by* ～ *of* hard work 懸命に働くことで成功する
── 動 他 …をくぼませる

di·oc·e·san /daɪɑ́(ː)sɪsən | -ɔ́s-/ 形《限定》教区の
── 名 C 教区を統轄する司教[主教, 監督]

di·o·cese /dáɪəsɪs/ 名 (複 **～s** /-siːzː/) C 教区

di·ode /dáɪoʊd/ 名 C〘電〙2極(真空)管 ; ダイオード

Di·og·e·nes /daɪɑ́(ː)dʒənìːz | -ɔ́dʒ-/ 名 ディオゲネス (412?–325? B.C.)《ギリシャの哲学者. キニク(Cynic)学派の始祖》

Di·o·nys·i·an /dàɪənɪ́ʃən | -ziən/ 形 ❶ ディオニソス(祭)の(Dionysiac) ❷ (酒神祭のような) 飲めや歌えの, 勝手気ままの, 自制心のない, 熱狂的な

Di·o·ny·sus, -sos /dàɪənáɪsəs/ 名 〖神話〗ディオニソス《酒の神. Bacchus の異称》

di·op·ter, 《英》**-tre** /daɪɑ́(ː)ptər | -ɔ́p-/ 名 C 〖光〗ジオプトリー《レンズの度の単位》

di·o·ra·ma /dàɪərǽmə | -rɑ́ːmə/ 名 C ❶ 透視画 ❷ ジオラマ, (実景の)小型[実物大]立体模型 **-rám·ic** 形

di·ox·ide /daɪɑ́(ː)ksàɪd | -ɔ́ks-/ 名 C U 〖化〗二酸化物 ‖ carbon ～ 二酸化炭素

di·ox·in /daɪɑ́(ː)ksɪn | -ɔ́ks-/ 名 U 〖化〗ダイオキシン《毒性が強く持続性の高い有機塩素化合物》

dip /dɪp/ 動 (**dipped** /-t/ ; **dip·ping**) 他 ❶ 〈水などに〉…を(ちょっと)つける, 浸す《*in*》〈**in, into**〉‖ ～ a piece of bread *in* one's milk パンを1切れミルクに浸す
❷ **a** 《+目+**into** [**in**] 名》(何かを取り出すために)〔手・スプーンなど〕を…に入れる, 突っ込む ‖ She *dipped* a spoon *into* the honey jar. 彼女はハチミツの瓶にスプーンを突っ込んだ **b** 《+目+**from** [**out of**] 名》(手のひら・スプーン・スコップなどで)…を…からすくい取る, くみ出す ‖ I *dipped* water *out of* a bowl. 私は鉢から水をすくい取った
❸ …を少し下げる ; 〔旗〕を少し下げてからすぐ上げる ; 《英》〔ヘッドライト〕を下向きにする(《米》dim) ‖ I *dipped* my head going under the rose arch. 私は頭を少し下げてバラのアーチを通り抜けた / ～ a flag in salute 敬礼に旗をちょっと下げてまた上げる ❹ (害虫駆除のため)〔羊・豚など〕を消毒液につけて洗う ; (溶かしたろうに心(しん)を繰り返し浸して)〔ろうそく〕を作る ❺ 《旧》《口》〔人〕に洗礼を施す ❻ 《俗》《旧》〔人〕から(物を)すり取る
—自 ❶ 〈…に〉ちょっとつかる[浸る]〈**in, into**〉
❷ 《+**into** 名》(何かを取り出そうとして手などを)…に入れる, 突っ込む ‖ The little boy *dipped into* the box of sweets. 少年は菓子箱に手を突っ込んだ ❸ (急に) 沈む, 落ちる, 下がる ; 急降下する ; (一時的に)低下する ‖ From here we'll see the sun ～ into the ocean. ここから海に日が沈むのが見えますよ / The birds *dipped* in their flight. 鳥が飛びながら急降下した / Sales *dipped* in June. 6月は売り上げがちょっと落ちた ❹ (土地・磁針などが) 下方に傾斜する ‖ The lawn ～*s* down to the river. 芝地は川に向かって下り勾配である

dìp ín 〈自〉(食事などの)分け前にあずかる

****dìp ínto ...*** 〈他〉① ⇨ 自 ❶, ❷ ②〔本〕をざっと読む, 拾い読みする ; …をちょっと調べる, のぞく, かじる ‖ ～ *into* psychology 心理学を少しかじってみる ③ (支払いのために)〔貯金など〕に手をつける ‖ I *dipped into* my savings to pay my son's school expenses. 息子の学費を払うのに貯金を使った / ～ *into* one's pocket 自分の懐から金を出す, 自腹を切る

—名 C ❶ 一泳ぎ ; ちょっとつける[つかる]こと, 浸し ‖ have [OR take] a ～ 一泳ぎする / go for a ～ 一泳ぎしに行く ❷ (物価や数量の一時的)低下, 下落 ; (飛行機の)急降下 ‖ a ～ in popularity [temperature] 人気[気温]の低下 / ～*s* and spikes of a graph グラフの下降と上昇 ❸ 《通例単数形で》(頭などを)ちょっと下げる[傾ける]こと ❹ 下り傾斜[勾配] ; くぼみ, へこみ ‖ a ～ in the ground 地面のくぼみ ❺ U C ディップ《クラッカー・生野菜などを浸して食べるクリーム状ソース》‖ (a) cheese ～ チーズディップ ❻ U C (染色用・洗浄用の)浸液 ; (家畜洗浄用の)消毒液, (特に)洗羊液(sheep-dip) ‖ a silver ～ 銀製品洗浄液 ❼ 《単数形で》ちょっと考える[読む]こと, 拾い読み ‖ take a ～ into music theory 音楽理論をちょっとかじってみる ❽ 《米俗》ばか者, 愚か者 ❾ 〖理〗俯角(ふかく) ; 〖測〗俯角, 眼高差 ❿ 〖地・鉱〗傾斜 ⓫ 《古》糸心ろうそく ⓬ 〖スポーツ〗平行棒を用いる腕の屈伸運動 ⓭ 《旧》《俗》すり(pickpocket)

▸▸ **～ swìtch** 名 C ① 《英》ディップスイッチ(《米》dimmer (switch))《ヘッドライトの減光スイッチ》② 🖳 ディップスイッチ《拡張機器用のスイッチ. DIP s- ともつづる》

DIP /dɪp/ 略 *d*ocument *i*mage *p*rocessing (文書画像処理) ; *d*ual *i*n-line *p*ackage (デュアルインラインパッケージ)《本体の両側から出た端子列が下方に直角に曲げられた電子部品パッケージ》

dip., Dip. 略 diploma

DipEd., Dip.Ed. /dìpéd/ 略 *Dip*loma in *Ed*ucation

diph·the·ri·a /dɪfθíəriə/ 名 U 〖医〗ジフテリア

diph·the·rit·ic /dìfθərɪ́tɪk/, **-ther·ic** /-θérɪk/ 形 ジフテリア(性)の ; ジフテリアにかかった

diph·thong /dɪ́fθɔ(ː)ŋ/ 名 C ❶ 〖音声〗二重母音 (/oʊ/, /ɔɪ/ など) ❷ 〖印〗合字, 連字 (æ, œ など)(digraph)
diph·thón·gal 形

diph·thong·ize /dɪ́fθɔ(ː)ŋgàɪz/ 動 他 自 〖音声〗(単母音を[が])二重母音化する[になる]

dip·lod·o·cus /dɪplɑ́(ː)dəkəs | -lɔ́d-/ 名 C 〖古生〗ディプロドクス《ジュラ紀の巨大な草食恐竜》

dip·loid /dɪ́plɔɪd/ 形 〖生〗2倍性の《半数染色体を2組持つ》 —名 U 2倍体

***di·plo·ma** /dɪplóʊmə/ 名 (複 **～s** /-z/ ; まれに **-ma·ta** /-mətə/) C ❶ (学位・資格の)証明書, 卒業証書, 修了証書 (《米口》sheepskin) ‖ a high school ～ 《米》高校の卒業証書 / a master's ～ 《米》修士修了証書 / gain a ～ in social work ソーシャルワーカーの資格をとる
❷ 賞状 ; 免許状 ❸ 公文書 ; 古文書
▸▸ **～ mìll** 名 C 《米》① (学生が個人的な指導などを受けられない) マスプロ大学 ② (金を出せば博士号などを授与する)学位発行業者

***di·plo·ma·cy** /dɪplóʊməsi/ 《アクセント注意》名 U ❶ 外交 ❷ 外交上の手腕 ; (一般に)駆け引き, 如才なさ

***dip·lo·mat** /dɪ́pləmæ̀t/ 《アクセント注意》名 C ❶ 外交官 ❷ 駆け引きのうまい人, 如才のない人, 外交家

dip·lo·mate /dɪ́pləmèɪt/ 名 C 《主に米》資格取得者《医師・技術者など》

***dip·lo·mat·ic** /dìpləmǽtɪk/ 《アクセント注意》形 (**more ～ ; most ～**)(♦ ❷ 以外比較なし) ❶ 《限定》外交(上)の ‖ establish [break off] ～ relations with ... …との外交関係を樹立[断絶]する ❷ 外交手腕のある, 駆け引きのうまい, 如才のない ; (声明などが) 微妙なニュアンスの, 玉虫色の ‖ She is ～ in persuading people. 彼女は人を説得する術にたけている / All I got from him was a ～ brush-off. 彼に体よく拒絶されるのが落ちだった / a ～ answer 如才ない答え ❸ 《限定》原典そのままの
-i·cal·ly 副
▸▸ **～ bág** 名 C 外交通信文書用郵便袋《税関で検閲を受けない》 **～ còrps** 名 《the ～》《集合的に》《単数・複数扱い》外交団 **～ immúnity** 名 U 〖国際法〗外交特権, 外交官免責特権《関税・逮捕などから免れる》 **～ póuch** 名 C 《主に米》＝diplomatic bag **～ sèrvice** 名 U 《集合的に》在外公館員 ; 《the D- S-》《主に英》外交部 (《米》the Foreign Service)

di·plo·ma·tist /dəplóʊmətɪst/ 名 《旧》＝diplomat

di·pole /dáɪpòʊl/ 名 C ❶ 〖理〗双極子 ❷ (＝～ anténna) 〖放送〗2極[双極]アンテナ **di·pó·lar** 形
▸▸ **～ móment** 名 U 〖理〗双極子モーメント ; 磁気モーメント

dip·per /dɪ́pər/ 名 C ❶ ひしゃく, しゃもじ ❷ 水中に潜る鳥《カワガラスなど》❸ (水などに)浸す人

dip·py /dɪ́pi/ 形 《口》分別のない, ばかな

díp·stìck 名 C ❶ (特に車のオイルなどの深さを測る) 計量棒 ❷ 《口》ばか者

dir. 略 director

dire /daɪər/ 形 ❶ 《通例限定》恐ろしい ; 悲惨な ; 不吉な ❷ 《通例限定》差し迫った ; 緊急の ‖ be in ～ need of food ひどく食料が不足している ❸ 《英口》(品質などが) 貧

弱な　~·ly 副

di·rect /dərékt, daɪ-/ 形 副 動

中心義 Aを真っすぐに向ける(★Aは「影響」や「視線」など多様)

形 直接の❶　真っすぐな❷　率直な❸
副 真っすぐに❶
動 他 向ける❶　指揮する❷　道を教える❸　指図する❹

D

— 形 (通例 more ~ ; most ~)
❶《通例限定》(関係・影響などが)**直接の**, じかの(↔ indirect) ‖ His death was a ~ result of the injury. 彼の死はそのけがが直接の原因だった / Your comment has no ~ bearing on the subject. あなたの発言はその題目とは直接関係ありません / Please keep the photos out of ~ sunlight. 写真には直射日光が当たらないようにしてください
❷《限定》(路線・乗り物などが)**真っすぐな**, 直通の, 直行する ; (子孫などが) 直系の ‖ This is the most ~ way to get downtown. これが繁華街へ行く最も近道です / a ~ flight to Chicago シカゴ直行便 / a ~ descendant of John D. Rockefeller ジョン=D=ロックフェラーの直系の子孫
❸ **率直な**, 単刀直入な ; 腹蔵のない ‖ You are too ~ in expressing your views. あなたは自分の意見をはっきり言いすぎる / May I ask you a ~ question? ずばりお聞きしてもよろしいですか ❹《限定》(強調に用いて) 全くの, 完全な, 絶対の ‖ the ~ opposite [OR contrary] 正反対 ❺《限定》(言葉が) 発言されたとおりの ; 原典そのままの ‖ a ~ quotation 言われたとおりの言葉 ❻〘政〙(有権者) 直接の, 直接投票による ‖ ~ democracy 直接民主制 ❼〘数〙(比が) 正の (↔ inverse) ‖ increase in ~ proportion to ... …に正比例して増加する ❽〘天〙順行の《天北から見て西から東へと移行する》

— 副 (more ~ ; most ~)
❶ **真っすぐに** ; 直行で (⇨ DIRECTLY 語法) ‖ go ~ to New York ニューヨークに直行する ❷ 直接に, じかに ; 直々に (directly) ‖ She drank the sherry ~ from the bottle. 彼女は瓶からじかにシェリー酒を飲んだ / address the reader ~ 直接読者に話しかける

— 動 〔▶ direction 名, directive 形〕(~s /-s/ ; ~·ed /-ɪd/ ; ~·ing)
— 他 ❶〔視線・努力・言葉など〕を〈…に〉**向ける**〈to, toward, at, etc.〉‖ The government's energies are *~ed to* creating economic recovery. 政府の全精力は景気回復をもたらすことに向けられている / That remark was not *~ed at* you. あの言葉は君に向けられたものではなかった / ~ one's attention *to* environmental issues 環境問題に注意を向ける
❷ …を**指揮する**, 統率する ; …を監督する, 管理する ; 〔映画・演劇・俳優〕の監督[演出]をする ; 〔楽団〕を指揮する ‖ ~ a business 事業の指揮を執る / ~ (the) traffic 交通整理をする / ~ the building of a bridge 橋の建設を監督する/ *Directed* by John Ford 監督ジョン=フォード《映画の字幕》
❸ 《+目+to 名》〔人〕に…へ行く**道を教える**, 案内する (⇨ GUIDE 類語) ‖ Will you please ~ me *to* the baseball stadium? 野球場へ行く道を教えてくれませんか
❹ **a** 《+目+to *do*》(権威のある者が)〔人〕に…するように**指図する**, 命令する (⇨ ORDER 類語) ‖ The general *~ed* the troops *to* attack. 将軍は部隊に攻撃命令を出した **b** 《+that 節》…するように命令する, 指図する ‖ The king *~ed that* the prisoners be [《主に英》should be] set free. 国王は捕虜を釈放するよう命じた
❺〔手紙・小包など〕に〈…あての〉あて名を書く, …を〈…あてに〉送る〈to〉‖ *Direct* the letter *to* my business address. 手紙のあて名は私の勤務先にしてください

— 自 ❶ 指揮する, 命令する
❷〘映〙監督[演出]する ;〘楽〙指揮する
語源 *di-* apart + *-rect* guide, rule : 別々に指導する
▶▶ ~ áccess 名 U 💻 ランダムアクセス (random access) ~ áction 名 U C (ストライキなどの) 直接行動, 実力行使 ~ cóst 名 U C〘経〙直接費, 直接原価《原価のうち生産に直接関係する費用》 ~ cúrrent 名 C U〘電〙直流《略 DC》(↔ alternating current) ~ débit 名 U C《英・カナダ》〘金融〙口座引き落とし, 自動振替 (《米》automatic payment)《略 D/D》 ~ depósit (↓) ~ díscourse 名 U《主に米》直接話法 ~ gránt 名 C《英》(国家から学校への) 直接助成金 ~ hít 名 C〘軍〙直撃弾 ~ líne 名 C 直通電話 ~ máil 名 U ダイレクトメール ~ márketing [sélling] 名 U ダイレクトマーケティング, 直接販売(方式) ~ méthod 名《the ~》直接教授法《母語を使わず文法にあまり重点を置かない外国語教授法》 ~ óbject 名 C〘文法〙直接目的語 (→ object ❹) ~ prímary 名 C (米国の) 直接予選(会)《党員が直接投票によって候補者を選出する》 ~ rúle 名 U (中央政府の) 直接統治 ~ spéech [narrátion] 名 U《英》〘文法〙直接話法 (→ speech ❻) ~ táx 名 C U 直接税 (↔ indirect tax) ~ taxátion 名 U 直接課税(方式)

dirèct depósit 名 U (給料の) 銀行口座振込
— 動 他〔給料〕を銀行口座振込にする

di·rec·tion /dərékʃən, daɪ- | daɪ-, də-, dɪ-/
— 名〔◁ direct 動〕(複 ~s /-z/) ❶ C U **方向, 方角** ; 方位 (♦ 前につく前置詞は in または from で to は用いない) ‖ He was driving **in** [×to] the ~ of Dover. 彼はドーバーの方角に車を走らせていた / The teacher turned **in** my ~ and frowned. 先生は私の方を向いていやな顔をした / Which ~ did you take then? それからどちらの方向に行きましたか / have no sense of ~ 方向感覚がない / **in the opposite** ~ 反対の方向に / **in all** ~*s* = **in every** ~ 四方八方に, 各方面に
❷ C U (活動などの) 方面, 方向 ; 方針, 方向性 ; 傾向 ; U 目的 ‖ We're going in the **right** ~ with this project. この計画はうまく進んでいる / His luck came from an unexpected ~. 彼の幸運は思わぬ方面からやって来た / **change** ~ 方針を変える / The government's policy lacks ~. 政府の政策には方向性がない / new ~*s* in city planning 都市計画の新しい傾向 / lack a sense of ~ 目的意識に欠ける
❸ C《通例 ~s》**指示**, 指図, 命令 ; **説明書**, 使用案内 ; (目的地への) 行き方の指示 ‖ This booklet **gives** ~*s* for setting up your modem. この小冊子はモデムのセットアップの仕方を説明しています / Ask (for) ~*s* back to the hotel before you go out. 外出する前にホテルへの戻り方を尋ねておきなさい ❹ U **指導**, 監督, 管理 ;〘映・劇〙監督, 演出 ;〘楽〙指揮 ; C《通例 ~s》演出上の指示 ; (楽譜上の) 指示 ‖ We put on the Ibsen play under his ~. 私たちは彼の演出でイプセンの劇を演じた
▶▶ ~ fìnder 名 C〘無線〙方向探知器, 方位測定器

di·rec·tion·al /dərékʃənəl, daɪ-/ 形《限定》❶ 方向[方角]の, 方向[方角]を示す ; (アンテナなどが) 指向性の ❷ (流行などで) 指導的な立場にある

di·rec·tive /dəréktɪv, daɪ-/ 形〔◁ direct 動〕《限定》❶ 指導的な, 支配する ❷ 方向を示す　— 名 C 指令, 訓令

di·rect·ly /dəréktli, daɪ-/ 《発音注意》(→ 接)
— 副 (more ~ ; most ~) (♦ ❶❹ 以外比較なし)
❶ **直接に**, じかに (↔ indirectly) (→ direct 副 ❷) ‖ I heard it ~ from the victim. それは被害者から直接聞いた話だ
❷ **真っすぐに**, 寄り道せずに (→ direct 副 ❶) ‖ Please come ~ home after school today. 今日は学校から真っすぐ帰って来てね / She looked ~ at me, but said nothing. 彼女は私を真っすぐに見たが何も言わなかった

語法 「(交通機関の)乗り換えをせずに」という意味では, directly ではなく direct を用いる. 〈例〉You can't go to Boston *direct* [ˣdirectly]. You have to change planes at Chicago. ボストンへ行く直行便はありません. シカゴで乗り換えなくてはなりません

❸ **まさに**, ちょうど ‖ The shop stands ～ opposite the bank. その店は銀行の真向かいにある ❹ 包み隠さず, 率直に ‖ say [answer] ～ 包み隠さずに言う[答える] ❺ 《堅》直ちに (⇨ INSTANTLY 類語) ‖ I will leave ～ after lunch. 昼食後直ちに出発します

━接 /+dréktli/ 《英》…するとすぐに (as soon as) ‖ He got up ～ the alarm clock rang. 彼は目覚まし時計が鳴るとすぐ起き上がった

di·rect·ness /dəréktnəs, daɪ-/ 名 U 真っすぐ(なこと); 直接性; 率直さ

di·rec·tor /dəréktər, daɪ-/

━名 (複 **～s** /-z/) C ❶ **指導者**, 管理者; 所長; 局長, 部長 ‖ the ～ of the Museum of Modern Art 現代美術館館長 / a personnel [sales] ～ 人事[営業]部長 ❷ **重役**, 取締役, 理事 ‖ a board of *～s* 重役[理事]会 / 「an **executive** [a **non-executive**] ～ 社内[社外]取締役 ❸ (高等学校・専門学校などの)校長, 主事 ❹ 〖映〗**監督**, ディレクター, 演出家; 〖楽〗指揮者 (conductor) ‖ an assistant ～ 助監督

～·shìp 名 U director の職[任期]

▶▶ **～ géneral** (↓) **Dirèctor of Pùblic Prose·cútions** 名 《the ～》(イングランドとウェールズの)訴追局長官 《略 DPP》 **Dirèctor of Stúdies** 名 (複 **～s of -dies**) C 教務主事 《英国の大学などの教育課程の編成責任者》 **～'s chàir** 名 C ディレクターズチェア; 監督いす 《キャンバス地でひじかけ付きの折り畳みいす》 **～'s cùt** 名 C 〖映画〗ディレクターズカット, 監督版 《監督の意図する部分をすべて含めたバージョン》

di·rec·to·rate /dəréktərət, daɪ-/ 名 C ❶ 《集合的に》理事会, 重役会 ❷ C (政府内の)省庁

dirèctor géneral 名 (複 **-tors g-** /-z-/ OR **～s** /-z/) C 《主に英》(大会社などの)会長, 社長; 総裁, 事務総長

di·rec·to·ri·al /dàɪrektɔ́ːriəl, dərèk-/ ⟨シ⟩ 形 《限定》 ❶ director の ❷ 管理[監督](上)の

di·rec·to·ry /dəréktəri, daɪ-/ 名 (複 **-ries** /-z/) C ❶ 住所氏名録, 紳士録 (♦ 通例ABC順に並んでいる); (ビルの)居住者[テナント]表示板 ‖ a telephone ～ 電話帳 / a business ～ 商工人名録 ❷ 💻 ディレクトリ 《ハードディスクなどのファイル管理情報を記憶した部分. また階層構造のファイル管理方式でのそれぞれの階層. Windows でのフォルダに当たる》 ❸ 指令集, 礼拝規則集

▶▶ **～ assístance** 名 C 《米》電話番号案内 **～ en·quíries** 名 複 《英》=directory assistance

dire·ful /dáɪərfəl/ 形 《古》《文》恐ろしい, ひどい; 不吉な

～·ly 副 恐ろしいほどに; 不吉に

dirge /dəːrdʒ/ 名 C 〖楽〗挽歌(ばんか), 葬送歌; 哀歌; (歌を伴う)葬儀; 《口》退屈な歌[曲]

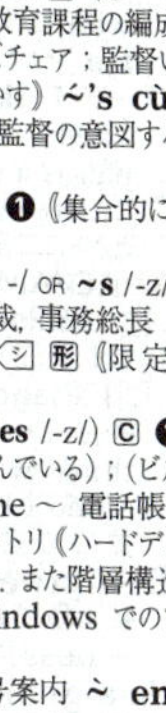

dirndl ❶

dir·i·gi·ble /dírɪdʒəbl/ 名 C 飛行船 (airship)

━形 操縦可能な **dìr·i·gi·bíl·i·ty** 名

dirk /dəːrk/ 名 C (特にスコットランド高地人の)短剣

━動 他 …を短剣で刺す

dirn·dl /dɔ́ːrndl/ 名 C ❶ ダーンドル 《アルプスの農民の衣装に似せた婦人服》 ❷ (=**～ skìrt**) ダーンドルスカート 《ウエストの締まったゆったりしたスカート》

dirt /dəːrt/ 名 〔▶ dirty 形〕 U ❶ 汚れ, 汚いもの, 不潔なもの; ごみ; ほこり, 泥; 《口》《婉曲的》排泄(はいせつ)物 ‖ Wipe the ～ off your shoes before you come in. 入る前に靴の泥を拭き取りなさい / I stepped in dog ～. 犬の糞(ふん)を踏んでしまった ❷ (さらさらした)土, 土壌; (表土をつき固めた)地面, ダート ❸ 《口》〈…についての〉悪口, 中傷 〈**on, about**〉 ❹ 不潔, 下劣, 堕落 ‖ live in misery and ～ 悲惨と汚辱のうちに暮らす ❺ 猥談(わいだん); ポルノ

(as) còmmon as dírt =*(as) common as* MUCK

càst [OR ***thròw, flíng***] ***dírt at a pérson*** 《口》〔人〕の悪口を言う

dìg the dírt 〈人の〉悪い評判を暴露するために探る〈**on**〉

dìsh the dírt 《口》〈…について〉悪い評判[ゴシップ]をまき散らす〈**on**〉

dò a pèrson dírt; ***dò the dírt on a pérson*** 《口》中傷して〔人〕の評判に傷をつける

dràg ... through the dírt =《口》DRAG ... *through the mud*

èat dírt 《口》屈辱を忍ぶ

hìt the dírt 《口》(砲火を避けるために)地面に身を伏せる

trèat a pèrson like dírt 〔人〕をごみのように扱う

▶▶ **～ bàg** 名 C 《米口》いやなやつ **～ bìke** 名 C ダートバイク 《オフロード用の軽量のオートバイ》 **～ fàrmer** 名 C 《米》(雇人を持たない)貧しい自作農 **～ ròad** 名 C 《米》舗装していない道路 **～ tràck** 名 C ① ダートコース 《競馬・オートレース用の土・石炭殻などの競走路》 ② 《米》=dirt road (↑)

dìrt-chéap 形 副 《口》べらぼうに安い[安く], 二束三文の[で]

dírt-dìsher 名 C 《米口》=disher

dìrt-póor 形 非常に貧しい, 極貧[赤貧]の

＊dirt·y /dɔ́ːrt̬i/ 中心義 **(物質的もしくは道徳的に)汚い**

━形 〔◁ dirt 名〕 (**dirt·i·er**; **dirt·i·est**)

❶ **汚い**, 汚れた, ほこり[泥]だらけの, 不潔な (↔ clean); (仕事などが)汚れ[ほこり]を伴う ‖ Don't touch this dress with your ～ hands, please. 汚れた手でこのドレスに触らないで / a ～ dish 汚れた皿

❷ 《通例限定》**卑しい**, 下劣な, 軽蔑すべき; 不正な, スポーツマンらしくない; 不正に得た; 非常に遺憾な[残念な] ‖ That's a ～ shame. 何とも恥ずかしいことだ / play a ～ trick 卑劣な手を使う / a ～ player 汚い手を使う選手

❸ 《通例限定》卑猥(ひわい)な, 猥褻(わいせつ)な, みだらな (↔ clean, decent) ‖ ～ jokes みだらな冗談 / a ～ book ポルノ本

❹ 《通例限定》不快な, いやな ‖ undertake ～ tasks いやな仕事を引き受ける

❺ 《米俗》麻薬を所持している[利用した]; 麻薬中毒の

❻ 意地の悪い; 怒った ‖ ～ remarks 人をさげすむ言葉

❼ (核兵器が)放射性降下物の多い, 汚い (↔ clean)

❽ 《限定》(色が)くすんだ, 黒ずんだ ‖ ～ green くすんだ緑色(の) ❾ (天候などが)荒れた, しけの

dò the dírty on ... …に卑劣なことをする

━副 ❶ 不正に, 卑劣に ‖ play ～ 不正なことをする ❷ みだらに, 猥褻に ‖ talk ～ 下品な言葉を使う, いやらしい話をする ❸ 《英口》非常に, すごく

━動 (**dirt·ies** /-z/; **dirt·ied** /-d/; **～·ing**)

━他 ❶ …を汚す, 汚くする (↔ clean) 《*up*》 ❷ 〔名声など〕を汚す ‖ ～ one's hands (=get one's hands dirty) (悪事に)手を汚す ━自 汚れる

dírt·i·ly 副 **dírt·i·ness** 名

▶▶ **～ bómb** 名 C 汚い爆弾 《通常の爆弾に放射性物質を加えたもの》 **～ dóg** 名 C 《俗》《しばしば戯》卑劣なやつ, 下種(げす) **～ línen [láundry]** (↓) **～ lóok** 名 C 《口》いやな目つき, 悪意[非難, 敵意]に満ちた視線 ‖ give her a ～ *look* 彼女をいやな目で見る **～ móney** 名 U 不正な金; 《英》汚れる仕事に対する特別手当 **～ òld mán** 名 C 《口》すけべおやじ **～ tríck** 名 C 汚い手; 《～s》(ライバルに対する)(政治的・商業的)妨害工作[活動] **～ wéek·end** 名 C 《英口》《戯》愛人と過ごす週末 **～ wórd** 名 C 卑猥な言葉; 禁句, タブー **～ wòrk** (↓)

dìrty línen [láundry] 名 《次の成句で》

＊***wàsh*** [OR ***àir***] ***one's dìrty línen*** [OR ***láundry***] ***in públic*** 内密にすべきことを公にする

D

dírty wòrk 名 C U ❶ 汚れる仕事 ❷ だれもがいやがる仕事 ❸ 不正行為
dò a pèrson's dírty wòrk (人が)いやがる仕事を代わりにやる

dis /dɪs/ 動 他 《俗》…を軽蔑する(disrespect), …を批判する

dis- 接頭 ❶ 《動詞につけて》 a 「分離」の意 ‖ *dis*miss, *dis*tinguish b 「欠如 ; 追放」の意 ‖ *dis*frock, *dis*bar c 「反対の動作」の意 ‖ *dis*able, *dis*integrate d 「失敗 ; 完了 ; 拒絶」の意 ‖ *dis*satisfy, *dis*appear, *dis*allow ❷ 《形容詞につけて》「非…, 無…, 不… ; 反…」の意 ‖ *dis*honest, *dis*satisfied, *dis*pleasing ❸ 《名詞につけて》「逆 ; 欠乏」の意 ‖ *dis*union (♦ g, j の前では di-, f の前では dif- となる)

***dis·a·bil·i·ty** /dɪ̀səbíləṭi/ 名 (複 **-ties** /-z/) ❶ C U (負傷・疾病などによる)肉体[精神]的欠陥, 身体障害, 心身障害 ; (一般に)欠陥, 障害, 不利な条件(⇨ 類語) ‖ a ～ pension 身体障害年金 / a ～ allowance 障害手当 / ～ insurance 障害保険 / a child with learning *disabilities* 学習障害児 ❷ U (負傷・疾病などによる)無能(↔ ability), 無力 ❸ U C (法律上の)無能力, 無資格

類語 **《❶》 disability** 病気や事故などで, ある行動ができないこと. 〈例〉 a physical *disability* 身体障害
inability 一般的に, ある行動ができないこと. 〈例〉 *inability* to learn quickly 物事を素早く覚えられないこと(♥「障害者」は a person with *disabilities* が最も婉曲的な表現. ⇨ DISABLED)

***dis·a·ble** /dɪséɪbl/ 動 他 ❶ 〔人〕を身体[心身]障害者にする ; …に〈…が〉できなくする, …から〈…の〉能力を奪う〈**from** *doing*〉 (♦ しばしば受身形で用いる) ‖ An accident ～*d* him *from* playing baseball. 事故がもとで彼は野球ができなくなった / She was ～*d* in a car accident. 彼女は自動車事故で身体障害者になった ❷ 〔装置など〕の作動を止める, …を働かなくする ❸ 《法》〔人〕を法的無能力[無資格]者にする **～·ment** 名

:dis·a·bled /dɪséɪbld/
―形 (**more ～ ; most ～**)
❶ **身体[心身]障害の** ; 《the ～ で集合名詞的に》《複数扱い》障害者 (♥ 障害者を表す最も一般的な用語で, handicapped は現在では好まれない. physically challenged の方がより丁寧と考える人もいる) ‖ **severely** [physically, mentally] ～ 重度の[身体, 知的]障害がある
❷ (装置・設備が) 障害者用の ‖ ～ access (建物などの) 障害者用の進入路[入口] / a ～ toilet 身障者用トイレ
❸ (機械が)壊れた, 動かない
▸▸ **～ lìst** 名 C 《野球》 故障者リスト《けがなどで出場できない選手を登録する》

dis·a·buse /dɪ̀səbjúːz/ 動 他 〔人〕から〈…の〉迷い[誤解]を解く〈**of**〉 ; 〔人〕の誤りを正す ‖ ～ him *of* a prejudice 彼の偏見を取り去る

dis·ac·cord /dɪ̀sək5ːrd/ 動 自 《まれ》一致しない
―名 U 《まれ》不一致 ; 不和

***dis·ad·van·tage** /dɪ̀sədvǽnṭɪdʒ | -váːn-/ 《発音注意》 名 ❶ C U 〈…にとっての〉不利(な点), デメリット, 不利な立場[条件] ; 障害, ハンディキャップ(↔ advantage)〈**to**〉 ‖ Being short is a ～ *to* a basketball player. 背が低いことはバスケットの選手にとって不利だ ❷ U (信用・名声などの)損傷, 損失 ; 損害
***at a disadvántage** 不利な立場で [に] ‖ The evidence put him *at a* ～ in the trial. その証拠によって彼は裁判で不利な立場に置かれた
to a pèrson's disadvántage (人の)不利になるように
―動 他 〔人〕を不利な立場に置く, 不利にする

dìs·ad·ván·taged /-d/ 形 (人・地域が) (経済的・社会的に)恵まれない ; 《the ～ で集合名詞的に》《複数扱い》恵まれない人々

dis·ad·van·ta·geous /dɪ̀sæ̀dvəntéɪdʒəs/ 形 〈…に〉不利な ; 不都合な〈**to, for**〉 **～·ly** 副 不利に, 不都合に

dis·af·fect·ed /dɪ̀səféktɪd/ 形 (権威に対して) 不満を抱いた ; 心が離れた **～·ly** 副 不満を抱いて ; 離反して

dis·af·fec·tion /dɪ̀səfékʃən/ 名 U (政治的)不満, 不忠実 ; (人心の)離反

dis·af·fil·i·ate /dɪ̀səfílièɪt/ 動 自 (組織などが) 関係を断つ, 〈…から〉絶縁[脱退]する〈**from**〉 ―他 …との関係を断つ **dìs·af·fìl·i·á·tion** 名 U 絶縁 ; 離脱

dis·af·for·est /dɪ̀səf5(ː)rɪst/ 動 他 …の森林を伐採する[切り開く](deforest) ; 《英法》…から森林法の適用を外す **dìs·af·fòr·es·tá·tion** 名 **～·ment** 名

:dis·a·gree /dɪ̀səgríː/ 《アクセント注意》
―動 (▶ disagreeable 形, disagreement 名) (**～s** /-z/ ; **～d** /-d/ ; **～·ing**)
―自 《通例進行形不可》 ❶ **意見が食い違う, 不賛成である**, 異議を唱える, 言い争う〈**with** 人(の意見)と ; **about, on, over** …について〉 ; 非とする, よくないと思う(↔ agree) (♦「意見の不一致」を表すので, 「…することを拒否する」は ˣdisagree to *do* ではなく refuse to *do* とする) ‖ He ～*d with* [ˣto] his boss. 彼は上役と意見が合わなかった / I'm sorry to ～ *with* [ˣto] what you say. 残念だが君の言うことには賛成できない / The two countries always ～ *about* trade restrictions. 両国は貿易上の制限のことで常に意見がかみ合わない / ～ *with* racial discrimination 人種差別はよくないと思う
❷ (記述などが) 〈…と〉 異なる, 一致しない〈**with**〉 ‖ His estimate ～*s with* mine. 彼の見積もりは私のと食い違っている
❸ 《**+with** 名》《通例受身形・進行形不可》(飲食物・気候などが)…に適さない, 合わない, 害になる(upset) (♦ agree with の否定形を用いる方が多い) ‖ Alcohol ～*s with* me. アルコールは私(の体質)に合わない
―他 《**+that** 節》…ということに異を唱える[賛成しない] (♦ この用法は誤りとされることがある) ‖ No one ～*s that* Japan is a democratic country. 日本が民主国家であることに異を唱える人はいない (♦ 通例このように否定を表す語とともに二重否定的に用いる)

COMMUNICATIVE EXPRESSIONS
1 **I còuldn't disagrée (with you) móre.** 全く反対です(♥「これ以上ない」という強い反対の気持ちを表す)
2 **I disagrée with you.** 反対です (♥ 不賛成の直接的表明. I'm not so sure I agree (with you). や I think we may have a disagreement. / I'm afraid I have to disagree. などの方が相手に配慮した控えめな言い方)

dis·a·gree·a·ble /dɪ̀səgríːəbl/ 〈シ〉 形 〔◁ disagree 動〕 ❶ 不愉快な, いやな ❷ (人が)とっつきにくい, 気難しい **～·ness** 名 **-bly** 副

***dis·a·gree·ment** /dɪ̀səgríːmənt/ 名 〔◁ disagree 動〕 ❶ U 不一致 ; 不賛成〈**about, over, as to** …についての ; **between** …の間の〉 ; C 意見の相違, 不和, 論争(↔ agreement) ‖ There is considerable ～ *over* [OR *about*] the sales policy. 販売方針をめぐってかなりの意見の相違がある / shake one's head in ～ 首を横に振って不賛成の意を表す / I am in total ～ with him. 彼とは全く意見を異にしている ❷ U C (数字・説明などの)食い違い, 不一致 ; (気候・食品などが体質に)合わないこと, 不適合 ; 中毒

dis·al·low /dɪ̀səláʊ/ 動 他 …を認めない, 却下する ; …の正当性[真実性]を否認する(♦ しばしば受身形で用いる) **～·ance** 名

:dis·ap·pear /dɪ̀səpíər/
―動 〔▶ disappearance 名〕(**～s** /-z/ ; **～ed** /-d/ ; **～·ing**)
自 ❶ **見えなくなる**, 姿を消す (↔ appear) (⇨ 類語) ‖ I waved until his car ～*ed* from sight. 彼の車が見えなくなるまで手を振った / The burglar ～*ed* **into** the dark. 泥棒は暗闇(くらやみ)の中に姿を消した
❷ (物が)消滅する, なくなる ; 失踪(しっそう)する, 消息を絶つ ; 見

当たらなくなる ‖ That book ～*ed* when we were moving house. 引っ越しをしたときにその本はどこかへいっちゃった / My glasses keep ～*ing*. 私の眼鏡はすぐなくなる / A six-year-old girl ～*ed* **from** her home in London last night. 6歳の女の子が昨夜ロンドンの自宅からいなくなった ❸ (人が)殺される, 消される

dò a disappéaring áct [OR ***tríck***] (人が必要なとき)姿を消す

類語 **《❶》disappear** (徐々にまたは突然に)「消える」の意を表す一般的な語.
fade 次第に薄れて何かに溶け込むように消えていく(完全に消え去らないこともある).
vanish 突如, 完全に消えうせる.

・dis·ap·pear·ance /dìsəpíərəns/ 名 〔◁ disappear 動〕 U C 見えなくすること, 消失, 紛失；失踪；消滅

・dis·ap·point /dìsəpɔ́ɪnt/ 動 〔▶ disappointment 名〕 他 ❶〔人〕を失望させる, がっかりさせる,〔人〕の期待に背く ‖ Her performance ～*ed* the audience. 彼女の演技に観客はがっかりした ❷《受身形で》失望する, がっかりする〈**in, with, at, by, about** …に[で] / **to *do*** …して / (**that**) 節 …ということに〉‖ I was deeply ～*ed at* your failure. あなたの失敗にはとてもがっかりした / They are bitterly ～*ed in* [OR *with*] 「their son [the new government]. 彼らは息子[新しい政府]にひどく失望している / He was very ～*ed to* find that she was out. 彼は彼女が留守なのを知ってとてもがっかりした / We were ～*ed that* the restaurant had closed down. そのレストランが店じまいしてしまったので私たちはがっかりした ❸〔希望・計画など〕をくじく, 妨げる ‖ I'm sorry to ～ your expectations. 君の期待に背いて申し訳ない
―自 人を失望させる

・dis·ap·point·ed /dìsəpɔ́ɪnṭɪd/ 形《限定》❶ 失望した, がっかりした, 当てが外れた ‖ a ～ expression 失望の色 ❷(希望などが)くじかれた **～·ly** 副

・dis·ap·point·ing /dìsəpɔ́ɪnṭɪŋ/ 形 失望させる(ような), 期待に反する **～·ly** 副 期待に反して, がっかりするほど；《文修飾》残念ながら

:dis·ap·point·ment /dìsəpɔ́ɪntmənt/
―名 〔◁ disappoint 動〕(複 **～s** /-s/) ❶ U **失望**, **落胆**, 当て外れ；(希望などの)挫折(ざせつ) ‖ in [OR with] ～ がっかりして / his ～ at losing his post 地位を失った彼の落胆 / ～ of one's hope 希望の挫折 / **express** (one's) ～ 失望を表明する
❷ C 失望のもと, 期待外れの人[もの] ‖ This film was a **big** ～. この映画は全く期待外れだった / a ～ to one's parents 親にとって期待外れの子

to a person's (***grèat***) ***disappóintment*** (人の)失望[落胆]したことには ‖ *To* our *great* ～, contact with the Mars surveyor was lost. 非常に残念なことに火星探査機との連絡は途絶えた

dis·ap·pro·ba·tion /dìsæprəbéɪʃən, -roʊ-/ 名 =disapproval

・dis·ap·prov·al /dìsəprú:vəl/ 名 〔◁ disapprove 動〕 U〈…に対する〉不承知, 不賛成, 反対；非難〈**of**〉‖ The president showed his ～ *of* our reform plan. 社長は我々の改革案に反対の意を表した / click one's tongue in ～ 不満そうに舌打ちする

・dis·ap·prove /dìsəprú:v/ 《発音注意》動 〔▶ disapproval 名〕 自〈…を〉非とする,〈…に〉反対する〈**of**〉‖ I ～ *of* your attitude toward women. 君の女性に対する態度はよくないと思う ―他 ❶ …をよくないと思う, 不可とする, …に反対する ‖ ～ the proposal その提案に反対する ❷ …を否認する **-próv·ing·ly** 副

・dis·arm /dɪsɑ́:rm/ 動 他 ❶〔軍隊・都市など〕を武装解除する；〔軍備〕を縮小する；…の武器を取り上げる ‖ The guerrillas were ～*ed* and captured. ゲリラは武器を取り上げられて捕虜にされた ❷〔爆弾〕の信管を外して安全にする ❸ …の敵意[疑惑, 警戒心]を除く, …に友好的にする ‖ Her friendliness ～*ed* her critics. 親しみのある態度のおかげで彼女に対する批評家たちの気持ちは和らいだ
―自 武装解除する；軍備を縮小[撤廃]する

・dis·ar·ma·ment /dɪsɑ́:rməmənt/ 名 U 軍備縮小[撤廃]；武装解除 ‖ nuclear ～ 核軍縮

dis·árm·ing /-ɪŋ/ 形 (態度・行動などが)敵意[疑惑]を除く(ような), 人の心をなごませる(ような) **～·ly** 副

dis·ar·range /dìsəréɪndʒ/ 動 他 …を乱す, 乱雑にする (♦しばしば受身形で用いる) **～·ment** 名

dis·ar·ray /dìsəréɪ/ 名 U 混乱, 乱雑 ‖ in ～ 混乱して / fall into ～ 混乱状態に陥る ―動 他 …を混乱させる

dis·as·sem·ble /dìsəsémbl/ 動 他〔機械・時計など〕を分解する；🖳〔プログラム〕を機械語から記号語に変換する
―自 分解する；(群集が)散らばる

dis·as·so·ci·ate /dìsəsóʊʃièɪt/ 動 =dissociate
dìs·as·sò·ci·á·tion 名

:di·sas·ter /dɪzǽstər | -zɑ́:s-/
―名 (複 **～s** /-z/) U C ❶ **天災**, 災害；**災難**, (思いがけない[大きな])不運 (⇨ **類語**) ‖ *Disaster* **struck** as the show was coming to an end. ショーが終演間近になったころ惨事が起きた / The collapse of the bridge was not a **natural** ～ but caused by human error. その橋の崩壊は天災ではなく人災だった / The governor approved five million dollars in ～ relief for the flood victims. 知事はその洪水の被害者たちに500万ドルの災害援助金を拠出することを承認した / bring [OR spell] ～ 災害をもたらす / a recipe for ～ 災難をもたらすもの / (a) ～ waiting to happen いつ起こってもおかしくない災害 ❷ 全くの失敗(作), ひどいもの ‖ His performance on the piano was a ～. 彼のピアノ演奏は目も当てられなかった

語源 *dis-*(離れて) + *-aster*(星)：幸運の星から離れて星回りが悪いこと

類語 **《❶》disaster** 大きな不幸・災難・惨事などを表す最も一般的な語.
calamity 苦しみ・悲しみを伴う不幸を強調.
catastrophe 悲劇的な結末を意味し, 取り返しのつかない破滅・損失を強調する, 最も意味の強い語.

▸▸ **～ àrea** 名 C ① 被災地 ②《口》乱雑な場所[状態, 人] **～ drìll** 名 C 防災[避難]訓練 **～ mànagement** 名 U 防災, 災害対策 **～ mòvie** [**film**] 名 C パニック映画 **～ zòne** 名 C 被災地(域)

・dis·as·trous /dɪzǽstrəs | -zɑ́:s-/ 形 (**more ～**；**most ～**) 災難を招く, 破滅的な；悲惨な, ひどく惨めな ‖ Last year was a ～ year for crops. 昨年は農作物にとって悲惨な年だった / have a ～ effect on ... …に壊滅的な影響を及ぼす **～·ly** 副

dis·a·vow /dìsəváʊ/ 動 他 …を否認[拒絶]する
～·al 名 U C 否認, 拒絶

dis·band /dɪsbǽnd/ 動 他 自 (軍隊・組織などを[が])解散する, 解体する **～·ment** 名

dis·bar /dɪsbɑ́:r/ 動 (**-barred** /-d/；**-bar·ring**) 他《通例受身形で》❶《法》弁護士資格を剝奪される ❷ (人が)締め出される, 追放される **～·ment** 名

・dis·be·lief /dìsbɪlí:f/ 名 U〈存在・価値などを〉信じないこと, 不信, 疑惑〈**in**〉；不信仰 ‖ He blinked in ～. 彼は信じられない様子でまばたきした / Suspend your ～ while you are at the theater. 劇場にいる間は劇を本当のことと思って楽しみなさい / ～ *in* magic 魔術に対する不信

dis·be·lieve /dìsbɪlí:v/ 動《進行形不可》他 …を信じ(ようとし)ない, 疑う ‖ I ～ him [his story]. 私は彼の言うこと[彼の話]を信じない ―自〈神・宗教などを〉信じない, 疑う〈**in**〉‖ I ～ *in* transmigration. 私は転生を信じない
-líev·er 名 **-líev·ing** 形 **-líev·ing·ly** 副

dis·bur·den /dɪsbə́:rdən/ 動 他 …から〈負担などを〉取り除く〈**of**〉；〔重荷〕を降ろす ‖ ～ him *of* a responsibility 彼の責任を解く ―自 荷物を降ろす **～·ment** 名

dis·burse /dɪsbə́:rs/ 動 他〔費用〕を支払う

~·ment 名 U C 支出；支払(金)

*__disc__ /dɪsk/ 名《主に英》=disk

disc. 略 discount；discover(ed), discoverer

*__dis·card__ /dɪskɑ́ːrd/《アクセント注意》(→ 名) 動 他 ❶〔不用品・習慣など〕を捨てる, 放棄[廃棄]する(≒ cast off, throw away)；〔人〕を見捨てる, 解雇する ‖ ～ an old coat 古い上着を捨てる / computers ～*ed* from the office 事務所から廃棄処分になったコンピューター ❷《トランプ》〔手札〕を捨てる；(親の出した札と違った組から)〔切り札以外の札〕を出す ━自《トランプ》手札を捨てる

━名 /dískɑːrd/ C ❶《トランプ》捨て札 ❷ 捨てられたもの[人]

語源 *dis-* away＋*-card*(トランプ札)：不要の札を捨てる

*__dis·cern__ /dɪsə́ːrn, -zə́ːrn/ 動 他《進行形不可》❶ **a** 《＋目》(目や耳で)…を認める, 見分ける, 聞き分ける；…を理解[認識]する ‖ We could barely ～ the mountains through the mist. 霧を通して山々が辛うじて見分けられた / ～ his true intentions 彼の本当の意図がわかる **b** 《＋**that** 節 / **wh** 節》…ということ[…か]がわかる ‖ I could ～ from his appearance *that* he was dejected. 外見から彼ががっくりしているのがわかった / He tried to ～ *why* she was so reluctant. 彼は彼女がなぜそんなにしぶっていたのか理解しようと努めた ❷ …の違いを認識する；…を〈…から〉識別する〈**from**〉‖ ～ good *from* [OR and] bad よしあしを見分ける ━自 識別する

*__dis·cern·i·ble__ /dɪsə́ːrnəbl, -zə́ːrn-/ 形 認められる；理解[認識]できる；識別できる, 見分けがつく **-bly** 副

dis·cern·ing /dɪsə́ːrnɪŋ, -zə́ːrn-/ 形 識別力[洞察力]のある, 明敏な **~·ly** 副

dis·cérn·ment /-mənt/ 名 U 識別(力), 洞察(力)

*__dis·charge__ /dɪstʃɑ́ːrdʒ/《アクセント注意》(→ 名) 動 他 ❶〔気体・液体など〕を〈…に〉放出[流出, 排出]する〈**into**〉；〔感情など〕を吐き出す, 発散させる ‖ The factory ～*d* its waste *into* the river. その工場は廃棄物を川に排出した / The chimney is *discharging* smoke. 煙突が煙を出している / The wound ～*s* pus. 傷口から膿(うみ)が出る / ～ pent-up emotion うっ積した感情を吐き出す

❷〔人〕を〈…から〉除隊[退院]させる；…を釈放する, 無罪放免する；〈束縛・義務から〉解放する〈**from**〉；〔陪審員〕の任を解く(♦ しばしば受身形で用いる) ‖ He was ～*d from* ⌈the service [prison, (the) hospital]. 彼は除隊[出獄, 退院]した

❸《堅》〔義務〕を遂行する, 〔約束〕を果たす；〔債務〕を弁済[履行]する ‖ The commission has ～*d* its responsibilities. 委員会は責務を果たした

❹《堅》〔人〕を〈…から〉解雇する〈**from**〉(⇨ DISMISS 類語) ‖ He was ～*d* for petty theft. 彼はささいな盗みを理由に解雇された

❺〔鉄砲・ミサイルなど〕を発射する(fire) ‖ ～ a gun at a target 標的を目がけて発砲する ❻《法》(裁判所・裁判官が)〔法廷の命令〕を取り消す；(履行・破棄などにより)〔契約〕を無効にする；〔債務者・破産者〕を債務免除にする ❼〔船〕から荷を降ろす；〔荷・乗客など〕を降ろす(unload) ‖ ～ a ship 船の積み荷を陸揚げする / ～ the passengers at the pier 桟橋で乗客を降ろす ❽《電》〔蓄電池など〕を放電させる ❾《建》〔荷重〕を支持部材に分散させる；(圧力を分散させて)〔壁など〕から荷重を取り除く ❿ (漂白などにより)〔染料〕を落とす ━自 ❶〈…に〉放出[流出, 排出]する；(川が)注ぐ〈**into**〉；(傷が)膿を出す ❷ (鉄砲が)発射される ❸ 荷揚げする ❹《電》放電する ❺ (染料が)はげる

━名 /dístʃɑːrdʒ/ ❶ U C 除隊；退院；出獄, 釈放；解任, 解雇；除隊証明書 ‖ get one's ～ from the army 陸軍を除隊する ❷ U C 放出, 流出, 排出；U (川の) 流量；放出[流出]物 ❸ U 膿, 膿汁(のうじゅう), 分泌物 ‖ a purulent ～ 膿(pus) / a nasal ～ 鼻汁 ❹ U (義務の)遂行；(債務の)弁済, 履行 ‖ the ～ of one's duties 義務の遂行 ❺ C 発射, 発砲 ❻ U《電》放電 ❼ U 荷降ろし；荷揚げ, 陸揚げ；乗客を降ろすこと ‖ the ～ of the airplane's passengers 搭乗客を降ろすこと ❽ U《法》法廷命令取り消し；債務免除；(犯罪の)免責

語源 *dis-* from, away＋charge(…に荷を積む)：荷を降ろす

▸▸ **~d bànkrupt** 名 C《法》破産取消者《裁判所に免責された破産債務者》 **~ làmp** 名 C 放電ランプ《放電管を使ったランプ》 **~ tùbe** 名 C 放電管

*__dis·ci·ple__ /dɪsáɪpl/《発音注意》名 C ❶ 弟子, 門人；信奉者 ❷《しばしば D-》(キリストの)12使徒(Apostles)の1人；初期のキリスト教徒 ❸《D-》ディサイプル教会の信徒

~·shìp 名 U 弟子の身分

▸▸ **Discìples of Chríst** 名《the ～》《単数・複数扱い》ディサイプル教会《Alexander Campbellが1809年米国で組織したキリスト教団》

dis·ci·pli·nar·i·an /dìsəplɪnéəriən/ 名 C 規律に厳格な人, しつけにやかましい人；厳しい教師

*__dis·ci·pli·nar·y__ /dísəplənèri | -plɪnəri/ 形《限定》❶ 規律上の；懲戒的な ‖ a ～ committee 懲罰委員会 / ～ action 懲戒処分 ❷ 訓練の, 学科の

:dis·ci·pline /dísəplɪn/

━名 (複 **~s** /-z/) U ❶ **規律**, 風紀, しつけ；統制；従順, 規律正しい振る舞い ‖ *Discipline* is lax at that school. その学校内の規律は手ぬるい / Drill ～ into children while they're young. 子供が小さいうちに礼儀作法をたたき込みなさい / military ～ 軍紀 / strict ～ 厳格な規律[厳しいしつけ] / keep ～ 規律を保つ

❷ **訓練**, 鍛錬, 修練；(自己)抑制；C 訓練法 ‖ To become a violinist takes years of ～. バイオリニストになるためには長年の鍛錬が必要だ

❸ C (学問の)一分野, 学問, 学科 ‖ academic ～*s* 諸学問 ❹ 懲戒, 懲罰；《宗》戒律, 苦行

━動 (**~s** /-z/；**~d** /-d/；**-plin·ing**) 他 ❶ **a** 《＋目》〔人・動物〕を**しつける**, **訓練する**；〔子弟など〕を鍛錬する；〔軍など〕を規律に従わせる, 統制する(⇨ TEACH 類語) ‖ The school teacher was left to ～ children. 教師は子供たちのしつけを任された **b** 《～ oneself で》規律[規則]正しく〈…を〉する〈**to** ***do***〉‖ You must ～ yourself *to* exercise regularly. 定期的に運動する癖をつけなくてはいけない ❷ 〈…のことで〉…を罰する, 懲らしめる〈**for**〉‖ I was ～*d for* lying. 私はうそをついたので罰せられた

~d 形

dis·claim /dɪskléɪm/ 動 他 ❶ …(との関与など)を否認する, 否定する ‖ ～ responsibility for the accident その事故に対する責任を否認する ❷《法》…に対する権利を放棄する ━自《法》(権利などを)放棄する

dis·cláim·er /-ər/ 名 C ❶ 否認(状[者]), 拒否；《法》権利放棄(状[者]) ❷ 免責条項《誤使用により危害が生じても責任を負わないとする製造会社の警告文など》

*__dis·close__ /dɪsklóuz/ 動〔▶ disclosure 名〕他 ❶ **a** 《＋目》〔秘密など〕を〈…に〉暴く, 暴露する(yield up)；…を〈…に〉公表する, 明らかにする(↔ keep secret；hide)〈**to**〉(⇨ REVEAL 類語) ‖ The secret was ～*d to* the public. その秘密は世間に暴露された / ～ information 情報を公開する / ～ one's identity 自分の身元を明かす **b** 《(＋**to** 名)＋**that** 節 / **wh** 節》(…に)…だと暴露[公表]する ‖ She ～*d to* the reporter *that* there was a rift between the manager and the coach. 監督とコーチが仲たがいしていることを彼女は記者に暴露した / It was ～*d that* our sales had dropped by 10%. 我が社の売り上げが10%減少したことが明らかにされた

❷ (覆いをとって)…を見せる, …(の姿)を現す

語源 *dis-* not＋close

*__dis·clos·ure__ /dɪsklóuʒər/ 名〔◁ disclose 動〕❶ U 暴露, 発覚；公開, 発表, (経営内容などの) 開示 ‖ the weekly magazine's ～ of missile programs 週刊誌によるミサイル計画の暴露 / information ～ 情報公開[開示] ❷ C 暴露された事柄, 打ち明け話；公開内容

*__dis·co__ /dískou/《発音注意》名 (複 **~s** /-z/) C ❶ ディス

コ(discotheque) ❷ (=～ mùsic) Ⓤ ディスコミュージック ❸ ディスコダンス ❹ ディスコの音響・照明装置

―― 動 自 ディスコで踊る

▸▸～ bìscuit 名 Ⓒ 《口》ディスコ＝ビスケット《幻覚剤エクスタシーの別名》

dis·cog·ra·phy /dɪskɑ́(ː)grəfi | -kɔ́g-/ 名 (複 **-phies** /-z/) Ⓒ (作曲家・演奏家別に分類した)レコード目録；Ⓤ レコード音楽史 **-pher** 名 Ⓒ レコード目録作成者

dis·col·or, 《英》**-our** /dɪskʌ́lər/ 動 他 自 (…を[が])変色させる[する]；退色させる[する]

dis·còl·or·á·tion 名 Ⓤ 変色，退色；Ⓒ 変色箇所，しみ

dis·com·bob·u·late /dìskəmbɑ́(ː)bjulèɪt | -bɔ́b-/ 動 他 《主に米・カナダ口》《戯》〔人〕を混乱させる，どぎまぎさせる，失敗させる **-làt·ed** 形

dis·com·fit /dɪskʌ́mfət | -fɪt/ 動 他 《堅》❶〔人〕を困惑させる，狼狽(ろうばい)させる(♦ しばしば受身形で用いる) ❷ …の計画[望み]をくじく，〔人〕の裏をかく

―― 名 ＝discomfiture

dis·com·fi·ture /dɪskʌ́mfɪtʃər/ 名 Ⓤ 困惑，狼狽

dis·com·fort /dɪskʌ́mfərt/ 名 (♦ 形容詞は uncomfortable) ❶ Ⓤ 不快，不愉快；不安；苦痛 ‖ suffer ～ 不愉快な目に遭う / live in extreme ～ 非常に不愉快な毎日を送る ❷ Ⓒ 不快なこと[もの]；困難，不便 ‖ the ～*s* of a package tour パック旅行の不便さ

―― 動 他 …を不快[不安]にする(♦ しばしば受身形で用いる)

dis·com·mode /dìskəmóʊd/ 動 他 《堅》〔人〕にやっかいをかける，不便を感じさせる **-mó·di·ous** 形

dis·com·pose /dìskəmpóʊz/ 動 他 〔人〕の落ち着き[平静]を乱す，…を動揺させる

-pó·sure 名 Ⓤ 心の動揺，困惑

dis·con·cert /dìskənsə́ːrt/ 動 他 〔人〕の落ち着きを失わせる，〔人〕を狼狽(ろうばい)[困惑]させる

～·ed 形 当惑[狼狽]した **～·ing** 形 当惑させるような **～·ing·ly** 副

dis·con·nect /dìskənékt/ 動 他 ❶ 〈…から〉…の接続を断つ，…を引き離す；〔電気器具〕を切る〈**from**〉 ❷ 《通例受身形で》(送電・給水などが)止められる；(電話で)通話が切れる ❸ 〔人〕のインターネットへの接続を切る(♦ しばしば受身形で用いる) ―― 自 (電話などを)切る；インターネットへの接続が切れる；(社会などとの)つながりを断つ

―― 名 Ⓤ Ⓒ (精神的)断絶(状態)；(料金不払いにより電話回線などを)切られること

dis·con·nect·ed /dìskənéktɪd/ 形 ❶ 接続を断った，分離した ❷ (演説・書物などが)つじつまの合わない，首尾一貫しない **～·ly** 副

dis·con·nec·tion, ＋《英》**-nex·ion** /dìskənékʃən/ 名 Ⓤ 分離，切断(状態)；支離滅裂

dis·con·so·late /dɪskɑ́(ː)nsələt | -kɔ́n-/ 形 落ち込んだ，悲嘆に暮れた **～·ly** 副 **dis·còn·so·lá·tion** 名

dis·con·tent /dìskəntént/ 《アクセント注意》名 ❶ Ⓤ 〈…に対する〉不満，不平〈**at, with, over**〉；Ⓒ 不平[不満]のもと ❷ Ⓒ (社会的・政治的な)不満分子 **～·ment** 名

語源 *dis-* not＋content(満足)

dìs·con·tént·ed /-ɪd/ 形 (人が)〈…に〉不満な，不平のある(↔ contented)〈**with**〉‖ I am so ～ *with* my work. 私は自分の仕事に大いに不満がある **～·ly** 副

dis·con·tin·u·ance /dìskəntínjuəns/ 名 Ⓤ 中止，中断，停止

dis·con·tin·ue /dìskəntínjuː/ 動 他 ❶ **a** 《＋目》〔継続していたことや製造・供給してきたもの〕を中止[中断]する(⇨ STOP 類語) ‖ ～ a practice 習慣を絶つ / ～ a product line 生産ラインを中断する **b** 《＋*doing*》…するのをやめる ‖ He ～*d* smoking. 彼はたばこをやめた ❷ 〔新聞〕を(とるのを)やめる；〔予約講読〕を途中で打ち切る

―― 自 中止[終わり]になる；製造中止[廃番，廃刊]になる

dis·con·ti·nu·i·ty /dɪskɑ̀(ː)ntənúːəṭi | -kɔ̀ntɪnjúː-/ 名 (複 **-ties** /-z/) Ⓤ ❶ 不連続，断絶；(論理などの)支離滅裂 ❷ Ⓒ 切れ目，途切れ ❸ 〔数〕不連続；〔地〕非連続

dis·con·tin·u·ous /dìskəntínjuəs/ ◁ 形 ❶ 不連続の，断続性の；首尾一貫しない ‖ a ～ line 不連続線 ❷ 〔数〕(変数・関数が)不連続の **～·ly** 副

*__dis·cord__ /dískɔːrd/ 《アクセント注意》(→ 動) 名 ❶ Ⓤ 《堅》(人・物の間の)不一致，不調和；意見の違い，仲たがい，不和 ‖ strife and ～ within the government 政府内部の軋轢(あつれき) ❷ Ⓤ Ⓒ 〔楽〕不協和(音)(↔ concord)；(一般に)耳障りな音，騒音 ―― 動 /dɪskɔ́ːrd/ 自 《古》一致しない；意見が合わない，不和である

語源 *dis-* apart＋*-cord* heart：心に合わない

dis·cord·ance /dɪskɔ́ːrdəns/, **-an·cy** /-ənsi/ 名 ❶ Ⓤ 不調和，不一致；不和；〔遺伝〕不協和《双子の一方にしかある形質が現れないこと》❷ Ⓒ 不協和音，騒音

dis·cord·ant /dɪskɔ́ːrdənt/ 形 ❶ 《通例限定》調和しない，一致しない；不和の ❷ (音が)不協和の，耳障りな ‖ ～ notes 不協和音 **～·ly** 副

dis·co·theque /dískətèk, ―ー―/ 名 Ⓒ ディスコ(テック)(♦ ふつうは単に disco という)

*__dis·count__ /dískaʊnt/ 《アクセント注意》名 Ⓒ Ⓤ ❶ (価格などの)割り引き，値引；割引額[率] ‖ Can you give me a ～? まけてもらえますか / make [OR allow, offer] a 25% ～ on a car 自動車を2割5分引きする

❷ (借金の)利子先払い；割引利子額

at a díscount ① 値引[割引]して ‖ buy ... *at a* 15% ～ …を1割5分引きで買う ② 正当な評価をされない；軽んじられて ‖ Traditional craftsmanship tends to be (held) *at a* ～ these days. 最近伝統的な職人の技は軽視されがちだ

―― 動 (**～s** /-s/；**～·ed** /-ɪd/；**～·ing**) 他 ❶ 〔価格・勘定〕を割り引く，値引する；〔品物〕を値引して売る ❷ 〔手形など〕を割り引く ❸ …を割り引いて考える[聞く]；…を軽視する，勘定に入れない ‖ The local mall ～*ed* the effect of the megastore on sales. 地元のショッピングセンターはそのメガストアが売り上げに及ぼす影響を軽視した ❹ 〔将来の出来事〕を見込んで(手を打って)おく ―― 自 利子を割り引いて貸し付ける **～·a·ble** 形 (手形などが)割り引ける

語源 *dis-* away＋*-count*：数えて切り捨てる

▸▸～ **bròker** 名 Ⓒ 《米》① 手形割引業者 ② (低い手数料の)株式仲買人[店] **～ed cásh flòw** 名 Ⓤ 〔経〕割引キャッシュフロー《特定の利率を当てはめてどのくらいの利潤があるかを考えて投資を決定する方法》 **～ hòuse** 名 Ⓒ ① 《米》＝discount store ② 《英》手形割引商会 **～ ràte** 名 Ⓒ 〔経〕公定歩合；(一般の)手形割引歩合 **～ stòre** 名 Ⓒ 安売り店，ディスカウントストア **～ wìndow** 名 Ⓒ 《米》〔金融〕割引窓口《市中銀行が中央銀行から安く融資を受けること，その窓口》

dis·count·er /dískaʊnṭər/ 名 Ⓒ ❶ 安売りする人；安売り店経営者 ❷ 《米》＝discount store

*__dis·cour·age__ /dɪskə́ːrɪdʒ | -kʌ́r-/ 動 他 ❶ 〔人〕に〈…するのを〉思いとどまらせる；〔人〕に〈行為などの〉やる気をなくさせる(↷ scare away)〈**from**〉‖ They ～*d* us *from* starting out on our trip. 彼らは我々に旅行に出るのをやめるよう説得した(♦ ×They discouraged us to start .... とはいわない) / This camera will ～ shoplifters. このカメラは万引きする人にその気をなくさせるだろう

❷ **a** 《＋目》〔人〕を落胆させる，〔人〕の自信を失わせる，勇気をくじく(↔ encourage) ‖ A succession of failures ～*d* him. 失敗の連続に彼は自信を失った **b** 《受身形で》落胆する，がっかりする〈**at** …に / **to** *do* …して〉‖ We were ～*d* *at* the results. 我々はその結果にがっかりした / She was ～*d* *to* learn that he had quit the job. 彼が仕事を辞めたと聞いて彼女はがっかりした

❸ **a** 《＋目》〔行為〕を思いとどまらせる，妨げる ‖ ～ the use of agricultural chemicals 農薬の使用をやめさせる **b** 《＋*doing*》…するのをやめさせる，思いとどまらせる ‖ We ～ smoking on campus. 大学構内での喫煙は遠慮してほしい / Inflation ～*s* saving. インフレは貯蓄に水を差す

D

COMMUNICATIVE EXPRESSIONS
[1] There's nòthing to fèel discóuraged about.
がっかりすることは何もないよ(♥ 励まし)

~d 形 がっかりした **-ag·ing** 形 がっかりさせる **-ag·ing·ly** 副 がっかりさせて
語源 *dis-* not＋courage(勇気)

dis·cóur·age·ment /-mənt/ 名 ❶ U 落胆(させること), 意気阻喪 ❷ U 妨害, 制止, 阻止 ❸ C 落胆の種；支障, 障害物

D

*__dis·course__ /dískɔːrs/ 《アクセント注意》(→ 動) 名 ❶ C U 〈…についての〉(真剣な)講演, 説教；論文, 論説〈**on, upon**〉‖ a ~ *on* European history ヨーロッパの歴史についての講演[論文] ❷ U (真剣な)対話, 会話 ❸ U 〖言〗談話 ‖ ~ analysis 談話分析
—動 /dɪskɔ́ːrs/ 自 〈ある主題について〉説く, 論じる；《堅》会話をする〈**on, upon**〉
▸▸ **~ màrker** 名 C 〖言〗談話標識《話題の開始・転換などを示す語や句》

dis·cour·te·ous /dɪskɔ́ːrtiəs/ 《発音注意》形 無礼な, 無作法な(⇨ POLITE 類語) **~·ly** 副

dis·cour·te·sy /dɪskɔ́ːrtəsi/ 《発音注意》名 (複 **-sies** /-z/) U 無礼, 無作法；C 無礼な言動

⁝dis·cov·er /dɪskʌ́vər/

—動 〔▶ discovery 名〕(**~s** /-z/；**~ed** /-d/；**~·ing**)
—他 ❶ …を**発見する**, 見つける(♦ 紛失物を「捜し出す」ときは find を用いる) ‖ ~「a new planet [the AIDS virus] 新惑星[エイズウイルス]を発見する / The murder weapon was ~*ed* in a ditch. 凶器は側溝で発見された
❷ **a** 《+目》…に**気づく** (find out) ‖ The teacher ~*ed* my careless mistake. 先生は私のうっかりミスに気づいた
b 《+**wh** 節 / **wh to** *do*》…ということがわかる, …かどうかわかる ‖ I ~*ed* at once *what* my son wanted to tell me. 息子が私に何を言いたいのかすぐにわかった
c 《+(**that**) 節 / 目+**to be** 補 / 目+補 〈形〉》…が…と(いうことが)わかる ‖ I ~*ed that* she was reliable.＝I ~*ed* her *to be* reliable. 彼女は信頼できるとわかった(♦ that 節の方がふつう. 補語を取る場合は通例受身形)
d 《+目+*doing*》…が…しているのを見つける[発見する] ‖ The boss ~*ed* him sleeping on the sofa. 上司は彼がソファーで眠っているのを見つけた
❸ (演劇・音楽などで)〔人材〕を見いだす, 発掘する(♦ しばしば受身形で用いる) ‖ The singer was ~*ed* by a famous producer. その歌手は有名なプロデューサーによって発掘された ❹〔物事〕の楽しみに気づく, …への関心を深める ‖ ~ woodcarving 木彫りの楽しさに気づく
~·a·ble 形
語源 *dis-* apart, away＋cover(覆い)：覆いを取り除く

dis·cóv·er·er /-ər/ 名 C 発見者

⁝**dis·cov·er·y** /dɪskʌ́vəri/
—名〔◁ discover 動〕(複 **-er·ies** /-z/) ❶ U C **発見**；気づくこと ‖ the ~ of「a new star [nuclear fission] 新星[核分裂]の発見 / **make a new** [scientific] ~ 新[科学上の]発見をする / a report on the ~ that water exists on Mars 火星に水があるという発見の報告
❷ C 発見されたもの[人]；(芸能などの)有望な新人 ‖ Penicillin was one of the great *discoveries* of the 20th century. ペニシリンは20世紀における重大な発見だった / Many people claim the ~ of the process. 多くの人々がそのやり方を見つけたのは自分だと主張している
❸ U 〖法〗(事実・証拠などの)開示, 公表
❹ 《D-》ディスカバリー号《米国のスペースシャトル》
▸▸ **Discóvery Dày** 名 《米》＝Columbus Day

*__dis·cred·it__ /dɪskrédət | -ɪt/ 動 他 ❶ …の信用を傷つける ‖ The scandal ~*ed* him. そのスキャンダルは彼の信用を傷つけた ❷ …を信じない ‖ ~ a story as mere rumor 話を単なるうわさだとして信用しない ❸ …に疑いをかける；…の信憑(しんぴょう)性を失わせる ‖ Her idea was ~*ed* by new discoveries. 彼女の考えは新しい発見によって信頼できないものとなった
—名 U ❶ 信用の失墜, 不面目 ‖ Rude tourists bring ~ on their compatriots. 粗暴な観光客が同国人の信用を落とす / The police, to their ~, did not respond until three hours later. 不面目なことに警察は3時間たって初めて対応した ❷ C 《単数形で》〈…に〉不評を招く人[もの]〈**to**〉‖ He is a ~ *to* us all. 彼は我々全員の面(つら)汚しだ ❸ 不信, 疑い ‖ throw ~ on ... …に疑いをかける / Further experiments led to the ~ of their earlier results. 追試によって以前の結果が信用できないものになった

dis·créd·it·a·ble /-əbl/ 形 信用[評判]を傷つける(ような), 不名誉な **-bly** 副

*__dis·creet__ /dɪskríːt/ 形 〔▶ discretion 名〕❶ 思慮分別のある；(言動が)慎重な ‖ keep a ~ distance 慎重に距離を保つ ❷ 口の堅い ‖ She is very ~ about what she does at work. 彼女は仕事でしていることについてとても口が固い ❸ 控えめな **~·ly** 副

*__dis·crep·an·cy__ /dɪskrépənsi/ 名 (複 **-cies** /-z/) U C 不一致, 相違, 矛盾, 乖離(かいり)〈**in** …での；**between** …の間の〉‖ There are numerous *discrepancies in* these statistics. この統計には矛盾点が数多い / a ~ *between* the two figures 2つの数字の間の食い違い

dis·crep·ant /dɪskrépənt/ 形 一致しない, 食い違う, 矛盾する **~·ly** 副

dis·crete /dɪskríːt/ 形 分離した, 別々の, 個別の；不連続の；〖数〗離散の **~·ly** 副 **~·ness** 名

*__dis·cre·tion__ /dɪskréʃən/ 名〔◁ discreet 形〕U ❶ 判断[選択]の自由, 自由裁量, 自由決定権 ‖ It is entirely within my ~ to make use of these funds. これらの資金を活用するのは全く私の自由だ / I can use my own ~ about my working hours. 勤務時間については私が自分で自由に決定できる / leave the decision to his ~ 決定を彼の判断に任せる ❷ (言動上の)思慮分別, (秘密を守るなどの)慎重さ ‖ You can trust his ~ in handling the affair. その件の処理については彼の分別を信頼してよい / *Discretion is the better part of valor.* 《諺》慎重は勇気の大半；君子危うきに近寄らず
at a person's discrétion ; ***at the discrétion of a person*** (人の)裁量[判断]によって
the àge [OR ***yèars***] ***of discrétion*** 〖法〗分別年齢《英国では14歳, 米国では州によって異なる》

dis·cre·tion·ar·y /dɪskréʃənèri | -ʃənəri/ 形 任意の, 自由裁量の ‖ a ~ account 売買一任勘定 / ~ income 裁量所得 / ~ powers 自由裁量権 / ~ purchase (必需品でない)自由裁量で買う製品 / ~ trust 裁量信託《受託者に一切の裁量権をゆだねた信託》

*__dis·crim·i·nate__ /dɪskrímɪnèɪt/ 動 自 ❶ 〈…を〉識別する, (厳密に)区別する；識別力がある, 〈…の〉違いがわかる〈**between**〉(⇨ DISTINGUISH 類語) ‖ ~ *between* good and bad よしあしを見分ける ❷ (人種・性別の違いなどで)差別する, 差別待遇する〈**against** …に不利に；**in favor of** …に有利に〉‖ The police ~*d against* them because of their color. 警察は彼らを肌の色ゆえに差別した(♦ 自動詞なので against が必要. 他動詞には「差別する」の意はない) / The teacher ~*d in favor of* female students. 先生は女生徒をえこひいきした
—他 …を〈…と〉区別[識別]する〈**from**〉‖ ~ right *from* wrong 善悪を見極める

dis·crim·i·nat·ing /dɪskrímɪnèɪtɪŋ/ 形 ❶ 区別[識別]する；識別力[鑑識眼]のある ❷ (主に関税が)差別的な (discriminatory)

⁝**dis·crim·i·na·tion** /dɪskrìmɪnéɪʃən/
—名 (複 **~s** /-z/) U C ❶ **差別**, 差別待遇〈**against** …に対する；**in favor of** …をひいきしての〉(♦ ×discrimina-

tion on [about, for] ... とはいわない) ‖ **racial** [**sex**] ～ 人種[性]差別 / without ～ 分け隔てなく / **positive** ～ 《英》積極的差別是正措置(《米》affirmative action)
❷〈…の間の〉区別, 識別, 弁別〈**between**〉
❸ Ⓤ 識別力；鑑識眼, 眼識；〖心理〗弁別
❹〖電子〗弁別《弁別器で特定の信号を選別すること》

dis·crim·i·na·tive /dɪskrímənèɪṭɪv | -ɪnə-/ 形 ❶ 差別的な ❷ 差異を見分ける ❸ ほかと異なる, 特徴的な

dis·crim·i·na·tor /dɪskrímɪnèɪṭər/ 名 Ⓒ 区別[識別]する人[もの]；〖電子〗弁別回路

dis·crim·i·na·to·ry /dɪskrímɪnətɔ̀:ri | -təri/ 形 = discriminating ❷

dis·cur·sive /dɪskə́:rsɪv/ 形 ❶ (話などが) 本筋から離れる, 脱線する；散漫な ❷〖哲〗論証的な ～**·ly** 副

dis·cus /dískəs/ 名 (複 ～**·es** /-ɪz/ OR **dis·ci** /dískaɪ/) ❶ Ⓒ (競技用)円盤 ❷ (the ～)円盤投げ《競技》

dis·cuss /dɪskʌ́s/
── 動 (▶ discussion 名)(～**·es** /-ɪz/ ; ～**ed** /-t/ ; ～**·ing**)
── 他 ❶ 議論[検討]する (⇨ 類語) **a** (+目) …について〈…と〉論じ合う, 検討する(✎talk about)〈**with**〉‖ The committee ～*ed* the project for hours. 委員会はその計画について何時間も議論した (♦ discuss は他動詞なので目的語がすぐ後に続く. about や on は不要) / He ～*ed* highly secret matters *with* the President. 彼は大統領と極秘事項を協議した
b (+wh 節 / wh to *do*) …かを〈…と〉論じる〈**with**〉‖ We ～*ed whether* we should postpone the meeting in case of a typhoon. 我々は台風が来たら会合を延期すべきかどうか話し合った
c (+*doing*) …することを検討する ‖ They ～*ed* extending foreign aid to other countries. 彼らは対外援助をほかの国々にまで拡大することを検討した
❷ (紙上などで) …について論じる, 考察する ‖ This will be ～*ed* below. これは後で論じる / the problems ～*ed* **above** すでに論じた問題

COMMUNICATIVE EXPRESSIONS
1 **Lèt's not discúss thìs àny móre.** NAVI このことについて話し合うのはもうやめましょう(♥ 話題を切り上げる)
2 **The pròblem we have to discúss is** the lòng-tèrm cónsequences of bùilding a dám. 我々が議論しなくてはならないのはダムを建設することによる長期的な影響の問題です(♥ 議論すべき問題点を指摘する)

類語《❶》 **discuss** 種々の見解や意見を述べ合う.
argue 理由などを挙げて賛成または反対する.
debate 公開の席などで議論をする.〈例〉*debate* a bill 法案について討論する
dispute 激しい, 感情的な, しばしば醜い言い合いをする.〈例〉*dispute* over politics 政治について議論する

dis·cus·sant /dɪskʌ́sənt/ 名 Ⓒ (討論会・シンポジウムの)討論参加者

dis·cus·sion /dɪskʌ́ʃən/
── 名 (◁ discuss 動) (複 ～**s** /-z/) ❶ Ⓤ Ⓒ〈…についての〉**討議**, 協議, 論議, 審議, ディスカッション, 話し合い〈**of, about, on, as to**〉(⇨ ARGUMENT 類語) ‖ There was much ～ in the press *about* [OR *on*] the need to protect privacy. プライバシー保護の必要性に関して新聞紙上で大いに論議がなされた / The chairman asked them to limit their remarks to the question under ～. 議長は発言を討議中の問題にかかわるものに限るよう彼らに求めた / **have** [OR hold] a ～ **with** ... …と協議をする / open a ～ 討議を始める / a matter taken up for ～ 評議に取り上げられた事項
連語【形/名+～】a detailed ～ 詳細な議論 / (a) further ～ さらなる議論 / a group ～ グループ討論 / (a) public ～ 公開討論
❷ Ⓒ 論文, 論考；講演

***dis·dain** /dɪsdéɪn/ 動 他 ❶《通例進行形不可》…を軽蔑する, 見下す；…を鼻であしらう, 問題にしない(⇨ DESPISE 類語) ‖ ～ pop culture 大衆文化をばかにする ❷ (+to *do*) …するのは恥だ[沽券(こけん)にかかわる]と思う ‖ I ～ *to* rush for a seat on the train. 列車で先を争って席取りをするのは恥だと思う
── 名 Ⓤ/Ⓒ《単数形で》〈…に対する〉軽蔑, さげすみ〈**for**〉‖ be treated with ～ 侮蔑的な扱いをされる / ～ *for* riches 富に対する蔑視

dis·dáin·ful /-fəl/ 形 軽蔑を表す, 尊大な ‖ be ～ of liars うそつきを軽蔑する ～**·ly** 副

dis·ease /dɪzí:z/ 《発音注意》(♦ decease と区別)
── 名 (複 **-eas·es** /-ɪz/) ❶ Ⓒ Ⓤ (人間・動植物などの) **病気**, 疾病, 疾患(♦ 病名には illness ではなく disease を用いる) (⇨ ILLNESS 類語) ‖ He suffers from a serious ～. 彼は重い病気にかかっている / **heart** ～ 心臓病
連語【形/名+～】heart ～ 心臓病 / liver ～ 肝臓疾患 / lung ～ 肺疾患 / skin ～ 皮膚病 / a chronic ～ 慢性疾患 / an infectious ～ 伝染病 / (a) fatal ～ 不治の病 / (a) hereditary ～ 遺伝病
【動+～】develop [OR catch, contract] a ～ 病気にかかる / have a ～ 病気にかかっている / cause ～ 病気を引き起こす / prevent (a) ～ 病気を予防する / cure a ～ 病気を治す
❷ Ⓒ (社会・人の心に対する)病弊, 悪弊；不健全な状態 ‖ a social ～ 社会の病弊
語源 *dis-* without+ease(楽なこと)：体に苦痛のあること
▸▸ ～ **mànagement** 名 Ⓤ 疾病管理《糖尿病・心臓病などを管理して悪化や再発を防止することで医療費の抑制を目指すプログラム》

dis·éased /-d/ 形 病気にかかった；病的な ‖ the ～ part 患部 / a ～ society 病める社会

dis·em·bark /dìsɪmbá:rk/ 動 自 船[飛行機, 車など]から降りる ‖ ～ at Calais カレーで船から降りる
── 他《堅》〔客・貨物〕を降ろす, 上陸させる
dìs·èm·bar·ká·tion 名

dis·em·bar·rass /dìsɪmbǽrəs/ 動 他 ❶ (～ oneself of [OR from] で)《堅》重荷・やっかい事などから抜け出す ‖ ～ oneself *of* a burden 重荷を降ろす, 負担から抜け出す ❷《まれ》〔人〕を〈当惑・困難などから〉解放する
～**·ment** 名

dis·em·bod·ied /dìsɪmbá(:)did | -bɔ́d-/ 形《限定》❶ (音などが) 姿の見えない所から出る ❷ (霊魂が) 肉体から分離した, (思想が)非実体的な ‖ a ～ spirit (肉体を離れた) 亡霊 / ～ theories 抽象化された理論

dis·em·bow·el /dìsɪmbáuəl/ 動 (～**ed**, 《英》 **-elled** /-d/ ; ～**·ing**, 《英》 **-el·ling**) 他 …を切り裂いて内臓を取り除く ～**·ment** 名

dis·en·chant /dìsɪntʃǽnt | -tʃá:nt/ 動 他 …の魔法を解く；…の迷いを覚ます；…を幻滅させる ‖ He got ～*ed* with me. 彼は私に幻滅した ～**·ment** 名 ～**·ed** 形

dis·en·cum·ber /dìsɪnkʌ́mbər/ 動 他 〔人〕を〈苦労・障害物などから〉解放する〈**of, from**〉

dis·en·dow /dìsɪndáu/ 動 他 〔特に教会〕から基本財産[寄進物]を没収する ～**·ment** 名

dis·en·fran·chise /dìsɪnfrǽntʃaɪz/ 動 = disfranchise ～**·ment** 名

dis·en·gage /dìsɪngéɪdʒ/ 動 他 ❶ …を〈…から〉離す, 自由にする〈**from**〉‖ ～ a clutch クラッチを切る ❷ 〔部隊〕を(戦場・戦闘から)退かせる, 撤退させる ── 自〈…から〉離れる；関係を絶つ〈**from**〉；〖軍〗撤退する；〖フェンシング〗剣先を相手の剣の上[下]の方に移す, ディスエンゲイジする
── 名 Ⓒ〖フェンシング〗ディスエンゲイジする動作

dìs·en·gáged /-d/ 形 (精神的に) 解放された, 約束がない；(場所が)空いている；(自動車の)ギアが入っていない

dìs·en·gáge·ment /-mənt/ 名 Ⓤ 解放；離脱；撤退, 撤回；婚約解消

dis·en·tan·gle /dìsɪntǽŋgl/ 動 他 ❶ …を〈もつれた状

態・混乱などから〉解き放す〈**from**〉;〔ごたごた〕を解消する ❷〔ロープなど〕のもつれをほどく
—自 (混乱などから)解放される;ほぐれる **~·ment** 名

dis·en·thrall, -thral /dìsɪnθrɔ́ːl/ 動 他 《堅・文》…の束縛を解く,〔奴隷など〕を解放する(↷ set free)
~·ment 名

dis·en·tomb /dìsɪntúːm/ 動 他 …を墓から掘り出す;〔墓〕を暴く;…を発掘する **~·ment** 名

dis·e·qui·lib·ri·um /dɪsèkwɪlíbriəm | dìsìː-/ 名 U (特に経済上の)不均衡

dis·es·tab·lish /dìsɪstǽblɪʃ/ 動 他 …(の既存の体制)を廃止する;〔特に教会〕の国教制を廃止する **~·ment** 名

dis·fa·vor, 《英》**-vour** /dɪsféɪvər/ 名 U 冷遇, 不興;嫌悪;不賛成 ‖「be in [fall into, come into] ~ with ... …に嫌われている[嫌われる] / look upon ... with ~ …に不賛成の意を示す
—動 他 《堅》…をうとんじる, 冷遇する;嫌う

***dis·fig·ure** /dɪsfígjər/ 動 他 …の美観を損なう, …を醜くする ‖ A spasm of pain briefly *~d* his face. 痛みの発作で彼の顔がちょっとゆがんだ
~·ment 名 U C 美しさを損なうこと;欠陥

dis·for·est /dɪsfɔ́(ː)rɪst/ 動 =deforest;《英》=disafforest **dis·fòr·es·tá·tion** 名

dis·fran·chise /dɪsfrǽntʃaɪz/ 動 他〔人〕から選挙権[公民権]を奪う;(一般に)…から特権[権利など]を奪う
~·ment 名

dis·gorge /dɪsgɔ́ːrdʒ/ 動 他 ❶ …を放出する;…を吐き出す;(乗り物・建物が)〔人〕をどっと吐き出す ❷〔不正取得したもの〕をしぶしぶ返す —自 (川が)注ぐ

***dis·grace** /dɪsgréɪs/ 名 ❶ U 不名誉, 不面目, 恥辱(⇨ 類語);不人気, 不興 ‖ To be poor is no ~. 貧しいことは少しも恥ずかしいことではない / bring ruin and ~ on his family 彼の家族に破滅と不名誉をもたらす / resign in ~ 面目を失って辞職する / be in ~ with ... (子供などが)…ににらまれている ❷ C 《a ~》恥辱となるもの[人] ‖ He is a ~ to our school. 彼は我が校の面(つら)汚しだ
—動 他 ❶ …の面目を失わせる, 名を汚す ‖ ~ one's family 家名を汚す / ~ oneself 恥をかく[さらす] ❷《通例受身形で》面目を失って失脚する, 信用を落とす ‖ He was publicly *~d* as a result of his insider dealing. 彼はインサイダー取引で公職を追放された

類語 《名 ❶》**disgrace** 自分または関係者の行為によってもたらされる不面目や恥辱. 〈例〉a national *disgrace* 国家的恥辱
dishonor ふつう自分自身の行為のために名誉や体面を失うこと. 〈例〉prefer poverty to *dishonor* 不名誉より貧困を選ぶ
shame 惨めな屈辱感を強調する語. 〈例〉blush with *shame* 恥じて赤面する
ignominy 世間のひどい軽蔑を招く不名誉.
infamy 不名誉なことで有名なこと.

dis·gráce·ful /-fəl/ 形 不名誉な, 恥ずべき **~·ly** 副

dis·grun·tled /dɪsgrʌ́ntld/ 形 〈…に〉不満な;不機嫌な〈**at**〉

***dis·guise** /dɪsgáɪz/ 《発音注意》動 他 ❶ …を変装させる, 偽装する〈**as** …のように;**in, with** …で〉(♦ しばしば disguise oneself または受身形で用いる) ‖ He *~d* his voice. 彼は作り声をした / Mary「was *~d* [OR *~d* herself] *as* a man. メアリーは男装した / He is *~d*「*in* old clothes [*with* a false beard]. 彼は古着を着て[つけひげで]変装している ❷〔本心・事実など〕を包み隠す, …を偽る ‖ He *~d* his intention to ask for a loan with a remark about his new job. 彼は新しい仕事についてふれ借金を申し込もうという本心を隠した / ~ the fact that ... …という事実を隠す
—名 ❶ U 変装;変装した状態, 仮の姿 ‖ That beautiful girl is the devil in ~. その美しい少女は姿を変えた悪魔だ / in the ~ of a hobo 放浪者に身をやつして ❷ C U 変装用の衣装, (芸人の) 扮装(ふんそう), 変装方法 ‖ in various *~s* いろいろに姿を変えて / throw off one's ~ 仮面を外す;正体を現す ❸ U C 偽り, ごまかし, 隠蔽(いんぺい), かこつけ ‖ She made no ~ of her feelings. 彼女は感情を隠そうともしなかった / speak without ~ 包み隠さず話す **~·ment** 名

***dis·gust** /dɪsgʌ́st/ 名 U 〈…に対する〉嫌悪, 反感, 愛想尽かし〈**at, with, for**〉‖ I felt ~ *at* her behavior. 私は彼女の態度にむかついた / He spoke of his neighbors with ~. 彼は近所の人たちのことを反感を込めて話した / His face was twisted in ~. 彼の顔は嫌悪感で引きつっていた / her ~ *for* his drug habit 彼の薬物常用に対する彼女の嫌悪
to one's disgúst うんざりしたことに ‖ Much *to my* ~, the dog licked my face. とても腹の立ったことに, その犬が私の顔をなめた
—動 他 《進行形不可》 **a** 《+目》〔人〕をむかつかせる,〔人〕にいや気[嫌悪感]を持たせる;〔人〕に愛想を尽かせる ‖ He *~s* me. 彼には胸くそが悪くなる **b** 《受身形で》嫌悪感を催す, いやになる, むかむかする〈**at, by, with** …で / **to do** …して / **that** 節 …ということで〉‖ I was *~ed with* myself for being so naive. こんなに世間知らずの自分がいやになった / I was *~ed at* the arrogant attitude of the official. 係官の横柄な態度にうんざりした
~·ed 形 うんざりした;愛想を尽かした **~·ed·ly** 副

dis·gúst·ful /-fəl/ 形 《旧》=disgusting

***dis·gust·ing** /dɪsgʌ́stɪŋ/ 形 (**more ~**; **most ~**)嫌悪感を催させる, 胸くそが悪くなる, 実にいやな;とんでもない, ひどい, 許し難い ‖ What a ~ smell! 何ていやなにおいなんだ / It's really ~ of her not to have cleaned up. 片づけをしてないとは彼女には本当にうんざりだ
~·ly 副 むかつくほどに;《ときに戯》ひどく, とても

:dish /dɪʃ/
—名 (複 **~·es** /-ɪz/) C ❶ (料理を盛る) **大皿**, 深皿 (→ plate)(⇨ 類語P);《the ~es》(陶器の)**食器類**(♦ plate, bowl, cup, saucer などすべての食器類を含む) ‖ a meat ~ 肉皿 / set the *~es* down on the table テーブルに食器を並べる / It's your turn to **wash** [OR **do**] the *~es* (today). (今日は) あなたが食器を洗う番ですよ / an ovenproof ~ (オーブンでも使える)耐熱皿
❷ **1皿**(分の食べ物) (dishful) ‖ a ~ of strawberries 1皿のイチゴ
❸ (皿に盛った) **料理**;(一般に) 料理 ‖ I served the chicken ~ hot from the oven. オーブンから出したてで熱々の鶏料理を出した / the most expensive ~ on the menu メニューの中でいちばん高い料理 /「the main [a side] ~ 主[副]菜 / Italian *~es* イタリア料理
❹ 皿状のもの, (病院などで使用する) ふたのない浅い容器;凹面形のアンテナ ‖ a soap ~ 石けん受け / a satellite ~ 衛星放送受信用のパラボラアンテナ(⇨ SATELLITE 図)
❺《口》魅力的な人, 美人 ‖ She's a real ~. 彼女はすごい美人だ ❻《one's ~》《旧》気に入りのもの ❼《the ~》《口》(一般には知られていない)情報, ゴシップ ❽ U (スポーク付き車輪に圧力がかかって生じる)凹形のゆがみ
—動 他 ❶ …を皿状[凹形]にする,〔車輪〕を凹形にゆがめる ❷《主に英口》〔希望など〕を覆す, つぶす;…をたたきのめす ‖ ~ hopes [chances] 人の希望[チャンス]を無にする ❸《米俗》…についてうわさする
—自 《米口》〈…の〉うわさ話をする〈**about, on**〉
dìsh it óut 《口》散々にけなす[批判する] ‖ He can ~ *it out*, but he can't take it. 彼は人の批判はよくするが, 批判されるのをいやがる
dìsh óut ... / dìsh ... óut 〈他〉①《口》…を(気前よく)配る, (やたらに) 与える ‖ He enjoyed *~ing out* advice to everyone. 彼はだれにでもやたらと助言をしてはいい気分になった ②〔料理〕を大皿から分ける[分けて出す] ‖ ~ *out* food for oneself 自分でとって食べる ③《口》〔非難・批判など〕を浴びせる,〔罰〕を与える

*dìsh úp 〈他〉《dìsh úp ... / dìsh ... úp》 ①〔料理〕を皿に盛りつけて出す(serve) ②《口》〔情報など〕を提供する；〔作品など〕を体裁よく作り上げる ―〈自〉《英》料理を盛りつける

皿	saucer	(カップの)受け皿	
	plate	料理用	各人への取り分け皿
	dish / platter		全体の料理を盛る皿

▸▸～ antènna [《英》 àerial] 名 C パラボラアンテナ
～ tòwel 名 C《米·カナダ》=dishcloth

dis·ha·bille /dìsəbíːl/ 名 U ❶《堅》無雑作な身なり[態度], 普段着姿；《古》普段着 ‖ in ～ 普段着で, 平服で ❷混乱した精神状態

dis·har·mo·ni·ous /dìshɑːrmóuniəs/ 形 不調和な, 不協和な **～·ly** 副

dis·har·mo·ny /dɪsháːrməni/ 名 U 不調和；不協和

dísh·clòth 名 C (食器拭き[洗い]用の)ふきん

dish·da·sha /díʃdæʃə/ 名 C ディシュダシャ《主にアラブの男性が着る長くゆったりとした外衣. thobe ともいう》

dis·heart·en /dɪsháːrtən/ 動 他〔人〕を気落ち[落胆]させる, がっかりさせる **～ed** 形 落胆した **～·ing** 形 落胆させる(ような) **～·ing·ly** 副 **～·ment** 名

dished /dɪʃt/ 形 皿状の, くぼんだ

dish·er /díʃər/ 名 C《米口》ゴシップ屋

di·shev·eled, 《英》**-elled** /dɪʃévəld/《発音注意》形 (髪が)ぼさぼさの, 乱れた；(人が)身なりのだらしない

dish·ful /díʃfùl/ 名 C 皿[鉢]1杯(の量)

*__dis·hon·est__ /dɪsá(ː)nɪst | -ɔ́n-/ 形 (人が)不正直な, 不誠実な；(行為などが)不正な, 詐欺的な(⇨ HONEST メタファーの森) ‖ She's been ～「with me [about her past]. 彼女は私を欺いてきた[自分の過去を偽ってきた] / It would be ～ of me to say that I had read it all. 私がそれを全部読んだと言えばうそになる
～·ly 副 不正直に, 不正に

dis·hon·es·ty /dɪsá(ː)nəsti | -ɔ́n-/ 名 (⑱ **-ties** /-z/) U 不正直, 不誠実；C 不正行為

dis·hon·or, 《英》**-our** /dɪsá(ː)nər | -ɔ́n-/ 名 ❶ U 不名誉, 不面目, 恥辱(⇨ DISGRACE 類語) ‖ bring ～ on one's family 家名を汚す ❷ C《単数形で》不名誉をもたらすもの[人], 面(つら)汚し ‖ His conduct is a ～ to our university. 彼の行為は我が大学の体面を汚すものだ ❸ U《商》(小切手·手形の)不渡り ‖ a bill of ～ 不渡り手形 ―動 他《堅》❶…の名誉[体面]を汚す；…を侮辱する(insult) ❷〔協定など〕を破棄する, 破る；《商》(銀行などが)〔小切手〕を不渡りにする, …の支払い[引き受け]を拒否する

dis·hon·or·a·ble, 《英》**-our-** /dɪsá(ː)nərəbl | -ɔ́n-/ 形 不名誉な, 恥ずべき；恥知らずの, 卑劣な **-bly** 副
▸▸～ díscharge 名 C《米軍》不名誉除隊《略 DD》

dísh·pàn 名 C《米》皿洗いボウル
▸▸～ hànds 名 複《米》(洗剤などによる)手荒れ

dísh·ràg 名《米》=dishcloth

*__dish·wash·er__ /díʃwɔ̀(ː)ʃər/ 名 C (自動)食器洗い機；(レストランなどの)皿洗い(人) ‖ Is this wineglass ～ safe? このワイングラスは食器洗い機にかけても大丈夫かな

dísh·wàter 名 ❶ U 皿を洗った後の水 ❷ C 中身の薄い[味のない]飲み物
(*as*) ***dùll as díshwater*** [OR ***dítchwater***] とてもつまらない

dish·y /díʃi/ 形《主に英口》いかす, (性的)魅力のある；《米口》(本などが)ゴシップを掲載した

dis·il·lu·sion /dìsɪlúːʒən/ 名 U 迷いを覚ます[覚まされる]こと, 覚醒(かくせい)；幻滅(感) ―動 他《通例受身形で》(人が)幻想[迷い]から覚める；幻滅する ‖ be ～*ed* at [OR about, with] ... …に幻滅を感じる
～·ment 名 U 幻滅(感) **～ed** 形 幻滅を感じた

dis·in·cen·tive /dìsɪnséntɪv/ 名 C 〈…への〉(経済的な)活動意欲をそぐもの〈**to**〉 ―形 活動意欲をそぐ

dis·in·cli·na·tion /dìsɪnklɪnéɪʃən/ 名 C《a ～, one's ～》気乗り薄, いや気〈**for** …に対する；**to** *do* …することへの〉‖ feel a ～「*for* traveling [OR *to* travel] 旅行する気にならない

dis·in·clined /dìsɪnkláɪnd/ 形《叙述》〈…するのに〉気の進まない, いや気を起こさせる〈**to** *do*〉

dis·in·fect /dìsɪnfékt/ 動 他 ❶〔部屋·衣服など〕を消毒する, 殺菌する ❷ 🖳〔コンピュータープログラム〕からウイルスを除去する **-féc·tion** 名

dis·in·fect·ant /dìsɪnféktənt/ 名 U C 消毒薬, 殺菌剤 ―形 殺菌作用のある, 消毒用の

dis·in·fest /dìsɪnfést/ 動 他〔建物·人など〕の害虫を駆除する **-fes·tá·tion** 名

dis·in·fla·tion /dìsɪnfléɪʃən/ 名 U《経》ディスインフレ(ーション), インフレ緩和政策
～·ar·y 形 インフレ緩和効果のある

dis·in·for·ma·tion /dìsɪnfərméɪʃən/ 名 U (特に政府機関が敵国の情報活動を混乱させるために流す)にせ情報, 反情報

dis·in·gen·u·ous /dìsɪndʒénjuəs/ ⊲ 形《通例叙述》不正直な, 不誠実な；陰険な **～·ly** 副 **～·ness** 名

dis·in·her·it /dìsɪnhérət | -ɪt/ 動 他 ❶〔人〕から(遺産)相続権を奪う, …を廃嫡する ❷〔人〕から権利[特権]を奪う
～·ance 名 U 廃嫡；権利剥奪

*__dis·in·te·grate__ /dɪsínṭəgrèɪt | -tɪ-/ 動 自 ❶(衝撃·腐敗などで)崩壊する, 分解する(↷ fall apart) ❷(統一性を失い)ばらばらになる ‖ The nation ～*d* into separate states. その国は分裂して別々の国になった / He ～*d* under the strain. 彼はストレスで精神的に衰弱した ❸《理》(原子核が)崩壊する ―他 ❶…を崩壊させる；…をばらばらにする ‖ The depression ～*d* the economic system of the country. 恐慌がその国の経済体制を崩壊させた ❷《理》〔原子核〕を崩壊させる

dis·in·te·gra·tion /dɪsìnṭəgréɪʃən | -tɪ-/ 名 U 崩壊, 分解, 瓦解(がかい)；《理》(放射性元素の)崩壊

dis·in·ter /dìsɪntə́ːr/《アクセント注意》動 (**-terred** /-d/；**-ter·ring**) 他 ❶〔死体·埋葬物など〕を(墓から)掘り出す, 発掘する ❷《堅》〔秘密など〕を明るみに出す, 〔長い間使わなかったものなど〕を復活させる **～·ment** 名 U C 発掘(物)

dis·in·ter·est /dɪsínṭərəst/ 名 U ❶ 私心のないこと ❷ 無関心, 冷淡 ―動 他 …に関心をなくさせる

dis·in·ter·est·ed /dɪsínṭərəstɪd/ 形 ❶ 私心のない, 公平[公正]な ❷ 無関心な, 興味がない, 冷淡な(♦この意味では uninterested を使うのが正しいと考える人が多い)(⇨ INDIFFERENT 類語) **～·ly** 副 **～·ness** 名

dis·in·vest /dìsɪnvést/ 動 自 他《経》投資をやめる[減らす] **～·ment** 名 U《経》投資の引き上げ[回収]；負の投資《資本を食いつぶすこと》

dis·in·vite /dìsɪnváɪt/ 動 他《戯》…を招待から外す

dis·join /dɪsdʒɔ́ɪn/ 動 他 …を分離[分解]する(↔ join)

dis·joint /dɪsdʒɔ́ɪnt/ 動 他 ❶〔動物など〕の関節を外す；…を解体する ❷〔考え·話など〕を支離滅裂にする ―自 つなぎ目が外れる, (ばらばらに)解体する, 関節が外れる, ばらばらになる ―形《数》(2つまたはそれ以上の集合が)互いに素の《共通の要素を持たない》

dis·joint·ed /dɪsdʒɔ́ɪnṭəd | -ɪd/ 形 (話などが)支離滅裂な, 首尾一貫しない

dis·junct /dɪsdʒʌ́ŋkt/ (→ 名) 形 ❶ 分離[分裂]した ❷《楽》跳躍の《3度以上の上行[下行]を行う》
―名 /dísdʒʌŋkt/ C《文法》文副詞(sentence adverb)

dis·junc·tion /dɪsdʒʌ́ŋkʃən/ 名 U C 分離, 分裂, 乖離(かいり)；《論》選言(命題)；《医》染色体分離

dis·junc·tive /dɪsdʒʌ́ŋktɪv/ 形 分離させる；《文法》離接的な(↔ copulative)；《論》選言的な ‖ ～ conjunctions 離接接続詞《but, yet, or など》
―名 C《文法》離接接続詞

*__disk,__ 《主に英》**disc** /dɪsk/ 名 (⑱ **～s** /-s/) C ❶ 🖳 ディスク, 磁気ディスク(magnetic disk)(♦この意味では《英》

でも disk) ‖ Copy your important files onto ～*s* in case your computer crashes. コンピューターの故障に備えて重要なファイルはディスクにコピーしておきなさい / a **hard** ～ ハードディスク / an optical ～ 光ディスク / insert [OR put in] a ～ ディスクを挿入する / remove [OR take out] a ～ ディスクを取り出す / save a file **on** [OR **to**] a ～ ディスクにファイルを保存する / format a ～ ディスクを初期化する
❷ 円盤(状のもの); 平円形の表面 ❸ コンパクトディスク (compact disc); レコード(♦ 音楽の分野では《米》でも disc がふつう. →disk jockey) ❹ 〖解〗椎間(ついかん)板 ‖ a slipped ～ 椎間板ヘルニア ❺ 〖植〗(頭状花の)盤, 花盤 ❻ 〖農〗(ディスクハローの)刃; 〖車〗(ディスクブレーキの)ディスク
▸▸ ～ **arrày** 名 C =RAID ～ **bràke** 名 C 《通例 ～s》ディスクブレーキ ～ **càche** 名 C 🖳ディスクキャッシュ《CPUよりも処理速度の遅い磁気ディスクの処理効率を高めるためのバッファーメモリー》 ～ **càmera** 名 C 〖写〗ディスクカメラ ～ **drìve** 名 C 🖳ディスクドライブ《磁気・光ディスクの読み書きを行う装置》 ～ **hàrrow** 名 C ディスクハロー《多数の円盤形の鋭い刃のついた砕土用農器具》 ～ **jòckey** 名 C ディスクジョッキー《略 DJ》 ～ **òperating sỳstem** 名 U =DOS

disk·ette /dɪskét/ 名 =floppy disk

***dis·like** /dɪsláɪk/ 動 他 《進行形不可》嫌う, 好まない (↔ like) (⇨ 類語) **a** 《+目》…を嫌う, 好きでない ‖ I (very much) ～ pushy people. 私は厚かましい人が(大)嫌いだ (♦ (very) much を直前に置いて強調することがある) / What do you ～ about cats? 猫のどんな点が嫌いですか **b** 《+*doing*》…することを嫌う(♦ like と異なり, to *do* を目的語にとることはまれ) ‖ My mother ～*s* hearing excuses. 母は言い訳を聞くのが大嫌いだ / I ～ your treating me like a child. 君に子供扱いされるのはまっぴらだ **c** 《+目+*doing*》〔人〕に…してもらいたくない ‖ I ～ him watching TV all the time. 彼にずっとテレビを見ているのをやめてもらいたい
―名 ❶ U 嫌い, 〈…に対する〉嫌悪, 反感 〈**for, of**〉 ‖ I took an instant ～ to him. 会ったとたん彼を嫌いになった / She has a great ～ *of* [OR *for*] spinach [meeting people]. 彼女はホウレンソウ[人に会うこと]が大嫌いである ❷ C 《～s》嫌いなもの ‖ I know his likes and ～*s*. 彼の好き嫌いを知っています(♦ likes と対照させるときは /dɪ́slaɪks/ と発音する)

類語 《動》 **dislike** 好まない. not like よりは意味が強い. 〈例〉 *dislike* rising early 早起きが嫌いだ
detest dislike より激しく嫌い, 軽蔑する. 〈例〉 *detest* ignorance 無知を嫌悪する
hate dislike より強く, 憎しみや敵意がこもる. 〈例〉 *hate* violence 暴力を憎む
loathe ぞっとするほどひどく嫌う, 毛嫌いする, おぞましく思う. 〈例〉 *loathe* cockroaches ゴキブリが大嫌いだ
abhor 身震いするような嫌悪感や道徳的反感を持って極度に憎み嫌う. 〈例〉 *abhor* cruelty 残虐な行為を憎悪する

dis·lo·cate /dɪ́sloukèɪt/ 動 他 ❶ …の関節を外す, 脱臼(だっきゅう)させる(⤷ put out); …を(正常な位置から)外れさせる ‖ ～ one's shoulder 肩を脱臼する ❷ …を混乱させる, …の調子を狂わせる ‖ ～ traffic 交通を混乱させる
dìs·lo·cá·tion 名 U C 脱臼; 転置, 転位; 混乱

dis·lodge /dɪslɑ́(ː)dʒ | -lɔ́dʒ/ 動 他 …を〈元の場所から〉移動させる, 取り除く; …を〈巣・陣地から〉追い出す, 駆逐する 〈**from**〉 ―自 立ち退く **-lódg·ment** 名

dis·loy·al /dɪslɔ́ɪəl/ 形 〈…に〉忠実でない, 不忠の, 不誠実な(↔ loyal) 〈**to**〉 **～·ly** 副

dis·lóy·al·ty /-ti/ 名 (複 **-ties** /-z/) U 不忠実, 不誠実; C 不誠実な[背信]行為(↔ loyalty)

***dis·mal** /dɪ́zməl/ 《発音注意》形 ❶ 陰気な, 憂うつな, 暗い ‖ a ～ place 陰うつな場所 / ～ weather うっとうしい天気 / The future looks quite ～. 将来の見通しはとても暗い ❷ 《口》下手な, お粗末な, 惨憺(さんたん)たる, 惨めな ‖ a ～ failure 惨めな失敗 / a ～ performance 下手くそな演技 ―名 C 《the ～s》《古》《口》憂うつ
～·ly 副 陰気に; 憂うつに; 惨めに

***dis·man·tle** /dɪsmǽntl/ 動 他 ❶ 〔機械など〕を分解する(⤷ take apart [OR down]) ❷ 〔体制など〕を徐々に解体[廃止]する ❸ …から〈家具・装備などを〉取り去る 〈**of**〉 ‖ ～ a house *of* its furniture 家から家具を取り除く
―自 分解できる

***dis·may** /dɪsméɪ, dɪz-/ 名 U 狼狽(ろうばい), うろたえ, おびえ; 落胆 ‖ He heard the news with [OR in] ～. 彼はぼう然としてそのニュースを聞いた / To our ～, he didn't offer us any help. がっかりしたことに, 彼は何の援助も申し出てくれなかった / I expressed my ～ at her remarks. 彼女の意見に落胆の気持ちを表した
―動 他 〔人〕をうろたえさせる; 〔人〕の度を失わせる; 《受身形で》びっくりしてうろたえる 〈**at, by** …に / **to** *do* …して / **that** 節 …ということに〉 ‖ We were all ～*ed at* [OR *by*] his indifference toward our suffering. 我々の苦しみに冷淡な態度をとる彼に皆言葉を失った

dis·mem·ber /dɪsmémbər/ 動 他 ❶ 〔人・動物〕の手足[四肢]を切り離す[裂く] ❷ 〔国土など〕を分割する
～·ment 名

***dis·miss** /dɪsmɪ́s/ 動 〔▶ dismissal 名〕 他 ❶ 〔考え・意見など〕を捨てる, 退ける 〈**from** …から; **as** …として〉; …を忘れ去る (⤷ brush aside [OR away, off], wave aside, write off; rule out) ‖ She ～*ed* my proposal *as* impracticable. 彼女は私の提案を実行不可能だと退けた / I wanted to ～ him *from* my mind. 彼のことは忘れてしまいたかった / The idea was ～*ed* out of hand. その考えはにべもなく退けられた ❷ 〔人〕を解雇する, 解任する 〈**from** …から; **for** …で〉 (⇨ 類語) ‖ He was ～*ed from* his job *for* his disloyalty to his company. 会社に対する背信行為で彼は解雇された ❸ 〔集会など〕を解散させる; 〔人〕の退出を許可する ‖ School was ～*ed* early because of the approaching typhoon. 台風接近のため授業は早めに打ち切られた / Class ～*ed*! これで授業を終わります (♦ 授業終了時の先生の決まり文句) ❹ 〖法〗〔訴訟など〕を却下する ‖ Case ～*ed*. 本件を却下します ❺ 〖クリケット〗〔打者・チーム〕をアウトにする(⤷ bowl out)
―自 解散する, 散会する ‖ *Dismiss!* (号令で)解散

類語 《他 ❷》 **dismiss** 「解任・解雇する」を意味する比較的穏やかで一般的な語.
discharge dismiss に近いが調子が厳しく, 落ち度などが解雇の原因であることを暗示.
fire 突然有無を言わせず解雇する, 「首にする」の意の口語.
sack ほうり出すように首にする, 「お払い箱にする」の意の口語.

***dis·miss·al** /dɪsmɪ́səl/ 名 〔◁ dismiss 動〕 U C ❶ 〈…からの〉解雇(通知), 免職 〈**from**〉 ‖ unfair ～ 不当解雇 ❷ U (考えなどの)放棄; (提案などを)退けること ❸ 退去, 解散 ❹ 〖法〗(訴訟の)却下; (上告の)棄却 ❺ 〖クリケット〗アウト

dis·mis·sive /dɪsmɪ́sɪv/ 形 ❶ (人が)〈…に〉尊大な, 軽蔑的な 〈**of**〉 ❷ 拒否する, 無視する **～·ly** 副

dis·mount /dɪsmáunt/ 動 自 〈馬・自転車などから〉降りる 〈**from**〉 ―他 ❶ (馬などから)〔人〕を降ろす, 落馬させる ❷ (台座・枠などから)…を取り外す; 〔機械〕を分解する
―名 U C 降りる[降ろす]こと

Dis·ney /dɪ́zni/ 名 **Walt** [**Walter**] (**Elias**) ～ ディズニー(1901–66)《米国のアニメ映画製作者》
▸▸ ～ **Wórld** /, ニ-ニ/ 名 ディズニーワールド《米国フロリダ州オーランドにある大遊園地》

Dísney·lànd 名 ディズニーランド《W. Disney が設立した米国ロサンゼルス市近郊アナハイムにある遊園地》

***dis·o·be·di·ence** /dìsəbíːdiəns/ 名 〔◁ disobey 動〕

Ⓤ〈…への〉不従順, 反抗 ;〈法律・規則などの〉違反〈**to**〉‖ ～ *to* the law 法律違反

dis·o·be·di·ent /dìsəbíːdiənt/ ⟨⟩ 形〔◁ disobey 動〕服従しない, 反抗的な **～·ly** 副

dis·o·bey /dìsəbéɪ/ 動〔▶ disobedience 名, disobedient 形〕他〔人・命令など〕に服従しない ;〔規則など〕を破る, …に背く ‖ ～ the order その命令に背く
—自 服従しない, 言うことを聞かない

dis·o·blige /dìsəbláɪdʒ/ 動 他〔人〕の願いに背く ;〔人〕に迷惑をかける ;〔人〕を怒らせる
-blíg·ing 形 不親切な ; 迷惑な **-blíg·ing·ly** 副

dis·or·der /dɪsɔ́ːrdər/
—名(複 **～s** /-z/) ❶ Ⓤ **混乱**, 乱雑(⇨ CONFUSION 類語) ‖ His room is always in ～. 彼の部屋はいつも散らかっている / fall into ～ 混乱に陥る, 混乱する
❷ Ⓤ (社会的・政治的)**無秩序**, 混乱 ; 騒動, 暴動(riot)
❸ Ⓤ Ⓒ〘医〙(心・身体の)不調, 変調, (軽い)病気, 障害(⇨ ILLNESS 類語) ‖ **mental** ～*s* 精神障害 / a mild stomach ～ 軽い胃の不調
—動 他 ❶ …を乱雑にする, 混乱させる
❷〔心身〕の調子を狂わせる ‖ Eating too much junk food ～*ed* my stomach. ジャンクフードを食べすぎて胃の具合がおかしくなった
～ed 形 無秩序な, 乱れた ;(心身が)不調の

dis·ór·der·ly /-li/ 形《通例限定》❶ 無秩序な, 混乱した, 乱雑な ❷ 秩序を乱す, 無法な ;〘法〙治安[風紀]紊乱(びんらん)の **-li·ness** 名 ▸▸ **～ hóuse** 名 Ⓒ《英》《旧》〘法〙売春宿(brothel) ; 賭博(とばく)場

dis·or·gan·ize /dɪsɔ́ːrgənàɪz/ 動 他 …の組織を壊す ; …を混乱させる, 無秩序にする ‖ His furious words ～*d* the meeting. 彼の怒り狂った発言に集会は騒然となった
dis·òr·gan·i·zá·tion 名 Ⓤ 秩序の破壊 ; 混乱

dis·ór·gan·ìzed /-d/ 形 秩序を欠いた, 混乱した ; きちんとしていない ‖ Our office was so ～ we neglected to pay the phone bill on time. 我々の事務所はあまりにも無秩序で期日に電話代を支払うのを怠った

dis·o·ri·ent /dɪsɔ́ːrient/ 動 他《通例受身形で》(人が)方向感覚を失う ; まごつく, 混乱する
dis·ò·ri·en·tá·tion 名

dis·o·ri·en·tate /dɪsɔ́ːriəntèɪt/ 動《英》＝disorient
-tàt·ed 形

dis·ówn 動 他《進行形不可》…を自分のものと認めない ; …との関係を否認する ; …と縁を切る, 〔子〕を勘当する

dis·par·age /dɪspǽrɪdʒ/ 動 他 …を(遠回しに)けなす ; 軽蔑する ; 見くびる, 名声を汚す **～·ment** 名 **-ag·er** 名

dis·par·ag·ing /dɪspǽrɪdʒɪŋ/ 形 けなす ; 軽蔑する
～·ly 副 軽蔑して, 見くびって

dis·pa·rate /díspərət/ 形 本質的に異なる[相反する], 異質の —名 Ⓒ《～s》《古》本質的に異なるもの
～·ly 副 **～·ness** 名

dis·par·i·ty /dɪspǽrəṭi/ 名(複 **-ties** /-z/) Ⓤ Ⓒ 相違 ; 不均衡 ; 食い違い〈**between** …間の ; **in** …における〉

dis·pas·sion /dɪspǽʃən/ 名 Ⓤ 冷静, 無感動 ; 公正

dis·pas·sion·ate /dɪspǽʃənət/ 形 感情に左右されない, 冷静な ; 公正[公平]な **～·ly** 副 **～·ness** 名

dis·patch, des- /dɪspǽtʃ/ 動 他 ❶〔使者・部隊など〕を〈…に〉急派する ;〔手紙・小包など〕を〈…に〉急送する〈**to**〉‖ The police ～*ed* a patrol car *to* the scene of the crime. 警察はパトカーを犯行現場へ急行させた ❷ …を殺す, 片づける(♥ kill の婉曲的な表現) ‖ ～ a racehorse painlessly 競走馬を安楽死させる ❸〔仕事など〕をてきぱきと片づける ;〔食事〕を急いで済ませる ;〔試合の相手〕を完璧(かんぺき)にやっつける
—名 ❶ Ⓤ (使者などの)派遣, 急派 ;(手紙などの)発送 ‖ the ～ of a messenger [letter] 使者の急派[手紙の急送] ❷ Ⓒ (外交・軍事などの急送の)公文書 ;(新聞などの)至急報, 特電 ‖ ～*es* from the front 前線からの至急報 ❸ Ⓤ (仕事などの)手早い処理, 迅速 ‖ deal with problems with ～ 問題を迅速に処理する ❹ Ⓤ Ⓒ (人・動物などの)殺害, 処理 ❺ Ⓤ 💻 タスクの割り当て順位決定, ディスパッチ《同時に処理されるタスクに対してCPUを割り当てる優先順位を決めること》
▸▸ **～ bòx [càse]** 名 Ⓒ《主に英》公文書送達箱 ;《the D- B-》(英国の下院両翼の)大臣演壇 **～ rìder** 名 Ⓒ《英》(オートバイ・馬などでの)伝令, 使者

dis·pátch·er /-ər/ 名 Ⓒ 発送者 ;(運送会社などの)発送係, 配車係

***dis·pel** /dɪspél/ 動 (**-pelled** /-d/ ; **-pel·ling**) 他〔恐怖・疑念など〕を一掃する, 晴らす ;〔霧など〕を追い払う ‖ Her kind words *dispelled* my doubt. 彼女の優しい言葉で私の疑念は消え去った

dis·pen·sa·ble /dɪspénsəbl/ 形《通例叙述》❶ なくても済む, 大して重要でない(↔ indispensable) ❷ (罪などが)特免され得る

dis·pen·sa·ry /dɪspénsəri/ 名(複 **-ries** /-z/) Ⓒ ❶ (病院などの)薬局, 調剤室 ❷ (公共・慈善施設の)診療所 ; 医務室

dis·pen·sa·tion /dìspənséɪʃən/ 名〔◁ dispense 動〕❶ Ⓒ Ⓤ (カトリックで)特免(状) ;(法の)適用免除, 特別許可 ❷ Ⓤ 施し, 分配 ; 施し(物), 分配(品) ❸ Ⓒ (支配・管理などの)体制[系], 制度 ❹ Ⓒ〘宗〙神[自然]の摂理 ; 神の摂理による秩序[制度](の時代)

***dis·pense** /dɪspéns/ 動〔▶ dispensation 名〕他 ❶《堅》…を〈…に〉分配する, …を〈多くの人に〉施す〈**to**〉‖ We ～*d* food and clothing *to* those who had suffered in the earthquake. 我々は地震の被災者たちに食料と衣類を配った ❷ (販売機が)〔品物〕を出す, 販売する ❸〔薬〕を調合する, 投与する ❹〔法律など〕を執行する ‖ ～ justice 裁判を行う —自〘カト〙特免する
***dispénse with …** 〈他〉① 《しばしば can, could とともに》…なしで済ませる(≒ do without) ‖ We cannot ～ *with* a car here. 当地では車なしでは済ませられない(＝A car is indispensable here.) ② …を不要にする, 廃止する, 捨てる ‖ ～ *with* the formalities 堅苦しいことは抜きにする ③〔法律などの適用〕を免除する ; …を特免する
語源 *dis-* away＋*-pense* weigh(計る) : 計って分け与える

dis·pens·er /dɪspénsər/ 名 Ⓒ ❶ 薬剤師 ❷ ディスペンサー《ティッシュペーパー・紙コップ・薬・香水などを一定量ずつ取り出せる容器》❸ 自動販売機 ‖ a coffee ～ コーヒー自動販売機

dispénsing chèmist 名 Ⓒ《英》薬剤師

dis·per·sal /dɪspə́ːrsəl/ 名 Ⓤ Ⓒ 分散, 離散, 四散

dis·per·sant /dɪspə́ːrsənt/ 名 Ⓒ〘化〙分散剤

***dis·perse** /dɪspə́ːrs/ 動〔▶ dispersion 名〕他 ❶〔人々〕を四方に分散させる, 〔群集など〕を追い散らす(↔ gather) ;〔霧など〕を消散させる ;〔物〕を細かく散らばらせる ‖ The police ～*d* the demonstrators. 警察はデモ隊を追い散らした / The wind ～*d* the poisonous gas. 風が有毒ガスを吹き払った ❷〔知識など〕を広める, 普及させる ❸〘光〙〔光〕を分光する
—自 散らばる, 分散する ;(雪・霧などが)消散する ‖ The fog ～*d* by noon. 正午までに霧は消えた

dis·per·sion /dɪspə́ːrʒən|-ʃən/ 名〔◁ disperse 動〕Ⓤ ❶ 分散, 四散, 離散 ; 消散 ; 拡散 ;〘統計〙ばらつき ❷《the D-》＝diaspora❷ ❸〘光〙分光, 分散

dis·pir·it /dɪspírət|-ɪt/ 動 他〔人〕をがっかりさせる, 落胆させる, 意気消沈させる(♦ しばしば受身形で用いる)
～·ed·ly 副 がっかりして, 意気消沈して

***dis·place** /dɪspléɪs/ 動 他 ❶ …に取って代わる(replace) ‖ Robots have ～*d* workers in many factories. 多くの工場でロボットが労働者に取って代わった ❷〈本来の場所から〉…を移動させる, どかす〈**from**〉‖ The dam ～*d* hundreds of inhabitants. ダムのおかげで何百という住民が移動させられた / ～ a joint 関節を外す ❸《通例受身形で》(戦争・災害などにより)(人が)〈家・国などから〉強制

D

的に退去させられる〈from〉 ❹ …を免職する,（強制）解雇[解任]する
▶▶ ~d pérson 名 C（戦争・迫害などで故国を追われた）難民(refugee), 流民《略 D.P., DP》

*dis·place·ment /dɪspléɪsmənt/ 名 U ❶ 取って代わる[代わられる]こと, 置き換え；移動, 退去 ❷《堅》解雇, 免職 ❸ C《a ~》（船の）排水量,（車の）排気量 ‖ The ship has a ~ of 6,000 tons. その船は排水量6,000トンだ ❹〘化〙置換；〘理〙変位；〘心〙感情転移, 置き換え《感情が本来の対象からほかの対象に置き換えられること》
▶▶ ~ actìvity 名 C U〘心〙（感情）転位行動[活動] ~ tòn 名 C（船の）排水トン

D

dis·play /dɪspléɪ/
—動 (~s /-z/; ~ed /-d/; ~·ing)
—他 ❶ …を**展示する**, 陳列する；…を見せる（⇨ SHOW 類語）‖ Our new models are ~*ed* in the window. 我が社の新型がショーウインドーに陳列されています
❷〔感情など〕を**表に出す**, 示す；〔能力など〕を発揮する ‖ The defendant ~*ed* no emotion at the verdict. 被告は判決に何の感情も見せなかった / I hope he will ~ his ability in the coming game. 今度の試合で彼が能力を発揮してくれればいいと思う
❸〔情報・時刻など〕を表示する；💻（画面に）…を表示する
❹（動物の雄が）…にディスプレー行動をとる
—自 ❶ 💻 画面上にデータを表示する
❷（動物が）ディスプレー行動をとる
—名 (複 ~s /-z/) U C ❶ **展示**, 陳列；C 陳列品；ショー ‖ an art collection **on** ~ 展示中のアートコレクション / a firework(s) ~ 花火大会 / a ~ case 陳列棚
❷（感情・意図などの）**表れ**, 表出；発揮 ‖ without any ~ of emotion 何の感情も表に出さずに / a ~ of courage 勇気を示すこと ❸ C 表示装置；💻（コンピューターの）ディスプレー装置, スクリーン；U 表示装置に表示された情報, 表示 ❹ 見せびらかし, 誇示 ‖ make a ~ of his wealth 自分の富を見せびらかす ❺（動物の雄の求愛行動などの）ディスプレー, 誇示行動 ❻ U〘印〙意匠組版《見出しなどを特に目立たせる》
~·er 名
▶▶ ~ àd 名 C ディスプレー広告；大型広告 ~ pànel 名 C（電気器具などの）表示用パネル

dis·please /dɪsplíːz/ 動〔▶ displeasure 名〕他〔人〕に不愉快な思いをさせる,〔人〕を不機嫌にする, 立腹させる；〔人〕の気にいらない（♦ しばしば受身形で用いる）‖ We are ~*d* with [OR at, by] his bad manners. 彼の不作法は不愉快だ（♥ 婉曲的に非常に怒っていることを表す）

dis·pléas·ing /-ɪŋ/ 形〈…にとって〉不愉快な, いやな〈to〉
~·ly 副

*dis·pleas·ure /dɪspléʒər/ 名〔◁ displease 動〕U《堅》〈…に対する〉不快；不満；立腹〈at, with〉‖ incur his ~ 彼の不興を買う / hide [show] one's ~ 不興を隠す[示す] / with ~ 不快そうに, 苦い顔で

dis·port /dɪspɔ́ːrt/ 動《古》《戯》他《~ oneself で》…を楽しませる, 慰める —自 楽しむ, 戯れる
—名 U C《古》楽しみ, 慰め, 遊び, 戯れ

*dis·pos·a·ble /dɪspóuzəbl/ 形《通例限定》❶ 使い捨ての ‖ ~ diapers 使い捨てのおむつ ❷ 自由になる[使える], 自由に処分[売却]できる
—名 C《通例 ~s》使い捨ての品
▶▶ ~ íncome 名 U〘経〙可処分所得

*dis·pos·al /dɪspóuzəl/ 名〔◁ dispose 動〕❶ U 処分, 処理；決着；U C（商品・財産などの）処分, 売却, 譲渡 ‖ ~ of waste ごみ処理 / a bomb ~ squad 爆弾処理班 / ~ by sale 売却処分 ❷ U 配置, 配列 ‖ the ~ of troops 部隊の配置 ❸ C《米口》=disposer
at a pèrson's dispósal（人の）**自由**[意のまま]**になって**, 裁量[処置]に任されて, 自由に使えて ‖ He has little time *at* his ~. 彼には自由に使える時間はほとんどない / I'm *at* your ~. あなたのおっしゃるとおりにいたします

*dis·pose /dɪspóuz/ 動〔▶ disposal 名, disposition 名〕他 ❶ a《+目+to do》〔人〕を…する気にさせる, …しがちにさせる（→ disposed）‖ Her success in the contest ~*d* her *to* apply for the prestigious scholarship. 彼女はコンテストで成功したのでその名誉ある奨学金に申し込む気になった b《+目+to [toward] 名》〔人〕を…の気にさせる, …しがちにさせる（→ disposed）‖ Poverty can ~ people *to* violence. 貧困は人を暴力に走らせることがある ❷《+目+副句》…を（場所などに）配置する, 配列する ‖ The teacher ~*d* her students in a row. 先生は生徒を一列に並ばせた —自《文》（物事の）処置をつける, 成り行きを決める；段取りをつける
dispóse of ...〈他〉① …を**処分する**, 捨てる ‖ ~ *of* nuclear waste 核廃棄物を処分する ② …を譲渡する；…を売却する ③《口》〔人・動物〕を殺す(kill)；〔敵など〕を打ち破る ④〔問題など〕を処理する, 片づける ‖ ~ *of* the heated discussion 白熱した議論を片づける ⑤《口》〔飲食物など〕を平らげる
語源 *dis-* apart + *-pose* put：別々に置く

*dis·posed /dɪspóuzd/ 形《叙述》❶（心が）〈…に〉向いて〈to〉；〈…したい〉気になって〈to do〉‖ I'm ~ *to* follow his suggestion. 私は彼の提案に従いたい気がする ❷〈…に対して〉（好悪の）感情[気持ち]を抱いて〈to, toward〉（♦ 好悪の感情を表す副詞を伴う）‖ He was favorably ~ *toward* our proposal. 彼は我々の提案に好意的だった / feel well [OR favorably] ~ *to* him 彼に好意を持つ ❸ 傾向で, しがちで〈to do …する to …の〉‖ She was always ~ *to* make her husband angry. 彼女は何かにつけ夫を怒らせる傾向があった

dis·pos·er /dɪspóuzər/ 名 C ディスポーザー《流し台に取りつけて野菜くずなどを細かくして流す装置》

*dis·po·si·tion /dìspəzíʃən/ 名〔◁ dispose 動〕❶ C《通例 a ~》（人の）性質, 気質, 性癖, 傾向〈to, toward …の / to do …する〉（⇨ QUALITY 類語）‖ She had a cheerful [nasty] ~. 彼女は陽気な[いやな]性質だった / He showed a ~「*to* laziness [OR *to* be lazy]. 彼には怠け癖が見られた ❷ C《通例 a ~》〈…したい〉気持ち, 気分〈to do〉‖ We felt a ~ *to* take part in the race. 我々はそのレースに参加したい気になった ❸ U C 配列, 配置；《~s》（軍隊の）作戦準備[計画]‖ the ~ of (the) furniture 家具の配置 ❹ U 処置, 処理, 処分；（不動産などの）売却, 譲渡；U C〘法〙（遺言などによる）贈与 ❺ U 管理[処分]権 ‖ have property at [OR in] one's ~ 自由に処分できる財産がある

dis·pos·sess /dìspəzés/ 動 他《通例受身形で》《堅》（人）が〈財産・家など〉を取り上げられる, 奪われる；（人）が〈土地・家など〉から追い出される〈of〉‖ ~ him *of* his land 土地から彼を立ち退かせる / the ~*ed*《集合名詞的に》難民, 破産者たち -sés·sion 名

dis·proof /dɪsprúːf/ 名〔◁ disprove 動〕U C 反証, 論駁(ばく)

dis·pro·por·tion /dìsprəpɔ́ːrʃən/ 名 U〈…間の〉不釣り合い, 不均衡〈between〉；C 不釣り合いなもの
~·al 形 =disproportionate

dis·pro·por·tion·ate /dìsprəpɔ́ːrʃənət/ ‹シ› 形〈…と〉不釣り合いな, 均衡[均斉]のとれない；〈…より〉大き[小さ]すぎる〈to〉 ~·ly 副

*dis·prove /dɪsprúːv/ 動〔▶ disproof 名〕他 …の誤りを証明する, 反証を挙げる, …を論駁する

dis·put·a·ble /dɪspjúːṭəbl/ 形 議論の余地がある, 疑わしい(↔ indisputable) -bly 副

dis·pu·tant /dɪspjúːtənt/ 名 C 議論する人, 論争者
—形 議論の, 論争している(disputing)

dis·pu·ta·tion /dìspjutéɪʃən/ 名 U C ❶《堅》議論, 論争 ❷（学問的な）討論(演習)

dis·pu·ta·tious /dìspjutéɪʃəs/ ‹シ› 形 議論[論争]好きな ~·ly 副

*dis·pute /dɪspjúːt, ˊ‐/《アクセント注意》(→ 動) 名 U

Ⓒ 論争, 議論；口論, 紛争, 争議〈**over, about** …について の；**with** …との；**between** …間の〉(⇨ ARGUMENT 類語) ‖ The ~ *between* the landlord and tenants centered around the rent increase. 家主と借家人の間の言い争いは賃貸料の値上げの件が中心だった / a border ~ *between* the two countries 2国間の国境紛争 / a labor ~ 労働争議 / open to ~ 議論の余地がある

beyond [OR ***past, without***] ***dispúte*** 議論の余地なく［ない］, 疑いもなく［ない］‖ It is *beyond* ~ that he altered the data. 彼がデータを書き換えたのは疑いない

in [OR ***under***] ***dispúte*** 疑問の余地がある, 未解決の；〈…と〉論争［審議］中の［で］〈**with**〉

━動 /dɪspjúːt/ 他 ❶ **a** 《+目》…に反論する, 異議を唱える ‖ He ~*d* his son's decision to join the army. 彼は息子の入隊の決意に反対した **b** 《+**that** 節》…ということに異を唱える ‖ You can hardly ~ *that* it doesn't pay to lose your temper. 腹を立てては損だということに異議を唱えることはほとんどできない ❷ **a** 《+目》…を議論する(⇨ DISCUSS 類語) ‖ The scientists are *disputing* the effects of global warming. 科学者たちは地球温暖化の影響を議論している **b** 《+**wh** 節 / **wh to do**》…かを議論する ‖ We ~ every day *who* should walk the dog. うちではだれが犬を散歩に連れて行くか毎日言い合いになる ❸〔勝利・所有など〕を得ようと争う ❹〔敵の行動など〕に抵抗する, …を阻止しようとする

━自 論争する；激しく議論［口論］する〈**with** 人と；**about, over** …について〉‖ We ~*d with* them *about* whaling. 我々は彼らと捕鯨について議論した

COMMUNICATIVE EXPRESSIONS

1 「**I'm nòt** [OR **Nó one is**] **dispùting** your hónesty. 別にあなたが正直であることに異論を唱えているわけではありません(♥ 論点はほかにあることを指摘する)

語源 *dis-* apart + *-pute* think：あれこれ考えて言う

▸▸**~d térritory** 名 Ⓒ (2国(以上)が) 領有権を主張している係争地域

dis·qual·i·fi·ca·tion /dɪskwɑ̀(ː)lɪfɪkéɪʃən | -kwɔ̀l-/ 名 ❶ Ⓤ 不適格, 不向き；資格剝奪 ❷ Ⓒ 不適格理由［条項］

dis·qual·i·fy /dɪskwɑ́(ː)lɪfàɪ | -kwɔ́l-/ 動 (**-fied** /-d/；**-fy·ing**) 他 ❶〔人〕を〈…に〉不適格［不向き］にする,〔人〕に〈…を〉できなくさせる〈**for**〉‖ Age *disqualified* him *for* the job. 彼は年をとってその仕事ができなくなった ❷〔人〕の資格［権利］を奪う, (法律上)…を無資格と判定する；〔人〕から(競技の)出場資格を奪う〈**for** …に関して；**from** …することから〉‖ He was *disqualified from* the race. 彼は競走の出場資格を剝奪された

dis·qui·et /dɪskwáɪət/ 動 他〔人〕の平静を失わせる, 心を乱す, 不安にさせる ━名 Ⓤ〈…についての〉不安, 心配, 胸騒ぎ〈**about, over**〉 **~·ing** 形 **~·ing·ly** 副

dis·qui·e·tude /dɪskwáɪətjùːd/ 名 = disquiet

dis·qui·si·tion /dìskwɪzíʃən/ 名 Ⓒ (長)論文, (大)論説

***dis·re·gard** /dìsrɪɡɑ́ːrd/ 動 他 …を無視する；…を軽視する, 軽んじる(↔ *pay attention to*)(⇨ NEGLECT 類語) ‖ She ~*ed* her doctor's advice and ran the marathon. 彼女は医師の忠告を無視してマラソン競技に出た / ~ the importance of the evidence その証拠の重要さを軽視する

━名 Ⓤ/Ⓒ 《単数形で》〈…の〉無視, 無関心；軽視〈**of, for**〉‖ show a total ~ *for* [OR *of*] ... …を全く無視する / in ~ *of* the rules 規則を無視して

dis·re·mem·ber /dìsrɪmémbər/ 動 他 《米口》…を思い出せない, 忘れる(forget)

dis·re·pair /dìsrɪpéər/ 名 Ⓤ 破損状態；荒廃 ‖ in ~ 手入れされていない, 荒れ果てた / fall [OR get, go] into ~ 荒れ果てる

dis·rep·u·ta·ble /dɪsrépjuṭəbl/ 形 評判の悪い, 不面目な；みすぼらしい, みっともない **~·ness** 名 **-bly** 副

dis·re·pute /dìsrɪpjúːt/ 名 Ⓤ 不評, 悪評, 不人気；不面目 ‖ in ~ 評判が悪く(て) / fall [OR get] into ~ 評判を落とす, 人気が廃れる

dis·re·spect /dìsrɪspékt/ 名 Ⓤ〈…に対する〉失礼, 無礼〈**for, to**〉‖ No ~ *to* Linda, but I think she is mistaken. リンダを侮辱するつもりはないが, 彼女は間違っていると思う / show ~ *for* ... …に失礼な態度をとる

━動 他 《主に米口》…に失礼な態度をとる

~·ful 形 礼節を欠く, 無礼な, 失礼な **~·ful·ly** 副

dis·robe /dɪsróub/ 動 《堅》自 (特に儀式用の)衣服を脱ぐ ━他〔人〕の衣服を脱がせる

***dis·rupt** /dɪsrʌ́pt/ 動 他〔交通・会議など〕を混乱［中断］させる, 妨害する；…を分裂［崩壊］させる ‖ The parade ~*ed* traffic. パレードで交通が混乱した

~·er, -rup·tor 名

***dis·rup·tion** /dɪsrʌ́pʃən/ 名 Ⓤ Ⓒ 混乱；中断, 妨害

dis·rup·tive /dɪsrʌ́ptɪv/ 形〈…に〉混乱［崩壊］をもたらす〈**to**〉；破壊的な；固定観念を壊す **~·ly** 副

diss /dɪs/ 動 名 = dis

***dis·sat·is·fac·tion** /dìssæṭəsfǽkʃən | -ɪs-/ 名 Ⓤ〈…に対する〉不満, 不平〈**with, at**〉‖ He expressed his ~ *with* the proposal. 彼はその提案に不満を表明した

dis·sat·is·fac·to·ry /dìssæṭəsfǽktəri | -ɪs-/ 形 不満［不平］を生む, 不満足な

***dis·sat·is·fied** /dìssǽṭɪsfàɪd/ 形〈…に〉不満な〈**with**〉

dis·sat·is·fy /dìssǽṭɪsfàɪ/ 動 (**-fied** /-d/；**~·ing**) 他 …に不満を抱かせる(↔ satisfy)

dis·sa·ve /dìsséɪv/ 動 自 収入以上に浪費する, 預金を取りくずす

dis·sect /dɪsékt, daɪ-/ 動 他 ❶〔動植物〕を解剖［解体］する ❷〔学説・考えなど〕を分析［吟味］する ❸ …を細分化する

dis·sect·ed /dɪséktɪd/ 形 ❶ 切開［解剖］された ❷《植》(葉などが) 深く裂けた, 全裂の ❸《地》開析された ‖ a ~ plateau 開析台地《谷や丘の多い台地》

dis·sec·tion /dɪsékʃən/ 名 ❶ Ⓤ 解剖, 解体；Ⓒ 解剖標本［模型］ ❷ Ⓤ 吟味, 分析

dis·sec·tor /dɪséktər/ 名 Ⓒ 解剖(学)者；解剖器具

dis·sem·ble /dɪsémbl/ 動 他 《堅》❶〔感情・意図など〕を隠す, 偽る ❷ …のふりをする, …を装う

━自 本心を偽る, とぼける, 猫をかぶる **-bler** 名

dis·sem·i·nate /dɪsémɪnèɪt/ 動 他〔情報・思想など〕を広める, 普及させる **dis·sèm·i·ná·tion** 名 Ⓤ 普及, 流布 **-nà·tor** 名 Ⓒ 広める人, 普及者；散布器

dis·sen·sion /dɪsénʃən/ 名 Ⓤ Ⓒ 不和, いがみ合い

***dis·sent** /dɪsént/ 《発音注意》(♦ 同音語 descent) 名 Ⓤ ❶ (多数派への)不賛成, 異議 ❷《また D-》英国国教に対する不服従 ❸ Ⓒ《米》《法》少数反対意見《判決に不賛成な少数派判事の見解》(dissenting opinion) ❹《スポーツ》ディセント《審判の裁定に不服を申し立てる反則》

━動 自 ❶〈多数派に〉反対する(↔ consent),〈…と〉意見を異にする〈**from**〉‖ ~ *from* the government policy 政府の方針に異議を唱える ❷〈英国国教の教義などに〉従わない, 宗教上の見解を異にする〈**from**〉 **~·ing** 形 同意しない, 反対の；国教に従わない, 《英》非国教徒の

dis·sent·er /dɪsénṭər/ 名 Ⓒ 反対者；《D-》《英》= nonconformist

dis·sen·ti·ent /dɪsénʃiənt/ 形 名 Ⓒ (多数意見・公式見解に)反対の(人), 異議のある(人)

dis·ser·ta·tion /dìsərtéɪʃən/ 名 Ⓒ〈…に関する〉論文, (特に)学位論文〈**on**〉

dis·serv·ice /dɪsə́ːrvɪs/ 名 Ⓤ/Ⓒ 《単数形で》害, ひどい仕打ち；(善意から生じた) あだ ‖ do a ~ to him = do him a ~ 彼にひどい仕打ちをする［あだをなす］

dis·sev·er /dɪsévər/ 動 他 自 《まれ》(…を［が］)分離する, 分割する **~·ance, ~·ment** 名

dis·si·dence /dísɪdəns/ 名 Ⓤ (体制への)反対, 異議

*****dis·si·dent** /dísɪdənt/ 名 C (特に独裁国家の) 反体制派(の人) ━形《限定》反体制(派)の ‖ a ～ movement 反体制運動

dis·sim·i·lar /dɪsímɪlər/ 形〈…と〉似ていない, 異なる〈to, from〉 **～·ly** 副

dis·sim·i·lar·i·ty /dɪ̀sɪmɪlǽrəṭi/ 名 (複 **-ties** /-z/) U 似ていないこと；相違；C 相違点

dis·sim·i·late /dɪsímɪlèɪt/ 動 他 自 ❶〘音声〙(近接音の影響で)(音を[が])異化させる[する](↔ assimilate) ❷(…を[が])相違させる[する]

dis·sim·i·la·tion /dɪsɪ̀mɪléɪʃən | dɪ̀sɪm-/ 名 U〘音声〙異化(↔ assimilation)

dis·si·mil·i·tude /dɪ̀sɪmílɪtjù:d/ 名《堅》= dissimilarity

dis·sim·u·late /dɪsímjulèɪt/ 動 = dissemble
dis·sìm·u·lá·tion 名 **-là·tor** 名

dis·si·pate /dísɪpèɪt/ 動 他 ❶〔雲・霧・人など〕を消散させる,(追い)散らす；〔心配・恐怖など〕を消す, 晴らす ❷〔金・精力など〕を浪費する ━自 ❶(雲・霧などが)散る, 消散する；(心配などが)消える, 晴れる ❷放蕩(ほうとう)する, 散財する

dís·si·pàt·ed /-əd/ 形 放蕩の, 遊興にふける, 自堕落な ‖ a ～ life 放蕩生活

dis·si·pa·tion /dɪ̀sɪpéɪʃən/ 名 U ❶放蕩(生活), 自堕落；(くだらない)気晴らし ❷消散, 四散 ❸《堅》浪費

dis·so·ci·ate /dɪsóʊʃièɪt | -si-/ 動 他 ❶…に〈…との〉関係を断たせる；…を分離させる(↔ associate)〈from〉‖ ～ oneself *from* ... (公式に)…との関係を断つ, …とは関係ないと宣する ❷〘化〙〔分子〕を解離する ❸〘心〙〔意識〕を分裂させる ‖ a ～*d* personality 分裂性格
━自 ❶離れる, 関係を断つ ❷〘化〙(分子が)解離する

dis·so·ci·a·tion /dɪsòʊʃiéɪʃən/ 名 U ❶分離；分離状態, 分裂 ❷〘化〙解離 ❸〘心〙分裂

dis·so·ci·a·tive /dɪsóʊʃièɪtɪv/ 形 分離性のある, 分裂を起こさせる ‖ ～ identity disorder 〘医〙解離性同一性障害《略 DID. 旧称 multiple-personality disorder (多重人格障害)》

dis·sol·u·ble /dɪsá(:)ljubl | -sɔ́l-/ 形 溶解[分解, 分離, 解散]できる **dis·sòl·u·bíl·i·ty** 名

dis·so·lute /dísəlù:t/ 形《けなして》放蕩(ほうとう)な, 自堕落な, 退廃的な **～·ly** 副 **～·ness** 名

dis·so·lu·tion /dɪ̀səlú:ʃən/ 名 U ❶分離；分解；腐敗 ❷(会社・団体などの)解散, 解体；(契約・結婚などの)解消 ‖ ～ of a contract 契約解消 ❸(議会の)解散 ❹《堅》死；消滅 ❺〘化〙溶解(solution)

*****dis·solve** /dɪzá(:)lv | -zɔ́lv/《発音注意》動 自 ❶〈…に〉溶ける, 溶解する〈in〉；溶けて〈…に〉なる〈into〉‖ The snowman ～*d into* a pool of water. 雪だるまは溶けて水たまりになった ❷消失[消滅]する；(激情などが)消える(➘ fade away) ‖ The view ～*d* in mist. 景色が霧で見えなくなった / His tension soon ～*d*. 彼の緊張はじきに消えた ❸解散する；解消する；分解する；(化学作用で)分解除去される《*away*》‖ The party began to ～. パーティーは散会し始めた ❹《+**into** [**in**] 名》突然…し出す ‖ ～ *into* [OR *in*] tears [laughter] 急にわっと泣き[どっと笑い]出す ❺〘映〙〈…に〉ディゾルブする〈into, to〉(→ 名)
━他 ❶〔固体〕を〈…に〉溶かす, 溶解する〈in〉(⇨ MELT 類語) ‖ *Dissolve* a pinch of salt *in* water. 一つまみの塩を水に溶かしなさい ❷〔議会・組織など〕を解散する ❸〔契約や関係など〕を解消する, 取り消す；〘法〙…を無効にする ‖ Their marriage was ～*d*. 彼らの結婚は解消された ❹〔激情など〕を消滅させる ‖ ～ her anger with kind words 優しい言葉で彼女の怒りを静める ❺…を〈部分に〉分解する〈into〉；(化学作用で)…を分解除去する《*away*》‖ ～ grease *away* グリースを取り除く ❻〘映〙〔画面〕を〈…に〉ディゾルブする〈into〉
━名 U〘映〙ディゾルブ《1つの画面が徐々に消えて別の場面に変わること》
語源 *dis-* apart＋*-solve* loosen：ほどいてばらばらにする

dis·so·nance /dísənəns/ 名 ❶ U C〘楽〙不協和(音)(↔ consonance) ❷ U 不調和, 不一致

dis·so·nant /dísənənt/ 形 ❶(音楽が)不協和(音)の；耳障りな ❷《堅》調和しない, 一致しない **～·ly** 副

*****dis·suade** /dɪswéɪd/《発音注意》動 他〔人〕に〈…しないようにと〉忠告[説得]する, 〈…を〉思いとどまらせる(↔ persuade)〈from〉‖ ～ her *from* traveling alone 彼女に一人旅を思いとどまらせる
語源 *dis-* away, from＋*-suade* urge (しきりに勧める), advise(忠告する)：そうしないように勧める

dis·sua·sion /dɪswéɪʒən/ 名 U 思いとどまらせること, 諫止(かんし)

dis·sua·sive /dɪswéɪsɪv/ 形 思いとどまらせる

dis·syl·lab·ic /dàɪsɪlǽbɪk, dìs-/ 形 = disyllabic

dis·syl·la·ble /dàɪsíləbl, dɪsíl-/ 名 = disyllable

dist. 略 distance；district

dis·taff /dístæf | -tɑ:f/ 名 (複 **～s** /-s/) C ❶糸巻き棒；(紡ぎ車の)糸取り部 ❷《文》女性の仕事[分野]
━形《限定》女性の；(特に)母方の, 母系の
～ sìde 名《the ～》《文》母方, 母系(↔ spear side) ‖ on the ～ *side* 母方の

dis·tal /dístəl/ 形〘解〙末梢(まっしょう)部の, 末端の(terminal)(↔ proximal)

***dis·tance /dístəns/ 名 動

中心義 **隔たり** (★空間的な隔たりに限らず,「時間」「間柄」「意見」などにも用いる)

━名〔◁ distant 形〕(複 **-tanc·es** /-ɪz/) U/C《しばしば a ～》❶**距離**, 隔たり, 間隔；道のり〈**from** …からの；**to** …までの；**between** …間の〉‖ What is the ～ 「*from* Kyoto *to* Nara [OR *between* Kyoto and Nara]? 京都から奈良までの距離はどれくらいありますか (➘ How far is it from Kyoto to Nara?) / The taxi stand is 「quite a [some] ～ *from* here. タクシー乗り場はここからは非常に[少し]遠い (♦「…から遠い」の意味では a long distance from ... ではなく a long way from ... とするのがふつう) / The island is a great [short] ～ off [OR away]. その島は非常に遠い[すぐの所にある] / It's no ～ at all. ちっとも遠くはない, すぐ近くだ / lose one's sense of ～ 距離感を失う / a long ～ call 長距離通話
❷《通例 the ～》**遠方**, 遠くに見える所, 遠景 ‖ You can see the peak of Mt.Yari **in the** ～. 遠くに槍ケ岳の山頂が見える / stand **at** a little ～ 少し離れた所に立つ / see from a ～ 離れて見る / gaze into the far ～ はるか遠方を目を凝らして見る
❸(空間的な) 広がり；《通例 ～s》広々とした所 ‖ The moonlight illuminated remote ～*s*. 月の光が遠くを(一面に)照らしていた
❹時間の隔たり [経過] ‖ Things look different at a ～ of 10 years. 10年もたつと状況はみな違って見える
❺〈…の間の〉遠慮, 気がね〈**between**〉；冷淡, よそよそしさ ‖ There is still a certain ～ *between* the two. 両者の間にはまだ多少の遠慮がある
❻〈…の間の〉相違, 隔たり, 意見の相違[不一致], 溝〈**between**〉‖ the ～ *between* Catholics and Protestants カトリック教徒とプロテスタントの溝
❼〈…からの〉進歩[進展]の道のり[度合い]〈**from**〉‖ The company has come quite a ～ *from* what it was 10 years ago. その会社は10年前からずいぶん発展した
❽《the ～》〘美〙(絵画の) 遠景 ‖ the middle ～ 中景
❾《the ～》〘ボクシング〙総ラウンド
❿《英》〘競馬〙(1着と2着の) 20馬身以上の大差；《the ～》ゴール前240ヤードの距離 ‖ win by a ～ 大差で勝つ

gò the (fúll) dístance (競技・事業などを) 最後までやり抜く；〘ボクシング〙最終ラウンドまで戦う,〘野球〙完投する；(機器などが)長持ちする

kèep a pèrson at a dístance 〔人〕によそよそしくする,〔人〕と距離をおく

*kèep one's dístance 〈…から〉距離をおく；〈…に〉親しみを示さない〈from〉‖ At first the class *kept* their ～ *from* the foreign student. 最初クラスの全員が外国人学生との間に距離をおいた

*within háiling [wálking, (èasy) dríving] dístance 〈…から〉呼べば聞こえる[歩いて行ける，車で楽に行ける]範囲内に〈of〉‖ The office is *within walking* ～ *of* my house. 職場は家から歩いて行ける所にある

within stríking [OR *spítting*] *dístance* 〈…の〉すぐ近くに，すぐ手が届く所に〈of〉

――動 (-tanc·es /-ɪz/；～d /-t/；-tanc·ing) 他 ❶ a 〈…から〉…を遠ざける〈from〉‖ She ～*d* her son *from* the rough children. 彼女は息子を乱暴な子供たちから遠ざけた

b 《～ oneself from ... で》…との距離をおく，…とかかわらない ‖ My father ～*d* himself *from* the rest of the family. 私の父は家族と一定の距離をおいていた

❷ …に大差をつける；《米》《競馬》…に大差で勝つ

語源 *dis-* apart＋*-stance* stand：離れて立つ

▸▸ ～ lèarning 名 U 通信[放送]教育(課程)

:dis·tant /dístənt/

――形 [▶ distance 名] (more ～；most ～)

❶ (距離的に)**遠い**，遠く離れた(↔ near, close)；《数詞の後で》〈…から〉〈…だけ〉離れた[隔たった]〈from〉；《限定》遠方から[へ]の ‖ Sitting on the beach, I envisioned ～ lands. 浜辺に座って遠くの国々を思い浮かべていた / a town 100 miles ～ *from* here ここから100マイル離れた町 (↝ a town 100 miles away from here) / a ～ shout 遠くからの叫び声 / a ～ voyage 遠洋航海

❷ 《限定》(時間的に)隔たった，遠い ‖ in the (dim and) ～ past 遠い過去に / in the not-too-～ future 近い将来に / a ～ memory 遠い思い出

❸ 《限定》(関係が)遠い，縁[関連]の薄い；(類似などが)かすかな；〈…から〉かけ離れた〈from〉‖ a ～ cousin [relative] 遠縁のいとこ[遠い親戚(しんせき)] / have a ～ resemblance to her 彼女とかすかに似ている

❹ 〈…に〉よそよそしい〈with〉‖ He is ～ *with* people he doesn't like. 彼は自分が好きでない人には冷たい

❺ 遠くを見るような ‖ a ～ look 夢見るようなまなざし

～·ly 副 遠くに，遠く隔たって；(血縁的に)隔たって；かすかに；よそよそしく

▸▸ Dìstant Èarly Wárning (Line) 名 U 《米》遠距離早期警戒(網)

dis·taste /dìstéɪst/ 名 U/C 《a ～》〈…に対する〉(軽い)嫌悪〈for〉‖ She has a ～ *for* fish. 彼女は魚が嫌いだ / He twisted his mouth in [OR with] ～. 彼は不愉快そうに口をゆがめた

dis·taste·ful /dɪstéɪstfəl/ 形 不愉快な，いやな ‖ a ～ task いやな仕事 ～·ly 副 ～·ness 名

dis·tem·per[1] /dɪstémpər/ 名 U 《獣医》ジステンパー《犬・馬などの伝染病》 ～ed 形 《文》精神錯乱した

dis·tem·per[2] /dɪstémpər/ 名 ❶ U C ディステンパー画(法) ‖ paint in ～ ディステンパー画法で描く ❷ U (ディステンパー画用の)水性塗料，泥絵の具

――動 他 [壁など]にディステンパー画を描く

dis·tend /dɪsténd/ 動 他 …をふくらます，膨張させる

――自 ふくらむ，膨張する -tén·si·ble 形 ふくらむ，膨張性の -tén·sion 名 U 膨張

dis·tich /dístɪk/ 名 C 《韻》連句，対句(couplet)

dis·till, 《英》-til /dɪstíl/ 動 (-tilled /-d/；-till·ing) 他

❶ …を蒸留する；[ウイスキーなど]を〈原料から〉蒸留精製する〈from〉；[原料]を蒸留して〈…に〉する〈into〉；[不純物など]を蒸留して取り除く《out, off》‖ ～ brandy *from* wine＝～ wine *into* brandy ワインを蒸留してブランデーを造る ❷ [オイル・液体成分など]を〈植物などから〉抽出する〈from〉；[植物]からエッセンスを抽出する ❸ [要点・主旨]を〈集めた材料などから〉抜き出す〈from〉；[集めた材料など]を〈本などに〉まとめる，抽出する〈into〉‖ The reports were ～*ed into* a book. 報告書の要旨が本にまとめられた ――自 ❶ 蒸留される；蒸留して作られる ❷ 滴る，滴り落ちる；しみ出る

▸▸ ～ed wàter 名 U 蒸留水

dis·til·late /dístɪlət/ 名 C U ❶ 蒸留物[液] ❷ (一般に)粋，精髄

dis·til·la·tion /dìstɪléɪʃən/ 名 ❶ U 蒸留 ‖ dry ～ 乾留 ❷ C U 蒸留物[液](distillate)

dis·till·er /dɪstílər/ 名 C 蒸留する人；蒸留酒製造業者[会社]；蒸留器

dis·till·er·y /dɪstíləri/ 名 (複 -er·ies /-z/) C 蒸留所，蒸留酒製造所

:dis·tinct /dɪstíŋkt/

――形 [◁ distinguish 動] (-tinc·ter, more ～；-tinc·test, most ～)

❶ 〈…とは〉(性質・種類の)**明らかに異なる**，別個の〈from〉(⇨ 類語, DIFFERENT 類語) ‖ China's political system is quite ～ *from* Japan's. 中国の政治体制は日本とは全く異なる

❷ (五感で)**はっきりとわかる**，明瞭(めいりょう)な(⇨ 類語, CLEAR 類語) ‖ a ～ pronunciation 明瞭な発音 / a ～ outline くっきりとした輪郭 ❸ 《限定》**紛れもない**，明確に存在する ‖ a ～ success 疑うべくもない成功 / have a ～ advantage 際立って有利な立場にある

A as distinct from B Bに対してA，BではなくA (A as opposed to B) ‖ She is a personal assistant *as* ～ *from* a secretary. 彼女は秘書ではなく個人的な助手なのです

～·ness 名

類語 《❶, ❷》 **distinct** 明確(→ clear)な，またははっきりと別のものであること(→ different)を示す.〈例〉a *distinct* resemblance はっきりとした類似性 / two *distinct* ideas (＝two ideas *distinct* from each other) 2つの別個の考え

distinctive (特徴がはっきりしていて)同類のほかのものと区別できる.〈例〉This flower has a *distinctive* smell. この花には(ほかの花と区別できる)特有の香りがある

:dis·tinc·tion /dɪstíŋkʃən/

――名 [◁ distinguish 動] (複 ～s /-z/) ❶ U C 〈…の間の〉**区別**(立て)，識別；差別〈between〉‖ **make** [OR **draw**] a ～ *between* right and wrong 善悪を区別する / The pupils are listed without ～ by sex. 生徒たちは性別の区別なく名簿に記載されている / class ～*s* 階級差別

❷ C 〈…の間の〉**差異**，相違(点)〈between〉；(ほかと区別させる)特質，特性 ‖ There is a clear ～ *between* residents and non-residents. 寮生と通学生との間には明らかな違いがある

❸ U **卓越**，傑出；**高名**，名声 ‖ a man of ～ 卓越した人物 / books of quality and ～ 質の高い優れた書物 / achieve social ～ 社会的名声を得る

❹ C U 栄誉(のしるし)，名誉；(試験の)最高位，優等 ‖ He had the ～ of being presented to the Queen. 彼は女王に拝謁(はいえつ)を許されるという栄誉を与えられた / graduate from college with ～ 優秀な成績で大学を卒業する / get a ～ in a math exam 数学のテストで優秀な成績をとる

a distínction without a dífference 名目上の差異

***dis·tinc·tive** /dɪstíŋktɪv/ 形 (more ～；most ～) ほかと異なった，(ほかとの)差を顕著に示す；独特の，特徴的な(↔ ordinary) (⇨ DISTINCT 類語) ‖ a ～ smell [flavor] 独特のにおい[風味] / ～ features 顕著な特徴；《音声》(音素の)示差的特徴 ～·ly 副 ～·ness 名

***dis·tinct·ly** /dɪstíŋktli/ 副 ❶ はっきりと，明瞭に ‖ pronounce [remember] ～ はっきりと発音する[覚えている] ❷ 紛れもなく ‖ ～ unpopular 明らかに不人気な

:dis·tin·guish /dɪstíŋgwɪʃ/ 《発音注意》

━動 〔▶ distinct 形, distinction 名〕 (~·es /-ɪz/; ~ed /-t/; ~·ing)
━他 ❶ (人が)…を〈…と〉**区別する**, 見分ける〈**from**〉 (⇨ 類語) ‖ ~ reality *from* fantasy 現実と空想を区別する
❷《進行形不可》…を特徴づける; (特徴が)…を〈…と〉区別する (≒ mark off [OR out]) 〈**from**〉 ‖ Language **clearly** ~*es* us *from* all other creatures. 我々とほかの動物とをはっきりと区別する特徴的なものが言語である
❸《~ oneself または受身形で》際立つ; 〈…として〉有名になる〈**as**〉 ‖ He ~*ed* himself in the art world. 彼は美術界で頭角を現した / She ~*ed* herself *as* a fair-minded judge. 彼女は公正な裁判官として有名になった / Her idea is ~*ed* by its novelty. 彼女の着想は目新しさで群を抜いている
❹《進行形不可》…をはっきりと認める[感知する] (♦ しばしば can を伴う) ‖ It was so dark that I couldn't ~ anything [who was standing there]. 真っ暗で何も[そこにだれが立っているのか]見分けがつかなかった
━自 〈…の間の〉相違を認める〈**between**〉 (♦ しばしば can を伴う) ‖ Only experts can ~ *between* their styles. 彼らの作風は専門家にしか区別がつかない / ~ *between* work and play 仕事と遊びを区別する

類語 《他 ❶》 **distinguish** 「区別する」の意を表す一般的な語.
discriminate 微細な差異を見分けることを強調. 「差別する」の意でも用いる.
differentiate 紛らわしいものなどを正確・詳細に区別づける.

dis·tín·guish·a·ble /-əbl/ 形 〈…と〉区別がつく, 見分けられる〈**from**〉 **-bly** 副

***dis·tin·guished** /dɪstíŋgwɪʃt/ 形 (**more ~; most ~**) ❶ 〈…で〉名高い, 著名な; 卓越した, 優れた〈**for**〉 (⇨ FAMOUS 類語) ‖ a ~ chemist 著名な化学者 ❷ (人・姿が) 気品のある ‖ a quiet ~ manner 上品な立ち居振る舞い (♥ 女性については graceful を用いるのがふつう)

***dis·tort** /dɪstɔ́ːrt/ 動 他 ❶ 〔顔・形〕をゆがめる ‖ A spasm ~*ed* his face. けいれんで彼の顔がゆがんだ ❷ 〔動機・事実など〕を曲げる, 歪曲(わいきょく)する, 誤り伝える; 〔言葉〕を曲解する ‖ The media gave a ~*ed* view of the situation. マスコミは状況についてゆがんだ見解を伝えた / ~ the facts 事実を曲げる ❸ 〔映像〕をゆがめる; 〔音〕をひずませる ━自 (顔・形が) ゆがむ

***dis·tor·tion** /dɪstɔ́ːrʃən/ 名 U C ❶ ゆがめること; (映像の) ゆがみ; (音声の) ひずみ ‖ transmit audio signals without ~ 音声信号をひずみなしに伝送する ❷ (事実・真実の) 歪曲, 曲解, こじつけ ‖ a deliberate ~ of the facts 事実の意図的なねじまげ

distr. 略 distribution, distributor

***dis·tract** /dɪstrǽkt/ 動 他 ❶ 〔注意・心など〕を〈…から〉そらす, 散らす〈**from**〉; 《~ oneself で》気を紛らす, 気分転換する ‖ The constant ringing of the doorbell ~*ed* me [OR my attention] *from* the news report. 戸口のブザーが続けざまに鳴るのでニュース番組から注意がそれてしまった ❷ 《古》…の心を乱す, 悩ます (bewilder, perplex) **~·ing** 形
語源 *dis-* apart + *-tract* draw: 別な方へ注意を引く

***dis·tract·ed** /dɪstrǽktɪd/ 形 注意をそらされた, 気を散らされた; 取り乱した **~·ly** 副 **~·ness** 名

***dis·trac·tion** /dɪstrǽkʃən/ 名 ❶ U 気の散ること, 注意散漫; C 〈…から〉気を散らすもの〈**from**〉 ‖ Turn off the radio. It's a ~ *from* my work. ラジオを消してよ. 気が散って仕事にならないから ❷ C 気晴らし, 娯楽 ‖ There are plenty of ~*s* in a large city. 大都市には楽しいことがたくさんある / Golf is my only ~. ゴルフが私の唯一の娯楽だ ❸ U 内心の葛藤(かっとう), 苦悩; 狂気
to distráction (誇張して) 気が狂うほど ‖ drive her *to* ~ 気も狂わんばかりに彼女をいらいらさせる[怒らせる]

dis·trac·tor /dɪstrǽktər/ 名 C ❶ 気を散らす人[もの] ❷ (多肢(たし)選択問題の) 誤った選択肢

dis·train /dɪstréɪn/ 動 他 《法》〔財産など〕を差し押さえる ‖ ~ his goods 彼の財産を差し押さえる

dis·traint /dɪstréɪnt/ 名 U 《法》差し押さえ

dis·trait /dɪstréɪ/ 《発音注意》 形 《叙述》上の空の, ぼんやりした

dis·traught /dɪstrɔ́ːt/ 形 取り乱した, 狼狽(ろうばい)した; 気も狂わんばかりの ‖ ~ with terror [grief] 恐怖[悲しみ]に気も転倒して

***dis·tress** /dɪstrés/ 《アクセント注意》 名 U ❶ 苦悩, 心痛, 悲嘆; C 悩みの種 (⇨ 類語) ‖ To his ~, his mother's condition became worse. 悲しいことに彼の母親の病状は悪化した / in ~ 苦しんで, 困って ❷ (肉体的な) 苦痛 (⇨ 類語); 極度の疲労; 呼吸困難; (物理的な) 疲弊 ‖ After the race, our horse showed signs of ~. レース後, 我々の馬は疲れ果てていた ❸ 危険, 災難; 《海》遭難 ‖ send out a ~ signal 遭難信号を発する / a fishing boat in ~ 遭難した釣り船 ❹ 窮状, 困窮, 貧窮 ‖ financial ~ 財政的困窮 ❺ 《法》差し押さえ (distraint)
━動 他 ❶ **a** 《+目》…を悩ます, 悲嘆に暮れさせる; …を苦しめる, 困らせる ‖ It ~*ed* me to hear that he had quit school. 彼が学校をやめたと聞いて心が痛んだ **b** 《受身形または ~ oneself で》苦しむ, 悲しむ, 悩む〈**at, by** …で / **to do** …して〉 ‖ She was deeply ~*ed at* [OR *to* hear] the news. 彼女はその知らせを聞いてひどく心を痛めた / Don't ~ yourself; it's not your fault. くよくよするな, 君の落ち度じゃないよ ❷ (古く見せるために) 〔家具・衣類など〕に傷をつける
語源 *dis-* apart + *-stress* draw tight: 強く引っ張ってちぎる

類語 《名 ❶, ❷》 **distress** 精神的・肉体的な, かなり大きい苦痛・悩みなど. ふつう救済処置のできる状態.
suffering 継続する苦しみと, それに耐えている状態.
agony (身もだえするような) 耐え難いほどの精神的・肉体的苦痛・悩み.
anguish 主に精神的にとても耐え難い苦痛.

▸▸ ~ **bùtton** 名 C 緊急(連絡) 用押しボタン ~ **càll** 名 C 緊急事態連絡

***dis·tressed** /dɪstrést/ 形 ❶ 体がひどく弱っている, 苦しんでいる ❷ 《旧》困窮している; 零落した ❸ 《主に米口》投げ売りの; (担保にとられて) 売りに出された ‖ ~ goods 投げ売り品 ❹ (新しい家具や衣類などの外見をわざと) 古く見せた ‖ ~ jeans 着古したように見せたジーンズ
▸▸ ~ **área** 名 C 被災地; 不況地域

dis·tress·ful /dɪstrésfəl/ 形 苦しい, 悲惨な; 苦悩に満ちた **~·ly** 副

dis·tress·ing /dɪstrésɪŋ/ 形 苦しめる, 悲惨な **~·ly** 副

dis·trib·u·tar·y /dɪstríbjutèri | -təri/ 名 (複 **-tar·ies** /-z/) C (再び本流に合流しない) 分流, 支流 (→ tributary)

***dis·trib·ute** /dɪstríbjət | -juːt, +英 ˌ−−−/ 《アクセント注意》 動 〔▶ distribution 名〕 他 ❶ 〈…に〉…を配分する, 分配する, 配給する; …を配布する; 〔郵便・新聞など〕を配達する; (卸売業者が) 〔商品〕を頒布(はんぷ)する〈**among, to**〉 (⇨ 類語, SEPARATE, SHARE[1] 類語) ‖ The teacher ~*d* AIDS pamphlets *among* the class. 先生はクラスにエイズに関する小冊子を配った / ~ magazines *to* subscribers 雑誌を購読者に配送する ❷ 〈広範囲に, ある地域に〉…をまき散らす, 散布する, 分布させる〈**over**〉 (♦ しばしば受身形で用いる) ‖ Volcanic ash was ~*d over* the continent. 火山灰は大陸全体にまき散らされた / These dialects are ~*d* throughout the region. こういう方言はその地方全域に分布している ❸ …を〈…に〉分類する〈**into**〉; …を区分けする ❹ 《論》〔名辞〕を周延[拡充]する 《類 (class) のすべての個体群を指すように用いること. 〈例〉 All cats are animals. すべての猫は動物である》 ❺ 《数》〔同類項〕を分配する 《a(b+c)=ab+ac など》

語源 *dis-* apart＋*-tribute* give：あちこちに与える

類語 《❶》 **distribute** 一定の規則によって分配する．この場合，自分は恩恵に浴さない．〈例〉 *distribute* one's possessions among one's children 財産を子供たちに分配する
divide ある全体を等分に分けることを強調する語．〈例〉 *divide* profits among one's partners 利益を共同経営者に平等に分ける

dis·trib·ut·ed /dɪstríbjuṭəd | -ɪd/ 形 コンピューター 分散型の
▶▶～ **prócessing** 名 U コンピューター 分散データ処理 ～ **sýs·tem** 名 U コンピューター 分散(処理)システム

dis·tri·bu·tion /dìstrɪbjúːʃən/
── 名〔◁ distribute 動〕(複 **~s** /-z/) U ❶ **分配**，配分，配給；流通，配達；配分状態；(販売店などへの)商品の供給，卸売り ‖ the ～ of resources among industries 諸産業間での資源の配分 / An efficient ～ **system** is the backbone of the country. 能率的流通機構は国家の中心的な支えである
❷ C 分配物，配給品，分け前，割り当て，取り分
❸ 散布，拡散(状態)；**分布**，分布状態；C (生物の)分布区域 ‖ the ～ of wildlife in North America 北米における野生生物の分布(状態) / have a wide ～ 広く分布している ❹ 分類，区分 ❺ 〖統計〗分布 ‖ the ～ of frequencies 頻度分布 ❻ 〖法〗遺産分配 ❼ C U コンピューター ディストリビューション《主にUNIX系OSにツールやアプリケーションを組み合わせて利用しやすくしたパッケージソフトウェア(の配布)》 **~·al** 形

dis·trib·u·tive /dɪstríbjuṭɪv/ 形 《通例限定》 ❶ 配分の，分配の；配送の，流通の ❷ 〖文法〗配分的な ‖ a ～ pronoun 配分代名詞 (each, every, either など) ❸ 〖論〗周延［拡充］的な ❹ 〖数〗分配の ‖ the ～ law ［OR principle］ 分配法則 (a(b+c)＝ab+ac の類)
── 名 C 〖文法〗配分詞 **~·ly** 副

dis·trib·u·tor /dɪstríbjuṭər/ 名 C ❶ 分配［配給］者，(映画の)配給元；(販売)代理店，流通業者，卸売業者 ❷ (エンジンの)配電器；ディストリビューター；〖電〗配電線

dis·trict /dístrɪkt/
── 名 (複 **~s** /-s/) C ❶ (一般に) **地方**，(ある特色を持った) **地域** ‖ the Hokuriku *District* 北陸地方 / a hilly ～ 丘陵地帯 / an agricultural ～ 農業地帯 / a residential ～ 住宅地区 / a shopping ～ 商店街
❷ (行政上の目的で分けた)行政区，地区，管区 (⇨ AREA 類語) ‖ a postal ～ 郵便区 / an election ～ 選挙投票区 / a school ～ 学区
❸ 《英》郡 《州(county)の下部単位》
── 動 他 《米》…を地区［地域］に分ける
▶▶～ **attórney** 名 C (米国の) 地区検事長 《略 D.A., DA》 ～ **cóuncil** 名 《また D- C-》 C (英国の) 地区評議会 《選挙によって選ばれ，教育・ごみ収集・道路清掃などの地元サービスを行う》 ～ **cóurt** 名 C (米国の) 地方裁判所 《連邦の第一審裁判所および各州の下級裁判所をいう．略 D.C.》 ～ **héating** 名 U 地域暖房 ～ **júdge** 名 C (米国の) 地方裁判所判事 ～ **núrse** 名 C (英国の) 地区看護師 《担当地区で病人の家庭を訪問する》 **Dìstrict of Colúmbia** 名 《the ～》 コロンビア(特別)区 《米国の首都ワシントン市のこと．連邦直轄地．略 D.C., 〖郵〗DC》

dis·trust /dɪstrʌ́st/ 動 他 …を疑う，信じない (♦ 進行形はまれ) ‖ I ～*ed* my own eyes. 自分の目を疑った
── 名 U/C 《a ～》〈…への〉不信；疑惑〈**of**〉 ‖ with a look of ～ 疑いの目で / earn his ～ 彼の不信を買う / have a ～ *of* ... …を信用しない

dis·trust·ful /dɪstrʌ́stfəl/ 形 〈…を〉信じない，疑う〈**of**〉 **~·ly** 副 **~·ness** 名

dis·turb /dɪstə́ːrb/
── 動〔▶ disturbance 名〕(**~s** /-z/；**~ed** /-d/；**~·ing**)
── 他 ❶ …を**邪魔する**，妨害する (⇘ break into)；…に迷惑をかける ‖ Don't ～ the baby; he's asleep. 赤ちゃんはそっとしておきなさい，寝てるんだから / I'm sorry to ～ you. お邪魔してすみません / I hope I'm not ～*ing* you. お邪魔じゃありませんか / Am I ～*ing* you? 今，大丈夫ですか (♥ 電話をかけたときや人を訪ねたときに用いる丁寧な表現) / Don't ～ yourself. どうぞお構いなく
❷ …の**心を乱す**，悩ませる，不安にする；《受身形で》頭を痛める，心配する〈**at, by** …で / **to *do*** …して〉 ‖ Sudden changes of environment can ～ pets. 環境の急激な変化はペットを不安にさせることがある / I'm very ～*ed at* ［OR *to* hear］ the news. その知らせを聞いてとても心配だ
❸ 〔秩序・平穏など〕を(かき)乱す，騒がす；(通常の位置から)…を動かす (⇘ stir up) ‖ Strong winds ～*ed* the surface of the lake. 強い風が湖面を波立たせた / ～ the peace 治安を乱す
── 自 邪魔する，妨害する ‖ Do Not *Disturb* 《掲示》起こさないでください《ホテルの客室のドアノブにかける札》；入室禁止《会議室などの入口の掲示》
語源 *dis-* completely＋*-turb* confuse：すっかり混乱させる

dis·turb·ance /dɪstə́ːrbəns/ 名〔◁ disturb 動〕 ❶ U C 乱す［騒がす］こと；乱された状態；不安；乱すもの；邪魔，妨害 ❷ C 騒動，騒ぎ；暴動 ‖ create ［OR cause］ a ～ 騒動を起こす / a ～ between the crowd and the police 群衆と警官との騒動 ❸ U C (心や体の) 障害 ‖ emotional ～ 情緒障害 ❹ U 〖法〗(権利の)侵害 ❺ U C 〖気象〗擾乱(じょうらん) (域) 《大気の流れを乱すもの．小型の低気圧》 ❻ U C 微弱な地震

dis·turbed /dɪstə́ːrbd/ 形 ❶ 精神的に病んでいる ❷ 平穏を乱された；不安な，心配な ❸ (状況・時代などが)不幸な，問題の多い；(治安などが)乱れた

dis·turb·ing /dɪstə́ːrbɪŋ/ 形 心を悩ませる，迷惑な，不穏な，心配な ‖ a ～ noise 迷惑な騒音 **~·ly** 副

dis·un·ion /dɪsjúːniən/ 名 U ❶ 分裂，分離 ❷ 不統一；不和，軋轢(あつれき)

dis·u·nite /dìsjunáɪt/ 動 他 《通例受身形で》分裂［分離］する ── 自 分裂［分離］する

dis·un·i·ty /dɪsjúːnəṭi/ 名 U 不統一；不和

dis·use /dɪsjúːs/ (→ 動) 名 U 不使用；廃止 ‖ fall ［OR drop, come, lapse］ into ～ 廃れる，使用されなくなる
── 動 /dɪsjúːz/ 他 …の使用をやめる；…を廃止［破棄］する

dis·used /dìsjúːzd/ ◁ 形 《通例限定》 使用されていない，廃止された ‖ a ～ railway line 使われなくなった鉄道の線路

di·syl·lab·ic /dàɪsɪlǽbɪk, dɪs-/ ◁ 形 2音節(語)の

di·syl·la·ble /dàɪsɪləbl, dɪsíl-/ 名 C 2音節(語)

ditch /dɪtʃ/ 名 C (地面に掘った)溝，水路，排水溝
── 動 他 ❶ 《口》…を捨てる；…を見捨てる；…を解雇する；〔恋人〕を振る ❷ …に溝［水路］を掘る［巡らす］ ❸ 《口》〔飛行機〕を不時着水させる；〔自動車〕を溝に落とす；《米俗》〔列車〕を脱線させる ❹ 《米俗》〔授業・学校〕をサボる
── 自 ❶ 《口》(飛行機が) 不時着水する ❷ 溝［水路］を掘る［巡らす］

dítch·wàter 名 U 溝のよどんだ水
(*as*) ***dull as ditchwater*** ⇨ DISHWATER(成句)

dith·er /díðər/ 動 自 迷う，ためらう
── 名 ❶ U/C 《a ～》《口》ためらい，狼狽(ろうばい) ‖ after months of ～ 数か月のためらいの後に / in a ～ 動揺して / all of a ～ すっかりうろたえて ❷ U コンピューター ディザリング《コンピューターによる図形表示で，表示装置の階調表現よりも多彩な画像を近似値で表現する方法》

dith·y·ramb /díθɪræ̀mb/ 名 C (古代ギリシャの) 熱狂的なディオニュソス(酒神)賛歌；《堅》(一般に)熱狂的詩歌［演説，文章］ **dìth·y·rám·bic** 形

dit·sy, -zy /dítsi/ 形 《米口》愚かな，軽薄な；いかれた

dit·to /díṭoʊ/ 名 (複 **~s** /-z/) C 同上，同前《計算書などで重複を避けるため用いる．略 d°, do, 符号 〃》
── 副 《口》同様に，同上で；(返答で)同じく ‖ The pie was delicious, ～ the coffee. パイはおいしかったし，コーヒーもおいしかった / "I've seen enough of this movie."

"*Ditto* — let's leave."「この映画はもう十分見たよ」「僕もだ. ここを出ようよ」 ―動 他〔人〕の言動を繰り返す
▶▶ ～ **màrk** 名 C 繰り返し符号《〃》
dit·ty /díṭi/ 名 (複 **-ties** /-z/) C 短い簡単な歌
dítty bàg 名 C (水夫の)小物入れ用小袋
di·u·ret·ic /dàɪjuəréṭɪk/ ⊲ 〚医〛形 利尿の
―名 U C 利尿剤
di·ur·nal /daɪə́ːrnəl/ 形 ❶ 昼間の, 日中の;〚植〛昼咲きの;〚動〛昼間活動する(↔ nocturnal) ❷〚天〛日周の ‖ the earth's ～ motion 地球の日周運動 ❸ 日々の, 日ごとの(daily) ―名 C〚カト〛(朝課を除いた)聖務日課書
～·ly 副
D
div. 略 divergence; diversion; divide; dividend; division; divorced
Div. 略 Division
di·va /díːvə/ 名 (複 **～s** /-z/ OR **di·ve** /-veɪ/) C (歌劇の)プリマドンナ;(一般に)花形(女性)
di·va·lent /daɪvéɪlənt/ 形〚化〛2価の(bivalent)
-lence 名
di·van /dɪvǽn, dáɪvæn/ 名 C ❶ (背もたれのない)寝いす, 長いす, ソファー;(= ～ **béd**)《英》ディバン《頭板・足板のないベッド》 ❷ (中近東諸国の)国政会議(室);会議室;法廷;謁見(えっけん)室 ❸ (たばこ店付属の)喫煙室
***dive** /daɪv/ 動 (**～s** /-z/; **～d** /-d/,《米》**dove** /doʊv/; **div·ing**) 自 ❶ (頭から)飛び込む〈**into** …へ; **off, from** …から〉‖ ～ *from* a bridge *into* the water 橋の上から水に飛び込む ❷ (水に)潜る, 潜水する;スキューバダイビングをする ‖ go *diving* スキューバダイビングに行く ❸ (飛行機・鳥が)急降下する;スカイダイビングをする ❹〈ある方向へ〉さっと[素早く]動く〈**into, under**〉;〈…へ〉突進する〈**for, after**〉‖ ～ *into* the darkness 暗闇(くらやみ)に姿を消す / ～ *under* a truck トラックの下に潜り込む ❺ (価格などが)急落する ❻〚スポーツ〛ダイブする(→ 名 ❻)
dive ín 〈自〉① (水に)飛び込む ② 急に没入し始める ③《口》もりもり食べ始める ‖ *Dive in!* さあ, 召し上がれ
dive ínto ... 〈他〉① ⇨ 自 ❶, ❹ ② 突然…をし始める, …に没頭する;…を食べ始める ‖ ～ *into* one's work 仕事に没頭する ③《口》〔バッグ・ポケットなど〕にさっと手を突っ込む
―名 C ❶ (頭からの)飛び込み, ダイビング ‖ a fancy [high] ～ 曲[高]飛び込み / make [OR do] a beautiful ～ into the water 水中へ見事なダイビングをする ❷ 潜水, ダイビング;(飛行機・鳥などの)急降下 ❸ (株・価格などの)急落, 暴落 ❹ 突進 ❺ (= ～ **bár**)《口》安酒場 ❻〚スポーツ〛ダイブ《サッカーで, ファウルを捕るためにわざと倒れること;アメフトで, 前進するために敵のディフェンスラインに突っ込むこと》
màke a díve for ... …を目がけて突進する
tàke a díve ①《俗》(ボクシングで)わざと倒れる[KOされる] ② (価格・評価などが)急落する
díve-bòmb 動 他 …を急降下爆撃する **～·ing** 名
díve-bòmber 名 C 急降下爆撃機
***div·er** /dáɪvər/ 名 C ❶ 水に飛び込む[潜る]人[動物];飛び込み選手 ❷ 潜水士, ダイバー;海女(あま) ❸《英》=loon[1]
***di·verge** /dəvə́ːrdʒ | daɪ-/ 動 自 ❶ (道などが)〈…から〉分岐する〈**from**〉‖ This train ～*s from* the main line at Tachikawa and goes to Ome. この列車は立川駅で本線から分岐し青梅に向かいます ❷〈規定・規準などから〉それる, 離れる;〈本来とは〉違ってくる〈**from**〉‖ ～ *from* a course 進路からそれる / ～ *from* the truth 真理から外れる ❸ (意見・形・性格などが)〈…とは〉異なる〈**from**〉 ❹〚数〛(数列などが)発散する(↔ converge)
di·ver·gence /dəvə́ːrdʒəns | daɪ-/ 名 U C ❶〈…からの〉分岐;逸脱〈**from**〉;(気流・海流の)分流(域) ❷ (意見などの)相違, 不一致 ❸〚数〛発散(↔ convergence)
di·ver·gent /dəvə́ːrdʒənt | daɪ-/ 形 ❶ 分岐する;それる, 逸脱する ❷ 異なる ❸〚数〛発散する(↔ convergent)
～·ly 副

di·vers /dáɪvərz/ 形《限定》《古》《文》いくつかの;種々の
***di·verse** /dəvə́ːrs | daɪ-/ 形 (**more** ～; **most** ～) ❶ 多様な ‖ ～ ecosystems さまざまな生態系 ❷ (種類・性格などが)非常に異なる(⇨ DIFFERENT 類語) ‖ people of the most ～ types 最もタイプの違う人々 **～·ly** 副
***di·ver·si·fy** /dəvə́ːrsɪfàɪ | daɪ-/ 動 (**-fies** /-z/; **-fied** /-d/; **～·ing**) 他 ❶〔会社経営・投資・生産など〕を多角化する ‖ *diversified* real estate ventures 多角的な不動産投機 ❷ …に変化を持たせる, …を多様化する
―自 ❶ 多角的生産[経営]を行う;多角経営で〈…に〉進出する〈**into**〉‖ ～ *into* high-tech products ハイテク製品の生産に乗り出す ❷ (活動などが)多様化する ‖ Our exports to Japan have *diversified*. 我が国の日本への輸出品は多様化している **di·vèr·si·fi·cá·tion** 名
***di·ver·sion** /dəvə́ːrʒən | daɪvə́ːʃən/ 名 〔◁ divert 動〕 C ❶ 人の注意をそらす行動 ‖ create a ～ 注意をそらす ❷ U C 〈方向・流れ・目的を〉変えること;〈…の〉転換, 転用〈**of**〉‖ the ～ *of* a river 川の流れを変えること / the ～ *of* funds from the treasury 公庫資金の流用 ❸ 気晴らし, 娯楽(⇨ RECREATION 類語) ❹ U C〚軍〛牽制(けんせい)作戦, 陽動作戦 ❺《英》迂回(うかい)路(《米》detour)
～·ar·y 形 陽動的な
***di·ver·si·ty** /dəvə́ːrsəṭi | daɪ-/ 名 (複 **-ties** /-z/) ❶ U/C《通例 a ～》〈…の〉多様, さまざま〈**of**〉; U 多様性 ‖ a wide ～ *of* opinion 実に多様な意見 / cultural ～ 文化的多様性 ❷ C 相違点
***di·vert** /dəvə́ːrt | daɪ-/ 動 〔▶ diversion 名〕 他 ❶〔交通・川の流れなど〕を迂回させる;…のコース[方向, 目的地]を変えさせる;〔電話〕を転送する〈**from** …から; **to** …へ〉‖ The plane was ～*ed* [*from* its course [*to* another destination] due to turbulence. その飛行機は乱気流のため進路を変えた[ほかの目的地に方向転換した] ❷〔資金など〕を〈…に〉転用する〈**into, to**〉 ❸〔人〕の注意をそらす, 〔注意など〕をそらす〈**from** …から; **to** …へ〉‖ He somehow ～*ed* media attention *from* his misdeeds. 彼はどうにかマスコミの注意を自分の悪事からそらした ❹〔人〕の気分を紛らせる, …を楽しませる(♦ しばしば受身形または divert oneself で用いる) ‖ The children were ～*ed* by watching a video. 子供たちはビデオを見て楽しんだ ―自 横にそれる, 方向[流れなど]を転じる〈**from** …から; **to** …へ〉
語源 *di-* aside + *-vert* turn: わきへ向ける
di·ver·tic·u·lo·sis /dàɪvərtɪ̀kjulóʊsɪs/ 名 U〚医〛憩室(けいしつ)症
di·ver·tic·u·lum /dàɪvərtíkjuləm/ 名 (複 **-la** /-lə/) C〚医〛憩室 **-lar** 形
di·ver·ti·men·to /dɪvə̀ːrṭəméntoʊ | -tɪ-/ 名 (複 **～s** /-z/ OR **-ti** /-tiː/) C〚楽〛嬉遊(きゆう)曲, ディベルティメント《軽快な器楽曲の一種》(♦ イタリア語より)
di·vert·ing /dəvə́ːrṭɪŋ | daɪ-/ 形 気晴らしになる;面白い, 愉快な
di·ver·tisse·ment /dɪvə́ːrṭəsmənt | dìːveətíːs-mɑːn/ 名 C ❶ (小さな)気晴らし, 娯楽 ❷ 幕間(まくあい)の余興《短い舞踊など》
di·vest /daɪvést/ 動 他 ❶《堅》《戯》…から〈衣服などを〉脱がせる, …から〈装身具などを〉はぎ取る(strip)〈**of**〉(♦ しばしば divest oneself of ... で用いる) ❷ …から〈地位・権利などを〉奪う, 取り上げる〈**of**〉;〚商〛〔商品など〕を(安く)売却する **～·ment** 名
di·vest·i·ture /daɪvéstɪtʃər/, **di·ves·ture** /daɪvéstʃər/ 名 U 剝奪;脱衣;企業[財産]の一部売却
‡di·vide /dɪváɪd/ 中心義 分ける, 分かれる
―動 〔▶ division 名〕(**～s** /-z/; **-vid·ed** /-ɪd/; **-vid·ing**)
―他 ❶ …を〈…に〉**分割する, 分ける**, 仕切る《*up*》〈**into**〉(♦ in half [two, four] など後に名詞を伴わない場合は in) (⇨ SEPARATE 類語) ‖ The warring factions ～*d up* the country. 敵対し合う派閥が国を分割していた / The office is ～*d into* four small rooms. その事務

所は4つの小部屋に仕切られている
❷ …を〈…から〉切り離す, 分断する〈**from, off**〉‖ The Red Sea ～*s* Africa *from* [OR and] Asia. 紅海はアフリカとアジアを分断している
❸ …を〈…の間に〉**分配する**, 分け与える《*up*》〈**between, among**〉; …を〈…と〉分け合う〈**with**〉; 〔時間・精力など〕を〈…の間で〉振り分ける〈**between**〉(⇨ DISTRIBUTE, SHARE[1] 類語) ‖ The property was ～*d between* her two sons. 財産は彼女の2人の息子の間で分けられた / I ～*d* the profits **equally** *with* him. 私は彼と利益を平等に分けた / His day is evenly ～*d between* work and relaxation. 彼の1日は仕事と休息とに等分されている / The huge development costs were ～*d among* the three companies. 巨額の開発費はその3社間で分けられた
❹〔人〕を〈…に関して〉分裂させる〈**on, over**〉; 〔議会〕に採決を求める ‖ Opinions are ～*d on* this issue. この問題には賛否両論がある / My parents are always ～*d over* which party to vote for. 両親はいつもどの党に投票するかで意見を異にする / He was ～*d* between going to university and taking a job. 彼は大学に進学か就職か心を決めかねていた
❺〘数〙〔数〕を〈…で〉**割る**〈**by**〉; 〔除数〕で〈…を〉割る〈**into**〉; (除数が) …を割り切る ‖ ～ 12 *by* 4=～ 4 *into* 12 12を4で割る / 12 ～*d by* 4 is [OR equals] 3. 12割る4は3 / 4 ～*s* 12. 12は4で割り切れる
❻ …を〈…に〉**分類する**〈**into**〉 ❼〔物差しなど〕に〈…の〉目盛りをつける, …を〈目盛りに〉分割する〈**into**〉
―自 ❶〈…に〉**分かれる**, 割れる〈**into, in**〉; 〘生〙細胞分裂する; 分岐する ‖ The river ～*s* here. 川はここで分岐している / Take any of the first three cars because the train will ～ at Centerville. この列車はセンタービル駅で切り離されますので前の3両のどれかにお乗りください
❷〈…で〉意見が分かれる〈**on, over**〉; 分裂する; (議会が) 採決する ‖ American parties never ～*d on* ideological lines. 米国の政党はイデオロギーの路線で意見を異にしたことはない ❸〘数〙割り算をする; (除数が)〈…を〉割り切る〈**into**〉; (数が)〈…で〉割り切れる〈**by**〉‖ 4 ～*s into* 12.=12 ～*s by* 4. 12は4で割り切れる
be divìded agáinst itsèlf 内輪もめしている
***divìde and cónquer* [*rúle*]** 分裂統治[支配]する《被支配者同士を争わせて支配する統治方法》
divìde óff ... / divìde ... óff 〈他〉(壁などで)…を仕切る
divìde úp ... / divìde ... úp 〈他〉① …を分割する(→ 他 ❶) ② …を分配する(→ 他 ❸)
―名 (複 **～s** /-z/) Ⓒ《通例単数形で》❶〈…間での〉(意見・価値観などの)相違, 不一致, 分裂〈**between**〉
❷《主に米》分水界, 分水嶺(れい)(→ Great Divide)
❸ 境界線; 分岐点
▸▸ **～d góvernment** 名 Ⓒ Ⓤ《主に米》ねじれ政権《大統領の属する政党と議会の上院・下院のいずれか, または両方で過半数を占める政党が異なること》 **～d híghway** 名 Ⓒ《米》中央分離帯の設けられた高速道路(《英》dual carriageway) **～d skírt** 名 Ⓒ《旧》キュロットスカート

div·i·dend /dívɪdènd/《発音注意》名 Ⓒ ❶ (株式などの)配当(金); (破産清算の)分配金 ‖ pay a 4% ～ 4%の配当金を払う / declare a ～ 配当金を発表する / a ～ warrant《英》配当支払請求(権) ❷ (一般に) 分け前; (予想外の)余得; 《英》(サッカーくじの)配当金 ❸〘数〙被除数(↔ divisor)
pày dívidends (将来)よい結果をもたらす, 実を結ぶ
▸▸ **～ páyout ràtio** 名 Ⓒ《主に米》〘株〙株式配当支払率 **～ tàx** 名 Ⓒ 配当税

di·vid·er /dɪváɪdər/ 名 Ⓒ ❶ 分割するもの[人]; 分配者 ❷《通例 a pair of ～s で》ディバイダー, 分割コンパス ❸ (部屋の)仕切り

divíding lìne 名 Ⓒ《通例単数形で》境界線

div·i·na·tion /dìvɪnéɪʃən/ 名 ❶ Ⓤ 占い, 易断 ❷ Ⓤ Ⓒ 予言(prophecy); 予知, 先見の明; 前兆

***di·vine** /dɪváɪn/ 形〔▶ divinity 名〕(**more ～; most ～**) (♦❶❷は比較なし) ❶《通例限定》神の(ような); 神に関する; 神性の(⇨ HOLY 類語) ‖ a ～ being 神 / a ～ spirit 神の霊 / ～ aid 神の助け / ～ punishments for our sins 我々の罪に対する神罰 ❷ 神にささげる, 神をたたえる; 神聖な ‖ ～ victims 神への犠牲 ❸《口》とても素敵な(♥特に女性が用いる強意語) ‖ Their bouillabaisse is ～. あそこのブイヤベースは最高よ
―動 他 ❶ a《+目》…を予言する, 予測する; …を直感[占い]で知る ‖ ～ his intentions 彼の意図を見抜く b《+that 節 / wh 節》…だと[…かを]直感する, 予測する ‖ They ～*d that* she was with child. 彼女は妊娠しているらしいと彼らは直感した ❷〔地下水・金属など〕を占い棒で探す ―自 ❶ 予言する, 予測する; 直感[占い]で知る ❷ 占い棒で探す
―名 ❶《the D-》神 ❷ Ⓒ《旧》聖職者; 神学者
～·ly 副 神の力で, 神のように; 《口》素晴らしく **～·ness** 名
▸▸ **Divìne Cómedy** 名《the ～》神曲《イタリアの詩人Dante作(1307-21)の長編叙事詩》 **Divìne Óffice** 名《the ～》(教会の)聖務日課 **～ ríght** 名《the ～》王権神授(説)(the divine right of kings) **～ sérvice** 名 Ⓤ (教会の)礼拝

di·vin·er /dɪváɪnər/ 名 Ⓒ 占い師, 易者; (水脈・鉱脈を)占い棒で発見する人

***div·ing** /dáɪvɪŋ/ 名 Ⓤ 潜水(業); (水泳の)飛び込み, ダイビング; 《形容詞的に》潜水(用)の, ダイビング(用)の ▸▸ **～ bèll** 名 Ⓒ 潜水鐘《水中作業用の釣り鐘形気密装置》 **～ bòard** 名 Ⓒ 飛び込み台[板] **～ sùit** 名 Ⓒ 潜水服

divíning ròd 名 Ⓒ 占い棒《地下水[鉱]脈の有無を占う》

***di·vin·i·ty** /dɪvínəṭi/ 名〔◁ divine 形〕(複 **-ties** /-z/) ❶ Ⓤ 神性; 神威, 神力 ❷ Ⓒ 神, 女神; 《the D-》(キリスト教の)神, 創造主 ❸ Ⓤ 神学(theology); Ⓒ (大学の)神学部 ‖ a Doctor of *Divinity* 神学博士(略 D.D.) ❹ Ⓤ《米》(通常ナッツ入りの)クリーム状の砂糖菓子
▸▸ **～ schòol** 名 Ⓒ《米》神学校(《英》theological college)

di·vis·i·ble /dɪvízəbl/ 形 分割できる; 〘数〙割り切れる ‖ 6 is ～ by 2. 6は2で割り切れる
di·vìs·i·bíl·i·ty 名 Ⓤ 可分性; 〘数〙整除性

:di·vi·sion /dɪvíʒən/
―名〔◁ divide 動〕(複 **～s** /-z/) ❶ Ⓤ〈部分への〉**分割**, 区分〈**into**〉; 〈…の間での〉**分離**, 分担, 分配〈**between**〉‖ The ～ was agreed (up)on. その分割は合意に達した / The ～ of household labor has changed over the years. 家事労働の分担は数年の間に変わってきている
❷ Ⓤ〘数〙割り算, 除法(↔ multiplication)
❸ Ⓒ《集合的に》《単数・複数扱い》(分割された)部分, **部門**; (会社・官庁などの)部局, 課; (大学の)部; (輸送機関の)管区; 行政[司法]区; 《英》国会議員選挙区 ‖ the sales ～ 販売部門[課]
❹ Ⓒ《集合的に》《単数・複数扱い》〘軍〙(陸軍の)師団; (海軍の)分艦隊《ふつう4隻で編成》; (米空軍の)分隊《2戦闘大隊(wing)以上で編成》
❺ Ⓒ《集合的に》《単数・複数扱い》〘スポーツ〙(技能・体重・年齢別などによる) クラス, 級, 部; リーグ ‖ the First *Division* 英国プロサッカー一部リーグ
❻ Ⓒ **仕切り**, 境界(線) ❼ Ⓤ Ⓒ〈…間の〉不一致, 不和〈**between, among**〉‖ a ～ *among* representatives from different countries 各国代表間の意見の食い違い ❽ Ⓒ《英》(議会での) 採決 ‖ take a ～ on ... …の採決をする ❾ Ⓒ〘植〙(分類学上の) 門《class の上の最も大きな区分, 動物学では phylum》 ❿ Ⓤ〘生〙分裂 ‖ cell ～ 細胞分裂 ⓫ Ⓤ〘園芸〙株分け
～·al 形《限定》分割上の; 〘数〙除法の, (整)除数の; 〘軍〙師団の
▸▸ **～ bèll** 名 Ⓒ (英国の国会の)採決開始のベル **～ lòb-**

by 名 C (英国の議院内の) 投票者控え廊下 **Divísion Sèries** 名《米》【野球】(大リーグの)地区シリーズ **~ sign** 名 C 割り算記号 (÷) ; 分子·分母を分ける横[斜]線

di·vi·sive /dɪváɪsɪv/ 形《けなして》不和を生じる, 対立を引き起こす **~·ly** 副 **~·ness** 名

di·vi·sor /dɪváɪzər/ 名 C【数】除数, 法(↔ dividend) ; 約数 ‖ the largest common ~ 最大公約数

:di·vorce /dɪvɔ́ːrs/

—名 (複 **-vorc·es** /-ɪz/) ❶ U C 〈…との〉**離婚**〈**from**〉離婚判決 ‖ She **got** [OR obtained] a ~ *from* her husband. 彼女は夫と離婚した / One in two marriages ends in ~ in the U.S. アメリカでは結婚した2組に1組は離婚する / Going through her ~ devastated her. 離婚を味わって彼女は(精神的に)ズタズタになった / sue [OR file] for (a) ~ 離婚訴訟を起こす / a ~ suit [OR case] 離婚訴訟 / the ~ rate 離婚率

❷ C《単数形で》(完全な) **分離**, 分裂〈**between** …の間の ; **from** …からの〉‖ the ~ *between* [OR of] religion and politics 宗教と政治の分離, 政教分離

—動 (**-vorc·es** /-ɪz/ ; **~d** /-t/ ; **-vorc·ing**)

—他 ❶ **…と離婚する**, …を離縁する ; …を〈…と〉離婚させる〈**from**〉‖ My parents got ~*d* but still remain friends. 両親は離婚したがまだ友達付き合いをしている / Ross has been ~*d from* Meg for a year.=Meg ~*d* Ross a year ago. メグがロスと離婚して1年になる

❷《通例受身形で》〈…から〉分離する, 切り離される〈**from**〉(♦ しばしば本来は分けるべきでないものに使われる) ‖ The Senators criticized the president's defense proposal as being ~*d from* reality. 上院議員たちは大統領の防衛計画を現実離れしていると批判した / ~ science *from* ethics 科学と倫理を切り離す —自 離婚する

~·ment 名 U 離婚 ; 分離

di·vor·cé /dɪvɔ̀ːrséɪ, -síː/ 名 C 離婚した男性

***di·vorced** /dɪvɔ́ːrst/ 形 離婚した ; 分離した

di·vor·cée /dəvɔ̀ːrséɪ | dɪvɔ̀ːsíː/ 名 C 離婚した女性 (♦《米》では男女共に divorcé がふつう)

div·ot /dívət/ 名 C ディボット《ゴルフクラブ·馬蹄(ばてい)で削り取られた芝生の一片[穴]》

di·vulge /dəvʌ́ldʒ | daɪ-/ 動 他〔秘密など〕を暴く, 漏らす ‖ ~ a secret to her 彼女に秘密を漏らす

di·vul·gence /dəvʌ́ldʒəns, daɪ-/ 名 U 暴露

div·vy /dívi/《口》動 (**-vied** /-d/ ; **-vy·ing**) 他 …を分け合う, 分配する(share)《***up***》

—名 (複 **-vies** /-z/) C 分配 ; 分け前, 配当

dix·ie, dix·y /díksi/ 名 C《英》(野営用の)大なべ

Dix·ie /díksi/ 名 ❶《集合的に》《米口》米国南部諸州 (Dixieland) ❷ ディキシー《南北戦争当時米国南部で愛唱された歌》

whistle Díxie《米》調子のいいことを空想する, 時間を無駄にする

▸▸ **~ Cùp** 名 C【商標】ディキシーカップ《使い捨て紙コップ》

Díxie·lànd 名 ❶《また d-》U ディキシーランドジャズ《ツービートで即興的なジャズの一形式》❷ =Dixie ❶

DIY /dìː aɪ wáɪ/ 名 U《主に英》日曜大工 (♦ *do-it-yourself* より) ‖ a ~ shop 日曜大工の店

***diz·zy** /dízi/ 形 ❶ めまいがする, 目が回る ; 〈…で〉くらくらする〈**with**〉‖ feel ~ めまいがする / ~ *with* excitement 興奮のあまりくらくらする ❷《限定》目がくらむような, 非常に高い[速い] ❸ 当惑した, 混乱した, 面食らった ‖ His idea made my brain ~. 彼の考えに私の頭は混乱した ❹《口》愚かな, 忘れっぽい ; (特に女性が)頭は弱いが魅力的な

—動 (**-zies** /-z/ ; **-zied** /-d/ ; **~·ing**) 他 …にめまいを起こさせる ; …を当惑させる **-zi·ly** 副 **-zi·ness** 名

▸▸ **~ héights** 名 複《the ~》《口》極めて重要な地位, 要職, 頂点

***DJ**[1] /dìːdʒéɪ/ 名 (複 **~s** /-z/) C ディスクジョッキー (♦ *d*isc *j*ockey の略)

DJ[2], **D.J.** 略 *D*istrict *J*udge ; Doctor of Law (♦ ラテン語 *D*octor *J*uris より) ; 《英》*d*inner *j*acket

Dja·kar·ta /dʒəkɑ́ːrṭə/ 名 ジャカルタ《インドネシアの首都. Jakarta ともつづる. 旧名 Batavia》

djel·la·ba, -bah /dʒéləbə/ 名 (複 **~** OR **~s**) C ジャラバ《広いそでとフード付きのアラブの外衣》

***Dji·bou·ti** /dʒɪbúːṭi/ 名 ジブチ《アフリカ東部の共和国, またその首都. 公式名 the Republic of Djibouti. 1977年フランスから独立》 **~·an** 名 形

djinn /dʒɪn/ 名 =jinn

dl 略 deciliter(s)

DL 略《米》*d*isabled *l*ist (野球などの故障者リスト)

DLitt, DLit /dìːlít/ 略 *D*octor of *L*etters [*Litera*ture] (《米》では D.Litt, D.Lit がふつう)

DLL 略 💻 *d*ynamic *l*inked *l*ibrary《Windows 上で各アプリケーションが共用するライブラリーファイル. 拡張子は dll》

dm 略 decimeter

DM 略 Deutschemark

DMA 略 💻 *d*irect *m*emory *a*ccess (直接メモリーアクセス)

DMD 略 Doctor of Dental Medicine (♦ ラテン語 *Dentariae Medicinae Doctor* より)

DMus /dìːmʌ́s/ 略 *D*octor of *Mus*ic

DMZ 略《米》*d*e*m*ilitarized *z*one (非武装地帯)

***DNA** /dìː en éɪ/ 名 U ❶【生化】デオキシリボ核酸, ディーエヌエー《染色体の主要構成要素で, 遺伝情報を担う》(→ RNA) (♦ *d*eoxyribo*n*ucleic *a*cid の略) ❷ (人·物の)基本的性質, 性格 ‖ the company's ~ その会社の(不変の)体質

▸▸ **~ fíngerprinting** [**prófiling**] 名 U DNA鑑定, 遺伝子個人識別法 (genetic fingerprinting) **~ vírus** 名 C DNAウイルス

DN·ase /dìːéneɪs, -eɪz/, **DNA-ase** /dìːenéɪeɪs, -eɪz/ 名 U【生化】DN(A)アーゼ(deoxyribonuclease)

Dnie·per /dníːpər/ 名《the ~》ドニエプル川《ロシア西部に発し黒海に注ぐ川》

D-nòtice 名 C《英》D通告《機密保持のため, 報道機関に特定情報の報道を禁じる政府通告》

*****do**[1] /duː/ 助 代動 動 名

中心義 (何らかの行為を)する

動 他 する❶❷❻ 果たす❸ 終える❹ 整える❺ 与える❼
自 やっていく❶ 振る舞う❷ 間に合う❸

—助 /弱 du, də ; 強 duː/ (→ 代動, 動, 名) (♦ 弱形の場合 /dʊ/ は母音の前, /də/ は子音の前にくる) (三人称単数現在 **does** /弱 dəz ; 強 dʌz/ ; 過去 **did** /弱 dəd, d ; 強 dɪd/ ; 否定短縮形 **don't** /doʊnt/, **doesn't** /dʌznt/, **didn't** /dɪdnt/) (♦《古》では二人称単数現在 dost /弱 dəst ; 強 dʌst/ ; 三人称単数現在 doth /弱 dəθ ; 強 dʌθ/ ; 二人称単数過去 didst /dɪdst/)

❶《否定の平叙文で》(♦「do not+原形動詞」の形で be 以外の動詞の否定を表す) ‖ He「*does not* [OR *doesn't*] know me. 彼は私のことを知らない / I「~ *not* [OR *don't*] have a car. 私は車を持っていない(=《主に英》I haven't got a car.=《英堅》I have not a car.(⇨ HAVE 語法)) / She「*did not* [OR *didn't*] say anything. 彼女は何も言わなかった

❷《否定の命令文で》(♦「Don't [Do not]+原形動詞」の形で一般動詞や be, have を否定する命令文を作る) ‖ *Don't* (you) speak to me like that! 私にそんな言い方をしないでください (♦ 主語が入ると命令が強調される) / *Don't* be a fool! ばかなことを言うな[するな] / *Don't* be frightened! 怖がらなくてもいいよ / *Don't* anybody move! だれも動くな

❸《疑問文とその答えで》(♦「(疑問詞＋) do＋主語＋原形動詞 ...?」の形で be 以外の動詞の疑問文を作る) ‖ "*Does* your father smoke?" "Yes, he *does*. [No, he *doesn't*.]"「君のお父さんはたばこを吸いますか」「はい, 吸います[いいえ, 吸いません]」(♦ 肯定の答えは代動詞 ❷ の用法と考えてもよい) / *Do* you have any questions? 質問はありますか (=《英》Have you (got) any questions?) (♥ 相手との心的距離を近づけるために「do＋主語」を省略することもある.〈例〉Mind if I sit here? ここに座ってもいいですか) / What *did* you tell him? 彼に何を言ったの (♦ 間接疑問文および who, what, which などが主語の疑問文では, 助動詞 do を用いない.〈例〉I wonder what he said. 彼は何と言ったのかしら / What happened after that? あの後で何が起こったのですか)

語法 ☆☆ 会話で相づちを打つとき, 疑問文の「do＋主語」の部分を用いる. 相手の発言が肯定であれば do [does, did], 否定であれば don't [doesn't, didn't] を使う (→ ❹).〈例〉"I met her on the campus yesterday." "*Did* you?"「きのうキャンパスで彼女に会ったよ」「そうなの」/ "She doesn't like children." "Oh, *doesn't* she?"「彼女は子供が好きじゃないよ」「あら, そう」

❹《否定の疑問文で》(♦「(疑問詞＋) don't＋主語＋原形動詞 ...?」の形で be 以外の動詞について肯定の答えを期待する疑問文を作る. 答え方については ⇨ YES ❶) ‖ *Don't* you think so? そう思わないかい (思うだろう) / Why *didn't* you tell me before? なぜ前に言ってくれなかったんだ / *Doesn't* time fly! 何と早く時間は過ぎ去ることか (♦ 否定の疑問文を下降調で発音し感嘆を表す. ⇨ NOT ❶ 語法 (2))

語法 ☆☆ (1)《堅》では Do you not think so? の形もあるが, ふつう Don't you ...? と短縮形を使う. ˣDo not you think so? は不可.
(2) Why don't you ...? は命令に近い表現なので, be 動詞とともに用いられることがある.〈例〉Why *don't* you be more careful? もっと気をつけたらどうだ

❺《付加疑問文で》(♦ be 以外の動詞を含む肯定の主文の後には「don't＋主文の主語の代名詞形」を, 否定の主文の後には「do＋主文の主語の代名詞形」を加えて付加疑問文を作る. 上昇調で発音すれば実質的な質問であるが, 下降調で発音すれば相手の同意を求めることが多い. ⇨ NOT ❶ 語法) ‖ You think you know everything about me, *don't* you? 私のことは何もかも知っていると思っているんでしょう (♦《堅》では ..., do you not? の形もあるが, ふつうは短縮形を使う) / He doesn't know it, *does* he? 彼はそのことを知りませんよね

語法 ☆☆ 肯定文に肯定の付加疑問を加えることも, 比較的少ないがある. この場合, ふつう上昇調で発音され, 驚き・不信・皮肉を表す. 否定文に否定の付加疑問を加えて同様の意味を表すこともあるが, まれ.〈例〉Oh, she thinks she's going to be an actress, *does* she? おや, 彼女は女優になろうなんて思っているんですか

❻《強調》(♦「強勢を伴った dó＋be 以外の動詞の原形」の形で強調を表す) ‖ "Why didn't you tell me?" "But I *díd* tell you."「どうして私に言わなかったんだ」「ちゃんと言いましたよ」/ She *dóes* talk a lot, doesn't she? 彼女は本当によくしゃべりますね / I never *díd* like him. 私は全く彼が好きになれなかった (♦ 語順に注意. ˣI did never like him. は誤り)

❼《肯定の命令文の強調》(♦「強勢を伴った dó＋動詞の原形」の形で, 丁寧に何かを勧めたり依頼する場合や, ためらっている相手に行動を促す場合などに用いる. この形の命令文では主語が入ることはない) ‖ *Dó* be careful. くれぐれも気をつけて (♦ 命令文では be も do で強調する) / *Dó* come and see me again. またぜひ遊びに来てください / *Dó* please stop! = Please ～ stop! どうかやめてください / Tell me, ～! 話してくださいよ

❽《否定・強調などの副詞(句)が先行する倒置文で》(♦ 強勢は伴わない) ‖ Never *did* I see such a sight! そんな光景は一度も見たことがなかった / Not only *does* he play the piano, (but) he also writes music. 彼はピアノを弾くばかりでなく作曲もする

━ 代動 /du:/ (**does** /dʌz/ ; **did** /dɪd/ ; **done** /dʌn/)
❶《同一の動詞およびそれを含む語群の代用》(♦ be (《英》では be および「所有」の意の have) 以外の動詞の繰り返しを避けるために使われる) ‖ This question concerns him more directly than it *does* (=concerns) me. この問題は私より彼の方にもっと直接のかかわりがある / Bob is painting the house. I'm told that he *does* it [OR this, that] every five years. ボブは家のペンキ塗りをしている. 5年ごとにそうしているそうだ / If you haven't read it yet, please ～ so immediately. まだそれを読んでいないのならすぐに読んでください / I bought today's newspaper, and Ron *did* the same. 私が今日の新聞を買うと同じくロンも買った / He has accomplished more in a week than I have *done* in a year. 私が1年かけてやったより多くのことを彼は1週間でやった

語法 ☆☆ do 1語での代用は状態動詞でも可能だが, do it [OR this, that], do so, do the same などで動詞句を代用する場合は動作動詞に限る.〈例〉She wants the ticket, and I *do* [ˣdo it, do so], too. 彼女はそのチケットを欲しがっているし, 私も欲しい

❷《疑問文への答えや相手の発言への相づち》‖ "Who broke the window?" "Jim *did* (=broke the window)."「だれが窓ガラスを割ったのですか」「ジムです」/ "Will he run for President?" "He may *do* so [《米》He may,《英》He may *do*]."「彼は大統領選に出馬するだろうか」「するかもね」(♦ 完了の have や may, can などの助動詞を伴う場合, 助動詞だけの省略表現ができれば《米》ではそれを用いるのがふつう. 後に do を伴うのは主に《英》で, その場合には強勢は do でなく助動詞の方に置かれる) / "I saw him just now." "You *did*?"「今彼に会ったばかりだ」「本当ですか」(♥ 相づちを打って関心・懸念・驚き・不信・皮肉などを表す)

❸《so, neither, nor で始まる応答の文で》‖ "All the children loved him." "So *did* I. (=I *did*, too.)"「子供たちは皆彼を愛していたわ」「私もよ」/ "He doesn't know anything about it." "Neither [OR Nor] *do* I. (=I *don't* know anything about it, either.)"「彼はそれについて何も知らない」「私も知りません」

━ 動 /du:/ (**does** /dʌz/ ; **did** /dɪd/ ; **done** /dʌn/ ; **do·ing**)
(♦《古》では二人称単数現在 doest /dúːɪst/ ; 三人称単数現在 doeth /dúːɪθ/ ; 二人称単数過去 didst /dɪdst/)

━ 他 ❶ …を**する**, 行う ‖ What are you ～*ing* tonight? 今晩はどんなご予定ですか / What can I ～ for you? (店員などが) いらっしゃいませ, 何を差し上げましょうか ; (医師などが) どうしましたか / Nothing can be *done* about that now. 今となってはそのことで打つ手は何もない / I have nothing to ～ this afternoon. 今日の午後は何もすることがない / All he *did* was complain. 彼がしたことといったら文句を言うことだけだった / I couldn't ～ much with ten dollars. 10ドルでは大したことはできなかった / ～ **wrong** [**right**] 間違った[正しい]ことをする

❷《動作を表す名詞・動名詞などとともに》〔行為など〕を**する** ‖ ～ a dance [dive] ダンス[飛び込み]をする / ～ a left turn 左折する / ～ (the) laundry 洗濯をする / ～ one's training [exercises] トレーニング[運動]をする / ～ the shopping [ironing up] 買い物[アイロンがけ]をする / I *did* a lot of running when I was younger. 若かったころ私はよく走った (♦ 動名詞を目的語とする場合は the, (代)名詞の所有格, some, a little, much, a lot of などを伴うのがふつう)

❸〔務めなど〕を**果たす**, 遂行する ; …を実行する ‖ ～ one's homework 宿題をする / ～ the housework 家事をする / ～ business 商売をする / ～ an experiment 実験

D

をする / ~ the publicity 宣伝をする / ~ a degree 学位をとる / He *did* a good **job**. 彼はよくやった
❹《通例 have done, be done で》《口》…を**終える**, 済ませる ‖ I've *done* it. 終わったぞ / Have you *done* reading? 本は読み終えましたか / It is as good as *done*. それは済んだも同然だ
❺ …を**整える**, きれいにする ‖ Please help me ~ the room. 部屋の掃除を手伝ってちょうだい / ~ one's hair [nails, teeth, face, shoes] 髪を整える[つめの手入れをする, 歯を磨く, 化粧をする, 靴を磨く] / ~ the dishes [garden, flowers] 皿洗いをする[庭の手入れをする, 花を生ける]
❻ (職業として) …を**する**, …に従事する ‖ What do you ~ (for a living)? あなたの職業は何ですか / She knew what she wanted to ~ since she was a child. 彼女は子供のころから何になりたいか決めていた
❼ **与える**, もたらす **a** 《+目 *A*+目 *B*⇄+目 *B*+**to** 目 *A*》(*A*)に*B*(利益・損害など)を**与える**, もたらす ‖ A little exercise will ~ you good. 少し運動すると体によいでしょう / The vandals *did* a lot of damage *to* the statue. 心ない者たちが彫像に大きな損害を与えた
b 《+目 *A*+目 *B*⇄+目 *B*+**for** 目 *A*》*A* (人) に*B* (恩恵など) をもたらす ‖ Will you ~ me a favor? お願いがあるのですが (♦ Will you do a favor for me? よりもこの形の方がふつう) / He *did* a good turn *for* me. 彼は私に親切にしてくれた / Would you ~ me the honor of dancing with me? 《堅》一緒に踊っていただけませんか (♦ この文では「+目+目」の文型のみ)
c 《+目》〔影響など〕を〈…に〉与える, 及ぼす〈**for, to**〉(♦ 目的語は a lot, much, little, nothing など) ‖ Studying abroad has *done* 「a lot [OR much] *for* her career. 留学は彼女の仕事にとても役立った / That dress *does* nothing *for* her. あのドレスは彼女に全然似合わない / Reading that book really *did* something *to* me. その本を読んで私は強い影響を受けた
❽〔期間・時間〕を過ごす；《口》〔刑期〕を〈…で〉勤める〈**for**〉‖ ~ a year at university 大学で1年学ぶ / ~ two years (in prison) *for* burglary 強盗の罪で2年間服役する
❾ **a** 《+目》〔作品など〕を作る ‖ ~ an essay エッセイを書く / ~ a sketch スケッチをする **b** 《+目 *A*+目 *B*⇄目 *B*+**for** 目 *A*》*A*のために*B*を作る, 創造活動をする ‖ I'll ~ you a translation. 私が翻訳してあげましょう / Please ~ ten photocopies of this report *for* me. このレポートのコピーを10部とってください
❿ …を料理 [調理] する ‖ ~ the salad サラダを作る / How would you like your steak *done*? ステーキの焼き加減はどうなさいますか / Is your cake *done*? もうケーキは焼き上がりましたか
⓫ …を提供する；…を売る ‖ They ~ a good range of wine. あそこはワインの品ぞろえがよい / They ~ vegetarian food at that restaurant. あのレストランでは菜食主義者用の食べ物を出す
⓬〔人〕に応対する ‖ I will ~ you next, sir. (理髪店などで)次に承りますので
⓭《通例受身形不可》〔人〕をもてなす ‖ They *did* me very well at that inn. あの旅館ではとてもよくもてなしてくれた
⓮〔劇・オペラなど〕を上演する ‖ ~ *Romeo and Juliet* ロミオとジュリエットを上演する
⓯ …(の役)を演じる；《口》…をまねる ‖ ~ Ophelia オフィーリアを演じる / ~ the host ホスト役を務める / ~ a Schwarzenegger シュワルツェネッガーのまねをする
⓰《受身形不可》…を勉強[研究]する；〔問題など〕を解く ‖ ~ sociology at college 大学で社会学を専攻する / ~ crossword puzzles クロスワードパズルを解く / ~ this sum この計算問題を解く
⓱〔ある距離〕を行く, 進む, 踏破する；〔旅程〕を終える；〔ある速度〕を出す ‖ This car *does* 20 miles to the gallon. この車は1ガロン(のガソリン)で20マイル走る / It is possible to ~ London to Cambridge in two hours. ロンドンからケンブリッジまで2時間で行ける / I was ~*ing* 60 (miles an hour) on the freeway. 高速道路を時速60マイルで走っていた
⓲〔売り上げなど〕を達成する
⓳《口》…を見物する, (さっと) 観光する ‖ ~ New York in three days ニューヨークを3日で見て回る
⓴《通例 will, should を伴って》《進行形・受身形不可》〈…するのに〉十分〔人〕の役に立つ, 用を足す〈**for**〉‖ Ten dollars should ~ you. 10ドルもあれば足りるだろう / Anything will ~ me *for* lunch. 昼食は何でもいい
㉑《俗》…を打ちのめす, 罰する；…を殺す；…を破壊する ‖ I'll ~ you good if you don't stop that this minute. 今すぐやめないとぶちのめすぞ / Once you hesitate, you're *done*. ためらったらおしまいだぜ
㉒《俗》…に強盗に入る ‖ ~ a bank 銀行に押し入る
㉓《口》…をだます, だまし取る(♦ しばしば受身形で用いる) ‖ I'm afraid you've been *done*. どうやらはめられたね
㉔《主に受身形で》《英俗》〈…で〉有罪になる, 逮捕される〈**for**〉‖ He was [OR got] *done for* murder. 彼は殺人罪で有罪になった
㉕《俗》〔麻薬〕を使う, 常用する ‖ ~ drugs 麻薬をやる
㉖ ⊗《俗・卑》…とセックスをする
—自 ❶ 《+副》(人・物が)**やっていく**；(物事が) 運ぶ(♦ 副は様態を表す) ‖ How are you ~*ing* these days? このごろ調子はどうだい / ~ poorly on an exam 試験の出来がよくない / He is ~*ing* very well at school. 彼は学校で成績がとてもよい / Both mother and baby are ~*ing* well. 母子共に健康です / This restaurant is ~*ing* badly these days. このレストランは最近客の入りが悪い
❷ 《+副》(…のように) **振る舞う**, 行う(♦ 副は様態を表す) ‖ *Do* as you 「are told [like]. 言われたとおりに [好きなように] しなさい / You *did* quite right to refuse his offer. 君が彼の申し出を断ったのは大変賢明だった / You would ~ well to read this. これを読むとよい
❸《通例 will を伴って》《通例進行形不可》〈…に〉**間に合う**, 役に立つ, 用が足りる, 適している〈**for, as**〉‖ Anything will ~. 何でも結構です / That [OR It] won't ~. それじゃ駄目だ / This box will ~ *as* [OR *for*] a table. この箱がテーブル代わりになる / It doesn't ~ to trust strangers. 見知らぬ人を信用するのはよくない
❹《進行形で》《口》行われている, 起こっている ‖ What's ~*ing* at Bill's house tonight? ビルの家で今夜何があるんだい / There's nothing ~*ing* here. ここでは何もやっていない
❺《have done, be done で》〈…を〉終える, 済ます〈**with**〉‖ Have [OR Are] you *done with* the stapler yet? ホッチキスはもう使い終わったの / Now I am *done with* it. さあ終わった / I haven't *done with* you yet. まだ話[用]は終わっていないよ

****dò awáy with …*** 〈他〉① …をやめる, **取り除く** (eliminate), 廃止する(abolish) ‖ I want these ridiculous rules to be *done away with*. こんなばかげた規則は廃止してもらいたい ②《婉曲的》《口》…を殺す ‖ ~ *away with* oneself 自殺する

dó by … 〈他〉《口》《主に well, badly などを伴って》〔人〕に(…な) 扱いをする (♦ しばしば受身形で用いる) ‖ He was well [hard] *done by*. 彼はよい [ひどい] 扱いをされた / *Do as you would be done by*. 《諺》自分がしてもらいたいように他人にもしなさい

dò dówn … / dò … dówn 〈他〉《英口》…をけなす, (陰で) …の悪口を言う；…を出し抜く

dó for … 〈他〉①《what, how で始まる疑問文で》…を何とか手に入れる ‖ What [OR How] will you ~ *for* water in the desert? 砂漠でどうやって水を手に入れるつも

りなんだい ②《口》…を殺す；…をくたくたにする，駄目にする，破壊する；…を窮地に追いやる(♦しばしば受身形で用いる) ‖ I thought I was *done for* when the airplane crash-landed. 飛行機が不時着したときにはもう駄目だと思った ③…を養う，…の世話をする；《英口》(仕事として)…のために家事をする ‖ I've *done for* Mrs. Brown for the last ten years. ここ10年来ブラウン夫人の(ところで)家政婦をしています ④…の代わりになる(→ 自 ❸) (serve as [OR for])

do in 〈他〉《口》 Ⅰ 《*dò ... ín*》 ①…を殺す ‖ ～ oneself *in* 自殺する ②…をくたくたに疲れさせる(♦しばしば受身形で用いる) Ⅱ 《*dò ín .../dò ... ín*》 ③〔体の一部など〕を痛める

dó it ①うまくいく，成功する ②《口》セックスする ③《口》排尿する，排便する

Dó òne! 《英口》どけ；立ち去れ

dò or díe 死ぬ覚悟でやる，のるかそるかで頑張る(⇨ DO-OR-DIE)

dò óut ... / dò ... óut 〈他〉《英口》①《通例受身形で》(部屋・建物などが)〈あるスタイルで〉装飾される〈**in**〉 ‖ a room *done out in* beige ベージュで統一された部屋 ②〔部屋・戸棚など〕を掃除する，片づける

dò a pèrson óut of ... 〈他〉〔人〕から…を(不当に)奪う

*****do over*** 〈他〉 Ⅰ 《*dò óver .../dò ... óver*》 ①《口》〔部屋・建物など〕を装飾する；改装する ②《英口》〔場所〕に盗みに入る，荒らす ③《英口》〔人〕を袋だたきにする Ⅱ 《*dò ... óver*》 ④《米口》…をやり直す(redo)

dò onesèlf wéll ぜいたく(な暮らし)をする

dó to [《古》 ***unto***] ***...*** 〈他〉＝*do by ...*(↑)

*****dò úp*** 〈他〉《*dò úp ... / dò ... úp*》 ①〔衣服など(のボタン)〕を留める；〔ひもなど〕を結ぶ(⇗ lace up) ②〔建物・車など〕に手を入れる，修理する(renovate) ③《～ oneself up, be done up で》《口》着飾る，おめかしする ④〔髪〕をアップにする ⑤…を〈…で〉包装する〈**in**〉(♦しばしば受身形で用いる) ━〈自〉《英》(衣服などが)(ボタンなどで)留まる，(ジッパーが)しまる

dò wéll for onesèlf 成功する，金持ちになる

dò wéll out of ... 〈他〉…でもうける，得をする

dó with ... 〈他〉 ①《通例 could を伴って》…が必要である；…があればありがたい ‖ I could ～ *with* a drink [break]. 一杯やりたい[ひと休みしたい]ものだ / My car could ～ *with* a wash. 私の車は洗う必要がある ②《can't, won't などを伴って》《英口》…を我慢できない ‖ I can't ～ [OR be ～*ing*] *with* his arrogance. 彼の横柄さには我慢できない ③…を処理する ‖ I can ～ *with* my money as I please. 自分の金をどう使おうと私の勝手だ ④ ⇨ 自 ❺

dó A with B 《疑問文で》(♦ *A* は常に what) ①…を(どう)処理する ‖ What have you *done with* my pen? 私のペンはどうしたの / What shall I ～ *with* those books? この本をどう(始末)しよう ②《～ with oneself で》《口》どうやって時間を過ごす ‖ What did you ～ *with* yourself all day? 一日中何をして過ごしたのですか

*****dò withóut*** 〈他〉《*dò withóut ...*》 ①《しばしば can, could などを伴って》**…なしで済ます** ‖ cannot ～ *without* sweets 甘いものなしではいられない ②《口》《can, could を伴って》…はない方がよい，いらない(♥しばしば皮肉で) ‖ I can ～ *without* your advice, thank you. あなたの忠告は頂かなくて結構です ━〈自〉なしで済ます ‖ If he cannot earn money for a car, he'll have to ～ *without*. 車を買う金を稼げないのなら彼は車なしで済ませるしかない

Dòn't ... me. 《口》私に…という言葉なんか使わないでくれ ‖ *Don't* "hey" me. 「よう」なんてなれなれしく言うな

「*hàve*** (***gòt***) [OR ***be***] ***À to dó with B*** **BとAの関係がある**(♦ *A* は something, nothing, anything, everything, (a) little, a lot, very much など) ‖ My job *has something to* ～ *with* childcare. 私の仕事は保育と関係がある / What I do with my money *has nothing to* ～ *with* you. 私が自分のお金をどう使おうとあなたには関係がない / Don't *have anything to* ～ *with* her. 彼女には一切かかわるな

*****hàve*** [OR ***be***] ***to dó with ...*** …と関係[関連]がある ‖ The book *has to* ～ *with* electronics. その本は電子工学を扱っている

Whàt is À dóing ...? なぜAは…にある[いる]のですか ‖ *What's* my sweater ～*ing* in your closet? どうして私のセーターがあなたの押し入れにあるの

COMMUNICATIVE EXPRESSIONS

1 **((Are) you) dòing okáy?** どう，元気？；大丈夫
2 **Àren't you gòing to dó ànything?** どうにかしたら[してよ](♥ためらっている相手を促す)
3 **Càn't be dóne.** できないね(♥くだけた断りの表現)
4 **Dó sòmething!** 何とかしてよ；助けて
5 **(I) càn't sày (that) I dó.** そうとは言えない (♥何かを好きか[知っているか]と聞かれて漠然と否定する返事)
6 **I'll dò what I cán.** ⇨ CAN[1] (CE 5)
7 "I know éverything about him." "**Nò, you dón't.**"「彼のことなら何でも知ってるよ」「それはないだろう」(♥相手の言い分を否定するくだけた表現)
8 **Nów you've dòne it.** 遂にやってしまったな (♥やっかい者がとどめを刺すような問題を起こしたときに)
9 **Plèase dó.** どうぞ(そうしてください)(♥許可を求めてきた相手に承諾を与える丁寧な表現)
10 **Plèase dón't bè.** いいんですよ；気にしないで(♥相手が謝罪などをしてきた際に用いる返事)
11 **Thát dòes it!** ①もう限界だ，もうたくさんだ (♥堪忍袋の緒が切れたときに) ②これで出来上がりだ；やった (♥何かを完成させたときに)
12 **Thàt will dó.** (♥通例目下の人に向かって用いる) ①それでよろしい[結構] (→ 自 ❸) ②もうやめろ[結構] (♥度がすぎるのを制止する)
13 **Thát's dòne ít!** しまった；もうおしまいだ
14 **Thát's how we dó it hère.** ここではこうするんだ (♥「ほかのやり方では駄目だ」という意味を含む場合もある)
15 **Wéll dòne.** やあよくやったね；おめでとう (♥同等[目下]の人に対して用いるくだけたねぎらい表現. ⇗Congratulations!)
16 **Whàt do you wànt** [OR **expèct**] **me to dó about it?** 一体私にどうしろと言うんだ；どうしようもないだろう
17 **Whàt if I dó [dón't]?** ⇨ WHAT (CE 15)
18 **Yóu can dò it!** 君ならできるさ；頑張れ(♥くだけた励ましの表現. ＝Keep it up.)

━ 名 /duː/ (複 **dos, do's** /-z/) Ⓒ ❶《口》パーティー，祝宴 ‖ have a big ～ 大きなパーティーを開く ❷《主に米口》髪のセット，髪型(♦ hairdo の短縮形. 'do ともつづる) ❸《古》《英口》詐欺，いかさま

*****dòs*** [OR ***dò's***] ***and dón'ts*** 《口》するべきこととしてはならないこと，規則(集)

Fàir dós [OR ***dó's***]. 《英口》公平にやろうじゃないか

do², doh /doʊ/ 名 (複 **～s** /-z/) Ⓤ Ⓒ 『楽』ド《全音階の第1音》

do. 略 《英》《旧》ditto

DOA 略 *d*ead *o*n *a*rrival(到着時までに死亡)

do·a·ble /dúːəbl/ 形 《口》することができる，実行可能な

DOB, d.o.b. 略 *d*ate *o*f *b*irth

dob·bin /dɑ́(ː)bɪn | dɔ́b-/ 名 Ⓒ 農耕馬，駄馬

Do·ber·man /dóʊbərmən/ 名 (＝**～ pín·scher** /-pínʃər/) Ⓒ ドーベルマン《ドイツ原産の大型犬》

Dób·son ùnit /dɑ́(ː)bsən- | dɔ́bsən-/ 名 Ⓒ 『環境』ドブソン単位《オゾン層の計測単位. 略 DU》

doc /dɑ(ː)k | dɔk/ 名 Ⓒ 《口》 ❶《呼びかけ》医者，先生 (doctor) ❷ 💻 ＝document(s)

do·cent /dóʊsənt/ 名 Ⓒ ❶(大学の) 非常勤講師 ❷ (美術館などの)案内人，説明員

doc·ile /dɑ́(ː)səl | dóʊsaɪl/ 形 ❶ 御しやすい, 素直な, 従順な ❷《まれ》教え導きやすい **~·ly** 副 **do·cíl·i·ty** 名

dock¹ /dɑ(ː)k | dɔk/ 名 Ⓒ ❶ (艦船の)ドック, 船渠(せんきょ) ‖ a dry [OR graving] ~ (建造・修理用の)乾ドック / a floating ~ 浮きドック / a wet ~ 係船ドック《任意の高さまで水が張れる》❷《通例 ~s》港湾施設, 造船所, ドック地帯 ❸《米》波止場, 埠頭(ふとう)(wharf) ❹《米》(トラック・貨物車用の)積み降ろしプラットホーム
in dóck ドックに入って(いる);《英口》入院中の
—動 他 ❶〔船〕をドックに入れる ❷〔宇宙船〕を〈…と〉ドッキングさせる〈**with**〉‖ The shuttle is *~ed with* the space station. シャトルは宇宙ステーションにドッキングされている ❸💻〔コンピューター〕をドッキングステーションに接続する —自 ❶ (船が)ドックに入る ❷ (宇宙船が)〈…と〉ドッキングする〈**with**〉 **~·a·ble** 形 💻ドッキング可能な ‖ ~ laptops ドッキング可能なラップトップ

dock² /dɑ(ː)k | dɔk/ 名《通例 the ~》(刑事法廷の) 被告席
in the dóck 審理中で[の](on trial)

dock³ /dɑ(ː)k | dɔk/ 名 Ⓒ〘植〙ギシギシ, スカンポ

dock⁴ /dɑ(ː)k | dɔk/ 名 Ⓒ ❶ (動物の) 尾の心(しん) ❷ 短く切った尾, 切り尾 —動 他 ❶〔尾・毛など〕を短く切る;〔動物〕の尾を切る ❷…(の一部)を削る, 削減する;〔人〕から〔給料の一部など〕を差し引く ‖ He was *~ed* $10 for repeated tardiness. 遅刻が度重なったので彼は罰として給料から10ドル差し引かれた

dock·age /dɑ́(ː)kɪdʒ | dɔ́k-/ 名 Ⓤ ❶ ドック使用料 ❷ ドック設備 ❸ ドック入り, 入渠(にゅうきょ)

dock·er /dɑ́(ː)kər | dɔ́k-/ 名 Ⓒ 港湾労働者

dock·et /dɑ́(ː)kət | dɔ́kɪt/ 名 Ⓒ ❶《米》〘法〙訴訟事件一覧表;《英》事件覚書 ❷《米》(会議などの)処理予定表 ❸《英》(手紙・書類などの)摘要;(荷物などの)内容明細表, 付箋(ふせん);勘定書き, 伝票;税関通過証明書
—動 他 ❶《米》〘法〙(訴訟事件一覧表に)…を記載する ❷〔訴訟事件〕を要約する ❸〔書類など〕の摘要を書く ❹〔荷物など〕に明細表(など)をはる

dock·ing /dɑ́(ː)kɪŋ | dɔ́k-/ 名 Ⓤ Ⓒ ❶ (宇宙船の) ドッキング, 結合 ❷ ドック入り —形 ドック入りの
▸▸**~ stàtion** 名 Ⓒ 💻ドッキングステーション《ディスクドライブやポートを収納した接続装置》

dóck·lànd 名 Ⓤ/Ⓒ《~s》《英》港湾地域;《D-s》ドックランズ《東ロンドンのテムズ川沿いの1980年代に再開発された旧ドック地域》

dóck·sìde 名《the ~》波止場(周辺), ドックサイド

dóck·wòrker 名 Ⓒ《米》港湾労働者

dóck·yàrd 名 Ⓒ 造船所(shipyard)

doc·tor /dɑ́(ː)ktər | dɔ́k-/ 名 動
—名 (複 **~s** /-z/) Ⓒ ❶ **医者**, 医師《内科医(physician) および外科医(surgeon),《米》ではその他歯科医(dentist), 獣医(veterinarian)なども指す. 称号での略 Dr.》(♥ 呼びかけにも用いる);《the ~'s》医院, 診療所 ‖ We have a sick passenger. Is there a ~ on board? 乗客にご病人がいらっしゃいます. 機内にお医者様はいらっしゃいますか / *Doctors* only help you cure yourself. 医者は患者が自らを治すのを手助けするだけだ / **see** [OR consult, go to] a ~ 医者に診てもらう / send for one's **family** ~ かかりつけの医者を呼ぶ / make an appointment at the *~'s* 診療所の予約をする
❷ **博士(号)**《称号での略 Dr.》‖ take one's *~'s* degree 博士号をとる(♦ earn [OR get, obtain, receive] a doctorate の方が一般的) / a *Doctor* of Literature 文学博士《略 DLit(t)》/ a *Doctor* of Law [Medicine] 法学[医学]博士 / a *Doctor* of Philosophy (法学・医学・神学以外の)博士《略 PhD, Ph.D., DPhil》
❸〘キリスト教〙(特に初期ローマカトリック教会の)指導的神学者, 教父
❹《修飾語を伴って》《口》手入れ[修理]する人;〘機〙補正器 ‖ a tree ~ 樹医 ❺《古》学者, 先生 ❻《豪・ニュージ口》(船・キャンプなどでの)コック, 料理人 ❼ (魚釣り用の)蚊針
gò for the dóctor《豪・ニュージ口》全力を挙げて努力する
jùst whàt the dòctor órdered《口》(まさに)望ましい[適切である, 必要である]もの
—動 (**~s** /-z/; **~ed** /-d/; **~·ing**)
—他 ❶〔文書など〕を改ざんする ‖ He tried to ~ the report. 彼はその報告書を改ざんしようとした ❷〔飲食物〕に(薬・酒類・毒などの)混ぜ物をする ❸《口》〔患者・病気〕を治療する, 手当てする ❹ (間に合わせに)…を修繕する ‖ ~ an antique camera 骨董(こっとう)品のカメラを応急修理する ❺《英》〔犬・猫など〕を去勢する(sterilize) ❻〘野球・クリケット〙〔ボール〕の表面に(不正に)加工する
—自《口》医業を営む, 病院を開業する
~·ing 名 Ⓤ《口》治療;改ざん

doc·tor·al /dɑ́(ː)ktərəl | dɔ́k-/ 形《限定》博士(号)の;大学者の, 権威ある ‖ a ~ student 博士課程の学生

doc·tor·ate /dɑ́(ː)ktərət | dɔ́k-/ 名 Ⓒ 博士号

doc·tri·naire /dɑ̀(ː)ktrənéər | dɔ̀ktrɪ-/ ⊲シ 形 理論一点張りの, 空論的な —名 Ⓒ 純理論家, 空論家
-náir·ism 名 Ⓤ 空理空論, 教条主義

doc·tri·nal /dɑ́(ː)ktrɪnəl | dɔktráɪ-/ 形 教義[教理]の, 教義[教理]に関連した **~·ly** 副

doc·trine /dɑ́(ː)ktrɪn | dɔ́k-/ 名 ❶ Ⓒ Ⓤ (宗教・学問上の)教義, 教理, 信条, 学説 ‖ the ~ of reincarnation 霊魂再生の説 / the Buddhist ~ 仏教の教義 ❷ Ⓒ《通例 D-》《米》(特に政府の外交)基本政策, 主義 ‖ the Monroe *Doctrine* モンロー主義

doc·u·dra·ma /dɑ́(ː)kjudrɑ̀ːmə | dɔ́k-/ 名 Ⓒ (テレビの)ドキュメンタリードラマ, 実録ドラマ

doc·u·ment /dɑ́(ː)kjumənt | dɔ́k-/
—名 (複 **~s** /-s/) Ⓒ ❶ 書類, (公)**文書**, 証書 ‖ Have your travel *~s* ready well in advance. 早めに旅行に必要な書類を準備しておきなさい / an official ~ 公文書 / **produce** [**sign**] a ~ 文書を作成[に署名]する
❷ 記録《文書・写真・録音[録画]テープなど》, 資料 ‖ historic *~s* 歴史上重要な記録 ❸💻ドキュメント, 文書
—動 (**~s** /-s/; **~·ed** /-ɪd/; **~·ing**) 他 ❶ (文書・録画などで)…を**記録する** ‖ be well *~ed* しっかりと記録されている ❷〔本など〕に証拠資料[典拠]を挙げる ‖ You must ~ your thesis with footnotes. 論文には脚注を入れて典拠を示さなければならない ❸ (証拠書類で)…を立証する
~·a·ble 形 立証可能な

doc·u·men·tal /dɑ̀(ː)kjuméntəl | dɔ̀k-/ 形 =documentary

doc·u·men·ta·ry /dɑ̀(ː)kjuméntəri | dɔ̀k-/ 形《限定》❶ 書類の, 資料からなる, 文書の ‖ ~ evidence [OR proof] 証拠書類 ❷〘映・放送〙事実に基づく, 実録の ‖ a ~ film 記録映画 —名 (複 **-ries** /-z/) Ⓒ〈…の〉ドキュメンタリー番組, 記録映画, 実録〈**on, about**〉

doc·u·men·ta·tion /dɑ̀(ː)kjumentéɪʃən | dɔ̀k-/ 名 Ⓤ ❶ 証拠書類[資料]提出, 文書[資料]による裏付け, 証拠固め ❷ 証拠書類;(収集した)参考資料, 文献 ❸💻(作成したプログラムの動作などの)ドキュメンテーション, 文書化;文書化された情報, マニュアル

doc·u·soap /dɑ́(ː)kjusòʊp | dɔ́k-/ 名 Ⓒ〘放送〙実在の人々の生活をもとにした娯楽番組(♦ *docu*ment+*soap* opera より)

DOD 略 *D*epartment *o*f *D*efense((米国の)国防総省)

dod·der¹ /dɑ́(ː)dər | dɔ́də/ 動 自 (老齢・病気などで)よろめく, 揺れる;よたよた[よろよろ]歩く **~·er** 名 Ⓒ よろめく人, 虚弱者 **~·ing, ~·y** 形 よぼよぼの

dod·der² /dɑ́(ː)dər | dɔ́də/ 名 Ⓒ〘植〙ネナシカズラ

dod·dle /dɑ́(ː)dl | dɔ́dl/ 名 Ⓒ《通例単数形で》《英口》楽にできること, 楽勝

dodeca- 連結形「12(twelve)」の意

do·dec·a·gon /dòʊdékəgən/ 名 Ⓒ〘数〙12角形, 12辺

形 **-de·cág·o·nal** 形
do·dec·a·he·dron /doudèkəhíːdrən/ 名 (複 **~s** /-z/ OR **-he·dra** /-drə/) C 〘数〙12面体
dodge /dɑ(ː)dʒ | dɔdʒ/ 動 他 ❶〔打撃など〕をひらりとかわす；〔人〕をよける ‖ I chased him, *dodging* (the) pedestrians. 私は歩行者をよけながら彼を追いかけた ❷ **a** 《+目》〔追及・責任など〕を巧みにかわす，はぐらかす ‖ She ~*d* the questions fired by the reporters. 彼女は記者たちが浴びせかけた質問を巧みにかわした **b** 《+*doing*》…するのをごまかす，ごまかして…しない ‖ ~ serving in the military 兵役を回避する ❸〘写〙…を覆い焼きする《暗い部分を明るくする効果がある》
―自 《+副句》身をかわす，よける(♦ 副句 は方向を表す) ‖ ~ behind a tree さっと木陰に隠れる
―名 C ❶ 変わり身 ‖ make a ~ 素早く身をかわす ❷ 責任逃れ，言い抜け，ごまかし ‖ a tax ~ 税金逃れ
▸▸ **~ bàll** 名 U 《米》ドッジボール (♦ dodgeball とも書く)
Dòdge Cíty 名 ドッジシティー《米国カンザス州南西部の都市. かつて Santa Fe Trail 終点の辺境の町として有名》
dodg·em /dɑ́(ː)dʒəm | dɔ́dʒ-/ 名 C 《the ~s》ドッジェム《小型電気自動車をぶつけ合う遊園地の乗り物》；C (ドッジェム用の)電気自動車(《米》bumper car)
dodg·er /dɑ́(ː)dʒər | dɔ́dʒə/ 名 C ❶《口》(義務を)うまく逃れる人，ぺてん師 ❷〘海〙(船橋の)波よけキャンバス[仕切り] ❸《米・豪》ちらし ❹ U《米南部》トウモロコシパンの一種(corn dodger)
dodg·y /dɑ́(ː)dʒi | dɔ́dʒi/ 形 (**-i·er**；**-i·est**) 《英口》❶ ずるい，うまく言い逃れる ❷ (状況などが)難しい，危なっかしい ❸ 危険な，正常に作動しない
do·do /dóudou/ 名 (複 **~s**, **~es** /-z/) C ❶〘鳥〙ドードー《インド洋のマスカリーン諸島に生息した飛べない大型の鳥. 17世紀末に絶滅》‖ go the way of the ~ ドードーと同様に絶滅の道をたどる ❷《口》時代遅れの人[もの]；愚か者，うすのろ，役立たず
(*as*) ***dèad as a*** [OR ***the***] ***dódo*** 《口》死んで，もはや存在しない；廃れた，もはや効果[影響力]のない
doe /dou/ (♦ 同音語 dough) 名 (複 **~** OR **~s** /-z/) C 雌ジカ；(ウサギ・ヤギ・カンガルーなどの)雌(↔ buck¹)
DOE 略 *D*epartment *o*f *E*nergy ((米国の) エネルギー省)；*D*epartment *o*f the *E*nvironment ((英国の) 環境省)
do·er /dúːər/ 名 C する人，行為者；(考える人・言う人に対して)行う人，実行派 ‖ a wrong-~ 悪事を働く人

does /弱 dəz；強 dʌz/
助 動 do¹の三人称・単数・直説法・現在(⇨ DO¹)
dóe·skìn 名 U ❶ 雌ジカの(なめし)革；(羊・ヤギなどの)なめし革 ❷ ドスキン《ラシャ織りのウール地》
does·n't /dʌ́znt/ does not の短縮形(⇨ DO¹)
do·est /dúːɪst/ 動 《古》do¹(本動詞)の二人称・単数・直説法・現在形
do·eth /dúːɪθ/ 動 《古》do¹(本動詞)の三人称・単数・直説法・現在形
doff /dɔ(ː)f/ 動 他 《旧》〔服など〕を脱ぐ；(あいさつなどで)〔帽子〕をとる(↘ take off)(↔ don²)

dog /dɔ(ː)g/ 名 動
―名 (複 **~s** /-z/) C ❶ 犬(♦ 鳴き声は bowwow) (♥ しばしば人間の忠実な伴侶として扱われる. 犬を代名詞で受けるときは it がふつうだが，飼い主などが親しみを込めて he または she を使うこともある. 子犬は puppy, whelp) ‖ Taking our ~ for a walk is my son's job. 我が家の犬を散歩に連れていくのは息子の仕事だ / walk a ~ 犬に散歩させる / keep [OR have] a ~ 犬を飼う / keep a ~ on a leash 犬をひもにつないでおく / His boss treated him like a ~. 上司は彼にひどい仕打ちをした / *Let sleeping ~s lie.* 《諺》眠っている犬はそっとしておけ；触らぬ神にたたりなし / *Every ~ has his* [OR *its*] *day.* 《諺》どんな犬もよい思いをする日がある；だれにでもいい時代はあるものだ / Her ~ always **barks** at me. 彼女の犬はいつも僕にほえる / a stray ~ 迷い犬 / a guide ~ 盲導犬 / a police ~ 警察犬
❷ イヌ科の動物《オオカミ・キツネなど》；犬に似た動物
❸ 雄犬 (↔ bitch)；イヌ科の [犬に似た] 動物の雄 ‖ a ~ fox 雄ギツネ
❹《口》見下げ果てたやつ，いやなやつ；⊗《蔑》醜い女
❺《修飾語を伴って》《旧》男，やつ ‖ a lucky ~ 運のいいやつ ❻《米口》ホットドッグ(hot dog)；ソーセージ(frankfurter) ❼《the ~s》《英口》(グレーハウンドの)ドッグレース ❽《~s》《米口》足 ❾《主に米口》くだらない[価値のない]もの；失敗(作)，へま，退屈なもの ❿〘機〙つかみ器具；回し金 ⓫《~s》《米》(炉の)まきのせ台(firedogs) ⓬《the D-》〘天〙大犬座(the Great Dog, Canis Major)；小犬座(the Little Dog, Canis Minor) ⓭〘気象〙仮日，幻日(sundog)；霧虹(きりにじ)(fogbow)
(***a case of***) ***dòg èat dóg*** 弱肉強食の激烈な競争 (⇨ DOG-EAT-DOG)
a dòg and póny shòw ⇨ DOG-AND-PONY SHOW
a dòg in the mánger 意地悪者 (♦ イソップ物語のかいばおけに入って馬に干し草を食べさせなかった犬の話から)
(***as***) ***sìck as a dóg*** 《口》病気が重い，具合がとても悪い
càll òff the dógs 批判[攻撃など]をやめる
dìe like a dóg 惨めな[恥ずかしい]死に方をする
drèssed [OR ***dòne***] ***úp like a dòg's dínner*** 《英口》滑稽(こっけい)に見えるほど派手に着飾った
gò to the dógs 《しばしば進行形で》《口》破滅する，没落する，駄目になる
lìke a dòg with twò táils 大喜びで，有頂天で
nòt hàve a dóg's chànce (***of …***) (…の) 見込みは全くない
pùt òn the dóg 《米口》《旧》上品ぶる，見えを張る
thròw a pèrson to the dógs (我が身かわいさに)〔人〕を切り捨てる，犠牲にする
―動 (**dogs** /-z/；**dogged** /-d/；**dog·ging**) 他 ❶ (問題・災難などが)…を悩ませ[苦しめ]続ける
❷ …をつけ回す，尾行する ❸ …を器具でつかむ
dóg it 《主に米口》手を抜く，だらだらやる
▸▸ **~ bìscuit** 名 C 犬用ビスケット **~ clùtch** 名 C 〘機〙かみ合いクラッチ **~ còllar** 名 C ① 犬の首輪 ②《英口》(牧師の)立ちカラー(clerical collar) ③ (首にぴったりとつく帯状の)首飾り **~ dàys** 名 複 《しばしば the ~》①《主に文》(夏の)土用；暑中《北半球で7月初めから9月初めの時期. the Dog Star (シリウス) が太陽とともに出没することから》② 不活発な時期 **~ hàndler** 名 C ドッグハンドラー《特に訓練された犬の世話をする警官・警備員》 **~ Làtin** 名 U 混淆(こんこう)ラテン語(⇨ LATIN) **~ ràcing** 名 C (通常グレーハウンドの) ドッグレース **~ pàddle** (↓) **~ ròse** 名 C 〘植〙イヌイバラ《野バラの一種》**~'s àge** 名 U C 《米口》長い間 **~'s bréakfast** [OR **dínner**] 名 C 《英口》めちゃめちゃ (な状態)，お粗末な出来(mess) **~ skìn** 名 U 犬の革 (のイミテーション) 《手袋用》**~'s lìfe** 名 U C 惨めな生活 ‖ lead [OR live] a ~*'s life* 惨めな暮らしをする **Dóg Stàr** 名 《the ~》〘天〙① シリウス《大犬座(Canis Major)の主星》②《まれ》プロキオン《小犬座 (Canis Minor) の主星》**~ tàg** 名 C 犬の鑑札；《主に米軍口》(兵士の)認識票 **~ wàrden** 名 C 《英》=dogcatcher **~ whìstle** 名 C 犬笛《犬の訓練で使う笛》
dòg-and-póny shòw 名 C 《米口》(商品などをよく見せるための)念の入った宣伝[売り込み]
dóg·bàne 名 C 〘植〙バシクルモン《キョウチクトウ科の多年草》
dog·ber·ry /dɔ́(ː)gbèri/ 名 (複 **-ries** /-z/) C 《口》ハナミズキ・ナナカマドなどの実；その木
dóg·càrt 名 C ❶ (犬が引く) 小型二輪車 ❷ (2座席が

D

背中合わせになっている）二輪馬車《昔，席の下に猟犬を入れる箱があった》
dóg·càtcher 名 C 《米》野犬捕獲人（《英》dog warden）
doge /doʊdʒ/ 名 C ドージェ《昔のベニス・ジェノバ共和国の首長》
dóg-èared 形（本のページの）隅が折れた；ぼろの，すり切れた

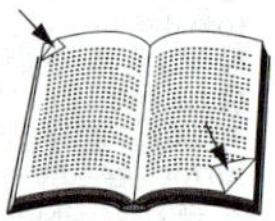
dog-eared

dòg-èat-dóg 形《限定》食うか食われるかの ‖ a ～ society 弱肉強食の社会
dóg-ènd 名 C《英口》たばこの吸い殻；残りくず
dóg·fìght 名 C ❶ 犬のけんか；激しい争い，乱闘 ❷【軍】（戦闘機の）接近戦 **～·er** 名 **～·ing** 名
dóg·fìsh 名 C（～ OR **～·es** /-ɪz/）【魚】❶（＝～ **shárk**）小型サメ《ツノザメなど》❷ アミア《北米産の原始的な淡水魚. bowfin ともいう》
dog·ged /dɔ́(:)gɪd/ 形《通例限定》頑固な，不屈の ‖ ～ determination 断固たる決意
～·ly 副 粘り強く **～·ness** 名 U 頑固，不屈
Dòg·ger Bánk /dɔ̀(:)gər-/ 名《the ～》ドッガーバンク《イングランド北部沖の北海の浅瀬. 大漁場の1つ》
dog·ger·el /dɔ́(:)gərəl/ 名 U（韻律が不ぞろいで低俗な）へぼ詩，滑稽(こっけい)詩
dog·gie /dɔ́(:)gi/ 名 ＝doggy
dog·gish /dɔ́(:)gɪʃ/ 形 ❶ 犬の（ような）❷《古》意地悪な；無愛想な ❸《米》派手な；きざな
dog·go /dɔ́(:)goʊ/ 副《英口》じっと隠れて ‖ lie ～ じっと隠れている
dog·gone /dɑ̀(:)gɑ́(:)n | dɔ́gɔn/ ⟨シ⟩《米・カナダ口》間 ちぇっ，畜生（♥ 怒り・驚きなどを示す）**──** 動 他 …を呪(のろ)う（♥ damn の婉曲語）‖ *Doggone* it! ＝I'll be ～*d*! 畜生 **──** 形《限定》いまいましい；呪われた（♥ damned の婉曲語）**──** 副 とても，すごく ‖ ～ well とてもよく
dog·gy /dɔ́(:)gi/ 名（複 **-gies** /-z/）C《口》わんちゃん，わんわん（♥ 小児語）**──** 形《限定》犬の（ような）；《口》犬好きの
▶▶ **～ bàg** 名 C《口》（レストランで残した料理の）持ち帰り袋 **～ pàddle** 名《英》＝dog paddle **～ stỳle** 名 U 後背位
***dóg·hòuse** 名 C（複 **-hous·es** /-hàʊzɪz/）《米・カナダ》犬小屋（kennel）
in the dóghouse《口》面目を失って，嫌われて
do·gie, -gy /dóʊgi/ 名 C《米・カナダ》（群の中の）母なしの子牛，はぐれ子牛
dóg·lèg 名 C ❶ くの字形のもの《道路など》❷【ゴルフ】ドッグレッグ《フェアウェイが急に屈曲したホール》**──** 形 くの字の **──** 動（**-legged** /-d/；**-leg·ging**）自 くの字形をなす，ジグザグに曲がる **～·ged** 形
dóg·lìke 形 犬のような；忠実な
***dog·ma** /dɔ́(:)gmə/ 名（複 **-mas** /-z/，《まれ》**-ma·ta** /-ṭə/）C ❶（教会が真理として説く）教義，教理，信条；定説，定論；U《集合的に》教義（全体），教理（全体）❷ 独断的な見解［信条］，独断（論），ドグマ
***dog·mat·ic** /dɔ(:)gmǽṭɪk/ 形 ❶《けなして》（人・態度が）〈…について〉独断的な，独善的な〈**about**〉；（主張などが）裏付けのない，独断的な ❷ 教義（上）の，教理［信条］に関する
-i·cal·ly 副 独断的に
dog·mat·ics /dɔ(:)gmǽṭɪks/ 名 U 教義学，教理学《神学の一分野》
dog·ma·tism /dɔ́(:)gmətìzm/ 名 U《けなして》独断的態度；教条主義 **-tist** 名 C 独断的な人；独断論者
dog·ma·tize /dɔ́(:)gmətàɪz/ 動 自 独断的に言う［主張する］**──** 他 …を教義として主張する，独断的に言う
dó-gòod 形 社会改良を空想する **──** 名 ＝do-gooder
～·ìsm 名 U 空想的社会改良主義
do-good·er /dú:gùdər | ⌐⌐⌐/ 名 C《口》《けなして》夢想的社会改良家
dóg pàddle 名《the ～》《主に米》犬かき（泳法）
dóg-pàddle 動 自 犬かきで泳ぐ
dógs·bòdy 名（複 **-bod·ies** /-z/）C《英口》雑用係
dóg·slèd 名 C 犬ぞり **──** 動 自 犬ぞりで旅行する
dòg-tíred ⟨シ⟩ 形《通例叙述》《口》へとへとに疲れた
dóg·tòoth 名（複 **-teeth** /-tì:θ/）C ❶《口》犬歯，糸切歯（canine tooth）❷【建】犬歯飾り；U（服地の）千鳥格子
▶▶ **～ víolet** 名 C【植】カタクリの類
dóg·tròt 名 C《単数形で》小走り
── 動（**-trot·ted** /-ɪd/；**-trot·ting**）自 小走りで行く
dóg·wàtch 名 C【海】折半当直《16–18時，18–20時の2時間交代の当直》；（一般に）夜の遅い当番
dóg·wòod 名 C【植】ハナミズキ，アメリカヤマボウシ
doh /doʊ/ 名 ＝do²
d'oh /dʌ | dɑ:/ 間 げっ，あちゃー（♥ 特に自分が失敗したときに用いる）

> **Behind the Scenes** **D'oh! けっ（アホらしい）；げっ（バカじゃね）；あちゃ（しくじった）** 米国のダークコメディーアニメ *The Simpsons* で使われて広まった間投詞（♥ 自分あるいは他人の愚かな行動などに対するいらだちや侮蔑を表す俗な表現. 吐き捨てるように低い声で発音する）

DoH 略 *D*epartment *o*f *H*ealth（《英国の》保健省）
Do·ha /dóʊhɑ:/ 名 ドーハ《カタールの首都・港湾》
▶▶ **～ Róund** 名《the ～》【経】ドーハラウンド《WTO主催の多角的貿易交渉. 2001年開始》
DOHC 略 *d*ouble *o*ver*h*ead *c*amshaft（《自動車エンジンの》ツインカム）
doi·ly, doy- /dɔ́ɪli/ 名（複 **-lies** /-z/）C ドイリー《皿の下などに敷くレース［紙］の小マット，または小ナプキン》
***do·ing** /dú:ɪŋ/ 動 do¹ の現在分詞・動名詞
── 名 ❶ U すること，したこと，行為 ‖ Whose ～ is this? これはだれがやったんだ ❷ C《～s》（全般的）行為，行動，出来事；行事，催し物 ❸ C《単数形で》《英口》折檻(せっかん)，叱責(しっせき) ‖ give him a ～ 彼を折檻する ❹ C《～s》《単数・複数扱い》《主に英口》（例の）もの，それ《名前を忘れたり，うまく言い表せないときに使う》❺ U《俗》糞(ふん)
tàke sòme [OR *a lòt of*] *dóing*《口》ちょっと［大いに］骨が折れる
dò-it-yoursélf ⟨シ⟩ 名 U 日曜大工（略 DIY）
── 形《限定》日曜大工用の **～·er** 名
dol. 略 dollar(s)
Dol·by /dóʊlbi | dɔ́l-/ 名 U《商標》ドルビー方式《テープ再生時のノイズを低減する回路》
dol·ce /dóʊltʃeɪ | dɔ́ltʃi/ 形 副《イタリア》（＝sweet）【楽】甘い［く］，優しい［く］ ▶▶ **～ ví·ta** /dòʊltʃeɪ ví:ṭə | dɔ̀l-/ 名《イタリア》（＝sweet life）《通例 la ～》甘い生活
dol·drums /dóʊldrəmz | dɔ́l-/ 名 複《the ～》❶ 意気消沈，ふさぎ込み；不況，沈滞状態 ‖ in the ～ 気がふさいで；停滞して ❷（赤道付近海域の）無風帯；無風状態
***dole¹** /doʊl/ 名 ❶《通例 the ～》《英口》失業手当（unemployment benefit）‖ on the ～ 失業中 ❷ C《旧》施し物；U 施し；分配 ❸ U《古》《文》運命
── 動 他（＋目＋**out**）〔食料・衣料・金など〕を〈…に〉施す，配る〈**to**〉‖ Meals were ～*d out to* the homeless. ホームレスの人たちに食事が配られた
▶▶ **～ quèue** 名《the ～》《英》（《米》unemployment line）① 失業手当受給者の列 ② 失業状態（の人たち）
dole² /doʊl/《古》《文》名 U 悲しみ，悲嘆；哀悼 ‖ make one's ～ 嘆き悲しむ **──** 動 自 嘆き悲しむ
dole·ful /dóʊlfəl/ 形 悲しげな；憂いに沈んだ；悲しみを呼ぶ **～·ly** 副
:doll /dɑ(:)l, dɔ:l | dɔl/
── 名（複 **～s** /-z/）C ❶ **人形** ‖ play with ～*s* 人形で遊ぶ / a rag ～ ぬいぐるみの人形
❷《主に米口》（魅力的な）若い娘(こ)，かわい子ちゃん（♥ ときに不快感を与える言葉）
❸《米口》素敵な人，親切な人；気前のいい人

―動 他 《口》…を(衣装や装身具で)飾り立てる《*up*》‖ How come you got ~*ed up* tonight? そんなにめかし込んで今夜はどうしたの / ~ oneself *up* 着飾る
語源 女子の名 Dorothy の愛称 Doll から.
▸▸ **~'s [~s'] hòuse** (↓)

dol·lar /dá(ː)lər | dɔ́lə/
―名 (複 **~s** /-z/) Ⓒ ❶ ドル《米国・カナダ・オーストラリア・ニュージーランドなどの貨幣単位. =100 cents. 記号 $》‖ ten ~*s* (=$10) 10ドル / five ~*s* and fifty cents (=$5.50) 5ドル50セント (five fifty) / a twenty-~ bill 20ドル紙幣 (♦ ふつう a $20 bill と書く) / You can pay in US ~*s*. 米ドルでお支払いいただけます / One thousand ~*s* is a large sum. 1,000ドルとは大金だ (♦ 金額を表す主語は単数扱い)
❷ 《the ~》(貨幣制度としての)ドル;ドル価格[相場]‖ The ~ is one of the key currencies of the world. ドルは世界の基軸通貨の1つだ / The ~ rose against the yen. 対円ドル相場が上がった
❸ 1ドル硬貨, 1ドル紙幣
(***as***) ***sòund as a dóllar*** 《米》全く健全[安全]な
bèt one's bòttom dóllar ① 《can を伴って》〈…ということを〉確信する〈**that** 節〉 ② 有り金全部を賭(か)ける
dòllars to dóughnuts [OR ***dónuts***] ***that ...*** 《米口》十中八九…で, ほとんど確かに…で ‖ It is ~*s to doughnuts that* she will win. まず確実に彼女が勝つだろう
feel [OR ***look***] ***like a million dollars*** ⇨ MILLION (成句)
the 「***sìxty-fòur thòusand*** [OR ***mìllion***] ***dòllar quéstion*** 最も重要で(解決の)難しい問題《賞金の最高額が64,000ドルだったラジオのクイズ番組から》
▸▸ **~ àrea** 名 《the ~》〖経〗ドル地域《米ドルを決済通貨とする区域》 **~ diplòmacy** 名 Ⓤ 自国の金融力を国際的影響力の拡大に用いる政策;《米》ドル外交 **~ gàp** 名 Ⓤ (貿易収支における)ドル不足 **~ sign [màrk]** 名 《the ~》ドル記号 ($, $) ‖ see ~ *signs* 金もうけになると考える (♦ have dollar signs in one's eyes ともいう) **~ stóre** 名 Ⓒ 《米》ダラー店《生活用品を安価で売る店》

dóllar-a-yèar 形 《米》年俸1ドルの, (事業上)無報酬の ‖ a ~ man ワンダラーマン《ほとんど無報酬で働く公共機関の職員》

dol·lar·ize /dá(ː)lərὰɪz | dɔ́l-/ 動 他 自 (国が)(通貨を)ドル建てにする **dòl·lar·i·zá·tion** 名

dollars-and-cents /dὰ(ː)lərzənsénts | dɔ̀l-/ 形 《米》金銭面から見た ‖ from a ~ point of view 金銭面から見て

dóll·hòuse, 《英》**dóll's hòuse, dólls' h-** 名 (複 **-hous·es** /-hàuzɪz/) Ⓒ 人形の家《人形や家具などを入れたおもちゃの家》;小さな家

dol·lop /dá(ː)ləp | dɔ́l-/ 《口》名 Ⓒ ❶ (特に食品などの)どろっとしたかたまり ‖ a ~ of jelly ひとかたまりのゼリー ❷ (液体などの)小量 ―動 他 …をたくさん出す[加える]《*out*》

dol·ly /dá(ː)li | dɔ́li, dɔ́ːli/ 名 (複 **-lies** /-z/) Ⓒ ❶ お人形ちゃん (doll) (♥ 小児語. 特に呼びかけで用いる) ❷ ドリー《駅構内・土木工事現場などの(自動)小型運搬車》;〖映・放送〗ドリー, 移動カメラ台 ❸ 《英口》《旧》おしゃれなかわいい娘(こ) ❹ (昔の)洗濯用攪拌(かくはん)棒
―動 (**-lies** /-z/; **-lied** /-d/; **~·ing**) 自 移動式カメラ台を前後に移動させる;(カメラが)前後に移動する《*in, out*》
▸▸ **~ bìrd** 名 ⊗ 《英口》《旧》《ときに蔑》=dolly ❸ **~ mìxtures** 名 複 《英》(さまざまな色・形の)お菓子の詰め合わせ

Dol·ly /dá(ː)li | dɔ́li/ 名 ドリー《Dorothy の愛称》
▸▸ **~ the shéep** 名 羊のドリー《1996年に生まれた世界初のクローン羊》

dol·ma /dá(ː)lmə, dɔ́ːl- | dɔ́l-/ 名 (複 **~s** /-z/ OR **~·des** /dɑ(ː)lmáːðez | dɔlmáːðez/) Ⓤ Ⓒ ドルマ《ブドウやキャベツの葉に詰め物をした中近東の料理》

dol·man /dóulmən | dɔ́l-/ 名 (複 **~s** /-z/) Ⓒ ドルマン《ドルマンそでのついた女性用コート・上衣》 ▸▸ **~ sléeve** 名 Ⓒ ドルマンそで《ゆったり垂れ, 手首で締まる》

dol·men /dóulmən | dɔ́lmen/ 名 Ⓒ 〖考古〗ドルメン《2個以上の巨石の上に偏平な石を載せた先史時代の遺跡. → cromlech ❶》

dolmen

do·lo·mite /dóuləmὰɪt | dɔ́-/ 名 Ⓤ 〖鉱〗白雲石

do·lor, 《英》**-lour** /dóulər | dɔ́lə-/ 名 Ⓤ 《文》悲しみ, 嘆き, 苦悩

dol·or·ous /dóulərəs | dɔ́-/ 形 《文》悲しい, 痛ましい **~·ly** 副

***dol·phin** /dá(ː)lfɪn, dɔ́ːl- | dɔ́l-/ 名 Ⓒ ❶ 〖動〗(くちばしのある)イルカ (→ porpoise) ❷ 〖魚〗シイラ (dorado) ❸ 〖海〗係船柱[ブイ], 係船浮標

dólphin-sàfe 形 (漁獲などの際)イルカを傷つけない ‖ ~ fish イルカを傷つけずに水揚げした魚

dolt /doult/ 名 Ⓒ 《旧》《口》《けなして》ばか, 間抜け **~·ish** 形

Dom /dɑ(ː)m | dɔm/ 名 ❶ (カトリック教会の)高位聖職者の称号;(ベネディクト会・カルトジオ会の)修道士の称号 ❷ 卿《ポルトガルやブラジルでの貴人の尊称》

dom. 略 domestic; dominant

-dom /-dəm/ 接尾 《名詞語尾》 ❶「…の地位・階級」;「…の領地・領域」の意 ‖ duke*dom*, king*dom* ❷「…の状態・事実」の意 ‖ free*dom*, martyr*dom* ❸「…の集団・社会, …界」;「…の集団の特性・気質・流儀」の意 ‖ official*dom*; star*dom*

***do·main** /douméɪn, də-/ 名 Ⓒ ❶ (知識・行動・影響などの)範囲, 分野, …界 ‖ the ~ of science 科学の分野 / within [OR in] the technical ~ 技術的な分野で / be out [OR outside] of one's ~ 専門外である ❷ 領土, 領地, 所領;(個人の)所有地, 地所 ❸ 〖数〗(変数の)(可変)領域;変域;〖理〗磁区 ❹ (=~ nàme) 💻 ドメイン《obunsha.co.jp, whitehouse.gov のように「固有名. 組織属性略号. 国名略号」などの形で構成されるインターネット上のネットワークサイトを特定する名前》

主な組織属性・国名略号一覧(アルファベット2文字)

組織属性記号		意味	国名略号	国名
世界	アメリカ			
ac		教育・学術機関	jp	日本
co	com	営利・商用	au	オーストラリア
ed	edu	小・中・高等教育機関	cn	中国
go	gov	政府機関	de	ドイツ
	mil	軍事	fr	フランス
ne	net	ネットワーク	it	イタリア
or	org	組織・団体	kr	韓国
			sg	シンガポール
			tw	台湾
			uk	イギリス

(アメリカはアルファベット3文字で国名なし)

***dome** /doum/ 名 Ⓒ ❶ ドーム, 円蓋(えんがい);(天文台などの)丸屋根, 丸天井 ‖ the Capitol ~ 《米》連邦議会議事堂の丸屋根 ❷ ドーム状のもの;天蓋(canopy);(山・樹木などの)円頂;《米》ドーム状屋根付きスタジアム ‖ the ~ of the sky 大空 / the great ~ of leaves 大きなドーム状に茂った木の葉 ❸ 《口》(特にはげた)頭, 頭頂 ❹ 《文》壮麗な建物, 大伽藍(がらん), 館(やかた) ❺ 〖地〗ドーム;溶岩ドーム
―動 他 …に丸屋根[ドーム]をつける, …をドームで覆う;…

D

をドーム状に成形する
— 自 丸屋根[ドーム]状になる[ふくらむ, 隆起する]
▸▸ ~ tent 名 C ドーム(型)テント

domed /doumd/ 形《限定》丸屋根[天井]のついた, ドーム状の

Dómes·day Bòok /dú:mzdèɪ-/ 名《(the) ~》『英国史』ドゥームズデイブック《英国中世の土地調査簿. 1086年William I の命で作成》

:do·mes·tic /dəméstɪk/
— 形 (**more** ~ ; **most** ~) (♦ ❸ 以外比較なし)
❶《限定》**国内の**, 自国の ‖ This product is for the ~ market (only). この製品は国内向けに(のみ)販売されている / *Domestic* and international flights depart from different terminals. 国内便と国際便はそれぞれ別のターミナルから出発します / You're interfering in our ~ affairs. それは内政干渉ですよ / ~ trade 国内取引 / ~ **products** 国産品 / ~ news 国内ニュース / ~ law 国内法
❷《限定》**家庭の**, 家庭内の, 家事の, 家族の, 家庭で使う ‖ ~ chores 家事 / ~ appliances 家庭用電化製品 / ~ industry 家内工業 ❸ 家庭的な；家にいるのが好きな；家事好きな ‖ Her husband is very ~. 彼女の夫はとても家庭的だ ❹《限定》(動物が)飼われている, 飼いならされた ‖ ~ animals 家畜, ペット
— 名 (複 **~s** /-s/) C ❶ 家政婦, 使用人 ❷《英口》家庭内のもめごと；(特に)夫婦げんか ❸《~s》国産品
-ti·cal·ly 副
▸▸ ~ **cóurt** 名 C《米》家庭裁判所 ~ **pártner** (↓)
~ **scíence** 名 U《旧》家政学 (♦ 現在では home economics がふつう) ~ **víolence** 名 U 家庭内暴力《特に配偶者や恋人からの暴力をいう. 略 DV》

do·mes·ti·cate /dəméstɪkèɪt/ 動 他 ❶〔動物〕を飼いならす, 家畜化する(tame)；〔植物〕を栽培できるようにする ❷《戯》〔人〕を家庭になじませる, 家庭的にする ‖ a ~*d* husband 家庭的な夫 ❸〔外来の動植物〕を土地になじませる, 帰化させる；〔外来の習慣など〕を取り入れる

do·mes·ti·ca·tion /dəmèstɪkéɪʃən/ 名 U (動物を)飼いならすこと；(人を)家庭的にすること

do·mes·tic·i·ty /dòumestísəṭi/ 名 (複 **-ties** /-z/) U C ❶ 家庭生活 ❷ 家庭的なこと[性質]；家庭への愛着 ❸《-ties》家事

domèstic pártner 名 C 同棲(どうせい)相手
~·ship 名 U 同棲関係

dom·i·cile /dá(:)mɪsàɪl | dɔ́m-/ 名 C《堅》『法』住所；居所；(法的な)本居 ‖ one's ~ of [OR by] choice 寄留地 / one's ~ 「of origin [OR by birth] 本籍地

domi·ciled /dá(:)mɪsàɪld | dɔ́m-/ 形《叙述》《堅》〈…に〉定着[定住]する〈**at, in**〉‖ be ~ *in* London ロンドンに住居がある

dom·i·cil·i·ar·y /dà(:)məsílièri | dɔ̀mɪsíliəri/ 形『法』住居の, 住所の ‖ ~ care 在宅ケア / a ~ visit (保健士などの)家庭訪問；(医者の)往診

***dom·i·nance** /dá(:)mɪnəns | dɔ́m-/ 名 U ❶〈…に対する〉優勢, 優位；権力, 権勢, 支配(権)〈**over**〉；大きな人気 ‖ We maintain ~ *over* our rival company. 我が社は競争相手の会社に対して優位を保っている ❷『遺伝』優性；『生態』優占

***dom·i·nant** /dá(:)mɪnənt | dɔ́m-/ 形 (**more** ~ ; **most** ~) ❶ 支配的な, 優勢な；権力[権勢]のある, 最有力な ‖ ~ powers 支配力 / We hold a ~ position. 我々は支配的な地位を占めている ❷ 主要な, 第1の, 優先する ‖ the ~ issue 主要な問題 ❸『遺伝』優性の；『生態』優占の ‖ a ~ gene 優性遺伝子 ❹『楽』(音階の)第5音の, 属音の — 名 C ❶『遺伝』優性(形質)；『生態』優占種 ❷『楽』(音階の)第5音, 属音, ドミナント **~·ly** 副

***dom·i·nate** /dá(:)mɪnèɪt | dɔ́m-/ 動 他 ❶ …を支配する, 統治する；…に君臨する ‖ Shibuya is ~*d* by teenagers. 渋谷はティーンエイジャーに支配されている / The World Cup finals ~*d* the next morning's conversations. ワールドカップの決勝戦は翌朝の会話を独占した / Optimism ~*d* the meeting. 楽観的な見方がその会議を支配した / ~ the computer market コンピューター市場を支配する ❷ …に大きく影響する, …の特色[重要な要素]である ‖ The theater ~*d* his life. 芝居あっての彼の人生であった ❸ (建物・山などが)…にそびえ立つ；…を見渡す位置にある ‖ The top of the hill ~*s* the entire village. その丘の頂上からは村全体が見渡せる
— 自 ❶〈…を〉支配する, 〈…より〉優勢である〈**over**〉❷〈…を〉見渡す〈**over**〉

***dom·i·na·tion** /dà(:)mɪnéɪʃən | dɔ̀m-/ 名 ❶ U 支配, 統治；優勢, 優位 ❷ C《~s》主天使《天使の階級の第4位. →order 名 ⑫》

dom·i·na·trix /dà(:)mɪnéɪtrɪks | dɔ̀m-/ 名 (複 **-tri·ces** /-si:z/) C (SMプレーの)女王様

dom·i·neer /dà(:)mənɪ́ər | dɔ̀mɪ-/ 動 自〈…に〉圧政を行う, 威圧的に振る舞う, いばりちらす〈**over**〉
— 他 …にいばりちらす

dom·i·neer·ing /dà(:)mənɪ́ərɪŋ | dɔ̀mɪ-/ 形 傲慢(ごうまん)な, 横柄な, 横暴な, 高圧的な **~·ly** 副

Dom·i·nic /dá(:)mɪnɪk | dɔ́m-/ 名 **St.~** (聖)ドミニコ(1170–1221)《スペインの修道司祭. ドミニコ修道会の創立者》

***Dom·i·ni·ca** /dà(:)mɪní:kə | dɔ̀m-/ 名 ドミニカ《西インド諸島東部の国. 公式名 the Commonwealth of Dominica. 首都 Roseau》

do·min·i·cal /dəmínɪkəl/ 形《堅》❶ 主(イエス＝キリスト)の ‖ the ~ day 主の日《日曜日》/ the ~ year 西暦 ❷ 主の日[日曜日]の

Do·min·i·can[1] /dəmínɪkən/ 形 聖ドミニコの；ドミニコ会の — 名 C ドミニコ会の修道士[女]

***Do·min·i·can**[2] /dà(:)mɪní:kən | dɔ̀-/ 形 名 C ドミニカ共和国の(人)

***Domìnican Repúblic** 名《the ~》ドミニカ共和国《西インド諸島のイスパニョーラ島の東部を占める国. 首都 Santo Domingo》

dom·i·nie /dá(:)mɪni | dɔ́m-/ 名 C ❶《スコット》教師(teacher) ❷《主に米》聖職者, 牧師

***do·min·ion** /dəmínjən/ 名 ❶ U〈…に対する〉支配権, 権力；支配, 統治, 主権〈**over**〉‖ have [OR hold] ~ *over* the land その土地を支配する ❷ C《通例 ~s》領土, 領地；(封建領主の)所領, 領地 ❸《D-》C (旧英国)自治領 ‖ the *Dominion* of Canada カナダ自治領
▸▸ **Domínion Dày** 名 U《米》カナダ自治制定記念日《7月1日》

dom·i·no /dá(:)mənòu | dɔ́mɪ-/ 名 (複 **~s, ~es** /-z/) C ❶ ドミノのこま《1セット28個》❷《~s, ~es》《単数扱い》ドミノゲーム ❸ ドミノ衣装《目の部分を覆う仮面とフードのついた仮装舞踏会用の衣装》
▸▸ ~ **effèct** 名 C《通例単数形で》ドミノ効果《連鎖反応的効果》~ **thèory** 名《the ~》『政』ドミノ理論《1国の共産化を放置すると隣接諸国が次々と共産化するという理論》；(一般に)将棋倒し理論

don[1] /dɑ(:)n | dɒn/ 名 ❶ C《英》(オックスフォード・ケンブリッジ大学の)学監, 教官；(一般に)大学教官 ❷ C《米口》(犯罪組織の)首領, ドン ❸ C スペイン貴族[紳士]；スペイン人(Spaniard) ❹《D-》…君, …殿, …様《スペインで洗礼名につける敬称. 略 D.》

don[2] /dɑ(:)n | dɒn/ 動 (**donned** /-d/ ; **don·ning**) 他 …を身に着ける, 着る, かぶる, はく(↔ doff)

Don /dɑ(:)n | dɒn/ 名 ❶ ドン《Donald の愛称》❷《the ~》ドン川《ロシア南西部, アゾフ海に注ぐ川》

Dòn·ald Dúck /dà(:)nəld- | dɒ̀n-/ 名 ドナルドダック《Walt Disney 作の漫画の主人公のアヒル》

***do·nate** /dóuneɪt | -ˊ/ 動 他 ❶〔金品〕を〈慈善事業などに〉寄付する, 寄贈する〈**to**〉‖ ~ a large sum *to* charity 慈善事業に多額の寄付をする ❷〔臓器・血液〕を提供する

‖ I'm willing to ~ my organs after my death. 私は死後臓器を提供しても構わない / ~ blood 献血をする
━ 自 〈慈善事業などに〉寄付[寄贈]をする〈to〉

do·na·tion /dounéɪʃən/ 名 ❶ Ⓒ 寄付金, 寄贈品, 提供物 ‖ The disclosure of his accepting illegal political ~*s* forced him to resign. 不正な政治献金の受領を暴露されて彼は辞任せざるを得なかった / make a large ~ to ... …に多額の寄付をする ❷ Ⓤ Ⓒ 寄付, 寄贈, 提供 ‖ make a ~ of $10,000 to the hospital その病院に1万ドル寄付する / organ ~ 臓器提供

done /dʌn/
━ 動 do[1] の過去分詞(⇨ DO[1])
━ 形 《比較なし》 ❶ **済んだ, 仕上がった**, 終わった(⇨ DO[1] 自 ❺) ‖ The job is almost ~. 仕事はほとんど終わった / Are you ~ yet? もう終わったの
❷ (食べ物が)煮えた, 焼けた, (十分に)火が通った(♦ しばしば複合語を作る. → well-done) ‖ a steak ~ to a turn ちょうどよい焼き加減のステーキ / over-~ 焼け[煮え]すぎの / half-~ 生焼けの, 生煮えの
❸ 《口》礼儀にかなった ‖ It's not ~ [OR the ~ thing] to call late at night. 夜遅くに電話するのは失礼だ
❹ 《英口》だまされて ❺ 《英口》〈…で〉警察に捕まって〈**for**〉‖ He got ~ *for* speeding. 彼はスピード違反で捕まった
a dòne déal 《しばしば否定文で》《口》最終決定
be dòne and dústed 《主に英口》(人が)仕事を終えている
be òver and dóne with (物事が)完了している, 決着している
dóne for 《口》 ① 疲れ果てて ② 万事休すで(⇨ DO[1] *for* ②)
dòne ín [OR ***úp***] 《口》疲れ果てて(♦ 副詞 all, completely などが前につくことがある)(⇨ DO[1] *in* ②)
hàrd dóne by 不当な[ひどい]扱いを受けて(⇨ DO[1] *by*)
have [OR ***be***] ***dóne with ...*** …を終える, 済ます
what's dóne is dóne もう済んでしまったことだ
━ 間 (取引条件などに同意して)承知した ‖ "I'll give you $200 for the refrigerator." "*Done!*" 「その冷蔵庫に200ドル出そう」「話は決まった」

do·nee /douníː/ 名 Ⓒ 受贈者, 寄付を受ける人;(臓器などの)被提供者(↔ donor)

do·ner ke·bab /dòunər kɪbá(ː)b | dɔ̀nə kɪbǽb/ 名 Ⓒ 《英》〖料理〗ドネルケバブ(《米》gyro)《薄切り肉を垂直に立てた串に刺して回転させながら焼き, そぎ切りにした肉をピタパンに挟んで食べる中近東料理》

dong /dɑ(ː)ŋ, dɔːŋ | dɔŋ/ 名 Ⓒ ❶ ごーん《大きな鐘の鳴る音》 ❷ 《豪・ニュージ口》強打 ━ 動 自 (鐘が)ごーんと鳴る ━ 他 《豪・ニュージ口》…をぶん殴る

don·gle /dá:ŋgl | dɔ́n-/ 名 Ⓒ 💻 ドングル《ソフトウェアの不正コピーを防止する装置・符号システム》

don·jon /dá(ː)ndʒən | dɔ́n-/ 名 Ⓒ (城の)本丸, 天守閣

Don Juan /dɑ̀(ː)n hwɑ́ːn, -dʒúːən | dɔ̀n-/ 名 ❶ ドン＝ファン《スペインの伝説上の遊蕩(ゆうとう)貴族》 ❷ Ⓒ 遊蕩者, 女たらし

don·key /dá(ː)ŋki, dʌ́ŋ- | dɔ́ŋ-/ 名 Ⓒ ❶ ロバ(ass)(♦《米》では民主党のシンボル(→ elephant)) ‖ (as) stubborn as a ~ ロバのように強情な ❷ 《口》《けなして》のろま, ばか者, とろいやつ ❸ (＝~ èngine) 補助(用小型蒸気)機関《甲板での荷揚げ運搬作業用》; 補助機関車
▸▸ ~ **jàcket** 名 Ⓒ 《英》(防水)作業衣 ~**'s yèars** 名 複 《口》長い間

dónkey·wòrk, dónkey wòrk 名 Ⓤ 《口》単調な骨折り仕事(drudgery) ‖ do the ~ 骨折り仕事をする

don·na /dá(ː)nə | dɔ́nə/ 名 (複 ~**s** /-z/ OR **-ne** /-neɪ/) ❶ Ⓒ (イタリア・スペイン・ポルトガルの)貴婦人(→ prima donna) ❷ 《D-》…様, …夫人《Lady, Madam に当たる敬称. 洗礼名につける》

don·nish /dá(ː)nɪʃ | dɔ́n-/ 形 学者ぶった; 世事にうとい

don·ny·brook /dá(ː)nibrʊ̀k | dɔ́n-/ 名 Ⓒ 《米・豪》喧騒(けんそう)の巷(ちまた); 騒々しい言い争い; 乱闘騒ぎ(♦ アイルランドの Donnybrook Fair(1855年まで開かれた市で, 酔漢の乱闘・混乱で有名)より)

*__do·nor__ /dóunər/ 《発音注意》 名 Ⓒ ❶ 寄贈者, 寄付をする人(↔ donee) ‖ an anonymous ~ 匿名の寄付[提供]者 / ~ countries [OR nations] 援助国 ❷ (移植・輸血のための)臓器[血液]提供者, ドナー ‖ a blood ~ 献血者 ❸ 〖化・理〗ドナー《半導体の電子供与体》
▸▸ ~ **càrd** 名 Ⓒ ドナーカード, 臓器提供意思表示カード ~ **fatìgue** 名 Ⓤ 援助疲れ《度重なる寄付の要請に世間の関心が薄れること》

dó-nòthing 形 何もしない, 無為の
━ 名 Ⓒ 《口》怠け者, ごくつぶし ~**·ìsm** 名

Don Qui·xo·te /dɑ̀(ː)n kiːhóuteɪ, -kwɪ́ksət | dɔ̀n-/ 名 ❶ ドン＝キホーテ《スペインの作家 Cervantes の同名の小説の主人公》 ❷ Ⓒ (現実にうとい)夢想家(→ quixotic)

*__don't__ /dount/ 《発音注意》 do not の短縮形(♦ does not の短縮形としての用法は非標準的)
━ 名 Ⓒ 《~s》禁止事項, してはならないこと(⇨ DO[1] 名 (成句))

dòn't-knów 名 Ⓒ (世論調査で) わからないと答える人, 態度保留者

do·nut /dóunʌ̀t/ 名 《米》＝doughnut

doo·bie /dúːbi/ 名 Ⓒ 《俗》マリファナ入りたばこ

doo·dad /dúːdæ̀d/ 名 Ⓒ 《米口》何, あれ《名前を思い出せない小さなものを指すときに使う》(《英》doodah)

doo·dle /dúːdl/ 動 自 (考えごと・電話中などに) いたずら書きする ━ 名 Ⓒ いたずら書き, 落書き

dóodle·bùg 名 Ⓒ ❶ 《米口》〖虫〗アリジゴク ❷ 《米口》(地下資源の)占い棒; 鉱脈を探す人 ❸ 《英口》(第2次大戦中のドイツ軍の)無人飛行爆弾, V-I 爆弾

doo-doo /dúːdùː/ 名 Ⓤ 《戯》うんち
in dèep dóo-dòo 大変困ったことになって

doo·fus /dúːfəs/ 名 Ⓒ 《米口》とんま, ばか

doo·hick·ey /dúːhɪ̀ki/ 名 《米口》あれ, 何《名前を思い出せない, 特に機械の一部を指すときに使う》

*__doom__ /duːm/ 名 Ⓤ ❶ (不幸な)運命, 数奇な定め, 悲運, 凶運; 破滅, 滅亡, 死 ‖ meet [OR go to] one's ~ 滅びる, 死ぬ / spell ~ for ... …の終焉(しゅうえん)を意味する ❷ Ⓒ (有罪の)判決, 罪の宣告 ❸ 《古》最後の審判(の日)
*__*dòom and glóom*__* ; ***glòom and dóom*** 暗い見通し ‖ The news was all ~ *and gloom*. ニュースは将来を暗くするものばかりだった / a mood of *gloom and* ~ 将来を案じる暗い雰囲気
━ 動 他 《通例受身形で》運命にある, 運命づけられている〈**to do** …するように / **to** …の〉‖ The project was ~*ed* [*to* fail [OR *to* failure]. その計画は失敗する運命にあった / If you fail that exam, you're ~*ed to* repeat the course. その試験に失敗すれば再履修の運命だよ

*__doomed__ /duːmd/ 形 絶望的な, 呪(のろ)われた ‖ in a ~ attempt 絶望的な努力をして

dóom-làden 形 《限定》見通しの暗い, お先真っ暗な

doom·say·er /dúːmsèɪər/ 名 Ⓒ 《主に米》(差し迫った災厄などの)予言者(《主に英》doomster)

dooms·day /dúːmzdèɪ/ 名 Ⓤ ❶ 《しばしば D-》(キリスト教の)最後の審判の日; (一般に)世の終わり ❷ 運命の決まる日[時]
till [OR ***until***] ***dóomsday*** 《口》永久に(for ever)
▸▸ **Dóomsday Bòok** 名 《(the) ~》＝Domesday Book

doom·y /dúːmi/ 形 不吉な, 不気味な

⁂door /dɔːr/

━ 名 (複 ~**s** /-z/) Ⓒ ❶ **戸**, 扉, ドア ‖ Input your code number to **open** the ~. 暗証番号を入力してドアを開けなさい / This office is air-conditioned. Please **close** [OR **shut**] the ~ behind you. この事務所はエアコンがきいています. 入って[出て]からドアを閉めてください / "Somebody is knocking on [OR at] the ~." "Can you get it?"「だれかがドアをノックしているよ」「あなた出られる?」/ lock [unlock] a ～ 戸に鍵(かぎ)をかける[戸の鍵を開ける] / slam a ～ 戸をばたんと閉める / a sliding [revolving] ～ 引き戸 [回転ドア] / a ～ handle ドアの取っ手

❷ **戸口, 玄関**, 入り口 ‖ There's someone at the ～. 玄関にだれか来ている / He's just come in the ～. 彼がちょうど入って来た / We deliver to your ～. 戸口までお届けします / show her to the ～ 彼女を戸口まで見送る / the **front** [**back**] ～ 正面玄関 [裏口] / answer the ～ 訪問者の応対に出る / within ～*s* 屋内で / at one's ～ 手近に, すぐそばに

❸ 1軒, 1戸 ‖ He lives two ～*s* from my house. 彼は私の家の2軒先に住んでいる / a few ～*s* down [OR away, off] 数軒先に / live **next** ～ to ... …の隣に住む

❹ 〈…(へ)の〉門戸, 道 ; 入手方法, 接近法〈**to**〉‖ the ～ *to* success 成功への道[方法]

❺ Ⓤ 《英》入場料総額, チケット収益(gate)

be on the dóor 入り口[受付]での仕事をする

behìnd clòsed dóors 秘密に, 内々で, 非公開で

by the bàck dóor ⇨ BACK DOOR(成句)

clòse the dóor on [OR ***to***] ***...*** …を締め出す ; …への道を閉ざす

dàrken a pèrson's dóor 《通例否定文で》《旧》《戯》(望まれていないのに)(人の)家の敷居をまたぐ

(***from***) ***dòor to dóor*** 一軒一軒 ; 出発から到着まで

gèt the dóor (***for ...***) 《米》(…のために) 戸を開ける [閉める]

lày ... at a pèrson's dóor …のことで(人を)非難する, 〔責任など〕を(人に)あるとする

lèave the dóor òpen 可能性を残しておく

lìe at a pèrson's dóor (責任などが)(人に)ある, (失敗などが)(人の)せいである

next door to ... ⇨ NEXT(成句)

òpen dóors for [OR ***to***] ***...*** …にチャンスを与える

òpen the dóor to ... …への道を開く, …を可能にする, …につながる, …の機会を与える

out of dóors 戸外で, 外で

pùsh at [OR ***against***] ***an òpen dóor*** 《通例進行形で》…を簡単に成し遂げる[実現する]

shòw a pèrson the dóor 〔人〕を追い出す, 〔人〕に出て行けと言う, 〔人〕を解雇する(→❷)

shùt [OR ***slàm***] ***the dóor in a pèrson's fáce*** (人の) 目の前でドアを閉める ; (人との)話を拒む, 面会[交渉]を断る

shùt the dóor on [OR ***to***] ***...*** = *close the door on* [OR *to*] ...(↑)

▸▸ ～ **fùrniture** 名 Ⓤ ドア部品《取っ手・ノッカーなどの総称》 ～ **knòcker** 名 Ⓒ (戸口の) ノッカー ～ **prìze** 名 Ⓒ 《米》(パーティーなどで)チケットの番号で当たる賞

***dóor·bèll** 名 Ⓒ 玄関[戸口]のベル, ブザー

dò-or-díe <シ 形 《限定》決死の ; のるかそるかの

dóor·fràme 名 Ⓒ (ドアの)枠

dóor·jàmb 名 Ⓒ (ドアの)側柱(doorpost)

dóor·kèeper 名 Ⓒ 玄関番, 門番, 守衛

dóor·knòb 名 Ⓒ (ドアの)取っ手, ドアノブ

dóor·man /-mən/ 名 (複 **-men** /-mən/) Ⓒ ドアマン《ホテル・劇場などの送迎係》(中立 doorkeeper)

dóor·màt 名 Ⓒ ❶ (玄関前の) ドアマット ❷ 《口》意気地なし, 他人にいいようにあしらわれる者

dóor·nàil 名 Ⓒ (ドア用の) びょうくぎ, 飾りくぎ《かつてドアの飾りとして用いた》

(***as***) ***dèad as a dóornail*** 《口》完全に死んでしまって

dóor·plàte 名 Ⓒ (金属製の)表札

dóor·pòst 名 =doorjamb ‖ (as) deaf as a ～ 全く耳が聞こえない

***door·step** /dɔ́ːrstèp/ 名 Ⓒ ❶ (玄関先・戸口の)段, 踏み石 ❷ 《英口》厚切りパン ; (厚切りパンを使った)サンドイッチ

****on*** [OR ***at***] ***one's*** [OR ***the***] ***dóorstep*** すぐそばで[の], 身近に[の]

― 動 (**-stepped** /-t/ ; **-step·ping**) 他 自 《英口》(記者などが)(…を)戸口で待ち伏せる

dóor·stòp 名 Ⓒ あおり止め《ドアを開けておくのに用いる》; 戸当たり《ドアが壁に当たらぬよう壁や床につける器具》

***dòor-to-dóor** <シ 形 副 《限定》戸別(訪問)の[に] ; 戸口直送の[で] ; 出発点から到着点まで直行の[で] (⇨ (*from*) DOOR *to* DOOR) ‖ ～ delivery service 宅配業[便]

***door·way** /dɔ́ːrwèɪ/ 名 Ⓒ ❶ 戸口, 入り口, 玄関先, 廊下 ‖ stand in the ～ 戸口に立つ ❷ 〈…に〉至る道 [手段]〈**to**〉‖ the ～ *to* success 成功への道

dóor·yàrd 名 Ⓒ 《米》玄関前の庭, 戸口の庭

dó-òver 名 Ⓒ やり直し

doo-wop /dúːwɑ̀(ː)p | -wɔ̀p/ 名 Ⓤ ドゥーワップ《1950年代米国で流行したポピュラー音楽》

doo·zy, -zie, -sie /dúːzi/ 形 名 Ⓒ 《主に米口》すごい(もの[こと]), ど偉い(もの[こと])

dop /dɑ(ː)p | dɔp/ 《南アロ》名 Ⓤ アルコール飲料

― 動 自 大酒を飲む, 飲んだくれる ― 他 《俗》〔試験〕に不合格になる, 〔単位〕を落とす ; 〔学年〕を落第する

do·pa /dóupə/ 名 Ⓤ 【医】ドーパ《ドーパミンの前駆物質》

do·pa·mine /dóupəmìːn/ 名 Ⓤ 【生化】ドーパミン《脳内の神経伝達物質》

dope /doup/ 名 Ⓤ ❶ 《俗》麻薬 (narcotic) ❷ (競走馬・スポーツ選手などの) 興奮剤 ❸ Ⓒ 《口》ばか, 間抜け ❹ 《俗》〈…についての〉裏[秘密]情報〈**on**〉; (レースなどの)予想 ❺ (機械の) 潤滑油 ; ドープ塗料《飛行機の翼などに塗るワニスの類》; アンチノック剤 ; (ダイナマイト製造時の)吸収剤

― 形 《米俗》いかす, 満足のいく ― 動 他 ❶ …に麻薬[興奮剤]を与える《**up**》; 〔飲食物〕に麻薬を入れる ‖ be ～*d up* (麻薬などの) 薬が効いている ❷ …にドープを施す [塗る] ― 自 《旧》《口》麻薬を飲む[常用する]

dòpe ... óut 〈他〉《旧》《俗》① (手に入る限りの情報から)…を予想する, 推論する ② …を見いだす ; …を考え出す

dóp·er 名 Ⓒ 麻薬常用者 ; 予想屋

dope·ster /dóupstər/ 名 Ⓒ 《米俗》❶ (選挙・レースなどの)予想屋 ❷ 麻薬常用者 ; 麻薬販売人

dope·y, dop·y /dóupi/ 形 《口》❶ (麻薬などで) もうろうとした, ぼうっとした ❷ (頭の)鈍い, 愚かな ; ばかげた

dop·ing /dóupɪŋ/ 名 Ⓤ ❶ ドーピング, (興奮剤などの) 薬物使用 ❷ 【電子】半導体製造のための不純物添加

dop·pel·gäng·er, -gang- /dɑ́(ː)pəlgæ̀ŋər | dɔ́p-/ 名 Ⓒ もう1人の自分 ; (生身の人間の)生霊 ; 分身(♦ドイツ語より)(=double-walker)

Dóp·pler effèct /dɑ́(ː)plər- | dɔ́p-/ 名 《the ～》【理】ドップラー効果《音・光などの波動の源に対し観測者が動くにつれて波の振動数が変化する現象》(♦オーストリアの物理学者・数学者 Doppler(1803–53)より)

Dóppler shìft 名 【理】ドップラー偏移《ドップラー効果によって生じた振動数または波長の変化》

do·ra·do /dərɑ́ːdou/ 名 (複 **～s** /-z/) ❶ Ⓒ 【魚】シイラ ❷ 《D-》【天】かじき(旗魚)座

Do·ri·an /dɔ́ːriən/ 形 =Doric ❷ ― 名 Ⓒ ドーリア人

Dòrian Gráy 名 ❶ ドリアン=グレー《英国の小説家 Oscar Wilde 作の小説 *The Picture of Dorian Gray* の主人公》❷ 外見は若さと美貌(びぼう)を保っているが不道徳な中高年男性

Dor·ic /dɔ́(ː)rɪk/ 形 ❶ 【建】ドーリア様式の ❷ (古代ギリシャの)ドリス(Doris)の, ドーリア人[方言]の

― 名 Ⓤ ❶ 【建】ドーリア様式《装飾が簡素で素朴だが荘厳》❷ ドーリア方言 ❸ 田舎なまりの英語 ; スコットランド方言 ‖ in broad ～ 田舎なまり丸出しで

dork /dɔːrk/ 名 Ⓒ ❶ 《俗》ばか者 ❷ ⊗《米俗》《卑》ペニス

dórk·y 形 愚かな ; 変てこな, 奇妙な ; 好ましくない

dorm /dɔːrm/ 名 《口》=dormitory

dor·man·cy /dɔ́ːrmənsi/ 名 Ⓤ 睡眠[休眠]状態 ; 活動停止状態, 休止, 静止

dor·mant /dɔ́ːrmənt/ 形 ❶ 休眠状態の；(動物が)冬眠中の；(植物が)休眠中の ‖ ～ buds 休眠芽, 冬芽 ❷ (才能などが)未開花の；(権利・資格が)未発動の；(資産などが)遊んでいる；(計画などが)実施されていない ‖ a ～ company 休眠会社 / ideas that lie ～ 潜在的な考え ❸ 不活性の；(火山が) 活動休止中の；(病気が) 潜伏している ‖ a ～ volcano 休火山 ❹ 〘紋章〙(獣が頭を前足にのせて) 伏せた形の
語源 *dorm-* sleep＋*-ant* (「状態」を表す形容詞語尾)：眠っている

dor·mer /dɔ́ːrmər/ 名 (＝～ window) Ⓒ 屋根窓；(屋根窓のある)屋根の突出部

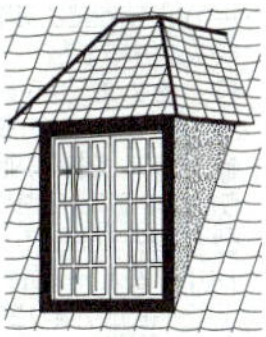
dormer

dor·mi·to·ry /dɔ́ːrmətɔ̀ːri | -təri/ 名 (複 **-ries** /-z/) Ⓒ ❶ 《米》(大学の) 寮, 寄宿舎 (《英》hall of residence) ❷ (施設・学校などの)共同寝室
語源 ラテン語 *dormitorium* (眠るための場所) から. dormant と同語源.

dórmitory tòwn 名 Ⓒ 《英》郊外通勤地域, 通勤圏の住宅地域；ベッドタウン (《米》bedroom town [suburb, community]) (❗「ベッドタウン」は和製語)

dor·mouse /dɔ́ːrmàus/ 名 (複 **-mice** /-màis/) Ⓒ 〘動〙ヤマネ《ネズミに似た齧歯(げっし)類. 冬眠する》；眠たがり屋

dor·sal /dɔ́ːrsəl/ 形 《限定》 ❶ 〘動〙背の (↔ ventral), 背面(側)にある；脊椎(せきつい)の ‖ a ～ fin 背びれ ❷ 〘植〙背面(生)の **～·ly** 副

Dor·set /dɔ́ːrsɪt/ 名 ドーセット《イングランド南部の州. 州都 Dorchester. 略 Dors》

do·ry[1] /dɔ́ːri/ 名 (複 **-ries** /-z/) Ⓒ 平底小型(漁)船

do·ry[2] /dɔ́ːri/ 名 (複 **-ries** /-z/) Ⓒ 〘魚〙マトウダイの類 (John Dory)《食用魚》

DoS 略 *D*enial *o*f *S*ervice (サービス妨害)

DOS /dɑ(ː)s, dɔːs | dɒs/ 名 Ⓤ 💻 ドス《コンピューターを操作するためのシステム. 一般にMS-DOSを指す》(♦ *d*isk *o*perating *s*ystem の略)

do·sa /dóusə/ 名 Ⓒ ドーサ《米と豆の粉から作る南インドのクレープ》

dos·age /dóusɪdʒ/ 名 Ⓒ 1回分の投薬量, 1服分；〘理〙(放射線の) 照射適量 ‖ take one's usual ～ of vitamins いつもの量のビタミン剤を服用する

dos and don'ts ⇨ DO[1](成句)

dose /dous/ 名 Ⓒ ❶ (薬の1回の) 服用量 (→ overdose) ‖ The ～ is two pills with every meal. 1回の服用量は毎食ごとに2錠 / a lethal ～ (薬の) 致死量 ❷ (放射線の1回の) 照射量 ‖ be exposed to high ～*s* of radiation 高濃度の放射線を浴びる ❸ 《口》(不快なことの)少量, 一定量 (♥ ときに相当な量であることを強調する) ‖ I'll give him a hefty ～ of punishment. 彼をたっぷり懲らしめてやる / have a ～ of bad luck ちょっとした不運に見舞われる / in great ～*s* たっぷり, 大いに ❹ 《俗》性病 ❺ (ワインに風味を与えるための)添加物
in smàll dóses 《口》ちょっとの間だけ(なら)
like a dòse of sálts 《英口》さっさと, いとも簡単に (♦ salts は「下剤」の意)
── 動 他 ❶ 〔人〕に〈…を〉投薬する, 服用させる〈**with**〉；〔薬〕を処方に従って与える《*up*》‖ ～ him *with* tablets to reduce the fever 彼に解熱のための錠剤を与える / ～ oneself *with* minerals ミネラル剤を服用する ❷ …に〈…を〉混ぜる, 添加する〈**with**〉

dosh /dɑ(ː)ʃ | dɒʃ/ 名 Ⓤ 《英俗》金(かね), 銭(ぜに)

do-si-do /dòusi(ː)dóu/ 名 Ⓒ ドーシードー《スクエアダンスで, 2人がすれ違って背中合わせになる動き》 **──** 動 他 〔相手〕の周りを背中合わせで回る **──** 自 ドーシードーを踊る

do·sim·e·ter /dousímət̬ər | -sími-/ 名 Ⓒ 線量計《放射線の量の測定装置》 **-try** 名 Ⓤ 線量測定

doss /dɑ(ː)s | dɒs/ 《英俗》 動 自 (安宿などで)寝る《*down*》；時間を無駄に過ごす **──** 名 Ⓒ ❶ (安宿の) 眠り, 仮寝 ‖ have a ～ 一眠りする ❷ 楽な仕事
▸▸ **～ hòuse** 名 Ⓒ 《英口》安宿, 木賃宿 (《米》flophouse)

dos·ser /dɑ́(ː)sər | dɔ́s-/ 名 Ⓒ ⊗《英口》《蔑》❶ 路上生活者 ❷ 怠け者

dos·si·er /dɑ́(ː)sièɪ/ 《発音注意》 名 Ⓒ (ある人や事件などの)関係書類一式

dost /弱 dəst；強 dʌst/ 動 《古》do[1] の二人称・単数・直説法・現在形

Dos·to·ev·ski, -yev- /dɑ̀(ː)stəjéfski | dɔ̀stɔɪéf-/ 名 **Feodor Mikhailovich ～** ドストエフスキー (1821–81) 《ロシアの小説家》 **～·an** 形

***dot**[1] /dɑ(ː)t | dɒt/ 名 Ⓒ ❶ 点, ドット, 終止符 (♦ 特にURL・メールアドレスではピリオドを dot と読む)；小数点；(i, j などの)点；〘楽〙付点 ❷ (点のように) 小さなもの；水玉 (模様) (polka dot) ‖ Soon the plane was a white ～ and then disappeared. すぐに飛行機は白い点となってやがて見えなくなった ❸ (モールス信号の) 短信号 (↔ dash) ❹ 💻 (文字や画像を構成する)点, ドット《通例 dot は紙面上の表示で使われ, ディスプレー表示については pixel が用いられる》
connèct the dóts ① 別々の事実をつなげて全体像を理解する ② (番号のついた点をつなげる子供の遊びのように) 簡略にことを進める
****on the dót*** 《口》時間ちょうどに, きっかりに ‖ arrive *on the* ～ of nine (o'clock) 9時ちょうどに到着する
the yèar dót 《英口》かなり以前, 大昔に ‖ since [OR from] *the year* ～ ずっと以前から, 大昔から
── 動 (**dot·ted** /-ɪd/；**dot·ting**) 他 ❶ …に点[斑点]をつける, …を点でしるす；〘楽〙付点をつける ‖ ～ the letter j (文字の) j に点をつける ❷ 〔場所〕に点在する；《受身形で》(場所に)〈…が〉点在する, 散らばる〈**with**〉；〈場所に〉点在する〈**about, around, over**〉‖ Sailboats *dotted* the bay.＝The bay was *dotted with* sailboats. 入り江には点々とヨットが浮かんでいた / We have branches *dotted* all *over* the country. 我が社は全国に支店を展開している ❸ …に〈…を〉少量つける[塗る]〈**with**〉；…を〈…に〉少量つける [塗る] 〈**on, over**〉 ❹ 《英口》…を打つ, 殴る ‖ ～ him on the nose 彼の鼻柱をぶん殴る
dot (***all***) ***the*** [OR ***one's***] ***i's and cross*** (***all***) ***the*** [OR ***one's***] ***t's*** ⇨ I[1](成句)
▸▸ **～ bòmb** (↓) **～ mátrix** 名 Ⓒ 💻 ドットマトリックス《ドットで文字を表す縦×横の組み合わせ. 数字は8×8だが, 漢字の場合最低でも16×16以上となる》 **～ mátrix prìnter** 名 Ⓒ 💻 ドットプリンター《一群の点の配列で文字・数字などを構成して打ち出す》 **～ pàttern** 名 Ⓒ 💻 ドット文字, ドットパターン《dot matrix printer で打ち出されるドットの集まりで構成された文字や図形》

dot[2] /dɑ(ː)t | dɒt/ 名 Ⓒ 〘法〙(花嫁の)持参金

DoT, DOT 略 *D*epartment *o*f *T*ransport (《英国・カナダの》運輸省)；*D*epartment *o*f *T*ransportation (《米国の》運輸省)

dot·age /dóut̬ɪdʒ/ 名 Ⓤ (思考力などが衰える)高齢期；⊗《蔑》《戯》老いぼれ, もうろく ‖ in one's ～ もうろくして

dót bòmb, dót-bòmb 名 Ⓒ 《口》破産したネット企業 **dót-bòmb** 動 自 (ネット企業が)破産する

dòt-cóm 名 Ⓒ ドットコム, ネット企業《インターネット関係の企業》 **──** 形 ドットコムの (♦ dot.com, dot com とも書く) ▸▸ **～ búbble** 名 《the ～》ドットコムバブル《ネット企業が躍進した1997–2001年ごろを指す》 **～ búrst** [**crásh**] 名 《the ～》ドットコム崩壊《ドットコムバブルがはじけた2001年以降を指す》

dót-còmmer /-kɑ̀(ː)mər | -kɔ̀mə/ 名 Ⓒ ネット企業で働く人；ネット企業経営者

dote /dout/ 動 自 〈人を〉溺愛(できあい)する, 盲目的にかわいがる〈**on, upon**〉

doth /弱 dəθ；強 dʌθ/ 動 《古》do[1] の三人称・単数・直説

法・現在形

dot·ing /dóuṭɪŋ/ 形《限定》溺愛している **~·ly** 副

dot·ted /dɑ́(ː)ṭɪd | dɔ́t-/ 形 ❶ 点のある，点のついた ❷《限定》〖楽〗付点のある

dòtted líne 名 C 点線(⇨ LINE[1] 図)

* ***sìgn on the dòtted líne*** 点線上に署名する；(文書に署名して)正式に[文句なく]同意する

dot·tle /dɑ́(ː)ṭl | dɔ́tl/ 名 U (パイプたばこの)燃え残り

dot·ty /dɑ́(ː)ṭi | dɔ́ti/ 形 ❶《口》頭が変な，風変わりな；愚かな；ばかげた ❷《叙述》《口》〈…に〉夢中の〈**about**〉

D

Dou·ay Bíble /duːèɪ- | dàʊi-/ 名《the ～》ドゥエー聖書 (Douay [Douai] Version)《17世紀初めにフランスのDouaiで発行されたラテン語からの英訳聖書》

⁝dou·ble /dʌ́bl/《発音注意》形 副 名 動

中心義 (物や事が)2つ重なった

—形《比較なし》❶ (数・量・強さなどが) **2倍の**，倍の (♦ the, (代)名詞の所有格，関係代名詞 what などの前に置かれる) ‖ He earns ～ my salary. 彼は私の給料の2倍稼ぐ / The population is now ～ what it was twenty years ago. 現在人口は20年前の倍になっている / (at) ～ the sum 倍の金額(で) / ～ width ダブル幅(の布地) / a ～ whisky ダブルのウイスキー(1杯)

❷ **二重の**，2層の，2つの；2様の，2元の；2人用の，2つ分の；二つ折りの，折り返しの(ある)；対になった ‖ a ～ room 2人部屋 / a ～ lock [window, bottom] 二重錠[窓，底] / a ～ advantage [pleasure] 二重の利点[喜び] / a ～ purpose 2つの目的 / a ～ collar ダブルカラー，折り襟 / ～ doors 観音[両]開きの戸 / take a ～ blow 二重の打撃をこうむる / two four one, three one ～ eight《主に英》(電話番号の)241-3188

❸ 表裏のある，陰ひなたのある，二重の；(言行などが)欺瞞(ぎまん)的な；(意味が)2様に解釈できる，あいまいな ‖ a ～ character [OR personality] 二重人格 / Politicians have a ～ tongue but a single agenda. 政治家は政策は1つだが二枚舌だ / play a ～ game 表裏を使い分ける / lead a ～ life 二重生活を送る / "Bark" has a ～ meaning: 'a dog's voice' and 'a tree's skin'. bark には「犬のほえる声」と「木の皮」という2通りの意味がある

❹〖楽〗(楽器が)1オクターブ低い音を出す

❺ (花が)八重の，重弁の

—副《比較なし》❶ (量・程度など) **2倍(に)**，倍(に) ‖ pay ～ for overtime work 残業に倍の賃金を支払う

❷ **二重に** ‖ see ～ (通例酒に酔って)物が二重に見える / bend ～ 体を2つに折る / fold a blanket ～ 毛布を2つに折る ❸ 対をなして，2人一緒に ‖ ride ～ 相乗りする / sleep ～ (2人が)一緒に寝る

—名 (複 **~s** /-z/) ❶ U 倍(の数量)，**2倍** ‖ get ～ 2倍(の量・金などを)もらう，受け取る

❷ C 2倍[二重]のもの；(ウイスキーなどの)ダブル；(ホテルの)2人部屋，ダブルベッドの部屋 ‖ I'll have a scotch. Make it a ～. スコッチウイスキーを頼むよ，ダブルにしてくれ / Do you have a ～ available for tonight? 今夜2人用の部屋がありますか

❸ C そっくりな人[もの]，生き写し ‖ He is the ～ of his grandfather. 彼はおじいさんとうり二つだ

❹ C (俳優・歌手の)代役，替え玉，スタンドイン；1人2役の俳優 ‖ a stunt ～ 危険な場面の代役

❺ C 生霊，生きている人の霊魂

❻ C (～s)《単数扱い》(テニスなどの)ダブルスの試合 ❼ C (野球の)2塁打；《口》(テニスの)ダブルフォルト；(ボウリングの)ダブル《2回連続のストライク》；(競馬・ドッグレースの)重勝(式の賭(か)け)《2レース単位の賭けで，第1レースの賭け金と配当金が第2レースに持ち越される》(daily double)；(ダーツの)ダブル《得点が2倍になる盤の外枠内に投げ矢を入れること》；(トランプのブリッジの)ダブル《相手の競り高(bid)の倍加，またその手》 ❽《the ～》2連勝，2連覇

dòuble or nóthing [《英》***quíts***] 一か八(ばち)かの勝負《勝てば賭け金の倍額を得，負ければ全額失う》‖ go ～ or nothing with one's bets 賭けで一か八かの勝負に出る

on [《英》***at***] ***the dóuble*** ① 大急ぎで；即座に，直ちに ‖ Call the police *on the* ～! 急いで警察を呼んでくれ ② 駆け足で

—動 (**~s** /-z/；**~d** /-d/；**-bling**)

—他 ❶ …を**2倍にする**，倍加[倍増]する ‖ ～ the number of part-time workers パートの数を倍に増やす / ～ one's pace 歩調を2倍に速める / ～ one's income 収入を倍増する

❷ …を2つに折る[畳む]，**二重にする**《*up, over*》‖ ～ a sheet of paper 紙を2つに折る

❸〔こぶし〕を握る，握り締める，固める ‖ ～ one's fists (戦うために)こぶしを固める

❹ (役者・俳優が)…の2役を演じる；…の代役を務める，代わりになる ‖ ～ the roles of queen and flower girl 王妃と花売り娘の2役を演じる ❺ …を繰り返す，2回続ける ❻ (野球で)〔走者〕をダブルプレーでアウトにする；〔走者〕を2塁打で進塁[生還]させる ❼〖楽〗…に1オクターブ上[下]の音を添える；…を1オクターブ高く[低く]演奏する

—自 ❶ **2倍になる**，倍増する ‖ The number of immigrants has ～*d* in ten years. 移民の数は10年間で倍になった / ～ in size 規模が2倍になる

❷ 2役を演じる；〈…の〉代役を務める〈**for**〉；〈…を〉兼ねる〈**as**〉‖ ～ *for* the sick actor 病気の俳優の代役を務める / play the part of the prince and ～ *as* the beggar 王子の役を演じ同時にこじきの役を兼ねる / This sofa ～*s as* a bed. このソファーはベッドとしても使える

❸〖楽〗(本職の楽器以外に)〈ほかの楽器も〉(合わせて)演奏する〈**on**〉

❹ (野球で) 2塁打を打つ ❺ (ブリッジで) 相手の宣言を倍に競り上げる ❻《米口》ダブルデートする(double-date)

dóuble as ... …の代わりになる，を兼ねる

* ***dòuble báck*** 〈自〉もと来た道を戻る；〈…を〉逆戻りする〈**on**〉‖ ～ *back on* Route 5 国道5号線を戻る —〈他〉《***dòuble báck ...*** / ***dòuble ... báck***》…を折り畳む，2つに折る；…を折り返す《*over*》

* ***dòuble óver*** 〈他〉《***dòuble ... óver***》① …を2つに折る，折り畳む (→ 他 ❷) ② (笑い・苦痛などが)…の体を2つに折る ‖ He was ～*d over* with pain. 彼は痛さに身を折り曲げた —〈自〉① 二つ折りになる，二重になる ② (笑い・苦痛などで)体を2つに折る

* ***dòuble úp*** 〈自〉① = *double over* (→〈自〉① ②) ②《口》同室する；共有する〈**on** …を；**with** …と〉‖ I'll have to ～ *up with* Mike tonight. 今夜はマイクと同室しなくてはならない ③〈…を〉兼ねる〈**as**〉④《英》もうけた賭け金を次の賭けに使う —〈他〉《***dòuble ... úp***》⇨ 他 ❷ ‖ ～ oneself *up* with laughter 体を折り曲げて笑う

▸▸ ～ **ágent** 名 C 逆スパイ，二重スパイ ～ **bár** 名 C〖楽〗(楽譜の)複縦線 ～ **báss** 名 C〖楽〗ダブルベース，コントラバス ～ **bassóon** 名 C〖楽〗ダブルバスーン，コントラバスーン《オーボエ属管楽器中最大で最低音のもの》～ **béd** (↓) ～ **bíll** (↓) ～ **bínd** 名 C ジレンマ，板挟み ‖ caught in a ～ *bind* ジレンマにとらわれて ～ **blúff** 名 C うそをついていると思わせて本当のことを言うこと，裏の裏をかくこと ～ **bóiler** 名 C 二重なべ (⇨ BAIN-MARIE 図) ～ **bónd** 名 C〖化〗二重結合 ～ **chéck** (↓) ～ **chín** (↓) ～ **concérto** 名 C〖楽〗二重協奏曲《2人の独奏者とオーケストラのための協奏曲》～ **créam** 名 U《英》濃厚クリーム (《米》heavy cream) ～ **cróss** (↓) ～ **dágger** 名 C〖印〗二重剣標 (‡) ～ **dáte** (↓) ～ **decomposítion** 名 U〖化〗複分解 ～ **dígits** (↓) ～ **dípping** (↓) ～ **Dútch** 名 ① U C《英口》ちんぷんかんぷん(な言葉) ② U《米》ダブルダッチ《2本のロープを交互に逆回しにしてその間を跳ぶ縄跳び》～ **éagle** 名 C ① 双頭のワシの文様 ②《米》ダブルイーグル金貨《昔の20ドル金貨》③〖ゴルフ〗ダブルイーグル《par[1] より3打少ない，albatross ともいう》～ **expósure** 名 U

〖写〗二重露出；二重写し ～ **fáult** 名 C 〖テニス〗ダブルフォルト《サーブを2度とも失敗すること》 ～ **féature** 名 C 《主に米》(映画などの)2本立て ～ **fígures** (↓) ～ **fírst** 名 C 《英》(大学の成績での)2課程最優秀(の学生) ～ **glázing** (↓) **Dòuble Glóucester** 名 U ダブルグロスター《高脂肪のグロスターチーズ》 ～ **hélix** 名 C 〖生化〗(DNAの)二重らせん構造 ～ **indémnity** 名 U 《主に米・カナダ》〖法〗災害で死亡した場合の生命保険倍額支払(条項) ～ **íssue** 名 C (雑誌などの)合併号 ～ **jéopardy** 名 C 《主に米》〖法〗二重の危険《同一犯罪に対して同一犯人を2度裁判にかけること》 ～ **lífe** 名 C 二重生活 ～ **lóck** (↓) ～ **negátion** 名 U C 〖哲〗二重否定《前提の否定の否定. 結果として前提と同じになる》 ～ **négative** 名 U C 〖文法〗二重否定(⇨ NOT ❻ 語法)《(1) 否定が重なって婉曲な肯定を示す場合. 〈例〉She is *not un*happy. 彼女は不幸なわけではない (2) 否定を強調するために2つの否定語が用いられている場合. 現代英語では非標準的な用法. 〈例〉I do*n't* know *nothing* about it. それについては何も知らない(♦ 標準英語では I don't know anything about it.)》 ～ **pláy** 名 C 〖野球〗ダブルプレー, 併殺 ～ **pneumónia** 名 U 〖医〗両側肺炎 ～ **precísion** 名 U 💻 2倍精度 ～ **quíck** (↓) ～ **refráction** 名 U (方解石などを通過する光の)複屈折(birefringence) ～ **rhýme** 名 C 〖韻〗二重押韻《行末の二音節が押韻すること. another と brother, inviting と exciting など》 ～ **róom** 名 C (ホテルなどの)2人用の部屋(double) ～ **stándard** 名 C 二重基準《男女により異なる基準など》 ～ **stár** 名 C 〖天〗二重星《肉眼では1個に見える》 ～ **stéal** 名 C 〖野球〗ダブルスチール, 重盗 ～ **táke** 名 C 2度見《少し間をおいてからはっとして見直すこと》; 再考(♦ double-take, doubletake とも書く) ‖ do a ～ *take* 見直す, 考え直す ～ **tàlk** (↓) ～ **tìme** (↓) ～ **tóp** 名 C 〖ダーツ〗ダブルの20点(＝40点) ～ **vísion** 名 U (物が二重に見える)複視 ～ **whámmy** 名 C 《俗》踏んだりけったり, ダブルパンチ

dòuble-áction 形 ❶ 二重効果のある ❷ (銃が)ダブルアクションの《撃鉄を起こさなくても, 引き金を引くと撃鉄が起き上がり弾丸が出る構造》

dòuble-bág 動 他 …を二重袋に入れる

dòuble-bárreled, 《英》**-bárrelled** ⟨ジ⟩ 形 ❶ 銃身が2つある, 2連式の ❷ 二重の目的を持った, 2様に解釈できる ❸ 《英》(姓が)(ハイフン付きで)2語からなる

dòuble béd 名 C ダブルベッド, 2人用寝台

dòuble-bédded 形 (部屋が)ダブルベッド付きの

dòuble bíll 名 C 《英》(映画などの)2本立て(《米》double feature)

dòuble-bíll 動 他 ❶ (1つの件に対して)〔別の客〕に同じ請求書を送る, 二重請求する ❷ 〔映画〕を2本立てにする

dòuble-blínd ⟨ジ⟩ 形 〖医〗(薬の効果を判定する方法で)二重盲検法の《実験者にも被検者にも実験の仕組みはわからない》

dòuble-bóok 動 他 自 (ホテル・座席などを[が])二重に予約を受け付ける; (人を)二重予約する ～**·ing** 名

dòuble-bréasted ⟨ジ⟩ 形 (上着などが)ダブルの

dòuble chéck 名 C 再確認[照合]; 〖チェス〗二重王手

dòuble-chéck 動 他 自 (…を)再確認する

dòuble chín 名 C 二重あご **dòuble-chínned** 形

dòuble-clíck 動 💻 自 〈ファイルなどを〉ダブルクリックする〈**on**〉‖ ～ *on* the icon そのアイコンをダブルクリックする ━他 …をダブルクリックする

dòuble cróss 名 C 裏切り; 欺瞞(ぎまん); 〖遺伝〗複交雑

dòuble-cróss 動 他 …を裏切る, だます

dòuble-cróss·er 名 C 裏切り者

dòuble dáte 名 C ダブルデート《2組のカップルのデート》

dòuble-dáte 動 自 他 (…と)ダブルデートする

dòuble-déaler 名 C 《口》言行に表裏のある人

dòuble-déaling 名 U 形 言行不一致(の); 二枚舌(の), 欺瞞(の)

dòuble-décker ⟨ジ⟩ 名 C ❶ 2階建てバス(double-decker bus), 二重甲板の(艦)船, 複葉飛行機; 2段ベッド ❷ 《米口》二重サンドイッチ《パンを3枚重ねたもの》

dòuble-dénsity 形 💻 倍密度の

dòuble dígits 名 複 2桁(けた)《10から99までの数》

dòuble-dígit ⟨ジ⟩ 形 2桁の ‖ ～ inflation 2桁のインフレ

dòuble-díp 動 自 《米・豪》二重収入を得る《特に給与と年金の二重取り》; 《豪》同一項目に対して二重の税金控除を受ける; (景気などが)2段底に落ちる ‖ ～ back into recession (景気などが)(持ち直しかけて)また不景気に戻る ▸▸ ～ **recéssion** 名 C 〖経済〗2段底不況

dòuble dípping 名 U 《米・豪》二重収入の受け取り《特に給与と年金の二重取り》 **dòuble dípper** 名

dòuble-dúty 形 2つの役割[働き]のある

dòuble-édged ⟨ジ⟩ 形 ❶ 両刃の ‖ a ～ sword 諸刃(もろは)の剣 ❷ 相反する2つの目的[効果]を持つ, 両面の ‖ a ～ spy 両面スパイ

dou·ble en·ten·dre /dù:bl ɑːntɑ́:ndrə | -ɔntɔ́n-/ 名 C 2通りの意味にとれる語句《一方は下品な意味を持つ》; (そのような語句を使った)しゃれ(♦ フランス語より)

dòuble éntry ⟨ジ⟩ 名 U 〖簿記〗複式記帳法(→ single entry) **dòuble-éntry** 形 複式の ‖ ～ bookkeeping 複式簿記

dòuble-fáced 形 ❶ 両面の(ある); (材料が)両面仕上げの ❷ 裏表のある, 不誠実な; 偽善的な

dòuble fígures 名 複 《英》＝double digits

dòuble-fígure 形

dòuble glázing 名 U 《主に英》(窓の)二重ガラス《断熱・遮音などのため》 **dòuble-gláze** 動 他 《主に英》…を二重ガラスにする **dòuble-glázed** 形

dòuble·héader 名 C ❶ 《主に米》(野球などの)ダブルヘッダー ❷ 2台の機関車に引かれる列車

dòuble-jóinted ⟨ジ⟩ 形 (人が)非常に柔軟な関節を持った

dòuble lóck 名 C ダブルロック《鍵(かぎ)を2度回して[二重に]錠をする》 **dòuble-lóck** 動 他

dou·ble-park /dʌ̀blpɑ́:rk/ 動 自 (すでに止めてある自動車の横に)二重駐車する ━他 …を二重駐車する(♦ しばしば受身形で用いる) ～**·ing** 名 U 二重駐車

dòuble quíck ⟨ジ⟩ 名 U 急速歩, 駆け足(double time) ‖ in ～ 大急ぎで **dòuble-quíck** 形 副 《英口》駆け足の[で], 大急ぎの[で]

dóuble·spèak 名 ＝double talk ～**·er** 名

dou·blet /dʌ́blət/ 名 C ❶ ダブレット《ルネサンス期の男子の上着》 ❷ (対や類似のものの)片方; 〖光〗二重レンズ; 〖理〗(スペクトルの)二重線 ❸ 〖言〗二重語, 姉妹語《同じ語源で形・意味の異なる語. history と story, coy と quiet など》 ❹ 《～s》(さいころの)ぞろ目

dóuble tàlk 名 U 《主に米》(早口で)相手をけむに巻く話し方; あいまいな言葉

dóuble-tàlk 動 自 他 ～**·er** 名

dóuble-tèam 動 他 《主に米》〔1人の相手〕を2人でブロックする《バスケットボールなどで》

dóuble·thìnk 名 U 二重思考《2つの相反する見解などを同時に真実として受け入れること》

dóuble tìme 名 U ❶ (超過勤務などの)時間給[賃金]の倍額支払い ❷ 〖軍〗急速歩; 〖楽〗2拍子; ダブルタイム《2倍の速度》 **dóuble-tìme** 動 自 他 《主に米》〖軍〗(…が[を])急速歩で行進する[させる]

dóuble·wìde 形 幅が2倍の, ダブルワイドの ━名 C ダブルワイド《2軒分をつなげた定住式トレーラーハウス》

dou·bloon /dʌblú:n/ 名 C (スペインの昔の)ダブロン金貨

***dou·bly** /dʌ́bli/ 副 《通例形容詞を修飾して》 ❶ 2倍に, 二重に; 2様に; 2つの点で ❷ 非常に, とても ‖ ～ difficult とても難しい

D

D

doubt /daʊt/ 《発音注意》 名 動

—名 (複 **~s** /-s/) U C **疑い**, 疑念, 疑心; (宗教的)懐疑心; (人に対する) **不信** (の念); (物事が) 不確かなこと 〈**about, as to, of** …についての/(**that**) 節 / **but** (**that**) 節…という / **wh** 節…かどうかの〉 ‖ a matter of ~ 疑わしい [あやしい] こと / an element of ~ かすかな疑い / feel a ~ *about* God's existence 神の存在に疑いを抱く / There is 「**no** ~ [OR not a shadow of a ~] *about* his creative powers. 彼には間違いなく創造力がある / I **have no** [OR **little**] ~ (*that*) she loved you. 彼女はきっと君を愛していたと思う / There was some ~ *whether* he would fit into the team. 彼がチームに溶け込むかどうかちょっと疑問だった / I have **no** ~ *about* who was responsible for the accident. だれにその事故の責任があるのか私にははっきりしている

連語 【動+~(+前)】 cast (a) ~ on ... …に疑問を投げかける / express one's ~ about ... …について疑念を表明する / raise ~*s* about ... …について疑念をかき立てる / leave no ~ 疑問の余地を残さない
【形+~】 (a) serious [grave] ~ 深刻な[強い]疑念 / (a) reasonable ~ もっともな疑念 / (a) nagging ~ 絶えずつきまとう疑念

beyond (a) dóubt ; ***beyond the shàdow of a dóubt*** ; ***beyond*** [OR ***without***] ***a shàdow of a dóubt*** ; ***beyond (a) rèasonable dóubt*** 疑いもなく, 確かに, きっと(♥強い確信を表す)(without (a) doubt)

give a person the benefit of the doubt ⇨ BENEFIT (成句)

****in dóubt*** (物事が)不確かで, 疑わしい; (人が)〈…について〉疑っていて, 迷っていて〈**about, as to, etc.**〉 ‖ Whether he will win the election is still *in* ~. 彼が当選するかどうかはまだ不明である / shake one's head *in* ~ 信じかねて首を横に振る / She's still *in* some ~ *about* what to do with the letter. 彼女はその手紙をどうすればよいのかまだ少し迷っている / when [OR if] *in* ~ 不確かなときには, 疑うなら / He was *in* no ~ *that* this was the case. 彼はこれが真相だと確信していた

****nò dóubt*** ① たぶん, おそらく, きっと (♦ beyond [without] (a) doubt や undoubtedly より「確信」の程度は低い) ‖ He was *no* ~ aware of her presence. 彼はおそらく彼女がいたことに気づいていた / *no* ~ about it 《挿入句で》間違いなく, 明らかに ② 《no ~ ... but で》確かに…だが ‖ *No* ~ he is talented, but that doesn't allow him to act so arrogantly. 確かに彼は才能があるが, だからといってそんな横柄な振る舞いは許されない

òpen to dóubt (物事が)不確かな, 疑わしい

****without (a) dóubt*** 疑いなく, 確かに

COMMUNICATIVE EXPRESSIONS

1 **And thère's nó dòubt in your mínd (about it)?** (そのことについて)間違いはないですね(♥相手が確信を持っているか確認する. ✎《口》Really?)

2 **I stíll hàve my dóubts** (about that). (そのことについては)まだ納得できていませんが (♥ 反対しないまでも積極的に賛成というわけでもないときに)

3 **I've nò dóubt.** 間違いないよ(♥確信を表す)

—動 (**~s** /-s/ ; **~·ed** /-ɪd/ ; **~·ing**)

—他 《通例進行形不可》 ❶ **疑う** (⇨ 類語) **a** 《+目》…を疑う, 疑問視する; …を信じない ‖ I ~ his honesty.(=I ~ if he is honest.) 私は彼の正直さに疑問を持っている / You are always ~*ing* me [OR my word]. あなたは私の言うことを疑ってばかりいる (♦一時的な現象や非難などを表すときは進行形になることもある) / "Maybe he isn't in." "I ~ it. He's just not answering." 「たぶん彼はいないのでしょう」「それはどうかな, 出てこないだけさ」

b 《+(**that**) 節》…であることはあやしい[信じ難い]と思う, …ではないと思う; 《否定文で》きっと…だと思う(♦しばしば否定文・疑問文で用いる) ‖ I ~ (*that*) he can lie. 彼はうそをつけないと私は思う / They ~ (*that*) she actually sent that message (to the BBS). 彼らは彼女が本当にそのメッセージを (公開電子掲示板に) 送ったとは信じていない(♦肯定文では強い疑いを表す) / My son doesn't ~ *that* Santa Claus will come. 息子はサンタクロースがやって来ると信じている / No one ~*s that* tax money has been wasted on unnecessary government mailings. 税金が不必要な政府郵便物に浪費されているとだれもが信じて疑わない

c 《+**wh** 節》《肯定文で》…かどうかをあやしい[疑わしい]と思う (♦ whether 節 または if 節 をとるが, if 節 の方が《口》. whether ... or not の形はとらない) ‖ I ~ *whether* the school authorities would approve the measure. 学校当局がその措置を認めるかどうか疑問に思う / I ~ *if* you know how she feels. 彼女の思いが君にわかっているのかどうか疑問に思う

d 《+**but**(**that**) 節》《旧》《否定文で》きっと…だと思う; 《疑問文で》…ということを疑う ‖ I don't ~ *but that* she will pass the bar exam. 彼女はきっと司法試験に合格すると思う

❷ 《古》…を恐れる, 心配する, 気遣う; …ではないかと思う ‖ I ~ (that) we are lost. 道に迷ったのではないかしら

—自 《通例否定文で》《文》〈…を〉疑う, 疑念を抱く; 信じかねる, あやしい [あり得ない] と思う〈**of**〉 ‖ He never ~*ed of* the final triumph of freedom. 彼は自由が最後には勝つことを一度として疑ったことはなかった

COMMUNICATIVE EXPRESSIONS

4 **I dóubt thàt** [OR **it**]. それはどうかな; そうは思えないが (♥断り・疑念を表す)

類語 《他 ❶》 **doubt** 「(確証がないので) … (ということ)を疑わしく思う, (はっきりはわからないが)…でないと思う」の意. 〈例〉 I *doubt* the existence of God. (=I *doubt* that God exists.) 私は神の存在を疑わしく思う
suspect 「…ではないかと(直観的に)考える[疑う]」の意. 〈例〉 I *suspected* him of being a spy. (=I *suspected* that he was a spy.) 彼はスパイではないかと思った
(♦doubt は「…でないと思う」, suspect は「…だと思う」の意を表し, 上の例はそれぞれ次のように言い換えられる. 〈例〉 I don't think that God exists. 神は存在しないと思う / I thought that (probably) he was a spy. 彼はスパイだと思った)

▶▶**~ing Thómas** 名 C うたぐり深い人, 何事も容易に信じようとしない人 (♦ 使徒トマスがキリストの復活をキリストに会うまで信じなかったという聖書の話より) ‖ Don't be such a ~*ing Thomas*. 何でもそう疑ってかかるなよ

***doubt·ful** /dáʊtfəl/ 形 (**more ~ ; most ~**) ❶ **a** (人が) 〈…について〉疑わしく思う, 決めかねる 〈**about, of, as to**〉 ‖ I am ~ *about* [OR *of*] (the truth of) his report. 彼の報告は (本当かどうか) あやしいと思う / I am ~ *about* being able to defeat him. 彼に勝てるかどうか自信がない **b** 《+**wh** 節 / **wh to do**》…か疑わしく思う[不確かである] ‖ I am ~ *whether* he will come. 彼が来るかどうかあやしいと思う / He felt ~ about *what* (he ought) to do. 彼はどうすべきか迷った ❷ **a** (物・事が) 疑わしい, 不確かな ‖ ~ news 不確かなニュース **b** 《It is ~ that [whether] ... で》…ということは [… かどうか]疑わしい[よくわからない] ‖ It is ~ *whether* the president will come to the dinner. 社長が晩餐(ばんさん)会に来るかどうかよくわからない / It's ~ *that* we can go on to the finals. 私たちは決勝まで行けないと思う (♦ that 節 の方が whether 節 より強い疑念を表す) ❸ 先行きが不明の; (出場が)危ぶまれる ‖ a ~ future 先行きのわからない将来 / The outcome of the game looks very ~. その試合の結果はどうなるか全くわからない / The pitcher is ~ for today's game. その投手は今日の試合への出場が危ぶまれている ❹ 《限定》いかがわしい, あやし

げな ‖ a ～ character [district] いかがわしい人物[地域]
～·ly 副 **～·ness** 名

doubt·less /dáutləs/ 副 (**more ～**; **most ～**) ❶《文修飾》疑いなく, 確かに, きっと ‖ He is ～ one of the best performers. 彼は間違いなく最高の演技者の1人だ / It was ～ sound advice, but no one would want to follow it. 確かにそれは妥当な助言ではあったが, だれも従おうとはしなかった ❷ たぶん, おそらく ‖ I will ～ see you tomorrow. 明日はたぶんお目にかかれます
—形 確かな, 確実な

dóubt·less·ly /-li/ 副 疑いなく, 明らかに

douche /du:ʃ/ 名 U (体の一部を清潔に保つための)注水; 灌水(かん); C 灌注器, 膣(ちつ)洗浄器
—動 自 他 (特に膣に)灌水する

dough /dou/ (♦同音語 doe) 名 U ❶ (パンやケーキの)生地(きじ), 練粉; パン生地状の柔らかいかたまり ❷《俗》金銭, 現なま

dóugh·bòy 名 C ❶ 団子 ❷ ⊗《米口》《蔑》(第1次大戦中の)(米国)歩兵(中立 World War I soldier)

dough·nut /dóunʌ̀t/ 名 C ❶ ドーナツ; ドーナツ形[輪状]のもの(♦《米》では donut ともつづる) ❷《米》(自動車・モーターボートの)360度スピン

dough·ty /dáuṭi/ 形《古》《戯》勇敢な, 豪胆な, 強い

dough·y /dóui/ 形 ❶ パン生地の(ような); (パンが)生焼けの ❷ (顔色が)青白い; (文体が)たるんだ

Dòug·las fír /dʌ̀gləs-/ 名 C 〖植〗ベイマツ(米松), トガサワラ《北米北西部原産の常緑の大木》

dou·la /dú:lə/ 名 C 助産師

dour /duər, dáuər/ 形 むっつりした; 陰うつな

douse /daus/ 動 他 ❶ …を〈水中に〉突っ込む〈**in**〉; …に〈水・液体を〉かける[浴びせる]〈**with**〉‖ ～ clothes *in* [*with*] water 服を水につける[服に水をかける] ❷〔明かり・火〕を〈…で〉消す〈**with**〉

dove[1] /dʌv/《発音注意》名 C ❶ ハト(⇨ 類語) ‖ (as) gentle as a ～ とても優しい ❷ ハト派の人, 平和[不戦]論者, 穏健派(↔ hawk[1]) ❸《(the) D-》聖霊 ❹ 無邪気[清純な]人; あなた, 君(♥愛する人への呼びかけ)

類語《❶》**dove, pigeon** どちらも「ハト」であるが, dove は通例小型で野生のものを指し, 平和の象徴.

dove[2] /douv/ 動《主に米》dive の過去の1つ

dóve·còte, -còt 名 C ハト小屋, 鳩舎(きゅうしゃ)

Do·ver /dóuvər/ 名 ドーバー ❶ イングランド南東部, ケント州の港湾都市 ❷ 米国デラウェア州の州都
the Stràit(s) of Dóver ドーバー海峡《英仏間の最も狭い海峡》

dóve·tàil 名 C 〖建〗あり継ぎ(の継ぎ目); ありほぞ
—動 他 …を〈…に〉あり継ぎでつなぐ;〔事実など〕をぴたりと合わせる〈**with, into**〉 —自〈…に〉ぴたりと合う〈**with, into**〉

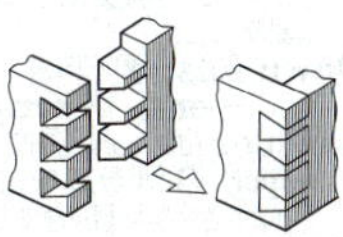

dovetail

dov·ish /dʌ́viʃ/ 形 ハト派的な

dow·a·ger /dáuədʒər/ 名 C ❶《しばしば複合語で》(亡夫の称号・財産などを受け継いでいる)王侯の未亡人 ‖ the queen ～ (王国の)皇太后(♦日本の皇太后は the Empress dowager) ❷《口》高貴な年配女性

dow·dy /dáudi/ 形 (身なりなどが)やぼったい; 流行遅れの; (女性が)やぼったい身なりの **-di·ly** 副 **-di·ness** 名

dow·el /dáuəl/ 名 C 〖建〗合いくぎ, だぼ《2材接合用の金[木]くぎ》 —動 (**-eled**,《英》**-elled** /-d/; **-el·ing**,《英》**-el·ling**) 他 …を合いくぎで留める

dow·er /dáuər/ 名 U C ❶ 寡婦(かふ)産《亡夫の遺産のうち未亡人が受け継ぐ分》 ❷ (新婦の)持参金
—動 他《文》…に(才能などを)与える
▸▸**～ hòuse** 名 C《英》未亡人所有の離れ

Dòw-Jónes Àverage [Ìndex] /dàudʒóunz-/ 名《the ～》〖株〗ダウ=ジョーンズ平均株価, ダウ平均

*****down**[1] /daun/ 副 前 形 名 動

中心義 下へ[に] (★動きの方向や位置・状態を表す. 物理的な下方に限らず, 比喩(ひゆ)的に「気持ち」「順序」「質」などについても幅広く用いる)

—副《比較なし》(♦ be+down の場合は 形 とも解せる)
❶《運動》(高い所から)**下方へ**, 低い所へ, 下へ[に], 階下へ ‖ **Put** your knife ～. ナイフを下に置きなさい / He **went** ～ to the kitchen to get a beer. 彼はビールを取りに台所へ降りて行った / *Down* **came** the rain in torrents. 激しく雨が降ってきた / fall [climb] ～ from a tree 木から落ちる[降りる]
❷《位置》**下に**, 低い所に, (階下に)降りて, 地中に; (低いと思われる)あそこに, あちらに ‖ He lives three floors ～ from me. 彼は我が家の3階下に住んでいる / She isn't ～ yet. She's still changing upstairs. 彼女はまだ(階下に)降りて来ていない. まだ上の階で着替えている / What's that ～ there? (下の)あそこにあるあれは何だ
❸《方角・方向》**川下へ[に]**, 風下へ[に]; 南へ[に]; (内陸から)沿岸へ[に]; (中心都市から)地方へ[に],《英》(首都・主要都市から)地方へ[に]; (話し手または話題の中心となる所から)離れて ‖ The ship sailed ～ and ～. その船はどんどん下流へ進んで行った / The lifeguard walked ～ to the beach. その救助員は海辺まで歩いて行った / I want to move from London ～ to the country. 私はロンドンから田舎に引っ越したい / A lot of people come ～ here in the summer. 夏には多くの人々がこの地にやって来る(♥ down には「急がず・気軽に」という意味合いがある) / *Down* our way people are not very interested in politics. 我々が住んでいる僻地(へきち)では人々は政治にあまり関心がない
❹《状態》**a** 垂れて, 降りて, 下がって; 地面に, 床に; 地平線下に, 水面下に ‖ Leave the blind ～. ブラインドを下げたままにしておいて / The sun is ～. 日は沈んだ
b 低い姿勢に, 倒れて, 横になって, 伏せて ‖ Please **sit** ～. どうぞおかけください / The challenger knocked ～ the champion. 挑戦者がチャンピオンをダウンさせた / lie ～ on the sofa ソファーに横になる
c (病気などで)倒れて, 寝込んで; 弱って; (機械などが)機能を停止して, 故障して; 💻(コンピューターが)作動不能状態でダウンした ‖ Mother is ～ with the flu. 母はインフルエンザで寝込んでいる / The telephone lines were ～ because of the earthquake. 地震のために電話がつながらなかった
d 低い[劣った, 貧しい]状態に, 落ちぶれて, 零落して; 抑圧されて, 従属して ‖ The people are kept ～ by the army. 人民は軍隊によって抑圧されている
e 打ちしおれて, 落胆して, 意気消沈して ‖ He felt too ～ to do anything. 彼はひどく落ち込んで何もすることができなかった / Don't let me ～. 僕をがっかりさせないでくれ
❺《強意》**a**《しばしば動詞の強意語として》完全に, すっかり, 最後まで ‖ He is a soldier ～ to his shoelaces. 彼はあらゆる点で軍人だ / I want you to wash my car ～ with water. 私の車をきれいに水洗いしてほしい
b《定着を表す動詞とともに》しっかりと, どっしりと; 本気で ‖ nail the board ～ 板をくぎでしっかりと打ちつける / Let's get ～ to work. さあ仕事に取りかかろうぜ
❻ **a** 紙の上に(書き留められて), 記録されて;〈…の〉リストに載って〈**for**〉‖ take ～ notes メモをとる / I'll write [OR put] it ～ in my calendar so that I won't forget. 忘れないようにそれを日程表に書き込んでおこう / Do you have Andy ～ *for* our team? アンディを我々のチームのリストに入れてるかい **b** 予定されて〈**for** …を / **to do** …するのを〉‖ I am ～ *for* an interview this afternoon. 今日の午後面接を受けることになっている
❼ 頭金として ‖ I paid 10,000 yen ～ and the rest in installments. 頭金として1万円, 残りは分割で払った

❽《順序・時間》(序列が)低い方へ；(時が)下って(…まで(ずっと))；(初めから)終わり(の方)へ ‖ Everyone, from the manager ～ to the office boy, was questioned by the police. 支配人から雑用係まで全員が警察に尋問された / Tell me everything ～ to the last detail. 私に洗いざらい話して / The ring has been passed [OR handed] ～ through four generations. その指輪は4世代にわたって受け継がれてきた ❾《縮小》(品質・価格・数量・強度・濃度などが)低下[下落，減少]するように ‖ Could you turn the TV ～? テレビの音を小さくしていただけますか / Keep your speed ～. スピードを出しすぎるな / Please water ～ the whisky for me. ウイスキーを水で割ってください / keep expenses ～ 出費を抑える / cut ～ the cost of living 生活費を切り詰める ❿ 終わって，片づいて ‖ forty laps ～ and ten laps to go 40周が終わって残り10周 ⓫(クロスワードパズルなどの)縦の列で(↔ across) ‖ I can't do 4 ～. 縦の4番がわからない ⓬《人・動物への命令》‖ *Down*, Joe! (人に向かって)ジョー，伏せろ / *Down*, Fido! (犬に向かって)ファイドー，伏せ ⓭〖野球〗アウトで；〖ボクシング〗ダウンして ‖ with two ～ ツーダウンで，二死で / He was ～ for a count of six. 彼はカウント6のダウンをとられた ⓮ 不足して；(得点で)負けて ‖ A. C. Milan was「two goals ～ [OR ～ by two goals] at half-time. A. C. ミランはハーフタイムの時点で2点負けていた ⓯《英》(卒業・退学・帰省などで)(特に オックスフォード，ケンブリッジ)大学を離れて ‖ He went [was sent] ～ from Cambridge in 1970. 彼は1970年にケンブリッジ大学を卒業した[退学になった]

be dówn on ... …を嫌う，憎む；…に腹を立てる，敵意を持つ ‖ It's not fair to *be* so ～ *on* a new employee. 新入りの従業員をそんなにいびるのはあんまりだ

be dówn to ... ① …が原因である ‖ The mistake *is* ～ *to* inexperience. その間違いは経験不足が原因だ ② …の責任である ‖ It'*s* ～ *to* you to decide whether to do it or not. それをやるかやらないかを決めるのは君の責任だ ③ …だけ(の金額)しか残っていない ‖ The homeless woman *was* ～ *to* her last £2. そのホームレスの女性には2ポンドしか残っていなかった

down and dirty ⇨ DOWN-AND-DIRTY

down and out ⇨ DOWN-AND-OUT (♦ down but not out は「負けてはいるもののまたチャンスがある」の意)

dówn thròugh ... 《堅》〔長い期間〕の間ずっと

dówn with ... ①《命令形で》…を打倒する，なくす ‖ *Down with* the government! 政府を倒せ ②《命令形で》…を下ろす ‖ *Down with* your gun. 銃を下ろせ ③(病気などで)寝込んで(→ 副 ❹c) ④《米俗》…と親しい，仲間である；…に賛同している，…を受け入れる

── 前 ❶ **…の下方へ[に]，…を下って**[下った所に]；〔ページなど〕の(上から)下へ[に] ‖ He fell ～ some stairs and broke his arm. 彼は階段から落ちて腕を折った / I walked ～ the hill. 私は歩いて丘を降りた / I ran my eyes [fingers] ～ the list of candidates. 候補者のリストにざっと目を通した[指を走らせた]

❷〔道・廊下など〕を通って(along) ‖ Go ～ this street till you reach the post office, then turn left. この通りを郵便局まで行って，左に曲がりなさい(♦ 必ずしも下り坂ではない) / His office is ～ the corridor on the left. 彼のオフィスは廊下を行って左側にある

❸〔川など〕の下流へ[に] ‖ They sailed ～ the Amazon. 彼らはアマゾン川を船で下った / There is a huge dam farther ～ this river. この川をもっと下った所に巨大なダムがある

❹《英口》…へ[に](♦ down の後に to や at が必要とする人もいる) ‖ go ～ the pub パブに行く

❺〔年月など〕を通してずっと ‖ ～ the ages 昔からずっと

── 形《比較なし》《限定》❶ **下方への**，下向きの，下降の；低い所にある ‖ a ～ escalator 下りのエスカレーター

❷《米》(乗り物が)南[ビジネス街]へ向かう；《英》(乗り物が)下りの，(都心から)外へ向かう ‖ a ～ train 《米》南行きの[《英》下りの]列車 / a ～ platform 《米》南行き列車の[《英》下り線の]ホーム

❸(故障・修繕などで)休んでいる，止まっている；💻作動不能状態の，ダウンした ‖ a ～ watermill 止まっている水車

❹(支払い(の一部)が)現金の，頭金の ‖ make a ～ payment on a house 家の頭金を払う

── 名 (複 **～s** /-z/) Ⓒ ❶ 下降，下り ❷《～s》《口》不運，逆境 ‖ ups and ～*s* (人生の)浮き沈み，栄枯盛衰 ❸〖アメフト〗ダウン ❹《口》鎮静剤(downer)

hàve a dówn [OR ***dówner***] ***on a pèrson*** 《英口》〔人〕をいじめる，嫌う，憎む

── 動 他 《口》❶ …を(急いで)飲み下す[食べる] ‖ He ～*ed* two beers and left. 彼はビールを2杯あおると店を出た

❷〔相手〕を倒す(knock down)，負かす(defeat)；…を抑制する；〖アメフト〗〔球〕をボールデッドにする；〖ゴルフ〗〔パット〕を沈める ‖ The champion ～*ed* the opponent in the second round. チャンピオンは相手を第2ラウンドでダウンさせた

❸ …を降ろす，下に置く ❹〔飛行機など〕を撃ち落とす

▸▸ **～ páyment** 名 Ⓒ (分割払いの)頭金 **～ únder** (↓)

down² /daun/ 名 Ⓤ (鳥の)羽毛，綿毛，ダウン；(人の)にこ毛，うぶ毛；(植物・果物の)綿毛，(種子の)冠毛；綿毛状のもの

down³ /daun/ 名 Ⓒ ❶《通例 ～s》《英》草原丘陵地，小高い草原地 ❷《the D-s, ～s》ダウンズ《イングランド南東部の白亜質の丘陵地帯；(ドーバー海峡の)ケント州東沖合の停泊地》

dòwn-and-dírty 形《主に米口》❶ やり方が汚い；感じの悪い ❷ ショッキングな

dòwn-and-óut 〈シ〉 形 ❶ 文無しの，(金も住む所も職もなく)落ちぶれた ❷(ボクサー・競技者が)打ちのめされた；勝つ見込みがない ── 名 Ⓒ 文無しの[落ちぶれた]人

dòwn-at-(the-)héel 〈シ〉 形《通例限定》(靴が)すり減った，着古した；(人・家などが)みすぼらしい(《主に米》down-at-(the-)heels)

dówn·bèat 名 Ⓒ〖楽〗ダウンビート《各小節の最初の拍子を示すために指揮者が上から下に指揮棒を振る》

── 形 ❶ 憂うつな，悲観的な ❷ 落ち着いた，控えめな

dówn·càst 形 ❶(人が)…に意気消沈した，落胆した(⇨ SAD 類語) ❷(目などが)下に向けられた，伏し目の，うつむいた ── 名 Ⓒ〖鉱〗通気坑

dówn·dràft 名 Ⓒ ❶(山などからの)吹き下ろし，(煙突を伝ってくる)下降気流(↔ updraft) ❷(景気などの)下降(傾向)

Dòwn Éast 名《米口》ニューイングランド地方(特にメイン州) **～·er** 名 **～·ern** 形

down·er /dáunər/ 名 Ⓒ ❶《通例 ～s》《口》鎮静剤(↔ upper) ❷《単数形で》《口》気のめいるような出来事[状況]；がっかりさせる人[もの] ‖ be on a ～ 《英》意気消沈して ❸(BSEなどの)病気で立ち上がれない動物 ‖ ～ cows 病気の乳牛

***down·fall** /dáunfɔ̀:l/ 名 ❶ Ⓤ 転落，衰退，没落，破滅，崩壊 ❷ Ⓤ《しばしば one's ～》転落[衰退]の原因[もと] ‖ His ～ was women. 彼が失脚した原因は女性問題だった ❸ Ⓒ《通例単数形で》(雨・雪などの)大降り

dòwn·fíeld 副 形《主に米》〖フットボール〗敵陣へ向かって[向かう]

dówn·gràde 名 Ⓒ ❶《主に米・カナダ》下り坂，下り勾配(㊟) ❷ 降格，落ち目 ‖ on the ～ (地位・健康などが)下り坂で[の]，落ち目で[の] ── 動 他 ❶〔人〕の地位を下げる；…を格下げする ❷ …を見くびる，けなす

dòwn·héarted 〈シ〉 形 落胆した，意気消沈した

***dòwn·híll** 〈シ〉 副 ❶ 下り坂で[に]，坂を下って ❷ 悪くなって，衰えて

****gò downhíll*** 落ち目になる，衰える

━形 ❶下り坂の；落ち目の，衰退していく ❷〖スキー〗滑降(競技)の ‖ a ～ run スキーによる滑降 ❸《通例叙述》《口》簡単な，楽な
***be* ⌈(*all*) *downhill* [OR *downhill àll the wáy*]** ①(困難を乗り越えて)後は楽になる ‖ The difficult part is over — it's *all* ～ from now [OR here] on. 難しい部分は終わった．これからはもう楽だ ②(この先は)悪くなる一方[下り坂]である
━名 C 下り坂；U〖スキー〗滑降競技
～·er 名 C〖スキー〗滑降の選手
dówn-hòme ⊲ 形《主に米口》(南部の)田舎(風)の；素朴な，飾らない，家庭的な，庶民的な
Dówn·ing Strèet /dáunɪŋ-/ 名 ❶ダウニング街《英国 London の街区で，No. 10(10番地)の首相官邸や外務省・蔵相官邸などがある》❷英国政府，英国首相
dówn·lìghter, dówn·lìght 名 C ダウンライト《下方を照らす通例天井埋め込みの照明》
dówn·lìnk 名 C 形 (宇宙船・衛星からの)地上局への送信(の)(↔ uplink) ━動 自 地上局へ送信する
dówn·lòad /英 ⌐⌐/ 動 他 ❶〔データなど〕をダウンロードする(↔ upload) ❷〔荷物・乗客〕を降ろす
━名 U (データなどの)ダウンロード **～·a·ble** 形
dówn·lòw 名《the ～》《口》秘密，内緒
━形《俗》《限定》(男性が)ひそかに同性愛の
dòwn-márket ⊲ 形 副《英》大衆向けの[に]；安っぽい[く](《米》downscale)
dówn·mòst 形 副《英》最も低い[く]
dówn·pìpe 名《主に英》=downspout
dòwn·pláy 動 他…を(実際より)大したことなさそうに見せる[言う]，軽く扱う
dówn·pòur 名 C 大雨，豪雨，どしゃ降り
dòwn·ránge ⊲ 副 形 (ロケットが)射程に沿って[た] ‖ the ～ target area 着地目標地域
dówn·rìght 形 ❶《限定》徹底的な，全くの ‖ a ～ lie 真っ赤なうそ ❷(心の)真っすぐな，率直な，隠し立てのない ‖ a ～ answer 率直な答え ━副 全く，完全に，徹底的に
～·ness 名
dòwn·ríver ⊲ 形 副 下流の[に]，川下の[に]
dòwn·scále ⊲ 形 低所得者向けの[に属する]，質の劣る(down-market) ━動 他…の規模を縮小する
dówn·shìft 動 自 ❶《米》低速ギアに切り替える ❷楽な仕事に移る；(収入は減るが)ストレスの少ない生活に切り替える ━他…を低速ギアに切り替える ━名 C U 低速ギアに切り替えること；ストレスの多い仕事からのんびりした仕事に変わること(downshifting) **～·er** 名
dówn·sìde 名《the ～》否定的側面，弱点
dówn·sìze 動 他 ❶《米》〔自動車・コンピューターなど〕を小型[軽量]化する ❷〔組織の規模など〕を縮小する；〔余剰労働力〕を削減する ━自 (会社が)人員削減をする，レイオフする(lay off) **-sìzed** 形
dówn·sìz·ing /-ɪŋ/ 名 U 人員削減，経営合理化(layoff)；💻コンピューターシステムの小型化
dówn·spìn 名 C (株価などの)急落；加速度的下落
dówn·spòut 名 C《米》縦樋(たてどい)
Dówn's sỳndrome /dáunz-/ 名 U〖医〗ダウン症候群(♦《主に米》では Down syndrome ともいう)
dòwn·stáge ⊲ (↔ upstage) 副 形《限定》舞台前方に[の]；観客[カメラ]に近い方に[の]
━名《the ～》舞台前方
down·stairs /dàunstéərz/ ⊲ (↔ upstairs)
━副《比較なし》**階下へ[で]** ‖ The children dashed ～ to welcome their grandma. 子供たちはおばあちゃんを出迎えに階段を駆け降りた / **go** ～ 階下へ降りる / I'll wait for you ～. 下で待ってるね / The man ～ always plays his stereo too loudly. 階下の男はいつもステレオをがんがんかけている
━形 /⌐⌐/《比較なし》《限定》階下の，1階の ‖ the ～ rooms 階下の部屋
━名《the ～》《単数扱い》階下，1階(の部屋)
dówn·stàte ⊲《米》副 形《限定》州南部(の田舎)に[の] ━名 U 州南部(の田舎)(↔ upstate)
dòwn·stréam ⊲ 副 形 下流に[の]；(生産・遺伝のもとから)下流(部)に[の](↔ upstream)
dówn·stròke 名 C (手書きでの)下向きの一筆；(ピストンなどの)下り作動
dówn·swìng 名 C ❶(ゴルフなどの)ダウンスイング ❷(商売などの)下降傾向，下がり気味(downturn)
dòwn-the-líne 形 副 全面的な[に]；徹底的な[に] ‖ a ～ Democrat 根っからの民主党員
dówn·tìme 名 U ❶(機械・工場などの)非稼動時間，作動不能時間 ❷《主に米》(仕事の合間の)休み時間，休暇(♦ down time とも書く)
dòwn-to-éarth ⊲ 形 実際的な，現実的な
***down·town** /dàuntáun/ ⊲《主に米》副《比較なし》(町の)中心部へ[で]，ビジネス街へ[で]，商業地区へ[に](《英》city centre) ‖ We went ～ to do our Christmas shopping. 私たちはクリスマスの買い物をしにダウンタウンへ行った ━形《比較なし》《限定》(町の)中心部の，ビジネス街の ‖ the ～ area 商業地域 ━名 U C (町の)中心部，ビジネス街，商業地域(❗東京などの「下町」とは異なる)
dówn·trènd 名 U (景気などの)下押し気配，下向きの動き[変化](↔ uptrend)
dówn·tròdden 形 踏みにじられた；虐げられた
dówn·tùrn 名 C《通例単数形で》(景気などの)下降，沈滞(状態)(↔ upturn)
dòwn únder《口》副 (英国から見て)オーストラリア[ニュージーランド]へ[で]
━名《また D- U-》オーストラリア，ニュージーランド
***down·ward** /dáunwərd/ 形《限定》❶下方への，下向きの(↔ upward) ‖ a ～ slope 下り坂 ❷衰微の，悪化の ‖ a ～ trend in the economy 景気の悪化傾向
━副《主に米》(♦《英》では主に downwards) ❶下方へ，下へ向いて；減少して(↔ upward) ‖ Feed the sheets into the fax face ～. 用紙は表面を下にしてファックスに入れなさい / The interest rates are moving ～. 利率が下がっている ❷《from＋名詞を伴って》(上位の地位にあるものを)含め全員；ある時代[昔]からずっと，…以来 ‖ *from* the president ～ 社長を含め全員
dòwnwardly móbile 形〖社〗下降移動の《下位の社会階層に移って貧困化してくる》
dówn·wards /-wərdz/ 副 =downward
dòwn·wínd /-wínd/ ⊲ 副 形 追い風で[の]；風下で[の](↔ upwind) ‖ ～ of the fire その火事の風下
down·y /dáuni/ 形 ❶綿毛[うぶ毛]で覆われた；綿毛のような；(綿毛のように)柔らかい，ふわふわした ❷《英俗》《旧》抜け目のない **dówn·i·ness** 名
dow·ry /dáuəri/ 名 (複 **-ries** /-z/) C ❶(新婦の)持参金 ❷《文》天賦の才
dowse[1] /dauz/ 動 自 (占い棒で)〈地下の水脈などを〉探る〈**for**〉
dowse[2] /daus/ 動 =douse
dówsing ròd 名 C =divining rod
dox·ol·o·gy /dɑ(:)ksɑ́(:)lədʒi | dɒksɔ́l-/ 名 (複 **-gies** /-z/) C〖教会〗頌栄(しょうえい)《礼拝で神の栄光をたたえる短い歌または言葉》
dox·y /dɑ́(:)ksi | dɔ́ksi/ 名 (複 **dox·ies** /-z/) C《古》《俗》❶愛人 ❷売春婦
doy·en /dɔ́ɪən/ 名 (♦女性形 -enne) C (団体の)古参，長老；大御所(《米》dean)
doy·enne /dɔɪén/ 名 C doyen の女性形
Doyle /dɔɪl/ 名 **Sir Arthur Conan ～** (コナン=)ドイル (1859-1930)《名探偵 Sherlock Holmes を生んだ英国の推理作家》
doz. 略 dozen(s)
***doze** /douz/ 動 自 まどろむ，うたた寝をする；居眠りをする

《*off*》‖ ～ over a book 読書しながらうとうとする / ～ *off* during the lecture 授業中に居眠りをする
—㊀〔時間〕をうたた寝をして[うとうとと]過ごす《*away*》
—名 C《単数形で》うたた寝, まどろみ, 居眠り ‖ have a ～ 居眠りをする / fall into a ～ うとうとする

:doz·en /dʌ́zən/《発音注意》
—名 (複 **～s** /-z/, 《数詞の後で》 **doz·en**) ❶ C **1ダース**, 12 (個) 《略 doz., dz.》‖ a ～ apples 1ダースのリンゴ / half a ～ women 6人の女性 / some ～ policemen 10人余りの警官(♦この some は about(およそ)の意味) / pack eggs in ～*s* 卵を1ダースずつ詰める

語法 ☆☆ (**1**) 正確に12ではなく,「10–12程度」の意味のことも多い.
(**2**) 数詞や many, several などの後では dozen で dozens とはしない. 〈例〉three *dozen* [×dozens] pencils 3ダースの鉛筆
(**3**) 通例は of をつけずに形容詞的に用いる. ただし特定の1群の中の一部を指す場合には of が必要. 〈例〉a [two] *dozen* of these glasses この手のコップ1 [2] ダース

❷《～s》《口》かなりの数, 数十, 何ダース ‖ He looked through ～*s* of his lottery tickets before crying, "Yes!" 彼は「やった」と叫ぶまで何十枚もの宝くじの札を念入りにチェックした

by the dózen ① 1ダース単位で ② 大量に ‖ Customers came *by the* ～. 客がどっとやって来た
sìx of óne and hàlf a dòzen of the óther 五十歩百歩(♦両方とも6であることから)
tàlk nìneteen to the dózen 《英口》絶え間なくしゃべる
dóz·enth 形 12番目の(twelfth)

doz·y /dóuzi/ 形 ❶ 眠い, 眠そうな ❷《英口》ばかな；怠け者の **dóz·i·ness** 名

dp 略 *d*ouble *p*lay

DP, D.P. 略 *d*ata *p*rocessing；*d*ew *p*oint；*d*isplaced *p*erson(難民, 流民)

DPhil, D.Phil. /dìːfíl/ 略 *D*octor of *Phil*osophy

dpi 略 💻 *d*ot *p*er *i*nch《プリンターやスキャナーなどの解像度を表す単位. 1インチ当たりのドット数》

DPP 略《英》*D*irector of *P*ublic *P*rosecutions

DPT 略 *d*iphtheria, *p*ertussis, and *t*etanus (小児に与える3種混合ワクチン)

dpt. 略 department；〘文法〙deponent

dr. 略 drachm(s)；drachma(s)；dram(s)

***Dr.**[1], **Dr**[1] /dɑ́(ː)ktər | dɔ́k-/ 略 Doctor ❶ …博士 ❷ …先生《医者に対する敬称》

Dr.[2], **Dr**[2] 略 (道路名で) Drive ‖ Rodeo ～ ロデオドライブ《高級店が軒を連ねるビバリーヒルズの通り》

drab[1] /dræb/ 形 ❶ (地味な) 薄茶色の ❷ 活気のない, さえない；単調な, 退屈な —名 U ❶ (地味な)薄茶色, カーキ色(の布) ❷ 単調さ **～·ly** 副 **～·ness** 名

drab[2] /dræb/ 名 C《通例 ～s》少量 ‖ in dribs and ～*s* 少しずつ

drachm /dræm/ 名 ❶ =drachma ❷ =dram

drach·ma /drǽkmə/ 名 (複 **～s** /-z/ OR **-mae** /-miː/ OR **-mai** /-maɪ/) ドラクマ《euro 導入以前のギリシャの通貨単位. 略 dr.》；(古代ギリシャの)ドラクマ銀貨

Dra·co /dréɪkou/ 名 ❶ ドラコン《紀元前7世紀のアテネの執政官. 厳格な成文法を作った. Dracon ともいう》❷《the ～》〘天〙竜座

dra·co·ni·an /drəkóuniən/ 形《ときに D-》(法律が) 極めて厳格な, 苛酷(かこく)な(♦Draco(n) より)

Drac·u·la /drǽkjulə/ 名 ドラキュラ《英国の作家 Bram Stoker 作の怪奇小説. またその主人公の吸血鬼》

***draft,** 《英》**draught** /dræft | drɑːft/《発音注意》(♦《英》では名❻❼❽, 形❶❷で draught がふつう) 名 C ❶ 下書き, 草稿, 草案；設計図, 下図 ‖ Make a rough ～ of your speech first and polish [OR revise] it into the final. まず演説の草稿を作り, その後それを最終稿に仕上げなさい / The plan is still only in ～. その計画はまだ草案の段階でしかない / I finished making a fair [OR clean] copy of the ～ this morning. 今朝やっと草稿の清書をし終えた / a ～ for a house 家の設計図 ❷〘商〙為替手形, 小切手；支払命令書；U 手形振出 ‖ write a ～ for one million yen 100万円の小切手を書く / draw a ～ on a firm 会社に手形を振り出す / a ～ on demand 要求払い手形 ❸《the ～》《米》(軍隊の)徴兵(《英》conscription)；《集合的に》徴募兵 ❹〘スポーツ〙ドラフト (制) ‖ a first-round ～ pick ドラフト1位指名 ❺ U (乗り物・荷物などを)引くこと, 牽引(けんいん)；牽引量[物]；引き綱；C 一網(の漁獲量) ❻ 隙間(すきま)風；(室内の)通風；(ストーブなどの) 通気；通風調節装置 [弁] ‖ feel the ～ 隙間風を感じる；《口》(経済的に)苦境に陥る ❼ 飲み[吸い]込むこと；《旧》水薬の一回量 ‖ take a ～ of wine ワインを一口飲む / drink water at one ～ 水を一息に飲む / inhale air in long ～*s* 空気をたっぷり吸い込む ❽ U (液体を)たるから出すこと；C たる出ししたビール, 生ビール ‖ beer on ～ たる出しのビール ❾《単数形で》(船の)喫水 ‖ a ship of 8 feet ～ 喫水8フィートの船 ❿ U 💻 (プリンターの)ドラフト印刷モード(draft mode)
—動 他 ❶ …の下書きをする, 草稿を書く, 下図を書く；…のスケッチをする ‖ ～ the inauguration speech 就任演説の下書きをする / ～ the blueprint 青写真を描く ❷《米》…を〈…に〉徴兵する (call up)〈**into**〉‖ be ～*ed into* the army 陸軍に徴兵される ❸ …を〈…に〉選抜する《*in*》〈**into**〉；《米》〘スポーツ〙〔選手〕をドラフトで獲得する
—自 (自動車レースで風圧を避けるため)前車の直後を走る
—形《限定》❶ (重い荷物などの) 牽引用の ‖ a ～ horse 牽引用の馬 ❷ たる出しの, たる入りの ‖ ～ beer ドラフトビール(→ lager) ❸ 初期段階の, 下書きの, 草案の ‖ a ～ proposal 大まかな提案
▸▸ **～ bòard** 名 C《主に米》徴兵委員会 **～ càrd** 名 C《主に米》徴兵カード, 召集令状 **～ dòdger** 名 C《米》《けなして》徴兵忌避者 **～ pìck** 名《米》① U ドラフトで選手を選択する権利 ② C ドラフトで選ばれる選手

draft·ee /dræftíː | drɑːftíː/ 名 C《主に米》徴募[召集]兵(conscript)

draft·er /drǽftər | drɑ́ːftər/ 名 C 起草者, 立案者, 下図工

drafts·man /drǽftsmən | drɑ́ːfts-/ 名 (複 **-men** /-mən/) C ❶ 製図家[工]；設計図を書く人 ❷ (法案などの)起草[立案]者(中立 draftsperson)
～·shìp 名 U 製図[起草]術[の技量]

dráfts·pèrson 名 C 製図[設計, 起草]者(♥男女の区別をしない)

dráfts·wòman 名 (複 **-wòmen**) C (女性) 製図 [設計, 起草]者(中立 draftsperson)

draft·y /drǽfti | drɑ́ːfti/ 形 隙間風の入る
dráft·i·ly 副 **dráft·i·ness** 名

:drag /dræg/
—動 (**～s** /-z/；**dragged** /-d/；**drag·ging**)
—他 ❶〔重いもの〕を**引きずる**；〔人など〕を荒々しく引きずる(♦通例方向を表す 副句 を伴う)；〔足・着物のすそなど〕を引きずる (⇨ PULL 類語) ‖ *Dragging* a heavy suitcase along the street is embarrassing. 重いスーツケースを引きずって通りを行くのはやっかいだ / Don't ～ the sofa. You'll scratch the floor. ソファーを引きずらないで. 床に傷がつくから / ～ a robber to the ground 泥棒を地面に引きずり倒す / ～ one's feet 足を引きずる
❷《～ oneself+副句で》苦労して[いやいや]〈…の方へ〉進む ‖ ～ oneself into [out of] bed 大儀そうにベッドに入る[から出る]
❸《+目+副句》〔人〕を無理やり引っ張り出す[連れて行く]；…を引っ張り込む (♦ 副句 は場所・方向を表す) ‖ Why must I be *dragged* off [OR along] to a concert on this cold night? なぜこんな寒い晩に音楽会に引っ張り出されなきゃならないの

❹〖野球〗〔ボール〕をドラッグバントする
❺《＋目＋副句》〔画面上のアイコンなど〕を〈…へ〉ドラッグする ❻〈…を捜して〉〔川・湖など〕(の底)をさらう〈**for**〉‖ ～ the lake *for* the gun 銃を捜して湖の底をさらう ❼ (船が)〔いかり〕を引きずって流される
━自 ❶ **引きずる**, 引きずられる ‖ walk with one's gown *dragging* along the floor ガウンを床に引きずって歩く ❷ (歌唱やゲームのプレーなどが) 人より後れる；ぐずぐずする, のろのろ動く ❸ (時間が) だらだらと過ぎる《***by***》；(会議などが) 長引く《***on, along***》‖ The working day was *dragging on* into the early evening. 一日の勤務時間がだらだらと過ぎて夕方になった ❹〈…を捜して〉水底をさらう〈**for**〉 ❺ (いかりが) 水底を流される ❻《口》〈たばこを〉吸う, ふかす〈**on, at**〉 ❼ ドラッグレースに出場する
drág at ... 〈他〉① …をつかんで引っ張る ② ⇨ 自 ❻
dràg ... awáy 〈他〉…を〈…から〉無理に引き離す, …に〈…を〉やめさせる〈**from**〉‖ ～ a child *away from* a video game 子供をテレビゲームから引き離す
dràg behínd (*a pérson*) 〈自・他〉(人より) 後れる；落伍(ご)する ‖ ～ *behind* in the race レースで落伍する
dràg dówn ... / dràg ... dówn 〈他〉① …を〈…から〉引きずり下ろす〈**from**〉 ② …を衰弱させる；…をめいらせる ③ …の品位［水準, 価格など］を低下させる；…を堕落させる, (悪い方へ) 感化する ‖ Even a little mistake may ～ *down* the level of the work. 小さなミスでも作品のレベルを下げることがある
drag one's feet ⇨ FOOT(成句)
dràg ín ... / dràg ... ín 〈他〉① …を中に引きずり込む ② 〔関係のない話題など〕を話の中に持ち出す
dràg À ìnto B̀ 〈他〉① *A*を*B*に引きずり入れる ② *A* (人) を*B*に引きずり込む, 無理に巻き込む ‖ ～ him *into* a controversy 彼を論争に引きずり込む ③ *A* (関係のない話題など) を*B*に持ち出す ‖ He always ～*s* his kids *into* the conversation. 彼はいつも自分の子供たちのことを会話に持ち出す
dràg a pèrson kìcking and scréaming 〔人〕に無理やり〈…を〉やらせる〈**into**〉
dràg óff ... / dràg ... óff 〈他〉…を無理に〈…へ〉連れて行く〈**to**〉
*****dràg óut*** 〈他〉《***dràg óut ... / dràg ... óut***》…を (必要以上に) 長引かせる (spin out；prolong) ━〈自〉長々と続く
dràg À òut of B̀ 〈他〉*A*を*B* (人) から無理に聞き出す, *B* (人) に*A*を無理にしゃべらせる
dràg ... through the múd [OR ***míre, dírt***] 〔名・評判など〕をおとしめる
dràg úp 〈他〉《***dràg úp ... / dràg ... úp***》① …を引きずり上げる；…を引きずり寄せる ② 《口》〔過去の不快な出来事など〕をほじくり出す (↗ bring up) ③ 《英口》〔子供〕をいい加減に育てる ━〈自〉《英俗》(男性が) 女装する；(女性が) 男装する
━名 (複 **～s** /-z/) C ❶ 《a ～》〈…の〉障害物, 邪魔物；足手まとい〈**on, upon**〉‖ His tactless wife was a ～ *on* his career. 気のきかない妻は彼の出世の足を引っ張った ❷ 《a ～》《口》退屈な［不愉快な］もの［人］, 不便なもの［こと］；長く続くうんざりすること ‖ What a ～! 何ていやなことだ ❸ 《口》(たばこの) 一服 ‖ take a long ～ on [OR at] a cigarette たばこをゆっくりと一服する ❹ U 《俗》(男性の) 女装 (用の服)；(女性の) 男装 ‖ a man in ～ 女装した男 ❺ U 抗力《空気などの流体が前進する物体に与える力》 ❻ 《俗》通り, 通路 ‖ the main ～ 大通り ❼ U C のろのろした［緩慢な］動作 ❽ U C 引きずること；引きずられるもの［音］ ❾ (水底をさらう) 底引き網 (dragnet), 引っかけかぎ［鎖］ ❿ U 《米口》影響力；コネ, 引き, 縁故 ⓫ ＝drag race；《英口》《旧》自動車；(昔の) 四頭立て馬車 ⓬〖狩〗(獲物の残した) 臭跡；擬臭；(＝**～ hùnt**) 擬臭を用いて行う狩猟 ⓭ 重いそり；(昔の) 大まぐわ
▸▸**～ and dróp** (↓) **～ búnt** 名 C 〖野球〗ドラッグバント **～ lìft** 名 C 《英》ドラッグリフト《雪面を滑りながら引っ張り上げるスキーリフト》 **～ quèen** 名 C 《俗》女装のゲイ **～ ràce** (↓) **～ strìp** 名 C ドラッグストリップ《ドラッグレース用の直線コース》

dràg and dróp, dràg-and-dróp 🖵 動 他 …をドラッグアンドドロップする《アイコンなどをドラッグして移動先へ落とす》 ━形 ドラッグアンドドロップの

dra·gée /dræʒéɪ/ 名 C 糖果《フルーツやナッツをチョコレートや糖衣で包んだもの》；(ケーキの飾り用の) 銀粒；糖衣錠

drag·ger /drǽɡər/ 名 C 引っ張る人［もの］；《米》(漁網の) 引き船, トロール船 (trawler)

drag·gle /drǽɡl/ 動 他 …を引きずって汚す ━自 ❶ 引きずられる, 引きずられて汚れる ❷ (隊列などから) 後れる

drag·gy /drǽɡi/ 形 《口》❶ 緩慢な, のろのろした ❷ 退屈な, うんざりする

drág·lìne 名 C ❶〖建〗ドラッグライン《土砂をかき取るバケット付きの掘削機》 ❷ 引き綱；(クモの) 引き糸

drág·nèt 名 C ❶ 地［底］引き網；(捕鳥用の) 引き網 ❷ (警察の) 捜査網

drag·o·man /drǽɡəmən/ 名 (複 **～s** /-z/ OR **-men** /-mən/) C (中近東諸国などの) 通訳, 案内人, ガイド

***drag·on** /drǽɡən/ 名 C ❶ 竜, ドラゴン《翼・つめ・長い尾を持ち, 火を吐く伝説上の怪物》 ❷ ⊗《蔑》厳しく恐ろしい女［人］‖ a ～ lady 横暴な女性 ❸〖動〗コモドオオトカゲ；トビトカゲ (flying dragon)
chàse the drágon 《俗》ヘロインを吸う
語源 ギリシャ語 *drakōn* (見つめる者；蛇) から.
▸▸**～ bòat** 名 C ドラゴンボート《中国の手こぎ船を原型とする競漕(きょう)用ボート》 **～'s tèeth** 名 複 ① 《俗》対戦車障害物《何列にも敷設したくさび形のコンクリート》 ② 紛争の種 ‖ sow [OR plant] ～*'s teeth* 争いの種をまく

***drágon·flỳ** 名 C〖虫〗トンボ

dra·goon /drəɡúːn/ 名 C (英国の) 騎兵連隊の兵士；(昔の) 竜騎兵 ━動 他〔人〕を脅して無理やり〈…〉させる〈**into**〉 **～·age** 名

drág ràce 名 C ドラッグレース《自動車, 特に hot rod の発進加速競走》 **drág ràcer, drág ràcing** 名

drag·ster /drǽɡstər/ 名 C ドラッグスター《ドラッグレース用の自動車》；ドラッグレーサー

drain** /dreɪn/ 動 (▶ drainage 名) 他 ❶〔液体〕を〈…から〉流出させる, 吐かせる《away, off***》〈**from, out of**〉‖ The waste water is ～*ed away* [OR *off*] through a pipe into the sewer. 廃水は管を通して下水溝に流される ❷〔土地〕から水を引かせる, …を干拓する；…に排水設備を施す；〔容器など〕から液体を抜き取る；(川などが)〔ある地域〕の排水をする；…の水気を切る；〔はれ物〕から膿(うみ)を出す ‖ We don't ～ the bath water after we use it in Japan. 日本ではふろを使った後に浴槽の湯を流さない / We ～*ed* the water tank to clean it. 私たちは清掃するために水槽の水を抜き取った / ～ a fuel tank 燃料タンクを空にする / This river ～*s* the entire valley. この川は谷全体の水を集める / *Drain* the pasta well. パスタの水気をよく切りなさい / The player had his left knee ～*ed*. 選手は左ひざの水を抜いてもらった ❸〔資産・力・感情など〕を使い果たす, 消耗させる；〔人〕をへとへとに疲れさせる；…の〈資産・力などを〉奪い去る, 枯渇させる；〔顔など〕から〈血の気などを〉引かせる〈**of**〉‖ Our country is being ～*ed of* its best brains. 我が国から最高の頭脳が引き抜かれていく / emotionally ～*ing* negotiations 感情的に疲れる交渉 ❹〔グラスなど (の中身)〕を飲み干す ‖ She ～*ed* her glass in one gulp and said, "Well?" 彼女はグラスを一息に飲み干して, 「それで」と言った
━自 ❶ (液体が) 徐々に流れ出る, 排出する, はける《***away, off***》‖ Open the valve to let the water ～ *away*. その弁を開いて水を排出させなさい ❷ 水を排出する, 干上がる；(ぬれたものが) 乾く；(ある地域 (の水) が)〈川などに〉注ぐ〈**into**〉‖ The sink is clogged and won't ～ well. (台所の) 流しが詰まっていてうまく水が流れない / The athletic field ～*s* well [badly]. その競技場は水はけがいい

D

[悪い] / The valley ~*s into* this river. 谷の水はこの川に注いでいる ❸ (力・資産などが) 尽きていく, 枯渇する《*away*》; (血の気などが)〈…から〉引く, (感情などが)うせる〈**from**〉‖ His vitality ~*ed away*. 彼の元気は次第になくなっていった / The color ~*ed from* his face. 彼の顔から血の気が引いた

— 名 ❶ C 排水路[管], 放水路, 下水溝(sewer); 《米》排水口(《英》 plughole); 《英》(格子状の) 排水口のふた(《米》(sewer) grate); (~s)排水設備 ❷ U 流出, 消耗(→ brain drain); C 《単数形で》〈…を〉流出[消耗, 減少]させるもの〈**on**〉‖ the ~ of gold from the country 金の国外流出 / a ~ *on* my income 私の収入を目減りさせるもの ❸ C 〖医〗ドレーン, 排膿(はいのう)[液]管

* ***dòwn the dráin*** 《口》(金・時間・努力などが) 浪費されて, 無駄になって; (業績などが)悪化して; (チャンス・計画などが) つぶれて ‖ That's six months of effort, *down the* ~. 6か月もの努力が水の泡だ / go *down the* ~ 無駄になる, 駄目になる / pour [OR throw] money *down the* ~ 金を無駄に使う

làugh like a dráin 《英口》げらげら笑う

▶▶ **~ing bòard** 名 C 《英》=drainboard

* **drain·age** /dréɪnɪdʒ/ 名 〔◁ drain 動〕 U ❶ 排水, 水はけ; 排出された水, 下水, 汚水 ‖ soil with good ~ 水はけのよい土 ❷ 排水設備[装置], 排水[下水]路 ❸ 〖医〗(傷などからの)排液, 排膿

dráin·bòard 名 C 《米》(流し横の) 水切り板

drained /dreɪnd/ 形 《通例叙述》すごく疲れた, 力尽きた

drain·er /dréɪnər/ 名 C ❶ 水切りかご; =drainboard ❷ 排水器; 排水溝[渠]

dráin·pìpe 名 C ❶ 排水管, 下水管 ❷ C 雨どい ❸ (=~ **tròusers**) (~s) 《英》細くてぴったりしたズボン

drake[1] /dreɪk/ 名 C 〖鳥〗雄のカモ[アヒル](↔ duck[1])

drake[2] /dreɪk/ 名 C 〖虫〗カゲロウ(mayfly) 《釣餌》

Drake /dreɪk/ 名 **Sir Francis** ~ ドレーク (1540?–96) 《英国の航海者・提督. スペインの無敵艦隊を撃滅》

dram /dræm/ 名 C ❶ ドラム 《重量単位; 常衡で1/16オンス(1.772グラム), 薬局衡で1/8オンス(3.888グラム)》 ❷ (酒の)一口; 少量

DRAM /díːræm, dræm/ 名 C 💻ダイナミックラム 《記憶保持動作を必要とする書き込み・読み出し自由な記憶素子》(♦ *d*ynamic *r*andom-*a*ccess *m*emory の略)

:dra·ma /drɑ́ːmə, +米 drǽmə/

— 名 〔▶ dramatic 形, dramatize 動〕 (複 **~s** /-z/) ❶ C **劇, 戯曲**, ドラマ(⇨ PLAY 類語) ‖ a historical ~ 史劇 / make a novel into a ~ 小説を戯曲化する

❷ U 《しばしば the ~》《集合的に》**演劇**, 芝居; 舞台芸術; 作劇法, 上演 [演出, 演技] 法 ‖ the Greek [Elizabethan] ~ ギリシャ[エリザベス朝]演劇

❸ C U 劇的な事件, ドラマ; U 劇的状況[性質, 効果] ‖ the ~ of exploring outer space 宇宙探検ドラマ / The poet's life was full of ~. その詩人の生涯は波乱万丈だった / high ~ 緊迫した状況

màke a dráma out of ... 《口》…を大げさに騒ぎ立てる

▶▶ **~ quèen** 名 C 《口》《けなして》ささいなことを大げさに騒ぎ立てる人, 悲劇の主人公を気取る人

:dra·mat·ic /drəmǽṭɪk/

— 形 〔◁ drama 名〕 (**more ~; most ~**)

❶ 《比較なし》《限定》**劇[演劇]の**, 劇[演劇]に関する, 戯曲の; 劇形式の ‖ ~ performances (劇の) 上演 / ~ poetry 劇詩

❷ (出来事・状況などが) **劇的な**, ドラマチックな; 印象的な, 目覚ましい, 著しい ‖ The family had a ~ reunion after ten years. その一家は10年後劇的な再会を果たした / a ~ **change** in our lifestyle ライフスタイルの劇的な変化 / a ~ rise in prices 物価の高騰

❸ 芝居がかった, 大げさな ‖ with [OR in] a ~ gesture 大げさな身振りで ❹ 〖楽〗(歌声が) 力強く朗々とした

-i·cal·ly 副

▶▶ **~ írony** 名 U 劇的皮肉 《観客にはわかるが, 登場人物にはわからない裏の意味がもたらす効果》

dra·mat·ics /drəmǽṭɪks/ 名 複 ❶ 《しばしば単数扱い》演技(術); 演出法 ❷ 《複数扱い》芝居がかった振る舞い; 演劇, 芝居

dram·a·tis per·so·nae /drǽməṭəs pərsóuniː | -tɪs pəːsóunaɪ/ 名 C ❶ 《複数扱い》《堅》(劇の) 登場人物 ❷ 《単数扱い》配役表 (♦ ラテン語より) (=persons of the drama)

* **dram·a·tist** /drǽməṭəst | -tɪst/ 名 C 劇作家, 脚本家

dram·a·ti·za·tion /drӕməṭəzéɪʃən | -taɪ-/ 名 U 〔戯曲〕化, ドラマ化, 脚色; C 脚本

dram·a·tize /drǽmətàɪz/ 動 〔◁ drama 名〕 他 ❶ 〔小説など〕を劇化する, 脚色する ❷ …を劇的に[生々しく]表現する; …を誇張する

— 自 大げさに振る舞う, 芝居がかる; 劇になる

dram·a·turge /drǽmətə̀ːrdʒ/ 名 C ❶ 劇作家(dramaturgist) ❷ 演出家(dramaturg)

dram·a·tur·gy /drǽmətə̀ːrdʒi/ 名 U 作劇法, 演出法, ドラマツルギー **dràm·a·túr·gic(al)** 形

Dram·buie /dræmbúːi | -bjúːi/ 名 U 《商標》ドラムビュイ 《ウイスキーにハチミツと香草を加えたリキュール》

dram·e·dy /drǽmədi, drɑ́ːmədi/ 名 (複 **-dies** /-z/) C (テレビの) ドラマコメディー 《シリアスな要素を含んだ喜劇》

:drank /dræŋk/ 動 drink の過去

* **drape** /dreɪp/ 動 他 ❶ 《通例受身形で》〈大きな布などで〉きれいに覆われる, 包まれる, 飾られる〈**with, in**〉‖ The coffin was ~*d with* the Union Jack. ひつぎは英国国旗に覆われていた ❷ 〔布・衣類など〕を〈…に〉ゆったりかける, ひだ状にして垂らす〈**around, over, etc.**〉‖ The bride ~*d* the veil *over* her head. 花嫁は頭からベールをかぶった ❸ 〔手足など〕を〈…に〉だらりと伸ばす[垂らす]〈**over, around, etc.**〉‖ He ~*d* his arm *around* my shoulders. 彼は腕を私の両肩に回した

— 自 (布などが) ひだになって垂れ下がる ‖ This silk shirt ~*s* well. この絹のシャツは(垂らすと)きれいなひだができる

— 名 C ❶ 《通例 ~s》《主に米》厚手の(長い) カーテン ❷ 《単数形で》(服・掛け布などの) ひだの整え方; 垂れ[たるみ]具合, ドレープ ‖ adjust the ~ of a gown ガウンのたるみを直す ❸ (ゆったりした) 掛け布 ❹ 無菌布 《手術時に患部の周りを覆う滅菌した布》

drap·er /dréɪpər/ 名 C 《英》《旧》服地商, 生地屋(draper's (shop), 《米》dry goods store)

drap·er·y /dréɪpəri/ 名 (複 **-er·ies** /-z/) ❶ C U (ひだを優美に整えた) 掛け布 (衣服・カーテンなど) ❷ C 《通例 -eries》《米》(長い厚地の) カーテン ❸ U 《英》布地, 反物(《米》dry goods); 服地業

* **dras·tic** /drǽstɪk/ 形 (行動・手段などが) 思いきった, 徹底的な; 重大な, 深刻な ‖ take ~ measures 思いきった策を講ずる / ~ shortage of water 深刻な水不足

drás·ti·cal·ly 副 思いきって, 徹底的に

drat /dræt/ 間 《口》ちぇっ (♥ 軽い不快・失望を表す) ‖ *Drat* (it)! いまいましい

drat·ted /drǽṭɪd/ 形 《口》いまいましい

* **draught** /dræft | drɑːft/ 名 動 形 《英》=draft

▶▶ **~ exclùder** 名 C 《英》(隙間(すき)風を防ぐドアや窓の) 目張り(《米》weather strip)

dráught·bòard 名 《英》=checkerboard

draughts /dræfts | drɑːfts/ 名 U 《英》チェッカー(《米》checkers) (2人で対戦する盤上ゲームの一種)

draughts·man /drǽftsmən | drɑ́ːfts-/ 名 (複 **-men** /-mən/) C 《英》 ❶ =draftsman ❷ チェッカーのこま

~·shìp 名

dráughts·pèrson 名 《英》=draftsperson

dráughts·wòman 名 (複 **-wòmen**) 《英》=draftswoman

draught·y /drǽfti | drɑ́ːfti/ 形 《英》=drafty

Dra·vid·i·an /drəvídiən/ 名 C ドラビダ人 《インド南部や

スリランカに住みドラビダ語を母語とする非アーリア系人種》; Ⓤドラビダ語 ―形 ドラビダ人[語]の

draw /drɔː/ 動 名

中心義 (滑らかに)引く(★具体的な「物」に限らず,「結論」や「注意」など抽象的なものについても用いる)

動 他 描く❶ 引く❷ 取り出す❸ 引き出す❺
引きつける❻ もたらす❼
自 線で描く❶ 近寄る❷

―動 (~s /-z/; **drew** /druː/; **drawn** /drɔːn/; **~·ing**)

―他 ❶ **a** 《+目》(ペン・鉛筆・クレヨンなどで)〔絵など〕を**描く**,〔線〕を引く;〔人・物〕を(言葉で)描く, 描写する(⇨ WRITE 類語P) ‖ The chimpanzee *drew* a circle on the board dexterously. そのチンパンジーは黒板に円を器用に描いた / I'm ~*ing* my daughter. 私は娘のスケッチをしている / *Draw* [*Write] a **line** under the misspelled words. つづりに間違いのある単語に下線を引きなさい / The characters are well *drawn*. 登場人物は巧みに描かれている / The politician *drew* a rosy picture of the future. その政治家はバラ色の未来を語った

b 《+目 *A*+目 *B* ≒ +目 *B*+**for** 目 *A*》*A*(人)に*B*を描いてやる ‖ My host mother *drew* me a rough map of the town. ステイ先のママがその町の略地図を描いてくれた

❷ …を**引く**, 引っ張る, 引き寄せる(♦pull よりゆっくりと滑らかに「引く」の意. 通例方向を表す 副句 を伴う)(⇨ PULL 類語) ‖ ~ a curtain (aside) カーテンを(片側に)引く / ~ a cart 荷車を引く / with the blinds *drawn* down ブラインドを下ろして / ~ a chair up to the table いすをテーブルに引き寄せる / ~ a boat up from the water ボートを水から引き上げる / I *drew* her aside and asked, "Is that him?" 彼女をわきに引き寄せて「彼なの」と尋ねた / A child is said to ~ parents together. 子はかすがいといわれる / The carriage was *drawn* by two horses. 馬車は2頭の馬に引かれていた / ~ oneself up to one's full height すっくと立ち上がる

❸〔物〕を〈…から〉**取り出す**,〔コルク栓・針など〕を引き抜く, 抜き取る, 取り去る;〔剣・銃〕を〈さやから〉抜く〈**from, out of**〉;〔くじ・トランプの札など〕を引く, …をくじで引き当てる ‖ ~ change *from* his pocket 彼のポケットから小銭を取り出す / ~ the cork *out of* a bottle ボトルの栓を抜く / ~ dust covers *from* furniture 家具の覆いをとる / ~ a gun *from* [OR *out of*] its holster ケースからピストルを抜く / Japan has been *drawn* against [OR to play] Spain. 日本は抽選の結果スペインとの対戦となった / ~ lots くじを引く / ~ a card *from* a pack 1組のトランプから1枚を引く

❹〔水など〕を〈…から〉くみ出す, くみ上げる〈**from**〉;〔血など〕を抜く ‖ ~ (up) water *from* a well 井戸から水をくむ

❺ **a** 《+目》〔結論・教訓など〕を〈…から〉**引き出す**, 得る, 受ける〈**from**〉‖ ~ a conclusion *from* ... …から結論を引き出す / ~ lessons *from* past mistakes 過去の過ちから教訓を得る / ~ inspiration *from* nature 自然からひらめきを受ける **b** 《通例受身形で》〈…について〉しゃべらされる〈**on**〉‖ He refused to be *drawn on* any questions. 何を聞いても彼は口をつぐんだままだった

❻ **a** 《+目》〔人・観客・注意など〕を〈…に〉**引きつける**(attract), 魅了する〈**to, toward**〉‖ The play is ~*ing* large audiences. その劇は多くの観客を集めている / Her scream *drew* the **attention** of the passers-by. 彼女の悲鳴が通行人の注意を引いた / She felt *drawn to* [OR *toward*] him. 彼女は彼に心引かれた **b** 《+目+**into** 名 / 目+**to do**》〔人〕を〈…に〉引き込む;〔人〕に…させる ‖ ~ him *into* conversation [the right path] 彼を話に引き込む[正道に導く] / He *drew* me *to* love nature. 彼のおかげで私は自然を愛するようになった

❼ …を引き起こす, **もたらす**,(身に)招く ‖ ~ cheers [tears] from the audience 観客の喝采(かっさい)を博す[涙を誘う] / ~ enemy fire 敵の砲撃を招く / ~ criticism [ruin] upon oneself 非難[破滅]を招く ❽〈銀行などから〉〔金〕を引き出す, 下ろす《*out*》〈**from, out of**〉‖ ~ a thousand dollars *from* [OR *out of*] ⌈one's account [the bank]⌉ 口座[銀行]から1,000ドル下ろす ❾〔給料など〕を得る;〔利息〕を生み出す ‖ ~ a good salary 高い給料をとる / savings ~*ing* interest 利息のつく預金 ❿〔比較など〕を行う;〔区別〕を設ける ‖ ~ a comparison [parallel] between the two 両者の比較をする[類似を示す] / ~ moral distinctions 道徳上の相違を示す ⓫〔文書〕を書く, 作成する《*up*》;〔小切手・手形〕を〈…に対して〉振り出す〈**on**〉‖ ~ (*up*) a will [contract] 遺言状[契約書]を作成する / *On* what bank is the check *drawn*? その小切手は何銀行あてに振り出したものですか ⓬〔息〕を吸う, 吸い込む《*in*》;〔ため息〕をつく ‖ ~ fresh air into the lungs 肺に新鮮な空気を吸い込む / ~ (*in*) a deep [OR long] breath 深呼吸する ⓭〔綱など〕を(ぴんと)張る;〔弓〕を引き絞る ‖ ~ a rope tight 綱をぴんと張る ⓮〔試合〕を引き分けにする ‖ The game was *drawn* (at) 3-3. 試合は3対3で引き分けになった ⓯『海』(船が)…の喫水がある ‖ The boat ~*s* ten feet. その船の喫水は10フィートだ ⓰『ゴルフ』〔ボール〕をドローさせる《右[左]利きの人が少し左[右]にカーブさせる》(↔ fade);『クリケット』〔ボール〕を引っ張る ⓱〔鶏など〕からはらわたを抜く ⓲〔茶〕を(煎(せん)じ)出す ⓳『猟』〔獲物〕を(穴から)狩り出す;〔獲物の隠れ場所〕を狩り立てる ⓴〔金属など〕を圧延加工する;(金属を引き延ばして)〔針金など〕を作る

―自 ❶ **線で描く**, 絵を描く, スケッチする ‖ She ~*s* well. 彼女は絵がうまい

❷ 動く, 行く; **近寄る**, 近づく(♦しばしば方向を表す 副句 を伴う) ‖ Night ~*s* near. 夜が迫っている / The whole party *drew* around the table. その座にいた者はみなテーブルの周りに集まった / He *drew* closer to me. 彼は私に近寄ってきた / ~ to ⌈an end [OR a close]⌉ 終わりに近づく / The car *drew* to a stop in front of his office. その車は彼の事務所の前で止まった / The train *drew* into the station. 列車は駅に入った

❸ 引く, 引っ張る; 弓を引き絞る; ぴんと張る ❹ (煙突・パイプなどが)煙を出す, 空気を通す(♦通例様態を表す副詞を伴う);〈パイプなどを〉吸う〈**at, on**〉‖ ~ *at* a cigar 葉巻を吸う ❺ (勝負が)〈…と〉引き分けになる〈**with, against**〉❻〈…に〉銃[剣]を抜く〈**on**〉;〈…を決めようと〉くじを引く〈**for**〉❼ 縮む, ゆがむ ‖ His eyebrows *drew* together in distaste. 不愉快になって彼はまゆをしかめた ❽ 人気を呼ぶ, 人を引きつける(♦通例様態を表す副詞を伴う) ‖ The play is ~*ing* well. その芝居は人気を呼んでいる ❾〈資金・資源などを〉利用する, 使う,〈…に〉頼る,〈…から〉引き出す〈**from, on, upon**〉‖ He *drew* heavily *on* small-town life in his works. 彼は作品の中で小さな町の生活を大いに参考にした / I ~ *on* my experience to tell you this. 君にこう言うのも私の経験からなんだ ❿ (茶が)出る ⓫ (こう薬などが)膿(うみ)(など)を吸い出す

dràw ahéad 〈自〉(競技などで)リードする;〈…を〉追い抜く〈**of**〉

dràw apárt 〈他〉《***dràw apárt ...*** / ***dràw ... apárt***》…を分ける;〔カーテンなど〕を左右に開ける ―〈自〉〈…から〉離れる; 心が離れる〈**from**〉

dràw awáy 〈自〉①〈…から〉後ずさりする〈**from**〉②(競技で)〈…を〉引き離す〈**from**〉―〈他〉《***dràw awáy ...*** / ***dràw ... awáy***》…を引っ込める;〔注意など〕をそらす

dràw báck 〈自〉①〈…から〉後ろへ下がる, 後ずさりする(recoil)〈**from**〉②〈事業などから〉手を引く〈**from**〉―〈他〉《***dràw báck ...*** / ***dràw ... báck***》…を引き戻す; …を引っ込める

dràw dówn 〈他〉《***dràw dówn ...*** / ***dràw ... dówn***》①〔ブラインドなど〕を下ろす(→ 他 ❷) ②〔蓄えなど〕を減らす

D

③〔金など〕を〈…から〉引き出す〈**from**〉 ④〔軍事力など〕を削減する ━〈自〉(蓄えなどが)目減りする
dràw dówn on ... 《米》〔金〕を引き出す
dràw ín 〈自〉 ①《主に英》(日が)短くなる(↔ *draw out*)；(夜が)早く訪れる；(日が)暮れる ②(列車などが)(駅に)入る(↔ *draw out*) ━〈他〉《***dràw ín ...*** / ***dràw ... ín***》 ①〔人〕を引き入れる, 誘い込む(♦しばしば受身形で用いる) ②…を吸い込む(→ 他 ⓬) ③…をスケッチする, …の下絵を描く
dràw óff 〈他〉《***dràw óff ...*** / ***dràw ... óff***》 ①〔軍隊〕を撤退[退却]させる ②〔水など〕を排出する ‖ ～ *off* the water from a tank 水槽から水を出す ③〔手袋・靴下など〕を脱ぐ(↔ *draw on*) ④〔注意など〕をそらす ━〈自〉 ①(軍隊が)撤退[退却]する ②(水などが)流れ出る, 排出する
*****dràw ón*** 〈自〉(季節などが)近づく, 迫る；(時が)だんだん過ぎていく ━〈他〉 Ⅰ《***dràw ... ón***》 ①〔手袋・靴下など〕をはめる, はく(↔ *draw off*) ②〔人〕を引っ張っていく, さらに先へ進ませる；〔人〕に〈…するよう〉促す〈**to do**〉 ‖ Her encouragement *drew* him *on* [*to* speak freely]. 彼女に励まされて彼はさらに先へ進んだ[腹蔵なくしゃべった] Ⅱ《***dràw ón ...***》 ③〔経験・技術など〕に**頼る**, …を利用する(→ 自 ❾) ④〔金〕を引き出す ⑤…に接近する, 迫る；…に追いつく ⑥〔たばこ〕を吸う(→ 自 ❹)
dràw óut 〈他〉 Ⅰ《***dràw óut ...*** / ***dràw ... óut***》 ①…を引き抜く, 抜く, 引き出す；〔金〕を下ろす；(人から)〔情報など〕を聞き出す(elicit) ‖ ～ *out* a cork [gun] コルク栓[銃]を抜く ②〔会議など〕を引き延ばす, 長引かせる(→ drawn-out, long-drawn-out) Ⅱ《通例 ***dràw ... óut***》 ③〔人〕を打ち解けさせ(てしゃべらせ)る ④〔文書・計画〕を作成する ━〈自〉 ①(日が)長くなる(↔ *draw in*) ②(列車が)(駅から)出る(↔ *draw in*) ③(車が)(ほかの車線から移って)進路を遮る
*****dràw úp*** 〈他〉《***dràw úp ...*** / ***dràw ... úp***》 ①〔カーテンなど〕を引き上げる(→ 他 ❷) ②〔水など〕をくみ上げる(→ 他 ❹) ③〔いすなど〕を**近づける**；〔ひざ〕を引き寄せる ④〔報告書など〕を**作成する**(→ 他 ⓫) ⑤〔計画〕を立てる, 準備する(formulate) ⑥《通例受身形で》(軍隊・車などが)並ぶ, 整列する ⑦〔車など〕を止める ━〈自〉 ①(車などが)**止まる** ②〈…に〉追いつく, 迫る〈**with, to**〉
━名 (複 **～s** /-z/) Ⓒ ❶引く[引かれる]こと, 引っ張り；引き抜き；(銃・剣などを)抜くこと ‖ beat him to the ～ 《米口》彼より早く拳銃(けんじゅう)(など)を抜く；彼の機先を制する
❷引き分け(試合), ドロー ‖ The game ended **in** a ～. 試合は引き分けに終わった ❸くじ[引き]；当たりくじを引くこと；(スポーツで)抽選(による組み合わせ[相手]) ‖ the ～ for the third round 3回戦の組み合わせ抽選 / a prize ～ 賞品[賞金]の抽選 ❹(観客などを)引きつけるもの, 呼び物 ‖ The film is a big ～ for children. その映画は子供に大人気だ ❺(たばこの)一服 ‖ take a ～ on one's pipe パイプを吹かす ❻〖ポーカー〗捨てた枚数分だけ配られるカード ❼《米》(はね橋(drawbridge)の)可動部分 ❽〖ゴルフ〗ドローボール《落ちたときに左に(左利きでは右に)曲がる打球》 ❾Ⓤ《英口》マリファナ, カンナビス
be quìck [OR ***fàst***] ***on the dráw*** 拳銃(など)を抜くのが早い；理解が早い, 機転がきく
▸▸ ～ **wèll** 名Ⓒ つるべ井戸, くみ井戸

dráw·bàck 名 ❶Ⓒ〈…の〉欠点, 不利な点〈**to, of**〉 ❷Ⓒ(特に関税の)戻し税；Ⓤ控除(deduction)

dráw·brìdge 名Ⓒ はね橋, 可動橋

dráw·dòwn 名ⓊⒸ ❶(軍事力などの)削減 ❷(貯水池などの)水位低下, 枯渇；(石油などの)備蓄物の使用

draw·ee /drɔːíː/ 名Ⓒ〖商〗手形名あて人

:draw·er /drɔ́ːər/ (→ ❶, ❷)
━名 (複 **～s** /-z/) Ⓒ ❶ /drɔːr/ **引き出し**；《～s》たんす ‖ The **top** ～ is for silverware and the bottom is for cooking utensils. いちばん上の引き出しは銀器用で, いちばん下は調理器具用です / I rummaged through the ～ for my passport. パスポートを捜して引き出しの中を引っかき回した / **open** the **bottom** ～ いちばん下の引き出しを開ける / a chest of ～*s* たんす1さお
❷《～s》/drɔːrz/ 《旧》《戯》ズボン下, 下ばき, ズロース
❸手形[小切手]振出人 ‖ refer to ～ (銀行)小切手の支払いを一時停止する, 振出人回しにする ❹製図家
～·fùl 名Ⓒ 引き出しいっぱい(の量)

:draw·ing /drɔ́ːɪŋ/
━名 (複 **～s** /-z/) ❶Ⓒ**線画**, 素描, スケッチ, 図面(♦drawing は鉛筆・ペンなどを使った主に単色画. painting は絵の具を用いた多色画) ‖ a pencil [charcoal] ～ 鉛筆[木炭]画 / do [OR make] a ～ of one's daughter 娘のスケッチをする
❷Ⓤ(線で)**絵を描くこと**, 線描, スケッチ, ドローイング；製図；線画の技法, 画法 ‖ be good [gifted] at ～ スケッチがうまい[の才能がある]
❸ⓊⒸ引くこと, 引き寄せる[伸ばす]こと
❹Ⓒ《米》宝くじ, 富くじ；くじ引き, 抽選
▸▸ ～ **bòard** (↓) ～ **càrd** 名Ⓒ《米》人気番組[役者], 好カード ～ **pàper** 名Ⓤ 画用紙, 製図用紙 ～ **pìn** 名Ⓒ《英》画鋲(がびょう)(《米》thumbtack) ～ **pòwer** 名Ⓤ《米》人気, 魅力(《英》pulling power) ～ **ròom** (↓)

dráwing bòard 名 ❶Ⓒ製図板；画板 ❷Ⓤ設計[計画]段階
bàck to the dráwing bòard 《口》(失敗の後)計画を振り出しに戻して, 最初からやり直しで
off the dráwing bòard 計画段階を終えて[過ぎて]
on the dráwing bòard 計画[立案]中で

*****dráwing ròom*** 名Ⓒ ❶(特に大邸宅の)客間, 応接室 ❷《米》(寝台車の)特別個室 **dráwing-ròom** 形《限定》上品な；(劇などが)上流社会の[を扱った]

dráw·knìfe 名 (複 **-knives** /-nàɪvz/) Ⓒ〖木工〗(両端に柄がある)引き削り刀

drawl /drɔːl/ 動 自 (母音を長く発音して)ゆっくり話す；物憂げに[気取って]ゆっくり話す
━他 …をゆっくりと言う(♦直接話法にも用いる)
━名Ⓒ《単数形で》ゆっくりした話しぶり ‖ a Southern ～ 米国南部人の間延びした話しぶり

:drawn /drɔːn/
━動 draw の過去分詞
━形 (**more ～**；**most ～**)
❶(顔などが)引きつった；やつれた, げっそりした ‖ a face ～ with sorrow 悲しみにゆがんだ顔 ❷(バターが)溶かした ‖ ～ butter (ソース用の)溶かしバター ❸引き分けの ‖ a ～ game 引き分け試合 ❹(刀などが)抜かれた ❺《複合語で》…に引かれた ‖ a horse-～ carriage 馬に引かせた車

dráwn-òut 形 (長々と)引き延ばされた, 間延びした

dráw·string 名Ⓒ 引きひも《衣服のウエスト部分や袋の口を締める通しひも》

dray /dreɪ/ 名Ⓒ (わき板のない低い幅広の)荷(馬)車

*****dread*** /dred/ 《発音注意》 動 他 恐れる **a** 《+目》…をひどく恐れる, 怖がる；…を心配する ‖ A singed cat ～*s* the fire. 毛先を焦がした猫は火を恐れる / I'm ～*ing* tomorrow's sales presentation. 明日の販売促進プレゼンがうまくいくかどうかひどく心配だ **b** 《+**to** *do* / *doing*》…することを恐れる, …したがらない ‖ I ～ *to* think what those little rascals will do next. あのちびっ子めらが次に何をしでかすか考えると怖くなる / I ～ talking to him. 彼と口をきくのはいやだ **c** 《+目+*doing*》…が…するのを恐れる ‖ He ～*s* his wife learning about his actual job. 彼は妻が自分の実際の仕事を知ってしまうのではないかとびくびくしている **d** 《+(**that**) 節》…ではないかと恐れる ‖ He ～*s that* he will be fired. 彼は首になるのではないかと恐れている
━自 非常に恐れる, 怖がる, いやがる
━名 ❶Ⓤ/Ⓒ《単数形で》(将来に対する)(大きな)恐怖,

恐れ；危惧(きぐ), 不安(⇨ FEAR 類語) ‖ *Dread* of an aftershock kept them awake. 余震が来るかもしれないという恐怖で彼らは眠れなかった / As a child I had a ～ of the doctor. 子供のころ医者が怖くてならなかった / She is in constant ～ of her child being taken away from her. 彼女は子供を取り上げられはしないかと絶えず心配している ❷ Ⓒ《単数形で》恐ろしいもの, 恐怖の的 ❸ Ⓒ《～s》=dreadlocks
—形《限定》❶《文》=dreaded ❷《古》畏怖(いふ)させる

dread·ed /drédɪd/ 形《限定》❶ 恐ろしい, 怖い ‖ a ～ disease 恐ろしい病気 ❷《口》《ときに戯》いやな, 困った ‖ ～ home work いやな宿題

dread·ful /drédfəl/ 形 (**more ～**; **most ～**) ❶ ひどく悪い, 非常に不快な；《限定》はなはだしい, ひどい ‖ a ～ film ひどい映画 / a ～ bore 恐ろしく退屈な人 / a ～ mistake とんでもない間違い ❷ 病気の, 気分が悪い, 疲れた；取り乱した ‖ feel ～ ひどく気分が悪い ❸《通例限定》恐ろしい, とても怖い；畏怖させる ‖ a ～ disaster 恐ろしい災害 **～·ness** 名

dread·ful·ly /drédfəli/ 副 ❶ 恐ろしく, ものすごく, とても (♦ 形容詞の前, 動詞の後に置かれる) ‖ ～ tired ひどく疲れて / I miss you ～. あなたがいなくてとても寂しい ❷ とても悪く ‖ behave ～ 不作法に振る舞う

dréad·lòcks 名 複 ドレッドロックス《髪を細く編んで垂らした髪型》(dreads) **dréad-lòcked** 形

dréad·nòught 名《ときに D-》Ⓒ (20世紀初頭の) 弩級(どきゅう)艦, 大型戦艦

dream /dri:m/ 名 動

—名 (複 **～s** /-z/) Ⓒ ❶ 夢(→ nightmare) ‖ She had a ～ that she had won the marathon. 彼女はマラソンで優勝した夢を見た / I sometimes have [×see] a ～ about my ex-boyfriend. ときどき前のボーイフレンドの夢を見る / I awoke from my ～ to reality. 夢から覚めて現実に戻った / interpret [OR read] a ～ 夢判断をする / My dead father appeared in my ～. 亡父が夢に現れた / like a bad ～ 悪夢のような
❷《通例単数形で》夢想, 空想, 幻想, 白日夢(daydream)；夢うつつ(の状態) ‖ a waking ～ 白日夢 / She was living in a ～. 夢見心地で暮らしていた
❸ (将来の)夢, 希望, 理想；抱負；あこがれ(の的) (→ American dream) ‖ I hope your ～ will come true. あなたの夢がかなうといいですね / I cherish a ～ of becoming an astronaut. 私は宇宙飛行士になる夢を抱いている / It is his big ～ to own a ranch. 牧場を持つのが彼の大きな夢だ / Her ～*s* **came true**. 彼女の夢は実現した / realize [follow, pursue] one's ～ 夢を実現する[追い求める] / the man of my ～*s* 私の理想の男性 / an impossible ～ 見果てぬ夢 / a wild [OR wildest] ～ 途方もない夢
❹《通例 a ～》(夢のように)素晴らしいもの[こと, 人] ‖ The woman looked 「a perfect [OR an absolute] ～. その女性は(夢のような)絶世の美人だった / a ～ of a dress とても素敵なドレス
❺《形容詞的に》夢のような, 理想の ‖ her ～ house 彼女が夢に描く家 / a ～ holiday 夢のような休暇

a drèam còme trúe 念願がかなうこと, 実現した夢
beyond one's wìldest dréams 夢にも思わなかったような
in one's wìldest dréams 《never, not とともに》夢にも(思わない), 想像だに(しない)
like a dréam 《口》(夢のように)素晴らしく, とてもうまく, いとも簡単に(♦ go, run, work などの動詞とともに用いる) ‖ My new car runs *like a* ～. 僕の新車は調子よく走る

COMMUNICATIVE EXPRESSIONS
1 "Can I gò óut with you thìs évening?" "**In your dréams.**" 「今晩デートできるかな」「無理よ」(♥ 無理な依頼・誘いなどに対するややぶしつけな断り文句.「夢の中で」つまり「現実にはあり得ない」の意)
2 **Swèet** [OR **Plèasant**] **dréams!** おやすみなさい (♥ 子供に対して言うことが多い)

—動 (**～s** /-z/; **～ed** /-d, dremt/ OR **dreamt** /dremt/; **～·ing**) (♦ 過去・過去分詞は《米》では dreamed, dreamt 共に用いられ, 《英》では dreamt がふつう)
—自 ❶ 〈…の〉**夢を見る**〈**of, about**〉‖ I often ～ in color. 私はよく色付きの夢を見る / You must have been ～*ing*. きっと夢でも見ていたんだろう / I ～*ed about* [OR *of*] walking in space. 宇宙遊泳をしている夢を見た
❷〈…(の実現)を〉夢想する, 夢見る〈**of, about**〉‖ She ～*s of* appearing on Broadway. 彼女はブロードウェイに出演することを夢見ている / ～ *of* success 成功を夢見る
❸《否定文で》〈…を〉**夢にも思わない**, 考えもしない〈**of**〉；《would, could とともに》〈…しようとは〉夢にも思わない〈**of** *doing*〉‖ No one ～*ed of* this standard of living fifty years ago. 50年前にはこのような生活水準をだれも夢にも思わなかった / I wouldn't ～ *of* asking him to pay damages. 彼に賠償金の支払いを要求しようとは夢にも思わない
—他 ❶ **a** 《+目》〔夢〕を見る；…を**夢に見る** (♦ 目 はしばしば同族目的語 dream) ‖ ～ a (beautiful) dream (心地よい)夢を見る(♦ have a dream の方がふつう)
b 《+ (**that**) 節》…ということを夢に見る ‖ I ～*ed* (*that*) I was interviewing Meg Ryan. メグ＝ライアンにインタビューしている夢を見た
❷《通例否定文・修辞疑問文で》**a** 《+目》…を**夢想[想像]する** ‖ Who would have ～*ed* that ending? だれがそんな結末を想像しただろうか
b 《+ (**that**) 節》…ということを夢想する, …(があり得る)と想像する ‖ I never ～*ed* (*that*) my remark would offend her. 私の発言が彼女を怒らせることになるとは夢にも思わなかった

drèam awáy ... / drèam ... awáy 〈他〉〔時間〕をうかうかと過ごす
****drèam úp ... / drèam ... úp*** 〈他〉〔奇抜な考え・計画など〕を思いつく, 考え出す

COMMUNICATIVE EXPRESSIONS
3 **Drèam ón!** 何夢みたいなこと言ってるの；おあいにくさま (♥ 無理な願望を述べたり勝手な依頼をする人に対する返答.「(そのまま)夢でも見ていなさい」の意)

▶▶ **～ tèam** 名 Ⓒ《口》ドリームチーム《精鋭を集めたスポーツチーム・弁護団など》 **～ tìcket** 名 Ⓒ《単数形で》《口》(選挙での)夢のコンビ《《米》では特に正・副大統領候補として, 《英》では首相, 副首相を組む理想の2人組》(♦ 主に新聞記事で用いる)；またとない機会

dréam·bòat 名 Ⓒ《口》素敵な人《特に男性》
dréam·càtcher 名 Ⓒ ドリームキャッチャー《輪に網を張り羽根やビーズで飾った北米先住民のお守り》
dréam·er /-ər/ 名 Ⓒ 夢見る人；空想家, 夢想家
dream·i·ly /drí:mɪli/ 副 夢を見ているように, 夢心地で, ぼんやりと
dream·i·ness /drí:minəs/ 名 Ⓤ 夢心地
dréam·lànd 名 Ⓤ ❶《けなして》夢の国, 理想郷 ❷《口》眠りの状態
dréam·less /-ləs/ 形 (眠りが)安らかな, 深い
dréam·lìke 形 夢のような, 幻想的な, 非現実的な
dréam·scàpe 名 Ⓒ 夢のような[非現実的な]情景
***dreamt** /dremt/ 《発音注意》動 dream の過去・過去分詞の1つ
dréam·tìme 名《また D-》《the ～》夢の時代 (alcheringa)《オーストラリア先住民の神話で, 世界創成時の至福の時代》
dréam·wòrld 名 Ⓒ 夢の世界, 空想[幻想]の世界 ‖ be [OR live] in a ～ 実現しそうもないことを夢見ている
***dream·y** /drí:mi/ 形 ❶ 夢を見ているような, 夢見心地の；夢見がちな, 空想好きな；実際的でない ❷ 夢のような, 漠然

とした ‖ a ～ recollection おぼろげな記憶 ❸ 心地よい, 気持ちを静める ‖ ～ music 心のなごむ音楽 ❹《口》楽しい；素晴らしい, 魅力的な

*drear·y /dríəri/ 形 ❶ 物[うら]寂しい, 物悲しい, 陰うつな ‖ a ～, rainy day 陰うつな雨の日 ❷ 気のめいるような；退屈な, 物憂い ‖ a ～ task 退屈な仕事
dréar·i·ly 副 **dréar·i·ness** 名

dreck /drek/ 名 U《口》くず, ごみ, 安物

dredge[1] /dredʒ/ 名 C ❶ 浚渫(しゅんせつ)機；浚渫船 ❷ かき[けた]網, 底引き網 ── 動 他 ❶〔港・川など〕を〈…を求めて〉浚渫する, 浚渫機でさらう〈**for**〉❷ …を〈…から〉浚渫機[底引き網]で採る[集める]《*up*》〈**from**〉❸〔醜聞・過去のことなど〕を洗い出す[ほじくり返す]《*up*》 ── 自〈…を求めて〉浚渫機でさらう；〈…を採るために〉底引き網を入れる〈**for**〉

dredge[2] /dredʒ/ 動 他 …に〈小麦粉などを〉振りかける[まぶす]〈**with, in**〉；〔小麦粉など〕を振りかける

dredg·er[1] /drédʒər/ 名 C 浚渫船[機, 作業員]

dredg·er[2] /drédʒər/ 名 C (小麦粉などの)粉振り器

dregs /dregz/ 名 複 ❶ (底に沈んだ)かす, おり ❷ くず, つまらないもの[人] ‖ the ～ of society 社会のくず ❸ 少量の残り物；微量

dreich /dri:k, dri:x/ 形《主にスコット》＝dreary

drei·del /dréɪdəl/ 名《米》❶ C ドレイデル《ユダヤ教徒の子供が遊ぶ4角ごま》❷ U ドレイデル遊び《ドレイデルを用いる運任せのゲーム》

*drench /drentʃ/ 動 他 ❶《通例受身形で》〈…で〉びしょぬれになる, 水浸しになる；〈液体に〉浸される〈**with, in, by**〉‖ I got ～*ed* to the skin (*by* the rain). (雨で)びしょぬれになった / desserts ～*ed in* brandy ブランデーに浸したデザート ❷《通例受身形で》〈…で〉すっかり覆われる, いっぱいになる〈**with, in, by**〉；《～ed で形容詞として》《複合語で》…でいっぱいの (→ sundrenched) ❸〔動物〕に(無理やり)水薬を飲ませる ── 名 C (牛馬の)水薬1回分

⁝dress /dres/《発音注意》動 名

中心義 (見た目を)整える

── 動 (～·es /-ɪz/；～ed /-t/；～·ing)

── 他 ❶ a 《＋目》…に〈…の〉服[着物]を着せる (↔ undress) (♦ wear と異なり目的語は「衣服」でなく「人」)；《～ oneself で》(自分で)〈…の〉服を着る〈**in**〉‖ She ～*es* her baby *in* cute clothes. 彼女は赤ちゃんにかわいい服を着せている / He ～*ed* himself *in* his habitual gray suit. 彼はいつものグレーのスーツを着た / Get ～*ed* quickly and off you go! 急いで服を着てさあ出かけた, 出かけた
b《受身形で》服装をしている, 身なりをしている〈**in** …の；**as** …のような；**for** …に備えて〉‖ She was ～*ed* adequately. 彼女はちゃんとした服装をしていた / He was ～*ed in* black. 彼は黒い服[喪服]を着ていた / be **fully** ～*ed* 正装している
❷ …のために服を作る[選ぶ]；…に服を与える ‖ ～ one's family 家族に衣服をあてがう
❸ …を装飾する, 飾り立てる ‖ ～ a store window ショーウインドーを飾りつける / Help me ～ the Christmas tree. クリスマスツリーに飾りつけをするのを手伝って
❹〔傷・はれ物〕の手当てをする；〔傷口〕に薬をつける, 包帯を巻く；…を消毒する ❺〔髪〕を手入れする, 整える ❻ (毛や臓物を抜いて)〔鳥・獣・魚〕を下ごしらえする；〔料理〕に味つけをする, ソースをかけて仕上げる；〔サラダ〕にドレッシングをかける ❼〔織物・木材・石材など〕を仕上げる；〔革〕をなめす；〔馬〕の毛をすく ❽〔土地・作物〕に肥料を施す ❾〔軍〕〔軍隊・兵士〕を整列させる

── 自 ❶ 服を着る, 服を着ている；身なりをしている〈**in** …の；**as** …のような；**for** …に備えて〉(♦ しばしば様態を表す副詞を伴う) ‖ He ～*ed* warmly *for* skiing. 彼はスキー用に暖かい身支度をした / Our teacher usually ～*es in* jeans. 私たちの先生はたいていジーンズをはいている / ～ well [badly] よい[ひどい]身なりをしている / ～ fashionably おしゃれな格好をしている ❷〈…のために〉正装する, 夜会服を着る〈**for**〉‖ ～ *for* dinner ディナーのために正装する ❸〔軍〕(兵士が)整列する

be àll drèssed úp and [OR ***with***] ***nòwhere to gó*** 準備万端整ったのに実行に移せない (♦「めかし込んでも出かける場所がない」から. be all dressed up with no place to go ともいう)

be drèssed to kíll (人目を引く)魅力的な[セクシーな]服を着ている

drèss dówn 〈他〉《***drèss dówn ...*** / ***drèss ... dówn***》〔人〕を〈…のことで〉厳しくしかる (tell off)〈**for**〉(→ dressing-down) ‖ He was ～*ed down for* his insolence. 彼は態度が横柄だとしかりつけられた ──〈自〉控えめな[略式の, カジュアルな]服装をする

*___drèss úp___ 〈他〉《***drèss úp ...*** / ***drèss ... úp***》① 〔人〕を〈…のために〉正装[盛装]させる〈**for**〉；〔人〕を仮装[扮装(ふんそう)]させる〈**in** …を着て；**as** …のように〉‖ ～ one's child *up for* the birthday party 誕生日のパーティーのために子供を盛装させる / He was ～*ed up as* a pirate. 彼は海賊のいで立ちをしていた ② …を飾り立てる (⤷ tart up)；…を粉飾[潤色]する, …を繕う ‖ ～ *up* a company's earnings report 会社の所得報告書を粉飾する ──〈自〉〈…のために〉正装[盛装]する〈**for**〉；仮装[扮装]をする〈**in** …を着て；**as** …のように〉‖ ～ *up as* a fairy 妖精(ようせい)の格好をする

── 名 (複 **～·es** /-ɪz/) ❶ C (ワンピースの)**婦人服, ドレス**；女児服 ‖ She tried on a Dior ～ and said, "Um, not bad." 彼女はディオールの服を試着して「あら, 悪くないわ」と言った / a girl **in** a white ～ 白いドレスを着た少女 / **wear** a wedding ～ ウエディングドレスを着(てい)る
❷ U **衣服**, 着物；服装, 装い (⇨ CLOTHES 類語) ‖ disregard of ～ 身なりに無頓着(むとんちゃく)なこと
❸ U **正装**, 礼装 ‖ in full ～ 正装[礼服]で
❹ U 外観, 外見；(樹木などの)装い；(鳥の)外側の羽
❺《形容詞的に》衣服の；正装[礼装]の；正装を必要とする；公式の ‖ a ～ dinner 正装を要する晩餐(ばんさん)会
▶▶ ～ **círcle** 名 C ドレスサークル (《米》first balcony)《劇場の2階正面特別席. そこでは夜会服を着るのが慣例だった》 ～ **cóat** 名 C 燕尾(えんび)服 (tail coat) ～ **còde** 名 C 服装規定 ～ **lèngth** 名 C (ドレス用生地の)1着分 ～ **paràde** 名 C ①〔軍〕正装閲兵式 ② (モデルによる)ファッションショー ～ **rehéarsal** 名 C〔劇〕ドレスリハーサル《衣装を着けて行う仕上げのけいこ》 ～ **sènse** 名 U 服装のセンス ‖ Dad has no ～ *sense* at all. パパには着こなしのセンスが全くない ～ **shìeld** 名 C (ドレスのわきの下についている)汗よけ ～ **shírt** 名 C (礼装用)ワイシャツ, ドレスシャツ；《米》(スポーツシャツに対して, ビジネス用)ワイシャツ ～ **sùit** /英 ⌣⌣/ 名 C (男子用) 夜会服, 礼服 ～ **ùniform** 名 C〔軍〕正装用の軍服

*dress·age /drəsɑ́:ʒ | drésɑ:ʒ/ 名 U ❶ 馬場馬術, 高等馬術 ❷ (馬の)調教

drèssdown dáy 名 C カジュアルデー《カジュアルな服装で出勤できる日. 金曜日であることが多く, この場合 dressdown Friday ともいわれる》

*dressed /drest/ 形 ⇨ DRESS 動

dress·er[1] /drésər/ 名 C ❶ (劇場などの)衣装方, 着付け係 ❷《英》(病院の)外科手術助手 ❸《通例複合語で》服装が…の人 ‖ a fancy [smart] ～ 凝った[しゃれた]着こなしをする人

dress·er[2] /drésər/ 名 C ❶ (台所の) 食器戸棚 ❷《米》(鏡付き) 化粧だんす (chest of drawers), 鏡台 (dressing table)

*dress·ing /drésɪŋ/ 名 ❶ U C (サラダなどの)ドレッシング ❷ C (傷の)手当用品《包帯・塗り薬など》‖ apply a ～ to a wound 傷に薬・包帯を当てる ❸ U《米》(鳥料理の)詰め物 (stuffing) ❹ C 肥料 ❺ U (織物の) 仕上げ用のり ❻ U 着付け, 身支度；装飾, 飾りつけ；(髪などの)手入れ
▶▶ ～ **càse** [**bàg**] 名 C (旅行用の) 化粧道具入れ ～ **gòwn** 名 C (寝巻きの上に着る) 部屋着, ガウン ～

ròom 名 C (劇場の)楽屋；(競技場の)更衣室；(寝室の隣の)化粧室；試着室 (fitting room) ～ tàble 名 C 化粧テーブル, 鏡台(《米》vanity (table))

drèssing-dówn 名 C 《単数形で》《口》しかりつけること ‖ get a ～ 厳しくしかられる / give him a good ～ 彼をしかりつける

dréssing·ùp 名 C 仮装, 扮装, 粉飾

dréss·màker 名 C 婦人服洋裁師, ドレスメーカー (→ tailor)

dréss·màking 名 U 婦人服仕立て(業)

dréss-ùp 名 U (子供の)着せ替え[仮装]ごっこ ‖ play ～ 着せ替えごっこで遊ぶ / ～ clothes 仮装用衣装

―形 (パーティーなどが)正装を必要とする

dress·y /drési/ 形 ❶ (服装が)粋な, しゃれた ❷ 正装向きの, 改まった ❸ 服装に凝る；(一般に)凝りすぎの

dréss·i·ness 名

drew /druː/ 動 draw の過去

drib·ble /dríbl/ 動 自 ❶ (液体が) ぽたぽた垂れる, 滴る《*down, out*》 ❷ よだれを垂らす ❸ 《スポーツ》ボールをドリブルする ❹ 少しずつ出る[入る]

―他 ❶ 〔液体〕を〈…に〉ぽたぽた垂らす〈**into, over, onto**〉 ❷ 〔よだれ〕を垂らす ❸ 《スポーツ》〔ボール〕をドリブルする

―名 ❶ C 《単数形で》滴り, しずく, 少量 ❷ U よだれ ❸ C 《スポーツ》ドリブル

drib·let /dríblət/ 名 C 少し, 少量；1滴 ‖ in [OR by] ～*s* 少しずつ

dribs /drɪbs/ 名 複 《次の成句で》

in drìbs and drábs 《口》わずかずつ

dried /draɪd/ 動 dry の過去・過去分詞

―形 《限定》乾燥した ‖ ～ flowers ドライフラワー / ～ goods (特に水産物の)乾物 ▸▸～ **fruit** 名 U C 乾燥果実 ～ **mílk** 名 U =dry milk

drìed-úp <シ 形 干からびた, 干上がった；(年とって)しなびた(wizened)

dri·er, dry·er /dráɪər/ 名 C ❶ (ペンキなどに混ぜる)乾燥促進剤 ❷ 《通例 dryer》ドライヤー, 乾燥機

drift /drɪft/

―動 (～s /-s/；～·ed /-ɪd/；～·ing)

―自 ❶ (水上・空中を)**漂う**, 流れる, (流れに)流される(♦通例方向を表す 副句 を伴う) ‖ Incense ～*ed* around the temple. お香の香りが寺中に漂っていた / An SOS message in a bottle ～*ed* ashore. 瓶に入れられた救援要請メッセージが漂着した / ～ downstream 下流へと流れる

❷ ゆっくりと[ふらふらと]進む[移動する](♦通例方向を表す 副句 を伴う) ‖ The passengers began to ～ toward the departure gate. 乗客は出発ゲートの方へゆっくり移動し始めた

❸ (状況などに) 押し流される, いつの間にか〈…に〉なる [移る]〈**to, into**〉 ‖ She ～*ed into* sleep. 彼女はいつの間にか眠り込んだ(→ *drift off* ②(↓)) / Let the matter ～. (状況を) 成り行きに任せなさい / ～ *into* a job 成り行きで仕事に就く ❹ 当てもなくさまよう, 渡り歩く, 放浪する；だらだらと過ごす(♦通例方向などを表す 副句 を伴う) ‖ Father, when he was young, ～*ed* around India with only a backpack. 父は若いころたったバックパック1つでインドのあちこちを放浪した / She ～*ed* through a succession of jobs. 彼女は次々と職を変えた ❺ コースをそれる；(考え・注意力などが) それる, 逸脱する, 散漫になる《*away*》 ‖ Their conversation ～*ed away* from politics to neighborhood gossip. 彼らの会話は政治談義からそれて近所のうわさ話へ移った ❻ (価格・株価などが)緩やかに変動する ❼ (雪・砂などが)吹きだまりになる

―他 ❶ (流れが)…を押し流す, 漂流させる；〔網など〕を流す(♦通例方向を表す 副句 を伴う)

❷ (風などが)…を吹き寄せる, …の吹きだまりを作る

drìft abóut [OR ***aróund***] 〈自〉 ① 当てもなくさまよう ② 漫然と暮らす

drìft alóng 〈自〉 ① 流されて行く ② 漫然と暮らす

****drìft apárt*** 〈自〉 ① 漂流して離れ離れになる ② 互いに疎遠になる

drìft óff 〈自〉 ① ゆっくり去っていく ② うとうと眠る

―名 (複 ～s /-s/) ❶ C (雪・砂などの) **吹きだまり**；(波に打ち寄せられた) 堆積(たいせき)物；漂っているもの, 漂流物 ‖ Heavy (snow) ～*s* covered the tracks. 大量の吹きだまりの雪で線路が埋もれた / a ～ of smoke たなびく煙

❷ U/C 《単数形で》(流れに)漂うこと, **漂流**；(潮・風の)流れ, 流れの方向；流速 ‖ The ～ of the current is to the south. 潮の流れは南の方向に向かっている

❸ U/C 《単数形で》ゆっくりした動き[移動]；緩やかな移行[逸脱]〈**from** …からの；**to, into, toward** …への〉 ‖ the ～ of people *from* the country *into* big cities 地方から大都会への人口流入

❹ U C (世論などの)〈…への〉緩やかな進展[変化]；〈…への〉傾向, 動向〈**toward**〉(⇨ TENDENCY 類語) ‖ the ～ of public opinion 世論の動向

❺ C 《単数形で》趣旨, 意図(♦通例 the ～ (of ...) または a person's ～ の形で用いる) ‖ I didn't get [OR catch, follow] the ～ *of* his comment. 彼の論評の趣旨がわからなかった ❻ U (船・飛行機などの)偏流, 横流れ；(自動車レースでの)ドリフト《コーナリングでの意図的な横滑り》 ❼ U 日和見主義, 成り行き任せ, 優柔不断 ❽ C 草花の一まとまり[群] ❾ U 《地》(氷河などに運ばれた)堆積物《小石・岩石など》 ❿ C 《採》鉱脈中の水平坑道

▸▸～ **ìce** 名 U 流氷 ～ **nèt** 名 C (大型の)流し網

drift·er /dríftər/ 名 C ❶ 放浪者, 渡り者 ❷ 流し網漁船

drift·wòod 名 U 流木

***drill**[1] /drɪl/ 《発音注意》

―名 (複 ～s /-z/) ❶ C **ドリル**, きり；穿孔(せんこう)機 ‖ The sound of a dentist's ～ is torture for me. 歯科用ドリルの音は私には耐えられない

❷ C U **反復練習**, けいこ, **訓練** ‖ ｢a fire [an evacuation] ～ 消防 [避難] 訓練 / a ～ in spelling=a spelling ～ つづり字の練習 / do pronunciation ～*s* 発音練習をする ❸ U 軍事教練, 演習 ‖ at ～ 演習中で ❹ 《the ～》《口》正規の手続き ‖ This is the ～ for filling in this form. この書類はこうやって書くのが正しい ❺ C 《貝》カゴメガイ

―動 (～s /-z/；～ed /-d/；～·ing)

―他 ❶ …に**穴をあける**；〈…に〉〔穴〕をあける；〔トンネル〕を掘る〈**in**〉 ‖ He ～*ed* the wall.=He ～*ed* a **hole** *in* the wall. 彼は壁に穴をあけた

❷ **a** 《+目》〔人〕に〈…を〉(反復)練習させる〈**in**〉；〔知識・科目など〕を〈人に〉教え込む, たたき込む (drum into)〈**into**〉(⇨ TEACH 類語) ‖ The teacher ～*ed* her pupils *in* scales.=The teacher ～*ed* scales *into* her pupils. 先生は生徒に繰り返し音階練習をさせた

b 《+目+**to** *do*》〔人〕に…するよう教え [たたき] 込む ‖ The dolphins were ～*ed to* perform tricks. イルカたちは芸当をするよう教え込まれた

❸〔人〕に軍事教練をする ❹ 《スポーツ》〔球〕を強く打つ；〔球〕を〈…へ〉たたき込む〈**into, through, etc.**〉

―自 ❶ 〈…に〉穴をあける〈**into, through**〉；〈石油などを〉試掘する〈**for**〉 ❷ 練習[訓練]する；教練する

～**·ing** 名

▸▸～ **bit** 名 C ドリルの穂先 ～**ing plàtform** 名 C 《海》(石油の) 掘削プラットホーム《海面に固定あるいは浮かせた drilling rig などを支える構造物》 ～**ing rìg** 名 C (石油の) 掘削リグ ～ **prèss** 名 C 《機》ボール盤《鑽孔(さんこう)機》

drill[2] /drɪl/ 名 C ❶ (種をまく) 畝間 ❷ (畝間にまいた) 種の列 ❸ 筋(すじ)まき機

―動 他 〔種〕を筋まきする；〔畑〕に筋まきする

drill[3] /drɪl/ 名 U ドリル織り, 雲斉(うんさい)織り《丈夫なあや織りの麻[綿]布》

drill[4] /drɪl/ 名 C 〘動〙ドリル《西アフリカ産のヒヒ》

dri·ly /dráɪli/ 副 =dryly

***drink** /drɪŋk/ 動 名

中心義 (液体)を飲む

—動 (~s /-s/; **drank** /dræŋk/; **drunk** /drʌŋk/; **~·ing**)

—他 ❶〔飲み物〕を**飲む** (⇨ 類語P) ‖ *Drink* red wine at room temperature. 赤ワインは室温で飲みなさい / I was so thirsty I *drank* all the milk. のどがひどく渇いていたのでミルクを全部飲み干してしまった

❷《+目+補〈形〉》飲んで〔容器〕を…にする;〔飲み物〕を…で飲む ‖ ~ a mug dry ジョッキを飲み干す / "With soda?" "No, real men ~ their whisky neat [OR straight]." 「ソーダで割りますか」「いや, 本当の男ならウイスキーはストレートで飲むものさ」

❸〈…を祝して〉〔乾杯〕をする〈**to**〉; …に祝杯をあげる ‖ We *drank* a toast *to* our reunion. 私たちは再会を祝して乾杯した / Let's ~ Phoebe's health. フィービーの健康を祝して乾杯しよう

❹《~ oneself で》酒を飲みすぎて…になる (♦ 形容詞補語または into ... や to ... を伴う) ‖ ~ oneself silly [OR unconscious, into a stupor] 飲みすぎて正体をなくす / ~ oneself *to* death 飲みすぎで死ぬ

❺ (植物・土などが)〔水分〕を**吸収する**, 吸い上げる《*in, up*》

—自 ❶ **飲む** (♥ 何を飲むのかはっきりいわないときは ❷ の意味になることが多いので注意) ‖ eat and ~ 飲み食いする (♦ 日本語と語順が逆) / ~ from a glass コップから飲む

❷ (常習的に[多量に]) 酒を飲む ‖ I neither ~ nor smoke. 酒もたばこもやりません / ~ heavily 大酒を飲む / Don't ~ and drive. 飲酒運転をするな

❸〈…に〉祝杯をあげる, 乾杯する〈**to**〉‖ Let's ~ *to* him [his health]. 彼[彼の健康]を祝して乾杯

❹ (ワインなどが) 独特の味わいがある ‖ This wine ~*s* well. このワインはけっこういける

drìnk awáy ...* / *drìnk ... awáy 〈他〉飲んで…を失う[過ごす, 忘れる] ‖ ~ one's sorrows *away* 悲しみを酒で紛らす

drìnk dówn ...* / *drìnk ... dówn 〈他〉…を飲み干す ‖ ~ the medicine *down* 薬を一気に飲む

drìnk ín ...* / *drìnk ... ín 〈他〉① …を吸収する (→ 他 ❺) ② …にうっとりと見[聞き]ほれる ‖ We *drank in* the beauty of the harbor at night. 港の美しい夜景をうっとりと眺めた

drìnk óff ...* / *drìnk ... óff 〈他〉…を飲み干す

drìnk a pèrson under the táble 《口》(一緒に酒を飲んで)〔相手〕を酔いつぶす

drìnk úp 〈他〉《***drìnk úp ...* / *drìnk ... úp***》① 《受身形不可》…を飲み干す ② …を吸収する (→ 他 ❺) —〈自〉飲み干す

COMMUNICATIVE EXPRESSIONS

1 **(Could I) gèt you sómething to drínk?** ⇨ SOMETHING (CE 2)

2 **I'll drìnk to thát!** 全くそのとおりだ, 賛成 (♥ 人の発言に同意する表現. drink to ... で「…に乾杯」の意から)

3 **Whàt are you drínking?** 何を飲んでいるのですか (♥ 相手と飲み物を合わせたいときや, お代わりを出そうとして飲み物を確認する場合などに)

—名 (複 **~s** /-s/) ❶ U C **飲み物**, 飲料 ‖ food and ~ 飲食物 / **soft** ~*s* (アルコールを含まない) 清涼飲料 / order five ~*s* 飲み物を5つ注文する

❷ U C **酒**; U 飲酒; 酒浸り ‖ a strong ~ 非常に強い酒 / mix one's ~*s* 酒をちゃんぽんに飲む / Too much ~ ruined his health. 酒の飲みすぎで彼は健康を害した / take to ~ 酒癖がつく / a ~ [《米》~*ing*] problem アルコール依存症[中毒] / be in ~ 酔っている

❸ C 一飲み, (酒などの) **1杯** ‖ **have** [OR **take**] a ~ of water 水を(1杯)飲む / How about a quick ~? ちょっと1杯どうだい / go out for a ~ 飲みに行く, パブに行く / nurse a ~ 1杯を味わって飲む

❹《the ~》《口》海[湖, 川(など)]

❺ C《~s》酒が出る会合《食事を含むこともある》

be the wòrse for drínk 酔っている

COMMUNICATIVE EXPRESSIONS

4 **(Could I) bùy you a drínk?** 1杯おごらせてください (♥ 酒場などで用いる誘い文句. また, 家庭などで飲み物を用意するときにもふざけて用いる)

5 **Dròp bý [OR ín] for a drínk.** (遊びに)おいでよ; 寄って行ってよ (♥ 自宅などに人を招くときの誘い文句)

飲む	固体を	**swallow**		飲み込む
			gulp	一息に
	液体を	**drink**		水・酒・コーヒーなどを
		sip		ちびちびと
		eat		スープを(スプーンで)

♦ 上記 drink, eat の代わりに have, take を用いることができる. ただし「薬を飲む」は take, 「水薬を飲む」場合は drink medicine ということもある

♦ スプーンを使わずスープをカップから直接飲む場合は drink soup という

▸▸ **~ machine** 名 C 飲料自動販売機 **~s pàrty** 名 C 《英》カクテルパーティー (《米》cocktail party)

drink·a·ble /drɪ́ŋkəbl/ 形 (水が)飲用に適する; (飲み物が)おいしい

drìnk-dríving 名 形 《英》=drunk-driving **drìnk-dríver** 名

***drink·er** /drɪ́ŋkər/ 名 C 飲む人; 酒飲み ‖ a coffee ~ コーヒーを飲む人 / a hard [OR heavy] ~ 大酒飲み

***drinking** /drɪ́ŋkɪŋ/ 名 U ❶ (液体を) 飲むこと ❷ (特に常習的・過度の) 飲酒

英語の真相

drinking は単に「お酒を飲むこと」という意味には解釈されないことが多い. また, 英米では日本ほど飲酒に対して寛容ではないので, 単に「お酒が好きだ」という程度のつもりで I like drinking. と言うと, アルコール依存症のように聞こえ, 飲酒癖を公言する問題のある人物と思われかねない. たしなむ程度であれば I enjoy a drink 「now and again [OR once in a while]. や I like 「a drink [OR the occasional drink, the odd drink (or two)]. といった言い方が無難である.

▸▸ **~ chòcolate** 名 U 《英》ココア[チョコレート]飲料 **~ fòuntain** 名 C (噴水式) 水飲み **~ sòng** 名 C 酒宴の歌 **~ stràw** 名 C ストロー **~ wàter** 名 U 飲料水

drìnking-úp tìme 名 U 《英》(酒場の閉店時間前に注文した) 酒を飲み干す時間《20分と定められている》

drip** /drɪp/ 動 (**dripped** /-t/; **drip·ping**) 自 ❶ (液体が)〈…から〉滴り落ちる《down***》〈**from**〉‖ Perspiration *dripped from* my face. 顔から汗が滴り落ちた ❷ (物が)しずくを落とす ‖ The faucet [《英》tap] is *dripping*. 蛇口から水が垂れている ❸ 《通例進行形で》〈…で〉びしょびしょである; いっぱい[あふれるほど]である〈**with**〉‖ He was *dripping with* rain. 彼は雨でびしょぬれだった / The duchess was *dripping with* jewels. 公爵夫人はこぼれんばかりに宝石を身につけていた —他 …のしずくを落とす, …を滴らせる; 〔皮肉・いやみなど〕をあふれさせる ‖ ~ blood 血を垂らす / ~ sarcasm 皮肉たっぷりである

—名 C ❶ 《単数形で》滴ること, 滴下; しずくの音 ❷ しずく, 滴り ‖ ~*s* from the eaves 軒から落ちる雨垂れ ❸ 《英》〘医〙点滴装置, 点滴剤; U 点滴 (《米》drip feed) ‖ put her on a ~ 彼女に点滴をする ❹ 《俗》つまらない[退屈な]やつ ❺ 〘建〙水切り ❻ 《米俗》コーヒー

▸▸ **~ cóffee** 名 U ドリップコーヒー《ひいたコーヒー豆に熱湯を注いで入れるコーヒー》‖ a ~ *coffee* maker ドリップコーヒーメーカー **~ màt** 名 C 《英》コースター (coaster)

drìp-drý ⦅シ⦆ (→ 動) 形 (生地・衣服が) アイロン不要の (wash-and-wear) ―動 /ニ⁻/ (**-dried** /-d/; **~·ing**) 自 他 (衣類が[を])絞らずにすぐ乾く[乾かす]

dríp-fèed 名 U C 形 点滴(の), (潤滑油などの) 滴注(の); 点滴剤[装置](の)
―動 他〔病人〕に点滴する,〔流動体〕を注入する

drip·ping /drípɪŋ/ 名 U《英》(調理の際に出る)肉汁, 脂《ソース用》
―形 副 しずくの垂れる(ほど) ‖ ~ wet ずぶぬれで

drip·pings /-z/ 名 複《米》❶ =dripping ❷ (加熱により生じる)滴下, 滴り

drip·py /drípi/ 形 ❶ (蛇口などから) 滴る; 雨の多い ❷《口》感傷的な; 退屈な

dríp·stòne 名 ❶ C【建】(窓やドアの上の) 雨押さえ石 ❷ U【地】点滴石《鐘乳(しょうにゅう)石や石筍(せきじゅん)》

drive /draɪv/ 動 名

中心義 **強い力を加えて, ある方向にAを動かす** (★Aは「車」など具体的な「物」に限らず,「事業」や「感情」など抽象的なものも含む)

―動 (**~s** /-z/; **drove** /droʊv/; **driv·en** /drívən/; **driv·ing**)

―他 ❶〔車など〕を**運転する**;〔馬車・動物など〕を御する(⇨類語) ‖ We *drove* a rental **car** around Guam. 我々はレンタカーでグアム島を回った / He ~*s* a taxi. 彼はタクシーの運転手だ / Trying to avoid the deer, he *drove* his **car** into a tree. シカを避けようとして彼は車を木にぶつけてしまった

❷〔人・荷物など〕を**車で送る**[運ぶ](♦ 通例方向を表す副句を伴う) ‖ Mom ~*s* Dad to the station every morning. 母は毎朝父を駅まで車で送って行く

❸ (動力などが)…を動かす(♦ しばしば受身形で用いる) ‖ a machine *driven* by electricity 電動式の機械 (=an electricity-driven machine)

❹〔事業など〕を推進する;〔商売など〕を精力的に営む ‖ Technology ~*s* social change — though not always for the better. 科学技術は社会変化を推進する — 必ずしもよい方にではないが / ~ a hard bargain 強引な取り引きをする, ひどく値切る

❺《+目+副句》〔人〕を**追い立てる**;〔家畜など〕を駆り立てる(♦ 副句 は方向を表す); …を〈…から〉追い払う〈**out of**〉‖ ~ the cattle to pasture 牛を牧草地に駆り立てる / He was *driven out of* office. 彼は職を追われた

❻ **追い込む**, (ある状態に) する(♥ 通例好ましくない状態への移行を表す) **a**《+目+**into** [**to**] 名》…を (ある状態に) 追い込む ‖ He was *driven* 「*into* a nervous collapse [*to* despair]. 彼は神経がすっかりまいってしまった [絶望に追い込まれた] **b**《+目+補〈形〉》…を (ある状態に) する, 駆り立てる ‖ The sight of all the bikini-clad girls at the beach *drove* him wild. 浜辺でたくさんのビキニ姿の女の子たちを見て彼は興奮した **c**《+目+**to** *do*》〔人〕に無理に…させる ‖ Frustration *drove* her *to* shoplift. 欲求不満が募り彼女は万引きを働いた

❼《通例受身形で》(激情などで) (人(の心)が)駆り立てられる ‖ *Driven* by curiosity, he took a peek inside. 彼は好奇心に駆られてそっと中をのぞいた

❽ (風・水などが)…を吹き[押し]やる, (押し)流す, 運ぶ ‖ The wind *drove* the snow 「in my face [against the door]. 風が私の顔[扉]に雪を吹きつけた

❾〔くい・くぎなど〕を〈…に〉打ち込む《*in*》〈**into**〉;〔トンネルなど〕を〈…に〉掘り抜く〈**through**〉‖ ~ a stake *into* the ground くいを地面に打ち込む ❿〔人〕を酷使する ‖ They were *driven* hard by their employer. 彼らは雇い主にこき使われた / ~ oneself hard がむしゃらに働く ⓫【球技】〔ボール〕を強打する, 遠くへ飛ばす;【ゴルフ】〔ボール〕をドライバーで打つ;【テニス】〔ボール〕にドライブをかけて打つ;【バスケットボール】〔コートの隙間(すき)〕をドリブルで駆け抜ける;【野球】〔打点〕をあげる,〔走者〕を進める ⓬ 💻 (装置が)〔ほかの装置〕を動かす ⓭〔獲物〕を追う;〔獲物〕を(わななどへ)追い込む;〈獲物を求めて〉〔場所〕を探す〈**for**〉

―自 ❶ 車を運転する; 車で行く; **ドライブする**(♦ バスなどで行くのは ride) ‖ Can you ~? 車の運転ができますか (♦ Can you drive a car? よりもふつう) / Switch off your cellphone while *driving*. 運転中は携帯電話の電源を切りなさい / He shaves as he ~*s* to work. 彼は出勤の車の中でひげをそる / ~ four miles 車で4マイル走る / Don't ~ too **fast**. スピードを出しすぎるな

❷ (風雨などが)〈…に〉激しくたたきつける〈**against, into**〉‖ The rain *drove* 「*against* the windshield [*into* our faces]. 雨が車のフロントガラス [私たちの顔] にたたきつけた

❸ (船などが)疾走する, 進む; (風・水などの流れに乗って)流れていく ‖ The boat *drove* before the wind. 船は追い風を受けて疾走した

❹【球技】ボールを強打する; (バットなどが)強打できる(♦ 様態を表す 副句 を伴う);【バスケットボール】ドリブルで突進する;【ゴルフ】ドライバーショットをする ‖ This bat ~*s* well. このバットはよく飛ぶ

drive awáy 〈他〉《*drive awáy* ... / *drive* ... *awáy*》…を追い払う; …を車で連れ去る ‖ The new manager's rudeness *drove* customers *away*. 新任のマネージャーが横柄なため客が寄りつかなくなった ―〈自〉車で走り去る

drive báck ... / ***drive*** ... ***báck*** 〈他〉① …を家まで車で送る ② …を追い返す, 無理に帰らせる

drive a pèrson báck on ... 〈他〉〔人〕に再び…の使用を迫る ‖ The drought *drove* the farmers *back on* their seed grain. 干ばつのため農家はまたやむなく種用の穀物にまで手をつけた

drive dówn ... / ***drive*** ... ***dówn*** 〈他〉〔利率・価格など〕を押し下げる(↔ *drive up*)

drive hóme ... / ***drive*** ... ***hóme*** 〈他〉① …を車で家まで送る ②〔論点など〕を〈人に〉十分にわからせる〈**to**〉‖ We have to ~ *home to* him the importance of this project. この計画の重要性を彼に十分理解させる必要がある ③〔くぎなど〕を深く打ち込む

drive ín ... / ***drive*** ... ***ín*** 〈他〉①〔車など〕を中に入れる, 乗り入れる; …を中に追い込む ②〔くぎなど〕を打ち込む(→ 他 ❾) ③【野球】〔ランナー〕をかえす;〔打点〕をあげる

dríve into ... 〈他〉車で…に入る, 車を…の中に入れる; 車を…に衝突させる[突っ込む]

****drive óff*** 〈他〉《*drive óff* ... / *drive* ... *óff*》① …を車で連れて行く[連れ去る] ② …を追い払う ‖ ~ *off* attackers 襲撃者を追い払う ―〈自〉① 車で走り去る ②【ゴルフ】ティーショットを打つ, ティーオフする

drive ón 〈他〉《*drive* ... *ón*》…を〈…に〉駆り立てる, 奮い立たせる〈**to**〉; …をそそのかす ‖ It was his ambition which *drove* him *on to* success. 彼を奮い立たせ成功に導いたのは野心だった ―〈自〉車で走り続ける[どんどん行く]

drive óut 〈他〉《*drive óut* ... / *drive* ... *óut*》…を追い出す, 追い払う(expel)(→ 他 ❺) ―〈自〉車で出かける

drive úp 〈自〉車で〈…に〉乗りつける〈**to**〉‖ I *drove up to* the window and ordered a hamburger. (ドライブスルーで) 窓口に車をつけハンバーガーを注文した ―〈他〉《*drive úp* ... / *drive* ... *úp*》〔価格など〕を急速に上昇させる(↔ *drive down*)

lèt dríve (***at*** ...) (…に)殴りかかる; (…に)投げつける, 発砲する; (…を)非難する

COMMUNICATIVE EXPRESSIONS

1 **Drive sáfely.** 運転気をつけてね(♥ 別れ際に)

2 **Whàt are you dríving at?** 何が言いたいのですか; どういうつもりですか(♥ 相手の真意を確かめる表現)

3 **You're drìving me crázy** [OR **mád**,《俗》**núts**]! おまえのせいで頭がおかしくなりそうだ; いらいらさせるやつだ

―名 (複 **~s** /-z/) C ❶ ドライブ, 自動車旅行(の行程) ‖

「go for [OR take] a ～ ドライブに出かける / It's an hour's ～ from the city to the airport.＝The airport is an hour's ～ from the city. 市内から空港へは車で1時間だ
❷ (邸内・構内などの)私有車道, 車回し(driveway)；(景色のよい)自動車道；《D-》(道路名で)…通り《略 Dr.》
❸ U 〖機〗動力伝達装置；(自動車などの)駆動(装置)；(自動車の)運転装置《ハンドル・計器類》, (自動変速装置の)ドライブ(ポジション) ‖ four-wheel ～ 四輪駆動 / a car with right-hand ～＝a right-hand-～ car 右ハンドル車 / put the shift into ～ ギアをドライブに入れる
❹ ドライブ(装置), ディスクドライブ(disk drive) ‖ data **on** a hard (disk) ～ ハードディスク上のデータ
❺ 〖球技〗強打, 長打；(投[打]球などの)ドライブ；〖ゴルフ〗ドライバーショット ‖ a line ～ (野球の)ライナー / a forehand [backhand] ～ (テニスの)フォアハンド[バックハンド]ドライブ ❻ 運動, キャンペーン〈**for** …のための；**to** *do* …する〉‖ a fund-raising ～ 募金運動 / a charity ～ 慈善キャンペーン / a ～ *to* conserve nature 自然保護運動 ❼ U C 推進力；(事をなす)能力, 積極的な努力；精力, やる気 ‖ He has the ～ to succeed in life. 彼には出世したいという強い意欲がある ❽ U C 欲求；(本能的)欲望, 衝動 ‖ sex [OR sexual] ～ 性衝動 ❾ (家畜などの)駆り集め；追い立てられる家畜 ❿ (軍隊の)大攻勢 ⓫ 《英》トランプ競技会(whist drive)

類語 《他 ❶》**drive** 乗り物を自分で運転する, 動物を御す.
ride 客として乗り物に乗る, 自転車・バイク・動物の背に乗る(♦「またがる」は mount, get on).
take 交通手段として車両などに乗る.

▸▸ **～ bày** 名 C ドライブベイ《コンピューター内にハードディスクなどを追加装着するための空間》 **～ shàft** 名 C 〖機〗駆動軸, ドライブシャフト **～ tìme** (↓) **～ tràin** 名 C ＝drivetrain

dríve·bỳ 名 (＝～ **shóoting**) C 《口》走行中の車からの銃撃

***dríve-ìn** 名 C ドライブイン《自動車に乗ったままで利用できる店・レストラン・映画館・銀行など》(❗日本語の「ドライブイン」は roadside restaurant)
── 形 ドライブイン方式の ‖ a ～ theater ドライブイン劇場

driv·el /drívəl/ 動 (**-eled**, 《英》**-elled** /-d/；**-el·ing**, 《英》**-el·ling**) 自 ❶ 《通例進行形で》たわいのないことを言う ❷ 《古》よだれ[鼻水]を垂らす ── 他 たわいなく…と言う
── 名 U C たわいない話, 無駄口 **～·(l)er** 名

dríve·lìne 名 ＝drivetrain

⁑**driv·en** /drívən/ 《発音注意》
── 動 drive の過去分詞
── 形 《比較なし》❶ (雪などが)風に吹き飛ばされた ‖ ～ snow 吹きだまりの雪
❷ やる気に駆られた ❸ 《複合語で》…に運転[操作]された；…主導(型)の ‖ a chauffeur-～ car 運転手付きの車 / a technology-～ society 技術主導型の社会

⁑driv·er /dráɪvər/

── 名 (複 **～s** /-z/) C ❶ **運転手[者], ドライバー**；《英》機関手(engine driver) ‖ Could you be a ～ for our overseas clients this weekend? この週末は我が社の海外からの客の運転手をやっていただけませんか / Would the ～ of a red Porsche please move it immediately? 赤いポルシェのドライバーの方, 至急車の移動をお願いします / a **taxi** [bus] ～ タクシー[バス]の運転手 / a good [careful, reckless] ～ 上手な[慎重な, 無謀な]ドライバー
❷ 〖ゴルフ〗ドライバー《いちばん長い長打用ウッドクラブ》
❸ 〖機〗動力伝導部, 動輪；ドライバー(device driver)《周辺機器を動作させるためのソフトウェア》
❹ 打ち込み器具；ねじ回し, ドライバー(❗家庭で使うねじ回しはふつう screwdriver という)
❺ 推進する要因, 動かすもの ‖ a ～ of the economy 経済を動かす原動力 ❻ 〖電〗ドライバー《出力増幅回路》 ❼ (牛・羊などを)追う人, 馬方, 牧夫(ぼくふ), カウボーイ

▸▸ **～'s educátion** 名 U 《米》(学校で行われる)自動車運転教育(driver's ed) **～'s lìcense** 名 C 《米》運転免許証(♦ほかに driving [OR driver] license という州もある)(《英》driving licence, 《豪》driver's licence) **～'s sèat** (↓) **～'s tèst** 名 C 《米》運転免許試験(《英》driving test)

dríver's sèat 名 C 《米》運転席；支配, 権力の座
in the dríver's [《英》***dríving***] ***sèat*** 《米》運転席にいて；権力の座に就いて；完全に支配して

dríve-thròugh, -thrù 《主に米》 形 《限定》ドライブスルーの ── 名 C ドライブスルーの店

dríve tìme 名 U 車での通勤時間帯《通勤者がラジオを聴くことで聴取率が増大する》 **dríve-tìme** 形

dríve·tràin 名 C (自動車の)動力伝達路

dríve·ùp 形 名 《米》＝drive-through

dríve·wày 名 C ❶ (屋敷内の)自動車[馬車]道, 車寄せ(《英》drive) ❷ 《カナダ》景観道路

***driv·ing** /dráɪvɪŋ/ 動 drive の現在分詞
── 形 《限定》❶ 大きな影響を与える ‖ ～ force 推進力
❷ (雨・雪が)激しい
── 名 U (自動車などの)運転(法), 操縦

▸▸ **～ ìron** 名 C 〖ゴルフ〗ドライビングアイアン《1番アイアンの別名》 **～ lìcence** 名 C 《英》＝driver's license **～ rànge** 名 C ゴルフ練習場 **～ schòol** 名 C 自動車教習所 **～ sèat** 名 C 《英》＝driver's seat **～ tèst** 名 C 《英》＝driver's test **～ tìme** 名 C ＝drive time **～ under the ínfluence** 名 U 《米》〖法〗酒気帯び運転《略 DUI》 **～ whèel** 名 C 動輪, 駆動輪 **～ while intóxicated** 名 U 《米》〖法〗飲酒運転《略 DWI》

***driz·zle** /drízl/ 動 自 《通例 it を主語にして》霧雨(きりさめ)が降る ‖ It [OR The rain] ～*d.* 霧雨が降った ── 他 〔ドレッシングなど〕を〈食べ物に〉薄く振りかける〈**over**〉；〔食べ物〕に〈ドレッシングなどを〉薄く振りかける〈**with**〉 ── 名 U/C 《単数形で》霧雨 **-zly** 形 霧雨の降る[ような]

drogue /droʊg/ 名 C ❶ (＝～ **pàrachute**) (航空機の)減速用パラシュート；(主パラシュートを開くための)補助パラシュート ❷ (航空機が引く)じょうご形の吹き流し《風見や空中標的用》 ❸ (空中給油機の)給油用パイプ ❹ 荒天浮錨(びょう)《船が引いて減速・安定を図る》；バケツ形海錨

droll /droʊl/ 形 滑稽(こっけい)な, 奇妙な, おどけた
～·ery 名 **～·ness** 名 **dról·ly** 副

-drome 連結形 「コース」「(大規模な)施設」の意 ‖ aero*drome*, motor*drome*

drom·e·dar·y /drɑ́(ː)mədèri | drɔ́mədəri/ 名 (複 **-dar·ies** /-z/) C 〖動〗ヒトコブラクダ(Arabian camel)(→ camel)

drone /droʊn/ 名 C ❶ 《通例単数形で》(ハチなどの)ぶーんという音；雄ミツバチ ❷ ごくつぶし, 怠け者 ❸ 遠隔制御無人飛行機[ミサイル] ❹ 〖楽〗(バグパイプなどの)持続低音；(バグパイプの)低音管 ── 動 自 ❶ (ハチなどが)ぶーんとうなる ❷ 〈…に〉物憂げに話す[歌う]《***on***》〈**about**〉 ── 他 …を物憂げに話す[歌う]《***out***》
drón·er 名 **drón·ing·ly** 副

drool /druːl/ 動 自 ❶ よだれを垂らす；よだれが出る ❷ 《口》〈…を〉ひどく喜ぶ[感激する]〈**over**〉 ── 他 〔たわいないこと〕を言う ── 名 U よだれ

***droop** /druːp/ 動 自 ❶ (植物・まぶた・肩などが)(だらりと)垂れ下がる；うなだれる, 伏し目になる ❷ 意気消沈する；(元気が)衰える ── 他 …をだらりと垂らす；〔目・顔〕を伏せる
── 名 U/C 《単数形で》垂れ下がる[下げる]こと, 伏し目；意気消沈 **～·y** 形

⁑drop /drɑ(ː)p | drɔp/ 動 名

中心義 **(真っすぐ下に) 落ちる** (★具体的な「物」に限らず, 「程度」や「声」など抽象的なものについても用いる)

動 自 突然落ちる❶ 滴る❷ 下がる❸
他 落とす❶ 下ろす❷ 滴らせる❸
名 しずく❶ 少量❷ 落ちること❸

━動 (～s /-s/; **dropped** /-t/; **drop·ping**)
━自 ❶ (物が)**突然落ちる**, 落下する;(人が)落ちるように降りる《*down*》(♦通例場所・方向を表す 副句 を伴う. fall に比べて突然落下する感じが強い) ‖ My cellphone *dropped* out of my pocket into the toilet bowl, of all places! 携帯電話がポケットからよりによって便器に落ちてしまった / You could have heard a pin ～ in the hall. 針が落ちても聞こえるほど場内は静まりかえっていた
❷ **滴る**, ぽたぽた落ちる《*down*》‖ Tears were *dropping* onto the letter. 涙が手紙の上に滴り落ちていた
❸ (数量・程度・価格などが)〈…まで〉**下がる**, 低下する, 弱まる(fall off)〈**to**〉‖ Prices *dropped* sharply. 物価は急落した / The humidity will ～ *to* ten percent. 湿度は10%に下がるだろう / The wind has *dropped*. 風が弱まった
❹ (人が)がくっと低い姿勢になる, 崩折れる ‖ ～ to one's knees (さっと)ひざまずく;がっくりひざをつく / ～ into a chair いすにどかっと座り込む
❺ (道・崖(㋕)などが)急な下り勾配(㋶)になる;(太陽などが)落ちるように沈む;(視界から)消える(♦通例方向を表す 副句 を伴う) (→ *drop away* ③ (↓)) ‖ The cliffs *dropped* to the ocean. その崖は外海に落ち込んでいた / ～ from [OR out of] sight 視界から消える
❻ (声が)低くなる;(顔などが)うつむく;(視線が)落ちる ‖ Her voice *dropped* to a whisper. 彼女の声はささやき声になった ❼《口》(疲労で)ぐったりする, 疲れきる;ばったり倒れる[死ぬ] (→ *drop dead* ① (↓)) ‖ He worked until he was ready to ～. 彼は倒れる寸前まで働いた / The runners were *dropping* like flies in the heat. 暑さのためにランナーがばたばた倒れていった ❽ (事が)終わる, 中断する;(文通などが)途絶える ‖ He let the subject ～. 彼はその話題を打ち切った ❾ (順位・地位が)下がる, 後退する;退く〈**from, out of** …から;**to, into** …に[へ]〉‖ ～ *to* the rear 後方に下がる / ～「*out of* [OR *from*] the line 戦列から離脱する / ～ *into* the third division 3部に格下げになる ❿ (+ 補〈形〉/ **into** 名)自然に…になる ‖ ～ asleep すやすや寝入る / ～ *into* a doze うとうとする / ～ *into* the habit of smoking 喫煙の癖がつく ⓫〘ゴルフ〙(ボールが)ホールに入る;〘バスケットボール〙(ボールが)ゴールに入る
━他 ❶ …を**落とす**, (落とすようにして)…を置く[入れる](♦しばしば方向・場所を表す 副句 を伴う);(野球・クリケットで)〔球〕を落とす ‖ "I *dropped* a dish, Mom." "That's OK. You didn't do it on purpose."「僕お皿を落としちゃった, ママ」「いいのよ. わざとしたんじゃないから」/ Say, you've *dropped* your handkerchief. あのー, ハンカチを落としましたよ / ～ a letter in the post 手紙を投函する
❷〔幕・釣り糸・いかりなど〕を**下ろす**;〔スカートのへり〕を下ろす;〔衣類(特にズボン)〕をずり下ろす ‖ ～ (the) anchor いかりを下ろす / She *dropped* the hem of her skirt two inches. 彼女はスカートのすそを2インチ下ろした / ～ one's trousers (悪ふざけなどで)ズボンをずり下ろす
❸ …を**滴らせる**, 垂らす;〔涙・汗など〕を流す ‖ *Drop* a little vanilla into the cocoa. ココアにバニラを少々垂らしなさい
❹ (途中で乗り物から)〔人・荷物〕を〈…で〉降ろす《*off*》〈**at**〉(↔ *pick up*) ‖ I *dropped* him (*off*) *at* the theater. 私は劇場で彼を降ろした
❺〔パラシュート部隊〕を降下させる;〔救援物資・爆弾など〕を投下する ‖ Relief supplies were *dropped* into the refugee camp. 難民キャンプに救援物資が投下された / ～ bombs 爆弾を落とす
❻〔温度・価格・率など〕を下げる, 減らす ‖ The wind and snow *dropped* the temperature to twenty below zero. 風と雪のため気温が零下20度に下がった / She *dropped* five kilos in a week. 彼女は1週間で5キロ体重を落とした
❼〔目・視線〕を伏せる, 落とす ‖ He *dropped* his eyes to my copy. 彼は私の原稿に目を落とした
❽〔声〕を落とす, ひそめる ‖ ～ one's voice at the end of a sentence 文の終わりで声を落とす
❾〔計画・行動・習慣など〕をやめる;〔告発など〕を取り下げる;〔学科〕の履修をやめる;〔記事〕を没にする ‖ ～ (the habit of) smoking たばこ(を吸う習慣)をやめる / ～ the case 訴訟を取り下げる
❿《口》〔人〕と別れる, 手を切る ‖ ～ one's longtime friend 旧友と絶交する ⓫ (+目 *A*+目 *B* ⇄ +目 *B*+**to** 目 *A*) *A*(人)に*B*(短い手紙など)を書き送る(send) ‖ *Drop* me a line. 一筆お便りを下さい ⓬ ((+目 *A*) +目 *B*)(*A*(人)に)*B*(言葉など)を(ふと)言う, それとなく言う[漏らす] ‖ ～ (her) a hint that ... (彼女に)それとなく…と言う / ～ a sigh ため息をつく ⓭〔字句など〕を落とす, 省く;〔編み物の目など〕を落とす;〔堅苦しい呼称など〕を省略する ‖ Those who ～ their aitches don't get hired. 語頭のhの音を落とす者は雇われない(♥英国では語頭の'h'を発音しないのは下品とみなされる) / ～ a stitch 編み目を一針飛ばす ⓮〈…から〉…を除名する, 退会させる, 解雇する〈**from**〉‖ He'll be *dropped from* school. 彼は退学になるだろう ⓯《口》〔人〕を殴り倒す;…を射落とす;…を殺す ‖ ～ him with a single blow 彼を一発で倒す ⓰〔試合・ポイント〕を失う(lose);《口》〈ギャンブル・商売などで〉〔金〕をなくす, する〈**on, at**〉‖ He *dropped* the first set 3-6. 彼は第1セットを3–6で落とした ⓱ (動物が)〔子〕を産む ⓲〘ゴルフ〙〔ボール〕を(ホールに)入れる;〘バスケットボール〙〔ボールを〕(ゴールに)入れる;〘ラグビー・アメフト〙〔球〕をドロップキックする ⓳〘ブリッジ〙〔上位札〕を死なせる ⓴《俗》〔麻薬など〕をやる ‖ ～ weed マリファナをやる

dròp (a)róund 〈自〉《口》= *drop in* (↓)
dròp awáy 〈自〉① (支持・関心・価値などが)低下する, 薄れる, 弱まる;(数量が)減じる, 落ちる ② (木の葉などが)落ちる;(友人などが)去る ③〈…の方へ〉急な下り勾配になる〈**to**〉
dròp báck 〈自〉① (列の中で)後退する, 遅れる;順位が〈…に〉下がる〈**to**〉②〘アメフト〙(パスの前に)ドロップバックする, 数歩下がる
dròp behínd 〈他〉《***dròp behínd ...***》…の後になる;…に後れをとる(fall behind) ‖ ～ *behind* the rest of the class クラスのほかの人たちよりも遅れる ━〈自〉〈グループの中で〉後退する, 遅れる;〈学業・生産性などで〉後れをとる〈**in**〉
*****dròp bý*** 〈自〉ひょいと立ち寄る(⇨ VISIT 類語P) ━〈他〉《***dròp bý ...***》…にひょいと立ち寄る
dròp déad 〈自〉① 突然倒れて死ぬ;〈…で〉急死する〈**of, with**〉②《命令形で》《口》黙れ, やかましい
*****dròp ín*** 〈自〉ひょっこり[ちょっと]訪ねる, 立ち寄る〈**on** 人を;**at** 場所を〉(⇨ VISIT 類語P) ‖ ～ *in on* Jim ジムを訪ねる / ～ *in at* Jim's ジムの家に立ち寄る ━〈他〉《***dròp ín ... / dròp ... ín***》〔物〕をついでに届ける〈**at** 場所に;**to** 人に〉
dròp a pèrson ín it 《英口》(余計なことを言って)〔人〕に迷惑をかける, 〔人〕を困らせる
dròp ínto 〈他〉**I**《***dròp ínto ...***》①〔場所〕に立ち寄る ② 自然に…になる(→ 自 ❿) ③ (順位などが)…に下がる(→ 自 ❾) **II**《***dròp À ìnto B́***》④ *A*(物)をついでに*B*(場所)に届ける
*****dròp óff*** 〈自〉① ぽろりと[抜け]落ちる ②《口》うとうとする(doze [OR nod] off) ‖ ～ *off* to sleep すやすや寝入る ③ (売り上げ・関心・価値などが)減る, 弱まる ━〈他〉《***dròp óff ... / dròp ... óff***》(途中で乗り物から)〈…に〉〔人・荷物〕を降ろす, 〔物〕を届けておく〈**at**〉(→ 他 ❹)

D

*·**dròp óut*** 〈自〉 ① 〈活動・集団から〉身を引く；脱退する (pull out, withdraw)；〈競走[争]から〉**脱落する**, 降りる 〈**of**〉 ② 〈授業から〉落ちこぼれる；〈学校を〉中途退学する 〈**of**〉 ③ 〈体制社会から〉(自分の生き方を求めて)離脱する, 逃避する 〈**of**〉 ‖ ～ *out of* society 社会に背を向ける ④ (語句などが)使われなくなる ⑤ 〖ラグビー〗ドロップアウトする

dròp óver 〈自〉《口》＝*drop in*(↑)

dròp róund 《英口》〈自・他〉＝*drop in*(↑)

lèt dróp ... / lèt ... dróp ① 〔話題など〕を打ち切る (→ 自 ⑧) ② 〔言葉・ヒントなど〕をふと[さりげなく]漏らす ‖ *let* ～ (the fact) that ... ＝*let* it ～ that ... …ということをほのめかす

COMMUNICATIVE EXPRESSIONS

1 **Dróp it.** もうやめろ；あきらめろ(♥ 固執している相手に)

2 **Lèt's dròp the súbject.** ⇨ SUBJECT(CE 2)

―名 (複 **～s** /-s/) C ❶ **しずく**, 一滴 ‖ a ～ of water 一滴の水 / fall in ～*s* ぽたぽた落ちる / ～ by ～ 一滴ずつ, 少しずつ

❷ 《通例単数形で》《しばしば否定文で》(液体の)**少量**；〈酒などの〉ほんの1杯[少し] 〈**of**〉 ‖ take a ～ *of* brandy ブランデーを一杯やる / have had a ～ too much 少々飲みすぎて[酔って]いる / I have not touched a ～ for months. もう何か月も酒は口にしていない / I haven't got a ～ *of* sympathy for him. 彼にはこれっぽっちも同情しない

❸ 《通例単数形で》**落ちる**[落とす]**こと**, 落下；(量・質・価値・程度などの)低下, 下落, 減少〈**in** …の；**into** …への〉；《the ～》《口》〈下位リーグなどへの〉転落〈**to**〉 ‖ a sharp ～ *in* temperature [the birthrate] 温度[出生率]の急激な低下 / avoid the ～ *to* the second division 2部リーグ転落を避ける

❹ 《単数形で》落下, 落差 ‖ a「～ of ten feet [OR ten-foot ～] from the roof to the ground 屋根から地面まで10フィートの落下

❺ 崖(cliff), 絶壁, 急斜面 ‖ a terrifying sheer ～ to the sea 海に切り立つ恐ろしい断崖(だんがい)

❻ (落下傘による食糧・医薬品などの) 空中投下；投下物資；落下傘部隊

❼ しずく状の飾り[イヤリング, ペンダント] ❽ 《しばしば複合語で》ドロップ《丸型のキャンディー》 ‖ acid ～*s* 《英》酸味のあるドロップ / cough ～*s* せき止めドロップ ❾ 《～s》 滴下薬 ‖ eye ～*s* 点眼薬 ❿ 《米》郵便受け；《口》配達 (delivery) ‖ make a ～ 配達をする ⓫ (スパイの情報や麻薬取引の) 秘密隠匿[中継]場所 ⓬ (レンタル店・図書館などの)返却口 ⓭ (舞台の)背景用垂れ幕；緞帳(どんちょう) ⓮ 絞首台；《the ～》絞首刑執行 ‖ get the ～ 絞首刑になる

*·**a dròp in a*** [《米》***the***] ***búcket*** ; ***a dròp in the ócean*** (必要量に比べて)わずかな量, 大海の一滴, スズメの涙

at the dròp of a hát 《口》① (機会さえあれば)すぐに(も), 直ちに ‖ The workers are prepared to go on strike *at the* ～ *of a hat*. 労働者はすぐにもストライキを打つ構えを見せている ② ちょっとしたことで, 大した理由もなく

gèt [OR ***hàve***] ***the dróp on a pérson*** 《口》① 〔人〕の機先を制する, 〔相手〕より有利な立場に立つ ② 〔相手〕より先に銃を突きつける

tàke a dróp ① 一杯やる ② (価格などが)下がる

▶▶ **～ clòth** 名 C ① 《米》(床・家具にかぶせる)汚れよけカバー ② 《英》＝drop curtain **～ còokie** 名 C 《米》落とし焼きクッキー **～ cùrtain** 名 C (舞台前面の) 垂れ幕, 緞帳 **～ gòal** 名 C ＝dropped goal (↓) **～ hàmmer** 名 C 〖機〗ドロップ[落とし]ハンマー (鍛造用装置) **～ hèad** 名 C 《英》オープンカー(《米》convertible (car)) **～ lèaf** 名

drop leaf

C (テーブルの折り畳み式の) 垂れ板 ‖ a ～ *leaf* table 垂れ板付きのテーブル **drópped gòal** 名 C 〖ラグビー・アメフト〗ドロップゴール **～ scène** 名 C ① 〖劇〗(場景の一部をなす)垂れ幕 ② (劇の)最後の場面；人生の大詰め **～ scòne** 名 C 《英》ドロップスコーン《小型のホットケーキ》 **～ tèst** (↓) **～ zòne** 名 C (人・物資などの) 降下[投下]地点

Dróp·bòx 名 U 《商標》💻ドロップボックス《オンラインストレージサービスの1つ》

dróp-dèad 形 副 《口》ものすごい[く] ‖ a ～ beauty 目がくらむほどの美人 / ～ gorgeous すごく豪華な

▶▶ **～ dàte** 名 C 《米口》締め切り日(deadline)

dróp-ìn 名 C ❶ ふらりと立ち寄ること[人] ❷ (ふらりと立ち寄れる)非公式の集まり[パーティー] ―形 《限定》ふらりと立ち寄る；(いすの座部などが) 跳ね上げ式の ‖ a ～ center (予約なしに立ち寄れる)相談所, 集会所

dróp·kìck 名 C 〖ラグビー・レスリング〗ドロップキック

dróp-kìck 動 他 自 (ボールを)ドロップキックする

dróp·let /-lət/ 名 C (小さな)しずく

dróp-òff 名 C ❶ (価値などの)下落, 急落；(数・量の)激減 ❷ 《米》絶壁(cliff), 急斜面 ❸ (人・荷物を)車から降ろすこと

*·**dróp·òut** 名 C ❶ 退学者；(競争の)脱落者；(体制社会からの)離脱者 ❷ 〖ラグビー〗ドロップアウト《ドロップキックによるけり出し》 ❸ 💻ドロップアウト《磁気テープ[ディスク]のデータ消失部分, またその読み誤り》

drop·per /drά(:)pər | drɔ́pə/ 名 C ❶ 点滴器；点眼器 (eyedropper) ❷ 〖釣り〗ドロッパー《鉤素(はりす)につける補助の釣り糸》

*·**drop·ping** /drά(:)pɪŋ | drɔ́p-/ 名 C ❶ 落下[滴下](物), しずく ❷ 《～s》(鳥獣の)糞(ふん)

dróp shòt 名 C 〖テニス〗ドロップショット《ネット際に緩くボールを落とす一打》

drop·sy[1] /drά(:)psi | drɔ́p-/ 名 《旧》＝edema

drop·sy[2] C 《英口》賄賂(わいろ)(bribe)；チップ

dróp tèst 名 C 落下テスト **dróp-tèst** 動

dross /drɑ(:)s, drɔːs | drɔs/ 名 U ❶ (溶けた金属の) 浮きかす, ドロス ❷ 不純物；くず, かす；つまらないもの **～·y** 形

*·**drought** /draut/ 《発音注意》 名 U C ❶ 干ばつ, 日照り続き；渇水 ❷ (慢性的な)不足, 欠乏, 枯渇

～·y 形 干ばつの

‡**drove**[1] /drouv/ 動 drive の過去

drove[2] /drouv/ 名 C 《通例 ～s》(移動中の) 家畜の群れ；人波(⇨ FLOCK[1] 類語P) ‖ in ～*s* 群れをなして

―動 他 〔家畜の群れ〕を追って行く

drov·er /dróuvər/ 名 C (市場・牧場へ)家畜を追って行く人；家畜商人

*·**drown** /draun/ 《発音注意》 動 自 ❶ おぼれ死ぬ, 溺死(できし)する ‖ The rowboat turned over and I almost ～*ed*. ボートがひっくり返っておぼれ死ぬところだった / ～ in a river 川でおぼれ死ぬ / death by ～*ing* 溺死

❷ 《進行形で》〈…を〉大量に持っている[抱えている], 〈…に〉うずもれる, 〈…〉漬けである 〈**in**〉 ‖ He is ～*ing in* debt. 彼は借金で首が回らない

―他 ❶ 〔人・動物〕を溺死させる；《受身形で》溺死する (♦事故による溺死の場合は自動詞用法の方がふつう) ‖ ～ oneself 投身自殺する, 入水(じゅすい)する

❷ …を水浸しにする；…を〈…で〉どっぷりぬらす〈**with**〉；…を〈…に〉どっぷり浸す〈**in**〉 ‖ a ～*ed* valley 水没した谷 / She ～*ed* the fruit *with* cream. 彼女はフルーツにクリームをたっぷりかけた / (eyes) ～*ed in* tears 涙でいっぱいの(目) ❸ 〔音〕を(かき)消す《*out*》 ‖ The applause ～*ed out* the scream. 喝采(かっさい)が悲鳴をかき消した

dròwn óut ... / dròwn ... óut 〈他〉 ① ⇨ 他 ❸ ② (洪水などが)…を押し流す；〔人〕を立ち退かせる

dròwn one's sórrows (***in drínk***) 悲しみを酒に紛らす (♦ fears, loneliness, troubles などの目的語が入ることもある)

drowse /dráuz/ 動 自 ❶ うたた寝する, うとうとする, まどろむ《*off*》 ❷ 動きが鈍い, 活気がない
―― 名 C《単数形で》うたた寝, まどろみ

drow·sy /dráuzi/ 形 ❶ うとうとしている, 眠い; 眠気を催させる ‖ feel ～ 眠気を覚える ❷ 物憂げな, 眠ったような, 活気のない ‖ a ～ village 眠ったような村
-si·ly 副 **-si·ness** 名

drub /drʌb/ 動 (**drubbed** /-d/; **drub·bing**) 他 ❶ …を(棒・むちで)ひどく打つ ❷《口》〔対戦相手〕を打ちのめす; 〔作品など〕をこき下ろす ❸〔考えなど〕をたたき込む[出す]
―― 自 足を踏み鳴らす

drub·bing /drʌ́bɪŋ/ 名 C ❶ 酷評 ‖ take a ～ 酷評を受ける ❷《口》完敗 ‖ give him a good ～ in a tennis match テニスの試合で彼をこてんぱんに負かす ❸ 棒[むち]でひどく打つこと, 殴打

drudge /drʌdʒ/ 名 C (単調な仕事に)あくせく働く人
―― 動 自《英では古》あくせく働く

drudg·er·y /drʌ́dʒəri/ 名 U (つらくて退屈な)仕事

drug /drʌg/
―― 名 (複 **～s** /-z/) C ❶《しばしば ～s》**麻薬**, 麻酔剤; 覚醒(かくせい)剤 ‖ Possession of illegal ～*s* carries the death penalty in some countries. 麻薬を所持していると死刑になる国もある / Say no to ～*s*. 麻薬にノーを / hard ～*s* (ヘロイン・コカインなどのような)強い[中毒性の]麻薬 / soft ～*s* (マリファナのような)比較的弱い[中毒性の低い]麻薬 / **take** [OR **use**, 《口》do] ～*s* 麻薬を服用する / **on** ～*s* 麻薬を常用して
❷ **薬**, 医薬品, 薬剤(♦ 現在では ❶ の意味で使うことが多く, 通常の薬剤には medicine を使うことが多い)(⇨ MEDICINE 類語P) ‖ a **prescription** ～ 処方薬 / prescribe a ～ 薬を処方する
a drùg on the márket 大量の売れ残り, 棚ざらし商品
―― 動 (**～s** /-z/; **drugged** /-d/; **drug·ging**) 他 ❶ …に麻酔薬を飲ませる[投与する]; …を麻薬で麻痺(まひ)させる
❷〔飲食物〕に薬[毒, 麻酔薬]を混入する
▸▸ **～ abùse** 名 U 麻薬[薬物]乱用 **～ àddict** 名 C 麻薬常用者 **～ bùster** 名 C《口》麻薬取締官 (antinarcotic officer) **～ còcktail** 名 C 混合HIV薬; 薬品の組み合わせ **～ còmpany** 名 C 製薬会社 **～ czàr** 名《また D- C-》C《米》麻薬取り締まりの責任者 **～ dèaler** 名 C 麻薬販売人 **～ misùse** 名 U =drug abuse (↑) **～ mùle** 名 C (飲み込んだりして運ぶ)麻薬の運び屋 **～ rehabilitàtion** 名 U 麻薬中毒からの更生 (《口》drug rehab) **～ rùnner** 名 C 麻薬運搬人 **～(s) bàron** 名 C 麻薬王《麻薬密売組織のボス》 **～ tèst** 名 C 薬物検査 **～ tèsting** 名 U 医薬品の安全性試験; 薬物検査

drug·get /drʌ́gɪt/ 名 U ドラゲット《羊毛に綿を混ぜたインド産の粗い織物. 床敷き用》

drug·gie /drʌ́gi/ 名 C《口》麻薬常用者

drug·gist /drʌ́gɪst/ 名 C《主に米・カナダ》❶ 薬屋; 薬剤師(《英》chemist) ❷ ドラッグストアの店主[経営者]

drug·gy /drʌ́gi/《口》形 麻薬の, 麻薬によってもたらされる
―― 名 C =druggie

***drúg·stòre** 名 C《米》ドラッグストア《薬のほかに化粧品・雑貨・スナックなども売る店》(《英》chemist's)

Dru·id /drúːɪd/ 名 (♦ 女性形 ～ess /-es/)《ときに d-》C ドルイド教の司祭 **Dru·íd·ic(al)** 形 ドルイド教の

Dru·id·ism /drúːɪdɪzm/ 名《ときに d-》U ドルイド教《古代ケルト人の間で行われた宗教》

drum /drʌm/《発音注意》
―― 名 (複 **～s** /-z/) C ❶ **太鼓**, **ドラム**; 《～s》(バンドなどの)打楽器部, ドラムス ‖ Powerful ～*s* characterize rock (music). 力強いドラムがロック(ミュージック)の特徴だ / beat a ～ 太鼓をたたく / play the ～*s* ドラムを演奏する
❷《the ～》ドラムの(ような)音
❸ ドラム形のもの, ドラム缶, 円筒形容器; (洗濯機などの)円筒部, 胴; (コンピューターの)磁気ドラム;〘建〙ドラム《ドーム型屋根を支える円筒形の壁》; ドラム型ブロック《積み重ねて円柱にする》‖ a ～ of oil, an oil ～ 油入りのドラム缶
❹〘解〙鼓膜(eardrum) ❺《米》ニベ科の魚《ドラムのような音を出す》 ❻《英口》家, アパート
(as) tight as a drúm ぴんと張った, ぴったりした, (容器などが)密閉された
bèat ... like a drúm …をこてんぱんに負かす
bèat [OR ***bàng***] ***the drúm*** 《口》〈…を〉鳴り物入りで宣伝する, 〈…への〉強い支持を表明する〈**for**〉
màrch to (the bèat of) a dìfferent drúm 《英》= *march to (the beat of) a different* DRUMMER
―― 動 (**～s** /-z/; **drummed** /-d/; **drum·ming**)
―― 自 ❶ **太鼓を鳴らす, ドラムを打つ**
❷〈…を〉とんとん[どんどん]たたく〈**on, at, against**〉; とんとん音を立てる ‖ ～ *on* the table with one's fingers 指でテーブルをとんとんたたく / ～ 「*on* the piano [*at* the door] ピアノ[ドア]をぽんぽん[とんとん]たたく / rain *drumming against* the windows 窓を打つ雨 ❸ (鳥が)ぱたぱた羽ばたく; (キツツキなどが)くちばしでこつこつたたく
―― 他 ❶〔指など〕を〈…に〉とんとん[こつこつ]たたきつける〈**on, against**〉(♥ いら立ちや不安のしぐさ) ‖ He *drummed* his **fingers** *on* the table. 彼は指でテーブルをとんとんたたいた ❷《(+目)+into 名 / (+it)+into 名+that 節》〔知識など〕を…にたたき込む (drill into) (♦ しばしば受身形で用いる) ‖ I had the social dos and don'ts *drummed into* me [OR my head] at school. 学校で社会生活を営む上での規則をたたき込まれた / My father *drummed into* me *that* I should always do my best. 父に常に最善を尽くすべきだということをたたき込まれた
drùm hóme ... / ***drùm ... hóme*** 〈他〉〔情報など〕を(頭の中に)たたき込む
drùm ín ... / ***drùm ... ín*** 〈他〉〔知識など〕を(頭の中に)たたき込む
****drùm ... ínto ...*** 〈他〉⇨ 他 ❷
drùm a pèrson óut 〈他〉〔人〕を〈…から〉追放[除名]する (kick out; expel)〈**of**〉(♦ しばしば受身形で用いる)
****drùm úp ...*** / ***drùm ... úp*** 〈他〉① 〔支持・取り引きなど〕を懸命に得ようとする ② 〔言い訳・名案など〕を考えつく, でっち上げる
▸▸ **～ bràke** 名 C〘機〙(自動車などの)ドラムブレーキ《車輪の内側に圧力をかける》(→ disk brake) **～ kìt** 名 C《英》=drum set **～ machìne** 名 C ドラムシンセサイザー **～ màjor** 名 C /英 ⌐⌐/ (軍) 楽隊長; 鼓笛隊長 **～ majorètte** 名 C (鼓笛隊の) バトンガール **～ sèt** 名 C《米》〘楽〙ドラムセット

drúm·bèat 名 C ❶ 太鼓の音 ❷ (運動・主張の) 大宣伝; 世間の非難(の嵐(あらし))

drúm·fìre 名 U 集中砲火; (批判・質問などの) 集中(攻撃)

drúm·hèad 名《the ～》❶ 太鼓の皮[膜] ❷〘機〙車地(しゃち)(capstan)の頭部
▸▸ **～ cóurt-màrtial** 名 C (《英》～ còurt-mártial) 戦地[臨時]軍法会議 (♦ 太鼓を裁判官のテーブル代わりに用いたことから)

drum·lin /drʌ́mlɪn/ 名 C〘地〙氷堆丘(ひょうたいきゅう)

***drum·mer** /drʌ́mər/ 名 C ❶ (軍楽隊の) 鼓手; ドラム奏者, ドラマー ❷《主に米口》地方回りのセールスマン ❸《英口》《旧》泥棒 ❹〘魚〙(オーストラリア産の)イスズミ
màrch to (the bèat of) a dìfferent drúmmer 他人と違った行動・考え方をする
màrch to (the tùne [OR ***bèat***] ***of) òne's own drúmmer*** 自分の思いどおりに行動する

drùm 'n' báss /-béɪs/ 名 U ドラムンベイス《1990年代英国で始まった強烈なビートのポピュラー音楽》

drúm·ròll 名 C 太鼓の連打, ドラムロール

drúm·stìck 名 C ❶ 鶏肉の脚(の下部), ドラムスティック ❷ 太鼓[ドラム]のばち

⁑**drunk** /drʌŋk/
—動 drink の過去分詞
—形 (~·er ; ~·est)
❶《通例叙述》〈酒に〉**酔った, 酔っ払った**〈on〉(♥相当程度まで酔っ払った状態を指すので,「ほろ酔いで気分がよくなってきた」程度なら tipsy や merry を用いる方が無難) ‖ That you were ~ is no excuse for what you said to her. 酔っ払っていたからといって彼女に言ったことの言い訳にはならない / He can't drink, and **gets** blind [OR dead] ~ *on* a sip of wine. 彼は下戸で, ワイン一口でひどく酔ってしまう / ~ or sober 酔っていようといまいと / a ~ man 酔っ払い (♦drunk を限定的に用いるのは名詞が「人」の場合に限られる. → drunken)
❷《+with 名》《叙述》〔権力・幸福感など〕に酔いしれて, うっとりして, 調子づいて ‖ They are ~ *with* success. 彼らは成功に酔いしれている
(as) drùnk as a lórd [OR *skúnk, fíddler*] ぐでんぐでんに酔っ払って
be drùnk and disórderly 〖法〗酔って暴れる
—名 (複 ~s /-s/) C ❶ 酔っ払い ; 酒飲み, 飲んべえ (drunkard) ❷《俗》酒盛り, 酒宴 ; 酒浸り
▸▸~ **tànk** 名 C《米俗》酔っ払い留置場, とら箱

drunk·ard /drʌ́ŋkərd/ 名 C 大酒飲み, 飲んだくれ

drùnk-dríving 名 U 形《米》飲酒運転(の) (《英》drink-driving) **drùnk-dríver** 名 (drunken-driver, 《英》drink-driver)

*****drunk·en** /drʌ́ŋkən/ 形《限定》(♦叙述用法では drunk を用いるのがふつう) ❶ 酒に酔った, 酔っ払った ; 飲んだくれの, 大酒飲みの ‖ her ~ husband 彼女の飲んだくれの夫 / a ~ driver 酔っ払い運転者 (♦a drunk driver (飲酒運転者) とほぼ同義だが, a drunken driver を完全に酔っているケースと解し, 区別する場合もある. また法規上の「飲酒運転」は《米》では drunk driving, 《英》では drink-driving, drunken driving)
❷ 酔った挙げ句の, 酒の上の ‖ a ~ brawl 酔った挙げ句の口論 / a ~ stupor 過飲による昏睡(こんすい)状態
~·**ly** 副 酔っ払って ~·**ness** 名 U 酩酊(めいてい) ; 酒浸り

drupe /druːp/ 名 C 〖植〗核果, 石果《梅・桃など》

druth·ers /drʌ́ðərz/ 名 選択, 好み (♦would rather から) ‖ If I had my ~, I'd spend my vacation in Paris. 好きにしていいのなら, 休暇はパリで過ごすよ

⁂**dry** /draɪ/ 形 動 名

中心義 **水気がない**

—形 (**dri·er** ; **dri·est**)
❶ **乾いた**, (物・空気が) 乾燥した (↔ wet, damp) ‖ The laundry should be ~ by now. 洗濯物はもう乾いているはずだ / The air in the room is very ~. 部屋の空気がとても乾燥している / a ~ towel 乾いたタオル
❷ **雨の降らない** [少ない], (気候が) 乾燥した ‖ It's been ~ for a week. 1週間雨が降っていない / a ~ climate 乾燥した気候 / the ~ season 乾季
❸ (川・井戸などが) **水のかれた**, 干上がった ‖ The well has run [OR gone] ~. 井戸がかれてしまった / a ~ pond 干上がった池 / the ~ ground からからの地面 / The pot is boiling ~. なべが空だきになっている
❹ (肌・髪などが) 水分[脂気]の少ない ‖ ~ hair ぱさぱさの髪 / ~ skin かさかさの肌
❺ 涙が出ない ; (せきが) 痰(たん)の出ない ; (雌牛などが) 乳の出ない ‖ There was not a ~ eye in the house when the film was over. 映画が終わったとき観客はみんな涙を浮かべていた / a ~ sob 涙を出さないすすり泣き
❻ (口の中が) からからになった ; のどが渇いた ; (仕事などが) のどの渇く ‖ I was so nervous that my mouth was ~. 緊張のあまり口の中がからからだった ❼ 水のいらない, 乾式の ; 〖建〗モルタルを使わない (→ dry wall) ‖ a ~ shampoo ドライシャンプー ❽ 乾物の ‖ ~ groceries 乾物 ❾ (パン・トーストが) 何も塗っていない ❿ (ワインなどが) 辛口の ; (カクテルなどが) 強い酒を主成分とした ‖ a ~ martini ドライマティーニ ⓫ (冗談などが) さりげなく皮肉を込めた, すまし顔の (♥好意的に用いられる) ‖ ~ humor 何食わぬ顔をして言うユーモア ⓬ あるがままの, 粉飾していない ; 素っ気ない ; 感情のこもらない ‖ the ~ facts 赤裸々な事実 / a ~ greeting 素っ気ないあいさつ / in a ~ tone ドライな [事務的な] 口調で (❗日本語の「ドライな(人)」は hard-headed [OR hard-boiled] (person))
⓭ 退屈な, 無味乾燥な ‖ a ~ lecture 退屈な講義 ⓮ 成果のあがらない ‖ He wrote a masterpiece after long ~ years. 彼は長い不毛な年月の後傑作を書き上げた / come up ~ (実験などが) 失敗する ⓯《比較なし》(州・国などが) 禁酒の, 禁酒法実施[賛成]の ; (パーティーが) 酒の出ない ; (人が) 禁酒した ‖ a ~ state 禁酒法を実施している州 / go ~ 禁酒する ; 禁酒法が施行される
(as) dry as a bone ⇨ BONE(成句)
(as) dry as dust ⇨ DUST(成句)
mìlk [OR *sùck*] *... drý* …からうまい汁[金, 援助, 情報]を搾り取る
rùn drý ① 干上がる (→ ❸) ② (供給などが) 枯渇する
—動 (**dries** /-z/ ; **dried** /-d/ ; ~·**ing**)
—他 ❶ …を**乾かす**, 乾燥させる, 干す (↔ wet) ; …の水気を拭き取る ; 〔目〕の涙を拭く ‖ ~ one's hair after a shampoo 洗った髪を乾かす / ~ oneself with a towel タオルで体を拭く / *Dry* your eyes. 涙を拭きなさい ❷〔食品など〕を乾燥保存する
—自 ❶ 乾く, 乾燥する ; (食器などを) 拭く ; 干上がる
❷《英俗》(舞台で) せりふを忘れる
drỳ óff 〈他〉《*drỳ óff ...* / *drỳ ... óff*》 ① …を乾かす, …の水気を拭き取る ② (搾乳をやめたり飼料を減らして)〔雌牛など〕の乳を止める —〈自〉(表面が) 乾く ; 体を乾かす
**drỳ óut* 〈自〉 ① すっかり乾く ‖ The shirt *dried out* in the sun in two hours. 2時間日に当てられてシャツがすっかり乾いた ② アルコール [薬物] 中毒の治療を受ける, 酒 [薬物] を断つ ; 酒気が体から完全に抜ける —〈他〉《*drỳ óut ...* / *drỳ ... óut*》 ① …をすっかり乾かす ②《口》〔人〕にアルコール[薬物]中毒の治療を施す, 酒[薬物]を断たせる ; 〔人〕の酒気を完全に抜かせる
**drỳ úp* 〈自〉 ① すっかり乾く, 干からびる ; (川・井戸などが) 干上がる ②《英》(洗った) 皿[食器]を拭く ③ (蓄え・力・考えなどが) 枯渇する (fail, run out) (⇨ MONEY メタファーの森) ‖ The funds are ~*ing up*. 資金が底をついてきた ④《口》言葉に詰まる, せりふを忘れて黙る ; 《しばしば命令形で》黙る —〈他〉《*drỳ úp ...* / *drỳ ... úp*》 …を干からびさせる, 干上がらせる ; 《英》〔洗った皿・食器〕を拭く
—名 (複 **dries, drys** /-z/) ❶ (the ~) (ぬれた所に対して) 乾いた所 ‖ We ran into the ~ under a big tree. 私たちは大きな木の下のぬれない所に駆け込んだ
❷ (the ~) 乾燥状態 ; 《主に豪》乾季 ; 《豪》乾燥地帯
❸ C《通例 dries で》《英》(1980年代の) マネタリズム政策支持の保守党員 (↔ wet)
❹ C《米》禁酒主義者 (↔ wet)
▸▸~ **bàttery** 名 C (数個の dry cell をつないだ) 乾電池 ~ **céll** 名 C 乾電池 ~ **cléaner** 名 C ドライクリーニング屋 (《英》dry cleaner's) ~ **cléaning** (↓) ~ **dòck** (↓) ~ **fárming** (↓) ~ **flý** (↓) ~ **gínger** 名 U ドライジンジャー《ショウガの味のする飲み物でウイスキーなどを混ぜて飲む》 ~ **gòods** 名 複 ①《主に米》(食料品・金物類に対して) 織物類, 繊維製品 ② 乾物類《茶・砂糖・穀物など》 ~ **íce** 名 U ドライアイス ~ **lánd** 名 U (海・川などに対し) 陸地 ~ **làw** 名 U《米》禁酒法 ~ **méasure** 名 U 乾量《穀類などを計る単位. → liquid measure》 ~ **mílk** 名 U《米》ドライミルク, 粉ミルク ~ **mústard** 名 U からし粉 ~ **nùrse** (↓) ~ **rót** (↓) ~ **rún** 名 C《通例単数形で》《口》リハーサル, 予行演習 ~ **slòpe** 名 C 人工ゲレンデ ~ **wàll** (↓) ~ **wàsh** 名 C《米》《単数形で》(アイロンをかける前の) 乾いた洗濯物

dry·ad /dráɪæd/ 名 C 〘ギ神〙ドリュアス, 樹木[森]の精
drỳ-cléan ⊲ 動 他〔衣類〕をドライクリーニングする
drỳ cléaning 名 U ドライクリーニング；C ドライクリーニングにする[した]衣類
drý dòck 名 C U 乾ドック《排水できるドック》
　drý-dòck 動 他 自（船を[が]）乾ドックに入れる[入る]
dry·er /dráɪər/ 名 =drier
drỳ-éyed ⊲ 形《叙述》涙を流していない, 泣いていない
drỳ fárming 名 U 乾地農法(dry-land farming)《雨量の少ない地域で行われる耕作法》
　drý-fàrm 動 他〔作物〕を乾地農法で耕作する
drỳ flý 名 C 〘釣り〙ドライフライ《水面に浮かべて釣る毛針》(↔ wet fly)　**drỳ-flý** 形 動 自
dry·ly /dráɪli/ 副 すげなく, 素っ気なく, 冷淡に
dry·ness /dráɪnəs/ 名 U 乾燥；冷淡；無味乾燥
drý nùrse 名 C《古》(自分の乳は授乳しない)育児婦, 保母(→ wet nurse)　**drý-nùrse** 動 他〔幼児〕を授乳しないで育児[子守り]する
drý·pòint 名 C 〘美〙ドライポイント《腐食剤を用いずに銅版に線を刻む鋭い針》；C U ドライポイント銅版画(法)
drỳ rót 名 U (菌類による木材の)乾燥腐敗；(植物の)乾腐病；乾腐病菌類　**drỳ-rót** 動 自 他 ① 乾燥腐敗する[させる] ② 腐敗[堕落]する[させる]
drý-sàlt 動 他〔魚・肉など〕を塩干しにする
drý-sàlter 名 C《英》《古》薬剤・乾物商人《薬剤・染剤・保存食品などを扱う》
drỳ-shód ⊲ 形 副 靴[足]をぬらさない(で)
drý-stòne 形《英》(壁などが)モルタルを使わない石積みの
drỳ·stòne wáll 名 C《英》=dry wall ❷
drý wàll, drý·wàll 名 C《米》〘建〙❶ 壁板［プラスターボード］(造りの内壁) ❷ (モルタルを使わない)石積み壁
　drý-wàll 動 他
ds, d.s. 略〘商〙*d*ays after *s*ight (一覧後…日(払い))；*d*ocument *s*igned
DS 略〘楽〙*d*al *s*egno (♦ イタリア語で repeat from the sign の意)；〘軍〙*d*irecting *s*taff；*d*ocument *s*igned
DSc 略 *D*octor of *Sc*ience
DSC 略〘軍〙*D*istinguished *S*ervice *C*ross ((英国の)殊勲十字章)；*D*octor of *S*urgical *C*hiropody
DSL 略 *d*igital *s*ubscriber *l*ine(デジタル加入者線)
DSM 略〘軍〙*D*istinguished *S*ervice *M*edal ((英国の)殊勲章)
DSO 略〘軍〙*D*istinguished *S*ervice *O*rder ((英国の)殊勲章)
DSP, d.s.p. 略《ラテン語》*decessit sine prole* (died without issue)；💻 *d*igital *s*ignal *p*rocessor [OR *p*rocessing]
DSS 略 *d*ecision *s*upport *s*ystem；*D*epartment of *S*ocial *S*ecurity((英国の)社会保障省)
DST 略 *d*aylight-*s*aving *t*ime(夏時間)
DSTN 略 💻 *d*ual-scan *s*uper *t*wisted *n*ematic《液晶ディスプレーの規格の1つ》
DSU 略 💻 *d*igital *s*ervice *u*nit《端末装置をデジタルデータ通信回線と接続する装置》
DTI 略 *D*epartment of *T*rade and *I*ndustry ((英国の)貿易産業省)
DTp 略 *D*epartment of *T*ransport((英国の)運輸省)
DTP 略 💻 *d*esk*t*op *p*ublishing
DTs, DT's, d.t.'s /dìːtíːz/ 名 複《通例 the ～》《口》(アルコール中毒患者の)振顫(しんせん), 譫妄(せんもう) (♦ *d*elirium *t*remens の略)
DU 略 *d*epleted *u*ranium(劣化ウラン)；*D*obson *u*nit(s)
***du·al** /djúːəl/ (♦ 同音語 duel) 形《限定》❶ 二重の；二元的な；二重性［両面性］を持った ‖ a ～ purpose 二重の目的 / a ～ flight 同乗飛行 / a ～ role as actor and director 役者と監督の二役 / ～ ownership 共同所有(権) ❷〘文法〙双数の, 両数の
　— 名 C U〘文法〙双数, 両数《古英語・アラビア語などで「2つ, 一対」を表す概念, 語形》
　— 動 (**dualled** /-d/；**dual·ling**) 他《英》〔道路〕を分離帯のある道路にする(→dual carriageway)
　～·ly 副 二重の資格で, 二様に
　⏩ **～ cárriageway** 名 C《英》=divided highway **～ cítizenship** 名 U 二重国籍, (米国などの)二重市民権 **～ nationálity** 名 U 二重国籍
dùal-bánd 形 デュアルバンドの
dùal-contról 形 (教習用航空機などの) 複式操縦装置のついた；二国共同統治の
du·al·ism /djúːəlɪzm/ 名 U ❶ 二重性 ❷〘哲〙二元論(→ monism, pluralism)；〘宗〙二元説；キリスト二性説《神性と人間性》　**-ist** 名 形
du·al·is·tic /djùːəlístɪk/ ⊲ 形 ❶ 二元論の, 二元論的な ❷ 二重の, 二元の　**-ti·cal·ly** 副
du·al·i·ty /djuǽləṭi/ 名 (複 **-ities** /-z/) U C 二元性, 二重性；〘理〙(波動と粒子の)二重性；〘数〙双対(そうつい)性
du·al·ize /djúːəlàɪz/ 動 他…を二重にする；…を二元(論)的に見る
dùal-púrpose ⊲ 形 2つの目的にかなう, 2つの用途のある；(乗り物が)乗客・貨物両用の, 舗装路・不整地両用の
***dub**[1] /dʌb/ 動 (**dubbed** /-d/；**dub·bing**) 他 ❶《+目+補〈(**as**) 名〉》…に…というあだ名をつける, …を…と呼ぶ；(賞賛して)…に…という称号を与える(♦ しばしば受身形で用いる) ‖ James Brown was *dubbed* "the Godfather of Soul." ジェームズ＝ブラウンは「ソウルミュージックの大ボス」と称されていた ❷《+目+補〈名〉》(国王が剣で肩をたたいて)…をナイトに叙する ‖ ～ him a knight 彼をナイトに叙する ❸〔革・材木〕を滑らかにする, きれいに仕上げる ❹《米》〔鳥・魚〕の毛・臓物を抜いて下ごしらえする ❺《英》〔毛針〕を仕上げる；〘ゴルフ〙〔ショットなど〕を打ち損なう
dub[2] /dʌb/ 動 (**dubbed** /-d/；**dub·bing**) 他 ❶〔映画など〕を〈別の言語に〉吹き替える〈**into**〉‖ ～ an American movie *into* Japanese アメリカ映画を日本語に吹き替える ❷〔音・映像など〕を複製する, ダビングする ❸〔いくつかの録音〕を合成する
　dùb ín ... 〈他〉〔効果音など〕を追加する, 重ねる
　— 名 ❶ U 追加した効果音, 再録した音 ❷ C 複製, コピー ❸ C ダブ《ベースを効かせてレゲエなどの原曲を再合成したもの》❹ U ダブ《西インド諸島の強烈なビートの音楽・詩》
dub[3] /dʌb/ 名 C《主に米口》《旧》不器用な人, 下手くそ
Du·bai, Du·bayy /dùːbáɪ/ 名 ドバイ《アラブ首長国連邦北東部の首長国. その首都, 港市》
dub·bin /dʌ́bɪn/ 名 U《英》皮革用油脂；その油脂を塗ること(dubbing)
du·bi·e·ty /djubáɪəṭi/ 名 (複 **-ties** /-z/)《堅》❶ U 疑い, 不審, 疑念 ❷ C 疑わしい事柄
***du·bi·ous** /djúːbiəs/ 形 (**more ～**；**most ～**) ❶《叙述》(人が)〈…について〉半信半疑で, 疑って, 懐疑的で〈**about, of**〉‖ People were ～ *about* the honesty of that candidate. 人々はその候補者の誠実さについて懐疑的だった ❷ (道義的に)疑わしい, いかがわしい, うさんくさい ‖ a ～ character [area] いかがわしい人物［地区］❸ (真実性・価値などの)疑わしい, 信頼できない(↔ sure)；成果がおぼつかない ‖ a ～ assumption 信憑(しんぴょう)性に欠ける前提 / a ～ enterprise 心もとない企画[事業]
　～·ly 副 疑わしげに, あいまいに　**～·ness** 名 U 疑わしさ, あいまいさ
du·bi·ta·ble /djúːbəṭəbl | -bɪ-/ 形 疑わしい　**-bly** 副
du·bi·ta·tion /djùːbətéɪʃən | -bɪ-/ 名 U《堅》疑い, 半信半疑(doubt)
du·bi·ta·tive /djúːbətèɪṭɪv | -bɪtə-/ 形《堅》半信半疑の；けげんそうな　**～·ly** 副
Dub·lin /dʌ́blɪn/ 名 ダブリン《アイルランドの首都》
dub·ni·um /dʌ́bniəm/ 名 C〘化〙ダブニウム《原子番号105の人工放射性元素. 記号 Db》
du·cal /djúːkəl/ 形〔⊲ duke 名〕《限定》公爵(duke)の(ような)；公爵領の

duc·at /dʌ́kət/ 名 C ❶ ダカット金貨《かつてヨーロッパ諸国で用いられた》 ❷《~s》《旧》《口》金(かね) ❸《主に米口》《旧》切符, 入場券(admission ticket)

Du·chènne('s) mùscular dýstrophy /du-ʃén-/ 名 U デュシェンヌ型筋萎縮(いしゅく)症(♦ フランスの神経科医 Guillaume B. A. Duchenne(1806-75)より)

***duch·ess** /dʌ́tʃɪs/ 名 C 公爵夫人[未亡人]；女公爵(↔ duke) ‖ the *Duchess* of Kent ケント公爵夫人

duch·y /dʌ́tʃi/ 名 (複 **duch·ies** /-z/) C ❶ (女)公爵領, 公国 ❷《the D-》(英国の)王族公領《Cornwall と Lancaster がある》

D

‡duck[1] /dʌk/
── 名 (複 **~s** /-s/ OR **~**) C ❶ **カモ, アヒル**；雌のカモ[アヒル] (↔ drake[1]) ‖ It's lovely weather for ~*s*. アヒルにはいい天気だ《雨降りのこと》/ a domesticated ~ アヒル / a wild ~ カモ, マガモ / a mandarin ~ オシドリ / shoot ~ カモ猟をする
❷ U カモ[アヒル]の肉(⇨ MEAT 類語P)
❸《英口》《しばしば ~s で単数扱い》(主に女性・子供への呼びかけで)かわいい人, かわいい子；ねえ君
❹《通例単数形で》〖クリケット〗(得点)ゼロ ‖ break one's ~ 最初の得点をあげる；初めて成功する
gèt [OR *hàve*] (*àll*) *one's dúcks in a rów*《米口》物事を上手に取りまとめる, 用意万端整える
(*like*) *water off a duck's back* ⇨ WATER(成句)
play ducks and drakes with ... ⇨ DUCKS AND DRAKES(成句)
táke to ... like a dùck to wáter《口》(アヒルが水に入るように)ごく当たり前に…になじむ[…をこなす] ‖ She *took to* show business *like a* ~ *to water*. 彼女は芸能界の仕事にすんなりと溶け込んだ
▶▶ **~ blìnd** 名 C カモ猟師の隠れ場《アシや草で作る》 **~ hàwk** 名 C〖鳥〗《米》ハヤブサ(peregrine falcon)；《英・方》チュウヒ《中型のタカ》 **~ sóup** 名 U《米口》たやすいこと；扱いやすいやつ, かも

***duck**[2] /dʌk/ 動 他 ❶〔頭・体など〕をひょいと下げる[引っ込める]；〔強打・パンチなど〕をひょいとかわす ❷《口》〔責任・問題など〕を避ける, から逃れる(avoid) ❸〔人〕(の頭)を水に浸ける ── 自 ❶ 頭[体など]をひょいと下げる[引っ込める]；ひょいと身をかわす ❷ (危険などを避けるため急いで)〈…に〉逃げる, 隠れる〈**into, under,** etc.〉；〈…から〉隠れるようにして逃げ出す, 急いで立ち去る《*out*》〈**out of**〉 ‖ I ~*ed* 「*into* the nearest house [*under* the table]. いちばん近くの家に[テーブルの下に]隠れた ❸〈仕事・責任・質問などを〉避ける, 〈…から〉逃げる《*out*》〈**out of**〉 ‖ ~ *out of* work 仕事をサボる ❹ 水にひょいと潜る ❺〖ブリッジ〗わざと勝ち札を取るのを控える
dùck and díve 巧妙な手段を用いる, 巧みに逃れる
── 名 C《単数形で》ひょいと頭[体]を下げること；ひょいと水に潜ること
▶▶ **~ing stòol** 名 C 水責めいす《棒の先にいすをつけた昔の刑具. そこに人を座らせ, 池に沈めて罰した》

duck[3] /dʌk/ 名 U ズック；C《~s》(特に白い)ズック製ズボン

duck[4] /dʌk/ 名 C (上陸用)水陸両用トラック(♦ 暗号名 DUKW より)

dúck·bìll 名 C〖動〗カモノハシ(platypus)
▶▶ **~ed dínosaur** 名 C カモノハシ恐竜, ハドロサウルス(hadrosaur) **~ed plátypus** 名 C = duckbill

dúck·bòards 名 複 (ぬかるみなどに渡した)踏み板

duck·ling /dʌ́klɪŋ/ 名 C 子ガモ；U 子ガモの肉

dúck·pìn 名 C《米》ダックピン《ずんぐりした球戯用ピン》；《~s》《単数扱い》ダックピン球戯

dùcks and drákes 名 U 水切り遊戯《平らな小石を水面を滑るように投げる遊び》
plày dùcks and drákes with ...《英》…をいい加減にあしらう, もてあそぶ；…を無駄遣いする

dúck·wèed 名 U〖植〗ダックウィード《アオウキクサ属の水草》

duck·y /dʌ́ki/ 形《主に米口》《旧》かわいい；愉快な, 素晴らしい ── 名 (複 **duck·ies** /-z/) C《英口》《主に呼びかけ》いとしい人, かわいい人

***duct** /dʌkt/ 名 C ❶ 送水管, ガス管, 通気管, ダクト ❷〖解・動〗導管；輸送管 ‖ a tear [bile] ~ 涙管[胆管] ❸〖植〗導管, 脈管 ❹ (電線・電話線などを通す地下の)線管, 線渠(せんきょ) ── 動 他《通例受身形で》(気体・液体などが)ダクトで送られる ▶▶ **~ tàpe** 名 U《米》ダクトテープ《防水性粘着テープ. 配管工事などに用いる》

duc·tile /dʌ́ktəl | -taɪl/ 形 ❶ (金属が)展性[延性]のある ❷ (粘土などが)どんな形にでもなる, 可塑性の ❸ (性格が)素直な, 従順な

duc·til·i·ty /dʌktíləṭi/ 名 U (金属の)延性；可塑性；素直さ

dúct·less /-ləs/ 形〖解〗導管のない

dúct·wòrk 名 U 導管組織；配管(材料)

dud /dʌd/《口》名 C ❶ 不発弾；役立たず(のもの[人]) ❷《~s》衣服 ── 形《限定》役立たずの, 無価値の；にせの
▶▶ **~ chéque** 名 C 偽造[不渡り]小切手 **~ lóan** 名 C 不良債権(nonperforming loan)

dude /dju:d/《主に米俗》名 C ❶ 男, やつ ❷ 気取り屋, しゃれ者 ❸ 都会っ子；(特に休暇を西部(の牧場)で過ごす)東部人 ── 動 自 めかし込む《*up*》
dúd·ish 形 気取り屋の, おしゃれな
▶▶ **~ rànch** 名 C (米西部の)観光牧場

dudg·eon /dʌ́dʒən/ 名 U 立腹, 憤り
in hìgh dúdgeon かんかんに怒って

⁑due /dju:/(♦ 同音語 dew) 形 名 副

中心義 **当然そうあるべき**

── 形《比較なし》❶《叙述》 **a** (…日[時]に)予定された, **到着予定の** ‖ The train is ~ in ten minutes. 列車はあと10分で到着する予定だ / I think the director is ~ back soon. 所長はじきに戻って来ると思います / When is her baby ~? 彼女の出産はいつの予定ですか / The report is ~ **out** soon. その報告はもうすぐ発表される予定だ
b 〈…する〉予定[約束]で, 〈…する〉はずで〈**to** *do*〉；〈…を〉予定されて, 当然〈…の〉はずで〈**for**〉 ‖ She is ~ *to* be promoted. = She is ~ *for* a promotion. 彼女は昇進するはずだ / The trade center is ~ *to* open next month. 貿易センターは来月開館することになっている / We're ~ *for* some snow. 雪になるはずだ
❷《通例叙述》(手形・借金などが)支払期日になって(いる), 満期の；〈…に〉(当然)支払われる(べき)〈**to**〉(♦ to を省いて前置詞的に用いることもある) ‖ a bill ~ July 2 7月2日が満期の手形 / My loan payments are ~ on the 25th of the month. 私のローン支払期日は毎月25日になっている / the amount still ~ 未払い額 / The promissory note comes [OR falls] ~ soon. 約束手形が間もなく期日を迎える / A large sum is ~ (*to*) the surviving family. 多額の金が遺族に支払われるべきだ
❸《限定》しかるべき, 正当な, ふさわしい；《叙述》〈…に〉当然与えられるべき〈**to**〉；〈…を〉当然受けるべき〈**for**〉(♦ to, for を省いて前置詞的に用いることがある) ‖ with ~ ceremony しかるべき儀式を行って / give ~ credit to him 彼を正当に評価する / in ~ form 正式に / (Our) thanks are ~ *to* all the teachers. 私たちの感謝は先生方全員にささげられる / I'm ~ (*for*) a week's vacation this summer. 私はこの夏1週間の休暇が当然とれる
❹《限定》必要なだけの, 十分な ‖ after ~ consideration よく考えた上で / drive (a car) without ~ care and attention 十分に注意せずに運転する
dúe to ...* ① **…が原因で, …による, …のおかげで ‖ Much of our garbage is ~ *to* overwrapping. 我々が出すごみの多くは過剰包装が原因である ②《前置詞として》…の**ために**, せいで(owing to)(⇨ SAKE[1] 類語P) ‖ *Due to*

bad weather, the plane was delayed. 悪天候のために飛行機は遅れた (♦ この用法の due to を due が形容詞だということで認めない人もいるが, 現在ではふつうに使われる) ③ ⇨ 形 ❷, ❸

in dùe cóurse [OR *tíme*] **そのうち** (しかるべき) **時が来れば**, やがて (は) ‖ The business will pay *in* ~ *course*. その事業もやがては採算がとれるようになるだろう

with (*all due*) *respect* ⇨ RESPECT(CE 1)

──名 (複 **~s** /-z/) ❶ 《one's ~》与えられてしかるべきもの, 当然の権利 ❷ C 《~s》当然支払うべき金, 料金, 会費 ‖ membership [back] ~*s* 会費[未払金] / harbor [light] ~*s* 入港[灯台]税

**give a pèrson his/her dúe* (好悪は別にして)〔人〕を公平に扱う, 〔人〕の認めるべき点は認める (⇨ *give the* DEVIL *his due*)

pày one's dúes ① 責務を果たす ② (将来のために) 苦労を重ねる, 経験を積む

──副 《比較なし》《方位名につけて》真(ま)… ‖ head ~ east 真東に向かう

▸▸ **~ dáte** 名 《通例 the ~》(支払いなどの) 期日 ; (手形などの) 満期日 ; 出産予定日 **~ díligence** [**cáre**] 名 U 《法》相応の注意 《人がその状況で払うべき注意義務》 **~ prócess** (**of láw**) 名 U 《米法》 法の適正な手続き 《米国憲法の修正条項 (amendment) 第5条で保障された権利》

du·el /djúːəl/ (♦ 同音語 dual) 名 C ❶ (正式な) 決闘, 果たし合い ‖ fight [OR have] a ~ with him 彼と決闘する / challenge him to a ~ 彼に決闘を申し込む ❷ (人・勢力・主義など2者間の) 闘争, 闘い ‖ a legal ~ 法律論争 / a pitching ~ (野球の) 投手戦

──動 (**-eled**, 《英》**-elled** /-d/ ; **-el·ing**, 《英》**-el·ling**) 自 決闘する ; 闘争する 〈**over** …のことで ; **with** …と〉

~·(l)er, ~·(l)ist 名 C 決闘者 **~·(l)ing** 名 U 決闘

du·en·na /djuénə/ 名 C (特にスペインの良家の娘の) 付き添い[監督]婦人 (中立 chaperon)

du·et /djuét/ 《アクセント注意》 名 C 《楽》 二重唱[奏] (の曲), デュエット, デュエット舞踊[曲] (→ solo ; trio) ‖ play [OR perform] a ~ デュエットを演奏する [演じる] / sing a ~ デュエットを歌う **──動** 自 二重唱[奏]をする, デュエットを演じる **~·tist** 名 C 二重唱[奏]者

duff[1] /dʌf/ 名 C ❶ (小麦粉の) 蒸しプディング ❷ U 《米・スコット》(森林の枯葉などの) 腐った堆積(たいせき) ❸ 《主に米口》 尻(しり)

ùp the dúff 《英俗》妊娠して, 腹ぼてで

──形 《英口》価値のない, にせの

duff[2] /dʌf/ 動 他 《口》《ゴルフ》〔球〕を打ち損ねる

dùff … úp / dùff úp … 〈他〉《英俗》…を打ちのめす

duf·fel, duf·fle /dʌ́fəl/ 名 ❶ U ダッフル (けばの立った粗いラシャ) ❷ U 《米》(運動家・キャンパー・兵士などの) 装具, 衣類 ❸ (=**~ còat**) C ダッフルコート ❹ =duffel bag(↓)

▸▸ **~ bàg** 名 C (⇨ BAG 図) ① 《英》(キャンパー・兵士などの) 雑嚢(ざつのう) ② 《米》旅行用かばん (《英》 holdall)

duf·fer /dʌ́fər/ 名 C 《旧》《口》《けなして》能なし, のろま, (特にゴルフで) 不器用者, へぼ ‖ a ~ at … …が下手な人

dug[1] /dʌg/ 動 dig の過去・過去分詞

dug[2] /dʌg/ 名 C 《通例 ~s》(雌獣の) 乳首, 乳房 ; 《古》女性の胸 (♥ 軽蔑的に用いる)

du·gong /dúːgɑ(ː)ŋ, -gɔːŋ | -gɔŋ/ 名 (複 ~ OR **~s** /-z/) C 《動》ジュゴン, カイギュウ(海牛) (→ manatee)

dúg·òut 名 C ❶ 《野球・サッカー》 ダッグアウト ❷ 防空壕(ごう), 待避壕 ❸ 丸木舟

duh /dəː/ 間 ❶ で, だから何, ふーん (♥「わかりきったことを言っている」とばかにしたニュアンスになることがある) ❷ =d'oh

DUI 略 《米》*d*riving *u*nder the *i*nfluence

dui·ker /dáɪkər/ 名 (複 ~ OR **~s** /-z/) C 《動》 ダイカー 《アフリカ産の小型レイヨウ》

du jour /djuʒúər/ 形 《名詞の後に置いて》 本日の (♦ フランス語より) (=of the day) ‖ the menu ~ 本日のお薦め料理

***duke** /djuːk/ 名 〔▶ ducal 形〕 C (♦ 女性形は duchess) ❶ 《英》公爵 (♦ 英国貴族の最高位. 英国以外では prince という) ‖ a royal ~ 公爵位を持つ王子 ❷ (ヨーロッパの小公国 (duchy) の) 君主, 公, 大公 ; (英国以外の) 貴族 ❸ 《~s》《俗》(特に闘う姿勢をとった) げんこつ, こぶし (fist) ‖ put up one's ~*s* こぶしを構える

──動 他 《次の成句で》

dùke it óut 《米俗》〈…と〉争う, 殴り合う 〈**with**〉

dùke òut a pérson / dùke a pèrson óut 《米俗》〔人〕をげんこつで殴る ; 〔人〕をぶちのめす

dúke·dom 名 C 公爵領, 公国 ; U 公爵の位

dul·ce de le·che /dùːlseɪdeléʧeɪ/ 名 U C 《料理》 ドゥルセ=デ=レーチェ 《牛乳と砂糖を煮詰めて作る南米の糖菓》 (♦ スペイン語より)

dul·cet /dʌ́lsɪt/ 形 《限定》(音色が) 甘美な, 妙(たえ)なる ; 甘ったるい

dul·ci·mer /dʌ́lsɪmər/ 名 C 《楽》 ダルシマー ❶ 金属の弦を2本の軽いつちで打ち鳴らす楽器 ❷ ひざの上に置き指で鳴らすアメリカの伝統音楽で用いる弦楽器

:dull /dʌl/ 中心義 **切れのよさに欠ける**

──形 (**~·er** ; **~·est**)

❶ **退屈な**, 面白くない, 単調な (♥「他人を退屈させる」の意で, 自分が退屈している場合は I am bored [×dull]. という. 人に対して用いるのは非常に失礼) ‖ I find my daughter's fiancé ~. 娘の婚約者は面白みのない男だと思う / a ~ party 退屈なパーティー

❷ (色・光が) **くすんだ**, ぼんやりした, さえない ; 光沢のない (↔ bright) ‖ a ~ color [glow] くすんだ色 [鈍い光] / a ~ finish つや消しの仕上げ

❸ (天候が) どんよりした, 曇った ‖ a ~ sky どんよりした空 / ~ weather はっきりしない天気

❹ (音が) 鈍い ‖ fall with a ~ thud どすんと落ちる

❺ (痛みが) 鈍い ; (刃が) 切れ味の悪い, なまくらの (↔ sharp) ‖ I have a ~ ache in my shoulder. 肩に鈍痛がある

❻ **頭の鈍い**, のみ込みの遅い, 愚鈍な (↔ clever) (⇨ FOOLISH 類語) ❼ (動作の) のろい, 緩慢な ; (商売が) 不活発な, 不振な ; (商品などが) 売れ行きの悪い

(*as*) *dull as dishwater* [OR *ditchwater*] ⇨ DISHWATER (成句)

──動 (**~s** /-z/ ; **~ed** /-d/ ; **~·ing**)

─他 〔刃など〕を**鈍くする** ; 〔色など〕をぼんやりさせる ; 〔痛みなど〕を和らげる, 鈍らせる ; 〔人(の感覚)〕を鈍らせる, ぼんやりさせる ‖ ~ the edge of … …の刃を鈍らせる ; …の感度を鈍くする / ~ the pain 痛みを和らげる / Too much sleep ~*s* the mind. 睡眠をとりすぎると頭がぼうっとする

─自 **鈍くなる** ; ぼんやりする ; 和らぐ

dúl·ly 副 **dúl(l)·ness** 名

dull·ard /dʌ́lərd/ 名 C 《旧》 うすのろ, とんま

dull·ish /dʌ́lɪʃ/ 形 やや鈍い ; うすぼんやりした ; だれ気味の

***du·ly** /djúːli/ 副 ❶ 正式に, 正当に ; 適切に, ふさわしく ; 十分に ‖ The ~ elected president was restored to power. 正式に選ばれた大統領は政権を奪回した / She ~ hated her father for the divorce. 彼女は離婚のことで当然父親を憎んでいた ❷ 時間どおりに, 滞りなく ‖ He ~ arrived for the ceremony. 彼は式典の時間どおりに到着した

Du·mas /dumáː | djúːmaː/ 名 **Alexandre ~** デュマ (~ père (1802-70) & ~ fils (1824-95)) 《フランスの小説家・劇作家の父子》

***dumb** /dʌm/ 《発音注意》 形 (**~·er** ; **~·est**) ❶ 《比較なし》 口のきけない (♥ 人に使うときは差別的なので speech-impaired などを用いた方がよい. → ❹) (⇨ 類語) ; 《the ~ で集合名詞的に》 口のきけない人々 ‖ the deaf and ~ 聾唖(ろうあ)者 ❷ 《叙述》(一時的に) 口がきけない, ものも言えない ; 《限定》 言葉に表されない ‖ He was struck ~ with surprise. 彼は驚きのあまり口がきけなかった / ~ grief 口

には出さない(深い)悲しみ ❸ 無口な, 寡黙な ; 無言の ‖ remain ～ 黙っている / (as) ～ as a statue (じっと) 押し黙って ❹ 《主に米口》ばかな, 間抜けな(↔ clever)(♥ He is dumb. のような文は ❶ よりもこの語義にとられやすい) (⇨ FOOLISH 類語) ‖ a ～ question 愚問 ❺ 💻 (端末・装置が) 独自の処理能力がない (↔ intelligent) ❻ 音の出ない ‖ a ～ piano (運指練習用)無音ピアノ

plày dúmb 《口》知らないふりをする, とぼける

COMMUNICATIVE EXPRESSIONS

1 **Hòw dúmb do you thínk I àm?** ばかにしないでよ (♥ 侮辱的なことを言われたときに返す文句)

―動 他 《文》…の口をきけなくする, …を沈黙させる

dùmb dówn 《口》〈他〉(***dùmb dówn*** ... / ***dùmb*** ... ***dówn***) 〔教材・カリキュラムなど〕を易しくする (♥ 質を落とす意を含む) ―〈自〉(内容的に)易しくなる

～·ly 副 **～·ness** 名

類語 《形 ❶》 **dumb**, **mute** 両方とも一時的に話せないで黙っている状態についても用いるが, 障害として「口がきけない」状態を指す場合は差別語とみなされ, 使用が控えられる. 「耳が聞こえず口がきけない」の意を表す deaf and dumb と deaf-mute も同様である.

▸▸**～ ánimal** [OR **creature**] 名 C 《通例 ～s》もの言わぬ動物 (♥ 特に哀れんでいうとき) **～ blónde** 名 C 《口》頭の弱い金髪美女 (♦ 金髪美女は頭が悪いという根拠のない考えから) **～ clùck** 名 C 《口》ばか, 愚か者 **～ shòw** 名 ① U 無言の身振り ② C 黙劇, だんまり芝居

dúmb-àss 形 《限定》⊗《米俗》《卑》ばかな, 無能な

dúmb·bèll 名 C ❶ 《通例 ～s》ダンベル, 亜鈴(あれい) ‖ a pair of ～*s* 亜鈴一対 ❷ 《米口》ばか, 愚か者

dumb·found, dum- /dʌ̀mfáund/ 動 他 《通例受身形で》(人が)(驚きのあまり)言葉を失う, 唖然(あぜん)とする (⇨ SURPRISE 類語)

dumb·found·ed /dʌ̀mfáundɪd/ 形 (驚きのあまり)ものも言えない, (ものも言えないくらい)驚いた, 唖然とした

dúmb·hèad 名 C 《主に米口》のろま, 愚か者

dúmb·strùck 形 《通例叙述》(驚きのあまり)唖然とした

dùmb·wáiter 名 C ❶ 料理運搬用エレベーター ❷ (回転棚のついた)可動食品台

dumbwaiter ❷

dum·dum /dʌ́mdʌ̀m/ 名 (= **～ bùllet**) C ダムダム弾 《命中すると裂けて傷口を大きくする弾丸》

dum-dum /dʌ́mdʌ̀m/ 名 C 《俗》とんま, ばか者

***dum·my** /dʌ́mi/ 名 (複 **-mies** /-z/) C ❶ (洋品店などの) 人台(じんだい), マネキン ; (腹話術用の) 人形 ; (射撃の)標的人形 ; (アメフトなどの)練習用人台 ; (衝突実験などの) 人体模型 ❷ 替え玉, 傀儡(かいらい), 手先 ; ダミー会社 ❸ 模造品, 模型 ; 《英》(赤ん坊の)おしゃぶり(《米》pacifier) ; 擬製弾, 空砲 ❹ 《主に米口》ばか, 間抜け, でくの坊 ; 押し黙っている人 (♥「言うべきことを言わない」という批判的ニュアンスがある) ❺ 〘ブリッジ〙ダミー 《宣言者のパートナーで, 自分の手札をさらしてプレーを宣言者に任せる》 ; ダミーの手 ❻ 〘印〙束(つか)見本 ; 組見本, ページ見本 ❼ 〘ラグビー・サッカー〙ダミー 《パス[キック]すると見せかけるプレー》 ‖ sell a ～ 〘主にラグビー・サッカー〙ボールをパス[キック]すると見せて相手をだます

spìt (òut) the dúmmy 《豪口》不機嫌になる, むくれる

―形 《限定》 ❶ にせの, まがい物の, 見掛けだけの ❷ 架空の, 名目上の ; 傀儡の ‖ a ～ director 名前だけの監督 ❸ 〘文法〙(実質的意味を持たないが)構文上必要な

―動 (**-mies** /-z/ ; **-mied** /-d/ ; **～·ing**) 他 〔ページ〕の組見本を作る ; 〔本〕の束見本を作る ―自 〘主にラグビー・サッカー〙フェイントをかける ; パス[キック]すると見せてだます

dùmmy úp 〈自〉《米口》だんまりを決め込む

語源 「dumb(口がきけない) + -*y*(形容詞語尾)」から「(口をきかない)仮想のトランプゲームの相手」などを経て「模造品」に転じた.

▸▸**～ rún** 名 C 《英》予行演習, 試走, リハーサル (test run, trial run)

***dump** /dʌmp/ 動 他 ❶ 〔積荷〕をどさっと降ろす ; 〔ごみなど〕をまとめて捨てる, 投棄する ‖ The truck ～*ed* garbage illegally into the sea. そのトラックは廃棄物を海に不法投棄した ❷ 〔荷物など〕をどさっと落とす[置く] ‖ They ～*ed* their bags at the door (step) and rushed out to play. 彼らはかばんを戸口(の踏み段)にどさっと置いて大急ぎで遊びに出かけた ❸ 《口》〔人〕を(突然)お払い箱にする, 見捨てる, 首にする ; 〔恋人〕を捨てる, 振る ; 〔車〕を乗り捨てる ; 〔考え・政策など〕を捨てる ❹ 《口》〔責任・問題など〕を〈人に〉押しつける, 転嫁する〈**on**〉; 〔子供・老人など(の世話)〕を〈人に〉押しつける〈**on, with**〉; …を(無責任に)投げ出す ‖ The blame for the delay will be ～*ed on* me. その遅延の責任は私に押しつけられるだろう ❺ 〘商〙〔商品〕を(海外で)ダンピングする ; 〔株など〕を急いで売り払う ‖ ～ steel in the U.S. 米国(市場)で鉄鋼をダンピングする ❻ 💻 〔記憶領域の内容〕を出力[コピー, プリントアウト]する ―自 どさっと落ちる ; (ごみを)まとめて捨てる

dúmp on 〈他〉 I (***dúmp on*** ...) 《口》 ① (過度の仕事を押しつけるなどして)…をひどく扱う ; 《米》…を激しく批判する, 侮辱する ② 〔人〕に悩みを(無理に)聞かせる II (***dùmp A on B***) ③ ⇨ 他 ❹

―名 C ❶ ごみ捨て場 ; 《通例修飾語(句)とともに》(特に)危険物などの廃棄場 ; ごみの山 ‖ a nuclear waste ～ 核廃棄物集積場 ❷ 💻 ダンプ, 書き出し 《記憶領域の内容の出力》 ❸ 《口》汚らしい所 ‖ His room is a ～. 彼の部屋はまるでごみためだ ❹ 軍需品臨時集積所 ; 集積された軍需品 ❺ ⊗《俗》《蔑》脱糞(だっぷん) ‖ take [OR have] a ～ 排便する

▸▸**～ trùck** 名 C 《米》ダンプカー (《英》dumper, dumper truck, 《豪》tip truck) (❗ dump car とはいわない) (⇨ CAR 類語P)

dúmp·er /-ər/ 名 C ❶ ごみを捨てる人[機械], 不法投棄者 ❷ (= **～ trùck**) 《英》= dump truck (⇨ CAR 類語P) ❸ 《米》ごみ容器 ❹ 《the ～》《米口》悪い[望まない]状態 ❺ 《主に豪・ニュージ》泳ぎ手やサーファーを岸にほうり出す大波

dúmp·ing /-ɪŋ/ 名 U ❶ 〘商〙ダンピング, 投げ売り ❷ (ごみなどの)投げ捨て, (不法)投棄 ▸▸**～ gròund** 名 C 《通例単数形で》ごみ捨て場 ; (不法)投棄場所

dump·ling /dʌ́mplɪŋ/ 名 C ❶ 蒸し[ゆで]団子 ; 果物入りプディング ❷ ⊗《口》《蔑》《けなして》ずんぐりした人[動物]

dumps /dʌmps/ 名 複 憂うつ (♦ 通例次の成句で用いる)

(***dòwn***) ***in the dúmps*** 《口》意気消沈して(depressed) ; 景気がよくない

dúmp·ish 形 憂うつな, ふさぎ込んだ

Dump·ster /dʌ́mpstər/ 名 《また d-》 C 《米》《商標》(大きな金属製の) ごみ収集箱 ▸▸**～ dìving** 名 U (クレジットカードなどの不正利用を意図しての)ごみ箱あさり

dump·y /dʌ́mpi/ 形 《けなして》(人が)ずんぐりした

dúmp·i·ness 名

dun[1] /dʌn/ 形 ❶ 灰褐色の ❷ 《文》薄暗い ; 陰気な

―名 U 灰褐色 ; C 灰褐色の馬[カゲロウ, 蚊針]

dun[2] /dʌn/ 動 (**dunned** /-d/ ; **dun·ning**) 他 …に借金返済を迫る ; …を絶えず悩ます ―名 C しつこい借金返済の催促 ; しつこく借金返済を催促する人

Dun·can /dʌ́ŋkən/ 名 ダンカン ❶ **Isadora** /ìzədɔ́ːrə/ ～ (1878–1927) 《米国のモダンダンスの先駆的女性舞踊家》 ❷ ～ **I** (1010?–40) 《スコットランド王. Macbeth に殺された》

dunce /dʌns/ 名 C 《けなして》のろま, ばか, 劣等生

▸▸**～ càp, ～'s c-** 名 C ダンスキャップ 《昔劣等生などが罰として学校でかぶらされた円錐(えんすい)形の紙の帽子》

Dun·dée càke /dʌndíː-/ 名 C U 《主に英》ダンディーケーキ 《アーモンドで飾ったフルーツケーキ》

dun·der·head /dʌ́ndərhèd/ 名 C 《口》《けなして》ばか,

間抜け **~·ed** 形 ばかな, 間抜けな

dune /djuːn/ 名 C 砂丘

▶▶ **~ bùggy** 名 C デューンバギー《砂地走行用の大型タイヤの自動車》(beach buggy)

dune buggy

dung /dʌŋ/ 名 U (特に家畜の)糞(ふん)(♥ droppings を用いる方が好ましい); 肥やし —動 自 糞をする —他 …に肥やしをまく

▶▶ **~ bèetle** 名 C 〖虫〗マグソコガネの類

dun·ga·ree /dʌ̀ŋgəríː/ 名 ❶ C (~s) 青デニムの(作業)服 ❷ U 青デニム, ダンガリー布《インド産の粗綿布》

dun·geon /dʌ́ndʒən/ 名 C (城の)土牢(つちろう), 地下牢

dúng·hìll 名 C (特に家畜の)糞(ふん)の山, 堆肥(たいひ)

dunk /dʌŋk/ 動 他 ❶〔パン切れなど〕を〈スープ・飲み物に〉浸す; …を水[液体]に浸す 〈in, into〉 ‖ She *~ed* the cookies *into* the milk for the baby. 彼女は赤ん坊が食べやすいようにクッキーを牛乳に浸した ❷〖バスケットボール〗〔ボール〕をゴールにたたき込む ❸《米》(ふざけて)〔人〕をちょっと〈水中に〉沈める〈in, into〉

—自 水につかる;〖バスケットボール〗ダンクシュートする

—名 (= **~ shòt**) C《米》〖バスケットボール〗ダンク(シュート)

Dun·kirk /dʌ́nkəːrk | ─́─/ 名 ダンケルク《ドーバー海峡に面した北フランスの海港. 1940年, 英仏連合軍がドイツ空軍の爆撃下にここからの撤退に成功した》

▶▶ **~ spírit** 名《the ~》不屈の精神

dun·lin /dʌ́nlɪn/ 名 (複 ~ or **~s** /-z/) C〖鳥〗ハマシギ

dun·nage /dʌ́nɪdʒ/ 名 U ❶ 荷敷き《荷物の破損・湿気などを防ぐ》 ❷《口》(特に船旅用の)手荷物, 手回り品

dun·no /dənóu/ (I) do not know の短縮形

dun·nock /dʌ́nək/ 名 C《英》〖鳥〗カヤクグリ (hedge sparrow)

du·o /djúːou/ 名 (複 **~s** /-z/) C ❶ (芸人などの) 2人組 ❷〖楽〗二重奏[唱](曲)(duet)

duo- 連結形 「2」の意 ‖ *duo*poly

du·o·dec·i·mal /djùːoudésɪməl/ 〈ジ〉 形 ❶ 12の; 12分の1の ❷ 12進法の ‖ the ~ system (of notation) 12進法 —名 C 12分の1; U 12進法

du·o·dec·i·mo /djùːoudésəmòu | -dési-/ 名 (複 **~s** /-z/) C 12折判, 四六判(の本)《各ページが印刷用紙の12分の1. 約13×20cm大》

du·o·de·num /djùːədíːnəm/ 名 (複 **~s** /-z/ or **-na** /-nə/) C〖解〗十二指腸 **-nal** 形

du·o·logue /djúːəlɔ̀(ː)g/ 名 C 対話 (dialogue); 対話劇

duo·mo /dwóumou/ 名 (複 **~s** /-z/ or **-mi** /-mi/)《イタリア》C (イタリアの)大聖堂, ドゥオーモ(cathedral)

du·op·o·ly /djuá(ː)pəli | -ɔ́p-/ 名 (複 **-lies** /-z/) C〖経〗複占《2社で市場を占めること》; 複占企業(→ monopoly)

dup. 略 duplex; duplicate

dupe /djuːp/ 動 他《通例受身形で》だまされ〈て…させられ〉る〈into *doing*〉‖ be *~d into* buying a worthless painting だまされて無価値の絵を買う

—名 C だまされやすい人, お人好し, かも **dúp·er** 名

dup·er·y /djúːpəri/ 名 (複 **-er·ies** /-z/) U C だます[だまされる]こと; 詐欺, ぺてん

du·ple /djúːpl/ 形 ❶ 2倍の ‖ ~ ratio 2対1の比率 ❷〖楽〗2拍子の ‖ ~ time 2拍子

du·plex /djúːpleks/ 形 ❶ 二重の, 2倍の ❷〖電子〗二重通信の《同一回路で同時に逆方向に送信できる》 ❸〖機〗(構造が)複式の —名 C ❶《米》=duplex house ❷《米》=duplex apartment ❸〖電子〗二重通信(方式) ❹〖生化〗(DNA, RNAの)二重連鎖分子

▶▶ **~ apártment** 名 C 重層型アパート《上下階で1世帯分をなす》 **~ hóuse** 名 C《米・豪》複式家屋《1棟を仕切って2世帯が入る》(《英》semi-detached (house))

***du·pli·cate** /djúːplɪkət/ (→ 動) 形《限定》❶ 写しの, 複写[複製]の ‖ a ~ key 合い鍵(かぎ) ❷ 2つの同じ部分からなる, 対の; 二重の, 2倍の ‖ ~ invoices 正副2通の送り状 / ~ ratio 2乗比 —名 ❶ C 写し, 複写, デュープ, 複製品; 謄本, 副本; うり二つのもの(⇨ COPY 類語) ‖ My husband and I are *~s* (of each other) in character. 夫と私は性格的にうり二つである ❷ U 正副2通 ‖ typed [made] in ~ 正副2通にタイプ[作成]された ❸ (= **~ brídge**) U〖トランプ〗デュープリケイト《ブリッジなどで技を競うため同じ手札で別の人がゲームを行うこと》

—動 /djúːplɪkèɪt/ 他 ❶ …の写しを作る, …を複写[複製]する; …を正副2通作る; 💻〔データ・CD-ROMなど〕を複製する(♦ しばしば受身形で用いる) ❷ …を2倍[二重]にする ❸〔行動など〕を(不必要に)繰り返す, もう一度行う

語源 ラテン語 *du* (2つ) + *-ple* (…重の) から. double, duet, duo と同系.

-ca·ble 形

du·pli·ca·tion /djùːplɪkéɪʃən/ 名 ❶ U 複写, 複製 ❷ C 複写[複製]物, コピー, 写し, 控え(duplicate) ❸ C〖生〗(遺伝子の)重複

du·pli·ca·tor /djúːplɪkèɪṭər/ 名 C 複写機, 複製機[者](♦ 現在では (photo)copier がふつう)

du·plic·i·ty /djuplísəṭi/ 名 U ❶ (言行に) 表裏のあること, 二枚舌, 不誠実 ❷ 二重[対]であること

-tous 形 表裏のある, 不誠実な

du·ra /djúərə/ 名 =dura mater

▶▶ **~ máter** 名《the ~》〖解〗(脳・脊髄(せきずい)の)硬膜

***du·ra·ble** /djúərəbl/ 形 ❶ 長持ちする, 耐久力のある, 丈夫な ❷ 変わることのない, 永続的な ‖ a ~ peace 恒久平和 —名 C (~s) 耐久消費財

dù·ra·bíl·i·ty, ~·ness 名 **-bly** 副

▶▶ **~ góods** 名 複 耐久消費財 **~ préss** 名 U (ズボンなどの)耐久プレス加工(permanent press)

Du·ral·u·min /djuərǽljumən | -mɪn/ 名 U《商標》ジュラルミン《軽合金》

dur·ance /djúərəns/ 名 U《古》《文》監禁 ‖ in ~ (vile) (不当に)監禁されて

***du·ra·tion** /djuəréɪʃən/ 名 U ❶ (時間の) 継続, 持続 ❷ 持続[継続]期間 ‖ of long [short] ~ 長[短]期の

**for the durátion* 現状が続く限り; (戦争などが) 終わるまで

~·al 形

語源 *dur-* last(続く) + *-ation*(名詞語尾)

du·ress /djuərés/ 名 U ❶〖法〗強迫, 強制 ‖ under ~ 強迫されて ❷《古》拘束, (不法)監禁

Du·rex /djúəreks/ 名 C《英》《商標》コンドーム (condom);《豪》《商標》セロテープ

Dur·ham /dəːrəm | dʌ́r-/ 名 ダラム《イングランド北東部, 北海に面した州およびその州都》

*****dur·ing** /dəːrɪŋ, djʊ́r- | djʊ́ər-, dʒʊ́ər-/

—前 ❶ (ある期間) **の間中ずっと** (throughout) ‖ The boys played outside ~ the afternoon. 少年たちはその日の午後ずっと外で遊んでいた / They lived in the country ~ the war. 彼らは戦争の間ずっと田舎に住んでいた

❷ (ある期間) **の間に** (♦「その期間中のある一時点において」の意味) ‖ *During* the night the snow changed to rain. 夜中に雪は雨に変わった / I saw the Statue of Liberty ~ my stay in New York. 私はニューヨークにいる間に自由の女神を見た (=I saw the Statue of Liberty while I was staying in New York.) (♦ ×for my stay は不可)

語法 ★☆ (1) ❶ ❷ いずれの意味になるかは述語の性質で決まる. 継続性のある動作・状態を表すときは ❶, 一時的な動作を表すときは ❷ の意味になる.
(2) **during** と **in** ❶ ❷ いずれの意味でもしばしば during は in に置き換え可能だが, during の方が継続の意味合いが強い.

(3) **during と for** during は during the winter (冬の間) のように特定の期間を表す. for は for two weeks (2週間の間) のように不特定の期間の長さを表す. したがって, When ...? (いつ) の質問の答えには during を用いることができ, How long ...? (どれだけの期間) の質問の答えにはしばしば for が用いられる.
(4) 継続を表す during は全期間を表す all とは共起しない.「1日中」は ×during all day (long) とはいわず, all day (long) という.
(5) ほかの多くの前置詞と異なり, ×Which war did they live there during? のように疑問文の末尾に置いた形は不可. During which war ...? とする

durn /dəːrn/ 動 名 形 副 《米南部口》=darn²
durned /dəːrnd/ 形 副 《米南部口》=darned
durst /dəːrst/ 動 《方》《古》dare の過去の1つ
dú·rum (whèat) /djʊ́ərəm(-)/ 名 U デュラム小麦《スパゲッティなどの原料》
Du·shan·be /duːʃáːnbi | -ʃǽnbə/ 名 ドゥシャンベ《タジキスタンの首都》
***dusk** /dʌsk/ 名 U ❶ 夕暮れどき (♦薄暗がりから完全に暗くなるまでの時間帯), たそがれ, 薄暮 ‖ at ～ 夕暮れどきに / from dawn till ～ 朝から晩まで ❷《文》薄暗がり ‖ We couldn't see very far in the ～. 薄暗がりの中であまり遠くは見えなかった / *Dusk* gathered [OR thickened]. 夕闇(ゆうやみ)が濃くなった
──動《文》自 薄暗くなる ──形《文》薄暗い
dusk·y /dʌ́ski/ 形 ❶ (色が)暗い, 薄黒い; ⊗《旧》《蔑》(皮膚の色が)黒ずんだ, 浅黒い ❷《文》薄暗い, ほの暗い
dúsk·i·ly 副 **dúsk·i·ness** 名
:dust /dʌst/
──名 [▶ dusty 形] ❶ U **ちり, ほこり**; 砂ぼこり ‖ The floor was covered with ～. 床はほこりで覆われていた / The car raised a cloud of ～ into the air. その車はもうもうと砂ぼこりを舞い上げた / a speck of ～ 一片のほこり / radioactive ～ 放射性のちり / lay the ～ (水をまいて)ほこりを抑える
❷ C《単数形で》(一陣の)砂ぼこり, 土煙 ‖ raise a ～ in the air 空中に砂ぼこりを立てる
❸ U 粉末; 花粉; 《口》塵肺(じんぱい)症 ‖ gold ～ 金粉 / coal ～ 炭塵 ❹ U/C《単数形で》《口》混乱, 騒ぎ ‖ kick up [OR raise, make] (a) ～ 騒ぎを起こす, 不平を鳴らす / let the ～ settle=wait until the ～ settles 事態が収まるまで待つ ❺ U《文》(墓の)土; (死後の肉体の風化による)ちり, 遺骨, なきがら; (霊魂に対して)肉体 ❻ C《単数形で》ほこりを払うこと, 掃除 ‖ give a room a quick ～ 部屋のほこりをさっと払う
(*as*) ***drỳ as dúst*** からからに乾いた; 退屈な, つまらない; 無味乾燥な
bìte the dúst 《口》失敗する; 倒産する; (機械が)壊れる; 死ぬ; 倒れる
dùst and áshes 落胆(の種), 失望[幻滅]を与えるもの; 値打ちのないもの
èat a pèrson's dúst (人に)大きく後れをとる(♦レースで後続車が土ぼこりをかぶることから)
gàther dúst ① ほこりをかぶる(→❶) ② 放置される
lèave ... in the dúst (競争[走]で)…をはるかにしのぐ
nòt sèe a pèrson for dúst 《英》〔人〕が逃げるように[そそくさと]姿を消す
shàke the dúst (***of ...***) ***from*** [OR ***off***] ***one's féet*** 《英》憤然として(…を)立ち去る, (…に)二度と戻らない; …を忘れる
thròw dúst in a pèrson's éyes (人の)目をくらます[ごまかす]
──動 (**～s** /-s/; **～·ed** /-ɪd/; **～·ing**)
──他 ❶ …のちり[ほこり]を払う《***down, off***》‖ ～ (*off*) the furniture 家具のほこりを払う / *Dust* those books *off* well before packing them up. 荷造りをする前にそれらの本のほこりをよく払いなさい / ～ oneself *off* (服などの)ほこりを払う
❷ …に〈粉末を〉振りかける〈**with**〉; 〔粉末〕を〈…に〉振りかける〈**on, over, onto**〉‖ ～ crops *with* insecticide=～ insecticide *on* crops 作物に殺虫剤を散布する ❸《米口》〔人〕をぶん殴る, ぶちのめす, やっつける, 殺す《***off***》
──自 ちり[ほこり]を払う, 掃除する
dùst dówn ... / dùst ... dówn 〈他〉① ⇨ 他 ❶ ② = *dust off* ②(↓) ③《口》…を叱責(しっせき)する
dùst óff ... / dùst ... óff 〈他〉① ⇨ 他 ❶ ②〔長く放置してあったものや技術〕を再び使う ③《米口》『野球』〔打者〕にすれすれの(ビーン)ボールを投げる ④《米口》⇨ 他 ❸
dùst óut ... / dùst ... óut 〈他〉〔場所〕(の中のほこり・ごみ)を掃除する, …からほこりを掃き出す
dùst onesèlf óff [***dówn***] 体からほこりを払う; (危機などから)立ち直る
▸▸～ **bàg** 名 C (電気掃除機内の) 集塵袋 (vacuum bag) ～ **bàth** 名 C (小鳥などの) 砂浴び ～ **bòwl** (↓) ～ **bùnny** 名 C《米口》綿ぼこり (dustball) ～ **còver** 名 C ① (家具などの) ほこりよけカバー ② =dust jacket ～ **dèvil** 名 C 塵(じん)旋風《ほこりなどを巻き上げる小旋風》 ～ **jàcket** 名 C (本の) カバー (jacket) ～ **mìte** 名 C『動』チリダニ ～ **mòp** 名 C 床拭き用モップ (dry mop) ～ **ràg** 名 C =dustcloth ～ **rùffle** 名 C ダストラッフル《ベッドの装飾用ひだべり》 ～ **stòrm** 名 C 砂嵐(すなあらし)
dúst·bàll 名 C《米》綿ぼこり
***dúst·bìn** 名 C《英》(通例屋外の) ごみ箱, ごみ入れ (《米》garbage can, trash can)
▸▸～ **màn** 名 C《英口》=dustman
dúst bòwl 名 C 乾燥[黄塵(こうじん)]地帯; 《the D- B-》米国中西部の大平原地方《1930年代に砂塵(さじん)に見舞われた》 **dúst-bòwler** 名 C 乾燥[黄塵]地帯の住人
Dúst·bùster 名 C《主に米》《商標》(手で持つ)小型電気掃除機
dúst·càrt 名 C《英》ごみ収集車, 清掃車(《米》garbage truck, 《英》dustbin lorry)
dúst·clòth《米》ぞうきん, ふきん(duster, dust rag)
dúst·còat 名《英》=duster ❹
dust·er /dʌ́stər/ 名 C ❶《英》ぞうきん, ふきん, はたき ❷ (丈の長いゆったりした)女性用家庭着 ❸《主に米》ダスターコート《ほこりよけの薄地のコート》; 《米》(カウボーイが着た)長いコート ❹ (殺虫剤などの) 散布機 ❺《米口》砂嵐(すなあらし)(dust storm)
dúst·less /-lɪs/ 形 ちりのない, ほこりの立たない
dúst·man /-mən/ 名 (複 **-men** /-mən/) C《英》ごみ収集人(《米・豪》garbage man)
dúst·pàn 名 C ちり取り
dúst·shèet 名 C《英》家具用ほこりよけカバー, ダストシート(《米》drop cloth)
dúst·ùp 名 C《俗》騒ぎ, 騒動, けんか(brawl)
***dust·y** /dʌ́sti/ 形 [◁ dust 名] (**dust·i·er**; **dust·i·est**) ❶ ほこりだらけの, ちりまみれの, ほこりをかぶった ❷ ちり[粉末]状の ❸ (色が)灰色がかった, くすんだ ❹ 無味乾燥な, つまらない; 生気のない ❺ (返事などが) ぶっきらぼうな; 役に立たない ‖ give a ～ answer [OR reply] 《英》ぶっきらぼうな返事をする
nòt so dústy 《英口》《旧》(健康状態などが) まんざら悪くない, なかなかよい
dúst·i·ly 副 **dúst·i·ness** 名
▸▸～ **míller** 名 C『植』シロタエギク(白妙菊)
dutch /dʌtʃ/ 名《英俗》《通例 one's old ～ で》愚妻, かみさん(♦duchess より)
:Dutch /dʌtʃ/
──形 ❶ **オランダの** (♦国名は the Netherlands, Holland); **オランダ人[語]の** ❷ オランダ産[製, 起源]の ‖ a ～ chair オランダ様式のいす
gò Dútch 自分の分は自分で払う, 〈人と〉割り勘(かん)にする〈**with**〉

— 名 ❶ U オランダ語 ❷ 《the ～》《集合的に》《複数扱い》オランダ人 (♦ 国民全体を表す. 個人は Dutchman, Dutchwoman を使う)

in Dútch 《米口》① 窮地に陥って ② 〈…の〉機嫌を損ねて, 〈…に〉嫌われて〈**with**〉

▸▸ ～ **áuction** 名 C U 逆競り, 競り下げ競売 ‖ by ～ *auction* 逆競りで ～ **bárn** 名 C 《英》壁なし小屋《干草などの貯蔵用》 ～ **cáp** 名 C ① レースの婦人帽 ② 《英》(避妊用) ペッサリー (cap) ～ **cóurage** 名 U 《口》(酒の勢いを借りた) 空元気 (中立 sham [liquid] courage) ～ **dòor** 名 C 《米》オランダ式ドア《上下2段が別々に開閉する戸》 ～ **Èast Índies** 名 《the ～》オランダ領東インド諸島《インドネシア共和国の旧称》 ～ **élm disèase** 名 U (ニレの木の) 立枯れ病 ～ **Guiána** 名 オランダ領ガイアナ《Suriname の旧称》 ～ **hóe** 名 C オランダぐわ《両刃のくわ》 ～ **óven** 名 C (ふた付きの) 肉焼きなべ; (炉の前に据える) 肉焼き器; れんが製かまど ～ **tréat** 名 U C 《口》割り勘 ～ **úncle** 名 C 《主に米口》率直な助言者 ～ **Wèst Índies** 名 《the ～》オランダ領西インド諸島《Netherlands Antilles の旧称》 ～ **wífe** 名 C 《英》竹(ちく)夫人, 抱きかご《熱帯地方で涼しく寝るために手足を載せる籐(とう)製のかご》

Dutch·man /dʌ́tʃmən/ 名 (複 **-men** /-mən/) C ❶ オランダ人 (中立 Hollander, Dutch citizen, Dutch people) ❷ 〘建〙埋め木《住宅の欠陥を補うために差し込む木片》

I'm a Dútchman. 《英》断じて…でない; 絶対に…である ‖ If that is a Picasso, then *I'm a* ～. あれがピカソの絵だなんてあり得ない / It is my brother, or *I'm a* ～. 私の兄です, 絶対に

Dútch·wòman 名 (複 **-wòmen**) C オランダ人女性

du·ti·a·ble /djúːṭiəbl/ 形 関税のかかる, 有税の (↔ duty-free) ‖ ～ imports 課税輸入品

du·ti·ful /djúːṭɪfəl/ 形 義務を守る, 忠実な, 従順な; 義務感からの ‖ a ～ son 孝行息子 **～·ly** 副 **～·ness** 名

du·ty /djúːṭi/ 中心義 負うべき物事

— 名 (複 **-ties** /-z/) ❶ U C (道徳上・法律上の) **義務**, 本分, 務め, 責任; 義務感, 義理〈**to do** …する / **to, toward** …に対する; **as** …としての〉 ‖ I felt it my ～ *to* accomplish the mission. 私は使命を全うすることが自分の務めだと思った / Parents have a ～ *to* support their children. 親は子を扶養する義務がある / The company should be aware of its ～ *to* the community. その会社は地域社会への責任を意識すべきだ / a sense of ～ 義務感 / **do** one's ～ *as* a citizen 国民としての義務を果たす / a statutory ～ 法律上の義務 / a ～ call [OR visit] 義理でする訪問

❷ U 仕事; C 《しばしば -ties》**職務**, 任務 ‖ report for ～ at 9 a.m. 午前9時に任務に就く [出勤する] / household *duties* 家事 / carry out one's public *duties* 公務を行う / in the line of ～ 勤務中に, 職務上で / a ～ nurse 当直の看護師

❸ U/C 《しばしば -ties》〈…の〉関税; 《主に英》税〈**on**〉 ‖ customs *duties* 関税 / a ～ *on* spirits 酒税 / stamp ～ (英国の) 印紙税

❹ U 〘軍〙軍務, 任務; 兵役 ‖ on active ～ 現役軍人で

❺ U 〘機〙効率; (エンジンの) 効率

❻ U (灌漑(かんがい)の) 必要水量《作付けから収穫までの》

(***above and***) ***beyond the call of duty*** ⇨ CALL 名 (成句)

dò dúty as [OR ***for***] ... …の代わりをする, 用を果たす ‖ A driver's license *does* ～ *for* an ID card. 運転免許証が身分証明書の代わりになる

*__*òn* [*òff*] *dúty*__ 勤務時間中 [外] で, **当番 [非番] で** ‖ get [OR go] *off* ～ 勤務を終える

語源 due (支払われるべき) + *-ty* (名詞語尾): 支払わなければいけないもの

▸▸ ～ **òfficer** 名 C 当番の将校 [警官]

dùty-bóund 形 《叙述》〈…する〉義務がある〈**to do**〉 ‖ feel ～ *to* finish どうしても終わらせねばならないと感じる

dùty-frée <シ 形 副 免税の [で] (↔ dutiable) ‖ a ～ shop 免税店 — 名 U/C 《～s》免税品; C 免税店

dùty-páid 形 副 関税 [消費税] 支払い済みの [で]

du·vet /duvéɪ | dúːveɪ/ 名 C 《主に英》キルティングの羽毛掛け布団 (continental quilt)

▸▸ ～ **dày** 名 C 《英口》仮病による欠勤日

DV 略 《ラテン》*Deo volente* (＝God willing); 💻 *digital video*

DVD /dìː viː díː/ 名 C 💻 DVD《最大でCDの10倍以上の大容量のデジタルデータが保存できる光ディスク媒体》(♦ *digital versatile disc* の略) ▸▸ ～ **pláyer** 名 C DVDプレーヤー ～ **recórder** 名 C DVDレコーダー

DVD-ROM /-rɑ̀(ː)m | -rɔ̀m/ 略 💻 *digital versatile disc read only memory*《大容量のデジタルデータが保存できる読み取り専用の光ディスク》

Dvo·řák /dvɔ́ːrʒɑːk | -ʒæk/ 名 **Antonín** ～ ドボルザーク (1841–1904)《チェコの作曲家》

DVT 略 *deep vein thrombosis*

***dwarf** /dwɔːrf/ 名 (複 **～s** /-s/ OR **dwarv·es** /dwɔːrvz/) C ❶ (神話・伝説などの醜くて魔力を持つ) 小人(こびと) ❷ 矮性動植物 ❸ ⊗《旧》《ときに蔑》(発育障害の) 小さな人, 小人症の人 (→ midget) (♥ 差別的ととられることが多い) ❹ (＝～ **stár**) 〘天〙矮星(わいせい)

— 形 《限定》(動植物が) 矮性の; (一般に) ちっぽけな

— 動 他 《通例受身形で》❶ (対照的に) 小さく見える ‖ The old city hall was ～*ed* by the skyscrapers. 古い市庁舎は超高層ビル群のために小さく見えた ❷ …の成長を妨げる ‖ ～*ed* trees 盆栽 (dwarf trees) **～·ish** 形

▸▸ ～ **plánet** 名 C 〘天〙準惑星 (→ Pluto)

dwárf·ìsm 名 U 〘医〙小人症 (nanism)

dweeb /dwiːb/ 名 C 《主に米俗》《けなして》とんまな [ださい] やつ **～·ish** 形 **～·y** 形

***dwell** /dwel/ 動 (**～s** /-z/; **dwelt** /dwelt/ OR **～ed** /-d/; **～·ing**) 自 《＋副句》《堅》(ある場所に) 居住する, 住んでいる, 住む; (ある状態で) 暮らす; 留まる (⇨ LIVE¹ 類語) ‖ What are the advantages of ～*ing* in the city over the country? 田舎に住むより都会に住むことの利点は何ですか / ～ in contentment 満足して暮らす

****dwéll on*** [OR ***upon***] ... 〈他〉① 〔特に不愉快なこと〕をくよくよ考える, …に**こだわる** ‖ Let's not ～ *on* the past, but go on to the next stage. 過去にこだわらずに先へ進もう ② …を**詳しく説明する**, 長々と話す ‖ We need not ～ *on* these issues further. この問題についてこれ以上議論する必要はない ③ (目・注意などが) …から離れない, …にまつわる ‖ The TV camera *dwelt on* the widow's anguished tears. テレビカメラは未亡人の苦悩に満ちた涙を長々ととらえた

— 名 C (機械の作動上の規則的な) 小休止

▸▸ ～ **tìme** 名 U (次の行動に移る前の) 休止 [静止] 時間

dwell·er /dwélər/ 名 C 《通例複合語で》居住者 (inhabitant) ‖ a town ～ 町に住む人

***dwell·ing** /dwélɪŋ/ 名 《堅》C 住居, 住宅; U 居住

▸▸ ～ **hòuse** 名 C 〘法〙(店舗・事務所と区別して) 住宅, 住家 ～ **plàce** 名 C 住所, 居所

dwelt /dwelt/ 動 dwell の過去・過去分詞の1つ

DWI 略 《米》*driving while intoxicated* (飲酒運転)

dwin·dle** /dwíndl/ 動 自 (大きさ・数量・強度などが) 〈…まで〉だんだん減少 [縮小] する, 衰える, 弱まる《away***》〈**to**〉(⇨ DECREASE 類語) ‖ Our savings ～*d* (*away*) *to* nothing. 貯金が少しずつ減ってゼロになった

— 他 …をだんだん減少させる

dwt 略 *deadweight tonnage* (積載重量トン数); pennyweight (♦ d はラテン語 *denarius* (＝penny) より)

Dy 記号 〘化〙dysprosium (ジスプロシウム)

dy·ad /dáɪæd/ 名 C ❶ 2個 [2人] 1組のもの, 一対 ❷ 〘化〙二価元素 ❸ 〘数〙ダイアド《2つのベクトル a と b を ab

と並べて書いたもの) **dy·ád·ic** 形

dyb·buk /díbək/ 名 (複 **~s** /-s/ OR **-bu·kim** /dìbukí:m/) C 〖ユダヤ伝説〗(人に乗り移る)死者の悪霊

*__dye__ /daɪ/ (♦ 同音語 die) 動 (**~d** /-d/ ; **dye·ing**) (♦ 現在分詞形は dying とならないことに注意) 他 **a** 《+目》…を染める, …に着色する ‖ She *~d* the luncheon mats with tea. 彼女はランチョンマットを紅茶で染めた / Sunset *~d* the sky. 日没で空が染まった **b** 《+目+補〈形〉》…を…色に染める ‖ She *~d* her hair blonde. 彼女は髪をブロンドに染めた

— 自 《+副》(布地などが) 染まる (♦ 副 は様態を表す) ‖ This cloth does not ~ easily. この布地は染料の乗りが悪い

— 名 U C ❶ 染料, 染色液 ‖ synthetic *~s* 合成染料 / hair ~ 毛染め剤 ❷ 染め色, 色合い

dỳed-in-the-wóol 形 《限定》生(き)染めの ; 徹底した, 生粋の ‖ a ~ cowboy 根っからのカウボーイ

dy·er /dáɪər/ 名 C 染め物師[屋]

dýe·stùff 名 U C 染料, 色素(dye)

*__dy·ing__ /dáɪɪŋ/ 動 die¹ の現在分詞

— 形 《限定》❶ 死にそうな, 瀕死(ひんし)の ‖ the ~ 瀕死の人々 ❷ 死ぬときの, 臨終の ‖ to one's ~ day 死ぬまで / one's ~ words 辞世の言葉 / one's ~ hour いまわの時 ❸ 終わりに近づいた, 終わる直前の ; 滅び[消え]かけている ‖ the ~ year 暮れゆく年

be dying for ... ⇨ DIE 自 ❹

be dying to do ⇨ DIE 自 ❹

dyke¹ /daɪk/ 名 動 =dike¹

dyke² /daɪk/ 名 C ⊗《俗》《蔑》男役のレスビアン, たち

Dyl·an /dílən/ 名 **Bob ~** ディラン(1941–)《米国のフォークロック歌手・作詞作曲家》

*__dy·nam·ic__ /daɪnǽmɪk/ 《アクセント注意》形 (**more ~** ; **most ~**) (♦ ❶❷❺ 以外比較なし) ❶ (人が) 精力的な, 活動的な ‖ a ~ personality 精力的な人物 ❷ (物・機能などが) 活発な, ダイナミックな ‖ a ~ market 活況を呈する市場 ❸ 動力の ; 動的な, 動態の (↔ static) ❹ (動)力学の ❺ (音の) 強弱の ‖ a ~ range 強弱の幅 ; 強弱比, ダイナミックレンジ ❻ 〖文法〗(動詞などが) 動作を表す (↔ stative) ❼ 💻 (メモリーが) ダイナミックな 《定期的に内容をリフレッシュする必要があること》

— 名 U/C (a ~)動力, 原動力

▸▸ ~ **RÁM** 名 C =DRAM

dy·nam·i·cal /daɪnǽmɪkəl/ 形 ❶ =dynamic ❷ 〖哲〗力本(りきほん)説の **~·ly** 副

dy·nam·ics /daɪnǽmɪks/ 名 ❶ U 力学, 動力学 (↔ statics) ❷ 《複数扱い》(物理的・精神的な)原動力, 活力 ❸ U 変動[発達]様式(研究) ; …力学 ‖ population ~ 人口動態 / aero*dynamics* 空気力学 ❹ 《複数扱い》〖楽〗音量の変化, 強弱法

dy·na·mism /dáɪnəmɪzm/ 名 U ❶ 活力, 力強さ ; 積極性 ❷ 〖哲〗力本説《すべての現象は力の作用によるとする説》

*__dy·na·mite__ /dáɪnəmàɪt/ 名 U ❶ ダイナマイト ‖ a stick of ~ ダイナマイト1本 ❷ 《俗》物騒なもの[人] ❸ 驚き[衝撃]を与えるもの ; 素晴らしい人[もの] ; 《形容詞的に》際立った, 素晴らしい (♥ 好意的に用いることが多い) ‖ His new movie is really ~. 彼の新作映画は本当にすごい

— 動 他 …をダイナマイトで爆破する ; …を(完全に)ぶち壊す

dy·na·mo /dáɪnəmòu/ 名 (複 **~s** /-z/) C ❶ 《主に英》ダイナモ, 発電機 (generator) ❷ 《口》精力家 ‖ a human ~ 非常に精力的な人

dy·na·mom·e·ter /dàɪnəmá(:)məţər | -mɔ́mɪ-/ 名 C 動力計, 機械的な力を測る器具

dy·nast /dáɪnæst | dínəst/ 名 C 《文》(世襲の)君主

*__dy·nas·ty__ /dáɪnəsti | dí-/ 名 (複 **-ties** /-z/) C ❶ 王朝 ; 王家 ; その統治期間 ‖ the Han ~ 漢王朝 ❷ (ある分野の)支配的グループ[一族] ; 名門, 名家 **dy·nás·tic** 形

dyne /daɪn/ 名 C 〖理〗ダイン《1gの物体に毎秒1cmの加速度を与える力の単位》

dys- 接頭 〖主に医〗「異常, 困難, 障害」などの意 ‖ *dys*function

dys·en·ter·y /dísəntèri | -təri/ 名 U 〖医〗赤痢 **dỳs·en·tér·ic** 形

dys·func·tion, dis- /dɪsfʌ́ŋkʃən/ 名 U 〖医〗機能障害[不全] ; (機械などの)故障 **~·al** 形

dys·gen·ic /dɪsdʒénɪk/ 形 (遺伝的に)子孫に悪影響を及ぼす, 非優生学的な, 劣性の(↔ eugenic)

dys·gen·ics /dɪsdʒénɪks/ 名 U 人種退廃学《子孫の退化を起こす因子の働きを研究する学問》(↔ eugenics)

dys·ki·ne·sia /dìskəní:ʒiə, -kàɪ-/ 名 U 〖医〗運動異常(症)

dys·lex·i·a /dɪsléksiə/ 名 U 〖医〗難読症 **-léx·ic, -léc·tic** 名 C 形 難読症の(人)

dys·pep·si·a /dɪspépsiə/ 名 U 消化不良(症) (↔ eupepsia)

dys·pep·tic /dɪspéptɪk/ 形 ❶ 消化不良の ❷ 陰気な, 不機嫌な — 名 C 消化不良の人, 胃弱の人

dys·phe·mism /dísfəmɪzm/ 名 U 〖言〗露骨[反婉曲]表現《ことさらに不快感を伴う表現を使うこと》(↔ euphemism)

dys·pho·ri·a /dɪsfɔ́:riə/ 名 U 〖医・心〗不快(気分) ; うつ (↔ euphoria) **-phór·ic** 形

dys·pla·sia /dɪspléɪʒiə | -ziə, ʒiə/ 名 U 形成異常(症), 異形成(症)

dys·prax·i·a /dɪspræksiə/ 名 U 〖病理〗統合運動障害

dys·pro·si·um /dɪspróuziəm/ 名 U 〖化〗ジスプロシウム《強い磁気性を持つ希土類元素. 元素記号 Dy》

dys·rhyth·mia /dɪsríðmiə/ 名 U 〖医〗(脳波・心拍の)律動異常

dys·to·pi·a /dɪstóupiə/ 名 U C (utopia に対して) 暗黒郷, 暮らしにくい社会 **-an** 形

dys·tro·phy /dístrəfi/ 名 U 〖医〗栄養失調 ; 異栄養(症), ジストロフィー ‖ muscular ~ 筋ジストロフィー

dz. 略 dozen(s)

E

The **English** language is nobody's special property. 英語はだれかの特別な財産ではない
(Derek Walcott — トリニダード＝トバゴの詩人)

e

e¹, E¹ /iː/ 名 (複 **e's, es** /-z/; **E's, Es** /-z/) Ⓒ ❶ イー《英語アルファベットの第5字》 ❷ e[E]の表す音 ❸ (活字などの) e [E] 字 ❹ e [E] 字形(のもの) ❺ (連続するものの) 第5番目 ❻ Ⓤ Ⓒ 〘楽〙ホ音；ホ音の鍵盤(けん)[弦など]；ホ調 ❼ Ⓤ Ⓒ (学業成績の)優(Excellent)；《英》E, 不可, (条件付き)可

e² 記号 ❶〘数〙自然対数の底《約2.71828》 ❷ electron

E² 記号 〘理〙electric field strength (電界強度)；energy (エネルギー)

E³ 略 Earth；east, eastern；English；excellent；《俗》=ecstasy ❹

e. 略 eldest；engineer, engineering；〘野球〙error

E. 略 Earl

e-¹ 接頭 《子音の前で》=ex-¹ ‖ *e*gress, *e*mit

e-² /iː-/ 接頭 「電子的な, ネットワーク上でやりとりされる, インターネットの」の意 ‖ *e*-book, *e*-cash

ea. 略 each

each /iːtʃ/ 形 代 副

— 形 《比較なし》《単数可算名詞を修飾して》**それぞれの, めいめいの**, おのおのの, 各…(⇨ EVERY 類語) ‖ There are trees planted on ~ side of the road. 道の両側には木が植えられている (=There are trees planted on ⌈both sides [OR either side, ˣevery side] of the road.) (→ 語法 **each と every** (4)) / *Each* state has its own flag. どの国にも国旗がある (♦ 数の一致については→ 語法 (2)) / I tried ~ one of the hats on. その帽子を一つ一つかぶってみた (♦ each of the hats (→ 代 ❶) より each の意味を強調した言い方) / ~ **year** [day] 毎年[日]

語法 ☆☆ (1) 形容詞用法の each はほかの限定詞 (a, the, this, his など) とともには用いない. したがって ˣthe each book, ˣeach my friend, ˣmy each friend とはいわず, each of the books, each of my friends とする (→ 代 ❶).
(2) each (＋名詞) は単数の動詞で受ける. 代名詞で受けるときは単数の代名詞 (his, her, its) が正しいとされているが, 実際は複数形 (their) を使うことも多い (→ everyone). 〈例〉*Each* person should express his [OR her, his or her, their] opinion. 各人はそれぞれ自分の意見を述べるべきだ
(3) each は否定語とともには用いない. 全体否定には neither, no (one), 部分否定には not every などを用いる. 例えば「新卒学生は一人もその試験に合格しなかった」は ˣEach new graduate didn't pass the exam. ではなく, None of the new graduates passed the exam. のようにする.

語法 ☆☆ **each と every**
(1) each が個別的に一つ一つを強調するのに対し every は個別的でかつ集合的に「一つ一つすべて」を表す. 〈例〉*Each* patient was carefully examined. 患者一人一人が入念な診察を受けた / *Every* patient was carefully examined. どの患者もみんな入念な診察を受けた
(2) each は almost, nearly, practically などの修飾語とともには用いないが, every は可.
(3) each は代名詞として使えるが, every は不可. 〈例〉*each* [ˣevery] of them 彼ら一人一人
(4) every は2つのものには使えない. 〈例〉on *each* [ˣevery] side of the road 道の両側に

— 代 ❶ 《単数扱い》**それぞれ, めいめい**, 各自 (♦ しばしば each of の形で用いる. each of に続く名詞は複数形で, the, my, these などの限定詞が必要.) ‖ She gave a big hug to ~ of the children. 彼女は子供たち一人一人をしっかりと抱き締めた (♦ ˣeach the children, ˣthe each children は不可. → 形 語法 (1)) / *Each* of us has [《口》have] a car. 私たちはそれぞれが車を持っている (♦ (1) each に代名詞が続く場合, 必ず each of ... となる. ˣEach us は不可 (2)「each of＋複数 (代) 名詞」は通例単数扱いだが, 《口》では複数扱いになることがある) / I asked them for advice, and ~ expressed a different opinion. 彼らに相談したがめいめいが異なる意見を述べた (♦ each は単独で使うこともできるが, each one などとする方がふつう. → 形)

❷ 《複数(代)名詞と同格に用いて》…**は[を, に]それぞれ** ‖ We ~ work for a different company. 我々はそれぞれが別の会社に勤めている (♦ 主語と同格のときや, be 動詞・助動詞のあるときはその後に置かれる. 複数の動詞で受ける) / I bought the boys a ball ~. 少年たち一人一人にボールを買ってやった (♦ 間接目的語と同格の用法. 直接目的語と同格には用いない. ˣI read the books each. は不可で I read each of the books. とする)

— 副 《比較なし》各自に (apiece) ‖ The stamps cost [OR are] 39 cents ~. その切手はどれも1枚39セントする

èach and áll それぞれみな, どれもこれも

èach and évery どれもこれも, だれもかれも (♦ 集団の中の各人[個]を強調する表現) ‖ *Each and every* child was hungry. どの子供もみな空腹だった

＊***èach óther*** **お互い** ‖ They communicated with ~ *other* by gesture. 彼らはお互いに身振り手振りで意思を伝え合った (♦ each other は代名詞なので副詞的に用いる場合は to や with などが必要) / We have known ~ *other* for many years. 私たちは長年の知り合いだ / They held ~ *other's* hands before parting. 彼らは別れる前にお互いの手を握り合った (→ 語法 (3))

語法 ☆☆ **each other と one another**
(1) 基本的に両者は区別なく用いられる. 2者間の場合には each other を使う傾向がやや強い. 3者間の場合にはいずれも一般的に用いられる.
(2) one another は each other より《堅》であり, 使用頻度は比較的低い.
(3) いずれも -'s をつけて所有格にすることができる.
(4) いずれにも複数形はなく ˣeach others などは不可.
(5) いずれもそのまま主語にはしないのがふつう. each other を each ... the other と分割して用いることはできる. 〈例〉*Each* was impressed by *the other's* great knowledge. 彼らは互いに相手の博識なのに感心した

èach tíme ① そのたびごとに, 毎度 ② 《接続詞的に》…するたびに(いつも) (every time) (♦ whenever より《口》) ‖ She bought some flowers ~ *time* she went out. 彼女は外出するたびに花を買った

èach wáy 《英》(競馬の賭(か)け方が)複合式で, 単勝・複勝の両方に (《米》across-the-board)

⌈***to èach*** [OR ***èach to***] ***one's ówn*** (好みなどが) 人それぞれだ

＊ea·ger /íːgər/

— 形 (**more ~, ~·er; most ~, ~·est**)
❶ **熱望して** (⇨ 類語) **a** 《＋*to do*》しきりに…したがって, …したいと熱望して ‖ He is always ~ *to* please his wife. 彼はいつでも妻を喜ばせたいと願っている
b 《＋**for** 名》…をしきりに求めて, 熱望[切望]して ‖ She

E

is ～ *for* success. 彼女は成功したがっている / ～ *for* fame しきりに名声を求めて
c 《(+for 名+to *do*)》《堅》(…が…することを)熱望して, 待ち望んで ‖ He was ～ *for* me *to* get a better job. 彼は私がもっとよい仕事を得ることを切に望んでいた
❷ **熱心な**, 熱意にあふれた, 真剣な;(欲望などが)強い, 激しい ‖ They are ～ in their pursuit of gene therapy. 彼らは遺伝子治療を真剣に探し求めている / with an ～ look 熱心な様子で / an ～ appetite 激しい食欲 / ～ anticipation 大きい期待

類語 **《❶》eager** 熱心に望む.
anxious 案じながら切望する.〈例〉be *anxious* to see one's mother 母親に会うことを切望する
keen 強い関心と好みを表す.〈例〉be *keen* on one's work 仕事に熱心だ
enthusiastic 対象に対する積極的な関心と高い評価や称賛の意味合いも含む.〈例〉be *enthusiastic* about sports スポーツに熱心だ

▸▸**～ béaver** 名 Ⓒ《口》頑張り屋, 仕事の虫

***ea·ger·ly** /íːgərli/ 副 熱望して, 熱心に, しきりに

ea·ger·ness /íːgərnəs/ 名 Ⓤ/Ⓒ《単数形で》熱心, 熱望〈**for** …に対する / **to do** …したいという〉‖ with ～ 熱心に

:ea·gle /íːgl/
—名 (複 **～s** /-z/) Ⓒ ❶〖鳥〗ワシ(→ bald eagle) ❷(米国など国家の象徴としての)ワシ印;(ローマ帝国の)ワシ印の軍旗 ❸《米》イーグル金貨《昔の10ドル金貨. 裏側にワシの模様があった》 ❹〖ゴルフ〗イーグル《規定打数 (par) より2打少ないホールイン》(→ birdie)
—動 他〖ゴルフ〗〔ホール〕をイーグルで上がる
▸▸**～ éye** (↓) **～ òwl** 名 Ⓒ〖鳥〗ワシミミズク **～ rày** 名 Ⓒ〖魚〗トビエイ

èagle éye 名 Ⓒ《通例単数形で》優れた視力;鋭い眼力 ‖ keep an ～ on … …を注視する **èagle-éyed** 形

ea·glet /íːglət/ 名 Ⓒ ワシの子

ea·gre /éɪgər/ 名 Ⓒ《主に英・方》高潮, 潮津波

E. & O.E., E. & o.e. 略 *e*rrors *and o*missions *e*x*cepted*(誤謬(ごびゅう)や脱漏は別として)

:ear[1] /ɪər/
—名 (複 **～s** /-z/) Ⓒ ❶ **耳** (⇨ FACE 図) ‖ I had my ～*s* pierced. 耳にピアスの穴をあけてもらった / She whispered something **in** [OR into] my ～. 彼女は私の耳に何事かささやいた / There's a ringing in my ～*s*. 耳鳴りがするんです / His pronunciation sounds strange **to** my ～*s*. 彼の発音は私の耳には変に聞こえる / The rumor has reached [OR come to] our ～*s*. そのうわさは我々の耳に入っている / keep one's ～*s* open 耳を澄ます / stop one's ～*s* 耳をふさぐ / the external [OR outer] ～ 外耳 / the middle ～ 中耳 / the internal [OR inner] ～ 内耳
❷ Ⓒ Ⓤ **聴覚**, 聴力;《単数形で》〈音楽・言語などを〉聞き分ける能力〈**for**〉‖ Dogs have very good ～*s*. 犬はとても耳がいい / What did she say? I can't believe my ～*s*! 彼女は何て言ったの. 自分の耳を疑うね / have an [no] ～ *for* music 音楽がわかる[わからない]
❸ Ⓒ Ⓤ 傾聴, 注意 ‖ She turned an attentive ～ **to** the worries of young mothers. 彼女は若い母親たちの悩みを丁寧に聞いてやった
❹ 耳形のもの;(水差しの)取っ手 ❺(新聞の第1面上の隅にある)小さな囲み《版名・標語・天気予報などを載せる》 ❻(=**～ tùft**)(ミミズクなどの鳥の)目の上のふさ毛

abòut [OR ***aròund***] ***one's éars*** すっかり台無しにして[なって], 崩れ去って, 望みがなくなって ‖ She brought the plan crashing down *about* her ～*s*. 彼女は計画を台無しにした
be àll éars 《口》熱心に耳を傾けている(→ CE 3)
be òut on one's éar 《口》不名誉に免職[解雇]される, 放逐される
be ùp to one's éars 《口》〈…が〉手に余るほどたくさんある;〈困難・借金などに〉深くはまり込んでいる;〈仕事などで〉とても忙しい〈**in**〉
bènd a pèrson's éar 《口》〈…について〉(人が)うんざりするほどつまらない話を聞かせる〈**about**〉
còck one's éar for [OR ***at***] ***…*** …に耳を傾ける
(One's) èars are búrning. だれかが自分のことをうわさしているように感じる(♦ feel one's ears burning の形でも用いる. → CE 1)
A pèrson's èars are flápping. 《英口》(人が)聞き耳を立てている
fàll on dèaf éars (助言・頼みなどが)耳を傾けてもらえない ‖ My plea for help *fell on deaf* ～*s*. しきりに助けを求めたがだれも聞いてくれなかった
gèt [***gìve a pèrson***] ***a thìck éar*** 《英口》耳がはれるほど殴られる[〔人〕を殴る]
gìve an [OR ***one's***] ***éar to …*** …に耳を傾ける, 傾聴する
gò ìn (at) òne éar and òut (at) the óther (言葉などが)右の耳から入って左の耳から抜ける;すぐ忘れられる
grìn [OR ***smìle, bèam***] ***from èar to éar*** 《しばしば進行形で》(うれしそうに)笑う
hàve [OR ***kèep***] ***an*** [OR ***one's***] ***èar to the gróund*** 世間の動向[情勢の変化]に注目する;社会の動向に通じている
hàve … còming out of one's éars 《口》…を有り余るほど持っている
hàve [OR ***gèt***] ***a pèrson's éar*** ; ***hàve the èar of a pérson*** ((有力な)人に)意見を聞いてもらえる, 顔がきく
hàve one's éars òpen 一身に耳を傾ける
hàve nòthing [***sòmething***] ***between one's*** [OR ***the***] ***éars*** 《口》頭の中が空っぽである[賢い]
kèep an [OR ***one's***] ***èar cócked for*** [OR ***at***] ***…*** …に聞き耳を立てている
pìn bàck one's éars 《英口》《しばしば命令形で》注意深く耳を傾ける
pìn a pèrson's èars báck 《米口》(人を)しかりつける;(人を)打ち負かす, 圧倒する
****plày … by éar*** ① …を暗譜[聞き覚え]で演奏する ② = *play it by ear*(↓)
plày it by éar (情勢に応じて)臨機応変に行動する
prìck ùp one's éars (犬などが)(警戒して)耳をぴんと立てる;(人が)耳をそばだてる
sèt … by the éars …を不和にさせる;…に物議をかもす
sèt a pèrson on his/her éar ; ***sèt … on its éar*** 《米口》…を騒然とさせる, 混乱させる, …の注目を集める
shùt [OR ***clòse***] ***one's éars to …*** …に耳をふさぐ, …を聞こうとしない
stìck (one's) fíngers in one's éars 指で耳をふさぐ, 聞こうとしない
talk a person's ear off ⇨ TALK 動(成句)
tùrn a dèaf éar 〈…に〉全く耳を貸さない〈**to**〉
wèt [OR ***nòt drỳ***] ***behìnd the éars*** 《口》未熟な, 未経験な
with hàlf an éar ぼんやりと

COMMUNICATIVE EXPRESSIONS
1 **Are** [OR **Do you féel**] **your èars búrning?** 何だかうわさされている気がしない?
2 **Gét the wáx out of your èars.** 耳の穴をかっぽじってよく聞け(♥ ちゃんと聞いていなかった[理解しなかった]相手に対して用いるくだけた表現)
3 **I'm áll èars.** (熱心に)聞いているよ, 話して話して(♥ 興味津々の聞き手が話し手から情報を聞き出したいときに. =I'm listening.)
4 **Òpen your éars.** (もっと)よく聞けよ(♥ 相手が誤解した場合などに用いるくだけた表現)

▸▸**～ bùd** (↓) **～ trùmpet** 名 Ⓒ(昔の)らっぱ形補聴器

ear[2] /ɪər/ 名 Ⓒ(麦などの)穂, (トウモロコシの)実

éar·àche 名 Ⓤ Ⓒ 耳の痛み ‖ have (an) ～ 耳が痛い

éar·bùd, éar bùd 名 C 《通例 ~s》小型イヤホン
éar·dròp 名 C ❶《~s》(液体の)耳の薬 ❷ 耳飾り, イヤリング
éar·drùm 名 C 鼓膜(tympanum)
eared /ɪərd/ 形 《しばしば複合語で》(…の) 耳のある ‖ long-~ 耳の長い ▶▶ **~ séal** 名 C 耳のあるヒレアシ類の海獣《トド・オットセイなど》
éar·flàp 名 C (防寒帽の)耳覆い
ear·ful /ɪ́ərfʊ̀l/ 名 C 《口》❶《単数形で》耳の痛い話, 小言 ❷ 聞き飽きるほどの音[話, うわさ]
gèt [*gìve a pèrson*] *an éarful* (*of …*) 《口》(…について)大目玉を食らう[(人)に大目玉を食らわす]; (…について)驚くような知らせを聞かされる[(人)に伝える]
éar·hòle 名 C 《英口》(人の)耳; 耳の穴
earl /əːrl/ 《発音注意》名 C (英国の) 伯爵《英国以外の count² に相当. 敬称としては lord を用いる. 伯爵夫人・女伯爵は countess》
▶▶ **Èarl Gréy** 名 U アールグレイ《ベルガモットで風味をつけた紅茶》 **Èarl Márshal** 名 C (英国の) 紋章院総裁《国家の儀式などをつかさどる》
earl·dom /ə́ːrldəm/ 名 C ❶ 伯爵の地位[称号] ❷ 伯爵領
ear·lobe /ɪ́ərlòʊb/ 名 C 耳たぶ(⇨ FACE 図)

ear·ly /ə́ːrli/ 《発音注意》形 副 名

中心義 (時間的に)早い

— 形 (**-li·er**; **-li·est**)

❶ (時刻が) **早い**, 朝早くの; 初期の, 早期の, 若いころの; 昔の; (物事の) 初めの方の(↔ late) (⇨ QUICK 類語) ‖ We took an ~ train to make it to the airport in plenty of time. 空港に十分間に合うように我々は朝早い(時刻の) 列車に乗った / in the ~ morning 朝早く / make an ~ start 朝早く[早い時期]から始める / at an ~ stage 早い段階で / in the ~ stages of civilization 文明の初期段階で / **in one's ~ days**=at an ~ age 若いころに / **in the ~ days** 昔は / The ~ part of the movie was boring. その映画の初めの方の部分は退屈だった

❷ (平常・定刻・予定などより) **早い**, (時機が) (まだ) 早い; 《限定》(植物などが) 早生(わせ)の, はしりの(↔ late) ‖ I was ~ for my appointment. 約束の時間にはまだ間があった / *Early* booking is recommended as space is limited. 席に限りがあるので予約は早めがよい / The bus was five minutes ~. バス(の到着)は5分早かった / an ~ rice crop 早稲(わせ)

❸ 《限定》近い将来の, 早速の ‖ at an ~ date 近いうちに / Her doctor suggested that she consult a specialist at the *earliest* opportunity. 医者はできるだけ早い機会に専門医に診てもらうよう彼女に勧めた

**at the éarliest* 早くとも ‖ Our departure has been put off until Sunday *at the earliest*. 我々の出発は早くても日曜日まで延期された

— 副 (**-li·er**; **-li·est**)

❶ **早く**, 早めに, 初期に; 朝早く(↔ late); ずっと昔に; 初めの方に[で] ‖ That ski resort opens as ~ as October. あのスキー場は早くも10月にはオープンする / ~ in March 3月初旬に / ~ this [next, last] year 今[来, 昨]年早く / ~ in life 幼少期に / ~ in the history of Japan 日本の歴史の黎明(れいめい)期に / She got up very ~ in the morning. 彼女は朝とても早くに起きた / They worked from ~ to late. 彼らは朝早くから夜遅くまで働いた / **as I said** *earlier* 前に言ったように / **as mentioned** *earlier* 前述のように(♦ 本などで)

❷ (予定より) 早く ‖ He returned home *earlier* than usual. 彼はいつもより早く帰宅した / Her plane arrived fifteen minutes ~. 彼女の乗った飛行機は15分早く到着した

**èarly* [*èarlier*] *ón* 早い[より早い]時期に, 初期に, 早くから(↔ *later on*) ‖ We warned you about that ~ *on*. 我々はそのことについて早くから君に警告していた

èarly or láte 遅かれ早かれ, 早晩

COMMUNICATIVE EXPRESSIONS

1 **Éarlier you sàid** [OR **mèntioned**] **that** there is a làck of résources. NAVI 前にあなたは資源の不足についてふれましたね(♥ 議論の最中に相手の前の発言を確認して取り上げる)

2 It's **tòo éarly to sáy**. まだ何とも言えません; 結論[解答]を急いではいけません

— 名 (複 **-lies** /-z/) C ❶ 早生のジャガイモ ❷ 《口》(交替勤務の)早番 ‖ on *earlies* 早番で

-li·ness 名

▶▶ **~ bird** (↓) **~ clósing** 名 U 《英》(店などの)早じまい, 午後閉店 **~ cóllege hìgh schóol** 名 C 《米》アーリーカレッジハイスクール《大学の2年間の科目を学習し学位を取得できるハイスクール. 特に少数民族の教育水準の向上を目指す新教育の一環》 **Èarly Énglish** 名 《the ~ (Style)》【建】初期英国建築様式(の)《12-13世紀ごろの初期ゴシック様式》 **~ músic** 名 U 古楽《中世・ルネサンス期の音楽. ときにバロック期や古典派の音楽も含む》 **~ wárning sỳstem** 名 C (ミサイル攻撃などに対する)早期警戒システム

éarly bìrd ⟨シ⟩ 名 C 《口》《戯》早起きの人; 定刻より早く来る人 ‖ *The ~ catches* [OR *gets*] *the worm.* 《諺》早起きの鳥は虫を捕らえる; 早起きは三文の徳

éarly-bìrd 形 早朝の; 定刻より早い ‖ an ~ special (早朝などの) 特別メニュー[出し物], (トーナメントなどへの) 早期申込割引

éar·màrk 名 C ❶《通例 ~s》目印, 特徴 ❷ 耳印《家畜の耳につけて所有者を示す》

— 動 他 ❶ 〈特別の目的のために〉〔資金など〕を別にとっておく, 充てる〈**for**〉; …を〈…に〉予定する, …を〈…として〉選び出す〈**for, as**〉(♦ しばしば受身形で用いる) ‖ ~ goods *for* export 商品を輸出用に充てる ❷〔家畜〕に耳印をつける

éar·mùffs 名 複 (防寒用)耳あて, イヤーマフ

**earn /əːrn/ (♦ 同音語 urn)

中心義 報いとしてAを得る (★Aは「賃金」や「名声」など)

— 動 (**~s** /-z/; **~ed** /-d/; **~·ing**)

— 他 ❶〔賃金など〕を(正当な報酬として) **得る**, **稼ぐ**, もうける ‖ He ~*s* ¥800 an hour working part-time at a convenience store. 彼はコンビニのアルバイトで時給800円を得ている / ~ **money** お金を稼ぐ / ~ a fortune on stocks 株で大金をもうける / All our children now ~ their own **living**. 今では子供たちは皆自分で生活費を稼いでいる

❷ (報酬として) …を得るに値する ‖ Why don't you take a week off? You've ~*ed* it. 1週間休みをとったらどうだい. それだけの働きはしたんだから / a well-~*ed* rest 当然の結果として与えられた休息

❸ **a** 《+目》〔名声など〕を得る, 博する, 手に入れる; 〔非難など〕をこうむる ‖ You will ~ the respect of everyone at work for your accomplishments. あなたはその業績のおかげで職場の皆の尊敬を得るだろう / ~ fame 名声を博する **b** 《+目 *A*+目 *B*》*A*(人)に*B*(名声など)をもたらす ‖ Her new film ~*ed* her the name of a second Audrey Hepburn. 今度の映画で彼女は第2のオードリー=ヘプバーンという呼び名を手に入れた

❹ (物が) 〔利益など〕を生む, もたらす ‖ The game software ~*ed* (him) nearly one million dollars. そのゲームソフトはほぼ100万ドルの収益を(彼に)もたらした(♦ 2つの目的語をとる文型でも用いる)

— 自 (働いて)稼ぐ

earn one's keep ⇨ KEEP(成句)

▶▶ **~ed rún** 名 C 【野球】① アーンドラン《相手のエラーによらないであげた得点》② (投手の) 自責点 ‖ an ~*ed run* average 防御率《略 ERA》

earn·er /ə́ːrnər/ 名 C ❶ 金を稼ぐ人[もの], 稼ぎ手 ‖ a

high [low] (wage) ～ 高[低]賃金労働者 ❷ もうかるもの[商品, 事業] ‖ the main [OR top] ～ of a company 会社の主力商品

***ear·nest¹** /ə́ːrnɪst/《発音注意》形 ❶ とてもまじめな, 真剣な, 熱心な；本気の, 心からの(⇨ 類語) ‖ Are you really ～ about this plan? 君はこの計画を本気で実行するつもりなのか / an ～ teacher とても熱心な教師 / give a problem one's ～ consideration 問題を真剣に考慮する ❷《堅》(物事が)重大な, 厳粛な

—名 U まじめ, 本気(♦ 通例次の成句で用いる)

****in éarnest*** **まじめに**, 真剣に, 本気で；本格的に ‖ I'm *in* ～ about this. このことについては私は本気だ / It began to rain *in* (real) ～. 雨が本降りになった

類語《形 ❶》**earnest** 目的に向かって着実に熱心に努力する. ときに「まじめすぎる, くそまじめ」の意味合いを持つ.〈例〉*earnest* efforts 非常にまじめな努力
serious 軽薄でなく, 深みがあり本気でまじめな.〈例〉a *serious* attitude toward life 人生に対する真剣な態度
sincere 偽善·虚飾がなく本心からの.〈例〉a *sincere* apology 心からのおわび

ear·nest² /ə́ːrnɪst/ 名 C ❶《単数形で》=earnest money ❷《文》前兆, 兆し, しるし
▸▸ **～ mòney** 名 U《主に米》手付金, 保証金

***ear·nest·ly** /ə́ːrnɪstli/ 副 まじめに, 真剣に, 本気で

***earn·ings** /ə́ːrnɪŋz/ 名 複 所得, 稼ぎ高, 収入；(会社などの) 収益；(株式などの) 収益 ‖ pretax ～ 税込みの所得[収入] / annual ～ 年間所得 / ～ per share 1株当たり収益 / The company's ～ are up 12 percent over last year's. 会社の収益は昨年比12%増である

***éar·phòne** 名 C ❶《通例 ～s》イヤホン, ヘッドホン ❷ =earpiece ❶

éar·pìece 名 C ❶ (電話の)受話器；(補聴器などの)イヤホン ❷ (眼鏡の)つる

éar-pìercing 形《限定》耳をつんざくような
—名 U (ピアスをするために)耳たぶに穴をあけること

éar·plùg 名 C《通例 ～s》耳栓

***éar·rìng** 名 C《通例 ～s》イヤリング, 耳飾り

éar·shòt 名 U 声の届く距離, (呼べば)聞こえる範囲
within [***out of***] ***éarshot*** 聞こえる[聞こえない]所に

éar·splìtting 形 耳をつんざくような

***earth** /əːrθ/《発音注意》名 動

—名 (複 **～s** /-s/) U ❶《the ～；(the) E-》**地球** (→ moon 図)；(地表上の)世界(⇨ 類語) ‖ The ～ goes [OR moves] around the sun. 地球は太陽の周りを回る / The ～ is shrinking with the advance of communications technology. 情報工学の発達により地球は小さくなりつつある / the rotation of the ～ on its axis 地球の自転 / all over the ～ 世界中で / from the ends of the ～ 世界の隅々から / the history of life on *Earth* 地球上の生物の歴史

❷ (空に対し) **地上**；(海·空に対し) 陸地, 大地；地面 ‖ The survivors kissed the ～ when their lifeboat reached the shore. 救命ボートが岸に着いたとき, 生存者たちは大地にキスをした

❸ 土, 土壌 ‖ She covered the seeds with ～. 彼女は種に土をかけた / The hut had an ～ floor. その小屋は土間だった / fertile [barren] ～ 肥えた[やせた]土

❹《ときに E-》《集合的に》世界中の人々 ‖ 「The whole [OR All the] ～ rejoiced at the success of the lunar landing. 月面着陸の成功を全世界の人たちが喜んだ

❺《the ～》(天国·地獄に対し)この世, 現世；俗事

❻ C U《主に英》(キツネ·アナグマなどの)(巣)穴(lair)

❼ C【化】土類 ‖ rare ～*s* 希土類, レアアース ❽ C《通例単数形で》《英》【電】アース, 接地(《米》ground) ❾ (古代·中世哲学での)地《四大の1つ. → element ❿》

brìng a pèrson (***bàck***) ***dòwn to éarth*** (***with a búmp*** [OR ***báng***]) 〔人〕を(夢から)現実に戻す

còme bàck [OR ***dòwn***] ***to éarth*** (***with a búmp*** [OR ***báng***]) (夢から)現実に戻る, 我に返る

còst [OR ***chàrge, pày***] ***the eárth***《口》とても金がかかる

dòwn to éarth 現実的な, 実際的な；(人が) 率直な (⇨ DOWN-TO-EARTH)

gò to éarth《英》① (獲物が)穴に逃げ込む(→ 名 ❻) ② 姿をくらます ‖ be *gone to* ～ 隠れている

go to the ends of the earth ⇨ END(成句)

like nòthing on éarth《口》とても変な[に]；気分が悪い

****on éarth***《強調》① 《疑問詞を強めて》**一体全体**(♥ 怒り·驚きを表す) ‖ What *on* ～ is going on? 一体何が起きているのだ ② 《否定を強めて》少しも, 全然 ‖ There was no chance *on* ～ of his winning. 彼が勝つ見込みはまるでなかった ③ 《最上級を強めて》**世界中で** ‖ I'm the luckiest man *on* ～, marrying you. 君と結婚できて世界中で最も幸運な男だ

pròmise (***a pèrson***) ***the eárth*** (人に)とても守れないような約束をする

rùn ... to eárth ① 〔キツネなど〕を穴に追い込む (→ 名 ❻) ② (長い間探して)…をようやく見つけ出す

The èarth móved.《しばしば疑問文で》《戯》感動[興奮]した ‖ Did *the* ～ *move* for you? 感じた?

COMMUNICATIVE EXPRESSIONS

1 **Èarth to Bíll.** もしもーし (♥ ぼーっとしている相手に対して注意を喚起するくだけた表現)

—動 他 ❶《通例受身形で》《英》【電】アース[接地]させる(《米》ground) ❷ 〔植物の根など〕に土をかぶせる《**up**》 ❸ 〔キツネなど〕を穴に追い込む

類語《名 ❶》**earth** 天体としての「地球」. 天国·地獄に対する「この世」.
globe earth が球形であることや, 球体の各部(異なった地域) の連帯性を強調することがある. world と同義に用いることも多い.〈例〉countries on the far side of the *globe* 地球の反対側の国々
planet 宇宙で人類が住む唯一の惑星としての地球.〈例〉the future of the *planet* 地球の未来
world 人間とその活動のすべてに関連しての地球.〈例〉*world* peace 世界平和

▸▸ **～ clòset** 名 C《英》糞尿に土をかぶせるだけの便所 **Éarth Dày** 名 国際アースデー, 地球の日《環境保護の日. 4月22日. 1970年米国で始まる》 **～ mòther** 名《ときに E- M-》① 【宗】地母神《肥沃な土と生命の源とされる女神》 ② C 母性的[官能的]な女性 **～ scìence** 名 C《通例 ～s》/ U 地球科学 **～ stàtion** 名 C (衛星通信の)地上局

***éarth·bòund** 形 ❶ 地面に固着した；地上を離れられない ❷ 世俗的な；平凡な；想像力に欠ける ❸ 地球に向かう

earth·en /ə́ːrθən/ 形《通例限定》❶ (床·壁などが) 土で作った；(器などが)陶製の ❷ 世俗的な

éarthen·wàre 名 U《集合的に》土器, 陶器

èarth-fríendly 形 地球(環境)に優しい

earth·ling /ə́ːrθlɪŋ/ 名 C ❶ (特にSFなどで) 地球人, 人間 ❷ 世俗的な人, 俗人

***earth·ly** /ə́ːrθli/ 形 ❶《通例限定》この世の, 現世の；地上の (↔ celestial)；世俗的な ‖ ～ pleasures この世の楽しみ / an ～ paradise 地上の楽園 ❷《否定文で》《口》少しも, 全然；《疑問文で》一体(全体) ‖ There's no ～ reason to refuse our offer. 我々の申し出を断る理由は全くない / It's no ～ use in trying to change my mind. 私の気を変えさせようとしたって全く無駄だ / What ～ difference does it make? それで一体どんな違いがあるというのだ

nòt hàve [OR ***stànd***] ***an éarthly***《英口》見込みが全然ない(♦ 後に chance, idea などが省略された形)

éarth·mòver 名 C【土木】(大型の)土木建設機械

éarth·nùt 名 C (ラッカセイ(落花生)などの) 地中に実ができる植物

earth·quake /ɔ́ːrθkwèɪk/
―名 (複 ~s /-s/) Ⓒ ❶ **地震** (《口》quake) ‖ A major [OR big] ~ hit [OR struck] the island. 大きな地震がその島を襲った (⇨ PB 18) / The Tohoku district was ⌈badly damaged [OR devastated] in the 2011 ~. 東北地方は2011年の地震で甚大な被害を受けた / forecast [OR predict] an ~ 地震を予知する / a strong [OR powerful, severe, violent] ~ 強い地震
❷ (社会的・政治的)激動, 大変動

éarth·shàking 形 非常に重要な, 大地を揺るがすような

éarth-shàttering 形 =earthshaking

eárth·shìne 名 Ⓤ/Ⓒ《単数形で》〘天〙地球照《新月のころ月の暗い部分を照らす地球からの反射光》

éarth·ward /-wərd/ 副 形 地球[地面]に向かって[向いた] **éarth·wards** /-wərdz/ 副

éarth·wòrk 名 Ⓒ ❶《通例 ~s》〘軍〙土塁 ❷ Ⓤ 土木工事

éarth·wòrm 名 Ⓒ ミミズ

earth·y /ɔ́ːrθi/ 形 ❶ 土の(ような), 土臭い ‖ an ~ smell 土のにおい ❷ 自然で飾らない, 素朴な, 陽気な ‖ an ~ enjoyment of life 自然体で伸び伸び生きる喜び ❸ (特に身体・性表現などに関して)あけすけな, 下品な ; 粗野な, 野卑な ‖ an ~ sense of humor 下品なユーモアのセンス / an ~ joke 野卑な冗談
éarth·i·ly 副 **éarth·i·ness** 名

éar·wàx 名 Ⓤ 耳あか

éar·wìg 名 Ⓒ 〘虫〙ハサミムシ ―動 他《英では古》…に入れ知恵する ―自《英俗》盗み聞きする

ease /iːz/ 《発音注意》
―名 [▶ easy 形] Ⓤ ❶ **たやすさ**, 平易さ (↔ difficulty) (→ *with ease* (↓)) ‖ Buyers of personal computers today demand ~ of use. 今日のパソコン購入者は使いやすさを要求する
❷ (態度などの)ゆったりとしていること, 自然さ ; くつろぎ, ゆとり ‖ the ~ and grace of her behavior 彼女の物腰の気取らず優雅なさま
❸ (肉体的・精神的な)気楽さ, 安楽, 安心 ; 〈苦痛の〉軽減 (↔ hardship) 〈**from**〉 ‖ ~ of mind 心の安らぎ / ~ *from* pain 痛みの軽減 ❹ (経済的な)ゆとり ‖ lead a life of ~ ゆとりのある暮らしを送る

at* (*one's*) *éase* 心安らかに ; 気楽に, **くつろいで ‖ I feel *at* (my) ~ with her. 彼女と一緒にいると気持ちが落ち着く / A good host puts everybody *at* their ~. よい主人役ならみんなをくつろいだ気分にさせてくれる

ill at éase 落ち着かないで ; そわそわして ‖ I feel *ill at* ~ in the presence of my girlfriend's father. ガールフレンドの父親の前では何となく落ち着かない

(***Stànd***) ***at éase!*** 〘軍〙休め《両足を開き手を後ろに組む》(⇨ *Stand* EASY *!*)

with éase 容易に, たやすく, 楽々と(easily)

―動 (**eas·es** /-ɪz/ ; **~d** /-d/ ; **eas·ing**)
―他 ❶ **a** 《+目》(物・事が)〔苦痛・心配など〕を**和らげる**, 軽くする ; 〔人の気持ちなど〕を楽にさせる, 慰める ‖ This medicine will ~ your pain. この薬で痛みが和らぐでしょう / ~ one's mind 心を安らげる
b 《+目+**of** 名》〔人〕から〔苦痛など〕を取り除く ‖ The doctor's calm manner ~*d* my family *of* their anxiety. その医者の落ち着いた態度のおかげで私の家族の不安は和らいだ
❷ 〔緊張・悪条件など〕を**緩和する**, 軽減する ; …を容易にする ; 〔価格など〕を下げる ‖ Gardening can ~ the stress of modern living. ガーデニングは現代生活のストレスを軽減してくれる / ~ interest rates 利率を下げる
❸ …を緩める ; 〔速度〕を落とす ‖ ~ the sleeves at the armholes そでぐりを緩くする / ~ one's grip on the rope ロープをつかんだ手を緩める
❹ **a** 《+目+副句》…をゆっくりと[気をつけて]動かす[進む] (♦ 副句 は方向を表す) ‖ He ~*d* the piano into [out of] the room. 彼はピアノをそろそろと動かし部屋に入れた[から出した] / ~ oneself along with a stick つえを突いてゆっくりと歩む
b 《+目+補〈形〉》…をゆっくり動かして…の状態にする ‖ ~ a door open [shut] ドアをゆっくりと開ける[閉める]
―自 ❶ (痛みなどが)和らぐ, 軽減する ; (緊張などが)緩和する, 緩む ; (雨などが)小やみになる ‖ The pain had ~*d* by evening. 痛みは夕方までには和らいでいた
❷ 《+副句》ゆっくり[慎重に]動く (♦ 副句 は方向を表す) ‖ I ~*d* into the hot water お湯の中にそっと入った
❸ (物価・利率などが)下落する

èase awáy 〈他〉《***èase awáy ...*** / ***èase ... awáy***》…を〈…から〉そっと離す[外す]〈**from**〉‖ The nurse ~*d away* the bandage *from* the wound. 看護師は傷口から包帯をそっと外した ―〈自〉〈…から〉ゆっくりと離れる〈**from**〉

èase báck on ... 〈他〉〔操縦桿(かん)・レバーなど〕を手前にそっと引く

èase dówn 〈他〉《***èase dówn ...*** / ***èase ... dówn***》…を〈…から〉ゆっくりと[気をつけて]下ろす〈**from**〉―〈自〉スピードを落とす

èase ínto 〈他〉 **I** 《***èase ínto ...***》〔仕事など〕に徐々に慣れる **II** 《***èase A ínto B***》*A*(人)を*B*(仕事など)に徐々に慣らす

****èase óff*** 〈自〉① (痛み・緊張などが)和らぐ, 緩む, 緩和する ; (雨・雪などが)小降りになる ‖ The traffic congestion has not ~*d off* yet. 交通渋滞はまだ緩和されていない ② (仕事などを)ほどほどにやる ③ 〈…から〉ゆっくりと離れる〈**from**〉―〈他〉《***èase óff ...*** / ***èase ... óff***》① …を緩める ‖ ~ *off* one's pace 歩調を緩める ② …をそっと外す[脱ぐ] ‖ ~ *off* one's boots ゆっくりとブーツを脱ぐ

èase óff on ... 〈他〉=*ease up on ...* ①(↓)

PLANET BOARD 18

「地震が起こる」を表すときの動詞は何を使うか.

問題設定 「地震が起こる」を意味するのに happen ほかいくつかの表現が考えられるが, どれが一般的かを調査した.

Q 次の(a)～(e)のどれを使いますか. (複数回答可)
(a) An earthquake **happened** in Japan.
(b) An earthquake **hit** Japan.
(c) An earthquake **occurred** in Japan.
(d) An earthquake **struck** Japan.
(e) An earthquake **took place** in Japan.
(f) どれも使わない

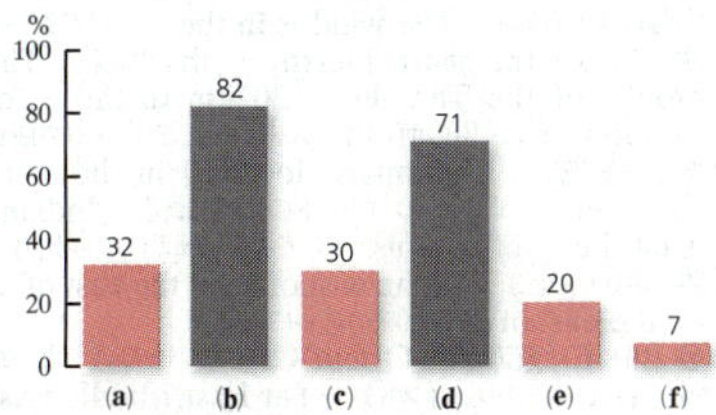

(b) の An earthquake hit Japan. を用いる人が8割強と多く, 次いで(d)の An earthquake struck Japan. が約7割だった. 他の「起こる」に相当する表現を用いるとした人は2～3割程度だった. 「(b)(d)は劇的な表現, メディアがよく使う」「(b)(d)は被害の大きな地震の場合に使い, 他はどんな地震にでも使う」などのコメントがある. 代わりの表現としては, *There was* an earthquake in Japan. / Japan *had* an earthquake. などがあげられている.

学習者への指針 特に大きな地震の場合, An earthquake hit [OR struck] .... の形がよく用いられる.

èase óut 〈他〉《*èase óut ...* / *èase ... óut*》① …をそっと出す ②〔人〕を巧みに説得して〈…から〉辞職［退職］させる〈**of**〉 ━〈自〉〈…から〉ゆっくり出る〈**of**〉;（車が）ゆっくりとほかの車の流れの中に入って行く

**èase úp* 〈自〉①（苦痛などが）和らぐ;（緊張などが）緩和する;（雨などが）弱まる;（車などが）スピードを落とす ②（働きすぎの人などが）力を抜く，気楽にやる

èase úp on ... 〈他〉① …に対する厳しい態度［圧力］を和らげる ② …をほどほどにする ‖ ～ *up on* the liquor 酒を控えめにする

èase one's wáy ゆっくり進む ‖ He ～*d* his *way* through the underbush. 彼はやぶの中をゆっくり進んだ

ease·ful /íːzfəl/ 形《文》気楽な（comfortable）; 穏やかな，安らかな（peaceful）

ea·sel /íːzəl/ 名 Ⓒ 画架，イーゼル; 黒板立て

ease·ment /íːzmənt/ 名 ❶ Ⓤ〔法〕地役権 ❷《文》Ⓤ Ⓒ（苦痛などの）軽減，緩和，安堵（あんど），慰安

eas·i·ly /íːzli/

━副〔◁ easy 形〕（**more ～; most ～**）

❶ **たやすく**，簡単に，やすやすと，楽々と; すぐに ‖ We can ～ get any amount of information from the Internet. 我々はインターネットから望むだけの量の情報を簡単に得ることができる / Our team ～ won the race. 我がチームはレースに楽勝した / Don't believe her so ～. 彼女の言うことをそうすぐに信じてはいけない / **quite** ～ いとも簡単に / an ～ identifiable 簡単に見分けられる［特定できる］/ ～ accessible （場所が）簡単に行ける / ～ available 簡単に入手［利用］できる

❷《最上級の語などを強めて》確かに，疑いなく; 断然，ずば抜けて，はるかに ‖ His film is ～ the best one to come out this year. 彼の映画は文句なしに今年の最高傑作だ

❸《can, may などとともに》十分にあり［起こり］得る ‖ Vegetable prices may ～ rise after the typhoon. 台風の後おそらく野菜の値段が上がるだろう（♦ 位置は通例，助動詞と動詞の間） ❹ 気楽に，安らかに; ゆったりと ❺（数量が）少なくとも（at least）‖ There were ～ 200 seagulls on the beach. 浜辺にはカモメが200羽はいた

eas·i·ness /íːzinəs/ 名 Ⓤ ❶ 容易さ ❷ 安楽，気楽さ ❸ 気さくさ，人のよさ

east /iːst/ 名 形 副

━名 ❶《通例 the ～》**東**，東方（略 E, E., e, e.），東部（地方）（↔ west）‖ The sun rises **in** [ˣfrom] the ～. 太陽は東から昇る / The wind is **in** the ～. 風が東から吹いている / the **south** [**north**] ～ 南［北］東 / The mouth of the Thames is 30 km **to** the ～ of London. テムズ川の河口はロンドンの東方30キロの所にある（→ 副）/ London is (located) **in** the ～ of England. ロンドンはイングランドの東部にある / Indiana is **on** the ～ of Illinois. インディアナ州はイリノイ州の東隣である（♦ 上3例 to the east of ..., in the east of ..., on the east of ... の意味の違いに注意）

❷《the E-》**東洋**（the Orient）《ヨーロッパから見て東の地域. 特に日本・中国・インド》（→ Far East, Middle East, Near East） ❸《the E-》《米》**東部地方**《ミシシッピ川より東の地域》 ❹《the E-》東側諸国《1990年代までの東ヨーロッパの共産圏》

COMMUNICATIVE EXPRESSIONS

1 **Èast is éast, wèst is wést.** 東は東，西は西;（相いれないものについて）そういうものだ; 自明のことだ（♦「東洋と西洋は結局わかり合えない」の意から. Rudyard Kipling の詩 The Ballad of East and West の冒頭に由来）

━形《比較なし》《限定》❶ **東の**，東方の，東部［東側］の，東向きの（♦ 交通機関が「東行きの」は eastbound を用いる）‖ an ～ room 東向きの部屋 / on the ～ **side** of the mountain 山の東側に ❷（風が）東から吹く ‖ The ～ wind brings (the) spring to Japan. 東風は日本に春をもたらす ❸《E-》（大陸・国などの東の部分を指して）東の ‖ *East* Africa 東アフリカ

━副《比較なし》**東へ**［に］，東の方へ［に］‖ His room faces ～. 彼の部屋は東向きだ / I live 10 km ～ of Osaka. = I live 10 km to the ～ of Osaka. 大阪の東10キロの所に住んでいる / directly [OR due, straight] ～ 真東に / go ～ 東へ行く

bàck Éast 《米口》（西部から見て）東部へ［に］（↔ *out West*）

òut Éast 東洋へ［に］

語源 インド＝ヨーロッパ祖語の *awes*（輝き・夜明け）から.「輝く朝日」から「日の出の方向」に転じた. *Aus*tralia, *Aus*tria と同系.

▶▶ **Èast Ánglia** 名 東アングリア《イングランド南東部の地域. Anglo-Saxon 時代に王国があった》 **Èast Berlín** 名 東ベルリン《ドイツ統一前の東ドイツの首都》 **Èast Chìna Séa** 名《the ～》東シナ海 **Èast Cóast** 名《the ～》（米国の）東海岸（地域） **East End**（↓） **Èast Gérmany** 名 東ドイツ《旧ドイツ民主共和国の通称. 1990年西ドイツと統合》 **Èast Índia Còmpany** 名《the ～》東インド会社《1600年東洋貿易や植民地経営を行うため英国で設立された会社. その後オランダ・フランスでも設立された》 **Èast Ríver** 名《the ～》イーストリバー《ニューヨークマンハッタン島とロングアイランドを分ける海峡》 **Èast Síde** 名《the ～》イーストサイド《ニューヨーク市のマンハッタン地区東部》

éast·bòund 形 東に向かう

Èast Énd 名《the ～》イーストエンド《ロンドン東部の商業地区. 伝統的に労働者階級の居住区》（→ West End）

Èast Énder 名 Ⓒ イーストエンドの住民

***East·er** /íːstər/ 名 Ⓒ Ⓤ《通例無冠詞単数形で》❶ イースター，復活祭《春分以降最初の満月の次の日曜日（Easter Day, Easter Sunday）に行われる祭りで，キリストの復活を祝う》❷ 復活祭週《復活祭前の金曜日（Good Friday）から復活祭翌日の月曜日（Easter Monday）まで，または復活祭の日から1週間（Easter Week）》; 復活祭（Eastertide）‖ the ～ holidays [OR vacation] イースター休暇 / at ～ 復活祭の時期に

語源 もとはゲルマン民族の春の祭典で，曙の女神 *Eastre* を祭ったことから. east と同語源.

▶▶ **～ bùnny** /英 ⌐⌐/ 名《the ～》イースターのウサギ《復活祭の日に Easter egg を持って来るとされるウサギ》 **～ Dáy** [**Súnday**] 名 復活祭の祝日《春分以降最初の満月の後最初の日曜日》 **～ ègg** 名 Ⓒ 復活祭の卵《復活祭の装飾や贈り物として用いる彩色した卵や卵形のチョコレート》 **～ Mónday** 名 復活祭（Easter Sunday）の翌日《英国などで法定休日》 **～ Sáturday** 名 復活祭の前日

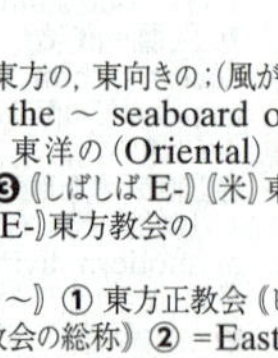
Easter egg

east·er·ly /íːstərli/ 形《通例限定》副 ❶ 東方の［に］，東向きの［に］❷（風が）東から（の）

━名（複 **-lies** /-z/）Ⓒ 東風

east·ern /íːstərn/

━形《比較なし》《限定》❶ **東の**，東方の，東向きの;（風が）東からの ‖ the ～ sky 東の空 / the ～ seaboard of India インドの東海岸 ❷《E-》東洋の（Oriental）‖ *Eastern* customs 東洋の習慣 ❸《しばしば E-》《米》東部の ❹《しばしば E-》東欧の ❺《E-》東方教会の

～·mòst 形 最も東の，最東端の

▶▶ **Èastern Chúrch** 名《the ～》① 東方正教会《ビザンティン帝国の教会から派生した教会の総称》② ＝Eastern Orthodox Church **Èastern Dáylight Tìme** 名 東部夏時間（略 EDT. Eastern (Standard) Time より1時間早める） **Èastern Hémisphere** 名《the ～》東半球 **Èastern Òrthodox Chúrch**

名《the ～》東方正教会《ギリシャ正教会・ロシア正教会など》 **Èastern (Ròman) Émpire** 名《the ～》東ローマ帝国《395-1453. the Byzantine Empire ともいう》 **Èastern (Stándard) Tìme** 名 東部標準時《略 E(S)T. 米国・カナダではグリニッジ標準時より5時間遅い. オーストラリアではグリニッジ標準時より10時間早い》

East·ern·er /íːstərnər/ 名 C《米》東部の人

Éaster·tìde 名 U 復活節《Easter から Ascension Day, または Whitsunday, または Trinity Sunday までの40-57日の期間》

èast-nòrth·éast 名 U 東北東《略 ENE》
—— 形 副 東北東の[に];東北東から(の)

èast-sòuth·éast 名 U 東南東《略 ESE》
—— 形 副 東南東の[に];東南東から(の)

east·ward /íːstwərd/ 副 形 東方へ(の);東向きに[の]
—— 名《the ～》東方

east·wards /íːstwərdz/ 副 =eastward

eas·y /íːzi/ 形 副

中心義 困難や苦痛のない

—— 形 [◁ ease 名][▶ easily 副](**eas·i·er**; **eas·i·est**)

❶ **a** (物事が)**易しい**, たやすい, 容易な;骨の折れない;〈…するのに〉容易な, しやすい〈**to** *do*〉(↔ hard, difficult) ‖ The motel is within ～ **reach** of the town. そのモーテルは町のすぐ近くにある / The mayor's office is open and ～ of access to all citizens. その市長の執務室は公開されていて, 市民ならだれでも簡単に訪れることができる / an ～ task 易しい仕事 / ～ reading 簡単な読み物 / a problem ～ *to* solve 簡単に解ける問題 (♦ to *do* との複合形容詞として an easy-to-solve problem のように用いることもある) / an ～ **way** *to* send e-mail 簡単にEメールを送る方法 / provide ～ **access** to a library 図書館に簡単に行けるようにする

b 《It is ～ (for *B*) to *do A* / *A* is ～ (for *B*) to *do* で》*A*を…するのは[*A*は…するのが](*B*にとって)たやすい ‖ It is not ～ *to* get on with him. 彼と付き合うのは容易ではない / The many illustrations **make** it ～ *for* children *to* read the book. 図解がたくさんあるのでその本は子供たちにとって読みやすくなっている

語法☆☆ (**1**) この構文で不定詞として表れるのは他動詞または他動詞用法の句動詞.
(**2**) It is easy for us to solve the problem. (私たちにとってその問題を解決するのは簡単だ) は The problem is easy for us to solve. と言い換えられるが, that 節 を用いて ×It is easy that we solve the problem. としたり, for の後の名詞を主語にして ×We are easy to solve the problem. とはできない.

連語 【副+～】very [OR really, 《米口》real, pretty] ～ 非常に[大変]易しい / fairly ～ まあまあ[かなり]易しい / quite ～ 全く[かなり]易しい / relatively ～ 比較的[割合に]易しい

❷ (人が)〈…について〉苦痛を感じない, **楽な**;苦労[心配]のない, 心安らかな(↔ uneasy)〈**about**〉;(暮らしなどが)**安楽な**;(時間などが)ゆっくり過ごせる ‖ Take this medicine. You'll be *easier*. この薬を飲みなさい. 楽になりますよ / feel [OR be] ～ in one's mind 気持ちが楽である / sleep with an ～ mind 心安らかに眠る / lead an ～ life 安楽に暮らす / have an ～ time (of it) 安楽な時を過ごす

❸《限定》(動作・態度などが)堅苦しさのない, **くつろいだ**, ゆったりとした, ごく自然な;(性格が)のんびりした, のんきな(↔ stiff) ‖ ～ manners くつろいだ態度 / They were on ～ terms. 彼らは打ち解けた間柄だった

❹〈五感に〉快適な〈**on**〉

❺ (歩調などが) ゆっくりした;(坂・カーブなどが) 緩やかな ‖ walk at an ～ pace ゆっくりした足取りで歩く / an ～ descent なだらかな下り勾配(の道)

❻ (衣服などが) 楽に着用できる, ゆったりとした ‖ an ～ fit ゆったりとした着心地 ❼《限定》御しやすい, 言いなりになる;無防備な;(非難などに) さらされやすい ‖ She fell an ～ prey [OR victim] to the con man. 彼女は取り込み詐欺師のいいかもになった / an ～ baby 手のかからない赤ん坊 / an ～ target for criticism 批判のいい的 ❽ (人が)〈…に対して〉寛大な, 甘い〈**on**〉;(負担・刑罰などが)厳しくない, 軽い;〈酒・塩などを〉控えめな〈**on**〉‖ Our grade school teacher was ～ *on* us. 小学校の先生は僕たちに優しかった / on ～ terms 楽な条件で;〖商〗楽な支払条件で;《英》(低利の) 分割払いで / *Easy on* the booze. 酒はほどほどにしてね ❾〖商〗(商品などが)需要の少ない, だぶついた, 手に入れやすい;(金融・市場などが)緩慢な ❿ ⊗《通例叙述》《俗》《蔑》(女性が)ふしだらな, 身持ちが悪い

(as) èasy as píe [OR ***ÀBĆ, ánything***]; ***(as) èasy as fàlling*** [《米》***ròlling***] ***òff a lóg*** 《口》いとも簡単な, この上もなく楽な

be èasy on the éye [***éar***] 見た目[耳]に快い

tàke the èasy wày óut 安易な解決方法[楽な道]

COMMUNICATIVE EXPRESSIONS

[1] **I'm éasy.** どっちでもいいよ(♥「どちらにしたいか」という問いに対する気軽な返答)

[2] 「**(It) hàsn't** [OR **(Thíngs) hàven't**] **been éasy.** (状況・境遇が)いろいろと大変だ(った)

[3] **It's** [OR **Thàt's**] **èasy (for yóu) to sáy(, but** the situátion is nòt sò símple). (あなたが) そう言うのは簡単だが(事態はそう単純ではないのです)

[4] **It's éasy to be wìse after the evént.** 後からとやかく言うのは簡単だ;それは結果論だ

—— 副 (**eas·i·er**; **eas·i·est**)

❶《口》たやすく, 容易に ‖ *Easy come, ～ go.* 《諺》容易に手に入るものは去りやすい;悪銭身につかず(♥「金などを使って[なくして]しまっても気にしない」の意で用いることがある) / *Easier said than done.* 《諺》言うは易(やす)く行うは難し

❷ ゆっくりと;気楽に, 安心して ‖ We can breathe [OR rest, sleep] ～ now that the typhoon has blown over. 台風が収まったからもう安心だ / rest ～ ゆったりと休む;気楽に構える

gèt òff éasy 《口》(罰が) 軽くて済む ‖ I *got off* ～ with only a mild scolding. 軽くしかられただけで済んだ

gò éasy 気楽にやる;ゆっくり行く

****gò éasy on ...*** 《口》①〔物〕を控えめに[ほどほどに]する ‖ *Go* ～ *on* the sugar. 砂糖は控えめにしなさい ②〔人〕に寛大にする, 優しくする

gò éasy with ... =go easy on ... ①(↑)

hàve it éasy さしたる苦労もない;安楽でいられる

Stànd éasy! 《英》〖軍〗休め《Stand at ease! よりも楽な姿勢》

****tàke it*** [OR ***thìngs***] ***éasy*** 《口》**気楽に考える**(→ CE 7)

COMMUNICATIVE EXPRESSIONS

[5] **Éasy!** ゆっくり, 落ち着いて;気をつけて

[6] **Èasy dóes it!** 焦るな, ゆっくりやれ

[7] **Tàke it éasy.** ① まあ, 落ち着いて(♥ 人をなだめる. しばしば前に Now, now.「まあまあ, さあさあ」といった表現を伴う) ② 気をつけてね(♥ 別れのあいさつ. =Take care.);ゆっくりして体を大事にね ③ (難しい仕事などを始める人を励まして)肩の力を抜いていけよ ④ 注意して(優しく)扱うように(♥ 人や物の扱いが乱暴な人に)

▶▶ **～ cháir** 名 C 安楽いす **～ lístening** 名 U イージーリスニング《くつろいで楽しめる軽音楽》 **～ márk** 名 C 《米口》だまされやすい人, お人好し(soft touch) **～ móney** 名 U ① 努力せずに(不正に)得た金, あぶく銭, 悪銭 ② 低利で借りられる資金 ‖ ～ *money* policy 金融緩和[低金利]政策 **～ strèet** 名 U《口》裕福な暮らし[身分] ‖ on ～ *street* 裕福な

éasy-càre 形 取り扱いの簡単な;(生地・衣服が)アイロンがいらない

èasy·góing ◁ 形 のんきな, 気楽な;細かいことを気にしない;のんびりした

eas·y-peas·y /ìːzipíːzi/ 形《英口》とても簡単な

eat /iːt/ 動 名

―動 (**~s** /-s/ ; **ate** /eɪt/ ; **~·en** /íːtən/ ; **~·ing**)

―他 ❶ **a**《+目》…を**食べる**；〔スープなど〕を(スプーンで)飲む(♦直接容器に口をつけて飲むのは drink)；〔食事〕をとる(⇨ 類語, DRINK 類語P) ‖ *Eat* vegetables to stay healthy. 健康を保つために野菜を食べなさい / Would you like something to ～? 何か召し上がりますか / We always ～ dinner at seven. うちでは夕食はいつも7時です / I could ～ a horse. 馬でも食べられる(ほど腹ぺこだ) / I couldn't ～ another thing. もう一口も食べられない(ほど満腹だ) / The ATM *ate* my card. 現金自動預払機にカードを飲み込まれた(♦「入れたカードが出てこない」の意)

b《+目+補〈形〉》…を…の状態で食べる ‖ ～ oysters [fish] raw カキ[魚]を生(ﾅﾏ)で食べる / ～ soup hot スープを熱いうちに(皿から)飲む

Behind the Scenes **You are what you eat. 人は自分が食べる物からできている；食は人なり** 1960年代のアメリカ映画のタイトルで使われて有名になったフレーズだが，表現自体は1940年代から使われていた．フランスの政治家で美食家・食通としても名高かった Brillat-Savarin の名せりふ Tell me what you eat, and I will tell you what you are.「君が何を食べているか教えてくれれば，君がどういう人か私にはわかる」や，ドイツ映画等でも同様の表現が使われている(♥きちんとした食生活を促すスローガン)

❷《進行形不可》…を常食とする ‖ Elephants ～ grass. 象は草食である

❸ …を腐食する，浸食する《*away*》；…を消耗させる，むしばむ；…を食い荒らす，破壊する；…を(大量に)消費する《*up*》；(虫などが食って)〔穴など〕をあける ‖ The acid rain is gradually ～*ing away* the marble statue. 酸性雨で大理石の像は徐々に傷んできている / Moths *ate* holes in the jacket. イガに食われてジャケットに穴があいた

❹《進行形で》《口》〔人〕を困らせる，悩ませる(→ CE 2)

❺《米俗》〔損害・費用など〕を負担する，肩代わりする

❻ ⊗《卑》〔人〕にオーラルセックスをする

―自 **食べる**，食事をする ‖ ～ between meals 間食をする / ～ with ┌a knife and fork [chopsticks] ナイフとフォーク[箸(ﾊｼ)]で食べる / ～ out of a can 缶詰の缶からそのまま食べる / ～ greedily [OR voraciously, hungrily] がつがつ食べる / *Eat, drink, and be merry.* 食い，飲み，楽しめ；現世を楽しめ(♦聖書の言葉)

èat a pèrson alíve 《口》①〔人〕をたたきのめす[やっつける，打ち負かす]，〔人〕に激怒する ②《通例受身形で》(蚊などに)ひどく刺される

èat and rún 食べてすぐ出て行く[さっと引き上げる]

èat awáy ... / ***èat ... awáy*** 〈他〉(徐々に)…を腐食する，浸食する；…を害する(→ 他 ❸)

****èat awáy at ...*** 〈他〉①(徐々に)…を腐食する，浸食する(undermine)；…を害する ②…を(長期間)悩まし続ける ③…を(徐々に)使い果たす，奪い去る，消耗させる

èat ín 〈自〉家で食事をする(↔ *eat out*)

éat into ... 〈他〉①…を腐食する，浸食する ②…に食い込む，…を消耗する ‖ Unexpected expenditures *ate into* our savings. 思わぬ出費で貯金を使い込んだ

****èat óut*** 〈他〉(***èat óut ...*** / ***èat ... óut***) ①《米俗》…をしかり飛ばす ②(虫などが)…を食い荒らす；…を破壊する ―〈自〉外食する(dine out)(↔ *eat in*)

éat through ... =*eat into* ... ①(↑)

èat úp 〈他〉(***èat úp ...*** / ***èat ... úp***) ①…を食べ尽くす(♪ polish off) ②…を使い果たす，大量に消費する；…を破壊し尽くす，害する(→ 他 ❸) ‖ That car ～*s up* too much gas. あの車はずいぶんとガソリンを食う / The fire *ate up* the town. 火は町をなめ尽くした ③《通例受身形で》〈…で〉頭がいっぱいになる，心がさいなまれる(consume)〈**by, with**〉‖ She was *eaten up by* envy. 彼女はねたましくてならなかった ④《米口》…をとても喜ぶ[喜んで受け入れる]，…に貪欲(ﾄﾞﾝﾖｸ)である；…を無批判に受け入れる[信じ込む] ―〈自〉全部食べる ‖ Come on, children, ～ *up*. さあみんな，残さずに食べるんですよ

COMMUNICATIVE EXPRESSIONS

1 **(Gò ahéad.) I wòn't éat you.** (どうぞ.)取って食べたりしないから(♥発言などを躊躇(ﾁｭｳﾁｮ)している相手の気を楽にさせる意図で，通常目下の人に向かって用いる)

2 **Whàt's éating you?** 何を悩んで[怒って]いるんだ

3 **Whèn do we éat?** 食事はいつだい(♥空腹時に次の食事を待ちかねて用いるくだけた表現)

4 **Will you be èating hére?** (ファーストフード店で)こちらでお召し上がりですか(♥テイクアウトのときは To go, please. と答える)

―名 C (～s)《口》食べ物；軽食

類語 《他 ❶》 **eat**「食べる」という動作そのものを意味する．〈例〉He is too sick to *eat* anything. 彼は病気が重くて何も食べられない
have eat は直接的すぎると感じられることがあるので「食事」の意味であれば have を用いることが多い．特に飲食の動作そのものを重視しないときは，eat よりも have を用いるのがふつう．〈例〉What will you *have* for lunch? 昼食には何を召し上がりますか
take は主に「薬を飲む」の意．

eat·a·ble /íːṭəbl/ 形 (おいしく)食べられる(→ edible)
―名 C《通例 ～s》食料品

***eat·en** /íːtən/ 動 eat の過去分詞

eat·er /íːṭər/ 名 C ❶《通例複合語で》食べる人[動物] ‖ a big [OR hearty] ～ 大食漢 / a small [OR light] ～ 小食家 / a meat ～ 肉食を好む人；肉食動物 ❷《英口》=eating apple

eat·er·y /íːṭəri/ 名 (複 **-er·ies** /-z/) C《口》食堂

***eat·ing** /íːṭɪŋ/ 名 U 食べること；(味・品質が)…な食べ物 ‖ good [bad] ～ おいしい[まずい]食べ物
―形 ❶ 食(用)の，(特に)生食用の ‖ an ～ habit 食習慣 ❷ 食べるときに使う ‖ ～ utensils 食器
▶▶ ～ **àpple** 名 C 生で食べられるリンゴ ～ **disòrder** 名 C 摂食障害《拒食症・過食症など》

eau de Co·logne /òu də kəlóun/ 名 U オーデコロン(cologne)《香料濃度の最も低い香水》(♦「ケルン(ドイツの都市)の水」の意のフランス語より)

èau de toi·létte /-twɑːlét/ 名 U オードトワレ《香水(パルファン)とオーデコロンの中間の香料濃度の香水》(♦「化粧水」の意のフランス語より)

eaves /iːvz/ 名 複 軒，ひさし

éaves·dròp 動 (**-dropped** /-t/ ; **-drop·ping**) 自 〈…を〉立ち聞きする，盗み聞きする〈**on**〉 **-dròp·per** 名

e·Bay /íːbeɪ/ 名《商標》イーベイ《インターネットオークションサイトなどを運営する米国の企業》
―動 他 …をイーベイ(のオークション)に出品する

***ebb** /eb/ 名 U/C《通例単数形で》❶《通例 the ～》引き潮，干潮(↔ flood, flow) ❷ 衰退，退潮，低調 ‖ His power was on the ～. 彼の権勢は衰えかけていた
at ┌***a lòw*** [OR ***one's lòwest***] ***ébb*** 低調で，衰退して，落ち込んで
****the èbb and flów of ...*** …の干満；…の盛衰
―動 自 ❶ 潮が引く《*away*》(↔ flow) ❷ 衰える，弱る，減退する《*away*》‖ Her anger was ～*ing away*. 彼女の怒りは収まりつつあった
▶▶ ～ **tíde** /, ⌐⌐/ 名 U C 引き潮，干潮(↔ flood tide)；衰退(期)

EBCDIC /ébsɪdɪk/ 略 💻 *e*xtended *b*inary *c*oded *d*ecimal *i*nterchange *c*ode(拡張2進化10進コード)

ÈBM 略 *e*vidence-*b*ased *m*edicine (科学的根拠に基づく医療)

E·bó·la fèver /ɪbóulə-/ 名 U エボラ出血熱《エボラウイルスによる伝染病．高熱と激しい内出血を起こす》

E·bon·ics /ɪbá(:)nɪks | ɪbɔ́n-/ 名 U エボニックス《米国の黒人が使う固有の文法・音韻体系を持つ英語》

eb·on·ite /ébənàɪt/ 名 U エボナイト, 硬質ゴム

eb·on·y /ébəni/ 名 (複 **-on·ies** /-z/) ❶ U 黒檀(こくたん)(材); C 黒檀の木 ❷ U 黒檀色
── 形 黒檀(製)の, 真っ黒の, 漆黒の

é-bòok 名 C 電子書籍 ‖ an ～ reader 電子書籍読み取り機

e·bul·lience /ɪbʌ́liəns/ 名 U ❶ (感情・元気などの)ほとばしり ❷《堅》沸騰

e·bul·lient /ɪbʌ́liənt/ 形 ❶ (感情などが)あふれんばかりの, ほとばしる ❷《堅》沸騰した **～·ly** 副

e·bul·li·tion /èbəlíʃən/ 名 U C ❶ (感情などの)ほとばしり; (戦争などの)勃発(ぼっぱつ) ❷《堅》沸騰

é-bùsiness 名 =e-commerce

EC 略 *E*ast *C*entral《ロンドンの郵便区》; 🖳 *e*lectronic *c*ommerce(電子商取引(=e-commerce)); *E*uropean *C*ommunity

é-càsh 名 U 電子マネー(electronic money)

ECB 略 *E*uropean *C*entral *B*ank(欧州中央銀行)

ec·ce ho·mo /èkeɪ hóumou/ 名《ラテン》C いばらの冠をかぶったキリストの像

ec·cen·tric /ɪkséntrɪk/ 形 ❶ (人・行動などが)ふつうでない, 風変わりな, 常軌を逸した(⇨ STRANGE 類語) ‖ ～ habits [behavior, clothes] 奇妙な癖[振る舞い, 服] ❷《数》(円が)〈ほかの円と〉中心を異にする(↔ concentric)〈**to**〉; 《機》軸が中心を外れた, 偏心(軸)の; 《天》(軌道が)正円でない, 楕円の ‖ ～ circles 離心円 ── 名 C ❶ 変人, 奇人 ❷《機》偏心器[輪] **-tri·cal·ly** 副

ecce homo

語源 *ec-* out of＋*-centr-* center＋*-ic*(形容詞語尾): 中心を外れた

ec·cen·tric·i·ty /èksentrísəti/ 名 (複 **-ties** /-z/) ❶ U 風変わり, 奇抜さ; C《通例 -ties》奇行, 奇妙な癖 ❷ C U 偏心性; 《数》離心率; 《機》偏心半径

Eccl, Eccles 略 《聖》Ecclesiastes(伝道の書)

Éc·cles càke /éklz-/ 名 C《英》エクルズケーキ《干しブドウなどを入れた丸いケーキ》

Ec·cle·si·as·tes /ɪklì:ziǽsti:z/ 名《聖》伝道の書《旧約聖書中の一書. 略 Eccl(es)》

ec·cle·si·as·tic /ɪklì:ziǽstɪk/ 《堅》名 C 聖職者
── 形 =ecclesiastical **-ti·cìsm** 名 U ① 教会の原則[慣行, 精神など] ② 教会万能主義

ec·cle·si·as·ti·cal /ɪklì:ziǽstɪkəl/ 形《通例限定》教会の; 聖職(者)の **～·ly** 副

Ec·cle·si·as·ti·cus /ɪklì:ziǽstɪkəs/ 名《聖》ベン＝シラの知恵《旧約聖書外典中の一書. 略 Ecclus》

ec·cle·si·ol·o·gy /ɪklì:ziá(:)lədʒi | -ɔ́l-/ 名 U 教会学, (特に)教会建築[装飾]学

Ecclus. 略 《聖》Ecclesiasticus

ECG 略 electrocardiogram; electrocardiograph

ech·e·lon /éʃəlà(:)n | -lɔ̀n/ 名 C ❶《通例 ～s》(組織などの)階層, 階級, 地位 ❷《軍》(軍隊・飛行機・軍艦などの)梯形(ていけい)編成, 梯団 ❸《軍》部隊, 機関 ❹ エシュロン《衛星通信傍受を中心としたアメリカの盗聴諜報システム》
── 動 他 自《軍》(…を[が])梯形編成にする[なる]

e·chid·na /ɪkídnə/ 名 C 《動》ハリモグラ(spiny anteater)《オーストラリア・ニューギニアの卵生の哺乳(ほにゅう)動物》

ech·in·acea /èkɪnéɪʃə, -éɪsiə/ 名 C 《植》ムラサキバレンギク, エキナセア《欧米ではハーブティーとして飲用する》

e·chi·no·derm /ɪkáɪnədə̀:rm, -nou-/ 名 C 《動》棘皮(きょくひ)動物《ヒトデ・ウニなど》

e·chi·nus /ɪkáɪnəs/ 名 (複 **-ni** /-naɪ/) C ❶《動》ウニ(sea urchin) ❷《建》まんじゅう形《ドーリア式円柱の冠板(abacus)を支えるくり形》

:ech·o /ékou/
── 名 (複 **～es** /-z/) C ❶ **こだま**, 山びこ, **反響** ‖ I shouted, "Yo-ho!" and the ～ came back, "Yo-ho!" 「ヤッホー」と叫ぶと「ヤッホー」とこだまが返ってきた / The ～ of the bells died away. 鐘の反響が収まった
❷ 模倣, 反復, 繰り返し; 名残; おもかげ; 反映, 形跡; 影響 ‖ You can still hear ～*es* of his music in the works of young musicians today. 彼の音楽の影響は若い音楽家の作品に今日でも聞くことができる
❸ (世論などの)反響, 共鳴, 同調
❹《文》模倣者, 付和雷同者 ❺ U C 《楽》《音響》エコー
❻《理》反射波[映像] ❼《無線》"E"の文字を表す符号
chèer a pèrson to the écho 《英》熱狂的に〔人〕に拍手[喝采(かっさい)]する
── 動 (**～es** /-z/; **～ed** /-d/; **～·ing**)
── 自 ❶ (音が) **鳴り響く** (♦ 通例場所を表す 副句 を伴う) ‖ His voice [footsteps] ～*ed* up the stairwell. 彼の声[足音]が吹き抜けに鳴り響いた
❷ (場所が)〈…で〉**反響する**, 〈音で〉満ちる〈**with, to**〉‖ The concert hall ～*ed with* applause. コンサートホールは割れんばかりの拍手に満ちた
── 他 ❶〔音〕を**反響させる**, こだまさせる《***back***》‖ The hills ～ the chime of the bells. 山あいに鐘の音がこだまする ❷〔言葉・思想など〕を繰り返す, 反復する; …を模倣する; 《直接話法で》…をおうむ返しに言う[答える] ‖ Your essay merely ～*es* the author's ideas. 君のレポートは著者の考えを繰り返しているだけだ / "He called?" she ～*ed*. 「彼から電話があった?」と彼女はおうむ返しに言った
❸ …を思い出させる, 反映する; …に類似する ❹ 🖳〔入力文字〕を画面に映し出す《***back***》

COMMUNICATIVE EXPRESSIONS
1 **I'd like to écho what** Ms. Bátes **has sàid.** ベーツさんがおっしゃったことに賛成です(♥ 特に意見がない場合や正論と思われる考えを示した人に賛成を表明するとき)

▸▸ **～ chàmber** 名 C 残響室 **～ sòunder** 名 C 《海》音響測深機

Ech·o /ékou/ 名《ギ神》エコー《Narcissus に恋したがかなわず, やつれて声だけになったニンフ》

ècho·cárdiogràm 名 C 《医》心臓エコー図, 超短波心臓検査図 **-gràph** 名 C 心臓エコー計

e·cho·ic /ekóuɪk/ 形 ❶ 反響する, こだまする ❷《言》擬音[擬声]的な

èchо·locátion 名 U 反響定位; 反響位置決定法《超音波などを発して, その反響で位置を知ること》

écho·vìrus, ÉCHO vìrus 名 C エコーウイルス《髄膜炎などさまざまな病気を起こす腸管ウイルス》

echt /ext, ekt/ 形《ドイツ》(=real)本物の, 正真正銘の

é·clair /eɪkléər | ɪ-/ 名 C エクレア(♦「電光」の意のフランス語より)

é·clat /eɪklá: | ╌╴/ 名 U ❶ 大成功; 大喝采(かっさい) ❷ (社会的)名声, 栄光

ec·lec·tic /ɪkléktɪk/ 形 ❶ (いろいろなものから)取捨選択する; (意見・趣味が)折衷的な, 幅広い ❷《哲》折衷主義の
── 名 C 折衷主義者 **-ti·cal·ly** 副 **-tì·cism** 名 U 折衷主義, 折衷的に考えること

***e·clipse** /ɪklíps/ 名 ❶ C 《天》日食, 月食 ‖ a solar [lunar] ～ 日食[月食] / a partial [total] ～ of the sun 部分[皆既]日食 ❷ U/C《単数形で》(名声・権力などの)喪失, 失墜 ‖ His reputation went into ～ because of the scandal. 彼の名声はスキャンダルのせいで失墜した
in eclipse 権威[人気など]を失って, 衰えて ‖ His power is *in* ～. 彼の権力は衰えている
── 動 他 ❶〔ほかの天体〕を欠けさせる, 食にする; 〔灯台などの光〕を遮る(♦ しばしば受身形で用いる) ‖ The moon was totally ～*d* at 10:30. 10時30分に皆既月食になった ❷ …の光彩を失わせる, 影を薄くする ‖ Florence ～*d* other cities as the center of commerce. フィ

E

レンツェは商業の中心地としてほかの都市を圧倒した

e·clip·tic /ɪklíptɪk/ 〖天〗名《the ～》黄道
—形 ❶ 食の, 日食[月食]の ❷ 黄道の

ec·logue /éklɔ(:)g/ 名 C (ふつう2人の羊飼いが交わす対話体の短い)牧歌, 田園詩

ECM 略 electronic counter*measures*

eco- /iːkoʊ-, iːkə-/ 連結形「生態学, 環境(保護)」の意(♦ハイフンなしでも使われる) ‖ *eco*-sensitive, *eco*logy

ec·o·cide /íːkəsàɪd, íːkoʊ-/ 名 U 環境破壊
èc·o·cíd·al 形

èco·cónscious 形 環境への意識の高い

èco·consúmer 名 C エコ消費者《環境問題を意識しながら物品を購入する人》

èco·devélopment 名 U エコ開発《環境保護と開発の両立》

èco-fríendly 形 環境に優しい

ecol 略 ecological, ecology

E. co·li /ìː kóʊlaɪ/ 名 U〖細菌〗大腸菌(♦ラテン語 *Escherichia coli* より)

èco·lódge 名 C エコロッジ《自然との共生と環境への配慮を重視した宿泊施設》

***e·co·log·i·cal** /ìːkəlá(:)dʒɪkəl | -lɔ́dʒ-/ ◁ 形《限定》
❶ 生態(学)の, 環境の ‖ an ～ crisis 生態環境の危機
❷ 環境保護の ‖ ～ groups [movements] 環境保護団体[運動]　**～·ly** 副 生態学的に;環境保護上

***e·col·o·gy** /ɪ(:)ká(:)lədʒi | -kɔ́l-/ (⇨ BYB) 名 ❶ U 生態学;人間[社会]生態学 ❷ U/C《通例単数形で》生態系 ❸ U 環境保護　**-gist** 名 C 生態学者;環境保護論者

***è-cómmerce** 名 U 電子商取引, Eコマース《electronic commerce の略で, インターネット上で電子決済などを利用して行われる商取引》

econ. 略 economics, economist, economy

e·con·o·box /ɪká(:)nəbà(:)ks, iːk- | ɪkɔ́nəbɔ̀ks/ 名 C《米》経済車《低価格・低燃費の小型車》

e·con·o·met·rics /ɪkà(:)nəmétrɪks | ɪkɔ̀n-/ 名 U 計量経済学
-ric 形　**e·còn·o·me·trí·cian** 名 C 計量経済学者

*****e·co·nom·ic** /ìːkəná(:)mɪk, èkə- | -nɔ́m-/《アクセント注意》◁
—形〔◁ economy 名 ❶ | ▶ economics 名〕(**more ～ ; most ～**)(♦ economical と区別)
❶《比較なし》《限定》**経済(上)の**, 経済学(上)の ‖ Competition is vital to ～ **growth** [OR **development**]. 経済成長には競争が不可欠だ / break off ～ relations 経済断交する / an ～ growth rate 経済成長率 / ～ aid 経済援助 / an ～ crisis 経済危機 / ～ policies [reforms] 経済政策[改革] / the ～ climate 経済環境《経済活動に影響を及ぼす諸条件》/ ～ sanctions against Iraq イラクへの経済制裁 / an ～ blockade 経済封鎖
❷ 採算のとれる, 利益のあがる;実利的な, 営利の ‖ It isn't ～ to keep our shop open on Sundays. 日曜日に店を開けておいても採算はとれない / an ～ price 採算のとれる値段 ❸ 経済効率のよい, 経済的な(♦この意味では economical の方がふつう)
▸▸ **～ geógraphy** 名 U 経済地理学　**～ mígrant** 名 C 外国人出稼ぎ労働者　**～ rént** 名 U C〖経〗採算のとれる賃料[家賃]

> **Boost Your Brain!**
> **ecology**
> ecology「生態学」とは, もともとはギリシャ語の oikos「すみか」と logos「学問」を組み合わせた造語で,「生物と, 生物が生活する環境の相互関係を研究する学問」を指す. 人間が環境の中で生きる生物であるという自覚の高まりと共に, ecology という言葉の使われる領域は広がっている. 生物と環境との関係そのもの(生態, 生態系)を ecology と呼ぶこともあるし, 人間と自然との共存を目指す思想(環境保護, 生態学)を ecology と呼ぶこともある. environment「環境」とほぼ同じ意味で用いられることもある. なお, 日本語の「エコ」は和製語. 「環境に優しい」は environmentally friendly あるいは eco-friendly.
> ある地域に生息するすべての生物とそれを取り巻く環境を包括して ecosystem「生態系」と呼ぶ. 学問としての ecology は, ecosystem におけるエネルギーや食物の循環や連鎖のシステムを解明することを目的としている. 健全な生態系においては, 多様な生物が共存する biodiversity「生物多様性」が保たれていて, それぞれの生物が捕食, 競争, 共生, 寄生などの関係にある.

***e·co·nom·i·cal** /ìːkəná(:)mɪkəl, èkə- | -nɔ́m-/ 形〔◁ economy 名 ❷〕(♦ economic と区別) ❶ (物・手段などが)経済的な, 徳用の;安上がりな(↔ uneconomical, expensive)(⇨ CHEAP 類語) ‖ It is ～ to communicate by e-mail. Eメールで連絡をとるのが経済的だ / a small ～ car 経済的な小型車 ❷ (人が)〈…を〉無駄遣いしない, 倹約する(↔ extravagant)〈**of, with**〉(♥褒め言葉として使うことが多い. けなす場合は stingy や《主に英》mean を用いる) ‖ This scheme is more ～ *of* time and resources. この計画は時間と資源をいっそう節約するものになる ❸ (文体・しぐさなどが)無駄のない, 簡潔な
be economical with the truth ⇨ TRUTH(成句)

***e·co·nom·i·cal·ly** /ìːkəná(:)mɪkəli, èkə- | -nɔ́m-/ 副〔◁ economy 名〕❶ 経済上;経済(学)的には ‖ *Economically*, that would be of much benefit to the consumer. 経済的には, それは消費者にとって大いに有利だろう / ～ disadvantaged 経済的に恵まれない(♥ poor の婉曲的表現) / ～ inactive 経済的に活動していない(♥ unemployed の婉曲的表現. 「働く気がない」というニュアンスを含むこともある) ❷ 節約して ‖ use one's time ～ 時間を経済的に使う

****e·co·nom·ics** /ìːkəná(:)mɪks, èkə- | -nɔ́m-/《アクセント注意》
—名〔◁ economic 形〕❶ U **経済学** ‖ major in ～ 経済学を専攻する / Marxist [Keynesian] ～ マルクス[ケインズ]経済学 / home ～ 家政学, 家庭科
❷《複数扱い》経済的側面[要素, 状態], 経済面

***e·con·o·mist** /ɪká(:)nəmɪst | ɪkɔ́n-/《アクセント注意》名 ❶ C 経済学者, 経済専門家 ❷《the E-》「エコノミスト」《英国の週刊経済誌》

e·con·o·mize /ɪká(:)nəmàɪz | ɪkɔ́n-/ 動 自〈金・時間などを〉節約する, 無駄遣いしない〈**on**〉

****e·con·o·my** /ɪká(:)nəmi | -kɔ́n-/《アクセント注意》
—名〔▶ economically 副〕(複 **-mies** /-z/) ❶〔▶ economic 形〕U《しばしば the ～》**経済**, 経済状態[活動];C 経済機構[体制, システム] ‖ The ～ is「cooling down [heating up]. 経済が冷え込んで[過熱して]いる / The ～ grew by three percent last year. 昨年は経済が3%成長した / stimulate [revive] the ～ 経済を刺激[再生]する / the world [OR global] ～ 世界経済 / a domestic ～ 国内経済 / a free market ～ 自由市場経済
❷〔▶ economical 形〕U C **節約**, 倹約;(労力・言葉などの)有効な使用;《しばしば -ies》倹約手段 ‖ It is one of her *economies* to buy half a head of cabbage. キャベツを半分買うのは彼女の倹約法の1つだ / a false ～ 安物買い / ～ of time [labor] 時間[労力]の節約 / *economies* of scale 大量生産によるコストの削減, スケールメリット(↔ diseconomies of scale) / ～ of language＝～ with words 言葉の節約, 無口
❸ (＝～ clàss) U (旅客機の)エコノミークラス(♦副詞的にも使われる) ‖ fly ～ エコノミークラスで空の旅をする
—形《比較なし》《限定》❶ **経済的な**, 割安の, **徳用の**(♥ cheap の婉曲語) ‖ People now choose ～ cars over gas guzzlers. 人々は今やガソリン食いの車より経済的[安価]な車を選ぶ / an ～ flight 格安便 / an ～ pack

徳用袋 ❷ 節約のための ‖ on an ~ drive (経費などの)節減運動中で
語源 ギリシャ語 *oikonomia*(家庭などの管理)から.
▶▶~ **clàss sýndrome** 名 U エコノミークラス症候群《狭い座席に長時間座ることで起こるとされる. 正式には deep-vein thrombosis(深部静脈血栓症)という》

é-còp 名《口》=e-police
éco·sènsitive 形 環境問題に敏感な
éco·spècies 名 (複 **-species**) C《生態》生態種
éco·sphère 名 C (主に地球の)生物圏
éco·sỳstem 名 C《生態》生態系
éco·tèrrorism 名 U 環境破壊 **-ist** 名
éco·tòne 名 C《生態》推移帯
èco·tóurism 名 U エコツーリズム《旅を通じて自然環境や先住民の文化の保護への関心を高めようとする観光(事業)》 **-tóur** 名 動
èco·tóurist 名 C エコツーリスト
éco·tỳpe 名 C《生態》生態型(がた)
ec·ru /éɪkruː/ 名 U 形 亜麻色(の), 淡褐色(の)
ec·sta·sy /ékstəsi/《アクセント注意》名 (複 **-sies** /-z/) U C ❶ 歓喜, 喜びの絶頂, エクスタシー (⇨ PLEASURE 類語) ‖ The winner was in ~. 勝利者は歓喜の絶頂にあった ❷ 無我夢中, 有頂天, 恍惚(こうこつ) ‖ in an ~ of delight [grief] 喜び[悲しみ]のあまり我を忘れて / go into ~ [OR *ecstasies*] 有頂天になる ❸《心》(宗教的体験などに基づく)恍惚[忘我]状態 ❹《通例 E-》U エクスタシー《幻覚剤の一種》
ec·stat·ic /ɪkstǽt̬ɪk/ 形 ❶ 夢中の, 恍惚とした, 有頂天の ❷ 忘我の ——名 C 恍惚状態の人 **-i·cal·ly** 副
ÈCT 略 *e*lectro*c*onvulsive *t*herapy
-ectomy 連結形「外科切除手術」の意 ‖ append*ectomy*
ec·top·ic /ektá(ː)pɪk | -tɔ́p-/ 形《病理》異所性の, 異常位置の(↔ entopic) ‖ an ~ pregnancy 異所性妊娠
ecto·plasm /éktəplæ̀zm, éktoʊ-/ 名 U ❶《生》外質《細胞膜に接する側の細胞質の部域》❷《心霊》心霊体, エクトプラズム《霊を視覚化する際に霊媒の体から発するとされる物質》
ecu, ECU /eɪkjúː | ⌐—/ 名 (複 ~ OR ~**s** /-z/) C エキュー《欧州通貨単位 euro の旧称》(⇨ EURO)
Ec·ua·dor /ékwədɔ̀ːr/ 名 エクアドル《南米北西部の共和国. 公式名 the Republic of Ecuador. 首都 Quito》
Èc·ua·dó·ri·an, -dó·re·an 形 名 C エクアドルの(人)
ec·u·men·i·cal /èkjuménɪkəl | ìːk-/ <シ 形 全キリスト教会の;(教派を越えた)世界教会的な ‖ an ~ council 公会議 / ~ patriarch **~·ìsm** 名
e·cu·men·ism /ɪkjúːmənɪ̀zm/ 名 U 世界教会主義
ec·ze·ma /ɪgzíːmə | éksɪmə/ 名 U 湿疹(しっしん)
Ed /ed/ 名 エド《Edward, Edgar などの愛称》
ed. 略 edited (by), edition, editor; education, educated(♦ 複数形で用いる場合は eds.)
-ed[1](♦ 発音は t, d の後で /-ɪd, -əd/, d 以外の有声子音の後で /-d/, t 以外の無声子音の後で /-t/) 接尾 ❶ 規則動詞の過去・過去分詞を作る ‖ add*ed*, want*ed*, sav*ed*, help*ed* ❷《形容詞語尾》動詞の表す行為を受けた, または行為によって生じた状態を示す ‖ excit*ed*, fad*ed*
-ed[2](♦ 発音は -ed[1] に同じ) 接尾《形容詞語尾》「…を持った, …の特性のある」などの意 ‖ talent*ed*, dogg*ed*
É·dam (chéese) /íːdæm/ 名 U C エダムチーズ《オランダ産の硬質チーズ》
Ed·da /édə/ 名 ❶ 古エッダ(the Elder [Poetic] Edda)《1200年ごろに古代アイスランド語で書かれた北欧神話・詩歌集》❷ 新エッダ(the Younger [Prose] Edda)《アイスランドの歴史家・詩人 Snorri Sturluson(1179-1241)が編集した詩論および北欧神話集》
ed·dy /édi/ 名 (複 **-dies** /-z/) C (水流・気流などの)渦巻き;つむじ風 ——動 (**-died** /-d/; **~·ing**) 自 他 (水・空気・煙などが[を])渦を巻いて流れる[流れさせる]

e·del·weiss /éɪdəlvàɪs/ 名 C《植》エーデルワイス《アルプス山脈産の高山植物》
e·de·ma /ɪdíːmə/ 名 U C《医》浮腫(ふしゅ), 水腫
E·den /íːdən/《発音注意》名 ❶《聖》エデンの園(the Garden of Eden) ❷ C《単数形で》楽園, 楽土
e·den·tate /ɪdénteɪt/ 形 名 C《旧》《動》貧歯目の(動物)《かつてナマケモノ・アリクイ・アルマジロなどに用いられた分類上の区分単位》

***edge /edʒ/ 名 動

中心義 (線状で)鋭くとがったもの

——名 (複 **edg·es** /-ɪz/) C ❶ **縁**, へり;端, 際(きわ);外れ, 境界 ‖ The prima donna stopped **at** the ~ of the stage and took her bow. プリマドンナは舞台のへりで立ち止まりおじぎをして拍手に応えた / stand **on** the ~ of a precipice 絶壁の縁に立つ;危機にひんしている / **at** the water's ~ 水際で / The road gets narrow **on** [OR **at**] the ~ of town. 道は町の外れで狭まっている
❷《通例 the ~》〈…の〉瀬戸際〈**of**〉‖ The recession has brought our company to the ~ *of* bankruptcy. 不景気のおかげで我が社は破産寸前だ
❸ (面が交わる)角, 稜(りょう);(山の)稜線, 尾根;(屋根の)棟(むね);(貨幣など厚みのないものの)縁 ‖ You stand thirteen mahjong tiles on ~ in front of you. マージャンではマージャン牌(パイ)を13個自分の前に立てる
❹ **刃**, 刃先;《単数形で》刃の鋭さ ‖ a razor with a sharp [blunt] ~ 刃の鋭い[鈍い]かみそり / put an ~ on a knife ナイフを研ぐ / This knife has no ~. このナイフはなまくらだ
❺《単数形で》(語調などの)とげとげしさ;(欲望・情熱などの)強さ, 鋭さ, 激しさ ‖ There was an ~ to her voice. 彼女の声にはとげとげしさがあった / Physical labor will give an ~ to your appetite. 肉体労働をすれば食欲も旺盛になるさ
❻《単数形で》《口》**優勢**, 有利〈**on, over** …に対して;**in** …(の点)で〉‖ Because of his long career, he has the [OR an] ~ *on* [OR *over*] his rivals. 長い経歴があるから彼は競争相手より有利だ / gain [OR get] a competitive ~ *in* the market 市場の競争力で優位に立つ

be at* [OR *on*] *the cùtting édge 〈…の〉最先端にいる〈**of**〉
be on the ràgged édge 《米口》(精神的・経済的に)瀬戸際に立たされている
frày at* [OR *around*] *the édges (状況などが)悪化する, (団結などが)徐々に崩壊する[失われる]
lòse one's édge 昔の鋭さ[優位]を失う
****on édge*** いらいらして, 神経がたかぶって ‖ She was all *on* ~ before the recital. 彼女はリサイタルを控えてすっかり神経質になっていた
on the édge ① (危険な状況に)はらはらして ‖ live *on the* ~ (危険で)生きるか死ぬかの生活をしている ② まさに〈…〉しかかって〈**of**〉(→ ❷) ‖ birds *on the* ~ *of* extinction 絶滅にひんした鳥
***on the èdge of one's cháir* [OR *séat*]** 《口》わくわくしながら(見守って), 興味津々と(成り行きを見て)(♦ 特に劇・映画・物語などについていう)
òver the édge 《口》心配[恐怖など]のあまり気が変になって ‖ go *over the* ~ 気がおかしくなる
ròugh around the édges 粗削りで, 不完全で(♥「総体的にはよいが」の含みがある)
tàke the édge off ... ①〔刃物〕の刃をなまらせる ②〔不快感・苦痛など〕を和らげる;〔勢いなど〕を鈍らせる
tèeter on the édge of ... …の危険がすぐそこに迫っている
the rough edge of one's tongue ⇨ TONGUE(成句)

——動 (**edg·es** /-ɪz/; **~d** /-d/; **edg·ing**)
——他 ❶ …に〈…で〉**へり[縁]をつける**, …を縁取る〈**with**〉;〔芝生〕のへりを刈り込む(♦ しばしば受身形で用いる) ‖ ~ a tablecloth *with* tassels テーブルクロスのへりにふさをつける / a lawn ~*d with* flowers 草花で縁取られた芝生

❷《+目+副句》…を少しずつ[じりじりと]進ませる[動かす]；…をじりじりと進む(♦ 副句 は方向を表す) ‖ I ~*d* the raft closer to the shore. いかだを少しずつ岸に近づけた ❸…に刃をつける；…を鋭くする，研ぐ ❹…をとげとげしくする ‖ in a voice ~*d* by [OR with] hatred 憎しみのため険のある声で ❺《米》〔スキー・スノボー〕のエッジングをきかせる ❻『クリケット』〔ボール〕をバットのエッジで打つ
—自 ❶《+副句》(体を斜めにして)じりじりと進む；(物価などが)じわじわと変動する(♦ 副句 は方向を表す) ‖ The assassin ~*d* toward the target. 暗殺者は標的に少しずつ近寄った / Prices are *edging* up. 物価がじわじわ上昇している ❷『スキー・スノボー』エッジングをする
èdge ín 〈他〉《**èdge ín ... / èdge ... ín**》…を割り込ませる，〔言葉〕を差し挟む —〈自〉割り込む
èdge ín on ... 〈他〉…に徐々に近づく，割り込む；〔組織など〕に入り込んで徐々に権力を握る
èdge óut ... / èdge ... óut 〈他〉①《口》〔相手〕にわずかの差で勝つ，競り勝つ ②…を〈役職・市場などから〉じわじわと追い出す〈**of**〉‖ Domestic products were ~*d out of* the market by low-priced imports. 国産品は安い輸入品に市場からじわじわ追い出された
èdge 「*one's wáy* [OR *onesélf*]」じりじりと[注意深く]進む《***along, into, through,* etc.**》
▶▶ **~ cíty** 名 C《米》エッジシティー，周縁都市《従来の都市の郊外に発達したオフィスビル・商業施設などが集まった地域》

-edged 連結形 ❶「…の刃(先)のある」の意 ‖ double-*edged* 両刃の ❷「…の縁のついた」の意 ‖ a lace-*edged* handkerchief レースの縁取りのあるハンカチ / sun-*edged* clouds 端に陽を受けている雲

édge·wìse, 《英》**-wàys** 副 ❶ 刃[縁]を外側に向けて ❷ 横から，縁に沿って ❸ (2つのものが)端と端を接して

edg·ing /édʒɪŋ/ 名 ❶ U 縁取り；刃[エッジ]をつけること ❷ C 縁飾り，(花壇などの)区切り

edg·y /édʒi/ 形 ❶ いらいらした，とげとげしい ❷ 鋭い；激しい ❸《口》流行の，最先端の
édg·i·ly 副 いらいらして **édg·i·ness** 名

***ed·i·ble** /édəbl/ 形 食用の；(毒性がなくて)食べられる(♦ eatable が食べ物に関して味や鮮度をいうのに対し，edible は食用に適しているかどうかをいう)(↔ inedible) ‖ an ~ frog 食用ガエル —名 C《~s》食用品

e·dict /íːdɪkt/ 名 U C 布告，勅令；(政府などの)命令

ed·i·fi·ca·tion /èdɪfɪkéɪʃən/ 名 U《堅》教化，啓発；(精神・道徳性などの)涵養(かんよう)

***ed·i·fice** /édɪfɪs/ 名 C《堅》❶ (宮殿などの)大建築物 ❷ (巨大または複雑な)組織，体系 ‖ the whole social ~ 社会全体の組織

ed·i·fy /édɪfàɪ/ 動 (**-fied** /-d/；**~·ing**) 他 自《堅》(…を)教化する，啓発する；(…の)徳性を養う

Ed·in·burgh /édɪnbə̀ːrə | -bərə/ 名 ❶ **the Duke of ~** エジンバラ公(1921–)《英国女王エリザベス2世の夫. Prince Philip とも呼ばれる》❷ エジンバラ《スコットランドの首都》

Ed·i·son /édɪsən/ 名 **Thomas Alva ~** エジソン(1847–1931)《米国の発明家・実業家》

***ed·it** /édɪt/ 動〔◁ editor 名〕〔▶ edition 名〕(♦ editor からの逆成) 他 ❶〔出版物〕を編集する ‖ ~ the complete works of Mark Twain マーク=トウェイン全集を編集する ❷〔原稿など〕を校訂する，(ある目的のために)…に手を加える ‖ I ~*ed* his long speech down to 20 minutes. 私は彼の長いスピーチを20分の長さに縮めた / a Shakespearean play ~*ed* for children 子供向けに書き直されたシェークスピアの劇 ❸〔新聞・雑誌など〕を主宰する，責任編集する ❹〔映画・テレビ番組・録音テープなど〕を編集する ‖ make an ~*ed* version of a movie for TV 映画をテレビ放送用に編集する ❺ 💻〔データなど〕を編集[修正]する —自 編集する，修正する
èdit óut ... / èdit ... óut 〈他〉〔言葉など〕を編集の段階で〈…から〉削除する〈**of**〉
—名 C 編集(された部分)

edit. 略 edited, edition, editor

ed·it·able /édɪtəbl/ 形 💻(テキスト・ソフトウェアが)ユーザー側で編集可能な

***e·di·tion** /ɪdíʃən/ 名〔◁ edit 動〕C ❶ (刊行物の)版；(同じ版による)部数；(1版・2版などの)版(♦ 改訂・増補を加えたもの. 加えないで増刷されるものは impression または printing. 略 ed., edit.) ‖ This dictionary has gone through five ~*s*. この辞書は5版を重ねている / a revised ~ 改訂版 ❷ (大きさ・型の違いによる)…版，(編集者・刊行年などの違いによる)…版；(新聞などの)…刊 ‖ The book is available in a pocket [paperback] ~. この本はポケット[ペーパーバック]版で入手できる / the evening ~ 夕刊 ❸ (テレビ番組などの)…版 ‖ a special ~ of the TV series そのテレビシリーズの特別番組 ❹ そっくりな人[もの]，生き写し ‖ That boy is a smaller ~ of his father. あの少年は父親の小型版といったところだ

:**ed·i·tor** /édəṭər | édɪ-/
—名〔▶ edit 動，editorial 形〕(複 **~s** /-z/) C ❶ (新聞・雑誌の)**編集長**，主筆；(新聞の各部門の)担当部長，主任担当記者 ‖ a chief ~ = an ~ in chief 編集長 / letters to the ~ (新聞などの)投書欄 / a fashion ~ ファッション欄担当者[部長]
❷ (書籍・雑誌などの)編集者，校訂者 ‖ a magazine ~ 雑誌編集者 ❸ (映画フィルム・テープなどの)編集者；(テレビの)番組編集責任者 ❹ 💻エディター《テキストの編集処理ができるプログラム》

***ed·i·to·ri·al** /èdɪtɔ́ːriəl/ 〈シ〉名 C (新聞・雑誌の)社説，論説(《英》leader, leading article) ‖ an ~ about the new tax 新税についての社説
—形〔◁ editor 名〕《通例限定》❶ 編集(上)の，編集者の ‖ the ~ staff 編集部(一同) / the paper's ~ policy 新聞社の編集方針 ❷ 社説[論説]の ‖ an ~ column 社説欄 / ~ "we" 論説の「我々」《新聞・雑誌の論説などでの筆者の自称》

ed·i·to·ri·al·ize /èdɪtɔ́ːriəlàɪz/ 動 自 ❶《米》社説で述べる ❷ 主観的な見解を入れる〈**on, about** …について；**against** …に反対して〉

éditor·shìp 名 U ❶ 編集者[主筆]の地位[職]；編集方針 ❷ 編集，校訂

-edly /通例 -ɪdli, -əd-/ 接尾《副詞語尾》‖ alleg*edly*, hurri*edly*

EDP 略 *e*lectronic *d*ata *p*rocessing

EDT 略 *E*astern *D*aylight *T*ime((米国の)東部夏時間)

educ. 略 education, educational

ed·u·ca·ble /édʒəkəbl | édju-/ 形 教育できる

:**ed·u·cate** /édʒəkèɪt | édju-/《アクセント注意》
—動〔▶ education 名〕(**~s** /-s/；**-cat·ed** /-ɪd/；**-cat·ing**)
—他 ❶〔人〕を(学校などで)**教育する**；〔人〕を学校にやる(♦ しばしば受身形で用いる) ‖ He was ~*d* 「at Leeds [in Italy]. 彼はリーズ大学[イタリアの学校]で学んだ / *Educating* a child can cost a fortune. 子供を学校にやるのに大金が必要な場合もある
❷ **a**《+目》〈あることについて〉〔人〕を教育する〈**about, on**〉；〈特定の目的・職業などのために〉〔人〕を養成する，訓練する〈**for**〉(⇨ TEACH 類語) ‖ ~ children 「*about* the dangers of smoking [*on* environmental issues] 子供たちに喫煙の危険性[環境問題]について教育する / ~ him *for* the medical profession 彼に医者になるための教育を施す **b**《+目+**to** *do*》〔人・動物〕に…するように教える，教育する，仕込む ‖ ~ youngsters *to* think on their own 若者たちに自分でものを考えるよう教育する
❸〔趣味・能力など〕を養う ‖ ~ one's ear to music 音楽に対する耳を肥やす —自 教育する
語源 *e-* out + *-duc-* draw, lead + *-ate* (動詞語尾)：(才能を)引き出す

ed·u·cat·ed /édʒəkèɪtɪd | édju-/ 形 ❶ (人が) 教育を受けた;《複合語で》…学校出身の ‖ It's not fair that only ~ people can get a promotion. 学歴のある人だけが出世するのは不公平だ / a Harvard-~ lawyer ハーバード大学出の弁護士 ❷ 文化的教養のある, (趣味などが) 洗練された ‖ an ~ taste in art 洗練された芸術の趣味 ❸ 知識 [経験] に基づいた ; 熟達した ‖ make an ~ guess 経験に基づいた推測をする

ed·u·ca·tion /èdʒəkéɪʃən | èdju-/
— 名 〔◁ educate 動〕 (複 **~s** /-z/) U ❶ **教育**, 学校教育(現場);(科目としての)…教育;U/C《単数形で》(学校などで受ける各種の)教育,(受けた)教育 ‖ She **received** her ~ at Kyoto University. 彼女は京都大学で学んだ / **provide** ~ on drug abuse 薬物乱用に関する教育を提供する[行う] / work in ~ 教育現場で働く / A college ~ is no guarantee of success. 大学教育は (卒業後の) 成功を保証するものではない / a local ~ authority 《英》地方教育当局 / give him a good ~ 彼に立派な教育を受けさせる
連語 【名/形+~】 compulsory ~ 義務教育 / elementary [《主に英》 primary] ~ 初等教育 / secondary [higher] ~ 中等[高等]教育 / pre-school ~ 就学前教育 / adult [《英》 further] ~ 成人教育 / sex ~ 性教育 / physical ~ 体育 / public ~ 公教育, 《英》パブリックスクールでの教育
❷ 教養, 学識 ‖ a person of [OR with] ~ 学識のある人
❸ 《通例 E-》教育学 ‖ the Department of *Education* 教育学科[部]
❹ C 《単数形で》 勉強になる経験 ‖ Talking to the local people was a real ~ for me. 地元の人たちと話をしてとても勉強になった

ed·u·ca·tion·al /èdʒəkéɪʃənəl | èdju-/ <シ>
— 形 《比較なし》 ❶ **教育(上)の**, 教育関連の ‖ the Japanese ~ system 日本の教育制度 / ~ standards 教育水準 / an ~ program 教育課程 / children with **special ~ needs** (障害などのために) 教育上特別な配慮が必要な子供たち
❷ 教育を目的とした, 教育的な ; 勉強になる ‖ Visiting the reconstructed Jomon village was very ~. 復元された縄文時代の村に行って大変勉強になった
~·ly 副

èducátional·ist 名 =educationist
èducátion·ist 名 C 教育学者, 教育評論家
ed·u·ca·tive /édʒəkèɪtɪv | édjukə-/ 形 教育的な, 教育に役立つ; 教育の
*__ed·u·ca·tor__ /édʒəkèɪtər | édju-/ 名 C 教育者 ; 教師 ; 《米》教育専門家, 教育学者
e·duce /ɪdjúːs/ 動 他 《堅》 ❶ 〔潜在能力など〕を引き出す ; …を喚起する ❷ …を推論する, 演繹(えんえき)する
e·duc·tion /ɪdʌ́kʃən/ 名 U 抽出(物) ; 推論
ed·u·tain·ment /èdʒətéɪnmənt | èdju-/ 名 U 楽しみながら学べる学習 (ソフト), エデュテインメント (♦ *edu*cation (教育) + enter*tainment*(娯楽)より)
Ed·ward /édwərd/ 名 エドワード ❶ イングランド・英国王の名《1世(1239–1307)から8世(1894–1972)まである》 ❷ **~ the Confessor** (1002?–66)《イングランド王(1042–66). 懺悔(ざんげ)王エドワード》
Ed·ward·i·an /edwɔ́ːrdiən/ 形 名 C (特に文学・芸術などについて)エドワード7世時代(1901–10)の(人)
-ee 接尾 《名詞語尾》 ❶「行為を受ける者」の意 ‖ employ*ee*, pay*ee* (⇨ -OR) ❷「ある状態にある者」の意 ‖ absent*ee*, refug*ee* ❸「関係のある人[もの]」の意 ‖ barg*ee*, goat*ee* ❹「小さい…」の意 ‖ boot*ee*
ÈEĆ 略 *E*uropean *E*conomic *C*ommunity
EEG /ìː iː dʒíː/ 名 C 《医》脳波(図) (♦ electroencephalogram, electroencephalograph の略)
eek /iːk/ 間 《口》きゃー, ひえー(♥ 恐怖・驚きを表す)

*__eel__ /iːl/ 名 C 《魚》ウナギ ; ウナギに似た魚 ; U (食材としての) ウナギの肉
(*as*) ***slìppery as an éel*** ウナギのようにぬるぬるして捕まえにくい; (人が)とらえどころがない, 信用できない
eel·y /íːli/ 形 ウナギのような ; ぬるぬるして捕まえにくい
e'en /iːn/ 《文》 副 =even[1] — 名 C 《スコット》=even[3]
ee·nie, mee·nie, mi·nie, moe /ìːni mìːni màɪni móu/ どれにしようかな神様の言うとおり《何かを選ぶときの子供の呪文. eeny meeny miney mo ともつづる》(♦ 次の言い回しより. Eeny meeny miney mo, Catch a tigger (=tiger) by his toe, If he hollers (=shouts), let him go, Eeny meeny miney mo.)
e'er /eər/ 副 《文》=ever
-eer 接尾 ❶ 《名詞語尾》「…関係者, …取扱者, …の作者, …屋」の意 ‖ engin*eer*, mountain*eer* ❷ 《動詞語尾》「…に関係する」の意 ‖ election*eer*
ee·rie /íəri/ 形 不気味な, 薄気味悪い
-ri·ly 副 **-ri·ness** 名
ef- 接頭 (f の前で)=ex-[1]
eff /ef/ ⊗《英俗》《蔑》《婉曲的》 名 動 =fuck
èff and blínd 《英俗》卑猥(ひわい)な言葉を使う, ののしる
èff óff 〈自〉ずらかる
eff. 略 efficiency
ef·face /ɪféɪs/ 動 他 ❶ 〔文字・記憶など〕を(こすって)消す, ぬぐい去る ❷ 《~ oneself で》 目立たなくなる, 影が薄くなる **~·a·ble** 形 **~·ment** 名
語源 *ef-* out + face(表面) : 表面からこすり取る

***__ef·fect__** /ɪfékt/ 名 動
— 名 (▶ effective 形, effectual 形) (複 **~s** /-s/) ❶ C U **結果** (⇨ 類語, REASON 類語) ‖ cause and ~ 原因と結果, 因果 / The ~ of the intensive training was a great improvement in their programming technique. 特訓の結果として彼らのプログラム作成技術が大いに向上した
❷ U C 〈…に対する〉**効果, 影響** ; (薬などの)効力, 効き目, 作用〈**on, upon**〉(⇨ INFLUENCE 類語P, SIDE EFFECT) ‖ The experience of caring for elderly people **had** a good ~ *on* the boys. お年寄りの世話をした経験は少年たちのためになった / the ~ of fertilizers *on* the environment 化学肥料の環境に及ぼす影響 / The medicine **had** an immediate ~ *on* him. 薬は彼にすぐ効いた / health ~*s* 健康への影響
連語 【形+~】 a beneficial [harmful] ~ 有益な[有害な] 結果 / an adverse ~ 逆効果 / a main ~ 主要な効果 / a negative [positive] ~ 悪い [好ましい] 影響 / a significant ~ 重要な効果 / direct [indirect] ~ 直接的な[間接的な]影響
❸ U (法律などの)**効力**, 発効, 実施 ; (計画などの)実行 ‖ lose ~ 効力を失う
❹ C 《通例単数形で》(形・色などが感覚に与える)印象, 効果 ; 《しばしば ~s》 (演劇・映画・放送などの) 効果 ‖ The sound of children's laughter has a comforting ~. 子供たちの笑い声を聞くと心が慰められる / the overall ~ of the architecture その建築物の全体的な印象 / The movie is noted for its special ~*s*. その映画は特殊効果で評判が高い / sound ~*s* 音響効果
❺ C (~s)《堅》動産, 財産, 所有物(⇨ POSSESSION 類語) ‖ "Anything to declare?" "No, only my personal ~*s*." 「申告するものはありますか」「いえ, 身の回りのものだけです」(♥ 税関でのやりとり) / household ~*s* 家財 / no ~*s* 《商》預金皆無《不渡り小切手に記入する語. 略 N/E》
❻ U 《理》効果, 現象(♦ 通例発見者の名とともに用いる) ‖ the Doppler ~ ドップラー効果
brìng [OR ***càrry, pùt***] ***... into efféct*** …を実行 [実施] する, 発効させる
*__***còme***__ [OR ***gò***] ***into efféct*** (法律などが)実施される, 発効する ‖ The law *came into* ~ in 1989. その法律は

1989年に実施された

for efféct 効果をねらって, (人の) 注意を引くように ‖ The speaker raised his voice at that point *for* ~. 演説者は聴衆の注意を引くためにそこで声を張り上げた

gìve efféct to ... 《堅》〔法律など〕を実行[実施]する

∗***in efféct*** ① **事実上**, 実際は ‖ His compliment was, *in* ~, a way of making himself appear knowledgeable. 彼の言うお世辞は実は自分を物知りに思わせるための手段だった ② (法律などが) 発効して, 有効で, **実施されて** ‖ The rules will stay *in* ~ until May. その規則は引き続き5月まで有効である

of nò efféct 効果がない, 無駄で

∗***tàke efféct*** ① (法律などが) 実施 [施行] される ‖ The regulations *take* ~ next May. その法規はこの5月から施行される ② (薬などが) 効く, 効果が現れる

to gòod [***lìttle, nò***] ***efféct*** 効果的に [ほとんど効果なく, 全く効果なく]

∗***to the efféct that ...*** …**という趣旨で** [の] ‖ He left a memo *to the* ~ *that* he would go on a long journey. 彼は長旅をするという趣旨のメモを残していった

to thìs [***thàt***] ***efféct*** この [その] ような趣旨で [の] ‖ He said he wanted to quit, or words *to that* ~. 彼はやめたいとか, そのような意味のことを言った

with efféct 《堅》〈…から〉効力を発して, 有効で〈**from**〉‖ The bank rate is to be reduced *with* ~ *from* April 1. 公定歩合の引き下げは4月1日に実施される予定だ / He was dismissed *with* immediate ~. 彼は即刻解任された

── 動 他 《堅》(結果として)…をもたらす; 〔計画・目的など〕を果たす ‖ ~ **a change** 変化をもたらす

類語 《名 ❶》 **effect** ある原因 (cause) により必然的・直接的に生じる結果. 〈例〉 the *effect* of hard training 猛練習の結果

consequence あることに伴って生じる結果であるが, 原因との関係は effect ほど緊密で近くはない. 〈例〉 One *consequence* of recession is a rise in unemployment. 不況がもたらす結果の1つは失業の増加だ

result 原因との遠近にはかかわりなく, 最終的な結果. 〈例〉 His illness is a *result* of eating contaminated food. 彼の病気は汚染された食品を食べた結果だ

outcome 見通しがはっきりしなかったものの結果. 〈例〉 the *outcome* of an election 選挙の結果

‡ef·fec·tive /ɪféktɪv/

── 形 〔◁ effect 名〕 (**more** ~ ; **most** ~)

❶ **効果的な**, 効く, (作用などが) 有効な〈**on** …に; **against** …を防ぐのに; **in** [OR **at**] ***doing*** …するのに〉‖ This exercise is ~ *on* the abdominal muscles. この運動は腹筋に効果的である / (a) vaccine ~ *against* influenza インフルエンザに効果的なワクチン / a policy ~ *in* conquering unemployment 失業克服に実効のある政策 / the most ~ **way** 「of learning [OR **to** learn] 最も効果的な学習法

❷ 《比較なし》〖法〗効力のある, **実施されて**, 有効な ‖ The postage increase becomes ~ from [OR as of] Dec. 1. 郵便料金の値上げは12月1日から実施される

❸ 《比較なし》《限定》 **事実上の**, 実際の ‖ the ~ leader of the group グループの事実上のリーダー

❹ 注意を引く, 印象に残る ‖ an ~ speaker 人に感銘を与える話し手 ❺ (主に軍隊で) 実戦に役立つ, 実戦用の

── 名 C 《通例 ~s》〖軍〗(戦闘への) 可動兵士, 兵力

‡ef·fec·tive·ly /ɪféktɪvli/

── 副 (**more** ~ ; **most** ~)

❶ **効果的に**, 有効に ‖ **use** one's time more ~ 時間をもっと有効に使う

❷ 《比較なし》 事実上; 《文修飾》 実際のところ (in fact) ‖ Although he resigned as president, he is ~ in control of the company. 社長を辞任したものの, 彼が事実上会社を動かしている

∗**ef·fec·tive·ness** /ɪféktɪvnəs/ 名 U 有効性; 効力

ef·fec·tor /ɪféktər/ 名 C 〖生理〗 効果器 《感覚器からの刺激に対して反応する器官や組織》; 〖生化〗 エフェクター 《タンパク質を合成するときに抑制因子の活性を制御する分子》

ef·fec·tu·al /ɪféktʃuəl/ 形 〔◁ effect 名〕 《堅》 ❶ 目的にかなった, 有効な, 効果的な (effective) ❷ 《英》 (法律・書類などが) 有効な **~·ly** 副 **~·ness** 名

ef·fec·tu·ate /ɪféktʃuèɪt/ 動 他 《堅》 …をもたらす, 引き起こす; …を達成する (effect)

ef·fem·i·na·cy /ɪfémɪnəsi/ 名 U めめしさ, 柔弱

ef·fem·i·nate /ɪfémɪnət/ 形 《けなして》 (男性が) めめしい; 弱々しい **~·ly** 副

ef·fen·di /eféndi/ 名 C ❶ 閣下, 先生 《かつてトルコで用いられた尊称》 ❷ (中東諸国で) 知識階級の人

ef·fer·ent /éfərənt/ 〖生理〗 形 (神経が) 遠心性の, (血管などが) 輸出性の (↔ afferent)

ef·fer·vesce /èfərvés/ 動 自 ❶ (炭酸水などが) 泡立つ; (気体が) 泡になって出る ❷ (人が) 興奮する, 活気づく

ef·fer·ves·cence /èfərvésəns/ 名 U ❶ 泡立ち ❷ 興奮, 活気

èf·fer·vés·cent /-sənt/ 〈シ〉 形 ❶ 泡立つ, 発泡性の ❷ 興奮した, 活気のある **~·ly** 副

ef·fete /ɪfíːt/ 形 ❶ 活力を失った, 疲れきった; 退廃した ❷ (子供・果実などを) 産まなくなった, (土地などが) 不毛の ❸ =effeminate **~·ness** 名

ef·fi·ca·cious /èfɪkéɪʃəs/ 〈シ〉 形 《堅》 (特に薬・治療法などが) 効き目のある, 効能のある **~·ly** 副

ef·fi·ca·cy /éfɪkəsi/ 名 U 《堅》 効き目, 効力, 効能

‡ef·fi·cien·cy /ɪfíʃənsi/

── 名 (複 **-cies** /-z/) ❶ U **能率**, (人の) 有能さ; C (**-cies**) 能率のよい行動 ‖ **increase** [OR **improve**] ~ 能率を上げる / carry out a task **with greater** ~ 仕事をより能率よく進める

❷ U C (機械・燃料などの) 効率 (比), 能率 ‖ **energy** ~ エネルギー効率 / **fuel** ~ 燃費効率 ❸ (= ~ **apàrtment**) C 《米》 台所・トイレ付きのアパート; ワンルームマンション

‡ef·fi·cient /ɪfíʃənt/

── 形 (**more** ~ ; **most** ~)

❶ **能率的な**, 無駄のない〈**in** [OR **at**] ***doing*** …するのに〉; 《複合語で》 …を効率よく使う ‖ Cramming the night before the exam isn't such an ~ **way** of studying. 一夜漬けはそんなに効率的な勉強法ではない / a fuel-~ engine 燃費のよいエンジン / make more ~ **use** of resources 資源をより効率的に使う

❷ (人が) **有能な**, てきぱきした ‖ an ~ secretary 有能な秘書

~·ly 副 能率的に

ef·fi·gy /éfɪdʒi/ 名 (複 **-gies** /-z/) C ❶ 肖像, 像 ❷ 憎い人に似せた人形

bùrn [***hàng***] ***a pèrson in éffigy*** 〔憎い人〕の人形を作って火あぶり[絞首刑]にする

ef·flo·resce /èflərés/ 動 自 ❶ 《文》 開花する (bloom); (文明などが) 栄える ❷ 〖化〗 風解する; 晶化する; (壁などの表面に) 塩分が吹き出る

ef·flo·res·cence /èflərésəns/ 名 U ❶ 《文》 開花 (期); (人生などの) 絶頂期, 盛り ❷ 〖化〗 風解 (作用) **-cent** 形

ef·flu·ence /éfluəns/ 名 U (液体・光・電気などの) 流出, 放出; C 《文》 流出[放出]物

ef·flu·ent /éfluənt/ 名 ❶ C U (工場・下水などからの) 排水, 汚水 ❷ C (湖・川などからの) 水流, 分流

── 形 流出[放出]する

ef·flu·vi·um /ɪflúːviəm/ 名 (複 **~s** /-z/ OR **-vi·a** /-viə/) C (不快・有害な) 臭気, 悪臭

ef·flux /éflʌks/ 名 U C ❶ (液体・ガスなどの) 流出, 発散; 《堅》 流出[発散]物 ❷ 《堅》 (時間の) 経過, 満了

ef·flux·ion /eflʌ́kʃən/ 名 =efflux ❷

ef·fort /éfərt/ 《アクセント注意》
—名 (複 **~s** /-s/) ❶ U C **努力**, 頑張り, 苦労, 骨折り〈**to** *do* …する / **at** …に対する〉(⇨ 類語) ‖ It takes both time and ~ to become proficient at tennis. テニスが上手になるのには時間も努力も必要だ / I changed the flat tire without much ~. パンクしたタイヤをいとも簡単に交換した / I put all my ~ into becoming a lawyer. 弁護士になるため懸命に努力した / He **made** a great ~ *to* communicate with her. 彼は彼女と意思の疎通を図ろうと懸命に努力した / I read the lyrics over and over **in** an ~ *to* memorize them. その歌詞を暗記しようとして何度も繰り返して読んだ / Computers took all the ~ out of many jobs. コンピューターのおかげで多くの仕事が楽になった / concentrate one's ~(*s*) on ... …に努力を集中する
❷ C 努力の結晶, 労作 ‖ That oil painting is a good ~ for someone with little experience. 経験の浅い人にしてはその油絵はなかなかの労作だ
❸ C 《通例複合語で》(協力して行う目的達成のための) 活動, 作業, 取り組み ‖ the war ~ 戦時の国民一致の協力
❹ U 〖理〗作動力 ‖ tractive ~ 牽引(けんいん)力

COMMUNICATIVE EXPRESSIONS
1 **You gèt an Á for éffort.** (結果はともかく) 努力は認めるよ
2 **You màde a nòble éffort.** (結果は別として) 頑張りましたね

語源 *ef-* out + *-fort* strong : 力を出すこと

類語 《❶》 **effort** 「努力」を表す一般語. 〈例〉make every *effort* to control oneself 自制しようとあらゆる努力をする
exertion effort より強意で, 激しく力を振り絞る, 骨の折れる努力.
endeavor 改まった語で, 価値のある困難な目的達成のための持続的な努力.

ef·fort·less /éfərtləs/ 形 ❶ (仕事などが) 努力を要しない, 楽な ❷ (人が)努力しない, 消極的な
~·ly 副 **~·ness** 名

ef·fron·ter·y /ɪfrʌ́nţəri/ 名 U 厚かましさ, 図々しさ ‖ have the ~ to *do* 図々しくも…する

ef·ful·gent /ɪfʌ́ldʒənt/ 形 《文》光り輝く **-gence** 名

ef·fuse /ɪfjúːz/ 動 他 〔液体・光など〕を放出する, 発散する
—自 にじみ出る ; (感情などが) 発露する

ef·fu·sion /ɪfjúːʒən/ 名 U ❶ (気体・液体の) 流出, 浸出 ; C 流出物 ❷ (言葉・感情などの)吐露, 発露 ; C (過度に)感情をあらわにした表現 ❸ 〖医〗滲出(しんしゅつ), 滲出液

ef·fu·sive /ɪfjúːsɪv/ 形 ❶ 感情をあらわにした, 仰々しい ❷ 〖地〗噴出岩の **~·ly** 副 **~·ness** 名

é-fit 名 C 《英》(指名手配者などの) コンピューターによる合成写真 (→ Identikit, photofit)

EFL 名 U 《英》外国語としての英語 (♦ *E*nglish as a *F*oreign *L*anguage の略) (→ ESL)

E-frée 形 (食料品が) 無添加の (→ E-number)

eft /eft/ 名 C 〖動〗イモリ (newt) ; イモリの幼生

EFTA /éftə/ 略 *E*uropean *F*ree *T*rade *A*ssociation (欧州自由貿易連合)

EFTPOS /éftpɑ̀(ː)s | -pɒs/ 略 *e*lectronic *f*unds *t*ransfer at *p*oint *o*f *s*ale (販売時点電子式資金移動 (振替決済))

e.g. /ìː dʒíː/ (♦ for example とも読む) 略 NAVI ⓦ 例えば (♦ ラテン語 *exempli gratia* (for the sake of example) より)

e·gad /ɪgǽd/, **e·gads** /ɪgǽdz/ 間 おや, ひゃーっ, いやはや (♥ 驚き・感激・軽度ののしりなどを表す)

e·gal·i·tar·i·an /ɪgæ̀lɪtéəriən/ 形 平等主義の
—名 C 平等主義者 **~·ìsm** 名 U 平等主義

egg[1] /eg/
—名 (複 **~s** /-z/) C ❶ (鳥・魚・昆虫などの) **卵** ‖ The ~ hatched and a little bird came out. 卵がかえってひなが生まれた / sit on ~*s* (鳥などが) 卵を温める / **lay** an ~ 卵を産む / *kill the goose that lays the golden* ~(*s*) 《諺》金の卵を産むガチョウを殺す ; 目先の利益に目がくらんで将来の大きな利益を逃す
❷ C U (食用の) **鶏卵**, 玉子 ‖ "How would you like your ~*s*?" "I'd like mine [OR them] scrambled [sunny-side up]." 「卵はどのようにいたしましょうか」「いり卵 [目玉焼き] にしてください」/ You have some ~ on your shirt. シャツに卵のしみがついているよ / a boiled [hard-boiled] ~ ゆで [固ゆで] 卵
❸ 卵形のもの ‖ a chocolate ~ 卵型のチョコレート / an Easter ~ 復活祭の卵, イースターエッグ
❹ (= ~ **cèll**) 〖生〗卵子, 卵細胞 (ovum) ❺ 《修飾語を伴って》《旧》《口》…な人 ‖ a good ~ いいやつ
(*as*) *sùre as èggs* (*is* [OR *are*] *éggs*) 《英》確かに, 間違いなく (♦ is は非文法的であるが, 慣用的に用いられる)
hàve égg on [OR *àll òver*] *one's fàce* 《口》(失敗して) ばかに見える, 格好悪い
lày an égg ① 卵を産む (→ ❶) ② 《米口》へまをやる, 大失敗する ; (芝居などが) 客に受けない
pùt àll one's éggs in [OR *into*] *one básket* 《通例否定文で》1つのこと [試み] にすべてを賭(か)ける
wàlk [OR *trèad*] *on éggs* = *walk* [OR *tread*] *on* EGGSHELL *s*

COMMUNICATIVE EXPRESSIONS
1 **Làst òne thére's a ròtten égg.** 最後のやつは腐った卵 ; びりっけつはだーれだ (♥ 速さを競う子供の遊びで)

▸▸ **~ crèam** 名 U C 《米》エッグクリーム 《ソーダ・ミルク・シロップを混ぜた冷たい飲み物》 **~ cústard** 名 U 《英》=custard **~ ròll** /英 ニ-/ 名 C 《米》春巻き (《英》spring roll) **~s Bénedict** 名 《単数・複数扱い》〖料理〗エッグベネディクト 《焼いて半分に切ったマフィンにハムや落とし卵をのせ, オランデーズソースをかけた軽食》 **~ tìmer** 名 C ゆで卵用 (砂) 時計 **~ whìte** 名 C U 卵の白身, 卵白 (→ yolk)

egg[2] /eg/ 動 他 …をそそのかす, …扇動する ; …を励ます 《*on*》 (☞ urge on) ‖ He ~*ed* the boy *on* to steal money from the shop. 彼は少年をそそのかして店の金を盗ませた

ègg-and-spóon ràce 名 C スプーンレース

égg·bèater 名 C ❶ (卵・クリームなどの) 泡立て器 ❷ 《米俗》ヘリコプター

égg·cùp 名 C ゆで卵立て, エッグカップ

eggcup

égg·flìp 名 《英》=eggnog

égg·hèad 名 C 《口》インテリ, 知識人 (highbrow) **~·ìsm** 名 U 《口》インテリ性, 理屈

égg·nòg /ニ-/ 名 U C エッグノッグ 《卵に牛乳・砂糖・ブランデーなどを加えた飲み物》

égg·plànt 名 ❶ C 《主に米・カナダ》ナス (の実) (《英》aubergine) ❷ U 暗紫色

égg·shèll 名 ❶ C U 卵の殻 ; 壊れやすいもの ❷ U 黄味がかった白色 ❸ (= ~ **pàint**) U つや消し塗料
wàlk [OR *trèad*] *on éggshells* (物事を) 慎重に進める, (言動に) 気をつける
—形 薄くて壊れやすい ; (磁器などが) 極薄手の

e·gis /íːdʒɪs/ 名 《米》=aegis

eg·lan·tine /églәntàɪn/ 名 =sweetbrier

*__e·go__ /íːgou, é-/ 名 (複 **~s** /-z/) C ❶ 自尊心, うぬぼれ ‖ He has a big ~. 彼は自尊心 [うぬぼれ] が強い / bruise [OR wound] his ~ 彼の自尊心を傷つける / massage [OR stroke] her ~ 彼女の自尊心をくすぐる ❷ 自己, 自分 (self) ; 正しい自分像 ❸ 〖心〗エゴ, 自我
▸▸ **~ idèal** 名 C 〖心〗自我理想 ; (一般に) 自己の理想化

~ tr**ì**p 名 C 《俗》(自己満足のための)身勝手な行為

e·go·boo /íːgoubùː/ 名 U 《口》(大衆からの喝采などによる)得意気分(♦ ego boost より)

ègo·céntric ⌫ 形 名 C 自己中心の(人)(self-centered), 利己的な(人) **-cen·tríc·i·ty** 名

e·go·ism /íːgouìzm, é-/ 名 U ❶ 自己中心主義；利己主義 ❷ 〖倫〗利己説(↔ altruism) ❸ =egotism

e·go·ist /íːgouɪst, é-/ 名 C ❶ 自己中心主義者 ❷ 〖倫〗利己主義者(↔ altruist) ❸ =egotist

e·go·is·tic /ìːgouístɪk, è-/ ⌫, **-ti·cal** /-tɪkəl/ 形 ❶ 自己中心的な ❷ 〖倫〗利己主義(者)の(↔ altruistic) ❸ =egotistic **-ti·cal·ly** 副

e·go·ma·ni·a /ìːgouméɪniə/ 名 U 異常に自己中心的な性癖；病的自負心 **-ni·ac** 名 C 病的に自己中心的な人 **-ma·ní·a·cal** /-mənáɪəkəl/ 形

égo·sùrf 動 自 エゴサーフィンする《インターネット上で自分に関することを探す》 **~·ing** 名

＊**e·go·tism** /íːgətìzm | égou-/ 名 U ❶ 自己中心癖《自分のことばかり話したり書いたりすること》 ❷ うぬぼれ ❸ わがまま(selfishness)

e·go·tist /íːgəṭəst | égoutɪst/ 名 C ❶ 自分のことばかり話す人, 自分本位の人 ❷ うぬぼれ屋 ❸ 自分勝手な人, わがままな人

e·go·tis·tic, -ti·cal /ìːgətístɪk | ègou-/ ⌫ 形 ❶ 自分のことばかり言う ❷ うぬぼれの強い ❸ わがままな **-ti·cal·ly** 副

e·gre·gious /ɪgríːdʒəs/ 形 《限定》《堅》実にひどい, 途方もない **~·ly** 副 **~·ness** 名

e·gress /íːgrès/ (→ 動) 《堅》 名 ❶ U (外へ)出ること ❷ C 出口(exit) ❸ C 〖法〗外出権
— 動 /igrés/ 自 (…から)出て行く[来る]

e·gret /íːgrət/ 名 C 〖鳥〗シラサギ(white heron)の類

＊**E·gypt** /íːdʒɪpt/ 名 エジプト《アフリカ北東部の国. 公式名 the Arab Republic of Egypt (エジプト＝アラブ共和国). 首都 Cairo》

＊**E·gyp·tian** /ɪdʒípʃən/ 名 ❶ C エジプト人 ❷ U 古代エジプト語 — 形 エジプトの；エジプト人[語]の

E·gyp·tol·o·gy /ìːdʒɪptɑ́(ː)lədʒi | -tɔ́l-/ 名 U エジプト学 **-gist** 名 C エジプト学者

＊**eh** /eɪ/ 間 《口》 ❶ え, 何だって(♥ 相手の発言を聞き返す) ❷ そう思わないかい, そうでしょう(♥ 相手の同意を求めて文末に加える) ‖ Looks good, ~? かっこいいだろ ❸ ええっ(♥ 驚きを表す)

ÈHF 略 *e*xtremely *h*igh *f*requency(マイクロ波)

ei·der /áɪdər/ 名 ❶ (=~ **dùck**) C 《米》〖鳥〗ケワタガモ《柔らかい羽毛の大型カモ》 ❷ U =eiderdown ❶

éider·dòwn 名 《主に英》 ❶ U ケワタガモの綿毛《メスの胸の羽毛》 ❷ C (❶を詰めた)羽布団

ei·det·ic /aɪdéṭɪk/ 形 《堅》〖心〗(視覚像が)正確かつ鮮明に再現された[できる] ‖ ~ image 直観像

Èif·fel Tówer /àɪfəl-/ 名 《the ~》エッフェル塔《パリにある鉄塔. 高さ約320メートル. 1889年建造》

⁑**eight** /eɪt/ (♦ 同音語 ate)
— 形 《限定》8の, 8つの, 8人[個]の；《叙述》8歳で(⇨ FIVE 用例)
— 名 (❶, ❷, ❸ ⇨ FIVE 用例) ❶ U C 《通例無冠詞で》8；C 8の数字(8, viii, VIII など) ❷ 《複数扱い》8つ, 8人[個] ❸ U 8時[分]；8歳 ❹ C 8人[個]1組のもの ❺ C 8番目のもの；(トランプなどの)8；8号サイズ(のもの)；《~s》8号サイズの靴 ❻ C エイト《競技用の手こぎボート》；(ボート競技の)8人チーム ❼ C 8字形のもの；フィギュアスケートのエイト ‖ draw an ~ 8字形を描く
hàve [OR *be*] *òne over the éight* 《英口》ほろ酔い加減である, 酒を飲みすぎる(♦ ビール8パイントまでは飲んでも酔わないという俗説から)
⏩ ~ **bàll** (↓)

éight bàll 名 《主に米・カナダ》〖ビリヤード〗 ❶ C 8と書かれた黒球 ❷ U エイトボール《自分の持ち玉をすべて落とし, 最後に黒球を落とすと勝ちになるゲーム》
behind the éight bàll 《米口》不利な立場で, 困って

＊**eight·een** /èɪtíːn/ ⌫ (⇨ -TEEN) 形 ❶ 《限定》18の, 18人[個]の；《叙述》18歳で(⇨ FIVE 用例) ❷ 《英》(映画が)18歳未満入場禁止の — 名 (❶, ❷, ❸ ⇨ FIVE 用例) ❶ U C 《通例無冠詞で》18；C 18の数字(18, xviii, XVIII など) ❷ 《複数扱い》18人[個] ❸ U (24時間制の)18時；18分；18歳 ❹ C 18人[個]1組のもの

＊**eight·eenth** /èɪtíːnθ/ ⌫ (略 18th) 形 ❶ 《通例 the ~》第18の, 18番目の ❷ 18分の1の — 名 ❶ 《通例 the ~》18番目の人[もの]；(月の)18日 ‖ on the ~ of May 5月18日に ❷ C 18分の1 ‖ five-~*s* 18分の5

èighteen-whéeler, 18-whéeler 《米口》 名 C 18輪連結トラック

éight·fòld 形 8倍[重]の；8つの部分からなる
— 副 8倍[重]に

＊**eighth** /eɪtθ/ 《発音注意》(略 8th) 形 ❶ 《通例 the ~》第8の, 8番目の ❷ 8分の1の
— 名 ❶ 《通例 the ~》8番目の人[もの]；(月の)8日 ‖ on the ~ of July 7月8日に ❷ C 8分の1 ‖ five-~*s* 8分の5 ❸ 《the ~》〖楽〗8度(音程)(octave)
⏩ ~ **nòte** 名 C 《主に米》〖楽〗8分音符(《英》quaver)

＊**eight·i·eth** /éɪṭiəθ/ (略 80th) 形 ❶ 《通例 the ~》第80の, 80番目の ❷ 80分の1の
— 名 ❶ 《通例 the ~》80番目のもの[人] ❷ C 80分の1

èight·some (**réel**) /èɪtsəm-/ 名 C (スコットランドの)8人で踊る軽快な踊り

＊**eight·y** /éɪṭi/ 形 《限定》80の, 80人[個]の；《叙述》80歳で
— 名 (複 **eight·ies** /-z/) ❶ U C 《通例無冠詞で》80；C 80の数字(80, LXXX など) ❷ 《複数扱い》80人[個] ❸ U 80分；80歳 ❹ C 80人[個]1組のもの ❺ C 《-ies》(数の)80台(80-89) ❻ 《one's -ies》80歳代 ‖ a woman in her mid-*eighties* 80代半ばの女性 ❼ 《the -ies》(年号の)80年代；(温度の)80度台 ‖ in the sixteen-*eighties* 1680年代に

Ein·stein /áɪnstaɪn/ 名 **Albert ~** アインシュタイン(1879-1955)《ドイツ生まれの米国の理論物理学者. 相対性理論を提唱. ノーベル物理学賞受賞(1921)》

ein·stein·i·um /aɪnstáɪniəm/ 名 U 〖化〗アインスタイニウム《放射性元素. 元素記号 Es》

Eir·e /éərə/ 名 エール《アイルランド共和国のゲール語名. アイルランド共和国の旧称》

Ei·sen·how·er /áɪzənhàuər/ 名 **Dwight David ~** アイゼンハワー(1890-1969)《米国の軍人・第34代大統領(1953-61). 愛称 Ike》

eis·tedd·fod /aɪstédvɑ(ː)d | -fəd/ 名 (複 **~s** /-z/ OR **~·au** /-aɪ/) C (ウェールズで毎年行われる)詩歌・音楽の大会

⁑**ei·ther** /íːðər, áɪ- | áɪ-, íː-/ 形 代 副

— 形 《比較なし》《単数可算名詞を修飾して》 ❶ 《肯定文・疑問文で》(2者のうち)**どちらか(一方)の**, いずれかの, **どちらでも** ‖ *Either* person would be suitable for the job. その仕事には(2人のうち)どちらも適任でしょう / I can write with ~ hand. 私は(左右)どちらの手でも書くことができる / in ~ **case** いずれにせよ / ~ **way** いずれにしても

❷ 《否定文で》**どちらの…も(…ない)** ‖ I don't like ~ city. 私はどちらの都市も好きではない(=I like neither city.)(♦「両方とも好きというわけではない」(部分否定)の意味を表すには not ... both を用いて I don't like both (the) cities. とする)

❸ どちらの…も, 両方の(one and the other)(♦ この意味になるのは on either side (of), on either hand (of), at either end (of) などの限られた語につけて用いられる場合だけである. それ以外では「both＋複数名詞」か「each＋単数名詞」を使うのがふつう) ‖ There are souvenir shops on ~ **side** of the street. 通りのどちら側にも[両側に]土産物店がある(♦ on both sides としても

ほぼ同じ意味を表すが，either は個別性を強調する．→ both, each)

語法 ☆☆ (1) 形容詞用法の either はほかの限定詞 (the, this, his など) とともには用いない．したがって ˣthe either pen, ˣmy either book とはいわない(それぞれ either of the pens, either of my books とする)．
(2) either は2つのものについて用いる．3つ以上のうちのどれか1つを指す場合は any を用いる(→ any)．

―代 ❶ (2者のうち)**どちらか，どちらでも** ‖ *Either* of my parents [ˣEither of parents] will come. 私の両親のどちらかが参ります (◆ either of は後に限定詞付きの複数名詞や複数代名詞をとる) / "Do you want tea or coffee?" "*Either.* I don't mind." 「紅茶かコーヒーどちらにしますか」「どちらでも構いません」/ This is more important than ～ of them. これはその2つのどちらよりも大切だ

❷《否定文で》どちらも (…でない) ‖ I don't want ～. (2つのうち)どちらも欲しくない[望まない](◆ 全体否定．→ 形 ❷)

語法 ☆☆ either of＋複数 (代) 名詞は単数扱いが原則だが，《口》では特に疑問文・否定文で複数扱いになることが多い．〈例〉Do *either* of them know the way to the station? 彼らのうちのどちらかが駅への道を知っていますか 代名詞で受ける場合も同様．〈例〉If *either* of the boys knows the answer, ask him [OR them] to tell it to me. もし少年たちのどちらかが答えを知っているのなら，私に言うように頼んでくれ

―副《比較なし》❶《先行する否定文に続く否定文の末尾で》**…もまた (…でない)** (◆ 肯定文では too, also, as well を用いる．either の前にコンマを置いても置かなくてもよい) ‖ Meg won't go, and Joe won't (go), ～. メグは行くつもりはないし，ジョーも行くつもりはない (♂ ..., and neither will Joe.) / Didn't he recognize you ～? 彼も君がだれかわからなかったのですか / "I can't swim." "I can't, ～." 「僕は泳げない」「僕もだ」(◆《口》では "Me either [OR neither]." ともいう)

❷《肯定文に続く否定文で否定を強調して》《口》しかも (…ない)，その上(…ない)(◆ 通例 and に続く語・句・節・文の末尾で用いる) ‖ I was exhausted, and I had no money, ～. 私は疲れ果てていたし，その上お金もなかった

❸《～ *A* or *B* で》***A*か*B*か (どちらか)** ‖ He is ～ Italian or Spanish. 彼はイタリア人かスペイン人かのいずれかだ / I left my bag ～ at home or in the car. かばんを家か車の中かのどちらかに置き忘れた / She isn't ～ frank or fair. 彼女は率直でもなければ公平でもない (＝She is neither frank nor fair.) (◆ 否定文では「A も B も (…でない)」の意味になる) / If ～ Alex or Cathy phones, tell them I'll be in this evening. アレックスかキャシーから電話があったら，今晩は家にいると言っといて

語法 ★☆ (1) either *A* or *B* が主語の場合，動詞は*B*に一致させるのが原則である．ただし，なるべく一致の問題が起きないように言い換えるのが望ましいとされる．〈例〉*Either* my wife *or* I am going. = *Either* my wife is going *or* I am. 妻か私が行くことにします
(2) either *A* or *B* において*A*と*B*には文法的に対等な要素がくるのが原則．例えば，I'm going to buy either a pen or a pencil. が正しいのに対し，I'm either going to buy a pen or a pencil. とするのは，特に書き言葉では避けるのがよい．
(3) either *A*, (or) *B* or *C* のように3つの要素がくることがある．〈例〉You can have *either* coffee, tea *or* orange juice. コーヒーか紅茶かオレンジジュースのどれでもお好きなものをどうぞ

èither-ór 形《限定》二者択一の

e·jac·u·late /ɪdʒǽkjulèɪt/ (→ 名) 動 他 ❶〔精液〕を射出する，射精する ❷《旧》…を不意に言う，突然叫ぶ ―自 射精する ―名 /ɪdʒǽkjulət/ U 精液

e·jac·u·la·tion /ɪdʒæ̀kjuléɪʃən/ 名 ❶ U C (精液などの)射出，射精 ❷ C《旧》不意の叫び

e·jac·u·la·to·ry /ɪdʒǽkjulətɔ̀ːri | -təri/ 形 ❶ 射出の，射精の ‖ an ～ duct 射精管 ❷《旧》絶叫するような

***e·ject** /ɪdʒékt/ 動 他 ❶〔人〕を〈場所・地位などから〉(無理やり)追い出す，追放する，免職する；《法》〔人〕を〈土地などから〉立ち退かせる 〈**from**〉 ‖ The noisy fans were ～*ed from* the theater. 騒々しいファンが劇場から排除された ❷〔煙・液体など〕を噴出する，吐き出す，放出する ‖ A rifle ～*s* empty shells after firing. ライフル銃は発射後に空の薬莢(やっきょう)を排出する / lava ～*ed* from the volcano 火山から噴き出される溶岩 ❸〔CD・ディスクなど〕を(機械から)取り出す ―自 ❶ (操縦士が)〈…から〉緊急脱出する 〈**from**〉 ❷ (機械から)取り出す
e·jéc·tive 形 放出の **～·ment** 名 U 追放；追い立て；《法》不動産回復訴訟 **e·jéc·tor** 名 C 追放する者；排出装置

e·jec·ta /ɪdʒéktə/ 名 複《しばしば単数扱い》《地》(火山などの)噴出物

e·jec·tion /ɪdʒékʃən/ 名 ❶ U 噴出，排出；追放 ❷ U C 噴出物；排出物 ▸▸ **～ sèat** 名 C《空》(操縦席の)緊急脱出用座席 (《英》ejector seat)

eke /iːk/ 動《次の成句で》
èke óut ... / èke ... óut 〈他〉① …の不足を補う，…の足しにする (supplement) ②〔少ない金など〕を節約して長持ちさせる ③〔生計〕を辛うじて立てていく

ÈKǴ 略《米》＝ECG

e·kis·tics /ɪkístɪks/ 名 U 人間居住工学

el /el/ 名 C ❶《米口》＝elevated railroad (◆ EL とも書く) ❷ Lの文字

***e·lab·o·rate** /ɪlǽbərət/ 《アクセント注意》(→ 動) 形 (**more ～；most ～**)《通例限定》❶ (研究・作業などが)入念な，細心の ‖ ～ preparations 念入りな準備 / ～ plans 綿密な計画 / with ～ caution 細心の注意を払って ❷ 細かい，精巧な，凝った ‖ ～ costumes [hairstyles] 凝った衣装[髪型]
―動 /ɪlǽbərèɪt/ 他 ❶ …を骨折って作り上げる，苦心して生み出す；〔理論・文章・計画など〕を綿密に仕上げる，に磨きをかける；…を詳しく述べる ‖ ～ a theory 理論を練り上げる / ～ a beautiful style 推敲(すいこう)して美しい文体を作り出す ❷《生》(生物体が)〔物質〕を合成する ―自《＋**on** [**upon**] 名》…についてさらに詳しく述べる，細かい点を追加する ‖ Would you care to ～ *on* that statement? おっしゃったことをさらに詳しく説明してくださいませんか
～·ly 副 念入りに；精巧に **～·ness** 名

e·lab·o·ra·tion /ɪlæ̀bəréɪʃən/ 名 ❶ U 念入りに作ること；綿密な仕上げ ❷ U (説明などを)より詳しくすること；推敲 ❸ C 苦心作，力作
e·láb·o·rà·tive /-rèɪtɪv | -rə-/ 形 入念な

é·lan /eɪlɑ́ːn | -lɔ́n/ 名 U 気力；意気込み(◆ フランス語より)

e·land /íːlənd/ 名 (複 ～ OR ～**s** /-z/) C《動》イランド，オオカモシカ《アフリカ産のレイヨウ》

***e·lapse** /ɪlǽps/ 動 自《進行形不可》(時が)たつ，過ぎ去る，経過する (pass) ‖ Five years have ～*d* since we last met. この前お会いしてから5年が過ぎました
―名 U/C《堅》《単数形で》時の経過
▸▸ **～d tíme** 名 U 所要時間《プロジェクトやコンピューター操作の，また自動車などのコース走行の》

e·las·mo·branch /ɪlǽzməbræ̀ŋk/ 名 C 形《魚》板鰓(ばんさい)類(の)《サメ・エイなどの軟骨魚類》

***e·las·tic** /ɪlǽstɪk/ 形 ❶ ゴム製の，弾力性のある，伸縮性のある，しなやかな；(動きが)軽やかな，弾むような ❷ 順応[融通]性のある；容易に回復する，すぐ立ち直る，屈託のない ‖ ～ regulations 融通のきく規則 / an ～ temperament すぐ快活さを取り戻せる気質 ❸《経》価格[収入]の変化に敏感な ❹《理》運動エネルギーの減衰をしない，弾性の ‖ ～ limit 弾性限界 ―名 ❶ U ゴム入り生地，伸縮性素材；ゴムひも ‖ a piece of ～ ゴムひも1本 ❷ C

輪ゴム；《~s》（靴下止めなどの）ガーター **-ti·cal·ly** 副
▸▸~ **bánd** 名 C 《英》輪ゴム（《米》rubber band）
e·las·ti·cat·ed /ɪlǽstɪkèɪṭɪd/ 形《主に英》=elasticized
e·las·tic·i·ty /ìːlæstísəṭi/ 名 U ❶ 弾力（性），伸縮性；〘経〙弾力性 ❷ 順応性，融通がきくこと
e·las·ti·cized /ɪlǽstɪsàɪzd/ 形（服・布地などにゴムを入れて）伸縮性を持たせた
e·las·to·mer /ɪlǽstəmər/ 名 C 〘化〙エラストマー《天然ゴムや合成ゴムなど，ゴム状弾性を持つ高分子物質》
E·las·to·plast /ɪlǽstəplæ̀st, -toʊ- | -plɑ̀ːst/ 名 U 《英》《商標》エラストプラスト《伸縮性のあるばんそうこう》
e·late /ɪléɪt/ 動 他《通例受身形で》〈…に〉大喜びする；〈…で〉得意がる〈**at, by**〉‖ He felt ~*d at* [OR *by*] his success. 彼は成功して得意になっていた
e·la·tion /ɪléɪʃən/ 名 U 意気揚々；得意満面；大喜び
El·ba /élbə/ 名 エルバ島《イタリア半島とコルシカ島の間の小島．Napoleon 1世の最初の流刑地(1814–15)》
*__el·bow__ /élboʊ/ 名 C ❶ ひじ（⇨ ARM[1] 図，→ body 図）；（衣服の）ひじの部分 ‖ He grabbed me by the ~. 彼は私のひじをぐいとつかんだ / sit ~ to ~ at the table（ひじが当たるほど）間隔を詰めて食卓に着く / The sleeve of my shirt was torn at the ~. ワイシャツのひじが破れていた ❷ ひじに似たもの；L字型管，ひじ継手；（河川・道路などの）急な屈曲部
at a pèrson's élbow（人の）手近に，すぐそばに；すぐ（人の）力になれるように ‖ He spent two years *at the* President's ~. 彼は大統領の側近として2年働いた
bènd [OR *cròok, lìft*] *one's* [OR *the*] *élbow*《口》（大）酒を飲む
gèt the élbow《英口》そでにされる，首になる
gìve a pèrson the élbow《英口》〔人〕と絶交する，〔人〕を首にする
òut at (*the*) *élbows*（服の）ひじが抜けた；（人が）みすぼらしいなりをした；貧しい
__rùb élbows__《米》〈著名人などと〉交際する，付き合う（《英》rub shoulders）〈**with**〉
ùp to one's [OR *the*] *élbows*《口》〈…に〉両手を突っ込んで；〈仕事などに〉没頭して，忙殺されて〈**in**〉
── 動 他 …を（ひじで）突く[押す]；〔道〕を（ひじで）押し分けて進む ‖ ~ him out of the way 邪魔な彼を押しのける / ~ one's way through a crowd 人込みを押し分けて進む ── 自 ❶（ひじで）押し分けて進む ❷（通路・管などが）急角度に曲がる
▸▸~ **grèase** 名 U《口》（特に腕を使う）激しい肉体労働，力仕事 ‖ use some ~ *grease* to polish the floor 頑張って床を磨く
élbow·ròom 名 U《口》❶ 自由に身動きできる余裕 ❷ 活動の自由
*__el·der__[1] /éldər/ 形《old の比較級》《限定》（♦ than を伴うことはない）❶（特に家族関係について）年上の，年長の（↔ younger）‖ his ~ brother [sister] 彼の兄[姉]（♦ older brother [sister] ともいえる．なお通例《米》《英》共に，兄と弟，姉と妹を区別することはまれで，単に brother, sister という）/ my ~ son 上の息子
❷《the ~》《名詞的に》（父子など同名の2人のうちで）年上の方の（↔ younger）‖ She is the ~ of my two daughters. 彼女は私の2人の娘のうち年上の方です / Pitt the *Elder* 大ピット（♦ 人名と一体化したときはしばしば E-）❸ 古参の，先任の，上位の
── 名 ❶ C《one's ~s》年長者，長上，先輩 ‖ Respect your ~*s*. 目上の人を敬いなさい / *one's* ~*s* and betters 目上の人々 ❷《通例 one's ~》（2人のうちの）年長者 ‖ He is my ~ by five years.=He is five years my ~. 彼は私より5つ年上だ（=He is five years older [×elder] than I am.）❸ C《~s》（部族・地域社会の）長老，元老《年齢も高く，経験・権威に富む》‖ the village [party] ~*s* 村[政党]の長老 ❹ C（初期教会・長老教会などの）長老

▸▸~ **abùse** 名 U 高齢者[老人]虐待 ~ **státes·man** 名 C（政界などの）長老，元老（中立 career [experienced] politician）
el·der[2] /éldər/ 名 C 〘植〙ニワトコ
élder·bèrry 名 C エルダーベリー，ニワトコの実《食用・民間治療薬用》
élder·càre 名 U 老人介護，高齢者医療
élder·flòwer 名 C エルダーフラワー，ニワトコの花《ハーブティーやシロップ用》
:**eld·er·ly** /éldərli/
── 形（**more ~**；**most ~**）
❶ **年輩の**，初老の；年輩者らしい（⇨ OLD 類語）‖ ~ **people** 高齢者，お年寄り / a growing ~ population 増加する高齢者人口 ❷《the ~》《集合的に》《複数扱い》年配者たち（♥ 現在は senior citizens の方が好まれる）❸ 旧式の **-li·ness** 名
*__eld·est__ /éldɪst/ 形《old の最上級》❶《限定》（家族関係について）最年長の，長子の ‖ one's ~ son [daughter] 長男[長女] ❷《the ~》《名詞的に》（3人以上のうち）最年長の者 ‖ The ~ is sixteen years old. いちばん上（の子）は16歳です
El Do·ra·do /èl dərɑ́ːdoʊ/ 名（複 **~s** /-z/）❶ エルドラド《スペイン人が南米アマゾン川流域に存在すると想像した黄金郷》❷ C（また el dorado）（一般に）黄金郷，宝の山
elec., elect. 略 electric(al), electrician, electricity
:**e·lect** /ɪlékt/
── 動〔▶ election 名，elective 形〕（**~s** /-s/；**~·ed** /-ɪd/；**~·ing**）
── 他 ❶ **選出する** **a**（+目）（投票によって）…を選ぶ，選出する（vote in）‖ The team members ~ their captain by ballot. キャプテンはチームのメンバーが投票で選ぶ / a **directly** [**newly, democratically**] ~*ed* president 直接投票で[新しく，民主的に]選ばれた大統領 **b**（+目+**to** 名）〔人〕を…に選ぶ，選出する ‖ He was ~*ed to* the mayorship.（=He was ~*ed* mayor.）彼は市長に選出された **c**（+目+補〈(**as**) 名〉）〔人〕を…に選ぶ ‖ She was ~*ed* chair of the committee. 彼女はその委員会の議長に選ばれた（♦ 1人しかいない役職が補語のときは無冠詞）/ They ~*ed* her *as* their representative. 彼らは彼女を代表として選んだ
❷ **選択する** **a**（+目）《米》〔科目など〕を選ぶ，選択する ‖ ~ an art course 美術課程を選択する **b**（+目+**as** 名）《米》…を…として選ぶ ‖ ~ economics *as* one's major 経済学を専攻科目に選ぶ **c**（+**to** *do*）…することに決める ‖ I ~*ed to* stay at home. 家にいることに決めた
❸《通例受身形で》（人が）（救済する対象として神によって）選ばれる ── 自〈…を〉選ぶ，選択する〈**for**〉
── 形《比較なし》❶《名詞の後に置いて》（まだ就任していないが）選挙[選定]された，当選した ‖ the President [mayor, (House) Speaker] (-)~（未就任の）当選次期大統領[市長，議長]
❷ 選ばれた；えり抜きの；〘宗〙（救済の対象として）神に選ばれた ❸《the ~ で集合名詞的に》《複数扱い》選ばれた人々，特権[エリート]階級；〘宗〙（救済の対象となる）神の選民
語源 *e-* out+*-lect* choose：選び出す
:**e·lec·tion** /ɪlékʃən/
── 名〔◁ elect 動〕（複 **~s** /-z/）U C ❶ **選挙**，選出；〈…を〉選ぶこと〈**for**〉；選ばれること，〈…への〉当選〈**to**〉‖ Local government ~*s* took place in May. 地方選挙が5月に行われた / He was made student union president by ~. 彼は学友会会長に選ばれた / the ~*s for* members of the National Diet 国会議員選挙 / vote **in** an ~ 選挙で投票する / her ~ *to* the House of Representatives 彼女の衆議院議員への当選 / an ~ **campaign** [slogan] 選挙運動[スローガン] / the ~ **results** 選挙結果
連語【形+~】a presidential ~ 大統領選挙 / a local ~ 地方選挙 / a general ~ 総選挙

【動+〜】have [OR hold] an 〜 選挙を行う / call a 〜 選挙を施行する / contest an 〜 選挙を戦う / run [《英》 stand] for 〜 選挙に出る / win [lose] an 〜 選挙に勝つ[敗れる]
❷《堅》選択；選択権[能力] ‖ make an 〜 to *do* …することに決める ❸ Ⓤ〘宗〙(救済などについての)神の選択
▸▸**Eléction Dày** 名 Ⓤ《米》選挙日《大統領選挙・下院議員選挙などの投票日. 11月の第1月曜の翌日の火曜日》

e·lec·tion·eer /ɪlèkʃəníər/ 動 自 選挙運動に奔走する
—名 Ⓒ 選挙運動員

e·lec·tive /ɪléktɪv/ 形〔◁ elect 動〕《通例限定》❶ 選挙の；(官職などが)選挙による, 選任の ❷ 選挙権を有する ❸ (教科・課程などが)選択の ❹ (手術などが)随意の, 緊急を要しない —名 Ⓒ《主に米》選択科目[課程]
〜·ly 副 選挙[選択]によって

e·lec·tor /ɪléktər/ 名 Ⓒ ❶ 有権者, 選挙人 ‖ lose the support of the 〜*s* 有権者の支持を失う ❷《米》大統領[副大統領]選挙人《electoral college の一員》❸《通例 E-》〘史〙選帝侯《神聖ローマ帝国で皇帝選挙権を持っていたドイツの諸侯の1人》

e·lec·tor·al /ɪléktərəl/ 形《限定》❶ 選挙[有権者]に関する ‖ his 〜 defeat 彼の選挙での敗北 / an 〜 system 選挙制度 ❷ 有権者からなる **〜·ly** 副
▸▸**〜 cóllege** 名 ① Ⓒ《英》選挙人団 ②《the E- C-》(米国の) 大統領選挙人団《各州の有権者から選ばれた選挙人で構成され, 正副大統領を選挙する》**〜 régister [róll]** 名 Ⓒ《英》有権者[選挙人]名簿 **〜 vóte** 名 Ⓤ《米》大統領選挙人による投票(→ popular vote)

e·lec·tor·ate /ɪléktərət/ 名 Ⓒ ❶《しばしば the 〜》《集合的に》《単数・複数扱い》有権者(全体), 選挙民 ❷〘史〙選帝侯の地位[領土] ❸《豪・ニュージ》選挙区

E·lec·tra /ɪléktrə/ 名〘ギ神〙エレクトラ《Agamemnon と Clytemnestra の娘. 弟 Orestes と力を合わせて, 父を殺した母とその情夫を殺しかたきを討った》
▸▸**〜 còmplex** 名 Ⓒ〘心〙エレクトラコンプレックス《女児が無意識的に父親に性的愛着を抱き母親を憎む傾向》(→ Oedipus complex)

e·lec·tric /ɪléktrɪk/
—形〔▶ electricity 名〕(**more 〜**；**most 〜**)(♦❹ 以外比較なし)
❶《通例限定》**電気を使う**, 電気で動く, 電化した(⇨ 類語) ‖ We're overwhelmed by 〜 appliances in our house. 私たちの家は電気器具であふれている / an 〜 bulb 電球 / an 〜 car 電気自動車 / All the equipment was 〜. すべての設備は電動式だった
❷《限定》**電気の**, 電気を帯びた ‖ an 〜 battery 電池 / an 〜 circuit 電気回路 / an 〜 current [wave] 電流[電波] / 〜 power 電力
❸《限定》電気を起こす；電気を伝える ‖ an 〜 generator 発電機 / an 〜 cord [《英》 flex] 電気コード / an 〜 plug 電気のプラグ / an 〜 wire 電線
❹ 電撃的な；わくわく[どきどき]させる ‖ an 〜 performance 興奮させる演技

類語《❶》**electric** 直接電気と関係するもの, 電気で作動するもの, 電気を発生するものについて用いる.
electrical より広く電気にかかわる人やものについて用いるが, 両者はほぼ同じ意味となることもある.
electronic より精密な電子機器について用いる.

—名 (複 **〜s** /-s/) ❶ Ⓒ 電動の乗り物(電車・電気自動車など) ❷ Ⓒ《〜s》《英》(家・乗り物・機械の)電気設備[部品]；電気回路[配線] ❸《the 〜》《口》(家庭などに供給する)電気, 電力
語源 ギリシャ語 *ēlektron* (琥珀(こはく)) より. こすると電気が起こることから.
▸▸**〜 blánket** 名 Ⓒ 電気毛布 **〜 blúe** 名 Ⓤ 明るい青色 **〜 cháir** 名 ①《通例 the 〜》《単数形で》《特に米国での死刑用の》電気いす ②《the 〜》電気いすによる死刑(electrocution) **〜 éel** 名 Ⓒ〘魚〙デンキウナギ《南米産の発電魚》**〜 éye** 名 Ⓒ《口》光電池(photoelectric cell) **〜 fénce** 名 Ⓒ 電流を通したさく **〜 fíeld** 名 Ⓒ 電界 **〜 guitár** 名 Ⓒ エレキギター **〜 háre** 名 Ⓒ 電気仕掛けのウサギの模型《グレーハウンド犬の競走に使う》**〜 líght** 名 Ⓒ 電灯；電光 **〜 órgan** 名 Ⓒ ① 電子オルガン；電動オルガン ②〘動〙(発電魚の) 発電器官 **〜 ráy** 名 Ⓒ〘魚〙シビレエイ **〜 rázor** 名 Ⓒ 電気かみそり **〜 shóck** 名 Ⓒ 電気ショック, 電撃 ‖ 〜 *shock* therapy 電気ショック療法 **〜 stórm** 名 Ⓒ 雷雨

e·lec·tri·cal /ɪléktrɪkəl/
—形《比較なし》《通例限定》❶ **電気の**, 電気に関する；電気を扱う (⇨ ELECTRIC 類語) ‖ an 〜 **engineer** 電気技師 / 〜 appliances 電気器具 / an 〜 fault 電気系統の故障 ❷ (会社・商店が)電気製品を作る[販売する]
—名 Ⓒ《〜s》電気設備[装置]；電気回路；電気メーカー株
▸▸**〜 engìnéering** 名 Ⓤ 電気工学 **〜 stórm** 名 Ⓒ =electric storm

e·lec·tri·cal·ly /ɪléktrɪkəli/ 副 ❶ 電気によって, 電気的に ❷ 電撃的に

e·lec·tri·cian /ɪlèktríʃən/ 名 Ⓒ 電気技術者, 電気工

e·lec·tric·i·ty /ɪlèktrísəṭi/《アクセント注意》
—名〔◁ electric 形〕Ⓤ ❶ **電気**, 電力 ‖ This bus runs on [OR by] 〜. このバスは電気で動く / static 〜 静電気 / The solar panels on the roof **generate** [OR **produce**] 〜. 屋根の上のソーラーパネルは発電する / **supply** 〜 電力を供給する / 〜 **supply** [**generation**] 電力供給[発電]
❷ 電力の供給, 配電 ‖ The 〜 went out. 電気が切れた[停電した] / cut off the 〜 電気の供給を断つ
❸ 興奮した状態[気分] ❹ 電気学

e·lec·tri·fy /ɪléktrɪfàɪ/ 動 (**-fies** /-z/；**-fied** /-d/；**〜·ing**) 他《通例受身形で》❶ 電気が通る, 充電される；電化される ❷ 興奮する, ぞくぞくする ‖ The audience was *electrified* by his speech. 観衆は彼の演説に感動した

e·lectro- /ɪlektrou-, -trə-/ 連結形「電気の, 電気による」の意

elèctro·acóustic 形 音から電気信号[電気信号から音]へ変換する **-acóustically** 副

elèctro·acóustics 名 Ⓤ 電気音響学

elèctro·cárdiogràm 名 Ⓒ〘医〙心電図(略 ECG)

elèctro·cárdiogràph 名 Ⓒ〘医〙心電計(略 ECG)

elèctro·chémistry 名 Ⓤ 電気化学

elèctro·convùlsive thérapy 名 Ⓤ〘医〙電気ショック療法

e·lec·tro·cute /ɪléktrəkjùːt/ 動 他《通例受身形で》❶ 感電(死)する ❷ 電気いすで死刑にされる
e·lèc·tro·cú·tion 名

e·lec·trode /ɪléktroud/ 名 Ⓒ 電極

elèctro·diálysis 名 Ⓤ〘化〙電気透析

elèctro·dynámics 名 Ⓤ 電気力学 **-dynámic** 形

elèctro·en·céph·a·lo·gràm /-ɪnséfələgræ̀m/ 名 Ⓒ〘医〙脳波(図)

elèctro·en·céph·a·lo·gràph /-ɪnséfələgræ̀f | -grɑ̀ːf/ 名 Ⓒ〘医〙脳波計

elèctro·kinétic 形 動電気の

e·lec·trol·y·sis /ɪlèktrɑ́(ː)ləsɪs | -trɔ́l-/ 名 Ⓤ ❶〘化〙電気分解 ❷〘医〙(毛髪などの)電気脱毛(療法)

e·lec·tro·lyte /ɪléktrəlàɪt, -trou-/ 名 Ⓒ〘化〙電解質；電解液

e·lec·tro·lyt·ic /ɪlèktrəlíṭɪk, -trou-/〈シ〉形 電気分解の；電解質の

e·lec·tro·lyze /ɪléktrəlàɪz, -trou-/ 動 他 …を電気分解する **-lyz·er** 名 Ⓒ 電気分解機

elèctro·mágnet 名 Ⓒ 電磁石

elèctro·magnétic 〈シ〉形 電磁気の, 電磁的な
▸▸**〜 púlse** 名 Ⓒ 電磁パルス《核爆発時などに生じる強い電磁波. 略 EMP》**〜 spéctrum** 名 Ⓤ〘理〙電磁スペクトル《電磁波のあらゆる波長のスペクトル》**〜 únit** 名

E

Ⓒ 電磁単位 ～ **wáve** 名 Ⓒ 電磁波

elèctro·mágnetism 名 Ⓤ 電磁気(学)

e·lec·trom·e·ter /ɪlèktrá(ː)məṭər | -trɔ́mɪ-/ 名 Ⓒ 電位計

elèctro·mótive ⟨シ⟩ 形 起電の ‖ ～ force 起電力

*__e·lec·tron__ /ɪléktrɑ(ː)n | -trɔn/ 名 Ⓒ 〖理〗電子, エレクトロン ‖ a positive ～ 陽電子(positron)

▸▸ ～ **gùn** 名 Ⓒ 電子銃《ブラウン管などの電子ビーム発射部》 ～ **micróscope** /-----/ 名 Ⓒ 電子顕微鏡 ～ **òptics** 名 Ⓤ 電子光学 ～ **tùbe** 名 Ⓒ 電子管

elèctro·négative 形 (↔ electropositive) ❶ 〖理〗陰電気の, 負電気の ❷ 〖化〗陰イオンになる

E

:**e·lec·tron·ic** /ɪlèktrá(ː)nɪk | èlektrɔ́n-/ 《アクセント注意》

━形《比較なし》《通例限定》(⇨ ELECTRIC 類語) ❶ **電子の** ‖ ～ energy 電子エネルギー

❷ **電子工学の**; (音楽・楽器などが)電子式の; 電子化された, コンピューターネットワークを利用した ‖ ～ media 電子メディア / ～ communication 電子[コンピューター]通信

-i·cal·ly 副 電子(工学)的に

▸▸ ～ **bánking** 名 Ⓤ 💻電子銀行業務; ネットバンキング《インターネット経由での銀行サービスの利用》(e-banking) ～ **dàta prócessing** 名 Ⓤ 電子情報処理《略 EDP》 ～ **flàsh** 名 Ⓒ ストロボ ～ **máil** 名 Ⓤ 💻Eメール(e-mail) ～ **móney** 名 Ⓤ 💻電子マネー《金銭的価値をデジタルデータで表したもの. 電子商取引などの決済手段に用いられる》 ～ **mùsic** 名 Ⓤ 電子音楽 ～ **órganizer** 名 Ⓤ 電子手帳 ～ **públishing** 名 Ⓤ 電子出版 ～ **tágging** 名 Ⓤ 電子所在標識法

*__e·lec·tron·ics__ /ɪlèktrá(ː)nɪks | èlektrɔ́n-/ 名 ❶ Ⓤ 電子工学, エレクトロニクス ❷《複数扱い》(機械などの)電子回路[部品] ❸ Ⓤ エレクトロニクス産業, 電子産業 ‖ *Electronics* is a growth industry. エレクトロニクス産業は成長産業である

eléctron-vòlt 名 Ⓒ 〖理〗電子ボルト《エネルギーの単位. 略 EV, ev》

elèctro·physiólogy 名 Ⓤ 電気生理学

eléctro·plàte 動 他 …に電気めっきする

━名 Ⓤ《集合的に》電気めっきしたもの

elèctro·pósitive 形 (↔ electronegative) ❶ 〖理〗陽電気の, 正電気の ❷ 〖化〗陽イオンになる

eléctro·scòpe 名 Ⓒ 検電器

eléctro·shock thèrapy 名 Ⓤ =electroconvulsive therapy

elèctro·státics 名 Ⓤ 静電気学

-státic 形 静電気(学)の

elèctro·technólogy 名 Ⓤ 電気工学

elèctro·thérapy 名 Ⓤ 〖医〗電気療法

eléctro·tỳpe 名 ❶ Ⓤ 電気製版 ❷ Ⓒ 電気製版で印刷したもの ━動 他 …を電気製版する

elèctro·váléncy, -válence 名 Ⓒ 〖化〗イオン原子価

el·ee·mos·y·nar·y /èləmá(ː)sənèri | èliːmɔ́zɪnəri/ 形《堅》❶ 慈善的な(charitable) ❷ 慈善に頼る

*__el·e·gance__ /élɪgəns/ 名 ❶ Ⓤ 優雅, 端麗, 上品 ❷ Ⓤ (科学的な)簡潔さ, 精密さ ❸ Ⓒ 優雅なもの, 上品な言葉[振る舞い]

*__el·e·gant__ /élɪgənt/ 形 (**more** ～ ; **most** ～) ❶ (人・文体などが)優雅な, 洗練された, 気品のある, しとやかな, エレガントな; (調度・服装などが)優美な, 高雅な, 趣味のよい (⇨ 類語) ‖ an ～ woman 品のよい女性 / an ～ gesture しとやかな身振り[しぐさ] / ～ manners 優雅な物腰 / an ～ style 洗練された文体 / an ～ room [coat] 趣味のよい部屋[コート] / ～ in appearance 外見が上品な

❷ (論証・方法などが)単純明快な, 簡潔ですっきりした, 手際のよい ‖ an ～ idea [plan, solution] 単純明快な考え[計画, 解答]

類語 《❶》**elegant** 洗練されて美しい(しばしば, ぜいたく・豪華を暗示する).

graceful 形・動作が(飾らず自然で)品よく美しい.

～**·ly** 副 上品に; 優雅に

el·e·gi·ac /èlɪdʒáɪək/ ⟨シ⟩ 形 ❶ 哀歌体の, 挽歌(ばんか)体の ‖ an ～ couplet [stanza] 哀歌体の連句[4行連句] ❷《堅》哀歌調の, 哀愁に満ちた ━名 Ⓒ《～s》哀歌体の詩

el·e·gize /élɪdʒàɪz/ 動 他 …を哀歌を作って悼(いた)む ━自 哀歌を作る[作って悼む]

el·e·gy /élədʒi/ 名 (複 **-gies** /-z/) Ⓒ ❶ (人の死を悼む)哀歌, 挽歌; (一般に)悲歌, エレジー ❷ 哀歌体の詩

elem. 略 elementary

:**el·e·ment** /élɪmənt/ 中心義 **(Aの要となる基本的な) 要素** (★Aは「物事」「物質」「自然」など多様)

━名 (複 **～s** /-s/) Ⓒ ❶ 〈…を構成する〉(特に基本的で不可欠な)**要素**, 構成要素, 成分〈**of**〉‖ Originality is the most important ～ *of* success. 独創性は成功の最も重要な要素である / the ～*s of* civilization 文明の構成要素 / a key [chief] ～ in a debate 討論における重要要素[決め手]

❷《通例単数形で》〈…の〉いくぶん, 気味〈**of**〉‖ Her words **contained** an ～ *of* truth. 彼女の言葉にはいくらかの真理があった / an ～ *of* surprise [danger, doubt] 少々の驚き[危険, 疑い]

❸ 〖化〗**元素**(↔ compound[1])(chemical element)

❹《通例 ～s》(社会的・政治的な)集団, 分子 ‖ right-wing ～*s* 右翼分子

❺《the ～s》(天候に現れる厳しい)自然の力; 悪天候 ‖ be exposed to the ～*s* 風雨にさらされる / battle [OR struggle] against the ～*s* 悪天候と戦う

❻《通例単数形で》(生物の)本来の生息地; 固有の領分; (人の)本領, 持ち前

❼ (電気器具の)電熱部分 ❽ 〖数〗元; (集合の)要素 ❾《the ～s》(学問・芸術などの)基本原理, 初歩 ‖ the ～*s of* physics 物理学の基本原理 ❿ 〖哲〗(昔, 自然界を構成する要素と考えられた)四大(しだい) (earth, water, air, fire)のうちの1つ ⓫《～s》〖宗〗(聖餐(せいさん)式の)パンとぶどう酒

*__*in one's élement*__ 本領を発揮して, 伸び伸びとして ‖ She was entirely *in* her ～, singing on stage. 彼女は舞台で歌って完全に本領を発揮した

òut of one's élement 本領を発揮できないで, 場違いで ‖ Wild animals are *out of* their ～ when placed in zoos. 動物園に入れられた野生動物は本来の姿ではない

el·e·men·tal /èlɪménṭəl/ ⟨シ⟩ 形《通例限定》❶ 本質的な; 基本的な, 初歩の(elementary) ❷ 自然力の, 素朴で力強い ‖ ～ forces 自然力 ❸ 要素の; 〖化〗元素の, 単体の

*__el·e·men·ta·ry__ /èlɪménṭəri/ ⟨シ⟩ 形 (**more** ～ ; **most** ～) (♦ ❶ 以外比較なし) ❶ (問題などが)簡単な, 単純な, 基本的な ‖ an ～ job 単純な仕事

Behind the Scenes **Elementary, my dear Watson.** 初歩的なことだよ, ワトソン君 Sherlock Holmes が助手の Watson に言う決まり文句 (♥ 功績などを褒められたときに「大したことはないさ」と言いながら, まんざらでもないことをおどけて表現する場合などに用いる. "You were so keen to notice that point." "Elementary, my dear Watson." 「その点に気づくなんて鋭いね」「何のこれしき」)

❷《限定》初級の, 初歩の (↔ advanced) ‖ ～ mathematics 初等数学 ❸《限定》《米》初等(教育)の(《英》primary) ‖ ～ education 初等教育 ❹ 〖化〗元素の, 単体の

-ri·ly 副

▸▸ ～ **párticle** 名 Ⓒ 〖理〗素粒子 ～ **schòol** 名 Ⓒ《米》小学校(《英》primary school)《修業年限は6年または8年》

:**el·e·phant** /élɪfənt/

━名 (複 ～ OR **～s** /-s/) Ⓒ ❶ **象**《米国では共和党の象徴. 米国民主党の象徴は donkey》(→ white elephant) ‖ The ～ raised (up) its trunk and showered us with water. 象は鼻を持ち上げ私たちに水を吹きかけた / The ～ trumpeted. その象がほえた / a bull [cow] ～ 雄[雌]象 / have a memory like an ～ (象のように)

とても記憶がよい，古いことをよく覚えている
❷《英》エレファント型《画用紙の大きさ. 711×584mm》
sèe pìnk élephants 《口》(飲みすぎて)幻覚を見る
the élephant in the ròom (全員が重要だと認識しながら)だれもふれたがらない問題
▶▶ **～ sèal** 名 C 〘動〙ゾウアザラシ

el·e·phan·ti·a·sis /èlɪfəntáɪəsɪs/ 名 U 〘病理〙象皮病

el·e·phan·tine /èlɪfǽntiːn | -taɪn/ ⟨ジ⟩ 形 象の(ような)；巨大な；(動きが)のそのそした，ぎこちない

el·e·vate /élɪvèɪt/ 《アクセント注意》 動 他 ❶〔人〕を〈…まで〉昇進[昇格]させる〈**to**〉(⇨ RAISE 類語) ‖ ～ her *to* section chief 彼女を課長に昇進させる ❷〔…の地位など〕を高める，向上させる；〔精神など〕を高尚にする[高める]；〔人〕を意気軒昂(けんこう)にする，…の心を浮き立たせる ‖ ～ his character 彼の人格を向上させる / The tea ceremony is table manners ～*d* to a ritual. 茶の湯は儀式にまで高められたテーブルマナーである ❸〔量・圧力など〕を上昇させる ‖ ～ blood pressure 血圧を上昇させる ❹ …を(持ち)上げる；〔視線〕を上げる；〔声〕を張り上げる(raise) ‖ ～ a car 車を持ち上げる / ～ a gun 銃口を上げる

él·e·vàt·ed /-ɪd/ 形 《通例限定》 ❶ 高くした，高い；高架の ❷ 高尚な，気高い ❸ 身分の高い
―名 (＝**～ ráilroad** [《英》 **ráilway**]) C 高架鉄道

el·e·va·tion /èlɪvéɪʃən/ 名 ❶ U C (持ち)上げること；高めること；昇進 ❷ C 高台，高地 ❸ U/C 《単数形で》高さ，高度；海抜 ❹ U 高尚，気品，崇高 ❺ C 〘建〙立面図 ❻ C 〘天〙高度《天体に対する仰角》；〘軍〙(砲の)照準角，射角 ❼ C (バレエなどの)空中跳躍
the Elevàtion of the Hóst 〘カト〙聖体奉挙

el·e·va·tor /élɪvèɪtər/ 《発音・アクセント注意》 名 C ❶ 《米》エレベーター，昇降機(《英》 lift) ‖ Avoid the ～ and take the stairs. エレベーターを避けて階段を使いなさい / This ～ stops at every floor. このエレベーターは各階に止まります / take [OR ride] an ～ to the fifth floor 5階までエレベーターに乗る / an ～ car エレベーターの箱 / an ascending [OR up] ～ 上りのエレベーター / a descending [OR down] ～ 下りのエレベーター / go up [down] in an ～ エレベーターで上がる[下りる] ❷ 物を揚げる装置[人]；揚穀機；《米》(揚穀機を備えた)大穀物倉庫 ‖ a grain [OR storage] ～ 大穀物倉庫 ❸ 〘空〙昇降舵(だ) ❹ 〘解〙挙筋《身体の一部を持ち上げる筋肉》
▶▶ **～ mùsic** 名 U 《口》エレベーター＝ミュージック《エレベーター・店内・公共の場所などで流す背景音楽，BGM》

e·lev·en /ɪlévən/ 形 《限定》11の，11人[個]の；《叙述》11歳で(⇨ FIVE 用例)
―名 (❶, ❷, ❸ ⇨ FIVE 用例) ❶ U C 《通例無冠詞で》11；C 11の数字《11, XI, xi など》 ❷ 《複数扱い》11人[個] ❸ U 11時[分]；11歳 ❹ C 11人[個]1組のもの；(サッカー・クリケットなどの) 11人からなるチーム ❺ 《the E-》(キリストの)11使徒《ユダ(Judas)を除く》 ❻ C 11番目のもの；11号サイズ(のもの)

Behind the Scenes **up to eleven** ふりきれてももっと；超… ロックバンドのうそドキュメンタリー映画 *This Is Spinal Tap* の中で，通常のアンプが0から10までの目盛りしかないところを，自分たちが用意したアンプは，These go to eleven.「レベル11まであるんだ」とスタッフが自慢するせりふより(♥「限界を超えて」という意味の句. Let's take it up to eleven. もっと(程度・成果・盛り上がり等を上げて)やろう！)

elèven-plús 名 《the ～》イレブンプラス《以前英国で小学校卒業時(11-12歳)に行われていた進学適性検査》

e·lev·ens·es /ɪlévənzɪz/ 名 U 《英口》(午前11時ごろとる)軽食，茶菓

e·lev·enth /ɪlévənθ/ 《略 11th》形 ❶ 《通例 the ～》第11の，11番目の ❷ 11分の1の ―名 ❶ 《通例 the ～》11番目の人[もの]；(月の)11日 ❷ C 11分の1
▶▶ **～ hóur** 名 《the ～》最後の最後，土壇場 ‖ a change at the ～ *hour* 土壇場での変更

elf /elf/ 名 (複 **elves** /elvz/) C ❶ エルフ《いたずらな小妖精》 ❷ 小さい子供；いたずらっ子

ÈLF 略 *e*xtremely *l*ow *f*requency(極低周波)

elf·in /élfɪn/ 形 エルフのような；ちっちゃな；不思議な魅力のある

elf·ish /élfɪʃ/ 形 エルフのような；いたずらな **～·ly** 副

élf·lòck 名 C 《通例 ～s》もつれ髪，乱れ髪

El Gre·co /el grékou/ 名 エル＝グレコ(1541-1614)《クレタ島生まれのスペインの画家》

e·lic·it /ɪlísət | -ɪt/ (♦ 同音語 illicit) 動 他 〔真相など〕を〈…から〉引き出す(⤳ draw out)；〔反応など〕を〈…から〉誘い出す，喚起する〈**from**〉 ‖ ～ facts [information] *from* him (質問して)彼から事実[情報]を聞き出す / ～ an answer *from* her 彼女から返事を引き出す
e·lìc·i·tá·tion 名

e·lide /ɪláɪd/ 動 他 ❶ 〘言〙〔母音・音節〕の発音を省く ❷ 《堅》…を省く，無視する；…を縮める

el·i·gi·ble /élɪdʒəbl/ 《アクセント注意》 形 (**more ～**；**most ～**)(♦ ❷ 以外比較なし) ❶ 適格の，資格のある；選ばれる資格のある〈**for** …に / **to *do*** …する〉 ‖ ～ *for* (a) maternity leave 産休の資格がある / ～ *for* an office [award] 官職[賞]に選ばれるにふさわしい / He is ～ *to* run for party leader. 彼は党首に立候補する資格がある ❷ 《限定》(特に結婚相手として)適当な，望ましい ‖ the most ～ bachelor 夫として最も望ましい独身男性 ❸ 〘アメフト〙(規則上)フォワードパスを受ける資格のある
―名 C 有資格者，適格者
èl·i·gi·bíl·i·ty 名 U 適格，適任 **-bly** 副

E·li·jah /ɪláɪdʒə/ 名 〘聖〙エリヤ《紀元前9世紀のヘブライの預言者》

e·lim·i·nate /ɪlímɪnèɪt/ 《アクセント注意》
―動 (**～s** /-s/；**-nat·ed** /-ɪd/；**-nat·ing**)
―他 ❶〔有害・余計なもの〕を〈…から〉**取り除く**(⤳ get rid of)，排除する；(不適切として)…を〈考慮から〉外す〈**from**〉；…を無視する ‖ He ～*d* all errors *from* the typescript. 彼はタイプ原稿から誤りをすべて取り除いた / ～ risk 危険をなくす / ～ rotten apples 腐ったリンゴを取り除く；悪影響を及ぼす人を排除する / ～ the **need for** additional hardware 追加のハードウェアの必要性をなくす / The police ～*d* him *from* their inquiries. 警察は彼を取り調べから外した / ～ the difference between A and B AとBの違いを無視する
❷ 《通例受身形で》(出場者・チームが)〈競技などから〉(勝抜きで)ふるい落とされる，失格する(⤳ knock out)〈**from**〉 ‖ I was ～*d from* the 200-meter dash in the first round. 私は200メートル競争の1回戦で敗退[失格]した
❸ 〘生理〙〔老廃物〕を〈体内から〉排出[排泄(はいせつ)]する〈**from**〉
❹ 〘数〙…を消去する ❺〔敵対者など〕を抹殺する，消す(♥ 正当な理由があるというニュアンスになる)
-nà·tor 名 C 排除する人[もの]

e·lim·i·na·tion /ɪlìmɪnéɪʃən/ 名 U C ❶ 除去，排除 ❷ 〘スポーツ〙敗退；予選 ❸ 〘生理〙排出，排泄(はいせつ) ❹ 〘数〙消去(法)
▶▶ **～ dìet** 名 C 除去食《食物アレルギーの治療に用いる》

El·i·ot /éliət/ 名 **T**(**homas**) **S**(**tearns**) ～ エリオット(1888-1965)《米国生まれの英国の詩人・劇作家・批評家. ノーベル文学賞受賞(1948)》

ELISA /ɪláɪsə/ 名 U 〘医〙エリサ，イライザ《酵素を用いたエイズなどの検査法》(♦ *e*nzyme-*l*inked *i*mmuno*s*orbent *a*ssay の略)

e·li·sion /ɪlíʒən/ 名 U C ❶ 〘言〙(母音・音節の)発音省略《I'm, there's など》 ❷ 《堅》(一般に)省略，脱落

e·lite, é·lite /ɪlíːt/ 名 ❶ 《通例 the ～》《集合的に》《単数・複数扱い》エリート，選良，精鋭，えり抜きの人々 ‖ the ～ of society 名士，社会のエリート / 「an intellectual [a military] ～ 知的選良[軍の精鋭] / the power ～ パワーエリート《権力を握った少数のエリート》 ❷ U (タイプ

E

ライターの)エリート活字 ―形《限定》えり抜きの, エリートの ‖ an ～ corps えり抜きの集団

e·lít·ìsm, é·lít- /-ìzm/ 名 U 《しばしばけなして》 ❶ エリートによる支配 ; エリート主義 ❷ エリート意識

-ist 名 C 形 エリート主義者(の) ; エリート意識のある(人)

e·lix·ir /ɪlíksər/ 名 C ❶ 〖錬金術〗錬金薬液《卑金属を金に変えるとされた薬》(→ philosophers' stone) ❷ (= **～ of life**)不老不死の霊薬 ; 万能薬 ❸ 〖薬〗芳香・甘味を加えたアルコール入りの薬

E·liz·a·beth /ɪlízəbəθ/ 名 エリザベス ❶ ～ **I** (1533–1603)《イングランド女王(1558–1603)》 ❷ ～ **II** (1926–)《英国女王(1952–)》

E·liz·a·be·than /ɪlìzəbí:θən/ 〈シ〉 形 エリザベス1世時代の, エリザベス朝の(1558–1603)
―名 C エリザベス1世時代の人《特に作家・詩人など》

elk /elk/ 名 (複 ～ OR ～**s** /-s/) C ❶ 《英》〖動〗(北欧・アジア産の)ヘラジカ(《米・カナダ》moose) ❷ 《米》〖動〗ワピチ(wapiti) ❸ U (ヘラジカの革に似た)なめし革

élk·hòund 名 C 〖動〗エルクハウンド(《米》Norwegian elkhound)《スカンジナビア産の猟犬》

ell[1] /el/ 名 C ❶ (建物の)L字型直角のそで[増築部分] ❷ L字型のもの ; L字型管[継手]

ell[2] /el/ 名 C エル《かつて使われていた布などの長さの単位. 英国では1エル＝45インチ》

el·lipse /ɪlíps/ 名 C 楕円(だえん), 長円

el·lip·sis /ɪlípsɪs/ 名 (複 **-ses** /-si:z/) U C ❶ 〖文法〗(語句の)省略(法)《if (it is) possible の it is など》 ❷ 〖印〗省略符号《..., ＊＊＊, ― など》

el·lip·soid /ɪlípsɔɪd/ 名 C 楕円体[面]

el·lip·tic /ɪlíptɪk/, **-ti·cal** /-tɪkəl/ 形 ❶ 楕円(形)の, 長円の ❷ 〖文法〗省略の ; 省略的な ❸ 言葉を省いた ; (省略したため)意味があいまいな **-ti·cal·ly** 副

Èllis Ísland /èlɪs-/ 名 エリス島《米国ニューヨーク湾上の小島. かつて移民検査所があった》

***elm** /elm/ 名 ❶ (= **～ trèe**) C ニレ ❷ U ニレ材

El Ni·ño /el ní:njou/ 名 U 〖気象〗エルニーニョ《南太平洋ペルー沖の海面温度が急上昇する現象. 異常気象の要因となる》(♦スペイン語より)(↔ La Niña)

el·o·cu·tion /èləkjú:ʃən/ 名 U 演説[朗読]ぶり, 語り方 ; 話術, 弁論術

～·ar·y 形 **～·ist** 名 C 弁論術の教師 ; 雄弁家, 朗読家

e·lon·gate /ɪlɔ́:ŋgeɪt | í:lɔŋ-/ 動 他 …を引き伸ばす ―自 長くなる, 〖植〗伸びる ―形 〖植〗形が細長い

e·lon·ga·tion /ɪlɔ̀:ŋgéɪʃən | ì:lɔŋ-/ 名 U ❶ 伸長(すること), 延長 ❷ 伸長部分, 延長線 ❸ 〖天〗離角《惑星と太陽や衛星との間の角距離》

e·lope /ɪlóup/ 動 自 〈…と〉駆け落ちする〈**with**〉

～·ment, -lóp·er 名

el·o·quence /éləkwəns/ 名 U ❶ 弁舌の才, 雄弁, 能弁 ❷ 雄弁法, 修辞法

***el·o·quent** /éləkwənt/ 形 ❶ 雄弁な, 能弁な ; 説得力のある(⇨ FLUENT 類語) ‖ an ～ speaker[speech] 弁の立つ演説家[説得力たっぷりの演説] ❷ (言葉に表さなくとも)〈…を〉よく表す, ありありと示す〈**of**〉; 表情豊かな ‖ You passed, didn't you? Your ～ smile says it all. 合格したんだね. その笑顔がすべてを物語っているよ / his attitude ～ *of* discouragement 落胆を如実に示す彼の態度 / ～ looks 表情豊かな顔つき **～·ly** 副

***El Sal·va·dor** /el sǽlvədɔ̀:r/ 名 エルサルバドル《中米の共和国. 公式名 the Republic of El Salvador. 首都 San Salvador》 **El Sàl·va·dór·an** 名 形

⁝**else** /els/

―副《比較なし》 ❶ **そのほかに**, 代わりに(♦who, what, where, how などの疑問詞, any, every, no, some で始まる不定代名詞, whatever, much, little, all などの直後で用いる. ただし which にはふつうつかない) ‖ What ～ do you want to buy? ほかに何を買いたいの / Let's go somewhere ～. どこかほかの所へ行こう(⇨ ELSEWHERE) / more than anything ～ ほかの何にも増して, 何よりもまず / if nothing ～ ほかに何もなかったとしても / We didn't have much ～ to eat. ほかに食べるものは大してなかった / This is somebody ～*'s* hat. これはだれかほかの人の帽子だ(♦不定代名詞や疑問詞 who の後では else's /élsɪz/ の形で所有格を作ることができる. who else's は whose else ともいえる. 〈例〉If this umbrella isn't yours, 「who else's [OR whose else] can it be? この傘が君のでないなら, ほかのだれのものだろうか)
❷ 《or ～で》さもないと, さもなければ(otherwise) ‖ You'd better run, or ～ you'll be late for the show. 走りなさい, でないとショーに遅れますよ / You are either a genius or ～ you must be mad. 君は天才かそうでなければ狂人だ / Give me your money, or ～. 金をよこせ, さもないと(ひどい目に遭うぞ)(♥《口》では特に命令を表す発話に続く or else の後を省略して要求・脅迫を表すことがある)

COMMUNICATIVE EXPRESSIONS

1 **Èveryone** [OR **Èverybody**] **élse is dóing it.** ほかのみんなもやっていることだ(♥他人の行動を促したり親の許しを得ようとするときの表現)

2 **Í thìnk sòmething élse.** 私は別の考えです(♥不賛成を表す. =I disagree with you.)

3 **(Só) whàt élse is nèw?** (で,)それの何が目新しいっていうの ; 今までと同じことじゃない(♥相手が言ったことに興味・関心がないことを示す皮肉な表現)

4 **Whàt èlse can I dó?** ほかに一体何ができるだろうか ; どうしようもない(♥絶望的な気持ちを表す. =What more can I do?)

5 **(Will thère be) ànything élse?** ほかに何かご用件はありますか(♥店員などが客にさらに注文したいもの[買いたいもの, してほしいこと]がないかどうか確認する表現. =Is that everything? / =Will that be all?)

6 **You are sòmething élse (agàin).** 君は大したものだ ; 面白い人だね

***else·where** /élshwèər/ 《アクセント注意》 副 どこかほかのところで[に, へ], よそで[に, へ](♦somewhere else の方が《口》) ‖ His mind seemed to be ～. 彼は心ここにあらずといった様子だった / as I suggested ～ 別のところで示唆したように

ÈLT 名 U 《主に英》英語教育(法)(♦*E*nglish *L*anguage *T*eaching の略)

e·lu·ci·date /ɪlú:sɪdèɪt/ 動 他 …を明らかにする, 解明する ―自 明らかにする, 解明する

e·lù·ci·dá·tion 名 U 解明 **-dà·tive, -da·tò·ry** /英 -ーーーー/ 形 解明する **-dà·tor** 名 C 解明者, 説明者

***e·lude** /ɪlú:d/ 動 他 ❶ 〔危険・敵・尋問など〕を巧みに逃れる, かわす ; 〔法律・義務など〕を回避する(⇨ ESCAPE 類語) ‖ ～ one's enemies 敵をまく / ～ the law 法の目をかすめる ❷ (物事が)…を避ける, すり抜ける ‖ Sleep ～*d* her. 彼女は眠れなかった / The virus has ～*d* all research into a cure. そのウイルスは治療法のあらゆる研究の手をくぐり抜けてきた ❸ (考えなどが)…の記憶からすり抜ける, …にわからない[思い浮かばない] ‖ His name somehow ～*s* me. なぜか彼の名前が思い出せない

E·lul /elú:l/ 名 エルル《ユダヤ暦の第12月. 教暦では第6月》

e·lu·sive /ɪlú:sɪv/ 形 ❶ 捕まえにくい ❷ 理解[定義]しにくい ❸ 覚えにくい, 思い出せない **～·ly** 副 **～·ness** 名

e·lu·so·ry /ɪlú:səri/ 形 =elusive

el·ver /élvər/ 名 C シラスウナギ《(特に川を上ってきた)ウナギの幼魚》

elves /elvz/ 名 elf の複数

elv·ish /élvɪʃ/ 形 =elfish

E·ly·si·an /ɪlíʒən | -ziən/ 形 ❶ Elysium の ❷ 《文》至福の, この上なく楽しい

▸▸**～ Fíelds** 名 《the ～》天上の楽園(Elysium)

E·ly·si·um /ɪlíʒiəm | -ziəm/ 名 (複 **～s** /-z/ OR **-si·a**

/-iə/) ❶〖ギ神〗天上の楽園 ❷Ⓒ 理想郷, 楽園

em /em/ 名Ⓒ ❶Mの文字 ❷〖印〗全角《欧文活字のM字大の四角形. 12ポイント》

ÈM 略 electromagnetic ; *e*lectron *m*icroscope ; *en*listed *man* [*men*]

'em /əm/ 代《口》=them

em- 接頭《b, p, m の前で》=en-[1], en-[2]

e·ma·ci·ate /ɪméɪʃièɪt/ 動 他《通例受身形で》やつれる, やせ細る ━自 やつれる, やせ細る

-àt·ed 形 衰弱した, やつれた **e·mà·ci·á·tion** 名

é-màil, é·màil 名ⓊⒸ Eメール, (電子)メール(◆*e*lectronic *mail* の略) ‖ How did we ever communicate before ~! Eメールが登場するまでは一体どうやって情報交換をしていたのだろう / I haven't gotten any ~ from him in over a week. ここ1週間彼からメールをもらっていない / send an ~ to ... …にEメールを送る / reply to an ~ Eメールに返信する / place a ticket order by ~ Eメールでチケットを注文する

━動 他〔注文書など〕をEメールで送る；…にEメールを送る ‖ He ~*ed* his order to the company. 彼はその会社に注文書をEメールで送った / Please ~ me. Eメールを下さい ━自Eメールを送信する

▶▶**~ address** 名Ⓒ Eメールアドレス

em·a·nate /émənèɪt/ 動 自 (光・気体・考えなどが)〈…から〉発する, 生じる, 放射する, 流出する〈**from**〉‖ the proposals ~*d from* a committee 委員会から出された提案 ━他《堅》…を発する, 出す(≒ give off)

em·a·na·tion /èmənéɪʃən/ 名 ❶Ⓤ 流出, 発散, 放射 ❷Ⓒ 発散[放射]されたもの

ém·a·nà·tive 形 流出[放射]する；発散性の

e·man·ci·pate /ɪmǽnsɪpèɪt/ 動 他 ❶〈束縛・影響などから〉〔人など〕を解放する, 自由にする(≒ set free)〈**from**〉;〔奴隷など〕を解放する ‖ ~ them *from* oppression 彼らを圧制から解放する / ~ oneself *from* the influence of undesirable companions 好ましくない仲間の影響から脱け出す ❷〖法〗〔子〕を家長の権力から解放する

-pà·ted 形 **-pà·tor** 名Ⓒ 解放者 **-pa·tò·ry** /英 ----/ 形 解放する

e·man·ci·pa·tion /ɪmæ̀nsɪpéɪʃən/ 名Ⓤ 解放(された状態), 自由, 離脱 **~·ist** 名Ⓒ (奴隷)解放論者

▶▶**Emancipátion Proclamàtion** 名《the ~》〖米国史〗奴隷解放宣言《1862年9月リンカーン大統領が発し, 1863年1月1日発効》

e·mas·cu·late /ɪmǽskjulèɪt/ 動 他 ❶《通例受身形で》《堅》弱められる, 柔弱になる；(文章・法案などが)骨抜きになる(中立 disarm, incapacitate, enervate) ❷…を去勢する(castrate)

e·màs·cu·lá·tion 名Ⓤ 無力化, 骨抜き

em·balm /ɪmbɑ́ːm/ 動 他 ❶〔死体〕に防腐処置をする《昔は香料を用いた》❷《堅》…を長く記憶にとどめておく

~·ment, ~·er 名

em·bank /ɪmbǽŋk/ 動 他 …に土手[堤防]を築く, 堤防を巡らす **~·ment** 名Ⓒ 堤防；(道路・鉄道の)土手, 盛り土

em·bar·go /ɪmbɑ́ːrɡou/ 名(複 **~es** /-z/) Ⓒ ❶〈特定商品の〉通商[輸出]禁止, 禁輸；〈貨物の〉積み込み禁止[制限]〈**on**〉‖ a gold ~ 金の通商禁止 / a total ~ *on* wheat exports 小麦輸出の全面的禁止 / impose [lift] an ~ 通商を禁止する[解禁する] ❷(一般に)禁止 ‖ a news ~ 報道禁止 ❸(商船の)出[入]港禁止命令 ‖ lay [OR put, place] an ~ on ... …に出入港の禁止を命じる ━動 他 ❶〔通商など〕を禁止する；〔船舶〕に出[入]港禁止を命じる ❷〔船舶・貨物〕を押収する

em·bark /ɪmbɑ́ːrk/ 動 自 ❶乗船[搭乗]する(↔ disembark) ‖ We ~*ed* at Otaru for Siberia. 我々は小樽で乗船してシベリアに向かった / ~ on [OR in] a steamer 汽船に乗る ❷《+**on** [**upon**] 名》〔事業など〕に乗り出す, 着手する ‖ NASA ~*ed on* a new space program. 米国航空宇宙局は新たな宇宙計画に乗り出した / ~ *on* a campaign キャンペーンを開始する

━他 ❶(船・飛行機などに)…を乗せる, 乗船[搭乗]させる, 積み込む ‖ The ship ~*ed* passengers and cargo at Casablanca. 船はカサブランカで乗客と積み荷を乗せた ❷〔人〕を〈事業に〉引き入れる；〔金など〕を〈事業に〉投資する〈**in**〉‖ ~ one's fortune *in* foreign trade 外国貿易に財産をつぎ込む

語源 *em-* in+*-bark* boat：船に入れる

em·bar·ka·tion /èmbɑːrkéɪʃən/ 名ⓊⒸ〈…への〉乗船, 搭乗；積載；〈…に〉乗り出すこと, 着手〈**on, upon**〉

▶▶**~ càrd** 名Ⓒ 出国記録カード

embarras de richesses /ɑ̀ːmbɑːrɑ̀ː də riːʃés | ɔmbæ̀rɑː-/ 名《フランス》(=embarrassment of riches) Ⓤ 有り余る富

***em·bar·rass** /ɪmbǽrəs/ 動 他 ❶〔人〕に恥ずかしい思いをさせる, …を当惑させる, 困らせる；《受身形で》きまりの悪い思いをする, 当惑する, どぎまぎする〈**at, about** …に / **to do** …して〉‖ Don't ~ me. 僕を困らせないでくれ / I felt really ~*ed about* my stepping on her foot. 彼女の足を踏んだときは本当に恥ずかしかった / She was ~*ed at* such an unexpected request. そのような予期せぬ要求に彼女は当惑した / He was ~*ed to* find his name in print. 彼は自分の名前が活字になったのを見てどぎまぎした ❷〔政府・政治家など〕を苦境に陥れる ❸《受身形で》借金を背負い込む, 金に困る ‖ be ~*ed* by debts 借金で首が回らない / be financially ~*ed* 財政難に陥る ❹《古》…を妨げる, 邪魔する；…の動き[機能]を妨げる ❺《古》〔問題など〕をこじらせる

━自 当惑する, どぎまぎする

***em·bar·rassed** /ɪmbǽrəst/ 形 (**more ~** ; **most ~**) ばつの悪い, 恥ずかしい ‖ an ~ smile ばつの悪そうな笑顔

***em·bar·rass·ing** /ɪmbǽrəsɪŋ/ 形 (**more ~** ; **most ~**) 人を当惑させるような, やっかいな, 困った；(政府・政治家などを)苦境に陥れるような ‖ an ~ situation やっかいな(困った)状況 **~·ly** 副 戸惑うほど, どぎまぎさせるように

***em·bar·rass·ment** /ɪmbǽrəsmənt/ 名 ❶Ⓤ 当惑(させられること), 困惑, まごつき, きまり悪さ ‖ The little boy went scarlet with ~. 少年はきまり悪さに真っ赤になった / He grinned in ~. 彼は照れ隠しに笑った ❷Ⓒ 困らせる人[もの]；〈…にとって〉当惑の種；〈政府・政治家などを〉窮地に陥れる事件〈**to, for**〉‖ He is an ~ *to* the White House. 彼はホワイトハウスの頭痛の種だ ❸Ⓒ《通例 ~s》経済的困窮 ‖ financial ~*s* 財政難

an embàrrassment of ríches 有り余って困るほどの富；選ぶのに困るほどあるよいもの

***em·bas·sy** /émbəsi/《アクセント注意》名(複 **-sies** /-z/) Ⓒ ❶《集合的に》《単数・複数扱い》大使(ambassador)および大使館員, 大使一行(◆《米》では通例単数扱い.《英》では全体を一つの集団と見る場合単数扱い, 個々の成員に重点を置く場合複数扱い) ‖ The ~ staff was [OR were] instructed to leave the country immediately. 大使館員は即刻その国を出るよう訓令を受けた ❷《しばしば E-》大使館 ‖ the Thai *Embassy* in Tokyo 在東京タイ大使館 ❸ⓊⒸ 大使の任務[職] ❹(大使を団長とする)使節団

em·bat·tle /ɪmbǽtl/ 動 他《古》❶〔軍隊〕の陣容を整える ❷〔町など〕をとりでで固める

em·bat·tled /ɪmbǽtld/ 形 ❶難題を抱えた ❷(軍隊・町が)敵に包囲された

em·bay /ɪmbéɪ/ 動 他 ❶《通例受身形で》(船が)湾内に閉じ込められる, 退避させられる ❷…を(湾状に)取り囲む；〔海岸など〕を湾状にする **~·ment** 名Ⓒ 湾, 入り江(bay)；湾状のもの；〖地〗湾入, 湾形成

em·bed /ɪmbéd/ (→ 名) 動 (**-bed·ded** /-ɪd/ ; **-bed·ding**) 他《通例受身形で》❶〈…に〉埋め込まれる, はめ込まれる〈**in**〉;(…が)搭載される ❷〈心・記憶に〉刻み込まれる, 留められる〈**in**〉❸〔記者・ジャーナリスト〕を従軍させる ‖ an *embedded* reporter 従軍記者 ━自 はまる, 埋め

込まれる ━名 /émbed/ Ⓒ 従軍記者[ジャーナリスト]

em·bel·lish /ɪmbélɪʃ/ 動 他 ❶ …を装飾する, 美しくする ❷〔話など〕を潤色する, 飾る(✎ embroider on)

em·bél·lish·ment /-mənt/ 名 Ⓤ Ⓒ ❶ 装飾, 飾り ❷ 潤色;(話の)尾ひれ ❸〚楽〛装飾音, 顫音(せんおん)

em·ber /émbər/ 名 Ⓒ《～s》燃えさし, 残り火;《文》(感情などの)余燼(よじん)

▸▸**～ dàys** 名 複《または E- days》〚宗〛四季の斎日《年4回ある, 水・金・土曜の3日間の断食と祈禱(きとう)を行う日》

em·bez·zle /ɪmbézl/ 動 他 自 (預かった金品などを) 使い込む, 横領[着服]する **～·ment, -zler** 名

em·bit·ter /ɪmbíṭər/ 動 他 ❶《通例受身形で》(人が)つらい思いをする;(人が)敵意を抱く ❷ …を苦くする, よりひどくする **～·ment** 名

E

em·bla·zon /ɪmbléɪzən/ 動 他《通例受身形で》(盾・旗などが)〈紋章などで〉飾られる〈**with**〉;(デザインなどが)目立つように描かれる

～·ment 名 Ⓤ 紋章で飾ること, 装飾;Ⓒ《～s》紋章

***em·blem** /émbləm/ 名 Ⓒ ❶ 記章, 標章, エンブレム;紋章 ‖ The bald eagle is the national ～ of the United States. ハクトウワシは合衆国の国章である / a school ～ 校章 ❷ 象徴, 表象;典型(的な人) ‖ The cross is an ～ of Christianity. 十字架はキリスト教の象徴である ❸ 寓意(ぐうい)画 ‖ an ～ book 寓意画集

em·blem·at·ic /èmbləmǽṭɪk/ 〈シ〉, **-i·cal** /-ɪkəl/ 形 象徴の;〈…を〉象徴する〈**of**〉 **-i·cal·ly** 副

em·bod·i·ment /ɪmbá(ː)dimənt | -bɔ́d-/ 名 ❶ Ⓤ 具体化, 具象, 体現 ❷《通例 the ～》具体物, 化身, 権化 ‖ His wife was the ～ of kindness. 彼の妻は親切を絵にかいたような人だった

***em·bod·y** /ɪmbá(ː)di | -bɔ́di/ 動 (**-bod·ies** /-z/; **-bod·ied** /-d/; **～·ing**) 他 ❶〔考えなど〕を具現する,〔精神〕に形を与える;…を〈…に〉明確に表す[示す]〈**in**〉‖ The law must ～ the idea of justice. 法は正義の観念を具現しなければならぬ / Our new concept is *embodied in* this theater. この劇場には我々の新しい構想が生かされている ❷ …を(1つの全体に)まとめる, 統合する;…を包含する ‖ Many improvements are *embodied* in the new car. その新車には多くの改良が取り入れられている

語源 *em-* in+body(肉体):肉体[形]で(表す)

em·bold·en /ɪmbóuldən/ 動 他 …を大胆にする, 勇気づける(encourage)(♦しばしば受身形で用いる)

em·bo·lism /émbəlìzm/ 名 Ⓤ ❶〚医〛塞栓(そくせん)症 ❷ 暦にうるうを加えること

em·bo·lus /émbələs/ 名 (複 **-li** /-laɪ/) Ⓒ〚医〛塞栓《血管をふさぐ凝血塊・気泡など》

em·bon·point /à:mbounpwǽn | ɔ̀mbɔn-/ 名《フランス》(=in good condition) Ⓒ《古》(特に女性の)肥満

em·bos·om /ɪmbúzəm/ 動 他《文》❶ …を胸に抱く ❷ …を囲む, 包む

em·boss /ɪmbá(ː)s, -bɔ́ːs | -bɔ́s/ 動 他《通例受身形で》…が〈浮き彫り細工で〉飾られる〈**with**〉;〔模様など〕が〈…に〉浮き彫り[打ち出し]にされる〈**on**〉

～·ed 形 浮き彫りを施した, 浮き出しの **～·ment** 名

em·bou·chure /à:mbuʃúər | ɔ̀m-/ 名 Ⓒ〚楽〛(管楽器の)吹き口, マウスピース;Ⓤ 吹き口への唇の当て方

em·bow·er /ɪmbáuər/ 動 他《文》(樹木などで)…を囲む, 覆う

****em·brace** /ɪmbréɪs/ 中心義 (腕の中に)包み込む

━動 (**～s** /-ɪz/; **-braced** /-t/; **-brac·ing**)

━他 ❶ …を**抱き締める**, 抱擁する (⇨ HUG 類語) ‖ We ～*d* each other on the platform, without saying a word. 私たちはプラットホームで無言のまま抱き合った ❷〔申し出など〕を(喜んで)受け入れる;〔機会など〕をとらえる;〔主義など〕を採用する, 信奉する ‖ ～ an offer 申し出を快諾する / ～ an opportunity 機会に乗じる / ～ dogma 教義を信奉する / ～ a new profession 新しい職業に就く ❸ …を包含する, 含む(✎ take in);…を〈…に〉含ませる〈**in**〉‖ Biology ～*s* botany and zoology. 生物学は植物学と動物学を含む / ～ all the cases *in* a single formula 1つの方式にすべてのケースを包含させる ❹《文》…を取り囲む, 取り巻く ━自 抱き合う

━名 (複 **～s** /-ɪz/) Ⓒ Ⓤ ❶ 抱擁 ‖ They held each other in a tender [close] ～. 彼らは優しく[強く]抱擁し合った ❷ 包囲;支配 ❸ 受け入れ, 受諾

～·a·ble 形 **～·ment** 名

語源 *em-* in+*-brace* arm:腕の中に

em·bra·sure /ɪmbréɪʒər/ 名 Ⓒ ❶ (城・とりでなどの)銃眼 ❷〚建〛(窓などの)朝顔形《内側の方が大きく開いた形》

em·bro·ca·tion /èmbrəkéɪʃən/ 名 Ⓤ ❶ 塗り薬, 塗擦剤 ❷ (薬の)塗布

***em·broi·der** /ɪmbrɔ́ɪdər/ 動 他 ❶ …を〈布などに〉刺繍(ししゅう)する〈**on**〉;〔布など〕を〈…で〉刺繍する〈**with**〉‖ ～ flowers *on* a cloth=～ a cloth *with* flowers 布に花を刺繍する / a cap ～*ed with* one's initials in blue thread 青糸でイニシャルを刺繍した帽子 ❷〔物語など〕を潤色する, 誇張する

━自 ❶ 刺繍する ❷〈…を〉潤色する(embellish)〈**on**〉

***em·broi·der·y** /ɪmbrɔ́ɪdəri/ 名 (複 **-der·ies** /-z/) ❶ Ⓤ 刺繍(法), 縫いとり;Ⓒ 刺繍品;刺繍模様 ❷ Ⓤ Ⓒ 潤色, 誇張

em·broil /ɪmbrɔ́ɪl/ 動 他《通例受身形で》〈争いなどに〉巻き込まれる〈**in**〉‖ He was ～*ed in* scandal. 彼はスキャンダルに巻き込まれた **～·ment** 名 Ⓤ Ⓒ 巻き添え;紛糾

***em·bry·o** /émbriòu/ 名 (複 **～s** /-z/) Ⓒ ❶〚生〛胚(はい);(受胎後8週間以内の人間の)胎児 (→ fetus) ❷ 未発達のもの[状態]

in émbryo 未発達[初期の段階]で ‖ Our plan is still *in* ～. 我々の計画はまだ暖めているところだ

▸▸**～ sàc** 名 Ⓒ〚植〛胚嚢(はいのう)

em·bry·o·log·ic /èmbriəlá(ː)dʒɪk | -lɔ́dʒ-/, **-i·cal** /-ɪkəl/ 形 発生学の

em·bry·ol·o·gy /èmbriá(ː)lədʒi | -ɔ́l-/ 名 Ⓤ 発生学;胎生学 **-ól·o·gist** 名 Ⓒ

em·bry·on·ic /èmbriá(ː)nɪk | -ɔ́n-/ 〈シ〉 形《限定》❶ 胚(はい)[胎児]に関する ❷ 初期の, 未発達の;未熟な

em·cee /èmsíː/《米口》名 Ⓒ 司会者 (master of ceremonies, MC) ━動 他 自 (…を)司会する

e·mend /ɪménd/ 動 他〔文書など〕を校訂[修正]する

e·men·date /íːmendèɪt/ 動 他 =emend

-dà·tor 名 Ⓒ 校訂者 **e·mén·da·tò·ry** /英 ------/ 形 校訂(上)の, 修正の **è·men·dá·tion** 名 Ⓤ Ⓒ 校訂, 修正(箇所)

***em·er·ald** /émərəld/《アクセント注意》名 ❶ Ⓒ Ⓤ エメラルド《5月の誕生石》❷ (=～ gréen) Ⓤ エメラルド色, 鮮緑色 ❸《形容詞的に》エメラルド製[入り]の;エメラルド色の, 鮮緑色の ▸▸**Èmerald Ísle** 名《the ～》エメラルドの島《アイルランドの別称》

****e·merge** /ɪmə́ːrdʒ/

━動 (**-merg·es** /-ɪz/; **～d** /-d/; **-merg·ing**)

━自 ❶〈水中・見えない所から〉**出てくる, 現れる**, 見えてくる〈**from**〉‖ The sun ～*d from* behind the clouds. 雲間から太陽が現れた / ～ *from* the fog 霧の中から現れる ❷〈調査などから〉(事実などが) **明らかになる**, わかってくる〈**from**〉‖ New facts ～*d from* the investigation. 取り調べの結果新しい事実が判明した / It ～*d* that they had been divorced. 彼らが離婚していたことが判明した ❸〈貧困などから〉身を起こす, 抜け出す;〈困難な状況から〉脱する〈**from**〉‖ ～ *from* poverty 貧困から身を起こす ❹ (現象などが)生まれる;〈…として〉出現する, 知られるようになる〈**as**〉‖ He ～*d as* a surprise candidate in the election. 彼はその選挙の予想外の候補として浮上した

***e·mer·gence** /ɪmə́ːrdʒəns/ 名 Ⓤ 出現, 発生

****e·mer·gen·cy** /ɪmə́ːrdʒənsi/

━名 (複 **-cies** /-z/) ❶ Ⓒ Ⓤ **緊急(事態)**, 危急, 非常の

場合, 突発的な出来事；非常事態；《形容詞的に》緊急[非常]用の；救急用の ‖ The police are standing by **for** an ～. 緊急事態に備えて警察が待機中である / Dial 999「in an ～ [OR in case of ～]. 緊急の際は999番に電話を / declare a state of ～ 非常事態を宣言する / an ～ **meeting** 緊急会議 / ～ food [medical] aid 緊急食糧[医療]援助 / the (accidents and) ～ department 救急病院, 病院の救急部門
❷ Ⓤ《米》救急処置室[病棟]；Ⓒ 急患
❸ Ⓒ《豪・ニュージ》《スポーツ》補欠；(控えの)競走馬
▸▸ ～ **bràke** 名 Ⓒ《米》① (自動車などの) サイドブレーキ(《英》hand brake)《駐車用・非常用》② (機械などの) 非常ブレーキ ～ **còrd** 名 Ⓒ 非常停止索 (《英》communication cord) ～ **exìt** 名 Ⓒ 非常口 ～ **mèdicine** 名 Ⓤ《英》救急救命医学 ～ **ròom** 名 Ⓒ《米》(病院の)緊急救命室《略 ER》(《英》casualty) ～ **sèrvices** 名 複《the ～》《英》緊急時に活動する機関《救急隊・消防隊・警察など》

e·mer·gent /ɪmə́ːrdʒənt/ 形《限定》❶ 出現する, 現れる；明らかになる ❷ (国が)新たに独立した, 新興の ❸ 不意の, 突発的な；緊急の —名 Ⓒ【生態】❶ 挺水(ていすい)植物, 水面上に葉や茎を出す植物《ハス・ガマなど》❷ (森林などで)周りより背の高い樹木

e·mer·ging /ɪmə́ːrdʒɪŋ/ 形 新興の, 新たに生じる ‖ ～ technologies 新技術

e·mer·i·tus /ɪmérəṭəs | -ɪtəs/ 形 (退職して) 名誉職の ‖ a professor ～ = an ～ professor 名誉教授
—名 (複 **-i·ti** /-taɪ/) Ⓒ 名誉職にある人, 名誉教授

Em·er·son /émərsən/ 名 **Ralph Waldo ～** エマーソン (1803-82)《米国の詩人・哲学者》

em·er·y /éməri/ 名 Ⓤ 金剛砂《研磨用》
▸▸ ～ **bòard** 名 Ⓒ (厚紙などに金剛砂を塗った) つめやすり ～ **pàper** 名 Ⓤ 紙やすり, サンドペーパー

e·met·ic /ɪméṭɪk/ 形 嘔吐(おうと)を起こさせる —名 Ⓒ 吐剤

èmf, EMF 略 *e*lectro*m*otive *f*orce

EMG 略 electromyogram(筋電図), electromyograph (筋電計)

***em·i·grant** /émɪgrənt/《アクセント注意》名 Ⓒ 移民, (自国を出て行く) 移住者〈**to** 他国への；**from** 自国からの〉(♦ 他国から移住して来る人は immigrant) ‖ ～*s from* Japan *to* Brazil 日本からブラジルへの移民たち (♦ 日本側から見た表現) —形《限定》(他国へ)移民[移住]する ‖ ～ laborers (他国への)出稼ぎ労働者

***em·i·grate** /émɪgrèɪt/ 動 自 移住する〈**to** 他国へ；**from** 自国から〉(↔ immigrate) (⇨ MIGRATE 類語) ‖ They ～*d from* Japan *to* Australia after retirement. 彼らは定年後日本からオーストラリアへ移住した

em·i·gra·tion /èmɪgréɪʃən/ 名 Ⓤ ❶ (他国への) 移住, 移民(↔ immigration) ❷《集合的に》移民, 移住者

ém·i·gré, em·i- /émɪgrèɪ/ 名《フランス》(=emigrant) Ⓒ (他国への)移住者；(特に)政治的亡命者

***e·mi·nence** /émɪnəns/ 名 ❶ Ⓤ (地位・名声などが) 高いこと, 高位, 高名, 卓越 ‖ an architect of great ～ 傑出した建築家 / attain ～ as a film director 映画監督として名をなす ❷ Ⓒ 名士, 要人 ❸ Ⓒ《His [Your] E-》貌下(げいか)《枢機卿(すうききょう)の尊称》❹ Ⓒ《堅・文》(丘など)小高い場所, 高台 ❺ Ⓒ【解】(骨などの)突出, 隆起

é·mi·nence grise /èɪminɑːns gríːz | èmɪnɔns-/ 名 (複 **é·mi·nences grises** /èɪminɑːns gríːz | èmɪnɔns-/)《フランス》(=gray eminence) Ⓒ 黒幕

***em·i·nent** /émɪnənt/ 形 ❶ 名声の高い, 高名な〈**for** …で；**as** …として；**in** …の分野で〉(⇨ FAMOUS 類語) ‖ an ～ attorney 高名な弁護士 / ～ *for* one's ability 優れた能力で名の通った ❷ 傑出[卓越]した, 秀でた, 際立った, 顕著な ‖ a man of ～ courage 抜きん出た勇気の持ち主 ❸ 身分[地位]の高い **～·ly** 副 著しく, 非常に
▸▸ ～ **domáin** 名 Ⓤ【法】(政府の)収用権

e·mir /emíər/ 名 Ⓒ ❶ (イスラム教国の) 首長 ❷ マホメットの子孫の尊称 **é·mir·ate** /, -ˊ-/ 名 Ⓒ 首長国；Ⓒ Ⓤ 首長の地位[管轄権]

em·is·sar·y /éməsèri | émɪsəri/ 名 (複 **-sar·ies** /-z/) Ⓒ 使者, 特使；(旧)密使

***e·mis·sion** /ɪmíʃən/ 名〔◁ emit 動〕❶ Ⓤ (光・熱・電子などの)放出, 発散, 放射；(紙幣などの)発行 ‖ the sun's ～ of light 太陽の光の放出 ❷ Ⓒ 放出[放射]物；排気 ‖ Our new model easily exceeds the proposed ～ standards. 我が社の新型車は排ガス基準を楽々とクリアできます / carbon dioxide ～*s* from cities 都市の二酸化炭素の排出 / ～*s* control 排ガス規制 / a low-～ car 低公害車 ❸ Ⓤ Ⓒ (精液・体液の)射出, 排泄(はいせつ)；射出[排泄]液
▸▸ ～ **spèctrum** 名 Ⓒ【理】放出スペクトル ～**s tràding** 名 =carbon trading

e·mis·sive /ɪmísɪv/ 形 放射性の；放出力のある

***e·mit** /ɪmít/ 動〔▶ emission 名〕(**-mit·ted** /-ɪd/；**-mit·ting**) 他 ❶〔ガス・光・熱など〕を発する, 出す, 放射する(≒ give [OR send] out, throw out [OR off]) ‖ ～ a blue light 青い光を発する ❷〔音・声など〕を立てる ‖ ～ a cry 叫び声を発する ❸〔紙幣など〕を発行する
語源 *e-* out + *-mit* send：送り出す

Em·men·tal, -thal /éməntɑ̀ːl/ 名 Ⓤ エメンタール《スイスのエメンタール地方原産の硬く穴の多いチーズ》

Em·my /émi/ 名 (複 **-mys** /-z/) Ⓒ エミー賞《米国で毎年優れたテレビ番組・出演者・製作者に与えられる賞》

e·mol·lient /ɪmɑ́(ː)liənt | ɪmɔ́l-/ 形 ❶ (皮膚を) 柔らかくする ❷ (怒りなどを)和らげる
—名 Ⓒ (皮膚を)柔らかくする薬

e·mol·u·ment /ɪmɑ́(ː)ljumənt | ɪmɔ́l-/ 名 Ⓒ《通例 ～s》《堅》《戯》報酬, 給料, 賃金

é·mòney 名 =electronic money

e·mote /ɪmóʊt/ 動 自《戯》大げさに感情を表す；芝居がかった動作をする

e·mo·ti·con /ɪmóʊṭɪkɑ(ː)n | -tɪkɔn/ 名 Ⓒ 💻 エモーティコン, 顔文字《Eメールなどで使われる :-) などの記号で作られた横向きの表情》(♦ *emot*ion + *icon* の造語) (→ smiley)

:e·mo·tion /ɪmóʊʃən/
—名〔▶ emotional 形〕(複 **～s** /-z/) ❶ Ⓒ Ⓤ (喜怒哀楽・愛憎・恐怖などの激しい) **感情**, 情緒 (⇨ FEELING[1] 類語) ‖ We were overcome by [OR with] ～ and reacted poorly. 我々は感情に流されてまずい対応をした / **arouse** strong ～*s* 強い感情を呼び起こす
連語【形+～】human ～ 人間的感情 / mixed ～*s* 複雑な感情 / negative [positive] ～*s* 否定的[肯定的]感情 / raw ～ 生々しい感情
【動+～】show [OR express] one's ～ 感情を示す / suppress [OR repress] ～ 感情を抑圧する / control one's ～*s* 感情を抑える
❷ Ⓤ **感動**, 感激, 興奮 ‖ His voice trembled with ～. 彼の声は感動のあまり震えた
～·less 形 感情を表さない, 無表情の
語源 *e-* out + motion(動くこと)：(心が)外へ動くこと

:e·mo·tion·al /ɪmóʊʃənəl/
—形〔◁ emotion 名〕(**more ～；most ～**)
❶ **感情に訴える**, 感動的な ‖ An ～ appeal might move him to make a donation. 泣き落としで訴えれば彼を寄付する気にさせられるかもしれない / an ～ speech 感動的な演説
❷《ときにけなして》**感情的な**；感動しやすい, 感情に走る ‖ get [OR become] ～ 感情的になる
❸《比較なし》《限定》感情の, 情緒の ‖ a child with ～ difficulties 情緒面で問題のある子供 / ～ problems 情緒障害 / ～ intelligence 感情[情緒]指数 / (an) ～ support 精神面での支え
e·mò·tion·ál·i·ty 名 Ⓤ 情緒性；感情過多

***emótional·ism** 名 Ⓤ ❶ 感情過多；大げさな感情表現 ❷ 情にもろい性質

*e·mo·tion·al·ly /ɪmóuʃənəli/ 副 感情的に, 情緒的に
e·mo·tive /ɪmóuṭɪv/ 形 ❶ 感情の, 感情を呼び起こす ❷ 感情的な ～·ly 副
ÈMP 略 electromagnetic pulse(電磁パルス)
Emp. 略 Emperor; Empire; Empress
em·pan·el /ɪmpǽnəl/ 動 他 =impanel
em·pa·thize /émpəθàɪz/ 動 自 〈…に〉共感を覚える, 感情移入する〈with〉
em·pa·thy /émpəθi/ 名 U 〈人への〉感情移入, 共感, 他人の気持ちを理解する能力〈with, for〉(⇨ PITY 類語)
em·páth·ic, èm·pa·thét·ic 形
em·pen·nage /à:mpənɑ́:ʒ | empénɪdʒ/ 名 C 〖空〗(航空機の)尾部

E

*em·per·or /émpərər/ 名 C ❶ 皇帝; (日本の)天皇(↔ empress) (⇨ KING 類語) ‖ the Holy Roman *Emperor* 神聖ローマ皇帝 / the *Emperor* Showa 昭和天皇 / His Majesty the *Emperor* 皇帝[天皇]陛下 ❷ 〖虫〗タテハチョウ; コムラサキ ～·shìp 名 U 皇帝の地位
▸～ mòth 名 C 〖虫〗ヤママユガ ～ pènguin 名 C 〖鳥〗コウテイペンギン

:em·pha·sis /émfəsɪs/
— 名 〔▶ emphasize 動, emphatic 形〕(複 -ses /-sì:z/) U C ❶ 〈…の〉**強調**, 重視〈on〉‖ The ～ is *on* basic research. 基礎研究が重視されている / We've **placed** [OR **put**] too much ～ *on* efficiency. 我々はこれまで能率に重点を置きすぎてきた / **with greater** [**particular**] ～ *on* ... …をさらに[特に]重視して
❷ (表現・感情・行動などの) 力強さ, 勢い, 迫力 ‖ He punched the air for ～. 彼は勢いよくこぶしを振り回した ❸ (語などの)強勢

:em·pha·size, (英) -sise /émfəsàɪz/
— 動 〔◁ emphasis 名〕(-siz·es, -sis·es /-ɪz/; ～d /-d/; -siz·ing, -sis·ing) 他 ❶ a (+目) …を**強調する**, 力説する, …重視する; …を際立たせる, 目立たせる ‖ ～ the ⌐importance of [need for] environmental conservation 環境保護の重要性[必要性]を力説する
b (+that 節 / wh 節) …ということを強調する (♦直接話法にも用いる) ‖ Let me ～ *that* Japan is at a turning point. 日本は岐路に立っているのだと声を大にして言いたい / It cannot be ～*d* enough *that* ... …であることはいくら強調してもしすぎることはない
❷ 〔言葉など〕に強勢を置く, を強める
❸ 〔輪郭など〕をくっきりさせる, 目立たせる ‖ The dress ～*s* body contours. そのドレスは体の線を強調する

*em·phat·ic /ɪmfǽṭɪk/ (アクセント注意) 形 〔◁ emphasis 名〕 ❶ (言葉・身振りなどが)強調された, 強い調子の; (語が) 強勢の置かれた ‖ I answered the question with an ～ "No." 私はその質問にきっぱり「いいえ」と答えた / an ～ denial 強い否定 / an ～ gesture 力のこもった身振り ❷ (人が)強調する, 強硬な, 断固たる〈about, in …を; that 節 …ということを〉‖ She was ～ *that* I should see a doctor. ぜひ医者に診てもらうよう彼女は言い張った ❸ (出来事などが)目立つ, 著しい; 明確な ‖ an ～ defeat [win] 惨敗 [圧勝] ❹ 〖文法〗強意の ‖ an ～ "do" 強意の"do"
em·phat·i·cal·ly /ɪmfǽṭɪkəli/ 副 ❶ 強調して; 断固として ❷ 《文修飾》明らかに, 絶対に ‖ It is ～ not important. それは断じて重要ではない
em·phy·se·ma /èmfɪsí:mə/ 名 U 〖医〗(肺)気腫(きしゅ)

:em·pire /émpàɪər/
— 名 〔▶ imperial 形〕(複 ～s /-z/) ❶ C **帝国**; (the E-)大英帝国(the British Empire); 神聖ローマ帝国 ‖ the Roman *Empire* ローマ帝国
❷ U 帝政(期); 皇帝の統治 ‖ the First *Empire* フランス第1帝政(時代)
❸ U 絶対統治権, 最高主権; 《堅》(人・団体の)完全支配 ‖ hold ～ on ... …に主権[統治権]を持つ
❹ C …帝国[王国]《1人物・1家族の支配下にある企業組織》‖ a financial ～ 金融王国
— 形 (E-)《限定》(家具・服装などが)アンピール様式の《特にナポレオン1世時代のもの》
▸Èmpire Stàte 名 (the ～) 米国ニューヨーク州の通称 Èmpire Stàte Bùilding 名 (the ～) エンパイアステートビル《ニューヨーク市にある超高層ビル》
émpire-bùilding 名 U 《通例けなして》勢力拡大
em·pir·ic /ɪmpírɪk/ 名 C ❶ 経験主義者 ❷ 《古》やぶ医者
*em·pir·i·cal /ɪmpírɪkəl/ 形 《通例限定》❶ 観察[実験]に基づく, 経験的な, 経験論の ❷ (特に医者が)(理論ではなく)経験頼みの, 経験主義の ～·ly 副
▸～ fórmula 名 C 〖化〗実験式《分子中の原子とその比率だけを表す式. 〈例〉H_2O》
em·pir·i·cism /ɪmpírɪsìzm/ 名 U ❶ 〖哲〗経験論 ❷ 経験主義 ❸ 非科学的療法 -cist 名 C 経験主義者
em·place·ment /ɪmpléɪsmənt/ 名 ❶ C 〖軍〗砲座, 砲床 ❷ U 設置, 据えつけ
em·plane /ɪmpléɪn/ 動 =enplane

:em·ploy /ɪmplɔ́ɪ/ 沖心義 (ある目的のために) Aを使う (★Aは「人」「物」「時間」など. 「人」の場合は報酬を伴う)
— 動 〔▶ employment 名〕(～s /-z/; ～ed /-d/; ～·ing)
— 他 ❶ 〔人〕を**雇う**, 使用する; …を(従業員として)採用する (⇨ 類語, WORK 類語P) ‖ A U.S.-born economist was ～*ed* as an adviser. アメリカ生まれのエコノミストが顧問として雇われた / We ～*ed* him to input the data. 我々はそのデータを入力するために彼を雇った / the ～*ed* 従業員たち
❷ 〔物・手段など〕を〈…に〉**使う**, 用いる〈in, for〉‖ A new procedure was ～*ed in* the investigation. 調査には新しい方法が使われた / A bulldozer is ～*ed for* excavation. 掘削にはブルドーザーが使われる / ～ a vacant lot as a playground 空き地を遊び場として使う
❸ 〔時間・精力など〕を〈…に〉費やす〈in〉/ Our little boy ～*s* all his free time *in* playing video games. うちの子は暇な時間をもっぱらテレビゲームに費やしている
❹ 《通例受身形で》〈…に〉従事する, 専念する〈in doing, on〉‖ She was busily ～*ed* ⌐(*in*) answering e-mails [*on* the new project]. 彼女はせっせとEメールに返信した[新事業に余念がなかった] (♦ in *doing* の in は《口》では省略されることがある)
— 名 U 《堅》雇用; 就労, 就業
in the emplóy of a pèrson; *in a pèrson's emplóy* 〔人〕に雇われて, …に勤めて ‖ be *in* the government's ～ 役所勤めである, 公務員である
～·able 形 名 C 雇用条件にかなった(人)
語源 *em-* in+*-ploy* fold(囲う): 囲い入れる
類語 《他 ❶》 employ 「雇う」の意を表す標準的な語. しばしば長期的な雇用や専門的な仕事を暗示する. 〈例〉 *employ* him as a counselor カウンセラーとして彼を採用する
hire 口語的な語. employ と同様に用いることも多いが, 短期的に「雇い入れる」場合(《英》では主にこの意味で用いる)や, 「給料」(salary) ではなく 「賃金」(wages)を支給する職種に雇う場合などに用いることもある. 〈例〉 *hire* three new waitresses 3人のウエートレスを新しく雇う

:em·ploy·ee, + (米) -ploy·e /ɪmplɔ́ɪi:, ⌐⌐⌐, ⌐⌐⌐/ (アクセント注意)
— 名 (複 ～s /-z/) C **従業員**, 被雇用者 (↔ employer) ‖ a regular ～ 正規[常勤]の従業員 / a public ～ 公務員, 役人 / *Employees* Only 《掲示》従業員専用
*em·ploy·er /ɪmplɔ́ɪər/ 名 C 雇い主, 雇用者 (↔ employee); (時間などの)使用者, 利用者
*em·ploy·ment /ɪmplɔ́ɪmənt/ 名 〔◁ employ 動〕 ❶ U C **職**, 職業; 勤め, 勤務 (⇨ JOB 類語P) ‖ seek [OR look for] ～ 職を探す / find [OR obtain, take] ～ 職を得る / get regular ～ in a bank 銀行に本雇い[常勤]

で採用される ❷ U 雇用，雇い入れ，採用；被雇用(↔ unemployment)；雇用状況，就業人口 ‖ He is in [out of] ～. 彼は就業[失業]している / The lifetime ～ system is collapsing. 終身雇用制度は崩壊しつつある / full ～ 完全雇用 / the men in her ～ 彼女に雇われている男性たち / ～ opportunity 就業機会 ❸ U〈道具などの〉使用，利用；〈手段などの〉行使(use)〈**of**〉‖ the ～ *of* farm machinery 農業機械の使用 / the ～ *of* force 武力の行使 ❹ U C (有益な)活動

▸▸ **～ àgency** 名 C (民間の)職業紹介所 **～ òffice** 名 C《英》(公営の)職業安定所

em·po·ri·um /empɔ́ːriəm/ 名 (複 **～s** /-z/ OR **-ri·a** /-riə/) C 大商店，大店舗；専門店

em·pow·er /ɪmpáuər/ 動 他 ❶〔人〕に力を与える；…に(自力でやれる)能力をつける ❷《+目+**to** *do*》《通例受身形で》…する権力[権限]を与えられている；…する能力がある(⇨ POWER 類語) ‖ We are not *～ed to* give information concerning the case. 我々はその事件に関して情報を与える権限は与えられていない **～·ment** 名

em·press /émprəs/ 名 C 皇后；女帝(↔ emperor) ‖ Her Majesty the *Empress* 皇后陛下

emp·ty /émpti/ 形 動 名

中心義 中身がない

── 形 (**-ti·er**；**-ti·est**)

❶ (容器などが)**空の**，何も入っていない(↔ full[1])；(部屋などが)**空いている**；(場所などが)人影のない；(乗り物などが)乗客[積荷]の載っていない；がらんとした(⇨ 類語) ‖ Your glass is ～. How about a refill? グラスが空ですね. もう1杯どうですか / be almost [half] ～ ほとんど[半分]空である / an ～ bottle 空き瓶 / Is this seat ～? この席は空いていますか (♦ Is this seat taken? や Is anybody sitting here? という方がふつう) / an ～ room 空き[人気(ひと け)のない，家具の入っていない]部屋 / an ～ wall 何の飾りもない壁

❷《通例限定》**むなしい**，空虚な；当てにならない；**無意味な**，口先だけの ‖ feel ～ むなしく思う / ～ labor 徒労，骨折り損 / an ～ life むなしい人生 / an ～ promise 空約束 / an ～ threat こけおどし / have an ～ face うつろな表情をしている

❸《+**of** 名》《叙述》…がない，…を欠いた ‖ The streets were ～ *of* traffic. 通りには車や人の往来がなかった / a life ～ *of* happiness 幸せのない生活

❹ 空腹の ‖ I shouldn't have drunk that wine on an ～ stomach. 空腹状態であのワインを飲むんじゃなかった / feel ～ 空腹を感じる ❺〖数〗(集合が)空(くう)の

COMMUNICATIVE EXPRESSIONS

1 **My póckets are émpty.** 私は一文無しだ (=I have no money. / ✎I'm broke.)

── 動 (**-ties** /-z/；**-tied** /-d/；**～·ing**)

── 他 ❶〔容器など〕を**空にする**《*out*》(↔ fill)；〔中身〕を〈容器などから〉空ける〈**out of, from**〉；〔容器など〕の〈中身を〉空ける〈**of**〉；〔建物・部屋など〕から人を立ち退かせる，…から(皆)出る ‖ Would you mind *～ing out* your pockets? ポケットの中のものを全部出してくださいませんか / ～ a bottle 瓶を空ける[飲み干す] / ～ the oil *out of* a tank タンクから石油を抜く / ～ a drawer *of* its contents 引き出しの中身を空ける / ～ a building ビルから立ち退く

❷ …(の中身)を〈…に〉移す，出す《*out*》〈**into, onto**〉‖ She *emptied out* her purse *onto* the table. 彼女はバッグの中身を全部テーブルの上に出した / ～ the water in the bucket *into* another バケツの水を別のバケツに移す

── 自 ❶ 空になる《*out*》；(ある場所の)〈人などが〉いなくなる〈**of**〉‖ When someone shouted, "Fire!," the restaurant *emptied* in an instant. 「火事だ」の叫び声でレストランはまたたく間に空っぽになった ❷ (川などが)〈…に〉注ぐ〈**into**〉‖ The Tone River *empties into* the Pacific Ocean. 利根川は太平洋に注ぐ

── 名 (複 **-ties** /-z/) C《通例 -ties》《口》空になったもの《空の容器・空き瓶・空き箱など》；空車，空き家

rùn on émpty 《通例進行形で》かつての活力[勢い]を失う，疲れる；(車が)ガス欠になる

類語《形 ❶》**empty** 中身がない空っぽの.
vacant 本来ふさがっているべきものが占有する人がなくて一時的に空いている. 〈例〉a *vacant* seat 空席

-ti·ly 副 **-ti·ness** 名

▸▸ **～ cálories** 名 複 空カロリー《栄養価がほとんどない食品のカロリー》 **～ nést** 名《the ～》子供が成長して親から独立した家庭，「空の巣」 **～ néster** 名 C《通例 ～s》《主に米口》子供が独立して残された親 **Émpty Qùarter** 名《the ～》空白の四半分《サウジアラビア南東部の砂漠地帯. Rub Al-Khali の英訳》

èmpty-hánded <シ 形《叙述》手ぶらの，収穫が何もない

èmpty-héaded <シ 形 頭が空っぽの，愚かな

èmpty-nést sỳndrome 名 C 空の巣症候群《子供が独立して残された親に見られる沈うつ》

em·pur·ple /ɪmpə́ːrpl/ 動 他 自 (…を[が]) 紫色にする[なる]，紫に染める[染まる] **-pled** 形

em·py·e·ma /èmpaɪíːmə/ 名 (複 **～s** /-z/ OR **-ma·ta** /-məṭə/) C〖医〗(特に胸の)蓄膿(ちくのう)症

em·py·re·al /èmpɪríːəl/ <シ 形 ❶ 最高天の；大空の ❷《文》崇高な

em·py·re·an /èmpɪríːən/ 名《the ～》❶ (古代の天文学での)最高天 ❷《文》天空 ── 形 =empyreal

ÈMŚ 略 *e*lectrical *m*uscle *s*timulation (電気筋肉刺激)；*e*lectronics *m*anufacturing *s*ervice (電子機器製造受託サービス)；*E*mergency *M*edical *S*ervice (救急医療サービス)；*E*uropean *M*onetary *S*ystem (欧州通貨制度)；*E*xpress *M*ail *S*ervice (国際ビジネス郵便)；💻 *e*xpanded *m*emory *s*pecification (MS-DOSでの拡張メモリーの仕様)

ÈMŤ 略《米》*e*mergency *m*edical *t*echnician (救急救命士)

e·mu /íːmjuː/ 名 (複 **～** OR **～s** /-z/) C〖鳥〗エミュー《ダチョウに似た飛べない鳥. オーストラリア産》

ÈMÚ 略 *E*conomic and *M*onetary *U*nion (欧州経済通貨同盟)

em·u·late /émjulèɪt/ 動 他 ❶ …と競争する，〔成績など〕を張り合う (rival)；…を見習う ❷ …に匹敵する ❸ 💻 …をエミュレートする(→ emulation ❷)

-là·tive 形 **-là·tor** 名 C 張り合う人；💻 エミュレーター《エミュレーションを実行するプログラム》

em·u·la·tion /èmjuléɪʃən/ 名 U ❶ 競争，張り合い；見習うこと ❷ 💻 エミュレーション《異なるOSやアーキテクチャーのコンピューター上に別のコンピューターのプログラム実行環境を仮想的に作り出すこと》

em·u·lous /émjuləs/ 形《堅》❶ 負けまいとする，競争心に満ちた ❷ (名声などを)熱望する **～·ly** 副

e·mul·si·fy /ɪmʌ́lsɪfàɪ/ 動 (**-fies** /-z/；**-fied** /-d/；**～·ing**) 他 自 (…を)乳化する

e·mùl·si·fi·cá·tion 名 **-fì·er** 名 C 乳化剤[器]

e·mul·sion /ɪmʌ́lʃən/ 名 U C ❶ 乳濁(液)；乳剤 ❷〖写〗感光乳剤 ❸ (=**～ pàint**) エマルジョン塗料《水性のつやなし塗料》 **-sive** 形 乳剤質の

en /en/ 名 C ❶ N, n の文字 ❷〖印〗半角，二分《全角(em)の半分》

en-[1] 接頭 (♦ b, m, p の前では em-)《動詞を作る》❶《名詞につけて》「…の中に入れる，…の上に置く，…で包む」などの意 ‖ *en*case, *en*train, *en*robe ❷《名詞・形容詞につけて》「…の状態にする」の意 ‖ *em*bolden, *en*cash ❸《動詞につけて》「…の中に，上に」などの意 ‖ *en*close ❹《動詞の意味を強める》‖ *en*tangle

en-[2] 接頭 (♦ b, m, p の前では em-) ギリシャ語からの借入語に用い「…の中，内(部)」の意 ‖ *en*ergy, *en*thusiasm

-en /-ən/ 接尾 ❶《形容詞・名詞につけて動詞を作る》「…にな

る[する]」の意 ‖ redd*en*, height*en* ❷《形容詞語尾》「…で作った, …のような」の意 ‖ wood*en*, gold*en* ❸《不規則動詞の過去分詞を作る》‖ driv*en*, writt*en* ❹《一部の名詞の複数形を作る》‖ childr*en*, ox*en* ❺《指小辞》‖ chick*en*, kitt*en*

:en·a·ble /ɪnéɪbl/《発音·アクセント注意》
—動〔◁ able 形〕(~s /-z/; -d /-d/; -bling) 他 ❶《+目+to do》(物事が)〔人〕に…**できるようにする**, …する能力[手段, 機会, 資格]を与える;〔物〕が…できるようにする(↔ prevent) ‖ His knowledge of Japanese ~*d* us *to* travel in Japan without difficulty. 彼の日本語の知識のおかげで私たちは苦労せずに日本を旅することができた(=His knowledge of Japanese made it possible for us to travel ....) / The good roads ~*d* relief supplies *to* reach stricken areas quickly. 道路がよかったので救援物資は被災地に素早く届けられた
❷(物事が)…を**可能にする**, 容易にする ‖ This dictionary will ~ a better understanding of English. この辞書によって英語がさらによく理解できるようになるだろう
❸💻〔装置·システム〕を作動させる
語源 *en-* make(…にする)+able(可能な)

-enabled 接尾「(機器などが)…対応の, …を使える」‖ a wireless-*enabled* laptop ワイヤレス対応のラップトップコンピューター

en·a·bler /ɪnéɪblər/ 名 Ⓒ ❶💻イネーブラ《機能拡張などを可能にするプログラム》❷(悪癖などの)助長者《甘い態度などでかえってひどくさせる人》

en·a·bling /ɪnéɪblɪŋ/ 形《限定》【法】特別の権限を与える
▸▸ ~ **áct** [**státute**] 名 Ⓒ 授権法

***en·act** /ɪnǽkt/ 動 他 ❶【法】〔法案〕を制定する, 通過させる;…を法律化する(♦ しばしば受身形で用いる) ‖ The Diet ~*ed* a new pension bill. 国会は年金に関する新法案を通過させた / ~ legislation 法律を制定する / as by law ~*ed* 法律に制定されているとおり / Be it further ~*ed* that ... さらに…と定める(♦ 法律文書の文句)
❷〔考え·提案など〕を実行に移す ❸〔劇·役など〕を演じる
❹《受身形で》(事件·状況などが)(繰り返し)起こる(♦ 主にジャーナリズムでの用法)

en·ac·tive /ɪnǽktɪv/ 形 立法権のある

***en·act·ment** /ɪnǽktmənt/ 名 ❶【法】Ⓤ(法律の)制定, 立法;Ⓒ(制定された)法律, 法令, 条例;(法律の)条項 ❷Ⓤ(劇などの)上演

***e·nam·el** /ɪnǽməl/《アクセント注意》名 Ⓤ ❶エナメル, ほうろう;ⓊⒸ(陶器の)上薬(うわぐすり), エナメル塗料 ❷(歯の)エナメル質 ❸マニキュア液(nail polish) ❹ⓊⒸエナメル加工品, ほうろう引き製品 **—**動(-eled,《英》-elled /-d/; -el·ing,《英》-el·ling) 他 …をほうろう引きにする, …にエナメル加工する;〔つめ〕にマニキュアをする

enámel·wàre 名 Ⓤ《集合的に》ほうろう引きの製品

enámel·wòrk 名 Ⓤ エナメル装飾, ほうろう引き

en·am·or,《英》**-our** /ɪnǽmər/ 動 他《通例受身形で》《堅·文》(人が)〈…に〉心を奪われる, 夢中になる, 魅惑される〈**of, with**〉‖ He is ~*ed of* her [his work]. 彼は彼女[自分の仕事]に夢中だ

en bloc /à:n blá:k | ɔ̀n blɔ́k/ 副 ひとまとめで, 皆一緒に(♦ フランス語より)(=as a whole)

enc. 略 enclosed, enclosure

en·camp /ɪnkǽmp/ 動 自(軍隊などが)野営[露営]する
—他《受身形で》〈…で〉野営[露営]する〈**at, in**〉
~·ment 名 Ⓤ 野営, 露営;Ⓒ 野営地

en·cap·su·late /ɪnkǽpsəlèɪt | -sju-/ 動 他 ❶…をカプセル(状のもの)に入れる ❷…を要約する(summarize; sum up) **en·càp·su·lá·tion** 名

en·case /ɪnkéɪs/ 動 他 …を箱などに入れる, すっぽり覆う(♦ しばしば受身形で用いる) **~·ment** 名

en·caus·tic /ɪnkɔ́:stɪk/ 形 ろう[色]焼きづけした ‖ ~ tiles 色タイル **—**名 Ⓤ ろう画(法)

-ence /-əns/ 接尾《名詞語尾》《-ent で終わる形容詞に対応して》「状態や行為」などを表す ‖ differ*ence*, emerg*ence*

en·ce·phal·ic /ènsəfǽlɪk | -kɪ-/ 形【解】脳の

en·ceph·a·li·tis /ɪnsèfəláɪṭəs | enkèfəláɪtɪs/ 名 Ⓤ【医】脳炎 ▸▸ ~ **le·thár·gi·ca** /-lɪθá:rdʒɪkə/ 名 Ⓤ【医】嗜眠(しみん)性脳炎, 眠り病

en·ceph·a·lo·gram /ɪnséfələgræ̀m | enkéfəlou-/ 名 Ⓒ【医】脳造影図

en·ceph·a·lo·my·e·li·tis /ɪnsèfəloumàɪəláɪṭəs | enkèfəloumaɪəláɪtɪs/ 名 Ⓤ【医】脳脊髄(せきずい)炎

en·ceph·a·lon /ɪnséfəlɑ̀(:)n | enkéfəlɔ̀n/ 名(複 -la /-lə/) Ⓒ【解】脳髄

en·ceph·a·lop·a·thy /ɪnsèfəlɑ́(:)pəθi | enkèfəlɔ́p-/ 名 Ⓒ【医】脳疾患, 脳症

en·chain /ɪntʃéɪn/ 動 他 ❶《堅·文》…を鎖でつなぐ ❷《文》〔注意·感情など〕を引きつける **~·ment** 名

***en·chant** /ɪntʃǽnt | -tʃá:nt/ 動 他 ❶…を魅惑[魅了]する, うっとりさせる, 大いに喜ばせる, 恍惚(こうこつ)とさせる(♦ しばしば受身形で用いる) ‖ I was ~*ed* by [OR with] the performance of the gospel singers. そのゴスペル歌手たちの歌いぶりにうっとりした / The kabuki scene ~*ed* her to the point of tears. その歌舞伎の場面に彼女は感極まって涙を催した ❷…に魔法をかける

en·chánt·er /-ər/ 名 Ⓒ ❶魔法使い ❷魅了する人

en·chánt·ing /-ɪŋ/ 形 魅惑的な, うっとりさせる **~·ly** 副

en·chánt·ment /-mənt/ 名 Ⓤ ❶魅惑されること, 魅力 ❷魔法にかけられること;Ⓒ呪文(じゅもん) ❸歓喜

en·chant·ress /ɪntʃǽntrəs | -tʃá:nt-/ 名 Ⓒ ❶魔女 ❷魅惑的な女性(中立 enchanter)

en·chi·la·da /èntʃɪlá:də/ 名 Ⓒ【料理】エンチラーダ《トルティーヤに肉を詰めて巻き, チリソースをかけたメキシコ料理》
the bìg enchiláda《米口》《戯》最も大切な人[もの]
the whòle enchiláda《口》すべてのもの

en·ci·pher /ɪnsáɪfər/ 動 他〔通信文など〕を暗号化する(↔ decipher) **~·ment** 名

***en·cir·cle** /ɪnsə́:rkl/ 動 他 ❶…を囲む, 取り囲む, 包囲する(♦ しばしば受身形で用いる) ‖ Japan is ~*d* by the sea. 日本は海に囲まれている ❷…の周りを回る
~·ment 名 Ⓤ 包囲;孤立化

encl. 略 enclosed, enclosure

en·clasp /ɪnklǽsp | -klá:sp/ 動 他《堅》…を握り締める;…を抱き締める

en·clave /énkleɪv/ 名 Ⓒ ❶飛び地《自国の領土に囲まれた他国の領土》(↔ exclave) ❷孤立した場所[集団]

***en·close** /ɪnklóuz/ 動〔▶ enclosure 名〕他 ❶〔土地など〕を〈…で〉取り囲む, 取り巻く〈**with, in, within**〉;…を〈…の中に〉入れる〈**in**〉(♦ しばしば受身形で用いる) ‖ The field ~*s* an area of buildings.=An area of buildings is ~*d* by the field. 野原が居住地域を取り囲んでいる / The temple is ~*d with* earthen walls. 寺は土塀で囲まれている ❷〈封筒·包みなどの中に〉…を封入する, 同封する〈**in, with**〉‖ Several pictures were ~*d with* the letter. 手紙と一緒に写真が数枚同封してあった / Please find ~*d* .... …を同封いたしますのでお納めください(♦ 商用文の決まり文句だが, 現在は We enclose [OR have enclosed] .... のように書くことも多い) ❸〔教団の信者など〕を(周囲から)隔絶する ❹(昔の制度で)〔公有地〕を私用に囲い込む
語源 *en-* in(中へ)+close(閉じる)

***en·clo·sure** /ɪnklóuʒər/ 名〔◁ enclose 動〕❶Ⓒ囲われた土地, 囲い地;構内;《英》(競馬場などの)特別席 ❷Ⓤ 囲いをすること, 囲われた状態 ❸Ⓒ 囲いをするもの《さく·塀など》❹Ⓤ 封入, 同封;Ⓒ同封物 ❺Ⓤ【英国史】囲い込み, エンクロージャー《共有地を私有地として垣根や溝で囲ったこと. 19世紀まで行われた》

en·code /ɪnkóud/ 動 他 ❶〔通信文など〕を暗号化する(↔ decode) ❷💻〔データなど〕を符号化する, (特定の形式のデータに)変換する **-cód·er** 名 Ⓒ💻(データを特定の形式に)変換する機器, 変換プログラム, エンコーダー

en·co·mi·um /ɪnkóumiəm/ 名 (複 **~s** /-z/ OR **-mi·a** /-miə/) C 《堅》賛辞，賞賛

en·com·pass /ɪnkʌ́mpəs/ 動 他 ❶ …を含む，包含[包括]する ‖ The study ~*es* a wide range of themes. その研究は広範囲にわたるテーマを包含している / The city authorities have ~*ed* our neighborhood within the redevelopment area. 市当局はこの辺りを再開発地区に入れている ❷ …を取り囲む，取り巻く，包囲する ‖ The hotel is ~*ed* by mountains. そのホテルは山に囲まれている ❸ 《堅》〔破滅など〕をもたらす(≒ bring about)

en·core /ɑ́:nkɔ:r | ɔ́ŋ-/ 名 C ❶ アンコールの要求 ‖ take an ~ アンコールに応える ❷ アンコールに応えての演奏
— 間 アンコール
— 動 他 〔曲など〕のアンコールを求める(♦ フランス語より)

en·coun·ter /ɪnkáunṭər/
— 動 (**~s** /-z/; **~ed** /-d/; **~·ing**)
— 他 ❶ 〔困難・危険など〕に**遭遇する**，直面する ‖ She ~*ed* strong opposition from her parents. 彼女は両親の強い反対に遭った / ~ **difficulties** 困難に遭う / ~ stormy weather しけに遭遇する / ~ **problems** 問題に直面する ❷ …に(思いがけず)**出会う**，出くわす ‖ I ~*ed* an old friend at the bank. 銀行で旧友にばったり出くわした ❸ 〔敵〕と交戦する，〔人〕と対立する — 自 偶然出会う
— 名 (複 **~s** /-z/) C ❶ (偶然の)出会い，遭遇〈**with** …との；**between** …の間の〉‖ They insist that they had a close ~ *with* aliens. 彼らは宇宙人に遭遇したと言い張っている / My **first** ~ *with* rap music was through the local FM radio station. 私の初めてのラップミュージックとの出会いは地元のFMラジオ局を通じてだった / the chance ~ *between* John and Yoko ジョンとヨーコの偶然の出会い
❷ 〈…との〉交戦，衝突〈**with**〉；(スポーツの)対戦
▶▶ **~ gròup** 名 C 《主に米》集団感受性訓練グループ，エンカウンターグループ

en·cour·age /ɪnkə́:rɪdʒ | -kʌ́r-/
— 動 (**-ag·es** /-ɪz/; **~d** /-d/; **-ag·ing**) 他 ❶ **励ます**，勇気づける(↔ discourage) **a** 《+目》〔人〕を励ます，勇気づける ‖ The news of his winning the gold medal ~*d* us a great deal. 彼の金メダル獲得のニュースに我々は大いに励まされた / They felt ~*d* by the governor's promise. 彼らは知事の約束に勇気づけられた
b 《+目+**to** *do*》〔人〕を…するよう励ます，激励する，奨励する；〔人〕が…するように仕向ける，促す(≒ urge on) ‖ The nurse ~*d* me *to* walk without crutches. 看護師は松葉づえを使わないで歩くよう私を励ました
c 《+目+**in** 名》〔人〕を(さらに)…するよう励ます，奨励する ‖ My parents ~*d* me *in* my efforts to become a lawyer. 両親は私が弁護士になるための努力を続けるよう励ましてくれた / ~ him *in* his work 人を励まして仕事にいっそう精を出させる(♦ to *do* はこれからやること，in は今やっていることについていう)
d 《+*doing*》…することを勧める ‖ ~ going on a diet ダイエットするように勧める
❷ …を奨励する，助長する，助成する ‖ ~ grass-roots democracy 草の根民主主義の発展を促す / ~ local manufactures 地場産業を助成する

en·cour·age·ment /ɪnkə́:rɪdʒmənt | -kʌ́r-/ 名 ❶ U 激励，奨励，助長，援助 ‖ My success owes much to your ~. 僕の成功は君の激励に負うところが大きい / by way of ~ 激励のつもりで ❷ C 〈…に〉励ましとなるもの，刺激〈**to**〉‖ His wife's words were a great ~ *to* the jockey. 妻の言葉が騎手には大変な励みになった

en·cour·ag·ing /ɪnkə́:rɪdʒɪŋ | -kʌ́r-/ 形 (**more ~**; **most ~**)勇気[元気]づける，望み[自信]を持たせる，励みになる **~·ly** 副 勇気[元気]づけるように，激励して

en·croach /ɪnkróutʃ/ 動 自 《+**on** [**upon**] 名》❶ (他人の権利・財産などを)侵害する ❷ (海などが)(…を)浸食する，侵入する

en·cróach·ment /-mənt/ 名 ❶ U C 〈…に対する〉侵害；浸食〈**on, upon**〉❷ C 侵害された権利；浸食地

en·crust /ɪnkrʌ́st/ 動 他 《通例受身形で》(物が)〈外皮[殻など]で〉覆われる；(王冠などが)〈宝石などを〉ちりばめている〈**with, in**〉‖ a diamond-~*ed* watch ダイヤモンドをちりばめた腕時計 — 自 外皮[殻]になる

èn·crus·tá·tion 名 =incrustation

en·crypt /ɪnkrípt/ 動 他 〔通信文など〕を暗号化する；💻 (不正なアクセスを防ぐため)〔データ〕を暗号化する

en·cryp·tion /ɪnkrípʃən/ 名 U 暗号化

en·cum·ber /ɪnkʌ́mbər/ 動 他 《通例受身形で》❶ 〈…で〉妨げられる；(人が)〈債務などを〉負わされる〈**with**〉❷ (場所が)〈邪魔物で〉ふさがれる〈**with**〉

en·cum·brance /ɪnkʌ́mbrəns/ 名 C ❶ やっかいなもの[人]，邪魔なもの[人] ❷ 『法』債権，(特に)抵当権

-ency /-ənsi/ 接尾 《名詞語尾》「性質，状態」の意 ‖ consis*tency*, emerg*ency*

en·cyc·li·cal /ɪnsíklɪkəl/ 名 C 『カト』(ローマ教皇の)回勅(かいちょく)

***en·cy·clo·pe·di·a, -pae-** /ɪnsàɪkləpí:diə/ 名 C 百科事典[辞典]，(特定分野の)専門事典；《the E-》『史』(フランスの)百科全書《1751-72》‖ a children's ~ 子供用百科事典 / a 25-volume ~ of modern science 全25巻の現代科学事典 / a walking ~ 生き字引

en·cy·clo·pe·dic, -pae- /ɪnsàɪkləpí:dɪk/ ⟨シ⟩ 形 百科事典の；博学な **-di·cal·ly** 副

en·cy·clo·pe·dist, -pae- /ɪnsàɪkləpí:dɪst/ 名 C ❶ 百科事典編集者[執筆者] ❷ 《E-》アンシクロペディスト，百科全書家《フランス百科全書の編集に参加した Diderot, d'Alembert, Voltaire, Rousseau など》

en·cyst /ensíst/ 動 他 自 『生』(…を[が])胞嚢(ほうのう)で包む[包まれる] **~·ment** 名

****end** /end/ 名 動

中心義 Aの末端(★Aは「物事」「行為」「人生」など多様)

名 終わり❶ 端❷ 限界❸ 目的❹
動 自 終わる❶ 結果になる❷ 他 終える

— 名 (複 **~s** /-z/) C ❶ (時間・活動などの)**終わり**，末，最後；終結，終末，末期，廃止；(本・話・映画などの)終わりの部分，末尾，結末(→ ending) (↔ beginning, start) ‖ You should take care of pets from beginning to ~. ペットの世話は最初から最後まできちんとやるべきだ / Don't give up until the very ~. 最後の最後まであきらめるな / In Japanese, verbs come at the ~ of the sentence. 日本語では動詞は文の最後にくる / There's an ~ to [OR of] it. (その件については)これで終わりだ / at the ~ of the year その年の終わりに / by the ~ of the week 週末までに / bring an inquiry to an ~ = bring an ~ to an inquiry 捜査を終了する / come [draw] to an ~ 終わる[終わりに近づく]
❷ **端**，末端，先端；(町などの)外れ，(地の)果て；(道路などの)突き当たり，(電話などの一方の)側(がわ)；《形容詞的に》末端の，先端の，突き当たりの ‖ A dragonfly landed on the ~ of the pole. トンボが棒の先に止まった / from ~ to ~ 端から端まで / the west ~ of a town 町の西の外れ / **at the** ~ of the street その道の突き当たりに / the person **at** [OR on] the **other** ~ of the (telephone) line 電話の話し相手 / the ~ room of a corridor 廊下の突き当たりの部屋
❸ **限界**，際限，切り ‖ There is no ~ to the argument on this matter. この問題は議論しだしたらきりがない / I'm at the ~ of my patience. もうこれ以上我慢できない / Technological progress has reached its ~. 技術の進歩も限界に来た
❹ 《しばしば ~s》**目的**，(達成)目標(⇨ PURPOSE 類語) ‖

E

For him, singing songs is an ～ in itself. 彼にとって，歌を歌うこと自体が目的だ / achieve [OR gain, win] one's ～*s* 目的を達成する / a means to an ～ 目的達成のための手段 / for one's own ～(*s*) 自分自身のために / to [OR for] this ～ この目的のために / *The* ～ *justifies the means*.《諺》目的は手段を正当化する；目的を達成するためなら手段を選ばない

❺《通例単数形で》(仕事などの)(担当の)部門，方面；取り分，分け前 (share) ‖ Is everything OK at your ～? そちらの方はすべて順調ですか / the editorial ～ of a publishing business 出版業の編集部門

❻《通例単数形で》最期，死(♥ death の婉曲語)；破滅；破滅などの原因 ‖ meet one's ～ 死ぬ / come to an untimely ～ 若死にする / If she borrows money from that man, it'll be the ～ of her. もしあの男から金を借りれば，彼女は終わりだ

❼《しばしば ～s》《英》切れ端，破片，くず ‖ cigarette ～*s* たばこの吸い殻 / odds and ～*s* がらくた

❽《the (living [《英》absolute]) ～》《口》我慢のならない人[もの] ‖ You really are the absolute ～. おまえにはほとほと愛想が尽きるよ ❾〖スポーツ〗(攻撃と守備の)側，サイド；〖アメフト〗エンド《攻撃または守備ラインの両端の選手》；(ボウリング・カーリングなどの)1ゲーム，1回

at an énd 終わって，尽きて

at the dèep énd《口》(仕事などの)最も難しい部分[局面]に[で] ‖ jump [be thrown] in *at the deep* ～ いきなり最も難しい局面[窮地]に立つ[立たされる]

****at the ènd of one's rópe*** [《英》***téther***] 我慢の限界で

at the ènd of the dáy《口》結局は，最終的には

at [OR ***on***] ***the recéiving ènd***《口》〈不快なことの〉受け手になって，矢面に立たされて〈**of**〉

begìn [OR ***stàrt***] ***at the wròng énd*** 初めからやり損なう，出だしで間違える

còme to a bàd [OR ***stìcky***] ***énd***《口》惨めな死に方をする；災難に遭う

ènd for énd 逆さまに，反対方向に，ひっくり返して

ènd of stóry《口》ただそれだけの話[こと]

ènd ón 先[末]端を人の方に向けて；先[末]端部が互いに接触する状態で

****ènd to énd*** 端と端をつないで一列にして[なって]

gèt [OR ***hàve***] ***one's énd awáy***《英俗》《婉曲的》性交する

gèt (***hòld of***) ***the wròng ènd of the stíck*** (実情・意図などを)全く誤解する，すっかり取り違える

gèt the shòrt [《英》***dìrty***] ***ènd of the stíck***《口》不当な扱いを受ける，いやなことをさせられる

gò òff (***at***) ***the déep ènd***《口》① かっとなる，かんしゃくを起こす ②《主に米》理性[自制心]を失う

gò to the ènds of the éarth 地の果てまで追い求める，何としても達成する

****in the énd*** 最後に(は)，**結局**，その結果 ‖ It'll all come right *in the* ～. 最後にはすべてうまくいくよ (♦ in the end は何らかの出来事の結末を述べるときに用い，at the end は通例 of ... を伴って「…の終わりに」の意味で用いる) / I looked everywhere for the key. *In the* ～, I found it in the lock on the door. NAVI 私は鍵(かぎ)を至る所捜した．結局，鍵はドアにささったままだった

kèep [OR ***hòld***] ***one's énd ùp***《英口》(難局に際して)自分の役割をきちんと果たす；立派にやってのける

****màke an énd of ...*** =*put an end to* ...(↓)

màke (***bòth***) ***ènds méet*** (収支を合わせて)収入内で何とかやりくりする

nèver [OR ***nòt***] ***hèar the énd of ...***《口》〔批判など〕をいつまでも言われる

nò énd《口》際限なく，とても ‖ The news cheered me up *no* ～. その知らせに私はとても元気づけられた

nò énd of ...《口》① たくさんの，限りのない ‖ She has *no* ～ *of* talents. 彼女には大変な才能がある ② すごい，ひどい

on énd ① 真っすぐに，直立して ‖ Her hair stood *on* ～. 彼女の髪は逆立った ② 連続して ‖ for days [hours] *on* ～ 何日も[何時間も]続けて

on the wròng énd of ... …がうまくいかない，…のせいで困ったことになる

plày bòth énds against the míddle《口》両者を対抗させてうまい汁を吸う；漁夫の利を占める

****pùt an énd to ...*** …を終わらせる，廃止する；殺す ‖ We are determined to *put an* ～ *to* the violence. 私たちは暴力の撲滅を決意した / *put an* ～ *to* oneself [OR it all] 自殺する(＝kill oneself)

the ènd of the róad [OR ***líne***] (活動・運営・交渉などの)限界，終わり，それ以上どうにもならない状態

the ènd of the wórld《主に否定文で》《口》この世の終わり，重大事，大災害 ‖ If you fail the exam, it won't be *the* ～ *of the world*. 試験に失敗してもそれで一巻の終わりというわけではない

the shàrp énd《口》① 最も重要なところ；最も厳しい局面，矢面 ‖ His company is at *the sharp* ～ of the recession. 彼の会社は不況の影響をまともに受けている ②《英》《戯》(船の)へさき

the thìn ènd of the wédge《英》(今はささいなことでも)後に重大な結果を招くもの

to nò énd ① 何の成果もなく ‖ I tried to put the fire out, but *to no* ～. 火を消そうとしたが，無駄だった ②《口》とても

to [OR ***until***] ***the bìtter énd*** 最後の最後まで，とことん

without énd 際限なく[ない]，果てしなく[ない]

COMMUNICATIVE EXPRESSIONS

1 **Thát's nòt the ènd of the stóry.** NAVI まだ(言いたいことは)あります；話は終わっていません(♥ 説明などを付け加える際に用いる前置きの表現)

━動 (**～s** /-z/；**～·ed** /-ɪd/；**～·ing**)(⇨ 類語)

━自 ❶ **終わる**，終了する，やむ(↔ begin, start)〈**with**, **on** …で；**by** *doing* …することで〉‖ The film ～*s with* the hero's death. その映画は主人公の死で終わる / The road ～*ed* there. 道はそこで終わっていた / Sam ～*ed by* playing "As Time Goes By" on the piano. サムは最後にピアノで「時の過ぎ行くまま」を弾いた

❷《＋ **in** 名》…の(特によくない)**結果になる**，最後[終わり]は…になる ‖ One half of all American marriages ～ *in* divorce. アメリカの夫婦の2組に1組が離婚に終わる / The case ～*ed in* mystery. その事件は迷宮入りした / ～ *in* tears 最後に泣きをみる

━他 …を〈…で〉**終える**，終わらせる〈**with**〉；…を停止する[させる] ‖ Most people now ～ their days [OR lives] in the hospital. 今ではたいていの人が病院で生涯を終える / ～ the conference *with* his closing statement 彼の総括で大会を終える / The patient asked the doctor to ～ his suffering. 患者は医者に苦痛を止めてくれるよう頼んだ / ～ all nuclear tests すべての核実験を停止させる / in the fiscal year ～*ed* (on) March 31 3月31日締めの会計年度には(♦ 3月31日がまだ来ていない場合は ending (on) March 31 とする)

ènd it áll 自殺する(♥ kill oneself の婉曲的表現)

****ènd úp***〈自〉① 終わる ‖ When will this event ～ *up*? この行事がすべて終わるのはいつですか ② **結局**[最後]**は…になる**[終わる] (♦ 後に場所・状態などを表す副詞相当語句，補語，*doing* を伴う．しばしば「予期せぬ結果に終わる」というニュアンスを持つ) ‖ He ～*ed up* at our house for the night. 結局彼はその夜うちに泊まることになった / We ～*ed up* playing video games at home. 結局私たちは家でビデオゲームをすることになった / He ～*ed up* penniless [as a director]. 彼は結局一文なしになった[最後は重役になった] / ～ *up* in hospital とうとう入院することになる ━〈他〉《***ènd úp ...***》…を〈…で〉終える〈**with**〉‖ He ～*ed up* his speech *with* a proverb. 彼は諺(ことわざ)で演説を結んだ

to ènd àll ...s 《名詞の後に置いて》《口》あらゆる…を越えた[凌駕(りょうが)した] ‖ a party *to* ～ *all* parties あらゆるパーティーをしのぐパーティー

COMMUNICATIVE EXPRESSIONS

[2] **Àll's wéll that énds wèll.** 終わりよければすべてよし；結果オーライ(♥ 陳腐な表現. 原典はシェークスピア)

類語《動》**end** 自然な終結, 行動・過程の完結, 目的の達成など, 広義の「終わる, 終える」の意.
finish すっかり終わる. 〈例〉*finish* one's work 仕事をやり終える(♦「終える」の意では finish の方が end より多く用いられ,「終わる」の意では finish, end 共に用いられるが, 重要な変化がある場合は, どちらの意でも end が用いられる)
close 進行中のことの計画的な終結. 〈例〉*close* a meeting 閉会する
be over「終わっている」という状態. 〈例〉The party *is over.* パーティーは終わった
complete 必要条件を全部満たして終わる. 〈例〉*complete* a task 仕事を完遂する
conclude 決定・結論などに達して終わる. 〈例〉*conclude* a story 物語を(一定の結末をつけて)終わらせる

▸▸ **～ lìne** 名C〖スポーツ〗エンドライン(↔ sideline) **～ màn** 名C《米》(minstrel show で)列の両端に座ったおどけ役の団員 **～ òrgan** 名C〖解〗末端器官 **～ prò-duct** 名C 最終結果；最終製品, 完成品 **～ resùlt** 名《the ～》最終結果 **～ rùn** 名C ①〖アメフト〗エンドラン《ボールを持った選手が相手の守備ラインの横を抜けて走るプレー》②《米口》(ずる賢く)障害を避けること **～ ùse** /-jù:s/ 名U(製品などの)最終用途 **～ ùser** 名C(製品を)実際に使う人, エンドユーザー；💻エンドユーザー《コンピューターシステムの端末を業務処理で利用する者. プログラムやシステムの開発者に対する表現》 **～ zòne** 名C〖アメフト〗エンドゾーン《ゴールラインとエンドラインの間の部分》

énd-àll 名《the ～》最も大切なこと, 究極の目的(→ be-all and end-all)

en·dan·ger /ɪndéɪndʒər/ 動 他 …を危険にさらす, 危険に陥れる ‖ ～ one's health 健康を害する / ～ wildlife 野生動物を絶滅の危機にさらす **～·ment** 名

en·dán·gered /-d/ 形 (動植物が)絶滅の危機にある
▸▸ **～ spécies** 名C 絶滅の危機にある種

en·dear /ɪndíər/ 動 他 …を〈…に〉愛させる, 慕わせる〈**to**〉‖ She ～*ed* herself *to* everyone. 彼女はだれからも好かれていた **～·ing** 形 人に愛される **～·ing·ly** 副

en·déar·ment /-mənt/ 名 ❶U 愛される[慕われる]こと, 親愛 ❷UC 愛の言葉；愛撫(あいぶ)

en·deav·or, 《英》**-our** /ɪndévər/ 《発音・アクセント注意》名CU〈…しようとする〉(真剣な)努力；(努力を伴う)試み, 企て, 尽力, 骨折り〈**to** *do*〉(⇨ EFFORT **類語**) ‖ She made every ～ *to* win the contest. 彼女はコンテストに優勝するためあらゆる努力をした / in spite of one's best ～*s* 精いっぱいの努力にもかかわらず / a fruitless [OR futile, vain] ～ 無駄な骨折り
—動 自《堅》《+**to** *do*》…しようと(懸命に)努力する, …を(真剣に)試みる(⇨ TRY **類語**) ‖ I ～*ed to* sound him out on that point. その点について彼の意向を探ろうと試みた / ～ *to* achieve one's goals 目的を達成しようと努める

en·dem·ic /endémɪk/ 形 (動植物が)〈ある地方に〉特有の, 固有の；(病気が)〈ある地方(の人々)に〉特有の〈**in, to**〉‖ an ～ disease 風土病
—名C 風土病；(生物の)固有種 **-i·cal·ly** 副

en·dem·ism /éndəmɪzm/ 名U(ある地方の)特有性, 固有性

énd·gàme 名C(チェスの)終盤戦；(物事の)最終段階

end·ing /éndɪŋ/ 名C ❶終わり, 終結；(特に物語・映画・劇などの)最後の部分, 終わり方, 結末(↔ beginning, start)；〖チェス〗終盤(endgame) ‖ a love story with a happy ～ ハッピーエンドの恋愛小説(❗ happy end とはいわない) / come to a surprise ～ どんでん返しの結末になる ❷末端(部分) ‖ nerve ～*s* 末梢(まっしょう)神経 ❸〖文法〗(活用[屈折])語尾 ❹最期, 死；滅亡 ❺〖心〗(人, 特にセラピストとの)関係を終わらせること

en·dive /éndaɪv | -dɪv/ 名U ❶《英》キクヂシャ, エンダイブ《サラダ用の野菜》❷《米》チコリ(chicory)

‡end·less /éndləs/
—形《比較なし》❶**終わりのない**, 果てしない, 無限の；永遠の；長々と続く, 止めどない ‖ The war was ～. 果てしない戦争だった / an ～ universe 無限の宇宙 / a **seemingly** ～ speech 終わらないかとも思える演説 ❷不断の, 絶え間ない, 数えきれない ‖ ～ interruptions [orders] ひっきりなしの中断[注文] / the ～ noise of construction work 建設工事の絶え間ない騒音 / work for ～ hours 極めて長時間働く / ～ iniquities 数限りない不正行為 ❸《通例限定》切れ目なくつながっている, 循環する, 環状の ‖ an ～ belt 循環[環状]ベルト / an ～ tape エンドレステープ **～·ly** 副 **～·ness** 名

énd·mòst 形 いちばん端の, 末端の

énd·nòte 名C 巻末の注, 後注

endo- /endə-, -dou-/ **連結形**「内部の, …の中に」の意(↔ exo-)

en·do·crine /éndəkràɪn, -krɪn/ 名C形〖生理〗内分泌腺(の)；内分泌物(の), ホルモン(の)
▸▸ **～ disrúptor** 名C〖生〗内分泌攪乱(かくらん)化学物質, 環境ホルモン **～ glànd** 名C 内分泌腺

en·do·cri·nol·o·gy /èndoukrɪnɑ́(:)lədʒi, -də- | -nɔ́l-/ 名U 内分泌学 **-gist** 名

énd-of-lìfe 形 終末期の；耐用年数を経た ‖ ～ care 終末期の介護

en·dog·a·my /endɑ́(:)gəmi | -dɔ́g-/ 名U ❶族内結婚(↔ exogamy) ❷〖植〗自家受粉 **-mous** 形

en·dog·e·nous /endɑ́(:)dʒənəs | -dɔ́dʒ-/ 形 ❶〖生〗内部から発生する, 内生の ❷(病気などが)内因性の

en·do·me·tri·um /èndoumí:triəm | -dəmítriəm, -dou-/ 名(複 **-tri·a** /-triə/) C〖解〗子宮内膜 **-tri·al** 形

en·do·morph /éndəmɔ̀:rf, -dou-/ 名C ❶〖生理〗(腹の出た)肥満型の人 ❷〖鉱〗内包鉱物

éndo·plàsm 名U《旧》〖生〗内(部原)形質, (原生動物の)内質 **èndo·plásmic** 形

en·dor·phin /endɔ́:rfɪn/ 名U〖生化〗エンドルフィン《鎮痛作用を持つホルモン》

***en·dorse** /ɪndɔ́:rs/ 動 他 ❶〔意見・行動・人など〕を是認する, 公式に認める, 支持する；(宣伝広告の中で)〔製品・会社など〕を褒める, 推奨する ‖ ～ his proposal 彼の提案を是認する / ～ a candidate 候補者を支持する ❷(受取人として)〔小切手など〕に裏書きする；(支払承認の証として)〔手形など〕に裏書きする；《通例受身形で》(説明・注記・署名などが)〈書類の裏[表]に〉書き込まれる〈**on**〉‖ ～ a bill to him 手形を彼に裏書譲渡する ❸《通例受身形で》《英》(運転免許・営業許可証などに)違反事項が書き込まれる ‖ She had her driving license ～*d* with five penalty points for speeding. 彼女はスピード違反で免許証に減点5を記入された

COMMUNICATIVE EXPRESSIONS

[1] **I'd lìke to endòrse your** [OR **thàt**] **víew** [OR **opínion**]. そのご意見を支持いたします(♥ 会議などの場で使われる形式ばった表現. 賛成・支持・是認を表す)

en·dor·see /èndɔ:rsí:/ 名C 被裏書人, 譲受人

en·dórse·ment /-mənt/ 名 ❶U 承認, 是認；(広告などの)推薦文 ❷C(手形などの)裏書；(保険証書の)裏書条項 ❸C(英国で運転免許証の裏に書かれた)違反事項
▸▸ **～ fèe** [**mòney**] 名CU(スポーツ機具宣伝に対して選手に支払われる)宣伝報酬

en·dors·er, -or /ɪndɔ́:rsər/ 名C 裏書人, 譲渡人

éndo·scòpe 名C〖医〗内視鏡

en·dos·co·py /endɑ́(:)skəpi | -dɔ́s-/ 名U〖医〗内視鏡検査(法)

E

en·do·therm /éndəθə̀ːrm/ 名 C 〘動〙内温動物

en·do·ther·mic /èndəθə́ːrmɪk, -dou-/ ＜シ 形 ❶〘化〙吸熱性の ❷〘動〙内温の

***en·dow** /ɪndáu/ 《発音注意》 動 他 ❶〔学校・病院など〕に〈…を〉(基金として) 寄付する；〔人〕に〈…を〉遺贈する〈**with**〉；…を寄贈する ‖ ～ a college (*with* a large sum of money) 大学に (多額の金を) 寄付する / ～ a bed in a hospital＝～ a hospital *with* a bed 病院にベッドを寄贈する ❷《通例受身形で》〈資質・特徴などを〉賦与されている, 授けられている〈**with**〉;《口》(男性が)巨根の, (女性が) 巨乳の ‖ She is ～*ed with* a sense of humor. 彼女には生まれつきユーモアの感覚が備わっている / a city ～*ed with* numerous prehistoric sites 先史時代の遺跡が数多く残されている都市 ❸《+目 *A*+**with** 名 *B*》*A*(人)に*B*(特徴・望ましいものなど)があると思う[想像する] ❹《+目 *A*+**with** 名 *B*》《堅》*A*(人)に*B*(権限・責任など)を与える ‖ ～ him *with* privileges 彼に特権を与える

▸▸ **～ed chàir** 名 C (大学などの)寄付講座(の職)

***en·dow·ment** /ɪndáumənt/ 名 ❶ U 寄付 (行為), 寄贈 ❷ C (寄付された) 基金, 寄付金 ‖ establish an ～ 基金を設ける / provide an ～ for ... …に寄付をする ❸ C《通例 ～s》天賦の才能, 天分 ‖ individual genetic ～*s* 個々人の遺伝的諸特質 / natural ～*s* 天賦の才

▸▸ **～ mòrtgage** 名 C《英》養老保険抵当融資 **～ pòlicy** 名 C《英》養老保険証券

énd·pàper 名 C (本の) 見返し ‖ the front [back] ～ 表[裏]見返し

énd·plày 名 C 動 他 〘ブリッジ〙エンドプレー (を仕掛ける) 《ゲームの終盤で, 相手に先に札を出させることによって, 相手を不利にする》

énd·pòint 名 C 終末点, 終点;〘化〙(滴定の)終点

en·due /ɪndjúː/ 動 他 《通例受身形で》《文》(人が)〈資質・才能などを〉持っている〈**with**〉(♦ endow の方がふつう) ‖ a man ～*d with* inventive genius 発明の才を持つ人

en·dur·a·ble /ɪndjúərəbl/ 形 〔◁ endure 動〕耐えられる, 我慢できる **-bly** 副

***en·dur·ance** /ɪndjúərəns/ 名 〔◁ endure 動〕 U ❶ 忍耐, 我慢；忍耐力, 我慢強さ (⇨ PATIENCE 類語) ‖ Her interference is beyond [OR past] (my) ～. 彼女のおせっかいにはこれ以上我慢ができない / test one's ～ 忍耐力を試す ❷ 持久力, 耐久力 ‖ Does he have enough ～ to run ten miles? 彼に10マイル走る持久力があるだろうか ❸ 耐久(期間), 持続(期間) ‖ an ～ record for space flight 宇宙飛行の滞宇宙最長記録

▸▸ **～ tèst** 名 C 耐久力[持久力]テスト

***en·dure** /ɪndjúər/ 動 〔▸ endurance 名, endurable 形〕 他 ❶《しばしば cannot, could not を伴って》 **a** 《+目》〔苦痛・労苦など〕に(長い間)耐える, 辛抱する, 我慢する, 持ちこたえる(↘ put up with, stick out)(⇨ BEAR[1] 類語) ‖ I can't ～ his rudeness any longer. 彼の無礼さにはもう我慢できない / We've ～*d* three years of hard training. 我々は3年に及ぶつらいトレーニングに耐えてきた **b** 《+*doing* / **to** *do*》…することに耐える ‖ I can't ～ being [OR *to* be] disturbed. あれこれ煩わされるのには耐えられない

❷《堅》…を(寛容さを持って)受け止める, 大目に見る ‖ We did our best, and will ～ the consequences. 我々はベストを尽くしたのだから結果を甘受しよう

❸ (物が) …に持ちこたえる, 耐える ‖ This dike will not ～ the rising water. この堤防は増水にはもつまい

一自 ❶ 存続する, 持続する, 持ちこたえる(⇨ CONTINUE 類語) ‖ The system still ～*s*. その体制は今なお存続している / as long as life ～*s* 命ある限り ❷ 耐える, 耐え抜く ‖ Do you say that the minority must ～ in silence? 少数派は黙って耐え忍べと言うのか

語源 *en-* in＋*-dure* harden(堅固にする)

en·dur·ing /ɪndjúərɪŋ/ 形 ❶ 永続的[恒久的]な, 耐久性のある ❷ 忍耐強い **～·ly** 副

en·dur·o /ɪndjúərou/ 名 (複 **～s** /-z/) C (自動車などの)長距離耐久レース

énd·wìse, énd·wàys 副 ❶ 立てて, 直立させて；端を上[前]に向けて ❷ 縦(方向)に, 端に(向かって) ❸ 端と端を合わせて

En·dym·i·on /endímiən/ 名 〘ギ神〙エンディミオン《月の女神セレネに愛された美青年》

ÈNE 略 east-northeast

-ene 接尾 〘化〙「不飽和炭化水素」の意 ‖ acetyl*ene*, ben*zene*

en·e·ma /énəmə/ 名 (複 **～s** /-z/ OR **～·ta** /-tə/) C 浣腸(かんちょう)；浣腸剤[液]；浣腸器

⁂en·e·my /énəmi/

一名 (複 **-mies** /-z/) ❶ C **敵**, 敵対者, かたき (↔ friend)；敵国, 敵兵, 敵艦；競争相手 ‖ He has as many *enemies* as friends. 彼には味方も多いが敵も多い / My next-door neighbor and I have been *enemies* for years. 隣人と私は何年もの間敵対し合っている / Don't **make** an ～ of him. 彼を敵に回すな / France and Germany were *enemies* in World War II. フランスとドイツは第2次世界大戦では敵同士だった

Behind the Scenes **Keep your friends close, but your enemies closer.** 敵は飼い慣らせ 米国マフィア映画 *The Godfather Part II* で, Al Pacino 演じるマフィアのドンが言ったせりふ. 「(信用できる) 友人は近くに置いておけ. だが, (信用できない) 敵はもっと近くに置いて (よく注視し, いざというときに備えて) おけ」. 中国春秋時代の軍事思想家孫武の兵法書『孫子』に由来するという説や, イタリアルネサンス期の政治思想家マキャベリの『君主論』が出典とする説も. 映画で広く知られるようになった (♥「敵を知るならその懐に飛び込め」の意. ビジネス場面などでも使える)

連語 【形+～】 an old ～ 旧敵 / a political ～ 政敵 / a public ～ 社会[民衆]の敵 / a natural ～ 天敵 / a common ～ 共通の敵
【動+～】 face an ～ 敵に立ち向かう / attack [fight (against)] an ～ 敵を攻撃する[と戦う] / defeat [drive back]an ～ 敵を破る[撃退する] / destroy an ～ 敵を滅ぼす

❷《the ～》《集合的に》《単数・複数扱い》敵軍, 敵艦隊(♦《米》では通例単数扱い.《英》では全体を一つの集団と見る場合単数扱い, 個々の兵士や艦船などに重点を置く場合複数扱い) ‖ The ～ were [OR was] superior in number. 敵(軍)は数の上で優勢だった

❸《形容詞的に》敵 (国[軍]) の ‖ ～ aircraft [ships] 敵機[艦] / ～ action 敵軍の行動 / behind ～ lines 敵陣内で[へ]

❹ C 阻害者, 障害物；〈…の〉害[不利益]となるもの,《比喩的に》敵〈**to, of**〉‖ Heat is my ～. 暑さは大の苦手だ / Jealousy is an ～ *to* friendship. ねたみは友情の敵だ / I am no ～ *of* wine. 私はワインは嫌いではない

be one's òwn wòrst énemy 自分が自分自身の最大[最悪]の敵である；身から出たさびだ

With friends like that, who needs enemies? ⇨ FRIEND(CE 7)

***en·er·get·ic** /ènərdʒétɪk/ 《アクセント注意》＜シ 形 〔◁ energy 名〕 ❶ 活動的な, 精力的な, エネルギッシュな (❗「エネルギッシュ」はドイツ語の energisch より)；力強い ‖ an ～ young man 元気旺盛(おうせい)な若者 / an ～ activity 活発な活動 ❷ 強力な, 有力な, 効果的な ‖ ～ X-rays 強力なX線 / take ～ measures against hijacking ハイジャック防止に効果的な措置をとる

-i·cal·ly 副

en·er·get·ics /ènərdʒétɪks/ 名 U エネルギー論

en·er·gize /énərdʒàɪz/ 動 他 ❶ …に活力を与える, …を活気づける ❷〔機械など〕に電流を通す 一自 活気づく, 活発である **èn·er·gi·zá·tion** 名 **-gì·zer** 名

en·er·gy /énərdʒi/ 《発音・アクセント注意》
―名〔▶ energetic 形〕(複 **-gies** /-z/) ❶ U **活力**, 力；精力, 元気, 勢い(→ power)；能力 ‖ We didn't have the ～ to line up the dominoes all over again. 我々にはもう一度ドミノを並べる元気がなかった / The colt is full of ～. その子馬は元気旺盛(おうせい)だ / Save [OR Conserve] your ～ for tomorrow's climb. 明日の登山のために力を蓄えておきなさい / renew one's ～ 元気を取り戻す / physical [spiritual, intellectual] ～ 体力[気力, 知力]
❷ C《しばしば -gies》(個々人の発揮する)行動力, 活動力, 努力 ‖ She devoted [OR applied] all her *energies* to the education of children. 彼女は子供の教育に全精力を注いだ / rouse [concentrate] one's *energies* 力を奮い起こす[集中する]
❸ U〖理〗**エネルギー**；エネルギー資源；C エネルギー値 ‖ an ～ source エネルギー源
連語 【形+～】atomic [nuclear] ～ 原子力 [核] エネルギー / kinetic [potential] ～ 運動[位置]エネルギー / alternative [renewable] ～ 代替 [再生可能な] エネルギー《風力・太陽熱などの自然エネルギー》/ solar ～ 太陽エネルギー
【動+～】save ～ エネルギーを節約する / waste ～ エネルギーを無駄にする / produce ～ エネルギーを作り出す / provide ～ エネルギーを供給する / consume [OR use] ～ エネルギーを消費する
❹ U (言葉・表現などの)力強さ, 生彩
▶▶ ～ **àudit** 名 C U (エネルギー節約のために行う家庭・工場などの) エネルギー消費監査 ～ **bàr** 名 C エネルギーバー, パワーバー《栄養・エネルギー補給を目的とした棒状菓子》 ～ **crìsis** 名 C U エネルギー危機 ～ **drìnk** 名 C エネルギー補給飲料, スポーツドリンク ～ **effìciency** 名 U エネルギー効率 ～ **frèedom** 名 U エネルギー自立《電力などを公益会社に頼らない自由》 ～ **lèvel** 名 C ①〖理〗エネルギー準位 ② 活動能力

en·er·vate /énərvèɪt/(→ 形) 動 他 …の力を弱める, …から気力を奪う ―形 /ɪnə́ːrvɪt/《文》弱々しい, 無気力な
èn·er·vá·tion 名

en fa·mille /ɑ̀ːn fəmíː | ɔ̀n fæ-/ 副《フランス》(=at home)家族そろって, 打ち解けて

en·fant ter·ri·ble /ɑːnfɑ̀ːn tərìːblə | ɔ̀nfɔn-/ 名 (複 **en·fants ter·ri·bles**)《フランス》(=terrible child) C ❶ 手に負えない[恐るべき]子供 ❷ 他人を当惑させるような言動をする人

en·fee·ble /ɪnfíːbl/ 動 他 …を弱くする, 衰弱させる **-bled** 形 **～·ment** 名

en·fi·lade /énfəlèɪd | ènfɪléɪd/〖軍〗名 C 縦射
― 動 他 …に縦射を浴びせる

en·fold /ɪnfóʊld/ 動 他 ❶ …をくるむ, 包む〈**in** 布などに；**with** …で〉 ❷ …を〈腕に〉抱き締める〈**in**〉

en·force /ɪnfɔ́ːrs/ 動 他 ❶〔法律など〕を施行[実施]する,〔規則など〕を守らせる ‖ ～ laws strictly 法を厳正に施行する / ～ speed limits 速度制限を実施する[遵守させる] ❷ …を〈…に〉強制[強要]する, 押しつける, 強いる〈**on, upon, against**〉；…を強行する, 強制執行[徴収]する(⇨ POWER 類語) ‖ ～ silence [obedience] 沈黙[服従]を強いる / ～ one's will *on* a child 子供に自分の意志を押しつける / ～ sanctions *on* [OR *against*] a country ある国に対して制裁を加える / ～ inquiries 調査を強行する ❸〔意見・論点など〕を強固にする；〔要求など〕をしつこく主張する, 強調する **～·a·ble** 形 **～d** 形 強制的な

en·force·ment /ɪnfɔ́ːrsmənt/ 名 U (法律などの) 施行, 実施；強制, 強要；強化, 強調, 力説 ‖ strict [OR rigid] ～ of the law 法律の厳正な施行 / the ～ of discipline 綱紀(こうき)の粛正 / a drug ～ agency 麻薬取締機関

en·forc·er /ɪnfɔ́ːrsər, en-/ 名 C ❶ 強制する人, (法律などの) 執行者 ❷《米俗》悪漢, ごろつき ❸〖アイスホッケー〗エンフォーサー《相手チームを威圧する選手》

en·fran·chise /ɪnfréntʃaɪz/ 動 他 ❶〔人〕に参政権を与える；〔都市〕に自治権[国会議員選出権]を与える ❷〔奴隷など〕を解放する **～·ment** 名

eng. 略 engine；engineer, engineering；engraved
Eng. 略 England, English

***en·gage** /ɪngéɪdʒ/ 中心義 …をしっかりと結びつける

> 動 他 従事させる❶ 引きつける❷ 雇う❸ 約束する❺
> 自 従事する❶

―動〔▶ engagement 名〕(**-gag·es** /-ɪz/；**～d** /-d/；**-gag·ing**) (→ engaged)
―他 ❶〔人〕を**従事させる**, 没頭させる；《～ oneself で》〈…に〉従事する, 没頭する〈**in, on**〉(♦ 受身形の用法については → engaged) ‖ She ～*d* herself *in* politics [the compilation of reports]. 彼女は政治に携わった[報告書の編集に取りかかった]
❷〔人・注意・興味など〕を**引きつける**；〔人〕を〈会話などに〉誘い込む, 引き入れる〈**in**〉‖ The man's shoes ～*d* the detective's attention [interest]. その男の靴が刑事の注意[関心]を引いた / I failed to ～ any active support for this project. このプロジェクトへの積極的な支援を取りつけることはできなかった / ～ him *in* conversation 彼を会話に引き入れる
❸ **a**《+目》〔人〕を〈…として〉**雇う**〈**as**〉；〔人〕に仕事を依頼する ‖ She ～*d* him *as* tutor to her sons. 彼女は彼を息子たちの家庭教師に雇った / ～ an entertainer for the party パーティーに芸人を呼ぶ
b《+目+**to** *do*》〔人〕を雇って…させる ‖ ～ a carpenter *to* repair the wall 大工さんに頼んで壁を直してもらう
❹〔時間など〕を要する, ふさぐ, 占める ‖ The work ～*s* much of his time.=Much of his time is ～*d* in the work. その仕事に彼は時間をたくさんとられている
❺《+**to** *do*》…することを**約束**[保証]**する**, 請け合う ‖ I'll ～ *to* be there on time. 時間どおりに必ずそこに参ります ❻《旧》〔座席・部屋など〕を予約する(♦ この意味では reserve [《英》book] の方がふつう)；〔自動車など〕を借りきる (hire) ‖ ～ a taxi [hotel room] タクシー [ホテルの部屋] を予約する ❼《～ oneself で》〈…と〉婚約する〈**to**〉(♦ 受身形の用法については→ engaged) ❽〔敵軍〕と交戦状態に入る ❾〖機〗〔歯車など〕をかみ合わせる；〔クラッチなど〕を入れる；〖フェンシング〗〔剣〕を交える ‖ The driver ～*d* low gear. 運転手は低速ギアに入れた
―自 ❶ 〈…に〉**従事する**, 関係する, 加わる〈**in, with**〉；〈人と〉交わる〈**with**〉(♦ be engaged が状態を表すのに対し, 自 ❶ は動作を表す. → engaged) ‖ ～ *in* politics 政治に携わる / ～ *with* office life 会社勤めをする / ～ *in* crime 犯罪にかかわる
❷ (軍隊が)〈…と〉交戦状態に入る〈**with, against**〉
❸ (歯車などが)〈…と〉かみ合う〈**with**〉；(クラッチなどが) 入る ‖ The clutch ～*s* poorly. クラッチがうまく入らない
語源 *en-* in(中に)+gage(担保)：担保に入れることにより, 結びつきが強くなる.

en·ga·gé /ɑ̀ːŋɡɑːʒéɪ | ɔ̀ŋɡæ-/ 形《フランス》(=engaged)(作家・芸術家などが)政治問題などに積極的にかかわった

***en·gaged** /ɪngéɪdʒd/ 形 ❶ 婚約中の；《叙述》〈…と〉婚約して〈**to**〉‖ Jim is ～ *to* Ann. ジムはアンと婚約している / They are ～「to be married [OR *to* each other]. 彼らは目下婚約中だ / an ～ couple [OR pair] 婚約中の男女 / get ～ *to* ... …と婚約する
❷《叙述》〈…に〉従事して, 取り組んで；〈…で〉忙しい, 手がふさがっている〈**in, on, with**〉；〈…と〉面談中で〈**with**〉‖ They are ～「*in* social work [*on* a new project]. 彼らは社会事業[新しい企画]に携わっている(♦ 後の前置詞は in の方が一般的. on はより具体的・特定的な事柄の場合に使われる) / I'm ～ *in* preparing for the party.

パーティーの準備をするのに忙しい / My time is fully ～ *with* household chores. 家事にかかりきりで私には暇がない / I'm otherwise ～ then. ちょうどそのときはほかの用事で手がふさがっている[忙しい] / My boss is ～ *with* a visitor right now. 所長は今来客中です
❸《英》(電話が) 使用中の[で] ‖ The line [OR phone, number] is ～. (電話で) お話し中です (=《米》The line's busy.) / the ～ tone [OR signal] 《英》(電話で) 話し中の発信音(《米》busy signal) ❹《英》(席・部屋・トイレが) 使用中で, ふさがっている (《米》occupied) (↔ vacant) ❺ 交戦中の ❻〘機〙(歯車などが)かみ合った, 連動状態の ❼〘建〙(柱が)埋め込みの ❽ =engagé

***en·gage·ment** /ɪngéɪdʒmənt/ 名〔◁ engage 動〕❶ Ⓒ〈…との〉婚約, 婚約期間〈**to**〉‖ She announced her ～ *to* a young doctor. 彼女は若い医者との婚約を発表した / break off one's ～ *to* ... …との婚約を解消する / an ～ party 婚約披露パーティー ❷ Ⓒ (会合・面会などの) 約束, 取り決め ; 予約 (♦ 単に「約束」という意味では promise が一般的だが, 特定の時間に何かをするという約束[取り決め]は engagement. 「人と会う約束」の意味ではほかに appointment, date がある) ‖ I have a previous [OR prior] ～ for dinner. 会食の先約があります / make an ～ with [OR to see] her at 6:00 彼女と6時に会う約束をする / a dinner [concert] ～ 食事をする[コンサートに行く]約束 / a social ～ (行事への出席など)社交上の約束 ❸ Ⓒ Ⓤ (一定期間内の) 雇用 ; 雇用期間 ; (短期の)仕事, (雇用の)職[ポスト] ; (特に)出演契約[期間] ‖ a two-week ～ at a nightclub ナイトクラブでの2週間の出演契約 ❹ Ⓤ〈…との〉かかわり, 関係〈**with**〉❺ Ⓒ Ⓤ〈…との〉交戦, 戦闘〈**with**〉‖ a military ～ on the frontier 国境での武力衝突 ❻ Ⓤ (歯車・クラッチなどの) かみ合い, 連動, 連結 ▸▸～ **rìng** 名 Ⓒ 婚約指輪 (❗ ×engage ring とはいわない)

en·gag·ing /ɪngéɪdʒɪŋ/ 形 人を引きつける, 魅力的な
～·ly 副

Eng·els /éŋgəlz/ 名 **Friedrich ～** エンゲルス(1820-95)《ドイツの社会主義者, 経済学者》

en·gen·der /ɪndʒéndər/ 動 他 …を生じさせる, 引き起こす ‖ Pity ～*ed* love. 哀れみから愛が生まれた
—自 生まれる, 起こる

***en·gine** /éndʒɪn/
—名 (複 **～s** /-z/) Ⓒ ❶ **エンジン**, 発動機, 原動機, 機関 (→ motor) ‖ The ～ 「broke down [got overheated]. エンジンが故障した[オーバーヒートした] / The ～ trouble grounded the plane for two hours. エンジントラブルで飛行機の離陸が2時間遅れた (❗ 自動車の「エンストを起こす」は The engine has stalled [OR stopped]. 「エンジンブレーキをかける」は use the engine as a brake という) / 「a **steam** [an internal-combustion] ～ 蒸気[内燃]機関 / a diesel [《米》gasoline, 《英》petrol] ～ ディーゼル[ガソリン]エンジン
連語【動+～】start [OR switch on] an ～ エンジンを始動させる / cut [OR switch off] an ～ エンジンを切る
【～+動】An ～ starts [runs]. エンジンがかかる[作動する] / An ～ stops [OR fails]. エンジンが止まる / An ～ roars. エンジンが轟音(ごうおん)を立てる
❷ 機関車(locomotive (engine))
❸ (物事の)原動力, 推進力 ‖ The computer is the ～ of cultural change. コンピューターは文化を変容させる推進力となっている ❹ 機械装置, 器械, 器具 ; 兵器 ❺ 消防車(fire engine) ❻ 💻 検索エンジン(search engine)
▸▸～ **blòck** 名 Ⓒ =cylinder block ～ **drìver** 名 Ⓒ《英》《旧》(鉄道の)機関士, 運転士(《米》engineer) ～ **ròom** 名 Ⓒ (船などの)機関室

-en·gined /éndʒɪnd/ 形《複合語で》(…の)エンジンがついた ‖ a twin-*engined* helicopter 双発のヘリコプター

***en·gi·neer** /èndʒɪníər/ 《アクセント注意》
—名 (複 **～s** /-z/) Ⓒ ❶ **技師**, 技術者, エンジニア ; 工学者 ‖ They sent a service ～ to fix the TV. 彼らはテレビ修理のためにサービスエンジニアを行かせた / a mechanical [civil, electrical] ～ 機械[土木, 電気]技師 / a software ～ ソフトウェアエンジニア (programmer) / a chief ～ 技師長
❷ (汽船・飛行機などの)**機関士** ; 《米》(鉄道の)機関士, 運転士(《英》engine driver) ; (機械の)操作係 ; 《英》(電気器具・機械の)修理士 ; エンジン製作[設計]者
❸〘陸軍〙工兵 ;〘海軍〙機関将校 ‖ the Royal *Engineers* 英国工兵隊
❹《the ～》手腕家, やり手 ; 工作者 ; 推進役 ‖ the ～ of the victory 勝利の立役者 / the ～ of this sales campaign この販売促進運動の推進者
—動 (**～s** /-z/ ; **～ed** /-d/ ; **～·ing**)
—他 ❶《通例受身形で》(技師によって)**設計[製作]される** ‖ This rocket is superbly ～*ed*. このロケットは見事に設計されている / This railroad track is not ～*ed* for the Shinkansen. この線路は新幹線用に造られたものではない ❷ …を巧みに工作[画策]する ‖ He ～*ed* the merger of the two companies. 彼は2社の合併を画策した / ～ an escape 脱出策を講じる / ～ a revolt [plot] 反乱[陰謀]をたくらむ ❸〔生体の遺伝子〕を操作する ‖ **genetically** ～*ed* plants 遺伝子操作をした植物
—自 技師として働く

***en·gi·neer·ing** /èndʒɪníərɪŋ/
—名 Ⓤ ❶ **工学**, 機関学 ‖ electrical [mechanical, civil] ～ 電気[機械, 土木]工学 / **genetic** ～ 遺伝子工学 / software ～ ソフトウェア工学 / Doctor of *Engineering* 工学博士 (略 D.Eng.) ❷ (土木などの) **工事** ; 技師の職務[仕事, 技術] ❸ 巧みな処理[工作] ; 画策
▸▸～ **scíence** 名 Ⓤ 基礎工学

***Eng·land** /íŋglənd/
—名 ❶ (狭義に) **イングランド**《Great Britain 島の Scotland と Wales を除いた地域. 首都は London》
❷ (広義に) 英国, イギリス (the United Kingdom) (♦ 政治の中心であることから英国全体を指す用法だが厳密には誤用とされる)(⇨ UNITED KINGDOM)
～·er 名 Ⓒ イングランド人
語源「(サクソン人(Saxon)でなく)アングル人(Angle)の土地」の意の古英語 *Engla land* から.

***Eng·lish** /íŋglɪʃ/ 形 名 動
—形 ❶ **イングランド(人)の** ; イングランド的な (→ England ❶) ‖ the ～ **language** 英語 / an ～ gentleman イングランドの紳士 / the ～ way of life イングランド風の生活 / He is very ～ in his attitudes. 彼の態度はいかにもイングランド人らしい ❷ 英国(人)の, イギリス(人)の (♦ この用法は厳密には誤りとされる) ❸ **英語の**, 英語で書かれた[話された] ‖ ～ grammar 英文法 / the ～ version 英語(訳)版 / major in ～ literature 英文学を専攻する ❹《南ア》英語を話す白人の
—名 (複 **～·es** /-ɪz/) ❶ Ⓤ **英語** ‖ What is "tofu" **in** ～? (=What's the ～ **for** "tofu"?) 「豆腐」は英語で何と言いますか / You **speak** good [excellent] ～. あなたは英語がうまい[とてもよく話せる] / I'd like to improve my ～. 英語がうまくなりたい
連語【形/名+～】spoken [written] ～ 話し[書き]言葉の英語 / standard ～ 標準英語 / present-day ～ 現代英語 / business ～ ビジネスで使う英語 / fluent [broken] ～ 流暢(りゅうちょう)[あやしげ]な英語 / the King's [Queen's] ～ (王[女王]が使うような)純正[標準]イギリス英語 / British [American, Canadian, Australian] ～ イギリス[アメリカ, カナダ, オーストラリア]英語 / Old [Middle, Modern] ～ 古[中, 近代]英語 / plain ～ わかりやすい英語
❷ Ⓒ《～es》(いろいろな[地域変異の]) …英語 ‖ world

～*es* 世界の諸英語 ❸《the ～》英語訳(文) ‖ the ～ of Dante ダンテの英語訳 ❹ Ⓤ (授業科目としての) 英語 ‖ teach ～ at a primary school 小学校で英語を教える ❺《the ～》《集合的に》《複数扱い》**イングランド人**(全体) (♦1人のイングランド人は Englishman, Englishwoman を用いる) ; 英国人(♦英国人全体を指すのは厳密には誤りとされ, the British を用いる方がよい. → England) ❻《ときに e-》Ⓒ《米》〖ビリヤード〗スピン, ひねり(《英》side)

in plàin Énglish わかりやすく言えば

── 動 他《ときに e-》《古》…を英語訳する ; 〔外来語〕を英語化する(Anglicize)

語源「アングル人(Angle)の」の意の古英語 *Englisc* から.

▶▶ ～ **bréakfast** 名 Ⓒ Ⓤ 英国式朝食《ベーコンエッグ・トースト・紅茶などからなるたっぷりの朝食》(→ continental breakfast) ～ **Chánnel** 名《the ～》イギリス海峡, 英仏海峡(the Channel) ～ **Héritage** 名 イングリッシュ＝ヘリテッジ財団《英国の歴史的建造物や史跡などの保存を行う》 ～ **hórn** 名 Ⓒ《主に米》〖楽〗イングリッシュホルン(《英》cor anglais) ～ **múffin** 名 Ⓒ《米》イングリッシュマフィン(《英》muffin)《イースト入りの平たいマフィン》 ～ **róse** 名 Ⓒ 色白で魅力的な英国人女性 ～ **sáddle** 名 Ⓒ《米》英国鞍(くら) ～ **sétter** 名 Ⓒ〖動〗イングリッシュセッター《中型の猟犬》

Eng·lish·man /íŋglɪʃmən/ 名 (複 **-men** /-mən/) Ⓒ イングランド[英国]人《特に男性》(♦正確にはイングランド人だけを指す) (中立 Britisher, British [English] citizen)

Éng·lish·ness /-nəs/ 名 Ⓤ 英国の国民性, 英国[英語]らしさ

Énglish-spèaking 形 英語を話す

Énglish·wòman 名 (複 **-wòmen**) Ⓒ イングランド[英国]人の女性 (♦正確にはイングランド人だけを指す) (中立 Britisher, British [English] citizen)

en·gorge /ɪngɔ́ːrdʒ/ 動 他 ❶〔血など〕を満たす, あふれさせる ❷《通例 ～ oneself で》腹いっぱい食べる[飲む]

── 自 (血などが)あふれる, 充血する

en·graft /ɪngrǽft | -grɑ́ːft/ 動 他 ❶ …を接ぎ木する ; 〖医〗…を移植する ❷〔思想・主義など〕を植え付ける

en·grain /ɪngréɪn/ 動 ＝ingrain

en·grained /ɪngréɪnd/ 形 ＝ingrained

en·gram /éngræm/ 名 Ⓒ〖心〗記憶心像《脳などに残るとされる記憶の痕跡(こんせき)》

en·grave /ɪngréɪv/ 動 他 ❶〔文字・図案など〕を〈…に〉刻む, 彫る〈**on**〉; 〔木・金属・石など〕に〈…を〉刻む, 彫る〈**with**〉(♦しばしば受身形で用いる) ‖ His name was ～*d on* the back of his watch. 時計の裏側には彼の名前が刻み込まれた ❷《通例受身形で》〈心・記憶に〉刻まれる〈**on, in**〉‖ "Boys, be ambitious!" — the slogan was long ～*d on* the students' minds. 「少年よ大志を抱け」という標語は長く学生たちの心に刻み込まれた ❸〔版木・銅版など〕を彫る ; (版木・銅版などで)…を版刷りする

en·gráv·er 名 Ⓒ 彫刻師, 木版[銅版]師, (写真版)製版工

語源 *en-*(動詞を作る接頭語)＋*-grave* carve(刻む)

en·grav·ing /ɪngréɪvɪŋ/ 名 ❶ Ⓤ 彫刻(術) ; 製版(法) ❷ Ⓒ 彫刻した図案[文字] ; 彫板 ❸ Ⓒ 版画 ; (版画の)版(木)

en·gross /ɪngróʊs/ 動 他 ❶《通例受身形で》(人が)〈…に〉すっかり没頭[専心]する〈**in**〉❷〔商品など〕を買い占める ; 〔市場〕を独占する ❸〖法〗〔公文書〕を正式に書く, 大きくはっきりと書く ～**·ment** 名

en·grossed /ɪngróʊst/ 形 没頭して, 夢中になって

en·gróss·ing /-ɪŋ/ 形 すっかり心を奪う, 夢中にさせる

en·gulf /ɪngʌ́lf/ 動 他 ❶ (恐怖などが)〔人〕を突然襲う, とりこになる ‖ Loneliness ～*ed* him. 彼はすっかり孤独感に包まれた ❷ (戦火などが)…を飲み込む ; (炎などが)〔人・船など〕を覆う ～**·ment** 名

en·hance /ɪnhǽns | -hɑ́ːns/ 動 他 ❶〔価値・性能・魅力など〕を増す, 高める, 向上させる, 増加させる (↷ set [OR show] off) (↔ reduce) ‖ This album will ～ her reputation. このアルバムは彼女の評判を高めるだろう / ～ digestion 消化をよくする ❷ 💻 (コンピューター処理で)〔画質〕を高める ～**·ment** 名 **-hánc·ive** 形

＊**en·hánced** /-t/ 形 (価値や性能が)強化された

en·hanc·er /ɪnhǽnsər | -hɑ́ːnsə/ 名 Ⓒ ❶ 補助薬, (見掛け・味・触感を)よくする物質 ‖ an artificial flavor ～ 人工調味料 ❷〖遺伝〗エンハンサー《DNA上の特定のmRNA合成を促進するシグナル. 遺伝子のどの領域を読み取るかを決めるもの》

e·nig·ma /ɪnígmə/ 名 Ⓒ なぞ ; 不可解な言葉[人物]

e·nig·mat·ic /ènɪgmǽtɪk/, 〈シ **-i·cal** /-ɪkəl/ 形 なぞめいた, 不可解な **-i·cal·ly** 副

en·jambe·ment /ɪndʒǽmmənt/ 名 Ⓤ Ⓒ〖詩学〗句またがり(♦フランス語より)

en·join /ɪndʒɔ́ɪn/ 動 他 ❶《堅》(権威を持って)…を命じる, 課する ‖ He ～*ed* them to return to their duties. 彼は彼らに仕事に戻るよう命じた ❷〖法〗(命令により)…に〈…することを〉禁止する〈**from** *doing*〉‖ ～ her *from* entering the room 彼女が部屋に入るのを禁ずる

＊＊＊＊**en·joy** /ɪndʒɔ́ɪ/

── 動〔▶ enjoyment 名〕(～**s** /-z/ ; ～**ed** /-d/ ; ～**·ing**)

── 他 ❶ **楽しむ** **a**《＋目》…を楽しむ, …の楽しみを味わう ‖ I ～ uptempo danceable tunes more [×better] than slow ballads. スローなバラードよりダンス向きのアップテンポの曲が好きです / *Enjoy* your lunch! どうぞ昼食を召し上がれ (♥レストランのウエーターが客に対して用いる) / "Did you ～ your weekend?" "Well, I just puttered around the house." 「週末は楽しんだ？」「実は家でのんびりしていたよ」/ "How was the movie?" "I ～*ed* it a lot." 「映画はどうだった」「とてもよかったよ」(♦×I enjoyed a lot. とはいわず, 目的語が必要)

b《＋*doing*》…するのを楽しむ (♦ enjoy は to 不定詞は伴わない) ‖ I ～ socializing [×to socialize] with my friends. 友達と仲よく付き合うのが好きです / I **really**

PLANET BOARD 19

enjoy の後に続く表現は何か.

問題設定 enjoy の後に続く表現として名詞句, 前置詞句, 再帰代名詞が考えられる. それぞれの使用率を調査した.

Q 次の表現を使いますか.

(a) **I enjoyed the party** last night.
(b) **I enjoyed at the party** last night.
(c) **I enjoyed myself at the party** last night.

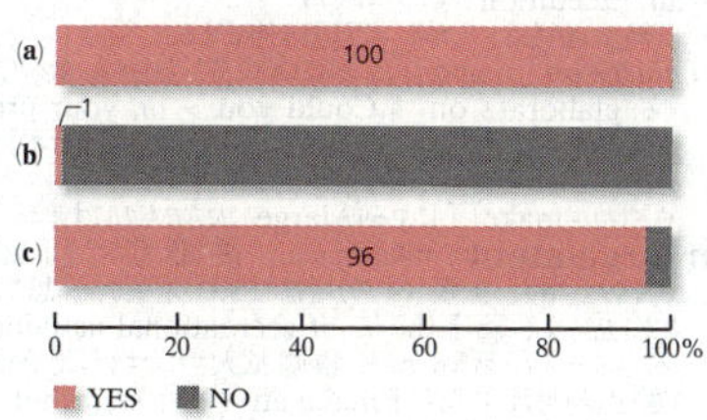

(a)の名詞句は全員が使うと答え, (c)の再帰代名詞もほとんどの人が使うと答えたが, 前置詞句が続く自動詞用法の(b)はほぼ全員が使わないと答えた.

ほぼ全員が「(b)は全く意味をなさない」あるいは「文法的に誤りである」とコメントしている.

学習者への指針 (b)は日本人英語学習者がしばしば犯す誤りであるが, 英語としては全く認められない表現であることを覚えておく必要がある.

~*ed* talking with you. お話しできてとても楽しかったです(♥ 別れ際に)
c 《~ oneself で》楽しんで過ごす,(…して) 楽しむ ‖ I ~*ed* myself at the party.(=I ~*ed* the party.) パーティーで楽しく過ごした(♦ ×I enjoyed at the party. とはいわない. ⇨ PB 19) / *Enjoy* yourself! 楽しんでね(♥ 別れのあいさつ)
❷〔権利・利益・特権など〕を**享受する**,〔誇るべきもの〕を持っている ‖ We ~ freedom [equal rights]. 我々は自由[平等の権利]を享受している / ~「higher education [medical services] 高等教育[医療の恩恵]を受ける
—自《命令形で》《口》召し上がれ(♥ ウエーターなどの呼びかけ);どうぞお楽しみを(♥ これから何かしようとする人に. あるいは相手に推奨品や商品などを差し出しながら);ご機嫌よう(♥ 別れるときに) ‖ *Enjoy!* Bon appétit! どうぞ, たくさん召し上がれ

COMMUNICATIVE EXPRESSIONS
1 **Do you enjòy** shópping? 買い物は好きですか
2 **You're bòund to énjoy it** [OR **yoursèlf**]. きっと楽しいよ(♥ 旅行などに不安や躊躇(ちゅうちょ)を感じている人に)

語源 *en-* in+joy(喜び):喜びの中に入れる, 喜びを与える

∗**en·joy·a·ble** /ɪndʒɔ́ɪəbl/ 形 (**more ~** ; **most ~**) 楽しい, 愉快な, 面白い ‖ It is ~ to swim. 泳ぐのは楽しい / Have an ~ trip! 楽しい旅を / a method to make piano lessons more ~ ピアノのレッスンをもっと楽しくする方法 **-bly** 副

∗**en·joy·ment** /ɪndʒɔ́ɪmənt/ 名〔◁ enjoy 動〕❶ U 楽しむこと, 享楽;楽しみ, 喜び;C 楽しみ[喜び]を与えてくれるもの, 楽しみの種(⇨ PLEASURE 類語) ‖ We share an ~ of jazz. 私たちはジャズを楽しんでいる / I get ~ from gardening. ガーデニングを楽しんでいる / Many people find ~ in watching baseball games. 多くの人が野球観戦を楽しみにしている ❷ U 〖法〗〈権利などの〉享有, 享受〈**of**〉‖ the ~ *of* freedom 自由の享受

en·kin·dle /ɪnkíndl/ 動 他《文》…に火をつける;〔感情・情熱〕を燃え立たせる, あおる —自 火がつく

enl. 略 enlarged ; enlisted

en·lace /ɪnléɪs/ 動 他《文》❶(レースなどを)…にきつく巻きつける;…を囲む ❷…を絡み合わせる, より合わせる

∗**en·large** /ɪnlɑ́ːrdʒ/ 動〔◁ large 形〕他 ❶…を大きくする, 拡大[増大]する;…を拡張する, 広げる(⇨ INCREASE 類語) ‖ Reading ~*s* your vocabulary. 読書はあなたの語彙(ごい)を広げる / ~ a house 家を増築する / an ~*d* heart 肥大した心臓 ❷〖写〗〔写真〕を引き伸ばす(↷ blow up);〔本〕を増補する(♦ しばしば受身形で用いる) ‖ ~ a photo by ten percent 写真を10%引き伸ばす / an ~*d* edition (本の)増補版
—自 大きくなる, 広がる;〖写〗引き伸ばせる
enlárge on [OR *upon*] **...** …について詳しく述べる, 敷衍(ふえん)する(elaborate on) ‖ Could you ~ *on* your proposals? あなたの提案について詳しく述べていただけますか
~d 形 **en·lárg·er** 名 C 〖写〗引き伸ばし機

語源 *en-* make(…にする)+large:大きなものにする

∗**en·large·ment** /ɪnlɑ́ːrdʒmənt/ 名 ❶ U/C《単数形で》拡大, 増大, 拡張;(本の)増補;(家の)増築;(心・思想などが)広くなること ‖ the ~ of recreational activities レクリエーション活動の増大 ❷ C 拡大されたもの;増築物;〖写〗引き伸ばし(写真) ‖ make an ~ of a snapshot スナップ写真を引き伸ばす

∗**en·light·en** /ɪnláɪtən/ 動 他 ❶〔人〕に〈…について〉教える, 〈…の〉知識を広げさせる, 理解を深めさせる〈**on, about, as to**〉‖ Could you ~ me *about* your plan? あなたの計画について教えていただけますか ❷〔人〕を啓蒙(けいもう)[教化]する;〔人〕に信仰を説く ‖ ~ consumers about recycling リサイクルについて消費者を啓発する ❸《古》…に光を注ぐ, …を照らす **~·er** 名

語源 *en-* make(…にする)+*-light-*(光, 明るみ)+*-en*(動詞語尾):明るくする

en·líght·ened /-d/ 形《通例限定》❶ 啓発された,(文明が)開化した ❷ もののわかった, 賢明な

en·líght·en·ing /-ɪŋ/ 形 啓発的な;(物事を)はっきりさせる

en·light·en·ment /ɪnláɪtənmənt/ 名 ❶ U 啓蒙, 啓発, 教化;文明開化 ❷ (the E-)(18世紀ヨーロッパの)啓蒙主義[運動] ❸ U (仏教などでの)悟り

∗**en·list** /ɪnlíst/ 動 他 ❶〔人の支持・協力〕を得る;〔人〕に協力を求める〈**in** …のために;**to do** …するために〉‖ Can I ~ your help *in* giving food to the homeless? 家のない人たちに食糧を配給する手伝いをしてもらえますか / We ~*ed* them *to* help the abused children. 虐待された子供たちを助けるために彼らに協力を求めた ❷〔人〕を〈兵籍に〉入れる, 〈…に〉入隊させる〈**in, into, for**〉
—自 ❶ 徴兵に応じる, 入隊する(join up)〈**in, into, for** …に;**as** …として〉‖ ~「*in* the army [*as* a soldier] 陸軍に[兵士として]入隊する ❷〈運動・事業などに〉参加する, 協力[支援]する〈**in**〉‖ ~ *in* the cause of charity 慈善運動に協力する **~·er** 名
▸▸ **~ed màn** 名 C 《米》下士官兵(略 EM) **~ed pèrson** 名 C 《米》下士官兵 **~ed wòman** 名 C 《米》女子下士官兵(略 EW)

en·list·ee /ɪnlìstíː | ‒ ‐ ⸗/ 名 C 志願兵;下士官兵

en·líst·ment /-mənt/ 名 U ❶ 入隊;募兵 ❷ 軍在籍期間

en·liv·en /ɪnláɪvən/ 動 他 ❶ …を活気づける, 陽気にする ❷〔部屋など〕を明るくする **~·ment** 名

en masse /ɑːn mǽs | ɔn-/ 副 一団となって, 集団で(♦ フランス語より) ‖ resign ~ 全員そろって辞任する

en·mesh /ɪnméʃ/ 動 他 ❶ …を網で捕まえる ❷《通例受身形で》〈…に〉巻き込まれる〈**in**〉 **~·ment** 名

en·mi·ty /énməṭi/ 名 (複 **-ties** /-z/) U C 〈…の間の〉敵意, 憎悪, 敵対〈**between**〉

en·no·ble /ɪnóʊbl/ 動 他 ❶《堅》…を気高くする, 高尚にする ❷ …を貴族に列する **~·ment** 名

en·nui /ɑ̀ːnwíː | ɔ́nwiː/ 名 U 退屈, もの憂さ, アンニュイ(♦ フランス語より)

E·noch /íːnək | -nɔk/ 名〖聖〗エノク ❶ Cain の長男 ❷ Methuselah の父

e·nol·o·gy /iːnɑ́(ː)lədʒi | -nɔ́l-/ 名《米》=oenology

e·no·phile /íːnəfàɪl | -noʊ-/ 名《米》= oenophile

e·nor·mi·ty /ɪnɔ́ːrməṭi/ 名 (複 **-ties** /-z/) ❶ U (事態の)重大さ, 深刻さ ❷ C《通例 -ties》凶悪犯罪, 残虐行為

‡**e·nor·mous** /ɪnɔ́ːrməs/
—形 (**more ~** ; **most ~**)
(形状・数・程度などが)**並外れた**, **巨大な**, 広大な, 莫大(ばくだい)な(⇨ HUGE 類語) ‖ It gives me ~ pleasure to welcome Dr. Kimble. キンブル先生をお迎えし大変喜ばしく思っております / **an ~ amount of** money ものすごい大金 / **an ~ number of** people ものすごい数の人 / ~ pressure けた外れの重圧 **~·ness** 名

語源 ラテン語 *e-* out of+*-norm-*(標準)+*-ous*(形容詞語尾):標準を外れて大きい

∗**e·nor·mous·ly** /ɪnɔ́ːrməsli/ 副 大いに, 莫大に, はなはだしく

‡**e·nough** /ɪnʌ́f/《発音注意》形 名 副 間

—形《比較なし》《不可算名詞または複数形の可算名詞について》(数・量が)**十分な**, 必要なだけの;もうたくさんの〈**for** …にとって / **to do** …するのに〉‖ The closet has ~ **room**. その収納室には十分な広さがある / I've got ~ problems already. もうすでに十分問題を抱えてしまっている / She didn't get the job because she didn't have ~ experience. 彼女は十分な経験がなかったのでその職に就けなかった / We had ~ **time** *to* call on him. 私たちには彼を訪問する時間が十分あった / Two loaves of bread aren't ~. パン2斤では足りない(♦ ×The bread isn't enough. は不可. 主語が具体的な数・量を表さない場

合は enough を補語とすることはできないので There isn't enough bread. とする) / There weren't ～ chairs *for* the expected guests. 来訪予定者に間に合うだけの数のいすがなかった / There was ～ **money** *for* them *to* go on a holiday. 彼らが休暇に出かけられるだけの金はあった / *Enough* orders came in *to* meet the expenses. その経費をまかなうだけの注文が来た

語法☆☆ (1) 本来「要求を満足させるのに十分な」の意味で「量が多い」という意味はない.
(2) 名詞の前に置かれるのがふつうで, 後ろに置くのは現代ではまれ. ただし名詞が time の場合は後ろに置かれることが比較的多い.
(3) 無冠詞の単数形普通名詞の後について用いられることがある. 〈例〉He was fool *enough* to agree. 彼は愚かにも同意した (♦ 形容詞につく He was foolish *enough* to agree. の方がふつう. この場合は副詞用法)

COMMUNICATIVE EXPRESSIONS
1 Apólogizing **is nòt enóugh** (for the dámage you've càused). (あなたのせいで出た損害に対して)謝るだけでは不十分です(♥ 対応に不満を示す)
2 **Thàt's enóugh.** もういい; もうやめなさい; もう十分だ

—名 U **十分な数[量]**, 十分〈**of** …の; **for** …にとって / **to do** …するのに〉(♦ enough of の後ろには代名詞や固有名詞または the などで限定された名詞句がくる. 〈例〉[*enough of* the questions [×enough of questions]) ‖ "Would you like another cup?" "I've had ～, thank you." 「もう1杯いかがですか」「もう十分頂きました, ありがとう」(♥ 相手にごちそうになった場合などは失礼に響くこともあるので代わりに plenty などを用いる) / Not ～ is known about the origin of the custom. その慣習の起源について十分なことはわかっていない(♦ enough を単独で否定文の主語にできない. ×Enough is not known .... は誤り) / Well, ～ about the movies. Why don't we return to the plan for next week. さあ, 映画の話はもう十分. 来週の予定の話に戻ろう(♥ 現在の話題を終わらせたいときに用いる) / Stop pushing. We have ～ *for* everyone. 押すのはやめてください. みんなに十分なだけありますから / Some children are not getting ～ *of* the right foods. きちんとした食べ物を十分とっていない子供もいる / There's ～ *to* feed the whole family. 家族全員が食べても十分な量の食べ物がある / He is ～ *of* a fool *to* believe that. 彼はそれを信じるほどばかだ / I'm ～ *of* a teacher *to* know the difference. 私は教師だからそれくらいの違いはわかる

have enough on one's plate ⇨ PLATE(成句)
hàve enóugh to dò (*to dó*) (…するのも)容易でない, (…するのが)やっとである
have had enóugh of ... …にはうんざりである
mòre than enóugh 十二分(に), 必要以上(に)

COMMUNICATIVE EXPRESSIONS
3 **Enòugh is enóugh.** もう十分だ; いい加減にしろ
4 **Enóugh of thìs** [OR **thàt**]. (くどくど言う相手に)もうやめろ
5 **Enòugh sáid.** それだけ聞けば十分だ; それ以上言う必要はない
6 **(Réally!) I've hàd (júst about) enóugh.** (全く)もううんざりだ; 堪忍袋の緒が切れた

—副《比較なし》《形容詞・副詞・動詞の後に置いて》❶ **十分に**, 必要なだけ〈**for** …にとって / **to do**…するのに〉‖ This room is large ～ *for* me. この部屋は私には十分な広さだ / There aren't big ～ desks. 十分な大きさの机がない(♦ enough は big を修飾している. There aren't enough big desks. では enough が形容詞として big desks を修飾するので「十分な数の大きな机がない」の意) / He was kind ～ *to* come and see me. (♦《米》では He was kind ～ that he came to see me. ともいう) 彼は親切にも私を訪ねてくれた (=He was so kind as to come and see me.) / She's not old ～ *to* get married. 彼女はまだ結婚する年齢ではない / They were unfortunate ～ *to* lose their job. 彼らは不幸にも職を失った / The book was small ～ *to* put in my pocket. その本はポケットに入るほど小さかった(♦ この場合 put の後に it は入れない) / I explained ～ *for* her *to* understand what it was. 私はそれが何であるかを彼女が理解できるように説明した / a good ～ reason 十分な理由 / **far** ～ (距離・程度などが)十分に
❷ まあまあ, かなり ‖ He's bad ～, but his son is far worse. 彼もかなりの悪(ワル)だが彼の息子ときたらもっと悪い
❸《文修飾副詞に伴って》‖ curiously [OR oddly, strangely] ～ 妙なことに / funnily ～ おかしなことに / interestingly ～ 面白いことに
❹ 全く, ずいぶん ‖ You know **well** ～ what I mean. 私の言おうとしていることはあなたもよくわかっているはずだ

cánnot [OR ***càn't, can nèver***] ***... enóugh*** いくら…してもしすぎることはない ‖ I *can't* apologize ～. いくらおわびしても足りません(おわびのしようもありません)
nèar enóugh 《口》ほとんど
—間 もうたくさんだ, やめてくれ, まいった

en pas·sant /ɑ̀ːn pɑːsɑ́ːn | ɔ̀n pǽsən/ 副《フランス》❶《堅》ついでに(by the way) ❷〘チェス〙アンパサンで
èn passánt rùle 〘チェス〙アンパサン《初めて動くポーンが2マス進んだとき, すぐ横の行の5段目に相手のポーンがある場合にはとられてしまうとするルール》

en·plane /ɪnpléɪn/ 動 自 他 (…が[を]) 飛行機に搭乗する[させる]

en·quire /ɪnkwáɪər/ 動《主に英》=inquire
-quír·ing·ly 副

***en·qui·ry** /ɪnkwáɪəri/ 名 (複 **-ries** /-z/)《主に英》=inquiry

***en·rage** /ɪnréɪdʒ/ 動 他〔人〕を憤慨させる; 《受身形で》〈…に〉ひどく怒る〈**by, at, with**〉‖ The plan ～*d* local residents. その計画は地域住民を怒らせた / It ～*d* me that he lied to us. 彼が我々にうそをつくなんて頭にきた / She was ～*d at* his sexist comment. 彼女は彼の性差別的な意見に憤慨した **～·ment** 名

en·raged /ɪnréɪdʒd/ 形 (人・動物が)怒った

en rap·port /ɑ̀ːn ræpɔ́ːr | ɔ̀n-/ 形 副《フランス》(=in rapport)気が合った[て], 調和した[て]

en·rapt /ɪnrǽpt/ 形《堅》我を忘れた, うっとりした

en·rap·ture /ɪnrǽptʃər/ 動 他《通例受身形で》《堅》有頂天になる; うっとりとなる ‖ He was ～*d* with the scheme. 彼はその計画に狂喜した

***en·rich** /ɪnrítʃ/ 動 他 ❶〈…で〉…の価値[重要性, 内容]を高める, 豊富にする;〔土地〕を肥沃(ひよく)にする;〔食品〕の栄養価を高める〈**with**〉;〔食品〕の色・味などを濃厚にする;〔物質〕を濃縮化する ‖ Foreign words have ～*ed* the Japanese language. 外来語は日本語を豊かにしてきた / ～ milk *with* vitamins ビタミンを添加して牛乳を栄養強化する / ～*ed* uranium 濃縮ウラン ❷〈…で〉…を富ませる; …を豊かにする〈**with**〉‖ The lottery ～*ed* the state. 宝くじで国(の財政)は豊かになった / ～ one's life *with* music 音楽で生活を豊かにする ❸《文》…を飾る
～·er 名
語源 *en-* make(…にする)+rich(豊かな): 豊かなものにする

en·rich·ment /ɪnrítʃmənt/ 名 U 価値を高める[高められる]こと; 豊かにする[なる]こと; C 価値を高めるもの, 豊かにするもの ▸▸ **～ prògram** 名 C (学生や社会人の知識・技術の向上を図る)補習[拡充]講習会

***en·roll, -rol** /ɪnróʊl/ 動 (**-rolled** /-d/; **-roll·ing**) 他 ❶〔人〕を入会させる, 登録させる; 〈軍隊に〉入隊させる〈**at** 学校などに; **in** 学校・団体・講座・軍隊などに; **on, for** 講座などに; **as** …として〉(♦ しばしば受身形で用いる) ‖ I ～*ed* my son *in* a kindergarten. 息子を幼稚園に入園させた / I'm ～*ed in* an intensive Spanish course. 私は

E

スペイン語の集中講座に登録している / I ～*ed* myself *for* history this year. 今年は歴史の科目を登録した ❷〔人〕を奉仕活動などに参加させる[募集する, 登録する] ❸〔通過議案など〕の公式記録を作成する ❹…を〈…で〉包む, 巻く〈**in**〉 ❺《古》〔人〕を名簿に載せる

━自 登録する, 入会[入学, 入隊]する〈**at, in, on, for** …に; **as** …として → 他〉‖ You need to ～ *in* this course by the end of this month. 今月の末までにこの講座の入会手続きを終わらせてください

語源 *en-* in＋roll(目録): 目録に載せる

en·roll·ee /ɪnròulíː | ‐ ‐ ‐/ 名 C 登録者, 入会者

＊**en·róll·ment,** 《英》 **-ról-** /‐mənt/ 名 ❶ U 登録, 加入; 入隊; 入会; 入学 ❷ C 登録[在籍]者名簿 ❸ C 登録[在籍]者数

en route /àːn rúːt | ɔ̀n‐/ 副 形 途中で(の) 〈**from** …からの; **to, for** …への〉(♦フランス語より)(＝on the way)

en·sconce /ɪnskɑ́(ː)ns | ‐skɔ́ns/ 動 他 《通例 ～ oneself または受身形で》(…に) 落ち着く ‖ He ～*d* himself in the sofa. 彼はソファーにゆったり腰を下ろした

＊**en·sem·ble** /ɑːnsɑ́ːmbl | ɔnsɔ́m‐/ 名 C ❶《単数・複数扱い》〖楽〗アンサンブル《2人以上で行う重奏・重唱》; 少人数の合奏[合唱]団, …アンサンブル ‖ a string ～ 弦楽合奏団 ❷《通例単数形で》〖服〗アンサンブル《全体的調和を図った1組の婦人服》‖ a coat and dress ～ コートとドレスのアンサンブル ❸《通例単数形で》総体, 全体; U (芸術作品などの) 総体的効果 (tout ensemble) ‖ the total ～ of items 諸項目の総和 ❹〖劇〗(バレエなどの)助演者全員, 群舞団 ❺〖楽・劇〗(バレエ・オペラなどで)出演者全員が演じる楽節 ━形〖劇〗アンサンブル演出の

語源「一緒に, 同時に」の意のフランス語から.

en·shrine /ɪnʃráɪn/ 動 他 ❶ (寺社などに)…をまつる, 納める ❷《通例受身形で》〈憲法などで〉…がうたわれる〈**in**〉 ❸ …を〈胸に〉大事に秘める〈**in**〉‖ ～ *in* one's memory 記憶のうちに大切にしまう **～·ment** 名

en·shroud /ɪnʃráud/ 動 他 ❶《通例受身形で》《文》…がすっかり覆い隠される, 包み込まれる ❷〔死者〕に経帷子(きょうかたびら)を着せる

＊**en·sign** /énsaɪn/ 《発音注意》(→ ❷, ❸) 名 C ❶ 旗, 軍旗 ❷ /énsən/ (特に船舶の掲げる) 艦旗, 国旗; 《英》隅に Union Jack をつけた旗章 ❸ /énsən/ (米海軍・米沿岸警備隊の) 少尉 ❹ (昔の英陸軍の)旗手; (昔の)歩兵少尉 ❺《古》(官職を示す)記章, 標章; 印

en·si·lage /énsəlɪdʒ/ 名 U サイロ貯蔵法(による飼料)

━動 他 ＝ensile

en·sile /ɪnsáɪl/ 動 他〔飼料〕をサイロに貯蔵する

en·slave /ɪnsléɪv/ 動 他《通例受身形で》奴隷になる; 《堅》〈…の〉とりこになる〈**to**〉 **～·ment** 名

en·snare /ɪnsnéər/ 動 他 ❶ …をわなにかける ❷ (計略を用いて)…を陥れる

＊**en·sue** /ɪnsjúː/ 動 自〈…に〉続いて起こる; 〈…の〉結果として起こる (follow) 〈**from**〉‖ A serious problem ～*d from* the argument. その議論から深刻な問題が生じた / during the *ensuing* five years 次の5年間に

語源 *en-* on＋*-sue* follow: 後に続く

en·su·ing /ensjúːɪŋ/ 形 結果として起こる; 次の

en suite /àːn swíːt | ɔ̀n‐/ 形 副 (部屋などが) 一続きの(で), 一組の(で) (♦フランス語より) (＝in suite) ‖ with an ～ bathroom バスルーム付きの

⁑**en·sure** /ɪnʃúər | ‐ʃɔ́ː/ (♦同音語 insure)

━動 (～**s** /‐z/; ～**d** /‐d/; **-sur·ing**) 他 (♦《米》では insure も用いる) (⇨ INSURE 類語) ❶ **確実なものにする** (≒make sure) **a** 《＋目》…を確実にする, 確保する ‖ ～ 「public safety [success, a place in the final] 公共の安全[成功, 決勝進出]を確実にする **b** 《＋目 *A*＋目 *B* ≒＋目 *B*＋**for** 目 *A*》*A* (人) のために *B* を確保する ‖ ～ him a good income 彼に高収入を確保する **c** 《＋(**that**) 節》…ということを保証する, 確実に行われるようにする ‖ Please ～ *that* your safety belts are fastened. お客様の安全ベルトが締まっていることをお確かめください ❷ …を〈事故・危害などから〉守る, 保護する〈**against, from**〉‖ safety devices to ～ workers *against* accidents 労働者を事故から守る安全装置

ENT 略 *e*ar, *n*ose, and *t*hroat (耳鼻咽喉(いんこう)科)

-ent 接尾 ❶《形容詞語尾》「…性の, …する」の意 ‖ coincid*ent*, differ*ent* ❷《名詞語尾》「…する人[もの]」の意 ‖ correspond*ent*, superintend*ent*

＊**en·tail** /ɪntéɪl/ 動 他《進行形不可》❶ (物が) (必然的に) …を伴う (involve); (論理的に) …の意味合いを含む ‖ The plan ～*s* risks. その計画には危険が伴う / I hate having children and all that it ～*s*. 子供を持つこととそれに伴うすべてのことがいやだ

❷ **a** 《＋*doing*》…するのを余儀なくさせる[必要とする] ‖ The job ～*s* working longer hours. その仕事はもっと長時間働く必要を生じさせる **b** 《＋目＋*doing*》〔人〕に…するのを余儀なくさせる[必要とさせる]

❸〖法〗〔不動産〕の相続人を〈…に〉限定する〈**on, upon**〉

━名 ❶ U〖法〗相続人限定, 限嗣(げんし)相続; 限嗣相続規定 ❷ C〖法〗限嗣相続不動産 **～·ment** 名

＊**en·tan·gle** /ɪntǽŋgl/ 動 他 ❶ …をもつれさせる; 《通例受身形で》絡まる〈**in** …に; **with** …と〉‖ The fishermen freed a dolphin ～*d in* the nets. 漁師たちは網に絡まったイルカを救出した / The cords became ～*d with* each other. コードが絡まった ❷《通例受身形で》〈困難・悪事などに〉〔人〕が巻き込まれる〈**in**〉; 〈人と〉かかわり合いになる〈**with**〉‖ He got ～*d in* the conspiracy without realizing it. 彼は知らぬ間にその陰謀に巻き込まれた / Don't get yourself ～*d with* such a man. そんなやつとかかわり合いになるな ❸〔問題など〕を紛糾させる, 込み入らせる

en·tán·gle·ment /‐mənt/ 名 ❶ U 巻き込むこと, 巻き込まれること; C もつれ合い, 紛糾 ❷ C 絡ませるもの; 《～s》鉄条網

en·tente /ɑːntɑ́ːnt | ɔntɔ́nt/ 名 C〖外交〗❶ (国家間などの) 合意, 協約 ❷《集合的に》(協約などの) 当事国

▸▸ **～ cor·di·ále** /‐kɔ̀ːrdiɑ́ːl/ 名〖外交〗① U/C《単数形で》(特に2国間の) 友好的な相互理解, 和親協約 ②《the E- C-》英仏和親協商(1904)

⁂**en·ter** /éntər/ 動 名

━動〔▶ entrance¹ 名, entry 名〕(～**s** /‐z/; ～**ed** /‐d/; ～**·ing**)

━他 (♦❹❾❿以外は通例受身形不可) ❶〔場所〕に入る (≒go [OR come] into) (↔ exit) (♦enter into とはいわない. ただし → *enter into* ... (↓)) ‖ The train ～*ed* a tunnel. 列車はトンネルに入った / Please put out your cigarette before you ～ the building. 建物に入る前にたばこは消してください / He wasn't allowed to ～ the country. 彼は入国を許可されなかった / The office was ～*ed* by smashing windows. 事務所は窓を壊して侵入された (♦その場所に何らかの影響が出る場合は受身形になることもある) / ～ a room by [OR through] the side door 横のドアから部屋に入る

❷〔学校・団体・軍隊など〕に入る, …に**入学する, 入会[加入]する** (↔ leave); 〔人〕を入学[加入, 入会]させる (⇨ PB 20) ‖ When she ～*ed* high school, she began practicing judo. 彼女は高校に入って柔道をやり始めた / ～ the army 軍隊に入る / We ～*ed* our son in a private school. 息子を私立学校に入れた

❸〔新しい生活など〕に入る, …を**始める**; 〔職業〕に就く; 〔新事業など〕に乗り出す, 参入する ‖ He ～*ed* the auto industry as a trainee mechanic. 彼は見習い整備士として自動車業界に入った / ～ politics 政界入りする / ～ the medical profession 医学の道に入る / ～ a teaching career 教師生活を始める / ～ the toy market 玩具(がんぐ)市場に参入する

❹〔競技・試験など〕に**参加[出場]する** (≒go in for); …

を〈…に〉参加[出場]させる〈**in, into, for**〉‖ ～a beauty contest 美人コンテストに出場する / She ～*ed* her roses *in* a flower show. 彼女は自分のバラを花の品評会に出品した / ～ oneself *for* an examination 受験の申し込みをする
❺〔ある局面など〕に入る, 差しかかる；〔ある年代・時期〕に入る ‖ Our research is now ～*ing* 「a new phase [its final stage]. 我々の研究は今新しい局面[最終段階]に差しかかっている / He has ～*ed* his early forties. 彼は40代前半に入った / ～ the war 戦争に突入する
❻(考えなどが)〔頭〕に浮かぶ；(感情などが)〔声〕に表れる ‖ It never ～*ed* their heads that he might be a swindler. 彼が詐欺師かもしれないという考えは彼らの頭に全然浮かばなかった / Suddenly my mother's face ～*ed* my mind. 突然母の顔が心に浮かんだ
❼入って…の一部となる ‖ the foreign words which have ～*ed* Japanese 日本語に入っている外国語
❽(弾丸などが)…に入り込む, 深く突き刺さる, …を突き通す；…を〈…に〉差し込む, 入れる〈**into**〉‖ The bullet ～*ed* his lung. 銃弾は彼の肺に食い込んだ / ～ a stake *into* the ground 杭(くい)を地面に打ち込む
❾…を〈名簿などに〉書き込む, 記入[記載]する, 登録する〈**on, in, into**〉‖ I ～*ed* his name 「*on* the list [*in* the directory]. 彼の名前を名簿[人名録]に記入した
❿ 〔情報など〕を〈コンピューターに〉入力する(↘ key in)〈**into**〉(♦同意の専門用語は input)；〔ディスク〕を挿入する
⓫〘法〙〔異議・申請など〕を正式に申し立てる, 提起する, 届け出る ‖ The defendant ～*ed* a plea of innocence. 被告は無罪を申し立てた / ～ an objection 異議を申し立てる ⓬〘法〙〔不動産など〕を占有する
―自 ❶〈…から〉入る〈**by, through**〉‖ Please ～ *by* [OR *through*] the front door. 正面の扉からお入りください
❷《原形で主語の前に置いて》(舞台に)登場する(↔ exit) ‖ *Enter* Hamlet. ハムレット登場 (♦通例脚本のト書きとして, また新聞・雑誌で新しい話題を導入するときにしばしば使われる) ❸〈試合・競技などに〉参加[出場]する〈**in, for**〉‖ ～ *in* a contest コンテストに出る ❹ (弾などが) 突き刺さる, 入り込む ❺ エンターキーを押す

****énter into ...*** 〈他〉① …に入る, …を**始める**, …に携わる ‖ ～ *into* negotiations [an argument] 交渉[議論]を開始する ②〔協約・関係など〕を〈…と〉結ぶ〈**with**〉‖ ～ *into* an agreement *with* the United States 米国と協定を結ぶ ③〔問題など〕を扱う, 取り上げる, 検討する；〔詳細〕に渡る ‖ Their study ～*ed into* all areas of human behavior. 彼らの研究は人間の行動のあらゆる領域を取り扱った / ～ *into* details 詳細に立ち入る ④ …の一部[一因]をなす；〔考え・計画など〕の中に入る ‖ The question of cost never ～*ed into* our discussion. 費用の問題は一度も我々の議論の中に出てこなかった ⑤〔人の気持ちなど〕に理解を示す, 同調[共鳴]する；〔雰囲気〕に溶け込む ‖ She soon ～*ed into* the spirit of the carnival. 彼女はすぐにカーニバルの雰囲気に溶け込んだ

énter on [OR ***upon***] ***...*** 〈他〉①《堅》…を始める, …に着手する；〔経歴・仕事など〕に入る ‖ ～ *upon* a new career as a doctor 医師としての新しい生活に入る ②〘法〙〔不動産〕の所有権を得る
―名 U エンターキー(enter key)

en·ter·ic /entérɪk/ 形 腸の ‖ ～ fever 腸チフス(→ typhoid)

en·ter·i·tis /èntəráɪtəs | -tɪs/ 名 U 腸炎

en·ter·prise /éntərpràɪz/ 《アクセント注意》
―名 (複 **-pris·es** /-ɪz/) ❶ C **企業**, 会社, 事業体；U 経済[事業]活動；企業形態[方式](⇨ COMPANY 類語) ‖ a **private** [state-owned] ～ 民間[国有]企業 / promote local ～ 地域経済活動を促進する
❷ C (特に大胆・冒険的な)**事業**, 企て, 計画 ‖ a joint ～ 共同事業 / start a risky ～ 危険な企てを始める
❸ U **進取の気性**, 覇気, 冒険心 ‖ a woman of great ～ 進取の気性にあふれた女性
-pris·er 名 C 企業家
語源 *enter-* between＋*-prise* take, seize：手に取る, 着手する
▸▸ ～ **cùlture** 名 C U 起業文化, 起業精神 ～ **zòne** 名 C 企業誘致地区《減税などにより政府が新企業への投資を奨励した地区》

en·ter·pris·ing /éntərpràɪzɪŋ/ 形 企業心旺盛な；進取的な, 意欲的な(go-ahead) **～·ly** 副

***en·ter·tain** /èntərtéɪn/ 《アクセント注意》 動 (▶ entertainment 名) 他 ❶〔人〕を〈…で〉楽しませる, 面白がらせる〈**with, by**〉‖ They ～*ed* us *with* Tahitian dance that evening. 彼らはその晩タヒチの踊りで私たちを楽しませてくれた / We were ～*ed by* his funny stories. 私たちは彼のおかしな話を聞いて楽しんだ ❷ (自宅などに招いて)〔客〕を〈…で〉もてなす, 歓待する〈**with**〉；〔客〕を〈食事などに〉招待する〈**at, to**〉‖ The family ～*ed* me *with* all kinds of delicacies. 一家はいろいろな珍味を出して私をもてなしてくれた / ～ friends *at* dinner 友人たちを夕食に招いてもてなす ❸《進行形不可》〔提案など〕を考えてみる, 考慮する, 歓迎する；〔考え・疑念など〕を心に抱く ‖ Would you ～ our proposal? 我々の提案を考慮していただけますか / ～ doubts [illusions, hopes] 疑問[幻想, 希望]を抱く ―自 人を楽しませる, 面白がらせる；客をもてなす ‖ computer games that ～ as well as educate 面白くてためになるコンピューターゲーム
語源 *enter-* between＋*-tain* hold, keep：…の間に保つ, 大事にする

PLANET BOARD 20

「(大学に) 入学する」の動詞は enter でよいか.

問題設定 「(大学に) 入学する」というときの動詞に enter を使うか, 他の表現を使うかを調査した.

Q 次の (**a**) ～ (**c**) のどれを使いますか. (複数回答可)
(**a**) My son wants to **enter** this university.
(**b**) My son wants to **get into** this university.
(**c**) My son wants to **be admitted to** this university.
(**d**) どれも使わない

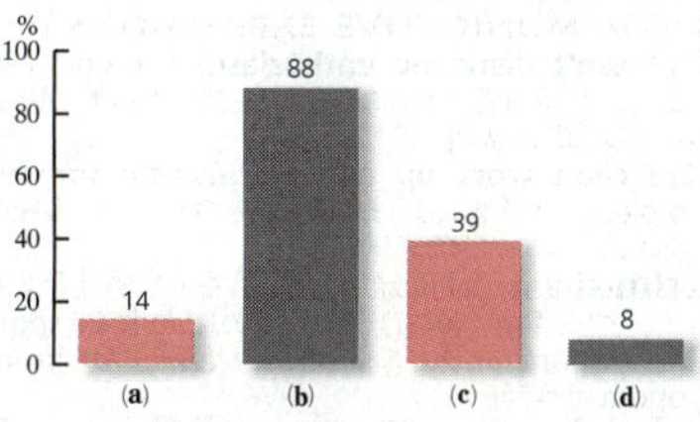

(**a**) の enter を用いると答えた人は14%と少なく, (**b**) の get into を使うという人が9割近くにのぼった. (**c**) の be admitted to を使用するとした人は約4割で, 多くの人が「堅い言い方だ」と述べた. 「enter this university は物理的にキャンパスの中に入るという意味であり, 試験・選考を経て入学するという意味なら他の2つの言い方がよい」「(**c**) は堅い文体では可能だが, be admitted to は病院に入る時の方がふさわしい言い方だ」などのコメントがあった. 代わりの言い方として, My son wants to *go to* this university. / My son wants to *be* [OR *get*] *accepted to* this university. などがあげられた.

学習者への指針 「(大学に) 入学する」の表現としては get into を用いるのがやや《口》だが一般的で, 堅い文体では be admitted to も使われる.

E

*en·ter·tain·er /èntərtéɪnər/ 名 C 客をもてなす人；芸人，エンターテイナー

en·ter·tain·ing /èntərtéɪnɪŋ/ 形 面白い，愉快な（⇨ INTERESTING 類語P） ~·ly 副

:en·ter·tain·ment /èntərtéɪnmənt/
—名〔◁ entertain 動〕(複 ~s /-s/) ❶ U C 娯楽；楽しみ，気晴らし，慰み（⇨ RECREATION 類語）‖ There's not much ~ in this town. この町には娯楽があまりない / It is pure ~ to watch children grow. 子供たちが成長するのを見守るのは実に楽しいことだ / much to the ~ of everyone 皆にとってとても面白かったことには / for ~ 楽しむために
❷ C 楽しませるもの；（客を楽しませるための）余興，催し物，興行《劇・映画・コンサートなど》；（特にクラブなどでの）ショー；（漫画・冒険物などの）軽い読み物 ‖ A variety of ~ is provided [OR organized] during the cruise. 航海中にはさまざまな催し物が用意されている
❸ U（客の）もてなし，歓待；C 招待会，宴会 ‖ provide ~ for one's guests 客をもてなす

en·thrall,《英》-thral /ɪnθrɔ́ːl/ 動 (-thralled /-d/；-thral·ling) 他〔人の心〕を〈話などで〉とりこにする，魅惑[魅了]する〈with〉 ~·ing 形 ~·ment 名

en·throne /ɪnθróʊn/ 動 他 ❶《通例受身形で》《堅》（人が）王位[司教職]に就く ❷《文》…をあがめる，尊敬する
~·ment 名 U C 即位（式）；司教就任（式）

en·thuse /ɪnθjúːz/ 動 自〈…について〉熱中して話す〈about, over〉 —他 ❶《通例直接話法で》…を熱中して話す ❷〔人〕を〈…で〉熱狂させる，夢中にさせる〈with〉

:en·thu·si·asm /ɪnθjúːziæ̀zm/《アクセント注意》
—名〔▶ enthusiastic 形〕(複 ~s /-z/) ❶ U〈…に対する〉熱狂；熱中；熱心，熱情，強い興味；感激〈for〉（⇨ ZEAL 類語）‖ She had [lost] ~ *for* hip hop. 彼女はヒップホップに熱狂していた[への熱が冷めた] / My father gave in to my ~ at last. 父はとうとう私の熱意に負けた / with ~ 熱意を持って，熱狂[熱中]して
連語【動+~】show [OR express] great [little] ~ 大いに熱意を示す[ほとんど熱意を示さない] / generate ~ among people 人々の熱意を喚起する / dampen a person's ~ （人の）熱意に水を差す
❷ C 熱中させるもの[こと] ‖ Chess is one of his ~*s*. チェスは彼が夢中になっているものの1つだ

COMMUNICATIVE EXPRESSIONS

1 **I cán't dèny my enthúsiasm for** our nèw próduct. 新商品に大いに期待しています（♥ 喜び・期待を表す形式ばった表現）

2 **I cán't wòrk úp any enthúsiasm for** thìs prόject. この企画にはあまり興味が持てないな（♥ 興味がないことを表すくだけた表現）

*en·thu·si·ast /ɪnθjúːziæ̀st/ 名 C〈…の〉熱狂者；ファン；…の虫〈for〉；⊗《古》《蔑》（宗教的）狂信者 ‖ a sports [《英》sport] ~ 大のスポーツ好き / an ~ *for* [OR of] opera オペラ狂

*en·thu·si·as·tic /ɪnθjùːziǽstɪk/ <シ 形〔◁ enthusiasm 名〕(more ~；most ~)〈…に〉熱烈な；熱心な；熱狂的な〈about, for, over〉（⇨ EAGER 類語）‖ I'm ~ *about* computer graphics. 私はコンピューターグラフィックスに凝っている / He waved to the thousands of ~ supporters. 彼は数千の熱狂的な支持者に手を振った

*en·thu·si·as·ti·cal·ly /ɪnθjùːziǽstɪkəli/ 副 熱狂的に，熱中して，熱心に

*en·tice /ɪntáɪs/ 動 他 a《+目》（報酬・快楽を餌(えさ)に）〔人など〕を（…に）誘う；〔人〕を引き抜く，そそのかして…させる；〔動物など〕をおびき寄せる《*away*》〈from …から；into …へ；with …で〉‖ The kidnapper ~*d* the unsuspecting child *away from* his home. 誘拐犯は何もあやしまない子供を家からおびき出した / The engineers were ~*d with* large salaries. 技術者たちは高給で誘われた / ~ him out for a drink 彼を飲みに連れ出す
b《+目+into *doing* / 目+to *do*》〔人〕をそそのかして…させる ‖ They ~*d* him 「*into* investing [OR *to* invest] money in shaky stocks. 彼らは彼をおだててあやしげな株に投資させた
~·ment 名 U C 誘惑；魅力；誘惑するもの -tíc·ing 形 魅惑的な，誘惑する -tíc·ing·ly 副

:en·tire /ɪntáɪər/ 中心義 欠けることなくすべて
—形《比較なし》❶《通例限定》全部の；全体の（⇨ WHOLE 類語）‖ He **spent** his ~ life developing improved strains of rice. 彼は全生涯を稲の品種改良に費やした / The ~ population of the nation rejoiced. その国の全国民が喜んだ / I wasted an ~ day doing nothing. 丸1日何もしないで無駄にした
❷（ものが）全部そろった；完全無欠の；分割されていない，連続している ‖ an ~ set of the encyclopedia 全巻そろいの百科事典 ❸《通例限定》（制限・疑問の余地などない）全くの，完全[完璧(かんぺき)]な，徹底的な ‖ I'm in ~ agreement with their decision. 私は彼らの決定に全面的に賛成だ / ~ freedom 全くの自由 / ~ confidence 全幅の信頼 ❹ 無傷の，元のままの；（家畜などが）去勢されていない；〖植〗（葉が）全縁の，ぎざぎざのない
—名 C 去勢されていない動物；種馬
~·ness 名

:en·tire·ly /ɪntáɪərli/
—副《比較なし》❶ 全く，完全に，すっかり ‖ My father (**almost**) ~ **agreed** with my taking over the family business. 父は僕が家業を継ぐことに（ほぼ）全面的に賛成してくれた / He was not ~ wrong. 彼が全面的に悪いというわけではなかった（♦ not entirely は部分否定．批判的発言を和らげるために用いることがある）/ an ~ **different** world 全くの別世界 / ~ **new** 全く新しい / The history course consisted ~ of boys. 歴史講座の受講者はもっぱら男子だった（♦ この consist of のような動詞と前置詞の連語では，entirely はその間にくる）❷ もっぱら，ひたすら ‖ I am ~ to blame. ひとえに私が悪い

en·tire·ty /ɪntáɪərṭi | -táɪərə-/ 名 U 完全無欠，そっくり全部；《the ~》全体，総計 ‖ quote the poem in its ~ 詩を完全な形で[そっくり全部]引用する

*en·ti·tle /ɪntáɪṭl/ 動〔◁ title 名〕(~s /-z/；~d /-d/；-tling) 他《完了形・進行形不可》❶ a《+目+to 名》〔人など〕に…の権利[資格]を与える；《受身形で》…の権利[資格]がある[与えられる] ‖ This ticket ~*s* you *to* a reserved seat. この切符で指定席にお座りになれます / Everyone is ~*d to* full respect of their opinion. だれでも自分の意見を十分に尊重してもらう権利がある
b《+目+to *do*》〔人〕に…する権利[資格]を与える ‖ This ID card ~*s* you *to* enter the library. この身分証明書があれば図書館に入れます
❷《+目+補〈名〉》《通例受身形で》（本・作品などに）…というタイトル[題]がつけられる ‖ The book was ~*d East of Eden*. その本は「エデンの東」と題された
❸《+目+補〈名〉》《古》〔人〕に…の称号を与える
~·ment 名 U C 権利の付与；資格；給付金を受ける権利；（州政府などによる特定の集団の構成員に対する）給付計画（entitlement program）；それに基づく給付金
語源 *en-* in+title（表題）：…に表題を与える

*en·ti·ty /énṭəṭi/ 名 (複 -ties /-z/) ❶ C 現実に存在するもの，実在[存在]物，実体；U 存在（する状態），〖哲〗実在 ‖ a social ~ 社会的存在
❷ U（物の）基本的性質，〖哲〗本質 ❸ C（自主的な）独立体；（個々を1つのかたまりに見た）統一体，一個の集合体

en·tomb /ɪntúːm/ 動 他 ❶《通例受身形で》墓に入る，葬られる ❷（場所などが）…の墓となる ~·ment 名

en·to·mol·o·gy /èntəmɑ́(ː)lədʒi | -mɔ́l-/ 名 U 昆虫学
-mo·lóg·i·cal 形 -gist 名 C 昆虫学者

en·tou·rage /ɑ́ːnturɑ̀ːʒ | ɔ́nturɑ̀ːʒ/ 名 C ❶《集合的に》《単数・複数扱い》側近の人々，随行員 ❷《文》周囲，環境

en·tr'acte /ɑ́ːntrækt | ɔ́n-/ 名 C（芝居などの）幕間(まくあい)；

幕間の余興《音楽・ダンスなど》

en·trails /éntrèɪlz/ 名 複 内臓, はらわた, (特に)腸

en·train[1] /ɪntréɪn/ 動 自 列車に乗る
―他…を列車に乗せる(↔ detrain)

en·train[2] /ɪntréɪn/ 動 他 (結果的に)…を引き起こす

en·trance[1] /éntrəns/
―名〔◁ enter 動〕(複 **-tranc·es** /-ɪz/) ❶ C 〈…への〉**入口**, 戸口, 玄関, 門(↔ exit)〈**to, of**〉‖ The ～ *to* the hall is on the right. ホールの入口は右手にあります / meet **at the main** ～ 正門[正面玄関]で会う / the front [back] ～ 表玄関[裏口] / an ～ hall 入口(を入ってすぐの)ホール
❷ U/C《通例単数形で》〈場所・団体などへ〉**入ること**, 加入, 入会, 参加;〈…への〉**入場**;**入学**〈**to, into**〉;〈…の〉開始, 着手;〈…への〉就任〈**into, on, upon**〉;〈舞台への〉登場〈**on, onto**〉(⇨ 類語) ‖ He was denied ～ *to* the meeting. 彼は会合への参加を断られた / Everyone stood up at the judge's ～. 判事が入廷すると全員が起立した / on ～ *into* office 就任に際して / **make** an [OR one's] ～ *onto* the stage 舞台に登場する / She **made** a brilliant ～ *into* the literary world. 彼女は文学界に華々しくデビューした
❸ U 入場[入会]許可, 入場権 ‖ No *Entrance*. 《掲示》入場お断り / *Entrance* Free. 《掲示》入場無料 / We are given free ～ to the public library. 我々は公立図書館に自由に出入りできる / gain ～ to ... …へどうにか入る / apply for ～ to college 大学へ入学を志願する

類語《❷》**entrance**「入ること」を意味する最もふつうの語. 許可・監視なしに自由に入ることを意味する.
admittance 入るのを許可すること. 〈例〉No *admittance*. 《掲示》入場禁止
admission 許可・特権・切符などで入ること. 〈例〉No *admission* during the performance. 《掲示》演奏中の入場はお断りします

▶▶ ～ **examinàtion** 名 C 入学[入社]試験(♦ entrance exam ということが多い) ～ **fèe** 名 C 入場料;入会金 ～ **hàll** 名 C 玄関ホール

en·trance[2] /ɪntræ̃ns | -trɑ́:ns/ 動 他《通例受身形で》(人が)我を忘れる;有頂天になる, 感極まる;うっとりする
～·ment 名

en·tranc·ing /ɪntrǽnsɪŋ | -trɑ́:ns-/ 形 うっとりさせるような, 魅力的な **～·ly** 副

en·trant /éntrənt/ 名 C 入る人, 新入者[生];〈競技などの〉参加者, 出場者[馬]〈**to**〉

en·trap /ɪntrǽp/ 動 (**-trapped** /-t/; **-trap·ping**) 他 ❶〔人〕を〈危険などに〉陥れる, だまして〈…〉させる〈**into**〉‖ ～ a suspect *into* confessing a crime 容疑者にかまをかけて犯行を自白させる ❷〔動物など〕をわなにかける
～·ment 名

en·treat /ɪntrí:t/ 動 他 ❶〔人〕に熱心に頼む, 懇願する〈**for** …を / **to** *do* …することを〉(♦ 直接話法にも用いる. that 節 を伴うことはまれ) ‖ She ～*ed* her father not *to* send her away to school. 彼女は父親に遠くの学校へ入れないでくれと熱心に頼んだ ❷ …を〈人に〉懇願する〈**of**〉‖ ～ the permission *of* ... …に許可を求める ―自 懇願[嘆願]する **～·ing·ly** 副 懇願[嘆願]するように

en·treat·y /ɪntrí:ṭi/ 名 (複 **-treat·ies** /-z/) U C 懇願, 嘆願

en·tre·côte /ɑ́:ntrəkòʊt | ɔ́n-/ 名 C (骨付きの)肋間(ろっかん)肉《ステーキ用》(♦ フランス語より)

en·trée, -tree /ɑ́:ntrèɪ | ɔ́n-/ 名 ❶ C (コース料理の)主菜(main course) ❷ C《英》アントレ《魚料理と肉料理の間に出る料理》 ❸ U C〈上流社会などへ〉入る権利[許可], 入る手段〈**into, to**〉(♦ フランス語より)

en·trench /ɪntréntʃ/ 動 他 ❶〔陣地・都市など〕に塹壕(ざんごう)を巡らす ❷《通例受身形または ～ oneself で》(人が)堅固に身を守る〈**in** …の中に;**against** …に対して〉;(習慣などが)確立している
～·ment 名 ❶ U 塹壕掘り;C《通例 ～s》塹壕を巡らせた陣地 ❷ U (態度・信念などを)強固にすること

en·tre nous /ɑ̀:ntrə nú: | ɔ̀n-/ 副 ここだけ[内緒]の話だが(♦ フランス語より)(= between ourselves)

en·tre·pôt /ɑ́:ntrəpòʊ | ɔ́n-/ 名 C ❶ (物資の)集散地, 配送センター;中央市場 ❷ 倉庫(♦ フランス語より)

***en·tre·pre·neur** /ɑ̀:ntrəprənɔ́:r | ɔ̀n-/ 名 C 起業家, 事業家;請負業者;(演劇・音楽関係の)興行主, プロモーター(♦ フランス語より) **～·i·al** 形 起業家としての ‖ ～ skills 起業家としての手腕 **～·i·al·ism** 名 U 起業家精神 **～·shìp** 名 U 起業家であること

en·tre·sol /ɑ́:ntrəsɑ̀:l | ɔ́ntrəsɔ̀l/ 名 C 中2階

en·tro·py /éntrəpi/ 名 U ❶〔理〕エントロピー《熱力学的状態を示す物理量の1つ》 ❷ 無秩序化(の度合い) ❸〔情報〕エントロピー《情報伝達の不確かさを示す尺度》

***en·trust** /ɪntrʌ́st/《アクセント注意》動 他 **a** (+目 *A*+**with** 名 *B* / 目 *B*+**to** 名 *A*) *A*(人)に*B*(任務・仕事など)を任せる, ゆだねる;*A*(人)に*B*(人・物など)を託す, 預ける ‖ He ～*ed* me *with* his dog. = He ～*ed* his dog *to* me. 彼は飼い犬を私に預けた **b** (+目+**to** *do*)〔人など〕に…することをゆだねる ‖ ～ a computer *to* solve the problem 問題の解決をコンピューターにゆだねる

‡**en·try** /éntri/
―名〔◁ enter 動〕(複 **-tries** /-z/) ❶ U C〈…に〉**入ること**, 〈…への〉入場, 入学, 入社, 参加, 加入〈**to, into**〉;(俳優の)登場(↔ exit)(♦ entrance より《堅》) ‖ The thief gained ～ through an open window. 泥棒は開いていた窓から侵入した / The closing date for *entries* is the end of the month. 参加申し込みの締切は月末です / ～ **requirements** 参加資格 / an ～ **form** 参加申込書 / Austria's ～ *into* the EU オーストリアのEUへの加盟 / She made her first ～ upon the stage at seven. 彼女は7歳で初舞台を踏んだ
❷ U〈…に〉**入る権利**, 〈…への〉入場権〈**to, into**〉‖ You have free ～ *to* the library. 図書館に自由に入れます / No *Entry*. 《掲示》入場禁止;(車両)進入禁止
❸ U (帳簿・日誌などへの)記入;**記載**, 登録, 記帳;C 記入項目, **記載事項** ‖ double [single] ～ 複式[単式]簿記 / make an ～ of an item 事項を記載する
❹ C (辞書などの)**見出し語**(headword);見出し語で始まる項目(全体) ❺ C〈競技などの〉**参加(申込)者**, 〈展覧会などの〉出品物〈**for**〉;《単数形で》《集合的に》参加者[出品]数 ‖ There was a large ～ *for* the exhibition. 展覧会にはたくさんの出品があった / the winning *entries* 入賞作品 ❻ U 🖳入力(input) ‖ data ～ データ入力 ❼ C 入り道;入口;玄関;(建物の間の)通路, 廊下 ❽ U C〔法〕(土地・家屋への)立ち入り;不動産占有回復 ❾ C〔トランプ〕エントリー《最初に札を出す権利を別のパートナーの手に移すこと;そのために有効な札》
▶▶ ～ **pèrmit** 名 C 入国許可(証) ～ **vìsa** 名 C 入国ビザ

éntry-lèvel 形 入門者用の, 初心者向けの

Éntry·phòne, e- 名 C《英》《商標》(ビル・集合住宅の玄関にある)インターホン, ドアホン

éntry·wày 名 C《米》入口(の通路)

en·twine /ɪntwáɪn/ 動 他《通例受身形で》絡まる, 巻きつく;密接に関係する ―自 巻きつく;絡み合う

É-nùmber 名 C《英》❶ Eナンバー《EUで食品添加物に表示されるEに続くコード番号》 ❷《口》食品添加物

e·nu·mer·ate /ɪnjú:mərèɪt/ 動 他 ❶ …を一つ一つ挙げる, 列挙する ❷《堅》…を数える(count)
-a·tive 形 列挙的な, 計算上の **-a·tor** 名 C 計算者;(国勢調査の)調査員

e·nu·mer·a·tion /ɪnjù:məréɪʃən/ 名 ❶ U 列挙;計算 ❷ C 一覧表, 目録(list)

e·nun·ci·ate /ɪnʌ́nsièɪt/ 動 他 ❶〔語など〕を明瞭(めいりょう)に発音する;〔主張など〕を明確に述べる ❷ …を発表[宣言]する ―自 明瞭に発音する **-à·tive** /英 -ə-/ 形 ① 声明

の, 宣言的な ② 発音(上)の **-à·tor** 名 C 表明者, 宣言者

e·nun·ci·a·tion /ɪnʌ̀nsiéɪʃən/ 名 U C ❶ 発音の仕方, 口ぶり ❷ (明確な)表明, 言明；宣言

en·ure /ɪnjúər/ 動 =inure

en·u·re·sis /ènjuəríːsɪs/ 名 U 〖医〗遺尿症；夜尿症

***en·vel·op** /ɪnvéləp/ 動 他 ❶ …を〈…で〉包む, 覆い隠す〈in〉 ❷〖軍〗〔敵〕を包囲する **~·ment** 名

⁑**en·ve·lope** /énvəlòup, +米 áːn-, +英 ɔ́n-/

— 名 (複 **~s** /-s/) C ❶ **封筒** ‖ a **stamped** [**self-addressed**] ~ 切手をはった[返信用]封筒 / a window ~ 窓付き封筒 ❷ (一般に)包むもの, 覆い, 包装《袋·容器など》 ❸ (飛行船·気球の)気嚢(きのう), 球皮；(真空管·電球の)気密管 ❹〖生〗外被, 被膜 ‖ a nuclear ~ (細胞の)核膜 ❺〖数〗包絡線[面]

on the bàck of an énvelope ① 封筒の裏の[に] ② (計算·計画などが)(走り書きのように)大ざっぱで, ラフで；未完で手を入れる必要がある

pùsh (the èdge of) the énvelope 《口》(可能性の)限界を越えて頑張る

en·ven·om /ɪnvénəm/ 動 他 ❶ …に毒を入れる, …を毒にする ❷ 《堅》…を憎悪[敵意]で満たす

en·vi·a·ble /énviəbl/ 形 〔◁ envy 名〕 (人·事などが) 羨望(せんぼう)の的で, うらやましい, ねたましい ‖ be in the ~ position of *doing* …するというううらやましい立場にいる

-bly 副

***en·vi·ous** /énviəs/ 形 〔◁ envy 名〕 うらやましそうな；(人が)〈…を〉ねたんで, うらやんで〈**of**〉 ‖ Jane was ~ *of* her sister's happiness. ジェーンは妹の幸せをねたんでいた / an ~ look うらやましそうな顔つき **~·ly** 副

en·vi·ro /ɪnváɪrou/ 形 =environmental

— 名 (複 **~s** /-z/) =environmentalist

en·vi·ron /ɪnváɪərən/ 動 他 《堅》…を取り囲む, 取り巻く

⁑**en·vi·ron·ment** /ɪnváɪərənmənt/ 《発音注意》

— 名 (複 **~s** /-s/) ❶ U C **環境**；生活[社会]環境；周囲の状況, 外部の状態 (⇨ 類語) ‖ "My home ~ wasn't such a happy one." "We're not just the product of our ~." 「私の家庭環境はそれほど幸せなものじゃなかった」「我々が単なる環境の産物であるとは思わない」/ a social and cultural ~ 社会的·文化的環境 / adapt to a new ~ 新しい環境に順応する / **create** [**provide**] a pleasant learning ~ 快適な学習環境を創り出す[提供する]

❷ 《通例 the ~》(水·空気·土地などの)**自然環境** (⇨ 類語) ‖ Bicycles are friendly to the ~. 自転車は環境に優しい / **protect** the (natural) ~ from pollution (自然) 環境を汚染から保護する / **in** the [OR a] natural ~ 自然環境の中で

❸ C 💻動作環境《コンピューターシステム上での設定環境. 使用者やハードウェア·ソフトウェアの全体的操作性》

類語 《❶, ❷》 **environment, surroundings** 共に取り巻いているものであるが, environment は人の感情や思想などに影響を与えるものや, 人が住む土地·空気·水などの自然条件も意味するのに対し, surroundings は単に人や場所を囲む事物や状況を表す.

⁑**en·vi·ron·men·tal** /ɪnvàɪərənménṭəl/ 〈ジ〉

— 形 (**more ~** ; **most ~**) 《限定》

❶ **環境の**；環境問題に関する；(自然)環境保護の, 環境に優しい ‖ Global warming is the most threatening ~ danger. 地球温暖化は最も懸念されている環境の危機だ / ~ impact (人間活動が及ぼす)(自然)環境への影響 / ~ **issues** [OR problems] 環境問題 / an ~ **group** 環境保護団体 ❷ 周囲の **~·ìsm** 名

▶▶ **~ árt** 名 U 環境芸術《人間をも含めて環境としての空間を創造する芸術》 **~ áudit** 名 C 環境監査《企業に対する環境保護法順守度のチェック》 **~ 「ímpact stàtement** 《米·豪·ニュージ》[《英》**asséssment**] 名 C 環境アセスメント[影響事前調査]

***en·vi·ron·men·tal·ist** /ɪnvàɪərənménṭəlɪst/ 名 C ❶ 環境問題専門家；環境保護論者 ❷ 環境論者《人間の発達には遺伝より環境が影響大とする》

-ism 名 U 環境説；環境保護主義[運動]

***en·vi·ron·men·tal·ly** /ɪnvàɪərənménṭəli/ 副 環境(保護)の点で ‖ an ~ sensitive area 環境保護区

▶▶ **~ fríendly** 形 =environment-friendly

envìronment-fríendly 形 環境に優しい

en·vi·rons /ɪnváɪərənz/ 名 複 都市の周辺(地域), 近郊, 郊外

***en·vis·age** /ɪnvízɪdʒ/ 《発音注意》 動 他 ❶ (将来の可能性として) 想像する (envision) **a** 《+目》…を心に描いている, 想像する ‖ John Lennon ~*d* a world in which people live in peace. ジョン＝レノンは人々が平和に暮らす世界を心に描いていた **b** 《+*doing*》…することを心に描いてみる ‖ She did not seriously ~ leaving her own country. 彼女は祖国を捨てようと本気で考えたわけではなかった **c** 《+目+*doing*》…が…するのを想像する ‖ ~ him starting a new business 彼が新しい事業を始めることを想像してみる **d** 《+ **that** 節 / **wh** 節》…ということ[…か]を予想する ‖ The board ~*s that* there will be a high [OR large] profit. 役員会では高い利潤が出るだろうと予想している

❷ 《+目+**as** 名》(ある観点から)…を…と考える；考察する ‖ The teachers ~ this book *as* a good guide for adult learners. 教師たちはこの本を成人学習者のよい手引書と考えている

***en·vi·sion** /ɪnvíʒən/ 動 他 …を心に思い描く, 想像する

en·voi /énvɔɪ, áːn-/ 名 C (ballade などの)結びの句

***en·voy** /énvɔɪ/ 名 C ❶ (外交任務を帯びた)使者, (政府·政党などの) 使節, 代表 ‖ send a peace ~ 平和使節を派遣する / a special ~ of the Japanese government 日本政府の特派使節 ❷ (=**~ extraórdinary**) (特命全権) 公使《ambassador (大使) の下位で chargé d'affaires (代理公使) の上位》 ❸ =envoi

***en·vy** /énvi/ 名 〔▶ enviable 形, envious 形〕 ❶ U 〈…に対する〉ねたみ, 嫉妬(しっと)；羨望(せんぼう)〈**at, of, toward**〉(⇨ JEALOUSY 類語) ‖ I feel no ~ 「*at* his fancy sports car [*of* his good fortune]. 私は彼のしゃれたスポーツカー[幸運]をうらやましいとは思わない / She said so out of ~. 彼女はねたんで[うらやましさのあまり]そう言ったのだ

❷ 《the ~》〈…の〉羨望の的, ねたみの種〈**of**〉 ‖ We enjoy a degree of security which is the ~ *of* the world. 我々は世界がうらやむほどの安全を享受している

— 動 他 ねたむ **a** 《+目》…をうらやむ, ねたむ ‖ I ~ his peaceful life. 彼の平和な生活がうらやましい **b** 《+目 *A*+目 *B* / 目 *A*+**for** 名 *B*》 *A* (人) の*B*をうらやむ ‖ I ~ you your life free from worldly cares.＝I ~ you *for* your life free from worldly cares. 君の悠々自適の生活がうらやましい (♦ 目 *A*を主語にした受身形が可能. 受身形では for を伴う. 〈例〉 He is *envied* for his wealth. あの人は財産をうらやまれている) **c** 《+目+*doing*》…が…するのをうらやむ ‖ Oh, I ~ you coming from Kyoto. まあ京都のご出身なんて, うらやましいわ

~·ing·ly 副 うらやんで, ねたんで

en·wrap /ɪnrǽp/ 動 (**-wrapped** /-t/ ; **-wrap·ping**) 他 ❶ …を包む, くるむ ❷ 《通例受身形で》《堅》(人が)〈…に〉夢中になる, 没頭する〈**in**〉

***en·zyme** /énzaɪm/ 名 C 〖生化〗酵素 ‖ ~ detergent 酵素洗剤 **èn·zy·mát·ic, -míc** 形

en·zy·mol·o·gy /ènzaɪmά(ː)lədʒi, -zə-/ 名 U 酵素(化)学 **-mo·lóg·i·cal** 形 **-mól·o·gist** 名

E·o·cene /íːəsìːn, íːou-/ 〖地〗 名 《the ~》(第3紀の) 始新世 — 形 始新世の

ÈOF 略 💻 *end of file* 《ファイル·データの終わりを示す符号》

E·o·li·an /ióuliən/ 形 《米》=Aeolian[1], Aeolian[2]

e·o·lith /íːəlɪθ, íːou-/ 名 C 〖考古〗原石器

e·o·lith·ic /ìːəlíθɪk, ìːoʊ-/ ⊲ 形 〚考古〛原石器時代の

e·on /íːən/ 名 (→ aeon) C ❶ 無限に長い期間；永劫(えいごう) ❷〚地〛10億年

E·os /íːɑ(ː)s | -ɒs/ 名〚ギ神〛エオス《曙(あけぼの)の女神．〚ロ神〛の Aurora に当たる》

e·o·sin /íːəsɪn, íːoʊ-/, **-sine** /-siːn/ 名 U〚化〛エオシン《鮮紅色の染料》

ÈOT 略 ⊡ *e*nd *o*f *t*ape

-eous 接尾《形容詞語尾》「…の性質を持つ」の意(⇨ -ous) ‖ dut*eous* 従順な

ÈP 略 *e*lectro*p*late；*E*uropean *P*arliament；*E*uro*p*ean *p*lan；*e*xtended-*p*lay(ing)

ÈPÁ 略 *e*icosa*p*entaenoic *a*cid (エイコサペンタエン酸)；*E*nvironmental *P*rotection *A*gency ((米国の) 環境保護局)

é·pal 名 C メル友(♦ e-friend ともいう)

ep·au·lette, + 《米》**-let** /èpəlét/ 名 C (将校の軍服などの)肩章

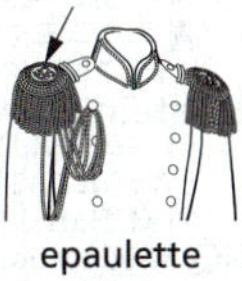
epaulette

é·pée /eɪpéɪ | épeɪ/ 名 C エペ《先の鋭い剣；エペを用いるフェンシングの種目》 **~·ist** 名 C エペの選手

e·pergne /ɪpə́ːrn/ 名 C 飾り皿《食卓の中央に置き果物・花などを載せる》

Eph 略〚聖〛Ephesians (エペソ人(びと)への手紙)

e·phed·rine /ɪfédrən | éfɪdriːn/ 名 U〚薬〛エフェドリン《麻黄(まおう)に含まれるアルカロイド．風邪・ぜんそく薬》

e·phem·er·a /ɪfémərə/ 名 (複 **~s** /-z/ or **-ae** /-riː/) C ❶〚虫〛カゲロウ(mayfly) ❷《複数扱い》(カゲロウのように)短命な[はかない]もの；すぐに役に立たなくなるもの《切符・ポスター・パンフレットの類》

e·phem·er·al /ɪfémərəl/ 形 つかの間の，はかない；1日限りの；(昆虫・花などが)短命な **—**名 C 短命な生き物 **~·ly** 副 短命に，はかなく

e·phem·er·on /ɪfémərɑ̀(ː)n | -ɒn/ 名 C 短命な虫

E·phe·sians /ɪfíːʒənz/ 名《the ~》〚聖〛エペソ人への手紙，エペソ書(the Epistle to the Ephesians)《新約聖書中の一書．略 Eph》

Eph·e·sus /éfɪsəs/ 名 エフェソス，エペソ《小アジア半島西岸にあった古代ギリシャの都市．世界の7不思議の1つである Artemis の神殿があった》 **E·phé·sian** 名 形

epi- 接頭「上，外，後，間，追加」などの意(♦ 母音，h の前では ep-)

ep·ic /épɪk/ 名 C ❶ (古代[伝説]の)叙事詩，史詩 ❷ 叙事詩的な長編作品《小説・詩歌・映画など》，長編英雄[冒険]物語 ❸《口》(多くの時間と困難を伴う)大仕事；大活躍；(立派な)業績 **—**形《限定》❶ 叙事詩の，叙事詩的な ❷ 英雄的な，冒険的な，勇敢な；《口》大規模の，壮大な，並外れた；素晴らしい ‖ an ~ journey 長期冒険旅行 / a bribery case of ~ proportions 大規模な贈賄事件

ep·i·cal /épɪkəl/ 形 =epic **~·ly** 副

ep·i·cene /épɪsiːn/ 形 ❶ 男女両性具有の，男とも女ともつかない；中性的な；《文》(特に)男らしくない，めめしい，軟弱な ❷ (服装などが)両性用の，両性に共通の ❸〚言〛(ギリシャ・ラテン語の名詞が)通性の **—**名 C ❶《文》両性具有者，中性的なもの ❷〚言〛通性語

ep·i·cen·ter, 《英》**-tre** /épɪsèn*t*ər/ 名 C ❶ (地震の)震央《震源直上の地点》；(地下核実験の)爆心地点 ❷ 焦点，中心点(center)；(問題などの)核心

ep·i·cure /épɪkjʊ̀ər/ 名 C 美食家，グルメ(gourmet)；快楽主義者

ep·i·cu·re·an /èpɪkjuəríːən/ 形 ❶《E-》エピキュロス(Epicurus)(派[主義])の ❷ 美食好みの；享楽的な，快楽主義的な **—**名 C ❶《E-》エピキュロス説信奉者 ❷ エピキュリアン，快楽主義者(epicure)

Èpicuréan·ism 名 U エピキュロス哲学[主義]《快楽を人生の最高善とする》

ep·i·cur·ism /épɪkjʊərɪzm/ 名 U ❶ 美食，食道楽；享楽(的生活) ❷《E-》=Epicureanism

Ep·i·cu·rus /èpɪkjʊ́ərəs/ 名 エピキュロス(342?-270 B.C.)《ギリシャの哲学者．エピキュロス派の祖》

***ep·i·dem·ic** /èpɪdémɪk/ ⊲ 形 (病気などが)流行[伝染]性の；(思想・風俗などが)流行の，はやりの，はびこる ‖ an ~ disease 流行病 / reach ~ proportions 大流行する，蔓延(まんえん)する **—**名 C ❶ 流行病；伝染病(♦ plague より軽いもの) ❷ (病気の)流行；(思想・風俗などの)普及，はやり；(よくないことの)蔓延 ‖ an ~ of influenza=a flu ~ インフルエンザの流行 / an ~ of bank robberies 多発する銀行強盗 **-i·cal·ly** 副

ep·i·de·mi·ol·o·gy /èpɪdìːmiɑ́(ː)lədʒi | -ɔ́l-/ 名 U 流行病学，疫学；(ある病気の)発生・進展の経緯 **-o·lóg·i·cal** 形 **-gist** 名 C 疫学者

ep·i·der·mis /èpɪdə́ːrmɪs/ 名 U C〚解〛表皮，上皮 **-mal, -mic** 形 表皮の；表皮性の；表皮から発生する

ep·i·dur·al /èpɪdjʊ́ərəl/ ⊲ 形〚解〛硬膜(dura mater)外の；〚医〛(麻酔が)硬膜外の ‖ ~ anesthesia 硬膜外麻酔 **—**名 U〚医〛硬膜外麻酔

ep·i·gone /épɪgoʊn/ 名 (複 **~s** /-z/ or **e·pig·o·ni** /epígənaɪ/) C《文》(一流の思想家・芸術家などの)模倣者，追随者，亜流，エピゴーネン

ep·i·gram /épɪgræ̀m/ 名 C ❶ (巧妙でウイットのきいた)警句；警句的[寸鉄的]表現 ❷ (警句的な短い)風刺詩，寸鉄詩

ep·i·gram·mat·ic /èpɪgrəmǽ*t*ɪk/, ⊲ **-i·cal** /-ɪkəl/ 形 警句の(ような)；警句の多い；(人が)警句好きの

ep·i·gram·ma·tist /èpɪgrǽmə*t*ɪst/ 名 C 警句家，風刺詩人

ep·i·gram·ma·tize /èpɪgrǽmətàɪz/ 動 他 …について警句を吐く；…を警句的に表現する **—**自 風刺詩を作る，警句を吐く

ep·i·graph /épɪgræ̀f | -grɑ̀ːf/ 名 C ❶ (建物・記念碑などの)碑銘，碑文，金石(きんせき)文 ❷ (書物の巻頭・章頭などの)題辞，銘句

e·pig·ra·phy /epígrəfi/ 名 U ❶ 碑銘研究，金石学；(碑銘などの)解読，解説 ❷《集合的に》碑銘(文)，金石文，刻文

ep·i·late /épɪlèɪt/ 動 他〚医〛…から脱毛[除毛]する(depilate) **èp·i·lá·tion** 名 U 脱毛，除毛

ep·i·lep·sy /épɪlèpsi/ 名 U〚医〛てんかん

ep·i·lep·tic /èpɪléptɪk/ ⊲ 形 てんかん(性)の；てんかん症の；てんかんにかかったような ‖ an ~ attack [or fit] てんかんの発作 **—**名 C てんかん患者

ep·i·logue, + 《米》**-log** /épɪlɔ̀(ː)g/ 名 C ❶ (小説などの)エピローグ，終章；(芝居の終わりの，韻文で語られる)納め口上(↔ prologue) ❷ 納め口上を述べる俳優

ep·i·neph·rine /èpɪnéfrɪn/ 名 U〚化〛エピネフリン(adrenaline)《副腎(ふくじん)髄質ホルモン》；〚薬〛エピネフリン製剤《強心・止血剤》

E·piph·a·ny /ɪpífəni/ 名 (複 **-nies** /-z/) ❶《the ~》〚宗〛公現，顕現《キリスト誕生後の東方の三博士(Magi)の来訪が象徴する異邦人への主の顕現》；公現祭(Twelfth Day)《公現を記念する祭日(1月6日)》 ❷《e-》C (一般に)(神などの)顕現；epiphany を描写した文学作品 ❸《e-》U (物事の本質や意味などの)直観的洞察

ep·i·phyte /épɪfàɪt/ 名 C〚植〛着生植物

e·pis·co·pa·cy /ɪpískəpəsi/ 名 (複 **-cies** /-z/) ❶ U〚宗〛司教[監督，主教]制度《bishops による教会行政形態》 ❷ =episcopate ❸《the ~》《集合的に》司教[監督，主教]団

e·pis·co·pal /ɪpískəpəl/ 形《通例限定》司教[監督，主教]の；司教[監督，主教]制の；《E-》監督教会(派)の，英国国教会系の，聖公会(派)の **~·ly** 副 ▶▶ **Epìscopal Chúrch** 名《the ~》聖公教会；英国国教会

E·pis·co·pa·lian /ɪpìskəpéɪliən/ ⊲ 形 名 C ❶〚宗〛

監督教会[聖公会]派の(信者) (Episcopal) (→ Anglican) ❷《e-》司教[監督, 主教]制の(支持者)
~·ìsm 名 U 監督教会[聖公会]派の教義

e·pis·co·pate /ɪpískəpət/ 名 ❶ U 司教[監督, 主教]の職[地位, 任期], C 司教[監督, 主教]区(bishopric) ❷《the ~》《集合的に》司教[監督, 主教]団

*__ep·i·sode__ /épɪsòud/ 名 C ❶ (人生・歴史上などの) 挿話(的事件), エピソード ❷ (文学作品中の)(ときに本筋から離れた)挿話 ❸ (続き物の放送番組・小説などの)1回分(の物語) ❹ (再発性疾患の) 症状の発現 (期間) ❺ 〖楽〗エピソード, 挿入部, (フーガなどの)間奏部

ep·i·sod·ic /èpɪsá(:)dɪk | -sɔ́d-/, **-i·cal** /-ɪkəl/ 形 ❶ 挿話[エピソード]風の; (相互に関連性の薄い)いくつかの物語[部分]からなる ‖ an ~ novel いくつかのエピソードからなる小説 ❷ 一時的な; 散発的な, 偶発的な, 気まぐれな
-i·cal·ly 副 挿話風[的]に; 偶発的に

Epist 略 〖聖〗Epistle(使徒書簡)

ep·i·ste·mic /èpɪstí:mɪk/ 形 認識の[に関する]

e·pis·te·mol·o·gy /ɪpìstɪmá(:)lədʒi | -mɔ́l-/ 名 U 〖哲〗認識論《知識の性質や起源などを研究する哲学の一部門》
e·pìs·te·mo·lóg·i·cal 形 **-mól·o·gist** 名

e·pis·tle /ɪpísl/ 名 ❶《the E-》〖聖〗(新約聖書中の)使徒書簡《略 Epist》; (ミサなどで朗読される)使徒書簡の抜粋 ‖ the *Epistle* to the Romans ローマ人への手紙, ロマ書 ❷ C《堅》《戯》手紙, 書簡; 書簡体の文章[作品]

e·pis·to·lar·y /ɪpístəlèri | -təl əri/ 形《限定》手紙[書簡]の, 書簡からなる; 手紙に書かれた; 文通による; 書簡体の, 書簡にふさわしい ‖ an ~ novel 書簡体小説

ep·i·taph /épɪtæf | -tà:f/ 名 C 墓碑銘; 追悼の辞

ep·i·tha·la·mi·um /èpɪθəléɪmiəm/, **-mi·on** /-miən/ 名 (複 **~s** /-z/ OR **-mi·a** /-miə/) C 祝婚歌[詩]

ep·i·the·li·um /èpɪθí:liəm/ 名 (複 **~s** /-z/ OR **-li·a** /-liə/) C 〖動〗上皮(組織), 上覆組織, 皮膜《表皮・血管内壁など》 **-li·al** 形 上皮の, 上覆組織の

ep·i·thet /épɪθèt/ 名 C ❶ (人・物の特性を端的に表す)形容辞, 異名, 別名, 通称《Richard the Lion-Heart の *the Lion-Heart* など》 ❷ (軽蔑的な) あだ名, 別称《intellectual (知識人) に代わる egghead (インテリ) など》; ののしりの言葉

e·pit·o·me /ɪpíṭəmi/ 名 ❶《the ~》〈…の〉典型, 権化(ごんげ), 縮図〈of〉‖ He is the ~ *of* perfection. 彼はまさに完全無欠そのものである ❷ C《堅》(本などの)要約

e·pit·o·mize /ɪpíṭəmàɪz/ 動 他 ❶ …の典型[権化, 好例, 縮図]である ❷《堅》…を要約する(✎ sum up), …の梗概を作る

e plu·ri·bus u·num /eɪ plùərɪbəs ú:nəm/《ラテン》(=one out of many)多数からなる1つ, 多数の統一《米国の硬貨に刻まれている標語》

ÈPNŚ 略 *e*lectro*p*lated *n*ickel *s*ilver(電気めっき洋銀)

*__ep·och__ /épək | í:pɔk/《アクセント注意》名 C ❶ (歴史・人生上の)新時代, 新世紀; (重要な事件などが起こった)時代; 時期 (⇨ PERIOD 類語) ❷ 画期的な出来事 ❸ 〖地〗世(せい)《地質年代で period (紀) の下の区分》 ❹ 〖天〗元期(がんき)《天文学上任意に選んだ時・日》
màrk an épоch in ... …に一時期を画する, 新時代を開く ‖ This conference will *mark an ~ in* the history of Japan-China relations. この会談は日中関係の歴史に新時代を開くだろう

ep·och·al /épəkəl | épɔk-/ 形 新時代の, 新時代を画する; 画期的な(epoch-making), 非常に重要な; 比類のない **~·ly** 副 新時代を画す形で; 画期的に

épоch-màking 形 画期的な(epochal)

ep·ode /époud/ 名 U 〖詩学〗エポード《長短の行が交互する古代叙情詩形; 古代ギリシャ叙情詩の最終節》

é-políce 名 U ネット警察, 電子警察《インターネットを監視する》

ep·o·nym /épənɪ̀m/ 名 C 名祖(なおや)《土地・民族・国家・制度などの名の起こりとなった人物. William Penn→Pennsylvania など》; (薬品・病気などの)名祖に基づく名称《Parkinson's disease(パーキンソン病)など》

e·pon·y·mous /ɪpá(:)nɪməs | -pɔ́n-/ 形 名祖の ‖ an ~ hero (作品の名前の)もととなった主人公《作品と同一の名の主人公のこと》

ep·ox·y /epá(:)ksi | ɪpɔ́ksi/ 形 〖化〗エポキシの《酸素原子1つが同一分子内の2つの炭素原子と結合している物質についていう》 ―名 (=~ résin) U C エポキシ樹脂《熱硬化性の合成樹脂. 接着材・塗料などに用いる》

EPROM /í:prɑ(:)m | -rɔm/ 名 C 消去再プログラム可能ROM(♦ *e*rasable *p*rogrammable *ROM* の略)

ÈPŚ 略 〖株〗*e*arning *p*er *s*hare(1株当たり収益)

ep·si·lon /épsəlɑ̀(:)n | epsáɪlən/ 名 C イプシロン《ギリシャ語アルファベットの第5字. Ε, ε. 英語の短音の E, e に相当》

Ep·som /épsəm/ 名 エプソム《イングランド南東部サリー州の都市. The Derby と The Oaks の行われる競馬場が郊外にある. 鉱泉でも知られる》 ▸▸ ~ **sàlts** /英 ∸∸/ 名 複 エプソム瀉利(しゃり)塩《かつて下剤として用いたが現在は主に虫刺されなどの外用薬として使う》

Èp·stein-Bárr vìrus /èpstaɪnbá:r-/ 名 エプスタイン=バーウイルス, E-Bウイルス(ME)《人間の癌(がん)に関係すると考えられている》(♦ 英国の病理学者 M. A. Epstein と Y. M. Barr より)

ÈQ́ 略 *e*ducational *q*uotient (教育指数)《年齢に比べて学習が進んでいるか遅れているかを示す》; *e*motional *q*uotient〖心〗(情緒[感情]指数)《情緒の安定度を示す》

eq. 略 equal; equation; equivalent

eq·ua·ble /ékwəbl/ 形 ❶ 一様な, むらのない; (気候などが)安定した ❷ (人・気質などが)穏やかな, 平静な ‖ an ~ disposition 穏やかな性格 **èq·ua·bíl·i·ty** 名 U 均等性; 安定, 平静 **-bly** 副 一様に; 平静に

⁝e·qual /í:kwəl/《発音・アクセント注意》形 名 動

中心義 等しく並ぶ

形 等しい❶ 平等の❷ 耐えられる❸
名 同等の人[もの]❶
動 他 等しい❶ 匹敵する❷

―形〔▸ equality 名, equalize 動〕《通例比較なし》❶ (数量・規模・程度などが)**等しい**, 同じで(↔ unequal); (価値・能力などが)匹敵する, 同等[互角]で〈**to, with** …と; **in** …の点で〉(⇨ SAME 類語) ‖ These two watermelons are of ~ weight. この2つのスイカは同じ重さだ / Ten dollars is **roughly** [OR **about**, **approximately**] ~ *to* 1,000 yen. 10ドルはほぼ1,000円に相当する / 「Two times [OR Twice] five is ~ *to* ten. 5の2倍は10だ / She is quite ~ *to* him *in* ability. 能力においては彼女は彼に少しもひけをとらない / ~ *in* size [price] 大きさ[価格]が同じ / an ~ contest 互角の試合
❷ (権利・地位・賃金などが)**平等の**, 対等の; 均等の, 一様な; 釣り合いのとれた ‖ All human beings are **created** ~. すべての人間は生まれながらに平等だ / ~ rights 対等の権利 / ~ pay (男女) 同一賃金 / ~ in status 地位が同じ / a more ~ distribution of wealth より平等に近い富の配分 (♦ 程度の差が考えられるこの例では比較級が可能)
❸《+ to 名》《叙述》(任務などに)**耐えられる**; (…をするのに)十分な能力[手段, 勇気など]を持つ, 適した ‖ She didn't feel ~ *to* making a long journey. 彼女は長旅をするだけの体力がないように感じた (♦ ×equal to make ... とはいわない) / I wasn't ~ *to* the task. 私にはその仕事が耐えられなかった ❹〈人にとって〉(どちらでも) 結果 [意味, 価値]は同じ[変わらない], どうでもよい〈**to**〉

be èqual to the occásion どんな事態にも対処できる, 臨機応変の応対ができる

on èqual térms with ... …と同じ[対等の]条件で

—名 (複 ~s /-z/) C 同等[対等]の人[もの], 匹敵する人[もの]; 同僚 ‖ Everyone should be treated as an ~. だれもが対等に扱われるべきだ / He has no ~ 「in strength [at running]. = Nobody is his ~ 「in strength [at running]. 強さ[走ること]で彼にかなう者はいない / His acting ability is without ~ in Japan. 彼ほどの演技力を持つ人は日本に2人といない(◆この例では無冠詞) / one's ~*s* and superiors 同僚や先輩たち / first among ~*s* 高い地位にいる人, 代表となるもの

—動 (~s /-z/; -qualed, 《英》 -qualled /-d/; -qual·ing, 《英》 -qual·ling)

—他 《進行形不可》 ❶ (数量・大きさ・価値などが)…に**等しい** ‖ Five plus four ~*s* nine. 5足す4は9だ

❷ (力量などが)…に**匹敵する**〈**in** …の点で; **as** …として〉‖ None of them can ~ her 「*in* skill [*as* a pianist]. 彼らの中に技術で[ピアニストとして]彼女に及ぶ者はいない

❸ 〔基準・記録など〕に達する, 並ぶ ‖ He ~*ed* 「the world record [her score of 10 points]. 彼は世界タイ記録を出した[10点で彼女のスコアと並んだ]

❹ …という結果を生む, 結果として…をもたらす

èqual óut 〈自〉釣り合う, 等しくなる.

語源 「等しい, 平らな」の意のラテン語 *aequus* から.

▸▸ **~ opportúnity** 名 C (人種・性別・宗教などによらない)機会均等(◆複数形でも用いられる) ‖ an ~ *opportunity* employer 機会均等を遵守する雇用主 **~(s) sìgn** 名 C 等号, イコールの印 **~ tíme** 名 U (政見放送などにおける)均等時間割当

e·qual·i·tar·i·an /ɪkwɔ̀ːlətéəriən | ɪkwɔ̀lɪ-/ <ジ 形 名 = egalitarian **~·ism** 名 = egalitarianism

e·qual·i·ty /ɪkwɑ́(ː)ləṭi | ɪkwɔ́l-/ 《アクセント注意》 名 [< equal 形] ❶ U/C 《an ~》等しいこと, 同等, 平等, (権利・地位・処遇などでの)対等(の立場), 均等 (↔ inequality); 互角, 一様性 ‖ ~ of size 同等の大きさ / ~ of opportunity 機会の均等 / racial [sexual] ~ 人種[男女]間の平等 / be on an ~ with ... …と対等(の立場)である ❷ U 〘数〙相等; C 等式, 方程式

e·qual·ize /íːkwəlàɪz/ 動 [< equal 形] 他 ❶ …を等しくする; 平等[対等]にする ❷ …を一様に[均等に]する, ならす; …を均等に分配する —自 等しく[平等に]なる; 《主に英》(サッカーなどで)同点に追いつく

è·qual·i·zá·tion 名 U 同等[平等]化; 均等[均一]化

e·qual·iz·er /íːkwəlàɪzər/ 名 C ❶ 同等にする人[もの](leveler), 均一化する人[もの] ❷ 〘空〙(補助翼の)平衡装置; 〘機〙(圧力などの)平衡装置; 〘電〙均圧線; 〘電子〙イコライザー ❸ 《英》(サッカーなどの)同点(にする点) ❹ 《米俗》武器《特にピストル》

e·qual·ly /íːkwəli/

—副 (比較なし) ❶ **同程度に**, 同様に ‖ She has great responsibilities and an ~ great salary. 彼女は責任は重いがそれ相応に給料も高い / He and I can play tennis ~ **well**. 彼と私はテニスの腕が同じくらいだ / **almost** ~ **important** ほぼ同じくらい重要な

❷ **等しく**; 平等に, 公平に; 一様に, 均等に ‖ The brothers shared the legacy ~ among them. 兄弟たちは遺産を平等に分けた / This rule **applies** ~ to all the cases. この規則はすべての場合に等しく当てはまる

❸ 《文修飾》NAVI (前述のことと)同様に, それだけでなくさらに ‖ We must increase production, but ~, we must maintain the quality of our products. 我々は生産量を上げなければならないが, 同時に製品の質を落とすわけにもいかない

e·qua·nim·i·ty /èkwənímәṭi/ 名 U 心の平静; 落ち着き, 冷静; あきらめ ‖ with ~ 冷静に

e·quate /ɪkwéɪt/ 動 他 ❶ …を〈…と〉同一視する, 同等とみなす, 同等に扱う〈**with**〉‖ ~ happiness *with* wealth 幸福と富とを同じものと考える ❷ …を〈…と〉等しくする〈**to, with**〉; …を均等にする, 平均化する ‖ ~ supply and demand 需要と供給を均衡させる ❸ 〘数〙…を等式化する —自 〈…に〉等しい, 一致する〈**to, with**〉

-quát·a·ble 形

***e·qua·tion** /ɪkwéɪʒən/ 《発音注意》 名 ❶ C 〘数〙等式, 方程式; 〘化〙(化学)反応式, 方程式 ‖ a linear [quadratic, chemical] ~ 1次[2次, 化学]方程式 / solve an ~ 方程式を解く / an ~ of the first [second] order 1次[2次]方程式 ❷ 《the ~》同一視〈**of** …の; **with** …との〉; U 同等(にすること), 均等化, 均衡(状態) ‖ the ~ *of* wisdom *with* experience 知恵と経験との同一視 ❸ 《the ~》(ある事柄に影響を与える)要因 ‖ The cost might 「be part of [OR enter (into)] the ~. 原価も1つの要因かもしれない **~·al** 形 方程式の; 均等の

***e·qua·tor** /ɪkwéɪṭər/ 名 ❶ 《the ~, ときに the E-》赤道; 〘天〙天の赤道(celestial equator) ‖ Singapore is [OR lies] almost on the ~. シンガポールはほぼ赤道上にある ❷ C 均分円

語源 「等分にするもの」の意のラテン語 *aequator* より. 太陽が赤道上にいるとき昼夜の長さが同じになることから.

e·qua·to·ri·al /ìːkwətɔ́ːriəl | è-/ <ジ 形 赤道(直下, 付近)の; 赤道地方特有の; 非常に暑い ▸▸ **Equatòrial Guínea** (↓) **~ télescope** 名 C 〘天〙赤道儀

***Equatòrial Guínea** 名 《the ~》赤道ギニア《アフリカ中西部の共和国. 公式名 the Republic of Equatorial Guinea. 首都 Malabo》

eq·uer·ry /ékwəri | ɪkwéri/ 名 (複 -ries /-z/) C (英国王室の)侍従; (王侯の)御馬番

e·ques·tri·an /ɪkwéstriən/ 形 《限定》 ❶ 乗馬の, 馬術の; 馬に乗った(姿の) ‖ ~ skill 馬術 / an ~ statue 騎馬像 ❷ 騎士(階級)の —名 C 乗馬者, 騎手; 曲馬師 (◆女性形は -trienne /ɪkwèstrién/ だが, 女性にも equestrian を使うのがふつう) **~·ism** 名 U 馬術

equi- /íːkwɪ-, e-/ 連結形 「等…(equal), 同…」の意

èqui·ángular 形 (図形が)等角の

èqui·dístant <ジ 形 《叙述》〈…から〉等距離の〈**from**〉

èqui·láteral <ジ 形 名 (図形が)等辺(の) —名 C 等辺形 ▸▸ **~ tríangle** 名 C 正三角形

e·quil·i·brate /ɪkwíləbrèɪt | ìːkwɪláɪbreɪt/ 動 他 自 (2つのものを[が])釣り合わせる[合う], 平衡させる[する]

e·quìl·i·brá·tion /-ˌ-ˌ-ˈ-ˌ-/ 名 U 平衡, 釣り合い

***e·qui·lib·ri·um** /ìːkwɪlíbriəm/ 名 (複 ~s /-z/ OR -ria /-riə/) U C ❶ 平衡, 均衡, 釣り合い(のとれた状態) ‖ in ~ 均衡のとれた ❷ 心の平静, 落ち着き ‖ restore one's ~ 心の平静を取り戻す ❸ (身体の)平衡, バランス ‖ lose [maintain] one's ~ 平衡を失う[保つ] ❹ 〘化〙平衡; 〘理〙放射平衡; (= **~ price**) 〘経〙均衡価格

e·quine /íːkwaɪn | é-/ 形 馬の(ような)

e·qui·noc·tial /ìːkwɪnɑ́(ː)kʃəl | -nɔ́k-/ <ジ 形 (◆ equinox の形容詞形) 《限定》 ❶ 春分[秋分]の, 昼夜平分の; 春分[秋分]のころの, 彼岸のころの ‖ ~ gales [OR storms] 彼岸嵐(あらし) ❷ 赤道(付近)の(equatorial); 〘天〙昼夜平分点の

—名 ❶ = equinoctial line ❷ C 《通例 ~s》彼岸嵐

▸▸ **~ líne [círcle]** 名 《the ~》〘天〙天の赤道(celestial equator) **~ póint** 名 《the ~》分点, 昼夜平分点 ‖ the autumnal [vernal] ~ *point* 秋[春]分点

e·qui·nox /ékwɪnɑ̀(ː)ks, íː- | -nɔ̀ks/ 名 C 昼夜平分時, 春分, 秋分; 〘天〙昼夜平分点 ‖ the spring [OR vernal] ~ 春分(点) / the autumn(al) ~ 秋分(点)

語源 ラテン語 *aequus*(等しい) + *nox*(夜): 夜と昼の長さが同じであること.

***e·quip** /ɪkwíp/ 《アクセント注意》 動 (**e·quipped** /-t/; **e·quip·ping**) 他 ❶ …に〈必要なものを〉備える, 装備する〈**with**〉; 〔船・車・軍隊など〕を〈…のために〉装備する〈**for**〉(⇨ PROVIDE 類語) ‖ The car is *equipped with* a navigation system. その車にはカーナビがついている / troops *equipped for* battle 戦闘装備をした部隊

❷ **a** 《+目+with 名》〔人〕に〔知識・技能など〕を授ける, 身につけさせる ‖ He *equipped* his son *with* a sound education. 彼は息子に立派な教育を受けさせた **b** 《+目+**to** *do* / **for** 名》〔人〕に…するだけ[のため]の実力を備えさせる ‖ Her own ordeal *equipped* her *to* understand their suffering. 彼女自身苦労したので彼らの苦しみが理解できた / My college education *equipped* me *for* my later life. 大学で受けた教育は私の後の人生に役立った ❸ 《通例 ～ oneself で》身支度する, 服装を整える〈**with** …で；**for** …のために〉‖ ～ oneself *for* a trip 旅支度をする

equip. 略 equipment

eq·ui·page /ékwɪpɪdʒ/ 名 C ❶ (王族・貴族などの) 供回(ともまわ)り付きの馬車；供回り, 随員 ❷ 《古》(遠征・探検・航海などの)装備, 装具；(一般に)必要品(一式)；家庭用品；身の回り品 ‖ a tea ～ 茶器一式

:e·quip·ment /ɪkwípmənt/

━名〔◁ equip 動〕U ❶ 《集合的に》〈…のための〉**設備**, 装置, 備品, 用具, 機器〈**for**〉‖ office ～ オフィスの設備[備品] / sports ～ スポーツ用具 / ～ *for* chemical experiments 化学実験用の設備 / a piece of camping [kitchen] ～ キャンプ[台所]用品1点

❷ 備えること, **準備**, 支度 ‖ The ～ of the expedition required six months. 探検の準備に6か月かかった

❸ 設備された状態, 装備, 武装

❹ (仕事・任務に必要な) 知識, 技術；能力, 素養 ‖ linguistic ～ 語学の素養 ❺ 《集合的に》(鉄道の)車両

équi·pòise 名 U 釣り合い, 均衡, 平衡；C 均衡するもの；釣り合いをとるもの, 平衡おもり；対抗勢力 **━動** 他 …の平衡をとる；…を平衡状態に保つ；…と釣り合う

eq·ui·ta·ble /ékwəṭəbl | -wɪ-/ 形 ❶ 《堅》公平な, 公正な, 正当な(fair), もっともな, 理にかなった(↔ inequitable) ‖ an ～ distribution of wealth 富の公正な分配 ❷ 〘法〙衡平法上の；衡平法上有効な

-bly 副 公平に, 公正に

eq·ui·ta·tion /èkwɪtéɪʃən/ 名 U 《堅》馬術；乗馬

***eq·ui·ty** /ékwəṭi/ 名 (複 **-ties** /-z/) ❶ U 公平, 公正, 公明正大 (↔ inequity)；正義 ‖ in ～ 公平に / the principles of ～ and justice 公平と正義の原則

❷ U 〘商〙(株式の)発行価額；(財産の)正味価額；(企業の)総資産；(担保物件の)純価《諸経費を引いたもの》

❸ U 〘法〙衡平の原則適用, 衡平裁定《正義の観念に基づいて法を補正したり裁定を下すこと》；衡平法《慣習法(common law)や裁定法(statute law)の欠陥・限界を公平と正義の原則により補正した法体系》；C 衡平法上の権利

❹ C 《-ties》〘商〙普通株(《米》common stock)

❺ 《E-》(米国の)俳優労働組合

▸▸ **～ càpital** 名 C 《単数形で》/ U 〘経〙自己資本, 払い込み資本 **～ of redémption** 名 U 〘法〙衡平法上の受戻権 **～ stòck** 名 C 〘株〙株式《普通株・優先株を含む》

equiv. 略 equivalent

e·quiv·a·lence /ɪkwívələns/, **-len·cy** /-lənsi/ 名〔◁ equivalent 形〕U 同等, 等量, 等価値；同義；等価物；〘化〙(原子の)等価, 当量；〘数〙同値；等積；〘論〙等値

:e·quiv·a·lent /ɪkwívələnt/ 《アクセント注意》

━形〔▶ equivalence 名〕《比較なし》❶ 〈…と〉**等しい**, 同等の, 同価値の, 等量の, 同義の；〈…に〉**相当する**(↔ different) 〈**to**〉(⇨ SAME 類語) ‖ ～ in value 価値の等しい / What is one dollar ～ *to* in Japanese yen? 1ドルは日本円でいくらに相当しますか / The price of this digital camera is **roughly** [OR **approximately**] ～ *to* my monthly salary. このデジタルカメラの値段は僕の給料1か月分にほぼ相当する

❷ 〘化〙(特に元素が) 当量の ❸ 〘数〙等積の；同値の ‖ a square ～ to a triangle ある三角形と等積の正方形

━名 (複 **～s** /-s/) C ❶ 〈…と〉**等しいもの**, 等量物；〘文法〙相当語句；同義語〈**for, of, to**〉‖ an English ～ *for* the word その言葉に相当する英語 / What is the Japanese ～ *of* "Good luck"? Good luck に相当する日本語は何ですか / 「a noun [an adjective] ～ 〘文法〙名詞[形容詞]相当語句 ❷ (= ～ wèight) 〘化〙当量；等積；〘数〙同値

～·ly 副

e·quiv·o·cal /ɪkwívəkəl/ 形 ❶ (表現などが) いろいろの意味に解せる, 両義にとれる, 紛らわしい, あいまいな(⇨ AMBIGUOUS 類語) ‖ an ～ answer あいまいな回答 ❷ 不確実な, (どうなるか)はっきりしない；(態度などが) 不明確な ❸ (人物・行動などが)疑わしい, いかがわしい

e·quìv·o·cál·i·ty, ～·ness 名 **～·ly** 副

e·quiv·o·cate /ɪkwívəkèɪt/ 動 自 (故意に) 紛らわしい言葉を使う, 明言を避ける, お茶を濁す

e·quìv·o·cá·tion 名 U C あいまいな言葉 (を使うこと) **-cà·tor** 名 C ごまかし屋

er /ə(:)r/ 間 えー, あのー(♥ 言葉がつかえたときや躊躇(ちゅうちょ)を表すときなどの発声. 英語では次に言いたいことがすぐに出てこないとき, 黙り込んでしまわずにこういった表現を用いることが多い) ‖ *Er* ... can I borrow a book? あのー, 本を1冊借りていいですか / Would it, ～, cost a lot? それには, えー, 金がうんとかかるんでしょうか

Er 記号 〘化〙erbium(エルビウム)

ER 略 《米》*e*mergency *r*oom；*e*n *r*oute

E.R. 略 《ラテン》*Edwardus Rex*(=King Edward)；《ラテン》*Elizabetha Regina*(=Queen Elizabeth)；《米》*E*mergency *R*oom

-er¹ /-ər/ 接尾《名詞語尾》❶ 《動詞につけて》(⇨ -AR, -OR) **a** 「(職業上)…する人, …者, …家, …手；…する動物」などの意 ‖ driv*er*, lov*er*, writ*er*, window clean*er*, gate-crash*er* **b** 「…するもの, …機, …装置」などの意 ‖ comput*er*, point*er*, receiv*er*, thrill*er*, eyeopen*er* (♦ broiler(ブロイラー)のように動詞の動作の対象となる名詞もある) **c** 「…の行為・過程」などの意 ‖ breath*er* (ひと休み), merg*er*(合併) ❷ 《名詞につけて》**a** 「…に従事する人, …製作者, …商, …学者」などの意 ‖ furri*er*, hatt*er*, astronom*er*, geograph*er* **b** 「…に属する人, …居住者」などの意 ‖ villag*er*, Londo*ner*, teenag*er*, old-tim*er* **c** 「…を持つもの, …であるもの」の意 ‖ three-deck*er* (三部作小説), fiv*er* (5ドル札) ❸ 《形容詞につけて》「…である人」の意 ‖ foreign*er*, fresh*er* (1年生) ❹ 《名詞(句)から俗語・口語的略形を作る》‖ Rugg*er* (Rugby football), hom*er*(home run)

-er² /-ər/ 接尾《形容詞・副詞の比較級を作る》(⇨ -EST ¹) ‖ hard*er*, brav*er*, hott*er*, dri*er*, pleasant*er*(♦ 1音節語および一部の2音節語で用いられる)(→ more)(⇨ PB 15)

:e·ra /íərə/

━名 (複 **～s** /-z/) C ❶ (歴史的[重要]な出来事によって特徴づけられる) **時代**, 時期, 年代 (⇨ PERIOD 類語) ‖ The death of the old actor marked the end of an ～. その老優の死は1つの時代の終わりを告げた / the Victorian ～ ビクトリア(女王)時代 / the Showa ～ 昭和時代

❷ 紀元；新時代の始まりの時点 ‖ the dawn of the Christian ～ 西暦紀元の始まり / mark a **new** ～ in US-China relations 米中関係に新時代を画する

❸ 《E-》〘地〙代 (♦ いくつかの紀 (period) よりなる) ‖ The Paleozoic *Era* 古生代

ERA 略 《米》〘野球〙*e*arned *r*un *a*verage (防御率)；*E*qual *R*ights *A*mendment ((米国の) 男女平等憲法修正条項. 批准した州が足りず非成立)

***e·rad·i·cate** /ɪrǽdɪkèɪt/ 動 他 〈…から〉…を根こそぎにする；…を除去する, 根絶する, 一掃する, 撲滅する(↷ sweep away, stamp [OR wipe] out, kill off) 〈**from**〉‖ ～ crime [poverty] 犯罪[貧困]を根絶する / ～ all weeds *from* one's garden 庭からすべての雑草を一掃する

-ca·ble 形 根絶できる **e·ràd·i·cá·tion** 名

e·rad·i·ca·tor /ɪrǽdɪkèɪṭər/ 名 C 根絶する人[もの]；U インク消し, さび取り

***e·rase** /ɪréɪs | ɪréɪz/ 動 他 ❶ 〈…から〉(消しゴムなどで)〔文

字など]を消す(↷ rub out), [録音・データなど]を消す, 削除する⟨**from**⟩; [黒板・テープ]を消す ‖ Her name was ~*d from* the document. 彼女の名は書類から抹消された / ~ an error 間違ったところを消す / ~ a blackboard 黒板を消す / He ~*d* the tape by mistake. 彼はうっかりテープ(の録音)を消してしまった ❷ …を(記憶などから)ぬぐい去る, 払拭(ふっしょく)する, 忘れ去る ‖ ~ the memory of the terrible accident from one's mind 恐ろしい事件を記憶からぬぐい去る ❸ [遺跡・場所など]を(跡形もなく)消滅させる **e·rás·a·ble** 形

e·ras·er /ɪréɪsər | -zə/ 名 C 消す道具[人]; 消しゴム(《英》rubber); インク消し; 黒板拭き

E·ras·mus /ɪrǽzməs/ 名 **Desiderius ~** エラスムス (1466?–1536)《オランダの人文主義者》

e·ra·sure /ɪréɪʃər | -ʒə/ 名 U ぬぐって消すこと, 消去; C 消去された文字[印など]; 消された跡[箇所]

Er·a·to /érətòu/ 名 《ギ神》エラト《恋愛詩をつかさどる女神. Muse の1人》

er·bi·um /ə́ːrbiəm/ 名 U 《化》エルビウム《希土(きど)類元素. 元素記号 Er》

ere /eər/ 《古》《文》 前 …の前に(before) ‖ ~ long 間もなく, やがて / Able was I ~ I saw Elba. エルバ島を見る前は私(ナポレオン)は有能だった(♦ ナポレオンの故事にちなんだ回文) ―接 …より前に; …よりはむしろ

Er·e·bus /érɪbəs/ 名 ❶ 《ギ神》エレボス《「原初の暗黒」の意の擬人神》; 暗黒界《この世と黄泉(よみ)の国(Hades)の間にある常闇(とこやみ)の地》 ❷ **Mount ~** エレボス山《南極 Ross Island の火山》

e·rect /ɪrékt/ 動 (▶ erection 名) 他 ❶ [建物など]を建てる(↷ put up)(↔ demolish); [機械など]を組み立てる(⇨ BUILD 類語) ‖ ~ a church [monument] 教会[記念碑]を建てる / ~ a tent テントを張る / ~ scaffolding 足場を組み立てる ❷ …を直立させる, (真っすぐに)立てる, 起こす; [毛など]を逆立てる ‖ ~ oneself [OR one's body] 体を起こす / ~ a pole 柱を立てる / ~ the standard of revolt 反旗を揚げる ❸ [制度など]を設置する, [組織・理論など]を創設[設立]する ‖ ~ customs barriers 関税障壁を設ける ❹ 《数》(基線の上に)[線・図形]を描く, 作図する ‖ ~ a perpendicular 垂線を下ろす ❺ 《生理》…を勃起(ぼっき)させる

―形 ❶ (姿勢などが)直立した, 垂直の; (毛などが)逆立った; (耳などが)ぴんと立った ‖ Hold your head ~. 頭を真っすぐにしなさい / stand ~ 直立する / a dog with ears ~ 耳をぴんと立てた犬 ❷ 《生理》勃起した

~·ly 副 直立して, 真っすぐに **~·ness** 名 U 直立, 垂直

語源 *e-* up+*-rect* made straight: 真っすぐ立てられた

e·rec·tile /ɪréktəl | -taɪl/ 形 直立させられる; 《生理》勃起性の ‖ ~ dysfunction 勃起不全

e·rec·tion /ɪrékʃən/ 名 (◁ erect 動) ❶ U 直立, 起立; 直立状態 ❷ U 建立, 建設, 設置, 設立 ‖ The ~ of the tower took three years. その塔の建設には3年かかった ❸ C 建造物, 建築物 ❹ U C 《生理》勃起(状態) ‖ get [OR have] an ~ (陰茎などが)勃起する

e·rec·tor /ɪréktər/ 名 C 直立させる人[もの]; 建設者; 設立者; 《解》起立筋, 勃起筋

er·e·mite /érəmàɪt/ 名 C (キリスト教の)隠修道士, 隠者(hermit) **èr·e·mít·ic(al)** 形 隠者の(ような)

ere·while /eərhwáɪl/, **-whiles** /-z/ 副 《古》少し前に, 以前, 先刻

erg /əːrg/ 名 C 《理》エルグ《仕事とエネルギーとの大きさを表す単位; $= 10^{-7}$ joule》

er·ga·tive /ə́ːrgətɪv/ 形 《文法》(動詞が)能格を用いる(♦ 他動詞・自動詞双方に用いられ, 他動詞の目的語と自動詞の主語が同一の格になる)

er·go /ə́ːrgou/ 副 《ラテン》(=therefore)《ときに戯》したがって, (それ)ゆえに(⇨ COGITO, ERGO SUM)

er·go·meter /əːrgɑ́(ː)mɪtər/ 名 C エルゴメーター《トレーニング用自転車などの運動量表示メーター》

er·go·nom·ics /ə̀ːrgənɑ́(ː)mɪks | -nɔ́m-/ 名 U 人間工学(human engineering)《人間の特性や能力に合った機械や器具の設計などを研究する分野》(→ biotechnology); 《複数扱い》(人間工学で研究の対象となる)機械設計上の要因 **-nóm·ic(al)** 形 **-nóm·i·cal·ly** 副

er·gos·ter·ol /əːrgɑ́(ː)stəròul | -gɔ́stərɔ̀l/ 名 U 《生化》エルゴステリン《麦芽・酵母などに含まれ, 紫外線に当たるとビタミン D_2 になる化合物》

er·got /ə́ːrgət/ 名 U 《植》麦角(ばっかく)菌《麦類につく菌》; 麦角病; 《薬》麦角《止血剤などに用いる劇薬》

er·i·ca /érɪkə/ 名 C 《植》エリカ《heath (ヒース) に近縁の常緑低木》

Er·ie /íəri/ 名 **Lake ~** エリー湖《米国の五大湖 (the Great Lakes) の1つ》; エリー湖畔の都市

*****Er·i·tre·a** /èrɪtríːə | -tréɪə/ 名 エリトリア《アフリカ北東部, 紅海に臨む国. 公式名 the State of Eritrea. 首都 Asmara》

*****Er·i·tre·an** /èrɪtríːən | -tréɪ-/ 名 C 形 エリトリア(人)(の)

erl·king /ə́ːrlkɪŋ/ 名 C 《北欧神話》エールキング《幼い子供に害を働く妖精(ようせい)》

ÈRM 略 *E*xchange *R*ate *M*echanism (為替相場メカニズム)

er·mine /ə́ːrmɪn/ 名 (複 ~ OR **~s** /-z/) C 《動》アーミン, オコジョ, シロテン《小型のイタチの一種》(→ stoat); U その毛皮 (♦ 英国の貴族の正装や判事の法服の飾りに使われる) ‖ wear [OR assume] the ~ 裁判官の職にある

~d 形 アーミンの毛皮の服を着た; アーミンの毛皮で飾った

erne, ern /əːrn/ 名 C 《文》《鳥》オジロワシ(尾白鷲)

Er·nie[1] /ə́ːrni/ 名 アーニー(Ernest の愛称)

Er·nie[2] /ə́ːrni/ 名 C アーニー《英国の割増金付き債券の当選番号抽選器》(♦ *e*lectronic *r*andom *n*umber *i*ndicator *e*quipment の略)

*****e·rode** /ɪróud/ 動 (▶ erosion 名) 他 ❶ (風雨・酸などが)…を浸食[腐食]する(↷ eat [OR wear] away), …を徐々に崩壊[衰退]させる⟨***away***⟩; (病気などが)[体]をむしばむ ‖ The cliff has been ~*d* by the sea. その崖(がけ)は海によって浸食されてきた ❷ [関係など]を損なう; [力・権威など]を徐々に弱める ‖ Suspicion has ~*d* their friendship. 疑念のため彼らの友情は崩れてしまった ❸ [谷など]を浸食によって形成する ―自 浸食[腐食]される; 徐々に衰退する⟨***away***⟩; むしばまれる

e·ró·dent 形 浸食性の **e·ród·i·ble** 形 浸食される

e·rog·e·nic /èrədʒénɪk/ 形 =erogenous

e·rog·e·nous /ɪrɑ́(ː)dʒənəs | ɪrɔ́dʒ-/ 形 ❶ 性的に敏感な ❷ 性欲をそそる ▸▸ **~ zòne** 名 C 性感帯

Er·os /érɑ(ː)s | íərɔs/ 名 ❶ 《ギ神》エロス《Aphrodite の子で恋愛の神. 《ロ神》の Cupid に相当する》 ❷ (e-) U 性愛, 性欲(↔ agape[2]); 性的欲望; 《心》自己保存本能, リビドー(libido)

*****e·ro·sion** /ɪróuʒən/ 名 (◁ erode 動) U C ❶ 《地》(風雨・波などによる土地の)浸食(作用), 腐食; 崩壊(作用) ‖ soil ~ 土地の浸食 ❷ 衰退; (支持などの)減少; (病気などに)むしばまれること ‖ the ~ of the Commission's credibility その委員会の信用失墜 ❸ 《医》(皮膚などの)ただれ, びらん; 《歯》(歯の)エナメル質の欠損

e·ro·sive /ɪróusɪv/ 形 浸食[腐食]性の; 《医》糜爛性の

*****e·rot·ic** /ɪrɑ́(ː)tɪk | -rɔ́t-/ 形 ❶ エロチックな; 性愛の; 肉欲的な, 官能的な ‖ ~ art 官能芸術 / ~ literature 好色文学 ❷ (人が)好色な **-i·cal·ly** 副

e·rot·i·ca /ɪrɑ́(ː)tɪkə | -rɔ́t-/ 名 U 好色文学, 春本; 春画

e·rot·i·cism /ɪrɑ́(ː)təsìzm | -rɔ́tɪ-/ 名 U ❶ (芸術作品などの)エロティシズム, 好色性 ❷ 色情; (異常な)性的興奮

erot·i·cize /ɪrɑ́(ː)təsàɪz | ɪrɔ́tɪ-/ 動 他 …を春本[春画]化する, エロチックにする; …を性的に刺激する

er·o·tism /érətìzm/ 名 =eroticism

e·ro·to·ma·ni·a /ɪrɑ̀(ː)təméɪniə, ɪròu- | ɪrɔ̀tə-, ɪròutə-/ 名 U 《精神医》色情狂; 恋愛妄想

*****err** /eər, əːr/ 動 (▶ error 名) 自 ❶ 誤る, 間違える, 不正

E

確である ‖ ～ in one's calculation 計算を間違える / ～ on the right side 間違っても損のないようにする ❷《堅》(道徳的な) 罪を犯す, 過ちを犯す ‖ To ～ is human, to forgive, divine. 過ちは人の常, 許すは神の業 (♦ Pope の言葉)

èrr on the síde of ... …でありすぎる, …に失する

***er·rand** /érənd/ 《アクセント注意》 名 C ❶ (人の) 使い, 使い走り ‖ She sent her son on an ～ to the supermarket. 彼女は息子をスーパーまで使いにやった / Could you run [OR do] an ～ for me? ちょっとお使いに行ってくれる / an ～ boy 《旧》(商店などに雇われている)使い走りの少年 ❷ (使いの) 目的; 用件; 使命 ‖ I have some ～*s* to do「in town [on Sunday]. 町に [日曜日は] 用事がある / an ～ of mercy 困っている人を救う旅[使命]

er·rant /érənt/ 形《通例限定》❶《堅》《戯》道に迷った, はぐれた; (思想·行動などが) 正道から外れた, 常軌を逸した; 不貞を働く, 不倫をする ‖ ～ lambs 群からはぐれた小羊 / an ～ wife 不貞の妻 ❷ (風などが) 方向の定まらない, 不規則な ❸《古》《文》(武者修業で) 遍歴する, 遊歴する (→ knight-errant); (役人が) 巡回する

er·rant·ry /éræntri/ 名 (複 **-ries** /-z/) U C (中世騎士の) 武者修業, 諸国遍歴

er·ra·ta /erá:ṭə, eréɪ-/ 名 複 ❶ erratum の複数 ❷ 正誤表(corrigenda)

er·rat·ic /ɪrǽṭɪk/ 形 ❶ 常軌を逸した, とっぴな, 風変わりな ❷ 目的[進路, 動き]の定まらない, 不規則な, 一貫性のない ‖ an ～ typhoon 迷走台風 ❸《地》(氷河によって) 移動する, 漂移性の ‖ ～ boulders [OR blocks] 迷子石, 漂石(ひょうせき) ―名 C 奇人, 変人;《地》迷子石 **-i·cal·ly** 副

er·ra·tum /erá:ṭəm, eréɪ-/ 名 (複 **-ta** /-ṭə/) C ❶ 誤字, 誤写, 誤植 ❷ =errata ❷

err·ing /éərɪŋ, ə́:rɪ-/ 形 誤りを犯している; 身を誤った; (宗教的に) 罪深い, 不義の

***er·ro·ne·ous** /ɪróuniəs/ 《発音注意》 形 (陳述·意見などが) 間違った, 誤った ‖ come to an ～ conclusion 結論を誤る / have the ～ idea [OR notion] (that ...) (…という) 誤った考えを持つ **～·ly** 副 **～·ness** 名

‡**er·ror** /érər/

―名 [◁ err 動] (複 **～s** /-z/) ❶ C **誤り, 間違い**, エラー, やり損ない (⇨ MISTAKE 類語) ‖ Use the backspace key to delete that ～. その誤りを削除するにはバックスペースキーを使いなさい / A fail-safe system is based on the belief that ～*s* do **occur**. 多重安全機構はエラーは必ず起こるものだという信念に基づいている / a printer's ～ 誤植 / a clerical ～ 誤記 / an ～ of judgment 判断の誤り / a serious [slight] ～ 重大な[ささいな] ミス / **make** [OR commit] an ～ 過ちを犯す, 間違える / **correct** [admit (to)] an ～ 誤りを正す[認める]
❷ U 思い [考え] 違い, 誤解, 勘違い, 判断ミス ‖ They cannot be easily persuaded of their ～. 彼らに自分たちの思い違いを認めさせるのは容易ではない / a plane crash caused by pilot [human] ～ パイロットの[人為的]ミスによる飛行機の墜落
❸ C《野球》エラー, 失策 ❹ U C (道徳上の) 過ち, 過失, 罪 ❺ U C《集合的に》《統計》(観測·計算などの) 誤差 ‖ a margin of ～ 誤差の許容範囲 ❻ C 💻 (プログラム·システムの) エラー ❼ C《法》誤審

in érror 間違って, 誤って (→ CE 1) ‖ The receptionist called my name before yours *in* ～. 受付が間違ってあなたより先に私の名前を呼びました

sèe [OR ***rèalize***] ***the èrror of one's wáys*** 自分の非を悟る[悔い改める]

COMMUNICATIVE EXPRESSIONS

1 **Yés, I may wèll have bèen in érror (over** the calculátion). ええ, 私 (の計算) が間違っていたのでしょう (♥ 自分の非を認める形式ばった表現. ↝(Yes,) perhaps I'm wrong (there)./↝《口》My mistake.)

▸▸ **～ corrèction** 名 U 💻 エラー修正 **～ mèssage** 名 C 💻 エラーメッセージ《プログラムや操作の誤りを知らせる表示》

er·satz /éərzɑ:ts | -zæts/ 形《限定》《けなして》代用[模造]の, 人工の; にせの ‖ ～ coffee (穀物などから作る) 代用コーヒー ―名 C 代用品(substitute), 模造品

Erse /ə:rs/ 名 U 形 アース語(の)《アイルランドおよびスコットランドのゲール語(Gaelic)》

érst·whìle 形 昔の, 以前の(former)
―副《古》以前, 昔は

e·ruc·ta·tion /ì:rʌktéɪʃən/ 名 U C《堅》おくび, げっぷ (belch); (火山の) 噴火(eruption)

er·u·dite /érjudàɪt/ 形 (人が) 博識な, 博学な; (書物などが) 学識の深さを示す, 学問的な **～·ly** 副

er·u·di·tion /èrjudíʃən/ 名 U 博識, 博学

***e·rupt** /ɪrʌ́pt/ 動 自 ❶ (火山が) 爆発する, 噴火する; (間欠泉·溶岩などが) 噴出する, 噴き上がる ‖ When did Mt. Asama ～ last? この前浅間山が噴火したのはいつでしたか ❷ (抑圧された感情などが) 爆発する (↝ flare up), 爆発して〈…の状態に〉なる〈**in, into**〉; (暴力などが) 発生する; (物事が) 荒れて〈…の状態に〉なる〈**into**〉; (戦いなどが) 勃発(ぼっ)する ‖ He ～*ed* with anger. 彼は突然怒りを爆発させた / ～ *in* [OR *into*] tears [(fits of) laughter] 急に泣き出す[笑い出す] ❸《医》(皮膚が)〈発疹(ほっしん)などを〉吹き出す〈**in**〉‖ Her skin ～*ed in* pimples. 彼女の肌に吹き出物ができた ❹ (歯が) 生え出る
―他 (火山が)〔溶岩·ガス·灰など〕を噴出する

***e·rup·tion** /ɪrʌ́pʃən/ 名 U C ❶ (火山などの) 爆発, 噴火; (溶岩·間欠泉などの) 噴出; 噴出物 ❷ (感情の) 爆発; (戦争·騒動·病気などの) 勃発, 発生, 突発(outbreak) ❸《医》発疹, 吹き出物 ❹《医》(歯が) 生えること, 萌出(ほうしゅつ)

e·rup·tive /ɪrʌ́ptɪv/ 形 ❶ 爆発性の, 突発性の; 噴出性の; ほとばしり出る ❷《地》噴火による, 火成の ‖ ～ rocks 火成岩 ❸《医》発疹性の ‖ an ～ fever 発疹チフス **～·ly** 副 突発的に

e·ruv /éruv/ 名 (複 **-ru·vim** /-ɪm/)《ユダヤ教》エルーブ (♦ 安息日にしてはならない行為がこの地区内では認められる)

-ery /-əri/, **-ry** /-ri/ 接尾《名詞語尾》(♦ -c, -d, -t, -l, -n, -e の後では -ry となることもある) ❶《名詞·形容詞につけて》「…性; …状態; …行動; …業, …術」などの意 ‖ snobbery, slavery, foolery, robbery, surgery; bravery ❷《名詞·形容詞につけて》「…(品) 類, …団」などの意 ‖ jewelry, machinery, pottery, citizenry; finery, greenery ❸《名詞·動詞につけて》「…場, …所, …店」などの意 ‖ nunnery, vinery; brewery

er·y·sip·e·las /èrɪsípələs/ 名 U《医》丹毒

er·y·the·ma /èrɪθí:mə/ 名 U《医》紅斑(こうはん)

e·ryth·ro·cyte /ɪríθrəsàɪt, -rou-/ 名 U《生理》赤血球 (red blood cell)

Es 記号《化》einsteinium

-es 接尾 (s, z, x, ch, sh, および i に代わる y の後で) =-s[1], -s[2]

ESA /í:sə/ 略 *E*uropean *S*pace *A*gency (ヨーロッパ宇宙機関)

E·sau /í:sɔ:/ 名《聖》エサウ《Isaac の長子. 1杯のスープと引き換えに弟 Jacob に家督権を売った》

ESC 略 💻 *esc*ape key

***es·ca·late** /éskəlèɪt/ 《アクセント注意》 動 自 ❶ (戦闘·暴力·不快な状態などが)〈…まで〉段階的に拡大する, エスカレートする〈**into**〉‖ Their quarrel about a trivial matter ～*d into* divorce. ささいなことでの口論がエスカレートして彼らは離婚することになった ❷ (賃金·物価などが) 急速に上昇する, 次から次へと増大する
―他〔戦争など〕を段階的に拡大させる;〔物価など〕を急速に上昇させる (♦ escalator からの逆成語)

es·ca·la·tion /èskəléɪʃən/ 名 U (戦争などの) 段階的拡大, エスカレーション; (物価などの) 急上昇

es·ca·la·tor /éskəlèɪṭər/ 《アクセント注意》 名 C エスカレーター(《英》moving staircase [stairway])

▸▸ **～ clàuse** 名 C《経》エスカレーター条項, 伸縮条項

《ある条件の下で賃金や製品価格の自動的増減を認める条項》
es·cal·op, -lop /ɪskɑ́:ləp | éskələp-/ ⦅名⦆⦅動⦆ =scallop
es·ca·lope /ɪskɑ́:ləp | éskələp/ ⦅名⦆Ⓤ《英》【料理】エスカロップ《子牛の薄切り肉をソテー，もしくはフライにした料理》
ESCAP /éskæp/ ⦅名⦆エスカップ；アジア太平洋経済社会委員会《本部バンコク》（♦ *E*conomic and *S*ocial *C*ommission of *A*sia and *P*acific の略）
es·cap·a·ble /ɪskéɪpəbl/ ⦅形⦆避けられる，回避できる
es·ca·pade /éskəpèɪd | ⌣⌣⌣/ ⦅名⦆Ⓒ 奔放な行為，とっぴな行動[いたずら]，脱線的行為，無鉄砲な冒険

es·cape /ɪskéɪp/ ⦅動⦆⦅名⦆
—⦅動⦆（**~s** /-s/；**~d** /-t/；**-cap·ing**）
—⦅自⦆❶〈拘束・追跡などから〉**逃げる**，逃亡する，脱出する〈**from, out of**〉‖ Several prisoners have *~d from* the jail. 囚人数名が刑務所から脱走した / ~ to Hawaii ハワイへ逃亡する
❷ **a**〈災難・病気などから〉**免れる**，逃れる，助かる〈**from, out of**〉；〈命を〉取りとめる，〈…で〉済む〈**with**〉；〈…に〉逃げ込む，逃避する〈**into**〉‖ ~ *from* the ache of one's heart 心の痛みから解放される / ~ *with* 「one's life [only slight bruises] 一命を取りとめる[軽い打撲傷だけで済む] / ~ *into* (one's own) fantasy （自分自身の）空想世界に逃避する
b《+補《形》》…の状態で逃れる[助かる] ‖ I managed to ~ **unhurt**. 何とか無傷で免れた
❸（液体・ガスなどが）〈パイプ・容器などから〉漏れる；（叫びなどが）〈…（の口）から〉思わず出る〈**from, out of**〉‖ Water *~d from* a cracked main. ひびの入った本管から水が漏れた / Radioactive gases *~d* into the atmosphere. 放射性のガスが大気中に漏出した / A whimper *~d from* the little girl's lips. 少女の口からしくしく泣き声が漏れた ❹〈記憶などから〉消える〈**from, out of**〉‖ The image has *~d from* his memory. その印象は彼の記憶から消え去った ❺ 🖳 現在進行中の処理を止める[中断する]，一段階前の処理に戻る ❻【植】（栽培植物が）逸出する，野生化する
—⦅他⦆❶《受身形不可》**a**《+目》〔災難・処罰など〕を**免れる**，（何とか）**逃れる**；〔問題・責任など〕を回避する（⇨ **類語**）‖ Two were hurt, but he *~d* injury. 2名が負傷したが彼はけがを免れた / ~ blame [punishment] 非難[罰]を免れる / ~ taxes [military service] 税[兵役]を逃れる / The firefighters barely *~d* death in the forest fire. 消防隊員たちは山火事で危うく命を失うところだった / There's no *escaping* the fact that he was at the site of the murder. 彼が殺人現場にいたのは紛れもない事実だ
b《+*doing*》危うく…するところを免れる ‖ I **narrowly** *~d* meeting my ex-girlfriend at the party. 危うくパーティーで前のガールフレンドに会うところを免れた

語法☆☆ 場所を目的語として ×escape a burning building のようにはいえない．この場合は ⦅自⦆として from を伴う．⦅自⦆❶❷ がすでに発生[存在]している事態から逃げるという意味であるのに対し，⦅他⦆❶ は好ましくない事態を未然に免れるという意味．したがって escape from prison は「脱獄する」，escape prison は「入獄を免れる」の意

❷《受身形不可》〔人（の記憶）〕に浮かばない；〔人〕の目に留まらない，〔注意・観察など〕から漏れる，気づかれない ‖ Uh … his name *~s* me right now. えーと，彼の名前がすぐ浮かんでこない / "Nothing *~s* the police." "Except internal scandals, perhaps?" 「警察の目に留まらないものはないよ」「内部の不祥事以外なら，でしょう？」/ His discovery *~d* notice [recognition] at that time. 彼の発見は当時注目[認識]されなかった
❸（言葉・ため息などが）…（の口）から思わず漏れる ‖ A sigh *~d* the coach's lips when the shot failed to go in. ゴールを外したときコーチの口からふとため息が漏れた
—⦅名⦆（⦅複⦆ **~s** /-s/）❶Ⓤ〈…からの〉**逃亡**，**脱出**，逃避；〈…を〉免れること，〈…の〉回避〈**from**〉‖ They gave thanks for their lucky ~ *from* death. 彼らは幸運にも死を免れたことを感謝した / I had a narrow ~ in the accident. その事故では間一髪難を逃れた / **make** one's ~ 逃亡[脱出]する / **make** good one's ~ うまく逃げおおせる
❷Ⓒ（液体・ガスなどの）漏れ，漏出 ‖ stop an ~ of gas from a broken conduit 破損したパイプからのガス漏れを止める / an ~ of radiation 放射能漏れ
❸Ⓒ〈…から〉逃れる手段〈**from**〉；逃げ道，避難装置；排気管，排水路 ‖ There is no ~ *from* taxes. 税金から逃れる道はない / a **fire** ~ 火災避難装置 / an ~ **route** 逃げ道，抜け道 / have one's ~ cut out 逃げ道を断たれる ❹ⓊⒸ 現実逃避 ‖ Movies are her ~ from reality. 映画が彼女の現実逃避の手段だ ❺Ⓒ【植】逸出植物《庭園などから広がって野性化した植物》❻（= ~ **kèy**）Ⓒ 🖳 エスケープキー

類語《⦅他⦆❶》**escape**（身に迫った）危険・追跡などから逃れる．〈例〉*escape* arrest 逮捕を免れる
avoid 危険や望ましくないことに最初から近寄らないよう避ける．〈例〉*avoid* the traffic congestion 交通渋滞を回避する
elude（すり抜けたり身をかわしたりして）巧妙に（しばしば辛うじて）免れる．〈例〉*elude* the law [pursuers] 法の網をくぐる[追手をまく]
evade（注意をそらせたり，欺いたりして）巧妙な，またはずるい策を用いて免れる．〈例〉*evade* one's taxes 脱税する

▸▸ **~ clàuse** ⦅名⦆Ⓒ【法】免責条項 **~ hàtch** ⦅名⦆Ⓒ ①（飛行機・船などの）避難用非常口 ②《米口》（困難な事態などからの）逃げ口 **~ mèchanism** ⦅名⦆Ⓒ【心】逃避機制 **~ ròad** ⦅名⦆Ⓒ《主に英》避難道路《ブレーキのきかなくなった車などが盛り土に乗り上げて止まるようにしたもの》**~ velòcity** ⦅名⦆ⒸⓊ【理】脱出速度《ロケットなどが重力圏から脱出するための最低速度》**~ whèel** ⦅名⦆Ⓒ（時計の）逃し止め車

es·caped /ɪskéɪpt/ ⦅形⦆ 逃亡した，脱出した ‖ an ~ prisoner 逃亡した囚人
es·cap·ee /ɪskèɪpí:, èskeɪ-/ ⦅名⦆Ⓒ 脱走者，逃亡者，（特に）脱獄囚
es·cápe·ment /-mənt/ ⦅名⦆Ⓒ ❶（時計の歯車の）逃し止め，脱進機；（タイプライターの）文字送り装置 ❷（ピアノの）エスケープメント《ハンマーを跳ね返す装置》
es·cap·ism /ɪskéɪpɪzm/ ⦅名⦆Ⓤ 現実逃避（主義）
es·cap·ist /ɪskéɪpɪst/ ⦅名⦆Ⓒ 現実逃避（主義）者
—⦅形⦆ 現実逃避（主義）の
es·ca·pol·o·gy /èskəpɑ́(:)lədʒi | -ɔ́l-/ ⦅名⦆Ⓤ（鎖・トランクなどからの）脱出術；縄[かご]抜け曲芸
-gist ⦅名⦆Ⓒ 脱出曲芸師
es·car·got /èskɑ:rgóu | ɪskɑ́:gou/ ⦅名⦆（⦅複⦆ **~s** /-z/）Ⓒ エスカルゴ，食用カタツムリ（♦ フランス語より）
es·ca·role /éskəròul/ ⦅名⦆《米》=endive ❶
es·cárp·ment /-mənt/ ⦅名⦆Ⓒ ❶【地】（浸食や断層による）断崖(がい)，絶壁 ❷（とりでの前面の）急斜面
ÉS cèll ⦅名⦆Ⓒ【生理】胚性幹細胞，ES細胞《embryonic stem cell の略．あらゆる組織に分化する多様性を持つ》
-escence ⦅接尾⦆《名詞語尾》（-esce で終わる動詞または -escent で終わる形容詞に対応）‖ obsol*escence*；phosphor*escence*
-escent ⦅接尾⦆《形容詞語尾》❶「…になりかかった，…し始めている」などの意 ‖ conval*escent*, obsol*escent* ❷「…光を発する[反射する]，…性の」などの意 ‖ fluor*escent*, phosphor*escent*
es·cha·tol·o·gy /èskətɑ́(:)lədʒi | -tɔ́l-/ ⦅名⦆Ⓤ【宗】終末論《世界・人類の終末を扱う神学の部門》
ès·cha·to·lóg·i·cal ⦅形⦆ 終末論の[的な]
es·cheat /ɪstʃí:t/【法】⦅名⦆ ❶Ⓤ（土地の）没収，不動産復

帰《法律的な相続人がない場合に，土地が国庫［国王，領主］に帰属すること》❷Ⓒ没収地，復帰土地
―動自（土地が）（国家などに）復帰する，帰属する
―他〔土地〕を没収する(confiscate)

es·chew /ɪstʃúː/ 動他〔好ましくないことなど〕を避ける，敬遠する(avoid)；…を差し控える，慎む ‖ ～ bad company 悪い連中との付き合いを避ける **～·al** 名

***es·cort** /éskɔːrt/ 《アクセント注意》(→動)名Ⓒ ❶《集合的に》《単数・複数扱い》護衛者，護送者，付添人；護衛隊；護衛車［艦，機］‖ His car had a police ～. 彼の車には警察の護衛がついた / an ～ of soldiers 護衛兵の一団 ❷Ⓤ護衛，護送 ‖ under heavy ～ 厳重に護衛されて ❸（公の席に出る女性の）付き添い役の男性，介添役，エスコート ‖ Bill will be my ～ at [OR to] the reception. レセプションではビルがエスコートしてくれる予定です ❹雇われて社交場に付き添う人《特に女性》；《婉曲的》娼婦(しょうふ) ‖ an ～ agency エスコート派遣会社 / an ～ girl（宴会などの）女性コンパニオン
―動 /ɪskɔ́ːrt/ 他 …を護衛［護送］する；〔人〕に付き添う，エスコートする，付き添って〈…へ〉行く〈**to**〉，〔人〕を送り届ける；〔人〕に付き添って〈…を〉案内して回る〈**around**〉‖ He ～*ed* her「*to* the party [home]. 彼は彼女をエスコートしてパーティーに行った［家まで送り届けた］

es·cri·toire /èskrətwáːr/ 名Ⓒ（折り込みふた式で引き出し付きの）書き物机

es·crow /éskroʊ/ 名Ⓒ〖法〗条件付捺印(なついん)証書《一定の条件が満たされ発効するまで第三者に寄託される捺印証書》；第三者に寄託した現金［商品］‖ in ～ 第三者に寄託した ―動他《主に米》…を第三者に寄託する

es·cu·do /ɪʃkúːdoʊ, eʃ-, -skjuː-/ 名Ⓒエスクード（♦カーボベルデおよびeuro導入以前のポルトガルの貨幣単位）

es·cu·lent /éskjulənt/ 形名Ⓒ《堅》食用になる（もの）《特に野菜》

es·cutch·eon /ɪskʌ́tʃən/ 名Ⓒ ❶〖紋章〗紋章付きの盾；盾形紋地 ❷（盾形の）鍵(かぎ)穴隠し；〖海〗（船尾の）船名板
escùtcheon of preténce 紋章内の小さな盾《特に妻が生家の家督を相続する場合，その生家の紋章が夫の紋章の中に描かれる》

ÈSÉ, È.S.É. 略 *e*ast-*s*outh-*e*ast

-ese 接尾《形容詞・名詞語尾》❶《国名・地名などにつけて》「…の住民［言語］」の意（♦名詞は単複同形）‖ Japan*ese*, Canton*ese*, Milan*ese*（♦形容詞の限定用法では強勢はしばしば第1音節に移行する．〈例〉Jápanese people）❷《人名などにつけて》「…流の，…風の（文体［用語］）」などの意 ‖ Johnson*ese*, journal*ese*

es·ker /éskər/ 名〖地〗エスカー（♦溶けた氷河によってできた小石や砂からなる長い地形）

***Es·ki·mo** /éskɪmòʊ/ 名（複 **～** OR **～s** /-z/）Ⓒエスキモー［イヌイット］人；Ⓤエスキモー［イヌイット］語
―形エスキモー［イヌイット］の，エスキモー［イヌイット］人［語］の（♥軽蔑的な表現とされ，カナダ北部からグリーンランドに住むイヌイット語を話す人々は Inuit と呼ばれることを好む．Native American を用いる場合もある．→ Inuit）
～·an 形 ▸▸ **～ dòg** 名Ⓒエスキモー犬(husky)

ÈSL 略 *E*nglish as a *S*econd *L*anguage

ESOL /íːsɑ(ː)l | íːsɔl/ 略 *E*nglish for *S*peakers of *O*ther *L*anguages（母語としない人たちのための英語）

e·soph·a·gus /ɪsɑ́(ː)fəɡəs | iːsɔ́f-/,《英》**oe-** /iː-/ 名（複 **～·es** /-ɪz/ OR **-gi** /-dʒaɪ/）Ⓒ〖解〗食道
e·sòph·a·gé·al 形 食道の

***es·o·ter·ic** /èsətérɪk, èsoʊ-/ ⟨シ⟩ 形 ❶（教義などが）秘伝的な，秘教的な；ふつうの人には理解できない，深遠な（↔ exoteric）❷内密の，秘密の **-i·cal·ly** 副

es·o·ter·i·ca /èsətérɪkə, èsoʊ-/ 名 複（ごく一部の人にしか理解できない）難解事，秘事，奥義

ÈSP 略 *e*xtra*s*ensory *p*erception（超感覚的知覚）

esp., esp 略 especially

es·pa·drille /éspədrìl | ‐‐‐/ 名Ⓒエスパドリーユ《上部がズック，底が編みひものサンダル》

es·pal·ier /ɪspǽljər | -ièɪ/ 名Ⓒエスパリエ《果樹やつる性植物を塀などに誘引して緑化する》

es·pe·cial /ɪspéʃəl/ 形《限定》《堅》特別の，格別の；特殊な，特有の；並外れた，際立った（♦ special を用いる方が一般的）（⇨ PARTICULAR 類語）‖ of ～ importance 特に重要な / for your ～ benefit 特にあなたのために

⁝es·pe·cial·ly /ɪspéʃəli/

―副《比較なし》❶**特に**，とりわけ ‖ "Are you interested in soccer?" "Not ～."「サッカーは好きですか」「いえ，それほどでも」/ Traffic jams become very heavy, ～ during peak hours. 交通渋滞は特にラッシュ時にはひどくなる / This is ～ true of American English. アメリカ英語では特にそうである
❷特に，非常に ‖ an ～ **important** question 特に重要な問題 ❸〈…のため〉特別に〈**for**〉‖ I made this cake ～ *for* you. あなたのために特別にこのケーキを作ったのよ

語法☆☆ (1) 文修飾語としては用いないので，文頭に置いて ˣEspecially, ... のようにするのは誤り．
(2) 一般動詞の前，be 動詞や助動詞の後，あるいは強調される語句の直前に置かれる．目的語の直前にはふつう置かない．ときに強調する語句の直後に置くことがある．〈例〉It was difficult *especially* for me. = It was difficult for me *especially*. それは特に私には難しかった（⇨ PB 21）
(3) 主語を強調するときはその前には置かず直後に置く．〈例〉Mystery lovers *especially* will enjoy his talk. 推理小説の好きな人は特に彼の話を楽しめるだろう（♦ ˣEspecially mystery lovers ... は不可）
(4) 特に《英》では specially とほとんど同じ意味で用いられるが，especially の方が一般的．ただし過去分詞を修飾する場合は specially を用いる．〈例〉「a *specially* [ˣan *especially*] designed car 特別にデザインされた車

Es·pe·ran·to /èspərɑ́ːntoʊ | -rǽn-/ 名Ⓤエスペラント《ポーランドの医者 L. L. Zamenhof (1859–1917) が創案した人工の国際語》 **-tist** 名Ⓒエスペラント学者［普及運動家］，エスペラント使用者

***es·pi·o·nage** /éspiənɑ̀ːʒ/ 名Ⓤスパイ行為［活動］‖ industrial [military] ～ 産業［軍事］スパイ活動

es·pla·nade /ésplənɑ̀ːd | èspləneɪd/ 名Ⓒ（特に海岸や湖岸沿いの）遊歩道，ドライブウェイ

es·pous·al /ɪspáʊzəl/ 名 ❶ⓊⒸ〈主義・主張などの〉採用；支持，信奉，擁護〈**of**〉❷Ⓒ《通例 ～s》《堅》結婚，婚礼；婚約

es·pouse /ɪspáʊz/ 動他 ❶〔主義・思想など〕を採用［支持，信奉，擁護］する ❷《古》（男性が）…と結婚する(marry)，…を妻にめとる；（親が）〔娘〕を嫁にやる

es·pres·so /esprésoʊ/ 名（複 **～s** /-z/）ⓊⒸエスプレッソ《細かくひいた豆に高圧の蒸気を通して作る濃いコーヒー》；その1杯；エスプレッソを作る装置；エスプレッソの店

es·prit /espríː/ 名Ⓤ才気，機知(wit)，エスプリ
▸▸ **～ de córps** /-dəkɔ́ːr/ 名Ⓤ団体精神《愛校心・愛社精神など》，団結心（♦フランス語より）(= group spirit)

es·py /ɪspáɪ/ 動（**-pied** /-d/；**～·ing**）他《文》〔遠くのもの・見えにくいものなど〕を（偶然）見つける，見分ける，認める；〔欠点など〕を発見する

Esq. 略 Esquire

-esque 接尾《形容詞語尾》「…様式の，…風の」，「…のような」などの意 ‖ Roman*esque*；pictur*esque*

es·quire /éskwaɪər | ɪskwáɪə/ 名Ⓒ ❶（E-）…殿，…様（♦通例省略形 Esq. で用いる．《英》では紳士とみなされる人あての手紙・公式書類などで，氏名の後につける格式ばった敬称．《米》では弁護士に対して用いる．女性弁護士にも使える）‖ John Robinson, *Esq.* ジョン＝ロビンソン殿 ❷郷士(ごうし)《英国で knight に次ぐ紳士階級》(gentry)

❸〘英国史〙(中世の)騎士の従者

esquire of the (king's) bódy 王の着替え担当の役人

-ess 接尾《女性名詞語尾》‖ lion*ess*, host*ess*, princ*ess*; actr*ess* (↔ actor) (♥ 近年では author*ess*, poet*ess* など不必要に男女を区別する語は差別語として回避され, 女性に対しても author, poet が用いられる傾向が強い)

es·say /éseɪ/ 《アクセント注意》(→ 名 ❷, 動)

— 名 (複 **~s** /-z/) Ⓒ ❶〈…についての〉**随筆**, 評論, エッセイ; 小論(文); (学生に課される)レポート, 作文〈**on, about**〉‖ **Write** an ~ *on* environmental pollution in 2,000 words or less. 環境汚染に関する論文を2,000語以内で書きなさい ❷ /+米 eséɪ/ 《堅》〈…の〉試み, 試し (attempt)〈**at, in**〉‖ I made an ~ *at* learning calligraphy. 試しに書道をやってみた

— 動 /eséɪ/ (**~s** /-z/; **~ed** /-d/; **~·ing**) 他 《堅》…を試みる, やってみる ‖ ~ a task 仕事を試しにやってみる

es·say·ist /éseɪɪst/ 名 Ⓒ 随筆家, エッセイスト, 評論家

es·sence /ésəns/ 名 ❶ Ⓤ 本質, 基本的性質; 真髄, 精髄; 最も重要な要素, 根幹をなすもの ‖ Ambiguity is the very ~ of human existence. 不確実性こそまさに人間存在の本質である / The ~ of bureaucracy lies in inefficiency. お役所仕事の本質は能率の悪さにある ❷ Ⓤ Ⓒ 精, エキス; 精油; 精油のアルコール溶液, エッセンス《食物用の香料》‖ ~ of roses バラの精(油) / meat ~ 肉エキス / vanilla ~ バニラエッセンス

in éssence 本質的に, 基本的に (essentially) ‖ *In* ~, this software helps you to make a database. 基本的には, このソフトはデータベースを作るのに役立つ

of the éssence 不可欠の, 極めて重要な ‖ Speed is *of the* ~ in the delivery business. 配送業では迅速さが極めて重要である

es·sen·tial /ɪsénʃəl/

— 形 (**more ~; most ~**)

❶ **a** 〈…にとって〉**必要不可欠な**, 必須(ひっす)の; 非常に重要な (↔ unimportant)〈**to, for**〉(⇨ NECESSARY 類語) ‖ Government support is ~ *to* day-care centers. 保育園には政府の援助が不可欠だ / an ~ **part** of the program プログラムの最重要部分 **b** 《It is ~ (for *A*) to *do*/It is ~ that *A* (should) *do* で》(*A*が)…することは絶対必要である ‖ It is **absolutely** ~ (*for* us) *to* recognize the distinction between what we can do and what we should do. できることとすべきこととの違いを認識することが(我々にとって)絶対必要だ / It is ~ *that* all members be [《主に英》should be] present. 全メンバーがそろうことがどうしても必要だ

❷《限定》**本質的な**, 根本的な, 基本的な (⇨ 類語) ‖ an ~ difference 本質的な相違 / ~ principles 基本的方針 ❸《限定》精[エキス]を含む ❹〘医〙(病気が)原因不明の, 本態性の, 特発性の ‖ ~ hypertension 本態性高血圧 ❺〘生化〙(アミノ酸・脂肪酸が)必須[不可欠]の

— 名 (複 **~s** /-z/) Ⓒ《通例 ~s》**本質的要素**, 基本的な事柄; 不可欠なもの, 必須事項 ‖ Take along only ~*s* when traveling. 旅行するときはどうしても必要なものだけを持って行きなさい / the bare ~*s* 最低限必要なもの

類語《形 ❷》essential あるものの本質的要素として欠かせない.
inherent 人や物に最初から内在的特性として備わった.〈例〉*inherent* properties of gold 金の本質的特性
intrinsic 外部的な要素や付加的な性質と関係なしにそのもの自体に備わっている.〈例〉Money has no *intrinsic* value. お金そのものに本質的な価値はない

▸▸ **~ amìno ácid** 名 Ⓒ〘生化〙必須[不可欠]アミノ酸
~ óil 名 Ⓒ (植物から採る)精油, 芳香油《揮発性で香料・香水用》

es·sen·tial·ly /ɪsénʃəli/

— 副《比較なし》❶ **本質的に**, 基本的に; (見掛けと違って)実際には, 本当は ‖ The situation is ~ the same as before. 状況は本質的に以前と同じだ(♥ 細かな相違をぼかすために用いることもある)

❷ 本質的には, 基本的には(♥ 例外があることを認めつつ話の根幹を述べるときに) ‖ *Essentially*, what this incident teaches us is the importance of the local community's efforts to protect children. 本質的には, この事件の教訓は子供を守るための地域の取り組みが大事だということである

❸ どうしても, 必ず;《否定文で》必ずしも(…ではない)

Es·sex /ésɪks/ 名 エセックス《イングランド南東部の州. 州都 Chelmsford /tʃélmzfərd/. 略 Ess.》

▸▸ **~ gìrl** 名 Ⓒ《英》《戯》《けなして》エセックス娘《身なりがだらしなく, 大声でしゃべり尻軽な女の典型とされる》

ÉST, É.S.T. 略 *E*astern *S*tandard *T*ime (東部標準時)

est. 略 established; estimate(d); estuary

-est¹ /-ɪst, -əst/ 接尾《形容詞・副詞の最上級を作る》(⇨ -ER², MOST) ‖ hard*est*, brav*est*, hott*est*, dri*est*, pleasant*est*

-est² /-ɪst, -əst/, **-st** /-st/ 接尾《古》《二人称単数の動詞の現在形および過去形を作る語尾》‖ Thou do*est* [did*st*]. (=You do [did].)

es·tab·lish /ɪstǽblɪʃ/ 《アクセント注意》

中心義 …を確固としたものにする

— 動 〔▶ establishment 名〕(**~·es** /-ɪz/; **~ed** /-t/; **~·ing**)

PLANET BOARD 21

especially は文中のどの位置に現れるか.

問題設定「特に, とりわけ」を表す especially という語が現れる文中での位置を調査した.

Q 次の (a) ~ (d) のどれを使いますか. (複数回答可)

(a) I like Japanese food very much. **Especially**, I like tempura.
(b) I like Japanese food very much. I **especially** like tempura.
(c) I like Japanese food very much. I like **especially** tempura.
(d) I like Japanese food very much. I like tempura **especially**.
(e) どれも使わない

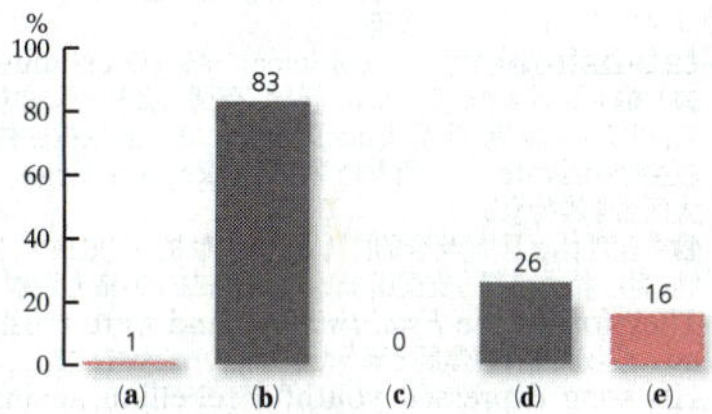

especially を動詞の直前に置いた (b) の使用率が8割強と最も高かった. この場合, 強調したいものは目的語の tempura であるが, especially をその直前に置いた (c) を使うという人はいなかった. especially を tempura の直後に置いた (d) は¼の人が使うと答えた. especially を文修飾語のようにした (a) は, ほぼ全員が使わないと回答した. なお, これは「2文に分けずに I like Japanese food very much, especially tempura. とした方がよい」とのコメントが非常に多かった.

学習者への指針 especially は動詞の前に置くのが基本的な位置で, 目的語の前には置かれない. 文修飾語としても使われない.

―他 ❶〔政府・学校・会社など〕を**設立する**, 創設する, 創立する(↷ set up) ‖ Our company was ～*ed* in 1985 by a pioneer in biotechnology. 我が社はバイオテクノロジーの先駆者によって1985年に設立された
❷〔関係など〕を打ち立てる, 生じさせる ‖ The two countries ～*ed* formal diplomatic **relations.** 両国は正式な外交関係を樹立した / ～ a close **relationship** with him 彼と親密な関係を打ち立てる
❸〔人(の身)〕を〈…に〉**落ち着かせる** ; …を〈地位・職業などに〉就かせる, 据える ; …を〈…に〉定着させる〈**in**〉; 〔人〕を〈…として〉落ち着かせる〈**as**〉‖ He ～*ed* himself *in* the new town. 彼は新しい町に腰を落ち着けた / Democracy has not yet ～*ed* itself *in* the country. 民主主義はその国にはまだ定着していない / He was ～*ed as* Cabinet Secretary. 彼は官房長官に納まった
❹〔理論・名声・慣習など〕を**確立する**, 樹立する ; (世間に)…を〈…として〉認めさせる, 是認させる〈**as**〉‖ Her second movie ～*ed* her reputation *as* a movie star. 2作目で彼女は映画スターとしての名声を確立した
❺ **a** 《+目》…を証明する, 立証[実証]する ‖ ～ one's identity [innocence] 自分の身元[無罪]を証明する
b 《+**that** 節 / **wh** 節》…ということ[…かどうか]を立証する ‖ She ～*ed that* her son's death was due to medical malpractice. 彼女は医療ミスで息子が死んだということを立証した / *Who* they were has never been ～*ed.* 彼らが何者だったのかは全く明らかにされていない
❻ **a** 《+目》〔法律など〕を制定する ; (法律などが)…を規定する ‖ ～ a law 法律を制定する **b** 《+**that** 節》…ということを規定する ‖ New court decisions ～*ed that* excessive noise could be an invasion of privacy. 新しい判決で過度の騒音はプライバシーの侵害になり得ると規定された ❼〔教会〕を国教化する(→ established) ❽〔植物〕を根づかせる ❾〚トランプ〛〔組み札〕を必ず点がとれるようにする ―自 (植物が)根づく

***es·tab·lished** /ɪstǽblɪʃt/ 形 《限定》 ❶ 確立した, 定着した, 既成の ; (人が)定評のある ‖ Start by questioning ～ ways of thinking. 既成のものの考え方を疑うことから始めなさい / well ～ 十分に確立[定着]した / firmly ～ しっかり確立[定着]した / already ～ すでに確立[定着]した / long ～ 長期にわたり確立[定着]した / a person of ～ reputation 定評のある人 / an ～ artist 定評のある芸術家 ❷ 常備の, 常雇いの ❸ (宗派などが)国教の ‖ the *Established* Church 英国国教会 ❹ (植物が)根づいている ; よく生長している

***es·tab·lish·ment** /ɪstǽblɪʃmənt/ 名 〔◁ establish 動〕 ❶ Ⓒ (常設)組織, 団体, 施設, 機関 ; 会社, 事業所, 店, ホテル ; 世帯, 家庭 ‖ ecclesiastical ～*s* 宗教団体, 教会 / private ～*s* 個人経営の店 / keep a large ～ 大所帯を維持する
❷ 《通例 the E-》《集合的に》《単数・複数扱い》(既成の)体制(側), 権力階級, 支配階級 ; (ある組織内の)権力機構 ‖ They fought the *Establishment* and were crushed. 彼らは既存の体制と闘ったが抑えつけられてしまった / His song expressed youthful rebellion against the *Establishment.* 彼の歌には体制に対する若者の反抗的な態度が表現されていた / the medical ～ 既成の医学界 ❸ Ⓤ 《堅》設立, 創立 ; 確立 ; 制定 ‖ the ～ of new safety guidelines 新しい安全指針の制定 ❹ Ⓤ Ⓒ (軍隊・官庁・会社などの)常備編成 ; スタッフ ‖ peace [war] ～ 平時[戦時]編成[兵力] ❺ 《the E-》国教会 《英国国教会・スコットランド長老教会など》

es·tab·lish·men·tar·i·an /ɪstæ̀blɪʃməntéəriən/ 〈シ〉 形 ❶ 国教会の, 国教信奉[主義]の ❷ 体制支持の
―名 Ⓒ ❶ 国教信奉[主義]者 ❷ 体制側の人, 体制支持者

:es·tate /ɪstéɪt/ 《アクセント注意》
―名 (複 **～s** /-s/) Ⓒ ❶ (邸宅のある田舎の広大な)**私有地**, **地所** ; 屋敷 ‖ He has a large ～ in the country. 彼は田舎に大きな地所を持っている / administer [OR manage] an ～ 屋敷を管理する
❷ Ⓤ 〚法〛(不動産・動産を含む)財産 ; (死者・破産者の)財産 《資産と負債》 (⇨ POSSESSION 類語) ‖ **real** ～ 不動産 / personal ～ 動産 / He has settled his ～ on his son. 彼は財産を息子に譲った
❸ 《英》(住宅・工場用の計画的な)開発地区 ‖ 「a **housing** [an **industrial**]～ 住宅[工業]団地
❹ 《英》(ゴム・茶・ブドウなどの)農園, 農場 ; 《南ア》登録ブドウ園 《自分の農園でとれるブドウだけを使ってワインを造る》 ‖ a tea [coffee] ～ 茶[コーヒー]園 ❺ (特に封建制下の)身分, 階級 ‖ the three *Estates* (of the Realm) (国家の)3つの身分 《英国では Lords Spiritual, Lords Temporal および Commons》 / the fourth ～ 言論界, ジャーナリズム ❻ Ⓤ 《文》生活状態 ; (人生の)時期 ‖ reach [OR come to] man's [woman's] ～ 男子[女子]が成年に達する ❼ 《英》=station wagon
▸▸ ～ **àgent** 名 Ⓒ 《英》不動産(仲介)業者, 土地ブローカー(《米》real estate agent, realtor) ; 不動産管理人 ～ **càr** 名 Ⓒ 《英》=station wagon ～ **tàx** [《英》《旧》**dùty**] 名 Ⓒ Ⓤ 遺産税 《遺産が分配される前に課せられる》(→ inheritance tax)

***es·teem** /ɪstíːm/ 《アクセント注意》 動 他 《進行形不可》
❶ …を重んじる, 尊重する ; …を尊敬する(look up to) (♦しばしば受身形で用いる) (⇨ RESPECT 類語) ‖ He is highly [OR greatly] ～*ed* in business circles. 彼は実業界では高く買われている / You must ～ her advice. 彼女の忠告を尊重しなくてはいけない ❷ 《+目+ (**to be**) 補》…を…であると考える, みなす ‖ She ～*ed* him (*to be*) worthy of her acquaintance. あの人なら知り合っておいて損はしないと彼女は考えた / We ～ it an honor to be invited. ご招待いただき光栄に存じます
―名 Ⓤ ❶〈…に対する〉尊敬, 敬服 ; 尊重, 好意的意見〈**for**〉‖ have great ～ *for* the scientist その科学者をとても尊敬している ❷ 評価 **es·téemed** 形

es·ter /éstər/ 名 Ⓤ 〚化〛エステル 《酸とアルコールの化合物の総称》

Esth 略 〚聖〛Esther(エステル書)

Es·ther /éstər/ 名 〚聖〛 ❶ エステル 《ユダヤ人でペルシャの王妃. 自民族を虐殺の陰謀から救った》 ❷ エステル書 《旧約聖書中の一書. 略 Esth》

es·thete /ésθiːt | íːs-/ 名 《米》=aesthete

es·thet·ic /esθéṭɪk | iːs-/ 形 名 《米》=aesthetic
-i·cal·ly 副

es·thét·ics /-s/ 名 《米》=aesthetics

es·ti·ma·ble /éstɪməbl/ 形 尊重[尊敬]すべき, 賞賛に値する ; 《古》見積もり可能な **-bly** 副 立派に, 見事に

:es·ti·mate /éstɪmèɪt/ 《発音注意》(→ 名)
―動 〔▶ estimation 名〕 (**～s** /-s/ ; **-mat·ed** /-ɪd/ ; **-mat·ing**)
―他 ❶ **見積もる, 推定する**(⇨ 類語) **a** 《+目》〔金額・数量など〕を〈…と〉見積もる, 概算する〈**at**〉‖ We ～*d* the damage *at* about one million dollars. 我々は損害額を約100万ドルと見積もった / ～ the **cost** of production 生産費を見積もる / ～ the **number** of participants 参加者数を見積もる **b** 《+ (**that**) 節》…であると推定[判断]する ‖ It has been ～*d that* there are nearly half a million words in English today. 英語には現在約50万の単語があると推定されている **c** 《+目+**to be** 補》…を…であると推定する ‖ The coroner ～*d* the time of death *to be* eleven thirty in the morning. 検死官は死亡時刻を午前11時30分と推定した **d** 《+**wh** 節》…かどうかを推定する ‖ Try to ～ *how* much the new project will cost. 新しいプロジェクトにどれくらい費用がかかるか見積もってくれ
❷〔人物・能力など〕を**評価する**, 判断する ‖ ～ his abilities 彼の能力を判定する
―自 〈…の〉見積もりをする[出す], 概算をする〈**for**〉
―名 /éstɪmət/ (複 **～s** /-s/) ❶ Ⓤ Ⓒ 〈…の〉**見積もり**, 概

算；〈金額・数量の〉見積額[量]〈of〉‖ in ～ 概算で / at a rough [conservative] ～ ざっと[内輪に]見積もって / by all ～s どちらから見積もっても / make an ～ of ... …を見積もる, 概算する
❷ Ⓒ (請負側の)見積(書) ‖ give an ～ 見積(書)を出す
❸ Ⓒ (人物・能力などの)評価, 判定；見解
-mà·tive 形 **-mà·tor** 名

類語 《他 ❶》**estimate** 数量・価値などのおおよそを見積もる. 個人的・主観的評価を表す.
appraise あるものの金銭的価値を判断・決定する. 専門家などによる厳密な評価を強調する. 〈例〉*appraise* a flood loss 洪水の損害を査定する
evaluate あるものの金銭上以外の価値を正しく判断・決定する. 〈例〉*evaluate* a student's performance 学生の成績を評価する
assess appraise に最も意味が近く, 慎重に検討して価値・性質・程度などを決める. (例えば課税のためなどの) 権威ある評価を意味する. 〈例〉Our house is *assessed* at $50,000. 我が家の評価額は5万ドルだ

es·ti·mat·ed /éstɪmèɪṭɪd/ 形《限定》見積もりの, 概算の, おおよその；好評の ‖ an ～ cost of eight million yen 800万円という見積額

es·ti·ma·tion /èstɪméɪʃən/ 名〔◁ estimate 動〕❶ Ⓤ 評価, 判断；意見 ‖ in my ～ 私の見るところでは ❷ Ⓤ Ⓒ 見積もり, 概算(estimate)

es·ti·vate, aes- /íːstɪvèɪt/ 動 自 ❶《堅》夏を過ごす ❷〖動〗夏眠する(→ hibernate) **-val** 形

es·ti·va·tion, aes- /ìːstɪvéɪʃən/ 名 Ⓤ ❶《堅》夏を過ごすこと ❷〖動〗夏眠(→ hibernation) ❸〖植〗花芽層(かがそう)《生長期の花芽の配列の状態》, 幼葉態, 花式(かしき)

Es·to·ni·a /estóuniə/ 名 エストニア《バルト海に面した共和国. 1991年独立. 公式名 the Republic of Estonia. 首都 Tallin(n)》

Es·tó·ni·an /-niən/ 形 エストニアの, エストニア人[語]の
── 名 Ⓒ エストニア人；Ⓤ エストニア語

es·top /está(ː)p | ɪstɔ́p/ 動 (**-topped** /-t/；**-top·ping**) 他〖法〗…を禁反言(estoppel)で禁ずる〈**from**〉

es·top·pel /está(ː)pəl | ɪstɔ́p-/ 名 Ⓤ〖法〗禁反言《前言と矛盾する主張を禁ずるための英米法上の原則》

es·trange /ɪstréɪndʒ/ 動 他〔人〕の気持ちを離れさせる, 〔人〕を疎遠にする, 仲を裂く[悪くさせる] ‖ The quarrel ～*d* him from his wife. そのけんかがもとで彼は妻と不仲になった / be ～*d* (from ...) (…と)疎遠である

es·tránge·ment /-mənt/ 名 Ⓤ Ⓒ〈…への〉愛情[友情]が冷めること；〈…からの〉疎遠, 離間, 離反〈**from**〉；〈…の間の〉仲たがい, 不和〈**between**〉

es·tro·gen, 《英》**oes-** /éstrədʒən | íːs-/ 名 Ⓤ〖生化〗エストロゲン, 発情物質《卵巣から出る女性ホルモン》(→ androgen)

es·trus /éstrəs | íːs-/,《英》**oes-** 名 Ⓤ〖動〗(雌の)発情, さかり；発情期 ‖ in ～ 発情して

es·tu·ar·y /éstʃuèri | -tjuri/ 名 (複 **-ar·ies** /-z/) Ⓒ (潮の差す幅の広い)河口；(河口の)江湾, 入り江(inlet)
▶▶**Èstuary Énglish** 名 Ⓤ 河口英語《ロンドンおよびその周辺とイングランド東南部で用いられる英語》

ÈT, È.T. 略 *E*astern *T*ime ((北米の) 東部標準時)；*e*x*t*raterrestrial(異星人)

-et 接尾《名詞語尾》「小さい」の意(⇨ -ETTE) ‖ bull*et*, isl*et*, sonn*et*

e·ta /éɪṭə | íːtə/ 名 Ⓒ イータ《ギリシャ語アルファベットの第7字. Η, η. 英語の長音の E, e に相当》

ÈTÁ, ètá 略 *e*stimated *t*ime of *a*rrival (到着予定時刻)(→ ETD)

é·ta·gère /èɪtɑʒéər/ 名 Ⓒ (小美術品などの)飾り棚, 置き棚(♦ フランス語より)

é-tàiling 名 ＝e-commerce(♦ *e-*＋re*tailing* から)
é-tàiler 名 Ⓒ インターネット使用の小売店

***et al.** /eṭ ɑ́ːl | -ǽl/ (♦ 主として論文や法律文書で用いる) ❶ およびほかの者[もの] (and others) (♦ ラテン語 *et alii, et alia* より) ‖ J.C. Brown ～ (eds.) J. C. ブラウン他(編) ❷ およびほかの箇所で(and elsewhere) (♦ ラテン語 *et alibi* より)

‡etc. /etséṭərə | -sétrə/
── 略 …など, …等々, その他… (♦ ラテン語 *et cetera* より. and the rest という意味なので and etc. とはしない) ‖ London, Paris, Rome, ～ ロンドン, パリ, ローマ等々(♦ 2つ以上のものを並べた後ではコンマの後に用いる. 列挙するものが多すぎるときに etc., etc. と重ねて用いることがある)

et cet·e·ra /et séṭərə/ 副《ラテン》＝etc.

etch /etʃ/ 動 他 ❶〔銅版など〕に〈図案などを〉エッチングする, 食刻する〈**with**〉；〔図案など〕を〈…に〉エッチングする, 食刻する〈**in, on, into**〉❷ …を〈…に〉深く印象づける；〔感情など〕を〈…に〉くっきりと刻み込む〈**in, on, into**〉(♦ しばしば受身形で用いる) ‖ Every word of his speech was ～*ed in* my mind. 彼の演説は1語残らず私の心に深く刻み込まれた / Exhaustion was ～*ed on* his face. 彼の顔には疲労がくっきりと刻み込まれていた ❸《通例受身形で》(輪郭などが)くっきりと浮かび上がる ‖ The rim of the cliffs was ～*ed* against the sky. 崖のへりが空にくっきりと線を刻んでいた ── 自 エッチングをする
── 名 Ⓤ エッチング用腐食液；食刻(法)
～·er 名 Ⓒ エッチング画家[画工]

étch·ing /-ɪŋ/ 名 Ⓤ エッチング, 食刻技法；Ⓒ エッチングした銅版[絵画]

ÈTD 略 *e*stimated *t*ime of *d*eparture (出発予定時刻) (→ ETA)

***e·ter·nal** /ɪtə́ːrnəl/ 形〔▶ eternity 名〕❶ 永遠の, 永久の(↔ temporary) (⇨ 類語)；悠久の, 無窮の ‖ ～ life 永遠の命 ❷ 果てしなく続く, 永続的な；《通例限定》《口》(特に退屈なものなどが) 絶え間ない, ひっきりなしの ‖ Why can't you stop your ～ chattering? いつまでおしゃべりしているの ❸ 不変の, 不動の ‖ ～ truths 不変の真理
～·ly 副 永遠に, 永久に；《口》果てしなく, 止めどなく

類語 《❶》**eternal** 初めも終わりもなく永劫(えいごう)の. 〈例〉God, the *eternal* father 永劫の父なる神
everlasting 永遠に続く. 〈例〉an *everlasting* peace 永久の平和
permanent ずっと変わらずに続く. 〈例〉*permanent* residence 永住地

▶▶**Etèrnal Cíty** 名《the ～》永遠の都《ローマの別称》 **～ tríangle** 名《the ～》(男女間の)三角関係 **～ vérities** 名《the ～》永遠の真理

e·ter·nal·ize /ɪtə́ːrnəlàɪz/ 動 他 ＝eternize

***e·ter·ni·ty** /ɪtə́ːrnəṭi/ 名〔◁ eternal 形〕(複 **-ties** /-z/) ❶ Ⓤ 永遠(性), 永劫；悠久, 無窮 ‖ for all ～ 永遠に ❷ Ⓤ (死後の) 永遠の世界, 来世(らいせ) ‖ hover between this life and ～ 生死の境をさまよう ❸ Ⓒ《an ～》《口》(果てしなく思われるほど) とても長い時間 ‖ He waited an ～ to hear how the operation had gone. 彼は手術の結果を聞くまで果てしないほど長時間待った ❹ Ⓒ《the -ties》永遠の真理

e·ter·nize /ɪtə́ːrnaɪz/ 動 他《文》…を永遠のものにする；…を永続させる；…を不滅[朽]にする(eternalize)

ÈTF 略 *e*xchange-*t*raded *f*und

eth /eð/ 名 Ⓒ〖音声〗ð の文字《古英語のアルファベットの一字. /θ/, /ð/ と読まれた. 後の th に相当》

-eth[1] 接尾 y で終わる基数詞から序数詞を作る (⇨ -TH) ‖ fortie*th*

-eth[2] 接尾《古》《三人称単数現在形の動詞語尾》(♦ 現代英語の -es, -s に相当) ‖ do*eth*, do*th*

eth·ane /éθeɪn | íːθ-/ 名 Ⓤ〖化〗エタン

eth·a·nol /éθənɔ̀ːl, íːθ- | -nɔ̀l/ 名 ＝ethyl alcohol

e·ther, ae- /íːθər/ 《発音注意》名 ❶ Ⓤ〖化〗エーテル；(特に) エチルエーテル《無色の揮発性の可燃液体. 有機溶剤》❷《the ～》〖理〗エーテル《光や電磁波を伝える媒質と考えられた仮想の物質》❸《the ～》《主に文》天空, 青空；

天空にみなぎる霊気

e·the·re·al, ae- /ɪθíəriəl/ 形 ❶ 軽やかな, 空気のような；この世のものと思えぬ, 霊妙な ‖ (an) ～ beauty この世のものとは思えない美しさ ❷ 天の, 天上界の ❸〘化〙エーテル(性)の **e·thè·re·ál·i·ty** 名 **～·ly** 副

e·the·re·al·ize /ɪθíəriəlàɪz/ 動 他 …を霊妙[優雅]なものにする, 霊化する

e·ther·ize /í:θəràɪz/ 動 他〘化〙…をエーテル化する；…にエーテル麻酔をかける(→ ether ❶)

Eth·er·net /í:θərnèt/ 名 U《商標》💻イーサネット《高速データ転送が可能なLANの業界標準仕様》

eth·ic /éθɪk/ 名 C 倫理, 道徳；倫理的価値体系[観] ‖ the Puritan ～ 清教徒の倫理 **—** 形 =ethical ❶, ❷

***eth·i·cal** /éθɪkəl/ 形 (**more ～ ; most ～**)(♦ ❷ 以外比較なし) ❶《限定》倫理[道徳](上)の；倫理学上の(⇨ MORAL 類語) ❷ 道徳にかなった, 倫理的な ‖ It is not only illegal but not ～ to plagiarize. 剽窃(ひょうせつ)[他人の文章を盗むこと]は法律のみならず道義にも反する ❸ (薬品が)処方箋(せん)なしでは買えない **～·ly** 副 倫理[道徳]的に；《文修飾》倫理[道徳]的見地からすれば

▸▸ **～ invéstment** 名 U 倫理優先投資《一定の倫理基準を満たす企業であることを強調する投資》

***eth·ics** /éθɪks/ 名 ❶ U 倫理学, 道徳論 ❷《通例複数扱い》(個人・集団などの)倫理, 道徳；倫理性 ‖ medical ～ 医師の倫理 / professional [business] ～ 職業[商業]倫理 / a code of ～ 道徳律

***E·thi·o·pi·a** /ì:θióupiə/ 名 エチオピア《アフリカ北東部の連邦民主共和国. 公式名 the Federal Democratic Republic of Ethiopia. 首都 Addis Ababa》

***E·thi·o·pi·an** /ì:θióupiən/ 形 ❶ エチオピアの；エチオピア人の ❷ (動物地理学上の) エチオピア区の (Afrotropical) **—** 名 C エチオピア人

:eth·nic /éθnɪk/

— 形《比較なし》❶ **民族[人種](上)の**；民族学上の ‖ an ～ **group** 民族集団 / ～ violence 民族対立による暴力事件 / an ～ joke 人種[民族]をネタにした冗談 ❷ (少数)民族(特有)の；(料理・ファッションなどの文化が)(欧米諸国から見て) 他民族の, エスニックの ‖ ～ cooking エスニック料理 / ～ music 民族音楽

— 名 C《主に米》(少数)民族の一員 **-ni·cal·ly** 副

▸▸ **～ cléansing** 名 U 民族浄[純]化《少数異民族を武力などを用いて国・地域から追放すること》 **～ minórity** 名 C〘社〙(ある社会の)少数民族集団

eth·nic·i·ty /eθnísəṭi/ 名 U 民族性；民族意識, 民族的団結

èthno·bótany 名 U 民族植物学；民族の植物に関する伝承 **-bótanist** 名 **-botánical** 形

èthno·céntric ＜シ 形 自民族[集団]中心主義の **-céntrism** 名 U 自民族[集団]中心主義

eth·nog·raph·er /eθná(:)grəfə|-nɔ́g-/ 名 C 民族誌学者

eth·nog·ra·phy /eθná(:)grəfi|-nɔ́g-/ 名 U 民族誌(学) **èth·no·gráph·ic(al)** 形

èthno·hístory 名 U〘人類〙民族歴史学 **-histórian** 名 **-históric, -histórical** 形

eth·no·log·ic /èθnəlá(:)dʒɪk|-lɔ́dʒ-/, **-i·cal** /ɪkəl/ ＜シ 形 民族学(上)の, 民族学的な **-i·cal·ly** 副

eth·nol·o·gist /eθná(:)lədʒɪst|-nɔ́l-/ 名 C 民族学者

eth·nol·o·gy /eθná(:)lədʒi|-nɔ́l-/ 名 U 民族学

e·thol·o·gy /i:θá(:)lədʒi|-θɔ́l-/ 名 U〘動〙動物行動学, 人性学 **è·tho·lóg·i·cal** 形 動物行動学の[的な] **-gist** 名 C 動物行動学者

e·thos /í:θɑ(:)s|í:θɔs/ 名 U/C《単数形で》エートス《人・文化・時代または民族・社会集団の特質をなす精神・気風》, 民族[社会]精神, 思潮；〘芸術〙エートス, 道徳的気品

eth·yl /éθəl/ 名 U〘化〙エチル；四エチル鉛；四エチル鉛を含むガソリン ▸▸ **～ ácetate** 名 U〘化〙酢酸エチル《溶剤》 **～ álcohol** 名 U〘化〙エチルアルコール

eth·yl·ene /éθəlì:n/ 名 U〘化〙エチレン
▸▸ **～ glýcol** 名 U〘化〙エチレングリコール

e·ti·o·lat·ed /í:ṭiəlèɪṭɪd/ 形 ❶〘生〙(日光が遮断されて)(植物が)白く生長[生成]した ❷ (人が)病的に青白い, 虚弱な

e·ti·ol·o·gy /ì:ṭiá(:)lədʒi|-ɔ́l-/ 名 (複 **-gies** /-z/) ❶ U〘医〙病因学；C 病因 ❷ U 原因論, 因果関係論；原因の探究 **è·ti·o·lóg·ic(al)** 形 原因論の, 病因学の

***et·i·quette** /éṭɪkət|-kèt/ 名 U ❶ エチケット, 礼儀作法(→ netiquette) ‖「According to ～, [OR *Etiquette* demands that] we should send a thank-you note. エチケットとして礼状は送らなくてはいけない / It's against ～ to blow your nose at the table. 食事中に鼻をかむのは礼儀に反する / a breach of ～ 不作法 (♦ 人が「行儀がよい[悪い]」という場合は ˣhave good [bad] etiquette ではなく have good [bad] manners という) ❷ (同業者間の) 礼儀, 不文律, しきたり, 仁儀 ‖ legal [medical] ～ 法曹[医学]関係者間の礼儀
語源 フランス語で「札(ふだ)」の意味から,「決められた作法」に転じた. ticket と同語源.

Et·na /étnə/ 名 **Mount ～** エトナ山《イタリアのシチリア島東部にあるヨーロッパ最大の火山. 3,323m》

E·ton /í:tən/ 名 イートン《ロンドン西方のテムズ川に臨む町. パブリックスクール Eton College の所在地》 ▸▸ **～ cóllar** 名 C イートンカラー《上着の襟の上に折りかける幅広の白いカラー》 **～ jácket** 名 C イートン校の制服の上着

E·to·ni·an /i:tóuniən/ 形 名 C イートン校 (Eton College)の(生徒[卒業生])

E·tru·ri·a /ɪtrúəriə/ 名 エトルリア《イタリア中西部にあった古代国家》

E·trus·can /ɪtrʌ́skən/ 形 エトルリアの, エトルリア人[語, 文明]の **—** 名 C エトルリア人；U エトルリア語

et seq.[seqq.] /et sék/ 略 and the following(および次(の数語[数行, 数ページなど])を参照)(♦ ラテン語 *et sequens* より)

-ette 接尾《名詞語尾》❶ 名詞につけて「小さい」の意 ‖ kitchen*ette* ❷《女性形語尾》‖ usher*ette* ❸「模造・代用品」の意 ‖ leather*ette*

é·tude /éɪtju:d/ 名 C〘楽〙練習曲, エチュード

ETV 略《米》*e*ducational *t*ele*v*ision

et·y·mo·log·i·cal /èṭəməlá(:)dʒɪkəl|-ɪməlɔ́dʒ-/ ＜シ 形 語源の, 語源(学)的な, 語源に基づく **～·ly** 副

et·y·mol·o·gist /èṭəmá(:)lədʒɪst|-ɪmɔ́l-/ 名 C 語源学者[研究者]

et·y·mol·o·gize /èṭəmá(:)lədʒàɪz|-ɪmɔ́l-/ 動 他 …の語源をたどる[示す]

et·y·mol·o·gy /èṭəmá(:)lədʒi|-ɪmɔ́l-/ 名 (複 **-gies** /-z/) ❶ C 語源(の説明) ❷ U 語源学, 語源研究

et·y·mon /éṭəmà(:)n|-ɪmɔ̀n/ 名 (複 **-ma** /-mə/) C〘言〙原義語の原形《派生語・借用語の語源を解明する手がかりとなる原形》, 外来語の原形[本義]；語根

Eu 記号〘化〙europium(ユーロピウム)

EU 略 *E*uropean *U*nion

eu- 連結形「よい」の意(↔ dys-, caco-) ‖ *eu*genics, *eu*phony

eu·ca·lyp·tus /jù:kəlíptəs/ 名 (複 **～·es** /-ɪz/ OR **-ti** /-taɪ/) ❶ C〘植〙ユーカリノキ《オーストラリア原産の常緑高木》❷ (=**～ òil**) U ユーカリ油《ユーカリの葉から採る精油. 防腐剤・医薬・香水用》

Eu·cha·rist /jú:kərɪst/ 名《the ～》〘宗〙❶ (プロテスタントの)聖餐(せいさん)(式)；(カトリックの)聖体拝領《キリストの最後の晩餐を記念する儀式》❷ (パンとぶどう酒により象徴される) 聖体 ‖ give [receive] the ～ 聖体を授ける[拝受する] **Èu·cha·rís·tic(al)** 形 聖餐の；聖体拝領の

eu·chre /jú:kər/ 名 U C〘トランプ〙ユーカー《32枚のカードを用いて2-4人で行うゲーム》；ユーカーで負かすこと
— 動 他 ❶〘トランプ〙(ユーカーで規定の3つのトリックをとらせないで)〔相手〕を負かす ❷《主に米口》a《+目》…を

出し抜く (outwit) **b** 《+目+out of 名》〔人〕から…をだまし取る

Eu·clid /júːklɪd/ 名 ユークリッド, エウクレイデス (300B.C. ごろアレクサンドリアで教えたギリシャの幾何学者)

Eu·clid·e·an /juːklídiən/ 形 ユークリッドの;ユークリッド幾何学の ‖ ～ geometry ユークリッド幾何学

eu·de·mon, -dae- /juːdíːmən/ 名 C 善魔, 善霊
～·ìsm 名 U 〔倫〕幸福論[説]《人生の目的は幸福にあり, これに達する道が道徳であるとする人生観》

eu·gen·ic /judʒénɪk/ 形 〔生〕優生学(上)の;優れた子孫を作る, 優生学的に優れた (↔ dysgenic) ‖ a ～ marriage 優生結婚 **-i·cal·ly** 副

eu·gen·ics /judʒénɪks/ 名 U 優生学
-i·cist, -ist 名 C 優生学者

eu·lo·gis·tic /jùːlədʒístɪk/ 〈シ〉 形 賛辞の, 賞賛を込めた
-ti·cal·ly 副 賞賛を込めて

eu·lo·gize /júːlədʒàɪz/ 動 他 …を賞賛する, …に賛辞を呈する **-gist** 名 C 賞賛者, 賛美者

eu·lo·gy /júːlədʒi/ 名 (複 **-gies** /-z/) ❶ C 〈人に対する〉褒め言葉, 賛辞〈**of, to**〉;〈故人を〉たたえる演説〈**for, to**〉‖ deliver [give, pronounce] a ～ *to* ... …に対する賛辞を述べる ❷ U 《堅》賞賛, 賛美, 称揚

eu·nuch /júːnək/ 名 C ❶ (昔の) 宦官(かん);去勢された男子 ❷ ⊗《口》《蔑》無能な[意気地なしの]男

eu·on·y·mus /juá(ː)nɪməs | -ɔ́n-/ 名 U C 〔植〕ニシキギ, マサキ《北温帯に生育するニシキギ属低木の総称》

eu·pep·tic /jupéptɪk/ 形 〔医〕消化良好の;消化を助ける;陽気な, 快活な, 楽天的な (↔ dyspeptic)

eu·phe·mism /júːfəmɪ̀zm/ 名 U 婉曲(えん)語法;C 〈…に対する〉婉曲な表現[語句]〈**for**〉‖ "Not very bright" is a ～ *for* "stupid". 「あまり頭がよくない」は「ばか」を遠回しに言ったものだ

eu·phe·mis·tic /jùːfəmístɪk/ 〈シ〉 形 婉曲な, 遠回しの
-ti·cal·ly 副 婉曲的に, 遠回しに

eu·phe·mize /júːfəmàɪz/ 動 他 …を婉曲に表現する, 遠回しに言う —自 婉曲語[法]を用いる

eu·pho·ni·ous /jufóuniəs/ 形 音調[響き]のよい
～·ly 副 耳に快く

eu·pho·ni·um /jufóuniəm/ 名 C 〔楽〕ユーフォニウム《チューバ(tuba)に似た吹奏楽用の金管楽器》

eu·pho·ny /júːfəni/ 名 (複 **-nies** /-z/) ❶ U 音調[響き]のよさ;U C 調子のよい口調[言葉] (↔ cacophony) ❷ U C 〔音声〕音便(おん)《発音上の便宜から, 単語の一部の音がもとの音とは異なった音に変わる現象. 〈例〉extraordinary /èkstrəɔ́ːdənəri/ → /ɪkstrɔ́ːdnri/》

eu·phor·bi·a /jufɔ́ːrbiə/ 名 U C 〔植〕トウダイグサ

eu·pho·ri·a /jufɔ́ːriə/ 名 U 幸福感, 充実感;〔心〕多幸症《幸福感の病的高まり》
-phór·ic 形 幸福感に満ちた;多幸症の

Eu·phra·tes /jufréɪtiːz/ 名 《the ～》ユーフラテス (川)《トルコ・シリア・イラクを貫流し, Tigris 川と合流してペルシャ湾に注ぐ. 流域は古代メソポタミア文明の発祥地》

eu·phu·ism /júːfjuɪ̀zm/ 名 U 《堅》〔修辞〕気取った華麗な文体;C 誇張の多い虚飾的表現 **-ist** 名

Eur. 略 Europe, European

Eur·a·sia /juəréɪʒə, -ʃə/ 名 ユーラシア (大陸)《ヨーロッパ大陸とアジア大陸の総称》(♦ *Europe*+*Asia* より)

Eur·a·sian /juəréɪʒən, -ʃən/ 形 ❶ ユーラシアの, 欧亜(大陸)の ❷ 欧亜混血の —名 C 欧亜混血児

Eur·a·tom /juərǽṭəm/ 名 ユーラトム, 欧州原子力共同体 (1958年設立. 1967年ECに統合)(♦ *Eur*opean *Atom*ic Energy Community の略)

eu·re·ka /juəríːkə/ 間 わかった, これだ《何かを発見したときの喜びを表す言葉. アルキメデスが王冠の黄金の純度を計る方法を発見したときに発したとされる》(♦ ギリシャ語より)

eu·rhyth·mics /juəríðmɪks/ 名 U ユーリズミックス, リトミック《音楽のリズムを体で表現するリズム体操》

Eu·rip·i·des /juərípɪdìːz/ 名 エウリピデス (480?–406? B.C.)《ギリシャの三大悲劇詩人の1人》

eu·ro /júərou/ 名 (複 **～s** /-z/) C 〔経〕ユーロ《2002年EU諸国に導入された共通通貨単位. 記号 €》

Eu·ro /júərou/ 形 《限定》《口》ヨーロッパの, 欧州連合の

Euro- /juərə-, -rou-/ 連結形 「ヨーロッパの(European)」の意 (♦ 母音の前では Eur- を用いる) ‖ *Euro*-American (欧米の)

Éuro·bònd 名 C 〔経〕ユーロ債《ヨーロッパの資本市場で起債される非ヨーロッパ諸国の外債》

Èuro·céntric 形 ヨーロッパ(人)中心の

Éuro·cràt /-kræt/ 名 C ⊗《口》《主に蔑》欧州連合(EU)の官僚, 行政官

Èuro·cúrrency 名 U 〔経〕ユーロマネー《発行国外の銀行に預けられ, ヨーロッパ市場で用いられる各国の通貨》

Éuro·dòllar 名 C ユーロダラー, 欧州ドル《主にヨーロッパの銀行に預けられた米ドル》

Éuro·lànd 名 U =Eurozone

Éuro·màrket 名 ヨーロッパ共同市場

Eu·ro·pa /juəróupə/ 名 〔ギ神〕エウロペ《Zeus に愛されたフェニキアの王女》;〔天〕エウロパ《木星の第2衛星》

⁝Eu·rope /júərəp/ 《発音・アクセント注意》
—名 ❶ **ヨーロッパ**, 欧州
❷ 《英》(英国と区別して)ヨーロッパ大陸
❸ ヨーロッパ連合(the European Union)

⁝Eu·ro·pe·an /jùərəpíːən/ 《アクセント注意》〈シ〉 形 名
—形 ❶ **ヨーロッパ(人)の**;全ヨーロッパ的な ‖ ～ **countries** ヨーロッパ諸国 / have a ～ reputation 全ヨーロッパ的な名声を得ている
❷ ヨーロッパ連合の;ヨーロッパ共同体の
—名 (複 **～s** /-z/) C ❶ **ヨーロッパ(系)の人**
❷ 《英》ヨーロッパ連合[共同体]加盟者[支持者]
❸ (非白人国家での)白人[ヨーロッパ人]
▸▸ **～ Clímate Exchànge** 名 《the ～》欧州気候取引所《2005年4月開設. ECX と略す》 **～ Commíssion** 名 《the ～》欧州委員会《EUによって選出した20名の委員(European Commissioner)からなるEUの執行機関》 **～ Commúnity** 名 《the ～》欧州共同体《EUの旧称. 略 EC》 **～ Cóuncil** 名 《the ～》欧州理事会《the Council of Europe (欧州評議会) とは別の機関》 **～ Còurt (of Jústice)** 名 《the ～》欧州司法裁判所《EUの司法機関》 **～ Còurt of Húman Rìghts** 名 《the ～》欧州人権裁判所 **～ Cúrrency Ùnit** 名 =ecu **～ Económic Commúnity** 名 《the ～》欧州経済共同体《the Common Market の公式名. 略 EEC. 現在は the European Union の一部》 **～ Mónetary Sỳstem** 名 《the ～》ヨーロッパ通貨制度《1979年発足. 略 EMS》 **～ Párliament** 名 《the ～》ヨーロッパ議会《EUの議会》 **～ plàn** 名 《the ～》《米》(ホテルの)ヨーロッパ方式《部屋代とサービス料のみを含むもの》(↔ American plan) **～ Únion** 名 《the ～》欧州連合《European Community の新しい名称. 略 EU》

Eu·ro·pe·an·ize /jùərəpíːənàɪz/ 動 他 …をヨーロッパ化する, ヨーロッパ風にする
Eu·ro·pè·an·i·zá·tion 名 U ヨーロッパ化, 西欧化

Éurope·wìde 形 ヨーロッパ全域に及ぶ, 汎欧州の

Éuro·phòbe 名 C EU嫌いの人 **Èuro·phóbic** 形

eu·ro·pi·um /juəróupiəm/ 名 U 〔化〕ユウロピウム《希土(ど)類元素. 元素記号 Eu》

Éuro-scèptic, -skeptic 形 名 C 《英》EU拡大に懐疑的な(人)《特に政治家》

Eúro·stàr 名 C 《商標》ユーロスター《ロンドンとパリおよびブリュッセルを結ぶ国際高速列車》

Eùro Stòxx 50 /-stɑ(ː)ks- | -stɔks-/ 名 《the ～》《商標》〔株〕ユーロストック50指数《欧州経済通貨同盟 (EMU) 加盟国の優良50銘柄の株価指数》

Éuro·tùnnel 名 ユーロトンネル (Chunnel)《英仏を結ぶ

ドーバー海峡の海底トンネル》

Éuro·vìsion 名 U《商標》ユーロビジョン《ヨーロッパ放送連合(EBU)が運営する国際テレビ放送網》

Éuro·zòne 名《the ～》ユーロ圏, EU諸国

eu·ryth·mics /juəríðmɪks/ 名《米》=eurhythmics

Eu·stá·chi·an tùbe /ju:stéɪʃiən-, -kiən-/ 名 C【解】エウスタキオ管, 耳管《中耳と咽頭(いんとう)間の管》

eu·sta·sy /jú:stəsi/ 名 U【地】ユースタシー《地球規模の海面の昇降》 **eu·stát·ic** 形

Eu·ter·pe /jutə́:rpi/ 名【ギ神】エウテルペ《音楽と叙情詩の女神. ミューズ神(Muses)の1人》

eu·tha·na·sia /jù:θənéɪʒə|-ziə/ 名 U 安楽死, 安楽死術(mercy killing)

eu·tha·nize /jú:θənàɪz/, **eu·than·a·tize** /juθǽnətàɪz/ 動 他 …を安楽死させる

eu·troph·ic /jutróufɪk|-tró-/ 形 (湖や河川などの水が)富栄養の **eu·tròph·i·cá·tion** 名 U 富栄養化

eu·tro·phy /jú:trəfi/ 名 U【生態】(湖水などの) 富栄養状態

eV 略 *e*lectron-*v*olt(s)(電子ボルト)《1ボルトの電位差で加速される電子1個の獲得するエネルギー》

ÈVÁ 略 *e*xtra*v*ehicular *a*ctivity((宇宙)船外活動)

e·vac·u·ant /ɪvǽkjuənt/【医】形 排泄(はいせつ)を促進する
—名 C 排泄促進剤, 下剤

***e·vac·u·ate** /ɪvǽkjuèɪt/ 動 他 ❶〔住民〕を避難〔疎開〕させる;〔人など〕を立ち退かせる;〔軍隊〕を撤退させる〈**from** …から; **to** …へ〉‖ All the villagers were ～*d* because of the danger of an eruption. 全村民が噴火の危険のために避難させられた ❷〔場所など〕を明け渡す, …から立ち退く; …から撤退する ‖ ～ a building 建物から立ち退く ❸【生理】〔糞便(ふんべん)など〕を排泄する ❹〔容器・腹など〕を空にする; …から〈中身を〉空ける〈**of**〉❺ …から〈…を〉奪う〈**of**〉‖ Love ～*d* his mind *of* reason. 恋のおかげで彼の心は理性を失った —自 ❶ 避難する, 撤退する; 立ち退く ❷【生理】排泄する, 排便する
語源「空にする」の意のラテン語 *evacuare* から. vacuum と同系.

***e·vac·u·a·tion** /ɪvæ̀kjuéɪʃən/ 名 U C ❶【軍】撤退, 撤兵; 疎開, 避難; 明け渡し, 引き払い; 空にすること ❷【生理】排泄, 排便; 排泄物, 糞便

e·vac·u·ee /ɪvæ̀kjuí:/ 名 C 避難民, 疎開者

***e·vade** /ɪvéɪd/ 動 他 ❶ a《+目》〔義務・問題・支払いなど〕を回避〔忌避〕する(↔ face);〔法律・規則〕の網をくぐる (⇨ ESCAPE 類語) ‖ ～ responsibility 責任を回避する / ～ military service 兵役を忌避する / ～ (payment of) a tax (=～ paying a tax) 脱税する b《+*doing*》…することを回避〔忌避〕する ‖ I ～*d* giving [×to give] an answer to his proposal. 彼の提案に返答するのを避けた ❷〔質問など〕をはぐらかす, そらす(↘ skate over [OR around, round], skirt around [OR round]) ‖ ～ the issue [subject, question] 問題〔話題, 質問〕をはぐらかす ❸〔攻撃・追っ手・人など〕を(巧みに)避ける, かわす, 逃れる ‖ ～「an attack [one's enemy] 攻撃〔敵〕をかわす / ～ capture [OR arrest] 逮捕を逃れる / ～ one's eye 視線をそらす ❹ (物事が)…に捕まらない, …の手に余る; (成功・幸運などが)〔人〕の手に入らない ‖ The simple meaning ～*d* me. その簡単な意味が私にはわからなかった —自〈…から〉うまく逃げる, 回避する〈**from**〉
語源 *e-* out+*-vade* go: 外へ出る, …から逃れる

***e·val·u·ate** /ɪvǽljuèɪt/ 動 他 ❶ a《+目》…の価値〔重要性〕を決定〔判断〕する, 評価する, 見積もる, 査定する (⇨ ESTIMATE 類語) ‖ It's too early to ～ the results of the reform. 改革の成果を評価するのは時期尚早である / ～ the property at 10 million yen その不動産を1千万円と評価〔査定〕する b《+wh 節》どのくらい〔いかに〕…かを評価する ‖ ～ *how* well the new material wears 新素材がどのくらい耐久性があるか評価する ❷【数】…の数値を求める **-à·tor** 名

***e·val·u·a·tion** /ɪvæ̀ljuéɪʃən/ 名 U C〈人・物などに対する〉評価, 査定, 評価調書〈**of**〉;【数】数値を求めること
e·vál·u·à·tive /-èɪtɪv|-ə-/ 形 評価に関する

ev·a·nesce /èvənés/ 動 自《文》次第に見えなくなる, 蒸気のように(すうっと)消え(うせ)る, 雲散霧消する

ev·a·nes·cence /èvənésəns/ 名 U 次第に姿を消すこと, 消失, 雲散霧消

ev·a·nes·cent /èvənésənt/ ⟨シ⟩ 形《主に文》(印象などが)速やかに消えて〔薄れて〕いく, つかの間の, はかない
～·ly 副 (みるみる)消失して; はかなく

e·van·gel /ɪvǽndʒəl/ 名 C ❶ (E-)《古》【聖】四福音書の1つ ‖ the *Evangels* 四福音書《新約聖書中のマタイ・マルコ・ルカ・ヨハネの4書》❷《古》(キリストの) 福音 (the gospel); 朗報, 吉報 ❸ 福音伝道者(evangelist)

e·van·gel·i·cal /ì:vændʒélɪkəl/, **-ic** /-ɪk/ ⟨シ⟩ 形 ❶ 福音(書)の, 福音主義の; 福音主義を信奉する; 主義などの普及に熱心な ❷《しばしば E-》福音主義教会の; (英国国教会の)低教会派の《儀式よりも個人の信仰を重んずる》
—名《しばしば E-》C 福音主義者, 福音主義教会員
～·ìsm 名 U 福音主義 **～·ly** 副 福音によって

e·van·gel·ism /ɪvǽndʒəlìzm/ 名 U ❶ 福音の伝道; 伝道者的熱意 ❷ =evangelicalism

e·van·gel·ist /ɪvǽndʒəlɪst/ 名 C ❶ 福音伝道者; 説教師, 巡回牧師; (一般に)熱烈な唱道者 ❷《しばしば E-》福音書の著者《Matthew, Mark, Luke, John》
e·vàn·gel·ís·tic 形

e·van·ge·lize /ɪvǽndʒəlàɪz/ 動 他〔人〕に福音を説く;〔人〕をキリスト教に帰依(きえ)〔改宗〕させる —自 福音を説く, 伝道する **e·vàn·ge·li·zá·tion** 名 U 福音伝道

***e·vap·o·rate** /ɪvǽpərèɪt/ 動 (♦ 短縮形は evap.) 自 ❶ 蒸気になる, 蒸発する(↘ boil away); 水分が抜ける ‖ The water entirely ～*d* from the birdbath. 小鳥の水浴用水盤から水分がすっかり蒸発した ❷ (希望・怒りなどが)消えてなくなる, 消散〔消滅〕する ‖ My enthusiasm quickly ～*d*. 私の熱意はたちまち冷めてしまった / His fortune ～*d* overnight. 彼の財産は一夜にして露と消えた —他 ❶〔液体・個体〕を蒸発させる, 蒸気にする(↘ boil away) ❷ …を脱水〔乾燥〕させる,〔牛乳など〕を(加熱して)濃縮する ❸〔希望・怒りなど〕を消散させる
-rà·tive /英 -rə-/ 形 蒸気化の
語源 *e-* out, off+vapor+*-ate*(動詞語尾): 蒸気となって消える
▶▶ **～d mílk** 名 U エバミルク, 濃縮牛乳 **eváporating dìsh** 名 C【化】蒸発皿

e·vap·o·ra·tion /ɪvæ̀pəréɪʃən/ 名 U 蒸発 (作用); 消失

e·vap·o·ra·tor /ɪvǽpərèɪtər/ 名 C 蒸発器, (果物などの)乾燥器

e·va·sion /ɪvéɪʒən/ 名 ❶ U C (攻撃・追跡などを) 逃れること, かわすこと; (牢などからの)脱出; (義務・責任・質問などの)回避, 忌避, 言い抜け, はぐらかし ‖ (an) ～ of one's duty 義務の回避 / tax ～ 脱税 ❷ C 言い逃れ, 言い訳, 逃げ口上; 脱出の手段

e·va·sive /ɪvéɪsɪv/ 形 ❶ (人・行動などが)面倒を避けたがる, 逃げ腰の, 回避的な, 責任逃れの ‖ take ～ action (船・飛行機が) (危険などを避けて) 回避行動をとる ❷ あいまいな, とらえどころのない, 逃げ口上の ‖ an ～ answer あいまいな返事 **～·ly** 副 **～·ness** 名 U

***eve** /i:v/ 名 C《通例単数形で》❶《通例 E-》(祭日の)前夜, 前日 ‖ Christmas *Eve* クリスマスイブ / New Year's *Eve* 大晦日(おおみそか) ❷《the ～》〈重要事件などの〉直前, 間際〈**of**〉(♦ 主にジャーナリズムで使われる) ‖ We are on the ～ *of* a great breakthrough in data transmission. 我々はデータ伝送での画期的大躍進を目前にしている / the ～ *of* an election 選挙直前 ❸《主に文》晩, 夕方(evening)

Eve /i:v/ 名【聖】イブ, エバ《神がアダムの肋骨(ろっこつ)からつくった人類最初の女性》(→ Adam)

e·ven[1] /íːvən/

—副《比較なし》❶《意外性を強調して》…(で)**さえ**, …(で)すら, …までも(♦(代)名詞を修飾することもできる) ‖ She ~ knows how much he weighs. 彼女は彼の体重さえ知っている / *Even* a child can understand that. 子供でさえそんなことは理解できる / No one noticed my absence, not ~ the teacher! だれも私がいないことに気づかなかった, 先生でさえ / Not ~ her best friend would lend her money. 親友でさえ彼女には金を貸そうとしなかった / Mother didn't ~ hear what I said. 母は私の言い分を聞きもしなかった / He never shouts, ~ when he's angry. 彼は怒っているときでも決して声を荒らげない

語法 ☆☆ (1) 一般動詞の前, be動詞や助動詞の後, あるいは強調される語句の直前に置かれる. 強調される語句に強勢を置いて発音する.
(2)《口》では文末に置かれることもある.〈例〉It is cold here *even* in summer. (=《口》It's cold here in summer *even*.) ここは夏でも寒い

❷《前言に付加·訂正して》**それどころか**, 実のところ ‖ Sally looked sad, 「~ depressed [OR depressed ~]. サリーは悲しそうだった, いやそれどころか落ち込んでいた
❸《比較級を強調して》**さらに**, なお, いっそう(still, yet) ‖ It was hot yesterday, but it's ~ hotter today. 昨日も暑かったが, 今日は輪をかけて暑い / The chilly morning air made me cough ~ more. 冷たい朝の空気に当たって私はいっそうせき込んだ

éven as ... 《堅》ちょうど[まさに]…するときに ‖ He was shot ~ *as* we watched. 彼はまさに我々が見ていたときに銃撃された

****èven if ...*** たとえ…だとしても(→ *even though* ...(↓)) ‖ You still have another chance ~ *if* you fail this time. たとえ今回うまくいかなくてももう一度チャンスがあるよ / *Even if* invited, I won't go. たとえ招待されても私は行かない

èven nów ①《通例否定文で》今でも, 今でさえ ‖ *Even now* it is not too late. 今でも遅すぎはしない ②《進行形で be 動詞の直後に置いて》まさに今, ちょうど今

****èven só*** NAVI たとえそうでも(nevertheless) ‖ The movie was not very exciting, but ~ *so* we had a good time. その映画はあまりわくわくするようなものではなかったが, それでも楽しかった / *Even so* I can't support your idea. それでもやはりあなたの考えは支持できません

èven thén ①《通例否定文で》その当時ですら, 当時でさえ ② NAVI その場合ですら, それでも ③《進行形で be 動詞の直後に置いて》まさにそのとき, ちょうどそのとき

****èven thóugh ...*** たとえ…ではあっても, …ではあるけれども(♦ even if が仮定を表すのに対し, even though では though 以下の内容が事実であることが前提になる) ‖ *Even though* I was a newcomer, they treated me as one of them. 私は新入りだったが, 彼らは私を同僚として扱ってくれた

***e·ven**[2] /íːvən/ 形 (**more ~**; **most ~**)(♦❶❷❸以外比較なし) ❶(土地·面などが)平らな, 平坦(たん)な; 凹凸のない, 滑らかな(↔ uneven)(⇨ FLAT[1] 類語) ‖ an ~ surface [road] 平らな表面[道] ❷《通例限定》(色·速さ·品質などが)むらのない; 一様の, 一定の, 均一の; 規則正しい(↔ variable) ‖ an ~ tint むらのない色合い / at an ~ pace 一定の歩調[ペース]で / maintain an ~ temperature 一定の温度を維持する / ~ rows of white teeth きれいに並んだ白い歯 ❸《通例限定》(数量·程度などが)同等の, 等しい(↔ unequal); (日付が)同一の ‖ I divided the pizza into six ~ pieces. ピザを6等分した / ~ amounts of wine and water 同量のワインと水 / an ~ score 同点 / of ~ date 〖法〗同一日付の ❹〈…と〉同じ高さの, 同一平面[直線上]の, 平行な, 水平な〈**with**〉‖ The snow was ~ *with* the roof. 雪は屋根と同じ高さまであった / The hem of your skirt isn't ~. あなたのスカートのすそがつれていますよ ❺ 対等の, 互角の; 五分五分の ‖ an ~ fight 互角の闘い / have an ~ chance of winning the game 試合に勝つ見込みは五分五分だ ❻《叙述》〈…と〉貸借のない, 清算済みの〈**with**〉‖ After I pay you the ten dollars I owe you, we'll be ~. 君に借りている10ドルを払ってしまえば, 貸し借りなしだ ❼《通例限定》〖数〗偶数の(↔ odd), 2で割り切れる, 偶数番目の; ちょうどの ‖ an ~ number 偶数 / an ~ page 偶数ページ / an ~ thousand きっかり1,000 ❽(心·気質などが)穏やかな, 平静な ‖ have an ~ temper 気質が穏やかである ❾ 公正な, 公平な; 差し引き損得なしの, とんとんの ‖ an ~ bargain 公正な取り引き

****brèak éven*** 差し引き損得なしで終わる, (結局)収支とんとんになる ‖ The company is just *breaking* ~. その会社は何とか収支とんとんでやっている

****gèt*** [OR ***be***] ***éven*** (***with ...***) 《口》(…に)仕返しする, 報復する ‖ I'll *get* ~ *with* him for his insults. 彼の侮辱的な言動に仕返しをしてやる

give a pèrson an èven bréak 《口》〔人〕に同じだけのチャンスを与える

—動 他 ❶ …を平らにする, ならす《***out, off***》‖ ~ *out* the bumps 道路のこぶをならす ❷〔仕事·負担·差など〕を均等にする, ならす《***out***》; 〔物事〕の均衡がとれるようにする, …を等しく[同等]にする, 貸借なしにする《***up***》‖ ~ the score 同点にする, 仕返しをする / ~ *out* the differences between A and B AとBの差を平均化する

—自 平らになる; 平均化する, ならされる《***out***》; 同等になる《***up***》　**~·ness** 名

▶▶ **~ móney** (↓)

e·ven[3] /íːvən/ 名《古》《文》=evening(→ e'en)

èven·hánded <ジ 形 公平な(fair), 公正な, 片寄らない **~·ly** 副

:eve·ning /íːvnɪŋ/

—名 (複 **~s** /-z/) U C ❶《しばしば無冠詞単数または the ~ で》**夕方**, 日暮れごろ; **晩**, 宵の口, 夜分《ふつう終業後あるいは日没後から就寝時までの間》; 《形容詞的に》夕方の, 晩の(⇨ NIGHT 類語) ‖ *Evening* came. 夕方になった / It was a warm summer ~. 暖かな夏の晩であった / 「Good ~ [《口》*Evening*]! こんばんは; さようなら / yesterday ~ 昨晩(♦ last evening よりふつう) / early [late] in the ~ 夕方早く[遅く] / all ~ 夕方中 / toward ~ 夕方近くになって / for the ~ 夜は, 夜間は / I'm taking ~ classes in aerobics. 夜間のエアロビクスのクラスに通っている / My parents went out for an ~ concert all dressed up. 両親はすっかり正装して夜のコンサートに出かけた / Thank you for a lovely ~. とても楽しい夜でした(♥ 食事や観劇などに招待されて帰る時に) / an ~ meal 夕食 / **spend** a pleasant ~ 楽しい夜のひとときを過ごす

語法 ☆☆ (1) 通例前置詞は in を用いる.〈例〉*in* the *evening* 夕方の[晩]に(なると)　ただし, 特定の夕方[晩]を指すときは on を用いる〈例〉*on* Monday *evening* (毎)月曜日の夕方に(は) / *on* the *evening* of July 3 7月3日の夕方に
(2) this [that, yesterday, tomorrow] evening, the next [previous, following] evening などは通例前置詞をつけず, 副詞的に用いる.〈例〉Mother will be at the PTA meeting *this evening*. (→ evenings)

❷ C 夜会; (…の)夕べ ‖ a musical ~ 音楽の夕べ
❸《the ~》《文》晩年; 衰退期, 末期 ‖ in the ~ of one's life 人生の晩年に

▶▶ **~ clàss** 名 C (通例成人を対象とする)夜間クラス, 夜間授業 **~ drèss** 名 ① U (男性または女性用の)夜会用の礼服, 夜会服 ② C (女性用の)(すその長い)イブニングドレス **~ gòwn** 名 C =evening dress ② **~ prâyer** 名

Ⓒ《通例 ~s》=evensong ❶ **~ prímrose** 名ⒸⓊ〘植〙マツヨイグサ **~ stár** 名《the ~》宵の明星(♦ 通例 Venus を指す)(↔ morning star)

éve·nings /-z/ 副《口》夕方に, 夕方などにはよく, 毎夜

***e·ven·ly** /í:vənli/ 副 平らに; 均等に; 公平に, 対等に; 規則的に, きちんと; 冷静に

èven móney 名Ⓤ 対等[同額]の賭(か)け(金); 五分五分の可能性[確率] **èven-móney** 形 五分五分の

e·vens /í:vənz/ 名《英》=even money

éven·sòng 名Ⓒ《しばしば E-》〘英国国教会〙夕べの祈り, 晩禱(ばんとう)

èven-stéven, -stéphen《ときに E- S-》形《口》平等な, 対等な, おあいこの

E

⁑e·vent /ɪvént/《アクセント注意》

—名〔▶ eventful 形, eventual 形〕(複 **~s** /-s/) Ⓒ ❶ (重要な) **出来事**, (大) 事件 (⇨ 類語) ‖ The QE II cruise was quite an ~ for my parents. クイーン=エリザベス2世号での船旅は両親にとって大事件だった / the biggest ~ of the century 今世紀最大の出来事 / the series [OR sequence] of ~*s* leading up to the accident その事故に至る一連の出来事 / a turn of ~*s* 事情の(予想外の)変化 / in the unlikely ~ 万一の場合

❷ (社会的な) **行事**, 催し; イベント, パーティー ‖ The Soccer World Cup was the biggest sporting ~ of the year. サッカーのワールドカップはその年最大のスポーツイベントであった / The singers organized a fund-raising ~ to help starving children. 歌手たちは飢えている子供たちを救うべく資金調達のための催しを取りまとめた / an annual ~ 年中行事

❸ (スポーツの) 競技, 種目, 試合 ‖ The next ~ is the men's 100 meters. 次の競技は男子100メートルです / a main ~ メインイベント, 呼び物の試合

❹《the ~》結果, 成り行き

❺〘理〙(相対性理論の)事象

❻ ⒸⓊ 💻 イベント《マウスのクリックやデータ入力などプログラム実行中に利用者が行うさまざまな入力・処理動作》

**in ány evènt; at áll evènts* NAVI とにかく, いずれにせよ ‖ There'll be a short delay due to lighting problems. *In any* ~, it's a great show, so please be patient. 照明トラブルで少々遅れます. 何はともあれ, 素晴らしいショーですのでどうかお待ちください

in éither evènt (2つのうち)いずれにしても, どちらにしても

in thát evènt 万一その場合には

in the evént 〈…である〉場合は〈**that** 節〉; 最終的には, 結局は ‖ *In the* ~ (*that*) the President dies, the Vice President takes over. 大統領が死去した場合は, 副大統領が後任となる

**in the evént of ...* (万一)…の場合には(in case of) ‖ *in the* ~ *of* war [rain, fire] (万一)戦争[雨, 火事]になった場合には

in the normal course of events ⇨ COURSE(成句)

語源 *e-* out+-*vent* come:起こる

類語《❶》**event** (しばしば重大な)出来事.〈例〉historical *events* 歴史上の事件

incident 大事件に付随して起こる小さな出来事.〈例〉a curious *incident* during the wedding 結婚式の間の奇妙な出来事

accident 望ましくない出来事; 偶発事件.〈例〉a railway *accident* 鉄道事故

occurrence, happening ごくふつうの出来事.〈例〉a daily *occurrence* 日常の出来事 / an unexpected *happening* 意外な出来事

▶▶ **~ horìzon** 名Ⓒ〘天・理〙事象の地平線《特にブラックホールの引力が及ぶ境界線》

èven-témpered ⊲ 形 気質の穏やかな, 平静な, 落ち着いた

e·vent·ful /ɪvéntfəl/ 形〔◁ event 名〕❶ 事件の多い, 波乱に富んだ ‖ an ~ life 波乱に富んだ人生 ❷ 重大な(結果を生む), 重要な ‖ an ~ decision 重大な決定

éven·tìde 名Ⓤ《古》《文》=evening

event·ing /ɪvéntɪŋ/ 名Ⓤ (3日間にわたる3種の) 馬術競技会

***e·ven·tu·al** /ɪvéntʃuəl/ 形〔◁ event 名〕《限定》結果として起こる, 究極[最後]の, 結局の(⇨ LAST[1] 類語) ‖ his ~ successor 結局彼の後継者に決まった人 / the ~ outcome of the competition 競技の最終結果

e·ven·tu·al·i·ty /ɪvèntʃuǽləṭi/ 名 (複 **-ties** /-z/) ⓊⒸ 不測の事態[事件], 万一の場合; 可能性 ‖ prepare oneself for every ~ すべての不測の事態に備える

⁑e·ven·tu·al·ly /ɪvéntʃuəli/

—副《比較なし》《しばしば文修飾》NAVI **結局(は)**; 最終的に, ついに(は), とうとう(♦ 予想外の苦労や時間を要したことを含意する.「順番として最後に」の意味では finally を用いる) ‖ *Eventually*, after looking at ten houses, I bought one of them. 10軒家を見て回った挙げ句, 結局そのうちの1軒を購入した / She ~ got a driver's license. 彼女はついに車の免許をとった

e·ven·tu·ate /ɪvéntʃuèɪt/ 動 自《堅》結果として生じる[起こる]; 結局(…)となる

⁑ev·er /évər/

中心義 **特定されない時**

—副《比較なし》❶《任意の1回》**a**《否定文で》**これまでに**(…ない); 絶対に(…ない), どんなことがあっても(…ない) ‖ None of us had ~ heard of those ruins. 我々のうちだれもその遺跡のことをそれまで聞いたことがなかった / I don't remember ~ seeing her before. 彼女に以前会った覚えはまるでない / Nothing ~ makes Paul angry. 何があってもポールは絶対に怒らない / I don't ~ want to see you again. 君には二度と会いたくない (♦ I never want ... の方がふつう) / Don't ~ say such a thing. そんなことは決して口にするな / I'm going to stop him from ~ doing that again. 彼が二度と再びそんなことをしないようにさせるつもりだ (♦ 動詞 stop が否定的な意味を持つので ever が使われる)

b《疑問文で》**かつて**, これまで(に), 一度でも(♦ 単純現在形および未来形の文では「強調」を, 現在完了形および《口》の過去形の文では「経験」を表すことが多い) ‖ Have you ~ been to Seoul? ソウルに行ったことがありますか / Do you ~ go skiing in winter? 冬はスキーに行くことはありますか / Will they ~ stop talking? 一体彼らがおしゃべりをやめることはあるのだろうか / Did you ~ hear such nonsense! そんなばかげたことを聞いたことがあるかい (♥ Did you ever ...! で驚き・不信を表すことがある)

c《条件節で》いつか, 一度でも ‖ If you ~ need anything, come to me. (いつか) 何か必要なことができたら私のところへ来なさい / If「you're ~ [OR ~ you're] in Tokyo, do give me a call. (いつか) 東京に来ることがあったら, ぜひ電話してください(♦ if ... ever は if の強調で「もし仮に…ならば」の意. → *if ever* ... (↓))

語法 ☆☆ ever の位置は一般動詞の前, 助動詞・be動詞の後がふつうだが, 助動詞・be動詞が強勢を受ける場合はそれらの前に置かれる.

❷《強調》**a**《疑問詞の後で》**一体** ‖ When [Where, How] ~ did you get that hat? 一体いつ[どこで, どうやって] その帽子を手に入れたんだ / What ~ do you want with me? 一体私に何の用ですか / Who ~ is that girl with Charles? チャールズと一緒にいるあの女の子は一体だれだろう (♦ why 以外の疑問詞とは what*ever* のように結びついて1語につづることもある)

b《最上級・比較級の後で》**今までで**, これまでに ‖ the youngest-~ champion これまでの最年少チャンピオン / She is the greatest violinist ~. 彼女はこれまでで最も偉大なバイオリニストだ / The play was his best ~. その戯曲は彼のまさに最高傑作だった / She was the most

lovable woman I had ～ met. 彼女は私がそれまでに会った最も愛らしい女性だった / I feel better than I have ～ felt before. 今までにないほど気分がいい (♦ 実質的には最上級の意味) / She's the only woman ～ to have held the post. 彼女はこれまでにそのポストについたことのある唯一の女性だ / The population of the city is larger **than** ～ **before**. その都市の人口はこれまでになく増大している
c 《so, such の前で》《口》とても, たいそう (♦ such は《主に英》) ‖ The driver was ～ so careful. 運転手はそれはそれは慎重だった / Thank you ～ so much. 本当にありがとう / I like her a lot because she's ～ such a thoughtful girl. 彼女はとても思いやりのある子なので僕は大好きだ
d 《主語・動詞の倒置による感嘆文で》《米口》何てまあ, 本当に ‖ Is that fellow ～ tall! あの男は実に背が高いなあ / Was she ～ angry! 彼女が怒ったのなんのって
❸ 《恒常性》 **a** 《肯定文で》常に, ずっと ; 相変わらず, いつも(のように) (♦ この意味の ever は《堅》で, ふつうは always を用いる) ‖ Mike has been depressed ～ **since** (his girlfriend left him). マイクは(ガールフレンドが彼のもとを去って)以来ずっと落ち込んでいる / All he ～ does is talk about his grandchildren. 彼はいつも孫の話ばかりしている (♥ 話し手のいら立ちを表す)
b 《ever- 形容詞・分詞の複合語で》絶えず…する ‖ an ～-increasing demand for cars 絶えず増加する車の需要 / an ～-present threat 絶えず存在する恐怖
c 《比較級の前で》ますます, さらに, いっそう ‖ The computer is coming to play an ～ larger role in our lives. コンピューターは我々の生活でますます大きな役割を演じるようになっている
as ... as éver ① 相変わらず… ‖ He is *as* kind *as* ～. 彼は相変わらず親切だ (♦ 文末にくるのがふつう) ② またとなく…, 非常に… ‖ He is *as* great a guitarist *as* ～ lived. 彼は非常に偉大なギタリストだ (♦ as ever の後は通例過去形の動詞を用いる) ③ とにかく(できるだけ) ‖ Come *as* quick *as* ～ you can. できるだけ急いで来なさい
as éver 相変わらず, いつものように
Did you éver? 《旧》これは全く驚いた (♦ Did you ever see [OR hear] the like? の略)
èver áfter その後ずっと ‖ They lived happily ～ *after*. その後2人はずっと幸せに暮らしましたとさ (♦ おとぎ話の結びの文句)
èver and agáin [《古》 ***anón***] 《文》ときどき
for éver 永久に, いつまでも(forever)
hàrdly [OR ***scàrcely***] ***éver*** 《頻度を表して》めったに…しない (♦ almost never の意味) ‖ I *hardly* ～ drink. 私はめったに酒を飲まない
if éver ... もし(仮に)…だとしたら, …だとしても ‖ He seldom [OR rarely], *if* ～, goes to the movies. 彼は映画に行くことはあってもまれにしか行かない (♦ 通例 seldom, rarely などの準否定語の後で用いられる)
if èver there wás one 確かに, まさしく, 本当に ‖ It was a brilliant performance *if* ～ *there was one*. それは本当に素晴らしい演技だった
nèver éver 《never の強調》《口》断じて…ない ‖ I'm *never* ～ going to speak to him again! 絶対に二度と彼とは口をきかないぞ
Yòurs éver ; ***Èver yóurs*** 《口》草々 (♥ 手紙の結句)

Ev·er·est /évərɪst/ 名 **Mount** ～ エベレスト(山)《ヒマラヤ山脈中の世界最高峰 (8,850m). チベット人は Chomolungma(世界の女神)と呼ぶ》

éver·glàde 名 C 《米》湿地, 沼沢地

Ever·glàdes 名 《the ～》エバーグレーズ湿地帯《フロリダ州南部の大湿地帯. 南部は国立公園になっている》

éver·grèen 形 常緑の(↔ deciduous) ; (新鮮味・人気などが)いつまでも衰えない ── 名 C ❶ 常緑樹, ときわ木 ; いつまでも衰えないもの ❷ 《～s》(装飾用の)ときわ木の枝

èver·lásting 〈ヌ〉 形 ❶ 永遠に続く, 永遠の (⇨ ETERNAL 類語) ‖ believe in ～ life 永遠の生命を信じる ❷ 《けなして》果てしない ; ひっきりなしの, うんざりする ‖ ～ complaints のべつ幕なしの愚痴 ── 名 U 《しばしば the ～》《文》永久, 永遠(eternity) ‖ from [for] ～ 永遠の昔から[永遠に] **～·ly** 副 永久に ; 果てしなく

èver·móre 〈ヌ〉 副 永遠に, 永久に ; 絶えず, 常に ; 《文》今後いつも, 将来ずっと ‖ for ～ 永遠に, 永久に

e·vert /ɪvə́ːrt/ 動 他 〔まぶたなど〕を外にめくり返す

⁑**ev·er·y** /évri/

中心義 一つ一つすべての

── 形 《比較なし》《限定》 ❶ 《可算名詞の単数形を修飾して》**どの…も(みな), あらゆる**, ことごとくの (♦ 3つ以上のもの[人]について用いる. → each) (⇨ 類語) ‖ *Every* graduating student [×students] in the class passed the national examination. クラスの卒業予定の学生はみな国家試験に合格した (＝All the graduating students in the class ....) / *Every* boy was there and each [×every] did his part. どの少年もみなそこにいて各自自分の役割を果たした (♦ every は代名詞としては用いない) / We enjoyed ～ minute of our holiday. 休日を存分に楽しんだ (♦ この意味では ×all (the) minutes とはいえない) / in ～ direction あらゆる方角に, 四方八方に / *Every* boy and girl in the parade had a flag in ⌈his or her [OR their] hand. パレードに参加しているどの少年少女も手に旗を持っていた (♦ every の後に名詞が2つ以上きても動詞は単数で受ける. 受ける代名詞は単数が原則とされるが, 《口》では they で受けることが多い) / I remember ～ single [OR last] thing he said. 彼が言ったことをことごとく覚えている (♦ single, last は強調) / Not ～ Hong Kongite practices kung fu. すべての香港人がカンフーをするわけではない (♦ 部分否定を表す. この場合 every ... not ではなく not every の形がふつう)

> **語法** ☆☆ **(1)** every は冠詞や指示詞とともには用いられない. また所有格の前にも用いられない. したがって ×every this [these] book ; ×every my book, ×my every book とはいわない (それぞれ *every* one of these books ; *every* book of mine とする)
> **(2)** 《堅》では所有格の後に用いた形が可能. 〈例〉 his *every* movement 彼の一挙一動 / Bob's *every* word ボブの一言一句

❷ 《単数名詞の前で》**毎…** ; 《数詞＋名詞の前で》**…ごとに** ‖ ～ **day** [**week, year**] 毎日[週, 年] / There is an automobile accident death almost ～ ten minutes. 自動車事故による死者はほぼ10分ごとに1人出ている / ～ three days＝～ third day 3日ごとに, 2日おきに / ～ other day 1日おきに / Write on ～ other line so I can make corrections. 誤りを訂正できるように1行おきに書きなさい / ～ few weeks 2, 3週おきに
❸ 《抽象名詞を修飾して》可能な限りの, ありとあらゆる ‖ I have ～ reason to believe he is innocent. 私には彼の無罪を信じる十分な理由がある / The pilot made ～ effort to avoid the disaster. パイロットは大惨事を避けるためにできる限りの努力をした / with ～ confidence 全幅の信頼を置いて / with ～ possible precaution 極力用心して
＊***èvery nòw and agáin*** [OR ***thén***] ; ***èvery so óften*** ; ***èvery ònce in a whíle*** **ときどき**, 時折
every one ① /èvriwʌ́n/ 〈…の中の〉だれもかれも, どれもこれもみな 〈**of**〉 ‖ I shook hands with ～ *one of* them. 彼らと1人残らず握手した (♦ every には each (of ...)に相当する代名詞用法がないので ×every of them は不可. ⇨ EVERYONE 語法) ② /évriwʌ̀n/ ＝everyone
＊***èvery óther ...*** ① ⇨ ❷ ② ほかのすべての ‖ *Every other* boy attended the class. ほかの少年は1人残らず授業に出席した
èvery tíme ① 《接続詞的に》…するたびに(いつも) (♦ when-

E

ever より《口》‖ The dog barked ～ *time* a car passed. その犬は車が通るたびにほえた ❷ 毎回, いつも；例外なく, きっと

èvery tíme a person tùrns aróund 《口》しょっちゅう, たびたび

(in) évery wày あらゆる点で, どの点から見ても

every which way ⇨ WAY [1](成句)

COMMUNICATIVE EXPRESSIONS

[1] **Hów's èvery lìttle thíng?** どう, 元気？(♥ くだけたあいさつ)

類語 **《❶》 each** every より個別的で個々の成員に次々と関心を向けることを強調. 〈例〉*Every* child likes to play. 子供はみな遊びが好きだ (すべての子に普遍的) / *Each* child received an apple. めいめいの子がリンゴを1個もらった (一定の数を考えその一人一人に次々と関心を向ける)

all ある集団全体をひとまとめにして「すべての」の意.

⁑eve·ry·bod·y /évribà(:)di | -bɔ̀di/

━代《単数扱い》(♦ everyone より《口》. 全体としては everyone の方が頻度は高い. ⇨ EVERYONE) **だれでも(みんな)**, だれもかれも ‖ Our dog is loved by ～ in the neighborhood. 我が家の犬は近所のだれからも愛されている / *Everybody's business is nobody's business.* 《諺》共同責任は無責任 / Not ～ can be a poet. だれでも詩人になれるとは限らない (♦ 否定語とともに用いて部分否定「みんなが…というわけではない」を表す)

語法 ☆☆ (1) 代名詞で受けるとき, 特に《口》では they が一般的である. 〈例〉*Everybody* must buy *their* own tickets. みんな自分の切符を買わなければなりません (⇨ EVERYONE **語法**)

(2) every body と2語にすると「すべての死体」の意味にとられるので注意.

COMMUNICATIVE EXPRESSIONS

[1] **Éverybody knòws that ....** ⇨ KNOW (**CE** 11)

[2] **Éverybody's dóing it.** ⇨ EVERYONE (**CE** 2)

[3] **Éverybody's háppy about it(, thèn).** ⇨ HAPPY (**CE** 2)

⁑eve·ry·day /évridèi, ╶ ╶ ╱ / ⓈⒾ

━形《比較なし》《限定》❶ **毎日の**, 日々の；日常の, 平常の (♦「毎日」と副詞的に用いるときは every day と2語につづる) ‖ She never breaks her ～ routine. 彼女が日課から逃れることは決してない / Going to a spa relieves the stress of ～ **life**. 温泉に行くことで日常生活のストレスが和らぐ / ～ conversation 日常会話

❷ ありふれた, ふつうの (↔ unusual) ‖ an ～ occurrence 日常茶飯事, よくある(出来)事 / ～ clothes 普段着 / an ～ scene ありふれた光景

━名 Ⓤ 平日, 日常生活 ‖ provide escape from the ～ (平凡な)毎日の生活に息抜きを与える

Ev·ery·man /évrimæ̀n/ 名 ❶ 《通例 e-》(複 **-mèn** /-mèn/) Ⓒ 当たり前の人, ふつうの人 (中立 the ordinary [typical] person) ❷ エブリマン《15世紀英国の寓意(ぐうい)劇》(morality play)；その主人公

⁑eve·ry·one /évriwʌ̀n/

━代《単数扱い》(♦ everybody より《堅》だが, everyone の方が頻度は高い) **だれでも (みんな)** ‖ *Everyone* over twenty has [×have] a vote. 21歳以上の人はみな投票権がある / *Everyone* likes to go ⌈his own way [《口》their own way]. だれもみな我が道を行きたがる (♦ everyone を受ける代名詞は ⇨ **語法**) / You have to wait your turn like ～ else. あなたもほかのみんなと同じように自分の順番を待たなければいけません / Not ～ is kind. だれもがみんな親切だとは限らない / I don't know ～ in this town. 私はこの町の人をみんな知っているわけではない (♦ 否定語とともに用いて部分否定を表す. 「一人も知らない」という全否定は I know ⌈no one [OR nobody] in this town. や I don't know anyone [OR anybody] in this town. のようにいう)

語法 ☆☆ **everyone を受ける代名詞**

(1) everyone を受ける代名詞は, 伝統的な文法では he [his, him], 性差別を避ける観点からは he or she [his or her, him or her] が正しいとされている. 全員の性別が同じである場合には he [his, him] または she [her, her] を用いる. 現代では they [their, them] で受けることが特に《口》では一般的になっている. 〈例〉*Everyone* thinks ⌈*they* are [《堅》*he* is, *he or she* is] right. みんな自分が正しいと思っている / I told *everyone* what I thought of *them* [《堅》*him*, *him or her*]. みんなのことをどう思っているかを全員に話した

(2) everyone を受ける代名詞が付加疑問文の主語または等位接続された文の主語として使われるとき, また会話で応答の中に生じるときは he や he or she ではなく they が原則. 〈例〉*Everyone* is self-interested, aren't *they*? だれもみな自己本位ですよね / *Everyone* knows who stole the money, but *they*'re afraid to tell anyone. だれがその金を盗んだかみんな知っているが, 怖くてだれにも言えない / "How's *everyone* in your family?" "*They*'re fine, thank you." 「ご家族はお元気ですか」「みんな元気です」

everyone と every one

(1) 後に of ... の修飾語句が続くときは every one を用いる. 〈例〉⌈*Every one* [×Everyone] of the children was [×were] crying. 子供たちはみんな泣いていた / I phoned ⌈*every one* [×everyone] of them. 彼らに1人残らず電話した

(2) everyone は人間しか指さないが, every one は物や動物を指すことも可能. 〈例〉His books are wonderful. I've read ⌈*every one* [×everyone]. 彼の本は素晴らしい. 私はどれもみな読んだことがある / Our cat had five kittens, and ⌈*every one* [×everyone] (of them) was white. うちの猫は子猫を5匹産んだが, みんな白かった

COMMUNICATIVE EXPRESSIONS

[1] **Éveryone knòws that ....** ⇨ KNOW (**CE** 11)

[2] **Éveryone (élse) is dóing it.** みんなやっていることだ (♥ 特に悪いことに誘い込む際に行動を促したり, 許しを得ようとする際の説得・言い訳の表現. ＝Everybody (else) is doing it.)

[3] **Éveryone's háppy about it(, thèn).** ⇨ HAPPY (**CE** 2)

→英語の真相→

フォーマルなパーティーでスピーチを行うような場合, 不特定多数の聴衆に everyone や everybody を用いて呼びかけると, くだけすぎていて失礼と感じられることがある. フォーマルな場面では Ladies and gentlemen という方が好まれる. 友人たちとのカジュアルなパーティーといった場面であれば, everyone や everybody で問題ない.

évery·plàce 副 名《米口》＝everywhere

⁑eve·ry·thing /évriθìŋ/

━代《単数扱い》❶ **あらゆること [もの]**, すべて, 何もかも (みんな), 万事 ‖ "You mean ～ I did was wrong?" "Not exactly." 「私のしたことはすべて誤りだったって言うの」「そういうわけじゃないが」 / He lost ～ in the flood. 彼は洪水ですべてを失った / ～ new すべての新しいもの / We'll do ～ possible [OR we can] to make your stay a comfortable one. 私どもは快適に滞在していただけるようできる限りのことをいたします (♦ something などの場合と同様に形容詞は後置される) / We can't blame ～ on him. すべてを彼のせいにするわけにはいかない (♦ 部分否定) / before ～ (else) ほかの何よりも / He dropped ～ to rush to his grandmother's bedside. 彼は何は

さておき祖母の枕元に急いだ
❷《be 動詞の補語または mean の目的語として》〈…にとって〉最も大切なこと[もの], 何より大事なこと[もの]〈**to**〉‖ Her son is [OR means] ～ *to* her. 彼女にとっては息子がすべてだ / Money is not ～. 金がすべてではない
and éverything 《口》その他もろもろ, …など(and so on)

COMMUNICATIVE EXPRESSIONS

1 **Èverything will** [OR **is gòing to**] **be fíne** [OR **okáy**]. 万事うまくいくよ(♥ 励ましの表現)
2 **Have you gòt éverything?** 忘れ物はありませんか(♥ 帰り際に)
3 **Hòw's éverything** (**góing** [OR **with you**])? どう, 調子は?(♥ 状態・状況を尋ねるあいさつ)
4 (**Is**) **èverything ÒḰ?** ＝ ALL RIGHT (CE 5)
5 「**Is thàt** [OR **Will thàt be**] **éverything?** ほかに何かございますか(♥ 店員などが客にほかに買いたいもの[注文したいもの, してほしいこと]があるかどうか尋ねる表現)
6 **Thánk you for éverything.** いろいろとありがとう

eve·ry·where /évrihwèər/
── 副《比較なし》❶ **至る所で[に]**, どこにも;(広く)あちこちで, 頻繁に(《米口》everyplace) ‖ Accidents happen ～. 事故はどこでも起こる / Eyes are ～. 人の目はどこにもある / Boys with dyed hair are ～. 髪を染めた少年なんか珍しくない / "I've looked ～ for my glasses." "Except on your head, perhaps?"「そこら中眼鏡を探したんだけどどこにも見当たらないんだ」「頭の上を除いてですか」/ like ～ **else** ほかのすべての場所と同様に / **almost** ～ ほぼどこでも
❷《接続詞的に》～する所はどこでも;どこへ[で]～しても(wherever) ‖ I'm going to wear the ring ～ I go. 私はどこへ行くにもその指輪をして行くつもりだ / *Everywhere* you go, you will find the same scenery. どこへ行っても同じ景色ですよ
── 名 U あらゆる場所 ‖ *Everywhere* needed dusting and sweeping. どこもかしこもほこりを払って掃く必要があった / I had to stay in that hotel as ～ else was fully booked. ほかが満室だったのでそのホテルに泊まらなければならなかった / from ～ 至る所から

e·vict /ɪvíkt/ 動 他 ❶〈…から〉(法律手続きにより)〔借地・借家人〕を立ち退かせる〈**from**〉 ❷ (法律手続きにより)〔財産(権)〕を〈…から〉取り戻す〈**from**〉

e·vic·tion /ɪvíkʃən/ 名 U C 立ち退かす[される]こと, 追い立て ‖ an ～ order 立ち退き命令

ev·i·dence /évɪdəns/ 名 動

── 名〔▶ evident 形〕(複 **-denc·es** /-ɪz/) ❶ U **証拠**, 根拠;《法》証拠, 証拠物件, 証言(→ proof)〈**of** …の, …という **for** …のための, …を支持する;**against** …に不利な / **to do** …するための / **that** 節 …という〉‖ There isn't a piece [OR shred] of ～ *for* [*against*] the defendant. 被告に有利[不利]な証拠は一つもない(♦「1つ」「2つ」と数える場合はこのようにいう) / We have abundant [OR ample] ～ *of* a conspiracy. 我々は共同謀議の証拠を十分つかんでいる / There is no ～ *of* someone having entered. だれかが入ったという証拠はない / Do we have enough ～ *for* an arrest? 逮捕するのに十分な証拠があるのか / The police found ～ *to* show his innocence. 警察は彼の無実を示す証拠を見つけた / all the ～ **available** つかんでいる証拠のすべて

連語 【形＋～】 circumstantial ～ 状況証拠 / hard [clear, strong] ～ しっかりした[明らかな, 強力な]証拠 / further ～ さらなる証拠 / sufficient ～ 十分な証拠 / empirical ～ 経験的な証拠 / direct ～ 直接的な証拠 / scientific ～ 科学的な証拠
【動＋～】 collect [OR gather] ～ 証拠を集める / find ～ 証拠を見つける / provide ～ 証拠を提供する, (物事が)証拠となる / destroy ～ 証拠を隠滅する

❷ U/C (～s) 示すもの, しるし, 形跡, 徴候〈**of** …の / **that** 節 …という〉‖ find ～(*s*) *of* prosperity 繁栄の跡を見いだす / There was plenty of ～ *that* he was alive and well. 彼が生き残っている形跡が十分にあった

*give [OR **bèar, shòw**] **évidence*** ① 証言する ‖ *give* ～ at a hearing 公聴会で証言する ② 〈…の〉気配を示す, 形跡を見せる〈**of**〉‖ The room *gave* ～ *of* having been searched. 部屋には捜索された形跡があった

****in évidence*** ① はっきりと見える, 目立って;見かけられて ‖ His measles were very much *in* ～. 彼のはしかの発疹(ほっしん)はとても目立った / He hasn't been much *in* ～ recently. 最近彼をあまり見かけない ② 証拠[証人]として ‖ give his letters *in* ～ 彼の手紙を証拠として提出する / say *in* ～ that ... 証人として…と述べる, …と証言する

on the évidence of ... …を証拠[根拠]として;…を根拠とすると

turn state's [《英》***King's*** OR ***Queen's***] ***evidence*** ⇨ STATE'S EVIDENCE

── 動 (**-denc·es** /-ɪz/; **-denced** /-t/; **-denc·ing**) 他《通例受身形で》明らかにわかる, 明白である, 示される;立証される ‖ as ～*d* by ... …によって明らかにわかるように

語源 *e-* out(はっきり)＋*-vidére* see(見える)＋*-ence*(名詞語尾):はっきり見えるもの

évidence-bàsed 形 (科学的)根拠に基づく ‖ an ～ report 科学的根拠に基づく報告

***ev·i·dent** /évɪdənt/ 形〔◁ evidence 名〕(**more** ～; **most** ～) 明白な, 明らかな, はっきりした, (外的な特徴から)すぐにそれとわかる(↔ hidden)〈**to** …にとって;**from** …から見て;**in** …で〉(♥ 自分が話していることに確信がある点を強調して用いられる) (⇨ CLEAR 類語) ‖ The fact is ～ *to* everyone. その事実はだれの目にも明白だ / It became ～ *from* her manner that I had offended her. その態度から彼女を怒らせてしまったことが明らかになった / Her disappointment was ～ *in* her appearance. 彼女の様子を見れば落胆していることがはっきりとわかった / with ～ relief さもほっとしたように

ev·i·den·tial /èvɪdénʃəl/ 〈シ〉 形《堅》証拠の;証拠となる;証拠に基づく **～·ly** 副

ev·i·den·tia·ry /èvɪdénʃəri/ 〈シ〉 形 ＝《主に米》《法》evidential

***ev·i·dent·ly** /évɪdəntli/ 副《通例文修飾》❶ 明らかに, 明白に ‖ *Evidently*, he decided against taking the job. 明らかに彼はその仕事に就かないことに決めたようだ(＝It is evident that he ....) / She was ～ far in advance of her time. 彼女は明らかに時代をずっと先取りしていた
❷ どうやら(…らしい) (♦ この意味では It is evident that ... とは書き換えられない) ‖ "She ～ didn't know he was injured." "*Evidently* not."「彼女は彼がけがをしたことを知らなかったようですね」「どうもそのようです」/ She is ～ not well. 彼女はどうやら具合がよくないらしい

:e·vil /íːvəl/ 《発音注意》
── 形 (**more** ～; **most** ～ ときに ～**·er**, 《英》 ～**·ler**; ～**·est**, 《英》 ～**·lest**)
❶ **邪悪な**, 不道徳な, 下劣な(⇨ BAD 類語) ‖ ～ men 悪人たち / ～ thoughts 邪念 / the *Evil* One 《古》悪魔(the Devil) / ～ **spirits** 悪霊
❷ 害を与える, 有害な ‖ ～ laws 悪法 / have an ～ tongue 中傷癖がある
❸ 不吉な, 縁起の悪い, 不運な ‖ ～ news 凶報 / the ～ day [hour] いやなことが起こりそうな日[時] / fall on ～ days 不運[災難]に遭う
❹ (においなどが)不快な, 悪い ‖ an ～ odor 悪臭

pùt [OR ***kèep***] ***òff the èvil dáy*** [OR ***hóur***] いやなことを先に延ばす

── 名 (複 **～s** /-z/) ❶ C **害悪**, 害, 弊害, 災い;不快, 不運, 不幸 ‖ a necessary ～ 必要悪 / a social ～ 社会悪 / Terrorism is one of the greatest ～*s* of our time. テロ行為は現代最大の災いの1つである

❷ Ⓤ **悪**, 邪悪, 悪行(↔ good) ‖ good and ～ 善悪 / do ～ 悪行を働く / return ～ for good 恩をあだで返す
spèak évil of ... …の悪口を言う(♦ 本来 evil は副詞)
the lesser of two evils ; ***the lesser evil*** ⇨ LESSER(成句)
～·ness 名
▸▸ **～ éye** 名《the ～》邪悪な目つき, 凶眼《これでにらまれると人に災いがかかるという迷信がある》;(凶眼の)魔力
évil·dòer 名 Ⓒ (特に常習的な)悪人, 犯罪者
evil·ly /íːvəli/ 副 不道徳に, 邪悪に, 悪く
e·vince /ɪvíns/ 動 他《堅》…を明示する;証明する;〔性質·能力·感情など〕をはっきり示す
e·vis·cer·ate /ɪvísərèɪt/ 動 他《堅》…から内臓〔はらわた〕を取り除く;〘医〙〔器官〕の内容物を摘出する;…を(肝心の部分を取り除いて)骨抜きにする **e·vìs·cer·á·tion** 名
ev·o·ca·tion /ìːvoukéɪʃən, ìːvə-/ 名 Ⓤ Ⓒ ❶ (悪魔·霊を)呼び起こすこと, 招魂 ❷ (感情·記憶などの)喚起;(抗議·質問などの)誘発;(場面などの)(想像による)再現
e·voc·a·tive /ɪvá(ː)kəṭɪv | ɪvɔ́k-/ 形 〈記憶などを〉呼び起こす, 喚起する〈**of**〉;想像力をかき立てる
***e·voke** /ɪvóuk/ 動 他 ❶〔感情·反応など〕を呼び起こす, 喚起する, 引き出す(↔ suppress);〔場面·記憶など〕をまざまざ〔ありあり〕と再現する(summon up ; ↷ call 〔OR conjure〕 up) ‖ His idea ～*d* various reactions from his coworkers. 彼の考えは同僚たちのさまざまな反応を引き起こした / A good joke ～*s* a laugh and a bad one, silence. うまいジョークは笑いを誘うが, ひどいジョークは沈黙を誘う / ～ memories of ... …の記憶を呼び覚ます ❷〔霊など〕を呼び出す ‖ ～ a demon 悪魔を呼び出す
語源 *e-* out＋*-voke* call:呼び出す
⁑**ev·o·lu·tion** /èvəlúːʃən | ìːv-/
―名〔◁ evolve 動〕Ⓤ ❶〘生〙**進化**(↔ devolution);進化論 (the theory of evolution) ‖ *Evolution* is a result of natural selection. 進化は自然淘汰(とうた)の結果である
❷ (徐々の)発展, 発達, 進歩;進展, 展開 ‖ the ～ of the car 自動車の進歩 / the ～ of the drama ドラマの展開
❸〘化〙(ガス·光·熱などの)放出, 発生
❹〘数〙開方(→ involution) ❺ Ⓒ〘軍〙(部隊·艦隊などの)陣形〔隊形〕変更;(ダンスなどの)展開運動, 旋回
***ev·o·lu·tion·ar·y** /èvəlúːʃənèri | ìːvəlúːʃənəri/ ⌫ , **-al** /-ʃənəl/ 形 発展〔展開〕的な;漸進的な;進化の, 進化論的な
èvolútion·ìsm 名 Ⓤ〘生〙進化論;〘社〙社会進化論(↔ creationism) ‖ social ～ 社会進化論
evo·lu·tion·ist /èvəlúːʃənɪst | ìːv-/ 名 Ⓒ 進化論者
***e·volve** /ɪvá(ː)lv | ɪvɔ́lv/ 動〔▶ evolution 名〕自 (徐々に)発展〔進展〕する, 生起する;〘生〙進化する〈**from, out of** …から;**into** …に〉‖ This method ～*d out of* a long process of trial and error. この方法は長い試行錯誤の過程から徐々に生まれた / Birds ～*d from* dinosaurs. 鳥類は恐竜から進化した
―他 ❶〔理論など〕を(徐々に)発展させる, 展開させる, 生起させる;〔計画など〕を練る;〘生〙〔動物·植物·器官など〕を進化させる ‖ ～ a new theory 新理論を展開させる ❷〘化〙〔熱など〕を発する, 放出する
語源 ラテン語 *volvere* ((巻物を) 広げる, 展開する)から. revolve, revolution と同系.
é-wàste 名 Ⓤ 電気·電子機器廃棄物(♦ electronic waste の短縮形)
ewe /juː/ (♦ 同音語 you, yew) 名 Ⓒ 雌ヒツジ (female sheep)(↔ ram)
ew·er /júːər/ 名 Ⓒ (広口の) 水差し《昔の水道のない寝室の洗面用》
ex[1] /eks/ 前 ❶〘商〙(商品などについて)…渡しで ‖ ～ ship 〔store, quay〕 本船〔倉庫, 波止場〕渡しで《その場所までの費用は売り主が, その先の費用は買い主が負担する》❷〘株〙…落ちで, …なしで ‖ ～ dividend 配当落ち(の) / ～ interest 〔OR int.〕 利落ち(の)
ex[2] /eks/ 名 (複 **～s, ～·es, ～'s** /-ɪz/)《one's ～》《口》(離婚した)先夫, 先妻;かつての愛人〔恋人〕;前任者
Ex 略〘聖〙Exodus(出エジプト記)
ex. 略 examination ; example ; except ; exchange ; executive ; express ; extra
ex-[1] /eks-, ɪks-, egz-, ɪgz-/ 接頭 ❶《動詞を作る》**a**「外に(out, forth)」の意 ‖ *ex*clude, *ex*pel **b**「…から(外に)(away, from, out of)」の意 ‖ *ex*patriate **c**「上に(upward)」の意 ‖ *ex*alt **d**「完全に(thoroughly)」の意 ‖ *ex*terminate **e**「…の状態に」の意 ‖ *ex*asperate **f**「無」の意 ‖ *ex*culpate ❷《官職名·身分などを示す名詞を作る》「元…(former)」の意 ‖ *ex*-president, *ex*-husband(♦ ラテン語より)
ex-[2] /eks-, ɪks-, egz-, ɪgz-/ 接頭 ⇨ EXO-
exa- /eksə-/ 連結形「10^{18};100京倍の」の意 ‖ *exa*FLOPS エクサフロップス《コンピューターで1秒につき100京回の演算能力を示す》
ex·ac·er·bate /ɪgzǽsərbèɪt/ 動 他〔病気·怒りなど〕を悪化させる;〔人〕を憤激させる **ex·àc·er·bá·tion** 名
⁑**ex·act**[1] /ɪgzǽkt/
―形〔▶ exactitude 名〕(**more ～ ; most ～** ときに **～·er ; ～·est**)
❶ (類似性·数量などが)(寸分の違いもなく)**正確な**, 的確な(↔ approximate)(⇨ CORRECT 類語) ‖ The ～ description helped to find the missing dog. その行方不明の犬を見つけるのに正確な描写が役に立った / the ～ time 正確な時刻 / an ～ copy 〔OR replica〕 of the picture その絵の精巧な複製 / an ～ account of the accident その事故の正確な報告
❷《限定》まさにその(very) ‖ He is the ～ opposite of your former boyfriend. 彼は君の前の恋人とは正反対だ / The police rushed in at the ～ instant that he fled out the back door. 彼が裏口から逃れたその瞬間に警官隊が突入した ❸ 厳密な, 精密な ‖ an ～ observer 物事を厳密に観察する人 / an ～ method 厳密な方法
❹ (規則などが)厳格な, 厳しい
to be exáct NAVI 厳密に言えば(⇨ NAVI表現 12) ‖ The dictionary has more than 100,000 headwords. *To be* ～, 112,258 headwords appear in this volume. その辞書には10万以上の見出し語がある. 正確に言うと, 見出し語の数は112,258語である
～·ness 名
ex·act[2] /ɪgzǽkt/ 動〔▶ exaction 名〕他 ❶〔税金·税など〕を〈…から〉(厳しく)取り立てる;〔服従など〕を〈…に〉強要する, 強いる〈**from**〉‖ ～ obedience *from* one's children 子供に服従を強いる ❷ (事柄·状況などが)…を要求する, 必要とする ‖ This work ～*s* close attention. この仕事は細心の注意を必要とする ❸《堅》〔復讐(ふくしゅう)〕をする
ex·ac·ta /ɪgzǽktə/ 名 Ⓒ《米》〘競馬〙連勝単式
ex·act·ing /ɪgzǽktɪŋ/ 形 ❶ (人が)要求の苛酷(かこく)な, 厳しい, 厳格な, 口やかましい;(税金などを)厳しく取り立てる(⇨ SEVERE 類語) ‖ an ～ teacher 厳しい教師 ❷ (仕事などが)骨の折れる, つらい, やっかいな
ex·ac·tion /ɪgzǽkʃən/ 名〔◁ exact[2] 動〕《堅》❶ Ⓤ (金などの)強要, 強制的な取り立て, 搾取 ❷ Ⓒ 過度の要求;強制的に取り立てる金, (特に)重税
ex·ac·ti·tude /ɪgzǽktɪtjùːd/ 名〔◁ exact[1] 形〕Ⓤ 正確さ, 精密, 厳密;厳格, 厳正 ‖ with great ～ 非常に精密に
⁂**ex·act·ly** /ɪgzǽktli/
―副 (**more ～ ; most ～**)
❶ **正確に**, 精密に;《比較なし》**ちょうど**, **まさに**, ぴたりと ‖ Your answer is ～ **right**. 君の答えは全く正しい / He looks ～ like his father, with hair. 彼の父親に髪の毛を足したら彼にそっくりだ / That was ～ what I had expected. それはまさに私が予期していたとおりだった / at

～ six o'clock きっかり6時に / **almost** ～ the same ほぼ全く同じ
❷《比較なし》正確に言って ‖ 「*Exactly* what [OR What ～] do you mean? 一体何が言いたいんだ (♥疑問文では批判的なニュアンスを持つことがある)
❸《比較なし》《返答で》全くそのとおり, ごもっとも(♥賛意を示す相づち) ‖ "You mean you are going to move?" "*Exactly*." 「引っ越すってこと?」「そのとおりよ」
*__nòt exáctly__ 《口》 ①《部分否定》(必ずしも)…でない(♥他者の発言を訂正する際など, 断言を避けて発言を和らげる) ‖ That is *not* ～ what she said. それは必ずしも彼女の言葉どおりではない ②《戯》決して…でない ‖ She is*n't* ～ diligent. 彼女は必ずしも勤勉というわけではない (♥真意は「怠け者だ」) ③《返答で》ちょっと[本当は]違います ‖ "You're working here?" "*Not* ～. I'm just lending a helping hand." 「ここで働いているんですか」「いえ, そういうわけじゃ. ちょっと手伝っているだけです」

COMMUNICATIVE EXPRESSIONS
1 **I dón't exàctly knów** whỳ she léft. 彼女がなぜ立ち去ったのかよくわからない(♥真意をあえてぼかしたいときにも)
2 **Thàt's exáctly** 「**what I was trỳing to sáy** [OR **what I was thínking, how I sée it, what I hàve in mínd**]. それはまさに私が言わんとしたことです (♥強い賛意を表す)

ex·ag·ger·ate /ɪɡzǽdʒərèɪt/ 《アクセント注意》 動 他 ❶〔事実など〕を大げさに言う[考える, 書く], 誇張する(↝play up); …を強調しすぎる; …を過大評価する ‖ You can hardly ～ the danger of drug abuse. 薬物乱用の危険性を大げさに言っても言いすぎることはない(♦しばしば否定語の後で用いられる) / His story is grossly ～*d*. 彼の話はたいそう大げさだ / ～ the difficulties 難しさを誇張する / ～ one's own importance うぬぼれる, 慢心する ❷ …を過度に強調する, 際立たせる ‖ The dress ～*s* the curves of her body. そのドレスは彼女の体の曲線を際立たせている ―自 大げさに言う, 誇張する ‖ You're *exaggerating*. それは大げさですよ
-a·tive /英 -ə-/ 形 **-à·tor** 名

ex·ag·ger·at·ed /ɪɡzǽdʒərèɪṭɪd/ 形 (話などが)誇張された, 大げさな; うそくさい ‖ with an ～ smile わざとらしい笑みを浮かべて **～·ly** 副

ex·ag·ger·a·tion /ɪɡzæ̀dʒəréɪʃən/ 名 ❶ Ⓤ 誇張; 過大視[評価] ‖ It is no ～ to say that ... …と言っても過言ではない ❷ Ⓒ 誇張した言葉, 大げさな言い方[表現] (overstatement) ‖ a gross ～ ひどい誇張 / make an ～ of ... …を誇張する

ex·alt /ɪɡzɔ́ːlt/ 動 他 《堅》 ❶〔人〕の地位[品位, 力など]を高める, 上げる, 昇進させる; …の働き[効果など]を強める; 〔口調・色調など〕を強める ❷ …を賞揚[賛美]する; …を得意がらせる ❸ …を高尚にする, …に威厳を与える

ex·al·ta·tion /èɡzɔːltéɪʃən/ 名 Ⓤ 《堅》 ❶ (地位・品位などを)高めること, 昇進; 賞揚, 賛美 ❷ 高揚, 意気揚々, 有頂天

ex·ált·ed /-ɪd/ 形 《堅》 ❶ 高貴な; 高尚な ‖ an ～ personage 貴顕(きけん)紳士 / an ～ literary style 高雅な文語体 ❷ 有頂天になった, 意気揚々たる **～·ly** 副

ex·am /ɪɡzǽm/
―名 (複 **～s** /-z/) Ⓒ ❶ **試験** (♦ examination ❶❸ の短縮形. 「試験」の意味では examination よりふつう. ⇨ EXAMINATION 類語P) ‖ **take** a math ～ 数学の試験を受ける / **pass** an entrance ～ 入学試験に合格する
❷《米》健康診断
▸▸ **～ pàper** 名 Ⓒ =examination paper

ex·am·i·na·tion /ɪɡzæ̀mɪnéɪʃən/
―名〔◁ examine 動〕(複 **～s** /-z/) ❶ Ⓒ 〈…の〉**試験**, 考査〈**in, on**〉; 試験問題; 答案(⇨ 類語P) ‖ a mid-term [term] ～ 中間[期末]考査 / the final ～ 最終試験 / have [OR take, do, 《英》 sit] an 「English ～ [OR ～ in [ˣof] English] 英語の試験を受ける / pass [fail] an entrance ～ to [OR for, of] a college 大学の入試に合格する[落ちる] / cheat in [OR at, on] an ～ 試験でカンニングする
❷ Ⓤ Ⓒ 〈…の〉**検査**, 調査〈**of, into**〉 ‖ The case is under ～ now. その事件は目下調査中である / Making an ～ *into* the affair could **reveal** some new facts. その事件を調査すれば新たな事実が明らかになるかもしれない / make a careful [detailed] ～ *of* ... …を慎重に[詳細に]調査する / on **closer** ～ さらによく調べてみると / microscopic ～ 顕微鏡検査 ❸ Ⓤ Ⓒ **診察** ‖ have [OR undergo] a medical [physical] ～ 健康診断[身体検査]を受ける ❹ Ⓤ Ⓒ 《法》(証人・被疑者の)尋問 ‖ a cross-～ 反対尋問 / under ～ 尋問を受けて

試験	↑より公式的	examination 《口》exam	資格認定・実力判定などのための
		test	特定種目に関する知識・技能を調べる
		《米》quiz	復習・確認のための簡単なテスト

▸▸ **～ pàper** 名 Ⓒ 《英》試験問題; 試験の答案

ex·am·ine /ɪɡzǽmɪn/
―動〔▸ examination 名〕(**～s** /-z/; **～d** /-d/; **-in·ing**)
―他 ❶ **検査する a** 《+目》…を検査[調査, 審査]する; …を検討する ‖ His bags were carefully [closely, thoroughly] ～*d* at customs. 彼のかばんは税関で入念に[綿密に, 徹底的に]検査された / ～ the **effect** of a new method 新しい方法の効果を調べる / ～ a proposal 提案を検討する
b 《+wh 節》…かどうか吟味[調査, 考察]する ‖ He ～*d* by touch *whether* the bone had broken. 彼は骨が折れているかどうか触ってみた
c 《+目+**for** 名》…を求めて…を調べる ‖ The police ～*d* the flashlight *for* fingerprints. 警察は指紋がついていないかと懐中電灯を調べた
❷ …を**診察する** ‖ She ～*d* 「a patient [his throat]. 彼女は患者[彼ののど]を診察した
❸〔学生・就職希望者など〕に試験を行う(test)〈**in** 学科などの; **on** 特定分野の; **for** 能力の〉 ‖ I was ～*d* 「*in* mathematics [*on* Lesson 3, *for* proficiency in English]. 私は数学[第3課, 英語力]を試験された
❹《法》〔証人・被疑者〕を〈…で〉正式に尋問する〈**on**〉

ex·am·i·nee /ɪɡzæ̀mɪníː/ 名 Ⓒ 受験者, 被験者; 検査を受ける人

ex·am·i·ner /ɪɡzǽmɪnər/ 名 Ⓒ ❶ 試験官, 検査官, 審査員; 《法》(証人・被疑者の)尋問官, 審問官 ❷《米》監察官, 調査官

ex·am·ple /ɪɡzǽmpl | -záːm-/
―名 (複 **～s** /-z/) Ⓒ ❶ (典型的な)**例**, 実例 (⇨ INSTANCE 類語) ‖ Let us **take** Newton **as** an ～. 一例としてニュートンをとってみよう / 「**Give** me [OR Cite] a more concrete ～ of how to check the accuracy of the calculation. 計算の正確さをチェックする方法のもっと具体的な例を挙げてくれ / **provide** a good [OR fine] ～ よい例となる / a prime ～ 最適の例(♥ときに反語的に用いられる) / to **take** [OR **give**] a few ～*s* 少し例を挙げれば / by ～ 例を挙げて
❷〈…にとっての〉**手本**, 模範〈**to, for**〉 ‖ The captain's courage is an ～ *to* all sailors. 船長の勇敢さはすべての船員にとっての手本だ / The American lady followed my ～ by taking off her shoes. そのアメリカ人女性は私にならって靴を脱いだ / a shining ～ 素晴らしい手本 / set a **good** ～ *to* [OR *for*] her=set her a **good** ～ 彼女によい手本を示す

E

❸ 見本, 標本 ‖ Show me an ～ of your work. あなたの作品の見本を見せてください
❹ 見せしめ, 戒め；見せしめとして罰せられた人 ‖ Let this be an ～ to you. これを戒めとしなさい ❺ (数学などの)問題例, 例題 ❻ Ⓒ Ⓤ 前例, 先例 ‖ an action without [OR beyond] ～ in history 史上空前の行為
for exámple NAVI 例えば《略 e.g., eg》(⇨ NAVI表現 2) ‖ I visited several cities, *for* ～, Milan and Venice. 私はいくつかの都市, 例えばミラノやベニスを訪れた
màke an exámple of ... 〔人〕を見せしめに罰する

COMMUNICATIVE EXPRESSIONS
1 **Lét me tàke an exámple.** NAVI 例を挙げましょう (♥ 例を挙げる際の前置き. ⇨ NAVI表現 2)
2 **Thís is jùst an exámple.** これはほんの一例です

E

***ex·as·per·ate** /ɪgzǽspərèɪt, -á:s-/ 動 他 ❶〔人〕をひどく怒らせる, 憤激[激昂(げっこう)]させる, いらいら[じりじり]させる (♦ しばしば受身形で用いる) ❷〔人〕を怒らせて…(の状態)にする；…を挑発して…させる ‖ ～ him to anger [OR get angry] 彼を挑発して怒らせる **-àt·ed** 形 激怒した, いらいらした **-àt·ing** 形 憤激させる, しゃくに障る
ex·as·per·a·tion /ɪgzæ̀spəréɪʃən | -à:s-/ 名 Ⓤ ひどく怒(らせ)ること, 憤激, 激昂 ‖ in ～ 激昂して
Ex·cal·i·bur /ekskǽlɪbər/ 名〚アーサー王伝説〛エクスカリバー《アーサー王の魔法の剣》
ex ca·the·dra /èks kəθí:drə/ 副 形《ラテン》権威の座から, 権威を持って[のある]
ex·ca·vate /ékskəvèɪt/ 動 他 ❶〔穴・トンネルなど〕を掘る ‖ ～ a pit 穴を掘る ❷〔地面など〕を掘り抜く；〔土・砂など〕を掘り出す ❸〚考古〛〔遺跡など〕を発掘する(unearth)
―自 発掘する；掘り出す
***ex·ca·va·tion** /èkskəvéɪʃən/ 名 ❶ Ⓤ 掘ること, 穴掘り；掘削；(遺跡などの)発掘 ❷ Ⓒ (掘られた)穴, 切り通し；《通例 ～s》(発掘された)遺跡, 出土品
ex·ca·va·tor /ékskəvèɪtər/ 名 穴掘り人；掘削者；発掘者；掘削機(《米》steam shovel)
***ex·ceed** /ɪksí:d/ 《アクセント注意》動 (▶ excess 名) 他 ❶〔数量・限度など〕を超える, 上回る ‖ The boxer ～*ed* the weight limit only by one pound. そのボクサーは重量制限をわずか1ポンド超えていた / The game result ～*ed* all expectations. 試合の結果はみんなの期待を上回るものだった / Supply far ～*ed* demand. 供給が需要をはるかに上回った / ～ one's authority 権限を超える；越権行為をする ❷ …に〈…の点で〉勝る〈**in**〉 ‖ He ～*s* all the other applicants *in* actual work experience. 彼は実務経験の点でほかのすべての応募者をしのいでいる
語源 *ex-* out, beyond＋*-ceed* go(行く)
ex·ceed·ing /ɪksí:dɪŋ/ 《古》形 (質・量・程度などで)非常な, 過度の, 極度の ―副 =exceedingly
***ex·ceed·ing·ly** /ɪksí:dɪŋli/ 副 非常に, とても, はなはだしく, 極めて, 極度に(♦ very より意味が強い)
***ex·cel** /ɪksél/ 《アクセント注意》動 (▶ excellence 名, excellent 形) (**-celled** /-d/；**-cel·ling**) (♦ 通例進行形不可) 自 (ほかより)〈能力などで〉秀でている, 優れている, 卓越する〈**in, at**〉 ‖ You ～「*in* scholarship [*at* gymnastics]. 君は学問[体操]ではずば抜けている ―他 ❶〈能力などで〉…に勝る, …をしのぐ〈**in, at**〉 ‖ ～ him「*in* strength [*at* swimming] 力[泳ぎ]で彼に勝る (♦ in は性質などに, at は行為・運動など具体的な事柄に用いることが多い) ❷《～ oneself で》《英》ふだんより上手にやる
Ex·cel /ɪksél/ 名 Ⓒ《商標》💻エクセル《表計算ソフト》
***ex·cel·lence** /éksələns/ 名〔◁ excel 動〕❶ Ⓤ〈…の点で〉優れていること, 優秀, 卓越〈**in, at**〉 ‖ The hotel is noted for the ～ of its staff. そのホテルは従業員の優秀さで有名である / His ～ as a good listener makes him popular. 彼は聞き上手なので人気がある / an award for ～ *in* performance 演技の優れていることに与えられる賞 ❷ Ⓒ《古》長所, 美点
Ex·cel·len·cy /éksələnsi/ 名 (複 **-cies** /-z/) ❶ Ⓒ 閣下《大使・司教・知事など, 高官・高僧およびその夫人につける敬称. 略 Exc.》 ‖ His [Her] ～ 閣下[閣下夫人] (♦ 複数形は Their *Excellencies*) / Your ～《呼びかけで》閣下 (♦ 三人称単数扱い. 複数形は Your *Excellencies*)
❷《古》=excellence
:ex·cel·lent /éksələnt/
―形〔◁ excel 動〕《比較なし》❶〈…で〉**優秀な**, 素晴らしい (↔ terrible)；〈…に〉秀でた〈**in, at**〉；(成績が)優の ‖ Your handwriting is ～. 君の字は素晴らしい / This secondhand car is of ～ value. この中古車は思わぬ拾い物だ / an ～ motive for murder 殺人の立派な動機 / Our son is ～ *in* [OR *at*] math. 息子は数学がよくできる / in ～ condition 良好な状態で
❷ 結構です (♥ 申し出を承諾する) ‖ "Shall we say two o'clock this afternoon, sir?" "*Excellent*."「今日の午後2時にいたしましょうか」「結構です」
～·ly 副
ex·cel·si·or /eksélsiər | -siɔ̀:/ 名 Ⓤ ❶《米》(詰め物用の)木毛(もくめん), 細かいかんなくず (♦ 商標より) ❷ 上質《ホテル名や製品名につけて上質さを示す》
:ex·cept /ɪksépt/ 《発音注意》前 接 動
―前 **…を除いて(は)**(excluding, other than), …のほかは (⇨ BUT 類語) ‖ The library is open every day ～ Monday. 図書館は月曜日以外は毎日開いています / No one ～ me was invited. 私以外はだれも招待されなかった / You will be able to see everyone, ～ perhaps Jim. おそらくジムを除いて, みんなに会えるでしょう / He did nothing ～「eat and drink [×to eat and drink] all day. 彼は1日中飲み食いする以外何もしなかった (♦ 前

NAVI 表現 2. 例を示す

抽象的な事柄や一般論を述べる場合, 論拠を補強したり, 話をわかりやすくするために, 後に続けて具体的な例を示すことがある. 代表的な例示の表現に **for example** [**instance**] がある. また, 書き言葉では **e.g.** が用いられることがある.
‖ Human beings are a special kind of creature in many respects. *For instance*, we use a complex and expressive form of communication called language unknown among other animals. 人間は多くの点で特別な生物である. 例えば, 人間は言語というほかの動物にはない複雑で表現力の豊かなコミュニケーション形式を有する (♥ どう特別なのかということを具体例で示す) / This text contains many technical terms related to phonetics, *e.g.* aspiration, nasal, phoneme, etc. この文章には音声学の専門用語がたくさん出てくる. 例えば, 気音・鼻音・音素などである

例を1つ取り上げる場合には, **for one thing** を使うことも可能である.
‖ I'm afraid the system has some serious problems. *For one thing*, it is too costly to maintain. そのシステムには重大な問題がいくつかあるように思います. 1つには維持費がかかりすぎるということです

論文などの書き言葉で具体的な事柄に言及する場合, **in particular**, **specifically** などを用いることがある.
‖ This TV program is not suitable for children. *Specifically*, it contains many violent scenes. このテレビ番組は子供には不適切だ. 具体的に言えば, 暴力シーンが多い

▶ **文形式の表現**
Let me take an example. (例を1つ挙げよう) (⇨ EXAMPLE CE 1), **The following are examples.** (以下がその例である)

に本動詞の do があるときはふつう原形不定詞を用いる) / He does not come to school ～ to meet his friends. 彼は友達に会うため以外には学校に来ない / She's not interested in anything ～ playing video games. 彼女はビデオゲームをする以外は何にも関心がない / This door must not be opened ～ in an emergency. この扉は緊急時以外は開けてはいけない / He never goes shopping ～ when his wife asks him to. 彼は妻が頼むとき以外は買い物に行かない

語法★☆ (1) all, every, each, no, whole などのつく(代)名詞が前にあることが多い.
(2) 文頭では用いない. 〈例〉 ˣ*Except* Jim, everyone was invited. ジムを除いてみんな招待された (♦ except for は文頭でも可能. → *except for*(↓))
(3) but と同義であるが除外の意味が強い. また *A* but *B* では *A* に重点が置かれるが, *A* except *B* ではむしろ「*B*を除くこと」に重点がある.
(4) 副詞的要素(前置詞句, wh 節, 副詞用法の不定詞など)を従えることができる. その際は except for と交換できない.
(5) 前置詞なので, 代名詞が続くときは意味的に主格でも目的格を用いる. 〈例〉 Everybody seems to understand *except* me [ˣI]. 僕以外の人はわかっているようだ

excépt for ...* ① …以外の点では, …(があるの)を除いては** (apart from) (♦ しばしば文頭および文末で用いて文全体を修飾する) ‖ Your essay is good ～ *for* the first paragraph. 君の作文は最初の段落を除いてはよく書けている / The room was empty 「～ *for* [ˣexcept] a small child. 小さい子供1人を除いて部屋は空っぽだった (♦ except 単独では同類の物事に対して使われるため, この場合は不可) / I've seen all his films, ～ *for* the latest one. 私は彼の映画は最新作を除いて全部見ています (♦ この例の except for は前に all があるので except と交換可能) ② …がなければ, なかったならば (but for) ‖ *Except for* your help, I would have failed. あなたの援助がなかったら私は失敗していたでしょう

excépt if …しない限り, …でなければ (unless) ‖ Don't say anything ～ *if* you are spoken to. 話しかけられなければ何も言うな

excépt that …であること以外は, …である点を除けば ‖ He didn't give her any trouble ～ *that* he rang her up from time to time. 時折電話をすることを除けば彼は彼女に何の迷惑もかけなかった (♦ (1) 前置詞はふつう that 節をとらないが, except は例外的に that 節をとる. ⇨ IN *that* (2) except that の that は省略されることもあり, その場合は 接 ❶ となる)

── 接 ❶ (…であることを)除いては, (…である)ほかは ‖ This is a good book ～ the price is a little too high. 値段が少し高すぎる点を除けばこれはよい本だ
❷ しかし…, ただし (but) ‖ I would like to go with you, ～ it's a bit too far. 一緒に行きたいけれど, ちょっと遠すぎるよね / I would buy a new cellphone ～ I don't have enough money. 新しい携帯電話を買いたいが十分なお金がない (♦ 主節が仮定法でも except が導く節は事実を表すので直説法となる)

── 動 (▶ exception 名) (～s /-s/; ～ed /-ɪd/; ～·ing)
── 他 《堅》〈…から〉…**を除く**, 除外する (exclude) 〈**from**〉 ‖ My name alone was ～*ed from* the invitation. 私の名前だけが招待状から除かれていた / In soccer, no player can touch the ball, (the) goalkeeper ～*ed*. サッカーでは選手はボールを手で触ることはできない, ゴールキーパーを除いて / present company ～*ed* ここにいらっしゃる方々は除外して (♦ 後の2例は独立分詞構文)
── 自 〈…に〉反対する〈**to, against**〉

語源 *ex-* out+*-cept* take : 取り出す, 取り除く

ex·cept·ing /ɪksέptɪŋ/ 《堅》 前 …を除いて, …以外は (except) ‖ Everyone, not ～ the pilot, survived. パイロットも含めて全員が生き残った (♦ except と同義だが, 文頭[ときに文末]または not, without, always の後で用いられることが多い) ── 接 =except

***ex·cep·tion** /ɪksέpʃən/ (発音注意)
── 名 [◁ except 動] (複 ～s /-z/) ❶ Ⓒ 〈…の〉**例外**, 例外となるもの[人, 場合]〈**to**〉 ‖ The club rules apply to every member. You're no ～. 会則はどの会員にも当てはまる. 君も例外ではない / There are too many ～*s to* [ˣof] the rules of grammar. 文法規則には例外が多すぎる / Animals are not allowed, but we'll **make** an ～ for guide dogs. 動物は入れませんが, 盲導犬は例外とします / The school **made** an ～ of him, excusing him from taking physical education. 学校は彼を特別扱いし, 彼は体育を免除された

連語 【形+～】 a notable ～ 大きな例外 / a possible ～ あり得る例外 / the only ～ 唯一の例外

❷ Ⓤ 異議, 反対 ; 〖法〗異議申し立て ❸ 🖳 例外 《アプリケーションの実行中に生じる処理の流れの中断やエラー》

**be the excèption that pròves the rúle* 原則の一般性を示す例外である ‖ Most girls hate snakes, and she *is the* ～ *that proves the rule*. 女の子はたいてい蛇が嫌いだということを例外である彼女が証明している

tàke excéption to ... …に異議を唱える ; …に腹を立てる

**with the excéption of ...* …を除いて (except) ‖ *With the* ～ *of* Harold, none of us had any money. ハロルド以外だれも金を全く持っていなかった

**without excéption* 例外なく ; 例外のない

COMMUNICATIVE EXPRESSIONS

1 **But thère are sòme excéptions.** しかし例外もあります (♥ 例外を挙げる際の前置き)

2 **The ónly excèption is** ábsence dùe to síckness. 唯一の例外は病気による欠席です

ex·cep·tion·a·ble /ɪksέpʃənəbl/ 形 《堅》 異議[苦情]の出そうな, 非難すべき, 不快な

***ex·cep·tion·al** /ɪksέpʃənəl/ 形 (**more** ～ ; **most** ～)
❶ 例外的な ; 異常な, まれな (↔ ordinary, unexceptional) ‖ Today's heat is ～. 今日の暑さは異常だ ❷ 例外的に優れた ‖ Ed has ～ abilities as a snowboarder. エドはスノーボーダーとして並外れた才能がある
── 名 Ⓒ 《通例 ～s》 〖会計〗 特別[臨時]項目 (♦ exceptional [extraordinary] items ともいう)

***ex·cep·tion·al·ly** /ɪksέpʃənəli/ 副 ❶ 例外として, 例外的に ❷ 並外れて, 格別に, 非常に ‖ ～ gifted 並外れて有能な

***ex·cerpt** /éksə:rpt/ (→ 動) 名 Ⓒ 〈本・音楽・映画などからの〉抜粋, 引用(句) ; 抄録, (論文などの)抜き刷り〈**from**〉 ‖ take an ～ *from* a journal 雑誌から抜粋する
── 動 /eksə́:rpt/ 他 …を〈…から〉抜粋する, 引用する〈**from**〉 ‖ This is ～*ed from* a column in today's paper. これは今日の新聞のコラムから抜粋したものだ

***ex·cess** /ɪksés/ (アクセント注意) (→ 形) 名 [◁ exceed 動 | ▶ excessive 形] ❶ Ⓤ/Ⓒ 《単数形で》 超過, 余分, 過多 (↔ shortage) ; 超過量[額] ; 差額〈**of** …の ; **over** …に対する〉 ‖ Modern people suffer from an ～ *of* stress. 現代人は過度のストレスに悩まされている / an ～ *of* imports *over* exports 輸出に対する輸入超過 / have an ～ *of* energy 精力が有り余っている ❷ Ⓤ Ⓒ 度がすぎること, やりすぎ ; 暴飲暴食, 不節制 ; 《～es》行きすぎた行為, 乱暴, 乱行, 暴挙 ‖ ～ in eating 食べすぎ / His ～*es* shortened his life. 暴飲暴食が彼の命を縮めた / commit ～*es* 乱暴を働く / in ～ 超過して ❸ Ⓒ 《通例単数形で》《英》〖保険〗 定額控除額 《保険金支給前に被保険者が負担する金額》

**in excéss of ...* …以上に, …を超過して (more than) ‖ Her savings are *in* ～ *of* £50,000. 彼女の貯金は5万ポンドを越している

to excéss 過度に ‖ He injured his health by working out *to* ～. 彼は練習をしすぎて健康を害した

— 形 /ékses/ 《限定》超過した，余分な，過剰な，《英》(料金が) 追加の ‖ ～ fat 余分な脂肪 / an ～ fare 超過運賃；乗り越し運賃

— 動 他 《米》〔人〕を余剰人員として解雇する

▶▶ ～ **bàggage** 名 U ① (飛行機の) 超過手荷物 ② 《米口》やっかい者，お荷物

*__ex·ces·sive__ /ɪksésɪv/ 形〔◁ excess 名〕(**more ～**; **most ～**) 多すぎる，過度の，法外な，極端な (↔ moderate) ‖ ～ charges 法外な料金 / ～ optimism 度のすぎた楽天主義 **～·ly** 副 とても；過度に

***ex·change** /ɪkstʃéɪndʒ/ 《発音注意》名 動

中心義 **交換する(こと)** (★具体的な「物」や「人」に限らず，「情報」や「意見」など抽象的なものも含む)

> 名 **交換❶ 口論❸ 両替❹**
> 動 他 **交換し合う❶ 交換する❷ 両替する❷**

— 名 (複 **-chang·es** /-ɪz/) ❶ C U **交換**，取り替え；やりとり，取り交わし；(学生などの) 交換，交流 〈**of** …の；**for, with** …との；**between** …の間の〉 ‖ The ～ *of* money *for* goods is the basis of the economy. 金と品物の交換が経済の基本である / an ～ *of* e-mail(s) Eメールのやりとり / an ～ *of* information [views] *between* committee members 委員間の情報［意見］交換 / a fair ～ 公平［正当］な交換 / We do an ～ *of* students *with* a Korean university. 我々は韓国の大学と学生の交換を行っている / a cultural ～ 文化交流

❷ C 〈…との〉交換品［物］，取り替え品〈**for**〉

❸ C **口論**，論争；会話〈**with** …との；**between** …の間の〉；交戦，戦火 ‖ Heated ～*s between* the executives dragged on. 重役の間で激論がだらだらと続いた

❹ U 〖商〗為替(制度)；為替相場［差額］；**両替**，両替［手形取立］手数料；手形，小切手 ‖ the rate of ～ 為替レート (exchange rate) / bills of ～ 為替手形 / ～ markets 為替市場 / ～ control 為替管理 / **foreign** ～ 外国為替

❺ C 《しばしば the E-》取引所 ‖ **the stock** ～ 株式取引所 / commodities ～*s* (主要)商品取引所

❻ C (電話の) 交換局 ❼ C 〖チェス〗(こまの) 交換 ❽ C 〖理〗(粒子間の位置などの) 交換

*__*in exchánge* (*for ...*)__ (…と) **引き換え**に，交換に ‖ He decided to resign *in* ～ *for* having the case against him dropped. 彼は自分に対する訴訟を取り下げてもらう代わりに辞職する決意をした

— 動 (**-chang·es** /-ɪz/；**～d** /-d/；**-chang·ing**)

— 他 ❶〔同種のもの〕を〈人と〉**交換し合う**，やりとりする；〔言葉・視線など〕を交わす〈**with**〉(♦ 目的語が可算名詞の場合は通例複数形) ‖ Would you like to ～ seats [×a seat] *with* me? 私と席を替わっていただけませんか / We ～*d* **information** [ideas] *with* students from various countries. いろいろな国から来ている学生たちと情報［意見］を交換した / ～ visits 訪問し合う / ～ greetings [glances] あいさつ［視線］を交わす / ～ **words** *with* her 彼女と議論［けんか］する / ～ blows *with* him 彼と殴り合う［けんかをする］/ ～ contracts 《英》(住宅購入の) 契約書を取り交わす

❷ …を〈別のものと〉**交換する**，取り替える；〔商品〕を〈同種の別のものと〉替える；〔金〕を**両替する**〈**for**〉‖ ～ farm products *for* [×with] manufactured goods 農産物を工業製品と交換する / Can you ～ this shirt *for* one in a smaller size? このシャツをもっと小さいサイズのと替えてもらえますか / ～ dollars *for* euros ドルをユーロに両替する

❸〈…を代償として〉…を手放す，〈…を手に入れて〉代わりに…を捨てる［断念する］〈**for**〉‖ ～ future security *for* immediate pleasure 将来の安泰を捨てても現在の快楽を得る ❹〖チェス〗(交換に)〔敵のこま〕をとる

— 自 ❶ 交換する ❷ (通貨が)〈…と〉交換できる，両替できる〈**for**〉❸ (任務・役職などを) 交替する，交替になる〈**from, out of** …から；**into** …へ〉

▶▶ ～ **ràte** (↓) ～ **ràte mèchanism** 名 U 〖経〗① 《the ～》欧州連合為替相場メカニズム (略 ERM) ② (一般に) 為替相場の管理メカニズム ～ **stùdent** 名 C 《米》交換 (留) 学生

ex·change·a·ble /ɪkstʃéɪndʒəbl/ 形 〈…と〉交換できる，取り替えられる〈**for**〉

ex·chang·er /ɪkstʃéɪndʒər/ 名 C 取り替える人；両替商［業者］

*__exchánge ràte__ 名《the ～》為替相場［レート］

exchánge-tràded fùnd 名 C 〖株〗株価指数連動型上場投資信託

*__ex·cheq·uer__ /ɪkstʃékər/ 名 ❶《the ～》国庫；公庫 ❷《the E-》(英国の) 財務省 (Treasury) ‖ the Chancellor of the *Exchequer* 大蔵大臣 ❸《the E-》(昔の英国の) 財務府裁判所 (the Court of Exchequer)

ex·cise[1] /éksaɪz/ 名 (= ～ **tàx** [**dùty**]) U C (酒・たばこなどの) 物品税，国内消費税；(ある種の職業・娯楽などの) 許可［免許］税；《the ～》(英国の以前の) 関税税務局 (♦ 現在は the Board of Customs and Excise という) ‖ the ～ on tobacco たばこの物品税 / ～ duty 物品税

— 動 他〈商品・人に〉〔物品［消費，免許］税〕を課す〈**on**〉

ex·cís·a·ble 形 (商品が) 物品税を課すことのできる

ex·cise[2] /ɪksáɪz/ 動 他〖医〗〔腫瘍(しゅよう)・器官など〕を〈身体から〉切除する，摘出する；《堅》〔文章・名前など〕を〈…から〉削除する〈**from**〉

-cí·sion 名 U 切除，削除；C 切除［削除］部分

ex·cìt·a·bíl·i·ty 名 U 激しやすいこと［性質］；〖生理〗(刺激への) 敏感性

ex·cit·a·ble /ɪksáɪṭəbl/ 形 (人・動物が) 激しやすい，興奮しやすい，怒りっぽい；〖生理〗刺激に敏感な

ex·cit·ant /ɪksáɪtənt | éksɪt-/ 形 興奮させる，刺激する ‖ ～ drugs 興奮剤 — 名 C 興奮剤，刺激剤

ex·ci·ta·tion /èksaɪtéɪʃən | èksɪ-/ 名 U 〖生理〗興奮 (状態)；〖電〗励磁；励振；〖理〗励起

*__ex·cite__ /ɪksáɪt/ 《発音注意》動〔▶ excitement 名〕他 ❶《進行形不可》**a** 《(+目)》〔人〕を興奮させる (↔ calm)，〔人〕の感情［情熱］をかき立てる (⇨ PROVOKE 類語) ‖ The news ～*d* me so much that I could not sleep. その知らせにすっかり興奮して眠れなかった / Don't ～ yourself. 興奮するな，落ち着け **b** 《受身形で》興奮する〈**about, at, by, over** …に / **to** *do* …して / **that** 節 …ということに〉‖ "You get easily ～*d*." "I do not!" 「君はすぐかっとなるんだから」「そんなことあるもんか！」/ What are you so ～*d about*? 何をそんなに興奮しているんだ / She was ～*d at* seeing her former roommate again. 彼女は昔のルームメートに再会して胸がわくわくした / I was very ～*d to* hear from you again. またお便りを頂いてとてもうれしく思いました

❷〈人の〉〔興味・感情・記憶など〕をかき立てる，喚起する，呼び起こす，そそる〈**in**〉；〔暴動など〕を引き起こす，誘発する ‖ Yellow journalism ～*s* (people's) curiosity. 扇情的ジャーナリズムは (人々の) 好奇心をそそる / Her new dress ～*d* envy *in* the other girls. 彼女の新しいドレスはほかの少女たちをうらやましがらせた / ～ a smile ほほ笑みを誘う / ～ a riot 暴動を引き起こす

❸〔人・動物など〕を〈行動に〉駆り立てる，奮い立たせる，扇動する〈**to**〉‖ Don't ～ the dogs. 犬を興奮させるな / ～ the workers *to* a rebellion 労働者を扇動して反乱を起こさせる

❹〖生理〗〔器官・組織〕を刺激する，興奮させる ‖ ～ a nerve 神経を刺激する ❺ …を性的に興奮させる ❻〖電〗〔装置など〕を励磁する ❼〖理〗〔原子など〕を励起する

COMMUNICATIVE EXPRESSIONS

1 **It's nòthing to gèt excíted about.** それは大騒ぎするほどのことではない；大したことではない

語源 *ex-* out + *-cite* call, summon (呼び出す，…するように言う)

ex·cit·ed /ɪksáɪṭɪd/
—形 (more ~ ; most ~)
❶ (人が)**興奮した**, 落ち着かない ; (期待などで)わくわくした (→ excite ❶b, exciting) ‖ an ~ mob 興奮した群衆 ❷ 性的に興奮した ❸〘理〙励起状態の
~·ly 副

ex·cite·ment /ɪksáɪtmənt/
—名 [◁ excite 動] (複 ~s /-s/) ❶ U **興奮**(状態) ; 騒ぎ, 動揺 ‖ He trembled with ~. 彼は興奮で震えた / cry in ~ 興奮して叫ぶ / her ~ at the news その知らせを聞いたときの彼女の興奮 / What's all the ~ about? 一体何を騒いでいるのか
❷ C 興奮させるもの, 刺激(物), 感動的なこと ‖ a life without ~s 刺激のない生活

ex·cit·er /ɪksáɪṭər/ 名 C ❶ 刺激者[物] ❷〘電〙励磁機 ❸〘医〙興奮[刺激]剤

ex·cit·ing /ɪksáɪṭɪŋ/ 《発音注意》
—形 (more ~ ; most ~)
(物事などが)(人を)**興奮させる**, 刺激的な, 胸をわくわくさせる[ときめかせる]ような, 感動的な (↔ boring) ‖ an ~ adventure 手に汗握るような冒険 / an ~ game はらはらする試合 / an ~ scent 刺激的な香り

COMMUNICATIVE EXPRESSIONS
1 **Thát dòesn't sòund (vèry) excíting.** あんまり面白くなさそうだな, ぱっとしないね (♥ とりたてて乗り気でない提案などに対する消極的な返答)

~·ly 副

excl. 略 exclamation ; exclusive

ex·claim /ɪkskléɪm/ 動 [▶ exclamation 名] 他 《+ that 節 / wh 節》 (♦ ふつう能動態過去形で用いる. また進行形にはしない) (激しい感情を込めて) 突然鋭い声で[強い口調で] …と言う (☞ cry out) ‖ "Look what you've done to me!" she ~ed. 「何てことをしてくれたの」と彼女は叫んだ / She ~ed how lucky I was. = "How lucky you are!" she ~ed. 「あなたって本当についてるのね」と彼女は言った —自 突然叫ぶ, 鋭い声を出す, 強い口調で言う〈at …を見て[聞いて] ; over …について〉 ‖ ~ in delight わっと喜びの声を上げる / ~ at their ignorance 彼らの無知さ加減に驚きの声を上げる
語源 ex- out + -claim cry

ex·cla·ma·tion /èkskləméɪʃən/ 名 [◁ exclaim 動] ❶ U C (驚き・苦痛・怒りなどの)突然の叫び(声)(outcry), 絶叫 ; (非難などの)強い語調の言葉 ; 感嘆(の言葉) ❷ C〘文法〙感嘆文 ; 感嘆詞
▶▶ ~ màrk [《米》 pòint] 名 C 感嘆符 (!)

ex·clam·a·to·ry /ɪksklǽmətɔ̀ːri | -tə-/ 形 感嘆の, 詠嘆的な ;〘文法〙感嘆文の

ex·clave /ékskleɪv/ 名 C 飛び領地《他国の領土に囲まれ, 本土から離れている自国の領土》(↔ enclave)

ex·clude /ɪksklúːd/ 動 [▶ exclusion 名, exclusive 形] (~s /-z/ ; -clud·ed /-ɪd/ ; -clud·ing) 他 ❶ [人・物]を〈…から〉締め出す, 中に入れない, 遮断する (☞ block [OR shut, squeeze] out) ; …を除名する, 追放する (↔ include) 〈from〉 ‖ ~ light from a room 部屋から光を遮断する / He was ~d from the team. 彼はチームから除名された ❷ (不要・不当のものとして) …を〈考察などから〉**除外する** (↔ include) 〈from〉 ‖ ~ a subject from consideration あるテーマを考慮から外す ❸ [可能性など]を妨げる, 不可能とする ‖ His misjudgment has ~d the possibility of victory. 彼の判断ミスで勝利の可能性はなくなってしまった
語源 ex- out + -clude shut(締め出す)

ex·clud·ing /ɪksklúːdɪŋ/ 前 …を除いて ‖ Price: £3.99 (*Excluding* VAT) 価格 : 3.99ポンド(付加価値税抜き)

ex·clu·sion /ɪksklúːʒən/ 名 [◁ exclude 動] ❶ U 〈…からの〉除外, 排斥, 放逐 (↔ inclusion) 〈from〉 ‖ his ~ from society 社会からの彼の締め出し ❷ C 除外された人[もの]
to the exclúsion of ... …を排除してしまうほどに
▶▶ ~ prìnciple 名 《通例 the ~》〘理〙(パウリの) 排他律 ~ zòne 名 C 立入禁止区域, 侵入禁止海域

ex·clu·sion·ary /ɪksklúːʒənèri | -ʒənəri/ 形 除外的な, 排他的な

***ex·clu·sive** /ɪksklúːsɪv/ 形 [◁ exclude 動] (more ~ ; most ~) (♦ ❶ ❷ 以外比較なし) (↔ inclusive) ❶ (集団などが)特定の人に限られた, 排他的な, エリート向けの ‖ a member of Britain's most ~ club 英国の最も高級な会員制クラブのメンバー / an ~ school 上流の子弟だけの学校 ❷ 高級[高価]な, 精選された ; (店が)高級品を扱う ‖ an ~ neighborhood 高級住宅街 / an ~ shop 高級店 ❸ 独占的な, 排他的な, ほかでは手に入らない ; 〈…に〉専用の 〈to〉 ‖ an ~ report 独占記事 / the ~ right to film the novel その小説の独占映画化権 / an ~ design (その店だけの) 独自のデザイン / The interview is ~ *to* this channel. このインタビューは当チャンネルの独占です / a car for the president's ~ use 大統領専用車 ❹ (互いに) 相いれない ‖ These two plans are mutually ~. この2つの計画は互いに相いれない ❺ 専一の ; 唯一の, 全部の ‖ His wife demanded his ~ attention. 彼の妻は夫が自分だけを構ってくれるよう求めた / have an ~ interest in sports もっぱらスポーツだけに興味がある ❻ (範囲・期間など) 両端を除いて ‖ from 10 to 20 ~ 10から20まで, ただし10と20を除いて (♦ この場合副詞的用法)
**exclúsive of ...* …を除外して, 勘定[計算]に入れずに ‖ $60 a day, ~ *of* meals 食事なしで1日60ドル
—名 C ❶ (新聞・雑誌の)独占記事 ❷ 独占販売権 ; (ある店の) 独自の商品 ‖ a Selfridge's ~ セルフリッジだけの(高級)商品 ~·ness 名
▶▶ ~ económic zòne 名 C 排他的経済水域《自国の沿岸から200海里の水域. 略 EEZ》

***ex·clu·sive·ly** /ɪksklúːsɪvli/ 副 排他的に, 独占的に ; もっぱら, 全く ‖ The privilege is confined ~ to senior boys. その特権はもっぱら年長の少年だけに限られている / for women ~ 女性専用の

èx·clu·sív·i·ty 名 U 排他(性) ; 独占

ex·cog·i·tate /ekská(ː)dʒɪtèɪt | -kɔ́dʒ-/ 動 他 《堅》 …を考え出す, 考案する
ex·còg·i·tá·tion 名 U C 発案, 考案 ; 考案物

ex·com·mu·ni·cate /èkskəmjúːnɪkèɪt/ (→ 形 名) 動 他 〘宗〙[人]を(教会から)破門する ; …を放逐する, 除名する —形 名 C /èkskəmjúːnɪkət/ 破門された(人) ; 除名された(人)
èx·com·mù·ni·cá·tion 名 U C 破門(宣告) ; 除名

ex-con /èkská(ː)n | -kɔ́n/ 名 《口》= ex-convict

ex-con·vict /èkská(ː)nvɪkt | -kɔ́n-/ 名 C 前科者

ex·co·ri·ate /ɪkskɔ́ːrièɪt/ 動 他 《堅》 ❶ …を厳しく非難する, 酷評する ❷ [人]の皮膚をすりむく ; [皮・樹皮など]をはぐ **ex·cò·ri·á·tion** 名 U C 厳しい非難 ; すり傷

ex·cre·ment /ékskrɪmənt/ 名 U/C 《しばしば ~s》 排泄(はいせつ)物, 糞便(ふんべん) **èx·cre·mén·tal** 形 排泄物の

ex·cres·cence /ɪkskrésəns/ 名 C (動植物体の) 異常増殖[突起]物, まめ, いぼ, こぶ ; 余計なもの, 無用の長物

ex·cres·cent /ɪkskrésənt/ 形 ❶ 異常増殖した ; 《堅》余計な ❷〘音声〙(音便上語中に音または文字が) 挿入された, 剰音[贅音(ぜいおん)]の

ex·cre·ta /ɪkskríːṭə/ 名 複 〘生理〙排泄物《特に汗・尿・糞など》

ex·crete /ɪkskríːt/ 動 他 〘生理〙(動植物が) [老廃物]を排泄する (→ secrete[1])

ex·cre·tion /ɪkskríːʃən/ 名 U C 排泄(作用) ; 排泄物 ‖ ~ of urine 尿の排泄

ex·cre·to·ry /ékskrətɔ̀ːri | ɪkskríːtə-/ 形 排泄(機能)の ‖ ~ organs 排泄器官

ex·cru·ci·ate /ɪkskrúːʃièɪt/ 動 他 《まれ》 …を拷問する, 苦しめる
ex·crù·ci·á·tion 名 U 拷問 ; (極度の) 苦痛 ; 苦悩

ex·cru·ci·at·ing /ɪkskrúːʃièɪtɪŋ/ 形 ❶ (精神的・肉体的に) ひどい苦痛を与える, 責めさいなむ ; 耐え難い ‖ an ～ headache ひどい頭痛 ❷ 激しい, 極度の **～·ly** 副

ex·cul·pate /ékskʌlpèɪt/ 動 他 《堅》〔人〕を無罪とする, 〔人〕の無罪[潔白]を立証する, 〔無実の罪〕を晴らす
èx·cul·pá·tion 名 U 無実の証明 ; 弁明, 弁護

ex·cul·pa·to·ry /ekskʌ́lpətɔ̀ːri | -tə-/ 形 《堅》無実を証明する, 弁明の ‖ ～ evidence 弁明となる証拠

***ex·cur·sion** /ɪkskə́ːrʒən | -ʃən/ 名 C ❶ (団体での)〈…への〉小旅行, 遊覧旅行, 遠足〈**to**〉; (特別割引のバス・列車などでの) 周遊旅行 (⇨ TRAVEL 類語P) ‖ go on [OR for] an ～ 遠足に行く / make an ～ *to* the seaside 海辺へ遠足に行く / a school ～ (学校の) 修学旅行 ❷ 旅行の一団 ❸ (話題などの)〈…への〉脱線, 逸脱〈**into**〉❹〈新しいことへの〉試み, 挑戦〈**into**〉❺ 〘天〙軌道逸脱 ; 〘理〙偏位運動

excúrsion·ist 名 C 《旧》周遊旅行者 ; 遠足をする人

ex·cur·sive /ɪkskə́ːrsɪv/ 形 《堅》(話などが) わき道にそれる, 脱線しがちな ; 散漫な, とりとめのない **～·ly** 副

ex·cur·sus /ekskə́ːrsəs/ 名 (複 **～·es** /-ɪz/ OR **～**) C 《堅》(巻末の) 補説, 追記, 付説 ; 余談

ex·cus·a·ble /ɪkskjúːzəbl/ 形 申し訳の立つ, 許される, 無理もない ‖ an ～ failure 申し訳の立つ失敗 **-bly** 副

‡**ex·cuse** /ɪkskjúːz/ 《発音注意》(→ 名)
中心義 …を大目に見る, その理由を述べる

—動 (**-cus·es** /-ɪz/ ; **～d** /-d/ ; **-cus·ing**) (♦ 完了形は用いない)

—他 ❶ **許す** a (+目)〔人・ささいな過失など〕を(大目に見て) 許してやる, 勘弁してやる, 見逃してやる (⇨ 類語) ‖ Please ～ my interruption. (話の) お邪魔をしてすみません / ～ his carelessness 彼の不注意を許してやる
b (+目+**for** 名) (過失などについて)〔人〕を許す (♦ 《口》では for が省略されて (+目+目) の文型になることがある) ‖ I cannot ～ you *for* such rude behavior. 君のそういう不作法を許すわけにいかない / Please ～ me (*for*) not answering your e-mail sooner. もっと早くEメールのご返事を差し上げなかったことをお許しください / He could be ～*d for* thinking that we were married. 我々が結婚していると彼が考えるのも無理はない
c (～ *a person's* ***doing*** で)〔人〕が…するのを許す ‖ Please ～ my [《口》 me] being late. (=Please ～ me for being late.) 遅れたことをお許しください (♦ 《口》では所有格の代わりに目的格が用いられることもある)

❷ (人が)〔行動など〕の**言い訳をする**, 弁解 [弁明] をする (explain away) ‖ She ～*d* her own faults by blaming others. 彼女は人のせいにして自分の過ちの言い訳をした / ～ one's behavior 自分の行動の弁解をする

❸ 《通例否定文で》(事情などが) …の言い訳になる, 弁解となる, 理由となる ‖ His youth doesn't ～ his mistake. 若いからといって彼の失敗の言い訳にはならない

❹ 《通例受身形で》免除される〈**from** 責任・義務・仕事などを / **from** ***doing*** …することを〉‖ He was ～*d* (*from*) football practice. 彼はフットボールの練習を免除された (♦ 《英》では from が省略されて (+目+目) の文型になることがある) / She was ～*d from* attending the meeting. 彼女は会合への出席を免除された / May I be ～*d*? 席を立っていいですか (♥ 食事中に中座したり生徒が授業中にトイレに行くときの表現)

****Excúse me.*** ① (ちょっと) **失礼します**, ごめんなさい (♥ 席を立ったり, 人の前を通るときなどに用いる表現) ‖ *Excuse me*, I'll be back in a moment. ちょっと失礼, すぐに戻ります / *Excuse me*, could I get past? ちょっと失礼, 通していただけますか

語法☆☆ (**1**) くだけた表現ではしばしば 'Scuse me. /skjuːz-/ となる.
(**2**) 言われた人は特に応答しなくてよい場合も多いが, Certainly., Of course., Sure(ly)., Yes. などと答えるとよい.
(**3**) 2人以上の場合は Excuse us. という.

② 失礼ですが, すみませんが (♥ 知らない人に話しかけたり, 相手に異議を唱えるときに用いる. 後ろに but の節や疑問文などが続く) ‖ *Excuse me*, do you mind if I open the window? すみませんが, 窓を開けても構いませんか / Do ～ *me*, but are you Tim's sister? 失礼ですが, ティム君の妹さんですか / *Excuse me*, but you are wrong there. 失礼ですが, あなたはその点で間違っています ③ 《米》すみません (《英》 I'm sorry.) (♥ 軽い謝罪表現. 日本語の「すみません」と違い感謝の意では用いない. 返答としては All right., Never mind. など)

英語の真相
Excuse me. は人と軽く肩がぶつかった際などの軽い謝罪に用い, Pardon me. / 《主に英》Sorry. なども同じように用いる. ぶつかって相手が倒れてしまった場合などはこれらの表現では不十分なため I'm sorry. という方が好まれる. ただし, それでも十分でないと感じられることもあり, I'm so sorry. と so を加えたり, その後に Are you OK [OR all right]? (大丈夫ですか) と相手を気遣う表現を続けることも多い.

④ (上昇調で) 《米》すみませんが (《英》 Sorry?) (もう一度おっしゃってください) (♥ 相手の言ったことを聞き直すときに用いる)

excúse onesèlf ① 〈…について〉言い訳をする, 弁解する, わびる〈**for**〉‖ He ～*d* himself *for* being absent. 彼は欠席の言い訳をした ② (中座するときなどに) ちょっと失礼しますと言う ‖ She ～*d* herself abruptly. 彼女はちょっと失礼しますと言って突然席を立った ③〈行動などを〉辞退する〈**from**〉‖ She ～*d* herself *from* the outing. 彼女は遠出を辞退した

COMMUNICATIVE EXPRESSIONS

1 **Could** [OR **May**] **I be excúsed**? 失礼してもいいですか (♥ 授業中にトイレに立つときや食事中に中座する際などに用いる)

2 **Excúse me for sáying sò, but** this repòrt is úseless. こう言ってはなんですが, この報告書は何の役にも立ちません (♥ 失礼をわびつつ見解を述べる際に)

3 **Excúse me, my nàme's** Péter. どうも, ピーターです (♥ 自分から相手に近づいて行って自己紹介するときに用いる表現. =How do you do? I'm Peter.)

4 **You're excúsed.** ① どうぞ, 構いませんよ (♥ 中座・退席をしてよいかと聞かれたときに許可を与える表現) ② 話は終わったから行きなさい (♥ 説教や叱責(しっせき)の後に)

—名 /ɪkskjúːs/ 《発音注意》(複 **-cus·es** /-ɪz/) ❶ C U **言い訳**, 弁解 ; 正当化する根拠[理由] ; 口実〈**for** …の / **to** ***do*** …する〉‖ Stop **making** ～*s*. 言い訳をするのはよしなさい / Oversleeping is not a **good** ～ *for* being late for work. 寝坊は仕事に遅れたまともな理由にはならない / There's no ～ *for* such behavior. そういう振る舞いはどうあっても許されない / I had an ～ *to* leave early. 早退するのには訳があった / without ～ (ちゃんとした) 訳もなく / She went off on the ～ that she had to do something upstairs. 彼女は2階でしなければならないことがあるからと言い訳して去っていった / a perfect [reasonable] ～ 完璧(かんぺき)な[もっともな]言い訳 / a feeble ～ 薄弱な言い訳 / find an ～ 口実を見つける
❷ C (one's ～s) (出席できなかったことなどへの) おわび, 遺憾の意 ; 《米》(医者・親などからの) 欠席証明書, 欠席届 ‖ He sends his ～*s*. 彼は申し訳ないと言っています / Please make my ～*s* at Monday's meeting. 月曜日の会議には出席できずに残念だと伝えてください
❸ C 《口》〈…の〉悪い見本, 貧弱な例〈**for**〉‖ a poor ～ *for* a cruiser クルーザーとは名ばかりの船

類語 《動 ❶》 **excuse** 「エチケット違反などを大目に見る」という意味.
forgive 「相手に対する悪感情を残さないで処罰せずに許してやる」ことで, excuse より大きな過失を許す場合に用いる.

pardon 本来は「罪人を放免する」の意味で, 形式ばった語. 会話などで軽い謝罪の意を表すときはふつう excuse や sorry を用い, forgive や pardon を使うと大げさで, 気取った言い方になる.

COMMUNICATIVE EXPRESSIONS

5 **I have nò excúse for** brèaking your compúter. あなたのコンピューターを壊してしまって弁解の余地もありません(♥ 深い謝罪の表現)

excúse-mè (dánce) 名 C 《英口》人のパートナーと踊ることが許されるダンスパーティー

èx-diréctory 形 《英》(電話番号が)電話帳に載っていない (《米》unlisted) ‖ go ～ 電話番号を電話帳から外してもらう[に載せないでおく]

èx dívidend 副 形 《ラテン》〖株〗配当落ちで[の] (略 ex div.) (↔ cum dividend)

.exe 略 executable (MS-DOS, Windows のプログラム実行ファイルの拡張子)

ex·e·at /éksiæ̀t/ 名 C 《英》(学校・修道院などの)一時休暇許可; 外泊許可

ex·ec /ɪgzék/ 名 《口》=executive

exec. 略 executor

ex·e·cra·ble /éksɪkrəbl/ 形 《堅》忌まわしい, 憎むべき; 大変ひどい **-bly** 副 呪(のろ)わしく, 忌まわしく; 実にひどく

ex·e·crate /éksɪkrèɪt/ 《文・堅》動 他 …を忌み嫌う; …を痛罵(つうば)する —自 呪う, 呪いの言葉を吐く

ex·e·cra·tion /èksɪkréɪʃən/ 名 U C 《文・堅》呪い(の言葉), 呪文(じゅもん); 呪われた人[もの], 非常にいやなもの

ex·e·cut·a·ble /éksɪkjù:ţəbl/ 形 (プログラムが)実行可能な —名 C 実行可能ファイル

ex·ec·u·tant /ɪgzékjuţənt/ 名 C 《堅》実行[遂行]者; (特に楽器の)演奏家[者]

ex·e·cute /éksɪkjù:t/ 《アクセント注意》動 〔▶ execution 名, executive 形〕 他 ❶ 《通例受身形で》〈…(の罪)で〉死刑を執行される, 処刑される〈for〉(⇨ KILL 類語P) ‖ He was ～*d* [*for* murder [as a war criminal]. 彼は殺人の罪で[戦争犯罪人として]処刑された ❷ 《堅》〔計画・命令など〕を実行する, 遂行する; 〔約束・責任など〕を果たす (✎ carry out) ‖ ～ one's promise 約束を果たす ❸ 《堅》〔曲〕を演奏する; 〔劇など〕を演じる; 〔難しい動作・演技など〕を上手にこなす ‖ ～ a handstand 逆立ちをやってのける ❹ 〖法〗〔判決・遺言など〕を履行する, 執行する; (署名・捺印(なついん)によって)〔証書・契約書など〕を発効させる ‖ ～ a decree [will] 判決[遺言]を執行する ❺ 《堅》〔芸術作品〕を仕上げる, 制作する ‖ ～ a portrait 肖像画を制作する ❻ 〔プログラム命令〕を実行する

ex·e·cu·tion /èksɪkjú:ʃən/ 名 〔◁ execute 動〕 ❶ U C 死刑執行, 処刑; (政治に絡む)殺人, 暗殺 ‖ carry out an ～ 死刑を執行する ❷ U 《堅》(計画・命令・職務などの)実行, 遂行, 実施, 達成, 成就; 〖法〗(判決・遺言・契約などの)執行, 履行 ‖ carry [OR put] a plan into ～ 計画を実行する / in (the) ～ of one's duties 職責の遂行中に ❸ U 《堅》(音楽の)演奏(ぶり), (俳優の)演技(ぶり); (芸術作品の)制作(技術), 出来栄え ❹ U 〖法〗強制執行; C 強制執行令状; 身柄の拘禁 ❺ U (契約などの)証書作成 ❻ U C (プログラムの)実行

ex·e·cu·tion·er /èksɪkjú:ʃənər/ 名 C 死刑執行人; (犯罪組織に雇われた)暗殺者

ex·ec·u·tive /ɪgzékjuţɪv/ 《発音・アクセント注意》

中心義 **実行するための責任者**

—名 〔◁ execute 動〕 (複 ～s /-z/) ❶ C **経営者**, 管理者, **重役**, 幹部(社員); **行政官**, 高級官僚 ‖ **chief** ～ **officer** 最高責任者 (会長・社長など. CEO, C.E.O. と略すことが多い) / the Chief *Executive* 最高行政官 (《米》大統領・州知事など)

❷ 《the ～》《集合的に》《単数・複数扱い》(政府の)**行政部**; (会社などの)**経営者陣**; (団体の)実行委員会, 執行部 (♦ 《米》では通例単数扱い. 《英》では全体を一つの集団と見る場合単数扱い, 個々の成員に重点を置く場合複数扱い)

—形 《比較なし》《限定》 ❶ 経営[管理]上の, 経営[管理]権を持つ; 経営者(陣)の実行(上)の, 実行力のある ‖ an ～ board 重役[理事]会 / the ～ class 経営者階級 / ～ ability 経営の才, 実務能力 / an ～ **director** 常務[社内]取締役 / an ～ **committee** 経営委員会[執行部]

❷ 行政上の, 行政部の ‖ ～ **powers** 行政権

❸ 重役[幹部]用の, 実業家用の ‖ an ～ jet 重役専用ジェット機 ❹ 高級な, 高価な ‖ an ～ car 高級車

～·ly 副

▶▶ **～ brànch** 名 《the ～》(米国の)行政府 **～ ófficer** 名 C 行政官; 〖軍〗上級参謀; (中隊の)副官; (団体の)役員 **～ órder** 名 C 《米》〖法〗行政命令; 《しばしば E- O-》大統領令 **～ prívilege** 名 C U (米国での機密保持に関する)大統領特権; 行政府特権 **～ séssion** 名 C 《米》〖政〗(上院などの)非公開会議

ex·ec·u·tor, -e·cut·er /ɪgzékjuţər/ 名 C ❶ 〖法〗遺言指定執行人 ❷ 実行[執行, 遂行]者

ex·e·ge·sis /èksɪdʒí:sɪs/ 名 (複 **-ses** /-si:z/) U C (特に聖書の語句の)解釈, 評釈, 釈義, 注釈

ex·em·plar /ɪgzémplɑ:r/ 名 C ❶ 《文》模範, 手本 ❷ 《文》典型, 原型, 見本, 標本 ❸ 〖法〗謄本(とうほん), 写本

ex·em·pla·ry /ɪgzémpləri/ 形 ❶ 模範的な, お手本の, 立派な; 好例[例証]となる, 典型的な ‖ ～ behavior 模範的行動 ❷ 《限定》見せしめの, 懲戒の ‖ ～ punishment 見せしめの処罰 **-ri·ly** 副 模範的に; 見せしめに

ex·em·pli·fi·ca·tion /ɪgzèmplɪfɪkéɪʃən/ 名 ❶ U 例証, 例示 ❷ C (典型的)実例, 適例; 〖法〗謄本, 写本

ex·em·pli·fy /ɪgzémplɪfàɪ/ 動 (**-fied** /-d/; **～·ing**) 他 ❶ …を例示する, 例証する (illustrate) ❷ (事柄が)…の実例[範例]となる ❸ 〖法〗…の(認証)謄本を作る, 〔原本〕の写しをとる

***ex·empt** /ɪgzémpt/ 《発音注意》形 《叙述》〈…を〉免除された, 免れた (↔ liable)〈**from**〉‖ goods ～ *from* taxes 免税品

—動 他 …に〈義務・責任などを〉免じる, 免除する〈**from**〉‖ He was ～*ed from* military service. 彼は兵役を免除された / The college ～*s* students who are residents of the state *from* paying that fee. 大学は州内に居住する学生にその納付金の支払いを免除している

—名 C (義務などを)免除されている人; 免税者

***ex·emp·tion** /ɪgzémpʃən/ 名 ❶ U C 〈義務・責任などの〉免除(する[される]こと), 解除〈**from**〉‖ apply for ～ *from* military service 兵役の免除を願い出る ❷ C (所得税の)控除(額) (deduction)

⁑ex·er·cise /éksərsàɪz/ 名 動

中心義 **(鍛えるために)Aを動かすこと** (★Aは「体」「頭脳」「権力」など)

> 名 運動❶ 練習❷ 練習問題❸
> 動 自 運動する
> 他 鍛える❶ 行使する❷ 働かせる❸

—名 (複 **-cis·es** /-ɪz/) ❶ U (心身の)鍛錬, (特に体力・健康増進のための)**運動**; C (具体的な)体操 (♦ sport は娯楽中心の運動競技を指し, exercise とは目的が異なる) ‖ Walking is good ～. 歩くことはよい運動だ / **Get** more [regular] ～ to keep your health. 健康維持のためにもっと[定期的に]運動しなさい / lack of ～ 運動不足 / physical ～ 身体運動 / stretching ～*s* ストレッチ体操 / gymnastic ～*s* 体操, 体育

❷ C 〈…の〉(一連の)**練習**, けいこ, 訓練, 実習〈**for**〉‖ ballet ～*s* バレエの練習 / finger ～*s for* the piano ピアノの運指練習

❸ C **練習問題**, 課題; 練習曲; 習作 ‖ This book has ～*s* at the end of each chapter. この本には各章の終わりに練習問題がついている / do arithmetic ～*s* 算数の練習問題をする / ～*s* in composition 作文の練習問題

/ give him an ～ 彼に課題を出す
❹ Ⓒ《通例 ～s》〘軍〙軍事演習, 教練 ‖ military ～*s* 軍事教練 / conduct an ～ 軍事演習を行う
❺ Ⓒ《通例単数形で》(成果をあげようとする)〈…の〉行為, 行動, 試行〈**in**〉‖ an ～ *in* public relations 広報活動
❻ Ⓤ〈権力・能力などの〉行使, 使用;〈義務などの〉遂行, 履行〈**of**〉‖ the ～ *of* power 権力の行使 / the ～ *of* patience 忍耐力を働かせること / by the ～ *of* imagination 想像力を働かせて ❼ Ⓒ《～s》《米》式, 儀式 ‖ graduation [OR commencement] ～*s* 卒業式
—動 (**-cis·es** /-ɪz/; **～d** /-d/; **-cis·ing**)
—自 **運動する**; 練習する; 軍事演習をする ‖ I ～ every day at a fitness club. 私は毎日フィットネスクラブで運動している
—他 ❶ (運動で)〔手・足(の筋肉)など〕を**鍛える**, 〔動物〕を運動させる; 〔人・動物など〕に〈…を〉訓練する, 練習させる〈**in**〉; 〔軍隊〕を訓練する (♦ スポーツの練習の場合は practice を用いる. 〈例〉practice [×exercise] karate) ‖ He works out to ～ his muscles. 彼は筋肉を鍛えるために運動をする / ～ her *in* swimming 彼女に水泳の練習をさせる / ～ the horses 馬を調教する / ～ troops 軍隊を訓練する / ～ one's finger 指を動かす
❷ 〔権力など〕を〈…に〉**行使する**; 〔影響・感化など〕を〈…に〉及ぼす, 与える〈**on, over**〉‖ The suspect ～*d* his **right** to remain silent. 容疑者は黙秘権を行使した / The mayor ～*d* **power** *over* the people. 市長は人々に権力を振るった / Computers ～ a great influence *on* our life. コンピューターは我々の生活に大きな影響を及ぼす
❸ 〔忍耐力・判断力など〕を**働かせる**, 使う ‖ ～ one's judgment [imagination] 判断力[想像力]を働かせる / ～ caution 用心する / ～ patience 我慢する
❹ 〔義務など〕を果たす, 遂行[履行]する ‖ ～ one's duties [functions] 義務[職務]を果たす ❺《堅》…(の能力)を煩わす; …を〈…のことで〉困らせる, 悩ます, 心配させる〈**about, over**〉(♦ しばしば受身形で用いる) ‖ She was very much ～*d* *about* the result of the piano contest. 彼女はピアノコンテストの結果をとても心配していた / ～ the minds of scientists 科学者の心を悩ます
-cìs·a·ble 形 **-cìs·er** 名
▶▶ ～ **bìcycle** [**bìke**] 名 Ⓒ エクササイズバイク《自転車型のトレーニング器具》 ～ **bòok** 名 Ⓒ《米》(学生用) 練習問題集 (work book); 《英》(学生用) 雑記帳 (《米》notebook) ～ **prìce** 名 Ⓒ Ⓤ〘株〙(オプション取引の) 権利行使価格 (striking price)

E

***ex·ert** /ɪɡzə́ːrt/ 《発音・アクセント注意》 動 〔▶ exertion 名〕 他 ❶ 〔能力・力・資質など〕を働かせる, 行使する, 発揮する; 〔影響力など〕を〈…に〉及ぼす, 振るう; 〔圧力など〕を加える〈**on, over**〉‖ ～ all one's strength 全力を出す / ～ pressure *on* ... …に圧力をかける / ～ control *over* ... …をコントロールする, 抑制する ❷《～ oneself で》努力する (try), 奮闘する ‖ He ～*ed* himself to finish the task on time. 彼はその仕事を定刻に終わらせようと努力した

ex·er·tion /ɪɡzə́ːrʃən/ 名 〔◁ exert 動〕 ❶ Ⓤ/Ⓒ《～s》(心身の) 骨折り, 奮闘, 努力; 骨の折れる仕事[運動] (⇨ EFFORT 類語) ‖ use [OR make] ～*s* 尽力する, 骨を折る ❷ Ⓤ〈力などの〉行使, 発揮 (exercise)〈**of**〉‖ the ～ *of* authority 権力の行使

ex·e·unt /éksiʌ̀nt/ 動 自《脚本のト書で》(2人以上が) 退場する (♦ 原形で主語の前に置く) (→ exit) ‖ *Exeunt* Antony and Cleopatra アントニーとクレオパトラ退場 / ～ omnes 一同退場

ex·fo·li·ate /eksfóulièɪt/ 動 自 (樹皮・うろこなどが) はげ落ちる, 剝離[剝落]する —他 …を剝奪する, はぎ取る **ex·fò·li·á·tion** 名 Ⓤ 剝離, 剝落, 剝脱

ex gra·tia /èks ɡréɪʃiə/ 副 形《ラテン》(支払いなどが)(法的強制によってではなく) 好意から(の)

ex·ha·la·tion /èkshəléɪʃən/ 名 Ⓤ Ⓒ (息などを) 吐き出すこと, 発散; 蒸発; 吐き出されたもの, 呼気, 発散物《蒸気・もやなど》(↔ inhalation)

ex·hale /ekshéɪl/ 動 他 ❶ 〔息・煙・言葉など〕を吐く, 吐き出す (↘ breathe out) (↔ inhale) (♥ しばしば落ち着こうとする, 安心しているなどの心理状態を暗示する) ❷《文》〔蒸気・香気など〕を発する, 発散[放出]させる
—自 息を吐き出す; 《文》発散する, 蒸発する ‖ a fragrance *exhaling* from flowers 花から発散する香気

***ex·haust** /ɪɡzɔ́ːst/ 《発音注意》 動 〔▶ exhaustion 名, exhaustive 形〕 他 ❶ 〔人〕を〈…で〉疲れ果てさせる, (へとへとに) 疲れさせる (↘ tire [OR wear] out)〈**by, from**〉; 〔国など〕を疲弊させる (→ exhausted) ‖ Walking all day ～*ed* me. 一日中歩いたのでへとへとに疲れた / He was ～*ed* *by* [OR *from*] overwork. 彼は働きすぎで疲れ果てた / We ～*ed* ourselves (*by*) playing soccer. サッカーをしてくたくたになった (♦ 動名詞が oneself に続く場合は前置詞が省略されることが多い)
❷ 〔資源・食糧・金など〕を使い果たす[尽くす], 枯渇させる; 〔土地〕を不毛にする ‖ The Harley-Davidson ～*ed* my savings. ハーレー＝ダビッドソンを買って貯金は尽きた / His lack of punctuality is ～*ing* my patience. 彼の時間にルーズなのには我慢ならない
❸ 〔問題など〕を論じ[述べ]尽くす, 研究し尽くす; 〔可能性など〕を試し尽くす ❹ 〔水・気体など〕を(容器から)完全に排出する[抜く], 空にする; …の中身をすっかり空にする, 真空にする ‖ ～ a well 井戸を空にする
—自 (エンジンが) 排気する; (排気ガスが) 排出[放出]される
—名 ❶ Ⓒ 排気装置, 排気管 ❷ Ⓤ (空気・ガスなどの) 排出, 排気; 排気ガス ‖ ～ fumes [OR gas] 排気ガス
～·er 名 Ⓒ 排気装置(を操作する人)
▶▶ ～ **pìpe** 名 Ⓒ 排気管 (《米》tailpipe)

***ex·haust·ed** /ɪɡzɔ́ːstɪd/ 形 ❶ 疲れ果てた, 力の尽きた (⇨ TIRED 類語) ‖ I'm completely [OR totally] ～. 私はくたくただ ❷ 使い尽くされた, 空になった ‖ an ～ gold mine 掘り尽くされた金鉱 **～·ly** 副

ex·haust·i·ble /ɪɡzɔ́ːstəbl/ 形 枯渇し得る, 尽きることのある; 使い果たせる; 限りのある (↔ inexhaustible)

***ex·háust·ing** /-ɪŋ/ 形 (心身を) くたくたに疲れさせる, 骨の折れる ‖ ～ toil 疲労の激しい仕事 **～·ly** 副

***ex·haus·tion** /ɪɡzɔ́ːstʃən/ 名 〔◁ exhaust 動〕 Ⓤ ❶ (心身の) 極度の疲労, 疲労困憊(こんぱい) ‖ heat ～ 暑気あたり / nervous ～ 神経衰弱 / in a state of ～ 疲労困憊して ❷《堅》使い尽くすこと, 枯渇 ‖ the ～ of natural resources 天然資源の枯渇 ❸ (問題などの) 徹底的究明

ex·haus·tive /ɪɡzɔ́ːstɪv/ 形 〔◁ exhaust 動〕 (調査・研究などが) 徹底的な, 余すところのない, 完全[完璧(かんぺき)]な ‖ an ～ investigation 徹底的な調査[捜査] **～·ly** 副

***ex·hib·it** /ɪɡzíbət | -ɪt/ 《発音・アクセント注意》 動 〔▶ exhibition 名〕 他 ❶ 〔作品など〕を展示する, 出品する, 一般に公開する; 〔芸術家〕の作品を展示する (♦ しばしば受身形で用いる) (⇨ SHOW 類語) ‖ He is ～*ing* some of his sculptures in the gallery. 彼は画廊に彫刻作品をいくつか出品している / The documents were ～*ed* before the public. その文書は一般に公開された
❷ 〔感情・性格など〕を(表に)出す; 〔能力・兆候など〕を示す; …を (意図的に) 見せる ‖ He ～*ed* no fear [emotion]. 彼は恐怖 [感動] を全く表に出さなかった / ～ talent in music 音楽の才能を示す / ～ signs of recession 不況の兆候を示す
❸〘法〙〔証拠など〕を裁判所に提示[提出]する
—自 展覧会を開く; 展示[出品]する
—名 Ⓒ ❶ 展示品, 出品物 ❷《米》展覧[展示]会 (exhibition) ❸〘法〙証拠書類[物件] ‖ The gun was ～ A. その銃は第1証拠物件であった
語源 *ex-* out＋*-hibit* hold: 外に出す

‡**ex·hi·bi·tion** /èksɪbíʃən/ 《発音注意》
—名 〔◁ exhibit 動〕 (複 **～s** /-z/) Ⓒ ❶《主に英》**展覧[展示]会, 博覧会** (♦《米》では exhibit の方がふつう) ‖ ⌈an international [a photo, a trade] ～ 万国博覧

会[写真展,(産業)見本市] / hold [OR mount, have] an art ～ 美術展を開く / a temporary [permanent] ～ of Monet モネの企画[常設]展 / an ～ hall 展示場
❷(運動競技の)模範試合,(公式戦でない)エキシビション ‖ a karate ～ 空手の模範試合
❸ U/C《単数形で》示すこと, 展示, 展覧 ; 発揮,(悪い態度などの) 表れ ‖ their ～ of imagination [skill] 彼らの想像力[技術]の発揮 ❹《英》(学校・大学の出す)奨学金《通例 scholarship より少額》
màke an exhibítion of onesèlf 《けなして》(ばかなことをして)人の笑い者になる, 恥をさらす
**on exhibítion* 展示されて ‖ objects *on* ～ 展示品
▸▸ ～ **gàme** [**màtch**] 名 C 非公式試合, エキシビションゲーム,(プロ野球の)オープン戦

ex·hi·bi·tion·ism /èksɪbíʃənìzm/ 名 U ❶〖医〗露出症[癖] ❷《けなして》(才能などの)自己顕示(癖)
-ist 名 C 形 露出狂(の) ; 自己顕示欲の強い(人)

ex·hib·i·tor, -ter /ɪɡzíbəṭər | -zíbɪ-/ 名 C (展示会などへの)出品者, 展示者

ex·hil·a·rate /ɪɡzílərèɪt/ 《発音注意》 動 他《通例受身形で》(人が)浮き浮きする, 陽気になる, 元気になる, 気分が爽快になる **-rat·ed** 形

ex·híl·a·rat·ing /-ɪŋ/ 形 陽気[愉快]にさせる, 元気づける, 爽快な ～**·ly** 副

ex·hil·a·ra·tion /ɪɡzìləréɪʃən/ 名 U 気分を浮き浮きさせること ; 陽気, 快活, 気分爽快

ex·hort /ɪɡzɔ́ːrt/ 《発音注意》 動 他《堅》〔人〕に熱心に[強く]勧める(urge), 勧告[訓戒]する〈**to** …を / **to** *do* …することを〉(♦ 直接話法にも用いる) ‖ ～ him *to* good deeds 彼に善行を勧める / I ～*ed* them *to* negotiate instead of going on strike. 私は彼らにストライキをせずに交渉するように強く勧めた

ex·hor·ta·tion /èɡzɔːrtéɪʃən/ 名 U C 《堅》熱心な勧告, 奨励, 訓戒 ; 勧告[激励]の言葉

ex·hor·ta·to·ry /ɪɡzɔ́ːrṭətɔ̀ːri | -tə-/, **-ta·tive** /-ṭəṭɪv/ 形《堅》熱心に勧める, 勧告の, 訓戒的な

ex·hume /ɪɡzjúːm | ekshjúːm/ 動 他〔死体〕を(墓から)掘り出す ;〔埋もれた古いものなど〕を明るみに出す, 発掘する (♦ しばしば受身形で用いる) **èx·hu·má·tion** 名

ex·i·gen·cy /éksɪdʒənsi/, **-gence** /-dʒəns/ 名 (複 **-cies** /-z/, **-genc·es** /-ɪz/)《堅》❶ U 差し迫っていること, 急迫, 緊急(性) ; C 急場, 切迫した事情 ‖ in this ～ この急場に際して ❷ C《-cies》差し迫った必要, 急務, 要件 ‖ the *exigencies* of business 仕事の上での急務

ex·i·gent /éksɪdʒənt/ 形《堅》❶ 差し迫った, 緊急の ❷(要求などが)厳しい, 過酷な ;(人が)しきりに要求する

ex·i·gi·ble /éksɪdʒəbl/ 形 強要[要求]できる

ex·ig·u·ous /ɪɡzíɡjuəs/ 形《堅》非常に乏しい, ごくわずかの **èx·i·gú·i·ty** 名 U 僅少(きんしょう), わずか

ex·ile /éksaɪl, éɡz-/ 《アクセント注意》 名 ❶ U/C《単数形で》(国外)追放, 流刑 ; 亡命, 流浪 ;(長期の)他国生活 ‖ The poet is in ～. その詩人は亡命中だ / Napoleon was sent into ～ after losing at Waterloo. ナポレオンはワーテルローで敗れた後に追放された / go into ～ 亡命する ❷ C (国外)追放者, 流刑人 ; 亡命者, 流浪者 ‖ a political ～ 政治亡命者 / a tax ～ (税金の高い本国を逃れる) 国外移住者 ❸《the E-》(紀元前6世紀に起きたユダヤ人の)バビロン捕囚(the Captivity)
—動 他《通例受身形で》〈…から〉国外追放になる〈**from**〉;〈…へ〉流罪になる〈**to**〉;《～ oneself で》亡命する ‖ The scientist was ～*d from* his country. その科学者は故国から追放された / Her family ～*d* itself *from* Nazi Germany. 彼女の一家はナチス政権下のドイツから亡命した **-iled** 形《限定》追放された

ex·ist /ɪɡzíst/ 《発音注意》

—動〔▸ existence 名〕(～**s** /-s/ ; ～**·ed** /-ɪd/ ; ～**·ing**) 自
❶《進行形不可》**存在する**, 実在する ‖ Do ghosts really ～? 幽霊は本当にいるんだろうか / They behave as if poverty didn't ～. 彼らの振る舞いはまるで貧困なんてないかのようだ
❷《+副句》《進行形不可》(ある特定の場所・状態に)いる, ある, 存在する ‖ I wonder whether water ～*s* on Mercury. 水星に水は存在するのだろうか / There ～ no trade barriers between the two countries. 両国間には貿易障壁は存在しない
❸ **生存する**, 生きる ;〈…によって〉生きながらえる,(特に逆境で) 生きていく〈**on**〉‖ We cannot ～ without air. 我々は空気なしでは生きていられない / Nobody can ～ *on* such low wages. こんな低賃金ではだれも生きていけない / ～ *on* bread and water パンと水で生き延びる

:ex·ist·ence /ɪɡzístəns/
—名〔◁ exist 動〕(複 **-enc·es** /-ɪz/) ❶ U **存在**, 実在, 現存 ‖ Do you believe in the ～ of God? 神の存在を信じますか / threaten the **very** ～ of the earth 地球の存在そのものをおびやかす / the whole span of human ～ 人類が存在した全期間 / **deny** [prove, suggest] the ～ of a secret agreement 秘密の合意があったことを否定[証明, 示唆]する
❷ U **生存** ‖ a struggle for ～ 生存競争
❸ C《単数形で》暮らし方, 生活(♦ 悪い意味に用いることが多い) ‖ lead a miserable ～ 惨めな生活をする / a drab [hand-to-mouth] ～ 単調な[その日暮らしの]生活
❹ U《集合的に》全存在物 ; C《古》存在物, 実在物
brìng [OR *càll*] *... into exístence* …を生み出す, 成立させる
còme into exístence* **生まれる, 成立する
**in exístence* 現存する, 存在している (♦ しばしば最上級の強調に用いる) ‖ This is the oldest building *in* ～ in this area. これがこの地方に現存する最古の建物だ

ex·ist·ent /ɪɡzístənt/ 《堅》 形 ❶ 現存する, 実在する, 存在している (existing), 既存の ❷ 現下の ; 現行の (current), 目下の —名 C 存在する人[もの]

ex·is·ten·tial /èɡzɪsténʃəl/ 形《限定》❶ 存在の[に関する] ;〖論〗存在を表す, 実体論上の ❷〖哲〗実存(主義)の ‖ ～ philosophy 実存主義哲学 ～**·ly** 副

ex·is·ten·tial·ism /èɡzɪsténʃəlìzm/ 名 U〖哲〗実存主義

ex·is·ten·tial·ist /èɡzɪsténʃəlɪst/ 名 C 実存主義者
—形 実存主義の, 実存主義者の

:ex·ist·ing /ɪɡzístɪŋ/
—形《比較なし》《限定》❶ **存在する**, 現存する ‖ the ～ law 現行法 / already ～ 既存の
❷ 現在の, 目下の ‖ under ～ circumstances 現状では

·ex·it /éɡzət, éksət | éksɪt, éɡzɪt/ 《発音・アクセント注意》
名 C ❶ (公共の建物や乗り物などの)出口(↔ entrance[1]) ; (高速道路などからの) 退出路 ‖ In case of fire, please leave the building by the nearest emergency [OR fire] ～. 火災の際には, 最寄りの非常口を使って建物から退出してください ❷《通例単数形で》〈…から〉出て行くこと, 〈…からの〉退出, 外出 ;〖劇〗(俳優の)退場〈**from**〉;《文》《婉曲的》死去, 逝去 ‖ make a swift [OR hasty] ～ 素早く出て行く / an ～ permit 出国許可 ❸《通例単数形で》〈状況などからの〉脱落, 落伍(らくご)〈**from**〉‖ an ～ *from* the World Cup ワールドカップからの脱落 ❹ 💻 (システムやプログラムなどの)終了

COMMUNICATIVE EXPRESSIONS
[1] **Pléase lòcate the éxit nèarest yóu.** 最寄りの出口の位置をご確認ください (♥ 飛行機の中で緊急時の避難方法について説明する際に用いる)

—動 自 ❶〈…から〉退出する, 外出する, 出る〈**from, through**〉;《文》《婉曲的》死ぬ, 逝去する ‖ ～ *through* a side door 横のドアから出て行く ❷ (特定の状況から) 脱落する, 撤退する ❸ 💻 システム[プログラム]を終了する[閉じる] ❹《脚本のト書で》(1人が) 退場する(↔ enter) (♦ 原形で主語の前に置く) (→ exeunt) ‖ *Exit* [×Exits]

Cleopatra. クレオパトラ退場
—他 ❶ …から退出する, …を去る ❷ 〔プログラムなど〕を終了する[閉じる]
▸▸ ~ pòll 名 C 出口調査《投票場出口で行う世論調査》
~ vìsa 名 C 出国ビザ

ex li·bris /èks lí:brɪs/ 副 …の蔵書で ‖ *ex libris* George Rivers ジョージ=リバース蔵書
—名 (複 ~) C 蔵書票(bookplate)

ex ni·hi·lo /èks ní:hɪlòu/ 副 形《ラテン》(=from nothing)《堅》無から(の)

exo- /eksou-, eksə-/ 接頭「外の, 外側の, 外部の(external)」などの意(↔ endo-)(♦母音の前では ex-)

èxo·biólogy 名 U 宇宙生物学

Ex·o·cet /éksousèt/ 名 (=~ mìssile) C《商標》エグゾセ《フランス製対艦ミサイル》

ex·o·crine /éksəkrən | -oukràɪn/ 形〘生理〙外分泌(性)の(↔ endocrine) ‖ ~ glands 外分泌腺(せん)

Exod 略〘聖〙Exodus

ex·o·dus /éksədəs/ 名 ❶ C《通例単数形で》(多数の人が) 出かけること；(移民などの) 大量出国 ‖ a mass ~ from the city to the country 都会から田舎への大量移動 ❷《the E-》(モーゼに率いられたイスラエル人の)エジプト出国；《E-》〘聖〙(旧約聖書の)出エジプト記《略 Exod》

ex of·fi·cio /èks əfíʃiòu/ 〈シ〉 副 形《ラテン》職務上(の), 職権により[よる] ‖ an ~ member of the committee 委員会の職権による委員

ex·og·a·my /eksá(:)gəmi | -ɔ́g-/ 名 U 族外[異族]結婚(↔ endogamy)；〘生〙異系交配 **-mous** 形

ex·og·e·nous /eksá(:)dʒənəs | -ɔ́dʒ-/ 形〘植〙外生の；〘医〙外因性の(↔ endogenous)

ex·on·er·ate /ɪgzá(:)nərèɪt | -ɔ́n-/ 動 他〔人〕を無罪にする, 嫌疑を晴らす；〔人〕を〈義務・責任などから〉免除する〈**from**〉‖ ~ him *from* blame [duty] 彼の嫌疑を晴らす[責任を免除する] **ex·òn·er·á·tion** 名 U 免罪；免責

éxo·plànet 名 C 太陽系外惑星

exor, exor. 略 executor(遺言指定執行人)

ex·or·bi·tant /ɪgzɔ́:*r*bətənt | -bɪ-/ 形 (要求・値段・野心などが)度がすぎる, 法外な, 途方もない
-tance 名 U 過度, 法外 **~·ly** 副 過度に, 法外に

ex·or·cism /éksɔ:*r*sìzm/ 名 U 悪魔払い；C 悪魔払いの呪文[儀式]

ex·or·cist /éksɔ:*r*sɪst/ 名 C 悪魔払いの祈禱(きとう)師, エクソシスト

ex·or·cize, -cise /éksɔ:*r*sàɪz/ 動 他 ❶ (祈禱・呪文(じゅもん)などで)〔悪霊〕を〈人・場所から〉追い払う〈**from**〉；〔人・場所〕から〈悪霊を〉追い払う〈**of**〉 ❷〔悪い考え・記憶など〕を〈…から〉追い払う〈**from**〉

ex·or·di·um /egzɔ́:*r*diəm | eksɔ́:-/ 名 (複 **~s** /-z/ OR **-di·a** /-diə/) C《堅》(講演・論文などの)冒頭, 序論

éxo·sphère 名《the ~》外気圏《大気圏の最高層》

ex·o·ter·ic /èksətérɪk/ 形《堅》(教養などが)部外者に理解できる；一般大衆向きの, 通俗的な, 平凡な(↔ esoteric)
-i·cal·ly 副

èxo·thérmic, -thérmal 形〘化〙放熱の[による], 発熱する[を伴う](↔ endothermic)

*****ex·ot·ic** /ɪgzá(:)ţɪk | -ɔ́t-/《発音注意》形 (**more ~**; **most ~**) ❶ 異国風[情緒]の, エキゾチックな；風変わりな；人目を引く, 魅惑的な ‖ an ~ beauty エキゾチックな美人 ❷ (動植物・言葉・流行などが) 外来の, 外国産の ‖ ~ cultures 外来文化 / ~ tropical fish 外国産の熱帯魚
—名 C (動植物の)外来種 **-i·cal·ly** 副
▸▸ ~ dáncer 名 C ストリッパー

ex·ot·i·ca /ɪgzá(:)ţɪkə | -ɔ́t-/ 名 複 風変わりな[異国風な]もの, 一風変わった芸術[文学]作品

ex·ot·i·cism /ɪgzá(:)ţəsìzm | -ɔ́tɪ-/ 名 U 異国趣味；異国情緒, エキゾチシズム

exp. 略 expenses；expired；export(ed), exportation；express

*****ex·pand** /ɪkspǽnd/
—動〔▸ expanse 名, expansion 名, expansive 形〕(**~s** /-z/; **~·ed** /-ɪd/; **~·ing**)
—他 ❶ …(の大きさ・規模・数など)を**拡大[拡張]する**, ふくらませる, 膨張させる；〔話題・事業など〕を〈…に〉発展させる〈**into**〉‖ Heat ~*s* metal. 熱は金属を膨張させる / ~ a balloon 風船をふくらませる / ~ one's knowledge 知識を広げる / He ~*ed* his business *into* new lines 彼は新しい方面に事業を拡張した / The study was ~*ed* to include all the students at Harvard. その調査はハーバード大学の全学生にまで広げられた
❷ …を広げる (↝ spread out), 伸ばす ‖ The eagle ~*ed* its wings and flew away. ワシは翼を広げて飛び去った
❸〔考え・問題など〕を詳説する, 敷衍(ふえん)する ‖ ~ one's idea 考えを詳しく説明する ❹〔数式・略語など〕を展開する
—自 ❶ **拡大[拡張]する**, ふくらむ, 膨張する (↔ contract)；広がる；〈…に〉発展する〈**into**〉；(つぼみなどが)開く ‖ Gases ~ when heated. 気体は暖められると膨張する / The deserts are rapidly ~*ing*. 砂漠化が急速に広がりつつある / The unemployment rate ~*ed* by 2 per cent. 失業率が2%上昇した / The small business has ~*ed into* a nationwide concern. その小さな事業が発展して全国規模の企業になった
❷《+**on** [**upon**] 名》…について詳しく述べる[説明する], 詳説する ‖ Can you ~ a little *on* what you've just said? 今言ったことを少し詳しく説明してくれませんか
❸ (人・心が)打ち解ける, なごむ；(顔が)ほころぶ；(気が)大きくなる ‖ His smile ~*ed* into a grin. 彼のほほ笑みは大きな笑顔に変わった
ex·pànd·a·bíl·i·ty 名 **~·a·ble** 形 **~·er** 名

*****ex·panse** /ɪkspǽns/ 名〔◁ expand 動〕C ❶〈空・海・土地などの〉広がり, 広々とした空間〈**of**〉‖ the immense ~ *of* the ocean 広々とした大洋の広がり / vast ~*s of* grassland 見渡す限りの草原 ❷ 広げた長さ

ex·pan·si·ble /ɪkspǽnsəbl/ 形 拡張[膨張]できる；発展性のある

*****ex·pan·sion** /ɪkspǽnʃən/ 名〔◁ expand 動〕❶ U C 拡張, 拡大, 伸張；発展；膨張；(特に)領土拡張 ‖ ~ of sales 売り上げの拡大 / economic [business] ~ 経済[事業]の拡大 / an ~ in the number of employees 従業員数の拡大 / The rapid ~ of the suburbs resulted in the collapse of the city center. 郊外の急激な発展は結果として都市中心部の崩壊をもたらした / Japanese ~ in the 1930s 1930年代の日本の領土拡張
❷ C U 拡大した[発展させた]もの；膨張[拡大, 拡張]部分；拡大[増加]量；膨張量[度] ‖ This book is an ~ of her theory about the origin of life. この本は生命の起源についての彼女の学説を発展させたものである
❸ C (話題などの)詳述, 敷衍；〘数〙(数式などの)展開
❹ C〘機〙(シリンダー内の気体などの)膨張
▸▸ ~ bòlt 名 C〘機〙(コンクリート用)開きボルト ~ càrd [bòard] 名 C 💻 (機能)拡張カード ~ jòint 名 C〘工〙伸縮[膨張]継ぎ手 ~ slòt 名 C 💻 拡張スロット《拡張カードの差し込み口》

ex·pan·sion·ar·y /ɪkspǽnʃənèri | -ʃənəri/ 形《堅》拡張[発展]する；膨張する ‖ an ~ economy 膨張経済

expánsion·ìsm 名 U《ときにけなして》領土拡張論
-ist 名 C 形 領土拡張論者(の)；領土拡張論(の)

ex·pan·sive /ɪkspǽnsɪv/ 形〔◁ expand 動〕❶ 膨張力のある, 拡張[発展]する；膨張を引き起こす；拡張主義の ❷ 広い, 広大な, 広範囲にわたる ❸ (人・感情・話などが)心の広い, 打ち解けた, 開放的な, 屈託のない ‖ an ~ manner 打ち解けた態度 ❹ 豪勢な, 豪華な ❺〘心〙誇大妄想の **~·ly** 副 **~·ness** 名

ex par·te /èks pá:*r*ţi/ 副 形《ラテン》〘法〙一方的に[な], 一方当事者により[よる]

ex·pat /èkspǽt/ 〈シ〉 名 C 形 =expatriate

ex·pa·ti·ate /ekspéɪʃièɪt/ 動 自〈…について〉詳細に論ずる，詳説する，敷衍する〈**on, upon**〉‖ He ～*d upon* his latest discovery. 彼は自分の最近の発見について詳しく説明した

ex·pa·tri·ate /ekspéɪtrièɪt | -pǽt-/ (→ 形 名) 動 他…を国外に追放する；…を国外に移住させる；《～ oneself で》故国を去る[離れる]，国籍を捨てる
── 形 名 C /ekspéɪtriət | -pǽt-/ ❶ 国外に移住した(人)，国籍を離脱した(人) ❷《古》国外に追放された(人)
ex·pà·tri·á·tion 名 U 国外追放；国籍離脱

ex·pect /ɪkspékt/

中心義 根拠をもとに…を予期する
── 動〔▶ expectation 名, expectant 形〕(～s /-s/；～·ed /-ɪd/；～·ing) 他 (♦ 動名詞を目的語にとることはできない) ❶ **予期する** (⇨ 類語) **a** 《+目》…を予期[予想]する；《通例進行形で》〔人・知らせなど〕が来るものと予想する[思う] (⇨ IMAGINE 類語) ‖ We ～ a hot summer this year. 今年は暑い夏になりそうだ / Please don't ～ me for dinner [the meeting]. 食事[会議]には出ないと思ってください / "Pete is out right now." "When do you ～ him back?" 「ピートは今外出しています」「いつ戻る予定ですか」/ I'm ～*ing* a letter from him in a day or two. 一両日中に彼から手紙が来ると思っている
b 《+目 +to *do* / (that) 節》…が…するだろうと思う ‖ She ～*ed that* something startling would happen. = She ～*ed* something startling *to* happen. 彼女は何か驚くようなことが起こるだろうと思っていた / The city's population is ～*ed to* double in a few years. その市の人口は2，3年で倍増すると予想される / I don't ～ her new album will be gold. 彼女の新アルバムがゴールドディスクになるとは思わない (♦ I expect her new album will not be gold. よりふつう) / The conference lasted longer than I had ～*ed* it *to*. 会議は予想していたより長引いた / The work is progressing smoothly as ～*ed*. 予想したとおり仕事は順調に進んでいる
c 《+to *do*》…するつもりである；…することを予想する (♦ ❷c との意味の違いは文脈による) ‖ I didn't ～ *to* be thanked. お礼を言っていただくつもりはありませんでした / If you take good care of yourself, you can ～ *to* live to (be) a hundred. 健康に注意すれば100歳まで生きられますよ / We got there an hour earlier than we had ～*ed to*. 予想していたより1時間早くそこに着いた / We had ～*ed to* spend the summer in Saint-Tropez. = We ～*ed to* have spent the summer in Saint-Tropez. (= We ～*ed to* spend the summer ..., but we couldn't.) サントロペで夏を過ごそうと思っていたのだが(できなかった) (♦ 過去完了形は実現されなかったことを表す．前者の方がふつう．実際にはかっこ内の言い方も多い)
❷ (当然のこととして) **期待する** (♥ 望ましいことにも望ましくないことにも用いる．hope は望ましいことに用いる) (⇨ 類語) **a** 《+目》…を〈…から〉期待する，当てにする；…を要求する〈**from, (out) of**〉‖ I'm as well as can be ～*ed*. 《口》(健康は)まあまあだ (♥ 病後などに言う．「これ以上よくなることは期待できない」の意) / Don't ～ too much *from* your son. 息子さんに過大な期待をかけてはいけません / What do you ～ *out of* life? 人生に何を期待するの / I was ～*ing* kind words *from* him. 彼が優しい言葉をかけてくれるのを期待していた / The pay was much less than one could **reasonably** ～ to receive. 給与は当然のものとして期待できる額よりもずっと少なかった
b 《+目+to *do*》…が…するのは当然だと思う；…に…することを要求[期待]する (♦《+ (that) 節》の文型も用いる) ‖ Her old parents ～ her *to* support them. 年老いた両親は彼女が扶養してくれるのが当然だと思っている / Don't ～ me *to* share your view. 私が君と同じ考え方をすると期待しないでくれ / Workers are ～*ed to* come to the office at 9 a.m. 社員は午前9時に出社することになっている (♥ 非常に強制力が強い表現．⇨ *be* SUPPOSED *to do*)
c 《+to *do*》…するのは当然だと思う[期待する] ‖ I had ～*ed to* be appointed as his successor. 当然自分が彼の後継者に指名されると思っていた(のだが)
❸ 《+ (that) 節》《進行形不可》《口》…だろうと思う，推測する，察する (♦ 通例 I expect の形で，しばしば挿入句的に用いる) ‖ You were hungry, I ～. おなかがすいていただろう / I ～ you're right. 君の言うとおりだと思う / "Will he pass the exam?" "I ～ so [not]." 「彼は試験に受かるかな」「受かる[駄目だ]と思う」(♦ so, not は that 節 の代用)
as might be expécted 予想どおり，案の定；さすがに〈…らしく〉〈of〉‖ He is seeking reelection to Congress, *as might be* ～*ed*. 予想どおり彼は議会への再選をねらっている / *As might be* ～*ed of* a scholar, he knows a lot of things. さすが学者だけあって，彼はいろんなことを知っている
****be expècting*** (***a báby*** [OR ***child***]) 《口》妊娠中[出産の予定]である (♥ pregnant の婉曲的表現)
be (***ònly***) ***to be expécted*** 当然予想される，ごく当たり前のことだ ‖ He felt tired, but after his illness it *was only to be* ～*ed*. 彼は疲れを覚えたが，病後なのでそれも当然だった

COMMUNICATIVE EXPRESSIONS

1 **Am I expècted to** finish this today? これは今日終わらせないといけないんですか (♥ 義務を確認する．= Do I (really) have to finish this today?)
2 **I expècted sòmething móre.** もっと期待していたのに (♥ 期待・予想が外れたときの落胆を表す)
3 **I'm expècting sòmeone élse.** ほかに人が来ます；連れを待っているところです (♥ レストランなどで)
4 **It's nòt what I expécted.** 期待が外れた；こんなはずじゃなかったのに
5 **Whàt (élse) do** [OR **can**] **you expéct?** (それ以上の)何が期待できるというのか；仕方ないさ (♥ あまり好ましくない事態について驚くには当たらないことを強調する)
6 **You cán't** [OR **dón't**] **expèct me to belíeve thàt.** まさか私がそれを信じるなんて思ってないよね；そんなこと信じるわけないでしょ (♥ 暗にいら立っていることを表す)

類語 《❶, ❷》 **expect** 「予想する」「期待する」の意の一般語．単なる願望でなく根拠のある推論について用いる．〈例〉*expect* a letter 手紙が来ることを予想する
anticipate 「あらかじめ」の意が強められ，期待したり，心に思い描いたり，対策を考えたりする意味などを伴う．〈例〉*anticipate* trouble 問題を予測する
look forward to 確実に起こる喜ばしいことを待ち望む．〈例〉*look forward to* the holidays 休暇を楽しみにして待つ

語源 ラテン語 *ex-*(外を)+*specere*(見る)：何かを求めて外を見る．aspect, inspect, respect, suspect と同系．

ex·pec·tan·cy /ɪkspéktənsi/ 名 (複 **-cies** /-z/) ❶ U 期待，予期，見込み ❷ U C (統計的確率に基づいて)期待[予期]される量[数値] ‖ life ～ 平均余命

ex·pec·tant /ɪkspéktənt/ 形 (◁ expect 動) ❶ 待ち受ける，期待する，期待に胸をふくらませた ‖ an ～ air 期待している様子 / ～ of praise 賞賛を期待して ❷《堅》(官職・遺産などを得る)見込みのある ‖ the ～ heir 推定[期待]相続人 ❸《限定》出産を控えた，妊娠している；(男性が)出産を待つ ‖ an ～ mother 妊婦 / an ～ father 間もなく父親になる男性 ── 名 C《古》待ち望む人；(官職などの)候補者 **～·ly** 副 期待して，待ち焦がれて

***ex·pec·ta·tion** /èkspektéɪʃən/
── 名〔◁ expect 動〕(複 ～s /-z/) ❶ U C **期待**；**予期**，予想〈**of** …の；**that** 節 …という〉‖ She has **great** [OR **high**] ～*s* for her children. 彼女は子供たちに大いに

E

期待している / The show fell short of our ~*s*. そのショーは我々の期待を裏切るものだった / meet [OR live up to, come up to] his ~*s* 彼の期待に応える[添う] / exceed [OR surpass] his ~*s* 彼の予想を上回る / beyond 「(one's) ~*s* [OR all one's ~*s*] 予想以上に / below (one's) ~*s* 予想を下回って / against [OR contrary to] (all) ~(*s*) 予想に反して

❷ Ⓒ《~s》有望な見込み；《古》(特に)遺産相続の見込み ‖ The boy has brilliant ~*s*. その少年には洋々たる前途がある ❸ Ⓤ (物事の起こる) 可能性, 見込み ‖ There's no ~ of his [OR him] succeeding in business. 彼が事業に成功する可能性は全くない

in expectátion 〈…を〉期待[予期]して〈**of**〉‖ wait *in* ~ 期待して待つ / *in* ~ *of* the coming storm 嵐(あらし)の来るのを予期して

the expectàtion of lífe 平均余命(life expectancy)

COMMUNICATIVE EXPRESSIONS

[1] **It's my expectátion that** the príce will gò úp agàin. また値上がりすることが予想されます (♥ 期待・予想・可能性を表す形式ばった表現. ↘「I expect [OR It's quite likely] (that) the price will ....)

***ex·pect·ed** /ɪkspéktɪd/ 形《限定》予想された；期待された；予定された ‖ an ~ result 予想された結果

ex·pec·to·rate /ɪkspéktərèɪt/ 動 他自 (痰(たん)を)せきをして吐き出す；(つばを)吐く(spit) **ex·pèc·to·rá·tion** 名 Ⓤ Ⓒ 痰の吐き出し；吐き出したもの

ex·pe·di·en·cy /ɪkspíːdiənsi/, **-ence** /-əns/ 名 (複 **-cies** /-z/, **-enc·es** /-ɪz/) ❶ Ⓤ 便宜, 好都合；得策, 適切(さ) ❷ Ⓤ 便宜主義, 御都合主義 ❸ Ⓒ 一時しのぎの方策, 便法, 方便(expedient)

***ex·pe·di·ent** /ɪkspíːdiənt/ 形 ❶《通例叙述》(目的達成に)好都合な, 有利な, 適切な(↔ inexpedient) ‖ We thought it ~ to investigate the problem immediately. 私たちはその問題を直ちに調査するのが適切だと考えた ❷ 便宜主義的な, 功利的な；政略的な ‖ for ~ reasons 便宜上の理由で —名 Ⓒ 手段；間に合わせの方策, 便法 ‖ by the simple ~ of *doing* …するという単純な手段で / a temporary ~ 間に合わせの方策 / a political ~ 政治的な方便 **~·ly** 副

ex·pe·dite /ékspədàɪt/ 動 〔▶ expedition 名〕他《堅》❶ …をはかどらせる, 促進する ‖ ~ payment 支払いを催促する ❷〔仕事〕を手早く片づける；…を発送[急送]する

éx·pe·dìt·er /-ər/ 名 Ⓒ 促進する人[もの]；(配送などの)促進[督促]係

***ex·pe·di·tion** /èkspədíʃən/ 名 〔◁ expedite 動〕Ⓒ ❶〈…への〉遠征；探検[調査]旅行〈**to**〉‖ a scientific ~ 科学調査旅行 / go on an ~ *to* the South Pole 南極探検に出発する ❷ 遠征隊, 探検隊 ‖ an Everest ~ エベレスト遠征隊 ❸《口》《ときに戯》外出；お出かけ ‖ go on a shopping ~ 買い物に出かける ❹ Ⓤ《堅》敏速, 迅速 ‖ with all possible ~ 可能な限り迅速に

ex·pe·di·tion·ar·y /èkspədíʃənèri | -əri/ 形 遠征[探検]の ▸▸ **~ fórce [ármy]** 名 Ⓒ 派遣軍

ex·pe·di·tious /èkspədíʃəs/ 〈シ〉形 (てきぱきと) 迅速な, 敏速な **~·ly** 副 迅速に, てきぱきと

***ex·pel** /ɪkspél/ 動 〔▶ expulsion 名〕(**-pelled** /-d/; **-pel·ling**) 他 ❶ …を〈学校・団体などから〉追放する, 除名する, 放逐する(↘ kick [OR boot, drive, throw, drum] out)〈**from**〉；…を〈…のかどで〉除名[追放]する, 免職にする〈**for**〉‖ He was *expelled from* school. 彼は放校された / The politician was *expelled for* bribery [OR taking bribes]. その政治家は収賄のかどで免職になった ❷ …を〈…から〉追い出す[払う]〈**from**〉；〔外国人〕を国外に追放する ‖ The foreign reporter was *expelled from* the country. その外国人記者は国外に追放された ❸ …を〈身体などから〉押し出す, 吐き出す, 放出する〈**from**〉‖ ~ air *from* one's [OR the] lungs 肺から息を吐き出す

語源 *ex-* out+*-pel* drive：追い出す

ex·pend /ɪkspénd/ 動 〔▶ expenditure 名, expense 名, expensive 形〕他 ❶〔労力・金銭・時間など〕を〈…に〉費やす, かける(spend)〈**on, in**〉‖ ~ much energy *on* [OR *in*] reorganizing one's party 党の再編に多くのエネルギーを費やす ❷ …を消費する, 使い果たす(↘ use up) ‖ They had ~*ed* all their resources. 彼らは資産をすべて使い果たしてしまった

語源 *ex-* out+*-pend* hang, weigh：はかりにかけて出す

***ex·pend·a·ble** /ɪkspéndəbl/ 形 消費[消耗]してよい, 消耗品の；(作戦上)犠牲にしてよい《兵士・物資など》‖ ~ supplies 消耗品

—名 Ⓒ《通例 ~s》消耗品；(消耗品としての)兵士

***ex·pen·di·ture** /ɪkspéndɪtʃər/ 名 〔◁ expend 動〕❶ Ⓤ Ⓒ〈…への〉支出(額), 費用, 経費〈**on, for**〉(♦ expense より格式的な語) ‖ The government reduced [OR cut down (on)] public ~*s*. 政府は公共支出を削減した / annual ~ 歳出 / welfare ~*s* 福祉費 / an ~ *on* defense 国防費 / an ~ *for* travel 旅行の費用 / require a large ~ 多大の出費を必要とする ❷ Ⓤ〈金・労力・時間などの〉消費, 消耗〈**of**〉‖ with great ~ *of* energy 多大の労力を費やして

‡**ex·pense** /ɪkspéns/《アクセント注意》

—名 〔◁ expend 動〕(複 **-pens·es** /-ɪz/) ❶ Ⓤ **費用**, 出費, 代価；支出；(金・労力・時間などを) 費やすこと ‖ at great [little, no] ~ 莫大(ばくだい)な費用をかけて[ほとんど費用をかけずに, 全く費用をかけずに] / We'll spare no ~ for our daughter's wedding. 我々は娘の結婚式では費用を惜しまないつもりだ / go to the ~ of printing the leaflet 小冊子の印刷に金をかける

❷ Ⓒ《~s》(必要) **経費**, …費；手当 ‖ Necessary ~*s* must be met anyhow. 必要な経費はとにかく支払わなければならない / You can claim back your hotel ~*s*. ホテル代は後で払い戻しの請求ができます / It's all on ~*s*. それはすべて必要経費でまかないます / all ~*s* paid 経費全額相手[会社]負担で(♦ 独立分詞構文)

連語 ❶❷【動+~】cover the ~(*s*) 費用をまかなう / defray [OR pay] the ~(*s*) 費用を支払う / incur the ~(*s*) 費用がかかる

【形/名+~】travel [OR traveling] ~*s* 旅費 / operating ~*s* 経常費 / medical [living] ~*s* 医療[生活]費 / legal ~*s* 訴訟費用 / additional [OR extra] ~(*s*) 追加の費用 / public ~ 公費

❸ Ⓒ 金のかかるもの[こと], 出費のもと ‖ Putting our son through college was a great ~ to us. 息子に大学を卒業させるのにとても金がかかった ❹ Ⓤ 犠牲；損失

at àny expénse ① どんなに費用をかけても ② どんな犠牲を払っても

****at one's expénse*** ① (人の) 費用で；…を犠牲にして ‖ *at* the company's ~ 会社の費用で ② (人を)だし[さかな]にして, (人を) からかって ‖ He often makes jokes *at* other people's ~. 彼はよく他人をだしにして冗談を言う

****at the expénse of ...*** ① …の費用[負担]で ② **…を犠牲にして** ‖ He got a lot of money *at the* ~ *of* his time and health. 彼は時間と健康を犠牲にして多額の金を手に入れた

gò [pùt a person] to grèat [OR ***a lòt of***] ***expénse*** 大金をかける[〔人〕にかけさせる]

gò [pùt a pèrson] to the expénse of ... 多額の金をかけて[〔人〕にかけさせて]…する

—動 他 …を必要経費として扱う, 経費勘定につける

▸▸ **~ accòunt** 名 Ⓒ (給料外の)必要経費, 交際[出張]費 **~ allòwance** 名 Ⓒ 必要経費控除限度額

‡**ex·pen·sive** /ɪkspénsɪv/

—形 〔◁ expend 動〕(**more ~**；**most ~**)

❶ **高価な**, 費用のかかる；ぜいたくな；(店などが)値段の高い；高級な(↔ cheap) (⇨ 類語) ‖ Tokyo is probably the most ~ city to live in. 東京はたぶん住むのには最

も金のかかる都市だろう / Flying first class is too ~ for me. 飛行機のファーストクラスは高すぎて私には利用できない / Gas is ~ now. 今ガソリンの値段が高い (=The price of gas is high [×expensive] now.) / an ~ perfume 高価な香水 / She has ~ tastes in clothes. 彼女は衣服の好みがぜいたくだ / the most ~ restaurant in this area この辺りで最も値段の高いレストラン
❷ (過ちなどが) 人を不利な立場に置く, 高くつく ‖ an ~ mistake 高くつく失策
~·ly 副 金[費用]をかけて **~·ness** 名

類語 《❶》**expensive**「高価な」の意の一般語. しばしば手が届かないほど値段が高い, ぜいたくであるという含みを持つ. 〈例〉 an *expensive* dress 高価なドレス
costly「非常に expensive な」の意. 優れた品質や得難い価値を持つことを意味する. 〈例〉 a *costly* jewel 高価な宝石
dear cheap (安い)の反意語で「品質の割にあるいは通常の値段以上に高い」の意を含む. 主に《英》で用いる.
high-priced ただ「値段が高い」ことを表し, 特別なニュアンスを伴わない.
valuable (「高価」を表すこともあるが) しばしば金銭に換算できない大切な「価値」があることを意味する.

ex·pe·ri·ence /ɪkspíəriəns/ 《発音注意》

—名 (複 **-enc·es** /-ɪz/) U ❶ 〈…の〉**経験**, 体験 〈**in, of, with**〉; (長い経験で得た)知識, 知恵, 技能 ‖ **I have** no ~ *of* foreign travel. 私は海外旅行の経験がない / We learn by [OR **from**] ~. 我々は経験から学ぶ / They are looking for someone with sales ~. 彼らは販売経験のある人材を求めている / Her ~ 「*in* teaching [OR as a teacher] is limited. 彼女の教師としての経験は浅い / I know **from** ~ that he is not punctual. 彼が時間を守らないのは経験からわかっている / No previous ~ necessary. 経験不問 (♥ 求人広告などで用いる) / a man of ~ 経験豊かな人 / a doctor with ten years' ~ 10年の経験を積んだ医師 / gain [OR get] ~ 経験を積む
❷ C **経験したこと**, (個々の)体験 ; U 経験したことのすべて ‖ I had a good [bad] ~. 私はよい[ひどい]体験をした / I've never known it to happen **in** my own ~. 私自身の経験ではそれは一度も起こったことがない / *Experience* shows that ... 経験によると…だ

連語 ❶ ❷ 【形/名+~】 personal ~ 個人的な体験 / work ~ (会社などでの)実習(期間), 仕事の経験 / practical ~ 実地経験 / past ~ 過去の体験 / religious ~ 宗教体験 / learning ~ 学習経験

❸ 《the ~》(特定の集団・社会の成員が共有する)経験, 体験 ; 知識 ‖ the Jewish ~ during World War II 第2次世界大戦中のユダヤ人の経験

「**pùt ... dòwn** [OR **chàlk ... ùp**] **to expérience** 〔失敗など〕を貴重な経験として覚えておく, 教訓とする
—動 (**-enc·es** /-ɪz/ ; **~d** /-t/ ; **-enc·ing**) 他 ❶ …を**経験[体験]する**, …の目に遭う ‖ ~ a severe recession 深刻な不況を体験する ❷ …を味わう, 感じる ‖ ~ hardship [pleasure] 苦労[喜び]を味わう

ex·pe·ri·enced /ɪkspíəriənst/ 形 (**more ~ ; most ~**) 〈…の〉経験を積んだ ; (ある分野・職業で)〈…に〉熟練した, 練達の (↔ inexperienced) 〈**at, in**〉 ‖ I'm ~ *in* market research. 市場調査は経験豊富です / an ~ teacher [nurse] ベテラン教師[看護師]

ex·pe·ri·en·tial /ɪkspìəriénʃəl/ 〈シ 形 経験(上)の, 経験に基づいた, 経験的な (empirical) ‖ ~ philosophy 経験哲学 **~·ly** 副 経験に基づいて

ex·per·i·ment /ɪkspérɪmənt/ (→ 動) 名 動

—名 (複 **~s** /-s/) ❶ C **実験**, 試験 ; 試み〈**in** …の分野での ; **on** …を対象としての ; **with** …を使っての〉 ‖ This ~ **shows** that his theory is incorrect. この実験は彼の説が間違っていることを示している / I don't approve of any ~*s on* animals. いかなる動物実験にも賛成しない / an ~ *in* communal living 共同生活の実験 / **perform** [OR **carry out**, **do**, conduct] a chemistry [physics] ~ 化学[物理]の実験をする / as an ~ 試験的に, 試みに
❷ U 実験すること, 試みること ‖ I proved the theory by ~. 私は実験によってその理論を証明した
—動 /ɪkspérɪmènt/ (**~s** /-s/ ; **~·ed** /-ɪd/ ; **~·ing**) 自 〈…の〉**実験をする**, 〈…を〉試みる 〈**on, with, in**〉 ‖ ~ *on* animals 動物実験をする / ~ *with* new drugs 新しい薬[麻薬]を試してみる / ~ *in* biotechnology 生物工学の実験をする
~·er 名

ex·per·i·men·tal /ɪkspèrɪméntəl/ 《アクセント注意》〈シ 形 (**more ~ ; most ~**) ❶ 実験[試験]用の ‖ ~ animals 実験動物 ❷ 実験の, 実験[試験]的な ; 実験に基づく ; 実験に関する ‖ The new medicine is at the ~ stage. その新薬は試験段階にある / ~ theater 実験劇場 / ~ psychology 実験心理学 / ~ data 実験データ ❸ 経験に基づく, 経験から得られた **~·ly** 副

expèriméntal·ìsm 名 U 実験主義, 経験主義 (empiricism) ; (特に)道具主義(instrumentalism) ; 実験好き **-ist** 名 C 形 実験主義者(の) ; 実験主義の

ex·per·i·men·ta·tion /ɪkspèrɪmentéɪʃən/ 名 U 実験(すること), 実験作業 ; 実験法

ex·pert /ékspəːrt/ 《発音注意》(→ 形) 名 形

—名 (複 **~s** /-s/) C ❶ 〈…の〉**熟練者**, 達人, エキスパート ; 専門家, 玄人, 大家 (↔ amateur) 〈**in, at, on**〉 ‖ You are an ~ *at* finding bargains. 君は掘り出し物を見つける名人だね / I'm not an ~, but you should see a doctor at once. 私も詳しくないですが, すぐに医者にみてもらった方がいいですよ (♥ 発言を和らげる働きがあり, 言いづらいことや助言を与える際に用いられることが多い) / consult a legal [medical, computer] ~ 法律[医学, コンピューター]の専門家に助言を求める / a Russia ~ ロシアに関する専門家 (♦ a Russian expert とすると「ロシア人の専門家」の意味にもなる) / an ~ *in* environmental problems 環境問題の専門家 / an ~ *on* foreign affairs 外交問題の権威
❷ 《米軍》(射撃の)特級射手
—形 /ékspəːrt, ɪkspə́ːrt/ (**more ~ ; most ~**)
❶ 〈…に〉**熟練した**, 練達の, 巧みな ; 専門的知識[技能]のある (↔ unskilled) 〈**at, in**〉 ‖ He is ~ *at* [OR *in*] handling small children. 彼は小さな子供の扱いがうまい / an ~ guide 熟練したガイド
❷ 《限定》専門家の[による] ‖ an ~ eye 専門家の見方[目] / ask for ~ **advice** 専門家の助言を求める
~·ly 副 **~·ness** 名
▸▸ **~ sýstem** 名 C 💻 エキスパート[専門家]システム《各分野の専門家の知識や方法を体系化し, コンピューターに移し替えたシステム》

ex·per·tise /èkspə(ː)rtíːz/ 《発音・アクセント注意》 名 U 〈…についての〉専門的知識[技術, 意見]〈**in**〉 ‖ Selecting wine(s) requires ~. ワインの選定には専門的知識が必要である / computer ~ コンピューターの専門知識 / ~ *in* investment 投資の専門知識

ex·pi·ate /ékspièɪt/ 動 他 〔罪〕を償う, あがなう
èx·pi·á·tion 名 U (罪の)償い, 罪滅ぼし ‖ in ~ of one's sin 罪滅ぼしに **-à·tor** 名 C 罪をあがなう人
-a·tò·ry 形 (罪の)償いとなる, 罪滅ぼしの

ex·pi·ra·tion /èkspəréɪʃən/ 名 U ❶ 《米》(契約期間などの) 満了, 終了 (《英》 expiry) ‖ at [OR on] the ~ of the lease 賃貸借期間の満了時に ❷ 息を吐くこと, 呼気作用 ❸ 死亡
▸▸ **~ dàte** 名 C 《米》(クレジットカード・ビザなどの) 有効期限 ; (食品の)賞味期限 (《英》 expiry date)

E

ex·pi·ra·to·ry /ɪkspáɪərətɔ̀ːri | -tə-/ 形 呼気(作用)の,(肺から)息を吐き出す

*__ex·pire__ /ɪkspáɪər/ 動 自 ❶ (期間が)切れる, 終了する, 満期になる(↘ run out); (権利などの)期限が切れる; (任期が)満了する ‖ I just noticed that my passport ~*d* last month. 先月でパスポートの期限が切れたことに気づいたところだ ❷ 息を引き取る, 死ぬ (♥ die の婉曲語) ❸ 息を吐く(↔ inspire) 一他〔息〕を吐き出す
語源 ラテン語 *ex*-(外へ)+*spirare*(呼吸する): 息を出す. spirit と同系.

ex·pi·ry /ɪkspáɪəri/ 名 U《主に英》(期間・契約などの)満了, 満期 (《米》 expiration) ‖ at the ~ of the term 期限満了時に
▸▸ ~ **dàte** 名 C 《英》=expiration date

E

⁑**ex·plain** /ɪkspléɪn/
一動〔▶ explanation 名, explanatory 形〕(**~s** /-z/; **~ed** /-d/; **~·ing**)
一他 ❶ **説明する a** 《(+目)》…を〈人に〉(詳細に)説明する〈**to**〉; …を弁明[釈明]する; …の意味を述べる ‖ Please ~ your plan briefly [fully] *to* us. あなたの計画を私たちに手短に[詳しく]説明してください (♦ ×explain us your plan は不可. ⇨ PB 59) / His appearance ~*s* his nickname. 彼の外見でそのあだ名の由来がわかる / That ~*s* it [OR a lot]. なるほどそれでわかりました
b 《(+to 名) +that 節》(〔人〕に)…ということを説明[弁明]する ‖ He ~*ed to* me *that* he had caught a bad cold. 彼はひどい風邪をひいていたと私に弁明した / "I was late because of a subway accident," she ~*ed* plausibly. 「地下鉄の事故で遅れたんです」と彼女はもっともらしく説明した
c 《(+to 名) +wh 節 / wh to *do*》(…に)…かを説明する ‖ I ~*ed to* the police *how* the accident had happened. 私はその事故がどのようにして起こったのかを警察に説明した / She ~*ed how to* take a Japanese bath. 彼女は日本の入浴法を説明した
❷〔意味など〕をはっきりさせる, 明らかにする, 〈…に〉わかりやすくする〈**to**〉‖ ~ obscure points あいまいな点を明らかにする / ~ the meaning of a word 語の意味をはっきりさせる
一自 **説明[弁明]する**〈**to** …に; **about** …について〉‖ The doctor ~*ed to* his family *about* his disease. 医者は家族に彼の病状について説明した
explàin awáy ... / explàin ... awáy 〈他〉…を釈明して言い抜ける (excuse) ‖ ~ *away* one's broken promises 約束を破ったことの言い逃れをする
expláin onesèlf ① 自分の言いたいこと[立場]をはっきりさせる ② (自分の不始末について)弁明する

COMMUNICATIVE EXPRESSIONS
1 **Lèt me expláin. You sée,** we gòt in an áccident. 説明させてください. 実は私たちは事故に巻き込まれまして (♥ 事情の説明・弁明をする際の切り出し文句. ↗If I could explain, we .... / ↘The thing is, we ....)

~·a·ble 形 説明[弁明]できる, 説明のつく **~·er** 名
語源 *ex*- out+-*plain*(明白な): はっきりさせる

⁑**ex·pla·na·tion** /èksplənéɪʃən/
一名〔◁ explain 動〕(複 **~s** /-z/) ❶ U C **説明**, 釈明〈**of** …の / **that** 節 …という〉‖ These figures need ~. これらの数字には説明が必要だ / by way of ~ 説明として, 説明のつもりで / in ~ *of* what happened there そこで何が起こったかの説明として / without ~ 説明なしに / spend much time on the ~ *that* the project is important to us そのプロジェクトが私たちに重要だという説明にたっぷり時間をかける
❷ C **説明となるもの[事実, 事情]**, 釈明の言葉; 解釈, 解説; 理由〈**for, of** …の / **that** 節 …という〉‖ We accepted his ~ *that* he had forgotten all about it. 我々はそのことをすっかり忘れていたという彼の釈明を受け入れた / a satisfactory ~ *for* her behavior 彼女の行動についての納得のいく説明 / a concise ~ *of* how the machine works その機械がどう動くかについての簡潔な説明 / **provide** [OR **give, offer**] an ~ 説明をする / come up with an ~ 釈明の言葉を考え出す / a possible ~ 考えられる理由
❸ C (誤解を解くための)話し合い; 了解, 和解

COMMUNICATIVE EXPRESSIONS
1 **Thát cannòt bè the explanátion.** それは説明になっていない; 説明が不十分です (=I am not satisfied with your explanation.)

ex·plan·a·to·ry /ɪksplǽnətɔ̀ːri | -tə-/ 形〔◁ explain 動〕《通例限定》説明的な, 説明のための, 説明に役立つ; 弁明の, 釈明的な ‖ an ~ comment 解説 / ~ notes 注釈 **-ri·ly** 副 説明的に, 説明[弁明]として

ex·plant /eksplǽnt | -plɑ́ːnt/ (→ 名) 動 他 《生》(生体の一部)を(培養基に)移植する
一名 /éksplænt | -plɑːnt/ C 移植[外植]片
-plan·tá·tion 名 U 外植, 体外培養

ex·ple·tive /éksplətɪv | ɪksplíː-/ 名 C ❶ (意味のない)間投詞 (My goodness! など); (特に卑猥(ひわい)なまたは冒瀆(ぼうとく)的な)ののしりの言葉 (Damn! など) ❷ 《文法》(意味のない)虚辞 (It is wrong to say so. There is nothing left. の it, there など)
一形 (語句などが)付け足しの, 付加的な, 補足的な

ex·pli·ca·ble /ɪksplíkəbl, éksplɪ-/ 形 《叙述》説明できる, 説明のつく (↔ inexplicable) ‖ On this assumption all his prejudices are ~. この仮定に立てば彼の偏見はすべて説明がつく

ex·pli·cate /éksplɪkèɪt/ 動 他〔考え・原理など〕を詳細に説明する(↘ spell out); 〔文学作品など〕を解明[解釈]する; 〔仮説など〕を展開する
èx·pli·cá·tion 名 U C 解明, 解釈

*__ex·plic·it__ /ɪksplísɪt/ 形 (**more ~; most ~**) ❶ (文章などが)明白な, はっきりした, 明確な; (詳細に述べられて)あいまいさのない; 系統立った (↔ implicit) ‖ He was ~ about what he wanted: a pay raise. 彼は自分の望んでいること, つまり賃上げについてはっきりと述べた / an ~ statement 明確な陳述 / ~ instructions 明快な指示
❷ (人・意見などが) 遠慮のない, 率直な ‖ Be a little more ~. もう少しはっきり言ってください / ~ criticism 遠慮のない批評 ❸ (性・暴力などの描写が)あからさまな, 露骨な ‖ sexually ~ pictures 露骨な性描写の写真 ❹ 《数》陽関数表示の **~·ness** 名

*__ex·plic·it·ly__ /ɪksplísɪtli/ 副 (詳細に)はっきりと, 明確に; 遠慮なく(↔ implicitly)

⁑**ex·plode** /ɪksplóʊd/
一動〔▶ explosion 名, explosive 形〕(**~s** /-z/; **-plod·ed** /-ɪd/; **-plod·ing**)
一自 ❶ (爆弾・ガス・ボイラーなどが)**爆発する**, 破裂する(↘ blow up) ‖ A **bomb** ~*d* in the building. その建物で爆弾が爆発した / The defective gas pipe ~*d*. 欠陥ガス管が破裂した
❷ (感情が)爆発する(↘ burst out); (人が)〈感情を〉突然あらわにする〈**with, in**〉; (人・物が) 急に〈…に〉なる〈**into**〉(⇨ ANGER メタファーの森) ‖ His anger ~*d*.=He ~*d with* [OR *in*] anger. 彼の怒りが爆発した / She ~*d into* laughter. 彼女は突然笑い出した / The meeting ~*d into* a riot. その集会は突然暴動化した
❸ (人口などが) 急激に増加する, 爆発的に増える ‖ The crow population in urban areas has ~*d*. 都会のカラスの数が急増している ❹ (物が)大きな音を立てる
一他 ❶ …を爆発させる, 破裂させる, 爆破する(↘ blow up) ‖ ~ dynamite ダイナマイトを爆発させる / ~ firecrackers 爆竹を鳴らす ❷〔理論・迷信など〕を論破する, 打破する; …の偽りを暴く (♦ しばしば受身形で用いる) ‖ I believe that my arguments will not easily be ~*d*. 私の論点は簡単には論破されないと信じている / ~ a

rumor うわさを根拠のないものと見抜く ❸《直接話法で》どなって…と言う ‖ "What are you doing here?" she ～*d*.「一体ここで何をしているの」と彼女はどなった

COMMUNICATIVE EXPRESSIONS

1 **I'm** [OR **My héad is**] **gòing to explóde.** (心配・ストレスで)頭がおかしくなりそうだ

語源 ラテン語 *ex-*(外へ)＋*plaudere*(拍手をする):「拍手やブーイングで舞台から退場させる」の意から「(急に大きな音で)放出する」に転じた. applaud と同系.

ex·ploit[1] /ɪksplɔ́ɪt/
━動 (～s /-s/; ～·ed /-ɪd/; ～·ing) 他 ❶ …を(自己の利益のために)**不当に利用する**, …につけ込む(↷ play [OR trade] on);(低賃金・超過労働などで)…を搾取する ‖ He ～*ed* us under the guise of friendship. 彼は友情を装って我々を利用した / ～ the workers 労働者を搾取する
❷ …を有効に利用[活用]する;〔資源など〕を開発する ‖ **fully** ～ the potential 可能性を十分に活用する / ～ energy sources エネルギー源を開発する
～·a·ble 形 **～·er** 名 C 開発者;利用者;搾取者

ex·ploit[2] /éksplɔɪt/ 名 C《通例 ～s》手柄, 偉業

ex·ploi·ta·tion /èksplɔɪtéɪʃən/ 名 U ❶ 利己的利用;搾取, 食い物にすること ❷ (資源などの)開発;効果的利用, 活用

ex·ploit·a·tive /ɪksplɔ́ɪtətɪv/ 形 搾取した, 食い物にした

ex·ploit·ive /ɪksplɔ́ɪtɪv/ 形 ＝exploitative

ex·plo·ra·tion /èkspləréɪʃən, -plɔː-/ 名〔◁ explore 動〕U C ❶ 探検, 踏査, 探査;(天然資源などを探すための)(実地)調査;〈問題などの〉探究, 調査〈into〉‖ space ～ 宇宙探検 ❷〘医〙(傷などの)探り;触診

ex·plor·a·to·ry /ɪksplɔ́ːrətɔ̀ːri | -plɔ́rətə-/, **-tive** /-tɪv/ 形 探検[実地調査]の(ための);〘医〙診査の

ex·plore /ɪksplɔ́ːr/
━動〔▶ exploration 名〕(～s /-z/; ～d /-d/; -plor·ing)
━他 ❶ …を**探検する**, 踏査する;〈資源などを求めて〉〔地域〕を調査する〈for〉‖ ～ an unknown island 未知の島を探検する / After dropping our bags at the hotel, let's ～ the town a bit before dinner. ホテルにかばんを置いたら夕食前に町をちょっとぶらつきましょうよ
❷ …を探究[検討]する, (詳細に)調査する ‖ *Explore* every possibility for success. 成功のあらゆる可能性を検討しなさい / This topic will be ～*d* **further** in the next section. この話題は次の節でさらに詳しく検討する / ～ human underwater capability 水中での人間の能力を調査する
❸ …を(手やほかの身体部位で)触って調べる ‖ ～ the sand with one's hand(s) 手で砂を探る
❹〘医〙〔傷など〕を探る;外科的に調べる
━自〈…を〉探検する;調査する〈for〉‖ ～ *for* oil over a vast region 広範な地域にわたって石油を探査する

ex·plor·er /ɪksplɔ́ːrər/ 名 C ❶ 探検家, 踏査者;調査者 ❷ (傷などへの)探り針

ex·plo·sion /ɪksplóuʒən/
━名〔◁ explode 動〕(複 ～s /-z/) ❶ C U **爆発**, 破裂;爆発[破裂]音 ‖ the ～ of a gas tank ガスタンクの爆発 / nuclear ～*s* 核爆発 / **cause** an ～ 爆発を引き起こす / We heard two loud ～*s*. 我々は2回大きな爆発音を聞いた
❷ C 急激な増加, 爆発的な増加 ‖ a population ～ 人口の爆発的増加 / the ～ of on-line learning オンラインによる学習の急増
❸ C (怒り・笑いなどの)爆発 ‖ an ～ of wrath 怒りの爆発 ❹ C (突然の)大音響 ❺〘音声〙破裂(plosion)

ex·plo·sive /ɪksplóusɪv/ 形〔◁ explode 動〕(**more** ～; **most** ～) ❶ 爆発しやすい, 爆発(性)の ‖ an ～ device 爆発物;爆弾 / ～ force 爆発力 ❷ 急激な, 爆発的な ‖ an ～ development 急激な発展 ❸ (状況などが)危険な, 一触即発の;(問題などが)波乱含みの ❹ 激情的な, 激情に駆られやすい ‖ He has an ～ temper. 彼はかっとなりやすい気性である ❺ (音が)突然で大きい ❻〘音声〙破裂音の(plosive)
━名 ❶ C U 爆薬, 爆発物 ‖ high ～*s* 高性能爆薬 / 30 lbs of ～*s* 30ポンドの爆薬 / an ～*s*-sniffing dog 爆薬探知犬 ❷〘音声〙破裂音(plosive)
～·ly 副 爆発的に **～·ness** 名

ex·po /ékspou/ 名 (複 ～s /-z/) C (万国)博覧会(♦ *exposition* の短縮形)

ex·po·nent /ɪkspóunənt/ 名 C ❶ 説明[解説]者;説明となるもの;(音楽の)演奏家[者] ❷ (主義などの)主唱者, 支持[擁護]者, 推進者, 典型的な代表者 ‖ an ～ of democracy 民主主義の代弁者 ❸〘数〙冪(べき), 指数

ex·po·nen·tial /èkspənénʃəl/ ＜シ 形 ❶〘数〙指数の ‖ an ～ equation [function] 指数方程式[関数] ❷ (増加などが)急激な **～·ly** 副

:ex·port /ɪkspɔ́ːrt, eks-/《アクセント注意》(→ 名)
━動〔▶ exportation 名〕(～s /-s/; ～·ed /-ɪd/; ～·ing)
━他 ❶ …を〈…へ〉**輸出する**(↔ import)〈to〉‖ Australia ～*s* wool *to* Japan. オーストラリアは日本に羊毛を輸出している / Nowadays Japan ～*s* some baseball players *to* the American major leagues. 今日では日本は何人かの野球選手をアメリカの大リーグに送り込んでいる
❷〔文化・思想など〕を〈…に〉伝える, 広める〈to〉
❸ 🖳〔データなど〕をプログラムの異なるシステムへ送り出す, エクスポートする ━自 輸出する
━名 /ékspɔːrt/ (複 ～s /-s/) ❶ U **輸出** ‖ the ～ of semiconductors 半導体の輸出 / invisible ～ 貿易外輸出 / toys **for** ～ 輸出用の玩具(がんぐ)
❷ C《通例 ～s》輸出品;輸出額 ‖ The English language is now one of Britain's most reliable ～*s*. 英語は今では英国で最も確実な輸出品目の1つである / voluntary restraint of ～*s* 輸出の自主規制
❸《形容詞的に》輸出(品)の, 輸出向けの(上等な) ‖ an ～ market 輸出市場 / ～ earnings 輸出所得 / an ～ reject 輸出不合格品《通常国内で売られる》
❹ U 🖳 (プログラムの異なるシステムへの)データの送り出し, エクスポート《ほかのアプリケーションソフトでも読めるようにデータ形式を変更して保存すること》
語源 ラテン語 *ex-*(外へ)＋*portare*(運ぶ):外へ運び出す. import, portable と同系.
～·a·ble 形 輸出できる, 輸出向けの

ex·por·ta·tion /èkspɔːrtéɪʃən/ 名〔◁ export 動〕U 輸出(業);C 輸出品(↔ importation)

***ex·port·er** /ɪkspɔ́ːrtər, eks-/ 名 C 輸出(業)者;輸出国(↔ importer) ‖ grain ～*s* 穀物輸出業者[国] / Vietnam is a leading ～ of coffee. ベトナムはコーヒーの主要輸出国だ

:ex·pose /ɪkspóuz/
━動〔▶ exposure 名〕(-pos·es /-ɪz/; ～d /-d/; -pos·ing)
━他 ❶ …を**露出する**, むき出しにする;…を目に見えるようにする;…を〈日光・風雨などに〉さらす〈to〉(⇨ REVEAL 類語) ‖ At low tide the rock is ～*d*. 潮が引くとその岩が現れる / Don't ～ your skin *to* the sun. 肌を日光にさらしてはいけない
❷ …を〈危険・攻撃などに〉遭わせる, さらす〈to〉‖ Our civilization was ～*d to* the impact of the West. 我が国の文明は西洋の衝撃にさらされた / ～ oneself *to* danger 危険に身をさらす / ～ oneself *to* criticism [ridicule] 批判[嘲笑(ちょうしょう)]されるようなことをする
❸〔秘密・計画・正体など〕を暴露する, 暴く〈to …に; as …であると〉;…を摘発する ‖ The villagers ～*d* the murderer *to* the police. 村民たちはその殺人鬼の正体を警察に通報した / He was ～*d as* an imposter. 彼はぺてん師であることが暴露された / The corruption case was ～*d*. その汚職事件は摘発された

E

❹ …を(直接)〈…に〉触れさせる, 体験させる〈**to**〉‖ ～ children *to* different cultures 子供たちを異文化に触れさせる ❺〘写〙〔フィルムなど〕を露出する, 感光させる ❻《受身形で》〈ある方向に〉開けている, 向いている〈**to**〉‖ The lands are ～*d to* the north. その土地は北に開けている ❼《～ oneself で》(公衆の面前で)体[陰部]を露出する ❽〘人類〙(未開社会で)〔幼児〕を戸外に放置して死に至らしめる

ex·po·sé, -se /èkspouzéɪ | ‒́‒̀‒/ 名 Ⓒ ❶ (スキャンダルなどの)暴露, すっぱ抜き(記事) ❷ (事実などの)(短い)陳述, 要約(♦フランス語より)

E

***ex·po·si·tion** /èkspəzíʃən/ 名 ❶ Ⓤ 展示, 陳列；Ⓒ 博覧会, 展覧会(exhibition)(→ expo) ‖ an industrial [international] ～ 産業[万国]博覧会 ❷ Ⓒ Ⓤ 叙述；(詳細な)説明, 解説, 論評(→ expound) ‖ a clear ～ of his latest theory 彼の最新の理論についての明確な説明 ❸ Ⓒ〘楽〙(ソナタ・フーガなどの)(主題の)提示部

ex·pos·i·tor /ɪkspá(ː)zəṭər | -póz-/ 名 Ⓒ 説明[解説]者

ex·pos·i·to·ry /ɪkspá(ː)zətɔ̀ːri | -pózətə-/ 形 説明[解説]的な

ex post fac·to /èks pòust fǽktou/ 形 副《ラテン》〘法〙事後の[に], 遡及(そきゅう)的な[に] ‖ an ～ law 事後法, 遡及法 / ～ approval 事後承認

ex·pos·tu·late /ɪkspá(ː)stʃəlèɪt | -póstju-/ 動 自 諭す, いさめる ‖ ～ with him on [or about] his conduct 彼に行動について意見する

ex·pos·tu·la·tion /ɪkspɑ̀(ː)stʃəléɪʃən | -pɔ̀stju-/ 名 Ⓤ Ⓒ 説諭, 諫言(かんげん), 忠告

***ex·po·sure** /ɪkspóuʒər/ 名〔◁ expose 動〕❶ Ⓤ Ⓒ〈風雨などに〉さらされること；〈危険などに〉身をさらすこと；〈影響などを〉受けること〈**to**〉‖ His face is tanned by years of ～ *to* the tropical sun. 長年熱帯の太陽にさらされて彼の顔は日焼けしている / ～ *to* danger 危険に身をさらすこと / Their ～ *to* Indian ideas strongly influenced the Beatles. インド思想との接触からビートルズは強い影響を受けた
❷ Ⓤ Ⓒ (秘密などの) 暴露, 露見；摘発 ‖ the ～ of a scandal [plot] スキャンダルのすっぱ抜き[陰謀の摘発]
❸ Ⓤ (厳寒時の) 凍傷などの症状 ‖ suffer from ～ 凍傷で苦しむ ❹ Ⓤ マスメディアに取り上げられること, (マスコミへの)(頻繁な)登場(publicity) ‖ His campaign manager thought he needed more television ～. 彼の選挙運動参謀は彼がもっと頻繁にテレビに出ることが必要だと考えた ❺ Ⓤ Ⓒ〘写〙露光(時間)；(フィルムの)1こま ‖ a roll of 24 ～*s* 24枚撮りのフィルム ❻ Ⓒ《単数形で》(部屋などの)向き, 方位 ‖ a room with a southern ～ 南向きの部屋 ❼ Ⓒ〘金融〙エクスポージャー《企業や投資家が負う財務リスクの総額》❽ Ⓤ〘人類〙(未開社会の)子捨て
▸▸ ～ **mèter** 名 Ⓒ〘写〙露出計

ex·pound /ɪkspáund/ 動 他 ❶〔主義・学説など〕を〈…に〉詳細に説明する〈**to**〉(→ exposition) ❷〔特に聖典〕を〈…に〉説明[解説]する, 解釈する〈**to**〉
—自〈…を〉詳述する〈**on**〉 ～**·er** 名 Ⓒ 解説者；解釈者

⁝**ex·press** /ɪksprés/ 動 形 名 副

中心義 **Aを外に押し出す**(★Aは「考え」「荷物」「列車」など)

—動〔▸ expression 名, expressive 形〕(～**·es** /-ɪz/；～**ed** /-t/；～**·ing**)

—他 ❶ **a** 《＋目》〔考えなど〕を**表現する**, 言い表す；(芸術的に)…を表現する ‖ Everybody ～*ed* admiration for the girl's performance. だれもがその女の子の演技を素晴らしいと言った / Some scholars ～*ed* their reservations about its truth. 何人かの学者はその真実性について疑念を呈した / Words cannot ～ our thanks to our coach. コーチへの感謝の気持ちは言葉では言い表せない
b 《＋wh 節》…かを言葉に表す, 述べる ‖ I can scarcely ～ to you *how* grateful I am for your help. あなたのご援助をどれほどありがたく思っているかとても言葉では言い表せません(♦ ˣexpress you how … とはいわない)

連語 【～＋名】～ concern 懸念を表明する / ～ one's view [or opinion, ideas] 意見[考え]を表明する / ～ (an) interest 関心を示す / ～ one's feelings 感情を表現する / ～ a wish [or desire] 願望を表明する / ～ doubt [surprise] 疑念[驚き]を示す / ～ (one's) fear(s) [gratitude, regret, sympathy] 懸念[感謝の気持ち, 後悔の念, 同情の意]を示す

❷ (表情・身振りなどが)〔感情・性質など〕を表す, 示す ‖ Her gestures ～*ed* pleasure at seeing him again. 彼女の身振りには彼に再会できた喜びが表れていた
❸ …を〈記号・符号・数字などで〉表す〈**as, in**〉；(記号・符号・数字などが)…を表す ‖ The sign + ～*es* addition. ＋の符号は加算を表す / ～ ozone *as* O_3 オゾンを O_3 で表す
❹ …を速達[急行]便で送る
❺〔果汁・乳など〕を〈…から〉搾り出す, 絞る(press)〈**from, out of**〉❻〘遺伝〙《通例受身形で》(遺伝子が)発現する

****expréss onesèlf*** 自分の考えを述べる；(芸術活動などで)自己を表現する；(感情などが)外に出る, 表れる ‖ He ～*ed* himself well in debate [Chinese]. 彼は討論[中国語]で自分の意見を上手に述べた / Her anger ～*ed* itself in her voice. 彼女の怒りは声に表れていた

COMMUNICATIVE EXPRESSIONS

1 **I'd lìke to exprèss my grátitude** [or **appreciátion**] **(for** your contribútion**).** (寄付[貢献]していただいたことに)感謝を表明したく存じます(♥ 感謝を表す形式ばった表現. ↘Thank you very much (for your contribution).)

—形《比較なし》《限定》❶ **急行の**, 高速用の ‖ an ～ train 急行列車 / an ～ elevator 高速エレベーター / an ～ highway 高速道路
❷ 速達の ‖ (by) ～ delivery 速達便(で)
❸ (サービスなどが)急ぎの, 至急の ‖ ～ service (クリーニングなどの)クイックサービス
❹ 明確な, はっきりした ‖ I had the ～ support of my boss for that action. その行動に関しては私は上司のはっきりとした支持を取りつけていた / give ～ orders はっきりした命令を出す / an ～ provision [term] 明確な規定[条項] ❺ 特定の, 特別の ‖ for that ～ purpose [reason] 特にその目的[理由]で

—名 (複 ～**·es** /-ɪz/) ❶ Ⓒ **急行**《列車・バス・エレベーターなど》‖ the Orient *Express* オリエント急行 / travel by ～ 急行列車で旅行する
❷ Ⓤ (貨物などの)急行便(↔ freight)；急行便貨物；Ⓒ 急行便運送会社
❸ Ⓤ 速達便；Ⓒ 急使；至急報 ‖ send a letter by ～ 手紙を速達で送る ❹《E-》(新聞名の一部として)…エクスプレス ‖ *The Daily Express* デイリー＝エクスプレス

—副《比較なし》❶ 急行で ‖ travel ～ 急行で旅行する
❷ 急行便で；速達で ‖ send a letter ～ 速達で手紙を出す
▸▸ ～ **láne** 名 Ⓒ ①(高速道路の)追い越し車線 ②(スーパーマーケットなどの)少数品目購入者用レジ

ex·press·i·ble /ɪksprésəbl/ 形 表現できる；絞り出せる

⁝**ex·pres·sion** /ɪkspréʃən/

—名〔◁ express 動〕(複 ～**s** /-z/) ❶ Ⓤ Ⓒ (言葉などによる)**表現**, 表明 ‖ beyond ～ 言葉で表現できないほど(の) / Giving ～ to your grief will help (you) (to) get over it. 悲しみを口に出して言うことは悲しみを乗り越える手助けとなる / Their excitement found ～ in enthusiastic applause. 彼らの興奮は熱烈な拍手に表れた / freedom of ～＝free ～ 表現の自由 / the ～ of one's opinions 意見の表明
❷ Ⓒ (特定の)表現, 言葉遣い, **言い回し**, 語句 ‖ He is a nut if you'll pardon [or excuse, forgive] the ～. こ

んな言い方が許していただけるなら, 彼は変人です / a colloquial [literary] ～ 口語［文語］表現 / an idiomatic ～ 慣用表現
❸ Ⓒ Ⓤ (顔の)表情(facial expression), (声の)調子[抑揚] ‖ She wore a sad ～. 彼女は悲しそうな表情をしていた / The policeman's eyes changed ～. 警官の目つきが変わった / The children stared at me without ～. 子供たちは無表情で私を見つめた / a blank ～ 無表情 / with an ～ of satisfaction 満足げな表情で
❹ Ⓤ 表現力, (特に話し方・歌い方などの)表現[表情]の豊かさ ; 〘楽〙(テンポ・強弱など) 音楽上の解釈, 発想 ‖ She recited a poem, putting ～ in her voice. 彼女は声に感情を込めて詩を朗読した / sing a solo with ～ 表情豊かに独唱する
❺ Ⓒ 表現するもの, 表現手段 ; (感情などの)表れ ‖ Please accept this as an ～ of my gratitude. 私の感謝のしるしとしてこれを受け取ってください / Tears are an ～ of grief. 涙は悲しみの表れである
❻ Ⓒ 〘数〙 式 ‖ a numerical ～ 数式 ❼ Ⓤ (液体の) 搾出, 絞り出し ❽ (= **géne ～**) Ⓤ 〘遺伝〙発現

expréssion·ìsm 名 《しばしば E-》 Ⓤ 〘芸〙 表現主義 《20世紀初頭に起こった, 主観を極度に強調する芸術運動》
-ist 形 名 《しばしば E-》 Ⓒ 表現主義(派)の(人)
ex·près·sion·ís·tic 形

ex·prés·sion·less /-ləs/ 形 表情に乏しい, 無表情な ; (声が)感情のこもっていない ; (芸術作品が)表現力に乏しい ‖ an ～ face 無表情な顔 **～·ly** 副 無表情に

ex·pres·sive /ɪksprésɪv/ 形 〔◁ express 動〕 ❶ 表現[表情] に富む, 表情豊かな ; 意味深長な ‖ her ～ black eyes 彼女の表情豊かな黒い瞳(ひとみ) / an ～ smile 意味深長なほほ笑み ❷ 《+ **of** 名》《叙述》…を表現する, 表す ‖ a gesture ～ *of* contempt 軽蔑を表すしぐさ ❸ 表現(上)の, 表現的な ‖ ～ powers 表現力
～·ly 副 表情豊かに **～·ness** 名 Ⓤ 表情の豊かさ

ex·press·ly /ɪksprésli/ 副 ❶ 明白に, はっきりと ❷ 特別に, わざわざ, ことさらに

ex·pres·so /ɪksprésou, eks-/ 名 = espresso

expréss·wày 名 Ⓒ 《主に米》高速道路(freeway) (《英》motorway) (⇨ ROAD 類語P)

ex·pro·pri·ate /ɪkspróuprièɪt/ 動 他 (特に国家が) (公共の目的で)〔土地・財産など〕を収用[徴収]する ; 〔人〕の所有権を奪う ‖ ～ land from him = ～ him of his land 彼から地所を取り上げる
ex·prò·pri·á·tion 名 Ⓤ Ⓒ (土地の)収用

ex·pul·sion /ɪkspʌ́lʃən/ 名 〔◁ expel 動〕 Ⓤ Ⓒ ❶ 〈…からの〉追放, 排除, 放逐, 退去 ; 除名〈**from**〉 ‖ the ～ of a student *from* school 学生の放校 (処分) / an ～ order 国外退去命令 ❷ (体外などへの)排出, 放出

ex·punge /ɪkspʌ́ndʒ/ 動 他 〔語・名前など〕を〈…から〉消す, 削除する ; ぬぐい去る, 抹殺する〈**from**〉 ‖ ～ his name *from* the list リストから彼の名前を削除する

ex·pur·gate /ékspərgèɪt/ 動 他 《通例受身形で》〔書物など〕の不穏当な箇所を削る, 削除する ; 〔不道徳・下劣なもの〕を浄化する ‖ an ～*d* edition 削除版
èx·pur·gá·tion 名 **-gà·tor** 名

expy., expwy 略 expressway

ex·qui·site /ɪkskwízɪt, ékskwɪzɪt/ 形 ❶ 非常に繊細で凝ったつくりの, とても優美な ; 非常に繊細で美しい[愛らしい] ‖ The lady's kimono was of ～ floral design. その女性の着物は非常に優美な花柄のものだった ❷ この上なく見事な [素晴らしい], 絶妙の ‖ ～ technique 絶妙のテクニック / ～ pleasure この上ない快感 / ～ weather 申し分のない好天 ❸ (痛みなどが)非常に鋭い, 非常に激しい ‖ feel an ～ pain 激痛を感じる ❹ (感覚などが) とても鋭敏な ; とても洗練された ‖ an ～ ear for music 音楽に対するこの上なく鋭い耳 / ～ taste この上なく洗練された趣味 ━名 Ⓒ 《文》気取り屋, ダンディー
～·ly 副 **～·ness** 名

èx·sérvice 〈ジ〉 形 《限定》《主に英》(軍人が)退役の ; (物資が)軍払い下げの

èx·sérvice·man 名 (複 **-men** /-mən/) Ⓒ 《主に英》退役軍人 (《米》 veteran) (中立 ex-service member, ex-soldier)

***ext.** 略 extension ; exterior ; external ; extra ; extract

ex·tant /ekstǽnt, ékstənt/ 形 (古文書・遺物などが)残存している, 現存の ‖ the only text still ～ 今なお残っている唯一のテキスト

ex·tem·po·ra·ne·ous /ɪkstèmpəréɪniəs/ 〈ジ〉 形 ❶ (演説・演奏などが) 準備なしの, 即席の, 即興的な (impromptu), ぶっつけ本番の ‖ an ～ speech 即席の演説 ❷ 一時しのぎの, 間に合わせの (makeshift) ‖ an ～ supper 間に合わせの夕食 **～·ly** 副 即席に, 準備なしで

ex·tem·po·rar·y /ɪkstémpərèri | -pərəri/ 形 = extemporaneous

ex·tem·po·re /ɪkstémpəri/ 副 形 準備なしに[の], 即席に[の] (impromptu) ; 間に合わせに[の] ‖ speak ～ 即席で演説する / an ～ speech 即席の演説

ex·tem·po·rize /ɪkstémpəràɪz/ 動 自 即席に演説する ; 即興で演ずる ; その場しのぎをする ━他 〔演説など〕を即席に行う ; …を即興的に演奏[作曲]する (improvise)
ex·tèm·po·ri·zá·tion 名

:ex·tend /ɪksténd/ 中心義 …を伸ばす
━動 (▶ extension 名, extent 名, extensive 形) (**～s** /-z/ ; **～·ed** /-ɪd/ ; **～·ing**)
━他 ❶ …を〈ある地点まで〉**伸ばす**, 延長する〈**to**〉; 〔縄など〕を張る ; 〔橋など〕を渡す ‖ Will the Shinkansen eventually be ～*ed to* Sapporo? 新幹線はゆくゆくは札幌まで延長されるのだろうか / ～ a rope between two posts 2本の柱の間に縄を張る / ～ a bridge over the river 川に橋を渡す
❷ 〔期間・期限〕を**延長する**, 延期する ; 〔借金など〕(の支払い)を猶予する ‖ We ～*ed* our stay by a week. 我々は滞在を1週間延長した / Please ～ the deadline (by) one day. 締め切りを1日延ばしてください / The bank ～*ed* his loan for two months. 銀行は彼のローンの支払いを2か月間延期した
❸ 〔範囲・勢力・事業など〕を**拡張[拡大]する**, 広げる, 及ぼす ‖ The park was ～*ed* to the river. 公園は川の所まで拡張された / His faction has ～*ed* its influence in political circles. 政界で彼の派閥が勢力を伸ばしてきた / ～ one's business 事業を拡張する / ～ a house 家を建て増しする / ～ political rights to foreign residents 政治的権利を在留外国人にまで広げる / ～ the meaning of a word by analogy 類推によって語の意味を広げる
❹ 〔援助など〕を〈…に〉**差し伸べる**, 供与する ; 〔歓迎・感謝など〕を〈…に〉示す〈**to**〉 ‖ ～ aid *to* developing countries 発展途上国に援助の手を差し伸べる / The Queen ～*ed* a warm welcome *to* the visitor. 女王はその訪問客を温かく迎えた (♦「＋目＋目」の文型の extended the visitor a warm welcome はまれ)
❺ 〔手〕を伸ばす, 差し出す ; 〔身体・四肢〕をいっぱいに伸ばす[広げる] ‖ She ～*ed* her hand to her fans. 彼女は(握手するために)ファンに手を差し出した
❻ 《通例受身形または ～ oneself で》(競技者・競走馬などが)全力を出す ; (組織などが)最善を尽くす ‖ The horse was fully ～*ed* in the race. その馬はレースで全力を出した
━自 《＋副句》 ❶ (ある範囲まで)**伸びる**, 広がる ; (ある地点まで)達する, 及ぶ ‖ The fence ～*s* to the meadow. さくは牧草地まで続く / The desert ～*ed* for miles and miles. 砂漠は何マイルにもわたって続いていた / His influence ～*s* **far beyond** the committee. 彼の影響力は委員会の枠をはるかに超えたところまで及んでいる
❷ (時間的に) 達する, 及ぶ ‖ Her absence now ～*s* to six weeks. 彼女の欠席はいまや6週間に及んでいる /

Meetings often ～*ed* into the evening. 会議はしばしば夜まで続いた

～·able, ～·ible 形

語源 *ex-* out＋*-tend* stretch：外へ向かって伸ばす

*__ex·ténd·ed__ /-ɪd/ 形 《限定》 ❶ 伸びた, 広がった；ぴんと張った ❷ 長い, 長期にわたる ‖ an ～ argument 長引いた議論 / an ～ vacation 長期休暇 ❸ 拡大した, 広大な, 広範囲の, 広く行き渡った(extensive)

▸▸ **～ fámily** 名 C 拡大家族《祖父母やいとこなどを含む大家族》(↔ nuclear family)

exténded-plày 形 (ビデオテープが) 長時間収録用の；(レコードが)EPの, コンパクト盤の

ex·tend·er /ɪksténdər/ 名 C ❶ 伸長するもの［人］ ❷ 増量剤, 希釈(きしゃく)物；(効力を長持ちさせるための)添加物［剤］

ex·ten·si·ble /ɪksténsəbl/ 形 伸ばせる, 広げられる

ex·tèn·si·bíl·i·ty 名 U 伸長性；拡張可能性

ex·ten·sile /ɪksténsəl | -saɪl/ 形 ＝extensible

*__ex·ten·sion__ /ɪksténʃən/ 名 〔◁ extend 動〕 ❶ U (広さ·長さ·規模·勢力などの)拡張, 延長, 拡大, 伸長 ‖ the ～ of a building 建物の増築 / Many people were displaced by the ～ of the main road. 多くの人々が幹線道路の延長［拡張］により立ち退かされた / the ～ of a business 事業の拡大 / the ～ of one's power 勢力の拡張 ❷ C 〈建物の〉増築部分, 新館, 別館〈**to**〉 ‖ build an ～ *to* a hotel ホテルを増築する, ホテルに別館を建てる ❸ C (電話の)内線(番号)《略 ext.》；(親子電話などの)子機 ‖ Can I have ～ 307, please? 内線307番をお願いします / She's on ～ 321.＝Her ～ number is 321. 彼女の内線番号は321番だ / I picked up the 「kitchen ～ [OR ～ in the kitchen]. 台所の子機をとった ❹ C 延長部分, 拡張部分[範囲]；(線路などの)延長線；延長コード (extension cord) ‖ She regards the office as an ～ of her home. 彼女は職場を自分の家庭の延長だと思っている / in the northern ～ of the city 市の北に延びている地域に ❺ C 《通例単数形で》延長(期間), 支払猶予期間；《主に英》 酒類販売時間の延長許可 ‖ He was granted an ～ of three weeks 「on the loan [for submitting his application]. 彼は3週間のローン支払猶予［願書提出期限の延長］を認められた / a visa ～ ビザの延長 ❻ 《通例形容詞的に》 (大学の) 学外講座(の) ‖ an ～ course 公開講座 ❼ U (手足の) 伸張；伸張したときの位置；《医》(脱臼(だっきゅう)などの)牽引(けんいん)療法 ❽ U 《論》外延；《数》外延, 拡大 ❾ C 💻(コンピューターファイルの) 拡張子《ファイル名の後ろに (.) で区切ってつけるそのファイルの種類などを表すラベル》 ❿ 《～s》つけ毛

by exténsion 拡大して, 拡大解釈して ‖ The honor of those reporters and, *by* ～, of all the journalists is at stake. その記者たちにとどまらず, すべてのジャーナリストの名誉が危機にひんしている

▸▸ **～ còrd** [《主に英》**lèad**] 名 C (電気の)延長コード

*__ex·ten·sive__ /ɪksténsɪv/ 形 〔◁ extend 動〕 (**more ～；most ～**) ❶ 広大な, 広々とした ‖ an ～ area 広大な地域 / an ～ view 広大な景観 ❷ 広範囲にわたる, 広範な (↔ intensive)；大規模な ‖ Her knowledge of modern art is ～. 彼女の現代美術に関する知識は広範にわたっている / ～ reading 多読 / ～ damage 大きな被害 / an ～ demand 広範囲にわたる要求 ❸ 《経》(農業が) 粗放的な(↔ intensive) **～·ly** 副 **～·ness** 名

ex·ten·sor /ɪksténsər/ 名 C 《解》伸筋(→ flexor)

:**ex·tent** /ɪkstént/

—名 〔◁ extend 動〕 (複 **～s** /-s/) ❶ 《通例 the ～》**程度**, 規模, 範囲, 限度 ‖ The ～ to which this depression will affect our lives is still uncertain. この不景気が私たちの生活にどの程度影響を与えるかはまだはっきりしない / The exact ～ of the damage is hard to estimate. 損害の正確な規模は推定が難しい / We were surprised at the ～ of the boy's interest. 我々はその少年の興味の幅広さに驚いた ❷ U **広さ**, 長さ, 大きさ ‖ We could see the full ～ of the town from the rooftop. 屋上から町の全景が見渡せた / The river is over 300 kilometers in ～. その川は長さ300キロ以上だ ❸ C 広大な地域 ‖ a vast ～ of woodland 広大な森林地帯 ❹ C 《米法》差押令状

*__*to ... exténd*__ …**の程度まで**(♦ ... の部分に修飾語(句)がくる) ‖ *To* what ～ can we believe these politicians? これらの政治家の言うことはどの程度まで信用できるのだろうか / He is to blame for the accident *to* some [OR certain] ～. ある程度まで彼にその事故の責任がある(♥ 発言の内容を断定せずに和らげる) / I agree with you *to* a great [OR large] ～. 大部分あなたと同意見です / *to* a considerable [lesser] ～ かなりの[より小さい]程度で

to the extént of ... …(の限界) まで, …(する) ほど ‖ *to the* full ～ *of* one's arm 腕の伸びる[届く]限り / try *to the* ～ *of* one's ability 自分の力の限りやってみる

to the extént that ... ① …という程度まで (♦ この意味では to such an extent that ... も使う) ‖ She was upset *to such an* ～ *that* she could not say a word. 彼女は狼狽(ろうばい)のあまり一言も話せないほどだった ② …という点では

COMMUNICATIVE EXPRESSIONS

1 **To a cèrtain exténd, yés, but we must álso consìder òther áspects.** ある意味ではそうですね, けれどもほかの側面についても考慮すべきです (♥ 全面的には賛成できないことを表す. ＝I don't entirely agree with you./＝I see your point, but ....)

ex·ten·u·ate /ɪksténjuèɪt/ 動 他 〔罪など〕を軽減する, 情状酌量する；(事情などが) …に酌量の余地を与える ‖ Nothing can ～ his conduct. 彼の行為に酌量の余地は全くない

ex·tén·u·àt·ing /-ɪŋ/ 形 《限定》 酌量できる ‖ the ～ circumstances 酌量すべき情状, 軽減事由

ex·ten·u·a·tion /ɪkstènjuéɪʃən/ 名 ❶ U (罪の) 軽減, (情状) 酌量 ‖ plead circumstances in ～ of one's guilt 情状酌量による減刑を申し立てる ❷ C 酌量すべき点[事情]

ex·ten·u·a·to·ry /ɪksténjuətɔ̀ːri | -tə-/ 形 (情状) 酌量させる(ような), 軽減事由となる

*__ex·te·ri·or__ /ɪkstíəriər/ 形 《通例限定》 ❶ 外 (側) の, 外部の, 〈…の〉外側にある〈**to**〉；外面の, 表面の；外面用の(↔ interior) ‖ the ～ walls of a house 家屋の外壁 / ～ paint 外装用ペンキ ❷ 外側からの, 外部からの ‖ ～ pressures 外部からの圧力 ❸ (映画の場面が) 屋外の

—名 C ❶ 《通例単数形で》外部, 外側, 外面(↔ interior) ‖ a house with an imposing ～ 外面の堂々とした家 ❷ 《通例単数形で》外観, 外づら ‖ He has a harsh ～. 彼は見た目は厳格そうだ (♥ 実際は異なることを示唆する) / (A) passion is burning behind his cool ～. 彼はうわべは平静だが心の中では情熱が燃えさかっている / a misleading ～ 誤解を招きやすい外見 ❸ (絵画などで) 屋外の光景；(演劇·映画で)屋外場面

▸▸ **～ ángle** 名 C 《数》外角(↔ interior angle)

ex·te·ri·or·ize /ɪkstíəriəràɪz/ 動 他 ❶ ＝externalize ❷ 《医》(手術などのため)〔内部組織〕を体外に露出させる

*__ex·ter·mi·nate__ /ɪkstə́ːrmɪnèɪt/ 動 他 …を根絶［絶滅］する, 一掃する(✎ wipe out)(⇨ KILL 類語P) ‖ ～ weeds [poverty] 雑草を根絶やしにする［貧困を一掃する］

-nà·tor 名 C 絶滅させる人[もの]；駆除業者；駆除剤

ex·ter·mi·na·tion /ɪkstə̀ːrmɪnéɪʃən/ 名 U 根絶, 皆殺し；駆除 ▸▸ **～ chámber** 名 C (第2次世界大戦中にユダヤ人大虐殺などで使われた)ガス室

ex·tern /ékstəːrn/ 名 C 《米》外勤者；通学生；(病院の) 外勤医師(→ intern[1])

*__ex·ter·nal__ /ɪkstə́ːrnəl/ 形 《比較なし》 (↔ internal) ❶ 外(側)の, 外部の, 〈…の〉外の[にある]〈**to**〉；(薬などが) 外用

の ‖ an ～ surface 外面 / Press 0 first for ～ calls. 外線の場合はまずゼロを押しなさい / an ～ body 外部団体 / for ～ use only (薬が)外用専門の ❷ 外(部)からの, 外因による ‖ an ～ force 外部から加わる力 / ～ observation 外部からの観察 / ～ factors 外因 ❸ 国外の, 対外的な ‖ ～ policy 対外政策 / ～ trade 対外貿易 / ～ affairs 外交問題 ❹ 表面に表れた；表面的な, うわべの ‖ The doctor recognized the ～ signs of her disease. 医者は彼女の病気の表面に表れた徴候を見て取った / Don't be taken in by his ～ politeness. 彼のうわべの礼儀正しさにだまされてはいけない ❺ 〚哲〛外界の, 現象界の ‖ the ～ world 外界 ❻ 《英》学外の ‖ an ～ examiner 学外試験官 ❼ 💻(ハードウェア・記憶装置が)外付けの；周辺装置の

—名 ❶ U 外面, 外側 ❷ C 《～s》外観, 外形；外的事情；非本質的な事柄 ‖ judge him by ～*s* 外見で彼を判断する / the ～*s* of religion 宗教の外面的形態《礼拝・儀式など》 ❸ C 💻外部[外付け]記憶装置

～·ly 副 外部に；外見上；外部から

▸▸ **～ éar** 名 C 〚解〛外耳

extérnal·ism 名 U ❶ 形式主義, (特に宗教の)極端な形式尊重主義 ❷ 〚哲〛現象論

ex·ter·nal·i·ty /èkstəːrnǽləṭi/ 名 (複 **-ties** /-z/) C U ❶ 外面性；皮相 ❷ 外界事物；外形, 外貌, 外見 ❸ (予想外の)外部への影響；〚経〛外部効果

ex·ter·nal·ize /ɪkstə́ːrnəlàɪz/ 動 他 ❶ 〔内面的なもの〕を外面化する, 具体化する, 〔感情など〕を(言葉などによって)形に表す ❷ 〚心〛…を外的原因に帰(して正当化)する

ex·tèr·nal·i·zá·tion 名 U 外面化, 具体化

ex·ter·ri·to·ri·al /èkstèrətɔ́ːriəl/ ⟨シ⟩ 形 =extraterritorial

ex·tinct /ɪkstíŋkt/ 形 ❶ (家系・種(しゅ)などが)断絶した, 絶滅した (↔ living) ‖ an ～ species 絶滅種 / become ～ 絶滅する ❷ (習慣・制度などが)廃れた；(官職などが)廃止された；(爵位などが) (継承者がなくて) 消滅した ❸ (火が)消えた；(火山が)有史以来噴火していない；(生命・希望・情熱などが)絶えた, 消えうせた (↔ active) ‖ an ～ volcano 死火山

ex·tinc·tion /ɪkstíŋkʃən/ 名 U ❶ (家系・種などの) 断絶, 絶滅 ‖ be「threatened with [OR in danger of]」～ 絶滅の危機にある ❷ (習慣などの)消滅；死滅 ❸ (光・火などを)消すこと, 消火, 鎮火, 消灯；(希望などの)消滅

ex·tin·guish /ɪkstíŋgwɪʃ/ 動 他 ❶ 〔火・光など〕を消す (✎ put out) ‖ ～ a candle [cigarette] ろうそく[たばこ]の火を消す ❷ 〔希望・情熱など〕を失わせる；…を全滅させる, 皆殺しにする ‖ Our last hope was ～*ed*. 我々の最後の希望は消えうせた ❸ 〔人〕を沈黙させる ❹ 〚法〛〔権利など〕を消滅させる；〔負債〕を償却する **～·a·ble** 形

ex·tin·guish·er /ɪkstíŋgwɪʃər/ 名 C 火[灯]を消す人[もの]；消火器(fire extinguisher)

ex·tir·pate /ékstə(ː)rpèɪt/ 動 他 ❶ 《堅》〔草木〕を根こそぎにする；〔異教・悪習など〕を根絶する ❷ 〚医〛…を摘出[除去]する **èx·tir·pá·tion** 名

ex·tol, ＋《米》**-toll** /ɪkstóʊl/ 動 (**-tolled** /-d/；**-tol·ling**) 他 …を激賞する, 褒めそやす, 褒めちぎる

ex·tort /ɪkstɔ́ːrt/ 動 他 ❶ 〔金銭など〕を〈…から〉強要する, ゆする, 吹っかける〈**from**〉 ‖ ～ money [a confession] *from* him 彼から金をゆする[彼に自白を強要する] ❷ 〔意味・結論など〕を〈…から〉無理に引き出す, こじつけとる〈**from**〉 ‖ ～ an inference *from* the data その資料から無理に推断を下す

語源 *ex-* out＋*-tort* twist：ねじって出す

ex·tor·tion /ɪkstɔ́ːrʃən/ 名 U 強要, 強請, ゆすり；法外な請求, ふんだくり；(職権乱用による官吏の)不正取得；財物強要罪；C 強奪物 **～·er** 名 C 強奪者, ゆすり屋

ex·tor·tion·ate /ɪkstɔ́ːrʃənət/ 形 《けなして》 ❶ (要求・値段などが)法外な, 途方もない ❷ (人が)強要的な, 強奪的な, 暴利をむさぼる

*****ex·tra** /ékstrə/ 《発音注意》 形 副 名

—形 《比較なし》 ❶ 《限定》**余分の, 追加の,** 臨時の ‖ The bank stayed open an ～ three hours. その銀行は3時間延長して営業を続けた(♦「数詞＋複数名詞」を1つのまとまりと考えて extra の前に an をつける) / You can change to a double room, without ～ charge. 追加料金なしで2人用部屋に移れます / ～ work 超過勤務 / ～ pay 臨時給与[手当] / an ～ edition 特別号, 臨時増刊

❷ 《叙述》別勘定の, 割増料金払いの ‖ Room service is ～. ルームサービスは別料金になります ❸ 特上の, 格別の ‖ an ～ binding 特上製本, 特装 / ～ quality 上質

—副 《比較なし》 ❶ 《形容詞・副詞を修飾して》特別[格別]に ‖ Since the accident happened, I've been ～ careful. その事故が起こってから, 私は特に用心してきた / work ～ hard 特に熱心に働く / ～ dry (シャンパンが)非常に辛口の

❷ 余分に ‖ pay 30% ～ 30パーセント余分に支払う / earn ～ for working nights 夜勤をして余分に稼ぐ

—名 (複 **～s** /-z/) C ❶ 余分[特別]のもの[人]；《通例 ～s》割増料金(が必要なもの) ‖ **optional** ～*s* (自動車などの)オプションの付属品 / Some restaurants add many ～*s*. 多くの割増料金を加算するレストランもある

❷ 号外, 臨時増刊 ‖「put out [OR issue]」an ～ 号外を出す ❸ 臨時雇；〚映〛エキストラ ❹ 〚クリケット〛打球以外で得た得点 ❺ 特別上等の(製)品, 最高級品

▸▸ **～ tíme** 名 U 《英》〚スポーツ〛(サッカーなどで同点の試合の)延長時間(《米》overtime)

extra- /ekstrə-/ 接頭 《通例形容詞につけて》「…(以)外の(outside), …の範囲外の(beyond)」などの意(↔ intra-) ‖ *extra*curricular (課外の) / *extra*solar (太陽系の外の)(♦限定用法の形容詞が多い)

èxtra-báse hìt 名 C 《米》〚野球〛長打《2塁打・3塁打・本塁打》(→ base hit)

***ex·tract** /ɪkstrǽkt/ 《アクセント注意》(→ 名) 動 他 ❶ 〔歯など〕を(力を込めて)引き抜く, 抜き取る(✎ pull [OR take] out)；…を〈…から〉取り出す〈**from**〉 ‖ ～ a tooth 歯を抜く / ～ a cork *from* a bottle 瓶からコルク栓を抜く ❷ 〈…から〉〔情報・許可・金など〕を無理やり引き出す, 無理に出させる(✎ tease out)〈**from**〉；〔快楽など〕を引き出す；〔原理など〕を引き出す ‖ ～ information [a contribution] *from* him 彼から情報を引き出す[彼に無理やり寄付させる] ❸ 〔鉱石など〕を〈…から〉採掘する, 採取する；(圧搾・蒸留・化学処理などで) …を〈…から〉取り出す, 抽出する〈**from**〉 ‖ ～ the juice *from* the fruit 果物から果汁を搾り出す ❹ 〈書物から〉〔章句〕を写し取る, 抜粋する；〈情報源から〉…を引用する〈**from**〉 ‖ ～ examples *from* a book 本から例を抜き出す ❺ 〚数〛〔根(こん)〕を求める ❻ 💻(圧縮ファイルから)〔データ〕を解凍する, 解凍抽出する

—名 /ékstrækt/ ❶ U C 抽出物, エキス ‖ beef ～ 牛肉のエキス / ～ of peppermint ペパーミントのエキス ❷ C 〈…からの〉抜粋, 引用句〈**from**〉 ‖ ～*s from* the Koran コーランからの抜粋 **～·a·ble** 形

語源 *ex-* out＋*-tract* draw：引っ張って出す

ex·trac·tion /ɪkstrǽkʃən/ 名 ❶ U C 引き抜き, 抜き取り, 摘出, (特に)抜歯；抜き出したもの, 抜いた歯；抜粋 ❷ U 抽出；絞り[煎(せん)じ]出し(た液), エキス ❸ U 《修飾語を伴って》(…の)生まれ(descent), 血統, 系統 ‖ a novelist of Irish ～ アイルランド系作家 ❹ U 〚数〛根を開くこと ❺ U 💻(圧縮ファイルの)解凍, 解凍抽出

ex·trac·tive /ɪkstrǽktɪv/ 形 抽出の；抜き取ることができる, 抽出される, エキス性の；抜粋の ‖ an ～ industry 採取産業 —名 C エキス, 抽出されたもの

ex·trac·tor /ɪkstrǽktər/ 名 (=～ **fàn**) C (排気用の)換気扇

èxtra·currícular ⟨シ⟩ 形 《通例限定》正課以外の, 課外の ‖ ～ activities 課外活動

ex·tra·dit·a·ble /ékstrədàɪṭəbl/ 形 (国外逃亡犯人が)本国送還に処せられるべき

*__ex·tra·dite__ /ékstrədàɪt/ 動 他 ❶〔外国からの逃亡犯人など〕を〈本国の官憲に〉引き渡す, 送還する〈**to** …へ ; **from** …から〉‖ The hijacker was ~*d to* his own country. 乗っ取り犯人は自国に送還された ❷〈…から〉〔国外逃亡犯人〕の引き渡しを受ける〈**from**〉

ex·tra·di·tion /èkstrədíʃən/ 名 U C (国外逃亡犯人の)引き渡し, 本国送還

ex·tra·dos /ékstrədà(ː)s | ekstréɪdɔs/ 名 (複 **~** /-doʊz/ OR **~·es** /-ɪz/) C 〖建〗(アーチの)外輪(そとわ), 外弧面(↔ intrados)

èxtra·galáctic ⟨シ⟩ 形〖天〗銀河系(Galaxy)外の

èxtra·judícial ⟨シ⟩ 形 ❶ 司法管轄外の, 司法権の及ばない ; 法廷外の ‖ an ~ confession 法廷外での自白 ❷(処刑などが)正規の法手続を踏まない, 違法の

èxtra·légal 形 法の範囲を超えた, 超法規的な

èxtra·márital ⟨シ⟩ 形 婚外の, 配偶者以外の相手との ‖ have ~ relations with ... …と不倫の関係にある

èxtra·múral ⟨シ⟩ 形 (↔ intramural)《通例限定》❶ 学外の, (大学)構外の ; 組織外の ; (都市の)城壁外の ‖ ~ activities 校外活動 / ~ care (病院の)院外介護 ❷《英》学外(から)の ; 学外公開の ‖ ~ students 学外生 / ~ classes [OR lectures] 学外講座, 公開講座

ex·tra·ne·ous /ɪkstréɪniəs/ 形 ❶〈…と〉無関係の, 筋違いの〈**to**〉; 本質的でない, 重要でない ‖ an ~ remark 筋違いの発言 / a question ~ *to* the matter in hand 本件とは無関係の質問 ❷ 外部に起源を発する, 外部からの, 外来種の ; 異質の ‖ an ~ substance 異物 / ~ interference 外部からの干渉 **~·ly** 副 **~·ness** 名

éxtra·nèt 名 C 💻 エクストラネット《複数の企業間で相互に接続したイントラネット網》

*__ex·traor·di·nar·i·ly__ /ɪkstrɔ̀ːrdənérəli | ɪkstrɔ́ːdənərəli, èkstrəɔ́ːdənərəli/ 副 並外れて, 非常に, はなはだしく, 途方もなく ‖ ~ hazardous 並外れて危険な / have an ~ good memory 並外れて記憶力がよい

:ex·traor·di·nar·y /ɪkstrɔ́ːrdənèri | -nəri/《発音注意》

—形 (**more ~ ; most ~**)

❶ **異常な**, 異例の, 途方もない ; **並外れた**, 驚くべき ‖ What an ~ thing to say! 何てとんでもないことを言うんだ / an ~ chance 異例のチャンス / an ~ event 異常な出来事 / an ~ story 途方もない話 / an ~ child 並外れた子供 / a woman of ~ talent 並外れた才能を持った女性 / a **quite** ~ amount of money 極めて驚くべき金額

❷《限定》臨時の, 特別の ‖ an ~ session of Congress 臨時国会 ❸《通例名詞の後に置いて》特派[特命]の(♦ 官職名に用いる) ‖ an ambassador ~ 特命大使

-nar·i·ness /-------/ 名

語源 *extra-* out of + ordinary : ふつうでない

ex·trap·o·late /ɪkstrǽpəlèɪt/ 動 他 自〖統計〗(…を)外挿[補外]する《既知の変数値から未知の変数値を推定すること》; (結果などを)既知の事柄から推定する

ex·tràp·o·lá·tion 名 U〖統計〗外挿法, 補外法 ; 推定

èxtra·sénsory ⟨シ⟩ 形 (正常)感覚外の, 超感覚的な

▸▸ **~ percéption** 名 U 超感覚的知覚《千里眼・精神感応など. 略 ESP, E.S.P.》

èxtra·sólar 形 太陽系外の

èxtra-spécial ⟨シ⟩ 形《口》特に素晴らしい, 極上の

èxtra·terréstrial ⟨シ⟩ 形 地球(大気圏)外の, 宇宙の ‖ ~ life 宇宙の生物

—名 C (SFで)宇宙の生物, 宇宙人, 異星人, ET[E.T.]

èxtra·territórial 形 治外法権の ; 国外の

èxtra·tèr·ri·to·ri·á·li·ty /-tèrɪtɔːriǽləṭi/ 名 U〖法〗治外法権

èxtra·úterine 形〖医〗子宮外の

*__ex·trav·a·gance__ /ɪkstrǽvəgəns/ 名 ❶ U 乱費, 浪費(癖), ぜいたく ; C ぜいたく品 ‖ Collecting rare books is his only ~. 珍しい本を集めることが彼の唯一のぜいたくだ ❷ U 行きすぎ, 過度 ; 節度のなさ, 放縦(ほうじゅう), とっぴなこと ; C 節度に欠ける[途方もない]言行[考え]

*__ex·trav·a·gant__ /ɪkstrǽvəgənt/ 形 ❶ (人が)〈…を〉浪費する, 〈…に〉金遣いの荒い〈**with**〉; (好みなどが)ぜいたくな ‖ He is ~ *with* his money. 彼は金遣いが荒い / lead an ~ lifestyle ぜいたくな暮らし方をする ❷ (代価などが)法外な, 高すぎる ; (要求などが)過度な, 行きすぎの ; 〈…が〉節度に欠ける, オーバーな〈**in**〉; 奇をてらった, けばけばしい ‖ ~ fees [gifts] 法外な料金[贈り物] / make ~ claims 途方もない要求をする / He is ~ *in* his praise of his friends. 彼は友人をむやみに褒める / ~ designs 奇抜なデザイン ❸ 豊富な **~·ly** 副 ぜいたくに ; 法外に

ex·trav·a·gan·za /ɪkstræ̀vəgǽnzə/ 名 U C エクストラバガンツァ《狂想的音楽劇》; (一般に)狂想劇 ; 豪華絢爛(けんらん)なショー ; 狂気じみた言葉, 狂態

ex·trav·a·sate /ekstrǽvəsèɪt/ 動 他 自〖医〗(血液・リンパ液などを[が])(脈管から周囲の組織へ)浸出させる[する], 溢血(いっけつ)させる[する] **ex·tràv·a·sá·tion** 名

èxtra·vehícular 形 宇宙船外(で)の(↔ intravehicular) ‖ ~ activity 船外活動

ex·tra·vert /ékstrəvəːrt/ 名 形 = extrovert

èxtra-vírgin 形 (オリーブ油が)最高級(品質)の, エクストラバージンの

:ex·treme /ɪkstríːm/

—形 〔▶ extremity 名〕(**more ~ ; most ~** まれに **~·er ; ~·est**)

❶《通例限定》(程度が)**極度の**, 非常な, はなはだしい ‖ Handle the glass with ~ care. グラスの取り扱いには最大限の注意を払うこと / We faced ~ difficulty [cold]. 我々は極度の困難[寒さ]に直面した / She has experienced both ~ wealth and (~) poverty. 彼女は巨万の富と極貧の両方を経験してきた / suffer from ~ pain 非常な痛みに苦しむ / the ~ penalty 極刑

❷ **極端な**, 行きすぎた ; ふつうとはかけ離れた, ふつうでは考えられない ‖ Let me give an ~ example. 極端な例を挙げてみましょう / **in ~ cases** 極端な場合には / She went on an ~ diet. 彼女は極端なダイエットをした

❸ (意見などが)**過激な**, 急進的な(↔ moderate) ‖ ~ ideas 過激な思想 / He is very ~ in his views on politics. 彼の政治に関する考え方は非常に過激だ

❹《限定》いちばん端の, 最も中心から離れた, 先端[末端]の ‖ I sat down on the ~ edge of the bench. ベンチのいちばん端に腰を下ろした / the two ~ ends of the hall 広間[《米》廊下]の両端 / the ~ north of the country その国の最北の地域

❺ (手段などが)思いきった ‖ resort to ~ measures 思いきった策に出る ❻ (スポーツなどが)危険を伴う, 極限の(→extreme sports) ; (人が)極限スポーツをする

—名 (複 **~s** /-z/) C ❶ いちばん端にある[かけ離れた]もの, 極端 ; (**~s**)両極端 ‖ the ~*s* of hope and despair 希望と絶望の両極端 / **at** one [the other, the opposite] ~ 1つの[もう一方の]極端な場合には / *Extremes meet.*《諺》両極端は一致する

❷ 極度, 極端な状態 ‖ Starvation is the ~ of hunger. 飢えは空腹の極端な状態である / The discussion was carried **to** an ~. その議論は行き着くところまで行った / an ~ of distress 極度の窮状

❸ (**~s**)極端な手段 ‖ resort to ~*s* 思いきった手段に訴える ❹ (**~s**)〖数〗(比例の)外項 ❺〖論〗(命題の)主辞[賓辞] ; (三段論法の)大[小]名辞

*__*gò to extrémes*__ **極端に走る** ‖ Don't *go to* ~*s* when you change your lifestyle. ライフスタイルを変えるときは極端に走ってはいけない

in the extréme 極端に, はなはだしく, 極めて(♦ 先行の形容詞を修飾する) ‖ be eccentric *in the* ~ 極めて風変わりである

tàke ... to extrémes …を極端にまで押し進める

~·ness 名
▶▶**~ spórts** 名 複 極限スポーツ《危険を伴い, 強靱(きょうじん)な体力を必要とする, 激しいスポーツ. スカイダイビング・ロッククライミング・パルクールなど》 **~ únction** 名 U《旧》〖カト〗終油の秘跡(ひせき)《臨終の人に対して司祭が行う塗油式》

ex·treme·ly /ɪkstríːmli/
—副《比較なし》**極端に**, はなはだしく, 極めて, **非常に**(♦ very より意味が強い. 形容詞, 形容詞化した分詞・副詞を修飾し, 動詞を修飾することはまれ) ‖ an ~ **difficult** question 非常に難しい質問だ / I'm ~ sorry to have kept you waiting so long. 長いことお待たせして本当に申し訳ありません / He works ~ fast [**well**]. 彼は非常に仕事が早い[よく働く] / She adores him ~. 彼女はとても彼にあこがれている(♦ 動詞を修飾する場合は動詞句の後にくる) / be ~ limited 極端な制限を受けている, 非常に限られている

ex·tre·mis ⇨ IN EXTREMIS
ex·trem·ism /ɪkstríːmìzm/ 名 U (特に政治・宗教上の)極端論, 過激主義; 極端に走る傾向[性質]
ex·trem·ist /ɪkstríːmɪst/ 名 C《通例けなして》(特に政治的・宗教的)極端主義者, 過激派
—形《通例限定》極端論の, 過激派の
ex·trem·i·ty /ɪkstréməṭi/《発音注意》名〔◁ extreme 形〕(複 **-ties** /-z/) ❶ C 最先端, 末端, 果て;《-ties》四肢, 両手両足 ‖ the southern ~ of the continent 大陸の最南端 / the upper [lower] *extremities* 両手[両足] ❷ U/C《単数形で》極度, 最高度, 極み ‖ an ~ of pain 極度の苦痛 / in the ~ of one's distress 困り果てて ❸ C《ときに -ties》窮境, 窮状, 窮乏 ‖ We helped him in his ~. 我々は窮状にある彼を助けた / drive her to *extremities* 彼女を窮地に追い込む ❹ C《通例 -ties》《堅》思いきった手段, 非常手段 ‖ be forced to *extremities* 思いきった手段を余儀なくされる
ex·tri·cate /ékstrɪkèɪt/ 動 他 …を〈束縛・困難・危険などから〉脱出させる, 救い出す, 解放する(≒ set free)〈**from**〉 ‖ ~ him *from* difficulties 彼を窮状から救い出す
ex·trí·ca·ble 形 解放できる, 救い出せる **èx·tri·cá·tion** 名 U 解放; 脱出
ex·trin·sic /ekstrínsɪk/ 形 ❶ 付帯的な, 非本質的な(↔ intrinsic) ‖ questions ~ to the subject under consideration 検討中の問題には本質的に関連のない質問 ❷ 外部にある, 帰属しない; 外部からの, 外部で発生した
-si·cal·ly 副 付帯的に; 外部から
ex·tro·ver·sion /èkstrəvə́ːrʒən | -ʃən/ 名 U〖心〗外向性(↔ introversion)
ex·tro·vert /ékstrəvə̀ːrt, -trou-/ 名 C〖心〗外向性の人; 活発な人, 社交家(↔ introvert)
—形〖心〗外向的な; 社交的な(outgoing)
éx·tro·vèrt·ed /-ɪd/ 形 =extrovert
ex·trude /ɪkstrúːd/ 動 他 ❶〔人・物〕を押し出す, 突き出す ❷〔金属・プラスチックなど〕を押し出し成形する
—自 押し出される, 突き出る;〖地〗(溶岩などが)噴出する
-trú·sion 名 U 押し出し, 突き出し; C 押し出し成形品;〖地〗(溶岩などの)噴出物
ex·tru·sive /ɪkstrúːsɪv/ 形〖地〗噴出(性)の, 火山性の ‖ ~ rocks 火山岩
ex·u·ber·ance /ɪgzjúːbərəns/ 名 U/C《しばしば単数形で》(喜び・元気などの)横溢(おういつ); 繁茂; 豊富; 活気にあふれた言動 ‖ an ~ of joy あふれんばかりの喜び
ex·u·ber·ant /ɪgzjúːbərənt/ 形 ❶ (人・行動などが) 生気あふれる, 熱狂的な, 大喜びの; (好意・健康などが)あふれんばかりの, 盛んな ‖ an ~ extrovert 活発な社交家 ❷ 繁茂した, 生い茂った; 多作の, (天分などが) 豊かな ‖ ~ vegetation 繁茂した草木 / an ~ imagination 豊かな想像力 ❸ (言語・文章が)派手な, 華麗な, けばけばしい
~·ly 副 あふれんばかりに; 繁茂して; 華麗に
ex·u·date /éksjudèɪt/ 名 C (汗などの)浸出液
ex·ude /ɪgzjúːd/ 動 他 ❶〔汗など〕をにじみ出させる;〔香り・悪臭など〕を放つ ‖ ~ a stale, sour smell すえた酸っぱいにおいを放つ ❷〔喜びなど〕をいっぱいに発散させる ‖ ~ joy [confidence] 喜び[自信]にあふれる
—自 (樹液・汗などが)にじみ出る, しみ出る(≒ ooze out)
èx·u·dá·tion 名 U 滲出(しんしゅつ); C 滲出物
ex·ult /ɪgzʌ́lt/ 動 自〈…に〉狂喜する〈**at, in**〉;〈…を〉得意がる, 誇る〈**in**〉; 勝ち誇る ‖ ~ *at* one's success 成功に大喜びする / ~ *in* one's own strength 力を誇る
語源 *ex-* out, up + -(s)*ult* leap : 飛び上がって喜ぶ
ex·ul·tant /ɪgzʌ́ltənt/ 形 大喜びの, 狂喜した; 勝ち誇った
~·ly 副
ex·ul·ta·tion /ègzʌltéɪʃən/ 名 U C 大喜び, 狂喜; 勝ち誇ること;《~s》歓声
ex·urb /éksəːrb, égz-/ 名 C《米》準郊外《郊外(suburb)の外縁に広がる高級住宅地》 **ex·úr·ban** 形
ex·ur·ban·ite /eksə́ːrbənàɪt, egz-/ 名 C《米》準郊外居住者
ex·ur·bi·a /eksə́ːrbiə, egz-/ 名 U 準郊外地域
ex·u·vi·ate /ɪgzjúːvièɪt/ 動 自 (動物が) 脱皮する —他 (動物が)〔外皮・殻など〕を脱ぐ **ex·ù·vi·á·tion** 名 U 脱皮
éx-wòrks 形 副《英》工場から直接の[に]
-ey^1 接尾《特に y の後で》= -y^1 ‖ clay*ey*
-ey^2 接尾 = -y^2 ‖ Mick*ey*

***eye /aɪ/(♦ 同音語 I, aye) 名 動

—名 (複 **~s** /-z/) C ❶ **目**; 眼球(eyeball), 瞳(ひとみ), 虹彩(iris); 目もと, 目の周り ‖ American driver's licenses specify the color of your ~*s*. アメリカの運転免許証には目の色が明記されている / The village girl had a pair of big blue ~*s*. その村娘は大きな青い目をしていた / brown [dark] ~*s* 茶色の[黒い]目 / Tracy had tears **in** her ~*s*. トレーシーは目に涙を浮かべていた / He hit me in the ~. 彼は私の目の辺りを殴った / rub one's sleepy ~*s* 眠い目をこする / a black ~ (殴られて)黒くはれ上がった目の縁

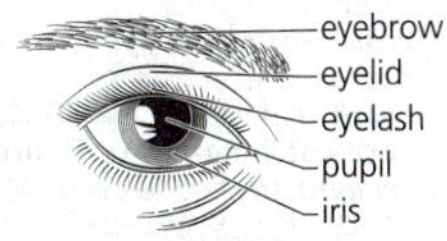

eye ❶

連語 【動+~】 open [close, shut] one's ~*s* 目を開ける[閉じる] / blink one's ~*s* まばたきする / roll one's ~*s* (驚いて) 目を白黒させる / narrow one's ~*s* 目を細める / widen one's ~*s* 目を皿のようにする

❷《しばしば ~s》**視力**, 視覚 ‖ He has keen [OR sharp] ~*s*. 彼は目がいい / I saw it **with** my own ~*s*. 私は自分の目でそれを見た / lose one's ~*s* 失明する / visible to the naked ~ 裸眼で見える / *Eyes* front [left, right]! 頭(かしら)中[左, 右](♦ 軍隊の号令) / leap to the ~ (特に文字が) 目に飛び込んでくる / sleep with one ~ open 浅い眠りにつく
❸《通例単数形で》〈…の〉**眼識**, 鑑識力, 〈…を〉見る目〈**for**〉 ‖ He has an [OR a good] ~ *for* detail. 彼は細部まで (よく) 見抜く目を持っている / To her expert ~, the diamond is genuine. 彼女の専門家としての眼識によると, そのダイヤは本物だ
❹ **目つき**, まなざし; 視線 ‖ angry ~*s* 怒った目つき / a green [OR jealous] ~ 嫉妬(しっと)の目 / He fixed his ~*s* on me. 彼は私をじっと見た / lift [OR raise] one's ~*s* 見上げる / drop [OR lower] one's ~*s* 目を伏せる / avert one's ~*s* 視線をそらす / turn one's ~*s* another way 目をほかへそらす
❺《しばしば ~s》意見, 観点, 見解 ‖「**In** our ~*s* [OR To our ~*s*], the manager should be fired. 我々の意見では, あの監督には辞めてもらうべきだ / **in** the ~*s* of the law [police] 法的[警察の]見解では

❻ 注目, 監視 ‖ under the (watchful) ~ of teachers 先生たちの監視の下で / The ~*s* of the world are on developments in the Middle East. 中東の事態にすべての人が注目している / cast one's ~(*s*) on ... …に目をつける, …を欲しがる

❼ 目に似たもの ; (針の)穴 ; (ホック留めの)小穴(→ hook and eye) ; (台風などの)目, 中心 ; (ジャガイモなどの)芽 ; 〚海〛(ロープの先端の)輪 ; 〚海〛《~s》船の最先端部 ; (カメラのレンズの)口径 ; (クジャクの羽の)目玉模様, 紋 ; 《主に米南部》(レンジの穴を覆う)ふた ; 光電池 ; (花の)中心(部) ; 《南ア》(泉や川の)源 ‖ the ~ of a needle 針の穴 / the ~ of the wind 風の吹いている方向

all éyes are òn ... 全員の注目が…に集まっている ‖ *All ~s were on* the president's wife. 衆目は大統領夫人に集まっていた

Àll my éye and Bètty Mártin =*My eye!*(↓)

an èye for an éye (***and a tòoth for a tóoth***) 目には目を(歯には歯を), 同じ手段による報復(♦ 聖書の言葉) ‖ follow the principle of *an ~ for an ~* 目には目をの原則に従う

as fàr as the èye can sée 見渡す限り

bè àll éyes 目を皿のようにして(一心に)見ている(♦ 文字どおりには「全身を目にする」の意) ‖ She was *all ~s* as I slowly opened the box. 私が箱をゆっくり開けるのを彼女は目を皿のようにして見ていた

before [OR ***in front of, under***] ***a pèrson's*** (***vèry***) ***éyes*** (人の)目の前で ; 公然と(♥ しばしば不快なことに対して用いる)

càst [OR ***rùn***] 「***an éye*** [OR ***one's éye***(***s***)] ***over ...*** …にざっと目を走らせる[通す]

****càtch a pèrson's éye*** ① (物が) (人の) 目に留まる (→ eye-catching) ‖ As I turned, something white *caught* my ~. 振り返ると何か白いものが私の目に留まった ② (人と)視線を合わせる ; (人の)注意を引く

clòse one's éyes to ... 〔不愉快な事柄・事実など〕に目をつぶる, …を無視する(ignore)

crỳ one's éyes òut 《口》目を泣きはらす, 激しく泣く

A pèrson's èyes are bìgger than his/her stómach ; ***hàve èyes bìgger than one's stómach*** 食べきれないほどに欲しがる[欲ばる]

A pèrson's èyes are out on stálks《口》; ***A pèrson's èyes are pòpping*** (***out of his/her héad***) (目が飛び出るくらい)驚く[興奮する, 引かれる]

for a pèrson's èyes ónly (人の)目以外に触れないように(♦ 機密文書などで「親展」の意で用いる)

gèt [OR ***kèep***] ***one's éye ìn*** 《英》(球技で)目がボール(の速さ)に慣れる ; (仕事などで)正確な判断ができるようになる, 熟練する

give a pèrson the (***glàd***) ***éye*** 《口》〔人〕に色目を使う ; 〔人〕に熱い視線を送る

hàve an èye for [OR ***to, on***] ***the màin chánce*** 《英》(金銭などを得るための)機会をねらう

hàve an éye to ... …を目当てにしている, 〔将来のことなど〕を慎重に考慮する ‖ *have an ~ to* one's own advancement 自分の昇進を心がけている

****hàve one's éye on ...*** ① (問題が起きないように) …を注意深く監視する, 見守る ② 〔物・人〕に目をつける, …を買おうと思っている

hàve èyes in the bàck of one's héad 頭の後ろに目がある, 抜け目がない

hàve èyes like a háwk 《口》タカのような目を持つ, 何でもお見通しである

hàve [OR ***kèep***] 「***hàlf an*** [OR ***òne***] ***éye on ...*** …のことも気にかけている, それとなく…も見ている

hìt a pèrson 「(***rìght***) ***between the éyes*** [OR ***in the éye***] 《口》〔人〕に強い印象を与える, 〔人〕を非常に驚かせる

in the pùblic éye マスコミにしばしば登場して, 広く知られて, 有名で ; 注目されて ‖ The new mayor has been very much *in the public ~* since the election. 新市長は当選以来大変注目を浴びている

****kèep an*** [OR ***one's***] ***éye on ...*** …から目を離さない, …に気をつけている ‖ Could you *keep an ~ on* my baggage for a minute? 少しの間私のかばんを見ていていただけますか

****kèep an éye òut*** [OR ***òpen***] ; ***kèep one's éyes òpen*** [OR ***pèeled,*** 《英》***skìnned***] 〈…に気づくように〉目を凝らしている〈**for**〉

kèep one's èye on the báll 目を光らせる, 用心している ; 大事にする(↔ *take one's eye off the ball*)

****lày*** [OR ***sèt, clàp***] ***éyes on ...*** 《しばしば否定文で》《口》…を目にする, 見る

****lòok a pèrson*** (***stràight*** [OR ***rìght***]) ***in the éye***(***s***) 《通例否定文・疑問文で》〔人〕を正視する ‖ Can you *look* me *in the ~* and say that? 私の目をちゃんと見て(もう一度)言えますか

màke (***shèep's***) ***éyes at a pérson*** =*give a person the* (*glad*) *eye*(↑)

mèet a pèrson's éye(***s***) (人を)正視する ; …が目に入る

mỳ éye! 《通例語句の繰り返しの後で》《旧》《口》とんでもない, まさか(♥ 驚き・疑念を表す)(⇨ *my* FOOT*!*)

not bàt an éye まばたき一つしない, 平然としている

òne in the éye for ... 《英口》…を失望させるもの, いらいらさせるもの, …にとっての目障り(♦ one は「一撃」の意)

ònly have éyes for ... …にしか関心がない, …以外には目もくれない(♦ only が eyes の後にくることもある)

òpen a pèrson's éyes 〈…に〉(人の)目を開いてやる, (人に)〈…を〉気づかせる〈**to**〉

****sèe èye to éye*** 《通例否定文で》〈…と〉意見が完全に一致する, 考え方が似ている〈**with**〉 ‖ We never *see ~ to ~ with* him on that matter. 私たちはその件では彼と意見が合うことはない

sèe [OR ***lòok at***] ***... through a pèrson's éyes*** (人の)目を通して〔物・事〕を見る

shùt one's éyes to ... =*close one's eyes to ...*(↑)

spìt in a pèrson's éye (人を)わざと怒らせる, 侮辱する

tàke one's èye off the báll 目を離す, 気をそらす (↔ *keep one's eye on the ball*) ‖ If you're in charge, never *take* your *~ off the ball*. 君が責任者ならば, 決して目を離すな

tàke [OR ***kèep***] ***one's éyes òff ...*** 《通例 can't を伴って》(興味の対象から)目を離す ‖ The actress was so gorgeous that I couldn't *take* my *~s off* her. その女優のあまりのあでやかさに私は彼女から目が離せなかった

the èye of the stórm ① 暴風の中心 (→ 名 ❼) ② 騒動などの中心, 渦中の人物 ‖ He is in *the ~ of the* political *storm*. 彼は政治的混乱の真っただ中にいる

There's móre (***to ...***) ***than mèets the éye.*** (…には)何か外見以上のものがある, (…の実情は)見掛け以上に複雑である ‖ I tell you that *there's more to* the problem *than meets the ~*. その問題は実際はもっと複雑なんですよ (♦ 反対は There's less (to ...) than meets the eye.)

****tùrn a blìnd éye*** 〈…に〉目をつぶる, 〈…を〉無視する, 見て見ないふりをする〈**to**〉

ùp to one's [OR ***the***] ***éyes*** =*up to one's* EYEBALLS

with an éye to (***doing***) ***...*** …が目当てで, …するために ; …を考慮して

with one's éyes clòsed [OR ***shùt***] 何の苦もなく ; 事情をよく知らないで ; 先々の困難を考えないで

with one's éyes òpen (困難な状況・結果が) 十分わかった上で

with 「***hàlf an*** [OR ***òne***] ***éye on ...*** …をちらっと見ただけで, 一見して

COMMUNICATIVE EXPRESSIONS

1 **Do my èyes decéive me?** 私の目はどうかしてしまったのか ; 信じられない(光景だ)

2 **Hère's múd in your èye!** 《英》乾杯
3 **I càn't belíeve my òwn éyes.** (自分が見えているものが)信じられない
4 **Mìnd your éyes!** 気をつけろ
5 **My èyes betráy me.** 信じられません(♥堅い表現)
6 **Whère are your éyes?** おまえの目はどこについているのだ(♥大事なことを見落としている人に)

━━動 (**~s** /-z/ ; **~d** /-d/ ; **ey·ing, eye·ing**) 他 …を(疑い・好奇などの目で)じろじろ見る, 注視する ‖ She *~d* the stranger suspiciously. 彼女はその見知らぬ人をうさんくさそうに見た

èye ùp a pérson / èye a pèrson úp 《英口》〔特に異性〕をじろじろ見る(ogle)

▸▸**~ bànk** 名 C アイバンク, 角膜銀行 **~ bòlt** 名 C 〘機〙目付きボルト **~ càndy** 名 U 《口》見た目は魅力的だが中身のない人[もの] **~ chàrt** 名 C (文字や記号を書いた) 視力検査表 **~ còntact** 名 U 人と視線を合わせること ‖ make [avoid] ~ *contact* with ... …と視線を合わせる[合わさない] **~ dìalect** 名 C U 視覚方言《単語をその発音どおりにつづったもの》〈例〉sez=says, wimmen=women **~ lèvel** 名 U 目の高さ **~ pèncil** 名 C =eyeliner **~ rhỳme** 名 C 〘韻〙視覚韻《つづりの上からは完全に rhyme の体をなしているように見える不完全韻. 〈例〉move と love など》 **~ shàdow** 名 C U アイシャドー **~ sòcket** 名 C 〘解〙眼窩(がんか)

éye·bàll 名 C 眼球

èyeball to éyeball 〈…と〉面と向かって(face to face) ; (怒気をはらんだ議論・会話の場で) 対峙(たいじ)して〈**with**〉‖ an *eyeball-to-eyeball* confrontation 真っ向からの対立

gìve a pèrson the hàiry éyeball 《米口》非難がましく〔人〕をにらむ

ùp to one's [OR *the*] *éyeballs* 《口》(特に仕事などで)とても忙しい ; (身動きできないほどに)どっぷりとはまって(♥極度に不快な状況を強調するために用いる)

━━動 他 《口》…をじっと見る, よくよく見る

***eye·brow** /áɪbràu/ 《発音注意》 名 C 《通例 ~s》まゆ(毛) (⇨ EYE 図) ; 眉弓(びきゅう)《目の上の弓形隆起部》‖ pluck one's *~s* (まゆ毛を抜いて)まゆの形を整える

ràise 「*(a féw* [OR *one's*]) *éyebrows* [OR *an éyebrow*] まゆを上げる(♥驚き・不信・非難・ショックを表す)〈**at** …に対して ; **over** …のことで〉‖ cause *raised ~s* 驚かせる[ショックを与える]

ùp to one's [OR *the*] *éyebrows* =*up to one's* EYEBALLS

▸▸**~ pèncil** 名 C U まゆ墨用の鉛筆

éye-càtcher 名 C 人目を引くもの, (特に)美人

***éye-càtching** 形 人目を引く ‖ an ~ building 人目を引く建物

éye·cùp 名 C 《米》洗眼用コップ, アイカップ(《英》eyebath)

eyed /aɪd/ 形 ❶ 《複合語で》…の目をした[の] ‖ blue-[dreamy-]~ 青い[夢見るような]目をした ❷ 目のある ; 目穴のある ; 眼状斑紋(はんもん)[目玉模様]のある

eye·ful /áɪfùl/ 名 C 《口》❶ 人目を引くもの, 魅力的な人[女] ❷ たっぷり[しっかり]見ること ; (液体・ほこりなど)目に入って来るもの[量] ‖ have [OR get] an ~ of ... (珍しいものなどを)たっぷり見る

***éye·glàss** 名 C ❶ 眼鏡のレンズ ; 片眼鏡(monocle) ❷ 《~es》《米》《堅》眼鏡(glasses) ❸ =eyepiece

éye·hòle 名 C のぞき穴(peephole) ; 目穴, 通し穴

éye·làsh 名 C (1本の)まつげ(lash) ; 《~es》まつげ(全体) (⇨ EYE 図) ‖ flutter one's *~es* at ... (女性が)…に色目を使う / false *~es* つけまつげ

not bàt an éyelash =*not bat an* EYE

éye·less /-ləs/ 形 目のない ; 盲目の

éye·let /-lət/ 名 C ❶ (ひも・綱などを通す)小穴, 鳩目(はとめ) ; (刺繍(ししゅう)の)目穴 ; 鳩目金《ひも穴を補強する金属製の輪》❷ のぞき穴(peephole)

***eye·lid** /áɪlìd/ 名 C 《通例 ~s》まぶた (⇨ EYE 図) ‖ the upper [lower] ~ 上[下]まぶた

not bàt an éyelid =*not bat an* EYE

éye·lìner 名 C U アイライナー《目の縁に線を引くための化粧品》

éye-òpener 名 C 《通例単数形で》《口》❶ 人の目を開かせるもの, 目を見張らせるもの《驚くべきニュース・啓発的新事実など》❷ 《米》寝起きの1杯, 朝酒

éye-òpening 形 人の目を開かせる, 目を見張るような, 啓発的な, 素晴らしい

éye·pàtch 名 C 眼帯

éye·pìece 名 C (顕微鏡・望遠鏡の)接眼レンズ

éye-pòpping 形 《口》目を見張らせるような, びっくりの

-pòpper 名 C 《口》目を見張らせるもの ; 超美人

éye·shàde 名 C まびさし《強い光から目を守るために頭にバンドで留める》

éye·shòt 名 U 目の届く距離, 視界

éye·sìght 名 U 視力, 視覚 ‖ have good [poor] ~ 視力がよい[弱い]

éye·sòre 名 C 目障り(なもの)《醜悪な建築物など》

éye·spòt 名 C 〘動〙❶ 眼点《下等動物の感光器官》❷ (クジャクの尾やチョウの羽などの)眼状斑点(はんてん)

éye·stràin 名 U 目の疲れ, 眼精疲労

éye·tòoth 名 (複 **-teeth** /-tìːθ/) C 犬歯, 糸切り歯 ; (特に)(目の真下付近に位置している)(上顎(がく))犬歯

cut one's eyeteeth ⇨ TOOTH(成句)

gìve one's éyeteeth* 〈…のためなら〉どんな犠牲でも払う〈for**〉

éye·wàsh 名 U ❶ 目薬, 洗眼液(eye lotion) ❷ 《口》たわごと ; おべっか ; ごまかし, 見せかけ

éye·wèar 名 U 眼鏡類《眼鏡・サングラス・ゴーグル・コンタクトレンズなど》

éye·wìtness 名 C 目撃者[証人]

━━形 目撃者の

eyot /éɪət/ 名 《英》=ait

ey·rie, -ry /éəri, íə-/ 名 =aerie

Ezek 略 〘聖〙Ezekiel

E·ze·kiel /ɪzíːkiəl/ 名 〘聖〙エゼキエル《紀元前6世紀のヘブライの預言者》; (旧約聖書の)エゼキエル書(略 Ezek)

e-zine /íːzìːn/ 名 C U 💻電子雑誌, Eマガジン《インターネット上で定期的に配信されるEメールマガジン》

Ez·ra /ézrə/ 名 〘聖〙エズラ《紀元前5世紀のヘブライの祭司・律法学者》; (旧約聖書の)エズラ書(略 Ezr)

F

I know but one **freedom** and that is the **freedom** of the mind. 私の知る自由はたった一つ，それは精神の自由だ (Antoine de Saint-Exupéry — フランスの小説家)

f

f¹, F¹ /ef/ 名 (複 **f's, fs** /-s/ ; **F's, Fs** /-s/) C ❶ エフ《英語アルファベットの第6字》 ❷ f[F]の表す音 ❸ (活字などの) f [F] 字 ❹ F字形 (のもの) ❺ (連続するものの) 第6番目 ❻ U C 〔楽〕ヘ音；ヘ音の鍵盤(けん)〔弦など〕；ヘ調 ❼ U C (学業成績の) F, 不可 (fail)

▸▸ **F ángles** 名 複 〔数〕同位角 **F clèf** 名 C 〔楽〕ヘ音記号，低音記号 (⇨ CLEF 図) **F làyer** 名 C F層《電離層のうち最も上で電離性の強い層》

f² 略 〔光〕focal length ; 〔楽〕forte ; 〔数〕function

F² 記号 〔化〕fluorine (フッ素)

F³ 略 Fahrenheit ; 〔電〕farad(s) ; fighter ((米国の) 戦闘機) ; 〔遺伝〕filial ; 《英》fine (鉛筆の芯(しん)が細い) ; formula《レーシングカーの分類》

f. 略 farthing ; female ; feminine ; folio(s) ; following ; 〔野球〕foul ; franc(s)

F. 略 February ; Fellow ; female ; 〔文法〕feminine ; fine ; folio ; forte ; French ; Friday

fa /fɑː/ 名 C 《単数形で》〔楽〕ファ《全音階の第4音》

FÁ ⊂シ 略 *F*anny *A*dams ; 《英》*F*ootball *A*ssociation ((英国の) サッカー協会) ▸▸ **~ cùp** 名 《the ~》FAカップ《英国サッカー協会加盟チームによる勝ち抜き戦. 正式名 the Football Association Challenge Cup》

FÀÁ 略 *F*ederal *A*viation *A*dministration ((米国の) 連邦航空局) ; *F*leet *A*ir *A*rm ((英国の) 海軍航空隊)

fab /fæb/ 形 《口》とても素晴らしい，すごい

Fa·bi·an /féɪbiən/ 形 ❶ (戦闘を避けて) 持久策をとる ‖ a ~ policy 持久策，待ちの手 ❷ フェビアン協会の

—名 C フェビアン協会員

~·ìsm 名 U フェビアン社会主義《漸進的社会主義》

語源 持久戦でカルタゴのハンニバル (Hannibal) を苦しめた古代ローマの将軍 Fabius の名にちなむ.

▸▸ **~ Socìety** 名 《the ~》フェビアン協会《1884年設立の英国の漸進的社会主義団体》

***fa·ble** /féɪbl/ 名 ❶ C 寓話(ぐうわ) (⇨ 類語) ‖ Aesop's ~*s* イソップ物語 ❷ C (個々の) 神話，伝説；U 《集合的に》神話，伝説 ❸ C U まことしやかな話，作り話，作り事；うそ，偽り ‖ That story is a complete ~. そんな話は全くの作り事だ —動 他 〔話など〕を作り上げる，まことしやかに語る —自 《古》作り話をする **-bled** 形 《限定》寓話[伝説]で有名な，伝説的な；虚構の，架空の

類語 《名 ❶》 **fable** 主に動物などを擬人(ぎじん)化して描いた道徳的な物語.
allegory, **parable** たとえ話で主に教訓的なものをいう.

Fa·bre /fáːbrə/ 名 **Jean-Henri ~** ファーブル (1823–1915) 《フランスの昆虫学者》

***fab·ric** /fǽbrɪk/ 名 ❶ C U 織物，布；布状のもの《ビニール布など》; U (織りの) 地，織り方 ‖ silk [cotton, woolen] ~*s* 絹[綿，毛]織物 / cloth of coarse ~ 目の粗い布地 ❷ 《通例 the ~》構造，組織，機構 ‖ the ~ of society 社会の仕組み ❸ 《通例 the ~》(建物の) 骨組み《壁・床・天井など》

▸▸ **~ sòftener** [《英》 **conditìoner**] 名 U (洗濯物の) 柔軟仕上げ剤

fab·ri·cate /fǽbrɪkèɪt/ 動 他 ❶ …を製造[製作]する，〔部品〕を組み立てる ❷ 〔話など〕を作り上げる，でっち上げる，〔文書など〕を偽造する **fàb·ri·cá·tion** 名 U 製作，製造，組み立て；C 作り事，うそ；偽造文書 (など) **-cà·tor** 名 C 製作者；製造所；うそつき，偽造者

Fáb·ry('s) disèase /fáːbri(z)-/ 名 U 〔医〕ファブリー病《遺伝性の糖脂質代謝異常症》(◆ドイツの皮膚科医 Johannes Fabry (1860–1930) より)

fab·u·late /fǽbjulèɪt/ 動 自 他 作り話をする，虚構の話をする[作り上げる] (fabricate) **fàb·u·lá·tion** 名

fab·u·list /fǽbjulɪst/ 名 C ❶ 寓話作者 ❷ うそつき

***fab·u·lous** /fǽbjuləs/ 形 ❶ 《口》とても素晴らしい，すごい (♥ 主に女性が好んで用いる) ‖ The movie was ~. 映画は素晴らしかった / a ~ vacation 素晴らしい休暇 ❷ 《限定》(値段・規格などが) 信じ難い (ほどの)；途方もない，法外な ‖ a ~ price 法外な値段 ❸ 《限定》神話 (上) の，伝説的な；想像上の，架空の ‖ a ~ hero 伝説的ヒーロー

~·ly 副 非常に，途方もなく

fac. 略 facsimile ; factor ; factory ; 〔教育〕faculty

***fa·cade, -çade** /fəsáːd/ 《発音注意》 名 C ❶ (建物の) 正面，ファサード (⇨ CHURCH 図) ❷ 《通例単数形で》(物事の偽りの) 外見，見掛け ‖ behind a ~ of innocence 無知を装って

****face** /feɪs/ 名 動

中心義 (人や物の) 面(おもて)

名 顔❶ 顔つき❷ 様相❹ 表面❺ 面目❼
動 他 顔を向ける❶ 直面する❷

—名 (複 **fac·es** /-ɪz/) C ❶ 顔，顔面 (⇨ 類語) ‖ He **has** a boyishly handsome ~. 彼は少年らしい整った顔をしている / She slapped her boyfriend in the ~. 彼女は恋人の顔をたたいた / I couldn't look my father in the ~. まともに父の顔を見ることができなかった / a pale ~ 青白い顔 / with a broad smile **on** one's ~ 満面に笑みをたたえて

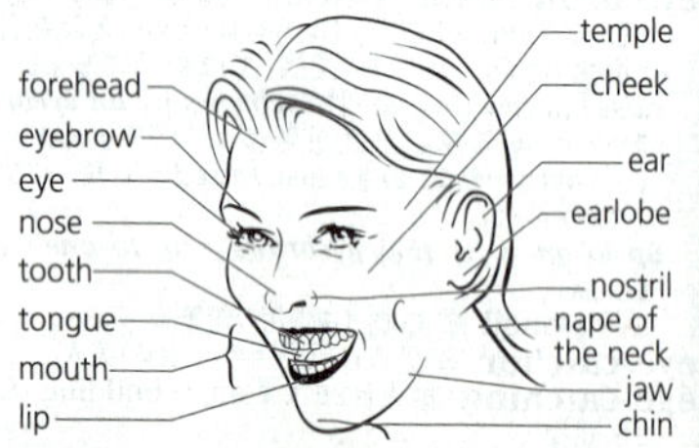

face ❶

❷ 顔の表情，**顔つき**，顔色 ‖ I can tell from your ~ what you're thinking about. = What you're thinking about is written all over your ~. あなたの顔つきを見れば何を考えているかわかります (→ CE 4) / His ~ fell [lit up] when he heard the score. 点数を聞くと彼の顔が曇った [明るくなった] / She glared at me with a ~ like thunder. 彼女はものすごい形相で私をにらみつけた / with a grave ~ 深刻な顔で / make a pleasant [funny] ~ 楽しそうな[おどけた]顔をする

❸ 《修飾語を伴って》人，顔ぶれ ‖ There were only the same old ~*s* at the party. パーティーにはいつもと同じ顔ぶれしか出ていなかった / familiar ~*s* 顔なじみ (の人たち) / a new ~ 新顔，新人

❹ (物事の) **様相**；外観，外見，面 ‖ If a housing complex is built, it will change the ~ of the countryside completely. もし団地ができたら田園地帯の景観は一変するだろう / the unacceptable ~ of bureaucracy

官僚主義の容認できない面 / old problems with new ～s 新しい側面を抱える古くからある問題
❺(物の)**表面**, 外面;(建物などの)正面, 前面;(山・崖(がけ)などの)急斜面 ‖ the west ～ of the mountain その山の西面 / the marble ～ of the theater 劇場の大理石の正面
❻(時計の)文字盤;(織物・皮革・貨幣などの)表面;(トランプなどの)表;(ゴルフクラブ・ラケットなどの)フェース
❼ Ⓤ **面目**, 体面, メンツ(→ *lose face, save (one's) face*(↓)) ❽《通例 the ～》《口》図々しさ, 厚かましさ;沈着, 冷静 ‖ How can you have the ～ to ask me for such a thing? よくもまあ図々しく私にそんなことが頼めるものだな ❾〖数〗(立体の)面 ❿〖鉱〗切り羽(は), 採掘場 ‖ a coal ～ 石炭の切り羽 ⓫〖印〗(活字の)面, 字面;字体, 書体(typeface)

a long face ⇨ LONG FACE
be nòt jùst a prètty fáce (人が) 器量がいいだけではない(ほかにもとりえがある)
「***blòw úp*** [OR ***gò úp, explóde***] ***in a pèrson's fáce*** (計画・もくろみが)突然つぶれて(人の)面目をつぶす
disappèar [OR ***vànish,*** 《米》 ***dròp***] ***off the fàce of the éarth*** 忽然(こつぜん)と行方をくらます
a person's fàce doesn't fít 《英》(人が) (仕事などに)向いていない, 器ではない
fàce dówn [OR ***dównwards***] 顔を下にして, うつぶせに;表を下にして(↔ *face up*)
****fàce to fáce*** ①〈…と〉面と向かって, 差し向かいで〈**with**〉‖ I've exchanged e-mail with him, but I have never met him ～ *to* ～. 彼とはEメールのやりとりをしてきたけれど直接会ったことはない ②〈物事に〉直面して〈**with**〉‖ She was brought ～ *to* ～ *with* the naked truth. 彼女は赤裸々な真実に直面させられた
fàce úp [OR ***úpwards***] 顔を上に向けて, あお向けに;表を上にして(↔ *face down*)
fàll (***flàt***) ***on one's fáce*** ①うつぶせに(ばったり)倒れる ②(できもしないことを試みて)見事に失敗する
fèed one's fáce 《口》たらふく食う
flỳ in the fáce of ... …に真っ向から反対する, 敢然と挑戦する
gèt in one's fáce 《口》腹が立つ, いらいらする
in a pèrson's fáce ①(人の)顔にまともに;(人の)面前で, 公然と ‖ He slammed the door *in* my ～. 彼は私の目の前でドアをぴしゃりと閉めた ②《口》(人を)怒らせて, いらいらさせて, 邪魔をして ‖ She is always *in* my ～. 彼女はいつも私の邪魔ばかりしている ③《in your face で》《口》挑発的な, 露骨な(⇨ IN-YOUR-FACE)
****in*** (***the***) ***fáce of ...*** **…に直面して**;…にもかかわらず(めげることなく) ‖ The captain remained calm *in the* ～ *of* danger. 機長は危険に直面しても冷静さを失わなかった
****keep a straight face*** ⇨ STRAIGHT FACE(成句)
****lòse fáce*** 面目を失う(↔ *save (one's) face*)
****màke*** [OR ***pùll***]「***a fáce*** [OR ***fáces***] 〈…に〉顔をしかめる[ゆがめる]〈**at**〉(♥ 嫌悪・挑戦的態度・おどけなどを表す)
off [OR ***òut of***] ***one's fáce*** 《口》酔っぱらって;麻薬の影響を受けて
off the fàce of the éarth 地球上から完全に
on one's fáce うつぶせに(↔ *on one's back*) ‖ The baby was lying *on* her ～. 赤ん坊はうつぶせに寝ていた
on the fáce of it 見たところは, 表面上は
on the fàce of the éarth 全世界で
pùt a bràve [OR ***bòld, gòod***] ***fáce on ...*** 〔困難など〕に対して平静を装う
pùt a hùman fáce on ... 実際の人物に関連づけて…をわかりやすくする
pùt on a bràve fáce (困難などに対して)平静を装う
pùt one's fàce òn 《口》化粧する, 顔を直す
rèd in the fáce 恥ずかしい, 赤面している
****sàve*** (***one's***) ***fáce*** 面目を保つ, 恥をかかずに済む(♦ one's はつけないことが多い)(↔ *lose face*)
sàve a pèrson's fáce (人の)顔を立てる, (人が)恥をかかないようにする
sèt one's fáce against ... …に断固反対する
shòw one's fáce (歓迎されないときや恥ずかしいときなどに)顔を出す, 姿を見せる
stàre ... in the fáce 《進行形で》①(物・事は)〔人〕にとって明らかである ②〔人〕の目前にある, 〔人〕にとって避けられない
stùff one's fáce 《口》〈…を〉たくさん食べる〈**with**〉
thròw ... bàck in a pèrson's fáce 〔(人の)助言など〕をはねつける
to a pèrson's fáce (人に)面と向かって, ずけずけと ‖ No one dared say no to the boss *to* his ～. 社長に面と向かって「ノー」と言う勇気のある者はいなかった
until [OR ***till***] ***one is blùe in the fáce*** (懸命にやって)顔が真っ青になるほど, へとへとになるまで
whàt's a pèrson's fáce 《口》何とかいう(人)(♥ 名前を思い出せないとき) ‖ Are you still going around with *what's* his ～? Chandler? あの何とかいう男, チャンドラーだっけ, あいつとまだ付き合っているのか

COMMUNICATIVE EXPRESSIONS

1 **Gèt òut of my fáce!** うるさくつきまとうのはやめろ;とっととうせろ
2 **His fàce was a pícture.** 彼がどう思っているかは明らかだった(♥ 特に驚きや怒りが顔に出ている際に)
3 **If you màke that fáce agàin, your fàce will fréeze that wày.** そんな顔ばかりしてるとそういう顔になってしまいますよ(♥ 親などが子供に対して言う)
4 **It's wrítten àll óver your fàce.** その顔を見りゃわかるよ;(言われなくても)全部ばれぱれだ(♥ 表情に気持ちが表れてしまっていることを指摘する)
5 **Shùt your fáce!** ⇨ SHUT(CE 2)
6 **You should have séen** her **fàce.** (そのときの)彼女の顔を見せてあげたかったよ

━動 (**fac·es** /-ɪz/; **～d** /-t/; **fac·ing**)
━他 ❶ …の方に**顔を向ける**, …の方を向く, …に面と向かう;(物が)…に面している ‖ Can you ～ the camera a little more? もう少しカメラの方を向いてくれますか / They stood *facing* each other. 彼らはお互いに向かい合って立った / The room ～*s* the street. その部屋は通りに面している
❷ **a** 《+目》〔危険など〕に**直面する**;…に敢然と立ち向かう ‖ He ～*d* hardships bravely. 彼は勇敢に困難に立ち向かった / ～ **problems** 問題に直面する
b 《+目 *A*+**with** 名 *B*》*A*(人)を*B*(困難など)に直面させる, (…する羽目に)陥らせる(♦ しばしば受身形で用いる) ‖ The survivors were ～*d with* the problem of descending the mountain. 生存者たちは下山の問題に直面した
❸ **a** 《+目》〔いやなこと〕を直視する, 受け入れる;〔会いたくない人〕と話す, …に対応する ‖ I had to ～ my own limitations. 自分の限界を直視しないわけにはいかなかった / refuse to ～ (the) facts どうしても事実を認めようとしない **b** 《+*doing*》《否定文で》…する気になる ‖ I'm so tired I can't ～ eating. とても疲れているのでものを食べる気になれない
❹ (困難なことなどが) …の身に迫る, …に立ちはだかる ‖ Difficult **problems** were *facing* us. 困難な問題が我々に迫っていた ❺〔手ごわい相手〕と対決[対戦]する ❻《通例受身形で》〈…で〉上塗り[上張り]される〈**with, in**〉‖ The wall is ～*d with* plaster. 壁は漆喰(しっくい)で上塗りされている ❼〔衣服など〕に〈…で〉縁取りをする, へり飾りをつける〈**with**〉❽〔石など〕の表面を(研磨して)滑らかにする ❾《米》〖軍〗〔兵士など〕にある方向を向かせる
━自 ❶《+副句》(人が)(ある方向に)顔を向ける, 向く;(物が)(ある方向に)面している ‖ He ～*d* around to me. 彼は私の方を振り向いた / ～ into the wind 顔にまともに風

を受ける / a building *facing* (to the) south 南向きの建物 ❷《米》【軍】向きを変える(♦号令で) ‖ About ～! 《米》回れ右(《英》About turn!) / Right [Left] ～! 右向け右[左向け左](《英》Right [Left] turn!)

fàce abóut 〈自〉① 回れ右をする ②(180度の)方向転換をする(⇨ ABOUT-FACE)

fàce dówn ... / fàce ... dówn 〈他〉①〔カードなど〕の表を下にする ② …を威圧する, …に強圧的な態度で接する ‖ ～ *down* the leader of the rioters 暴徒のリーダー格を威圧する

fàce óff 〈自〉①【アイスホッケー】フェースオフで試合を開始[再開]する(⇨ FACE-OFF) ②《主に米口》〈…のことで〉対決の構えをする, 〈…に〉立ち向かう〈**over**〉

fàce óut ... / fàce ... óut 〈他〉…に勇敢に立ち向かう；…を強引に押し通す ‖ ～ *out* the difficult situation 断固として難局を切り抜ける

**fàce úp to ...* 〈他〉…に敢然と立ち向かう；…を直視する, 認める

COMMUNICATIVE EXPRESSIONS

7 **(Lét's) fàce it.** (いやなことだが)事実は事実として認めよう(♥後に文が続く場合は「率直に言うが」の意になる)

8 **The próblem we are fàcing is whèther** we should tàke the nèxt stép. 我々が直面している問題は次の段階を踏むべきかということです(♥問題提起)

類語 《名 ❶》 **face**「顔」を意味する最もふつうの語. head は頭部全体を指し, face を含む. このため「窓から顔を出さないでください」は, 英語では Don't put [OR stick] your *head* out of the window. となる.
feature (しばしば複数形で)目・耳・鼻など顔の造作を強調する語. 〈例〉a man of handsome *features* 整った容貌(ぼう)の男性
look(s) 外に表れた顔の様相, 外見. 〈例〉an angry *look* on his face 彼の顔の怒りの表情 / have good *looks* 顔[器量]がいい
countenance 感情や性格などの表れとしての顔；形式ばった語. 〈例〉a sad *countenance* 悲しそうな顔(つき)

▶▶ ～ **càrd** 名 C 《主に米》(トランプの king, queen, jack の)絵札(《英》court card) ～ **crèam** 名 U C 美顔クリーム ～ **flànnel** 名 C 《英》=facecloth ～ **màsk** 名 C (顔を守るためや隠すための)フェースマスク ～ **pàck** 名 C 美顔パック(facial pack) ～ **pàint** 名 U C フェースペイント《スポーツファンなどが顔に塗る》‖ in heavy ～ *paint* フェースペイントを厚く塗った[て] ～ **pòwder** 名 U おしろい ～ **tìme** 名 U ①《口》(上司・顧客などとの)対話[対面]時間 ②《主に米口》(テレビなどへの)露出時間 ③(上司にアピールするためなどの)残業(時間) ～ **válue** /ˌ ⌐ ⌐ ⌐/ 名 U/C 《単数形で》額面(価格)；表面上の価値, 文字どおりの意味 ‖ take his remark at ～ *value* 彼の発言を額面どおりに受け取る

fáce·àche 名 C 《英俗》《けなして》惨めで醜い者

Fáce·bòok 名 《商標》フェイスブック《ソーシャルネットワークサービスの1つ》

fáce·clòth 名 C 洗面用タオル(《米》washcloth)

fáce-cònscious 形 メンツを重視[意識]する

-faced /-féɪst/ 形 《複合語で》(…の)顔をした, 顔の表情が…の ‖ round-*faced* 丸顔の / baby-*faced* 童顔の

fáce·dòwn 副 顔を下に向けて, うつぶせに
── 名 C 《単数形で》《米》対決

fáce·less /-ləs/ 形 ❶ 顔のない, 個性のない ❷ だれともわからない, 正体を隠した

fáce·lìft 名 C 《通例単数形で》❶(顔のしわやたるみをとる)美容整形手術 ‖ have [OR get] a ～ 美容整形手術を受ける ❷ 改造, 改装, 模様替え

fáce-òff 名 C 《主に米》❶【アイスホッケー】フェースオフ《競技の開始・再開時に審判がパック(puck)を両チームの2人の選手の間に投じること》❷ 衝突, 対決

fáce-òn 形 表面[顔]を向けた

fáce·plàte 名 C ❶(旋盤などの)面板 ❷(ブラウン管・陰極電管の)画面 ❸ フェースプレート《ダイバー・溶接工などが着用するヘルメットののぞき窓》

fac·er /féɪsər/ 名 C ❶(表面の)仕上げをするもの ❷《口》顔面への一撃；《英口》予期せぬ突然の困難[障害]

fáce-sàver 名 C メンツを立てる手段[策]

fáce-sàving 形 《限定》名 U 顔を立てる(行為), メンツを保つ(行為)

fac·et /fǽsɪt/ 名 C ❶(宝石・カットグラスなどの)切り子面 ❷(物事の)一面, 局面(aspect) ❸【動】(複眼を構成する)個眼 ── 動 他 …に切子面を刻む

fa·ce·tious /fəsíːʃəs/ 《発音注意》形 (不謹慎に)ひょうきんな, おどけた, 人を笑わせようとする
～**·ly** 副 ～**·ness** 名

fàce-to-fáce <ジ 副 形 《限定》面と向かって(の), 向かい合って(の)

fa·cia /féɪʃə/ 名 《主に英》=fascia

***fa·cial** /féɪʃəl/ 形 《通例限定》顔の；顔用の, 美顔用の ‖ ～ expressions 顔の表情 / a ～ cream 美顔クリーム
── 名 U C 美顔マッサージ ～**·ly** 副
▶▶ ～ **nèrve** 名 C 【解】顔面神経 ～ **pìercing** 名 C U 顔面ピアス《唇・鼻などへのピアス》 ～ **prófiling** 名 U 顔相分析《顔の特徴を分析して個人認識を行うこと》 ～ **recognìtion** 名 U 顔面による認識 ‖ ～ *recognition* technology [software] 顔面による認識技術[ソフト]《顔の特徴によって特定の人物を認識するための技術[ソフト]》 ～ **scàn** 名 C 顔面スキャン《顔の特徴によって人物を特定するためのスキャン》 ～ **scrùb** 名 C 洗顔料

fac·ile /fǽsəl | -aɪl/ 形 〔▶ facility 名〕❶《限定》容易な, たやすく得られる ‖ a ～ victory 楽勝 ❷ 滑らかな, 調子のいい, 口のうまい ❸ 誠実さ[深み]のない, 上滑りな, 軽薄な ‖ ～ tears 空涙 ～**·ly** 副 ～**·ness** 名

***fa·cil·i·tate** /fəsílətèɪt/ 動 他 (物事が)…を容易にする, 楽にする, 促進[助長]する

fa·cil·i·ta·tion /fəsìlətéɪʃən/ 名 U/C 《単数形で》❶ 容易にすること, 助長 ❷【医】疎通, 促進

fa·cil·i·ta·tor /fəsílətèɪtər/ 名 C ❶(グループの)まとめ役, 世話人 ❷(物事を)容易にする人[もの]

‡fa·cil·i·ty /fəsíləṭi/
中心義 (ある目的の達成を)容易にするもの
── 名 〔◁ facile 形〕(複 **-ties** /-z/) C ❶《しばしば -ties》〈…の〉**施設**, **設備**；便宜〈**for**〉‖ Sports *facilities* are **provided** on the hotel premises. ホテル内にはスポーツ施設が備わっています / We are building a new ～ *for* outpatient treatment. 我々は外来患者診療用の新しい施設を建築中です / the *facilities* **available** to employees 従業員が使える施設
❷《通例単数形で》〈…の〉**機能**；装置〈**for**〉‖ This computer has a ～ *for* accepting vocal commands. このコンピューターには声による命令を認知する機能がある / a memory ～ メモリー機能
❸ U/C 《単数形で》(物事を簡単にこなす)**才能**, 手際のよさ, 流暢(りゅうちょう)さ〈**for** …の / **to** *do* …する〉‖ She plays the violin with ～. 彼女はバイオリンを巧みに弾きこなす / That section chief has a great ～ *for* making his workers feel good about their jobs. その課[部]長には部下に気持ちよく仕事をさせる大変な才能がある / A writer needs a practical ～ *to* use words properly. 文筆家には言葉を適切に用いる実際的な才能が必要である
❹ U 容易さ, たやすさ ❺(-ties)《婉曲的》トイレ, 手洗い

fac·ing /féɪsɪŋ/ 名 ❶ U C 化粧張り(材), 上張り(材) ❷ U (衣服の襟やそでにつける)へり取り, 見返し ❸ C 《～s》定色《軍服につける異なった色の襟章やそで章》

fac·sim·i·le /fæksímәli/ 《アクセント注意》名 C ❶ 正確な複写[模写](⇨ COPY **類語**) ‖ make a ～ of ... …を正確に模写する ❷ 模写電送, ファクシミリ, ファックス
in facsímile 正確に(模写した)
── 動 他 …を正確に模写[複写]する

fact /fækt/

―名 (複 ~s /-s/) ❶ⓒ (個々の)**事実, 現実**, 実際にあった[ある]事〈that 節 …という / of …という ; about …に関する〉‖ Space travel is now a ~. 宇宙旅行は今や現実のものだ / It is a ~ *that* labor costs are high in Japan. 日本は労働コストが高いというのは事実だ / Despite the ~ *that* she was ill, she did her job with a smile. 病気だったにもかかわらず彼女は笑顔で仕事をした (↘ Though she was ill, ...) / The ~ **remains** *that* a very small percentage of women are managers. 管理職を務める女性の比率が非常に低いという事実は揺るがない

連語 【形+~】 a basic ~ 基本的事実 / a hard ~ 確かな [厳しい] 事実 / a historical ~ 歴史的事実 / a plain [mere, simple] ~ ありのままの [単純な] 事実 / the very ~ that ... …というまさにその事実 / the relevant ~ 関連する事実 (♦ fact には true の意味が含まれているので, ˣa true fact のような言い方は正しくないと考えられるが, 強調のために用いることもある. ⇨ PB 22)
【動+~】 accept the ~ 事実を受け入れる / ignore a ~ 事実を無視する / face the ~(*s*) 事実を直視する / reflect the ~*s* 事実を反映する

❷Ⓤ (理論・想像などに対して)**事実**, 現実(↔ fiction), 実際, 真相 ‖ This is a story based [OR founded] on ~. これは事実に基づいた話です / distinguish ~ from fiction 事実と虚構を区別する
❸ⓒ《通例 ~s》(申し立ての)**事実**, 事実と称されること ‖ His ~*s* are disputable. 彼の言う事実はあやしいものだ / get one's ~*s* right [OR straight] 事実を正しく把握する ❹《the ~》〖法〗(犯罪・事件などの)事実, 犯行 ‖ after [before] the ~ 犯行後[前]の, 事後[前]の

a fàct of lífe (避けられない)人生の現実, 厳しい現実
as a matter of fact ⇨ MATTER(成句)
fàcts and fígures 正確な情報
*****in (àctual) fáct*** ① **実は**, 実際は[に], 本当は[に](actually) (⇨ INDEED **類語**) ‖ "You look happy." "*In* ~, I am." 「幸せそうですね」「ええ, おっしゃるとおりほんとに幸せなんですよ」/ "I was just wondering if you could give me a lift to the city center." "Sure, *in* ~, I'm going there." 「中心街まで車に乗せていってくれませんか」「いいですよ, 実を言うとちょうどそこまで行くところなんです」(♥ 自分は事実を述べているだけという含みがある. 何か自分の用事のついでに他人の用事も引き受けるといったときに用いると相手の負担感を減らすことができる) ②《前言と対照して》(ところが) 実は ‖ Theoretically it should be so, but *in* ~ it is not. 理論的にはそうであってしかるべきだが, 実はそうでない ③《前言を補足・訂正・強調して》それどころかむしろ ; 要するに, もっとはっきり言えば (→ CE 4) ‖ He was not all that old. He had *in* ~ only just retired. 彼はそれほどの年ではなかった. 実は引退したばかりだったのだ
*****the fàcts of lífe*** 《婉曲的》(子供に教える)性に関する知識

COMMUNICATIVE EXPRESSIONS

1 I dón't knòw whò he ís **and thàt's a fáct.** 彼がだれか知らないんだ, 本当だよ(♥ 前言の真実性を強調)
2 **Is thàt a fáct?** 本当ですか ; まさか
3 **The fàct (of the máttter) is (that)** I dón't rèally cáre. 正直なところどうでもいいんです (♥「実は[真相は]…だ」の意)
4 **Whàt you are in fàct sáying is that** you dòn't wánt to cóme. 要するに来たくないと言っているんですよね(♥ 相手の真意を確かめる)
5 **You may be awáre of the fáct that** we're rùnning òut of tíme. 我々に残された時間がなくなってきているという事実に気づいていらっしゃることと思います

▸▸ **~ shèet** 名ⓒ (特定の事柄や話題になっている問題に関する)情報概要書
fáct-fìnder 名ⓒ (労使紛争などの)実情調査員
fáct-fìnding 形《限定》実情調査の ‖ a ~ committee 実情調査委員会

*****fac·tion**[1] /fækʃən/ 名 ❶ⓒ (政党内などの)派閥, 党派 ‖ the main [OR leadership, leading] ~ 主流派 / the ⌐left-wing [right-wing] ~ of the party 党内左 [右] 派 / The contending [OR opposing, rival] ~*s* fought for the party leadership. 対立派閥は党の主導権をめぐって争った ❷Ⓤ 派閥争い, 党内紛争

fac·tion[2] /fækʃən/ 名Ⓤ 実話小説, 実録映画 (♦ *fact*+fic*tion* より)

-faction 連結形 《-fy で終わる動詞から行為を表す名詞を作る》‖ satis*faction* (満足)

fac·tion·al /fækʃənəl/ 形《限定》党派の, 派閥の ; 党派的な, 党派心の強い
~·ìsm 名Ⓤ 党派心, 派閥主義 ; 派閥争い **~·ly** 副

fac·tious /fækʃəs/ 形 党派的な, 党派本位の ; 派閥争いを起こしがちな **~·ly** 副 **~·ness** 名

fac·ti·tious /fæktíʃəs/ 形《堅》人為的な, 不自然な, わざとらしい, 作り物の **~·ly** 副 **~·ness** 名

fac·ti·tive /fæktətɪv/ 形〖文法〗作為の ‖ a ~ verb 作為動詞《目的語と目的補語をとる動詞で make, call, elect など》

fac·tive /fæktɪv/ 形〖言〗(動詞などが) 事実 [叙実] 的な 《目的語の that 節の内容が事実であると規定する》‖ a ~ verb 事実動詞 《know, regret など》

fac·toid /fæktɔɪd/ 名ⓒ ❶ (公刊または繰り返し述べられることによって)事実とされる虚構 ❷《米》ささいなニュース情報 **~·al** 形

*****fac·tor /fæktər/ 名 動

―名 (複 ~s /-z/) ⓒ ❶**要因, 要素**, 素因〈in ある結果を生み出す / that 節 …という〉‖ Featuring the popular actress was the deciding ~ *in* the success of the commercial. 例の人気女優を使ったことがそのコマーシャルが成功した決定的要因だった / the feel-good ~ (経済などに関する一般の人々の)楽観 ; (映画などが与える)楽し

PLANET BOARD 22

a true fact と言えるか.

問題設定 a true fact という言い方は重複表現として間違いとされるが, 実際に使われることがあるか調査した.

Q 次の表現を使いますか.
That is **a true fact**.

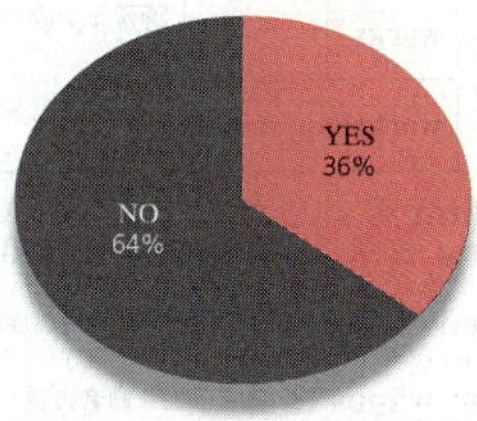

この表現を使うと答えた人は全体の⅓強であった.
使わないと答えた人の多くは「true と fact は意味が重複するのでこのような表現は使わない」「無教養な人が使う」「That is true. または That is a fact. で十分」などという意見だった. また, 使うという人の中に「ディベートでは使う」とした人が数人いた.

学習者への指針 a true fact のような言い方は, 場面によっては使われることもあるが, 重複表現として避けるのが一般的である.

F

い気分 / an **important** ～ 重要な要因 / The economic ～ influences the birth rate. 経済的な要因が出生率に影響している / **risk** ～*s* for cancer 癌(がん)の危険因子

❷ 〘数〙因数, 約数〈**of**〉‖ 2 and 3 are ～*s of* 6. 2と3は6の因数である / a common ～ 公約数 / resolution into ～*s* 因数分解

❸ (レベルを表す) 係数 ; 率 ‖ a sunscreen with「a sun protection ～ [OR an SPF] of 25 日焼け止め指数25のローション / the ～ of safety 〘機〙安全率, 安全係数

❹ 〘生〙(遺伝) 因子 (gene) ; Ⓤ 〘生理〙血液凝固因子 ‖ the Rhesus ～ Rh因子 ❺ 委託販売人, 代理業者 ; 債権買取り業者 ; 《スコット》土地管理人, 土地差配人

by a fáctor of ... …倍に [で] ‖ He pledged to boost wind power generation *by a* ～ *of* 10. 彼は風力発電を現在の10倍に増やすと公約した

── 動 (**～s** /-z/ ; **～ed** /-d/ ; **～·ing**) 他 ❶ (要因として) …を〈…の際の〉考慮に入れる《*in*》〈**in, into**〉; …を考慮から外す《*out*》‖ Did you ～ *in* the transportation costs? 輸送費を考慮に入れたかい ❷ 〘数〙…を因数分解する ❸ 〔債権〕を集金代理業者に売却する

▶▶ **～ VIII** [**éight**] 名 Ⓤ 〘生理〙抗血友病因子《血液凝固因子》(antihemophilic factor) **～ V** [**fìve**] **Léiden** /-láɪdən/ 名 Ⓤ Ⓒ 第5因子ライデン《血栓症を引き起こす要因の1つとされる遺伝子》

fac·to·ri·al /fæktɔ́ːriəl/ 名 Ⓒ 〘数〙階乗《正の整数にそれ以下のすべての自然数を乗じた積 ; 4の階乗は4×3×2×1＝24》 ── 形 因数の ; 階乗の

fac·tor·ize /fǽktəràɪz/ 動 ＝factor 他 ❷

:fac·to·ry /fǽktəri/

── 名 (複 **-ries** /-z/) Ⓒ ❶ **工場**, 製造所 (⇨ 類語P) ‖ With the boom in housebuilding, the ～ is operating full time. 住宅建設ブームに乗ってその工場はフル稼動している / manage [OR operate, run] a ～ 工場を経営する / work in [OR at] a ～ 工場で働く / a glass [car, munitions] ～ ガラス [自動車, 軍需] 工場 / a ～ **worker** 工場労働者

❷ 同じ物をたくさん作り出す所 ‖ The singer was a pop hit ～. その歌手はポップスのヒット曲をたくさん飛ばした

❸ (昔の) 在外商館

工場	↑大規模	plant	factory	自動車・石油化学工業などの
		mill		製粉・製紙・紡績・製鉄などの
		works		特殊な工程・設備を有する
	小規模↓	workshop, shop		手工業・組み立て・修理などの

▶▶ **～ fàrm** 名 Ⓒ (大規模な) 工場方式の畜産農場 **～ fàrming** 名 Ⓤ 工場方式の畜産経営 **～ flòor** 名 Ⓒ ① 工場労働者 (全体) ② 工場内の生産にかかわる床面積 (shop floor) ③ 《しばしば the ～》作業現場 ‖ on the ～ *floor* 現場で, (管理者側でなく) 一般職として **～-floor wàges** 名 複 工場労働者の賃金 **～ gàte prìce** 名 Ⓒ Ⓤ 工場渡し価格 **～ shìp** 名 Ⓒ 工船《特に捕鯨船団の母船》 **～ shòp** [**òutlet**] 名 Ⓒ 直販店

fac·to·tum /fæktóʊṭəm/ 名 Ⓒ 雑用係

fac·tu·al /fǽktʃuəl/ 形 事実の, 実際の ; 事実に基づく **～·ly** 副

fac·u·la /fǽkjulə/ 名 (複 **-lae** /-liː/) Ⓒ (太陽の) 白斑(はくはん)

***fac·ul·ty** /fǽkəlti/ 名 (複 **-ties** /-z/) Ⓒ ❶ (精神的・身体的) 機能 ‖ My grandmother is still in full possession [OR command, control] of all her *faculties*. 祖母はまだすべての身体の機能がしっかりしている / the ～ of speech [sight, hearing] 言語能力 [視力, 聴力] / mental *faculties* 精神的[知的]能力

❷ 《単数形で》〈…の〉才能, 能力, 手腕〈**of, for**〉(⇨ ABILITY 類語) ‖ He has a ～ *for* opening up people's hearts. 彼には人々の心を開かせる才能がある / the ～ *of* making friends 友達を作る能力

❸ (大学における) 学部 (♦ いくつかの関連した departments からなる学部群をいうこともある) (→ college, school[1]) ‖ the *Faculty* of Law 法学部

❹ Ⓤ/Ⓒ 《単数形で》《集合的に》《単数・複数扱い》(大学・学部の) 教授陣 ; 《しばしば the ～》《米》(大学・高校の) 全教職員 (staff) (♦ 《米》では通例単数扱い. 《英》では個々の員に重点を置く場合複数扱い) ‖ a ～ meeting 教授会 / be on the ～ (その学校の) 教授[教(職)員]である

❺ 《旧》(特定の職業, 特に医療関係の) 全従事者

❻ (法律などによって与えられた) 権限, 特権 ; 〘宗〙免許

***fad** /fæd/ 名 Ⓒ ❶ 一時的な流行 [熱狂] (⇨ FASHION 類語) ‖ Japanese animation is more than just a passing ～. 日本のアニメは単なる一時的な流行ではない ❷ (あるものに対し) 過度にこだわること ‖ a health ～ (一時的な) 健康ブーム

FAD 略 〘生化〙*f*lavin *a*denine *d*inucleotide (フラビン＝アデニン＝ジヌクレオチド)

fad·dish /fǽdɪʃ/ 形 ❶ 《米》一時的に流行する ❷ 一時の流行を追う ❸ 《英》(食べ物の) 好みがうるさい **～·ly** 副

fad·dism /fǽdìzm/ 名 Ⓤ 一時的に熱中すること [傾向] ; 物好き **-dist** 名

fad·dy /fǽdi/ 形 《英》❶ (食べ物の) 好みがうるさい ❷ ＝faddish ❷ **-di·ness** 名

:fade /feɪd/

── 動 (**～s** /-z/ ; **fad·ed** /-ɪd/ ; **fad·ing**)

── 自 ❶ (色が) **あせる**, さめる ; (光が) 薄れる, 暗くなる ; (音声・画面が) (徐々に) 消えていく ; だんだん消えて〈…に〉なる《*away, out*》(↷ die away)〈**into**〉‖ The tatami mats have ～*d* in the direct sunlight. 畳が直射日光で色あせてしまった

❷ (健康・力などが) 次第に衰える ; (新鮮さ・活気などが) なくなる ; (草花が) しおれる ; (人が) 弱る, 死ぬ ; (スポーツ選手などが) 出だしの勢いがなくなる《*away, out*》‖ Her journalistic edge hasn't ～*d* a bit. 彼女のジャーナリストとしてのさえは少しも衰えていない / The rookie golfer ～*d away* as the season progressed. その新人ゴルファーはシーズンが深まるにつれて勢いをなくしていった

❸ (可能性・記憶などが徐々に) 消えていく《*away, out*》(⇨ DISAPPEAR 類語) ‖ The likelihood of his reelection has ～*d* because of the scandal. スキャンダルのせいで彼の再選の見込みは徐々になくなってしまった

❹ (人・物が) 〈…から〉いつの間にか見えなくなる《*away, out*》〈**from**〉‖ ～ *from* view [OR sight] 視野から消える / ～ *from* the picture [OR scene] いなくなる ; 付き合いがなくなる ❺ 〘ゴルフ〙(ボールが) フェードする《(右[左]利きの人のボールが) 少し右[左]にカーブする》(↔ draw) ❻ (ブレーキが) だんだん効かなくなる ❼ 〘アメフト〙(クォーターバックが) パスする前にスクリメージの後ろに下がる

── 他 ❶ 〔色・新鮮さ・力など〕をあせさせる, 衰えさせる ‖ Hot water will ～ jeans. お湯だとジーンズが色落ちする ❷ 《米俗》(さいころ賭博(とばく)で) …と同額を賭(か)ける ❸ 〘ゴルフ〙〔ボール〕をフェードさせる (↔ draw)

fàde dówn 〈他〉《***fàde dówn ... / fàde ... dówn***》〔音など〕を徐々に弱くする ──〈自〉(音が) 徐々に弱くなる

fàde ín 〘放送〙〈自〉フェードインする《画面が徐々に明るくなる, 音声が徐々に大きくなる》(→ fade-in) ──〈他〉《***fàde in ... / fàde ... ín***》…をフェードインさせる

fàde óut 〈自〉① ⇨ 自 ❶, ❷, ❸, ❹ ② 〘放送〙フェードアウトする《画面が徐々に暗くなる, 音声が徐々に弱くなる》(→ fade-out) ──〈他〉《***fàde óut ... / fàde ... óut***》〘放送〙…をフェードアウトさせる

fàde úp ... / fàde ... úp 〈他〉〔音など〕を徐々に大きくする

── 名 Ⓤ Ⓒ ❶ (色などが) あせること ; (ブレーキの効き・信号

の受信などが)弱くなること ❷〖放送〗フェード《1つの画面から次の画面に徐々に移り変わっていくこと》 ❸〖ゴルフ〗フェード(→ 自 ❺)

fáde·awày 名 U C《米》 ❶ 消失 ❷《旧》〖野球〗スクリューボール(screwball) ❸〖野球〗(タッチを避けるためのランナーの)滑り込み ❹〖バスケ〗フェードアウェイシュート《バスケットから離れながら放つシュート》
——形〖バスケ〗フェードアウェイしながらの

fáde-ìn 名 U C〖映・放送〗フェードイン, 溶明《画面・音が次第にはっきりしてくること》

fáde·less /-ləs/ 形 色あせる[衰える]ことのない

fáde-òut 名 U C〖映・放送〗フェードアウト, 溶暗《画像・音が次第にぼんやりしていくこと》

fae·cal /fíːkəl/ 形《英》=fecal

fae·ces /fíːsiːz/ 名《英》=feces

fa·er·ie, -er·y /féəri | féəri/《文》名 (複 **-ies** /-z/) ❶ C U 妖精(ようせい)の国, おとぎの国 ❷ C 妖精

Faer·oe [Far·oe] Islands /fèərou- – – | – – – –/ 名《the ~》フェロー諸島《北大西洋北部にある. デンマーク領》

faff /fæf/ 動 自《英口》ぶらぶら過ごす《*about, around*》
——名 U/C《単数形で》ぶらぶら過ごすこと, 時間の浪費

fag[1] /fæg/ 動 (**fagged** /-d/; **fag·ging**) 自 ❶《主に英口》(疲れるまで)せっせと働く, こつこつ頑張る《*away*》 ❷《英》(パブリックスクールで)(下級生が)〈上級生のために〉雑用をする〈**for**〉 ——他 …を仕事で疲れさせる;(仕事が)…をへとへとにさせる《*out*》(☞ wear out)
——名 C ❶《単数形で》《主に英口》骨の折れる仕事, つらいこと, うんざりするようなこと ❷《英》(パブリックスクールで)上級生の雑用をする下級生
▶▶ **~ énd** 名《the ~》(物の)末端, (布などの)残りくず, 端;(期間などの)最後, おしまい;《主に英口》たばこの吸い殻

fag[2] /fæg/ 名 C《英口》紙巻きたばこ(cigarette)

fag[3] /fæg/ 名 ⊗《米俗》《蔑》=faggot[1]
▶▶ **~ hàg** 名 C ⊗《俗》《蔑》同性愛の男と付き合う女

fag·got[1] /fǽgət/ 名 C ⊗《米俗》《蔑》(男性の)同性愛者

fag·got[2] /fǽgət/ 名《英》=fagot

fag·ot /fǽgət/ 名 C ❶ まき束, そだ束 ❷〖冶金〗(加工前の)錬鉄棒の束, 束鉄 ❸《通例 ~s》《英》メンチボール《細かく刻んで香辛料をきかせ, ボール状にした肉料理》 ——動 他 ❶〔棒など〕を束にする ❷ …をファゴッティングで飾る

fag·ot·ing /fǽgətɪŋ/ 名 U ファゴッティング《横糸を抜き, 縦糸をつなぎ合わせたかがり刺繍(ししゅう)》

fah /fɑː/ 名 =fa

Fahr·en·heit /fǽrənhàɪt/ 形 カ氏の(略 F)(→ centigrade, Celsius) ‖ 32°F カ氏32度《氷点》(♦ thirty-two degrees Fahrenheit と読む) / a ~ thermometer カ氏温度計
——名 U カ氏温度目盛(♦この目盛を定めたドイツ人物理学者 G. D. Fahrenheit(1686–1736)の名より)
▶▶ **~ scàle** 名《the ~》=Fahrenheit 名

fa·ience, -ïence /feɪɑ́ːns | faɪɔ́ns/ 名 U ファイヤンス焼き《美しく彩色した陶器》

fail /feɪl/ 動 名

中心義》**期待される基準に達しない**

> 動 自 **失敗する❶ 不作になる❹ 機能しない❺**
> 他 **し損なう❶ 落第する❷**
> 名 **不合格❶**

——動〔▶ failure 名〕(**~s** /-z/; **~ed** /-d/; **~·ing**)
——自 ❶ (人が)〈計画・試みなどに〉**失敗する**, しくじる〈**in**〉;(計画・試みなどが)失敗する, 駄目になる(↔ succeed) ‖ I tried, but *~ed* miserably. やってみたがひどい失敗に終わった / She *~ed in* her attempt to revive the company. 彼女は会社を立て直そうとしたが失敗した / If all else *~s*, you can always go back to your hometown. 八方手を尽くして駄目なら, いつでも田舎に帰ればいいさ
❷〈試験などに〉落第する, 落ちる〈**in, on**〉(♦他動詞の用法の方がふつう. → 他 ❷) ‖ I *~ed in* my oral exam. 口述試験で失敗した
❸《+in 名》(約束などを)果たさない, (義務などを)怠る ‖ ~ *in* one's duty [responsibility, effort(s)] 義務[責任, 努力]を怠る
❹ (作物が)**不作になる**;(物が)不足する, 欠乏する(☞ dry up);〈…に〉欠ける〈**in**〉;〈目標に〉達しない〈**of**〉 ‖ The rice crop has *~ed* this year. 今年は米が不作だ / Our supply of food will soon ~. 食糧の供給が間もなく尽きるだろう
❺ (視力・健康などが)衰える, 弱る(♦通例進行形で用いる);(臓器・機械などが)**機能しない**, 止まる;(光・音などが)弱まる, 消える;💻(システムが)故障する;処理に失敗する ‖ His health [eyesight] is *~ing* rapidly. 彼の健康[視力]は急速に衰えつつある / The power *~ed* after the earthquake. 地震で停電した
❻ (銀行・会社などが)破産する(go bankrupt) ‖ A number of banks *~ed* during the recession. 不景気の間に多くの銀行がつぶれた
——他 ❶《+*to do*》…**し損なう**, しない, できない(♦堅い表現で, 日常語では「do not [OR don't], cannot [OR can't]」を用いる) ‖ He *~ed to* keep his promise. 彼は約束を守らなかった(=He didn't keep his promise.) / I ~ *to* see [OR understand] why you are saying that now. 君がなぜ今になってそんなことを言うのか理解できない(♥不同意を表明するときに)
❷〔試験など〕に**落第する**, 不合格になる, …をしくじる(↔ pass) ‖ I *~ed* my driving test again. 運転免許試

PLANET BOARD 23 **「必ず…しなさい」をどう言うか.**

問題設定「必ず…しなさい」の表現として, Don't fail to ... / Never fail to ... / Don't forget to ... / Be sure to ... などがしばしばあげられる. それぞれの使用率を調査した.

Q 次の表現のうちどれを使いますか.(複数回答可)

(a) **Don't fail to** lock the door.
(b) **Never fail to** lock the door.
(c) **Don't forget to** lock the door.
(d) **Be sure to** lock the door.

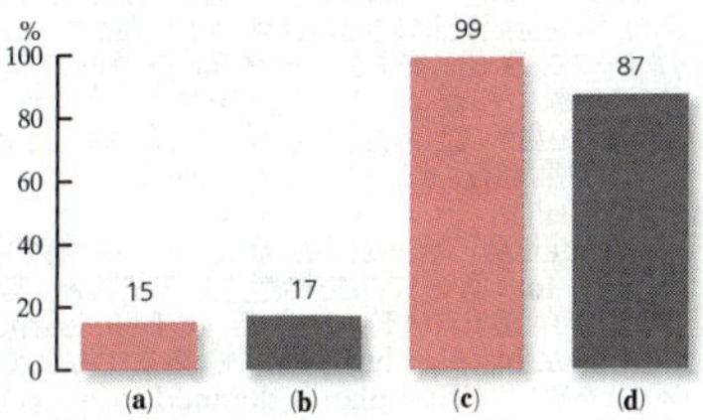

(c) の Don't forget to ... はほぼ全員が使うと答えた. (d) の Be sure to ... もほとんどの人(《米》98%, 《英》76%)が使うと答えたが, (a) の Don't fail to ..., (b) の Never fail to ... を使うという人は2割以下と少なかった.

(a)(b) については「このような日常的な事柄に使うには《堅》すぎる」「大げさな言い方」などのコメントがあった. (c)(d) については「ほとんど意味の違いはない」とした人が多いが,「(d) の方が《堅》」とした人や,「(c) は相手が忘れる可能性があるというニュアンスなので, 子供に対して使うのがふさわしい」「(d) の方が丁寧」と述べた人もいた.

学習者への指針「必ず…しなさい」を表すには Don't forget to ... / Be sure to ... を使うとよいだろう.

験にまた落ちてしまった / You cannot ~ the course again. 君は二度とその科目を落とすわけにはいかない / ~ a safety **test** 安全性試験で不合格になる
❸〔人〕に〈試験で〉落第点をつける, …を落とす〈**on, in**〉(↔ pass) ‖ The professor ~*ed* many students *on* the physics assignment. 教授は物理の課題で多くの学生を不可にした
❹ (勇気・力・言葉などが)〔人〕が必要とするときに**出ない**[不十分である] (→ CE 2) ‖ My courage ~*ed* me when I saw my opponent. 相手を見て私の勇気は消えうせた
❺〔人〕の期待を裏切る,〔人〕を失望させる ‖ I feel I've ~*ed* my parents by not taking over their store. 店の跡を継がないことで両親の期待を裏切った気がする
nèver [OR ***nòt***] ***fáil to do*** 必ず…する (→ CE 1) (♦ be sure to *do*, not forget to *do* の方がふつう. ⇨ PB 23) ‖ Do*n't* ~ *to* phone me tomorrow. 明日必ず電話してください

COMMUNICATIVE EXPRESSIONS
1 **(It) nèver fáils to** ráin when I gò on a tríp. 私が旅行に出かけると決まって雨が降る
2 **Wórds fáil me.** (驚きのあまり) 言葉が出ないよ ; 何て言ったらいいかわからないね

—名 (複 **~s** /-z/) C ❶ **不合格**, 落第(点) ; (特にゲームでの) 失敗, ミス, 負け ‖ I may get more ~*s* than passes. 及第よりも落第科目の方が多いかもしれない
❷《株》(売買成立後の)引渡不履行
＊***without fáil*** ① いつも, 決まって必ず ‖ She walks her dog every evening *without* ~. 彼女は毎晩決まって犬を散歩させる ② (命令・約束などで) 必ず, 間違いなく ‖ Be here at ten *without* ~. 必ず10時にここに来なさい (=Don't fail to be here at ten.)

＊**failed** /feɪld/ 形《限定》失敗した ; 破産した ; (機械などが) 壊れた, 動かない ‖ a ~ suicide attempt 自殺未遂
▸▸ **~ státe** 名 C 破綻(はたん)国家

fail·ing /féɪlɪŋ/ 名 C《通例 ~s》❶ 欠点, 弱点 ❷ 失敗
—前 …がなければ, ないので ‖ *Failing* a rainstorm, the game will be played this afternoon. 暴風雨がなければ試合は今日の午後行われる

faille /faɪl | féɪəl/ 名 U ファイユ《横畝のある, 絹・レーヨンなどの柔らかい織り物》

fáil-sàfe 形《通例限定》❶ フェイルセーフ(設計)の《機器・航空機などで, 万一一部に故障が生じてもすべてのシステムに影響が及ばないようになっている》; 💻 (異常が生じた場合に) より安全な状態にシステムを移行させる(設計の), フェイルセーフの ❷ 絶対安全な —名 C《単数形で》絶対安全な装置 —動 自 安全装置が作動する —他 …に安全装置を施す ; 💻 (異常が生じた場合に)〔システム〕をより安全な状態に移行させる, フェイルセーフさせる

⁑**fail·ure** /féɪljər/
—名〔◁ fail 動〕(複 **~s** /-z/) ❶ U〈…での〉**失敗** (↔ success)〈**in**〉; C〈…での〉**失敗者**[作], 不成功者 ; 落第(者) ; 不可, 落第点 (♦ F で表す)〈**in, at**〉‖ He learned a lot from his ~ *in* business. 彼は事業で失敗して多くのことを学んだ / That plan is doomed to ~. その計画は失敗する運命にある / Their new album is a total [OR complete] ~. 彼らの新しいアルバムは完全な失敗作だ / a ~ *at* school 学校の落ちこぼれ / a ~ as a lawyer 弁護士としての失格者
❷ U C〈…を〉**しない[できない]こと**, し忘れること〈**to do**〉; 〈…の〉不履行, 怠慢〈**in**〉‖ ~ *to* reach an agreement 合意に達しないこと / Her ~ *to* show up is inexcusable. 彼女が姿を見せなかったことは許し難い
❸ U C〈…の〉不作, 不足, 欠乏〈**of**〉‖ (a) crop ~ 不作 / a ~ *of* the water supply 水の供給不足
❹ U C〈…の〉**停止**, 衰弱, 減退〈**of, in**〉; U 💻 (システムの) 故障 ; (プログラムの) 処理の失敗 ‖ a power ~ 停電 / engine ~ エンジンの停止 / **heart** [kidney] ~ 心[腎]不全 / a ~ *of* memory 記憶力の減退
❺ C U 破産, 倒産(状態)

fain /feɪn/《古》副《would とともに》喜んで, 進んで ‖ I would ~ be your protector. 喜んであなたの保護者になりましょう —形《叙述》❶ 喜んで〈…する〉〈**to do**〉❷ いたしかたなく〈…する〉〈**to do**〉

＊**faint** /feɪnt/ (♦ 同音語 feint) 形 (**more ~ ; most ~**) ❶ (光・音・においなどが) かすかな, ほのかな, ぼんやりした, 淡い ‖ a ~ sound [smell, odor] かすかな音[におい] / a ~ color [outline] ぼやけた色[輪郭] / ~ lines (便箋(びんせん)などの) 薄罫線(けいせん)
❷ (心で感じられるものについて) ほんのわずかの, かすかな, あるかなしかの ; 《最上級を用いた否定文で》少しも(…ない) ‖ a ~ hope かすかな希望 / a ~ memory おぼろげな記憶 / a ~ chance [OR possibility] わずかな可能性 / bear a ~ resemblance to ... …にかすかに似ている / The prince「didn't have [OR hadn't] the ~*est* idea why Cinderella suddenly left. シンデレラがなぜ突然立ち去ったのか王子には全く見当もつかなかった (♦ (1) 会話では idea は省略されることがある. (2) この表現では《米》でも haven't [hasn't, hadn't] を用いることがある)
❸《叙述》気が遠くなりそうな, めまいがする ‖ I feel ~ with [OR from] hunger [fatigue]. 空腹[疲労]で気が遠くなりそうだ
❹ (行動などが) 心のこもらない, 気のない ; 弱々しい ‖ ~ attempts 気のない試み / ~ praise 心のこもらない賛辞
❺ おく病な, 気の弱い, 小心な (♦ 主に次の句で) ‖ *Faint heart never won fair lady.*《諺》小心者が美女を得たためしはない ; 何かを成し遂げるには勇気が必要
—動 自〈…で〉気を失う, 失神する ;《英口》(卒倒するほどに) 驚く《**away**》〈**from, with**〉‖ He almost [OR nearly] ~*ed*「*from* hunger [at the sight of the blood]. 彼は空腹のため[血を見て]気を失いそうになった / I almost [OR nearly] ~*ed* (dead) *away*. 卒倒した
—名 C《単数形で》気絶, 失神, 卒倒 (❗ スポーツでの「フェイント」は feint) ‖ Many fans fell to the floor in a (dead) ~ during the concert. 多くのファンがコンサートの最中に失神して床に倒れた **~·ness** 名

fàint-héarted ◁ 形 おく病な, 気の弱い, 意気地のない **~·ly** 副 **~·ness** 名

faint·ly /féɪntli/ 副 かすかに, ぼんやりと ; わずかに, ほのかに ; 弱々しく, 力なく

⁑**fair**[1] /feər/ (♦ 同音語 fare) 形 副 名 動
中心義 曇るところなくきれいな

形 公平な❶ かなりの❸ 晴れた❹
金髪の❺ 色白の❺
副 公正に❶

—形 (**~·er ; ~·est**)
❶〈…に〉**公平な**, 公正な (↔ unfair)〈**to, with, on**〉(⇨ 類語) ‖ You are ~ *to* [OR *with*] everyone. 君はだれにでも公平だ / It's not ~ *on* her to make her do all the housework. 家事一切を彼女にやらせるのは彼女に公平ではない / I think it's ~ to say that he was blamed for everything. 非はすべて彼にあると言ってもよいと思う / a ~ judge [trial] 公正な裁判官[裁判] / ~ employment (差別のない) 公平な雇用 / *All's ~ in love and war.*《諺》恋と戦争は手段を選ばない ; どんな手段でも正当化される
❷《比較なし》規則にかなった, 正当な (↔ foul) ; (価格などが) 適正な ; (質問などが) もっともな ‖ by ~ means 正当な手段で / a ~ blow 反則でない一撃 / The rich are not paying their ~ **share of** taxes. 金持ちたちは相応の税金を払っていない / She's had more than her ~ **share of** troubles. 彼女は十分すぎるほどの苦労を味わってきた / a ~ price 適正な価格 / a ~ question もっともな質問

❸《比較なし》 **a**《限定》(量・数・大きさなどが)**かなりの**, 相当な, なかなかの ‖ He had a ～ chance of success. 彼には成功の機会がかなりあった / I do a ～ **amount of** commuting. 通勤時間がけっこうかかります
b (程度・質が)まあまあの, ほどほどの, 平均の；(成績などが)可の ‖ in ～ health まあまあの健康状態で / make a ～ guess 当たらずといえども遠からずの推測をする
❹ **晴れた**, 晴天の, (風がなくて)穏やかな；(風が)順風の ‖ ～ weather 晴天 / ～ wind 順風 / Oct.10, Sat. *Fair*. (日記などで)10月10日, 土曜日, 晴れ
❺ **金髪の**(blond)；(肌が)**色白の**(↔ dark)(❗色白の意味で white は使わない) ‖ She has ～ hair. 彼女は金髪だ / a ～ complexion (顔の)色白
❻ きれいな, 汚れのない；(文字などが)鮮明な, 読みやすい；遮るもののない ‖ a ～ hand 読みやすい筆跡 / ～ water 澄んだ水 / a ～ road 見通しのきく道路 ❼《限定》もっともらしい；うわべだけの ‖ She gave me a ～ promise. 彼女は私に口先だけの約束をした / ～ words お世辞 ❽〖野球〗フェアの (↔ foul) ❾《古》魅力的な；美しい ‖ ～ maidens 麗しい乙女たち / (as) ～ as a rose バラのごとく麗しい ❿《豪・ニュージ口》完全な, 申し分のない
be sèt fáir《英》いい天気がしばらく続きそうだ
by fàir mèans or fóul 手段を選ばず, どんな手を使っても

COMMUNICATIVE EXPRESSIONS
1 **Be fáir**, èverybody's a begínner at fírst. 公平に考えて, だれだって最初は初心者でしょう(♥ 批判をする人に対して, 斟酌(しんしゃく)すべき点も考えるよう促す)
2 **Fàir enóugh.** もっともだ；わかった；了解；まあいいでしょう(＝That's fair.)
3 **Fàir to míddling (, thánks).** まあまあだ；ぼちぼちです(♥「元気か」という問いかけに対するくだけた返答)
4 **Fàir's fáir.** お互いにフェアにやろう (＝《英》Fair dos [OR do's].)
5 **Thàt's nòt fáir.** それは公平じゃないよ；そんなのずるいよ(♥ 不公平を非難する表現. ↘No fair!)
6 **To be fáir**, you're dòing your bést. 公平に言って, 君は最善を尽くしている

── 副 (～·er；～·est)
❶ **公正に**, 公明正大に(♦ play, fight, act の後にくる. ほかの動詞では通例 fairly を用いる) ‖ Let's play ～. フェアにやろう / fight ～ 正々堂々と戦う
❷ まともに；じかに ‖ The ball struck him ～ in the face. ボールは彼の顔にまともに当たった / fall ～ ばたんと倒れる ❸《英・方》全く, かなり
be sèt fáir 必要な能力[資質・条件]を持っている〈**to do** …する / **for** …の〉
fàir and squáre ① 公正に, 公明正大に ②《英》まともに, 正確に；紛れもなく；単刀直入に
── 名 Ⓒ《古》麗人, 佳人, 美人
for fáir《米口》徹底的に, 全く
no fáir《米口》公平じゃないよ(♥ 抗議の表現)(→ CE 5)
── 動 自《方》(it を主語にして)天気がよくなる《***off, up***》
── 他〔表面など〕を滑らかにする, 流線形にする

類語《形 ❶》**fair** (自分にさえも)えこひいきせず「公平な」.
just fair よりも正邪の基準に従って判断することを強調.「公正な」.
impartial 一方に特に好意を示したり他方に不利になることをしない.「偏らない」.

▸▸ ～ **báll** 名 Ⓒ《米》〖野球〗フェア(ボール)(↔ foul ball) ～ **brèad** 名 Ⓤ《豪》バターを塗り砂糖をかけた小さなパン ～ **cátch** 名 Ⓒ《米》〖アメフト・ラグビー〗フェアキャッチ《キックされた球を受けた選手が球を進める意図がないことを示すための合図》 ～ **cópy** 名 Ⓒ 清書；正確なコピー ‖ make a ～ *copy* 清書する ～ **déal** 名 Ⓤ Ⓒ 公平な扱い ～ **dínkum** 形 副《豪口》本当の[に], 真実の[に]；(行動が)もっともな ～ **gáme** 名 Ⓤ (攻撃・冷笑などの) 格好の的, いいかも ～ **lìghts** 名 複 クリスマスの飾りなどに使う色とりどりの豆電球(fairy lights) ～ **pláy** 名 Ⓤ 正々堂々たる試合ぶり, フェアプレー；公明正大な行動[扱い] ～ **séx** 名《the ～》《集合的に》《単数・複数扱い》《旧》《戯》女性 (the fairer sex) ～ **sháke** 名 Ⓒ《a ～》《口》公平な扱い[機会] ～ **tráde** (↓)

fair² /feər/(♦ 同音語 fare)
── 名 (複 **～s** /-z/) Ⓒ ❶ **見本市**, 博覧会 ‖ The international trade ～ is being held at the convention center. 国際産業見本市がコンベンションセンターで開催中である / I browsed around the craft [antique] ～. 工芸品[骨董(こっとう)品]見本市をのんびり冷やかした / a book ～ ブックフェア, 本の見本市 / a world's ～ 万国博覧会
❷《米》(農産物・家畜などの)**品評会**, 共進会《毎年行われる戸外のイベント. 家畜や農産物のコンテストとともに余興などもあるお祭り》 ‖ a county [state] ～ (年1度の)郡[州]の品評会 ❸《英》フェア, 移動興行(《米》carnival)《屋台や娯楽施設が集まる戸外のイベント》❹ (農産物や家畜などの)市, 定期市 ❺ (慈善)バザー, 慈善市(fete) ‖ a church ～ 教会のバザー ❻《米》(合同)説明会 ‖ a job [college] ～ 就職[大学進学]説明会

fáir·gròund 名 Ⓒ《通例 ～s》共進会場, 博覧会場
***fàir-háired** ⟨シ⟩ 形 ❶ 金髪の, ブロンドの ❷《米》お気に入りの ▸▸ ～ **bóy [gírl]** 名 Ⓒ《米口》お気に入り；有望な人, 成長株 (《英》blue-eyed boy [girl]) (中立 the favorite, the apple of a person's eye)

fair·ing /féərɪŋ/ 名 Ⓤ Ⓒ〖機〗フェアリング《飛行機などの空気抵抗を減少させるために機体を流線型にすること, またそのための覆い》

fair·ly /féərli/
── 副 (**more ～；most ～**) (♦ ❶ ❸ は比較なし)
❶《形容詞・副詞の前で》**まあまあ**, まずまず；相当, **かなり** (⇨ VERY **類語P**) ‖ a ～ new house 割に新しい家 / The concert was ～ **good**, but not great. コンサートはけっこうよかったが最高というわけではなかった / I know him ～ **well**. 彼のことは割によく知っている

語法 ★☆ (1) fairly より pretty, quite, rather の方が意味が強い.
(2) fairly は主に好ましい意味の語を修飾する. rather は好ましくない意味の語もしばしば修飾する.
(3) 比較級や too とともには用いない. 〈例〉This party is rather [OR somewhat, ×fairly] better than the last. このパーティーはこの前のよりだいぶよい
(4) ふつう否定文では用いない.

❷ **公正に**, 公平に；正しく；(陳述などが)正当なものとして ‖ Our boss treats us ～. 我々の上司は我々を公平に扱う / It may ～ be said that the Japanese are hardworking. 日本人は勤勉と言っても不当ではあるまい
❸ 完全に, 全く；まさに(♦ fairly を強く発音し, 誇張表現として使うことが多い) ‖ I'm ～ worn out. 私は本当に疲れきっている
fàirly and squárely ＝FAIR¹ and square

fàir-mínded ⟨シ⟩ 形 公平な, 公正な
～·ly 副 **～·ness** 名

fair·ness /féərnəs/ 名 Ⓤ ❶ 公正, 公明正大, 公平 ‖ in all ～ 公平に言って ❷ 色白, 金髪
▸▸ ～ **dòctrine** 名《the ～》〖米法〗公平[公正]の原則《1つの意見表明に対し反対意見に同等の放送時間を与えることを保証する原則》

fàir-tráde 形《限定》公正取引の, 公正取引協定による ‖ ～ agreements 公正取引協定
── 動 他〔商品〕を公正取引で売る
▸▸ ～ **próduct** 名 Ⓒ フェアトレード商品

fàir tráde 名 Ⓤ 公正取引；フェアトレード《途上国の製品を適正な価格で購入することで生産者の自立や生活改善を目指す》

fáir·wày 名 Ⓒ ❶〖ゴルフ〗フェアウェイ《tee と green の間の芝生区域》❷ (河川・湾などの航海可能な) 航路, 澪筋(みおすじ)

F

fáir-wèather 形《限定》晴天のときだけの, 晴天用の；都合のよいときだけの
▸▸ ～ **frìend** 名 C 困ったときに頼りにならない友達

*__fair·y__ /féəri/ 名（複 **-ies** /-z/）C ❶ 妖精(ようせい), 仙女 ❷ ⊗《俗》《蔑》男性の同性愛者(gay) ❸（中南米産の）ハチドリ
awày with the fáiries 《英口》頭がおかしい, 夢を見ている
―― 形《限定》妖精の(ような)；気まぐれな；繊細な
▸▸ ～ **càke** 名 C《英》（糖衣などで飾った）小さなスポンジケーキ(《米・豪》cupcake) ～ **gódmother** 名 C（おとぎ話で）主役を救う女の妖精；《しばしば one's ～》突然助けに来てくれる人 ～ **lìghts** 名 複《英》（装飾用の）着色豆電球 ～ **rìng** 名 C 妖精の輪《草地に菌類が発生してできた輪状の暗緑色の部分. 妖精たちの踊りの跡と信じられていた》 ～ **shrìmp** 名 C【動】ホウネンエビ《体が透明で逆さになって泳ぐ淡水甲殻類》 ～ **stòry** 名 C ＝fairy tale ～ **tàle**（↓）

F

fáiry·lànd 名 U 妖精の国, おとぎの国；C《単数形で》美しく素晴らしい所, 桃源郷

fáiry tàle 名 C おとぎ話, 童話(fairy story)；信じられないような話, 作り話, うそ
fáiry-tàle 形《限定》おとぎ話のような, 本当とは思えない

fait ac·com·pli /fèɪt̬ əkɑːmplíː | -kɔ́mpliː/ 名（複 **faits ac·com·plis** /fèɪz-/）《フランス》(＝accomplished fact) C《通例単数形で》既成事実

:faith /feɪθ/
―― 名（複 **～s** /-s/）U ❶〈…への〉**信頼, 信用**〈**in**〉；〈…という〉信念, 確信〈**that** 節〉（⇨ BELIEF 類語）‖ We **have** great [OR strong, unshakable] ～ *in* your judgment. 君の判断力を大いに信頼している / Recent experiences have destroyed people's ～ *in* doctors. 最近の体験で人々は医者を信用できなくなっている / I have ～ *that* the witness is telling the truth. 目撃者が本当のことを話しているという確信がある / an act of ～ 信頼して行うこと / put [OR place] one's ～ *in* him 彼を信頼する / **lose** ～ *in* technology 科学技術への信頼を失う / accept [OR take] their story on ～ 彼らの話をうのみにする
❷ U/C《単数形で》〈…への〉(強い)**信仰(心)**〈**in**〉‖ deep religious ～ 厚い信仰心 / have ～ *in* God 神を信仰している
❸ C（特に世界の主要な）**宗教**, 信条；教義 ‖ the Buddhist [**Christian**] ～ 仏[キリスト]教（♦ the Catholic faith のように下位区分にも用いる）/ renounce one's ～ 信仰を捨てる ❹（約束などに対する）信義；約束；誓約 ‖ break [keep] ～ with one's friend 友人を裏切る[支持する]；友人との約束を破る[守る] ❺ 誠意, 善意 ‖ show good ～ 誠意[善意]を見せる
in bàd fáith 悪い[誤り]と知っていて,（人を）だますつもりで
*__*in gòod fáith*__* 正しいと信じて, 誠実に
Kèep the fáith. 《俗》希望を持って頑張れよ
pìn one's fáith on ... …を当てにする
▸▸ ～ **hèaler** 名 C 信仰治療を行う人 ～ **hèaling** 名 U 信仰療法(による治療)

*__faith·ful__ /féɪθfəl/ 形（**more** ～；**most** ～）❶〈人・思想・組織などに〉忠実な, 誠実な, 信義に厚い〈**to**〉；《限定》(人・物が) 信頼できる（⇨ 類語）‖ The captain was ～ *to* his duty and remained in his sinking ship. 船長は職務に忠実で沈みかけている船にとどまった / a ～ friend 信義に厚い友 / ～ service 誠意ある奉仕 ❷〈…に対して〉貞節な, 貞淑な, 誠実な〈**to**〉‖ a ～ husband [wife] 誠実な夫[貞節な妻] ❸〈実物に〉正確な, 忠実な〈**to**〉‖ a ～ account of what happened 事件の正確な記述
―― 名《the ～》《集合的に》《複数扱い》❶ 信者たち,（特にイスラム教・キリスト教への）信仰心の厚い人々 ❷（政党・団体などの）忠実な支持者[信奉者]たち ‖ the party ～ 忠実な党員；信者 **～·ness** 名 U 忠実, 誠実；貞節；正確さ
類語《形 ❶》**faithful** 責任・義務などに忠実な.〈例〉be *faithful* to one's duty 義務に忠実である
loyal faithful の意味に加えて, 人・制度・主義を守るために戦うことを意味する.〈例〉be *loyal* to one's country 祖国に忠誠を尽くす

*__faith·ful·ly__ /féɪθfəli/ 副 ❶ 誠実[忠実]に, 誠意を持って ❷ 正確に, 実物[事実]どおりに
Yòurs fáithfully, 《英》敬具(《米》Sincerely yours,)(♦《英》で Dear Sir(s), または Dear Madam, などで始まる商用文などの結び. 相手の名前で始めたときは Yours sincerely, が一般的)

fáith-hàte crìme 名 C 宗教的憎悪犯罪（→ hate crime）

faith·less /féɪθləs/ 形 ❶ 不実な, 信義のない, 不貞の ❷ 当てにならない, 信用できない ❸ 信仰心のない
～·ly 副 **～·ness** 名

fa·ji·ta /fæhíːt̬ə/ 名 C《通例複数形で》ファヒータ《焼いた肉や野菜を薄い皮にくるんで食べるメキシコ料理》

*__fake__ /feɪk/ 形《通例限定》にせの, 見せかけだけの, 偽造[模造]の（⇨ FALSE 類語P）‖ The shop palmed off a ～ Gucci bag on her. その店で彼女はにせ物のグッチのバッグをつかまされた / Who can tell whether the painting is authentic or ～? その絵が本物かにせ物かはだれにもわからない / a ～ diamond 模造ダイヤ
―― 名 C ❶ にせ者, ぺてん師；(特に骨董(こっとう)品などの)模造[偽造]品, 贋作(がんさく), にせ物；でっち上げ, トリック ‖ ～*s* of vintage jewelry 時代ものの宝飾品の偽造品 / spot [OR detect] a ～ にせ物を見破る ❷【スポーツ】フェイント
―― 動 他 ❶ …を本物らしく見せかける, 偽造[模造]する, でっち上げる, 詐称する ‖ ～ a passport パスポートを偽造する ❷ …のふりをする ‖ ～ illness 仮病を使う / ～ grief 悲しいふりをする ❸（スポーツで）〔相手〕にフェイントをかける《*out*》❹【楽】(ジャズで)…を即興的に演奏する ―― 自 ❶ 見せかける；詐欺を働く ❷（スポーツで）フェイントをかける
fàke òut a pérson / fàke a pèrson óut 〈他〉《米俗》①〔人〕をだます, 欺く ② ⇨ 他 ❸
fák·er 名 C 偽善者, いかさま師

COMMUNICATIVE EXPRESSIONS
1 **Lèt's fáke it.** ごまかしちゃおうよ；適当にやろうぜ

▸▸ ～ **bàke** 名 C 日焼けサロン；U 日焼けサロンで焼いた日焼け

fak·er·y /féɪkəri/ 名（複 **-er·ies** /-z/）U C 偽造, 模造；にせ物, 贋作

fa·kir /fəkíər | féɪkɪə/ 名 C（イスラム教・ヒンドゥー教の）托鉢(たくはつ)僧

fa·la·fel /fəlɑ́ːfəl/ 名 U ファラフェル《ソラマメの粉などを団子状にして揚げたもの》；C ファラフェル入りのサンドイッチ

fal·chion /fɔ́ːltʃən/ 名 C（偃月(えんげつ)刀に似た）幅の広い反り返った刀

fal·con /fǽlkən, fɔ́ːl- | fɔ́ːl-, fǽl-/ 名 C ❶【鳥】ハヤブサの類 ❷（タカ狩りに用いた）雌のハヤブサ
～·er 名 C 鷹匠(たかじょう), 鷹使い

fal·con·et /fǽlkənèt, fɔ́ːl-/ 名 C【鳥】ヒメハヤブサ《南アジア産》

fál·con·ry /-ri/ 名 U ❶ タカ狩り ❷ タカ狩りに用いる鳥の訓練法

fald·stool /fɔ́ːldstùːl/ 名 C ❶（司教用の）床几(しょうぎ) ❷（信者が祈禱(きとう)のときに用いる）折り畳み机 ❸（連禱用の）祈禱台

:fall /fɔːl/ 動 名

中心義 **Aが落ちる**（★Aは具体的な「物」に限らず,「数量」や「気分」など抽象的なものまで多様）

動 自 落ちる❶ 倒れる❷❹ 下がる❺ なる❻
名 落下❶ 降雪❷ 転倒❸ 秋❹ 滝❺ 低下❻

―― 動（**～s** /-z/；**fell** /fel/；**fall·en** /fɔ́ːlən/；**～·ing**）
―― 自 ❶ **落ちる**, 落下する(↔ rise)；転落する(♦ 通例場所・方向を表す 副句 を伴う)(♥ fall は「重力の作用で下降する」

の意味で，支えを失って落下することを暗示する．drop は「急に，真っすぐ落ちる」の意味で，速さや偶発性を強調する）‖ The little boy *fell*「out of [OR from] a window onto the awning. 幼い男の子は窓から日よけに落ちた / Red and yellow leaves ～ to the ground in autumn. 秋になると赤や黄色に色づいた葉が地面に落ちる / The bus *fell* over a cliff into the lake below. バスは崖(がけ)から下の湖に転落した / The tiles on the wall *fell* off. その壁のタイルははげ落ちた / ～ headfirst [OR headlong, head over heels] 頭から真っ逆さまに落ちる

❷ (木・建物などが)**倒れる**，倒壊する；(人が)転倒する，転ぶ（♦ 通例場所・方向を表す 副句 を伴う．またときに形容詞補語を伴う）；《文》(戦場で)倒れる[負傷する，死ぬ]，討死する ‖ The high-tech tower *fell* in the earthquake. そのハイテクを駆使した塔は地震で倒れた / I *fell* over (a chair). (いすに)つまずいて転んだ / She *fell* down senseless on the floor. 彼女は意識を失って床に倒れた / He slipped and *fell*「on his back [OR backward(s)]. 彼は滑ってあお向けに倒れた / ～ flat on one's face 顔からうつぶせに倒れる；ひどい失敗をする

❸ ひれ伏す，ひざまずく ‖ Mom says Dad *fell* down at her feet and begged her to marry him. ママの話ではパパはママの足下にひれ伏して結婚してくださいと懇願したそうだ / ～ to one's knees ひざまずく

❹ (国・政府などが)**倒れる**，崩壊する；(都市などが)〈…によって〉陥落する，占領される〈**to**〉；(権力の座・高い地位から)転落する，失墜する ‖ The government *fell* after only two months in office. 政府はわずか2か月政権を握っただけで倒れた / The「Berlin Wall [Iron Curtain] *fell*. ベルリンの壁[鉄のカーテン]が崩壊した / ～ *to* the enemy 敵の手に落ちる / ～ from power 権力の座から転落する / ～ from the people's favor 人々の支持を失う

❺ (数量・価値・温度などが)**下がる**，減る；(風・火などが)衰える，弱まる；(声などが)低くなる，小さくなる ‖ Industrial production *fell*. 工業生産高は減った / The divorce rate doubled and the birth rate *fell* by half. 離婚率は倍になり出生率は半分に減った / The temperature *fell* below zero last night. 昨夜は気温が氷点下に下がった / Interest in UFOs *fell* to rock bottom. UFOへの関心はすっかり消えてしまった / The wind has *fallen*. 風が収まった / His voice *fell* to a whisper. 彼の声はささやき声になった

❻ **a** 《+補》…(の状態・状況)に**なる** ‖ A seat *fell* vacant. 1つ席が空いた / When does the rent ～ due? 家賃の支払期限はいつですか / ～ **asleep** [**ill**, **silent**] 眠る[病気になる，黙る] / ～ prey [victim] to ... …の餌食(えじき)[犠牲]になる / ～ heir to ... …の跡を継ぐことになる

b 《+副句》〈…に〉陥る〈**into, in, out of, etc.**〉‖ ～ *into* a deep sleep 深い眠りに落ちる / ～ *into* argument 議論になる / ～ *into* disfavor 嫌われる，人気を失う / ～ *into* disgrace 名誉を失う，不興を買う / ～ *into* neglect 無視されるようになる / Everyone *fell* **in love with** the beautiful princess. だれもがその美しい王女を好きになった / ～ *out of* sight 視界から消える / ～ *out of* favor 支持[人気]を失う

❼ (雨などが)降る，(霜などが)降りる ‖ When I left home for school, rain began to ～. 学校へ行こうと家を出ると，雨が降り始めた / The cold mist *fell* on his face. 冷たい霧が彼の顔にかかった / ～*ing* rain 降雨

❽ (髪などが)垂れ下がる；(カーテンなどが)下りる(↔ rise) ‖ Her long hair ～*s* below [over] her shoulders. 彼女の長い髪は肩の下まで[を覆うように]垂れている / The curtain has now *fallen* on the Cold War era. 今や冷戦時代に幕が下りた

❾ (夜・闇(やみ)などが)やって来る，急に訪れる；(沈黙・眠気などが)〈…を〉襲う〈**on, upon, over**〉‖ Darkness ～*s* early in winter. 冬は日が落ちるのが早い / A silence *fell over* the crowd. 群集は(一瞬)静まり返った / Sleep *fell* suddenly *upon* me. 眠気が突然襲った

❿ (悲しさ・落胆などで)(顔が)下に向く，うつむく，(目が)伏し目になる，(心・気持ちが)落ち込む，沈む ‖ His face *fell* at the sad news. その悲しい知らせに彼の顔は暗くなった / My heart *fell* when I heard about the suicide bombing. 自爆テロのニュースを聞いて私の心は沈んだ

⓫ (光線・視線などが)〈…に〉落ちる，止まる〈**on, upon**〉‖ A ray of light *fell on* the floor. 一条の光が床に差した / My gaze [OR eye] *fell on* a strange insect in the tree. 私の目はその木の奇妙な虫に留まった

⓬ (責任・災難などが)〈…に〉降りかかる，〈…のところに〉来る〈**on, upon, to**〉；(遺産などが)〈…の〉ものになる〈**to**〉‖ The task of washing the dishes *fell to* me. 皿洗いの仕事は私がやることになってしまった / The full cost of buying the new car will ～ *on* his father. 新車購入の全費用は彼の父親持ちになるだろう / It *fell on* me to inform his mother of the sad news. その悲しい知らせを彼の母親に告げるのは私の役目になった / The estate *fell to* his son. その土地は彼の息子のものになった

⓭ (記念日などが)〈…に〉くる，当たる；(アクセントなどが)〈…に〉くる，起こる〈**on**〉‖ The anniversary ～*s on* a Sunday this year. その記念日は今年は日曜日に当たる / The accent in "advice" ～*s on* the second syllable.「advice」のアクセントは第2音節にくる

⓮ 〈部類・グループなどに〉分類される，属する〈**into, under, within**〉‖ Males and females ～ *into* distinct behavioral categories. 男女とも異なった行動の類型に分けられる / Which label does this bottle ～ *under*, recyclable or non-recyclable? この瓶はリサイクル可，リサイクル不可のどちらになるのですか

⓯ (土地などが)下がる，低くなる；(地面などが)傾斜する，下り坂になっている《**away, off**》；(川が)流れ下る ‖ The coastal areas will ～ below sea level. その海岸地域は海水面より低くなるだろう / The land ～*s* (*away*) gently to [toward] the river. その土地は川まで[に向かって]緩やかに傾斜している

⓰ (言葉などが)(思わず)漏れる，(つい)口から出る ‖「Angry words [Words of complaint] *fell* from her lips. 彼女の口から思わず怒り[不満]の言葉が漏れた

fàll about (***láughing*** [OR ***with láughter***]) 《英口》笑い転げる

****fáll*** (***àll***) ***óver onesèlf***; ***fàll òver báckward*** 《口》躍起になる，懸命になる〈**to do** / ***doing*** …しようと〉‖ Collectors are ～*ing* (*all*) *over* themselves *to* get the painting. 収集家たちはその絵を手に入れようと躍起になっている

****fàll apárt*** 〈自〉① ばらばらになる；(組織などが)崩壊する；(関係・交渉などが)壊れる ② 《口》(精神的に)取り乱す，崩れる ③ 《進行形で》(機械などが)がたが来ている

fàll awáy 〈自〉① 離れていく，見捨てる；〈…から〉外れる，はがれ落ちる〈**from**〉‖ All his old friends *fell away from* him. 古くからの友達は皆彼から離れていった ② 減少する；衰える，弱まる；消滅する ③ (土地が)傾斜する，下る(→ 自 ⓯)

fàll báck 〈自〉① 後ろに下がる[戻る]；(たじろいで)身を引く(recoil)；(軍隊などが)後退する，退却する ② (価値などが)下がる，減る

****fàll báck on*** [OR ***upon***] ... 〈他〉(困ったときに)…を**当てにする**，(最後の)頼みとする ‖ He had no friends [resources] to ～ *back on*. 彼には(いざというときに)頼る友人がいなかった[資力がなかった]

****fàll behínd*** 〈自〉① 〈…で〉遅れる，後れをとる〈**in, with**〉(↔ *keep up with* ...) ② 〈支払いなどを〉滞らせる〈**with, in,** 《主に米》**on**〉‖ Please don't ～ *behind with* your rent. 家賃を滞納しないでください ③ 〖野球〗カウントを悪くする ―〈他〉《***fàll behínd*** ...》① …より遅れる ‖ ～ *behind* schedule 予定より遅れる ② 〖野球〗…に対しカウン

F

トを悪くする ‖ The pitcher is again ～*ing behind* the batter. ピッチャーはその打者に対してまたカウントを悪くしている

fáll belòw ... 〈他〉(生産などが)…以下になる

fàll dówn 〈自〉① 落ちる ② 倒れる, 転ぶ ; 《進行形で》(建物が)つぶれかけている(→ 自 ❷) ③〈…で〉失敗する, うまくいかない (fail) 〈**on, in**〉 ‖ That's where the plan ～*s down*. そこがその計画の駄目なところだ

****fáll for ...*** 〈他〉《口》①〔人・物〕に強く引きつけられる, ほれ込む ‖ She *fell for* the new student in a big way. 彼女はその転入生に夢中になってしまった ②〔うまい話・売り込みなど〕に乗せられる, 引っかかる ‖ He *fell for* the trick. 彼はその策略に引っかかった

fàll ín 〈自〉①(天井・壁などが)(内側に)崩れ落ちる ; (地面などが)落ち込む ②〘軍〙(兵隊などが)整列する ③(借金・賃貸契約などの)期限が来る ―〈他〉《***fàll ín ...*** / ***fàll ... ín***》〔兵隊〕を整列させる

fàll ín with ... 〈他〉① …とたまたま(会って)付き合うようになる ② …に同意する, 応じる ; …を支持する ; …と一致する

fáll into ... 〈他〉①〔敵の手〕に渡る, はまる ‖ The documents *fell into* the enemy's hands. 書類は敵の手に渡った ② …の部類に入る, 〔いくつかの部分〕に分けられる, …からなる(→ 自 ⓮) ③ …(の状態)になる(→ 自 ❻) ④〔会話・議論など〕を始める ‖ ～ *into* conversation with ... …と会話を始める

fàll óff 〈自〉① とれて[外れて]落ちる(→ 自 ❶)(drop off) ② 減る, 衰える ; 悪化する, 低下する(drop) ③〘海〙(船が)風下へ方向を転じる

fáll on [OR ***upon***] ***...*** 〈他〉①(光線・視線などが)…に落ちる(→ 自 ⓫) ②(責任・仕事などが)…に降りかかる(→ 自 ⓬) ③(記念日などが)…に当たる(→ 自 ⓭)(♦ この意味のときは upon は用いない) ④〔困難な時期など〕に遭遇する ‖ ～ *on* hard times 困難な時期に遭遇する ⑤(運命などが)…に降りかかる(befall) ⑥《英》《文》〔料理など〕にかぶりつく, 飛びつく ⑦(不意に)…に襲いかかる, …を攻撃する ⑧(喜び合って)…を抱き締める

****fàll óut*** 〈自〉① 言い争う, 仲たがいする〈**with** …と ; **about, over** …のことで〉 ‖ They *fell out with* each other *over* who was going to look after their aging mother. 彼らは年老いた母親の面倒をだれが見るかで言い争った ②(兵隊が)列を離れる, 離脱する, 解散する ③(歯・髪などが)抜け落ちる ‖ His front teeth *fell out*. 彼の前歯は抜け落ちた ④ 起こる, 生じる, …ということになる ‖ Everything *fell out* as they had planned. すべては彼らの計画どおりに運んだ ―〈他〉《***fàll óut ...*** / ***fàll ... óut***》〔兵隊〕を列から離れさせる, 解散させる

fàll óver 〈自〉①(つまずいたりして)転ぶ, 倒れる(→ 自 ❷) ②《口》(コンピューターが)突然動かなくなる, クラッシュする ―〈他〉《***fàll óver ...***》① …につまずいて転ぶ(→ 自 ❷) ②《～ over oneself で》《口》〈…しようと〉躍起になる, 一生懸命〈…しようと〉する〈**to do**〉

fall short of ⇨ SHORT(成句)

****fàll thróugh*** 〈自〉(計画などが)駄目になる, 失敗する

fàll tó 〈他〉《***fáll to ...***》① …(の攻撃)に屈する, 陥落する(→ 自 ❹) ② …の責任[負担]になる ; (遺産などが)…の所有に帰する(→ 自 ⓬) ③《堅》…をし始める ; …に取りかかる(↝ get to) ‖ He *fell to* whistling softly. 彼はそっと口笛を吹き始めた / ～ *to* work 仕事に取りかかる ―〈自〉《文》(仕事・食事などに)取りかかる, やり始める(♦ to は副詞)

fáll under ... 〈他〉① …の部類に入る(→ 自 ⓮) ② …の影響[監督など]を受ける ‖ The audience *fell under* his spell. 聴衆は彼に魅了された

lèt fáll 〈他〉Ⅰ《***lèt ... fáll***》① …を落とす ②〘数〙ある点から直線に対して〔垂線〕を引く Ⅱ《***lèt fáll ...***》③〔秘密など〕を漏らす

―名 (複 **～s** /-z/) Ⓒ ❶《単数形で》**落下**, 落下距離, 落差 ‖ He was knocked unconscious in a ～ from a ski lift. 彼はスキーリフトから落ちて気を失った / a ～ of rocks 落石 / a ～ of six meters 6メートルの落下[落差]
❷(雪・雨などの)降ること, 降る量, **降雪**[降雨](量) ‖ We expect a heavy ～ of snow tonight. 今夜は大雪が予想される / a three-millimeter ～ of rain 3ミリの降雨
❸ **転倒** ; (建物などの)倒壊 ‖ She had [OR took] a bad [OR severe, nasty] ～ on the ice. 彼女は氷の上でひどく転んだ / the ～ of a tower 塔の倒壊
❹《通例無冠詞単数形または the ～》《米》**秋**(autumn) ; 《形容詞的に》秋の(♦ fall of the leaves「落葉の季節」から. → spring) ‖ I'll be entering school **in** the ～. 私は秋に入学することになっている / **in** the ～ of life 晩年に / the frosts of ～ 秋の霜 / **last** ～ 昨秋 / the ～ semester 秋の学期 / ～ fashions 秋の流行
❺《しばしば ～s》《単数・複数扱い》**滝**(waterfall)(⇨ 類語) ‖ (The) Niagara *Falls* are [OR is] receding year by year. ナイアガラの滝は年々後退している / The ～*s* are nearly dry. 滝の水はほとんどかれている
❻〈…の〉**低下**, 下落, 減少(↔ rise)〈**in**〉 ‖ Antibiotics brought about a sharp ～ *in* the death rate. 抗生物質は死亡率の急激な低下をもたらした / a ～ *in* prices [temperature] 物価の下落[気温の低下] / the ～ of the dollar ドルの下落
❼《単数形で》(都市などの)陥落, 没落 ; 衰退, 衰亡 ‖ the ～ of Granada グラナダの陥落 / the rise and ～ of the Roman Empire ローマ帝国の興亡
❽《単数形で》(名声などの)失墜, 堕落, 誘惑に負けること, 罪 ‖ a ～ from grace (失敗をして)権威を失った状況 / the *Fall* (of Man) 〘宗〙人類の堕落《Adam と Eve が神の命令に背きエデンの園を追放されたこと》
❾ 傾斜, 下り ‖ the gentle rise and ～ of the fields 野原の緩やかな起伏 ❿(夜・闇などが)来ること ‖ at the ～ of evening 日暮れ時に ⓫ 垂れ下がったもの ; フォール《レース地などでできた衣服の垂れ飾り》; フォール《婦人帽の後ろに垂らすベール》; (女性の)垂れ髪のあるかもじ ⓬〘レスリング〙フォール《相手の両肩を一定時間マットにつけること. 勝負がつく》; 〘柔道〙投げ ⓭〘音声〙(イントネーションの)下降調(↔ rise) ⓮〘海〙(滑車の)引き綱 ⓯〘植〙(アヤメなどの)垂れ下がった外側の花片

brèak a pèrson's fáll (人の)落下の衝撃を弱める

hèad [OR ***rìde***] ***for a fáll*** 《通例進行形で》(落馬するような)むちゃな乗り方をする ; 自ら危険を招くようなことをする, むちゃなことをする

tàke the fáll for ... 《米俗》…の罪をかぶる

類語 **《名 ❺》fall, waterfall**「滝」を意味する一般的な語.
cascade いく筋にも細かく分かれ, 段になって落ちる滝.
cataract 大滝, 大瀑布(ばく).

▸▸ **～ gùy** 名 Ⓒ《米俗》他人の罪をかぶる人, 身代わり ; だまされやすい人, かも **～ing stár** 名 Ⓒ 流星(meteor) **～ line** 名《the ～》①〘地〙瀑布線, フォールライン ②〘スキー〙(傾斜部の)降下コース

fal·la·cious /fəléɪʃəs/ 形 誤った(論理に基づく), 虚偽の ; 欺瞞(ぎまん)的な **～·ly** 副

***fal·la·cy** /fǽləsi/ 名 (複 **-cies** /-z/) ❶ Ⓒ 誤った考え, 誤信 ❷ Ⓤ〘論〙誤った論法[推論], 誤謬(ごびゅう) ❸ Ⓤ 欺瞞性

fal-lal /fælǽl/ 名 Ⓒ (衣服の)安っぽい飾り

fáll·awày 形〘バスケ〙=fadeaway

fáll·bàck 名 Ⓒ ❶ 後退(retreat) ❷ 頼みとなるもの[人], 代わりとなるもの, 蓄え, 予備物

***fall·en** /fɔ́ːlən/ 動 fall の過去分詞
―形《比較なし》《限定》❶ 落ちた, 落下した ‖ The caravan was delayed by the ～ rocks. 落石でキャラバン隊に遅れが生じた / ～ leaves 落葉(♦ falling leaves は「散りゆく木の葉」) ❷ 倒れた ; 倒れて死んだ ; 《the ～》《集合名詞的に》《複数扱い》戦死者たち ‖ ～ trees 倒木 ❸ 堕落した, (宗教上の)罪を犯した ; (地位・権力などから)没落した, (名誉などを)失墜した ‖ The former champion is

now a ~ idol. 前チャンピオンは今や落ちた偶像である ❹ 陥落した, 滅亡した；崩壊した
▶▶**~ ángel** 名 C ① 堕天使《天を追われて悪魔になったもと天使》 ②（昔は尊敬されたが今では）堕落した人物 **~ wóman** 名 C《旧》ふしだらな女

fal·li·ble /fǽləbl/ 形 誤りやすい, 間違いを犯すことのある
fàl·li·bíl·i·ty 名 **-bly** 副

fàlling-óff 名 C《単数形で》衰退, 減少

fàlling-óut 名（複 **fallings-, ~s**）C《単数形で》不和, けんか, 仲たがい ‖ have a ~ with him 彼とけんかする

fáll·òff 名 C《単数形で》低下, 減少, 下落 ‖ a ~ in earnings 利益の減少

Fal·ló·pi·an tùbe /fəlóupiən-/ 名《ときに f- t-》C〘解〙ファロピオ管, 輸卵管

fáll·òut 名 U C ❶（核爆発の後の）放射性物質の降下；放射性降下物, 死の灰 ❷ 予期せぬ不運な結果, 副産物
▶▶**~ shèlter** 名 C 核シェルター

fal·low[1] /fǽlou/ 形 ❶（土地が）休閑中の, 作付けしていない ‖ lie ~ （畑地が）休めてある ❷ 活用されていない, 眠っている ‖ ideas lying ~ 眠ったままのアイデア
── 名 U 休閑地 ── 動 他〔土地〕を休ませる, 休閑する

fal·low[2] /fǽlou/ 名 U 形 淡黄色(の), 黄褐色(の)
▶▶**~ dèer** 名 C〘動〙ダマジカ《ヨーロッパ産の小型のシカ》

false /fɔːls, +英 fɔls, +米 fɑ(ː)ls/
── 形〔▶ falsity 名, falsify 動〕(**fals·er** ; **fals·est**)（♦❸❹以外比較なし）
❶ **間違った**, 真実[事実]でない, 誤った, 不正確な(↔ true)；誤った考えに基づく；不正に操作した；違法の ‖ His statement proved ~. 彼の陳述は誤っているとわかった / You're arguing from ~ premises. 君たちは誤った前提の下で議論している / ~ weight 不正(表示)重量 / a ~ sense of security 誤った安心感
❷ 真実を告げない, うその ‖ She gave me a ~ telephone number! 彼女は私にうその電話番号を教えたんだ
❸ **不誠実な**, うわべだけの；〈…に〉**不実な**, 信義のない〈**to**〉‖ I'm not taken in by your ~ modesty. あなたのうわべの謙遜(けんそん)にだまされはしません / He was ~ *to* his ⌈own uncle [words]. 彼は自分のおじを裏切った[約束を守らなかった] / a ~ lover 不実な恋人
❹《通例限定》人を惑わす(ような), 紛らわしい, 当てにならない ‖ give a ~ impression 誤った印象を与える / a ~ promise 当てにならない約束, 空手形
❺《限定》**人工の, にせの**, まがいの, 偽造の(⇨ 類語) ‖ ~ eyelashes つけまつげ / a ~ coin 偽造硬貨 / a ~ name 偽名 / ~ documents 偽造文書 / a ~ prophet にせ予言者 ❻《限定》(特に動植物名で)ニセ…, …モドキ, …ダマシ ‖ a ~ acacia ニセアカシア ❼ 💻（論理条件の）偽(ぎ), 条件に対する不一致
── 副《比較なし》不実に；偽って
plày a pèrson fálse 〔人〕をだます, 欺く

		足	髪	歯	真珠	ダイヤ	花	旅券	金	署名
本物でない	**false**	○	○	○					○	○
	fake				○	○		○	○	
	counterfeit								○	○
	sham				○	○		○		
	artificial	○	○	○	○	○	○			

~·ness 名
▶▶**~ alárm** 名 C 誤報, 虚報, デマ **~ arrést** 名 C U《米》〘法〙違法逮捕；不法監禁 **~ begínner** 名 C（言語教育における）再度初歩から学び直す人 **~ bóttom** 名 C（箱・引き出しなどの）二重底；（ウイスキーグラスなどの）上げ底 **~ cárd**（↓） **~ cólor** 名 ① U C 💻 疑似カラー《色分けによって温度差をディスプレー上に表示するなど》‖ a ~ *color* image 擬似カラー表示 ② C《~s》偽りの見せかけ **~ dáwn** 名 C 夜明け前の微光；《通例単数形で》（結局実現しない）有望そうな気配, 幻影 **~ ecónomy** 名 U C（多大の出費に至る）見掛けの貯金 **~ fríend** 名 C ① うわべだけの[不実な]友人 ②〘言〙欺瞞(ぎまん)的類似語《2つの言語の間で形は似ているが意味が異なる語. 例えば中国語の「手紙」は「トイレットペーパー」を表すなど》 **~ frónt** 名 C ①〘ゴルフ〙フォールスフロント《フェアウェイ側に傾斜したグリーン》②（不正輸出などをごまかすための）擬装営業所 ‖ a ~ *front* company 擬装会社 **~ imprísonment** 名 U〘法〙不法監禁 **~ kéel** 名 C〘海〙仮竜骨 **~ mémory sỳndrome** 名 U 虚偽記憶症候群《実際に起こってないことを現実のものと信じ込む心理状態》 **~ móve** 名 C《通例単数形で》（結果的に自分の不利を招くような）ばかなまね, へま；（事故につながりかねない）誤作動[操作] ‖ make a ~ *move* ばかなまねをする **~ négative** 名 U 形〘医〙偽陰性(の) **~ posítion** 名 C 誤解を受けるような立場 ‖ put her in a ~ *position* 彼女を誤解されるような立場に立たせる **~ pósitive** 名 U 形〘医〙偽陽性(の) **~ prégnancy** 名 U C〘病理〙想像妊娠(pseudocyesis) **~ preténses** 名 複（だますための）虚偽の申告, うそ；〘法〙虚偽表示 **~ ríb** 名 C〘解〙仮肋骨(ろっこつ)《胸骨につながっていない》 **~ stárt** 名 C（競技で）不正スタート, フライング(→ flying start)；出だしの失敗 ‖ make a ~ *start* スタートを誤る；出だしでつまずく **~ stép** 名 C つまずき, 踏み外し；失策, 無作法(な言動), へま ‖ take a ~ *step* つまずく；へまをやる

fàlse cárd 名 C〘トランプ〙フォールスカード《ブリッジで相手の判断を紛らわすためにわざと出す札》
fàlse-cárd 動 自 フォールスカードを出す

false·hood /fɔ́ːlshùd/ 名 ❶ C うそ；U うそをつくこと, 欺瞞(ぎまん)（♥ lie ほど強い非難の感情を含まない. 意味範囲が広く, やむを得ずつく「うそ」なども含む）‖ tell a ~ うそをつく ❷ C 誤った考え；U 誤り, 間違い, 虚偽

false·ly /fɔ́ːlsli/ 副 誤って；不正に；偽って, 不誠実に

fal·set·to /fɔːlséṭou/ 名（複 **~s** /-z/）〘楽〙❶ C U（特に男性の）裏声, ファルセット ‖ in ~ = in a ~ voice 裏声で ❷ C ファルセット歌手

fals·ies /fɔ́ːlsiz/ 名 複《口》フォルシーズ《胸を豊かに見せるためブラジャーの下に入れるパッド》

fal·si·fi·ca·tion /fɔ̀ːlsɪfɪkéɪʃən/ 名 U C ❶ 偽造, 変造 ❷（事実などの）歪曲(わいきょく), 誤伝 ❸ 虚偽の立証, 反証, 論破

fal·si·fy /fɔ́ːlsɪfàɪ/ 動〔◁ false 形〕(**-fied** /-d/) 他 ❶ …を偽造する, 変造する；〔事実など〕を誤り伝える, 歪曲する ‖ ~ documents 文書を偽造する ❷〔理論など〕の誤りを証明する, …に反証を挙げる；〔期待など〕を裏切る, …が根拠のないことを示す

fal·si·ty /fɔ́ːlsəṭi/ 名〔◁ false 形〕（複 **-ties** /-z/）❶ U 誤り, 虚偽, 欺瞞(性) ❷ C うそ, 偽りの言葉

Fal·staff /fɔ́ːlstæf | -stɑːf/ 名 フォルスタッフ《Shakespeare 作の *Henry IV* と *The Merry Wives of Windsor* に登場する太って陽気でほら吹きの老騎士》
Fal·stáff·i·an 形 フォルスタッフのような, 太って陽気でほら吹きの

fált·bòat 名 C 折り畳み式ボート(foldboat)

***fal·ter** /fɔ́ːltər/ 動 自 ❶ 勢いがなくなる, 弱る, 衰える ‖ The economy is ~*ing*. 景気はもたついている ❷ ためらいがちに[つっかえつっかえ]話す, 口ごもる；（声が）震える ‖ ~ in one's speech つっかえつっかえ演説[講演]する ❸〈…を〉ためらう,〈勇気・決意などが〉くじける〈**in**〉；たじろぐ, ひるむ ‖ ~ *in* one's resolution 決心が鈍る ❹ よろめく, つまずく ── 他 …を口ごもりながら[ためらいながら]言う《*out*》（♦ 直接話法にも用いる）‖ ~ *out* an excuse 口ごもりながら言い訳する / "I ... I don't know," he ~*ed*. 「ぼ…僕は知らないよ」と彼は口ごもりながら言った

fal·ter·ing /fɔ́ːltərɪŋ/ 形 ためらう；口ごもる；ぐらついてい

る, よろめく；勢力低下の　～·ly 副

Fa·lun Gong /fɑ̀ːlʊn gɔ́ːŋ/ 名 法輪功《中国の気功集団》

***fame** /feɪm/ 名〔▶ famous 形〕U 名声, 高名, 声望 ‖ He gained [OR achieved, built] instant ～ as a playwright. 彼は劇作家として一躍有名になった / Personalities of international ～ were invited to the garden party. 国際的に名の通った名士たちがその園遊会に招待された / come to ～ 有名になる / Her invention brought the housewife ～ and fortune. その発明で富と名声がその主婦にもたらされた / his only claim to ～ 彼の唯一自慢できること

類語 **fame**「名声, 高名」の一般的な語. 通例よい意味でよく知られていることをいう. 〈例〉a man of *fame* 有名な人
reputation「世間の評判」の意で, よい意味にも悪い意味にも用いる. 〈例〉a man of poor *reputation* 評判のよくない人
renown よい意味で使われ, 優れた業績や卓越した技量で得られた名声.
notoriety 悪名が高いこと.

famed /feɪmd/ 形〈…で〉名高い, 有名な〈**for**〉(⇨ FAMOUS 類語) ‖ The lake is ～ *for* its beauty. その湖は美しいことで有名だ

fa·mil·ial /fəmɪ́ljəl | -iəl/ 形《限定》家族の, (遺伝的に)家族に特有の ‖ a ～ disease 一家の遺伝病

⁑fa·mil·iar /fəmɪ́ljər | -iə/ 《アクセント注意》 形名

―形〔◁ family 名〕〔▶ familiarize 動〕(**more ～ ; most ～**)

❶〈…に〉**よく知られている**, よく目[耳]にする；ありふれた, おなじみの (↔ unfamiliar)；ふつうの〈**to**〉‖ The story is ～ *to* all of us. (=All of us are ～ with the story.) その話はみんながよく知っている / That name doesn't sound ～. その名前は聞き覚えがない / taste ～ 食べたことのある味がする / It's nice to be back among ～ faces. なじみの顔ぶれの中に戻れるとほっとする

❷《＋with 名》《叙述》(人が)…に**精通[熟知]している** ‖ He is not very ～ *with* the rules of the game. 彼はその競技の規則にあまり詳しくない / **become** ～ *with* a new system 新しいシステムに詳しくなる

❸ 打ち解けた, くだけた, 親しげな；〈人と〉親しい〈**with**〉(⇨ 類語) ‖ speak in a ～ way 親しげに話す / give him a ～ slap on the back 彼の背中を親しげにぽんとたたく / I am on ～ terms *with* him. 彼とは親密な間柄だ ❹〈…に〉度を越えてなれなれしい, 図々しい〈**with**〉‖ I don't think you should be so ～ *with* his wife. 彼の奥さんにそうなれなれしくしない方がいいと思うよ ❺《古》家族の

―名 C ❶《～s》親友, 親しい仲間
❷ (=～ **spírit**) 使い魔, 使いの精《動物の形をして魔女に仕えるといわれる》 ❸〖カト〗(ローマ教皇や司教の)用人

類語《形 ❸》**familiar** 知り合ってから長く打ち解けた間柄の. 〈例〉*familiar* acquaintances 親しい知り合い
intimate 非常に親密で, 気持ちや考えが互いに通じ合い, しばしば性的関係が含まれる；愛情・血縁・共通の利害などが基礎となっている. 〈例〉*intimate* friends (気心の知れた)親しい友人
close 他人の介入を許さない暗示がある. 〈例〉*close* friends 親友同士
confidential 深く信頼して個人的な問題・秘密なども打ち明ける. 〈例〉a *confidential* secretary 腹心の秘書

PLANET BOARD 24

family は単数扱いか複数扱いか.

問題設定 family は通例《米》では単数扱い, 《英》では個々の人に重点を置く場合に複数扱いとされるが, 特に個々の人が意識される文脈での実際の使用率を調査した.

Q 次の表現のどちらを使いますか.
(a) My family **is** all early risers.
(b) My family **are** all early risers.
(c) 両方
(d) どちらも使わない

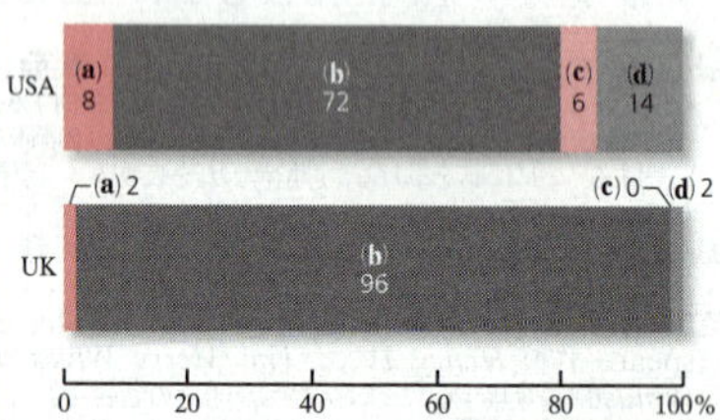

《米》《英》ともに (b) の複数扱いと答えた人が圧倒的多数を占めた. 《英》では (b) 以外の答えがほとんどないのに対して, 《米》では (a) 単数扱い, (c) 両方, (d) どちらも使わないという人がそれぞれ少数だがいた.

(b) のみを使うと答えた人の多くは「all や複数形の risers があるため複数扱いが自然である」とした. しかし, 《米》では (b) のみを使うと答えた人や両方使うと答えた人の中でも, 「(a) (b) ともにやや不自然な言い方」という意見もあった.

どちらも使わないと答えた人の多くは代替表現として, Everyone in my family is an early riser.をあげた.

学習者への指針 複数を意識させる表現が文中にある場合は, family は《米》《英》ともに複数扱いが一般的である.

***fa·mil·i·ar·i·ty** /fəmɪ̀ljǽrəṭi | -iǽr-/ 名 (複 **-ties** /-z/) U ❶〈…を〉よく知っていること, 熟知, 精通〈**with**〉；よく知られていること ‖ His ～ *with* backstage stories of show business is remarkable. 彼が芸能界の裏話によく通じているのには驚く ❷ 格式ばらないこと, 気安さ, 心安さ ❸ 親しさ, 親密, 懇意 ❹ なれなれしさ ‖ She was annoyed by his ～. 彼女は彼のなれなれしさに閉口した / *Familiarity breeds contempt.* 《諺》なれすぎは軽蔑のもと；親しき仲にも礼儀あり

***fa·mil·i·ar·ize** /fəmɪ́ljəràɪz | -iər-/ 動〔◁ familiar 形〕他 ❶〔人〕を〈物事に〉親しませる, 慣れさせる, 熟知[精通]させる〈**with**〉‖ ～ oneself *with* the job その仕事に慣れる[精通する] ❷ …を広く知らせる, 一般化する, 普及させる　**fa·mìl·i·ar·i·zá·tion** 名

fa·mil·i·ar·ly /fəmɪ́ljərli | -iə-/ 副 ❶ 親しみを込めて；なれなれしく ‖ Elizabeth Macy, ～ known as Liz エリザベス=メイシー, 親しい者の間ではリズで知られている ❷ 世間一般的に, 通例 ‖ more ～ より一般的には

⁑fam·i·ly /fǽməli/ 名形

名 家族❶　子供❷　一族❸　科❼

―名〔▶ familiar 形〕(複 **-lies** /-z/) C ❶《集合的に》《単数・複数扱い》**家族**, 家庭；世帯 (♦ ふつうは夫婦とその子供, 近い親類を含むこともある) ‖ Matt is the youngest in our ～. マットはうちでは最年少だ / "How many people are there in your ～?" "(There are) four (of us)." 「ご家族は何人ですか」「4人です」/ My ～ is very small. うちは家族がとても少ない / Three *families* live in the house. その家には3世帯が住んでいる / He could not support his ～. 彼は家族[妻子]を養えなかった / a ～ of four 4人家族 / a nuclear ～ 核家族 / a single-parent [OR one-parent] ～ 一人親家庭 / the **whole** ～ 家族全員 (♦ family は家族という集団を表す. 家族の1人を指すには a family member, a member

of the family という)
語法☆☆ 家族を全体としてとらえるときは単数扱い, 構成員を個々にとらえるときは複数扱い. 複数扱いされることは《英》に多い. 以下の ❷, ❸ でも同様 (⇨ PB 24). 〈例〉 My *family are* all night owls. 我が家はみんな宵っ張りです
❷《集合的に》《単数・複数扱い》(一家の) **子供** (たち) ‖ 「bring up [OR raise] a ～ 子供を育てる / start a ～ 第1子をもうける / She left her husband and ～. 彼女は夫と子供たちを捨てた
❸《集合的に》《単数・複数扱い》**一族**, 親族, 一家, 一門(♦死んだ人も含む); Ⓤ《英》家柄; 名門 ‖ the **Royal** ～ 王室[皇室] / The boy is from one of the area's best [oldest] *families*. その少年は地域でも指折りの名家[旧家]の出だ / Musical talent runs in her ～. 彼女の家系には音楽的才能の血が流れている / of noble ～ 貴族の家柄の ❹ Ⓤ 家族同様に扱われるべきもの ‖ Our dog is ～. 我が家の犬は家族同然です ❺ (共通の祖先を持つ) 種族, 民族(race) ‖ the German ～ ゲルマン民族 ❻ (政治的・宗教的きずなで結びついた)一族, 一家, 一団; (大統領などの) 側近一同, 幕僚; 《口》(マフィアなどの)一家 ❼ (共通の特徴を持つ) 一群; 〖生〗**科**《生物の分類で order (目)と genus(属)の間》; 〖生態〗家族; 〖言〗語族; 〖数〗族; 〖化〗(元素の)族 ‖ animals of the dog ～ イヌ科の動物たち / the rose [bean] ～ バラ[マメ]科 / the Indo-European ～ of languages インド=ヨーロッパ語族
(àll) *in the fámily* 内輪で, 身内だけで, 秘密に
── 形 《比較なし》《限定》 ❶ 家族[家庭]向きの ‖ a ～ movie (子供のいる) 家族向き映画 / a ～ hotel (低料金の) 家族向きホテル ❷ 家族の, 家庭の ‖ (My) ～ **life** comes first. (私にとって) 家庭生活が何よりも重要である / a ～ reunion 家族の再会 / ～ troubles 家庭内のいざこざ ❸ 一家の所有する ‖ a ～ car 自家用車
in the [OR ***a***] ***fámily wày*** 《口》妊娠して, 身ごもって (pregnant)
▸▸ **～ allówance** 名 Ⓒ (以前英国とカナダで支給された) 家族手当 (♦現在では child benefit という) **～ Bíble** 名 Ⓒ 家庭用聖書《大型で, 家族の誕生・結婚・死亡などを記録するページがついている》 **～ círcle** 名 Ⓒ (一族の) 内輪の人々; 《米》家族席《天井桟敷(さじき)にあって料金が安い》 **～ cóurt** 名 Ⓒ 家庭裁判所 **～ crédit** 名 Ⓒ《集合的に》(英国の) 世帯所得補助手当 **Fámily Divìsion** 名 Ⓒ《単数形で》(英国の高等法院の) 家事部《離婚・養子縁組みなど家庭の問題を担当》 **～ dóctor** 名 Ⓒ ホームドクター, かかりつけ医 (❗ home doctor とはいわない) **～ hóur** 名 Ⓒ (テレビ・ラジオの) 家族向け時間帯 (family time) **～ léave** 名 Ⓒ《米》〖法〗家族休暇《育児・重病人の世話などのときに与えられる》 **～ màn** 名 Ⓒ 所帯持ちの男性; マイホーム主義の男性 (中立 homebody, family-centered person) **～ nàme** 名 Ⓒ 姓, 名字(surname) (→ name ❶) **～ plánning** 名 Ⓤ 家族計画, 産児制限 (birth control) **～ práctice** 名 Ⓤ 一般診療, 家庭医療 **～ practítioner** 名 Ⓒ《主に英》(専門家に対して)一般開業医, 家庭医(general practitioner, 《口》family doctor) **～ ròom** 名 Ⓒ (家庭の) 娯楽室, 居間; (ホテルの3, 4人用の)家族向けの部屋; 《英》(パブで) 家族室[席]《子供も入ることができる》 **～ stỳle** 副 形《米》大皿方式で(の)《食卓でおかずを大皿から自分の好きな分だけとって食べる方式》 **～ trée** 名 Ⓒ 家系図 **～ válues** 名 複 家庭価値観《伝統を重んじる家庭ではぐくまれた高い道徳律》

fàmily-síze(d) 形 家族用の, 徳用の

fam·ine /fǽmɪn/ 名 Ⓤ Ⓒ ❶ ひどい食糧不足, 飢饉(ききん) ‖ suffer from ～ 飢饉に苦しむ ❷ Ⓒ (物資の) ひどい欠乏, 大不足 ‖ an oil ～ 石油のひどい欠乏 ❸《古》ひどい空腹, 飢餓

fam·ish /fǽmɪʃ/ 動 自 飢える
── 他《通例受身形で》《旧》飢えている

*****fa·mous** /féɪməs/
── 形 〔◁ fame 名〕(**more ～; most ～**)
❶ (通例よい意味で) **有名な**, 名高い (↔ unknown) 〈**for** …で; **as** …として〉 (⇨ 類語) ‖ California is ～ *for* its winegrowing. カリフォルニアはワイン造りで名高い / He **became** ～ *as* a prolific painter. 彼は多作な画家として有名になった / a ～ chef 有名な料理人 (♦「彼女が料理がうまいことは有名だ」は It is 「well known [×famous] that she is a good cook. であり, この構文で famous を用いるのは誤り)
❷《旧》《口》素晴らしい, 優れた ‖ He has a ～ memory. 彼は抜群の記憶力の持ち主だ
❸ 《the ～》《名詞的に》有名人

COMMUNICATIVE EXPRESSIONS
1 **Fàmous làst wórds.** ⇨ WORD (CE 6)

類語 《❶》 **famous** 最も一般的な語. 通例よい意味で「有名な」.
renowned 非常に名声の高い.
well-known よい意味とは限らずに, また famous よりは少ない人々の間で「よく知られた」. 〈例〉 a *well-known* murder case よく知られた殺人事件
noted 特に専門の分野や知識に関して, 広く知られ[注目され]ている. 〈例〉 a *noted* authority on American history 著名なアメリカ史の権威
famed famous とほぼ同義だが, やや改まった語.
notorious 悪名の高い. 〈例〉 a *notorious* gambler 悪名高い賭博(とばく)師
infamous notorious とほぼ同意だが, やや文語的. 「邪悪な」の意だけを表すこともある. 〈例〉 the *infamous* concentration camps かの悪名高い強制収容所
celebrated 顕著な功績・奉仕でよく知られた. 〈例〉 a *celebrated* statesman 有名な政治家
eminent 学問・業績・地位などで卓越している.
distinguished 同類の人より抜きん出て世間に知られている.

fá·mous·ly /-li/ 副 ❶ 周知のように; よく知られているように ❷《口》素晴らしく, 見事に (♦位置は動詞 (句) の後) ‖ get on [OR along] ～ (with him) 《やや旧》(彼と) とても仲よくやっている

***fan¹** /fæn/
── 名 (複 **～s** /-z/) Ⓒ 〈…の〉 **ファン**, 熱心な愛好者 [支持者] 〈**of**〉 ‖ I am a **big** [OR great] ～ *of* the Fighters. 私はファイターズの大ファンです / a jazz ～ ジャズファン
語源 fanatic の短縮形.
▸▸ **～ clùb** 名 Ⓒ ファンクラブ, 後援会 **～ lètter** 名 Ⓒ ファンレター **～ màil** 名 Ⓤ《集合的に》ファンレター (fan letters) **～ sìte** 名 Ⓒ ファン(によるウェブ)サイト

***fan²** /fæn/
── 名 (複 **～s** /-z/) Ⓒ ❶ **扇**, うちわ; **扇風機**; 換気扇, ファン ‖ a folding ～ 扇子 / an electric ～ 扇風機 / a ventilating ～ 換気扇 / a ceiling ～ 天井ファン
❷ 扇状のもの《クジャクの尾羽など》; 〖地〗扇状地 ❸ (風車の) 扇形翼 ❹ 箕(み), 唐箕(とうみ)《穀物を吹き分ける道具》
── 動 (**～s** /-z/; **fanned** /-d/; **fan·ning**)
── 他 ❶ **…をあおぐ**, あおいで…に風を送る ‖ Students were *fanning* themselves with their notebooks. 生徒たちはノートで(顔を)あおいでいた
❷ …を扇形に広げる《*out*》 ‖ The peacock *fanned out* his tail feathers. クジャクが尾羽を扇形に広げた
❸ 〔怒り・不安などの感情〕をあおり立てる, かき立てる, 扇動する (stir up) ‖ A trifling quarrel was *fanned* into a bloodshedding conflict. ささいなけんかがあおり立てられ流血の争いに発展した / ～ the **flames** of fear 恐怖をかき立てる ❹ あおいで…を追い払う; …を払いのける《*away*》 ‖ ～ *away* the flies ハエをあおいで追い払う ❺ 〔火〕をあおる ‖ The wind *fanned* a fire. 風が火をあお

った ❻〔風〕をあおいで起こす,〔空気・風〕をあおいで送る ❼(そよ風・息などが)…を優しくなでる, …に軽く吹きつける[当たる] ❽〔穀物〕を箕(み)で吹き分ける;〔もみがら〕を箕で取り去る ❾〚野球〛〔打者〕を(空振り)三振させる(strike out) ❿〔自動銃〕を連射する;〔ピストル〕を撃鉄をはじいて連射する
━自 ❶ 扇形に広がる;(複数の人が)(一点から広がって)扇状に進む《*out*》
❷〚野球〛(空振り)三振する,〚アイスホッケー〛空振りする
▶▶ ～ **bèlt** 名 C〚機〛ファンベルト ～ **dànce** 名 C 大きな扇を使って踊るヌードダンス ～ **hèater** 名 C《英》ファンヒーター, 温風器 ～ **pàlm** 名 C 扇状の葉のヤシ《talipot など》 ～ **vàulting** 名 U〚建〛扇形丸天井 [構造]《後期イギリスゴシック建築に見られる》

fa·nat·ic /fənǽtɪk/ 名 C 熱狂者, 狂信者;《口》熱狂的な愛好家 ‖ a sports ～ 熱狂的なスポーツファン
━形《限定》=fanatical

fa·nat·i·cal /fənǽtɪkəl/ 形〈…に〉狂信的な, 熱狂的な〈**about, on**〉; 狂信者じみた ～**·ly** 副

fa·nat·i·cism /fənǽtəsɪ̀zm | -nǽtɪ-/ 名 U 熱狂, 狂信; C 熱狂的な考え[行為]

fan·ci·a·ble /fǽnsiəbl/ 形《英口》性的魅力のある, セクシーな

fan·cied /fǽnsid/ 形 想像上の, 架空の

fan·ci·er /fǽnsiər/ 名 C《通例複合語で》(動植物などの)愛好家, 飼育者 ‖ an orchid ～ ラン(蘭)の愛好家

fan·ci·ful /fǽnsɪfəl/ 形 ❶ 空想にふける, 気まぐれな ❷ 奇抜な, 風変わりな ❸ 想像上の, 架空の ～**·ly** 副

‡fan·cy /fǽnsi/ 中心義 **(現実を離れて)心に描く**
━名 (複 **-cies** /-z/) C ❶《単数形で》〈…に対する〉(一時的な) **好み**, (気まぐれな) 好み, 愛好〈**for, to**〉‖ I have a ～ *for* musicals. 私はミュージカルが好きです / I **took**「a great [OR quite a] ～ *to* her way of talking. 彼女の話し方がすっかり好きになった / **take** [OR strike, catch, tickle] his ～ 彼の気に入る, 彼の興味をそそる
❷ U **空想**, (気まぐれな)想像; 空想力, 想像力(⇨ IMAGINATION 類語) ‖ flights of ～ 奔放な空想 / give free rein to one's ～ 想像をどんどんふくらませる
❸《単数形で》想像したこと, 思いつき;(気まぐれな)考え〈**to** *do* …する/(**that**) 節 …という〉‖ a passing ～ 一時の気まぐれ / I had a sudden ～ *to* spend Christmas in Vienna. 突然ウィーンでクリスマスを過ごす気になった / I have a ～ *that* he won't come. 彼は来ないような気がする ❹ C U《旧》幻想, 錯覚 ‖ Her face had changed, but perhaps that was my ～. 彼女は顔つきが変わっていた, でもそれは私の気のせいだったかもしれない ❺(競馬の)本命,(競技の)優勝候補の筆頭 ❻《the ～》《集合的に》《複数扱い》《旧》愛好家連;(特に)ボクシングのファン ❼ 批評眼, 鑑識眼 ❽《通例 -cies》デコレーションケーキ
***as* [*when, where*] *the fàncy tákes* (*one*)** (人の) 気の向くままに[気の向いたときに, 気の向いたところで]
━形 (**-ci·er**; **-ci·est**) (◆ ❶ 以外は限定)
❶ **装飾的な**, 装飾の多い, (デザインなどが) 凝った ‖ a ～ button 飾りボタン / a ～ necktie 凝ったネクタイ
❷ 高級な;《米》(特に食べ物が) 飛び切り上等の, 特選の ‖ a ～ jewelry shop 高級宝石店 ❸ (値段などが) 法外な;(考えなどが) とっぴな ‖ at a ～ price 法外な値段で / a ～ idea [proposal] 突拍子もない考え [提案] ❹ 見事な(腕前の), 巧みな; 技巧を要する ‖ ～ footwork (ダンサーなどの)巧みな足さばき;(政治家などの)巧みな言い逃れる業 ❺《古》(芸術作品が) 想像上の, 空想の, 空想的な ‖ a ～ portrait 想像して描いた肖像画 ❻ (花が) 2色以上の, 染め分けの;(動物が) 特別の品種として飼育された
━動 (**-cies** /-z/; **-cied** /-d/; **～·ing**)
━他《進行形はまれ》❶《主に英口》**a** 《+目》…を**好む**, 欲しい[したい]と思う;〔異性〕に心を引かれる ‖ Do you ～ a cup of tea? お茶はいかがですか / I think she *fancies* you. 彼女は君に気があると思うよ
b 《+*doing*》…したい気がする ‖ I don't ～ being left here alone. ここにひとりで残されるのはいやだ
❷《英口》《～ oneself で》うぬぼれる, 思い上がる, 気取る; …のつもりでいる〈**as** …と / **to be** …であると〉‖ She *fancies* herself (*to be*) beautiful. 彼女は美人だとうぬぼれている / She *fancied* herself (*as*) an actress. 彼女は(ひとかどの)女優のつもりでいた
❸《+(**that**) 節》(何となく)…だろうと思う, …という気がする ‖ I ～ (*that*) her pearls were real. 彼女の真珠は本物だったような気がする / I *fancied* (*that*) I heard someone laughing. だれかが笑っているのが聞こえたような気がした
❹ **想像する** (⇨ IMAGINE 類語) **a** 《+目》…を想像 [空想] する ‖ We can't ～ a life without electricity. 電気のない生活など想像できない **b** 《+*doing* / (**that**) 節》…すると […だと] 想像する ‖ I can't ～ your ever saying such a thing. = I can't ～ (*that*) you would ever say such a thing. あなたがそんなことを言うなんて考えられない **c** 《+目+**as** 名・形 / 目+ (**to be**) 補》…を…だと想像する, 思う ‖ I can't ～ that actor (*to be*) dead. あの俳優が死んだなんて考えられない / I can't ～ him *as* a policeman. 彼が警官だとは想像できない
❺《命令形で》《英口》 **a** 《+目》…を**考えてごらん** (♥「驚くではないか」の意) ‖ *Fancy* that! これは驚いた **b** 《(+目) +*doing*》(…が) …するなんて驚きだ (→ CE 2) ‖ *Fancy* (him [OR his]) working sixteen hours a day! (彼が) 1日16時間も働くなんて / *Fancy* her driving a car. I should never have believed it. 彼女が車を運転するなんて, とても信じられなかったよ
❻《英》 **a** 《+目》〔見込みなど〕があると思う ‖ I don't ～ his chances of .... 彼には…の見込みはないと思う **b** 《+目+**to** *do*》〔人・馬など〕に(勝利・成功などの)見込みがあると思う ‖ ～ him *to* win the game 彼がそのゲームに勝ちそうだと思う

COMMUNICATIVE EXPRESSIONS
1 **Do you fàncy còming alóng?** 一緒に行かないか(♥くだけた誘い文句. =What about coming along?)
2 **Fàncy méeting you hère!** 奇遇だね; こんなところで君に会うとは驚いた

▶▶ ～ **díving** 名 U〚水泳〛飛び込み競技 ～ **dréss** 名 U (仮装舞踏会などでの) 奇抜な衣装 ～ **gòods** 名 複《英》(特売の) 装身具類 ～ **màn** 名 C《口》《しばしばけなして》愛人;《古》(売春婦の)ひも ～ **pànts** (↓) ～ **wòman** 名 C《口》《しばしばけなして》愛人;《古》売春婦

fàncy-frée ◁ 形《叙述》何物にもとらわれない, 自由奔放な; 気苦労のない(carefree)(→ footloose)

fáncy pànts 名《単数扱い》《俗》❶ めかし込んだ人, 着飾りすぎの人 ❷《米》めめしい男
fáncy-pànts 形《米》めめしい, 軟弱な

fáncy·wòrk 名 U 刺繍(ししゅう), 手芸, 編み物

fan·dan·go /fændǽŋgoʊ/ 名 (複 **～s**, **～es** /-z/) C ファンダンゴ(の曲)《スペイン・南米の活発な踊り》

fan·dom /fǽndəm/ 名 U《集合的に》ファン(一同)

fan·fare /fǽnfèər/ 名 ❶ C ファンファーレ ❷ C U 派手な誇示, 鳴り物入り ‖ with great ～ 鳴り物入りで

fang /fæŋ/ 名 C ❶ (犬やオオカミの)きば, 犬歯;(蛇の)毒牙(どくが);(クモの)口器, 鋏角(きょうかく) ❷ 歯根;《口》ヒトの歯
～ed 形 牙[毒牙]のある

fán·jèt 名 C ❶ ファンジェット《ファンを回転させて推進効率を高めたエンジン》❷ ファンジェット付きの航空機

fán·lìght 名 C (ドアや大窓の上部にある)扇形の明かり取り, 扇形の欄間窓

fanlight

Fan·nie, Fan·ny /fǽni/ 名 ファニー《女子の名. Frances の愛称》

Fànnie Máe /-méɪ/ 名《米》

ファニー＝メイ《Federal National Mortgage Association (連邦住宅抵当権協会)の俗称》(→ Freddie Mac)

fan·ny /fǽni/ 名 (複 **-nies** /-z/) Ⓒ ❶《主に米・カナダ口》尻(しり)(buttocks) ❷ ⊗《英卑》女性の性器

▸▸ **～ pàck** 名 Ⓒ《米》ウエストポーチ(《英》bumbag)

Fànny Ádams 名 Ⓤ《英》❶《口》少しも…でない ‖ I know (sweet) ～ about mining. 私は鉱業については全く知らない ❷ 缶詰の肉, シチュー

fán·tàil 名 Ⓒ ❶ 扇形の尾[末端] ❷〖動〗クジャクバト, オウギビタキ, 〖魚〗ファンテール《クジャク尾のキンギョ》❸《主に米》〖海〗扇形船尾

fan·ta·sia /fæntéɪʒə | -ziə/ 名 Ⓒ〖楽〗幻想曲; (よく知られた曲の)接続曲

fan·ta·size /fǽnṭəsàɪz/ 動 自〈…について〉夢想にふける〈**about**〉 ― 他 …を夢想する, 〈…〉と夢想する〈**that** 節〉

-sist 名

fan·tas·tic /fæntǽstɪk/, **-ti·cal** /-tɪkəl/

― 形 (♦ ❶, ❸の意味では fantastical は用いない) (**more** ～ ; **most** ～) (❗「ファンタジック」は fantasy に ic をつけた和製語. 英語では fantastic)

❶《口》**とても素晴らしい** ‖ You did a ～ job on this documentary. この記録映画で実にいい仕事をしたね / You passed the exam? *Fantastic*! 試験に合格したって, それは素晴らしい / a ～ view [meal] 素晴らしい眺め[食事]

❷《通例限定》空想的な; 想像上の; 根拠のない ‖ a ～ story 幻想的な話 / ～ terrors いわれのない恐怖

❸ (大きさ・量などが) とてつもなく大きい, 法外な ‖ a ～ amount of money 途方もない金額 / a ～ price 法外な値段 ❹ (考え・動きなどが)異様な, 風変わりな, 奇怪な ‖ ～ behavior とっぴな行動 ❺ 現実離れした, 夢のような ‖ a ～ scheme 実現できそうもない計画

-ti·cal·ly 副 とてつもなく; 空想的に; 気まぐれに; 異様に

fan·ta·sy /fǽnṭəsi, -zi/

― 名 (複 **-sies** /-z/) ❶ Ⓤ **空想**, 幻想, 夢想 ‖ ～ and reality 空想と現実 / live in a ～ world 空想の世界に住む

❷ Ⓒ 空想した[している]事柄, 空想の世界[産物], 幻想, 幻覚 (⇨ IMAGINATION 類語) ‖ indulge in *fantasies* 空想にふける / create *fantasies* on stage 舞台の上に幻想的な場面を作り出す / drug-induced *fantasies* 麻薬によって引き起こされた幻覚 ❸ Ⓒ 気まぐれ, 非現実的な思いつき ❹ Ⓒ 幻想的作品, ファンタジー; 〖楽〗幻想曲, ファンタジア(fantasia) ❺ Ⓤ Ⓒ〖心〗白日夢, 空想

― 動 (**-sies** /-z/ ; **-sied** /-d/ ; **-sy·ing**) 他《文》…を空想[夢想]する, 思い描く

▸▸ **～ fóotball** [**spórts**] 名 Ⓤ ファンタジー＝フットボール[スポーツ]《実在するフットボール[スポーツ]選手を選んで仮想チームを作って遊ぶゲーム》

fan·tod /fǽntɑ̀(:)d | -tɔ̀d/ 名 Ⓒ《通例 the ～s》《米口》いらいらした[そわそわした]状態; 激しい心配, 不安

fan·zine /fǽnzìːn/ 名 Ⓒ (しばしば同人雑誌形式の) ファン雑誌(♦ *fan*＋maga*zine* より)

fao 略《英》＝for the attention of

FAO 略 *F*ood and *A*griculture *O*rganization (of the United Nations)《(国連)食糧農業機関》

FAQ 略 🖳 *f*requently *a*sked *q*uestions《よく尋ねられる質問》《ユーザーがしそうな質問とそれに対する回答》

far /fɑːr/ 副 形

中心義 **(距離・時間・程度が)隔たっている**

副 遠くに❶ ずっと❷ 先へ❸ はるかに❹ 形 遠い❶

― 副 (**far·ther** /fɑ́ːrðər/ OR **fur·ther** /fə́ːrðər/ ; **far·thest** /fɑ́ːrðɪst/ OR **fur·thest** /fə́ːrðɪst/) (⇨ FARTHER, FURTHER, PB 27)

❶《距離》**遠くに[へ]**, はるかに (↔ near) (♦ 主に too, enough, as, so, very などの副詞を前に伴って, またはほかの副詞・前置詞句を後に伴って用いる. far 単独では主に否定文・疑問文で用いる. ⇨ 語法 (1)) ‖ The house is not ～ from here. その家はここからそう遠くない / We didn't **go** very ～. 我々はあまり遠くへは行かなかった / How ～ is it from here to the station? ここから駅までどのくらいありますか / They traveled too ～. 彼らは遠くまで行きすぎた / The letter came from ～ **away**. その手紙は遠く離れた所から来た / This airplane is flying ～ above the clouds. 当機は雲のはるか上を飛行中だ / You can find the post office pretty ～ ahead on this street. 郵便局はこの通りをずっと行った所にあります / The pitch was ～ in on the batter. 投球は打者に近すぎました

語法 ☆☆ (1) 単に「遠い, 遠くへ」を表す肯定文では far 単独でなく, far away, a long way, a long way away を使うのがふつう. 〈例〉We went 「*far away* [OR *a long way* (*away*)]. 私たちは遠くまで行った
(2) far は具体的な数値とともには用いない. したがって ×The lake is 10 miles far from the village. とはいわず, The lake is 10 miles (away) from the village. という.

❷《時間》**ずっと**, はるかに(♦ 比較級・最上級には further, furthest を用いる) ‖ We discussed the problem ～ into the night. 我々は夜更けまでその問題を議論した / He always looks ～ into the future. 彼は常にずっと先まで見通している / ～ back in history [the past] 歴史[過去]をずっとさかのぼって / as ～ back as the 1870s 遠く1870年代にさかのぼって

❸《進展》**先へ**, 進んで ‖ How ～ have you got [OR gotten] with your studies? 研究はどれくらい進んだの

❹《比較なし》《程度》**はるかに**, ずっと, 大いに(♦ much と同様, 比較級・最上級・too などの強調にしばしば用いられる. この意味でさらに強調した形は → *by far*, *far and away* (↓)) ‖ This book is ～ **better** than that one. この本はあれよりずっとよい(♦ この文を否定した ×This book isn't far better .... は誤り) / She is (by) ～ the most intelligent student in the class. 彼女はクラスで抜群に頭のよい生徒だ(♦ 最上級の強調では by far となることが多い) / He is ～ too young for the job. 彼はその仕事には若すぎる / Their wages were ～ above [below] the average. 彼らの賃金は平均をはるかに上[下]回っていた / How ～ do you think we can trust him? 彼をどの程度信じられると思いますか / Demand ～ exceeds supply. 需要は供給をはるかに上回っている / be ～ **removed from** (the) reality 現実とかけ離れている

* ***as fár as ...*** (♦ 否定文では so far as も用いる) ①《距離》…まで (も) ‖ He walked *as* ～ *as* the station. 彼は駅まで歩いた(♦ ... to the station と異なり駅が目的地とは限らない) ②《距離》…と同じ距離まで ‖ We didn't go *as* ～ *as* they did. 我々は彼らほど遠くまでは行かなかった ③《範囲》…する限り (では) ‖ *as* ～ *as* the eye can see 見渡す限り / *as* ～ *as* possible [I can] (私に) できる限り / *as* ～ *as* I know 私の知る限り(では)

as [OR ***so***] ***far as ... be concerned*** ⇨ CONCERN(成句)

as [OR ***so***] ***fàr as it góes*** ある程度は

* ***by fár*** 《最上級・比較級を強めて》**はるかに**, ずっと(♦ 最上級の強調では単独の far より by far, 比較級の強調では by far より単独の far を用いることが多い. → 副 ❹) ‖ This is *by* ～ the best movie of the year. これは断然年間最優秀映画だ

carry ... too far ⇨ CARRY(成句)

fàr and awáy 《比較級・最上級を強めて》断然 ‖ Do you agree that DNA was ～ *and away* the most important discovery of the century? DNAは世紀最大の発見だったと思いませんか

fàr and néar ; ***fàr and wíde*** 方々を ‖ The poet

F

traveled ~ *and near* during his lifetime. 詩人は生涯至る所を旅行して回った(♦ from far and wide (方々から)のように名詞的にも用いる)

fár be it from [OR *for*] *mè to dó* …する気など毛頭ない(♦この後には通例 but ... が続く) ‖ *Far be it from me to* criticize, but I think you should apologize. 批判する気はないが, 君が謝るべきだと思うよ

fár from ...* ① …から遠く(→ 副 ❶) ② **…どころではない(全く反対だ), 決して…でない(not at all, by no means) (♦ far from の後には名詞・動名詞・形容詞がくる)(→ CE 2) ‖ He is ~ *from* (being) happy. 彼は決して幸福ではない / The conflict in the region is ~ *from* over. その地域の紛争は決して終わってはいない / He is ~ *from* alone in ... …の点では彼だけではない / *Far from* respecting him, I dislike him. 彼のことは尊敬するどころか, 嫌いだ

F

fàr góne ① (回復できないほど) ひどい状態で ② 早く進んで(⇨ FAR-GONE) ③ ひどく酔って

gò as [OR *so*] *fàr as*「*to dó* [OR *dóing*] …しさえする ‖ He *went as* ~ *as to* call you a fool. 彼は君をばか呼ばわりまでした

gò fár ① 遠くへ行く ②《通例否定文で》(通貨などが) 使いでがある ; (食料などが) 十分ある ‖ Ten thousand yen doesn't *go* ~ today. このごろは1万円も使いでがない ③ 成功する ‖ With so much talent she will *go* ~ in her career. あれだけの才能があるのだから彼女はその道で成功するでしょう ④ 〈…に〉非常に役に立つ〈**to, toward**〉

gò tòo [OR *thìs, thàt*] *fár* 行きすぎる, 度がすぎる ‖ He would *go too* ~ with his jokes. 彼は冗談の度がすぎることがよくあった

in so [OR *as*] *fár as ...* …の限りにおいては

màke it as fár as ... …までは何とかなる ; …までが限界だ

nòt be fàr óff [OR *óut, wróng*] 《口》それほど外れていない, ほぼ正しい

só fár* ① これまでは, **今までのところ (→ CE 1) ‖ We haven't had any problem *so* ~. これまでのところ何も問題がない ② そこまで(は), その程度[点] まで ‖ We should trust him only *so* ~. 私たちは彼をそこまでしか信頼すべきではない / *so* ~ and no further これ以上はできない

so fár as ... =*as far as* ...(↑)

só fàr sò góod ここまではまあまあである, 今のところ順調である

thús fàr =*so far* ①(↑)

COMMUNICATIVE EXPRESSIONS

1「**Are you wìth** [OR **Do you fòllow**] **me sò fár?** ここまでのところはおわかりですか(♥ 理解の確認)

2 "Are you sátisfied?" "**Fár from it!**"「満足かい」「とんでもない」(♥ 強い打ち消し)

3 Sorry, I **wént** (**a bít**) **tòo fár**. ごめん, (ちょっと)言いすぎた[やりすぎた](♥ 度がすぎたことを認める)

—形 (**far·ther** /fɑ́ːrðər/ OR **fur·ther** /fə́ːrðər/ ; **far·thest** /fɑ́ːrðɪst/ OR **fur·thest** /fə́ːrðɪst/)《限定》(⇨ PB 27)

❶ (距離が)**遠い**, 遠くの(↔ near) ; 最極の ‖ a ~ country 遠い国 / the ~ north of the country その国の極北地域

❷ (時間的に) ずっと後[先]の ‖ in the ~ past 遠い過去に / the ~ future 遠い将来

❸《比較なし》(2つのうち)遠い方の, 向こうの ‖ the ~ side of the hill 丘の向こう側 ❹《比較なし》(政治思想などが左右に)極端な ‖ the ~ right 極右

▸▸**Fàr Éast** (↓) **Fàr Wést** 名《the ~》(米国の)極西部地方《ロッキー山脈から太平洋岸一帯》

far·ad /fǽrəd/ 名 C 〖電〗ファラッド《静電容量の実用単位. 略 F》

Far·a·day /fǽrədèɪ, -di/ 名 **Michael ~** ファラデー (1791–1867)《英国の化学者・物理学者》

▸▸**~ càge** 名 C 〖理〗ファラデー=ケージ《静電界を遮蔽(しゃ)するような金属または金属メッシュでできた容器》

far·ad·ic /fərǽdɪk/, **far·a·da·ic** /fæ̀rədéɪɪk/ 形〖電〗誘導(電流)の, 感応(電流)の

far·an·dole /fǽrəndòʊl/ 名 C ファランドール(の曲)《フランスのプロバンス地方の活発な踊り》

***fàr·awáy** ⟨シ⟩ 形《限定》❶ (空間的・時間的に) 遠い, 遠く離れた, 遠方の ❷ (顔つき・目つきが) 放心した, 夢見るような ‖ a ~ look ぼんやりした顔つき

***farce** /fɑːrs/ 名 ❶ C 笑劇, 茶番劇, 道化芝居 ; U (演劇の一部門としての) 笑劇 ❷ C ばからしい見えすいたこと, 茶番, わざとらしい芝居 ❸ U (笑劇に表されるような) 滑稽(こっけい), おかしさ

far·ci·cal /fɑ́ːrsɪkəl/ 形 笑劇の(ような) ; 茶番めいた, ばかげた **~·ly** 副

***fare** /feər/ (♦ 同音語 fair) 名 ❶ C U (乗り物の) 料金, 運賃(⇨ PRICE 類語P) ‖ What [OR How much] is the ~ to Brighton? ブライトンまでいくらですか / a taxi [subway] ~ タクシー[地下鉄] 料金 / a special ~ for citizens over 65 66歳以上の市民のための特別料金 / Children under 7 travel half-~. 7歳未満の子供の運賃は半額です / All ~*s*, please. (車掌が)皆さん, 運賃を頂きます ❷ C (タクシーの)客, 乗客 ‖ Taxis were awaiting ~*s* outside the station. タクシーは駅の外で乗客を待っていた / drop a ~ at the corner その角で客を降ろす ❸ U (食事に出される)食べ物 ; 食事 ‖ good ~ ごちそう / simple ~ 粗食 ❹ U 催し物, 出し物

—動 自 ❶《+副》(人などが)やっていく, 暮らす(♦ 副 は様態を表す) ‖ He is *faring* well in the big city. 彼は大都会でうまくやっている / How did you ~ in the exam? 試験はどうでしたか ❷《it を主語として》《古》(事が)〈…にとって〉…(の状態)になる〈**with**〉 ‖ It ~*d* ill *with* them. 彼らは失敗した[不運だった, ひどい目に遭った] ❸《古》行く, 旅する ‖ ~ forth 出立する

▸▸**~ càrd** 名 C (電車・バス用の)プリペイドカード

Fàr Éast 名《the ~》極東《ヨーロッパを中心とした見方で, 日本・中国・朝鮮半島などの東アジア地域》

Fàr Éastern 形

***fare·well** /fèərwél/ ⟨シ⟩ 間《文》さらば, ご機嫌よう, さようなら(♥ 一時的な別れの際に用いると大げさに響く)(⇨ GOODBYE 類語) ‖ *Farewell* to arms! 武器よさらば (♥「戦争はもうたくさんだ」の意)

—名 U C 別れ, いとまごい, 告別 ; 別れのあいさつ, 告別の辞 ‖ bid her ~=say ~ to her 彼女に別れを告げる / make one's ~*s* 別れのあいさつをする / a ~ party 送別会 / a ~ performance さよなら公演

fàr-fétched ⟨シ⟩ 形 信じられない, 不自然な

fàr-flúng ⟨シ⟩ 形 広範囲にわたる ; 遠く離れた

fàr-góne ⟨シ⟩ 形《叙述》(病状・酔い・借金などの)高じた, 悪化した, 進んだ, 終わりに近い

fa·ri·na /fəríːnə/ 名 U (穀物・木の実などの) 粉, 穀粉 (で作った食事)

far·i·na·ceous /fæ̀rɪnéɪʃəs/ ⟨シ⟩ 形 (食物が) 穀粉で作った ; 粉状の, でんぷん質の

⁝farm /fɑːrm/ 名 動

—名 (複 **~s** /-z/) C ❶ **農場**, 農園《住宅・納屋付きの農地で, 家畜の飼育も行う》 ‖ He raises cattle **on** a large ~. 彼は大きな農場で牛を飼育している / work **on** [OR at, ×in] a ~ 農場で働く (♦ at は一時的に働く場合や特定の farm で働く場合に用いる) / a dairy ~ 酪農場 / a factory ~ 工場方式の畜産農場 / a ~ worker [OR laborer] 農場労働者

❷ 飼育場, 養殖場 ‖ run a chicken [pig] ~ 養鶏[豚]場を経営する / an oyster ~ カキの養殖場

❸ 農場内の家屋, 農家(farmhouse)

❹ (=**~ clùb** [**tèam**])《米》〖野球〗ファーム(チーム), 二軍

❺ (石油などの)貯蔵施設 ; 生産[加工]施設

bèt the fárm =*bet the* RANCH

bùy the fárm 《米俗》死ぬ, くたばる
—動 (~s /-z/; ~ed /-d/; ~·ing)
—他 ❶〔土地〕を**耕す**, 耕作する(till), 〔土地〕で農業を営む ‖ ~ 100 acres 100エーカーの土地を耕す
❷〔家畜〕を飼育する, 〔魚〕を養殖する, 〔作物〕を育てる ‖ ~ dairy cattle 乳牛を飼育する ❸〔事業・税金取り立てなど〕を請け負う; 〔事業など〕を委託する, 下請けに出す
—自 農場を経営する, 農場で働く, 農業[耕作]をする
fàrm óut ... / fàrm ... óut 〈他〉 ①〔仕事〕を〈…に〉請け負わせる, 下請けに出す〈**to**〉 ‖ He ~*ed out* the work *to* smaller manufacturers. 彼はその仕事をもっと小さなメーカーに請け負わせた ②〔子供など〕を〈…に〉預ける〈**on, to**〉 ③《米》〖野球〗〔選手〕を〈二軍チームに〉送る, 落とす〈**to**〉
▸▸ ~ **ànimal** 名 C 家畜 ~ **bèlt** 名 C 穀倉地帯《米国中西部など》

farm·er /fɑ́ːrmər/
—名 (複 ~s /-z/) C ❶ **農場経営者**, 農場主; 農民(◆規模の大小にかかわらず農場(farm)を経営している人. farm で雇われて働く人は farmhand, farm worker という) (⇨ PEASANT 類語) ‖ a dairy ~ 酪農家 / a landed [tenant] ~ 自作[小作]農
❷ (昔の, 租税などの)取立請負人
▸▸ ~**'s lúng** 名 U 麹(こうじ)菌症《乾草にある麹菌が引き起こす肺の病気》 **fàrmers(') márket** 名 C (農産物・酪農製品などの)直売所

fárm·hànd 名 C 農場労働者, 作男
fárm·hòuse 名 (複 **-hous·es** /-hàuzɪz/) C 農家《特に農場内の母屋》
farm·ing /fɑ́ːrmɪŋ/ 名 U 農場経営, 農業, 飼育 ‖ take up ~ 農業を始める / pig ~ 養豚(業)
fárm·lànd 名 U 農地, 耕地
fárm·stèad 名 C (付属建物も含めて)農園, 農場
fárm·yàrd 名 C 農家の庭
fàr-óff <シ 形 (空間的・時間的に)はるかに遠い
fàr-óut <シ 形 ❶ 因襲にとらわれない, 斬新(ざんしん)な, 前衛的な ❷《俗》素晴らしい, いかす
far·ra·go /fərɑ́ːgou/ 名 (複 ~s, ~es /-z/) C 寄せ集め, ごた混ぜ
fàr-réaching <シ 形 (影響などが)遠くまで及ぶ, 広範囲にわたる, 遠大な ‖ a ~ project 遠大な計画
far·ri·er /fǽriər/ 名 C 《主に英》蹄鉄(ていてつ)工
far·row /fǽrou/ 名 U (豚の)分娩(ぶんべん); C 一腹の豚の子
—動 他 自 (豚が)子を産む
fàr·séeing <シ 形 =farsighted ❷
Far·si /fɑ́ːrsi/ 名 U 形 現代ペルシャ語(の)《イランの公用語. アフガニスタン・バーレーンなどでも話される》
fàr·síghted <シ 形 ❶《米》遠視の(《英》longsighted) ❷ 先見の明のある, 賢明な(↔ nearsighted)
~·**ness** 名
fart /fɑːrt/ ⊗《蔑》名 C ❶《俗》屁(へ), おなら ❷ くだらないやつ, 役立たず, あほう —動 自《俗》❶ 屁をひる(♂ break wind) ❷ (ばかなことをして)ぶらつく, 時間を浪費する《***about, around***》(♂ mess about [OR around])
(as) pissed as a fárt =*(as) pissed as a* NEWT
far·ther /fɑ́ːrðər/ 《far の比較級》 (⇨ FURTHER 語法, PB 27) 副 ❶《距離》もっと遠くに, さらに先に ‖ There is a bank ~ down the street. 通りをもっと先に行くと銀行がある ❷《程度・時間》さらに進んで, なおいっそう ‖ She leaned even ~ forward. 彼女はさらにぐっと前に乗り出した —形《限定》❶ もっと遠い, さらに向こうの ‖ at the ~ end of the room 部屋のさらに向こうの端に ❷ さらにその上の, なおいっそうの
fárther·mòst 形 最も遠い(farthest)
far·thest /fɑ́ːrðɪst/ 《far の最上級》(⇨ FURTHEST) 副 ❶《距離》最も遠く(に) ‖ He lives ~ (away) from the school. 彼は学校からいちばん遠い所に住んでいる ❷《程度・時間》最も, 最大限度に
—形《限定》いちばん遠い, いちばん離れた
fàrthest alóng ① …に沿って最も遠くに(◆along は前置詞) ② 最も前進[進歩]した(◆along は副詞)
far·thing /fɑ́ːrðɪŋ/ 名 C ❶ ファージング(貨)《英国の旧貨幣. ¼ペニーに相当する最小額貨幣だった. 1961年に廃止》 ❷《否定文で》少しも…ない ‖ It doesn't matter a ~. 少しも問題ではない
far·thin·gale /fɑ́ːrðɪŋgèɪl/ 名 C 張り骨(入りのペチコート)《昔, 女性のスカートを広げるために用いた》
fart·lek /fɑ́ːrtlek/ 名 U ファルトレク《急走と緩走を交互に繰り返すトレーニング》
FAS, f.a.s. 略 〖医〗*f*etal *a*lcohol *s*yndrome; 〖商〗*f*ree *a*longside *s*hip(貨物の)船側渡し
fas·ces /fǽsiːz/ 名《単数扱い》❶ 権標《古代ローマの権威の象徴. おのの柄の周りに棒を束ねたもの》 ❷ (一般に)権威の象徴
fas·ci·a /fǽʃiə | féɪʃə/(→ ❷, ❸, ❹) (◆❷の意では facia ともつづる) 名 (複 ~s /-z/ OR -ae /-iː/) C ❶ (軒先のたる木の木口を隠すための)鼻隠し(fascia board) ❷ /米 féɪʃə/《主に英》(自動車の)計器盤(dash board), (一般的な)制御盤; (店の正面上部に店の名前を書いた)看板 ❸ /英 fǽʃiə/〖解〗筋膜《体内の筋肉や器官を包んでいる繊維性組織の薄い膜, 鞘(さや)》 ❹ /英 fǽʃiə/ (古典建築様式の柱頭に取りつけられた帯状の)幕面, ファシア ❺〖動〗色帯
fas·ci·cle /fǽsɪkl/ 名 C ❶ 小束 ❷ (分割刊行する書物の)分冊 ❸〖植〗密散(みっさん)花序, 叢生(そうせい)葉 ❹〖解〗繊維束
fas·ci·itis /fæʃiáɪtɪs/ 名 U 〖医〗筋膜炎
***fas·ci·nate** /fǽsɪnèɪt/ 動 他《進行形不可》 **a** …を魅了する, うっとりさせる, …の心を奪う ‖ Mt. Fuji has ~*d* a great many Japanese painters. 富士山はこれまで実に多くの日本人画家の心をとらえてきた **b**《受身形で》うっとりする, 興味を持つ〈**by, with** …に / **to do** …して〉 ‖ The baby was ~*d with* her new toy. 赤ん坊は新しいおもちゃに夢中だった / I was ~*d to* hear the story of her childhood. 彼女の子供のころの話を聞いてとても興味を持った —自 人を魅了する, 魅惑的である
:fas·ci·nat·ing /fǽsɪnèɪtɪŋ/
—形 (**more ~; most ~**)
魅惑的な, 心を奪う, うっとりさせる, 素晴らしい; 非常に興味深い ‖ a ~ smile 魅力的な微笑 / a ~ work of art 人を魅了する芸術作品
~·**ly** 副
***fas·ci·na·tion** /fæ̀sɪnéɪʃən/ 名 ❶ C《a ~》〈…を引きつける〉魅力〈**for**〉 ‖ He has a strange ~ *for* women. 彼には妙に女性を引きつける魅力がある / Mathematics holds a great ~ *for* me. 数学は私には大変魅力がある ❷ U 魅惑, 魅了(すること); 〈…に〉魅了[呪縛(じゅばく)]された状態〈**for, with**〉 ‖ listen to a performance with [OR in] ~ うっとりと演奏に聞き入る / the child's ~ *with* imaginary events 子供が想像上の出来事に夢中になること
fas·ci·na·tor /fǽsɪnèɪtər/ 名 C 魅惑する人[もの]
***fas·cism** /fǽʃɪzm/ 名 U ❶《しばしば F-》ファシズム(運動); 《F-》(特にイタリアの)ファシズム《ムッソリーニを党首としたイタリア国粋党の主義(1922–43)》 ❷ (極右)独裁制
語源 ラテン語 *fascis* (棒の束から). 固い団結の象徴として, ムッソリーニが自らの極右的国家主義運動を指して用いた.
***fas·cist** /fǽʃɪst/ 名《しばしば F-》C ❶ イタリア国粋党員 ❷ ファシスト, ファシズム信奉者; 独裁者 —形《しばしば F-》ファシズムの, ファシストの **fas·cís·tic** 形
:fash·ion /fǽʃən/
—名〔▶ fashionable 形〕(複 ~s /-z/) ❶ U C (服装・髪型・行動様式などの)**流行**, はやり(⇨ 類語); 《the ~》(その時代の)流行; C 流行のもの[服装], ファッション; U ファッション産業; 《形容詞的に》最新流行の, ファッション(関係)の ‖ Long skirts are this year's ~. ロングスカートが

F

今年の流行だ / There are ～*s* **in** names. 名前には流行がある / follow [OR keep up with] the ～ 流行を追う / The rock star's unconventional hair style set the ～ (for short hair). そのロックスターの型にはまらない髪型が（ショートヘアの）流行を作り出した /「come into [go out of] ～ はやってくる[廃れる] / be **in** [out of] ～ はやって[廃れて]いる / That shop carries the latest Paris ～*s*. その店は最新のパリの流行品をそろえている / a ～ model ファッションモデル / the ～ industry ファッション産業 / a ～ accessory ファッション用アクセサリー
❷ Ⓒ《単数形で》**方法**, 仕方, 流儀；《複合語で》…のように（⇨ METHOD 類語）‖ Never speak to me **in** that ～! そんなふうに私に話しかけるな / She was dressed **in** the most singular ～. 彼女はとても奇妙ななりをしていた / **in** this ～ このように / **in** the traditional ～ 伝統的な流儀で / swim dog-～ 犬かきで泳ぐ
❸ Ⓤ 作り, こしらえ(make)；型

****after*** [OR ***in***] ***a fáshion*** （満足ではないが）どうにかこうにか, まあまあ ‖ She can play the piano, *after a* ～. 彼女はどうにかピアノが弾ける / "Can you swim?" "*After a* ～."「泳げますか」「多少はね」
after [OR ***in***] ***the fáshion of ...*** …にならって, …流に
like it's gòing òut of fáshion 《口》見境なく, 度を越して ‖ eat chocolate *like it's going out of* ～ チョコレートを食べまくる

—動 (**～s** /-z/；**～ed** /-d/；**～·ing**) 他 ❶ …を形作る, こしらえる〈**from, out of** …で；**into** …に〉‖ He ～*ed* a hat *out of* newspaper. 彼は新聞紙で帽子を作った / ～ clay *into* a vase 粘土で花瓶を作る ❷〔考え・性格など〕を形成する, …に影響を与える（♦ しばしば受身形で用いる） ❸ …を〈…に〉合わせる, 適合させる〈**to**〉

類語《名 ❶》**fashion**「流行」を意味する一般語.
vogue ある時期に（しばしば短期的に）広く行き渡り人気のある fashion.〈例〉the colors in *vogue* 流行色
fad ぱっと起こっては消える気まぐれさを強調する語.〈例〉a schoolboys' *fad* 学校の生徒間の流行
craze, rage ほんの一時の熱狂的な（しばしば品位や趣を欠いた）流行.〈例〉lottery *craze* 宝くじ熱

▸▸ **～ desìgner** 名 Ⓒ ファッションデザイナー **～ plàte** 名 Ⓒ 新型ファッション図[写真]；最新流行の服装をしている人 **～ shòw** 名 Ⓒ ファッションショー **～ stàtement** 名 Ⓒ 着る人の考え方や生活態度を表す衣服 **～ vìctim** 名 Ⓒ《口》（独創性がなくて）流行を追う人

***fash·ion·a·ble** /fǽʃənəbl/ 形〔◁ fashion 名〕(**more ～**；**most ～**) ❶ 流行の, はやりの；流行を追う ‖ Here's a photo of Dad in the days when men's hats were ～. ここに男性の帽子がはやっていた時代のパパの写真がある / It is no longer ～ for women to wear gloves. 女性が手袋をはめるのはもはや流行遅れだ / the ～ square of the town 町のおしゃれな一画 ❷ 上流社会の（人の集まる）；流行を追う人向きの, 一流の ‖ the ～ world 社交界, 流行界 / a ～ hotel 一流のホテル
～·ness 名 **-bly** 副 流行を追って ‖ ～ dressed ファッショナブルな装いの

fáshion-cònscious 形 流行に敏感な, 流行を追う
fáshion-fòrward 形 現時点の流行の先を行く
fash·ion·ista /fæʃəníːstə/ 名 Ⓒ《口》❶（流行を作り出すような）高級婦人服デザイナー ❷ 最新流行の服装をしている人, ファッショニスタ

⁝**fast**[1] /fæst | fɑːst/ 形 副

中心義 (Aが)しっかりとして緩みがない（★Aが「動き」であれば「速さ」に,「状態」であれば「固定」に通じる）

形 速い❶ 進んでいる❷
副 速く❶ ぐっすりと❸ しっかりと❹

—形 (**～·er**；**～·est**)
❶ **速い**, 高速の；（行動などが）素早い, 敏速な；すぐに終わる, 時間がかからない(↔ slow)（⇨ QUICK 類語）‖ She is a ～ runner. 彼女は走るのが速い / He is the ～*est* pitcher in the league. 彼はリーグ最速の投手だ / a ～ reading 速読 / I grabbed a ～ lunch. 昼食を素早く済ませた / a ～ visit 短時間の訪問 / make a ～ reputation 急速に名声を博す
❷《叙述》（時計が）**進んでいる** ‖ Your watch is (five minutes) ～. 君の時計は(5分)進んでいる
❸《比較なし》《限定》（道が）高速用の；（写真フィルムが）高感度の；（カメラレンズが）大口径の, 露出時間が短くて済む；『スポーツ』（グランドなどが）速く走れる, ボールが速く弾む[転がる] ‖ a ～ highway 高速道路 / a ～ film 高感度フィルム / a ～ tennis court 球足の速いテニスコート
❹（色が）あせない ‖ a ～ color [dye] あせない色[染料]
❺ しっかり固定[固着]した, ぐらつかない (↔ unstable)；（握り方・結び目などが）しっかりした(↔ loose)；（ドア・引き出しなどが）堅く閉まった ‖ I caught the rope and made it ～ around the rock. ロープをつかんで岩にしっかりと巻きつけた / make the shutters ～ シャッターをしっかりと閉める ❻《口》身持ちの悪い, 享楽的な ‖ He is leading a ～ life. 彼はだらしない生活をしている / a ～ woman ふしだらな女 ❼《口》口先のうまい ❽（心の）変わらない, 忠実な (loyal) ‖ a ～ friend 忠実な友 ❾《米口》（不正な手段で）楽に手に入れる ❿《通例複合語で》（細菌が）耐性の ‖ acid-～ bacteria 耐酸性細菌
fàst and fúrious 急速に, ものすごい速度で ‖ Complaints came in ～ *and furious*. 苦情が殺到した
pùll a fást òne 《口》〈人を〉だます, 一杯食わせる〈**on**〉

—副 (**～·er**；**～·est**)
❶ **速く**, 急速に(↔ slow)；素早く；急いで, すぐに（♦「急いで, すぐに」の意味では常に動詞の後に置く）‖ Slow down. You're **going** too ～. スピードを落とせ. 速すぎるよ / We **ran** as ～ as「our legs could carry us [OR possible]. 我々は精いっぱい速く走った / **grow** ～ 成長が速い / learn ～ 覚えが速い / Nothing can travel ～*er* than light. 光よりも速く進めるものはない / This technology is ～ **becoming** the global standard. この技術は急速に世界標準になりつつある
❷（時計が）進んで ‖ My watch is running five minutes ～. 私の時計は5分進んでいる
❸ **ぐっすりと** ‖ The baby is ～ **asleep.** 赤ん坊は熟睡している / sleep ～ ぐっすり眠る
❹ **しっかりと**, 固く；（意志などが）堅く（♦ 通例動詞の後に置く）‖ The door was locked ～. ドアにはしっかり鍵(ｶｷﾞ)がかけられていた / stand ～ しっかり立つ；断固譲らない, 固守する / hold ～ to [OR by] ... …にしっかりつかまる
gèt [OR ***gò***] ***nòwhere fást*** 《進行形で》進歩がない, うまくいかない
plày fàst and lóose (***with***) ... …をいい加減に扱う, もてあそぶ

COMMUNICATIVE EXPRESSIONS
1 **Nòt so fást.** まあ落ち着いて；そう急がないで；ちょっと待った

▸▸ **～ bówler** 名 Ⓒ =pace bowler **～ bréeder (reáctor)** 名 Ⓒ『理』高速増殖炉 **～ fóod** (↓) **～ fórward** (↓) **～ làne** 名 Ⓒ（高速道路の）追越し車線(《米》express lane)；(the ～)《口》波乱に富んだ生き方；出世街道 (fast track) **～ néutron** 名 Ⓒ『理』高速中性子 **～ reáctor** 名 Ⓒ 高速（中性子）炉 **～ tálker** 名 Ⓒ 早口[うそなど]で他人を説得しようとする人, 口のうまい人, 詐欺師 **～ tràck** (↓) **～ wórker** 名 Ⓒ《口》（恋愛で）てきぱきしてすぐに成果を出す者, 手の早い人

***fast**[2] /fæst | fɑːst/ 動 自 ❶（宗教・健康上の理由で）断食する, 精進する ❷（一般に）何も[あまり]食べない, 絶食する
—他《通例受身形で》〔病人・動物など〕の食事を断つ
—名 Ⓒ ❶ 断食, 精進 ‖ go on a long ～ 長い断食に入

る / break one's ～ 断食をやめる ❷ 断食の日[期間]

▶▶ ～ dày 名 C 断食日, 精進日

fást·bàck 名 C ファーストバック(の自動車)《屋根が後部バンパーまで流線型の車体構造》

fást·bàll 名 C 〖野球〗速球, 直球

fas·ten /fǽsən | fáːs-/ 《発音注意》 動 他 ❶〔服・バッグなど〕のボタンをかける, …をファスナーなどで締める《*up*》; 〔門・窓など〕をしっかり戸締まりする ‖ He ～*ed* his coat *up* to the neck. 彼はコートの襟元までしっかりとボタンをかけた / Can you ～ me *up*, please? ファスナーを(上まで)締めてくれる? / ～ a dress in the back ドレスを後ろで(ファスナーなどで)締める / Make sure the door is securely ～*ed*. 戸がしっかり締まっているか確認しなさい

Behind the Scenes **Fasten your seatbelts. It's going to be a bumpy night.** 準備はいい?今夜は大変よ 華やかなブロードウェイの裏側を描いた映画 *All About Eve*(邦題「イヴの総(すべ)て」)より. かつての自分の付き人で新人女優の Eve にけおとされた大女優の Margo が, さまざまな思惑が渦巻くパーティーの始めに言ったせりふ. 直訳は「シートベルトをしっかり締めなさい. 今夜は揺れるわよ」(♥ 大変な状況に直面する際に覚悟するよう呼びかける)

❷(テープ・くぎ・のりなどで)…を〈…に〉しっかり留める, 固定する〈**to, onto**〉; 〔腕など〕をしっかりと〈…に〉回す〈**around**〉; 〔歯など〕を〈…に〉食い込ませる〈**in, into, onto**〉 ‖ He ～*ed* the notice *onto* the wall. 彼はビラを壁に張った / ～ a boat *to* a tree ボートを木につなぎ留める / ～ a badge *to* one's uniform 制服にバッジをつける / I ～*ed* my arms *around* his neck. 私は彼の首に両腕を回した / *Fasten* the two pages together with a staple in the upper left corner. 2枚の左上隅をホチキスで留めなさい ❸〔注意・視線など〕を〈…に〉じっと注ぐ, 集中させる〈**on, upon**〉 ‖ The girl's eyes were ～*ed on* her new father. 少女の視線はじっと新しい父親に注がれていた ❹〔罪・責任など〕を〈…に〉負わせる, 〈…の〉せいにする; …を〈人に〉押しつける, 無理やりやらせる〈**on, upon**〉 ‖ He ～*ed* the blame *on* me. 彼は私に罪を着せた

—自 ❶(ボタン・ホックなどが)かかる, 閉まる《*up*》; しっかり固定される[留められる]; しっかり戸締まりされる ‖ This skirt ～*s* at the side. このスカートはわきで締まる ❷〈…を〉しっかりつかむ; 〈…に〉しがみつく, 食らいつく〈**on, upon**〉; 〈人に〉まとわりつく〈**onto**〉 ‖ The child ～*ed on* her mother's arm. 子供は母親の腕にしがみついた ❸(視線などが)〈…に〉じっと注がれる, 集中する, (人が)注意を〈…に〉集中させる〈**on, upon**〉 ‖ All eyes ～*ed on* the stranger. みんなの目がそのよそ者に注がれた ❹〈考えなどに〉飛びつく; 〈…を〉やり玉に挙げる〈**on, upon**〉 ‖ We ～*ed on* the suggestion. 私たちはその提案に飛びついた

fàsten dówn ... / fàsten ... dówn 〈他〉…をしっかり留める[くっつける] ‖ ～ a lid *down* with nails ふたをくぎ付けにする

fàsten óff ... / fàsten ... óff 〈他〉〔糸〕の端を結び玉などで留める

fas·ten·er /fǽsənər | fáːs-/ 《発音注意》 名 C 留め具《ボタン・ホック・ファスナーなど》 ‖ a zip ～ ファスナー, ジッパー(❗日本語の「ファスナー」はふつう zipper や zip を用いる)

fas·ten·ing /fǽsənɪŋ | fáːs-/ 《発音注意》 名 ❶ =fastener ❷ C 留め[締め]る部分; 留め[締め]方

***fást-fóod** 形 《限定》ファーストフード(専門)の ‖ a ～ joint ファーストフードの店

fàst fóod 名 U ファーストフード《注文してすぐ食べられるハンバーガー・フライドチキンなど》

fàst fórward 名 U (テープレコーダーなどの)早送り(装置) **fàst-fórward** 動 他 自 早送りする, (一般に事を[が])先に進める[進む] **fàst fórwarded** 形 早送りにした **fàst fórwarding** 名 U C 早送り

fást-gròwing 形 成長の速い

fas·tid·i·ous /fæstídiəs/ 形 気難しい, 口うるさい, きちょうめんな; 《ときにけなして》潔癖な **～·ly** 副 **～·ness** 名

fast·ness /fǽstnəs | fáːst-/ 名 ❶ C 《文》(堅固な)要塞(ようさい), とりで(stronghold); (人里離れた)秘境 ❷ U 固定(状態), 定着; 非退色性

fàst-tálk 動 他 《主に米口》(うそを並べて)〔人〕を言いくるめる **～·ing** 形

fàst-tálker 名 C =fast talker

fást tràck 名 C 《口》出世街道, (何かをする)早道 **fást-tràck** 動 他 …を早急に[ほかより先に]処理する —形 出世の早い **-tràck·er** 名

‡fat /fæt/

—形 (▶ fatten 動)(**fat·ter**; **fat·test**)

❶ **太った**, 肥満した, でぶの(↔ thin, lean²) (⇨ 類語) ‖ I've **got** [(米) **gotten**] *fat*(*ter*) since I stopped working out. トレーニングをやめてから太ってしまった / a big ～ man 大きくて太った男

❷ (食肉用に)よく太らせた, 肉付きのよい ‖ buy a ～ chicken よく太らせた鶏を買う

❸ **厚い**, 分厚い, 太い; (活字が)肉太の ‖ a big ～ book 大きくて分厚い本 / a ～ cigar 太い葉巻 / a ～ wad of bank notes 分厚い札束

❹ 《限定》《口》多額の ‖ a ～ income 高収入

❺ 実りの多い, 《古》(土地が)肥沃(ひよく)な ‖ a ～ year for crops 収穫の多い年, 豊年 / ～ land 沃土

❻ (食べ物が)脂肪分の多い, **脂っこい**; (石炭が)揮発分の多い; (材木が)やにの多い ‖ ～ meat 脂身の多い肉

❼ 《口》豊富な, たっぷりの; たくさん入っている ‖ ～ profits 大きな利益 / a ～ refrigerator びっしり詰まった冷蔵庫

❽ 有利な, もうかる ‖ a ～ job もうかる仕事 / a ～ role for an actor 俳優にとってのもうけ役

a fat lot (of ...) ⇨ LOT(成句)

—名 (▶ fatty 形)(複 **～s** /-s/) ❶ U **脂肪**, (動物の)脂肪組織, 脂身, 皮下脂肪 ‖ If you want to get rid of ～, exercise! 脂肪をとりたければ運動しなさい / burn [lose] ～ 脂肪を燃焼する[落とす] / body ～ 体脂肪 / animal ～ 動物性脂肪 / **low**-～ cheese 低脂肪のチーズ ❷ C U (料理用の)油; (食物の)油分(♦ 種類を示すときは C) ‖ potatoes fried in deep ～ 油をたっぷり使って揚げたポテト / cooking ～*s* 調理用の油《動物性・植物性のもの》 ❸ U 肥満, 脂肪太り ‖ run to ～ 太り気味である, 太りやすい, 太り始める ❹ U 過剰, 剰余(分) ❺ U C 〖化〗脂肪

chèw the fát 《口》おしゃべり[うわさ話]をする, 雑談する

lìve off [OR ***on***] ***the fàt of the lánd*** (最善のものを元手に)ぜいたくして暮らす(♦ 聖書より)

COMMUNICATIVE EXPRESSIONS

1 **The fàt is in the fíre.** (今さら取り返しがつかないへまをして)困った[いやな]ことになった

—動 (**～s** /-s/; **fat·ted** /-ɪd/; **fat·ting**) 他 自 =fatten

～·ly 副 **～·ness** 名

類語 《形 ❶》 **fat** 「太った」を意味する一般語であるが, 「でぶ」に当たる語感を持つので, 特に女性に用いることは控えられる(♥ 代わりに女性には be full(-figured) [OR a little overweight], 男性には be stout [OR well-built] などを用いるのが無難).
stout 太ってがっしりと健康な. 〈例〉 a *stout* old lady 太った老婦人
plump (女性や子供が)丸々と感じよく肉がついている.
chubby (赤ん坊や子供が)丸々と太って愛らしい.
obese (不健康なほど)非常に太った. 〈例〉 an *obese* child 肥満児

▶▶ ～ **càmp** 名 C U (肥満児のための)減量合宿 ～ **cát** 名 C ⊗《俗》《蔑》① (ある種の)特権を有する金持ち ② 《米》多額の政治献金をする金持ち ～ **cèll** 名 C 〖解〗脂肪細胞《脂肪の合成と貯蔵を行う結合組織細胞》 **Fàt Cíty** 名 《ときに f- c-》 U 《米俗》安楽な状態; 快適 ‖ in *Fat City* 暮らしぶりのよい, 裕福で ～ **fàrm** 名 C 《主に

米俗》(やせるための)ヘルスセンター **~ líp** 名 C (殴られて)はれた唇 **Fàt Túesday** 名 =Mardi Gras

FAT 略 *f*ile *a*llocation *t*able《MS-DOSのファイルシステムで管理情報を記憶する部分, これを利用したファイルシステム》

Fa·tah /fətáː, fáːtə | fǽtɑː/ 名 ファタ, アルファタ (Al Fatah)《パレスチナ解放戦線(PLO)内の穏健派政党》

***fa·tal** /féɪṭəl/ 《発音注意》形 〔◁ fate 名〕(**more ~ ; most ~**) ❶ (物・事が)〈…にとって〉致命的な, 命にかかわる (↔ harmless) 〈**to**〉‖ The injury proved ~ *to* Bob Marley. そのけがはボブ=マーリーにとって致命的となった / a ~ illness 不治の病 / a ~ injury 致命傷 ❷ 〈…にとって〉破滅的な, 取り返しのつかない〈**to**〉‖ These problems might well be ~ *to* his job application. こうした問題はひょっとすると彼の求職を台無しにするかもしれない / make a ~ mistake 取り返しのつかない失敗をする / a ~ blow *to* ... …にとって致命的な打撃 ❸ 決定的な, 重大な ‖ make a ~ decision 重大決心をする
—名 C 《米口》(車・飛行機などでの)事故死
~·ness 名
▶▶ **~ famílial insòmnia** 名 U 〔病理〕致死性家族性不眠症《脳内にプリオンタンパクが蓄積する遺伝性疾患. 略 FFI》

fa·tal·ism /féɪṭəlɪ̀zm/ 名 U ❶ 運命論 ❷ 運命への忍従, 諦観(ていかん), あきらめ **-ist** 名 C 運命論者

fa·tal·is·tic /fèɪṭəlístɪk/ ⊲ 形 運命論的な, 運命を受け入れた **-ti·cal·ly** 副

***fa·tal·i·ty** /feɪtǽləṭi, fə-/ 名 (複 **-ties** /-z/) ❶ C (事故・戦争などによる) 不慮の死 (者) ‖ *fatalities* in an automobile accident 自動車事故による不慮の死 (者) ❷ U (病気・行動などの) 致死性 ❸ U/C 《単数形で》運命, 宿命(性), 因縁, 不可避性
▶▶ **~ ràte** 名 C (特定疾患の)致死率(mortality rate)

***fa·tal·ly** /féɪṭəli/ 副 ❶ 致命的に ‖ ~ wounded 致命傷を受けて ❷ 宿命的に ; 不可避的に

fát·bàck 名 U 《米》豚のわき腹上部の脂身《塩漬けにする》

:fate /feɪt/
—名 〔▶ fatal 形, fateful 形〕(複 **~s** /-s/) ❶ 《ときに F-》U **運命** (の力) ‖ The two met by a turn [OR twist] of ~. その2人は運命の巡り合わせで会った / the will of ~ 運命の意志 / the irony of ~ 運命の皮肉[いたずら]
❷ 《通例 one's ~》(人などのたどる) **運命**, 宿命, 定め ; (悲) 運, (不幸な) 巡り合わせ (⇨ 類語) ‖ Solitude was his ~. 孤独は彼の宿命だった / **suffer** a ~ worse than death 《しばしば戯》死よりも悲惨な運命に遭う, とてもひどい目に遭う
❸ C (最終的な) 結末, 行く末, (最後にたどる) 運命 ‖ Your decision will decide [OR fix, seal] his ~. あなたの決断が彼の (特に悪い) 運命を決定するだろう / leave them to their ~ 彼ら(の行く末)を運命に任せる
❹ C 《単数形で》死, 最期 ; 破滅 ‖ meet one's ~ 死ぬ
❺ 《the F-s》〔ギ神〕運命の3女神《Clotho, Lachesis, Atropos. それぞれが人間の誕生と生涯と死を支配する》
tèmpt fáte [OR ***the Fátes***] むちゃな[不幸な結果になりそうな]ことをする

COMMUNICATIVE EXPRESSIONS
1 **Accèpt your fáte.** そういうものだ ; 運命なのだから仕方ないよ(♥ 励まし・慰め)
2 **It's (the crùel hànd of) fáte.** それが(残酷な)運命だ ; そうなるべくしてなったんだ

—動 他 《受身形で》〈…するよう〉運命づけられている〈**to** *do*〉; 《It is ~d+that 節 で》…というように運命づけられている ‖ We were ~*d to* know each other. 我々は互いに知り合う運命だった / It was ~*d that* we (should) fail. 我々は失敗する運命だった

類語 《名 ❷》**fate** 不可避の結末に導く超自然力としての運命.
destiny 予定された動かし難い運命を指す. 〈例〉It was his *destiny* to save his country. 救国者となるのが彼の運命であった
lot 人が偶然に自分の一生に割り当てられた運命・境遇.

fát·ed /-ɪd/ 形 運命づけられていた ; 呪(のろ)われた

fate·ful /féɪtfəl/ 形 〔◁ fate 名〕❶ 決定的な, 重大な ❷ 致命的な, 破滅的な(fatal) ❸ 宿命的な, 運命に支配された ❹ 予言的な, 不吉な **~·ly** 副

fát-frèe 形 脂肪のない, 無脂肪の

fát·hèad 名 C 《俗》《けなして》愚か者, 間抜け

:fa·ther /fáːðər/ 名 動

名 父❶ 先祖❷ 創始者❸ 司祭❺ 神父❺ 神❻

—名 (複 **~s** /-z/) C ❶ **父**, 父親 ; 養父, 養父, 継父 ; 父親役 ‖ He is the ~ of three children. 彼は3人の子供の父親だ / *Father* got angry with me when I got home late. 私が夜遅く帰宅したとき父は私を怒った (♦ 家庭内などで自分の父親を示す場合はしばしば無冠詞で f を大文字にして固有名詞的に扱う. また幼児語である Dad, Daddy, Papa を大人が用いることもある. 呼びかけにも用いるが, その場合は冠詞や my などをつけない. → mother) / Kate, this is my ~ ; *Father*, this is Kate Brown. ケート, こちらは僕の父です, お父さん, こちらはケート=ブラウンです / He is a good ~ to his children. 彼は子供たちにはよい父親だ / He talked to me like a ~. 彼は私に父親のように語りかけた / *Like ~, like son.* 《諺》この父[親]にしてこの子あり ; カエルの子はカエル
連語 【形+~】a single ~ 独身の父親 / one's real ~ 本当の父親 / one's adoptive [OR foster] ~ 養父 / one's dead [OR late] ~ 亡き父親
❷ 《通例 ~s》《文》**先祖**, 父祖(ancestor, forebears) ‖ Our ~*s* brought forth on this continent a new nation. 我々の先祖はこの大陸に新しい国家を創設した (♦ Lincoln の Gettysburg Address 中の言葉)
❸ 〈…の〉**創始者**, 創設者, 産みの親 (→ founding father) ; 先駆者 ; 源, 根源 ; 原型〈**of**〉‖ the ~ *of* modern astronomy 近代天文学の父
❹ 父と仰がれる人, 保護者 ‖ the *Father* of his Country 国の父《古代ローマの Cicero, 米国の George Washington など》
❺ 《しばしば F-》(ローマカトリック・英国国教会の) **司祭**, **神父** ; (聖職者の称号としての)…師 ; 《F-s》(初期キリスト教会の)教父(Fathers of the Church) ‖ the Holy *Father* ローマ教皇 / Right [Most] Reverend *Father* in God (英国国教会の) 主教 [大主教] / *Father* Brown ブラウン神父
❻ 《F-》**神** (God) ; 《the F-》(三位一体の第一位格としての) 父なる神 ‖ Our *Father* in heaven. 天にまします我らの父よ(♦ 聖書の主の祈り(Lord's Prayer)の最初の言葉)
❼ 《しばしば F-》(老人に対する尊称)…翁(おう), …老(♦ 人以外の固有名詞につけて擬人化し, 由緒正しさを表すのにも用いる) ‖ *Father* Thames テムズ川
❽ 《通例 ~s》(市会などの) 長老 ‖ the city [town] ~*s* 市 [町] の長老たち / the *Father* of the House of Commons 《英》下院の最長老議員
from fàther to són 先祖代々
how's your fáther 《英口》《婉曲的》いかがわしいこと, 性行為 ; 男性器
—動 (**~s** /-z/ ; **~ed** /-d/ ; **~·ing**)
—他 ❶ …の父となる, (父として)〈…との間に〉〔子〕をもうける〈**by**〉‖ He ~*ed* eight **children** *by* two wives. 彼は2人の妻との間に8人の子をもうけた
❷ …を創設[発明]する ; …を起こす ‖ ~ a plan 計画を立案する ❸ …に父として振る舞う, …を父として世話 [保護] する ; …の責任を負う ❹ 〔子供〕の父親は〈…だ〉と言う ; …を〈…の〉作だと言う ; … (の責任) を 〈…に〉 帰する〈**on,**

upon〉‖The mistake was ～*ed on* me. その誤りは私のせいにされた —自 父として振る舞う

～・lìke 形 副 父のような[に], 父らしい[く]

▸▸Fàther Chrístmas 名《英》=Santa Claus **～ fígure** 名 C 父親に対するような感情を抱かせる人, 父親の理想像 **Fáther's Dày** 名 C 父の日《6月の第3日曜日》 **Fàther Tíme** 名 時の翁(おきな)《時を擬人化した老人で, 死の訪れを象徴する大鎌(scythe)と, 時の経過を象徴する砂時計(hourglass)を手にした, 頭のはげた姿で描かれる》

fáther・hòod /-hʊ̀d/ 名 U 父親であること

fáther-in-làw 名 (複 **fathers-**) C 義父, しゅうと《配偶者の父》

fáther・lànd 名 C《しばしば the F-》祖国, 母国(motherland) (中立 home land, native land [country]); 先祖の地

fáther・less /-ləs/ 形《通例限定》父親のいない; 父親を知らない

fáther・ly /-li/ 形 父親(として)の; 父親のような ‖ ～ duties 父親の義務 **-li・ness** 名

fath・om /fǽðəm/ 名 (複 **～** OR **～s** /-z/) C ひろ(尋)《主に水深に用いる単位. 6フィート; 1.83メートル》‖The harbor is six ～(*s*) deep. 港は深さ6ひろある

—動 他 ❶《通例否定文で》 **a**《+目》…を見抜く, 理解する《*out*》‖I just can't ～ (*out*) his intentions. 彼の意図がどうも見抜けない **b**《+wh 節》…なのかを見抜く[理解する]《*out*》‖I cannot ～ (*out*) *why* they quarrel so bitterly with one another. 彼らがどうしてこれほど激しく言い争うのかわからない ❷(測鉛で)…の深さ[水深]を測る(sound) **～・a・ble** 形 推測できる; 測れる

fáthom・less /-ləs/ 形 ❶ 底の知れない, 計り知れないほど深い ❷ 不可解な

fa・tigue /fətíːg/《発音注意》名 ❶ U (心身の)(相当の)疲労, 疲れ; C 疲れさせるもの, 労働, 苦役 ❷ U《通例ほかの名詞の後に置いて》(反応や熱意の)減退 ‖ battle [OR combat] ～ 戦闘疲労[神経]症 ❸ U〖機〗(材料の)疲れ, 疲労 ‖ metal ～ 金属疲労 ❹ U〖生理〗(筋肉や器官の組織の)疲れ, 機能低下 ❺ C (=**～ dùty**) C〖軍〗(ときに罰としての)雑役; (=**～ pàrty**)(雑役を命じられた)兵士の集団 ❻ C《～s》(雑役用の)作業着, 戦闘服 ‖ in combat [desert] ～*s* 野戦[砂漠戦闘]服を身につけて

—動 他 …をとても疲れさせる(♦しばしば受身形で用いる); 〔筋肉や器官〕の機能を低下させる;〖機〗〔金属など〕を弱らせる ‖ I am ～*d* from my journey. 私は旅で疲れている

—自 疲れる, 疲労する;〖機〗(金属などが)疲労する

～d 形 (⇨ TIRED 類語)

fa・tigu・ing /fətíːgɪŋ/ 形 疲れさせる, 骨の折れる

fat・less /fǽtləs/ 形 脂肪分のない, 脂身のない

fat・so /fǽtsoʊ/ 名 (複 **～es** /-z/) C ⊗《俗》《蔑》でぶ, 太っちょ

fat・ten /fǽtən/ 動 (◁ fat 形) 他 ❶〔人・家畜〕を太らせる《*up*》;〔利益など〕を増す, 拡大する《*up*》 ❷〔土地〕を肥やす

—自 太る, 肥える《*up*》

fat・ten・ing /fǽtənɪŋ/ 形 太る, 太らせる

fat・tish /fǽtɪʃ/ 形 太り気味の

fat・tism /fǽtɪzm/ 名 U 肥満体差別, ファッティズム《肥満体の人が就職や昇進に関して不利な扱いを受けること》

***fat・ty** /fǽti/ 形 (◁ fat 名) ❶ 脂肪分を(多量に)含む, 脂肪質[状]の, 脂っこい ❷ 肥満した, 脂肪過多の —名 (複 **-ties** /-z/) C ⊗《俗》《蔑》でぶ **▸▸～ ácid** 名 C〖化〗脂肪酸 **～ degenerátion** 名 U〖医〗脂肪変性

fa・tu・i・ty /fətjúːəṭi/ 名 (複 **-ties** /-z/)《堅》❶ U (独りよがりの)愚かさ, ばかさ加減 ❷ C 愚かな言動

fat・u・ous /fǽtʃuəs | fǽtju-/ 形 (独りよがりで)愚かな, おめでたい **～・ly** 副 **～・ness** 名

fat・wa /fǽtwɑː/ 名 C (イスラム教指導者による) 法的決定[命令]

fau・bourg /fóʊbʊərg | -bʊəg/ 名 C《フランス》(都市の)郊外; (かつて郊外であった)都市の1地区《米国のニューオーリンズやフランスの都市, 特にパリの1地区》

fau・ces /fɔ́ːsiːz/ 名《単数・複数扱い》〖解〗口峡《口腔(こうこう)から咽頭(いんとう)への通路》

fau・cet /fɔ́ːsɪt/ 名 C《主に米》(管・たるなどの)栓, 飲み口, (水道の)蛇口, コック(《英》tap)

Faulk・ner /fɔ́ːknər/ 名 **William ～** フォークナー(1897–1962)《米国の小説家》

‡fault /fɔːlt/《発音注意》

—名 (複 **～s** /-s/) C ❶《通例 the ～, one's ～》(過失の)**責任**; 罪 ‖ It's your ～.=The ～ is yours.=The ～ **lies** [OR is] with you. 君が悪いんだ, 君のせいだ / It wasn't my ～ (that) he overslept. 彼が寝過ごしたのは私のせいではなかった / through no ～ of their own 彼ら自身は少しも悪くないのに

❷〈性格・外観などの〉(ちょっとした)**欠点**, 短所, **あら**, 傷, 欠陥 (↔ strength)〈**in**〉‖ They loved the ex-President 「in spite of [OR for all] his ～*s*. いろいろ欠点があったにもかかわらず彼らは前大統領を愛していた / I cannot **find** any ～ *in* his character. 彼の性格には欠点が見当たらない / a small ～ *in* [×of] the machine 機械のちょっとした欠陥 / a slight ～ *in* the rim 縁のほんの小さな傷

連語 【形+～】an electrical ～ 電気系統の故障 / a mechanical ～ 機械的欠陥 / a serious ～ 深刻な欠陥
【動+～】have a ～ 欠点[欠陥]がある / correct a ～ 欠点[欠陥]を直す[修正する]

❸〈…の〉**誤り**〈**in**〉(⇨ MISTAKE 類語); 過失, 落ち度 ‖ ～*s* of grammar 文法上の誤り / a ～ *in* addition 足し算の間違い / overlook a ～ 間違いを大目に見る / commit a ～ 過失を犯す

❹〖電〗(回路の)故障, 漏電

❺ (テニスなどで) フォルト《サーブの失敗》‖ a double ～ ダブルフォルト ❻〖地〗断層 ‖ an active ～ 活断層 ❼《通例 ～s》(馬術の障害飛越で失敗に対して課される)減点

****at fáult*** ①〈過失などに〉責任があって, 〈…に対して〉とがめられるべきで〈**for**〉(→ CE 2); 誤っていて, 欠点[欠陥]のある ‖ be *at* ～ *for* a mistake 過ちに責任がある / Your skill is not *at* ～. あなたの技量に狂いはありません ② 途方に暮れて

****find fáult*** (***with*** ...) (…の)**欠点を指摘する**, あらを探す; (…に)不平を言う; (…を)非難する (criticize) ‖ Everyone hates being *found* ～ *with*. だれでもあらを探されるのはいやだ

to a fáult (よいことについて) (欠点と思えるくらい) 極端に, とても ‖ She is generous *to a* ～. 彼女の気前のよさは度がすぎる

COMMUNICATIVE EXPRESSIONS

1 **(I'm sórry.) (It's àll) my fáult.** (ごめんなさい) (すべて)私のせいです(♥ 謝罪の表現. 省略が多いほどくだけた感じになる. ↗Please accept my apologies. / ↘My bad.)

2 **Where am Í at fáult?** 私のどこが間違っているというのですか(♥ 自分の潔白を主張する修辞疑問文)

—動 (**～s** /-s/; **～・ed** /-ɪd/; **～・ing**)

—他 ❶《しばしば can とともに否定文で》…のあらを探す; …を非難する〈**for, on** …のことで; **as** …として〉‖ We can't ～ him *for* not being aggressive enough. 我々は彼を積極性が足りないと非難することはできない / It's hard [OR difficult] to ～ the soup she cooked. 彼女が作ったスープは文句のつけようがない

❷《受身形で》〖地〗断層を生じる, 断層によって破壊される

—自 ❶〖地〗断層を生じる

❷ (テニスなどで)フォルトを犯す ❸《古》過ちを犯す

fáult・fìnding 名 U 形 とがめ立て(する), あら探し(する), あげ足取り(の)

fáult・less /-ləs/ 形 欠点のない, 申し分ない, 完璧(かんぺき)な

F

~·ly 副 ~·ness 名

fáult-tòlerant 形 障害に強い

*****fault·y** /fɔ́ːlti/ 形 (機械・装置などが) 欠陥のある ‖ a ~ mechanism 欠陥のあるメカニズム

fáult·i·ly 副 **fáult·i·ness** 名

faun /fɔːn/ 名 C 〚ロ神〛ファウヌス《半人半羊の牧神》

fau·na /fɔ́ːnə/ 名 (複 **-nae** /-niː/ OR **~s** /-z/) ❶ U C (特定の地域・時代の) 動物相 (→ flora) ; 動物たち ‖ the ~ of North America 北米の動物相 ❷ C 動物誌

-nal /-nəl/ 形

Faust /faust/, **Faus·tus** /fáustəs/ 名 ファウスト《16世紀ドイツの伝説上の人物. 全知全能を望み悪魔に魂を売り渡した. Goethe などにより文学・音楽の題材とされた》

~·i·an /fáustiən/ 形

faute de mieux /fòut də mjúː | -mjɔ́ː/ 副 《フランス》 (=for want of better) ほかにもっとよいものがないので, やむを得ず

Fauve /fouv/ 名 C 野獣派の画家 (Fauvist)

Fau·vism, fau- /fóuvìzm/ 名 U 〚美〛フォービズム, 野獣派《20世紀初頭に起こったフランスの芸術運動》

-vist 名

faux /fou/ 形 《限定》にせの, 人造の (♦ フランス語より)

▸▸ **~ pas** /fòu pɑ́ː/ 名 (複 **faux pas** /-z/) C (社交上の) 過ち, 過失, 失態 ; 失言 ‖ make a ~ *pas* 無作法なまねをする

fà·va béan /fɑ̀ːvə-/ 名 C 《米》ソラマメ

fave /feɪv/ 名 C 形 《口》お気に入り (の) ; 人気者 (の) (♦ favorite より)

fa·ve·la /fəvélə/ 名 C (特にブラジルの) スラム街 (♦ ポルトガル語より)

⁑**fa·vor,** 《英》**-vour** /féɪvər/

—名 〔▶ favorable 形, favorite 形〕 (複 **~s** /-z/) ❶ C **親切な行為**, 親切な振る舞い, 恩恵 ; 格別の計らい (→ CE 1, 3) ‖ Will [OR Would, Could] you **do** me a ~ and pick up some milk on the way home? 帰りがけに牛乳を買ってきてくれませんか / return her ~ 彼女の恩顧に報いる / I owe her a ~. 彼女に恩義がある

❷ U (他人・物事に対しての) **好意**, 親切 ; (他人からの) 愛顧 ; 引き立て ; **支持** ‖ He treated me with ~. 彼は私を好意的に扱ってくれた / She **found** [OR gained, won] ~ with her classmates. 彼女は級友たちに好かれるようになった / The new government has been voted into ~. 新政府は投票の結果支持された / lose ~ with him 彼に好かれなくなる ; 彼の支持を失う / look with ~ on his plan 彼の計画に賛成する / unwanted ~*s* ありがた迷惑

❸ U 〈…に対する〉**えこひいき**, 偏愛 (↔ disfavor) 〈**to**〉 ‖ Teachers should not show too much ~ *to* any one student. 教師は特定の1人の生徒をえこひいきすべきでない / a fair field and no ~ (競技などで) 平等の条件, えこひいきなし

❹ C 《米》(パーティーで配られる) 景品, 記念品 (party favor) ❺ C 《one's ~s》《旧》(女が) 体を許すこと

as a fávor to ... …のために ‖ I'd like to do it *as a* ~ *to* you. 君のためにそうしたいんだ

cùrry fávor 〈…の〉機嫌をとる, へつらう, 取り入る〈**with**〉

dò a pèrson nò fávors …のためにならない (ことをする) ‖ This article *does me no* ~*s*. この記事は私に不利な内容だ

in fávor ① 〈…に〉気に入られて, 人気が出て〈**with**〉 (↔ *out of favor*) ‖ He is *in* good ~ *with* his boss. 彼は上役にとても気に入られている ② 賛成して (↔ against) ‖ All those *in* ~ say "Aye." (議会で) 賛成者は全員「はい」と言ってください

*****in a pèrson's fávor*** ① (人に) 気に入られて ② (人に) 有利になるように (→ *in favor of* ... ② (↓)) ‖ Her father altered his will *in* her ~. 父親は彼女に有利なように遺言を改めた / He has youth and good looks *in* his ~. 彼は若さと美貌(びぼう)を持ち合わせて得をしている

*****in fávor of ...*** ① …**に賛成して**, …を支持して (for) (↔ against) ‖ I am *in* ~ *of* that idea. その考えに賛成です / He spoke [voted] *in* ~ *of* the motion. 彼はその動議に賛意を述べた [賛成投票した] ② …に有利になるように, …のために (→ *in a person's favor* ② (↑)) ‖ The court decided *in* ~ *of* the defendant. 法廷は被告に有利な判決を下した ③ …の方を好んで [選んで] ‖ put off wage-earning *in* ~ *of* a college education 給料取りになるのを先に延ばして大学教育を優先する ④ (小切手などが) …を受取人として ‖ a check made out *in* ~ *of* his company 彼の会社を受取人とする小切手

*****òut of fávor*** 〈…に〉嫌われて, 不評で, はやらなくなって (↔ *in favor* ① (↑)) 〈**with**〉 ‖ fall *out of* ~ 嫌われる

COMMUNICATIVE EXPRESSIONS

1 **Dò me** [OR **us**] **a fávor!** ① 頼むから ; お願いだから (♥ くだけた依頼表現) ② 《英》(相手の言ったことに対して) ばか言え ; とんでもない ; やめてくれ

2 **Dón't dò me àny fávors.** いらぬお世話です

3 **May** [OR **Can**] **I àsk you** (**for**) **a fávor?** お願いがあるのですが (♥ 頼み事をするときの切り出し文句. ⇨ PB 08)

—動 (**~s** /-z/ ; **~ed** /-d/ ; **~·ing**)

—他 ❶ …**を支持する** ; …に賛成する ; …を推す (↔ oppose) ‖ I ~ your plan. 私はあなたの案に賛成だ / Public opinion ~*ed* all these changes. 世論はこれらすべての変革を支持した / I ~ him for the job. その仕事には彼を推薦する

❷ **a** 《+目》〈…より〉…を (特に) 好む, …に (特に) 好意を持つ〈**over**〉 ‖ I ~ casual clothes (*over* business suits). (背広より) カジュアルな服装の方が好きだ

b 《+*doing*》…するのが […する方が] 好きである ‖ I ~ traveling alone. 私は一人旅 (の方) が好きだ

❸ …**をえこひいきする**, 偏愛する, 大事に扱う ‖ He ~*ed* his youngest daughter. 彼はいちばん下の娘ばかりかわいがった ❹ 《+目+**with** 名》〔人〕に…で**好意を示す**, …をしてあげる ‖ Would you ~ us *with* your presence? ご出席いただけるでしょうか / Will you ~ me *with* a reply as soon as possible? できるだけ早くご返事を頂けますか ❺ (事情・状況などが) …に好都合である, 有利である, 味方する (↔ *go against* ...) ‖ Darkness ~*ed* his escape. 暗闇(くらやみ)が彼の脱走に好都合だった ❻ 《英では旧》《米》(顔立ちなどの点で)〔親族〕に似る ❼ 〔手足〕をいたわる, かばう ‖ ~ an injured leg けがした足をいたわる

*****fa·vor·a·ble,** 《英》**-vour-** /féɪvərəbl/ 形 〔◁ favor 名〕 (**more ~** ; **most ~**) ❶ 〈…に〉好意的な, 〈…を〉是認する〈**to, toward**〉 ; (返事などが) 承諾の, 色よい (↔ unfavorable) ‖ I hope he will be ~ *to* our proposal. 彼が我々の提案に賛成してくれるといいのだが / ~ comments 好評 / receive a ~ reply 承諾の [色よい] 返事をもらう ❷ (印象などが) 好ましい, 好感を得るような ‖ make a ~ impression on an interviewer 面接官によい印象を与える ❸ 〈…にとって〉好都合の, 適した ; 有利な〈**to, for**〉 ‖ The weather is not ~ *for* baseball. 野球のできるような天気じゃない / material evidence ~ *to* a defendant 被告に有利な物的証拠 / ~ winds 順風

*****fa·vor·a·bly,** 《英》**-vour-** /féɪvərəbli/ 副 ❶ 好意的に ; 好ましく ‖ speak ~ of ... …について好意的に語る ❷ 有利に, 都合よく ‖ compare ~ with ... …に比べて勝る

*****fa·vored,** 《英》**-vour-** /féɪvərd/ 形 ❶ 気に入られている, 多くの人が好む ; (場所などが) 魅力的な ❷ (長所・才能・特権などに) 恵まれた ‖ the most ~ nation 〚国際法〛最恵国 ❸ (選手などが) 勝つ見込みが高い ‖ a ~ team 優勝候補のチーム

⁑**fa·vor·ite,** 《英》**-vour-** /féɪvərət/ 形 名 動

—形 〔◁ favor 名〕《通例比較なし》《限定》**お気に入りの**,

大好きな，いちばん好きな，ひいきの ‖ What's your ～ color? あなたのいちばん好きな色は何ですか / his ～ musician 彼のひいきの音楽家 / his ～ story [theme] 彼の大好きな話[テーマ]

語法☆☆ favorite は「いちばん好きな」の意味で，もともと最上級の意味が含まれているので「私のいちばん好きな本」は単に my favorite book といい，×my most favorite book は正しくない. 使われることもあるが，非標準的な用法とされる. なお「いちばん好きでない」の意味で my least favorite food (私のいちばん嫌いな食べ物) のようにいうことはできる.

━名 (複 ~s /-s/) ❶ C 〈…の〉お気に入り(の人[もの])；人気者，寵児(ちょうじ)；好物〈of, with〉‖ This tune is a ～ *of* mine. この曲は私の好きな曲です / She is a ～ *of* her grandfather's. 彼女は祖父のお気に入りだ / an **old** [OR all-time] ～ 昔からずっと好きなもの / play ～*s* with ... …にえこひいきする

❷ 《通例 the ～》(競馬の)本命，(競技の)優勝候補；(地位などをねらう人たちの中の)本命〈**for** …をねらう / **to do** …する〉‖ The ～ came (in) third. 本命が3着に入った / France is the ～ *to* win the World Cup. フランスがワールドカップ優勝の本命だ / a hot [OR clear, heavy, strong] ～ (競技などの)本命，優勝候補

━動 他 [ウェブサイト]をお気に入りに入れる，ブックマークする(bookmark)

▸▸ ～ **són** 名 C 地方の名士[人気者]；《米》(大統領指名大会で出身地の代議員の支持がある)人気候補者

fa·vor·it·ism /féɪvərətìzm/ 名 U 偏愛，えこひいき；気に入られること

fa·vour /féɪvər/ 名 動 《英》=favor

fawn[1] /fɔːn/ 名 ❶ C (1歳未満の)子ジカ ❷ U 淡褐色

━形 淡褐色の ━動 自 (シカが)子を産む

fawn[2] /fɔːn/ 動 自 ❶ (犬が)〈…に〉(しっぽを振ったりして)じゃれる，甘える〈**on, over**〉 ❷ 〈人に〉へつらう，こびる〈**on, over**〉 **～·ing** 形 へつらう **～·ing·ness** 名

fax /fæks/ 名 C ファックス(の装置)，ファックス(で送られた)文書；U ファックスでの電送(システム) ‖ I got a ～ from my client. 依頼人からファックスが届いた / send data by ～ ファックスでデータを送る

━動 他 《+目 *A*+目 *B* ⇄ +目 *B*+ (**through**) **to** 目 *A*》*B* (文書など)を*A* (人)にファックスで送る ‖ *Fax* me the document. その文書をファックスで送ってください

▸▸ ～ **machìne** 名 C ファックス機

fay /feɪ/ 名 C 《文》妖精(ようせい)(fairy)

faze /feɪz/ (♦同音語 phase) 動 他 《通例否定文で》《口》…を困らせる，慌てさせる(♦しばしば受身形で用いられる)

FBI 略 《米》*F*ederal *B*ureau of *I*nvestigation (連邦捜査局)(→ CIA)

FC 略 *F*ootball *C*lub；*F*orestry *C*ommission ((英国の)森林委員会)

FCC 略 *F*ederal *C*ommunications *C*ommission ((米国の)連邦通信委員会)

FCO 略 *F*oreign and *C*ommonwealth *O*ffice ((英国の)外務省)

FCTC 略 *F*ramework *C*onvention on *T*obacco *C*ontrol (たばこ規制枠組条約)

FD, F.D. 略 *f*atal *d*ose (薬の致死量)；*D*efender of the Faith (信仰の擁護者)《英国王の尊称の1つ》(♦ラテン語 *Fidei Defensor* より)；*f*ire *d*epartment

FDA 略 *F*ood and *D*rug *A*dministration ((米国の)食品医薬品局)

FDIC 略 *F*ederal *D*eposit *I*nsurance *C*orporation ((米国の)連邦預金保険公社)

FDNY 略 *F*ire *D*epartment of *N*ew *Y*ork

FDR 略 *F*ranklin *D*elano *R*oosevelt《愛称》

Fe 記号 〖化〗iron(鉄)(♦ラテン語 *ferrum* より)

fe·al·ty /fíːəlti/ 名 U (封建領主・君主への家臣の)忠誠(の誓い)

***fear** /fɪər/ 《発音注意》名 動

━名 (複 ~s /-z/) ❶ U C 恐れ，恐怖 (⇨ 類語) ‖ A great ～ took hold of the little girl. 少女は非常な恐怖にとらわれた / Everybody has a deep ～ of death. だれもが死を心から恐れている / She trembled with [OR in] ～. 彼女は恐ろしくて身震いした / I couldn't move **for** [OR from] ～. 恐怖で動けなかった / They obeyed the boss out of ～. 彼らは恐ろしくて監督の言いなりになった / show no (sign of) ～ 恐怖を感じている様子がない

❷ U C 心配，不安，懸念，気がかり〈**of doing** …する / **that** 節 …という / **for, of, about** …への〉(⇨ 類語) ‖ All actors have a ～ *of* forgetting their lines. 俳優ならだれでもせりふを忘れるのではという不安に駆られる / I felt no ～*s that* I would lose my job. 職を失うのではないかという懸念はなかった / *Fears* are voiced *that* ... …という懸念の声が上がっている / I have great ～*s for* your safety. あなたの安否をとても心配している (↘I am very worried about your safety.)

連語 ❶❷ 【動+～】allay a person's ～*s* (人の)恐怖[不安]を和らげる / overcome one's ～*s* 恐怖[不安]を克服する / raise ～*s* 不安を引き起こす / express one's ～(*s*) 恐怖[不安]感を口にする；懸念を表明する

❸ U (心配なことが起こる)可能性，恐れ，危険(♦通例 there is no [not much, some, etc.] ～ of [that 節] の構文で用いる) ‖ There is no ～ of infection. 感染の恐れはない / There is not much ～ of the temperature dropping. 気温の下がる恐れはあまりない / There was not the least ～ that the economy would collapse. 経済が崩壊するという可能性は全くなかった

❹ 《古》U (神への)畏怖(いふ)，おそれ

for féar of doing …するのを恐れて；…しないように；…しないかと心配して ‖ I left early *for* ～ *of* missing my train. 列車に遅れないように早めに立った

for féar (that) ... …するといけないから，…しないように(♦《文》では that 節 の代わりに lest 節 も使われる) ‖ I wrote it down *for* ～ (*that*) I would forget it. それを忘れるといけないと思って書き留めた(♦ that 節 中では助動詞 should, might などを伴う. will, would を用いるとややくだけた言い方になる)

in féar of ... …を恐れて；…の安全を心配して ‖ *in* great ～ *of* dismissal 首になるのをとても恐れて

pùt the fèar of Gód into [OR ***in***] ***a pérson*** 〔人〕を非常に怖がらせる

without fèar or fávor えこひいきなく，公平に

COMMUNICATIVE EXPRESSIONS

1 **Nò féar!** 《英》絶対にお断り；とんでもない(♥依頼・勧誘・提案などに対する拒絶を表すくだけた表現. しばしばおどけて用いる. ↗No, certainly not!)

2 **You nèed hàve nò féars.** 何も心配ありませんよ(♥相手を安心させるときに用いる形式ばった表現. =Never fear./=Fear not./↘There's nothing to worry about./↘Don't worry.)

━動 (～s /-z/；～ed /-d/；～·ing) 《通例進行形不可》

━他 ❶ a 《+目》…を**恐れる**，怖がる ‖ The Japanese usually ～ the consequences of not conforming. 日本人はたいていほかと同調しない場合の結果を恐れる / ～ the unknown 未知のものを怖がる

b 《+to do / doing》…することを**恐れる**，ためらう ‖ She ～*ed to* hurt her father's feelings. 彼女は父親の気持ちを傷つけはしまいかと恐れた / He ～*ed* being involved in the scandal. 彼はその不正事件に巻き込まれるのを恐れた

❷ a 《+目》…を**心配[懸念]する**(♦「安否を気遣う」の意では自動詞 fear for を用いる) ‖ I ～*ed* the worst. 私は最悪の事態を心配した

b 《+目+補》《堅》…が…ではないかと心配[懸念]する，危

ぶむ ‖ They were ~*ed* drowned. 彼らはおぼれたのではないかと懸念されていた

c ⦅+目+ **to** *do*⦆…が…するのではないかと心配[危惧(きぐ)]する ‖ Over 20 children are ~*ed to* be among the victims. 犠牲者の中に20人を超す子供が含まれるのではないかと危惧されている

d ⦅+**that** 節⦆…ではないかと気遣う, 危惧する (♦ lest 節も可能だが古い用法) (→ *I fear* (*that*) ... (↓)) ‖ Some people ~*ed that* World War III might break out soon. 第3次世界大戦がすぐにでも起きるのではないかと危惧する人もいた

❸ ⦅古⦆〔神など〕をおそれる

―自 ⦅+**for** 名⦆…を心配する, 懸念する, 気遣う ‖ ~ *for* him [OR his safety] 彼の安否を気遣う

***I féar* (*that*) ...** ⦅堅⦆…ではないかと思う (♦ I hope (that) ... の反対で, 望ましくない内容のときに用いる. ⦅口⦆では I'm afraid (that) ... を用いるのがふつう) ‖ *I* ~ (*that*) we are late. 遅れるのではないかと思う / It's raining, *I* ~. どうやら降っているようだ / "Will he succeed?" "*I* ~ not." 「彼は成功するだろうか」「どうもあやしい」/ "Is he getting worse?" "*I* ~ so." 「彼は悪くなっているのですか」「どうもそうらしい」(♦ 上記2例の not や so は that 節 の代用)

Nèver féar!*; *Fèar nót! 心配ご無用, 大丈夫だよ (→ CE 2)

類語 ⦅名 ❶, ❷⦆ **fear** 「心配・恐怖」を意味する最もふつうで広義の語.
dread 危険[不愉快]なことを予期して感じる大きな心配・懸念. 〈例〉live in *dread* of being caught 捕まることをびくびく恐れて暮らす
fright 突然ぎょっとする(通例すぐに消える)恐怖. 〈例〉take *fright* at a roll of thunder 雷鳴に一瞬おびえる
terror 身もすくむような非常に強い(なかなか消えない)恐怖. 〈例〉be frozen with *terror* 恐怖で縮み上がる
horror ぞっとする不快・嫌悪の混じった terror. 〈例〉shut one's eyes in *horror* ぞっとして目をつむる
panic しばしば根拠がなく, 抑えようのない, 多くの人を襲って狼狽(ろうばい)した行動をとらせる(なかなか消えない)恐怖. 〈例〉The whole city was in a *panic*. 街全体が恐慌状態になった

***fear·ful** /fíərfəl/ 形 (**more** ~ ; **most** ~) ❶ ⦅叙述⦆…を心配[懸念]して, 恐れて(afraid)〈**of** …を / **that** 節 …ではないかと〉 ‖ I was ~ *of* losing my way in the forest. 私は森の中で道に迷いはしないかと恐れた / He was ~ *that* [⦅堅⦆ lest] he should make an error. 彼は誤りをしないかと心配だった ❷ ⦅叙述⦆〈…を〉気遣って〈**for**〉 ‖ I was ~ *for* their lives. 私は彼らの生命を気遣った ❸ ⦅限定⦆恐ろしい, 身の毛もよだつ, ぞっとする(terrible) ‖ a ~ eruption [accident] 恐ろしい噴火[事故] / a ~ sight ぞっとするような光景 ❹ ⦅限定⦆⦅口⦆非常な, 大変な; とてもひどい ‖ a ~ mistake ひどい間違い
~·ness 名

fear·ful·ly /fíərfəli/ 副 ❶ すごく, 恐ろしいほど; ⦅口⦆とても(ひどく), 大変に ‖ a ~ hot evening 恐ろしく暑い晩 ❷ 恐る恐る, びくびくしながら

fear·less /fíərləs/ 形 恐れを知らない, 〈…を〉恐れない〈**of**〉; 勇敢な, 大胆な ‖ ~ *of* danger 危険を恐れない
~·ly 副 **~·ness** 名

fear·some /fíərsəm/ 形 (外見の)恐ろしい, ぞっとするような(frightening) **~·ly** 副

fea·si·bil·i·ty /fìːzəbíləṭi/ 名 U 実現[実行]可能性
▸▸ **~ stùdy** 名 C (企画中の計画について)実行可能性の研究

***fea·si·ble** /fíːzəbl/ 形 (**more** ~ ; **most** ~) ❶ 実現[実行]可能な, 可能性のある ‖ Our scheme is not economically ~. 我々の計画は経済的に実現不可能だ / a ~ plan 実行可能な計画 ❷ ⦅口⦆ありそうな, もっともらしい (♦ この用法は堅い文体では避けるのがよいとされる) ‖ a ~ story もっともらしい話 **~·ness** 名 **-bly** 副

***feast** /fiːst/ 名 C ❶ 祝宴, 饗宴(きょうえん), 大宴会(⇨ **類語**); (祝宴の席での)ごちそう ‖ a wedding ~ 結婚披露宴 / give [OR hold] a ~ 祝宴を催す, ごちそうする ❷ ⦅通例単数形で⦆〈耳目を〉楽しませてくれるもの, 〈…にとっての〉大きな楽しみ(の機会) 〈**for, to**〉 ‖ Music is a ~ *to* the ears. 音楽は耳の保養になる / a ~ *for* the eyes 目の保養となるもの ❸ (特に宗教的な)祝祭(日), 祭(日); ⦅英⦆村祭り ‖ the ~ of St. John 聖ヨハネ祭 / movable [immovable] ~*s* 移動[固定]祝祭日 ⦅毎年, 日が固定している Christmas などは後者, 年により日が異なる Easter Day などは前者⦆ / a village ~ 村祭り

(***either***) (***a***) ***fèast or*** (***a***) ***fámine*** すべてか無か(のどちらか), 両極端[大成功か大失敗](のどちらか)

―動 自 ❶ 祝宴に列席する; 〈…を〉大いに飲み食いする, ごちそうになる 〈**on, upon, off**〉 ‖ ~ *on* roast mutton 羊の焼き肉をたっぷり食べる ❷ 〈…を〉大いに楽しむ〈**on, upon**〉 ‖ ~ *on* a new novel 新刊の小説を読んで楽しむ

―他 ❶ …を祝宴を張ってもてなす; …に〈…の〉ごちそうを出す〈**on, upon**〉 (♦ しばしば受身形で用いる) ‖ ~ guests *on* duck 客をカモ料理でもてなす ❷ ⦅+目+**on** [**upon**] 名⦆〔耳目〕を…で大いに楽しませる ‖ ~ one's eyes *on* a beautiful painting じっくりと美しい絵を鑑賞する

~·er 名

類語 ⦅名 ❶⦆ **feast** 多数の人が集まってふんだんに飲食を楽しむこと. 〈例〉a birthday *feast* 誕生日の祝宴
banquet 儀礼的で盛大な feast. 〈例〉a *banquet* in honor of a state guest 国賓のための宴会

▸▸ **~ dày** 名 C 祝日, (特に教会の)祝祭日 **Fèast of Dedicátion** 名 ⦅the ~⦆ =Hanukkah **Fèast of Líghts** 名 ⦅the ~⦆ =Hanukkah **Fèast of Tábernacles** 名 ⦅the ~⦆ =Sukkoth

***feat** /fiːt/ (♦ 同音語 feet) 名 C 偉業, 目覚ましい行為; 功績, 手柄; 離れ業, 妙技, 芸当 ‖ He achieved the remarkable ~ of conquering Everest. 彼はエベレスト征服という素晴らしい偉業を成し遂げた / perform [OR accomplish] a ~ 偉業を成す / This victory was no mean ~. この勝利は生易しいことではなかった

:feath·er /féðər/ ⦅発音注意⦆
―名 (複 **~s** /-z/) C ❶ (1本の)**羽**; ⦅~s⦆**羽毛** ‖ pluck ~*s* from a chicken 鶏の羽毛をむしる
❷ ⦅~s⦆(犬・馬などの脚・尾の)ふさ毛

****a fèather in a pèrson's cáp*** (人にとって)誇るに足る業績, 名誉となるもの(honor) ‖ Winning the race was *a* ~ *in* her *cap*. そのレースに勝ったのは彼女にとって名誉だった

(***as***) ***lìght as a féather*** とても軽くてふわふわした

in fine [OR ***hìgh, gòod, fúll***] ***féather*** 上機嫌で, 健康そのもので

****rùffle a pèrson's féathers*** (人の)冷静さを失わせる, かっとさせる

****smòoth*** (***a pèrson's***) ***rùffled féathers*** (人の)冷静さを取り戻させる

COMMUNICATIVE EXPRESSIONS

1 **You could have knòcked me óver** [⦅英⦆ **dówn**] **with a feather.** ⇨ KNOCK (CE 4)

―動 (**~s** /-z/ ; **~ed** /-d/ ; **~·ing**)
―他 ❶ …に矢羽[羽飾り]をつける; …を羽(状のもの)で覆う ❷ 〖ボート〗〔オール〕をフェザーリングする ⦅オールを水から抜いて水平に返す⦆ ❸ 〖海・空〗〔プロペラなど〕をフェザーリングする ⦅角度を変えて水や空気の抵抗を減らす⦆; 〔エンジン〕を飛行中に切る ❹ 〔髪〕をフェザーカットする, 短く先細に切る ❺ 〔人・物〕にかすかに触れる; 〔塗料〕を塗り広げる
―自 ❶ 羽毛が生える ❷ 羽毛のように動く[広がる, 浮かぶ] ❸ 〖ボート〗(オールを)フェザーリングする ❹ 〖海・空〗(プロペラなどを)フェザーリングする

▸▸ ~ béd 名 C 羽入りマットレス(を敷いたベッド) ~ bóa 名 C =boa ❷ ~ dúster 名 C 羽のはたき, 羽ぼうき

féather·bèd 動 (-bed·ded /-ɪd/; -bed·ding) 他 ❶ …を補助する, 援助する ❷ (労働組合の要求で)…を水増し雇用する, …の生産の制限をする

féather·bràin 名 C ⊗《口》《蔑》愚か者, ぼんやりした者 ~ed 形 愚かな, 軽薄な

feath·ered /féðərd/ 形 羽の生えた; 矢羽[羽飾り]のついた ‖ our ~ friends《口》《戯》鳥類

féather·èdge 名 C (板や道具などの) 先が薄くなっている縁, そぎ端(は)

féather·wèight 名 ❶ 〘ボクシング〙 U フェザー級; C フェザー級の選手 ❷ C 非常に軽い人[もの]; 取るに足りない人[もの]

feath·er·y /féðəri/ 形 羽で覆われた; 羽のような, 軽い, 柔らかい

fea·ture /fíːtʃər/ 《発音注意》 名 動

中心義 はっきり目立つもの

— 名 (複 ~s /-z/) C ❶ はっきり目立つ点, **特徴**, 特色(⇨ 類語) ‖ A noticeable ~ of his speech was his strong southern accent. 彼の演説の目立った特徴はその強い南部なまりだった / Other ~*s* of the hotel include a gym and a spa. このホテルのその他の特徴にはジムとスパがある(♥ 商品の説明などで多用される) / a middle-aged couple without distinctive ~*s* これといった特徴のない中年のカップル

連語 【形+~】 a common ~ 共通の特徴 / 「an important [OR a key] ~ 重要な特徴 / an interesting ~ 興味深い特徴 / a main ~ 主要な特徴 / a special ~ 著しい特徴 / a characteristic [OR typical] ~ 特徴的な点 / an appealing ~ 興味深い特徴 / geographical ~*s* 地理的特徴《山・川など》

❷ (目・鼻・口など)顔の一部; 《通例 ~s》**顔つき**, 顔立ち, **目鼻立ち**, 容貌(ようぼう)(⇨ FACE 類語) ‖ The strongest ~ of her face was her high cheekbones. 彼女の顔の中で最も目立つのはその高い頬骨(ほおぼね)だった / a man of [OR with] handsome [regular] ~*s* ハンサムな[整った]顔立ちの男性 / have characteristic Mongoloid ~*s* モンゴル人種独特の顔つきをしている

❸ (=~ stòry) (新聞・雑誌の)〈…についての〉特集記事; (新聞・雑誌の)連載記事[コラム, 漫画]〈**on**〉

❹ (=~ prògram) (ラジオ・テレビの)〈…についての〉特集番組〈**on**〉 ‖ a special ~ *on* AIDS エイズ特別番組 / make a ~ of sport スポーツを特集する

❺ (=~ film) 長編映画; (映画館のプログラムでの)主要作品, 特別作品 ‖ a double ~ 2本立て長編映画

— 動 (~s /-z/; ~d /-d/; -tur·ing)

— 他 ❶ …を**呼び物**[目玉商品]**にする**; …を目立たせる; (映画などで)…を主演させる; 〈新聞などで〉…を特集する, 大々的に扱う〈**in, on**〉 ‖ a restaurant *featuring* Italian cuisine イタリア料理を売り物にしているレストラン / a new film *featuring* Tom Hanks トム=ハンクス主演の新作映画 / She has been ~*d in Vogue*. 彼女は「ヴォーグ」誌に大々的に取り上げられた

❷ 《米口》…を心に描く, 想像する ‖ Can you ~ me on TV? 僕がテレビに出ているのを想像できるかい

— 自 〈…で〉重要な役割を演じる; 目立つ(存在である), 特色となる〈**in**〉 ‖ The issue ~*d* **prominently** *in* our discussion. 議論ではその問題が大きなテーマだった / ~ *in* a film 映画で主役を演じる / His works frequently ~ as university texts. 彼の作品は大学の教科書としてよく使われている

類語 《名 ❶》 **feature** はっきりと目立つ点・面・性質; 典型的な特徴. 〈例〉 one *feature* of life in the country 田舎の生活に特有の1つの面

characteristic その人[もの]らしさを表す特有の性質.

peculiarity 特に同類とはっきり区別される珍しい独特の性質. 特異性を強調する.

trait 特に人・国民などの特徴的な性質. 〈例〉 Creativity is a human *trait*. 創造性は人間の特性だ

fea·tured /fíːtʃərd/ 形 ❶ 《通例複合語で》…の顔立ちをした ‖ well-~ 器量のいい ❷ 呼び物の, 特集の ‖ a ~ speaker 中心となる講演者

féature-lèngth 形 (映画・雑誌記事などが)長編の

féa·ture·less /-ləs/ 形 特色のない, 面白みのない

féature-rìch 形 (製品が)多機能の

＊**Feb.** 略 February

feb·ri·fuge /fébrɪfjùːdʒ/ 名 C 形 解熱(剤)(の)

fe·brile /fébràɪl, fíːbrɪl | fíːbraɪl/ 形 熱病の, 熱っぽい

＊**Feb·ru·ar·y** /fébjuèri, fébru- | fébruəri, fébju-/ 名 (複 -ar·ies /-ɪz/) C U 《通例無冠詞単数形で》2月《略 Feb.》(⇨ JANUARY 用例) ‖ ~ has 29 days in a leap year. うるう年には2月は29日ある

語源 「清めの(月)」の意のラテン語 *februarius*(*mensis*)から. ローマ旧暦では2月が1年の最後の月に当たり, 新年に備えて清めの儀式が行われた.

fe·cal /fíːkəl/ 形 《限定》糞便(ふんべん)の

fe·ces /fíːsiːz/ 名 複 糞便 (♥ 直接的すぎるので stools が好まれる)

feck·less /fékləs/ 形 ❶ (人が)無能な, 無気力な, 目的を持たない ❷ 無責任な ~·ly 副 ~·ness 名

fe·cund /fékənd/ 形 ❶ 《堅》多産な, 実りの多い; 肥えた(fertile) ❷ 創造性豊かな

fe·cun·date /fékəndèɪt/ 動 他 ❶ 《文》…を多産[多作]にする ❷ 《古》…に受精[受胎]させる(fertilize)

fè·cun·dá·tion 名

fe·cun·di·ty /fɪkʌ́ndəṭi/ 名 U 多産性; 肥沃(ひよく); 豊かな創造力

Fed, fed[1] /fed/ 名 《米口》 ❶ C 連邦政府官吏; (特に)FBIの捜査官 ❷ 《the F-》連邦準備制度理事会 (the *Fed*eral Reserve Board [System]); 連邦準備制度 (the *Fed*eral Reserve System); 連邦準備銀行 (the *Fed*eral Reserve Bank)

＊**fed**[2] /fed/ 動 feed の過去・過去分詞

Fed., fed. 略 Federal, Federated, Federation

fe·da·yeen /fèdɑːjíːn | fədɑ́ːjiːn/ 名 複 (イスラエルに敵対する)アラブ人ゲリラ隊(♦ その一員は fedayee)

＊**fed·er·al** /fédərəl/

— 形 《比較なし》《通例限定》 ❶ (国家間の)連合の, 同盟の; (中央政府のある) **連邦の**, 連邦制[政府]の ‖ the ~ system 連邦制度 / a ~ republic 連邦共和国

❷ 《通例 F-》《米》(州政府に対して) **連邦政府の**, 合衆国の, 米国(政府)の ‖ the *Federal* **Government** 連邦政府, 合衆国政府 (♦ 各州の政府は state government という) / the *Federal* Constitution 合衆国憲法 / the *Federal* Court 連邦裁判所

❸ 《F-》〘米国史〙連邦主義者の, 連邦党(The Federalist Party)支持の; (南北戦争当時の)連邦政府支持の, 北部連邦(Union)の

❹ 《F-》(建物・家具などが) 連邦様式の《18世紀後半から19世紀初頭の米国で流行した古典主義復興のスタイル》

— 名 (複 ~s /-z/) C ❶ 《F-》〘米国史〙=Federalist; (南北戦争の) 北部連邦支持者; 北軍兵士 ❷ 《しばしば F-》連邦政府職員 ~·ly 副

▸▸ **Fèderal Aviátion Administràtion** 名 《the ~》《米》連邦航空局《略 FAA》 **Fèderal Bùreau of Investigátion** 名 《the ~》(米国の) 連邦捜査局《略 FBI》 ~ **dístrict** 名 C 《しばしば the F- D-》連邦区《連邦政府所在地の特別行政区. 米国の District of Columbia など》 **Fèderal Fúnds** 名 複 (米国の) 連邦準備銀行資金, フェデラルファンド《市中銀行が連邦準備銀行に無利子で預けている準備預金》 **Fèderal Hóusing Administràtion** 名 《the ~》(米国の)連邦住宅局《略 FHA》 **Fèderal Resérve Bànk** 名 《the

～》連邦準備銀行(♦全米に12ある)《略 FRB》**Fèderal Resérve Bòard** 名《the ～》(米国の)連邦準備制度理事会《略 FRB》**Fèderal Resérve Sỳstem** 名《the ～》連邦準備制度《略 FRS：米国の中央銀行制度》**Fèderal Tráde Commìssion** 名《the ～》(米国の)連邦取引委員会《略 FTC》

féd·er·al·ìsm /-ìzm/ 名 U ❶ 連邦制度[主義] ❷《F-》〖米国史〗連邦党の主義主張

féd·er·al·ist /-ɪst/ 名 C ❶ 連邦主義者 ❷《F-》〖米国史〗連邦党員[支持者]
— 形 連邦主義の；《F-》連邦党[支持]の
▸▸**Féderalist Pàrty** 名《the ～》〖米国史〗連邦党《1787年に結成され強力な中央政府を主張》

fed·er·al·ize /fédərəlàɪz/ 動 他 …を連邦化する，連邦の支配下に置く **fèd·er·al·i·zá·tion** 名

fed·er·ate /fédərèɪt/ (→ 形) 動 他 …を連合する，連邦化する — 自 連合する，連邦化する — 形 /fédərət/ 連合した，連邦の **-a·tive** 形

***fed·er·a·tion** /fèdəréɪʃən/ 名 ❶ C 連合体[組織]，連盟；連邦国家 ‖ a ～ of labor unions 労働組合総同盟 / the Russian *Federation* ロシア連邦 ❷ U 連合(すること)，同盟 **～·ist** 名 C 連合[連邦]主義者

Fed·Ex, Fed·ex, FEDEX /fédeks/ 〖商標〗フェデックス《世界各国にサービス網を持つ世界最大手の物流サービス会社》

fe·do·ra /fɪdɔ́ːrə/ 名 C フェドーラ《フェルトでできた中折れ帽子》

fedora

:fee /fiː/
— 名 (複 **～s** /-z/) C ❶〈専門職への〉報酬，**謝礼**〈**for**〉(⇨ SALARY 類語) ‖ a doctor's ～ 医者への謝礼 / legal ～*s* 弁護士費用 / ～*s for* legal advice 法律相談の謝礼
❷ (各種の)**料金**(⇨ PRICE 類語P)，**納入金**；入場料，参加料；(公共団体などに支払う)手数料；(学校などに支払う)受験料；《～s》授業料 ‖ **charge** [**pay**] a ～ 料金を請求する[支払う]

連語 【形/名＋～】a license ～ 許可料 / tuition ～*s* 《英》授業料 (《米》tuition) / a high [small] ～ 高い[安い]料金 / a flat ～ 固定料金 / 「an annual [a monthly] ～ 年[月]当たりの料金 / a membership ～ 会費 / an admission [OR entrance] ～ 入場料 / school ～*s* 学費 / a management ～ 管理費 / a registration ～ 登録料

❸ U〖法〗相続不動産(権) ‖ land held in ～ (simple) (単純)相続不動産として保有されている土地
❹ U (昔の)封土(feud, fief)
— 動 他 …に報酬を支払う；…にチップを与える
▸▸**～ símple** 名 C (複 **～s s-**)〖法〗無条件土地相続権，単純封土権 **～ táil** 名 C〖法〗限嗣(げんし)土地相続権，限嗣封土権

***fee·ble** /fíːbl/ 形 ❶ (体が)弱々しい，病弱の；体力の弱った(♥ 病弱，老齢を連想させ，ときに哀れみの感情を伴う)(⇨ WEAK 類語) ‖ a ～ old man 病弱の老人 ❷ (性格・知能が)弱い(♥ 勇気がない[努力をしない]他者に対して批判的に用いることもある)(→ feeble-minded) ‖ The conductor was too ～ to control his orchestra. 指揮者はあまりにも気弱で自分の楽団を掌握できなかった ❸ (光・音などが)かすかな，弱々しい；(力・効果などが)弱い，不十分な，不足している ‖ a ～ light ほの暗い光 / a ～ cry か弱い泣き声 / a ～ excuse 下手な言い訳 / a ～ attempt 意欲を欠いた試み **～·ness** 名 **-bly** 副

fèeble-mínded 〈シ〉 形 ❶《けなして》知能の低い，意志の弱い ❷ ⊗《旧》《蔑》知的障害の(♥ 現在では mentally retarded，さらに丁寧な言い方としては have a development problem が好まれる)

:feed /fiːd/ 中心義 **Aに活動の源を与える** (★Aは「人」「機械」「心」など多様)

— 動 (**～s** /-z/；**fed** /fed/；**～·ing**) (♦ 名詞は food)
— 他 ❶ **食べ物を与える，飼育する** **a** (＋目)〔人・動物〕に食べ物[餌(えさ)]を与える，…を育てる，飼育する；〔赤ん坊〕に乳をやる；〔家族など〕を養う；〔草花〕に肥料を施す ‖ Don't forget to ～ the dog while I'm away. 私が留守の間に犬に餌をやるのを忘れないでよ / Our baby can't ～ himself yet. うちの赤ん坊はまだ自分では食べられない / It's time to ～ the baby. 赤ん坊にお乳をあげる時間です / He doesn't want another mouth to ～. 彼は扶養家族がもう1人増えるのを望んではいない / There's enough here to ～ us all. ここには我々全員分の食料が十分にある / be **well** *fed* 食べ物[餌]を十分に与えられている
b (＋目＋**on** [**with**] 名)〔人・動物〕に(食べ物として)…を与える，〔動物〕を…で飼育する，〔人〕を…で養育する(♦ on の方が習慣的に与える意が強い) ‖ The young are *fed on* insects. ひなたちは昆虫を餌として与えられる / ～ a family of five *on* $500 a week 1週間500ドルで5人家族を養う
c (＋目 *A*＋目 *B* ≒＋目 *B*＋**to** 目 *A*) *A* (人・動物)に *B* (食べ物)を与える ‖ She *fed* him cheese and crackers. 彼女は彼にチーズをのせたクラッカーを与えた / He ～*s* oats and beans *to* his horses. 彼は馬にカラスムギと豆を与える
❷〔機械・道具など〕に〈材料・燃料・コインなどを〉供給する，補給する〈**with**〉；💻〔データ〕を〈コンピューターに〉供給する；〔紙〕を〈プリンターなどに〉補給する，給紙する；〔材料・燃料・コインなど〕を〈機械・道具などに〉供給する，補給する；〔管・ケーブルなど〕を〈…に〉通す，押し込む〈**to, into, through**〉‖ He *fed* the fire *with* logs. 彼は火にまきをくべた / ～ a machine (*with* material) 機械に原料を供給する / ～ the parking meter *with* coins パーキングメーターにコインを入れる / ～ data *into* a computer コンピューターにデータを入れる / ～ a wire *through* the hole 穴にワイヤーを通す ❸〔活動など〕を活発にする ❹〔虚栄心など〕を〈…で〉満足させる〈**with, by**〉；〔しっと・欲望など〕を募らせる ‖ Her vanity is *fed with* flattery. お世辞を言われて彼女の虚栄心は満足している / His actions have *fed* public distrust. 彼の行動は一般大衆の不信感を募らせてしまった ❺ (＋目 *A*＋目 *B* ≒＋目 *B*＋**to** 目 *A*) *A* (人)に *B* (情報など)を流す ‖ ～ them secret information 彼らに秘密情報を流す / ～ an actor his lines＝～ lines to an actor 役者にせりふを教えてやる ❻ (川などが)〔湖など〕に注ぎ込む，流れ込む ❼《主に米》〔ローカル局の番組〕を(衛星やネットワークで)〈…に〉流す〈**to**〉 ❽〖スポーツ〗〔シュートをねらっている味方〕にボールをパスする
— 自 ❶ (動物が)**餌を食べる**；(乳児が)乳を飲む；(人が)食事をする ‖ The cows are ～*ing* in the meadow. 牛は牧草地で草をはんでいる
❷ (＋**on** [**off**] 名)(通例動物が)…を**餌[常食]とする**；《比喩的に》…を糧(かて)とする ‖ Koalas ～ only *on* eucalyptus leaves. コアラはユーカリの葉だけを常食としている / They *fed on* [OR *off*] illusion. 彼らは幻影によって生きていた ❸ (原料・情報などが)〈…に〉供給される，(絶えず)送り込まれる；(川などが)流れ込む〈**to, into**〉

be [***gèt***] ***fèd úp*** 《口》〈…に〉飽き飽きしている[する]，うんざりしている[する]〈**with, about**〉(♦ 前置詞は with が一般的。of を用いるのは非標準的) ‖ I'*m fed up with* my wife's complaints. 妻の愚痴にはうんざりだ

fèed báck 〈他〉(***fèed báck …*** / ***fèed … báck***)〔情報など〕を〈…に〉フィードバックする，戻す〈**to, into**〉 —〈自〉(反応などが)〈…に〉戻って来る〈**to, into**〉

féed into … 〈他〉① …に流れ込む (→ 自 ❸) ② …に影響を与える，…を促す

féed off … 〈他〉① …を餌[常食]とする (→ 自 ❷) ②〔情報など〕を(ほかから取って)利用する

féed on … 〈他〉① …を餌[常食]とする(→ 自 ❷) ② (感情などが) …で高まる ‖ Hatred ～*s on* envy. ねたましさ

で憎しみがかき立てられる
fèed thróugh 〈自〉(物事が過程を経て)〈…まで〉達する, 影響が及ぶ〈**to**〉
fèed úp ... / fèed ... úp 〈他〉…にうまいものをたくさん食べさせる; …を太らせる
━名 (複 **~s** /-z/) Ⓒ ❶ (動物・幼児に)食料を与えること, 授乳; (動物が) 餌を食べること ‖ The baby has six ~*s* a day. その赤ん坊は1日に6回乳を飲む / at one ~ 1食分として
❷ Ⓤ (動物の)餌, 飼い葉(fodder); (植物の)養分; Ⓒ (赤ん坊の)1回分の食事; (動物の)1回分の飼料
❸ 《単数形で》《口》食事, ごちそう ‖ have a good ~ ごちそうを腹いっぱい食べる ❹ (材料などの) 供給装置 [パイプ, ダクト], 供給口; Ⓤ (材料)供給, 供給材料 ❺ 〘スポーツ〙 (ゴールを助ける)パス ❻ 《主に米》(中央からのネットワークによる)ローカルラジオ[テレビ]番組; Ⓤ Ⓒ (番組の)ネットワーク送信[中継] ❼ 〘劇〙せりふのきっかけを与える役者[ひと言]
off (*one's*) ***féed*** 《口》 ① 食欲がない ② しょげている, 元気がない ‖ put him *off* his ~ 彼の調子を崩す

féed·bàck 名 Ⓤ ❶ 〈…からの〉反応, 反響〈**from**〉; 〈…についての〉(参考)意見, フィードバック〈**on**〉 ‖ We welcome ~ *from* listeners. 我々はリスナーからの反応を歓迎する / He asked the customers for ~ *on* the new car. 彼は新車について顧客に意見を求めた / provide ~ フィードバックする ❷ 〘生〙 フィードバック 《生体の自動制御機能. 結果を原因に跳ね返らせて過程を修正・調節する操作》 ❸ 〘電〙 フィードバック 《回路で出力の一部を入力側に戻して出力を増大 (positive feedback) または減少 (negative feedback) させること》 ❹ ハウリング 《スピーカーから出た音が再びマイクから入って増幅され発振する現象》

féed·bàg 名 Ⓒ 《米》(馬の首にかける)飼い葉袋(《英》nose bag)

feed·er /fíːdər/ 名 Ⓒ ❶ 食べ物を与える人; (鳥・動物の)餌(え)箱, 給餌(きゅうじ)装置 ‖ a bird ~ 鳥用餌台 ❷ 《英》哺乳(ほにゅう)瓶; よだれかけ ❸ (原料・材料の)供給装置; (コピー機などの)給紙器; 〘電〙給電線 ❹ (川の)支流; (鉄道・航空の) 支線 (feeder line) ❺ (特定のものや特定のやり方で)食べる人[動物]; 多量の肥料を必要とする植物(特に草花) ‖ a plankton ~ プランクトンを食べる動物
▸▸ ~ **schòol** 名 Ⓒ 《英》供給学校 《多くの生徒が同じ地域内の中等学校へ進学する上級小学校》

féed·ing 名 Ⓤ ❶ 給食, 飼養 ❷ 〘機〙給送, 給水, 給電 ❸ 牧草地 ▸▸ ~ **bòttle** 名 Ⓒ 《英》哺乳瓶(《米》baby bottle) ~ **frènzy** 名 Ⓒ (a ~) 狂乱的な餌の奪い合い; 《口》(マスコミなどの)猛烈な取材競争

féed·lòt 名 Ⓒ (家畜の)飼育場
féed·stòck 名 Ⓤ 供給材料, 原料油
féed·stùff 名 Ⓒ 《通例 ~s》餌, 飼料(feed)
féed·thròugh 名 ❶ Ⓤ 通過, 経過, 変遷 ❷ Ⓒ 〘電〙回路盤の両側を結ぶ導体

feel /fiːl/ 動 名

中心義 触れて感じる (★「人」や「物」など具体的なものに物理的に触れる場合に限らず,「事柄」や「状況」など抽象的なものに心で触れる場合も含む)

> 動 自 感じる❶ 感じがする❷ 手探りする❸
> 他 感じる❶❷ 思う❸ 触れる❹

━動 (**~s** /-z/; **felt** /felt/; **~·ing**)
━自 ❶ **感じる** **a** 《+補》(人が)…(のような体調・気分)を感じる, …心地[気分]がする ‖ I ~ a little cold. 少し寒く感じる / How are you ~*ing*? = How do you ~? 気分はいかがですか / Maybe I'll ~ **better** in the morning. たぶん朝になれば気分がよくなるでしょう / ~ sad 悲しいと感じる / ~ **sorry** for her 彼女のことを気の毒に思う / ~ at home くつろいだ気分である / ~ out of place 場違いだと感じる

b 《+*done*》(人が)…と感じる ‖ He *felt* caught in a trap. 彼は罠(わな)にかけられた感じがした / ~ tired 疲れを感じる / I ~ relaxed with you. 君といるとくつろいだ気分になる
c 《+**like** 名 / **like** 節 / **as if** [**though**] 節》…のように感じる ‖ I ~ *like* a king. 私は王様のような気分だ / I *felt* (*like*) a complete fool. 自分が全くばかみたいな気がした (♦ like を略すのは《英》) / I ~ *like* I'm going to faint. 《口》気が遠くなりそうな気がする (♦ feel like 節 の形は《米》に多い. 《英》では like の代わりに as if, as though を使う方がよいとされる. → like[1] 接) / She *felt as if* she had lost her father. 彼女はまるで父親を失ったような気持ちだった
❷ 《進行形不可》 **a** 《+補》(物・事が)…の**感じがする**, …と感じられる, 感触がする, …の感じ [手触り] がする ‖ His hands *felt* very cold. 彼の手はとても冷たく感じられた [冷たかった] / Your forehead ~*s* very hot. 額がとても熱いよ / This box ~*s* strong. この箱は手で触れた感じでは頑丈だ / Silk ~*s* smooth. 絹は手触りが滑らかだ / It ~*s* good to be loved by everyone. みんなに愛されるのはよい気持ちだ / How does it ~ to be rich? (=What does it ~ like to be rich?) 金持ちってどんな気分だろう
b 《+**like** 名 / **like** 節 / **as if** [**though**] 節》…のような感じがする (♦ like 節 は《口》) ‖ The cat's fur ~*s like* silk. その猫の毛は絹のような手触りだ / My head *felt as if* it were [《口》was] on fire. 頭は火がついたようにかっかとしていた
❸ 〈…を〉**手探りする**, 手探りで探す《***about, around***》〈**for**〉 ‖ She *felt about* [OR *around*] *for* the light switch. 彼女はあちこち手探りで電灯のスイッチを探した / He *felt for* the ticket in his pocket. 彼はポケットの中を探って切符を探した
❹ 《通例進行形不可》 **a** 《+副》〈…に対して〉考える, 意見を持つ, 〈…と〉考える〈**about, toward**〉 (♦ 副 は様態を表す) ‖ I ~ rather strongly *about* this danger. この危険性については私はかなりはっきりした考えを持っている / He ~*s* badly [OR bad] *about* it. 彼はそのことで悪いと思って[後悔して]いる **b** 《+**like** 節》…のように考える, 思う ‖ I ~ *like* I did my best. 最善を尽くしたと思っている
❺ 〈…に〉同情する, 思いやる〈**for, with**〉(↗ sympathize with) ‖ ~ *for* people in trouble 困っている人たちに同情する ❻ 《進行形不可》感じる力がある, 感覚がある ‖ Can you ~ in your fingers? 指の感覚がありますか / The dead cannot ~. 死人に感覚はない
━他 ❶ 《通例受身形不可》(身体で)**感じる** (♦ can を伴う場合の意味については ⇨ can[1] ❶ 語法 (3)) **a** 《+目》(人が)(身体で)…を感じる, 覚える; (体の部分に)…の感覚があるのを感じる ‖ Did you ~ the earthquake? 地震を感じましたか / We ~ thirst if we do not take in enough sodium. ナトリウムを十分にとらないとのどの渇きを覚える [のどが渇く] / ~ pain [fatigue, hunger] 痛み [疲労, 空腹]を覚える
b 《+目+*do* / *doing*》《通例進行形不可》…が…する [している] のを感じる ‖ He *felt* his pulse quicken. 彼は脈が速くなるのを感じた / She suddenly *felt* her cheeks grow hot. 彼女は突然両の頬(ほお)がほてるのを感じた / I could ~ my heart beating wildly. 私は心臓が激しく鼓動しているのを感じた
c 《~ oneself *done* で》(自分が) …されるのを感じる ‖ I *felt* myself lifted up. 自分の体が持ち上げられるのを感じた
d 《+目+ (**to be**) 補》…を…であると感じる ‖ They *felt* the air cold on their faces. 彼らの顔に外気が冷たく感じられた
❷ (心で)**感じる** **a** 《+目》(人が)(心で)…を感じる, 覚える ‖ He *felt* an impulse to touch her face. 彼は彼女の顔に触れたい衝動を感じた / ~ joy [terror] 喜び [恐怖]

F

を感じる / ～ a sense of excitement 興奮が込み上げてくるのを感じる / They *felt* toward the poor old woman something like pity. 彼らはかわいそうな老女に哀れみに近いものを感じた
b《+目+*do* / *doing*》《通例受身形不可》…が…する[している]のを感じる ‖ I *felt* anger rise [rising] in my heart. 私は心の中に怒りが込み上げる[込み上げてくる]のを感じた
c《～ oneself *done* で》(自分が)…されるのを感じる ‖ She *felt* herself wounded by his thoughtless remark. 彼女は彼の思いやりのない一言に傷つくのを感じた
❸《通例進行形不可》 **a**《+(**that**) 節 / **wh** 節》…と**思う**, (漠然と)…を感じる, …という感じがする(♥ think より控えめな表現) ‖ I ～ *that* the film will be a success. その映画はヒットするだろうと思う / It was *felt* she let everyone else down. 彼女はみんなの期待を裏切ったように思われた / Nature is merciful in a way, I ～. 私は自然はある意味で慈悲深いという気がします / He *felt how* good it was to be alive. 彼は生きていることは何と素晴らしいことかと思った **b**《+目+(**to be**) 補》…が…であると思う ‖ I *felt* it my duty to go and see the schoolmaster. ぜひ校長に会いに行かなくてはと思った(♦ 形式目的語 it の後では to be はふつう省略する) / The plan is *felt to be* unwise. その計画は賢明ではないように思われる / She *felt* herself *to be* in love with him. 彼女は自分が彼に恋しているなと思った
❹ **a**《+目》…に**触れる**, 触る ; …を触って調べる ; (性的満足を得るために)〔人(の体)〕をまさぐる ‖ The doctor *felt* her pulse. 医者は彼女の脈をとった / I can ～ the difference between cotton and linen. 木綿と麻の違いは手触りでわかる **b**《+**wh** 節》…かどうか触ってみる[調べる] ‖ *Feel whether* there are any bones broken. 折れている骨がないかどうか触ってみなさい
❺《通例進行形不可》 **a** …を痛切に感じる, 感じ取る, 悟る ; …に感動する ‖ She *felt* her mother's death. 彼女には母親の死がこたえた / ～ the **need** to make a full investigation 詳細な調査をする必要性を感じる / make「one's presence [OR oneself] *felt* (他人に)自分の存在[影響力]を痛感させる **b**《+目+*do* / *doing*》…が…する[している]のがわかる ‖ She *felt* her brother shuddering with fear. 彼女は弟が恐怖で震えているのがわかった
❻ …の影響を受ける, …をこうむる, 経験する ‖ She began to ～ her liquor. 彼女は酔いが回ってくるのを感じた / I'm ～*ing* the cold [heat] these days. 最近は寒さ[暑さ]がこたえます / The village *felt* the flood severely. 村はその洪水によってひどい影響をこうむった

feel free ⇨ FREE(**CE** 2)

féel like* ① …のような気がする(→ 自 ❶c**) ② …の手触りがある(→ 自 ❷**b**) ③ …が欲しい(気がする) ; 〈…〉**したい(気がする)**〈*doing*〉‖ I ～ *like* a cup of coffee. コーヒーが1杯飲みたい / I don't ～ *like* going out right now. 今は外出したくない / Come by if you ～ *like* it. よかったらちょっと寄っていってよ ④《it を主語として》(空模様が)どうやら…らしい ‖ It ～*s like* rain. どうやら雨になりそうだ

féel (*like* [OR *quìte*]) ***onesélf***《しばしば否定文で》(いつもどおり)気分がよい, ふだんどおりの調子だ

fèel óut ... / ***fèel ... óut***〈他〉《口》〈…について〉人の意向を打診する[探る]〈**about, on**〉‖ Why don't you ～ *out* the others' opinions? ほかの人たちの意見を打診してみたらどうですか

fèel óut of it [OR ***thíngs***]《口》疎外感を抱く, のけ者にされたと感じる

fèel úp ... / ***fèel ... úp***〈他〉《口》(性的興味から, 強引に)〔女性〕に触る, …をなでる

**fèel úp to ...*〈他〉《しばしば否定文・疑問文で》…ができそうに思う, …をやれそうな感じがする ; …するだけの元気[体力]があると思う ‖ She did not ～ *up to* the strain of conversation. 彼女には頑張って会話をするだけの元気がなかった

fèel one's wáy 手探りで進む ; 慎重に事を進める, (暗中)模索する

COMMUNICATIVE EXPRESSIONS

1 **Hów** [OR **Whát**] **do you fèel about** màking Énglish an official lánguage? 英語を公用語にすることについてどう思いますか(♥ 意見を尋ねる表現. How ... の方が一般的. ⇨ **PB** 83)
2 **(I can) féel it in my bónes.** そんな気がする ; 直感する
3 **I fèel áwful** [OR **fúnny, lóusy, rótten, térrible, íll, lìke héll**]. 気分が悪い(♥like hell はくだけた表現)
4 **I fèel like a mìllion dóllars.** 最高の気分だ
5 **I fèel quíte sùre** that she will succéed as a proféssional dáncer. 彼女がプロのダンサーとして成功するのを確信しています(♥ 確信を表す形式ばった表現)
6 **I knòw how「it féels** [OR **you féel**]. 気持ちはわかるよ(♥よくないことがあった人に対するくだけた慰め・同情の表現)
7 **(I've) nèver fèlt** [OR **bèen**] **bétter.** 最高の気分だ(♥「元気かい」と尋ねられたのに対する上機嫌な返答)

―名 C《単数形で》❶ 感触, 手[肌]触り ‖ the ～ of silk against the skin 肌に触れる絹の感触 / smooth [rough] to the ～ 手触りの滑らかな[粗い]
❷ 感じ, 気配, 雰囲気 ‖ a ～ of autumn 秋の気配 / a hotel with a ～ of home 家庭的な雰囲気のホテル
❸ (手などで)触れること, 触ること, 触って調べること ; 《口》(女性の体を)まさぐること ‖ have a ～ 触ってみる / by the ～ of it 触った感じから(判断)すると
❹〈…を〉感知すること ; 〈…の〉生まれつきの才能[知識], 勘, こつ, センス〈**for**〉‖ I want a better ～ *for* what's going on. 何が起こっているのかもっと知りたい

còp a féel《米俗》(いやらしく)体を触る

gèt the féel of ... (経験を積んで)…に慣れる, …の感触[扱い方, こつ]をつかむ

hàve a féel for ... …のセンスがある ‖ *have a* ～ *for* design [a good phrase] デザインの[うまいキャッチフレーズを作る]センスがある

feel·er /fíːlər/ 名 C《通例 ～s》❶《動》触角, 触手, 触毛 ❷ 探り, 打診 ‖ put [OR send] out ～*s* 探りを入れる
▸▸ ～ **gàuge** 名 C 隙間(すきま)ゲージ

féel-gòod 形《限定》よい気分にさせる ‖ a ～ movie 心が温まる[元気が出る]映画 / a ～ summit (問題解決より)友好中心の頂上[首脳]会談 ▸▸ ～ **fàctor** 名《the ～》好感材料 ; 《主に英》(庶民の)生活満足度

***feel·ing[1] /fíːlɪŋ/

―名 (複 **～s** /-z/) ❶ C〈喜怒哀楽など特定の〉**感情, 気持ち** ; 〈心に感じる〉感覚, 意識, 〈…〉感〈**of**〉(⇨ **類語**) ‖ I have friendly [hostile] ～*s* toward him. 彼に対して友好的[敵対的]な感情を抱いている / give a ～ *of* happiness [satisfaction, relief] 幸福[満足, 安堵(あんど)]感を与える / a ～ *of* strain [inferiority] 緊張[劣等]感 / a ～ of hunger 空腹感
❷ C《～s》**感情**, (物事に対する)気持ち ; U C 強い感情, 激情 ; U (思考に対して)感情(⇨ **類語**) ‖ Avoid hurting his ～*s*. 彼の気持ちを傷つけないようにしなさい / Keeping ～*s* inside can cause tension to build up. 感情を抑え続けていると心の緊張が高まることがある / good ～ 親しみ, 好感 / ill [OR bad] ～ [《米》～*s*] between them 彼らの間の反感 / speak with ～ 感情を込めて語る / thought and ～ 思考と感情

連語 ❶❷ **【形+～】** real [OR true] ～*s* 本当の気持ち / personal ～*s* 個人的な感情 / strange [OR curious, odd] ～*s* 奇妙な気持ち / good ～(*s*) 親しみ, 好感 / strong ～*s* 強い感情

【動+〜】express [suppress, hide] one's 〜s 感情を表現する［抑制する，隠す］/ hurt a person's 〜s（人の）気持ちを傷つける

❸ Ⓒ（漠然とした）〈…という〉感じ，印象，予感〈of/(that) 節〉‖ He got the 〜 of her being worried. 彼は彼女が悩んでいると感じた / I had the 〜 (that) someone was watching me. だれかにじっと見られている気がした / There is a general 〜 that the government will be overthrown soon. 政府はすぐに倒されるだろうという空気が世間にある

❹ Ⓤ Ⓒ（感情に基づく）意見，考え〈on, about …について の / that 節 …という〉(→ CE 2, 7) ‖ My 〜 is (that) you should apologize to him. 彼に謝った方がいいんじゃない(♥ 発言を和らげる働きがあり，言いづらいことや助言を与える際に用いられることが多い. → CE 4) / express one's 〜 on the matter その件に関しての自分の意見を述べる / I have mixed 〜s about their marriage. 彼らの結婚については複雑な気持ちだ

❺ Ⓤ 感覚，触感，感触；Ⓒ（身体を通して感じる）〈…の〉感覚〈of〉‖ I have no 〜 in my fingertips. 指先に全く感覚がない / lose [regain] 〜 in one's left leg 左足の感覚を失う［取り戻す］/ a 〜 of pain [coldness] 痛い［寒い］感覚 / a 〜 of a glassy surface ガラス面のような触感

❻ Ⓤ〈…に対する〉同情，思いやり，優しい気持ち〈for〉‖ He does not show any 〜 for the sick. 彼は病人に対して思いやりがない ❼ Ⓤ/Ⓒ《a 〜》〈…に対する〉感受性，センス；(芸術などの)理解力〈for〉；(芸術作品などの持つ)情感，印象，感じ；(場所などの)雰囲気 ‖ a man of fine 〜 感受性の優れた人 / have no [a good] 〜 for language 言語感覚がない［十分にある］/ a poem without 〜 情感に欠ける詩 / a Baroque 〜 バロック調

COMMUNICATIVE EXPRESSIONS

1 **I gèt the féeling sòmething's gòing to háppen.** 何かが起こるような気がする(♥ 悪い予感)

2 **I have nó stròng féelings about** the íssue. その問題について特に意見はありません(♥ 意見を控える際に)

3 **I knòw the féeling.** ① お気持ちお察しします (♥ 同じ立場に立ったことがある人が同情の気持ちを表す) ② この気分は前にも味わったことがある (♥ 感覚的な記憶がよみがえったときに)

4 **My féeling is that** he's tèlling the trúth. 私は彼が本当のことを言っている気がします(♥ 印象を述べる)

5 **Nò hàrd féelings.** (けんかの相手などに)悪く思うなよ

6 **The fèeling's mútual.** あなたと同じ気持ちだ

7 **Whàt are your féelings about** her sùdden promótion? 彼女の突然の昇進についてどう思いますか(♥ 感想・意見を尋ねる)

類語《❶, ❷》**feeling**「気持ち」や「感情」を表す最も一般的な語. 〈例〉be guided by *feeling* rather than by reason 理性よりもむしろ感情で動く
emotion 強い，または高まった feeling. 〈例〉Love, hatred, and grief are *emotions*. 愛や憎しみや悲しみは感情である
passion 理性を支配してしまう激しい emotion. 〈例〉a *passion* of anger 怒りの激情

feel·ing[2] /fíːlɪŋ/ 形《通例限定》❶ 感じる，感覚のある ❷ 感じやすい；思いやりのある ❸ 感情のこもった **〜·ly** 副

fée-pàying 形《英》授業料［治療費］の必要な［を支払う］

***feet** /fiːt/(♦ 同音語 feat) 名 foot の複数

feh /fei/ 間 ふえっ，へっ(♥ 不快，不信感，嫌悪などを表す)

feign /feɪn/ 動 他 …を装う，ふりをする〈to do …する / that 節 …である〉(⇨ PRETEND 類語) ‖ 〜 illness 仮病を使う / 〜 to be dead 死んだふりをする / He 〜ed that he believed her story. 彼は彼女の話を信じるふりをした

fei·jo·a·da /feɪʒouáːdə/ 名 Ⓒ Ⓤ【料理】フェイジョアーダ《肉・野菜・豆を使ったブラジルのシチュー》

feint /feɪnt/(♦ 同音語 faint) 名 Ⓒ【スポーツ】(相手を惑わす)フェイント，牽制(けんせい)動作；【軍】偽装攻撃，陽動作戦
── 動 自 他 (…に)フェイントをかける，(…を)フェイントで欺く

feist·y /fáɪsti/ 形《口》活力にあふれた，精力的な；ぴりぴりした

fe·la·fel /fəláːfəl, -lǽ-/ 名 =falafel

feld·spar /féldspàːr/ 名 Ⓒ Ⓤ【鉱】長石

fe·lic·i·tate /fəlísɪtèɪt/ 動 他《堅》〔人〕を〈…で〉祝う〈on, upon〉
fè·lic·i·tá·tion 名 Ⓒ《通例 〜s》《堅》祝賀，祝辞

fe·lic·i·tous /fəlísəṭəs | -lísɪ-/ 形 ❶（表現・行動などが）その場に即した，適切な，うまい ❷ 心地よい，幸運な **〜·ly** 副

fe·lic·i·ty /fəlísəṭi/ 名 (複 **-ties** /-z/) ❶ Ⓤ 幸福，至福；Ⓒ 幸福をもたらすもの，慶事 ❷ Ⓤ（表現の）適切さ，うまさ；Ⓒ《通例 -ties》適切な表現

fe·line /fíːlaɪn/ 形 ❶ ネコ（科）の ❷ 猫のような；優美な，しなやかな；ずるい，こそこそした ── 名 Ⓒ ネコ科の動物

****fell**[1] /fel/ 動 fall の過去

***fell**[2] /fel/ 動 他 ❶〔木〕を切り倒す，伐採する(↘ cut down) ‖ They're 〜ing the entire rain forest despite the warnings of the environmentalists. 環境保護論者たちの警告にもかかわらず彼らは熱帯雨林全部の伐採を行っている ❷〔人〕を(殴り)倒す(↘ knock down)；…を殺す ❸【裁縫】〔縫い目〕を伏せ縫いにする
── 名 Ⓒ ❶（1シーズンの）伐採量 ❷ 伏せ縫い

fell[3] /fel/ 形《文》獰猛(どうもう)な，残忍な，恐ろしい
at [OR ***in***] ***one fell swoop*** ⇨ SWOOP(成句)

fell[4] /fel/ 名《英》Ⓒ（特に北イングランド高地の）岩山，荒地 (♦ Cross Fell などの地名で)

fel·la, fel·lah[1] /félə/ 名 Ⓒ《口》❶ 男，やつ ❷ 恋人，ボーイフレンド(♦ fellow より)

fel·lah[2] /félə/ 名 (複 **-la·heen, -la·hin** /fèləhíːn/) Ⓒ（エジプトなどの）農民

fel·late /feléɪt, ⌐⌐/ 動 他 …にフェラチオする

fel·la·ti·o /feléɪʃiòu/, **-lá·tion** 名 Ⓤ フェラチオ

fel·ler /félər/ 名 Ⓒ ❶ =fellow ❷ 伐採者，きこり(→ fell[2]) ❸ 伏せ縫いをする人，伏せ縫いのための付属品

****fel·low** /félou/
── 名 (複 **〜s** /-z/) Ⓒ ❶《通例 〜s》仲間，同僚，同輩，同級生 (colleague, friend) ‖ They are my 〜s in good fortune. 彼らは私が幸運を共にした仲間だ / It was nice to be back among my old school 〜s. 昔の学校仲間に会えてよかった
❷《旧》《口》男友達，恋人，ボーイフレンド
❸《口》男，やつ(chap)，少年 ‖ As he was a very generous 〜, he gave me lots of presents. 彼はとても気前のいい男だったから私にたくさんプレゼントしてくれた / He is such a nice 〜! 彼は本当にいい人ね / My dear 〜. おい君(♥ 親しみを込めた言い方) / Poor 〜! かわいそうに
❹《英》(大学の)特別研究員，フェロー；(英国の大学の)特待［名誉］校友；《米》(奨学金を受けている)大学院生
❺（英米の大学の）評議員；《通例 F-》《英》学（術）会員 ‖ a *Fellow* of the Royal Society 英国学士院会員《略 F.R.S.》
── 形《限定》《比較なし》仲間の，同僚の；同じ境遇［地位，仕事，考え］の ‖ None of my 〜 workers share my interest in soccer. 職場の仲間にはだれも僕のようにサッカーに興味のあるやつがいない / I didn't talk to any of my 〜 passengers on the train. 列車の中で私は同乗の客のだれにも話しかけなかった / a 〜 countryman 同国［同郷］人 / My 〜 citizens! (我が)国民の皆さん
▶▶ **〜 féeling** 名 Ⓤ Ⓒ 共感，仲間意識 **〜 tráveler** 名 Ⓒ 旅の道連れ；(特に共産党の)同調者，シンパ

fel·low·man /fèloumǽn/ 名 (複 **-men** /-mén/) Ⓒ 人間同士，同胞

***fel·low·ship** /félouʃɪp/ 名 ❶ Ⓤ 仲間意識；交際，親交，親睦(しんぼく) ‖ promote international 〜 国際的な親睦を図る / the Christian 〜 クリスチャン同士 ❷ Ⓒ (利

害・目的・行動を共にする)集団, 団体, 共同体, (同業)組合, 友愛会, …会 ; Ⓤ 団体の会員であること ❸ Ⓒ (大学院生・研究科生への) 研究奨学金 [基金] ‖ receive [give, grant] a (research) ～ 研究奨学金をもらう [与える] ❹ Ⓒ《主に英》(大学の)特別研究員[フェロー]の地位

fel·on /félən/ 名 Ⓒ〖法〗重罪犯人

fe·lo·ni·ous /fəlóʊniəs/ 形〖法〗重罪(人)の, 重罪となる
～·ly 副

***fel·o·ny** /féləni/ 名 (複 **-nies** /-z/) Ⓒ Ⓤ〖法〗重罪《殺人・放火など》(→ misdemeanor)

fel·spar /félspɑ̀ːr/ 名 =feldspar

:**felt**[1] /felt/ 動 feel の過去・過去分詞

felt[2] /felt/ 名 ❶ Ⓤ フェルト, フェルト材 ❷ Ⓒ フェルト製品 ‖ a ～ hat フェルト帽
—動 他 ❶ …をフェルトにする ; …をフェルトで覆う ❷〔繊維〕をもつれさせる —自 フェルト(状)になる ; もつれる

F

fèlt-tip pén 名 Ⓒ フェルトペン (felt-tipped pen, felt tip, felt pen) (「サインペン」, 「マジック(インキ)」は 日本の商標名)

fe·luc·ca /fəlúːkə | felʌ́kə/ 名 Ⓒ フェラッカ《特に地中海地方で用いられる小型帆船》

fem. 略 female ; feminine

***fe·male** /fíːmeɪl/ 《発音・アクセント注意》 (↔ male) 形《比較なし》❶ (生物学的分類上)女性の, 女の ;〖動〗雌の ;〖植〗雌性の, 雌株の (⇨ 類語) ‖ the ～ sex 女性 / a ～ child 女児 / a ～ dog 雌犬 / a ～ flower 雌花 ❷ (男女のうち)女性の, 婦人の ; 女性からなる ; 女(性)らしい, 女 (性) 特有の (⇨ 類語) ‖ In Japan soccer attracts a lot of ～ fans. 日本ではサッカーが多くの女性ファンを集めている / ～ education 女子教育 ❸〖機〗雌の ‖ a ～ plug 雌プラグ
—名 Ⓒ ❶ 女性, 女, 少女(♥ 医学・科学などの分野で用いるほかは軽蔑的とされる) ❷〖動〗雌 ;〖植〗雌性植物
～·ness 名

類語《形 ❶, ❷》**female** 人・動物の性別を示すのに用いる. 〈例〉a *female* cat 雌猫
feminine 人間にのみ用い, 女性の優しさ・繊細さを表す(反意語は masculine「男らしい」). 〈例〉a *feminine* figure いかにも女らしい姿
womanly (成熟した)女性らしい.

▸▸ **～ circumcísion** 名 Ⓤ Ⓒ〖医〗陰核切除 (female genital mutilation) **～ cóndom** 名 Ⓒ 女性用コンドーム《膣(ちつ)に挿入する》

fem·i·na·zi /fémənɑ̀ːtsi/ 名 Ⓒ《米》過度のフェミニスト (♦ femi-Nazi ともつづる)

***fem·i·nine** /fémənɪn/ (↔ masculine) 形 (**more ～ ; most ～**) (♦ ❶ 以外比較なし) ❶ 女らしい, 女性にふさわしい (⇨ FEMALE 類語) ‖ ～ hands 女性らしい手 / I gave the bedroom a ～ look by using pink wallpaper. ピンクの壁紙を使って寝室を女性的な感じにした / a ～ figure [appearance] 女らしい体つき [外見] ❷ 女性の, 女の (female) ‖ He feels no need for ～ companionship. 彼は女性と付き合う必要を感じていない / ～ fashion 女性のファッション ❸《けなして》(男が) 女みたいな, めめしい ❹〖文法〗女性の ;〖韻〗女性の ‖ a ～ noun 女性名詞 / the ～ gender 女性
—名 《the ～》〖文法〗女性 ; Ⓒ 女性形(の語)
～·ly 副 **～·ness** 名
▸▸ **～ hýgiene** 形《婉曲的》女性の衛生に関する《「女性性器洗浄に関する」の意》 **～ rhýme** 名 Ⓒ Ⓤ〖韻〗女性韻《アクセントのある音節の次がアクセントのない1音節または2音節で終わる押韻 ; passion, fashion(2重韻) ; haziness, laziness(3重韻)》

fem·i·nin·i·ty /fèmənínəṭi/ 名 Ⓤ ❶ 女であること, 女の特質, 女らしさ ❷ めめしさ, 柔弱 ❸《集合的に》《旧》女性

fem·i·nism /fémənìzm/ 名 Ⓤ 男女同権主義[論] ; 女権拡張[女性解放]運動

***fem·i·nist** /fémənɪst/ 名 Ⓒ 男女同権 [女権拡張] 論者, フェミニスト (日本語の「フェミニスト(女性に優しい男性)」の意味はない. 「田中氏はフェミニストだ」は Mr. Tanaka is a chivalrous man. という) ‖ a radical ～ 急進的なフェミニスト —形《比較なし》フェミニズムの, 女権拡張[男女同権]論(者)の ‖ the ～ movement [cause] フェミニズム運動[フェミニズムの主張]

fem·i·nize /fémənàɪz/ 動 他 …を女らしくする, 〔男〕を女性化する

femme fa·tale /fèm fətǽl | fæ̀m fətɑ́ːl/ 名 (複 **femmes fa·tales** /-z/)《フランス》(=disastrous woman) Ⓒ《けなして》妖しい魅力を持って男を破滅させるような女, 妖婦

fem·o·ral /fémərəl/ 形〖解〗大腿(だいたい)骨[部]の

fe·mur /fíːmər/ 名 (複 **～s** /-z/ OR **fem·o·ra** /fémərə/) Ⓒ〖解〗大腿骨(thighbone) ;〖虫〗腿節

fen /fen/ 名 Ⓒ 沼地, 低湿地(swamp) ;《the F-s》(イングランド東部の)沼沢地帯
fén·ny 形 沼沢地の(多い) ; 沼沢地に住む[生える]

:**fence** /fens/
—名 (複 **fenc·es** /-ɪz/) Ⓒ ❶ (畑や庭の) **囲い**, さく, 垣根, 塀, フェンス(♦ 石垣や生け垣(hedge)も含む) ‖ build [OR erect, put up] a ～ around the garden 庭の周りにさくを設ける / a rail ～ 横木のさく / a stone ～ 石垣 / a board ～ 板塀 / a snow ～ 防雪さく / a wire ～ 鉄条網
❷ (馬術競技などの)さく, 障害物 ❸《俗》盗品売買人, 故買人 ❹ (工具の動きを正確に導くための)ガイド(装置), 案内

còme dówn on òne síde of the fénce or the óther (形勢を見て)どちらかにつく

mènd (*one's*) ***fénces*** 垣根を修理する ;〈…と〉関係を修復[仲直り]する〈**with**〉;《米》(国会議員が)自分の地盤にてこ入れする

on the òther síde of the fénce 反対側で[の], 反対側に加わって

****sìt*** [OR ***be, stày***] ***on the fénce*** 垣根に座る ; 決定 [選択] を避ける, どっちつかずの[日和見的な]態度をとる

swìng for the fénces 《米口》(野球で)さく越えをねらって大振りする ; 最大限の努力をする

—動 (**fenc·es** /-ɪz/ ; **～d** /-t/ ; **fenc·ing**)
—他 ❶ …に**さく[垣根]を巡らす** ; …を〈…で〉囲う〈**with**〉‖ The pasture was ～*d with* barbed wire. 牧草地は有刺鉄線で囲われていた
❷ さくで囲って…を締め出す[中に入れない, 防ぐ]《*out*》
❸《俗》〔盗品〕を売買する, 故買する
—自 ❶〈…と〉フェンシングをする, 剣術をする〈**with**〉
❷〈質問(者)などを〉うまく受け流す, 巧みにそらす〈**with**〉‖ ～ *with* a question [questioner] 質問(者)をかわす
❸《俗》盗品を売買する, 故買する

fènce ín ... / ***fènce ... ín*** 〈他〉① …を囲い込む ②〔人〕を封じ込める, 束縛する(♦ しばしば受身形で用いる) ‖ I feel ～*d in* by all these restrictions. こんなに制限が多くてはがんじがらめにされた思いだ

fènce óff ... / ***fènce ... óff*** 〈他〉(囲いをして)〔地域〕を〈…から〉切り離す, 仕切る〈**from**〉(♦ しばしば受身形で用いる) ‖ The land was ～*d off from* the main road. その土地はさくで幹線道路から仕切られていた / on a ～*d-off* stage さくに囲まれたステージの上で

▸▸ **～ pòst** 名 Ⓒ さくを支える柱

fénce-mènding 名 Ⓤ《口》❶ (政治的な) 関係修復 ❷《米》(議員の)地盤固め

fenc·er /fénsər/ 名 Ⓒ 剣客, 剣士

fénce-sìtting 名 Ⓤ どっちつかずの態度をとること, 形勢を見ること, 日和見 **fénce-sìtter** 名 Ⓒ 態度が定まらない人, 中立の人, 日和見主義者

***fenc·ing** /fénsɪŋ/ 名 Ⓤ ❶ フェンシング, 剣術 ❷ (討論・質問などで相手の追求をかわす) 巧みな受け流し ❸《集合的に》さく, 囲い, 垣根 (fences) ; さく [囲い] の材料 ‖ wooden [stone] ～ 木[石]のさく

fend /fend/ 動 他〔剣・攻撃など〕をかわす, 寄せつけない《*off*》‖ ～ *off* a question 質問をかわす
—自 やりくりする；扶養する ‖ ～ for oneself 自活する

fend·er /féndər/ 名 C ❶《米》(自動車の)フェンダー(《英》wing)；(車輪の)泥よけ ❷〘海〙(船の)防舷(ぼうげん)材《材木・古タイヤなどを使う》❸ 炉格子, ストーブ囲い ❹《米》(機関車などの正面の)排障器, 緩衝(かんしょう)装置

fénder-bènder, fénder bènder 名 C《米口》(自動車の軽微な)衝突事故

fen·es·tra·tion /fènɪstréɪʃən/ 名 U ❶〘建〙窓割り ❷〘医〙内耳開窓手術

feng shui /fèŋʃúːi, fʌ̀ŋʃwéɪ/ 名 U 風水
—動 他〔間取り・家具など〕を(風水に従って)配置する

Fe·ni·an /fíːniən/ 名 C ❶ フェニアン団団員《1857年ニューヨークで結成されたイギリスからのアイルランド独立を目的とした秘密結社》(→ IRA) ❷〘アイル史〙(2, 3世紀にローマの支配に対して戦った伝説的な)愛国勇士

fen·land /fénlæ̀nd, -lənd/ 名 U C 湿地, 沼沢地

fen·nec /fének/ 名 C〘動〙フェネックギツネ《北アフリカの乾燥地にすむ耳の大きい小型のキツネ》

fen·nel /fénəl/ 名 U〘植〙ウイキョウ(茴香)《種子は香辛料・医薬品用》

fen·u·greek /fénjugrìːk/ 名 U〘植〙コロハ《アジア産のマメ科の植物. 種子は香辛料》

FEP 略 🖳 *f*ront-*e*nd *p*rocessor《シングルタスクOSでアプリケーションでの処理をする前に行われる日本語変換などの前置処理プログラム》

fe·ral /férəl, fíə-/ 形 野生の；野生に返った

fer-de-lance /fèərdəlǽns | -láːns/ 名 (複 **-lanc·es** /-ɪz/) C フェルドランス《中南米の熱帯産の大型毒蛇》

fe·ri·a /fíəriə/ 名 (複 **～s** /-z/ OR **-ri·ae** /-riiː/) C ❶ (教会の暦で日曜日, 教会祝日以外の)平日 ❷ (スペインおよびスペイン語圏の)祭, 市(fair)

fe·ri·al /fíəriəl/ 形 (教会祝日でない)平日の

fer·ma·ta /fəːrmáːtə, fer-/ 名 C〘楽〙フェルマータ《音符や休符を任意に延ばすこと. 記号𝄐, 𝄑》(《英》pause)(♦イタリア語より)

***fer·ment** /fə́ːrment/《アクセント注意》(→ 動) 名 ❶ U/C《単数形で》動乱(状態), 動揺, 興奮 ‖ The country is now in (a state of) political ～. その国は今や政治的動乱状態にある ❷ C《古》(酵母・カビなどの)発酵体
—動 /fərmént/《アクセント注意》自 ❶ 発酵する ❷ 動揺[興奮]する, 沸き立つ —他 ❶ …を発酵させる ‖ ～ grape juice into wine ブドウの汁を発酵させてワインにする ❷ …を動揺[興奮]させる, 沸き立たせる

fer·men·ta·tion /fə̀ːrmentéɪʃən/ 名 U ❶ 発酵(作用) ❷《古》動揺, 興奮

fer·ment·a·tive /fərméntətɪv/ 形 発酵の, 発酵性の；発酵力のある；発酵によって生じた

fer·mi /féːrmi/ 名 (複 **～**) C〘理〙フェルミ《10兆分の1センチ》(♦イタリア生まれの米国の物理学者 E. Fermi より)

fer·mi·um /fə́ːrmiəm/ 名 U〘化〙フェルミウム《人工放射性元素. 元素記号 Fm》

***fern** /fəːrn/ 名 (複 **～** OR **～s** /-z/) C シダ(類)；U《集合的に》(密生した)シダ **～·y** 形 シダの生えた；シダのような

fern·er·y /fə́ːrnəri/ 名 (複 **-er·ies** /-z/) C シダの栽培[群生]地, シダ栽培容器, シダ園

***fe·ro·cious** /fəróuʃəs/ 形 ❶ 獰猛(どうもう)な；凶暴な, 残忍な, 残虐な ‖ The most ～ animals on earth are humans. 地上で最も残忍な動物は人間だ / a ～ beast 猛獣 ❷ 大変な, ひどい, 激しい, 強烈な ‖ ～ battles 熾烈(しれつ)な戦闘 **～·ly** 副 **～·ness** 名

fe·roc·i·ty /fərɑ́(ː)səti | -rɔ́s-/ 名 (複 **-ties** /-z/) ❶ U 獰猛, 凶暴, 残忍 ❷ C 凶暴[残忍]な行為, 蛮行(ばんこう)

-ferous 接尾《形容詞語尾》《しばしば中間に -i- を伴う》「…を生じる, …を含む」の意 ‖ carboni*ferous*(石炭を生じる) / odori*ferous*(においを生じる)

fer·ret /férət | -ɪt/ 名 C ❶〘動〙シロイタチ, フェレット《ケナガイタチ(polecat)の白色種》；(北米産の)クロアシイタチ ❷ 捜索者, 探偵 —動 他 ❶ (シロイタチを使って)〔ウサギなど〕を穴から追い出す；(一般に)…を追い出す ❷ …を捜し出す, 探り出す《*out*》(unearth) —自 ❶ (シロイタチを使って) 狩りをする ‖ go ～*ing* シロイタチを連れて狩りに行く ❷ 〈…を〉捜し回る《*about, around*》〈**for**〉 **～·y** 形

fer·ric /férɪk/ 形 鉄(分)の, 鉄を含む；〘化〙第2鉄の[を含む](→ ferrous) ‖ ～ oxide 酸化第2鉄

Fér·ris whèel /férɪs-/ 名 C (遊園地などの) 観覧車 (♦発明者の米国人技師 G. W. Ferris より)

fer·rite /féraɪt/ 名 U〘化〙亜鉄酸塩, フェライト

ferro- /ferou-/ 連結形「鉄の, (第1)鉄を含む」の意

fèrro·cóncrete 名 U 鉄筋コンクリート

fèrro·magnétic 形〘理〙強磁性の, 鉄磁性の

fèrro·mágnetìsm 名 U 強磁性, 鉄磁性

férro·tỳpe 名 ❶ C (つや出しのため印画を感光鉄板に密着させて作る)フェロタイプ[鉄板]写真 ❷ U フェロタイプ写真法(tintype)

fer·rous /férəs/ 形 鉄の[を含む]；〘化〙第1鉄の[を含む]

fer·ru·gi·nous /ferúːdʒɪnəs/ 形 ❶ 鉄さび[鉄分]を含む ❷ 鉄さび色の, 赤褐色の

fer·rule /férəl | -uːl/ 名 C (つえ・傘などの先端の) はめ輪, 石突き；〘機〙(結合部強化用の)はばき金, 口輪

***fer·ry** /féri/ 名 (複 **-ries** /-z/) C フェリー(ボート), 連絡船 (⇨ SHIP 類語) ‖ We took the ～ to cross the lake. 湖を渡るフェリーに乗った / go by [OR on a] ～ フェリーで行く / a car ～ カーフェリー
—動 (**-ries** /-z/；**-ried** /-d/；**～·ing**) 他 ❶ …をフェリー[船]で〈…の向こうへ〉渡す〈**across, over, etc.**〉；〔川など〕をフェリーで渡る ‖ He *ferried* the children *across* [OR *over*] the river. 彼はフェリーで子供たちを川の向こう岸へ渡した ❷ (飛行機・自動車などで特に定期的に)…を輸送する〈**to** …へ；**from** …から〉‖ The bus *ferries* people *to* and *from* the station. そのバスは駅まで送り迎えしている
—自 〈…を〉フェリー[船]で渡る〈**across, over**〉

férry·bòat 名 =ferry

fér·ry·man /-mən/ 名 (複 **-men** /-mən/) C フェリーの乗組員[船長], 渡し守(中立 ferry operator)

***fer·tile** /fə́ːrtəl | -taɪl/《発音・アクセント注意》形 ❶ (土地などが)**肥沃**(ひよく)**な**(↔ infertile, barren)；(環境が新しい思想・運動などを) はぐくみやすい；〈…の〉育成を助ける〈**for**〉‖ The land is not ～ enough to grow crops on. その土地は作物ができるほど肥沃ではない / ～ soil 肥えた土 / ～ ground for 「the progressives [crimes] 進歩的な人々を育てる土壌 [犯罪の温床] ❷《通例限定》(議論などが)実り多い, (想像力などが)豊かな ‖ They had a series of ～ debates on the welfare system. 彼らは福祉制度について一連の実り多い議論をした ❸ (女性が)妊娠可能な；(動植物が)繁殖力の豊かな, 多産な, 実り豊かな (↔ sterile, barren, infertile) ‖ women in the ～ age group 妊娠可能な年代の女性 ❹〘生〙(卵・種子が)発育[結実]可能な, 受精[結実]した ‖ ～ eggs 受精卵 ❺〘理〙(中性子を吸収して) 核分裂物質に変わり得る ‖ ～ material 親物質
▸▸**Fèrtile Créscent** 名《the ～》〘史〙肥沃な三日月地帯《地中海東岸からチグリス・ユーフラテス両河流域を経てペルシャ湾に至る三日月形の緑地帯. 古代オリエント文明発祥の地》

***fer·til·i·ty** /fə(ː)rtíləti/ 名 U ❶ 肥沃；多産；想像力の豊かさ ‖ ～ treatment [specialist] 不妊治療 [専門医] ❷ (人口の)出生率
▸▸**～ clìnic** 名 C 妊娠のための診療所 **～ drùg [pìll]** 名 C 排卵誘発剤

fer·til·ize /fə́ːrtəlàɪz/ 動 他 ❶ …に受精[受粉]させる ‖ a ～*d* egg 受精卵 ❷〔土地〕を肥沃にする, 肥やす；…に肥料をまく **-ìz·a·ble** 形 **fèr·til·i·zá·tion** 名

***fer·til·iz·er, 《英》-is-** /fə́ːrtəlàɪzər/ 名 U C 肥料, 化学肥料 ‖ a natural [chemical] ～ 天然[化学]肥料

F

fer·ule /férəl | -u:l/ 名 C むち, 木べら《昔, 子供の手をたたいて罰するために用いた定規状のもの》

fer·ven·cy /fɔ́:rvənsi/ 名 =fervor

***fer·vent** /fɔ́:rvənt/ 形 ❶《通例限定》熱心な, 熱烈な, 激しい ‖ It is our ~ hope that the peace talks will be successful. 和平会談が成功することを我々は強く願っている / a ~ admirer [believer] of ... …の熱烈な崇拝者[信奉者] ❷《古》熱い, 白熱した **~·ly** 副

fer·vid /fɔ́:rvɪd/ 形 ❶ (あまりにも)熱烈な, 激しい ❷《文》熱い, 白熱の, 燃えるような **~·ly** 副

***fer·vor,** 《英》**-vour** /fɔ́:rvər/ 名 U ❶ 熱心, 熱烈, 熱情, 熱意 ‖ He spoke with great ~. 彼は熱情を込めて話した ❷《古》白熱, 炎熱

fes·cue /féskju:/ 名 C 【植】ウシノケグサ類の総称《牧草・芝生用》

F

fess¹, fesse /fes/ 名 C 【紋章】中帯《楯形の中央を水平に横切る太い横帯》

fess² /fes/ 動 自《次の成句で》

fèss úp 〈自〉《口》〈…を〉告白する(confess)〈**on, to**〉

-fest /-fest/ 連結形「会合, 集い」の意 ‖ a jazz(-)*fest* ジャズの集い

fes·ter /féstər/ 動 自《しばしば進行形で》❶ (傷・はれ物などが)うむ, 化膿(かのう)する, ただれる ‖ a ~*ing* wound 化膿している傷 ❷ 腐る ❸ (不快感などが)高まる；(問題などが)悪化する 一他 …の心を痛ませる, 苦しめる

一名 C ただれ, はれ物, 潰瘍(かいよう)

‡**fes·ti·val** /féstɪvəl/

一名 (複 **~s** /-z/) C ❶ **祭り**, 祝祭, 祝い, 祝日, 祭日(の期間) ‖ Easter is one of the main ~*s* in the Christian calendar. 復活祭はキリスト教暦では重要な祭りの1つだ / a harvest ~ 収穫祭

❷ (特に芸術上の) 定期的な催し物 (の期間), …フェスティバル, …祭 ‖ a film [music, jazz] ~ 映画祭[音楽祭, ジャズフェスティバル]

一形《比較なし》《限定》祝祭の, 祭りにふさわしい

fes·tive /féstɪv/ 形 祝祭(日)の[にふさわしい], 陽気な, 楽しい, 《英》クリスマス時期の ‖ the ~ season 祝祭シーズン《特にクリスマスの前後の数日間》 **~·ly** 副

fes·tiv·i·ty /festívəṭi/ 名 (複 **-ties** /-z/) ❶ U お祭り騒ぎ, 浮かれ気分 ‖ with much ~ 大変なお祭り騒ぎで ❷ C 祝祭；《-ties》祝祭の催し物[行事]

fes·toon /festú:n/ 名 C ❶ 花綱《花・葉・リボンなどを鎖状にしてつるした飾り》❷ (建物・絵画などの)花綱装飾

一動 他《通例受身形で》〈…で〉花綱状に飾られる〈**with**〉；…を花綱にする

Fest·schrift /féstʃrɪft/ 名 (複 **~s** /-s/ OR **~·en** /-ən/) C (学者の業績をたたえ同僚や教え子が贈る)記念論文集

FET 略 *f*ederal *e*xcise *t*ax((米国の)連邦消費税)；【電子】*f*ield-*e*ffect *t*ransistor

fet·a /fétə/ 名 (=~ **chéese**) U フェタチーズ《ヤギ・羊の乳から作るギリシャの白く柔らかいチーズ》

fe·tal /fí:ṭəl/ 形《限定》胎児(fetus)の

▸▸ ~ **álcohol sỳndrome** 名 C 【医】胎児性アルコール症候群《母親の妊娠中のアルコール過飲によってもたらされる胎児の先天性疾患》 ~ **posìtion** 名《the ~》(胎内の)胎児姿勢 ~ **ríghts** 名 複 胎児の権利

‡**fetch¹** /fetʃ/

一動 (**~·es** /-ɪz/；**~ed** /-t/；**~·ing**)

一他 ❶ **a** 《+目》…を(**行って**)**持って来る**；…を呼んでくる, 連れて来る；(出来事などが)〔人〕を(場所に)来るようにさせる (♦ 本来 go (and) bring back という意味であるが, go (and) fetch と重複して使うこともある) (⇨ 類語) ‖ She went back to ~ her glasses. 彼女は眼鏡を取りに戻っていった / Hurry up and go ~ a doctor in town. 急いで町の医者を呼んできてくれ / The bad news ~*ed* him back to Dublin. その悪い知らせで彼はダブリンへ戻った **b** 《+目 *A*+目 *B*≒+目 *B*+**for** 目 *A*》*A* (人) に*B* (物) を (取りに行って) 持って来る ‖ *Fetch* me a glass of water from the kitchen? 台所から水を1杯持って来てくれ

❷ (特に犬などが) …を取って持って来る ‖ Go ~ the ball! (犬に対して)ボールを取って来い

❸ (物が) …の値段で売れる ‖ This ring will ~ at least a thousand dollars. この指輪は最低1,000ドルで売れる

❹ 《+目 *A*+目 *B*》《口》*A* (人) に*B* (一撃) を食らわす ‖ She ~*ed* her husband a good slap on the cheek. 彼女は夫の横っ面にぴしゃりと一発お見舞いした

❺《旧》《口》〔人〕を面白がらせる；…を魅了する

❻《古》〔涙など〕を誘い出す, 引き出す

❼《古》〔ため息・うめき声〕を漏らす；〔息〕を吸い込む

一自 (特に犬などが)取って持って来る；(猟犬が)しとめた獲物を取って来る ‖ teach a dog to ~ 犬に(物を投げて)持って来る芸を教える

fètch and cárry 〈…のために〉使い走りをする〈**for**〉‖ My only job was to ~ *and carry for* the boss. 私の仕事といえばただ上司の雑用係だった

fètch úp 〈自〉① 《口》(予期せず)〈…に〉行き着く〈**in, at**〉 ‖ We took one wrong turn and ~*ed up in* a town we'd never heard of. 我々は1つ曲がる道を間違えて全然知らない町に来てしまった ② ぴたっと止まる ③《英口》吐く, もどす 一〈他〉《*fètch úp ... / fètch ... úp*》① …を中断させる, 止める ②《英口》…を吐く, もどす

一名 (複 **~·es** /-ɪz/) C ❶ 持って来る[連れて来る]こと ❷【海】対岸距離 ❸《古》策略

類語 《他 ❶》 **fetch** 行って取って[連れて]来る意だが, (go and) get で代用することもある. この意味で bring を用いるのは《米口》.

bring 持って[連れて]来る.

take (ほかの場所へ)持って[連れて]行く.

carry 持って[連れて]歩く；運ぶ.

〈例〉"Have you *brought* an umbrella?" "No, are you going to *take* one on today's hike?" "Yes, I always *carry* one. You should *fetch* yours." 「傘を持って来たかい」「いや, 君は今日の遠足に傘を持って行くつもりかい」「そう, 僕はいつも持ち歩いているよ. 君も行って自分のを取って来るといい」

fetch² /fetʃ/ 名 C 《英》《主に古》(人の臨終直前に死の前兆として現れる)生霊(いきりょう)

fetch·ing /fétʃɪŋ/ 形 (特に女性・衣服などが)魅力的な, 感じのよい **~·ly** 副

fete, fête /feɪt/ 名 C ❶《英》(資金集めのために戸外で行うバザーなどの)催し, 祭り ❷《主に米》祝祭[日], 祭り

一動 他《通例受身形で》(祝宴を開いて)もてなされる, 祝われる, 派手に歓迎される

fe·ti·cide /fí:ṭɪsàɪd/ 名 U 胎児殺し, 堕胎

fet·id /féṭəd | -ɪd/ 形《通例限定》(物のくさったような) 悪臭を放つ, 不快なにおいのする

fet·ish /féṭɪʃ/ 名 C ❶ 物神, 呪物(じゅぶつ)《魔力を持つ, または霊が宿るものとして崇拝の対象となるもの》；盲目的崇拝 [迷信] の対象 ‖ make a ~ of ... …を盲目的に崇拝する ❷ 執着 ‖ have a ~ about ... …に固執する ❸【心】フェティシズムの対象物

fét·ish·ìsm /-ìzm/ 名 U ❶ 物神[呪物]崇拝 ❷ 盲目的崇拝 ❸【心】フェティシズム《異性の体の一部や衣類により性的興奮を得る心的傾向》 **-ist** 名 C 物神 [呪物] 崇拝者；性欲倒錯者 **fèt·ish·ís·tic** 形

fet·lock /fétlà(:)k | -lɔk/ 名 C (馬の)けづめ(毛)；球節

fet·ter /féṭər/ 名 C《通例 ~s》❶ 足かせ, 足鎖(shackle) ‖ in ~*s* 足かせをはめられて, 囚人の身で ❷ 束縛, 拘束 (するもの) 一動 他《通例受身形で》足かせをはめられる；束縛[拘束]される

fet·tle /féṭl/ 名 U (心身の)状態, 調子, コンディション(♦ 通例次の成句で用いる)

in fine [OR *gòod*] *féttle* 元気いっぱいで, よい状態で

fet·tuc·ci·ne /fèṭətʃí:ni | -tu-/ 名 U 《イタリア》フェトチーネ《細いひも状のパスタ》；それを用いた料理

fe·tus /fíːṭəs/ 名 C 胎児《人間の場合は受胎後8週以降の生体》

feud[1] /fjuːd/ 名 C U (特に部族や家族間の, 何代にもわたる)不和, 反目, 確執 ‖ 「be at [OR have a] ~ with one's brother 兄と反目している
—動 自 反目する, 確執を続ける **~·ing** 名

feud[2] /fjuːd/ 名 C (封建時代の)領土, 封土(fief, fee)

feu·dal /fjúːdəl/ 形 ❶《限定》封建制度の；封建時代の ‖ the ~ system [age] 封建制度[時代] ❷ 封建的な；(まるで封建時代のように)古臭い, 時代遅れの

feu·dal·ism /fjúːdəlìzm/ 名 U 封建制度
-ist 名 C 封建制主張者 **fèu·dal·ís·tic** 形

feu·dal·i·ty /fjuːdǽləṭi/ 名 U 封建制, 封建主義

feu·dal·ize /fjúːdəlàɪz/ 動 他 …を封建制にする, …に封建制を敷く；(土地)を封土にする

feu·da·to·ry /fjúːdətɔ̀ːri | -təri/ 名 (複 **-ries** /-z/) C 〘史〙❶ (封建制度下の)家臣(vassal) ❷ 領土, 封土
—形 ❶ (家臣として)仕えている, 封建的主従関係にある ❷ (土地が)領主の支配下にある, 封土である

feud·ist /fjúːdɪst/ 名 C ❶《米》何代にもわたって反目し合う人 ❷ 封建法学者

feuil·le·ton /fə́ːjətɑ̀ːn | fə́ːɪtɔ̃n/ 名《フランス》(=a leaf) C ❶ (ヨーロッパの新聞の) 文芸欄 ❷ 文芸欄の記事 (連載小説・評論など)

fe·ver /fíːvər/ 《発音注意》名 ❶ U/C 《単数形で》熱, 発熱(状態) (→ temperature) ‖ He is in bed with a ~ of 38 degrees. 彼は38度の熱を出して寝ている / My ~ finally broke after three days. 3日後ようやく熱が下がった / I have a slight ~. 微熱がある(=I am a bit feverish.) / The baby is running a ~. 赤ちゃんは熱を出している ❷ U 熱病 ‖ typhoid ~ 腸チフス ❸ U/C 《単数形で》〈…に対する〉興奮, 熱狂〈**for**〉;《複合語で》…熱 ‖ The supporters waited for the arrival of the team in a ~ of impatience [excitement]. サポーターたちはチームの到着をひどくいらいらして[興奮して]待った / a ~ *for* Brazilian music ブラジル音楽に対する熱狂
—動 他 ❶ …を熱狂させる ❷《古》…を発熱させる
—自 〘医〙発熱する, 熱が出る
▸▸ **~ blìster** 名 C 《米》=cold sore **~ pìtch** [**pòint, hèat**] 名 U C 熱狂, 興奮状態 ‖ 「rise to [OR reach] ~ *pitch* 熱狂する

fe·vered /fíːvərd/ 形 《限定》❶ 熱病にかかった(ような), (高)熱のある ❷ ひどく興奮した, 熱狂状態の

fe·ver·few /fíːvərfjùː/ 名 C 〘植〙ナツシロギク (夏白菊) 《以前解熱剤として用いた》

fe·ver·ish /fíːvərɪʃ/ 形 ❶ 熱っぽい, 微熱のある ‖ I feel a little ~. 少し熱っぽい ❷ 熱による, 熱に浮かされた；発熱性の ‖ a ~ dream 熱に浮かされて見た夢 / a ~ cold 熱を伴う風邪 (=a cold with a fever) ❸ 《通例限定》興奮状態にある, 熱烈な ‖ a ~ enthusiasm 高揚した意気込み ❹ 大忙しの ‖ ~ activity behind the stage ステージ裏のてんてこまい **~·ly** 副 **~·ness** 名

few /fjuː/ 形 代

中心義 少数の

—形 (**~·er** ; **~·est**) 《数えられる名詞の複数形とともに用いて》(♦ few は数について用い, little は量について用いる. → little) (↔ many)
❶ 《無冠詞》《否定的用法》**ほとんどない, 少数しかない**, わずかしかない ‖ We've just moved in and have ~ friends in the town. 我々はこの町に引っ越してきたばかりで友達がほとんどいない / Very ~ people can stand being told off (in front of other people). (他人の前で) こき下ろされるのに耐えられる人はごくわずかしかいない (♦ few の否定的意味の強調には very, so, too などを用いる) / His friends were ~. 彼の友人はほとんどいなかった (♦ 叙述用法は《堅》) / a man of ~ words 口数の少ない男 / **relatively** ~ people 比較的少数の人々

語法 ☆☆ (1) fewer は数について, less は量について用いるのが原則であるが,《口》では fewer に代えて less を用いることがある. ただし, この less を認めない人もいる (⇨ PB 45). 〈例〉There were *fewer* [OR《口》*less*] passengers than usual. 乗客はいつもより少なかった ただし, 時間・距離・金額・重さなどを表す複数名詞の前では less がふつうに用いられる. 〈例〉*less* than 20 miles away 20マイルも離れていない
(2) 比較級の fewer＋複数名詞を強めて「はるかに少ない」という場合は far を用いるのがふつうだが, many を用いることもある. 複数名詞を伴わないときは much も使われる. 〈例〉This year our company has received far [OR many] *fewer* applications than last year. 今年はうちの会社への応募が昨年よりずっと少なかった / Adults were far [OR much] *fewer* in number than children. 大人の方が子供よりはるかに少なかった

❷ 《a ~》《肯定的用法》《比較なし》**少数の**, いくつかの (⇨ SOME 類語) ‖ I asked him a ~ questions. 私は彼にいくつか質問した / We have a ~ more things to consider. 我々にはさらにいくつか考慮すべきことがある / Only a ~ people are perfectly happy. 完璧に幸福な人はごく少数だ(♦ only がつくと否定的意味になる. ⇨ 代 語法 (2) (↓)) / He made a ~ more jokes. 彼はさらにいくつか冗談を飛ばした / every ~ days 数日ごとに (♦ every を伴うと a はつかないが肯定的意味)

as féw as ... 《数の前に置いて》ほんの…, わずか…ばかり ‖ I have received mail from Japan in *as* ~ *as* four days. 日本からの手紙をほんの4日のうちに受け取ったことがある

fèw and fàr betwéen 非常に少ない；まれにしかない

nò féwer than ... …もの(数の)(♥ 数の多いことに対する驚きの気持ちも含む) ‖ *no fewer than* ten times 10回も

—代 《複数扱い》❶ 《無冠詞》《否定的用法》(ほんの)**少数の人[もの] (しかない)**, ほとんどの人[もの] は…ない ‖ (Very) ~ wanted to buy the car. その車を買いたがる人はほとんどいなかった / *Few* of the passengers survived. 乗客のうち生き残った者はわずかであった
❷ 《a ~》《肯定的用法》**少数の人[もの]** ‖ A ~ are waiting for traditional (family) values to come back. 伝統的な (家族を重視する) 価値観が復活するのを待っている人が少しいる / I've read only a ~ of the books. それらの本のうちまだ数冊しか読んでいない (♦ only a few とすると, few と同様の否定的意味になる) (⇨ 語法 (2) (↓)) / "Have you seen many of the sights in York?" "No, I've seen only a very ~." 「ヨークの名所はたくさん見物しましたか」「いいえ, ほんの少しです」
❸ 《the ~》少数の人々, 少数派 ‖ the chosen ~ 選ばれた少数の者, エリート / the favored ~ 恵まれた少数の人

語法 ☆☆ **few と a few**
(1) few は否定的意味, a few は肯定的意味を持つが, いずれも少数を表す. この違いは話者の視点によるもので, 数字上の絶対値とは関係がない.
(2) 否定的意味の few は《やや堅》であり,《口》では only a few や not many の方が好まれる. ただし very few は《口》でもふつうに使われる.
(3) 修飾する名詞が特定の人・物を指すときは a few の a の代わりに the や所有格などをつける. したがってこの場合は肯定的な意味となる. 〈例〉for the last *few* days ここ数日間 / my *few* friends 私の数少ない友達 / one of the *few* who opposed the plan その計画に反対した数人のうちの1人

a gòod féw 《口》=*quite a few* (↓)
have hàd a féw (***tòo mány***) 《口》(酒を)飲みすぎた
nòt a féw 《堅》少なからぬ, かなり多数 (の) ‖ *Not a* ~ people agreed with him. かなりの数の人が彼の意見に賛成した
quìte a féw かなり多数 (の) ‖ *Quite a* ~ (people)

went to the concert. かなりの人がそのコンサートに出かけた
sòme féw ① 少数(の), いくらか(の) ② 《米口》かなり多数(の)

COMMUNICATIVE EXPRESSIONS
1 **Wín a fèw, lóse a fèw.** うまくいくこともあれば, うまくいかないこともあるものだ(♥ 失敗した人への励まし)

fey /feɪ/ 形 ❶ 現実離れした; 超自然的な, 透視力のある ❷ 《主にスコット》《古》死すべき運命の, 瀕死(ひんし)の状態にある
fez /fez/ 名 (複 **fez·es**, **fez·zes** /-ɪz/) C トルコ帽

fez

ff 略 〖楽〗fortissimo
FF 略 *f*orm *f*eed
ff. 略 folios; ((and the) following (lines [pages, etc.])) 《〈例〉 See pages 22 ff. (22ページ以下を見よ)》
FFV 略 *F*irst *F*amilies of *V*irginia (バージニア入植時代からの旧家); *f*lex(ible)-*f*uel *v*ehicle(s) (フレキシブル燃料自動車)
FG 略 *f*ield *g*oal; 〖写〗*f*ine *g*rain (微粒子の)
FHA 略 *F*ederal *H*ousing *A*dministration ((米国の)連邦住宅局); *F*uture *H*omemakers of *A*merica
***fi·an·cé** /fìːɑːnséɪ, fiáːnseɪ | fiɔ́nseɪ/ 名 C 婚約中の男性, フィアンセ(♦ フランス語より)
fi·an·cée /fìːɑːnséɪ, fiáːnseɪ | fiɔ́nseɪ/ 名 C 婚約中の女性, フィアンセ(♦ フランス語より)(♥ 女性にも fiancé を使う傾向にある)
fi·as·co /fiǽskoʊ/ 名 (複 **~s**, **~es** /-z/) C (惨めな結末に終わった)大失敗
fi·at /fíːæt/ 名 C U (政府の)専断的命令, 布告, 認可 ‖ by ~ 命令[布告]によって
▸▸ **~ mòney** 名 U (政府布告による)法定不換紙幣
fib /fɪb/ 《口》 名 C ささいな[軽い]うそ ━動 (**fibbed** /-d/; **fib·bing**) 自 ささいなうそをつく **~·ber** 名
***fi·ber,** 《英》**-bre** /fáɪbər/ 《発音注意》 名 ❶ C (1本の)繊維; C U (植物などの)繊維質; 繊維製品[織物]; 繊維組織; U 食物繊維(dietary fiber) ‖ cotton [glass] ~ 綿[ガラス]繊維 / Brown rice is high [OR rich] in ~. 玄米は繊維質[食物繊維]が豊富である / synthetic ~*s* 合成繊維 ❷ U 本質, 気質; 精神力, (道徳的な)強靭(きょうじん)性 ‖ lack moral ~ 道徳的精神に欠ける / with every ~ of one's being 非常に強い気持ちで, 全身で, 心から ❸ C (神経・筋などの)繊維 ‖ muscle ~*s* 筋肉繊維
▸▸ **~ óptics** 名 U 光ファイバー通信; 繊維光学
fíber·bòard 名 U 繊維板, ファイバーボード《建築用. 圧縮繊維から作る》
fíber·glàss 名 U 繊維ガラス, ファイバーグラス
fìber-óptic 形 光ファイバーの
fíber·scòpe 名 C ファイバースコープ《fiber optics を利用した医療用などの光学器械》
Fì·bo·nác·ci nùmbers /fìbənáːtʃi-/ 名 複 〖数〗フィボナッチ数列《1, 1で始まり, 以後前2項の和となる数列. 1, 1, 2, 3, 5, 8, 13, ……》(Fibonacci sequence [OR series])
fi·bril /fáɪbrɪl/ 名 C 小繊維; 〖解〗原線維
fi·bril·la·tion /fìbrɪléɪʃən/ 名 U ❶ 細少繊維化 ❷ 急速な不整脈; 〖医〗線維性攣縮(れんしゅく)
fi·brin /fáɪbrɪn/ 名 U 〖生化〗線維素, フィブリン《血液が凝固する際に線維素原からできる繊維状タンパク質》
fi·brin·o·gen /faɪbrínədʒən/ 名 U 〖生化〗線維素原, フィブリノゲン
fi·broid /fáɪbrɔɪd/ 形 繊維状の; 〖医〗類線維の
━名 C 〖医〗類線維腫(しゅ)
fi·bro·ma /faɪbróʊmə/ 名 (複 **~s** /-z/, **~·ta** /-ṭə/) C 〖医〗線維腫(しゅ)《良性の腫瘍(しゅよう)》
fi·bro·sis /faɪbróʊsɪs/ 名 U 〖医〗線維症
fi·bro·si·tis /fàɪbrəsáɪṭəs | -tɪs/ 名 U 〖医〗(リューマチ性)線維組織炎
fi·brous /fáɪbrəs/ 形 《通例限定》繊維[線維]の, 繊維質の, 繊維状[性]の ‖ ~ tissue (動物の)繊維組織
fib·u·la /fíbjulə/ 名 (複 **~s** /-z/ OR **-lae** /-liː/) C ❶ 〖解〗腓骨(ひこつ) ❷ 〖考古〗(古代ギリシャ・ローマの)飾り留め金, ブローチ **-lar** 形
-fic 接尾 《形容詞語尾》《ふつう中間に -i- を伴う》「…を引き起こす, …を生じる」の意 ‖ paci*fic*, terri*fic*, scienti*fic*
-fi·cal·ly 副
FICA 略 *F*ederal *I*nsurance *C*ontributions *A*ct ((米国の)連邦保険拠出金法)
-fication /-fɪkeɪʃən/ 接尾 《-fy に対する名詞語尾》「…化(すること)」の意 ‖ puri*fication*, glori*fication*
fiche /fiːʃ/ 名 《口》= microfiche, ultrafiche
Fich·te /fíktə, fíçtə/ 名 **Johann Gottlieb ~** フィヒテ (1762-1814)《ドイツの哲学者》
fich·u /fíːʃuː/ 名 C フィシュー《女性用の三角形のショールまたはスカーフ》
fick·le /fíkl/ 形 気の変わりやすい, 移り気な; 変わりやすい, 一定しない ‖ a ~ woman 移り気な女 **~·ness** 名
fic·tile /fíktəl | -taɪl/ 形 ❶ 塑造できる, 可塑性の ❷ 塑造された ❸ 粘土製の, 陶製の; 陶器の; 陶芸の
:fic·tion /fíkʃən/
━名 (複 **~s** /-z/) ❶ U 《集合的に》**フィクション**, (架空の)**物語**, 小説 (⇨ STORY[1] 類語) ‖ Ideal girls exist only in ~. 理想的な女性は小説の中にだけ存在する / works of ~ フィクション分野の作品, 小説類 / **science** ~ 空想科学小説(SF)
❷ U C 虚構; 作り話, 作り事 (↔ fact) ‖ truth and ~ 真実と虚構 / a ~ based on a few facts いくつかの事実に基づいた作り話 ❸ C 〖法〗擬制《事実にかかわりなく便宜上そうであると認められたこと》
fic·tion·al /fíkʃənəl/ 形 フィクションの, 架空の, 作り事の, 小説的な
fic·tion·al·ize /fíkʃənəlàɪz/ 動 他 《通例受身形で》(事件などが)小説[映画]化される **fìc·tion·al·i·zá·tion** 名
fic·ti·tious /fɪktíʃəs/ 形 ❶ 本物でない, 偽りの, にせの ‖ a ~ name 偽名 ❷ 架空の, 虚構の, 想像上の
fic·tive /fíktɪv/ 形 ❶ フィクションを作り上げる(能力のある), 創造性のある ❷ 架空の, 想像上の; 偽りの
***fid·dle** /fídl/ 名 C ❶ 《口》バイオリン, フィドル; バイオリン属の弦楽器(♦ 主にカントリーミュージックやフォーク音楽で用いる言葉) ❷ 《主に英口》不正(な金もうけ), 詐欺 ❸ 《単数形で》《英口》細かく面倒な作業; (修理・調整のため)いじくること ❹ どうでもいいささいなこと[行動] ❺ 〖海〗(船上のテーブルにある)止め枠
(as) fit as a fiddle 極めて健康な
be on the fiddle 《主に英口》不正に金をもうける
plày sècond fiddle to ... …のわき役[補佐]を務める
━動 自 《口》 ❶ そわそわと〈…を〉もてあそぶ, いじくる〈**with**〉 ‖ He ~*d with* his pen nervously. 彼は落ち着かない様子でペンをもてあそんだ ❷ 〈他人のものを〉(勝手に)いじる; (修理・調整のため)〈…を〉いじくる〈**with**〉 ‖ Stop *fiddling with* it and take it to a repair shop. いじくり回してないで修理屋に持って行きなさい ❸ バイオリンを弾く(♦ クラシック音楽では用いない) ━他 《口》 ❶ 《主に英》〔数字など〕をごまかす; …をごまかして手に入れる ‖ ~ the books 帳簿をごまかす ❷ 〔曲〕をバイオリンで弾く
fiddle aróund [《英》***abóut***] 〈自〉《口》 ① ぶらぶら過ごす ② (何の効果もなしに)〈…を〉いじくり回す, あちこちいじくって変える〈**with**〉
fiddle awáy ... / ***fiddle ... awáy*** 〈他〉《口》〔時間・金など〕を浪費する, 無意義に過ごす[使う]
fid·dle·de·dee /fìdldidíː/ 《旧》《口》 名 U ばかげたこと, くだらないこと ━間 くだらん, ばかな
fid·dle-fad·dle /fídlfædl/ 《口》 名 U つまらないこと, ばかげたこと ━間 くだらん ━動 自 ぶらぶら時を過ごす, 時間を浪費する

fíddle·hèad 名 C ❶〘海〙船首にある渦巻彫り装飾 ❷《米・カナダ》(ワラビ・ゼンマイの)こぶし, 渦巻状の若芽

fid·dler /fídlər/ 名 C ❶《口》バイオリン弾き ❷《英口》不正を働く人, いかさま師 ❸ (= ~ cràb)〘動〙シオマネキ《カニの一種》

fíddle·stìck 名 C《口》❶ バイオリンの弓 ❷《~s》《間投詞的に》ばかばかしい, くだらん

fid·dling /fídlɪŋ/ 形《限定》くだらない, つまらない

fid·dly /fídli/ 形《英口》(小さくて)扱いにくい, 手間のかかる, やっかいな

fi·del·i·ty /fɪdéləṭi/ 名 U ❶〈任務などに〉忠実であること;〈人に対する〉忠誠〈**to**〉‖ ~ *to* one's words 自分の言葉に忠実であること ❷〈特に配偶者に対する〉貞節 (↔ infidelity)〈**to**〉 ❸ (本物そっくりの)迫真性,〈原物に対する〉正確さ, 忠実度〈**to**〉‖ translate a book with ~ 本を正確に翻訳する ❹〘電子〙(録音・再生などの) 精度 (→ high fidelity)

fidg·et /fídʒət | -ɪt/ 動 自 そわそわする, もじもじする《***about, around***》;《進行形で》〈…したくて〉うずうずしている〈**to *do***〉;(落ち着きなく)〈…を〉いじくり回す〈**with**〉‖ Stop *~ing about*! もじもじするのはよしなさい / ~ *with* one's handkerchief ハンカチをいじくり回す / She is *~ing to* be asked to dance. 彼女はダンスの相手に誘われたくてうずうずしている ━名 C ❶《通例 the ~s》そわそわ(落ち着かない動作), いらいら(した気分) ‖ have the *~s* そわそわ[もじもじ]する ❷ 落ち着きのない人

▸▸ **~ pìe** 名 C U《英》フィジェットパイ《タマネギ・リンゴ・ベーコン, ときにジャガイモを入れたパイ》

fidg·et·y /fídʒəṭi/ 形 そわそわ[もじもじ]している, 落ち着かない(♥ 通例退屈や不安の表れ) **-et·i·ness** 名

Fi·do[1], **FIDO** /fáɪdoʊ/ 名 (複 **~s** /-z/) C ❶ 霧消散装置 (♦ *f*og *i*ntensive *d*ispersal *o*perations の略) ❷《また f-》鋳造エラーのある硬貨 (♦ *f*reaks, *i*rregulars, *d*efects, *o*ddities の略)

Fi·do[2] /fáɪdoʊ/ 名 ファイドー《「忠犬」の意で犬の名前によく使われる》

fi·du·ci·ar·y /fədúːʃièri | fɪdjúːʃiəri/〘法〙形 ❶ 信託に基づく, 受託された ‖ ~ property 信託財産 / a ~ institution 信用機関《銀行・信託会社など》❷ (紙幣が)信用発行の
━名 (複 **-ar·ies** /-z/) C 受託者(trustee)

fie /faɪ/ 間《古または戯》まあ, ちぇっ, まあいやだ(♥ 不快・非難・困惑などを表す)

fief /fiːf/ 名 C ❶ =feud[2] ❷ 勢力範囲, 管轄範囲

fief·dom /fíːfdəm/ 名 =fief

field /fiːld/ 名 動

中心義》(ある目的のための) 広がりを持った場 (★具体的な場所に限らず,「学問」や「視覚」における抽象的な場も含む)

名 畑❶ 競技場❷ 分野❸ 一面の広がり❻

━名 (複 **~s** /-z/) C ❶ (広々とした)野原, 野;(特に垣根などで区画された)**畑**, 田畑, 牧草地 ‖ an open ~ 広々とした野原 / flowers of the ~ 野の花 / The sunflower ~ stretches out to the horizon. ヒマワリ畑がはるか地平線まで広がっている / a ~ of wheat (小) 麦畑 / a rice ~ 稲田, 田んぼ / a ~ of cattle 牛の放牧場 / work **in** the *~s* 畑[田んぼ]仕事をする
❷ **競技場**, グラウンド;(陸上競技の)フィールド;《集合的に》フィールド競技 (→ track);〘野球・クリケット〙内外野, (特に)外野(❗「フィールドアスレチック」は日本の商標名. これに似たものには《米》exercise course,《英》adventure playground などがある) ‖ a baseball ~ 野球場
❸ (仕事・研究などの) **分野**, 領域 ‖ His ~ of study is biotechnology. 彼の研究分野は生物工学だ / That's outside [OR out of, not] my ~. それは私の専門外だ / **in** the ~ of international trade 国際貿易の分野で / Experts **in** all *~s* attended the forum. あらゆる分野の専門家が公開討論会に出席した
❹《the ~》(野外調査などの) 実地の場, 現場 ‖ knowledge gained in the ~ 現場で得た知識
❺《the ~》《集合的に》《単数・複数扱い》全競技者, (通例本命馬以外の)全出走馬;〘野球・クリケット〙守備側(のチーム);(競い合う)全商品[企業], 競合商品[企業]
❻〈雪・氷などの〉**一面の広がり**〈**of**〉‖ a ~ *of* ice = an ice ~ 氷原 / a ~ *of* fire 一面の火の海
❼ (天然資源の) 産出地, 埋蔵地 (帯) ‖ an oil ~ 油田 / a diamond ~ ダイヤモンドの産出地
❽《通例 the ~》戦場, 戦地, 戦闘の場 (battlefield);《古》戦い (battle) ‖ the ~ of battle 戦場 / the ~ of honor 決闘場, 戦場 / a hard-fought ~ 激戦 (地) / fall [OR die, be killed] on [OR in] the ~ 戦死する / lose [win] the ~ 戦いに負ける[勝つ] ❾ (ある用途のための)土地, 用地, …場 ‖ a **playing** ~ 運動場 / a flying ~ (小)飛行場 ❿ (目・望遠鏡・カメラなどの)視野, 視域;(テレビの) フィールド《1回の走査でできる画面》‖ the ~ of vision [OR view] 視野, 視界 / the ~ of the telescope 望遠鏡の視域 / the ~ of fire 射界《射撃のできる範囲》⓫ (旗・貨幣・盾などの)地;〘紋章〙紋地 ‖ a white lily on a blue ~ 青地に白のユリ ⓬〘理〙(電気・磁気などの)場, 界 ‖ the magnetic ~ 磁場 / the ~ of force (電気・磁気などの) 力の作用の及ぶ場 ⓭〘数〙体;場 ⓮〘心〙場 ⓯ 💻 データベース上のレコードの項目領域, フィールド《一覧表示では縦列で表される》;(パンチカードの) 欄 ⓰《形容詞的に》野の, 野外の, 野生の;実地の, 現場の, 現地の;フィールド(競技)の;野戦用の ‖ a ~ flower 野の花 / a ~ survey 実地調査 / a ~ agent 現地の代理人

hòld the field ①〈…に対して〉陣地を保持する, 一歩も引かない〈**against**〉② 変わらぬ重要性を持つ

**in the field* ① 野原で (→ ❶) ② 戦場に出て, 従軍して (→ ❽) ③ 野外研究中で, 現地で(→ ❹) ④ 専門分野で

kèep the field《古》戦い続ける

lèad the field (競技で)先頭に立つ;最も成功している

lèave the field clèar for a pérson ; ***lèave a pèrson in pòssession of the field*** 戦いから身を引いて〔人〕を勝たせる, 〔人〕に負けて引き揚げる

plày the field《口》交際相手を1人に絞らない;同時に複数の異性と性的関係を持つ;多方面に手を出す

tàke the field 競技[戦い]を開始する;(野球などで)守備につく

━動 (**~s** /-z/; **~·ed** /-ɪd/; **~·ing**)
━他 ❶〘野球・クリケット〙〔球〕を処理する, さばく ‖ Well *~ed*! ナイスキャッチ
❷〔チーム・選手〕を守備につかせる, 試合に出場させる
❸ (政党などが)〔候補者〕を立てる;〔軍隊など〕を配置に就ける ❹〔質問など〕にうまく答える, …を上手に処理する;〔電話〕に応対する ‖ ~ complaint calls 苦情の電話をさばく
━自〘野球・クリケット〙(野手として)守備する, 球をさばく;《通例進行形で》(チームが) 守備をする ‖ He *~s* well. 彼は守備がうまい

▸▸ **~ còrn** 名 U《米》家畜の飼育用のトウモロコシ **~ dày** 名 C ①〘軍〙野外演習日 ②《主に米》運動会, 野外運動[競技]日, 野外集会[活動]日 ③《単数形で》素晴らしいこと [催し物] のある日 ‖ have a ~ *day* 素晴らしい[楽しい] 時を過ごす;大成功を収める **~ emìssion** 名 U〘電子〙電界放出 **~ emìssion dìsplay** 名 C〘電子〙電界放出ディスプレー **~ evènt** 名 C《通例 ~s》(トラック競技に対し) フィールド競技[種目] (→ track event) **~ glàsses** 名 複 (野外用の) 小型双眼鏡 **~ gòal** 名 C フィールドゴール《〘アメフト〙タッチダウンではなくプレースキックして得るゴールで3得点;〘バスケットボール〙フィールドからのゴールで2得点または3得点》 **~ hànd** 名 C 農場労働者, 作男 **~ hòckey** 名 U (陸上)ホッケー(hockey) (→ ice hockey) **~ hòspital** 名 C〘軍〙野戦病院 **~ hòuse** 名 C 室内競技場, 体育館;(更衣室・シャワー

F

室などのある)競技場の付属建物 ～ **màrshal** 名 C (英国などの)陸軍元帥 ～ **mòuse** 名 C 野ネズミ(vole) ～ **òfficer** 名 C (陸軍の)佐官将校《colonel, lieutenant colonel, major》;(会社などの)実務責任者 ～ **ràtion** 名 C〘軍〙野戦食 ～ **spòrts** 名 複 野外スポーツ《狩猟・射撃・釣りなど》～ **tèst** (↓) ～ **thèory** 名 C〘理〙場の理論 ～ **trìp** 名 C (学生や研究家の)野外見学(旅行), 実地見学(旅行)

fíeld-effèct transìstor 名 C〘電子〙電界効果トランジスター《略 FET》

field·er /fíːldər/ 名 C〘野球〙野手, (特に)外野手;〘クリケット〙野手 (fieldsman) ▸▸ **～'s chóice** 名 C《米》〘野球〙フィルダーズチョイス, 野選

fíeld·fàre 名 C〘鳥〙ノハラツグミ《ヨーロッパ産のツグミの一種》

field·ing /fíːldɪŋ/ 名 U〘野球・クリケット〙守備(の技能), フィールディング

fields·man /fíːldzmən/ 名 (複 **-men** /-mən/) C〘クリケット〙野手(fielder)

fíeld·stòne 名 U (加工しない建築用の)自然石

fíeld tèst 名 C (製品などの)実地テスト

fíeld-tèst 動 他

fíeld·wòrk 名 ❶ U (研究家の)野外作業, 実地調査, フィールドワーク ❷ C〘軍〙(野戦の)急造陣地, 土塁

～·er 名 C 野外研究[調査]員, フィールドワーカー

fiend /fiːnd/ 名 C ❶ 悪魔のような人, 残忍な人;いたずらをして人を困らせる人 ❷《口》…狂, …の鬼;達人, 鬼才 ‖ a golf [camera] ～ ゴルフ[カメラ]狂 ❸ 悪霊, 悪魔;《the F-》《古》魔王(the Devil)

fiend·ish /fíːndɪʃ/ 形《通例限定》❶ 悪魔のような, 残忍極まる ❷《口》極めて不快な, とてもひどい;非常に難しい ‖ ～ weather ひどい天気 **～·ly** 副

***fierce** /fɪərs/ 形 (**fierc·er**; **fierc·est**) ❶ (動物・人の性質などが)**獰猛**(どうもう)**な**, 荒々しい (↔ gentle, tame) ‖ a ～ dog 猛犬 ❷ 激怒した ‖ give him a ～ look 彼をすごい剣幕でにらむ ❸ (競争・攻撃・行動などが)**激しい**;(感情などが)強烈な;(痛みなどが)痛烈な;(風雨などが)猛烈な(↔ tranquil) ‖ a ～ pain 激痛

sòmething fíerce《主に米口》ひどく, 猛烈に ‖ It rained *something* ～. 雨が猛烈に降った

～·ness 名 U 獰猛;激烈

***fierce·ly** /fíərsli/ 副 (**more ～**; **most ～**)激しく, 猛烈に;獰猛に;《口》ひどく ‖ They argued ～ over the matter. 彼らはそのことで激しく口論した

***fi·er·y** /fáɪəri/《発音注意》形〔◁ fire 名〕(**-er·i·er**, **more ～**; **-er·i·est**, **most ～**)《通例限定》❶ 燃えている, 火のついた;炎の ‖ a ～ furnace 燃え盛る炉 ❷ 火のように赤い ‖ The sky is ～ with the sinking sun. 沈む太陽で空が真っ赤に燃えている ❸ (感情などが)激しい, 猛烈な;(人の性質が)かっとなりやすい;(行動・言葉などが)激情的な ‖ a ～ love affair 燃えるような恋愛 / ～ eyes (怒りで)ぎらぎらした目 / a ～ temper すぐにかっとなる気性 ❹ (味が)ひりひりするほど辛い **-er·i·ly** 副 **-er·i·ness** 名

▸▸ **～ cróss** 名 C ① 火の十字架《the Ku Klux Klan などの標章》② 《スコット》血火の十字架《人を戦争に呼び集めるとき合図に用いた木の十字架》

fi·es·ta /fiéstə/ 名 C ❶ (スペイン語圏の)宗教上の祝祭(日)《特に聖人の日》❷ (一般に)祝祭 ❸ パーティー

FIFA /fíːfə/ 略《フランス》*F*édération *I*nternationale de *F*ootball *A*ssociation (=Federation of International Football Association)(国際サッカー連盟)

fife /faɪf/ 名 C (主に軍楽隊用の)横笛

FIFO /fáɪfoʊ/ 略 💻 *first in first out*(先入れ先出し)《データ処理やサービスに待ち行列が生じた場合, 入力の順番に応じて出力されるハードディスクなどでの処理方式》

***fif·teen** /fìftíːn/ ◁ (⇨ -TEEN) 形《限定》15の, 15人[個]の;《叙述》15歳で(⇨ FIVE 用例)

―名 (❶, ❷, ❸ ⇨ FIVE用例) ❶ U C《通例無冠詞で》15;C 15の数字《15, xv, XV など》❷《複数扱い》15人[個] ❸ U (24時間制の)15時;15分;15歳 ❹ C 15人[個]1組のもの;〘ラグビー〙(15人1組の)チーム ❺ C 15番目のもの ❻ U〘テニス〙フィフティーン《最初の得点》❼ C《英》対象年齢15歳以上の映画 ❽《the F-》〘英国史〙1715年の乱《1715年のジャコバイトの乱》

***fif·teenth** /fìftíːnθ/ ◁ 《略 15th》形 ❶《通例 the ～》第15の, 15番目の ❷ 15分の1の ―名 ❶《通例 the ～》15番目の人[もの];(月の)15日 ❷ C 15分の1

▸▸ **Fìfteenth Améndment** 名《the ～》《米》修正憲法第15条《人種・肌の色・過去の奴隷歴に関係なくすべての者に投票権を認めたもの》

***fifth** /fɪfθ/《略 5th》形 ❶《通例 the ～》第5の, 5番目の ❷ 5分の1の

―名 ❶《通例 the ～》5番目の人[もの];(月の)5日 ❷ C 5分の1 ❸《the ～》〘楽〙5度(音程) ❹ C《米口》5分の1ガロン《酒類の容量単位》❺ U (自動車の)第5速 ❻《the ～》憲法修正第5条(the Fifth Amendment)

tàke [OR *plèad*] *the Fífth*《米》黙秘権を行使する;《口》(答えたくない質問に対して)コメントをしない (→the Fifth Amendment)

～·ly /-li/ 副 第5に, 5番目に

▸▸ **Fìfth Améndment** 名《the ～》《米》憲法修正第5条《人々が裁判で自己に不利益な証言を強要されることのないように規定したもの》**Fìfth Ávenue** 名 5番街《New York 市の Manhattan 島中部を南北に貫く高級ショッピング街》～ **cólumn** (↓) ～ **whéel** 名 C《主に米》(馬車やトレーラーの)転向輪, (四輪車の)予備車輪;キャンピング用トレーラー(fifth wheel trailer);《口》余分な人[もの]

fìfth cólumn 名 C 第5列, 第5部隊《敵に内通し, 敵軍の攻撃を助ける者》(♦ スペイン内乱で, 反乱軍が4列縦隊(four columns)でマドリード市を包囲したとき, 市内にいてフランコ将軍の進撃を助けた同調者をこう呼んだことから)

fìfth cólumnist 名 C 第5列員, 第5部隊員

fìfth-generátion 形 💻 第5世代の

***fif·ti·eth** /fɪ́ftiəθ/《略 50th》形 ❶《通例 the ～》第50の, 50番目の ❷ 50分の1の

―名 ❶《通例 the ～》50番目の人[もの] ❷ C 50分の1

***fif·ty** /fɪ́fti/ 形《限定》50の, 50人[個]の;《叙述》50歳で

―名 (複 **-ties** /-z/) ❶ U C《通例無冠詞で》50;C 50の数字《50, l, L など》❷《複数扱い》50人[個] ❸ U 50分;50歳 ❹ C 50人[個]1組のもの ❺ C《-ties》(数の)50台《50–59》❻ C《one's -ties》50歳代 ‖ a man in his late *fifties* 50代後半の男性 ❼ C《the -ties》(年号の)50年代;(温度の)50度台 ❽ C 50ドル[ポンド]紙幣

fìfty-fífty ◁ 形 半々の, 等分の;五分五分の ‖ on a ～ basis 平等に, 均等に / Tom has a ～ chance of passing the exam. トムが試験に合格するかどうかは五分五分だ ―副 等分に, 半分ずつに ‖ go ～ (人と)折半する

***fig**[1] /fɪg/ 名 C イチジク;(=～ **trèe**)イチジクの木[果実]

nòt gìve [OR *càre*] *a fíg for* [OR *about*] *...* …を全く気にしない

nòt wòrth a fíg 何の価値もない, 取るに足りない

▸▸ **～ lèaf** 名 C ① イチジクの葉《しばしば彫刻・絵画で男性の陰部を隠す覆いとして用いられる》② (不名誉・不体裁なものを)下手に隠すもの(♦ Adam と Eve が腰に当てたという旧約聖書の話に由来)

fig[2] /fɪg/ 名 U《口》衣装, 服装, 装い(array) ‖ in full ～ 盛装して ―動 (**figged** /-d/; **fig·ging**) 他《古》…を盛装させる, 飾り立てる《*up, out*》

fig. 略 figurative(ly), figure

fight /faɪt/ 動 名

―動 (**～s** /-s/; **fought** /fɔːt/; **～·ing**)

―自 ❶ **戦う**, 戦争する〈**with, against** …と;**about, over** …をめぐって;**for** …を得ようと〉‖ Germany

F

fought with [OR *against*] France in both World Wars. ドイツは2つの世界大戦でフランスと戦った(♦ against の方が with よりも敵対の意味が強い) / Britain *fought with* [OR alongside] France *against* Germany. 英国はフランスとともにドイツと戦った(♦ fight with ... には「…とともに戦う」の意味もある) / ～ for one's country 祖国のために戦う
❷ 格闘する, 殴り合う, けんかする〈**over, about** …のことで; **with** …と; **for** …を得ようと〉‖ You're always ～*ing over* [OR *about*] trifles. おまえたちはささいなことでけんかばかりしている
❸ 奮闘する, 努力する〈**for** …のために / **to do** …するために〉; 《病気・誘惑などと》闘う〈**against**〉; 《訴訟などで》争う ‖ We have *fought for* freedom. 我々は自由のために闘ってきた / ～ *for* fame 名声を得ようと奮闘する / ～ *for* one's life 生きようと必死で闘う; 《重態で》生死の境をさまよう / He is ～*ing* **hard** *to* protect our civil rights. 彼は我々の市民権を守ろうと懸命に努力している / ～ *against* temptation [sleep] 誘惑[眠気]と闘う
❹ 激しく言い争う, 口げんかをする〈**about, over** …のことで; **with** …と〉 ❺ ボクシング[レスリング](の試合)をする
―⊕ ❶ 〔敵〕と戦う; 〔戦い・決闘など〕をする ‖ ～ the enemy 敵と戦う(♦ 自動詞用法の fight against [OR with] ... の方がふつう) / We are not strong enough to ～ a giant corporation. 我が社は巨大企業と戦えるほど強くない / Our team *fought* a good fight. 我がチームは善戦した / ～ **a war** [duel, match] 戦争[決闘, 試合]をする / ～ a losing **battle** 負け戦をする
❷ 〔人〕と争う〈**for** …を得ようと; **on** …をめぐって〉; 〔賞など〕を争う; 〔主義・主張など〕のために闘う; 〔訴訟など〕を争う ‖ ～ a prize 賞を争う / ～ an election 選挙戦を戦う / ～ a case in court 法廷で(訴訟)事件を争う
❸ 〔病気・衝動など〕と闘う ‖ ～ cancer 癌(がん)と闘う / ～ prejudice 偏見と闘う / ～ a fire 消火に当たる
❹ …とボクシング[レスリング]の試合をする, 対戦する; 〔闘犬・ボクサーなど〕を闘わせる ‖ ～ a strong challenger for the title タイトルをかけて強力な挑戦者と闘う / ～ dogs [cocks] 犬[鶏]を闘わせる

còme òut fíghting (勝つために)必死になる
****fight báck*** 〈他〉《***fight báck ...*** / ***fight ... báck***》…を食い止める; 〔涙・笑いなど〕を(懸命に)抑える, こらえる ‖ ～ *back* (one's) tears 涙を懸命にこらえる ―〈自〉〈…に〉反撃する, やり返す, 抵抗する〈**against**〉
fight dówn ... / ***fight ... dówn*** 〈他〉〔涙・感情など〕を(懸命に)抑える, こらえる
fight it óut 最後まで[決着がつくまで]戦う
fight óff ... / ***fight ... óff*** 〈他〉〔敵・病気・誘惑など〕を撃退する, 寄せつけないようにする
fight ón 〈自〉(屈せずに)戦い続ける
fight óut ... / ***fight ... óut*** 〈他〉(最後まで争って)〔問題など〕に決着をつける, …を戦い抜く
fight shý of ... [OR *doing*] …を[…することを]避ける ‖ I always ～ *shy of* risks. 私はいつも危険を避ける
fight ... thróugh 〈他〉努力して〔同意など〕を得ようとする ‖ ～ a bill *through* 努力して法案を通過させる
fight one's wáy 戦い[苦労し]ながら進む, 道を切り開く ‖ ～ *one's way* in [the world [OR life] 困難を克服して人生を歩む

COMMUNICATIVE EXPRESSIONS
1 **Dòn't fíght it.** 逆らわない方がいい; 抵抗しても(運命だから)しようがないよ
2 **(You) càn't fíght it** [OR **cìty háll**]. お上には逆らえないよ; 権力に打ち勝つことはできない

―名 (複 **～s** /-s/) Ⓒ ❶ **戦い**, 争い, 戦闘 (⇨ BATTLE 類語) ‖ the ～ for control of the capital (city) 首都の支配権をめぐる戦闘
❷ (殴り合いの)けんか〈**with, against** …との; **between** …との間の; **over, about** …のことでの〉‖ I often had ～*s with* my brothers in my childhood. 子供のころ兄弟とよくけんかをした / A ～ **broke out** *between* the two children *over* a piece of chocolate. チョコレート1つのことで2人の子供の間でけんかが始まった
❸ 《単数形で》闘争, 奮闘, 努力, 闘い〈**for** …のための; **against** …に対する; **to do** …するための〉‖ a ～ *for* justice [higher wages] 正義のための[賃上げ]闘争 / the ～ *against* poverty 貧困との闘い

連語 ❶❷❸ 【形+～】 a good ～ 善戦 / a big ～ 大規模な戦闘 / a free ～ 乱闘 / a prize ～ 賞金のかかった(ボクシングの)試合
【動(+前)+～】 join a ～ 参戦する / start a ～ けんかを始める / continue a ～ 戦いを継続する / win [lose] a ～ 戦いに勝つ[負ける] / have a ～ 一戦を交える / get into a ～ けんかになる

❹ 激しい口論, 口げんか〈**over, about** …のことでの; **with** …との〉(⇨ QUARREL[1] 類語) ‖ The brothers had a ～ *over* money. 兄弟たちは金のことで言い争った
❺ Ⓤ 闘争心, 闘志, ファイト ‖ He didn't have much ～ left in him. 彼にはあまり戦意は残っていなかった / be full of ～ 闘志満々である / show ～ 闘志を見せる, 抵抗する ❻ Ⓒ (ボクシング・レスリングの)試合, 対戦 ‖ a world title ～ 世界タイトルマッチ

a fight to the fínish [OR ***déath***] 決着がつくまでの戦い[闘い], 死闘
hàve a fight on one's hànds 自分のために闘う必要がある
pìck a fíght (***with a pérson***) (人に)けんかを吹っかける
pùt ùp a gòod [***pòor***] ***fíght*** 善戦[苦戦]する

COMMUNICATIVE EXPRESSIONS
3 **Dón't gìve úp without a fíght.** 頑張りもしないであきらめるな; 簡単にあきらめないで(♥ 励まし)

▸▸ **～ sòng** 名 Ⓒ 《米》(ファンなどが歌う)応援歌

fíght·bàck 名 Ⓒ 《通例単数形で》《英》反撃

***fight·er** /fáɪtər/ 名 Ⓒ ❶ プロボクサー ❷ 兵士; (特に西側の対テロ戦争の相手とされる)軍事組織のメンバー ❸ 〖軍〗戦闘機 ‖ a ～ pilot 戦闘機のパイロット ❹ 戦う人, けんか好きな人; (苦境に負けず)頑張る人

fìghter-bómber 名 Ⓒ 〖軍〗戦闘爆撃機

***fight·ing** /fáɪtɪŋ/ 形 《限定》戦う; 戦闘的な, 好戦的な ‖ a ～ force 戦闘部隊 / a ～ spirit 闘志 / ～ words [OR talk] 《口》(けんかの)売り言葉, 言いがかり
―名 Ⓤ 戦い, 戦闘, 交戦; 格闘, 闘争; 論争
▸▸ **～ chàir** 名 Ⓒ 《米》(大物釣り用の船上の)固定いす **～ chánce** 名 Ⓒ 努力[苦闘]次第では達成されそうな可能性 **～ còck** 名 Ⓒ 《英》闘鶏, シャモ(《米》gamecock) **～ fìsh** 名 Ⓒ トウギョ(闘魚) **～ fít** 形 《主に英》すぐにもけんか[戦い]ができる状態で; (体が)絶好のコンディションで

fig·ment /fígmənt/ 名 Ⓒ 想像の産物, 作り事, 虚構; 架空のこと ‖ a ～ of one's imagination 想像の産物

fig·ur·a·tion /fìgjəréɪʃən/ 名 Ⓤ Ⓒ ❶ 比喩(ゆ)的表現, 象徴化 ❷ (図案などによる)装飾; 〖楽〗(音・旋律の)装飾

***fig·ur·a·tive** /fígjərətɪv | fígər-/ 形 《通例限定》 ❶ 比喩的な, 隠喩の(↔ literal) ‖ in a ～ sense 比喩的な意味で ❷ (文章などが)比喩表現の多い, 飾り立てた ‖ ～ language 飾り立てた言葉 ❸ (絵画・彫刻が)具象的な, 造形的な(↔ abstract); (模様などが)象徴的な **～·ly** 副

****fig·ure /fígjər/ 名 動

中心義 **Aを抽象化した形(としてとらえる)** (★Aは「量」「人」「事柄」など多様)

> 名 数字❶ 数❷ 計算❸ 体形❹ 人物❺ 図❻
> 動 他 判断する❶

―名 (複 **～s** /-z/) Ⓒ ❶ (アラビア)**数字**; (数字の)桁(けた) ‖ the ～ 5 数字の5 / (a number of) double [three] ～*s* 2[3]桁の数 / an income of six ～*s*=a six-～

income 6桁の収入
❷ (統計などの)**数**, 数量, 数字;(数字で表される)額, 価格 ‖ These ~*s* represent the total profit. この数字は総利益を表している / give an exact ~ 数[量]を正確に示す / The bill comes to a large ~. 請求書は大きな額になる / He bought the house at a low [high] ~. 彼はその家を安い[高い]値段で買った / in round ~*s* 概数[算]で
❸《~s》**計算**, 算数 ‖ She is good at ~*s*. 彼女は計算が得意だ / I have no head for ~*s*. 僕は計算に弱くて / do ~*s* 計算する
❹ (人の)姿, (特に女性の)**体形**, スタイル;人影(⇨ FORM 類語) ‖ That model has a good ~ but no personality. あのモデルはスタイルはよいが人間的魅力がない(❗容姿についての「スタイル」には style ではなく figure を用いる) / I work out to keep my ~. 体型を保つよう体を鍛えている / lose one's ~ 体形が崩れる / an hourglass ~ 砂時計の形をした[ウエストのくびれた]体形 / We could see a dark ~ in the moonlight. 月明かりの中に黒い人影を認めた
❺《通例修飾語を伴って》(他人の目から見た)**人物**, 人間;重要[有名な]人物, 名士, 大立者 ‖ I feel that I have become a comic ~. どうやら自分が滑稽(こっけい)な存在になってしまったようだ / The TV drama centered around an ideal father ~. そのテレビドラマは理想的な父親像のことが中心だった / a national ~ 国家的人物 / a public ~ 著名人 / great ~*s* of [OR in] history 歴史上の大人物たち
❻ **図**, 図表, 挿絵《略 fig.》‖ See *Fig*. 5. 図5参照 ❼ (絵画・彫刻などの)像, 肖像(→ action figure) ❽〖数〗図形;《古》(物の)形, 形状 ‖ a plane ~ 平面図形 ❾ (織物などの)図案, 模様, 柄 ‖ triangular ~*s* 三角模様 ❿〖ダンス〗フィギュア《一連の旋回運動》;〖スケート〗フィギュア《フィギュアスケートで滑って氷上に描く図形》;(シンクロナイズドスイミングやスカイダイビングなどで集団で作る)フィギュア ⓫ 象徴, 典型 ⓬〖論〗(三段論法の)格 ⓭〖楽〗音型

a figure of fún 物笑いの的(になる人)
cùt a ... figure …の印象を与える, 姿を呈する ‖ *cut* 「*a* fine [an impressive] ~ さっそうと[堂々と]している / *cut a* poor [sorry] ~ みすぼらしく[哀れに]見える / *cut* no ~ 目立たない, 物の数に入らない
pùt a figure on ... 《通例否定文・疑問文で》…の数[量]を正確に言う, 値段を具体的に示す

―動 (**~s** /-z/;**~d** /-d/;**-ur·ing**)
―他 ❶《口》**a**《+(**that**) 節 / **wh** 節》…だと**判断する**, (結論的に)…だと考える[思う];…を理解する, 知る ‖ I saw your light on and ~*d* you were still up. 君のところの明かりが見えたのでまだ起きているんだなと思った / They ~*d that* the killer was a man in his forties. 殺人者は40代の男だと推定された / *When* do you ~ the next earthquake is going to occur? 次の地震はいつ起こると思いますか / It isn't hard to ~ *how* your mind works. 君の頭の働き方を知るのは難しくない
b《主に米》《+目 +**to be** 補 / 目+**for** 名》…を…とみなす, 考える, 思う ‖ We ~*d* him *to be* conservative.(=We ~*d* that he was conservative.) 私たちは彼を保守的だと思った / I ~*d* you *for* an actress or a dancer. あなたを女優かダンサーだと思いましたよ
❷ …を計算する, 合計する《*up*》‖ ~ *up* the total 総計を出す ❸ …を心に描く, 想像する ‖ ~ the scene to oneself その光景を心に描く ❹ …を図[図形, 絵, 数字]で表す, 図示する ❺ …に模様をつける(→ figured)
―自 ❶ 〈…で〉目立つ, 異彩を放つ, 重要な役割を演じる〈**in**〉‖ Japan ~*s* **prominently** in Asian trade. 日本はアジアの貿易で重要な役割を果たしている / Tax reform ~*s* high on the agenda. 税制改革が優先協議事項である
❷ 現れる, 登場する, 役割を演じる〈**as** …として;**in** …に〉‖ She ~*d as* a guest star *in* the program. 彼女はその番組にゲストスターとして出演した ❸ 計算する

figure ín 〈他〉《***figure ín ... / figure ... ín***》《米》…を計算に入れる, 含める ―〈自〉⇨ 自 ❶
figure on [OR ***upon***] ***...*** 〈他〉《口》① …を計画する;…を予期する ‖ You can ~ *on* him coming on time. 彼はきっと時間どおりに来るだろう ②《主に米》…を当てにする(rely on)
****figure óut ... / figure ... óut*** 〈他〉《口》① …を**計算する**, 計算して…の合計を出す ② …を(論理的に考えて)解決する, 考え出す[つく], **理解する**, わかる ‖ Can you ~ *out* 「what to do [how he escaped]? どうしたらよいか[彼がどうやって逃げたか]わかりますか / I can't ~ him *out*. 彼が理解できない

COMMUNICATIVE EXPRESSIONS
1 **Gó figure.** 一体どういうことだ;説明がつかないよ
2 **Ìt** [OR **Thàt**] **fígures.** やっぱり思ったとおりだ;道理で(♥ 通例よくないことについて用いる)

▸▸ **~ éight** 名 (複 **~ eights**) C《米》8の字形のもの[動き]《ひも・綱の結び目やスケートの8の字旋回》 **~ of éight** 名 C《英》=figure eight **~ of spéech** 名 C (複 **~s of s-**) (直喩・暗喩などの)比喩的表現, 言葉のあや **~ skàting** 名 U フィギュアスケート

fig·ured /fígjərd/ 形《限定》模様のある, あやのある
▸▸ **~ báss** /-béɪs/ 名 U =continuo

fígure·hèad 名 C
❶ 名目だけの長 ❷ 船首像

figurehead ❷

fígure-hùgging 形 (特に女性の衣服が)体にぴったりの

fig·u·rine /fìgjəríːn | ˊ--ˋ/ 名 C (金属・陶土で作った特に人間の)小彫像

fíg·wòrt 名 C〖植〗ゴマノハグサの類

***Fi·ji** /fíːdʒiː/ 名 フィジー諸島《南太平洋上の800余の島々からなる共和国. 公式名 the Republic of the Fiji Islands. 首都 Suva》 **Fí·ji·an** /英 ˋ--/ 名 C フィジー人, U フィジー語 ―形 フィジーの, フィジー人[語]の

fil·a·ment /fíləmənt/ 名 C ❶ (電球・真空管の)フィラメント ❷ 糸状のもの, 繊維 ❸〖植〗(おしべの)花糸(かし) ❹ (菌類・藻類などの)繊維細胞
fil·a·mén·ta·ry, fil·a·mén·tous 形 糸状の

fi·lar·i·a /fɪléəriə/ 名 (複 **-ae** /-iiː/) C〖動〗フィラリア, 糸状虫《脊椎(せきつい)動物の寄生虫》

fil·a·ri·a·sis /fìləráɪəsɪs/ 名 (複 **-ses** /-sìːz/) U C〖医〗フィラリア病

fil·a·ture /fílətʃər/ 名 ❶ U 糸繰り, 製糸 ❷ C 糸繰り機, 製糸工場

fil·bert /fílbərt/ 名 C〖植〗(栽培種の)ハシバミ

filch /fɪltʃ/ 動 他《口》〔ささいなもの〕を盗む, くすねる, ちょろまかす(pilfer) **~·er** 名

‡file¹ /faɪl/
―名 (複 **~s** /-z/) C ❶ **ファイル**, 〈…に関する〉(書類の)**とじ込み**;公文書つづり〈**on**〉‖ The ~*s* are alphabetically arranged. 文書はアルファベット順に整理されている / a confidential ~ 機密書類 / put a case in the ~*s* under "homicide" 事件を「殺人」と記したファイルにとじ込む;「殺人」事件として処理する / keep ~*s on* an incident 事件についてのファイルを保存しておく
❷ 💻ファイル ‖ Please refer to the attached ~ for details. 詳細は添付ファイルを参照してください
連語 【名+~】 a data ~ データファイル / a text ~ テキストファイル《文字データだけのファイル》
【動+~】 create [delete] a ~ ファイルを作成[削除]する / open [close] a ~ ファイルを開く[閉じる] / save a ~ ファイルを保存する / load [OR read] a ~ ファイルを読み込む / edit a ~ ファイルを編集する

❸ 書類整理棚；書類とじ
on file ファイルに［とじ込んで］整理して
— 動 (~s /-z/；~d /-d/；fil·ing)
— 他 ❶〔書類など〕をファイルにとじる ‖ ~ papers in numerical order 書類を番号順にファイルする
❷〔申請書など〕を提出する；〔訴訟など〕を提訴する ‖ ~ a complaint against ... …に対する苦情届を申請する / ~ (a) suit (with ...) (…に)訴えを起こす
❸ (記者が)〔記事など〕を(新聞社に)送る
— 自 〈…を〉申請する；申し込む〈for〉‖ ~ *for* divorce [bankruptcy] 離婚［破産］を申請する
file awáy ... / file ... awáy 〈他〉① …をファイルに保存する ② …を記憶にとどめておく

COMMUNICATIVE EXPRESSIONS
1 **Fíle it (in the círcular bìn).** 捨ててしまえ(♥「丸いごみ箱にしまっておけ」, つまり「物・考えを捨て去る」という意味のくだけた表現)

▸▸ **~ càbinet** 名 C 《米》=filing cabinet **~ clèrk** 名 C 《米》(事務所の)文書とじ込み［整理］係 **~ extènsion** 名 C 💻ファイル拡張子 (extension) **~ sèrver** 名 C 💻ファイルサーバー《ネットワーク上でファイルを一括して保存・管理し, 各クライアントコンピューターからアクセスできるようにするサーバーコンピューター》 **~ trànsfer pròtocol** 名 C 💻ファイル転送プロトコル《略 FTP》

file² /faɪl/ 名 C (縦の)列；〚軍〛縦列；(チェスの)縦列 (→ rank and file) ‖ (in) single ~ 1列縦隊で
— 動 自 《+副句》(…の方へ)縦の列になって動く ‖ ~ into a building 縦1列になって建物に入る

file³ /faɪl/ 名 C ❶ やすり ❷ =nail file
— 動 他 …にやすりをかける, …をやすりで磨く《*down*》；…をやすりで磨き落とす《*away, off*》‖ ~ one's fingernails 指のつめをやすりで磨く / ~ a surface *down* [OR smooth] 表面をやすりで滑らかにする / ~ *off* the bumps でこぼこをやすりで落とす

fíle·fìsh 名 C 〚魚〛カワハギ

fíle·nàme 名 C 💻ファイル名

fíle-shàring 名 U 💻ファイル共有 ‖ ~ networks [software] ファイル共有ネットワーク［ソフトウェア］

fi·let /fɪléɪ | ⌐–/ 名 ❶ U 網目レース ❷ =fillet ❶ — 動 他 =fillet ❶ ▸▸ **~ mi·gnon** /fɪlèɪ mɪnjɔ́ːn | fìleɪ míːnjɔn/ 名 U C (複 **filets mignons** /-z/) フィレミニヨン《牛の腰部から切り取った厚切りのヒレ肉》(♦フランス語より)

fil·i·al /fíliəl/ 形 《通例限定》❶ 子の, 子としての ‖ ~ duty [OR piety] 孝行 ❷〚遺伝〛雑種世代の, 親から…世代の ‖ first ~ 雑種第1代(F_1)の **~·ly** 副

fil·i·bus·ter /fílɪbʌ̀stər/ 名 ❶ U C (長演説などによる)議事妨害(者) ❷ C 不法戦士《本国の許可を得ず外国での戦闘に参加する者》 — 動 自 ❶ 議事の進行を妨害する ❷ 不法戦士行為をする, 略奪を働く — 他〔法案〕の通過を妨害する **~·er** 名

fil·i·gree /fílɪgrìː/ 名 ❶ U (金・銀などの)線条細工, 透かし細工 ❷ C 繊細で優美な細工品, 装飾品 — 動 他 …を線条［透かし］細工にする **~d** 形 透かし細工にした

fíling càbinet 名 C 書類整理用キャビネット

fíling clèrk 名 C 《英》=file clerk

fil·ings /fáɪlɪŋz/ 名 複 やすりくず(→ file³)

Fil·i·pi·no /fɪlɪpíːnoʊ/ ⟨シ 名 (複 **~s** /-z/) ❶ C フィリピン人(♦女性形 Filipina) ❷ U フィリピン語
— 形 =Philippine

fill /fɪl/ 動 名

中心義 **Aを満たす** (★Aは「容器」「空間」「心」など多様)
— 動 (~s /-z/；~ed /-d/；~·ing)
— 他 ❶ **a** 《+目》〔容器など〕を〈…で〉**満たす**, いっぱいにする (↔ empty) 〈with〉‖ The bathtub was ~*ed with* water. 浴槽には水がいっぱい入っていた / ~ a mug *with* beer ジョッキにビールをいっぱいにつぐ / ~ a glass to the brim なみなみとグラスを満たす
b 《+目 *B*+for 目 *A* ⇄ +目 *A*+目 *B*》*A*(人)のために*B*(容器など)を〈…で〉満たしてやる〈with〉‖ Please ~ this glass *for* me.=Please ~ me this glass. このグラスにいっぱい入れてください(♦前者の方がふつう) / *Fill* this bucket *with* water *for* me. このバケツに水をいっぱい入れてくれ
❷ (人・涙・煙などが)〔場所・空間〕を**満たす**, 占める, …に充満する(♦受身形は be filled with ...) ‖ The crowd ~*ed* the hall. 群集がホールを埋め尽くした / Tears ~*ed* her eyes. 彼女の目は涙でいっぱいになった / Smoke ~*ed* the room. 煙が部屋に充満した
❸ (感情が)〔人・心〕を満たす；(物事が)〔人・心〕を〈感情で〉満たす〈with〉‖ Happiness ~*ed* my heart. 私の心は幸せでいっぱいになった / The news ~*ed* him *with* hope. その知らせで彼は希望に満ちあふれた
❹〔穴・ひび・隙間(すき)など〕を〈…で〉埋める, ふさぐ；〔歯〕に詰め物をする, 充塡(じゅうてん)する〈with〉；〔(暇な)時間〕を埋める, つぶす〈*in*〉‖ ~ a crack (*in*) *with* plaster ひびを漆喰(しっくい)でふさぐ / ~ (*in*) a decayed tooth 虫歯を充塡する / ~ (*in*)「the afternoon [an hour] listening to music 音楽を聴いて午後[1時間]を過ごす / ~ a **gap** 隙間を埋める；足りない部分を補う
❺〔地位〕を占める, 〔空位〕を補充する；〔職務など〕を果たす ‖ ~ a vacant post 欠員を補充する / ~ a position nicely 職を立派に果たす ❻〔要求〕を満たす；〔注文〕に応じる；《主に米》〔処方箋(せん)の指示する薬〕を調合［提供］する ‖ ~ an order 注文に応じる / ~ a prescription 処方箋の薬を調合する ❼《口》〔空腹など〕を満たす；〔人〕を満腹にさせる ‖ ~ oneself with ... …で満腹になる ❽〚海〛(風が)〔帆〕をはらませる；〔帆〕を調節して(後面に)風を受けさせる ❾〚建〛〔土地〕に土盛［盛り土］をする ❿〔パイ・サンドイッチなど〕に中身を詰める
— 自 ❶ 〈…で〉いっぱいになる, 満ちる〈with〉‖ The hall ~*ed* rapidly. ホールは急速に満員になった / Her eyes ~*ed with* tears. 彼女の目は涙でいっぱいになった
❷〚海〛(帆が)風をはらむ, ふくらむ

fill ín 〈他〉(***fill ín ... / fill ... ín***) ①〔書類・空欄〕に(必要事項)を書き込む, 記入する；〔必要事項〕を(書類・空欄に)書き込む, 記入する ‖ ~ *in* an application form 申し込み用紙に(必要事項を)記入する ②〔穴・空所など〕を埋める, ふさぐ(→ 他 ❹) ③〔時間〕をつぶす(→ 他 ❹) ④〔輪郭の内側〕を塗りつぶす, 色をつける ⑤《英俗》《旧》〔人〕をひどく殴る ⑥〔人〕に〈…について〉最新の情報を与える〈on〉‖ Please ~ me *in on* what has been happening. 何が起こっているのか教えてください —〈自〉〈人の〉代理［代役］をする〈for〉

fill óut 〈他〉(***fill óut ... / fill ... óut***) ①《主に米》〔書類〕に(必要事項を)**書き込む**, 記入する(fill in) ②〔帆・タイヤなど〕をふくらませる；〔顔など〕をふっくらとさせる, 〔人〕を太らせる ③〔文章・原稿など〕を(加筆して)ふくらませる, 充実させる —〈自〉(帆・タイヤなどが)ふくらむ, ふくれる；(顔などが)ふっくらとする, (人が)太る ‖ The rosebuds are ~*ing out*. バラのつぼみがふくらんできた / You've ~*ed out*. ふっくらしてこられましたね

fill úp 〈他〉(***fill úp ... / fill ... úp***) ① 〈…で〉…を満たす, (すっかり)いっぱいにする, (すっかり)埋める〈with〉‖ *Fill* it [OR her] *up*. (ガソリンスタンドで)車を満タンにしてくれ / ~ *up* a ditch 溝を埋める ② (食べ物が)〔人〕を満腹にする；(~ oneself up で)〈…を〉たらふく食べる〈on, with〉 ③〔書類〕に(必要事項を)書き入れる(fill in) —〈自〉〈…で〉すっかりいっぱいになる, 満員になる〈with〉；〈…を〉たらふく食べる〈on, with〉；満タンにする

— 名 (複 **~s** /-z/) C ❶《one's ~》満足のいく量, 存分, 十分 ‖ I drank my ~. 十分飲んだ / She wept her ~. 彼女は思いきり泣いた ❷《単数形で》容器1杯の量, 1盛り, 1服 ‖ a ~ of tobacco パイプ1服(分のたばこ) ❸ (穴・へこみなどを)ふさぐもの；盛り土；土盛 ❹〚楽〛(ジャズなどで, 特定のパートに指定された)即興演奏［曲］

have [OR get, eat] one's fill of ... ①…を思う存分食べる[味わう](→ 名❶) ②…をいやというほど味わう，…にうんざりする ‖ I've *had* my ～ *of* troubles with him. 彼との面倒はもうたくさんだ

▸▸ **～ed góld** 名 U《米》金張り(rolled gold)《卑金属に金を張ったもの》

filled /fɪld/ 形《複合語で》…で満たした，…がいっぱいの ‖ an air-～ mattress 空気でふくらんだマットレス / leisure-～ days 自由時間がたっぷりある日々

fill·er /fílər/ 名 C U ❶詰める人；詰め物，充塡(じゅうてん)物，(量・重さなどを増すための)混ぜ物；(塗装前に板の間などに詰める)目止め ❷(葉巻の)中身 ❸(新聞の)埋め草；(テレビ・ラジオの時間つなぎの)スポットニュース，短い音楽放送

▸▸ **～ càp** 名 C《英》(自動車の)燃料注入口のふた

fil·let /fílɪt/ (→ 名❶，動❶) 名 ❶ /+米 fɪléɪ/ U C〘料理〙(肉・魚の)骨のない切り身；(特に牛の)ヒレ肉 ‖ a ～ steak ヒレステーキ ❷ C 細長い帯[バンド]；ヘアバンド ❸ C〘建〙平縁(ひらぶち)；隅肉(すみにく)；〘印〙(本の表紙の)装飾線，(装飾線を作るための)ローラー

── 動 他 ❶ /+米 fɪléɪ/〘料理〙〔肉・魚〕を骨のない切り身にする，骨をとる ❷〔髪など〕をリボンで結ぶ[飾る]

fíll-ìn 名 C ❶代理，穴埋め ❷《口》(関連のある事実についての)要約，概要

***fill·ing** /fílɪŋ/ 名 ❶ C〘歯〙充塡材 ❷ C U (サンドイッチなどの)中身 ❸ C U 詰め物，充塡物

the filling in the sándwich 《英》(争いなどの)板挟み

── 形 (食べ物が)満腹感を与える

▸▸ **～ stàtion** 名 C 給油所，ガソリンスタンド(service station, gas station,《英》petrol station)

fil·lip /fílɪp/ 動 他 ❶《古》〔おはじきなど〕を指ではじく，はじき飛ばす ❷…を軽くたたく ❸…を刺激する

── 名 C ❶《単数形で》刺激(するもの)，活気づけるもの ❷《古》指先ではじくこと ❸軽打

Fill·more /fílmɔːr/ 名 **Millard ～** フィルモア(1800–74)《米国の第13代大統領(1850–53)》

fíll-ùp 名 C すっかりいっぱいにするもの；(特に自動車を)満タンにすること

fil·ly /fíli/ 名 (複 **-lies** /-z/) C ❶(4歳以下の)雌の子馬(↔ colt)(⇨ HORSE 類語P) ❷ ⊗《旧》《口》《蔑》(活発な)少女，おてんば娘

F

*****film** /fɪlm/ 名 動

中心義 薄い膜

── 名 (複 **～s** /-z/) ❶ U/C (～s)《集合的に》《主に英》(芸術・娯楽の一分野としての)**映画**，映画界[産業]；C (1本の)**映画**(movie)；《形容詞的に》映画の；U (映画・ビデオになっている)記録映像(footage)(⇨ PICTURE 類語) ‖ The ～ opens tomorrow. その映画は明日封切られる / That ～ is still on. その映画はまだ上映中である / 「a documentary [an action, an X-rated] ～ 記録[アクション，成人向け]映画 / a ～ star [fan] 映画スター[ファン] / the ～ **industry** 映画産業 / a ～ director 映画監督 / the ～ version of a bestselling novel ベストセラーを映画化したもの

連語 【動+～】see [OR watch] a ～ 映画を見る / go to a ～ 映画を見に行く / direct a ～ 映画を監督する / edit a ～ 映画を編集する / make [OR produce] a ～ 映画を製作する

❷ U C **フィルム**；感光膜 ‖ a roll of ～ フィルム1本 / have a ～ developed フィルムを現像してもらう / An onlooker captured the accident on ～. 見物人がその事故をフィルムに収めた

❸ U/C《単数形で》(表面にできる)〈…の〉**薄膜**，薄皮，薄い層〈of〉‖ A ～ *of* dust settled over the furniture. 家具の上にほこりがうっすらとたまった

❹ C《単数形で》(うっすらとかかった)もや，薄がすみ；(目の)かすみ，曇り ‖ a ～ of mist 薄もや / a ～ over the eye 目のかすみ ❺ U (包装・ラップ用)フィルム

── 動 (**～s** /-z/；**～ed** /-d/；**～·ing**)

── 他 ❶〔映画〕を撮影する；〔小説など〕を映画化する ‖ This documentary was ～*ed* in 1990. このドキュメンタリーは1990年に撮影された ❷《+目+ *doing*》…が…しているところをフィルムに写す，撮る ‖ He was ～*ed* opening the safe on the security camera. 彼は金庫を開けているところを防犯カメラで撮られた

── 自 ❶映画を製作[撮影]する ‖ They are ～*ing* on location in Nice. 彼らはニースでロケの最中だ ❷《+副》(人・作品などが)映画に向いている(♦ 副 は様態を表す) ‖ This story would ～ well [badly]. この話は映画に向く[向かない]だろう ❸〈薄膜(状のもの)で〉覆われる；かすむ，曇る《*over*》〈with〉‖ Her eyes ～*ed* (*over*) *with* tears. 彼女の目は涙で曇った

～·ing 名 U 映画製作[撮影]

▸▸ **～ fèstival** 名 C 映画祭 **～ lìbrary** 名 C フィルムライブラリー，映画図書館 **～ nóir** /-nwáːr/ 名 U C フィルムノワール，暗黒映画(♦ フランス語より) **～ spèed** 名 C〘写〙フィルム感度 **～ stàr** 名 C《主に英》=movie star

fílm·gòer 名《英》=moviegoer

***fílm·màker** 名 C 映画製作者[監督]

film·og·ra·phy /fɪlmá(ː)grəfi | -ɔ́g-/ 名 (複 **-phies** /-z/) C フィルモグラフィー《特定の映画監督・俳優・分野についての作品リスト》

fílm·sèt /fílmsèt/ 動 他 …を写真植字にする

～·ting 名 C U〘印〙写真植字(photocomposition)

～·ter 名 C 写真植字工

fílm·strìp 名 C フィルムストリップ《通例教材用の35ミリのスライド用フィルム》

film·y /fílmi/ 形《通例限定》❶薄膜[皮]状の，薄くてほぼ透明な ❷薄膜で覆われた；ぼんやりした

Fi·lo·fax /fáɪləfæks | -loʊ-/ 名 C《商標》システム手帳

fi·lo pas·try /fíːloʊ pèɪstri | ˌ- - ˈ- -/ 名 U 薄いパイ生地

***fil·ter** /fíltər/ 名 C ❶ろ過器[装置]，フィルター ‖ a water ～ 給水フィルター ❷(多孔性の)ろ過用資材《木炭・砂・フェルトなど》❸(光線・音波などのための)フィルター ❹(たばこの)フィルター ❺ 💻 (特定のデータを通過させたりさせない)フィルター ❻《英》(赤信号のときの)左[右]折可を表す矢印信号；(矢印信号による)左[右]折車線

── 動 他 ❶…をフィルターに通す，ろ過する；ろ過して…を取り除く[取り出す]《*out*》‖ ～ water 水をろ過する / ～ *out* impurities ろ過して不純物を取り除く[取り出す] ❷…に対してろ過器[フィルター]の役をする ❸ 💻〔メールなど〕をフィルターにかける；フィルターにかけて取り除く《*out*》

── 自 (♦ ❶ 以外は方向を表す 副句 を伴う) ❶ろ過される，こされる；しみ出る，浸透する ❷(光・音が)かすかに漏れる[聞こえる] ❸(人の群れが)ゆっくり動く，流れ出る ❹(思想などが)浸透する；(うわさなどが)漏れる ‖ The news has ～*ed* down to us. そのニュースは我々のところまで漏れてきている ❺《英》(直進方向が赤信号のとき)左[右]折する ‖ ～ in 左[右]折レーンに入る **～·er** 名 **～·less** 形

▸▸ **～ bèd** 名 C ろ過池，ろ過タンク **～ còffee** 名 U フィルターコーヒー **～ fèeder** 名 C〘生〙ろ過摂食者《体の一部をろ過器として使い水中の小動物を摂取する動物. ヒゲクジラ・フジツボなど》**～ing sòftware** 名 C 💻 フィルターソフト《特定の条件に合致するデータのみを通過させたりさせなかったりするソフト》**～ pàper** 名 U ろ過紙，こし紙 **～ tìp** (↓)

fil·ter·a·ble /fíltərəbl/ 形 ろ過できる；ろ過性の ‖ a ～ virus ろ過性ウイルス

fílter tìp 名 C たばこのフィルター；フィルター付きたばこ

filter-típped 形 (たばこが)フィルター付きの

filth /fɪlθ/ 名 U ❶汚物，不潔物，ひどい汚れ ❷(道徳的)堕落，汚辱；卑猥(ひわい)[みだら](な言葉)，低俗な雑誌 ❸《the ～》《英俗》《けなして》=the police

***filth·y** /fílθi/ 形 (**filth·i·er**；**filth·i·est**) ❶汚物で汚れた，不潔な，汚い；《口》ひどく汚れた(♥ dirty よりも意味が強い)

❷ みだらな，卑猥な；堕落した，不道徳な ‖ a ～ joke 卑猥なジョーク ❸《英口》(天候が)寒くてじめじめした[雨模様の] ❹《英口》(機嫌が)ひどく悪い，腹を立てた
―副《口》非常に ‖ ～ rich 大金持ちの
fílth·i·ly 副 **fílth·i·ness** 名
▸▸ **～ lúcre** 名 U《けなして》《戯》悪銭，あぶく銭

fil·trate /fíltreɪt/ 動 他 自 (…を)ろ過する(filter)
―名 U ろ過液[水] **fil·trá·tion** 名

fin[1] /fɪn/ 名 C ❶ (魚の)ひれ；ひれ状器官 ‖ a dorsal [ventral, caudal] ～ 背[腹，尾]びれ ❷《通例 ～s》(潜水用の)ひれ足(flipper) ❸〖海〗(潜水艦などの)水平舵(だ)；〖空〗垂直尾翼；(レーシングカーの)尾部安定板(tail fin)；(ラジエーターなどの放熱用の)ひれ ―動 (**finned** /-d/；**fin·ning**) 自 ひれ[ひれ足]で泳ぐ **～·less** 形
▸▸ **～ whàle** 名 C〖動〗ナガスクジラ(finback)

fin[2] /fɪn/ 名 C《米俗》5ドル札

fin. 略 finance, financial；finish

Fin. 略 Finland, Finnish

fi·na·gle /fɪnéɪgl/ 動《主に米口》他 ❶ …をだまして取る[得る] ❷〔人〕から〈…を〉だまし取る〈**out of**〉
―自 だます，ごまかす

fi·nal /fáɪnəl/ 形 名

中心義 これより先のない，最終の

―形〔▶ finality 名〕《比較なし》(♦❸ 以外は限定用法のみ) ❶ (順序が)**最後の**，最終の(↔ first)(⇨ LAST[1] 類語) ‖ the ～ round (競技の)最終回 / We came back to win in the ～ minute of the game. 我々は試合の終了間際に逆転した / the ～ chapter of a novel 小説の最終章
❷ **究極的な**，終局の ‖ the ～ goal 究極の目標，決勝点 / the ～ aim 究極の目的
❸ **最終的な**，変更不可能な，決定的な(↔ provisional) ‖ He was elected on the ～ ballot. 彼は決戦投票で選出された / a ～ **decision** 最終決定 / The judge's decision is ～. 裁判官の判決は絶対だ
❹ 目的に関する ‖ the ～ cause 〖哲〗目的因 / a ～ clause 〖文法〗目的節 (in order that ... など)

COMMUNICATIVE EXPRESSIONS
1 I wón't dó it, **and thàt's fínal.** 私はそれをしない，しないと言ったらしない(♥ 断固とした決定・決心)
2 **Óne final thíng** [OR **wórd**]. 最後にひとこと言わせてください；最後にもう一つ(♥ 話の終わりにあいさつや情報を付け加えるときの前置き)

―名 (複 **～s** /-z/) C ❶ (競技などの)**決勝**；《～s》(予選を勝ち上がってきた選手による)**決勝戦**(→ semifinal, quarterfinal) ‖ **reach** [OR get into] the ～*s* 決勝に進む
❷《米》学年[期]末試験；《～s》《英》(大学の)最終試験 ‖ take [OR sit for] one's ～*s* 最終[期末]試験を受ける

fi·nal·e /fɪnǽli | -náːli/ 名 C ❶〖楽〗終曲，終楽章，フィナーレ ❷ (演劇の)最終場面，大詰め ❸ 終局，大団円

fi·nal·ist /fáɪnəlɪst/ 名 C 決勝戦出場選手

fi·nal·i·ty /faɪnǽləṭi/ 名 (複 **-ties** /-z/) U 最終的[決定的]であること；C 最終的言行[事物状態] ‖ with (an air of) ～ きっぱりと(した態度で)

fi·nal·ize /fáɪnəlàɪz/ 動 他 …を完結させる，終わらせる，仕上げる；…を最終的に認める ‖ ～ one's conclusion 結論をまとめ上げる **fì·nal·i·zá·tion** 名

fi·nal·ly /fáɪnəli/

―副《比較なし》❶《文修飾》**ついに**，とうとう，結局，やっと(♦ at last の方が強意的) ‖ After a long delay, our plane ～ took off. 大幅に遅れて，我々の飛行機はやっと離陸した / We ～ came to a conclusion. 我々はようやく結論に達した
❷《文修飾》《通例文頭で》NAVI (first(ly), second(ly), ... と列挙して)**終わりに**(⇨ NAVI表現 3)；(スピーチ・文章などの)終わりに当たって(lastly)；(一連の物事・行動などの)最後に，終わりに ‖ *Finally*, I'd like to thank all of you for your cooperation. 最後になりましたが，ご協力いただきました皆様に感謝申し上げます
❸ 最終的に，決定的に ‖ The problem is not ～ settled yet. その問題はまだ最終的に解決されていない

fi·nance /fáɪnæns, ‐ˊ, fə-/
―名〔▶ financial 形〕(複 **-nanc·es** /-ɪz/) ❶ U **財政**，財務，金融；財政学 ‖ public [local government] ～ 国家[地方]財政 / high ～ 大型金融取引 / the Minister [Ministry] of *Finance* 財務大臣[省] / a ～ bill 財政法案
❷ U (銀行などからの)〈…に対する〉融資；〈…の〉資金〈**for**〉 ‖ corporate ～ 企業融資 / obtain ～ 融資を得る / provide ～ 融資をする / raise ～ 融資を集める
❸ C《～s》(政府・会社などの)**財源**，財力；(個人の)財政状態，収入 ‖ Our ～*s* are low now. 今は我が社の財源が乏しい
―動 (**-nanc·es** /-ɪz/；**～d** /-t/；**-nanc·ing**) 他 …に必要な資金を調達[供給]する，融資する ‖ She ～*d* her husband through law school. 彼女は夫の学資を出してロースクールを卒業させた / ～ a new business 新事業に融資する
▸▸ **～ còmpany** [**hòuse**] 名 C 金融会社

fi·nan·cial /fənǽnʃəl, faɪ- | faɪ-, fɪ-, fə-/
―形〔▶ finance 名〕《比較なし》《通例限定》❶ **財政(上)の**，財務の，金融(上)の；金銭的な ‖ ～ statements 財務諸表 / have [OR suffer] ～ problems 財政問題を抱えている / ～ affairs 財務 / ～ assistance [OR support] 財政援助(金) / a ～ adviser 財務アドバイザー / a ～ center 金融の中心(地)
❷ 財界(人)の ‖ ～ circles＝the ～ world 財界
❸《豪・ニュージ口》金がたっぷりある
▸▸ **～ áid** 名 U《米》奨学金 **～ institútion** 名 C 金融機関 **～ intermédiary** 名 C 金融仲介機関 **～ márkets** 名 複 金融市場 **～ sérvices** 名 複 投資情報サービス **～ yéar** 名《the ～》《英》会計年度(《米》fiscal year)

fi·nan·cial·ly /fənǽnʃəli, faɪ-/ 副《ときに文修飾》財政的に(は)，財政上 ‖ be ～ dependent on one's parents 経済的に両親に依存している / *Financially* speaking, I'm in a lot of trouble. 財政面について言えば，私は大変困った状況にある

fin·an·cier /fìnənsíər, fàɪ- | faɪnǽnsiə, fɪ-/ 名 C ❶ 財政通，財政家，財務官 ❷ 金融業者，資本家

fín·bàck 名 C〖動〗ナガスクジラ

finch /fɪntʃ/ 名 C〖鳥〗フィンチ《アトリ科の小鳥の総称》

find /faɪnd/ 動 名

中心義 (偶然に，もしくは努力の結果)…を見つける

動 他 見つける❶❸ わかる❷ 得る❺ いる[ある]❻

―動 (**～s** /-z/；**found** /faʊnd/；**～·ing**)
―他《通例進行形不可》❶ (偶然または捜して)**見つける**
a《＋目》…を見つける，発見する ‖ I *found* a good coffeehouse near the campus. 大学のそばでいい喫茶店を見つけたよ / ～ oil under the North Sea 北海の海底に石油を発見する / I still haven't *found* what I was looking for. 探していたものがまだ見つかっていない / The weapon was *found* in a river nearby. 凶器は近くの川で見つかった
b《＋目 *A*＋目 *B* ⇄＋目 *B*＋**for**＋目 *A*》*A*(人)に*B*(物)を見つけてやる ‖ I *found* my son a nice secondhand car.＝I *found* a nice secondhand car *for* my son. 私は息子にいい中古車を見つけてやった / You should ～ yourself a steady job. 君は安定した職を見つけるべきだ
c《＋目＋補》…が…なのを見つける ‖ The missing man was *found* **dead** in his own room. 行方不明だった

F

男は自室で死んでいるのが発見された / I came home and *found* my mother「asleep on the sofa [out]. 私が家に帰ると母はソファーで眠って[外出して]いた
d 《+目+*doing*》…が…しているのを見つける ‖ The professor *found* his dog waiting for him at the station. 教授は愛犬が駅で自分を待っているのを見つけた
e 《+目+*done*》…が…され(てい)るのを見つける ‖ The police *found* drugs hidden in the suspect's pillow. 警察は麻薬が容疑者の枕の中に隠されているのを見つけた

語法☆☆ find は堅い文体では時や物・出来事を表す名詞(句)を主語にすることがある. 〈例〉 Daybreak *found* us on the top of Mt. Fuji. 朝方には我々は富士山の頂上にいた / I hope this (letter) *finds* you in good health. ご健勝なあなたにこの手紙が届くことと存じます(♦丁寧な手紙の書き出しの文句)

F

❷ (経験して) **わかる a** 《+(**that**) 節》…だとわかる, 気づく, 思う ‖ I *found* he was quite different from what he had been like in high school. 私は彼が高校時代とは全く別人であることに気づいた / She *found that* good apartments were too expensive. 彼女はよいアパートは高すぎると知った
b 《+目+(**to be**) 補》…が…だとわかる, 思う ‖ I *found* the family (*to be*) very kind. (=I *found* that the family was very kind.) その一家はとても親切だとわかった / How do you ~ commuting every day? 毎日の通勤をどう思いますか(♦How do [did] you find ...? で感想・意見を尋ねる) / She *found* it impossible to express her feelings. 彼女は自分の気持ちを表現することができなかった(♦it は to 以下を受ける形式目的語. ⇨ IT[1] 代 ❹ **a**)
c 《+目+(**to**) *do*》…が…(する)とわかる(♦しばしば受身形で用い, 不定詞は状態動詞および習慣を表す動作動詞. 能動態ではこの文型より **a** の that 節 を使う方がふつう. 《英》では不定詞の to を省くこともあるが, まれ) ‖ The box was *found* to contain only junk. 箱にはがらくたしか入っていないのがわかった
❸ (調査・研究・計算などにより) **見つける**, 発見する, 調べ出す **a** 《+目》…を見つける ‖ His doctor could ~ nothing wrong with his stomach. 彼の医者は彼の胃に何も悪いところを発見できなかった / I cannot ~ words to thank you. お礼の言葉が見つかりません / ~ the sum of several numbers いくつかの数の合計を算出する
b 《+(**that**) 節》…ということを調べ出す, はっきりさせる, 確認する ‖ The study *found that* girls and boys do about equally well in math. 研究の結果女子も男子も数学の学力はだいたい同じだということがわかった
c 《+**wh** 節 / **wh to** *do*》…かを調べ出す, はっきりさせる ‖ He *found what*「he should [OR *to*] do next. 彼は次にどうすべきかを知った
❹ 〔落ちているものなど〕を見つけ(て拾い上げ)る ; …と出くわす ‖ I *found* $100 under the table. 私はテーブルの下に100ドルを見つけた / On the way to school, she *found* a lost kitten in the street. 彼女は学校へ行く途中, 通りで迷子の子猫を見つけた
❺ 〔必要なもの〕を**得る** ; 〔金・時間など〕を工面する, 見つける ; 〔勇気など〕を奮い起こす ‖ How do you ~ time to write? どうやって本を書く時間を見つけているのですか / She *found* the courage to speak to the audience at last. 彼女はやっと聴衆に話しかける勇気が出た
❻ 《受身形または one, you, we などを主語にして》(動植物が)(ある地域に)**いる**, (鉱物・習慣などが)(ある地域に)**ある** (♦There is [are] ... に近い意味になる) ‖ Kiwis are *found* in New Zealand. キーウィはニュージーランドに見られる[いる] / You don't ~ much water in a desert. 砂漠にはあまり水はない (=There isn't much water ....)
❼ 〖法〗 **a** 《+目》〔評決〕を正式に下す **b** 《+目+補〈形〉/ **that** 節》…を…と評決する, …だと判決を下す ‖ The jury *found* him **guilty**.=The jury *found that* he was guilty. 陪審団は彼を有罪と評決した ❽ 〈…に〉…(の存在)を見いだす ; …を経験する, 味わう, 感じる〈**in**〉‖ I *found* a true friend *in* Sam. サムが真の友人であることを知った / He *found* pleasure *in* painting. 彼は絵を描くことに喜びを見いだした ❾ 〔体の器官〕の機能を獲得[回復]する, …が(再び)使えるようになる ‖ The young bird had at last *found* its wings. 小鳥はやっと飛び立てるようになった / ~ one's tongue [OR voice] 口がきけるようになる / ~ one's feet 立って歩けるようになる ❿ (無生物が)…に達する, 届く, 至る ‖ ~ one's mark (矢が)的に当たる ; (活動などが)目標に達する / Water ~*s* its own level. 水は水平になろうとする ⓫ 〔必要なもの・金など〕を与える, 支給する, 用意する ‖ The employer ~*s* accommodation. 雇用者が宿泊設備を提供する
―自 ❶ (猟師・猟犬が)獲物を見つける
❷ 〖法〗評決[判決]を下す〈**for** …に有利な ; **against** …に不利な〉‖ The jury *found for* [*against*] the defendant. 陪審団は被告に有利[不利]な評決を下した

àll fóund 《英》《旧》(雇用条件として)食事・部屋代が無料で

****find óut*** 〈他〉 **I** 《***find óut ...*** / ***find ... óut***》(調べて)…を**見つけ出す**, わかる ; (調査・研究などにより)…を知る, 確かめる ; 〈…ということが〉わかる〈**wh** 節 /**that** 節〉‖ You cannot ~ *out whether* there is a God by studying science. 科学を勉強したって神が存在するかどうかはわかりませんよ / They *found out that* the policeman had taken bribes. その警官が賄賂(わいろ)を受け取っていたことがわかった **II** 《***find ... out***》(人の)不正・悪事などを見破る(♦しばしば受身形で用いる) (rumble) ‖ He is the sort of man who's always *found out*. あいつはいつも(悪事が)ばれてしまうようなやつなんだよ ―〈自〉 ① 〈…について〉調べる〈**about**〉‖ ~ *out about* her death 彼女の死について調べる ② 見破る ‖ If they ~ *out*, we will be killed. 連中に見破られたら我々は殺されるだろう

fínd onesèlf ① (気がついてみると)…にいる, …である, …している(♦場所・状態を表す 副句 または補語, *doing* を伴う) ‖ He woke up to ~ himself in a hospital bed. 目が覚めてみると彼は病院のベッドの中にいた / Watching the baseball game on TV, I *found* myself shouting. テレビで野球の試合を見ていて, 気がつくと大声で叫んでいた ② 気分[体調]が…である ‖ How do you ~ yourself this morning? 今朝は気分はどうですか ③ 自分(の進むべき道)を知る ‖ I *found* myself after doing several part-time jobs. いくつかアルバイトをしてみて自分の進むべき道がわかった

tàke a pèrson as you fínd him/her 〔人〕をそういうものだと了承する, そのまま受け入れる

COMMUNICATIVE EXPRESSIONS

1 **Hów (on éarth) did you find óut?** (一体全体)どうやってわかったの(♥文末を上げ調子で言うと疑問, 下げ調子で言うと驚きを表す)
2 **Whère will I** [OR **we**] **fínd you?** どこにいますか ; 連絡先を教えてください(♥待ち合わせの約束をする際や相手の居場所を確認する際などに)

―名 C 発見物, (特に) 掘り出し物 ‖ This Chanel bag is a real ~. このシャネルのバッグは本当に掘り出し物だ

find·er /fáɪndər/ 名 C ❶ 発見者, 拾得者 ❷ (カメラの)ファインダー ; (大望遠鏡に付属する)見出し望遠鏡
Fìnders kéepers (***lòsers wéepers***). 《諺》見つけた[拾った]ものは自分のもの(失くした人はばかをみる) ; 落とし物は拾い得

fin de siè·cle /fæn də sjéklə/ 形 《フランス》(=end of century)(特に文芸上)19世紀末の[的な], 退廃的な
―名 U 世紀末

***find·ing** /fáɪndɪŋ/ 名 C ❶ 《通例 ~s》(研究・実験などの) 成果, 結果, 結論 ‖ research ~*s* 研究の成果 / experimental ~*s* 実験の結果 ❷ 《しばしば ~s》〖法〗(裁

判官の)判決；(陪審員の)評決(verdict)；(委員会などの)調査結果，答申 ❸ Ⓤ 見つけること，発見 ❹《～s》《米》(仕立屋・宝石商・靴屋などの)小さい諸道具[材料]

fine[1] /faɪn/ 形 副 動 名

中心義 状態がよい，質が高い

形 素晴らしい❶ 申し分のない❷ とても元気で❸ 晴れた❺ 細かい❻ 微妙な❼

―形〔▶ fineness 名, finery 名〕(**fin·er**; **fin·est**)
❶《通例限定》**素晴らしい**，見事な，立派な ‖ a ～ view 見事な眺め / ～ works of art 優れた芸術作品 / give a ～ performance 見事な演技[演奏]をする / have a ～ time 楽しい時を過ごす / his *finest* hour 彼の最良[最高]の時期
❷《叙述》《口》**申し分のない**，結構な，十分な；構わない(♥あまり感情のこもった表現ではないので，何かよいことがあった人などに使うと冷たい感じになる) ‖ "How about going to the movies?" "*Fine*!"「映画を見に行こうか」「いいね」/ "Would you mind if I open the window?" "No, that's ～."「窓を開けてもいいですか」「はい，いいですよ」/ "It'll take me at least a week." "A week would be ～."「それには少なくとも1週間かかるでしょう」「1週間なら結構です」
❸《通例叙述》**とても元気で**，健康で(♦強調には very ではなく just を用いる) ‖ feel ～ 元気である，気分がよい / "How are you?" "(Just) ～, thank you."「ご機嫌いかがですか」「おかげさまで元気です」(♥型どおりの返答というニュアンスになるので，代わりに "Pretty good." "Not too bad." "Can't complain."など，さまざまな表現が用いられるようになっている) / "Is John all right?" "Yes, he's ～."「ジョンは元気ですか」「はい，とても元気です」
❹《口》結構な，ご立派な；ひどい(♥皮肉で) ‖ That's a ～ excuse! そいつはご立派な言い訳だ / You've made a ～ mess of everything! 何もかもすっかりめちゃくちゃにしてくれたな / A ～ teacher you are! それでも先生か
❺(天気が)**晴れた**，好天の，快晴の ‖ ～ weather 晴天，好天 / (It's a) ～ day, isn't it? いい天気ですね / a ～ autumn morning ある晴れた秋の朝
❻《通例限定》(粒などが)**細かい**，(織り目・肌などが)きめの細かい(↔ coarse)；(糸などが)細い；繊細な作りの ‖ ～ sand [dust, powder] 細かい砂[ほこり，粉] / ～ skin きめの細かい肌 / a ～ mesh 目の細かい網 / ～ thread 細い糸 / ～ rain こぬか雨 / ～ lace (細編みの)繊細なレース
❼《通例限定》(差異などが)**微妙な**，わかりにくい ‖ There's a ～ line between life and death. 生と死は紙一重だ / a ～ distinction 微妙な区別 / a ～ adjustment 微調整 / ～ points of Japanese grammar 日本語文法のわかりにくい点
❽(感覚などが)鋭い，鋭敏な，細かい点まで感じ取る ‖ have a ～ eye for color 色彩に対する鋭い目を持っている / a ～ sense of humor 繊細なユーモア感覚
❾(人・容貌(ぼう)などが)美しい，きれいな ‖ a ～ young man ハンサムな若者 ❿《通例限定》(振る舞いなどが)洗練された，優雅な，上品な；お上品ぶった；(文体などが)華麗な，飾り立てた，凝った，気取った；お世辞の，賞賛の ‖ ～ manners 洗練された礼儀作法 / ～ tastes 上品な趣味 / She is too much of a ～ lady. 彼女はやけにお上品ぶった女だ / ～ writing 美文 / say ～ things お世辞を言う ⓫(人格的に)高潔な，高尚な ‖ a ～ character 高尚な人物 / one's *finer* feelings 高潔な感情，良心 ⓬(衣服などが)素敵な，華美な，派手な ‖ That's a ～ suit you have on. あなたの着ているスーツは素敵ですね / ～ clothes ドレッシーな服 ⓭(刃などが)鋭い；(先の)とがった ‖ a knife with a ～ edge 刃先の鋭いナイフ / a ～ pen 細字用ペン ⓮(品質の)上等な，上質の ‖ ～ wine 上等のワイン / clothes of the *finest* quality 最高級の服 ⓯(金・銀などが)純粋な，不純物のない，純度…の；精製した ‖ ～ gold 純金 / gold (of) 18 carats ～ 18金 ⓰精密な，精巧な ‖ a ～ design 精密な設計

fine and dándy《主に米口》《旧》見事な，素晴らしい
òne fine dáy [***mórning***] ある日[朝]；(将来の)いつの日か(♦物語の導入に用いられ，天候には関係ない)
òne of thèse fine dáys そのうちに，そのうちいつか

COMMUNICATIVE EXPRESSIONS

[1] **Fíne, thèn,** do it yóur wày. ならいいさ，君のやりたいようにやれば(♥「そのかわりどうなっても知らないよ」という含みを持つ投げやりないら立ち・怒りの表現)
[2] **Fíne thìng!** ひどい話だよ；あきれたな；やれやれ
[3] **I'm súre thìngs'll tùrn òut fíne (in the énd).** (最後には)きっとうまくいきますよ(♥励まし)
[4] **Thàt's (áll vèry) fíne, but** bè súre to tàke èvery precáution. それで結構だができる限りの予防策は講じるように(♥相手の主張を認めつつ，懸念を示す表現)
[5] **Thàt's fíne with** [OR **by**] **mé.** 私はそれで構いません(♥提案などに対する返答)
[6] **Yóu're a fìne one to tálk.** 人のことを言えた柄じゃないだろう(♥しばしば少しおどけた意味合いで)

―副 (**fin·er**; **fin·est**)
❶《口》立派に，見事に；申し分なく ‖ My daughter is doing ～ at school. 娘は学校で立派にやっている[成績がよい] / It'll do me ～. 私にはそれで十分間に合うだろう
❷ =finely ❶, ❸, ❹

cùt it [OR ***thìngs***] ***fìne*** [OR ***clóse***]《口》(時間・お金などを)ぎりぎりに見積もる，定刻[予定額]すれすれである；きわどいことをする

COMMUNICATIVE EXPRESSIONS

[7] **Thát** [OR **It**] **sùits me fíne.** それは私には好都合です；それで結構だ
[8] "I'm nót máking àny prógress." "Nó, **you're dòing fíne.**"「私，全然進歩してないね」「いや，よくやってるよ」(♥励まし)

―動 自 ❶(ワイン・ビールなどが)清澄する《***down***》❷ほっそりする，きめ細かくなる，縮む《***down, away***》❸《北イング》《豪・ニュージ口》晴れる《***up***》
―他 ❶〔ワイン・ビールなど〕を清澄させる《***down***》❷…をほっそりさせる，きめ細かくする，縮ませる《***down, away***》
―名 Ⓒ《～s》細かい粉末[粒子]，微粉 ‖ in ～*s* 細かく

▸▸ **～ árt** (↓) **～ chémicals** 名 複 精薬品，精製化学製品《香料やビタミンなどの少量で作られるが高純度の化学製品》**～ prínt** 名 Ⓤ (契約書・証書などの)細字部分；《the ～》(保険契約書などの細字で書かれた)不利な条件 **～ strúcture** 名 Ⓒ【理】(原子スペクトルの)微細構造

***fine**[2] /faɪn/ 名 Ⓒ〈…に対する〉罰金，科料〈**for**〉‖ pay a parking ～ 駐車違反の罰金を払う / a £150 ～ *for* speeding スピード違反に対する150ポンドの罰金
―動 他 **a**《+目》〔人〕に〈…のかどで〉罰金を科する〈**for**〉(♦しばしば受身形で用いる) ‖ He was ～*d for* abandoning his bicycle. 彼は自転車放置のかどで罰金を科せられた **b**《+目 *A*+目 *B*》*A*(人)に〈…のかどで〉*B*(金額)の罰金を科する〈**for**〉‖ ～ him $10 *for* littering ポイ捨てのかどで彼に10ドルの罰金を科する
～·a·ble 形 罰金を科せられる

fìne árt 名 ❶ Ⓒ《通例 the ～s》芸術《特に絵画・彫刻・工芸・建築》；美術 ❷ Ⓤ《集合的に》美術品 ❸ Ⓒ《単数形で》《口》巧妙な技術
hàve [OR ***gèt***] ***... dówn to a fine árt*** …を完璧(かんぺき)にやるこつを心得ている

fine champagne /fìːn ʃæmpɑ́ːnjə/ 名 Ⓤ フィーネシャンパーニュ《フランスのコニャック地方産高級ブランデー》

fìne-dráwn ⦅シ⦆ 形 (針金などが)極めて細く引き伸ばされた；(推理・議論などが)極めて精細な，とても微妙な

fìne-gráined 形 きめの細かい

***fine·ly** /fáɪnli/ 副 ❶細かく，みじんに ‖ ～ chopped onions みじん切りにしたタマネギ ❷立派に，見事に ❸

優雅に ‖ be ～ dressed めかしている ❹ 微妙に；精巧に ‖ a ～ tuned engine 精密に調整したエンジン

fine·ness /fáɪnnəs/ 名 U ❶ 素晴らしさ，見事さ，立派さ ❷ 優雅さ，上品さ ❸ 繊細，鋭敏 ❹ 精巧，精緻(せいち) ❺ 細かさ；(糸などの)細さ ❻ (金・銀の)純度

fin·er·y /fáɪnəri/ 名 U 派手な衣服［装身具］‖ in all one's ～ ありったけの派手な衣装を着て

fines herbes /fìːnz éərb/ 名《フランス》(＝fine herbs) U 〖料理〗フィーヌゼルブ，細断香草《パセリ・チャイブなどを細かく切り刻んで混ぜ合わせた香味料》

fìne-spún ⊲ 形 極細の；繊細な，精巧な，きゃしゃな

fi·nesse /fɪnés/ 《発音注意》名 ❶ U 巧妙さ，手際のよさ；策略，術策 ❷ C 〖ブリッジ〗フィネッス《低い点の札で場札を取ろうとすること》 ―動 他 ❶ …をうまく巧みに処理する［だます］(trick) ❷ 〖ブリッジ〗〔カード〕をフィネッスに用いる ―自 〖ブリッジ〗フィネッスを用いる

F

fìne-tòoth cómb 名 C 目の詰んだくし
with a fine-tòoth cómb (調査などについて) 綿密に，徹底的に

fìne-túne 動 他 〔機械など〕を微調整する
fìne-túning 名

fin·ger /fíŋɡər/ 名 動

―名 (複 **～s** /-z/) C ❶ (手の)**指**(♦ 通例親指(thumb)を除く4本の指を指す．足の指は toe. → digit, digital) ‖ My parents always have their wedding rings on their ～*s.* 私の両親はいつも結婚指輪をはめている / The boy is counting on his ～*s.* 少年は指で数を数えている (♦ まず指をすべて閉じて，親指または小指から順に開いていく) / have slender [thick] ～*s* 指が細い［太い］/ The sophisticated way to eat sushi is **with** your ～*s.* 指でつまんで寿司(すし)を食べるのが通だ

連語 【形＋～】 the first [OR index] ～ 人差し指 / the middle ～ 中指 / the ring ～ 薬指 / the little ～ 小指
【動＋～】 point one's ～ at ... …を指さす / raise one's ～ 指を立てる / run one's ～*s* 指をはわせる / drum one's ～*s* (いらいらして)指先で音を立てる

❷ 手袋［グローブ］の指
❸ 指状のもの［構造物］；(計器などの)針，指針；指形の菓子；(空港の) デッキ，桟橋 ‖ a narrow ～ of land extending into the sea 海に突き出た細長い陸地 / chocolate ～*s* フィンガーチョコ ❹ 指幅 (digit)《約¾インチ．グラスの中の酒の量をはかる単位》；中指の長さ《約4½インチ．布幅の単位》‖ pour a ～ of whiskey into a glass 指幅1つ分のウイスキーをグラスに注ぐ

be [OR ***feel***] ***all fingers and thumbs*** 《英口》⇨ THUMB (成句)

bùrn one's fíngers ; ***gèt one's fíngers bùrned*** [OR ***bùrnt***] (軽率だったり余計な手出しをしたりして) 痛い目に遭う(♦ 特に金銭の損失などについて用いる．「指にやけどをする」から)

can cóunt ... on ⌈***the fingers of òne hánd*** [OR ***one's fíngers***] …を5本の指で数えられる，(…は)片手で数えられるほど少ない

clìck one's fíngers ＝*snap one's fingers*(↓)

＊***cròss one's fíngers*** ; ***kèep one's fíngers cròssed*** (中指を人差し指の背に重ねて) 祈る (♥ 厄よけ・幸運を祈るしぐさ) ‖ I'll *keep* my ～*s crossed* for you. 幸運をお祈りしています

cross *one's* fingers

One's fíngers are all thúmbs. 無器用である

one's fíngers ítch [***are ítching***] 《口》〈…したくて〉うずうずする［している］〈**to** *do*〉

gèt one's fínger òut ＝*pull one's finger out*(↓)

give a pèrson the fínger 《米口》〔人〕を強烈に侮辱する(♥ 中指を立て，こぶしを握り，手の甲を相手に向ける．極めて侮辱的で，卑猥なしぐさとされる)

hàve a fínger in the [OR ***èvery***] ***píe*** 《口》その件に［何にでも］(余計な)手出しをする，かかわりを持つ(♥ 周囲の人がそのことについてよく思っていないときに使う)

hàve [OR ***kèep***] ***a*** [OR ***one's***] ***fínger on the púlse*** [OR ***bútton***] 〈…の〉最新の情勢に通じている〈**of**〉

hàve [***with***] ***one's fíngers*** [OR ***hànd***] ***in the tíll*** 《主に英》(自分の)勤め先の金を盗む［盗んで］

hàve stìcky fíngers 《口》盗み癖がある

lày a fínger on a pérson 《通例否定文で》《口》(傷つける目的で)〔人〕に触れる，〔人〕をちょっとでも傷つける

lìft [OR ***ràise, stìr***] ***a fínger*** 《通例否定文で》〈…するために〉努力する〈**to** *do*〉‖ He didn't *lift a* ～ *to* help his mother. 彼は何一つ母親の手伝いをしなかった

pòint the [OR ***a***] ***fínger at a pérson*** 〔人〕を名指しで［公然と］非難する (♥ 英語圏で人［相手］を指さすのは非礼とされる．人を指す場合は，手のひらを上にして手全体を相手に向ける)

pùll [OR ***gèt***] ***one's fínger òut*** 《英口》《通例命令文で》(怠けていないで)さっさと本気で仕事を始める

pùt one's fínger on ... 《否定文で》〔原因・場所など〕を突き止める，的確に指摘する

pùt [OR ***lày***] ***one's fínger to one's líps*** 唇に指を当てる (♥ 沈黙を求める合図)

pùt one's fínger in the díke (よくない) 物事の進行をせき止める

pùt the fínger on a pérson 《口》〔犯人など〕を(警察に)密告する，垂れ込む

pùt [OR ***stìck***] ***twò fíngers ùp at*** [OR ***to***] ***...*** 《英口》〔人〕を強烈に侮辱する，2本指を立てたしぐさをする(♥ 人差し指と中指を立て，手の甲を相手に向けるしぐさ．《米口》の *give a person the finger* に当たる．日本人の「2つ」を意味するしぐさと共通するので要注意)

shàke [OR ***wàg***] ***one's fínger*** (***at ...***) (…に向けて) 人差し指を左右［上下］に振る(♥ 非難・警告のしぐさ)

slìp through a pèrson's fíngers (金などが) (人の) 知らない間になくなる；(好機などが) (人から) 逃げる (⇨ OPPORTUNITY メタファーの森)

snàp [OR ***clìck***] ***one's fíngers*** ① (親指と中指で) 指をパチンと鳴らす (♥ 相手の注意を引いたり，「思い出した」「しめた」というしぐさ) ② 〈…を〉ばかにする，無視する〈**at**〉

the fínger of suspícion [***bláme***] 疑惑［非難］のほこ先

twìst [OR ***wìnd, wràp, tùrn***] ***a pèrson*** (***a***)***round one's*** (***líttle***) ***fínger*** 〔人〕を意のままに操る，篭絡(ろうらく)する

wòrk one's fíngers to the bóne 一生懸命に働く

―動 (**～s** /-z/ ; **～ed** /-d/ ; **～·ing**)
―他 ❶ …を指で触る，いじる ‖ ～ a piece of cloth (品質などを調べるため) 布切れを指で触る / ～ one's handkerchief nervously もじもじと指でハンカチをいじり回す ❷ 《主に米俗》〔犯人など〕を指さす，…を〈…だと〉指摘する〈**as**〉；…を〈…の罪で〉(警察に)垂れ込む，密告する〈**for**〉‖ She ～*ed* the man *as* one of the killers. 彼女はその男を殺人犯の1人だと指摘した［認めた］ ❸ 〖楽〗〔楽器・曲〕を指で演奏する［弾く］，ある運指法で演奏する；〔楽譜〕に運指法を示す ―自 〖楽〗指で演奏する［弾く］

▸▸ **～ àlphabet** 名 C (指話術の)指文字 **～ bòwl** 名 C フィンガーボール《食卓で指先を洗う小鉢》 **～ fòod** 名 U C 手でつまんで食べられる食べ物 **～ hòle** 名 C (管楽器や電話のダイヤルの) 指穴 **～ lànguage** 名 U (聾唖(ろうあ)者用の) 指話 **～ plàte** 名 C 指板《手あかがつかないようにドアの取っ手や鍵穴(かぎあな)の周辺にはった金属やガラスの板》 **～ tìght** 形 手できつく締めた ‖ Make those nuts ～ *tight.* そのナットをうんときつく締めろ **～ tòwel** 名 C フィンガータオル《小型の手拭きタオル》 **～ wàve** 名 C フィンガーウエーブ(法)《熱を使わずに髪をぬらした上で指とくしで行う整髪》

fínger·bòard 名 C (バイオリンなどの)指板

fin·gered /fíŋgərd/ 形 《複合語で》…指の, 指が…の ‖ five-～ 5本指の / light-～ 指先が器用な
fin·ger·ing /fíŋgərɪŋ/ 名 〘楽〙 U 運指法 ; C 運指記号
fin·ger·ling /fíŋgərlɪŋ/ 名 C 幼魚《1年以内のもの》
fínger·màrk 名 C 《通例 ～s》(汚れた)指跡
fínger·nàil 名 C (手の)指のつめ(⇨ NAIL 類語P)
clìng [OR *hàng*] *òn by one's fíngernails* 《必死の思いで》頑張る
fínger-pàint 名 U C フィンガーペイント《子供が指で絵を描くのに使うゼリー状の絵の具》
— 動 自 他 フィンガーペイントで描く **～·ing** 名
fínger·pìck 名 C フィンガーピック《指先につけてギターなどを弾くのに使う道具》
— 動 他 (指先・フィンガーピックで)〔ギターなど〕を弾く
fínger·pòst 名 C 指道標, 道しるべ(signpost)
fínger·prìnt 名 C ❶ 指紋 ‖ take his ～*s* 彼の指紋をとる / The burglar left no ～*s.* 強盗は指紋を一切残さなかった / dust for ～*s* 指紋を採取するために粉をかける ❷ 識別特徴 — 動 他 〔人〕の指紋をとる ; (指紋を採取するため)…に粉をかける
▸▸**～ rèader [scànner]** 名 C 指紋読み取り器
fínger·stàll 名 C (指の保護用の)指サック
fínger·tìp 名 C 《通例 ～s》指先
clìng [OR *hàng*] *òn by one's fíngertips* =*cling on by one's* FINGERNAILS
hàve ... at one's fíngertips ① …をすぐに[簡単に]利用できる ② …に精通している
to one's [OR *the*] *fíngertips* 指先に至るまで, 徹底して
fin·i·al /fíniəl/ 名 C 〘建築〙フィニアル, 頂華(ちょうか)《屋根の頂や切妻・尖塔(せんとう)などの先の飾り》; (カーテンポールなどの)頂部装飾
fin·i·cal /fínɪkəl/ 形 =finicky
fin·ick·y /fíniki/ 形 ❶ 気難しい, えり好みが激しい ; 細かすぎる ❷ 細心の注意を要する
fin·is /fíːnɪs/ 名 C 《単数形で》(書物や映画などで)終わり, 完

fin·ish /fínɪʃ/ 動 名

中心義 …を成し遂げる

— 動 (**～·es** /-ɪz/ ; **～ed** /-t/ ; **～·ing**)
— 他 ❶ **a** (+目)〔物・事〕を**終える**, 済ます, 完了する《**off,** 《主に米》**up**》; …を締めくくる(↔ begin, start)〈**with** …で / **by** *doing* …して〉 ‖ *Finish* your homework before you watch TV. テレビを見る前に宿題を済ませなさい / Have you ～*ed* that book yet? もうその本を読み[書き]終えましたか / ～ one's life 一生を終える / ～ high school 高校を卒業する / ～ *up* [OR *off*] a thesis 論文を書き上げる / The new terminal building will be ～*ed* soon. 新ターミナルビルは間もなく完成します / The band always ～*es* their concerts *with* the national anthem. その楽団はいつもコンサートを国歌で締めくくる / The scandal ～*ed* his career. そのスキャンダルのため彼の出世は断たれた
b 《+*doing*》…し終える (♦ to *do* はとらない) ‖ He has just ～*ed* talking [×to talk] on the phone. 彼はちょうど電話での話を終えたところだ / Let's go for a walk after we ～ doing the dishes. 食器を洗い終えたら散歩に出かけよう
c 《直接話法で》…と言って話し終える, 締めくくる ; 〈人(が言ったこと)〉に続けて…と言って締めくくる〈**for**〉 ‖ "Liza seems nice, but ..." "Strange," he said, ～*ing* for her. 「ライザはいい人そうに見えるんだけど, でも…」「変わり者だ」と言って彼は彼女の話を締めくくった
❷ 〔飲食物〕を飲み[食べ]尽くす, 平らげる ; 〔物〕を使い切る《*off, up*》 ‖ Let me ～ my tea first. まずお茶を飲み終えさせてくれ / She was ～*ing* her drink. 彼女は酒を飲み終えるところだった / *Finish off* the remains of your salad. サラダの残りを全部食べてしまいなさい
❸ …に〈…で〉仕上げを施す, 〔木材・金属・革など〕に〈…で〉仕上げ加工[塗り]をする, 磨きをかける〈**with**〉(♦ しばしば受身形で用いる) ‖ This table is beautifully ～*ed.* このテーブルは仕上がりが美しい / ～ wood *with* varnish 木材にニスで仕上げ塗りをする
❹ 〔競技など〕を〈…位[着]で〉終える〈**in**〉 ‖ ～ the 200 meters *in* third place 200メートルで3着になる
❺ 〔人〕をへとへとにさせる, まいらせる, いらいらさせる ; 〔人〕を殺す ; 〔人〕を破滅させる《*off*》
❻ 《旧》〔若い女性など〕に(社交界に出るための)準備教育をする(→ finishing school)
— 自 ❶ (物・事が)終わる, 済む(↔ begin) ‖ The party ～*ed* at eight. パーティーは8時に終わった
❷ (人が)(仕事などを)終える, 済ます ; (行事・時の経過などが)終わる, 締めくくられる〈**with** …で / **by** *doing* …して〉 ‖ I haven't ～*ed* yet. まだ終わっていません / Let's ～ *with* [OR *by* singing] this song. この歌を歌って終わりにしよう / The evening ～*ed with* singing and dancing. その夕べは歌と踊りで締めくくられた
❸ 《be ～ed で》(人が)〈仕事などを〉終わっている, 済ませている〈**with**〉; (物が)なくなる(♦ 受身形ではなく完了形の一種で, 動作の結果としての状態を表す. have finished より《口》) ‖ Are you ～*ed* (*with* the magazine)? (その雑誌は)もうお済みですか / I'm ～*ed*! (仕事などが)終わった / Please don't take my plate away. I'm not ～*ed.* お皿を下げないでください. 食べ終わっていません
❹ 《序数詞などを伴って》(競技などで…位[着])に入る ‖ ～ third [in a dead heat] 3着[同着]でゴールインする

****finish óff*** 〈他〉《*finish óff ... / finish ... óff*》 ① …をすっかり終える, 完全に済ませる, …を締めくくる(→ 他 ❶ **a**) ② 〔飲食物〕を飲み[食べ]尽くす(↘ polish off) ; …を使い切る(→ 他 ❷) ③ 〔人〕をへとへとにさせる, まいらせる ; 〔相手〕をやっつける ; …を殺す (→ 他 ❺) ‖ The heat ～*ed* him *off.* 暑さで彼はまいってしまった / The hunter ～*ed off* the lion. ハンターはライオンにとどめを刺した ④ …を〈…で〉きれいに仕上げる〈**with**〉 —〈自〉すっかり終わる, 終了する ; 〈…で〉締めくくる[られる](conclude)〈**with**〉 ‖ Let's ～ *off* now. もうおしまいにしよう / The speaker ～*ed off with* a cough. 語り手は締めくくりにせき払いをした
finish úp 〈自〉 ① 〈…で〉すっかり終わる, 終了する〈**with**〉 ② 《主に英》最後には…になる, 結局…して終わる ; …にたどり着く ‖ He ～*ed up* in jail. 彼は最後には刑務所送りになった / Be careful, you could ～ *up* (by) catching (a) cold. 気をつけなさい. 挙げ句に風邪などひくかもしれませんよ / ～ *up* poor 結局貧乏で終わる —〈他〉《*finish úp ... / finish ... úp*》 ① 《主に米》…をすっかり終える, 完全に済ませる(→ 他 ❶ **a**) ② =*finish off* ②(↑)
****finish with ...*** 〈他〉(♦ ① 以外では通例完了形で用いる) ① …で終える, 締めくくる(→ 自 ❷) ② …を(使い)終える, …(の用)を済ませる(→ 自 ❸) ③ 《口》…と縁を切る, 別れる, 絶交する ‖ I have ～*ed with* her. 彼女とは別れた ④ …をしかる[懲らしめる]のをやめる

COMMUNICATIVE EXPRESSIONS

1 **I'm nòt fínished with you.** 話はまだある ; 用件は終わっていない(♥ 目上の立場の人が目下に対して説教・叱責する際に用いることが多い)
2 **Lét me finish by sàying** how relíeved we are that the pròblem has been resólved. NAVI 最後に, この件が解決して大変安堵(あんど)したと言わせてください(♥ 議論を終了に導く表現. 特に最後の補足や締めくくりの前置き)
3 **(Wáit!) I'm jùst fínishing.** (待って)もう終わるところですから(♥ 話が終盤を迎えたときに割り込んできた相手に対する断りの表現)
4 **(Wáit!) Lèt me fínish.** (待って)最後まで言わせてください(♥ 発言への割り込みを突っぱねる)
5 **You càll that fínished?** それで終わったつもり? ; それでできたと思ってるの(♥ 仕上がりに不満を表す皮肉表現)

— 名 (複 **～·es** /-ɪz/) ❶ C 《単数形で》**終わり**, 最後 ; (競

F

技などの)ゴール, 最終場面, 大詰め(⇨ END 類語) ‖ fight to the ～ 勝負の決着がつくまで戦う / from start to ～ 初めから終わりまで / a close ～ in the election 選挙で接戦の当選
❷ Ⓤ/Ⓒ《単数形で》仕上げ, 仕上がり, フィニッシュ; 仕上げ塗り[工事]; 仕上げ材料《ニス・ワックスなど》‖ furniture with a glossy ～ つや出し仕上げをした家具 ❸ Ⓒ Ⓤ (人格などの) 完成, 洗練, あか抜け ‖ His novels lack literary ～. 彼の小説には文学的に洗練されたところがない
be ìn at the fínish (キツネ狩りで)獲物の最期の場面に居合わせる; (競技で)最後まで残る; (事件などの)最終段階を見届ける
～·er 名 Ⓒ (レースの)完走者
▸▸ **～ líne** 名 Ⓒ《主に米》決勝線

***fin·ished** /fínɪʃt/ 形 ❶《限定》終えた; 完成した, 仕上がった ‖ ～ goods 完成品, 製品 ❷《限定》磨きのかかった, 洗練された ‖ ～ manners 洗練された物腰 ❸《叙述》駄目になった; 破滅した, 先行きの希望のない

fin·ish·ing /fínɪʃɪŋ/ 形《限定》最後の, 仕上げの
▸▸ **～ líne** 名 Ⓒ《英》〖競技〗(レースの)決勝線, フィニッシュライン(《主に米》finish line) **～ schòol** 名 Ⓒ 教養学校《若い女性が社交界に出るための準備教育を受ける私立学校》 **～ tòuches** 名 複 仕上げの一筆; 最終調整

***fi·nite** /fáɪnaɪt/ 形 ❶ 限られた, 限界のある, 有限の(↔ infinite); 測定可能な ‖ a ～ amount of resources 限られた量の資源 / a ～ list of choices 限られた選択範囲 ❷〖文法〗(動詞が)定形の **～·ly** 副 **～·ness** 名
▸▸ **～ vérb** 名 Ⓒ〖文法〗定型動詞《主語の人称・数・時制・法によって限定されている動詞のこと. 例えば be 動詞では am, is, was など》(→ infinitive)(↔ non-finite verb)

fink /fɪŋk/《米俗》《旧》《けなして》名 Ⓒ いやなやつ; 密告者; ストライキ破り ── 動 自〈…を〉密告する〈**on**〉

***Fin·land** /fínlənd/ 名 フィンランド《北欧の共和国. 公式名 the Republic of Finland. 首都 Helsinki》

***Finn** /fɪn/ 名 Ⓒ ❶ フィンランド人 ❷ フィン族の人《フィン(ランド)語を話す人》; フィンランド系の人

fin·nan had·die [**had·dock**] /fìnən hǽdi, -hǽdək/ 名 Ⓤ 燻製(くんせい)タラ

finned /fɪnd/ 形《しばしば複合語で》(…の) ひれのある ‖ long-～ ひれの長い

Finn·ic /fínɪk/ 形 フィン族の; フィン(ランド)語の

***Finn·ish** /fínɪʃ/ 形 フィンランド(Finland)の; フィン(ランド)人[語]の ── 名 Ⓤ フィン(ランド)語

Fin·no-U·gric /fìnoʊjú:grɪk/ ⦅図⦆ 名 Ⓤ 形 フィノ＝ウゴル語族(の)《Finnish, Estonian, Lapp, Magyar などの言語を含む》

fiord /fiɔ:rd, fjɔ:rd/ 名 ＝fjord

***fir** /fə:r/(♦ 同音語 fur) 名 Ⓒ〖植〗モミ(の木); Ⓤ モミ材
▸▸ **～ còne** 名 Ⓒ (乾燥した)モミの球果

⁂fire /fáɪər/ 名 動

> 名 火❶❷ 火事❹ 発射❺
> 動 他 発射する❶ 首にする❷

── 名 (▶ fiery 形)(複 **～s** /-z/) ❶ Ⓤ **火**; 火炎; 燃焼(状態) ‖ Animals are afraid of ～. 動物は火を怖がる / Man learned to tame ～. 人間は火を使いこなすことを学んだ / raging ～ 激しく燃えさかる炎
❷ Ⓒ (かまど・炉などの)**火**, 炉火, 炭火, たき火; (料理用の)火 (♦ たばこ・マッチなどの火は light) ‖ make [OR start, build] a ～ 火をおこす / **light** a ～ 火をつける (♦「(ストーブの)火をつける」は通例 light (the stove);「火を消す」は put out で,「火が消える」は go out) / make up a ～ 火にまき(など)をくべる / tend a ～ (消えないよう)火の番をする / put a kettle on the ～ やかんを火にかける / Cook the stew on a low ～ (for a couple of hours). シチューをとろ火で (2, 3時間) 煮なさい / an open ～ (暖炉の)火種
❸ Ⓒ《英》暖房器, ストーブ ‖ Could you put the ～ on? 暖房を入れていただけませんか /「an electric [a gas] ～ 電気[ガス]ストーブ
❹ Ⓒ Ⓤ (1件の) **火事**, 火災 ‖「There was a ～ [A ～ broke out] in my neighborhood last night. 昨夜近所で火事があった / Two people died in the hotel ～ last week. 先週のホテル火災で2人が亡くなった / a forest ～ 山火事 / fight ～ 消火に当たる / put out a ～ 火事を消す / start a ～ 火事を起こす / *Fire!* 火事だ / ～ regulations 消防法規
❺ Ⓤ Ⓒ (銃砲の)**発射**, 発砲; 銃火, 砲火; (非難などの)矢継ぎ早の[激しい]攻撃 ‖ open a heavy ～ (on ...) (…に) 激しい攻撃を開始する / an attack with rifle ～ ライフル銃による攻撃 / running ～ (動きながら行う) 連続射撃; (質問などの)連発 / Cease ～!《号令》撃ち方やめ / a ～ of criticism 非難の集中砲火 / return ～ 反撃する
❻ Ⓤ Ⓒ 激情, 情熱, 熱意; 活発な想像力, 霊感 ‖ Our inner ～*s* were ablaze. 我々の内に秘めた熱情は燃え立っていた / His speech kindled ～ in me. 彼の演説は私の心に火をつけた / be full of ～ 熱意にあふれている / poetic ～ 詩的ひらめき
❼ Ⓤ 火のような[赤々とした]輝き, (宝石などの)きらめき, 光輝; 閃光(せん) ‖ the ～ of a gem 宝石のきらめき / the ～ of the sunset 燃えるような日没 ❽ Ⓤ 発熱(fever), 炎症(状態); (アルコールを飲んだときの)かっと熱い感じ, ほてり
❾ Ⓤ 厳しい試練; (the ～)火刑, 火責め

a ball of fire ⇨ BALL[1](成句)
between twò fires 両側[前後]から砲撃[攻撃]を受けて; 板挟みになって
brèathe fíre かっとなっている, 怒っている
****càtch fíre*** ① 火がつく[移る] ‖ Paper *catches* ～ easily. 紙は簡単に火がつく ② (物語などが) 面白くなる; 興奮させる
dràw (*a pèrson's*) ***fíre*** ① (人の) 非難を招く ② (敵[人]の)攻撃[非難]をこちらに引きつける
fight fire with fíre 相手と同じ手段で対抗する; 目には目をもって返す
fire and brímstone 地獄の責め苦; 激しい非難[脅し]
fire in one's [OR ***the***] ***bélly*** 野心, 情熱
gò through fire and wáter 〈…のために〉水火もいとわない, あらゆる危険を覚悟する〈**for**〉
hàng [OR ***hòld***] ***fíre*** ① (銃砲が)遅発する ② 〈…の〉実行[決定]を遅らせる〈**on**〉 ③ (計画などが) 遅滞する, はかばかしく進まない ‖ The negotiations are *hanging* ～. 交渉は遅滞している
hòld one's fíre ① 発砲[攻撃]を控える ② 発言を控える
kèep the hòme fires búrning (留守中の)家庭を守る
light [OR ***build***] ***a fíre under a pérson*** 《主に米》〔人〕を行動に駆り立てる, 〔人〕にやる気を起こさせる
****on fíre*** ① 燃えて, 炎上して(burning) ‖ Your house is *on* ～! 君の家が火事だよ ② 熱意に燃えて ③ (傷などが) 痛んで, ひりひりして
òpen fíre ① 発砲し始める ② 〈人に〉(質問・非難などの)攻撃を開始する〈**on**〉(→ 名 ❺)
plày with fíre 火遊びをする, 危険なことをする
pùll ... òut of the fíre (危険を冒して) …の危機を救う, 成功させる
sèt fíre to ... ; ***sèt ... on fíre*** ① …に火をつける, 放火する ‖ *set* ～ *to* a house 家に放火する / *set* a haystack *on* ～ 干し草の山を焼く ② …を興奮させる, かき立てる
strìke fíre (マッチ・火打ち石で)火を打ち出す
****under fíre*** ① 砲火を浴びて ② 非難攻撃を受けて, 批判されて

COMMUNICATIVE EXPRESSIONS
1 **Whère's the fíre?** 何をそんなに急いで[興奮して]いるんだ(♥ スピード違反者などに警官が用いることが多い)

── 動 (**～s** /-z/; **～d** /-d/; **fir·ing**)

— 他 ❶〔銃・ロケットなど〕を〈…に〉**発射する**,〔弾丸など〕を撃つ,〔矢〕を射る〈**at, into**〉;〔爆発物など〕を爆発させる ‖ ~ a gun *at* them 彼らを目がけて鉄砲を撃つ / ~ a shot [OR bullet] through his head 弾丸で彼の頭を撃ち貫く / ~ the opening shot (戦いなどの)火ぶたを切る / ~ a salute 礼砲を撃つ / ~ a charge of dynamite ダイナマイトを爆発させる / ~ powerful serves (テニスなどで)強力なサーブを打つ
❷《口》…を**首にする**, 解雇する〈**from** …から; **for** …で〉(♥ 婉曲的には pink-slip という)(⇨ DISMISS 類語) ‖ He was [OR got] *~d from* the railway. 彼は鉄道会社を首になった
❸〔感情など〕を〈…で〉燃え立たせる;〔人〕を〈…で〉活気づける, 鼓舞する;…を興奮させる〈**with**〉‖ This experience *~d* my determination to become a doctor. この経験が医者になろうという私の決意を燃え立たせた / ~ her imagination [ambition] 彼女の想像力をかき立てる[野望を燃え上がらせる] / She was *~d with* inspiration. 彼女にインスピレーションがひらめいた
❹〔れんが・陶器など〕を焼く;…に火を通す;…を熱で乾かす ‖ ~ bricks in a kiln 窯でれんがを焼く / ~ tea 茶をほうじる ❺…を勢いよく投げつける;〔質問など〕を〈…に〉浴びせる〈**at**〉‖ ~ questions *at* him 彼に質問を浴びせかける
❻〔エンジン・ボイラーなど〕に燃料を供給する, 火を入れる, 点火する;《旧》…に火をつける, …を燃やす ‖ ~ a boiler ボイラーをたく / ~ a rocket engine ロケットエンジンに点火する ❼…を赤々と輝かせる, 火のように赤くする ‖ Every window was *~d* by the setting sun. どの窓も沈む太陽の光を受けて燃えているようだった
— 自 ❶(銃などを)〈…目がけて〉発射する, 発砲する〈**at, on, upon, into**〉;(銃などが)発射される ‖ *Fire!* 《号令》撃て / The gun *~d*. 銃が火を吹いた / *~ at* a target 攻撃目標目がけて撃つ / *~ into* [OR *on*] the crowd 群衆に発砲する
❷火がつく, 燃えつく;(エンジンなどが)点火する
❸火のように赤くなる;興奮する;(感情などが)燃え上がる
fire awáy 〈自〉《口》発砲し始める(→ CE 2)
fire báck 〈他〉(***fire báck ...*** / ***fire ... báck***)…を撃ち返す;〔返答など〕を言い返す, やり返す —〈自〉撃ち返す;〈…に〉(怒って)言い返す, やり返す〈**at**〉
fire óff ... / ***fire ... óff*** 〈他〉①〔弾丸・ロケット・宇宙船など〕を発射する;…を撃ち尽くす ②〔怒りの手紙など〕を急いで[次々に]送る ③〔質問など〕を〈…に〉浴びせる, 矢継ぎ早に言う〈**at**〉
fire úp 〈他〉(***fire úp ...*** / ***fire ... úp***)①《米口》〔エンジン・パソコンなど〕を始動させる;〔たばこ・かまどなど〕に火をつける ②《受身形で》かっとなる, 奮起する —〈自〉①《米口》点火する ②かっとなる;発奮する

COMMUNICATIVE EXPRESSIONS
2 **Fìre awáy** [OR **ahéad**]. (質問などを)さあどんどん言ってくれ[聞いてくれ](=Shoot.)

▶▶ **~ alàrm** 名 C 火災警報;火災報知機 **~ ànt** 名 C 〖虫〗アカカミアリ, ヒアリ(火蟻)《中南米熱帯原産のアリ. かまれると焼けるような痛みを感じる》**~ blìght** 名 U 火傷病《リンゴなどの果実樹の葉・枝を黒くしてしまう伝染病》**~ brigàde** 名 C《集合的に》《単数・複数扱い》《英》消防団;消防署(fire service,《米》fire department) **~ chìef** 名 C 消防署長 **~ contról** 名 U〖軍〗射撃指揮(系統) **~ depàrtment** 名 C《通例単数形で》《米》消防署(《英》fire brigade) **~ dòor** 名 C 防火扉, 非常扉;(炉・ボイラーなどの)たき口戸, 点検窓 **~ drìll** 名 U C 消防演習, 防火[避難]訓練 **~ èngine** 名 C 消防自動車 **~ escàpe** 名 C 火災避難装置《非常階段や避難ばしごなど》**~ extìnguisher** 名 C (携帯用)消火器 **~ hòse** 名 C 消火ホース **~ hỳdrant** 名 C = fireplug **~ insùrance** 名 U 火災保険 **~ ìrons** 名 複 暖炉用具《火かき棒・火箸(ひばし)・シャベルなど》**~ lìne** 名 C《米》(延焼を食い止めるための)防火帯(firebreak) **~ màrshal** 名 C 消防隊長, (工場などの)防火責任者 **~ òpal** 名 C U 火蛋白(かたんぱく)石, 赤いオパール(girasol) **~ pràctice** 名 U C《英》=fire drill **~ sàle** 名 C 焼け残り品特売 ‖ at a *fire-sale* price 二束三文の値段で **~ scrèen** 名 C =fireguard ❶(⇨ FIREPLACE 図) **~ sèrvice** 名 C《英》=fire brigade **~ shìp** 名 C (昔の)火船《爆発物を載せて火をつけ, 敵船中に流し入れる》**~ sìgn** 名 C〖占星〗火のエレメント《星座占いの12星座のうち, 牡羊(おひつじ)座・獅子(しし)座・蠍(さそり)座からなる1グループ. ほかに水・地・風がある》**~ stàtion** 名 C 消防署 **~ trùck** 名 C《米》=fire engine

fíre·àrm 名 C《通例 ~s》(小)火器《特に小銃・ピストルなど》
fíre·bàck 名 C 炉の背壁
fíre·bàll 名 C ❶火の玉《太陽など》;火球《光度の強い大流星》;球電《稲妻の一種》;(核爆発直後の)火球 ❷《口》精力家, 活動家 **~·er** 名 C〖野球〗速球投手
fíre·bòat 名 C《米》消防艇
***fíre·bòmb** 名 C 焼夷(しょうい)弾
— 動 他 …を焼夷弾で攻撃する
fíre·bòx 名 C (機関車・ボイラーなどの)火室
fíre·brànd 名 C ❶(闘争などの)扇動者(agitator) ❷燃え木, たいまつ
fíre·brèak 名 C (森林・草原などの)防火線[帯]
fíre·brìck 名 C 耐火れんが
fíre·bùg 名 C《口》放火犯人, 放火魔
fíre·clày 名 U 耐火粘土《耐火れんがの原料》
fíre·cràcker 名 C 爆竹(ばくちく)
fired /fáɪərd/ 形《複合語で》…を燃料とした ‖ gas-~ ガスを燃料とした / a wood-~ stove まきストーブ
fíre·dàmp 名 U〖鉱〗坑気《坑内の爆発性ガス》
fíre·dòg 名 C (炉の)まき台(andiron)
fíre-èater 名 C ❶(サーカスなどの)火食い術師 ❷《旧》《口》けんか[議論]好きな人, 戦闘的な人
fíre·fìght 名 C〖軍〗(本格的な攻撃に先立つ)小競り合い, 前哨(ぜんしょう)戦
***fíre·fìghter** 名 C 消防士, 消防隊員
fíre·fìghting 名 U 消防(活動)
fíre·flỳ 名 (複 **-flies** /-z/) C〖虫〗蛍
fíre·guàrd 名 C ❶(炉の前の)防火[防熱]用ついたて[金網](⇨ FIREPLACE 図) ❷《米》=firebreak
fíre·hòuse 名 (複 **-hous·es** /-hàuzɪz/)《米》(小さな町の)消防署(fire station)
fíre·lìght 名 U (炉などの)火明かり
fíre·lìghter 名 U C《英》(炉などの)つけ木
***fire·man** /fáɪərmən/ 名 (複 **-men** /-mən/) C ❶消防士, 消防隊員(中立 firefighter) ❷(炉・機関などの)火夫(中立 stoker);〖鉄道〗機関助手(中立 driver's assistant) ❸《米俗》〖野球〗救援投手, 火消し役(relief pitcher)
***fíre·plàce** 名 C 暖炉;炉床(hearth) ‖ sit by the ~ 炉辺に座る

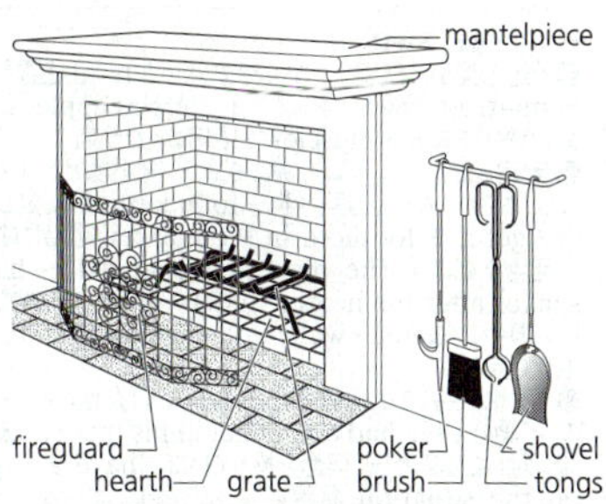

fireplace

F

fíre·plùg 名 C 《米》消火栓
fíre·pòwer 名 U 〖軍〗火力《一部隊または兵器の発射し得る弾丸の量》
fíre·pròof 形 耐火性の, 不燃性の ‖ ～ construction 耐火構造 ―動 他 …を耐火性にする
fir·er /fáɪərər/ 名 C ❶ 発火者, 放火犯 ❷ 点火物
fíre-ràising 名 U 《英》放火(arson) **-ràis·er** 名
fíre-resìstant 形 耐火性の
fíre-retàrdant 形 防火保護された, 引火しにくい, 火を鈍化[阻止]する性能を持った
fíre·sìde 名 《通例 the ～》炉辺；(一家団欒(だんらん)の場としての)家庭 ‖ sit by the ～ 炉辺に座る
―形 《限定》くだけた, 打ち解けた ‖ a ～ chat 炉辺談話[閑話]
fíre·stòne 名 U (炉などに用いられる)耐火石材
fíre·stòrm 名 C ファイアストーム《核爆発などによって引き起こされる大火災》
fíre·tràp 名 C (老朽化や構造上の欠陥などのため)火災時に非常に危険な建物
fíre-wàlking 名 U (宗教上の修行などでの)火渡り
-wàlk·er 名 C 火渡り行者
fíre·wàll 名 C ❶ 防火壁 ❷ 💻ファイアウォール《ネットワーク・コンピューターへの外部からの不正アクセスを阻止するためのプログラム・装置》
―動 他 ❶ 💻…をファイアウォールで守る ‖ My PC is ～*ed*. 私のパソコンにはファイアウォールを装備している ❷ 《俗》…のパワーを全開にする
fíre-wàtcher 名 C 《英》(空襲時の)火災監視員
fíre·wàter 名 U 《俗》火酒《強い酒》
fíre·wèed 名 U 焼跡に生える雑草《ヤナギランなど》
fíre·wòod 名 U まき, たきぎ
fíre·wòrk 名 C ❶ 花火；《～s》花火の打ち上げ, 花火大会 ‖ set [OR let] off ～*s* 花火に火をつける / shoot off ～*s* 花火を打ち上げる ❷ 《～s》《口》(怒りなどの)表出, 爆発；(機知などの)発揮
fir·ing /fáɪərɪŋ/ 名 U C ❶ 発砲, 発射 ❷ 燃料, まき
▸▸ **～ lìne** (↓) **～ pìn** 名 C (銃砲の)撃針《発射装置の一部》 **～ squàd** [《英》**pàrty**] 名 C (軍隊葬の)弔銃(ちょうじゅう)部隊；(銃殺刑執行の)銃殺隊
fíring lìne 名 《the ～》〖軍〗火線, 最前線；(非難の)矢面
on [《英》***in***] ***the fíring lìne*** 攻撃[非難]を真っ正面から受けて
òut of the fíring lìne 攻撃[非難]を免れる
fir·kin /fə́ːrkɪn/ 名 C ❶ (液体やバターなどを入れる)小さなおけ ❷ ファーキン《英国の容量単位. 約41リットル》

⁑firm[1] /fəːrm/ 形 副 動

中心義 **堅くしっかりとして揺るがない**(★具体的な「物」に限らず, 「考え」「態度」など抽象的なものについても用いる)

形 堅い❶ 安定した❷ 確固たる❸ 断固たる❹

―形 (～·er ; ～·est)
❶ (質が)**堅い**, 堅固な；堅く締まった(⇨ HARD 類語) ‖ a ～ mattress 堅いマットレス / a ～ green apple 身の締まった青リンゴ / ～ muscles 引き締まった筋肉
❷ **安定した**, ぐらつかない, 揺るぎない；(動作などが)しっかりした, ふらつかない, 力強い ‖ ～ foundations 安定した土台 / get a ～ foothold in the market 市場に確固たる足場を築く / The players exchanged ～ handshakes after the heated match. 選手たちは熱戦の後固い握手を交わした / walk with ～ steps しっかりした足取りで歩く
❸ (思想・主義などが)**確固たる**, 強固な；(友情などが)不変の, 不動の ‖ He had a ～ belief in his theory. 彼は自論に対して確固とした信念を持っていた / have a ～ grip on the situation 状況をしっかり掌握している / a ～ decision on the issue 問題に関する揺るぎない裁断 / a ～ friendship [partnership] 堅い友情[協力関係]
❹ (態度などが)**断固たる**, きっぱりした, 決然とした；(人が)断固たる態度の〈**with** …に対して；**about** …に関して〉；(顔つきなどが)決意のほどを表す, 意志の強さを表す ‖ Our boss is ～ *with* us at work. 上司は仕事中は私たちに厳しい / You should take a ～ stand. あなたは断固たる態度をとるべきだ / She answered with a ～ "no" 彼女はきっぱりと「ノー」と答えた / a ～ hand 厳しいしつけ[統制]
❺ (情報などが)真の, 真実に基づく ‖ ～ evidence 確実な証拠 ❻ (市況・物価が)〈…に対して〉変動しない, 安定した, 手堅い, 堅調の〈**against**〉‖ The yen has been ～ *against* the dollar this week. 今週円はドルに対して安定している ❼ 確定的な, 決定された ‖ a ～ date 確定的な日取り / a ～ contract [order] 確定契約[注文]
―副 《次の成句で》
hòld fírm to ... 〔主義など〕を固守する；…にしっかりすがる
stànd fírm しっかりと立つ；意見を変えない
―動 他 …を堅くする, 強固にする；…を固定する, 安定させる《*up*》；(植物の周りの)〔土〕を固める ‖ ～ the soil 土を固める ―自 堅くなる；固定する, 安定する《*up*》
fírm úp 〈他〉(***fírm úp ...*** / ***fírm ... úp***) ① 〔身体・筋肉など〕を鍛える ② 〔考え・取り決めなど〕を固める, 確定する ③ ⇨ 他 ―〈自〉⇨ 自
～·ness 名

⁎**firm**[2] /fəːrm/ 名 C ❶ (2人以上の合資による) 商会, 商社, 会社(♦ 社名にも用いる)(⇨ COMPANY 類語) ‖ an advertising ～ 広告会社 / a ～ of accountants 会計事務所 ❷ 《英》(医局長に率いられた大病院の)医師団
▸▸ **～ bánking** 名 U 💻ファームバンキング《企業のコンピューターを金融機関のコンピューターに接続して, 各種サービスをオンラインで受けること》
fir·ma·ment /fə́ːrməmənt/ 名 《the ～》《文》天空, 大空(sky)
⁑**firm·ly** /fə́ːrmli/
―副 (**more ～** ; **most ～**)
堅く, しっかりと；断固として, きっぱりと ‖ The candidate shook his supporters' hands ～. 候補者は支援者たちと固く握手をした / be ～ **established** しっかりと確立されている
fírm·wàre 名 U 💻(ROMなどに保存された) 読み出し専用ソフトウェア, ファームウェア《ROMにOSやアプリケーションを保存し, ハードウェア化したもの》

⁑first /fəːrst/ 形 副 名

中心義 **(順序・重要度などが)最も先の**
―形 《比較なし》❶ 《通例 the ～, one's ～》**第1の**, **1番目の**(♦ one に対する序数詞. 1st と略記される)；**最初の**, 先頭の(↔ last[1], final) ‖ He was the ～ person to produce blue roses. 彼は青いバラを生み出した最初の人だった / I said the ～ thing that came into my mind. 私は最初に心に浮かんだことを口にした / This is the ～ **time** I've driven a car. 私が車を運転するのはこれが初めてだ / the ～ snow 初雪 / What's your ～ impression of Japan? 日本の第一印象はどうですか / the ～ (day) of May 5月1日(♦ 日付のときは day をつけないのがふつう. → 名 ❷) / the ～ few days 最初の数日 / the ～ train 1番[始発]列車 / the ～ row 最前列 / at the ～ opportunity 機会があり次第 / in the ～ half of 2001 2001年の前半に
❷ **最良の**, **最高の**, 一流の；**最も重要な**, 最も位の高い ‖ Bora-Bora is the ～ choice for our honeymoon. ボラボラ島は新婚旅行でいちばん訪れたい場所だ / the ～ actor of the day 当代最高の役者 / the ～ priority 最優先事項 / an event of the ～ importance 最も重要な出来事 / ～ principles 基本原理
❸ 《the ～》《通例否定文で》ほんの初歩の, ほんのわずかの ‖ You don't know the ～ thing about it. 君はそれに

ついて基本的なことすらわかっていない
❹〘楽〙(同一楽器群・音声部の)最高音部[主要音部]の ‖ the ～ violin [soprano] 第1バイオリン[ソプラノ]
❺(自動車などのギアが)ファーストの, 1速の

first things first 最も重要なことから先に

＊***for the first tíme*** **初めて** ‖ I took a trip abroad *for the ～ time* in my life. 生まれて初めて海外旅行をした

in the first place ⇨ PLACE(成句)

the first ... but óne [*twó*] 最初から数えて2[3]番目の…

(the) first thing 一番に, 何はさておき ‖ I'll call you ～ *thing* in the morning. 朝一番に電話します

—副〘比較なし〙❶ NAVI **まず**(初めに), 第1に(⇨ NAVI表現 3);1番目に, 1位[1着]で;**最初に**(↔ last[1]) ‖ *First*, let me tell you about the overall situation. まず最初に全般的な状況についてお知らせします / *First* she ran a wet towel and then a dry towel over my face. 最初はぬれたタオルで, 次に乾いたタオルで, 彼女は手早く私の顔を拭いてくれた / Safety ～. 安全第一 / come in ～ in a race レースで1着になる / Who will speak ～? 最初に演説するのはだれですか / Sit down ～. まずは座りなさい / take a plunge head [feet] ～ 頭[足]から先に飛び込む

❷ **初めて**(♦ 通例動詞の前にくる) ‖ We ～ met him five years ago. 我々は彼に5年前に初めて会った / The song was ～ recorded in 1949. その歌は1949年に初めて録音された

❸(…するくらいなら)むしろ(…する) ‖ Surrender? I would die ～. 降伏だって. 死んだ方がましだ / I'd kill myself ～. いっそ自殺した方がましだ

＊***còme first*** ① 優勝する, 1位になる(→ 副❶) ②〈…にとって〉いちばん大切だ, 〈…が〉最優先である〈**with**〉‖ *With* Jim, his family always *comes* ～. ジムにとってはいつも何よりも家族がいちばんだ

first and fóremost 何よりもまず

first and lást 本質的に;どこから見ても

＊***first cóme, first sérved*** 最初の人が優先される;早い者勝ち(の) ‖ Tickets for the play will be sold on a ～ *come*, ～ *served* basis. 芝居の切符は先着順に売り出します

＊***first of áll*** NAVI 何よりもまず, **まず第1に**(⇨ NAVI表現 1) ‖ *First of all*, let me ask you some questions. まずいくつか質問させてください

first óff NAVI まず第1に(⇨ NAVI表現 1) ‖ *First off*, I would like to point out that many students want to have a school bus service from the train station to the university. まず, 多くの学生が駅と大学を結ぶスクールバスを望んでいるということを指摘したい

first úp ①〘英口〙まず第1に ②〘豪・ニュージ〙最初の試みでは

pùt ... first …を第1に考える ‖ He always *puts* his children ～. 彼はいつも自分の子供たちを優先させる

COMMUNICATIVE EXPRESSIONS

[1] **I'll sée you dàmned** [OR **hànged**] **fírst.** いやなこった;だれがやるものか(♥ 強い拒絶を表す.「おまえがくたばるのを見るのが先だ」より)

[2] **Ládies first.** どうぞ, 女性の方から;レディーファーストで(♥ 入り口や列で女性を先に通す際にかける言葉)

[3] **Yóu (go) first.** どうぞお先に(♥ 相手に先に行く[試してみる]ことなどを勧める表現. しばしば話者の気が進まないときに相手に先にやらせようとして使う)

—名(複 **～s** /-s/) ❶〘通例 the ～〙**1番目の人[もの]**;最初の人[もの], 第1位[級]の人[もの], 第1号, 初版本;最初のとき;1世 ‖ We are the ～ to drink this year's Beaujolais Nouveau wine. 我々は今年のボージョレヌーボーの最初の飲み手だ / The ～ I heard about the activities was from a friend at school. その活動について初めて聞いたのは学校の友達からだった / the ～ of [OR in] a series of long talks 一連の長い会談の最初のもの / Queen Elizabeth the *First* エリザベス女王1世(♦ しばしば Queen Elizabeth I と書く)

❷〘通例 the ～〙(月の)第1日, 一日(ついたち) ‖ the ～ of July＝July (the) ～ 7月1日

❸ Ⓒ〘a ～〙〘口〙最初の出来事[物], 初の快挙 ‖ Advancing to the World Cup was a real ～ for the Japan soccer team. ワールドカップへの出場はサッカー日本代表チームにとって真に初の快挙だった

❹ Ⓒ〘英〙(大学の試験の)最優秀の成績[学生] ‖ get [OR take] a ～ in physics 物理学で最優秀の成績をとる

❺ Ⓒ(競技の)1着, 1位 ‖ He was the ～ in the race. 彼は競走で1位になった

❻ Ⓤ(自動車などの)1速[ファースト]ギア(low gear) ‖ put the car in [OR into] ～ ギアをファーストにする ❼ Ⓒ〘楽〙(同一楽器群・音声部の)最高音部[主要音部] ❽ Ⓤ〘野球〙1塁(手);〘the ～〙〘ゴルフ〙第1ホール ❾ Ⓒ〘the ～s〙(スポーツクラブの)最強チーム ❿ Ⓒ〘～s〙一級品, 高級品

＊***at first*** **最初は**, 初めのうちは(♦ but や however を含む文が続くことが多い. 副❶の「最初に」の意味と区別すること) ‖ I didn't like reggae *at* ～. 初めはレゲエが好きではな

NAVI 表現 3. 列挙を表す

説明文などでは, 最初に概要を示し, その後から具体的な情報を次々と提示していく展開をとることが多い. 一般的には **first(ly)** [〘やや堅〙**in the first place**] などで始め, **second(ly)** [〘やや堅〙**in the second place**], **next**, **then** などを用いて論を進めていき, 最後に挙げる情報の前には **finally**, **lastly**, **last of all** などを置く. また, There are three reasons I like Picasso's work.(私がピカソの作品が好きな理由は3つある)などのように列挙する数を初めに明示し, **first, ... second, ... finally, ...** と列挙することもある. これらの列挙の表現は文章の流れを追う際の目印になる. また, 作文をする際にも列挙の表現を用いて理由や事柄を順序立てることで, 論点を整理し主張を明確にすることができる.

‖ Using the size of Tokyo Dome as a unit of measurement is not really very meaningful. *In the first place*, most people do not actually know how big it is. *In the second place*, it is sometimes not clear whether the size is based on the area of the field or on the whole size of the dome. *Finally*, there are many people who have never been to Tokyo Dome. 東京ドーム何個分というのは, あまり妥当な測定の尺度とはいえない. 第1に, ほとんどの人が実際の大きさを知らない. 第2に, グラウンドの大きさを基準にしているのかドーム全体を基準にしているのか明確ではないときがある. 最後に, 東京ドームに一度も行ったことがない人が多いということである

理由を列挙する場合, **for one thing, ... for another, ...** などの表現も可能である.

‖ There are some practical difficulties involved in teaching English at Japanese elementary schools. *For one thing*, the teachers working at elementary schools are not trained to teach English. *For another*, the present time schedule leaves no room for incorporating English into the curriculum. 日本の小学校で英語教育を実施するにあたって実際的な問題がいくつかある. 1つには現場の小学校の教師は英語を教える訓練を受けていないということである. さらに, 現状の時間割では英語をカリキュラムに組み入れる余裕がない

また, 理由や証拠などを追加しながら議論を進めていく場合, **moreover** や **furthermore** などを使って表現することもできる(⇨ NAVI表現 6).

かった(♥「後に好きになった」の意を含む)
first among équals 代表となる人[もの]
from first to lást 最初から最後まで
from the (vèry) fírst 最初から ‖ I didn't trust him *from the* ～. 最初から彼を信用しなかった

▶▶ **～ áid** 名 U 応急手当, 救急療法 **～ áider** 名 C 《英》救急隊員 **Fìrst Améndment** 名 《the ～》(米国の) 憲法修正第1条 (1791年権利章典の一部として成立した議会が宗教・言論・集会・請願の自由に干渉することを禁止した条項) (→ Bill of Rights) **～ bálcony** 名 C 《米》=dress circle **～ báse** (↓) **～ báseman** 名 C 《米》〔野球〕1塁手 **～ cáuse** 名 ① C 原動力, 第1原因 ② 《the F- C-》〔宗〕神, 造物主 **～ cláss** (↓) **～ cóst** 名 C U 〔経〕原価 (prime cost) **～ cóusin** 名 C いとこ **～ degrèe** 名 C 《主に英》大学で得られる最初の学位 (BA(文学士), BSc(理学士)など) **～ dówn** 名 C ファーストダウン (アメリカンフットボールで全4回の攻撃の最初. 4回で計10ヤード進まないと攻撃権が移る) ; 4回の攻撃でボールを10ヤード進めること **～ edítion** 名 C (本の)初版, 第1版 ; (新聞の)第1版 **～ fámily** 名 《the ～》《米》 ① 社会的に最高の地位にある一家・家系 ② 《しばしば F- F-》アメリカ大統領[州知事]一家 **～ fínger** 名 C 人差し指 (index finger) **～ flóor** 名 《通例 the ～》《米・カナダ》1階 (《英》 ground floor) ; 《英》2階 (《米》 second floor) **～ frúits** 名 複 (特に神に供える) 季節の初物 ; (労働・努力などの)最初の成果 **～ géar** 名 C (自動車の)第1速[低速]ギア **～ generátion** (↓) **～ hálf** 名 C (前半・後半に分かれたスポーツ試合の)前半 **～ lády** 名 《the ～》 ① 《しばしば F- L-》(米国の)大統領[州知事]夫人 ; (1国の)元首の夫人 ② (芸術・職業などにおける)女性の第一人者 **～ lánguage** 名 C 母語 **～ lieuténant** 名 C 〔米陸軍・空軍・海兵隊〕中尉(⇨ LIEUTENANT) ; 〔米海軍〕甲板士官 **～ líght** 名 U 夜明け **～ líne** (↓) **～ lóve** 名 U 初恋 ; C 初恋の相手 **～ máte** 名 C 〔海〕(商船の) 1等航海士 **～ nàme** (↓) **Fìrst Nátion** 名 C 《カナダ》ファーストネーション (カナダ政府によって行政上公認された先住民集団) **～ níght** (↓) **～ offénder** 名 C 初犯者 **～ ófficer** 名 C ① =first mate ② =copilot **～ pérson** 名 《the ～》 ① 〔文法〕一人称 (の語) ② 一人称の語り ‖ a novel narrated in the ～ *person* 一人称小説 **～ pláce** 名 U C 第1位 ‖ be awarded [take] ～ *place* 第1位を受賞する[とる] **～ prínciples** 名 複 〔哲〕第一原理 (理論・体系・方法の基礎となる概念や仮定) **～ réading** 名 C 第一読会 (議案を初めて議会に提出[紹介]すること) **～ refúsal** 名 U (家屋などの)第1先買権 **～ schòol** 名 C 《英》(5–8[9]歳の)初等学校 **～ sérgeant** 名 C 〔米陸軍・海兵隊〕中隊先任下士官, 曹長 (master sergeant) **～ stríke** 名 C (核兵器による) 先制攻撃 **～ wáter** 名 《the ～》ファーストウォーター (宝石類で最高の評価) ‖ of the ～ *water* 最高(級)の **Fìrst Wórld** 名 C 《単数形で》第一世界, 先進工業諸国 ‖ a *first-world* city 先進工業諸国中の一都市 **Fìrst Wòrld Wár** (↓)

fìrst-àid kít 名 C 救急箱

first báse 名 U 《通例無冠詞で》〔野球〕1塁
gèt to first báse 《通例否定文で》《米口》1塁に出る, 〈事業などの〉目標の第1段階に達する〈**with**〉; (異性関係が)キス程度の段階に進む

fírst·bòrn 形 《限定》最初に生まれた, 長子の (eldest)
━名 C 長子

***fìrst-cláss** ⟨シ⟩ 形 ❶ 《通例限定》一流の, 一級の, 最高級の ; 素晴らしい ‖ The food was ～. 料理は素晴らしかった / a ～ restaurant 一流レストラン / a ～ education 最高の教育 ❷ 《限定》(乗り物の) 1等の ‖ a ～ cabin (on a cruise ship) 1等船室 ❸ 《限定》第一種 (郵便)の (→ first class) ❹ 《限定》《英》(大学での)成績が1級の

fìrst cláss 名 U ❶ (乗り物の)1等 ❷ 第1種郵便 (《米》では封書・はがき, 《英》では翌日配達の料金の高い郵便物を指す) ‖ send a letter by ～ 第1種郵便で手紙を出す ❸ C 《英》(大学試験の) 最優秀[第1級]の学生 ━副 ❶ 1等で ‖ travel ～ 1等で旅行する ❷ 第1種郵便で

COMMUNICATIVE EXPRESSIONS
1 **First cláss!** 素晴らしいですよ (♥ しばしば相手を励ますために用いる形式ばった褒め言葉. ↘Great!/↘Terrific!)

fìrst·cómer 名 C 先着者, 最初の来訪者

fìrst-dày cóver 名 C 初日カバー (はった新切手に発行当日の消印の押してあるもの)

fìrst-degrée ⟨シ⟩ 形 《限定》 ❶ 《主に米》〔法〕(罪状が)第1級の (最も重い) ‖ ～ murder 第1級殺人 ❷ (やけどが)1度の (最も軽い)

fìrst-éver 形 《限定》初めての, (史上)初の

fìrst generátion 名 C ❶ 《単数形で》(移民の)1世 ; (その子である)2世 ❷ (開発された機器の)第1世代 ‖ the ～ of cell phones 携帯電話の第1世代

***fìrst·hánd** ⟨シ⟩ 形 《限定》直接の, じかの (→ *at first* HAND) ━副 直接に, じかに

fìrst-líne 形 第一線の ; 最前線の ; 最優良の, 最高級の ‖ as a ～ measure 第一線の措置として

fìrst líne 名 C 最前線 ‖ a ～ of defense 防御の最前線

fírst·ling /fə́ːrstlɪŋ/ 名 C 《通例 ～s》《古》《文》 ❶ 初物, はしり ; 最初の収穫[成果] ❷ 家畜の初子

***fírst·ly** /fə́ːrstli/ 副 《比較なし》 NAVI まず第1に (in the first place) (♥ 論点などを列挙するときに, first(ly) ..., second(ly) ...のように用いる. 時間的な順序には用いない) (⇨ NAVI表現 3) ‖ *Firstly*, we will consider the relationship between "form" and "function" in this section. まず, この節では「形式」と「機能」の関係について考察する

fírst nàme 名 C (姓 (family name)に対し) 名 (given name) **fírst-nàme** 形 《限定》(名で呼ぶほど) 親しい ‖ be on a ～ basis with ... …とごく親しい仲である

fìrst níght 名 C (芝居・オペラなどの)初日(の上演)
fìrst-níghter 名 C 初日の(常連の)客

fìrst-of-a-kínd 形 同一種類では最初の

fìrst-pàst-the-póst 形 《限定》《英・カナダ》(選挙方法・当選者が)多数代表制の (比例代表制に対して)

fìrst-ráte ⟨シ⟩ 形 ❶ 一級の, 一流の ❷ 素晴らしい ‖ a ～ book 素晴らしい本

fìrst-róund 形 ❶ (ボクシングなどの) 第一ラウンドの ❷ (トーナメント戦などの)第1次[1回戦]の ‖ a ～ pick (ドラフト会議で)一巡目に指名された選手

fìrst-rún 形 《限定》(映画が)封切りされた

fìrst-stríng ⟨シ⟩ 形 《限定》(スポーツチームの) レギュラーの, 正選手の **～·er** 名

fìrst-tíme ⟨シ⟩ 形 《限定》初めての ‖ a ～ buyer 初めて不動産を買う人 **-tímer** 名 C 初めての人

***Fìrst Wòrld Wár** 名 《the ～》=World War I

firth /fəːrθ/ 名 C 入江, 湾, 河口 (♦ 主にスコットランドの地名に用いる)

fisc /fɪsk/ 名 C ❶ 《米》国庫 ❷ 〔史〕ローマ皇帝の金庫

***fis·cal** /fɪ́skəl/ 形 《限定》国庫の ; 《主に米》財政(上)の, 会計の ‖ ～ policy 財政政策 / ～ tightening 財政引き締め / ～ restructuring 財政再建 / a ～ crisis 財政危機 / in ～ (year) 2013=in the 2013 ～ year 2013年会計年度で **～·ly** 副 財政上, 会計上
▶▶ **～ yéar** 名 C 《米》会計年度 (《英》 financial year) (国政では《米》では10月1日から翌年の9月30日まで, 《英》では4月6日から翌年の4月5日まで)

fish[1] /fɪʃ/ 名 動

━名 (複 ～ or ～·es /-ɪz/) (♦ 複数は通例 fish を用いるが, 魚の種類が異なっている場合は fishes となることもある) C ❶ 魚, 魚類 ‖ We caught four ～ in the lake and grilled them on the beach. 我々は湖で魚を4匹釣り浜辺で焼いた / There are many different kinds of

~(*es*) in this river. この川には多くの違った種類の魚がいる / freshwater [saltwater] ~ 淡水[海水]魚 / tropical ~ 熱帯魚 / the ~*es* of the Mediterranean 地中海の魚類 / swim like a ~ 魚のようにすいすい泳ぐ
❷ Ⓤ **魚肉**,（食品としての）魚（⇨ MEAT 類語P）‖ I like meat better than ~. 私は魚よりも肉の方が好きだ / fried ~ 魚のフライ / frozen [fresh] ~ 冷凍魚[鮮魚] / eat ~ raw 魚を生[刺身]で食べる
❸《修飾語を伴って》《口》人，やつ ‖ 「a queer [OR an odd] ~ 変なやつ / a cold ~ 冷たい[付き合いにくい]やつ / a cool ~ 図々しいやつ / a big ~ 大物，重要人物
❹《the Fish(es)》〖天・占星〗魚座；双魚宮(Pisces)
❺《主に複合語で》(一般に)水生動物，魚介 ‖ a jelly*fish* クラゲ / a cuttle*fish* イカ

a bìg físh in a smàll [OR ***lìttle***] ***pónd*** 小さい組織の中の大物；お山の大将，井の中のかわず
drìnk like a físh 《口》大酒を飲む，鯨飲(げいいん)する
have óther [OR ***bígger***] ***fish to frỳ*** 《口》ほかにもっとしなければならない重要なことがある
like a físh out of wáter 場違いで，勝手が違って，陸(おか)に上がったカッパのような[に]
like shòoting físh in a bárrel たやすい，ちょろい
nèither físh (***, flésh***) ***nor fówl*** ; ***nèither físh, flésh, nòr gòod rèd hérring*** 得体の知れないもの，はっきりしないもの，どっちつかずのもの

COMMUNICATIVE EXPRESSIONS

1 **There are plénty mòre** [OR **of òther**] **físh in the sèa.** 女[男]はほかにもたくさんいるよ（♥ 失恋した人への励まし）

—動 (**~·es** /-ɪz/ ; **~ed** /-t/ ; **~·ing**)
—自 ❶〈…の〉**釣りをする**，魚とりをする〈**for**〉‖ go ~*ing* in [OR at, ˣto] a river 川に釣りに行く / ~ *for* trout マス釣りをする
❷〈…を〉探る，捜す《***about, around***》〈**for**〉‖ I ~*ed around* in my bag *for* my passport. バッグの中をがさがさ探ってパスポートを捜した
❸（誘いかけて）〈情報・お世辞などを〉引き出す，得ようとする〈**for**〉（♥ 批判的ニュアンスで用いる）‖ ~ *for* compliments 巧みにお世辞を言わせる / ~ *for* information （それとなく）情報を探り出す
—他 ❶〔川など〕で〈…の〉魚を釣る，漁をする〈**for**〉（♦「〔魚〕を釣る」の場合の動詞は catch を用いる）‖ ~ a river *for* salmon 川でサケ釣りをする
❷《口》…を〈水中から〉引き上げる；…を〈ポケット・容器から〉取り[捜し]出す《***out***》〈**out of, from**〉‖ The stolen car was ~*ed out of* the pond. 盗難車が池から引き上げられた / I ~*ed* the key *out of* my pocket. 私はポケットからその鍵(かぎ)を取り出した

fish in tròubled wáters どさくさに紛れて[人の窮地を利用して]利益を得る，火事場泥棒をする
fish or cùt báit 《米口》態度をどちらかに決める
fish óut ... / ***fish ... óut*** 〈他〉《口》① ⇨ 他❷ ②〔意見・秘密など〕を探り出す ③《通例受身形で》(池・漁場などが)魚を捕り尽くされる

▶▶ **~ and chíps** 名Ⓤ（♦ 個々の構成物を意識するときは複数扱い）《主に英》フィッシュアンドチップス《魚のフライにフライドポテトを添えたもの》 **~ càke** 名Ⓒ 魚肉団子《魚肉とジャガイモを混ぜ合わせて揚げたもの》 **~ èagle** [**hàwk**] 名Ⓒ〖鳥〗ミサゴ(osprey) **~ fàrm** 名Ⓒ 養魚場 **~ fàrming** 名Ⓤ 養魚業 **~ fínger** 名Ⓒ《英》=fish stick **~ frỳ** 名Ⓒ《米》魚のフライ（の（野外）料理） **~ hùgger** 名Ⓒ《ときにけなして》水産資源保護運動家（→ tree-hugger） **~ kèttle** 名Ⓒ（魚を丸煮する）だ円形のなべ **~ knìfe** 名Ⓒ 魚肉用ナイフ（⇨ KNIFE 図） **~ làdder** 名Ⓒ 魚梯(ぎょてい)，魚道《魚がダムや滝などを登れるように造った階段状の水路》 **~ mèal** 名Ⓤ 魚粉《肥料・飼料用》 **~ slìce** 名Ⓒ《英》(食卓で)魚を盛り分けるナイフ；(料理用の)魚返し，フライ返し **~ stìck** 名Ⓒ《米》フィッシュスティック（《英》fish finger）《棒状の魚の切り身にパン粉をまぶして揚げたもの》 **~ stòry** 名Ⓒ《米口》ほら話，大ぼら

fish² /fɪʃ/ 名Ⓒ ❶〖海〗（マストなどの）補強用添え木 ❷ 継ぎ目(鉄)板

físh·bòwl 名Ⓒ ❶ 金魚鉢 ❷ プライバシーのない場所[状態] ‖ in the media ~ マスコミにさらされた状態の[で]

fish·er /fɪʃər/ 名Ⓒ ❶ 捕魚性の動物；〖動〗フィッシャーテン《北米産》；Ⓤ その毛皮 ❷《古》漁師(fisherman)；漁船

físher·fòlk 名複 漁師，漁民

***físh·er·man** /-mən/ 名（複 **-men** /-mən/）Ⓒ 漁師，漁民（中立 fisher）；釣り人 ‖ a ~ story ほら話 ▶▶ **~'s bénd** 名Ⓒ いかり結び **~'s knót** 名Ⓒ テグス結び

***fish·er·y** /fɪʃəri/ 名（複 **-er·ies** /-z/）❶ Ⓤ Ⓒ 漁業(fishing)，水産業 ‖ in-shore [deep-sea] *fisheries* 沿岸[遠洋]漁業 ❷ Ⓒ《通例 -eries》漁場 ❸ Ⓒ 養魚場，養殖場 ❹ Ⓤ 漁業権 ❺ Ⓒ 水産会社

fìsh·èye léns 名Ⓒ〖写〗魚眼レンズ

físh·hòok 名Ⓒ 釣り針 ‖ (as) crooked as a ~ うそつきな

***fish·ing** /fɪʃɪŋ/
—名（複 **~s** /-z/）❶ Ⓤ **釣り**，魚とり；漁業 ‖ commercial ~ 商業的漁業 / the ~ industry 漁業
❷ Ⓒ 漁場，釣り場
▶▶ **~ bòat** 名Ⓒ 釣り舟，漁船 **~ expedìtion** 名Ⓒ《a ~》(情報の)探り出し ‖ on a ~ *expedition* 情報を探ろうとして **~ flỳ** 名Ⓒ（釣りの餌(えさ)となる）昆虫[擬餌(ぎじ)] **~ lìne** 名Ⓒ 釣り糸 **~ rèel** 名Ⓒ 釣り用リール **~ ròd** [《米》**pòle**] 名Ⓒ 釣りざお **~ tàckle** 名Ⓤ 釣り道具一式

físh·mònger 名Ⓒ《主に英》魚屋

físh·nèt 名 ❶ Ⓒ《米・カナダ》魚網 ❷ Ⓤ 粗い網目織りの布 ‖ ~ tights 網目のタイツ

físh·plàte 名Ⓒ（レールの）継ぎ目板

físh·pònd 名Ⓒ 養魚池

físh·tàil 名Ⓒ 魚の尾に似たもの
—動自（乗り物が）（カーブなどで重心を失い）後部を振る；（飛行機が）(着陸前に)尾翼を振って速度を落とす

físh·wìfe 名（複 **-wives** /-wàɪvz/）Ⓒ ❶《けなして》口汚い女 ❷《古》魚売りの女

fish·y /fɪʃi/ 形 ❶（味・においなどが）魚のような，生ぐさい ❷（目・目つきが）(魚のように)とろんとした，うつろな ❸《口》いかがわしい，疑わしい
smèll fishy （提案などが）うさんくさい
físh·i·ly 副 **físh·i·ness** 名

fis·sile /fɪsəl | -aɪl/ 形 ❶ 裂けやすい，分裂しやすい，裂開性の ❷ 核分裂性の **fis·síl·i·ty** 名Ⓤ（核）分裂性

fis·sion /fɪʃən/ 名Ⓤ ❶ 分裂，裂開 ❷〖理〗(核) 分裂(nuclear fission)（↔ fusion） ❸〖生〗分裂，分体
—動自 分裂する **~·a·ble** 形 核分裂性の
▶▶ **~ bòmb** 名Ⓒ 核爆弾，原子爆弾

físsion-tràck dàting 名Ⓤ〖地〗核分裂トラック年代測定法《ウランが自然に核分裂を起こしたことにより残った跡を数えて岩石などの年代測定を行うやり方》

fis·sure /fɪʃər/ 名Ⓒ ❶（長く幅の狭い）裂け目，亀裂 ❷（見解の相違による）分裂 ‖ ~*s* in a political party 政党内の分裂 ❸〖解〗裂溝；〖医〗(特に皮膚と粘膜の境目の）裂傷
—動他自 裂く[裂ける]；割る[割れる]

***fist** /fɪst/ 名Ⓒ ❶ 握りこぶし，げんこつ ‖ He shook a [OR his] ~ at me. 彼は私に向かってげんこつを振り上げた / My husband stormed out of the room with his ~*s* clenched. 夫はこぶしを固めて部屋を飛び出して行った / strike a table with one's ~ こぶしでテーブルをたたく / pump one's ~ こぶしを振り上げる，(片手の)ガッツポーズをする（♥ 喜びを表す） ❷《口》手；把握，掌握 ‖ control with an iron ~ 強い権力で支配する ❸〖印〗(指形の)指標，指印(index)
an ìron fist in a vèlvet glóve 外柔内剛，柔和なうわべ

の下に隠された冷酷さ, 羊の皮をかぶったオオカミ
màke a gòod* [*pòor*] *físt of [OR ***at***] ***...*** 《英口》…をうまく[下手に]やる(♦ good の代わりに fair, poor の代わりに bad なども用いる) ‖ He *made a good* ~ *of* smiling. 彼はうまく作り笑いをした
shàke one's físt 〈…に〉こぶしを振る;激しく怒る〈**at**〉(→ 名 ❶)
―動 他 ❶〔人・ボールなど〕をこぶしで打つ;〔手〕をこぶしにする;…をこぶしでつかむ **❷** ⊗《卑》…とこぶしを使って性行為をする

físt·ed /-ɪd/ ＜ジ 形《複合語で》こぶしの…な, (手を)…に握り締めた ‖ one's close-~ hand 固く握り締めた手
físt·fìght 名 C 握りこぶしでの殴り合い, けんか
físt·fùl /-fʊ̀l/ 名 C 一握り(の量), 一つかみ
fist·ic /fístɪk/ 形《口》ボクシングの, 拳闘の
fist·i·cuffs /fístikʌ̀fs/ 名 複《古》《戯》殴り合い
fis·tu·la /fístʃələ | -tjʊ-/ 名(複 **~s** /-z/ OR **-lae** /-liː/) C 〖医〗瘻(ろう), 瘻孔;瘻管《分泌物の排出用に人工的に作った導管》 **-lous** 形

***fit**[1] /fɪt/ 動 形 名

中心義 …にぴったり合う

> 動 他 ぴったり合う❶ 取りつける❷ 適している❹
> 形 元気いっぱいで❶ 適した❷

―動(**~s** /-s/; **fit·ted** /-ɪd/, 《米》**fit**; **fit·ting**)(♦ ❶, ❹, ❺, ❻ は進行形まれ)
―他 ❶《受身形不可》(服の寸法・型が)〔人〕に**ぴったり合う**(⇨ 類語) ‖ The trousers *fitted* me at the waist but needed a little shortening. ズボンはウエストがぴったりだったが, 丈を少し短くする必要があった / This hat ~*s* me nicely [OR perfectly]. この帽子は私にぴったりだ
❷〔物〕を〈…に〉はめ込む〈**in, into**〉;…を**取りつける**〈**on, to**〉;…に〈…を〉備えつける〈**with**〉;…をぴったり組み合わせてはめる《***together***》 ‖ I *fitted* the last piece *into* the jigsaw puzzle. 私は最後の1こまをジグソーパズルにはめ込んだ / ~ a key *in* a lock 鍵(かぎ)を錠前に差し込む / ~ a handle *on* the door = ~ the door *with* a handle ドアに取っ手をつける / ~ a fire alarm *to* the ceiling 天井に火災報知器を取りつける / The car is *fitted with* radial tires. その車にはラジアルタイヤが装備されている
❸〈部屋・車などに場所を空けて〉…を収める, 収める余地を見つける〈**in, into, through**〉;〔予定など〕を〈日程に〉組み込む〈**into**〉 ‖ ~ a desk *into* the space beside the bookcase 本棚の横のスペースに机を収める / ~ another passenger *into* the crowded bus 満員のバスに何とかもう1人乗客を割り込ませる
❹《受身形不可》〔目的・対象など〕に**適している**, 合う;〔地位など〕にふさわしい;〔事実・記述など〕に一致する(answer to) ‖ ~ the occasion その場合に適している / Let the punishment ~ the crime. 罰は罪に相応のものにせよ / A T-shirt and jeans don't ~ the restaurant we're going to. Tシャツとジーパンはこれから行くレストランにふさわしくない / Your story doesn't ~ the facts. 君の話は事実と合わない / The description ~*s* him. (人相書などの)記述が彼と一致する
❺〈…に〉…を合わせる, 適合させる〈**to**〉;《通例受身形で》〈服などを〉着てみて寸法を合わせてもらう〈**for**〉 ‖ ~ the action *to* the word 言行を一致させる / ~ a policy *to* a new situation 政策を新しい状況に適合させる / She was *fitted for* her wedding dress. 彼女はウエディングドレスの寸法を合わせてもらった
❻ a 《+目》〔人〕を〈…に〉ふさわしくする, …に〈…の〉能力[適格性]を与える〈**for**〉 ‖ His computer skills *fitted* him *for* the job. コンピューターの技術があるので彼はその仕事に適任だった **b** 《+目+**to *do***》〔人〕を…するのにふさわしくする ‖ There is nobody better *fitted* than you *to* do the task. その任務に君ほどの適任者はいない
―自《進行形はまれ》**❶**(服の寸法・型が)ぴったり合う(⇨ 類語) ‖ His coat ~*s* well. 彼のコートはぴったりだ
❷〈…に〉ぴたりと収まる, うまくはまる;一致する, 調和する;〈人と〉うまくやっていく〈**in, into, to,** etc.〉;〈…と〉符合する〈**with**〉;ぴったり組み合わさる《***together***》 ‖ This toy doesn't ~ *in* the box. このおもちゃは箱にうまく収まらない / This job doesn't ~ *into* any of these categories. この仕事はこうした区分のどれにも当てはまらない / I promised to do it if it would ~ *into* my schedule. 私のスケジュールにうまく合えばやりましょうと約束した / ~ *into* a team チームに溶け込む

fit ín 〈自〉〈…と〉調和[適合]する, うまく合う, 〈…に〉受け入れられる, 溶け込む, ぴったりはまる〈**with**〉 ‖ This policy ~*s in* well *with* our thinking. この方針は我々の考えとよく一致する **―**〈他〉《***fit in ...*** / ***fit ... ín***》…を何とか割り込ませる, はめ込む;…のために(時間の)都合をつける;〔予定など〕を〈…に〉合わせる〈**with**〉
fit óut ... / ***fit ... óut*** 〈他〉① …に必要な設備[装飾]を取りつける, 〔船〕を艤装(ぎそう)する;〔人〕に〈必要な品を〉整えてやる〈**with**〉 ‖ The room was *fitted out* as a kitchen. その部屋は調理場としての設備を備えつけられた / I *fitted* myself *out* for the journey. 旅の支度を整えた ② …に衣服を着せる[あてがう]
fit úp ... / ***fit ... úp*** 〈他〉① …を取りつける, (一時的に)準備する;…に〈…を〉備えつける;〔人〕に〈必要な品を〉そろえてやる〈**with**〉 ② …を〈…として〉整える〈**as**〉 ‖ The place was *fitted up as* a family hotel. そこは家族向けホテルとしての設備が備わっていた ③《英口》〔人〕に〈…の罪を〉着せる(frame)〈**for**〉

―形(**fit·ter**; **fit·test**)
❶ 元気いっぱいで, 健康で;(運動選手などが)上々のコンディションで〈**for** …に / **to *do*** …するのに〉(⇨ HEALTHY 類語) ‖ I'm not feeling very ~ this morning. 今朝はあまり調子がよくない / He is now ~ *for* work. 彼はもう元気で仕事ができる / She isn't ~ *to* run any further. 彼女はもうこれ以上走れる状態ではない / **keep** [OR stay] ~ by swimming 水泳で健康を保つ / **be in a ~ state** (病気・酔いなどから)十分に回復している
❷(目的などに)**適した**, かなった;(地位などに)ふさわしい, 適任の〈**for** …に / **to *do*** …するのに〉(⇨ 類語) ‖ The film isn't ~ *for* children. その映画は子供向きではない / The meat is not ~「*to* eat [OR *to* be eaten]. その肉は食べられない / The shanty is not ~ *to* live in. その掘立て小屋は居住に適さない / You're not ~ *to* be seen. その格好では人前に出られませんよ / It is not ~ that you should bully freshmen. 新人いじめをするのは君らしくない / You're not ~ *for* the job. 君はその仕事に適任でない / He is ~ *for* nothing. 彼は何をやらせても駄目だ
❸《英口》用意のできた, 条件の整った〈**for** …の / **to *do*** …する〉 ‖ Are you ~? 準備はいいか(=Are you ready?) / The field is not ~ *for* sowing yet. 畑はまだ種をまけるようになっていない / get one's house ~ *to* receive visitors 客を迎えられるよう家の中を整えておく
❹《叙述》《口》(苦悩・疲労などのために)今にも〈…〉しそうな;《副詞的に》〈…〉せんばかりに〈**to *do***〉 ‖ She was ~ *to* scream. 彼女は(取り乱して)今にも悲鳴を上げんばかりだった / be ~ *to* drop くたくたに疲れている
❺《英俗》性的な魅力がある;格好がよい

(***as***) ***fit as a fíddle*** [OR ***fléa***] ⇨ FIDDLE(成句)
fit to be tíed 《口》大いに腹を立てて[驚いて]
fit to búst 《口》ものすごい勢いで
fit to kíll 《米口》極度に, 非常に
fit to wàke the déad (死人も目覚めそうなほど)大声で
sèe [OR ***thínk***] ***fít to do*** …することを適切と(独断的に)判断する, (勝手に)…することに決める(♥ 批判的に用いる) ‖ The government *thought* ~ *to* increase the tax

rate. 政府は税率を上げることに決定した (♦ ×The government thought it fit to ... とはしない)

COMMUNICATIVE EXPRESSIONS

1 **It's fit for the júnkyard.** それはごみため行きだ；そんなのは無駄なことだ(♥「やる価値がない」の意)

—名 U/C《単数形で》ぴったり合うこと, (衣服・機械の部品などの) 適合度, 合い具合 ‖ The coat is a **good** [poor, bad] ～. その上着は体にぴったりだ[合っていない] / 「a tight [an easy] ～ 窮屈な[ゆったりした]服

類語 《他 ❶ 自 ❶》**fit** 型・大きさの点で「ぴったり合う」.〈例〉This size suit should *fit*. このサイズのスーツでぴったりのはずです

suit 色・柄・スタイルが人に似合う.〈例〉The black dress doesn't *suit* you. 黒のドレスはあなたに似合わない

match, go with 色・柄・スタイルなどが調和する.〈例〉The new curtains don't *match* [OR *go with*] the rug. 新しいカーテンはじゅうたんと合わない

《形 ❷》**fit** 目的・用途・仕事などに適合する；ときとして必要な資格・有能さを暗示.〈例〉*fit* for the job その仕事に向いている

suitable ある要件に合致した, 状況に適合した.〈例〉behavior *suitable* to a gentleman 紳士にふさわしい行動

proper 正当な理由・慣習・本来の性質などにより当然ふさわしいとされる.〈例〉This dress is not *proper* for wearing to a funeral. このドレスは葬儀に着て行くにはふさわしくない

appropriate 特定の目的にぴったり適合した；適切な.〈例〉a speech *appropriate* to [OR for] the occasion その場にうってつけのスピーチ

fit[2] /fɪt/ 名 C ❶〈病気などの〉発作；引きつけ, けいれん〈**of**〉‖ have a「～ *of* coughing [OR coughing ～] 急にせき込む / fall down in a ～ 引きつけを起こして倒れる / have a ～ 引きつける(→ *have a fit*(↓)) ❷ (感情の)爆発；一時的興奮状態, 気まぐれ ‖ in a ～ of anger 怒りを爆発させて / have a ～ of (the) giggles 突然(くすくす) 笑いをこらえきれなくなる / She composes music when the ～「is on [OR takes] her. 彼女は気が向くと作曲する

***give a pèrson* 「*a fit* [OR *fits*]** 《口》〔人〕をひどくびっくりさせる[怒らせる]

hàve* [OR *thròw*] *a fit 《口》ひどく腹を立てる, びっくりする

in* [OR *by*] *fits and stárts ときどき思い出したように, 発作的に, 断続的に

***in fits* (*of láughter*)** 《口》(面白くて)興奮して

fitch /fɪtʃ/ 名 C 《旧》〖動〗ケナガイタチ(polecat)

fit·ful /fítfəl/ 形 発作的な, 断続的な；気まぐれな, 急に思い出したような ‖ ～ gusts 断続的に吹く突風

～·ly 副 **～·ness** 名

fit·ment /fítmənt/ 名 C 《通例 ～s》《主に英》(はめ込みの)家具[備品]

fit·ness /fítnəs/ 名 U ❶ 健康 (であること) ‖ Physical ～ is a contemporary cult. (肉体上の) 健康は現代の流行だ / a ～ campaign 健康増進運動 ❷ 適合；適切；適格〈**for** …に対する / **to do** …する〉；〖生〗(自然淘汰に対する) 生物の適応度 ‖ I am doubtful about his ～ *for* the job. 彼がその仕事に向いているかどうか疑問だ

▸▸ **～ clùb** [**cènter**] 名 C フィットネスクラブ[センター]

fit·ted /fítɪd/ 形 《限定》(服・家具などが)寸法に合わせた, はめ込みの ‖ a ～ coat 体にぴったり合う上着 / a ～ carpet 《英》床の形に合わせて敷き詰めたカーペット / a ～ kitchen 《英》食器棚付き台所

fit·ter /fítər/ 名 C ❶ (衣服の) 仮縫いの仕上げをする人 ❷ 機械の整備[組み立て]工

fit·ting /fítɪŋ/ 形 (**more ～**；**most ～**) ❶〈…に〉適当な, ふさわしい〈**for**〉‖ It was ～ to accept their apology. 彼らの謝罪を受け入れたのは適切だった / It is ～ that you wait [《主に英》should wait] till you are asked. 求められるまで待つのがよい ❷《複合語で》(衣服などが)(…に)合う ‖ well-～ 体によく合った

—名 ❶ C 《通例 ～s》調度品, 家具, 備品 (《英》では引っ越す際などに持ち出せるもの)；(家具などの) 付属品 ‖ gas ～*s* ガス器具 / electric light ～*s* 照明器具 / interior ～*s* 屋内の備品 ❷ C (仮縫いの)寸法合わせ, 仮縫い ‖ a ～ for her wedding dress 彼女のウエディングドレスの仮縫い ❸ U 調整；(部品などの)取りつけ **～·ly** 副

▸▸ **～ ròom** 名 C 試着室

Fitz·ger·ald /fɪtsdʒérəld/ 名 **F**(**rancis**) **Scott** (**Key**) ～ フィッツジェラルド(1896-1940)(米国の小説家)

⁑five /faɪv/

—形 《限定》5の, 5つの, 5人[個]の；《叙述》5歳で ‖ ～ sixths 6分の5 / Her daughter is ～ (years old). 彼女の娘は5歳です

—名 ❶ U C 《通例無冠詞で》5；C 5の数字 (5, v, V など) ‖ Chapter *Five* 第5章 / He wears a ～ on his uniform. 彼のユニフォームには5がついている

❷ 《複数扱い》5つ, 5人[個] ‖ I know ～ of them. 彼らのうち5人は知っている

❸ U 5時[分]；5歳 ‖ at ～ 5時に / a child of ～ 5歳の子供 ❹ C 5人[個]1組のもの ❺ C 5番目のもの；(トランプ・さいころなどの)5；5号サイズ(のもの)；《～s》5号サイズの靴 (など) ❻ C =fiver ❼ C 《米》(バスケットボールの) チーム；《英》〖クリケット〗5点打 ❽ C 《～s》⇨ FIVES

gìve a pèrson fíve 《口》〔人〕と平手で手をたたき合う (♥ あいさつ・喜びを表すしぐさ.「Give me [OR Gimme] five. は「手をたたき合ってあいさつしよう[喜び合おう]」の意. ⇨ HIGH-FIVE)

tàke fíve 《口》(5分間の)小休止をとる, 少し休む

▸▸ **～ o'clòck shádow** 名 C 《a ～》夕方になってうっすら目につくひげ **～ sénses** 名 《the ～》五感 《視覚・聴覚・嗅覚(きゅうかく)・味覚・触覚の5つの感覚》 **～ tóols** 名 複 〖野球〗走攻守の優れた能力 《打率・長打力・スピード・強肩・守備の5部門をいう》

fìve-and-díme (**stòre**) 名 《米》=five-and-ten

fìve-and-tén 名 C 《米》安物雑貨店 (♦ five-and-ten-cent store ともいう)

fíve-a-sìde 名 U 《英》ファイブアサイド 《5人ずつで戦う室内フットボール》

fìve-dày wéek 名 C 《a ～》週5日(労働)制, 週休2日制

fíve-fìnger 名 C 〖植〗葉が5指状に裂けている植物 (ヘビイチゴ類など)；シロツメクサ属；サクラソウの一種(oxlip)；アメリカヅタ ▸▸ **～ discóunt** 名 C 《米俗》万引き行為

fíve·fòld 形 5重[倍]の；5つの部分からなる

—副 5重[倍]に ‖ increase ～ 5倍に増える

fìve-o'clòck téa 名 U 《英》午後の軽い食事, 午後のお茶

fíve·pence 名 (複 ～ OR **-penc·es** /-ɪz/) C 《英》5ペンス(硬貨)(five pence piece, five p, 5p)

fiv·er /fáɪvər/ 名 C 《米》5ドル紙幣；《英口》5ポンド紙幣

fives /faɪvz/ 名 《単数扱い》ファイブス 《ハンドボールに似た英国の球技》

fìve-spíce (**pòwder**) 名 U 《集合的に》(中国料理で使われる) 五香粉 《アニス・コショウ・ウイキョウ・チョウジ (丁字)・ケイヒ(桂皮)の5種》

fíve-spòt, fíve spòt 名 C 《米》《旧》5ドル札

fìve-stár ⊲ 形 《限定》5つ星の 《階級・等級・品質の最高位を表す》；(一般に)最高の, 一流の ‖ a ～ general (米軍の)5つ星の将軍 《元帥のこと》/ a ～ hotel (ガイドブックなどで最高級の) 5つ星のホテル (♦ 米国でのホテルの等級は AAA(米国自動車協会)が査定する. 1つ星からある)

fíve-stònes 名 U 《英》5つの小石を用いるお手玉遊び

fìve-tóol 形 〖野球〗走攻守そろった(→ five tools) ‖ a ～ player 走攻守そろった選手 **～·er** 名

⁑fix /fɪks/ 動 名

F

〈中心義〉目指す位置や状態にAを固定する（★Aは具体的な「物」に限らず，「日時」「身なり」「注目」など多様）

動 他 修理する❶ 固定する❷ 決める❹ 向ける❻ 用意する❼
名 解決策❶ 苦境❷

━動〔▶ fixation 名〕(~·es /-ɪz/；~ed /-t/；~·ing)
━他 ❶ …を**修理する**，修繕する，直す(⇨ MEND 類語P) ‖ I tried to ~ the knob but ended up with a broken door. 取っ手を直そうとしてみたが，ドアを壊す羽目になった / Not again! We just had our car ~*ed*. またたって．修理してもらったばかりの車なのに
❷ …を〈…に〉**固定する**，取りつける，据える，定める〈**on, in, to**〉(⇨ 類語) ‖ They ~*ed* the poles *in* the ground. 彼らは柱を地面にしっかり立てた / Who ~*ed* this poster *to* the wall? 壁にポスターを張ったのはだれだ / She ~*ed* her residence *in* Berlin. 彼女は住居をベルリンに定めた
❸〈心・記憶などに〉…を留める，とどめる〈**in**〉；〔習慣など〕を固定させる，定着させる ‖ He tried to ~ the scene *in* his mind. 彼はその光景を心にとどめようとした / a custom ~*ed* by tradition しきたりによって定着した習慣
❹〔価格・日時・場所など〕を(明確に)〈…に〉**決める**，定める，設定する〈**at, for**〉‖ ~ the price *at* 500 yen 値段を500円に決める / We ~*ed* the date of our marriage *for* Sunday, June 18. 我々は結婚式の日取りを6月18日の日曜日に決めた
❺ **a**《+目》…を取り決める，手配する，…の段取りをつける；〔人〕に〈職・部屋などを〉用意してやる《*up*》〈**with**〉‖ If you want to visit the company, I'll ~ it. その会社を訪問したいのなら段取りをつけてあげよう / I can ~ it for you to meet her. 彼女に会えるように取り計らってあげますよ / Could you ~ me *up with* a hotel room? ホテルの部屋を手配していただけますか / ~ him *up with* a job 彼に職を見つけてやる
b《+**to** *do*》《英》…する手はずを整える《*up*》‖ I've ~*ed* (*up*) *to* take a day off tomorrow. 明日休暇をとることに決めてある
❻〔視線・注意など〕を〈…に〉**向ける**，じっと注ぐ，集中する〈**on**〉；〔人〕を〈ある視線で〉見つめる〈**with**〉；〔人の視線〕を引きつける ‖ He ~*ed* his eyes *on* the new model in the window. 彼はショーウインドー内の新型車にじっと見入った / I could not ~ my thoughts *on* anything then. そのときは何も考えられなかった / The villagers ~*ed* him *with* a cold stare. 村人たちは彼を冷たい目つきで見つめた / The strange object ~*ed* our attention. その不思議な物体は我々の注意を引きつけた
❼《米口》**a**《+目》〔食事・飲み物など〕を**用意する**，こしらえる，作る ‖ ~ lunch 昼食の用意をする
b《+目 *A*+目 *B*≒目 *B*+**for** 目 *A*》*A*(人)に*B*(食事など)を用意する，作ってやる ‖ I'll ~ you a cold drink. 冷たい飲み物を作ってあげよう / ~ oneself a ham sandwich 自分でハムサンドイッチを作る
❽〔けがなど〕を治す，治療する；《通例受身形で》(歯の)矯正治療をしてもらう ‖ He will ~ your arm for you. 彼なら君の腕を治してくれるでしょう / I had my nose ~*ed* as a child. 子供のころ鼻柱矯正をしてもらった
❾〔問題(点)など〕を解決する，片づける，修復する；〔誤りなど〕を正す；💻〔プログラムのバグ〕を修正する ‖ ~ problems いろいろな問題を解決する / ~ misspellings つづりの誤りを直す ❿《主に米口》〔髪・化粧・服など〕を整える，きちんとする ‖ You'd better ~ your hair. 髪を直した方がいいよ ⓫〔責任・罪など〕を〈人に〉負わせる，着せる，押しつける〈**on**〉；〔人〕に〈責任などを〉帰する〈**with**〉‖ The company ~*ed* the blame for the accident *on* him. 会社は事故の責任を彼に負わせた ⓬(レーダーなどで)〔(…の)正確な位置〕を見つける；〔レーダー・カメラ・銃など〕を〈…に〉向ける，…のねらいを定める〈**on**〉‖ They could not ~ his position. 彼らは彼の位置を発見できなかった / ~ one's gun *on* the target 銃を目標に据えて構える ⓭《口》(不正な手段で)〔競馬・選挙・試合など〕の結果を操作する，…で八百長をする；…を買収する ‖ The game was ~*ed*. その試合は八百長だった / You can't ~ a jury. 陪審を買収することはできない ⓮《+**to** *do*》《進行形で》《主に米方》…しようとする，(まさに)…するつもりである ‖ We're ~*ing to* go to Riviera this winter. この冬リビエラに出かけるつもりだ ⓯《口》…に仕返しをする，復讐(ふくしゅう)する；…を罰する，懲らしめる；…を殺す，始末する ‖ I'll ~ him if he doesn't keep his promise. 彼が約束を守らなければ痛い目に遭わせてやるさ ⓰《米口》〔特にペット〕を去勢する ⓱〖写〗(退色・変色を防ぐために)〔写真・映像〕を定着させる，色止めする；〖生〗(顕微鏡検査のため)〔標本〕を(化学物質で)固定する，保存する；〖化〗〔化学物質〕を凝固させる，安定させる；〖生化〗(土壌中の微生物が)〔窒素〕を同化して固定させる ‖ ~ nitrogen into the soil 窒素を土壌中に同化固定する
━自 ❶《+**on** [**upon**] 名》〔日時・場所など〕を決める，選ぶ(set) ‖ They haven't ~*ed on* a date for the meeting. 彼らは会合の日取りを決めていない / I ~*ed on* him for my husband. 私は彼を夫に選んだ
❷《+**on** [**upon**] 名》…に視線［注意，努力など］を向ける［集中する］，(視線などが)…に集中する ‖ We ~*ed on* finding a solution to the problem. 我々はその問題の解決策を見つけることに集中した ❸ 固定する；凝固する，定着する ‖ This jelly will ~ in half an hour. このゼリーは30分で固まるだろう ❹《+**for** 名+**to** *do*》…が…する［できる］よう手配する［段取りする］‖ Shall I ~ *for* you *to* see the manager tomorrow? 明日支配人に会えるよう手配しましょうか ❺《俗》麻薬を打つ
****fix úp ... / fix ... úp***〈他〉① …を修理する，改造［装］する；…を急きょ建てる，作る(↘ rig up)；…を取りつける ‖ I've got to ~ *up* my house. 私は家を修繕しなければならない ②〔問題など〕を解決する；〔関係など〕を修復する ‖ We could ~ *up* our differences. 我々は意見の調整をすることができた ③〔会合・日取り・約束など〕を取り決める，準備する(arrange) ④《口》〔人〕に〈…を〉手配する，用意する，あてがう〈**with**〉(→ 他 ❺**a**)；〔人〕に〈異性の相手を〉見つけてやる，世話する〈**with**〉⑤《英》〈…する〉手はずを整える〈**to** *do*〉(→ 他 ❺**b**) ⑥《~ oneself up で》身なりを整える，着飾る
━名 (複 ~·es /-ɪz/) Ⓒ ❶ (急場の)**解決策**，応急措置；《口》修理；💻プログラムの修正 ‖ a **quick** ~ 応急修理［処置，策］/ Let me think of a ~ for the problem. その問題の解決策を考えてみましょう
❷《a ~》《口》**苦境**，窮地 ‖ get (oneself) into a ~ 窮地に陥る / in a real ~ 窮地に立って
❸《単数形で》《俗》麻薬の注射，(1回の)麻薬(の量)；快感を与えるもの［行為］；(習慣で)やめられないもの ‖ get a ~ 麻薬を打つ / I need my daily ~ of cartoons. 私には毎日漫画が欠かせない ❹《a ~》(観測などで割り出される船・航空機の)位置(決定) ‖ Give us a ~ on where you are now. 今どこにいるか場所を知らせてくれ ❺《a ~》《口》明確な理解，把握 ❻《a ~》《口》不正手段，買収，贈賄(ぞうわい)，八百長(試合)，いんちき
gèt [OR ***hàve***] ***a fix on ...*** ① …の位置を把握する(→ 名 ❹) ②《口》…についてはっきり理解する(→ 名 ❺)

類語《他 ❷》**fix** 人や物をある位置・状態に固定［定着］させる．〈例〉*fix* the shelf to the wall 棚を壁に取りつける
attach あるものをほかのものにつける［くっつける，はりつける］．〈例〉*attach* a label to a parcel 小包に荷札をつける
settle ある状態・位置に動かないように置く．〈例〉*settle* oneself in a chair いすに腰を下ろす

fix·ate /fíkseɪt | fɪkséɪt/ 動 他 ❶《通例受身形で》〖心〗

(人などが)〈…に対して〉異常な執着を起こす〈on〉 ❷ …にじっと視線を注ぐ —自〈…に〉固定[固着]する〈on〉

fix·a·tion /fɪkséɪʃən/ 名〔◁ fix 動〕 ❶ C〈…に対する〉異常な執着, 病的な先入観念〈on, about, with〉 ❷ U 〘化〙固定 ❸ U 〘心〙固着《本能·情緒の発達の初期段階での停止》 ❹ U 固定, 定着(状態)

fix·a·tive /fíksəṭɪv/ 形 固定性の, 定着性の
—名 U C (染色·絵画の)色留め剤;〘写〙定着剤;(顕微鏡検査用標本の)固定液;(香水の)揮発防止剤

fixed /fɪkst/ 形 ❶ 固定した, 不動の(↔ mobile);(家具などが)据えつけの ‖ a ~ satellite 静止衛星 / ~ holidays (毎年同じ日の)固定祭日(↔ movable feast) / a ~ table 据えつけのテーブル ❷ 一定した, 不変の, はっきり決められている ‖ a ~ price 定価 / a ~ time 定刻 ❸ 《しばしばけなして》(意見·決心などが)確固たる, 不変の;固執された ‖ a ~ purpose 確固とした目的 / without ~ principles 確固たる主義を持たずに / a ~ idea 固定観念 ❹ 《限定》(視線·表情などが)じっと動かない, こわばった ‖ a ~ stare 凝視 / with a ~ smile on one's face こわばった笑みを顔に浮かべて ❺ (住所などが)定まった ‖ have no ~ address [OR abode] 住所不定である ❻ 《叙述》《口》〈金·必要なものを〉与えられて;〈日時が〉準備されて〈for〉 ‖ be comfortably ~ 生活に何不自由ない / How are you ~ *for* cash? 現金の手持ちはどれくらいか / How are we ~ *for* Saturday? 土曜日は何か予定ある? ❼ 《口》八百長の ‖ a ~ race 八百長レース ❽ 〘化〙不揮発性の;化合物として安定した

fíx·ed·ness /-ɪdnəs/ 名

▸▸ ~ **ássets** 名 複 固定資産 ~ **cápital** 名 U 固定資本 ~ **chárge** 名 U C 固定料金;確定負債 ~ **cósts** 名 複 固定費(用) ~ **íncome** 名 U 固定収入, 定額所得 ‖ *fixed-income* investment 定率利益[確定収入]の投資《国債·社債のように定率の利益が期待できる分野への投資》 ~ **óil** 名 U 不揮発性油 ~ **póint** (↓) ~ **ráte** (↓) ~ **stár** 名 C 〘天〙恒星 ~ **(tele)phóne** 名 C U (mobile phone に対して)固定式電話(機)

fíxed-lìne 形 (mobile に対して)固定電話の

fix·ed·ly /fíksɪdli/ 副 固定して;断固として;じっと ‖ stare ~ じっと見つめる

fìxed póint 名 C 〘理〙定点
fìxed-póint 形 💻固定小数点式の

fìxed ráte 名 C 固定金利 **fixed-rate** 形

fíxed-tèrm 形 《限定》(契約などが)期間限定の

fíxed-wìng 形 《限定》〘空〙固定翼の

fix·er /fíksər/ 名 C ❶ 《俗》(事件の)黒幕, (不正取引の)まとめ役, フィクサー ❷ U (写真の)定着剤, 色止め剤 ❸ 《米俗》《旧》麻薬の売人

fìxer-úpper 名 C 《米口》(修理が必要な)ぼろ家

fix·ings /fíksɪŋz/ 名 複 ❶ 《米》服飾品, アクセサリー;《米口》(料理の)つけ合わせ ❷ 《英》設備, 器具

fíx·ìt 名 C 《口》修繕(しゅうぜん)屋 ‖ a veteran political ~ man ベテランの政治的調整役

fix·i·ty /fíksəṭi/ 名 U 固定, 定着;安定;不変

***fix·ture** /fíkstʃər/ 名 C ❶ 《通例 ~s》(家屋内の)備品, 造作, 設備《不動産の一部として家屋に取りつけて動かせないもの》(→ fitting 名 ❶) ‖ bathroom ~*s* 浴室の諸設備 / ~*s* and fittings (家などの)諸設備と備品一式 ❷ 《口》(特定の地位·場所などに)長く居座っている人[もの], 定着した人[もの] ‖ He became a ~ at first base. 彼はレギュラーの1塁手になった ❸ 《英》(期日の確定している)競技会, 試合

fizz /fɪz/ 動 自 ❶ しゅうしゅうという音を立てる;泡立つ, 発泡する ❷ 活気づく —名 ❶ U/C 《単数形で》(ソーダ水などの)しゅうしゅうという音;しゅうしゅうと泡立つこと, 発泡(性) ‖ lose its ~ 気が抜ける ❷ U 発泡性飲料;(特に)シャンパン ‖ (a) gin ~ ジンフィズ(1杯) ❸ 活気, 元気
~·y 形

fizz·er /fízər/ 名 C 《豪·ニュージ口》失敗

fiz·zle /fízl/ 動 自 かすかにしゅうしゅうという音を立てる;勢いがなくなる
**fizzle óut* 〈自〉途中で失敗する, 竜頭蛇尾に終わる
—名 C かすかなしゅうしゅうという音;《口》失敗, つまずき

fiz·zler /fízlər/ 名 C 《米》 ❶ 《口》しゅうしゅうと音はしたが鳴らないクラッカー ❷ 初めはよいが失敗した物事

fjord /fiɔːrd, fjɔːrd/ 名 C フィヨルド《両岸の絶壁の間に深く入り込んだ細長い湾. ノルウェーなどに多い》

FL 略 〘郵〙Florida;*f*oreign *l*anguages

fl. 略 floor;flourished(♦ラテン語 *floruit* より);fluid

Fla. 略 Florida

flab /flæb/ 名 U 《口》《けなして》(体の)たるんだ肉, 贅肉(ぜいにく)

flab·ber·gast /flǽbərgæ̀st | -gɑ̀ːst/ 動 他 《通例受身形で》《口》びっくり仰天する(⇨ SURPRISE 類語) ‖ I was ~*ed* at the suggestion. その提案にはびっくりしたね

flab·by /flǽbi/ 形 《口》 ❶ 《けなして》(筋肉などが)たるんだ, 締まりのない ❷ (言葉·性格などが)軟弱な, 無気力な
-bi·ly 副 **-bi·ness** 名

flac·cid /flǽksɪd/ 《発音注意》 形 ❶ (筋肉などが)たるんだ, 締まりのない;弾力のない ❷ 軟弱な, 無気力な
flac·cíd·i·ty 名 **~·ly** 副

flack[1] /flæk/ 《米·カナダ口》 名 C 広報担当者
—動 他 自 (…を)広報する, 宣伝する, 広報担当として働く

flack[2] /flæk/ 名 =flak

flac·on /flǽkən/ 名 C (香水などの)栓付き小瓶

****flag**[1] /flæg/
—名 (複 ~s /-z/) C ❶ **旗**;国旗, (国旗に象徴される)国家, 組織(→ black flag, red flag, white flag, yellow flag);〘海軍〙将旗;旗艦旗;(図面上の位置などで示す)旗印;〘印〙フラッグ《訂正箇所を示す小紙片》;付箋(ふせん);《英》(募金に応じた人などがつける)紙製の小旗(⇨ 類語) ‖ The ~*s* were flapping [OR fluttering] in the wind. 旗が風にはためいていた / **wave** a ~ 旗を振る / **raise** [lower] a national ~ 国旗を掲げる[降ろす] / **fly** [OR hoist] a ~ 旗を掲げる / a ~ of truce 休戦の白旗 / a ~ at half-mast 半旗(♥弔意を示す)
❷ (タクシーの)空車標識 ❸ (セッター種の犬などの)ふわふわした尾;シカの尾 ❹ 〘楽〙(音符の)フック《♪の旗の部分》 ❺ (新聞の第1面の)題字 ❻ 💻フラグ《実行中のプログラムのある状態が成立していることを示す変数》 ❼ 〘アメフト〙イエローフラッグ《反則のときに審判が投げる》

càrry the flág =fly the flag ②(↓)

flỳ the flág ① (船が)国籍を明確にして航海する ② 〈…を〉代表する, 〈…への〉支持を鮮明にする〈for〉;旗幟(きし)を鮮明にする

kèep the flág flỳing ① 国[団体など]を代表している;(特に海外で)自国の主義[信念など]を守り続ける ② 《英》(国·チームのために)よいプレーをする

pùt the flàg(s) óut ; *pùt òut the flág(s)* 祝賀をする

shòw the flág ① =fly the flag ②(↑) ② (軍艦が)外国の港を正式訪問する ③ 《英》(欠席ではまずいので)会合にとりあえず顔を出す

under the flág of ... 〔国·組織〕を代表して, …の庇護(ひご)の下に

wàve the flág =fly the flag ②(↑)

wràp [OR *dràpe*] *onesèlf in the flág* 《主に米》愛国心を誇示する

—動 (~s /-z/;**flagged** /-d/;**flag·ging**)
—他 ❶ …に旗で目印をする;〔紙などをはって本のページなど〕に目印をつける;💻…にフラグをつける[立てる]
❷ …に(旗で)合図する;…を(旗)信号で伝える;〔乗り物·運転者〕を(旗で)合図して止める ❸ …に旗を掲げる, …を旗で飾る(♦しばしば受身形で用いる) ‖ a Singapore-*flagged* tanker シンガポール国籍のタンカー ❹ 〘アメフト〙イエローフラッグを投げ入れて反則を示す

**flàg dówn ...* / *flàg ... dówn* 〈他〉〔車·運転手〕を合図して止める

flàg óff ... / *flàg ... óff* 〈他〉〔競技者など〕をスタートさせる

類語《名 ❶》**flag** 一般的な語. 形・色はさまざま.
banner 中世の騎士などが用いた, 紋章入りの, 通例ほぼ正方形の厚い布の旗.
standard 騎士などが用いた, 通例細長いもの.
color(s) 主に軍旗・軍艦旗.
なお, 現代では4語とも同じ意味に使うことがある.

▸▸**～ càptain** 名C 旗艦の艦長 **～ càrrier** 名C フラッグキャリア《一国を代表する航空［海運］会社》 **Flág Dày** 名 ①（米国の）国旗制定記念日《6月14日》 ②《f- d-》C《英》旗の日《慈善事業の基金のために街頭で胸につける紙製の小旗を売る日》(《米》tag day) **～ fòot-ball** 名U《米》フラッグフットボール《タックルなしで腰回りに下げられた旗をボールと一緒にとられると1回のダウン》 **～ of convénience** 名C（船の）便宜置籍国の旗《持ち主の国籍と無関係に税金逃れなどのために他国に登録した船の国旗》 **～ òfficer** 名C 海軍将官《大佐より上位の将校で, 自分の艦に位階を示す旗を掲げる資格を持つ》 **～ rànk** 名U 海軍将官の階級 **～ stòp** 名C《米》フラッグストップ《旗などの信号のあるときに限り止まるバスや列車の停留所》

F

flag[2] /flæg/ 名C 敷石, 板石(flagstone)
—動（**flagged** /-d/；**flag·ging**）他〔道など〕を敷石で舗装する, …に板石を敷く　**flagged** 形 敷石で舗装された

flag[3] /flæg/ 名C 刀状の葉を持つ植物；(特に)アヤメ属の植物

flag[4] /flæg/ 動（**flagged** /-d/；**flag·ging**）自 ❶（体力などが）弱る, 衰える, なえる；（関心・熱意などが）薄れる, だれる ❷ だらりと下がる；（植物が）しおれる

flàg-dráped /-t/ 形 国旗に覆われた ‖ a ～ coffin 国旗で覆われたひつぎ

flag·el·lant /flǽdʒələnt/ 名C 形（宗教的苦行または性的刺激のために）自己［人］をむち打つ(人)(の)

flag·el·late /flǽdʒəlèɪt/ 動 他 …をむち打つ
flàg·el·lá·tion 名

fla·gel·lum /flədʒéləm/ 名（複 **-la** /-lə/）C〔生〕鞭毛(べんもう)；〔植〕匍匐(ほふく)枝

flag·eo·let /flæ̀dʒəlét/ 名C〔楽〕フラジオレット《管楽器の一種. リコーダー(recorder)に似る》

fla·gi·tious /flədʒíʃəs/ 形《堅》破廉恥な, 極悪非道な, 悪辣(あくらつ)な

flág·man /-mən/ 名（複 **-men** /-mən/）C（レースの）旗手（中立 flag carrier）；（踏み切りの）信号手（中立 signaler）

flag·on /flǽgən/ 名C ❶（細口で取っ手・ふた付きの）大型の酒入れ；（聖餐(せいさん)式用の）ぶどう酒入れ；（胴のふくらんだ）大型ワイン瓶 ❷ その容器の中味

flág·pòle 名C 旗ざお
rùn ... up the flágpole (to sèe who salútes)（世間の反応を見るために）…を試す

fla·grant /fléɪɡrənt/ 形（罪・罪人などが）目に余る, 言語道断の, 名うての, 極悪の　**-gran·cy** 名　**～·ly** 副

flág·shìp 名C ❶ 旗艦 ❷ 最も重要なもの, 主要商品；（系列店の中の）中心店舗

flág·stàff 名C =flagpole

flág·stìck 名C（ゴルフのホールに立てる）ピン, 旗ざお

flág·stòne 名C 敷石, 板石(flag)

flág-wàving 名U 旗振り；（愛国心の）扇動

flail /fleɪl/ 名C 殻ざお, 連枷(れんか)《脱穀用の農具》
—動 他 ❶ …を殻ざおで脱穀する, …を（殻ざおで）たたく ❷（殻ざおのように）〔腕など〕を激しく振り回す ‖ ～ one's arms 両腕を振り回す **—自**（殻ざおで）たたく；（殻ざおのように）振り回す；左右に揺れ動きながら進む

flair /fleər/ 名 ❶ U/C《単数形で》〈…に対する〉天賦の才能［素質］, こつ, 勘〈for〉‖ have a ～ *for* making money 金もうけのこつを知っている ❷ U センスのよさ, スマートさ

flak /flæk/ 名U ❶ 対空砲火, 高射砲(火) ❷《口》激しい非難［反対, 議論］‖ catch [OR draw, get, take] ～ (from ...)（…から）激しい非難［反対］を受ける
▸▸**～ jàcket [vèst]** 名C 防弾チョッキ

***flake** /fleɪk/ 名C ❶（はがれ落ちる）薄片, 小片 ‖ The rust came off in ～*s*. さびがぼろぼろはがれた / soap ～*s* 薄片状の石けん ❷《～s》フレーク《薄片状の食品》(→ cornflakes) ‖ dried onion ～*s*（乾燥した）オニオンフレーク ❸《米口》《けなして》奇人, 変人 ❹ =snowflake ❺《米俗》コカイン
—動 自 薄くはがれる《*off, away*》；（魚肉が）（層をなして）ほぐれる ‖ The paint is *flaking off*. ペンキがはがれ落ちかけている **—他** ❶ …を薄くはがす, 薄片にする；〔魚など〕をほぐす ❷ …を薄片で覆う
flàke óut〈自〉①《口》（疲れきって）倒れ込む, へたばる；眠り込む ②《米口》奇妙に振る舞う ③《米口》忘れる
▸▸**～ whíte** 名U 白鉛, 顔料, 鉛白

flak·y /fléɪki/ 形（**-i·er**；**-i·est**）❶ 薄片(状)の；薄片になりやすい, はがれやすい ❷《主に米口》風変わりな, 常軌を逸した ▸▸**～ pástry** 名C《英》薄片を積み重ねたように焼き上がったペーストリー

flam·bé /flɑːmbéɪ | ╴-╱/ 形《名詞の後に置いて》（菓子・料理などが）フランベの《ブランデーなどをかけて火をつけた》（♦フランス語より） **—動** 他 …をフランベする

flam·beau /flǽmbou/ 名（複 **～s**, **～x** /-z/）C（燃えている）たいまつ；大型のろうそく立て

flam·boy·ant /flæmbɔ́ɪənt/ 形 ❶ 炎のような, 華麗な；けばけばしい, 派手な；凝った ‖ a ～ costume けばけばしい衣装 ❷〔建〕フランボワイヤン様式の《フランスの後期ゴシック様式》 **-ance** 名 **～·ly** 副

:flame /fleɪm/
—名（複 **～s** /-z/）❶ U C 炎, 火炎（⇨ BLAZE[1] **類語**）‖ The candle ～ flickered in the wind. ろうそくの炎が風で揺らめいた / the Olympic *Flame* オリンピックの聖火 / a sheet of ～ 一面の炎 / burn with a blue ～ 青い炎を上げて燃える
❷ C 情熱, 激情；（主義・運動などの）精神 ‖ The ～ of love was kindled. 恋の炎がかき立てられた / a ～ of indignation 憤りの炎
❸ U 炎のような輝き［色］；《形容詞的に》炎色の, 赤味を帯びたオレンジ色の ‖ the ～ of the sunset 燃えるような落日の光 / a ～ dress 鮮やかな朱色の服
❹ C《口》《通例戯》恋人, 愛人（⇨ LOVE **メタファーの森**）‖ an old ～ 昔の恋人 ❺ C 💻 フレーム《個人攻撃的なEメール・（メーリングリストへの）投稿・（掲示板への）書き込み》
bùrst into fláme(s) ぱっと燃え上がる
fàn the fláme(s) 怒りなどをあおる；事態を悪化させる
gò ùp in flámes ① 炎上する ②（希望などが）跡形もなく消える
**in flámes* 激しく燃えて
shòot ... dòwn in flámes〔提案・意見など〕を酷評する, 退ける；〔人〕をやり込める
—動（**～s** /-z/；**～d** /-d/；**flam·ing**）
—自 ❶ 炎を上げて燃える, (ぱっと)燃え上がる《*up, out*》（♦ときに形容詞補語を伴う）‖ The fire ～*d up* instantly. 火がぱっと燃え上がった
❷（炎のように）明るく輝く,〈怒り・欲望・復讐(ふくしゅう)心などで〉（顔が）赤くなる,（目が）ぎらぎらする〈**with**〉（♦ときに形容詞補語を伴う）‖ Her cheeks ～*d* red. 彼女の頬(ほお)は紅潮した ❸ かっとなる, 興奮する；（感情が）燃え上がる《*up, out*》‖ He ～*d up* in anger. 彼は怒りでかっとなった / His anger ～*d up*. 彼の怒りが燃え上がった ❹ 💻 個人攻撃的なEメールを送る［メッセージを投稿する］
—他 ❶（殺菌などのために）…を火に当てる；〔料理〕…に（フランベするため）火をつける ❷ 💻〔人〕に個人攻撃的なEメールを送る,（メーリングリスト・掲示板などで）〔人〕を個人攻撃する
flàme óut ① ⇨ 自 ❶, ❸ ②（ジェットエンジンが）（燃焼停止で）推力を失う, フレームアウトを起こす ③《米口》大失敗をする
▸▸**～ bàit** 名C《米口》💻（メーリングリスト・掲示板に故

意に投稿される)扇動的なおとり(メッセージ) ～ **cèll** 名 C 〖動〗(ジストマなどの)炎細胞 ～ **of the fórest** 名 C 〖植〗ホウオウボク《マレーシア産》 ～ **trèe** 名 C 明るい赤色・黄・だいだいなどの花をつける樹木《ゴウシュウアオギリ・ホウオウボクなど》 ～ **wàr** 名 C Eメール[メーリングリスト, 掲示板]でののしり合い

fláme-bròil 動 他 …をあぶり焼きにする

fla·men·co /fləméŋkoʊ/ 名 (複 **～s** /-z/) U C フラメンコ(の曲)

fláme·òut 名 ❶ U フレームアウト《燃焼停止によるジェットエンジンの機能停止》 ❷ C《主に米口》大失敗

fláme·pròof 形 防炎の, 難燃性の, 耐炎性の
—— 動 他 …を難燃性にする

fláme-retàrdant 形 引火しにくい

fláme·thròwer 名 C 火炎放射器

flam·ing /fléɪmɪŋ/ 形《限定》❶ 燃えている, 炎を上げている ❷ (色彩が)炎のような, 燃えるような;焼けつくように暑い[熱い], 灼熱(しゃくねつ)の ‖ the ～ sunset sky 燃えるような日没の空 / ～ red hair 燃えるように赤い髪 ❸ 熱烈な, 感情の高ぶった;怒りに満ちた ‖ a ～ argument 激しい口論 / in a ～ temper 激怒して ❹《口》いまいましい, とんでもない(♥ fucking, bloody の婉曲語) ‖ a ～ blunder いまいましいへま
—— 名 U (掲示板などでの)どぎつく下品な言葉の使用

fla·min·go /fləmíŋgoʊ/ 名 (複 **～s**, **～es** /-z/) C 〖鳥〗フラミンゴ, ベニヅル

flam·ma·ble /flǽməbl/ 形 燃えやすい, 火がつきやすい (《主に英》inflammable)(↔ nonflammable)
flàm·ma·bíl·i·ty 名 U 可燃性, 燃焼性

flan /flæn/ 名 C ❶ フラン《チーズ・果物・カスタードなどを詰めた菓子》;《米》カスタードプリン ❷ (貨幣製造用の)丸い金属片

Flan·ders /flǽndərz | flɑ́ːn-/ 名 フランダース, フランドル(フランス語名 Flandre)《ベルギー西部を中心にフランスとオランダの一部を含む北海に面する地方》

flange /flændʒ/ 名 C フランジ《管・軸・レールなどの補強用・接続用のつば・出縁(でぶち)》

flank /flæŋk/ 名 C ❶ (人・動物の)横腹, わき腹;(牛などの)わき腹肉の切り身 ‖ ～ steak フランクステーキ《ステーキ用の牛のわき腹肉》 ❷ (山・大きな建物などの) 側面 ❸ 〖軍〗(部隊の)側面, 翼(よく);(サッカー・ラグビーのフィールド・陣形の)サイド, 翼;(チェス盤などの)(左右の)側 ‖ attack the enemy on both ～*s* 敵を両翼から攻撃する / make a ～ attack 側面攻撃する
—— 動 他 ❶ …の(両)側面にある[立つ, 配置する](♦ しばしば受身形で用いる) ‖ The Prime Minister was ～*ed* by his bodyguards. 首相の両側には護衛がついていた ❷ 〖軍〗…の側面を守る;〔敵〕を側面攻撃する;…の側面を迂回(うかい)する

flank·er /flǽŋkər/ 名 C 〖アメフト〗フランカー《攻撃側の最前線の選手の外側に位置し, パスを受ける選手》;〖ラグビー〗フランカー《フォワード第3列目の左右の選手》

flan·nel /flǽnəl/ 名 ❶ U フランネル, ネル, フラノ, 本ネル;綿ネル(flannelette) ‖ ～ trousers フラノのズボン ❷ C《～s》フラノのズボン;クリケット用ズボン;ネルの肌着[衣類] ❸ C《英》(ネルの)浴用[洗面用]タオル(《米》washcloth) ❹ U《英口》(自分の無知や真意を隠すための)はったり, 言い逃れ, 核心にふれない余計な話
—— 動 (**-neled**, 《英》**-nelled** /-d/; **-nel·ing**, 《英》**-nel·ling**) 他 ❶ …を(フラン)ネルでこする[ふく];…を(フラン)ネルで覆う ❷《英口》…にはったり[言い逃れ]を言う —自《英口》はったり[言い逃れ]を言う **～·ly** 形

flánnel·bòard 名 C フランネルボード《フランネルやフェルトを張った掲示板》

flan·nel·ette /flæ̀nəlét/ 名 U 綿ネル

flánnel-mòuthed 形 もごもご不明瞭(ふめいりょう)に言う;口先のうまい

flap /flæp/ 動 (**flapped** /-t/; **flap·ping**) 自 ❶ (+副句)(鳥が)羽ばたく, 羽ばたいて飛ぶ(♦ 副句 は方向を表す) ‖ The bird *flapped* away [OR off]. 鳥は羽ばたいて飛び去った ❷ (ぱたぱたと) はためく, (翼が) ぱたぱたと動く ‖ The flag was *flapping* in the wind. 旗が風にはためいていた ❸《主に英口》取り乱す, 気をもむ, おろおろする《*about, around*》 —他 ❶ …をはためかせる, ぱたぱたさせる;〔翼〕をぱたぱたと動かす, 〔腕など〕を上下に動かす ‖ The wind *flapped* the washing. 風に洗濯物がはためいた / ～ one's lips [OR gums] 《米口》くだらないおしゃべりをする ❷ …を(平たいもので) ぴしゃりとたたく, たたいて追う[払う]《*away, off*》 ‖ ～ flies *away* [OR *off*] ハエをたたいて追い払う ❸ 〖音声〗〔t, r 音〕を弾音で発音する
—— 名 C ❶ ひらひら[ぱたぱた]するもの;(ポケットの)垂れぶた, フラップ;(帽子の)垂れ縁;(封筒の)折り返し;(テーブルの)垂れ板;(本のカバーの)折り返した部分, そで ‖ an envelope with a gummed ～ 折り返しにのりのつけてある封筒 ❷ 〖空〗(飛行機の)フラップ, 下げ翼 ❸ はためくこと[音], はためき;羽ばたき ❹《単数形で》《口》うろたえ, 動揺;騒然とした状態;《米》スキャンダル ‖「be in [get in(to)] a ～ (不安で)はらはらしている[する] ❺ ぴしゃりと打つこと[音];平手打ち(slap) ❻ ぱたぱた, ばたばた(♦ 鳥の羽音・帆などのはためく音. flap flap とすることも多い) ❼ 〖音声〗弾音《舌先を上歯茎にはじかせて出す音. 米音の water の t》 ❽ 〖医〗(移植するために切り離した)組織[皮膚]弁

fláp·dòodle 名 U《俗》ばかげた話, たわごと

fláp·jàck 名 C ❶《米》パンケーキ, ホットケーキ ❷《英》オート麦のビスケット

flap·pa·ble /flǽpəbl/ 形《口》興奮しやすい

flap·per /flǽpər/ 名 C ❶《口》(1920年代の) フラッパー, 跳ねっ返り(娘) ❷ ぱたぱたするもの;ひな鳥 ❸ ぴしゃりと打つ(平たい)もの, ハエたたき, 鳴子《鳥追い用》

***flare** /fleər/ 動 自 ❶ (炎が) (風で)揺らめいて燃える;ぱっと燃え上がる;ぱっと(燃えて)輝く《*up*》(blaze) ‖ The fire ～*d up* again. 火が再びぱっと燃え上がった ❷ (人が)〈…に対して〉かっとなる《*up*》〈*at*〉;(感情が)ぱっと表れる, 爆発する;(けんか・議論などが)激化する《*up*》;《直接話法で》かっとなって〈人に〉言う〈*at*〉 ‖ He ～*d up at* me. 彼は私にかっとなった / The argument ～*d* (*up*) again. その論争は突如再燃した ❸ (スカート・ズボンが)すそ広がり[フレア]になる《*out*》;(鼻孔が)ふくらむ《怒りなどの表情》;(舷側(げんそく)・トランペットの先端などが)朝顔形に張り出る
—他 ❶〔スカート・ズボンなど〕を朝顔形に広げる, …にフレアを入れる;〔鼻孔〕をふくらませる ❷ …をぱっと輝かせる[燃え立たせる] ❸ …に閃光(せんこう)[発火]で合図して助けを求める ❹ (油井(ゆせい)・製油所で)〔余剰ガス〕を排出し燃焼させる
flàre úp 〈自〉 ① ぱっと燃え上がる (→ 自 ❶) ② かっとなる(→ 自 ❷) ③ (病気・けがが)再発する, 悪化する
—— 名 ❶ U/C《単数形で》揺らめく炎[光];突然燃え上がる火[燃焼](⇨ BLAZE[1] 類語) ❷ C U 閃光(信号), 信号弾;照明弾 ❸ C《単数形で》(怒りなどの)爆発 ❹ C《通例単数形で》(スカートなどの)フレア;《～s》らっぱズボン ❺ C 〖天〗フレア《太陽面上で多量のエネルギーが突発的に放射される現象》 ❻ U 〖写〗光斑(こうはん), フレア ❼ C 〖医〗発赤(ほっせき) ❽ (＝ ～ **pàss**) C 〖アメフト〗フレア《サイドラインに走っているバックに送るショートパス》

flared /fleərd/ 形 (スカートなどが)すそ広がりの, フレアーの ‖ ～ pants すそ広がりのズボン

fláre·pàth 名 C (夜間離着陸用の)照明路

fláre-ùp 名 C ❶《口》(感情の) 爆発;(小康状態の後での)突[再]発, 勃発(ぼっぱつ) ❷ 突然燃え上がること

****flash** /flæʃ/ 中心義 一瞬の間に現れる(もの)
—— 名 (複 **～·es** /-ɪz/) C ❶ **きらめき**, 閃光(せんこう);(明かりによる) 合図, 信号 ‖ I saw a ～ of lightning in the sky. 空に稲妻が走るのを見た / explode with a red ～ of light 真っ赤な閃光を発して爆発する
❷ (霊感・機知などの)**ひらめき**;(感情などの)ほとばしり, 一瞬の輝き ‖ Many inventions have been the result of ～*es* of inspiration. 多くの発明は霊感のひらめきの

結果だった / a ～ of humor ユーモアのひらめき / a ～ of anger 怒りのほとばしり / a ～ of joy ぱっと輝いた喜びの表情

❸《a ～》瞬間，ちょっとの間 ‖ **in** [OR like] **a** ～ あっという間に，一瞬のうちに

❹ Ⓤ Ⓒ〘写〙フラッシュ(ライト)；フラッシュランプ[バルブ] ‖ Did the ～ go off? フラッシュは光ったかい / a camera with a built-in ～ フラッシュ内蔵カメラ

❺ (明るいもの[色]などが)ちらっと見えること；一瞥(いちべつ)；誇示，見せびらかし ❻ ニュース速報，特報 ❼ ぱっと目立つ明るい色の部分[模様]，(本などの)パッケージの目立つ所；《英》(部隊別などを示す軍服の)カラー肩章[腕章] ❽《口》懐中電灯 ❾ (船が浅瀬を渡るために)堰(せき)から流す激流；堰，水門 ❿《俗》(麻薬使用に伴う)快感，高揚感

a flàsh in the pán 一時的な成功(者)(♦ 火打式銃の火が火皿(pan)の上だけで終わり発射しないことにかけて)

(***as***) ***quìck as a flásh*** 素早く，あっという間に

──動 (**～·es** /-ɪz/；**～ed** /-t/；**～·ing**)

──自 ❶ **ぴかっと光る**，ぱっとつく，輝く，反射する；ちかちか点滅する；ぱっと燃え上がる (⇨ LIGHT[1], SHINE 類語) ‖ Lightning ～*ed* in the dark sky. 暗黒の空で稲妻が光った / Red **lights** are ～*ing* on and off. 赤い光が点滅している

❷《+副句》(車・時間などが)**さっと通り過ぎる**，素早く動く，かすめる《***by, past***》(♦ 副句 は方向を表す) ‖ A red sports car ～*ed past*. 赤いスポーツカーがさっと通り過ぎた / Our summer holidays seemed to just ～ *by*. 夏休みはあっという間に過ぎ去ったように思えた

❸ (考えなどが)〈頭などに〉**ひらめく**，〈心・頭を〉よぎる〈**through, into, across**〉‖ An inspiration ～*ed into* her mind. インスピレーションが彼女の頭にひらめいた

❹ (画像・物が)〈…に〉ぱっと映る，姿を見せる《***up***》〈**across, on, etc.**〉‖ The images of the ship ～*ed across* the huge screen. その船の映像が巨大なスクリーンにぱっと現れた ❺ (目が) 激しい感情をぱっと表す ‖ Her **eyes** ～*ed* with anger. 彼女の目は怒りに燃えた ❻《俗》(男が) (人前で)性器をちらっと見せる

──他 ❶〔明かり〕を**ぱっと照らす**，〔光〕を放つ；〔火〕をぼっとつける；〔明かり〕を点滅させる；(明かりなどで)…を〈…に〉知らせる[合図する]〈**to**〉‖ The doctor ～*ed* a **light** in his eyes. 医者は彼の目に光を当てた / She ～*ed* a warning *to* him with her headlights. 彼女は彼にヘッドライトを点滅させて警告の合図をした

❷《口》…をちらっと見せる，ぱっと示す ‖ I ～*ed* my identification card to the guard. 私は警備員に身分証明書をちらりと見せた

❸《口》…をちらつかせる，見せびらかす，誇示する《***around, about***》‖ He loves to ～ his money *around*. 彼は金を見せびらかすのが大好きだ

❹ **a**《+目》〔表情・微笑など〕をぱっと表す；〔視線〕を〈…に〉投げる〈**at**〉‖ Her eyes ～*ed* hatred. 彼女の目は憎しみを表した **b**《+目 *A*+目 *B*》*A* (人)に*B* (微笑など) を投げかける ‖ She ～*ed* me a charming smile. 彼女は私に素敵な笑みを見せた ❺〔ニュース・情報など〕を〈…に〉速報する，素早く流す〈**to, through, etc.**〉‖ Photos of the accident were ～*ed* all over the world. その事故の写真は即刻世界中に伝えられた ❻〈スクリーンなどに〉…を映す《***up***》〈**on**〉‖ The results were ～*ed on* the screen. 結果はスクリーンに映し出された

****flàsh báck*** 〈自〉① (記憶・考えなどが)〈…へ〉ちらっと戻る〈**to**〉② (映画・物語などで)場面がちらっと〈…へ〉戻る，フラッシュバックする〈**on, to**〉

flàsh fórward 〈自〉(映画・物語などで) 未来の場面へちらっと移る；(ビデオなどを)早送りする

flásh on ... 〈他〉① (考えなどが)〔人〕に突然思いつく ②《米口》〔考えなど〕を突然思いつく；…を突然思い出す

flàsh óut 〈他〉《***flàsh óut ...*** / ***flàsh ... óut***》〔怒りなど〕を突然表す，かっとなって…の表情を見せる ‖ Her eyes ～*ed out* a look of anger. 彼女の目は怒りの表情を表した ──〈自〉① ぱっと現れる ② かっとなって言う

──形 (**～·er**；**～·est**) (♦ ❶ ❹は比較なし)

❶《限定》瞬間的な，突発的な；急速な ‖ a ～ fire 突発的な火事 / a ～ warning とっさの警告 / ～ news ニュース速報

❷《口》《けなして》 **a** (物が)派手な，値段の高そうな，はやりの，かっこいい ‖ a ～ car 派手な車

b (人が) 見掛け倒しの，うわべは格好よく魅力的な ‖ He was dressed to kill and trying to be ～. 彼は粋な格好をして魅力的に見せようとしていた

❸《古》《俗》ならず者の ‖ ～ language 隠語

▸▸ **～ bùrn** 名 Ⓒ (原子爆弾などの) 閃光によるやけど **～ càrd** 名 Ⓒ フラッシュカード《単語・数字などを生徒にちらっと見せて答えさせる教授用カード》 **～ chìp** 名 Ⓒ フラッシュチップ **～ drìve** 名 Ⓒ 🖳フラッシュドライブ **～ flòod** 名 Ⓒ (集中豪雨の後などの)鉄砲水 ‖ a ～ *flood* warning 鉄砲水警報 **～ frèezing** 名 Ⓤ 瞬間冷凍 **～ làmp** 名 Ⓒ =flashgun **～ mèmory** 名 Ⓤ 🖳フラッシュメモリー《電源供給が途切れてもデータを保持できるメモリー》 **～ mòb** 名 Ⓒ =flashmob **～ photògraphy** 名 Ⓤ フラッシュ撮影写真 **～ pho·tól·y·sis** /-foutɑ́ləsɪs/ 名 Ⓤ〘化〙閃光光分解《ガス状試料に閃光を当てて光化学反応を調べること》 **～ sàle** 名 Ⓒ フラッシュセール《期間限定で大幅割引などの特典のついた商品を販売するオンライン商法》

flásh·bàck 名 ❶ Ⓤ Ⓒ (映画・物語などの) フラッシュバック《過去の回想場面 (を組み込む手法)》 ❷ Ⓒ (過去の経験が) 突然鮮明に思い浮かぶこと ❸ Ⓒ (幻覚剤をやめた後の)禁断症状としての幻覚の再現

flásh·bùlb 名 Ⓒ〘写〙閃光電球，フラッシュバルブ

flash·er /flǽʃər/ 名 Ⓒ ❶《俗》露出狂 ❷ 自動点滅器；点滅信号

flásh-fòrward 名 Ⓤ Ⓒ (映画・物語などの) フラッシュフォワード《将来の出来事を示す場面(を組み込む手法)》

flàsh-fréeze 動 他〔食べ物〕を急速冷凍する

-freez·er 名 Ⓒ 急速冷凍機

flásh·gùn 名 Ⓒ〘写〙フラッシュガン，シンクロ(ナイザー)《カメラとフラッシュを同調させる装置》

flash·ing /flǽʃɪŋ/ 名 Ⓤ Ⓒ (屋根の)雨押さえ

***flásh·lìght** 名 Ⓒ ❶ (主に米)懐中電灯(《英》(electric) torch) ❷〘写〙フラッシュ，閃光 ❸ (信号用)閃光；(灯台の)回転灯

flásh·mòb 名 Ⓒ フラッシュモブ《インターネット上の呼びかけに応じて特定の場所に集合し，示し合わせた無意味な行為を行った後，速やかに離散する群衆》

flásh·òver 名 Ⓒ ❶〘電〙フラッシュオーバー《固体や液体の絶縁体の放電》 ❷ 爆燃現象

flásh·pòint 名 Ⓒ ❶ 一触即発の状況；紛争多発地帯 ❷〘理化〙(揮発油の)引火[発火]点

flásh·tùbe 名 Ⓒ〘写〙ストロボ

flash·y /flǽʃi/ 形《口》《通例けなして》❶ 派手な，けばけばしい ❷ (瞬間的に)ぱっと輝く **flásh·i·ly** 副

***flask** /flæsk | flɑːsk/ 名 Ⓒ ❶ (化学実験用) フラスコ；細口瓶《ワインや油を入れる》；(使用済核燃料運搬用)フラスコ ❷ (平らでポケットに入る) 酒瓶 (hip flask) ❸《英》魔法瓶，ポット(vacuum flask, Thermos flask,《米》Thermos bottle) ❹ (昔の) 火薬筒 ❺ (鋳物の) 鋳型枠 ❻ フラスコ[瓶]1杯[瓶]の量

*****flat**[1] /flæt/ 形 副 名 動

中心義 **凹凸がなく平らな** (★具体的な「物」に限らず，「態度」や「声」などについても用いる)

形 **平らな❶ 長々と横たわった❷ きっぱりした❹ 均一の❺**
副 **平らに❶ きっぱりと❷**
名 **平らな部分[面]❶**

—形〔▶ flatten 動〕(**flat·ter**; **flat·test**)
❶ (物の表面が)**平らな**, 凹凸のない; (土地が)平坦な, 起伏がない; 水平な; (水面が)静かである, 波立っていない (⇨類語) ‖ The earth was once thought to be ~. かつて地球は平らだと考えられていた / a ~ surface 平面 / I am on a diet to get a ~ stomach. おなかをへこまそうとダイエット中です / a ~ face のっぺりした顔 / ~ glass 板ガラス
❷《比較なし》《叙述》(地面・床などに)**長々と横たわった**, (平面に)ぴったり接した ‖ She was **lying** ~ on her face [back] in bed. 彼女はベッドにうつぶせに[あお向けに]横たわっていた / with one's face fixed ~ against the window 顔をぴたりと窓ガラスにつけて
❸ (容器などが)浅い, 平たい; (靴のかかとが)低い; (タイヤ・風船・ボールなどが)空気が抜けた, ぺちゃんこな; (地図などを)広げた, 伸ばした; (足が)偏平な ‖ a ~ dish 平皿 / ~ shoes かかとの低い靴 / go ~ パンクする
❹《比較なし》《限定》**きっぱりした**, 断固とした, 全くの ‖ I gave him a ~ refusal to go. 私は行かないと彼にきっぱりと断った / ~ nonsense 全くのたわごと
❺《比較なし》《限定》(料金・価格が)**均一の**, 一律の, きっかりの ‖ a ~ rate [tax] 均一料金[税] / a ~ price 均一価格 ❻ (生活・物事が)面白みがない, 単調な; (商売・市場などが)活気がない, 不況の; (劇・話・冗談などが)つまらない, 退屈な; (発泡酒・炭酸飲料などの) 気が抜けている ‖ Life is ~ here. ここでの生活は単調だ / a ~ market 不調な市場 / a ~ script 平凡な脚本 / ~ jokes つまらない冗談 / Her lemonade has gone ~. 彼女のレモネードは気が抜けてしまっている ❼《主に英》(電池が)切れた(dead) ‖ The battery has gone ~. バッテリーが上がってしまっている ❽《叙述》(絵画・写真などが)深みがない; 《限定》(色調・明るさが)単調な, めりはりがない, コントラストがない; (塗料が)つや[光沢]がない; (声・言葉などが)抑揚がない, 単調な ‖ in a ~ voice 抑揚のない声で ❾《比較なし》〖楽〗(音が)半音下がった, 変音の, フラットの(♦音名の後につく); (歌唱・楽器が) 正しい音より少し低い ‖ the key of E ~ major 変ホ長調 ❿ (心電図などで) 波がなく一直線の ⓫〖音声〗(母音 a が)平唇の《bad, cat などの /æ/》
(*as*) ***flat as a pancake*** ⇨ PANCAKE(成句)
flàt on one's báck ① ⇨ ❷ ② 病気で寝ている; どうにもならない[お手上げ]状態で
lèave a pèrson flát ①〔人〕を退屈させる ②〔人〕を無一文にする ③〔人〕を見捨てる, ひとりにする

COMMUNICATIVE EXPRESSIONS
1 I wòn't dó it, **and thàt's flát!** それはやらないと言ったら, やらないんだ(♥前述の拒絶・否定を強調する)

—副 (**flat·ter**; **flat·test**) (♦❶❺以外は比較なし)
❶ **平らに**, 水平に; ぴったりと(くっついて)
❷《口》**きっぱりと**, はっきりと; ぶっきらぼうに ‖ She turned his offer down ~. 彼女は彼の申し出をきっぱりと断った / go ~ against ... …に真っ向から反対する; …を無視する
❸《口》完全に, すっかり ‖ He is ~ broke. 彼は全く一文なしだ ❹《口》《時間を表す語とともに用いて》きっかりに, 正確に, ちょうど (♥特に短時間であることを強調する) ‖ He ran a hundred meters in ten seconds ~. 彼は100メートルを10秒フラットで走った / in nothing [OR no time] ~ 非常に素早く ❺ (歌い方などが) 正規の音よりも下がって ‖ He sings ~. 彼の歌い方は音程が少し下がっている ❻ 無利息で
*__*fàll flát*__* ① ばったりと倒れる; ひれ伏す ‖ *fall* ~ on one's face うつぶせにばったりと倒れる ② (冗談・余興などが) 受けない, 失敗に終わる ③《しばしば on one's [its] face を伴って》(試みなどが)失敗する, (人が)失敗して面目を失う
*__*flàt óut*__* ① 全速力で, 全力で ②《主に米口》歯に衣(きぬ)着せずに, ためらわずに ③ ぐったりと横になって

—名 (複 **~s** /-s/) C ❶《the ~》**平らな部分[面]** ‖ She struck him with the ~ of her hand. 彼女は彼を平手で打った / the ~ of a sword 刀の平(ひら)
❷《通例 ~s》低湿地, 浅瀬, 洲(す); 《しばしば ~s》平地, 平原 ‖ on the ~ 平地に[で] ❸ 平らなもの; 《米》苗木用の平箱 ❹《しばしば ~s》〖劇〗(可動式の) 枠張りの背景 ❺ (= **~ tíre**)《口》パンクしたタイヤ ‖ I had a ~ on the way home. 家に帰る途中でタイヤがパンクした ❻《しばしば ~s》《主に米》(女性用の) かかとの低い靴 ❼ = flatcar ❽ (= **~ ràcing** [**ràce**])《the F-》《英》平地競馬《障害競馬に対して》(→ steeplechase); 平地競馬の季節(3月-11月) ❾〖楽〗変音; 変音記号 (♭)
—動 (**~s** /-s/; **flat·ted** /-ɪd/; **flat·ting**) 他 ❶《米》〖楽〗〔音程〕を半音下げる(《英》flatten)
❷《古》…を平らにする(flatten)

類語《形 ❶》**flat** 表面に高低がなく, 平らな. 〈例〉 The playground is *flat*. グランドは平らだ
even 均一で滑らかな, 必ずしも水平でなくてもよい. 〈例〉 An *even* road is easy to roller-skate on. 平坦(へいたん)な道路はローラースケートをやりやすい
level 水平で, 平らな. 〈例〉 *level* ground 平地
smooth 平らで, すべすべと, 滑らかな. 〈例〉 a *smooth* lawn 平らな芝生

▸▸ **~ fòot** 名 C 偏平足 (の状態) **~ scréen** 名 C〖電子〗フラット型スクリーン (♦ flatscreen とも書く) **~ spín** 名 C ①〖空〗フラットスピン《機体が水平に近い姿勢のままきりもみして下降すること》 ②《単数形で》《口》精神的動揺[恐慌](→ spin 名 ❺)

__flat__[2] /flæt/ 名 C《英》フラット《同一の階の数室を個人・家族で使う住居》, アパート[マンション]の1世帯分(《米》apartment); 《~s》フラット式住宅, アパート(《米》apartment house) ‖ I have a ~ on the second floor. 私のアパートは3階だ / a furnished ~ 家具付きアパート / a block of ~*s* アパートの1棟 (♦ フラットがいくつもある建物) —動 (**flat·ted** /-ɪd/; **flat·ting**) 自《+副句》《豪・ニュージ》フラットに住む[を共有する] ‖ I *flatted* in Sydney. シドニーでフラットに住んでいた

flát·bèd 名 C ❶ 平床トラック《荷台に囲いがない》 ❷ 💻 (= **~ scánner**) フラットベッドスキャナー《対象物を上部に載せて読み取りを行うスキャナー》
—形 💻 平置き型の, フラットベッド型の
flát·bòat 名 C 平底船《浅瀬での荷物運搬用》
flát·brèad 名 U《米》フラットブレッド《平たく薄い, しばしばパン種の入っていないパン》
flát·càr 名 C《主に米》長物(ながもの)車《屋根も枠もない平台型の貨車》
flàt-chésted ⟨シ⟩ 形 (女性の)胸が小さい[平らな]
flát·fìsh 名 (複 **~** OR **~·es** /-ɪz/) C〖魚〗カレイ目の魚の総称《ヒラメ・カレイ・オヒョウの類》
flát·fòot 名 (複 **~s** /-s/ OR **-feet** /-fìːt/) C ❶《旧》《口》(特にパトロールの)巡査 ❷ (複 **-feet**)偏平足
flàt-fóoted ⟨シ⟩ 形 ❶ 偏平足の ❷《口》油断した ❸《口》不器用な ❹《口》きっぱりとした, 断固とした ‖ a ~ denial きっぱりとした否認
càtch a pèrson flàt-fóoted 〔人〕に不意打ちを食らわせる
—副《口》断固として, きっぱりと
flàt·héad 名 C ❶《豪・ニュージ》頭の平たい魚; コチ ❷《F-》フラットヘッド《Chinook, Choctaw, Salish 族などの頭を平たくする習慣のあった北米先住民》 ❸《米》サイドバルブ型エンジン
flát·ìron 名 C 火のし, こて
flát·lànd 名 U 平坦地, 平地
flat·let /flǽtlət/ 名 C《英》小さなフラット[アパート]
flát·lìne 動 自 ❶《口》死ぬ(♦心拍数モニターのグラフが水平になることから) ❷《be flatlining で》変動がない, 低迷している
—形《次の成句で》
gò flátline 死ぬ, 停止する
__flat·ly__ /flǽtli/ 副 ❶ きっぱりと ‖ They ~ refused. 彼らはにべもなく拒否した ❷ 素っ気なく, 気の抜けた調子で ❸ 平滑に(♦「平らに, ぺったりと」の意味では flat を用いる. →

F

flat¹ 副 ❶)
flát·màte 名 C 《英》アパートの共同所有者[同居人]
flat·ness /flǽtnəs/ 名 U ❶ 平坦(へいたん);平べったさ ❷ 単調, 平板;無気力
flát-òut 形 副 《口》❶ 完全な[に], あからさまな[に] ‖ a ～ lie 真っ赤なうそ ❷ 全速力で(の), 全力で(の)
flát·pàck 名 C 《英》(箱詰めにされた)組み立て家具一式
flát-pànel 形 (テレビなどが) フラット型の ‖ a ～ TV 薄型テレビ
*__flat·ten__ /flǽtən/ 動 他 ❶ …を平らにする[延ばす, ならす], ぺしゃんこにする《*out*》‖ I ～*ed* the newspaper *out* on the table. 私はテーブルの上に新聞を広げた / His car was ～*ed* in the accident. 事故で彼の車はぺしゃんこになった ❷ (爆撃・暴風雨などが)〔町・森など〕を破壊する;〔建物〕を倒壊させる ‖ The typhoon ～*ed* all the houses in the village. 台風で村の全家屋が倒壊した ❸ 《口》〔人〕をノックアウトする, 打ちのめす;〔相手〕を(試合などで)完敗させる, やっつける;〔人〕を(精神的に)打ちのめす, まいらせる ❹ 《～ oneself で》〈…に〉体を寄せる〈**against, on**〉‖ I ～*ed* myself [*against* the wall [*on* the pavement]. 私は壁に体を寄せた[道路にはいつくばった] ❺ 《英》〖楽〗〔音程〕を半音下げる(《米》flat)
━自 平らになる[延びる]《*out*》
__flàtten óut__ 〈自〉① ⇨ 自 ② (上昇している率などが) 横ばいになる ③〖空〗(飛行機が)水平飛行に戻る ━〈他〉《*flàtten óut ...* / *flàtten ... óut*》① ⇨ 他 ❶ ②〖空〗(パイロットが)〔機体〕を水平にする
*__flat·ter__ /flǽṭər/ 動 他 ❶ **a** 《+目》〔人〕にお世辞を言う, こびる, へつらう;〔人〕を〈…のことで〉むやみに褒める〈**on, about**〉‖ He is always ～*ing* me. 彼はいつも私にお世辞を言う / I ～*ed* her *on* [OR *about*] her dancing. 私は彼女のダンスをしきりに褒めた
b 《+目+**into** *doing*》〔人〕をおだてて…させる ‖ I ～*ed* my mother *into* buying a new dress for me. 母をおだてあげて新しい服を買ってもらった
❷ 《受身形で》うれしく[光栄に] 思う〈**at, by** …で / **to** *do* …して / **that** 節 …ということを〉‖ I'm ～*ed by* your invitation to the party. パーティーにお招きいただき光栄に存じます (♥ 改まったあいさつの言葉) / We are ～*ed* and honored *to* have you as our guest. あなたをお招きできることは大変喜ばしいことです / He felt ～*ed that* his boss had agreed with his plans. 彼は社長が自分の計画に賛成してくれたことがうれしかった
❸ (肖像画・写真などが)…を実物よりよく見せる[描く];(服装・色などが)…を引き立たせる ‖ That portrait ～*s* her. その肖像画は彼女を実物以上に (美しく) 描いている / The dress ～*s* her figure. そのドレスは彼女の容姿を引き立たせる ❹ 《～ oneself で》うぬぼれる, いい気になる;得意に思う〈**on** …のことで/(**that**) 節 …だということで〉‖ You are ～*ing* yourself. 君はうぬぼれているよ / He ～*s* himself *on* his acquaintance with the producer. 彼はプロデューサーと知り合いであることを自慢している / She ～*ed* herself *that* she alone had touched his heart. 彼女は自分だけが彼の心を動かしたとうぬぼれていた
━自 お世辞を言う, おもねる

COMMUNICATIVE EXPRESSIONS
1 **I'm fláttered.** 光栄です (♥ 招待やお世辞に対する返答. 同意表現の How flattering! は女性がよく用いる)
2 **You flátter** [OR **are fláttering**] **me.** お世辞がお上手ですね(♥ お世辞に対する返答)

～·er 名 C お世辞のうまい人
flat·ter·ing /flǽṭərɪŋ/ 形 ❶ (衣服・色などを)きれいに見せる, 引き立てる ❷ お世辞を言う, おもねる ❸ (人を)うれしがらせる, 気をよくさせる ‖ It's ～ to be wanted. (人に)必要とされているのは気分のよいものだ **～·ly** 副
flat·ter·y /flǽṭəri/ 名 (複 **-ter·ies** /-z/) U 追従(ついしょう), へつらい;お世辞, 甘言(⇨ COMPLIMENT 類語) ‖ use ～ お世辞を言う

COMMUNICATIVE EXPRESSIONS
1 **Fláttery will gèt you nówhere.** (いくら) お世辞を言っても無駄ですよ

flat·tie, -ty /flǽṭi/ 名 (複 **-ties** /-z/) C 《通例 ～s》《英口》かかとの低い靴
flat·tish /flǽṭɪʃ/ 形 いくぶん平らな [平たい];やや単調な;〖楽〗フラット気味の, 音程が下がり気味の
flát·tòp 名 C ❶ 角刈り(crew cut) ❷ 《米口》航空母艦
flat·u·lent /flǽtʃələnt | flǽtjʊ-/ 形 ❶ 鼓腸の《腹にガスのたまった状態》;(食物が) 鼓腸を起こしやすい ❷ 《けなして》もったいぶった, 仰々しい
-lence, -len·cy 名 **～·ly** 副
fla·tus /fléɪṭəs/ 名 U 〖医〗胃・腸内にたまったガス
flát·wàre 名 U 《集合的に》❶ 平皿類 《浅い皿・ソーサーなど》(→ hollowware) ❷ 《米》銀 (めっき) 製の食器類 《ナイフ・フォーク・スプーンなど》
flát·wòrm 名 C 扁形動物 《サナダムシ・吸虫など》
flaunt /flɔːnt/ 動 他 ❶ …を誇らしげに見せびらかす, ひけらかす ‖ ～ one's knowledge 知識をひけらかす ❷ 《～ oneself で》これ見よがしに振る舞う ━自 ❶ 得意げに振る舞う ❷ 《旧》(旗などが)誇らしげに翻る

COMMUNICATIVE EXPRESSIONS
1 **If you've gòt it, fláunt it.** (富・資質など) よいものは人に見せなさい

～·ing·ly 副 誇らしげに
flaunt·y /flɔ́ːnṭi/ 形 見せびらかす傾向のある
flau·tist /flɔ́ːṭɪst/ 名 =flutist
fla·vin /fléɪvɪn/, **-vine** /fléɪviːn/ 名 U C 〖生化〗フラビン《動植物の組織中に分布している黄色色素》
fla·vo·noid /fléɪvənɔ̀ɪd/ 名 C 〖生化〗フラボノイド《フラボン分子に近い構造の植物色素の総称》
*__fla·vor,__ 《英》**-vour** /fléɪvər/ 名 ❶ U 風味, 味, フレーバー;C (独特の) 風味 ‖ This wine doesn't have much ～. このワインはあまり風味がない / A bit of lemon will give [OR add] ～ to the chicken. 少量のレモンがチキンに風味をつける / a ～ of garlic ニンニクの独特の風味 / orange ～ ice cream オレンジ味のアイスクリーム ❷ C U 《主に米》香辛料, 香味料 ‖ artificial ～*s* 人工香味料 ❸ C 《単数形で》特色, 持ち味;趣(おもむき), 特色の一端(いったん) ‖ He preserves an amateur ～. 彼には素人くささが残っている ❹ C 〖理〗フレーバー《クォークを6つの種類に分ける量子数》❺ C 《口》種類, 変種
__flàvor of the mónth__ 短期間の流行 [人気], 今はやりのもの[人]
━動 他 ❶ …に〈…で〉味をつける, 風味を添える〈**with**〉‖ ～ a pie *with* cinnamon パイにシナモンで風味をつける ❷ …に趣[特色]を与える
～·less 形 風味のない;趣のない
▶▶ **～ àdditive** 名 C 味つけ剤 **～ enhàncer** 名 C (飲食物の)香料
fla·vored /fléɪvərd/ 形 ❶ 風味をつけた ❷ 《複合語で》…の風味を持った;…の気味のある, …らしい所のある ‖ chocolate-～ biscuits チョコレート味のビスケット
flá·vor·ful /-fəl/ 形 風味のある, おいしい
fla·vor·ing /fléɪvərɪŋ/ 名 U C 香辛料, 香味料, 薬味 ‖ vanilla ～ バニラエッセンス
flá·vor·some /-səm/ 形 =flavorful
*__fla·vour__ /fléɪvər/ 名 動 《英》=flavor
*__flaw__¹ /flɔː/ 《発音注意》名 C ❶ 〈…の〉傷, ひび, 割れ目〈**in**〉‖ a ～ *in* a diamond ダイヤモンドの傷 ❷ 〈…の〉欠点, 欠陥, あら〈**in**〉‖ detect logical ～*s in* an argument 論法に論理的欠陥を見つける / a ～ *in* his character 彼の性格の欠点 ❸ 〖法〗(文書・証拠・手続きなどの)不備, 欠陥
━動 他 《通例受身形で》傷がある, ひびが入っている;欠陥[欠点] がある, 不完全である ‖ Your argument is fundamentally ～*ed* by inconsistency. 君の論法は一貫性を欠くという根本的な欠点がある

flaw² /flɔː/ 名 C《文》(しばしば雨・雪を伴う)突風，ひとしきりの嵐(あらし)

fláw·less /-ləs/ 形 傷のない；欠点のない，完璧(かんぺき)な
~·ly 副 **~·ness** 名

flax /flæks/ 名 U ❶〖植〗アマ(亜麻)；アマに似た植物 ❷アマの繊維

flax·en /flǽksən/ 形 ❶アマ(亜麻)(製)の ❷《文》亜麻色[淡黄色]の ‖ ~ hair 亜麻色の髪

fláx·sèed 名 C 亜麻仁(あまに) (linseed)《アマの種子. 亜麻仁油を採る》‖ ~ oil 亜麻仁油

flay /fleɪ/ 動 他 ❶〔獣〕の皮をはぐ ❷…の皮が破れるほど激しくむち打つ ❸…を酷評する，こき下ろす

flea /fliː/ (♦同音語 flee) 名 C〖虫〗ノミ ‖ He wouldn't hurt a ~. 彼はノミ一匹殺さない
a fléa in a pèrson's èar (人にとって)耳の痛い話；(人への)いやみ，当てこすり ‖ send him away with *a ~ in his ear* 耳の痛いことを言って彼を追い払う
(as) fit as a fléa 《英》とても体調がよくて
▸▸**~ bèetle** 名 C〖虫〗ノミトビヨロイムシ《植物の葉・若芽などを食う害虫》 **~ còllar** 名 C (ペット用の)ノミ取り首輪 **~ màrket** 名 C ノミの市，フリーマーケット

fléa·bàg 名 C《口》❶(=~ **hotél**)《米》安ホテル；安下宿 ❷汚くて嫌われる人[動物]

fléa·bàne 名 C〖植〗ノミヨケグサ《ノミを駆除すると思われていたキク科の植物》

fléa·bìte 名 C ❶ノミが食うこと；ノミの食った跡 ❷《口》わずかな痛み；ささいな不便[費用]；ささいな事柄

fléa-bìtten 形 ❶ノミに食われた；ノミだらけの ❷(馬が)薄色地に鹿毛(かげ)などのぶちのある ❸惨めな，みすぼらしい

fléa·pìt 名 C《英口》安映画館，薄汚い劇場

fleck /flek/ 名 C ❶(色・光線の)斑点(はんてん)，点；(皮膚の)斑点，しみ，そばかす(freckle) ❷小片(flake) ‖ a ~ of dust ほんの小さなちり —動 他《通例受身形で》〈…で〉まだらになっている〈**with**〉‖ a shirt *~ed with* paint ペンキのついたシャツ **~ed** 形

flec·tion /flékʃən/ 名 =flexion

fled /fled/ 動 flee の過去・過去分詞

fledge /fledʒ/ 動 他 ❶〔ひな鳥〕を飛べるようになるまで育てる ❷〔矢〕に羽をつける；…を羽で飾る，羽(毛)で覆う
—自 (ひな鳥が)羽毛が生えそろう

fledged /fledʒd/ 形 (飛べるように)羽毛が生えそろった；成熟した，独り立ちした(→ full-fledged)

fledg·ling, fledge- /flédʒlɪŋ/ 名 C ❶羽がそろったばかりのひな鳥 ❷未熟な若者，青二才
—形《限定》(人・組織が)経験のない，未熟な

flee /fliː/ (♦同音語 flea) 動 (▶ flight² 名) (**fled** /fled/；**~·ing**) (♦直説法現在形で用いることはまれ) 自 ❶(危険・追跡などから)逃げる，逃避する(↝ run away)〈**from** …から；**to, into** …へ〉‖ They *fled from* the civil war *to* other countries. 彼らは内戦を避け他国に逃れた ❷《文》〈…から〉(さっと)消えうせる，過ぎ去る〈**from**〉‖ The smile *fled from* his face. 彼の顔から微笑がさっと消えた —他《通例受身形不可》…から逃げる，逃避する ‖ He was forced to ~ his country. 彼は余儀なく故国を逃れ出た

fleece /fliːs/ 名 ❶ U 羊毛(→ Golden Fleece)；C 1頭一刈り分の羊毛 ❷ C (柔らかい)羊毛状のもの《白雲・ぼたん雪など》；豊かな(乱れ)髪 ❸ U 柔らかい裏地用布地 ❹ C フリース(frieze)《柔らかい羊毛状の布地で作った防寒用ジャケット》 —動 他 ❶《口》〔人〕から(金銭を)だまし取る(rip off) ‖ ~ her of her wealth 彼女から財産をだまし取る ❷〔羊〕から毛を刈り取る

fleec·y /flíːsi/ 形 ❶羊毛で覆われた[作られた] ❷羊毛のような，ふわふわした

fleer /flɪər/ 動 自《文》あざ笑う，冷笑する
—名 C《古》冷笑，あざ笑い，愚弄(ぐろう)

***fleet¹** /fliːt/ 名 C ❶艦隊；《the ~》(1国の)全海軍力；海軍(navy) ‖ the US ~ アメリカ艦隊 ❷(商船などの)船隊，船団；(飛行機・戦車などの)隊 ‖ a whaling ~ 捕鯨船団 ❸(同一会社・組織の)全船舶，全航空機，全車両 ‖ a ~ of taxis [OR cabs] 同一会社の全タクシー / ~ cars 営業用車 ▸▸**~ àdmiral** 名 C (米国の)海軍元帥

fleet² /fliːt/ 形《主に文》素早い，快速の ‖ ~ of foot 足の速い(fleet-footed) **~·ly** 副 **~·ness** 名

fleet·ing /flíːtɪŋ/ 形《通例限定》素早く過ぎ去る；つかの間の ‖ a few ~ months 飛ぶように過ぎ去る数か月
~·ly 副

Fléet Strèet 名 ❶フリート街《ロンドンのかつての新聞社街》 ❷ U 英国の新聞界

Flem. 略 Flemish

Flem·ing¹ /flémɪŋ/ 名 フレミング ❶**Sir Alexander ~** (1881–1955)《英国の細菌学者. ペニシリンを発見》 ❷**Sir John Ambrose ~** (1849–1945)《英国の電気技術者. フレミングの左手・右手の法則を提案》

Flem·ing² /flémɪŋ/ 名 C フランドル人，フラマン人

Flem·ish /flémɪʃ/ 形 フランドル(Flanders)の，フラマン人[語]の ‖ the ~ school〖美〗フランドル派《ルーベンス・バン=ダイクなど》 —名 ❶ U フラマン語 ❷《the ~》《集合的に》《複数扱い》フラマン人

fle·ro·vium /flɪróuviəm/ 名 U〖物理〗フレロビウム《原子番号114番目の人工放射性元素. 元素記号 Fl》

:flesh /fleʃ/
—名 (▶ fleshly 形, fleshy 形) U ❶(人・動物の)肉；筋肉(部分) ‖ the ~ of the back 背中の肉
❷《the ~》(精神に対し)肉体 ‖ *The spirit is willing but the ~ is weak.* 心は熱すれども肉体は弱し；やる気はあるのだが体がついていかない(♦聖書の言葉) ❸《the ~》肉欲，情欲；人間性 ‖ the pleasures of the ~ 肉欲の快楽 / the sins of the ~ 《ときに戯》肉欲の罪，(特に)不貞 ❹(果物・野菜の)(食べられる)果肉，葉肉 ❺食肉(♦魚肉やときに鶏肉は除く. 現在では meat がふつう)(⇨ MEAT 類語P) ❻(人の)皮膚；肌色 ❼肉付き，肥満 ‖ put on ~ 肉がつく，太る(↝ put on weight)
gò the wày of àll flésh すべて生きとし生けるものの道を行く，死ぬ
in the flésh 生身の[で]，実物の[で]；本人自ら，本人直接に(in person) ‖ I've never met him *in the ~*. 彼本人には一度も会ったことがない
***màke a pèrson's flésh cràwl* [OR *crèep*]** (気味の悪い[恐ろしい]ことで)(人を)ぞっとさせる
one's* [OR *a*] *pound of flesh ⇨ POUND¹(成句)
prèss (the) flésh 《口》(選挙などで)人々と握手する
pùt flésh on (the bónes of) ... …に肉付けする
—動 他 ❶〔タカ・猟犬など〕に獲物の肉を与えて血に飢えさせる；《文》〔人〕を血なまぐさい行為に慣れさせる
❷〔生皮〕から肉を削り落とす
flèsh óut 〈他〉(***flèsh óut ...* / *flèsh ... óut***)…に〈内容を〉盛る，肉付けする〈**with**〉‖ ~ *out* a report *with* more details 報告書にさらに詳細を付け加える —〈自〉肉付きがよくなる，太る
▸▸**~ and blóod** 名 ① U (血の通った)人間，肉体；人間性(♥特にその弱さについていう) ‖ more than ~ *and blood* can stand [OR endure, bear] 血の通った人間にはとても耐えられない ② U 現実性，実質 ③《one's (own) ~》肉親，同族 ④《flesh-and-blood で形容詞的に》実際に生きている，現実の **~ flỳ** 名 C ニクバエ《動物の肉に産卵する》 **~ wòund** 名 C (骨や内臓に達しない)浅い傷

flésh-còlored 形 肉色の，肌色の

flesh·ings /fléʃɪŋz/ 名 複 (バレリーナ・曲芸師などのはく)肌色のタイツ，肉じゅばん

flesh·ly /fléʃli/ 形 (◁ flesh 名)《限定》❶肉体的な，肉体の ❷肉欲の，官能的な ❸世俗的な，人間的な；物質的な，非精神的な ❹《古》=fleshy ❶ **-li·ness** 名

flésh·pòts 名 複 ❶歓楽街 ❷〖聖〗ぜいたく(な暮らし)

flesh·y /fléʃi/ 形 (◁ flesh 名) ❶肉付きのよい，太った ❷

F

肉の, 肉質の ❸(果実が)多肉質の
flésh·i·ness 名
fleur-de-lis, -lys /flə̀ːrdəlíː/ 名 (複 **fleurs-** /-z/) C ❶〖植〗アイリス(の花) ❷〖紋章〗フラドリ《アイリス[ユリ]の花の紋章. 昔のフランス王室の紋章》

fleur-de-lis ❷

⁑flew /fluː/ (♦ 同音語 flu) 動 fly¹ の過去
flex¹ /fleks/ 動 他 ❶〔腕・ひざなど〕を曲げる ❷〔筋肉〕を収縮させる ‖ ～ one's muscles 威力を誇示する；試しにやってみる / ～ one's biceps 力こぶを出す ―自 曲がる；収縮する
flex² /fleks/ 名 C《主に英》可撓(かとう)線《伸縮自在な電線》(♦ *flex*ible cord より)
fléx-fùel 形 フレックス燃料を使う ‖ a ～ vehicle フレックス燃料車《ガソリンとエタノールを混ぜて使える車》
***flex·i·bil·i·ty** /flèksəbílət̬i/ 名 U ❶ 柔軟性, 曲げやすいこと ❷ 柔順 ❸ 融通性, 順応性
⁑flex·i·ble /fléksəbl/
―形 (**more ～**；**most ～**)
❶〈…について〉**融通[調整]のきく**, 順応[柔軟]性のある〈**about**〉‖ The hotel is ～ *about* (the) check-out time. そのホテルはチェックアウトの時刻については融通がきく / ～ thinking 柔軟な考え / work ～ hours フレックス制で働く ❷ **曲げやすい**, 柔軟な, しなやかな(↔ inflexible) ‖ a ～ pipe 自在管 ❸(人・性格が)柔順な, よく言うことを聞く；感化されやすい ‖ a ～ personality 柔順な性格

COMMUNICATIVE EXPRESSIONS
[1] **Còuld you be mòre fléxible over** the wày you hándle it? もう少し柔軟な対応をしてもらえますか

-bly 副 柔軟に, 曲げやすく
語源 *flex-* bend＋*-ible*(形容詞語尾)：曲げやすい
fléxible-fùel 形 ＝flex-fuel
flex·ion, flec·tion /flékʃən/ 名 U C ❶〖解〗(手足・関節の)屈曲(状態), 湾曲(部) ❷《古》〖文法〗＝inflection
flex·i·time /fléksitàɪm/ 名《英》＝flextime
flex·or /fléksər/ 名 C〖解〗屈筋
flex·time /flékstàɪm/ 名 U フレックスタイム(制)《総時間数の中で自由に選択できる勤務時間(の制度)》‖ Our company now has ～. 我が社は現在フレックスタイム制だ
flex·ure /flékʃər/ 名 U C ❶ 屈曲, 湾曲(状態)；屈曲部 ❷〖理〗たわみ；〖地〗褶曲(しゅうきょく)
flib·ber·ti·gib·bet /flìbərt̬idʒíbɪt/ 名 C《旧》おしゃべりで軽薄な人間, ゴシップ好きのうわついた女性
***flick¹** /flɪk/ 動 他 ❶ **a** 《＋目》(指で)…をはじく, (軽く)…を〈…から〉払い[はじき]落とす《*away, off*》〈**off, from**〉；…を〈…で〉軽く[ぱしっと]打つ〈**with**〉‖ He ～*ed* a piece of fluff *from* his shoulder. 彼は肩についた綿毛を軽く払い落とした / ～ a horse *with* a whip＝～ a whip at a horse 馬に軽くむちを当てる
b 《＋目＋補〈形〉》…をぱしっと打って[はじいて]…にする ‖ ～ a compact open コンパクトをぱちっと開ける
❷ **a** 《＋目》…を急に[さっと]動かす；〔むち・ひもなど〕を軽く振る(♦ しばしば方向を表す 副句 を伴う) ‖ The cat ～*ed* out its paw. 猫はぱっと前足を出した **b** 《＋目 *A*＋目 *B* ⇄目 *B*＋**at** 目 *A*》*A*(人)に*B*を向ける ‖ ～ her a glance ＝～ a glance *at* her 彼女をちらっと見る
❸〔スイッチ〕をぱちんと切る《*off*》, 入れる《*on*》
―自 急に[さっと]動く(♦ しばしば方向を表す 副句 を伴う) ‖ The cow's tail ～*ed* to and fro. 牛のしっぽが左右に揺れた
flìck óver ...* / *flìck ... óver 〈他〉〔本のページ〕をぱらぱらめくる
flìck thróugh ... 〈他〉〔本・雑誌など〕をぱらぱらめくる；〔テレビのチャンネル〕をぱちぱち切り替える
―名 C《通例単数形で》❶(むち・指先などで)軽く打つこと, はじくこと；ぴしっ[ぱしっ](という音) ‖ give a quick ～ of the whip ぴしっと素早くむちを当てる / with a ～ of a switch スイッチをぱちんと入れるだけで(♥ 簡単にできることを誇張) ❷ 軽く速い動き；(球技などでの)敏捷(びんしょう)な手首の動き ‖ with a ～ of one's wrist 手首をさっと動かして ❸〈…に〉ざっと目を通すこと, 〈…の〉一読〈**through**〉‖ have a quick ～ *through* a pamphlet パンフレットにざっと目を通す
***give a pèrson the flíck* (*pàss*)** 《主に豪口》無造作に〔人〕を拒絶する
▶▶ **～ knìfe** 名 C《英》飛出しナイフ(《主に米》switchblade)
flick² /flɪk/ 名 C《the ～s》《英口》映画(の上映)(♦ flicker(画面のちらつき)より) ‖ go to the ～*s* 映画を見に行く
***flick·er¹** /flíkər/ 動 自 ❶(炎が)ゆらゆらする；(光などが)ちらちら(明滅)する ‖ The flames ～*ed* and then went out. 炎は揺らめき, やがて消えた ❷《＋副句》(感情・表情などが)ちらっと現れる, ちらつく ‖ A gleam of hope still ～*ed* in my breast. 胸中にはまだ一縷(いちる)の望みがちらついていた ❸ **a** ちらっ[ぴくり]と動く, 軽く小刻みに揺れる[震える](♦ しばしば方向を表す 副句 を伴う) ‖ Her glance ～*ed* at him. 彼女はちらと彼を見やった / with a ～*ing* tongue (蛇などが)舌をちらちらさせて **b** 《＋補〈形〉》ちらっと動いて…(の状態)になる ‖ The patient's eyes ～*ed* slightly when I spoke to her. 患者の目は私が話しかけるとぴくりと動いた
flìcker óut 〈自〉(炎などが)揺らめきながら消える
―名 C《通例単数形で》❶ 揺らめく炎, ちらちらする明かり ‖ the ～ of a candle flame ろうそくの炎の揺らめき ❷〈希望などの〉ちらつき；〈感情などの〉瞬間的な動き[表れ]〈**of**〉‖ a ～ *of* hope かすかな希望 ❸ ちらっ[ぴくり]と動くこと, 揺らめき ‖ with a ～ of one's eyelids まぶたをぱちぱちさせて ❹ U (映像・画面などの)ちらつき
flick·er² /flíkər/ 名 C〖鳥〗ハシボソキツツキ《米大陸産》
***fli·er, fly·er** /fláɪər/ 名 C ❶ 飛ぶもの《鳥・虫・飛行機など》‖ a poor ～ 飛ぶのが下手な鳥[虫] ❷(通例小型機の)パイロット；(乗客として)飛行機をよく利用する人 ❸《口》急行列車[バス], 快速船；足の速い動物 ❹ ビラ, ちらし ❺《口》(助走を伴う)跳躍, 走り幅跳び；フライング ❻《主に米口》無謀な冒険[投機] ‖ take a ～ 冒険する

⁂flight¹ /flaɪt/ 名 動

―名〔◁ fly¹ 動〕(複 **～s** /-s/) C ❶ **定期航空便**, フライト；飛行機旅行, **空の旅** ‖ *Flight* 712 will arrive in five minutes. 712便は5分後に到着の予定です / He **took** an early morning ～ from Narita to Madrid. 彼は早朝の成田発マドリード行きの飛行機に乗った / My ～'s been called. 私の乗る便の出発がアナウンスされた / a chartered [direct, scheduled] ～ チャーター[直行, 定期]便 / 「a domestic [an international] ～ 国内[国際]線 / It was a long ～ from Santiago. サンチアゴからは長い空の旅だった / a comfortable [bumpy] ～ 快適な[揺れの多い]飛行 / make one's first ～ (飛行機が)初飛行する
❷ U 飛ぶこと, 飛行, 飛び方, 飛行方向[距離] ‖ supersonic ～ 超音速飛行 / a plane in ～ 飛行中の航空機 / take ～ (鳥が)飛び立つ / realities of space ～ 宇宙飛行の現実性 / the ～ of a ball ボールの飛ぶ方向
❸〈空飛ぶ鳥・虫などの〉群れ〈**of**〉(⇨ FLOCK¹ 類語P) ‖ ～*s of* wild birds 空飛ぶ野鳥の群れ
❹〖空軍〗(6機前後の)飛行小隊
❺(踊り場と踊り場の間の一続きの)階段(⇨ LANDING 図)；(ハードルなどの)段列 ‖ run down two ～*s* of stairs 2つの階段を駆け降りる ❻ U 速い動き；《文》〈時間などの〉速い経過〈**of**〉‖ the ～ *of* time 時の速い流れ ❼〈空想・才知などの〉高揚, ほとばしり〈**of**〉‖ a ～ *of* fancy 途方もない空想, 現実離れしたこと ❽(ダーツ・矢の)矢羽根
in the first* [OR *tòp*] *flíght 抜きん出て, トップの

COMMUNICATIVE EXPRESSIONS

1 **Flíght 66 has been delàyed [càncelled, mòved to gàte 10].** 66便は出発が遅れています[運行中止となりました, 搭乗口が10番ゲートに変更となりました]（♥空港での案内放送）

2 **Hàve a nìce flíght!** ⇨ NICE（CE 1）

3 **Hòw was your flíght?** 空の旅はいかがでしたか

4 **We have a fùll flíght todày.** 本日は満席となっております（♥飛行機の機内放送）

—動自（鳥が）群れをなして飛ぶ

—他 ❶〔飛んでいる鳥〕を射つ ❷…に矢羽根をつける ❸《英》〔サッカーでボール〕をゴールに向けて飛ぶようにける；〔ダーツ〕を的に向けて飛ぶように投げる

▸▸ ～ **attèndant** 名 C（旅客機の）客室乗務員 ～ **bàg** 名 C 航空バッグ《航空会社の名入りの軽い旅行かばん》 ～ **contròl** 名 U（離着陸機の）航空管制；C 航空管制室［所］ ～ **crèw** 名 C（航空機の）搭乗員 ～ **dèck** 名 C（航空母艦の）飛行甲板；（飛行機の）フライトデッキ，操縦室 ～ **ènvelope** 名 C 飛行限度［範囲］《飛行機などの運用範囲の限界を規定したもの》 ～ **fèather** 名 C（鳥の翼の）飛び羽, 風切り羽 ～ **jácket** 名 C《米》フライトジャケット《軍用機操縦士の着用する上着, またそれを模したもの》 ～ **lieuténant** 名 C〖英空軍〗大尉（⇨ LIEUTENANT） ～ **lìne** 名 C フライトライン《空港内の駐機整備区域》 ～ **pàth** 名 C（航空機・宇宙船・ミサイルなどの）飛行経路 ～ **plàn** 名 C フライトプラン《操縦士の作成する航空機・宇宙船などの飛行計画書》 ～ **recòrder** 名 C フライトレコーダー（flight-data recorder, black box）《航空機の飛行状態を自動的に記録する装置. 事故の際の資料となる》 ～ **sèrgeant** 名 C〖英空軍〗曹長（⇨ SERGEANT） ～ **sìmulator** 名 C フライトシミュレーター《飛行士訓練のために用いられる実際の飛行条件を備えた模擬装置》 ～ **tèst**（↓）

flight[2] /flaɪt/ 名〔◁ flee 動〕U C 逃走, 脱出, 敗走 ‖ a ～ from reality 現実からの逃避 / the ～ into Egypt〖聖〗（幼いイエスを連れての聖母マリアの）エジプトへの脱出

pùt ... to flíght …を追い払う；《旧》…を敗走させる

tàke (to) flíght 逃げる（run away）

flíght·less /-ləs/ 形《通例限定》（鳥などが）飛べない

flíght tèst 名 C フライトテスト, 飛行試験

flíght-tèst 動 他〔飛行機など〕の飛行試験をする

flight·y /fláɪṭi/ 形（女性が）気まぐれな, 軽薄な；無責任な **flíght·i·ness** 名

flim·flam /flímflæm/ 名 U C《俗》ごまかし；たわごと

flim·sy /flímzi/ 形 ❶ 薄くて軽い, うすっぺらの；壊れやすい ‖ ～ clothes ぺらぺらの服 ❷ 薄弱な, 説得力のない ‖ a ～ excuse 見えすいた言い訳 —名 U《英》（複写用などの）薄紙 **-si·ly** 副 **-si·ness** 名

flinch /flɪntʃ/ 動 自 ❶（ぱっと）後退する, びくっとする ‖ ～ at loud noises 大きな物音にびくっとする ❷〈…から〉しり込みする, たじろぐ, ひるむ〈**from**〉‖ He never ～*ed from* facing the difficulty. 彼は困難に立ち向かうことを決して避けなかった

***fling** /flɪŋ/ 動（**flung** /flʌŋ/；**～·ing**）他 ❶ **a**《+目+副句》…を（強く）投げ（つけ）る, ほうり投げる, ほうり出す（♦副句は方向を表す）（⇨ THROW 類語）‖ He *flung* the knapsack onto the rack and settled back in the seat. 彼はリュックを網棚にほうり上げて座席にどっかと座った / We were *flung* onto the floor. 我々は床にたたきつけられた / Mother *flung* the book away in disgust. 母はその本を嫌悪してほうり投げた / ～ down a challenge to him 彼に挑戦状をたたきつける **b**《+目+補〈形〉》…を急に［乱暴に］動かして…（の状態）にする ‖ ～ a door open ドアを勢いよく開け放つ ❷《+目+副句》〔手足・頭など〕をぱっと（…の方へ）動かす［伸ばす］（♦副句は方向を表す）‖ She *flung* her arms out. 彼女は両腕を広げた / ～ one's head back 頭をぐいと［つんと］後ろにそらす（♥高慢な態度を示すしぐさ） ❸《～ oneself で》〈…の方に〉勢いよく体を投げ出す, 身を投じる《**down**》〈**on, to, into, etc.**〉；〈…に〉精を出す〈**into**〉‖ ～ oneself *on* the bed ベッドにどさっと寝転がる / They *flung* themselves *into* business. 彼らは商売に精を出した ❹ **a**《+目+**at** 名》〔非難など〕を激しい口調で…に向かって言う［投げつける］（♦直接話法にも用いる）‖ "Never come again," I *flung at* him.「二度と来るな」と私は彼に怒って言った / ～ criticism *at* them 彼らを激しく非難する **b**《+目 *A*+目 *B*》*A*（人）に*B*（視線など）を投げかける［浴びせる］‖ The passersby all *flung* him a look. 通行人たちは皆彼に視線を浴びせた ❺ …を〈ある場所・状態に〉投げ込む, 投げ入れる, 陥れる〈**into, in**〉‖ He was *flung into* prison [confusion]. 彼は投獄された［困惑した］

—自《+副句》（…に向かって）勢いよく動く, 突進する ‖ He *flung* away [out of the room] in a rage. 彼は怒りにまかせ飛び出て行った［部屋から飛び出した］

flìng óff ... / flìng ... óff 〈他〉《口》…をさっと脱ぐ, 脱ぎ捨てる；〔寝具など〕をはねのける

flìng ón ... / flìng ... ón 〈他〉《口》…をさっと着る

flìng óut ... / flìng ... óut 〈他〉《英口》…をほうり出す, 投げ捨てる, 処分する；〔人〕を追い出す

flíng onesèlf at a pérson 〔人〕の気を引こうとする

flíng onesèlf into ... …に精力的に取りかかる（⇨ 他 ❸）

—名 C《通例単数形で》❶（一時の）気まま, 歓楽, 好き勝手なことをすること；〈…との〉かりそめの情事, 浮気〈**with**〉‖ have one's final ～ before graduation 卒業前にこれが最後と思いきり遊ぶ ❷ =Highland fling

hàve [OR tàke] a flíng at ... 《口》…を試みる, やってみる ‖ *have a* ～ *at* skating スケートをやってみる

flint /flɪnt/ 名 U 火打ち石, 燧石(すいせき)；C（道具としての）火打ち石；ライターの石；（原始人の）火打ち石製石器 ‖ a ～ and steel 火打ち道具 ▸▸ ～ **còrn** 名 U〖植〗硬粒種のトウモロコシ ～ **glàss** 名 U フリントガラス, 鉛ガラス《光学器械・装飾・工芸用の高級ガラス》

flínt·lòck 名 C（昔の）火打ち石式銃（の発火装置）

flint·y /flínṭi/ 形 ❶ 火打ち石質［製］の ❷ 極めて堅い；頑固な, 冷酷無情な ‖ a ～ heart 冷酷無情な心

***flip**[1] /flɪp/ 動（**flipped** /-t/；**flip·ping**）他 ❶ **a**《+目》…を（ぱっと）裏返す, ひっくり返す；〔ページなど〕を（ぱらぱらと）めくる《**over**》‖ ～ a pancake (*over*) ホットケーキを裏返す / ～ the pages of a booklet 小冊子のページをぱらぱらとめくる **b**《+目+補〈形〉》〔ふたなど〕をぱっと…の状態にする ‖ ～ one's cellphone open ぱっと携帯電話を開ける ❷《+目》（指で）…を軽くはじく［はじき飛ばす］；〔コインなど〕をはじき上げる；〔物〕をさっと（…の方へ）ほうる［動かす］（♦しばしば方向を表す副句を伴う）‖ ～ a crumb パンくずをはじき飛ばす / ～ a coin コインをはじき上げる《表・裏どちらが出るかで勝負・順番を決める》/ ～ the ash from one's cigar 葉巻を軽くたたいて灰を落とす ❸〔スイッチなど〕をぱちっと動かす, 入れる《**on**》, 切る《**off**》‖ ～ a switch スイッチをぱちっと入れる / ～ the light *on* [*off*] ぱちっと明かりをつける［消す］ ❹（短期間に）〔株・不動産の売買〕を繰り返す

—自 ❶ 裏返しになる, ひっくり返る；（ページが）めくられる《**over**》❷（指で硬貨などを）はじき上げる《**for**》‖ Just ～ *for* it. それをコインで決めよう ❸《俗》かっとなる；気がふれる《**out**》；〈…に〉興奮する, 熱中する, 有頂天になる〈**over**〉‖ She *flipped over* our puppy. 彼女はうちの子犬がとても気に入った ❹（意見・行動などを）急に変える

flíp for ... 〈他〉《米口》…を急に好きになる, …にほれ込む

flìp óff ... / flìp ... óff 〈他〉① ⇨ 他 ❸ ②《米俗》中指を突き出す動作をして…を軽蔑する

flíp through ... 〈他〉…をざっと見る ‖ ～ *through* the channels チャンネルを替えて各局にざっと目を通す

flìp úp 〈自〉コインを指先ではじき上げる

—名 C ❶ 指ではじくこと；急な動き ‖ settle one's argument by the ～ of a coin はじき上げたコインの裏表で

F

議論の決着をつける ❷とんぼ返り，宙返り ❸《英口》《旧》(飛行機での)短い旅，一飛び ❹〈本・雑誌などに〉ざっと目を通すこと，一読〈**through**〉

▸▸ **～ chàrt** 名C フリップチャート《講演などで1枚ずつめくって使う図解カード》 **～ phòne** 名C 折り畳み式の携帯電話 **～ sìde** 名《the ～》《口》(レコードの)裏面，B面；(物事の)悪い面

flip² /flɪp/ 名U フリップ《ビール・ワインなどに卵・砂糖・香料などを加えた飲み物》

flip³ /flɪp/ 形《口》軽薄な，ふまじめな；生意気な

flíp·bòok 名C フリップブック《ぱらぱらページをめくっていくと絵が動いているように見える本》

flíp-dòwn 形 フリップダウン[閉じぶた]方式の；(車載テレビなどが)天井つり下げ(格納)式の

flíp-flòp 名C ❶《米》後ろ向きの宙返り[とんぼ返り] ❷《米口》(意見などの)急激な変更 ❸ぱたぱたいう音 ❹《～s》《口》ゴムぞうり，ビーチサンダル ❺《電子》フリップフロップ回路 ━動 (**-flopped** /-t/；**-flop·ping**) 自 宙返り[とんぼ返り]する；ぱたぱたという音を立てて動く；《米口》急に意見を変える ━副 ぱたぱたと音を立て(て動き)ながら

～·per 名C とんぼ返りをする人；急激に意見を変える人

flip·pan·cy /flípənsi/ 名 (複 **-cies** /-z/) ❶U 軽薄；ふまじめ；生意気 ❷C 軽薄[生意気]な言行

flip·pant /flípənt/ 形 軽薄な；ふまじめな；生意気な，無礼な **～·ly** 副

flip·per /flípər/ 名C ❶(アザラシ・鯨などの)ひれ足 ❷(水泳・ダイビング用の)ゴムのひれ足

flip·ping /flípɪŋ/ 《主に英俗》 形 ひどい，いまいましい ━副 ひどく，いまいましく ‖ ～ hot やけに暑い

flíp-tòp 形 (缶などのふたが)引き上げ式の，フリップトップの

flíp-ùp 形 跳ね上げ式の(↔ flip-down)

flirt /flə:rt/ 動 自 ❶(特に女性が)〈…と〉戯れに恋をする，気がありそうに振る舞う，いちゃつく〈**with**〉‖ She's only *～ing with* you. 彼女は君をもてあそんでいるだけだ ❷〈考えなどを〉もてあそぶ，〈危険・死などを〉軽い気持ちで扱う〈**with**〉‖ ～ *with* an idea 考えをもてあそぶ ❸ひょいと動く ━他 〔扇子など〕をぱたぱた動かす，(鳥が)〔尾〕をぴくぴくさせる ━名C 恋をもてあそぶ人

～·er 名 **～·ing·ly** 副

flir·ta·tion /flə:rtéɪʃən/ 名UC 戯れの恋，いちゃつき，浮気，一時的な興味[関心]

flir·ta·tious /flə:rtéɪʃəs/ 形 (特に女性が)戯れに恋をする，浮気な **～·ly** 副 **～·ness** 名

flirt·y /flə:rṭi/ 形 =flirtatious

flit /flɪt/ 動 (**flit·ted** /-ɪd/；**flit·ting**) 自 (♦通例場所・方向を表す副句を伴う) ❶すっと動く[飛ぶ，移る]，(時が)速く過ぎる，(思い出などが)去来する ‖ Memories *flitted* through his mind. 数々の思い出が彼の心をよぎった ❷(鳥・コウモリなどが)軽やかに飛ぶ，ひらひら飛ぶ ❸《主にスコット・北イング》こっそり引っ越す ━名C《英口》こっそり引っ越すこと ‖ do a moonlight ～ 夜逃げをする

flitch /flɪtʃ/ 名C ❶《英では方》豚のわき腹肉のベーコン ❷辺材 ❸(=**～ bèam**)《建》合わせ梁(はり)

flit·ter /flíṭər/ 動 自 ひらひら飛ぶ ━名C ひらひら飛ぶこと

fliv·ver /flívər/ 名C《米口》《旧》安物の小型中古自動車[飛行機]

:float /flout/ 中心義 **Aが浮かぶ**(★Aは具体的な「物」に限らず，「うわさ」や「考え」など抽象的なものも含む．また，浮かんだものの位置が定まらない様子も表す)

━動 (**～s** /-s/；**～·ed** /-ɪd/；**～·ing**)

━自 ❶〈水面に〉**浮く**，〈水中・空中に〉**浮かぶ** (↔ sink)〈**on, in**〉‖ Oil *～s on* water. 油は水に浮く / A cork *～s in* water. コルクは水に浮く / Gravity keeps things from *～ing* up into the air. 重力のおかげで物は宙に浮かないで済む

❷《+副句》(水中・空中を)**漂う**；**浮遊する**；(音・においなどが) 漂ってくる (♦副句は場所・方向を表す) ‖ The raft gently *～ed* down a river. いかだはゆっくりと川を下っていった / The clouds *～ed* across the sky. 雲がゆっくりと空を流れていった / The sound of bells *～ed* on the wind. 鐘の音が風に乗って聞こえてきた

❸《+**around** [**about**]》《通例進行形で》(うわさなどが)流れている ‖ A rumor that he's getting married is *～ing around*. 彼が結婚するというわさが流れている

❹《+副句》《文》**軽やかに動く**(♦副句は方向・場所を表す) ‖ She *～ed* around the dance floor like a ballerina. 彼女はバレリーナのように軽やかな足取りでダンスフロアを動き回った ❺さすらう，ぶらつく；目的もなく時を過ごす；《進行形で》どこか不明の場所に[そこら辺りに]ある《***about, around***》‖ You can't just ～ through life. 何の目的もなくただ一生を終えてはいけない / ～ from job to job 仕事を転々とする / Your key must be *～ing around* somewhere. 君の鍵(かぎ)はどこかそこら辺にあるに違いない ❻(考えなどが)〈心・目に〉ふと浮かぶ〈**to, into, across, through**〉‖ This phrase *～ed to* [OR *into*] my mind. この文句がふと私の心に浮かんだ ❼《経》(通貨が)相場で変動する ‖ The dollar *～s* in relation to other major currencies. ドルはほかの主要通貨に対し変動相場をとる

━他 ❶…を(水面などに)**浮かべる**；浮き上がらせる ‖ ～ mint leaves on the tea ミントの葉を紅茶に浮かべる / ～ a sunken ship 沈没船を浮上させる

❷(水流などに)…を運ばせる，流す；…を(空中に)浮遊させる；〔うわさ〕を広める ‖ ～ logs down the river 川に流して丸太を運ぶ ❸〔考え・計画〕を出す，提案する，〔企画〕を立てる ‖ ～ the idea of a tax increase on cigarettes たばこに対する増税策を打ち出す ❹《商》〔株式・債権〕を〈市場に〉売り出す，公開する〈**on**〉；〔会社など〕を設立する，スタートさせる ❺《経》〔通貨〕を相場で変動させる ❻〔ローン〕の取り決めをする；…を(人に)貸し付ける ❼…を水浸しにする；…を灌漑(かんがい)する

━名 (複 **～s** /-s/) C ❶浮くもの，浮き上がらせるもの；(釣り具の)浮き，ブイ，救命具，水泳の浮き袋；《英》水泳のビート板(《米》flutterboard)；(水位調節用の)浮球；浮き桟橋；いかだ

❷(パレード用の)山車(だし)，屋台；《英》(電動の)小型台車 ❸《経》フロート期間《銀行に預金してから実際に資金を引き出すまでの期間》；《米》フロート《未決済のまま流通中の手形・小切手の総額》 ❹《主に英》(開店時に釣り銭用に用意する)小銭；(小額の買い物用の)手持ち現金 ❺(漆喰(しっくい)・コンクリート用の)塗りごて ❻《主に米》フロート《アイスクリームを浮かべた飲み物》 ❼《生》=air bladder

▸▸ **～ chàmber** 名C (気化器の)フロート室 **～ glàss** 名U フロートガラス《溶融したガラスを溶融金属の表面に浮かべて固まらせたもの》 **～ vàlve** 名C《機》フロート弁《浮力を利用して水を移動させる仕組みの弁》

float·a·ble /flóuṭəbl/ 形 ❶浮くことのできる，浮揚性の ❷《主に米》(水流が)(船などを)浮かべることのできる

float·a·tion /floutéɪʃən/ 名 =flotation

float·er /flóuṭər/ 名C ❶浮かぶもの；浮かせる人 ❷浮動投票者；《米口》(数か所で投票する)不正投票者 ❸《主に米口》流れ者；渡り労働者 ❹《米》(動産をも保障する)包括保険

float·ing /flóuṭɪŋ/ 形《通例限定》❶(浮いて)漂っている；動いている，浮動的な ‖ ～ grass 浮き草 / a ～ population 流動人口 ❷《経》一時的な，流動的な；変動相場の ‖ ～ debt 流動負債 / ～ capital 流動資本 / a ～ currency 変動相場通貨 ❸《医》(正常の位置から)遊離した ‖ a ～ kidney 遊走腎(じん)

▸▸ **～ brídge** 名C 浮き橋，いかだ橋 **～ dóck** 名C 浮きドック **～ exchànge ráte sỳstem** 名U 変動為替相場制 **～ ríb** 名C《解》遊離肋骨(ろっこつ)《最下部の2対の肋骨の1つ》 **～ vóter** 名C《英》浮動投票者(《米》swing voter)

flòating-póint 形 ⌨浮動小数点式の

flóat·plàne 名C 浮き舟付き水上(飛行)機

floc·cose /flɑ́(:)kous | flɔ́k-/ 形 綿毛で覆われた

flock[1] /flɑ(:)k | flɔk/ 名 C《集合的に》《単数・複数扱い》 ❶〈鳥・羊などの〉群れ〈**of**〉(⇨ 類語P) ‖ a ~ *of* bats コウモリの群れ / sleep in ~*s* (鳥などが)群れをなして眠る ❷〈…の〉群衆；大勢〈**of**〉‖ *Flocks of* reporters gathered around the celebrity. 大勢のリポーターたちがその有名人の周りに集まった ❸ (教会の聖職者に対し)会衆；(父母に対し)子供たち；(教師に対し)生徒たち

語法 ☆☆ 集合的用法の場合,《米》では通例単数扱い.《英》では全体を一つの集団と見る場合単数扱い, 個々の成員に重点を置く場合複数扱い.

— 動 自 群がる, 群れをなして移動する(♦ 通例場所・方向を表す 副句 を伴う) ‖ Many vacationers ~ to this beach every summer. 毎年夏になると多くの避暑客がこの海岸に押し寄せる

群れ		羊	ヤギ	鳥	牛	馬	犬	オオカミ	象	ライオン	アリ	ハチ	魚	鯨	猿
	flock	◎	◎	○											
	drove	○	○		◎	○									
	herd	○	○		◎	◎			○						
	flight			◎											
	pack						◎	◎	○						
	troop							○			○	○			◎
	swarm										○	◎			
	school												◎	◎	
	shoal												◎	◎	
	pride			○						◎					

♦ ◎印は特によく用いるもの.

flock[2] /flɑ(:)k | flɔk/ 名 C 1ふさの羊毛［綿］；U (マットレスの詰め物用の)毛［綿］くず, ぼろくず；(壁紙の表面などに用いる)粉末状の繊維

▸▸ **~ pàper** 名 U フロック加工紙《壁紙など》

floe /flou/ 名 C《しばしば ~s》浮氷(塊), 流氷

flog /flɑ(:)g | flɔg/ 動 (**flogged** /-d/；**flog·ging**) 他 ❶［人・動物など］を(特に罰としてむちなどで)激しく打つ；…を必死にせき立てる ‖ ~ oneself to death 自分の体を酷使する / try hard to ~ the conversation along 必死になって会話を進めようとする ❷《+目 *B*+to 目 *A* ⇄ +目 *A*+目 *B*》《英口》*B*を*A*(人)に売る, 売り込む《**off**》
— 自《+副句》《英口》骨折って前進する

flóg·ging /-ɪŋ/ 名 U C むち打ち

flood /flʌd/《発音注意》

中心義 (Aが)どっと寄せ来る(★Aは「水」「人」「物」など)

— 名 (複 **~s** /-z/) ❶ C U **洪水**, 大水, 氾濫(はんらん)；《the F-》ノアの洪水 (→ Noah) ‖ The heavy rain has caused ~*s* in many places. 大雨は各地に洪水をもたらした / before the *Flood* 大昔に / in ~ (川が) 増水して, 氾濫して
❷ C〈…の〉**殺到**, 氾濫, 充満〈**of**〉‖ A ~ *of* applicants [mail] kept coming. 応募者［郵便物］の殺到が続いた / a ~ *of* light みなぎる光 / Immigration swelled to a ~. 移民はふくれ上がってあふれんばかりになった / in ~*s of* tears 大泣きして
❸ C 上げ潮 (flood tide) (↔ ebb) ‖ The tide is at the ~. 潮が満ちてきている ❹ U《文》(陸地に対し)水域, 海, 川 ‖ ~ and field 海と陸 ❺ =floodlight

in fùll flóod 活発で, 盛んで；(議論などが)白熱して

— 動 (**~s** /-z/；**~·ed** /-ɪd/；**~·ing**)

— 他 ❶ …を**水浸しにする**；［川など］を**氾濫させる** ‖ The river ~*ed* the fields. 川が氾濫して畑は水をかぶった / The streets were ~*ed* by the heavy rain. 通りは豪雨で水浸しになった / The cellar was ~*ed* with water. 地下(の貯蔵)室は水浸しだった
❷ (手紙・電話などが)…に**殺到する**, どっと押し寄せる［流れてくる］；［場所など］を〈…で〉いっぱいにする,［人］を〈感情などで〉満たす〈**with**〉(⇨ PEOPLE メタファーの森) ‖ Telephone calls ~*ed* the TV station after the program. 番組終了後テレビ局に電話が殺到した / The market is ~*ed with* shoes made overseas. 市場は国外生産の靴であふれている / The mystery writer's mind is always ~*ed with* plots. その推理作家の頭はいつも構想でいっぱいになっている
❸ (光・音などが) …にあふれる ❹ …に燃料を送りすぎる ‖ ~ a carburetor キャブレターに燃料を入れすぎる

— 自 ❶ (川が) **氾濫する**,〈…から〉水があふれ出る〈**out of**〉；(場所などが) **水浸しになる** ‖ The Nile ~*ed* every year. ナイル川は毎年氾濫した / The sink clogged and the kitchen ~*ed*. 流しが詰まって台所が水浸しになった
❷ (人・物が)(洪水のように)**殺到する**；(光などが)あふれんばかりになる, いっぱいに照らす《*in*》〈**into** …に；**from, out of** …から, etc.〉‖ During summer, tourists ~ *into* this little town. 夏場は観光客がこの小さな町に押し寄せる / Sunlight ~*ed in* [*into* the room]. 光がいっぱいに［部屋いっぱいに］差し込んだ
❸ (感情などが)どっと込み上げる；(涙などが)どっと流れる ‖ Tears kept ~*ing* out. 止めどなく涙が流れ出た / The memories **came** ~*ing* **back**. 記憶が一気によみがえってきた ❹ (エンジンに) 燃料が入りすぎる［入りすぎて車が発車しない］ ❺ (月経・出産時に)大量に出血する

be flòoded óut 洪水で家［職場］を追われる ‖ Dozens of families *were* ~*ed out* by the hurricane. 何十もの家族がハリケーンによる洪水で家を追われた

~·ed 形 **~·ing** 名

▸▸ **~ plàin** 名 C〖地〗氾濫(はんらん)原《洪水時に川の氾濫で水につかる平原》；沖積平野 **~ tìde** 名 C 上げ潮 (↔ ebb tide)；最高潮, 絶頂

flóod·gàte 名 C ❶《通例 ~s》水門, 防潮門 ❷《通例 the ~s》(感情・涙などの)せき, はけ口

òpen the flóodgates ① 感情［意見など］をぶちまける ② (抑制されていたものの)歯止めを効かなくする

flóod·lìght 名 U/C《しばしば ~s》フラッドライト, 投光照明；投光照明器［ランプ］ — 動 (**~·ed** /-ɪd/ OR **-lit** /-lìt/) 他 …をフラッドライトで照らす **~·ing** 名

flóod·wàll 名 C 洪水防壁；防潮壁

flóod·wàter 名 U/C《しばしば ~s》洪水の水

***floor** /flɔːr/ 名 動

中心義 平らな場

— 名 (複 **~s** /-z/) ❶ C **床**(ゆか), 平らな場所 ‖ Vacuum the ~ first and then wax it. まず床に電気掃除機をかけ, その後ワックスで磨きなさい / The bathwater overflowed onto the ~. ふろの水が床にあふれ出た
❷ C (建物の) **階**, フロア (⇨ 語法) ‖ This elevator stops at every ~. このエレベーターは各階に止まります / This is my ~. (エレベーターで) ここで降ります / What floor? (エレベーターで) 何階ですか / live **on** the second ~ 2階に住んでいる

語法 ☆☆ (1) floor は特定の階を指すのに対し, story［《英》storey］は何階建てかを表すのに使う.〈例〉the fourth *floor* of this building この建物の4階 / a 12-*story* building 12階建ての建物
(2) 米国では日本と同じく1階は the first floor, 2階は the second floor となるが, 英国では1階は the ground floor といい, 2階が the first floor となり, 米国の数え方とは1階ずつずれる. なお地下1［2］階は米英とも the first [second] basement という

❸《the ~》(海・谷・洞窟(どうくつ)などの)底, 床(とこ)；《口》地面 (the ground) ‖ the sea [valley] ~ 海底［谷底］
❹ C《修飾語を伴って》(特定の用途のための) …場所 ‖ a dance ~ ダンスフロア / a factory ~ 工場の作業場
❺《the ~》議場, (議会の)議員席；《集合的に》会議の参加者；(議会における)発言権 ‖ from the ~ (演壇上の幹部ではなく) 議員席からの, 参加者からの / have [OR get, be given] the ~ 発言権を得る / hold the ~ (ひとりで

しゃべって）議場を独占する ❻《the ～》（株式取引所などの）立会場 ❼ Ⓒ〘経〙（賃金・物価などの）最低限度，底値（↔ ceiling） ❽ Ⓒ 車のフロア；船底

cròss the flóor（討議で）相手側につく

gò [OR *fàll, dròp*] *through the flóor*（価格などが）暴落する

tàke (to) the flóor ①（発言のために）起立する；発言する（→名❺） ②（踊るために）立ち上がる；踊り始める

wàlk the flóor《米》（不安などで）床を行ったり来たりする

wìpe [OR *mòp*] *the flóor (ùp) with a pérson*〔人〕を徹底的にやっつける，完全に打ち負かす

━動（～s /-z/；～ed /-d/；～·ing）

━他 ❶ a《＋目》（質問・答えなどが）…をびっくりさせる，度胆(どぎも)を抜く

b《受身形で》〈…ということに〉びっくりする〈that 節〉‖ I was *～ed that* he visited me without warning. 彼の突然の訪問にびっくりした

❷《通例受身形で》パンチで殴り倒される（knock down）

❸《通例受身形で》〈…の〉床［板］張りである〈with, in〉‖ a room *～ed with* oak カシ材の板張りの部屋

❹《米俗》〔アクセル〕をいっぱいに踏む

flóor it《米口》車を猛スピードで走らせる

▸▸～ **èxercise** 名 Ⓒ《通例 ～s》〘体操〙床運動 ～ **làmp** 名 Ⓒ《主に米》フロアスタンド（《英》standard lamp）（床置きの丈の高い足付きランプ） ～ **lèader** 名 Ⓒ《米》（上院・下院の）院内総務 ～ **mànager** 名 Ⓒ ①（デパートなどの）売場監督（《英》《旧》shopwalker）（販売員の監督や客の世話をする） ②《米》（党大会での）候補者への支持とりまとめ役 ③（テレビの）フロアマネージャー（ディレクターの補佐役） ～ **plàn** 名 Ⓒ（建物の）平面図，間取り図 ～ **routìne** 名 Ⓤ Ⓒ〘体操〙床の規定演技 ～ **sàmple** 名 Ⓒ《米》見本展示品（《英》floor model）（展示後安く売られる） ～ **shòw** 名 Ⓒ（ナイトクラブなどでの）フロアショー

flóor·age /-ɪdʒ/ 名 Ⓤ（建物の）床面積

flóor·bòard 名 Ⓒ ❶ 床板 ❷《米》（自動車の）床

flóor·clòth 名 Ⓒ《英》床拭き布

floor·ing /flɔ́:rɪŋ/ 名 Ⓤ 床材，床板

flóor·wàlker 名《米》＝floor manager ①

floo·zie, -zy /flú:zi/ 名（複 -zies /-z/）Ⓒ《俗》《けなして》評判の悪い女，いかがわしい女；売春婦

***flop** /flɑ(:)p | flɔp/ 動（flopped /-t/；flop·ping）自 ❶〈…に〉どすんと座る［倒れる，落ちる］《*down*》〈in, into, on, etc.〉‖ ～ *down*「*in* a chair [in front of the television] いす［テレビの前］にどすんと座る ❷ ぱたばた［ぶらぶら］と動く，ぱたぱた揺れる；ばらっと［だらりと］垂れる；よたよたと動く ‖ The dog's ears *flopped* as she ran. 犬が走るとその耳がぱたぱたと揺れた ❸《口》（興行・計画などが）完全に失敗する，当たらない ❹《口》ゆっくりくつろぐ；寝る

━他 …をどすんと落とす；《～ oneself で》どすんと座る［倒れる］《*down*》

━名 Ⓒ ❶《口》（劇・本・パーティーなどの）失敗（作）；失敗者 ❷《単数形で》どすん［ばたん］と座る［落ちる］こと，ばちゃんと平らに落ちること；どしんという音 ‖ with a ～ どさっと（いう音とともに） ❸《主に米口》＝flophouse

flóp·hòuse 名 Ⓒ《主に米口》安ホテル，木賃宿

***flop·py** /flɑ́(:)pi | flɔ́pi/ 形 締まりのない，だらりと垂れる［垂れやすい］；ばたばたする ‖ a ～ hat（つばなどが）だらっとした帽子 ━名（複 -pies /-z/）Ⓒ 💻（＝～ dísk）フロッピー（ディスク）（外部記憶用のプラスチック製磁気円盤）

-pi·ly 副

▸▸～ **dísk drìve** 名 Ⓒ 💻 フロッピードライブ（フロッピーディスクを読み書きする装置）

FLOPS /flɑ(:)ps | flɔps/ 略 💻 *f*loating *o*perations *p*er *s*econd（秒当たりの浮動小数点演算の回数）

flop·ti·cal /flɑ́(:)ptɪkəl | flɔ́p-/ 名 Ⓒ 形 光フロッピーディスク（の）

flo·ra /flɔ́:rə/ 名（複 ～s /-z/ OR -rae /-ri:/）❶《通例 the ～》（特定地域・時期の）植物相（→ fauna） ❷ Ⓒ 植物誌

Flo·ra /flɔ́:rə/ 名〘ロ神〙フローラ（花の女神）

flo·ral /flɔ́:rəl/ 形《通例限定》花の（ような），花でできた［飾った］；植物群の ‖ ～ designs 花模様 / ～ tributes 献花，供花

▸▸～ **émblem** 名 Ⓒ（国・州・市などの）象徴となる花［植物］ ～ **énvelope** 名 Ⓒ〘植〙花蓋(かがい)，花被(かひ)

Flor·ence /flɔ́(:)rəns/ 名 フローレンス，フィレンツェ（イタリア中部，トスカーナ地方の中心都市）

Flor·en·tine /flɔ́(:)rəntì:n | -tàɪn/ 形 ❶ フローレンス［フィレンツェ］（Florence）の ❷《名詞の後に置いて》（料理が）ホウレン草を使った ━名 ❶ Ⓒ フローレンス［フィレンツェ］人 ❷《f-》Ⓤ チョコレートをまぶしたクッキー

flo·res·cence /flɔ:résəns/ 名 Ⓤ 開花（期）；最盛期，絶頂 **-cent** 形 開花［繁栄］した

flo·ret /flɔ́(:)rət/ 名 Ⓒ ❶ 小さな花 ❷〘植〙（キク科植物の）小筒花

flo·ri·bun·da /flɔ̀(:)rɪbʌ́ndə/ 名〘植〙フロリバンダ（♦バラの系統の1つ．四季咲きで花が密集して咲く）

flo·ri·cul·ture /flɔ́:rɪkʌ̀ltʃər/ 名 Ⓤ 草花栽培

flò·ri·cúl·tur·ist 名 Ⓒ 草花栽培家

flor·id /flɔ́(:)rɪd/ 形 ❶（芸術作品などが）（あまりにも）華やかな，華麗な，派手な ❷（顔色が）赤みがかった，血色のよい **flo·ríd·i·ty** 名 Ⓤ 血色のよさ；華麗；けばけばしさ **～·ly** 副 **～·ness** 名

Flor·i·da /flɔ́(:)rɪdə/ 名 フロリダ（米国南東端の州．州都 Tallahassee /tæ̀ləhǽsi/．略 Fla.,〘郵〙FL）

Flór·i·dan, Flo·ríd·i·an 形 名 Ⓒ フロリダの（人）

flo·rif·er·ous /flɔ:rífərəs/ 形 花の咲く，花をつける

flo·ri·le·gi·um /flɔ̀:rəlí:dʒiəm/ 名（複 -gi·a /-dʒiə/）Ⓒ 名詩選，詞華集

flor·in /flɔ́(:)rɪn/ 名 Ⓒ ❶（英国の）フロリン銀［白銅］貨（1849–1971．2シリング相当） ❷（euro 導入以前のオランダの）グルデン銀貨 ❸（13世紀にイタリアのフローレンス［フィレンツェ］で発行された）フロリン金貨；（14世紀英国の）フロリン金貨

***flo·rist** /flɔ́(:)rɪst/ 名 Ⓒ 花屋（の店主［店員］）；草花栽培家 ‖ at the ～('s) 花屋で

flo·ru·it /flɔ́(:)ruɪt/ 名《ラテン》（＝he [she] flourished）Ⓒ《堅》（人が）活躍した時期（略 fl.）

floss /flɔ(:)s/ 名 Ⓤ ❶（刺繍(ししゅう)用の）かま糸 ❷（デンタル）フロス（dental floss） ❸ まゆのけば，真綿 ❹（パンヤなどの）綿状繊維 ━動 他 自（デンタル）フロスを使う［使って歯間をきれいにする］

floss·y /flɔ́(:)si/ 形 ❶ 真綿の（ような），ふわふわした ❷《米口》かっこいい，派手な（身なりの）

flo·tage /flóuṭɪdʒ/ 名 ❶ Ⓤ 浮揚，浮遊；浮力，浮揚力 ❷ Ⓒ 浮遊物，漂流物

flo·ta·tion /floutéɪʃən/ 名 ❶ Ⓤ 浮遊（状態），浮力 ‖ the center of ～ 浮心 ❷ Ⓤ Ⓒ（債券の）発行；（会社の）設立，発足 ❸ Ⓤ〘鉱〙浮遊選鉱

▸▸～ **bàg** 名 Ⓒ 浮揚袋（ヘリコプターや宇宙船が着水したときに浮かせるための大きな袋） ～ **devìce** 名 Ⓒ《米》浮揚装置（船・飛行機などに備えつけの，不時着水時の水没防止具など） ～ **tànk** 名 Ⓒ 浮揚タンク（リラックスなどの目的で人が入るタンク．塩水入りで浮揚する） ～ **thèrapy** 名 Ⓤ 浮揚療法（塩水に体を浮かせ音楽を聴いてリラックスする療法）

flo·tel /floutél/ 名 Ⓒ 水上ホテル

flo·til·la /floutílə/ 名 Ⓒ 小艦隊；小型船隊；〘米海軍〙小型艦艇部隊

flot·sam /flɑ́(:)tsəm | flɔ́t-/ 名 Ⓤ（遭難船の）漂流物，浮き荷

flòtsam and jétsam ①〘海法〙浮き荷と投げ荷 ② がらくた類 ③ 浮浪者たち，渡り者たち

flounce[1] /flauns/ 動 自 ❶（怒りなどで）荒々しく進む［動く］；大げさに体を動かす《out, away, off, etc.》‖ I *～d out* in a huff. むっとして飛び出した ❷ もがく，じたばたする

F

—名 C 荒々しく進む[動く]こと；大げさな身振り；身もだえ，もがき

flounce² /flauns/ 名 C フラウンス《スカートのすそやそで口の幅広のひだ飾り》 —動 他 …にすそひだをつける

floun·der¹ /fláundər/ 動 自 ❶（混乱して）まごつく；（言葉が続かなくて）口ごもる，しどろもどろになる（♦直接話法にも用いる）‖ "I'm sorry," she ~*ed* helplessly.「ごめんなさい」と彼女はほかにどうすることもできずしどろもどろに言った ❷（水・泥などの中で）もがく，じたばたする《***about, around***》；あえぎながら〈…を〉進む〈**through**〉‖ ~ *about* in thick mud 深いぬかるみにはまってもがく ❸（苦境の中で追い詰められて）悪戦苦闘する，のたうつ

—名 C もがくこと，あがき；まごつき

floun·der² /fláundər/ 名（複 ~ OR **~s** /-z/）C〖魚〗（食用の）カレイの類

flour /fláuər/《発音注意》（♦同音語 flower）名 U ❶ **小麦粉** ‖ sift ~ 小麦粉をふるいにかける ❷（穀物・種子などの）粉末；微粉 —動 他 ❶ …に（小麦）粉をまぶす；〔台など〕に打ち粉をする ‖ lightly ~ the board こね台に軽く打ち粉をする ❷《米》…をひいて粉にする

語源 もとは flower と同一語で，「小麦の花（いちばんよい部分）」という言い方から．

flour·ish /flɔ́ːrɪʃ | flʌ́r-/《発音注意》動 自 ❶（文化・思想などが）栄える；（人・商売などが）成功する，繁盛する；全盛期にある ‖ A lively urban culture ~*ed* in Edo. 江戸で生気にあふれた町人文化が栄えた / His business is ~*ing*. 彼の商売は繁盛している ❷（動植物などが）勢いよく育つ，繁殖する；（人が）元気である ‖ All kinds of plants ~ in her garden. 彼女の庭ではあらゆる種類の植物がよく育つ —他（注目を引くために）…を振りかざす，見せびらかす ‖ She ran around ~*ing* the letter of acceptance. 彼女は採用[合格]通知を振りかざして走り回った

—名 C ❶《通例単数形で》（注目を引くための）大げさなしぐさ，華やかな動作[行動] ‖ with a ~ 大げさなしぐさで，仰々しく ❷（署名などの）飾り書き；美辞麗句 ❸〖楽〗ファンファーレ；（曲の最初または最後に加えられる）装飾楽句[楽節] ❹ U 繁栄，隆盛 ‖ in full ~ 全盛で

flour·y /fláuəri/ 形 ❶ 小麦粉の（ような），粉状の，粉っぽい ❷ 粉にまみれた，粉だらけの

flout /flaut/ 動 他 …を侮蔑(ぶべつ)する，ばかにする，ばかにして無視する —自〈…を〉侮蔑する〈**at**〉

flow /flou/ 動 名

中心義 （Aが）途切れなく流れる（★Aは「液体」「情報」「言葉」など多様）

—動（**~s** /-z/；**~ed** /-d/；**~·ing**）

—自 ❶（液体・空気・電気などが）**流れる**，循環する，巡る〈**into, to** …へ；**through** …を通して〉‖ The Rhine ~*s through* Germany *into* the North Sea. ライン川はドイツを貫流して北海に注いでいる / Blood ~*s to* every part of the body. 血液は体のあらゆる箇所に流れている / Cold air ~*ed* in *through* the window. 窓から冷たい風が流れ込んだ

❷〈…から〉流れ出る，わき出る；生じる；〈…に〉起因する〈**from**〉‖ Tears ~*ed from* the little girl's eyes. 少女の目から涙がこぼれた / Story after story ~*ed from* his keyboard. 彼のキーボードから次々と物語が生まれた

❸（お金・情報などが）流れるように動く；（人・交通などが）絶え間なく行き交う[流れる]《***in, out***》〈**through** …を；**from** …から, etc.〉（♦主語は複数名詞または集合名詞）‖ Profits began to ~ *in*. 利益が生じ始めた / The cars ~*ing through* the tunnel are being monitored. トンネル内を流れている車はモニター装置で監視されている

❹（考え・言葉・文体などが）よどみなく流れる，（会話などが）滑らかに運ぶ ‖ Conversation ~*s* easily with him. I think he is my Mr. Right! 彼とは会話が弾むの．彼こそ私にぴったりの人なんだわ

❺（物・お金などが）豊富にある；（酒などが）ふんだんに振る舞われる；（感情などが）〈…に〉あふれる〈**across, through,** etc.〉；（場所が）〈…で〉あふれる；（心が）〈気持ちで〉いっぱいになる〈**with**〉

❻（衣服・髪などが）〈…に〉ふわりと垂れる，優雅に流れる《***down***》〈**over, down**〉‖ Her hair ~*ed down* her back. 彼女の髪は背中にふわりと垂れていた

❼（潮）が満ちる（↔ ebb） ❽（岩石・金属・鉱石などが）圧力によって破壊されることなく変形する

flów over ... 〈他〉①（水などが）…からあふれ出る ②（感情などが）〔人〕を包む

—名（複 **~s** /-z/）❶ U/C《単数形で》（液体・空気・電気などの）**流れ**（ること），循環；流れ方 ‖ The ~ of history can't be stopped. 歴史の流れは止められない / the ~ of water 水の流れ / **blood** ~ 血液の循環 ❷ U/C《単数形で》（人・物・情報・お金などの）絶え間ない流れ，流れるような動き，よどみない流出[流入]；（言葉・話などの）流れ ‖ the ~ of traffic 絶え間ない交通 / the free ~ of information 情報の自由な流れ / a ~ of words 途切れずに出てくる言葉 ❸ C 流量；流速 ‖ a good ~ of water かなりの流量の水 ❹ C 流出物 ‖ a lava ~ 流出した溶岩 ❺《the ~》上げ潮（↔ ebb）‖ The tide is on the ~. 潮が満ちてきている ❻ C《スコット》入り江，湿地

gò with [against] the flów 《口》（世の中の）流れに任せる[逆らう]，成り行きに任せる[逆らう]

in fùll flów 《口》① 活発に働いて[動いて]，フルに活動して，全開で ② よどみなく[止めどなく]話し続けて

▸▸ **~ chàrt [dìagram, shèet]** 名 C ① 生産工程図，流れ図（⇨ CHART 図） ②〖コンピュータ〗（作業・処理の手順を示す）流れ図，フローチャート **~ cy·tóm·e·try** /-saɪtá(ː)mətri | -tɔ́m-/ 名 U〖生化〗フローサイトメトリー《蛍光染色した細胞にレーザー光を照射することにより，細胞の大きさ，DNA包有量などを測定する方法》

flow·age /flóuɪdʒ/ 名 U C 流動，氾濫，流出物；〖理〗（粘性物質の）流動

flow·er /fláuər/《発音注意》（♦同音語 flour）名 動

—名（複 **~s** /-z/）C ❶（草木の）**花**（→ bloom, blossom）；**草花**，花の咲く草（⇨ 類語）‖ The boy picked wild ~*s* and made a bouquet for her. 男の子は野の花を摘んで彼女に花束を作った / You forgot to water the ~*s*. They've withered [died]. 花に水をやるのを忘れたね．しおれて[枯れて]しまっているよ / grow ~*s* 花を栽培する / artificial ~*s* 造花 / cut ~*s* 切り花 / No ~*s* 弔花ご辞退いたします（♦死亡広告に添える言葉）

❷ U **開花** ‖ Cherry blossoms come into ~ in early spring. 桜の花は早春に開花する / Roses are in ~. バラが満開だ ❸《the ~》〈…の〉えり抜き，華(はな)，精華，精髄〈**of**〉‖ the ~ *of* a country's youth 一国の若者中の最も優れた者（たち） ❹ U〈…の〉盛り，最盛期〈**of**〉‖ in the ~ *of* one's youth 若い盛りに ❺《~s》詞華 ‖ ~*s* of speech 詞華，華麗な表現 ❻《北イング口》（愛する女性に対する）呼びかけ ❼《~s》《単数扱い》〖化〗華 ‖ ~*s* of sulfur 硫黄華

—動 自 ❶（花が）咲く ‖ The roses usually ~ in May. バラはふつう5月に咲く ❷ 盛りになる，成熟する，栄える ‖ Britain ~*ed* under the reign of Queen Victoria. イギリスはビクトリア女王の治世下に栄えた

—他 ❶ …に花を咲かせる ❷ …を花（模様）で飾る

類語《名 ❶》**flower**「花」を表す一般語．美しさ，かぐわしさ，はかなさなどの象徴としても使われる．
bloom 開花して咲き誇る花．in bloom（咲いている）という表現以外では，あまり用いない．ただし，動詞ではよく用いる．
blossom 実のなるまでの1段階として開花した花．〈例〉the apple *blossoms* リンゴの花
いずれも動詞としても用いられ，flower は一般的に「花が咲く」，bloom は「咲きにおう」，blossom は「開花する」が主な意味．

F

▶▶～ arràngement 名 U 生け花 ～ bèd 名 C 花壇 ～ bùd 名 C 〖植〗つぼみ, 花芽 ～ bùg 名 C 〖虫〗ハナカメムシ ～ chìld 名 C 《口》フラワーチャイルド, ヒッピー《1960年代に花をシンボルとして平和と愛を唱えた若者》 ～ gàrden 名 C 花畑, 花園 ～ gìrl 名 C ①《英》《旧》花売り娘 ② 結婚式で花をささげ持って花嫁の前を歩く少女 ～ hèad 名 C 〖植〗頭状花(序) ～ pèople 名《集合的に》《複数扱い》《口》フラワーピープル, ヒッピー族 (flower children) ～ pòwer 名 U ヒッピー族の考え方・信条 ～ shòw 名 C フラワーショー, 草花品評会

flow·ered /fláuərd/ 形 ❶ 花(模様)で飾った ‖ a ～ carpet 花模様のじゅうたん ❷《通例複合語で》(…の)花をつけた

flow·er·et /fláuərɪt/ 名 =floret

*__flow·er·ing__ /fláuərɪŋ/ 形 ❶ 花の咲く[咲いている] (↔ flowerless) ;《複合語で》…咲きの ‖ ～ plants 花の咲く植物, 被子植物 / late-～ chrysanthemums 遅咲きのキク ❷ 花を楽しむ(ために作られる) ‖ ～ cherries (実ではなく)花を目的とした種類の桜 ━名 ❶ U 花の咲く時期 ❷ C《単数形で》〈…の〉全盛(期)〈of〉
▶▶～ dógwood 名 C 〖植〗アメリカヤマボウシ, ハナミズキ ～ máple 名 C《米》〖植〗イチビ《アオイ科の植物》

flów·er·less /-ləs/ 形 花の咲かない, 隠花植物の(↔ flowering) ‖ ～ plants 花の咲かない植物, 隠花植物

*__flówer·pòt__ 名 C 植木鉢

*__flow·er·y__ /fláuəri/ 形《通例限定》❶ 花の咲き乱れた, 花で飾りたてた ; 花の(ような), 花模様の ❷ (言語・文体などが)きらびやかに飾り立てた, 美辞麗句を並べ立てた
-er·i·ness 名

flow·ing /flóuɪŋ/ 形《限定》❶ 流れ(出)る ❷ よどみない, 流暢(りゅうちょう)な ‖ ～ language 流暢な言葉遣い ❸ (輪郭などが)なだらかな ‖ the ～ lines of the car その車の流れるような線 ❹ (髪・衣服・帆などが)緩やかに垂れた ❺ 上げ潮の ‖ swim with the ～ tide 上げ潮に乗って泳ぐ ; 形勢の有利な方につく

flów·mèter 名 C 流量計

*__flown__ /floun/ 動 fly[1] の過去分詞の1つ(♦ときに複合語で) ‖ far [high]-～ 遠く[高く]飛んだ

fl. oz. 略 *fl*uid *o*unce(s)

Flt Lt 略 *Fl*igh*t* *L*ieu*t*enant(英空軍大尉)

*__flu__ /flu:/ (♦同音語 flew) 名 U《しばしば the ～》インフルエンザ, 流感 ‖ get the ～ 流感にかかる

flub /flʌb/ 《米俗》動 (**flubbed** /-d/ ; **flub·bing**) 他 自 しくじる, へまをする ━名 C しくじり, へま

fluc·tu·ate /flʌ́ktʃuèɪt/ 動 自 ❶ 不規則に変化する, (絶えず)変動する ‖ *fluctuating* prices 変動価格 ❷ 波動する, 揺れ動く(⇨ SWING 類語P) **-ant** 形

*__fluc·tu·a·tion__ /flʌ̀ktʃuéɪʃən/ 名 U C ❶ (絶えざる)〈…の〉不規則な変化, 変動, 動揺〈in, of〉‖ ～*s in* temperature 気温の上下 ❷ 波動, うねり

flue /flu:/ 名 C (煙突の)煙道 ; (暖房用の壁内の)熱気送管 ; (ボイラーの)炎管
▶▶～ pìpe 名 C 〖楽〗(パイプオルガンの)唇管

flu·en·cy /flú:ənsi/ 名 U (言葉の)流暢(りゅうちょう)さ, 滑らかさ ; 流暢に話せること, よどみのなさ ‖ ～ in English 英語が達者なこと / with ～ 流暢に(fluently)

*__flu·ent__ /flú:ənt/ 形 ❶ (言語・文体が)流暢な, 滑らかな ; (人が)〈外国語を〉流暢に話せる, すらすら書ける〈in〉(⇨ 類語) ‖ You speak ～ Japanese.=You are ～ *in* Japanese. 日本語が堪能(たんのう)ですね ❷ (動き・演奏・曲線などが)なだらかな, 優美な, 流れるような ❸ (液体・気体が)よどみなく流れる **～·ly** 副 流暢に(with fluency) ‖ speak English ～ 英語を流暢に話す

語源 *flu-* flow+*-ent*(形容詞語尾) : 流れるような

類語 《❶》**fluent** 言葉がよどみなく出る. 口先だけの滑らかさを暗示することがある.
eloquent 流暢である上に力強く効果的な話し方をする. 〈例〉an *eloquent* speech 弁舌さわやかな演説

fluff /flʌf/ 名 U C ❶ (鳥獣の子の)うぶ毛, 軟毛 ; (羊毛地などの)けば, 綿毛 ; ふわふわしたもの ❷ 糸くず, 綿くず ❸《口》つまらない娯楽[話] ; 軽薄なもの ❹《口》(せりふ・演奏などの)とちり
a bit of fluff ⇨ BIT[1](成句)
━動 他 ❶ …を(揺すったりして)ふわふわにふくらませる《*out, up*》‖ ～ (*out*) its feathers (鳥が)羽毛をふくらませる ❷《口》…をへまする ‖ ～ one's lines せりふをとちる

fluf·fy /flʌ́fi/ 形 うぶ毛のような, ふわふわした ; うぶ毛で覆われた ; 糸くずのついた ; 軽薄な

flu·gel·horn /flú:gəlhɔ̀:rn/ 名 C 〖楽〗フリューゲルホルン《トランペットに似た金管楽器の一種》

*__flu·id__ /flú:ɪd/ 名 U C ❶ 流動体, 流体《液体・気体》(↔ solid) (⇨ LIQUID 類語) ; (一般に)液体 ; 水分 ; 流動物 ‖ Drink plenty of ～*s* when you have a cold. 風邪をひいているときは水分を十分とりなさい ❷ 液体成分, 分泌液 ‖ body ～*s* 体液 / brake ～ ブレーキオイル(❗brake oil とはいわない) ━形 (**more ～ ; most ～**) ❶ 流(動)体の ; 流動性の ❷ 流動的な, 変わり得る ‖ The situation is still ～. 事態はまだ流動的だ ❸ (動作などが)優美な, 滑らかな ❹ (クラッチ・連結器が)トランスミッションに液体を用いた **～·ly** 副
▶▶～ drám [dráchm] 名 C 液量ドラム《液量単位. $\frac{1}{8}$ fluid ounce》 ～ dríve 名 C 流体駆動装置《自動車など》 ～ dynámics 名 U 流体力学 ～ éxtract 名 U C 〖薬〗流エキス剤 ～ mechánics 名 U 流体力学 ～ óunce 名 C 液量オンス《液量単位.《米》$\frac{1}{16}$ pint (29.57ml),《英》$\frac{1}{20}$ imperial pint(28.42ml)》

flu·id·ic /fluídɪk/ 形 流体の ; 流体工学による[関する]

flu·id·ics /fluídɪks/ 名 U 流体工学

flu·id·i·ty /fluídəṭi/ 名 U 流動性 ; 可変性

fluke[1] /flu:k/ 名 C ❶ いかりづめ ❷ (矢・やり・もりなどの先端の)かぎ, かかり ❸ 鯨の尾びれの一方

fluke[2] /flu:k/ 名 C ❶ 〖魚〗カレイ・ヒラメの類 ❷ (家畜の肝臓に寄生する)吸虫

fluke[3] /flu:k/ 名 C《通例単数形で》《口》まぐれ当たり, 僥倖(ぎょうこう), フロック ‖ The discovery was just a ～. その発見はほんのまぐれ当たりだった / get ... by a ～ まぐれで…を得る ━動 他 …をまぐれで得る

fluk·y /flú:ki/ 形《口》運に恵まれた, まぐれ当たりの, フロックの **flúk·i·ness** 名

flume /flu:m/ 名 C ❶ (木材運搬・水力発電用などの)人工水路, かけひ ❷ (渓流の流れる)峡谷

flum·mer·y /flʌ́məri/ 名 (複 **-mer·ies** /-z/) C ❶ フラマリー《小麦粉・牛乳・卵などで作ったデザートの甘い菓子》 ❷《文》空世辞(からせじ), たわごと

flum·mox /flʌ́məks/ 動 他《通例受身形で》《口》まごつく, 面食らう **～ed** 形

flump /flʌmp/ 動 他 自 (…を)どしんと落とす, どさっと置く《*down*》━名 C どさっ(という音) ; どすん(と落ちる音)

flung /flʌŋ/ 動 fling の過去・過去分詞

flunk /flʌŋk/ 《主に米口》動 他 ❶〔試験など〕に失敗する ‖ He'll ～ math. 彼は数学を落とすだろう ❷〔受験者〕に落第点をつける ━自 (試験・科目で)失敗する
flùnk óut 〈自〉(成績不良で)退学になる

flúnk·òut 名 C《米》《けなして》落第生, 退学者

flun·ky, -key /flʌ́ŋki/ 名 (複 **-kies, -keys** /-z/) C ❶ (目上の人にこびる)おべっか使い ❷ ⊗《主に蔑》雑用をする人, 下働き《制服を着たウエーター・コックの助手など》

fluo·resce /flɔ:rés/ 動 自 蛍光を発する

fluo·res·ce·in /flɔ:résiən/ 名 U 〖化〗フルオレセイン《強い蛍光を発し, 位置標識などに用いられる》

fluo·res·cence /flɔ:résəns/ 名 U 蛍光 ; 蛍光性

fluo·res·cent /flɔ:résənt/ 形 蛍光を発する, 蛍光性の
▶▶～ líght [lámp, túbe] 名 C 蛍光灯

flu·o·ri·date /flúərɪdèɪt | flɔ́:r-/ 動 他 (特に虫歯予防のため)〔飲料水など〕にフッ化物を添加する
flù·o·ri·dá·tion 名

flu·o·ride /flʊ́əràɪd/ 名 C U 〖化〗フッ化物
flu·o·ri·nate /flʊ́rɪnèɪt | flɔ́ːr-/ 動 他 ❶ =fluoridate ❷〖化〗…をフッ素と化合させる
flù·o·ri·ná·tion 名 U フッ(素)化
flu·o·rine /flʊ́əriːn/ 名 U 〖化〗フッ素《非金属元素. 元素記号 F》
flu·o·rite /flʊ́əràɪt/ 名 U 〖鉱〗蛍石
fluoro- /flʊəroʊ-, flɔː-, -rə-/ 連結形 (♦ 母音の前では fluor- を用いる) ❶「フッ素」の意 ‖ *fluoro*carbon ❷「蛍光性, 蛍光」の意 ‖ *fluoro*scopy
flùoro·cárbon 名 U 〖化〗フッ化炭素
flúoro·scòpe 名 C フルオロスコープ, 蛍光透視鏡《物体を透過したX線が蛍光板上に作る影で物体の内部組織を調べる器械》
fluo·ros·co·py /flʊrɑ́(ː)skəpi | flɔːrɔ́s-/ 名 C 蛍光透視法
flu·or·spar /flʊ́ərspɑ̀ːr/ 名 =fluorite
flur·ry /flə́ːri | flʌ́ri/ 名 (複 **-ries** /-z/) C ❶ にわか雪[雨]; 一陣の突風 ❷《単数形で》(突然の)混乱[騒ぎ]; 興奮, 狼狽(ろうばい), 慌てふためき ‖ a ～ of excitement 突然の興奮状態 / a ～ of phone calls 突然殺到する電話 ❸ (衣服のすそなどの)翻り, (紙片・布などが)ひらりと動くこと, ひらめき ━動 (**-ried** /-d/; **～·ing**) 自 (雪・木の葉などが) ひらひらと舞う; (人が) 慌てふためく ━他《受身形で》狼狽する, 慌てふためく

flush¹ /flʌʃ/ 動 自 ❶ **a** (人・顔・頬(ほお)などが)〈恥ずかしさ・病気・興奮などで〉赤くなる, 赤らむ, 紅潮する; 明るく輝く〈**with**〉‖「My face [OR I] ～*ed with* embarrassment. 私はきまり悪さに顔を赤らめた **b** 《+補〈形〉》ぱっと…色になる ‖ Her cheeks ～*ed* red. 彼女の頬がぱっと赤らんだ ❷ (水などが)どっと流れ(広が)る; (トイレが)水洗される, 水が流れる ❸ (植物が)新芽を出す, 芽を吹く
━他 ❶ …を〈…で〉紅潮させる, 赤くさせる〈**with**〉(♦ しばしば受身形で用いる) ‖ She was ～*ed with* anger. 彼女は怒りで顔が真っ赤になった / Exercise ～*ed* his face. 運動したので彼の顔は紅潮していた ❷《通例受身形で》〈熱情などで〉興奮する, 得意になる〈**with**〉‖ He was ～*ed with* pride in the team's victory. 彼はチームの勝利に得意満面だった ❸〔トイレ・下水管など〕を水を流して洗う, 水洗する; 〔目など〕を水を流して洗う《*out*》; 〔水〕を〈…に〉流す〈**through**〉; 〔汚物など〕を水で流す; (まるで水を流して洗うように)…を取り除く《*away, down, out*》〈**down** …に; **out of** …から〉‖ Push this button to ～ the toilet. このボタンを押してトイレの水を流してください / Waste was ～*ed away* into the sewer. 廃棄物は勢いよく水で下水に流された
━名 C ❶《単数形で》(肌・顔の)赤面, 紅潮; ばら色の輝き ‖ with a ～ on one's cheeks 頬を紅潮させて ❷《単数形で》(突然の)感情の高まり, 興奮〈**of**〉‖ a ～ *of* anger 突然の激高 / in the full ～ *of* victory 勝利の興奮に酔って ❸ U (草木などが) どっと (一斉に) もえ出ること; 新鮮さ, はつらつさ ‖ in the first ～ of youth みずみずしい若さのあふれる時期に ❹《単数形で》(水が)どっと流れること; 水洗 ‖ give the pipe a good ～ 水をどっと流してパイプを洗浄する ❺ (トイレ・下水管の)水洗設備 ❻ さーっ; ざーっ; しゅーっ(♦ 水を勢いよく流す音) **～·er** 名
▸▸ **～ tòilet** 名 C 水洗便所, 水洗式トイレ

flush² /flʌʃ/ 動 自 (鳥が) 急に飛び立つ ━他 ❶〔鳥〕を急に飛び立たせる ❷ …を〈隠れ家から〉追い出す[狩り立てる]《*out*》〈**out of**〉 **～·er** 名

flush³ /flʌʃ/ 形《通例叙述》❶〈…の表面と〉同じ高さの, 同一平面の〈**with**〉❷《口》金回りのよい; 好景気の; 〈金などを〉たっぷり持った〈**with**〉‖ I'm ～. Let me pay. 懐が温かいので払わせてください / in ～ years 好景気の年に ❸ (川などが) あふれんばかりの ❹ じかに接触[接続]している ‖ a sofa ～ against the wall 壁にぴったりくっつけたソファー ❺〖印〗行の左端がそろった, 字下がりのない
━副 ❶ 同じ高さに; 水平に; 接触させて ❷ まともに ‖ hit him ～ on the nose 彼の鼻面を真っ向から殴りつける
━動 他 …を同じ高さにする[そろえる]; 〖印〗…の行の左端をそろえる

flush⁴ /flʌʃ/ 名 C 〖トランプ〗フラッシュ《同種の札のそろい》(→ royal flush, straight flush)

flushed /flʌʃt/ 形《叙述》興奮して, 顔を赤らめて; 喜び[自信]に満ちて
flush·ness /flʌ́ʃnəs/ 名 U (特に金銭の)豊富なこと
flus·ter /flʌ́stər/ 動 他 …をまごつかせる, 狼狽(ろうばい)させる, …の頭を混乱させる(♦ しばしば受身形で用いる) ‖ get ～*ed* まごつく ━自 まごつく, 取り乱す, あがる
━名 U/C《単数形で》狼狽, 動揺 **～ed** 形

***flute** /fluːt/ 名 C ❶ フルート; フルート属の楽器《リードなしの木管楽器の総称でリコーダーなどの縦笛も含む》‖ play (on) the ～ フルートを吹く ❷ (オルガンの) フルートストップ ❸ (衣服の) ひだ ❹〖建〗(円柱などの) 縦溝 ❺ (シャンペン用の)細長いグラス, フルートグラス
━動 自《文》フルートを吹く; フルートのような音を出す
━他 ❶ …をフルートのような声で言う[歌う](♦ 直接話法にも用いる) ❷ …にひだ[縦溝]を作る

flut·ing /flúːṭɪŋ/ 名 U C ❶《集合的に》(円柱などの) 縦溝; (衣服の)ひだ ❷ 笛を吹くこと; 笛に似た音
flut·ist /flúːṭəst | -ɪst/ 名 C 《米》フルート奏者 (《英》 flautist)

***flut·ter** /flʌ́ṭər/ 動 自 ❶ (鳥・翼が) 羽ばたきする; (短い距離を) 羽ばたいて飛ぶ, (チョウが) ひらひら飛ぶ (♦ しばしば場所・方向を表す 副句 を伴う) ‖ The bird ～*ed* to the next branch. 鳥は羽ばたきして隣の枝に飛び移った ❷ (旗などが) はためく, ひらひらする, 翻る ‖ The curtain ～*ed* in the wind. カーテンが風にはためいた / The leaves ～*ed* down onto the ground. 葉がひらひらと舞って地面に落ちた ❸ 不規則な速い動きをする; (脈・心臓などが) どきどきする ‖ His eyelids ～*ed*. 彼のまぶたがぴくぴく動いた / My heart ～*ed* with excitement. 心臓が興奮してどきどきした ❹ (興奮・不安などで) 身震いする, びくびくする, はらはらする ❺ そわそわ[せかせか]と動き回る《*about, around*》‖ Stop ～*ing about* and getting in my way. せかせか動き回って僕の邪魔をするな
━他 ❶〔羽など〕をばたばたさせる ❷〔ハンカチなど〕を振る, ひらひらさせる; 〔まぶた〕をぱちぱちさせる ‖ They all ～*ed* their handkerchiefs from the train window. みんなが列車の窓からハンカチを振った / She ～*ed* her eyelashes at him. 彼女は彼を見てまつげをぱちぱちさせた[彼に色目を使った] ❸《通例受身形で》動揺[興奮, 狼狽(ろうばい)]する, はらはらする
━名 C ❶《単数形で》羽ばたき; はためき, 翻り; 〖医〗(心臓の不規則な)動悸(どうき) ‖ a ～ of wings 羽ばたき ❷《単数形で》興奮, 動揺, うろたえ; 騒ぎ ‖ His speech made [OR caused] quite a ～. 彼の演説はひどい騒ぎを引き起こした / be in [OR all of] a ～ うろたえている / put her in a ～ 彼女をどぎまぎ[そわそわ]させる ❸《通例単数形で》《英口》〈…への〉(少額の)賭(か)け[投機]〈**on**〉‖ have a ～ *on* the horses 馬に賭ける ❹ U 〖電〗フラッター《録音の再生むら》(→ wow²) ❺ U 〖空〗フラッター《飛行機の翼の不自然な振動》 ▸▸ **～ kìck** 名 C (水泳の)ばた足

flut·y /flúːṭi/ 形 フルートのような音色の, 柔らかく澄んだ高音の
flu·vi·al /flúːviəl/ 形 川の, 川に住む[生える]
flu·vi·o·ma·rine /flùːviəmərìːn/ 形 川と海の両方の作用でできた; 河口域の; 川と海両方に生息できる
flux /flʌks/ 名 ❶ U 絶えざる変化, 変遷, 移り変わり ‖ Fashion is always in (a state of) ～. 流行は絶えず変化している ❷ C《単数形で》流動; 流出; (言葉などの)よどみない流れ; 〖医〗(血液・体液の)異常流失 ❸ U (金属精錬などの)融剤, フラックス ━動 他 ❶ …を溶かす, 流動体にする ❷ …に融剤を加える ━自 溶ける, 流出する
▸▸ **～ dènsity** 名 U 〖理〗フラックス密度; 流束密度《光束・電束・磁束などの単位面積当たりの流量》 **～ gàte** 名

Ⓒ〖理〗フラックスゲート《地球の磁場の方向を示す装置》

fly[1] /flaɪ/ 動 名

中心義 飛ぶ, 飛ぶような速さで動く

―動 〔▶ flight[1] 名〕(**flies** /-z/; **flew** /fluː/; **flown** /floʊn/; **~·ing**) (→ 自 ❽)

―自 ❶ (鳥・昆虫・飛行機などが) **飛ぶ**, 飛行する ‖ The swans *flew* northward away from the lake. 白鳥たちは湖から北に向かって飛び去った / A Cessna *flies* to and from the island daily. セスナ機が毎日島と本土の間を飛行している / Most planes ~ **to** Europe **over** Siberia. たいていの飛行機がシベリア上空を飛んでヨーロッパに向かう

❷ **飛行機で行く**, 飛ぶ; (人が)飛行機を操縦する ‖ I *flew* direct **to** Prague. プラハまで直行便で飛んだ / ~ **back** to Japan 飛行機で日本に帰る / ~ economy [business] class エコノミー[ビジネス]クラスで行く(♦ ... class は副詞的用法) / When did you learn to ~? いつ飛行機の操縦を習ったのですか

❸ (髪・旗・凧(たこ)・風船などが)なびく, はためく, 揚がる; (物が) 風で運ばれる; (空中を) 飛ぶように動く; 舞い上がる ‖ The picture was of her bungee jumping with her long hair ~*ing* around. その写真は彼女が長い髪をなびかせバンジージャンプをしているときのものだった / The school flag is ~*ing* in the sky. 校旗が風にはためいている

❹ **a** 《+副句》(人・物が)ものすごい速さ[勢い]で進む[走る]; すっとんで[急いで]行く(♦ 副句 は方向を表す) ‖ Little schoolchildren came ~*ing* out of the classroom. 小さな児童たちがどっと教室から飛び出して来た / He *flew* to her bedside when his wife was ill. 彼は妻が病気のときに看病に駆けつけた

b 《口》急いで立ち去る(→ CE 1)

❺ (時間が)さっと過ぎる《***by, past***》; 飛ぶように(すぐ)なくなる(→ CE 2) ‖ Money has wings: it just *flies*. お金には羽が生えていて, 飛ぶようになくなる

❻ 《+補〈形〉/ **into** 名》(人・物が)突然…状態になる; 急に…に変化する ‖ The door *flew* **open** [shut with a bang]. ドアが突然開いた[バタンと音を立てて閉まった] / ~ *into* a rage [OR temper, fury] 突然激怒する, かっとなる / ~ *into* raptures 有頂天になる, 大喜びする / The plate *flew into* pieces. 皿は粉々に飛び散った

❼ (うわさなどが)飛び交う, 急速に広まる《***about, around***》 ‖ There is a rumor ~*ing around* that he is going to quit his team. 彼がチームを去るというわさが飛び交っている ❽ (**flies** /-z/; **flied** /-d/; **~·ing**)〖野球〗フライを打つ ‖ The hitter *flied* to right field. 打者はライトへフライを打ち上げた ❾ 《米口》受け入れられる, 実現可能である, 通用する, うまくいく ‖ My idea does not seem to ~. 私の考えはどうもものになりそうにない ❿ 《堅》〈…から〉逃亡する, 逃げる〈**from**〉

―他 ❶〔飛行機・宇宙船など〕**を飛ばす**, 操縦する; 〔人・貨物など〕を(飛行機で)運ぶ, 送る, 空輸する〈**into, to** …へ; **out of** …から〉 ‖ The pilot *flew* the plane *to* Australia. パイロットはその飛行機をオーストラリアまで操縦した / The injured were *flown to* (the) hospital. 負傷者たちは飛行機で病院に運ばれた

❷ (人・航空機などが)〔地域・航路の上空〕を飛ぶ, 横断する; 〔特定の航空会社〕を利用する, …で飛ぶ ‖ ~ Japan Air Lines 日本航空を利用する

❸〔凧・旗など〕を**揚げる** ‖ ~ a kite 凧を揚げる / ~ a flag 旗を揚げる

❹〔ある目的・使命〕を(飛行機・宇宙船などで)果たす, 遂行する ‖ He *flew* three missions into space. 彼は3度宇宙飛行の任務を果たした ❺ 《堅》(人が)…から逃げる, 逃亡する; …を避ける ‖ The suspect has *flown* the country. 容疑者は国外へ逃亡してしまった / ~ temptation 誘惑を避ける ❻〔狩猟用のタカ〕を放つ; 〔競技用のハト〕を放つ ❼ (船が)〔登録国の旗〕を揚げて運航する

flỳ at ... 〈他〉…に飛びかかる; (タカなどが)〔獲物〕に襲いかかる; …に食ってかかる

flỳ blínd ① 無視界[計器]飛行をする ② 《通例進行形で》《米口》手探り[当て推量]でやる

flỳ hígh ① 高い所を飛ぶ ② 《進行形で》成功する, 繁栄する; 有頂天になる ‖ He was ~*ing high* after he won the election. 選挙に勝って彼は得意になっていた

flỳ ín 〈自〉(飛行機で)目的地に着く ‖ They *flew in* from Chicago. 彼らはシカゴから飛行機で飛んで来た

flỳ ínto ... 〈他〉① 《米》…に飛びかかる, 襲いかかる, 食ってかかる ② 突然…(の状態)になる(→ 自 ❻)

flỳ óut 〈自〉① (飛行機で)出発する, 飛ぶ ‖ He *flew out* to see his sick father. 彼は病床の父に会いに飛行機で出かけた / ~ *out* to London ロンドンへ飛ぶ ② 〈…に〉突然怒り出す, 食ってかかる〈**at**〉 ③〖野球〗フライでアウトになる(♦ 変化形については→ 自 ❽)

gò flýing ふっ飛ぶ, 投げ飛ばされる

lèt flý 〈自〉どなりつける; 突然攻撃する〈**at** …に対して; **with** …で〉 ‖ He *let* ~ *at* the barking dog. 彼はほえている犬をどなりつけた ―〈他〉《***lèt flý ...***》〔悪口など〕を〈…に対して〉浴びせる; 〔物〕を〈…に〉投げつける〈**at**〉 ‖ *let* ~ offensive remarks 失礼なコメントを浴びせかける

sènd ... flýing 〔人・物〕を打ち倒す, 飛び散らす

COMMUNICATIVE EXPRESSIONS

1 **(I've) gòt to flý.** 行かなきゃ; おいとまします(♥ 去る必要があることを伝えるくだけた別れの表現)

2 **(Mý,) hòw the tìme flíes.** ⇨ TIME (CE 24)

―名 (複 **flies** /-z/) (→ ❼) Ⓒ ❶ 《英ではしばしば flies》(特にズボンの) ファスナー(隠し), (服の) 開閉部分 ‖ Your ~ is open [OR down, undone]. = You forgot your ~. ズボンの前が開いてますよ / zip [OR button, do] up one's ~ (ズボンの)ファスナーを閉める ❷ (テントの入口の)垂れ布 ❸ 《the flies》(観客には見えない) 舞台の天井部 ❹ (= ~ **bàll**)〖野球〗フライ, 飛球 ❺ (機械の) 弾み車 (flywheel) ❻ (旗の) 横幅; 外縁 ❼ (複 **flys** /-z/) 《英》(昔の) 1頭立て軽貸し馬車 ❽ 《単数形で》《豪・ニュージ口》試し, 試み ‖ give it a ~ 1度試してみる

on the flý ① (ほかのことをしながら)急いで; 準備なしに ‖ I ate lunch *on the* ~. 私は慌てて昼食をとった ② 空中で; 飛行中に[で]; (機械などが) 作動中に ‖ catch a ball *on the* ~ 地面に落ちる前にボールをとる ③ 💻プログラムの作動中に

▶▶ ~ **àsh** 名 Ⓤ 飛散灰《不燃性の細かい燃えがら. 大気汚染の要因となる》 ~ **brìdge** 名 Ⓒ = flying bridge ~ **òut** 名 Ⓒ〖野球〗フライによるアウト

fly[2] /flaɪ/ 名 (複 **flies** /-z/) Ⓒ ❶〖虫〗ハエ, (特に)イエバエ (housefly) ❷ 《複合語で》羽のある虫 (→ butterfly, dragonfly, firefly, mayfly) ❸ (釣りの)蚊針, 毛針, フライ ‖ a wet [dry] ~ 水中[水面]用蚊針

a [OR ***the***] ***flỳ in the óintment*** 〖聖〗完全さを損なうささいな欠点, 楽しみを損なう小さな不都合; 玉にきず

a flỳ on the wáll 気づかれずに観察する人

drìnk with the flíes 《豪・ニュージ》ひとりで飲む

lìke flíes (ハエのように) 大量に, ばたばたと ‖ be dropping *like flies* (病気で)ばたばたと倒れる

(***there are***) ***nò flíes on a pérson*** 〔人〕にはごまかしがきかない; 〔人〕は抜け目がない

wòuldn't hùrt [OR ***hàrm***] ***a flý*** (虫も殺さないほど)優しい

▶▶ ~ **ágaric** 名 Ⓒ〖植〗ベニテングダケ《毒キノコの一種. ハエの捕殺に用いる》 ~ **òrchid** 名 Ⓒ〖植〗ハエラン (蠅蘭)《ハエに似た花をつけるヨーロッパ産のランの総称》 ~ **rèel** 名 Ⓒ フライフィッシング用リール ~ **ròd** 名 Ⓒ フライフィッシング用釣りざお ~ **whìsk** 名 Ⓒ 《英》ハエ払い《馬の毛を束ねて柄をつけたもの》

fly[3] /flaɪ/ 形 ❶ 《英口》心得ている, 抜け目のない, すばしこい ❷ 《米俗》おしゃれな, 流行の, かっこいい

flý·awày 形 《限定》❶ (髪が)風になびく, ひらひらする ❷

(人が)うわついた, 締まりのない ❸ 飛行準備のできた

fly·bàck 名 U フライバック《テレビのブラウン管の走査点が始点に戻ること》

flý·blòw 名 U (肉などに産みつけた)アオバエの卵

flý·blòwn 形 ❶ アオバエが卵を産みつけた, ウジのわいた ❷ 汚い, 腐敗した ❸ (名声などが)汚された, 汚辱された

flý·bòy 名 C 《口》米空軍パイロット

flý·bỳ 名 (複 ~s /-z/) C ❶ (パレードなどの)編隊飛行 (flyover) ❷ (宇宙船の天体への)接近飛行

flý-by-nìght 名 C ❶ 夜逃げをする人 ❷ 信頼の置けない人, あやしげな企業(♦ ❶, ❷ 共に fly-by-nighter ともいう) ── 形 《限定》信頼できない, 金銭的に無責任な

flý-by-wìre <ジ 名 C フライバイワイヤー《機械でなくコンピューターによる電気信号を通して飛行機をコントロールする》

flý·càtcher 名 C 〖鳥〗ヒタキ《昆虫を空中で捕食する》

flý-drìve 名 (= ~ hòliday) C フライドライブ《飛行機とレンタカーがセットになったツアー》

fly·er /fláɪər/ 名 =flier

flý-fìsh 動 自 フライフィッシングをする, 毛針釣りをする
~·ing 名 U フライフィッシング, 毛針釣り

flỳ hálf 名 C 〖ラグビー〗スタンドオフ《ハーフバックの一員》

fly·ing /fláɪɪŋ/ 形 《限定》 ❶ 空を飛ぶ(ことのできる); 翻る, はためく ❷ 飛ぶように速い ❸ 慌ただしい, 大急ぎの ‖ a ~ visit 慌ただしい[短時間の]訪問 ❹ 走り[飛び]ながら行う ‖ a ~ kick 飛びげり ── 名 U 飛ぶこと, 飛行
▶▶ ~ **bòat** 名 C 飛行艇 ~ **bòmb** 名 C 《口》ロボット爆弾 ~ **brìdge** 名 C 〖海〗(船の)最高艦橋[ブリッジ] ~ **búttress** 名 C 〖建〗飛び控え(壁), フライングバットレス ~ **cólors** (↓) ~ **còlumn** 名 C 〖軍〗遊撃隊 ~ **dóctor** 名 C (オーストラリアなどで)飛行機で往診する医者 ~ **drágon** 名 =flying lizard(↓) **Flỳing Dútchman** 名 《the ~》 ① さまよえるオランダ人《最後の審判の日まで海をさまよう運命にあるという伝説上のオランダ人船長》 ② さまよえるオランダ船《① の乗る幽霊船. 嵐(あらし)のときに喜望峰付近に出没するといわれ, 不吉の前兆とされた》 ~ **fìeld** 名 C (小)飛行場(airfield) ~ **fìsh** 名 C 〖魚〗トビウオの類 ~ **fóx** 名 C 〖動〗オオコウモリ(fruit bat)《アフリカ・オーストラリア・南アジア産》 ~ **fróg** 名 C 〖動〗トビガエル《東南アジア産. 水かきを広げて滑空する》 ~ **gúrnard** 名 C 〖魚〗セミホウボウ ~ **jàcket** 名 =flight jacket ~ **júmp** [**léap**] 名 C 助走付きの跳躍 ~ **lémur** 名 C 〖動〗ヒヨケザル《皮翼目ヒヨケザル科の哺乳(ほにゅう)動物. 東南アジア産. 首から尾にかけて発達した飛膜を広げて滑空する》 ~ **lízard** 名 C 〖動〗トビトカゲ《東南アジア・インド南部産. 飛膜を広げて滑空する》 ~ **machìne** 名 C 航空機《初期の用語》 ~ **òfficer** 名 C 〖英空軍〗中尉 ~ **phalánger** 名 C 〖動〗フクロモモンガ, フクロムササビ《オーストラリア産のムササビに似た有袋類》 ~ **pícket** 名 C 《英》(ストライキのある場所を渡り歩く)デモ隊員 ~ **sáucer** 名 C 空飛ぶ円盤(⇨ UFO) ~ **squàd** 名 C 《英》(警察などの)特別機動隊 ~ **squírrel** 名 C 〖動〗ムササビの類 ~ **stárt** (↓) ~ **sùit** 名 C 航空服 ~ **táckle** 名 C (ラグビー・アメフトの)フライングタックル《相手に飛びつくようにして倒す》 ~ **wédge** 名 C 《米》(警察官などが移動しながら作る)V字隊形

flỳing cólors 名 複 翻る旗; 大勝利, 大成功
with flỳing cólors 大勝利に, 見事に

flỳing stárt 名 C 助走付きのスタート; 素早い出だし; さい先のよい[有利な]スタート
gèt òff to a flỳing stárt さい先のよいスタートを切る(❗早く飛びだしすぎるという意味の「フライング」は和製語. 「フライングをする」は make a false start)

flý·lèaf 名 (複 -leaves /-lìːvz/) C (本の)前後の白紙ページ, 遊び紙

flý·man 名 (複 -men /-mən/) C (劇場の)大道具係《舞台の天井で背景などを操る》(中立 stagehand)

flỳ-on-the-wáll 形 《限定》本人に気づかれずに撮影した ‖ a ~ documentary 隠し撮りのドキュメンタリー

flý·òver 名 C ❶ 《主に英》跨道(こどう)橋, 立体交差路 (overpass) ❷ 《米》=flyby ❶; (航空機の)低空飛行 ❸ 《形容詞的に》《米口》《けなして》(飛行機で上空を通過するだけの)米国内陸部の ‖ ~ country=the ~ states 米国内陸部の諸州

flý·pàper 名 U C ハエ取り紙

flý·pàst 名 《英》=flyby ❶

flý·pòst 動 他 《英》…に(無許可で)ビラを張る ~·ing 名

flý·shèet 名 C ❶ 《英》(悪天候時の)テントの外張り布 ❷ ビラ, ちらし, パンフレット

flý·spèck 名 C ハエの糞(ふん)によるしみ; 小さな点; ささいな欠点[傷]

flý·swàtter 名 C ハエたたき

flý·tìp 動 他 《英》〔ごみ〕を不法投棄する

flý·tràp 名 C ❶ ハエ取り器 ❷ 〖植〗ハエジゴク

flý·wày 名 C (渡り鳥の)経路

flý·wèight 名 〖ボクシング〗 U フライ級; C フライ級の選手

flý·whèel 名 C 〖機〗弾み車

fm 略 fathom(s); from

Fm 記号 〖化〗fermium(フェルミウム)

FM <ジ 略 *F*ield *M*arshal((英国の)陸軍元帥); *f*requency *m*odulation

FMRÍ, fmrí 略 *f*unctional *m*agnetic *r*esonance *i*maging(機能的磁気共鳴映像法)

fn 略 footnote

f-nùmber /éf-/ 名 C 〖写〗エフ数, エフ値《レンズの明るさを示す. レンズの直径に対する焦点距離の比率. f/1.2 のように表す》

FÓ 略 *f*ield-grade *o*fficer; *f*inance *o*fficer; *f*lying *o*fficer; 〖英国史〗*F*oreign *O*ffice

fo. 略 folio

foal /foʊl/ 名 C 馬[ロバ]の子, 子馬《特に1歳未満のもの》(⇨ HORSE 類語P)
in [OR *with*] *fóal* (雌馬が)妊娠して
── 動 他 自 (子馬を)生む

*__foam__ /foʊm/ 《発音注意》 名 U ❶ 泡, あぶく(のかたまり); 泡つばき; C 泡状のもの(⇨ 類語) ‖ ~ on beer ビールの泡 / To make meringue, beat the egg whites into a ~. メレンゲを作るためには, 卵の白身を泡立つまで強くかき混ぜなさい ❷ 消火器の泡; シェービングフォーム; 泡状洗浄剤 ❸ (= ~ **rúbber**) 気泡ゴム[プラスチック], フォームラバー ❹ 《the ~》《文》海
── 動 自 ❶ 泡立つ; (口から)泡を吹く ‖ Warm beer ~s up. ぬるいビールは泡立つ ❷ 〈…で〉みなぎる; 《口》〈怒りで〉かんかんになる, 激怒する〈with〉 ‖ ~ *with* rage 激怒する
── 他 ❶ …を泡立たせる, 泡だらけにする ❷ …に気泡を生じさせる
fòam at the móuth 口から泡を吹く; 《口》激怒する

類語 《名 ❶》 **bubble** 1つの泡.
foam 多くの bubbles が集まったもの.
froth foam とほぼ同意. (ビールの)泡, 口の周りの泡など.
lather (ひげそりなどの)石けんの泡.

▶▶ ~ **pàrty** 名 C フォームパーティー《ナイトクラブなどで床を特殊な泡で覆ってやるパーティー》

foam·y /fóʊmi/ 形 泡の(ような); 泡だらけの

fob[1] /fɑ(ː)b | fɔb/ 名 C ❶ 懐中時計の鎖[ひも] ❷ (= ~ **wàtch**) 懐中時計 ❸ キーホルダーにつける飾り

fob[2] /fɑ(ː)b | fɔb/ 動 (**fobbed** /-d/; **fob·bing**) 他 《次の成句で》
fòb óff ... / fòb ... óff 〈他〉 ① 〔つまらないもの〕を〈人に〉つかませる〈**on, upon, onto**〉 ‖ ~ a cheap camera *off on* him 彼に安物のカメラをつかませる ② 〔人〕に〈…を〉つかませる; 〔人〕を〈…で〉ごまかす, はぐらかす〈**with**〉 ‖ ~ him *off with* an excuse 言い訳を言って彼の話をはぐらかす ③ 〔人・提案など〕を無視する, はねつける

f.o.b. 略 〖商〗*f*ree *o*n *b*oard(本船渡し)

FOBT 略 *f*ecal *o*ccult *b*lood *t*est(便潜血検査)

F

fo·cac·cia /foʊkáːtʃiə, fə-|-kǽtʃiə/ 名 U フォカッチャ《イタリアの薄焼きパン. ハーブやオリーブオイルをつけて焼く》

*__fo·cal__ /fóʊkəl/ 形〔◁ focus 名〕《限定》❶（物事の）焦点となる, 中心的な；（光線などの）焦点の ❷〖医〗病巣の, 巣状の

▶▶ ~ **léngth** [**dístance**] 名 U〖写〗焦点距離 ~ **plàne** 名 C 焦点面, 焦平面 ~ **pòint** 名 ① C（レンズの）焦点 ②《the ~》（活動・注意などの）中心, 核心

fo·cal·ize /fóʊkəlàɪz/ 動 他 ❶ …の焦点を合わせる；〔光〕を1点に集める ❷〖医〗〔感染〕を小部分に限定する

fo'c'sle, fo'c's'le /fóʊksl/ 名 =forecastle

F

***fo·cus** /fóʊkəs/ 動 名

—動（~·es, ~·ses /-ɪz/；-cused, -cussed /-t/；-cus·ing, -cus·sing）

—他 ❶〔注意・関心〕を〈1点に〉集中させる〈**on, upon**〉‖ The governor ~*ed* his **attention** *on* finding a solution to the problem. 知事はその問題の解決法を見つけることに注意を集中した

❷〔目・レンズなど〕の焦点を〈…に〉合わせる〈**on, upon**〉；〔対象〕に焦点を合わせる ‖ He tried to ~ his eyes *on* the man in silhouette. 彼はシルエットの男から目をそらすまいとした / ~ a telescope *on* the moon 望遠鏡の焦点を月に合わせる ❸〔光〕を（レンズを用いて）〈1点に〉集める〈**on**〉‖ ~ the sun's rays through a magnifying glass *on* ... 虫眼鏡で太陽光線を…に集める ❹《受身形で》はっきりした目的を持っている, 焦点[目的]が定まっている

—自 ❶〈…に〉焦点が集まる；〈…に〉注意[関心]を集中する, 焦点を絞る〈**on, upon**〉（→ CE 1）

❷〈…に〉（目・レンズの）焦点が合う〈**on, upon**〉‖ My eyes ~*ed* gradually in the movie theater. 映画館でだんだんと暗さに目が慣れた ❸ 🖵〈画面上のボタンを〉反応可能状態にする；〈…に〉フォーカスする〈**on**〉‖ ~ *on* the OK button OKボタンにフォーカスする

COMMUNICATIVE EXPRESSIONS

1 **Lèt's fòcus on** the wéak pòints of the árgument. NAVI その議論の弱い点に着目してみましょう（♥ 問題点や視点を取り上げる際の前置き）

—名〔▶ focal 形〕（複 **-cus·es** /-ɪz/ OR **fo·ci** /-saɪ/）C

❶《通例単数形で》（活動・注目などの）**焦点**, 中心；話題（の中心）, 注目点, 関心の的；関心, 焦点を当てること〈**on** …に；**for** …に対する〉‖ In court she was [**became**] the ~ of attention. 法廷では彼女は注目の的だった[になった] / Our ~ was *on* his costume. 私たちの関心の的は彼の服装だった / provide a ~ *for* ... …に焦点を当てる[関心を向ける] / The economy is the **main** ~ of the coming election. 景気が今回の選挙の主な焦点だ

❷ U 焦点を合わせること；焦点（距離）；焦点整合 ‖ bring ⌈an image [the problem]⌉ **into** ~ カメラの焦点を合わせる[その問題を明るみに出す] / After a week of negotiation(s), the company's true intention(s) came **into** ~. 1週間の話し合いの後その会社の真の目的が注目を集めた / **in** ~ 焦点が合って；明瞭（めいりょう）で / out of ~ 焦点がずれて；不明瞭で / This camera has an automatic ~ mechanism. このカメラはオートフォーカス機能がある ❸〖理〗焦点 ❹〖医〗病巣 ❺〖地〗震源 ❻〖数〗（円錐（えんすい）曲線の）焦点

▶▶ ~ **gròup** 名 C フォーカスグループ《企業などが情報を収集するために集める消費者のグループ》 ~**ing knòb** 名 C（プロジェクターなどの）焦点合わせノブ

fod·der /fá(ː)dər|fɔ́də/ 名 U ❶ 家畜の飼料, 飼い葉 ❷ 絶えず補給する必要のあるもの[人々], 消耗品；素材 ‖ factory ~ のべつ補充される工員たち

—動 他〔家畜〕に飼料を与える

*__foe__ /foʊ/ 名 C《堅》《文》❶ 敵, かたき；敵軍 ‖ a mortal ~ 不倶戴天（ふぐたいてん）の敵 / a formidable ~ 恐ろしい敵 ❷〈…の〉反対者, 敵〈**of, to**〉‖ ~*s of* tax reform 税制改革の反対者たち / a ~ *to* progress 進歩の敵

FoE 略 *F*riends *o*f the *E*arth（大地の友）《英国の環境保護団体》

foehn /feɪn|fəːn/ 名 C フェーン《山から吹き下ろす暖かく乾燥した風》

foe·tal /fíːṭəl/ 形 =fetal

foet·id /féṭɪd/ 形 =fetid

foe·tus /fíːṭəs/ 名 =fetus

*__fog__[1] /fɑ(ː)g, fɔːg|fɔg/ 名〔▶ foggy 形〕❶ U C 霧, 濃霧（⇨ 類語）‖ A dense [OR thick, heavy] ~ surrounded us. 濃霧が周りに立ち込めた / The plane waited for the ~ to clear [OR lift]. 機は霧の晴れるのを待った / a light ~ 薄い霧 ❷ C《単数形で》（煙・ほこりなど）空中に立ち込めるもの ‖ The ~ of cigarette smoke almost choked me. 立ち込めるたばこの煙で窒息しそうだった ❸ C《単数形で》（状況などを）わかりにくくするもの；（頭が）ぼうっとした状態, 当惑, 混乱, 混迷 ‖ The drunken driver seemed to be in a ~. 酔った運転手は頭がぼうっとしているようだった ❹ U〖写〗曇り, かぶり

—動（**fogged** /-d/；**fog·ging**）他 ❶〔ガラスなどの表面〕を水蒸気で曇らせる, 霧（状のもの）で覆う《**up**》‖ Steam *fogged up* the window. 蒸気で窓が曇った ❷〔人〕をぼうっとさせる, 〔物・状況〕をわかりにくくする ‖ The actors were *fogged* by so many instructions. 俳優たちは指示が多すぎて頭が混乱していた ❸〖写〗〔陰画〕を曇らせる, かぶらせる —自 ❶ 水蒸気で曇る, 霧で覆われる《**up, over**》‖ The windshield has *fogged up* [OR *over*]. （車の）フロントガラスが曇った ❷ ぼやける

be fògged ín《米》（人・場所が）霧に閉じ込められる

類語《名 ❶》**mist** 微細な水蒸気によってできる薄い霧.
fog mist の濃いもの.
haze 煙・ほこり・水蒸気などが極めて薄く拡散したかすみ・もや. 「湿気」の語感は（ほとんど）ない. 薄い順に並べると haze, mist, fog.
smog 工場地帯や大都会に生じる煙と霧が混じったもの.

▶▶ ~ **bànk** 名 C 霧堤, 霧峰《海上の遠方にかかり陸地のように見える層状の濃霧》 ~ **lìght** [《英》**làmp**] 名 C（自動車の）フォグランプ ~ **sìgnal** 名 C（船・鉄道の）霧中信号

fog[2] /fɑ(ː)g, fɔːg|fɔg/ 名 C ❶ 二番草 ❷（冬の）立枯れ草

fóg·bòund 形 霧に包まれた；濃霧のため航行できない

fóg·bòw /-bòʊ/ 名 C 霧虹

fo·gey /fóʊgi/ 名 =fogy

*__fog·gy__ /fá(ː)gi, fɔ́ːgi|fɔ́gi/ 形〔◁ fog[1] 名〕❶ 霧の立ち込めた, 霧の深い ‖ a cold ~ day in November 11月の寒い霧の立ち込めた日 ❷ 頭のぼうっとした, （思考などが）混乱した；はっきりしない, ぼんやりした ‖ a ~ memory ぼんやりした記憶

**nòt hàve the fóggiest* (*idèa*)《口》全然知らない ‖ "Where is he?" "I ⌈*don't have* [OR *haven't*] *the foggiest* (*idea*)." 「彼はどこ」「全く見当もつかないね」

-gi·ly 副 **-gi·ness** 名

fóg·hòrn 名 C 霧笛

fo·gy /fóʊgi/ 名（複 **-gies** /-z/）C《通例 old ~ で》考えの古い人, 時代遅れの人

föhn /feɪn|fəːn/ 名 =foehn

foi·ble /fɔ́ɪbl/ 名 C（性格上の）ちょっとした欠点[短所], 風変わりな点；うぬぼれている点

foie gras /fwàː gráː/ 名 U フォアグラ《太らせたガチョウなどの肝臓》；それをペーストにしたもの（pâté de foie gras）（♦ フランス語より）

*__foil__[1] /fɔɪl/ 名 ❶ U（食べ物などを包む）ホイル；金属の薄片, 箔（はく）；（宝石の）下敷き箔 ‖ Wrap [OR Cover] the fish in [OR with] ~ and put it in the oven. 魚をホイルで包んでオーブンの中に入れなさい / gold [silver] ~ 金[銀]箔 / aluminum [《英》aluminium] ~ アルミホイル ❷ C〈…を〉引き立たせるもの, 引き立て役〈**for, to**〉（♥ 好意的に用いる）‖ Kindness is a ~ *to* her honesty. 親切さが彼女の誠実さを引き立たせている ❸ C〖建〗葉形飾り ❹ =hydrofoil ❺ =airfoil

—動 他…に箔をかぶせる，…を箔で裏打ちする

foil² /fɔɪl/ 動 他 ❶…を失敗に終わらせる，挫折(ざせつ)させる(♦しばしば受身形で用いる) ‖ I was ~*ed* in my attempt to escape. 脱走の試みは無駄骨に終わった ❷…を撃退する，打破する

foil³ /fɔɪl/ 名 C 〚フェンシング〛フルーレフォイル《先端にたんぽをつけた練習用の剣》

foist /fɔɪst/ 動 他 ❶〔にせ物など〕を〈…に〉つかませる《*off*》〈**on, upon**〉‖ ~ (*off*) inferior goods *on* a customer 粗悪な品を客に押しつける ❷〔文句など〕をひそかに書き入れる ‖ ~ an addition into the document 文書にこっそり追加事項を書き入れる

fol. 略 folio；followed, following

fol·ate /fóʊleɪt/ 名 U 〚生化〛葉酸 (folic acid)；葉酸塩［エステル］《細胞の核分裂に不可欠とされる》

fold¹ /foʊld/

—動 (**~s** /-z/；**~·ed** /-ɪd/；**~·ing**)

—他 ❶…を**畳む**，**折る**，折り畳む《*up*》(↔ unfold)；折り重ねる《*over*》；折り曲げる《*down*》；折り返す《*back*》‖ She skillfully ~*ed* the piece of paper into (the shape of) a miniature crane. 彼女は紙切れを上手に折ってミニチュアのツル(の形)を作った / ~ the paper double [OR in half, in two] 紙を二つ折りにする / ~ *up* one's clothes neatly 衣服をきちんと畳む / The newspaper was ~*ed over*. 新聞は折り畳んであった

❷〔両手など〕を**組み合わせる**；〔両腕など〕を組む；(鳥が)〔翼〕を畳む ‖ ~ one's hands in one's lap ひざの上で手を組む / with one's **arms** ~*ed* 腕組みして

❸(両腕に)…を抱き締める ‖ He ~*ed* his daughter in his arms and kissed her. 彼は娘を両腕に抱き締めてキスした ❹…を〈…に〉包む，くるむ(wrap)〈**in**〉；…を〈…に〉巻きつける〈**about, around**〉‖ The hills were ~*ed in* mist. 山々は霧に包まれていた / ~ a blanket *around* the mirror 鏡を毛布でくるむ ❺〔事業など〕を畳む，停止する ❻〚地〛〔地層〕に褶曲(しゅうきょく)を生じさせる

—自 ❶ **a** 畳める，折り畳める《*up*》‖ The bed ~*s up* into the wall to save space. このベッドはスペースをとらないよう壁の中に折り畳める **b**《(+副句/補〈形〉)》(ある状態・形状に)畳める《**over, down, back,** etc.》‖ These chairs ~ flat. これらのいすは平たく畳める

❷《口》(事業などが)失敗する，(業務などが)停止する；(人が)へたばる《*up*》‖ The shop ~*ed* (*up*) after only a year because of the recession. その店は不況のためわずか1年でつぶれた ❸(笑い・苦痛などで)体を折り曲げる《*up*》❹(スポーツ選手・チームが)突然調子を崩す ❺(ポーカーで)(ゲームを)降りる ❻〚地〛(地層が)褶曲を生じる

fòld awáy ... / ***fòld ... awáy*** 〈他〉…を折り畳んで片づける

fòld in ... / ***fòld ... ín*** 〈他〉〔卵・砂糖など〕を混ぜる

fòld À into B́ A(卵など)をBに混ぜる

fòld óut 〈他〉(***fòld óut ...*** / ***fòld ... óut***)〔畳まれたもの〕を広げる(unfold) —〈自〉広げられる

—名 (複 **~s** /-z/) C ❶《通例 ~s》折り重ねた部分，ひだ(pleat) ‖ Her dress hangs in ~*s*. 彼女のドレスはひだをなしてゆったりとドレープしている ❷畳み目，折り目，折ってできたくぼみ ❸〚地〛褶曲 ❹(皮膚の)しわ，たるみ ❺《主に英》なだらかな丘陵［くぼ地］❻(縄などの)一巻き

fold² /foʊld/ 名 ❶ C 羊の囲い；羊の群れ ❷《the ~》信者の集団，教会員(一同)；元の群れ

retùrn to the fóld 元の信仰［集団］に戻る；家族のもとに帰る

—動 他〔羊など〕を囲いに入れる

-fold 接尾《形容詞・副詞語尾》《主に基数詞に伴って》「…倍［重］の［に］」の意 ‖ two*fold*, hundred*fold*, mani*fold*

fóld·awày 形《限定》折り畳んでしまえる，折り畳み式の ‖ a ~ bed 折り畳みベッド

fóld·bàck 形 折り返しの

fóld·bòat 名 C 折り畳み舟

fold·er /fóʊldər/ 名 C ❶(厚紙・プラスチックなどを二つ折りにした)紙挟み，フォルダー；《米》二つ折りの紙ケース ❷《米》折り畳んだ小冊子《広告冊子・時刻表など》❸ 🖳 フォルダ《複数のファイルを管理しやすく一まとめにしたもの》

fol·de·rol /fɑ́(ː)ldərɑ̀(ː)l | fɔ́ldərɔ̀l/ 名 U C 《旧》❶ばかげたこと，たわごと ❷(ごてごてした)無用の飾り

fold·ing /fóʊldɪŋ/ 形《限定》折り畳める，折り畳み式の ‖ a ~ fan 扇子 ▶▶ **~ cháir** 名 C 折り畳み式のいす (⇨ CHAIR 図) **~ dóors** 名 C 折り戸，アコーディオンドア **~ móney** 名 U《口》紙幣，札

fóld·òut 名 C (本の)折り込みページ《地図など》

fóld·ùp 名 U C ❶《英》折り畳み ❷《米》終了，閉鎖 ❸降伏，お手上げ —形 折り畳み式の

fo·li·a·ceous /fòʊliéɪʃəs/ 形 葉の(ような)，葉状の；葉［葉状部］のある；(岩石などが)薄葉状の

fo·li·age /fóʊliɪdʒ/ 名 U《集合的に》(草木の)葉(全部)，群葉；(建築・美術などで)葉飾り

▶▶ **~ plànt** 名 C 観葉植物

fo·li·ar /fóʊliər/ 形《限定》葉の(ような)，葉状の

fo·li·ate /fóʊliət/ (→ 動) 形 ❶葉のある；《複合語で》…葉の ‖ five-~ 5葉の ❷葉状の —動 /fóʊlièɪt/ 他…に葉飾り［箔(はく)］をつける；〔本〕に丁数をつける；〔金属〕を箔にする；薄片にそぐ —自 葉を出す；薄片に割れる

fo·li·at·ed /fóʊlièɪṭɪd/ 形 葉状の；〚地〛薄片状の；〚建〛葉飾りを施した

fo·li·a·tion /fòʊliéɪʃən/ 名 U ❶葉を出すこと ❷(本の)丁付け，丁数 ❸〚地〛(岩などが)葉状の薄片に割れること，劈開(へきかい) ❹〚建〛葉飾り ❺箔にすること；鏡の箔付け

fò·lic ácid /fòʊlɪk-/ 名 U 〚生化〛葉酸

fo·li·o /fóʊliòʊ/ 名 (複 **~s** /-z/) C ❶二つ折り《全紙を1度折ったもので4ページ分》；二つ折り判(の本)，フォリオ判《本の最大の判》❷(写本などの)1葉《片側にだけページ数が打ってある》❸(印刷物の)ページ数，ノンブル ❹〚簿〛(会計簿の)左右両ページ ❺〚法〛(公文書の長さを示す)単位語数《《米》では100語，《英》では72または90語》

—動 他…に丁付けをする

:folk /foʊk/《発音注意》

—名 (複 **~** OR **~s** /-s/) C ❶《複数扱い》(一般の)**人々** (people)；(特定の)人々(♦《米》ではfolksの形で用いることが多い) ‖ a leader elected from the common ~ 一般の人たちから選ばれたリーダー / **old** [city, rich] ~(*s*) 年配の［都会の，金持ちの］人たち / just plain ~*s* ごくふつうの人たち / the ~*s* back home 故郷の人々 ❷《~s》《口》皆さん(♥親しい呼びかけで用いる) ‖ Welcome, ~*s*! ようこそ，皆さん ❸《one's ~s》《主に米》家族，親類；(特に)両親 ‖ How are your ~*s*? ご家族の皆様はいかがですか ❹(= ~ **mùsic**) U フォークミュージック，民俗音楽；(現代風にアレンジした)フォーク音楽

—形《限定》民間(起源)の，民衆の；〚楽〛フォークの ‖ ~ art 民俗芸能 / ~ belief 民間信仰 / ~ culture 民俗文化 / ~ legend 民間伝承

▶▶ **~ dànce** (↓) **~ etymólogy** 名 U C 民間［通俗］語源(説)《asparagus の語源を sparrowgrass とするような学問的には根拠のない説》**~ hèro** 名 C (民衆の間の)ヒーロー **~ màss** 名 C フォークミサ《民俗音楽を用いて行うミサ》**~ mèdicine** 名 U C (薬草を用いた)民間療法 **~ mémory** 名 U 民族共有の記憶 **~ ròck** 名 U フォークロック《ロックとフォークの特徴を併せ持つ音楽》**~ sìnger** 名 C 民謡歌手；フォークソング歌手 **~ sòng** 名 C 民謡，俗謡；(現代風にアレンジした)フォークソング **~ tàle** [**stòry**] 名 C 民間(口承)伝説，民話，昔話

fólk dànce 名 C フォークダンス(曲)

fólk dàncer 名 **fólk dàncing** 名

folk·ie /fóʊki/ 名 C《口》フォーク歌手；フォークソングファン

***folk·lore** /fóʊklɔ̀ːr/ 名 U ❶民話，民間伝承，民間信仰 ❷民俗学

folk·lor·ist /fóʊklɔ̀ːrɪst/ 名 C 民俗学者

folk·sy /fóʊksi/ 形 ❶社交的な，付き合いやすい；くだけた，気安い ❷民芸風の

F

fólk·wàys 名 複 習俗, (ある集団の)社会慣行
foll. 略 followed, following
fol·li·cle /fá(:)lɪkl | fɔ́l-/ 名 C ❶〖解〗小胞(しょうほう), 濾胞(ろほう), 卵胞, 毛穴 ❷〖植〗袋果(たいか)

***fol·low** /fá(:)loʊ | fɔ́l-/

中心義 後に続く

> 動 他 ついて行く[来る]❶ 続く❷ たどる❹ 従う❺ 理解する❻

— 動 (~s /-z/; ~ed /-d/; ~·ing)
— 他 ❶ …について行く[来る], …(の後)に従う[続く](✎ go [OR come] after); …の後から行って一緒になる; …と一緒に行く, …に付き添う; …の後をつける, …を追跡する, 尾行する, 見張る ‖ *Follow* me, please. I'll show you to your seat. どうぞ後について来てください. お席にご案内します / My dog ~*s* me around [OR about] everywhere. うちの犬は私の行く所どこにでもついて来る / I'll ~ you home. (車などで)お宅まで後からついて行きますよ / He ~*ed* me to my room. 彼は私の後について部屋までやって来た / ~ him out [in] 彼について出る[入る]
❷ (順序・時間の経過で)…に**続く**, …の次に来る; …の結果として起こる ‖ The rise of feminism in the '60s ~*ed* the civil rights movement. 公民権運動に続いて60年代のフェミニズムの台頭があった / One misfortune ~*ed* another. 不幸が次々と続いた / The meal began with a shrimp cocktail, ~*ed* by steak. 食事は小エビのカクテルで始まり, 次にステーキだった / His speech was ~*ed* **immediately** by a storm of applause. 彼がスピーチを終えると即座に万雷の拍手喝采(かっさい)が起こった
❸ …に続けて〈関連ある事柄を〉行う, …に付け足す, 補足する《*up*》〈**with**〉(❗「他人の失敗をフォローする」のような意味はない) ‖ He ~*ed* his recital *with* an autograph session. (=His recital was ~*ed* by an autograph session.) 彼はリサイタルの後にサイン会を付け加えた / ~ praise *with* blame 褒めた後で非難する
❹ (人が)〔道・経路など〕を**たどる**; 〔標識など〕に従って行く; (道などが) …に沿う ‖ She ~*ed* the yellow brick road. 彼女は黄色いれんが道をたどって行った / *Follow* the arrows to the exhibition hall. 展示室へは矢印に従って行きなさい / The road ~*s* the river bank. その道は川の土手に沿っている
❺〔指導者・命令・規則など〕に**従う**, …を守る; 〔先例・慣習〕にならう, …を手本とする, まねる; …を師と仰ぐ; 〔教え・主義など〕を奉ずる; (物事が)〔あるパターン〕に従う, 〔経過〕をたどる; (職業などで)〔人〕と同じ道を歩む[たどる]; 〔人〕の跡を継いで〈…に〉なる〈**into**〉(⇨ 類語P) ‖ *Follow* his advice and you won't make mistakes. 彼の忠告に従っていれば間違いはないよ / I was just ~*ing* your orders. 私はただあなたの命令に従っていただけです / ~ his example 彼の例にならう / ~ one's conscience 自分の良心に従って行動する / ~ one's father *into* a trade 父の跡を継いで商売の道に入る
❻〔話・議論・説明・人(の言うこと)など〕を**理解する**, …についていく(→ CE 1, 2) ‖ The audience ~*ed* her words with the greatest attention. 聴衆は細心の注意を払って彼女の言葉に耳を傾けた / I can't quite ~ contemporary music. 現代音楽にはどうもついていけない / I don't ~ you at all. あなたの言うことはさっぱりわからない
❼ …(の動き)を目で追う, 見守る; (目が)…を追う; (文章を読みながら)〔文字〕を追う, たどる; (音楽を聴きながら)〔楽譜〕を追う ‖ The center fielder ~*ed* the ball over the fence. 中堅手はフェンスを越えて飛んで行くボールを見送った / The astronomer ~*ed* the course of the meteor. 天文学者はその流星の軌道を追った
❽〔職業など〕に従事する ‖ ~ the law 法律の道に進む / ~ the stage 俳優になる / ~ the sea 船乗りになる
❾ …に強い興味[関心]を持つ, 興味を持って研究する; 〔ニュース・情勢など〕に注意を払う; …の動きを見守る, …から目を離さない; 〔特定のチームなど〕を熱烈に応援する ‖ She ~*ed* Hemingway's career as a novelist. 彼女は小説家としてのヘミングウェイの経歴をたどった / ~ the fashion 流行を追う / I ~ all the baseball news. 私は野球のニュースならどれも聞き逃さない / He ~*s* the Yankees. 彼はヤンキースの熱狂的なファンだ
❿ (映画・物語などが) …について扱う, …の跡をたどる ‖ The film ~*s* the fortunes of three brothers. この映画は3人兄弟の運命の浮沈をたどったものだ
— 自 ❶《進行形不可》**a** (時間・順序で)後に続く, 次に来る, 続いて起こる; 〈…の〉結果として起こる[生じる]〈**from, on, upon**〉‖ If you're late for the appointment and Dad finds out about it, trouble will ~. 約束の時間に遅れてパパにそのことが知れたら困ったことになるよ / The misfortune ~*ed upon* their divorce. 彼らは離婚に続いて不幸に見舞われた
b《It ~+that 節 で》結果として…になる, 当然…ということになる ‖ Just because you're American, it does not ~ *that* you speak English. アメリカ人だからといって, 英語を話すとは限らない
❷〈…の後に〉ついて行く[来る], 後から行く〈**after**〉‖ You go on ahead. I'll ~ in a few minutes. 先に行ってくれ, 2, 3分ほどしたら行くから / The baby ~*ed after* its mother. 赤ん坊は母親の後について行った
❸《通例否定文・疑問文で》《進行形不可》理解する, わかる (→ CE 1) ‖ I don't quite ~. よくわかりません

***as fóllows** 次[以下]のとおり ‖ His words were *as* ~*s*: "Never forget." 彼の言葉は次のとおりであった.「決して忘れないこと」(♦ 主語が複数でも ×as follow とはならない. as follows の後にはコロン(:)がよく用いられる)

fòllow alóng 〈自〉〈…に従って〉ついて行く; 〈…に合わせて〉一緒にやる[歌う]〈**with**〉

fòllow ón 〈自〉① 後から追いかける; 〈話などが一時中断した後から〉さらに続ける; 結果として〈…から〉起こる[生じる]〈**from**〉② 〖クリケット〗(後攻チームが)続けて打席につく《1回での得点差が規定以上ついて勝利を確信した場合先攻側が後攻側に打撃を続行させる》

fòllow óut ... / fòllow ... óut 〈他〉〔計画・指示など〕を最後までやり通す ‖ The team ~*ed out* his instructions. チームは最後まで彼の指示どおりに動いた

****fòllow thróugh*** 〈他〉《***fòllow thróugh ... / fòllow ... thróugh***》…をやり遂げる, 最後までやり通す ‖ ~ a promise *through* 約束を最後まで守る / ~ the argument *through* to a conclusion 結論の出るまで議論し尽くす
—〈自〉① (テニス・ゴルフ・野球などで)振り抜く ‖ *Follow through* on your backhand. バックハンドのフォロースルーをとるように ②〈計画・行動・約束などを〉やり遂げる, やり抜く〈**with, on**〉

****fòllow úp*** 〈他〉①《***fòllow úp ... / fòllow ... úp***》…をさらに追求する, 徹底的に調査する(investigate); (仕事などが確実にできたかどうか) …を確かめる, チェックする ‖ Holmes ~*ed up* the clue. ホームズはその手がかりをどこまでも追った ② 後で〈…を〉…に付け加える〈**with**〉(→ 他 ❸) ‖ You had better ~ *up* your e-mail *with* a phone call. Eメールの後で電話した方がいい —〈自〉〈…を〉引き続いて追求する, さらに調べる, 調べて処理する〈**on**〉‖ ~ *up on* an accident 事件を徹底的に究明する

****to fóllow*** (料理のコースで) 次に(食べるものとして) ‖ There's ice cream *to* ~. Will you have some? 次はアイスクリームになります. 少し召し上がりますか

COMMUNICATIVE EXPRESSIONS

1 **Do you fóllow (me)?** (私の言うことが) わかりますか (♥ 相手が説明などを理解しているかを確認する)

2 I'm sórry, **I càn't fóllow you.** すみませんが, おっしゃることがよくわかりません

F

従う	observe	↑拘束力のより強いものに	法律・規則・(宗教的)慣習など
	obey		命令・権力・法律・規則など
	follow		指示・忠告・方針・慣習・案内など

♦ observe と obey は follow によって交換できる場合がある。

fol·low·er /fá(ː)louər | fɔ́l-/ 名 C ❶〈…の〉信奉者, 支持者(↔ leader); 門人, 弟子(disciple)〈**of**〉‖ She was a devoted [faithful] ~ *of* Mother Teresa. 彼女はマザー＝テレサの献身的な[忠実な]信奉者だった ❷〈…に〉強い興味を持つ人〈**of**〉;〈…の〉模倣者〈**of**〉‖ a ~ *of* European fashions ヨーロッパの流行に敏感な人 ❸〈チームなどの〉ファン, 応援する人〈**of**〉‖ a keen ~ of U2 U2の熱狂的なファン ❹ 後から来る[ついて来る]人[もの, こと]; 〖機〗(カム)フォロワー ❺ 随行者[員]; 従僕, 家来, 手下

fol·low·ing /fá(ː)louɪŋ | fɔ́l-/ 形 名 前
—形《比較なし》《限定》❶《the ~》**(その)次の**; 明くる…, 翌…; **以下の**, 下記の (↔ preceding) ‖ They disclosed the ~ list. 彼らは次のリストを公開した / the ~ **day** [**week**, **year**] (その)次の日[週, 年] / the ~ pages [chapters] 以下のページ[章]
❷〖海〗(風が) 追い風の, 順風の, (潮が) 順流の ‖ a ~ wind 追い風
—名 (複 **~s** /-z/) ❶ C《通例単数形で》《集合的に》**信奉者**, 支持者; 随行員, 家来 ‖ The politician has a large [OR big] ~. その政治家には大勢の支持者がいる
❷《the ~》《単数・複数扱い》**以下に述べるもの[こと, 人]**, 次のもの[こと] ‖ The ~ are going to proceed to the final interview. 以下の人たちが最終面接に臨むことになる / The ~ is the list of candidates for promotion. 以下は昇進候補者のリストです
—前…の後で, …に次いで[続いて]; …の結果 ‖ *Following* the lecture, a woman came up to him. 講演の後, 女性が彼の所へやって来た

fòllow-ón 名 ❶ U C 次に続くもの ❷ U〖クリケット〗続行第2回戦 —形 次に続く, 続いて起こる

fòllow-the[《英》**my**]**-léader** 名 U 大将ごっこ《1列に並んで, 先頭の大将のやるとおりにする遊び》‖ play ~ 大将ごっこをする; (ほかのみんなが)同じようにまねをする, 右へならう

fòllow-thróugh 名 C U ❶〖スポーツ〗フォロースルー《打球後も十分にストロークを伸ばし切ること》❷ (計画などの)完遂

fóllow-ùp 形《限定》次に続く, 引き続いての; 後追いの, 追跡の(♥ 先行する行動・活動などを十分効果があるものにするという意図がある) ‖ a ~ study [examination, article] 追跡調査[検査, 記事] / a ~ visit 再度の訪問 / ~ services of an automobile company 自動車会社のアフターサービス(♦ ×after service とはいわない)
—名 ❶ C U〈…の〉次に続くもの, 第2弾, 追跡調査[検査]〈**to**〉‖ This is a ~ *to* the conference in Jerusalem. これはエルサレムでの会議に引き続くものだ / go see the doctor for a ~ 追跡検査のために医者にかかる / ~ care 予後の注意 ❷ C 続編; 続報 ‖ The reporter did a ~ on his first story on the huge earthquake. 記者は大地震の第1報の続報を出した

fol·ly /fá(ː)li | fɔ́li/ 名 (複 **-lies** /-z/) ❶ U 愚かさ, 愚劣; C《しばしば -lies》愚行, ばかげたこと ‖ It would be ~ to go surfing in this weather. この天候でサーフィンに行くのはばかげている / in the *follies* of youth 若気の至りで ❷ C (公園などの) (装飾目的の) 奇抜な建築物 ❸ C 金のかかるばかげた事業[投資] ❹ C《通例 -lies》(派手な衣装の踊り子たちの)レビュー

fo·ment /fouménｔ, fə-/ 動 他〔反乱など〕を誘発する, あおり立てる;〔感情など〕をかき立てる
fò·men·tá·tion 名 U 誘発, 挑発, 醸成, 助長

***fond** /fɑ(ː)nd | fɔnd/ 形 (**~·er**; **~·est**) ❶《+**of** 名》…を好む, (とても)好きだ, …に親愛の情を抱く(♦ 名 はしばしば *doing*) ‖ I'm quite ~ *of* music [cooking]. 私は音楽[料理]が大好きです / She is too ~ *of* her grandchild. 彼女は孫を溺愛(できあい)している / grow ~ *of* ... …が好きになる ❷《+**of** *doing*》…する(悪い)癖がある ‖ He's ~ *of* joking at others' expense. 彼は他人をだしにして冗談を言うきらいがある ❸《限定》愛情のこもった, 優しい; 溺愛する, 甘やかしすぎる ‖ a ~ smile [look, farewell] 愛情のこもったほほ笑み[眼差(まなざ)し, 別れ(の言葉)] / have ~ memories of ... …の懐かしい思い出がある / be spoiled by ~ parents 親に甘やかされて駄目になる ❹《限定》(希望・期待などが)ばかげた, 愚かな, 独りよがりの ‖ a ~ hope of success 成功するというたわいもない希望

fon·dant /fá(ː)ndənt | fɔ́n-/ 名 U C フォンダン《砂糖に水・香料を加えクリーム状にしたもの. またその糖菓》

fon·dle /fá(ː)ndl | fɔ́n-/ 動 他 ❶ …を愛撫(あいぶ)する, 優しくなでる ❷ …に強引に触る, …をなで回す

fond·ly /fá(ː)ndli | fɔ́nd-/ 副 ❶ 優しく, 愛情込めて ❷ 独りよがりに, たわいもなく, 浅はかにも ‖ He ~ imagined that ... 彼は…だろうと甘く考えた

fond·ness /fá(ː)ndnəs | fɔ́nd-/ 名 U/C《通例単数形で》❶〈…の〉愛好, 好み〈**for**〉‖ have a ~ *for* music 音楽が好きである (=be fond of music) ❷ 優しさ, 愛情, 慈しみ; 溺愛

fon·due /fɑ(ː)ndjúː | fɔ́ndjuː/ 名 C U フォンデュ《なべで熱して溶かしたチーズにワインを加えてパンを浸したり, 熱した油で肉や野菜などを揚げたりして食べる料理》
▸▸ **~ fòrk** 名 C フォンデュフォーク《フォンデュなべ料理用の長い柄のついたフォーク》 **~ pòt** 名 C フォンデュなべ

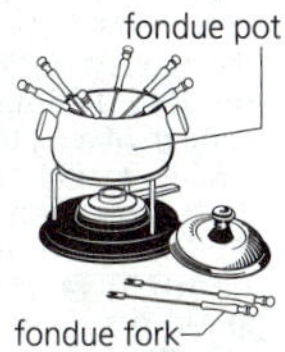

font¹ /fɑ(ː)nt | fɔnt/ 名 C ❶ 洗礼盤; 聖水盤 ❷ (ランプの)油つぼ ❸《文》源泉, 源

font² /fɑ(ː)nt | fɔnt/ 名 C〖印〗同じ大きさ・型の一そろいの活字; 💻フォント《同じ書体の文字の集合体》(《英》fount)

fon·ta·nel, -nelle /fɑ̀(ː)ntənél, ⌐-⌐-/ 〖解〗名 C 泉門(♦ 胎児・新生児の頭蓋骨の頭頂部にある柔らかな部分)

fon·ti·na /fɑ(ː)ntíːnə | fɔn-/ 名 U C フォンティナ (チーズ)《イタリア原産のチーズ》

⁑**food** /fuːd/《発音注意》
—名 (複 **~s** /-z/) U (♦ 種類をいうときは C) ❶ (人間の) **食物**, 食品, 食糧; (飲み物に対し)食べ物; 料理 ‖ Fast ~ is usually high in calories. ファーストフードは通例カロリーが高い / We enjoyed good ~ and drink at the reception. 私たちは宴会でおいしい飲食物を味わった (♦ drink and food よりもこの語順がふつう) / Precooked ~ is served on airplanes. 機内では調理済みの食べ物が出される / a shortage of ~ 食糧不足 / eat [OR have] Mexican ~ メキシコ料理を食べる / cook ~ 食べ物を料理する / a staple ~ 主食 / canned [frozen, health] ~(*s*) 缶詰[冷凍, 健康]食品 / the ~ industry 食品産業 / ~ supply 食糧供給
❷ (動植物などの) 食物, 餌(えさ), 肥料 ‖ dog ~ ドッグフード / plant ~ (無機)肥料
fòod for thóught (考える上での)刺激, 参考; (精神の)糧(かて) ‖ This story gave me much ~ *for thought*. この物語を読んで大いに考えさせられた
▸▸ **~ àdditive** 名 C 食品添加物 **Fòod and Ágriculture Organizàtion** 名《the ~》国連の食糧農業機関《本部ローマ. 略 FAO》 **Fòod and Drúg**

F

Administràtion 名《the ～》米国食品医薬品局《略 FDA》～ bànk 名C《米》フードバンク，食糧銀行《困窮者に食糧を配る施設》～ chàin 名《the ～》〘生態〙食物連鎖 ～ còloring 名UC 食品着色料 ～ còupon 名C =food stamp (↓) ～ còurt 名C フードコート《多様な飲食店のブースと共有の飲食スペースを備えたセルフサービス方式の食堂街》～ dehỳdrator 名C 食品乾燥[除湿]器 ～ drìve 名C フードドライブ《食料品の寄付を募り低所得家庭に配布する慈善活動》**Fóod Gùide Pỳramid** 名《the ～》《米》(米政府発表の)食品群(栄養素)表《米国民の食の改善を目指して米国農務省が作成したもの》～ hàll 《主に英》(デパートの)食品売場 ～ mìle 名C フードマイル《食品の生産地から消費地までの距離を数値化し環境への影響度の指数としたもの》～ mìxer 名C (料理用の)泡立て器 ～ pòisoning 名U 食中毒，食あたり ～ pròcessor 名C フードプロセッサー《食材を切ったり混ぜたりする電気器具》～ pỳramid 名C ①〘生態〙食物ピラミッド ②《米》=Food Guide Pyramid ～ scìence 名U 食品科学 ～ stàmp 名C 食料割引券《米政府が生活困窮者に発行する》～ tàster 名C 毒味役 ～ vàlue 名U (食品の)栄養価 ～ wàrmer 名C 食品保温器 ～ wèb 名C〘生態〙食物網《1つの生態系における食物連鎖の総体》

food·ie /fúːdi/ 名C《口》美食家，食い道楽の人，グルメ

fóod·stùff 名C《しばしば ～s》食料品，食糧

foo·fa·raw /fúːfərɔː/ 名C ❶ ばか騒ぎ ❷ (衣服などの)けばけばしい飾り

:fool¹ /fuːl/

― 名〔▶ foolish 形〕(複 ～s /-z/) C ❶ **ばか者**，愚か者，間抜け(↔ genius) ‖ Any ～ can tell it's a fake. どんなばかでもそれがにせ物だということはわかる / You're being a ～. 君はばかなことを言ってる[している]よ(♦ be の進行形で一時的行為を表す) / You are a ～ to lend him the money. あの男に金を貸すなんて君もばかだな / Little Red Riding Hood was「～ enough [OR enough of a ～] to believe what the wolf said. 赤ずきんちゃんは愚かにもオオカミの言うことを真に受けてしまいました (⇨ ENOUGH 語法) / my ～ of a husband 私の愚かな夫 / an April ～ 4月1日(April Fool's Day)にだまされた人 ❷ (昔の王侯貴族に仕えた)道化師 (jester) ❸《古》愚弄(ぐろう)[翻弄(ほんろう)]される人(→ *make a fool of* (↓)) ❹《米》〈…に〉熱心な[目がない]人，入れ込んでいる人，〈…が〉得意な人，…狂〈**for**〉‖ She is a dancing ～. 彼女はダンスに夢中だ / a ～ *for* movies 映画マニア

àct* [OR *plày*] *the fóol ばかなまねをする；おどける

***be*「*nò fóol* [OR *nòbody's fóol*]** (ばかどころか)抜け目がない[賢い]

*__*màke a fóol of* a pèrson__ 〔人〕をこけにする，**笑いものにする**，からかう，〔人〕に一杯食わせる(♦ of の後の名詞句が複数のときは make fools of ... となる)

*__*màke a fóol of onesèlf*__ (ばかなまねをして)物笑いの種になる ‖ I wish I had not *made* such *a* ～ *of* myself. あんなばかなまねをしなければよかった (♦ 主語が複数のときは make fools of となる)

nòt sùffer fòols gládly 愚か者には我慢できない[付き合い切れない](♦ 聖書の言葉)

(*the*) *mòre fòol yóu* [***hím, hér,*** etc.]《口》君[彼，彼女など]もばかだ ‖ *More* ～ *you* for believing him. 彼の言うことを信じるなんて君もばかだな

― 動 (～s /-z/；～ed /-d/；～·ing)

― 他 ❶ …をだます，かつぐ；〔人〕をだまして〈…〉させる〈**into** *doing*〉；〔人〕をだまして〈…を〉取る〈**out of**〉‖ Don't be ～*ed* by her smile. 彼女の笑顔にだまされるな / He ～*ed* her *into* believing that he was single. 彼は彼女をだまして独身だと思い込ませた / She was ～*ed out of* her money. 彼女は金をだまし取られた

❷ (予想と反対の結果で)〔人〕を驚かす，〔人〕の予想に反する，予想に反していい結果になる ‖ We were sure the typhoon was coming, but it ～*ed* us. 我々は台風が来るものと確信していたが，その予想は見事に外れた

― 自 ばかなまねをする；ふざける，冗談を言う ‖ I'm only ～*ing*. Don't take me seriously. ちょっと冗談を言っているだけだよ，まじめにとらないでくれ

fòol abóut 〈自〉《主に英》=*fool around* (↓)

*__*fòol aróund*__ 〈自〉① ぶらぶらする，時間を無駄にする ② ふざけ回る，遊び回る ③〈…を〉いじくり回す，もてあそぶ〈**with**〉‖ Don't ～ *around with* my computer. 私のコンピューターをいじらないでくれ ④ (既婚者が)〈…と〉浮気をする〈**with**〉‖ He's ～*ing around with* his secretary. 彼は秘書と浮気をしている

fòol awáy ... / ***fóol ... awáy*** 〈他〉〔時間・金〕を無駄にする，浪費する

fóol with ... 〈他〉…をいじくり回す，いたずらする，もてあそぶ

COMMUNICATIVE EXPRESSIONS

1 **Nò fóoling?** 冗談じゃないよね；本当に？(♥ 不信・疑念の気持ちを表すくだけた聞き返し．✍Really?)

2 **You còuld have fóoled me.** とても信じられないね；ご冗談でしょう；まさか

― 形《比較なし》《限定》《口》ばかげた，愚かな ‖ He's done a damn ～ thing. 彼は全くばかげたことをしたものだ / a ～ idea ばかげた考え

語源 ラテン語 *follis*(ふいご，空気袋)が「頭の空っぽな人」の意に転じた．folly と同語源．

▶▶ ～'s càp 名C ① (昔道化師のかぶった)道化師帽 ②《米》=dunce cap ～'s érrand 名C 無駄足，骨折り損 ‖ go [OR be sent] on a ～*'s errand* 無駄足を踏む ～'s góld 名U ① =pyrite ② 見掛け倒し，実行不可能な計画 ～'s páradise 名C《通例単数形で》ぬか喜び，錯誤[無知]に基づく幸福 ‖ live in a ～*'s paradise* 能天気に暮らす

fool² /fuːl/ 名U《主に英》フール《煮て裏ごしした果物に生クリームなどを加えた冷製デザート》

fool·er·y /fúːləri/ 《旧》名 (複 -er·ies /-z/) U ばかなまね，たわごと；C《通例 ～s》(個々の)愚かな言動

fóol·hàrdy 形 無鉄砲な，向こう見ずな

-hàrdily 副 -hàrdiness 名

***fool·ish** /fúːlɪʃ/ 形〔◁ fool¹ 名〕(more ～；most ～) ❶ (⇨ 類語) **a** (人・行為などが)良識に欠ける，思慮のない，愚かな，ばかな(↔ wise, sensible) ‖ Don't be ～. ばかなまねをするな；ばかなことを言うな / a ～ investment 思慮のない投資 **b** 《It is ～ of *A* to *do* / *A* is ～ to *do* で》*A*(人)が…するのはばかげている ‖ It was ～ of him *to* meet her again.=He was ～ (enough) *to* meet her again. 彼女にまた会ったとは彼はばかだ；彼は愚かにもまた彼女に会った ❷ ばかげた，ばか者のやりそうな ‖ His ～ gesture made the gentleman very angry. 彼のばかげたしぐさに紳士は激怒した / a ～ grin (ばかみたいな)にたにた笑い ❸《叙述》愚か者みたいで；きまり悪くて，困惑して ‖ I felt ～ for not knowing what to say to comfort her. 彼女への慰めの言葉が思いつかなくてばつが悪かった ❹ くだらない，取るに足りない，ばかばかしい ‖ a ～ little worry つまらない気苦労 ～·ness 名

類語《❶》**foolish**「愚かな」「ばかげた」の意を表す最も一般的な語．

silly, stupid, dumb「ばかな」「くだらない」「ばかばかしい」などの意でほぼ同じように用いられるが，dumb が最も《口》．〈例〉a *silly* [*stupid*, 《主に米口》*dumb*] question くだらない質問

dull 知能の働きが遅い，血の巡りが悪い，愚鈍な．

absurd 考え・行為などが真理・合理性などに反してばかげている．

ridiculous あまりにも absurd または foolish で嘲笑(ちょうしょう)の種でしかない．

ludicrous absurd で滑稽(こっけい)な；ridiculous より意味が弱い．

***fool·ish·ly** /fúːlɪʃli/ 副 ❶ 愚かに，ばかみたいに ❷《文修

飾》愚かにも, ばかなことに

fóol·pròof 形 (機械などが)全く安全な, 失敗しようのない, 非常に簡単な ‖ a ～ method 絶対確実な方法

fools·cap /fúːlskæ̀p, fúːlz-/ 名 U 《英》 フールスキャップ判《洋紙の判. 約33×40[20]cm》

foos·ball /fúːsbɔːl, +米 -bɑːl/ 名 U 〖商標〗 フーズボール, テーブルサッカー《人形のついた棒を回転させてボールを打ち合う卓上ゲーム》; C フーズボールに使うボール

foot /fʊt/ 《発音注意》 名 動

中心義 足(に形や位置が似たもの)

―名 (複 **feet** /fiːt/) (→ ❷, ⓫, ⓬) C ❶ **足**《くるぶしより先の部分. 動物の足についてもいう》(⇨ BODY 図) ‖ He has big *feet*. 彼は足が大きい / Someone stepped on her ～ on the crowded train. 込んだ車内で彼女はだれかに足を踏まれた / walk in bare *feet* はだしで歩く / A dog's *feet* are called paws. 犬の足は paw と呼ばれる

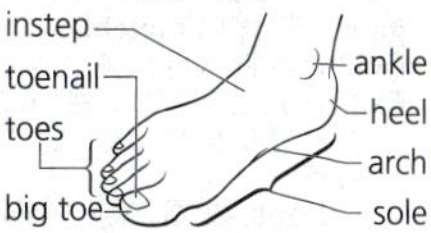

foot ❶

❷ (複 **feet**, **foot**) **フィート**《尺度の単位. 12インチ, 30.48cm 略 ft., f. 記号で 6′3″ (six *feet* three inches) と表す》‖ One yard is three *feet*. 1ヤードは3フィートです / be four *feet* [OR *foot*] long 長さが4フィートある / 10 million **square** *feet* 1千万平方フィート

語法 ☆☆ (**1**) 身長をいうときに後ろに inch(es) が省略されて数字のみが続く場合は feet より foot の方が好まれる. 〈例〉 I'm five *foot* eight. 私は身長5フィート8インチだ
(**2**) 後ろに long, tall などの形容詞がくるときは foot, feet いずれも用いる. 〈例〉 I'm six *feet* [OR foot] tall. 私は身長6フィートだ
(**3**) 数詞を伴って形容詞的な働きをするときは foot を用いる. 〈例〉 a ten-*foot* ladder 10フィートの梯子(はしご)

❸ 《通例 the ～》(山・樹木などの)**ふもと**, すそ; (階段などの) 最下部 ‖ The village is **at** the ～ of a hill. その村は丘のふもとにある / **at** the ～ of the page [steps] そのページ[階段]の下の部分に

❹ 足に似た部分; (いす・テーブルなどの)脚の先端部, (物の) 基底部; (グラス・燭台(しょくだい)などの) 脚台, 台足《偏平な部分》; (靴下の) 足の部分 ‖ the ～ of a wineglass ワイングラスの台足 ❺ (ベッド・墓などで)足が置かれる部分, すそ; (テーブルなどの) 末端, 末席; (地位・階級などの) 最下位; (序列などの)最後尾, 末尾 ‖ sit at the ～ of the bed ベッドのすそに座る / the ～ of the class クラスの最下位 / go to the ～ of the line 列の最後部へ行く ❻ U C 歩き方, 足取り; 歩調の速さ ‖ She is swift [OR quick] of ～. 彼女は足が速い / He is sure of ～. 彼は足がしっかりしている / have a light ～ 足取りが軽い / walk with heavy *feet* 重い足取りで歩く ❼ (詩の) 韻律, 詩脚《強弱のリズムの単位》 ❽ (ミシンの) 押さえ金 ❾ 《集合的に》《複数扱い》 歩兵 ‖ ～ and horse 歩兵と騎兵; 全軍 / a ～ soldier 歩兵 ❿ 〖植〗(コケ類の胞子体の)足部; (花弁の) 基部 ⓫ (複 **foots** /-s/) (液体の) よどみ, おり ⓬ (複 **foots**) =footlights

at a pèrson's féet (人の) 支配下に入って, 言うままになって; (人に) 魅せられて; (人に) 師事して (→ *sit at a person's feet*(↓), *throw oneself at a person's feet*(↓))

be dèad on one's féet 《口》(立っているのがやっとなほど) へとへとに疲れている

be lìght on one's féet 足取りが軽快である, 軽快に動き回る

càtch a pèrson on the wròng fóot 〔人〕の不意を突く, 〔人〕が予想していないことをする[言い出す]

dìg one's féet ìn =dig one's HEELS *in*

dràg one's féet [OR ***héels***] ① 足を引きずる ② わざとぐずぐずする

fàll [OR ***lànd***] ***on one's féet*** 窮地を脱する, 運よく困難を切り抜ける

féet fìrst ① 足から先に ② 死んで

find one's féet ① (幼児が) 立って歩けるようになる; 再び立ち上がる ② 自立できるようになる, 自分の能力を発揮できるようになる; 〈新しい環境に〉慣れる〈**in**〉

gèt [OR ***hàve***] ***a*** [OR ***one's***] ***fòot in the dóor*** 入会[加入, 参入, 就職]のチャンスをつかむ; (目標達成などに)うまく最初の第1歩を踏み出す

gèt one's fèet under the táble 《主に英》新しい状況[仕事]にすっかりなじむ; 人と親密な関係を築く

gèt one's fèet wèt (初めて)やってみる, 参加する

gèt [OR ***stàrt***] ***(...) òff on the wròng*** [***rìght***] ***fóot*** (…を)まずく[正しく, 上手に]始める; (仕事・人間関係などで)最初でつまずく[最初からうまくいく]

hàve [OR ***kèep***] ***a fòot in bòth cámps*** 両陣営に足を突っ込んでいる, (敵味方両方に)二またをかけている

hàve fèet of cláy 思わぬ弱点[根本的な欠陥]がある, 予想外の欠点がある(♦ 聖書の言葉)

hàve [OR ***kèep***] ***one's*** [OR ***bòth***] ***fèet on the gróund*** 足が地に着いている, 分別がある, 現実的である

have itchy feet ⇨ ITCHY(成句)

hàve one fòot in the gráve 《口》《しばしば戯》棺おけに片足を入れている, 死にかけている

hàve twò lèft féet とても不器用である

kèep one's féet 倒れないでいる, 足下がしっかりしている

lànd on one's féet 《口》危機を切り抜ける; 運がいい

lèave fèet fírst 《戯》場所を離れる[退職する]前に死ぬ

my fóot! 《口》《通例語句の繰り返しの後で》ばか言うな, まさか, そんなことあるものか ‖ "Perkins is a lawyer." "A lawyer, *my* ～!" 「パーキンスさんは弁護士だよ」「弁護士だって? そんな訳ないよ」

òff one's féet 立っていられなくなって, 動けないで; 座って, 横になって ‖ I'm rushed [OR run] *off* my *feet* now. 今, すごく忙しいのよ / knock him *off* his *feet* 彼を殴り倒す; 驚かせてぼう然とさせる

on one's féet ① 立って, 立ち上がって ‖ I've been *on* my *feet* all day today. 今日は1日中立ち続けている ② (歩けるくらい)健康で, (病気が) 回復して ‖ My mother is *on* her *feet* again. 母はまた元気になった ③ (事業などが) 立ち直って ‖ The success of their new product put the company back *on* its *feet*. 新製品の成功がその会社を立ち直らせた ④ 即座に, 準備なしに

****on fóot*** 歩いて, 徒歩で, 走って ‖ travel *on* ～ 歩いて旅行する(♦「徒歩で通学する」は go to school on foot よりも walk to school の方がふつう. ⇨ PB 25)

pùt a fòot wróng 《否定文で》(言動などで)間違いをする

pùt one's bèst fòot fórward ① 最善を尽くして仕事[事業など]に着手する, 元気よくやる ② できるだけよい印象を与えようとする ③ 急ぐ

****pùt one's fèet úp*** 《口》(両足を高い所にのせて)休む, 横になる, 座る

****pùt one's fóot dòwn*** 《口》 ① (反対者や不服従者に対して)強硬な態度を示す, 断固たる処置をとる ② 《英》(車の) 速度を上げる

****pùt one's fóot in it*** [OR ***one's móuth***] 《口》へまをやる, どじを踏む, 後で後悔するようなことを口にする

****sèt fóot on*** [***in***, etc.] 《しばしば否定文で》…に足を踏み入れる, 入る; …に行く

sèt ... on fóot 《古》〔行動〕を開始する

shoot oneself in the foot ⇨ SHOOT(成句)

sit at a pèrson's féet (人の足下にひざまずいて) 教えを受ける, (人を)敬愛する

six fèet únder 死んで(dead)

stànd on** one's **òwn** (**twò**) **féet 自立する
thìnk on** one's **féet 素早く考える，どうすべきか即断する，頭の回転が速い
thrów** onesèlf **at** a pèrson's **féet (服従・崇拝・熱愛の気持ちから)(人の)足下に伏する
****to** one's **féet*** **立ち上がって** ‖ get [OR rise] *to one's feet* 立ち上がる / spring [OR jump, leap] *to one's feet* パッと立ち上がる / bring him *to* his *feet* 彼を立ち上がらせる / stagger *to one's feet* よろよろと立ち上がる
under** a pèrson's **féet (人の)足下に，(人の)邪魔になって ‖ Get out from *under* my *feet*. 私の邪魔をしないで
under fóot ① 地面に，足下で ‖ wet *under* ～ 足下[地面]がぬれて ② 邪魔になって
vòte with** one's **féet (出席[欠席]して)意見を表明する；(退席[脱退]するなどして)決定[行動]の不支持の意思表示をする

COMMUNICATIVE EXPRESSIONS

1 **Còme (òn) ín and tàke a lóad off your fèet.** 入ってゆっくりしていきなさいよ；座って話をしていってよ (♥ 相手を歓迎して招き入れる際のくだけた表現)
2 **Wàtch your féet.** 足下に気をつけてください；失礼 (♥ 人込みを分けて進む際などに周りの人に向かって「足を踏まれないように」と注意を喚起する表現)

—動 他 ❶〔勘定〕を支払う ‖ Do I need to ～ my own living expenses? 私は自分の生活費を払う必要がありますか ❷〔数字欄〕を加えて下に合計を出す《*up*》 ❸〔靴下など〕に足部をつける
foot it ① (車などを使わずに)歩いて行く ② 《旧》踊る
fòot the bíll 〈特に高価なものに対して〉勘定を持つ〈**for**〉
▸▸～ **bràke** 名 C 足(踏み)ブレーキ ～ **fàult** 名 C 《テニス》フットフォルト《サーブのときにベースラインを踏みこえる反則》 **Fóot Guàrds** 名《the ～》(英軍の)近衛(このえ)歩兵連隊《略 F.G.》 ～ **ròt** 名 U 《獣医》腐蹄(ふてい)病；《植》根腐れ病 ～ **rùle** 名 C フィート尺 ～ **sòldier** 名 C 歩兵；地位は低いが重要な仕事をする人

PLANET BOARD 25

「徒歩で」は by foot とも言えるか.

問題設定 「徒歩で」は on foot の他に by foot も使うかを調査した.

Q 次の表現のどちらを使いますか.

(**a**) The bus was delayed, so we started out **on foot**.
(**b**) The bus was delayed, so we started out **by foot**.
(**c**) 両方
(**d**) どちらも使わない

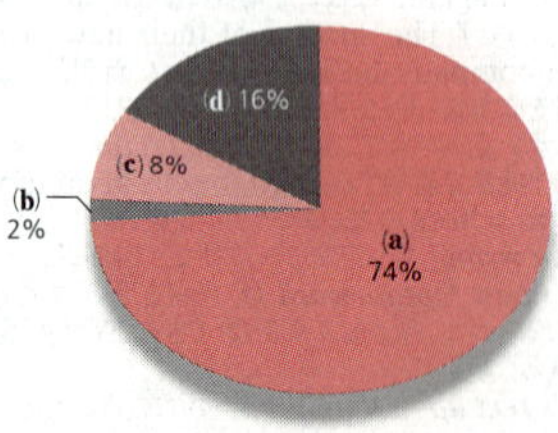

(**a**) の on foot のみ使うと答えた人が74%と最も多かったが，どちらも使わないと答えた人も16%いた．両方使うと答えた人は8%にとどまった．(**a**) のみ使うと答えた人の多くは，「by の後には乗り物を表す語がくるので，foot は不適切である」との意見だった．一方，両方とも使うと答えた人のほとんどは，「(**a**) と (**b**) に意味の差はない」とした．どちらも使わないと答えた人のほとんどは，代わりの言い方として，..., so we started [OR began] walking, あるいは，..., so we decided to walk をあげた．

学習者への指針 「徒歩で」は on foot を用いるのがよい．また，動詞 walk を使って表現する方がより適切な場合も多い．

foot·age /fʊ́t̬ɪdʒ/ 名 C (映画フィルムなどの)フィート単位の長さ；U (ある出来事の)動画，シーン
fòot-and-móuth disèase 名 U 《獣医》(牛などの)口蹄(こうてい)疫(hoof-and-mouth disease)

*****foot·ball** /fʊ́tbɔ̀ːl/

—名 (複 **～s** /-z/) ❶ U **フットボール** (♦《米》では特にアメリカンフットボール，《英》ではサッカーを指す．ラグビーは rugby (football) と呼ぶ) ‖ The fans made the wave several times during the ～ game. フットボールの試合中にファンが数回ウエーブをした / **play** ～ フットボールをする / a ～ **club** [**team**] フットボールクラブ[チーム] / a ～ **game** 《米》[《英》**match**] フットボールの試合
❷ C フットボール用ボール
❸ C 駆け引きの道具 (に使われる論点など) ‖ a political ～ 政治の駆け引きに使われるもの
～·er 名
▸▸～ **bòot** 名 C 《英》フットボールシューズ ～ **hòoligan** 名 C サッカーフーリガン《会場で騒いで暴力的行為を行う人》 ～ **pòols** 名 複《the ～》サッカーくじ
fóot·bàth 名 C 足洗い(場，容器)，足湯
fóot·bòard 名 C ❶ 踏み板，足台，(乗降用)ステップ ❷ (ベッドの)すそ板
fóot·brìdge 名 C 歩道橋
fóot-dràgging 名 U (意図的な)遅滞；のろさ；ためらい
foot·ed /fʊ́t̬ɪd/ 形《しばしば複合語で》(…の) 足の (ある) (→ flat-footed, four-footed, sure-footed)
foot·er /fʊ́t̬ər/ 名 C ❶《複合語で》身長[長さ]…フィートの人[もの] ‖ He's a six-～. 彼は身長6フィートある ❷ フッター《本文の下に載せるタイトル・ページなど，特にワープロなどで自動挿入されるもの》(→ header)
fóot·fàll 名 ❶ C 足音 ❷ U 来客者数
fóot·gèar 名 =footwear
fóot·hìll 名 C 《通例 ～s》山麓(さんろく)の丘
fóot·hòld 名 C 足場，足がかり；《通例単数形で》(確固とした)地盤[地歩] ‖ gain [OR get] a ～ 足場を築く
***foot·ing** /fʊ́t̬ɪŋ/ 名 C U ❶《単数形で》足場，足がかり (foothold)；確固たる基盤[地位] ‖ lose [OR miss] one's ～ 足を滑らす；失脚する / put a business on a firm ～ 事業を確固たる基盤にのせる ❷〈…との〉関係，間柄〈**with**〉；地位，資格 ‖ on an equal ～ *with* ... …と対等の立場で ❸ 足場の状態，(特に)馬場の状態 ‖ treacherous ～ 足場の危険な状態 ❹ 合計 (すること) ❺《通例 ～s》《建》(壁・柱などの)基礎，壁脚
fóot-in-mòuth 形《口・ときに戯》失言の，失言による；ばつの悪い (⇨ *put one's* FOOT *in one's mouth*) ‖ ～ disease 失言癖
foo·tle /fúːt̬l/ 動 自《口》ばかなまねをする，くだらないことを言う；ぶらぶら[のらくら]する《*around, about*》
—名 U たわごと **-tler** 名
fóot·less /-ləs/ 形 ❶ 足のない；基盤[実体]のない ❷《米》ぎこちない，ぶざまな；無力な
fóot·lìghts 名 複 ❶ フットライト，脚光 ❷《the ～》舞台；役者稼業
gèt òver** [OR **acròss**] **the fóotlights 観客に受ける
foot·ling /fúːtlɪŋ/ 形《口》くだらない，ばかげた
fóot·lòcker 名 C 《米》(兵士の身の回り品用の)小トランク《ふつうベッドの足下に置く》
fóot·lòose 形 好きな所に行ける，自由気ままな
fóotloose and fàncy-frée 自由気ままな
fóot·man /-mən/ 名 (複 **-men** /-mən/) C (制服を着た)男の召使，従僕
fóot·màrk 名 =footprint
***fóot·nòte** 名 C ❶ 脚注《ページ下段の注》(↔ headnote) ❷ 補足的な意見，注釈 ❸ 副次的なもの[こと]

— 動 他〔本など〕に脚注を施す

fóot·pàd[1] 名 C (徒歩の)追いはぎ

fóot·pàd[2] 名 C フットパッド《宇宙船の軟着陸用の脚部》

fóot·pàth 名 C ❶ (野原などの踏みつけてできた)小道, 歩道 ❷ 《英》(道路·橋の端の)歩行者通路

fóot·plàte 名 C 《主に英》(機関車の)運転台

fòot-póund 名 C 〘理〙フィートポンド《1ポンドの物体を1フィート動かすのに必要な仕事量. 略 ft-lb》

fóot·prìnt 名 C ❶ 足跡 ❷ (車·飛行機などによる)騒音[圧力]を受ける地域 ❸ (電波などの)到達範囲 ❹ (汚染·資源の枯渇などの)人間活動が環境に与える影響 ‖ an ecological [OR environmental] ～ エコロジカルフットプリント, 環境足跡《人間活動の自然への影響》(→ carbon footprint) ❺ (パソコンなどが)占めるスペース

fóot·ràce 名 C 徒競走, 駆けっこ

fóot·rèst 名 C (足を楽に保つ)足のせ台

foot·sie /fʊ́tsi/ 名 《次の成句で》

plày fóotsie (*with* ...) 《口》(テーブルの下で脚に触ったりして)(…と)いちゃつく; (…と)ひそかに結託する

Foot·sie /fʊ́tsi/ 名 《英》〘証券〙フッツィー《英国上位100社の株式指数の俗称》

fóot·slòg 動 (-slogged /-d/; -slog·ging) 自 名 C (ぬかるみなどを)苦労して進む(こと), 行軍(する)

fóot·sòre 形 (長いこと歩いて)足を痛めた

fóot·stèp 名 C ❶ 足取り, 歩み; 歩幅; 《通例 ～s》足音; 足跡 ‖ with heavy [light] ～*s* 重い[軽い]足取りで ❷ 段, 踏み段

fòllow [OR *trèad, wàlk*] *in a pèrson's fóotsteps* (人の)足跡をたどる, 例にならう, 志を継ぐ

fóot·stòol 名 C (座ったときの)足のせ台(⇨ CHAIR 図)

fóot·wày 名 《英》=footpath

fóot·wèar 名 U 《集合的に》履き物《靴·室内履き·靴下など》‖ athletic ～ 運動靴

fóot·wòrk 名 U ❶ フットワーク, 足さばき ❷ 《米》足を使っての仕事《取材など》 ❸ 《口》巧妙な策, 機転

foo·zle /fúːzl/ 動 他 …をやり[打ち]損なう ‖ a *foozling* stroke 打ち損ないの1打 — 名 C へま

fop /fɑ(ː)p | fɔp/ 名 C しゃれ男, 伊達(だて)男

～·pish 形 めかし込んだ, きざな **～·pish·ness** 名

fop·per·y /fɑ́(ː)pəri | fɔ́p-/ 名 (複 -per·ies /-z/) U C きざ, 気取り; きざな振る舞い[服装]

for /弱 fər; 強 fɔːr/ 前 接

中心義 …に向かって (★物事をとらえる視点が, その対象全体に向けられる)

— 前 ❶ 《利益·授与》…**のために[の]**, …あてに[の], …にとって(の) ‖ I've got something ～ you. 君にあげたいものがある / Here's a letter ～ you. あなたあてに手紙が来てますよ / A table ～ two, please. 2人用のテーブルをお願いします / Candy is not good ～ your teeth. キャンディーは歯によくない / What can I do ～ you? 何かご用はございませんか; いらっしゃいませ(♥ 店員が客に言う言葉. =Can [OR May] I help you?) / He opened the door ～ an old lady. 彼は老婦人のためにドアを開けてやった / Luckily ～ Tim, no one noticed his presence. ティムにとって幸いなことに, だれも彼がいることに気づかなかった / He bought a new hat ～ his wife. 彼は妻に新しい帽子を買ってやった(⇨ 語法)

> 語法 ☆☆ 授与動詞の間接目的語を前置詞付きで表す場合, give, send, bring, tell など相手が単に受け取り手として解釈される動詞では to を用いるが, buy, get, make, find など相手が利益を得る者と解釈される動詞では for を用いる.

❷ 《目的·用途·意図》…**するために[の]**; …に適する, …向きの ‖ This knife is ～ cutting bread. このナイフはパンを切るためのものだ / What did she come here ～? 何のために彼女はここに来たのか(=Why did she come here?) (♦ ×For what did she come here? とはふつういわない) / These are not ～ sale. これらは非売品だ / a house ～ rent 貸家 / books ～ children 子供向きの本 / She is the ideal person ～ the position. 彼女はその地位にうってつけの人だ / This is a nice outfit ～ (the) summer. これは夏にちょうどいい衣装だ / It's time ～ lunch. 昼食の時間だ / Punk rock is not ～ me. パンクロックは性に合わない

❸ 《代理·代表·表示》…**の代わりに**(in place of), …**を代表して**(on behalf of) ‖ I looked after my sister's baby ～ her. 私は姉に代わって彼女の赤ん坊の世話をした / He acted ～ his father. 彼は父の代理を務めた / I wrote a letter ～ him. 彼に(頼まれて)代わって手紙を書いた(♦ I wrote a letter to him. は「彼あてに手紙を書いた」) / He is the senator ～ this district. 彼はこの選挙区選出の上院議員だ / What's the Italian word ～ "milk"? 「牛乳」を意味するイタリア語は何ですか

❹ 《日時·機会》…**に**, …の; …**には**; …を祝って ‖ We've invited him ～ seven tonight. 彼を今晩7時に招待してある / I have an appointment with the doctor ～ Monday afternoon. 月曜日の午後に医者に予約してある / I had a sandwich ～ lunch. 昼食にはサンドイッチを食べた / She's coming home ～ Christmas. 彼女はクリスマスには帰って来ます

❺ 《時間·距離》…**の間** (⇨ DURING 語法) ‖ The strike lasted (～) two weeks. ストは2週間続いた / I have lived here (～) three years. 私はここに3年間住んでいる (♦ この意味では, 動詞を現在(進行)形にして ×I live [OR am living] here for three years. とはしない) / I used to walk (～) five miles every day. 以前は毎日5マイル歩いたものだ (♦ 継続を表す動詞の後では for は省略されることが多い) / I have been waiting for this moment ～ months and months. この瞬間を何か月も待ち続けてきた / I haven't seen any of my old classmates ～ ten years. 昔のクラスメートとはもう10年も会っていない(♦ このような否定文や last, first の後などでは, 《主に米》で for の代わりに in も用いられる)

❻ 《方向·行先》…**に向けて** ‖ I'm leaving ～ Oslo. オスロへ出発します / Is this the train ～ Sugar Hill? これはシュガーヒル行きの電車ですか / I'm ～ bed [home]. 《英》もう寝ます[家に帰ります]

> 語法 ☆☆ for は「行き先」を表し, しばしば leave, start, depart, make などの動詞とともに用いる. to は「到達点」を表し, しばしば go, come, get, return などとともに用いる.

❼ 《交換·代償》…**と引き換えに**, …に対して; …**の値段で**, …の値打ちのある ‖ He paid five dollars ～ the book. =He bought the book ～ five dollars. 彼はその本を5ドルで買った / I exchanged my camera ～ his CD player. カメラを彼のCDプレーヤーと交換した / This is a check ～ £1,000. これは1,000ポンドの小切手です / (an) eye ～ (an) eye 目には目を

> 語法 ☆☆ 金と物の交換を表すときは for を用い, 売買の率や割合をいうときは at を用いる. ただし, 両者を区別なしに用いることもある. 〈例〉I bought them *for* $10. それらを10ドルで買った / I bought them *at* $10 a piece. それらを1個10ドルで買った

❽ 《要求·準備》…**を求めて**, 得るために ‖ She asked ～ help. 彼女は助けを求めた / He sent ～ a doctor. 彼は医者を呼びにやった / What are you looking ～? 何を捜しているのですか / Let's go ～ a beer. ビールを1杯飲みに行こう / Call us ～ more information. さらに詳しい情報についてはお電話ください / Well, we've finished this book. Now ～ the next one. さて, この本は終わった. さあ次のにかかろう

❾ 《原因·理由·結果》…**のために**, …なので; 《比較級の後に用いて》…した結果, …したことで ‖ The driver was fined ～ drunk driving. その運転手は飲酒運転により罰金を科せられた / We couldn't see the mountain

F

peak ~ the fog. 霧で山頂は見えなかった / He jumped ~ joy. 彼はうれしさのあまり跳び上がった / California is famous ~ its wines. カリフォルニアはワインで有名だ / ~ this reason こういう理由で / She will feel all the better ~ a good night's sleep. 夜ぐっすり眠れば彼女はずっと気分がよくなるだろう(⇨ THE 副 ❷)

語法 ☆☆ 「病気・事故のために」などの場合は for を用いずに, because of, due to, on account of などを用いる.〈例〉He was absent *because of* illness. 彼は病気のために欠席した / *on account of* the railway accident 列車事故のために

❿《関連》…**に関して**, …**に対して**, …について ‖ He is responsible ~ the bankruptcy. 破産の責任は彼にある / He is all right ~ money. 彼はお金の心配はない / I'm sorry ~ him. 彼が気の毒だ / 「So much [OR That's all] ~ today. 今日はここまで[これで終わり] (♥ 授業終了時などの決まり文句) / He has no ear ~ music. 彼は音楽がわからない / ~ that matter そのことに関して言えば

⓫《適切性》…**には**, …にとって(は) (♦ しばしば too, enough を伴った形容詞[副詞]とともに用いる) ‖ It is too beautiful ~ words. 言葉では表せないほど美しい / The gloves are too big ~ her. その手袋は彼女には大きすぎる / The room is not big enough ~ a double bed. その部屋はダブルベッドを置けるほど大きくない

⓬《考慮》…**を考えると**, …**としては**, …の割に(は) ‖ She looks young ~ her age. 彼女は年の割に若く見える (=... young considering her age.) / *For* an American, he speaks Japanese pretty well. 彼はアメリカ人にしては日本語をかなり上手に話す / It's quite warm ~ this time of the year. 今時分にしてはとても暖かい

⓭《雇用》…**に雇われて** ‖ She works ~ an insurance company. 彼女は保険会社に勤めている / He is a violinist ~ the orchestra. 彼はそのオーケストラのバイオリン奏者だ

⓮《賛成・支持》…**に賛成して**, …を支持して(in favor of) (↔ against) ‖ Are you ~ the project or against it? その計画に賛成ですか, 反対ですか / I voted ~ the candidate. その候補者に投票した (♦ About 80% of Democrats voted for, with the rest against. (民主党員の約80パーセントは賛成, 残りは反対だった) などの副詞的用法もある) / He provided strong evidence ~ the hypothesis. 彼はその仮説を支持する強力な根拠を示した

⓯《割合》…**に対して**, …につき (♦ every, each, 数詞の前に用いる) ‖ *For* every five who passed, there were three who failed. 合格者5名に対して不合格者3名の割合だった / The fee is only 10 dollars ~ each course. 授業料は1科目につきわずか10ドルです

⓰《敬意・記念》《米》…**の名をとって**, …にちなんで(after, from) ‖ She was named ~ her grandmother. 彼女は祖母の名をとって名づけられた / give a banquet ~ him 彼を祝して宴会を催す

⓱《回数》《序数詞などを伴って》…**度目に** ‖ She put on lipstick ~ the first time in her life. 彼女は生まれて初めて口紅をつけた / ~ the last time これを最後に

⓲《認識》…**として**(as) ‖ I took him ~ an American. 彼をアメリカ人だと思った / They gave him up ~ dead. みな彼を死んだものとしてあきらめた / I know it ~ a fact. それを事実として知っている / That's ~ sure! そのとおりだ / take ... ~ granted …を当然のことと思う

⓳《不定詞の意味上の主語を示して》…**が…すること**, …が…すべきこと ; …**が…するための[に]** ‖ It is absolutely necessary ~ you to stand firm. = *For* you to stand firm is absolutely necessary. 君が断固として譲らないことは絶対に必要だ (♦「for 名詞句+to *do*」が文の主語となる場合, 第1文のように形式主語 it を用いて for 以下を後に置くのがふつうで, 第2文の形はまれ) / It is a pity ~ there to be any disagreement among us. 私たちの間にいささかでも意見の相違があるのは残念だ (♦ この for は there is 構文の there を主語として導いている) / There's nothing worse than ~ a small child to be left alone at home. 幼い子供が家にひとり残されることほど悪いことはない / Our plan is ~ you to go first. 我々の計画ではまず先に君が行く / I prefer ~ nobody to see me on the street. 街頭でだれにも見られたくない (♦《英》では for は省略される. for を使うのは《米》.「for 名詞句+to *do*」全体が prefer の目的語) / That's ~ you to decide. それは君が決めるべきことだ / Hold the door open ~ the dog to get in. 犬が入れるようにドアを開けて押さえていなさい / The bag is too heavy ~ her to carry. そのかばんは重すぎて彼女には運べない

語法 ★★ (1) ⓳ の for は前置詞本来の意味を失って, 不定詞の意味上の主語を示す形式語となっている.
(2) It is [was, will be] 補語+for 名詞句+to *do* の文型における for は, 場合によっては「…のために」という ❶ の意味に解すべきときもある.〈例〉It is bad *for* your health to smoke. たばこを吸うことはあなたの健康のために悪い (♦ この場合 ×For your health to smoke is bad. は不可)
(3) It is の後にくる形容詞が kind, cruel, clever, wise, foolish など人の性質を表す場合, for でなく of を使うのがふつう (⇨ OF ❼b).〈例〉It is very kind *of* you to help us. 手伝っていただいてまことにご親切なことです

àll fór ... …に大賛成である

be (ín) fór it 《口》罰を受ける, しかられる

****for áll ...*** ① …**にもかかわらず**(in spite of) ‖ *For all* his learning, he is mean. 彼は学識があるのに(人格は)下劣だ ② 《しばしば that 節 を伴って》…にもかかわらず, …だけれども ‖ *For all* (*that*) people say (about her), I still like her. 人が(彼女のことを)何と言おうとも私はやはり彼女が好きだ ③ … (が大したものでないこと) を考慮して, …がわずかなことを思えば

for àll thát NAVI それにもかかわらず, それでもなお ‖ Tom was injured seriously and had to stay in the hospital for six months. *For all that*, he won the race immediately after his comeback. トムはひどいけがをして6か月入院しなければならなかった. それにもかかわらず, 彼は復帰直後のレースで優勝した

COMMUNICATIVE EXPRESSIONS

1 Thése flòwers **are for yóu.** この花をあなたに贈ります ; 花を受け取ってください (♥ 贈り物をする際に相手にかける言葉. =I'd like to give you these flowers.)

2 **It's for yóu.** あなたにです (♥ 電話の取り次ぎなど)

3 **Jùst for mé!** お願い, 私のためだと思ってやってちょうだい (♥ 躊躇(ちゅうちょ)している相手を説き伏せるときのくだけた表現. ⇗Won't you do it, please?)

4 "Would you like sòme móre?" "**Nòt for mé, thánk you.**" 「もっといかがですか」「いえ, 私はもう結構です. どうも」

5 **Thát's** politìcians **for yóu.** それが政治家というものだよ (♥ 侮蔑的な表現)

6 She didn't èven sày "thanks" ; **there's** grátitude **for yóu.** 彼女は「ありがとう」とさえ言わなかったんだ. 感謝も何もあったものではない (♥ 皮肉・失望)

—接《堅》**というのも…だから**, なぜなら… (⇨ BECAUSE 類語) ‖ He had no real need of a briefcase, ~ he never brought work home. 彼には特に書類かばんの必要はなかった. なぜなら決して家に仕事を持ち帰らなかったからだ

語法 ★☆ (1) 接 の for はかなり堅い文章に限られ, 《口》では用いられない.
(2) この for は等位接続詞であり前に述べたことの理由・判断の根拠を表す. because と違って for で始まる節を前に置くことはできない.

(3) for の前にコンマかセミコロンを置くことが多いが，ピリオドで区切って for が独立文を導く場合もある．

FOR, f.o.r. 略〘商〙*free on rail*(貨車渡し)

for. 略 foreign ; forestry

for- 接頭〘主に動詞を作る〙❶「離れて，避けて」の意 ‖ *for*get, *for*sake ❷「禁止」の意 ‖ *for*bid ❸「過度」の意 ‖ *for*lorn

fo·ra /fɔ́ːrə/ 名 forum の複数

for·age /fɔ́(ː)rɪdʒ/ 名 ❶Ⓤ(牛馬の)飼料，まぐさ(fodder) ❷Ⓒ〘単数形で〙飼料集め；食糧探し ❸Ⓒ(食糧略奪のための)襲撃
—動 自 ❶〈飼料・食糧を〉探し回る〈**for**〉‖ ～ *for* food and fuel 食糧と燃料を探し回る ❷(引っかき回して)〈…を〉捜す，捜し回る《***around, about***》〈**for**〉‖ ～ *about* in a drawer *for* a key 引き出しの中をかき回して鍵(かぎ)を捜す ❸(食糧略奪のために)侵入する，侵略する
—他 ❶〔場所〕から食糧を集める〔強奪する〕 ❷(探し回って)〔食糧など〕を手に入れる ‖ ～ a snack from the refrigerator 冷蔵庫をあさってスナックを見つける ❸ …に飼料[食糧]を与える **-ag·er** 名
▶▶ **～ càp** 名Ⓒ《英》(歩兵の)略帽(《米》service cap)

fo·ra·men /fəréɪmən | -men/ 名 (複 **～s** /-z/ OR **-ram·i·na** /-rǽmɪnə/) Ⓒ〘解〙孔
▶▶ **～ mágnum** 名Ⓒ〘解〙大後頭孔，大孔

for·as·much as /fɔːrəzmʌ́tʃ əz | fər-/ 接《古》〘主に聖・法〙…であるから(since)

for·ay /fɔ́(ː)reɪ/ 名Ⓒ ❶〈略奪のための〉(突然の)襲撃，侵略〈**into**〉‖ make a ～ 急襲する ❷〈新しい分野への〉進出〈**into**〉‖ an actor's ～ *into* politics 俳優の政界進出 ❸〈…への〉短期旅行，見物〈**to, into**〉
—動 自〈…へ〉侵略する；進出する〈**into**〉

for·bade /fərbǽd, -béɪd/, **-bad** /fərbǽd/ 動 forbid の過去

for·bear[1] /fɔːrbéər/ 動 (**-bore** /-bɔ́ːr/；**-borne** /-bɔ́ːrn/)《堅》他…(すること)を慎む，差し控える ‖ She could not ～ crying [OR to cry] out. 彼女は思わず大声を上げてしまった —自 ❶〈…を〉慎む，控える〈**from**〉‖ I cannot ～ *from* going into details. 詳細に立ち入らないわけにいきません ❷じっと我慢[辛抱]する，こらえる

for·bear[2] /fɔ́ːrbèər/ 名 =forebear

for·bear·ance /fɔːrbéərəns/ 名Ⓤ ❶《堅》忍耐，寛容 ❷《堅》慎み，自制 ❸〘法〙(権利行使の)猶予，差し控え

for·bear·ing /fɔːrbéərɪŋ/ 形 忍耐[辛抱]強い；寛容な

for·bid /fərbíd/ 動 (**～s** /-z/；**-bade** /-bǽd, -béɪd/，**-bad** /-bǽd/；**-bid·den** /-bídən/，**-bid**；**-bid·ding**) (♦過去形の -bad，過去分詞形の -bid はまれ) 他 ❶禁じる(↔ allow, permit) (⇨ 類語) **a** (＋目)…を禁じる，許さない，禁止する；(人に)…の使用[…への立ち入り]を禁じる ‖ Photography is *forbidden* here. ここでの写真撮影は禁じられている / ～ entry to the cockpit 操縦室への立ち入りを禁じる **b** (＋目＋**to** *do*)〔人〕に…することを禁じる ‖ The doctor has *forbidden* me *to* run for a month. 医者に1か月間走ってはならないと言われた **c** (＋(***one's***) ***doing***)(人が)…することを禁じる ‖ The prefecture ～*s* camping along this river. 県はこの川沿いでキャンプするのを禁じている **d** (＋目＋**from** ***doing***)〔人〕に…することを禁じる ‖ The court *forbade* him *from* seeing his ex-wife. 裁判所は彼に別れた妻に会うことを禁じた **e** (＋目 *A*＋目 *B* ≒＋目 *B*＋**to** 目 *A*) *A* (人)に *B* (物事)を禁止する ‖ I *forbade* myself alcohol. 私は酒を断った / Access is *forbidden to* outsiders. 部外者の利用は禁じられている
❷ **a** (＋目)(事情などが)…を許さない，不可能にする ‖ Vengeance on both sides ～*s* peace. 両者とも復讐(ふくしゅう)心に燃えていて和平への道は遠い **b** (＋目＋**from** ***doing*** / 目＋**to** *do*)…に…することを許さない ‖ Pride *forbade* her *from* forgiving him. プライドゆえに彼女は彼を許せなかった / Time limits *forbade* us *to* linger. 時間が限られていたので私たちはぐずぐずしていられなかった
God [OR ***Heaven***] ***forbid*** (***that*** …) ⇨ GOD(成句)
～·dance 名Ⓤ 禁止，禁制 **～·der** 名

類語 《❶》**forbid** ある立場における権威を持って(しばしば私的に)禁じる．〈例〉*forbid* one's son to go out at night 息子に夜の外出を禁じる(♦ allow(許す)に対応する)
prohibit 法令などで公的に禁じる．〈例〉*prohibit* the use of narcotics 麻薬の使用を禁止する(♦ permit(許可する)に対応する)
ban 法律的または社会的に禁じる；強い非難の意味がこもる語．〈例〉*ban* pornography [nuclear tests] ポルノ[核実験]を禁止する

***for·bid·den** /fərbídən/ 動 forbid の過去分詞の1つ
—形 ❶禁じられた，禁制の，禁断の ❷〘理〙禁制の
語源 *for-*(強意；完全に，全く)＋bid(命じる)
▶▶ **Forbìdden Cíty** 名《the ～》禁断の都市《チベットの首都 Lhasa または北京の旧清朝の帝居であった紫禁城》 **～ degrées** 名 複〘法〙禁婚親等《1-3親等》 **～ frúit** 名Ⓒ〘聖〙禁断の木の実《Adam と Eve が禁を冒して食べたという Eden の園の知恵の木の実》；禁じられているためにいっそう欲望をそそられるもの；不義の快楽，密通 **～ gróund** [**térritory**] 名Ⓒ 立ち入り禁止区域；ふれてはならない問題

***for·bid·ding** /fərbídɪŋ/ 形 近寄り難い，険しい，危険そうな ‖ ～ looks 怖そうな顔つき **～·ly** 副

for·bore /fɔːrbɔ́ːr/ 動 forbear[1] の過去

for·borne /fɔːrbɔ́ːrn/ 動 forbear[1] の過去分詞

force /fɔːrs/ 名 動

中心義 力，強い力を行使する一団

名 暴力❶ 軍隊❷ 力❺❻ 影響力❼
動 他 強いる❶ 強引に通す❷ 無理に押しつける❸

—名〔▶ forceful 形，forcible 形〕(複 **forc·es** /-ɪz/) (⇨ POWER 類語) ❶Ⓤ(肉体的な)力，**暴力**，腕力，強い力 ‖ Persuasion works better than brute ～. 説得は暴力より有効だ / You can't use ～ to get your son's respect. 息子から尊敬されるには腕ずくでは駄目だ / The thief took her bag from her **by** ～. 泥棒は力ずくで彼女からバッグを奪った / resort to ～ 暴力に訴える
❷Ⓒ **軍隊**，戦闘部隊；《通例 ～s》軍備；兵器；《the ～s》《英口》(陸海空の一国の)軍隊 ‖ a peacekeeping ～ 平和維持軍 / the armed ～*s* 軍隊 / strategic nuclear ～*s* 戦略核兵器
❸Ⓤ 武力，軍事力；軍事行動 ‖ The revolt was put down by ～. その反乱は武力で鎮圧された
❹Ⓒ《集合的に》《単数・複数扱い》(特定の目的のために組織された)集団，一団 ‖ a sales ～ 営業部(隊)
❺Ⓤ(物理的な)**力**；ⒸⓊ〘理〙力(の強さ)，作用《記号 F, f》‖ the ～ of the blow [explosion, collision] 打撃[爆発，衝突]の力 / strike with all one's ～ 全力で打つ / The Moon exerts a ～ on the Earth. 月は地球に力を及ぼしている / the ～ of gravity 重力 / magnetic ～ 磁力 / centrifugal ～ 遠心力
❻Ⓤ(精神的な)**力**，気力(⇨ POWER 類語) ‖ He gave up drinking by ～ of will. 彼は意志の力で禁酒した / ～ of character 人格の力
❼Ⓤ **影響力**，支配力；説得力 ‖ You can't deny the ～ of public opinion. 世論の力は侮れない / just from ～ of habit 常日頃の習慣で / by [OR through] ～ of circumstance(s) 《英》状況上やむを得ず，時流には抗しきれず
❽Ⓒ 強い影響力のある人[勢力・現象] ‖ He was the driving ～ behind the project. 彼はその計画の影の立役者だった / market ～*s* 自由市場方式 / economic ～*s* 経済力 / the ～*s* of good [evil] 善[悪]の勢力 /

F

the ～*s* of nature 自然界の猛威《大雨・暴風など》
❾ Ⓤ (法的な)拘力, 有効性
❿《the ～》警察(力), 警官隊(police force)
⓫ Ⓤ (言葉の)真の意味, 主旨 ⓬ Ⓒ《通例単数形で》〖気象〗風力《ビューフォート風力階級の単位. 数字を後置する(→ Beaufort scale)》‖ a ～ nine gale 風力9の強風

Behind the Scenes **May the Force be with you.** フォースが君と共にあらんことを；幸運を祈る SF映画 *Star Wars* の中で繰り返し出てくるせりふ. 宇宙を支配するフォースの力が身を守ってくれるよう, 登場人物たちが互いの幸運を祈ってかけ合う言葉. 5月4日 Star Wars Day の由来にも. 当日はファン同士 May the fourth be with you. とあいさつする. 意味は同じ(♥ 別れ際や, 相手がこれから重要な局面を迎える際などに用いる)

F

****in fórce*** ① 効力のある, 有効の ‖ The copyright is no longer *in* ～. この著作権はすでに効力を失っている ② (人が) 大勢で, 大挙して ‖ They entered the country *in* great ～. 彼らは大挙してその国に入った
into fórce (法律・規則などが)施行される, 有効となる(→ ❾) ‖ This law is scheduled to come *into* ～ in 2018. この法律は2018年に発効する予定だ
****jòin*** [OR ***combìne***] ***fórces*** (ある目的のために)力を合わせる, 協力する〈**with** …と / **to *do*** …するために〉‖ Let's *join* ～*s* and finish this by the evening. 力を合わせてこれを夕方までに終わらせよう

―動 (**forc·es** /-ɪz/ ; **～d** /-t/ ; **forc·ing**)
―他 ❶ **a** 《＋目＋**to *do***》(人・事が)〔人〕に…することを**強いる**, 余儀なく…させる(♦ 受身形で「…せざるを得ない」の意味になる) (⇨ 類語) ‖ I was ～*d to* resign my post. 私は辞職せざるを得なかった / I ～*d* myself *to* sing before them. 何とか頑張って彼らの前で歌った / Rising costs ～*d* the company *to* cut its staff. コストの上昇で会社はやむを得ず社員を削減した
b 《＋目》〔人〕に強制する, 強いる〈**into** …するように ; **to** …を〉‖ My parents ～*d* me *into* marriage. 両親は私に結婚を強いた / The company was ～*d into* bankruptcy. その会社は倒産に追い込まれた / She ～*d* him *into* doing what she wanted. 彼女は彼に無理やり自分の思いどおりにさせた / be ～*d to* the conclusion that ... …という結論に至らざるを得ない
❷ …を**強引に**〈…に〉**通す**〈**through**〉; …を〈…の中に〉押し込む, 詰め込む〈**into**〉; …を〈…から〉無理に引き[追い]出す〈**out of**〉; 無理やり[力ずくで]…を〈…へ〉動かす〈**to, behind, etc.**〉‖ ～ one's way *through* the crowd 人込みを押し分けて進む / She ～*d* a thick book *into* the bag. 彼女は分厚い本をかばんの中に押し込んだ / He was ～*d out of* the room. 彼は部屋から無理やり追い出された / ～ the governor *out of* office 知事を辞職させる
❸ 《＋目＋**on** [**upon**] 名》…を〔人〕に**無理に押しつける** ‖ She ～*d* the dessert *on* me. 彼女は私に無理やりデザートを食べさせた / The teacher ～*d* his ideas *on* the pupils. 教師は自分の考えを生徒たちに押しつけた
❹〔ドア・金庫など〕をこじ開ける, 力ずくで壊す(♦ しばしば補語 open を伴う) ‖ Somebody had ～*d* the lock [safe]. だれかが錠[金庫]をこじ開けていた / The car door was ～*d* open. 車のドアはこじ開けられていた
❺ …を〈…から〉もぎとる ;〔服従・約束・自白など〕を〈…に〉強要する, 強いる〈**from, out of**〉‖ He ～*d* the knife *from* her hand. 彼は彼女の手からナイフをもぎとった / The police ～*d* a confession *from* [OR *out of*] him. 警察は彼に自白を強要した ❻〔笑い声など〕を無理に出す ;〔物事〕を強行する ; …をぎりぎりまで推し進める ‖ She ～*d* a weak smile. 彼女は無理に弱々しい笑顔を作った / ～ an entry into an apartment アパートに押し入る / ～ the pace (競走でほかの走者を脱落させるため) 速いペースを仕掛ける ❼〔植物・果実〕を促成栽培する
❽〖野球〗〔走者〕を封殺する, フォースアウトにする《**out**》;〔走者〕を押し出しにする, 押し出しで〔点〕を与える《**in**》 ❾ (トランプで)〔特定の札〕を出させる ❿《旧》…をレイプする
fòrce báck ... / fòrce ... báck 〈他〉〔涙・感情など〕を押し殺す, 抑える(fight back ; suppress) ; …を押し返す[戻す] ‖ ～ *back* one's tears 涙を抑える
fòrce dówn ... / fòrce ... dówn 〈他〉① 無理やり…を飲み込む (⇨ *force ... down a person's* THROAT) ‖ She ～*d down* her sadness. 彼女は悲しみを抑えた ②〔飛行機〕を強制着陸させる
fòrce úp ... / fòrce ... úp 〈他〉〔物価など〕を上昇させる, …の値上げを余儀なくさせる

類語 《他 ❶》 **force** 強制の意味が非常に強い.
make 人の意志に関係なく…させる. 強制の強さは文脈によって異なり, 強いときは force の意味に近く, 弱いときは cause の意味に近い.
compel「強制する」の意で, force ほど強くない.
oblige 義務・必要上やむを得ず…させる. compel より意味の弱い語.
cause ある原因が…させる.

▸▸ **～ fìeld** 名 Ⓒ ①〖理〗力の場 (field of force) ② (SF小説などの) 目に見えないバリア **～ plày** 名 Ⓒ《米》〖野球〗封殺プレー **～ pùmp** 名 Ⓒ 圧水ポンプ, 押し揚げポンプ

forced /fɔːrst/ 形 ❶ 強制された, 無理強いの ❷ 無理に作った ; 不自然な ‖ a ～ smile 作り笑い ❸ やむを得ない, 緊急の ❹ 歩調を早めた **～·ly** 副
▸▸ **～ àir héat** 名 Ⓤ 温風暖房 **～ éntry** 名 Ⓒ (建物などへの武力による)不法侵入 **～ lábor** 名 Ⓒ ① 強制労働 ② 強制労働を強いられる人《囚人・奴隷など》 **～ lánd·ing** 名 Ⓒ (飛行機の)緊急着陸, 不時着 **～ márch** 名 Ⓒ 強行軍

fòrce-féed 動 (**-fed** /féd/ ; **-feeding**) 他 ❶〔人・動物〕に(管を挿入して) 無理やり食べさせる ❷〔人〕に(思想などを)無理に受け入れさせる

***force·ful** /fɔ́ːrsfəl/ 形〔◁ force 名〕力強い, 力のこもった, 説得力のある(♦ forcible は実力行使を伴い, forceful は必ずしも伴わない) **～·ly** 副 **～·ness** 名

force ma·jeure /fɔ̀ːrs mɑːʒə́ːr/ 名《フランス》Ⓤ ❶《堅》〖法〗不可抗力 ❷ 強大な力, 抵抗できない力

fórce·mèat 名 Ⓤ フォースミート《みじん切りにしてスパイスをきかせた肉. 料理の詰め物などにする》

fórce-òut 名 Ⓒ〖野球〗封殺, フォースアウト

for·ceps /fɔ́ːrsəps, -seps/ 名 複《a pair of ～で》❶ (外科・歯科医の)鉗子(かんし) ❷〖動〗鉗子状器官, はさみ

for·ci·ble /fɔ́ːrsəbl/ 形〔◁ force 名〕《限定》❶ 強制による, 力ずくの ‖ a ～ entry 実力行使による立ち入り ❷ 力のこもった ; 効果的な, 説得力のある **-bly** 副

***ford** /fɔːrd/ 名 Ⓒ (川などの)浅瀬《徒歩や車で渡れる所》
―動 他〔川など〕の浅瀬を渡る **～·a·ble** 形 浅瀬を渡れる

Ford /fɔːrd/ 名 フォード ❶ **Gerald R**(**udolph**) **～** (1913-2006)《米国第38代大統領 (1974-77)》❷ **Henry ～** (1863-1947)《米国の自動車製造者. Ford Motor Company を設立》❸ **John ～** (1894-1973)《米国の映画監督. 代表作 *Stagecoach* (1939)》

fore¹ /fɔːr/ (♦ 同音語 four) 形《限定》前部の, 前面の(↔ hind¹)
―名 Ⓒ《文》前部 ; 船首(bow)
to the fóre 目立つ所に, 注意を引いて ‖ come *to the* ～ 目立ってくる, 有名になる ; 重要な位置につく
―副〖海〗船首(の方)に
fòre and áft 船首尾に ; 船首から船尾まで
―前 (祈りで)…の(存在の)前に ‖ ～ God 神に誓って

fore² /fɔːr/ (♦ 同音語 four) 間〖ゴルフ〗(打球の方向にいる人に向かって)行くぞ ; 危ないぞ

fore- /fɔːr-/ 接頭 ❶《動詞につけて》「前もって, 前方で」の意 ‖ *fore*tell ; *fore*shorten ❷《名詞につけて》「前(部)の, 先の」の意 ‖ *fore*court, *fore*father

fòre-and-áft 形 〖海〗船首から船尾への, 船体を縦断する (↔ square-rigged) ‖ ～ rigged 縦帆装の

fóre·àrm[1] 名 C 前腕, 前膊(ぜんぱく) (⇨ ARM[1] 図)

fòre·árm[2] 動 他 《通例受身形で》(人が)あらかじめ武装する, 万一に備える

fóre·bèar 名 C 《通例 one's ～s》先祖(ancestor)

fore·bóde 動 他 《堅》 ❶ (通例悪いことが)…の前兆となる ❷〔悪いこと〕を予感する, 虫が知らせる
—自 予言する, 予感する

fore·bóding 名 C U 前兆；予感, 虫の知らせ ‖ a sense of ～ 虫の知らせ / have a ～ that ... …が起こりそうな予感がする —形 不吉な

fóre·bràin 名 C 〖解〗前脳(部)

fore·cast /fɔ́ːrkæ̀st｜-kɑ̀ːst/ 《アクセント注意》 動 (**fore-cast** OR **～·ed** /-ɪd/；**～·ing**) 他 ❶ 予想[予測]する **a** 《＋目》…を予想[予測]する；〔天気〕を予報する ‖ Snow is ～ for tonight. 今夜は雪の予報だ **b** 《＋目＋**to** *do*》…が…すると予想[予測]する ‖ Inflation is ～ *to* drop. インフレは収まると予測される **c** 《＋(**that**) 節 / **wh** 節》…だろう(か)と予想[予測]する ‖ ～ (*that*) the candidate will win その候補が勝つと予測する / ～ *what* comes next 次に何が起こるか予測する ❷ (物事が)…の前触れ[前兆]となる
—名 C 予想, 予測；(天気)予報 ‖ What's the weather ～ for tomorrow? 明日の天気予報はどう？ / The ～ is good for climbers. 登山日和という予報だ / make [OR do] a long-range [short-range] ～ 長期[短期]予測をする **～·a·ble** 形 **～·er** 名 C 予測[予知]する人；＝weather forecaster
語源 *fore*- before＋cast(投げる)：前もって投げる

fore·cas·tle, fo'c's(')le /fóuksl/ 名 C 〖海〗 ❶ (船首部の)船員部屋 ❷ フォクスル, 船首楼《船首部の1段高くなったところ》

fore·close /fɔːrklóuz/ 動 他 ❶ 〖法〗〔抵当債務者〕から請け戻し権を失わせる；〔抵当物〕を抵当流れにする ❷ 《堅》…を除外[排除]する ❸ 《堅》…を事前に解決する ❹ 《堅》…を阻止する —自 〖法〗〈抵当物を〉抵当流れにする〈**on**〉
-clo·sure 名 U C (抵当権の)請け戻し権喪失, 抵当流れ

fóre·còurt 名 C ❶ (建物の)前庭 ❷ (ガソリンスタンドの)給油する所 ❸ 〖テニス〗フォアコート《ネットからサービスラインまでの部分》

fòre·dóom 動 他 《通例受身形で》《堅》初めから(破滅・失敗)の運命にある ‖ The project was ～*ed* to failure. 企画は失敗する運命にあった

fóre·èdge 名 C (書物の)前小口(こぐち)《背の反対側》

fóre·fàther 名 C 《通例 ～s》《文》父祖, 祖先, 先祖(中立 forebear, ancestor, predecessor)

fòre·fénd 動 ＝forfend

*__fóre·fìnger__ 名 C 人差し指(index finger) (⇨ HAND 図)

fóre·fòot 名 (複 **-feet** /-fìːt/) C (四足動物の)前足；〖海〗前部竜骨

fóre·frònt 名 《the ～》最前部；(活動などの)最先端[重要]部 ‖ in [OR at] the ～ of the battle [research] 戦闘の最前線で[研究の最先端で]

fore·gáther 動 ＝forgather

fore·gó 動 ＝forgo

fore·góing /英 ━ ━ ━/ 形 《限定》先行の；前述の；《the ～で名詞的に》前述[前記]のこと(↔ following)

fore·góne 形 前の, 以前の；決着済みの
▸▸ **～ conclúsion** 名 C 《a ～》初めから決まっている意見[決定]；必然的結論[結果]

fóre·gròund 名 《the ～》 ❶ (絵画・場面の)前景 ❷ 最も目立つ[重要な]位置 ‖ keep oneself in the ～ 最も目立つ位置にいる —形 💻 (複数のプログラムを操作中に)現在入力を受け付けている —動 他 …を目立たせる
▸▸ **～ pròcessing** 名 U 💻 フォアグラウンド処理

fóre·hànd 名 C 《単数形で》(テニスなどの)フォアハンド (↔ backhand)；(馬の)鞍(くら)より前の部分
—形 《限定》フォアハンドの

fòre·hánded 形 ❶ ＝forehand ❷ 《米》《文》将来に備えた, 倹約する；裕福な, 暮らし向きのよい

*__fore·head__ /fɔ́ːrhèd, ＋米 fɔ́ːrəd, ＋英 fɔ́rɪd/ 名 C 額(ひたい), 前頭部(⇨ FACE 図) ‖ a high [low] ～ 広い[狭い]額 ▸▸ **～ lìft** 名 C 額の若返り美容手術(→ lift)

⁂**for·eign** /fɔ́(ː)rən, -ɪn/ 《発音注意》
—形 《比較なし》 ❶ **外国の**, よその, 他地方の, 他州の, 在外の(⇨ FOREIGNER 英語の真相)；外国産の, 外来の；外国風の；外国行きの ‖ A little knowledge of a ～ language goes a long way. 外国語に少し通じていればとても役立つ / You speak Japanese with no ～ accent. あなたの話す日本語には外国なまりが全くありませんね / a ～ country 外国 / a ～ worker 外国人労働者 / ～ currency 外貨 / ～ goods 外国製品 / ～ manners 外国の風習 / ～ mail 外国郵便 / All the guests at the party were ～. パーティーに来ていたゲストは皆外国人だった
❷ 《限定》**対外的な**, 対外関係(上)の(↔ domestic, home) ‖ ～ trade 対外貿易 / ～ aid 対外援助 / ～ competition 対外競争 / ～ **policy** 対外政策 / the *Foreign* Minister 外務大臣 / the Ministry of *Foreign* Affairs (日本の)外務省(→ Foreign Office)
❸ 《限定》異物の, 体外からの ‖ a ～ body [OR object] in the eye 目に入った異物(ごみなど)
❹ 《叙述》〈…と〉異質の, なじみのない；無関係の〈**to**〉 ‖ Lying is ～ *to* her nature. うそをつくのは彼女の性に合わない / a question ～ *to* the topic 話題に関係のない質問
❺ 〖法〗司法権の及ばない, 司法権外の ‖ a ～ settlement 外国人居留地
～·ness 名
▸▸ **～ affáirs** 名 複 外交問題；外務(行政) **Fòreign and Cómmonwealth Òffice** 名 《the ～》(英国の)外務省《略 FCO》 **～ bòdy** 名 C (体内などに入った)異物《略 FB》 **～ exchánge** (↓) **～ légion** 名 C 外国人部隊；《the F- L-》(北アフリカの)フランス外人部隊 **Fóreign Òffice** (↓) **Fòreign Sécretary** 名 《the ～》(英国の)外務大臣(♦米国では Secretary of State がこれに相当する) **Fòreign Sérvice** 名 《the ～》《米》外務職員局(《英》Diplomatic Service)

fòreign-bórn 形 外国生まれの

⁑**for·eign·er** /fɔ́(ː)rənər, -ɪn-/
—名 (複 **～s** /-z/) C 《ときにけなして》 ❶ **外国人** ❷ 《口》見知らぬ人, 部外者

> **英語の真相**
> 外国出身の人を指して foreigner と呼ぶのは差別的で失礼であると感じられることが多い. 一般的には具体的に Jean is French. (ジャンはフランス人です)のように国籍を言うか, Jean is from France. (ジャンはフランス出身です)のように出身地を示す方が好まれる. 仮に国籍がわからない場合でも foreigner は避けて, Jean is from abroad [OR another country]. などとする方がよい. foreign は foreigner ほど差別的な印象を与えることがなく, 留学生のことを foreign student としても問題ないことが多い. ただし, 本人を指していう場合などは overseas student や international student が用いられることも多い.

*__fòreign exchánge__ 名 ❶ U/C 《～s》外国為替(取引) ❷ U 外貨 ‖ ～ reserves 外貨保有高 ❸ C 留学生交換計画

*__Fóreign Òffice__ 名 《the ～》(英国の)外務省《略 FO. 正式名は the Foreign and Commonwealth Office (↑). 米国の State Department に相当する》

fóre·knòwledge 名 U 予知, 先見

fóre·làdy 名 《米》＝forewoman ❷

fóre·land 名C ❶ 岬 ❷〈…の〉前方にある土地〈**to**〉

fóre·lèg 名C (四足獣の)前肢, 前脚

fóre·lìmb 名C (動物の)前肢, 前脚, 前翅(ぜんし)

fóre·lòck 名C (人·馬の)前髪
tàke [OR *sèize*] *tìme by the fórelock* 《文》機会を逃さずとらえる
tòuch [OR *tùg, pùll*] *one's fórelock* 《英》目上の人に対して必要以上にへりくだる

fore·man /fɔ́ːrmən/ 名 (複 **-men** /-mən/) C ❶ (工場の)職(工)長, 監督(中立 supervisor) ❷〘法〙陪審長(中立 head juror)

fóre·màst 名C〘海〙前檣(ぜんしょう), フォアマスト

***fore·most** /fɔ́ːrmòust/ 形 ❶ 一流の, 主要な ‖ the ~ violinist of our time 当代随一のバイオリン奏者 ❷ 真っ先の, いちばん先の ‖ her ~ goal 彼女の最優先目標
—副 真っ先に, まず第1に ‖ head ~ 真っ逆さまに

fóre·nàme 名C (姓に対して)名(first name)

fóre·nàmed 形《限定》《堅》前述の, 前記の

fóre·nòon 名C《単数形で》〘海·法〙午前, 昼前

fo·ren·sic /fərénsɪk/ 形《限定》❶ 法廷(用)の；科学的捜査の, 法医学の ❷ 弁論[討論](用)の ▸▸~ **médi·cine** 名U 法医学(medical jurisprudence)

fo·ren·sics /fərénsɪks/ 名《単数·複数扱い》弁論[討論]術；科学捜査(部門)

fòre·ordáin 動 他 前もって…の運命を定める, あらかじめ運命づける

fóre·pàrt 名《the ~》前部, 先端部；前期, 初期

fóre·pàw 名C (犬·猫などの)前足

fóre·plày 名U (性行為の)前戯

fóre·quàrter 名C (牛肉などの)前四半部；《~s》(馬の)前体部

***fóre·rùnner** 名C ❶〈…の〉先駆者, 先人；原型, 前身, 先駆け〈**of**〉‖ The European Community is the ~ *of* the European Union. ECはEUの前身だ ❷〈…の〉前触れ, 兆候〈**of**〉‖ A coma is often the ~ *of* death. 昏睡(こんすい)は往々にして死の前触れだ

fore·sail /fɔ́ːrsèɪl,〘海〙-səl/ 名C〘海〙前帆, 前檣(ぜんしょう)帆

***fore·see** /fɔːrsíː/ 動 (**-saw** /-sɔ́ː/；**-seen** /-síːn/；**~·ing**) 他 **a** 《+目》…を予知する, 見越す ‖ ~ trouble もめごとを見越す **b** 《+(**that**) 節 / **wh** 節》…だろう(か)と予知[予見]する ‖ He *foresaw that* the flight would be delayed because of fog. 彼は飛行機は霧のために遅れるだろうと見越した / Nobody can ~ *what* will happen next. 次に何が起こるかだれにも見通せない
-sé·er 名
語源 *fore-*(前もって)+see(見る)

fore·see·a·ble /fɔːrsíːəbl/ 形 予知できる, 見越せる ‖ in the ~ future (見通しのつく)さほど遠くない将来に

fore·shádow 動 他 …を前もって示す, …の前兆となる

fóre·shèet 名C〘海〙❶《~s》艇首座 ❷ 前帆の下隅を支えるロープ

fóre·shòck 名C (地震の)初期微動, 前震

fóre·shòre 名《通例 the ~》❶ 前浜《満潮線と干潮線との中間の砂浜》❷ (水際と耕地·宅地などとの間の) 水辺地帯

fòre·shórten 動 他〘美〙…を(実際より)小さく[近く]描く[写す]；〔期間など〕を短縮[縮小]する

***fóre·sìght** 名U ❶ 先見(の明), 洞察(力) ‖ have the ~ to *do* …するという先見の明がある ❷ 将来への配慮 ❸ 前方を見ること ❹ C (銃の) 照星 ❺〘測〙前視《高低測量の際の標尺の読み》
~·ed 形 先見の明のある；将来への配慮を怠らない

fóre·skìn 名C (陰茎の)包皮

:for·est /fɔ́(ː)rəst | -ɪst/ 名 動
—名 (複 **~s** /-s/) ❶ C U (広大な)**森林**(地帯), 山林；《集合的に》森林の樹木 (⇨ 類語P) ‖ One third of the United States was once covered with ~. 米国の3分の1はかつて森林で覆われていた / **Tropical** ~*s* are rich in wildlife. 熱帯林は野生動物の宝庫である / The destruction of ~*s* is a factor in global warming. 森林破壊は地球温暖化の要因の1つである / a virgin ~ 処女林 / cut down a ~ 森林(の樹木)を伐採する / a ~ fire 森林火災
❷ C《a ~ of ... で》林立する… ‖ a ~ *of* TV antennas 林立するテレビアンテナ
❸ C (英国の昔の)王室[領主]直轄猟地
cànnot sèe the fòrest for the trées 《米》木を見て森を見ず, 細部にとらわれて大事なことを見逃す(《英》cannot see the wood for the trees)
—動 他 …に植林する；…を森林にする
~·al 形 **fo·rés·tial** 形

森林	人里から離れた	大森林·樹海	**forest**
		主に果樹などの植えられた林	**grove**
	人里近くにある	林·小さな森	**wood(s)**

▸▸~ **rànger** 名C《米》(特に公有林の)森林監視員

fore·stáll 動 他 〔事件など〕を(先回りして)未然に防ぐ；〔人〕を出し抜く, …の機先を制する；(値を釣り上げるために)…を買い占める **~·er** 名 **~·ment** 名

for·est·a·tion /fɔ̀(ː)rəstéɪʃən/ 名U 植林, 造林

for·est·ed /fɔ́(ː)rɪstɪd, +米 fɑ́(ː)rɪs-/ 形 樹林に覆われた

for·est·er /fɔ́(ː)rəstər | -ɪstə/ 名C ❶ 森林監督官, 林務官；林学者 ❷《主に古》森林居住者；森の動物[鳥] ❸〘虫〙トラガ《ガ(蛾)の一種》

***for·est·ry** /fɔ́(ː)rɪstri/ 名U ❶ 林学；森林管理(法) ❷ 森林地帯

fóre·taste (→ 動) 名C《単数形で》〈喜び·苦しみなどを〉前もって少し味わうこと, 前もっての経験〈**of**〉
—動 /-ˊ-/ 他 …を前もって味わう[経験する]

***fòre·téll** 動 (**-told**；**~·ing**) 他 予言する(predict), 予告する〈**that** 節 …だろうと / **wh** 節 …かを〉‖ ~ the future 未来を予言する

fóre·thòught 名U 事前の配慮, 考慮；(将来に備えての)用心

fore·to·ken /fɔːrtóukən/ (→ 名) 《文》動 他 …の前兆となる —名 /fɔ́ːrtòukən/ C 前兆

fòre·tóld 動 foretell の過去·過去分詞

fóre·tòp 名C〘海〙前檣(ぜんしょう)楼(→ maintop)

:for·e·ver /fərévər/
—副《比較なし》❶ (♦《英》では for ever ともつづる) 永久に, **永遠に**；《口》長々と, 延々と(♥ 誇張して) ‖ If this plan fails, the satellite will be lost ~. この計画が失敗すれば人工衛星は永遠に失われるだろう / It won't **last** [OR **go on**] ~. それは永遠には続かない / His speech dragged on ~. 彼のスピーチは延々と続いた
❷ いつも, 絶えず(always) (♦ 進行形とともに用いる. 特に不快な行為を頻繁にしていると強調することが多い. ⇨ BE 助 ❶ c) ‖ He is ~ cracking jokes. 彼はいつもジョークを飛ばしている
forèver and a dáy；*forèver and éver* 永遠に；延々と
tàke forévér (*to do*) (…するのに)大変な時間がかかる ‖ It *takes* her ~ *to* make up her face. 彼女は化粧するのにすごく時間がかかる

forèver·móre 副《米》《文》=forever

fòre·wárn 動 他 …に前もって警告する〈**of** …を / **that** 節 …ということを〉(♦ しばしば受身形で用いる) ‖ *Forewarned is forearmed.* 《諺》警戒は警備なり；前もって知らされていれば備えができる **~·ing** 名

fòre·wént 動 forego の過去

fóre·wìng 名C (昆虫の)前翅(ぜんし), 前ばね

fóre·wòman 名 (複 **-wòmen**) C ❶ 女性職(工)長(中立 supervisor) ❷《主に米》女性陪審長(forelady)

(中立 head juror)

fóre·wòrd 名 C (特に著者以外の人による)序文, はしがき (⇨ PREFACE 類語)

for·ex /fɔ́(:)rèks/ 名 =foreign exchange

for·feit /fɔ́:rfət | -fɪt/ 《発音注意》 動 他 ❶ (犯罪・違反行為などのために)〔権利・財産〕を没収される, 剝奪(はくだつ)される；(ある行為の結果)…を失う ‖ His land was ~*ed* to the state. 彼の土地は国家に没収された / I have done nothing to ~ her love. 僕は彼女の愛を失うようなことは何もしていない ❷〔財産など〕を没収する
— 名 C ❶ 没収[剝奪]されるもの；(特に)罰金, 科料；違約金, 追徴金；代価 ‖ pay a ~ of [for *doing*] ... …の[…した] 代価を支払う ❷ (罰金遊びの) 罰金としての品物, 罰としてさせられること；《~s》《単数扱い》罰金遊び ❸ U (罰としての権利・資格の)喪失；没収, 剝奪(forfeiture)
— 形 《叙述》〈…に〉没収されて〈**to**〉；喪失して
~·a·ble 形 **~·er** 名

for·fei·ture /fɔ́:rfətʃər | -fɪ-/ 名 U C (財産・地位・名誉などの)没収, 剝奪(されたもの)；罰金

for·fend /fɔ:rfénd/ 動 他 《米》…を用心して守る, 気をつけて保護する；《古》…を避ける

for·gath·er /fɔ:rgǽðər/ 動 自 《堅》 ❶ 集まる ❷ 偶然会う

for·gave /fərgéɪv/ 動 forgive の過去

forge¹ /fɔ:rdʒ/ 動 他 ❶〔関係・同盟など〕を築き上げる, 結ぶ；…を(苦労して)成し遂げる ‖ ~ a close bond 緊密な関係を築く ❷〔文書・貨幣など〕を偽造する；〔うそなど〕をでっち上げる, 捏造(ねつぞう)する ‖ ~ a check [signature] 小切手を偽造する[署名を偽る] / a ~*d* passport 偽造パスポート ❸〔鉄など〕を鍛えて造る, 鍛造(たんぞう)する — 自 偽造する — 名 C ❶ 鍛冶(かじ)屋(blacksmith)の仕事場；鉄工場 ❷ (鍛冶屋の)炉, 加熱炉
fòrge·a·bíl·i·ty 名 **~·a·ble** 形

forge² /fɔ:rdʒ/ 動 自 ❶ (困難を排して) ゆっくりと着実に前進する ❷ (急にスピードを上げて) どんどん進む, (競走などで) リードする《***ahead***》‖ ~ *ahead* with one's work 仕事が急速に進む[大いにはかどる]

forg·er /fɔ́:rdʒər/ 名 C ❶ 捏造者；偽造者 ❷ 鍛冶屋

for·ger·y /fɔ́:rdʒəri/ 名 (複 **-ger·ies** /-z/) ❶ U (文書・署名・貨幣・美術品などの)偽造(罪), 贋造(がんぞう) ❷ C 偽造物, 偽作(品), 偽造文書

for·get /fərgét/

— 動 (**~s** /-s/；**-got** /-gá(:)t | -gɔ́t/；**-got·ten** /-gá(:)tən | -gɔ́tən/, 《米》**-got**；**-get·ting**)
— 他 ❶ **忘れる** (♦ 通例進行形にしない. ⇨ 語法) **a** 《+目》〔記憶していたこと〕を忘れる, 思い出せない(↔ remember) ‖ You're Mr. ... Sorry, I ~ your name. どちらさまでしたっけ, お名前を思い出せなくてごめんなさい / I've *forgotten* her phone number. 彼女の電話番号を忘れてしまった / I *forgot* your birthday. あなたの誕生日を忘れていた(♦ 現在形は「忘れていて今思い出せない」, 過去形は「何かを忘れていたことを今思い出した」, 現在完了形は現在形と同じだが「すっかり忘れてしまった；ど忘れした」, 過去完了形は「(基準となる過去の時点まで)忘れていた」ことを強調する) / I'll never ~ the day we first met. 私たちが最初に会った日のことは決して忘れない
b 《+ (**that**) 節 / **wh** 節 / **wh to *do***》…ということを忘れる, …かを忘れる ‖ I *forgot that* I had an appointment with him this afternoon. 私は今日の午後彼との約束があるのを忘れてしまっていた / I *forgot where* I put the key. 鍵(かぎ)をどこに置いたか忘れてしまった / I've *forgotten how to* set the video timer. ビデオタイマーのセットの仕方を忘れてしまった
c 《+***doing*** / 目+***doing***》…したことを忘れる, 思い出せない ‖ She *forgot* meeting him. 彼女は彼に会ったことを忘れていた / We'll never ~ studying under you. 私たちは先生の下で学んだことを決して忘れない / Elliot will never ~ E.T. visiting the earth. エリオットは E.T.が地球を訪れたことを決して忘れないだろう
d 《+**to *do***》(うっかり)…するのを忘れる, …するのを怠る(♦「すべきことを忘れてしない」の意味で不定詞を伴う.「実際にしたことを忘れる」の意味で動名詞を伴う **c** との違いに注意) ‖ I *forgot to* turn in my homework. うっかり宿題を提出するのを忘れた / Don't ~ *to* lock up the house when you go out. 外出するときには家の戸締まりを忘れないように(=Remember to lock up ....)

> **語法** ☆☆ **forget の進行形**
> forget は進行形では用いないとされるが, 以下のような場合がある.
> **(1)** 《段階的変化》〈例〉I'm already forgetting my French. 私はすでにフランス語を忘れかけている
> **(2)** 《習慣・傾向》〈例〉He was always forgetting his students' names. 彼は学生の名前を忘れてばかりいた
> **(3)** 《注意の喚起》(→ CE 2)

❷ **…を持って来る[行く]のを忘れる**；…を置き忘れる ‖ I *forgot* my driver's license. 運転免許証を持って来るのを忘れた (♦ 置き忘れた場所を示す語句を伴う場合は通例 leave を用いる. 〈例〉I left [×forgot] my gloves in the restaurant. レストランに手袋を忘れてきた) / Hey, don't ~ me! おい, 僕を置いて行くなよ
❸ **a** 《+目》…を考えない[忘れる]ようにする；…を無視する, 気にしない；〔計画など〕をあきらめる ‖ Let's ~ the whole thing. こんなことはすべて忘れよう / Don't ~ the waiter. ウエーターにチップをあげるのを忘れないように / ~ one's family 家族のことをおろそかにする
b 《+**that** 節》…ということを忘れ去る ‖ I tried to ~ *that* he used to call me all sorts of names. 彼に散々悪口を言われていたことを忘れようとした
— 自 〈…を〉忘れる, 考えるのをやめる, 気にしない；〈計画などを〉あきらめる〈**about**〉‖ I meant to give it to her and I clean *forgot*. 彼女にそれを渡すつもりだったのにすっかり忘れていた / I *forgot about* making a call to Washington. ワシントンに電話するのを忘れていた (♦ 文脈によっては「電話したことを忘れた」の意にもなる) / Let's forgive and ~. 過去のことは水に流そう

forgét onesèlf ① (自制心を失って) 無分別な振る舞いをする, 前後をわきまえない, 取り乱す ‖ She must have been mad to ~ herself like that. あんなに取り乱すなんてきっと彼女はどうかしていたに違いない ② 自分のことは度外視する, 他人の利益を優先する

nòt forgétting ... …も, …を含めて ‖ My bag is packed with clothes and toiletries, *not forgetting* several guidebooks. 私のバッグには衣類と洗面道具, それに数冊の旅行案内書が詰まっている

COMMUNICATIVE EXPRESSIONS

1 Í'm the mànager, **and dòn't you forgét it!** 私が監督[支配人]だ. そのことを忘れるなよ
2 **Àren't you forgètting sómething?** 何か (やり) 忘れていませんか(♥話者は覚えているが聞き手は忘れていそうなことを思い出させるための注意喚起)
3 **Dòn't forgèt to wríte.** 手紙ちょうだいね；またね(♥去る [旅に出る] 人に対して用いる別れのあいさつ. すぐに会える人にふざけて「さよなら」の代わりに用いることもある)
4 **Forgét (about) it.** ① (謝罪に対して) もういいんだ, 気にするな；(謝辞に対して)どういたしまして；(ささいな事柄について) そのことはどうでもいいんだ, その話はもういいよ(♥about を用いる方が間接的でやわらかい表現) ② (拒絶・否定して)とんでもない, いやなこった, それはできない相談だ ③ (反復したくないときに)いいんだ, なんでもない
5 And bríng me a glàss of mílk, nó, **forgét thàt**, a cùp of téa. それからミルクを1杯持って来てくれ, いや, 間違えた, お茶を1杯(♥ 前言を取り消して後に続ける)
6 (**Óh,**) **befòre I forgét**, lét me gìve you my e-mail àddress. NAVI (あ, そうだ)忘れる前に私のメールアド

レスを教えておきましょう(♥ 話題に直接関係ないが相手に知らせておくことがある場合の前置き. ⇨ NAVI表現 11)
7 (Óh [or Héy],) I nèarly forgót. (おっと)忘れるところだった
8 You cán't have forgòtten our prómise. まさか私たちの約束を忘れたんじゃないでしょうね

*for·get·ful /fərgétfəl/ 形 ❶〈…を〉忘れっぽい, 忘れやすい〈of〉‖ He is ～ *of* things. 彼はよくもの忘れをする ❷《堅》〈…を〉なおざりにしがちな, 〈…に〉無頓着(むとんちゃく)な〈of〉‖ ～ *of* others 他人を気にしない ❸《文》忘れさせる, 忘却へといざなう ～·ly 副 ～·ness 名

forgét-me-nòt 名 C 〘植〙ワスレナグサ

***for·get·ta·ble** /fərgétəbl/ 形 忘れられやすい; 忘れてもよい ‖ a ～ movie つまらなくて記憶に残らない映画

for·giv·a·ble /fərgívəbl/ 形 許すことのできる, 大目に見られる ‖ a ～ mistake 許せるほどの間違い -a·bly 副

F

:for·give /fərgív/
── 動 (-gave /-géɪv/; -giv·en /-gívən/; -giv·ing) 《進行形はまれ》
── 他 ❶ 許す (⇨ EXCUSE 類語) a 《+目》〔人・人の罪・過去など〕を許す, 大目に見る ‖ I'd never ～ myself. 自分が決して許せない / ～ one's enemies 自分の敵を許す / *Forgive* his rudeness as he was only joking. 彼はほんの冗談のつもりだったので無礼を大目に見てやってください b 《+目+for 名》…の…を許す (♦ 名 はしばしば *doing*) ‖ I *forgave* him *for* insulting me. 彼に侮辱されたが許してやった / She never *forgave* herself *for* hurting him. 彼女には彼を傷つけた自分が許せなかった c 《+目 *A*+目 *B*》*A*(人)の*B*(罪)を許す ‖ They will ～ us our sins. 彼らは我々の罪を許してくれるだろう d 《+*doing*》…することを許す ‖ I *forgave* his hitting me. 私は彼が私を殴ったのを許してやった
❷〔借金など〕を免除する, 帳消しにする (♦ ときに間接目的語を伴う) ‖ He *forgave* (me) the debt. 彼は私の借金を免除してくれた
── 自 許す ‖ *To err is human, to ～ divine.* 過つは人の常, 許すは神の業(♦ A. Pope の作品より)
one could [or *can, may, might*] *be forgíven for dòing* …するのも無理はない, …したとしても許せる
forgìve and forgét (恨みなどを)きれいさっぱり忘れる, (過去のことなどを)水に流す

COMMUNICATIVE EXPRESSIONS
1 Àll is forgíven. すべて許しますよ; もうそんなに気にしないで(♥ 謝罪に対する返答. = You are forgiven.)
2 Forgíve me (for saying), but that's pérsonal. 申し訳ありませんが, 個人的なことですのでお答えできません (♥ 言いにくいことを言うときに. 言いにくい依頼や質問の場合は for asking so を用いる)
語源 *for-* away+give: 放棄する

***for·give·ness** /fərgívnəs/ 名 U 許す[許される]こと, 容赦, 勘弁; 寛容, 寛大 ‖ ask for [or beg, seek] his ～ 彼の許しを請う

***for·gív·ing** /-ɪŋ/ 形 許す, 寛大な; (未熟な人に)優しい ～·ly 副

for·go /fɔːrgóʊ/ 動 (-went /-wént/; -gone /-gɔ́(ː)n/) 他 〔楽しみなど〕をなしで済ませる, 慎む; やめる

:for·got /fərgɑ́(ː)t | -gɔ́t/ 動 forget の過去・過去分詞

:for·got·ten /fərgɑ́(ː)tən | -gɔ́t-/ 動 forget の過去分詞の1つ

for·int /fɔ́(ː)rɪnt/ 名 C フォリント《ハンガリーの貨幣単位》

***fork** /fɔːrk/ 名 C ❶ (食卓用) フォーク ‖ Place the knife on your right and the ～ on your left. ナイフは右に, フォークは左に置きなさい / a knife and ～ (1組の) ナイフとフォーク (♦ 常にこの語順で用いる) / a carving ～ (肉を切り分けるときに使う)大型フォーク
❷ (農業・園芸用)フォーク, 干草かき, 熊手(くまで), またぐわ; (フォークリフトの) フォーク ‖ a garden ～ またすき ❸ (道路・河川の)分岐, 分岐点, 分岐した道の一方, 分かれ道; (川の)支流; (人体・枝の)また ‖ a ～ in the road 道路の分岐点 / take the right ～ of the road (分岐した) 右側の道を行く ❹ 叉状(さじょう)電光(forked lightning); 〘楽〙音叉 (tuning fork); 《the ～s》(自転車などの) フォーク《車輪を支える2本のパイプ》 ❺ 〘チェス〙両当たり
── 形 《限定》(食事が)立食式の, ビュッフェスタイルの ‖ a ～ luncheon ビュッフェスタイルの昼食会
── 動 自 《進行形不可》 ❶ (道・川が)分岐する, 分かれる ‖ The river ～*s* two kilometers upstream. 川は2キロ上流で分岐している ❷ (+副句) (人が) 分岐した道を (…の方へ)行く ‖ We ～*ed* right for an old village. 我々は(分岐した)右の道をとって古い集落に向かった
── 他 ❶〔食べ物〕をフォークで運ぶ〈into 口の中に; onto 皿に〉‖ ～ food「*into* one's mouth [*onto* a plate] 食べ物をフォークで刺して口に入れる[皿にのせる] ❷ (農業・園芸用の)フォークを使って…を持ち上げる[運ぶ, ひっくり返す]; …をまたぐわで耕す ‖ ～ in [up] hay 干草かきで干草をかき込む[かき上げる] ❸ …をフォーク状にする ❹ 〘チェス〙(knight などで)…に両当たりをかける
**fòrk óut* 《口》〈他〉 Ⅰ 《*fòrk óut* ...》〔(大)金〕を〈…に〉支払う, 渡す〈on, for〉 Ⅱ 《*fòrk óut* ... / *fòrk* ... *óut*》〔料理〕をフォークで分けて配る ──〈自〉(しぶしぶ・やむを得ず)(大)金を〈…に〉支払う〈on, for〉
fòrk óver 〈他〉 Ⅰ 《*fòrk óver* ... / *fòrk* ... *óver*》〔土など〕をまたすきなどで掘り返す [ひっくり返す] Ⅱ 《主に米口》《*fòrk óver* ...》= *fork out*〈他〉Ⅰ (↑) ──〈自〉《主に米口》= *fork out*(↑)
fòrk úp 《口》〈他〉《*fòrk úp* ...》= *fork out*〈他〉Ⅰ (↑) ──〈自〉= *fork out*(↑)

fórk·bàll 名 C 〘野球〙フォークボール

forked /fɔːrkt/ 形 ❶ 二またに分かれた, フォーク状の ❷ 《戯》どちらともとれる, あいまいな ‖ speak with a ～ tongue 二枚舌を使う, どちらともとれる発言をする ❸ 《複合語で》…のまたのある ‖ five-～ 5つまたの
▸▸ ～ **líghtning** 名 C 叉状電光 (《米》chain lightning)《地上近くでフォーク型に分かれる稲妻》

fork·ful /fɔ́ːrkfùl/ 名 C フォーク1杯(分)

fórk·lìft 名 C 動 他 フォークリフト(車)(で運ぶ)
▸▸ ～ **trùck** /英 ----/ 名 C フォークリフト車

for·lorn /fərlɔ́ːrn/ 形 ❶ 見捨てられた, 孤独な ❷ わびしい, 荒れ果てた ❸ 《文》絶望的な ～·ly 副
▸▸ ～ **hópe** 名 C 成功の見込みの乏しい[決死の]企て, むなしい望み; 決死的行動

:form /fɔːrm/ 名 動

中心義 形(を成す) (★「人」や「物」などの目に見えるものに限らず, 「行動」や「関係」など目に見えないものについても用いる)

名 形❶ 形態❸ 用紙❺ やり方❼ 体調❾
動 他 形作る❶ 組織する❷

── 名 (▶ formal 形) (複 ～s /-z/) ❶ C U (物の)形, 形状; 格好, 外観(⇨ 類語) ‖ That mountain has the ～ of a bell. あの山は鐘の形をしている / All my family liked the ～ of the new car. 家族はみんな新車の形が気に入った / The dictator was a devil in human ～. その独裁者は人間の姿をした悪魔だった
❷ C (人・動物の)体型, 体つき; 人影, 物影 ‖ He has a well-proportioned ～. 彼は均整のとれた体つきをしている / That dress fits your ～. あの服はあなたの体型にぴったりです / I saw his ～ in the darkness. 暗闇(くらやみ)の中に彼の姿が見えた
❸ C U (物の存在[発現]する)形態, 形, 状態 ‖ Democracy is a ～ of government. 民主主義は政治の一形態だ / It's a ～ of blackmail. それは一種のゆすりだ / I like any ～ of exercise. 運動ならどんなものでも好きだ / His encouragement took the ～ of patting me on

the back. 彼は私の背中をぽんとたたいて激励してくれた / in book ～ 単行本として

❹ Ⓒ (生物・病気などの)型, 種類;〖植〗品種《変種(variety)の下位区分》‖ He is ill with a ～ of malarial fever. 彼は一種のマラリア熱にかかっている

❺ Ⓒ (空欄に記入する) **用紙**; フォーム《記入・選択によって情報を入力するための画面》‖ Can I have an income-tax ～? 所得税申告用紙をもらえますか / **fill out** [《英》 in, up] a ～ 用紙に記入する / an order [application] ～ 注文[申込]用紙

❻ Ⓤ Ⓒ (芸術・文学などの)表現形式, 様式;技法 ‖ The novel is a literary ～. 小説は文学形式の1つである / in sonata ～ ソナタ形式で

❼ Ⓤ Ⓒ (慣習などに従った)**やり方**, 行動様式, 慣行;礼儀作法, 行儀, 儀礼 ‖ social ～*s* 社交上の作法 / It is bad ～ to arrive late when you are invited to dinner. 夕食に招待されて遅刻するのは失礼だ

❽ Ⓒ (語の)形態, 語形, 変化形;(言語の)形式 ‖ "Men" is the plural ～ of "man". men は man の複数形である / the present ～ 現在形

❾ Ⓤ (運動選手・チーム・競走馬などの) コンディション, **体調**, 調子;発揮できる力, 実力;心身の調子, 気分, 健康状態 ‖ a basketball player in [《英》 on] top [OR great, good, peak] ～ 絶好調のバスケットボール選手 / be off [OR out of] ～ 調子を崩している, 不調である / be in [《主に英》 on] ～ 好調である / on current [OR present] ～ 現在の実力[調子]に照らして[から判断して]

❿ Ⓒ 《主に英》(英国の public school・中等学校, 米国の私立学校の)学年, 学級《通例11-18歳. → sixth form》‖ He was in Mr. Kennedy's ～ last year. 彼は昨年はケネディ先生の学級だった / girls in the third ～ 3年生の女子生徒たち

⓫ Ⓒ (選手・チーム・競走馬などの過去の)実績, 成績;記録, 実績表 ‖ I know something about this horse's ～. 私はこの馬の過去の成績について多少は知っている

⓬ Ⓒ (儀式などの) 決まり文句, 定型化した表現 (formula);書式 ‖ the ～ of a wedding announcement 結婚披露の決まり文句 / the ～ of address (相手に話しかけるときの) 正式の肩書[呼称]《例えば知事に対しては *The Honorable* Kensaku Morita, *Governor of* Chiba Prefecture 森田健作千葉県知事殿》/ write according to the ～ prescribed 指示された書式に従って書く

⓭ Ⓤ 《英俗》犯罪歴, 前科 ‖ He had ～. 彼には前科があった ⓮ Ⓒ 《英》背もたれのないベンチ ⓯ Ⓒ 《英》ウサギの巣[穴]

as a màtter of fórm 形式上のこととして, 儀礼上

in sóme fòrm or òther 何らかの形で, 形はどうあれ

in the fórm of ... …の形をした, …という形で ‖ aid *in the* ～ *of* money お金での支援 / I like a story told *in the* ～ *of* letters. 私は書簡体の物語が好きだ

tàke fórm 次第に形を成す, 具体化する

trùe to fórm 予想どおりの

―動 〔▶ formation 名〕(～**s** /-z/; ～**ed** /-d/; ～**·ing**)

―他 ❶ …を〈…に〉**形作る**, 〈…の形に〉作る, 作り出す〈**into**〉;…を〈…から〉作る〈**from, out of**〉‖ Hydrogen and oxygen combine to ～ water. 水素と酸素が結合して水になる / She cut off the square to ～ an octagon. 彼女は正方形を切って八角形を作った / The students ～*ed* a large circle in the schoolyard. 生徒たちは校庭に大きな(人の)輪を作った / He ～*ed* the clay *into* a doll. = He ～*ed* a doll *out of* the clay. 彼は粘土で人形を作った

❷ 〔組織・団体・政府など〕を**組織する**, 結成する ‖ John ～*ed* a rock band with his friends. ジョンは友人たちとロックバンドを結成した / That company was ～*ed* in 2000. その会社は2000年に設立された / a **newly** ～*ed* party 新しく結成された政党

❸ …を構成する;…の要素となる;…の役目をする ‖ Citizens ～ a nation. 国民が国家を構成する / His experiments ～*ed* 「**the basis** [**a part**] **of** modern genetic theory. 彼の実験は現代遺伝理論の基礎[一部]となった / Their success ～*ed* a good example for (the) other teams. 彼らの成功は他チームのよい手本になった

❹ 〔関係など〕を作り上げる, 結ぶ;〔習慣など〕を作る, 身につける ‖ It is not easy to ～ a good relationship with your neighbors. 隣人とよい関係を作り上げるのは容易ではない / Try to ～ good habits. よい習慣を身につけるようにしなさい ❺ 〔人格・性格など〕を(教育・訓練などによって)形成する, 鍛える ‖ Anger at racial discrimination ～*ed* his character. 人種差別に対する怒りが彼の性格を作り上げた / It's my job to ～ you into men. 君たちを一人前の男に鍛え上げるのが私の仕事だ ❻ 〔意見・考え・印象など〕を(頭の中で)まとめる, 考え出す;〔計画など〕を立てる, 練る ‖ She ～*ed* the impression that he didn't like her. 彼女は彼に好かれていないという印象を持った / He ～*ed* an immediate opinion of the design. 彼はそのデザインについて即座に意見をまとめた / ～ an idea 考えをまとめる ❼ …を〈集団・隊形に〉整列させる《*up*》〈**into**〉‖ The teacher ～*ed* his students *into* a line. 先生は生徒たちを1列に並ばせた ❽ 〔単語〕を語尾変化させて作る, (接尾辞などで)〔単語〕を派生させる;〔言葉など〕を明瞭(めいりょう)に発音する ‖ The suffix "-ness" ～*s* nouns from adjectives. 接尾辞 -ness は形容詞から名詞を作る

―自 ❶ (物が) 形になる, 形作られる, できる;発生する ‖ Ice ～*s* in winter. 冬になると氷が張る / Icicles have ～*ed* on the edge of the roof. 軒先につららができている / An expression of astonishment ～*ed* on her face. 彼女の顔に驚きの表情が表れた

❷ (計画・意見・考えなどが)浮かぶ, 生まれる ‖ An interesting idea ～*ed* in her mind. 面白い考えが彼女の脳裏に浮かんだ ❸ 〈…に〉整列する, 隊形を作る[整える]《*up*》〈**into**〉‖ The children ～*ed* (*up*) *into* two ranks. 子供たちは2列に整列した

類語 《名 ❶》**form** 「形」の意味で最も広義に使われる. 〈例〉the *form* of a cross 十字形

shape form より《口》. 具体的なものの「形」や物事の「形態」を指す. 〈例〉the *shape* of a heart ハート形 / the final *shape* of the report 報告[書]の最終的な形

figure 具体的なものの形や人の姿に使うことが多い. 〈例〉a slender *figure* ほっそりした体型

outline 物の形が定める限界線, 外形, 輪郭を指す. 〈例〉the *outline* of a face 顔の輪郭

▶▶ ～ **clàss** 名 Ⓒ 〖文法〗形態類《統語的または形態的な特徴を持つ1群の語》 ～ **crìticism** 名 Ⓤ 聖書の様式[形式]的分析(法);(文学の)テキスト分析 ～ **fèed** 名 Ⓒ フォームフィード《プリンターで用紙をページの終わりまで送るボタン, またその機構. 略 FF》 ～ **lètter** 名 Ⓒ (印刷または複写による) 同文の手紙《あいさつ状・案内状など》 ～ **wòrd** 名 Ⓒ = function word

-form 連結形 《しばしば間に -i- を伴って》❶「…形[状]の, …様式の」の意 ‖ cruci*form* (十字形の) ❷「(ある数だけ)の形を持つ」の意 ‖ uni*form*

ˈfor·mal /fɔ́ːrməl/

―形 〔◁ form 名〕〔▶ formality 名, formalize 動〕(**more** ～; **most** ～)

❶ (態度などが)**折り目正しい**, きちんとした;堅苦しい, 儀式ばった ‖ He was very ～ and stiff in his behavior. 彼は振る舞いが非常に折り目正しく堅苦しかった / a ～ letter of apology きちんとした謝罪の手紙 / Father is ～ with Mother's parents. 父は母の両親に対し儀礼的である

❷ (表現・言葉などが)**格式ばった**, 堅い, 文語調の(◆本辞典では《堅》と表示)(↔ informal) ‖ a ～ style [expression] 格式ばった文体[表現]

❸ **正式の**, 公式の, 正規の；(服装が)フォーマルな(↔ casual) ‖ a ～ decision [contract] 正式決定[契約] / in ～ dress 正装で ❹ (教育・訓練などが) 学校で行われる；(資格などが) 正規の ‖ finish one's ～ education (学校での) 正規の教育を終了する ❺《通例限定》整然とした, 形の整った, 均整のとれた；組織立った ‖ a regular and ～ method 理路整然とした方法 / a ～ garden 幾何学的デザインの庭園 / a ～ approach to the study of calligraphy 組織立った書道学習法 ❻ 表面上の, うわべだけの；名目上の ‖ a ～ resemblance 表面上の類似点 ❼ (内容に対して)形の, 形態上の

―名 (複 **～s** /-z/) Ⓒ《米》❶ 正装しなければならない行事《正式の舞踏会・晩餐会など》❷ 夜会服, イブニングドレス

▸▸ **～ lógic** 名 Ⓤ 形式論理学

form·al·de·hyde /fɔːrmǽldɪhàɪd/ 名 Ⓤ〖化〗ホルムアルデヒド《防腐・消毒用》

for·ma·lin /fɔ́ːrməlɪn/ 名 Ⓤ〖化〗ホルマリン《ホルムアルデヒドの水溶液》(♦ 商標より)

for·mal·ism /fɔ́ːrməlìzm/ 名 Ⓤ (芸術・宗教などでの) 形式(至上)主義 **-ist** 名 **fòr·mal·ís·tic** 形

***for·mal·i·ty** /fɔːrmǽləṭi/ 名 (複 **-ties** /-z/) ❶ Ⓤ 形式の尊重；堅苦しさ ‖ They shook hands with [without] ～. 彼らはかしこまって[くだけた態度で]握手した / dispense with rigid ～ いかめしい形式的儀礼を省く ❷ Ⓒ《通例 -ties》(法律上などの) 正式の手続き ‖ go through all the police *formalities* 警察の正式手続きをすべて踏む ❸ Ⓒ《通例単数形で》形式的な行為, 礼儀上すべきこと, 避けられないこと ‖「a mere [OR just a] ～ 単なる形式上のこと[形だけのもの]

for·mal·ize /fɔ́ːrməlàɪz/ 動 他 ❶ …を正式のものにする ❷ …を形式化する, …にはっきりした形を与える

fòr·mal·i·zá·tion 名 Ⓤ 形式化

***for·mal·ly** /fɔ́ːrməli/ (♦ formerly と区別) 副 ❶ 正式に, 公式に ‖ It was ～ adopted as party policy. それは正式に党の方針として採用された / be ～ attired 正装している ❷《文修飾》公式的には；表面上[外見上]では ‖ *Formally*, he has no such strong position. 公式的には彼はそのような強力な地位を占めていない ❸ 礼儀正しく；堅苦しく ‖ bow ～ to each guest 来賓一人一人に丁寧におじぎする

***fórmal·wèar** 名 Ⓒ《米》正装《イブニングドレスやタキシードなど》

***for·mat** /fɔ́ːrmæt/ 名 Ⓒ Ⓤ ❶ (会議などの) 形式, 方式《進め方・内容の順番など》；(機械などの) 方式, 配列；(テレビ番組などの) 構成, 編成 ‖ There is no set ～ for the meeting. その会議には決まった形式というものはない ❷ (本・雑誌の) 型[大きさ, 体裁] ‖ a magazine in newspaper ～ 新聞判の雑誌 ❸ 💻 書式, フォーマット

―動 (**-mat·ted** /-ɪd/；**-mat·ting**) 他 ❶〔本・雑誌・ページなど〕の体裁を整える[決める] ❷ 💻 …を初期化する, 読み書き可能にする

***for·ma·tion** /fɔːrméɪʃən/ 名〔◁ form 動〕❶ Ⓤ **形成**, 構成, 成立, 設立 ‖ the ～ of character 人格の形成 / habit ～ 習慣の形成 / the ～ of the Grand Canyon グランドキャニオンの形成 / the ～ of a new government 新政府の成立 ❷ Ⓒ 形成されたもの, 構成物 ‖ new word ～*s* 新たに作り出された語, 新語 / cloud ～*s* 雲の層[かたまり] ❸ Ⓤ Ⓒ 形成の仕方[され方], 形態, 構造；配列, (人・飛行機などの)隊列[編隊]；〖スポーツ〗選手の隊形, フォーメーション ‖ the ～ of the brain 脳の構造 / in V-～ V字型に / ～ flying 編隊飛行 / in ～ (of six helicopters) (ヘリコプター6機の) 編隊を組んで ❹ Ⓒ〖地〗岩層, 累層 ‖ rock ～*s* 岩層

▸▸ **～ dáncing** 名 Ⓤ 団体競技ダンス

form·a·tive /fɔ́ːrməṭɪv/ 形 造形の；形成力のある；発育の, 発達を助ける；〖文法〗(接辞などの) 語形成に関する ‖ the ～ arts 造形美術 / a child's ～ years 子供の発育期 ―名 Ⓒ〖文法〗形式素, (語の)形成要素

forme /fɔːrm/ 名 Ⓒ《英》〖印〗組み版(《米》form)

for·mer[1] /fɔ́ːrmər/

―形《比較なし》《通例限定》❶ **以前の**, 昔の；元の, かつての (↔ present) ‖ She changed from her ～ self. 彼女は昔とは変わってしまった / ～ President Bill Clinton ビル=クリントン元大統領 / in ～ times 昔は / her ～ husband 彼女の元の夫 (=her ex-husband) / He was a shadow [OR ghost] of his ～ optimistic self. 彼にはかつての楽天家の面影もなかった

❷《the ～》(2者のうち) 前の；《代名詞的に》前者 (↔ latter) (♦ 受ける名詞が単数なら単数扱い, 複数なら複数扱い) ‖ Of the two proposals, the ～ seems to be better than the latter. その2つの提案のうち, 前者の方が後者よりいいと思われる

form·er[2] /fɔ́ːrmər/ 名 Ⓒ《数詞との複合語で》《英》(中等教育の)…年生 ‖ a 6th-～ 6年生

***for·mer·ly** /fɔ́ːrmərli/ (♦ formally と区別) 副 以前(は), 昔は

fórm·fìtting 形 体にぴったりする

For·mi·ca /fɔːrmáɪkə/ 名 Ⓤ《商標》フォーマイカ《耐熱・耐薬品性の合成樹脂. テーブルなどの表面に用いる》

fòr·mic ácid /fɔ́ːrmɪk-/ 名 Ⓤ〖化〗蟻酸(ぎさん)

***for·mi·da·ble** /fɔ́ːrmɪdəbl, fərmíd-/ 形 (**more ～；most ～**) ❶ (素晴らしい能力・力・大きさなどで) 威圧[圧倒]する；畏怖(いふ)の念を与える, 非常に優れた ‖ a ～ intellect [brain] 並外れた知性[頭脳] / a ～ person 恐ろしいくらい立派な人 ❷ (相手などが)手ごわい, (課題などが)とても難しい, 手に負えない ‖ a ～ opponent [enemy] 手ごわい相手[敵] / a ～ problem [task] 難しい問題[仕事] ❸ 恐れを抱かせる, 恐ろしい **～·ness** 名 **-bly** 副

form·less /fɔ́ːrmləs/ 形 形[定形]のない；雑然とした, はっきりしない **～·ly** 副

For·mo·sa /fɔːrmóusə/ 名 フォルモーサ《台湾(Taiwan)の旧称》

***for·mu·la** /fɔ́ːrmjulə/ 名 (複 **～s** /-z/ OR **-lae** /-liː/) (♦ formulae は特に ❷ の意のとき) Ⓒ ❶《単数形で》〈何かを解決したりなどする〉方法, 打開策, 解決策；〈…を〉引き起こす (可能性のある) もの〈**for**〉‖ There seems to be no magic ～ *for* curing allergies. アレルギーを治すのに魔法のような方法はないようだ / a ～ *for* economic growth 経済発展の方式 / a ～ *for* trouble 決まって問題を引き起こすもの / find a winning ～ 勝つ秘訣(ひけつ)を見いだす ❷〖数・理〗〈…の〉公式；〖化〗〈…の〉化学式〈**for**〉‖ a structural [molecular] ～ 構造[分子]式 / The chemical ～ *for* water is H_2O. 水の化学式は H_2O だ ❸〈薬・飲食物などの〉処方(箋(せん))；製法, 料理法〈**for**〉；成分[材料]表 ❹ フォーミュラ《エンジン容量などによるレーシングカーの分類区分》‖ a *Formula* One car フォーミュラワン用のレーシングカー ❺ Ⓤ ミルク状の離乳食；調合乳 ❻ 常套(じょうとう)句, 決まり文句；(儀式などの)式文

語源 ラテン語 *forma-* form(形式) +*-ula*(小さい)：小さな形

for·mu·la·ic /fɔ̀ːrmjuléɪɪk/ 形 決まり文句からなる

for·mu·lar·y /fɔ́ːrmjulèri | -ləri/ 名 (複 **-lar·ies** /-z/) Ⓒ ❶ 式文集, 祈禱(きとう)書 ❷《古》一定の方式(formula) ❸ (薬の)処方集

―形 ❶ 一定の方式の[による] ❷ 決まりきった, 定式的な

***for·mu·late** /fɔ́ːrmjəlèɪt/ 動 他 ❶〔計画・政策など〕を(注意深く) まとめる (↘ draw up), 細部まで煮詰める ❷ (慎重に言葉を選んで)〔考えなど〕を明確に述べる

***for·mu·la·tion** /fɔ̀ːrmjuléɪʃən/ 名 Ⓤ ❶ (計画などの) 策定 ❷ 公式化；体系化, 系統的論述；Ⓒ 明確な表現

for·ni·cate /fɔ́ːrnɪkèɪt/ 動 自《堅》《戯》私通する；〖聖〗姦淫(かんいん)する

fòr·ni·cá·tion 名 Ⓤ 私通；〖聖〗姦淫 **-cà·tor** 名

fòr-prófit 名 Ⓒ 形《限定》営利団体 (の) (♦ 本来営利団体でないとされる病院・学校などについて使うことが多い)

for·sake /fərséɪk/ 動 (**-sook** /-sʊ́k/ ; **-sak·en** /-séɪkən/ ; **-sak·ing**) 他《主に文》❶〔家族・友人など〕を(永久に)見捨てる, 見放す(⇨ ABANDON 類語) ‖ ～ one's wife and children 妻子を捨てる ❷〔習慣・考えなど〕を(永久に)捨てる, やめる；…を捨てて〈…を〉とる〈**for**〉‖ ～ a bad habit 悪い癖をやめる / ～ the world 浮き世を捨てる

for·sooth /fɔ(ː)rsúːθ, fər-/ 副《古》本当に；確かに；いかにも, 全く

for·swear /fɔːrswéər/ 動 (**-swore** /-swɔ́ːr/ ; **-sworn** /-swɔ́ːrn/) 他 ❶《堅》…を誓ってやめる ❷《～ oneself または受身形で》《古》…を誓って否認する
—自 偽誓[偽証]する

for·syth·i·a /fɔːrsíθiə | -sáɪθ-/ 名 C〘植〙レンギョウ

*__fort__ /fɔːrt/ 名 C (軍事目的の)要塞(ようさい), とりで；《米》常設の駐屯地(♦しばしば地名の一部に用いる)
__hòld__ [《米》__hòld dòwn__] __the fórt__《口》① 留守を守る, (一時的に)代理を務める ② 自分の立場を守る
▶▶**Fòrt Knóx** /-nɑ́(ː)ks | -nɔ́ks/ 名 フォートノックス《米国ケンタッキー州北部にある軍保留地で, 金塊の保管地》
Fòrt Súm·ter /-sʌ́mtər/ 名 サムター要塞《南北戦争時の初戦地. サウスカロライナ州にある》

forte[1] /fɔːrt | fɔ́ːteɪ/ 名《one's ～》得手, 得意；C〘フェンシング〙刀身の最強部(↔ foible)

for·te[2] /fɔ́ːrteɪ/ 〘楽〙(↔ piano[2]) 形 副 フォルテの[で], 強音の[で], 強く《略 f》 —名 U C 強音(部)

For·tean /fɔ́ːrtiən/ 形 科学的に説明できない, 超常現象の(♦ 米国の超常現象研究家 Charles H. Fort (1874–1932)の名より)

fòrte·piáno 名 C〘楽〙フォルテピアノ《18世紀中ごろから19世紀初頭に作られた旧式のグランドピアノ》

fòrte-piáno 形 副〘楽〙強くそして直ちに弱く《略 fp》

forth /fɔːrθ/ (♦ 同音語 fourth)
—副《比較なし》《堅》❶ **前へ**, 先へ, 外へ ‖ stretch ～ one's hand 手を差し伸べる
❷《動詞に続いて》外に(現れて) ‖ go ～ 出て行く；発行される / step ～ 前へ出る；奮起する ❸ (時間的に)先へ, それ以降 ‖ from this time ～ 今後(は)(=from now on, henceforth) / from that day ～ その日から(ずっと)
__and só fòrth__ …など(and so on)
__back and forth__ ⇨ BACK 副 (成句)
__like pàinting the Fòrth Brídge__ 《英》(仕事が)終わることのない, 果てしなく続く

*__forth·com·ing__ /fɔːrθkʌ́mɪŋ/ 《アクセント注意》形 (**more ～** ; **most ～**) (♦ ❷ 以外比較なし) ❶《限定》まさに起ころう[現れよう]としている, 来たるべき, 今度の ‖ his ～ book 彼の近刊書 / the ～ elections 来たるべき[今度の]選挙 ❷《しばしば否定文で》《叙述》〈…について〉進んで[喜んで]情報を提供[協力]する〈**about**〉‖ He was not very ～ *about* his divorce. 彼は自分の離婚のことをあまり話したがらなかった ❸《しばしば否定文で》《叙述》(必要なときに)手に入る, 得られる ‖ Support for this theory was not ～. この理論の裏付けは得られなかった

forth·right /fɔ́ːrθràɪt/ (→ 副) 形 率直な, あけすけな ‖ ask a ～ question 単刀直入な質問をする
—副 /fɔ̀ːrθráɪt/ 率直に **～·ly** 副 **～·ness** 名

forth·with /fɔ̀ːrθwíθ/ 副 直ちに, 即座に

*__for·ti·eth__ /fɔ́ːrtiəθ/ (略 40th) 形 ❶《通例 the ～》第40の, 40番目の ‖ Today is my ～ birthday. 今日は私の40歳の誕生日です ❷ 40分の1の ‖ a ～ share 40分の1の分け前 —名 ❶《通例 the ～》第40番目(位), 40番目のもの[人] ❷ C 40分の1(のもの)

for·ti·fi·ca·tion /fɔ̀ːrtəfɪkéɪʃən | -tɪ-/ 名 ❶ U (都市などの)防備の強化, 要塞化；〘軍〙築城術[学] ❷ C《しばしば ～s》防備用施設《土塁・防壁など》, とりで, 要塞

*__for·ti·fy__ /fɔ́ːrtəfàɪ | -tɪ-/ 動 (**-fies** /-z/ ; **-fied** /-d/ ; **～·ing**) 他 ❶ …の防備を固める〈**against** …に備えて；**with** …で〉‖ ～ a town「*against* an enemy [*with* barricades] 敵に備えて[バリケードで]町の防備を固める ❷ (肉体的・精神的に)…を強化する, 元気[勇気]づける；《通例受身形で》(食品などが)栄養価を高められる, 強化[補強]される〈**against** …に対して；**with** …で〉‖ ～ oneself *against* the cold 寒さに備えて体を強くする / milk *fortified with* Vitamin D ビタミンD入りの強化ミルク / *fortified* wine 酒精強化ワイン《シェリー酒など》
-fì·a·ble 形 要塞化できる **-fì·er** 名 C 強化するもの, 強化剤
語源 *fort-* strong＋*-ify*(動詞語尾)：強くする

for·tis /fɔ́ːrtɪs/ 形〘音声〙((無声)子音が)硬音の, 強子音の《強い摩擦音または破裂音. /k, p, t/ など》

for·tis·si·mo /fɔːrtísəmòʊ | -tísɪ-/ 〘楽〙(↔ pianissimo) 形 副 フォルティッシモの[で], 極めて強い[強く]《略 ff》
—名 (複 **～s** /-z/ OR **-si·mi** /-miː/) U C 最強音(部)

for·ti·tude /fɔ́ːrtətjùːd | -tɪ-/ 名 U 不屈の精神, 我慢強さ, 芯(しん)の強さ(⇨ PATIENCE 類語)

*__fort·night__ /fɔ́ːrtnàɪt/ 名 C《通例単数形で》《主に英》2週間 ‖ I'll be back in a ～. 2週間したら戻ります / a ～'s holiday [stay] 2週間の休暇[滞在] (《米》two weeks' vacation [stay]) / for a ～ 2週間 (の間) / a ～ ago 2週間前 / today ～ 2週間後の今日 (《米》two weeks from today)

fórt·night·ly /-li/ 《主に英》形 副 2週間ごとの[に], 隔週の[で] —名 (複 **-lies** /-z/) C 隔週刊行物

FOR·TRAN, For·tran /fɔ́ːrtræn/ 名 U 💻 フォートラン《科学技術計算用のコンピューター用プログラム言語》(♦ *for*mula＋*tran*slation より)

*__for·tress__ /fɔ́ːrtrəs/ 名 C ❶ (大規模で恒久的な) 要塞(ようさい), 要塞都市 ❷ 堅固な場所, 安全地帯；(外部の影響を受けにくい)堅固な人[もの]

for·tu·i·tous /fɔːrtjúːətəs | -tjúːɪ-/ 形 ❶ 偶然の, 思いがけない ❷ 幸運によって起きる ❸《口》幸運な (fortunate)(♦ この用法は誤りとされることもある) **～·ly** 副

for·tu·i·ty /fɔːrtjúːəti | -tjúːɪ-/ 名 (複 **-ties** /-z/) U 偶然(性)；C 偶然の出来事, 偶発事件

*__for·tu·nate__ /fɔ́ːrtʃənət/ 《発音注意》形〔◁ fortune 名〕(**more ～** ; **most ～**) ❶ **a** (人が) 運がよい, 幸せな, 幸運な(↔ unfortunate)〈**in** …の点で / **to do** …するとは / *doing* …して / **that** 節 …ということで〉(⇨ HAPPY 類語) ‖ You were ～ *in* your choice of a career. 君は今の職業を選んで幸運だった / You are very ～「*to* have [OR (*in*) having] such an understanding wife. あんな理解のある奥さんがいて君は全く幸せだ / He is ～ *that* he has still got a job. 彼は今でも仕事を持っていて幸せだ / the ～ 幸運な人々 **b**《It is ～ (for *A*) that ... で》…は(*A* にとって)幸いである, 幸いにも…である ‖ It was ～ *for* me *that* the audience was mostly familiar faces. 聴衆のほとんどがなじみの顔だったのは僕にとって幸いだった ❷《限定》幸運をもたらす, 縁起のよい；さい先のよい ‖ a really ～ match for my daughter 娘にとって実に好ましい結婚相手

‡**for·tu·nate·ly** /fɔ́ːrtʃənətli/
—副 (**more ～** ; **most ～**)《文修飾》
幸運にも, 幸いなことに (↔ unfortunately) ‖ I was late, but ～ the film hadn't started. 遅れてしまったが, 幸いにも映画は始まっていなかった / *Fortunately* for us, the guard didn't spot us. 私たちにとって幸いなことに, ガードマンは私たちを見つけなかった (=It was fortunate for us that the guard didn't spot us.)

‡**for·tune** /fɔ́ːrtʃən/
—名〔▶ fortunate 形〕(複 **～s** /-z/) U ❶ 富(wealth)；C 身代, **財産**；大金 ‖ He **made** a [OR his] ～ by investing in plastics. 彼はプラスチック製品への投資で身代を築いた / come into a ～ 財産を継ぐ / a man of ～ 財産家 / That fur coat must have **cost** her a ～. 彼女はあの毛皮のコートに大金を払ったに違いない / a small ～《口》《反語的に》かなりの大金

F

❷ **好機**, チャンス, 巡り合わせ；**幸運**, 繁栄, 成功；Ⓒ《～s》運命の盛衰, 人生の浮沈 (⇨ LUCK 類語) ‖ It was my **good** ～ to have a sympathetic husband. 理解のある夫がいたことは私にとって幸せでした / seek one's ～ 出世[成功]の道を求める / have the good ～ to do ... 幸運にも…する (=be fortunate enough to do ...) / try one's ～ 運試しをする / by good [bad, ill]～ 運よく[悪く] / *Fortune* smiled on him. 幸運が彼にほほ笑んだ / have ～ on one's side 幸運に恵まれる / the rise and decay of industrial ～*s* 産業の盛衰
❸ Ⓒ Ⓤ (人の) **運命**, 宿命, 定め；**運勢** ‖ be the sport of ～ 運命に翻弄(ほんろう)される / tell his ～「with cards [by palmistry] トランプ[手相]で彼の運勢を占う / have one's ～ told 運勢を占ってもらう
❹《F-》(擬人化された)運命, 運命の女神 ‖ a *Fortune's* favorite =a child of *Fortune* 運命の寵児(ちょうじ)

fortune cookie

▸▸ ～ **còokie** 名 Ⓒ《米》フォーチュンクッキー《おみくじ入りの中華菓子》 ～ **hùnter** 名 Ⓒ 財産を目当てに(結婚しよう)とする人

fórtune-tèller 名 Ⓒ 占い者, 易者

fórtune-tèlling 名 Ⓤ 形 運勢判断(の), 占い(の)

*__for·ty__ /fɔ́ːrṭi/ (♦つづり注意) 形《限定》40の, 40人[個]の；《叙述》40歳で ━名 (複 **-ties** /-z/) ❶ Ⓒ Ⓤ《通例無冠詞で》40；Ⓒ 40の数字《40, xl, XL など》 ❷《複数扱い》40人[個] ❸ Ⓤ 40分；40歳 ❹ Ⓒ 40人[個]1組のもの ❺ Ⓒ《-ties》(数の) 40台《40–49》 ❻ Ⓒ《one's -ties》40歳代 ‖ a fattish man in his early [mid-, late] *forties* 40(歳)代初め[半ば, 後半]の小太りの男 ❼ Ⓒ《the -ties》(年号の) 40年代；(温度の) 40度台 ❽ Ⓤ〖テニス〗フォーティ《3点目の得点》 ❾《the Forties》《英》スコットランド北東部からノルウェー南西部にかけての海域《深さ40尋(ひろ)(fathom)以上あるといわれる》
▸▸ ～ **wínks** 名《単数・複数扱い》《口》(昼間の) うたた寝, 昼寝 ‖ have [OR catch, take] ～ *winks* うたた寝する

fòrty-fíve ◁シ 形 45の, 45人[個]の ━名 Ⓒ (♦ふつう45と書く) ❶《米・カナダ》45口径銃 ❷ 45回転レコード

fòrty-nín·er /-náɪnər/ 名 Ⓒ 1849年のゴールドラッシュ時に富を求めてカリフォルニアに出かけた人

fòrty-ninth párallel 名《the ～》北緯49度線《米国とカナダの国境》

*__fo·rum__ /fɔ́ːrəm/ 名 (複 **～s** /-z/) (→ ❷) Ⓒ ❶ 公開討論会(の場), 公開討論の機会, フォーラム；(ラジオ・テレビの) (公開) 討論番組；(新聞などの) 紙上討論, 意見交換欄〈**for** (討論) のための；**on** …についての〉‖ provide a ～ *for* lively debate 活発な議論の場を提供する ❷ (複 **-ra** /-rə/)〖史〗(古代ローマの) 公共広場[市場] ❸《主に米》裁判所, 法廷；(世論などの) 裁き ‖ the ～ of conscience 良心の裁き ❹ 💻 (パソコン通信ネットワーク上での) 意見・情報交換の場, フォーラム

***for·ward /fɔ́ːrwərd/ 副 形 動 名

中心義 前へ向かって

━副 (**more ～, most ～**；ときに **～·er, ～·est**)
❶《空間的に》**前へ, 前方へ** (↔ backward) (♦《英》では forwards も可) ‖ We took a step ～. 我々は1歩前に踏み出した / He leaned ～ to get a better view of the actor. その俳優をもっとよく見ようと彼は前かがみになった / move ～ 前進する
❷ **進歩** [好結果] **へ向けて** ‖ This organization aims to push ～ a world peace movement. この組織は世界平和運動を推進することを目的としている / Our project must go ～ as planned. 我々の企画は予定どおりに推進されなければならない
❸《時間的に》**先へ**, 将来に向けて；繰り上げて, 早めて ‖ Put your clock ～ one hour. 時計を1時間先に進めなさい / Look ～ ten years and tell me how you see yourself. 10年後に自分がどうなっていると思うか聞かせてください / You must look ～ and improve your skill. 将来を考えて技能を向上させなければならない / from this time [day] ～ これ[今日]から先 / The date for the meeting has been moved ～ from Wednesday to Monday. 会議の日取りは水曜日から月曜日に繰り上げられた
❹ 船首(の方)に, 機首(の方)に ❺ 外へ, 明るみに；目立つ場所[位置]へ ‖ push oneself ～ 出しゃばる

━形 (**more ～, most ～**；ときに **～·er, ～·est**) (♦❶❷は比較なし)
❶《限定》**前方への；前[前方]にある** (↔ backward) ‖ a ～ movement 前進 / the ～ section of a bus バスの前部
❷《限定》**将来の**；〖商〗先を見越しての, 先物の ‖ ～ planning [thinking] 将来計画[観測] / ～ buying 先物買い / ～ contract 先物契約
❸〈仕事などが〉進んだ, はかどった〈**with, in**〉‖ How far ～ is your work? 仕事はどれくらい進んでいますか / Despite our months' work, we are no further ～ *in* our task. 数か月働いたにもかかわらず, 作業はほとんど進んでいない ❹ 図々しい, なれなれしい (↔ backward) ‖ I don't want to sound ～, but may I ask you a personal question? 厚かましいと思われると困るのですが, 個人的なことを聞いても構いませんか ❺ 成長が早い, 早熟の ‖ The child is rather ～ for his age. その子は年齢の割にだいぶませている ❻ (考えなどが) 進歩的な, 先取りした；急進的な, 過激な ‖ a ～ opinion 進歩的な意見 ❼ 船首の辺りの ❽〖電〗(電流が) 順方向の

━動 (**～s** /-z/；**～·ed** /-ɪd/；**～·ing**) 他 ❶〔手紙など〕を〈…へ〉**転送する** (↷ send on)〈**to**〉；💻〔Eメール〕を転送する ‖ Please ～ my mail *to* the following address. 私あての郵便物は下記の住所へ転送してください
❷《+目 *A*+目 *B* ⇄ +目 *B*+**to** 目 *A*》*A* (人) に *B* (物) を送る, 発送する ‖ We will ～ you our new catalogue. 当社の新しいカタログをお送りします ❸ …を進める, 進展させる；…を促進する ‖ You should ～ your career. 君は自分のキャリアを伸ばすべきだ

━名 (複 **～s** /-z/) Ⓒ ❶ (球技などの) 前衛, フォワード《略 fwd》(↔ back 後衛) ❷《～s》〖商〗先物
▸▸ ～ **báse** 名 Ⓒ〖軍〗前線基地 ‖ a *forward-based* missile 前線配備のミサイル ～ **márket** 名 Ⓒ〖商〗先物市場 ～ **páss** 名 Ⓒ フォワードパス《ゴール方向へのパス》 ～ **róll** 名 Ⓒ (体操の) 前転 ～ **slàsh** 名 💻 スラッシュ《「/」記号》(→ backslash)

for·ward·er /fɔ́ːrwərdər/ 名 Ⓒ 運送業者

for·ward·ing /fɔ́ːrwərdɪŋ/ 名 Ⓤ 運送(業)；転送
▸▸ ～ **addrèss** 名 Ⓒ (郵便物などの) 転送先

fòrward-lóoking /, ‐ ‐ ‐ ‐/ ◁シ 形 将来のことを考えた, 先を見越した, 進歩的な

fór·ward·ly /-li/ 副 図々しく, 出しゃばって

for·ward·ness /-nəs/ 名 Ⓤ 図々しさ, なれなれしさ

for·wards /fɔ́ːrwərdz/ 副 =forward ❶

for·went /fɔːrwént/ 動 forgo の過去

fosse, foss /fɑ(ː)s | fɔs/ 名 Ⓒ (要塞(ようさい)の) 堀, 溝

fos·sick /fɑ́(ː)sɪk | fɔ́-/ 動 自《豪・ニュージ》《俗》❶ 捜す, 探る《*through*》 ❷ 廃坑で金を探す

*__fos·sil__ /fɑ́(ː)səl | fɔ́s-/ 名 Ⓒ ❶ 化石 ❷《口》《戯・けなして》時代遅れの人[もの, 理論など] ‖ an old ～ 時代遅れの人[もの] ❸〖言〗(決まり文句でしか使わない) 化石語《to and fro の fro など》 ━形《限定》❶ 化石の(ような), 化石になった；地中から掘り出した (→fossil fuel) ❷《口》《戯・けなして》時代遅れの, 古臭い
▸▸ ～ **fùel** 名 Ⓒ Ⓤ 化石燃料《石炭・石油・天然ガスなど》

fos·sil·ize /fɑ́(ː)səlàɪz | fɔ́s-/ 動 他 自 (…を[が]) 化石化する；時代遅れにする[なる] (♦しばしば受身形で用いる)
fòs·sil·i·zá·tion 名

fos·ter /fá(ː)stər | fɔ́s-/ 動 他 ❶ …の発達を促す, …を促進する, 育成する ; …を助長する ; 〔才能など〕を伸ばす (↔ suppress) (⇨ GROW 類語P) ‖ Creativity cannot be taught but can be ~*ed*. 独創力は教えることはできないが伸ばすことはできる / ~ the growth of local industries 地場産業の発展を促す ❷ 〔考えなど〕を心に抱く ‖ ~ a hope 希望を抱く ❸ (里子として) …を育てる, 養育する (→ adopt) ❹ 《英》…を里子に出す《*out*》
── 形 《限定》(血縁関係でなく)養育関係による, 養…, 育ての… ‖ a ~ parent 里親 / a ~ father [mother] 養父[母] / a ~ brother [sister] 乳兄弟[姉妹] / a ~ home 養家 / place an orphan in ~ care 孤児を里子として養育する / take in a ~ child 里子を受け入れる

Fos·ter /fá(ː)stər | fɔ́s-/ 名 **Stephen** (**Collins**) ~ フォスター(1826–64)《米国の作曲家》

fought /fɔːt/ 動 fight の過去・過去分詞

foul /faʊl/ 《発音注意》(♦同音語 fowl) 形 (**~·er** ; **~·est**) (♦❽❿⓫⓬は比較なし) ❶ 胸の悪くなるような, むかつくような, ぞっとするような (↔ pleasant) ‖ a ~ smell むかつくような悪臭 / a ~ sight 身の毛もよだつような光景 ❷ 不潔な, 非常に汚れた (↔ clean) ‖ ~ clothing とても汚れた衣類 ❸ 《口》いやな, 不快な, ひどい ; 不機嫌な ‖ a ~ movie [meal] ひどい映画[食事] / Mom is in a ~ mood. Better stay away from her. ママは今不機嫌だ. 近づかない方がいい / have a ~ temper 怒りっぽい ❹ (食べ物が)腐った ❺ (言葉などが)下品な, 卑猥(ひわい)な ‖ ~ language 下品な言葉(遣い) / a ~ joke 下卑た冗談 / have a ~ mouth 言葉が汚い (→ foulmouthed) ❻ 汚染した ‖ ~ air [water] 汚れた空気[水] ❼ (天候が)とても悪い, 荒れた (↔ fair¹) ‖ ~ weather 悪天候 ❽ (風・潮流が)逆の, 逆風[流]の ‖ ~ winds 逆風 ❾ 邪悪な, 卑劣な ; 恥ずべき, 忌まわしい ‖ ~ deeds 悪事 / a ~ motive 不純な動機 / a ~ crime 忌まわしい犯罪 ❿ (スポーツ・ゲームなどで)ルール違反の, 反則の (↔ fair¹) ; 《野球》ファウルの ‖ a ~ blow (ボクシングの) 反則打 / The ball went ~. 打球はファウルになった ⓫ (綱などが) 絡まった, もつれた ‖ a ~ anchor 絡まったいかり ⓬ (管・煙突などが) 〈…で〉詰まった〈**with**〉‖ a ~ ventilation 詰まった通気孔
── 副 不正に, 違反して ; 反則して
cry fóul 反則だと申し立てる, 不正だと騒ぎ立てる
fàll [OR *rùn*] *fóul of ...* ① (船が) …と衝突する ② …と(意見が)衝突する, 一悶着(もんちゃく)起こす ③ 〔法律〕に抵触する
── 名 C ❶ (スポーツで)反則, 不正行為 (foul play), ファウル ‖ The referee called [OR declared] a ~. 審判員は反則と判定した ❷ 《野球》=foul ball ❸ (ボート・走者などの)衝突 ; (釣り糸・ロープなどの)もつれ
── 動 他 ❶ …を汚す, 汚染する (↔ clean) ; 〔名誉〕を汚す ; (動物が糞(ふん)で)〔道路〕を汚す ‖ ~ oneself (人が) 便を漏らす ❷ 〔相手〕に反則(行為)をする, ファウルを犯す ❸ 〔管など〕を詰まらせる ; 〔道路・航路など〕をふさぐ, …の通行[動き]を妨げる ; 《海》〔ロープなど〕を絡ませる, もつれさせる《*up*》‖ ~ a drain with grease 下水溝を油で詰まらせる ❹ 《野球》〔打球〕をファウルにする ❺ 《海》(船が) …と衝突する ── 自 ❶ 汚れる, 腐る ❷ 反則行為をする ❸ (管・道路などが)詰まる, ふさがる ; 《海》(ロープなどが)絡まる, もつれる《*up*》❹ 《野球》ファウルを打つ
fòul óut 〈自〉《米》① (野球で) ファウルフライでアウトになる ‖ He ~*ed out* at his last time up. 彼は最後の打席ではファウルでアウトになった ② (バスケットボールで) 反則で退場させられる
**fòul úp* 〈他〉(*fòul úp ...* / *fòul ... úp*) ① ⇨ 他 ❸ ② 《口》…でへまをやる ; 台無しにする ── 〈自〉① ⇨ 自 ❸ ② 《口》間違える, へまをする, 台無しになる
~·ness 名 U 不潔 ; 不正 ; 口汚さ ; 悪天候 ; U C 汚物
▶▶ **~ báll** 名 C 《野球》ファウル (ボール) (↔ fair ball) **~ lìne** 名 C 《球技》ファウルライン **~ pláy** 名 U 裏切り行為 ; 不正行為 ; 暴行, 殺人 ; 反則 **~ shòt** 名 C 《米》《バスケットボール》フリースロー (free throw) **~ típ** 名 C 《米》《野球》ファウルチップ

fou·lard /fulάːrd | fúːlɑː/ 名 U フラール《柔らかい薄地の絹》; フラールのハンカチ[スカーフなど]

foul·ly /fáʊlli/ 副 みだらに ; 不潔に ; 悪辣(あくらつ)に

fòul·móuthed 〈⊲〉形 下品[冒瀆(ぼうとく)的]な言葉を(習慣的に)使う, 口汚い

fóul-ùp 名 C 《口》❶ (未熟練・不注意などによる) 混乱, へま ❷ (機械の)故障, えんこ

***found**¹ /faʊnd/ 《発音注意》動 find の過去・過去分詞
── 形 ❶ (船舶・部屋などが)(一通りの)家具・調度品[設備]が整った ❷ 《all ~ で》《英》《旧》(広告文などで)(雇用・賃借条件が)部屋と食事付きで (♦《米》では all なしで found を名詞扱いし, 給料のほかに無料で提供されるものを意味する) ‖ Maid wanted, £50 a week *all* ~. メード求む, 週給 50 ポンド, 住み込みまかない付き ❸ (芸術作品が)ファウンドアートの《木・石・布・紙など天然または身辺の材料をそのまま使って表現する芸術のジャンル》

***found**² /faʊnd/ 動 〔▶ foundation 名〕他 ❶ 〔建物〕の基礎を据える, …を〈…の基礎の上に〉建てる〈**on, upon**〉; 〔町・組織など〕を創設する, 設立する ; 〔大学・病院など〕を寄付金[基金]で創立する ‖ The World Bank was ~*ed* in 1944. 世界銀行は1944年に創設された / a castle ~*ed on* solid rock 固い岩盤の上に建てられた城 ❷ 《+目+**on** [**upon**] 名》《通例受身形で》(物語・計画・理論などが) …に基づく, 基づいて作られる[展開される] ‖ My opinion is ~*ed on* firsthand experience. 私の意見は直接得た経験に基づいている
▶▶ **~ing fáther** 名 C 設立者, 創設者, 創始者 (中立 founder, pioneer) ; 《F- F-s》建国の父《1787 年米国憲法制定者たち》

found³ /faʊnd/ 動 他 〔金属やガラスの原料〕を溶かして型に入れる, 鋳込む ; 〔物〕を(金属などを)鋳込んで造る

:foun·da·tion /faʊndéɪʃən/ 《発音注意》
── 名 〔⊲ found² 動〕(複 **~s** /-z/) ❶ C 《しばしば ~s》(建造物の)**基礎**, 土台 (⇨ BASE¹ 類語) ‖ the ~(*s*) of a house 家の土台
❷ C U 〈学説・理論などの〉**基礎**, 根拠 ; (物事の)**基盤**, よりどころ ; 《しばしば否定語を伴って》正当とする理由[証拠]〈**of, for**〉‖ **He laid** [OR **provided**] the ~(*s*) **for** psychology as an empirical science. 彼は経験科学としての心理学の基礎を築いた / These claims have little [no] ~. これらの主張には根拠が乏しい[ない] / the ~ *of* human thought 人間の思考の基盤
❸ U 建設(すること), 設立, 創設, 創立 ‖ the ~ of a new firm [school] 新会社の設立[学校の新設]
❹ 《しばしば F-》C (基金で設立された)団体, 研究機関, 公共施設《教会・学校・病院など》; (資金などを提供する)財団, 慈善団体 ; (設立)基金, 寄付金, 維持資金 ‖ The Rockefeller *Foundation* ロックフェラー財団 ❺ =foundation cream (↓) ❻ =foundation garment (↓)
shàke [OR *ròck*] *the foundátions of ...* ; *shàke* [OR *ròck*] *... to its foundátions* …の基礎を揺るがす ; …について(人に)疑いを抱かせる

COMMUNICATIVE EXPRESSIONS

1 **The accusátion that** he chèated in the exám **is whòlly without foundátion.** 彼がカンニングをしたという非難には全く根拠がない (♥ 論拠の弱さを指摘する)

2 **We've làid a gòod foundátion.** まずは基礎固めができた ; 出足好調だ

~·al 形 基本の, 基礎的な ; 基金の, 財団の
▶▶ **~ cóurse** 名 C 《英》(大学の) 基礎課程 **~ crèam** 名 U C ファンデーション, 化粧下クリーム **~ gàrment** 名 C ファンデーション《コルセットなど体型を整える女性用下着類》 **~ stòne** 名 C 礎石, 土台石 (⇨ 次ページ図) ; 基礎, 基本原理

***found·er**¹ /fáʊndər/ 名 C 創設[創立]者, 設立者 ; 始祖 ‖ the ~ of the temple その寺の開祖

F

▶▶**～ mémber** 名 Ⓒ《英》(団体の) 設立メンバー(《米》charter member)

foun·der² /fáundər/ 動 自 ❶ (船が) 浸水して〈…に〉沈没する〈**on**〉 ❷ (計画などが)〈…で〉挫折(ざせつ)する, 失敗に終わる(↪ break down)〈**on**〉 ❸ (土地・建物が)崩れる, 陥没する, 倒壊する ❹ (馬が) (ぬかるみで) つまずく, 倒れる;《主に米》蹄葉(ていよう)炎にかかる ―他〔馬〕を駄目にする

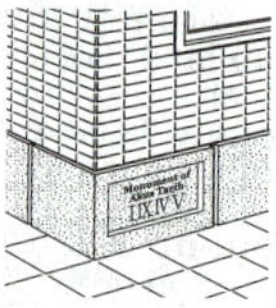

foundation stone

―名 Ⓤ Ⓒ《主に米》〖獣医〗蹄葉炎(laminitis)

found·er³ /fáundər/ 名 Ⓒ 鋳造者, 鋳物師

found·ling /fáundlɪŋ/ 名 Ⓒ《旧》捨て子, 拾い子

found·ry /fáundri/ 名 (複 **-ries** /-z/) ❶ Ⓒ 鋳造場, 鋳物工場 ❷ Ⓤ 鋳造(法), 鋳物

fount¹ /faunt/ 名 Ⓒ 源泉 ‖ a ～ of knowledge 知識の泉;《文》泉(fountain)

fount² /faunt/ 名《英》=font²

***foun·tain** /fáuntən | -tɪn/《発音注意》名 Ⓒ ❶ 噴水;噴水池, 噴水器[栓, 塔] ❷ 源, 源泉 ‖ a ～ of information 知識の泉 ❸ 噴水のように噴き上がるもの ‖ ～s of geysers [lava] 間欠噴泉[噴出溶岩(流)] ❹ 泉;(川の)水源, 湧き水(⇨ SPRING 類語) ❺ =drinking fountain ❻ =soda fountain ❼ (ランプの)油つぼ;(印刷機・万年筆などの)インクだめ

―動 自 噴水のように噴き上げる

▶▶**～ of yóuth** 名《the ～》若返りの泉《フロリダ半島・バハマ諸島のどこかにあると信じられていた, 若さと健康を取り戻すという泉》 **～ pèn** 名 Ⓒ 万年筆

fóuntain·hèad 名 Ⓒ ❶ 水源, 源泉 ❷ (一般に) 根源, (うわさなどの)出所

****four** /fɔːr/(◆同音語 fore)

―形《限定》4の, 4つの, 4人[個]の;《叙述》4歳で(⇨ FIVE 用例) ‖ the ～ corners of the earth 世界の隅々[あらゆる国]

―名 (❶, ❷, ❸ ⇨ FIVE 用例) ❶ Ⓤ Ⓒ《通例無冠詞で》4;Ⓒ 4の数字(4, iv, IV など) ❷《複数扱い》4つ, 4人[個] ❸ Ⓤ 4時[分];4歳 ❹ Ⓒ 4人[個]1組のもの;(トランプの)4人組;4頭立て(の馬);4気筒エンジン(の自動車);フォア(4本オールのボート, またはそのこぎ手);《～s》フォアのボートレース;《英》〖クリケット〗4点打 ‖ make up a ～ (トランプで) (自分が加わって) 4人1組を作る / a carriage and ～ 4頭立て馬車 ❺ Ⓒ 4番目のもの;(トランプ・さいころなどの)4;4号サイズ(のもの);《～s》4号サイズの靴

hàve a fòur on the flóor《米》(自動車が)4段ギアである

on àll fóurs* ① (獣が) 四つ足で;(人が) 四つんばいで ② 〈…と〉よく似ていて, ぴったり一致して;同等で〈with**〉‖ Conditions in Japan and America are not *on all* ～*s*. 日本とアメリカでは条件が同じではない

▶▶**～ bíts** 名 複《米俗》50セント **～ húndred, F- H-** 名《the ～》《米》(特定地域の排他的な)上流社会(の人々) **～ of a kínd** 名 Ⓤ (ポーカーの) フォアカード《4枚の同位札の手》

fòur-by-fóur 名 Ⓒ 四輪駆動車 (four-wheel drive) (◆4×4とも書く)

fòur-color prócess 名 Ⓒ〖印・写〗(黄, 赤, 青, 黒を用いた)4色印刷(法)

fòur-diménsional 形 4次元の

fóur-èyes 名《単数・複数扱い》《口》《けなして》4つ目, 眼鏡をかけた人

fóur-flùsh《米》動 自〖ポーカー〗フォーフラッシュではったりをかける;《口》(一般に)はったりをかける ―名 Ⓒ〖ポーカー〗フォーフラッシュ《同種類の札が4枚しかないフラッシュ崩れの手》

～·er 名

fóur·fòld 形 4つの部分からなる;4倍[重]の

―副 4倍[重]に

fòur-fóoted ⟨シ⟩ 形 四つ足の;四足獣の

Fòur-H, 4-H 名 Ⓒ《米》4-Hクラブ《米国農務省の推進する農村青少年のための機関. head, heart, hands, health の向上を目指す》

fóur-in-hànd 名 Ⓒ ❶ (御者1人で駆る)4頭立て馬車(の1組の馬) ❷《米》フォアインハンド《一般的な結び下げ式のネクタイ, またその結び方》

fòur-lèaf [-lèaved] clóver 名 Ⓒ 4つ葉のクローバー《見つけた人に幸運が訪れるといわれる》

fòur-lètter wórd 名 Ⓒ 4文字語《(性や排泄(はいせつ)物に関する)卑猥(ひわい)な語. 多くは4文字からなる》

fòur-o'clóck ⟨シ⟩ 名 Ⓒ〖植〗オシロイバナ

401(K) /fɔːrouwʌ́n(kèɪ)/ 名 Ⓒ Ⓤ《米》401(K)《一般企業の従業員に対する給料天引きの退職金積立制度とその積立金. IRSコード401(K)に基づく》

fòur-párt ⟨シ⟩ 形〖楽〗4部(合唱)の

four·pen·ny /fɔ́ːrpèni | -pəni/ 形《限定》《英》4ペンスの(値段の)

a fóurpenny òne《英口》(鋭い)一撃(blow)

fòur-pítch 形 ❶ 4拍子の ❷〖野球〗4球の ‖ a ～ walk ストレートのフォアボール

fòur-pòster(béd) /-pòustər/ ⟨シ⟩ 名 Ⓒ 4柱式 (天蓋(てんがい)付き)寝台

four·some /fɔ́ːrsəm/ 名 Ⓒ ❶ 4人[個]1組;2組の男女 ❷〖ゴルフ〗フォーサム《4人が2組に分かれて各組ボール1個でプレーする》

fòur·squáre ⟨シ⟩ 形 副 ❶ 正方形の[に] ❷ 断固とした[して], しっかりした[して]

stànd foursquáre (**behind**) しっかりと立っている;強く支持する

fóur-stàr 形《限定》(階級・等級などについて)4つ星の;(一般に)一流の, 高級な ‖ a ～ general [admiral] (米国の)陸軍[海軍]大将 / a ～ restaurant [hotel] 4つ星のレストラン[ホテル] ―名 (=～ **pétrol**) Ⓤ《英》ハイオク(ガソリン)(《米》high-test(gas))

fóur-stròke 形《限定》《英》(内燃機関が) 4サイクルの(《米》four-cycle)《吸気・圧縮・燃焼・排気の4行程》

***four·teen** /fɔ̀ːrtíːn/ ⟨シ⟩ (⇨ -TEEN) 形《限定》14の, 14人[個]の;《叙述》14歳で(⇨ FIVE 用例)

―名 (❶, ❷, ❸ ⇨ FIVE 用例) ❶ Ⓤ Ⓒ《通例無冠詞で》14;Ⓒ 14の数字(14, xiv, XIV など) ❷《複数扱い》14人[個] ❸ Ⓤ (24時間制の)14時;14分;14歳 ❹ Ⓒ 14人[個]1組のもの ❺ Ⓒ 14番目のもの;14号サイズ(のもの)

***four·teenth** /fɔ̀ːrtíːnθ/ ⟨シ⟩ (略 14th) 形 ❶《通例 the ～》第14の, 14番目の ❷ 14分の1の

―名 ❶《通例 the ～》14番目の人[もの];(月の)14日 ❷ Ⓒ 14分の1

▶▶**Fòurteenth Améndment** 名《the ～》(米国の) 憲法修正第14条《市民権の保証に関する. 1868年成立》 **Fòurteenth Póints** 名《the ～》14か条《1918年1月, 米国第28代大統領 Woodraw Wilson が発表した連合国側平和原則》

***fourth** /fɔːrθ/ (◆同音語 forth) (略 4th) 形 ❶《通例 the ～》第4の, 4番目の ‖ the ～ child in my family 我が家の4番目の子 / the ～ century 紀元4世紀 ❷ 4分の1の ―副 NAVI 第4(番目)に

―名 ❶《通例 the ～》第4番目の人[もの];(月の)4日 ‖ He is the ～. 彼は4番目[第4位]だ / the *Fourth* of April 4月4日 ❷ Ⓒ 4分の1(→ quarter) ‖ a ～ of a pie パイの4分の1 ❸《the F-》=the Fourth of July, Independence Day ❹ Ⓤ (自動車の) 4速ギア ❺《the ～》〖楽〗4度(音程)

～·ly 副 NAVI 第4(番目)に

▶▶**Fòurth Améndment** 名《the ～》憲法修正第4条《人権宣言の一部として私有財産の侵害を禁ずる. 1791年成立》 **～ diménsion** 名 Ⓒ《単数形で》① 第4次元《縦・横・高さの3つの次元に加える次元としての時間のこと》② 現代科学では説明のつかない現象[体験], 超常現象

~ estáte 名《しばしば F- E-》《the ~》第4階級, 言論界, ジャーナリズム(の人々) **Fòurth of Júly** 名《the ~》米国の独立記念日(Independence Day)《7月4日》‖ Happy ~ *of July*! 独立記念日おめでとう **Fòurth Wórld** 名《the ~》第4世界《第3世界の中でも特に貧しく, 発展の遅れている国々》

fòurth-generàtion lánguage 名 C《単数形で》💻第4世代言語《利用者にいっそう便利な対話形式のプログラミング言語》

fòur-whèel dríve 名 C 四輪駆動(車)《略 FWD, 4WD》 **fòur-whèel-dríve** 形

fòur-whéeler ⟨シ⟩ 名 C ❶ 四輪車 ❷《米》=quad bike

fowl /faʊl/ 《発音注意》(♦ 同音語 foul) 名(複 ~ OR ~s /-z/) ❶ C 鶏; 家禽(かきん)(domestic fowl)《アヒル・シチメンチョウ・ガチョウなど》(⇨ HEN 類語P) ❷ U 鶏肉, 鳥肉(⇨ MEAT 類語P) ❸ U《通例複合語で》《集合的に》鳥類 ‖ wild ~ 野禽 ❹ C《古》鳥(bird)

neither fish* (*, flesh*) *nor fowl ⇨ FISH¹(成句)

—— 動 自 野鳥を捕らえる[撃つ]

fowl·ing /fáʊlɪŋ/ 名 U 鳥猟, 野鳥狩り

▶▶ **~ pìece** 名 C 鳥撃ち銃

fox /fɑ(ː)ks | fɔks/ 名(複 ~ OR ~·es /-ɪz/) C ❶ キツネ, (特に)雄ギツネ(→ vixen)《英国では狩猟の対象. 狡猾(こうかつ)さの象徴的存在. 鳴き声は bark, yelp》‖ (as) sly [OR cunning] as a ~ (キツネのように)狡猾な ❷ U キツネの毛皮 ❸《口》狡猾な人, ずる賢い人 ‖ an old ~ 老獪(ろうかい)な人 ❹《米口》セクシーな女性

cràzy like a fóx (愚か者のように見えるが)実は全く抜け目がない

—— 動 他 ❶《口》(問題などが難しくて)〔人〕をまごつかせる, 〔人〕に理解できない ‖ The question ~*ed* me completely. その質問は私には全くわからなかった ❷《口》〔人〕をだます, かつぐ ‖ They ~*ed* me out of $100. 彼らは私から100ドルだまし取った —自《旧》ずるく立ち回る

▶▶ **~ hùnting** 名 U キツネ狩り **~ térrier** 名 C フォックステリア《もとキツネ狩りに用いられたテリア犬》

foxed /fɑ(ː)kst | fɔkst/ 形 ❶ (古本・紙などに)茶色のしみがついた, 黄褐色に変色した ‖ be ~ with use 使い古して変色している ❷ 理解できない, (問題が)解決できない

fóx·fìre 名 U《米》キツネ火《枯れ木についた菌類の発する燐光(りんこう)》

fóx·glòve 名 C〔植〕ジギタリス

fóx·hòle 名 C〔軍〕たこつぼ壕(ごう)

fóx·hòund 名 C フォックスハウンド《キツネ狩り用の猟犬》

fóx·tàil 名 C〔植〕(キツネの尾のような)穂状花をつける草《エノコログサの類》

fóx·tròt 名 C フォックストロット《4/4拍子の緩急ステップのダンス》;《F-》ラジオ無線で文字 F を表す通信用語

—— 動 (**-trot·ted** /-ɪd/; **-trot·ting**) 自 フォックストロットを踊る

fox·y /fɑ́(ː)ksi | fɔ́k-/ 形 ❶ キツネのような; 巧みに裏をかく, ずる賢い ❷《口》セクシーな ❸ キツネ色の; キツネ色に変色した(foxed); (ワインが)特有の風味の **fóx·i·ness** 名

foy·er /fɔ́ɪər | fɔ́ɪeɪ/ 名 C ❶ (劇場の)休憩所, ロビー, ホワイエ ❷ (ホテル・マンションの)エントランスホール, 玄関

fp 略 *f*reezing *p*oint

FPO 略〔陸軍〕*f*ield *p*ost *o*ffice(野戦郵便局)〔海軍〕*f*leet *p*ost *o*ffice(艦隊郵便局)

fps 略 *f*eet *p*er *s*econd; *f*oot-*p*ound-*s*econd; *f*rames *p*er *s*econd

Fr 記号〔化〕francium(フランシウム)

fr. 略 franc(s); from

Fr. 略〔宗〕Father; France; French; Friar; Friday

fra·cas /fréɪkəs | frǽkɑː/ 名(複 ~ /-kəs | -kɑːz/ OR ~·es /-ɪz/) C《通例単数形で》けんか騒ぎ, 大騒ぎ

frac·tal /frǽktəl/ 名 C〔数〕フラクタル, 次元分裂図形

***frac·tion** /frǽkʃən/ 名 C ❶ ほんの少し, わずか(bit); 部分, 断片, 破片, 一部分 ‖ Only a small ~ of the universe is visible to observers on earth. 地上の観察者には宇宙のほんの一部しか見ることができない(♦ 動詞は a fraction of の後の名詞の数に一致するのがふつう) / for a ~ of a second ほんの一瞬間 / a ~ of the cost 費用の一部 ❷〔数〕分数 ‖ 「a proper [an improper] ~ 真[仮]分数 / a common [OR vulgar] ~ 常分数 / a decimal ~ 小数 ❸〔化〕(蒸留による)留分 ❹《通例 the F-》〔キリスト教〕(聖体の)パンを裂くこと, 聖餐(せいさん) ❺《a ~》《副詞的に》わずか ‖ open one's eyes a ~ 目を少し開ける

frac·tion·al /frǽkʃənəl/ 形 ❶ とても小さい, 取るに足りない ‖ a ~ hesitation かすかなためらい ❷〔数〕分数の ❸〔化〕分別による **~·ly** 副 断片的に

▶▶ **~ distillátion** 名 U 分(別蒸)留

frac·tion·ate /frǽkʃənèɪt/ 動 他 ❶《堅》…を部分に分ける ❷〔化〕〔混合物〕を分(別蒸)留する

frac·tious /frǽkʃəs/ 形 手に負えない, 御し難い; 気難しい, 怒りっぽい **~·ly** 副 **~·ness** 名

***frac·ture** /frǽktʃər/ 名 ❶ C 骨折; 割れ目, 裂け目 ‖ sustain a ~ of the leg 脚を骨折する / a simple [compound] ~ 単純[複雑]骨折 / a stress ~ to his right shin 彼の右向こうずねの疲労骨折 / a ~ in relations between the two families 両家族間の関係の溝 ❷ U 骨折(すること), 挫傷(ざしょう); 割ること, 割れた状態, 破損(break) ❸ C〔鉱〕(鉱物の)破砕面, 割れ目 ❹ U〔音声〕(音の)分裂, 割れ《単母音の二重母音化》

—— 動 他 ❶ …(の骨)を折る, 骨折する; …を割る, 砕く, 裂く ‖ ~ one's leg 脚を骨折する ❷ …を破壊する, 〔組織など〕を解体する; …を分裂させる; 〔言語など〕を変則的に用いる ‖ use ~*d* English 変則的な英語を使う —自 折れる, 割れる, 砕ける, 骨折する; (組織などが)壊れる; 分裂する **~d** 形

frag /fræg/ 《米口》〔軍〕名 C 破片手投げ弾

—— 動 他 〔不人気な自軍将校〕を破片手投げ弾で殺す(♦ fragmentation grenade より)

***frag·ile** /frǽdʒəl | -aɪl/ 《発音注意》形(**more ~**; **most ~**) ❶ 壊れやすい, もろい(↔ durable)(⇨ WEAK 類語) ‖ a ~ china teacup 壊れやすい瀬戸物茶わん / a ~ economy 脆弱(ぜいじゃく)な経済 / *Fragile*: Handle with Care 壊れ物につき取扱注意《荷物などの表示》 ❷ (見た目に)繊細な, はかなげな; (体質が)虚弱な, ひ弱な ‖ ~ beauty 繊細な美しさ ❸ はかない, 薄弱な ❹《英口》(二日酔いなどで)体調が悪い

▶▶ **~ X̀ sỳndrome** 名 C〔医〕脆弱X症候群《X染色体の異常に起因する遺伝疾患. 精神遅滞・特異顔貌などを伴う》

fra·gil·i·ty /frədʒɪ́ləṭi/ 名 U 壊れやすさ, もろさ; 虚弱; はかなさ

***frag·ment** /frǽgmənt/ 《アクセント注意》(→ 動) 名 C ❶ 断片, 破片, かけら(piece), 一部分 ‖ The saucer smashed into ~*s*. 受け皿は粉々になった / ~*s* of glass from a shattered window 砕け散った窓ガラスの破片 / overhear ~*s* of (a) conversation 会話の断片をふと耳にする ❷ 💻断片 ❸ (文学作品などの)未完成部分, 断片 ‖ a ~ of poetry 詩の断片 —— 動 /frægmént/ 他 …をばらばらにする, 分裂させる, 分割する —自 ばらばらになる; 〈…に〉分裂する〈**into**〉 **~·ed** 形

frag·men·tar·y /frǽgməntèri | -təri/ 形 断片的な, ばらばらの

frag·men·ta·tion /frægməntéɪʃən/ 名 U 分裂, 破砕, 崩壊; 💻(固定ディスク内の)使用領域[セクター]の断片化

▶▶ **~ grenàde** [**bòmb**] 名 C 破片手投げ弾[爆弾]

***fra·grance** /fréɪgrəns/ 《発音注意》名 ❶ U C かぐわしさ; 香気, 芳香(⇨ SMELL 類語P) ❷ C 香水, コロン

fra·grant /fréɪgrənt/ 形 香りのよい, 芳香性の **~·ly** 副

fráid·y-càt /fréɪdi-/ 名 C《米口》おく病者, 意気地なし

F

(《英口》 scaredy cat)

*__frail__ /freɪl/ 《発音注意》 形 ❶ (体格・体質が)ひ弱な, 弱々しい, きゃしゃな, 虚弱な ‖ her ~ neck 彼女のか細い首 ❷ (物が)壊れやすい, もろい (⇨ WEAK 類語) ❸ 移ろいやすい, はかない, 心もとない ‖ ~ life はかない人生 ❹ 誘惑に負けやすい, 意志薄弱な　**~·ness** 名

__frail·ty__ /fréɪlti/ 名 (複 **-ties** /-z/) ❶ Ⓤ ひ弱さ；もろさ；はかなさ；意志薄弱 ❷ Ⓒ (性格の弱さからくる)欠点, 短所

**__frame__ /freɪm/

—名 (複 **~s** /-z/) Ⓒ ❶ (窓・戸の)**枠**；(絵画・写真の)額縁；《~s》(眼鏡の)フレーム；(刺繍(ししゅう)・織物・編み物用の)枠, 枠台, 型台 ‖ This painting will look beautiful **in** the silver ~. この絵は銀の額縁に入れると引き立つだろう / a window [picture] ~ 窓枠[絵の額縁] / a mirror **in** a mahogany ~ マホガニー材の縁取りのある鏡 / put a picture **in** a ~ 絵を額に入れる
❷ (家具・建築物・船・飛行機などの)**骨組み**；(自転車などの) フレーム ‖ the iron ~ of the bed 鉄製のベッドの枠組み / a climbing ~ 《英》ジャングルジム
❸ (人・動物の)**体格**, 骨格 ‖ a man of iron ~ がっちりした体格の人 / shake one's slim ~ 細い体を震わす
❹ 《単数形で》考え方の根拠；背景, 枠組み ‖ the story's historical ~ その話の歴史的な背景 / **a time ~** (制限付きの)時間枠 ❺ 構成, 機構, 組織, 体制, 制度 ‖ the ~ of government 政治機構 ❻ (ガラス・ビニール張りの)温室, 温床, フレーム；冷床(cold frame) ❼ (ボウリングの) フレーム 《10フレームで1ゲーム》；(スヌーカー・ビリヤードの) 1ゲーム；《英》フレーム 《的玉をセットする三角形の枠》(《米》 rack) ❽ 〖映〗(フィルムの)1こま；(テレビの)フレーム《単一の映像, 画面枠》；(漫画の)1こま ❾ 〖野球〗回, イニング(inning) ❿ 💻 (一度に表示できる)画面情報；フレーム《HTMLで複数に分割されたページの個々の分割部分》 ⓫ 〖言〗(構文上の)枠；談話のひとまとまり；フレーム《関連し合う語をまとめ上げる概念構造》 ⓬ 《米俗》=frame-up

*_a fràme of mínd_ (一時的な) 心の状態, 気分, 機嫌 ‖ I'm not in the right ~ _of mind_ to talk. 今は話す気分ではない

a fràme of réference 準拠体系, 理論構成の枠組み；(物事の)視点；〖数〗座標系

_in_ [_òut of_] _the fráme_ ① (昇進・就職・成功などの)チャンスが与えられて[から外されて]；候補に挙がって[から外れて] ‖ Our team was _in the_ ~ of the final game. 我々のチームは決勝へとこまを進めた ② 警察から疑いをかけられて[かけられないで]

—動 (**~s** /-z/；**~d** /-d/；**fram·ing**)
—他 ❶ 《通例受身形で》〔絵・写真など〕が**枠にはめられる**, …に縁がつけられる；(より引き立てるために)…を縁取られる, …で囲まれる ‖ ~ a picture 絵[写真]を額[写真立て]に入れる / The fountain is ~_d_ by beautiful gardens. 噴水はきれいな庭園に囲まれている
❷ 《通例受身形で》《俗》〔人〕が偽りの証拠などで罪人にされる, はめられる, …がぬれぎぬを着せられる (↘ fit [OR set] up)；〔試合など〕が八百長を仕組まれる《_up_》 ❸ 〔計画・システムなど〕を立案する, 作成する；…を組み立てる ‖ ~ a plan 計画を練る / ~「an excuse [a rule] 口実[規則]を作る / ~ a house 家を組み立てる ❹ (言葉を選んで)…を表現する；(声を出さずに)〔言葉〕を口にするしぐさをする ‖ ~ a reply with simple words 簡単な言葉で答える

▸▸ **~ hóuse** 名 Ⓒ 《主に米》木造 (の骨組みの) 家屋　**~ tènt** 名 Ⓒ 《主に英》フレームテント《フレームで支える大型のテント》(《米》 wall tent)

__frámed__ /-d/ 形 《通例複合語で》額に入った；(…で)骨組みを作った ‖ timber-~ buildings 木組みの建物

__fráme·ùp__ 名 Ⓒ 《単数形で》《俗》(無実の人に罪を着せるための)でっち上げ；ぬれぎぬ；八百長

*__fráme·wòrk__ 名 Ⓒ ❶ 骨組み, 枠組み, 構造物；(工事用) 足場 ‖ the ~ of a kite 凧(たこ)の骨組み / a bridge with a steel ~ 鉄骨構造の橋 ❷ 〈理論・思想などの〉枠組み, 基盤；原則〈**for**〉 ‖ set a possible ~ _for_ a compromise 妥協が可能な枠を決める / provide a ~ 枠組み[原則]を規定する / within the ~ of the rules 規則の範囲内で ❸ 構成, 構造, 体制, 機構 ‖ a social ~ 社会構造

*__franc__ /fræŋk/ (♦ 同音語 frank) 名 Ⓒ フラン 《スイスおよびユーロ(euro)導入以前のフランス・ベルギー・ルクセンブルクの通貨単位. =100 centimes. 記号 F., f., Fr., fr.》；フラン硬貨；《the ~》(フラン使用国の)通貨体制

***__France__ /fræns | frɑːns/

—名 フランス 《公式名 the French Republic. 首都 Paris》

*__fran·chise__ /fræ̀ntʃaɪz/ 名 Ⓒ ❶ (企業・個人に認めた) (独占)営業[販売]権〈**for** …の / **to do** …する〉；(独占的) 営業[販売]区域；(独占) 営業 [販売] (権を持つ企業) ‖ obtain a ~ _for_ a bus service バスの営業権を得る / grant a ~ _to_ sell the new medicine 新薬の販売許可を与える / the car distributor with the exclusive local ~ その地域の独占販売権を持つ自動車ディーラー ❷ 《通例 the ~》選挙権；市民権, 公民権 ❸ 《米》(野球などの) フランチャイズ 《リーグから認められるチーム所有権》；《米口》プロのスポーツチーム ‖ a ~ player プロのスター選手 ❹ (特に映画の)関連商品 《DVD, 本, ゲームなど》
—動 他 …に (独占) 営業[販売]権を与える；〔事業〕の (独占)営業権を認める, …をフランチャイズ制にする《_out_》
-chis·ing 名

__fran·chis·ee__ /fræ̀ntʃaɪzíː/ 名 Ⓒ (一地区の独占的販売権を与えられた)チェーン店, 加盟店

__fran·chis·er__ /frǽntʃaɪzər/, **-chi·sor** /fræ̀ntʃaɪzɔ́ːr/ 名 Ⓒ (独占販売権を与える)親会社, 親業者

__Fran·cis__ /frǽnsɪs | frɑ́ːn-/ 名 フランシス ❶ **St. ~ of Assísi** アッシジの聖フランチェスコ (1181?–1226) 《イタリアの修道士. フランシスコ修道会の創立者》 ❷ **St. ~ of Sáles** サルの聖フランソワ (1567–1622) 《フランスの反宗教改革派司教. Bishop of Geneva (1602–22)》 ❸ **St. ~ Xávier** ⇨ XAVIER

__Fran·cis·can__ /frænsɪ́skən/ 形 フランシスコ修道会 (士) の　—名 Ⓒ フランシスコ修道会士；《the ~s》フランシスコ修道会 《1209年イタリアの St. Francis of Assisi が創立した》

__fran·ci·um__ /frǽnsiəm/ 名 Ⓤ 〖化〗フランシウム 《アルカリ金属の放射性元素. 元素記号 Fr》

__Franco-__ 連結形「フランス(の)」の意

__Fran·co·phile__ /frǽŋkəfàɪl | -koʊ-/, **-phil** /-fɪl/ 名 Ⓒ 形 フランス(人)びいき(の), 親仏家(の)

__Fran·co·phobe__ /frǽŋkəfòʊb, -koʊ-/ 形 名 Ⓒ フランス(人)嫌いの(人)
Fràn·co·phó·bi·a 名 Ⓤ フランス(人)嫌い

__fran·co·phone__ /frǽŋkəfòʊn/ 形 《限定》(母語 [公用語] として)フランス語を話す　—名 Ⓒ フランス語話者

__fran·gi·ble__ /frǽndʒəbl/ 形 《文》すぐに壊れる, 壊れやすい, もろい　**fràn·gi·bíl·i·ty** 名

__fran·gi·pan·i__ /frǽndʒɪpǽni, -pɑ́ːni/ 名 Ⓒ 〖植〗プルメリア, インドソケイ；Ⓤ その花から作った香水

__Fran·glais, f-__ /frɑːŋgléɪ | frɔ̃ŋgleɪ/ 名 Ⓤ フラングレ 《英語からの借用語句を多数含むフランス語》 (♦ _français_ (French)+ang_lais_ (English)より)

*__frank__[1] /fræŋk/ 形 (**~·er**；**~·est**) ❶ 率直な, ざっくばらんな, 隠し立てしない, あけっぴろげの〈**with** 人に；**about** …について〉 ‖ I'll be ~ _with_ you _about_ what has happened. 起きたことについて君に率直に言おう / a ~ criticism 歯に衣(きぬ)着せぬ批評 / To be ~ (_with_ you), I think you are wrong. 率直に言うと, 君は間違っていると思う ❷ (物・事が)明らかな, 明白な；あからさまの, 公然の ‖ with ~ loathing 露骨な嫌悪を示して
語源 ラテン語 _Francus_ (フランク人) から. フランク人だけがガリア地方 (現在のフランス・ベルギーを含む古代ローマ帝国

の一部)で自由民であったとされる. France と同語源.

frank² /fræŋk/ 動 他 ❶〔郵便物〕に送料支払い済みの印を押す, 消印を押す ❷…を無料で送達する ❸《古》…を自由に通行させる ―名 C ❶ 無料送達の署名[料金支払い済み印](のある封筒) ❷ 無料送達の特権

▸▸ **~ing machìne** 名 C《英》郵便料金別納証印刷機(《米》postage meter)

frank³ /fræŋk/ 名《米口》=frankfurter

Frank¹ /fræŋk/ 名 C フランク族の人, フランク人;《the ~s》フランク族《ゲルマン民族の一部族》;(地中海東沿岸で)西ヨーロッパ人

Frank² /fræŋk/ 名 **Anne ~** フランク (1929-45)《ユダヤ系ドイツ人で「アンネの日記」の作者》

Fran·ken·food /frǽŋkənfùːd/ 名 C U《俗》《けなして》遺伝子組み換え食品(♦ *Franken*stein+*food*)

Frank·en·stein /frǽŋkənstàɪn/ 名 ❶ フランケンシュタイン(男爵)《英国の小説家 Mary Shelley 作の同名の小説の主人公》;(俗に)フランケンシュタインの怪物(Frankenstein('s) monster) ❷ C 自分の創造したものに滅ぼされる人;創造した人を滅ぼすもの

Frank·fort /frǽŋkfərt/ 名 フランクフォート《米国ケンタッキー州の州都》

Frank·furt /frǽŋkfə(ː)rt/ 名 フランクフルト(=アム=マイン)(Frankfurt am Main)《ドイツ中西部の都市》

frank·furt·er, -fort·er /frǽŋkfə(ː)rṭər/ 名 C フランクフルトソーセージ(《米》frankfurt, frankfort)

frank·in·cense /frǽŋkɪnsèns/ 名 U 乳香《樹脂の一種. 宗教儀式で香としてたかれる》

Frank·ish /frǽŋkɪʃ/ 形 フランク族の
―名 U フランク語

Frank·lin /frǽŋklɪn/ 名 **Benjamin ~** フランクリン(1706-90)《米国の政治家·作家·科学者·発明家》

▸▸ **~ stóve** 名 C《米》フランクリンストーブ《鋳鉄製の暖炉型のストーブ》

frank·ly /frǽŋkli/ 副 (**more ~ ; most ~**) ❶ 率直に, 正直に, あからさまに ‖ speak ~ 率直に話す ❷《文修飾》率直に言って (♥ 特に相手にとって不快なことを言う場合に用いる) ‖ (Quite) ~, I don't think this will work. 率直に言って, これはうまくいかないと思う / "What do you think of my dress?" "*Frankly* (speaking), it's a disaster." 「このドレスどう」「はっきり言ってひどいね」

Behind the Scenes **Frankly, my dear, I don't give a damn. 率直に言わせてもらうが, 私の知ったことではない** 映画 *Gone with the Wind*(邦題「風と共に去りぬ」)の最後の別れのシーンで, 主人公 Scarlett O'Hara が「行かないで, これから私はどうすればいいの」とすがったとき, Rhett Butler が返した捨てぜりふ(♥ 助けなどを求めてきた相手に対して, 「自分は無関心だ, 勝手にすればいい」とすげなく断るときに)

frank·ness /frǽŋknəs/ 名 U 率直さ, 腹蔵のなさ

fran·tic /frǽnṭɪk/ 形 ❶ (人が)(怒り·悲しみ·苦痛·喜びなどで)気が狂いそうな, 逆上した(mad), ひどく興奮した;(動作などが)狂気じみた, 死に物狂いの(↔ calm)〈**with** …で / **to *do*** …したくて〉‖ I was [got] ~ *with* anger [worry]. 私は怒り[心配]のあまり気も狂わんばかりであった[になった] / drive her ~ 彼女をいらいらさせる / He was ~ *to* meet her. 彼は彼女に会いたくて気も狂わんばかりだった / make a ~ effort to *do* ... …しようと死に物狂いで努力する ❷ 大急ぎの, 慌てふためいた ‖ in a ~ hurry ものすごく急いで / make ~ attempts to revive him 大急ぎで彼を蘇生(そせい)させようと試みる

fran·ti·cal·ly /frǽnṭɪkəli/ 副 狂気のように, 死に物狂いで

frap·pé /fræpéɪ | ∸∸/ 名 C U フラッペ《半ば凍った果汁飲料;かき氷にリキュールなどをかけた飲み物》
―形《名詞の後に置いて》(飲み物などが)よく冷やしてある ‖ wine ~ よく冷やしたワイン

frat /fræt/ 名 C《米口》=fraternity ❷

fra·ter·nal /frətə́ːrnəl/ 形 ❶《通例限定》兄弟の(ような);友愛の(brotherly);友愛会の ‖ a ~ order [OR society, association] 友愛組合 ❷《生》二卵性の(→ identical)
~·ly 副

語源 *frater*- brother+-*al*(形容詞語尾)

▸▸ **~ twíns** 名 複 二卵性双生児(→ identical twins)

fra·ter·ni·ty /frətə́ːrnəṭi/ 名 (複 **-ties** /-z/) C ❶《集合的に》《単数·複数扱い》友愛会, 共済会;(宗教上の)信徒団体;同好会, …仲間(中立 organization, union) ‖ the medical ~ 医師会 ❷《米》(男子大学生の)フラターニティ友愛会, 学生クラブ《会名にギリシャ文字を用いる》(→ sorority)(中立 club, society) ❸ U 兄弟の間柄;兄弟愛, 友愛(中立 friendship, comradeship)

frat·er·nize /frǽṭərnàɪz/ 動 自 ❶ 〈…と〉兄弟のように交わる, 親しくする〈**with**〉 ❷ (規則に反して)〈敵と〉親しく交わる〈**with**〉 **fràt·er·ni·zá·tion** 名

frat·ri·cide /frǽtrɪsàɪd/ 名 U C 兄弟[姉妹]殺し(の犯人)(↔ sororicide) **fràt·ri·cíd·al** 形

Frau /fraʊ/ 名 (複 **~·en** /-ən/)《ドイツ》(=woman, wife) C (ドイツ人の既婚女性の姓名につけて)…夫人(Mrs.)

fraud /frɔːd/ 《発音注意》名 ❶ U 欺瞞(ぎまん);《法》詐欺;C 詐欺行為, ぺてん ‖ get money by ~ 金をだまし取る / credit card ~ クレジットカード詐欺 ❷ C ぺてん師, いかさま師 ❸ C まやかし物, にせ者

▸▸ **~ mànagement** 名 U 不正管理[取締] **~ squàd** 名《the ~》(英国警察の)企業詐欺捜査部

fráud·pròof 形 不正行為防止付きの

fraud·ster /frɔ́ːdstər, +米 frɑ́ːd-/ 名 C 詐欺[ぺてん]師

fraud·u·lence /frɔ́ːdʒələns | -dju-/ 名 U ごまかし, 欺瞞, 詐欺(性)

fraud·u·lent /frɔ́ːdʒələnt | -dju-/ 形 詐欺的な;詐欺によって得た ‖ ~ dealing 不正取引 **~·ly** 副

fraught /frɔːt/ 形 ❶《叙述》〈…に〉満ちた, 〈…を〉伴った, はらんだ〈**with**〉‖ an incident ~ *with* peril 危険をはらんだ出来事 ❷ 困った, 心を痛めた ‖ Don't look so ~. そんな困った顔をしなさんな / the ~ arena of ... …という心配な分野

Fräu·lein /frɔ́ɪlaɪn/ 名 (複 **~**)《ドイツ》C (ドイツ人の未婚女性の姓名につけて)…嬢(Miss)

fray¹ /freɪ/ 名《the ~》騒々しい口論;けんか, 争い ‖ enter [OR join] the ~ けんかに加わる

fray² /freɪ/ 動 他 ❶〔布〕を(摩耗によって)すり切らす, ぼろぼろにする, ほつれさせる ‖ Your sweater is ~*ed* at the elbows. 君のセーターはひじのところがすり切れてるよ ❷〔神経など〕をすり減らす, いら立たせる, …に無理な負担をかける ―自 ❶ すり切れる, ぼろぼろになる;(端が)ほつれる ❷ (神経などが)すり減る, いら立つ **~ed** 形

fraz·zle /frǽzl/ 《口》名 C《単数形で》❶ ぼろぼろ ‖ be burnt to a ~ すっかり焼ける ❷ くたくた ‖ be worn to a ~ 疲れ果てる ―動 他 ❶ …をぼろぼろ[ずたずた]にする ❷ …をくたくたに疲れさせる

fraz·zled /frǽzld/ 形《口》くたくたに疲れた

FRB 略 *F*ederal *R*eserve *B*oard ((米国の) 連邦準備委員会)

freak /friːk/ 名 C ❶《口》…狂, …ファン, …マニア ‖ a film ~ 映画ファン / a control ~ やたらと人に指図したがる人 / health-food ~*s* 健康食品マニア ❷《口》《けなして》奇人, 変人, 変わり者 ❸ ⊗《蔑》奇形(の人間·動植物);異常な出来事[現象] ‖ a ~ of nature 造化の戯れ, 奇形 / A long period of rain in the desert would be a real ~. 砂漠で長雨が続いたらまさに異常現象だ ❹《形容詞的に》異常な, おかしな ‖ ~ weather 異常気象 ❺《修飾語を伴って》《俗》麻薬常用者 ‖ a cocaine ~ コカイン常用者
―動 自《俗》(急に)取り乱す, ぎょっとする, かっとなる;興奮する, (麻薬などで)幻覚症状を起こす, おかしくなる《*out*》‖ His mother ~*ed* when she heard the news. その知らせを聞いて彼の母親は取り乱した
―他《俗》…を(急に)取り乱させる, ぎょっとさせる, 異常に興

F

奮させる，おかしくさせる《*out*》
▸▸ ～ **shòw** 名 C (奇形の動物や人間を見せる)見世物

freak·ing /fríːkɪŋ/ 形《限定》副 ⊗《米俗》《蔑》《婉曲的》いまいましい[く]，ひどい[く]（♦ fucking の代用）

freak·ish /fríːkɪʃ/ 形 ❶ 気まぐれな，移り気な ‖ ～ weather 気まぐれな天候 ❷ ⊗《ときに蔑》奇妙な，風変わりな；奇形の，グロテスクな　**～·ly** 副　**～·ness** 名

fréak-òut 名 U C《俗》(幻覚剤などによる) 幻覚 [興奮] 状態(に陥った人)

freak·y /fríːki/ 形《俗》=freakish

freck·le /frékl/ 名 C そばかす，しみ
—動 自 他 そばかす[しみ]ができる[を生じさせる]

fréck·led /-d/ 形 そばかす[しみ]のある

freck·ly /frékli/ 形 そばかす[しみ]のある

Fred /fred/ 名 フレッド《男子の名. Frederick の愛称》

Frèd·die Mác /frèdi-/ 名《米》フレディ＝マック《the Federal Home Loan Mortgage Corporation（連邦住宅金融抵当会社）の俗称》(→ Fannie Mae)

Fred·er·ick /frédərɪk/ 名 ～ **II** フリードリヒ２世（ドイツ語名 Friedrich II）(1712–86)《プロイセン王 (1740–86). 大王(Frederick the Great)と呼ばれ，啓蒙(けいもう)専制君主の典型とされる》

***free /friː/ 形 副 動

中心義 (Aにおいて)拘束されていない（★Aは「行動」「思想」「金銭」「時間」「場所」など多様）

> 形 自由な❶❸　自由に…できる❹　無料の❺
> 　暇な❼　空いている❽
> 副 無料で❶　自由に❷
> 動 他 自由にする❶

—形〔▶ freedom 名〕(**fre·er**; **fre·est**)

❶ (身分が)**自由な**，(囚人[奴隷]の身分から)釈放[解放]された；(動物などが)解き放たれた；《the ～ で集合名詞的に》《複数扱い》自由民[人] ‖ He left the court a ～ man. 彼は自由の身となって法廷を出た / set a bird [prisoner] ～ 鳥を放つ [囚人を釈放する] / the land of the ～ 自由(民)の国《アメリカ合衆国のこと》

❷ (国家・国民・制度などが)(政治的に)自由な；独立した；自由主義の（♦ 特に「共産主義の」の反対語として用いる）‖ the constitutional right to ～ speech 憲法上で約束された自由な言論の権利 / enjoy a ～ press 出版の自由を享受する / a ～ nation 独立国；自由主義国

❸ (行動・思想などが)**自由な**，制約[束縛]を受けない，伸び伸びした；自由意志による，自発的な；(文章・演技などが)規則[形式，字句など]にこだわらない（❗「フリーサイズ」は和製語. 衣類のサイズでは One size fits all. と表示される.「このシャツはフリーサイズだ」は This shirt fits all.）‖ ～ discussion 自由な討議 / ～ fantasy 奔放な幻想 / a ～ spirit 自由な精神 (の持ち主) / ～ actions 自由な [自発的] 行動 / give ～ play to one's emotions 感情の赴くがままに演技する / This membership number gives you ～ access to information. この会員番号があれば情報に自由にアクセスできます / You have ～ choice. 好きなように選んでよい / ～ jazz フリージャズ / ～ composition 自由作文 / ～ translation 自由訳，意訳 (↔ literal translation) / ～ exercise（体操などの)自由演技(↔ compulsory exercise)

❹《+*to do*》**自由に…できる**，…して差し支えない ‖ You're ～ *to* take anything you want from the fridge. 欲しいものは何でも冷蔵庫から取り出していいよ

❺《比較なし》**無料の**，ただの；(物品が)無課税の（❗ 税関・国境などの無審査通過を意味する「フリーパス」は和製語.「税関をフリーパスする」は go through customs without inspection）‖ We're offering a ～ glass of wine with the meal. お食事にワインを１杯サービスします / a ～ ticket 無料入場券 / a ～ gift（宣伝用の）無料贈呈品（♦ よく使われる表現だが語義が重複しているとして嫌う人もいる）/ Admission ～.《掲示》入場無料 / *Free* issue! １号無料進呈（♦ 雑誌講読の宣伝文句）

❻ (関税・商業規則などの点で)規制を受けない ‖ a ～ economy 自由経済(機構)

❼《比較なし》(人・時間が) **暇な**，用事のない (↔ busy) ‖ I've got a ～ day [evening, half-hour]. １日 [１晩，30分] 時間が空いている / What do you do in your ～ time? 暇なときには何をしますか

❽《比較なし》(場所が) **空いている**，使っていない (↔ used, occupied) ‖ Is this seat ～? この席は空いていますか / There is a table ～ in the corner. 隅に空いているテーブルが１つある / Your line was never ～. 君の電話は全然つながらなかったよ / ～ space 空いている空間

❾《叙述》〈望ましくないものの〉ない；〈規則・罰などを〉免じられている〈**from, of**〉（♦ from は望ましくない対象を，of はあるのが当然な対象を導くともされるが，特に区別しない場合も多い）‖ Some day the world may be ～ *of* [OR *from*] hunger. いつかは世界から飢えがなくなるかもしれない / His tone was ～ *of* hostility. 彼の口調に敵意はなかった / Delivery [Membership] is ～ *of* charge. 配達費 [会費] は無料だ / ～ *of* disease [mistakes] 病気にかかっていない [誤りのない] / a harbor ～ *of* ice 不凍港

❿〈…を〉物惜しみしない，〈…について〉気前がよい，大まかな (↔ mean)〈**with**〉（♥「ありがた迷惑なことに」の意を含むこともある）；ふんだんな，豊富な ‖ He is always ～ *with* his money. 彼はいつも金を出し惜しむことはない / make ～ use of ... …をふんだんに使う / He is always ～ *with* advice [criticism]. 彼はおせっかいな忠告屋だ [小うるさい批判屋だ] / a ～ spender 金離れのよい人

⓫ (空間・通路などが)自由に通れる，出入り自由な，開放された；障害のない (↔ blocked) ‖ a ～ path 自由に通れる小道 / give ～ passage 自由に通行する許可を与える / a ～ flow of water とうとうたる水の流れ ⓬《比較なし》固定されていない，〈…から〉離れている〈**of**〉；(動きが)自由な；〘理・化〙遊離した，自由な ‖ This screw has worked (itself) ～. このねじは自然に緩んでしまっている / The cat tried to pull ～ *of* his grasp. 猫は彼につかまれているのを何とか振りほどこうとした / with one's ～ hand [arm] 空いている方の手 [腕] で / ～ oxygen 遊離酸素 / a ～ electron 自由電子 ⓭ (態度・言動などが) 自由で伸び伸びした；(意見などが) 率直な ‖ She is ～ and frank toward everyone. 彼女はだれとでもすぐ打ち解ける / He was ～ in his talk about his failed business. 彼は失敗した事業についてあけすけに話した ⓮《旧》〈…に〉なれなれしい，遠慮のない；図々しい〈**with**〉‖ He is too ～ *with* me. 彼は私になれなれしすぎる / Their talk became a bit ～. 彼らの話は少し品が悪くなった ⓯〘言〙(母音が)開音節にある，音節の最後が子音でない；(語形が)それ自体で語として完全な《接頭・接尾辞などに対して》(↔ bound[2]) ⓰〘海〙(風が)順風の，追い風の

(*as*) ***free as a bird*** ⇨ BIRD(成句)

(*as*) ***free as*** (*the*) ***air*** ⇨ AIR(成句)

for frée《口》ただで，無料で ‖ I had my printer repaired *for* ～. プリンターをただで直してもらった

frèe and cléar 負債[制約]のない[なしに]，(財産が)抵当に入っていない

frèe and éasy 打ち解けた，リラックスした

frèe, gràtis, and for nóthing 無料で，ただで

frèe on bóard 本船渡しで(の)《荷揚げ料・運送料共込みで. 略 f.o.b., FOB》

màke frée with ... ①〔人〕になれなれしくする ②〔他人のもの〕を勝手に使う[食べる]

COMMUNICATIVE EXPRESSIONS

1 **Are you frèe** tomórrow? 明日空いてる？（♥ 誘いの表現）

2 **Fèel frée to** àsk me àny quéstions. どんな質問で

も遠慮なく私にお尋ねください
3 **I'll tèll you thís for frèe:** She's nó àngel. これだけは言っておくが, 彼女は結構なワルだからな(♥ 怒りを表す)
4 **It's a frèe cóuntry.** ⇨ COUNTRY (CE 1)
—副 (fre·er; fre·est)
❶《比較なし》**無料で** ‖ get it ～ それをただで手に入れる / travel ～ on buses 無料でバスに乗る
❷ **自由に**, 束縛なしに, 解き放たれて ‖ breathe ～ 伸び伸びと呼吸する / walk ～ (特に犯罪者が)大手を振って歩く / run ～ 自由に走る, 放し飼いになっている
❸〔海〕順風を受けて
—動 (～s /-z/; ～d /-d/; ～·ing)
—他 ❶ …を**自由にする**, 〈…から〉解放[釈放]する, 救い出す; …を〈固定された状態から〉解く, 離す, 抜く〈from〉‖ ～ prisoners 囚人を釈放する / She ～*d* her hand *from* my grasp. 彼女は私が握っていた手を振りほどいた / ～ oneself *from* the wreckage of a train 列車の残骸(ざん)から抜け出す
❷《＋目 *A*＋from [of] 名 *B*》*A*(人・場所)から*B*(苦難・障害など)を取り除く, *B*を取り除いて*A*をきれいにする ‖ ～ one's mind *from* anxiety 心から不安を取り除く / ～ a room *of* tobacco smoke 部屋からたばこの煙を追い出す
❸ **a** 《＋目》〔時間・資源など〕を(自由に)使えるようにする, …を割く, 回す《*up*》〈for …のために / to *do* …するために〉‖ This cleaning robot will ～ (*up*) staff *for* more difficult jobs. 掃除ロボットのおかげで職員はより困難な仕事に時間を割けるようになるだろう **b** 《＋目＋to *do*》〔人〕が自由に…できるようにする, 〔人〕に…する余裕を与える《*up*》‖ Changing my schedule ～*d* me (*up*) *to* attend the conference. 私は予定を変更することでその会議に出席できるようになった
frèe úp ... / frèe ... úp ① ⇨ 他 ❸ ②〔市場・経済など〕を自由化する, 緩和する ③《口》…を緩める, …にゆとりを持たせる
▶▶ ～ **agent** (↓) ～ **alòngside shíp** 副 形 船側渡しで[の]《運送料込みだが荷揚げ料は含まれない. 略 f.a.s., FAS》 ～ **associátion** 名 U 〔心〕自由連想 **Frèe Chúrch** 名 C ①(国家の支配を受けない)自由教会 ②《英》非国教派教会 ～ **clìmbing** 名 U フリークライミング《ロープ・ハーケンなどの器具を用いないロッククライミング》 ～ **collèctive bárgaining** 名 U 《英》法に規制されない労使交渉 ～ **énergy** 名 U 〔理〕自由エネルギー ～ **énterprise** 名 C (政府の規制を受けない)自由企業(論) ～ **fáll** (↓) ～ **flíght** 名 C (ロケットの動力停止後の)惰力飛行 ～ **fòrm** 名 C 〔言〕語の自由形態《ほかの語の一部としてではなく, それ自体で独立して用いられる形態. 例えば fire, book, run など》 ～ **hánd** (↓) ～ **hóuse** 名 C 《英》フリーハウス《特定銘柄の醸造会社と提携していない居酒屋・パブなど》(↔ tied house) ～ **kíck** 名 C 〔サッカーなど〕フリーキック ～ **lóve** 名 U (結婚を前提としない)自由恋愛 ～ **lúnch** 名 C 《口》ただ[無償]でもらえるもの ‖ There's no (such thing as a) ～ *lunch.* 無料で手に入るものはない ～ **márket** 名 C 〔経〕(競争原理に基づく)自由市場, 公開市場 ～ **marketéer** 名 C 自由市場(経済)支持者 ～ **mórpheme** 名 C ＝free form ～ **párdon** 名 C 〔法〕恩赦, 特赦 ～ **páss** 名 C フリーパス, 無料乗車[入場]券 ～ **périod** 名 C (授業のない)自由時間 ～ **pórt** 名 C 自由港《すべての船が入港できる港. また, 無税で貨物の積み替えのできる港》 ～ **rádical** (↓) ～ **réin** 名 U (無制限の)行動の自由 ‖ give ～ *rein* to ... …に(無制限の)行動の自由を与える ～ **ríde** 名 C (特典としての)費用免除;《口》労せずして(不当に)得たもの ～ **sáfety** 名 C 〔アメフト〕フリーセーフティー《守備の最後のとりでになる選手》 ～ **schóol** 名 C 自由学校《生徒が自由にカリキュラムを選べる》 ～ **skáting** 名 U フリースケーティング《フィギュアスケートの自由演技》 ～ **sóftware** 名 C 💻 フリーソフト (freeware)《開発者が無償使用を認めたソフトウェア》(→ shareware, copyleft, public domain) ～ **spírit** 名 C (慣習にとらわれない)自由人 **Frèe Státe** 名 ①〔米国史〕自由州《南北戦争以前に奴隷の使用を禁じていた北部の諸州》(→ Slave State) ② 南アフリカ共和国中東部の州(♦以前は Orange Free State と呼ばれた) ～ **thóught** 名 U (特に宗教上の)自由思想 ～ **thrów** 名 U 〔バスケットボール〕フリースロー ～ **tráde** 名 U 〔経〕自由貿易 ～ **tráder** 名 C 自由貿易主義者 ～ **univérsity** 名 U 自由大学《既成の大学教育とは別に, 学生が参加して自主的に行う講座》 ～ **vérse** 名 U 自由詩 ～ **vóte** 名 C 《主に英》(国会での党規に縛られない)自由投票 ～ **wíll** 名 U 自由選択, 自由意志 ‖ *do* ... of one's own ～ *will* 自らの意志で…する ～ **wórld** 名 《the ～》(共産圏に対し)自由(主義)世界

-free 連結形 ❶ …のない ‖ germ-*free* 無菌の / additive-*free* 無添加の ❷ …免除の ‖ duty-*free* 免税の

frèe ágent 名 C ❶《米》〔スポーツ〕(プロの)自由契約選手 ‖ declare oneself a ～ 自由契約選手を宣言する ❷(一般に)自分の思うとおりに行動できる人, 自由な人
frèe ágency [ágentry] 名 U フリーエージェント制

frée-bàse 動 他〔コカイン〕の純度を高める;《俗》〔純度の高いコカイン〕を吸う —自《俗》純度の高いコカインを吸う —名 U 高純度コカイン

free·bas·ing 名 U 《俗》高純度コカインをやること

free·bie /fríːbi/ 名 C 《口》ただのもの《招待券・景品など》

frée·bòard 名 U C 〔海〕乾舷(かん)《喫水(きっ)線から上甲板までの距離》

frée·bòot·er /-bùːtər/ 名 C 海賊; 略奪者

frèe·bórn /, ニ-/ ⊲ジ 形 《限定》(奴隷などでなく)自由の身に生まれた; 自由の民にふさわしい

frée·dìving, frée-dìving 名 U フリーダイビング《装具をつけずに潜水して潜った深さや潜水時間を競う極限スポーツの1つ》(→ extreme sports)
-dìver 名 C フリーダイバー

freed·man /fríːdmən/ 名 (複 **-men** /-mən/) C 解放奴隷, 自由民(中立 ex-slave, freed slave)
-wòman 名 (複 **-wòmen**) C 女性解放奴隷

free·dom /fríːdəm/
—名〔⊲ free 形〕(複 ～s /-z/) U (♦「自由」の種類を表す場合はときに C)(⇨ 次ページ BYB) ❶ **自由**, 束縛のないこと(↔ restriction); (国家の)自主独立, (政治的)自由(⇨ 類語) ‖ *Freedom* is a basic human right. 自由は基本的人権である / Life must be difficult in a country without ～ of speech. 言論の自由がない国では生活はつらいに違いない / defend [OR protect] personal [OR individual] ～ 個人の自由を守る / fight for ～ of thought [the press, association] 思想[出版, 結社]の自由を求めて闘う
❷ (意志・行動などの)**自由**, 自己決定〈of …の / to *do* …する〉‖ Now that you've come of age, you have the ～ *to* act as you choose. 君ももう成年に達したのだから, 自分の好きなように行動する自由がある / ～ *of* the will 意志の自由
❸ (囚人・奴隷・人質などの拘禁状態からの)**解放**(↔ captivity) ‖ After the negotiation, all the hostages gained their ～. 交渉後, 人質全員が解放された
❹ 〈義務・税などの〉**免除**; 〈いやなものの〉ないこと〈from〉‖ The new treatment will provide complete ～ *from* pain. その新しい治療をすれば痛みから完全に解放されるだろう / ～ *from* taxation 課税免除 / ～ *from* debt 借金のないこと / ～ *from* starvation [disease, worry] 飢餓状態[病気, 心配事]がないこと
❺ 〈使用・入手・出入り・閲覧の〉自由(↔ restraint)〈of〉‖ They gave me the ～ *of* their house. 彼らは私に自由に自宅を利用させてくれた / the *Freedom of* Information Act 情報公開法

F

❻ U C 権利, 特権 ‖ the ~ of the city 名誉市民権 / the ~ of the seas 〘国際法〙公海の自由航行権 ❼ (動きの) 容易さ, 自由自在 ‖ Tight fitting clothes don't allow enough ~ of movement. ぴったりした服では十分に動けない ❽ 率直さ, あけっぴろげ, なれなれしさ

類語 《❶》 **freedom** 意味も使用範囲も広く, 拘束や束縛が存在しない「"free"な状態」, すなわち「自由」を表す一般語.

liberty 格式ばった語. 一般的な「自由」の意味で freedom と互換的に用いることが多いが, 文脈により freedom と区別される意味合いとして, ①束縛・抑圧・隷属などからの自由(=解放), ②思うままに行動する自由(=勝手気まま), ③権利としての自由, などがある. 〈互換的に用いられる例〉*freedom* [OR *liberty*] of conscience [speech] 良心 [言論] の自由 〈区別して用いられる例〉civil *liberties* 市民としての自由 / *Freedom* of speech is a precious *liberty*. 言論の自由はかけがえのない自由である

license 自由を乱用して好き勝手に振る舞うこと. 〈例〉mistake *license* for *liberty* 放縦を自由とはき違える

▶▶ **Fréedom Còrps** 名《米》自由部隊《2002年1月米国第43代大統領 G. Bush の年頭教書により創設された本土防衛部隊》 **~ fìghter** 名 C 暴力的手段による反体制活動家 **~ of assémbly** 名 U 集会の自由 **~ of associátion** 名 U 結社の自由 **~ of informátion** 名 U 情報の自由 **~ rìde** 名 U フリーダムライド《公共の乗り物での人種差別撤廃を求めて, 1960年代に米国南部諸州をバスで回った示威運動》 **~ rìder** 名 C フリーダムライド運動参加者

frèe fáll, frèe·fáll, frèe-fáll 名 U ❶ (重力の作用だけによる) 自由落下《落下傘の開く前の落下, 宇宙船のエンジン停止状態での進行などをいう》 ❷ (市場・株などの) 急落 ‖ go into ~ (市場・株が)急落する
── 動 自 重力で落下する; 暴落する

frèe-flóating ⟨シ⟩ 形 ❶ (人が) (ある政党・主義などに) 積極的に関与しない ❷ (不安などの) はっきりした理由のない ‖ ~ anxiety 漠然とした不安

Frée·fòne /-fòun/ 名 C 《英》《商標》フリーダイヤル, 受信人払い通話

frée-for-àll 形 名 C 《単数形で》《口》参加自由の(競技・討論), 入り乱れての乱闘, 野放しの(状態)

frée-fòrm 形 《限定》(美術・音楽が) (伝統にとらわれない) 自由形式の

free·gan /fríːgən/ 名 C フリーガン《反消費主義の観点から廃棄食品の回収・再利用をする人》(♦ *free* + *vegan* より)
-gan·ism 名

frée·hànd 形 《限定》(図などが) フリーハンドの, (定規などを用いずに) 手だけで書いた
── 副 フリーハンドで, 手だけで, 手書きで

frèe hánd 名 C 《単数形で》行動の自由, 自由裁量 ‖ have [OR get] a ~ 自分の判断でやる
gìve a pèrson a frèe hánd 〔人〕に自由にやらせる

frèe·hánded ⟨シ⟩ 形 気前のよい, 鷹揚(おうよう)な

frée·hòld 名 ❶ U (土地・官職の) 自由保有(権) ❷ C 《主に英》自由保有地 ── 形 副 自由保有の[で]
~·er 名 C 自由土地保有者

frée·lànce 名 C ❶ フリーランサー《自由契約の記者・俳優など》 ❷ 無所属の政治家, 一匹狼(おおかみ) ❸ (中世の) 傭兵(ようへい) ── 形 フリーの, 自由契約の ‖ a ~ journalist フリーのジャーナリスト / go ~ フリーになる ── 副 フリーで, 自由契約で ── 動 自 フリーランサーとして働く
-lànc·er 名

frèe-líving ⟨シ⟩ 形 ❶ したい [食いたい] 放題の生活をする; 快楽にふける ❷ 〘生〙(寄生・共生でなく) 独立[自由]生活の

frèe·lóad /ˌ-ˈ-/ 動 自 《口》人にたかって飲食する
~·er 名 C 《口》たかり屋 **~·ing** 形 名

***free·ly** /fríːli/ 副 ❶ 自由に, 好きなように, 束縛されずに ‖ Brainstorming is the process of thinking ~ and developing ideas in a group. ブレーンストーミングとは集団で自由に考えアイデアを開発する方法のことである / Our merchandise catalogs are ~ available. 我が社の商品カタログは簡単に手に入ります (♦「無料で」の意味ではない) / breathe ~ 伸び伸びと呼吸する ❷ 自ら進んで, 自発的に; 率直に ‖ We can speak ~ in here. ここでなら遠慮なく話ができます / I ~ admit that I myself might have been wrong. 私自身が間違っていた [悪かった] かもしれないと率直に認めます ❸ 気前よく; 豊富に; (訳すときに) 字句にこだわらずに, 大まかに ‖ give ~ 惜しみなく与える / The blood flowed ~. 盛んに血が流れ出た / translate ~ 意訳する

frée·man /-mən/ 名 (複 **-men** /-mən/) C (奴隷でない) 自由民; 自由市民, 公民(中立 citizen) **-wòman** 名

Frée·mà·son /-mèɪsən/ 名 C フリーメーソン《会員相互の扶助・友愛を促進する国際秘密結社 (Free and Accepted Masons) の会員》
語源 free(自由な)+mason(石工): 中世の熟練した石工はギルドに束縛されず自由に移動できたことに由来する.

Frée·mà·son·ry /-mèɪsənri/ 名 U ❶ フリーメーソン団の主義[制度] ❷ 《f-》(何らかの共通点を持つ者同志の) 本能的共感[友愛]

frée·ness /-nəs/ 名 =freedom

Frée·phòne 名 =Freefone

Frée·pòst 名 C 《英》無料郵便; 受取人払い郵便

frèe rádical 名 C 〘化〙遊離基 **frèe-rádical** 形 遊

Boost Your Brain!

liberty と freedom

この2つの語は多くの場合互いに置き換えることが可能で, 明確な意味の違いがあるわけではない. しかし微妙なニュアンスの違いがあり, これらの語の歴史を知ることでその違いをはっきりと理解することができる.

liberty の語源はラテン語の liber「自由な, 拘束されていない」に由来する. 一方, freedom は古英語 freodom より. free-「自由な」+ -dom「状態」を意味する. 日本語でも「山脈」「故郷」など漢語は硬い響きがあり,「やまなみ」「ふるさと」など和語の方が柔らかな印象を与える. 英語においても事情は同じで, ラテン語起源の liberty が理性に訴えかける硬い語であるのに対して, 古英語に由来する freedom は直接心に響いてくる言葉である.

liberty は国民が戦って勝ち取る自由, 国家が政治的に保証し国民が共有する自由といった公的な響きがあるのに対して, freedom は個人の権利として人々が当然持つべき自由を指す. 特にアメリカ人にとって liberty は独立や愛国心と切り離せない. the Statue of Liberty「自由の女神」はイギリスの植民地支配からの解放を祝福するモニュメントであり, 1776年7月8日, フィラデルフィアで鳴り響いたのは the Liberty Bell「自由の鐘」である. 一方, freedom は差別との闘いと強く結びついた語である. 1963年, キング牧師らによって指導され, 人種差別に反対し個人の尊厳を求めたデモ行進は the March on Washington for Jobs and Freedom「仕事と自由のためのワシントン行進」あるいは the Great March on Washington「ワシントン大行進」と呼ばれる.

"I have a dream that one day even the State of Mississippi ... will be transformed into an oasis of freedom and justice." (Martin Luther King Jr.)「私には夢がある. いつの日か…ミシシッピ州でさえも, 自由と正義のオアシスに変えられるという夢が.」

離基の ‖ ～ oxidation 遊離基による酸化
frèe-ránge /, ⌐⌐/ ⟨シ⟩ 形 放し飼いの(鶏の生んだ)
frée·rìde 名 Ⓒ 汎用スノーボード
—動 自 汎用スノーボードで滑る **-rìder** 名
free·si·a /fríːʒə | -ziə/ 名 Ⓒ 《植》フリージア
frèe·stánding ⟨シ⟩ 形 (彫刻などが)自立している
frée·stòne 名 ❶ Ⓤ 自由に細工のできる石《砂岩など》 ❷ Ⓒ (桃・プラムなど)種離れのよい果実(の種)
frée·stỳle 名 形 《限定》(水泳・スケート・レスリングなどで)自由型[フリースタイル](の)
frèe·thínker 名 Ⓒ (特に宗教上の)自由思想家
frèe·thínking 名 Ⓤ 形 《限定》自由思想(の)
Frée·tòwn 名 フリータウン《西アフリカ, シエラレオネ共和国の首都・海港》
frée·wàre 名 =free software
frée·wày
—名 (複 **~s** /-z/) Ⓒ ❶ 《米・豪》(多車線式の)**高速**(自動車)**道路**, フリーウェイ (expressway, 《英》 motorway) (⇨ ROAD 類語P) ❷ 《米》(無料の)幹線道路
frèe·whéel 名 Ⓒ (自転車・自動車の)フリーホイール, 自由輪 —動 自 ❶ (自転車(乗り)が) (ペダルを止めて)惰性で走る ❷ 勝手気ままに暮らす
frèe·whéeling 形 《限定》 ❶ 惰性で走る, フリーホイールの(ついた) ❷ 気ままな, 勝手な, 無責任な
frée·wìll /, ⌐⌐/ ⟨シ⟩ 形 《限定》自由意志による, 自発的な ‖ a ～ offering (宗教上の)自発的献金
freeze /friːz/ 動 (**freez·es** /-ɪz/ ; **froze** /froʊz/ ; **fro·zen** /fróʊzən/ ; **freez·ing**) 自 ❶ **a** (水・液体などが) 凍る, 氷結する ‖ Water ～*s* at ⌈zero degrees Celsius [32 degrees Fahrenheit]. 水はセ氏0度[カ氏32度]で凍る / The washing *froze* on the line during the night. 洗濯物が夜の間に物干し綱で凍った **b** 《+補 ⟨形⟩》凍って…(の状態)になる(♦補語は通例 hard, solid) ‖ The liquid has *frozen* solid. 液体は凍って固まってしまった
❷ (池・湖などが)凍結する《*over*》; (パイプなどが)凍って詰まる[固まる, 動かなくなる]《*up*》; ⟨…に⟩凍りつく⟨**to**⟩ ‖ The pond *froze* (*over*). 池が(一面に) 凍った / The water pipes have *frozen* (*up*). 水道管が凍って詰まってしまった / Wheels *froze to* the ground. 車輪が地面に凍りついた
❸ 《it を主語にして》氷点下の気温になる, いてつくように寒い; 《人を主語にして》体が凍える, ひどく寒い; 凍死する; (農作物が) 寒さにやられる ‖ It is *freezing* outside. 外はいてつく寒さだ / I'm *freezing* (with cold). (寒さで) 体が凍りそうだ / ～ to death 凍死する
❹ 《+副》(食品が) 冷凍保存される, 冷凍保存に適する (♦副 は様態の副詞) ‖ Tomatoes do not ～ well [OR successfully]. トマトはうまく冷凍できない
❺ よそよそしくなる, 態度を固くする; (表情などが) こわばる《*up*》‖ She *froze* (*up*) at the rebuke. 彼女は叱責(しっせき)されて態度をこわばらせた / The smile *froze* on my face. 顔の笑い(の表情)がこわばった ❻ (恐怖・驚きなどで)(人が)身動きできなくなる, 口がきけなくなる; (血が)凍る; (俳優が)緊張で演技ができなくなる《*up*》‖ ～ with terror 恐怖に身がすくむ / At the sudden noise, my blood *froze*. 突然の物音に (恐怖で) 血が凍った ❼ (急に) 静止する, 動きを止める; 《命令文で》動くな(♥警告で用いられることが多い) ‖ Put your hands on top of your head and ～! 両手を頭に当てたまま動くな ❽ 🖳 (コンピューターの画面が)突然無反応状態になる, フリーズする
—他 ❶ …を凍らせる, 氷結させる(♦ときに hard, solid などの補語を伴う) ‖ The frost came, *freezing* everything solid under the snow. 寒気がやって来て, 何もかもが雪の下でこちこちに凍った
❷ 〔池・湖など〕を凍結させる《*over*》; 凍って〔パイプ(の中)など〕を詰まらせる[固まらせる, 動かなくさせる]《*up*》; …を⟨…に⟩ 凍りつかせる ⟨**to**⟩ ‖ The lake was *frozen over*. 湖は (一面に) 氷結した / The pipes were *frozen up*. 管が凍って詰まった
❸ 〔人など〕を凍えさせる; …を凍死させる; 〔作物〕を寒さで駄目にする ‖ Some homeless people were *frozen* to death. ホームレスの人たちが何人か凍死した / I was *frozen* to the marrow. 体の芯(しん)まで冷えきってしまった
❹ 〔食品〕を冷凍する ‖ She *froze* the meat in the freezer. 彼女は肉を冷凍庫で冷凍した
❺ 〔計画・話し合いなど〕を凍結する; (法令で)〔賃金・価格・資産〕を凍結する; (戦時などに)…の生産[使用]を凍結する ‖ ～ aid and loans 援助と借款を凍結する
❻ 〔映画やビデオ〕をある場面で止める; 〔速い動きなど〕を静止画像に撮る ‖ *Freeze* the action there! 《映》その演技のところ[場面]で停止
❼ 〔人(の態度)〕を硬直させる, 無愛想にさせる; 〔表情など〕をこわばらせる ‖ The anchor's rude questions *froze* her. ニュースキャスターの無礼な質問に彼女はきっとなった
❽ 〔人〕を冷たい態度であしらう, 〔人〕に凍えさせるような冷やかな態度をとる; …を冷たい目で見る ‖ She *froze* me with a look when I said hello to her. 彼女にあいさつしたら冷たい視線であしらわれた
❾ 〔人〕をぞっとさせる, (恐怖などで)身動きできなく[口をきけなく]させる, すくみ上がらせる; …の熱意をしぼませる ‖ The story *froze* me with terror. その話を聞いて恐怖でぞっとした ❿ 《口》(局部麻酔で)〔体の一部〕を麻痺(まひ)させる
frèeze óff ... / frèeze ... óff ⟨他⟩ 《旧》《口》 ① …にすげない態度をとる, …をすげなく断る ② 《受身形で》(試合などが)地面が凍って中止になる
fréeze (*on*) *to* [OR *onto*] *...* ⟨他⟩ 《旧》《口》…に凍りつく; …に(しっかり)しがみつく; …に固執する
frèeze óut ... / frèeze ... óut ⟨他⟩ 《口》〔人・団体など〕を⟨…から⟩(冷たい態度で)締め出す, いたたまれなくする, 仲間外れにする⟨**of**⟩
frèeze úp ⟨自⟩ ① ⇨ 自 ❷, ❺, ❻ ② 《米》(機械などが)(さびついたりして)動かなくなる
—名 Ⓒ 《通例単数形で》 ❶ 厳冬期, 寒波 ‖ during the big ～ 大厳寒期の間に ❷ 《米》(1日のうち)気温が最も低い時 ❸ ⟨賃金・資産などの⟩凍結, 据え置き; ⟨行動・計画などの⟩ 凍結, 禁止, 停止 ⟨**on**⟩ ‖ a price [wage] ～ 価格[賃金] の凍結 / a ～ *on* production [nuclear weapons] 生産[核兵器]の凍結
▸▸ ～ **tàg** 名 Ⓤ フリーズタグ《鬼ごっこの一種》
frèeze-drý ⟨シ⟩ 動 (**-dried** /-d/ ; **～·ing**) 他 〔食品など〕を凍結乾燥する, フリーズドライにする(♦しばしば受身形で用いる) **-dríed** 形
frèeze-fráme /, ⌐⌐/ 名 Ⓤ (映画フィルム・ビデオなどの)画面のこま止め; Ⓒ 静止画面
—動 他 〔画面〕をこま止めにする
frèeze óut, frèeze-óut 名 Ⓒ Ⓤ 《口》(冷遇などによる)閉め[追い]出し
freez·er /fríːzər/ 名 Ⓒ ❶ 冷凍庫; 冷凍室, フリーザー (deep freeze, deep freezer) ❷ (アイスクリーム・シャーベットなどを製造する) 冷凍機 ▸▸ ～ **tràwler** 名 Ⓒ 冷凍トロール船 ～ **wràp** 名 Ⓤ 冷凍用ラップ
fréeze-ùp 名 Ⓒ 厳寒期; 結氷(期)
freez·ing /fríːzɪŋ/ 形 ❶ いてつくように寒い[冷たい]; 《副詞的に》凍るほどに ‖ I was ～ cold. 私は凍えそうなほど寒かった ❷ 《限定》氷点下の; (霧・雨が) 水滴の表面が凍った ‖ ～ rain 凍雨
—名 ❶ Ⓤ 凍結, 冷凍 ❷ =freezing point(↓)
▸▸ ～ **compàrtment** 名 Ⓒ (冷蔵庫の) 冷凍室 ～ **mìxture** 名 Ⓒ Ⓤ 《英》(塩と氷などを混ぜた) 寒剤 ～ **pòint** 名 Ⓤ Ⓒ 《(the) ～》(特に水の)氷点, 凝固点《0℃, 32°F》‖ ⌈fall below [rise above] ～ *point* 氷点下に下がる[氷点以上に上がる]
***freight** /freɪt/ 《発音注意》 名 Ⓤ ❶ (船・飛行機・貨車・トラックなどの) 積み荷, 貨物(⇨ LOAD 類語) ‖ load ～ on a ship 船に積み荷を積み込む ❷ 貨物運送, 普通貨物便 (↔ express) ‖ by air ～ 航空便で ❸ (普通) 貨物運

F

賃, 運送料 ‖ ～ free 運賃無料 / ～ prepaid＝advanced ～ 運賃前払い / ～ paid 運賃支払い済み ❹ (＝～ **tràin**) Ⓒ《米》貨物列車 ❺ Ⓒ《文》重荷, 負担
―動 他 ❶ …を貨物として運送する, (普通)貨物便で送る ❷《通例受身形で》《文》(声・言葉などに)〈感情・意味などが〉込められている〈**with**〉 ❸〔船など〕に〈貨物を〉積む〈**with**〉
▸▸～ **càr** 名 Ⓒ 貨車(《英》wagon)

freight·age /fréɪṭɪdʒ/ 名 Ⓤ ❶ 貨物運送(freight) ❷ 貨物運送料, 運賃 ❸ 貨物, 積荷

freight·er /fréɪṭər/ 名 Ⓒ 貨物船, 輸送機；貨物運送業者；荷主

Fréight·lìner 名 Ⓒ《英》《商標》コンテナ輸送列車

⁑French /frentʃ/ 形 名
―形 **フランスの**；フランス人[語]の；フランス的な, フランス風[流]の
―名 ❶ (the ～)《集合的に》《複数扱い》**フランス人**[国民] ❷ Ⓤ フランス語 (略 F., Fr.) ❸ (＝～ **vérmouth**) Ⓤ《英》辛口のベルモット

COMMUNICATIVE EXPRESSIONS
1 **Excùse** [OR **Pàrdon**] **my Frénch.** 悪い言葉を使って失礼

▸▸～ **béan** 名 Ⓒ《英》サヤインゲン(《米》string bean), インゲンマメ(kidney bean) ～ **bráid** 名 Ⓒ《米》フレンチブレイド(《英》French plait)《髪を後頭部でまとめて編み込みにした髪型》 ～ **bréad** 名 Ⓤ フランスパン ～ **Cánada** 名 Ⓤ フレンチ＝カナダ《カナダのフランス語圏. 特にケベック州》 ～ **Canádian** 名 Ⓒ 形 フランス系カナダ人(の)；カナダのフランス語(の) (Canadian French) ～ **chálk** 名 Ⓤ チャコ《布地の印つけ. ドライクリーニングの油じみ抜き用》 ～ **crícket** 名 Ⓤ フレンチクリケット《軟球を使う略式クリケット》 ～ **cúff** 名 Ⓒ フレンチカフス《二重折り返しカフス》 ～ **cúrve** 名 Ⓒ 雲形定規 ～ **dréssing** 名 Ⓤ フレンチドレッシング《酢・油・塩こしょうなどで作る》；《米》マヨネーズタイプのドレッシング ～ **fríes** 名 複《主に米》フライドポテト, フレンチフライ(《英》French fried potatoes, chips) ～ **Guiána** 名 フランス領ギアナ《南米大陸北東部にあるフランスの海外県》 ～ **hórn** 名 Ⓒ〘楽〙フレンチホルン《金管楽器》 ～ **kíss** 名 Ⓒ フレンチキス《舌を使った熱烈なキス》 ～ **kníckers** 名 複《英》レースで縁取りをした絹(のような素材)でできた女性用の緩い下着 ～ **léave** 名 Ⓤ《旧》《口》断りなしにこっそりと出て行くこと；無断欠席 ‖ take ～ *leave* 無断で退出する ～ **létter** 名 Ⓒ《英・豪口》《旧》コンドーム ～ **lóaf** 名 Ⓒ ＝baguette ～ **pláit** 名 Ⓒ《英》＝French braid ～ **pólish** (↓) ～ **Quàrters** 名 (the ～) フレンチクオーター《ルイジアナ州ニューオーリンズの1地区》 ～ **Revolútion** 名 (the ～) フランス革命 (1789-99) ～ **róll** 名 Ⓤ ＝French twist ～ **séam** 名 Ⓒ Ⓤ〘裁縫〙袋縫い ～ **stíck** 名 Ⓒ《英》細長いフランスパン ～ **tóast** 名 Ⓤ フレンチトースト《卵と牛乳を混ぜた中にパンを浸しバターで焼く》 ～ **twíst** 名 Ⓤ フレンチツイスト, 夜会巻き《髪をアップにして後頭部で縦ロールにまとめる髪型》 ～ **wíndows** [《主に米》**dóors**] 名 複 フランス窓《観音開きのガラス窓[戸]で通例床まである》

French·i·fy /fréntʃɪfàɪ/ 動 他 …をフランス式[流]にする, フランス(語)化する

***French·man** /fréntʃmən/ 名 (複 **-men** /-mən/) Ⓒ フランス人《特に男性をいう》(中立 French citizen [native], the French, French people)

Frènch pólish 名 Ⓤ フランスワニス《家具の仕上げ塗装用》 **Frènch-pólish** 動 他

***Frénch·wòman** 名 (複 **-wòmen**) Ⓒ フランス人女性

fre·net·ic /frənéṭɪk/ 形 狂乱した, 熱狂した, 逆上した **-i·cal·ly** 副

frenu·lum /frénjʊləm/ 名 Ⓒ〘解・動〙小帯(しょうたい), 繋帯(けいたい)

***fren·zied** /frénzid/ 形《通例限定》非常に興奮した, 熱狂的な, 激高した ‖ a ～ attack by the mob 暴徒による狂気の攻撃 / ～ applause 熱狂的な拍手 **～·ly** 副

***fren·zy** /frénzi/ 名 (複 **-zies** /-z/) Ⓤ/Ⓒ《通例単数形で》❶ 狂乱, 激高, 逆上；狂気のような行動 ‖ in a sudden ～ 突然気が狂ったように / drive him into a ～ 彼を逆上させる ❷ (一時的な)精神錯乱, 狂乱状態

freq. 略 frequency, frequently, 〘文法〙frequentative

⁑fre·quen·cy /fríːkwənsi/ 《発音・アクセント注意》
―名〔◁ frequent 形〕(複 **-cies** /-z/) ❶ Ⓤ **しばしば起こること**, 頻発, 続発 ‖ the ～ of earthquakes [accidents] 地震[事故]の頻発 / with ～ 頻繁に(frequently)
❷ Ⓤ Ⓒ (物事の起こる)**頻度**, 回数, 度数 ‖ word ～ 語の使用頻度 / occur with a certain ～ 一定の頻度で起こる / in order of ～ 頻度順に
❸ Ⓒ Ⓤ〘理〙周波数；振動数 ‖ (a) high [low] ～ 高[低]周波 ❹ Ⓒ〘統計〙頻度(数)
▸▸～ **bànd** 名 Ⓒ〘電〙周波数帯 ～ **modulátion** 名 Ⓤ 周波数変調(放送), FM放送 (略 FM) (→ amplitude modulation) ～ **respònse** 名 Ⓤ Ⓒ〘電〙周波数レスポンス

⁑fre·quent /fríːkwənt/ 《アクセント注意》(→ 動)
―形〔▸ frequency 名〕(**more ～**; **most ～**)
❶ **しばしば起こる**, 頻繁な, 続発する, たびたびの(↔ infrequent) ‖ Earthquakes are far more ～ in Japan than in Australia. 地震はオーストラリアよりも日本の方がはるかに頻繁に起こる / make ～ visits to Nepal ネパールを頻繁に訪れる
❷ 常習的な, いつもの ‖ He is a ～ guest at our house. 彼はよく我が家を訪れる
―動 /frɪkwént/ (**～s** /-s/; **～·ed** /-ɪd/; **～·ing**) 他〔娯楽の場所〕…を**よく訪れる**；…と交際する (↔ *keep away*) ‖ While I was in town, I ～*ed* that pub. 私は町に滞在中, そのパブに頻繁に通った / a much ～*ed* area 人がよく集まる地域
▸▸～ **flíer** [**flýer**] 名 Ⓒ (商用などで) 飛行機を頻繁に利用する客《利用回数や飛行距離数に応じて航空会社からいろいろな特典が得られる》；常習再犯者

fre·quen·ta·tion /frìːkwentéɪʃən, -kwən-/ 名 Ⓤ 頻繁に訪れること, よく行くこと

fre·quen·ta·tive /frɪkwénṭəṭɪv/ 〘文法〙形 (動詞(形[相])が)反復を表す ―名 Ⓒ 反復動詞 (flicker, hobble など)；反復相；(動詞の) 反復形 (prickle は prick の, sparkle は spark の反復形)

⁑fre·quent·ly /fríːkwəntli/ 《発音注意》
―副 (**more ～**; **most ～**)
しばしば, 頻繁に(⇨ SOMETIMES 類語P) ‖ He ～ dropped in to chat with me. 彼は私と世間話をしによく立ち寄った / The trains run less ～ on the weekends. 週末には列車は(平日と比べて)運行数が少ない

***fres·co** /fréskou/ 名 (複 **～s, ～es** /-z/)〘美〙Ⓤ フレスコ画法；Ⓒ フレスコ画 ‖ paint a ～ フレスコ画を描く / the ～*es* in the Sistine Chapel システィナ礼拝堂のフレスコ画 ―動 他 …を[に]フレスコ(画法)で描く

⁑fresh /freʃ/ 形 副 名

中心義》**新鮮で汚れのない**

> 形 **新鮮な❶ 真新しい❷ 生き生きとした❸ 鮮やかな❹ さわやかな❺ 新しい❻**

―形〔▸ freshen 動〕(**～·er**; **～·est**)
❶ (食品などが)**新鮮な**, 新しい, できたばかりの, 生きのよい；〈…から〉取りたて[できたて, 作りたて]の〈**from**〉；(お茶などが)入れたての；(塩漬け・燻製(くんせい)・瓶詰などに対して)生の, 保存加工していない (⇨ NEW 類語) ‖ *Fresh* fruit beats canned juice. 新鮮な果物は缶入りのジュースに勝る / ～ eggs 産みたての卵 / ～ milk 搾りたての牛乳 / ～ eggplants *from* the garden 菜園から取りたてのナス

❷ **真新しい**，汚れていない，真っさらの ‖ The detective found ～ footprints in the yard. 刑事は庭に新しい足跡があるのを発見した / a ～ snowfall 新しく降り積もった雪 / a ～ white napkin 真新しい白いナプキン
❸ **生き生きとした**，はつらつとした，元気のよい；みずみずしい；若々しい，健康そうな ‖ I never felt so ～ in all my life. 今までにこれほど爽快（そうかい）な気分になったことはなかった / a ～ complexion 若々しい顔色 / start out ～ in the morning 朝元気よく出かける
❹ **鮮やかな**，色あせていない；(記憶などが) 生々しい ‖ ～ colors 鮮やかな色 / ～ impression みずみずしい印象 / The horror is still ～ in our memory. その恐怖はいまだに我々の記憶に新しい
❺ (空気などが) **さわやかな**，爽快な，新鮮な，すがすがしい ‖ a ～ spring day さわやかな春の一日 / breathe [OR get] some ～ **air** 新鮮な空気を吸う
❻ **新しい**，斬新（ざんしん）な，初めての，これまで知られていなかった (↔ old) ‖ a ～ idea 斬新な考え / ～ evidence 新しい証拠 / look at things from a ～ point of view 斬新な観点から物事を眺める / This aspect of him was quite ～ to us. 彼のこんな一面を我々は全く知らなかった
❼ 新規の；別の，追加の ‖ make a ～ start 新規まき直しをする / begin a ～ chapter 新しい章に着手する / with ～ determination 決意も新たに / get a ～ drink もう1杯飲み物をもらう
❽ (水が) 塩分を含まない (↔ salt)，真水の ‖ ～ water 真水，淡水 / ～ water fish 淡水魚 ❾《叙述》〈…を〉出たばかりの，〈…から〉来た [届いた] ばかりの，〈…〉したばかりの 〈**from, out of**〉‖ He is ～ *from* [OR *out of*] college. 彼は大学を出たばかりだ ❿ 経験不足の，慣れていない，未熟な，うぶな (↔ experienced) ‖ He is ～ to the job. 彼はこの仕事は初めてだ / a ～ hand 新米，未熟者 / green and ～ 青二才の，若造の ⓫《叙述》《口》〈…に対して〉図々しい，生意気な；〈異性に〉なれなれしい 〈**with**〉‖ get ～ *with* a girl 女の子になれなれしくする ⓬ (風が) かなり強い；《英口》(天候が) 風があって肌寒い
(as) fresh as a daisy ⇨ DAISY (成句)
frésh out of ... 《口》① ⇨ 形 ❾ ② …を使い尽くしてしまって ‖ I'm ～ *out of* ideas. アイデアは種切れだ
— 副 《過去分詞を伴う複合語で》新たに，新しく，…したばかりで (freshly) ‖ ～-laid eggs 産みたての卵 / ～-caught fish 取りたての魚 / ～-squeezed juice 搾りたてのジュース
— 名 《the ～》(1日・1年・人生などのうちの) 早い時間 [時期]
～·ness 名
▶▶ **～ blóod** 名 U (ある分野・血系などへの) 新しい血；《集合的に》新進気鋭の人 **～ breeze** 名 C 〖気象〗疾風 (秒速9–11メートル) **～ gále** 名 C 〖気象〗疾強風 (秒速17–21メートル)

fresh·en /fréʃən/ 動 〔◁ fresh 形〕 自 ❶ 新鮮になる；さわやか [元気] になる ❷ (風が) 強くなる ❸《米》(牛が) (出産後) 乳が出るようになる — 他 ❶ …を新しく [新鮮に] する，生き生きとさせる，さわやかな気分にする (refresh) ❷《主に米》〔飲み物〕に酒をつぎ足す
*＊**frèshen úp*** 〈他〉《***frèshen úp ...*** / ***frèshen ... úp***》…をさっぱりさせる (♦ 目 は通例 oneself) — 〈自〉(入浴・着替えなどで) さっぱりする (→ CE 1)

COMMUNICATIVE EXPRESSIONS
1 **I'll gò frèshen úp.** ちょっとお化粧直しをしてきます (♥ 主に女性が「お手洗いへ行く」の意で用いる婉曲表現)

fresh·en·er /fréʃənər/ 名 U C 新鮮にする [元気づける] もの
fresh·er /fréʃər/ 名《英口》(大学の) 新入生，1年生 (first-year student) (→ freshman)
fresh·et /fréʃɪt/ 名 C ❶ (雪解け・豪雨などによる) 増水 ❷ (海に注ぐ) 淡水の流れ
frésh-fàced 形 若々しい健康的な顔をした
＊**fresh·ly** /fréʃli/ 副 ❶《過去分詞を修飾して》新しく，新たに；近ごろ ‖ ～ ground coffee ひきたてのコーヒー / ～ baked bread 焼きたてのパン ❷ 生き生きと；鮮明に；みずみずしく ❸ はつらつとして；元気いっぱいで
＊**fresh·man** /fréʃmən/ 名 (複 **-men** /-mən/) C ❶《主に米》(大学の) 1年生，初年度生；《米》(高校の) 1年生 (first-year student) (→ sophomore, junior, senior)；《形容詞的に》大学1年生 (向け) の (♥ 女子学生にも用いるが，性差別を避けて freshperson, first-year student, fresh people を用いることもある) ‖ He's a ～ at M.I.T. 彼はマサチューセッツ工科大学の1年生だ / ～ French 1年生向けのフランス語 / some ～ women 何人かの女子の1年生 ❷ (一般に) 初心者，新人；《米》(議会などでの) 1年生 ‖ a ～ baseball player 新人の野球選手 / a ～ in Congress (米国国会議員の) 1年生議員
frésh·wàter 形《限定》❶ 真水の，淡水の；淡水にすむ (↔ saltwater) ‖ a ～ lake 淡水湖 / ～ fish 淡水魚 ❷《米口》(学校・大学が) 内陸の，田舎の ❸ (船員が) 淡水 [河川，湖] の航行にだけ慣れた；経験不足の，未熟の
＊**fret**¹ /fret/ 動 (**fret·ted** /-ɪd/；**fret·ting**) 自 ❶ いらいらする，やきもきする，くよくよする，思い悩む 〈**about, at, over** …で / **that** 節 …ということで〉‖ While in New York, she constantly *fretted about* the cost of living. 彼女はニューヨーク滞在中絶えず生活費のことで思い悩んでいた / Don't ～ *over* such trifles. そんなささいなことでくよくよするな ❷ (水面が) 波立つ，乱れる ❸ (酸などが) 腐食する；浸食される；ぼろぼろになる，すり切れる — 他 ❶ 〈…で〉…をいら立たせる，やきもきさせる，悩ます 〈**about, at, over**〉‖ Don't ～ yourself *about* him any more. もうこれ以上彼のことで思い煩うな / ～ one's nerves (いらいらして) 神経をすり減らす ❷ 〔金属など〕を腐食する；…を浸食する；…をすり減らす《***away***》；…に穴をあける；すり減らして〔穴・溝〕を作る ‖ Waves ～ *away* the rocks along the coast. 波が海岸沿いの岩を浸食する ❸ (風が) 〔水面〕を波立たせる；…を騒がす
— 名 C《単数形で》いら立ち，不安；焦り，悩み ‖ be in a ～ over money 金銭問題でいら立つ
fret² /fret/ 名 C 〖建〗雷文（らいもん），万字つなぎ — 動 (**fret·ted** /-ɪd/；**fret·ting**) 他 …を雷文で飾る
fret³ /fret/ 名 C フレット《ギターなどの指板で，弦の正しい位置を押さえるための突起した線》

fret³

fret·ful /frétfəl/ 形 いらいら [やきもき] する；気難しい，むずかる
～·ly 副 **～·ness** 名
frét·sàw 名 C 糸のこ
fret·ted /frétɪd/ 形 〖建〗雷文で飾った，雷文を施した
frét·wòrk 名 U C (雷文（らいもん）などの) 透かし彫り (細工)，(糸のこでの) 引き回し細工
Freud /frɔɪd/ 名 **Sigmund ～** フロイト (1856–1939)《オーストリアの精神病理学者，精神分析学の創始者》
Freud·i·an /frɔ́ɪdiən/ 形 ❶ フロイトの，フロイトの精神分析理論の ❷ (言動が) 無意識に性と関連のある
— 名 C フロイト派の人 **～·ìsm** 名 U フロイト主義
▶▶ **～ slíp** 名 C フロイト的失言，無意識の言い損ない《意識下の本音を露呈するとされる》
Fri. 略 Friday
fri·a·ble /fráɪəbl/ 形 (岩石などが) 砕けやすい，もろい
fri·a·bíl·i·ty 名
fri·ar /fráɪər/ 名 C 〖カト〗托鉢（たくはつ）修道士
fri·ar·y /fráɪəri/ 名 (複 **-ar·ies** /-z/) C (托鉢修道会の) 修道院
fric·as·see /frìkəsíː | fríkəsèɪ/ 名 C U フリカッセ《細切りにした肉をホワイトソースで煮る料理》
— 動 他 …をフリカッセにする (♦ フランス語より)
fric·a·tive /fríkəṭɪv/ 〖音声〗名 C 摩擦音《/f/ /θ/ /s/ /ʃ/ /v/ /ð/ /z/ /ʒ/ など》 — 形 摩擦で生じる

*fric·tion /fríkʃən/ 名 ❶ U 摩擦，こすること；《理》摩擦(力) ❷ U C (2者間の)不和，軋轢(あつれき)，摩擦 ‖ Trade imbalances caused ～ between the two nations. 貿易不均衡が両国間に軋轢を引き起こした
▸▸～ màtch 名 C 摩擦マッチ ～ tàpe 名 U 《米》(裸電線に巻く)絶縁テープ(《英》insulating tape)

fric·tion·al /fríkʃənəl/ 形 摩擦の；摩擦によって生じる
～·ly 副

:Fri·day /fráɪdeɪ, -di/
―名 ❶ U/C 《しばしば無冠詞単数形で》**金曜日** (略 Fri., Fr.) (♦ 用法・用例については ⇨ SUNDAY) ‖ ～ the 13th is supposed to be an unlucky day. 13日の金曜日は不吉な日だと思われている ❷ 《形容詞的に》金曜日の ❸ C 忠実な使用人[(女性)秘書]，右腕(assistant)(♦ 男性は man Friday，女性は girl [gal] Friday ともいう. Robinson Crusoe の忠実な召使の名 Friday より)
―副 《主に米口》金曜日に；《～s》金曜日ごとに，毎週金曜日に

*fridge /frɪdʒ/ 名 C 《口》冷蔵庫(refrigerator) ‖ ～ magnet 冷蔵庫用磁石

frìdge-fréezer 名 C 《主に英》冷凍冷蔵庫

*fried /fraɪd/ 動 fry¹ の過去・過去分詞
―形 ❶ 油で揚げた，フライにした ‖ ～ fish 魚のフライ ❷ 《叙述》《米俗》疲れ果てた ❸ 《俗》(酒・麻薬に)酔った

:friend /frend/ 名 動

―名 〔▶ friendly 形〕(複 ～s /-z/) C ❶ **友人，友達**，仲よし(⇨ 類語) ‖ Let me introduce my ～ Fred. 友人のフレッドを紹介しよう / We've been **good** ～*s* for years. 我々は昔からの親友だ / They are just (**good**) ～*s*. 彼らはただの友達だ(♥ 性的関係などがないことを示唆) / my **best** [lifelong] ～ 私の最良の[生涯の]友 / a close [OR bosom, great] ～ 親友 / a school ～ 学友，同窓生 / a (Japanese) ～ of mine [×me] 私の(日本人の)友人 / one of my ～*s* 私の友人の1人 / an **old** ～ of my father's 父の昔からの友人(⇨ PB 63) / man's best ～ 人間の最良の友；犬，愛犬 / *A* ～ *in need is a* ～ *indeed.* 《諺》まさかのときの友こそ真の友

> **英語の真相**
> 「私の友人」というとき，a friend of mine は「大勢いる友人のうちの1人」の意で不特定の友人を指す. これに対して my friend は特定の友人を指し，状況によっては「私の唯一の友人」の意味を帯びることがある. 友人との会話などで第三者のことを my friend というと，同じく友人であるはずの相手のことは友人でないといっているように誤解されたり，my と限定することにより恋人など特別な相手と解釈される恐れがあるので，a [OR another] friend (of mine) という方がよい.

❷ 〈…の〉**支持者**，後援者，共鳴者〈**of, to**〉‖ I'm no ～ *of* [OR *to*] racism. 僕は人種差別には反対だ / a ～ *of* [OR *to*] freedom 自由の擁護者 / ～*s of* the Boston Symphony ボストン交響楽団の支援者
❸ **味方**，同胞；仲間，盟友，同志；連れ(↔ foe) ‖ You're among ～*s* now. 君はもう仲間なんだよ / Is he ～ or foe? 彼は敵か味方か(♦ 対句なので無冠詞) ❹ 助けとなるもの，頼りになるもの ❺ 《呼びかけ》我が友，あなた ‖ Well, that's all, ～*s*. さあ，それでおしまいです，皆さん / Look, my ～. ほらほら，君 ❻ あの人；(いやな)やつ(♦ 名前を知らない人に用い，しばしば my, our, your を伴う. 皮肉にも用いる) ‖ our ～ in the fancy hat 派手な帽子をかぶったあいつ / my ～ the postman あの郵便屋さん ❼ 《F-》フレンド派(Society of Friends)の信者，クエーカー教徒

be* [*becòme*] *fríends with ... …と親しい[親しくなる]
hàve frìends in hìgh plàces 有力なつてがある
****màke fríends*** ① 友人を作る；友達ができる ‖ He doesn't *make* ～*s* easily. 彼は簡単には友人を作らない ② 〈…と〉親しく[友達に]なる〈**with**〉(♦ ×make a friend (with ...) とはいわない)

COMMUNICATIVE EXPRESSIONS
1 **Àny frìend of** Jáne('s) **(is a fríend of mìne).** ジェーンの友達なら私の友達でもあります；ジェーンの友達に会えてうれしいです(♥ 友達の友達に紹介されて)
2 **Dón't trỳ to bè èverybody's fríend.** だれにでもいい顔するなんて無理だよ(♥ 八方美人の人に対して)
3 **I was ùp àll nìght with a sìck fríend.** 病気の友達の看病で徹夜したんだ(♥ 夜いるはずだったのにいなかった人が用いる言い訳)
4 **Whàt are fríends for?** 友達じゃないか，そのくらいのことはするよ[してくれよ](♥ 依頼される人が言うときは承諾を表す修辞疑問，依頼する人が言うときは(ときに少し図々しい)要求表現. ＝That's what friends are for.)
5 **Whát's** a dóllar or twò **between fríends?** 友達でしょ，1ドルや2ドル(貸して)くれてもいいじゃない(♥「友達の仲じゃないか」と言って依頼や要望を表す表現. 金銭や時間に関して用いることが多い)
6 **Whò's your fríend?** (一緒にいる)その人はだれ(♥ 連れの人やペットなどを紹介してくれるよう促す)
7 **With frìends like thát, whò needs énemies?** 友達だと思っていたのにその仕打ちはないでしょ

―動 他 《口》(SNSで)…を友達にする，…と友達になる

> **類語**《❶》**friend** 最も一般的な語で，個人的な親しさや愛情を感じる友達.
> **acquaintance** 知り合い. friend ほど親しくない.
> **companion** 行動や活動などを共にする人.〈例〉a traveling *companion* 旅の道連れ
> **comrade** 共通の目的を持ち苦楽を共にする仲間，同志，戦友.
> **colleague** (知的な)職業上の同僚；個人的親しさには関係がない.
> **pal** 《口》友達，仲よし.

▸▸**Frìends of the Éarth** 名 《the ～》《単数扱い》地球の友(国際環境保護団体)

fríend·less /-ləs/ 形 友人のない

:friend·ly /fréndli/
―形 〔◁ friend 名〕(**-li·er**, **more ～**；**-li·est**, **most ～**)
❶ **友情[親しみ]のこもった**，友人にふさわしい，友情から出た(↔ unfriendly) ‖ We were welcomed with a ～ smile [greeting]. 私たちは親しみのこもったほほ笑み[あいさつ]で迎えられた / ～ advice 友人としての忠告
❷ 〈…に対して〉**友好的な**，親切な，快く援助する，好意的な(↔ cool, hostile)〈**to, toward**〉；(動物などが)人なつこい ‖ The new spokesperson is ～ *to* journalists. 新しい広報官はジャーナリストたちに対して友好的だ / a ～ neighbor 親切な隣人 / Our dog is too ～ to be a watchdog. うちの犬は人なつこすぎて番犬にならない
❸ 〈…と〉友人の間柄にある，**親しい**，仲がよい〈**with**〉‖ We are ～ *with* her. (＝We are on ～ terms with her.) 私たちは彼女と親しくしている / become ～ *with* ... …と親しくなる ❹ 味方の，同盟(国)の，友好関係にある ‖ ～ nations 友好国 ❺ 役に立つ，都合のよい；心地よい ‖ a ～ wind 恵みの風 / a ～ restaurant 居心地のいいレストラン ❻ 《英》親善のための ‖ a ～ match 親善試合
―副 友人らしく，親しみを込めて；親しく，友好的に
―名 (複 **-lies** /-z/) C ❶ 《英》親善試合 ❷ 《米口》味方，友好的な人
-li·ness 名
▸▸～ fíre 名 U 味方からの誤爆撃 ～ socìety 名 C (英国の)友愛会，共済会

-friendly 連結形 《主に名詞・副詞につけて》「…に害を及ぼさない，優しい」「…にとって使いやすい」「…向きの」の意の形容詞を作る ‖ a user-*friendly* computer 使いやすいコンピューター / environment-*friendly* detergents 環境に優しい洗剤 / consumer-*friendly* 消費者向きの / family-*friendly* 家族[家庭]向きの

:friend·ship /fréndʃɪp/

—名 (複 ~s /-s/) ❶ⒸⓊ 友人であること, **交友関係**; 友好(関係), 親善〈**with** …との; **between** …間の〉‖ keep up a pleasant ~ *with* them 彼らとの楽しい交友関係を続ける / strike up a ~ *with* ... …と友人としての付き合いを始める / form close ~*s with* them 彼らと親しく付き合う / We have to promote ~ *between* Japan and China. 日中の友好関係を促進しなければならない ❷Ⓤ **友情**, 友愛の情 ‖ I feel genuine ~ for you. 君には真の友情を感じています

fri·er /fráɪər/ 名 =fryer

Frie·sian /frí:ʒən | frí:ziən, fríziən, -ʒən/ 名Ⓒ《英》= Holstein

frieze[1] /fri:z/ 名Ⓒ〘建〙❶(室内の壁面の)帯状装飾 ❷フリーズ, 帯状装飾壁

frieze[2] /fri:z/ 名Ⓤ フリーズ《目の粗い厚手の毛織物》

frig /frɪg/ 動 (**frigged** /-d/; **frig·ging**) 自 ⊗《卑》性交する; 自慰をする(↗ mess about) —他 …と性交する
—名Ⓒ 性交; 自慰行為

frig·ate /frígət/ 名Ⓒ フリゲート艦(《米》cruiser と destroyer の中間の5,000-7,000トン級の軍艦; 《英》corvette と destroyer の中間の護衛艦; 18-19世紀の重武装した木造快速帆船) ▶▶~ **bìrd** 名Ⓒ〘鳥〙グンカンドリ

frig·ging /frígɪŋ/ 形副 ⊗《卑》《蔑》=damned

***fright** /fraɪt/ 名 [▶ frighten 動] ❶Ⓤ/Ⓒ《単数形で》(突然で一時的な)激しい恐怖, (ぎょっとするような)恐れ(⇨ FEAR 類語) ‖ The noise gave me a terrible ~. 私はその物音に震え上がった / have a ~ びっくりする / jump up in [OR with] ~ ぎょっとして跳び上がる / take ~ (at ...) (…に)おびえる / get [OR have] the ~ of one's life 死ぬほど恐れおののく ❷Ⓒ《通例 a ~》《口》(ぞっとするような)醜い[異様な]人[もの] ‖ She looks a ~ in that dress. 彼女はあんな服を着てみっともない
▶▶~ **wìg** 名Ⓒ 髪を逆立てたかつら《ピエロ・コメディアンがびっくりしたことを表現するためにかぶる》

***fright·en** /fráɪtən/ 《発音注意》動〔◁ fright 名〕他 ❶〔人〕を突然おびえさせる, ぎょっとさせる, 怖がらせる(⇨ 類語) ‖ The raccoon ~*ed* us. アライグマの出現に私たちはぎょっとした / ~ him ⌈to death [OR out of his wits]=~ the life [OR wits] out of him 彼をひどく怖がらせる ❷《受身形で》ぎょっとする, おびえる〈**at, by** …に / **to do** …して / **that** 節 …ということに〉; 怖がっている〈**of** …を / **to do** …することを〉‖ We were ~*ed at* [OR *by*] the sight of the pileup. 玉突き衝突の光景にぞっとした / She was ~*ed to* hear the news. 彼女はその知らせを聞いて仰天した / I became ~*ed that* she would desert me. 彼女が僕を見捨ててしまうかと不安になった / be ~*ed of* thunder [getting the sack] 雷[首になるの]を怖がる / The girl was too ~*ed to* move. 少女は恐ろしさに身動きができなかった ❸〔人〕を脅して…させる〈**into** …するように; **out of** …しないように〉‖ They ~*ed* him *into* submission [confessing his crime]. 彼らは彼を脅して服従[犯行を自白]させた
—自 ぎょっとする, おびえる, 怖がる

***frighten ... awáy* [OR *óff*] / *frìghten awáy* [OR *óff*] ...** 〈他〉① …を脅して追い払う ‖ The noise ~*ed* the enemy *away* [OR *off*]. その物音におびえて敵は逃げ去った ② …を脅してあきらめさせる

類語 《❶》**frighten**「恐怖を感じさせる」の意を表す一般的な語.
scare 《口》でよく用いられ, 意味はふつう frighten よりもやや弱い.
terrify 与える恐怖感は3つのうちいちばん大きい. (♦「恐怖を感じ(てい)る」の意を表すのは, be afraid, be scared, be frightened, be terrified などであり, この列挙した順に恐怖感が強くなる. なお「驚き」を感じさせる語 ⇨ SURPRISE 類語)

‡fright·ened /fráɪtənd/
—形 (**more** ~; **most** ~) 〈…に〉**おびえた**, ぎょっとした, 〈…を〉怖がっている〈**of**〉(→ frighten 他 ❷) ‖ a ~ horse おびえた馬

fright·en·ers /fráɪtənərz/ 名 複《次の成句で》
pùt the frighteners on ... 《英口》…を脅迫する

***fright·en·ing** /fráɪtənɪŋ/ 形 ぎょっとするような, 恐ろしい, 怖い; 驚くべき, ものすごい ‖ a ~ dream 恐ろしい夢 / It is ~ to think of the accident. その事故のことを考えるとそら恐ろしい **~·ly** 副

***fright·ful** /fráɪtfəl/ 形 ❶ 恐ろしい, ぎょっとするほどの; 《強調》非常な, ひどい, ものすごい; 深刻な ‖ a ~ explosion ものすごい爆発 / ~ damage ひどい被害 ❷ いやな, 不快な ‖ ~ weather いやな天気 / have a ~ time 実に不愉快な目に遭う **~·ness** 名

fright·ful·ly /fráɪtfəli/ 副《強調》非常に, ものすごく ‖ ~ ill ひどく体の具合が悪くて

frig·id /frídʒɪd/ 形 ❶ 寒さが厳しい, 寒冷な ❷ (態度などが)冷ややかな, 素っ気ない; 堅苦しい, 面白みのない ❸ (女性が)不感症の(unaroused) **~·ly** 副
▶▶**Frígid Zòne** 名《the ~》寒帯

fri·gid·i·ty /frɪdʒídəṭi/ 名Ⓤ ❶ 寒冷 ❷ 冷淡, よそよそしさ; 堅苦しさ ❸ (女性の)不感症

frill /frɪl/ 名Ⓒ ❶ (そで口などの)フリル, へり飾り; (骨付き肉に巻いて出す)紙の飾り ❷《~s》不必要な装飾, 虚飾; 気取り ‖ make a plain speech without ~*s* 飾らずにわかりやすく演説する / put on ~*s* 気取る ❸ (鳥・獣の)襟毛 —動 他 …にフリルをつける

frilled /frɪld/ 形 フリルのついた; 襟毛のある
▶▶~ **lízard** 名Ⓒ〘動〙エリマキトカゲ

frill·y /fríli/ 形 フリルのついた[ような]; 装飾の多すぎる

***fringe** /frɪndʒ/ 名Ⓒ ❶ (肩かけ・カーテンなどの縁の)ふさ飾り, フリンジ; (ふさ飾りのような)周辺の飾り ❷《主に英》(額際の)切り下げ前髪(《米》bangs); (動植物の)ふさ毛 ‖ a straight ~ 真っすぐに垂れた前髪 ❸〈…の〉周辺, へり, 縁〈**of**〉‖ on the ~ *of* London ロンドンの周辺に ❹《通例 the ~(s)》〈学問・活動などの〉外縁部, 周辺部, 非主流〈**of**〉; (政党などの)分派集団, 非主流派; フリンジ《芸術祭の期間中に非公式に上演される実験的な作品》‖ the ~ *of* the enormous field of sociology 社会学の広大な研究分野の周辺 ❺《米口》=fringe benefit (↓) ❻〘光〙(干渉・回折による光線の)しま模様

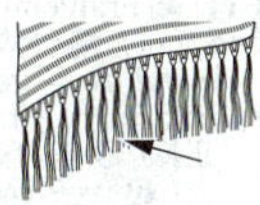

fringe ❶

—形《限定》周辺の, 非主流の, 重要でない, 二次的な; 型破りの, 極端な
—動 他 ❶ …にふさ飾り(状のもの)をつける ❷ …の周囲[縁]に並ぶ, …を取り巻く, 縁取る ‖ a lawn ~*d* with shrubs 低木に囲まれた芝地 **~d** 形
▶▶~ **àrea** 名Ⓒ 受信不良地域 ~ **bènefit** 名Ⓒ《通例 ~s》賃金外給付《有給休暇・健康保険・年金など》 ~ **gròup** 名Ⓒ 極小政党[集団] ~ **médicine** 名Ⓤ 補助医療 ~ **thèatre** 名Ⓒ《英》実験[前衛]劇場[演劇]

frip·per·y /frípəri/ 名 (複 **-per·ies** /-z/) Ⓒ《通例 -ies》安ぴかの服; 安っぽい飾り[小物]; つまらないこと, 些事(さじ)

Fris·bee /frízbi/ 名ⒸⓊ《商標》フリスビー《プラスチック製の円盤. 互いに投げ合って遊ぶ》

fri·sée /frɪzéɪ | ⌐–/ 名ⒸⓊ =endive

Fri·sian /fríʒən | -ziən/ 形 フリースランド(Friesland)の; フリジア諸島の; フリジア人[語]の —名Ⓒ フリースランド人, フリジア人; Ⓤ フリジア語 ▶▶~ **Íslands** 名《the ~》フリジア諸島《北海沿岸の諸島》

frisk /frɪsk/ 動 自 はしゃぎ[ふざけ]回る, 跳ね回る
—他〔人〕を(衣服の上から触って)身体検査する, ボディーチェックする ‖ ~ a suspect 容疑者をボディーチェックする
—名Ⓒ《単数形で》はしゃぎ回り, 跳ね回り; 身体検査

frisk·y /fríski/ 形 ❶ よくはしゃぎ[ふざけ]回る; 陽気な, 活発な ❷《口》性的に興奮する

F

fris·son /friːsóʊn | fríːsɔn/ 名 C スリル, 身震い (♦ フランス語より) ‖ a ～ of terror 戦慄(せんりつ)の恐怖
frith /frɪθ/ 名 《古》=firth
fri·til·lar·y /frítəlèri | frɪtíləri/ 名 (複 **-lar·ies** /-z/) C ❶ 【植】アミガサユリ ❷ 【虫】ヒョウモンチョウ
frit·ta·ta /fritáːtə/ 名 U C 【料理】フリッタータ《イタリア風オムレツ》
frit·ter[1] /fríṭər/ 動 他 ❶ 〔時間・金・精力など〕を〈つまらないものに〉〈少しずつ〉浪費する (squander) 《***away***》〈**on**〉 ‖ ～ *away* one's money *on* gambling ギャンブルで金を浪費する ❷ 《古》…を粉々にする[引き裂く]
frit·ter[2] /fríṭər/ 名 C 【料理】フリッター《果実や魚介などに衣をつけて揚げたもの》
fritz /frɪts/ 名 U 《次の成句で》
gò [be] on the frítz 《米口》故障する[している]
pùt ... on the frítz …を駄目にする
friv·ol /frívəl/ 動 (**-oled**, 《英》 **-olled** ; **-ol·ing**, 《英》 **-ol·ling**) 自 くだらない振る舞いをする, 無為に過ごす
— 他 〔時間・金など〕を〈つまらないことに〉費やす《***away***》〈**on**〉
fri·vol·i·ty /frɪvá(ː)ləṭi | -vɔ́l-/ 名 (複 **-ties** /-z/) ❶ U 軽薄, 浅薄, 軽率 ❷ C 《通例 -ties》軽々しい言動 ; くだらないこと
friv·o·lous /frívələs/ 形 ❶ ふまじめな, 軽薄な, うわついた ❷ つまらない, くだらない **～·ly** 副 **～·ness** 名
frizz /frɪz/ 動 (**frizzed** /-d/ ; **friz·zing**) 他 自 (毛髪を[が]) 縮れさせる[縮れる]《***up***》 — 名 U 《けなして》縮れ髪
friz·zle[1] /frízl/ 動 自 (揚げ物などが) じゅーじゅー音を立てる ; かりかりに揚がる — 他 …をかりかりに揚げる《***up***》
friz·zle[2] /frízl/ 動 =frizz
friz·zy /frízi/ 形 (髪が) 縮れた
Frl. 略 Fräulein (…嬢 (Miss)) (♦ ドイツ語より)
fro /froʊ/ 副 《次の成句で》
to and fro ⇨ TO[1] (成句)
frock /frɑ(ː)k | frɔk/ 名 C ❶ 《旧》フロック《女性・子供の正装》 ❷ 修道服, 僧服《そでが広く丈の長いゆったりした外衣》 ❸ (= ～ **còat** /英 ニー/) フロックコート《男性用の昼間の礼服》 ❹ スモック, 作業[仕事]着《芸術家・農民が着る》
— 動 他 …を聖職に就かせる
***frog**[1] /frɑ(ː)g, frɔːg | frɔg/ 名 C ❶ 【動】カエル (→ toad) ‖ *Frogs* are croaking. カエルが(けろけろ)鳴いている ❷ 《F-》⊗《俗》《蔑》フランス人《カエルを食べることから》
a bìg fróg in a smàll pónd 《米》小さい組織の中の大物 ; お山の大将, 井の中の蛙(かわず)
hàve a fróg in the [OR *one's*] *thróat* しわがれ声である, (一時的に) 声が出なくなる
▸▸ ～ **kìck** 名 C (平泳ぎの) カエル足
frog[2] /frɑ(ː)g, frɔːg | frɔg/ 名 C ❶ (装飾用の) ループ付きボタン ❷ (腰帯につけた) 剣つり ❸ 轍叉(てっさ)《線路の交差点につける装置》 ❹ (生け花用の) 剣山(けんざん) ❺ (バイオリンの弓の) 毛留め (nut)
frog[3] /frɑ(ː)g, frɔːg | frɔg/ 名 C (馬のひづめの) 蹄叉(ていさ)
frog·let /frɔ́(ː)glət, frá(ː)g- | frɔ́glət/ 名 C 小さいカエル ; (変態直後の) 子ガエル
fróg·man /-mən/ 名 (複 **-men** /-mən/) C 潜水作業員 [兵] (中立) (deep-sea) diver, scuba diver)
fróg·màrch 動 他 〔人〕を両わきから抱えて力ずくで歩かせる, 手を後ろにねじ上げて歩かせる
fróg·spàwn 名 U 《英》カエルの卵 (のかたまり)
frol·ic /frá(ː)lɪk | frɔ́l-/ 名 ❶ U 陽気, ふざけること, いたずら ❷ C 《しばしば ～s》陽気な集まり ; 浮かれ騒ぎ, はしゃぎ回り — 動 (**-icked** /-t/ ; **-ick·ing**) 自 楽しくやる ; 浮かれ騒ぐ, はしゃぎ回る
fról·ic·some /-səm/ 形 陽気な, 浮かれた

***from** /弱 frəm ; 強 frʌm | frɔm/

中心義 …から (★対象をとらえる際の基準を示す. 対象はその基準から場所や時間など何らかの意味で離れているとみなされる)

— 前 ❶ 《場所などの起点》…**から** ‖ At last I dived down ～ the plane into the sky, clinging to my instructor. 指導教官にしがみついた状態でとうとう飛行機から空中に飛び下りた / go ～ London to Paris ロンドンからパリへ行く / ～ place to place あちこちに (♦ from ... to ... の形で成句を作る場合, 通例冠詞を省く. 〈例〉*from* door to door 一軒ごとに (⇨ DOOR (成句)) / ～ flower to flower 花から花へと) / a house some miles ～ the station 駅から数マイル離れた所にある家 / He shouted ～ behind the screen. 彼は仕切りの後ろから叫んだ (♦ from の後に前置詞に導かれた句がくることがある) / ～ above [below] 上[下]から / ～ abroad 海外から (♦ from の後に副詞もくる) / officials ～ the President on down 大統領からずっと下部の役人まで
❷ 《時の起点》…**から**, …以来 ‖ He's on leave ～ July 15. 彼は7月15日から休暇をとっている / I'll be here tomorrow ～ one o'clock on [OR onward]. 私は明日の1時以降はここにいます / ～ (my) childhood (私が) 子供のころから / ～ morning to night 朝から晩まで / ～ long ago 昔から / ～ now on 今後は

語法 ☆☆ (1) 現在完了の文で「…から[以来]」を表すにはふつう since を用いるが, from childhood のように「物事の最初から」という含みがあるときには from が用いられることが多い. 〈例〉*From* the moment they met, they have loved each other. 出会って以来ずっと彼らは愛し合ってきた
(2) The exam begins [OR starts] at [*from] ten. (試験は10時から始まる) などのように単に開始の時点を表す動詞に続く場合は from は用いられない.

❸ 《数量》…から (の) ‖ There were (～) ten to fifteen absent. 10人から15人欠席者があった (♦ from ... to ... の形のとき from が省略されることもある) / We have good wines ～ four dollars a bottle. 当店は1瓶4ドルから各種のよいワインを取りそろえております
❹ 《変化・推移》…**から (の)** ‖ Things went ～ bad to worse. 事態はますます悪くなった / translate ～ English to Japanese 英語から日本語に翻訳する
❺ 《距離・隔たり》…から ‖ It is far ～ true. 真実とはほど遠い / be away ～ home 不在である
❻ 《原料》…**から**, …で ‖ Beer is made ～ barley. ビールは大麦から造られる (♦ 通例 from は原材料が原形を失っている場合に, of は原材料が明らかな場合に用いる. 〈例〉The box is made *of* wood. その箱は木製だ)
❼ 《出身地・出所・起源》…**から (の)** ‖ Where are you ～? =Where do you come ～? どちらのご出身ですか / He is [OR comes] ～ Australia. 彼はオーストラリアの出身です / a letter ～ my godmother 私の名づけ親からの手紙 / oranges ～ Spain スペインから(輸入)のオレンジ
❽ 《原因・理由》…**から** (考えて), …で, …のために ‖ judging ～ appearances 外見から判断すると / suffer ～ asthma ぜんそくにかかっている / die ～ overwork 過労で死ぬ (♦ ふつう負傷・過労・不摂生などが原因で死ぬ場合に from を用いる. → die[1], ⇨ PB 16)
❾ 《視点》…から (の) ‖ a picture taken ～ the top of the tower 塔の上から撮った写真 / ～ my point of view 私の立場からすると ❿ 《分離・解放》…**から** ‖ He took a key ～ his pocket. 彼はポケットから鍵(かぎ)を取り出した / be absent ～ school 学校を欠席している / 5 ～ 15 is [OR leaves] 10. 15引く5は10 ⓫ 《抑制・防止》…しないように ‖ The heavy rain kept us ～ starting. ひどい雨のために我々は出発できなかった / prevent [OR stop] him ～ drinking 彼が飲酒しないようにする / save people ～ starvation 人々を飢えから救う ⓬ 《相違・区別》…から, …と ‖ He is quite different ～ his father. 彼は父親とは (性格が) まるで違う / It's not easy to tell [OR know] good ～ evil. 善悪の区別をつけるのは容易ではない / Customs differ ～ country to country. 習慣は国によって異なる

frond /frɑ(:)nd | frɔnd/ 名 C ❶ (シダ・ヤシなどの細かく分かれた)葉 ❷ 〖植〗(地衣類などの)葉状体

front /frʌnt/ 《発音注意》 名 形 動

中心義 前面(の)

— 名 (複 **~s** /-s/) C ❶ 《the ~》**(最)前部**, 前面, 前方 (↔ back, rear[1]) ; (建物などの) **正面**, (主な出入り口のある)側, 面 (❗ホテルの「フロント」は front [OR reception] desk という) ‖ The policeman pushed his way to the ~ of the crowd. 警官は人込みをかき分けて群集の前へ出た / He's in the fourth row from the ~. 彼は前から4列目にいる / sit in [OR at] the ~ of the car 車の前部座席に座る / The car went past the ~ of the house. 車はその家の正面を通り過ぎた / the western ~ of a cathedral 大聖堂の西面

❷ **表面**, 表側 ; (本の)表紙 ; 巻頭, 最初の部分 ; (新聞の)第1面 ‖ a postcard with a picture of a beautiful landscape on the ~ of it 表に美しい風景写真のある絵はがき / on the ~ of the book その本の表紙に

❸ (体・服の) 前側 ; (正式な服装での) 胸の部分 ‖ lie on one's ~ うつぶせになる / a sport shirt featuring an alligator on the ~ 胸のところにワニの絵を目立つように配したスポーツシャツ

❹ 〖気象〗 **前線** ‖ A very active cold ~ is approaching from the west. 大変活発な寒冷前線が西から近づいている / a warm ~ 温暖前線

❺ 《the ~》〖軍〗(最) 前線 ; **戦線** ; 戦地, 戦場 ‖ He served at the Pacific ~. 彼は太平洋戦線で兵役に服した / be sent to the ~ 出征する, 戦地へ赴く

❻ (特定の活動の) **領域**, 分野, 方面 ‖ on the education [economic] ~ 教育[経済]の分野で / on the home [OR domestic] ~ 国内で[の] / on all ~*s* あらゆる領域で(♦主にジャーナリズムで用いる)

❼ 《ときに F-》(共通の目的のための)協力, 連合, 提携, 運動, …戦線(♦特に政治団体・軍事組織の名称に用いる) ‖ the people's liberation ~ 人民解放戦線 / present a united ~ 統一戦線を敷く

❽ 《通例 a ~》(表面上の)態度, 顔つき, 様子 ; 見せかけ, うわべだけの強がり ; U 見え ; 偉ぶった態度, 厚かましさ ‖「put up [OR put on, show, present] a brave [OR bold] ~ (わざと) 大胆な態度をとる / put up [OR on] a ~ 平気を装う ; 動じないふりをする / Your hard-heartedness is just a ~. 君の冷酷さは単なる見せかけだ

❾ 《通例単数形で》〈企業・団体などの〉(名目上の)代表者, 表看板 ; 〈違法な活動などの〉隠れみの〈**for**〉‖ The store is a ~ *for* a terrorist group. その店はテロ集団の隠れみのである ❿ 《the ~》(湖・川・道路などに面した)土地 ; 《主に英》海岸通り, 海岸沿いの散歩道 (seafront, waterfront) ⓫ 《古》前額, 額(ひたい)(forehead) ; 顔(全体)

frònt and cénter ① いちばん目立つ位置の[に] ; 最重要課題の[で] ② 《命令で》中央前へ(出よ)

****in frónt*** ① 前方に[の] ; 正面に[の] ; 《英》(特に)車の助手席に ‖ look *in* ~ 前を見る / Can I sit *in* ~? 助手席に座っていい ② (競技などで)リードして, 先頭で

****in frónt of ...*** ① **…の前に** [の, を], …の前方に (↔ behind, in back of)(♦「離れた前方」を表す.「前の部分」を表す in [OR at] the front of (→ 名 ❶) との区別に注意. 通りなどを隔てて向かい合うものを示す場合は opposite, across from などを用いる) ‖ She stared straight *in* ~ *of* her. 彼女は真っすぐ正面を見つめた / *in* ~ *of* the movie theater 映画館の前[表]で / sit *in* ~ *of* the television [computer, mirror] テレビ[コンピューター, 鏡]に向かって座る ② …の面前で, …のいるところで(in the presence of) ‖ be brought [OR called] *in* ~ *of* ... (悪いことをして) …の前に呼び出される ③ …の前途に ‖ You have a brilliant future *in* ~ *of* you. 君の前途には輝かしい未来がある

òut in frónt ① 《英》= *out* (*the*) *front* (↓) ② 〖野球〗(打者の) タイミングがずれて ‖ The batter is「a bit [way] *out in* ~. バッターは少し[ひどく]タイミングがずれている

òut (***the***) ***frónt*** ① 外に, (建物の) 入り口近くに ② 〖劇〗(役者の側から見て)観客席に

ùp frónt ① 前金で(⇨ UPFRONT) ② 正直な[に], 率直な[に] ③ (最初から) きっぱりと ④ 〖スポーツ〗フォワードの位置で, 最前列[線]で

— 形 《比較なし》《限定》 ❶ 前面の, 表の ; 正面の ; 正面からの (↔ back) ‖ the ~ **door** [line, **page**, row] 正面入口[最前線, 第1面, 最前列] / one's ~ teeth 前歯 / the right ~ tire 右前のタイヤ (❗自動車の「フロントガラス」は和製語. 正しくは《米》windshield, 《英》windscreen) / a ~ view 正面からの眺め ❷ 表向きの, 隠れみのの ‖ a ~ organization for smuggling (in) drugs 麻薬密輸入のための偽装組織 ❸ 〖音声〗前舌音の (↔ back) ‖ ~ vowels 前舌母音 (/i/ /e/ /æ/ など)

— 動 (**~s** /-s/ ; **~·ed** /-ɪd/ ; **~·ing**)

— 自 ❶ 〈…に〉向かい合う, 面している(face)〈**on, onto**〉; 〈…の方を〉向く〈**toward, to**〉‖ The castle ~*s on* the lake. その城は湖に面している / Their house ~*s toward* [OR *to*] the east. 彼らの家は東向きだ ❷ 〈…の〉名目上の代表者[隠れみの]となる〈**for**〉

— 他 ❶ …に面している, …と向かい合う ; …の前にある ‖ The cathedral ~*s* the street. 大聖堂は通りに面している ❷ 《通例受身形で》(建物などの)正面に〈…が〉ついている〈**with**〉‖ The shop is ~*ed with* glass. その店は正面がガラス張りだ ❸ 〔組織〕を指導する, 運営する ; 〔バンドなど〕を率いる ‖ an organization ~*ed* by the ex-president 前大統領が代表を務める団体組織 ❹ 〔テレビ・ラジオ番組〕の司会をする ❺ 《米口》(後払いで)〔品物など〕を(人に)与える, 渡す, 提供する ❻ 〖音声〗〔母音〕を前舌音で発音する

▶▶ **~ bénch** (↓) **~ bóttom** 名 C 《英口》《婉曲的》女性器 (♥小児語) **~ bùrner** (↓) **~ còmpany** 名 C (隠れみの的な) 名目会社 **~ désk** 名 C (ホテルの) フロント, (オフィスなどの)受付 **~ dóor** (↓) **~ ènd** 名 C ① (車などの) 前部 ② 《通例単数形で》(生産活動などの) 先頭 ③ =front-end processor **~ líne** (↓) **~ màtter** 名 C 〖印〗(本の)前付け **~ óffice** 名 《the ~》《集合的に》《主に米》(団体の)首脳部(たち) ; (会社などの)本部, 本店 **~ organizàtion** 名 C =front company **~ páge** (↓) **~ róom** 名 C 居間 (living room) ; 応接間 **~ rów** 名 C ① (ボクシングの試合などでの) 最前列, 特等席 ‖ get [OR have] a *front-row* view of ... …がじっくりと見られる ② 〖ラグビー〗(スクラムの) 第1列 **~ rúnner** 名 =front-runner

front·age /frʌ́nt̬ɪdʒ/ 名 C ❶ (建物の)正面, 前面 ; (建物の) 向き ❷ 建物の正面と街路との間の土地 ❸ (街路に面する土地の) 正面境界線 ; (その土地の) 間口 ❹ (街路・河川などに接する) 土地 ▶▶ **~ ròad** 名 C 《米》(高速道路などの)側道, サービス道路(《英》service road)

fron·tal /frʌ́nt̬əl/ 形 《限定》 ❶ 正面の[にある], 正面からの ‖ a ~ attack 正面攻撃 ❷ 額の, 前頭部の ❸ 〖気象〗前線の ‖ a ~ system 前線 — 名 C ❶ (祭壇正面の) 掛け布, 前飾り ❷ 〖建〗正面(façade) **~·ly** 副

▶▶ **~ bóne** 名 C 〖解〗前頭骨 **~ córtex** 名 C 〖解〗前頭皮質 **~ lóbe** 名 C 〖解〗(大脳半球の)前頭葉

frònt-and-cénter 形 副 《米》非常に重要な (位置に[へ])

frònt bénch ⊲ᐟ 名 《the ~》《集合的に》《単数・複数扱い》(英国下院の)正面席(議長席に近く, 政府・野党の幹部が占める)(→ back-bench)

frònt-béncher 名 C (英国議会の)与野党幹部

frónt bùrner 名 《the ~》《口》最優先, 最大関心事

on the frónt bùrner 最優先で

***frònt dóor** 名 C ❶ (通例通りに面している) 正面玄関 ❷ (目標達成の)正攻法

F

frònt-énd(→ 名) 形《限定》❶《口》着手金の，前金の ❷自動車の前面の ❸💻ユーザーが直接アクセスできる
—名 /⌐⌐/ =front end
▶▶～ **lóader** 名 C《主に米》前方にショベルのある土木建設用車両 ～ **pròcessing** 名 U 💻(主処理に先立つ)前処理 ～ **pròcessor** 名 C 💻フロントエンド=プロセッサー《前処理などを行う装置·プログラム》

***fron·tier** /frʌntíər|⌐⌐/ 名 C ❶国境(地帯)〈**between** …間の；**with** …との〉(⇨ BORDER 類語) ‖ the ～ *between* France and Germany 仏独国境地帯 ❷《the ～》《米》(西部開拓時代の)辺境地，フロンティア ‖ an outpost on the ～ 辺境の開拓地 ❸《通例 the ～s》(研究などの)新しい領域，最先端；未開拓の分野；(知識などの)限界 ‖ work at the latest ～*s* of bioengineering 生物工学の最新の研究領域で働く / advance [OR extend] the ～*s* of science 科学の最前線を押し進める / push back the ～*s* 新しい発見をする

fron·tiers·man /frʌntíərzmən|⌐⌐⌐/ 名 (複 **-men** /-mən/) C 辺境の住民；辺境開拓者(中立 frontier settler, pioneer)

fron·tis·piece /frʌ́nţəspìːs|-tɪs-/ 名 C ❶(本の)口絵 ❷〖建〗(建物の)正面(などの上部の装飾)

front·let /frʌ́ntlɪt/ 名 C ❶(哺乳(ほにゅう)動物の)額(ひたい)(forehead) ❷〖鳥〗(毛色や毛並みでそれと区別のつく)前額部 ❸《旧》(額につける装飾用の)リボン，バンド ❹祭壇の掛け布 ❺〖ユダヤ教〗額につける経札(→ phylactery)

frònt-líne 形《限定》❶〖軍〗(最)前線(向け)の ❷最も重要な；有能な；一流の

***frònt líne** 名《the ～》❶〖軍〗(最)前線；戦線(front) ❷最も重要な[責任のある]地位，第一線 ‖ a scientist in the ～ 最前線の科学者

frónt-lòad 動 他 〔(契約などの)費用〕を初期段階で支払う[前倒しにする]

frónt·màn 名 (複 **-men** /-mèn/) C《口》❶(違法組織の表の)代表者，表看板(中立 front, figurehead) ❷(音楽バンドの)リーダー，(特に)リードボーカル(中立 leader)；(テレビ番組の)司会者

frònt-of-hóuse ⊲ 名 U〖劇〗観客席；(劇場の)窓口[接客]係；《形容詞的に》(劇場の)窓口[接客]係の

frònt páge ⊲ 名 C (新聞の)第一面
frònt-páge ⊲ 形《限定》(新聞の)第一面(向け)の，ニュース価値のある —動 他《米》…を一面に掲載する

frònt-ránk ⊲ 形 重要な，有名な，一流の

frònt-rúnner /,⌐⌐/ 名 C (競走で)先頭に立つ人；最有力候補；先頭に立つと力を発揮する選手[競走馬]

frònt-whèel dríve 名 U 前輪駆動システム

***frost** /frɔ(ː)st/ 名 ❶ U C 霜 ‖ There was a thick ～ on the ground. 地面には霜がびっしり降りていた / pillars of ～ 霜柱 / 「an early [a late] ～ 早[遅]霜 ❷ U C 降霜凍結，氷結；(氷点下の)厳しい寒気；氷点下の天候 ‖ (a) hard ～ 厳寒 / ten degrees of ～ 氷点下10度 ❸ U 冷ややかさ，素っ気なさ，冷淡 ❹ C《単数形で》《旧》《口》失敗作；大失敗
—動 他 ❶…を霜で覆う《*over, up*》；…を凍らせる(♦しばしば受身形で用いる) ‖ The windows were ～*ed over*. 窓は一面に霜で覆われていた ❷《主に米》〔ケーキ·ビスケットなど〕の上に砂糖の衣(frosting)をかぶせる(《英》ice) ❸〔ガラス·金属など〕をつや消しにする ❹〔作物など〕に霜害を及ぼす，…を霜で枯らす ❺〔髪〕の一部を脱色する
—自 霜に覆われる《*over, up*》；凍結する
▶▶～ **hèave** 名 U〖地〗凍上《地中の水分が凍って地面が持ち上がること》；C その部分 ～ **lìne** 名 C《単数形で》《米》〖地〗凍結深度線《土が凍る最大の深さ》；降霜限界

Frost /frɔ(ː)st/ 名 **Robert** (**Lee**) ～ フロスト(1874–1963)(米国の詩人)

fróst·bìte 名 U 凍傷，しもやけ

fróst·bìtten 形 凍傷[しもやけ]にかかった；(植物が)霜害を受けた

fróst·bòund 形 (地面が)霜で凍った

frost·ed /frɔ́(ː)stɪd/ 形 ❶霜に覆われた，霜の降りた ‖ a ～ windowpane 霜のついた窓ガラス ❷《主に米》(菓子が)糖衣をかけた ❸(ガラスなどが)つや消しの ‖ ～ glass つや消しガラス，すりガラス

fróst-frèe 形 (冷蔵庫が)霜がつかない

fróst·ing /-ɪŋ/ 名 U ❶《主に米》(ケーキなどの)糖衣，衣(icing) ❷(ガラス·金属の)つや消し仕上げ，曇り

***frost·y** /frɔ́(ː)sti/ 形 ❶非常に寒い，凍るような ❷霜で覆われた，(霜のように)白い ❸冷淡な，よそよそしい
fróst·i·ly 副 **fróst·i·ness** 名

froth /frɔ(ː)θ/ 名 U ❶(ビールなどの)泡，あぶく(foam)；(液体の)浮きかす(⇨ FOAM 類語) ❷(病気や興奮したときに出る)唾液(だえき)の泡；興奮，怒り ❸たわいない話[もの]
—動 自 ❶泡立つ ❷(馬·犬などが)(口から)泡を出す[吹く] ‖ ～*ing* at the mouth 口から泡を出して；(人が)(怒りなどで)口角泡を飛ばして
—他 …を泡立たせる；…を泡だらけにする

froth·y /frɔ́(ː)θi/ 形 ❶泡立った[だらけの] ❷たわいない
fróth·i·ly 副 **fróth·i·ness** 名

frou·frou /frúːfrùː/ 名 ❶ C 衣(きぬ)ずれの音 ❷ U (婦人服の)凝りすぎの装飾

fro·ward /fróuərd/ 形《古》(人が)御(ぎょ)し難い，ひねくれた
～·ness 名

***frown** /fraun/ 《発音注意》動 自 ❶〈…に〉まゆをひそめる，顔をしかめる，いやな[渋い]顔をする〈**at**〉‖ The viewers ～*ed at* the announcer's accent. 視聴者たちはそのアナウンサーのなまりにまゆをひそめた / ～ in distaste 不快感で顔をしかめる / ～ into a magazine 難しい顔で雑誌をのぞき込む ❷〈…に〉不賛成の意を表す，難色を示す〈**on, upon**〉‖ Smoking is ～*ed upon* nearly everywhere. 喫煙はほとんどどこでもひんしゅくを買う(♦ frown on [OR upon] を1つの他動詞としての受身形が可能)
—他 〔不賛成·不快の意〕を苦い顔をして示す
—名 C《通例単数形で》まゆをひそめること，しかめっ面(♥怒り·不快·非難などを表す) ‖ with an angry ～ 怒って不機嫌な顔をして

frowst /fraust/ 《英口》名 C《単数形で》(室内の)むっとする空気，人いきれ —動 自 (室内の)むっとする中にいる

frowst·y /fráusti/ 形《英》=frowzy ❷

frow·zy, -sy /fráuzi/ 形 ❶(人や衣服が)薄汚い，だらしない ❷(部屋などが)いやなにおいのする，かび臭い，むっとする **-zi·ness** 名

fro-yo /fróujòu/ 名 C U《米口》冷凍ヨーグルト(♦ *frozen-yogurt* より)

froze /frouz/ 動 freeze の過去

***fro·zen** /fróuzən/ 動 freeze の過去分詞
—形 ❶凍った，氷結[凍結]した；(地域などが)厳寒の；(人·体が)凍えるように寒い，冷えきった ‖ The road is ～ solid. 道路がかちかちに凍っている / a ～ waterfall 凍った滝 / I'm ～ (stiff). 寒くて凍えそうだ ❷寒さ[霜]の害を受けた；凍死した ❸《通例限定》(食品などが)冷凍した ‖ ～ meat 冷凍肉 ❹(態度などが)冷淡な，よそよそしい ❺〈恐怖などで〉身動きできない〈**with, in**〉‖ be ～ *in* horror 恐怖で立ちすくむ ❻(価格などが)凍結された；(資産などが)すぐに現金化できない，凍結された ‖ ～ assets 凍結資産
▶▶～ **fóod** 名 U 冷凍食品 ～ **shóulder** 名 C《英》〖医〗肩こり，四十[五十]肩

FRS 略 *F*ederal *R*eserve *S*ystem((米国の)連邦準備制度)；*F*ellow of the *R*oyal *S*ociety(英国学士院会員)

frt. 略 freight

fruc·ti·fy /frʌ́ktɪfàɪ/ 動 (**-fied** /-d/) 自 (植物が)実を結ぶ；(土地が)肥える；(努力などが)実を結ぶ —他《堅》…に実を結ばせる；〔土地〕を肥やす **frùc·ti·fi·cá·tion** 名 U 結実；C〖植〗(シダやこけの)結実器官

fruc·tose /frʌ́ktous|-touz/ 名 U〖化〗果糖

***fru·gal** /frúːgəl/ 形 ❶つましい；〈…を〉倹約する，無駄に使わない(↔ wasteful)〈**of**〉‖ a ～ housewife 倹約家

の主婦 / be ～ *of* one's time 時間を節約する ❷(食事などが)費用のかからない, 質素な
fru·gál·i·ty 名 **～·ly** 副
fru·gi·vore /frúːdʒɪvɔ̀ːr/ 名 C 果実食の動物
fruit /fruːt/ 名 動
—名 〔▶ fruitful 形, fruity 形〕(複 **～s** /-s/) ❶ U C **果物**, 果実(♦ 果物全般を表す場合は集合名詞 U, 種類を表す場合は普通名詞 C, 食品を表す場合は物質名詞 U 扱い. ただし個々の果物を指すことはまれ) ‖ Eat more ～ and vegetables to stay in good health. 健康を保つためにもっと果物と野菜を食べなさい / For dessert, you can choose from a selection of ～*s*. デザートはいくつかの果物の中からお選びいただけます / Apples, oranges and peaches are among my favorite ～*s*. リンゴ・オレンジ・桃は私の好きな果物です / a piece of ～ 1つの果実 / be in ～ (木が)実がなっている
連語 **【形+～】** fresh ～(*s*) 新鮮な果物 / dried ～(*s*) ドライフルーツ / citrus ～(*s*) 柑橘(かんきつ)類の果物 / ripe ～(*s*) 熟した果物 / soft ～(*s*) 《英》大きな種のない小果実《イチゴなど》
❷ C 〔植〕**果実**, 実 ‖ a simple [collective] ～ 単果[集合果] / a dry [fleshy] ～ 乾果[肉果]
❸ U/C 《しばしば ～s》(努力などの) 所産, 成果, 結果; 《～s》利益, 収入 ‖ the ～(*s*) of huge effort 甚大な努力の賜物(たまもの) / reap the ～*s* of prosperity 繁栄の成果を刈り取る / the first ～(*s*) 初期の成果, 利益
❹ C 《通例 ～s》《古》《文》(穀物・野菜・果物などの)産物 ‖ the ～*s* of the earth [nature] 大地[自然]の恵み
❺ C ⊗《主に米》《蔑》男性の同性愛者
❻ U (ワインの)果実香; 果実の風味[芳香]
❼ C 《古》(人間・動物の)子, 子孫(offspring) ‖ the ～ of your loins [OR womb] あなたの子供
**bèar frúit* 実を結ぶ; 成果を生む ‖ My efforts *bore* ～. 私の努力は実を結んだ
—動 自 実を結ぶ ‖ These trees ～ well every year. この木は毎年よく実がなる **—他** …に実を結ばせる
語源 「楽しみ」の意のラテン語 *fructus* から.
▶▶ **～ bàt** 名 C 〔動〕オオコウモリ(flying fox) **～ cócktail** 名 U C フルーツカクテル《種々の果物を小さく刻んでグラスに盛ったもの》 **～ cùp** 名 C U 《米》フルーツカップ《細かく切ったいろいろな果物を取り混ぜてグラスに入れたデザート》; 《英》フルーツジュース **～ flỳ** 名 C 〔虫〕ミバエ(実蠅)《害虫》; ショウジョウバエ **～ knìfe** 名 C 果物ナイフ **～ machìne** 名 C 《英》スロットマシーン(《米》slot machine) **～ sálad** 名 C U フルーツサラダ; 《米軍俗》胸に飾る勲章, リボン **～ sùgar** 名 U =fructose **～ trèe** 名 C 果樹
fruit·age /frúːtɪdʒ/ 名 U ❶《文》《集合的に》果実 ❷ 果実を生じること, 結実, 実り ❸《堅》成果, 結果
fruit·ar·i·an /fruːtéəriən/ 名 C 果物常食者, 果食主義者
frúit·càke 名 ❶ C U (干しブドウやクルミなどを入れた)フルーツケーキ ❷ C 《口》《けなして》狂人, 変人
(*as*) ***nùtty as a frúitcake*** 《口》気の狂った
fruit·er·er /frúːtərər/ 名 C 《主に英旧》果物店
***fruit·ful** /frúːtfəl/ 形 〔◁ fruit 名〕 ❶ よい結果をもたらす, 実り多い, 有益な ‖ a ～ discussion 実り多い討論 ❷ よく実を結ぶ; 豊作をもたらす, 肥沃(ひよく)な ‖ a ～ tree よく実のなる木 / a ～ land 実り豊かな土地 ❸ 多産な; 多作な ‖ a ～ author 多作な作家 **～·ly** 副 **～·ness** 名
fru·i·tion /fruíʃən/ 名 U ❶ (目的などの) 達成, 実現 ‖ come to ～ (計画などが) 成就する / bring one's idea to ～ 自分の考えを実現させる ❷ (達成した成果の) 享受, 享有 ❸《文》(植物などの)結実
***fruit·less** /frúːtləs/ 形 ❶ 効果のあがらない, 無駄な, むなしい ‖ It would be ～ to try. やってみても無駄だろう / a ～ effort 無駄な努力 ❷ 実のならない
～·ly 副 効果なく, むなしく **～·ness** 名
fruit·y /frúːţi/ 形 〔◁ fruit 名〕 ❶ (味や香りが) 果物のような; 香りの豊かな, 芳醇(ほうじゅん)な ‖ a ～ wine (まだ熟成しきっていない) ブドウの風味の感じられるワイン ❷ (声が) 甘美な, 豊かな ❸《主に米口》ばかげた, 気の狂った; 《米俗》《けなして》(男性の)同性愛の ❹《英口》劣情をそそる, きわどい; 《米口》(極度に)感傷的な **frúit·i·ness** 名
frump /frʌmp/ 名 C 《口》《けなして》(古めかしい)やぼったい身なりの女; さえない人 **～·ish** 形 =frumpy
frump·y /frʌ́mpi/ 形 やぼったい, さえない, ぱっとしない
***frus·trate** /frʌ́streɪt | ‐́‐/ 動 〔▶ frustration 名〕 他 ❶〔計画・希望など〕を挫折(ざせつ)させる, くじく, 無効にする(↔ further) ‖ His ambitions were ～*d*. 彼の野望は砕かれた ❷〔人〕の計画[意向など]をくじく, 〔人〕を挫折させる, 失望させる(↔ encourage); 《受身形で》〈…に〉挫折する, 〈…に〉不満を抱く〈**at, with**〉 ‖ The language barrier ～*d* him. 彼は言葉の壁で挫折感を味わった / I was ～*d* in my attempt to reach them by e-mail. 私はEメールで彼らに連絡しようと試みたが駄目だった / Steve is very ～*d with* his personal life. スティーブは私生活に不満を抱いている
frus·trat·ed /‐́‐ɪd, +英‐‐́‐/ 形 《限定》挫折した, 失望した; 欲求不満に陥った
***frus·trat·ing** /‐́‐ɪŋ, +英‐‐́‐/ 形 欲求不満 [挫折感] を起こさせる(ような) **～·ly** 副
***frus·tra·tion** /frʌstréɪʃən/ 名 〔◁ frustrate 動〕 U C ❶ 挫折, 失敗, 失望 ‖ a sense of ～ 挫折感, がっくりした気持ち / ～ of one's efforts 努力が無駄になること / in [OR with] ～ がっかりして ❷ フラストレーション, 欲求不満, 挫折感; 《通例 ～s》挫折感を味わわせるもの, 欲求不満の種 ‖ take out one's ～*s* on one's sister 欲求不満を妹にぶつける / out of ～ 欲求不満から
frus·tum /frʌ́stəm/ 名 (複 **～s** /-z/ OR **-ta** /-tə/) C 〔数〕錐台(すいだい), 切頭体
‡fry[1] /fraɪ/
—動 (**fries** /-z/; **fried** /-d/; **～·ing**)
—他 ❶ **…を油で揚げる, いためる**, フライにする(→ deep-fry) ‖ *fried* chicken フライドチキン, 鶏のから揚げ / ～ bacon ベーコンをいためる / ～ an egg 卵を焼く
❷《米俗》〔人〕を電気いすで処刑する(electrocute)
❸《米俗》〔電子回路〕を過重電流で壊してしまう
—自 ❶ 油で揚げられる[いためられる] ❷《米俗》電気いすで処刑される ❸《口》日焼けする, やけどのように熱くなる
frỳ úp ... / frỳ ... úp 〈他〉《口》…をフライパンでさっといためて[いため直して]調理する
—名 (複 **fries** /-z/) C ❶ 揚げ物, フライ(料理) ❷《米》《-ies》フライドポテト(French fries, 《英》chips) ❸《米》(野外での)揚げ物料理の会食 ‖ a fish ～ 魚フライの会食
▶▶ **～ing pàn** (↓)
fry[2] /fraɪ/ 名 C 《集合的に》《複数扱い》稚魚, 幼魚; (ハチ・カエルなど1度に数多く生まれる)動物の子; 《戯》(人間の)子供
smáll frỳ ① 子供たち ② つまらないもの; 雑魚ども
fry·er, fri·er /fráɪər/ 名 C ❶ 揚げ物をする人; 揚げ物なべ, フライパン ❷《米》揚げ物用の若鶏(わかどり)
▶▶ **～ òil** 名 U 揚げ物用油
***frýing pàn** 名 C フライパン(《米》frypan)(⇨ PAN[1] 図)
*「***òut of*** [OR ***from***] ***the frýing pàn into the fíre*** 小難を逃れて大難に(陥って)
frý·pàn 名 C 《米》=frying pan
frý-ùp 名 U C 《英口》フライパンで急いでいためて[いため直して]調理すること; その料理
FSH 略 *f*ollicle-*s*timulating *h*ormone(卵胞刺激ホルモン)
f-stòp /éf-/ 名 C 〔写〕エフストップ《カメラレンズの絞り》
FT 略 *F*inancial *T*imes(英国の経済紙); *f*ull-*t*ime(♦ F/T ともつづる)
***ft.** 略 foot, feet; fort, fortification
FTC 略 《the ～》*F*ederal *T*rade *C*ommission (《米国

の)連邦通商委員会)

ft-lb 略《米》foot-pound(s)

FTP 略 *f*ile *t*ransfer *p*rotocol

FTSE 略 the *F*inancial *T*imes-*S*tock *E*xchange(ファイナンシャルタイムズ紙とロンドン証券取引所による合弁会社) ▸▸ **~ ìndex** 名《the ~》FTSE株価指数

fu·bar /fjúbɑːr/ 形《米俗》めちゃめちゃの, 手のつけようがない(♦ *f*ucked *u*p *b*eyond *a*ll *r*ecognition の略)

fuch·sia /fjúːʃə/《発音注意》名 ❶ C〖植〗フクシア, ホクシャ《赤・紫色などの美しい花を咲かせる南米原産の低木》 ❷ U 鮮やかな赤紫色

***fuck** /fʌk/ ⊗《卑》(♥ 最も卑俗な語の1つとされる) 動 他 ❶ …と性交する ❷ …を駄目にする, めちゃめちゃにする ❸〔人〕を不当に扱う ━ 自 性交をする

fùck aróund [《英》*abóut*]〈他〉(*fùck ... aróund* [《英》*abóut*])〔人〕をいい加減に扱う, 〔人〕に無駄な時間を使わせて怒らせる[困らせる] ━〈自〉① 時間を無駄にする ② ばかなまねをする(⇨ mess about);〈…を〉いじくり回す〈**with**〉③ (性的に)ふしだらである

Fúck it [OR *you, her, John, that*]*!* くそ, 畜生(♥ 人・事に対するいら立ち・怒りなどを表す俗語. 婉曲的には darn の方が無難)

fùck mé 《主に英》ひえー, 何てことだ(♦ 驚きを表す)

fùck óff 〈自〉①《命令形で》(さっさと)立ち去れ, うせろ(⇨ get lost) ②《主に米》無駄に時間を過ごす, ぶらぶらする ━〈他〉(*fùck ... óff*)…を困らせる, 怒らせる(♦ しばしば受身形で用いる)

fùck óver ... / *fùck ... óver* 〈他〉《米》〔人〕にひどい仕打ちをする, 〔人〕を(だまして)利用する

fùck úp 〈他〉(*fùck úp ...* / *fùck ... úp*) ①《通例受身形で》不幸になる, 落ち込む;頭が混乱する[狂う] ② …を台無しにする;めちゃめちゃにする, …でへまをやる(⇨ mess up) ━〈自〉① 失敗する, しくじる, へまをやる ②(機械などが)故障する

fúck with ... 〈他〉…を困らせる, 怒らせる

━ 名 C ❶《通例単数形で》性交 ❷ 性交の相手 ❸《the ~》一体全体(♥ 特に疑問文に用いて怒り・困惑・嫌悪などを強調) ‖ What the ~ are you talking about? 一体全体何の話をしてるんだ

nòt give a (*flỳing*) *fúck* 少しも気にしない

━ 間 畜生め(♥ 怒り・困惑・嫌悪を表す) ‖ *Fuck!* I lost my ticket! 畜生め, 切符をなくしちまった

▸▸ **~ áll** /, ＿＿/ 名 U ⊗《主に英卑》何もなし(nothing)

fuck·er /fʌ́kər/ 名 C ⊗《卑》《蔑》間抜け;いやなやつ;男, やつ

***fuck·ing** /fʌ́kɪŋ/

━ 形 副 ⊗《卑》(→ fuck)《比較なし》《限定》 ❶ **ひどい**[く], とんでもない(ほど)(♥ 怒り・困惑・嫌悪などを強調する) ‖ You're a ~ asshole! おまえはほんとにむかつく野郎だ / *Fucking* hell! くそっ

❷ (語調を強めて)何といったって, とっても ‖ A ~ nice guy! とってもいいやつ

fud·dle /fʌ́dl/ 動 他〔人〕を泥酔させる;(酔って)〔人・頭〕を混乱させる, まごつかせる ‖ feel ~*d* (酒などのせいで)頭がもうろうとしている ━ 名 C《単数形で》泥酔, 酩酊(めいてい);頭の混乱した状態 ‖ on the ~ 酩酊していて

fud·dy-dud·dy /fʌ́didʌ̀di/ 名 (複 **-dies** /-z/) C《口》古めかしい考えの持ち主, 頭の古い人, 時代遅れでもったいぶった人;口うるさい人

━ 形 保守的な;時代遅れの;口やかましい

fudge /fʌdʒ/ 名 ❶ U ファッジ《柔らかいキャンディー》 ❷ U《英では古》ばかげたこと;《間投詞的に》《旧》ばかな(♥ 当惑・失望・不信などを表す) ❸ C《主に英》その場しのぎ(の解決)

━ 動《口》自〈…を〉あいまいにする;ごまかす〈**on**〉

━ 他 …をでっち上げる, あいまいにする《*up*》;…をごまかす

***fu·el** /fjúːəl/

━ 名 (複 **~s** /-z/) ❶ U C **燃料**(♦ 種類を表す場合は普通名詞扱いで C);核燃料(nuclear fuel) ‖ ~ wood まき / run out of ~ 燃料が切れる / ~ **consumption** 燃料消費 / ~ efficiency 燃費効率 / ~-efficient 燃費のよい / run **on** diesel ~ ディーゼル燃料で走る

連語【形+~】fossil ~ 化石燃料《石油・石炭・天然ガスなど》/ solid [liquid] ~ 固体[液体]燃料 / nuclear ~ 核燃料 / unleaded ~ 無鉛燃料

❷ U 激情をあおるもの, 勢いを増加させるもの ‖ Her words added ~ to the conflict. 彼女の言葉が論争をいっそうあおり立てた ❸ U (エネルギー源としての)飲食物

àdd fùel to the fire [OR *fláme*(*s*)] 火に油を注ぐ, 激情をあおる

━ 動 (**~s** /-z/;**-eled**,《英》**-elled** /-d/;**-el·ing**,《英》**-el·ling**)

━ 他 ❶ …に燃料を補給する[入れる];〔車など〕にガソリンを入れる《*up*》 ‖ ~ the first-stage booster (宇宙船の)第1段ブースターに燃料を積み込む / a power station ~*ed* by uranium ウラン燃料による発電所 ❷ …をかき立てる, あおる, 刺激する ‖ Crime is directly ~*ed* by drug abuse. 麻薬の乱用が犯罪を直接助長している / The discovery ~*ed* speculation that ... その発見は…という憶測をかき立てた ━ 自 燃料[ガソリン]が補給される;(渡り鳥などが)エネルギーを補給する《*up*》 ‖ ~ *up* on ... …を食べて(エネルギーを)補給する

▸▸ **~ cèll** 名 C 燃料電池 ‖ a *fuel-cell*(-powered) car [OR vehicle] 燃料電池車 **~ injèction** 名 C 燃料噴射 **~ òil** 名 U 燃料油;重油 **~ ròd** 名 C (原子炉の)燃料棒 **~ slìpper** 名 C《口》燃費のよい車(♦ fuel-slipper とも書く)(↔ gas guzzler) **~ tànker** 名 C 燃料タンカー

fueled 形《複合語で》…を燃料とした, …であおられた ‖ a diesel-~ bus ディーゼル動力バス / a cognac-~ party コニャックを飲み物としたパーティー

fu·fu /fúːfuː/ 名 U フーフー《キャッサバやヤムイモをゆでて粉にしたものをもち状にこねたアフリカの食材》(♦ foo-foo ともつづる)

fug /fʌg/ 名 C《単数形で》(室内の)むっとする空気

~·gy 形 むっとする

fu·gal /fjúːgəl/ 形 フーガ(fugue)(調)の **~·ly** 副

***fu·gi·tive** /fjúːdʒəṭɪv/ 名 C〈…からの〉逃亡者, 脱走者;難民, 亡命者〈**from**〉‖ a ~ *from* justice 逃亡犯

━ 形《限定》❶ 逃亡中の ❷ 一時的な, つかの間の;すぐに変わり[消え]やすい ❸ 転々と移動する, さまよう, 放浪する

fugue /fjuːg/ 名 ❶ C〖楽〗フーガ, 遁走(とんそう)曲 ❷ U〖心〗遁走《一種の記憶喪失》‖ in a ~ state 記憶喪失状態で

füh·rer /fjʊ́ərər/ 名《ドイツ》(=leader) C 指導者;独裁者;《der F-, the F-》総統(Adolf Hitler の称号)

Fu·jian /fùːdʒiáːn/ 名 福建(フーチェン)(省)《中国南東部, 台湾海峡に面する省. 省都 Fuzhou(福州)》

Fu·jí·ta scàle /fuːdʒíːṭə-/ 名《the ~》〖気象〗藤田(竜巻)スケール《日本出身の米国の気象学者藤田哲也(1920–1998)が考案した竜巻の規模を表す階級表. F0からF5までの6階級ある》

Fu·kien /fùːkjén/ 名 =Fujian

-ful 接尾 ❶ /-fəl/《形容詞語尾》 **a**《名詞につけて》「…に満ちた, …でいっぱいの(full of)」の意 ‖ color*ful*, event*ful* **b**《名詞・動詞ときに形容詞につけて》「…の性質を持つ」「…の傾向のある」「…できる」の意 ‖ help*ful*; forget*ful*(♦ 語幹のつづりが変化する場合がある.〈例〉beauti*ful*(< beauty)) ❷ /-fʊl/《名詞語尾》(**~s** /-z/,《ときに口語で》**-sful** /-zfʊl/)《名詞につけて》「…1杯(の量)」の意 ‖ basket*ful*

Ful·bright /fʊ́lbràɪt/ 名 **James William ~** フルブライト(1905–95)《米国の政治家》

▸▸ **~ schòlarship** 名 U フルブライト奨学金

ful·crum /fʊ́lkrəm/ 名 (複 **~s** /-z/ OR **-cra** /-krə/) C ❶ (てこの)支点, てこまくら ❷ (行動の)支え, 支柱 ❸〖動〗支持器官

ful·fill, 《英》**-fil** /fulfíl/ 《アクセント注意》
━動 (**~s** /-z/; **-filled** /-d/; **-fil·ling**)
━他 ❶〔約束・期待・希望など〕を**完全に実現させる**, かなえる, 成就する (↘ live out) ‖ Your dream [wish] will be ~*ed*, if you stick to it. 夢[願い]は絶えず追い求めていればかなえられるものだ
❷〔役割・任務・義務など〕を**果たす**, 遂行する(↔ neglect) ‖ ~ one's **role**(**s**) [**function**(**s**), duties] 役割[機能, 務め]を果たす / ~ one's obligations to one's creditors 債権者に対する債務を弁済する
❸〔必要な条件・要求など〕を満たす,〔目的〕に応える, かなう ‖ His work ~*ed* our requirements. 彼の仕事ぶりは我々の要求を満たした
❹〔人〕を達成感によって満足させる,〔人〕に能力を十分に発揮させる(♦目的語はしばしば oneself)
❺〔仕事〕を完了する, 完成する;〔期限〕を満了する

ful·filled /fulfíld/ 形 (生活などが)満ち足りている

ful·fill·ing /fulfílɪŋ/ 形 能力を発揮できる, やりがいのある

ful·fill·ment, 《英》**-fil-** /fulfílmənt/ 名 U (約束・希望などの)実現, 成就;実現[成就]による満足感, 自己実現の充足感;(義務・命令などの)履行, 遂行;(要求などを)満たすこと;予言の実現 ‖ a sense of ~ やり遂げたという充足感 / the ~ of one's dream 夢の実現

full[1] /ful/ 形 名 副 動

中心義 **(Aが)満ちた** (★Aは「容器」「乗り物」のように具体的なものから「心」「人生」のように抽象的なものまで多様)
━形 (**~·er**; **~·est**)
❶ (容器などが)〈…で〉**いっぱいの**, 満杯の(↔ empty);(場所・乗り物が)〈…で〉満員の, 満席の《*up*》〈**of**〉‖ The waiter can carry several ~ mugs *of* beer without spilling any. そのウエーターはビールがなみなみと入ったジョッキを少しもこぼさずに何個も持ち運びできる / We have got a ~ tank *of* gas. ガソリンは満タンだ / My hands are ~. 両手が(荷物で)ふさがっている;手いっぱい[多忙]だ / Don't speak with your mouth ~. 口いっぱいに(食べ物を)ほおばってしゃべるな / "How ~ is the bottle?" "It's almost two-thirds ~."「その瓶にはどのくらい入ってるの」「3分の2近くあるね」/ Her eyes are ~ *of* tears. 彼女の目は涙でいっぱいだ / a bowl ~ to the brim with water 水がなみなみと入ったボウル / The theater was ~ (*up*) every night. 劇場は毎晩満員だった
❷《叙述》《+**of** 名》…が**たくさんいる**[**ある**], …だらけの;(ある特質・感情)に満ちている;(人が)…で頭がいっぱいの;…のことばかり話して[話したがって] ‖ The sky is ~ *of* stars. 満天の星空だ / The young chef's book is ~ *of* original recipes. その若いコック長の本には独自のレシピが満載されている / a river ~ *of* fish 魚のたくさんいる川 / a look ~ *of* meaning 意味深長なまなざし / The room was ~ *of* laughter. 部屋は笑いに包まれた / He is ~ *of* complaints. 彼は不平ばかり言っている
❸《限定》丸ごと全部の, **完全な**;省略のない, 詳細な(↔ incomplete);《主に数詞を強調して》丸々… ‖ If you're not satisfied, you can ask for a ~ refund. 満足いかない場合は(前金の)全額返金を要求できます / *Full* details on request. 請求あり次第詳細を通知します / Please leave your ~ address here. ここに住所を省略せずに書いていってください / ~ employment 完全雇用 / in ~ detail 細大漏らさずに / 「a ~ three [OR three ~] hours 丸々3時間 (♦ a full three hours では three hours を1つの単位として冠詞 a がつく)
❹《限定》**最大**[**最高**]**限度の**;精いっぱいの;最高潮の, 盛りの ‖ We'd like to know the ~ potential of your abilities. 君の能力の最大限の可能性を知りたい / at ~ speed 全速力で / ~ daylight 白昼 / to the ~ extent of ... …を最大限までのばして, …の最大限度まで / make ~ use of ... …を最大限利用する / rise [draw oneself up] to one's ~ height 真っすぐ[すっくと]立ち上がる / lie [fall] ~ length 長々と寝そべる[倒れる]
❺ (胸が)(幸せ・強い感情で)いっぱいの ‖ Her heart was too ~ for words. 彼女は胸がいっぱいで言葉にならなかった
❻ (人が)満腹で《*up*》‖ No more, thanks. I'm ~ (*up*). もう結構, 満腹です / You can't swim on a ~ stomach. 満腹状態で泳いではいけません
❼ (人生が)充実した;(日程など)たくさんやることのある, 仕事がいっぱいの ‖ live [OR lead] a ~ life 充実した人生を送る / have a ~ schedule 予定が詰まっている / have a ~ week 1週間仕事がたっぷり詰まっている ❽《限定》正式の[完全な]資格のある, 正規の;(会議が)全員出席の ‖ ~ membership 正規会員[構成員]資格 ❾ (論文などが) 詳細な ‖ a ~ report 詳細な報告 ❿ 同じ親から生まれた(↔ half) ⓫ (顔・体つきが) 丸々とした, 肉付きのよい(♥ fat の婉曲表現) ‖ a ~ face [figure] 丸々とした顔[体つき] ⓬ (衣服が)ゆったり[たっぷり]した(↔ tight);たっぷりひだをとった ‖ a ~ skirt たっぷりした[ギャザーの多い]スカート ⓭ (声・音が)朗々たる, 豊かで美しい(↔ thin);(光・色彩が)豊かな, 強い;(香り・味が)強くて豊かな;(食事が) たっぷりある ‖ wine with a ~ body フルボディーの[こくのある]ワイン ⓮ (髪が)張りのある ⓯〖野球〗満塁の;フルカウントの ⓰《限定》(本の装丁の材料が) 表紙全体を覆う ‖ a book bound in ~ morocco 総モロッコ革装の本 ⓱ (月が)まん丸の, 満月の(→full moon)

(*as*) ***full as a tick*** ⇨ TICK[2](成句)

fúll of it ①《口》でたらめを言って ②《米口》いつも面倒ばかり起こして, とてもいたずらで

fúll of onesèlf うぬぼれた, 傲慢(ごう)な, 尊大な

━名《the ~》満月;満潮;最大限 ‖ The tide [moon] is at the ~. 満潮[満月]だ

****in fúll*** ① 全額(払いで), 全部 ‖ Have you paid *in* ~ for that? それの支払いはもう全部済んだのか ② 省略せずに, 丸々

****to the fúll*** [OR ***fúllest***] 最大限に, **十分に**, 心行くまで ‖ enjoy oneself *to the* ~ 思う存分楽しむ / live one's life *to the* ~ 精いっぱい生きる

━副《比較なし》❶ (衝突・視線などが)まともに, じかに;ちょうど, ぴったりに ‖ The ball hit me ~ in the face. ボールがまともに顔に当たった
❷ 非常に, とても(♥ know full well の形で用い, 特に話者にとって好ましくない内容を強調する) ‖ I **know** ~ **well** that I was wrong. 私が間違っていたことは重々承知している ❸ 最大限に, 完全に, 十分に(♦過去分詞の前につき, 複合語化することが多い) ‖ ~ grown 十分に成育した

fùll ón 《英》(機械・電気器具などが)最大限の出力で, 最大能力で

fùll óut ① (エンジンなどを)全開にして;全速力で, 全力で ② (印刷面の)左右いっぱいに

━動 他〔スカートなど〕を(ギャザーをつけて)ゆったり作る
━自《英では方》(月が)満月になる;(潮が)満潮になる

▸▸ **~ áge** 名 U《英》成年《通例満18歳》 **~ béam** 名 U《英》=high beam **~ blóod** 〈シ〉 名 U ① 純血, 純血(種)の人[動物] ② 同じ両親から血を受けている関係(→ half blood) **~ bóard** 名 U《英》(ホテルなどで)3食付き宿泊(《米》American plan) **~ bóre** (↓) **~ bróther** [**síster**] 名 C (両親が同じ) 実の兄弟[姉妹] **~ dénture** 名 C 総義歯 **~ dréss** 名 U 正装, 礼装 **~ fáce** /, ニ-/ 形 副 ① (顔の全体が見えるように) 正面向きの[で] ② 顔全体を覆うような[に] ‖ a ~ *face* helmet 顔まですっぽり覆うヘルメット(full-faced) **~ fórward** 名 C《豪》〖サッカー〗フルフォワード《相手側チームのゴールの近くでプレーする選手》 **~ hóuse** 名 C ①〖ポーカー〗フルハウス《同位の札3枚と2枚からなる手》 ②《単数形で》(劇場などの)満員 **~ lóck** 名 U C《英》(車の)ハンドルの回転限度 **~ márks** 名 複《主に英》(試験での) 満点;最高の評価 ‖ I'll give him ~ *marks* for courage. 彼の勇気を賞賛しよう / gain ~ *marks* 満点をとる **~ méasure** 名 U 総量, すべての合計 ; C 正確な分量, 公称どおりの量 **~ móon** 名 C《単数形で》満月(時)(⇨ MOON 図) **~ náme** 名 C 略さない氏名, フルネーム **~ nélson** 名 C〘レスリング〙フルネルソン《首攻め技》 **~ proféssor** 名 C《米》正教授 **~ stóp** 名 C ①《英》終止符, ピリオド(《米》period) ② 完全停止 ‖ come to a ~ *stop* 完全に終わる ③《発言の後につけ加えて》もう言うことはない, 以上 **~ tílt** ⇨TILT[1] (成句) **~ tíme** 名 U〘フットボールなど〙フルタイム《試合終了》 **~ tóss** 名 C〘クリケット〙フルトス《打者の位置までノーバウンドで届いた球》

full² /fʊl/ 動 他〔ウール地など〕の目を密にする

fúll·bàck /英 ⁻́⁻̀/ 名 C〘球技〙フルバック(の位置)

fùll-blóoded 〈シ〉 形《限定》❶ 純血(種)の ; 同じ親を持つ ❷ 元気な, 精力的な, 力強い ❸ 本物の, 完璧(かんぺき)な

fùll-blówn 〈シ〉 形 満開の ; 十分に発達した ; 本格的な ; (病気が) 進行した ‖ a ~ financial crisis 本格的な経済危機 / ~ Aids 末期のエイズ

fùll-bódied 〈シ〉 形 ❶ (酒が) こくのある ❷ (声・音が) 重厚な, 力強い, 朗朗たる

fùll bóre 副 全速力で **fùll-bóred** 形 全速力での

fùll-bréasted 形 ふくよかな胸の

fùll-cólor 形《限定》オールカラーの

fùll-còurt préss 名 C《単数形で》❶〘バスケットボール〙フルコートプレス《全コートにおけるマンツーマンディフェンス》 ❷《米口》総力攻撃 ‖ run [OR mount] a ~ 総力攻撃を行う

fùll-créam 形《英》(脱脂しない)全乳の

fúll-drèss 〈シ〉 形《限定》正装での, 正式の ; 完璧(かんぺき)な, 徹底した ‖ a ~ dinner 正装着用の晩餐(ばんさん)会

full·er /fʊ́lər/ 名 C (ウール地などの)縮絨(しゅくじゅう)工

▸▸ **~'s éarth** 名 U フーラー土《布の縮絨用の粘土》

Full·er /fʊ́lər/ 名 **R**(**ichard**) **Buckminster ~** フラー (1895–1983)《米国の建築家・発明家・哲学者. geodesic dome を考案》(→ fullerene)

ful·ler·ene /fʊ̀lərí:n/ 名 U〘化〙フラーレン (buckminsterfullerene)《球状に近い構造を持つ炭素分子. Buckminster Fuller が考案した geodesic dome と同様の構造を持つことから命名》

fùll-fáce 形 副 =full face(↑)

fùll-fáshioned 〈シ〉 形 (セーター・ストッキングなどが) 体にぴったりするように編んだ, フルファッションの

fùll-fát 形《通例限定》《英》(脱脂してない)全乳の

fùll-fígured 形 (特に女性が)肉付きのよい, 豊満な ; (特に女性用衣類が)肥満体型用の

fùll-flát 形 (自動車や旅客機のシートが) 180度まで開く, 平らになる

fùll-flédged 〈シ〉 形《米》❶ (鳥が) 羽の生えそろった ❷ 十分に発達した ; 完全な資格を持つ ‖ a ~ lawyer 一人前の弁護士

fùll-fróntal 〈シ〉 形 (性器を含む)正面全裸の, 丸出しの ; (批評・攻撃などが)徹底した, 手加減なしの

— 名 C 正面全裸像

fùll-grówn 〈シ〉 形 十分に成長[発育]した, 成熟した

***fùll-léngth** 形《限定》❶ (鏡・肖像画などが) 等身大の, 全身の ; (衣服・カーテンなどの)すそが床まで届く ❷ 省略なしの, 削除していない

fùll-mótion 形 (ビデオが) フルモーションの《毎秒30フレームで映像を表示する》

full·ness, ful- /fʊ́lnəs/ 名 U 満ちていること, いっぱい ; 最大限, 完全 ; ふくよかさ ; (音などの)豊かさ ‖ in the ~ of one's [OR the] heart《文》感無量で / in the ~ of time 時満ちて, 最終的に

fúll-òn 形《口》全くの, もろの ;《叙述》《豪・ニュージ》(はた迷惑なほどに)やりすぎの, 過度の

fúll-òut 形 徹底的な, 完全な ; 全速力での

fùll-páge 形《限定》全ページ大の ‖ a ~ advertisement 全面広告

fùll-scále 〈シ〉 形《通例限定》❶ 実物大の, 原寸の ❷ 全面的な, 徹底的な ‖ a ~ war 全面戦争

fùll-sérvice 形《米》総合サービスの, 包括的業務を行う

fùll-síze, -sízed 形《限定》❶ 普通[標準]サイズの ❷《米》(ベッドが)54×75インチ[137×190センチ]サイズの ; (シーツなどが)フルサイズベッド用の

fùll-térm 形 月満ちて生まれた, 正常出産の

fùll-thróated 〈シ〉 形 (のどをいっぱいに開けた)大声(で)の, 朗々たる, 響き渡る

‡fùll-tíme 〈シ〉

— 形《限定》**全時間(勤務, 操業)の**, 常勤の, 専任の (↔ part-time) ‖ a ~ **job** 常勤の職 / a ~ homemaker 専業主婦

— 副 全時間(勤務・操業)で, 常勤で, 専任で ‖ **work** ~ フルタイムで働く

fùll-tímer 名 C 常勤[専任]の人

‡ful·ly /fʊ́li/

— 副 (**more ~ ; most ~**)

❶ 最大限に, **十分に**, 完全に, すっかり, 省略せずに ‖ His new sports car ~ satisfied his desires. 彼が手にした新車のスポーツカーは彼の欲望を完全に満たした / I did not ~ realize the importance of filling out the form completely. 私は用紙に漏れなく記入することの大切さに完全には気づいていなかった / eat ~ 腹いっぱい食べる / ~ **understand** the point 要点を十分理解する / be ~ **aware** of ... …を十分に認識[意識]している

❷ 《比較なし》(数字などとともに)たっぷり, 優に, 丸々, 少なくとも ‖ Her fever lasted ~ two days. 彼女の熱は丸2日続いた

-fully 接尾 《-ful[1] に相当する副詞語尾》 ‖ color*fully*, help*fully* ; forget*fully*

fùll-yéar 形《限定》〘会計〙年間の, 丸一年を通じての

fùlly-fáshioned 〈シ〉 形 =full-fashioned

fùlly-flát 形 =full-flat

fùlly-flédged 〈シ〉 形《英》=full-fledged

fùlly-grówn 〈シ〉 形 =full-grown

ful·mar /fʊ́lmər/ 名 C〘鳥〙フルマカモメ《極地帯に住むミズナギドリ科の海鳥》

ful·mi·nant /fʊ́lmɪnənt/ 形 ❶ 爆発性の ❷〘医〙(病気が)電撃性の, 急性の ; 急激に進行する

ful·mi·nate /fʊ́lmɪnèɪt/ 動 自 ❶《文》突然爆発する ❷ 〈人を〉激しく非難する, どなりつける〈**against**〉 ❸ 《~ing で形容詞として》〘医〙(病気が) 急激に進行する — 他 ❶ …を突然爆発させる ❷〔非難など〕を激しく浴びせる

fùl·mi·ná·tion 名 C U 激しい非難

ful·ness /fʊ́lnəs/ 名 =fullness

ful·some /fʊ́lsəm/ 形 ❶ (度がすぎて) いやみな, うんざりするような, 鼻につく ‖ ~ praise 鼻につく賛辞 ❷ 豊富な, ふんだんな **~·ly** 副 **~·ness** 名

Ful·ton /fʊ́ltən/ 名 **Robert ~** フルトン (1765–1815)《米国の技術者・発明家. 蒸気船を初めて実用化》

fu·ma·role /fjú:mərò̀ul/ 名 C (火山地帯の)噴気孔

fum·ble** /fʌ́mbl/ 動 自 ❶ (ぎこちなく) 手探りする《about, around***》, (慌てて) 〈…を〉捜し回る〈**for**〉 ‖ I ~*d about* [OR *around*] in the dark cinema. 暗い映画館の中であちこち手探りした / He ~*d* in his pocket *for* a coin. 彼はポケットの小銭を探した ❷ 〈…を〉不器用に扱う, (ぼんやりと)いじくり回す〈**at, with**〉; 〈言葉に〉窮する, 言いよどむ〈**for, with**〉 ‖ I [OR My hands] ~*d with* the keys. 私は鍵(かぎ)をいじくり回した ❸ (野球・フットボールなどの球技で)ファンブルする, 球を捕り[つかみ]損なう

— 他 ❶ …を不器用に扱う, いじくり回す ; …をしくじる ; 〔言葉〕に窮する, …を言いよどむ ❷〔球〕をファンブルする

— 名 C ❶ ぎこちなさ ; 不手際, ミス ❷ (球技で)ファンブル(したボール)

fum·bling /fʌ́mblɪŋ/ 形 不器用な

***fume** /fju:m/ 名 C ❶《通例 ~s》(特に有害で悪臭のす

る)煙, 蒸気, ガス；悪臭, 刺激臭 ‖ exhaust [poisonous] ～*s* 排気[毒]ガス ❷ 怒り ‖ be in a ～ 《ぷんぷん》怒っている ―動 自 ❶ 息巻く,〈…に対して〉かんかんに怒る〈**at, over, about**〉‖ The boss always ～*s* *at* me when I'm late for work. 上司は私が仕事に遅れるといつもかんかんに怒る ❷ 煙る, 蒸気[ガス]を発生する
―他 ❶《直接話法で》…だとかんかんに怒る ‖ "You shouldn't have done it!" she ～*d*. 「そんなことしなければよかったのに」と彼女は腹立ち紛れに息巻いた ❷〔木材など〕を煙でいぶす《特に濃い色合いを出すためアンモニアガスを用いる》‖ ～*d* oak 燻蒸(くんじょう)したオーク材

fu·mi·gant /fjúːmɪɡənt/ 名 U 燻蒸剤

fu·mi·gate /fjúːmɪɡèɪt/ 動 他 …をいぶす, 燻蒸(消毒)する **-gà·tor** 名 C 燻蒸(消毒)する人[器械]

fu·mi·ga·tion /fjùːmɪɡéɪʃən/ 名 U 薫蒸消毒

fu·mi·to·ry /fjúːmətɔ̀ːri｜-mɪtə-/ 名 (複 **-ries** /-z/) C 〖植〗カラクサケマン《壊血病の薬草として用いられた》

fun /fʌn/ 名 形 動

―名〔▶ funny 形〕U **楽しみ**, 面白み；ふざけ, 戯れ；面白いこと[人] ‖ We **had** ～ playing beach volleyball. 私たちはビーチバレーをして楽しんだ / What ～! 何て面白いんだろう / Snowboarding is full of ～. スノーボードはとても楽しい / The party was ˹a lot of [OR so **much**]˺ ～. パーティーはとても楽しかった / I don't see the ～ of shopping around. お店を見て回ることのどこが楽しいのかわからない / It's no ～ to attend a meeting on such a fine day.＝Attending a meeting on such a fine day is no ～. こんな天気のいい日に会議に出席するのはつまらない / I didn't mean to hurt you. It was just a bit of ～. 君を傷つけるつもりはなかった. ちょっとふざけただけさ / He is **great** [OR **good**] ～. 彼はとても面白い人だ / Stamp-collecting is not my idea of ～. 切手収集なんて(人はどうか知らないが)私には楽しみでも何でもない

****for* [OR *in*] *fún*；(*jùst*) *for the fún of it*** 遊びで, 面白半分に, ふざけて

fùn and gámes 《口》① 楽しみ, 遊び, ふざけ合い(♥ 批判的に用いられることもある)；男女のいちゃつき ② やっかいで面倒なこと(♥ 皮肉)

like fún 《米口》《旧》あり得ない, 決して…ない ‖ *Like* ～ he said that. まさか彼がそんなことを言ったはずがない

****màke fún of ...*** …をからかう

more fun than a barrel of monkeys ⇨ BARREL (成句)

pòke fún at ... ＝*make fun of ...*(↑)

COMMUNICATIVE EXPRESSIONS

1 **Are we hàving fún yèt?** お楽しみはまだこれからなのか？；つまらないな(♥「退屈だ」を意味する皮肉な表現. ＝ When does the fun start?)

2 **Hàve fún.** どうぞ楽しんでね(♥ しばしば別れのあいさつとして用いる)

3 (Thát) **sòunds like fún.** (それは)面白そうだね(♥ 興味を示すくだけた表現)

―形《口》楽しい, 愉快な；おかしな(♦ fun は本来名詞なので great [OR a lot of, much] fun とはいえるが very fun とはいえないとされてきた. しかし最近では very で修飾されることもある. 比較級・最上級はふつう用いない. ⇨ PB 26) ‖ a ～ person 愉快な人 / have a ～ evening 楽しい夕べを過ごす / ～ clothes 風変わりな服

―動 (～**s** /-z/；**funned** /-d/；**fun·ning**) 自《主に米口》からかう, ふざける

▶▶ ～ **fùr** 名 C 〖英〗安い模造毛皮の服 ～ **hòuse** 名 C 《主に米》(遊園地の)びっくりハウス ～ **rùn** 名 C 《口》(慈善資金集めの)市民マラソン大会

Fu·na·fu·ti /fùːnəfúːti/ 名 フナフティ《南太平洋ツバルの首都》

fún·bòard 名 C ファンボード《ロングボードとショートボードの中間の長さのサーフボード》

***func·tion /fʌ́ŋkʃən/ 名 動

―名 (複 **～s** /-z/) ❶ C U **機能**, 働き, 作用；(本来の)目的；(人や団体の) **職務**, 役割 ‖ The ～ of the heart is to pump blood through the body. 心臓の機能は血液を体中に送り込むことである / brain ～ 脳の機能 / the ～ of education 教育の本来の目的 / **perform** [OR fulfill, serve] the ～*s* of a judge 判事の職責を果たす / bodily ～*s* (食事・排泄(はいせつ)などの)身体的機能
❷ C (大規模・公式的な)儀式, 式典, 行事, イベント ‖ an official ～ 公式行事
❸ C 💻(指示・命令に関する)コンピューターの機能(→function key)；〖文法〗機能(↔ form)
❹ C 相関的なもの, 相関的要素〈**of**〉；〖数〗関数 ‖ Growth is a ～ *of* nutrition. 成長は栄養の関数である (♥「成長は栄養次第だ」の意) / a trigonometric ～ 三角関数

―動 (～**s** /-z/；～**ed** /-d/；～**·ing**) 自 ❶ **機能する, 作用する**, 働く(act)(♦ しばしば様態を表す 副 または 副句 を伴う) ‖ Your heart is ～*ing* normally [properly, well]. 君の心臓は正常に[きちんと, 十分に]機能している / I can't ～ because I didn't get enough sleep. 寝不足で頭が働かない
❷ (人・物が)〈…の〉役目[役割]を果たす〈**as**〉‖ This cellphone also ～*s* *as* a camera. この携帯電話にはカメラ機能もある

▶▶ ～ **kèy** 名 C 💻(キーボード上の)ファンクションキー《文字入力以外の特定の機能が割り当てられたキー. PC/AT互換機用キーボードでは最上部にあるF1からF12まで》～

PLANET BOARD 26

fun を very で修飾したり, 比較級 funner にしたりするか.

問題設定 本来名詞である fun が形容詞として用いられることもあるが, very fun とはいえず, 比較級, 最上級もないとされる. 実際の使用率を調査した.

Q 次の表現を使いますか.
(a) That party was **very fun**.
(b) Baseball is **funner** than tennis.

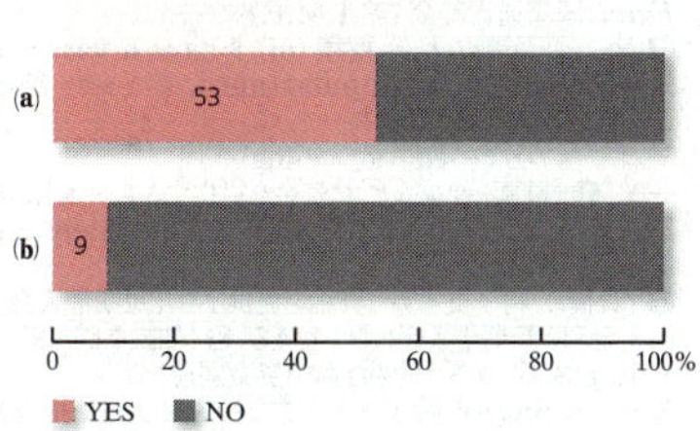

(a) の very fun は使うという人が約半数で,《米》に限れば使う人が76%であった. (b) の funner はほとんどの人が使わないと答えた.

(a) を使わないと答えた人の中では「very fun は間違い」「子供が使う」という意見が目立った. また, 使うと答えた人の中でも,「親しい人に対してだけ使う」とした人もいた.

(a) の代替表現としては, 多くの人が That party was *a lot of* fun. / That party was *great* fun. をあげた. また,「(b) は誤りで *more* fun を使うべきだ」とほとんどの人が述べている.

参考 Baseball is **more fun** than tennis. についても同様の調査をしたが, これは99%の人が使うと答えた. この場合の fun は名詞と考えられる.

学習者への指針 very fun は《主に米》で使われることもあるが, great [OR a lot of] fun の方が一般的である. 比較を表したい場合は more fun を使うのがよいだろう.

F

wòrd 名 C 〘文法〙機能語《前置詞・接続詞など文中の統語的関係を表す語》(↔ content word)

*func·tion·al /fʌ́ŋkʃənəl/ 形 ❶ 機能(上)の；職務上の ❷ 機能的な, 機能本位の, 実用的な；機能を果たしている ‖ ～ furniture (飾りなしの)実用的な家具 / The convention center has been fully ～ since its opening. コンベンションセンターは開館以来, 十分に機能を果たしている ❸《限定》〘医〙機能を果たす；機能上の(↔ organic)；器質的でない ‖ a ～ disease 機能疾患 ❹〘数〙関数の

～·ìsm 名 U (工業デザインの)機能(重視)主義；〘心〙機能心理学 ～·ist 名 C 形 機能主義者(の)

▶▶ ～ fóod 名 U C 機能性食品《健康増進などに役立つ成分を強化した食品. 略 FF》 ～ grámmar 名 U 〘言〙機能文法《言語の社会的・語用論的機能を統語的・韻律的性質に関連づけて研究する文法理論》 ～ gròup 名 C 〘化〙官能基《同族体に共通の反応を持つ原子団》 ～ illíteracy 名 U 機能的非識字 ～ illíterate 名 C 機能的非識字者《読み書き能力が不足のため社会生活に支障のある人》

func·tion·al·i·ty /fʌ̀ŋkʃənǽləṭi/ 名 ❶ U 実用性；有用性, 役に立つこと ❷ C U 💻 機能(性)

func·tion·al·ly /fʌ́ŋkʃənəli/ 副 機能的に, 機能上

func·tion·ar·y /fʌ́ŋkʃənèri | -ʃənəri/ 名 (複 -ar·ies /-z/) C《しばしばけなして》役人, 公務員

func·tor /fʌ́ŋktər, -tɔːr/ 名 C ❶〘数〙(+や×の)記号, 演算子 ❷〘文法〙=function word

:fund /fʌnd/

—名 (複 ～s /-z/) C ❶《しばしば ～s》**基金**, **資金**；投資信託(会社) ‖ We raised [provided] ～*s* for UNICEF. 我々は国連児童基金のための資金を集めた[提供した] / public ～*s* 公的資金 / set up a ～ 基金を設立する / pension ～(*s*) 年金基金 / an investment ～ 投資ファンド

❷《～s》(すぐに調達できる)**現金**, 財源；《the ～s》英国国債 ‖ I'm short of ～*s* now. 今資金がない / No ～*s*. 預金なし《不渡り小切手に押されるスタンプの文句》/ be in ～*s*《英》今金を持っている

❸ 基金管理機関 ‖ the International Monetary *Fund* 国際通貨基金《略 I.M.F.》

❹《a ～》〈知識などの〉**蓄積**〈of〉‖ have a vast ～ *of* knowledge about popular music ポピュラー音楽についてとても豊富な知識を持っている

—動 (～s /-z/；～·ed /-ɪd/；～·ing)

—他 ❶〔計画・組織など〕に資金を提供する ‖ ～ a housing project 住宅計画に資金を出す / a privately ～*ed* school 私立校

❷〔負債の〕利子支払いに資金を提供する；〔短期借入金〕を固定金利の長期借入金に借り替える ❸〔知識など〕を蓄える

～·ing 名 U (ある目的のための)資金調達；資金

▶▶ ～ mànager 名 C (大企業などの)資金運用担当者

fun·da·ment /fʌ́ndəmənt/ 名 C ❶ (建築物の)基礎, 基盤(base)；《堅》基本(原理), 根本 ❷ (自然の)原景観《人間が手を加える以前の自然的特徴》；地勢 ❸《堅》《戯》尻(しり)；肛門(こうもん)

*fun·da·men·tal /fʌ̀ndəménṭəl/《発音注意》〈シ〉形 (more ～；most ～) ❶ 基本の, 基本的な, 根本的な, 根底にある；重大な ‖ We seem to have a (very) ～ difference over how to raise our children. 我々の子育ての仕方についての見解には(とても)根本的な違いがあるようだ / a ～ principle 根本原理, 大原則 / ～ units [law] 基本単位[法] / protect the ～ human rights 基本的人権を擁護する ❷《比較なし》〈…にとって〉必須の〈to〉‖ Balance is ～ *to* skiing. バランスはスキーに欠かせないものだ ❸〘楽〙根音の, 基音の；〘理〙基本波の ‖ a ～ note (和音の)根音

—名 (複 ～s /-z/) C ❶《通例 ～s》〈…の〉基本, 基礎；原理, 原則〈of〉‖ the ～*s of* psychology 心理学の基礎 ❷〘楽〙根音, 基音；〘理〙基本波《複合波音のうち最も低い振動数の音》

▶▶ ～ fórce 名 U 〘理〙基本的な力《重力・電磁力・強い力・弱い力の4つがある》 ～ párticle 名 C =elementary particle ～ tóne 名 C 〘楽〙(倍音の)基音

*fun·da·men·tal·ism /fʌ̀ndəménṭəlìzm/ 名《しばしば F-》U 〘宗〙❶ 原理主義(運動)《教義の厳格な実践を特徴とする宗教運動》‖ Islamic ～ イスラム原理主義 ❷ ファンダメンタリズム, 根本主義《米国に興った聖書の教えが字義どおりに正しいとするキリスト教団の教義》

fun·da·men·tal·ist /fʌ̀ndəménṭəlɪst/ 名 C 形 原理主義者(の)；ファンダメンタリスト[根本主義者](の)

*fun·da·men·tal·ly /fʌ̀ndəménṭəli/ 副 基本的に；根本的に；《文修飾》根本的には, 本質的には ‖ a ～ different opinion 根本的に異なる意見 / *Fundamentally*, you and I have different views. 根本的に, 君と僕は考えが違う

fúnd·hòlding 名 U ファンドホールディング《かかりつけ医に特定の医療予算管理を認める制度》

fundie, -dy /fʌ́ndi/ 名《口》=fundamentalist

fund·ing /fʌ́ndɪŋ/ 名 U (ある目的のための)資金調達；資金

fúnd·ràiser 名 C ❶ (選挙・慈善のための)資金集め担当者 ❷ 資金集めのための催し

fúnd·ràising 名 U 慈善や政治活動のための資金集め ‖ a ～ party 資金集めのパーティー

:fu·ner·al /fjúːnərəl/

—名 (複 ～s /-z/) C **葬式**, 葬儀 (♥ 婉曲的には service を用いる)；《古または文》葬(儀の)列 ‖ **attend** a ～ 葬儀に参列する / (as) slow as a ～ (葬列のように)非常にゆっくりと(した)

COMMUNICATIVE EXPRESSIONS

1 **It's** [OR **That's**] **yòur fúneral.** それは君自身の責任[問題]だ；私の知ったことではない

—形《限定》葬式の, 葬儀の ‖ a ～ service 葬儀 / a ～ procession 葬儀の列 / a ～ urn 骨つぼ

▶▶ ～ dirèctor 名 C 葬儀場の支配人, 葬儀屋 ～ hòme [pàrlor] 名 C 葬儀場

fu·ner·ar·y /fjúːnərèri | -nərəri/ 形《限定》埋葬(用)の, 葬儀の(ための) ‖ a ～ urn 骨つぼ

fu·ne·re·al /fjuníəriəl/ 形 葬式にふさわしい；暗い, 陰うつな, しめやかな ～·ly 副

fún·fàir 名 C《主に英》遊園地

fun·gal /fʌ́ŋɡəl/ 形 キノコの, キノコのような；菌による

fun·gi /fʌ́ŋɡiː, -ɡaɪ, fʌ́ndʒaɪ, -dʒiː/ 名 fungus の複数の1つ

fun·gi·ble /fʌ́ndʒəbl/ 〘法〙形 取り替えられる, 代替できる

—名 C《しばしば ～s》代替物《金銭・穀物など》

fun·gi·cide /fʌ́ŋɡɪsàɪd, -dʒɪ-/ 名 U C カビ防止剤, 殺菌剤 fùn·gi·cí·dal 形

fun·goid /fʌ́ŋɡɔɪd/ 形 (構造・成長の速さなどが)菌類に似た, 菌性の —名 C 菌類

fun·gous /fʌ́ŋɡəs/ 形 菌の, 菌性の

fun·gus /fʌ́ŋɡəs/ 名 (複 ～·es /-ɪz/ OR fun·gi /fʌ́ŋɡiː, -ɡaɪ, fʌ́ndʒaɪ, -dʒiː/) ❶ C 〘生〙キノコ, カビ；菌類；U C カビ類の寄生 ❷ C《単数形で》(キノコのように)急速に成長する[はびこる]もの

fu·nic·u·lar (ráilway) /fjunɪ́kjələr | -nɪ́kju-/ 名 C ケーブル鉄道, ケーブルカー

funk¹ /fʌŋk/《旧》《口》名 C ❶《主に米》落ち込んだ状態, 落胆 ‖ in a (blue) ～ (ひどく)おじけづいて；落ち込んで ❷《単数形で》《主に英》恐慌をきたした状態, パニック, おじけ ❸《主に英》おく病者

—動 自《主に英》おじけづく, たじろぐ, しり込みする

—他《主に英》…からしり込みする, …を避け(ようとす)る

funk² /fʌŋk/ 名 ❶ U ファンク(ミュージック) ❷ C《単数形で》《米俗》《旧》強い悪臭, たばこ臭さ

funk·y¹ /fʌ́ŋki/ 形《主に英口》《古》おじけづいた, びくついた

funk·y² /fʌ́ŋki/ 形 ❶《俗》ファンク(ミュージック)調の, 強

F

いリズムの；(ジャズが)ファンキーな《初期のブルースを基調とした素朴で飾り立てない》❷《口》流行の，はやりの；斬新(ざん)な ❸《米俗》悪臭のする **fúnk·i·ness** 名

fún-lòving 形 楽しい，喜々とした

fun·nel /fʌ́nəl/ 名 C ❶ じょうご；じょうご形のもの ❷ (機関車・汽船などの)煙突；通風筒

—動 (**-neled**，《英》**-nelled** /-d/；**-nel·ing**，《英》**-nel·ling**) 自 ❶ じょうご[狭い通路]を通る ❷ じょうご形になる —他 ❶ …をじょうご[狭い通路]を通す ❷ …を中央に集める，集中する ❸ …をじょうご形にする

▸▸ **~ càke** 名 U C ファンネルケーキ《ケーキ生地をじょうごを使って油に注ぎ入れ揚げた菓子. 通常砂糖をまぶして食べる. 米国の代表的な屋台料理の1つ》

fun·ny /fʌ́ni/ 形 名

—形〔◁ fun 名〕(**-ni·er**；**-ni·est**)

❶ **滑稽(こっ)な，おかしな** (⇨ INTERESTING 類語P) ‖ a ~ story 滑稽な話 / a ~ old man おかしな男 / see the ~ side of ... (よくない状況などでも)…の滑稽な面に目を向けて笑い飛ばす

語法 ☆☆ 「楽しい」の意味では funny ではなく fun を用いる. 〈例〉Playing golf is fun [×funny]. ゴルフをするのは楽しい

❷《叙述》《否定文で》《口》ささいな，取るに足らない(→ CE 6) ‖ Bullying isn't ~ at all. いじめは笑い事ではない

❸ **奇妙な**，変な；説明がつかない ‖ The ~ thing is (that) he didn't come home last night. 奇妙なことに彼は昨晩帰って来なかった / It's ~ (that) the kitten doesn't drink any milk. 子猫が牛乳を全然飲まないのは変だ

❹《口》うさんくさい，いかがわしい，いかさまの ‖ Don't try anything ~, or I'll call the police. ちょっとでも変なまねはするなよ，でないと警察を呼ぶぞ

❺《叙述》《英口》不機嫌な，怒りっぽい，非協調的な；気が変な，頭がおかしい ‖ go (a bit) ~ (in the head) 頭が少しおかしくなる ❻《通例叙述》《口》少し気分が悪い，体調が万全でない；(機械などの)調子がおかしい ‖ feel ~ 少し気分が悪い ❼《口》図々しい，生意気な，無礼な

as funny as a barrel of monkeys ⇨ BARREL(成句)

COMMUNICATIVE EXPRESSIONS

1 **Cút the fúnny stùff.** ふざけるな；ばかなまねはやめてまじめにやれ

2 **Dòn't be fúnny with me.** 冗談めいた口のきき方はやめなさい

3 Póoh is a **fùnny lìttle** [or **òld**] béar. (くまの)プーさんはおかしなくまさん(♥ 親しみを込めた表現で，小さかったり年をとっていなくても愛着を感じる対象に対して使える)

4 (Do you mèan) **fùnny wéird** [or **stránge**，《英》**pecúliar**] or **fùnny ha-há?** 「おかしい」って「奇妙な」という意味，それとも「面白い」という意味？

5 **I'm nòt being fúnny, but** rèading a díctionary is quìte ínteresting. まじめな話，辞典を読むのはけっこう面白い

6 **It's nòt fúnny.** 笑い事じゃないよ；ふざけないでよ(♥ 真剣に受け止めていることなどをからかわれたときに相手を軽く非難する表現)

7 **Thát's fùnny.** それはおかしいな；不思議だ；どうしてだろう

8 (Oh) **véry fùnny!** Who's hìdden my glásses? 冗談じゃない. だれが私の眼鏡を隠したんだ

9 **Whàt's sò fúnny?** 何がそんなに面白いの；笑い事じゃないよ(♥ みんなが何を笑っているのか尋ねる場合と，まじめな話などを笑われたときの反発を表す場合がある)

—名 (複 **-nies** /-z/) C ❶《口》(面白い)冗談；おかしな人 ❷《the -nies》《米口》(新聞の)連載漫画(欄)

-ni·ly 副 面白おかしく，滑稽に；《文修飾》妙なことに(は) (strangely) **-ni·ness** 名

▸▸ **~ bòne** 名 C《口》ひじ先の尺骨の端《ぶつけたりするとじんじんする》；ユーモアのセンス **~ bùsiness** 名 U《口》いかさま，不正行為，妙なまね(monkey business) **~ fàrm** 名 C ⊗《俗》《蔑》精神科病院 **~ mòney** 名 U《口》にせ金，おもちゃの金；出所不明の金；(インフレなどで)価値がほとんどない通貨 **~ pàper** 名 C《ときに ~s》《米》新聞の漫画欄

fùnny-pecúliar 形《英口》＝funny ❸

***fur** /fəːr/ (♦ 同音語 fir) 名 (▶ furry 形) ❶ U (犬・キツネなどの柔らかい)毛，柔毛；《集合的に》毛で覆われた動物，獣(⇨ SKIN 類語P) ‖ A cat has soft ~. 猫の毛は柔らかい / ~ and feather 鳥獣類 ❷ U (特に衣類用などの)毛皮；U 人工の毛皮；《形容詞的に》毛皮の ‖ a coat lined with ~ 裏に毛皮がついたコート / a parka with nylon ~ ナイロン繊維の毛がついたパーカ / a ~ coat 毛皮のコート ❸ C (コート・ショールなどの)毛皮(付きの)製品；模造毛皮製品 ‖ wear expensive ~*s* 高価な毛皮を身に着けている ❹ U《英》(パイプ・やかんなどの)湯[水]あか(scale) ❺ U (病気のときにできる)舌苔(ぜったい) ‖ get ~ on one's tongue 舌苔がつく

màke the fùr flý；《英》***sèt the fùr flýing*** 大騒ぎを起こす，けんかをする，論戦を巻き起こす

the fùr flíes；***the fùr will flý*** 《口》大騒ぎになる；けんか[口論]が始まる

—動 (**~s** /-z/；**furred** /-d/；**fur·ring**) 他 ❶《英》〔管など〕に沈殿物を付着させる，〔血管など〕を詰まらせる《*up*》❷ …に毛皮の裏[縁]をつける —自《英》湯[水]あかがつく；沈殿物が付着する；血管などが詰まる《*up*》

▸▸ **~ sèal** 名 C〔動〕オットセイ

fur·be·low /fə́ːrbəlòu/ 名 C ❶ (スカートなどの)すそひだ ❷《~s》けばけばしい飾り ‖ frills and ~*s* (フリルやすそひだなどの)必要もない派手な飾り

—動 他 …にひだ飾りをつける

fur·bish /fə́ːrbɪʃ/ 動 他 ❶ …を磨いて[こすって]光らせる，磨く，研ぐ《*up*》❷〔古いもの〕を再び使えるようにする；…(の外観)を一新する《*up*》 **~·er** 名

fur·cate /fə́ːrkeɪt/ (→ 形) 動 自 二またに分かれる，分岐する —形 /fə́ːrkeɪt, -kət/ 二またに分かれた，二また状の

fur·cá·tion 名

fu·ri·o·so /fjʊ̀əriόusou/ 〔楽〕形 副 フリオーソの[で]，熱狂的な[に] —名 C フリオーソの部分

***fu·ri·ous** /fjʊ́əriəs/ 形〔◁ fury 名〕(**more ~**；**most ~**)

❶《叙述》ひどく怒った，激怒した〈**with** 人に；**at, about, over** …に / **to do** …して / **that** 節 …ということで〉‖ Her father got ~ *with* her for being so late. 父親は娘が遅くなったことでかんかんになった / She was ~ *at* his rudeness. 彼女は彼の無礼に対してひどく怒っていた / He was ~ *that* I didn't tell him the truth. 私が本当のことを言わなかったことで彼は激怒し(てい)た ❷《通例限定》すさまじい，激しい，猛烈な，荒れ狂う ‖ a ~ debate in the Diet over the tax raise 増税をめぐる国会での激しい議論 / a ~ storm 荒れ狂う嵐(あらし) / spark a ~ row すさまじい口論の引き金となる **~·ness** 名

***fu·ri·ous·ly** /fjʊ́əriəsli/ 副 怒り狂って；猛烈に，激しく ‖ bark ~ 激しくほえる / ~ angry 激怒して

furl /fəːrl/ 動 他〔旗・帆など〕をしっかり巻き収める；〔傘・扇子・羽など〕を(折り)畳む —自 巻き上がる；(折り)畳まれる[畳める] —名 C 一巻き，巻いたもの

fur·long /fə́ːrlɔ(ː)ŋ/ 名 C ファーロング，ハロン《長さの単位. ＝8分の1マイル，220ヤード，約201m》

fur·lough /fə́ːrlou/ 名 U C ❶ (軍人などに与えられる)休暇(許可証) ❷《米》(囚人の)一時出所；(労働者の)一時帰休 ‖ on ~ 休暇で

—動 他《米》〔軍人など〕に休暇を与える；〔従業員〕を(一時)帰休させる；〔囚人〕を一時出所させる

furn. 略 furnished

***fur·nace** /fə́ːrnɪs/ 名 C ❶ (各種の)炉，かまど；溶鉱炉(→ blast furnace)；暖房用ボイラー ❷ (一般に)ひどく暑い所，焦熱地獄 ‖ be (like) a ~ ひどく暑い

*fur·nish /fə́ːrnɪʃ/ 動 他 ❶〔家・部屋〕に家具類を備え(つけ)る；…に〈家具類を〉備えつける〈with〉‖ His room is well ～ed. 彼の部屋には家具調度がよく備っている / This flat is let ～ed. このアパートは家具調度付きの賃貸です / ～ a new apartment 新しいアパートに家具を入れる / This room is ～ed with an air conditioner. この部屋はエアコンがついている ❷《堅》〔必要なもの〕を〈…に〉供給する, 提供する, 与える〈to〉；…に〈必要なものを〉供給する〈with〉(⇨ PROVIDE 類語) ‖ The sun ～es heat. 太陽は熱を供給する / Can you ～ the necessary information to us?＝Can you ～ us with the necessary information? 私たちに必要な情報を提供してくれませんか ～·er 名 C 家具商；供給者

fur·nished /fə́ːrnɪʃt/ 形 ❶ 家具付きの ‖ Furnished House (to Let)《掲示》家具付き貸家 ❷ 在庫のある

*fur·nish·ing /fə́ːrnɪʃɪŋ/ 名 ❶ C U 供給；(家具などの)備えつけ ❷ C《通例 ～s》《集合的に》家具調度品, 備品 (♦ furniture よりも意味が広い) ❸ C《通例 ～s》《集合的に》《米》衣料品, 服飾品 ‖ men's ～s 男性用服飾品 ❹《形容詞的に》家具・カーテン生地用の ‖ ～ fabrics カーテン・カーペット用などの生地

F

:fur·ni·ture /fə́ːrnɪtʃər/《発音注意》
—名 U《集合的に》❶(動かせる)家具, 調度(♦不可算名詞なので数えるときは「a piece [OR an article, an item] of furniture のようにいう) ‖ There is a lot of antique ～ in my grandparents' house. 祖父母の家には骨董(こっとう)品の家具がたくさんある / a set [OR suite] of kitchen ～ 台所用家具一式 / office ～ オフィス家具
❷《古》(船などの)動かせる用具類；馬具一式；(ドアなどの)付属器具 ❸〖印〗(行間・字間などの)込め物 ❹(人に)備わったもの《習性・物事に対する態度・見解など》
pàrt of the fúrniture《口》(いつもいる[ある]ので)家具の1つのように見られている人[もの], 目立たない人[もの]
語源「備える」の意のフランス語 *fournir* から.
▸▸ ～ bèetle 名 C〖虫〗シバンムシ(死番虫)《幼虫が家具の木材を食害する》 ～ vàn 名 C《英》(引っ越しなどの)家具運搬用大型トラック

fu·ror /fjúərər, -rɔːr | -rɔː/ 名 C《通例単数形で》❶ 熱狂, 興奮；騒動；《主に米》《古》(一時の)熱狂的流行 ‖ in all one's ～ すっかり熱に浮かされて ❷《古》激怒

fu·ro·re /fjúərər, -rɔːr | fjuərɔ́ːri/ 名《英》＝furor

fur·phy /fə́ːrfi/ 名 C《豪口》でたらめなうわさ, 虚報

furred /fəːrd/ 形 ❶(動物が)柔毛[毛皮]で覆われた ‖ a long-～ animal 毛の長い動物 ❷ 毛皮で裏打ち[縁飾り]した；毛皮製の ❸ 毛皮(製品)を着た ❹ 湯あかのついた；舌苔(ぜったい)のできた ❺〖建〗下地(furring)をつけた

fur·ri·er /fə́ːriər | fʌ́r-/ 名 C 毛皮商人；毛皮職人
～·y 名 U 毛皮商

fur·ring /fə́ːrɪŋ/ 名 U C ❶(服の)毛皮(部分) ❷ 舌苔 ❸〖建〗(床や壁を平らにするための)下地(材)《薄い木片・金属片など》

*fur·row /fə́ːroʊ | fʌ́r-/ 名 C ❶(畝の間の)溝, (すきでつけた)あぜ溝, 畝あい ❷ 狭い溝状のもの；(船の)航跡；(車の)わだち；(顔の)深いしわ
plòw「a lòne(ly) [OR one's own] fúrrow《主に英》(人の助けを借りずに)独力でやっていく
—動 他 …を(すきで)すく, …に畝を立てる(plow)；…に深い溝を作る；〔顔など〕に深いしわを寄せる ‖ with one's brow ～ed in thought 額(ひたい)にしわを寄せ考え込んで
—自 しわが寄る

*fur·ry /fə́ːri/ 形〔◁ fur 名〕❶(動物が)毛皮に覆われた；(人が)毛皮を着た ❷ 毛皮のような, 毛皮[柔毛]質の ❸ 舌苔[湯あか]のついた ❹ 不明瞭(ふめいりょう)な, はっきりしない
-ri·ness 名

:fur·ther /fə́ːrðər/《発音注意》副 形 動
—副 ❶《程度》さらに, それ以上に, もっと ‖ I don't want to talk about it any ～. これ以上その問題について話したくない / I had nothing ～ to say on that. そのことについてはもうそれ以上言うことはなかった / This must「not go any [OR go no] ～. これはここだけの話ですよ / inquire ～ into a problem 問題の調査をさらに進める / take a matter ～ ある件を突っ込んで議論する[取り扱う] / ～ afield さらに遠く離れて
❷《距離》もっと遠くに, もっと隔たって(farther) ‖ It's ～ than a mile from here. ここから1マイル以上ある / I can't move a step ～. もう1歩も動けない / Nothing could be ～ from the truth. これほど真実からかけ離れたものはない / ～ ahead [away, back, to the left] もっと前方に[離れて, 後ろに, 左に]
❸《時間》(ある時点から)さらに進んで；(過去に)さかのぼって ‖ ten years ～ on さらに10年たつと / go ～ back than 1970 1970年よりさらにさかのぼる / ～ down the road さらに将来
❹《付加》《文修飾》その上, それだけでなく(furthermore) ‖ He was very tired, and ～ he had no money. 彼はとても疲れていた, その上金も持っていなかった

語法 ☆☆ further は farther とともに far の比較級. 従来 farther は「距離」に, further は「程度」について用いるとされていたが, 現在では「距離」でも, 特に《英》では further を用いることが多い. 「程度」「時間」「付加」にはふつう further のみを用いる(⇨ PB 27).

COMMUNICATIVE EXPRESSIONS
1 **Lét's discùss it fúrther** in our nèxt méeting. 次回の会議で改めて検討しましょう(♥ 別の機会に議論することを提案する)
2 **Nòw lét's gò a stèp fúrther.** NAVI さてもう一歩話を進めてみましょう(♥ 議論を深めたり, 論点を掘り下げたりするときの前置き)

—形《限定》❶ その上の, なおいっそうの；余分の ‖ Do you have any ～ questions? ほかに質問はありませんか / For ～ information, see page 30. 詳細については30ページを参照 / Heat it for a ～ 5 minutes. それをさらに5分間温めなさい(♦「数詞＋複数名詞」を1つの単位とみなして冠詞 a を伴う) / until ～ notice [OR orders] 追って通知があるまで
❷ もっと遠い[先の]；遠い方の ‖ the ～ end of the room 部屋の向こう端
fúrther to ...《堅》(特に手紙やEメールで)…さらに加えて, 追加して
—動 他 …を促進[助成]する ‖ ～ one's career 出世する / ～ the cause of peace 平和運動を推進する
▸▸ ～ educátion 名 U《英》成人教育

fur·ther·ance /fə́ːrðərəns/ 名 U 促進, 増進, 助成 ‖ in (the) ～ of ... …の推進のために

:fur·ther·more /fə́ːrðərmɔ̀ːr | ˌ--ˈ-/
—副《比較なし》《文修飾》NAVI Ⓦ さらに, その上 (⇨ NAVI表現 6) ‖ You can learn various languages at this university. *Furthermore*, the university provides such diverse programs as linguistics, literature and education. この大学では, さまざまな言語が学べる. さらに, 言語学・文学・教育など多分野にわたる講義を受けることができる

fúrther·mòst 形 最も遠い[離れた]

*fur·thest /fə́ːrðɪst/ 副 形《far の最上級》＝farthest

fur·tive /fə́ːrtɪv/ 形 人目を盗んでの, こそこそした, うさんくさい ‖ cast a ～ glance at ... …をこっそり見る / be ～ in one's movements 挙動がうさんくさい
～·ly 副 ～·ness 名

Furt·wäng·ler /fúərtwèŋglər | -vèŋ-/ 名 Wilhelm ～ フルトベングラー(1886–1954)《ドイツの指揮者》

*fu·ry /fjúəri/ 名〔▸ furious 形〕(複 -ries /-z/) ❶ U 激怒, 憤慨；C《a ～》激しい怒りの爆発, 憤怒(ふんぬ)の状態(⇨ ANGER 類語) ‖ He was in a cold ～. 彼は激しい怒りをじっと抑えていた / fly into a ～ かっと怒る, 憤慨する / in a ～ 激怒して / vent one's ～ on [OR upon] ... 激

しい怒りを…にぶつける ❷ U C (感情・病気などの)激しさ, すさまじさ, 猛威, 激烈さ ‖ The epidemic raged in all its ～. 伝染病が猛威を振るった / the ～ of a hurricane ハリケーンの猛威 ❸ 《the Furies》〖ギ神・ロ神〗復讐(ふくしゅう)の3女神, エウメニデス ❹ C 《けなして》怒り狂う女, 意地の悪い女

like fúry 《口》激しく, 猛烈に ‖ He works *like* ～. 彼は猛烈に働く

furze /fəːrz/ 名 U 〖植〗ハリエニシダ(gorse)

fuse¹ /fjuːz/ 動 他 ❶〔金属など〕を(高熱で)溶かす, 溶解する;…を溶かして接合する;…を融合させる, 一体化させる (☞ knit together)《*together*》〈**with** …と;**into** …に(なるように)〉‖ The past ～*d* itself *with* the present. 過去が現在と溶け合って一体となった / Miles Davis ～*d* jazz *with* rock. マイルス=デイビスはジャズとロックを融合させた ❷〔回路〕にヒューズを取りつける ❸《英》〔電気器具〕のヒューズを飛ばす ―自 ❶ 溶解する;融合する《*together*》〈**with** …と;**into** …に(なるように)〉❷《英》ヒューズが飛ぶ

―名 C〖電〗ヒューズ ‖ The ～ has blown. ヒューズが飛んだ

blòw a fúse ① ヒューズを飛ばす ②《口》烈火のごとく怒る, 激怒する

▶▶ ～ **bòx** 名 C ヒューズボックス, ブレーカー ～ **wìre** 名 U C (鉛合金などの)ヒューズ線

fuse² /fjuːz/ 名 C ❶ 導火線, 信管 ❷ 起爆装置

hàve a shòrt fúse; *be on a shòrt fúse* すぐにかっとなる, 気が短い

lìght the [OR *a*] *fúse* 導火線に火をつける;起爆剤となる

―動 他 …に導火線[信管]をつける

fu·see /fjuzíː/ 名 C ❶ (頭の大きい)耐風マッチ ❷《米》(鉄道の)赤色閃光(せんこう)信号《警告信号》❸ (時計の)均力車, 円錐(えんすい)滑車 ❹《米》=fuse² ❶

fu·se·lage /fjúːsəlɑ̀ːʒ | -zə-/ 名 C (飛行機の)胴体, 機体

fú·sel òil /fjúːzəl-/ 名 U〖化〗フーゼル油《アルコール発酵の際生じる有毒液体》

fus·i·ble /fjúːzəbl/ 形 可溶性の, 溶解しやすい

fùs·i·bíl·i·ty 名

fus·i·form /fjúːzɪfɔ̀ːrm/ 形〖生〗(生物が)両端が先細の;紡錘状の ▶▶ ～ **gýr·us** /-dʒàɪərəs/ 名 C〖解〗紡錘状回《脳の下頭側回と海馬傍回の間に位置し, 人の顔の認識にかかわる神経細胞がある》

fu·sil /fjúːzəl/ 名 C 火打ち石銃

fu·sil·lade /fjúːsəlèɪd | fjùːzəléɪd/ 名 C (銃砲の)一斉射撃;(批判・質問などの)連発 ‖ a ～ of questions 質問攻め ―動 他《古》…に一斉射撃を浴びせる

fu·sil·li /fuzíli/ 名 U フジッリ《らせん形のショートパスタ》

fu·sion /fjúːʒən/ 名 U ❶ 溶解;融合;C 溶解[融合]物 ❷ (思想などの)融合, 一体化;(政党などの)連立, 連合;C 融合体;連合体 ‖ the ～ of immigrant cultures in the U.S. 合衆国における移民文化の融合 / a ～ of opposition parties 野党の連合体 ❸〖理〗(核)融合(反応)(nuclear fusion)(↔ fission) ‖ a ～ reactor 核融合炉 ❹〖楽〗フュージョン《ジャンルの異なる音楽を融合したもの. 特にジャズにロックなどを融合したもの》

～·ism 名 U 連合主義 **～·ist** 名 C 連合主義者

▶▶ ～ **bòmb** 名 C 核融合爆弾, 水素爆弾(hydrogen bomb) ～ **cuisìne** 名 C U 多国籍料理

fuss /fʌs/ 名 ❶ U/C《単数形で》〈つまらないことで〉騒ぎ立てること, 空騒ぎ, (不必要なほどの)大騒ぎ, 興奮〈**about, over**〉‖ What's all this ～ *about*? 一体何の騒ぎだ / without (a [OR any]) ～ 騒ぎ立てることもなく;労せずして, 簡単に ❷ C《単数形で》(取るに足りないことに対する)苦情, 不満, 不平, 抗議 ‖ There will be a ～ if Mom finds out you've lost your key. おまえが自分の鍵(かぎ)をなくしてしまったことをママが知ったらぶつくさ言われるだろう ❸ C《単数形で》〈ささいなことに〉気をもむこと, やきもき, せかせかすること〈**about, over**〉‖ Don't make a ～ *about* trifles. ささいなことで気をもむな / be in a ～ 気をもんでいる ❹ C《単数形で》《口》口論

fùss and féathers 《口》空騒ぎ;大げさな飾り立て

kìck ùp a fúss* 《口》〈ちょっとした不都合なことで〉騒ぎ立てる, 文句を言う〈about, over**〉

màke a fúss* ① つまらないことで大騒ぎする ② =*kick up a fuss*(↑) ③《口》〈人・動物を〉大いにかわいがる〈over**,《英》**of**〉

―動 自 ❶〈つまらないことで〉騒ぎ立てる, ぐずぐず言う, (不必要に)大騒ぎする〈**about, over**〉‖ ～ *over* nothing つまらないことでぐずぐず言う ❷〈…のことで〉気をもむ, (余計な)心配をする〈**about, over**〉‖ ～ *about* one's health 健康をひどく心配する ❸ そわそわする, せかせか動き回る《*around, about*》;〈…を〉ひどく気にしていじくり回す〈**with**〉

―他〔人〕に気をもませる, 心配させる;…にうるさくする

fúss at ... 〈他〉《米》…にくどくどと文句を言う

nòt be fússed 《英口》〈…については〉気にしない, どうでもよい〈**about**〉

～·er 名 C つまらないことを心配する[で騒ぎ立てる]人

fúss·bùdget 名 C《米口》=fusser

fúss·pòt 名《英口》=fussbudget

fuss·y /fʌ́si/ 形 ❶ (つまらないことで)すぐ騒ぎ立てる[興奮する], 心配性の ❷〈物事に〉細かすぎる, 口うるさい, 文句の多い, 好みのやかましい〈**about**〉;細部にまで気を配る, 入念な;細心の注意を要する ‖ I'm not too ～ *about* food. Just bread and water will be fine. 私は食べ物にそんなにうるさくない. パンと水さえあれば十分だ ❸ 不必要に飾り立てた ‖ ～ and frilly clothes ごてごて飾り立てた服

PLANET BOARD 27

距離を表す far の比較級は farther か further か.

問題設定 距離が「遠い」という場合の far の比較級として farther, further の2つの形がある. それぞれの使用率を調査した.

Q 次の表現のどちらを使いますか.

(a) The station is **farther** than the bus stop.
(b) The station is **further** than the bus stop.
(c) 両方
(d) どちらも使わない

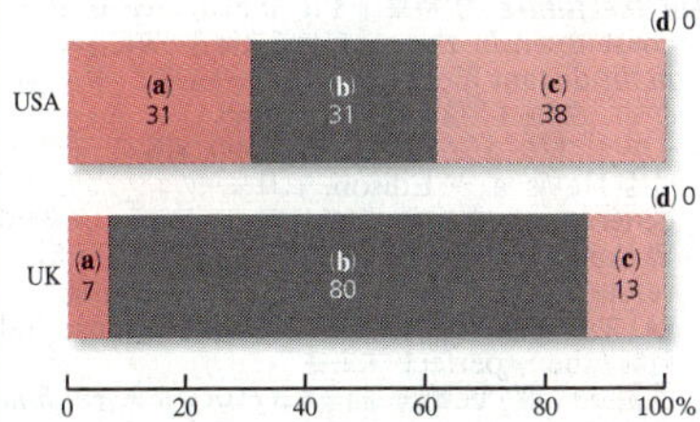

《米》では (a) farther のみ, (b) further のみ, (c) 両方, がほぼ3等分となった. 《英》では (b) の further のみ使うという人が8割で圧倒的に多い. どちらも使わないという人は《米》《英》ともにいなかった.

(a) のみ使うと答えた人のほとんどが, 「『物理的な距離』を表す場合は farther を使い, further は『抽象的な距離』『時間』『程度』を表す場合に使う」と述べている. (b) のみ使うと答えた人の中では, 「farther は《堅》あるいは《旧》」とする人が多く, 特に《英》では大多数がこのように答えている. 両方使うと答えた人の多くは「2つの間に意味の違いはない」とした.

学習者への指針 「距離が遠い」を表す far の比較級は, 元来は farther だが, 現在では further の方が特に《英》では一般的である.

F

fúss·i·ly 副 **fúss·i·ness** 名
fus·tian /fʌ́stʃən | -tiən/ 名 U ❶ ファスチアン織り《厚地あや織りのけば立った綿布》 ❷ 誇張した表現, 大言壮語
—形 ❶ ファスチアン織りの ❷ 誇張した, 大げさな
fus·ty /fʌ́sti/ 形 ❶ かび臭い; むっとする ❷ 古臭い, 時代遅れの **-ti·ly** 副 **-ti·ness** 名
fut. 略 〖文法〗future; 〖経〗futures
*__fu·tile__ /fjúːṭəl | -taɪl/ 形 ❶ (行動などが) 成果のあがらない, 役に立たない, 全く無駄な ‖ It is ~「to try [OR trying] to persuade him. 彼を説得しようとしても無駄だ / ~ efforts 徒労 ❷ (人などが)見込みのない, 取るに足りない; くだらない, 無価値な ‖ a ~ chat 無駄な世間話
~·ly 副 **~·ness** 名
*__fu·til·i·ty__ /fjutíləṭi/ 名 (複 **-ties** /-z/) U 成果のあがらないこと, 全くの無駄, 無益, むなしさ; C 無益な事柄[言動], くだらないもの
fu·ton /fúːtɑːn, fú- | -tɒn/ 名 C ❶ (日本式の)(敷き)布団 ❷ フトン《布団に似たマットレスを用いるソファーベッド》

***__fu·ture__ /fjúːtʃər/ 名 形
—名 (複 **~s** /-z/) ❶ 《通例 the ~》**未来, 将来**(→ past, present[1]); 将来起こること ‖ He is afraid of what the ~ may bring. 彼は将来何が起こるか心配している / Let us bury the past and look to the ~. 過去は忘れ未来に期待しよう / The movie is set in a city of the ~. その映画は未来のある都市を舞台としている / prepare for the ~ 将来に備える / shape the ~ 将来を決定する / for the foreseeable ~ 今後しばらくの間
❷ C 将来の成り行き, 前途, 行く末; U/C 《通例 a ~》**将来性**, 有望な将来, 成功の見込み ‖ the ~ of human beings 人類の将来[行く末] / You have a bright [promising, rosy] ~. 君には輝かしい[有望な, 明るい]将来がある / She has a ~ as a shogi player. 彼女には将棋の指し手として将来性がある / There is no ~ in this company. この会社には将来性がない / tell his ~ with cards トランプで彼の未来を占う
❸ C 《~s》〖商〗先物; 先物売買[契約] ‖ deal in ~*s* 先物取引をする
❹ 《the ~》〖文法〗未来時制; (動詞の)未来形
*__*in fúture*__ 《英》(今までとは違って)今後は, これからは ‖ I'll take good care *in* ~. これからは十分気をつけます
*__*in the fúture*__ ① **将来** ‖ I'd like to live in a sea coast town *in the* ~. 私は将来海辺の町に住みたい / *in the* distant [near] ~ 遠い[近い]将来に, 先々[近いうちに, 遠からず] ② 《米》=*in future*(↑)
—形 《比較なし》《通例限定》 ❶ **未来の, 将来の**; 来世(らいせ)の ‖ He is a ~ Edison. 彼は未来のエジソンだ / ~ **generations** 未来の世代(の人々) / ~ hopes 未来の希望 / one's ~ wife [husband] 未来の妻[夫] / for ~ reference 後々の参考のために / the ~ life 来世
❷ 〖文法〗未来(時制)の, 未来形の ‖ the ~ tense 未来時制 / the ~ perfect 未来完了
語源 ラテン語でbe動詞に相当する *esse* の未来分詞 *futurus* から.
▶▶ **~ pérfect** (↓) **~s còntract** 名 C 〖金融〗先物契約 **~ shòck** 名 C フューチャーショック, 未来衝撃《現代文明の急速な発展から生じる挫折(ざせつ)感》

fú·ture·less /-ləs/ 形 見込み[将来性]のない
fùture pérfect 名 《the ~》〖文法〗未来完了時制
—形 《限定》未来完了時制の
fúture-pròof 形 (システムなどが) 将来にわたって有効な, 未来対応型の
—動 他 …を未来対応型にする
fu·tur·ism /fjúːtʃərɪ̀zm/ 名 《ときに F-》 U 未来派; 未来主義
fu·tur·ist /fjúːtʃərɪst/ 名 C 未来派芸術家, 未来学者
—形 未来派の
fu·tur·is·tic /fjùːtʃərístɪk/ <シ> 形 ❶ (技術などが) 最先端の, 未来の ❷ 未来派の, 超現代的な
fu·tu·ri·ty /fjutjʊ́ərəṭi/ 名 (複 **-ties** /-z/) ❶ U 未来, 将来 ❷ C 《堅》未来の出来事 [状態] ❸ (=~ **ràce**) C 《米》出走馬が前々[生まれる前]から決まっている主に2歳馬のレース
fu·tur·ol·o·gist /fjùːtʃərɑ́(ː)lədʒɪst/ 名 C 未来学者
fu·tur·ol·o·gy /fjùːtʃərɑ́(ː)lədʒi | -rɔ́l-/ 名 U 未来学
fuze /fjuːz/ 名 C 動 他 起爆装置(をつける)(fuse)
fu·zee /fjuzíː/ 名 《米》=fusee
fuzz[1] /fʌz/ 名 U 綿毛; 毛羽(けば) (fluff); うぶ毛 ‖ the ~ on a peach 桃の毛羽
—動 他 ❶ …を毛羽立たせる ❷ …をぼやけさせる, 不鮮明にする
—自 ❶ 毛羽立つ ❷ ぼやける《*out*》
fuzz[2] /fʌz/ 名 《the ~》《俗》警察(官)
fúzz·bòx 名 C 〖楽〗ファズ(ボックス)《エレキギターなどの音をひずませる装置》
*__fuzz·y__ /fʌ́zi/ 形 ❶ 綿毛[羽毛]のような, 毛羽立った; (毛髪が) 縮れた ‖ a ~ blanket 毛羽立った毛布 / ~ hair ぼさぼさの髪 ❷ (発言・文章の趣旨が)はっきりしない; (考えなどが) 不明瞭(ふめいりょう)な; (音・画像が)不鮮明な, ピンぼけの ‖ a ~ description [OR account] あいまいな説明 / a ~ photograph ピンぼけ写真 ❸ 〖論〗ファジー理論による, ファジーな; 💻 (判断基準が)二者択一ではない, 許容の幅がある; ファジー理論の[による]
fúzz·i·ly 副 **fúzz·i·ness** 名
▶▶ **~ lógic** 名 U ファジー論理, あいまい論理《0と1(真と偽)の2つの値のみを扱う論理に対して, その中間に含まれる値をも扱う論理体系》

FWD 略 *f*our-*w*heel *d*rive
fwd. 略 forward
FWIW 略 *f*or *w*hat *i*t's *w*orth(⇨ WORTH)
f-wòrd /éf-/ 名 C fuck という語 (♥ fuck を避けるため代わりに用いられる)
FX 略 *f*oreign e*x*change; 〖映〗special effects (♦ effects の発音に似ているため)
FY 略 《米》*f*iscal [《英》*f*inancial] *y*ear(会計年度)
-fy 接尾 《動詞語尾》《ふつう中間に -i- を伴う》《名詞・形容詞につけて》「…(のよう)にする[なる]」の意 ‖ beauti*fy*, paci*fy*, Frenchi*fy*, horri*fy*
FYI 略 *f*or *y*our *i*nformation (ご参考までに) (♦ メモ・e-mail などで使われる)

G g

The **game** isn't over till it's over. 試合は終了するまで終わってはいない

(Yogi Berra — 米国の野球選手)

g¹, G¹ /dʒiː/ 名 (複 **g's, gs** /-z/ ; **G's, Gs** /-z/) Ⓒ ❶ ジー《英語アルファベットの第7字》 ❷ g [G] の表す音《/g/, /dʒ/》 ❸ (活字などの) g [G] 字 ❹ G字形(のもの) ❺ (連続するものの) 7番目 ❻ チェス盤の白側から見て左から7番目の縦の筋 ❼ Ⓤ Ⓒ 〖楽〗ト音 ; ト音の鍵[弦など] ; ト調 ❽ Ⓤ Ⓒ 《米俗》1,000ドル

▸▸ **～ clèf** 名 Ⓒ 〖楽〗ト音記号(⇨ CLEF 図)

g² 略 〖理〗acceleration of gravity(重力加速度) ; gram(s) ; 〖理〗gravity

G² 記号 《米・豪》〖映〗General(一般向きの(映画))(《英》U) ⇨ PG, R², X² ; 〖化〗Gibbs free energy (ギブス自由エネルギー)

G³ 略 〖理〗gauss ; giga- ; 〖理〗gravitational constant(重力定数) ; good((成績の)良) ; 〖化〗guanine(グアニン)

g. 略 gauge ; gender ; genitive ; guilder ; guinea

G. 略 German ; Gulf

Ga 記号 〖化〗gallium(ガリウム)

GA 略 general *a*gent ; 〖米郵〗Georgia ; 〖保険〗general *a*verage(共同海損)

Ga. 略 Georgia

GAAP /gɑːp/ 略 〖会計〗*G*enerally *A*ccepted *A*ccounting *P*rinciples(一般会計原則)《妥当とされる会計概念, 基準および実務体系》

gab /gæb/ 《口》 動 (**gabbed** /-d/ ; **gab·bing**) 自 無駄口をきく, ぺらぺらしゃべる

—名 Ⓤ 無駄話, おしゃべり ‖ Stop your ～. おしゃべりをやめろ

the gìft of 「*the gáb* [《米》 *gáb*] 弁舌の才

～·ber 名

GABA /gǽbə/ 略 〖生化〗*g*amma-*a*mino*b*utyric *a*cid

gab·ar·dine /gǽbərdìːn | ━ ━ ╱/ ⊲シ 名 ❶ Ⓤ ギャバジン《あや織りの丈夫な布地》 ; Ⓒ ギャバジン製の服《特にレインコート》 ❷ =gaberdine ❶

gab·ble /gǽbl/ 動 自 ❶ 〈…のことを〉(訳のわからないほど)早口に話す, まくし立てる《**away, on**》〈**about**〉 ❷ (ガチョウなどが)があがあ鳴く —他…を早口に話す《**out**》(♦ 直接話法にも用いる) —名 Ⓤ ❶ 早口で訳のわからないおしゃべり ❷ (ガチョウなどの)があがあいう鳴き声

gab·by /gǽbi/ 形 《口》《けなして》おしゃべりな

gab·er·dine /gǽbərdìːn | ━ ━ ╱/ ⊲シ 名 ❶ Ⓒ (中世のユダヤ人などが着用した) ゆったりした上着 ❷ 《主に英》 = gabardine ❶

gab·fest /gǽbfèst/ 名 Ⓒ 《主に米口》雑談会 ; 長話

ga·bi·on /géɪbiən/ 名 Ⓒ 堡籃(ほうらん)《堡塁(ほうるい)建造用の土や石を詰めた円筒かご》 ; 石がまち, じゃかご(蛇籠)《堤防築造用》

ga·ble /géɪbl/ 名 Ⓒ 〖建〗切妻(きりづま), 破風(はふ) ; 切妻壁 ; (窓やドアの上の)切妻型の天蓋(てんがい)

～d 形 切妻造りの

gable

***Ga·bon** /gəbóʊn | gǽbɒn/ 名 ガボン《アフリカ中西部の共和国. 公式名 the Gabonese Republic. 首都 Libreville》

Gàb·o·nése 形 名 (複 ～) Ⓒ ガボンの(人)

Ga·bo·ro·ne /gɑ̀ːbəróʊni | gæ̀-/ 名 ハボローネ《南アフリカ, ボツワナの首都》

Ga·bri·el /géɪbriəl/ 名 〖宗〗ガブリエル《聖母マリアにキリストの受胎を伝えた大天使》

gad¹ /gæd/ 動 (**gad·ded** /-ɪd/, **gad·ding**) 自 (楽しみを求めて)ほっつき回る《**about, around**》

gad², Gad /gæd/ 間 《(by) ～》《古》おや, まあ(♥ 軽い驚き・ののしりを表す. God の婉曲表現)

GAD 略 〖精神医〗*g*eneralized *a*nxiety *d*isorder(全般性不安障害)

gád·abòut 名 Ⓒ 《口》《しばしば戯》ほっつき回る人

gad·fly /gǽdflàɪ/ 名 (複 **-flies** /-z/) Ⓒ ❶ (家畜にたかる)ハエ ❷ 《ときにけなして》うるさく批判[要求]する人

gadg·et /gǽdʒɪt/ 名 Ⓒ (小さい) 機械装置, 器具 ‖ electric ～*s* 電気器具 **～·ry** 名 Ⓤ 《集合的に》《ときにけなして》器具類, 道具類 ; がらくた **～·y** 形

gad·o·lin·i·um /gæ̀dəlíniəm/ 名 Ⓤ 〖化〗ガドリニウム《希土類金属元素. 元素記号 Gd》

gad·wall /gǽdwɔ̀ːl/ 名 (複 **～** OR **～s** /-z/) Ⓒ 〖鳥〗オカヨシガモ

Gae·a /dʒíːə/ 名 〖ギ神〗ガイア《大地の女神. タイタン族(Titans)の母》

Gael /geɪl/ 名 Ⓒ ゲール人《スコットランド・アイルランド・マン島のケルト人》 ; (特に)スコットランド高地人

Gael·ic /géɪlɪk/ 形 ゲール語の ; ゲール人の

—名 Ⓤ ゲール語《スコットランド・アイルランドなどで話される》

▸▸ **～ cóffee** 名 Ⓤ =Irish coffee **～ fóotball** 名 Ⓤ ゲーリックフットボール《主にアイルランドで行われるラグビーに似た球技. 競技者はボールを投げたり持って走ったりはできない》

gaff¹ /gæf/ 名 Ⓒ ❶ (大魚を引き上げる)魚かぎ, やす, ギャフ ❷ 〖海〗斜桁(しゃこう), ガフ

stànd the gáff 《米俗》試練[つらい仕打ち]に耐える

—動 他 〔魚〕を魚かぎで引っかける[引き上げる]

gaff² /gæf/ 名 Ⓤ Ⓒ 《英口》たわごと

blòw the gáff 《英俗》秘密を漏らす

gaff³ /gæf/ 名 Ⓒ 《英俗》家, 住まい

gaffe /gæf/ 名 Ⓒ 失態, へま, 失言, 非礼 (faux pas) ‖ make a ～ 非礼を犯す

gaf·fer /gǽfər/ 名 Ⓒ ❶ 《英口》(労働者の) 監督, 親方 ❷ 《口》(映画・テレビの)照明係りの電気技師 ❸ 《英口》(特に田舎の)じいさん

gag /gæg/ 動 (**gagged** /-d/ ; **gag·ging**) 他 ❶ …に猿ぐつわをかませる ‖ The hostage was *gagged*. 人質は猿ぐつわをかませられた ❷ …の口を封じる ; …の言論を抑圧する ❸ …に吐き気を催させる ; …(の息)を詰まらせる ❹ (歯科治療などで開口器を使って)〔口〕を開けておく ❺ 〔管など〕をふさぐ —自 ❶ 〈…で〉のどが詰まる, 吐き気を催す〈**on**〉 ‖ ～ on wine ワインにむせる ❷ (俳優などが)ギャグを言う

be gágging [*for* ... [*to do*] 《英俗》…を[…することを]熱望する, …をとても欲しがる[やりたがる]

—名 Ⓒ ❶ 猿ぐつわ ; (歯科・手術用の)開口器 ❷ 口止め, 言論の抑圧 ‖ place [put] a ～ on ... …に箝口(かんこう)令をしく ❸ (俳優の)ギャグ, 滑稽(こっけい)なせりふ[しぐさ] ‖ His ～ flopped [chilled the audience]. 彼のギャグは受けなかった[に観客は白けた] ❹ 《口》冗談, 人をかつぐこと, いたずら ❺ 吐き気を催すこと, のどが詰まること

▸▸ **～ òrder** 名 Ⓒ 《米》〖法〗(裁判における)報道禁止令, 口止め命令 **～ rèflex** 名 Ⓒ むかつき **～ rùle** 名 Ⓒ 《米》(議会などでの)討論禁止令, 箝口令

ga·ga /gɑ́ːgɑː/ 形 《通例叙述》《口》 ❶ ⊗《蔑》もうろくした, ぼけた ; 気のふれた ‖ go ～ もうろくする, 気がふれる ❷ (熱中して)うつつを抜かした ‖ go ～ over ... …に夢中になる

gage¹ /geɪdʒ/ (♦ 同音語 gauge) 《古》 名 Ⓒ ❶ 挑戦のしるし《地面に投げ出す手袋など》(→ gauntlet¹) ; (決闘の)挑戦 ❷ 抵当 —動 他 …を抵当に入れる ; …を賭(か)ける

gage² /geɪdʒ/ 名 動 =gauge

gag·gle /gǽgl/ 名 C ❶ (ガチョウの)群れ ❷《口》(騒々しい人の)集まり；(雑然ととした)集団 ‖ a ～ of sightseers (騒々しい)観光客の一団

gág·màn /-mæ̀n/ 名 (複 **-mèn** /-mèn/) C《口》❶ ギャグ作者 ❷ 喜劇役者

gag·ster /gǽgstər/ 名 C ❶《口》＝gagman ❷ おどけ者, いたずら者

Gai·a /gáɪə, géɪə/ 名 ガイア ❶ ＝Gaea ❷ C《単数形で》(1つの有機生命体として見た)地球

▸▸ **～ hypóthesis** 名《the ～》ガイア仮説《地球全体を1つの生命体であるとみなす仮説》

gai·e·ty, +《米》**gay·e·ty** /géɪəṭi/ 名 [◁ gay 形] (複 **-ties** /-z/) ❶ U 陽気さ, 快活 ❷ U お祭り騒ぎ, にぎわい；C《～s》《旧》余興, 娯楽 ❸ U《旧》(服装などの)華やかさ, 華美

gai·ly /géɪli/ 副 ❶ 愉快に, 陽気に ❷ 心配せずに, 無頓着に ❸ 華やかに, 華美に

⁑gain /geɪn/ 動 名

中心義▶ (有益なものを)得る

> 動 他 得る❶ 増す❷ 進む❹
> 名 増加❶ 利益❸

—動 (**～s** /-z/；**～ed** /-d/；**～·ing**)

—他 ❶ **a** 《+目》(努力して)…を**得る**(↔ lose), 手に入れる, 獲得する, 稼ぐ；〔目的〕を遂げる；(争って)…を勝ち取る〈**by, through** …(すること)で；**from** …から〉(⇨ GET 類語) ‖ He *～ed* fame with his maiden work. 彼は処女作で名を上げた / ～ freedom [independence] 自由[独立]を獲得する / ～ control of a company 会社の支配権を獲得する / ～ one's ends 目的を遂げる / ～ high grades in math 数学で高得点をとる / ～ a victory 勝利を勝ち取る / ～ time 時間を稼ぐ / ～ a friend 友人を作る / ～ **access** to ... (何とか)…に入る；〔人〕に接触する；…の利用許可を得る / ～ entrance [OR entry] to [OR into] ... (許可を得て[うまく])…に入場[入館]する；〔組織〕に加わる / There's nothing to be *～ed by* staying. とどまっても得るものは何もない

b 《+目 *A*+目 *B*》*A*(人)に*B*(物・事)を得させる[もたらす] ‖ Her success *～ed* Aretha Franklin the title "Lady Soul." 成功してアレサ＝フランクリンは「ソウルの女王」の称号を得た

❷〔価値・自信・経験・技術など〕を**増す**, 加える；〔速度・体重など〕を増す, 追加する ‖ The dollar *～ed* 2% against the yen yesterday. ドルは昨日円に対して2%値上がりした / A smoke-free workplace is *～ing* currency. 禁煙の職場が増えている / ～ valuable **experience** 貴重な経験を積む / ～ strength 強さを増す / ～ **weight** [speed] 体重が増える[速度を上げる] / ～ ten pounds in weight 体重が10ポンド増える

❸〔金〕をもうける, 〔利益など〕をあげる ‖ ～ one's living 生計を立てる / ～ ten million yen by the deal 取り引きで1千万円をもうける

❹ (時計が)〔…秒[分, 時間]〕**進む** (↔ lose) (♦「進んでいる」は be fast ↔ be slow) ‖ My watch *～s* ten seconds a month. 私の時計は1か月に10秒進む

❺《文》(苦労して)…に到着する；(競技で)…だけ前進する ‖ ～「their destination [the top of a hill] 目的地[丘の頂上]に到着する / ～ 10 yards (アメフトで)10ヤードゲインする[進む]

—自 ❶〈価値・力などが〉増す；〈健康状態などが〉改善[向上]する, よくなる〈**in**〉‖ Our condo has been *～ing in* value. うちのマンションは値上がりが続いている / The yen *～ed* against the euro again. ユーロに対し再び円高になった / She is *～ing in* health and will soon be back on (the) stage. 彼女は快方に向かっているので間もなく舞台に復帰するだろう

❷〈…で〉利益を得る, 得をする, もうける〈**by, from**〉‖ Who *～s by* his death? 彼の死によって得をするのはだれか / stand to ～ (賭(か)けなどで)得しそうである

❸ (時計が) 進む ‖ This clock seems to be *～ing*. この時計は進んでいるようだ

⁎***gáin on ...*** 〈他〉① …に近づく, 迫る ② …を引き離す ③ (海・川などが)〔土地〕を浸食する

gàin óver ... 〈他〉〔人〕を味方にする, …の支持を得る

—名 (複 **～s** /-z/) ❶ C〈量・程度などの〉**増加**, 増大〈**in**〉‖ a ～ *in* weight of two kilos 2キロの体重の増加 / a ～ of five percent over last year's earnings 昨年の所得の5パーセント増 / a ～ of 5 yen on the dollar 対ドル5円高

❷ U 利益を得ること, 金もうけ ‖ He would do anything for ～. 彼は金もうけのためなら何でもするだろう / without calculation of loss or ～ 損得勘定抜きで

❸ C〈…から〉得たもの, **利益**, 進歩；《～s》〈…からの〉もうけ, 報酬, 賞金〈**from**〉(→ capital gains) ‖ We **made** a net ～ of $100,000. 我々は10万ドルの純益を得た / territorial *～s* 獲得した領土 / intellectual *～s* 知的進歩 / efficiency *～s* 能率の向上 / ill-gotten *～s* 不正利得

❹ U〖電〗(増幅器の)利得, ゲイン；(ラジオなどの)音量調整 ‖ a high [low]-～ antenna 高[低]利得アンテナ

⁎**gain·ful** /géɪnfəl/ 形《限定》もうかる, 有利な；(仕事などが)有給の(paid) ‖ with no ～ result よい結果は何も得られずに / ～ employment 有給の職[雇用]

～·ly 副 **～·ness** 名

gain·say /gèɪnséɪ/ 動 (**-said** /-séd/；**～·ing**) 他《通例否定文で》《堅》…を否定する, …に反駁(はんばく)する；〔人〕に反論する ‖ There is no *～ing* the statistics. その統計は否定し難い

gáin·shàring 名 U ゲインシェアリング, 成果報酬《企業全体の業績向上に対する従業員への報酬》

'gainst, gainst /geɪnst/ 前《文》＝against

⁎**gait** /geɪt/ (♦ 同音語 gate) 名 C《単数形で》❶ 歩き方, 足取り ‖ with a slow [unsteady] ～ ゆっくりした[危なっかしい]足取りで ❷ (馬)の足並み, 歩調《walk, trot, canter, gallop など》；(犬の)歩調 ❸ (進行・進歩などの)速さ, 進み具合

gai·ter /géɪṭər/ 名 C《通例 ～s》❶ ゲートル《ひざから下の脚部・足首を包む, 布製・革製の覆い》❷《主に米》(側面が伸縮性のある)深靴

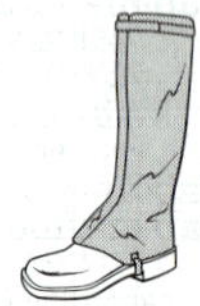

gaiter ❶

gal[1] /gæl/ 名 C ⊗《主に米口》《ときに蔑》女(の子), ギャル(girl)

▸▸ **～ Frìday** 名 C ＝girl Friday

gal[2] 略 gallon(s)

Gal. 略〖聖〗Galatians

ga·la /géɪlə | gáːlə/ 名 C ❶ 祭り；祝賀(会)；特別の催し；晴れ着 ‖ in ～ (dress) 晴れ着で ❷《英》(特に水泳の)競技会 **—形** お祭りの, 祝賀の；特別の催しの ‖ a ～ concert 祝賀[ガラ]コンサート / a ～ night (劇場などでの)特別催し物の夕べ

ga·la·bi·a, -bi·ya /gəláːbiə/ 名 (複 ～ OR **～s** /-z/) C ガラビーヤ《アラブ圏, 特にエジプトの男性用の長衣》

ga·lac·tic /gəlǽktɪk/ 形 銀河(系)の；《口》巨大な

ga·lac·tose /gəlǽktous | -touz/ 名 U〖化〗ガラクトース, 乳糖

ga·la·go /gəléɪgou/ 名 (複 **～s** /-z/)〖動〗ガラゴ (bush baby)《キツネザルに似た動物でアフリカ南部に住む》

Gal·a·had /gǽləhæ̀d/ 名 ❶〖アーサー王伝説〗ギャラハッド《円卓の騎士の1人》❷ C 高潔の士

gal·an·tine /gǽləntìːn/ 名 U〖料理〗ガランティーヌ《骨抜きの鶏・子牛・魚の肉を詰めゼラチンで固めた料理》

Ga·lá·pa·gos Ìslands /gəláːpəgous- | -lǽpəgəs/ 名《the ～》ガラパゴス諸島《太平洋の赤道直下でエクアドル西方にある火山島群》

Gal·a·te·a /gæ̀lətíːə/ 名 〘ギ神〙ガラティア《キプロス王 Pygmalion の造った象牙(ぞうげ)の処女像. 王はこの像に恋をし Aphrodite に願ってそれに生命を与えてもらった》

Ga·la·tia /gəléɪʃə/ 名 ガラテア《小アジア中央部にあった古代王国. 後にローマの属州》

Ga·la·tian /gəléɪʃən/ 形 ガラテアの
— 名 C ❶ ガラテア人 ❷ 《the ~s》《単数扱い》〘聖〙ガラテア人への手紙, ガラテア書《新約聖書中の一書. 略 Gal.》

***gal·ax·y** /gǽləksi/ 名 (複 **-ax·ies** /-z/) C ❶ 〘天〙星雲, 銀河;《the G-》(太陽系が属する)銀河系, 天の川(the Milky Way) ❷ 《a ~》〈著名人・印象に訴えるものなどの〉華やかな集まり, 輝く集団〈**of**〉‖ a ~ *of* opera stars 有名オペラ歌手のきら星のごとき顔ぶれ
語源「ミルク」の意のギリシャ語 *gala* から.

gale /geɪl/ 名 C ❶ 強い風;〘気象〙強風《秒速13.9–28.4メートルで4階級ある. strong breeze と violent storm の間の強さ》(→ Beaufort scale);〘海〙暴風(storm)(⇨ WIND[1] 類語) ❷ (笑いの)爆発 ‖ ~*s* of laughter 爆笑(の渦)

gále-fòrce 形 暴風の

ga·le·na /gəlíːnə/ 名 U 〘鉱〙方鉛鉱

Gal·i·le·an[1] /gæ̀lɪlíːən/ 〈シ 形 ガリラヤ(Galilee)の;《古》《けなして》キリスト教の — 名 C ガリラヤ人;《古》《けなして》キリスト教徒;《the ~》《古》《文》イエス=キリスト

Gal·i·le·an[2] /gæ̀lɪlí(ː)ən/ 〈シ 形 ガリレオ(Galileo)の
▸▸ ~ **télescope** 名 C 〘天〙ガリレオ式望遠鏡

Gal·i·lee /gǽlɪlìː/ 名 ❶ ガリラヤ《現在のイスラエル北部の地域. 聖書の史跡が多い》❷ **the Sea of ~** ガリラヤ湖《イスラエル北東部の湖》

Ga·li·le·o /gæ̀lɪléɪoʊ, -líː-/ 名 ❶ ~ **Galilei** ガリレオ(1564–1642)《地動説を唱えてカトリック教会に裁かれたイタリアの天文学者・物理学者》❷ ガリレオ《1989年NASAが打ち上げた木星探査機》
▸▸ ~ **sàtellite navigátion sỳstem** 名 《the ~》ガリレオ衛星ナビゲーションシステム《EUの衛星測位システム》

***gall**[1] /gɔːl/ 名 U ❶ 《古》胆汁(→ bile) ❷ 《文》ひどく苦いもの, つらい思い ‖ ~ and wormwood (人にとって)ひどく苦い思い, 屈辱(の種) / in the ~ of bitterness (神を捨てて)つらい目に遭って ❸ 図々しさ, 厚かましさ ‖ have the ~ to *do* 厚かましくも…する

gall[2] /gɔːl/ 動 他 ❶ 〔皮膚〕をすりむく ❷ 〔人〕をいらいらさせる, 怒らせる ‖ It ~*ed* him 「to work [OR that he worked] under a younger manager. 自分より若い経営者の下で働くことが彼をいら立たせた — 名 ❶ C (皮膚の)すり傷 ❷ 《旧》U いら立ち; C しゃくの種

gall[3] /gɔːl/ 名 C (樹木の葉・茎などにできる)虫こぶ
▸▸ ~ **wàsp** 名 C 〘昆虫〙タマバチ《木の幹や枝に産卵し虫こぶを作る》

gal·lant /gǽlənt/(→ 形 ❸, 名・動) 形 ❶ 《文》勇敢な, 勇ましい, 騎士的な(⇨ BRAVE 類語) ‖ a ~ knight りりしい騎士 ❷ 《古》威風堂々たる, 壮麗な ❸ /gəlǽnt/ 女性にいんぎんな — 名 /gəlǽnt/ C 《古》❶ しゃれ者, だて男 ❷ 女性にいんぎんな男;愛人, 情夫 — 動 /gəlǽnt/ 他 《古》〔女性〕に言い寄る ~**·ly** 副

gal·lant·ry /gǽləntri/ 名 (複 **-ries** /-z/) ❶ U 勇敢, 豪勇; C 勇敢な行為 ❷ U (女性に対しての)いんぎんさ; C 《旧》いんぎんな言動

gáll·blàdder 名 C 〘解〙胆嚢(たんのう)

gal·le·on /gǽliən/ 名 C ガレオン船《15–18世紀に軍艦・商船として用いられたスペインの大型帆船》

gal·le·ri·a /gæ̀ləríːə/ 名 C ガレリア, アーケード付きショッピングモール(♦イタリア語より)

***gal·ler·y** /gǽləri/ 名 (複 **-ler·ies** /-z/) ❶ C 美術館, 美術品展示室;画廊, ギャラリー;《集合的に》展示美術品 ‖ an art ~ 美術館 / the National *Gallery* (ロンドンの)ナショナルギャラリー ❷ C (教会・ホールなどの)桟敷, 特別席 ❸ 《the ~》(劇場の)天井桟敷《最上階の最低料金の席》;《集合的に》《単数・複数扱い》天井桟敷の観客, 大向こう;《けなして》(通俗趣味の)大衆 ❹ C 回廊, 柱廊;廊下, 通路;《米南部》ベランダ;《カリブ》ポーチ ❺ C (鉱山の)横坑道;地下道 ❻ U 《集合的に》(ゴルフ・テニスの)観客, ギャラリー ❼ C 細長い部屋;写真撮影所[室] ‖ a shooting ~ 射撃練習室
plày to the gállery 大向こう受けをねらった行動をする

gal·ley /gǽli/ 名 C ❶ ガレー船《古代・中世に奴隷・囚人にこがせた帆船》;(オールでこぐ)大型ボート ❷ (船内・機内の)調理室 ❸ 〘印〙ゲラ《組み上げた活字版の収納箱》;(=~ **pròof**)校正刷り, ゲラ刷り
▸▸ ~ **slàve** 名 C ① ガレー船をこぐ奴隷[囚人] ② 《旧》《戯》単調な仕事をさせられる人

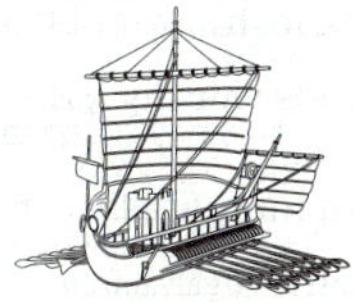
galley ❶

Gal·lic /gǽlɪk/ 形 ❶ ガリア[ゴール](Gaul)の;ゴール人の ❷ フランス(人)の

Gal·li·can /gǽlɪkən/ 形 ❶ ガリア主義の, ガリカニズムの ❷ =Gallic — 名 C ガリア主義者, ガリカニズム信奉者

Gal·li·can·ism /gǽlɪkənɪ̀zm/ 名 U 〘宗〙ガリア主義, ガリカニズム《フランスのカトリック教会がローマ教皇の絶対権に反対して教会の独立自治を要求した主張》

Gal·li·cism /gǽlɪsɪ̀zm/ 名 《しばしば g-》C ❶ (他言語中で用いられる)フランス語の表現, ガリシズム ❷ フランス人の特性

gal·li·mau·fry /gæ̀lɪmɔ́ːfri/ 名 (複 **-fries** /-z/) C ごちゃまぜ, 寄せ集め(jumble)

gall·ing /gɔ́ːlɪŋ/ 形 《通例叙述》いら立たしい, 腹立たしい ~**·ly** 副 ~**·ness** 名

gal·li·um /gǽliəm/ 名 U 〘化〙ガリウム《希金属元素. 元素記号 Ga》

gal·li·vant /gǽləvæ̀nt | gǽlɪ-/ 動 自 《通例進行形で》《口》(楽しみを求めて)遊び歩く(gad);異性と遊び回る〈***about, around***〉‖ go ~*ing* 遊び歩く ~**·er** 名

gáll·nùt 名 =gall[3]

Gallo- /gæloʊ-/ 連結形「フランスの;ゴール(人)の」の意

***gal·lon** /gǽlən/ 名 C ❶ ガロン《液量単位.《米》で3.785リットル,《英》で4.543リットル》‖ Gasoline was only 25¢ a ~. ガソリン1ガロンがわずか25セントだった ❷ 《~s》《口》大量 ‖ The children drank ~*s* of juice. 子供たちはジュースをたっぷり飲んだ

***gal·lop** /gǽləp/ 名 C 《単数形で》❶ ギャロップ《馬などの最も速い駆け方で, 4つの脚が同時に地面を離れる. → canter, trot》;ギャロップでの乗馬, 疾駆 ‖ break into a ~ 急に早く走り出す ❷ 高速, 猛スピード
at a gállop;***(at) fùll gállop*** ① ギャロップで ② 全速力で ‖ work *at a* ~ 猛スピードで仕事をする
— 動 自 (♦通例方向を表す 副句 を伴う) ❶ (馬などが)ギャロップで走る;(人が)ギャロップで馬を走らせる ‖ The horse ~*ed* away. 馬は全速力で駆け去った / ~ into the distance 馬を駆って遠出する ❷ (人が)大急ぎで走る, 急ぐ;大急ぎでやる;(物事が)急速に進行する ‖ ~ out of the house 家から駆け出る / ~ through one's work 大急ぎで仕事をする
— 他 〔馬〕をギャロップで走らせる

gál·lop·ing /-ɪŋ/ 形 《限定》(病気などが)急速に進行する ‖ ~ consumption 《旧》奔馬(ほんば)性結核 / ~ inflation 急速に進むインフレ

gal·lows /gǽloʊz/ 名 (複 ~ OR ~**·es** /-ɪz/) C 絞首台;絞首台に似たもの《畜殺した動物をつるす台など》;《the ~》絞首刑 ‖「be sent [OR come] to the ~ 絞首台の露と消える ▸▸ ~ **bìrd** 名 C 《古》《口》(絞首刑に値する)凶悪犯人 ~ **hùmor** 名 U ブラックユーモア, ぞっとするような[皮肉な]ユーモア ~ **trèe** 名 C 絞首台

gáll·stòne 名 C 〘医〙胆石

G

Gal·lup poll /gǽləppòul | ⸗⸗⸗/ 名 C 《商標》ギャラップ(世論)調査《米国の統計学者 G. H. Gallup 設立の米国世論調査所によって行われる》

gal·lus·es /gǽləsɪz/ 名 複 《主にスコット・米》ズボンつり

gal·op /gǽləp/ 名 C ギャロップ(の曲)《2拍子の軽快な踊り》

ga·lore /gəlɔ́ːr/ 副 《名詞の後に置いて》豊富に，たくさん ‖ There were presents ～. 贈り物はふんだんにあった

ga·losh /gəlɑ́(ː)ʃ | -lɔ́ʃ/ 名 C 《通例 ～es》(ゴム製の)オーバーシューズ

Gals·wor·thy /gɔ́ːlzwə̀ːrði/ 名 **John ～** ゴールズワージー(1867–1933)《英国の小説家・劇作家，ノーベル文学賞受賞(1932)》

ga·lumph /gəlʌ́mf/ 動 自 《口》ぎこちなく[ばたばた]歩く[走る](♦ *gal*lop＋tri*umph*. Lewis Carroll の造語)

galv. 略 galvanized

gal·van·ic /gælvǽnɪk/ 形 ❶《電》(化学作用によって生じる)直流電気の[による] ‖ ～ electricity ガルバーニ電気，直流電気 ❷ 電撃的な，衝撃的な ‖ have a ～ effect 電撃的な効果がある **-i·cal·ly** 副

▸▸ **～ céll** 名 C ガルバーニ電池 **～ skín respònse** 名 U C 《生理》電気皮膚反応(略 GSR)

gal·va·nism /gǽlvənɪ̀zm/ 名 U ❶《電》ガルバーニ電気《化学作用によって生じる》，直流電気 ❷ 電気療法

gal·va·nize /gǽlvənàɪz/ 動 他 ❶ …に電気をかけ(て刺激す)る ❷〔人〕を(急に)刺激して[奮い起こして]〈…〉させる〈**into** (*doing*)〉‖ ～ him *into* action 彼を行動に駆り立てる ❸《医》…を電気治療する ❹(さび止めに)…に亜鉛めっきをする **gàl·va·ni·zá·tion** 名

gal·va·nom·e·ter /gæ̀lvənɑ́(ː)mət̬ər | -nɔ́mɪ-/ 名 C 《電》(微小な電流を測る)検流計

Gam·a /gɑ́ːmə/ 名 **Vasco da ～** ガマ(1469?–1524)《ポルトガルの航海者．インド航路の発見者》

gam·ba /gɑ́ːmbə, gǽm-/ 名 ＝viola da gamba

***Gam·bi·a** /gǽmbiə/ 名 ❶《the ～》ガンビア《アフリカ西岸の共和国．公式名 the Republic of the Gambia．首都 Banjul》❷(＝～ **Ríver**)ガンビア川《アフリカ西部の川》 **-bi·an** 名 形

gam·bit /gǽmbɪt/ 名 C ❶《チェス》ギャンビット《小こまを犠牲にして便利な態勢を導くための初手》❷(優位に立つための)巧妙な手[策] ❸ 会話を始めるための一言

***gam·ble** /gǽmbl/ 動 自 ❶(競馬・トランプなどの)賭(か)け事をする，〈…で〉ばくちをする〈**at**〉;〈…に〉金を賭ける;〈…に〉投機する〈**on, in**〉‖ ～ *at* cards 賭けトランプをする / ～ *on* horses 競馬に金を賭ける / ～ *in* stocks 株に手を出す ❷〈いい結果が出ることに〉賭けてみる，一か八(ばち)かやってみる，冒険する;〈…を〉当てにする〈**on**〉‖ ～ with one's career in politics 自分の仕事人生を政治に賭ける / ～ *on* the Giants having a good day ジャイアンツが勝つ方に賭ける / Don't ～ *on* the weather being fine tomorrow. あした天気になることを当てにするな

━他 **a**《＋目》〔金など〕を〈…に〉賭ける〈**on**〉‖ He ～*d* all his money *on* the race. 彼はそのレースに有り金を全部賭けた **b**《＋**that** 節》…ということに賭ける ‖ I'm *gambling that* stock prices will rise again. 株価はきっとまた上がると思う

gàmble awáy ... / gàmble ... awáy 〈他〉賭けに負けて…を失う ‖ ～ all one's money *away* 賭博(とばく)で有り金をすべてなくす

━名 C 《通例単数形で》賭け，賭け事，一か八かの賭け；投機 ‖ We took a ～ in hiring a person with no experience. 我々は一か八かで経験のない人を雇った

***gam·bler** /gǽmblər/ 名 C 賭博師，ばくち打ち，相場師 ‖ a compulsive ～ どうしても足の洗えない賭博師

***gam·bling** /gǽmblɪŋ/ 名 U 賭け事，賭博，一発勝負

▸▸ **～ hòuse** [**hèll**] 名 C 賭博場

gam·bol /gǽmbəl/ 動 (《英》**gam·bolled** /-d/；**gam·bol·ling**) 自 (子供・子ヤギなどが)跳ね回る，はしゃぎ回る

━名 C 《通例 ～s》はね[飛び]回ること

gam·brel /gǽmbrəl/ 名 C ❶(馬などの後脚の)くるぶし関節，飛節 ❷(肉屋で肉をつるすのに用いる馬脚状の)肉つるしかぎ

gambrel roof

▸▸ **～ ròof** 名 C 《建》《米・カナダ》腰折れ屋根《2段傾斜の屋根》(⇨図)；《英》入母屋(いりもや)屋根《上部に切妻(きりづま)がある寄せ棟(むね)屋根》

*****game**[1] /geɪm/ 名 形 動

中心義 **勝敗をめぐって競い楽しむもの**

名 **ゲーム❶ 試合❷ 遊び❺ たくらみ⓫ 獲物⓬**

━名 (複 **～s** /-z/) ❶ C **ゲーム**，競技《スポーツ・室内競技など，ルールに従って争うもの》‖ *Games* such as cards and chess are played indoors. トランプやチェスは室内ゲームです / outdoor ～*s* 戸外ゲーム / a **video** ～ テレビゲーム / **play** a ～ of soccer [chess] サッカー[チェス]をする

❷ C (個々の)**試合**，ゲーム，勝負(♦ 通例 -ball がつく競技には game を，その他の競技には match を用いる．boxing, wrestling, judo などには bout も使われる．《英》では，プロ選手などの公開試合は，football などにも match を用いる)(「ゲームセット」は和製語．「試合終了」は The game finished [OR ended, is over].) ‖ "What was the result of the ～?" "It was a draw." 「試合の結果はどうだった」「引き分けだったよ」/ no ～ 無効試合 / go to see a baseball ～ 野球の試合を見に行く / **win** [lose] a ～ 試合に勝つ[負ける] / **watch** [OR see] a ～ on TV 試合をテレビで見る

❸ C (テニス・トランプなどの) 1ゲーム《何ゲーム勝つかで試合の勝敗が決まる》‖ She won six ～*s* to four in the second set. 第2セットは6対4で彼女がとった / (one) ～ all (テニスで)ゲームオール《1対1》/ a rubber of three ～*s* at bridge ブリッジの3番勝負

❹ C 《～s》(いくつかの競技を含む)競技会，(国際的な)大会；《英》(学校の教科としての)体育，運動競技，スポーツ ‖ The Olympic *Games* are held every four years. オリンピック大会は4年ごとに開催される

❺ C (子供の)**遊び**，遊戯；楽しいこと；ゲーム用品[道具]《トランプ・ゲーム盤など》(⇨ PLAY 類語) ‖ Children learn a lot by playing ～*s*. 子供は遊びを通して多くのことを学ぶ / Life's just a ～. 人生は遊びにすぎない / play ～*s* with one's dog 飼い犬と戯れる / Put your toys and ～*s* away. おもちゃや遊び道具を片づけなさい

❻《one's ～》(競技の)腕前；試合運び ‖ raise [OR improve] one's ～ of chess チェスの腕前を上げる

❼ U C 勝敗が決まる得点；《the ～》(試合中の)得点，試合の形勢 ‖ *Game* in volleyball is 25 points. バレーボールは25点先取で勝ちになる / The ～ is five to three now. 得点は今5対3だ / How is the ～? 勝負の形勢はどうだ

❽ C U 冗談，戯れ(♦ しばしば否定語とともに用いる) ‖ This is no time for ～*s*. ふざけている場合じゃない

❾ C (ゲームに似た)行為，活動；(一般に)勝負，駆け引き ‖ at this stage of the ～ 今の段階では / a mug's ～ 《英》無駄な行為，徒労，割に合わない仕事 / the ～ of politics 政治の駆け引き

❿《the ～》《口》仕事，職業 ‖ I'm in the insurance [advertising] ～. 私の仕事は保険[広告]業だ / be new to the ～ その仕事の経験がない ⓫ C 《口》**たくらみ**，策略，(人をごまかす)手管 ‖ The same old ～! また例の手だな / None of your ～*s*! その手は食うものか / see through his ～ 彼の策略を見破る ⓬ U《集合的に》(猟の)**獲物**；猟獣[鳥]類，釣り魚(→ fair game)；猟獣[鳥]の肉；追求[攻撃]の的 ‖ He is easy ～. 彼はいいかもだ

ahèad of the gáme (競争で)リードして；情勢の変化に上手に対処して
be off [on] one's gáme (いつもより) 試合運びが下手だ[うまい]；調子が悪い[よい]
be [gò] on the gáme 《英口》売春をしている[する]
bèat [OR plày] a pèrson at his/her òwn gáme 〔人〕を相手が得意とする方法で逆に打ち負かす
gàme óver 《主に米口》(情勢が)絶望的だ, 負けだ
****give the gáme awày*** 手の内を明かす, 秘密を漏らす
màke gáme of ... 《旧》…をからかう
plày a pèrson's gáme (知らぬ間に) (人が) 有利になるようなことをする
****plày (sìlly) gámes with a pèrson*** 〔人〕に (だます目的で) 不誠実な態度で接する ‖ Stop *playing* ~*s with* me and tell me the truth! ごまかさないで本当のことを言え
plày the gáme 立派に振る舞う；慣習・指示などに従って行動する
the ònly gàme in tówn 《口》唯一の選択肢

COMMUNICATIVE EXPRESSIONS

1 **The gàme is úp** [OR **óver**]. (悪事は) ばれた；万事休すだ
2 **Twó can plày at thàt gáme.** そちらがそういう (汚い)手を使うならこっちにも手はある(♥くだけた表現)
3 **Whát's** his [**the**] **gáme?** 《英口》(彼は) 何をたくらんでるんだ；何をしているんだ

── 形 (**gam·er**；**gam·est**)
❶《叙述》《比較なし》〈特に新しいこと・危険なことを〉進んでやる気がある〈**for**〉；喜んで〈…〉する〈**to** ***do***〉 ‖ I'm ~ *to* do anything so long as I'm paid for it. 金をくれるなら何でもやるよ / "Any volunteers?" "I'm ~."「だれか進んでやってくれる人はいますか」「僕がやるよ」
❷ 勇敢な, 闘志あふれる ‖ put up a ~ fight against ... …と敢然と戦う
── 動 (**~s** /-z/；**~d** /-d/；**gam·ing**)
── 自 ❶ 賭(か)け事をする(→ gaming)
❷ テレビ[コンピューター]ゲームをする
── 他 《米》(自己利益のために)…を操作する, …につけ込む ‖ ~ the system 制度を悪用する
▸▸ ~ **bìrd** 名 C 猟鳥 ~ **físh** (↓) ~ **fòwl** 名 C U 闘鶏, シャモ ~ **of chánce** 名 (複 **~s of c-**) C 運次第で決まる勝負事 (さいころばくちなど) ~ **of chícken** 名 C =chicken game ~ **pàrk** [**resèrve**] 名 C 《英》(特にアフリカの) 広域動物保護区 ~ **plàn** 名 C (スポーツ・政治・経営などの)作戦計画, 戦術 ~ **pòint** 名 U C 〘テニスなど〙ゲームポイント《各ゲームの勝敗を決する得点》 ~ **presèrve** 名 C 《米》禁猟区 ~ **shòw** 名 C ゲーム番組《賞金付きのゲームやコンテストで構成されたテレビ番組》 ~ **thèory** 名 《the ~》ゲーム理論《不確定要素の中から最大の効果を上げようとする数学理論. games theory ともいう》 ~ **wàrden** 名 C 広域動物保護区管理人[者]

game² /geɪm/ 形 ⊗《旧》《蔑》(足が) 不自由な(lame) ‖ ~ of one leg 片脚が不自由な
gáme-chànger 名 C 《米》状況を劇的に変える人[出来事, 考え](♦「(途中出場して) 試合の流れを劇的に変える選手」から)
gáme·còck 名 C 雄の闘鶏[シャモ]
gáme fìsh 名 C U ゲームフィッシュ, 釣り魚
gáme fìshing 名
gáme·kèeper 名 C 猟場管理人
game·lan /gǽməlæn/ 名 C 〘楽〙ガムラン《インドネシアの主として打楽器による合奏およびその楽団》
game·ly /géɪmli/ 副 勇敢に；乗り気で, 努力して
gáme·plày 名 U ゲームプレー《コンピューターゲームのストーリーやプレースタイルなど》
gam·er /géɪmər/ 名 C 《口》 ❶ (コンピューター)ゲームをする人 ❷ 〘米〙(スポーツで)果敢な選手
games·man·ship /géɪmzmənʃɪp/ 名 U (自己の利益のために)策略を使うこと；(競技で)反則すれすれの戦術 (中立 gamestership)
game·some /géɪmsəm/ 形 ふざける, 浮かれ騒ぐ, 陽気な **~·ly** 副 **~·ness** 名
game·ster /géɪmstər/ 名 C 《古》賭博(とばく)師
gam·ete /gǽmiːt, gəmíːt/ 名 C 〘生〙配偶子
gam·ey /géɪmi/ 形 =gamy
ga·mine /gæmiːn/ 名 C ❶ (いたずらな) 小妖精(ようせい)のような女の子, ボーイッシュな女の子 ❷ 《旧》(女の)浮浪児
gam·ing /géɪmɪŋ/ 名 U 賭け事, 賭博(gambling) ‖ a ~ table 賭博台
gam·ma /gǽmə/ 名 ❶ C U ガンマ《ギリシャ語アルファベットの第3字. Γ, γ. 英語の G, g に相当》 ❷ C U (連続する中で) 3番目のもの；(G-)〘天〙ガンマ星《星座中光度が3番目に強い》；《英》ガンマ級《学業成績の第3級》；〘化〙(有機化合物で) 基準点から3番目の炭素原子の位置 ❸ C ガンマ《100万分の1グラム》 ❹ C 〘理〙ガンマ《磁束密度の単位. $=10^{-5}$ oersted》
▸▸ ~**-amìnobutýric àcid** /-əmìːnoubjuːtírɪk-/ 名 U C 〘生化〙ガンマアミノ酪酸(らくさん)《神経伝達物質の1つ. 略 GABA》 ~ **glóbulin** 名 U 〘生化〙ガンマグロブリン《血漿(けっしょう)に含まれるタンパク質成分の一種. 抗体に富む》 ~ **radiátion** 名 U 〘理〙ガンマ線《放射線の一種. X線より波長が短い》 ~ **ràys** 名 複 =gamma radiation
gam·mon¹ /gǽmən/ 名 U 《英》燻製(くんせい)[塩漬け]にしたハム；ベーコンの下端部分《もも肉・わき腹肉》
gam·mon² /gǽmən/ 《英口》《旧》 名 U たわごと, でたらめ
── 動 他 …をだます ── 自 でたらめを言う
gam·ut /gǽmət/ 名 C 《単数形で》 ❶ 全(領)域, 全範囲 ❷ 〘楽〙ギャマット, 全音[声]域；音階；(中世音楽の)音階全域, ガンマウト《中世音楽の音階の最低音, ト音》
rùn the gámut of ... …のありとあらゆるものを含む[経験する]
gam·y /géɪmi/ 形 ❶ (傷みかけて) 猟鳥獣の味[臭み]が強い(→ high 形 ⑮)；臭みのある ❷ 《主に米》きわどい, 扇情的な ‖ ~ language きわどい言葉遣い **gám·i·ly** 副
-gamy 接尾 《名詞語尾》「結婚, 繁殖」の意 ‖ poly*gamy*
GAN 略 global *a*rea *n*etwork (世界規模ネットワーク)
ga·nache /gənǽʃ, gɑːnɑ́ːʃ/ 名 C ガナッシュ《ケーキ用チョコレートクリーム》(♦フランス語より)
gan·der /gǽndər/ 名 C ❶ 雄のガチョウ (↔ goose) ❷ 《単数形で》《口》一瞥(いちべつ) ‖ have [OR take] a ~ (at ...) (…を)ちらりと見る
Gan·dhi /gǽndi, gɑ́ːn-/ 名 ガンジー ❶ **Mohandas Karamchand ~** (1869–1948)《インド独立運動の指導者. Mahatma (大聖) と呼ばれる》 ❷ **Indira ~** (1917–84)《インドの政治家・首相(1966–77, 80–84)》 ❸ **Rajiv ~** (1944–91)《インドの政治家・首相(1984–89). ❷の息子》
gán·dy dàncer /gǽndi-/ 名 C 《米口》 ❶ 鉄道保線工 ❷ 季節労働者(gandy-worker)
***gang** /gæŋ/ 名 C 《集合的に》《単数・複数扱い》(♦《米》では通例単数扱い. 《英》では全体を一つの集団と見る場合単数扱い, 個々の成員に重点を置く場合複数扱い) ❶ (若者の)不良グループ, 非行集団 ‖ He joined [quit] the motorcycle ~. 彼は暴走族グループに加わった [をやめた] / street ~*s* 町のごろつき ❷ ギャング, 暴力団 (♦成員の1人は gangster, gang member) ‖ The police raided the hideout of the ~ of smugglers. 警察は密輸団の隠れ家を手入れした / a ~ of terrorists テロリスト集団 ❸ 《口》(若者の) 遊び仲間, (いつも一緒にいる)仲間, 連中 ‖ He went out with the usual ~. 彼はいつもの仲間と出かけた / Meet the ~. みんなに会ってやってくれ ❹ (労働者・囚人などの)仲間, 群れ, 仕事仲間, 職人仲間 ‖ the ~ in the office 仕事仲間 / a road ~ 道路作業員の一団 ❺ (組になって働く道具の) 1組, 1セット ‖ a ~ of switches スイッチセット

—動 自 (個人・小さなグループが)1つにまとまる《*together*》 —他 ❶〔電子機器など〕を同時操作できるようにまとめて配列する(♦しばしば受身形で用いる) ❷…を徒党を組んで[集団で]攻撃する

gàng úp 〈自〉① 〈…と〉団結する, 〈…に〉加わる〈**with**〉‖ ～ *up with* some disreputable types 評判の悪い連中の仲間に加わる ② 〈人を〉集団で攻撃する, 脅す;〈…に〉集団で挑む〈**on, against**〉‖ ～ *up against* the strict coach 一緒になって厳しいコーチに逆らう

▸▸ ～ **ràpe** (↓)

gáng·bàng 名 C ⊗《口》《蔑》 ❶ =gang rape ❷ 乱交パーティー **gáng-bàng** 動 自 他 **～·er** 名 C 輪姦(りんかん)する人;10代の暴力グループの一員

gáng·bùsters 名 複《次の成句で》

like gángbùsters 《米口》すごい勢いで, 熱中して;成功して

gang·er /gǽŋər/ 名 C《英》(労働者の)親方, 監督

Gan·ges /gǽndʒiːz/ 名《the ～》ガンジス川《インド北部に源を発しベンガル湾に注ぐ. ヒンドゥー教徒の聖なる川》

G

gáng·lànd 名 C《単数形で》犯罪者の世界, 暗黒街;《形容詞的に》暗黒街の

gan·gling /gǽŋglɪŋ/ 形 (人が)のっぽの, ひょろひょろの

gan·gli·on /gǽŋgliən/ 名 (複 **～s** /-z/ OR **-gli·a** /-gliə/) C ❶〖解〗神経節 ‖ basal *ganglia* 脳幹神経節 ❷〖医〗結節腫(しゅ), ガングリオン **gàn·gli·ón·ic** 形

gan·gly /gǽŋgli/ 形 =gangling

gáng·plànk 名 C (船と埠頭(ふとう)をつなぐ)歩み板, タラップ ‖ walk the ～ ⇨ *walk the* PLANK

gáng ràpe 名 C 集団暴行, 輪姦(りんかん)

gáng-ràpe 動 他

gan·grene /gǽŋgriːn/ 名 U〖医〗壊疽(えそ) —動 自 壊疽にかかる —他 …に壊疽を生じさせる **-gre·nous** 形

gang·sta /gǽŋstə/ 名 ❶ C《米黒人俗》ギャングの一員 ❷ (=～ **ràp**) U ギャングスタ=ラップ《ギャングのことを歌ったラップ音楽》

***gang·ster** /gǽŋstər/ 名 C ギャングの一員, やくざ, 犯罪者 ‖ a ～ movie ギャング映画

～·ìsm 名 U ギャング行為, 暴力行為

gangue /gæŋ/ 名 U〖鉱〗脈石《鉱床に含まれている無用の鉱物》

gáng·wày 名 C ❶《英》(劇場・乗り物内などの) 通路 (aisle);(下院議場を前後に分ける) 中央通路 ‖ members above [below] ～ 幹部[平]議員 ❷〖海〗(船腹に備えつけの)タラップ;舷門(げんもん)《舷側の出入り口》 ❸ (建築現場の)踏み板 —間 (人込みで)道をあけて

gan·net /gǽnɪt/ 名 C ❶〖鳥〗カツオドリ ❷《英口》食いしんぼう

Gan·su /gɑ̀ːnsúː | gæ̀n-/ 名 甘粛(カンスー)省《中国中北部の省. Kansu ともつづる. 省都 Lanzhou(蘭州)》

gant·let[1] /gɔ́ːntlət | gǽnt-/ 名 ❶ C〖鉄道〗搾道《狭い場所で複線が重なって単線のようになっている部分》 ❷《米》=gauntlet[2]

gant·let[2] /gɔ́ːntlət | gɑ́ːnt-/ 名《米》=gauntlet[1]

gan·try /gǽntri/ 名 (複 **-tries** /-z/) C ❶〖鉄道〗(信号装置の)跨線(こせん)橋 ❷ (高架移動起重機の)構台 ❸ (ミサイル・ロケットの)組み立て・整備用のやぐら

GAO 略 *G*eneral *A*ccounting *O*ffice((米国の)会計検査院)

gaol /dʒeɪl/ 《発音注意》 名 動《英》=jail

gáol·bìrd 名《英》=jailbird

gáol·brèak 名《英》=jailbreak

gaol·er /dʒéɪlər/ 《発音注意》 名《英》=jailer

:gap /gæp/

—名 (複 **～s** /-s/) C ❶ 〈壁・塀などの〉**割れ目**, 裂け目, 壁の穴〈**in, between**〉‖ The frightened cat escaped **through** a ～ *in* the fence. おびえた猫はフェンスの裂け目から逃げた

❷ 〈時間など連続するものの〉途切れ, 切れ目;欠落, 空白;中断;隙間(すきま)〈**in**〉‖ I got so drunk there's a ～ *in* my memory. ひどく酔っ払ったので記憶に欠落した部分がある / A four-year ～ *in* the actress's past hasn't been accounted for. その女優の過去の4年の空白は明らかにされていない / a ～ of ten minutes *in* the game ゲーム中の10分間の中断 / **fill** [OR **stop, close**] the ～ 隙間を埋める;足りない部分を補う / **leave** a ～ (時間・空間の)間を空ける

❸ (意見・状態・性質などの)〈…間の〉ずれ, 相違, 不均衡;〈距離・年齢などの〉隔たり, ギャップ〈**between**〉‖ The ～ *between* him and his daughter widened. 彼と娘の溝が広がった / a trade ～ 貿易赤字 / a credibility ～ 不信感 / a generation ～ 世代間のギャップ[断絶] / a communication ～ 意思伝達のずれ

❹ 峡谷, 山あい;山道 ❺〖電〗火花ギャップ(spark gap)《火花放電の起こる間隔》

**bridge* [OR *clòse, nàrrow*] *the gáp* (*between* ...) (…の間の)差をなくす

—動 (**～s** /-s/;**gapped** /-t/;**gap·ping**)

—他 …に割れ目[裂け目]を作る

—自 割れ目[裂け目]ができる

gap·ped 形 割れ目[裂け目]のできた **gap·py** 形 隙間の多い

▸▸ ～ **yèar** 名 C《主に英》(大学進学前の)間の1年《社会経験などを積ませる》

***gape** /geɪp/ 動 自 ❶ 〈…を〉ぽかんと口を開けて眺める, 放心して凝視する〈**at**〉;(あくびなどで) 大きく口を開ける (⇨ GAZE 類語, LOOK 類語P) (→ agape) ‖ The kids ～*d at* the illusionist's performance. 子供たちは手品師の演技を唖然(あぜん)として眺めた ❷ (隙間などが)ぱっくりと開く[開いている], 大きく裂ける(♦しばしば補語 open を伴う) ‖ The canyon ～*d* open before us. 我々の目の前で渓谷が大きく口を開けていた

—名 C ❶ 広い裂け目;大きく開いた空間[穴] ❷ 口を開いて見とれること ❸〖動〗開いた口[くちばし]の広さ ❹《the ～s》(鳥の)張嘴(ちょうし)病《口が開く病気》 ❺《～s》あくびの発作 ‖ have the ～*s* しきりにあくびをする

gáp-fill 名 C 穴埋めテスト ‖ a ～ test 穴埋めテスト

gap·ing /géɪpɪŋ/ 形《限定》(口が)大きく開いた, (傷口・穴などが)ぱっくり口を開けた **～·ly** 副

gáp-tòothed <シ 形《通例限定》歯間があいた, すき歯の

gar /gɑːr/ 名 C〖魚〗❶ ガーフィッシュ, ガーパイク《両あごが長く伸びた北米産の淡水魚》 ❷ ダツ《ダツ科の海水魚》

G.A.R. 略 *G*rand *A*rmy of the *R*epublic((米国の)南北戦争従軍軍人会)

:ga·rage /gərɑ́ːʒ, -rɑ́ːdʒ | gǽrɑːʒ, -rɑːdʒ, -rɪdʒ, gərɑ́ːʒ/ 《発音注意》

—名 (複 **-rag·es** /-ɪz/) C ❶ **ガレージ**, 車庫 ‖ I hate putting my car **in** the ～. 私は車庫入れが大嫌いだ

❷ 自動車修理工場;《英》ガソリンスタンド《車の修理, ときに販売も兼ねる》‖ My car is at the ～. 車は修理に出してある

❸ U〖楽〗ガレージロック《1960年代に英国のロックバンドの影響を受けて米国で起こったロックミュージック》

—動 他〔車〕を車庫に入れる, 保管する

▸▸ ～ **bànd** 名 C ガレージバンド((ガレージで練習する)素人のロックバンド) ～ **sàle** 名 C《主に米》(自宅のガレージや庭で行う)中古[不用]品の安売り, ガレージセール

ga·ram ma·sa·la /gɑ̀ːrəm məsɑ́ːlə/ 名 U ガラムマサラ《インド料理で使う混合香辛料》

garb /gɑːrb/ 名 ❶ U (職業・地位などを表す)服装, 身なり ❷ U C 装い, 外観 —動 他《受身形または ～ oneself で》(人が)…の服装をする ‖ The judge was ～*ed* in his robes. 裁判官は法服を着ていた

***gar·bage** /gɑ́ːrbɪdʒ/ 《発音注意》 名 U ❶《主に米》(家庭・台所から出る)ごみ, 生ごみ, 残飯 (⇨ 類語) ‖ Leave your ～ at designated points on collection days. 生ごみは収集日に指定場所に出してください ❷ 価値のないもの, くだらないもの[考え, 言葉], がらくた ‖ You're talk-

ing ～. ばか言うな ❸ 💻不完全なデータ；使用済みデータ
gàrbage ín, gàrbage óut 💻入力データが間違っていたら，結果も間違ったものになる；質の悪いものからよいものは作れない《略 GIGO》

類語 **《❶》**《米》では，「生ごみ」類には **garbage** が，「紙くず・容器」類には **trash** が多く用いられ，《英》では両方に **rubbish** が用いられる．**refuse** は《英・米》で「ごみ」一般に用いられる．

▶▶**～ càn** 名 C《米》ごみ入れ (garbage pail, trash can,《英》dustbin) **～ collèction** 名 ① C U《米》ごみ収集 (garbage pickup) ② U 💻ガベージコレクション《不必要なデータを自動的に除去すること．略 GC》 **～ collèctor** 名 C ①《米》ごみ収集人 (《英》dustman, refuse collector) ② 💻ガベージコレクタ《不必要なデータを自動的に取り去るプログラム》 **～ dispòsal** 名 C《米》生ごみ処理機(garbage disposer) **～ màn** 名 C《米・カナダ・豪》ごみ収集人 (中立 garbage [refuse] collector) **～ trùck** 名 C《米・カナダ・豪》ごみ収集車 (《英》dustcart)

gar·ban·zo /gɑːrbɑ́ːnzoʊ | -bǽn-/ 名 C〘植〙ヒヨコマメ，ガルバンゾ(chickpea)

gar·ble /gɑ́ːrbl/ 動 他〔話・事実など〕を歪曲(わいきょく)する，曲解する，勝手に手を加える；〔引用文・話など〕を(知らずに)混同する；〔送信内容〕を混乱させる ‖ Your e-mail was ～*d*. 君のEメールは文字化けしていた
—名 C 歪曲された情報；U 歪曲すること

gar·bol·o·gy /gɑːrbɑ́(ː)lədʒi | -bɔ́l-/ 名 U (社会学の1分野としての)廃棄物研究[学] **-gist** 名

gar·çon /gɑːrsóʊn | gɑ́ːsɔn/ 名 (複 **～s** /-z/)《フランス》C (フランス料理レストランの)ボーイ，ウエーター

gar·den /gɑ́ːrdən/ 名 動

—名 (複 **～s** /-z/) ❶ C U **庭**，庭園；花[果樹]園；C《米》庭園の一角 (⇨ **類語**) ‖ It'd be nice to own a house with a ～ and a pool. 庭とプールのある家が持てたら素晴らしいだろうな / Flowers bloom **in** the ～ throughout the year. 花は庭で一年中咲いている / We don't have much (of a) ～. 我が家にはあまり庭がない / work **in** a ～ 庭仕事[いじり]をする / a bit of ～ 猫の額ほどの庭 / an acre of ～ 1エーカーの庭[菜]園

連語 **【動+～】** design a ～ 庭を設計する / have a ～ (人・建物が)庭を持つ / tend a ～ 庭の手入れをする
【形/名+～】 a back [front] ～ 裏[前]庭 / a Japanese ～ 日本式庭園 / a rose ～ バラ園 / a miniature ～ 箱庭 / a small [large] ～ 小さな[大きな]庭 / a flower [vegetable] ～ 花園[菜園] / a kitchen ～ 家庭菜園

❷ C《しばしば ～s》**公園**，遊園地；植物[動物]園；《特に複合語で》屋外の軽飲食店；《米》大ホール[アリーナ] ‖ **botanic(al)** [zoological] ～*s* 植物[動物]園 / Kew *Gardens* (ロンドンの)キューガーデン[植物園] / Madison Square *Garden* (ニューヨークの)マディソンスクエアガーデン

❸ C《単数形で》(肥沃(ひよく)な)穀倉地帯 ‖ the *Garden* of England 英国の穀倉地帯《ケント州付近一帯》

❹《G-s で地名に後置して》《英》…街，…広場《略 Gdns》 ‖ Spring *Gardens* スプリング街

❺《形容詞的に》庭園(用)の，園芸用の；(植物が)栽培された，野生でない；空地や植物のある；ふつうの，ありふれた ‖ ～ tools 園芸用具 / ～ vegetables 園芸野菜

****lèad a pèrson dòwn*** [《英》***ùp***] ***the gàrden páth*** 《口》〔人〕を迷わす，惑わす(deceive)

COMMUNICATIVE EXPRESSIONS

[1] **Éverything in the gàrden is rósy** [OR **lóvely**]. 《英》すべて言うことなし(♥ しばしば実際には問題があることを意味する皮肉表現)

—動 自 庭いじりをする，園芸をする；庭を造る ‖ She doesn't ～ much. 彼女はあまり庭いじりをしない

類語 **《名 ❶》** **garden, yard** 「庭」を表す語は，《英》では garden,《米》では yard がふつう．
garden 草花・樹木・野菜などが植えられ，園芸趣味が生かされる．
yard ふつう芝生が広がり，草花・樹木などが配され，バーベキューなどにも利用される．合成語を作ることが多い．〈例〉the school*yard* 校庭 / a back*yard* 裏庭 (♦《米》の backyard は《英》の back garden に当たる．《英》の backyard は家の裏の，ふつう舗装されて草木などのない狭い土地)
(♦《米》で yard の中の草花・野菜などを植えた一画を garden と呼ぶことがある．〈例〉We have a little *garden* in our *yard*. うちは庭に小さな花園[菜園]がある また yard は「庭」以外に，主に英国で建物に隣接したり(部分的に)囲まれた土地をいう)

▶▶**～ apártment** 名 C《米》①(アパートの1階の)庭付き住宅 ② 庭のある低層のアパート **～ cènter** 名 C 園芸用品店 **～ cíty** 名 C《英》(広場・公園・樹木などの整備された)田園都市 **～ ègg** 名 C〘植〙ガーデンエッグ《白または黄緑のナス科の野菜》 **～ flát** 名 C《英》=garden apartment ① **Gàrden of Éden** 名《the ～》〘聖〙エデンの園 **～ pàrty** 名 C 園遊会，ガーデンパーティー **～ sálad** 名 U C グリーンサラダ(green salad) **Gàrden Státe** 名《the ～》庭園の州《米国ニュージャージー州の俗称》 **～ súburb** 名 C《英》田園住宅地

***gar·den·er** /gɑ́ːrdnər/ 名 C ❶ 植木屋，庭師，園丁 ❷ (趣味の)園芸家 ❸《俗》〘野球〙外野手

gar·de·nia /gɑːrdíːnjə | -niə/ 名 C〘植〙クチナシ，ガーデニア

***gar·den·ing** /gɑ́ːrdnɪŋ/ 名 U 園芸；庭造り，ガーデニング

gárden-varìety 形《限定》《米》ふつうの，ありふれた

Gar·field /gɑ́ːrfiːld/ 名 **James Abram ～** ガーフィールド(1831–81)《米国第20代大統領(1881)》

gár·fìsh 名 =gar

gar·gan·tu·an /gɑːrgǽntʃuən | -tjuən/ 形《通例限定》巨大な
語源 フランスの作家 Rabelais の風刺物語の主人公で，大食漢の巨人 Gargantua から．

gar·gle /gɑ́ːrgl/ 動 自 ❶ うがいする ❷ がらがら声で言う
—他 ❶ …をうがいして清める ❷ …をがらがら声で言う
—名 C《単数形で》うがい(の音)；U C うがい薬

gar·goyle /gɑ́ːrgɔɪl/ 名 C ❶ ガーゴイル《ゴシック建築で怪獣の頭などをかたどった屋根の水落とし口》❷ 怪獣などの彫刻 ❸《けなして》グロテスクな人

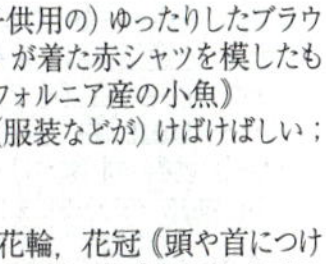
gargoyle ❶

gar·i·bal·di /gæ̀rɪbɔ́ːldi/ 名 C ❶ (=**～ bìscuit**)《英》干しブドウを挟んだビスケット ❷ (19世紀中ごろ流行した女性・子供用の)ゆったりしたブラウス《イタリアの将軍 Garibaldi が着た赤シャツを模したもの》❸〘魚〙ガリバルディ《南カリフォルニア産の小魚》

gar·ish /géərɪʃ/ 形《けなして》(服装などが)けばけばしい；(光・色彩が)ぎらぎらする
～·ly 副 **～·ness** 名

***gar·land** /gɑ́ːrlənd/ 名 C ❶ 花輪，花冠《頭や首につけて装飾に用いたり栄誉を表す》；花綱(はなづな)；《旧》(勝利・成功などの)栄冠，栄誉 ‖ carry (away) [OR gain, get, win] the ～ 勝利を収める ❷ 詩文集，選集
—動 他《通例受身形で》《文》花輪で飾られる，花冠をかぶる

***gar·lic** /gɑ́ːrlɪk/
—名 U〘植〙**ニンニク**(の球根)，ガーリック；ネギ属の植物 ‖ Don't kiss me, Dad. You smell of ～. 僕にキスしないでよ，パパ．ニンニクのにおいがするんだから / a clove of ～ = a ～ clove ニンニクの1片 / a whiff of ～ ぷんとくるニンニクのにおい
-lick·y 形 ニンニク入りの；ニンニク臭い

G

▶▶ ~ **bréad** 名 U ガーリックブレッド《ニンニクとバターを塗って焼いたパン》 ~ **prèss** 名 C ニンニクつぶし機

***gar·ment** /gáːrmənt/ 名 C (1点の) 衣類《主に商業用語》;《~s》衣類, 着物 (⇨ CLOTHES 類語) ‖ pack a few ~*s* 衣類を何点か詰める / an outer ~ 外衣 / the ~ industry 衣服 (製造) 業 / a ~ factory 衣料品工場

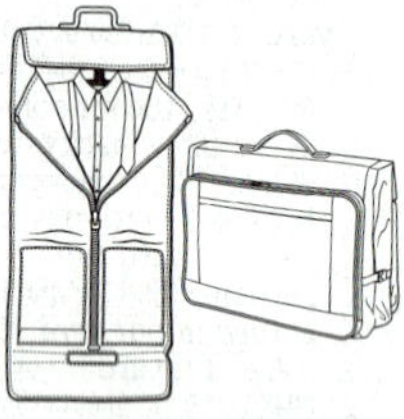

garment bag

—動 他《文》《通例受身形で》着物を着る, 衣装をつける

▶▶ ~ **bàg** 名 C 衣装かばん, ガーメントケース

gar·ner /gáːrnər/ 動 他 ❶〔情報など〕を集める ❷《古》(穀倉などに) …を蓄える;…を集める《*up, in*》 ❸〔支持など〕を獲得する

gar·net /gáːrnɪt/ 名 ❶ U C ざくろ石, ガーネット ❷ U 深紅色

gar·nish /gáːrnɪʃ/ 動 他 ❶〔料理〕に〈…を〉添える〈**with**〉‖ a steak ~*ed with* parsley パセリを添えたステーキ ❷ …を〈…で〉飾る〈**with**〉 ❸《法》…に債権差し押さえの通告をする;…を差し押さえる

—名 C U (料理の)つけ合わせ, つま;飾り, 装飾

gar·nish·ee /gàːrnɪʃíː/ 《法》動 他〔債権・物件〕を差し押さえる;〔人〕に差し押さえを通告する

—名 C 債権差し押さえ通告を受けた人, 第三債務者

gár·nish·ment /-mənt/ 名 ❶ C《法》(第三債務者への)出廷命令;債権差し押さえ通告 ❷ U C 装飾

gar·ret /gǽrət/ 名 C 屋根裏部屋(attic)

***gar·ri·son** /gǽrɪsən/ 名 C ❶《集合的に》《単数・複数扱い》駐屯(ちゅうとん)軍, 守備隊 ❷ (守備隊が常駐する)駐屯地;要塞(ようさい)

—動 他〔町・要塞など〕に守備隊を配する;〔軍・兵士〕を守備隊として〈…に〉派遣する, 守備につかせる〈**in, on, at**〉

gar·rote, 《英》**ga(r)·rotte** /gərá(ː)t | -rɔ́t/ 名 C ❶ 鉄環による絞首刑《昔のスペインの極刑》;その鉄環 ❷ 首絞め強盗

—動 他 …を鉄環絞首刑にする;…に首絞め強盗を働く

gar·ru·li·ty /gərúːləṭi/ 名 U おしゃべり, 饒舌(じょうぜつ)

gar·ru·lous /gǽrələs/ 形 おしゃべりな;冗長な
~·ly 副 **~·ness** 名

gar·ter /gáːrṭər/ 名 ❶ C《通例 ~s》靴下どめ;《米》ガーター(《英》suspender)《ベルト・ガードルなどにつけてストッキングをつる》 ❷ C (ワイシャツのそでを上げる) ゴムバンド ❸《the G-》ガーター勲章《英国のナイトの最高勲章》;ガーター勲位 (の一員) (♦ 舞踏中に伯爵夫人が落としたガーターを踊りのパートナーだったエドワード3世が拾って自分の足につけたという逸話に由来する) —動 他〔靴下〕を靴下どめ〔ガーター〕でとめる;〔そで〕をゴムバンドでとめる

▶▶ ~ **bèlt** 名 C《米》ガーターベルト (《英》suspender belt)《腰の周りにつける女性用の靴下つり》 ~ **snàke** 名 C《動》ガーターヘビ《北・中米産. 無毒》

*****gas**[1] /gæs/ 名 動

—名 (複 **~·es**, +米 **~·ses** /-ɪz/) U ❶ (♦ 種類を表す場合はC)《理》**ガス, 気体**《特に常温で固体・液体にならないもの》(→ vapor, solid, liquid);(空気以外の)ガス, (混合)気体 ‖ Air is not a single ~ but a mixture of different ~*es*. 空気は単一の気体ではなくさまざまな気体の混合物である / the emission of **greenhouse** ~*es* 温室効果ガスの排出 / inert ~*es* 不活性気体

❷ (燃料用の) **ガス**《特に coal gas (石炭ガス) または natural gas (天然ガス)》;《the ~》ガスの炎〔火口(ほくち)〕‖ Don't you smell ~? ガスのにおいがしませんか / cook by [OR with] ~ ガスを使って料理する / money for light and ~ 光熱費 / turn on [off] the ~ (栓をひねって)ガスをつける〔止める〕/ put a kettle on the ~ やかんをガスにかける / a ~ cooker [OR range, stove] ガスレンジ / ~ mark 4《英》(ガスオーブンの)温度域4

❸ (兵器として使われる) 毒ガス ‖ mustard [tear] ~ マスタード〔催涙〕ガス

❹ (手術用の) 麻酔ガス, 笑気 ‖ an anesthetic ~ 麻酔ガス ❺《採》(鉱山の)爆発ガス, 坑気 ❻《主に米口》腸内〔体内〕ガス;鼓腸;おなら ‖ I have ~. おなかが張る ❼《俗》無駄話, ほら, でたらめ ❽ C《単数形で》《俗》非常に楽しい人〔もの〕, 素晴らしい人〔もの〕‖ The musical was a real ~. ミュージカルは実に楽しかったよ

còok with [OR *on*] *gás* 《口》いい調子でやる

—動 (**~·ses** /-ɪz/;**gassed** /-t/;**gas·sing**)

—他〔人・動物〕を(毒)ガスで殺す〔中毒させる〕, …をガスにさらす ‖ ~ oneself ガス自殺する

—自 ❶《口》《通例進行形で》無駄話を長々とする ❷ (電池などが)ガスを発する

語源 ギリシャ語の *chaos*(空気)にならって, オランダの化学者 J. B. van Helmont によって作られた語.

▶▶ ~ **bùrner** 名 C ガスバーナー, ガスの火口 ~ **chàmber** 名 C ガス (処刑) 室 ~ **chromatógraphy** 名 U《化》ガスクロマトグラフ法 ~ **cònstant** 名 C《理》気体定数 ~ **fìeld** 名 C ガス油田 ~ **fìre** 名 C《英》= gas heater ~ **fìtter** 名 C ガス器具取りつけ〔ガス工事〕業者 ~ **gàngrene** 名 U《医》ガス壊疽(えそ)《バクテリアによるガスが患部に発生する》 ~ **gíant** 名 C《天》巨大ガス惑星《主に水素とヘリウムガスからなる惑星. 木星と土星を指す》 ~ **hèater** 名 C《米》ガス暖房器, ガスストーブ (《英》gas fire) ~ **hòlder** 名 C ガスタンク(gas tank) ~ **jèt** 名 C ① ガスの火口 ② ガスの炎 ~ **làmp** 名 C ガス灯 ~ **màntle** 名 C ガスマントル《ガス灯の炎を覆う発光体》 ~ **màsk** 名 C 防毒マスク, ガスマスク ~ **mèter** 名 C ガスメーター ~ **plànt** 名 C《植》ヨウシュハクセン《ユーラシア大陸産の芳香を放つ多年草. 芳香成分は発火性を持つ》 ~ **rìng** 名 C《英》ガスこんろ (《米》burner) ~ **tùrbine** 名 C ガスタービン ~ **wèll** 名 C = gas field

***gas**[2] /gæs/ 名《米》❶ U ガソリン (♦ gasoline の略;《英》petrol) ‖ He stopped for ~ at the ~ station. 彼は給油のため車をガソリンスタンドに止めた (❗「ガソリンスタンド」は和製語) ❷《通例 the ~》(車の)アクセル

rùn out of gás 《米口》ガソリンがなく〔ガス欠に〕なる;エネルギーを使い果たす, 勢いを失う

stèp on 「*the gás* [OR *ít*]」《米口》自動車のアクセルを踏む, スピードを上げる;急ぐ

—動 (**~·ses** /-ɪz/;**gassed** /-t/;**gas·sing**)《米口》《次の成句で》

gàs úp 〈他〉(*gàs úp ...* / *gàs ... úp*)〔自動車など〕にガソリンを入れる ‖ cars waiting to be *gassed up* 給油待ちの車 —〈自〉(自動車などの) ガソリンタンクにガソリンを満たす, 満タンにする

▶▶ ~ **gùzzler** 名 C《主に米口》ガソリンを食う〔燃費の悪い〕大型車 ~ **hòg** 名 C ①《米口》ガソリンを食う〔燃費の悪い〕車 ②《米軍口》ガソリンを無駄遣いするやつ ~ **mìleage** 名 U (自動車の)燃費, (一定燃料での)走行距離 ~ **òil** 名 U 軽油 ~ **pèdal** 名 C《米》アクセルペダル (《英》accelerator) ~ **stàtion** 名 C《米》ガソリンスタンド(service [OR filling] station, 《英》petrol station)

gás·bàg 名 C ❶ (気球・飛行船の)ガス嚢(のう) ❷《口》おしゃべり (人)(windbag)

gás-còoled 形 (原子炉が)ガス冷却式の

gàs-elèctric hýbrid 名 C ガソリン電気ハイブリッド自動車 —形 ガソリン電気ハイブリッドの

gas·e·ous /gǽsiəs/ 形《通例限定》❶ ガス(状)の, 気体の ‖ ~ matter 気体 ❷ 実体のない, 希薄な ❸ = gassy ❶

gás-fìred 形《通例限定》ガス燃料の, ガスストーブの

gash /gæʃ/ 名 C (長くて深い)切り傷, 深手
—動 他 …に深手を負わせる, …を深く切り込む

gas·i·fy /gǽsɪfàɪ/ 動 (**-fies** /-z/ ; **-fied** /-d/ ; **~·ing**) 他 自 (…を)気体にする[なる], ガス化[気化]する
gàs·i·fi·cá·tion 名

gas·ket /gǽskɪt/ 名 C ❶ ガスケット《漏出を防ぐため継ぎ目に詰めるパッキング》 ❷《古》《海》括帆(かっぱん)索
blòw a gásket《口》かっとなる, 激怒する

gás·lìght 名 C ガス灯 ; U ガス(灯)の光

gás·màn /-mæ̀n/ 名 (複 **-mèn** /-mèn/) C ❶ ガス検針員(gas meter reader) ❷ =gas fitter

gas·o·hol /gǽsəhɔ̀(:)l/ 名 U《米》ガソホール《アルコールとガソリンの混合燃料》

gas·o·line, -lene /gǽsəlìːn, ╶╶╴/ 名 U《米》ガソリン, 揮発油(《英》petrol)《略 gas》‖ regular ～ レギュラーガソリン / lead-free [OR unleaded] ～ 無鉛ガソリン

gas·om·e·ter /gæsɑ́(:)məṭər | -sɔ́mɪ-/ 名 C ❶ =gas holder ❷ (実験室の)ガス計量器, ガス貯蔵器

gasp /gæsp | gɑːsp/ 動 自 あえぐ, 息を切らす ; はっと息が止まる〈**for** …を求めて ; **with, in** 驚き・怒りなどで ; **at** …を見て〉‖ The runner was *～ing for* breath. そのランナーは息を切らしてあえいでいた / ～ *with* shock and indignation ショックと怒りで息も止まる / ～ *in* amazement 驚きのあまり息をのむ / ～ *at* the sight その光景を見て息も止まる
—他 …をあえぎながら言う《*out*》(♦ 直接話法にも用いる)‖ He *～ed out* the news before losing consciousness. 彼は意識を失う前にあえぎあえぎその知らせを伝えた / "Is it possible?" she *～ed*. 「そんなことってあるの」と彼女はあえぐように言った
be gásping for ...《英口》〔飲み物など〕をひどく欲しがる
—名 C ❶ あえぎ, 息切れ ; 〈驚きなどで〉はっと息を詰めること〈**of**〉; 《通例文中で(gasp!)として間投詞的に》ぎょっ, 驚き ‖ He gave a ～ *of* amazement. 彼は驚いて息をのんだ ❷ (呼吸困難で)あえぎながら言うこと
one's* [OR *the*] *làst gásp いまわの際, 死 ; (時・出来事などの)最後

gàs-pérmeable lèns 名 C 酸素透過レンズ《ハードコンタクトレンズの一種》

gas·ser /gǽsər/ 名 C ❶ 天然ガス井戸 ❷《口》おしゃべりな人 ❸《米俗》素晴らしい人[もの] ; (冗談など)面白いもの

gás-sìpper 名 C ガソリンをあまり食わない[燃費のよい]車(↔ gas guzzler)

gas·sy /gǽsi/ 形 ❶《米》(人の腹に)ガスのたまった ❷《英》(ビールなどが)泡の多い ❸《口》(人が)おしゃべりな ; (話・文章が)冗長な **-si·ness** 名

gás·tìght 形 ガス漏れしない

gas·trec·to·my /gæstréktəmi/ 名 U 胃切除

***gas·tric** /gǽstrɪk/ 形《限定》胃(部)の ‖ a ～ ulcer 胃潰瘍(かいよう) ▸▸**～ býpass (operàtion)** 名 C (肥満抑制のための)胃のバイパス(手術) **～ flú** 名 U (一過性の)胃痛 **～ júice** 名 U/C (～s)胃液

gas·tri·tis /gæstráɪṭəs | -tɪs/ 名 U《医》胃炎

gastro- /gæstroʊ-, -trə-/ 連結形 「胃(部)(stomach), 腹」の意(♦ 母音の前では gastr-)

gas·tro·en·ter·i·tis /gæ̀stroʊènṭəráɪṭəs | -tɪs/ 名 U《医》胃腸炎

gas·tro·en·ter·ol·o·gy /gæ̀stroʊènṭərɑ́(:)lədʒi | -ɔ́l-/ 名 U 胃腸病学, 消化器病学

gàstro·intéstinal ⟨シ⟩ 形 胃腸の

gas·tro·nome /gǽstrənòʊm/ 名 C 食通, 美食家

gas·tron·o·my /gæstrɑ́(:)nəmi | -trɔ́n-/ 名 U《堅》❶ 美食法(epicurism) ❷ 料理法[様式]
gàs·tro·nóm·ic(al) 形 **-i·cal·ly** 副

gas·tro·pod /gǽstrəpɑ̀(:)d | -pɔ̀d/ 名 C《動》腹足類動物《巻き貝・ウミウシなど》 —形 腹足類動物の

gástro·pùb 名 C《英》ガストロパブ, 美食パブ(♦ *gastronomy*+*pub* より)

gas·tro·scope /gǽstrəskòʊp/ 名 C 胃(内視)鏡, 胃カメラ

gás·wòrks 名《単数・複数扱い》ガス製造工場

gat /gæt/ 名 C《俗》ピストル, 拳銃

‡gate /geɪt/ (♦ 同音語 gait)
—名 (複 **～s** /-s/) C ❶ (塀・囲い・大きな建物などの)**出入口, 門**, 通用門, 城門 ; 城楼 ; (庭・広場などの)扉, 木戸(♦ 扉が2枚以上あればしばしば複数形を用いる)‖ The ～ clicked shut behind him. 彼が出た後で門扉がカチリと閉まった / enter **at** [OR by] the front [back, main] ～ 表[裏, 正]門から入る / **open** [close] a ～ 門を開く[閉じる] / **at** the *～s* of heaven 天国の入口で
❷〈…への〉扉, 道, 手段〈**to**〉‖ the ～ *to* success [stardom] 成功[スターダム]への道
❸ (空港・バスターミナル・駅・港などの)(ナンバー) ゲート ‖ All passengers for UA 102 flight please proceed to ～ 2. UA102便にご搭乗の皆様は2番ゲートへお進みください《搭乗案内のアナウンス》
❹ (競馬の)ゲート ; (スキーの)旗門 ; (運河・ダムの)水門, 閘門(こうもん) ; (パイプの)弁, バルブ ❺ (道路・鉄道の)遮断機 ; (有料道路の) 料金徴収所 ❻ (特にサッカーの試合・博覧会などの) 入場者数 ; (=**～ mòney**) U 入場料総額 ❼ 山道 ❽《機》(自動車の)ゲート ❾《映》(撮影機・映写機などの)フィルム保持枠 ❿《電子》ゲート《ある制御波形が加えられた場合だけ信号を伝送したり通さない働きをする回路》
gèt* [OR *be gìven*] *the gáte《米口》解雇される, 首になる ; (人に)拒否される, (恋人に)振られる
gìve a pèrson the gáte《米口》〔人〕を首にする ; 〔人〕を拒否する, 〔恋人〕を振る
rìght out of the gáte すぐに, 直ちに
—動 他 ❶《通例受身形で》《英》〈行動に対する罰として〉(学生が)禁足を命じられる〈**for**〉 ❷《電子》…をゲートで操作する ❸ …に門を備える
▸▸**～d commúnity** 名 C 塀で囲まれたゲート付きの住宅地区

-gate /-geɪt/ 連結形 人名・地名につけて「汚職」「スキャンダル」に関連する名詞を作る(♦ Watergate より)‖ Iran*gate*, Whitewater*gate*

ga·teau /gætóʊ | ╴╴/ 名 (複 **～s** OR **～x** /-z/) C《主に英》(果実やクリームなどがのった)菓子, ケーキ

gáte·bàll 名 U ゲートボール《クロッケー(croquet)をもとに日本で考案された球技》‖ play ～ ゲートボールをする

gáte-cràsher 名 C (パーティーなどに招待も受けずに来る)押しかけ客 ; 無料入場者 **gáte-cràsh** 動 他 自 (…に)押しかける ; 無料で(…に)入場する

gáte·fòld 名 C 折り込みページ

gáte·hòuse 名 C 門番小屋, 守衛詰所 ; 《史》城門の上の建物

gáte·kèeper 名 C ❶ 門番, 守衛 ; 踏切警手 ❷ (仕入れなどを監視する) 会社内の責任者 ❸ (企業の) お客様相談窓口

gàte·lèg táble 名 C 折り畳みテーブル

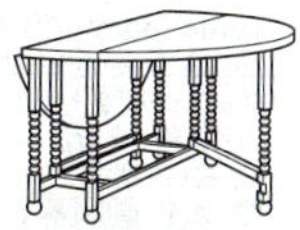
gateleg table

gáte·pòst 名 C 門柱
between you, me and the gatepost ⇨BETWEEN(成句)

gater /géɪṭər/ 名 =gator

Gates /géɪts/ 名 **Bill ～** ゲイツ(1955–)《アメリカの実業家. コンピューター会社 Microsoft の創立者》

***gáte·wày** 名 ❶ C (塀などの扉・木戸で開閉できる)(出)入口 ; 門構え ‖ in the ～ 出入口の所で ❷《the ～》〈…に至る〉道, 入り口[場所] ; 〈…を得る〉手段〈**to**〉‖ Heathrow, the ～ *to* London ヒースロー空港, ロンドンへの玄関口 / the ～ *to* success 成功への道 ❸ C 💻 ゲートウェイ《異なるネットワーク間での接続を橋渡しする装置・サービス》
▸▸**～ drùg** 名 C 入口の麻薬《より危険な麻薬を使用するきっかけとなる麻薬》

****gath·er** /gǽðər/ 動 名

中心義 (散在するものを)集める

— 動 (**~s** /-z/; **~ed** /-d/; **~·ing**)

— 他 ❶ …を**集める**, 寄せ集める, 拾い集める《*together, up*》(⇨ 類語P) ‖ She ~*ed* her things *together* [OR *up*] and left. 彼女は身の回りのものを集めて出て行った / The captain ~*ed* his teammates around the manager. キャプテンはチームメートを監督の周りに集めた

集める	gather	人·動物などを	集合させる
		作物·花などを	採集する
		情報·事実·資料·素材などを	収集する
		切手·コイン·本·骨董(こっとう)品などを	収集する
	collect	家賃·税金などを	集金する
		郵便物·ごみなどを	回収する
	raise	(募って)資金などを	調達する
	recruit	兵隊などを	召集する
		社員·会員などを	募集する

♦ gather および collect の意味では assemble もある.
♦ gather と collect のどちらも使える例はかなり多いが, collect の方がいくぶん格式ばった語.
♦ 長い期間にわたって集め, ためるのは accumulate.
♦ 金や財産を徐々に大量に集め, 蓄えるのは amass. これはやや改まった語.

❷〔情報·証拠など〕を集める, **収集する** ‖ *Gathering* **information** is vital for salespeople. セールスマンにとって情報収集は不可欠だ / ~ data [ideas] from various sources さまざまな情報源からデータ[アイデア]を集める ❸〔花·果物〕を摘む, 採取する;〔穀物など〕を収穫する, 取り入れる《*in*》‖ ~ flowers 花を摘む / ~ one's crop 作物を収穫する / ~ (*in*) the harvest 刈り入れをする ❹《進行形不可》 **a** 《+目》…を〈集めた情報などから〉**推測する**, 知る〈**from**〉‖ The reporters could ~ very little *from* her remark. 記者たちは彼女の言葉からはほとんど何も知り得なかった / *From* what I can ~, he won't resign. 私の知るところ[限り]では, 彼は辞めないだろう(=As far as I can ~, ...) **b** 《+(**that**) 節》〈見聞きしたことなどから〉…だと**推測[推定]する**, わかる, …だろうと思う〈**from**〉‖ I ~ *from* what you're saying *that* you enjoyed the concert. 君の話から察するとコンサートは楽しかったようだね / She knows you, I ~. 彼女は君のこと知ってるんじゃないかな / "He won't come today." "So I ~." 「彼は今日は来ないだろう」「そうだろうね」(♦ so は前述の文(He won't come today.)の代用) ❺〔速度·勢力など〕を**増す** ‖ The train ~*ed* speed. 列車はスピードを上げた / The blaze was ~*ing* force. 火の手は勢いを増していた / ~ momentum 次第に速くなる, 勢いを増す ❻ **a** 《+目》〔勇気·力〕を奮い起こす;〔考え〕を集中する《*up*》‖ ~ (*up*) one's courage 勇気を奮い起こす / ~ one's wits 気を落ち着け(て対処す)る **b** 《~ oneself で》(仕事などに取りかかる)心構えをする, 態勢を整える ❼〔呼吸〕を元の状態に戻す ‖ ~ one's breath 一息つく ❽ …を蓄積する;〔ほこりなど〕を引きつける;〔聴衆〕を引き寄せる ‖ I found an album ~*ing* dust in the attic. 屋根裏部屋でほこりの積もったアルバムを見つけた / ~ experience 経験を積む / ~ great wealth 巨万の富を蓄える / ~ a large audience 多数の聴衆を集める ❾〔衣服など〕を〈体の周りに〉寄せる, かき合わせる《*up*》〈**around**〉‖ ~ one's scarf *around* one's neck スカーフを首に巻く ❿〔人〕を〈…に〉抱き寄せる《*up*》〈**in, into, to**〉‖ ~ a little girl *into* one's arms 少女を両腕に抱き寄せる ⓫〔布地〕にひだを寄せる《*in*》‖ I will ~ this skirt (*in*) at the waist. このスカートのウエストにギャザーを寄せよう ⓬〔まゆ〕をひそめる ⓭ (製本で)〔本〕の丁合(ちょうあい)をとる

— 自 ❶ 〈…の周りに〉**集まる**, 群がる《*together*》〈**around**〉‖ Okay, guys, ~ *around* here and listen up. いいかい, みんな, こっちに集まって聞いてくれ ❷ (木の実などの)食糧採集をする ❸ たまる, 蓄積する ‖ Tears ~*ed* in her eyes. 涙が彼女の目にたまった ❹ 勢いを増す, (雲·暗闇が)濃くなる ‖ The storm ~*ed* rapidly. にわかに暴風雨の勢いが強くなった / Clouds were ~*ing* in the west. 西の方に雲が出てきた / The dusk is ~*ing*. 夕闇(ゆうやみ)が迫っている ❺ (はれ物が)化膿(かのう)する ❻ 推測する, 知る

gàther onesèlf úp [OR ***togéther***] 〈…に備えて〉気持ちを集中させる〈**for**〉‖ He ~*ed* himself *up for* the job. 彼は仕事に備えて気を引き締めた

— 名 (複 **~s** /-z/) Ⓒ 《通例 ~s》(布地の)ひだ, ギャザー

***gath·er·ing** /gǽðərɪŋ/ 名 Ⓒ ❶ 集まり, 集会, 会合;群集(⇨ MEETING 類語) ‖ a social ~ 懇親会 / a family ~ 家族の集い ❷ Ⓤ Ⓒ 集まる[集める]こと;(野生の食物の)採集, 集積 ‖ Our ancestors lived by hunting and ~. 我々の先祖は狩りと採集で生活していた ❸ 収集品;編集物 ❹ (衣服などの)ギャザー, ひだ ❺ はれ物, でき物 ❻〖製本〗折丁

Gát·ling gùn /gǽtlɪŋ-/ 名 Ⓒ ガットリング銃

ga·tor /géɪṭər/ 名 Ⓒ 《主に米口》ワニ(♦ alli*gator* より)

GATT /gæt/ 略 *G*eneral *A*greement on *T*ariffs and *T*rade (ガット;関税と貿易に関する一般協定)《1995年 WTOへ移行》

gauche /goʊʃ/ 形 (言動が)ぎこちない, がさつな, 気のきかない, へまな(♦ フランス語より) **~·ness** 名

gau·che·rie /gòʊʃərí: | góʊʃəri/ 名 Ⓒ がさつ[ぶざま]な振る舞い;Ⓤ 気のきかないこと, 無作法

gau·cho /gáʊtʃoʊ/ 名 (複 **~s** /-z/) Ⓒ ❶ ガウチョ《南米のカウボーイ》 ❷《~s》ガウチョパンツ《すそが広がった, ふくらはぎまでのズボン》

gaud /gɔ:d/ 名 Ⓒ 《英では古》安っぽい派手な飾り, 安ぴか物

gaud·y[1] /gɔ́:di/ 形 《けなして》(衣服·装飾が)極彩色で趣味の悪い, けばけばしい **gáud·i·ly** 副 **gáud·i·ness** 名

gaud·y[2] /gɔ́:di/ 名 (複 **gaud·ies** /-z/) Ⓒ 《英》(大学で毎年卒業生のために催す)大祝宴

***gauge,** + 《主に米》**gage** /geɪdʒ/ 《発音注意》 名 ❶ Ⓒ 計器, ゲージ, 定規《(内容)量·速度·圧力などの計(量)器, 寸法を測ったり精度をテストする測定器など》;(大工用の)罫(け)引き ‖ a fuel [rain, wind] ~ 燃料[雨量, 風力]計 / a pressure [tire-pressure] ~ 圧力[タイヤの空気圧]計 ❷ Ⓒ 《しばしば複合語で》(散弾銃の)口径;ゲージ《金属板などの厚さ, 針金·ねじなどの太さ》;〖織〗ゲージ《1½インチ当たりの目数》‖ a 12-~ gun 12口径の銃 / 38-~ wire 38ゲージの針金 ❸ Ⓒ (鉄道の)軌間;ホイルゲージ《左右の車輪間の距離》‖ the standard ~ 標準軌間 / the narrow [broad] ~ 狭[広]軌 ❹ Ⓤ Ⓒ (重量·大きさなどを比較する)標準, 標準寸法[規格];大きさ, サイズ;容量;範囲, 程度 ❺ Ⓒ 《単数形で》〈評価·判断などの〉基準, 尺度〈**of**〉‖ a ~ *of* character 性格の尺度 ❻ 《通例 the gage》〖海〗(風と他船に対する)船の位置 ‖ have the weather ~ of ...〖海〗〔他船〕の風上にある;…より有利である ❼ Ⓒ (フィルム·磁気テープの)幅 ❽ Ⓤ〖建〗急固量《早く固着させるためにふつうの漆喰(しっくい)に混合する焼石膏(せっこう)の量》

tàke the gáuge of ... …を評価[判定]する

— 動 他 ❶ **a** 《+目》〔人の気持ち·行動など〕を評価する, 判断する ‖ Don't ~ others by your own standards. 他人を自分の尺度で評価してはいけない / ~ one's interest level 自分の興味の程度を評価する **b** ⦅+**wh** 節⦆…か判断する ‖ It's hard to ~ *how* people will react. 人々がどう反応するか判断は困難だ ❷ (計器・手段で)…を測定する；…の寸法[容量, 程度など]を(推し)測る ‖ ~ the steam pressure (計器で)蒸気圧を測定する ❸ …を標準[規格]に合わせる **~·a·ble** 形

Gau·guin /gougǽn|ˊ-ˊ/ 名 (**Eugène Henri**) **Paul** ~ ゴーギャン(1848–1903)⦅フランスの後期印象派の画家⦆

Gaul /gɔːl/ 名 ❶ ガリア, ゴール⦅古代ローマ帝国の一地方. 現在のフランスを中心にベルギー・北イタリアなどを含む⦆ ❷ Ⓒ ガリア[ゴール]人；フランス人

Gaul·ish /gɔ́ːlɪʃ/ 形 ガリア[ゴール]の；ガリア人の；ゴール語の ―名 Ⓤ ゴール語(死語)

***gaunt** /gɔːnt/ ⦅発音注意⦆ 形 ❶ (病気・心配などで)やせこけた；やつれた ‖ a ~ face やつれた顔 ❷ (場所・建物が)荒涼とした, 無気味な **~·ly** 副 **~·ness** 名

gaunt·let¹ /gɔ́ːntlət/ 名 Ⓒ ❶ (乗馬・フェンシング用の)長手袋 ❷ (中世の甲冑(かっちゅう)の)籠手(こて)

tàke [OR ***pìck***] ***ùp the gáuntlet*** 挑戦に応じる

thròw dòwn the gáuntlet 挑戦する

gaunt·let² /gɔ́ːntlət/ 名 Ⓒ 並び打ちの刑

rùn the gáuntlet ① (軍隊などの刑罰で)2列に並んだ人の間を棒で打たれながら走る ② 四方からの厳しい試練を受ける

gauss /gaus/ 名 (複 ~ OR **~·es** /-ɪz/) Ⓒ ガウス⦅磁束密度の cgs 電磁単位⦆(♦ドイツの数学者 K. Gauss(1777–1855)の名より)

Gau·ta·ma /gáutəmə/ 名 ガウタマ, ゴータマ⦅釈迦牟尼(しゃかむに)の姓. 名は Siddhartha. 出家して悟りを開いてからは仏陀(ぶっだ)と呼ばれる⦆(→ Buddha)

gauze /gɔːz/ 名 Ⓤ ❶ (綿・絹などの)薄織り, 紗(しゃ)；〖医〗ガーゼ ❷ Ⓤ Ⓒ 目の細かい金網 ❸ 薄もや

gauz·y /gɔ́ːzi/ 形 紗のような, 薄い, 透き通った **gauz·i·ly** 副

ga·vage /gəvάːʒ|gǽvaːʒ/ 名 Ⓤ 強制給餌⦅家禽(かきん)などに管を使って行う⦆

***gave** /geɪv/ 動 give の過去

gav·el /gǽvəl/ 名 Ⓒ (議長・裁判官などの使う)小づち ―動 他 (小づちを打って)〔会議〕を静める[終わらせる]

gàvel-to-gável 形 開会から閉会までの

ga·vi·al /géɪviəl/ 名 Ⓒ〖動〗ガビアル⦅インド産のワニ⦆

ga·votte /gəvά(ː)t|-vɔ́t/ 名 Ⓒ ガボット(の曲)⦅18世紀に流行したフランスの舞踏(曲)⦆

Ga·wain /gάːweɪn/ 名 〖アーサー王伝説〗ガーウェイン⦅円卓の騎士の1人. アーサー王のおい⦆

gawk /gɔːk/ 名 Ⓒ ⦅旧⦆⦅けなして⦆ぎこちない[おずおずした]人 ―動 自 ⦅口⦆〈…を〉ぽかんとして見つめる〈**at**〉

gawk·y /gɔ́ːki/ 形 (特に長身の若者が)ぎこちない, ぶざまな **gáwk·i·ly** 副 **gáwk·i·ness** 名

gawp /gɔːp/ 動 自 ⦅口⦆ぽかんとして見つめる；じろじろ見る

***gay** /geɪ/ 形 (▶ gaiety 名) (**~·er**; **~·est**) ❶ (特に男性が)同性愛の, ゲイの, ホモの(homosexual)(↔ straight)(♦現在ではこの意味がふつう) ‖ a ~ bar ゲイバー / ~-bashing 同性愛者いじめ / the ~ community ゲイコミュニティー / ~ marriage 同性愛[間]結婚 ❷ ⦅旧⦆陽気な, 快活な(↔ sad)；生き生きした ‖ in a ~ mood 浮かれ気分で / ~ music 陽気な音楽 ❸ ⦅旧⦆(色・服装などが)鮮やかな, きらびやかな, 派手な(↔ somber) ‖ ~ colors 鮮やかな色 ❹ ⦅限定⦆⦅旧⦆(生活などが)うわついた；ふしだらな；思慮のない, のんきな ‖ lead a ~ life うわついた生活をする / with ~ abandon 思慮なく, のんきに ―名 Ⓒ (特に男性の)同性愛者, ゲイ(↔ heterosexual)(→ lesbian) **~·ness** 名

▶▶ **~ liberátion** 名 Ⓤ 同性愛者解放運動(gay lib)

~ ríghts 名 複 同性愛者の権利

gay·e·ty /géɪəṭi/ 名 ⦅米⦆=gaiety

gay·ly /géɪli/ 副 ⦅米⦆=gaily

gaz. 略 gazette；gazetteer

Ga·za /gάːzə, +米 gǽzə/ 名 ガザ⦅パレスチナ南西部の海港⦆

▶▶ **~ Stríp** 名 ⦅the ~⦆ガザ地区⦅パレスチナ南西部の地域. 1967年イスラエルが占領. 1994年に自治が認められた⦆

***gaze** /geɪz/

―動 (**gaz·es** /-ɪz/；**gazed** /-d/；**gaz·ing**) 自 (驚き・感嘆・興味を持って)〈…を〉**じっと見る**, 見つめる, 凝視する；(ほかのことを考えながら)〈…を〉ぼんやりと見る〈**at, on, upon, into**〉(⇨ 類語, LOOK 類語P) ‖ The children were *gazing at* the wonderful parade. 子供たちは素晴らしいパレードに見入っていた / He *~d into* his fiancée's eyes. 彼は婚約者の目を見つめた / ~ through a telescope 望遠鏡でじっと見る / ~ *into* space ぼんやりと虚空を見る

―名 Ⓒ ⦅通例単数形で⦆凝視, 注視, (じっと見つめる)視線 ‖ I fixed my ~ on the tallest player. 私はいちばん背の高い選手をじっと見据えた / She **met** his ~. 彼女は彼と目が合った / They wanted to escape the cold ~ of the bystanders. 彼らは見物人たちの冷ややかな目にさらされたくなかった / keep it from the public ~ それを大衆の視線にさらされないようにする / avert one's ~ 目をそらす

類語 ⦅動⦆ **gaze** 興味・好奇心などで熱心にじっと見る.
stare 驚きなどで目を大きく見開いてじっと見る. しばしば「無作法に見つめる」の意を含む. 〈例〉Don't *stare* at people like that. そんなふうに人をじろじろ見てはいけない
gape 驚いてぽかんと口をあけて見とれる.

ga·ze·bo /gəzéɪbou|-zíː-/ 名 (複 **~s** /-z/) Ⓒ (見晴らしのよい)あずまや

gazebo

ga·zelle /gəzél/ 名 Ⓒ〖動〗ガゼル⦅アフリカ・アジア産の小型のレイヨウ⦆

***ga·zette** /gəzét/ 名 Ⓒ ⦅しばしば the G-⦆ ❶ (新聞名で)…新聞, …紙 ‖ The Phoenix *Gazette* フェニックス新聞 ❷ ⦅英⦆(London, Edinburgh, Belfast で発行される)官報, 公報；(大学の)学報；(官報による)公示

―動 他 ⦅英⦆…を官報で公表する；〔人〕の〈…への〉任官を公表する〈**to**〉(♦しばしば受身形で用いる)

gaz·et·teer /gæ̀zətíər/ 名 Ⓒ 地名辞典

ga·zil·lion /gəzíljən|-liən/ 名 Ⓒ ⦅米口⦆膨大な数[量]

gaz·pa·cho /gəspάːtʃou|gæzpǽ-/ 名 Ⓤ ガスパチョ⦅スペインの冷たい野菜スープ⦆

ga·zun·der /gəzʌ́ndər/ 動 他 ⦅英口⦆〔家の価格〕を(売買契約の直前に)値切る **~·ing** 名

***GB**¹ 略 *G*reat *B*ritain

GB², **G.B.** 略 gigabyte(s)(♦ Gb ともつづる)

GBE 略 Knight [Dame] *G*rand Cross (of the Order) of the *B*ritish *E*mpire(大英帝国大十字章勲爵士)

GBH, gbh 略 ⦅英⦆〖法〗*g*rievous *b*odily *h*arm (重傷害)

GC 略 *G*eorge *C*ross

GCA 略 〖空〗*g*round-*c*ontrolled *a*pproach(地上誘導着陸)

GCB 略 Knight [Dame] *G*rand *C*ross (of the Order) of the *B*ath((英国の)バス大十字章勲爵士)

GCD, g.c.d. 略 〖数〗*g*reatest *c*ommon *d*ivisor(最大公約数)

GCE /dʒìː siː íː/ 名 Ⓤ Ⓒ ⦅英⦆〖教育〗一般教育履修証明試験(♦ *G*eneral *C*ertificate of *E*ducation の略)

GCHQ 略 *G*overnment *C*ommunication *H*ead*q*uarters

GCMG 略 Knight [Dame] *G*rand *C*ross (of the Order) of St.*M*ichael & St.*G*eorge((英国の)聖マイケル・聖ジョージ大十字章勲爵士)

GCSE /dʒìː siː es íː/ 名 Ⓤ Ⓒ ⦅英⦆一般中等教育証明試験(♦ *G*eneral *C*ertificate of *S*econdary *E*ducation の略)

ĠCVÓ 略 Knight [Dame] *G*rand *C*ross of the Royal *V*ictorian *O*rder (《英国の》ビクトリア大十字章勲爵士)
Gd 記号 〖化〗gadolinium(ガドリニウム)
gd. 略 good
g'day /gədéɪ/ 間 《豪・ニュージ口》やあ, こんにちは(hello)
Ġdn(s) 略 Garden(s)
*__ĠDṖ__ 名 U 〖経〗国内総生産(♦ *g*ross *d*omestic *p*roduct の略)
ĠDŔ, Ġ.D.Ŕ. 略 *G*erman *D*emocratic *R*epublic
gds. 略 goods
Ge 記号 〖化〗germanium(ゲルマニウム)
gear /gɪər/
— 名 (複 **~s** /-z/) ❶ C **歯車**;《しばしば複数形で》(1組の)歯車装置[仕掛け];U〖機〗伝動[連動]装置;C U (車などの)変速機, **ギア**(の部品);U ギア(のかみ合わせ);速さ, 効率;《口》(人の)作業効率, 調子 ‖ *Gears* mesh [lock, clash]. 歯車がかみ合う[かんで動かなくなる, きしむ] / steering ~ (車・船の)操舵(そうだ)装置 / reverse ~ バック[後退]ギア / high [《英》top] ~ 高速ギア / low [《英》bottom] ~ 低速ギア
❷ U 《複合語で》《口》(特定の用途の)道具, 備品[用品];…装置 ‖ camping ~ キャンプ道具 / fishing ~ 釣り具 / rain ~ 雨具 / scuba ~ 潜水用器具
❸ U 《しばしば複合語で》《口》衣服, 衣類;持ち物, 身の回り品;〖海〗船員の私物 ‖ dressed in one's sports ~ 運動着を着て / store one's ~ in a trunk 身の回り品をトランクに詰める / trendy ~ 流行の服
❹ U 《俗》麻薬, 違法薬物 ❺ U (馬車馬の)馬具一式, 引き具;〖海〗(船の)索具一式《綱・鎖・滑車など》
in [OR *into*] *géar* ギアが入って;調子よく
in [OR *into*] *hìgh* [《英》*tòp*] *géar* 高速で;効率よく ‖ get [OR go, move] *into high* ~ フル回転に入る, 絶好調になる
mòve [OR *step*] *ùp a géar* 高速ギアに変える;もっと精力的にやる
oùt of géar ギアが外れて;調子が狂って ‖ throw ... *out of* ~ …のギアを外す;…の調子を狂わす
shìft [OR *chànge*] *géar* ① ギアチェンジする ② (問題処理の)方法を変える, やり方を変える
— 動 (**~s** /-z/; **~ed** /-d/; **gear·ing**)
— 他 ❶ 《通例受身形または ~ oneself で》調整する, **適合する**〈**to, toward, for** …に(合わせて) / **to do** …するように〉‖ This course is *~ed to* the needs of adult learners. このコースは成人の学習者の要求に合わせています / This training session is *~ed to* help the students find a job. このトレーニング講座は学生の就職を援助するようにできている ❷ …にギアをつける;…をギアで〈…に〉連動させる〈**to**〉;〔車・機械〕のギアを入れる
— 自 ❶ (ギアが)〈…と〉かみ合う, (機械が)〈…に[と]〉連動する〈**into, with**〉 ❷ 適合[適応]する
gèar dówn 〈自〉低速ギアに切り替える;調子を落とす
gèar úp* 〈自〉① 高速ギアに切り替える;調子を上げる ② 準備をする〈for** …の / **to do** …するように〉 —〈他〉《通例受身形または ~ oneself up で》準備をする〈**for** …の / **to do** …するように〉‖ I am all *~ed up to* set out. 出発の準備はすっかり整っている
▸▸ **~ chànge** 名 C ①ギア切り替え(装置) ②=gearshift **~ lèver** [**stìck**] 名 C 《英》=gearshift **~ tràin** 名 C 歯車列《歯車を組み合わせたもの》
géar·bòx 名 C ギアボックス;変速装置
géar·hèad 名 C 《口》(特にコンピューター・車などの)メカに夢中な人, おたく
gear·ing /gíərɪŋ/ 名 U ❶ 伝動[歯車]装置 ❷ 《英》〖金融〗挺率(ていりつ), ギアリング《資本と借入金の比率》(《米》leverage)
géar·shìft 名 C 《主に米》ギア転換装置, 変速レバー
géar·whèel 名 C 歯車(cogwheel)
geck·o /gékou/ 名 (複 **~s**, **~es** /-z/) C 〖動〗ヤモリの類
ĠEḊ 略 《米》*G*eneral *E*ducational *D*evelopment (test)(一般教育達成(テスト)); *G*eneral *E*quivalency *D*iploma(高校卒業相当終了証書)
ged·dit /gétət | gédɪt/ 略 《主に英口》=(Do you) get it?
***gee**[1] /dʒiː/ 間 《主に米口》おやまあ, へえー, すごいな(♥ 驚嘆・熱狂などを表す. Jesus の婉曲語) ▸▸ **~ whíz** (↓)
***gee**[2] /dʒiː/ 《英》 間 《通例 ~ up で》(馬や牛への掛け声で)進め, 急げ, はいどう;右へ曲がれ(↔ haw[3])
— 動 他 〔馬・牛など〕を急がせる;《口》〔人〕をせかす《*up*》
gee·gaw /dʒíːgɑː, gíː- | -gɔː/ 名 =gewgaw
gée-gèe 名 C 《英口》お馬(horse)(♥ 小児語)
geek /giːk/ 名 C 《口》 ❶ 《けなして》変わり者, さえない人 ❷ (コンピューター)マニア, おたく ❸ (カーニバルなどで)グロテスクなことをする見せ物師
— 動 自 コンピューターについて専門的なことを長々と話す《*out*》;風変わりな振る舞いをする **~·y** 形
geese /giːs/ 名 goose の複数
gèe whíz 間 《主に米口》=gee[1]
gèe-whíz 形 驚くべき;驚嘆している
geez /dʒiːz/ 間 =jeez
Ge'ez /giːéz | gíːez/ 名 U ゲエズ語, 古代エチオピア語《現在もエチオピア正教(キリスト教の一派)の儀式で使われる》
gee·zer /gíːzər/ 名 C 《主に英口》(変な)男;⊗《米口》《蔑》老いぼれ **~·hòod** 名
ge·fil·te físh /gəfíltə-/ 名 U 〖料理〗ゲフィルトフィッシュ《川魚の肉を団子状に固めたユダヤの伝統的料理》
Ge·hen·na /gɪhénə/ 名 U 〖聖〗地獄
Geh·rig /géərɪg/ 名 **Lou ~** ゲーリッグ(1903-41)《米国のプロ野球選手, 大リーグ 2,130 試合連続出場記録保持者. この記録は1995年9月, Cal Ripken によって破られた》(→ Lou Gehrig's disease)
Géi·ger cóunter /gáɪgər-/ 名 C ガイガーカウンター《放射能測定器》
G8 /dʒìː éɪt/ 略 the Group of Eight(主要8か国首脳会議, サミット)
gei·sha /géɪʃə/ 名 (複 **~** OR **~s** /-z/)(=**~ gìrl**) C (日本の)芸者, 舞子
***gel** /dʒel/ 《発音注意》 名 U C ❶ 〖化〗ゲル, 膠質(こうしつ)(colloid), 膠化体《ゼリー・にかわなど》 ❷ ゼリー状物質;ゼリー状製品[化粧品, 薬品], ジェル ‖ use ~ to style one's hair 整髪料で髪型を整える / hair ~ ヘアジェル, 整髪料 / shower ~ シャワージェル ❸ 〖劇〗(舞台照明用)ゼラチン(フィルター)(gelatin)
— 動 (**gelled** /-d/; **gel·ling**) 自 ❶ ゼリー状になる, 膠質化する, 固まる(jell) ‖ It will take an hour for the pudding to ~. プディングが固まるには1時間かかる ❷ (考えなどが)固まる, 明確になる ‖ My ideas have begun to ~. 考えがまとまってきた ❸ 集まる, 合体する, うまく(やって)いく, 協力する — 他 〔髪〕にジェルをつける
gel·a·da /dʒəlάːdə | dʒélədə, gé-, gə-/ 名 (複 **~** OR **~s** /-z/)(=**~ babòon**) C 〖動〗ゲラダヒヒ《アフリカ東北部の高原に住む》
gel·a·tin /dʒélətɪn/, 《英》 **-tine** /dʒélətiːn/ 名 U ❶ ゼラチン, にかわ ❷ ゼラチン状のもの ‖ ~ paper 《英》〖写〗ゼラチン感光紙 / explosive ~ 爆発性ゼラチン ❸ ゼラチン食品, ゼリー ❹ C 着色ゼラチン紙(gel)《舞台の照明具に張って色彩光線を送る》
ge·lat·i·nize /dʒəlǽtɪnàɪz/ 動 他 自 (…を)ゼラチン化する;(…に)ゼラチンをつける
ge·lat·i·nous /dʒəlǽtənəs | -lǽtɪ-/ 形 ゼラチン質[状]の;ゼラチン[にかわ]を含む
ge·la·tion /dʒəléɪʃən/ 名 U 凍結, 氷結;〖化〗ゲル化
ge·la·to /dʒəlάːtou/ 名 (複 **-ti** /-ti/ OR **~s** /-z/) C ジェラート《イタリア風のアイスクリーム》
geld /geld/ 動 (**~·ed** /-ɪd/ OR **gelt** /gelt/; **~·ing**) 他 〔馬など〕を去勢する;骨抜きにする, 弱める

geld·ing /géldɪŋ/ 名 C 去勢馬；去勢動物
gel·id /dʒélɪd/ 形《文》(氷のように)冷たい，極寒の
gel·ig·nite /dʒélɪgnàɪt/ 名 U〖化〗ゼリグナイト《硝酸グリセリンを含む高性能爆薬》
gelt¹ /gelt/ 名 U《俗》金(かね)
gelt² /gelt/ 動 geld の過去・過去分詞の1つ
gem /dʒem/《発音注意》名 C ❶ 宝石(jewel)(♦ gemstone は宝石の原石)(⇨ JEWEL 類語) ‖ a crown studded with ~s 宝石が散りばめられた王冠 ❷ 逸品；とても素晴らしい[貴重な，美しい]もの[人] ‖ the ~ of his collection 彼のコレクション中の逸品 / Choose our hotel, and a ~ of a beach is yours to enjoy. 当ホテルをお選びくだされば，それはそれは美しい浜辺をお楽しみいただけます / Emily is a real ~. エミリーはとても素敵な女性だ
── 動 (**gemmed** /-d/；**gem·ming**) 他《文》…を宝石(状のもの)で飾る，…に宝石を散りばめる
gem·i·nate /dʒémɪnèɪt/ (→ 形) 動 他 自 (…を[が])二重にする[なる]；(…を[が])対にする[なる] ── 形 /dʒémɪnət/ 対になった，2つ1組の **gèm·i·ná·tion** 名
Gem·i·ni /dʒémɪnàɪ, -nì:/ 名 ❶《無冠詞で》〖天・占星〗双子座；双子宮《Castor と Pollux を含む星座；黄道十二宮の第3宮》(the Twins) (⇨ ZODIAC 図) ‖ Anita was born under (the sign of) ~. アニタは双子座だ ❷ C〖占星〗双子座生まれの人(Geminian) ❸ C (米国の)ジェミニ宇宙船《アポロ計画に先立って1960年代に打ち上げられた有人宇宙船》
gèm·(m)o·lóg·i·cal 形 宝石学の
-mól·o·gist 名 C 宝石学者[鑑定人]
gem·(m)ol·o·gy /dʒemá(:)lədʒi | -mɔ́l-/ 名 U 宝石学
gems·bok /gémzbɑ̀(:)k | -bɔ̀k/ 名 (複 ~ OR ~s /-s/) C〖動〗ゲムズボック《南アフリカ産の大型のレイヨウ》
gém·stòne 名 C 原石《加工前の宝石》
ge·müt·lich /gəmjú:tlɪk, -lɪç/ 形《ドイツ》陽気な(cheerful)；愛想のよい，親切な(cordial)
gen /dʒen/《英口》名 U 〈…に関する〉情報〈on〉
── 動 (**genned** /-d/；**gen·ning**)(**~ up**) 他《通例受身形で》〈…について〉情報を教わる〈on〉 ── 自 情報を仕入れる
gen. 略 gender；general；genitive；genus
Gen. 略〖軍〗General；〖聖〗Genesis
-gen 接尾《名詞語尾》❶「…を生じるもの，…素」の意 ‖ hydro*gen*, carcino*gen* ❷「生じたもの」の意 ‖ culti*gen*(栽培変種)
gen·darme /ʒá:ndɑ:rm | ʒɔ́n-/ 名 C ❶ (フランスなどの)憲兵 ❷〖地〗岩峰，とがり岩
gen·dar·me·rie /ʒɑ:ndá:rməri | ʒɔn-/ 名 (複 **-ries** /-z/) C (フランスなどの)憲兵隊；憲兵隊本部
gen·der /dʒéndər/ 名 (⇨ BYB) ❶ C U (社会的・文化的)性別，性(♥ しばしば sex の婉曲的表現) ‖ The position was available to people of either ~. その地位には男性女性のどちらでも就くことができる / female [male] ~ 女[男]性 / ~ discrimination 性差別 ❷ U〖文法〗(名詞・代名詞などの)性；性の区分 ‖ masculine [feminine, neuter, common] ~ 男[女，中，通]性
▸▸ **~ awàreness** 名 U 性別意識 **~ bènder** (↓) **~ bìas** 名 C U 性偏見 **~ dysphòria** 名 U〖医〗性別違和《自分の心理的性別が生物学的性別と逆だと感じる症状》 **~ gàp** 名 C 男女差，ジェンダーギャップ **~ idèntity disòrder** 名 C〖医〗性同一性障害 **~ re-assígnment** 名 U 性転換(手術) **~ selèction** 名 U C (子供の)性別選択
génder bènder 名 C ⊗《俗》《蔑》異性の格好や行動をする人 **génder-bènding** 形
gènder-specífic 形《通例限定》男女どちらか一方の性に限った，男性[女性]専用の
gene /dʒi:n/ (♦ 同音語 jean)
── 名 (複 **~s** /-z/) C〖生〗**遺伝子**，ジーン《一連のDNAまたはRNA》‖ Champion dogs have good ~s from their parents. チャンピオン犬は両親からよい遺伝子を引き継いでいる / ~ conversion [recombination] 遺伝子変換[組み換え] / ~ technology 遺伝子工学 / inherit ~s 遺伝子を受け継ぐ / pass along [OR on] ~s 遺伝子を伝える / transfer [OR transplant] ~s 遺伝子を移植する
▸▸ **~ amplificàtion** 名 U〖生〗遺伝子増幅《特定の遺伝子の数が増加すること》 **~ pòol** 名 C〖生〗遺伝子プール《集団に属する全個体が持っている遺伝子の総体》 **~ thèrapy** 名 U 遺伝子治療
Gene /dʒi:n/ 名 ジーン《Eugene の愛称》
ge·ne·a·log·i·cal /dʒì:niəlá(:)dʒɪkəl | -lɔ́dʒ-/ ⟨シ⟩ 形 系図[系譜]の，家系を示す；系図[系統]学の ‖ a ~ tree (家)系図 **~·ly** 副
ge·ne·al·o·gy /dʒì:niǽlədʒi/ 名 (複 **-gies** /-z/) ❶ C 系図，系譜；家系，血統；(動植物・言語などの)(発達)系統 ❷ U 系図[系譜]学；系統学
-gist 名 C 系図[系統]学者
gen·er·a /dʒénərə/ 名 genus の複数

***gen·er·al /dʒénərəl/ 形 名

中心義 全体にかかわる(人)

> 形 全体の❶　一般的な❸　おおよその❹
> 名 大将❶

── 形 (▶ generalize 動)(**more ~**；**most ~**)
❶ (細部でなく)**全体の**，全般的な；(社会のある階級・団体などの)全員にかかわる，全体の参加する；多くの人に共通する，世間一般の；〖医〗全身の(↔ local) ‖ Publishers are sensitive to issues of ~ interest. 出版社は世間一般の関心事に敏感である / Our ~ lack of information about other countries can't be excused. 我々がほかの国々に関してほとんど知らないのは弁解の余地がない / Cellphones with Internet functions are in ~ use in Japan. 日本ではインターネット機能がついた携帯電話が一般的に使われている / a ~ opinion 共通意見 / a ~ meeting [OR assembly] 総会 / ~ unease 一般の人々の不安
❷ いつもの，通常[通例]の；たいていの場合に当てはまる，よく起こる[ある] ‖ as a ~ rule 一般に，概して，通例

> **Boost Your Brain!**
> **gender**
> gender「ジェンダー，性」の語源はラテン語の genus「種族，種類」．言語学ではフランス語やドイツ語などにある男性名詞，女性名詞などの文法的な「性」を意味する．このときの「性」は文法的な約束事であり，実際の性別と直接的な関係はない．また，生物学や医学の分野では，性別を表現する語として用いられてきた．
> 1970年代以降，フェミニズム運動の高まりと共に，gender は「社会的・文化的な性のありよう」を意味する語として幅広く使われるようになった．WHO (世界保健機関) の定義では，sex が「男性か女性かを定義する生物学的・生理的特徴」を指すのに対して，gender は「特定の社会において，男性や女性にふさわしいとされる社会的な役割，振る舞い，行動，属性」を指す．つまり，male(男性の)や female (女性の)は sex のカテゴリーに属するのに対して，masculine(男らしい)や feminine(女らしい)は gender のカテゴリーに属し，それぞれの社会によって異なった意味を持つ．
> 日本語の「ジェンダー」は英語の gender とやや意味合いが異なる．外来語としてジェンダーという概念が導入された日本では，「社会的・文化的に作られた性差」という意味で使われることが多い．日本語の「ジェンダーフリー」は性差による差別からの解放を示唆する言葉として導入されたが，英語の gender-free は単に「性別のない，性別に関係のない」という意味である．

G

❸ (専門的でなく)**一般的な**, 特殊でない, 特定されない(↔ specific) ; 雑多な, 多方面[広範囲]にわたる, 総合的な(↔ special) ‖ ～ knowledge 多方面にわたる知識, 一般常識 / ～ education 一般教育[教養] / ～ affairs 庶務
❹ あいまいな, **おおよその**, 大ざっぱな, 漠然とした ‖ Your explanation is too ～. 君の説明は大ざっぱすぎる / a ～ outline 概要 / in the ～ direction おおよその方向に / get a ～ impression おおよその感じをつかむ / speak in ～ terms あいまいな言い方をする
❺ 《しばしば G-》《限定》《比較なし》将官クラスの, 最高位の ; 《官[役]職名の後につけて》…長, …長官 ‖ a ～ manager 総支配人 / an attorney ～ 法務長官 / the **secretary** ～ 事務総長 / a ～ editor 編集長
—名 (複 **～s** /-z/) Ⓒ ❶ (陸軍[海兵隊, 米空軍]の) **大将** ; 将官 (♦ 将官は下位から順に, 「brigadier general [《英》brigadier](准将), major general(少将), lieutenant general(中将), general(大将) ; なお, 海軍は米・英とも admiral, 英空軍では marshal を用いる)
❷ 将軍《将官の敬称》‖ *General* MacArthur マッカーサー将軍 / *General* Winter 《擬人的に》冬将軍
❸ (救世軍の)大将 ; (修道会の)総会長
❹ 《通例 ～s》《古》一般原理, 普遍的事実
❺ 《口》= general anesthetic
❻ 《口》= general hospital
***in géneral* ① 一般に**, たいてい, ふつう, だいたいにおいて ; 一般的に言って ‖ *In* ～, I agree with you. 君とほとんど同じ意見だ ② 《名詞の後で》一般の(↔ *in particular*), …全体 ‖ the human race *in* ～ 人類全般
▶▶**Gèneral Américan** 名 Ⓤ 一般アメリカ(英)語 《東部・南部を除く, 国土の大部分を占める中西部の英語. アメリカ英語の標準とされる. 英国の Standard English に相当.》(→ RP) **～ anesthétic** 名 Ⓒ Ⓤ 〘医〙全身麻酔薬 **～ assémbly** 名 《the ～》① 〘米国史〙州議会 ② 《G- A-》国連総会 ③ 長老派教会の総会 **Gèneral Certìficate of Educátion** 名 《the ～》《英》一般教育履修証明試験, 中等教育修了試験《統一テストで16歳受験の O-Level (Ordinary Level) は1988年以降 GCSE に統合, A-Level (Advanced Level) は18歳になると受験し上級学校進学に影響する ; 略 GCE》 **Gèneral Certìficate of Sècondary Educátion** 名 《the ～》《英》一般中等教育証明試験《GCE の O-Level と CSE に代わるテスト ; 略 GCSE》 **～ cóunsel** 名 Ⓒ 《米》① (会社の)法務担当役員[部長] ② (全般的な専門的見解を提供する) 弁護士[法律] 事務所 **～ delívery** 名 Ⓤ 《米》郵便物局渡し (《英》poste restante), (宛名不明による) 局留め郵便(課) **～ eléction** (↓) **～ héadquarters** 名 《単数・複数扱い》総司令部 《略 GHQ》 **～ hóspital** 名 Ⓒ Ⓤ 総合病院 **～ of the áir fòrce** 名 (複 **～s of the a- f-**) Ⓒ (米国の) 空軍元帥 **～ of the ármy** 名 (複 **～s of the a-**) Ⓒ (米国の) 陸軍元帥 **～ práctice** 名 ① Ⓤ 《英》(開業医の)一般診療 ; Ⓒ 一般診療所 ② 《米》Ⓤ (弁護士の) 法律相談 ; Ⓒ 法律事務所 **～ practítioner** 名 Ⓒ (専門医に対して) 一般診療医, 開業医《略 GP》 **～ públic** 名 《the ～》《単数・複数扱い》一般大衆 **～ relatívity** 名 Ⓤ 〘理〙一般相対性理論 **～ stáff** 名 《the ～》《集合的に》《単数・複数扱い》幕僚, 参謀 **～ stóre [shóp]** 名 Ⓒ 雑貨店 (⇨ STORE 類語P) **～ stríke** 名 Ⓒ ゼネスト, 総罷業(ひぎょう) **Gèneral Sýnod** 名 〘英国国教会〙総会議《最高の議決機関》 **～ thèory of relatívity** 名 = general relativity

***gèneral eléction** 名 Ⓒ 総選挙 ; 《米》(予備選挙 (a primary election)を経た)本選挙, 最終選挙

gen·er·al·is·si·mo /dʒènərəlísɪmòʊ/ 名 (♦ イタリア語より) (複 **～s** /-z/) Ⓒ ❶ (陸海空軍の)総司令官, (英米以外の国での)(大)元帥 ❷ (台湾などの)総統 ‖ *Generalissimo* Chiang Kai-shek 蔣介石総統

gen·er·al·ist /dʒénərəlɪst/ 名 Ⓒ 何でもできる人, 博学な人, 万能選手, ゼネラリスト(↔ specialist) ; 何でも屋 (♥ jack-of-all-trades の婉曲語)

gen·er·al·i·ty /dʒènərǽləṭi/ 名 (複 **-ties** /-z/) ❶ Ⓒ 《通例 -ties》概説, 通論 ; 通則, 一般原理[原則] ; 漠然とした表現[見解, 陳述] ‖ speak in *generalities* 一般論でものを言う ❷ 《the ～》《複数扱い》大多数, 過半数(majority) ❸ Ⓤ 一般性, 普遍性

***gen·er·al·i·za·tion,** + 《英》**-sa-** /dʒènərələzéɪʃən | -əlaɪ-/ 名 Ⓤ ❶ 一般[普遍, 通則]化, 概括, 総合 ‖ ～ and differentiation 一般化と特殊化 ❷ Ⓤ Ⓒ (わずかな事例・不確実な証拠から) 簡単[早急]に結論づけること ; 早合点, 速断 ; 一般論, 総論 ‖ a hasty ～ 速断 / make [OR form] a ～ 一般論を引き出す ❸ 〘論〙一般化, 概括 ; 帰納 ; 〘心〙(刺激)般化

***gen·er·al·ize,** + 《英》**-ise** /dʒénərəlàɪz/ 動 〔◁ general 形〕 他 ❶ …を一般化[普遍化]する, 〔理論・法則など〕を〈…から〉引き出す, 帰納する〈**from**〉‖ We tried to ～ a theory *from* observations. 私たちは観察から1つの仮説を導こうとした ❷ …を総括[総合]する, まとめる, ひとくくりにする ‖ It was quite hard to ～ her ideas. 彼女の考えをまとめるのはとても大変だった ❸ …を広める, 普及させる ; 〈…に〉広く適用する〈**to**〉
—自 ❶ 概括[帰納]する, 一般化する ; (大ざっぱに)まとめる〈**about** …について ; **from** …から〉‖ It's not good to ～ *about* her character *from* only a few incidents. ほんの少しの出来事から彼女の性格を決めつけるのはよくない ❷ 総括的に扱う ; 〈…について〉一般的に[漠然と]話す〈**about**〉 ❸ 広まる, 普及する ; 〘医〙全身に広がる

gén·er·al·ized /-d/ 形 《通例限定》❶ 総合[全体]的な ❷ 普及している ; 〘医〙全身的に広がった
▶▶**～ anxíety disòrder** 名 Ⓤ Ⓒ 全般性不安障害《原因不明の不安や心配が持続する精神疾患. 略 GAD》

⁑gen·er·al·ly /dʒénərəli/

—副 (**more ～ ; most ～**)
❶ 《しばしば文修飾》**概して**, 一般的に(言って)(in general) ; だいたいのところ, 大まかに ‖ *Generally*, we are against censorship. 一般的に(言って)私たちは検閲に反対である / a ～ true story だいたい本当の話
❷ 《比較なし》《しばしば文修飾》**ふつう**, 通例, たいてい ‖ He ～ comes on weekdays. 彼はたいてい平日にやって来る
❸ **広く**, たいていの人に ‖ It is ～ agreed that a good education is necessary for success. 成功するには立派な教育が必要であると広く認められている / ～ accepted rules 広く一般に認められた規則
❹ 全体として, …一般[全般] (♦ 名詞を後から限定修飾する) ‖ talk about colleges ～ 大学一般について話す
***gènerally spéaking** 《文修飾》**一般的に言って**, 概して言えば (♦ 通例文頭で用いる. speaking generally ともいうが, まれ) ‖ *Generally speaking*, there are two ways to become a professional baseball player. 一般的に言って, プロ野球選手になるには2つ方法がある

gèneral-púrpose 形 《限定》多目的の, 用途の広い, 汎用(はんよう)の

gen·er·al·ship /dʒénərəlʃɪp/ 名 ❶ Ⓤ (司令官の) 用兵の才 ; 戦略, 軍略 ❷ Ⓤ 指導[統率]力, 運営手腕 ❸ Ⓒ 大将[将官]の地位[職(権)], 任期

⁑gen·er·ate /dʒénərèɪt/
—動 〔▶ generation 名〕 (**～s** /-s/ ; **-at·ed** /-ɪd/ ; **-at·ing**) 他 ❶ …を**生み出す**, 作り出す ; 〔電気・熱など〕を**発生させる** ; 〔感情・結果など〕を引き起こす, もたらす, 招く ; 〔子(孫)など〕を作る, 産む ; 💻〔新しいプログラム〕を作り出す, 組む ‖ Carbon dioxide ～*d* by fossil fuels is a factor in global warming. 化石燃料から作り出される二酸化炭素は地球温暖化の要因の1つである / ～ profits [OR income] 利益を生む / His new theory ～*d* a sensation in academic circles. 彼の新理論は学会で話題を

呼んだ / an earthquake-~*d* tsunami 地震で発生した津波
❷〘数〙(点・線・面を動かして)〔新しい幾何図形〕を形作る, 描く;〘言〙〔文〕を生成する

▸▸**génerating stàtion** [(**pòwer**) **plànt**] 名 C 発電所

gen·er·a·tion /dʒènəréɪʃən/
━名〔◁ generate 動〕(複 **~s** /-z/) C ❶《集合的に》《単数・複数扱い》**同時代の人々**, 同世代, 年齢層(♦《米》では通例単数扱い.《英》では全体を一つの集団と見る場合単数扱い, 個々の成員に重点を置く場合複数扱い) ‖ There is always a gap between younger and older ~*s*. 若い世代と年輩の世代の間には必ずギャップがある / the ~ of children 子供たちの世代 / the **next** ~ 次の世代 / **future** ~*s* 未来の世代
❷《通例複合語で》(親・子・孫などの)代;《序数とともに》第…代(目), …世;〘生〙(生活周期の)世代 ‖ All three ~*s* still live under one roof. 親子3代が全員今も一つ屋根の下に暮らしている / The line has broken on the fifth ~. その家系は5代目で絶えた / Your family needs to have lived in Tokyo **for** three ~*s* for you to be called a native. 江戸っ子と呼ばれるには一族が3世代にわたって東京に住み続けてきていなくてはならない / first-~ Americans 2世のアメリカ人 / from ~ to ~ 代々 (♦この成句では無冠詞で用いる) / alternation of ~*s* 世代交代
❸ **1世代**《親の跡を継いでから子供に譲るまでの約30年間》‖ a ~ ago 1世代前に / within a ~ of independence 独立後1世代のうちに
❹《単数扱い》(発展段階にある機械などの)世代, 新型 ‖ a new ~ **of** aircraft 新世代の航空機 / the next ~ **of** electric cars 次世代電気自動車 / fifth-~ computers 第5世代コンピューター ❺ U (自然または人工作用による電気・熱などの)発生;生産, 出産;〘生〙発生;生殖 ‖ thermoelectrical [nuclear power] ~ 地熱[原子力]発電 / the ~ of racial hatred 民族憎悪の発生 ❻ U〘数〙(幾何図形などの)生成, 描出

~·al 形

▸▸**~ gàp** 名《通例 the ~》ジェネレーションギャップ, 世代間の断絶 **Generàtion X́** 名 U X世代, ジェネレーションX《baby boomer 世代の後の1965年から1980年ごろに生まれた方向性を失ったとされる世代》(♦その1人は Generation Xer. Gen X'er [Xer] とも略記する) **Generàtion Ý** 名 U Y世代《1980-90年ごろに生まれたデジタル機器に強いとされる世代》(♦その1人は Generation Yer)

gen·er·a·tive /dʒénərət̬ɪv/ 形 生殖の, 繁殖の, 発生の;生殖力のある, 生産力のある ‖ a ~ cell 生殖細胞
▸▸**~ grámmar** 名 C U〘言〙生成文法《Chomsky により創始された言語理論. 母語話者が内蔵している言語能力を明示的に記述することを目的とする》

***gen·er·a·tor** /dʒénərèɪt̬ər/ 名 C ❶ 発電機[装置];《英》電力会社 ‖ The hospital has an emergency ~. その病院には緊急発電装置がある ❷ ガス[蒸気, 波]発生装置 ❸ 🖳 生成プログラム《処理条件など必要項目を入力することで自動的に必要なプログラムを生成するプログラム》;〘数〙(幾何図形の)生成母体, 母量《動かせば線[面, 立体]を生成するもとの母点[母線, 母面]など》‖ a report ~ リポート作成プログラム ❹ 生み出す[発生する]もの;(考え・計画などの)創案者, 立案責任者

***ge·ner·ic** /dʒənérɪk/ 形《限定》❶ 一般的な, 包括的な, どれにも当てはまる[使える] (↔ specific) ‖ a ~ definition 一般的な定義 ❷ (医薬品が)ジェネリックの, 後発の, (商標名でなく)一般名で処方される (→ generic drug (↓)) ‖ Many big-name drugs have gone ~. 多くの有名な医薬品がジェネリックになっている ❸ ノーブランドの;商標登録されていない ‖ ~ soap ノーブランドの石けん / Nylon is a ~ name. ナイロンは商標名ではない ❹〘生〙属(genus)の, 属に特有な ‖ a ~ name 属名 ❺〘文法〙総称的な;通性の ‖ a ~ singular 総称単数《単数形名詞がその種類・種族の全体を総称する場合》
━名 ❶ =generic drug (↓) ❷ C《しばしば~s》(一般に)ノーブランド商品 ❸ C U 複数の品種のブドウで造られた(安価な)ワイン **-i·cal·ly** 副
▸▸**~ drúg** 名 C ジェネリック医薬品《先発医薬品(新薬)の特許が切れた後に他社が製造販売する同一成分の安価な医薬品》

***gen·er·os·i·ty** /dʒènərá(:)sət̬i | -ɔ́s-/ 名〔◁ generous 形〕(複 **-ties** /-z/) U ❶ 気前のよさ, 鷹揚(おうよう);寛容, 高潔 ‖ He showed great ~ in sharing his toys with the other children. 彼はとても気前よくほかの子供たちに自分のおもちゃを使わせてやった ❷ C《通例 -ties》寛大な[気前のよい]行為[処置] ‖ We appreciate your ~. 寛大な処置に感謝します ❸ 豊富さ, 大きさ

:gen·er·ous /dʒénərəs/
━形〔▶ generosity 名〕(**more ~**; **most ~**)
❶〈…に〉**気前のよい**〈**to**〉, 金離れのよい, 物惜しみしない〈**with**〉;無欲の(↔ stingy, mean);《It is ~ of *A* to *do* / *A* is ~ to *do*》*A*(人)が気前よく…する ‖ I have been ~ *to* you in the past. 私はこれまでずっと君には気前よく接してきた / ~ *with* one's time 時間を惜しまない / It was ~ *of* you *to* lend me the money. ご親切にお金を貸してくださってありがとうございます
❷ **寛大な**, 寛容な〈**to, toward** 人に対して;**in** …に当たって〉;高潔な;《It is ~ of *A* to *do* / *A* is ~ to *do*》*A*(人)が寛大なことに…する ‖ a ~ heart 寛容な心(の持ち主) / Mr. Sugihara was ~ *to* [OR *toward*] the Jewish people. 杉原氏はユダヤ人に対して寛大だった / She was ~ *in* judging others. 彼女は他人を判断するに当たっては寛大だった / 「It is ~ *of* you [OR You are ~] *to* admit your mistake. 自分の誤りを認めるとは君は太っ腹だ ❸ **豊富な**, 必要以上の;たっぷりした ‖ a ~ income たくさんの収入 / a ~ portion of meat 肉の大きな1切れ ❹ (土地が)肥えた, 肥沃(ひよく)な ‖ ~ fields 肥沃な畑, 沃野(よくや) ❺ (酒が)こくのある, 濃い

***gen·er·ous·ly** /dʒénərəsli/ 副 気前よく, たっぷりと;寛大に;《文修飾》寛大にも ‖ give ~ to charity 慈善施設に惜しみなく寄付する

gen·e·sis /dʒénəsɪs/ 名 (複 **-ses** /-sì:z/) ❶ C 起源, 始まり, 創始, 発生 ❷ 《G-》〘聖〙創世記《略 Gen.》

gen·et /dʒénɪt/ 名 C〘動〙ジェネット《ジャコウネコの一種》; U その毛皮

***ge·net·ic** /dʒənét̬ɪk/ 《アクセント注意》形 ❶ 遺伝(学)の;遺伝子の[に関する] ❷ 起源の[に関する], 発生の
▸▸**~ códe** 名 C 遺伝情報 **~ cóunseling** 名 U〘医〙遺伝相談 **~ dríft** 名 U〘生〙遺伝的浮動《集団内の遺伝子頻度の偶然の変動》 **~ engineéring** 名 U 遺伝子工学, 遺伝子組み換え **~ fíngerprint** 名 C 遺伝子指紋 **~ fíngerprinting** [**prófiling**] 名 U 遺伝子指紋による個体識別, DNA鑑定法 **~ máp** 名 C 遺伝(学的)地図《遺伝子の相対的位置の図》 **~ modificátion** 名 C U 遺伝子組み換え **~ pollútion** 名 U 遺伝子汚染《受粉により組み換え遺伝子が広まること》 **~ próbe** 名 C〘遺伝〙遺伝子プローブ《特定の化合物によって印をつけたDNAの断片. 特定の遺伝子の検出に使われる. gene probe ともいう》 **~ scréening** 名 U〘医〙遺伝的予検《遺伝性疾患を発症する危険が大きい人々に対する組織的な検査》

ge·net·i·cal·ly /dʒənét̬ɪkəli/ 副 遺伝(学)的に, 遺伝子的に ‖ ~ modified crop 遺伝子組み換え作物 / ~ modified food 遺伝子組み換え食品(→ GMF)

***ge·net·ics** /dʒənét̬ɪks/ 名 ❶ U 遺伝学 ❷《単数・複数扱い》遺伝的特徴[体質] **-i·cist** 名 C 遺伝学者

Ge·ne·va /dʒəní:və/ 《発音注意》名 ❶ ジュネーブ《スイス南西部の都市》❷ **Lake ~**; **the Lake of ~** ジュネー

G

ブ湖《スイスとフランスの国境にある. 別名 Lake Leman》
▶▶ ～ Convéntions 名 複《the ～》ジュネーブ条約《戦時の傷病兵・捕虜などの扱いに関する条約》

Gen·ghis Khan /dʒèŋgɪs ká:n, gèŋ-/ 名 チンギス＝ハン(1162?–1227)《モンゴル帝国の始祖》

*__ge·nial__ /dʒí:njəl | -niəl/ 形 ❶ 親切な, 優しい, 温和な, にこやかな；愛想のよい, 人好きのする ‖ a ～ disposition 優しい性質 / a ～ smile にこやかな微笑 ❷《文》(気候が)温暖な, 穏やかな, 快適な ‖ a ～ climate 温暖な気候 / ～ warmth 快適な暖かさ　**～·ly** 副

ge·ni·al·i·ty /dʒì:niǽləṭi/ 名 (複 **-ties** /-z/) ❶ U 親切, 温情, にこやかさ；C《通例 -ties》温情ある行為[言葉] ‖ with no ～ 無愛想に ❷ U 温暖, 快適

gen·ic /dʒénɪk, dʒí:n-/ 形《限定》〖生〗遺伝(因)子の

-genic 接尾《形容詞語尾》❶「…を産する」;「…(に)より形成される」の意 ‖ carcino*genic*; nephro*genic*(腎臓(じんぞう)から原発生した) ❷「…向きの」の意 ‖ photo*genic*, tele*genic*

ge·nie /dʒí:ni/ 名 (複 **～s** /-z/ or **-ni·i** /-niàɪ/) C (アラビア民話の)精霊, 魔神

pùt the gènie bàck in the bóttle (一度起こった好ましくない)変化を元に戻す

the gènie is òut of the bóttle (大きな)変化が起こる

ge·ni·i /dʒí:niàɪ/ 名 ❶ genius ❹ の複数 ❷ genie の複数

gen·i·tal /dʒénəṭəl | dʒénɪ-/ 形《限定》生殖(器)の；〖心〗性器愛の　▶▶ ～ **hérpes** 名 U 性器ヘルペス

gen·i·ta·lia /dʒènɪtéɪliə/ 名 《堅》=genitals

gen·i·tals /dʒénəṭəlz | dʒénɪ-/ 名 複 (外部) 生殖器, 外陰部

gen·i·tive /dʒénəṭɪv/ 〖文法〗形 属格の, 第2格の, 所有格の ‖ the ～ case 属格, 所有格
—名《the ～》属格, 第2格, 所有格(possessive)；C 属格[第2格, 所有格]の語[構文]　**gèn·i·tí·val** 形

gen·i·to·u·ri·nar·y /dʒènətoujúrənèri | dʒènɪtoujúərɪnəri/ 形《限定》〖医〗泌尿生殖器の

*__ge·nius__ /dʒí:niəs/《発音注意》(→❹) 名 ❶ U 天賦の才, 生得の優れた能力, 天分, 天性；C《単数形で》〈…の〉素質, 適性〈for〉；性向, 性癖 (⇨ ABILITY 類語) ‖ a stroke of ～ 天才的なひらめき / a writer of ～ 天才作家 / The Japanese have a ～ *for* miniaturization. 日本人には小型[ミニチュア]化の才がある
❷ C〈…の〉天才〈at, in〉‖ He is a ～ *at* cards. 彼はトランプの天才だ / a mathematical ～ 数学の天才
❸《通例 the ～》(人種・国民・言語などの)特質, 特性, 本質；(時代・社会などの)特徴；風潮, 動向；(土地などの)雰囲気, 気風；思い起こさせるもの ‖ the ～ of the American constitutional system アメリカの憲法制度の特質
❹《しばしば G-》C (複 **-ni·i** /-niaɪ/) (人・土地などの) 守り神；(人の運命を左右する)霊；人に強い影響を与える人 ‖ one's evil ～ 人につきまとう悪霊；悪い友達
▶▶ ～ **ló·ci** /-lóusaɪ/ 名《ラテン》(=spirit of the place) C《単数形で》(土地の)気風；雰囲気；(土地の)守護神

Gen·o·a /dʒénouə/ 名 ジェノバ (イタリア語名 Genova /dʒé:nouvà:/)《イタリア北西部の港湾都市》
▶▶ ～ **càke** 名 U C ジェノバケーキ《アーモンドを使ったフルーツケーキ》

gen·o·cide /dʒénəsàɪd/ 名 U (国民・種族などの)大量殺戮(さつりく)[虐殺], 絶滅(計画)　**gèn·o·cíd·al** 形
語源 ギリシャ語 *genos*(人種)+-cide(「殺し」の意の接尾辞)

Gen·o·ese /dʒènouí:z/ ⊲ 形 ジェノバ(人)の
—名 (複 ～) C ジェノバ人

ge·nome /dʒí:nòum/, **-nom** /-nɑ(:)m | -nəm/ 名 C 〖生〗ゲノム　**ge·nóm·ic** /-nóumɪk, -nám-/ 形

ge·nom·ics /dʒi:nóumɪks/ 名 U ゲノミクス, ゲノム学

ge·no·type /dʒénətàɪp/ 名 C 〖生〗❶ 遺伝子型《遺伝子の構成様式》❷ 共通の遺伝子を持つ生物群
gè·no·týp·ic 形

-genous 接尾《形容詞語尾》❶「…を生じる」の意 ‖ andro*genous* (雄のみを生む) ❷「…によって[から]発生した」の意 ‖ endo*genous*

*__gen·re__ /ʒá:nrə | ʒɔ́n-/ 名 ❶ C (特に文芸・芸術作品の)ジャンル；種類, 範疇(はんちゅう), 類型, 様式, スタイル ‖ This book falls into the ～ of science fiction. この本はSFのジャンルに属する ❷ (=～ **páinting**) U 風俗画
▶▶ ～ **fíction** 名 U 風俗小説

gent /dʒent/ 名 C ❶《口》《戯》紳士(gentleman) ❷《the ～s》⇨ GENTS

gen·teel /dʒentí:l/ 形 育ちのよい, 上品な, 優雅な, 洗練された；《ときにけなして》上品ぶった, 気取った　**～·ly** 副

gentéel·ìsm 名 C 上品ぶった語[表現]《sweat に対する perspire など》

gen·tian /dʒénʃən/ 名 ❶ C 〖植〗ゲンチアナ《リンドウ科の多年草》❷ U 〖薬〗ゲンチアナ《❶の根から採る健胃強壮剤》　▶▶ ～ **víolet** 名 U ゲンチアンバイオレット《青色の染色液, 消毒剤》

gen·tile /dʒéntaɪl/ 名 C ❶《しばしば G-》非ユダヤ人[教徒]《特にキリスト教徒》❷ (一般に) 異教徒, 異邦人 ❸《しばしば G-》(モルモン教徒から見て) 非モルモン教徒 ❹〖主に人類〗氏族[部族]　—形 ❶《しばしば G-》ユダヤ人[教徒]でない ❷ 異教徒の ❸《しばしば G-》非モルモン教徒の ❹ 氏族[部族]に関する

gen·til·i·ty /dʒentíləṭi/ 名 (複 **-ties** /-z/) U ❶ 上品さ；良家の出身；《the ～》《集合的に》上流階級 ❷ お上品ぶり, 上流気取り；C《-ties》上品ぶった振る舞い

:gen·tle /dʒéntl/
—形 (**-tler**；**-tlest**)
❶ (人・性質・態度などが)〈…に対して〉**優しい**, 思いやりのある〈with, to〉；柔和な, 穏やかな, (もの)静かな(↔ harsh, fierce) (⇨ 類語) ‖ The vet was ～ *with* animals. その獣医は動物たちに優しかった / a ～ smile 優しい微笑 / ～ reader 寛容な読者よ《著者が読者へ呼びかけるときの決まり文句》
❷ (動き・風・音などが)**穏やかな**, 静かな, 荒々しくない(↔ rough, violent) ‖ I gave the door a ～ push. ドアをそっと押した / ～ exercise 軽度の運動 / a ～ tap on the door 戸をそっとたたく音 / in a ～ voice 静かな声で
❸ (坂が)なだらかな；(角度が)緩やかな ‖ the ～ rise and fall of the lavender fields ラベンダーの野原の緩やかな起伏 ❹ (法規などが)厳しくない, 緩やかな, 寛大な；(薬などが)強くない, 効き目の緩やかな ❺ (動物が)扱いやすい, おとなしい ❻《古》家柄のよい；良家の出にふさわしい, 立派な ‖ a man of ～ birth 生まれのよい人
—動 他 ❶〔動物〕をならす；…をおとなしくさせる, なだめる, 鎮める ❷ …を優しくなでる　—自 優しくなる, 静まる
—名 (複 **～s** /-z/) C《古》生まれのよい人　**～·ness** 名

> 類語《形 ❶》**gentle** 抑制された (または意識的な) 優しさにも用いる.〈例〉Be *gentle* with children. 子供には優しくしなさい
> **mild** 生来穏やかで優しい.〈例〉a *mild* disposition 穏やかな気質
> **meek** おとなしく意気地がない.〈例〉*meek* and servile 従順で卑屈な
> **soft** 言葉などが厳しくないこと. また雨・風などの自然現象が穏やかな意.〈例〉a *soft* answer 穏やかな返答 / a *soft* wind 微風

▶▶ ～ **bréeze** 名 C そよ風；〖気象〗軟風《秒速3.4–5.4m. 小枝が絶えず揺れる程度》(→ Beaufort scale)

géntle·fòlk(s) 名 複《古》よい家柄の人々

:gen·tle·man /dʒéntlmən/
—名 (複 **-men** /-mən/) C ❶ **紳士**《名誉・礼儀を重んじ義侠(ぎきょう)心に富む品位ある男性》；(一般的に) 立派な男性 (→ lady) ‖ The images of English *gentlemen* and hooligans are incompatible. 英国紳士(のイメージ)とフーリガンのイメージは相いれない / He is quite a ～. 彼は大した紳士だよ (♥ ときに皮肉) / a proper English ～

れっきとした英国紳士
❷ 男の方, 殿方 (♥ その場にいる男性に対する丁寧な言い方) ‖ This ~ wishes to see the manager. こちらの方が支配人にお会いしたいとのことです
❸ (-men) 《呼びかけ》《堅》諸君, 皆さん ‖ Ladies and *gentlemen*! (男女の聴衆に向かって) (紳士淑女の) 皆さん (♦ 必ずこの語順で用いる)
❹ 《the ~》《米》男性下院[州議会]議員, 代議士 ‖ the ~ from Ohio オハイオ州選出の代議士
❺ (-men) (商用文などの冒頭で) 拝啓 (Dear Sirs)
❻ 《the -men('s)》《単数扱い》《英》男子用公衆トイレ
❼ 《旧》家柄[社会的地位]のよい男; 有閑階級の人 ‖ a country ~ (地方の) 地主 / I am a ~ now. 《英・方》《戯》私は目下失業の身だ
❽ 《英》(宮廷・貴人に仕える) (良家の出の) 従者, 侍従 ‖ a ~'s ~ 従僕 / a ~ in waiting 侍従
❾ 〔英国史〕紳士 (yeoman (郷士) より地位の高い人)
▶▶ ~ **fármer** 名 (複 **gentlemen farmers**) C 趣味で農業をする紳士; 豪農 ~**'s** [**gèntlemen's**] **agréement** 名 C 紳士協定 (中立 unwritten [oral, honorable] agreement)

gèntleman-at-árms 名 (複 **gentlemen-** /-mən-/) C (英国の) 親衛武官 (国王を警護する)

gén·tle·man·ly /-li/ 形 紳士的な, 紳士らしい, 立派な

géntle·wòman 名 (複 **-wòmen**) ❶ C 《古》上流婦人, 貴婦人; 淑女 (lady) ❷ 《the ~》《米》女性下院[州議会]議員, 女性代議士

gent·ly /dʒéntli/
— 副 (more ~ ; most ~)
❶ 優しく, 静かに, 穏やかに, そっと; 徐々に, ゆっくり ‖ smile ~ 優しくほほ笑む / object ~ やんわりと反対する / a ~ **sloping** roof 緩やかな傾斜の屋根 / *Gently* does it! = Take it ~! = *Gently!* 《英口》ゆっくりやれ, 慌てるな
❷ 紳士[淑女]らしく; 育ち[身分]よく ‖ be ~ born 良家の生まれである

gen·too /dʒéntuː/ 名 (複 ~**s** /-z/) (= ~ **pénguin**) C 〔鳥〕ジェンツーペンギン (南極周辺域に生息)

gen·tri·fy /dʒéntrɪfàɪ/ 動 (**-fies** /-z/; **-fied** /-d/; ~**·ing**) 他 〔住宅環境〕を高級化する **gèn·tri·fi·cá·tion** 名 U (再開発によるスラム街の) 高級住宅化

gen·try /dʒéntri/ 名 (複 **-tries** /-z/) 《通例 the ~》《集合的に》《複数扱い》❶ (英国の) ジェントリー, 紳士階級 (の人々) (貴族の次に位する (地主) 階級); (一般に) 上流階級 (の人々) ‖ the landed ~ 地主階級 ❷ ⊗《蔑》《戯》連中, 人々, 手合い ‖ these ~ こういう手合い

gents /dʒents/ 名 《the G- ; a G-》《単数扱い》《英口》男子用 (公衆) トイレ (《主に米》men's room) (→ lady ❻)

gen·u·flect /dʒénjuflèkt/ 動 自 (礼拝などで) 片ひざをつく; 《けなして》〈…に〉平身低頭する〈**to**〉
gèn·u·fléc·tion, gèn·u·fléx·ion 名

gen·u·ine /dʒénjuɪn/ 《発音注意》形 (**more ~ ; most ~**) ❶ 《比較なし》本物の, 正真正銘の, その名のとおりの, 評判どおりの (⇨ REAL[1] 類語) ‖ The signature was proved ~. その署名は本人のものであることがわかった / ~ leather 本革 / ~ worth 真価 / the ~ article (その名にたがわぬ) 本物 ❷ (感情などが) 偽りのない, 装っていない, 心からの ‖ Her anger was ~. 彼女の怒りは本物だった / Al is a very ~ person. アルはとても誠実な人だ / ~ friendship 真の友情 / a ~ desire 心底からの願い
❸ 《比較なし》純血 (種) の, 純粋の, 生粋 (きっすい) の ‖ ~ Aborigines 生粋のアボリジニ ~**·ly** 副 ~**·ness** 名

ge·nus /dʒíːnəs/ 名 (複 **gen·er·a** /dʒénərə/) C ❶ 〔生〕属 (科と種の間の分類区分) ❷ (俗に) 種類, (部) 類 ❸ 〔論〕類, 類概念

Gen X /dʒèn éks/ 名 = generation X **Gèn-Xer** 名

geo- /dʒiːoʊ-, dʒiːə-/ 連結形 「地球」「地理 (上の)」の意

gèo·céntric 〈シ〉 形 ❶ 〔天〕地球の中心から見た[測った] ❷ 地球を中心とした (↔ heliocentric)

gèo·chémistry 名 U 地球化学
-chémical 形 **-chémist** 名

gèo·chronólogy 名 U 地質年代学
-chronológical 形 **-chronólogist** 名

ge·ode /dʒíːoʊd/ 名 C 〔地〕晶洞, 異質晶洞

ge·o·des·ic /dʒìːədésɪk | -oʊdíː-s-/ 〈シ〉 形 測地線の; 測地学の ‖ the ~ line 測地線 — 名 C 測地線 (曲面上の2点を結ぶ最短曲線) ▶▶ ~ **dóme** 名 C 〔建〕ジオデシックドーム (軽量のドーム式構造物) (→ Fuller)

ge·od·e·sy /dʒiá(ː)dəsi | -ɔ́d-/ 名 U 測地学

ge·o·det·ic /dʒìːədéṭɪk/ 〈シ〉 形 測地学の

gèo·económics 名 U 地理経済学 (各国の経済が相互に与える影響の研究)

gèo·engineéring 名 U 地球工学 (環境問題を地球規模で研究する学問)

Geoff /dʒef/ 名 ジェフ (Geoffery の愛称)

geog. 略 geographer, geographic(al), geography

***ge·og·ra·pher** /dʒiá(ː)grəfər | -ɔ́g-/ 名 C 地理学者

***ge·o·graph·i·cal** /dʒì(ː)əgrǽfɪkəl/, **-ic** /-ɪk/ 形 地理学の, 地理学的な; 地理的な, 地勢[形]上の ‖ ~ features 地勢 / ~ location 立地条件 ~**·ly** 副
▶▶ ~ **informàtion sýstem** 名 C 地理情報システム (コンピューター上で地図その他の地理情報が表示・検索できるシステム. 略 GIS) ~ **míle** 名 C 地理マイル (赤道での経度1分の長さ. 英国では約1,853m, 米国では現在公式には nautical mile (1,852m) を用いる)

***ge·og·ra·phy** /dʒiá(ː)grəfi | -ɔ́g-/ 《アクセント注意》名 (複 **-phies** /-z/) ❶ U 地理学 ‖ physical [human] ~ 自然[人文]地理学 ❷ 《the ~》(ある場所の) 地理, 地形; 地勢; 所在 ‖ show him the ~ of the house 彼に家の間取りを教える ❸ C 地理 (学) 書[論文], 地誌
語源 *geo-* earth + *-graphy* description (記述): 地球についての記述

geol. 略 geologic(al), geologist, geology

ge·o·lo·ca·tion /dʒìːəloukéɪʃən, -lə-/ 名 U ジオロケーション, 地理位置情報[認識] ‖ GPS ~ GPSによる地理位置認識

***ge·o·log·ic** /dʒìːəlá(ː)dʒɪk | -lɔ́dʒ-/ 〈シ〉, **-i·cal** /-ɪkəl/ 形 地質 (学) 上の, 地質の ‖ ~ survey 地質調査
-i·cal·ly 副

ge·ol·o·gist /dʒiá(ː)lədʒɪst | -ɔ́l-/ 名 C 地質学者

***ge·ol·o·gy** /dʒiá(ː)lədʒi | -ɔ́l-/ 名 (複 **-gies** /-z/) U ❶ 地質学 ❷ (一地域の) 地質 (学的特徴), 地質[地殻]構造 ❸ C 地質学書[論文]

geom. 略 geometric(al), geometry

gèo·magnétic 形 地磁気の ‖ ~ storm 磁気嵐 (あらし)

gèo·mágnetism 名 U 地磁気 (学)

ge·o·man·cy /dʒí(ː)əmænsi/ 名 U ❶ 風水占い ❷ 土占い (一握りの土を地面に投げてできる形などで占う)

ge·om·e·ter /dʒiá(ː)məṭər | -ɔ́mɪ-/ 名 = geometrician

***ge·o·met·ric** /dʒìːəmétrɪk/ 〈シ〉, **-ri·cal** /-rɪkəl/ 形 ❶ 幾何学の ❷ (模様・図形などが) 幾何学的な ‖ a ~ pattern 幾何学模様 ❸ 《G-》〔建〕幾何学様式の
-ri·cal·ly 副 幾何学的に
▶▶ ~ **méan** 名 C 相乗平均, 等比中項 ~ **progréssion** 名 C 等比[幾何]数列

ge·o·me·tri·cian /dʒìːəmetríʃən/ 名 C 幾何学者

***ge·om·e·try** /dʒiá(ː)mətri | -ɔ́m-/ 《アクセント注意》名 (複 **-tries** /-z/) U ❶ 幾何学 (体系) ‖ Euclidean ~ ユークリッド幾何学 ❷ (幾何学的) 配置; (物などの) 相対的位置 ❸ C 幾何学書
語源 *geo-* earth (土地) + *-metry* measure (測量): 土地の測量

gèo·mórphic 形 地形の

gèo·morphólogy 名 U 地形学
-morphológic(al) 形 **-morphólogist** 名

gèo·phýsics 名 U 地球物理学
-phýsical 形 **-phýsicist** 名 C 地球物理学者

G

gèo·pólitics 名 U 地政学；地政学的政策
-polítical 形

Geord·ie /dʒɔ́ːrdi/ 名 C 形《英口》タインサイド (Tyneside)出身者[住民](の)；U タインサイド方言(の)

George /dʒɔːrdʒ/ 名 ジョージ ❶ **St. ～** 聖ジョージ《イングランドの守護聖人》 ❷ イングランド王の名《1世から6世までいる. 1世から4世まではアイルランド王も兼ねた》 ❸ **David Lloyd ～** ⇨ LLOYD GEORGE
by Géorge! 《旧》《口》おやまあ, 本当に(♥ 驚きを表す. by God を避けるため代わりに用いられる)
▸▸ **～ Cróss [Médal]** 名 C (英国の)ジョージ十字(勲)章《勇敢な行為に贈られる勲章. 略 GC, GM》

George·town /dʒɔ́ːrdʒtàun/ 名 ジョージタウン ❶ 南米ガイアナ共和国の首都 ❷ 米国の首都ワシントン市の住宅地

geor·gette /dʒɔːrdʒét/ 名 U ジョーゼット《薄地の絹または人絹クレープ》

***Geor·gia**[1] /dʒɔ́ːrdʒɪə/ 名 ジョージア《米国南東部の州. 州都 Atlanta. 略 Ga.,《郵》GA》

Geor·gia[2] /dʒɔ́ːrdʒɪə/ 名 ジョージア《黒海東岸の国. 首都 Tbilisi. 旧称グルジア》

Geor·gian[1] /dʒɔ́ːrdʒiən/ 形 ❶ (英国の)ジョージ(1-4世)王朝(時代)の《1714-1830》；その時代の建築様式の ❷ 20世紀初頭の英国文学[詩]の ━名 C ジョージ王朝時代の人；20世紀初頭の英国の文人[詩人]

***Geor·gian**[2] /dʒɔ́ːrdʒiən/ 形 (米国の)ジョージア州の
━名 C ジョージア州の人

Geor·gian[3] /dʒɔ́ːrdʒiən/ 形 ❶ (黒海東岸の)ジョージアの(Georgia[2]) ❷ ジョージア人の ❸ グルジア語の
━名 ❶ C ジョージア人 ❷ U グルジア語

gèo·státionary ⌫ 形 (宇宙船・人工衛星が)(地球から見て)静止軌道上にある；対地静止の

gèo·strátegy 名 U 戦略地政学, 地政学
-stratégic 形

gèo·sýnchronous ⌫ 形 ＝geostationary

gèo·thérmal ⌫ 形 地熱の ‖ ～ energy 地熱エネルギー **～·ly** 副

ge·ot·ro·pism /dʒiá(ː)trəpìzm｜-ɔ́t-/ 名 U《植》重力屈性, 向地[屈地]性 ‖ negative ～ 背地性 / positive ～ 向地性

ger. 略 gerund

Ger. 略 German, Germany

ge·ra·ni·um /dʒəréɪniəm/ 名 C《植》ゼラニウム, フウロソウ；(俗に)テンジクアオイ；U 鮮紅色

ger·bil /dʒə́ːrbəl/ 名 C《動》アレチネズミ

ger·fal·con /dʒə́ːrfælkən｜-fɔːl-/ 名 ＝gyrfalcon

ger·i·a·tri·cian /dʒèriətríʃən/ 名 C 老人病専門医

ger·i·at·rics /dʒèriǽtrɪks/ 名 U 老人病医学 **-ric** 形

***germ** /dʒəːrm/《発音注意》名 ❶ C 微生物, 細菌；病(原)菌 ❷ C《生》胚(はい), 胚種；幼芽 ❸《the ～》萌芽(ほうが), 芽生え；起源, もと ‖ the ～ of an idea ある考えの芽生え
in gérm 芽生えの後に, 初期[未発達]の段階で
▸▸ **～ cèll** 名 C《生》生殖[胚]細胞 **～ lìne** 名 C《生》生殖系列 **～ plàsm** 名 U《生》生殖(細胞)質 **～ wárfare** 名 U 細菌戦

ger·man /dʒə́ːrmən/ 形《通例複合語で》同父母から生まれた；同祖父母から出た ‖ a brother-～ 実の兄弟 / a cousin-～ (実の)いとこ(first cousin)

*****Ger·man** /dʒə́ːrmən/《発音注意》形 名
━形 ドイツの；ドイツ人[語]の；ドイツ風の
━名 (複 **～s** /-z/) ❶ C ドイツ人 ‖ the ～*s* ドイツ国民 ❷ U ドイツ語
▸▸ **～ Democràtic Repúblic** 名《the ～》ドイツ民主共和国《旧東ドイツの正式名称. 1990年西ドイツと統合》 **～ méasles** 名 U 風疹(ふうしん) (rubella) **～ shépherd (dòg)** 名 C ジャーマンシェパード犬(《英》Alsatian)《警察犬》 **～ sílver** 名 U 洋銀(nickel silver)《銅・亜鉛・ニッケルの合金》

ger·mane /dʒə(ː)rméɪn/ 形《叙述》〈…と〉密接な関係のある, 適切な〈**to**〉‖ The fact is not ～ *to* the inquiry その事実はその調査とは関連がない

Ger·man·ic /dʒə(ː)rmǽnɪk/ 形 ❶ ゲルマン民族の, チュートン民族(系)の；ゲルマン語の ‖ ～ languages ゲルマン諸語《インド＝ヨーロッパ語族中の一大語派. 英語は西ゲルマン語派に属す》/ ～ peoples ゲルマン民族, ゲルマン人 ❷ ドイツ的な, ドイツ(人)の ━名 U ゲルマン語派

Ger·man·ism /dʒə́(ː)rmənìzm/ 名 U C ❶ ドイツ語法 ❷ ドイツ風, ドイツ人かたぎ ❸ ドイツびいき[かぶれ]

ger·ma·ni·um /dʒə(ː)rméɪniəm/ 名 U《化》ゲルマニウム《半金属元素. 元素記号 Ge》

Ger·man·ize /dʒə́ːrmənàɪz/ 動 他 自 (…を[が])ドイツ風にする[なる], ドイツ化する

Germano- /dʒə(ː)rmænou-/ 連結形「ドイツ(人)の」,「ドイツおよび…の」の意 ‖ *Germano*phile (ドイツびいき) / *Germano*-Russian (独ロの)

*****Ger·ma·ny** /dʒə́ːrməni/《発音注意》
━名 ドイツ《公式名 the Federal Republic of Germany (ドイツ連邦共和国). 首都 Berlin》‖ eastern [western] ～ ドイツ東[西]部

ger·mi·cide /dʒə́ːrmɪsàɪd/ 名 C U 殺菌剤
gèr·mi·cí·dal 形 殺菌(剤)の；殺菌性の

ger·mi·nal /dʒə́ːrmɪnəl/ 形 ❶《限定》胚(種)の, 幼芽の；生殖細胞の ❷《堅》(成長・発達の)初期の
～·ly 副 萌芽(ほうが)期に

ger·mi·nate /dʒə́ːrmɪnèɪt/ 動 自 (種子・胞子が)芽を出す；(感情などが)生じる, 育ち始める ‖ An idea ～*d* in his mind. ある考えが彼の心に芽生えた
━他 …を発芽させる **gèr·mi·ná·tion** 名

Ge·ron·i·mo /dʒərɑ́(ː)nəmòu｜-rɔ́nɪ-/ 名 ジェロニモ(1829-1909)《北米先住民アパッチ族の長》
━間 うおーっ, 行くぞ(♦ 落下傘部隊が飛び降りる時の掛け声)；ひゃーっ；やったぞ；しめしめ(♥ 驚き・喜びなどを表す)

ge·ron·tic /dʒərɑ́(ː)ntɪk｜-rɔ́n-/ 形 老齢の；老衰の

ger·on·toc·ra·cy /dʒèrəntɑ́(ː)krəsi｜-ɔntɔ́k-/ 名 (複 **-cies** /-z/) ❶ U 老人政治, 長老政治 ❷ C 老人政府
ge·rón·to·cràt 名 **ge·ròn·to·crá·tic** 形

ger·on·tol·o·gy /dʒèrəntɑ́(ː)lədʒi｜-ɔntɔ́l-/ 名 U 老人学 **ge·ròn·to·lóg·ic** 形 **-gist** 名

Ger·ry /dʒéri/ 名 ジェリー《Gerald の愛称》

ger·ry·man·der /dʒérimæ̀ndər/ 動 他《政》〔選挙区〕を自党に有利に設定[改変]する
━名 C ゲリマンダー《自党の利益を図った選挙区の区割[改変]；自党に有利なように設定[改変]した選挙区》
～·er 名 **～·ing** 名
語源 *Gerry*＋sala*mander*：マサチューセッツ州知事 E. Gerry (1744-1814) が自党が有利になるよう選挙区を改変したところ, その地形が salamander(火トカゲ)に似ていたことから.

Gersh·win /gə́ːrʃwɪn/ 名 **George ～** ガーシュイン(1898-1937)《米国の作曲家》

ger·und /dʒérənd/ 名 C《文法》❶ 動名詞《動詞の -ing 形で, 名詞の性質とともに動詞の性質の一部も持つ》 ❷ (ラテン語の)動詞的中性名詞

ge·run·dive /dʒərʌ́ndɪv/ 形 動名詞の[に似た]
━名 C《文法》(ラテン語の)動詞状形容詞

ges·so /dʒésou/ 名 U (彫刻・絵画下地用の)石膏(せっこう)

ge·stalt /gəʃtɑ́ːlt｜-ʃtǽlt/ 名 (複 **～s** /-s/ OR **-stal·ten** /-tən/)《ときに G-》C《心》形態, ゲシュタルト《経験の統一的全体. 部分の総和以上のもの》 ▸▸ **Gestàlt psychólogy** 名 U ゲシュタルト[形態]心理学

Ge·sta·po /gəstɑ́ːpou｜ge-/ 名《the ～》ゲシュタポ《ナチスドイツの秘密国家警察》

ges·tate /dʒésteɪt｜─´/ 動 他 ❶〔子供〕を身ごもる, はらむ ❷〔考えなど〕をあたためる ━自 ❶ 妊娠する；(胎児が)胎内で成長する ❷ (考えなどが)徐々に育つ

ges·ta·tion /dʒestéɪʃən/ 名 ❶ U/C《単数形で》妊娠, 懐胎(期間) ❷ U (計画・思考などの)形成, 胚胎(はいたい)

ges·tic·u·late /dʒestíkjulèɪt/ 動 自 身振り[手まね]で話す;身振りを交えて話す ―他…を身振りで表現する

ges·tic·u·la·tion /dʒestìkjuléɪʃən/ 名 U 身振り[手まね]で[を交えて]話すこと;C 身振り, 手まね(gesture)

ges·tur·al /dʒéstʃərəl/ 形 身振りの;しぐさの

ges·ture /dʒéstʃər/《発音注意》

―名 (複 **~s** /-z/) ❶ C (感情・意思などを表現する)**身振り**, 手まね;しぐさ, ジェスチャー;U 身振りをすること ‖ *Gestures* vary from culture to culture. 身振りは文化によって異なる / He **made** a ~ for the others to follow him. 彼はほかの人々に自分について来るようにという身振りをした / **in** [OR **with**] a ~ of despair 絶望だという身振りで / communicate by ~ 身振り[手まね]で伝える

❷ C **意思表示**;(形式的・儀礼的な)行為, 素振り, ジェスチャー, 外交辞令 (♦ 言葉によるものも含む) ‖ The invitation was a ~ of sympathy [goodwill]. その招待は同情[好意]の意思表示だった / a political ~ 政略上のジェスチャー

―動 (**~s** /-z/; **~d** /-d/; **-tur·ing**)

―自 **a** **身振り[手まね]をする**;〈…(の方)を〉手振りで示す〈**at, to, toward**〉‖ He *~d toward* the door. 彼はドアの方を手振りで示した

b《+**for** [**to**] 名+**to** *do*》〔人〕に…するように身振りで示す ‖ She *~d for* [OR *to*] me *to* bring the coffee. 彼女は私にコーヒーを持って来るように身振りで合図した

―他 **身振りで示す** **a**《+目》…を身振り[しぐさ]で示す;…に〈…(の方)を〉身振りで合図[指示]する〈**to**〉‖ ~ one's intention of *doing* …するつもりだと身振りで知らせる / ~ him in 彼に手まねで入れと言う / ~ him *to* a chair 彼にいすの方を身振りで指し示す

b《(+**to** 名) +**that** 節》(〔人〕に)…するように合図する ‖ He *~d* (*to* me) *that* I should keep quiet. 静かにしていなさいと彼は(私に)しぐさで示した

c《+目+**to** *do*》…に…するように合図する ‖ He was about to speak but she *~d* him not *to*. 彼は口を開きかけたが彼女が身振りでやめるよう合図した

ge·sund·heit /gəzúndhaɪt/ 間 お大事に (♦ くしゃみをした人に言う言葉. ドイツ語で「健康」の意味)

get /get/ 動 名

中心義》 **Aを得る**(★Aは「物」から「状態」まで多様)

> 動 他 得る❶ 受け取る❷ 取って来る❸ する❺ …させる❻❼ 持って行く❽ わかる⓫
> 自 着く❶ 到達する❶ …になる❷

―動 (**~s** /-s/; **got** /gɑ(ː)t | gɔt/; 《主に米》 **got·ten** /gɑ́(ː)tən | gɔ́tən/, 《主に英》 **got** /gɑ(ː)t | gɔt/; **~·ting**) (⇨ PB 28, GOTTEN 語法)

―他《通例受身形不可》 ❶ **a**《+目》…を**得る**, 獲得する, 手に入れる, 買う (⇨ 類語) ‖ We *got* first place in the robot competition. 我々はロボットコンテストで優勝した / They *got* very little information from the spokesperson's briefing. 彼らはスポークスマンの状況説明からほとんど情報が得られなかった / He *got* a large fortune into his hands [OR possession]. 彼はたくさんの財産を手に入れた / If we divide nine by three, we ~ three. 9を3で割ると3になる

b《+目 *A*+目 *B* ⇄ +目 *B*+**for** 目 *A*》*A*(人)に*B*(物)を入手して[買って]やる ‖ She *got* me a concert ticket. =She *got* a concert ticket *for* me. 彼女は私にコンサートの切符を買ってくれた

❷ …を**受け取る**, 受ける, 授かる, もらう;…を稼ぐ(⇨ ACCEPT 類語P) ‖ I've *gotten* no answer from him. 彼からまだ返事を受け取っていません / He *got* a good education. 彼はよい教育を受けた / ~ a letter 手紙をもらう

❸ **a**《+目》…を**取って来る** (fetch), 持って来る ‖ *Get* your coat. 上着を取って来なさい

b《+目 *A*+目 *B* ⇄ +目 *B*+**for** 目 *A*》*A*(人)に*B*(物)を取って[持って]来てやる ‖ I'll ~ you a taxi. =I'll ~ a taxi *for* you. タクシーを拾ってきてあげよう / Can you ~ me something to drink? 何か飲み物を持って来てくれませんか

❹ …を持つ(ようになる);《動作名詞を目的語として》…する(機会を得る) ‖ I ~ little time to unwind. くつろぐ時間がほとんどない / Where did you ~ that idea? どこでそんなことを考えついたんだい / ~ a look at a picture 写真を見る / ~ some sleep 少し眠る

❺ **a**《+目+補〈形〉》…を(…の状態)に**する** ‖ They *got* everything ready for the game. 彼らは試合の準備をすっかり整えた / I *got* my brand-new shoes wet. 買ったばかりの靴をぬらしてしまった

b《+目+*doing*》…を(…している状態)にする ‖ He *got* the engine running. 彼はエンジンを動かした

❻《+目+**to** *do*》…に…**させる**,〔人〕に勧めて…させる,〔物〕を…するようにする ‖ No one could ~ the car *to* start. だれもその自動車を動かせなかった / I'll ~ my son *to* prepare lunch. 息子に昼食の用意をしてもらおう (♦ get の代わりに make, have を用いると原形不定詞になる.〈例〉I'll *make* [OR *have*] my son prepare lunch.)

❼《+目+*done*》 **a**《使役》(人に)〔物〕を…**させる**, してもらう ‖ I *got* my hair cut. 髪を刈ってもらった / I'm *getting* a new house built. 家を新築中です

b《完了》(自分で)〔物・事〕を…してしまう ‖ Can you ~ your work *finished* by tomorrow? 明日までに仕事を終了できますか / I've already *got* my children dressed. もう子供に服を着せた

c《受身・被害》〔物〕を…される(♦ 被害・迷惑などを表す) ‖ He *got* his right wrist broken. 彼は右手首を骨折した

> 語法 ☆☆ (1) 使役の意味では get に, 受身や完了の意味では done に強勢が置かれるとされる. ただし, 強勢は文脈によって位置が変わるものであり, いつもそのとおりとは限らない.
> (2) この文型は使役か完了の意味で使うのが一般的. 受身の意味では He got his watch stolen. より His watch was stolen. がふつう (⇨ PB 29, HAVE 語法).
> (3) いずれの意味でも have に置き換え可能だが, get の方が口語的.

❽《+目+副句》…を(ある場所・方向に)**持って行く**, 動かす, 連れて行く;…を(ある状態に)する ‖ We *got* the bed downstairs. ベッドを階下に運んだ / I *got* myself into a difficulty. 私は苦境に陥ってしまった

❾《have got で》《口》…を持っている (⇨ PB 32) (♦ have より口語的.《英》に多いが《米》でも使われる) ‖ We'*ve got* a large house. 私たちの家は大きい (=We have a large house.) / I *haven't got* any money with me now. 今はまるきり金の持ち合わせがない (=I have no money with me now.) / Say, I'*ve got* it. ねえ, いい考えがあるよ

❿《have got to *do* で》⇨ HAVE (成句) , *have to*《口》

a …しなければならない (♦ have to より口語的.《英》に多いが《米》でも使われる) ‖ I'*ve got to* go now. もう行かなくちゃ(♦ have は短縮形になるのがふつう. have が脱落して I got to となることもある. その場合 got は過去を表さない) / You *haven't got to* drink it unless you want to. 飲みたくなければ飲まなくてもいいんだよ(♦ 否定文では「…する必要がない」の意味になる)

b …に違いない (♦ この意味では be 動詞とともに用いることが多い) ‖ He'*s got to* be the smartest person I ever met. 彼はこれまで会った中ではいちばん頭がいいに違いない

⓫《口》 **a**《+目》…(の言うこと)が**わかる**, …を聞き取る;…を学ぶ, 覚える, 暗記する (→ CE 9) ‖ He *got* me wrong. 彼は私を誤解した / I didn't ~ your name.

お名前が聞き取れませんでした **b** 《+wh 節》どんな…かがわかる ‖ He didn't ～ *what* we were talking about. 私たちが何のことを話しているのか彼にはわからなかった

⑫〔人・物〕をつかむ, 捕まえる；〔列車など〕に間に合う, 乗る ‖ He *got* the ball. 彼はボールをとった / The policeman *got* the suspect. 警官が容疑者を捕まえた / We *got* the twelve o'clock train. 12時発の列車に乗った

⑬ **a** 《+目》(電話などで)…に連絡をつける；〔電話〕に出る, …を受ける；〔放送〕を受信する；〔新聞・雑誌など〕を講読する ‖ I *got* her by telephone. 私は電話で彼女に連絡をつけた / I'll ～ the phone. 私が電話に出ます / I can ～ the BBC on my radio. 私のラジオはBBCが受信できる **b** 《+目 *A*+目 *B*》(電話で)*A*(人)を*B*(場所など)につなげる ‖ *Get* me extension 24, please. 内線24番につないでください

⑭ **a** 《+目》〔食事〕の用意をする ‖ I helped my mother (to) ～ dinner. 私は母が夕食の支度をするのを手伝った **b** 《+目 *A*+目 *B* ⇄ +目 *B*+**for** 目 *A*》*A*(人)に*B*(食事)を作ってやる

⑮〔損害・刑罰など〕を受ける；〔病気〕にかかる；《所有代名詞を目的語にして》〔自分に当然のもの(罰・報いなど)〕を受ける ‖ He *got* a blow on the head. 彼は頭を殴られた / He *got* five years in prison. 彼は5年の刑を受けた / ～ a head cold 鼻風邪をひく / Someday you'll ～ yours. いつか報われる[罰が当たる, 殺される]よ

⑯ (…にとって)…ということが起こる, …という状態である(♦ We [OR You] get ... は There is [are] ... とほぼ同義) ‖ We ～ a lot of visitors here in summer. 夏にはたくさんの観光客がここを訪れる

⑰ 《口》〔人〕を困らせる, いらいらさせる, やり込める；〔人〕に感動を与える ‖ This question ～*s* me. この質問には弱った

⑱ 《口》…を打つ, …に当たる；…を殺す；〖野球〗…をアウトにする ‖ The bullet *got* him in the arm. 弾丸は彼の腕に当たった

⑲ 《口》〈…のことで〉…に復讐(ふくしゅう)する；…を罰する；…を殺す〈**for**〉‖ I'll ～ you *for* this! この借りは返してやるぞ / ～ one's own back 《英口》復讐する

Behind the Scenes **I'll get you, my pretty, and your little dog too!** 見てらっしゃい, あんたもあんたの子犬もひどい目にあわせてやる ミュージカル映画 *The Wizard of Oz*(邦題「オズの魔法使い」)の中で, 主人公の Dorothy とその飼い犬が逃げ込んだ小屋が竜巻で舞い上がって着陸した際に, その小屋に姉を押しつぶされた魔女が Dorothy に言ったせりふ(♥ my pretty「かわいこちゃん」は省略可. 話し相手だけでなく, その「仲間[共謀者, 共犯者]もろとも罰して[捕まえて；とっちめて]やる」と言うときに)

━自 ❶ 《+副句》(ある場所に)**着く**, 行く；(ある状態・段階に)**到達する**；移動する(♦この意味で副詞・前置詞と結びついて多くの成句を作る) ‖ I *got* home late at night. 私は夜遅く帰宅した / How do I ～ there? そこにはどうやって行けばいいんですか / He hasn't *got* far with the essay. 彼は論文がまだあまり進んでいない

❷ **…になる**, …される, …し始める, …するようになる **a** 《+補〈形〉》(…に)なる(♦ become より口語的. become と異なり補語に名詞(句)は生じない) ‖ He will ～ well soon. 彼は間もなくよくなるだろう / The weather is *getting* cold. 寒くなってきた / I've *got* drunk. 酔っぱらった / She *got* married to a rich man. 彼女は金持ちと結婚した / ～ **used** to the new life 新しい生活に慣れる

b 《+**to be** 補》…になる ‖ He's *getting to be* a nuisance. 彼はやっかい者になってきている

c 《+*done*》…される(♦ 受身形を作る. ⇨ 語法) ‖ We *got* caught in a shower on our way home. 帰り道でにわか雨に遭った / Did she ～ accepted by Harvard? 彼女はハーバード大学に入学を認められましたか / No one *got* killed in the accident. だれもその事故では死ななかった

語法 ★☆ (1)「get+過去分詞」は「be+過去分詞」と同じく受身形を作る. be による受身が状態・動作の両方を表すのに対し, get による受身は明確に動作を表す. また, get による受身は《口》に多い(⇨ BE 助 語法).
(2) get による受身は上の用例のように, 主語にとって利益または不利益になることを表す場合が多い. be による受身はそのような含みはなく中立的である.
(3) get による受身の主語は be による受身文の主語と違って,「行為者」の性質を持つ場合がある. He got shot on purpose. は「彼は自ら意図的に撃たれた」の意味にもなるが, He was shot on purpose. は「だれかが意図的に彼を撃った」の意味にしかならない.
(4) get による受身に行為者を表す by ... がつくことは be による受身に比べて少ない.

d 《+*doing*》…し始める ‖ We *got* talking. 我々は話し始めた / Let's ～ going. さあ, (急いで)行こう

e 《+**to** *do*》…するようになる；うまく…する, …できる, …する権利がある ‖ Soon I *got to* know him better. 間もなく彼をもっとよく知るようになった / He always ～*s to* do as he pleases. 彼はいつも好きなようにすることができる

❸ 金をためる, 稼ぐ ‖ He is always *getting* and never spends a penny. 彼はいつだってため込むばかりで1銭も使わない ❹ 《しばしば命令文で》《口》立ち去る ‖ You ～ quick! さっさと行っちまえ

gèt abóut 〈自〉《英》=*get around*(↓)

gèt abóve onesèlf うぬぼれる, 思い上がる

＊***gèt acróss*** 〈他〉**I** 《***gèt acróss ...***》①〔川・通りなど〕を渡る ‖ They *got across* the river by boat. 彼らはボートで川を渡った ②《英口》〔人〕をいらいらさせる ‖ He really ～*s across* me. 彼には本当にいらいらさせられる **II** 《***gèt À acròss B́***》③ *A*に*B*(川・通りなど)を渡らせる ‖ She *got* an old man *across* the street. 彼女は老人に道路を渡らせてあげた **III** 《***gèt ... acróss / gèt acróss ...***》④ …を〈人に〉わからせる〈**to**〉‖ He *got* his meaning *across to* me. 彼は言いたいことを私に理解させた ━〈自〉① 渡る ② (考えなどが)〈人に〉通じる〈**to**〉‖ My joke didn't ～ *across to* him. 私の冗談は彼に通じなかった

gèt áfter ... 〈他〉① …を追いかける (pursue) ② (手に負えなくなる前に)…を取り除く, 阻止する ③ 《米口》…にあれこれうるさく言う[指示する], しかるように言う〈**for** …のことで / **to do** …するように〉

＊***gèt ahéad*** ① 先頭に立つ；〈…を〉追い越す；〈…より〉勝る, 〈…を〉しのぐ〈**of**〉‖ ～ *ahead of* the rest of one's class クラスのほかの者より優れる ② 地位が上がる, 成功[出世]する ‖ ～ *ahead* in life 人生で成功する

＊***gèt alóng*** 〈自〉① **暮らしていく**, (どうにか)やっていく(manage)(→ *get by* ②(↓)) ‖ We manage to ～ *along* on a small salary. うちではわずかな給料で何とかやっています ② 〈…と〉**うまくやっていく**, 仲よくやっていく (get on)〈**with**〉‖ Are you *getting along with* your new friends? 新しい友達とうまくやっているかい ③ うまく進行する[対処する, やっていく], 〈仕事などが〉はかどる(get on)〈**with**〉‖ I am *getting along with* my studies nicely. 勉強はうまく進んでいる ④ 《通例進行形で》《口》立ち去る；出発する ‖ I must be *getting along*. おいとましなければなりません

＊***gèt aróund*** [OR ***róund***] 〈自〉① 歩き回る, 動き回る；あちこち旅行する, 出歩く ‖ It's difficult in this town to ～ *around* without a car. この町では車がないと動き回るのは難しい ② (知らせ・うわさなどが)広まる ‖ Don't let this ～ *around*, but I think they plan to fire him. これは内密にしておいてほしいんだが, どうも彼らは彼を首にしようとしていると思うんだ ③ 《口》いろいろな相手と性関係を持つ ━〈他〉《***gèt aróund*** [OR ***róund***] ***...***》①〔法律など〕を巧妙に逃れる(bypass) ‖ ～ *around* the tax laws 税法をくぐり抜ける ② (相手に好意を示して)…を説き伏せる, 〔人〕に取り入る ③〔困難など〕を乗り越える, 克服する；…を上手に避ける

gèt aróund [OR róund] to ... 〈他〉…をする余裕［暇］ができる；やっと…に取りかかる（♦ to の目的語はしばしば *doing*）‖ I never ～ *around to* weeding the garden. 庭の草取りまでは手が回らない

gét at ... 〈他〉①…に**届く**，達する；…を入手する ‖ Put the medicine where the baby can't ～ *at* it. 薬は赤ん坊の手の届かないところに置きなさい ②〔事実など〕を知る，突き止める ‖ I at last *got at* the truth. 私はついに真相を突き止めた ③《受身形不可》《口》…を**ほのめかす**，暗示する（♦ 通例 what を用いた疑問文または疑問詞節で，進行形がふつう）‖ What are you *getting at*? どういう意味ですか（→ CE 12, 13）④《通例受身形で》《口》買収される ⑤《通例進行形で》《英口》〔人〕を非難する，〔人〕のあら探しをする

gèt awáy 〈自〉①〈…から〉立ち去る，離れる，出発する〈**from**〉；《口》休暇をとる ‖ Sorry, I couldn't ～ *away from* the meeting. ごめん，会議を抜けられなかったんだ / ～ *away from* it all 《口》煩わしさから逃れる，のんびり休暇をとる ②〈…から〉逃げる〈**from**〉③〈本題から〉それる；〈因習などから〉脱け出す〈**from**〉④《口》〈事実などから〉目をそらす，…を無視する〈**from**〉‖ There's no *getting away from* that. それは動かせない事実だ ⑤《命令形で》《英口》まさか，冗談でしょう（♦ しばしば with you を伴う）―〈他〉《**gèt ... awáy**》①…を取り除く，取り上げる，片づける ‖ ～ the dirty things *away* 汚いものを取り除く ②…を逃す，立ち去らせる

gèt awáy with ... 〈他〉①〔物〕を持ち逃げする ‖ The burglar *got away with* the goods. 泥棒は盗品を持って逃げてしまった ②〔よくないこと〕を（罰などを受けずに）うまくやる；〔軽い罰など〕で済む ‖ No one should be allowed to ～ *away with* crimes. 罪を犯す者をほうっておいてはいけない / ～ *away with* murder ひどい悪事を働いても罰せられずに済む，好き勝手なことをやる ③〔とりあえずのもの〕で済ませる

gèt báck 〈他〉Ⅰ《**gèt back ... / gèt ... báck**》①…を取り戻す，返してもらう ‖ If you lend him money, you can never ～ it *back*. 彼に金を貸したら絶対返してもらえないぞ / ～ one's breath *back* 荒い息遣いを平静に戻す Ⅱ《**gèt ... báck**》②…を〈元の場所に〉返す，戻す〈**to**〉‖ He *got* the book *back to* the library. 彼はその本を図書館に返した ③《口》〈…のことで〉〔人〕に仕返しをする〈**for**〉―〈自〉①戻る，帰る ‖ When will he ～ *back*? 彼はいつ戻って来るの ②〈元の状態に〉戻る〈**to, into**〉；〈本題に〉戻る〈**to**〉③《主に英》政権の座に返り咲く ④《命令形で》（危険だから）下がっていろ，離れろ

gèt báck at ... 〈他〉《口》〈…のことで〉…に仕返しをする〈**for**〉‖ Hey, watch out! I'm going to ～ *back at* you. おい，気をつけろよ．仕返ししてやるからな

gèt báck to ... 〈他〉〔人〕に後で返事をする［書く］‖ *Get back to* me (on this). （このことについては）後で返事［報告］を下さい（♦ しばしば期限を表す by「…までに」とともに用いられ，目下の者に対して使うことが多い）

gèt back togéther （人が）〈…と〉元の間柄に戻る，よりを戻す〈**with**〉

gèt behínd 〈他〉《**gèt behínd ...**》《口》…を後援する，支持する (support) ―〈自〉〈仕事・支払いなどが〉遅れる〈**in, with,**《米》**on**〉

gèt bý 〈自〉①通り抜ける (pass) ‖ Let me ～ *by*, please. ちょっと通してください ②〈…で〉何とかやっていく (make out; cope)〈**on**〉（→ *get along* ①(↑)）；切り抜ける〈**in** 事態を；**with** …で〉‖ How can I ～ *by on* a small income? わずかな収入でどうしてやっていけるだろうか ③容認される，とがめられずに済む ―〈他〉《**gèt bý ...**》…に容認される，見逃される ‖ His petty larceny *got by* the manager. 彼の軽窃盗罪は支配人に見逃された

gèt dówn 〈他〉Ⅰ《**gèt ... dówn**》①…を降ろす；〔物価など〕を下げる（↔ *get up*）‖ She helped me ～ the dishes *down* from the shelf. 彼女は棚から皿を下ろす手伝いをしてくれた ②〔人〕を憂うつにさせる (depress)，弱らせる ‖ This rain is *getting* me *down*. この雨にはうんざりだ Ⅱ《**gèt dówn ... / gèt ... dówn**》③〔食べ物・薬など〕をやっと飲み下す ④…を書きつける，書き取る ―〈自〉①〈高い所・列車などから〉降りる（↔ *get up*）〈**from**〉②体を低くする，伏せる ‖ ～ *down* on one's knees ひざまずいて伏せる ③《主に英》（子供が）（食後に）食卓を離れる ④《米口》ダンスを夢中になって踊る；心から楽しむ

gèt dówn on ... 〈他〉《米口》〔人〕を批判する

gèt dówn to ... 〈他〉〔仕事・問題など〕に本気で取りかかる，じっくり取り組む ‖ You really have to ～ *down to* that writing job. その著述の仕事に本気で取り組まなくては駄目だ

gèt ín 〈他〉Ⅰ《**gèt ín ...**》①〔車など〕に乗る（→ *get into* ①(↓)）（⇨*get on* 類語P）Ⅱ《**gèt ín ... / gèt ... ín**》②…を（予定に）組み入れる ③〔作物など〕を収穫する，取り入れる ④《英口》…を買い込む；…を仕入れる ‖ I *got in* some food from the grocery store. 食料品店でいくらかの食料を買い込んだ ⑤〔医者・修理工など〕を（家に）呼ぶ ⑥〔言葉など〕を差し挟む Ⅲ《**gèt ... ín**》⑦…を中に入れる，（車などに）乗せる ‖ We *got* the washing *in* before it started raining. 雨が降り出す前に洗濯物を取り込んだ ⑧…を入学［入会］させる ⑨〔文書など〕を提出する ⑩（店・劇場などが）〔客〕を呼び込む ―〈自〉①中に入る；（乗用車などに）乗り込む（↔ *get out*）（⇨*get on* 類語P）‖ The rain can ～ *in* through this window. この窓から雨が降り込んでくるかもしれない ②（乗り物が）到着する；（家・事務所などに）着く，帰宅する ‖ The train *got*

PLANET BOARD 28

get の現在完了形は have gotten か have got か．

問題設定 動詞 get の過去分詞は gotten が《主に米》，got が《主に英》とされている．get の現在完了形として have gotten，have got のどちらが実際に使われているかを調査した．

Q 次の表現のどちらを使いますか．

(a) We **have gotten** to know each other very well.
(b) We **have got** to know each other very well.
(c) 両方
(d) どちらも使わない

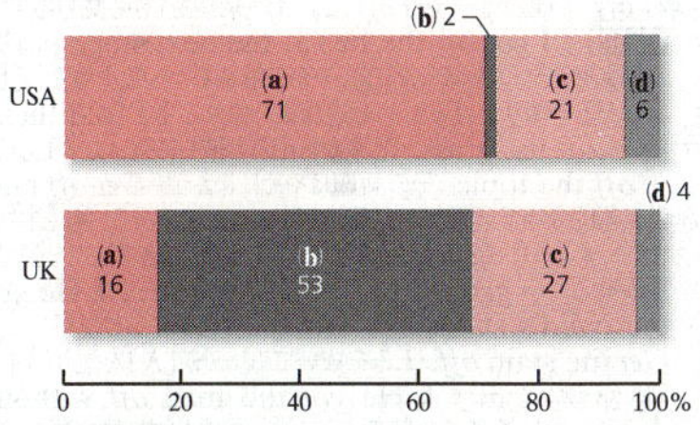

《米》では (a) の have gotten のみを用いるとした人が約7割，(b) の have got のみを用いる人はほとんどおらず，両方用いるとした人が約2割だった．《英》では (b) のみ使うとした人が5割を超え，両方用いる人が¼強だった．《米》で両方用いるとした人の多くは，(b) を get to *do*「…するようになる」の現在完了形ではなく have got to *do* (= have to *do*)「…しなければならない」の意味であると述べているので，《米》のほとんどの人は get の現在完了形に have gotten を使っていることになる．《英》の多くの人は (a) の have gotten を「アメリカ英語」「古い形」「誤った英語」などとしたが，「くだけた場面で使う」とした人もいる．

学習者への指針 get の現在完了形は《米》では have gotten が用いられ，《英》では have got の方が一般的である．

in on time. 列車は定刻に到着した ③ 当選する ④ 入学する, 入会する

gèt ín on 〈他〉 I《gèt ín on ...》(後を追って)…に参加する；…に携わる II《gèt À ìn on B́》AをBに参加させる

gèt ín with ... 〈他〉…と親しくなる, 仲よくなる；…に気に入られる(♥ 特に「自分の利益や都合のために人に取り入る」という意味で使われることが多い)

*****gèt ínto*** 〈他〉 I《gèt ínto ...》① …に入る；…に着く；〔自動車など〕に乗り込む(♦ *get in*〈他〉①より動作・過程に重点が置かれる)(↔ *get out of*)(⇨*get off, get on* 類語P) ‖ We *got into* the car. 我々は車に乗り込んだ ②〔ある状態〕になる, 陥る；〔議論・けんかなど〕を始める ‖ He *got into* a terrible panic when he was fired. 解雇されて彼はひどくうろたえた / ～ *into* debt 借金を背負い込む ③《口》(考え・感情などが)〔人〕に取りつく；〔人〕を左右する[支配する] ‖ What has *got into* you? 君は一体どうなってしまったんだ ④ …に入学する, 入会する；〔チームなど〕に入る ⑤ (やっとのことで)〔衣類など〕を身に着ける, 着る, はく ⑥〔癖など〕が身につく；…に慣れる(↔ *get out of*) ‖ He's *gotten into* a bad habit of drinking. 彼は飲酒の悪癖がついてしまった ⑦《口》〔本・映画・音楽など〕に興味を持つ, 夢中になる ⑧ …に携わる, 就く ‖ ～ *into* politics [business] 政界[実業界]に入る ⑨〔議会〕の議員に選出される II《gèt À ìnto B́》⑩ *A*(物)を*B*(容器など)の中に入れる ⑪ *A*(人)に*B*(物)を(無理に)着せる ‖ The mother *got* her child *into* his socks. 母親は子供に靴下をはかせた ⑫ *A*(人)を*B*(状態)に陥れる ‖ ～ a girl *into* trouble 女の子を困らせる；《口》女の子を妊娠させる

gét it 《口》①(状況を)理解する, わかる ‖ Do you ～ *it*? わかりますか / I've *got it*. わかった, なるほど ②《口》罰を受ける, しかられる；殺される

gèt it (àll) togéther ①(物事を)上手に調整[計画し実行]する, うまくやり遂げる；冷静に振る舞う ②《口》男と女の関係になる

gèt it ón 《口》①《米口》始める[着手する]；(話・音楽などが)調子に乗ってくる；熱狂的[積極的]になる ②⊗《俗・卑》〈…と〉セックスをする〈**with**〉

gèt it úp ⊗《卑》(男性(の性器)が)勃起(ぼっき)する

get nowhere ⇨ NOWHERE(成句)

get a person nowhere ⇨ NOWHERE(成句)

*****gèt óff*** 〈他〉 I《gèt óff ...》①〔乗り物〕から**降りる**(⇨類語P) ‖ I *got off* the bus at the next stop. 私は次の停留所でバスを降りた ② …から離れる；…をやめる, 〔仕事など〕を切り上げる；…を逃れる, 免れる ‖ I told them to ～ *off* the grass. 芝生から出ろと彼らに言った / Let's ～ *off* the topic. その話題はやめにしよう / *Get off* me! 私に触らないで ③《米》〔冗談・しゃれなど〕を言う ④《米》うまく…する II《gèt ... óff》⑤(やっとのことで)…を脱ぐ, 脱がせる(↔ *get on*)；〔汚れ・しみ〕を取り去る ‖ He *got* the child's shoes *off*. 彼は子供の靴をやっと脱がせた / *Get* the stain *off*. しみを抜いてくれ ⑥〔人〕を送り出す；〔郵便物〕を出す ‖ He *got* the mail *off* without delay. 彼は早速その郵便を出した ⑦〔人〕を〈軽い罰で〉逃れさせる〈**with**〉 ⑧ …を寝かしつける ‖ She *got* her children *off* to sleep. 彼女は子供たちを寝かしつけた III《gèt À òff B́》⑨ *A*に*B*をやめさせる ⑩ *B*から*A*を取り去る[奪う] ―〈自〉①(乗り物から)降りる, 下車する(↔ *get on*)(⇨類語P) ② 出発する；(事が)始まる ‖ I *got off* to school earlier than usual. いつもより早く学校へ出かけた / ～ *off* to a good [bad] start 出だしがよい[悪い] ③〈…で〉(難などを)逃れる, (罪などを)免除される, 罰せられずに済む〈**with**〉 ‖ ～ *off with* a $50 fine 50ドルの罰金で済む ④(仕事などを)切り上げる ‖ ～ *off* at five 5時に仕事をやめる / tell him where to ～ *off* 《口》彼の要求にはもううんざりだと言う, 彼にもういい加減にしてくれと言う ⑤ 寝つく ‖ ～ *off* to sleep 寝つく ⑥《命令形で》《英》(体などに)触るな ⑦⊗《米卑》オルガスムに達する ⑧《米俗》〈麻薬で〉いい気分になる〈**on**〉

降りる	get off	大型の乗り物	バス・電車・飛行機・船
		またがる乗り物	自転車・オートバイ・馬
	get out get out of	小型の乗り物	タクシー・乗用車・軽飛行機

♦ get off の反意語は get on で, get out, get out of の反意語は get in, get into である.

gèt óff on ... 〈他〉《口》…に夢中になる, (性的に)興奮する

gèt óff with ... 〈他〉《英口》〔異性〕と(性的に)親しくなる

*****gèt ón*** 〈自〉①(乗り物に)**乗る**, 乗車する(↔ *get off*)(⇨類語P) ‖ When the train arrived, he *got on*. 列車が着くと彼は乗った ② 暮らす, やっていく(get along) ‖ How are you *getting on* these days? 近ごろはいかがお過ごしですか ③〈人と〉うまくやっていく(get along)〈**with**〉 ‖ Are you *getting on* well *with* your new neighbors? 新しい隣人とはうまく付き合っていますか ④〈仕事・勉学などで〉(順調に)進む, はかどる；〈仕事などを〉続ける, 進める〈**with**〉 ‖ Let's ～ *on with* the lesson. 授業を続けましょう / let him ～ *on with* it (どんな結果になろうと)彼のやりたいようにやらせる(自分の知ったことではない) ⑤《主に英》成功する；繁盛する ‖ He *got on* in life. 彼は出世した ⑥《通例進行形で》時がたつ, 遅くなる；《口》年をとる ‖ She is *getting on* a bit. 彼女は少し年をとってきている ⑦《口》急ぐ ‖ *Get on* with it. 急げ ―〈他〉 I《gèt ón ...》①〔乗り物〕に乗る(⇨類語P) ②〔電話〕をとって話し始める II《gèt ... ón / gèt ón ...》③ …を身につける, 着る(↔ *get off*) ‖ *Get* your coat *on*. 上着を着なさい III《gèt À òn B́》④ *A*を*B*(乗り物)に乗せる ⑤ *A*(人)を*B*(電話口)に呼び出す

乗る	ride	get on	大型の乗り物	バス・電車・飛行機・船
			またがる乗り物	自転車・オートバイ・馬
		get in get into	小型の乗り物	タクシー・乗用車・軽飛行機

♦ 上表は「乗り込む動作」についての《米》の用法による区分で, 《英》では ride は「またがる乗り物」にだけ用いる.

♦「乗って行く」には ride, take を用いる. take は公共交通機関についていう.

♦「大型の乗り物に乗り込む」は get on board も用いる.

gèt ón at a pérson 〔人〕をけなす, …にがみがみ言う

gèt ón toward 《米》[《英》***for***] ... 〈他〉《通例進行形で》(人が)〔年齢・時間など〕に近づく

gèt「ón to [OR ***ónto***] ... 〈他〉①〔乗り物〕に乗る；…(の上)に上がる ②〔本題など〕に移る, 入る ③ …を理解するようになる；…の正体を見抜く, 突き止める, かぎつける ④《主に英》(電話・手紙などで)…と接触[連絡]する ⑤ …に選出[任命]される

*****gèt óut*** 〈自〉① 出る, 去る；(人との付き合いなどのため)外出する ②(乗り物を)降りる(↔ *get in*)(⇨*get off* 類語P) ③ 逃亡する ④(秘密などが)漏れる ‖ The secret *got out*. 秘密が漏れた ⑤《命令形で》《主に米口》うそつけ, そんなことをだれが信じるものか(♦ of here を伴うこともある. → CE 6) ―〈他〉 I《gèt ... óut》① …を外に出す；…を抜き取る ② …を逃げさせる ③《英》〔問題など〕を解く II《gèt óut ... / gèt ... óut》④〔言葉〕をやっと発する ‖ He could hardly ～ a word *out*. 彼はほとんど一言も言えなかった ⑤〔書物など〕を出版する；〔物〕を生産する

*****gèt óut of ...*** 〈他〉 I ① …から出る；…を抜け出す；…から逃亡する(→ CE 6) ②〔自動車など〕を降りる(↔ *get into*)(⇨*get off* 類語P) ‖ He *got out of* the taxi. 彼はタクシーから降りた ③〔習慣など〕を捨てる(↔ *get into*) ‖ Try to ～ *out of* such bad habits. そんな悪い習慣か

らは抜け出す努力をしなくちゃ ④ …を避ける，しないで済ませる；〔責任など〕を逃れる；…の届かない所へ行く ‖ How are you going to ~ *out of* this one? どうするつもりなんだ（♥ まずい状況にある相手に「どうやってこの状況から抜け出す気なんだ」と聞く表現. one は「問題・状況」を指す）
Ⅱ《**gèt À òut of B̀**》⑤（無理にも）*A* を *B* から出す［取り除く］‖ I tried to ~ this nail *out of* the wall. 私は壁からくぎを引き抜こうとした ⑥ *A*（人）を *B*（困難・義務など）から逃れさせる ⑦ *A*（話など）を *B*（人）から聞き出す ‖ The police *got* the truth *out of* him. 警察は彼から真相を聞き出した ⑧ *B* から *A*（利益など）を得る［引き出す］

gèt óutside (*of* ...) 〈自・他〉《俗》（…を）たらふく食べる［思う存分飲む］

*＊***gèt óver** 〈他〉 Ⅰ《**gèt óver ...**》① …を乗り越える ‖ ~ *over* a gate 門を乗り越える ②〔困難〕を**克服する**（overcome）‖ How did you ~ *over* your financial difficulties? どうやって経済的困難を乗り越えたのですか ③〔病気など〕から立ち直る，回復する；…の痛手を忘れる（⇨ CURE **類語P**）‖ I hope you'll ~ *over* your bad cold soon. ひどい風邪がすぐに治るといいですね ④《通例否定文で》〔信じ難いことなど〕を理解する，信じる，受け入れる（♥ 驚きを表す）‖ I (just) can't ~ *over* how wonderfully the kids behaved. 子供たちの行儀のよさには全く驚いたね（♥ 予想以上によい状況や意外な事柄などを面白がっているニュアンスを持つ） ⑤〔ある距離〕を行く ‖ ~ *over* ten miles 10マイル進む Ⅱ《**gèt ... óver**》⑥〔人〕を助けて渡らせる［越えさせる］‖ The rescue corps safely *got* her *over* to the other side of the river. レスキュー隊は無事に彼女を向こう岸へ渡らせた Ⅲ《**gèt ... óver** / **gèt óver ...**》⑦〈…に〉〔考えなど〕をわからせる〈**to**〉 ─〈自〉乗り越える，〈…に〉渡る〈**to**〉‖ She *got over to* the United States. 彼女はアメリカに渡った

*＊***gèt ... óver** (**and dóne**) **with** 〈他〉〔いやな仕事など〕をさっさと片づける

gèt róund ＝get around (↑)

gèt róund to ... ＝get around to ... (↑)

gèt onesèlf togéther 冷静さを取り戻す

get somewhere ⇨ SOMEWHERE（成句）

gèt thére 《口》目的を達する，成功する；きちんと理解する ‖ You'll ~ *there* if you read it carefully. それを注意深く読めばちゃんと理解できるよ

*＊***gèt thróugh** 〈他〉 Ⅰ《**gèt thróugh ...**》① …を通り抜ける ②〔試験〕に**合格する**；〔議会〕を通過する；〔困難な時期〕を乗り越える，切り抜ける ‖ She finally *got through* the driving test. 彼女はやっと運転免許試験に合格した ③〔仕事など〕を**終わらせる**，やり遂げる ‖ I *got through* my work at last. ついに仕事をやり遂げた ④《主に英》〔金など〕を使い果たす（go through）；〔飲食物〕を平らげる（consume） Ⅱ《**gèt ... thróugh**》⑤ …を合格させる，〔法案など〕を通過させる ⑥〔考えなど〕を〈人に〉理解させる；（電話などで）〔人〕を〈…に〉通じさせる〈**to**〉‖ You can't ~ it *through to* him that he is wrong. あの男に自分が間違っているなんてわからせることはできない Ⅲ《**gèt À thròugh B̀**》⑦ *A*（人など）を *B*（試験）に合格させる；*A*（法案など）を *B*（議会）に通過させる；*A*（人）に *B*（困難な時期）を乗り越えさせる，切り抜けさせる ‖ The teacher *got* us all *through* (the test). 先生は私たち全員を合格させた ─〈自〉① 通り抜ける；（穴などから）入り込む ‖ This is a dead-end street. We can't ~ *through*. この道は行き止まりだ. 通り抜けられないよ ②（試験に）合格する；（議会を）通過する ‖ The bill will ~ *through* next week. 法案は来週通過するだろう ③ 到着する，〈人に〉届く；（電話などが）**通じる**，〈人と〉連絡がつく；〈…の段階まで〉勝ち進む〈**to**〉‖ I called him up, but couldn't ~ *through*. 彼に電話をかけたが通じなかった ④〈人に〉考えなどをわからせる〈**to**〉‖ He was so excited that I couldn't ~ *through to* him. 彼はとても興奮していてこちらの話は通じなかった ⑤〈…を〉終える〈**with**〉

*＊***gét to ...** 〈他〉① …に**到着する**（reach）（⇨ ARRIVE **類語P**）‖ When did you ~ *to* London? ロンドンにはいつ着きましたか ② …に取りかかる，…を始める（✐ fall to）‖ *Get to* work right away. すぐに仕事を始めなさい / We didn't ~ *to* talking until after supper. 私たちは夕食が終わるまで話を始めなかった ③ …に連絡がつく，連絡する ④《口》〔人〕の心に影響を及ぼす；…の心にしみる；…をいらいらさせる ‖ Her complaints are really *getting to* me. 彼女の愚痴には本当にいらいらする

*＊***gèt togéther** 〈他〉《**gèt ... togéther** / **gèt togéther ...**》①〔物〕を**一箇所に集める**；〔人〕を集める（gather up；assemble）‖ *Get* your things *together*. 君の持ち物を集めなさい ②〔予定〕を立てる；…を準備する；〔必要な金額〕をかき集める（scrape up；raise） ─〈自〉① **集まる**；〈…と〉会う〈**with**〉‖ Let's ~ *together* on Wednesday. 水曜日に集まりましょう ②〈異性と〉親しくなる，関係ができる〈**with**〉

gèt únder 〈他〉 Ⅰ《**gèt únder ...**》…の下に入る Ⅱ《**gèt ... únder**》〔火事・騒ぎ〕を鎮める ‖ *Get* the fire *under*. 火を消せ ─〈自〉下に入る

*＊***gèt úp** 〈他〉 Ⅰ《**gèt úp ...**》①（やっとのことで）…に登る，…を上がる（↔ *get down*）‖ He *got up* the stairs. 彼は階段をやっと上がった Ⅱ《**gèt ... úp**》② …を起床させる，起こす ‖ *Get* the children *up* at once. すぐ子供たちを起こしなさい ③ …を立ち上がらせる［起き］上がらせる ④ …を（低い所から高い所へ）上げる，揚げる（↔ *get down*）；〔人〕を（馬などに）乗せる ‖ Will you ~ it *up* on the shelf? そ

PLANET BOARD 29

「…を盗まれる」の意味で get ... stolen と言うか.

問題設定 「…を…される」の意味で「get [OR have] + 目 + 過去分詞」の形を使うか，また，get と have ではどちらを使うかを調査した.

Q 次の表現のどちらを使いますか.

(a) I **got** my wallet stolen.
(b) I **had** my wallet stolen.
(c) 両方
(d) どちらも使わない

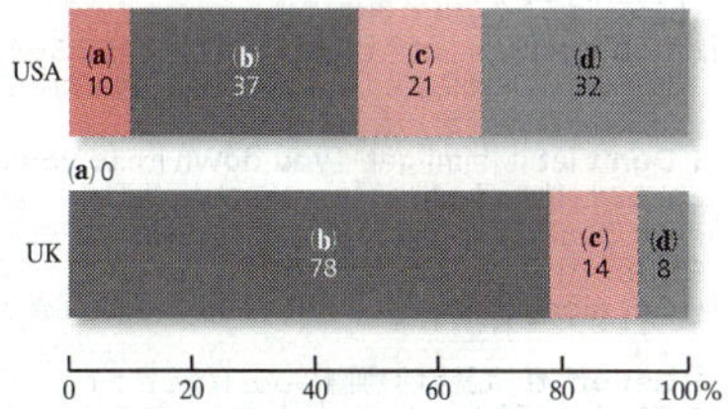

《米》では (a) の get のみを使う人が1割，(b) の have のみを使う人が4割弱，両方使う人が約2割で，どちらも使わないという人が約⅓いた.《英》では (a) のみ使う人はおらず，(b) のみの人が8割弱，両方使う人が14%だった. (a) の get は，「私がわざと人に盗ませたように聞こえておかしい」という人が多い. ただし，(b) の have に関して同じことをいう人もいる.「get の方が口語的だ」というコメントが多い. どちらも使わない人の多くは代わりの表現として，My wallet was [OR got] stolen. / Someone stole my wallet. をあげた.「I had my wallet stolen. はその出来事が起こってから時間が経ってから用い，時間があまり経っていないときは My wallet was stolen. を用いる」とした人もいる.

学習者への指針 「私は財布を盗まれた」の意味では，I had my wallet stolen.の方が I got my wallet stolen. より一般的であるが，これらは「盗ませた」と解釈されることもあり，My wallet was stolen. と言った方がよい場合がある.

れを棚に載せてくれませんか ⑤《通例 ～ oneself up または受身形で》身なりを整える, 着飾る, 装う〈**in** …で; **as, like** …の扮装(ふんそう)で〉‖ She *got* herself *up* beautifully.＝She was beautifully *got up*. 彼女は美しく着飾った Ⅲ《**gèt úp ... / gèt ... úp**》⑥ …を組織する, 準備する ‖ We *got up* a party for his birthday. 私たちは彼の誕生パーティーの準備をした ⑦〔力など〕を奮い起こす, …を駆り立てる, 増す ‖ ～ *up* speed スピードを出す / ～ *up* (one's) courage 勇気を奮い起こす ⑧〔科目など〕を勉強する, 覚える; …の知識を深める ━〈自〉① 起きる, 起床する (⇨ 類語P, SLEEP 類語P) ‖ I *got up* at dawn this morning. 今朝は夜明けに起きた ② 立ち[起き]上がる ③ 登る, (馬などに)乗る(↔ *get down*) ④《英》〔海・風などが〕荒れる ‖ The wind was *getting up*. 風がひどくなってきていた

起きる			
	眠りから覚める	**wake (up)**	**awake**
	床から離れる 立ち上がる	**get up**	**rise**

♦ awake, rise はそれぞれ wake (up), get up より格式ばった語.

♦「(寝た姿勢から上半身を起こして)起き上がる」は sit up.

gèt úp to ... 〈他〉① …に到達する, 近づく; (温度・物価などが) …まで上がる ‖ So far I have *got up to* page 60. 今のところ60ページまで進んだ ②《口》〔悪さなど〕をしでかす (♦ 通例受身形にしない) ‖ He's *gotten up to* some new mischief. 彼はまた別のいたずらをやらかした

not get [OR ***go***] ***anywhere***; ***not get ... anywhere*** ⇨ ANYWHERE(成句)

tell a person where to get off ⇨ TELL(成句)

Whère does a person gèt óff dòing? 《米口》〔人〕が …する権利がどこにあるんだ

while the gètting is góod 道路がいい[足下が明るい]うちに; 状況が悪くなる前に ‖ get out *while the getting is good* 帰れる[やめられる]うちに帰る[やめる]

COMMUNICATIVE EXPRESSIONS

1 **Am Í the òne that's gòt to** tèll her the trúth? 私が彼女に本当のことを言わなきゃいけないの? (♥ 義務・責任を確認するややくだけた表現)

2 **Dòn't gèt úp.** どうぞそのままで (♥ あいさつやこちらから頼んだ用事のために立ち上がろうとしている相手に対して「それには及ばない」という意味で用いる)

3 **Dòn't lèt** it [him] **gèt** 「**you dówn** [OR **to you**]. そんなこと[彼の(言った)こと]なんて気にしちゃ駄目だよ; 煩わされることないよ (♥ 相手を落ち着かせたり励ましたりする際に用いる)

4 **Gèt alóng** [OR **awáy**] **(with you)!** まさか, 冗談でしょう

5 **Gèt óff it!** 冗談もいい加減にしろ, ばかを言うな

6 **Gèt óut of hère.** ① 出て行け ② うそだろう, そんなはずはない

7 **Gèt thís.** なんと, よく聞いてくれよ (♥ 驚かせるような内容の前置き)

8 **Have I gót to?** やらなきゃ駄目なの? (♥ 気の進まないことについて確認するくだけた表現)

9 **I gót you.** よしわかった; がってんだ(♥ 相手が言ったことを「理解・承知した」という意味のくだけた表現. ＝Gotcha./＝(I [OR You've]) got it.)

10 **Lét me gét thìs (one).** おごるよ (♥ this (one) は勘定書きのことを指し,「ここの支払いは私にさせて」の意)

11 **(Sórry,) I dìdn't gèt ány of thàt.** すみません, 何とおっしゃったのか全然わかりませんでした (♥ 言われたことが理解できなかった[聞こえなかった]ときに用いるくだけた表現)

12 **Whát are you gétting at?** 何が言いたいんだ (♥いら立ち・不快感を表す)

13 **Whàt I'm gétting at is** that you're nòt lìving úp to our expectátions. NAVI つまり何を言おうとしているかというと, 君は私たちの期待に添う結果を出していないということなんだ (♥ 要点を言い直す際のくだけた前置き. ＝What I'm driving at is ....)

14 **You've gót to dó sòmething about** your áttitude. 君のその態度, 何とかしないとね(♥ ややくだけた文句・不満の表現)

━名 C ❶《旧》(動物の)子, 子孫 ❷《テニス》ゲット《難しい球を打ち返すこと》 ❸《英口・方》いやなやつ

類語《他 ❶》**get** 意志や努力の有無に関係なく「得る, 手に入れる」の意味での最も一般的な語で口語的.〈例〉*get*「an idea [a letter] 考えが浮かぶ [手紙をもらう]

obtain 望んでいたものを努力の結果手に入れる.〈例〉*obtain* a college degree 学位を取得する

acquire 長い間努力を続けて手に入れたり身につけたりする.〈例〉*acquire* a mastery of English by constant practice 不断の練習で英語を身につける

gain 有利なものや得になるものを努力して手に入れる.〈例〉*gain* a profit of 100 dollars 100ドルの利益を得る

get·at·a·ble /ɡetǽtəbl/ 形《口》(場所・人などが)近づきやすい, 到達できる; (物などが)たやすく手に入る

gét·awày 名 C《通例単数形で》❶ (犯人などの) 逃亡, 逃走 ‖ make a clean ～ まんまと逃走する / a ～ car 逃走車 ❷ (競走などの)スタート ❸《口》休暇; 休暇に行く場所; 休暇に泊まる所

gét-gò 名 C《主に米口》最初, 初期(段階)

Geth·sem·a·ne /ɡeθséməni/ 名《聖》ゲッセマネ《エルサレムの東にある園. イエス＝キリストがユダの裏切りにより捕らえられた場所》

gét-òut 名 C《通例単数形で》《英》逃げの手段; (責任・義務を)免れる方法 ‖ a ～ clause 免責条項

(as ...) as àll gét-out 《米口》非常に, すごく ‖ It was (*as*) hot *as all* ～. とても暑かった

gèt-òut-the-vóte 形《米》(選挙での) 棄権防止の ‖ a ～ push [OR operation, drive] 棄権防止運動

get·ter /ɡétər/ 名 C《通例単数形で》❶ 得る人[もの] ❷《電》ゲッター《電球・真空管内の残留ガスを吸収させる物質》

***gét-togèther** 名 C《口》(非公式の社交的な)集まり, 親睦(しんぼく)会; 会合

Get·tys·burg /ɡétizbə̀ːrɡ/ 名 ゲティスバーグ《米国ペンシルベニア州南部の町. 南北戦争時の激戦地》

▸▸ **～ Addréss** 名《the ～》ゲティスバーグ演説《1863年11月19日リンカーン大統領がゲティスバーグ国立墓地開設式で行った演説. "government of the people, by the people, for the people" (人民の, 人民による, 人民のための政治)が含まれる》

gét·ùp 名 C《口》(風変わりな)服装, 身なり

gèt-up-and-gó 名 U《口》積極性, やる気, 活力

gèt-wéll 形 回復を祈る; 見舞いの ‖ a ～ card 見舞いカード

gew·gaw /ɡjúːɡɔː | -ɡɔː/ 名 C 形 安ぴかの(もの), 見掛け倒しの(もの)

gey·ser /ɡáɪzər | ɡíː-/ 名 C ❶ 間欠 (温) 泉 ❷《英》ガス湯沸かし器 ❸《南ア》大型電気湯沸かし装置

Ǵ-fòrce 名 U C《理》重力加速度《加速度の単位》

***Gha·na** /ɡáːnə/ 名 ガーナ《アフリカ西部の共和国. 公式名 the Republic of Ghana. 首都 Accra》

***Gha·na·ian** /ɡɑːnéɪən/ 形 名 C ガーナの(人)

***ghast·ly** /ɡǽstli | ɡáːst-/ 形 ❶《口》ひどく不愉快な; ひどい, いやな, 大嫌いな ‖ The weather was ～. 天気はひどかった / a ～ mistake ひどい間違い ❷《限定》見る[聞く]も恐ろしい, ぞっとする, ものすごい, 身の毛もよだつ ‖ a ～ crime [experience] 恐ろしい犯罪 [経験] ❸《通例叙述》《口》気分が悪い ‖ I felt ～ when I had a fever. 熱があって気分が悪かった ❹《文》(顔などが)死人[幽霊]のような, 青ざめた, やつれた ‖ She looked ～ with fear. 彼女は恐怖に青ざめて見えた

—副 ぞっとするほど，ものすごく；死人［幽霊］のように ‖ ～ pale [white] ひどく青ざめた **-li·ness** 名

ghee, ghi /giː/ 名 U ギー《インドの透明な半液状バター》

gher·kin /gə́ːrkɪn/ 名 C 小キュウリ《ピクルス用》；ニシインドコキュウリ

ghet·to /géṭou/ 名 (複 **~s**, **~es** /-z/) C ❶ 少数民族居住区域 (♥ 差別的なので ethnic neighborhood の方が無難)；被差別地域［集団］ ❷ ゲットー《昔のヨーロッパ都市のユダヤ人居住区》 ❸ 孤立集団［地区］
 ▶▶**～ blàster** 名 C 《俗》大型ラジカセ《肩にかついで大音量で音楽をかけながら持ち歩く》(boom box)

ghet·to·ize /géṭouàɪz/ 動 他 …をゲットーに閉じ込める；…を差別隔離する

ghost /goust/
—名 (複 **~s** /-s/) C ❶ **幽霊**，亡霊；幽霊のような(やつれきった) 人 ‖ Her ～ is said to haunt the castle. 彼女の亡霊がその城によく出るといわれている / raise a ～ 幽霊を呼び出す
❷ 《単数形で》〈…の〉幻影，影［幻］のようなもの，面影，かすかなもの［気配］；微量，わずか〈of〉‖ He had a ～ *of* a smile on his lips. 彼は口元にかすかな微笑を浮かべていた
❸ 代作者，ゴーストライター (ghostwriter)
❹ 〖放送〗ゴースト《テレビの二重画像のはっきりとしない方の像》 ❺ 《米》幽霊人口［社員］；架空の会社 ❻ 《古》魂；霊 ‖ the Holy *Ghost* 聖霊
a ghóst of a chànce 《通例否定文で》わずかな可能性
gìve ùp the ghóst 死ぬ；望みを捨てる；(機械などが)動かなくなる (♦ ghost は魂のこと)
lày (***to rèst***) ***the ghóst of ...*** ①〔人〕を埋葬する ②〔いやな記憶・不安〕を振り払う，…から立ち直る
the ghòst at the féast 《英》座を白けさせるもの［人］
—動 他 …を代作する (♦ しばしば受身形で用いる) ‖ His autobiography was ～*ed* by a journalist. 彼の自伝はあるジャーナリストによって代作された
—自 ❶〈…の〉代作をする〈**for**〉 ❷ 滑るように動く
～·lìke 形 幽霊のような，無気味な
 ▶▶**～ stòry** 名 C 怪談 **～ tòwn** 名 C ゴーストタウン《特に鉱物資源などが尽きて住民の去った町》 **～ tràin** 名 C 幽霊列車《遊園地などで乗客を怖がらせるため暗い場所や恐ろしい景色の所を巡回する小型列車》 **～ wòrd** 名 C 幽霊語《誤植・誤解などによってできた言葉．derring-do など》

ghost·ly /góustli/ 形 幽霊の(ような)；かすかな，実質のない，影のような **-li·ness** 名

ghóst·wrìte 動 (**-wrote** /-ròut/；**-writ·ten** /-rɪ̀tən/；**-writ·ing**) 他 自 (…の)代作をする
 -wrìter 名 C 代作者，ゴーストライター

ghoul /guːl/ 名 C ❶ 食屍(しょくし)鬼《墓を暴いて死肉を食うという悪鬼》 ❷ 忌まわしい［残忍な］ことを喜ぶ人
 ～·ish 形 食屍鬼のような；忌まわしい，残忍な

GHQ /dʒìː eɪtʃ kjúː/ 名 U 〖軍〗総司令部 (♦ *G*eneral *H*ead*q*uarters の略)

ghyll /gɪl/ 名 =gill[3]

GHz 略 gigahertz

gi 略 gill[2]

GI[1] 名 (複 **GI's**, **GIs** /-z/) C 米軍兵士，米兵《特に陸軍の下士官・兵》(→GI Joe) —形 《通例限定》《米》❶ 官給の，軍支給の ‖ ～ shoes 米兵靴 ❷ 米軍(式)の，米兵の［らしい］‖ a ～ haircut (短く刈り込んだ)ジーアイカット
 ▶▶**～ Jóe** 名 C 《口》米軍兵士，米兵

GI[2] 略 *g*alvanized *i*ron；gastrointestinal；〖法〗general *i*ssue (一般答弁)；government *i*ssue

:gi·ant /dʒáɪənt/
—名 〔▶ gigantic 形〕(複 **~s** /-s/) C ❶ (伝説・物語上の) **巨人**
❷ 大男，巨人；巨大な動物［植物］‖ a ～ of a man 雲突くような大男，巨漢
❸ 並外れた能力の持ち主，偉人，傑物；巨大企業 ‖ There were ～*s* in those days. 昔は偉い人がいたものだ / a literary ～ 文学の巨人 / an industrial ～ 巨大企業
❹ 《しばしば G-》〖ギ神〗ギガス《大地から生まれた巨人族の1人》 ❺ 〖天〗巨星 (giant star)
—形 《通例限定》**巨大な** (↔ tiny)；並外れた ‖ a ～ tree 巨木 / the first ～ step 巨大な第一歩
 ▶▶**～ kìller** (↓) **～ pánda** 名 C ⇨ PANDA **～ se·quóia** 名 C 〖植〗セコイアオスギ (big tree) **～ slálom** 名 C U 〖スキー〗大回転競技 **～ stár** 名 C 〖天〗巨星

gi·ant·ess /dʒáɪənṭəs | -es/ 名 C 女の巨人；大女

gi·ant·ism /dʒáɪəntɪ̀zm/ 名 U ❶ 〖医〗 =gigantism ❷ 巨人であること

gíant-kìller, gíant kìller 名 C 《英》大敵を破る選手［チーム］ **gíant-kìlling** 形 (スポーツ選手［チーム］が) 大敵を破る，大物を食う

gíant-sìzed 形 巨大な

gib·ber /dʒɪ́bər/ 名 U 動 自 早口で意味のわからないこと(をしゃべる)，まとまりのないこと(をぺらぺら話す)

gib·ber·ish /dʒɪ́bərɪʃ/ 名 U 訳のわからないおしゃべり［文章］，たわごと，ちんぷんかんぷん

gib·bet /dʒɪ́bɪt/ 名 C 絞首台 —動 他 《古》…を絞首刑(の後さらし者)にする；…を笑い［さらし］者にする

gib·bon /gɪ́bən/ 名 C 〖動〗ギボン，テナガザル

Gib·bon /gɪ́bən/ 名 **Edward ～** ギボン (1737-94)《英国の歴史家》

gib·bous /gɪ́bəs/ 形 丸く盛り上がった；(月・惑星が)半円よりふくれた形に見える (⇨ MOON 図)

gibe /dʒaɪb/ 動 自 (♦ jibe ともつづる)〈…を〉あざける，ばかにする〈**at**〉 —他 …をあざける
—名 C 〈…に対する〉冷笑，あざけり〈**at**〉

gib·lets /dʒɪ́bləts/ 名 複 (鶏などの食用の)臓物

Gi·bral·tar /dʒɪbrɔ́ːltər/ 名 ❶ ジブラルタル《イベリア半島南端の小半島地域》 ❷ =the Strait of Gibraltar
 the Stràit of Gibráltar ジブラルタル海峡《イベリア半島とアフリカ大陸との間》

Gib·son /gɪ́bsən/ 名 ❶ U C ギブソン《酢漬けのタマネギを添えたマティーニの一種》 ❷ **Charles Dana ～** (1867-1944)《米国の挿絵画家》
 ▶▶**～ gìrl** 名 C ギブソン流の美女《C. D. Gibson の描いた1890年代の典型的な細腰の美人》

gid·dap /gɪdǽp/ 間 《米》進め《動き出させるときやもっと速く走らせるときに馬に言う掛け声》(♦ get up より)

***gid·dy** /gɪ́di/ 形 ❶ 《通例叙述》頭のぐらぐらする，めまいのする ‖ feel ～ with fever 熱のためにめまいがする ❷ 《通例限定》めまいを起こさせる，目のくらむ(ような)；目まぐるしい ‖ a ～ climb 目のくらむような上り坂 ❸ 〈…で〉目がくらむほどうれしい〈**with**〉；陽気［愉快］な ‖ She was ～ *with* success. 彼女は成功したのがうれしくてたまらなかった ❹ 《旧》軽薄な，うわついた；移り気の ‖ a ～ young fool 遊びほうけている若者 —動 他 …にめまいを起こさせる
 -di·ly 副 **-di·ness** 名

gid·dy·up /gɪ̀diʌ́p/ 間 =giddap

Gide /ʒiːd/ 名 **André ～** ジッド (1869-1951)《フランスの小説家・批評家．ノーベル文学賞受賞 (1947)》

Gid·e·on /gɪ́diən/ 名 ❶ 〖聖〗ギデオン《イスラエルの士師．イスラエルをミデアン人より救った》 ❷ C 国際ギデオン協会員 ▶▶**～s Internátional** 名 《the ～》国際ギデオン協会《ホテル・病院などへ聖書を配布して布教を行うことを目的とするプロテスタントの団体》

GIF /gɪf, dʒɪf/ 略 💻 *g*raphics *i*nterchange *f*ormat (ジフ［ギフ］(画像形式))《256色を表示上限とする画像ファイル形式》 ▶▶**～ animátion** 名 C U 💻 アニメ(ーション)ジフ［ギフ］，ジフ［ギフ］アニメ《GIF形式の画像ファイルを連続表示するアニメーション機能》

:gift /gɪft/
—名 (複 **~s** /-s/) C ❶ (愛情・後援のしるしの) **贈り物**，進物；寄贈物〈**for** …への；**from** …からの；**to** …にとっての〉(♥ 日本語の「つまらないものですが」に当たるへりくだった表

現は英語ではあまり用いられず，誤解を招く恐れもあるが This is just a small gift. という言い方は用いられる）（⇨ PRESENT² 類語）‖ I gave her a Japanese doll **as** a parting ～. 私は彼女への餞別(せんべつ)に日本人形をあげた / a birthday ～ *for* her 彼女への誕生日の贈り物 / **receive** a free ～ 景品を受け取る
❷ **天賦の才**，資質，才能〈**of** …の；**for** …に対する〉（⇨ ABILITY 類語）‖ He has a special ～ *for* dancing. 彼にはダンスの特別な才能がある / his poetic ～ 彼の詩才
❸ 贈与，贈呈，寄付；与える権利[権限] ‖ **make** her a ～ of $100 彼女に100ドル贈る / by [OR of] free ～ ただで / the ～ of new books 新刊書の贈呈
❹《a ～》《口》たやすく手に入る[できる]もの；割安品 ‖ The examination question was a ～. その試験問題は易しかった
a gìft from Gód [OR ***the góds***] 神々からの贈り物；幸運
nòt lòok a gíft hòrse in the móuth もらい物にけちをつけない
—動 (**～s** /-s/；**～·ed** /-ɪd/；**～·ing**) 他 ❶ **a**《＋目》…に〈…を〉贈る〈**with**〉；〔金品〕を〈…に〉贈る〈**to**〉‖ ～ her *with* a ring＝～ a ring *to* her 彼女に指輪を贈る
b《英口》《＋目 *A*＋目 *B*⇄＋目 *B*＋**to** 目 *A*》（うっかり）*A*（相手）に*B*（得点など）を与えてしまう[許す] ❷《通例受身形で》〈才能などに〉恵まれる〈**with**〉（→ gifted）
▸▸ ～ **certìficate** 名 C《米》商品券（《英》gift token）
～ **of tóngues** 名《the ～》言葉の賜物(たまもの)《宗教的体験により，他者に理解できない言葉を話すこと》 ～ **shòp** 名 C 贈答品店；土産物店 ～ **tàx** [《英》**dùty**] 贈与税 ～ **tòken** [**vòucher**] 名 C《英》＝gift certificate（↑）
～ **wràp**（↓）

GIFT /ɡɪft/ 名 U〘医〙配偶子卵管内移植（♦ *g*amete *i*ntra-*f*allopian *t*ransfer の略）

gift·ed /ɡíftɪd/ 形 天分のある，優れた才能[資質]のある，〈才能などに〉恵まれている〈**with**〉‖ a ～ child 天分豊かな[知能の高い]子供

***gíft-wràp** 動 (**-wrapped** /-t/；**-wrap·ping**) 他 …を贈答用に包装する（♦ しばしば受身形で用いる）‖ Could you ～ it for me? 贈り物用に包んでいただけますか
—形 贈答用包装の ‖ ～ service 贈答用包装サービス
～ped 形（贈り物などが）きれいに包装された **～·ping** 名 ＝gift wrap

gíft wràp 名 U 贈答用包装(紙)

gig¹ /ɡɪɡ/ 名 C ❶ ギグ《1頭立て二輪馬車》❷ 船載ボート；レース用の軽艇

gig² /ɡɪɡ/ 名 C（漁獲用の）やす；引っかけ針
—動 (**gigged** /-d/；**gig·ging**) 自 他（魚を）やすで捕る

gig³ /ɡɪɡ/《口》名 C（ジャズ・ポップス演奏家の）生演奏，（コメディアンの）パフォーマンス；（短期の）仕事
—動 (**gigged** /-d/；**gig·ging**) 自（報酬と引き換えに）ジャズ[ポップス]の演奏をする

gig⁴ /ɡɪɡ/ 名《口》＝gigabyte

giga- /ɡɪɡə-/ 連結形「10億；2^{30}」の意

gíga·bỳte 名 C 💻ギガバイト《データ容量の単位．正確には2^{30}バイト．1ギガバイトは1,024メガバイト(MB)．GBと略す》

gíga·flòps 名 C 💻ギガフロップス《浮動小数の計算速度の単位》

gíga·hèrtz 名（複 ～）C 💻ギガヘルツ，10億ヘルツ《略 GHz》

gi·ga·no·to·saur /ɡìɡənóutəsɔ̀ːr, dʒìɡə-/, **-sau·rus** /dʒiɡənòutəsɔ́ːrəs/ 名 C〘古生〙ギガノトサウルス《白亜紀中期の史上最大級の肉食恐竜》

***gi·gan·tic** /dʒaɪɡǽnṭɪk/ 形〔◁ giant 名〕巨人の(ような)；巨大な，膨大な（⇨ HUGE 類語） **-ti·cal·ly** 副

gi·gan·tism /dʒaɪɡǽnṭɪzm/ 名 U〘医〙巨人症

***gig·gle** /ɡíɡl/ 動 自（特に女の子が）〈…を〉くすくす笑う，しのび笑いする〈**at, about**〉（⇨ LAUGH 類語P）‖ ～ *at* his antics 彼のおどけたしぐさを見てくすくす笑う
—名 C ❶《しばしば the ～s》くすくす笑い，しのび笑い；くすくす，くっくっ，きゃっきゃっ《笑い声》‖ have [OR get]（a fit of）the ～*s*《口》くすくす笑う / give them the ～*s*《口》彼らを笑わせる ❷《a ～》《主に英口》面白い人[もの]；冗談 ‖ do it for a ～ ふざけてそれをする

GIGO /ɡáɪɡou/ 略 💻 *g*arbage *i*n, *g*arbage *o*ut（⇨ GARBAGE(成句)）

gig·o·lo /dʒíɡəlòu/ 名（複 **～s** /-z/）C《しばしばけなして》ジゴロ，（女の）ひも，つばめ；ダンスの相手役を職業にする男

gig·ot /dʒíɡət/ 名 C 羊の脚《料理用》
▸▸ ～ **slèeve** 名 C（ひじから肩にかけてふっくら広がった）ジゴットそで

Gì·la mónster /hìːlə-/《発音注意》名 C〘動〙アメリカドクトカゲ

gild¹ /ɡɪld/（♦ 同音語 guild）動 (**～·ed** /-ɪd/ OR **gilt** /ɡɪlt/；**～·ing**) 他 …に金めっきをする，金箔(きんぱく)を張る；《文》…を金色に塗る[輝かせる]

gild² /ɡɪld/ 名 ＝guild

gild·ed /ɡíldɪd/ 形《限定》❶ 金箔(きんぱく)を張った，金めっきの，金色の ❷ 裕福な ‖ ～ youth 金回りのよい若者たち / the *Gilded* Age〘米国史〙（南北戦争後の）金ぴか時代《好況を呈した1865–90年ごろ》

gild·ing /ɡíldɪŋ/ 名 U 金箔(張り)，金めっき(術)

gill¹ /ɡɪl/ 名 C《通例 ～s》❶（魚などの）えら ❷（鶏などの）肉垂(にくすい) ❸ 菌褶(きんしゅう)《キノコのかさの裏側のひだ》
grèen [***blùe, pàle***] ***about*** [OR ***around***] ***the gílls***《口》顔色が青ざめて具合が悪そうな
to the gílls 満腹で；完全に
▸▸ ～ **nèt** /ɡíl-/ 名 C 刺し網

gill² /dʒɪl/ 名 C ジル《液量単位．¼パイント(pint)；《米》0.118リットル，《英》0.142リットル．略 gi》

gill³ /ɡɪl/ 名 C 峡谷；渓流

Gill /ɡɪl, dʒɪl/ 名 ❶ ジル《Gillian の愛称》❷ C《しばしば g-》⊗《蔑》《けなして》娘っ子，恋人（♦ ふつう Jack に対応して用いられる）❸《g-》C 雌のフェレット

gil·lie, ghil·lie /ɡíli/ 名（複 **-lies** /-z/）C ❶（スコットランドの狩猟・釣りの）案内人 ❷ 舌革のない浅いひも靴

gilt¹ /ɡɪlt/（♦ 同音語 guilt）動 gild¹ の過去・過去分詞の1つ —形 ＝gilded ❶ —名 ❶ U 金箔(きんぱく)，金色塗料 ❷ C《しばしば ～s》(英国の)国債
tàke the gílt off the gíngerbread 魅力をはぎ取(って幻滅を与え)る

gilt² /ɡɪlt/（♦ 同音語 guilt）名 C（まだ子を産んだことのない）若い雌豚

gìlt-édged ◁ 形 ❶（紙・本などが）金縁の(gilt-framed) ❷《英口》極上の，一流の，最良の ❸（財政上）安全確実な ‖ ～ securities [stocks] 優良債券[株]

gim·bal /dʒímbəl, ɡím-/ 名 C《しばしば ～s》ジンバル《羅針盤などの計器を水平に保つ装置》
—動 他 …をジンバルで支える

gim·crack /dʒímkræk/ 名 C 形《限定》安ぴか物(の)

gim·crack·er·y /dʒímkrækəri/ 名 U ❶《集合的に》安ぴか物 ❷ 見掛け倒しの装飾

gim·let /ɡímlət/ 名 C ❶（T字形）木工錐(きり) ❷ ギムレット《ライムジュースとジン[ウオッカ]のカクテル》
—動 他（錐で）…を刺す
▸▸ ～ **èye** 名 C 鋭い目(つき)

gímlet-èyed 形 鋭い目(つき)をした

gim·me /ɡími/ 名 C《口》❶〘ゴルフ〙OKボール《次の1打でホールインしたものとみなす》❷《通例単数形で》たやすくできること，手に入るもの《特にゲーム・スポーツで》❸ 強欲
—形《俗》(物や金を)欲しがる ‖ today's ～ society 今日の物欲の強い社会（♦ give me の短縮形） ▸▸ ～ **càp** [**hàt**] 名 C《米口》(宣伝のための会社名などがついた)帽子

***gim·mick** /ɡímɪk/ 名 C ❶（だますための）からくり，仕掛け，いかさま，わな；（手品などの）たね ❷（宣伝などの）新機軸，妙案；うまい仕掛け[計画]
～·y 形 いんちきの，いかさまの；(人目を引く)工夫を凝らした

gím·mick·ry /-ri/ 名 U 《集合的に》からくり類, 仕掛け；からくりを使うこと

gimp /gɪmp/ 名 C ⊗《俗》《蔑》❶ 足を引きずって歩くこと ❷ 足の不自由な人 ❸ 無能な人
—動 自 ⊗《俗》《蔑》足を引きずって歩く

gin[1] /dʒɪn/ 《発音注意》名 ❶ U ジン《蒸留酒の一種》; C ジン1杯 ‖ (a)～ and tonic ジントニック(1杯) ❷ (=～ **rúmmy**) U ジンラミー《トランプ遊びの一種》
▸▸ ～ **mìll** 名 C 《米俗》《旧》(安)酒場, (いかがわしい)飲み屋 ～ **slíng** 名 U C =sling[2]

gin[2] /dʒɪn/ 名 C ❶ 綿繰り機 ❷ (=～ **tràp**) (狩猟用の)わな ❸ 起重機 —動 (**ginned** /-d/; **gin·ning**) 他 ❶ 〔綿〕を繰る ❷ …をわなにかける

gin·ger /dʒíndʒər/ 名 U ❶ ショウガ(の根), ジンジャー《薬用・香辛料・糖菓用》❷ 赤[黄]褐色(の髪) ❸《口》元気, 活気 —動 他 ❶ …にショウガで香味をつける ❷ …を元気づける, 活気づける《*up*》‖ ～ *up* the party パーティーを盛り上げる —形 ❶《限定》ショウガで味をつけた ❷ 赤褐色の, 赤毛の ‖ She has ～ hair. 彼女は赤毛だ / a ～ cat 赤毛の猫
▸▸ ～ **ále** 名 U C ジンジャーエール《ショウガのエキスで香味をつけた清涼炭酸飲料》 ～ **béer** 名 U C ジンジャービール《ginger ale に似た炭酸飲料[弱いアルコール飲料]. 酵母を用いる》 ～ **gròup** 名 C 《主に英》(政党・団体内の)強硬派 ～ **nùt** 名 C 《英》=gingersnap (↓) ～ **wíne** 名 U C 《英》ショウガ酒《ショウガ・砂糖などを発酵させて造る酒》

gínger·brèad 名 U ❶ ジンジャークッキー《ショウガ入りクッキー》; ジンジャーブレッド《ショウガ入りケーキ》‖ a ～ man [OR cookie] ジンジャーマンクッキー《人形の形にしたショウガ入りクッキー》❷ (建築物などの)ごてごてした装飾;《形容詞的に》ごてごてした

gin·ger·ly /dʒíndʒərli/ 副 形 極めて慎重に[な], 用心深く[い], 恐る恐る(の)

gínger·snàp 名 C (特に米国の)ショウガ入りクッキー

gin·ger·y /dʒíndʒəri/ 形 ❶ ショウガの(ような), ショウガの味がする; ぴりっとする, 刺激性の ❷ (髪などが)赤褐色の ❸ 元気[活気]のある; (批評などが)辛辣(しんらつ)な

ging·ham /gíŋəm/ 《発音注意》名 U ギンガム《先染め糸で織った格子模様またはしまの綿布》

gin·gi·val /dʒɪndʒáɪvəl, dʒíndʒɪ-/ 形 〖医〗歯茎の

gin·gi·vi·tis /dʒìndʒɪváɪṭəs | -tɪs/ 名 U 〖医〗歯肉炎

gink·go, ging·ko /gíŋkoʊ/ 名 (複 **～es** /-z/) C 〖植〗イチョウ
語源 日本語の銀杏(ぎんなん)を「ギンキョウ *ginkyo*」と音読し, さらに *y* を *g* と誤記したもの.
▸▸ ～ **bi·lo·ba** /-baɪlòʊbə/ 名 U ① 〖植〗=ginkgo ② ギンコ=ビロバ《イチョウの葉を粉末にしたサプリメント. 全身の血行を改善するとされる》 ～ **nùt** 名 C ギンナン(銀杏)

gi·nor·mous /dʒaɪnɔ́ːrməs/ 形 《英口》とてつもなく巨大な(♦ *gi*gantic+e*normous* より)

gin·seng /dʒínseŋ/ 名 U チョウセンニンジン(の根)《薬用》

Giot·to /dʒá(ː)ṭoʊ, dʒɔ́ːṭ- | dʒɔ́t-/ 名 ❶ ～ **di Bondone** ジョット(1266?-1337)《イタリアの画家・建築家》❷ 〖天〗ジオット, ジョット《欧州宇宙機関の宇宙探査機. 1986年ハレー彗星(すいせい)の近距離からの撮影に成功》

gìp·py túmmy /dʒìpi-/ 名 C 《単数形で》《英口》(熱帯地方を訪れた人がかかる)下痢(げり)

Gip·sy /dʒípsi/ 名 =gypsy

gi·raffe /dʒəræ̀f | -rɑ́ːf/ 名 (複 ～ OR **～s** /-s/) C 〖動〗キリン

gird /gəːrd/ 動 (**～·ed** /-ɪd/ OR **girt** /gəːrt/) 他《文》❶ 〔腰〕を〈ベルトなどで〉締める, …の腰に〈帯状物を〉巻きつける〈**with**〉‖ ～ him *with* a belt 彼の腰にベルトを巻く[締める] ❷ (ベルトで)〔剣など〕を身に着ける《*on*》; 〔衣服〕をベルトなどで留める《*up*》❸ 〔城など〕を取り巻く; (さく・海などが)…を取り囲む ‖ ～ a city with walls 都市に城壁を巡らす ❹ …に(権力などを)授ける —自 〈…に備えて〉準備する〈**for**〉‖ ～ *for* the worst 最悪の事態に備える
gírd onesèlf (*up*) *for* ... 〔戦いなど〕に備えて用意する

gird·er /gə́ːrdər/ 名 C 〖建〗けた, 大梁(おおはり), 主梁

gir·dle /gə́ːrdl/ 名 C ❶ ガードル《腰部を引き締める女性用の下着》❷ 帯, サッシュ, ベルト ❸《文》(帯状に)取り巻くもの ❹ 宝石の縁《指輪のつめがかむ部分》❺ 樹皮を帯状にはがした後の輪型 ❻ 〖解〗帯(たい), 肢帯
—動 他 ❶ …を帯で締める;《文》(帯状に)取り囲む[巻く]《*about,* (*a*)*round*》❷ 〔木〕から樹皮を輪状にはぎ取る

girl /gəːrl/
—名 (複 **～s** /-z/) C ❶ **少女**, 女の子(↔ boy);《口》(自分の)**娘**(daughter) (⇨ CHILD 類語P) ‖ If it is a ～, I'll call her Julia. (生まれてくる子が)もし女の子だったらジュリアと名づけよう / a **little** ～ of seven 7歳の女の子 / a **young** ～ (10代の)少女 / a baby ～ 女の赤ちゃん / a ～*s'* school 女子校 / a ～ student 女子学生 / After a long ride our little ～*s* were getting sleepy. 長時間車に乗ったのでうちの娘たちは眠くなってきていた / Be a **good** ～ and run upstairs to get the sweater. いい子だから急いで2階に行ってセーターを取って来ておくれ
❷ ⊗《口》《ときに蔑》(未婚・既婚・年齢のいかんを問わず)女性(woman); (特に目下の女性への呼びかけで)おまえ ‖ a slender ～ of twenty 20歳のほっそりした娘 / a pinup ～ ピンナップガール / Good morning, ～*s.* みんなおはよう(♥ 女性が親しい女性に対して用いる) / Get this into your head, ～. いいかい, このことを頭に入れておきなさい / Now you're talking, little ～. そうそう, そうこなくっちゃね / my dear ～ まあ, おまえったら(♥ たしなめて)
❸《旧》《蔑》女子従業員, 女性労働者《秘書・事務員・店員など》; お手伝いさん
❹ (しばしば one's (best) ～ で)恋人, 愛人;《the ～s》女性の仲間[友達] ‖ We played beach volleyball with the ～*s.* 私たちは女性仲間とビーチバレーをした
❺ =old girl ❻ (動物の)雌
(*the*) *gìrl next dóor* 隣のお姉さん《親しみやすいごくふつうの娘》
▸▸ ～ **bànd** 名 C 女性(アイドル)グループ ～ **Fríday** 名 C 《ときに蔑》忠実な女性の使用人; 女性秘書(gal Friday) (中立 office assistant [clerk, aide]) (⇨ FRIDAY) ～ **guíde** 名 C 《英》《旧》ガールガイド(the Girl Guides. 現在の名称は the Guides (Association))の団員 ～ **scòut** /英 ˌ-ˈ-/ 名 C (米国の)ガールスカウト(the Girl Scouts)の団員

***gírl·frìend** 名 C ❶ (男性にとっての)ガールフレンド, 恋人, 愛人(♦ 通例恋愛や性的関係の相手としての女性を指す)(→ boyfriend) ❷ (女性の)女友達

girl·hood /gə́ːrlhʊ̀d/ 名 U 少女[娘]であること, 少女[娘]時代

girl·ie, girl·y /gə́ːrli/ 形 ❶《限定》《しばしば蔑》(雑誌などが)女性の(セミ)ヌード写真が売り物の ❷《しばしばけなして》女の子っぽい —名 (複 **girl·ies** /-z/) C 《口》《蔑》嬢ちゃん; 娘さん(♥ しばしば呼びかけで用いる)

girl·ish /gə́ːrlɪʃ/ 形 娘[少女]らしい, 女の子のような ‖ a ～ dream 女の子らしい夢 **～·ly** 副 **～·ness** 名

gi·ro /dʒáɪəroʊ/ 名 (複 **～s** /-z/) ❶ U 銀行[郵便]振替制度 ❷ C 《英》(失業手当などの)小切手

girt[1] /gəːrt/ 動 gird の過去・過去分詞の1つ

girt[2] /gəːrt/ 《旧》=girth

girth /gəːrθ/ 名 ❶ U C (円筒状のものの)周囲の寸法, 太さ; (人の)胴回り ❷ C (馬などの)腹帯(⇨ HARNESS 図)
—動 他 ❶ 〔馬など〕に腹帯をつける ❷《文》…に巻きつける, …を囲む

GIS 略 *g*eographic *i*nformation *s*ystem

gis·mo /gízmoʊ/ 名 =gizmo

Gis·sing /gísɪŋ/ 名 **George** (**Robert**) ～ ギッシング(1857-1903)《英国の写実主義小説家》

gist /dʒɪst/ 名 ❶《通例 the ～》要点, 主旨 ❷ C 《単数形で》〖法〗主要訴因

git /gɪt/ 名 C 《英口》《けなして》不愉快な[愚かな]やつ

G

***give** /gɪv/ 動 名

中心義 他者に向けてAを与える(★Aは「物」「行為」「機会」など多様)

動 他 与える❶❷ 渡す❸ 支払う❹ 伝える❺ 述べる❻ 催す❾ 自 与える❶ へこむ❷

―動 (~s /-z/ ; **gave** /geɪv/ ; **giv·en** /gɪ́vən/ ; **giv·ing**)

―他 ❶ ⦅+目 *A*+目 *B* ⇄ +目 *B*+**to** 目 *A*⦆ *A*(人・団体など)に*B*(金・物)を**与える**, あげる, やる, 贈る, 寄付する(♦ 目 *A*を省略するのはまれ)(⇨ 類語) ‖ I *gave* the object *to* the museum. 私はその品を博物館に寄贈した / He *gave* Meg a doll.=He *gave* a doll *to* Meg. 彼はメグに人形を与えた

語法 ☆☆ (**1**) 文ではふつう聞き手にとって未知の情報(新情報)が文末(近く)に置かれ既知の情報(旧情報)はそれより前にくる. したがって He gave Meg a doll. では a doll が新情報であり, What did he give (to) Meg? という疑問文への答えとしてふさわしい. 逆に He gave a doll to Meg. では Meg が新情報であり, Who(m) did he give a doll to? への答えとしてふさわしい. なお, 最後の文で to の省略は不可.
(**2**) He gave Meg a doll. の受身形には (**a**) Meg was given a doll. (**b**) A doll was given (to) Meg. の2つがあるが, (**a**) の方がふつう. また, (**b**) では to を入れる方がふつうで, 特に間接目的語に強勢が置かれる場合は必ず to を要する. 〈例〉It was *given* to her, not to me.
(**3**) 直接目的語が人称代名詞で, 間接目的語が一般の名詞(句)である場合は to を用いる形のみが可能. 〈例〉He gave it to Meg.(♦ ×He gave Meg it. は不可)
(**4**) 2つの目的語が共に人称代名詞の場合は, to を使った He gave it to her. のような形がふつう. ただし⦅主に英口⦆では He gave her it. ということもある. なお, 直接目的語が it の場合(them では不可)には to を入れずに He gave it her. という語順になることもある.

❷ ⦅+目 *A*+目 *B* ⇄ +目 *B*+**to** 目 *A*⦆ *A*(人など)に*B*(愛情・援助・支持など)を**与える**, 提供する(♦ 目 *A*を省略するのはまれ) ‖ Her husband *gave* her the encouragement she needed to become a lawyer. 彼女の夫は彼女に弁護士になるのに必要な励ましを与えた / ~ assistance *to* developing countries 開発途上国に援助の手を差し伸べる

❸ ⦅+目 *A*+目 *B* ⇄ +目 *B*+**to** 目 *A*⦆ *A*(人)に*B*(物)を(手)**渡す**; 預ける, 託す; 貸す; *A*(人)に*B*(手など)を差し出す; *A*(人)に*B*(薬)を投与する ‖ *Give* me the glass. そのコップを取ってください / He pulled a box from his pocket and *gave* it *to* her. 彼はポケットから箱を取り出すと彼女に渡した / The president *gave* the document *to* his secretary. 社長は書類を秘書に預けた / A friend *gave* me his villa for a week. 友人が私に別荘を1週間貸してくれた / She was *given* a strong sedative. 彼女は強い鎮痛剤を投与された

❹ ⦅(+目 *A*)+目 *B* ⇄ +目 *B*(+**to** 目 *A*)⦆〈…と引き換えに〉(*A*(人)に)*B*(金額)を**支払う**; (*A*(人)に)*B*(物)を売る〈**for**〉‖ I *gave* (him) $30 *for* the book.=I *gave* $30 (*to* him) *for* the book. 私は(彼に)30ドル払ってその本を買った / I *gave* (him) the camera *for* $300. 私は300ドルで(彼に)カメラを売った

❺ ⦅(+目 *A*)+目 *B* ⇄ +目 *B*(+**to** 目 *A*)⦆(*A*(人)に)*B*(情報・伝言など)を**伝える**, 告げる; 〔合図など〕を送る ‖ The magazine didn't ~ any account of the incident. その雑誌は事件について何も書かなかった / *Give* me your address and phone number. 住所と電話番号を教えてください / ~ a report 報告する / ~ the news *to* the press ニュースを報道陣に伝える

❻ **a** ⦅(+目 *A*)+目 *B* ⇄ +目 *B*(+**to** 目 *A*)⦆(*A*(人)に)*B*(あいさつ・言葉・意見など)を**述べる**, 伝える; (*A*(人)に)*B*(言質(げんち)など)を与える; *A*(人)に*B*(判決など)を言い渡す, 宣告する ‖ *Give* your wife my best wishes [OR regards].=*Give* my best wishes [OR regards] *to* your wife. 奥様によろしくお伝えください / I *gave* him my word. 私は彼に約束した / The judge *gave* him five years. 判事は彼に5年の刑を言い渡した / ~ her advice [instructions] 彼女に忠告[指示]する

b ⦅+目+補〈形〉⦆⦅英⦆(クリケットで)〔ボール・打者など〕を…と判定する ‖ ~ him out 彼をアウトと判定する

❼ ⦅+目 *A*+目 *B*⦆⦅動作を示す名詞とともに⦆*A*(人・物)に*B*(行為)をする, 及ぼす, 加える ‖ I *gave* him a kick (in the arse). 彼(のけつ)をけとばしてやった(=I kicked him (in the arse).) / The locals *gave* us suspicious looks. 地元の人たちは我々をうさんくさそうに見た(=The locals looked at us suspiciously.) / I *gave* my car a quick wash. 車をさっとひと洗いした / I'll ~ you a **call** later. 後で電話します

語法 ☆☆ この意味では「give+目 *B*+to 目 *A*」の形はないが, 直接目的語を主語にした受身文では to が入る. 〈例〉A quick wash was *given to* my car.

❽ 〔身振り・動作・発声など〕をする ‖ ~ a shrug of one's shoulders 肩をすくめる / ~ another nod もう一度うなずく / ~ a sigh ため息をつく / ~ a start びくっとする / ~ a chuckle くすっと笑う

❾ ⦅(+目 *A*)+目 *B* ⇄ +目 *B*(+**for** 目 *A*)⦆(*A*(人)のために)*B*(パーティーなど)を開く, **催す** ‖ My colleagues *gave* me a farewell party.=My colleagues *gave* a farewell party *for* me. 同僚たちは私のために送別会を開いてくれた / ~ a concert [lecture, reading, ball] コンサート[講演会, 朗読会, 舞踏会]を開く

❿ ⦅+目 *A*+目 *B*⦆ *A*(人)に*B*(機会・猶予・許可・時間など)を与える, 認める, 許す ‖ The mayor *gave* us permission to go forward with the plan. 市長はその計画を推し進める許可を出してくれた / *Give* me one more chance. もう一度機会を与えてくれ / The director *gave* her three days to make up her mind. 所長は決断するための時間として3日を彼女に与えた / There's bound to be a traffic jam, so you'd better ~ yourself plenty of time. 交通渋滞が予想されるのでたっぷり時間の余裕をみた方がよい

Behind the Scenes **You give us twenty minutes, we give you the world.** 20分で世界をお届けします 米国の報道番組でよく使われる文句. 「20分」の部分は可変. 映画 *Robocop* の中でも You give us three minutes, and we'll give you the world. の形で使われている(♥「短い時間内に重要な情報をきちんと伝える」という意味のスローガン)

⓫ ⦅+目 *A*+目 *B* ⇄ +目 *B*+**to** 目 *A*⦆ *A*(人)に*B*(権限・責任・名誉など)を持たせる, 付与する ‖ My client has *given* me full powers to arrange a settlement. 依頼主は私に示談をまとめる全権を持たせてくれている / You should ~ more responsibility *to* your staff. 職員にもっと責任を持たせるべきだ / ~ priority *to* safety 安全を優先する

⓬ ⦅+目 *A*+目 *B* ⇄ +目 *B*+**to** 目 *A*⦆ *A*(人)に*B*(仕事など)を割り当てる[〔労働など〕を課する]; *A*(人)に*B*(名前)をつける ‖ The teacher *gave* her students a lot of assignments. 先生は生徒たちに宿題をたくさん出した / *Give* this job *to* whoever wants it. この仕事をだれでもやりたい人にやらせなさい / I was *given* a fine. 私は罰金を科された / They *gave* the blues singer the nickname "Big Mama." 彼らはそのブルースの歌手に「ビッグママ」というニックネームをつけた

⓭ ⦅+目 *A*+目 *B* ⇄ +目 *B*+**to** 目 *A*⦆ *A*(人)に*B*(信用など)を帰する ‖ I ~ you credit for doing the job on your own. その仕事をあなたひとりでやっているのは立派だ

⓮《(+目A)+目B⇄+目B(+to目A)》(A(人)に)B(感情・印象・面倒など)を生じさせる;〔結果・産物など〕をもたらす;〔兆候・数量など〕を示す ‖ The dirty snow *gave* the town a bleak look. 汚れた雪のため町はうらぶれて見えた / My son's future ～*s* me a big headache. 息子の将来を考えるととても頭が痛い / ～ good results 好結果を生む / Six divided by two ～*s* three. 6割る2は3 / Cows ～ (us) milk. 雌牛は乳を出す / This bed ～*s* no sign of having been slept in recently. このベッドには最近だれも寝た形跡がない / This thermometer ～*s* 30°C. この温度計はセ氏30度を指している

⓯《+目+to do》〔人〕に…させる(♦しばしば受身形で用いる)(→ *give a person to understand* [*believe*] ...(↓))

⓰《+目A+目B⇄+目B+to目A》A(人)にB(病気)をうつす ‖ He *gave* me his cold.=He *gave* his cold *to* me. 彼は私に風邪をうつした

⓱〔命・人など〕を〈…のために〉犠牲にする[ささげる]〈**for**〉;〔時間・努力など〕を〈…に〉傾ける, 費やす〈**to**〉 ‖ He *gave* his life *for* his country. 彼は祖国のために命をささげた / She *gave* most of her time *to* charity. 彼女はほとんどの時間を慈善活動に費やした

⓲《+目A+目B⇄+目B+to目A》A(事)にB(注意・考慮など)を向ける ‖ I'll ～ your proposal a lot of thought. 君の提案をよく考えてみよう

⓳《(+目A)+目B》(A(人)のために)Bを記述する, 描写する ‖ Shakespeare ～*s* us human nature marvelously well. シェークスピアは人間の特性を見事に描いている

⓴《(+目A)+目B》(A(人)に)B(論点など)を譲る, 認める ‖ She's quick, I'll ～ you that, but she also makes a lot of mistakes. 彼女は理解が早いことは認めるが間違いが多い / ～ a point in an argument 議論で一点を譲歩する

㉑《+目A+目B》《口》A(活動・関係など)がB(期間)だけ続くと考える ‖ I ～「this company [their marriage] three months at most. この会社[彼らの結婚]はせいぜい3か月しか持つまい

㉒《+目A+目B》《通例命令形で》(電話で)A(人)にB(人・番号など)をつなぐ ‖ *Give* me「the police [Mr. Smith]. 警察[スミスさん]をお願いします

㉓《+目A+目B》A(人)にBのための乾杯を発議する;A(聴衆)にBを紹介する ‖ Gentlemen, I ～ you the queen. 皆さん, 女王のために乾杯を

㉔《旧》〔娘〕を〈人の〉嫁にやる;《～ oneself で》《旧》(女が)〈男に〉身を任せる〈**to**〉 ‖ He *gave* his daughter *to* a millionaire in marriage. 彼は娘を玉の輿(こし)に乗せた

㉕《+目A+目B》(女が)A(男)のB(子)を産む;(男が)A(女)にB(子)を産ませる

㉖《通例否定文で》…に構う, 関心を寄せる(→ CE 1) ‖ I don't ～ a damn what you think of me. 君が僕をどう思おうが少しも構わない

一自 ❶〈…に〉**与える**, 贈る, 寄付する〈**to**〉 ‖ He always ～*s* generously *to* the poor. 彼はいつも貧者に惜しまず施しをする
❷(圧力などで)**へこむ**, たわむ, しなう;崩れる, 壊れる ‖ The bridge *gave* and twenty people were killed. 橋が落ちて20人の死者が出た / She felt her knees ～. 彼女はひざから力が抜けるのを感じた
❸人当たり[人付き合い]がいい, 親切である ‖ He is very shy and doesn't know how to ～. 彼はとても内気で人付き合いが苦手だ
❹譲歩する, 妥協する ‖ You've got to ～ a little, take a little. 世の中持ちつ持たれつだ ❺《命令形で》《口》白状しろ ❻《米口》降参する ‖ I ～! まいった

gìve and táke ①譲り合う, 妥協する ②意見を交換する (⇨ GIVE-AND-TAKE)

give as gòod as one géts 負けずにやり返す, 応酬する

gìve awáy* 〈他〉 Ⅰ《*gìve awáy ... / gìve ... awáy*》①〈…に〉…をただで与える**;…を寄付する〈**to**〉 ‖ She *gave* her children's old clothes *away*. 彼女は子供たちの古い服を寄付した ②…をただ同然で売る ‖ All the goods were *given away* at the sale. セールで全商品が投げ売りされた ③〔賞など〕を授与する ④…を景品として出す ‖ ～ free samples *away* 無料試供品を配る ⑤〔秘密・答えなど〕を漏らす, ばらす, 〔真実・手がかりなど〕を表に出す(reveal) ‖ ～ the game [OR show] *away* うっかり内情を暴露する ⑥〔機会など〕を逃す ‖ ～ the last chance *away* 最後のチャンスを逃す ⑦(結婚式で)〔花嫁〕を花婿に引き渡す ⑧〔ゴール・優位など〕を許す ‖ ～ *away* two goals 2ゴール決められる ⑨《豪・ニュージ》…をあきらめる Ⅱ《*gìve ... awáy*》⑩〔人〕の素性[本心]を表に出す;〔仲間〕を裏切る, 売る(betray) ‖ Her speech *gave* her *away*. 彼女の話し方でお里が知れた / ～ oneself *away* うっかり正体[本心]を表す

gìve báck ... / gìve ... báck* 〈他〉①〈持ち主に〉…を返す(return)〈to**〉 ‖ He *gave back* the book *to* me.=He *gave* the book *back to* me.=He *gave* me *back* the book.=He *gave* me the book *back*. 彼は私に本を返してくれた ②〔機能など〕を回復させる, 取り戻させる ‖ A good night's sleep *gave* (him) his strength *back*. ひと晩たっぷり寝たおかげで彼は体力を回復した

gìve ín* 〈自〉①〈圧力・要求・欲望などに〉屈する**, 負ける(surrender, yield)〈**to**〉 ‖ ～ *in to* peer pressure 仲間の圧力に負ける / ～ *in to* labor's demands 労働者側の要求をのむ ②降参する(↔ *hold out*), 負けを認める ‖ Neither side would ～ *in*. どちらも負けを認めようとしなかった 一〈他〉《*gìve ín ... / gìve ... ín*》《主に英》〔書類など〕を〈…に〉提出する(hand in)〈**to**〉 ‖ *Give* your papers *in* by Thursday. 木曜までにレポートを提出しなさい

gíve it to a pèrson (stráight) 《口》〔人〕をひどくしかる, 罰する ‖ *Give it to* me *straight*. ためらわずにはっきり言ってください

gìve it úp (for ...) 《通例命令形で》《口》(…に)大きな拍手をする, 拍手喝采(かっさい)する

gíve of ... 〈他〉〔時間・努力など〕を惜しみなく与える, さく ‖ ～ *of* one's best 最善を尽くす / ～ *of* oneself 人のために尽力する

gìve óff ...* 〈他〉①〔光・音・においなど〕を発する**(emit) ‖ ～ *off* a toxic gas 有毒ガスを発する ②〔雰囲気など〕を発散する(radiate) ‖ He ～*s off* an air of a cynic. 彼は皮肉屋の雰囲気を漂わせている

gíve onto [OR ***on to***] ***...*** 〈他〉《受身形なし》《主に英》(窓・戸口などが)…に面する, 通じる

**gìve or táke ...* 《口》①(数量・時間などの)…の誤差はあるものの, プラスマイナス… ‖ I have twenty dollars, ～ *or take* a few cents. 私は20ドル持っている, 数セントの狂いはあるだろうけれど ②…は別として(apart from)(♥しばしば皮肉・ユーモアが込められる) ‖ *Give or take* a few dents, the car's like new. 2, 3へこんだ箇所を別にすると, その車は新車同然だ

gìve óut* 〈他〉 Ⅰ《*gìve óut ... / gìve ... óut*》①〔パンフレットなど〕を配る**;…を知らせる ‖ ～ *out* fliers ビラを配る ②…を(公式に)発表する(♦しばしば受身形で用いる) ‖「It was *given out* [OR They *gave* (it) *out*] that the two sides had finally agreed. 双方がついに合意したと発表された Ⅱ《*gìve óut ...*》③〔光・音など〕を発する(send out;emit);〔叫び声など〕を出す ‖ ～ *out* a sigh ため息をつく 一〈自〉①(体・機械などが)動かなくなる, 故障する(pack up) ‖ Her legs *gave out*, and she leaned on him. 彼女は足下がふらついて彼によりかかった / The air-conditioner *gave out* in the sweltering weather. うだるような暑さの中でエアコンが故障した ②(蓄え・供給などが)**尽きる**

gìve óver 〈他〉 Ⅰ《*gìve ... óver*》①《通例受身形で》

G

〈…の目的に〉使われる，当てられる〈to〉‖ The area was *given over to* a children's playground. その土地は子供の遊び場に当てられた ②〔人生・身など〕を〈…に〉ゆだねる，浸らせる，専念させる〈to〉‖ She *gave* herself *over to* tears [writing]. 彼女は涙に暮れた［執筆に専念した］/ a life *given over to* drink 酒浸りの生活 Ⅱ《**gìve óver ... / gìve ... óver**》③…を〈…に〉渡す，預ける〈to〉‖ The criminal *gave* himself *over to* the police. 犯人は警察に自首した Ⅲ《**gìve óver ...**》④…をやめる ‖ *Give over* crying [such rude behavior]. 泣くの［そんな無礼な振る舞い］はやめなさい ―〈自〉《しばしば命令形で》《英口》やめる（♦「相手の発言を信じない」という意味でも使われる）‖ *Give over!* やめろ / She loves Bill? *Give over*. 彼女はビルが好きだって，冗談だろ

gìve a pèrson to understánd [***belíeve***] ***...*** 〔人〕に（間接的に）…を理解させる［思わせる］‖ I was *given to understand* that she would come. 彼女は来るものと理解しておりました

*****gìve úp*** 〈他〉Ⅰ《**gìve úp ... / gìve ... úp**》①《受身形不可》〔習慣など〕を**やめる**（quit, renounce；swear off），捨てる ‖ ～ *up*「a job [smoking] 仕事［たばこ］をやめる ②…を（途中で）やめる（abandon）③〔人・家など〕を譲り渡す，引き渡す，放棄する（relinquish）‖ He *gave up* his seat to a pregnant woman. 彼は妊婦に席を譲った / The couple *gave up* their daughter for adoption. その夫婦は娘を養子に出した / ～ *up* one's house 家を手放す ④〔人〕との付き合いをやめる；〔恋人〕を捨てる（throw over）‖ She *gave up* her boyfriend. 彼女は恋人と別れた Ⅱ《**gìve ... úp**》⑤…を〈死んだ［なくなった，直らない，来ない］ものとして〉あきらめる〈for〉‖ The doctors *gave* him *up for* dead. 医師たちは彼を助からぬものとあきらめた / At last! We'd almost *given* you *up*. やっと来たね，もう来ないかと思っていたよ ⑥〔犯罪者など〕を〈警察などに〉引き渡す〈to〉‖ ～ oneself *up to* the police 警察に自首する / ～ oneself *up to* the enemy 敵に投降する ⑦《～ oneself up》〈…に〉のめり込む，浸る〈to〉‖ She *gave* herself *up to* grief [her job]. 彼女は悲嘆に暮れた［仕事に没頭した］⑧《通例受身形で》〈…（の目的）に〉使われる，当てられる〈to〉Ⅲ《**gìve úp ...**》⑨〔企て・努力など〕を（途中で）あきらめる（abandon）‖ He *gave up* trying to convince her. 彼は彼女を説得するのをあきらめた ⑩〔時間〕を割く，犠牲にする ‖ He ～*s up* his weekends to coach the neighborhood soccer team. 彼は週末を割いて近所のサッカーチームのコーチをしている ―〈自〉①やめる ‖ Don't offer him a drink. He's *given up*. 彼に酒を出さないでください，もうやめたんですから ②（難しくて）あきらめる ‖ I ～ *up*! Tell me what's so funny. 降参，どこがそんなに面白いのか教えて

*****gìve úp on ...*** 〈他〉①…を見限る，…に愛想を尽かす（abandon）‖ She finally *gave up on* her unfaithful husband. 彼女はついに浮気者の夫を見放した ②…を途中で投げ出す ‖ She *gave up on* her study of French. 彼女はフランス語の勉強をやめた

gìve a pèrson whàt fór 《口》〔人〕を厳しくしかる

would gìve ánything [OR ***a lót***] ***for*** [***to do***] ***...*** （人が）ぜひとも…を手に入れたい［…したい］（♦ What wouldn't I give ...? という言い方もある）

COMMUNICATIVE EXPRESSIONS

1 They **dón't gìve a dámn** [OR **shít**] what I sáy. 私が何を言おうとあいつらはどうでもいいんだよ（♥ かなりくだけた表現）

2 **Dón't gíve me thàt.** そんな話［言い訳］は信じないぞ

3 **Dòn't gìve úp tòo éasy** [OR **éasily**]**!** そんなに簡単にあきらめちゃいけないよ；頑張れよ（♥ 励まし）

4 I don't like fancy food. **Gíve me** a hámburger「**ány dày** [OR **ány tìme, èvery tíme**]. 私はしゃれた料理は好きじゃない．ハンバーガーの方がいい（♥ 前述のもの［こと］よりも好むという意味）

5 **Gìve me**「**(sòme) skín** [OR **fíve**]**!** （相手の手のひらと自分の手のひらをパンとたたき合わせる）あいさつをしよう（♥ 親しい仲間などに対する俗語．「よう！」というあいさつに近い表現で，男性が用いる場合が多い）

6 I'm tòo lázy to gò óut, **I'll gìve you thát.** ぶっちゃけて言うと私は無精で出かけたくないんだ（♥「本音を言うと」という意味のくだけた表現）

7 **Sóme pèople** (**jùst**) **dòn't knów when to give úp.** = QUIT（CE 6）

8 **Sómething's gòt to gíve.** どうにかしなきゃ；何か手を打つべきだ（♥ 感情の衝突などの緊張状態にある状況で）

9 **Whàt gíves?** 何が起こったのか；どうした（♥ あいさつとしても用いる）

―名 U ❶ 弾力性，たわみ ‖ This material has a lot of ～. この素材はとても弾力性がある ❷ 柔軟性，順応性

類語《他 ❶》**give**「与える」を意味する最もふつうで広義の語．
present give より形式ばった語で，儀式ばった贈り方を暗示．〈例〉*present* a retiring person with a watch 退職する人に時計を贈る
bestow 改まった語で，贈り物・名誉・恩恵などを与える．〈例〉*bestow* a pennant on a champion 優勝者にペナントを授与する
confer 名誉・恩恵などを（しばしば丁重に）授ける．〈例〉*confer* a degree 学位を授ける
grant 権限を持つ者が要請に応じて与える．〈例〉*grant* permission 許可を与える
award「（審査などの正式手続きを経て）…を授与する」の意．〈例〉*award* a scholarship 奨学金を与える

***gìve-and-táke** 名 U《口》（同等の条件での）譲り合い，妥協，ギブアンドテイク；（有益な）意見の交換

gíve·awày 名 C《口》❶（秘密などを）うっかり漏らす［知らせる］もの ‖ His answer was a (dead) ～. 彼の返答で（すっかり）（秘密が）ばれてしまった ❷ 無料サンプル，景品，おまけ ❸《米》（ラジオ・テレビの）賞品［賞金］付き番組
―形《限定》捨て値の ‖ at ～ prices 捨て値で

gíve·bàck 名 C《口》返還されるもの；《米》【労働】既得権の返還

***giv·en** /gívən/ 動 give の過去分詞
―形 ❶《限定》与えられた，定められた，（ある）一定の ‖ at a ～ time 所定の時刻に / under ～ conditions 与えられた条件の下で（は）❷（公文書で）（何月何日に）作成された ‖ This agreement is ～ under my hand and seal on this second day of June, 1814. この協定は本日1814年6月2日，正式署名（捺印（なついん））の上作成す ❸ **a**《前置詞的に》…を仮定すれば，…を認めれば，…があれば；…を考慮すれば（considering）‖ *Given* the above assumptions, it is predicted that .... 上述のように仮定すれば…と予測される / It would be possible, ～ a little more time, to save your company. もう少し時間があれば，あなたの会社を救うことも可能でしょうが / *Given* his age, he's unusually active. 彼の年を考えれば，あの元気さは並じゃない **b**《+(**that**) 節》《接続詞的に》…と仮定すれば，もし…ならば；…ということを考えれば ‖ ～ a=b a=bならば / ～ *that* all men are created equal すべての人が平等につくられているとすれば

be given to ... …しがちである，…の癖［傾向］がある（♦ to の後には名詞または *doing* を用いる）‖ She *was* much ～ *to* crying by fits. 彼女はわっと泣き出すことがよくあった
―名 C《通例単数形で》所与の事実，既定の状況

▸▸ **～ nàme** 名 C（姓に対して）名，洗礼名（Christian [OR first] name）（→ name ❶）

giv·er /gívər/ 名 C 与える人，寄贈者（donor）

Gi·za /gíːzə/ 名 ギザ，ギゼー《エジプトのカイロ南西の都市．大ピラミッドとスフィンクス像で有名》

giz·mo /gízmou/ 名（複 **～s** /-z/）C《口》仕掛け，からく

り；何とかいうもの(♦名前を知らない[忘れた]もの，言いたくないものに用いる) **giz·mól·o·gy** 名 U (実用性より見た目を重視した)科学技術

giz·zard /gízərd/ 名 C ❶ (鳥の)砂嚢(さのう)；(魚・虫・軟体動物などの)胃 ❷ 《口》(人間の)胃，内臓
stick in a pèrson's gízzard (人の)気に入らない

Gk. 略 Greek

gla·cé /glæséɪ/ 形 《限定》 ❶ (果物などが) 砂糖漬けにした，糖衣をかけた(⇨ MARRONS GLACÉS) ‖ ～ icing 糖衣 ❷ (皮革・絹布などが)つやのある，光沢をつけた

gla·cial /gléɪʃəl/ 形 ❶ 氷の(ような)；非常に寒い[冷たい] ❷ 冷淡な，冷ややかな(icy) ❸ 《通例限定》氷河(期)の；氷河による；氷河のように(動きの)遅い ‖ ～ progress 遅々とした進展 ―名 C 《地》氷河期 **～·ly** 副
▸▸ **～ acètic ácid** 名 U C 《化》氷酢酸《冬には結晶状になる純度の高い酢酸》 **～ èpoch [pèriod]** 名 《the ～》氷河期[時代]；更新世(the Pleistocene)

gla·ci·at·ed /gléɪʃièɪṭɪd | -si-/ 形 氷[氷河]に覆われた；氷河作用を受けた

gla·ci·a·tion /glèɪʃiéɪʃən | -si-/ 名 U 《地》氷[氷河]で覆われること；氷河作用《侵食・運搬・堆積(たいせき)作用などの総称》

gla·cier /gléɪʃər | glǽsiə, gléɪsiə/ 名 C 氷河

gla·ci·ol·o·gy /glèɪʃiá(ː)lədʒi | -siɔ́l-/ 名 U 氷河学
-o·lóg·ic(al) 形 **-gist** 名

glad[1] /glæd/

―形 (▶ gladden 動)(**glad·der**；**glad·dest**)
❶ 《叙述》**うれしい a** 《(+(**that**) 節)》(…ということを)うれしく思う ‖ I'm ～ (*that*) you have succeeded. (=I'm ～ of your success.) 君が成功してうれしい / I'm ～ (*that*) you phoned. 電話をくれてうれしい
b 《(+**for** 名) +**to do**》(人が)…すると[して]うれしい ‖ "How do you do?" "(I'm very) ～ *to* meet you." 「初めまして」「お目にかかれて(とても)うれしいです」/ I was ～ *to* hear that he was doing well. 彼がうまくやっていると聞いてうれしかった / I was only too ～ *to* be of help. お役に立ててとてもうれしく思いました / I'd be ～ *for* you *to* get the job. 君がその職に就けるといいのだが
c 〈…が〉うれしい，ありがたい，〈…を〉喜んで〈**of, about, at, for**〉 ‖ You'll be ～ when spring comes. 春が来るとうれしいでしょう / She was awfully ～ *about* her son's safe return. 彼女は息子の無事な帰還をとても喜んだ / I should be ～ *of*「a word with you [a cup of tea]. ちょっとお話ができれば[お茶を1杯頂けたら]うれしい[ありがたい]のですが / He is ～ *at* the news. 彼はその知らせに喜んでいる
❷ 《比較なし》《(+**to do**)》**喜んで…する** ‖ I'll be ～ *to* recommend you. 私は喜んで君を推薦するよ / The bank seemed ～ *to* make the loan. 銀行は喜んで金を貸してくれるようだった / "Will you come to our house next Sunday?" "I'll be ～ *to*." 「今度の日曜日にうちへ来ませんか」「ええ，喜んで」/ I should be ～ *to* know just what you mean by that. それはどういう意味か伺いたいものだ(♥ What do you mean? の婉曲的表現)
❸ 《限定》(表情などが)うれしそうな；(出来事などが)うれしくなるような，喜ばしい；(自然などが) 輝かしい，美しい ‖ ～ tidings うれしい知らせ / a ～ surprise 思いがけないうれしいもの / a ～ spring morning 麗しい春の朝

COMMUNICATIVE EXPRESSIONS
1 **Bóy, am Í glàd about thát!** それはよかった；ほっとした；やれやれ(♥ 安堵(あんど)を表すくだけた表現)
2 **(Òh góod,) I'm glàd you** 「**thínk sò** [OR **líke it**]. そう思って[気に入って]いただいてよかったです(♥ 料理などを褒められた際に返す文句)

▸▸ **～ éye** /, ⌐⌐/ 名 《the ～》《単数形で》《口》《旧》色目，流し目 **～ hánd** (↓) **～ rágs** 名 複 《口》晴れ着

glad[2] /glæd/ 名 《口》=gladiolus

glad·den /glǽdən/ 動 (◁ glad[1] 形) 他 …を喜ばせる，元気づける ‖ ～ a person's heart 人を喜ばせる

glade /gleɪd/ 名 C 林間の空き地；《米》沼沢地

glàd hánd /, ⌐⌐/ 名 《the ～》(しばしば利己的な目的からの)大歓迎 ‖ give him the ～ 彼を大歓迎する
glàd-hánd /, ⌐⌐/ 動 他 (政治家などが)…を大いに歓迎する，…に親しげに握手の手を差し出す ―自 大歓迎する
glàd hánder 名

glad·i·a·tor /glǽdièɪṭər/ 名 C ❶ 《ローマ史》剣闘士《闘技場で互いに，または猛獣と戦わされた》 ❷ 論客，闘士 ❸ 《米口》プロボクサー **glàd·i·a·tó·ri·al** 形

glad·i·o·lus /glæ̀dióʊləs/ 名 (複 **～·es** /-ɪz/ OR **-li** /-laɪ/) C ❶ 《植》グラジオラス ❷ 《解》胸骨体

***glad·ly** /glǽdli/ 副 ❶ 喜んで，快く ‖ "Will you write up the survey report?" "*Gladly*." 「調査報告をまとめてくれますか」「いいですとも」/ I'd ～ help you. 喜んでお力になります ❷ うれしそうに

glad·ness /glǽdnəs/ 名 U 喜び，うれしさ

glad·some /glǽdsəm/ 形 《文》喜ばしい，楽しい；うれしそうな **～·ly** 副

Glad·stone /glǽdstoʊn | -stən/ 名 **William Ewart ～** グラッドストン(1809–98)《英国の政治家・首相(1868–74, 1880–85, 1886, 1892–94)》
▸▸ **～ bàg** /英 ⌐⌐⌐/ 名 C (真ん中から2つに開く)旅行かばん

glair /gleər/ 名 U ❶ (卵白から作った)うわ薬，のり，どうさ ❷ 卵白状の粘液
～·y 形 卵白状の，粘着性の；卵白[うわ薬]を塗った(ような)

glam /glæm/ 《口》 形 =glamorous ―名 =glamour ―動 他 =glamorize
▸▸ **～ ròck** 名 U グラムロック《1970年代にはやったロックミュージック．男性歌手が派手な衣装と化粧で演奏した》

glam·a·zon /glǽməzɑ̀(ː)n, -zən | -zɔn, -zən/ 名 C 《口》グラマーな女傑(♦ *glam*our+*Amazon* より)

glam·or·ize, +《英》**-our-** /glǽmərаɪz/ 動 他 …を(実際以上に)魅惑的にする，素敵に見せる，美化する
glàm·or·i·zá·tion 名

***glam·or·ous** /glǽmərəs/ 形 魅惑的な，魅力的な；(生活・仕事などが)活気にあふれた，華やかな **～·ly** 副

***glam·our,** +《米》**-or** /glǽmər/ (♦《米》でも -our が一般的) 名 ❶ U うっとりさせるような魅力，心を惑わす美しさ；(特に女性の)性的魅力，セックスアピール(❗glamour は「肉体的な豊満さ」を意味しない．「彼女はグラマーだ」は She's got a great body. /She is stacked. /She is really built.) ‖ full of ～ 魅力にあふれた ❷ C 《古》魔法；魔力 ‖ under a ～ 魔法をかけられた，魅せられて / cast a ～ over … …に魔法をかける，…を魅する
語源 スコットランド語の grammar の異形が「魔術(gramarye)」の意味で入ったもの．
▸▸ **～ gìrl [bòy]** 名 C 魅惑的な女性[男性]；容姿は魅力的だが演技は下手な女優[俳優]

:glance /glæns | glɑːns/
―動 (**glanc·es** /-ɪz/；**～d** /-t/；**glanc·ing**)
―自 ❶ (素早く)**ちらりと見る**，さっと見る〈**at** …を；**into** …の中を；**toward** …の方を〉(⤵ have [OR take] a (quick) look) (♦ glimpse が「意図せずにちらりと目に入る」の意であるのに対し，glance は「意図的にちらりと見る」) (⇨ LOOK 類語P) ‖ The marathon runner ～*d at* her watch from time to time. マラソンランナーは時折時計をちらりと見た / He ～*d into* the mirror to see if he looked all right. ちゃんとしているか確認するため彼は鏡の中をちらりとのぞき込んだ / ～ **over** one's **shoulder** 肩越しにちらりと見る
連語 【～+副】 ～ up [down] (at ...) 目をちらりと上げ[下げ]て(…を)見る / ～ back (at ...) ちらりと後ろを振り返って(…を)見る / ～ around ちらりと周囲を見る / ～ over (at ...) (…の方に) ちらりと視線を投げかける

❷〈新聞などに〉**ざっと目を通す**〈**at, through, down, over**〉;〈…を〉ざっと見回す〈**around, about**〉‖ ~ *through* the phone book 電話帳にざっと目を通す / ~ *over* the article その記事にざっと目を通す
❸ きらりと光る, きらめく(flash);〈…に〉反射する〈**off**〉‖ streams *glancing* in the sun 陽光にきらめく流れ
❹〈弾丸・矢などが〉〈…の〉表面に斜めに当たってはねる[それる],〈…を〉かすめる〈**off**〉‖ The bullet ~*d off* the helmet [wall]. 弾丸がヘルメット[壁]をかすめた
❺〈話題に〉ちょっと言及する, ふれる〈**at**〉‖ The book ~*s at* the customs of the Romans. その本はローマ人の風習にちょっとふれている
—他 ❶ …に斜めに当たってそれる, かすめる;…を(物に)斜めに当たってそれるようにする
❷ (ボールゲームで)〔ボール〕を曲がる[それる]ように打つ
—名 (複 **glanc·es** /-ɪz/) Ⓒ ❶〈…を〉**ちらっと見ること**,〈…への〉ひと目, 一見, 一瞥(いちべつ)〈**at**〉‖ A ~ *at* my mother's face told me that she was angry. 母の顔をひと目見て怒っているのがわかった / **cast** [OR take, give, throw, shoot] a ~ *at* the clock 壁の時計をちらっと見る / have a ~ *at* the book 本にざっと目を通す / steal a ~ *at* her profile 彼女の横顔を盗み見る / **exchange quick** ~*s* (with ...) (…と)素早く視線を交わす
❷ 素早い目の動き, 目配せ, 目つき ‖ She gave him an angry ~ over her shoulder. 彼女は肩越しに彼に怒りの視線を向けた / **with** meaningful ~*s* 意味ありげな目つきで ❸ (弾丸などの) 斜めにかする当たり, わきの方へそれる[そらせる]こと, 跳ね返り ❹《文》(光の)きらめき(gleam)
❺ ちょっとふれること, ほのめかし ❻〘クリケット〙はす打ち
at a glánce すぐに, **ちょっと見ただけで**;短い書式で
at first glánce ひと目見て;ちょっと見たところ(では)
without a bàckward glánce 振り返ることなく;何の未練もなく

glanc·ing /glǽnsɪŋ | glɑ́ːns-/ 形《限定》斜めに当た(って それ)る ‖ a ~ blow かすった一撃 **~·ly** 副

***gland** /glænd/ 名 Ⓒ〘解〙腺(せん);〘植〙(蜜(みつ)などを分泌する)組織 ‖ have swollen ~*s* リンパ腺がはれている / the endocrine [exocrine] ~ 内[外]分泌腺

glan·ders /glǽndərz/ 名 複《しばしば単数扱い》馬鼻疽(びそ)《馬などの伝染病》

glan·du·lar /glǽndʒələr | -djʊ-/ 形《通例限定》腺(状)の, 腺のある[からなる];《口》肉体的な
▸▸ **~ féver** 名 Ⓤ〘医〙腺熱(せんねつ)

glans /glænz/ 名 (複 **glan·des** /glǽndiːz/) Ⓒ〘解〙(陰茎・陰核の)亀頭(きとう)

***glare** /gleər/ 動 自 ❶〈…を〉にらみつける〈**at**〉‖ He ~*d at* the umpire with resentment. 彼は腹を立ててアンパイアをにらみつけた ❷ ぎらぎら輝く, まぶしく光る ‖ The sun ~*d* down mercilessly on us. 太陽はぎらぎらと容赦なく我々に照りつけた ❸ 異様に目立つ, どぎつく見える
—他〔敵意など〕を表して〈…を〉にらむ〈**at**〉‖ He ~*d* hate [contempt] *at* me. 彼は憎しみ[軽蔑]をあらわにして私をにらんだ
—名 Ⓒ ❶ にらみ(つけ), 怒っている目つき ‖ give him a ~ 彼をにらみつける / I looked up and met his angry ~. 見上げると怒ってにらんでいる彼と目が合った ❷《単数形で》(特に太陽の)ぎらぎらする光, まぶしい輝き ‖ the harsh ~ of the sun 激しく照りつける太陽 ❸ Ⓤ 目立つこと, けばけばしさ ‖ in the ~ of publicity 世間の評判になって

***glar·ing** /gléərɪŋ/ 形 ❶ ぎらぎらする, まぶしい ‖ the ~ summer days ぎらぎらとまぶしい夏の日々 / ~ white walls まばゆい白壁 ❷ (色などが) けばけばしい, 毒々しい ❸《通例限定》(悪いことなどが)明白極まる, はなはだしい ‖ a ~ error とんでもない誤り ❹ にらみつける(ような), 怒り[敵意]を込めた ‖ ~ eyes にらみつけるような目 **~·ly** 副

Glas·gow /glǽsgoʊ, glǽz- | glɑ́ːz-, glǽz-, glɑ́ːs-, glǽs-/ 名 グラスゴー《スコットランド南部の都市》

glas·nost /glɑ́ːsnoʊst | glǽsnɒst/ 名 Ⓤ (旧ソ連の) 情報公開, グラスノスチ(◆ publicity の意のロシア語より)

*****glass** /glæs | glɑːs/ 名 動
—名〔▸ glassy 形〕(複 **~·es** /-ɪz/) ❶ Ⓤ **ガラス**;ⓊⒸ ガラス状のもの;《形容詞的に》ガラスの ‖ I cut my finger on a piece of broken ~. ガラスの破片で指を切った / A light filtered into the chapel through the **stained** ~. 一条の光がステンドグラスを通して礼拝堂に差し込んでいた / ground ~ すりガラス / plate ~ 板ガラス / strengthened ~ 強化ガラス / frosted ~ すりガラス / made of ~ ガラス製の / a sheet of ~ 1枚のガラス / a pane of ~ 窓ガラス1枚 (◆ ×a glass of the window とはいわない) / a ~ **window** [bottle] ガラス窓[瓶]
❷ Ⓒ **グラス**, コップ(→ cup);**グラス1杯の量**(glassful);酒, 飲酒 ‖ a wine ~ ワイングラス / Would you like a ~ **of** sherry? シェリー酒を1杯いかがですか / I raised my ~ to their bright future. 彼らの明るい前途のために乾杯した / order「wine by the ~ [OR a ~ of wine] グラスワインを注文する / have a ~ with him 彼と一杯やる / be fond of one's ~ 酒好きである / have a ~ too much 酒を飲みすぎる
❸ Ⓒ《~es》**眼鏡**(spectacles);双眼鏡;オペラグラス ‖ take off one's *glasses* 眼鏡を外す / **wear** dark ~*es* 濃いサングラスをかけている / two pairs of ~*es* 眼鏡2つ /「These ~*es* are [OR This pair of ~*es* is] not right for me. この眼鏡は合わない (◆ ×This glass is ... とはいわない)
❹ Ⓤ《集合的に》ガラス製品, ガラス食器 (glassware) ‖ silver and ~ 銀器とガラス器
❺ Ⓒ《英》温室 ‖ grown under ~ 温室栽培の
❻ Ⓒ《通例単数形で》《主に英》鏡, 姿見(looking glass) ‖ She arranged her cap in the ~. 彼女は鏡をのぞいて帽子を整えた
❼《the ~》《旧》晴雨計;《古》砂時計(hourglass);(額縁などの) ガラス;(時計の) ガラスぶた;窓ガラス ‖ The ~ is rising high. 気圧(計)が上がっている(天気になる)
❽ Ⓒ レンズ;望遠鏡;《古》顕微鏡
—動 (**~·es** /-ɪz/;**~ed** /-t/;**~·ing**)
—他 ❶《通例受身形で》ガラスを入れてある[はめてある];ガラスで覆われている《***in, over***》‖ The room is ~*ed in*. その部屋はガラスで囲まれている / a ~*ed-in* porch ガラス張りのポーチ ❷ …をガラスの容器に入れる ❸ …を双眼鏡で見る ❹《英俗》(ビールのグラスで)〔人〕の顔を打つ
▸▸ **~ blòwing** (↓) **~ céiling** 名 Ⓒ《通例単数形で》ガラスの天井《女性や少数民族出身者の企業内における昇進や昇格の (目に見えない) 限界》 **~ clòth** 名 Ⓒ《英》ガラス粉入りの磨き布 **~ cùtter** 名 Ⓒ ガラス切り工, 切り子ガラス細工師;ガラス切り (道具) **~ éel** 名 Ⓒ シラスウナギ《ウナギの幼魚. 体が透き通っている》 **~ éye** 名 Ⓒ ガラス製義眼 **~ fíber** <シ> 名 Ⓤ《主に英》グラスファイバー, ガラス繊維(fiberglass) **~ harmónica** 名 Ⓒ〘楽〙グラスハーモニカ《ぬらしたガラスの水盤に指先で触れて音を出す楽器. 米国の Benjamin Franklin が考案した》 **~ jáw** 名 Ⓒ《口》ガラスのあご《パンチに弱いボクサーのあご》 **~ pàper** 名 Ⓤ ガラス紙《ガラス粉を塗った紙やすり》 **~ snàke** 名 Ⓒ〘動〙ミドリアシナシトカゲ《ガラスのようにもろい尾を持つアシナシトカゲの一種》 **~ wóol** 名 Ⓤ グラスウール, ガラス綿

gláss blòwer 名 Ⓒ ガラス吹き工

gláss blòwing 名 Ⓤ ガラス吹き

glass·ful /glǽsfʊl | glɑ́ːs-/ 名 =glass 名 ❷

gláss·hòuse 名 (複 **-hous·es** /-hàʊzɪz/) Ⓒ ❶《英》温室 (greenhouse) ❷《英軍俗》軍刑務所 ❸ 世間から注目される立場 ❹ ガラス工場(glassworks)

gláss·wàre 名 Ⓤ《集合的に》ガラス製品, ガラス食器類

gláss·wòrks 名 Ⓤ ガラス工場

glass·y /glǽsi | glɑ́ːsi/ 形〔◁ glass 名〕❶ ガラスのような,

透明な；(水面などが)(鏡のように)滑らかな ‖ a ～ lake 鏡のように滑らかな湖 ❷(目などが)どんよりした，生気[表情]のない **gláss·i·ly** 副 **gláss·i·ness** 名

glàssy-éyed 形 ぼんやりした(表情の)；(酔って)とろんとした目つきの

Glas·we·gi·an /glæswíːdʒən | glɑːz-/ 形 名 Ⓒ グラスゴー(Glasgow)の(市民)

Gláu·ber's sàlt(s) /gláubərz-/ 名 Ⓤ Ⓒ 〖化〗グラウバー塩，芒硝(ぼうしょう)(glauber salt)《下剤として，また紙·ガラス製造に用いる》

glau·co·ma /glaukóumə | glɔː-/ 名 Ⓤ 〖医〗緑内障，あおそこひ **～·tous** 形

glau·cous /glɔ́ːkəs/ 形 《文》 ❶ 灰緑[青緑]色の ❷〖植〗(ブドウ·スモモなどが)白い粉をふいた

glaze /gleɪz/ 動 他 ❶〔陶器など〕にうわ薬をかける，〔皮製品など〕につや出しをかける，〔絵〕にうわ塗りをする；〔料理〕に〈…で〉照りをつける，〔菓子など〕を〈糖衣·ゼリーなどで〉くるむ〈**with**〉；(磨いて)…につやを出す ❷〔目〕をどんよりさせる，…の生気[表情]を失わせる ❸〔窓·絵など〕にガラスをはめる；〔建物など〕にガラス窓を取りつける，…をガラス張りにする《*in*》‖ ～ a window (with new glass) 窓に(新しい)ガラスを入れる / ～ *in* a veranda ベランダをガラス張りにする ❹《米》〔道など〕を薄氷で覆う —自 ❶(目が)どんよりする，生気を失う《*over*》‖ Her eyes ～*d over.* 彼女の目は生気がなかった ❷ ガラスのようになる，つやが出る
—名 Ⓤ Ⓒ ❶ うわ薬；(絵の)うわ塗り；〖料理〗グレーズ《糖衣·ゼラチン·たれなど》❷ つやつやした表面 ❸《米》薄氷(に覆われた地面) **gláz·er** 名 Ⓒ うわ薬工，つや出し工

glazed /gleɪzd/ 形 ❶(目が)とろんとした，光沢のない ‖ a ～ look とろんとした目つき / ～ eyes とろんとした目 ❷ うわ薬を塗った；照りをつけた ‖ ～ slices of ham たれを塗った薄切りのハム / a ～ doughnut グレーズドーナツ《シュガーシロップをかけたドーナツ》

gla·zier /gléɪʒər | -ziə/ 名 Ⓒ ガラス工

glaz·ing /gléɪzɪŋ/ 名 ❶ Ⓤ ガラスはめ込みの仕事；(窓·額などにはめる)ガラス ‖ double ～ 二重窓 ❷ Ⓤ うわ薬をかけること；Ⓒ うわ薬；つや出し塗料

GLC 略 *G*reater *L*ondon *C*ouncil (大ロンドン市議会，1986年廃止)；*g*as-*l*iquid *c*hromatography(気液クロマトグラフィー)

gleam /gliːm/ 動 自 ❶ほのかに[かすかに]光る；きらりと光る，光り輝く(⇨ SHINE 類語) ‖ Diamonds [His eyes] ～*ed.* ダイヤモンド[彼の目]がきらりと光った ❷(顔·目などが)〈感情などで〉ちらっと[急に]輝く〈**with**〉；(感情などが)〈目·表情に〉ちらっと表れる〈**in**〉‖ Her face ～*ed with* happiness. 彼女の顔は幸せに輝いた
—名 Ⓒ 《通例単数形で》❶ かすかな光，薄明かり，微光；(小さな光源の)きらめき，(一瞬の)輝き(⇨ LIGHT[1] 類語) ‖ the ～ of far-off lanterns 遠くのちょうちんのかすかな光 ❷〈感情·機知などの〉かすかな表れ，ひらめき〈**of**〉‖ a ～ *of* knowledge 知識のひらめき
a gléam in a pèrson's éye (人の)漠然とした計画[考え]
～·ing 形 きらめく，光り輝く

glean /gliːn/ 動 自 落ち穂拾いをする —他 ❶〔落ち穂など〕を拾う ❷〔情報など〕を〈…から〉少しずつ集める〈**from**〉‖ ～ information *from* a variety of sources さまざまな情報源から少しずつ情報を収集する **～·er** 名

glean·ings /glíːnɪŋz/ 名 複 ❶ 拾い集めた落ち穂 ❷ こつこつと集めた情報(など)

glebe /gliːb/ 名 Ⓒ 《主に英》《古》教会所属耕地

***glee** /gliː/ 名 Ⓤ ❶ 大喜び，歓喜 ‖ dance with ～ 小躍りして喜ぶ / in high ～ 大はしゃぎして ❷(他人の失敗を見て)ほくそ笑むこと ❸ Ⓒ 〖楽〗グリー《3部以上の無伴奏合唱曲. 主として男声用》(→glee club)
▶▶ **～ clùb** 名 Ⓒ グリークラブ，男声合唱団

glee·ful /glíːfəl/ 形 大喜びの，陽気な **～·ly** 副

glen /glen/ 名 Ⓒ 峡谷，谷間(narrow valley)

glen·gar·ry /glengǽri/ 名 (複 **-ries** /-z/) Ⓒ グレンガリ帽《スコットランド高地人の毛織のつばなし帽子》

glib /glɪb/ 形 ❶《けなして》(人が)ぺらぺらしゃべる，口達者な；(言葉が)浅薄な，口先だけの ‖ have a ～ tongue よく舌が回る / a ～ compliment 口先だけのお世辞 ❷(態度などが)くだけた，無雑作な **～·ly** 副 **～·ness** 名

***glide** /glaɪd/ 動 自 ❶《+副句》滑る，滑らかに動く[進む，流れる，飛ぶ]；音もなく移動する，足音をしのばせて進む(⇨ SLIP[1] 類語P) ‖ She ～*d* down the corridors like a ghost. 彼女は廊下を幽霊のように音もなく歩いて行った / He ～*d* away. 彼はすうっと去って行った / ～ through the haze もやの中を滑るように進む ❷(時が)知らぬ間に過ぎる《*along, away, by*》；知らぬ間に〈…に〉移る，次第に変わる〈**into**〉‖ Hours ～*d by.* いつの間にか何時間かが過ぎた / The pianist ～*d into* an old favorite. ピアニストはいつしかお気に入りの懐しい曲に移っていた ❸〖空〗(飛行機が)(エンジンを止めて)滑空[滑降]する；グライダーで飛ぶ ❹〖音声〗(1つの音からほかの音へ)渡る ❺〖楽〗音を切らずに滑らかに続けて奏する[歌う]
—他 ❶《+目+副句》…をすっと動かす，滑らせる；…を滑走[滑空]させる ❷(グライダーで)…を横断する
—名 Ⓒ ❶ 滑ること，滑り，滑走；滑らかで静かな動き[流れ] ❷《米》(家具の脚などにつける移動用の)滑り ❸〖空〗滑空 ❹〖楽〗(広義に)スラー，ポルタメント，滑唱[奏] ❺〖音声〗渡り(音)《中間のつなぎの音》；半母音(semivowel) ❻〖ダンス〗グライド《滑るような動作のダンス(ステップ)》
▶▶ **～ pàth** 名 Ⓒ (航空機の無線信号誘導システムによる)降下路

***glid·er** /gláɪdər/ 名 Ⓒ ❶ グライダー ❷ 滑る(ように動く)人[もの] ❸《米》(ポーチなどに置く)ぶらんこ[揺り]いす

***glim·mer** /glímər/ 動 自 ❶ かすかに[ちらちら]光る(⇨ SHINE 類語) ‖ The candle ～*ed* and went out. ろうそくの火がちらちらして消えた ❷ ぼんやりと見える[現れる]
—名 Ⓒ ❶ かすかな[ちらちらする]光(⇨ LIGHT[1] 類語) ‖ the ～ of a candle ろうそくの揺れる光 ❷ かすかなひらめき，わずかな兆候；おぼろげな認識 ‖ a ～ of hope [intelligence] かすかな望み[知性のひらめき]

glim·mer·ing /glímərɪŋ/ 名 =glimmer ❷

***glimpse** /glɪmps/ 名 Ⓒ ❶〈…が〉ちらりと[ほのかに]見えること〈**at, of**〉，ひと目，瞥見(べっけん) ‖ I caught [OR got] a ～ *of* her in the rearview mirror. バックミラーに彼女の姿がちらりと見えた / a fleeting ～ ほんのちょっと見えること ❷ かすかな表れ[兆し]；〈…に〉ちょっと気づく[ふれる]こと〈**into, of**〉
—動 他 ❶ …をちらりと見(かけ)る(→ glance) ‖ ～ a passing car 通りがかりの車をちらりと見る ❷ …をわかりかける —自〈…を〉ちらりと見る〈**at**〉(⇨ LOOK 類語P)

glint /glɪnt/ 動 自 ❶ きらめく，(反射して)きらっと光る ❷(目が)きらっと光る；(敵意などが)目に表れる
—名 Ⓒ ❶ きらめき，ひらめき，(小さな光の)輝き ‖ the ～ of the rain (ちらちら光を反射しながら降る)雨のきらめき ❷ 目の表情，光 ‖ a ～ of anger 怒りの目つき

glis·sade /glɪsɑ́ːd, -séɪd/ 名 Ⓒ ❶〖登山〗グリセード《雪渓での制動滑降》❷〖バレエ〗滑歩，グリサード
—動 自 グリセードで滑降する；グリサード[滑歩]で踊る

glis·san·do /glɪsɑ́ːndou | -sǽn-/ 名 (複 **～s** /-z/ OR **-di** /-diː/) Ⓒ 〖楽〗グリッサンド(の楽節)，滑奏法

***glis·ten** /glísən/ 動 自〈…で〉きらきら[ぎらぎら]光る，きらめく〈**with**〉(◆ときに形容詞補語を伴う)(⇨ SHINE 類語) ‖ Her eyes were ～*ing with* tears.＝Tears were ～*ing* in her eyes. 彼女の目には涙が光っていた / The lawn ～*ed* white in the moonlight. 芝生は月光を浴びて白く光っていた —名 Ⓒ きらめき

glis·ter /glístər/ 動 名 《文》=glitter

glitch /glɪtʃ/ 名 Ⓒ 《口》❶(精密機器などの)小さな欠陥，突然の不調；(コンピューターの)バグ ❷〖天〗グリッチ《パルサーの周期のちょっとした変化》
—動 自 《主に米》突然不調[変化]を起こす

***glit·ter** /glítər/ 動 自 ❶〈…で〉きらきら輝く，ぴかぴか光る

〈with〉(⇨ SHINE 類語) ‖ Stars ~*ed* in the sky.= The sky ~*ed with* stars. 空には星がきらきら輝いていた / eyes ~*ing with* greed 貪欲(どんよく)に光る目 ❷〈…で〉華美[きらびやか]である〈**with**〉

—名U ❶きらめき，輝き ‖ the ~ of the ocean in the sun 陽光を浴びた海のきらめき ❷ きらびやかさ，華麗 ❸《集合的に》(小さくて)きらきらするもの[飾り]

glit·ter·a·ti /ɡlìt̬ərɑ́ːt̬i/ 名 複《口》金持ちの有名人たち，華やかな連中(♦ 新聞用語)

glit·ter·ing /ɡlít̬ərɪŋ/ 形《通例限定》きらきら輝く；華麗な；大成功の **~·ly** 副

glit·ter·y /ɡlít̬əri/ 形 きらきら輝く(glittering)

glitz /ɡlɪts/ 名U《口》けばけばしさ，華美 —動 他《米口》…を派手に飾り立てる **~·y** 形《口》派手な，華美な

gloam·ing /ɡlóumɪŋ/ 名《the ~》《文》夕方の薄明かり，たそがれ(dusk)

gloat /ɡlout/ 動 自〈…を〉さも満足そうに眺める，小気味よく思う，〈…に〉ほくそ笑む〈**about, at, over**〉 —名C《単数形で》《口》ほくそ笑み，満悦 **~·ing** 形 **~·ing·ly** 副

glob /ɡlɑ(ː)b | ɡlɔb/ 名C《口》(半固体の)球状のかたまり；小滴

***glob·al** /ɡlóubəl/

—形《比較なし》《通例限定》❶ **地球全体の**，地球的規模の，全世界的な(⇨ BYB) ‖ Computer viruses are a ~ problem. コンピューターウイルスは世界的な問題だ / the ~ economy [population] 世界経済[人口] / on a ~ scale 地球的規模で / protect the ~ environment 地球環境を守る

❷ 全体的な，包括的な ‖ take a ~ view of the situation 状況を全体的に見る[考える]

❸ 💻ファイル[プログラム]のすべてを対象とした，大域的な，グローバルの ‖ do a ~ search for "assume" on the computer コンピューターで "assume" の用例を全部引き出す ❹ 球状の，球形の **~·ly** 副 地球規模で；全体的に

▸▸ **~ pósitioning sýstem** 名U 全地球測位システム(略 GPS) **~ víllage** 名C《単数形で》地球村《通信の発達で一体化した世界》 **~ wárming** (↓)

glob·al·ism /ɡlóubəlìzm/ 名U グローバリズム《個々の国家より地球全体に重点を置く考え方・政策》 **-ist** 名 形

glob·al·i·za·tion /ɡlòubələzéɪʃən | -əlaɪ-/ 名U グローバル[世界]化，グローバリゼーション，地球規模化(⇨ BYB)

> **Boost Your Brain!**
>
> **global と globalization**
>
> 元々は「球体」を意味する globe が定冠詞 the を伴い the globe で「地球」を意味するようになり，そこから形容詞形の global が「地球全体の，地球的規模の」ということを表すようになった．
>
> international と global は，前者が inter-「間の」と -national「国家の」からなり，国と国との相互関係を示す語であるのに対して，global はボーダーレス化した地球規模のつながりを示す語であり，ニュアンスは大きく異なる．
>
> 「グローバルスタンダード」というカタカナ語が，「経営や金融システムなどにおいて国際的に共通化しているルール」という意味で，日本独自の制度や規制の対語として用いられることがあるが，英語の global standard とは工業製品などの「国際標準規格」を意味するにすぎない．
>
> globalization「グローバリゼーション，グローバル化，地球規模化」とは，国家や地域の境界を越え地球が一つの大きな単位へと変わっていく過程を示す語である．もともとは1970年代頃から環境問題の深刻化や米ソ対立における核戦争の危険性が指摘される中で，地球全体の視点で地球環境の保全や世界平和の実現を考えていこうとする立場を示す言葉であった．しかし，90年代以降，globalization という言葉には，多国籍企業(multinational corporation)や覇権国家の利益の追求の結果，貧富の差を拡大し，環境や地域の固有文化を破壊するという批判的な見方が含意されていることが多い．

glob·al·ize /ɡlóubəlàɪz/ 動 他 自 (…を) 地球[国際]化する，全世界的にする[なる]

***glòbal wárming** 名U 地球温暖化(→ climate change)

***globe** /ɡloub/ 名(♦ glove /ɡlʌv/ と区別) C ❶《通例 the ~》地球(⇨ EARTH 類語)；世界 ‖ all around the ~ 地球[世界]の至る所を[に] / circle the ~ 地球の周りを回る ❷ 地球儀，天球儀 ‖ a celestial [terrestrial] ~ 天球[地球]儀 / spin the ~ 地球儀を回す ❸ 天体《惑星・恒星など》 ❹ 球，球体 ❺《通例形容詞を伴って》球形のガラス器《電灯のかさ・金魚鉢・《豪・スコット》電球など》；球状のもの ‖ a light ~ 電球 / a brandy ~ ブランデーグラス ❻【史】(帝王権の象徴としての)金球

—動《文》他…を球状にする —自 球状になる

▸▸ **~ ártichoke** 名C=artichoke ❶ **Glòbe Théatre** 名《the ~》グローブ[地球]座《ロンドンのサザークに建設された Shakespeare 劇の上演劇場. 1997年同地で復元された》

glóbe·fìsh 名(複 ~ OR **~·es** /-ɪz/) C【魚】フグ

glóbe·flòwer 名C【植】キンバイソウ(金梅草)の類

glóbe·tròt /-trɑ̀(ː)t | -trɔ̀t/ 動(**-trot·ted** /-ɪd/；**-trot·ting**) 自《口》世界各国を観光旅行する

~·ter 名C《口》世界各国を(観光)旅行する人 **~·ting** 名U 形 世界各国の(観光)旅行(をする)

glo·bu·lar /ɡlɑ́(ː)bjulər | ɡlɔ́-/ 形 ❶ 球状の，球形の ❷ 小球(globule)からなる

glob·ule /ɡlɑ́(ː)bjuːl | ɡlɔ́b-/ 名C (丸薬などの)小球(体)；小滴 ‖ ~*s* of mercury 水銀粒

glob·u·lin /ɡlɑ́(ː)bjulən | ɡlɔ́bjulɪn/ 名U C【生化】グロブリン《動植物の組織内のタンパク質の一種》

glo·cal /ɡlóukəl/ 形【商】世界的視野と地域的観点を併せ持つ **~·ize** 動 他 **glò·ca·li·zá·tion** 名

glock·en·spiel /ɡlɑ́(ː)kənspìːl | ɡlɔ́k-/ 名C【楽】グロッケンシュピール，鉄琴

glom /ɡlɑ(ː)m | ɡlɔm/ 動(**glommed** /-d/；**glom·ming**)《米俗》他…をかっぱらう，盗む

—自〈…に〉まとわりつく；〈…を〉理解し始める〈**onto**〉

***gloom** /ɡluːm/ 名〔▶ gloomy 形〕❶U 暗がり，暗黒；薄暗がり(↔ light)；C《文》(薄)暗い場所，木陰 ‖ the ~ of sunset 夕闇(ゆうやみ) ❷U/C《単数形で》憂うつ(な雰囲気)；意気消沈；悲しみ，絶望(感) ‖ cast a ~ over the world 全世界に暗い影を投げる / sink in [OR into] ~ 悲しみに沈む

doom and gloom*；*gloom and doom ⇨ DOOM(成句)

—動 自 ❶(空などが)(薄)暗くなる ❷〈…のことで〉ふさぎ込む，悲しむ；顔をしかめる〈**about, over**〉 ❸《文》おぼろに[影のように]現れる —他…を(薄)暗くする

***gloom·y** /ɡlúːmi/ 形〔◁ gloom 名〕❶ 暗い，暗黒の；薄暗い(↔ light) ‖ a ~ corridor 薄暗い廊下 ❷ 陰気な，陰うつな，愁いを帯びた ‖ a ~ mood 陰気なムード ❸〈…に(ついて)〉悲観的な，希望が持てない〈**about, over**〉(⇨ HAPPY メタファーの森) ‖ I feel ~ *about* the future of my son. 息子の将来を考えると暗い気持ちになる / take a ~ view of one's life 自分の人生を悲観的[否定的]に見る[考える] / ~ prospects 悲観的な見通し ❹(状況・ニュースなどが)気をめいらせる，憂うつにする ‖ ~ news 重苦しいニュース

glóom·i·ly 副 **glóom·i·ness** 名

glop /ɡlɑ(ː)p | ɡlɔp/ 名《主に米口》U どろっとしたもの；C どろっとしたかたまり **glop·py** 形

Glo·ri·a /ɡlɔ́ːriə/ 名《the ~》【宗】グロリア，頌栄(しょうえい)，栄光頌，栄光の賛歌

***glo·ri·fy** /ɡlɔ́ːrɪfàɪ/ 動〔◁ glory 名〕(**-fies** /-z/；**-fied** /-d/；**~·ing**) 他 ❶《しばしばけなして》…を(実際以上に)よく見せる，〔戦争・暴力など〕を美化する ‖ ~ acts of violence 暴力行為を美化する ❷〔人・業績・能力など〕を褒めそやす，

称賛する；〔神〕の栄光をたたえる，…を賛美する ‖ ～ a hero 英雄をたたえる / ～ God for His mercy 慈悲深い神をあがめる

glò·ri·fi·cá·tion 名 U 賛美，美化；神の栄光の賛美

glo·ri·ous /glɔ́:riəs/ 形 〔◁ glory 名〕 (**more ～**；**most ～**) ❶ 栄光の，栄光に満ちた，輝かしい，名誉ある (↔ inglorious) ‖ a ～ victory 輝かしい勝利 / the *Glorious* Fourth 栄光の4日《米国独立記念日. 7月4日》 ❷ 壮麗な，まばゆいばかりに美しい ‖ From the top, you will have a ～ view. 頂上から素晴らしい景色が眺められるでしょう / a ～ sunset 壮麗な日没 ❸ (天候が) よく晴れて穏やかな，温暖な ‖ a ～ winter day うららかな冬の日 ❹ 《口》とても楽しい ‖ have a ～ time [holiday] 非常に楽しい時[休日]を過ごす ❺ 《英口》一杯機嫌の，ほろ酔いの

～·ly 副 素晴らしく，気持ちよく，とても(楽しそうで)

▶▶ **Glòrious Rèvolútion** 名 《the ～》〖英国史〗名誉革命 (1688–89)《議会主権に基づく立権王政を樹立した革命》 **Glòrious Twélfth** 名 《また g- t-》《the ～》栄光の12日《英国でライチョウ猟が解禁になる8月12日》

glo·ry /glɔ́:ri/ 名 〔▶ glorious 形, glorify 動〕 (複 **-ries** /-z/) U ❶ 栄光，誉れ；名声，絶賛 (↔ shame) ‖ The Olympic champions returned to their country covered in [OR with] ～. オリンピックの金メダリストたちは母国に凱旋(がいせん)した / gain [OR win] ～ 栄誉を手にする ❷ C 栄光[名誉]を与える人[もの]；誇りとなるもの ‖ the chief *glories* of Britain 英国が誇る主だった人々[もの] / Her long hair is her crowning ～. 長い髪は彼女の無上の誇りだ ❸ (神の)栄光，栄え；(神への)賛美，礼拝 ‖ *Glory* (be) to God! 神に栄光あれ / give ～ to God 神を賛美する ❹ 天上界の栄光[至福]；天国 ❺ (地上の)栄華，壮麗；まばゆいばかりの美しさ；(自然界の)美観，壮観，華美 ‖ restore the former ～ of Assyria アッシリアのかつての栄華を復元する / the ～ of nature in summer 夏の自然の壮観 ❻ (成功・繁栄の)絶頂，全盛；(人などの) 大得意，大満足 ‖ That puppy is in his ～ playing with the children. その子犬は子供たちと遊べて大満足している ❼ 後光，光背，光輪(halo)

bàthe* [OR *bàsk*] *in* (*a pèrson's*) *reflècted glóry (人の)栄光[名声など]のおかげをこうむる

Glóry bé! ① 神に栄光あれ(→ 名 ❸) ② 《口》まあ驚いた；ありがたい；うれしい (♥ 驚き・喜びを表す. *Glory be* to God! の略. 単に Glory! ともいう. → 間)

gò to glóry 《旧》天国へ行く；死ぬ(die)

in one's glóry 《口》(人が)最高に幸せで

sènd a pèrson to glóry 《戯》〔人〕を天国へ送る，殺す

to the* (*grèater*) *glóry of … 《堅》…の栄光をたたえて

— 動 (**-ries** /-z/；**-ried** /-d/；**～·ing**) 自 《+in 名》〔勝利・成功など〕を大いに喜ぶ，誇る；…を得意がる ‖ ～ *in* one's success [book] 成功に酔いしれる[自分の著書を得意がる]

— 間 これは驚いた；ありがたい

▶▶ **～ dàys** 名 複 絶頂の時，全盛期 **～ hòle** 名 C 《口》がらくたを詰め込んだ戸棚[引き出し]，がらくた置き場

Glos. 略 Gloucestershire

gloss[1] /glɑ(:)s, glɔ:s | glɒs/ 名 U/C 《単数形で》 ❶ 光沢，つや ‖ be worn to a ～ 光沢が出るほど使い込まれる ❷ 見掛けのよさ，虚飾，見せかけ ‖ put [OR set] a ～ on [OR upon] … …のうわべを飾る ❸ U つや出し(剤) ‖ lip ～ リップグロス

— 動 他 ❶ …につやを出す ❷ …をさり気なく見せる[言う]，取り繕う，ごまかす《*over*》

▶▶ **～ pàint** 名 U つや出しペンキ

gloss[2] /glɑ(:)s, glɔ:s | glɒs/ 名 C ❶ 注釈，注解；〈難語などについての〉行間[欄外]の注〈**on**〉 ❷ 用語解(glossary)

— 動 他 …を注釈[注解]する

— 自 〈…という〉注釈をつける，(不当な)評釈をする〈**as**〉

glos·sa·ry /glɑ́(:)səri, glɔ́:s- | glɒ́s-/ 名 (複 **-ries** /-z/) C (ある作家・専門分野などの) 用語小辞典，用語解 (⇨ DICTIONARY 類語) **glos·sár·i·al** 形 **-rist** 名

glos·so·la·li·a /glɑ̀(:)səléɪliə, glɔ̀:s- | glɒ̀sou-/ 名 U 〖宗〗異言《恍惚(こうこつ)状態で意味不明な言葉を口走ること》

gloss·y /glɑ́(:)si, glɔ́:si | glɒ́si/ 形 ❶ つやのある；(紙などが) 光沢滑面の；(雑誌などが) 光沢紙を使った ❷ 《口》もっともらしい；見掛けのよい，うわべだけきれいな **—** 名 (複 **gloss·ies** /-z/) C ❶ (＝**～ magazíne**) 《英口》(カラー写真の多い，光沢紙を使った) 高級雑誌 ❷ 光沢仕上げの写真 **glóss·i·ly** 副 **glóss·i·ness** 名

glot·tal /glɑ́(:)tᵊl | glɒ́t-/ 形 声門の；〖音声〗声門から出る

▶▶ **～ stóp** 名 C 〖音声〗声門閉鎖音

glot·tis /glɑ́(:)təs | glɒ́tɪs/ 名 (複 **～·es** /-ɪz/ OR **-ti·des** /-tədi:z | -tɪdi:z/) C 〖解〗声門

Glóuces·ter·shire /glɑ́(:)stərʃər | glɒ́s-/ 名 グロスターシャー《イングランド南西部の州. 州都 Gloucester. 略 Glos.》

*__glove__ /glʌv/ 《発音注意》 名 (♦ globe /gloub/ と区別) C ❶ (指の分かれた) 手袋(→ mitten) ‖ He pulled on his ～*s*. 彼は手袋を(引っ張って)はめた / a pair of ～*s* 1組の手袋 / leather [rubber] ～*s* 革[ゴム]手袋

連語 【動＋～】 put [OR draw] on one's ～*s* 手袋をはめる / take [OR draw] off one's ～*s* 手袋を外す / have ～*s* on＝wear ～*s* 手袋をしている

❷ (野球・クリケットなどの) グローブ；(ボクシングの) グラブ (boxing gloves)；籠手(こて)(gauntlet)

fit* (…) *like a glóve (…に) ぴったり合う ‖ The dress *fits like a* ～. 新しい服はぴったりだ

handle* [OR *treat*] *… with kid gloves ⇨ KID GLOVES (成句)

tàke the glòves óff 本気でやり合う

the glòves are óff 戦闘[論争]の用意ができている (♦ 昔，決闘を申し込む際に手袋を外して投げ捨てたことから. ⇨ *throw down the* GAUNTLET)

with the glòves óff 容赦なく；本気で

— 動 他 ❶ …に手袋をはめる；…に手袋をあてがう ‖ a white-～*d* police officer 白い手袋をした警官 ❷ 〖野球・クリケット〗〔ボール〕をグローブでとる

▶▶ **～ bòx** 名 C ① グローブボックス《放射性物質などを入れる密閉小室. 備えつけた手袋で内部を操作する》 ② ＝glove compartment **～ compàrtment** 名 C グローブボックス，グラブコンパートメント《自動車のダッシュボードにある小物入れ》 **～ pùppet** 名 C 《主に英》指人形 (《米》hand puppet)

glow /glou/

— 動 (**～s** /-z/；**～ed** /-d/；**～ing**)

— 自 ❶ **白熱[赤熱]光を放つ**；(炭火・たばこなどが)(炎を立てずに)赤く光る[燃える]；(ランプ・蛍などが)光る；(星が)きらきらする，またたく (♦ ときに形容詞補語を伴う) (⇨ SHINE 類語) ‖ The harbor lights ～*ed* in the distance. 港の明かりが遠くで輝いていた / ～ **red** 赤々と光る[燃える]

❷ (目・顔などが)〈健康・幸福感などで〉光り輝く，生き生きする〈**with, at**〉 ‖ His eyes were ～*ing with* happiness. 彼の目は幸福感に輝いていた

❸ (体が)ほてる；(頰(ほお)が)〈…で〉赤くなる，紅潮する〈**with**〉 ‖ His cheeks ～*ed with* shame. 恥ずかしさに彼は頰を染めた

❹ 〈激情・誇りなどで〉熱くなる，燃える〈**with**〉 ‖ ～ *with* enthusiasm 熱狂する / He ～*ed with* pride at his proposal. 彼は自分の提案に得意満面だった

❺ (色が)燃えるように[鮮やかに]輝く；(木の葉・場所などが)〈…色で〉燃え立つ，照り映える〈**with**〉(♦ ときに形容詞補語を伴う) ‖ The mountains ～ orange in the sunset. 夕焼けに山々はオレンジ色に照り映える / trees ～*ing with* autumn tints 秋の紅葉で燃え立つような木々

— 名 C 《単数形で》 ❶ (炎のない)**白熱[赤熱](光)**；燃えるような[赤い]輝き ‖ the ～ of sunset 夕日の真っ赤な輝き，夕焼け / the last ～ of the embers 燃え残りの最後の赤熱光

❷ (色彩などの) 燃えるような鮮やかさ ‖ the ～ of the azaleas ツツジの燃えるような色
❸ (顔の)ほてり, 紅潮；(目などの)輝き；(皮膚の)色つや；(体の)温かみ, ほてり ‖ He has a ～ of good health. 彼は健康な色つやをしている / a comfortable ～ after a bath 入浴後の気持ちのよいぬくもり / in a ～ 赤くほてって, 汗をかいて ❹ 幸福感, 満足感, 喜び；(愛情の)ぬくもり ‖ with a ～ of pride 得意満面で ❺ 激しい感情；熱心；情熱 ‖ in a ～ of anger 怒りに燃えて / the ～ of new love 新しい恋の情熱

glow·er /gláuər/ 動 自 〈…を〉にらむ, にらみつける〈**at**〉；不機嫌な [怒った] 顔をする ‖ ～ *at* the reporter 取材記者をにらみつける ―名 C 《単数形で》怒った目つき [顔], にらみ, しかめっ面 **～·ing** 形 にらみつけた ‖ a ～ look 威嚇的な目つき **～·ing·ly** 副

glow·ing /glóuɪŋ/ 形 ❶ (記述などが) 熱意 [賛辞] がこもった ‖ ～ reviews of her latest book 彼女の新刊本への賛辞を込めた書評 ❷ 白熱した, 真っ赤になった, 燃えるような；熱烈な ‖ her ～ cheeks 彼女の真っ赤な[紅潮した]頬 **～·ly** 副

G

glów·stìck 名 C ライトスティック《容器に封入した2種類の液体が化学反応し蛍光を放つ》

glów·wòrm 名 C 〖虫〗グローワーム, ツチボタル《ホタルの幼虫など発光するイモ虫状の虫》

gloze /glouz/ 動 他 《文》…を言い繕う《**over**》(♦ gloss over が一般的)

glu·cos·a·mine /gluːkóusəmìːn, -zə-/ 名 U 〖化〗グルコサミン《細胞膜・キチン質などに含まれる天然アミノ糖》

glu·cose /glúːkous | -kouz/ 名 U ❶ 〖化〗グルコース, ブドウ糖 ❷ ブドウ糖入りのシロップ《製菓用》

***glue** /gluː/ 名 U C (♦ 種類をいうときは C)にかわ；(一般的に)接着剤, のり
―動 (**glu·ing** OR **glue·ing**) 他 ❶ …を接着剤 [にかわ] で〈…に〉つける, 接着させる《**together, up**》〈**to, onto**〉‖ ～ the broken vase back *together* 割れた花瓶を接着剤でくっつける / ～ the legs *to* the table テーブルに脚を接着する ❷《口》**a** 《通例受身形で》(人・目・耳・注意などが)〈…に〉引きつけられる〈**to, on**〉；〈物・場所などに〉くぎ付けになる；〈仕事・本などから〉離れられない〈**to**〉‖ He is ～*d to* his computer screen all day. 彼は一日中コンピューターの画面にくぎ付けになっている / The dog stayed ～*d to* the sick child. その犬は病気の子供のそばを離れなかった **b** 《～ oneself で》(人が)〈…に〉注意を集中する；〈…から〉離れない；(物が) 〈…に〉くっついて離れない〈**to**〉‖ ～ oneself *to* one's studies 勉強に熱中する / The wafer ～*d* itself *to* the roof of my mouth. ウエハースが上あごの裏にはりついて離れなかった
▸▸ **～ èar** 名 U (耳だれによる) 難聴 **～ snìffer** 名 C シンナー遊びをする人 **～ snìffing** 名 U シンナー遊び

glue·y /glúːi/ 形 にかわ質の, ねばねばする；にかわを塗った

glug /glʌg/ 《口》名 C (水などの)ごぼごぼ[ごくごく] (という音)；(瓶などから注がれる)液量 ―動 (**glug·ged**；**glug·ging**) 自 (水などが) ごぼごぼと音を立てる ―他 〔水など〕をごくごく飲む ‖ ～ it down それをごくごく飲む

glum /glʌm/ 形 (**glum·mer**；**glum·mest**)不機嫌な, むっつりした **～·ly** 副 **～·ness** 名

glu·on /glúːɑ(ː)n | -ɔn/ 名 C 〖理〗グルーオン《陽子・中性子を構成するクオークを結びつけている粒子》(♦ glue+on より)

glut /glʌt/ 動 (**glut·ted** /-ɪd/；**glut·ting**) 他 《通例受身形で》❶〔人・腹〕が満腹になる；〔食欲・欲望など〕が十分に満足する, 堪能(たんのう)する ‖ ～ oneself with apples リンゴをたらふく食べる ❷〔市場〕が(商品を)過剰供給される ‖ The market is *glutted* (with eggs). 市場は (卵が) だぶついている ―自 たらふく食べる, 食べすぎる
―名 C 《単数形で》❶ 過多, 供給過剰 ❷ 満腹, 食傷；充足

glu·ta·mate /glúːṭəmèɪt/ 名 C U 〖生化〗グルタミン酸塩《学習や記憶にかかわる神経伝達物質の1つ》

glu·tàm·ic ácid /gluːtæ̀mɪk-/ 名 U 〖生化〗グルタミン酸

glu·ten /glúːtən/ 名 U グルテン, 麩質(ふしつ)

glu·ti·nous /glúːtənəs | -tɪnəs/ 形 にかわ質の, ねばねばする **～·ly** 副

glut·ton /glʌ́tən/ 名 C ❶ 《けなして》大食漢 ❷ 〈…に〉凝り性の [熱中する] 人〈**for**〉‖ a ～ *for* work 仕事の鬼 ❸ 《英では旧》〖動〗クズリ (wolverine)《北米北部・シベリア・北欧の森林に生息するイタチ科の肉食獣》
a glùtton for púnishment (自ら苦労を引き受ける)頑張り屋

glut·ton·ous /glʌ́tənəs/ 形 大食いの, 食いしん坊の；飽くことのない, 貪欲(どんよく)な **～·ly** 副

glut·ton·y /glʌ́təni/ 名 U 大食(癖), 暴飲暴食

glyc·er·ide /glísəraɪd/ 名 U 〖化〗グリセリド《グリセリンと脂肪酸のエステル》

glyc·er·ine /glísərɪn, -ìːn/, +《米》**-in** /-ɪn/ 名 U 《商標》グリセリン《glycerol の俗称・商品名》

glyc·er·ol /glísəròːl | -ɔ̀l/ 名 U 〖化〗グリセロール

gly·co·gen /gláɪkədʒən/ 名 U 〖生化〗グリコーゲン
glỳ·co·gén·ic 形

gly·col /gláɪkoul | -kɔl/ 名 U 〖化〗グリコール, (特に)エチレングリコール

gly·col·ic /glàɪkóulɪk | -kɔ́l-/ 形 グリコールの
▸▸ **～ ácid** 名 C U グリコール酸 **～ péel** 名 C グリコール酸による皮膚の角質除去

gly·col·y·sis /glaɪkɑ́(ː)ləsəs | -kɔ́lɪsɪs/ 名 U 〖生化〗解糖《グルコースの分解》

gly·co·side /gláɪkəsàɪd, -kou-/ 名 U 〖生化〗配糖体

glyph /glɪf/ 名 C ❶ 〖建〗装飾用の溝 ❷ 彫像；浮き彫り像 ❸ 〖考〗絵[象形]文字 ❹ (図案による)標識 **～·ic** 形

GḾ 略 *G*eneral *M*anager；*G*eneral *M*otors；*g*enetically *m*odified；*G*eorge *M*edal；*g*rand *m*aster；*g*uided *m*issile

***gm.** 略 gram(s), 《英》gramme(s) (グラム) (♦ 複数形は gms. とすることもある)

G-màn /dʒíː-/ 名 (複 **-mèn** /-mèn/) C 《米俗》連邦検察局(FBI)の捜査官, ジーメン (中立 government [OR federal] agent)

ĠMAT́ 略 *G*raduate *M*anagement *A*dmissions *T*est；*G*reenwich *M*ean *A*stronomical *T*ime

ĠMF́ 略 *g*enetically *m*odified *f*ood(s)

ĠMÓ 略 *g*enetically *m*odified *o*rganism

***GMT** 名 U グリニッジ標準時(♦ *G*reenwich *M*ean *T*ime の略)

gnarl /nɑːrl/ 《発音注意》名 C (木の)節, こぶ

gnarled /nɑːrld/ 《発音注意》形 (木などが)節[こぶ]だらけの；(手などが)節くれ立った；(性質などが)ねじくれた

gnarl·y /nɑ́ːrli/ 形 ❶ =gnarled ❷《主に米口》困難な, 危険な ❸《米俗》素晴らしい, すごい；いやな, つまらない

gnash /næʃ/ 《発音注意》動 他 (怒りや苦痛で) 〔歯〕を食いしばる, きしらせる (grind)
―自 歯ぎしりする；(歯が)きしり合う
gnàsh one's téeth 歯ぎしりする；怒りを表す, 悔しがる ‖ (weeping [OR wailing] and) ～*ing one's teeth* 不平不満, 怒り交じりの泣き言

gnash·ers /nǽʃərz/ 《発音注意》名 複 《英口》歯(teeth), (特に)入れ歯

gnat /næt/ 《発音注意》名 C ❶ 人を刺す小さな羽虫, ブヨ ❷ ちっぽけなもの[こと]

gnát·càtcher 名 C 〖鳥〗ブユムシクイ《北米・南米産の鳴鳥》

***gnaw** /nɔː/ 《発音注意》動 他 ❶ …を(しきりに)かじる, かむ；…をかじり取る《**away, off**》‖ The dog was ～*ing* a bone. 犬は骨をかじっていた / Deer ～*ed* the bark *off* the young trees. シカが若木から樹皮をかじり取った ❷ 〔穴など〕を〈…を〉かじって作る〈**in, into, through**〉‖ Rats ～*ed* a hole *in* [OR *into, through*] the board. ネズミ

が板をかじって穴をあけた / ～ one's way *into* the tree 木をかじって中に入り込む ❸ (波・風などが) …を浸食 [腐食] する, 削り減らす ; …を〈…を〉浸食して作る〈**through, into**〉‖ The river has ～*ed* channels *through* the rock. 川が岩を浸食していくつも水路ができた ❹ (飢え・痛み・心配などが)…を苦しめる, さいなむ
—自 ❶〈…を〉(しきりに)かじる, かむ《**away**》〈**at, on**〉;〈…を〉かじって穴をあける〈**into, through**〉‖ ～ *at* a piece of bread パンをかじる / ～ *into* a wall 壁をかじって穴をあける ❷〈…を〉(絶えず) 苦しめる, さいなむ〈**at, on**〉‖ Guilt ～*ed at* him. 彼は絶えず罪の意識にさいなまれた ❸〈…を〉浸食[腐食]する《**away**》〈**at**〉

gnaw·ing /nɔ́ːɪŋ/ 《発音注意》 形 心をさいなむ, 苦しめる

gneiss /naɪs/ 《発音注意》 名 U 〘鉱〙片麻(へんま)岩

gnoc·chi /nɑ́(ː)ki | nɔ́ki/ 名 複 〘料理〙ニョッキ《小麦粉にゆでたジャガイモなどを加えて作る柔らかいパスタ》

gnome[1] /noʊm/ 《発音注意》 名 C ❶〘伝説〙(地下の宝を守るという)地の精, ノーム ; 小鬼, 小人 ❷ (庭園の) 地の精の(石)像 ❸ 《通例 ～s》《口》(為替相場を混乱させる)国際金融業者 ‖ the ～*s* of Zurich 〘金融〙チューリッヒの小鬼ども《内情に通じ影響力の強いチューリッヒの金融業者たち》 **gnóm·ish** 形 地の精[小人]のような

gnome[2] /noʊm/ 名 C 金言, 格言

gno·mic /nóʊmɪk/ 形 ❶ (人・言葉が)不可解な, 不明確な ❷ 金言[格言]の, 金言[格言]を用いる

gno·mon /nóʊmɑ(ː)n | -mɔn/ 名 C ❶ (日時計の) 針 ; (古代の天文観測の) 晷針(きしん) ❷〘数〙グノーモン《平行四辺形の1つの隅からそれより小さい相似の平行四辺形を取り去った残りの部分》

gno·sis /nóʊsɪs/ 名 U グノーシス《グノーシス主義における秘教的知識》

gnos·tic /nɑ́(ː)stɪk | nɔ́s-/ 《発音注意》 形 ❶ 知識に関する, 認識の ; 霊知を有する ❷《G-》グノーシス主義の
—名《G-》C グノーシス主義の人

Gnos·ti·cism /nɑ́(ː)stɪsɪ̀zm | nɔ́s-/ 《発音注意》 名 U 〘宗〙グノーシス主義《初期キリスト教時代に異端的キリスト論を展開した思想的傾向》

GNP /dʒìː en píː/ 名 U 〘経〙国民総生産 (♦ *g*ross *n*ational *p*roduct の略)

gnu /njuː/ 《発音注意》 名 (複 ～ OR ～s /-z/) C 〘動〙ヌー, ウシカモシカ《アフリカ産の大型のレイヨウ》

GNU /gnuː/ 略 💻グヌー (♦ Gnu is not UNIX の略) 《UNIX OSの世界で無償のソフトの開発・配布のプロジェクトおよびその無償ソフトの総称》(→ copyleft)

GNVQ /dʒìː en viː kjúː/ 名 U C 《英》一般国定職業訓練教程 (♦ *G*eneral *N*ational *V*ocational *Q*ualification の略)

***go**[1] /goʊ/ 動 名 形

中心義 **話し手が意識を向けているところから離れていく** (★離れていく主体は「人」に限らず, 「状態」「物事」「季節」など多様)

> 動 自 行く❶❷ 立ち去る❸ …になる❹
> 進行する❼ 経過する❿ 至る⓯

—動 (～es /-z/ ; **went** /went/ ; **gone** /gɔ(ː)n/ ; ～·**ing**)
—自 ❶ **a** 行く(↔ come), 進む, 向かう, 動く ; 通う(♦ 通例方向を表す 副句 を伴う. go と come との違いについては ⇨ COME ❶ 語法) ‖ He invited me to the party, but I didn't ～. 彼は私をパーティーに招待してくれたが, 私は行かなかった / "Where are you ～*ing*?" "I'm looking for a cybercafe." 「どこへ行くのですか」「インターネットカフェを探しているんです」 / I am ～*ing* to the movies with him tonight. 今晩彼と映画を見に行きます / We *went* by train [bus]. 私たちは電車 [バス] で行った / Can't you ～ any faster? The bicycles are passing us! もう少し速度を上げられないの. 自転車が追い越しているじゃない / I have to ～ **home** now. もう家に帰らないと / *Go* right [left] at the corner. 角を右[左]に曲がりなさい / Who ～*es* there? (歩哨(ほしょう)の誰何(すいか)で) だれか / He has *gone* to Paris. 彼はパリに行ってしまった (⇨ 語法) / ～ on foot [horseback] 徒歩[馬]で行く / ～ along the street 通りを行く / ～ downstairs 階下に行く / ～ abroad 海外に行く / ～ to school [college] 学校 [大学] へ行く (♦「学校へ (勉強しに) 行く」のように本来の目的でその場所へ行くことを表す場合は, to の後の名詞が無冠詞になる. ⇨ 連語)

b 《+副》…の道のりを行く ‖ The car was ～*ing* fifty miles an hour. 車は時速50マイルで走っていた (♦ 距離を表す語句を前置詞なしで副詞的に使う) / *Go* this way, and you'll get to the station in ten minutes. こちらへ行けば10分で駅に着きます

> **語法 ★★** 完了形 have gone はふつう「行ってしまってここにいない」ことを表し,「行ったことがある」という経験を表すには have been を用いるのが原則 (→ be ❹). しかし《主に米》では経験を表すのに have gone を用いることもある (⇨ PB 30). 〈例〉 Have you ever been [《主に米》*gone*] to Paris? パリへ行ったことがありますか

> **Behind the Scenes** **where no man has gone before** まだ誰も行ったことのないかなたへ SFドラマ *Star Trek* の冒頭に毎回流れるナレーションの最後の部分で使われている表現. 宇宙船エンタープライズ号の使命は to boldly go where no man has gone before「人類が未だかつて行ったことのないところへ果敢に行くこと」より. エピソード名の一部や登場人物のせりふの中でもたびたび使われている. シリーズ後半では, 性差別を回避して man が one に変更された (♥ man は可変. 言葉遊びとしてパロディーやジョークによく使われる. "Starbase: Where No Turtle Has Gone Before"《ビデオゲーム *Teenage Mutant Ninja Turtles* の中のコーナー名》)

> **連語** 【～+to 名】 ～ to bed 就寝する / ～ to church 教会へ (礼拝に) 行く / ～ to prison 投獄される / ～ to hospital [《米》the hospital] 病院へ行く

❷ **a** 《+*doing* / *to do* / (**and**) *do* / **for** [**on**] 名》…しに行く ‖ We *went* fishing in [×to] the river. 我々は川へ釣りに行った (♦ (1) この用法の *doing* は, 娯楽やスポーツ, または物を集めたり探したりする行動を表す動詞がふつう (⇨ 連語). (2) go *doing* の後には方向を表す to ではなく, 場所を表す in や at などの前置詞を伴う) / You should ～ *to* talk to him. = You should ～ (*and*) talk to him. 彼に話しに行くべきだ (♦ go to *do* より go and *do* の方が《口》ではふつう. and を省略するのはさらにくだけた口語表現. ⇨ AND ❷ **d** 語法) / Let's ～ *for* a walk [swim]. 散歩[泳ぎ]に行こう (♦ go for の後には通例 a(n) のついた名詞がくる. 使用できる名詞は限られており, 例えば go skiing とはいえるが ×go for a ski とはいえない) / They *went on* a journey [OR tour, trip]. 彼らは旅行に出かけた

> **連語** 【～+*doing*】 ～ shopping at Macy's メーシーズデパートへ買い物に行く / ～ sailing [surfing] 船に乗りに[サーフィンをしに]行く / ～ walking [jogging] ウォーキング [ジョギング] に行く / ～ swimming [dancing] 水泳[踊り]に行く / ～ camping [hunting] キャンプ[狩り]に行く

b 《+*doing*》…しながら行く[移動する] ‖ He *went* laughing out of the room. 彼は笑いながら部屋を出て行った

❸ **立ち去る**, 出かける, 出発する(↔ stay) ; 行動を開始する ‖ Let's ～. さあ行こう / I must ～ [OR be ～*ing*] now. もう失礼 [おいとま] しないと / What time do you ～ to the office? 会社へは何時に出かけますか / On your mark! Get set! *Go!* = Ready, steady, ～! 位置について, 用意, ドン / One, two, three, ～! 1, 2, 3, それっ

❹ **a** 《+補 〈形〉》…の状態に**なる**[変化する], …状態に至

る(♦ 通例好ましくない変化を表す) ‖ She *went* blind at the age of six. 彼女は6歳のときに失明した / Milk ～*es* sour quickly in summer. 牛乳は夏場にはすぐ酸っぱくなる / Call us immediately if anything ～*es* **wrong.** 困ったことが起きたらすぐに電話してください / Have you *gone* crazy [OR insane, mad]? 頭おかしいんじゃない；一体どうしちゃったの / The U. S. will ～ Republican in the election. 米国は選挙で共和党政権になるだろう / ～ wild 興奮する / ～ bankrupt 倒産する / ～ nuclear 核を保持する

b 《+to 名》…の状態になる[至る] (→ *go into* ... ⑤(↓), *go out of* ... ③(↓)) ‖ The whole thing *went to* pieces. すべてがばらばらになってしまった / ～ *to* sleep 寝入る

❺ 《+補〈形〉》…の状態でいる[生活する] (♦ 通例習慣的で好ましくない状態を表す)；《特に un- で始まる過去分詞を伴って》…のままでいる；(方式などを)採用する ‖ His accomplishments *went* unrecognized for many years before he won the Nobel Prize. ノーベル賞をとるまで長年の間彼の功績は看過されてきた / ～ naked 裸で生活する / ～ metric メートル法を採用する

❻ (機械などが) 動く, 作動する (↔ fail) ‖ That clock isn't ～*ing*. あの時計は動いていない / This car ～*es* by electricity. この車は電気で走る

❼ **a** 《+副》(物事が)(うまく・悪く)**進行する**, 運ぶ；(組織などが) 継続する (♦ 副 は様態を表す) ‖ Everything *went* well. すべて順調に進んだ / How's your work ～*ing*? 仕事の進み具合はどうですか / The restaurant has been ～*ing* strong for fifty years. そのレストランは50年間営業を続けている **b** (物事が)うまくいく, 成功する ‖ The team worked hard to make the project ～. チームは計画を成功させるために努力した

❽ **a** なくなる, 失われる；いなくなる；辞職する；《婉曲的》死ぬ (→ gone 形 ❷) ‖ The pain has *gone*. 痛みが消えた / When I came back, my bike was *gone*. 戻ってみると私の自転車がなくなっていた / He'll be dead and *gone* before he loses power. 彼は権力を失う前に死んでいるだろう **b** 《can, must, have to の後で》(物が) 除去される, 処分される；(人が) 解雇される (♥ be fired の婉曲語) ‖ This old chair has to ～. この古いいすは処分しなければ / All computer-illiterate workers will have to ～. コンピューターを使えない従業員は全員辞めてもらう

Behind the Scenes **xxx must go.** …は辞めてしまえ；**…は葬り去らなくては** 1900年代以降英国で使われるようになったスローガン. 総理大臣などの辞任を求める際のシュプレヒコールとして, A. J. Balfour, Chamberlain, Sir Anthony Eden 等の政治家に対して使われた (♥ 退いて欲しい人や, 廃棄したい物について用いる. This old ham must go. この古いハムはもう捨てなきゃ)

❾ 駄目になる, 衰える, 弱まる；壊れる, 割れる, 裂ける；(電気などが) 止まる ‖ His eyesight is beginning to ～. 彼の視力は衰え始めている / The sweater has started to ～ at the elbows. そのセーターはひじに穴があきかかっている

❿ 《+副》(時間・期間が) **経過する**, 過ぎる ‖ The afternoon *went* slowly. 午後はゆっくり過ぎた / Summer is ～*ing* fast. 夏は足早に終わろうとしている / Two more years *went* past. さらに2年が経過した

⓫ (手紙などが)〈…に〉送られる, 届けられる；(問題などが)〈…に〉提出される；(財産・物などが)〈人の手に〉渡る, (地位・名誉などが)〈人に〉与えられる〈**to**〉 ‖ The Oscar ～*es to* Halle Berry. アカデミー賞はハル＝ベリーに贈られます

⓬ (物が)〈ある金額で〉売れる〈**for, at**〉(♦ ときに cheap などの副詞を伴う) ‖ *Going, ～ing, gone!* いいですか, もうありませんか, はい決まりました (♦ 競売で) / The painting *went for* $3,000. その絵は3,000ドルで売れた

⓭ 《進行形で》《口》入手できる ‖ There aren't any trainee positions ～*ing* at our company right now. 今のところ我が社には見習いのいすに空きはない

⓮ (金などが) 使われる, 消費される〈**on, to** …に / **to *do*** …するのに〉；(努力などが)〈…に〉向けられる〈**to, into, toward**〉 ‖ All his money *went on* drink. 彼の金はすべて酒に使われた / Her fortune will ～ *to* establish a library. 彼女の遺産は図書館の設立に使われる / Much of her effort *went into* the project. その計画に彼女はかなりの努力を傾けた

⓯ 《進行形不可》(道路などが)**至る**, 届く, 通じる〈**to** …に；**from** …から〉 ‖ This road ～*es to* the station. この道は駅に通じている / The Danube ～*es from* west *to* east. ドナウ川は西から東へ流れている

⓰ 《+副句》《進行形不可》(物・事が)〈…の範囲まで〉及ぶ；(人が)〈…まで〉する；(値段の交渉などで)〈金額を〉支払う〈**to**〉 ‖ His hatred ～*es* very deep. 彼の憎しみはとても根深い / We can ～ further and suggest that the president resign. 我々はさらに進んで社長の辞任を提案してもいい / You may ～ *to* any expense. 費用はいくらかけてもよい / They *went to* 「a lot of trouble [OR great lengths] for me. 彼らは私のために大いに骨を折ってくれた / I can ～ *to* $2,000 but no higher. 2,000ドルまでなら払えるがそれ以上は無理だ

⓱ 《進行形不可》(物が)(しかるべき場所に) 置かれる, (うまく)収まる, はまる (♦ 通例場所を表す 副句 を伴う) ‖ Where do these plates ～? この皿はどこに置くんですか / That dictionary ～*es* on the top shelf. その辞書はいちばん上の段に置いてください / This sweater won't ～ into [OR in] the suitcase. このセーターはスーツケースにうまく収まらない

⓲ 《進行形不可》(数が)〈…に〉含まれる〈**into**〉 ‖ Two *into* eight ～*es* four times. 8割る2は4だ / Seven *into* three won't ～. 3を7では割れない

⓳ **a** 《+副》《進行形不可》(文句などが) …のように[…と]なっている, 書かれている ‖ Time is money, as the saying ～*es*. 諺(ことわざ)にもあるように, 時は金なりだ / The song ～*es* like this. その歌はこんな節回し[歌詞]です **b** 《+**that** 節》(話などが) …となっている ‖ The story ～*es that* he took bribes. 彼は賄賂(わいろ)を受け取ったという話だ

⓴ (鐘・時計などが) 鳴る, 打つ ‖ There ～*es* the bell. ほらベルが鳴っているよ

㉑ 《+副》(人が)(…のように) 振る舞う, 動作をする ‖ While he was speaking, he *went* like this with his hands. 話しながら彼はこのように両手を動かした

㉒ 《進行形不可》効力がある, 受け入れられる；(貨幣などが) 通用する ‖ What he says ～*es*. 彼の言うことはそのまま通る / Anything ～*es* here. ここでは何でもござれだ (♥ その事態を快く思っていないことを示す)

㉓ 《進行形不可》〈…という名で〉通っている, 知られている, 行われている〈**by, under**〉 ‖ He *went by* the name of Bugsy. 彼はバグジーという名で通っていた / His campaign ～*es under* the slogan, "No new taxes." 彼の選挙運動は「増税反対」という標語を掲げて行われている

㉔ (2つのものなどが) 合う, 〈…と〉調和する《***together***》〈**with**〉 (⇨ FIT[1] 類語) ‖ Gray and yellow don't ～ *together*. 灰色と黄色は合わない / This necktie won't ～ *with* my jacket. このネクタイは僕の上着に合わない

㉕ 〈手段などに〉訴える〈**to**〉 ‖ ～ *to* court [OR law] 訴訟を起こす / ～ *to* war 武力に訴える

㉖ 《+**to *do***》…するのに役立つ ‖ The evidence ～*es to* show [OR prove] that he is innocent. その証拠は彼が無実であることを証明するのに役立つ

㉗ 《+***doing***》《否定文で》《しばしば命令文で》《口》…する (♦ 望ましくない行動についていう) ‖ Don't ～ telling me lies. うそなど言わないでくれ (♥ 非難を表す)

㉘ 《口》トイレに行く, 用を足しに行く ‖ Excuse me, but where can I ～? お手洗いはどちらでしょう (♥ 他人の家

でトイレを借りるときの遠回しの表現)
—他 ❶《通例否定文で》《口》…を我慢する，…に耐える ‖ I simply can't ～ him any more. 彼にはもう全く我慢できない
❷《口》〈…に〉〔金〕を賭(か)ける(bet)；〔値〕を〈…に〉つける〈**on**〉‖ I'll ～ $10 *on* that horse. あの馬に10ドル賭けよう / She *went* $200 *on* the painting. 彼女はその絵に200ドルの値をつけた
❸ (重量が)…になる ‖ These potatoes can ～ half a pound each. このジャガイモは1個が半ポンドになることもある ❹《口》…を楽しんで味わう(♦ 通例 I could go, Could you go? の形で用いる) ‖ I could ～ a glass of beer. ビール1杯なら飲みたい ❺ …と音を出す；(動物が)…と鳴く ‖ "Bang" *went* the gun. 銃がずどんと鳴った ❻《直接話法で》《口》(人が)…と言う ‖ Then she ～*es*, "Shut up!" すると彼女は「黙ってて」と言った ❼ …の割合の分け前に加わる ‖ ～ halves 等分に分け合う

as [OR ***so***] ***fàr as it góes*** ある程度(までは) ‖ It is an excellent book *as far as it* ～*es*. それはそれで優れた本だ

as ... gó 一般の…と比べると，…としては(♦ go の主語は通例複数名詞) ‖ He is quite good, *as* cooks ～. 彼は料理人としてはかなり腕がいい / Twenty dollars for a concert ticket isn't so bad *as* things ～ nowadays. コンサートの入場券が20ドルというのは最近の相場からすればそれほど悪くない / as the world ～*es* 世間並みに言えば

be gòing to dó ①《意図・予定》…するつもりである(⇨ 語法 (2)) ‖ I'*m* ～*ing to* leave tomorrow afternoon. 明日の午後たつつもりです / I'*m* not ～*ing to* live here. ここに住むつもりはない / You *are* ～*ing to* do as I tell you. 私の言うとおりにしてもらいます(♥ 話者の意図を表す．しばしば脅しや約束の意味合いを持つ) / I *was* ～*ing to* (do so), but I decided to wait. そうするつもりだったけれど待つことにした(♦ 過去形はしばしば実現しなかったことを表す．また，文脈から明らかな場合には動詞を省略することがある) ②《予測》…しそうである，…するだろう ‖ Brazil *is* ～*ing to* win the World Cup. ワールドカップはブラジルが優勝しそうだ / I'm afraid it'*s* ～*ing to* rain any minute now. すぐにも雨になりそうだ(♦ 雨雲が見えるなど，現在の前兆に基づく判断) ③《必然的未来》…する[になる]だろう，…する[になる]はずだ(⇨ 語法 (2)) ‖ He'*s* ～*ing to* be eighteen next month. 彼は来月18歳になる

語法 ☆☆ (1) くだけた会話ではしばしば going to を /弱 gənə；強 gɔ́(ː)nə/ と発音し，gonna と書くこともある．
(2) be going to *do* は，will で言い換えられる場合が少なくないが，次の点に注意．①の意味での be going to *do* は前もって考えられていた意図を表すので，次のようにその場で生じた意図には不適．"Tom is in hospital." "Really? I didn't know. I'll go and visit him. [×I'm going to visit him.]" (入院していることをあらかじめ知っていれば I'm going to も可)．また，③の意味では発話の時点ですでに決定されている未来の事柄を表すので，例えば She is going to have a baby. といえば，妊娠していることがわかっており，「彼女に近く子供が生まれる」ことは確実であるが，She will have a baby. といえば，単純未来を表し，「彼女には子供が生まれるでしょう」といった予言の意味合いを持つこともある．
(3) be going to go [come] は，避けられる傾向にあり，単に be going, be coming とするのがふつう．しかし《米口》では前者の表現も用いられる．

gèt góing 〈自〉〈…を〉始める〈**on, with**〉；急ぐ ‖ I have to *get* ～*ing with* my homework [OR assignments]. 宿題を始めないといけない / *Get* ～*ing* (already). 行け行け；どうぞ続けて(♥ 励ましの表現．特に躊躇(ちゅうちょ)している相手を鼓舞する際に用いる) —〈他〉《***gèt ... góing***》① …を動き出させる，始動[活動]させる，開始する ‖ *get* one's car ～*ing* 車を動かす / *get* production ～*ing* 生産を開始する ②《英口》〔人〕を怒らせる，興奮させる

*__***gò abóut***__ 〈他〉《***gó about ...***》①〔仕事・問題など〕に**取りかかる**，着手する ‖ Tell us how to ～ *about* it. それをどうやったらいいか教えてください ②〔仕事など〕を続ける ‖ People seemed to be ～*ing about* their business as usual. 人々はいつものように仕事に取り組んでいるようだった —〈自〉① =*go around*〈自〉①, ②, ③(↓) ②《海》(船が)向きを変える

*__***gò áfter ...***__ 〈他〉①〔仕事・名声など〕を追い求める ‖ He is ～*ing after* the job in Paris. 彼はパリの職をねらっている ②〔人〕を追いかける；〔異性など〕を追い回す

*__***gò agáinst ...***__ 〈他〉① …に反対する，逆らう ‖ He *went against* his father('s wishes). 彼は父(の意向)に逆らった ② (判断・判決・状況などが)…に不利となる ‖ The verdict *went against* her. 評決は彼女に不利なものだった ③〔主義・規則・性格など〕に反する ‖ It *went against* her nature to hate me. 彼女は私を憎むような性分ではなかった

*__***gò ahéad***__ 〈自〉①〈…に〉先行する，先立つ(precede)〈**of**〉② 前進する，進行する，実行される；〈…を〉**進める**，続行する(proceed)〈**with**〉(→ CE 4) ‖ Would you like me to ～ *ahead* and book you on flight 909, leaving Chicago at 4:00? シカゴ発4時の909便を予約してしまってよろしいでしょうか

gò àll óut 《口》全力を尽くす〈**for** …を得るために；**to *do*** …するために〉

*__***gò alóng***__ 〈自〉①〈…と〉同行する，一緒に行く〈**with**〉；〈…に〉出席する，〈…へ〉行く〈**to**〉‖ Are you ～*ing along to* the party *with* them? みんなとパーティーに行きますか ② 先へ進む，計画・行動などを続ける ‖ You will get used to it as you ～ *along*. やっているうちに慣れますよ ③ (事態などがある状態で)進行する，進む ‖ Things were ～*ing along* fairly well. かなりうまく事が進んでいた ④ 人の行動に従う，協力する

*__***gò alóng with ...***__ 〈他〉① =*go along* ①(↑) ② …に賛成する，…を支持する(support) ‖ I'd ～ *along with* [a lot [OR most] of that plan. その計画におおむね賛成です ③〔決定・方針など〕に従う，受け入れる

gò and dó ① ⇨ 自 ❷a ②《口》わざわざ…する，愚かにも…する；勝手に…する(♥ 憤り・いら立ちなどを表す強意表現) ‖ Why did you have to ～ *and* insult him? どうしてわざわざ彼を侮辱する必要があったんだ / He's *gone and* ruined his life. 彼は愚かにも人生を台無しにしてしまった / What did you ～ *and* do that for? 何でわざわざそんなことしたの；余計なことをして

*__***gò aróund***__ [《主に英》***róund***] 〈自〉① いつも〈…の状態で〉歩き回る，動き回る〈**with**〉；〈服装などを〉いつも着用して出歩く〈**in, with**〉；いつも〈…して〉回る〈*doing*〉‖ ～ *around in* designer clothes いつもブランド物を着て出歩く / You can't ～ *around* hurting people like that. そのように人を傷つけてばかりいてはいけない ②〈人と〉付き合う，いつも一緒に出歩く《***together***》〈**with**〉③ (うわさ・病気などが)広まる，伝わる(circulate) ‖ There is a rumor ～*ing around* that the mayor will resign. 市長が辞めるというわさが広まっている ④ (物が)全員に行き渡る ‖ There's not enough food to ～ *around*. 全員に行き渡るだけの食べ物がない ⑤ 回転する；(言葉・音などが頭の中で)ぐるぐる回る(revolve) ‖ ～ *around* in circles 空騒ぎする ⑥〈人の家などを〉訪れる，〈…に〉立ち寄る〈**to**〉⑦ (飛行機が)着陸態勢に入り直す —〈他〉《***gò aróund ...***》① …の周囲を回る ‖ ～ *around* the sun 太陽の周りを回る ②〈…を着て[…な格好で]〉…を歩き回る〈**with**〉③ …を迂回(うかい)する；…を避ける；〔カーブ〕を曲がる ④ …を旅行する ⑤《通例進行形で》(うわさ・病気などが)…に広まる ‖ A flu virus is ～*ing around* the school. インフルエンザウイルスが学校に蔓延(まんえん)している

G

***gó at ...** 〈他〉《通例受身形不可》① 〔仕事など〕に全力を挙げて取りかかる, 懸命に取り組む ② 〔人〕に襲いかかる；〔人〕と言い合う

***gò awáy** 〈自〉① 立ち去る (↔ *come back*) ‖ *Go away!* あっちへ行ってよ (♥ 人や虫を追い払うときの表現) ② (休暇などで) 出かける ‖ We'll ～ *away* on vacation this summer. この夏は休暇をとって出かけます ③ 〈…と〉駆け落ちする, 〈…を〉持ち逃げする〈**with**〉④ (悩みなどが) なくなる

***gò báck** 〈自〉① 帰る, 戻る；〈元の議論・習慣・仕事などに〉戻る (revert)；〈別れた相手のところに〉戻る〈**to**〉‖ It's time to ～ *back to* my country. 祖国に帰るときが来た / Let's ～ *back to* the question you raised earlier. NAVI あなたが前にした質問に戻りましょう / She will ～ *back to* teaching this year. 彼女は今年から教壇に戻る ② 〈…を取りに〉戻る〈**for**〉‖ I need to ～ *back for* my bag. かばんを取りに戻らないといけない ③ (学校が) 再開される；(生徒が)〈学校に〉戻る〈**to**〉；(ストライキをやめて) 職場に戻る ‖ Schools will ～ *back* in September. 新学期は9月から始まる ④ 考え直す ‖ Once you make up your mind, there will be no ～*ing back*. 一度決心したら後戻りできないよ ⑤ (歴史的に) さかのぼる (date back)；(記憶が) さかのぼる；(人が) (長い間) 知り合いである ‖ This usage ～*es back* as far as Chaucer's time. この語法はチョーサーの時代にまでさかのぼる / That story ～*es back* (twenty years) to his childhood. その物語は (20年前の) 彼の子供時代にまでさかのぼる / We ～ *back* a long way. 我々は長い付き合いだ ⑥ (時計が) 夏時間から標準時間に戻る (↔ *go forward* ④)

PLANET BOARD 30

「経験」をたずねる場合に Have you ever gone ...? と言うか.

問題設定 「…に行ったことがある」と経験を表すにはふつう have been to ... を使うが, 《米》では have gone to ... も使うことがあるとされる. 米英それぞれの使用率を調査した.

Q 次の表現のどちらを使いますか.

(a) Have you ever **been** to Chicago?
(b) Have you ever **gone** to Chicago?
(c) 両方
(d) どちらも使わない

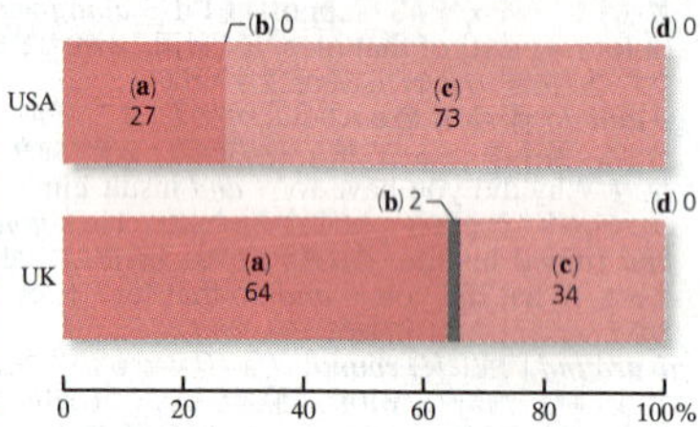

《米》では両方使うという人が最も多く7割強, (a) の been のみを使うという人が3割弱で, (b) の gone のみを使うという人はいなかった. 《英》では (a) のみを使うという人が半数以上を占めている.

両方使うと答えた人の多くは「2つの間に意味の違いはない」としたが,「(a) はシカゴである程度の期間滞在した経験をたずねることになるのに対し, (b) はシカゴまで行くことに重点があって滞在はごく短時間でもよい」という意見もかなりあった. また,「(a) の方が一般的で (b) は《口》」とする人が多かった.

参考 (a) Have you ever **been** skiing? と (b) Have you ever **gone** skiing? についても同様の調査をしたが, この場合は《米》(a) 12%, (b) 21%, (c) 両方 67%, (d) どちらも使わない 0%, 《英》(a) 42%, (b) 0%, (c) 58%, (d) 0% であり, やや gone の使用率が高くなった.

学習者への指針 「…に行ったことがある」と経験を表すには, 《主に米》で have gone to ... の形も使われるが, have been to ... を使う方が無難だろう.

***gò báck on ...** 〈他〉《通例受身形不可》〔約束など〕を破る, 〔決定〕を覆す ‖ He will never ～ *back on* his word [OR promise]. 彼は決して約束を破らない

gò báck over ... 〈他〉…を考慮し直す, 見直す

gò befóre 〈他〉《**gó before ...**》《通例受身形不可》① (時間的に) …に先行する ② (議論・判断などの材料として) …に提出される；〔法廷など〕に出頭する ‖ The matter has *gone before* the board [OR committee]. その件は委員会にかけられた ━〈自〉《通例完了形で》先にある, 先行する ‖ What has *gone before* is not very important. 過去のことはそれほど重要ではない

gò belów (decks) 『海』(デッキから) 船室に降りる

gó beyond ... 〈他〉《通例受身形不可》…を上回る, 超える ‖ The outcome ～*es beyond* our expectations. 結果は我々の期待以上だ / ～ *beyond* a joke 冗談では済まない

***gò bý** 〈他〉《**gó by ...**》《通例受身形不可》① …を通り過ぎる ② …に立ち寄る (drop by) ‖ Let's ～ *by* the gas station. ガソリンスタンドに寄って行こう ③ 〔…という名〕で知られている (→ 自 ㉓) ④ …に基づいて判断 [行動] する；…に頼る ‖ You shouldn't ～ *by* appearances. 外見で判断してはいけない / Don't ～ *by* that timetable. It's out of date. その時刻表は頼りにしないで. 古いから ⑤ (人の発言・行為などが)〔人〕に見過ごされる, 無視される ━〈自〉① (そばを) **通り過ぎる** ‖ watch the world ～ *by* 人々が通り過ぎるのを見る ② (時間が) **過ぎる** (→ bygone) ‖ as time ～*es by* 時がたつにつれ ③ (機会が) 失われる；(人の発言・行為などが) 見過ごされる, 無視される ‖ Don't let a good opportunity ～ *by*. みすみす好機を逃すな ④ 立ち寄る

***gò dówn** 〈自〉① 階下に降りる, 下る ② (物の度合・値段などが) 下がる (↔ *go up*) ‖ His temperature has *gone down* a little. 彼の熱は少し下がった ③ 《口》質 [評価] を落とす (↔ *go up*) ‖ The neighborhood has *gone down* recently. この界隈(かい)は最近さびれてしまった ④ 〈人に〉受け入れられる, 評価される〈**with**〉(♦ well, badly などを伴う) ‖ His joke didn't ～ *down* very well *with* the audience. 彼の冗談は聴衆にあまり受けなかった ⑤ (船が) 沈む (sink)；(飛行機が) 墜落する；(太陽・月が) 沈む (set) ⑥ (はれなどが) 治まる；(風船などが) しぼむ (deflate) ⑦ 《口》(飲食物などが) のどを通る；(おいしく) 食べられる [飲める] ‖ The pill wouldn't ～ *down*. 丸薬がのどを通らなかった ⑧ 記憶 [記録] される；名を残す〈**as** …として；**in** …に〉‖ His speech will ～ *down in* history. 彼の演説は歴史に残るだろう ⑨ 〈場所に〉届く, 達する〈**to**〉‖ This stairway ～*es down to* the backdoor. この階段は裏口に通じている ⑩ 〈南方 [地方] (の…) へ〉行く (↔ *go up*)〈**to**〉⑪ 《口》〈店などに〉立ち寄る〈**to**〉⑫ (人が) 転ぶ, 倒れる；しゃがむ；(試合で)〈…に〉負ける (lose)〈**to**〉；《英》(チーム・選手が)〈…に〉ランクを落とす (↔ *go up*)〈**to**〉‖ ～ *down* on one's knees ひざまずく / Nadal *went down* 6-4, 7-5 *to* Federer in the final. ナダルは決勝でフェデラーに6−4, 7−5で敗れた ⑬ 💻 (コンピューターネットワークが) (一時的に) 止まる ⑭ (照明が) 落ちる (↔ *go up*) ⑮ 《英旧》〈(特にオックスフォード・ケンブリッジ) 大学を〉卒業する；(休暇などで)〈…から〉去る (↔ *go up*)〈**from**〉⑯ 《英口》投獄される ⑰ 《米口》起こる (happen) ‖ What's ～*ing down*? 何が起きてるの；どうしてる (♥ あいさつ代わりに用いる俗語. ＝What's coming off?) ━〈他〉《**gò dówn ...**》① …を降りる, 下る；〔道など〕を行く ‖ We *went down* the hill by bike. 私たちは自転車で坂道を下った ② 《口》〔店など〕に立ち寄る

gò dòwn on a pérson 〈他〉《通例受身形不可》⊗《俗・

車)〔人〕の性器を口で愛撫(あいぶ)する
gò dówn with ... 〈他〉《英》〔(特に伝染性の)病気〕にかかる(catch, contract)
gò fár ① 遠くへ行く ②(何事においても)成功する ③《否定文で》(金が)持つ，使いでがある ‖ A $20 bill doesn't ~ *far* these days. 最近は20ドル札の使いでがない ④ 大いに貢献する，役立つ
*__*gó for ...*__* 〈他〉《通例受身形不可》① …しに行く(→ 自 ❷a) ② …を取りに[求めに]行く，〔人〕を呼びに行く ‖ I'll ~ *for* some water. 水を取って来ます ③ …を得ようとする，勝ち取ろうとする(→ CE 7) ‖ He's ~*ing for* the gold medal. 彼は金メダルを目指している ④〔人〕を攻撃する，襲う；…を非難する ⑤ …を選ぶ，…に決める ‖ I think I will ~ *for* the pizza. 私はピザにします ⑥《進行形不可》…を好む，…に心引かれる ‖ I don't ~ much *for* abstract painting. 抽象画はあまり好きでない ⑦ …に当てはまる ‖ The same ~*es for* you, too. 同じことがあなたにも言えます ⑧〔ある金額〕で売れる(→ 自 ⑫) ⑨ …で通っている，…と思われている；…の役割を果たす ⑩(努力などが)…だけの役に立つ，…の結果に終わる(♦ 目的語は nothing, very little など) ‖ All his work *went for* nothing. 彼の懸命の努力も全く無駄になってしまった
gò fórth 〈自〉《文》(人が)(任務などを遂行するために)前進する
gò fórward 〈自〉① 前へ進む；(計画などが)前進する，(仕事などが)はかどる ②〈次の段階へ〉勝ち進む〈**to**〉③(名前が)〈候補者として〉上がる〈**as**〉‖ His name has *gone forward as* a candidate. 彼の名前が候補者として出ている ④(時計(の針)が)(夏時間のため1時間)進められる(↔ *go back* ⑥)
gò fórward with ... 〈他〉〔計画など〕を進める ‖ You can ~ *forward with* your proposal. 君の提案を進めてよろしい
*__*gò ín*__* 〈自〉①(建物の)中に入る(↔ *go out*) ②(事態解決などのために)紛争地域に入る ③(仕事のため)職場に入る；〈治療を受けるため〉病院へ行く〈**for**〉；〖クリケット〗打席に入る ④ 都市の中心部へ向かう，町に出る ⑤(太陽・月が)雲に隠れる(↔ *come out*) ⑥ 中にうまく収まる ‖ However hard I tried, the key wouldn't ~ *in*. どんなにやっても鍵(かぎ)が穴に入らなかった ⑦(球技・ゴルフで)(ボールが)ゴール[ホール]に入る ⑧《口》(事柄が)頭に入る，理解される ‖ I've read it many times, but it won't ~ *in*. 何度も読んだが，どうしてもわからない ━〈他〉《***gó in ...***》①〔乗り物〕で出かける ② …に入る；〔場所・容器など〕にうまく収まる ③《口》〔組織〕に加わる
gò ìn and óut 〈自〉出入りする；(光が)点滅する
*__*gò ín for ...*__* 〈他〉①《英》〔試験〕を受ける；〔競技〕に参加する(enter) ‖ I'll ~ *in for* the final exam tomorrow. 明日期末試験を受けます ② …を好む，趣味として楽しむ；習慣的に…する ‖ I don't ~ *in for* gardening. 園芸は趣味ではない ③ …を職業とする ‖ ~ *in for* medicine 医者になる ④ =*go in*〈自〉③(↑)
gò ín with ... 〈他〉(仕事などで)〔人〕に協力する，〔人〕と手を結ぶ
*__*gò ínto ...*__* 〈他〉① …(の中)に入る(↔ *go out of ...*) ‖ ~ *into* the room 部屋に入る ②〔職業〕に就く；〔組織〕に加わる ‖ He decided to ~ *into* the army. 彼は陸軍に入ることにした / ~ *into* politics 政界に入る / ~ *into* partnership with her 彼女と共同経営を始める ③〔事柄〕を詳しく説明する；〔問題など〕を徹底的に調査する(look into) ‖ Let's not ~ *into* the matter for now. 今はその問題には立ち入らないことにしよう / The matter has been *gone into* thoroughly. その件は徹底的に調べられた ④〔長話など〕を始める ⑤〔ある状態〕になる ‖ The new law will ~ *into* effect next month. 新法は来月施行される / The new subway system *went into* service last week. 先週新しい地下鉄が運行を始めた / ~ *into* hysterics [a trance] ヒステリーになる[失神する] ⑥(軍・警察などが)〔紛争地域〕に入る ⑦(仕事のため)〔職場〕に入る；(治療のため)〔病院〕へ行く ⑧(乗り物が)…に衝突する ⑨(時間・金・労力などが)…に費やされる；(材料が)〔料理〕に使われる ⑩(物が)〔場所・容器など〕に収まる ⑪(乗り物・操縦士が)〔動き〕を開始する ‖ The car *went into* a spin. 車がスピンした ⑫〔選挙運動〕を開始する；〔試験〕を受ける；〔競技〕に参加する ‖ She *went into* the semifinals. 彼女は準決勝に進んだ ⑬《口》…(の数)に含まれる，割(り切)れる(→ 自 ⑱) ⑭〔都市の中心部〕へ向かう，〔町〕に出る
gó it 《口》① 頑張る，思いっきりやる ‖ *Go it*, Jeff! ジェフ，頑張れ ② 猛烈なスピードを出す
gò it alóne (事業などを)独力でやる(⇨ GO-IT-ALONE)
*__*gò óff*__* 〈自〉① **立ち去る**，出かける〈**to** …へ / **to do** …しに〉‖ He's *gone off to* New York. 彼はニューヨークへ行ってしまった / She has *gone off to* buy groceries. 彼女は食料を買いに出ている ②(爆弾などが)**爆発する**(explode)，(銃が)発砲される ③(警報などが)鳴る ④《米口》かんしゃくを起こす；〈人に対して〉突然怒り出す〈**on**〉⑤(機械などが)止まる；(明かりが)消える ⑥(行事などが)行われる；(事が)進む，進行する(♦ 様態を表す 副句 を伴う) ‖ The party *went off* 「rather well [as planned]. パーティーはかなりうまく[計画どおりに]いった ⑦(痛みが)なくなる，消える ⑧《英口》眠る ⑨《主に英》(食べ物などが)腐る，傷む ‖ This meat has *gone off*. この肉は悪くなっている ⑩《英口》(質が)低下する ‖ The service of the airline has *gone off* recently. その航空会社の接客態度は最近悪くなった ⑪(道路・線が)それる〈**from** …から；**to** …に〉‖ The road ~*es off to* the left. 道は左に折れます ⑫(話などが)(異なった方向に)それる ━〈他〉《***gò óff ...***》① …を去る；…をそれる；…をやめる ‖ ~ *off* duty 非番になる ②《主に英口》…が嫌いになる，…に興味をなくす ‖ He has *gone off* fatty dishes. 彼は脂っこい料理が嫌いになった
gò óff into ... 〈他〉急に…(の状態)になる ‖ ~ *off into* hysterics 突然ヒステリーを起こす
gò óff with ... 〈他〉①〔人〕と駆け落ちする ② …を無断で持ち去る，持ち逃げする
*__*gò ón*__* 〈自〉①(状況などが)続く；進み[歩み]続ける ‖ The war has been ~*ing on* for two years. 戦争は2年間続いている / The boat *went on* up the canal. 船は運河をさらに上り続けた ② **続ける**〈**with** …を / **doing** …することを〉(→ CE 9) ‖ *Go on with* your work. = *Go on* working. 仕事を続けなさい ③(少し間をおいて)さらに続ける，続けて…する〈**with** …を / **to do** …するのを〉‖ She ordered coffee, and then *went on with* her explanation. 彼女はコーヒーを注文し，それからまた説明を続けた / He *went on to* say .... 彼はさらに言葉を続けて…と言った ④〈次の場所に〉向かう；〈次の事柄などに〉進む〈**to**〉‖ Let's ~ *on to* the next chapter. 次の章に進みましょう ⑤《通例進行形で》起こる(happen) ‖ What's ~*ing on* here? 一体ここでは何が起きているの；一体どうなっているんだ ⑥〈…のように〉現状を続ける，振る舞う〈**like**〉‖ If you ~ *on like* this, you'll be fired. こんなことをしていると首になるぞ ⑦ 先に行く ‖ You ~ *on* ahead (of me). I'll come later. お先にどうぞ. 後で行きますから ⑧〈…について〉しゃべりまくる；《英口》くどくどと文句を言う，しつこく言う〈**about** …のことで / **at** 人に / **to do** …するように〉‖ The lecturer *went on* and *on about* the education problem. 講演者は教育問題について延々と話し続けた / My mother kept ~*ing on at* me *to* get married. 母は結婚しろと私にやかましく言い続けた ⑨(時間が)過ぎる(pass) ‖ As time *went on*, we all became hungry. 時がたつにつれて，私たちはみんなおなかがすいてきた ⑩《英口》進展する ‖ How's your thesis ~*ing on*? 論文の進み具合はどうですか ⑪(機械が)作動する；(明かりが)つく(↔ *go off*) ‖ The streetlights ~ *on* automatically at sunset. 街灯は日が暮れると自動的につく

G

G

⑫（舞台に）登場する；〖スポーツ〗途中出場する ⑬（地形・岩などが）広がる，伸びる ⑭（ぴったり）収まる，はまる ‖ These wet shoes won't ～ *on*. 靴が湿っているのでなかなか履けない ⑮〈年齢・時間などに〉近づく〈**for**〉（→*go on* ...〈他〉⑧）
—〈他〉《***gó on ...***》《通例受身形不可》①…しに行く（→ 自 ❷a）②《否定文で》…に基づいて判断［行動］する ‖ We don't have enough information to ～ *on* in our investigation. 我々の調査には判断に足る情報が十分にない ③〔薬〕を服用し始める ‖ ～ *on* the pill ピルを使い始める ④〔援助など〕を受ける ‖ ～ *on* the dole 失業手当を受ける ⑤〔テレビ・ラジオ〕に出演する；〔舞台〕に登場する ⑥…に収まる，入る ⑦（金などが）…に使われる（→ 自 ⑭）⑧《進行形で》〔年齢・時間など〕に近づく ‖ I am sixteen, ～*ing on* seventeen. 私は16歳，もうすぐ17歳になる（♦ミュージカル *Sound of Music* より）⑨《通例否定文で》《口》…を好む ‖ I don't ～ much *on* hard rock. ハードロックはあまり好きではない

go one better (than ...) ⇨ BETTER[1]（成句）

＊***gò óut*** 〈自〉①〈…の〉外へ出る；出る（↔ *go in* [OR *into*]）〈**of**〉‖ ～ *out* into the garden 庭に出る ②（娯楽・社交などのために）外出する，出かける〈**for, to** …に / ***doing, to do*** …しに〉（↔ *stay in*）‖ I'm ～*ing out* with Jack tonight. 今晩ジャックと出かけます / Let's ～ *out* ｢*for* a walk [*to* the museum]. 散歩［美術館］に出かけよう / He often ～*es out* drinking at night. 彼はよく夜になると飲みに行く ③〈異性と〉出歩く，付き合う〈**with**〉；（恋人同士が）デートを重ねる，性的関係がある《***together***》‖ He used to ～ *out with* my sister. 彼は私の姉と以前付き合っていた ④〈遠い所へ〉行く，〈外国へ〉移住する〈**to**〉‖ They've decided to ～ *out to* Switzerland. 彼らはスイスに移住することを決意した ⑤《～ out and *do* で》《口》（努力して）…する ‖ You should ～ *out* and find a job. じっとしていないで仕事を見つけるべきだ ⑥（郵便物などが）〈…に〉送り出される〈**to**〉⑦（テレビ・ラジオの番組などが）放送される ⑧（事実などが）伝えられる ‖ Word *went out* that the mayor would not run for reelection. 市長が今度の選挙に出馬しないというニュースが伝えられた ⑨（心が）引かれる，〈人に〉同情する〈**to**〉‖ My heart ～*es out to* his family. 彼の家族が気の毒でならない ⑩ストライキをする ‖ ～ *out* on strike ストライキに出る ⑪寝入る；気を失う；気絶する；（人が）死ぬ ‖ ～ *out* like a light あっという間に寝つく ⑫（灯火・火が）消える ⑬（金が）生活費などに消える ⑭はやらなくなる，使われなくなる（↔ *come in*）；処分される ⑮（潮・水が）引く ⑯（時期が）終わる ⑰（試合で）〈…に〉負ける〈**to**〉；〈トーナメントなどから〉敗退する〈**of**〉⑱〖ゴルフ〗前半［アウト］の9ホールを回る ⑲（トランプで）最初に上がる

gò óut for ... 〈他〉①＝*go out*〈自〉② ②《米》〔スポーツ（のチーム）〕に加わろうとする；〔行事〕に参加しようとする

gò óut of ... 〈他〉①＝*go out*〈自〉① ②＝*go out*〈自〉⑰ ③はやらなくなる，〈…で〉なくなる ‖ ～ *out of* fashion 廃れる / ～ *out of* service 使われなくなる ④（性質・状態などが）…からなくなる ‖ The heat has *gone out of* the discussion. 議論から熱気がうせてしまった

＊***gò óver*** 〈自〉①近づいて行く，向かって［横切って］行く〈**to** …（の方）に / **to do** …しようと〉‖ She *went over to* the counter *to* get her drink. 彼女は飲み物をとりにカウンターの方へ行った / He *went over to* say "hi." 彼はあいさつをしに近づいて行った ②〈…を〉訪ねて行く；〈海外を〉訪れる〈**to**〉‖ He *went over to* London on business. 彼は仕事でロンドンを訪れた ③（提案・演説などが）〈人に〉受け入れられる，（演技などが）受ける〈**with**〉（♦通例 well, big, badly などを伴う）‖ His speech didn't ～ *over* well *with* the women. 彼の話は女性にあまり受けなかった ④（信念・宗教・習慣・職業などを）変える，切り替える［転向する］，改宗［宗旨変え］する〈**from** …から；**to** …へ〉‖ She *went over from* the Liberal Party *to* the Conservative Party. 彼女は自由党から保守党にくら替えした / He *went over to* smoking cigars. 彼は葉巻を吸うようになった ⑤（放送の場面などを）〈…に〉切り替える〈**to**〉‖ Let's ～ *over to* the White House for a live report. ホワイトハウスに場面を切り替えて生の報告を聞きましょう —〈他〉《***gó over ...***》①…を越えて行く，横切る ②…を**詳細に調べる**，検討する；検査する；捜索する；…を熟慮する ‖ ～ *over* the record carefully 記録を丹念に調べる / The police *went over* the entire room. 警察は部屋をくまなく捜索した ③〔買うつもりの家など〕を下見する ④…を**繰り返す**，反復練習する，見直す ‖ Let me quickly ～ *over* the main points. 主な点をざっともう一度説明させてください ⑤…を掃除する，点検修理する

gò róund ＝*go around*（↑）

＊***gò thróugh*** 〈他〉《***gò thróugh ...***》①…を**通り抜ける** ‖ The train *went through* the tunnel. 列車はトンネルを通過した ②…に立ち寄る，短期間滞在する ‖ I will ～ *through* Chicago first. 最初シカゴに寄って行きます ③〔苦難など〕を**経験する**（undergo）‖ No one knows what I've *gone through*. 私がどんな苦しみを味わってきたかだれも知らない ④（議案などが）〔議会など〕を通過する ‖ The bill *went through* Parliament. 議案は国会を通過した ⑤〔段階・手続きなど〕を経る；〔人〕の許可を得る；〔儀式など〕を行う ‖ There are certain formalities to be *gone through* before you depart. 出発前にしておく手続きがいくつかあります ⑥《口》〔金・食料など〕を使い切る，使い果たす，食べ［飲み］尽くす（get through；consume）⑦（体の部分が）〔衣服など〕に穴をあける，…をすり減らす ⑧…をくまなく調べる［捜す］；…をより分ける ⑨〔書類など〕に最後まで目を通す；〔規則など〕を説明する ⑩〔演技・演奏など〕を（繰り返し）練習する ‖ Let's ～ *through* it again. もう一度やってみよう ⑪（本が）〔版〕を重ねる —〈自〉①（議案などが）通過する，承認される ②（契約・合意などが）結ばれる，（申し込み・手続きなどが）完了する ③書類などに最後まで目を通す ④（衣服などが）すり切れる ⑤《主に英》（競技などで）〈次の段階に〉勝ち進む〈**to**〉⑥《豪口》さっさと立ち去る［逃げる］

＊***gò thróugh with ...*** 〈他〉〔難事など〕をやり通す，耐え抜く ‖ She is too old to ～ *through with* the operation. 彼女は高齢でその手術に耐えられない

gò tó it 《主に命令形で》《米口》頑張る，どんどんやる

gò togéther 〈自〉①（2つのものが）似合う，釣り合う（→ 自 ㉔）②（2つ以上の物事が）併存する，相伴う ‖ Politics and corruption often ～ *together*. 政治と腐敗はしばしば相伴うものだ ③《口》恋人同士である，付き合っている

＊***gò únder*** 〈他〉《***gó under ...***》①…（という名）で通る［知られる］（→ 自 ㉓）②（土地などが）…で耕される，（樹木が）…で切り倒される ‖ This area has *gone under* the plough. この地域はすきで耕されてきた —〈自〉①《口》（事業などが）失敗する；（会社が）倒産する ②（船などが）沈む ③（人が）死ぬ；（麻酔などで）意識がなくなる

＊***gò úp*** 〈自〉①上がる，登る，〈階上に〉上がる（↔ *go down*；descend）〈**to**〉‖ I'll ～ *up* and see if she is still there. 上に行って彼女がまだいるか見てきます ②《口》（物の度合・物価などが）上昇する（rise, grow）（↔ *go down*）；〈…まで〉上がる〈**to**〉‖ The temperature will ～ *up to* 30°C today. 今日は気温が30度まで上がるでしょう ③（建物が）建てられる，建つ ④（建物などが）爆発する，吹き飛ぶ，炎上する ‖ The car *went up* in flames. その車は爆発炎上した ⑤（歓声・叫び声などが）わき上がる ⑥（舞台の幕が）上がる；（劇場の照明が）つく，明るくなる（↔ *go down*）⑦〈場所に〉届く，到達する；〈ある時期まで〉続く，有効である〈**to**〉‖ The path ～*es up to* the garden. この小道は庭に続いている ⑧〈…に〉近寄る，近づく〈**to**〉‖ She *went up to* the professor and introduced herself. 彼女は教授に近づいて自分の名を告げた ⑨（通知などが）張り出される，掲示される ⑩《英》《旧》〈（特にオックスフォード・ケンブリッジ）大学に〉入る，入学する；（休暇明けなどで）〈…へ〉戻る（↔ *go down*）〈**to**〉⑪《英》〈中心都

市に〉出る，上る；北方〈の…〉へ行く(↔ *go down*)〈**to**〉 ⑫《英》(スポーツで)(チーム・選手が)〈…に〉ランクを上げる(↔ *go down*)〈**to**〉 ⑬(値段の交渉などで)値をつり上げる ━〈他〉(*gò úp ...*)…を上がる，登る

gò úp against ... 〈他〉《米口》…と対戦する，競う

****gó with ...*** 〈他〉《通例受身形不可》① …と一緒に行く ‖ Are you ~*ing with* Jim? ジムと一緒に行きますか ② …と**調和する**(→ 自 ㉔) ‖ Do you want anything to ~ *with* that? ほかにそれと合わせるものはいかがですか(♥ レストランなどで店員が「ほかにご注文は」と尋ねる際に用いる表現) ③ …に付随する，伴う(attend) ‖ Crime often ~*es with* poverty. 貧困にはしばしば犯罪が伴う / Responsibility ~*es with* becoming an adult. 大人になることには責任が伴う ④《口》〔異性〕と**付き合う**；《旧》…と性的関係を持つ ‖ Is she still ~*ing with* Tim? 彼女はまだティムと付き合っているのか ⑤〔意見・提案など〕を受け入れる；…(の方)を選ぶ ⑥〔大勢・時流など〕に従う ‖ ~ *with* the crowd 大勢に従う / ~ *with* the tide [OR flow, stream, times] 時勢に従う

****gò withóut*** 《しばしば can, could, have to などの後で》〈他〉(***gò withóut ...***) …**なしで済ませる**(do without) ‖ They had to ~ *without* food for three days. 3日間彼らは食べ物なしで我慢しなければならなかった ━〈自〉なしで済ませる ‖ If you don't like it, you'll have to ~ *without*. それが気に入らないならなしで済まさなくては

have gòne and dóne 《口》へまをしでかす ‖ He *has gone and* 「*done* it [OR broken a glass] again. 彼はまたへまをしでかした[コップを割った]

keep going ⇨ KEEP(成句)

****lèt gó*** 〈自〉① 〈…を〉**放す**，手放す〈**of**〉‖ *Let* ~ *of* the rope. ロープを放せ ② 〈…を〉釈放する，自由にする〈**of**〉 ③〈…への〉こだわりを捨てる〈**of**〉 ━〈他〉**I** (***lèt ... gó***) ① …を釈放する，自由にする ‖ The police *let* him ~. 警察は彼を釈放した ② …を解雇する ③〔人の言動など〕をほうっておく，無視する ‖ I have a slightly different idea from his, but I'll *let* it ~ at that. 彼とは少し考えが違うが，まあそれはいいとしよう **II** (***lèt ... gó / lèt gó ...***) ④ …を放す，手放す ‖ *Let* me ~. You're hurting me. 放してよ．痛いじゃない ⑤〔物〕を投げつける；〔弾丸など〕を発射する(♦ 目的語が人称代名詞以外の場合は let go ... がふつう)

****to gó*** 《名詞の後に置いて》① **残りの**…，あと… ‖ We still have ten days *to* ~ before the semester starts. 学期が始まるまでにまだ10日ある ②《米口》(飲食物が)**持ち帰り用の**(《米》to take out, 《英》to take away) ‖ Five hamburgers *to* ~, please. ハンバーガー5個を持ち帰り用でお願いします / For here, or *to* ~? ここ[店内]でお召し上がりですか，それともお持ち帰りですか

to gò ón with 《名詞の後に置いて》《英口》当座の用を足すのに，とりあえず ‖ I have enough food *to* be ~*ing on with*. 当面の食料は足りています

Whàt góes aròund cómes aròund. 《諺》善[悪]行は我が身に返る

COMMUNICATIVE EXPRESSIONS

1 **Dòn't be gòne (tòo) lóng.** 早く戻って来て(♥ 出かける人に対して「行ってらっしゃい」という意味で用いる)

2 **Dón't (èven) gó thère.** NAVI そのことは話し[考え]たくもないよ(♥ 相手が持ち出した話題を避けるときの返答．=I'm not (even) going to go there. ⇨ NAVI表現 11)

3 **Excúse me, I must jùst gò** and chèck the óven. ちょっと失礼します，オーブン(の中の料理の具合)を見てこないと(♥ 少しの間だけ席を外すことをわびる．Will you excuse me for a moment, please? / I'll be right back.)

4 **Gò ahéad.** ① どうぞお先に(♥ 人を先に通すとき．=《英》After you.) ② (相手を促して)どうぞ(ご遠慮なく)(=Go right ahead.)(♥ 許可を与えるときの返答．right がつくとより気軽に言っているニュアンスが強まる) ③ (話などの)先を続けなさい；(電話交換手が)どうぞお話しください

5 **Gò alóng with you!** ① あっちへ行け(=Go away./ Beat it.) ② ばかなことを；冗談言うな

6 **Gò blów** [OR **frỳ an égg, sùck a lémon**]. うせろ(♥ うっとうしく感じている相手に対して用いる俗語)

7 **Gó for it.** 頑張って[しっかり]やれよ(♥ 励まし)

8 **Gò ín and wín!** 頑張ってこい(♥ 競技・試験などに参加する者への激励の言葉)

9 **Gò ón.** ① (相手を促して)どうぞ続けて；さあ遠慮せずに；(挑戦的に)やれるならやってみろ ② そうだその調子だ(♥ くだけた励ましの表現．=Get going (already).) ③ まさか，冗談でしょう(=Go on with you.)

10 **Hère we gò agáin!** またこれか(♥ 同じことの繰り返しにうんざりした気持ちを表す)

11 **Hére you gò.** はい，どうぞ(♥ 人に物を手渡す際に)

12 **Hòw is it góing?** 調子はどうだい(=How are things going? / =How goes it?)

13 **(I) have to gó nòw.** もう行かなきゃ(♥ いとまを告げる表現．=(I'd) better be going [OR off].)

14 **I hòpe éverything** [OR **áll**] **gòes wéll (with you)**. (あなたにとって)すべてがうまくいくといいですね；幸運を祈ります(♥ 相手の安寧を祈る表現．別れのあいさつとしても使う．=All the (very) best!/《堅》I wish you success.)

15 **I'll lèt you gó nòw.** どうぞ行ってください；(電話を)切っていいよ(♥ 会話を切り上げる表現．相手の時間を気遣って用いることも多いが，話し手の方が会話を終わらせたいときにも用いる)

16 **I'm góne.** じゃあな(♥ しばしば面倒な状況に置かれた人がその場を立ち去ろうとする際に用いる)

17 **I'm nòt góing to.** そんなことしないよ；やるもんか(♥ やる意志がないことを強調する．I don't intend to.)

18 "Whát was her làst náme?" "Lét me sèe. Nó, **it's góne.**" 「彼女の姓は何ていったっけ？」「ええと，駄目だ，忘れちゃった」(♥ 忘れたことを意味するくだけた表現)

19 **(I've) gòt to gó.** ① (電話などで)もう切らなくちゃ；行かなきゃ(♥ 会話を切り上げる表現) ② トイレに行きたいのですが(♥ I've got to go to the bathroom. の婉曲表現)

20 **Nìce góing.** ⇨ NICE(CE 3)

21 **Thàt's hòw it góes.** (人生とは)そんなものです(♥「仕方ないことだから気にしない」という前向きな態度を表す)

22 **Thére you gò.** ⇨ THERE(CE 14)

23 **Tìme to gó.** もう行く時間です；おいとましなくては

24 She **was gòne with the wínd.** 彼女は風とともに去ってしまったよ(♥ だれかが去ったことあるいは消息がわからなくなったことを意味する陳腐な表現)

25 **Whère did you gó?** どこへ行っていたの；よく戻って来たね(♥ 帰って来た相手を歓迎する表現)

26 **Whère do we gò from hére?** この後どうすればいいんだい(♥ 決断を迷っている局面で)

━名(複 **~es** /-z/) ❶ U 行くこと，去ること ‖ the come and ~ of the seasons 四季の移り変わり
❷ C《口》試み；機会 ‖ **in** [OR at] one ~ 1回で / I'm not sure if I can do it, but I will 「give it a ~ [OR have a ~ **at** it]. できるかどうかわかりませんが，とにかくやってみます / He passed the test (on his) first ~. 彼は試験に1回で通った
❸ C《口》(ゲームなどの)順番(turn) ‖ It's my ~. 僕の番だ / Can I have a ~ on your bike? 今度は僕が君の自転車に乗ってもいいかい ❹ C (a ~)《口》成功 ‖ **make** a ~ of ... …を成功させる ❺ C《主に英口》《旧》状況，事態 ‖ a queer [OR rum] ~ 妙な[驚くべき]事態 ❻ C《主に英口》《旧》発病，発作 ‖ She had a bad ~ of pneumonia. 彼女はひどい肺炎にかかった ❼ C《米口》開始許可 ‖ Our project is a ~. 我々の計画には許可が出ている ❽ U《口》活力，元気，やる気；活気，熱気 ‖ She is full of ~ today. 彼女は今日は元気いっぱいだ

àll the gó 《英口》《旧》とても流行して

hàve a gó ① やってみる (→ 名 ❷) ②《主に英口》〈人に〉食ってかかる；〈人に〉襲いかかる〈**at**〉
It's àll gó. 《英口》大忙しである ‖ *It's all* ～ in New York. ニューヨークは活気にあふれている
(***It's***) ***a nò gó.*** 《口》駄目だ，役に立たない，無駄である
lèave gó 《英口》〈…を〉離す(release)〈**of**〉
*****on the gó*** 《口》① **とても活発に活動して**，忙しくして ‖ She's been *on the* ～ all day. 彼女は1日中忙しくしている ②《have ... on the go で》…に忙しく取り組む
── 形《叙述》《口》正常に機能して，準備完了して ‖ All systems are ～. 各部準備完了

go² /goʊ/ 名 U (囲)碁(ご)

GO 略『軍』general order(一般命令)

Go·a /góʊə/ 名 ゴア《インド南西岸の旧ポルトガル領植民地. 1961年以降はインド領》

goad /goʊd/ 名 C ❶ (牛などを追うための) 突き棒 ❷ 駆り立てる[促す]もの，刺激；苦しめるもの ── 動 他 ❶〔牛など〕を突き棒で突く，追い立てる ❷〔人〕を刺激して駆り立てる，〔人〕をけしかける《***on***》〈**into, to** …へと / **to** ***do*** …するよう〉‖ ～ him *into* a fury 彼をいきり立たせる

G

gó-ahèad** 名《口》❶《通例 the ～》〈仕事・計画(の進行)などに対する〉許可，認可；合図，ゴーサイン(❗「ゴーサイン」は和製語)；進行許可〈**for, on** …への / **to** ***do …する〉‖ give the project the ～=give the ～ *for* the project その計画にゴーサインを出す / get the ～ *to* buy new computers 新しいコンピューターを購入する許可をもらう ❷ U《米》元気，積極性，進取の気性；C 積極的な人，進取の気性に富む人，精力家
── 形《口》❶《通例限定》(人・企業が) 創意に富む，進取[前進]的な，やる気のある，精力的な ‖ a ～ sales strategy [manager] 独創的な販売戦略[精力的な販売部長] ❷《限定》《米》(試合・得点などが)(相手を)リードしている ‖ a ～ run『野球』勝ち越し点

***goal /goʊl/

── 名 (複 **～s** /-z/) C ❶ (サッカー・ホッケーなどの) **ゴール**；(ゴールによる) **得点** (⇨ SCORE 類語P) ‖ He headed the ball into the ～ at the last minute. 彼は土壇場でヘディングでボールをゴールに入れた / Who is keeping [OR in] ～ for Japan? 日本のゴールキーパーはだれですか (♦無冠詞用法) / win **by** two ～*s* **to** zero 2対0で勝つ / lose **by** two ～*s* 2点差で負ける
連語 【動+～】score [OR get, make] a ～ ゴール[得点]する / concede a ～ (相手に)ゴールを許す
【形+～】an own ～ 自殺点 / a penalty ～ ペナルティーキックによるゴール
❷ (競走の) **ゴール(ライン)** (finish line) ‖ reach the ～ at the same time (2人が) 同時にゴールインする (❗「ゴールイン」は和製語.「2位でゴールインする」は finish second.「結婚する」の意味のゴールインは日本語独特の表現で，英語では get married)
❸ (努力・野心などの) **目標**，目的 (⇨ PURPOSE 類語)；(旅行などの) 目的地，行き先 ‖ pursue one's ～ in life 人生の目標に向かって邁進(まいしん)する
連語 【動+～】achieve [OR reach, attain] a ～ 目標を達成する / set a ～ 目標を設定する
【形+～】a long-term [short-term] ～ 長期[短期] 目標 / the ultimate ～ 究極の目標 / the primary ～ 主要な目標 / 「a realistic [an unrealistic] ～ 現実的[非現実的]目標
～·less 形 無得点の
▶▶ ～ **àverage** 名 U (サッカーで) 得点率《失点数に対する得点数の割合》 ～ **dìfference** 名 U (サッカーで) (チーム間の) 得点率の差，得失点差 ～ **kìck** 名 C (サッカー・ラグビーの) ゴールキック ～ **lìne** 名 C (サッカーなどの) ゴールライン ～ **pòst** (↓)

goal·ie /góʊli/ 名《口》=goalkeeper

***góal·kèeper** 名 C (サッカーなどの)ゴールキーパー

góal·mòuth 名 C (サッカー・ホッケーの) ゴールマウス《ゴールポスト直前のエリア》

góal pòst 名 C (サッカーなどの)ゴールポスト
mòve the góal pòsts [《米》***pòst***] (相手に不利になるように)目標[規則，方針]を変更する(♥非難を込めた言い方)

góal·tènder 名《米》=goalkeeper

gó-aròund 名 C ❶ 一回り，一巡 ❷《米口》対決，激論 ❸ (飛行機の着陸失敗後の)旋回

***goat** /goʊt/ 名 (複 **～** OR **～s** /-s/) C ❶ ヤギ；ヤギ科の動物 (→ mountain goat) ‖ *Goats* bleat. ヤギはめえと鳴く / a he [OR billy] ～ 雄ヤギ / a she [OR nanny] ～ 雌ヤギ(♦子ヤギは kid, 鳴き声は baa, bleat) / ～'s milk ヤギ乳 / ～('s) cheese ヤギ乳製チーズ ❷《口》好色漢 ‖ an old ～ すけべじじい；いやな[気色の悪い]老人 ❸《米》身代わり(に罪をかぶる人)，犠牲，いけにえ(scapegoat) ‖ make a ～ of him 彼をスケープゴートにする[犠牲に立てる] ❹《英口》間抜け ‖ make a ～ of oneself ばかなまねをする，笑い者になる ❺《the G-》『天』山羊(やぎ)座；磨羯(まかつ)宮(Capricorn)
àct [OR ***plày***] ***the*** (***gìddy***) ***góat*** 《英口》ばかなまねをする，ふざける
gèt a pèrson's góat 《口》(人を)怒らせる，いら立たせる

goat·ee /goʊtíː/ ⌫ 名 C (人のあごの)ヤギひげ

góat·fìsh 名 (複 **～** OR **～·es** /-ɪz/) C『魚』ヒメジ (red mullet)《下あごに1対の長いひげがある》

góat·hèrd 名 C ヤギ飼い，ヤギの番人

góat·skìn 名 U ヤギ皮[革]；C ヤギ革の衣服[酒袋]

góat·sùcker 名 =nightjar

gob¹ /gɑ(ː)b | gɔb/ 名 C ❶《俗》(粘質のものの)かたまり ‖ a ～ of spit つばのかたまり ❷《～s》《米俗》《戯》たくさん ‖ ～*s* of money たくさんの金
── 動 (**gobbed** /-d/；**gob·bing**) 自《英俗》痰(たん)[つば]を吐く

gob² /gɑ(ː)b | gɔb/ 名 C《旧》《俗》(米海軍)水兵

gob³ /gɑ(ː)b | gɔb/ 名 C《主に英俗》《けなして》口

gob·bet /gɑ́(ː)bɪt | gɔ́b-/ 名 C ❶ (肉などの) 1片；かたまり；1口分 ❷ (特に試験に出題される)テキストの抜粋

gob·ble¹ /gɑ́(ː)bl | gɔ́bl/ 動 他 …をがつがつ食べる，かっ込む《***down, up***》 ── 自 がつがつ食べる
gòbble úp ... / ***gòbble ... úp*** 〈他〉《口》①〔金(かね)・物〕をどんどん消費する ②〔企業など〕を吸収する

gob·ble² /gɑ́(ː)bl | gɔ́bl/ 動 自 (シチメンチョウが)鳴く；(怒りなどで)シチメンチョウのような声を出す
── 名 C シチメンチョウの鳴き声

gob·ble·dy·gook, -de- /gɑ́(ː)bldigùːk | gɔ́bl-/ 名 U《口》《けなして》難解な言葉遣い《お役所言葉など》

gob·bler /gɑ́(ː)blər | gɔ́b-/ 名 C《米口》雄のシチメンチョウ

Go·be·lin /góʊbəlɪn/ 名 C ゴブラン織り《壁かけ用の織物》

gó-betwèen 名 C 仲介者，斡旋(あっせん)者；仲人 ‖ act as (a) ～ (for) (…の)仲介役をする

Go·bi /góʊbi/ 名《the ～》ゴビ(砂漠)《アジア東部，モンゴルから中国北部にまたがる大砂漠》

gob·let /gɑ́(ː)blət | gɔ́b-/ 名 C ❶ ゴブレット《脚と台がついた取っ手のないワイングラス》 ❷《古》(金属またはガラス製の) 取っ手のない鉢形の酒杯

goblet ❶

gob·lin /gɑ́(ː)blɪn | gɔ́b-/ 名 C (人にいたずらをする)醜い小鬼，悪鬼

gób·smàcked 形《英口》びっくり仰天した

gób·stòpper 名 C《主に英》(口がいっぱいになるほどの) 大きなあめ玉[変わり玉] (《米》jawbreaker)

go·by /góʊbi/ 名 (複 **-bies** /-z/) C『魚』ハゼ

gó-bỳ /-bàɪ/ 名《the ～》《英俗》通り過ぎること；無視，黙殺 ‖ get the ～ 知らぬ顔をされる；無視される / give him the ～ 彼をわざと避ける，しかとする；彼を振る

GOĆ 略《英》General Officer Commanding(総司令官)

gó-càrt 名 C ❶ ゴーカート(go-kart) ❷ (小型の)乳母車;《古》(小児の)歩行器 ❸ 手押し車(handcart)

god /gɑ(:)d | gɔd/

―名 (複 ~s /-z/) ❶ (G-) U (キリスト教など一神教の) 神, 造物主 (♦ 固有名詞扱いで the はつけない. 代名詞は He, His, Him で受ける) ‖ the Lord *God* 主なる神 / *God* Almighty=Almighty *God* 全能の神 / *God* the Father, *God* the Son, *God* the Holy Ghost 父と子と聖霊, 三位(さんみ)一体(→ trinity) / Do you believe in *God*? 神の存在を信じますか / We prayed to *God* to help us. 我々は助けてくださいと神に祈った / *God* rest him [OR his soul]. 《旧》彼に安らぎを与えたまえ (♦ 死者に言及する際の挿入句) / *God* save the Queen! 神が女王を助けたまわんことを;女王陛下万歳《英国国歌》/ *God* grant (that) ... 神よ…をかなえさせたまえ (♦ 上記3例は祈願文. 仮定法現在で願望を表す) / find ~ 改宗する, 信仰に目覚める / true as ~ [OR Bob] 《南ア》《口》本当の話だが / with ~ 神とともに, 死んで天国に ❷ C (多神教の)神, (特に)男神(↔ goddess) ‖ the sun ~ 太陽神 / *Those whom the ~s love die young.* 《諺》神々の愛する者は若死にする

参考 **ギリシャ・ローマ神話の男神**
the ~ of day 日輪の神 (Apollo, Apollo) / the ~ of heaven 天の神 (Zeus, Jupiter) / the ~ of hell 地獄の神 (Hades, Pluto) / the ~ of love = the blind ~ 愛の神 (Eros, Cupid) / the ~ of the sea 海の神 (Poseidon, Neptune) / the ~ of war 戦争の神 (Ares, Mars) / the ~ of wine 酒の神 (Dionysus, Bacchus)

❸ C 神像, 偶像(idol)
❹ C (the ~s) 神意, 運命 ‖ The ~*s* are against me! 運が向いていない / The ~*s* were enjoying their own cruel joke. 神々が残忍な冗談を楽しんでいた (♥ 理不尽な事故などを嘆いて)
❺ C 崇拝[賞賛]される人, 影響力のある人物;神にも等しい[最も大切な]もの ‖ John was a ~ to his followers. ジョンは信奉者たちにとって神にも等しい存在だった / Money is his ~. 彼にとっては何より金が大事だ
❻ (G-) U 《間投詞的に》何てこった, さあ大変だ, けしからん, おお神よ (♥ 驚き・興奮・苦痛・怒り・困惑・不服などの強い感情を表す. よく用いられる表現だが, 信仰の厚い人などは不敬に感じる場合もある) (→ gee[1], golly, goodness, gosh, heaven);ほんと, 全く(♥ 主張・断言を強調する) ‖ *God* [OR Good *God*, My *God*, Oh (my) *God*], what a bloody waste! いやはや, 何たるべらぼうな浪費だ / *God* damn you! こん畜生 / *God*, how I hate that woman! 私はあの女が本当に嫌いなんだ
❼ C (the ~s) 《口》天井桟敷(の観客) (♦ 天井に近いことから) ‖ appeal to the ~*s* 大向こうをうならせる

a màn of Gód 聖人, 聖職者
an àct of Gód 神の御業(みわざ);〘法〙(地震・洪水などの)天災, 不可抗力(♦ 保険証書などの用語)
by Gód 《旧》《口》① 神かけて, 誓って, 必ず(♥ 決意を表す) ② おやまあ, 本当に(♥ 驚きを表す. 不敬と感じられるため by George を代わりに用いることが多い)
for God's sake ⇨ SAKE[1](成句)
Gòd bléss ... …に神の祝福あれ(♦ 別れ際の言葉)
Gòd forbíd (that ...) 《口》(…だなんて)そんなことあるものか, とんでもない(♦《古》God [OR Heaven] forfend という言い方もある. forbid の形は願望を表す仮定法で that 節には should または仮定法現在を用いる)
Gòd hélp a person 《口》かわいそうに, 哀れだ;…だと大変なことになる (♦ help は仮定法現在) ‖ *God help* us if he turns down the project. 彼がその計画を却下したら私たちは大変なことになる
Gòd wílling 《口》事情が許せば, (万事)うまくいけば (→ Deo volente) ‖ *God willing* and the creek don't rise, ... 何も問題がなければ…, うまくいけば…
honest to God ⇨ HONEST(成句)
in Gód's nàme ; ***in the nàme of Gód*** 《疑問詞の後で》一体全体 ‖ Where *in God's name* did you get this? 一体全体これをどこで手に入れたんだい
on Gòd's éarth 世界中に, 一体全体
plày Gód 神のように振る舞う;偉ぶって勝手なことをする
plèase Gód 神様お願いですから
to Gód 神にかけて, 強く, 心から ‖ I swear *to God* it's true. それは絶対に本当だ / I hope *to God* that she doesn't change her mind. 彼女が心変わりしないことを心から願う
Ye góds! 《旧》《口》まあ, まさか

COMMUNICATIVE EXPRESSIONS
1 **Glòry** [OR **Pràise, Thànks**] **be to Gód!** 神に感謝します
2 **Gód gìve me stréngth!** 神よ, どうぞ私に力をお貸しください
3 **Gòd knóws** what she'll do. ① 彼女が何をしでかすかだれにもわからない [神のみぞ知る] (=God only knows ....) ② 本当に[確かに]彼女はそうするだろう
4 **Gód sèes éverything we dó.** 神様はすべてお見通しだ(♥ 悪いことをした人に対して「いつか天罰が下るよ」という含みを持って)
5 **It's Gòd's wíll.** これも神の思し召しだ;運命だ(=It's all in God's plan.)
6 **Thànk Gód!** よかった;ありがたい;やれやれ (♥ 安堵(あんど))
7 **When Gòd clòses a dóor**, He òpens a wíndow. 神は扉を閉めても窓を代わりに開けてくださる;悪いことばかりじゃないさ (♥ 励ましの文句. 「悪い状況にあっても望みを捨ててはいけない」という意味の陳腐な表現)

▶▶**Gòd's ácre** /, ⌐⌐–/ 名 U《古》(教会付属の)墓地 **Gód's cóuntry** 名 C《単数形で》神の国, 地上の楽園《しばしばアメリカ合衆国を指す》 **Gòd's gíft** 名 U (しばしば皮肉を込めて)〈to …への〉天からの授かりもの, 〈…にとって〉最高の人[もの]〈to〉 **Gód slòt** 名 (また g- s-) C ⊗《英口》《ときに蔑》(定例の)宗教番組 **Gód squàd** 名 《the ~》《口》《けなして》熱心すぎる宣教師

Gòd-áwful ⊲シ 形《ときに g-》《通例限定》《口》《ときに蔑》ひどく不愉快な, いやな

gód·chìld 名 (複 -children) C 名づけ子, 洗礼の子

gòd·dám·mit, gòd dámn it /gɑ̀(:)dǽmɪt | gɔ̀d-/ 間 ⊗《口》《ときに蔑》(怒り・驚きを表して)畜生, くそっ, いまいましい(→ damn)

gòd·dámn, -dám, -dámned /英 ⌐⌐/ ⊲シ ⊗《俗》《ときに蔑》(→ damn, damned) 形《限定》いまいましい;とてつもない ―副 ひどく, やけに, 全く ‖ You're ~ right. 全くおまえの言うとおりだ

gód·dàughter 名 C 名づけ娘, 洗礼の娘

***god·dess** /gɑ́(:)dəs | gɔ́des/ 名 C ❶ 女神 (↔ god) ‖ the ~ of liberty 自由の女神 (♦ 米国のニューヨークにある「自由の女神像」は the Statue of Liberty という)

参考 **ギリシャ・ローマ神話の女神**
the ~ of beauty [love] 美[愛]の女神 (Aphrodite, Venus) / the ~ of corn 五穀の女神(Demeter, Ceres) / the ~ of heaven 天の女神 (Hera, Juno) / the ~ of hell 地獄の女神 (Persephone, Proserpina) / the ~ of the moon 月の女神 (Artemis, Diana) / the ~ of wisdom 知恵の女神 (Athena, Minerva)

❷ 崇拝される女性, あこがれの女性;絶世の美女 ‖ a screen ~ 映画女優

gód·fàther 名 C ❶ 名づけ親, 教父, 代父 ❷《口》創始者, 有力者 ❸《口》(犯罪組織などの)ゴッドファーザー, ボス, ドン

G

Gód-fèaring 形《ときに g-》神をおそれる；信心深い，敬虔(けいけん)な

gód·forsàken 形《ときに G-》《限定》❶（場所が）荒涼とした，殺風景な，うらぶれた；へんぴな ❷（人が）神に見放された，堕落した，邪悪な；哀れな

Gód-gìven 形《通例限定》神に与えられた，天与の ‖ a ~ right 生得権

gód·hèad 名 ❶ U 神性（divinity），神であること ❷《the G-》神 ❸ C《口》偶像視される人，アイドル

gód·hòod /-hʊ̀d/ 名 U =godhead ❶

Go·di·va /gədáɪvə/ 名 **Lady ~** ゴダイバ夫人《11世紀英国の貴族の妻．コベントリーの町を裸で馬に乗って回り，夫が住民に課した重税を廃止させた》(→ Peeping Tom)

gód·less /-ləs/ 形《通例限定》❶《けなして》神を信じない；不信心な ❷《堅》邪悪な **~·ly** 副 **~·ness** 名

gód·lìke /-làɪk/ 形 神のような，神にふさわしい，神々しい

gód·ly /-li/ 形《通例限定》《堅》神を敬う，敬虔(けいけん)な，信心深い（pious） **-li·ness** 名

gód·mòther 名 C ❶ 名づけ親，教母，代母（→ fairy godmother） ❷（女性の）創始者，有力者

go·down /góʊdàʊn/ 名 C（インド・東アジアで）倉庫

gód·pàrent 名 C 名づけ親，教父[母]，代父[母]

gód·sènd 名 C《単数形で》天からの授かりもの，（欲しいときに）運よく手に入ったありがたいもの，幸運な出来事

gód·sòn 名 C 名づけ息子，洗礼の子

Gòd·spéed 間《旧》成功[幸運]を祈る（♥ 旅に出る人などへの別れの言葉）

God·win Aus·ten /gà(ː)dwɪn ɔ́(ː)stɪn | gɔ̀d-/ 名 ゴドウィン＝オースティン山《カラコルム山脈中に位置し，世界第2の高峰．高さ8,611m》（♦ K 2 の別称）

God·zil·la /gɑ(ː)dzílə | gɔd-/ 名 ❶ ゴジラ《1954年製作の日本映画に登場した怪獣》❷《口》巨大なもの（♦ 本来の表記は Gojira だが米国で公開される時に「神」のイメージを込めて God-zilla としたとされる）

go·er /góʊər/ 名 C ❶ 行く人[もの] ‖ a fast [slow] ~ 足の速い[のろい]人，動きの速い[遅い]もの / comers and ~*s* 往き来する人々 ❷《通例複合語で》しばしば…へ行く人，…の常連 ‖ a theater-~ 芝居の常連 ❸《英口》尻軽(しりがる)女；活発な人，頑張り屋

Goe·the /géɪtə | gə́ː-/ 名 **Johann Wolfgang von ~** ゲーテ(1749-1832)《ドイツの詩人・作家》

go·fer /góʊfər/ 名 C《口》使い走りをする従業員

Gog and Ma·gog /gà(ː)g ənd méɪgɑ(ː)g, -gɔːg | gɔ̀g ənd méɪgɔg/ 名【聖】ゴグとマゴグ《サタンに惑わされて神の国に敵対し滅ぼされる地上の民》

gó-gètter /ˌ-ˊ-/ 名 C《口》やり手，手腕家
-gètting 形 敏腕の

gog·gle /gá(ː)gl | gɔ́gl/ 名 C ❶《~s》ゴーグル ‖ swimming ~*s* 水中眼鏡 ❷《単数形で》目をむく[ぎょろつかせる，見張る]こと ―形（目が）ぎょろぎょろした，出目の ―動 自 ❶〈…を〉目をむいて[丸くして]見る，〈…に〉目を見張る〈**at**〉❷（目が）ぎょろぎょろする
▸▸ **~ bòx** 名《the ~》《英口》テレビ

gòggle-éyed ＜シ 形（びっくりして）目を大きく見開いた，目を丸くした

Gogh /goʊ | gɔf, gɔx/ 名 ⇨ VAN GOGH

gó-gò 形《限定》❶ ゴーゴー（ダンス）の ❷ 生きのよい，活発な；積極的な，攻撃的な ❸《米》投機的な，（経済が）急成長の ‖ in the ~ 80's 急成長時代の80年代に
―名 U ゴーゴー（ダンス[音楽]） ▸▸ **~ dàncer** 名 C《旧》ゴーゴーの踊り子 **~ jùice** 名 U C《口》① ドリンク剤 ② コーヒー ③ ガソリン（♦ go-juice ともいう）

Go·gol /góʊgɑ(ː)l | -gɔl/ 名 **Nikolai Vasilievich ~** ゴーゴリ(1809-52)《ロシアの作家》

***go·ing¹** /góʊɪŋ/ 形 ❶《限定》（機械などが）運転[稼動]中の；進行[活動]中の；（順調に）営業中の ‖ in ~ order 運転[使用]できる状態で / a ~ concern 業績の好調な企業 ❷《限定》（価格などが）現行の ‖ the ~ rate for tuition 現行の授業料 / the ~ price 時価 ❸《名詞の後に用いて》現存する，生存中の（♦ 名詞は通例最上級の形容詞で修飾される）；入手[確保]できる（→ go¹ 動 自 ⑬）‖ That's the best car ~. あれは現時点で最高の車だ
hàve*「*a thìng* [OR *sòmething*] *góing 〈…と〉付き合っている，性的な関係がある〈**with**〉
hàve ... gòing for one 《口》…の有利な点[強み]がある ‖ She *has*「so much [OR a lot] ~ *for* her. 状況は彼女にとても有利だ

go·ing² /góʊɪŋ/ 名 ❶ U/C《単数形で》行くこと；去ること，出発 ‖ celebrate his ~ 彼の出発を祝う / opera-~ オペラ見物 ❷《the ~》路面[馬場]の状態 ❸ U 進行の状況，進み具合 ‖ make very good [poor] ~ とてもはかどる[少しも進まない]
hèavy góing 困難な状況；退屈な人[もの]
***when the gòing gèts tóugh* [OR *róugh*]** 状況が悪くなると
while the gòing is góod 状況が悪くならないうちに（♦ しばしば「…をすべきである」という提案とともに用いる）

gòing-awáy 形 ❶ 別れの，送別の ‖ a ~ party 送別会 ❷（花嫁の）新婚旅行用の

gòing-óver 名（複 **goings-**）C《口》❶《単数形で》徹底的な検討[尋問，掃除]，点検修理；オーバーホール ❷ 大目玉，体罰；大敗

***gòings-ón** 名 複《口》（異常な）出来事，振る舞い

gò-it-alóne 形《口》独力でする；単独主義の，独立した **~·ness** 名

goi·ter,《英》**-tre** /gɔ́ɪṭər/ 名 U C【医】甲状腺腫(せんしゅ) **-trous** 形 甲状腺腫(症)の

gó-kàrt 名 C ゴーカート（go-cart ❶） **gó-kàrting** 名

Go·lan Heights /gòʊlɑːn háɪts | -læn-/ 名 複《the ~》ゴラン高原《ヨルダン川東岸の高地．シリア領だが1967年以来イスラエルが占拠し，1981年に併合を宣言》

*****gold** /goʊld/ 名 形
―名〔▸ golden 形〕（複 **~s** /-z/）U ❶【化】**金**《金属元素．元素記号 Au》，黄金 ‖ a ring of pure ~ 純金の指輪 / 18 karats ~ 18金 / *All that glitters is not ~.*《諺》光るもの必ずしも金にあらず
❷《集合的に》金製品；金貨 ‖ £300 in ~ 金貨で300ポンド / drip with ~ 金製品をじゃらじゃらつけている
❸（多量の）金銭，富，財産
❹ U C 金色，こがね色 ‖ the ~ of the declining sun 夕日のこがね色 / old ~ 褐色がかった鈍い金色
❺（=~ **médal**）U C 金メダル ‖ go for ~ 優勝を目指す / win ~ 金メダルをとる ❻ C【弓】的の中心（bull's eye）‖ make a ~ 的の真ん中を射抜く ❼ 貴重な[輝かしい]もの ‖ She is pure ~. 彼女はとても素晴らしい / a voice of pure ~ 美しい声 / have a heart of ~ 気高い[思いやりのある]心の持ち主である ❽ 金本位制（gold standard）‖ go off ~ 金本位制を廃止する
a pòt* [OR *cròck*] *of góld 望んでも得られないもの[報酬]
(*as*) *gòod as góld* 《口》（子供が）とても行儀[聞き分け]のよい；申し分のない，十分信用できる，本物の
strike góld 金鉱を掘り当てる；うまい金づる[情報源など]を見つける，宝の山を見つける
wòrth one's wèight in góld 《口》（器具・人などが）非常に役に立つ[貴重な]，値(あたい)千金である（♦「自分と同じ目方の金に値する」の意より）
―形《比較なし》❶ **金製の**；金の（ような）‖ Is your watch ~ [×golden]? 君のは金時計ですか / ~ coins 金貨 / a ~ bracelet 金の腕輪
❷《限定》**金色の** ‖ ~ [×golden] buttons 金色のボタン
❸ 素晴らしい ❹ 金本位の，金平価で計算した ❺（レコード・CDが）ゴールドディスクの ‖ go ~ （レコード・CDが）ゴールドディスクを獲得する
▸▸ **~ cárd** 名 C ゴールドカード《信用度が高い客に発行するクレジットカード》 **Góld Còast** 名《the ~》① 黄

金海岸《旧英領植民地. 現在のガーナの一部》② ゴールドコースト《オーストラリア・クイーンズランド州南東部の太平洋に面した都市》 ~ **dìgger** 名 C ① 金鉱を探して掘る人 ②《口》《けなして》金目当てで男に近づく女 ~ **dísc** 名 C《英》=gold record ~ **dùst** 名 U ① 砂金, 金粉 ‖ like ~ *dust*《英》貴重でめったに手に入らない[見つからない] ②《英》〖植〗ゴールドダスト, 黄花アリッサム ~ **fóil** 名 U 金箔(きんぱく)《gold leaf より厚い》 ~ **léaf** 名 U (薄い)金箔《gold foil より薄い》 ~ **médalist** 名 C 金メダリスト ‖ a two-time Olympic ~ *medalist* 2度にわたるオリンピック金メダリスト ~ **mìne** (↓) ~ **pláte** (↓) ~ **récord** 名 C《米》ゴールドディスク《米国では50万枚以上売れたアルバムか100万枚以上売れたシングル盤, 英国では25万枚以上売れたアルバムか50万枚以上売れたシングル盤に賞として与えられる黄金のディスク》 ~ **resèrve** 名 C《通例 ~s》〖経〗金準備(高) ~ **rùsh** 名 C ゴールドラッシュ《新発見の金鉱に人が殺到すること》 ~ **stàndard** 名 ①《the ~》〖経〗金本位制 ② C《通例単数形で》(理想とされる)最高水準

góld·bèater 名 C 金を打ち延ばす人, 金箔師

góld·brìck 名 C《主に米口》❶ にせの金塊; 見掛け倒しのもの, にせ物(♦ れんがを金塊のように見せた詐欺行為に由来する) ❷ 詐欺師; 怠け者, サボり屋(の兵) ―動《米口》自 (特に兵が)サボる ―他 …をだます, ぺてんにかける

góld·bùg 名 C《主に米》❶《旧》《口》金本位制支持[擁護]者 ❷ 金に投資する人, 黄金狂 ❸ コガネムシ

:gold·en /góʊldən/

―形 [◁ gold 名]《比較なし》❶ **金色の**, こがね色の, 金色に輝く ‖ ~ [×gold] hair 金髪 / ~ sunlight こがね色の日の光

❷ 金の, 金製の(♦ ふつう gold を用いる)

❸ 金を含む, 金を産する

❹ 絶好の; **貴重な**, 素晴らしい ‖ a ~ opportunity 絶好の機会 / *Speech is silver, silence is ~.*《諺》雄弁は銀, 沈黙は金(❗ テレビなどの「ゴールデンアワー」「ゴールデンタイム」は prime time という)

❺ (時代などが)隆盛な, 繁栄する; 幸せな, 楽しい ‖ the ~ days of steamboats 蒸気船の全盛時代

❻ 才能に恵まれた; 若さ[活力]にあふれた ‖ a ~ rookie 有望新人 ❼ (声などが)柔らかくて豊かな ❽《限定》(結婚記念日・記念祭などが)50周年の(→golden jubilee)

▸▸ ~ **àge** /, ――́―/ 名 ①《the G- A-》〖ギ・ロ神〗黄金時代《人間が純真で平和な生活を送った最良の時代. → silver age, Bronze Age, Iron Age》②《the ~》(文学などの)最盛期, 黄金時代 ③ U C《婉曲的》老年(期) ~ **áger** 名 C《米》《婉曲的》(引退生活に入った)老人, お年寄り ~ **anniversary** 名 C《米》①=golden jubilee ②=golden wedding **Gòlden Árches** 名 複《商標》ゴールデンアーチ《マクドナルドハンバーガーチェーンのシンボル看板》 ~ **bóy** 名 C《口》ゴールデンボーイ, 人気者 ~ **brówn** 名 U 形 こがね色(の) ~ **cálf** 名《the ~》①〖聖〗(イスラエルの民が崇拝し, 神の怒りを買った)黄金の子牛像 ②《単数形で》《集合的に》(誤った崇拝の対象としての)金銭, 富 ~ **éagle** 名 C〖鳥〗イヌワシ **Gòlden Fléece** 名《the ~》〖ギ神〗金の羊毛《Argo号で英雄Jasonと乗組員が探しに行った》 **Gòlden Gáte** 名《the ~》金門海峡, ゴールデンゲート《サンフランシスコ湾と太平洋をつなぐ海峡. the Golden Gate Bridge がかかる》 ~ **gírl** 名 C《口》ゴールデンガール, 人気娘 **Gòlden Glóbe (Awàrd)** 名 ゴールデングローブ賞《毎年1回優秀な映画とテレビ番組に与えられる米国の賞》 ~ **góal** 名 C〖サッカー〗ゴールデンゴール《延長戦の決勝ゴール》 ~ **góose** 名《the ~》① 金の卵を産んだガチョウ《1日1個しか産まないので, 短気で欲の深い持ち主が一挙に金を得ようとして殺したというイソップ物語のガチョウ》② 無尽蔵の利益を生むもの ~ **hámster** 名 C〖動〗ゴールデンハムスター《小アジア原産. 愛玩(あいがん)用》 ~ **hándcuffs** 名 複《口》有能な従業員への引き止め金[優遇措置] ~ **hánd-shake** 名 C《口》(早期退職者などへの)割増退職金 ~ **helló** 名 C《英口》(他社から迎える重役に支払う)高額の支度金 ~ **júbilee** 名 C《英》(国王の即位など公的出来事の)50周年記念祭(→ jubilee) ~ **méan** 名《the ~》①(黄金の)中庸 ② =golden section ~ **óldie** 名 C《口》① 懐かしのメロディー[名画], 永遠の名曲[名画] ② 老いてますます盛んな人 ~ **párachute** 名 C《口》会社重役が合併などで失職したときに高額退職金を受け取るという契約条項; その退職金 ~ **ráisin** 名 C《米》種なし干しブドウ《パン・ケーキなどに入れる》(《英》sultana) ~ **retríever** 名 C〖動〗ゴールデンレトリバー《金色の毛のレトリバー種の犬》(→ retriever) ~ **rúle** 名 ①《the ~》〖聖〗黄金律《人からしてもらいたいと望むことを人に対しても行え, というキリストの教え》② C《通例単数形で》行動の指針 ~ **séction** 名《the ~》〖美〗黄金分割《1つの線分を1対1.618[3対5]の比に分割すること. この比が最も安定した美感を与えるという》 **Gòlden Státe** 名《the ~》米国カリフォルニア州の俗称 ~ **sýrup** [**tréacle**] 名 U《英》糖蜜(とうみつ) **Gòlden Tríangle** 名《the ~》黄金の三角地帯《タイ・ラオス・ミャンマーの国境地帯. 世界のヘロインの70%以上を生産するといわれる》 ~ **wédding** 名 C《英》金婚式《結婚50年目》

gólden·ròd 名 C〖植〗オオアワダチソウ(大泡立草)

góld·fìeld 名 C 金鉱地帯, 金採掘地域

gòld-fílled 形 金をかぶせた, 金張りの

góld·fìnch 名 C〖鳥〗ヒワ《ヨーロッパ産のゴシキヒワ, 北米産のオウゴンヒワなどの総称》

góld·fìsh 名 (複 ~ OR ~·es /-ɪz/) C〖魚〗キンギョ(金魚)

▸▸ ~ **bòwl** 名 C ①《主に英》金魚鉢 ②《単数形で》人目を避けられぬ場所[状態] ‖ live in a ~ *bowl* 衆人環視の中で生活する

gold·i·locks /góʊldilɑ̀(ː)ks | -lɔks/ 名《単数扱い》❶《G-》ゴールディロックス《童話 Goldilocks and Three Bears の主人公. クマの親子の家に留守中に上がり込み, 勝手に食べ物を食べ, いすを壊した挙げ句に子グマのベッドで寝てしまうえり好みの激しい女の子》❷ 金髪の女の子 ❸〖植〗アキノキリンソウの類《欧州産》❹〖植〗チシマキンポウゲ《欧州産》

▸▸ **Gòldilocks ecónomy** 名 C〖経済〗ゴールディロックス経済《インフレでも不況でもない適切な経済状態. 特に1990年代後半の米国の経済状態を指す》

góld mìne 名 C ❶ 金鉱, 金山 ❷ 宝庫, 宝の山

be sìtting on a góld mìne 非常に価値のあるものを持っている

gòld-of-pléasure 名 U〖植〗アマナズナの類《黄色い花をつけるアブラナ科の一年草》

gòld pláte 名 U ❶ 金めっき ❷《集合的に》金製の食器類; 金めっきした器物 **gòld-pláte** 動 他 …に金めっきする **gòld-pláted** ◁ 形 金めっきの

gòld-rímmed 形 金縁の

góld·smìth 名 C 金細工師[商人]

gold·was·ser /góʊldvɑːsər/ 名 U C ゴールドワッサ《金箔(きんぱく)が入っているポーランドのリキュール》

go·lem /góʊləm, -lem/ 名 C ❶〖ユダヤ伝説〗ゴーレム《魔法で土から造られた巨人》❷ 人造人間; 自動人形

:golf /ɡɑ(ː)lf, ɡɔːlf | ɡɔlf/

―名 U **ゴルフ** ‖ **play** (a round of) ~ (1ラウンド)ゴルフをする

―動 自 ゴルフをする ‖ go ~*ing* ゴルフに行く

~**·ing** 名

▸▸ ~ **bàll** 名 C ① ゴルフボール ②(電動タイプの)活字球 ~ **càrt** 名 C ゴルフカート《ゴルフバッグを運ぶ手押し車, またゴルファー用小型自動車》 ~ **clùb** 名 C ①(ボールを打つ)ゴルフクラブ ② ゴルフクラブ《組織およびその土地・建物》 ~ **còurse** 名 C ゴルフコース, ゴルフ場 ~ **lìnks** 名《単数・複数扱い》ゴルフ場(♦《英》では特に海辺にあるものを指す) ~ **wìdow** 名 C《口》《戯》ゴルフウイドー《ゴルフばかりしている夫の妻》

G

*golf·er /gá(:)lfər, gɔ́:lf- | gɔ́lfə/ 名 C ❶ ゴルフをする人, ゴルファー ‖ a keen ～ 大のゴルフ好き ❷《英》《旧》カーディガン(cardigan)

golf·ing /gá(:)lfɪŋ, gɔ́:lf- | gɔ́lf-/ 名 U ゴルフをすること；《形容詞的に》ゴルフ用の

Gol·go·tha /gá(:)lgəθə | gɔ́l-/ 名 〖聖〗ゴルゴタ《エルサレムに近いキリストがはりつけになった丘》

Go·li·ath /gəláɪəθ/ 名 ❶〖聖〗ゴリアテ《David に殺されたペリシテ人(ʲᶦ)の巨人》❷《しばしば g-》C 巨人

gol·li·wog /gá:lɪwà(:)g | gɔ́lɪwɔ̀g/ 名 C ゴーリウォグ《髪が逆立って派手な色の服を着た黒人の人形》

gol·ly[1] /gá(:)li | gɔ́li/ 間《旧》《口》あれ, まあ, おや(♥ 軽い驚きや喜びを表す. God の婉曲語) ‖ (By) ～! おやまあ

gol·ly[2] /gá(:)li | gɔ́li/ 名 C =《英口》golliwog

Go·mor·rah /gəmɔ́(:)rə/ 名 〖聖〗ゴモラ《住民の悪徳のため Sodom とともに神に焼き滅ぼされた死海近くの町》

-gon 接尾《名詞語尾》「…角形」の意 ‖ penta*gon*, poly*gon*

go·nad /góʊnæd/ 名 C 〖解〗生殖腺(ˢᵉⁿ)《卵巣・睾丸(ᵏᵒᵘᵍᵃⁿ)など》 go·nád·al 形

gon·do·la /gá(:)ndələ | gɔ́n-/ 名 C ❶ ゴンドラ《ベニスの平底船》❷(気球・ロープウェイなどの)つるしかご[船], ゴンドラ ❸(=～ càr)《米》無蓋(ᵐᵘᵍᵃⁱ)貨車 ❹《米》河川用の平底はしけ ❺《英》(スーパーマーケットなどの) 商品陳列棚の一種

gon·do·lier /gà(:)ndəlíər | gɔ̀n-/ 名 C ゴンドラの船頭, ゴンドラこぎ

Gond·wa·na /gɑ(:)ndwá:nə | gɔnd-/ 名 ゴンドワナ大陸《地質時代に南半球にあったとされる分裂移動前の超大陸》

:gone /gɔ(:)n/《発音注意》

— 動 go[1] の過去分詞

— 形 ❶(人が)**行った**, 去った；(物が)失われた, なくなった；過ぎた, 過去の (↔ existing) ‖ Ed was ～ before we arrived. 私たちが着く前にエドは行ってしまった / *Gone* away! キツネが出たぞ！(♦ 猟犬係の合図) / The cake is all ～. ケーキが全部なくなっている / memories of summers ～ 過ぎ去った(年の)夏の思い出

❷ 死んだ, 死にかかった

❸《数詞とともに》《口》妊娠して(…か月の) ‖ She's six months ～. 彼女は妊娠6か月だ

❹ 駄目な, 望みのない, 見込みのない, 絶望的な ‖ a ～ case 絶望的なケース[事件] / a ～ goose [OR gosling]《口》救いようのないやつ

❺(惨めで)気の遠くなるような, 疲弊した, めいるような ‖ a ～ feeling がっくりきたような感じ

❻ 使い果たした ❼《英》(年齢・時刻などについて)…を過ぎた(past), …を越した(♦ 前置詞的用法) ‖ I didn't get off till ～ four. 私は4時過ぎになって(やっと)出発した / an old man ～ eighty 80過ぎの老人 ❽《俗》(疲労・酒・麻薬などで)ぼうっとした

góne on ...《口》〔人〕に夢中になって ‖ She's completely ～ *on* Ted. 彼女はテッドに首ったけだ

gon·er /gɔ́(:)nər/ 名 C《俗》助かる見込みのない人, 救いようのないもの

gon·fa·lon /gá(:)nfələn | gɔ́n-/ 名 C ❶ 流れ旗, 吹き流し ❷ ゴンファローネ《中世イタリア自治都市共和国の旗》

gong /gɔ(:)ŋ/ 名 C ❶(合図に用いる)どら；ゴング《皿形のベル》❷《英俗》勲章 — 動 自 どら[ゴング]を鳴らす

gon·na /弱 gənə；強 gɔ́:nə, gá(:)nə | gɔ́nə/《短縮形》《口》=(be) going to (do)(⇨ GO[1](成句))

gon·o·coc·cus /gà(:)nəká(:)kəs | gɔ̀noʊkɔ́k-/ 名 (複 -coc·ci /-ká(:)ksaɪ | -kɔ́k-/) C 〖細菌〗淋菌(ʳⁱⁿᵏⁱⁿ)

gon·or·rhe·a, 《英》-rhoe·a /gà(:)nəríːə | gɔ̀nəríə/ 名 U 〖医〗淋病(ʳⁱⁿᵇʸᵒᵘ), 淋疾 -rhé·al 形

gon·zo /gá(:)nzoʊ | gɔ́n-/ 形《主に米俗》❶(新聞・雑誌が)扇情的な, 興味本位の ❷ 奇妙な, 頭がおかしい

▸▸ ～ jóurnalism 名 U 興味本位のジャーナリズム

goo /gu:/ 名《通例 the ～》《口》❶ ねとねとしたもの《のりなど》❷ 度のすぎた感傷

***good /gʊd/ 形 名 間 副

中心義 好ましい状態

> 形 よい❶ 目的にかなった❷ 上手な❸ 善良な❹ 親切な❺ 楽しい❻
> 名 利益❶ 善❷

— 形 〔▶ goodness 名〕(**bet·ter** /béṭər/；**best** /best/) (↔ bad)

❶(質・程度などが)**よい**, 上等の, 満足できる, 優れた, 立派な ‖ He's tall, handsome and rich. He's just too ～ to be true. 彼は背が高くハンサムで金持ちだ. あんな人間が実際にいるものだろうか / a ～ knife よく切れるナイフ / ～ brakes よく効くブレーキ / ～ soil 肥沃な土地 / a ～ reputation よい評判 / a ～ performance 見事な演技 / ～ quality cloth [furniture] 高品質の布[家具] / get the *best* education 最上の教育を受ける / have a ～ **idea** いい考えがある / do a **pretty** ～ job とてもよい働きをする

Behind the Scenes **You've never had it so good.** こんなにいい思いはしたことがないでしょう；最高の状況だ 米国民主党が1952年の大統領選挙で使ったキャッチコピー. 後に英国保守党の元首相 Harold Macmillan も選挙で引用したことで有名. 「(我が党のおかげで) 皆さんの生活がかつてないほど豊かになったでしょう」の意. 当初は経済的に豊かな状態のことを指していたが, 広く「非常に望ましい状態」全般を意味するように(♥ You は可変. 大成功をおさめて上機嫌なときや, すべてが順調な状況で. I passed the exam and I have a new boyfriend. I've never had it so good. 試験には受かったし新しい彼氏もできたし, 人生最高だわ！)

❷ **目的にかなった**, 適した, 賢明な, 正しい, ふさわしい；役に立つ；有利な〈**for** …に / **to do** …するのに〉‖ This room is small, but it's ～ enough *for* me. この部屋は小さいが, 私には十分だ / It's not ～ *to* use such dirty words. そんな汚い言葉を使うのはよくない / It's ～ that you didn't speak. 君が黙っていたのは賢明だ / He is ～ *for* the job. 彼はその仕事に適任だ / Is this water ～ 「*to* drink [OR *for* drinking]? この水は飲めますか / Five o'clock is ～ *for* me.《米》私は5時でいい / a ～ example 好例 / a ～ opportunity よい機会 / speak ～ English 正しい英語を話す / a ～ dress *for* the ceremony 式にふさわしい服 / Now is a ～ time *to* sell your house. 君の家は今が売り時だ

❸ **上手な**, 得意な, 熟練した (↔ poor)〈**at, on** …が；**with** …の扱いが〉；(人が)有能な, 器用な ‖ My boyfriend is ～ *at* telling ad-lib jokes. ボーイフレンドはとっさの冗談がうまい / I'm pretty ～ *at* tennis. 私はテニスがかなり得意だ / He is ～ *on* [OR *at* playing] the violin. 彼はバイオリンが上手だ(♦ good at は学科・スポーツ・行為などに用いる) / She is ～ *with* computers [her hands]. 彼女はコンピューターに熟達している[手先が器用だ] / a ～ skier うまいスキーヤー / a ～ machinist 熟練機械工

❹(道徳的に)よい, **善良な**, 高潔な, 立派な；誠実な, 忠実な, 敬虔(ᵏᵉⁱᵏᵉⁿ)な ‖ I always wind up (as) one of the ～ guys. 私はいつも結果的に善玉の1人ということになる / He'll make a ～ husband. 彼はよい夫になるだろう / a ～ soul [OR heart] よき精神 / a ～ Republican 忠実な共和党員 / a ～ Muslim 敬虔なイスラム教徒

❺ **a 親切な**, 優しい(↔ unkind)；寛大な；好意的な〈**to** …に対して；**about** …について〉(♥ 皮肉で使うこともある) ‖ She was very ～ *to* me when I was depressed. 私が落ち込んでいるときに彼女はとてもよくしてくれた / How ～ of you! ご親切にどうもありがとう / Would you be 「～ enough [OR so ～ as] to talk to him? 彼に話して

くださいませんか / do him a ～ turn 彼に親切にする
b 《It is ～ of *A* to *do* / *A* is ～ to *do* で》*A*(人)が…するのは親切である ‖「It's ～ *of* you [OR You are ～] *to* spare the time. 時間を割いてくれてありがとう
❻ **楽しい**, 愉快な, 面白い；幸せな, 満足した, うれしい ‖ a ～ trip 楽しい旅行 / in a ～ mood 上機嫌で / the ～ old days 古きよき時代(♦ 語順に注意)
❼ 《比較なし》(食べ物などが)傷んで[腐って]いない；おいしい；(物が)壊れていない ‖ The meat is still ～. その肉はまだ食べられる / ～ eggs 新鮮な卵 / The dish smells ～ and tastes ～. その料理はにおいがいいし味もいい
❽ 《比較なし》〈…の期間〉有効な〈**for**〉‖ My driver's license is ～ *for* another six months. 私の運転免許はあと6か月間有効だ / a warranty ～ *for* one year 1年間(有効)の保証
❾ (人が)健康な, 丈夫な ‖ I don't feel ～ today. 今日は気分がすぐれない / in ～ condition [spirits] コンディション良好[元気]で / a ～ tooth 健康な歯
❿ (食べ物などが)〈健康・人に〉効果のある；(薬が)〈…に〉効く〈**for**〉‖ This tea is ～ *for* you [your health]. このお茶は体[健康]にいい
⓫ (子供が)行儀[聞き分け]のよい, おとなしい ‖ Be ～, boys and girls! さあみんな, お行儀よくしなさい / That's a ～ boy [girl]. (そうしてくれて)いい子だね / a ～ child 行儀のよい子 / ～ behavior 行儀のよい振る舞い
⓬ 《比較なし》《限定》《a ～》(行動などが)**十分な**, 存分の, 徹底した(thorough) ‖ My jeans need a ～ washing. 私のジーンズはよく洗う必要がある / have a ～ cry 存分に泣く / take a ～ look at ... …をよく見る / have a ～ think about ... …のことを十分に考える
⓭ 《比較なし》《限定》《a ～》(数量が)たっぷりの, 十分の, 相当の, 丸々の(full) (♦ 口語では数詞や形容詞を強調することがある) ‖ A ～ fifteen minutes past eight and you are still in bed! 8時を15分も回っているのにまだ寝ているのか / She looks a ～ five years younger than she really is. 彼女は実際よりも優に5歳は若く見える / There is a ～ chance of rain tomorrow. 明日雨になる可能性は十分にある / a ～ way [while] かなりの距離[時間] / take a ～ long time 相当長い時間がかかる / have a ～ night's rest たっぷり一晩の休息をとる / for a ～ hour 丸々1時間 / a ～ half of ... …のたっぷり半分 / a ～ supply 十分な供給
⓮ 正当な根拠のある, もっともな, 信頼できる；(投資などが)安全な, 確実な ‖ You have ～ reason to be angry. 君が怒るのはもっともだ / a ～ investment 安全な投資
⓯ 《限定》親しい ‖ a ～ friend 親友 ⓰ 《呼びかけ》親愛な ‖ my ～ sir [friend] ねえあなた[君] ⓱ 名誉[地位]のある, 立派な, 上流(階級)の ‖ come from a ～ family 良家の出身である ⓲ (人が)美しい, 魅力的な, 快活な ‖ She looks ～ in that dress. その服は彼女に似合う / stay in ～ shape よい体型[体調]を保つ ⓳ (通貨などが)本物の, 真正の ‖ a ～ hundred-dollar bill 本物の100ドル札 ⓴ (食肉が)良の《米国農務省が定めた等級で prime, choice の次. 脂肪分が比較的少ないものを指す》
㉑ (衣服が)正装用の, よそ行きの, 最上の ‖ my ～ clothes 私のいっちょうら ㉒ 〖球技〗(ボールが)インの ‖ His second serve was ～. 彼のセカンドサーブは入った

***as góod as ...** …**も同然で**, ほとんど(♦ 形容詞・副詞・動詞につく) ‖ The mission is *as* ～ *as* finished. 任務は終わったも同然だ / He *as* ～ *as* promised me the job. 彼は私にその仕事をくれると約束したようなものだ

be as gòod as it géts 《口》せいぜいこんなところだ, (状況が)よくなる見込みはない

be gòod to gó 《米口》準備が整っている

gòod and ... /gʊ̀dn/ 《後の形容詞・副詞を強めて》《口》とても…, ひどく…, 全く…(♦ nice and とは違って, 悪い意味にも用いる) ‖ I'm ～ *and* ready. すっかり準備ができている / I hit my head ～ *and* hard. 頭をしたたかに打った / ～ *and* angry ひどく怒って

góod for ... ① ⇨ 形 ❷, ❽, ❿ ② …の間持つ(使用できる) ‖ The car may be old but it's ～ *for* another few years. その車は古いかもしれないがあと数年は使用可能だ(=... but it can be used for ...) ③ …に耐えられる, …をする気力のある ‖ I'm ～ *for* another game. 私はもう1ゲームできるよ ④ …と等価値の ‖ a coupon ～ *for* 10¢ 10セント相当のクーポン券 ⑤ 支払い能力のある, 〔金など〕を出して[貸して]くれる ‖ Are they ～ *for* the money? 彼らは金を返せるのか ⑥ 必ず…することになる ‖ That story is ～ *for* a laugh. その話はいつでも笑いを引き起こす

hàve a gòod thìng góing (商売などが)うまくいっている

hòld góod ① 有効である ‖ His will still *holds* ～ today. 彼の遺言は今でも有効だ ② 〈…に〉当てはまる, 成り立つ〈**for**〉‖ This rule *holds* ～ only *for* Japan. この規則は日本にのみ当てはまる

It is a gòod thíng (that) ... 《口》…とは幸運[好都合]だ (→ job 名 ❽)

màke góod** 〈他〉《màke góod ...***》①〔損害など〕を**償う**, 埋め合わせる；〔借金など〕を支払う；…を復元する ‖ *make* ～ the losses 損失を埋め合わせる ②〔約束など〕を果たす ‖ *make* ～ one's promise 約束を果たす ③ …を遂行する ‖ *make* ～ one's escape うまく逃げおおせる ④ …を立証する ━〈自〉① (商売などで)**成功する** ‖ He *made* ～ in the catering industry. 彼は仕出し業で成功した / *make* ～ as …として成功する ②〈約束などを〉守る, 〈負債などを〉返済する〈**on**〉

tòo mùch of a gòod thíng 結構すぎ(てかえって困)ること

COMMUNICATIVE EXPRESSIONS

1 **Gòod enóugh.** それでよかろう；結構です (♥ 物事の出来について言及したり,「都合がよい」という意味で用いる)
2 **Gòod for yóu!** よかったね (♥ しばしば皮肉を込めて用いる. =Good man!/=《豪》Good on you!)
3 **Gòod Gód** [OR **grácious, gríef, Héavens, Lórd**]**!** おやおや；これは驚いた
4 **Gòod góing!** ようし, その調子だ；いいぞ
5 **Gòod òld** Geórge. やあジョージ, よくやったね；ジョージ, おめでとう (♥ くだけた祝福の表現. ↗Congratulations, George!)
6 **Hàve a góod one** [OR **dáy**]. よい1日を (♥one は漠然と「1日」「ひととき」を指す. 別れの際に「元気で」という意味で用いる. =Have a nice day.)
7 **(I mùst sáy)** this chòcolate càke is **(rèally) vèry góod.** このチョコレートケーキは(本当に)大変美味です (♥ 特に食べ物に言及するやや気取った褒め言葉. ↘This chocolate cake is absolutely delicious./↘《口》I love this chocolate cake.)
8 "It sèems like Jóhn is sèeing anòther gírl." "You should kèep quíet about that **if you knòw whát's góod for you.**"「ジョンはほかの女の子と付き合ってるみたい」「面倒を避けたければそのことは黙っていることね」(♥「自分にとって何が得かがわかれば」の意)
9 **(It's) gòod to bé hère.** ここにいられて光栄です；来てよかったよ (♥ 招待されて歓迎されたときなどに返す表現. =It's nice to ....)
10 **(It's) gòod to háve you hère.** ようこそ；よくおいでくださいました (♥ 相手を歓迎する表現)

━**名** Ⓤ ❶ **利益**, 価値；幸福, 福祉；役立つこと, 望ましい結果 ‖ What is the ～ of telling me such lies? 私にそんなうそをついて何になるの / It's no ～ our worrying any more. 我々がこれ以上心配しても無駄だ / I'm scolding you for your own ～. 君のためにしかっているのだ / the **public** [OR **common**] ～ 公共の利益 / for the ～ of society [your health] 社会[あなたの健康]のため / She is no ～. 彼女は役立たずだ / No ～ will come of their meeting again. 彼らが再会しても何の成果も生まれはしないだろう

G

❷ 善，徳，美徳(↔ evil)；(道徳上・宗教上の)正しさ，適切な振る舞い ‖ ～ and evil 善悪 / return ～ for evil 悪に善で報いる
❸ 美点，長所 ‖ We should try to see the ～ in others. 我々は他人のよい点に目を向けるようにするべきだ
❹《the ～》《集合的に》《複数扱い》善良な人々 ‖ The ～ die young. 善人は若死にする ❺《～s》⇨ GOODS
àll to the góod 有利な，(結局は)好都合な
be in góod with ... 《米口》…の信頼を得ている[得る]；…に気に入られている
còme to nò góod 不首尾に終わる
*・***dò (...) góod*** ① (人に) 善行を施す，よくしてやる ‖ You don't *do* (anybody) any ～ by suing the company. 会社を訴えてもだれ[何]のためにもならない ② (…の) **役に立つ**，(…に) 効く ‖ A day's rest *did* him a lot of ～. 1日休んで彼はとても元気になった / *do* more harm than ～ 有害無益である
*・***for gòod (and áll)*** **永久に** (for ever) ‖ He left his country *for* ～. 彼は二度と故国に帰らなかった
for góod or íll よかれあしかれ
to the góod 純益として，もうかって；勝ち越して ‖ The project ended up *to the* ～. その事業は利益をあげて終わった

COMMUNICATIVE EXPRESSIONS
11 They're **ùp to nò góod** again. 彼らはまた悪事をして[たくらんで]いる

── 間 よろしい，いいぞ，結構(♥ 同意・承諾・満足などを表す)

▸英語の真相◂
相手の発言などに興味を示そうとして単に Good. とだけ述べると「可もなく不可もなく」という意にとられる危険がある．難しい試験に合格するなど何か困難なことを成し遂げた人に，「よかった」と祝うつもりで Oh, good. とだけ言うと，「素っ気ない」あるいは「関心がない」という印象を与えてしまうこともある．このような場合は，Congratulations! / That's great!, Well done. などを用いることが多く，特に《英》では That's fantastic [OR brilliant]! といった強い賞賛の言葉も好まれる．

── 副 《口》よく，うまく，十分に(♦ 通常は well を使う) ‖ He ran very ～. 彼はとてもうまく走った
▸▸ **～ afternóon** (↓) **Gòod Bóok** 名《the ～》聖書(the Bible) **～ dáy** 間《英》《日中のあいさつ》こんにちは；さようなら **～ évening** (↓) **～ fáith** 名 U 誠実，誠意 ‖ act in ～ *faith* 誠意を持って行動する / make a *good-faith* effort 誠意のある努力をする **Gòod Fríday** 名 U C《無冠詞で》聖金曜日《復活祭前の金曜日．イエスの十字架上の死を記念する》 **Gòod Hópe** 名 喜望峰(the Cap of Good Hope)《南アフリカ共和国の南西岸にある岬》 **～ húmor** 名 U 上機嫌，愛想のよさ **～ lóoks** 名 複 美貌(びぼう) **～ lúck** 名 U 間 (ご) 幸運 (を) ‖ *Good luck*! ご幸運を祈ります，頑張ってください **～ móney** (↓) **～ mórning** (↓) **～ náme** 名 C《単数形で》よい評判，好評 **～ náture** 名 U 気立てのよさ，親切，温厚 **～ níght** (↓) **～ òld bóy** 名 C ⊗《米口》《しばしば蔑》気さくで人付き合いのよい南部の白人 **～ Samáritan** 名 C【聖】よきサマリア人(びと)；困っている人を親身になって助ける人 **～ sénse** 名 U 分別，良識 **Gòod Shépherd** 名《the ～》よき羊飼い《キリストのこと》 **～ wórd** (↓) **～ wórks** 名 複《英》慈善行為，善行

*・**gòod afternóon** 間《特に知り合いでない人に対する午後のあいさつ》❶ こんにちは(♦ 親しい間柄では Hello., Hi. を用いることが多い) ❷ /ˌ-ˌ--ˊ-/ さようなら (♦ 語尾上昇調でいう)

‡good·bye, +《米》**good·by** /gʊ̀dbáɪ/ ⊲ジ (♦ good-by, good-bye とつづることもある)
── 間《別れのあいさつ》**さようなら**，じゃまたね(⇨ 類語) ‖ *Goodbye!* See you tomorrow. さようなら，またあした

COMMUNICATIVE EXPRESSIONS
1 **Gòodbýe and gòod ríddance.** ああやれやれ，やっとさよならができた(♥やっかい払いができたときに)
2 **Gòodbýe「for nòw** [OR **untìl néxt tìme**]. それではまたお会いしましょう(♥ しばしばテレビやラジオで司会者が別れのあいさつとして用いる)

── 名 (複 **～s** /-z/) U C **別れのあいさつ**［言葉］，さようなら ‖ I must say ～ now. もうおいとましなくてはなりません / It's just ～ for two days. たった2日間のお別れです / kiss [wave] her ～ 彼女にさようならのキスをする［手を振って別れを告げる］
kìss [OR ***sày***] ***goodbýe to ...*** ; ***kìss ... goodbýe*** …をあきらめる ‖ If you lend him money, you can *kiss* it ～. 彼に金を貸したりしたら，その金とはそれっきりだよ

COMMUNICATIVE EXPRESSIONS
3 **Lét's sày our gòodbýes.** お別れをいたしましょう；この辺で失礼します(♥ いとまを告げる気取った表現)

類語《間》**goodbye** いちばんふつうの語．
farewell 古風な語．
adieu 古風な語．特に永遠の別れを暗示する．
so long 口語で親しい人同士で用いるが，あまり長い別れには使わない．
bye (now) ごく親しい友人同士で使う．
bye-bye 主に小児語．ごく親しい人同士では大人も使う．
see you くだけた会話で使われる．「じゃあね」．
see you later 口語で広く用いる．「じゃあ，また」．

語源 God be with ye(=you).(神があなたとともにあるように) が短縮されたもの．good night との連想から God が good になった．

*・**gòod évening** 間《特に知り合いでない人に対する晩のあいさつ》❶ 今晩は(♦ 親しい間柄では Hello., Hi. を用いることが多い) ❷ /ˌ-ˌ--/ さようなら(♦ 語尾上昇調でいう)

gòod-for-nóthing ⊲ジ 形《限定》役に立たない，ろくでなしの ── 名 C《けなして》役立たず，ろくでなし

gòod-héarted 形 親切な，思いやりのある，(心の)優しい **～·ly** 副

gòod-húmored ⊲ジ 形 上機嫌の，陽気な，愛想のよい **～·ly** 副

good·ie /gʊ́di/ 名 =goody

good·ish /gʊ́dɪʃ/ 形《限定》❶ かなりよい，まあまあの ❷《単数形で》かなり大きい［多い］，相当の (数量の) ‖ *a* ～ distance かなりの距離

*・**gòod-lóoking** ⊲ジ 形 器量のよい，美しい，ハンサムな (⇨ BEAUTIFUL 類語P)

good·ly /gʊ́dli/ 形《限定》❶ かなり大きい，相当な (量の) ‖ a ～ part of the audience 聴衆のうちのかなり多くの者 ❷《古》器量のよい，美しい；見事な

gòod móney 名 U ❶ もっとうまい使い道のあった金；苦労して得た金 ❷ 大金
thròw gòod mòney after bád 以前の損失を埋め合わせようと躍起になって余計に損をする；盗人に追い銭

‡gòod mórning
── 間《午前中のあいさつ》❶ **おはよう**，こんにちは ❷ /ˌ-ˌ--/ さようなら(♦ 語尾上昇調でいう)

*・**gòod-nátured** ⊲ジ 形 気立てのよい，親切な，温厚な，人のよい，素直[従順]な **～·ly** 副

gòod-néighbourliness 名 U《英》善隣のよしみ，友好関係

*・**good·ness** /gʊ́dnəs/ 名〔⊲ good 形〕U ❶ 善良さ，親切，寛容，優しさ ‖ Have the ～ to listen to her story. どうぞ彼女の話を聞いてやってください / do it out of the ～ of one's heart 善意［親切心］からそれをする ❷ 美点，長所，精髄(essence)；(食品の)滋養分 ❸ 神(♥ 感嘆・祈願・呪(のろ)いなどを表す．God の婉曲語) ‖ *Goodness* (me)! = My ～! おやおや / Thank ～! ありがたい / *Goodness* gracious! これはこれは，おやおや，なんだって(♥ 驚き・怒りを表す) / I hope to ～ (that) my son

will come back safe and sound. 何とか息子が無事で帰ってほしい / He comes from ~ knows where. 彼がどこの出身かはだれも知らない
for goodness(') sake ⇨ SAKE¹(成句)
honest to goodness ⇨ HONEST(成句)

gòod níght 〈ジ〉
―間 《夜の別れのあいさつ》さようなら, **おやすみなさい** ‖ say ~ おやすみなさいと言う / a ~ kiss おやすみのキス
Gòod níght! 《米口》おやまあ, なんだって(♥ 軽い驚きなどを表す)

goo·do /gυdóυ, gúdoυ/ 形 《豪・ニュージ》《口》=good

goods /gυdz/
―名 複 (♦ 数詞で修飾されることはない) ❶ **商品**, 品物 ‖ canned ~ 缶詰類 / imported ~ 輸入品 / **consumer** ~ 消費財 / sporting [OR sports, ×sport] ~ スポーツ用品 / a wide variety of frozen ~ いろいろな種類の冷凍食品 / **manufactured** ~ 加工品 / durable [perishable] ~ 耐久消費材[生もの, 生鮮品]
❷ 動産, 家財, 所有物, 財産 ‖ household ~ 家財 / his whole [OR worldly] ~ 彼の全財産 / public ~ 公共財
❸ 《英》(鉄道)貨物(《米》freight) ‖ a ~ waggon [OR vehicle] 貨車 / a heavy ~ vehicle 《英》大型貨物自動車 / by ~ 貨車で
❹ 《米》服地, 布(cloth) ‖ broad [narrow] ~ 大[小]幅物
❺ 《the ~》《口》本物 ; 求めているもの[人], 期待[要求]されるもの ‖ You are the ~. 君こそうってつけの人だ
❻ 《the ~》《俗》悪事の証拠, 盗品 ‖ catch him with the ~ 彼のしっぽをつかむ ; 彼を現行犯逮捕する
delìver [OR *còme ùp with*] *the góods* 《口》約束[計画]を実行する, 依頼[期待]に応える
gèt [OR *hàve*] *the góods on a pérson* 《口》〔人〕の悪事[犯行]の証拠を握っている, 〔人〕の弱味を握っている
▶▶ ~ **and cháttels** 名 複 【法】人的財産, 動産 ~ **tràin** 名 C 《英》貨物列車(《米》freight train)

gòod-sízed 形 大型の, (並より)大きめの

gòod-témpered 〈ジ〉 形 (気性が)穏やかな, 温和な, 気立てのよい ~**·ly** 副

góod-tìme 形 快楽を求める
▶▶ ~ **Chárlie** [**Chárley**] 名 C 《単数形で》道楽者 ; 楽天家 ~ **gírl** 名 C 楽しいことばかり追い求めている女(の子), プレーガール

*__gòod·wíll__ 〈ジ〉 名 U ❶ 好意, 親切, 友好的態度, 親善 ‖ a ~ tour of Latin America ラテンアメリカ親善訪問 / in an atmosphere of ~ 友好的な雰囲気の中で ❷ (商売の)信用 ; お得意 ; 営業権 ❸ 快諾, 熱意

gòod wórd 名 ❶ C 褒め言葉, 〈人のための〉口添え[弁護]〈**for**〉 ❷ 《the ~》《米口》よい知らせ, 吉報
nòt hàve a gòod wórd (*to sáy*) *for* [OR *about*] ... 《口》…を絶対によく言わない, 褒めない
sày [OR *pùt in*] *a gòod wórd* 推薦の言葉を添える〈**for** …のために ; **with** …に対して〉

good·y /gúdi/ 《口》名 (複 **good·ies** /-z/) 《通例 goodies》 C ❶ (菓子などの)うまいもの ‖ On Halloween night the children came back with their shopping bags filled with *goodies*. ハロウィーンの夜, 子供たちは買い物袋をおいしいものでいっぱいにして戻って来た ❷ 素敵なもの ❸ 《英》(小説・映画などの)正義の味方, 善玉(↔ baddie)
―間 素敵, すごいや, うれしい(♥ 特に子供の喜びの表現)
▶▶ ~ **bág** 名 C ① (試供品・景品などを入れた)宣伝用の袋 ② (子供がパーティーなどでもらう)お土産袋

góody-gòody /, ニーニー/ 《口》名 (複 **-goodies** /-z/) C 善人[道徳家]ぶった人 ; お利口さん
―形 善人[道徳家]ぶった

gòody-twó-shòes 名 (複 ~) C 《口》《けなして》= goody-goody

goo·ey /gú:i/ 形 《口》 ❶ ねばねばの ; 甘くてべとべとした ❷ 感傷的な, 甘ったるい

goof /gu:f/ 《主に米口》名 C ❶ ばか者, 間抜け ❷ へま, 失敗, どじ ―動 自 へまをやる, 失敗する ―他 …を台無しにする ; 〔麻薬〕に酔いしれる《**up**》
gòof aróund 〈自〉《米口》くだらないことをして時間を無駄にする(《英》mess about)
gòof óff 〈自〉《米口》のらくらする, 怠ける

góof·bàll 名 C 《主に米》 ❶ 《俗》睡眠薬(の錠剤) ❷ 《口》《けなして》変わり者, 間抜け

góof-òff 名 C 《米口》《けなして》怠け者, サボり屋

goof·y /gú:fi/ 形 《口》 ❶ 《主に米》間抜けな ❷ 出っ歯の ❸ (サーフィンなどのボード上で)右脚を左脚の前に出した
góof·i·ness 名

goog /gu:g/ 名 C 《豪・ニュージ口》=egg¹

Goog·le /gú:gl/ 名 《商標》グーグル《インターネットの検索エンジン》 ―動 他 自 《しばしば g-》(インターネットで)(…を)検索する, ググる(♦ Google 以外の検索エンジンを使う場合にも用いる)

goo·gly /gú:gli/ 名 (複 **-glies** /-z/) C 《英》【クリケット】曲球の一種 ‖ The reporter bowled the president a ~. 記者はその社長に(予想外の)難しい質問をした

goo·gol /gú:gɔ(:)l/ 名 C ❶ 10の100乗 (10^{100}) ❷ 非常に大きな数

goo-goo /gú:gù:/ 形 《口》 ❶ 色っぽい, 好色の ‖ make ~ eyes at ... …に流し目を送る ❷ (話・音声が)訳のわからぬ

gook¹ /gυk/ 名 U 《口》泥, 汚物, 粘液

gook² /gu:k/ 名 C ⊗《主に米俗》《蔑》アジア(系)の人

goo·lie, -ly /gú:li/ 名 (複 **-lies** /-z/) C 《英俗》睾丸(こうがん)

goon /gu:n/ 名 C 《口》 ❶ 《主に米》(スト破りなどに雇われる)ならず者, ごろつき ❷ 間抜け, いかれたやつ

goop /gu:p/ 名 U 《米口》 ❶ べとべと[ねばねば]したもの ❷ 感傷的な気分 ~**·y** 形

*__goose__ /gu:s/ 名 (複 **geese** /gi:s/) (→ ❹) C ❶ 【鳥】ガチョウ, (野生の)ガン ; ガチョウ[ガン]の雌 (↔ gander) ‖ *Geese* cackle [OR honk]. ガチョウはがあがあと鳴く / *kill the ~ that lays the golden egg*(*s*) 《諺》金の卵を産むガチョウを殺す ; 目先の利益に目がくらんで将来の大きな利益を逃す ❷ U ガチョウ[ガン]の肉 ❸ 《口》ばか, 間抜け(simpleton) ❹ (複 **goos·es** /-ɪz/) (昔の仕立屋の)ガチョウの首型火のし, アイロン
còok a pèrson's góose 《口》(人の)前途をめちゃくちゃにする, (人の)計画をぶち壊す ‖ He *cooked* his own ~. 彼は自滅した
―動 他 《俗》 ❶ 〔人〕の尻(しり)を後ろから突く ❷ 《米》…を急に増す ; …を奮起させる, …に活を入れる ; 〔車(のエンジン)〕をふかす《**up**》
▶▶ ~ **bùmps** [《主に米》**pìmples**] 名 複 =gooseflesh ~ **ègg** 名 C ① ガチョウ[ガン]の卵 ② 《米口》(ゲームのスコアの)零点 ; ポカ, 失敗 ~ **gràss** 名 U =cleavers ~ **stèp** (↓)

goose·ber·ry /gú:sbèri | gúzbəri/ 名 (複 **-ries** /-z/) C 【植】グーズベリー, セイヨウスグリ(の実)
plày góoseberry 《英口》(二人きりになりたい恋人たちの)お邪魔虫になる

góose·flèsh 名 U 鳥肌 ‖ get [give him] ~ 鳥肌が立つ[彼に鳥肌を立たせる]

góose·nèck 名 C ❶ ガチョウの首のように曲がったもの, S字形管, がん首 ❷ 【海】グースネック《帆の下げた前端とマストの間の旋回軸》

góose stèp 名 《通例 the ~》グースステップ《ひざを曲げずに高く上げる行進の歩調》
góose-stèp 動 **góose-stèpped** 形 **góose stèpping** 名

GÒP 略 Grand Old Party(《米国の》共和党の異称)
~**·er** 名 C 共和党員

go·pher /góʊfər/ 名 ❶ C 〘動〙ホリネズミ《北米産》;(北米草原地帯産の)ジリス;アナホリガメ, ゴーファーガメ《米国南東部産の陸ガメ》❷《また G-》U ゴーファ《インターネット上で情報を検索・収集するシステム》❸ =gofer
▸▸**Gòpher Státe** 名《the ~》米国ミネソタ州の俗称
go·ra /góːrə/ 名 (複 **~s** /-z/ OR **go·ray** /-reɪ/) C《インド》白人
Gor·ba·chev /gɔ́ːrbətʃɔ̀(ː)f/ 名 **Mikhail Sergeyevich ~** ゴルバチョフ(1931–)《旧ソ連共産党書記長(1985–91), 大統領(1989–91)》
Gòr·di·an knót /gɔ̀ːrdiən-/ 名《the ~》❶〘ギ神〙ゴルディオスの結び目《フリギアの王 Gordius の結んだ複雑な結び目でこれを解く者はアジアの王となると言われた. 後に Alexander 大王は, これを解かずに剣で一刀の下に切断した》❷(一般に)難問, 難題
cùt [OR *untìe*] *the Gòrdian knót* 難問を一挙に解決する, 快刀乱麻を断つ
Gor·don Ben·nett /gɔ̀ːrdən bénɪt/ 間 おやまあ, そんなばかな(♦ God の婉曲語. 米国の新聞王 James Gordon Bennett(1841–1918)の名より)
Gòrdon sétter 名 C ゴードンセッター《鳥猟犬の一種》
gore[1] /gɔːr/ 名 U 血のり, 血のかたまり
——動 他 …を角[牙(きば)]で突き刺す
gore[2] /gɔːr/ 名 C (衣服の)まち;(スカート・傘などの)三角形のはぎ(布), ゴア
——動 他 …にまちを入れる;…をゴアで作る **~d** 形
Gore-Tex /gɔ́ːrtèks/ 名 U《商標》ゴアテックス《通気性と撥水(はっすい)性を持った繊維》
gorge /gɔːrdʒ/ 名 C ❶ (渓流の流れる)小峡谷, 山峡 ❷ 通路[川など]をふさぐ集積物 ‖ an ice ~ 航路をふさぐ氷のかたまり ❸ 食べたもの, 胃の中味 ❹ (タカの)嗉嚢(そのう), 餌袋(えぶくろ);《古》のど ❺〘築城〙(要塞の)裏口
fèel one's gòrge ríse at ... ; *... màke a pèrson's gòrge ríse* …に胸が悪くなる[胸を悪くさせる], 嫌悪を催す[催させる]
——動 自〈…を〉むさぼり食う, がつがつ食べる〈**on**〉 ——他 ❶ …をむさぼり食う ❷《通例 ~ oneself または受身形で》〈…で〉満腹になる,〈…を〉腹いっぱい食べる〈**on**〉‖ ~ oneself *on* cakes ケーキを(がつがつと)腹いっぱい食べる
***gor·geous** /gɔ́ːrdʒəs/ 形 (**more ~** ; **most ~**) ❶ 華やかな, きらびやかな, 豪華な, 絢爛(けんらん)たる(色彩の) ‖ a ~ dress 華やかなドレス ❷《口》素晴らしい, 非常に魅力的な ‖ have a ~ time 至福の時を過ごす / a ~ girl 目の覚めるような美人 **~·ly** 副 **~·ness** 名
Gor·gon /gɔ́ːrgən/ 名 ❶〘ギ神〙ゴルゴン《頭髪が蛇の恐ろしい3人姉妹(Stheno, Euryale, Medusa)の1人. 見る者を石に変える目を持つ》❷《g-》C 恐ろしい女, 醜い女
Gor·gó·ni·an 形 ゴルゴンの(ような), 恐ろしい
Gor·gon·zo·la /gɔ̀ːrgənzóʊlə/ 〈シ〉 名《ときに g-》U ゴルゴンゾーラ(チーズ)《香りの強いイタリア産の青カビチーズ》
***go·ril·la** /gərílə/ (♦ 同音語 guerrilla) 名 C ❶〘動〙ゴリラ ❷《口》醜い狂暴な男, 暴漢;やくざ
Gor·ki, -ky /gɔ́ːrki/ 名 **Maxim ~** ゴーリキー(1868–1936)《ロシアの小説家・劇作家》
gor·mand·ize /gɔ́ːrməndàɪz/ 動 自 他 (…を)もりもり[がつがつ]食べる **-iz·er** 名 C 健啖(けんたん)家, 大食漢
gorm·less /gɔ́ːrmləs/ 形《主に英口》間抜けな
gó-ròund 名 C =go-around
gorp /gɔːrp/ 名 U《米口》ゴープ《ドライフルーツ・ナッツ類などを材料とするハイカー用スナック食品》(trail mix)
gorse /gɔːrs/ 名 U〘植〙ハリエニシダ **górs·y** 形
gor·y /gɔ́ːri/ 形 血にまみれた;流血の, 血なまぐさい ‖ a ~ fight 血みどろの闘い **gór·i·ly** 副 **gór·i·ness** 名
▸▸**~ détails** 名 複《the ~》《戯》あからさまな詳細, 赤裸々な事実
***gosh** /gɑ(ː)ʃ | gɒʃ/ 間《口》おや, まあ(♥ 驚きを表す. God の婉曲語) ‖ for ~ sakes 頼むから
gos·hawk /gɑ́(ː)shɔ̀ːk | gɒ́s-/ 名 C〘鳥〙オオタカ(大鷹)
gos·ling /gɑ́(ː)zlɪŋ | gɒ́z-/ 名 C ❶ ガチョウ[ガン](goose)のひな ❷ 未熟者, 青二才
gó-slòw /ˌ-ˊ-/ 〈シ〉 名 C《主に英》(労働者の)怠業戦術(《米》slowdown)
——形《主に米》(計画などが)慎重に進められる, 用意周到な
***gos·pel** /gɑ́(ː)spəl | gɒ́s-/ 名 ❶《the ~, the G-》《通例単数扱い》福音(ふくいん)《イエスと使徒の教え, キリスト教の啓示, イエスの生涯と教えの物語》‖ preach [spread] the *Gospel* 福音を説く[広める] ❷《the G-》福音書《新約聖書の最初の4書(*Matthew, Mark, Luke, John*)の1つ》;(礼拝時に朗読される)福音書からの引用句 ‖ the *Gospel* according to St. Matthew マタイによる福音書 ❸ (= ~ **trúth**) U (絶対的)真理, 真実 ‖ He took [OR accepted] their words as ~. 彼は彼らの言葉を真実としてうのみにした ❹ C《通例単数形で》信条, 主義(doctrine) ‖ the generation brought up on the ~ of efficiency 能率第一主義の下で育った世代 / the ~ of soap and water《戯》清潔第一主義 ❺ (= ~ **mùsic**) U ゴスペル音楽《米南部で始まった黒人霊歌》
語源 *god-* good + *-spell* story, news : ありがたい話, よい知らせ
gos·pel·er,《英》**-pel·ler** /gɑ́(ː)spələr | gɒ́s-/ 名 C ❶ (教会の礼拝式での)福音書朗読者 ❷ 福音伝道者
gos·sa·mer /gɑ́(ː)səmər | gɒ́s-/ 名 U ❶ (空中に漂ったり草などにかかる)細いクモの巣(の糸), 遊糸(ゆうし) ❷ 軽やかなもの, 繊細なもの;薄い布地, 紗(しゃ)
——形 軽やかな, 繊細な **~·y** 形
***gos·sip** /gɑ́(ː)səp | gɒ́sɪp/ 名 ❶ U (他人の私事に関する)うわさ話, 陰口;(有名人に関する)ゴシップ ‖ The ~ went around. そのうわさは口から口へと伝わった / *Gossip* has it that Betsy and Evan are an item. うわさによるとベッツィとエバンは深い仲だ / talk [spread] ~ うわさ(話)をする[広める] / idle [juicy] ~ つまらない[面白い]うわさ話 ❷ C《通例単数形で》おしゃべり, 世間話, 無駄話 ‖ Come in for some ~. おしゃべりをしに寄ってください / have a nice ~ 楽しいおしゃべりをする ❸ C ⊗《主に蔑》うわさ好き(な人) ‖ a dreadful ~ うわさ好きの嫌われ者
——動 自 うわさ話をする;ゴシップ記事を書く;おしゃべりする〈**about** …について ; **with** 人と〉‖ ~ *with* her *about* the neighbors 彼女と近所の人のうわさ話をする
語源 God(神) + sib(親族)から.「親しい仲」から「おしゃべり」の意味になった.
▸▸**~ còlumn** 名 C (新聞の)ゴシップ欄 **~ còlumnist** 名 C ゴシップ欄担当者
góssip·mònger 名 C おしゃべり屋, うわさ好き
gos·sip·y /gɑ́(ː)sɪpi | gɒ́s-/ 形 (人が)おしゃべりな, うわさ好きな;(記事などが)うわさ話満載の
:got /gɑ(ː)t | gɒt/ 動 get の過去・過去分詞
got·cha /gɑ́(ː)tʃə | gɒ́tʃə/ 間《口》捕まえたぞ;うまくだましたぞ;わかった, 了解(♦ I've got you より)
——名 C《米口》(かすり)傷;逮捕;策略
Goth[1] /gɑ(ː)θ | gɒθ/ 名 ❶ C ゴート人;《the ~s》ゴート族《3–5世紀にローマ帝国に侵入したチュートン民族》;野蛮人 ❷ C 野蛮人 ❸《g-》U〘楽〙ゴス《1980年代後半に, punk rock から派生した音楽》; C ゴス愛好家《多くは黒の衣服を着て顔を白黒に塗る》
Goth[2], **Goth.** 略 Gothic
Goth·am /gɑ́(ː)θəm | gɒ́θ-/ (→ ❷) 名 ❶ ニューヨーク市の俗称 ❷ /góʊtəm/ ゴータム《英国の伝説上の村で, その住民はすべて愚人であったという》‖ the wise men of ~ ゴータムの賢者たち《愚人たち》
***Goth·ic** /gɑ́(ː)θɪk | gɒ́θ-/ 形 ❶〘建〙ゴシック(様式)の, ゴシック建築の《12–16世紀に西ヨーロッパで流行した建築様式. とがったアーチ, 高い支柱などが特徴》‖ ~ architecture ゴシック建築 / a ~ cathedral ゴシック建築の大聖堂 ❷〘文学〙ゴシック派の, 怪奇的な ‖ a ~ novel ゴシック小説《18–19世紀に英国で流行した怪奇小説》❸〘印〙ゴシック体[ブラック体]の ❹ ゴート族[人, 語]の ❺《ときに g-》中

世風の, 不吉[陰気]でぞっとする；野蛮な
—名 ❶U ゴシック様式[建築・美術・工芸] ❷C ゴシック小説[映画, 劇] ❸U C 〖印〗ゴシック体；ブラック体(活字)(→ black letter)；サンセリフ体(活字)(→ sanserif) ❹U ゴート語《古代ゴート人の言語》 **-i·cal·ly** 副

gó-to 形《米口》(人・場所などが)(情報を得るのに)頼りになる ‖ a ～ guy [site] 信頼できる人[サイト]

got·ta /gá(ː)t̬ə | gɔ́tə/《口》❶ (have [has]) got a の短縮形 ❷ (have [has]) got to の短縮形

got·ten /gá(ː)tən | gɔ́t-/ 動《米》get の過去分詞の1つ

語法☆☆ **gotten と got**
gotten は《英》では ill-gotten などの複合語以外には用いないが, 《米口》では get の過去分詞としてふつう gotten を用いる (⇨ PB 28). 〈例〉She has *gotten* us tickets for the concert. 彼女はコンサートの券をとってくれた / I had *gotten* to the city early. 町には早く着いていました ただし have got が現在時制の have とほぼ等しい場合には《米》でも必ず got を用いる (⇨ GET 他 ❾ ❿). 〈例〉I haven't *got* any money. 金の持ち合わせがない / I've *got* to go. 行かなくちゃならない(⇨ HAVE *got*, HAVE *to do*)

gou·ache /guáːʃ/ 名 U ガッシュ《不透明水彩絵の具》；U ガッシュ画法, ゴム水彩画(法)；C ガッシュ画

Gou·da /gáudə, gúː-/ 名 ❶ U ゴーダチーズ (Gouda cheese)《オランダ原産の半硬質チーズ》❷ゴーダ《オランダ西部の都市》

gouge /gaudʒ/《発音注意》名 C ❶丸のみ, 穴たがね ❷丸のみで彫った溝[穴] ❸《米口》金銭の強要, ゆすり, 詐取

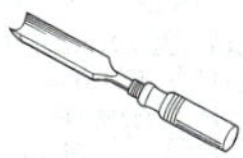
gouge ❶

—動 他 ❶ (丸のみで)…に溝[穴]を掘る, うがつ；〔溝など〕を掘る《*out*》‖ ～ (*out*) a hole in the wall 壁に穴をうがつ ❷ (指・道具などで)〔目玉など〕をえぐり出す《*out*》；(格闘などで)〔相手〕の目に親指を突っ込む ❸《米口》…からゆすり[だまし]取る；…に法外な値を吹っかける
góug·er 名 C ① 掘る人[もの] ② 法外な値を吹っかける人

gou·jons /guːdʒóunz | gúːdʒənz/ 名 複《英》〖料理〗(小魚・チキンなどの)フライ

gou·lash /gúːlɑːʃ | -læʃ/ 名 ❶ U C 〖料理〗グーラーシュ《牛肉・野菜をパプリカで調味したシチュー》❷ U 〖トランプ〗グラッシュ《ブリッジカードの分配法の1つ. ある順番に並べられたものをよく切らずに配る》

gourd /gɔːrd, guərd/ 名 C ❶〖植〗ヒョウタン (の実) ❷ (くり抜いて乾燥させた)ヒョウタン, ヒサゴ, フクベ
「***òut of*** [OR ***off***] ***one's góurd***《米口》頭がおかしくなって；(酒・麻薬で)朦朧(もうろう)として

gour·mand /gúərmɑːnd | -mənd/ 名 C 大食漢；美食家, グルメ, 食通 **～·ìsm** 名 U 美食, 食道楽

gour·man·dise /gúərməndìːz, ⌐⌐⌐/ 名 U 美食, 食道楽 —動 自 食道楽をする

gour·met /gúərmeɪ/《発音注意》名 C 形 美食家(の), グルメ(の)

gout /gaut/ 名 U ❶〖医〗痛風 ❷《文》(どろどろしたものの)かたまり；(血などの)滴り(drop)

gout·y /gáut̬i/ 形 痛風持ちの；痛風性の；痛風ではれた

gov. 略 government；governor

gov·ern /gʌ́vərn/
中心義 **Aを治める**(★Aは「国」や「事態」など)
—動 (**～s** /-z/；**～ed** /-d/；**～·ing**)
—他 ❶〔国・人民など〕を**統治する**, 治める (⇨ 類語) ‖ Spain once ～*ed* the Philippine Islands. スペインは昔フィリピン諸島を統治していた / ～ the nation democratically [dictatorially] 国民に民主[独裁]政治を施す
❷〔人の行動・事態の進展など〕を**左右する**, 支配する, 決定する (♦ しばしば受身形で用いる) ‖ Events are often ～*ed* by chance. 事の成り行きはよく偶然に左右される / Everything she does is ～*ed* by self-interest. 彼女のすることはすべて自分の利益を考えて決定されている / The weather ～*s* the prices of fruit and vegetables. 天候が野菜や果物の値段に影響する
❸ (原理・法などが)…を律する, 支配する, …に適用される ‖ Our policy is ～*ed* by three factors. 我々の政策は3つの要素に支配されている / the principles ～*ing* the development of learning 学習の発達を律する諸原理 / the **rules** [**laws**, regulations] ～*ing* carbon dioxide emissions 二酸化炭素排出を規制する規則[法律, 規定]
❹〖文法〗(特に動詞・前置詞が)〔目的語など〕を支配する ❺〔感情など〕を**抑制する** ‖ ～ one's temper 怒りを抑える / ～ oneself 自制する ❻〔学校・企業など〕を**管理する**, 運営する ❼〔町・とりでなど〕を(軍事的に)掌握する ❽〔エンジン(の速度)・燃料など〕を制御する
—自 ❶ (国王などが) 統治する (⇨ 類語) ‖ The king reigns but does not ～. 国王は君臨すれども統治せず《英国の立憲君主制の原則》
❷左右する, 支配する；管理運営する
～·a·ble 形 統治[管理]され得る, 従順な

類語《他 ❶, 自 ❶》**govern** 国事を指揮し, 国民を支配する；秩序維持・福祉増進などのよい意味に用いる.
rule 権力を使って国民を支配する；しばしば専制などの悪い意味に用いられる.
reign 君主の地位を占める；必ずしも権力を行使しない(→ 自 ❶).
control 統御・抑制する. 自由にさせないことを強調し, 私的な関係にも使う. 〈例〉We should try to *control* ourselves. 私たちは自分を制御するように努めなければならない
administer 行政事務を執行する. 〈例〉*administer* affairs of state 政務を執る

語源「舵(かじ)をとる」の意のギリシャ語 *kybernan* から.

gov·ern·ance /gʌ́vərnəns/ 名 U 統治(法), 統治力；《堅》統制, 支配, 管理

gov·ern·ess /gʌ́vərnəs/ 名 C 女性(住み込み)家庭教師(中立 tutor, private teacher)

góv·ern·ing /-ɪŋ/ 形《限定》統治[管理]する；支配する ‖ the ～ body (病院・学校などの)評議会, 理事会

***__**gov·ern·ment**__ /gʌ́vərnmənt/
—名 (複 **～s** /-s/) ❶《しばしば the G-》《集合的に》《単数・複数扱い》統治機関；**政府**；内閣(cabinet)(♦《米》では the Government の代わりに the Administration を用いることがある. ふつう単数扱いだが, 《英》ではその構成員である個々の閣僚に重点を置く場合複数扱い) ‖ The *Government* is [《英》are] likely to continue its [《英》their] recent policy. 政府は最近の政策を継続するもようだ / The *Government* was slow in taking drastic action against BSE. 政府は狂牛病に対して抜本的対策を講ずるのが遅かった / the ～'s measures 政府の施策 / form a new ～ 新内閣を組閣する

連語【形/名＋～】the Japanese ～ 日本政府 (⇨ PB 31) / the Federal ～ (米国・カナダなどの)連邦政府 / a central ～ 中央政府 / a state ～ 州政府 / a local ～ 地方自治体 / a coalition ～ 連立内閣 / the Labor [Conservative] ～ 労働[保守]党政権

❷C 政府機関[職員], (所轄)官庁；執行部, 理事会 ‖ a ～ official 役人, 官吏 / a ～ department [OR agency] 政府機関
❸U 政体, 統治形態, 行政組織 ‖ democratic [monarchical, representative, republican, constitutional] ～ 民主[君主, 代議, 共和, 立憲]政体 / military ～ 軍政
❹U 統治(権), **政治**, 施政, 行政(権) ‖ Less ～ means greater civil liberties. 政府の力が弱くなることは市民の自由が増すことを意味する / Our party was in ～ for five years in the 1990s. 我が党は1990年代に5年間

政権を握っていた / American politics and ～ today 今日の米国の政治[政策, 行政]全般 / the power of ～ 統治権 / the ～ of a state 国[州]の行政権 / ～ of the people, by the people, for the people 人民の人民による人民のための政治(♦ A. Lincoln 米国大統領のゲティスバーグにおける演説の中の言葉)
❺ Ⓤ (公共機関などの)管理, 運営, 支配 ‖ under the ～ of ... …の支配[管理]の下で / petticoat ～ かかあ天下 ❻ Ⓤ 〖文法〗(格の)支配 ❼ Ⓤ 政治学
▸▸ ～ and bínding thèory 名 Ⓤ 〖言〗統率・束縛理論 《Chomsky によって提唱された生成文法理論の1つ》 ～ héalth wàrning 名 Ⓒ 《英》(たばこの外箱の表示など法律で定められた)健康を害する危険についての警告 ～ íssue 形 《しばしば G- I-》《限定》(装備などが)政府支給の, 官給の(略 G.I.) ～ secúrities 名 複 政府発行有価証券, 国債 ～ súrplus 名 Ⓤ 《英》政府払い下げ品

***gov·ern·men·tal** /gʌ̀vərnménṭəl/ ⊲シ 形 統治(上)の, 行政の, 政治(上)の；政府の, 官設の ‖ ～ services 行政サービス / a ～ body [agency] 政府組織[機関] / a ～ decision 政府の決定 **～·ly** 副

G

****gov·er·nor** /gʌ́vərnər/
—名 (複 **～s** /-z/) Ⓒ ❶ 《ときに G-》(地方・県などの) **知事**；《米》州知事 ‖ Many U. S. presidents were former state ～*s*. 合衆国大統領の多くは州知事経験者であった ❷ 《英》(連邦領・植民地などの) **総督** ❸ 《ときに G-》(官庁・学校などの)理事, 評議員；総裁, 長官, 頭取, 会長, 所長 ‖ the hospital board of ～*s* 病院の理事会 / The *Governor* of the Bank of Japan 日本銀行総裁 ❹ 《英口》おやじ；親方, 雇い主, だんな(→ guvnor) ❺ 統治者, 支配者, 管理者 ‖ God is the ～ of the universe. 神は宇宙の支配者である ❻ (とりで・要塞(ようさい)などの)司令官；《英》刑務所長(prison governor, 《米》warden) ❼ 〖機〗調速[調整]機《燃料を制御し機械やエンジンのスピードを調整する》
▸▸ ～ géneral 名 (複 **～s g-** OR **～ -als**) 《通例 G- G-》Ⓒ (英連邦諸国などの)総督

PLANET BOARD 31

「日本政府」をどう言うか.

問題設定 「日本政府」を表す英語表現はいくつかあるが, 最も一般的な形はどれか調査した.

Q 次の表現のうちどれを使いますか. (複数回答可)

(a) They blamed **the Japanese government** for the mistake in foreign policy.
(b) They blamed **Japan's government** for the mistake in foreign policy.
(c) They blamed **the government of Japan** for the mistake in foreign policy.

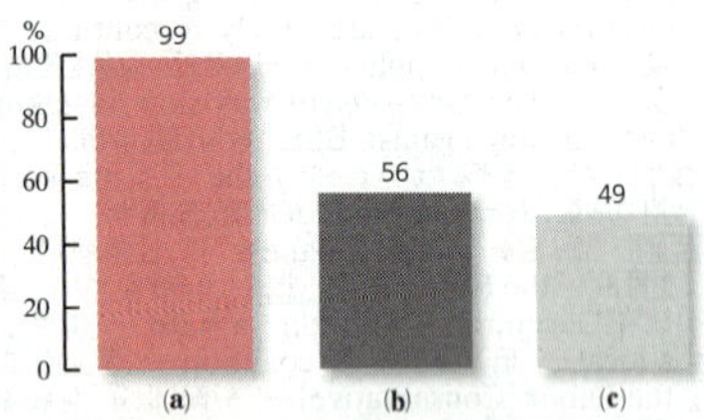

ほぼ全員が(a)の the Japanese government を使うと答えた. (b)の Japan's government を使うという人が次に多く, (c)の the government of Japan を使うという人も約半数と(b)に迫った.

「いずれも誤りではない」という人がほとんどだが, 「(a)が最も一般的で自然な表現であり, (c)はかなり《堅》」とする人が多い. また, 「(b)は《口》」とする人もいた.

学習者への指針 「日本政府」は the Japanese government が最も一般的である.

gòvernor-eléct 名 Ⓒ 次期(州)知事

góvernor·shìp 名 Ⓤ 知事[総督, 理事, 総裁など]の地位[職務, 任期]

govt, govt. 略 government

***gown** /gaʊn/ 名 Ⓒ ❶ (特に正装用の)ロングドレス, ガウン, 長上着 ‖ an evening ～ イブニングドレス, 夜会服 / a silk ball ～ 絹のダンスパーティー用ドレス ❷ 部屋着, 化粧着(dressing gown)；寝巻き, 寝室着(nightgown)；古代ローマ市民の緩やかな外衣(toga) ❸ (医師・看護師の)白衣, 診察着, 手術着；(美容院で客が着る)上っ張り ‖ a surgeon's ～ 外科医用手術着 / a hospital ～ (病院の)患者用ガウン ❹ (判事・聖職者・大学教授などの)ガウン, 法服, 正服；(市長・市参事会員の)職服 ‖ an academic ～ 大学の式服《教授・学生が卒業式などに着る》/ a judge's ～ 判事服 / take the ～ 聖職に就く / cap and ～ ⇨ CAP[1](成句) ❺ Ⓤ 《集合的に》(大学町で学外の一般市民と区別して)大学関係者, 大学側の人々(→ town) ‖ town and ～ 市民側と大学側
—動 他 《通例受身形で》ガウンを着る ‖ ～*ed* in black 黒のガウンをまとって **～ed** 形

goy /gɔɪ/ 名 (複 **～·im** /-ɪm/ OR **～s** /-z/) Ⓒ ⊗《口》《蔑》(ユダヤ人から見た)異邦人, 異教徒(gentile)

Go·ya /gɔ́ɪə/ 名 **Francisco José de ～** ゴヤ(1746–1828)《スペインの画家》

GP 略 *g*eneral *p*ractitioner；*G*rand *P*rix

GPA 略 *G*rade *P*oint *A*verage

GP Capt 略 *g*rou*p* *capt*ain((英国の)空軍大佐)

GPO ⊲シ 略 *G*eneral *P*ost *O*ffice((英国の)中央郵便局)；*G*overnment *P*rinting *O*ffice((米国の)政府印刷局)

GPS 略 *G*lobal *P*ositioning *S*ystem

GQ[1] 名 ジーキュー, GQ《米国の男性総合月刊誌. 1957年創刊. 旧名 Gentlemen's Quarterly》

GQ[2] 略 *G*eneral *Q*uarters

gr. 略 grade；grain(s)；gram(s)；gross

Gr. 略 Greece, Greek

****grab** /græb/
—動 (**～s** /-z/；**grabbed** /-d/；**grab·bing**)
—他 ❶ …を**不意に**[乱暴に]**つかむ**, ひっつかむ；…を〈…から〉ひったくる《*away*》〈**from**〉；〔機会など〕をつかむ(⇨ HOLD[1] 類語) ‖ He *grabbed* her 「by the elbow [around the waist]. 彼は彼女のひじ[ウエスト]をぎゅっとつかんだ / The boy *grabbed* the chocolate (*away*) *from* his sister. 少年は妹からチョコレートをひったくった / ～ **hold of** ... …をひっつかむ / ～ a big chance 大きなチャンスをつかむ
❷ (恥も外聞もなく)…を手に入れる, 〈…から〉横取り[横領]する, 乗っ取る〈**from**〉 ‖ ～ land 土地を横領する / ～ the property *from* her 彼女の財産を乗っ取る
❸ 《口》…を急いでとる[食べる, 飲む]；〔乗り物など〕に素早く乗る ‖ I *grabbed* a hamburger and dashed out. ハンバーガーをぱくつくと飛び出した / ～ a bite to eat 急いでぱくつく / ～ a seat さっと席をとる / ～ a quick nap 一眠りする
❹ 《口》(物事が)〔人〕の興味[注意]を引きつける；〔注意〕を引く；〔人〕を呼び止める ‖ That plan doesn't ～ me. その計画には気乗りがしない / How does that ～ you? それに興味がありますか / ～ an audience 観衆の心をとらえる / *Grab* the waiter, Phil. フィル, あのウエーターを呼んで ❺ 〔人〕を逮捕する(arrest)(♦ 新聞用語)
—自 ❶ 〈…を〉ひっつかむ, つかもうとする〈**at, for, onto**〉；〈機会などに〉飛びつく〈**at**〉 ‖ Such a chance should be *grabbed at* without hesitation. そういうチャンスには迷わず飛びつくべきだ / The policeman *grabbed for* the woman's pistol. 警官は女のピストルをつかもうとし

た / Here, ～ *onto* this rope. さあ, このロープにつかまれ ❷ (車のブレーキ・クラッチが)ぎくしゃくする

COMMUNICATIVE EXPRESSIONS
[1] **Gráb yoursèlf** a pìece of pízza. どうぞピザを一切れ召し上がれ(♥ 食べ物などを勧めるくだけた表現. ↗Why don't you have a piece ...?)

― 名 (複 **～s** /-z/) C ❶ 《単数形で》ひっつかむ[ひっつかもうとする]こと, ひったくり〈**at, for**〉; **略奪**, 強奪, 横領, 横取り ‖ **make** a (quick) ～ *at* [OR *for*] her purse 彼女のハンドバッグを(さっと)つかむ[ひったくろうとする] ❷ 〖機〗つかみ装置, グラブ ❸ ひったくったもの, 略奪物, 横領品 ❹ 💻(パソコンに保存されている)取り込み[キャプチャー]画像

(*be*) **ùp for grábs** 《口》(だれにでも)楽に手に入る ‖ There are a lot of prizes *up for* ～*s* in this competition. この競技では楽に手に入る賞がたくさんある

▸▸ **～ bàg** 名 C 《米》(賞品を詰めた大袋から1つをつかむ)福引(《英》lucky dip); 福袋; 《単数形で》雑多な寄せ集め; 運任せの状況 ‖ a ～ *bag* of issues さまざまな問題

grab·ber /grǽbər/ 名 C 《しばしば複合語で》不正入手者, 横領者 ‖ land ～*s* 土地の横領者

grab·by /grǽbi/ 形 《口》 ❶ 《蔑》強欲な ❷ 興味[注意]を引きつける

gra·ben /grɑ́ːbən/ 名 C 〖地〗地溝

grace /greɪs/ 名 〔▶ graceful 形, gracious 形〕 ❶ U (容姿・表情・身のこなしなどの)優美, 優雅, 品のよさ, しとやかさ; (構成・表現などの)洗練(→ elegance, refinement) ‖ The couple skated flawlessly to the music but lacked ～. そのペアは音楽に合わせて完璧(かんぺき)に滑ったが優雅さに欠けていた / The bride stepped forward with ～ and elegance. 花嫁は優雅で上品な物腰で歩を進めた

❷ U C 分別, 道徳的な強さ; 潔い態度 ‖ I cannot with any ～ ask him about his daughter's divorce. 体裁が悪くて彼の娘の離婚のことを彼に聞けない

❸ C 《通例 ～s》魅力, 長所; 礼儀正しさ, たしなみ ‖ Every lover finds many ～*s* in the beloved. 恋する者はだれでも相手に多くの美点を見いだすものだ / She has all the social ～*s*. 彼女は社交上のたしなみはすべて心得ている

❹ U/C 《a ～》好意, 温情, 親切; (特に目上の者からの)引き立て, 恩顧, 恩恵; 《古》慈悲 ‖ by special ～ 特別な情けで / with a smiling ～ 愛想よく / an act of ～ 寛大な措置; 〖法〗恩赦法 / by the ～ of ... …のおかげで

❺ U 〖宗〗(神の)恩寵(おんちょう), 天恵; 恩寵に浴した[神によって罪や悪から解放された]状態 ‖ There but for the ～ of God(, go I). (他人の不幸を見て)神の恩寵がなければ私の身にも同じことが起こっただろう / by the ～ of God 神の恵みによって《特に正式文書などで国王の名に添えて》/ He died in a state of ～. 彼は神の恩寵を受けて息を引きとった ❻ U C (支払期限・仕事などの)猶予; 猶予期間 ‖ give [get] a week's ～ (支払いなどを)1週間猶予してやる[もらう] ❼ U C (食事の前後の)感謝の祈り ‖ The custom of saying ～ is dying out. (食事時に)祈りをささげる習慣は廃れつつある ❽ 《G-》《Your, His などを伴って》C 閣下(夫人), 猊下(げいか)《公爵(夫人)・大司教の敬称》‖ Your [His, Her] *Grace* 閣下(夫人)(♦ you [he, she] の敬称. 複数形は Their Graces) / Your *Grace* ... (呼びかけて)…閣下 ❾ C (神より与えられた)徳, 美徳; とりえ, 才能 ‖ a saving ～ (欠点を補う)とりえ, 救い (→ saving²) ❿ C 《the (Three) G-s》〖ギ神〗美の三女神, 三美神《輝き(Brilliance)・喜び(Joy)・開花(Bloom)を象徴する Aglaia, Euphrosyne, Thalia の3姉妹》

fàll from gráce (上の者の)不興を買う, 力[影響力]を失う; 神の恩寵を失う(♦ 名詞は a [one's] fall from grace)

****hàve the*** (***gòod***) ***gràce to dó*** …する分別がある, 潔く…する ‖ He *had the* ～ *to* apologize for being late. 彼は遅れたことを潔く謝った

in a pèrson's gòod [***bàd***] ***gráces*** (人に)気に入られて[嫌われて] ‖ She kept *in* her teacher's *good* ～*s*. 彼女はずっと先生のお気に入りだった

with (***a***) ***bàd gráce*** いやいやながら, しぶしぶ

****with*** (***a***) ***gòod gráce*** 悪びれずに ‖ They took the defeat *with good* ～. 彼らは敗北を潔く受け止めた

― 動 他 ❶ …を優美[優雅]にする, 〈…で〉美しく飾る, …に〈…で〉光彩を加える〈**with, by**〉‖ Flowers ～*d* her room. 彼女の部屋は花で美しく飾られていた ❷ 〔行事など〕に〈臨席などの〉栄誉を与える, 〈…で〉華を添える〈**with, by**〉(♥「めったに来ないのに」という皮肉な表現にもなる) ‖ The queen ～*d* the dinner *with* [OR *by*] her presence. 晩餐(ばんさん)会は女王ご臨席の栄を賜った / The dinner was ～*d by* local notables. 夕食会には地元のお歴々が華を添えた ❸ 〖楽〗…に装飾音を加える

▸▸ **～ nòte** 名 C 〖楽〗装飾音 **～ pèriod** 名 C (ローンなどの支払いの)猶予期間

gràce-and-fávour ◁ 形 《限定》《英》(住居が)王室[政府]から貸与された

***grace·ful** /gréɪsfəl/ 形 〔◁ grace 名〕 ❶ (容姿・動作などが)優雅な, 上品な, しとやかな (⇨ ELEGANT 類語) ‖ Nina is really a ～ and lovely dancer. ニーナは本当に優雅で美しいダンサーだ / the ～ lines of the sports car そのスポーツカーの美しいスタイル ❷ (言葉・態度などが)適切な, 節度のある, 礼儀にかなった; 潔い, 率直な ‖ apologize in a ～ way 素直に謝る **～·ness** 名

***grace·ful·ly** /gréɪsfəli/ 副 上品に, 優美に, 潔く

gráce·less /-ləs/ 形 優美さに欠ける, 品のない; たしなみに欠ける, 不作法な **～·ly** 副 **～·ness** 名

gra·cious /gréɪʃəs/ 形 〔◁ grace 名〕 ❶ (特に目下の者に)親切な, 優しい, 丁重な, 寛大な ‖ She is ～ to everyone. 彼女はだれにでも優しい ❷ 《通例限定》(生活などが)優雅な; 優美な (graceful), 繊細な ❸ (神が)慈悲深い ❹ 《限定》《英》(王侯・その行為について)仁慈深き, 優渥(ゆうあく)なる ‖ Her *Gracious* Majesty the Queen 仁慈深き女王陛下

― 間 (Gracious!, Good Gracious!, Gracious me! などの形で)まあ, おや(♥ 驚き・憤慨などを表す) **～·ness** 名

gra·cious·ly /gréɪʃəsli/ 副 親切に(も); おそれ多くも

grad /græd/ 名 C 《口》卒業生(graduate)

― 形 《口》大学院生の ‖ a ～ student 大学院生

▸▸ **～ schòol** 名 C =graduate school

grad·a·ble /gréɪdəbl/ 形 等級付けの可能な; 〖文法〗(特に形容詞が)比較変化を持つ

gra·date /gréɪdeɪt | grədéɪt/ 動 自 他 (…が[を])徐々にほかの色に移行する[させる]; (…を)段階別に配列する

gra·da·tion /grədéɪʃən/ 名 ❶ C 《しばしば ～s》(連続的な変化・推移・発展の)段階; (序列・格差・強度などの)等級, 度合い; U 段階[等級]付け ‖ the many ～*s* between good and bad 善悪の間の多くの段階 ❷ U 段階的変化, 漸次的移行 ❸ C (温度計などの)目盛り(graduation) ❹ U 〖美〗(色調・明暗の)漸次的移行, グラデーション, ぼかし ❺ U 〖言〗母音交替 **～·al** 形

***grade** /greɪd/
― 名 〔▶ gradual 形, graduate 動〕(複 **～s** /-z/) C ❶ (能力・性質・価値などの)**等級**, 階級, 格; 程度, 度合い; 水準, 基準; 《米》(食品の)品質基準; (軍隊の)階級; (病気の)度合い ‖ men of different social ～*s* さまざまな社会階級に属する男たち / a **high** ～ of intelligence 高度の知能 / This beef is of the highest ～. この牛肉は最高級だ / ～ A eggs 最高品質の卵

❷ 《米》(小・中・高校を通しての)**学年**, 年級《通例6・3・3か8・4の12年間を指す》(《英》form); 《the ～》《集合的に》同じ学年の全生徒 ‖ My little sister goes into the first ～ this year. 僕の妹は今年1年生になる / The seventh ～ is on vacation now. 7年生は今休暇中だ

語法 ☆☆ (1) 小学校から通算して数えるので日本の中学1年は the seventh grade, 高校1年は the tenth grade.

G

(2)《英》では year one, year two などと year を用いる.
(3)《米》《英》とも大学2年は the second year [*grade] of college と year を用い, grade は用いない. またこれと同様に中学 [高校] 2年を the second year of junior [senior] high school ということもある.

❸ (各学科における生徒の)**評点**, 点数; 学業成績《A, B, C や数字などで表される》;《英》(音楽の)技能試験 ‖ Her college ~*s* were outstanding. 彼女の大学の成績はずば抜けていた / He **got** a good ~ on [《英》in] the test. 彼はテストでよい点をとった / **get** a passing ~ in math 数学の試験で合格点をとる(♦「A をとる」は get an A)
❹《主に米》(道路・鉄道などの)勾配(こう)(《英》gradient); (傾)斜面 ‖ The next hill has a real steep ~. 次の坂はかなり急だ / a slow ~ 緩い勾配 / The car couldn't stop on the ~. 車はその斜面で止まれなかった
❺ (建物周囲の) 地盤面 ❻ (普通種に純血種を交配させた)改良品種(の牛) ❼【言】(母音交替系列中の)母音の相対的位置 ❽【動】同じような進化レベルにある動物群

at gráde《米》(鉄道と道路の交わる所が)同平面で, 同じ高さで

****màke the gráde***《口》要求された水準に達する, 成功する ‖ She'll never *make the* ~ as a professional singer. 彼女がプロの歌手になるのはとても無理だろう

on the úp* [*dówn*] *gràde 上り[下り]勾配で; (商売・人気などが)上り[下り]坂で

── 動 (~**s** /-z/; **grad·ed** /-ɪd/; **grad·ing**)

── 他 ❶ …を**等級に分類[配列]する**; …に等級をつける, …を格付けする (♦ しばしば受身形で用いる) ‖ Gemstones are ~*d* by [OR according to] their weight and quality. 原石は重さと質によって格付けされる / The hotel was ~*d* (as) four-star. そのホテルは4つ星に格付けされた
❷《主に米》〔答案など〕を採点する; 〔生徒〕に成績をつける (《英》mark) ‖ be busy *grading* papers 答案の採点で忙しい ❸〔道路など〕の勾配を緩くする ❹〔家畜〕を純血種と交配させ(て品種改良す)る〈*up*〉 ❺ …〔の色〕を少しずつ変化させていく, ぼかす(gradate)

── 自 ❶ (色彩・等級などが) 徐々に変化する, 移行する〈**from** …から; **to, into** …に〉 ❷ 等級が…である ‖ beef *grading* prime 極上品質の牛肉

gràde úp* [*dówn*]** 〈他〉(gràde úp* [*dówn*] ... / *gràde ... úp* [*dówn*]**) …の等級[格, 階級]を上げる[下げる] ──〈自〉等級が上がる[下がる]

▸▸ ~ **cròssing** 名 C《米》(鉄道・道路などの) 平面交差(点), 踏み切り(《英》level crossing) ~ **pòint àverage** 名 C《通例単数形で》《米・カナダ・豪》【教育】評定平均値《ある学生の一定期間の成績を A = 4, B = 3, C = 2, D = 1, F = 0 として算出した全教科の平均点. 略 GPA》(→ mark¹, point, score) ~ **schòol** (↓)

grad·ed /gréɪdɪd/ 形 等級別の, 段階的な

grad·er /gréɪdər/ 名 C ❶《序数詞の後で》《米》…年生 ‖ a fifth ~ 小学5年生 ❷ 等級に分ける人[機械]; 《米》評点者(《英》marker) ❸ 地ならし機, グレーダー

gráde schòol 名 C 小学校(elementary school)
 gráde schòoler 小学生

gra·di·ent /gréɪdiənt/ 名 C ❶ 勾配(こう), 傾斜度; (傾)斜面, 坂 ‖ a ~ of one in twenty 20分の1の勾配 ❷【理】(気温・気圧などの)変化率[度]

grad·ing /gréɪdɪŋ/ 名 U《米》採点, 成績をつけること (《英》marking)

gra·dio·me·ter /grèɪdiá(ː)mɪtər | -diɔ́mɪ-/ 名 C【理】グラジオメータ, 磁場勾配計, 動偏差計

***grad·u·al** /grǽdʒuəl, grǽdju-/ 形 〔◁ grade 名〕(**more ~; most ~**) ❶ 徐々の, 少しずつの, 漸進的な ‖ a ~ change 漸進的な変化 ❷ (傾斜の)緩やかな, なだらかな

── 名 C【カト】❶ 昇階唱《ミサで使徒書簡と福音書の間に歌われる答唱歌》❷ ミサ聖歌集 **~·ness** 名

grád·u·al·ìsm /-ìzm/ 名 U 漸進主義 **-ist** 名

⁑**grad·u·al·ly** /grǽdʒuəli, grǽdju-/
── 副 (**more ~; most ~**)
徐々に, 少しずつ, だんだん, 漸次 ‖ The temperature went down ~. 温度が徐々に下がった

⁑**grad·u·ate** /grǽdʒuət, grǽdju-/ (→ 動)
── 名 (複 **~s** /-s/) C ❶ **卒業生**, 学士 (《口》grad) 〈**of, from** 大学の; **in** 学科の〉(♦《英》では大学卒業生のみに, 《米》では大学・高校その他の学校一般にも用いる) ‖ She was a ~ *of* the University of Durham. 彼女はダラム大学の卒業生だった / a ~ *in* law 法科の卒業生 / a high school ~ ハイスクールの卒業生
❷ (= ~ **stùdent**)《米》大学院生 (♦ 学部学生は undergraduate) ❸ 目盛り付き容器, メートルグラス

── 動 /grǽdʒuèɪt, grǽdju-/ 〔◁ grade 名〕〔▶ graduation 名〕(~**s** /-s/; **-at·ed** /-ɪd/; **-at·ing**)

── 自 ❶ **卒業する**〈**from, at** 大学を; **in** 学科を〉(♦《英》では大学に,《米》では大学・高校その他の学校一般にも用いる. 《英》では大学以外では leave [OR finish] school を用いる) ‖ He ~*d in* chemistry *from* the University of California at Berkeley. 彼はカリフォルニア大学バークレー校で化学を専攻して卒業した / ~ with highest honors 最優秀の成績で卒業する
❷ 徐々に変化する; 少しずつ出世 [進歩] する〈**from** …から; **to** …に〉 ‖ She ~*d from* being a shop assistant *to* running her own company. 彼女は一介の店員から自分の会社を経営するまでになった

── 他 ❶《米》〔学生〕を卒業させる, …に学位[免状]を与える (♦ She was graduated from Harvard. のような受身形は《やや旧》. 自 ❶の方がより多く使われる) ‖ The university ~*d* 500 students last year. その大学は去年500名の卒業生を出した
❷〔大学〕を卒業する (♦ この用法は非標準とされることもあるが,《主に米口》ではかなり用いられる) ‖ ~ college 大学を卒業する ❸ …を〈…に〉等級[段階]分けする, 格付けする〈**into**〉; 〔税〕を累進制にする ❹《通例受身形で》(容器などが) 〈ある尺度で〉目盛りがついている〈**in**〉 ‖ This ruler is ~*d in* inches. この定規にはインチの目盛りがついている
❺〔色など〕を段階的に変化させる ‖ The color is ~*d* from light to dark. その色は明から暗へと段階的な変化がつけられている

── 形《限定》❶ 大学卒業生の(postgraduate); 《米》(各種の) 学校卒業生の ‖ a ~ student 大学院生 / a ~ architect 大学卒の建築家 / a ~ nurse《米》(看護学校出身の) 正規の看護師(《英》trained nurse)
❷《米》大学卒業生向けの, 大学院の

語源「学位を与える」の意のラテン語 *gradus* から. grade と同語源.

▸▸ **Gràduate Manàgement Admíssions Tèst** 名《the ~》《米》ビジネススクール入学適性試験《略 GMAT》
~ **schòol** 名 C《米》大学院

grad·u·at·ed /grǽdʒuèɪtɪd, grǽdju-/ 形 ❶ 累進的な, 等級別の ‖ a ~ tax 累進課税 ❷ 目盛りのついた
▸▸ ~ **pénsion** 名 C《英》累進年金

***grad·u·a·tion** /grǽdʒuéɪʃən, grædju-/ 名 〔◁ graduate 動〕❶ U 卒業 (♦《米》では大学以外の学校にも用いるが《英》では大学のみに用いる) ❷ C 卒業式, 学位授与式 (→ commencement); U 学位[《米》高校の卒業証書]授与 ❸ C (計器などの)目盛り, 度盛り; U 目盛り付け ❹ U 等級別分類[配列, 格付け]; U C 等級, 階級

Graeco- /griːkoʊ-, grek-/ 連結形 = Greco-

Gràeco-Róman 形《英》=《米》Greco-Roman

graf·fi·ti /grəfíːt̬i/ 名《単数・複数扱い》(公共の場や公衆便所の壁などの)落書き ── 動 他 …に落書きする

graf·fi·to /grəfíːt̬oʊ/ 名 (複 **-fi·ti** /-fíːt̬i/) C ❶《堅》(個々の) 落書き (♦ この意味ではふつう graffiti が使われる) ❷【考古】(岩壁などの)掻(か)き絵[模様, 文字]

graft¹ /græft | grɑːft/ 名 C ❶【園芸】接ぎ穂, 接ぎ木; 接ぎ木箇所; 接ぎ木法 ❷【医】(皮膚・骨などの)移植片; 移植

(手術)(→ skin graft) ❸ (一般に)接合, 融合
━動 他 ❶ …(の接ぎ穂)を〈…に〉接ぎ木する〈on〉;〔花・果実など〕を接ぎ木して育てる ‖ ～ a damson *on* a plum tree＝～ a plum tree with a damson プラムの木にセイヨウスモモを接ぎ木する ❷〔皮膚・骨など〕を移植する〈**onto, to, into** …に; **from** …から〉 ❸ …を接合[融合]する
━自 接ぎ木する;(木が)接がれる

graft² /græft | grɑːft/ 名 U ❶ 不正行為, 汚職, 収賄;不正利得 ‖ ～ and corruption 贈収賄 ❷《英口》厳しい労働[仕事] ━動 自 ❶《口》汚職を働く, 収賄する ❷《英口》せっせと働く ━他《口》〔金品〕を不正に受け取る
～·er 名 C 収賄者

gra·ham /ɡréɪəm/ 形《限定》《米》(精麦しない)全麦の(whole wheat) ‖ ～ bread 全麦パン, グラハムパン
▸▸ **～ cràcker** 名 C《米》クラッカー

Grail /ɡreɪl/ 名《the (Holy) ～》聖杯《最後の晩餐(ばんさん)でキリストが用い, また, はりつけにされたキリストの血を受けたと伝えられる高杯(たかつき). 地上の尊厳と神の恩寵(おんちょう)とをつなぐ象徴で, その探求はアーサー王物語などの一大テーマとなった》; C 長く困難な探究の的

grain /ɡreɪn/
━名 (複 **～s** /-z/) ❶ U《集合的に》**穀物**, 穀類;穀草 ‖ stocks of ～ 穀物の蓄え / the ～ shortage 穀物不足 / a rich ～ harvest 豊かな穀物の収穫
❷ C **穀粒**《トウモロコシ・小麦・米などの》;(固い)種子 ‖ ～*s* of rice 米粒
❸ C (砂・塩などの)**粒** ‖ ～*s* of sand 砂粒
❹ C《通例 a ～》《通例否定文で》微量, ほんのわずか ‖ There is not a ～ of truth in what he says. 彼の言うことにはこれっぱかしの真実もない / It seemed that theirs was a marriage without a ～ of love. 彼らは愛情のかけらもなしに結婚したように思われた
❺《the ～》(木材・石・皮・肌などの)きめ;木目, 石目, (紙などの)目, 繊維;〖採〗(岩・石炭などの)裂け目 ‖ the fine ～ of her skin 彼女の肌のきめ細かさ / Wood splits along [OR in the direction of] the ～. 木材は木目に沿って割れる / across the ～ (木目に)逆らって
❻ C グレーン《衡量の最低単位. 0.0648g相当. 略 gr.》, トロイ衡《金・銀・宝石類の衡量》
❼ U 皮革の表面のざらざら[ぶつぶつ];銀面《皮の毛の生えている側》, 人工レザーのざらざらした表面
❽ C (ロケットエンジン用の)薬粒
❾ C〖写〗(フィルムの)粒子
❿ U《古》(人の)性質, 性向 ⓫ U《古》コチニール, ケルメス(kermes)《エンジムシを乾燥させて作る赤紫色染料》
gò* [OR *be*] *against the gráin 性分に合わない, 意に反する, 不快にする ‖ It *goes against the* ～ for me to do a desk job. 事務の仕事は僕には合わない
sèparate* [OR *sòrt* (*òut*)] *the gràin from the cháff ＝*separate* [OR *sort* (*out*)] *the* WHEAT *from the chaff*
tàke ... with a gràin of sált …を割り引きして聞く, まゆつばだと思う
━動 (**～s** /-z/; **～ed** /-d/; **～·ing**)
━他 ❶ …を粒(状)にする ❷《通例受身形で》表面がざらざらになる ❸ …を木目[大理石]模様に塗る[仕上げる] ❹〔皮〕を脱毛する ❺《米》〔家畜〕に穀物を食わせる
━自 粒(状)になる
▸▸ **～ àlcohol** 名 U ＝ethyl alcohol **～ èlevator** 名 C《米》＝elevator ❸

grained /ɡreɪnd/ 形 木目のある, 模様の見える
gráin·fìeld 名 C 穀物畑
grain·y /ɡréɪni/ 形 ❶ (画像が)粒子の粗い;(音声が)耳障りな ❷ 粒状の;粒の多い, ざらざらした ❸ (木)目のはっきりした, 木目模様の

gram¹, +《英》**gramme** /ɡræm/ 名 C グラム《メートル法の重量の単位. 略 g, g., gm., gr.》‖ 250 ～*s* of cheese 250グラムのチーズ
gram² /ɡræm/ 名 U〖植〗ヒヨコマメ《家畜の飼料用》
gram³ /ɡræm/ 名《口》＝grandmother
gram. 略 grammar, grammarian, grammatical
-gram¹ 連結形「書くこと, 記録;書かれたもの」の意(→ -graph) ‖ dia*gram*, tele*gram*
-gram² /-ɡræm/ 連結形「…グラム」の意 ‖ kilo*gram*, centi*gram*

Gràm·een Bánk /ɡrǽmiːn-, ─ ─ ́─/ 名 C U グラミン銀行(制度)《バングラデシュのノーベル平和賞受賞者 Muhammad Yunus(1940-)が始めた少額貸付銀行. またその制度. Grameen はベンガル語で「村」の意味》
gram·i·niv·o·rous /ɡræ̀mɪnívərəs/ 形 草食の(→ herbivorous, omnivorous)

gram·mar /ɡrǽmər/
━名 (複 **～s** /-z/) U ❶ **文法**;文法学, 文法理論 ‖ *Grammar* can govern even kings. 文法は王さえも支配する / descriptive [comparative, generative] ～ 記述[比較, 生成]文法 / school [prescriptive] ～ 学校[規範]文法
❷ (文法上から見た)言葉遣い, 語法 ‖ His ～ is poor. 彼の言葉遣いは文法的にお粗末だ / an essay full of bad ～ 文法的間違いだらけの作文
❸ C 文法書(a book on grammar)
❹ (学問・芸術などの)基本(原理), 初歩; C 入門書, 手引き
❺ C 💻 (コンピュータープログラムの)文法
❻《英口》＝grammar school
▸▸ **～ schòol** 名 C ① (英国の)グラマースクール《(1) 16世紀に創設された古典語文法を教える中等学校. (2) 20世紀半ばまでに創設された大学進学準備教育を中心とする中等学校. 1965年以降ほとんどが comprehensive school に吸収された》 ②《米》＝elementary school **～ translátion method** 名 C〖言〗文法訳読教授法

gram·mar·i·an /ɡrəméəriən/ 名 C 文法学者
gram·mat·i·cal /ɡrəmǽtɪkəl/ 形 文法(上)の;文法的に正しい ‖ a ～ error 文法上の誤り **gram·mat·i·cál·i·ty** 名 U 文法にかなっていること, 文法性
gram·mat·i·cal·ly /ɡrəmǽtɪkəli/ 副 文法にのっとって, 文法的に;文法の点で ‖ ～ correct 文法的に正しい
gramme /ɡræm/ 名《英》＝gram¹
Gram·my /ɡrǽmi/ 名 (複 **～s**, **-mies** /-z/) C グラミー賞《米国の音楽界で毎年優れた作品に授与される》
Gràm-négative ⟨シ⟩ 形《しばしば g-》〖細菌〗グラム陰性の
gram·o·phone /ɡrǽməfòʊn/ 名 C《旧》蓄音機(《米》phonograph)(♦ 商標より)
gramp /ɡræmp/ 名《方》《口》＝grandfather
Gràm-pósitive ⟨シ⟩ 形《しばしば g-》〖細菌〗グラム陽性の
gram·pus /ɡrǽmpəs/ 名 C ❶〖動〗ハナゴンドウ《ハクジラの一種》;シャチ ❷《英》息遣いの荒い人
gran /ɡræn/ 名《主に英口》＝grandmother
Gra·na·da /ɡrənɑ́ːdə/ 名 グラナダ《スペイン南部, 地中海に面した州, またその州都》
gran·a·ry /ɡréɪnəri, ɡrǽn- | ɡrǽn-/ 名 (複 **-ries** /-z/) C ❶ 穀物倉庫 ❷ 穀倉地帯 ❸ U《英》全粒パン
━形《しばしば G-》《限定》《英》《商標》(パンが)全粒の ‖ *Granary* bread 全粒パン

grand /ɡrænd/
━形 〔▶ grandeur 名〕(**～·er**; **～·est**)
❶ **壮大な**, 雄大な;荘厳な, 豪華な, 華麗な ‖ ～ scenery 雄大な眺め / a ～ celebration 荘厳な儀式 / Their wedding ceremony was on a ～ scale. 彼らの結婚式は盛大に行われた / live in ～ style ぜいたくな暮らしをする / live to the ～ old age of 97 97歳の高齢まで生きる
❷ 遠大な, 野心的な ‖ a ～ idea [strategy] 遠大な考え[作戦]
❸ 威厳にあふれた, 堂々たる, 誇り高い;(文体などが)荘重な, 格調高い ‖ the ～ figure of the emperor 皇帝の堂々たる容姿 / give oneself ～ airs もったいぶる, 気取

る / a ~ style [OR manner] 荘重体
❹《限定》(人・物事が)重要な, 主要な, 重大な；著名な, 尊敬された, 上流階級の；《ときに G-》(地位・官職・階級が)最高の ‖ That is the ~ question. それが重大な問題だ / the ~ entrance 正面玄関 / a ~ lady 上流婦人
❺《口》**素晴らしい**, とても素敵な[楽しい] ‖ We had a ~ time at the party. パーティーはとても楽しかった / She's a ~ girl. 彼女はとても素敵な娘だ / I'm feeling ~. 素晴らしい気分だ
❻《比較なし》《限定》総括的な ‖ the ~ total [OR sum] 総計 ❼思い上がった, うぬぼれた；仰々しい, もったいぶった ‖ have a ~ opinion of oneself 思い上がっている / ~ gestures 大仰な身振り / a ~ manner もったいぶった[堅苦しい]態度 ❽〖法〗重い, 主犯の ❾《比較なし》〖楽〗完全な(形式の)；大合奏用の, 大規模の

—名 (複 **~s** /-z/) (→ ❷) Ⓒ ❶ グランドピアノ (grand piano)
❷ (複 ~)《米口》1,000ドル；《英口》1,000ポンド ‖ That car cost me five ~. あの車は5,000ドル[ポンド]した
~·ly 副 **~·ness** 名

G

▸▸**Grànd Bánks** 名《the ~》グランドバンク《カナダニューファンドランド島南東沖の浅瀬. 世界的な大漁場》 **Grànd Canál** 名《the ~》①(ベニスの)大運河, カナル=グランデ(Canal Grande) ②(中国の)大運河《黄河と長江を結ぶ》 **Grànd Cányon** 名《the ~》グランドキャニオン《米国アリゾナ州の大峡谷》 **Grànd Cànyon Státe** 名《the ~》米国アリゾナ州の俗称 **Grànd Cèntral Státion** 名 ①(米国ニューヨーク市の)グランドセントラル駅 ② Ⓤ《米》混雑した場所 **~ crú** /grɑn krúː/ 名 (複 **~s crus** /grɑn kruː/) Ⓒ グラン=クリュ《フランスで公式に格付けされた特級ワイン. またその生産者[畑]》(♦フランス語より) **~ dúchess** 名Ⓒ ①大公妃；女大公 ②(ロシア皇帝の)皇女 **~ dúchy** 名Ⓒ大公国 **~ dúke** 名Ⓒ⊲シ ①大公 ②(ロシア皇帝の)皇子 **~ júry** 名Ⓒ《米》大陪審《12-23人からなる》(⇨ JURY[1]) **~ lárceny** 名Ⓤ〖法〗重窃盗罪 **~ mál** /græn máːl | grɔ̀n mǽl/ 名Ⓤ〖医〗(てんかんの)大発作《意識の喪失を伴う》(♦フランス語より) **Grand Marnier** /grɑ̀ːn mɑːrnjéɪ | grɔ̀n máːnieɪ/ 名 Ⓤ《商標》グラン=マルニエ《オレンジ果皮とコニャックで作るオレンジリキュール》 **~ máster** 名 Ⓒ ①(チェスの)名人 ②《G- M-》(騎士団・秘密結社などの)団長 **Grànd Nátional** 名《the ~》《英》グランドナショナル《毎年リバプール市郊外で開催される大障害物競馬》 **~ òld mán** 名Ⓒ(政界などの)長老, 元老；《the G-O- M-》W. E. Gladstone または W. L. S. Churchill の愛称 ‖ the [OR a] ~ *old man* of ... …界の長老, 大御所 **Grànd Òld Párty** 名 米国共和党 (the Republican Party) の異称《略 GOP》 **~ ópera** 名Ⓒ Ⓤ グランドオペラ《悲劇的内容の荘重な歌劇》 **~ piáno** 名 Ⓒ グランドピアノ. **~ príx** (↓) **~ slám** 名Ⓒ ①〖野球〗満塁ホームラン ②〖ゴルフ・テニスなど〗グランドスラム《1シーズン中に主要な大会のすべてに優勝すること》 ③〖トランプ〗グランドスラム《ブリッジで13のトリックをすべてとること》 **~ tótal** 名Ⓒ 総計 **~ tóur** 名Ⓒ ①《しばしば G- T-》ヨーロッパ大陸巡遊旅行, グランドツアー《18世紀ごろ英国の上流家庭で, 子弟の教育の総仕上げとして行わせた》 ②《戯》大巡回見学《建物内を見て回ること》 **~ únified thèory** 名Ⓒ〖理〗大統一理論

grand- /grænd-/ 連結形「(血縁関係で)1親等を隔てた」の意 ‖ *grand*father, *grand*son

·**gran·dad** /grǽndæ̀d/ 名 Ⓒ《口》おじいちゃん (granddad)(→ grandfather, grandpa)

gran·dad·dy /grǽndæ̀di/ 名《米口》=grandfather

gran·dam /grǽndæm/, **-dame** /-deɪm/ 名 Ⓒ《古》❶祖母 ❷老婦人

gránd·àunt 名Ⓒ大おば(greataunt)《親のおば》

·**grand·child** /grǽndtʃàɪld/ 名 (複 **-chil·dren** /-tʃɪldrən/) Ⓒ 孫

gránd·dàd 名《口》=grandfather

gránd·dàddy 名《米口》=grandfather

*__grand·daugh·ter__ /grǽnddɔ̀ːṭər/ 名Ⓒ孫娘

grande dame /grɑ̀ːnd dáːm/ 名 (複 **grandes dames** OR **~s** /-z/) Ⓒ貴婦人, 名流婦人(♦フランス語より)

gran·dee /grændíː/ 名 Ⓒ ❶(昔のスペイン・ポルトガルの)最高位の貴族, 大公 ❷(一般に)高官, 貴顕, 要人

*__gran·deur__ /grǽndʒər/ 名 〔⊲ grand 形〕Ⓤ ❶壮大, 雄大；壮麗, 華麗；荘厳, 荘重 ‖ The ~ of the Alps is just beyond words. アルプスの雄大さは言葉では言い表せない ❷偉大, 立派さ；威厳；権勢；高貴, 高潔 ‖ the wealth and ~ of one's parents 親の富と威光 / delusions of ~ 誇大妄想 ❸高い地位, 階級；社会的な重要性

⁑**grand·fa·ther** /grǽndfɑ̀ːðər/
—名 (複 **~s** /-z/) Ⓒ ❶**祖父**, おじいさん (《口》grandpa, grandad, 《米口》grandaddy) ‖ He is my「~ on my mother's side [OR **maternal** ~]. あの人は私の母方の祖父です ❷(男の)祖先 ❸始祖, 創始者 ‖ the ~ of psychoanalysis 精神分析学の創始者
—動 他《米》〔人・物〕を新規の法令の適用外とする
▸▸**~ clàuse** 名Ⓒ《米》〖法〗祖父条項《法令が発効する以前から存在したことを理由にその法令の適用外とすること》 **~('s) clóck** 名 Ⓒ (振子式) 箱形大時計

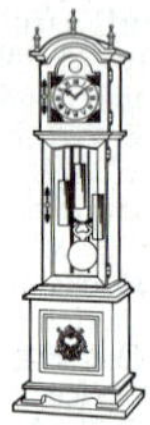
grandfather('s) clock

gránd·fàther·ly /-li/ 形 祖父のような[に優しい]

gran·dil·o·quent /grændíləkwənt/ 形 (言葉遣いなどが)大げさな；(人が)大言壮語する
-quence 名 **~·ly** 副

gran·di·ose /grǽndiòʊs/ 形 ❶壮大な, 堂々とした, 荘重な；大規模な ❷偉そうな, 大げさな, もったいぶった
~·ly 副 **gràn·di·ós·i·ty** 名

gránd·kìd 名《米口》=grandchild

⁑**grand·ma** /grǽndmɑ̀ː/
—名 Ⓒ《口》**おばあちゃん**(grandmother)

⁑**grand·moth·er** /grǽndmʌ̀ðər/
—名 (複 **~s** /-z/) Ⓒ ❶**祖母**, おばあさん (《口》grandma, granny, gran) ‖ She is my「~ on my father's side [OR **paternal** ~]. あの人は私の父方の祖母です
❷(女の)祖先
tèach one's gràndmother to sùck éggs《英口》祖母[年寄り]に卵の吸い方を教える；釈迦(しゃか)に説法する
▸▸**~('s) clóck** 名 Ⓒ (分銅・振子付き) 箱型大時計 (grandfather('s) clock の約⅔の大きさ) **~'s fóotsteps** 名Ⓤ《英》(子供の遊びの)だるまさんが転んだ

gránd·mòther·ly /-li/ 形 祖母のような；親切な, 老婆心からの, 世話を焼きすぎる

gránd·nèphew 名Ⓒ おい[めい]の息子, 兄弟[姉妹]の孫息子(great-nephew)

gránd·nìece 名Ⓒ おい[めい]の娘, 兄弟[姉妹]の孫娘 (great-niece)

⁑**grand·pa** /grǽndpɑ̀ː/
—名 Ⓒ《口》**おじいちゃん**(grandfather)

*__gránd·pàrent__ 名 Ⓒ 祖父[母] ‖ My ~*s* live next door. 祖父母は隣に住んでいます

*__grand prix__ /grɑ̀ːn príː | grɔ̀n-/ 名 (複 **grand prix**, **grands prix** /-z/) Ⓒ ❶(芸術・スポーツなどの)大賞, グランプリ ❷《G- P-》グランプリレース《国際的な自動車レース；毎年6月パリで行われる3歳馬の国際競馬 (Grand Prix de Paris)》

*__grand·son__ /grǽndsʌ̀n/ 名Ⓒ孫息子

gránd·stànd 名Ⓒ(競技場の)正面観覧席；その観客たち —動 自 ⊗《米》《蔑》スタンドプレーをする

~·er 名 ~·ing 名 U 《米》スタンドプレー（❗「スタンドプレー」は和製語），大向こう受け
▶▶~ fìnish 名 C 《英》(競技などで)観衆を沸かせる幕切れ ~ plày [mòve] 名 C 《米》=grandstanding

gránd·ùncle 名 C 大おじ《親のおじ》

grange /greɪndʒ/ 名 ❶ C 《英》(農舎付きの)田舎の邸宅；(住居・納屋などのついた)農場 ❷《the G-》(米国の)農民共済組合《1867年設立》；その地方支部

gra·ni·ta /grəníːtə/ 名 C U グラニータ《ジュース・コーヒーなどを凍らせて作るかき氷》(♦イタリア語より)

gran·ite /grǽnɪt/ 名 U ❶ 花崗(かこう)岩，みかげ石 ‖ (as) hard as ~ 非常に堅い ❷ 頑固，強情 ‖ a man of ~ 頑固な人 **gra·nít·ic** 形
▶▶**Gránite Stàte** 名《the ~》米国ニューハンプシャー州の俗称

gra·niv·o·rous /grænívərəs/ 形【動】(動物が)穀粒[種子]を常食とする，穀食の

gran·ny, -nie /grǽni/ 名(複 **-nies** /-z/) C ❶《口》おばあちゃん(grandmother) ❷ ⊗《蔑》小うるさい人 ❸《米南部》乳母，助産師(midwife) ❹=granny('s) knot
—形《限定》年配女性向けの ‖ a ~ dress だぶだぶの服
tèach one's grànny to sùck éggs =*teach one's* GRANDMOTHER *to suck eggs*
▶▶~ flàt 名 C 《主に英口》(母屋に接した)老人用住宅 ~ gèar 名 C 《口》(自転車の)低速ギア ~ glàsses 名 複 おばあちゃん眼鏡《丸い金縁の眼鏡》 ~('s) knòt 名 C 逆さ結び，縦結び

Grànny Smíth 名 C グラニースミス《オーストラリアで作り出されたリンゴの一品種》

gra·no·la /grənóʊlə/ 名 U 《米》グラノーラ《ひき割りえん麦に麦芽・木の実・ハチミツなどを混ぜたシリアル》

grant /grænt | grɑːnt/ 動 名

中心義 (権限を持って)…を認める

—動 (~s /-s/；~·ed /-ɪd/；~·ing)
—他 ❶ **a** 《+目》〔希望など〕を**聞き入れる**，かなえる ‖ Permission ~*ed*. (要請などに対し)許可する / ~ a favor [request] 願い[要望]を聞き入れる
b 《+目 *A*+目 *B*⇄+目 *B*+to 目 *A*》*A*(人)の*B*(頼みなど)を聞き入れる，認める ‖ The Minister ~*ed* him an exclusive interview. 大臣は彼との独占インタビューに応じた / be ~*ed* parole 仮釈放が認められる
❷ **a** 《+目》…を**与える**，授与する；〔権利など〕を正式に授与する，交付する；【法】〔財産〕を(書面で)譲与する ‖ ~ a charter 勅許状を授与する
b 《+目 *A*+目 *B*⇄+目 *B*+to 目 *A*》*A*(人)に*B*(物)を与える，授与する，譲渡する (⇨ GIVE 類語) ‖ ~ a student a scholarship=~ a scholarship *to* a student 学生に奨学金を与える / They were ~*ed* a license to do business in the area. 彼らはその地域での営業許可をもらった
❸ **認める** **a** 《+目》(議論を進めるため)(譲歩して)…を認める，…と仮定する ‖ Once you ~ the truth of this theory, you must accept my conclusion. この理論の正しさを認めるならば，私の結論を受け入れなければならない
b 《+that 節》…ということを認める，仮定する ‖ Let us ~, for the sake of argument, *that* A is better than B. 議論の都合上AはBより優れていると(仮定)しよう
c 《+目+(that) 節》〔人〕に…ということを認める ‖ I ~ you *that* he is extremely rich — even a billionaire, I should say. 君に一歩譲って彼が大金持ち，しかも億万長者であることは認めよう / It's a risk, I ~ you, but it's worth it. それは確かに危険だが，やるだけの価値はある
Gránted(, but ...) まあそのとおりだ(が，しかし…)(♦副詞的用法で，意味は Yes(, but ...) に近い) ‖ *Granted*, it was a difficult situation *but* you could have done better. 確かに難しい状況だったが，君ならもっとうまくできたはずだ / "He's handsome." "*Granted*." 「彼はハンサムだね」「まあそうだ」
***Gránted* [OR *Gránting*] *(that)* ...** 《接続詞的に》仮に…だとしても ‖ *Granted* [OR *Granting*] (*that*) you are right about his ability, I still think we should wait a while before promoting him. 彼の能力については君の言うとおりだとしても彼の昇進はしばらく見合わせた方がいいと思う
***tàke ... for gránted* …を当然のことと思う**；(慣れすぎていて)…(の存在)を当たり前と思う，(…の価値)を軽視する ‖ Don't *take* too much *for* ~*ed*. あまり頭からこうと決めてかかるなよ / My husband *takes* me too much *for* ~*ed*. 夫は私のことをあまりにもいて当たり前としか考えていない
tàke it for gránted (that) ... …ということを当然と思う ‖ I *take it for* ~*ed* (*that*) everybody will agree. 当然みんな同意してくれるものと思っている
—名(複 ~s /-s/) ❶ C 授与[交付]されたもの《土地・財産・権限など》；補助[交付]金，助成金，奨学金〈**from** …からの；**for** …のための〉‖ **give** [OR **make**] ~*s* to colleges of education 教員養成大学への補助金を出す / **get** [OR **receive**] a government ~ *for* research on ... …の研究のための政府助成金を受ける / I was on a ~ of 5,000 yen a month when I was in high school. 高校時代は月5,000円の奨学金を受けていた / a **research** [student] ~ 研究助成[奨学]金 / be awarded a ~ *for* studying abroad 海外留学のための奨学金を授与される / go through school on a ~ 奨学金で学校を卒業する
❷ U《堅》授与(すること)，付与，交付；許可，認可 ‖ the ~ of suffrage to women 女性への参政権の付与
❸ U【法】譲与；C 譲渡証書
❹ C《米》(メイン・ニューハンプシャー・バーモント州の)行政区画
▶▶~ aìd 名 U《英》補助金，無償資金協力

Grant /grænt | grɑːnt/ 名 **Ulysses Simpson ~** グラント (1822-85)《米国の軍人・政治家．南北戦争時の北軍の総指揮官．第18代大統領(1869-77)》

grant·ee /grǽntíː | grɑ̀ːntíː/ 名 C【法】被譲与者，被交付者

grànt-in-áid 名(複 **grants-**) C (政府・財団などからの)補助金，交付金

grànt-maintáined 形 (英国の教育機関が)国費で維持されている

grant·or /grǽntɔ́ːr, grǽntər | grɑ̀ːntɔ́ː/ 名 C【法】譲与者，交付者

grants·man /grǽntsmən | grɑ́ːnts-/ 名(複 **-men** /-mən/) C《米》補助金獲得にたけた人
~·ship 名 U 補助金獲得術

gran·u·lar /grǽnjʊlər/ 形 粒の，粒状の；(表面が)ざらざらの，つぶつぶの ‖ ~ snow ざらめ雪
gràn·u·lár·i·ty 名 ~·ly 副

gran·u·late /grǽnjʊlèɪt/ 動 他 …を粒状にする；…の表面をざらざら[つぶつぶ]にする
—自 粒状になる；(傷などが治癒し始めて)肉芽を形成する
-là·tor 名 C 粒にする人[もの]；グラニュー糖製造機
▶▶~d súgar 名 U グラニュー糖

gran·u·la·tion /grænjʊléɪʃən/ 名 U C ❶ 粒状にすること；(ざらざらした)粒 ❷【医】肉芽(発生)

gran·ule /grǽnjuːl/ 名 C 小粒，微粒；【天】(太陽の)粒状斑(はん)

gran·u·lo·cyte /grǽnjʊləsàɪt/ 名 C【医】顆粒(かりゅう)球《細胞質に顆粒を含む白血球》 **gràn·u·lo·cýt·ic** 形

***grape** /greɪp/ 名 ❶ C ブドウ(の実)；《米》ブドウの木[つる](grapevine) ‖ a bunch of ~*s* 1ふさのブドウ / seedless ~*s* 種なしブドウ ❷《the ~》《口》ワイン ❸ U (昔，大砲に用いた)ブドウ弾 ❹ U ぶどう色，赤紫色
▶▶~ hỳacinth 名 C【植】ムスカリ《ユリ科の球根植物》

G

~ sùgar 名 U ブドウ糖(dextrose) ~ tomàto 名 C U グレープトマト《ふさ状に実がなるトマトの品種》

grápe·frùit 名 C ❶【植】グレープフルーツ；その木 ❷《米口》【野球】打ちやすい球

grápe·seed òil 名 U グレープシードオイル《ブドウの種子から作る高級食用油》

grápe·shòt 名 U【史】ブドウ弾《昔大砲の弾丸として用いられた散弾》

grápe·vìne 名 ❶ C ブドウの木[つる] ❷《the ~》《口》(人から人へ)うわさの広まる経路，(秘密)情報ルート；うわさ，デマ，流言 ‖ hear on [OR through] the ~ that ... …だとうわさで耳にする

***graph** /græf | grɑːf, græf/ 名 C グラフ，図表，図式 ‖ I made a ~ of the price changes. 価格の変動をグラフにした / a line [bar, circle] ~ 折れ線[棒，円]グラフ

—動 他 …をグラフにする，グラフで表す，図示する《out》

▸▸ ~ pàper 名 U 方眼紙，グラフ用紙

-graph 連結形 ❶「…を書く[記録する]器具」の意(→ -gram[1]) ‖ tele*graph* ❷「…で書いたもの[絵]」の意 ‖ auto*graph*, photo*graph*

graph·eme /grǽfiːm/ 名 C【言】書記[文字]素《音素・形態素など話し言葉の単位に対応する書き言葉の単位》

gra·phé·mic 形 **gra·phé·mi·cal·ly** 副

-grapher 連結形「…を書く人」の意 ‖ tele*grapher*, steno*grapher*

***graph·ic** /grǽfɪk/ 形 (more ~ ; most ~) (♦ ❶ 以外比較なし) ❶ (描写が)克明な(↔ vague)；(性・暴力などの描写が)露骨な，生々しい ‖ a ~ description of the elephant slaughter 象虐殺の生々しい描写 ❷《限定》書写の，筆記の ❸《限定》(文字に)書かれた，(絵に)描かれた，(版画に)刻まれた ❹ グラフ[図表，図式]を用いた；💻グラフィックの ❺ グラフィックアートの ❻【鉱】(岩石などが表面に)文字状の模様がある

—名 ❶ C 挿絵，図 ❷《~s》⇨ GRAPHICS

-i·cal·ly 副 グラフ[図式]で；写実的に，生々しく

▸▸ ~ árts 名《the ~》グラフィックアート《書・画・写真などの平面的な視覚芸術，また石版・木版・銅版などの印刷美術》 ~ desígn (↓) ~ equalízer 名 C グラフィックイコライザー，グライコ《周波数帯域を分割して各帯域の特性やバランスを変化させる装置またはプログラム》 ~ nóvel 名 C ストーリー漫画，劇画

graph·i·cal /grǽfɪkəl/ 形 = graphic

▸▸ ~ ùser ínterface 名 C 💻グラフィカルユーザーインターフェース《画面上の絵やアイコンをマウスでクリックして必要な命令・処理が行える操作環境．略 GUI》

gràphic desígn 名 U グラフィックデザイン《印刷技術によるデザイン》

gràphic desígner 名 C グラフィックデザイナー

***graph·ics** /grǽfɪks/ 名 ❶ U 製図法；グラフ算法 ❷ = graphic arts ❸ U 💻画像処理技術(computer graphics)；《複数扱い》画像，図形

▸▸ ~ càrd [adàpter] 名 C 💻グラフィックカード[アダプター]《画像表示用のアダプターカード》 ~ tàblet [pàd] 名 C 💻(グラフィック[図形])タブレット《座標情報を入力する装置》

graph·ite /grǽfaɪt/ 名 U 黒鉛，石墨 ‖ ~ electrodes 黒鉛電極 **gra·phít·ic** 形

gra·phol·o·gy /græfɑ́(ː)lədʒi | -fɔ́l-/ 名 U 筆跡学；筆跡観相法 **-gist** 名

-graphy 連結形 ❶「書法，画法，写法」などの意 ‖ calli*graphy*, photo*graphy*, radio*graphy* ❷「…記，…誌」などの意 ‖ biblio*graphy*, geo*graphy*

grap·nel /grǽpnəl/ 名 C ❶ 四(よ)つづめいかり，多爪いかり ❷ 鉄かぎ《敵船を引き寄せたり川底さらいに用いる》

grap·pa /grɑ́ːpə | grǽpə/ 名 U グラッパ《ワインの搾りかすから造るイタリア産ブランデー．主として食後酒》

***grap·ple** /grǽpl/ 動 自 ❶〈人と〉取っ組み合いをする，格闘する《*together*》〈with〉；〈物を〉つかみ合う〈for〉‖ ~ *with* an intruder 侵入者と取っ組み合いをする / ~ *for* the rifle ライフル銃をつかみ合う ❷〈難問などと〉取り組む〈with〉；懸命に〈…〉しようとする〈to do〉‖ ~ *with* riddles 懸命になぞなぞを解こうとする

—他 ❶〔人〕をしっかりつかむ；…とつかみ合いをする ❷(引っかけかぎなどで)…をつかむ[固定する]

—名 C ❶ = grapnel ❷ つかみ合い，取っ組み合い，格闘，接戦 ❸《口》レスリングの試合；押さえ込み

gráppling hòok [ìron] 名 C = grapnel ❷

***grasp** /græsp | grɑːsp/ 動 他 ❶ …を(手で)しっかりと握る，ぎゅっとつかむ；(腕で)しっかり抱き締める(⇨ HOLD[1] 類語) ‖ I ~*ed* the side of the boat and held on tightly. 私はボートの端に手をかけてしっかりとつかまった / He ~*ed* me by the shoulders. 彼は私の両肩をぎゅっとつかんだ ❷《進行形不可》**a**《+目》…を理解する，把握する(⇨ UNDERSTAND 類語) ‖ ~ its meaning その意味をつかむ **b**《+that 節 / wh 節 / wh to do》…だと[…かと]理解する ‖ I could finally ~ *that* the problem was serious. 私はやっとその問題が深刻であることがわかった / The reader can ~ from the illustration *how* the heroine was dressed. 読者は挿絵からヒロインがどんな服装をしていたかわかる ❸〔機会など〕に(貪欲(どんよく)に)しがみつく，をとらえる ‖ ~ an opportunity 機会をものにする

—自 ❶ (手を伸ばして)〈…を〉つかもうとする，〈…に〉つかみかかる〈at〉‖ ~ *at* straws わらにもすがる ❷〈機会などに〉飛びつく〈at〉‖ ~ *at* an offer 申し出に飛びつく

—名 C《単数形で》❶ しっかり握る[つかむ]こと；握り；抱擁 ‖ make a ~ at ... …につかみかかる / The ball fell from his ~. ボールが握っていた彼の手から落ちた ❷ 理解(力)，把握 ‖ The Minister had a good [poor] ~ of the problem. 大臣はその問題をよく理解していた[いなかった] / His idea was beyond our ~. 彼の考えは我々には理解しかねるものだった ❸ 手の届く範囲(reach) ‖ The victory slipped from her ~ in the last moments of the match. 試合も終了間際に彼女は勝利を逸した ❹ 掌握，統制；保有，所持 ‖ The town is in his ~. その町は彼の掌握下にある

grásp·ing /-ɪŋ/ 形 貪欲(どんよく)な，強欲な ‖ (as) ~ as a miser 非常に貪欲で **~·ly** 副

‡grass /græs | grɑːs/

—名〔▶ grassy 形〕(複 ~·es /-ɪz/) ❶ U 草，牧草，芝(♦ 葉柄と先のとがった細い葉を持つ有用な草本類の総称．→ weed)；牧草地；草地 ‖ The wind was whistling through the ~. 風が草の間をひゅうひゅうと吹き抜けていた / a leaf [OR blade] of ~ 草の葉1枚 / a field of long ~ 背の高い草が生えている野原 / feed on ~ (牧)草を食べて育つ / be at ~ (家畜が)放牧されている / put [OR send, turn] cattle out to ~ 牛を放牧する

❷《通例 the ~》芝生，芝；芝のテニスコート[競走路](lawn, turf) ‖ Keep off the ~.《掲示》芝生立入禁止 / *The ~ is always greener* (*on the other side of the fence*).《諺》隣の芝生は青い；他人のもの[暮らし]はよく見える / The horse has never won on ~. その馬は芝(のレース)で勝ったことがない / cut [OR mow] the ~ 芝生を刈る

❸ C《通例 ~es》【植】イネ科植物《イネ・ムギ・シバなど》‖ Reeds and bamboos are ~*es*. アシと竹はイネ科の植物である

❹ U《俗》マリファナ(marijuana)，大麻(cannabis)

❺ C《英俗》(警察への)密告者，内通者，垂れ込み屋(♦ copper → grasshopper → grass の押韻俗語)

at gráss ① ⇨ 名 ❶ ② 休暇をとって，仕事を休んで

gò to gráss 引退する；仕事を休む

lèt the gràss grów under one's féet《通例否定文で》みすみす機会を逃す

pùt ... òut to gráss ① ⇨ 名 ❶ ②《口》(高齢などの理由で)〔人〕を引退させる，解雇する ‖ The Prime Minister refused to be *put out to* ~. 首相は引退を拒否した

wàtch gràss grów とても退屈である ‖ Watching this TV program is like *watching* ~ *grow*. このテレビ番組は(見ていて)とても退屈だ

—動 (**~·es** /-ɪz/ ; **~ed** /-t/ ; **~·ing**)

—他 ❶ …を芝生[草]で覆う《***over***》‖ The garden was ~*ed over*. 庭は草ぼうぼうになった

❷《英俗》〔人〕を密告する《***up***》

❸《主に米》〔動物〕に草を食わせる, …を放牧する

❹〔魚〕を岸に釣り上げる ❺ (ラグビーなどで)〔相手〕を倒す

—自 ❶ 草で覆われる ❷《英俗》〈人を〉密告する〈**on**〉(☞ inform on) ‖ ~ *on* one's mates 相棒を垂れ込む

▶▶ **~ clòth** 名 U (ラミー(ramie)などの繊維で織った)麻に似た布地 **~ cóurt** 名 C (テニスの)芝生[ローン]コート **~ róots** (↓) **~ skírt** 名 C (フラダンス用の)グラススカート **~ snàke** 名 C 〘動〙① ヨーロッパヒバカリ《ヨーロッパ産の無毒の蛇》② グラススネーク《北米産の無毒の蛇》 **~ wídow** 名 C 夫が不在中の妻；別居中の妻；離婚した女性 **~ wídower** 名 C 妻が不在中の夫；別居中の夫；離婚した男性

grass·hop·per /grǽshɑ̀(:)pər | grɑ́:shɔ̀pə/ 名 C ❶ イナゴ・バッタ・キリギリスの類 ❷ (軍事)偵察[連絡]用小型飛行機 ❸ グラスホッパー《リキュール・クレーム=ド=メンテとクレーム=ド=カカオで作るカクテル》❹《英俗》警察官

knèe-hìgh to a grásshopper (子供が)小さい, 幼い

gráss·lànd 名 U/C (〜s)牧草地；草原

gràss-róots 形《限定》❶ 基本(段階)の ‖ at ~ level 初級レベルの ❷ 民衆の, 草の根の ‖ ~ democracy 草の根民主主義

gráss ròots 名《the ~》《単数・複数扱い》❶ 一般大衆；草の根 ❷ 基本(段階), 根本(ｺﾝﾎﾟﾝ) ‖ start at the ~ 原点から出発する(♦ grassroots ともつづる)

grass·y /grǽsi | grɑ́:si/ 形 [◁ grass 名] ❶ 草で覆われた, 草の生い茂った ❷ 草の；草でできた；草の香りのする

grate¹ /greɪt/ 動 他 ❶ (おろし金で)…をおろす, すりつぶす(⇨ CUT 類語P) ‖ ~ cheese チーズをおろす / ~*d* carrots おろしニンジン ❷ …をきしらせる, ぎーぎー鳴らす；…をかすれ[がらがら]声で言う ‖ ~ one's teeth 歯ぎしりする ❸〔人〕をいらいらさせる

—自 ❶〈…にこすれて〉きしむ, 音を立てる〈**on, against**〉‖ The door ~*d on* its rusty hinges. さびたちょうつがいが擦れてドアはぎいぎい音を立てた ❷ (物事が)〈人・神経・耳に〉不快感を与える〈**on**〉‖ His banal jokes ~*d on* me [OR my nerve]. 彼のつまらぬ冗談が私の神経に障った

grate² /greɪt/ 名 C ❶ (暖炉の)火格子(ｺﾞｳｼ)(⇨ FIREPLACE 図) ❷ (窓などの)(鉄)格子 ❸ 暖炉 ❹ (鉱山で)選鉱用のふるい

:grate·ful /gréɪtfəl/

—形 (**more ~ ; most ~**)

❶《叙述》**感謝している**, ありがたく[うれしく]思う〈**to** 人に；**for** …のことを / **that** 節 …ということを / **to do** …して〉(↔ ungrateful) (♦ thankful は(神をはじめ)人為を越えた力による恩恵に感謝する意味が強いので,「人」に感謝する場合は grateful を多く用いる. また通例他人の助力や援助に対して用い, プレゼントのお礼などには用いない) ‖ I am very ~ (*to* you) *for* your valuable suggestions. 貴重なご助言を頂き(あなたに)とても感謝しております / I'm so ~ (*to* hear) *that* people enjoy reading my column. 皆さんが私のコラムをご愛読くださって(いると聞いて)とてもうれしく存じます / I would be most ~ if you could [OR would] write to me at your earliest convenience. できるだけ早くお手紙を頂ければ幸いです (♥ 手紙などで用いる格式ばった言い方)

❷《限定》謝意を表す ‖ a ~ letter 礼状 / a ~ look 感謝のこもったまなざし

❸《旧》《文》(物が)心地よい, さわやかな(pleasant) ‖ ~ warmth 心地よい暖かさ / a ~ shade 気持ちのよい日陰

~·ly 副 感謝して, ありがたく **~·ness** 名 U 感謝の気持ち, 謝意

語源 ラテン語 *gratus*(喜ばしい)から. gratitude, congratulate と同系.

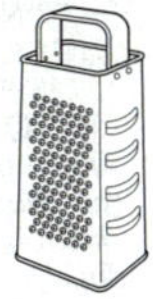

grater

grat·er /gréɪt̬ər/ 名 C おろし金

grat·i·fi·ca·tion /græ̀t̬ɪfɪkéɪʃən/ 名 ❶ U 満足, 充足；満足感, 喜び ‖ ~ of one's curiosity 好奇心を満たすこと / gain sexual ~ 性的満足を得る ❷ C 満足させるもの, 喜びを与えるもの ‖ His return was a great ~ to us all. 彼の帰還はみんなにとって大変な喜びだった

***grat·i·fy** /grǽt̬ɪfàɪ/ 動 (**-fies** /-z/ ; **-fied** /-d/ ; **~·ing**) 他 ❶〔人〕を喜ばせる；《受身形で》(人が)満足である, 喜んでいる〈**with, at, by** …に/**to do** …して/**that** 節 …ということに[を]〉‖ I am *gratified with* [OR *at*] this month's sales report. 今月の売れ行き報告に満足している / It *gratified* me *to* hear the news. = I was *gratified to* hear .... その知らせを聞いてうれしかった / It *gratified* her *that* her son joined the national team. = She was *gratified that* .... 彼女は息子が国の代表チームに選ばれたことを喜んだ ❷〔欲望など〕を満足させる(satisfy) ‖ ~ one's「hunger for knowledge [curiosity] 知識欲[好奇心]を満たす

grat·i·fy·ing /grǽt̬ɪfàɪɪŋ/ 形〈…に〉満足を与える, 心地よい, 満足な, 愉快な〈**to**〉 **~·ly** 副

gra·tin /grɑ́:tən | grǽtæn/ 名 U グラタン(料理)

grat·ing¹ /gréɪt̬ɪŋ/ 名 C ❶ (窓・穴などの)(鉄)格子(ｺﾞｳｼ) ❷〘光〙回折格子

grat·ing² /gréɪt̬ɪŋ/ 形 (音などが)耳障りな, きしる；(物事が)不快な, 癇(ｶﾝ)に障る **~·ly** 副

gra·tis /grǽt̬əs | -tɪs/ 副 無料で, ただで(free) —形《通例叙述》無料の, ただの ‖ Entrance is ~ 入場無料

***grat·i·tude** /grǽt̬ət*j*ù:d | grǽtɪ-/ 名 U 感謝(の念), 謝意(thankfulness)〈**for** 事柄に対する；**to** 人・団体への〉(↔ ingratitude) ‖ I'd like to express my ~ *to* the foundation *for* their financial support. 財団の経済援助に感謝の意を表したい / as a token of my ~ 私の感謝のしるしとして / in [OR with] ~ 感謝して / out of ~ 感謝の念から

gra·tu·i·tous /grət*j*ú:ət̬əs | -tjú:ɪ-/ 形 ❶ 無料の, 無償の ‖ ~ service 無料奉仕 ❷ 必要のない；いわれのない ‖ a ~ insult いわれのない侮辱 **~·ly** 副

***gra·tu·i·ty** /grət*j*ú:ət̬i/ 名 (複 **-ties** /-z/) C ❶《堅》心付け, 祝儀(ｼｭｳｷﾞ), チップ(tip) ❷《英》(退役時に軍人に与える)賜金；(労働者の)退職金

grau·pel /gráupəl/ 名 U 雪あられ(soft hail)

gra·va·men /grəvéɪmən | -men/ 名 (複 **~s** /-z/ OR **-vam·i·na** /-vǽmɪnə/) C ❶〘法〙告発の主旨[要点] ❷《堅》不平, 苦情

:grave¹ /greɪv/ (→ ❸, 名)

—形 [▶ gravity 名] (**grav·er ; grav·est**)

❶ **重大な**, 慎重に考慮すべき；危険をはらんだ, 容易ならぬ, ゆゆしい, ひどい ‖ His condition has been upgraded from ~ to serious. 彼の病状は重態からやや好転した / a ~ disaster 大惨事 / a ~ **concern** [**danger**] 重大な懸念[危機] / a ~ decision 重大決定

❷ **威厳のある**, いかめしい；真剣な, まじめな；重々しい, 落ち着いた ‖ (as) ~ as a judge 非常にいかめしい / He looked ~ for an instant. 彼は一瞬真剣な表情を浮かべた / a quiet, ~ tone 静かな重々しい口調

❸ /+grɑ:v/〘音声〙低音の；抑音アクセント記号(ˋ)の[を持つ](↔ acute)

—名 /+grɑ:v/(= **~ áccent**) C〘音声〙抑音アクセント(記号, 抑音符)(ˋ) **~·ness** 名

***grave²** /greɪv/ 名 ❶ C 墓, 墓穴, 塚, 墓碑 (⇨ TOMB 類語) ‖ In ten years? I'll be lying in my ~ by then. 10年後だって. そのころはもう墓の下だろうよ / visit the ~ of one's ancestors 先祖の墓参りをする ❷《通例 the ~》死, 滅亡 ‖ "The brave do not fear the

~." "Nor the reckless."「勇者は死を恐れない」「無鉄砲者もね」/ take the [OR one's] secret to the ~ 死ぬまで秘密を明かさない / life beyond the ~ 死後の世界, 来世 ❸ Ⓒ《比喩的に》墓場, 終焉(しゅうえん)の場 ‖ This was the ~ of my hope. これで私の望みもついえた

(as) sìlent [OR *quìet*] *as the gráve* ① (墓地のように)静まり返った ② (秘密に関して)全く口を閉じた

dìg one's òwn gráve 自ら墓穴(ぼけつ)を掘る, 自滅する

tùrn [《主に米》*ròll*] (《米》*òver*) *in one's gráve* ; *be spìnning in one's gráve* (死者が)草葉の陰で怒る, 嘆き悲しむ ‖ That production of *Madame Butterfly* is enough to make Puccini *turn in* his ~. あの『蝶々(ちょうちょう)夫人』の演出ではプッチーニも浮かばれまい

grave³ /greɪv/ 動 (~d /-d/ ; **grav·en** /gréɪvən/ OR ~d /-d/ ; **grav·ing**) ⑩ ❶《文》…を(心・記憶などに)刻みつける, 銘記する ❷《古》…を彫(って作)る, 彫刻する;〔文字・模様〕を彫り込む

gráv·er 名 Ⓒ 彫刻刀;彫刻師(engraver)

grave⁴ /greɪv/ 動 ⑩ 〖海〗(付着物をとりタールを塗って)〔船底〕を掃除する

gráve·clòthes 名 複 死者に着せる衣服, 経帷子(きょうかたびら)

gráve·dìgger 名 Ⓒ 墓掘り人

***grav·el** /grǽvəl/ 名 Ⓤ ❶ 砂利;〖地〗(砂金を含む) 砂礫(されき)層 (⇨ STONE 類語P) ‖ put ~ along the garden path 庭の通り道に砂利を敷く ❷〖医〗結砂《腎砂(じんさ)・尿砂など》 ── 動 (**-eled**, 《英》**-elled** /-d/ ; **-el·ing**, 《英》**-el·ling**) ⑩ ❶〔道など〕に砂利を敷く(♦ しばしば受身形で用いる) ‖ a ~*ed* road 砂利を敷いた道路 ❷〔人〕を途方に暮れさせる, どぎまぎさせる ❸《主に米口》…をいらいらさせる, かっかとさせる

grav·el·ly /grǽvəli/ 形 ❶ 砂利の (多い), 砂利のような ❷ (声が)低くて耳障りな(gravelly-voiced)

grave·ly /gréɪvli/ 副 ❶ 厳かに, 重々しく;まじめに ❷ ひどく, 非常に

grav·en /gréɪvən/ 動 grave³ の過去分詞の1つ

▶▶ ~ **ímage** 名 Ⓒ (石や木を彫った)偶像(idol)

Graves /grɑːv/ 名 Ⓤ グラーブ《フランス南西部, グラーブ地方産のワイン》

Gráves' disèase /gréɪvz-/ 名 Ⓤ 〖医〗グレーブス病, バセドー病 (Basedow's disease)《甲状腺機能亢進(こうしん)による種々の症状を引き起こす》

gráve·stòne 名 Ⓒ 墓石(tombstone)

***gráve·yàrd** 名 Ⓒ ❶ 墓地(♦ しばしば教会に隣接する墓地をいう)(→ cemetery, churchyard) ❷ 墓地;廃棄場所, 最期の場;《口》何もないつまらない場所 ‖ an automobile ~ 自動車の捨て場

▶▶ ~ **shìft** 名 Ⓒ《主に米》(深夜交替の) 夜勤《主に0時から午前8時ごろまでの勤務》

gra·vim·e·ter /grəvímətər | -vímɪ-/ 名 Ⓒ 重力計;比重計

grav·i·met·ric /græ̀vɪmétrɪk/ 形 重力測定の;重力計の

gra·vim·e·try /grəvímətri/ 名 Ⓤ 〖理〗重力[密度]測定

gráving dòck 名 Ⓒ (船底掃除用の)乾ドック

grav·i·tas /grǽvɪtæ̀s/ 名 Ⓤ 厳粛さ;まじめさ

grav·i·tate /grǽvɪtèɪt/ 動 ⓐ ❶ 重力[引力]の作用を受ける, 〈…に〉引力で引き寄せられる〈**toward(s), to**〉 ❷〈…に〉引き寄せられる, 強く引かれる, 傾く〈**to, toward(s)**〉

── ⑩ (引力によって)…を引き寄せる

grav·i·ta·tion /græ̀vɪtéɪʃən/ 名 ❶ Ⓤ 〖理〗引力, 重力 ‖ the law of ~ 引力の法則 ❷ Ⓤ Ⓒ (引力の中心に向かっての)落下, 沈下 ❸ Ⓤ Ⓒ (何かに向かう)(自然な)傾向 ‖ the ~ toward(s) evil 悪になびく傾向

***grav·i·ta·tion·al** /græ̀vɪtéɪʃənəl/ 形 重力[引力]の[による] **~·ly** 副

▶▶ ~ **cónstant** 名《the ~》〖理〗重力定数 ~ **fíeld** 名《the ~》〖理〗重力場 ~ **léns** 名 Ⓒ 〖理〗重力レンズ《質量が大きいために近くを通る光を屈折させる天体》 ~ **wáve** 名 Ⓒ =gravity wave

grav·i·ton /grǽvɪtɑ̀(ː)n | -tɒ̀n/ 名 Ⓒ 〖理〗グラビトン, 重力量子

***grav·i·ty** /grǽvəti/ 名〔◁ grave¹ 形〕Ⓤ ❶〖理〗重力, 地球引力;(広く)引力;重力加速度(♦ gravity は特に地球の重力に用い, gravitation は一般の「引力」の意に用いることが多い. g. あるいは g と略す) ‖ the law of ~ 重力の法則 / by the operation of ~ 引力の作用で / under the ~-free condition of space 宇宙の無重力状態の下で ❷ 重さ, 重量 ‖ the center of ~ 〖理〗重心 / specific ~ 〖理〗比重 ❸ 重大さ;ゆゆしさ, 容易ならぬこと ‖ You must realize the ~ of your situation. 君の置かれた立場の重大さを認識すべきだ ❹ 真剣さ, まじめな態度;荘重さ ‖ with a mock ~ まじめくさって

the cènter of grávity ① ⇨ ❷ ② (活動などの)中心, 最重要点

▶▶ ~ **fèed** 名 Ⓒ Ⓤ 〖機〗(重力利用による燃料の)重力供給装置[方式] ~ **wàve** 名 Ⓒ 〖理〗重力波 ① 一般相対性理論から導かれる重力場に付随する波動 ② 重力が要因となって水などの液面に生じる波

grávity-defỳing 形 重力に逆らう;(株価などが)下がらずに上昇を続ける

grav·lax /grɑ́ːvlɑ̀ːks | grǽvlæks/ 名 Ⓤ グラブラックス《北欧風サーモンマリネ》(♦ スウェーデン語より)

gra·vure /grəvjúər/ 名 Ⓤ Ⓒ グラビア印刷[写真]

gra·vy /gréɪvi/ 名 (複 **-vies** /-z/) ❶ Ⓤ Ⓒ (調理中に出る) 肉汁;グレービー《肉汁で作ったソース》 ❷ Ⓤ《主に米口》楽々手に入る利得, 甘い汁;思いがけぬもうけ

▶▶ ~ **bòat** 名 Ⓒ (舟型の)グレービー入れ(→ sauceboat) ~ **tràin** (↓)

grávy tràin 名《the ~》《口》甘い汁の吸える地位[職業, 収入]

rìde the grávy tràin 《口》うまいもうけ口を見つける

******gray**, 《英》**grey** /greɪ/ 形 名 動

── 形 (~·er ; ~·est)

❶ **灰色の**, ネズミ色の, グレーの, 鉛色の ‖ ~ **eyes** 灰色の目 / a ~ suit グレーのスーツ

❷ (人が) **白髪(交じり)の**, 髪が白くなった ‖ He is going [OR turning] ~. 彼は髪が白くなりかけている / She got ~ hair(s) from nursing her daughter. 彼女は娘の看病で髪が白くなった / ~-haired 白髪交じりの

❸ (顔が) (病気・疲労などで) 青白い, 土色の ‖ a face ~ with pain 痛みで蒼白(そうはく)になった顔

❹ (空などが) 薄暗い, どんよりした ‖ in the dim ~ sky どんより曇った空に

❺ 陰気な, 気のめいるような ‖ There was a kind of ~ silence. 何やら陰うつな沈黙が続いていた / the ~ future 暗い将来 ❻ 年を重ねた, 高齢の (♥ 日本語では「シルバー世代」のようにシルバーが高齢を意味することがあるが, 英語では gray が用いられる) ‖ ~ wisdom 年の功 / ~ vote 選挙での高齢者の支持 / ~ power 老人パワー

❼ どっちつかずの, 中間的な;つまらない ‖ a ~ area あいまいな領域 / a ~ job つまらない[単調な]仕事

── 名 (複 **~s** /-z/) ❶ Ⓤ Ⓒ **灰色**, ネズミ色, グレー ‖ a **dark** [**pale, light**] ~ くすんだ[淡い, 明るい]灰色

❷ Ⓒ 葦毛(あしげ)の馬(gray horse)

❸ Ⓒ 灰色の染料[絵の具] ❹ Ⓤ 灰色[グレー]の服[布地] ‖ dressed in ~ グレーの服を着て ❺《しばしば G-》Ⓒ 〖米国史〗(灰色の軍服を着た)南軍(兵士)(↔ blue)

── 動 (**~s** /-z/ ; **~ed** /-d/ ; **~·ing**)

── ⓐ ❶ 灰色になる, (髪などが)白くなる ‖ He is ~*ing* at the temples. 彼はこめかみの辺りが白くなりかけている

❷ 年をとる ── ⑩ …を灰色[白髪]にする

~·ness 名

▶▶ ~ **ecónomy** 名 Ⓤ 〖経〗グレーエコノミー, 灰色経済《公的統計では表れない産業活動により生ずる消費, 収入》 ~ **éminence** 名 Ⓒ =éminence grise ~ **márket** 名 Ⓒ《通例単数形で》グレーマーケット, 灰色市場 ~ **màtter**

名Ⓤ ①〘解〙(脳や脊髄(せきずい)の)灰白質 ②《口》頭脳, 知能 ~ squírrel 名Ⓒ〘動〙ハイイロリス ~ whále 名Ⓒ〘動〙コククジラ ~ wólf 名Ⓒ〘動〙シンリンオオカミ(timber wolf)

gráy·bèard 名Ⓒ ❶《ときにけなして・戯》老人 ❷陶器[炻器(せっき)]製の大型とっくり

gráy·hòund 名 =greyhound

gray·ing /gréɪɪŋ/ 名Ⓤ 高齢化;白髪が増えること ‖ the ~ of Japan 日本の高齢化 ━形 高齢化の;白髪のある

gray·ish /gréɪɪʃ/ 形 灰色[ネズミ色]がかった

gráy·làg 名(=~ góose) Ⓒ〘鳥〙ハイイロガン

gray·ling /gréɪlɪŋ/ 名Ⓒ〘魚〙カワヒメマス

gráy·màil 名Ⓤ(スパイ容疑の裁判で)被告による国家的秘密の暴露の脅し

gráy·scàle 名ⓊⒸ グレースケール《コンピューター上の画像を灰色の濃淡だけで表現する方法, またその画像》 ━形 グレースケールの

graze[1] /greɪz/ 動 自 ❶(家畜などが)牧草を食う;〈牧草を〉食う〈on〉‖ A herd of cattle was *grazing* in the meadows. 牛の群れが牧草地で草をはんでいた ❷《俗》(定時の食事の代わりに)〈スナック菓子などを〉だらだら食べる, 間食する〈on〉 ❸《主に米俗》テレビの番組をあちこち変える ❹《米俗》(スーパーなどで)試食して回る;オードブルなどをいろいろ食べる ━他 ❶〔家畜〕に牧草を食わせる,〔家畜〕を放牧する ❷(家畜が)〔牧草〕を食う,〔牧草地〕の草を食う ‖ several cows *grazing* the meadowland 牧草地の草をはんでいる数頭の牛 ❸〔土地〕を牧草地として使う;(土地が)…の放牧に適する ‖ This field will ~ 30 head of cattle. この草原なら30頭の牛を放牧できるだろう

graz·er 名Ⓒ 草食[放牧]動物;放牧者

graze[2] /greɪz/ 動 他 ❶…をかすめ(て通)る;こする ‖ The bullet ~*d* his shoulder. 弾は彼の肩をかすめた ❷〔皮膚など〕をすりむく ‖ ~ one's knee ひざをすりむく ━自 かすめ(て通)る ‖ ~ against the table テーブルをかすって通る ━名Ⓒ《単数形で》すり傷, すりむけ;かすること

gra·zier /gréɪʒər | -ziə/ 名Ⓒ 牧畜[牧牛, 牧羊]業者

graz·ing /gréɪzɪŋ/ 名Ⓤ ❶《米俗》スナックをだらだら食べること;(スーパーなどで)試食して回ること;テレビの番組をあちこち変えること;漫然とある行為を続けること ❷ 牧草地, 放牧場;放牧

GRE 略 *G*raduate *R*ecord *E*xamination ((米国の)大学院進学希望者学力検査)

*__grease__ /gri:s/ (→ 動) 名Ⓤ ❶(溶けて柔らかい)獣脂 ‖ bacon ~ ベーコンから溶け出た脂(あぶら) ❷(特に半固体の)油脂, 油;油脂状のもの, 潤滑油 ‖ put ~ on one's hair 髪に油をつける ❸(羊毛の)脂肪分;脱脂していない羊毛 ‖ wool in the ~ 脱脂していない羊毛 ❹《俗》賄賂(わいろ) ━動 /+gri:z/ 他 ❶〔機械・道具など〕に油[グリース]を塗る, 潤滑油を差す ‖ ~ the pan before cooking 調理の前にフライパンに油を敷く ❷ …を油で汚す ❸〔物事〕を促進[円滑に]する ❹《口》…に賄賂を贈る

▸▸~ bàll 名Ⓒ⊗《主に米俗》《蔑》地中海地方出身者;ラテンアメリカ出身者 ~ gùn 名Ⓒ 油差し ~ mònkey 名Ⓒ《俗》《けなして》修理工;(乗り物の)整備士(mechanic)

gréase·pàint 名Ⓤ(メーキャップ用の)ドーラン

gréase·pròof 形 油をはじく ▸▸~ páper 名Ⓤ《英》(特に料理用の)油をはじくろう紙(《米》wax paper)

greas·er /grí:sər, grí:zər/ 名Ⓒ ❶油を差す人;油差し ❷《口》(乗り物の)整備士;(熟練してない)船の機関士 ❸⊗《米口》《蔑》中南米人,(特に)メキシコ人;地中海地方人 ❹《口》《けなして》(長髪の白人男性の)暴走族 ❺《口》(航空機の)滑らかな着陸

*__greas·y__ /grí:si, grí:zi/ 形 ❶油を塗った, 油で汚れた ‖ a ~ hand 油まみれの手 ❷脂肪の多い, 油っこい, 油ぎった ‖ ~ food 油っこい食べ物 ❸つるつる[ぬるぬる]した, 滑りやすい ❹(態度・言葉遣いなどが)へらへらした, お世辞たらたらの ‖ a ~ smile おべっか笑い

gréas·i·ly 副 **gréas·i·ness** 名

▸▸~ spóon 名Ⓒ《口》(狭くて汚い)安食堂

***__great__ /greɪt/ (《発音注意》)(♦同音語 grate) 形 副 名

中心義 (Aが)非常に大きい(★Aは「数量」「程度」「能力」など多様)

> 形 大きい❶ 多量の❷ 非常な❸ 偉大な❹ 素晴らしい❺

━形 (~·er; ~·est)

❶《通例限定》(非常に)**大きい**, 巨大な, 広大な(⇨ BIG 類語) ‖ a ~ rock 巨大な岩 / a ~ city [company] 大都市[会社] / her ~ dark eyes 彼女の大きな黒い眼

❷《通例限定》(数量などの)多い, **多量の**;(集合体が)大きい, 大勢の;(時間・距離が)長い ‖ the ~ majority [OR body, part] of ... …の大部分 / a ~ deal 多量 / a ~ amount [OR sum] of money 巨額の金 / a ~ quantity of oil 大量の油 / of ~ weight 非常に重い / a ~ distance 遠距離 / a ~ while ago ずっと以前に / live to a ~ age 長生きする / speak at ~ length 長々と話す

❸《通例限定》(程度が)**非常な**, はなはだしい;激しい, 強度の;ふつう以上の ‖ Being on time is of ~ importance. 時間を守ることは極めて重要である / a ~ difference 大きな違い / with ~ speed [care] 猛スピードで[極めて慎重に] / ~ pain [fun] 激痛[大変な楽しみ] / ~ sorrow 深い悲しみ / It is my ~*est* pleasure to be here tonight. 今晩ここに出席できることは私の最大の喜びです

❹(人・業績などが)**偉大な**;優れた, 卓越した;有名な, 著名な;強力な;(思想・行為などが)高尚な;《the G-》…大王(♦同名の君主などのうち, 特に偉大な人物の名の後につける) ‖ Behind every ~ man there is a ~ woman. 偉大な男の背後には必ず偉大な女性がいる / a ~ name 著名人 / ~ thoughts 崇高な思想 / a ~ nation 強国 / Alexander the *Great* アレクサンダー大王

❺《口》**素晴らしい** **a** 素晴らしい, 素敵な ‖ We had a ~ time at the party. パーティーは大変楽しかった / (It) sounds ~. (話では)すごくよさそうだね / The hat looks ~ on you. その帽子は君にすごく似合うよ / It's ~ to be young. 若いというのは素晴らしいことだ **b** 《the ~ thing で》〈…の〉素晴らしい[よい, 大事な]こと[点]〈**about**〉‖ What do you think is the ~ thing *about* the Internet? インターネットのすごいところは何だと思う? **c** 《間投詞的に》素晴らしい ‖ *Great!* 素晴らしい, 最高だ **d** 《皮肉で》何ということだ, それは結構なことだ(♥当惑・失望などを表す) ‖ "Come to the office right away." "*Great*, it's six in the morning." 「すぐ会社に来てくれ」「まいったな, 朝の6時だよ」

❻《限定》その名にふさわしい, 全くの, 典型的な;熱心な, 熱狂的な ‖ Don't make me repeat myself, you ~ fool! 同じことを言わせるな, ばかたれ / a ~ friend 大の親友 / ~ poverty 赤貧 / a ~ fan of yours あなたの大ファン

❼《口》〈…に〉ふさわしい, 最適の;〈…の〉役に立つ〈**for**〉‖ Pasta is ~ *for* weight watchers. パスタは体重を気にする人に最適だ / This is a ~ spot *for* enjoying open-air activities. ここは野外活動を楽しむのに絶好の場所だ

❽《叙述》《口》〈…が〉上手な, 得意な〈**at**〉;〈…に〉熱心な, 精通した〈**on**〉‖ The Japanese are ~ *at* making sophisticated gadgets. 日本人は精巧な機械装置を作るのが得意だ / He is ~ *on* international relations. 彼は国際関係に精通している

❾《限定》**重要な**, 重大な, 大切な;主要な;特別な ‖ That's no ~ matter. そんなのは大したことではない / a ~ problem 重要な問題 / a ~ occasion 特別な行事

❿(身体・精神が)健康な;心地よい ‖ in ~ form [OR shape] 極めて体調がよい / I feel ~. 素晴らしい気分だ,

G

気持ちがいい
⓫ (地名·動植物名の一部として)大きい(方の), (同種のものより) 大きい (→ Greater) ⓬ 地位 [身分] の高い ‖ a ~ lady 貴婦人 / the ~ world 貴族[上流]社会
a grèat óne for ... …ばかりしている人, …が大好きな人 ‖ He's *a* ~ *one for* complaining [baseball]. 彼はいつも不平を言っている人[野球大好き人間]だ
Grèat Gód [OR ***Héavens, Scótt***]! 《旧》おやまあ, これは驚いた
grèat with chíld 《文》妊娠して(pregnant)

COMMUNICATIVE EXPRESSIONS

1 **Grèat mínds thìnk alíke.** 偉大な頭脳 (の持ち主) の考えは同じ (♥ 相手と考えが偶然一致したときなどに言う冗談)
2 **Hí! Grèat** párty [músic, bánd], **ísn't it?** やあ, いいパーティー[音楽, バンド]だね(♥ 催しなどで見知らぬ人と話をするきっかけを作るためのくだけた表現)
3 **Thàt would be gréat.** それで結構です ; そうしていただけるとありがたいのですが
4 Your spèech **will be gréat(, I'm súre)**. 君のスピーチは (きっと) うまくいくに違いないよ (♥ 楽観的な予想·励ましを表すくだけた表現)

―副 (**~·er** ; **~·est**)
❶ 《口》とてもうまく, 素晴らしい具合に(very well, excellently) (→ greatly) ‖ He sings ~. 彼は歌がとてもうまい / Things are going ~. 事態はうまくいっている
❷ 《比較なし》《口》とても (♦ big などの前, huge, enormous の後に用いる) ‖ a ~ big [fat, stupid] man 雲をつくような大男 [とても太った男, 大ばか者] / a huge ~ hole ものすごく大きな穴
―名 ❶ Ⓒ 《通例 ~s》重要人物, 著名人 ‖ one of the all-time cinema ~*s* 映画史上大物の1人 ❷ 《the ~》《集合的に》《複数扱い》重要人物たち, お偉方 ‖ the ~ and the good 《英》重要人物たち(♥ しばしば皮肉で)
grèat and smáll あらゆる階層の人々 [大きさ, タイプのもの]
▸▸ **~ ápe** 名 Ⓒ 《通例 ~s》〖動〗大型の類人猿 《ゴリラ·チンパンジーなど》 **~ áuk** 名 Ⓒ 〖鳥〗オオウミガラス 《北大西洋にいた飛べない海鳥. 19世紀中ごろに絶滅》 **Grèat Austràlian Bíght** 名 《the ~》大オーストラリア湾 《オーストラリア大陸南岸の広大な湾. インド洋の一部》 **Grèat Bárrier Rèef** 名 《the ~》グレートバリアリーフ 《オーストラリア北東海岸の世界最大のサンゴ礁》 **Grèat Básin** 名 《the ~》グレートベースン 《米国ネバダ州とその周辺にまたがる砂漠状の大盆地》 **Grèat Béar** 名 《the ~》〖天〗大熊座 (Ursa Major) (→ Little Bear) **Grèat Brítain** (↓) **Grèat Chárter** 名 《the ~》〖英国史〗大憲章, マグナカルタ (→ Magna Carta) **~ círcle** 名 Ⓒ 《単数形で》① 大円 《球の中心を通る平面と球面が交わってできる円》 ② 大圏(コース) 《地球上の2点間の最短距離》 **Grèat Dáne** 名 Ⓒ グレートデーン 《デンマーク原産の大型犬》 **Grèat Depréssion** 名 《the ~》大恐慌 《米国を中心に1929年から1930年代にわたって続いた不況》 **Grèat Divíde** 名 《the ~》 ① (北米) 大陸分水嶺(ぶんすいれい) [界] 《ロッキー山脈のこと》 ② 《また g- d-》重大な分かれ目, 危機 **~ gràу ówl** 名 Ⓒ 〖鳥〗カラフトフクロウ **~ gróss** 大グロス 《12グロス》 **~ hòrned ówl** 名 Ⓒ 〖鳥〗アメリカワシミミズク **Grèat Lákes** 名 《the ~》五大湖 《カナダと米国の境にあるスペリオル·ミシガン·ヒューロン·エリー·オンタリオの5湖》 **Grèat Pláins** 名 《the ~》グレートプレーンズ 《北米ロッキー山脈の東側を占め, カナダから米国南部に至る大平原》 **Grèat Pówer** 名 Ⓒ 《しばしば ~s》 (世界の) 大国, 強国 **Grèat Rússian** (↓) **Grèat Sàlt Láke** 名 《the ~》グレートソルト湖 《米国ユタ州北部にある塩水湖》 **Grèat Séal** 名 《the ~》国璽(こくじ) 《国家の印章》 (→ privy seal) ‖ the *Great Seal* of the United States 米国国印 **Grèat Slàve Láke** 名 グレートスレーブ湖 《カナダ北西部の大湖》 **~ tít** 名 Ⓒ 〖鳥〗シジュウカラ **Grèat Victòria Désert** 名 《the ~》グレートビクトリア砂漠 《オーストラリア西南部にある大砂漠地帯》 **Grèat Wàll of Chína** 名 《the ~》万里の長城 **Grèat Wár** 名 《the ~》 (第1次世界) 大戦 (World War I) 《1914-18》 **~ whìte shárk** 名 Ⓒ 〖魚〗ホオジロザメ **Grèat Whìte Wáy** 名 《the ~》不夜城街 《ニューヨーク市のブロードウェイの劇場街の俗称》

great- 連結形「1親等を隔てた」の意 **a** =grand-(♦ おじ·おば·おい·めいに関して用いる) ‖ a *great*-uncle 大おじ **b** 《grand- の前で》‖ a *great*-grandchild ひ孫

gréat-àunt /ˊ-ˋ-/ <シ 名 =grandaunt

⁑Grèat Brítain

―名 ❶ **大ブリテン(島)**(England, Scotland, Wales を含む島. 略 GB)
❷ (Northern Ireland を含む) 英国, 連合王国 (the United Kingdom) (♦ 正確な意味では ❶ であり, ❷ は誤用だが, 厳密さを求められない状況ではよく使われる)

gréat·còat 名 Ⓒ (軍隊用の)厚手のコート

Great·er /gréɪṭər/ 形 大… 《都市などをその郊外も含めていう言い方》 ▸▸ **~ Lóndon** 名 大ロンドン 《英国の首都ロンドンの行政区域. the City of London と32の区からなり, 大ロンドン議会 (the Greater London Council [GLC]) の管轄下にあった (1963-86)》 **~ Mánchester** 名 グレーターマンチェスター 《イングランド北西部の大都市圏州. 州都 Manchester》

grèatest còmmon divísor 名 《the ~》〖数〗最大公約数 (略 gcd, g.c.d.)(greatest common factor)

grèat-grándchìld 名 (複 **-children** /-tʃìldrən/) Ⓒ ひ孫, 曾孫(そうそん)

grèat-gránddàughter 名 Ⓒ (女の)ひ孫

grèat-grándfàther 名 Ⓒ 曾祖父

grèat-grándmòther 名 Ⓒ 曾祖母

grèat-grándpàrent 名 Ⓒ 曾祖父[母]

grèat-grándsòn 名 Ⓒ (男の)ひ孫

grèat·héarted 形 《旧》勇敢な, ものおじしない ; 心の広い, 雅量のある

:great·ly /gréɪtli/
―副 (**more ~** ; **most ~**)
❶ 《動詞·過去分詞·比較級の語を修飾して》**大いに**, 非常に ‖ We ~ regretted the error of firing her. 私たちは彼女を首にした過ちをとても悔やんだ / They would benefit ~ from the new system. 彼らは新しい制度から大いに利益を得るだろう / He was 「~ disappointed [ˣdisappointed ~] by the lack of response. 彼は反応の少なさにとてもがっかりした (♦ 過去分詞の前に置く) / vary ~ 大きく異なる
❷ 偉大に, 立派に, 気高く

gréat-nèphew 名 =grandnephew

***great·ness** /gréɪtnəs/ 名 Ⓤ ❶ 偉大, 卓越 ; 著名, 重要 ; 高貴 ; 寛大 ‖ His ~ as a composer is unquestioned. 彼の作曲家としての偉大さは疑う余地がない ❷ 大きいこと, 巨大 ; 多大 ‖ the actual ~ of national wealth 一国の富の実際の大きさ

gréat-nìece 名 =grandniece

Grèat Rússian 名 Ⓒ (大) ロシア人 《かつてのロシア帝国の主要民族》; 《旧》(大)ロシア語
Grèat-Rússian 形 大ロシアの

grèat-úncle /ˊ-ˋ-/ <シ 名 =granduncle

greave /griːv/ 名 Ⓒ 《通例 ~s》(よろいの)すね当て

grebe /griːb/ 名 Ⓒ 〖鳥〗カイツブリ

Gre·cian /gríːʃən/ 形 (古代)ギリシャ(風)の(Greek) (♦ 特に建築様式·顔立ちなどに関して用いる) ―名 Ⓒ ギリシャ人 ; 《旧》ギリシャ学者 ▸▸ **~ nóse** 名 Ⓒ ギリシャ鼻 《鼻柱の線が額から真っすぐに伸びている鼻》

Gre·co /grékoʊ/ 名 ⇨ El Greco

Greco- /griːkoʊ-, grek-/ 連結形 「ギリシャ(人)の」,「ギリシャおよび…の」の意

Grèco-Róman 形<シ ❶ ギリシャローマ(風)の ❷〖レスリング〗グレコローマンスタイルの

Greece /griːs/ 名 ギリシャ《ヨーロッパ南東部の共和国. 公式名 the Hellenic Republic. 首都 Athens》

greed /griːd/ 名 U ❶〈富・権力などに対する〉強欲, 貪欲(どんよく)〈**for**〉(⇨ 類語) ‖ ～ *for* money (飽くなき)金銭欲 ❷ 食い意地

類語《❶》**greed**「貪欲」を表す一般語. 過度の, 強い利己的な所有欲.〈例〉a base *greed* for money 卑しい金銭欲
avarice 金や富などを求める, 飽くことを知らぬ欲望. しばしば「けち」や「がめつさ」を暗示する.〈例〉the incarnation of *avarice* 貪欲の権化(ごんげ)

greed·y /gríːdi/ 形 ❶〈…に〉強欲な, 貪欲な, 欲ばりな〈**for**〉‖ ～ *for* money and fame 金と名声に貪欲な ❷《叙述》〈…を〉切望する〈**for**〉‖ be ～ *for* love 愛を切望する ❸ 食い意地のはった, がつがつした ‖ (as) ～ as a wolf [OR pig, dog] 非常に食い意地のはった
gréed·i·ly 副 **gréed·i·ness** 名
▶▶ **～ gùts** 名《単数扱い》《英口》大食らい, 大食漢

Greek /griːk/ 形 ❶ ギリシャの, ギリシャ人[語]の, ギリシャ文化の ❷ ギリシャ正教会の
—名 (複 **～s** /-s/) ❶ C ギリシャ人 ‖ *Beware* [OR *Fear*] *～s bearing gifts.*《諺》贈り物を持って来るギリシャ人に気をつけろ；敵がもたらす親切[利益]に疑惑の目を向けよ / *When ～ meets ～, then comes the tug of war.*《諺》ギリシャ人同士が出会うと激闘が始まる；英雄相まみえれば勝敗決し難し ❷ U ギリシャ語 ❸ U《口》わけのわからないもの[言葉] ‖ This manual is (all) ～ to me. この取扱説明書はちんぷんかんぷんだ ❹ C《米》(大学の)ギリシャ文字クラブの会員
▶▶ **～ cróss** 名 C ギリシャ十字形《上下左右の腕の長さが同じ》(⇨ CROSS 図) **～ Òrthodox Chúrch** 名《the ～》ギリシャ正教会 **～ sálad** 名 C U ギリシャ風サラダ《トマト・レタス・キュウリ・オリーブ・オレガノ・フェタチーズのサラダ》

***green** /griːn/ 形 名 動

中心義 **生長する草のような**(★主に「色」や「様子」について用いる)

> 形 **緑(色)の❶ 青色の❶ 環境保護の❹ 環境に優しい❹ 未熟な❺**
> 名 **緑色❶**

—形 (**～·er**; **～·est**)
❶ **緑(色)の**, 草色の；(信号が)**青色の** ‖ The ～ leaves of summer are calling me home. 夏の青葉が私を故郷へ呼んでいる / ～ eyes 緑色の目(♦ 嫉妬(しっと)(した目)を意味する場合もある (→ ❻)) / The light turned ～. 信号が青になった
❷ (場所などが) 緑 [草木] に覆われた, 青々とした ‖ a ～ field with lots of flowers 花の咲き乱れる緑の野辺
❸ (果実などが)青い, 未熟の ‖ ～ apples まだ青いリンゴ
❹《ときに G-》**環境保護**(団体[運動])**の**[を支持する]；(商品などが) **環境に優しい** ‖ go ～ 環境問題に熱心になる / ～ issues 環境問題 / ～ products 環境に優しい製品
❺ 経験不足の, **未熟な**；単純な, うぶな, だまされやすい ‖ He is still ～. 彼はまだ青二才だ / (as) ～ as grass 世慣れない, うぶな
❻ (顔色が) (病気・恐怖・激情で)青ざめた；嫉妬した ‖ ～ with rage 激怒し(て青ざめ)た / ～ with envy 嫉妬した / ～ around [OR about] the gills 顔色が悪い[青ざめた]
❼ (気候が) 温暖な, 雪のない ‖ a ～ winter 暖冬 / Can you imagine an Australian ～ Christmas in the summer heat? 暑気の中でのオーストラリアのグリーン[雪のない]クリスマスを想像できますか
❽ 青物の, 野菜の ‖ a ～ salad グリーンサラダ / ～ vegetables 青野菜
❾ 若々しい；元気いっぱいの；(記憶などが)生き生きとした ‖ a ～ old age 老いても盛んなこと / the ～ years 青春時代 / keep his memory ～ 彼の思い出を鮮烈に保つ
❿ (材木・燻製(くんせい)食品などが) 乾燥(処理)していない；(皮が) なめしてない；(酒類が) 十分に寝かしていない ‖ ～ lumber 乾いてない材木
⓫《古》(傷が)新しい, 治癒していない
—名 (複 **～s** /-z/) ❶ U C **緑色** ‖ a **dark** [brilliant] ～ 濃い[鮮やかな]緑色
❷ U 緑色の服[布地]；《～s》米陸軍の青緑色の制服 ‖ dressed in ～ 緑の服を着た
❸ C 青信号 ‖ The light changed to ～. 信号が青に変わった
❹ C 緑色の絵の具[染料]
❺ C (特に公共・共有の)緑地, 草地, 芝生 ‖ a village ～ 村の中心部の緑地 ❻ C〖ゴルフ〗グリーン (putting green)；ゴルフコース；(ローンゴルフ用の)グリーン ‖ on the 17th ～ 17番ホールで / miss the 9th ～ 9番グリーンを外す ❼ C《～s》青野菜, 葉菜類；《米》(装飾用)緑の葉[枝] ❽《the G-》緑色記章《アイルランドの象徴の色》❾《the G-s》緑の党 (の党員) ❿ U《旧》《俗》金(かね), 札(さつ) ⓫ U《旧》《俗》安物のマリファナ
—動 他 ❶ …を緑色にする[染める] ❷〔地域など〕を緑化する ❸〔人・組織など〕を環境に関心を持たせる；〔産業など〕を環境に優しくする；〔政策など〕を環境問題に向ける
—自 緑色になる；(植物で)青々とする
～·ly 副
▶▶ **～ áudit** 名 C 緑の監査《環境意識に関する会社への監査》**～ béan** 名 C =string bean **Grèen Berét** /英 ﾆｰﾆｰ/ 名 C《口》グリーンベレー《英米の特殊部隊の隊員》**～ càrd** 名 C ①《米》(外国人の)永住[労働]許可証 ②《英》(ドライバーの) 国際保険証 **～ electrícity** 名 U グリーン電力, 環境に優しい電力《風力や太陽光発電による電力》**～ énergy** 名 U グリーンエネルギー, 環境に優しいエネルギー **～ fèe** 名 C =greens fee **～ fíngers** (↓) **～ líght** (↓) **～ manúre** 名 U C (クローバーなど, 土にすき込む)緑肥 **Grèen Mòuntain Státe** 名《the ～》米国バーモント州の俗称 **～ ónion** 名 C《米》グリーンオニオン (《英》spring onion) **Grèen Páper** 名 C (英国の) 緑書《政府の提案報告》**Gréen Pàrty** 名《the ～》緑の党《反原発・環境保護を主張するドイツ・英国などの政治組織》**～ pépper** 名 C ピーマン (sweet [bell] pepper) **～ póund** 名 C〖経〗グリーンポンド《EU において農産物に適用される固定相場通貨》**～ pówer** =green electricity **～ revolútion** 名《the ～》緑の革命 ① 発展途上国における農産物の飛躍的増産 ② 先進国における環境意識の飛躍的な高まり **～ ròof** 名 C 屋上庭園 **～s fèe** 名 C〖ゴルフ〗コース使用料, グリーンフィー **～ snàke** 名 C〖動〗アオヘビ《北米産の無毒の蛇》**～ stùff** 名 C《米俗》ドル紙幣, お金 **～ téa** 名 U 緑茶 **～ technólogy** 名 C《通例 -gies》環境保護技術 (environmental technology) **～ thúmb** (↓) **～ túrtle** 名 C〖動〗アオウミガメ **～ wélly** [**wéllie**] **brigàde** (↓) **Grèen Zóne** 名《the ～》グリーンゾーン《イラクのバグダッド市中心部にあった要塞化された米軍管理区域》

gréen·bàck 名 C《米俗》米ドル紙幣 (♦ 裏が緑色であるため)

gréen·bèlt 名 C U (都市周辺の)緑地帯

Greene /griːn/ 名 **Graham ～** グリーン (1904–91)《英国の小説家》

***green·er·y** /gríːnəri/ 名 U《集合的に》❶ 緑の草木, 青葉 ❷ 観葉植物

gréen-èyed /, ﾆｰﾆ/ <シ 形 ❶ 緑色の目をした ❷ 嫉妬(しっと)深い ▶▶ **～ mónster** 名《the ～》《口》《戯》緑色の目の怪物, 嫉妬(jealousy)[Shak *OTH* 3:3]

G

gréen·fìnch 名 C 〘鳥〙オオカワラヒワ
grèen fíngers 名 複 《英口》=green thumb
have grèen fíngers =*have a* GREEN THUMB
grèen-físngered 形
gréen·flỳ 名 (複 ~ OR **-flies** /-z/) C 〘虫〙ミドリヒメヨコバイ
gréen·gròcer 名 C 《英》青物商
gréen·gròcery 名 (複 **-groceries** /-z/) 《英》❶ C 青果店 ❷ U 《集合的に》青物, 青果類
gréen·hòrn 名 C 《主に米口》初心者, 駆け出し；だまされやすい人
‡green·house /grí:nhàus/ 《アクセント注意》(♦ grèen hóuse と発音すると「緑の家」の意)
—名 (複 **-hous·es** /-hàuzɪz/) C **温室**(→ hothouse)
▸▸~ **effèct** 名 《the ~》温室効果《二酸化炭素・水蒸気などが増えて大気の温度が上昇する現象》 ~ **gàs** 名 C 温室効果をもたらす気体《炭酸ガス・メタンガスなど》
green·ie /grí:ni/ 名 C ❶ ⊗《口》《しばしば蔑》環境保護活動家[論者] ❷《口》=greenhorn ❸《米俗》アンフェタミン錠[カプセル](amphetamine)
green·ing /grí:nɪŋ/ 名 ❶ C 《英》青リンゴ《果皮が緑色の品種》 ❷ U 環境保護[緑化]
green·ish /grí:nɪʃ/ 形 緑色がかった, 緑色を帯びた
gréen·kèeper 名 《主に英》=greenskeeper
Green·land /grí:nlənd/ 名 グリーンランド《北米大陸北東部の世界最大の島. デンマーク領》
~·er 名 **Green·lánd·ic** 形
grèen líght 名 ❶ C 青信号 ❷ 《the ~》(計画などを実行に移す)許可, 認可(go-ahead) ‖ get the ~ from ... …から許可を得る / give the ~ to ... …に許可を与える
gréen·lìght 動 他 《主に米口》…を許可する, …にゴーサインを出す
gréen·màil 名 C 〘株〙グリーンメール《買い占められた株を高値で買い戻すこと；買い占めた株を高値で買い取らせること》(♦ *green*back (=money)+black*mail* より)
~·er 名
＊green·ness /grí:nnəs/ 名 U ❶ (植物・海などの)青々としたさま, 緑の色 ❷ 《集合的に》青々とした植物 ❸ 未熟, 未経験 ❹ 若々しさ, 活力
Gréen·pèace 名 グリーンピース《国際的な環境保護団体》‖ a ~ activist グリーンピースの活動家
gréen·ròom 名 C (劇場の)楽屋
gréen·sànd 名 U 〘地〙緑砂
gréens·kèeper 名 C 《米》〘ゴルフ〙コース管理人
grèen·stìck frácture 名 C 〘医〙(特に子供の)若木骨折《骨の片側だけが折れた不完全骨折》
gréen·stòne 名 U 〘地〙緑岩
gréen·stùff 名 U 青物, (青)野菜類
gréen·swàrd 名 U 芝生(turf)
gréen·tàiling 名 U 《口》グリーンテーリング《環境に優しい商品, また環境問題の意識を高める商品を売ること》(♦ *green*+*retailing* より)
grèen thúmb 名 C 《a ~》《米・カナダ》園芸の才(《英口》green fingers)
have a grèen thúmb 園芸の才がある
gréen·wàsh 名 U (企業などの)環境問題に関心があることをアピールするためのわざとらしい宣伝[寄付]
—動 自 《米口》環境問題に取り組んでいると宣伝する(♦ *green*+white*wash*) **~·ing** 名
grèen wél·ly [wél·lie] brigàde /-wéli-/ 名 C 《単数形で》《単数・複数扱い》《英》《戯》《けなして》グリーンウェリー族《田舎暮らしを楽しむ有閑階級. 緑のウェリントンブーツ(wellies)を愛用することから》
Green·wich /grénɪtʃ, grín-, -ɪdʒ/ 名 グリニッジ《ロンドンの郊外. ここを本初子午線(経度0度)が通っている. かつて王立天文台があった》 ▸▸~ **Méan Tìme** /, ⌐⌐⌐⌐/ 名 U グリニッジ標準時《略 GMT》 ~ **Víllage** /grènɪtʃ-/ 名 グリニッジビレッジ《ニューヨーク市, マンハッタン島西部の区域. 芸術家の居住地として有名》
gréen·wòod 名 C 《古》青[緑]の森《特にロビン=フッドなど社会からはみ出した者の巣》
‡greet /gri:t/
—動 (**~s** /-s/; **~·ed** /-ɪd/; **~·ing**) 他 ❶ 〔人〕に(手紙・言葉・動作で)**あいさつする**, 会釈する；…を〈…で〉迎える, 歓迎する〈**with**〉‖ The mayor ~*ed* the exchange students *with* his smattering of Korean. 市長は交換学生たちに生かじりの韓国語であいさつした / They ~*ed* the party *with* warm handshakes. 彼らは一行を温かい握手で迎えた / The governor was ~*ed with* catcalls. 知事はやじで迎えられた
❷ (人が)…を〈…として〉迎える〈**as**〉, …に〈…で〉応じる, 反応する〈**with**〉; (反応などが)…に対して起こる ‖ The invention was ~*ed as* a breakthrough. その発明は飛躍的な進歩として迎えられた / ~ a joke *with* laughter 笑って冗談に応じる / An uproar ~*ed* the announcement. 発表に大騒ぎが巻き起こった ❸ (情景・音声などが)〔人の目・耳など〕に入る ‖ A shocking scene ~*ed* my eyes. ショッキングな光景が目に入った / A delightful smell ~*ed* me. いいにおいがしてきた
~·er 名 C (店などの)呼び込み(人)
＊greet·ing /grí:tɪŋ/ 名 ❶ C U あいさつ, 会釈；あいさつの言葉, 歓迎の辞 ‖ We exchanged ~*s* hurriedly and got down to business. 私たちはあいさつもそこそこに仕事に取りかかった / answer his ~ 彼にあいさつを返す / "Hello," he said in response to my ~. 私のあいさつにこたえて彼は「こんにちは」と言った / She shouted happy ~*s* to her teammates. 彼女はチームメートたちに大声でうれしそうにあいさつした / raise one's hand in ~ あいさつに手を上げる ❷ C 《通例 ~s》(手紙などでの)あいさつの言葉；よろしくとのあいさつ ‖ Christmas ~*s* クリスマスのあいさつ / the season's ~*s* 時候のあいさつ / Send my ~*s* to Tom. トムによろしくお伝えください ❸ C 《~s》《間投詞的に》こんにちは(→ CE 1)

COMMUNICATIVE EXPRESSIONS
1 **Gréetings and salutátions** [OR **felicitátions**]**!** こんにちは, ご機嫌よう(♥ 大げさなあいさつ)

▸▸~ **càrd** 名 C (クリスマスなどの)あいさつ状 ~**s càrd** 名 C 《英》=greeting card
Greg /greg/ 名 グレッグ《Gregory の愛称》
gre·gar·i·ous /grɪgéəriəs/ 形 ❶ 社交好きな, 人付き合いのよい(sociable) ❷ (動物・昆虫などが)群棲(ぐんせい)する, 群居する；(植物が)群生する **~·ly** 副 **~·ness** 名
Gregòrian cálendar 名 《the ~》グレゴリオ暦《グレゴリウス13世が1582年に制定した現行の太陽暦》
Gregòrian chánt 名 U C 〘楽〙グレゴリオ聖歌《グレゴリウス1世が定めた》
Greg·o·ry /grégəri/ 名 ❶ ~ **I** グレゴリウス1世(540?–604)《ローマ教皇(590–604). 中世教会国家の基礎を築き, Gregory the Great と呼ばれる》 ❷ ~ **XIII** グレゴリウス13世(1502–85)《ローマ教皇(1572–85). グレゴリオ暦の制定者》
grem·lin /grémlɪn/ 名 C 《口》グレムリン, いたずらな小悪魔《特に機械・飛行機などの調子を狂わせるとされる》;(機械などの説明不可能な)突然の故障
＊Gre·na·da /grɪnéɪdə/ 名 グレナダ《西インド諸島中の独立国. もと英領. 首都 St. George's》
gre·nade /grɪnéɪd/ 名 C ❶ 手榴弾(しゅりゅうだん), 擲弾(てきだん) ❷ 消火弾, 催涙弾
gren·a·dier /grènədíər/ ＜ジ 名 C ❶ (英国の)近衛(このえ)歩兵第1連隊(the Grenadiers, the Grenadier Guards)の隊員 ❷ 擲弾兵 ❸ 〘魚〙ソコダラの類《深海魚》 ❹ 〘鳥〙カエデチョウ《赤いくちばしと鮮やかな青い尾を持つアフリカ産の鳥》
gren·a·dine[1] /grénədì:n/ 名 U グレナディン《ザクロの果汁から作ったシロップ》
gren·a·dine[2] /grénədì:n/ 名 U グレナディン《絹・毛など

の紗(しゃ)織りの布》

Grésh·am's làw /gréʃəmz-/ 名 《(the) ～》〚経〛グレシャムの法則《「悪貨は良貨を駆逐する」という法則. 英国の財政家 Sir Thomas Gresham(1519?–79)の言葉より》

Grèt·na Grèen márriage /grètnə-/ 名 C 駆け落ち結婚《Gretna Green はイングランド近くのスコットランドの村. 1754年から1940年までイングランドからの駆け落ち者がここで結婚を認められた》

grew /gruː/ 動 grow の過去

grey /greɪ/ 形 名 動 《英》=gray

Grèy Fríar 名 C フランシスコ会修道士

gréy·hòund 名 C〚動〛グレーハウンド《中型で快足の猟犬》

grid /grɪd/ 名 ❶ C 格子(こうし);(肉・魚などの)焼き網(gridiron) ❷《the ～》(電気・ガス・水道などの)供給網, 配電[配管]網(→ national grid);(ラジオ・テレビの)放送網, ネットワーク ❸ C グリッド《地図・設計図の碁盤目》;(碁盤目の)道路網 ‖ The streets are organized in a ～ here. 当地では道路は碁盤の目になっている ❹ C〚電〛グリッド《蓄電池の格子状金属版》;〚電子〛グリッド《3極管の1極》 ❺ C アメリカンフットボール競技場(gridiron) ❻ C (自動車レースの)出発点 ❼ C 💻(表を構成する)格子, グリッド

lìve [*gò*] *off the gríd* 電力会社からの電気を使わない生活をする[始める]

── 動 (**grid·ded** /-ɪd/; **grid·ding**) 他…にグリッド[格子, 碁盤目]をつける **～·ded** 形

▸▸ **～ compùting** 名 U 💻グリッドコンピューティング《複数のコンピューターをネットワークで結んで膨大な情報処理を行うこと》

grid·der /grídər/ 名 C《米口》アメリカンフットボール選手

grid·dle /grídl/ 名 C (菓子焼き・料理用の)円形鉄板, 浅底フライパン

gríddle·càke 名《米》=pancake

grid·i·ron /grídàɪərn/ 名 C ❶ (肉・魚などの)焼き網 ❷ 碁盤目[網目]状のもの;道路網;配管網;配電網 ❸ アメリカンフットボール(競技場) ❹ (舞台天井の)梁(はり)構え

gríd·lòck 名 U ❶ (都市の)全面交通渋滞 ❷ 行き詰まり ‖ political ～ 政治的行き詰まり **～·ed** 形

***grief** /griːf/ 名〔◁ grieve 動〕❶ U C 〈死などに対する〉深い悲しみ, 悲痛, 悲嘆〈**over, at**〉‖ The girl is in deep ～ *over* her grandmother's death. その女の子は祖母が死んで深い悲しみに沈んでいる / suffer [OR feel] ～ 悲嘆に暮れる ❷ C《通例単数形で》悲しみの原因, 嘆きの種 ‖ The son was a ～ to his father. その子は父親の嘆きの種だった ❸ U《口》心労, 苦労

**còme to gríef* (人が)災難に遭う, 破滅する;(計画などが)失敗する, 駄目になる

gìve a pèrson gríef 《口》〔人〕をひどくしかる, 非難する

**Gòod gríef!* おや, これは驚いた(♥ 驚き・困惑を表す)

gríef-strìcken 形 悲しみに打ちひしがれた

***griev·ance** /gríːvəns/ 名〔◁ grieve 動〕C 〈待遇などに対する〉不平, 不満;不満の種[原因];苦情, 不満の表明〈**against**〉‖ He had no ～ *against* the company. 彼は会社に不満を持っていなかった / nurse [OR harbor] a ～ *against* one's employer 雇い主に対して不平[恨み]を抱く / air one's ～ 不満をぶちまける / a ～ procedure (労働問題の)苦情処理手続き

▸▸ **～ committee** 名 C (労働問題の)苦情処理委員会

***grieve** /griːv/ 動〔▶ grief 名, grievance 名, grievous 形〕自 (人が)〈…を[に]〉深く悲しむ〈**at, for, over**〉‖ She ～*d at* the sad news. 彼女は悲報を聞いて悲嘆に暮れた / ～ *at* [*over*] her death 彼女の死を深く悲しむ

── 他 深く悲しませる **a** (+目)…を深く悲しませる, 悲嘆に暮れさせる;〔人の死など〕を深く悲しむ ‖ Her death ～*d* the whole world. 彼女の死は全世界を悲しませた **b** 《受身形で》深く悲しむ〈**at** …を / **to do** …して / **that** 節 …ということで〉‖ We were ～*d to* hear that there had been quite a few casualties. 多くの死傷者が出たと聞いて心が痛んだ **c** 《It ～+目+to *do*/that 節 で》…して[…ということで]〔人〕が深く悲しむ ‖ It ～*s* me *to* say this, but ... こう申し上げるのは悲しいことですが…

grieved 形 **gríev·er** 名

***griev·ous** /gríːvəs/ 形〔◁ grieve 動〕《限定》《堅》❶ (過ち・罪などが)ひどい, 重大な, 目に余る ‖ a ～ fault 大失策 / get a ～ blow 大打撃をこうむる / a ～ crime 極悪犯罪 ❷ (苦痛などが)耐え難い, ひどい;つらい ‖ a ～ wound ひどく痛む傷 / ～ pain 激痛 / a ～ punishment 苛酷(かこく)な罰 ❸ 悲しむべき;悲しげな, 悲痛な ‖ The death of his only son was a ～ loss. 一人息子の死は彼には大きな痛手だった / ～ news 悲しい知らせ / a ～ cry 悲痛な叫び **～·ly** 副 **～·ness** 名

▸▸ **～ bòdily hárm** 名 U《英》〚法〛重傷害

grif·fin /grífɪn/ 名 C〚ギ神〛グリフィン《ワシの頭と翼, ライオンの胴体を持った想像上の怪物》

grif·fon /grífən/ 名 C ❶ =griffin ❷〚動〛グリフォン《ベルギー原産の毛の長い小型犬》 ❸〚鳥〛シロエリハゲワシ《アジア・アフリカ産》

grift /grɪft/ 名 U《米口》いかさま行為, ぺてん;(いかさまで得た)金

── 動 自 ぺてんをする ── 他 …をぺてんで手に入れる

～·er 名 C いかさま師

grig /grɪg/ 名 C《方》❶ 小さいウナギ ❷ コオロギ, バッタ(cricket) ❸ 元気な(若い)人, 陽気な人

(*as*) *mèrry* [OR *lìvely*] *as a gríg* とても陽気な

***grill**[1] /grɪl/ 名 C ❶《英》(レンジ付属の上火使用の)グリル(《米》broiler) ‖ an electric ～ 電熱グリル ❷ (肉・魚などを焼く)焼き網(gridiron) ❸ 網焼き料理 ‖ a mixed ～ ミックスグリル ❹ =grillroom ❺ (切手に刻された消印などの)格子形模様

── 動 他 ❶〔肉・魚など〕を焼き網[グリル]で焼く, あぶる(♦《米》では broil を用いるのがふつう)(⇨ BAKE 類語P) ❷《口》〔人〕を厳しく尋問する[問い詰める] ‖ He was ～*ed* about his part in the robbery. 彼はその強盗事件へのかかわりについて詰問された ❸ …を酷熱[酷暑]にさらす[で苦しめる] ❹ …に格子形模様をつける ── 自 ❶ (肉・魚などが)焼ける, あぶられる ❷ 酷熱[酷暑]にさらされる

～·ing 名 U 厳しい詰問 **～·er** 名

▸▸ **～ pàn** 名 C (焼き網付きの)長方形の平なべ

grill[2] /grɪl/ 名 =grille

grille /grɪl/ 名 C ❶ (窓・ドアなどの)(鉄)格子;(銀行・切符売場などの)格子窓口 ❷ (車のエンジンの)放熱用格子

***grilled** /grɪld/ 形 ❶ 飾り格子のある ❷ 焼いた, あぶった

gríll·ròom 名 C グリル《焼き肉料理を出す食堂;ホテルの簡易レストラン》

grilse /grɪls/ 名 (複 ～ OR ～**s** /-ɪz/) C〚魚〛グリルス《大西洋産のサケのうち降海後約1年で川に帰って来る(小型の)個体》

***grim** /grɪm/ 形 (**～·mer**; **～·mest**) ❶ (容貌(ようぼう)・態度などが)いかめしい, 近づき難い, 険しい ‖ Michael's bodyguard looked ～. マイケルのボディーガードは怖い顔つきをしていた / His mouth was ～. 彼の口元は険しかった / a ～-faced teacher いかめしい顔の先生 ❷ (状況・情報などが)重苦しい, 希望のない ‖ Things are looking ～ for us. 事態は明るくない / ～ news 暗いニュース ❸ (場所などが)不快な, 見苦しい ‖ a ～ flat 汚らしいアパート ❹《限定》断固とした, 揺るぎない ‖ with ～ determination 断固として ❺《叙述》《英口》気分が悪い ❻《通例叙述》《英口》質の悪い, ひどい ‖ a pretty ～ performance かなりひどい出来栄え ❼ 恐ろしい, 不気味な ‖ a ～ tale ぞっとする話 / ～ humor ブラックユーモア ❽ 厳しい, 容赦ない, 無情な ‖ a ～ struggle for existence 厳しい生存競争 ❾ 不愉快な, 面白くない, いやな ‖ in a ～ mood 憂うつな気分で ❿ (性質・行為などが)残酷な, 無慈悲な

～·ly 副 厳しく, 恐ろしく, 残忍に **～·ness** 名

▸▸ **Grìm Réaper** 名《the ～》死神《大鎌を持ちマントを着た骸骨(がいこつ)》

G

*gri·mace /grɪméɪs, grɪ́məs/ 名 C しかめっ面 ‖ give [OR make] a ～ 顔をしかめる / with a slight ～ ちょっと顔をしかめて
—動 自 しかめっ面をする〈at …に；in, with …で〉‖ ～ *with* pain 苦痛で顔をしかめる
gri·mac·er /, -ˊ-/ 名

grime /graɪm/ 名 U ❶ (こびりついた)汚れ, あか；すす, ほこり ❷ 〔楽〕グライム《ヒップホップやレゲエの要素を加えたハウスミュージックの一種》
—動 他…を汚す ‖ ～*d* with dust ほこりにまみれた

grim·ly /grímli/ 副 いかめしく；気味悪く；断固として ‖ His mouth is ～ set. 彼は口を一文字に結んでいる / fight ～ 断固として戦う

Grimm /grɪm/ 名 グリム(兄弟)《ドイツの言語学者・童話集成家. 兄 **Jacob Ludwig ～** (1785-1863), 弟 **Wilhelm Karl ～** (1786-1859). 共著 *Grimm's Fairy Tales* (1812-15)》
▸▸ ～'s láw 名 U C 《(the) ～》〔言〕グリムの法則《Jacob Grimm が発表したインド＝ヨーロッパ語とゲルマン語との子音の対応の法則》

G

grim·y /gráɪmi/ 形 あかにまみれた, 汚れた

‡grin /grɪn/
—動 (～s /-z/; grinned /-d/; grin·ning)
—自 ❶ (歯を見せて声を立てずに) **にこっと [にやっと] 笑う** 〈at …に；with …で〉(⇨ LAUGH 類語P) ‖ The boy approached me, *grinning* (from) ear to ear. その男の子はにこにこ笑いながら私の方に近づいて来た / She *grinned* cheerfully *at* him. 彼女は彼ににっこり笑いかけた / ～ *with* delight うれしくてにやにやする / ～ for the photographer カメラマンに向かってにっこりする
❷ (苦痛・軽蔑などで)歯をむく
—他 にっこり笑って[歯をむいて]…を示す ‖ He *grinned* his approval. 彼はにっこりして賛意を示した
*grìn and béar it 《口》(いやなことを)笑ってこらえる(♦ 助動詞の後などで原形で用いる)
—名 (複 ～s /-z/) C ❶ 歯を見せてにっこり笑うこと, にこにこ [にたにた] 笑い ‖ **give** a happy ～ うれしそうににこにこ笑う / flash a ～ にっこり笑いかける / a broad [contagious, sheepish] ～ (大きく歯を見せた)満面の[伝染する, 間の悪そうな]笑い / **with** a small [wide] ～ on one's face にこっと[朗らかに]笑って
❷ (苦痛・怒りなどで)歯をむき出すこと, しかめっ面
～·ner 名　～·ning·ly 副

*grind /graɪnd/ 動 (ground /graʊnd/; ～·ing) 他 ❶〔穀物など〕を粉にひく, すりつぶす《*down, up*》；…をひいて〈…に〉する, …を〈粉々に〉砕く〈to, into〉；〔粉など〕を〈…を[から]〉ひいて作る, 〈…の〉〔粉〕をひく〈from〉；《米》〔肉など〕をひく(《英》mince) ‖ Dad's such a coffee-lover that he always ～*s* his own. パパは大変なコーヒー愛好家でいつも自分で豆をひいている / ～ corn [coffee beans] トウモロコシ[コーヒー豆]をひく / ～ wheat *into* flour＝～ flour *from* wheat 小麦をひいて粉にする / *ground-up* pills すりつぶした錠剤
❷ …を磨く, 研ぐ；〔ガラス〕をすりガラスにする ‖ ～ lenses レンズを研磨する / ～ a knife ナイフを研ぐ / ～ plate glass on both sides 板ガラスの両面をすりガラスにする
❸ …をこすり合わせる, ぎいぎいいわせる《*together*》；…を〈…に〉こすり[押し]つける〈on, in, into, against〉；…を〈足の下に〉踏みつける〈under〉‖ ～ one's teeth *together* 歯ぎしりする / He *ground* his cigarette *into* the ashtray. 彼はたばこを灰皿にこすりつけた / ～ a roach *under* one's foot ゴキブリを踏みつける
❹ …を(柄を回して)動かす ‖ ～ a coffee mill コーヒーミルを回す ❺〔人〕を虐げる, 打ちひしぐ, 苦しめる《*down*》(♦しばしば受身形で用いる) ‖ be *ground* (*down*) by tyranny [poverty] 暴政に虐げられる[貧困に苦しむ] ❻ 《口》〔人〕に〈知識などを〉骨折って教え込む〈in〉；〔知識など〕を〈人(の頭)に〉詰め込む〈into〉‖ ～ him *in* the multiplication table (＝～ the multiplication table *into* him [his head]) 彼に九九表をたたき込む
—自 ❶ 粉にひく, すりつぶす；研ぐ, 磨く
❷ (粉に)ひける, 粉になる；研げる, 磨ける(♦ 通例様態を表す副詞を伴う) ‖ This wheat ～*s* well. この小麦はよくひける ❸ きしる, ぎしぎしいう, ぎいぎい音を立てて動く[進む]；ぎいぎいすれ合う《*together*》, 〈…に[と]〉こすれる, 〈…にぶつかって〉がりがり音を立てる〈on, against〉‖ The Titanic *ground against* the iceberg. タイタニック号はがりがり音を立て氷山にぶつかった / ～ to a halt (機械が)ぎしぎしいって止まる；(物事が)徐々に機能しなくなる ❹ 《口》一生懸命勉強する, 身を粉にして働く《*away*》〈at …を；for …のために〉‖ ～ *away at* one's studies ガリ勉する ❺ 《口》腰をくねらせて踊る
grìnd ón 〈自〉容赦なく[えんえんと]突き進む；だらだら続く
grìnd óut ... / grìnd ... óut 〈他〉① …を(機械的に)続々と作り出す(churn out) ‖ That writer ～*s out* cheap novels. あの作家は三文小説を書き散らしている ② 《文》…を無造作に[怒って]言う ③〔曲など〕をだらだらと弾く ④〔たばこなど〕をもみ消す ⑤ …を砕いて[ひいて]作る
—名 ❶ C 《単数形で》《口》骨の折れる単調な仕事[作業] ‖ Marking exam papers is an awful ～. 試験答案の採点は全く単調で骨の折れる仕事だ / the daily ～ 日常の単調な仕事 ❷ U すりつぶすこと, (粉に)ひくこと；C ひき具合い；U 研ぐこと, 磨くこと ‖ a coarse [fine] ～ of coffee 粗びき[細かくひいた]コーヒー ❸ U きしみ；C すれ合う音 ‖ the ～ of wheels 車輪のきしみ ❹ C 《米口》ガリ勉家(《英口》swot) ❺ C 《口》グラインド《腰をくねらせる踊りの動作》 ❻ C ⊗《俗・卑》性交

grind·er /gráɪndər/ 名 C ❶ グラインダー, 研磨機[盤]；粉砕機 ‖ a coffee ～ コーヒーひき器 ❷ 研ぎ師；磨く人；粉ひき屋 ❸ 臼歯(きゅうし)；《～s》《口》歯(teeth) ❹ 《米・ニューイングランド口》＝hero sandwich ❺ 《米口》努力家(♦特にスポーツ選手についていう)

grind·ing /gráɪndɪŋ/ 形《限定》❶ ぎしぎしいう, きしる ‖ make a ～ noise ぎいぎいと音を立てる ❷ 虐げる, 苛酷(かこく)な；飽き飽きする ‖ ～ poverty 赤貧

grínd·stòne 名 C 回転砥石(といし)[研磨盤]

grin·go /gríŋgoʊ/ 名 (複 ～s /-z/) C 《俗》《けなして》(中南米で)(英語を話す)外国人, (特に)米[英]国人

‡grip /grɪp/
—名 (複 ～s /-s/) C ❶ 《通例単数形で》〈…を〉**しっかりつかむ[握る]こと**, 把握；つかみ[握り]方, グリップ；握力〈on, of〉‖ In a tug of war, the timing of relaxing your ～ *on* the rope decides the match. 綱引きでは綱をつかんだ手を緩めるタイミングで競技の勝ち負けが決まる / The road is getting bumpy. Take a good ～ *on* the wheel. 道がでこぼこになってきている. ハンドルをしっかり握りなさい / 「let go [tighten] one's ～ (握っている)手を放す[握りを強める] / shorten [lengthen] one's ～ (バット・クラブなどの)グリップを短く[長く]持つ
❷ 《単数形で》〈…に対する〉**支配(力), 制御**；〈人の〉心をつかむ力〈on〉‖ get [OR take] a ～ *on* oneself 自分を抑える, しゃんとする, 冷静になる / get [OR take, have] a good ～ *on* 「the audience [one's emotions] 聴衆の心を強く引きつける[感情をうまく抑える] / Get a ～! 落ち着け
❸ 《通例単数形で》〈…の〉**理解(力)**, のみ込み, 合点(がてん)〈on, of〉‖ have [get] a good ～ *of* [OR *on*] a matter 問題をよく把握している[する]
❹ (滑り止めのついた)取っ手, 握り(handgrip)；U (タイヤ・靴底などの)路面をとらえる力；(機械の)つかみ装置, クラッチ ❺ 《英》ヘアピン(hairgrip) ❻ (カメラ班の)裏方, (劇場の)舞台係, 道具方(stagehand) ❼ 大型旅行かばん
*còme [OR gèt] to gríps with ... ①〔問題・困難など〕と懸命に取り組む ②〔人〕と取っ組み合いをする
in the gríp of ... …にとらわれて, 支配されて ‖ Japan is *in the* ～ *of* economic recession. 日本は経済不況に

陥っている
lòse one's gríp 統制力を失う；能力[自信, 理解力, 判断力, 落ち着きなど]を失う
tighten one's gríp on ... ① …をぎゅっとつかむ ② …の取り締まり[管理]を厳しくする
―動 (**gripped** /-t/；**grip·ping**)
―他 ❶ **…をしっかりつかむ**, 堅く握る (⇨ HOLD[1] 類語) ‖ The child *gripped* her mother's arm **tightly**. 子供は母の腕にぎゅっとつかまった
❷〔人・物〕に強い影響を与える ‖ She was *gripped* by fear. 彼女は恐怖心にとらわれた
❸〔人〕の心をつかむ；〔注意など〕を引く ‖ I was completely *gripped* by the story. その話にすっかり引き込まれた
❹ (タイヤ・靴底などが)〔路面など〕をつかむ, とらえる；(機械が) …を締めつける ‖ These radial tires ～ the road well. このラジアルタイヤは地面にぴたっと吸いつく
―自 ❶ しっかりつかまる ❷ (特に摩擦で)〈…を〉しっかりつかむ〈**on**〉‖ Worn tires do not ～ *on* wet roads. 摩滅したタイヤはぬれた地面への吸いつきが悪い
～·ping·ly 副 **～·per** 名 Ⓒ つかむ人[もの]

gripe /graɪp/ 動 自 ❶《口》不平を言う, こぼす〈**at** …に；**about** …について〉❷ 腹がきりきり痛む ❸ (船が) 風上に向かう ―他 ❶《口》〔人〕をいらいらさせる ❷《口》〔人〕に腹痛を起こさせる ❸〘海〙〔ボート〕をグライプスで固定する
―名 Ⓒ ❶《口》不平, 不満 ‖ have a ～ against a person 人に不満を抱く ❷ Ⓤ 疝痛(せんつう), 差し込み ❸《～s》〘海〙グライプス《ボートをデッキに固定するロープ》
▸▸ **～ wàter** 名 Ⓤ《英》《商標》(小児用)腹痛止め水薬

grippe /grɪp/ 名 Ⓤ《旧》インフルエンザ

grip·ping /grípɪŋ/ 形 人の心をつかむ, 面白い

gri·se·o·ful·vin /grìzioufúlvɪn/ 名 Ⓤ〘薬〙グリセオフルビン《皮膚糸状菌に有効な抗生物質》

gris-gris /gríːgrìː/ 名 (複 **～**) Ⓒ (アフリカ先住民の) お守り, 魔よけ

gris·kin /grískɪn/ 名 Ⓤ《英》豚の腰肉(の赤身)

gris·ly /grízli/ 形《通例限定》人をぞっとさせる, 身の毛のよだつ, 恐ろしい **-li·ness** 名

grist /grɪst/ 名 Ⓤ 製粉用穀物(♦ 通例次の成句で用いる)
grist for [《英》***to***] ***the*** [OR ***a pèrson's***] ***míll*** 利益[得]になるもの, 役に立つもの ‖ It's all ～ *to the mill*. それは(何かの)得になる

gris·tle /grísl/ 名 Ⓤ (食肉中の)すじ, 軟骨

gris·tly /grístli/ 形 すじ[軟骨]の多い

gríst·mìll 名 Ⓒ 製粉所

grit /grɪt/ 名 Ⓤ ❶《集合的に》(滑り止めにまいたり, 機械や目に入って妨げになる) 砂, 砂利 ❷ (研磨用の) 粗粒砂岩 (gritstone) ❸ 根性, 胆力, 気骨 ‖ have the ～ to overcome difficulties 困難を乗り越える気概を持つ
―動 (**grit·ted** /-ɪd/；**grit·ting**) 他 ❶《英》〔道〕に砂をまく ❷ (決然として[怒って])〔歯〕を食い縛る
―自 きしむ, がりがりいう

grits /grɪts/ 名《単数・複数扱い》粗びき穀物；《米南部》ひき割りトウモロコシ(粥(かゆ))

grit·ter /gríṭər/ 名 Ⓒ《英》(凍結防止用)砂粒[塩]散布車 (《米》salt truck)

grit·ty /gríṭi/ 形 ❶ ざらざらした, 砂だらけの ❷ 大胆な, 根性のある；断固とした **-ti·ly** 副 **-ti·ness** 名

griz·zle /grízl/ 動 自 ❶《英口》(子供が)ぐずる, 駄々をこねる；しくしく泣く ❷〈…のことを〉めそめそとこぼす, 愚痴る〈**about**〉

griz·zled /grízld/ 形 灰色の(gray)；白髪交じりの

griz·zly /grízli/ 形 灰色がかった, 灰色の；白髪交じりの, 半白の ―名 (複 **-zlies** /-z/) =grizzly bear
▸▸ **～ bèar** /英 ―́―́/ 名 Ⓒ〘動〙ハイイログマ《北米西部産のヒグマの一種》

***groan** /groun/(♦ 同音語 grown) 動 自 ❶〈苦痛・悲嘆などで〉うめく, うなる〈**in, with**〉；(軽蔑・非難などで)〈…に対して〉うめき声を出す〈**at**〉‖ He ～*ed* when a further price cut was demanded. いっそうの値下げを求められて彼はうめいた / ～ *with* pain 苦痛にうめく ❷ (木・床板などが) きしむ ‖ The chair ～*ed* under her weight. いすは彼女の重みできしんだ ❸ (テーブル・棚などが)きしむほど〈…で〉いっぱいである〈**with, under**〉‖ The table ～*ed with* food. テーブルの上は食べ物でいっぱいだった ❹〈圧制などに〉うめき苦しむ, あえぐ〈**beneath, under**〉‖ ～ *under* the weight of oppression 圧制にあえぐ ❺〈…に〉不満を漏らす〈**about, over**〉‖ ～ *over* new taxes 新税に不満を漏らす
―他 …をうめくように言う《***out***》‖ "I wouldn't agree," he ～*ed*.「絶対同意はしないぞ」と彼はうめくように言った / ～ *out* one's complaint うめくような声で不平を漏らす
―名 Ⓒ ❶ うめき[うなり]声 (⇨ 類語) ‖ give [OR let out] a ～ of dismay [despair] 狼狽(ろうばい)[絶望]してうめき声を上げる ❷ 不平[不満]の声；反対[あざけり]のざわめき ❸ きしむ音, みしみしいう音
～·er 名 **～·ing·ly** 副 うめきながら

類語《名 ❶》**groan** 激しい痛み・悲しみ・不満・心配・失望などで思わず発する短く低いうめき声；発作的に激しい声になるときもある.〈例〉the *groans* of the wounded 負傷者のうめき
moan 苦痛・悲しみなどのために出る長く低いうめき声.〈例〉From time to time there was a *moan* (of pain) from the sick man. ときどき病人の(苦痛の)うめき声が聞こえた

groat /grout/ 名 Ⓒ グロート貨《中世ヨーロッパの硬貨. 特にイングランドで14-17世紀に用いられた古4ペンス相当の銀貨》

groats /grouts/ 名《単数・複数扱い》脱穀し(てひき割りにし)た穀物[カラス麦]

***gro·cer** /gróusər/ 名 Ⓒ ❶ 食料雑貨商人[店主, 店員] ❷《～'sで》食料雑貨店

***gro·cer·y** /gróusəri/ 名 (複 **-cer·ies** /-z/) Ⓒ ❶《-ies》食料雑貨品 ❷ 食料雑貨店 (《米》grocery store) ❸ (=～ **stòre**)《米》=supermarket ❹ Ⓤ 食料雑貨販売業 ‖ He is in the ～ business. 彼は食料雑貨店をやっている

grog /grɑ(ː)g | grɒg/ 名 Ⓤ ❶ グロッグ酒《水で割ったラム酒など》❷《主に豪・ニュージ口》アルコール飲料《特にビール》；(強い)酒

grog·gy /grɑ́(ː)gi | grɒ́gi/ 形《叙述》ふらふらの, グロッキーの ‖ be ～ about the legs 足下がふらつく
-gi·ly 副 **-gi·ness** 名

grog·ram /grɑ́(ː)grəm | grɒ́g-/ 名 Ⓤ グログラム《絹・モヘヤ・毛の粗い織物》

groin[1] /grɔɪn/ 名 Ⓒ ❶〘解〙鼠蹊(そけい)(部), 股(もも)の付け根 (→ body 図)；《口》股間(こかん) ❷〘建〙穹稜(きゅうりょう)《丸天井の交差する湾曲部》

groin[2] /grɔɪn/ 名 Ⓒ《米》(浜辺の浸食を防ぐ) 突堤 (《英》groyne)

grok /grɑ(ː)k | grɒk/《米俗》動 (**～s** /-s/；**grokked** /-t/；**grok·king**) 他 …に共感する, …を完璧に理解する
―自 気持ちが通じ合う

grom·met /grɑ́(ː)mɪt | grɒ́m-/ 名 Ⓒ ❶ はと目金《あけた穴を補強する》❷〘海〙索環(さくかん)《帆を支索に取りつける》❸〘医〙グロメット《中耳に埋め込んだ管. 耳漏(じろう)を吸い出す》

groom /gruːm, grʊm/ 名 Ⓒ ❶ 厩務(きゅうむ)員, 別当 ❷ 花婿(bridegroom) ❸《英》宮内官
―動 他 ❶〔馬・犬など〕の世話をする, …に[を洗って]ブラシをかける；〔芝生・スキー場など〕の手入れをする ❷《通例受身形で》(人が)身づくろいをする, 身なりをきちんとする ‖ well [badly] ～*ed* きちんと身づくろいした[だらしない身なりの] / ～ oneself 身づくろいをする ❸ (猿などが) …のグルーミング[毛づくろい]をする ❹〔人〕を〈ある職業・任務などに〉訓練する, 仕込む, 備えさせる〈**for, as**〉‖ be ～*ed for*

promotion 昇進に備えて鍛えられる
gróom·ing 名 U (髪・皮膚などの)手入れ, 身づくろい;(馬・犬などの)手入れ, (毛並みの)刈り込み

grooms·man /grúːmzmən, grúmz-/ 名 (複 **-men** /-mən/) C (結婚式の)花婿介添人(best man)

***groove** /gruːv/ 名 C ❶ (表面につけた)溝, 溝筋;(レコードの)溝;〖登山〗グルーブ《岩盤の浅い溝》‖ The wheels made ～*s* in the road. 車輪が道路にわだちを残した / a ～ for a sliding door 引き戸の溝, 敷居 ❷《通例単数形で》決まった[いつもの]やり方[生活様式], 常道, 慣行 ‖ The TV show fell into a ～ and was discontinued. そのテレビショーはマンネリ化したので打ち切りになった / His whole life ran in a narrow ～. 彼の一生は全く決まりきった毎日だった / Get out of the ～ and start something new. 型にはまった生活から抜け出して何か新しいことを始めなさい ❸《俗》適所;素晴らしい経験;かっこいいもの ‖ He found his ～ playing the piano in the band. 彼はバンドでピアノを弾くことに自分の天職を見いだした ❹《俗》(ポップス・ジャズなどの)リズムパターン ❺〖野球〗ストライクゾーンの真ん中

be (stùck) in a gróove 型にはまった生活をして(退屈して)いる

in [OR ***into***] ***the gróove***《口》(演奏などが)乗っていて, 最高潮で, かっこよく

―動 他 ❶ …に溝をつける ❷《米》(繰り返しの練習で)…を完成させる ❸〖野球〗〔球〕をストライクゾーンの真ん中に投げる ―自 ❶〈…を[で]〉楽しむ, 満足する〈**on**〉 ❷ 好調に進む;〈人と〉うまくいく〈**with**〉 ❸《俗》乗りのいいリズムで演奏する, 〈リズムのいい音楽に〉乗る[乗って踊る]〈**to**〉‖ We ～*d to* reggae all night long. 私たちは一晩中レゲエに乗って踊った

groov·y /grúːvi/ 形《旧》《俗》《戯》かっこいい, いかす, しびれる **gróov·i·ly** 副

grope** /group/ 動 自 ❶ (闇(やみ)の中などで)手探りする, 〈…を〉手探りで捜す《about, around***》〈**for, after**〉;手探りで進む[渡る]〈**through** …を;**toward** …の方へ〉‖ I ～*d* in the dark *for* the ringing alarm clock. 暗闇の中で手探りで鳴っている目覚まし時計を捜した ❷〈…を〉探し求める, 模索する〈**for**〉‖ The Government ～*d for* solutions. 政府は解決策を模索した

―他 ❶〔道〕を手探りで見つける ‖ I ～*d* my way「into the hall [through the smoke]. 私は手探りでホールに入った[煙の中を抜け出した] ❷《俗》〔人〕の体をまさぐる

―名 C 手探り, 模索;《俗》お触り

grop·er /gróupər/ 名 C ❶ 痴漢 ❷〖魚〗マハタ;(豪州産の)ベラの一種

gros·beak /gróusbìːk/ 名 C〖鳥〗イカル・シメの類《アトリ科の鳥》

gros·grain /gróugrèin/ 名 U C グログラン《絹・レーヨンなどの畝織りの織物. リボンなどの材料》

***gross** /grous/《発音注意》形 (**～·er**;**～·est**) ❶《比較なし》《限定》全体の, (税引前の)総計の, グロスの;風袋(ふうたい)共[込み]の(↔ net²) ‖ a ～ income 総収入 / ～ weight 総重量 ❷《通例限定》全くひどい, 目に余る, はなはだしい(♦ 否定的な意を持つ語を強める) ‖ To write in all caps is a ～ offense of e-mail etiquette. すべて大文字で書くのはひどくEメールの礼儀に欠ける / a ～ injustice 全くの不公平 / ～ negligence〖法〗重過失 ❸ (振る舞い・言葉などが)粗野な, 下品な;粗末な(↔ decent);《口》ぞっとする, 気味が悪い ‖ His manners are ～. 彼の態度は最低だ / ～ language 下品な言葉 / a ～ lie 見えすいたうそ / ～ indecency 猥褻(わいせつ)行為 ❹ ひどく太った ❺ 大ざっぱな ‖ a ～ choice 大ざっぱな選択 ❻ (植物が)はびこった, 伸び放題の;(霧などが)濃い ❼《比較なし》(ゴルフのスコアが)(ハンディを引かない)実打数の, グロスの

―副《比較なし》(税引前の)総計で ‖ earn $50,000 ～ a year 年総額5万ドルを稼ぐ

―名 (複 **～·es** /-ɪz/)(→ ❷) C ❶ (税・経費など込みの)総計, 総収入 ❷ (複 ～) グロス(＝12ダース)《略 gr., gro.》‖ a [ten] ～ of pencils 鉛筆1[10]グロス

by the gróss ① グロス単位で ② 卸で, 大量に(wholesale)(→ great gross)

―動 (**～·es** /-ɪz/;**～ed** /-t/;**～·ing**) 他 (控除前で)…の総利益[収入]をあげる ‖ His latest movie has ～*ed* two million dollars. 彼の最新の映画はこれまでに200万ドルの総利益をあげた / the second-highest-～*ing* film of the year その年で2番目に収益をあげた映画

gròss óut ... / gròss ... òut〈他〉《主に米口》〔人〕に不快感を与える, …をぞっとさせる

gròss úp ... / gròss ... úp〈他〉《通例受身形で》《主に英》(正味額が)(控除前の)総額に引き上げられる

～·ly 副 大いに, 粗雑に **～·ness** 名

▸▸ **～ domèstic próduct** 名《the ～》〖経〗国内総生産《略 GDP》 **～ márgin** 名 C〖商〗粗利益(高) **～ nàtional próduct** 名《the ～》〖経〗国民総生産《略 GNP》 **～ prófit** 名 C ＝gross margin **～ tón** 名 C《主に英》総トン, 英トン《2,240ポンド》

gross·ly /gróusli/ 副 目に余るほど, ひどく, はなはだしく;下品に ‖ ～ exaggerated はなはだしく誇張された

gróss-òut《主に米俗》名 C ぞっとさせるもの, 不快なもの ―形 ぞっとする

grot /grɑ(ː)t | grɔt/ 名 ❶ U《英口》汚いもの, くず ❷《文》＝grotto

***gro·tesque** /groutésk, grə-/ 形 (**more ～**;**most ～**) ❶ 奇妙な, 怪奇な, 異様な, 醜い, グロテスクな ‖ a ～ statue 奇怪な彫像 / The sight of adults reading comic books on a train is ～. 大人が電車内で漫画を読んでいる光景は異様だ ❷ 滑稽(こっけい)な, ばかげた;(笑いや恐怖心をそそるほど)風変わりな ‖ a ～ distortion of the truth 事実のとんでもない歪曲(わいきょく) ❸〖美〗グロテスク様式の

―名 ❶ C グロテスクな[異様な]もの, 風変わりな人 ❷《the ～》〖美〗グロテスク様式[風], グロテスク様式の装飾[模様] ❸ U〖印〗グロテスク[サンセリフ(sans serif)]体(活字) **～·ly** 副 **～·ness** 名

語源 イタリア語 *grottesca*(洞窟(どうくつ)の)から:ローマ遺跡から発掘された洞窟のような部屋の壁画に怪奇な人間や動物が描かれていたことに由来するという.

gro·tes·que·rie /groutéskəri, grə-/ 名 (複 **-ries** /-z/) U 奇怪[グロテスク]な性質;C グロテスク[怪奇]なもの[作品]

grot·to /grɑ́(ː)ṭou | grɔ́t-/ 名 (複 **～s**, **～es** /-z/) C ❶ 小さなほら穴 ❷ (避暑用などの)洞窟(どうくつ)状の部屋, 岩屋

grot·ty /grɑ́(ː)ṭi | grɔ́ti/ 形《主に英口》ひどい, 汚い, 醜い, 不愉快な;体調が悪い

grouch /grautʃ/《発音注意》《口》動 自 (すねて)不平を鳴らす, こぼす ―名 C ❶ 不平, 苦情, 小言;不機嫌 ❷ 不平家, ぶつぶつ屋

grouch·y /gráutʃi/ 形《口》すねた, 機嫌の悪い;愚痴をこぼす **gróuch·i·ness** 名 U

***ground**[1] /graund/ 名 動

中心義 基盤となるところ

名 **地面❶ 土地❷ 土壌❸ …場❹ 分野❻ 立場❼ 根拠❽**

―名 (複 **～s** /-z/) ❶ U《しばしば the ～》**地面**, 地表;地上(↔ air) ‖ A bunch of kids were sitting on the ～ in front of the convenience store. 一団の子供たちがコンビニの前の地べたに座っていた / lie under the ～ 地中に埋まっている / I wish the ～ would (open and) swallow me (up). 穴があったら入りたい

❷ U (開けた)**土地** ‖ level [waste] ～ 平坦な[荒れた]土地 / up on high ～ 高台に

❸ U **土壌**, 土;C (成育の)土壌, 温床(♦ 比喩(ひゆ)的にも用いる) ‖ rich [OR fertile] ～ 肥えた土壌 / uneven and rocky ～ でこぼこした岩場 / Racism is a breeding ～ for violence. 人種差別は暴力の温床である

❹ Ⓒ《しばしば ～s》《主に複合語で》(特定の目的に使われる)用地, …**場**(♦陸地のほか海・空も指す); 競技場, グラウンド ‖ a hunting [fishing] ～ 猟[漁]場 / a training [burial, camping, recreation] ～ 訓練場[墓地, キャンプ場, 娯楽場] / a baseball ～ 野球場

❺ Ⓒ《～s》(建物を囲む)敷地, 構内 ‖ He sold his house and ～*s*. 彼は家屋敷を売った / No smoking is allowed on the school ～*s*. 学校の構内は禁煙です

❻ Ⓤ (研究・議論などの)**分野**, 領域, 範囲; 主題, 話題 ‖ go over the same ～ 同じ話題を論じる, 同じ話を繰り返す / forbidden ～ ふれてはならない話題

❼ Ⓤ **立場**; 意見, 考え方; (議論などの)立脚点 ‖ common ～ 共通の立場[見解] / the middle ～ (議論などで)中間の立場; 折衷[妥協]案 / on firm [OR solid] ～ (事実・証拠などに)しっかり裏づけされて; 確固とした立場で / on tricky [OR delicate] ～ 微妙な立場[状況]で / maintain one's ～ against ... …に抗して自分の立場を維持する / shift [OR change] *one's* ～ 立場[意見]を変える

❽ Ⓒ《通例 ～s》**根拠**, 理由, 論拠〈**for** …の; **of** …という, …の / **to do** …する / **that** 節 …だという〉; 基盤 (⇨ REASON 類語) ‖ **On** what ～*s* do you accuse me? 何を根拠に私を非難するのか / He was fired **on** the ～*s* 「*of* negligence [OR *that* he was negligent]. 彼は怠慢だという理由で解雇された / There are no good ～*s* 「*for* optimism [*for* believing it, *to* support your claim]. 楽観できる[それを信じる, 君の主張を支持する]だけの十分な根拠はない / These results provide no ～*s* *for* complacency. この結果を見ていい気になっているわけにはいかない

❾ Ⓤ《英》床 ❿ Ⓒ (絵画・壁紙・織物などの)地, カンバス; 背景(background); (油絵・塗装などの)下地, 地塗り ‖ a gold design on a light-green ～ 薄緑の地に金色の模様 ⓫ Ⓒ Ⓤ《米》〖電〗アース, 接地(《英》earth) ⓬ Ⓒ《～s》(液体, 特にコーヒーの)おり, かす(dregs) ⓭《形容詞的に》地上の; 土壌の; 地上勤務の; 〖軍〗地上戦闘用の ‖ ～ transportation 地上輸送 / ～ game 《英》地上に住む狩猟動物《ウサギなど》/ ～ pollution 土壌汚染 / ～ forces [OR troops] 地上部隊

above gróund 地上で[に]; (人が)生きていて

be bùrnt [***ràzed***] ***to the gróund*** (町・建物などが)全焼[全壊]する

be thìn [***thìck***] ***on the gróund*** …が多くはない[多い]

below gróund 地下で[に]; 死んで, 埋葬されて

brèak gróund 《米》① すきを入れる, 土地を(新たに)耕す ② 起工する ③ =*break new ground* (↓)

*__*brèak nèw*__ [OR ***frèsh***] ***gróund*** ① 開墾する ② 新分野を切り開く

còver gróund ① (研究・調査・報告などが)(…の)範囲にわたる(♦通例 ground の前に修飾語を伴う) ‖ *cover* new ～ 新しい話題を取り上げる / *cover* less ～ and go into more depth 研究範囲を狭めて深く調べる ② 快調に進む; 仕事[作業など]がはかどる ③ (…の)距離を行く ‖ *cover* a lot of ～ 長い距離を移動する

cùt the gróund from under 「*a pérson* [OR *a pèrson's féet*]〔人〕の立場[論拠]を崩す, 〔人〕をやり込める

dòwn to the gróund 《英》完全に, 全く ‖ The Japanese lifestyle suits him *down to the* ～. 日本的ライフスタイルは彼にうってつけ[ぴったり]だ

fàll on stòny gróund 《英》(石ころだらけの土地にまいた種子のように)(助言・依頼などが)無為に終わる, 無視される

fàll to the gróund ① 地面に落ちる ② (計画・企図などが)失敗に終わる, (望みなどが)絶たれる

from the gròund úp ①《口》完全に, すっかり ‖ know it *from the* ～ *up* それを熟知している ② 新規に ‖ build a plant *from the* ～ *up* 工場を新規に建てる

*__*gàin gróund*__ ① (軍隊が)勝ち進む, 前進する ② 勢力を得る; 認められる, 受け入れられる ‖ That view is *gaining* ～ fast in the EU. その見方はEU内で急速に広まりつつある ③ 〈…に〉追いつく, 迫る〈**on**〉 ④ よくなる, 進歩する

*__*gèt òff the gróund*__ 〈自〉① (飛行機が)離陸する ② (企画・交渉などが)順調にスタートする ―〈他〉(***gèt ... òff the gróund***)〔企画・交渉など〕を順調にスタートさせる

give gróund ① 退却する ② (議論などで)〈…に〉譲歩する〈**to**〉

gò to gróund 《英》① (キツネなどが)穴に逃げ込む ② (人が)(警察などから逃れて)姿を隠す; 人目を避けて暮らす

hìt the gròund rúnning 《口》張りきって(仕事などに)取りかかる, 本格的に始動する

*__*hòld*__ [OR ***stànd***] ***one's gróund*** (反対・圧力などに対し)立場[主張]を守る; (攻撃に対し)一歩も引かない

*__*lòse gróund*__ ① =*give ground* (↑) ② 勢力[人気など]を失う; 力が弱まる

「***màke ùp*** [OR ***regàin, recòver***] (***lòst***) ***gróund*** 追いつく; (失った)時間・勢力などを取り返す

on one's òwn gróund 得意の領域で, 自分の土俵で

on the gróund 現場で; 戦場[前線]で

prepàre the gróund 〈将来のための〉基礎を作る, 下準備をする〈**for**〉

rùn [OR ***drìve***] ***... into the gróund*** 《口》① …をへとへとにさせる, …を使いすぎて駄目にする ‖ I *ran* myself *into the ground* to build up this business. 私はこの事業を立ち上げることで全精力を使い果たした ② …をやりすぎる

rùn ... to gróund 《英》…の居場所[ありか]を突き止める

tàke [OR ***hòld, òccupy, clàim,*** etc.] ***the mòral hìgh gróund*** 道徳的に(人より)立派な立場をとる

wòrship the gróund a pèrson wàlks ón (人を)盲目的に尊敬する, 熱愛する

―動 (**～s** /-z/; **～·ed** /-ɪd/; **～·ing**)

―他 ❶《通例受身形で》〈…に〉**根拠を置いている**, 基づいている〈**in, on**〉‖ This novel is ～*ed on* fact. この小説は事実に基づいている / Such a procedure is ～*ed in* the common law. そのような手続きは慣習法に基づいている ❷《+目+**in** 名》〔人〕に…の基礎を教える, 手ほどきをする(♦しばしば受身形で用いる) ‖ The pupils were well ～*ed in* the basics of reading and writing. 生徒たちは読み書きの基礎をきちんと習っていた / my more scientifically ～*ed* colleagues 科学面でもっと素養のある私の同僚たち ❸〔飛行機〕を離陸不能にする; 〔操縦士〕を地上勤務に就かせる(♦しばしば受身形で用いる) ‖ Bad weather will ～ the plane. 悪天候のため飛行機は飛べないだろう ❹〔船〕を座礁させる ‖ The boat was ～*ed*. 船が座礁した ❺《米》〔器具・回路など〕をアース[接地]させる(《英》earth) ❻〔子供〕を外出禁止にする ‖ You are ～*ed*, young lady. (娘に対して)おまえは外出禁止だ ❼〔物〕を地面に置く; 〔物〕を地面に触れさせる; 〖軍〗〔武器〕を地面に置く《降伏の印》

―自 ❶ (船が)座礁する, 〈浅瀬に〉乗り上げる〈**on**〉 ❷ 地上に着く, 着陸する ❸〖野球〗〈…に〉ゴロを打つ〈**to**〉

gròund óut 〈自〉〖野球〗ゴロを打って凡退する

▶▶ **～ báll** 名 Ⓒ =grounder **～ báss** /-béɪs/ 名 Ⓒ〖楽〗グラウンドベース, 固執低音《バス声部で延々と反復される音型》 **～ chèrry** 名 Ⓒ〖植〗(米国産の)ホオズキの類 **～ clòth** 名 Ⓒ《米》地面に敷く防水布(《英》groundsheet) **～ contròl** 名 Ⓤ (航空機などの)地上管制《職員・設備》 **～ contròller** 名 Ⓒ 地上管制員 **～ còver** 名 Ⓤ グラウンドカバー, 地被植物, 下草 **～ crèw** 名 Ⓒ《集合的に》(飛行場の)整備員, 地上勤務員 **～ flóor** (↓) **～ ìvy** 名 Ⓤ Ⓒ〖植〗カキドオシ《シソ科のつる草》 **～ lèvel** 名 ① Ⓤ 地面の高さ; (建物の)1階; 〖理〗基底状態(ground state) ②《the ～》(会社・組織の)底辺(の人々) **～ plàn** 名 Ⓒ ① (建物の)平面図 ② 基本計画, 原案 **～ rènt** 名 Ⓤ Ⓒ《英》地代, 借地料 **～ rùle** 名

G

Ⓒ ①《通例 ~s》(行動上の)基本原則 ②〖野球〗(競技場ごとの)グラウンドルール ‖ a ~ *rule* double エンタイトルツーベース(❗「エンタイトルツーベース」は和製語) **~ squìrrel** 名Ⓒ〖動〗ジリスの類《特に北米産の地上で生活するリス》 **~ stàff** 名 ① =ground crew ②Ⓒ《集合的に》《単数・複数扱い》競技場整備員 **~ stròke** 名Ⓒ〖テニス〗(グラウンド)ストローク《ボールがバウンドしてから打つ》(→ volley) **~ trùth** 名Ⓤ グラウンドトゥルース《空中探査の結果を検証するための地上調査で得た情報》 **~ wàve** 名Ⓒ〖無線〗地上波 **~ zéro** 名 ①Ⓤ(核爆発などの)ゼロ地点, 爆心地;(爆破事件の)現場 ②《また G- Z-》(2001年の同時多発テロ事件で崩壊した)ニューヨーク世界貿易センタービル跡地 ③Ⓤ 始まり, 出発点;最初級レベル

*__ground__[2] /graʊnd/ 動 grind の過去・過去分詞

—形《限定》粉にした, ひいた;磨いた, 研いだ

▶▶ **~ béef** 名Ⓤ《米》ひき肉 **~ gláss** 〈シ〉名Ⓤ すりガラス, 曇りガラス;(研磨用の)粉ガラス

gróund·brèaking 名Ⓤ 起工

—形《限定》草分け的な

G

ground·ed /gráʊndɪd/ 形 ❶ 自分を見失わない, しっかりと冷静な ❷(航空機・搭乗員が)地上待機の ❸《通例複合語で》基礎のある

ground·er /gráʊndər/ 名Ⓒ〖野球・クリケット〗ゴロ

gróund·fìsh 名(複 ~ OR ~·es /-ɪz/)Ⓒ 海[水]底にすむ魚, 底生魚

gròund flóor 〈シ〉名Ⓒ《英》1階(《米》first floor)(→ floor 語法);《口》有利な立場[始まり]

gèt* [OR *be*] *in on the gròund flóor (事業などに)最初から参加する[したことで有利な立場に立つ]

gróund·hòg 名Ⓒ《米》〖動〗マーモット

▶▶**Gróundhog Dày** 名《米》聖燭(せいしょく)祭の日《2月2日 Candlemas Day. groundhog が冬眠から覚めて穴を出る日. もし晴れていて自分の影を見ると冬ごもりに戻り, 春の到来は遅いといわれる》

gróund·ing /-ɪŋ/ 名 ❶Ⓒ《単数形で》〈…の〉基礎[初歩]訓練〈in〉 ❷ⓊⒸ 飛行禁止, 出航禁止 ❸Ⓒ 外出禁止

gróund·kèeper 名《米》=groundskeeper

gróund·less /-ləs/ 形 根拠[理由]のない, いわれのない;不当な **~·ly** 副 **~·ness** 名

ground·ling /gráʊndlɪŋ/ 名Ⓒ ❶ 水底にすむ魚;地をはう植物[動物] ❷ 低俗な観客[読者];《古》平土間の観客 ❸《俗》地上勤務員

gróund·màss 名Ⓒ《単数形で》〖地〗石基, 基質《斑岩(はんがん)の細粒状の水晶質部分》

gróund·nùt 名Ⓒ ❶《米》地下の塊茎(のできる植物) ❷ 落花生(peanut)

gróund·òut 名Ⓒ〖野球〗ゴロによる凡退

ground·sel /gráʊndsəl/ 名Ⓒ〖植〗シネラリアの類

gróund·shèet 名《英》=ground cloth

gróunds·kèeper 名Ⓒ《米》競技場[球場]整備員;(公園・屋敷・墓地などの)管理人(《英》groundsman)

grounds·man /gráʊndzmən/ 名(複 **-men** /-mən/)《英》=groundskeeper

gróund·spèed 名ⓊⒸ(飛行機の)対地速度(→ airspeed)

gróund·swèll 名Ⓒ《単数形で》❶(嵐・地震によって起こる)大波, うねり ❷〈世論などの〉高まり〈of〉

*__gróund·wàter__ 名Ⓤ 地下水(↔ surface water)

gróund·wòrk 名Ⓤ(計画などの)基礎, 土台;基礎作業, 地ならし

⁝group /gru:p/ (発音注意) 名 動

—名(複 **~s** /-s/)Ⓒ ❶《通例単数・複数扱い》(人・物の)**群れ, 集まり**, グループ, かたまり;(同じ性質を持つものの)群 ‖ The teacher had us practice in ~*s*. 先生は私たちを班ごとに練習させた / A ~ of boys were [OR was] playing outside. 少年たちの一団が外で遊んでいた(♦《米》では通例単数扱い.《英》では全体に重点が置かれる場合は単数扱い, 個々の成員に重点が置かれる場合は複数扱い) / Get into ~*s* of five. 5人ずつのグループに分かれなさい / gather in ~*s* グループごとに[三々五々]集まる / a ~ discussion 集団討論

❷(利害・信条・人種などを同じくする人々の)集団, **団体**;(政党内の)派閥;《ときに G-》企業グループ, 系列会社 ‖ a social [a political, an ethnic] ~ 社会[政治, 民族]集団 / an age ~ 年齢集団 / a pressure ~ 圧力団体 / a ~ net loss グループ企業の連結純損失

❸(音楽の)バンド ‖ a rock ~ ロックバンド

❹〖化〗基(radical);原子団;(周期律表の)元素群 ‖ a methyl ~ メチル基

❺〖軍〗(2個以上の駐屯地[基地]を持つ)戦闘群, 大隊;〖空軍〗飛行連隊

❻〖生〗(分類上の)群, 型;〖地〗界, 地層群;〖数〗(集合論の)群;〖医〗(血液の)型;〖楽〗音符群;〖美〗(モチーフとしての)群像;〖言〗(言)語群;…語派;〖文法〗語群, 句 ‖ a blood ~ 血液型 / the Germanic ~ ゲルマン語派

—動(**~s** /-s/;**~ed** /-t/;**~·ing**)

—他 ❶ …を(集めて)一団にする, 寄せ集める《*together*》;…を〈…と〉一緒にする〈**with**〉 ‖ We ~*ed* ourselves around the table. 私たちは一緒にテーブルを囲んだ

❷ …を〈群・組に〉分類する〈**into, under**〉(♦ しばしば受身形で用いる) ‖ The ski instructor ~*ed* us *into* three levels according to our experience. スキーの教官は私たちを経験に応じて3つのレベルに分けた

—自〈…に〉集まる, 群がる〈**around, near**〉;一団となる《*together*》‖ Can you all ~ *around* me? 皆さん私の周りに集まってください / ~ *together* in fours 4つ[4人]ずつの組に分かれる

▶▶ **~ cáptain** 〈シ〉名Ⓒ(英国の)空軍大佐 **~ dynámics** 名《単数扱い》〖心〗集団力学 **~ hóme** 名Ⓒ グループホーム《老人・障害者用, 麻薬からの更生用など各種ある》 **Gròup of Éight** 名《the ~》先進8か国首脳会議, サミット, G8《参加国は米・日・独・仏・英・伊・加・露の8か国. 1998年G7からG8へ移行》 **Gròup of Séven** 名《the ~》先進7か国《旧共産圏を除く, 米・日・独・仏・英・伊・加の7か国. 略 G7》;先進7か国蔵相・中央銀行総裁会議;先進7か国首脳会議, サミット《1998年からG8へ移行》 **Gròup of Sèventy-Séven** 名《the ~》77か国グループ《UNCTAD(国連貿易開発会議)のメンバーである発展途上国77か国のグループ. 略 G77》 **~ práctice** 名ⓊⒸ 集団診療《さまざまな専門医が協力して行う》 **~ thérapy** 名Ⓤ(精神医学の)集団療法 **~ wòrk** 名Ⓤ《英》(教室などでの)共同作業, グループワーク

group·er /grú:pər/ 名Ⓒ〖魚〗ハタの類

group·ie /grú:pi/ 名Ⓒ《口》(ロックバンドの)親衛隊[追っかけ](の女の子);(一般に)熱狂的ファン

*__group·ing__ /grú:pɪŋ/ 名 ❶Ⓤ グループに分けること, 組分け, 分類 ❷Ⓒ(目的・利害などが共通の)集団

gróup·thìnk 名Ⓤ《主に米》集団思考《集団に同調して深く考えないこと》

gróup·wàre 名Ⓤ 💻 グループウェア《オフィス等での効率的な共同作業を行うためのEメール・スケジュール管理・電子会議システムなどを統合したソフトウェア》

grouse[1] /graʊs/ 名(複 **~**)Ⓒ〖鳥〗ライチョウ(雷鳥);Ⓤ その肉

grouse[2] /graʊs/《口》動 自〈…について〉不平を言う, こぼす〈**about**〉 —名Ⓒ 不平, 不満

grout /graʊt/ 名Ⓤ グラウト《タイルや石の間をつなぐ薄いモルタル》 —動 他 …をグラウトでつなぐ[固定する]

*__grove__ /groʊv/ 名Ⓒ ❶(下草のない)木立, 小さい林(⇨ FOREST 類語P) ❷ 果樹林, 果樹園 ‖ an olive ~ オリーブ園 ❸《G-》《地名と複合語を作って》…並木通り ‖ Canada *Grove* カナダ通り(♦ the はつかない)

the gròves of Ácademe 学問の森[世界]

grov·el /grʌ́vəl | grɔ́v-/ 動 自(**-eled**, 《英》**-elled** /-d/;**-el·ing**, 《英》**-el·ling**) ❶ はう, はい進む ❷(恐怖・服従

などで)〈…の前に〉ひれ伏す, はいつくばう〈**before, to**〉‖ ~ *before* a conqueror 征服者の前にひれ伏す ❸ こびへつらう, 卑屈に振る舞う

gróv·el·ing, 《英》**-ling** /-ɪŋ/ 形 《限定》卑屈な, こびへつらう, 卑しい ; はいつくばう　**~·ly**

grow /ɡroʊ/

中心義 **Aが次第に大きくなる**(★Aは「生物」「数量」など多様)

> 動 自 **成長する❶　生える❷　増大する❸　なる❹**
> 他 **栽培する❶**

—動 〔▶ growth 名〕(**~s** /-z/ ; **grew** /ɡruː/ ; **grown** /ɡroʊn/ ; **~·ing**)

—自 ❶ **a** (人・体・動植物などが)**成長する**, 大きくなる, 育つ〈**from** …から ; **to, into** …に〉; (髪・つめなどが)伸びる ‖ Children ~ so quickly. 子供たちが大きくなるのは本当に早い / ~ *from* adolescence *to* manhood 青年期から壮年期へ成長する / ~ *to* one's full height 背(丈)が伸びきる

b 《+副》…だけ大きくなる ‖ My son has *grown* four centimeters in the last six months. 息子はこの6か月で4センチ背が伸びた

❷ (草木が)**生える**, 育つ ; 〈…から〉発芽する〈**from**〉‖ A cactus ~*s* in sand. サボテンは砂地に生える / flowers ~*ing* wild 自生している花 / *Money doesn't ~ on trees.* 《諺》金のなる木はない(だから大切に使え)

❸ (数・量・程度などが)〈…の点で〉**増大する**, 拡大する〈**in**〉‖ His reputation continues to ~. 彼の評判は広まる一方だ / The global population is ~*ing* at a breathtaking rate. 世界人口は猛烈な勢いで増加している / ~ *in* confidence [experience] 自信がつく[経験を積む] / ~ *in* importance 重要性が増す

❹ **a** 《+補〈形〉》(次第に)…の状態に**なる**(♦ 補 はしばしば比較級. get や go よりも《堅》) ‖ It began to ~ dark. 辺りが暗くなり始めた / The world itself is *growing* smaller and smaller. 世界そのものがますます小さくなっている / ~ old [richer] 年をとる[もっと裕福になる]

b 《+**to** *do* / **to be** 補》…する[である]ようになる ‖ She soon *grew to* love her job. すぐに彼女はその仕事が好きになった(♦ like, hate など感情を表す動詞を伴うことが多い) / She has *grown to* be really tall. 彼女はとても背が高くなった

❺ (能力・精神などが)発達する ; 立派になる ‖ He *grew* as a person. 彼は一人前になった

❻ (商売・経済が)発展する, 成長する ‖ His business is ~*ing* fast. 彼の事業は急成長している

❼ (物事が)〈…から〉起こる, 発生する, 生じる〈**from, out of**〉‖ love that *grew from* friendship 友情から芽生えた愛

—他 ❶ …を**栽培する**, 作る, 育てる(⇨ 類語P) ‖ ~ onions from seed タマネギを種から育てる / ~ vegetables in the greenhouse 温室で野菜を栽培する

❷〔髪・ひげ・つめなど〕を生やす, 伸ばす(♦ ときに形容詞補語を伴う) ‖ He is ~*ing* a beard. 彼はあごひげを生やしている / She *grew* her hair long. 彼女は髪を長く伸ばした

❸〔事業・経済〕を拡大する(♦ この用法は誤りとされることがある) ‖ ~ the business further 事業をいっそう拡大する

❹ 《受身形で》(建物・場所が)〈草木で〉覆われる《*over*》〈**with**〉‖ The shed is well *grown with* ivy. 納屋はツタですっかり覆われている

gròw apárt 〈自〉親密さが薄れる, 〈人と〉疎遠になる〈**from**〉‖ I *grew apart from* my school friends. 学生時代の友達とは疎遠になった

gròw awáy from ... 〈他〉《受身形不可》〔肉親・友人など〕から次第に離れる ; …との関係[関連]が薄れる

gròw báck 〈自〉(歯・つめ・葉などが)再び生えてくる

****gròw ínto ...*** 〈他〉《受身形不可》① 成長[発達・発展]して…になる ‖ A tadpole ~*s into* a frog. オタマジャクシは成長してカエルになる ② (成長して)〔服など〕が着られるようになる ‖ The jacket is a little too large, but he'll soon ~ *into* it. その上着は少し大きすぎるが, じきに大きくなってちょうどよくなるだろう ③〔仕事・任務など〕ができるようになる, …に慣れる ‖ He eventually *grew into* his job. 彼はやっと仕事に慣れた

****gròw on*** [OR ***upon***] ***a pérson*** 〈他〉《受身形不可》① (人・物事が)〔人〕の気に入るようになる, …になじんでくる ‖ Strangely enough, the music began to ~ *on* me. 不思議なことに, だんだんその音楽が好きになってきた ② (感情・考えなどが)〔人〕の習慣となる, …になじむ

gròw óut 〈他〉《***gròw óut ...*** / ***gròw ... óut***》髪を伸ばして〔セットした髪型など〕を崩す, 消す —〈自〉髪が伸びて(セットした髪型などが)崩れる, 消える

****gròw óut of ...*** 〈他〉《受身形不可》① (考え・計画・問題などが)…から生じる, 発展する ‖ The idea for the film *grew out of* my personal experience. その映画の着想は私の個人的体験から生まれた ② (成長して)〔悪癖など〕をやめる(outgrow) ‖ She *grew out of* biting her nails. 彼女は成長してつめをかむ癖が直った ③ (成長して)〔服〕が着られなくなる ‖ He quickly *grew out of* his clothes. 彼は急に大きくなって(今までの)服が着られなくなった

gròw togéther 〈自〉(物が)(成長[発展]して)1つになる, 合体する

****gròw úp*** 〈自〉① **成長する**, 大人になる ; 成長して…になる ‖ What do you want to be when you ~ *up*? 大人に[大きく]なったら何になりたいの / He *grew up* to be an astronaut. 彼は成長して宇宙飛行士になった ② 《しばしば命令形で》大人らしく振る舞う, 分別のある行動をする ‖ *Grow up*, you're not a baby anymore! しっかりしなさい, もう赤ん坊じゃないんだから ③ 生じる, 起こる ; 発展する(develop)

gròw úp on ... 〈他〉…に慣れ親しんで成長する

~·a·ble 形 栽培できる

育てる	rear 《米》raise	**bring up**	(人・子供を)養育する
		grow	(植物・果実を)栽培する
		breed	(動物・家畜を)飼育する

♦「人を育てる」場合は rear よりも, 《米》では raise, 《英》では bring up を用いるのが一般的. grow は不可. 「養子として育てる」の意味では foster.

♦ 人間・動植物などの幼いものを「大事に守り育てる」の意では nurse が用いられる.

♦ 人間や動物を「訓練し育成する」の意では train, 「発育を促す」の意では develop が用いられる.

♦ breed は「人」について, ある育て方を示す場合や受身形などで用いることがある. 〈例〉be born and *bred* 生まれて育つ(→ born)

grów·bàg 名 C 《英》グローバッグ《植物を栽培するための土・肥料などが入ったプラスチック製の袋[容器]》(♦《商標》Gro-bag, Gro-Bag などともいう)》

***grow·er** /ɡróʊər/ 名 C ❶ (植物の)栽培者 ; (家畜の)飼育者 ‖ a fruit ~ 果実栽培者 ❷ 《形容詞を伴って》…に成長する植物, …成植物 ‖ a fast [slow] ~ 早成[晩成]植物 / a free ~ 伸び伸びと育つ植物

***grow·ing** /ɡróʊɪŋ/ 形 《限定》❶ 発達する, 増大する, 募る ‖ A ~ number of people have concern for ecology. 環境保護に関心を持つ人が増えてきている / with ~ confidence だんだん自信をつけて ❷ 発育盛りの ❸ (植物の)生長の[に適した]

▸▸ **~ pàins** 名 複 ① 成長(期神経)痛 ; 大人になる悩み[苦しみ] ② (事業などの)産みの苦しみ **~ sèason** 名 C 《通例単数形で》(植物の)成長に適する季節

G

***growl** /graul/《発音注意》動 自 ❶（犬などが）〈…に向かって〉うなる〈**at**〉‖ The dog ~*ed at* the pizza delivery boy. 犬はピザ配達の少年に向かってうなった ❷（人が）〈…に〉文句を言う，がみがみ（不平を）言う〈**at**〉 ❸（雷などが）ごろごろと鳴る；（物が）ごろごろいう
—他…をうなるように[どなり声で]言う《*out*》（♦ 直接話法にも用いる）‖ He ~*ed*, "Shut up!"「黙れ」と彼はどなりつけた / ~ *out* a command どなり声で命令を下す
—名 C（犬・人などが）うなる[怒る]こと；うなり声，怒った[おどかす]ような声，不平の声；うーっ，ぐぉーっ《うなり声》‖ give a ~ どなる / let out a ~ うなり声を出す

growl·er /gráulər/ 名 C ❶ うなる人[動物，もの]；不平家 ❷ 小さい氷山 ❸《米口》グラウラー《量り売りのビールを入れる容器》❹《古》（昔の）四輪辻(つじ)馬車

growl·ing·ly /gráulıŋli/ 副 うなって；がみがみと

***grown** /groun/（♦ 同音語 groan）動 grow の過去分詞
—形《比較なし》《限定》❶ 成長した，成熟した（**mature**）‖ a ~ man 大人の男性 ❷《複合語で》…の生い茂った；…栽培の，…産の ‖ weed-~ ground 雑草の生えた土地 / home-~ tomatoes 自家栽培のトマト

***grown-up** /gròunʌ́p/（→ 名）《シ》形 成人した，大人になった（adult）；大人向きの ‖ She is still ten, but very ~. 彼女は10歳にしてはとても大人っぽい / a ~ daughter 成人した娘 / use ~ expressions 大人っぽいものの言い方をする
—名 /⌐⌐/ C（子供から見た）成人，大人（♦ 主に小児語）（→ adult）（⇨ CHILD 類語P）‖ If you are scared, tell one of the ~*s*. 怖かったら，だれか大人に言いなさい

⁝growth /grouθ/

—名〔◁ grow 動〕（複 **~s** /-s/）❶ U〈…の〉（数量・大きさ・程度などの）**増加**，増大，**成長**，拡大，発展，伸び〈**of, in**〉‖ population ~ 人口増加 / Rapid **economic** ~ caused strains in the community. 急速な経済成長で地域社会にひずみが生じた / the ~ *in* demand 需要の増大 / with a ~ **rate** of 3% 3%の成長率で
❷ U（人・動植物の）成長，発育（度，段階），成熟 ‖ Calcium is essential for healthy ~. 健全な発育にはカルシウムが不可欠だ / reach full ~ 完全に成長する / emotional [intellectual] ~ 感情[知性]の発達（段階）
❸ U 栽培，産出；C 生長したもの《草木・毛髪・つめなど》；（農）産物，副産物 ‖ a thick ~ of weeds 生い茂った雑草 / a day's ~ of beard 1日の間に伸びたあごひげ
❹ C《医》はれ物，腫瘍(しゅよう) ‖ have a ~ on one's neck 首にはれ物ができる / a malignant ~ 悪性腫瘍
▸▸ ~ **fàctor** 名 C《生》発育[成長]因子，増殖因子 ~ **fùnd** 名 C 成長型投資信託 ~ **hòrmone** 名 C 成長ホルモン ~ **ìndustry** 名 C 成長産業 ~ **rìng** 名 C（木の）年輪 ~ **stòck** 名 C 成長株

groyne /grɔın/ 名《英》=groin[2]

Grozny /gróuzni | grɔ́z-/ 名 グロズヌイ《ロシア連邦チェチェン共和国の首都》

grub /grʌb/ 名 ❶ C 地虫《昆虫の幼虫》；ウジ（虫） ❷ U《口》食べ物 —動（**grubbed** /-d/；**grub·bing**）自 ❶ 地面を掘る，掘り返す ❷〈…を〉捜し回る，引っかき回す《*about, around*》〈**for**〉‖ She *grubbed about* in her purse *for* her lipstick. 彼女はハンドバッグの中を引っかき回して口紅を捜した ❸ あくせく働く —他 ❶〔土地〕を掘る，掘り返す；〔土地〕から根・株を掘り起こす，…を整地する ❷〔根〕を掘り出す；…を捜し出す《*up, out*》 **~·ber** 名
▸▸ **Grúb Strèet** 名《（the）~》《集合的に》三文文士連《17世紀に貧乏作家たちの住んでいたロンドンの地名から》

grub·ber /grʌ́bər/ 名 C《クリケット》地面すれすれに投げた球

grub·by /grʌ́bi/ 形 ❶ ウジのわいた；汚らしい；だらしのない ❷ 卑劣な，軽蔑すべき **-bi·ly** 副 **-bi·ness** 名

grúb·stàke《米・カナダ口》名 C（利益の分配を受ける約束で与える）物資[資金]
—動 他（利益の分配を条件に）…に物資[資金]を与える

***grudge** /grʌdʒ/ 名 C〈人に対する〉根強い恨み，遺恨；悪感情〈**against**〉‖ have [OR nurse, hold] a ~ *against* him for ... …のことで彼に恨みを抱く / pay off an old ~ 昔の恨みを晴らす
—動 他 ❶ 惜しむ **a** …を惜しむ，出ししぶる ‖ He ~*d* his efforts [a moment's delay]. 彼は努力を[一刻の遅れをも]惜しんだ **b**《+*doing*》…するのを惜しむ，…をなかなかしたがらない ‖ She ~*d* paying so much money for such inferior service. 彼女はそんなひどいサービスに対して高い金を払うのをしぶった **c**《+目 *A*+目 *B*⇄+目 *B*+to 目 *A*》*A*（人）に*B*（物）を与えるのを惜しむ ‖ He ~*s* his employees a holiday.=He ~*s* a holiday *to* his employees. 彼は従業員になかなか休暇を与えない ❷《+目 *A*+目 *B*》*A*（人）の*B*（物・事）をうらやむ，ねたむ（♦ しばしば否定文で用いる）‖ I don't ~ him his success. 彼の成功をねたんでなんかいない
▸▸ ~ **màtch** 名 C 遺恨試合

grudg·ing /grʌ́dʒıŋ/ 形《通例限定》しぶしぶながらの，気の進まない ‖ ~ admiration しぶしぶ褒めること **~·ly** 副

gru·el /grúːəl/ 名 U（薄い）粥(かゆ)《オートミールなど》

gru·el·ing,《英》**-ling** /grúːəlıŋ/ 形 疲労困憊(こんぱい)させる，極度にきつい

grue·some /grúːsəm/ 形 ぞっとする，身の毛もよだつ，恐ろしい；《口》とても不愉快な **~·ly** 副 **~·ness** 名

gruff /grʌf/ 形 ❶ 粗野な，ぶっきらぼうな；むっつりした ‖ (as) ~ as a bear ひどくむっつりとした ❷（声が）耳障りな，しわがれた **~·ly** 副 **~·ness** 名

***grum·ble** /grʌ́mbl/ 動 自 ❶ ぶつぶつ文句を言う，不平[不満]を述べる〈**at, to** …に；**about** …について〉‖ Why do you ~ *at* me *about* your own mistake? なぜ自分のミスについて私に文句を言うんだ / "How's life?" "Mustn't [OR Can't] ~."《英口》「調子はどう」「まずまずってとこだね」❷ 低くうなる；（遠雷などが）ごろごろ鳴る（rumble）‖ Are you hungry? I can hear your stomach *grumbling*. おなかすいたの，おなかがぐうぐう鳴ってるね
—他 **a**《+目》…を不満そうに言う《*out*》‖ He ~*d* (*out*) a reply. 彼は不満そうに返事をした **b**《+**that** 節》…だと文句を言う ‖ "It's raining," he ~*d*.「雨だな」と彼はぼやいた
—名 C ❶ 不平，不満，苦情，愚痴 ❷ ごろごろ[がらがら]いう音，とどろき
-bler 名 C 文句ばかり言う人，不平家 **-bling·ly** 副

grump /grʌmp/《口》名 C むっつり屋；《しばしば ~s》不機嫌 —動 自 不平を言う，こぼす

grump·y /grʌ́mpi/ 形 不機嫌な，気難しい，むっつりした
grúmp·i·ly 副 **grúmp·i·ness** 名

Grun·dy /grʌ́ndi/ 名（複 **~s** /-z/）C《通例 Mrs. ~ で》世間体を気にする人；世間（の口）（♦ Thomas Morton 作の喜劇中の人物より）‖ What will Mrs.~ say? 世間では何と言うだろう **~·ìsm** 名 U《英》世間体を気にすること，因襲にこだわること

***grunge** /grʌndʒ/ 名 U ❶《口》ごみ，がらくた ❷（=~ **ròck** [**mùsic**]）《楽》グランジ（ロック）《1990年代初めにはやったロック音楽》❸（=~ **fàshion**）グランジ（ファッション）《破れたジーンズやフランネルのシャツなど》❹ C ⊗《米俗》《蔑》不快な人，汚(らし)いやつ

grun·gy /grʌ́ndʒi/ 形 ❶《口》荒れ果てた；みすぼらしい，汚い ❷ グランジ（音楽[ファッション]）の

grun·ion /grʌ́njən | -iən/ 名 C《魚》グラニョン《カリフォルニア沿岸産の小型の食用魚》

***grunt** /grʌnt/ 動 自 ❶（豚などが）ぶうぶう鳴く ❷（人が）（骨折り・不満・いら立ちなどで）ぶうぶう言う，うなる，低い声で言う ‖ ~ from [OR with] pain 苦痛でうなる
—他（人が）…をぶうぶう言いながら述べる，ぶっきらぼうに言う（♦ 直接話法にも用いる）‖ He ~*ed* his disapproval. 彼はぶつぶつ言いながら不賛成の意を表した

G

—名 C ❶ ぶうぶう言う声[鳴き声]，不満の声(♦豚の鳴き声そのものは oink) ‖ give [OR utter] a ～ ぶつぶつ(不平を)言う ❷《米俗》(特にベトナム戦争に参加した)歩兵 ❸《米俗》単純労働者 ❹〖魚〗イサキ科の魚《水から上げるとぶうぶう鳴く》 ❺《英口》(バイクなどの出す)力，パワー
～·er 名 C ぶうぶう鳴く魚，イサキの類；ぶうぶう言う人
▸▸**～ wòrk** 名 C《米口》(きつい)単純労働，下働き

grun·tled /grʌ́nṭld/ 形《口》《戯》喜んだ，満足した(♦ disgruntled よりの逆成)

Gru·yère /grujéər | grúːjeə/ 名 U グリュイエールチーズ《スイス産の硬質チーズ》

gryph·on /grífən/ 名 = griffin

GSA 略 *G*eneral *S*ervices *A*dministration (《米国の》調達局)；*G*irl *S*couts of *A*merica

G7 /dʒìːsévən/ 略 Group of Seven

G77 /dʒìːsevəntisévən/ 略 Group of Seventy-Seven

GSM 略 *G*lobal *S*ystem [*S*tandard] for *M*obile Communication(s)(世界移動電話規格)

GSOH 略 *g*ood *s*ense *o*f *h*umour(ユーモアを解するセンス)

G-spòt /dʒíː-/ 名 C《口》Gスポット《膣(ちつ)前壁の性感帯．医師名 Gräfenberg より》

GSR 略〖生理〗*g*alvanic *s*kin *r*esponse(電気皮膚反応)

GST 略 *G*oods and *S*ervices *T*ax(ニュージーランドおよびカナダの消費税)

G-strìng /dʒíː-/ 名 C ❶ (ストリッパーなどの)バタフライ；(北米先住民などの)褌(ふんどし) ❷〖楽〗(バイオリンなどの)G線

G-sùit /dʒíː-/ 名 C ジースーツ《加速度や重力の影響に耐えられるように作られた飛行服》(♦ gravity＋*suit* より)

GT 略《イタリア》*g*ran *t*urismo (＝grand touring)(長距離走行用高性能乗用車)

gt. 略 gilt；great；《ラテン》*gutta* (＝a drop)(処方箋(せん)で)

gtd. 略 guaranteed

GTG 略《口》*g*ot *t*o *g*o(じゃあこのへんで)(♦主にEメールなどで使う)

G-20 /dʒìːtwénṭi/ 略 *G*roup of Twenty Finance Ministers and Central Bank Governors(20か国財務相・中央銀行総裁会議)(1999年創設)

GU 略 genitourinary；Guam

gua·ca·mo·le /gwɑ̀ːkəmóuli/ 名 U グアカモーレ《アボカドを主原料とするメキシコのソース．またそれを使ったサラダ》

Gua·dal·ca·nal /gwɑ̀ːdəlkənǽl/ 名 ガダルカナル島《南太平洋ソロモン諸島中の1島》

Guam /gwɑːm/ 名 グアム(島)《太平洋西部，マリアナ諸島中の米国領の島》

gua·na·co /gwənáːkou/ 名 (複 ～ OR ～s /-z/) C〖動〗グアナコ《南米産のラクダ科の草食獣》

Guang·dong /gwɑ̀ːŋdúŋ | gwæ̀ŋ-/ 名 広東(カントン)省《中国最南端の省．省都 Guangzhou(広州(コワンチョウ))》

Guang·zhou /gwɑ̀ːŋdʒóu | gwæ̀ŋ-/ 名 広州《中国広東省の省都．旧称 Canton》

gua·nine /gwáːnìːn/ 名 U〖生化〗グアニン《核酸構成物質の1つ》

gua·no /gwáːnou/ 名 (複 ～s /-z/) U C ❶ グアノ，鳥糞(ちょうふん)石《ペルー沿岸付近の島に産する海鳥の糞．肥料用》 ❷ (グアノに似た)人工[天然]肥料

:guar·an·tee /gæ̀rəntíː/《発音・アクセント注意》◁シ

—名 (複 ～s /-z/) ❶ C (結果・状態などの)**保証**；請け合い，確約，約束〈**of** …についての / **that** 節 …という〉‖ A famous author's name on the cover is not always a ～ *of* a good book. 表紙に有名な作家の名前が載っているからといってその本がいつも良書であるという保証はない / There is no ～ *that* you can land this post. あなたがこのポストに就けるという保証はない / He **gave** me a ～ *that* he would never do it again. 彼は二度とそんなことはしないと私に請け合った / **give** a ～ *of* good behavior 態度を改めることを約束する

❷ U (製品などの)保証〈**on, for** 製品・品質などについての；**against** 危険・損害に対する〉；C (債務履行などの)保証契約；保証書(! 日本語の「ギャラ(ンティー)」の意味はない．「出演料」は performance fee) ‖ This computer 「comes with [OR has] a two-year ～. このコンピューターは2年間保証付きだ / under ～ 保証期間中で / a written ～ 保証書 / a money-back ～ 返金保証

❸ C **担保**(物件)，抵当 ‖ He had to offer his land as a ～. 彼は土地を担保に入れなければならなかった

❹ C 保証人，引受人

—動 (～s /-z/；～d /-d/；～·ing) 他《通例進行形不可》

❶ 〔製品など(の品質)〕を**保証する**，…に保証書をつける；〔契約など(の履行)〕を保証する；〔人の債務など〕の保証人となる；〔人・商品など〕に〈危険・損害などに対する〉保証をする〈**against**〉‖ This CD player is ～*d* for one year. このCDプレーヤーには1年間の保証がついている / I don't like to ～ somebody's debt however close he is to me. どんなに親しくても借金の保証人になるのはいやだ / This insurance ～*s* me *against* property loss. この保険は私の財産損失に対して保証をしてくれる

❷ **確約する** **a** 《＋目》…を(確かだと)請け合う，確約する ‖ I can ～ his success. 彼の成功は保証してよい / Satisfaction ～*d*. ご満足いただけること請け合いです《商品の宣伝》 **b** 《＋**to** *do*》…すると確約する ‖ We ～ *to* deliver your pizza within 30 minutes. 30分以内に必ずピザをお届けします **c** 《＋(**that**) 節 / **wh** 節》…ということ[…か]を保証する ‖ I ～ (*that*) the work will be finished within a month. 1か月以内に仕事を終えることを固くお約束します / We cannot ～ *what* the consequences will be if we continue to pollute the environment. このまま環境汚染を続けていたらこの先どうなるか保証できない **d** 《＋目 *A*＋目 *B*≒＋目 *B*＋**to** 目 *A*》*A*(人)に*B*(事)を確約する，保証する ‖ I cannot ～ you regular employment.＝I cannot ～ regular employment *to* you. 君を正規雇用にすると約束はできない **e** 《＋目＋**to be** 補 / 目＋補〈形〉》…を…であると保証する ‖ This picture is ～*d to be* genuine. この絵は本物だと保証されている **f** 《＋目＋**to** *do*》…が…すると保証する；《受身形で》きっと…する ‖ This project is ～*d to* meet strong opposition. この計画は強硬な反対に遭うに違いない

❸ **保証になる** **a** 《＋目》(物・性質などが)…の保証となる ‖ Your qualifications virtually ～ a good job. 君のような資格があればよい仕事が間違いなく見つかるよ **b** 《＋(**that**) 節》(物事が)…という保証になる ‖ These scraps of paper do not ～ *that* this pot is a genuine *Karatsu*. こんな紙切れではこのつぼが本物の唐津焼であるという保証にはならない **c** 《＋目 *A*＋目 *B*》(物事が)*A*(人)に*B*(事柄)を保証する[確実に*B*を得られるようにする] ‖ Your new job does not ～ you a successful career. 君が新しい職を得たからといって人生の成功をつかんだとはいえない

guar·an·tor /gæ̀rəntɔ́ːr/ 名 C〖法〗保証人

guar·an·ty /gǽrənti/ 名 (複 **-ties** /-z/) C〖法〗❶ (他人の債務・義務履行に対する)保証(書)；保証契約 ❷ 担保(物件) ❸ 保証人(guarantor)
—動 他 ＝guarantee

:guard /gɑːrd/《発音注意》

—名 (複 ～s /-z/) ❶ C **護衛者**，ボディーガード；監視人，番人，ガードマン；〖軍〗歩哨(ほしょう)，衛兵，警備兵 ‖ ～*s* around the king 王の護衛 / secret service ～*s* 私服のボディーガード / customs ～*s* 税関監視員 / **security** ～*s* (特に私設の銀行・美術館・空港などの)ガードマン，警備員(!「ガードマン」は和製語)

❷ C《米》(刑務所の)看守(prison guard,《英》warder) ‖ The prisoner tricked his ～*s* and disappeared into the city. 囚人は看守をだまして街の中へと消えた

❸ C《集合的に》《単数・複数扱い》警備隊，護衛隊(♦《米》

G

では通例単数扱い. 《英》では全体を一つの集団と見る場合単数扱い, 個々の成員に重点を置く場合複数扱い); 《the G-s》《英》近衛(このえ)連隊 ‖ Armed ~*s* were posted around the building. 武装した警備隊が建物の周りに配置された / He was hiding away in the trunk when their car was stopped by the border ~*s*. 彼らの車が国境警備隊に停止を命じられたとき彼はトランクに身を潜めていた

❹ Ⓒ 《英》車掌(《米》conductor); 《英》〖史〗(駅馬車の)車掌

❺ Ⓒ (しばしば複合語で)防護物; 防具; 安全装置; (時計の紛失防止のための)鎖; (= ~ **sìgnal**)〖電子〗保護信号 ‖ a blade ~ (刀剣の)つば / a lens ~ レンズカバー / a catcher's shin ~*s* 捕手のすね当て / a trigger ~ (銃の)安全装置 / a mouth ~ (フットボール選手の)マウスガード(→ fireguard, mudguard)

❻ Ⓤ 見張り, 警戒, 監視; 防御; 用心 ‖ The prisoner is under close ~. 囚人は厳しく監視されている

❼ ⓊⒸ (ボクシング・フェンシングなどの)ガード, 受けの姿勢[構え]; Ⓒ (バスケットボール・フットボールの)ガード ‖ get in under one's opponent's ~ 相手のガードをかいくぐって打つ / raise one's ~ 受けの姿勢に入る

dròp** [OR **lòwer**] **one's guárd**; **lèt one's guàrd dówn 警戒を解く, 油断する

off guárd ① 非番で ② = *off* (*one's*) *guard*(↓)

off (*one's*) ***guárd*** 警戒[用心]を怠って, 油断して ‖ His question caught [OR took] me *off* ~. 彼の質問に不意を突かれた

* ***on*** (*one's*) ***guárd*** 〈…を〉見張って, 〈…を〉**警戒**[用心]して〈**against**〉 ‖ Be *on* your ~ *against* pickpockets. すりに気をつけなさい

* ***stànd*** [OR ***kèep, mòunt***] ***guárd*** ① 歩哨の任務に就く〈**at** …の場所で; **over** …の〉 ② …の見張りをする〈**over**〉

COMMUNICATIVE EXPRESSIONS

[1] Dón't「**lèt your guárd dòwn** [OR **lòwer your guárd**]. 油断するなよ (♥ 気を抜かぬよう気分を引き締める表現)

—動 (~**s** /-z/; ~·**ed** /-ɪd/; ~·**ing**)

—他 ❶ …を〈危険などから〉**守る**, **保護する**〈**against, from**〉; …の番をする(watch over)(⇨ PROTECT 類語P) ‖ Our duty is to ~ the headquarters *against* terrorist attacks. 我々の任務はテロリストの攻撃から本部を守ることだ / Jonathan carefully ~*ed* himself *from* falling in love. ジョナサンは恋に落ちないように十分に用心した / The moon rocks were heavily ~*ed*. 月の石は厳重に守られていた ❷〔囚人など〕を**見張る**, 監視する; 〔秘密・情報など〕を守る ❸〔言葉など〕を慎む, 抑える ‖ ~ one's temper かんしゃくを抑える / ~ one's tongue 口を慎む ❹〖スポーツ〗〔相手〕をガードする ❺〔機械・装置など〕に防御カバーなどをつける

—自 ❶ 〈…を防ぐよう〉用心する, 警戒する〈**against**〉 ‖ You should ~ *against* fire [eating too much]. 火事にならない[食べすぎない]ように気をつけなさい ❷ 見張る, 監視する

COMMUNICATIVE EXPRESSIONS

[2] **Guàrd it with your lífe.** 絶対大切にしてね(♥ 人に物を貸すときなどに紛失しないよう大げさに頼む表現)

▸▸ ~ **cèll** 名 Ⓒ 〖植〗保護細胞 ~ **dòg** 名 Ⓒ 番犬 ~ **of hónor** 名 (複 ~**s of h-**) Ⓒ 儀仗(ぎじょう)兵 ~ **rìng** 名 Ⓒ 留め指輪《別の指輪が抜けるのを防ぐ》; 〖電〗ガードリング《コンデンサー内の留め環》 ~**'s vàn** 名 Ⓒ 《英》(列車後尾の)乗務員用車両, 車掌車(《米》caboose)

guard·ed /gɑ́ːrdɪd/ 形 (言葉遣いなどが)慎重な, 用心深い ‖ ~ language 慎重な言葉遣い / be ~ in what one says 気をつけて口をきく ~·**ly** 副

guárd·hòuse 名 Ⓒ 〖軍〗❶ 衛兵(詰め)所, 番所 ❷ 営倉, 留置場

* **guard·i·an** /gɑ́ːrdiən/ 名 Ⓒ ❶ 〈…の〉保護者, 守護者; 保管者, 管理者(custodian)〈**of**〉 ‖ a ~ *of*「public morals [the peace] 公共道徳[治安]の守護者 ❷〖法〗(未成年者などの)後見人 ‖ When Meg's parents were killed in a traffic accident, her uncle「was made [OR became] her legal ~. メグの両親が交通事故で亡くなると, 彼女のおじが法定後見人となった ❸ (フランシスコ会の)修道院長

▸▸ ~ **ángel** 名 Ⓒ ① (個人・土地の)守護天使; 《口》(一般に)保護者, 番人 ② (G- A-)ガーディアンエンジェル《都会で市民を暴力から守る有志の組織の一員》

guárdian·shìp 名 Ⓤ 保護者[後見人]の職務; 保護, 監督; 〖法〗後見 ‖ place ... under his ~ …を彼の保護下に置く

guárd·ràil 名 Ⓒ (道路の)ガードレール; (階段・船の)手すり, 欄干; (鉄道の)補助レール

guárd·ròom 名 Ⓒ 〖軍〗❶ 衛兵(詰め)所(内の1部屋) ❷ 営倉(内の1部屋)

guards·man /gɑ́ːrdzmən/ 名 (複 **-men** /-mən/) Ⓒ (英国の)近衛兵; (米国の)州兵; (一般に)衛兵, 守衛(中立 guard, member of the guards)

Guar·ner·i·us /gwɑːrnéəriəs/ 名 Ⓒ グァルネリウスのバイオリン《イタリアの Guarneri 一族が17–18世紀に製作した》(→ Stradivarius)

* **Gua·te·ma·la** /gwɑ̀ːtəmɑ́ːlə/ 名 グアテマラ《中米の共和国. 公式名 the Republic of Guatemala. 首都 Guatemala City》 **-lan** 形 名

▸▸ ~ **Cíty** 名 グアテマラシティ《グアテマラの首都》

gua·va /gwɑ́ːvə/ 名 Ⓒ 〖植〗グアバ, バンジロウ; その実《熱帯アメリカ原産. 実は生食するほか, ジュースなどの原料》

gub·bins /gʌ́bɪnz/ 名 《単数・複数扱い》《英口》がらくた, くず, 価値のないもの; 付属品, (ちょっとした)装置; ばかなやつ

gu·ber·na·to·ri·al /gùːbərnətɔ́ːriəl/ ⟨ジ 形 (米国の)州知事(governor)の

guck /gʌk/ 名 Ⓤ 《米口》どろりとしてねばつくもの ~·**y** 形

gud·geon[1] /gʌ́dʒən/ 名 Ⓒ ❶ 〖魚〗セイヨウカマツカ《ヨーロッパ産の小型淡水魚. よく釣りの生き餌にされる》 ❷ 《古》《俗》だまされやすい人

gud·geon[2] /gʌ́dʒən/ 名 Ⓒ ❶ (車軸の)軸頭; 〖海〗(舵(かじ)の)軸受け ❷ (ちょうつがいの)つぼがね; (石材を接合する)金(かな)くぎ

▸▸ ~ **pìn** 名 Ⓒ 《英》ピストンピン(《米》wrist pin)

guél·der ròse /géldər-/ 名 Ⓒ 〖植〗テマリカンボク(手鞠肝木)《初夏に白い球状花を咲かせる落葉低木》

gue·non /gənóʊn, -nɑ́(ː)n | gwénən, -nɒn, gənɔ́n/ 名 Ⓒ 〖動〗ゲノン《アフリカ産の樹上性のオナガザル類》

Guern·sey /gɔ́ːrnzi/ 名 Ⓒ ❶ ガーンジー島《イギリス海峡中の第2の島》 ❷ 《ときに g-》ガーンジー種乳牛《ガーンジー島産の豊乳牛》 ❸ 《g-》ガーンジー《漁師用の厚手のセーター》 ❹ 《豪》ガーンジーシャツ《オーストラリア式フットボールの選手が着用するそでなしのシャツ》 ‖ get a ~ 《口》フットボールチームの選手に選ばれる; 承認を得る

▸▸ ~ **líly** 名 Ⓒ 〖植〗ネリネ《南アフリカ産の球根植物》

* **guer·ril·la, gue·ril-** /gərílə/ (♦ 同音語 gorilla) 名 Ⓒ ゲリラ(兵), 不正規兵; 《形容詞的に》予告なしで行う, 突然の ‖ urban ~*s* 都市ゲリラ / ~ war(fare) ゲリラ戦 / ~ tactics ゲリラ戦術 / a ~ gig ゲリラライブ

語源 「小さな戦争(で戦う人々)」の意のスペイン語から.

guess /ges/ 《発音注意》 動 名

—動 (~·**es** /-ɪz/; ~**ed** /-t/; ~·**ing**)

—他 ❶ **推測する a** 《+目》…**を推測**[推量]**する** (⇨ IMAGINE 類語) ‖ Can you ~ his age? (=Can you ~ how old he is? / Can you ~ what his age is?) 彼の年齢を言い当てられますか / "How did you ~ my nationality?" "Who wouldn't, with that thick accent of yours!" 「どうして私の出身国がわかったの」「あなたのそのひどいなまりを聞けば間違えるはずがありませんよ」

b 《+ (**that**) 節》…(である)と推測する ‖ I can ~ from

Dad's attitude (*that*) he doesn't like my boyfriend. パパが私のボーイフレンドを嫌っていることはその態度から見当がつく

c 《(+**wh** 節)》…か見当をつける ‖ "Can I open it?" "*Guess what*'s inside, first." 「開けていいですか」「開ける前に何が入っているか当ててごらん」/ You'll never ～ *who* I met yesterday! きのう僕がだれに会ったか絶対に当てられないと思うよ

d 《(+目+**to be** 補)》〔人・物〕が…であると推定する ‖ She ～*ed* ⌈his age [OR him] *to be* about 30. (=She ～*ed* his age at about 30.) 彼女は彼が30歳ぐらいかなと思った

❷ 《受身形不可》〔なぞなぞ〕を**解く**, …の答えを言い当てる ; 〔答えなど〕を考えつく ‖ ～ a riddle なぞを解く / He has ～*ed* the answer. 彼は答えを言い当てた / You (have) ～*ed* it. あなたの思ったとおりです

❸ 《I ～+(that) 節 で》《口》…であると**思う**, …だと考える (♦ that はふつう省略され, 進行形, 受身形は不可. I guess を文末に置くこともできる) (♥ 発言内容に対する多少の不確かさ・気乗りのなさを暗示する) ‖ I ～ (*that*) he is not coming.=He is not coming, I ～. 彼は来ないと思う / I ～ (*that*) I'll have to leave [OR go home] now. もうおいとましなくてはなりません (♥ 思うことを相手に丁寧に伝えるときに用いる) / "Will he win?" "I ～ so [not]." 「彼は勝つかな」「そう思う[そうは思わない]」(♥ しばしば消極的な同意を表す. so [not] は that 節 の代用) / Which do you ～ is correct? どちらが正しいと思いますか (♦ 疑問詞を用いて「…と思いますか」と質問するときは疑問詞が文頭にくる)

―自 〈…を〉推測[推断]する, 見当をつける ; 言い当てる〈**at**〉(♦ guess at ... は他動詞の guess ... より不確かなことを表すことがある) ‖ I tried to ～ *at* the height of the building. 私はそのビルの高さを当てようとした / You are only ～*ing*. 君はただ当てずっぽうを言っているだけだ / "You are a lawyer, aren't you?" "You've ～*ed* right [wrong]." 「あなたは弁護士でしょ」「当たり[外れ]」

kèep* [《主に米》*lèave*] *a pèrson guéssing 《口》〔人〕に気をもませておく ‖ She *kept* the media ～*ing* about her new lover. 彼女は新しい恋人のことでマスコミをやきもきさせた

COMMUNICATIVE EXPRESSIONS

1 **Guèss whát!** I've won the lottery! ねえねえ聞いて, 宝くじが当たっちゃったよ (♥ 話を切り出すとき相手の注意を引く表現)

―名 (複 **～·es** /-ɪz/) Ⓒ **推測**, 推量, 当て推量〈**at** …について の / **that** 節 …という〉 ‖ My ～ is that the rain will turn to snow soon. もうすぐ雨は雪になると思う / I will give you three ～*es*! 3回のうちで当ててごらん / It was a good [bad] ～. 図星だった[想像が外れた] / miss one's ～ 誤った推測をする / by ～ 推測で / a wild ～ (ひどい) 当て推量 / a rough ～ 大ざっぱな見当 / **make** [《米》take, 《英》have, hazard] a ～ *at* her age 彼女が何歳か想像する

****ànybody's* [OR *ànyone's*] *guéss*** 《口》だれにも予測がつかないこと ‖ How well the plan will work is *anyone's* ～. この計画がどのくらいうまくいくかは何とも言えない

at a guéss 推測するところでは, およその見当では ‖ "Where has he gone?" "*At a* ～, to the library." 「彼はどこに出かけたの」「たぶん図書館でしょう」

hàve* [OR *gèt*] *anòther guèss cóming (推測が) 間違っている ‖ If that's what he thought, he *had another* ～ *coming*. もし彼がそう考えたんだったら, 彼の思い違いだ

COMMUNICATIVE EXPRESSIONS

2 **Ìf I had to vènture a guéss, Ì would sày** there are about 3ó0 péople in this ròom. あえて推測するならこの部屋には300人ほどいると思います (♥ 特に根拠もなく憶測で述べるときの前置き. =It's just a guess, but I think there are ....)

3 "Whàt's he úp to?" "I dòn't knów. **Your guèss is as gòod as míne.**" 「彼は何をたくらんでいるんだろう」「さあ, 僕にもわからない」(♥ 質問に対して「あなたと同様私にもわかりません」の意)

guess·ti·mate /géstɪmət/ (→ 動) 《口》 名 Ⓒ 当てずっぽう, 当て推量 ―動 /géstɪmèɪt/ 他 …を当て推量する (♦ guess+estimate より)

guéss·wòrk 名 Ⓤ 推測, 当てずっぽう ; 推測に基づく判断 ‖ by ～ 推測によって

:guest /gest/ (♦ 同音語 guessed)

―名 (複 **～s** /-s/) Ⓒ ❶ (家の)**客**, 訪問客 ; (劇場・レストランなどへの)招待客(↔ host[1]) (⇨ VISITOR 類語P) ‖ We have ～*s* for dinner tonight. 今夜夕食時に来客がある / Don't worry about the bill — you're my ～ this evening. 勘定のことは気にしないで — 今晩はお客様なんだから / entertain ～*s* 客をもてなす / an unexpected ～ 不意の客 / an unwanted ～ 招かれざる客 / wedding ～*s* 結婚式の招待客

❷ (ホテル・レストランなどの)客, 泊まり客 ‖ a hotel ～ ホテルの宿泊者 / a paying ～ 下宿人(boarder)

❸ (式典・市などの)来賓, 賓客 ; (クラブなどの)特別会員 ; (テレビ番組などの) ゲスト ‖ Mel made a ～ appearance on "Tonight". メルは「トゥナイト」にゲスト出演した

❹ 〖動〗客生動物 ; (アリの巣でアリと共生する) 好蟻(ぎ)性動物

❺ Ⓒ Ⓤ 🖳 ゲストユーザー《コンピューターネットワークの常時利用者ではないユーザーのログイン名》

COMMUNICATIVE EXPRESSIONS

1 "Can I ùse your phóne?" "**Bè my guést.**" 「電話をお借りしてもいいですか」「どうぞご自由に」(♥ 許可を求められた際などに快諾する文句)

Behind the Scenes **Be my guest.** どうぞ 1950年代の米国ヒルトンホテルの宣伝より. 直訳は「私のお客様になってください」, 転じて「どうぞご自由に, 好きにしてください」の意

―動 (**～s** /-s/ ; **～·ed** /-ɪd/ ; **～·ing**)

―自 《口》〈…に〉ゲスト出演する〈**on**〉

―他 〔人〕を客としてもてなす

―形 《比較なし》客(用)の ; 招待された, ゲストとしての ‖ a ～ towel 来客用のタオル / a ～ professor 客員教授 / a ～ speaker 来賓演説者 / a ～ star ゲストスター

▶▶ **～ bèer** 名 Ⓤ Ⓒ 《英》ゲストビール《メーカー特約のパブなどで期限を設けて販売される他社のビール》 **～ bòok** 名 Ⓒ (訪問客用の) 芳名簿, (ホテル・旅館などの) 宿帳 **～ nìght** 名 Ⓤ Ⓒ (クラブ・学寮などで客をもてなす)接待の夕べ **～ of hónor** 名 (複 **～s of h-**) Ⓒ (祝賀会・式などの) 主賓, 来賓 **～ ròom** 名 Ⓒ 客用寝室 **～ wòrker** 名 Ⓒ ゲストワーカー《ある国で一時的に働くことを許可された外国人労働者》

guést·hòuse 名 (複 **-hous·es** /-hàʊzɪz/) Ⓒ ❶ 《米》客用の家屋 [離れ] ❷ 《米》=bed-and-breakfast ❸ 《英》(高級)下宿 ; 小規模ホテル ❹ 《旧》迎賓館

gùest-stár 動 自 ゲストスターとして出演する

―他 …をゲストスターとして出演させる

Gue·va·ra /gəvɑ́ːrə/ 名 **Ernesto** (**Che**) **～** ゲバラ (1928–67) 《キューバなどで活動したアルゼンチン出身の革命家》

guff /gʌf/ 名 Ⓤ 《口》ばか話, たわごと, ナンセンス

guf·faw /gʌfɔ́ː/ 名 Ⓒ 高笑い, 大笑い ‖ give a ～ 大笑いする ―動 自 大笑いする (⇨ LAUGH 類語P)

GUI /gúːi/ 略 🖳 graphical *u*ser *i*nterface 《画面上のアイコンをマウスで選択してコマンドを実行するインターフェース》

Guia·na /giǽnə, -ɑ́ːnə/ 名 ギアナ《南米大陸北東部の地域. ガイアナ・スリナム・フランス領ギアナを含む》

▶▶ **～ Híghlands** 名 《the ～》《単数・複数扱い》ギアナ高地《南米大陸北東部, ベネズエラ南部・ブラジル北部・ギアナ地方南西部にまたがる高原》

***guid·ance** /gáɪdəns/ 名 〔◁ guide 動〕 Ⓤ ❶ 〈…についG

ての〉案内, 指導 ; 指図, 手引〈**on, about**〉; Ⓒ 指導[手引]となるもの ‖ He gave me a lot of helpful ～ *on* my study. 彼は研究上の有益なアドバイスをたくさんくれた / I started training under his ～. 彼の指導の下でトレーニングを始めた / ask [look to] her for ～ 彼女に指導を求める[期待する] / offer ～ to him 彼に指導をする / a ～ note 要綱, ガイドライン ❷ 学生指導, ガイダンス ‖ vocational ～ 職業指導 ❸ (宇宙船・ミサイルなどの) 誘導 ‖ a ～ system 誘導システム / by the ～ of radar レーダーの誘導で

▸▸ ～ **cóunselor** 名 Ⓒ 《米》(高校の)生活指導相談員

***guide** /ɡaɪd/ 《発音注意》 名 動

中心義 導く(人[もの])

名 ガイド❶ 入門書❸ ガイドブック❸
動 他 案内する❶ 指導する❷

── 名 (複 **～s** /-z/) Ⓒ ❶ (旅行などの)案内人, **ガイド** ; (スイスなどの) 山岳ガイド ‖ A tour ～ showed us around the castle. 観光ガイドが我々に城の案内をして回った
❷ (生き方などの)指導者, 先達 ; 〈…の〉指導原理(となるもの), 手本 ; 〈…への〉指針, 指標〈**to**〉‖ Let your conscience be your ～. 良心の声に従いなさい / Sarah's manner of dressing is [OR **provides**] a good ～ *to* her mood. サラの装いを見ると彼女の気分を知るよい手がかりになる
❸ 〈…の〉案内書, **入門書**, 便覧, 手引書 ; 旅行案内書, **ガイドブック** (guidebook) 〈**to**〉‖ a TV ～ テレビ番組案内 / a ～ *to* 「"in" restaurants [Cairo] 行列のできるレストラン[カイロ]のガイドブック
❹ 道しるべ ; 〖機〗誘導装置 ; (外科用探針の)導子 ; (釣りざおなどの)道糸
❺ 〖軍〗嚮導(きょうどう) 《隊列行進のとき, 隊形をコントロールし方向転換などの基点の役割を果たす兵士》
❻ 《the G-s》《英》 ガールガイド (the Guides Association) ; 《G-》 Ⓒ ガールガイドの団員

── 動 〔▶ guidance 名〕 (**～s** /-z/ ; **guid·ed** /-ɪd/ ; **guid·ing**)
── 他 ❶ 《+目+副句》〔人〕を(…へ) (道) **案内する**, 導く ; 〔人〕に(…を)案内して回る ; 〔乗り物〕を(うまく)操縦する, 進める (♦ 副句 は方向を表す) (⇨ 類語) ‖ The secretary ～*d* me into the director's office. 秘書は私を取締役室に案内した / The usher ～*d* us in. 案内係が我々を導いて中に入れた / We ～*d* foreign tourists around Kamakura. 私たちは外国人観光客に鎌倉を案内した / ～ a car down a narrow street 車をうまく運転して狭い道を通る
❷ 〔人(の行動など)〕を**指導する**, 教え導く ; 〔人〕に指針を与える, …をわかるように教える[導く] ; (感情などが)〔人〕を支配する ‖ ～ their behavior 彼らの行動を指導する / Her advice ～*d* him in the choice of a career. 彼女の助言が彼の職業選択の指針となった / be ～*d* by one's sense of right and wrong 善悪の観念に導かれる / be ～*d* by one's fears 恐怖のとりこになっている / This manual ～*s* you to the proper use of your new computer. この説明書を読めば新型コンピューターの正しい使用法がわかります
❸ …を(正しい方向に) 導いて〈難局などを〉切り抜ける〈**through**〉‖ ～ the nation *through* a difficult period 国の舵(かじ)取りをして困難な時期を切り抜ける
❹ 〔物〕の動き[位置]を管理する, 誘導する ‖ The pulley ～*s* the chain. そのプーリーがチェーン(の動き)を誘導する
── 自 ガイド[案内役]をする ; 指標となる

guíd·a·ble 形 指導[案内]できる **guíd·er** 名

類語 《他 ❶》 **guide** (しばしば職業として) 案内する. 〈例〉 *guide* a tourist 観光客を案内する
lead 先に立って案内する. 〈例〉 I'll *lead* you to the bus stop. バス停までご案内しましょう
conduct 先導・護衛・介添えなどして, ある所へ案内する ; やや儀礼的な案内の暗示がある. 〈例〉 *conduct* a guest to his seat 賓客を席へ案内する
show 言葉や身振りで教えたり, 自分で案内する. 格式ばらない語. 〈例〉 *show* him into my study 彼を書斎へ通す
direct 言葉[地図]で方向[道]を教える. 〈例〉 *direct* him to the park 彼に公園への道を教える

▸▸ **～d míssile** 名 Ⓒ 誘導弾[ミサイル] **～ dòg** 名 Ⓒ 盲導犬 **～d tóur** 名 Ⓒ 案内人[ガイド]付きの旅行[ツアー] **～ wòrd** 名 Ⓒ 《米》 (辞書の) 欄外見出し語 (catchword) 《そのページの最初と最後の語がわかる》

***guíde·bòok** 名 Ⓒ 旅行案内書, ガイドブック

***guíde·lìne** 名 Ⓒ ❶ 《通例 ～s》〈政策などの〉指針, ガイドライン ; 指導基準 [目標] 〈**on, for, about**〉‖ The government issued [drew up] ～*s on* tax reform. 政府は税制改革についての指針を発表[作成]した / give them ～*s for* writing their papers 彼らにレポート作成に当たっての指針を与える / follow [OR adhere to] ～*s* 指針を守る ❷ (英習字などの)なぞり線

guíde·pòst 名 Ⓒ 道標, 道しるべ ; (生活の)指針

Guid·er /ɡáɪdər/ 名 Ⓒ 《英》 ガールガイド (Guides) の指導者

gúide·wày 名 Ⓒ (超伝導電車などの) 軌道 (track) ; 滑り溝

guìding líght 名 Ⓒ 先導[手本]となる者[もの]

gui·don /ɡáɪdən/ 名 Ⓒ 〖軍〗部隊旗(の旗手)

***guild, gild** /ɡɪld/ 《発音注意》 名 Ⓒ ❶ 同業組合, 団体, 会 ‖ the Fashion Designers' *Guild* ファッションデザイナー協会
❷ (中世ヨーロッパの商工業者の)同業組合, ギルド
❸ 〖生態〗ギルド 《類似した食物・栄養をとり, 生息域において類似した働きをする生物群》

▸▸ **～ sócialism** 名 Ⓤ (近代英国の)ギルド社会主義

guil·der /ɡíldər/ 名 Ⓒ ギルダー 《euro 導入以前のオランダの銀貨および通貨単位(gulden) ; ＝100 cents》

guíld·hàll ⟨シ⟩ 名 Ⓒ ❶ (中世の) ギルド集会所 ❷ 《英》市役所, 町役場 (town hall) ❸ 《the G-》 ロンドン市庁舎 《市議会・晩餐(ばんさん)会などに用いる》

guile /ɡaɪl/ 名 Ⓤ 狡猾(こうかつ), 陰険, 悪知恵 ‖ use ～ 悪知恵を働かせる

guíle·ful /-fəl/ 形 狡猾な, 陰険な

guíle·less /-ləs/ 形 正直な, 悪意のない, 無垢(むく)な
～·ly 副

guil·le·mot /ɡílɪmɑ̀(ː)t | -mɔ̀t/ 名 Ⓒ 〖鳥〗ウミガラスの類の海鳥

guil·lo·tine /ɡílətìːn/ 名 Ⓒ ❶ 《単数形で》 ギロチン, 断頭台 ❷ (紙・金属などの)断裁機 ; 〖医〗扁桃腺(へんとうせん)切除器 ❸ 《単数形で》《英》〖政〗(議会での)討論打ち切り
── 動 他 ❶ 〔人〕をギロチンにかける ❷ …を断裁機で切る ❸ 《英》〖政〗〔議案の討論〕を打ち切る
語源 フランス革命時, 絞首刑などより苦痛の少ない処刑方法としてこれを提案した医師 J. I. Guillotin にちなむ.

***guilt** /ɡɪlt/ 《発音注意》 (♦ 同音語 gilt) 名 Ⓤ ❶ 罪を犯していること, 有罪(↔ innocence) ; (法律上の)犯罪(行為) ; (道徳上の)罪 ; 責任, とが ‖ prove the defendant's ～ 被告の有罪を証明する / have a sense of ～ 罪悪感を持つ / The ～ lies with him. 悪いのは彼だ ❷ 〈…に対する〉自責の念, 罪悪感〈**for**〉, 〈…への〉良心のとがめ, やましさ〈**at, about, over**〉‖ Don't you have any feelings of ～ *about* leaving your friends like this? こんなふうに友人たちを見捨てて後ろめたさを感じないのか
guilt by association 連座
── 動 他 《口》…に罪悪感を持たせて〈…〉させる〈**into**〉

▸▸ **～ trìp** (↓)

guílt·less /-ləs/ 形 ❶ 〈…の〉罪のない, 潔白な〈**of**〉 ❷ 〈…の〉経験がない, 〈…を〉知らない, 持たない〈**of**〉

guílt-rìdden 形 罪の意識に駆られた ‖ a ～ young man 罪の意識にさいなまれた若者
guílt trìp 名 Ⓒ《口》罪の意識，罪悪感 ‖ have no ～*s* about ... …について罪悪感を持たない / be on a ～ about ... …について罪悪感を持っている
guílt-trìp 動 他 …に罪悪感を持たせる
guilt·y /gílti/ 《発音注意》
—形 (**more ～, -i·er ; most ～, -i·est**)
❶〈…について〉**罪悪感のある**，やましい，後ろめたい〈**about**〉‖ She **felt** ～ *about* dumping her boyfriend. 彼女は恋人を捨てたことで気がとがめた / a ～ **conscience** やましい心，良心のとがめ / a ～ look 罪ありげな顔つき
❷〈…の〉罪を犯した，(法律に照らして)〈…について〉**有罪の** (↔ innocent)〈**of, to**〉‖ The jury **found** him ～ [not ～] (*of* professional misconduct). (職権乱用について) 陪審団は彼に有罪［無罪］を宣告した / The accused **pleaded** ～ [not ～] (*to* perjury). 被告は (偽証の) 罪を認めた［無実を申し立てた］/ the ～ **party** 有罪の当事者，犯罪者 / return a「～ **verdict** [verdict of not ～] 有罪[無罪]の評決を下す
❸ 犯罪の，犯罪的な，罪となる ‖ a ～ deed 犯行 / a ～ mind [OR intent] 犯意
❹〈過失などを〉犯している，〈…の〉責任がある；〈…という〉欠点がある〈**of**〉‖ Who is ～ *of* telling the secret? 秘密を漏らしたのはだれだ / be ～ *of* bad taste 趣味が悪い
❺ 罪悪感を伴う，罪悪感を持たせる ‖ a ～ secret やましさを感じさせる秘密
guílt·i·ly 副 **guílt·i·ness** 名
guin·ea /gíni/ 名 Ⓒ ❶ ギニー金貨《17–19世紀に使用された英国の金貨．21シリング (現在の1.05ポンド) に相当》❷《英》1.05ポンド［21シリング］の価格《現在でもときに謝礼・寄付金・地所・競売物件などの価格表示に用いられる》
Guin·ea /gíni/《発音注意》名 ギニア《アフリカ西部の共和国．公式名 the Republic of Guinea．首都 Conakry》
-e·an 形 名
▸▸ **gúinea fòwl** 名 Ⓒ〚鳥〛ホロホロチョウ《アフリカ原産》**gúinea hèn** 名 Ⓒ〚鳥〛ホロホロチョウ (の雌) **gúinea pìg** 名 Ⓒ ①〚動〛テンジクネズミ，(俗に) モルモット ② 実験台にされる人［もの］ **gúinea wòrm** 名 Ⓒ〚動〛メジナ虫，ギニア虫《ヒトの皮下に寄生する線虫．感染者はアフリカ熱帯地域に多い》
Guin·ea-Bis·sau /gìnibisáu/ 名 ギニアビサウ《アフリカ西部の共和国．公式名 the Republic of Guinea-Bissau．首都 Bissau》
Guin·e·vere /gwínɪvìər/ 名〚アーサー王伝説〛グィネビア《アーサー王の妃(きさき)》
Guin·ness /gínɪs/ 名 Ⓤ《商標》ギネスビール
▸▸ **～ Bòok of Récords** 名《the ～》《商標》ギネスブック《Guinness 社が毎年発行する世界記録集》‖ It's in *the* ～ *Book of Records*! それはギネスブックに載っている **～ Wòrld Récords** 名《商標》ギネスブック《2000年以降の名称》
gui·pure /gɪpjúər/ 名 Ⓤ ギュービュール(レース)《模様をつなぎ合わせた厚手レース》
***guise** /gaɪz/ 名 Ⓒ《通例単数形で》❶ 見せかけ，ふり，うわべ，口実；偽装 (disguise) ❷ 外見，姿，様子 ‖ old ideas in a new ～ 新しい装いをした古い考え ❸《英では古》身なり，服装 ‖ in the ～ of a woman 女装して
****under* [OR *in*] *the guise of ...*** …を装って；…を口実に ‖ He spoke to me *under the* ～ *of* friendship. 彼は友情を装って話しかけてきた / *under the* ～ *of* night 夜陰に乗じて
***gui·tar** /gɪtá:r/ 《アクセント注意》
—名 (複 **～s** /-z/) Ⓒ **ギター** ‖ an electric [acoustic] ～ エレキ［アコースティック］ギター / **play** (the [OR a]) ～ ギターを弾く / pluck [OR strum] a ～ ギターをかき鳴らす
***gui·tar·ist** /gɪtá:rɪst/ 名 Ⓒ ギター奏者，ギタリスト
Gui·zhou /gwèɪdʒóu/ 名 貴州(コイチョウ) 省《中国南部の省．省都 Guiyang (貴陽)》
gu·lag /gú:la:g | -læg/ 名 Ⓒ (旧ソ連の) 強制労働収容所；《G-》(旧ソ連の) 強制労働収容所の管理本部 (1930–55)
gulch /gʌltʃ/ 名 Ⓒ《米》(急流の流れる) 峡谷
gul·den /gúldən/ 名 = guilder
gules /gju:lz/ 名 Ⓤ 形〚紋章〛赤(の)，紅色(の) (◆ 形容詞はふつう名詞の後に置く)
***gulf** /gʌlf/ 名 Ⓒ ❶ 湾 (◆ bay より大きい) ‖ the *Gulf* of Mexico メキシコ湾 ❷〈…の間の〉越えられぬ隔たり；意見［感情］の隔たり，溝〈**between**〉‖ a wide ～ *between* generations 世代間の大きな隔たり ❸ (地表の) 深い割れ目［穴］，深淵(しんえん)；《詩》深海 ‖ a yawning ～ ぽっかりあいた穴 ❹《the G-》ペルシャ湾 (岸地域) (the Persian Gulf)；ペルシャ湾岸諸国
▸▸ **Gúlf Stàtes** 名《the ～》《複数扱い》① ペルシャ湾岸諸国《ペルシャ湾に臨むイラン・イラク・クウェート・サウジアラビア・バーレーン・カタール・アラブ首長国連邦・オマーンの諸国》② メキシコ湾岸諸州《米国のアラバマ・フロリダ・ルイジアナ・ミシシッピ・テキサスの5州》 **Gúlf Strèam** 名《the ～》メキシコ湾流 **Gùlf Wàr I** /-wʌ́n/ 名 第1次湾岸戦争《イラクのクウェート侵攻に端を発した多国籍軍とイラク軍との戦争 (1990–91)》 **Gúlf Wàr sỳndrome** 名 Ⓤ 湾岸戦争症候群《湾岸戦争退役軍人が多くかかる症候群．疲労感・慢性の頭痛・皮膚および呼吸器の疾患などが特徴》 **Gùlf Wàr II** /-tú:/ 名 第2次湾岸戦争，イラク戦争 (Iraq War)《米英軍中心によるイラク侵攻．サダム＝フセイン政権を倒す (2003–2011)》
gull[1] /gʌl/ 名 Ⓒ〚鳥〛カモメ
gull[2] /gʌl/ 名 Ⓒ だまされやすい人，間抜け
—動 他 …をだます，欺く ‖ ～ him out of his money 彼をだまして金を巻き上げる
Gul·lah /gʌ́lə/ 名 ❶ Ⓒ ガラ人《米国サウスカロライナ州・ジョージア州の沿岸地方に住むアフリカ系アメリカ人》❷ Ⓤ ガラ語《ガラ人が使う英語をもとにした混交語》
gul·let /gʌ́lɪt/ 名 Ⓒ 食道；のど (throat)
gul·li·ble /gʌ́ləbl/ 形 だまされやすい
gùl·li·bíl·i·ty 名 **-bly** 副
Gul·li·ver /gʌ́lɪvər/ 名 ガリバー《英国の作家 Jonathan Swift の風刺小説 *Gulliver's Travels* (1726) の主人公》
gul·ly /gʌ́li/ 名 (複 **-lies** /-z/) Ⓒ ❶ (大雨によってうがたれる) 小峡谷 ❷ 下水溝，側溝 ❸〚クリケット〛ガリー (point と slips の間の野手［守備位置］)
—動 他〔土地〕に溝［小峡谷］をうがつ
▸▸ **～ wàsher** 名 Ⓒ《米口》集中豪雨
gulp** /gʌlp/ 動 他 ❶ …を急いで［がつがつ］飲み込む《down***》；〔息〕を大きく吸い込む《***in***》(⇨ DRINK 類語P) ‖ ～ *down*「a cup of tea [one's supper] お茶を (1杯) がぶ飲みする［夕食をむさぼり食う］❷〔涙など〕をじっとこらえる，抑える《***back, down***》‖ ～ *back* one's tears 涙をぐっと抑える —自 ❶ (たくさん飲み込んで) 息が詰まる，むせる；(驚き・恐怖などで) はっと息［つば］を飲む；〈息を〉大きく吸う〈**for**〉❷ ごくりと［ごくごく］飲む
—名 Ⓒ ❶ がぶ飲み；ごくり［ごくっ，ぐっ］《飲み込む音》；〈…の〉一度に飲み込む量，一飲み，一口〈**of**〉；ぎょっ，驚き！(◆ 文中 Gulp! の形で用いる) ‖ in one ～ = at a ～ 一飲み［一口］に / take a ～ *of* whisky ウイスキーを一気に飲み干す ❷ (涙などを) じっとこらえること；はっと息をのむこと ‖ say with a ～ ごくりと息をのんで話す
～·er 名 **～·ing·ly** 副
***gum**[1] /gʌm/ 名 Ⓤ ❶ ガム (chewing gum, bubble gum) ‖ a stick of fruit ～ フルーツガム1枚 / a bag of fruit ～ フルーツガム1袋 / chew ～ ガムをかむ ❷ (植物から浸出する) ゴム (質)；樹脂，やに (resin) (❗日本語の「ゴム」は rubber．「ゴムボート」a rubber raft) ❸ ゴム［アラビア］のり，接着剤 (glue) ‖ stick the pictures with ～ 写真をのり付けする ❹ Ⓒ = gum tree；=《豪》eucalyptus ❺ 目やに ❻ Ⓒ《～s》《米口》ゴム製オーバーシューズ，ゴム長靴 ❼ 粘性物質《石油などの沈殿物》

G

—動 (gummed /-d/ ; gum·ming) 他…に接着剤を塗る[引く]；…を〈…に〉接着する《*down, together*》〈to, onto, into〉‖ ～ *down* a stamp 切手をはる
—自 ゴム質を分泌する；べとつく
gùm úp ... / gùm ... úp 〈他〉《口》① …を機能できないようにする，台無しにする ‖ ～ *up* the works 機械を作動できなくする；すべての機能を止める ②《通例受身形で》(粘着物・目やになどで)べとついて動かなく[開かなく]なる
gummed 形 ねばねばした，粘着性の
▸▸～ **am·mó·ni·ac** /-əmóʊniæk/ 名 U アンモニアゴム《西アジア原産のパセリ科の植物から採るゴム樹脂・磁器用硬化剤》 ～ **árabic** /-ǽrəbɪk/ 名 U アラビアゴム《のり・乳剤用》 ～ **bénjamin** /-béndʒəmɪn/ 名 U =benzoin ～ **rèsin** 名 U (植物の分泌する)ゴム樹脂 ～ **trèe** (↓)

gum[2] /gʌm/ 名 C《通例 ～s》歯茎，歯肉
flàp [OR *bèat*] *one's gúms* 《口》無駄話をする，おしゃべりをする
—動 (gummed /-d/ ; gum·ming) 他《口》(歯がなくて)〔食物〕を歯茎でかむ

gum[3] /gʌm/ 名《主に北イング》《次の成句で》(♥ God の婉曲語)
bỳ gúm 《口》誓って，きっと；えっ，まあ(♥ 驚きを示す)

gum·bo /gʌ́mboʊ/ 名 (複 **～s** /-z/)《米》❶ C〖植〗オクラ (okra) ❷ U オクラ入りスープ ❸ C (米国南西部の)ねば土 ❹《G-》U ガンボ《米国ルイジアナ州などのアフリカ系アメリカ人やクレオール人が使うフランス語なまりの方言》

gúm·bòil 名 U C 歯肉膿瘍(のうよう)

gúm·bòot 名 C《通例 ～s》《主に英》《旧》ゴム長靴

gúm·dròp 名 C グミ《硬いゼリー状キャンディー》

gum·my[1] /gʌ́mi/ 形 ❶ゴム質の，ねばつく，粘着性の ❷ゴムを含んだ；ゴムをひいた；ゴム質[樹脂]を分泌する ❸ (すね・くるぶしが)ふくれ上がった，はれた

gum·my[2] /gʌ́mi/ 形 歯のない ‖ a ～ smile (歯茎までむき出しての)にたにた[にっこり]笑い
—名 ❶ (=～ **shàrk**) C〖魚〗ハグキホシザメ《オーストラリア産，肉は食用》 ❷ C《豪・ニュージ》歯のない羊

gump·tion /gʌ́mpʃən/ 名 U《口》❶ 進取の気性，積極性，やる気 ‖ have the ～ to try やってみる勇気がある ❷ (実際的な)臨機の才，気転，常識

gúm·shìeld 名 C《英》マウスピース《運動選手が歯と歯ぐきを保護するために着用》

gúm·shòe 名 C《米口》刑事，探偵

gúm trèe 名 C〖植〗ゴムの木《ユーカリなどゴム質の粘液を出す木》
up a gúm trèe 《英口》進退窮まって

⁝**gun** /gʌn/ 名 動

—名 (複 **～s** /-z/) C ❶ **銃**，鉄砲；大砲；機関銃 (machine gun)；ライフル銃(rifle)，猟銃；ピストル，拳銃(けんじゅう) (handgun, revolver, pistol) ‖ The terrorists used ～*s* to threaten the passengers. テロリストたちは銃を使って乗客を脅した / The ～ went off「by accident [OR accidentally]. 銃が暴発した / carry [draw] a ～ 銃を携帯する[抜く] / load a ～ 銃に弾を込める / fire [point] a ～ at a burglar 強盗に発砲する[銃を向ける]

Behind the Scenes **Guns don't kill people, people kill people.** 銃が人を殺すわけではない，人が人を殺すのだ 米国ライフル協会のスローガン．銃規制反対論者の言い分．このスローガンをもじった歌のタイトルなどもある(♥ Guns は可変．「責任は物ではなく，それを使っている人間にあるのだ」ということを言いたいときに)

❷ (スタート合図用の)ピストル(starting pistol)；《the ～》(競技の)号砲 ❸ (銃に似た)吹き付け器，噴霧器，注入器 ‖ a paint ～ ペンキ吹き付け器 ❹ (礼砲・弔砲・号砲などの) 発射(音) ‖ a salute of 21 ～*s*=a 21-～ salute 21発の礼砲 ❺ 銃猟隊の一員；《～s》《旧》《俗》〖海〗(船の)砲術将校 ❻《主に米口》=gunman ❼《米口》(エンジンの)スロットル，絞り弁(throttle)；アクセル

be gòing grèat gúns 《口》大盛況で，大成功で ‖ The party [new product] is *going great* ～*s*. パーティーは大盛況[新製品は大成功]だ
blòw grèat gúns 《口》(風が)吹き荒れる
gìve ... the gún 《口》〔自動車・エンジンなど〕を始動させる，スピードを上げる ‖ The driver *gave* it [OR her] *the* ～. 運転手はアクセルをいっぱいに踏み込んだ
gùn or bútter 大砲かバターか[軍備か生活か]《国家予算の配分についての論争で用いられるスローガン》
hòld [OR *pùt*] *a gún to a pèrson's héad* (人の)頭に銃を突きつける；(人を)脅迫する
⁎*jùmp* [OR *bèat*] *the gún* ① フライングする(❗「フライング」は和製語) ②《口》早まったことをする；勝手に始める ‖ The media *jumped the* ～ and announced Obama's victory. マスコミは早まってオバマの勝利を発表した
spìke a pèrson's gúns 《英口》(人の)計画をぶち壊す(♦大砲に火門栓 (spike) をして敵が奪ってもすぐには使えないようにすることから)
⁎*stìck to one's gúns* 《口》(攻撃などに対し)屈服しない，自分の立場を守る
under the gún 《米口》圧力をひどく受けて，窮地に陥って
with (*àll* [OR *one's*]) *gùns blázing* 躍起になって
—動 (**～s** /-z/ ; **gunned** /-d/ ; **gun·ning**)
—他《口》(アクセルを強く踏んで)〔エンジン〕をふかす；〔車〕を加速する ‖ ～ it [OR the car] 車をぶっ飛ばす
—自 エンジンをふかす
⁎*gùn dówn ... / gùn ... dówn* 〈他〉〔特に無抵抗の者〕を撃つ，撃ち倒す[殺す](♦しばしば受身形で用いる)
gún for ... 〈他〉《通例進行形で》〔獲物・人〕を鉄砲でつけねらう；《口》(敵意を持って)〔人〕をつけねらう[つけ回す]；〔地位・職など〕を得ようと躍起になる
～·less 形 銃のない
▸▸～ **càrriage** 名 C 砲車，砲架 ～ **contròl** 名 U 銃規制 ～ **dòg** 名 C 猟犬 ～ **lòbby** 名 C《米》銃規制に反対の院外(圧力)団体(→ NRA) ～ **ròom** 名 C ① 銃器(保管)室 ②《英》《旧》(軍艦の)下級士官室 ～ **shìp** 名 C 武装ヘリコプター[航空機]

gún·bòat 名 C 小型の砲艦
▸▸～ **diplómacy** 名 C 砲艦外交，武力外交

gún·còtton 名 U 綿火薬

gún·fìght 名 C 銃での撃ち合い[決闘]，銃撃戦 **～·er** 名

gún·fìre 名 U 発砲，砲火；〖軍〗砲撃

gunge /gʌndʒ/ 《英口》名 =gunk —動 他…を汚いもので覆う **gúng·y** 形

gung ho, gung-ho /gʌ̀ŋ hóʊ/ ⊲ 形《口》がむしゃらな，懸命な ‖ be ～「to *do* [OR for, on ...] …をしようと懸命である(♦名詞の前では gung-ho が一般的)
語源 中国語 *kung*(働く)+*ho*(一緒に)から．

gunk /gʌŋk/ 名 U《口》ぬるぬる[どろどろ]したもの
—動 自 べとつく，動きが鈍る《*up*》 —他…をべとつかせる《*up*》 **～·y** 形 ぬるぬる[どろどろ]した

gún·lòck 名 C (銃の)引き金；発射装置

⁎**gun·man** /gʌ́nmən/ 名 (複 **-men** /-mən/) C 銃を携えた者《特に犯罪者やテロリストなど》；殺し屋；銃の名手(中立 (armed) killer, gunfighter)

gún·mètal 名 U ❶ 砲金《昔大砲の砲身に用いた青銅》；ガンメタル《砲金に似た合金》❷ 砲金色，暗灰色

gun·nel /gʌ́nəl/ 名 =gunwale

gun·ner /gʌ́nər/ 名 C ❶ 砲手，射手；砲兵(隊員) ❷〖海軍〗掌砲長 ❸ 銃猟者

gun·ner·y /gʌ́nəri/ 名 U ❶ 砲術 ❷ 発砲，砲撃
▸▸～ **sèrgeant** 名 C (米海兵隊の)曹長

gun·ny /gʌ́ni/ 名 (複 **-nies** /-z/) ❶ U《主に米》ガンニー《粗い黄麻(こうま)布》❷ C =gunnysack

gúnny·sàck 名 C《主に米》ガンニー製南京(なんきん)袋

gún·plày 名 U《主に米》銃撃戦(gunfight)

gún·pòint 名 C U 銃口
at gúnpoint 銃を突きつけ(られ)て

gún·pòwder 名U ❶ 火薬 ❷ (= ～ téa)上質の緑茶
▸▸ **Gúnpowder Plòt** 名 《the ～》〘英国史〙火薬陰謀事件《1605年11月5日, James 1世のカトリック迫害に反対して, Guy Fawkes らが議会に火薬を仕掛け, 国王を爆死させようとした事件》(→ Guy Fawkes Day [Night])

gún·rùnning 名U 銃砲弾薬の密輸入 **-rùnner** 名

gún·shìp 名C 武装ヘリコプター

gún·shòt 名 ❶C (発射された) 弾丸, 銃弾; 発砲 (音), 射撃 (音), 銃声 ❷U 《古》射程, 着弾距離 ‖ within [out of] ～ 射程距離内[外]に

gún-shỳ 形 (猟犬などが) 銃声におびえる; (人が) 怖がり屋の, ひどく用心深い

gun·sight /gʌ́nsàɪt/ 名C (鉄砲の) 照準器

gún·slìnger 名 《口》=gunman

gún·smìth 名C 鉄砲鍛冶(かじ), 鉄砲工

gún·stòck 名C 銃床《銃の台木》

gun·wale /gʌ́nəl/ 名C 舷縁(げんえん), 船べり
to the gúnwales あふれんばかりに

gup·py /gʌ́pi/ 《発音注意》 名 (複 **-pies** /-z/) C 〘魚〙グッピー

gur·gi·ta·tion /gə̀ːrdʒɪtéɪʃən/ 名U 《米・文》沸騰; (液体の)波のような起伏, 大きなうねり

gur·gle /gə́ːrgl/ 動自 ❶ (液体が) ごぼごぼ流れ出る[音を立てる] ❷ のどをごろごろ鳴らす ―名CU ごぼごぼいうこと[音]; のどをごろごろ鳴らすこと[音] **-gling·ly** 副

Gur·kha /gə́ːrkə, ＋《英》gúəkə/ 名 (複 **～, ～s** /-z/) C グルカ族(の人)《ネパール山岳民族の総称》; グルカ兵《戦闘能力が高いことで知られる英軍・インド軍のグルカ人傭兵》

gurn /gəːrn/ 動自 《主に英》しかめっ面をする

gur·nard /gə́ːrnərd/ 名 (複 **～** OR **～s** /-z/) C 〘魚〙ホウボウ

gur·ney /gə́ːrni/ 名C 《主に米》車輪付き担架

gu·ru /gúːruː | gúə-/ 名C ❶ (ヒンドゥー教で) 教師, 導師, グル ❷ (一般に) 指導者, 権威者

***gush** /gʌʃ/ 《発音注意》 動自 ❶ (液体が) 〈…から〉勢いよく流れ出る, 噴出する《*forth, out, up*》〈**from, out of**〉‖ Oil was ～*ing up out of* the ground. 石油が地面から噴き出していた ❷ (人・体の一部が) 〈血・涙などを〉どっと流す〈**with**〉‖ The wound ～*ed with* blood. 傷口から血が噴き出した ❸ 〈…について〉大げさにしゃべり[書き]立てる, まくし立てる〈**over, about**〉‖ Women were ～*ing over* [OR *about*] their babies. 女性たちは自分たちの赤ん坊のことを夢中になってしゃべっていた
―他 ❶ [液体]をどっと流す, 噴出させる, 勢いよくわき出させる(♦ 通例方向を表す 副句 を伴う) ❷ [言葉・感情]をほとばしらせる, 大げさに言う(♦ 通例直接話法で用いる)
―名C 《単数形で》 ❶ 〈水などの〉ほとばしり, 噴出; 噴出物; 噴出量〈**of**〉‖ a ～ *of* tears どっと流れる涙 ❷ 〈言葉・感情などの〉ほとばしり, 吐露; 〈感情・熱意などの〉大げさな表現〈**of**〉‖ a ～ *of* enthusiasm 情熱のほとばしり
～·er 名C ① 噴出油井(ゆせい) ② 大げさに話す[振る舞う]人, まくし立てる人 **～·ing** 形 ① ほとばしる ② =gushy **～·ing·ly** 副

gush·y /gʌ́ʃi/ 形 大げさに感情を表す, やたらと感傷的な

gus·set /gʌ́sət | -ɪt/ 名C ❶ (衣服の) まち, 三角切れ ❷ (構造物の角を補強する)控え板, ガセット板

gus·sy /gʌ́si/ 動 (**-sies** /-z/; **-sied** /-d/; **-sy·ing**) 他 《主に米口》飾りたてる, めかし込む《*up*》(♦ しばしば受身形で用いる)

***gust** /gʌst/ 名C ❶ 一陣の風, 突風 (⇨ WIND[1] 類語) ‖ a ～ of wind 一陣の風 / Cold air blew in ～*s* through the window. 冷たい外気が突風となって窓から吹き込んだ ❷ (雨・煙・火・音などの) 突発 ‖ a ～ of rain にわか雨 ❸ (感情・笑いなどの) 爆発 ‖ a ～ of laughter どっとわき起こる笑い声 ―動自 (風が)突然吹く

gus·ta·tion /gʌstéɪʃən/ 名U 《堅》味わうこと, 賞味; 味覚

gus·ta·to·ry /gʌ́stətɔ̀ːri | -təri/ 形 《堅》味の, 味覚の

gus·to /gʌ́stou/ 名U ❶ (心からの) 楽しみ, 喜び, 満足感 ‖ He ate it with ～. 彼はそれをいかにもうまそうに食べた ❷ (個人的な) 好み, 嗜好(しこう)

***gust·y** /gʌ́sti/ 形 ❶ (天候などが) 風の強い; (風が) 突発的に吹く ❷ 元気いっぱいの, 喜びに満ちた

***gut** /gʌt/ 名C ❶ 《～s》(特に動物の) 内臓, はらわた, 臓物 ❷ CU 消化管; 腸(intestine); 《one's ～(s)》⊗《俗》《ときに蔑》腹, おなか, 腹部; 太鼓腹 ‖ the blind ～ 盲腸 / the large [small] ～ 大腸[小腸] / my father's beer ～ 私の父のビール腹 ❸ C 《通例複数形で》心の中, 腹の内; 本能; 直感 ‖ my ～*s* tell me ... 私の直感では…だ ❹ 《～s》《口》根性, ガッツ, 気力, 勇気 ‖ He doesn't have the ～*s* to say no. 彼はいやだと言う勇気がない / It takes a lot of ～*s* to admit you're wrong. 自分が間違っていると認めるにはとても勇気がいる ❺ 《～s》中身, 内容, 本質; 最重要部分, きも; (機械・建物などの) 心臓部 ‖ The statement has no ～*s* in it. その声明には中身がない / the ～*s* of a car 自動車の心臓部 ❻ U (弦楽器・テニスラケット・外科の縫合糸用) ガット, 腸線(catgut); (釣り糸用) てぐす ❼ 狭い水路, 海峡, 瀬戸; 狭い道, 小路 ❽ 《～s》《修飾語とともに》…なやつ, …君(♥ 通例否定的な語とともに相手に対する呼びかけに使う) ‖ You can't have it, greedy ～*s*. それはあげないよ, 欲ばり君
bùst a gút 《口》① 非常に努力する, 頑張る ② 大笑いする; 激怒する
hàte a pèrson's gúts 《口》(人を)ひどく嫌う
hàve a pèrson's gùts for gárters 《英》《戯》(人を) 厳しく罰する
spìll one's gúts 《俗》腹の内をぶちまける[さらけ出す]
swèat [OR *wòrk, slòg*] *one's gúts òut* 《口》猛烈に働く
―形 《限定》《口》 ❶ (反応・感情などが) 本能的な, 無意識の; 直感 [観] 的な ‖ He had a ～ feeling that something was wrong. 彼は何かおかしいと直感的に感じていた / a ～ instinct 直感的本能 / a ～ reaction 無意識にとる行動 ❷ (問題などが) 本質[根本]的な, 肝心な[の]
―動 (**gut·ted** /-ɪd/; **gut·ting**) 他 ❶ 〔動物・魚〕の内臓[はらわた]を取り除く ❷ (火災などが) 〔建物〕の内部を破壊する[焼き尽くす] (♦ しばしば受身形で用いる) ‖ The shop was *gutted* by the fire. 火事でその店は内部がすっかり焼け落ちた ❸ (要点・特色を取り去って) …の力[効果]を失わせる, …を骨抜きにする ❹ 〔建物・部屋〕からすべての備品を取り除く ❺ 〔本・論文など〕の要点を抜粋する
gùt it óut 《米俗》(逆境などに) 耐え抜く
gùt óut ... / gùt ... óut 〈他〉…を耐える
▸▸ **～ còurse** 名C 《米口》(大学の) 楽勝科目

gút·bùcket 名C ❶ 《主に米口》ガットバケット《素朴で陽気な初期のジャズ. また, たらいなどに弦を張って鳴らす手製の低音楽器をもいう》 ❷ 《英》大食漢, 太っちょ

Gu·ten·berg /gúːtənbə̀ːrg/ 名 **Johann ～** グーテンベルク(1400?-68)《ドイツの活版印刷術の発明者》
▸▸ **～ Bíble** 名 《the ～》グーテンベルク聖書《活版印刷による世界最初の印刷物》

gút·less /-ləs/ 形 《口》ガッツ[気力, 根性]のない

gut·ser /gʌ́tsər/ 名C 《豪口》転倒, 衝突 ‖ come a ～ 倒れる, 転ぶ; 失敗する

guts·y /gʌ́tsi/ 形 《口》 ❶ 非常に勇気のある, ガッツにあふれた ❷ 風味豊かな, 強い香味の ❸ 貪欲(どんよく)な

gut·ta-per·cha /gʌ̀t̬əpə́ːrtʃə/ 名U グッタペルカ《ゴムに似た樹脂. 絶縁体・歯科充填(じゅうてん)用》

gut·ted /gʌ́t̬ɪd/ 形 ❶ 《英口》意気消沈した ❷ (建物などの内部が) ひどく破壊された

***gut·ter** /gʌ́t̬ər/ 《発音注意》 名 ❶C (屋根の) 樋(とい), 雨樋(あまどい) ❷C (道路の排水用の) どぶ, 溝, 側溝, 排水溝; 水路 ❸ 《the ～》貧民街; U どん底生活 ‖ Eliza rose from the ～. イライザはどん底から身を起こした ❹C 〘ボウリング〙ガター《レーンの両側の溝》 ❺C 〘製本〙のどあき《本の左右両ページの間の余白》 ❻C 〘郵便〙ガター《切手シートのミシン目のある余白》
―動他 …に溝を作る[掘る]; …に樋をつける

—自 ❶ 細流となって流れる；流れて跡を作る；〈…を〉流れ落ちる〈**down**〉 ❷ (ろうそくが)垂れながら燃える；(ろうそく(の炎)が)今にも消えそうに揺らめく

gùtter óut 〈自〉(ろうそくの炎などが) 次第に弱くなって消える；消えるように[弱々しく]終わる

—形 最も低俗な, 下層階級の ‖ ～ politics 低俗政治

▶▶**～ prèss** 名《the ～》《主に英》低俗[赤]新聞

gut·ter·ing /gʌ́t̬ərɪŋ/ 名 U 《主に英》 雨樋設備一式；雨樋の素材

gútter·snìpe 名 C 《けなして》浮浪児；最下層の人

gut·tur·al /gʌ́tərəl/ 形 ❶ のどの, 咽喉(いんこう)の ❷ (声が) のどから出る；しわがれた；〘音声〙喉音(こうおん)の(/k/, /g/, /x/ など) ‖ a ～ cry of pain のどから絞り出した苦痛の叫び

—名 C 〘音声〙喉音 **～·ly** 副

gùt-wrénching 形《口》心を引き裂くような

guv /gʌv/ 名《英口》=governor ❹

guv·nor, guv'·nor /gʌ́vnər/ 名《英口》=governor ❺

G

*****guy**[1] /gaɪ/ 名 動

—名 (複 **～s** /-z/) C ❶ 《口》**男**, 人, やつ, 野郎 ‖ a nice ～ いいやつ / a wise ～ 賢ぶるやつ / a regular ～ 《米》気さくなやつ / a good [bad] ～ 善玉 [悪玉] / a fall ～ だまされやすい人

❷《(you) ～s》《主に米口》皆さん, みんな(♦ 複数の相手に話しかける場合, 男女に関係なく使われる) ‖ Hi, ～s! やあ, みんな / What are you ～*s* doing? みんな何してるの

❸《主に英》変な人, 奇妙な服装をした人；みすぼらしい人

❹《英》ガイ＝フォークス人形《Guy Fawkes Night にたき火で焼かれる》

COMMUNICATIVE EXPRESSIONS

1 **Nò mòre Mr. Níce Gùy!** いい人ぶるのはもうやめだ

—動 (**～s** /-z/；**～ed** /-d/；**～·ing**) 他 …を(そのまねなどして)からかう, あざける ‖ ～ the idea その考えをばかにする

▶▶**Gùy Fáwkes Dày [Nìght]** 名《英》ガイ＝フォークス祭 (Bonfire Night)《11月5日は Gunpowder Plot の首謀者 Guy Fawkes(1570-1606)が逮捕された日. その夜彼の人形を焼いたり花火を上げたりして祝う》

guy[2] /gaɪ/ 名 (＝**～ ròpe**) C (起重機・テントなどの)張り綱, 支え綱

—動 他 …を張り[支え]綱で支える

***Guy·a·na** /gaɪǽnə/ 名 ガイアナ《南米大陸北東岸の共和国. 公式名 the Co-operative Republic of Guyana. 首都 Georgetown》 **Gùy·a·nése** 形 名

guz·zle /gʌ́zl/ 《口》 動 他 …をがぶがぶ飲む, がつがつ食う

—自 暴飲[暴食]する, 酒浸りになる

-zler 名 大酒飲み, ガソリンを食う(大型)車

GWP 略 *g*lobal *w*arming *p*otential (地球温暖化係数)；*g*ross *w*orld *p*roduct (世界総生産)

gybe /dʒaɪb/ 名 動 =jibe[3]

***gym** /dʒɪm/ 名《口》❶ C 体育館, ジム(♦ gymnasium の短縮形) ‖ the school ～ 学校の体育館 ❷ U (学科としての) 体育, 体操(♦ gymnastics の短縮形, 正式には physical education) ‖ We have ～ at 10:30. 10時半から体育(の授業)がある

▶▶**～ shòe** 名 C《通例 ～s》ゴム底のズック靴, 運動靴

gym·kha·na /dʒɪmkɑ́ːnə/ 名 C ❶ 運動競技会, ジムカーナ《馬術・体操演技・自動車レースなどを含む》 ❷《インド》運動競技場

***gym·na·si·um** /dʒɪmnéɪziəm/ (→ ❷) 名 (複 **～s** /-z/ OR **-si·a** /-ziə/) C ❶ 体育館, ジム《略 gym》 ❷ /gɪmnɑ́ːziəm/ ギムナジウム《ドイツなどにある大学進学のための中・高等学校》

gym·nast /dʒɪ́mnæst/ 名 C 体操選手, 体育専門家, 体操教師

gym·nas·tic /dʒɪmnǽstɪk/ 形 体操の, 体育の；精神鍛錬の **-ti·cal·ly** 副

***gym·nas·tics** /dʒɪmnǽstɪks/ 名 ❶ 《単数・複数扱い》(特に器具を用いる) 体操 ‖ mental ～ 頭の体操 ❷ U (教科としての)体育(学) ❸《複数扱い》妙技

gym·no·sperm /dʒɪ́mnəspə̀ːrm, -noʊ-/ 名 C 〘植〙 裸子植物(↔ angiosperm)

gým·slìp 名 C 《英》(女生徒用の)そでなし運動着

gyn. 略 gynecology

gy·nan·drous /dʒɪnǽndrəs, gaɪ-, dʒaɪ-/ 形 〘植〙 (ランなどの花が) 雌雄同体の, 両性花の；(人・動物が) 両性具有の

gyneco-, 《英》**-naeco-** 連結形「女性, 婦人」の意(♦ 母音の前では gyn(a)ec-) ‖ *gy-n(a)ecology*

gy·ne·coc·ra·cy, 《英》**-nae-** /gàɪnɪkɑ́(ː)krəsi, dʒɪ̀-|-kɔ́k-/ 名 U 女性による統治(gynocracy)

gy·ne·col·o·gy, 《英》**-nae-** /gàɪnɪkɑ́(ː)lədʒi, dʒɪ̀-|-kɔ́l-/ 名 U 婦人科医学 **gỳ·ne·co·lóg·ic, -co·lóg·i·cal** 形 **-cól·o·gist** 名 C 婦人科医

gyp[1] /dʒɪp/ 《口》 動 (**gypped** /-t/；**gyp·ping**) 他 …をだます, 詐欺にかける

—名 C《けなして》❶《単数形で》詐欺, かたり, ぺてん ❷ 詐欺師, ぺてん師

gyp[2] /dʒɪp/ 名 C 《英》(ケンブリッジ・ダラム大学の)用務員

gyp[3] /dʒɪp/ 名 U 《英口》ひどい痛み[罰]

gìve a pèrson gýp 《英口》〔人〕をひどい目に遭わせる, ひどくしかる, 懲らしめる；(痛みなどが) …を苦しませる

gyp·soph·i·la /dʒɪpsɑ́(ː)fɪlə|-sɔ́f-/ 名 C 〘植〙カスミソウ(霞草), ムレナデシコ

gyp·sum /dʒɪ́psəm/ 名 U 石膏(せっこう)《焼き石膏の原料・肥料用》 **-se·ous** 形

▶▶**～ bòard** 名 U 《米》=plasterboard

***gyp·sy, gip-** /dʒɪ́psi/ 名 (複 **-sies** /-z/) ❶ C ⊗《ときに蔑》ジプシー, ロマ《浅黒い肌・黒髪で, ロマニー語を話し, 独自の文化を持つ漂泊民. 季節労働や占いに従事してきた. 現在はヨーロッパ全域のほか, 西アジア・北米・北アフリカの一部などにも住む》(♦ 現在は Romany とするのが一般的) ❷ U ロマニー語《ジプシー [ロマ] が用いるサンスクリット語と近縁の言語》 ❸ C (外観・生活様式などが) ジプシー [ロマ] のような人；放浪癖のある人

語源 Egyptian の語頭音が消失した形. エジプトから来たと誤解されたことから.

▶▶**～ càb(bie)** 名 C 《米口》(呼び出し用の免許しかない)もぐりの流しタクシー **～ mòth** 名 C U 〘虫〙マイマイガ(蛾)

gy·rate /dʒáɪəreɪt|–́–/ 動 自 旋回する, 軸を中心に回転する **gý·ra·tò·ry** /英 –́–––/ 形

gy·ra·tion /dʒaɪəréɪʃən/ 名 U C ❶ 旋回運動 ❷ らせん状のもの《コイル・巻き貝など》

gyre /dʒáɪər/ 《文》 名 C 旋回, 回転；渦巻き

—動 自 旋回する

gyr·fal·con /dʒə́ːrfælkən|-fɔ̀ːl-/ 名 C 〘鳥〙 シロハヤブサ(北極圏に生息)

gy·ro /dʒáɪəroʊ/ (→ ❸) 名 (複 **～s** /-z/) C ❶ =gyroscope ❷ =gyrocompass ❸ /ʒɪ́əroʊ/ 《米》 ギリシャ風サンドイッチ《ピタパンに肉や野菜を挟んだサンドイッチ》

gyro- /dʒaɪəroʊ-, -rə-/ 連結形「回転, 旋回, 輪」の意(♦ 母音の前では gyr-)

gýro·còmpass 名 C ジャイロコンパス, 回転羅針儀(らしんぎ)

gỳro·magnétic ⟨✓⟩ 形 回転磁気の；ジャイロ磁気方式の, ジャイロスコープと磁気コンパスを組み合わせた

gýro·plàne 名 =autogiro

gy·ro·scope /dʒáɪərəskòʊp/ 名 C ジャイロスコープ, 回転儀 **gỳ·ro·scóp·ic** 形

gỳro·stábilizer 名 C ジャイロスタビライザー《ジャイロスコープを応用して船舶や航空機などの横揺れを防ぐ装置》

Gy Sgt 略 *G*unnery *S*ergean*t*(米海兵隊曹長)

H h

We all want to **help** one another. Human beings are like that. 私たちはみな互いに助け合いたいと思っている. 人間とはそういうものだ
(⇨ CHAPLIN)

h, H[1] /eɪtʃ/ 名 (複 **h's, hs** /-ɪz/；**H's, Hs** /-ɪz/) Ⓒ ❶ エイチ《英語アルファベットの第8字》 ❷ h[H]の表す音 ❸ (活字などの) h [H] 字 ❹ H字形 (のもの) ‖ an *H*-iron H字型(断面)鉄材 ❺ (連続するものの)第8番目(のもの)

H[2] 記号 〖化〗hydrogen(水素)

H[3] 略 hard《鉛筆の芯(しん)の硬度》;《口》heroin

h., H. 略 harbor；hard, hardness；height, high；〖野球〗hit(s)；hour(s)；hundred；husband

ha[1], **hah** /hɑː/
—間 **はあ**, おや, まあ(♥ 驚き・喜び・疑い・悲しみ・ためらい・得意などを表す) ‖ *Ha*, ～! はっは, あはは (♥ 繰り返すと笑い声または嘲笑(ちょうしょう)を表す)
—動 自 ⇨ HUM(成句)

ha[2] 略 hectare(s)

haar /hɑːr/ 名 Ⓒ Ⓤ イングランド・スコットランドの東海岸に発生する冷たい霧

Hab 略 〖聖〗Habakkuk

Hab·ak·kuk /hǽbəkək/ 名 〖聖〗ハバクク《前7世紀ころのヘブライの預言者》; ハバクク書《旧約聖書中の預言書. 略 Hab》

ha·ba·ne·ra /hɑ̀ːbənéərə/ 名 Ⓒ 〖楽〗ハバネラ (の曲)《キューバ発祥の緩やかな踊り》

ha·ba·ne·ro /hɑ̀ːbənéərou/ 名 Ⓒ Ⓤ ❶ ハバネロ《猛烈に辛い小形の唐辛子》 ❷《H-》Ⓒ ハバナ市民

ha·be·as cor·pus /hèɪbiəs kɔ́ːrpəs/ 名 Ⓒ 〖法〗人身保護令状《違法な拘禁を防ぐために被拘禁者を出廷させる令状》

hab·er·dash·er /hǽbərdæ̀ʃər/ 名 Ⓒ ❶《米》男性用服飾品商人《ワイシャツ・ネクタイなどを扱う》 ❷《英》小間物商人《リボン・針・糸などを扱う》

hab·er·dash·er·y /hǽbərdæ̀ʃəri/ 名 (複 **-er·ies** /-z/) Ⓒ《米》男性用服飾品(店);《英》小間物(店)

ha·bil·i·ment /həbílɪmənt/ 名 Ⓒ《通例 ～s》《堅》(職業・儀式などに特有の)衣服, 服装 ‖ working ～*s* 仕事着

:hab·it /hǽbɪt/
—名 [▶ habitual 形] (複 **～s** /-s/) ❶ Ⓒ Ⓤ (個人的な) **習慣** (⇨ 類語P)；**癖**；習癖 ‖ It is「his ～ [or a ～ with him] to jog three miles every morning before he goes to work. 毎朝出社前に3マイルのジョギングをするのが彼の習慣だ / a creature of ～ 習慣に従って行動する人；習慣の奴隷 / He「**has** a [or is in the] ～ **of** coughing before he speaks. 彼は話す前にせき払いをする癖がある (♦ この habit の代わりに custom は使えない. また ˣhabit to *do* の形は不可) / *Habit is second nature.* 《諺》習慣は第2の天性; 習い性となる

連語 【形+～】 a good [bad] ～ よい [悪い] 習慣 / old ～*s* 長年の癖 / eating ～*s* 食習慣
【動+～】 form [or develop] a good ～ よい癖をつける / break [or give up] a bad ～ 悪い癖をやめる

❷ Ⓒ (酒・たばこなどの) 常用癖；《しばしば the ～》《俗》麻薬常習 (癖) ‖ smoking ～*s* 喫煙習慣 / the cocaine ～ コカイン中毒[常用]
❸ Ⓒ (特定の職業・身分などを表す) 服装；(特別な場合に着る)服 ‖ in a monk's [nun's] ～ 修道士[女]の服装をして / take the ～ 修道士 [女] になる / a riding ～ 婦人用乗馬服 ❹ Ⓤ Ⓒ 〖生〗成長パターン；(動物の) 習性；(植物の) 性質；〖鉱〗(結晶の) 成長パターン ‖ the ～ of a cat 猫の習性 ❺ Ⓤ Ⓒ 〖心〗反射的[無意識的]な反応[行為]；習慣 ❻ Ⓒ Ⓤ 《古》気質, 性質；体質, 体つき ‖ a cheerful ～ of mind 陽気なたち / a man of fleshy ～ 肥満体質の人

from [or ***òut of, by***] (***fòrce of***) ***hábit*** いつもの習慣で ‖ I only do this *out of* ～. いつもの習慣でやっているだけです

****kìck the hábit*** 《口》(麻薬・たばこ・飲酒などの)悪い習慣をやめる

màke a hàbit of dóing ; ***màke it a hábit to do*** …するのを常とする；いつも…する (→ CE 1) ‖ He *made it a* ～ *to* take a walk before breakfast. 彼は朝食前に散歩するのを常としていた

COMMUNICATIVE EXPRESSIONS

1 **Dòn't màke a hábit of it.** それが癖になってはいけないよ；今回は許すが[たまにならいいが]繰り返さないように (=Don't let it become a habit.)
2 **I'm nót in the hábit of** tèlling on my fríends. 友達のことを告げ口したりなんかしませんよ (♥ やっていないことを非難されたときに)
3 **Òld hábits dìe hárd.** 長年の習慣はなかなか変わらない；人の態度や行動はそう簡単に改められるものではない
4 **Whý brèak the hàbit of a lífetime?** いつものことでしょ；そうすれば(♥ 悪い習慣に対する皮肉)

—動 他《通例受身形で》《文》…の服を着ている ‖ a girl ～*ed* as a nun 修道女の服装をした少女

<table>
<tr><td rowspan="3">習慣</td><td colspan="2">habit</td><td rowspan="2">個人的</td><td>無意識な</td></tr>
<tr><td rowspan="2">custom</td><td rowspan="2">practice</td><td>意識的に持続する</td></tr>
<tr><td>社会的</td><td>慣習・慣行</td></tr>
</table>

♦ habit は無意識のうちに出てしまう, やめることのできない癖で, しばしば個人の好ましくない癖をも暗示するのに対し, custom は「善悪」のニュアンスを含まず, 社会的習慣を指す場合が多い.
♦ practice は意識してある行為を規則正しく反復すること. 〈例〉It's my *practice* to rise early in the morning. 私はいつも朝早く起きるようにしている
♦ convention は社会で一般に受け入れられていて, 世間の人々が従う規範的な慣習.
♦ ほかに「習慣・癖；慣習」を表す語に way がある.

hab·it·a·ble /hǽbəṭəbl | -ɪt-/ 形 (建物などが) 住むことのできる, 居住に適した
hàb·it·a·bíl·i·ty, ～·ness 名 **-bly** 副

***hab·i·tat** /hǽbɪtæ̀t/ 名 Ⓒ Ⓤ ❶ (動植物の) 生息場所[環境], 産地, 生育地 ‖ the natural ～ of the fish その魚の自然生息地 / a rich ～ for water plants 水生植物にとって恵まれた生育環境 ❷ (人の) 居住地, 住所, 住居；(あるものが)よく見つかる場所

hab·i·ta·tion /hæ̀bɪtéɪʃən/ 名 ❶ Ⓤ 居住, 住むこと ‖ fit for human ～ 人が住むのに適した ❷ Ⓒ《堅》居住地, 住居, すみか

hábit-fòrming 形 (麻薬などが)習慣性のある, 常習性の

***ha·bit·u·al** /həbítʃuəl/ 《アクセント注意》 形 [◁ habit 名] 《通例限定》 ❶ 習慣的な, いつもの, ふだんの, 例の ‖ He took his ～ seat in the coffee shop. 彼は喫茶店でいつもの席に座った / 10:30 p.m. is my ～ bedtime. 午後10時半が私のいつもの就寝時間だ ❷ 常習的な, 病みつきの ‖ He is a ～ liar. 彼はうそつきの常習者だ / a ～ criminal 常習犯 / become ～ to him 彼にとって習慣的[病みつき]になる **～·ly** 副 **～·ness** 名

ha·bit·u·ate /həbítʃuèɪt/ 動 他《堅》〔人〕を〈…に〉慣らす, 適応させる 〈**to**〉 ‖「～ oneself [or become ～*d*] *to*

H

staying up all night 徹夜に慣れる
―自 (麻薬などが)習慣性になる；慣れる
ha·bìt·u·á·tion 名 U《堅》習慣化，習熟

hab·i·tude /hǽbɪtjùːd/ 名《堅》❶ C 習慣，しきたり，習わし ❷ U 性向，気質；体質

ha·bit·u·é /həbítʃuèɪ/ 名 C 常連，常客；住人

ha·ček /háːtʃek/ 名 C〖言〗ハチェック(ˇ)《文字の上につく記号．音の変化を表す．č /tʃ/, š /ʃ/ など》

ha·chures /hæʃúərz/ 名 複 毛羽(けば)《地図で土地の傾斜を示す細い線》

ha·ci·en·da /hɑ̀ːsiéndə | hæ-/ 名 C (中南米の) 大農場，大牧場；大農場主の母家

***hack**[1] /hæk/ 動 他 ❶ …をたたき切る，ぶった切る《*off*, *down*》；…を〈…から〉切り落とす〈**off**〉；〈…に(なるまで)〉…を切り刻む《*up*》〈**to, into**〉‖ George admitted having ～*ed down* the cherry tree. ジョージは桜の木を切り倒してしまったことを認めた / ～ branches *off* trees with an ax おので木の枝を切り払う / ～ an enemy soldier *to* death 敵の兵士をめった切りにして殺す ❷〈…を〉切り開いて〔道など〕を作る《*out*》，切り開いて進む〈**through**〉‖ They ～*ed*「(*out*) a path [their way] *through* the bush. 彼らはやぶを切り開いて小道を作った[進んだ] ❸〔物〕を乱暴[無雑作]にけとばす；〖ラグビー〗〔相手〕のすねをけって反則する；〖バスケットボール〗〔相手〕の腕をたたいて反則する，ハッキングする ❹《口》…をうまく処理する[やり遂げる(力量がある)]（♦しばしば can't hack it の形で用いる）‖ He can't ～ it「as a manager [at college]. 彼は支配人として務まらない[大学(の授業など)についていけない] ❺ 💻〔コンピューターシステム〕に不正に侵入する(crack)；〔プログラム〕を(改良あるいは不正のために)書き換える ‖ ～ a website ウェブサイトに不正に侵入する ❻〔経費など〕を切り詰める；〔書いたものなど〕を改ざんして編集する ‖ The new boss ～*ed* the overall budget. 新任の上司は全予算を削減した / ～ my story to pieces 私の書いた小説をずたずたに切る
―自 ❶ (おのなどで)〈…に〉切りつける；〈…を〉たたき切る，切り刻む；〈寸法・予算などを〉切り詰める《*away*》〈**at**〉❷〈道などを〉切り開く〈**through**〉❸ 💻〈コンピューターシステムに〉不正に侵入する(crack)〈**into**〉；プログラムに(改良あるいは不正のために)手を加える ‖ A college student ～*ed into* the Pentagon's computer. ある大学生が米国国防総省のコンピューターに不正侵入した ❹ 空せきを苦しそうに何回もする
hàck abóut ... / ***hàck ... abóut*** 〈他〉《英口》〔本・台本など〕に不必要な手を加える
hàck aróund 〈自〉《米口》のらりくらり[無駄に]過ごす
hàck óff ... / ***hàck ... óff*** 〈他〉① …をたたき切って離す[落とす](→ 他 ❶) ②《口》(人が)いらいらする，不愉快になる（♦しばしば受身形で用いる）‖ I was really ～*ed off*. ほんとに腹が立った
―名 C ❶ (木などの)切り目，刻み目；《古》切り傷 ‖ make ～*s* on the trunk 木の幹に刻み目[目印]をつける ❷ ぶった切り，切断，切り刻み；一撃(chop) ‖ take [OR make] a ～ at a tree 木をぶった切る ❸〖ラグビー〗相手の向こうずねをける反則；けられてできた傷；〖バスケットボール〗(相手の)腕をたたく反則，ハッキング ❹ 空せき ❺ U C 💻 (コンピューターシステムへの)不正侵入(crack)；優れたプログラム[ソフトウェア]の作成[改良] ‖ They recruited hackers to devise measures to prevent ～*s* into their computers. 彼らは自分たちのコンピューターへの不正侵入を防ぐ方策を考え出すためコンピューター操作の熟練者を雇った ❻ たたき切る用具《おの・つるはしなど》
▸▸**～ing cóugh** 名 C《単数形で》(短い)空せき

hack[2] /hæk/ 名 C ❶《けなして》(文筆業の)下働き，三文文士，へぼ記者；二流政治家；(金のために)何でもする人 ❷ 貸し馬；乗用馬；貸し馬車；老いぼれ馬；貸し馬に乗ること ❸《米口》タクシー(の運転手) ―動 他 ❶〔馬〕を乗用に貸し出す ❷ …を使い古す，陳腐にする ―自 ❶《米口》タクシーを運転する ❷《主に英》(ふつうの速度で)馬に乗って行く；(楽しみに)馬に乗る ‖ go ～*ing* 馬に乗って行く ―形《限定》使い古した，陳腐な ▸▸**～ing jàcket** 名 C 乗馬服，乗馬服に似たスポーツウエア

hack·er /hǽkər/ 名 C ❶《口》💻ハッカー《コンピューターシステムへ不正侵入を図る人(→ cracker ❹)；優れたプログラムの作成・改良をする人》‖ We traced the ～ who tampered with our site. 我々のサイトを不正に変更したハッカーを突き止めた / The ～ turned out to be an insider. ハッカーは内部の者であることがわかった ❷ コンピューター操作熟練者 ❸《米》(スポーツなどで)下手なプレーヤー ❹ (たたき)切る人

hack·ie /hǽki/ 名 C《米口》タクシーの運転手

háck·ing 名 U 💻ハッキング《コンピューターシステムに不正侵入を図る行為(cracking)；優れたプログラムの作成・改良》

hack·le /hǽkl/ 名 C ❶《～s》(おんどりなどの) 首の細長い羽毛；(怒ると逆立つ犬・猫などの) 背の毛；怒り ‖ I felt my ～ rise when I heard the news. そのニュースを聞いて怒りを覚えた / with one's ～*s* up [OR rising] 戦おうと身構えて ❷ (おんどりの羽毛を用いた) 蚊針 ❸ (亜麻・大麻などの)(鉄製)すきぐし
ràise a pèrson's háckles ; ***màke a pèrson's háckles rìse*** (人を)怒らせる
―動 他 ❶〔釣り針〕に羽毛をつける ❷〔亜麻など〕を(すきぐしで)すく

hack·man /hǽkmən/ 名 (複 **-men** /-mən/) C《米》タクシーの運転手(中立 cabdriver)

hack·ney /hǽkni/ 名 C ❶ (ふつうの) 乗用馬，(馬車用の) 馬 ❷《通例 H-》ハクニー種の馬《ひざを高く上げる英国原産の馬車用の馬》❸ =hackney carriage
▸▸**～ cárriage [cáb]**《英》《旧》貸し馬車；《堅》タクシー

hack·neyed /hǽknid/ 形 (文句などが)使い古された，ありきたりの，陳腐な ‖ a ～ phrase 陳腐な文句

háck·sàw 名 C 弓のこ《金属などを切る》

hack·tiv·ist /hǽktɪvɪst/ 名 C 形 💻ハクティビスト(の)，ハッカー活動家(の)《コンピュータープログラム・ネットワークを利用した政治・社会活動》(♦ *hacker*+*activist* より)

háck·wòrk 名 U《けなして》二番煎(せん)じ的な[型どおりの]作品；金目当てのくだらない仕事

*****had** /弱 həd, əd；強 hæd/ 動 助
―動 have の過去・過去分詞（⇨ HAVE 動）‖ be ～ ⇨ HAVE 動 ⓯
―助 have の過去(⇨ HAVE 助)
had best do ⇨ BEST(成句)
had better do ⇨ BETTER[1](成句)
hàd it nót bèen for ... 《文》もし…がなかったならば(⇨ IF *it had not been for ...*) ‖ *Had it not been for* your help, he could not have succeeded. 君の助けがなかったら，彼は成功しなかったであろう
hàd ráther ⇨ RATHER(成句)

had·dock /hǽdək/ 名 (複 ～ OR ～**s** /-s/) C〖魚〗(北大西洋産の)タラ類の食用魚

Ha·des /héɪdiːz/ 名 ❶〖ギ神〗死者の霊が住む地下界，黄泉(よみ)の国；死者の国の支配者 (Pluto) ❷《しばしば h-》U《口》地獄(hell)

Had·ith /hədíːθ, hɑː-, hæ-, hǽdɪθ/ 名 (複 ～ OR ～**s** /-ðz, -θs/) C〖イスラム教〗ハディース《預言者マホメットの言行録でコーランに次ぐイスラムの聖典》

hadj /hǽdʒ/, **hadj·i** /hǽdʒi/ 名 =hajji

***had·n't** /hǽdnt/ had not の短縮形

Há·dri·an's Wáll /hèɪdriənz-/ 名 ハドリアヌスの長城《ローマ皇帝ハドリアヌス (Hadrian) がイングランドのローマ領を守るために建造した防壁》

had·ron /hǽdrɑ(ː)n | -rɒn/ 名 C〖理〗ハドロン《素粒子の1族》 **ha·drón·ic** 形

hadst /弱 hədst；強 hædst/ 動《古》have の二人称単数過去(♦ thou とともに用いられる)(⇨ HAVE)

H

haem·a·tite /híːmətàɪt, hém-/ 名 《英》=hematite
haem·a·tol·ogy /hìːmətá(ː)lədʒi, hèm-|-tɔ́l-/ 名 《英》=hematology
hae·m·a·toma /hìːmətóʊmə, hèmə/ 名 =hematoma
haemo- 連結形 《英》=hemo-
hae·mo·glo·bin /híːməglòʊbən|hìːməglóʊbɪn/ 名 《英》=hemoglobin
hae·mo·phil·i·a /hìːməfíliə/ 名 《英》=hemophilia
haemo·phil·iac /hìːməfíliæk/ 名 《英》=hemophiliac
haem·or·rhage /hémərɪdʒ/ 名 《英》=hemorrhage
haem·or·rhoids /héməròɪdz/ 名 《英》 =hemorrhoids
ha·fiz /háːfɪz/ 名 C ハーフィズ《コーラン(Koran)を全部暗記しているイスラム教徒の称号》
haf·ni·um /hǽfniəm/ 名 U 〖化〗ハフニウム《金属元素. 元素記号 Hf》
haft /hæft|hɑːft/ 《文》 名 C (ナイフ・刀などの)つか, 柄(え), 握り ━動 他 …に柄をつける
hag /hæg/ 名 C ❶ ⊗《蔑》醜い老婆, 鬼ばば ❷ 魔女(witch) ❸ 〖動〗=hagfish
Hag 略 〖聖〗Haggai
hág·fìsh 名 (複 ~ OR ~·es /-ɪz/) C 〖動〗ヌタウナギ(類)
Hag·ga·dah, -da /həgáːdə|hægʌ́-/ 名 (複 **-doth** /-doʊθ/ OR **-dot** /-doʊt/) C ハガダー ❶ ユダヤ教法典 Talmud 中の律法以外のたとえ話などの部分 ❷ ユダヤ教の過ぎ越しの祭りの前の晩と当日の晩の食事に用いる式文
Hag·ga·i /hǽgaɪ, hǽgiàɪ, hǽgeɪàɪ/ 名 〖聖〗ハガイ《前6世紀のヘブライの預言者》; ハガイ書《旧約聖書中の預言書. 略 Hag》
hag·gard /hǽgərd/ 形 ❶ (苦痛・心労などで)やつれた, やせこけた, 目が落ちくぼんだ; (表情などが)狂暴な ❷ 〖狩〗(タカが)なかなかなれない, 成長後に捕らえられた
━名 C 成長後に捕らえられたタカ **~·ly** 副
hag·gis /hǽgɪs/ 名 U 〖料理〗ハギス《羊の臓物を刻み, オートミールなどと混ぜ胃袋に詰めて煮たスコットランドの料理》
hag·gish /hǽgɪʃ/ 形 鬼ばばのような, 老醜の
hag·gle /hǽgl/ 動 自 値切る; やり合う, 言い争う〈**over, about** …について; **with** 人と〉
━名 C 値切ること; 押し問答, 言い争い **hag·gler** 名
Hag·i·og·ra·pha /hægiá(ː)grəfə|-ɔ́g-/ 名 《ときに単数扱い》聖文集《3部に分かれる旧約聖書の第3部. 律法書と預言書を除いた全部》
hag·i·og·ra·pher /hægiá(ː)grəfər|-ɔ́g-/ 名 C ❶ Hagiographa の作者 ❷ 聖人伝の作者
hag·i·og·ra·phy /hægiá(ː)grəfi|-ɔ́g-/ 名 (複 **-phies** /-z/) U C 聖人列伝, 聖人伝(研究)
hag·i·ol·o·gy /hægiá(ː)lədʒi|-ɔ́l-/ 名 (複 **-gies** /-z/) U C 聖人伝文学[研究]; 聖人伝集, 聖人列伝
hág·rìdden 形 悪夢[恐怖]に悩まされた
Hague /heɪg/ 名 《the ~》ハーグ《オランダの行政上の首都. 国際司法裁判所がある》(→ Amsterdam)
hah /hɑː/ 間 =ha[1]
ha-ha[1] /háːhàː/ 名 C 隠れ垣《景観を損なわないように溝の中に設けた塀》
ha-ha[2] /hàːháː/ 間 はは, あはは《笑い声》
hahn·i·um /háːniəm/ 名 U 《旧》〖化〗ハーニウム《原子番号105および108の元素に対して提案されていた名称. 元素記号 Ha》(→ dubnium, hassium)
hai·ku /háɪkuː/ 名 (複 ~ OR ~s /-z/) C 俳句
hail[1] /heɪl/ (♦ 同音語 hale) 名 ❶ U あられ, ひょう(♦ 一つ一つの粒は hailstone) ❷ C 《a ~ of … で》雨あられと降る… ‖ a ~ *of* bullets 銃弾の雨 / a ~ *of* criticism [questions] 降り注ぐ批判[矢継ぎ早の質問]
━動 自 ❶ 《it を主語にして》あられ[ひょう]が降る ‖ It ~*ed* this morning. 今朝あられが降った ❷ (弾丸・言葉などが)〈…に〉雨あられと降りかかる《***down***》〈**on**〉 ━他 …を〈…に〉雨あられと浴びせかける《***down***》〈**on**〉 ‖ ~ curses *down on* her 彼女に悪口雑言(ぞうごん)を浴びせかける
hail[2] /heɪl/ (♦ 同音語 hale) 動 他 ❶ 《+目+補〈(**as**) 名〉》〔人・事柄〕を〈…だと〉認めて歓迎する, …を賞賛する(↔ condemn) (♦ しばしば受身形で用いる) ‖ The pot was ~*ed as* a fine work of art. そのつぼは立派な芸術作品と認められた ❷ 〔通りがかりの人など〕に大声で呼びかける; 〔タクシーなど〕に止まるように合図する ‖ ~ a bellboy ボーイを呼び止める / I ~*ed* an approaching taxi. やって来たタクシーを呼び止めた ❸ …にあいさつする, …を歓迎する ‖ Chuck ~*ed* his fans from the stage. チャックはステージの上からファンにあいさつした ━自 《+**from** 名》(人が)…の出身である(☞ come from); …に起源がある ‖ They ~ *from* the same town. 彼らは同じ町の出身だ
━名 C 呼びかけ; あいさつ[祝福, 賞賛, 歓呼](の声[言葉]) ‖ give the ship a ~ 船に大声で合図する
within háil 《旧》(特に船が)〈…の〉声の届く所に〈**of**〉
━間 《古》〈…に〉万歳, ようこそ〈**to**〉 ‖ *Hail*, O, King!; *Hail to* the King! 国王万歳
▸▸**Hàil Máry** 名 ① U =Ave Maria ② C 一か八(ばち)かの企て(♦ アメフト用語より) ‖ a *Hail Mary* pass ヘイルメアリーパス《アメフトで試合終了間際に得点をねらって投げる長いパス》/ a *Hail Mary* plan 駄目で元々の計画
hàil-fèllow-wèll-mét 形 親しい, 仲がよい; 愛想のよい, なれなれしい(♦ 単に hail-fellow ともいう)
háil·stòne 名 C あられ[ひょう]の粒
háil·stòrm 名 C あられ[ひょう]を伴う嵐(あらし)
Hai·nan /hàɪnáːn|-nǽn/ 名 海南(ハイナン)(島[省])《中国南部, 旧広東省の島であり省. 省都 Haikou(海口)》

***hair** /heər/ (♦ 同音語 hare)

━名 〔▸ hairy 形〕 (複 ~s /-z/) ❶ U 《集合的に》**毛, 髪の毛, 頭髪**; 体毛; (動物の)毛 ‖ "Your ~ has grown gray." "Thank you for reminding me. So has yours." 「髪が白くなりましたね」「それはわざわざどうも. 君だってそうじゃないか」/ Dad is losing his ~, so he treats it with tonic every day. パパは髪が薄くなってきたので毎日養毛剤で手入れしている / "Don't you notice any change?" "You've had your ~ cut?" 「どこか変わったのに気がつかないかしら」「髪を切ってもらったんでしょ」/ wear one's ~ long [short] 髪を長く[短く]している / I felt eyes on my back so palpably that ~ raised on my arms. 背中に視線をはっきりと感じ腕に鳥肌が立った / a girl **with** long ~ 髪の長い少女 / cat ~*s* 猫の毛

連語 【形+~】 brown [dark, black] ~ 褐色の[黒い]髪 / blond(e) ~ 金髪 / curly [wavy, straight] ~ カールした[ウエーブのかかった, 真っすぐな]髪
【動+~】 do one's ~ 髪を整える / grow one's ~ 髪を伸ばす / comb one's ~ 髪をくしでとかす / brush one's ~ 髪をブラッシングする / wash one's ~ 洗髪する / cut one's ~ 髪を切る / dye [OR color] one's ~ 髪を染める / perm one's ~ 髪にパーマをかける

❷ C 1本1本の(髪の)毛 ‖ I found a ~ in my soup! スープの中に髪の毛が入っていたわ / pull out a ~ 毛を1本抜く
❸ C (♦ 集合的には U) 〖植〗(葉・茎の表面の)毛
❹ C 《a ~》(毛筋ほどの)わずかな量[程度] ‖ It is not worth a ~. 一文(いちもん)の値打ちもない / miss [win] by a ~ もう少しというところでやり損なう[わずかな差で勝つ] / do not care a ~ 少しも構わない
a [OR ***the***] ***hàir of the dóg*** (***that bìt a pèrson***) 《口》(二日酔いをさます)迎え酒; 毒を制する毒(♦ 狂犬にかまれた傷の解毒剤にはその犬の毛がいいという迷信から)
gèt [OR ***hàve***] ***a wìld háir*** (***up one's àss***) ⊗《米卑》突然突拍子もないことをしたがる
hàng by a háir =hang by a THREAD

hàrm* [OR *tòuch*] *a hàir of* [OR *on*] *a pèrson's héad 《通例否定文・条件節で》(人に)わずかでも危害を加える ‖ I'll never forgive you if you *harm a* ～ *on* Susie's *head.* スージーに少しでも危害を加えたら許さないぞ

have* [OR *get*] *a person by the short hairs ⇨ SHORT (成句)

in a pèrson's háir 《口》(うるさくつきまとって)(人を)いらいらさせて(↔ *out of a person's hair*) ‖ get *in* his ～ 彼をいら立たせる, 困らせる

kèep one's háir òn =*keep one's* SHIRT *on*

*****lèt one's háir dòwn*** ; ***lèt dòwn one's háir*** ① 結っていた髪をほどく ②《口》(緊張した後)くつろぐ, リラックスする, 打ち解ける

màke a pèrson's háir cùrl ; ***cùrl a pèrson's háir*** ; ***màke a pèrson's háir stànd on ènd*** (人を)ぞっとさせる, (人に)ショックを与える ‖ That story *made* my ～ *stand on end.* その話を聞いてぞっとした

nòt hàve a háir out of plàce 服装に一分のすきもない

nòt tùrn a háir 平然としている

òut of a pèrson's háir (うるさい相手を)やっかい払いして, 邪魔者がなくなって(↔ *in a person's hair*) ‖ get *out of* his ～ 彼の邪魔をしない

pùll one's háir (òut) =*tear one's hair (out)*(↓)

pùt háir(s) on a pèrson's chést 《口》(酒・食べ物が)(人を)元気にする, (人に)精をつける(♦「これを飲めば[食べれば]胸毛が生えてくる」の意) ‖ This coffee will *put* ～ *on* your *chest.* このコーヒーで元気が出るでしょう

splìt háirs ささいなことをとやかく言う；重箱の隅をつつく(→ hairsplitting) ‖ argue by *splitting* ～*s* 細かなことまで問題にして議論する

tèar* [OR *pùll*] *one's háir (òut) (悲しみ・怒りで)髪をかきむしる；ひどく悲しむ, 怒る, 心配する(♦ しばしば進行形で用いる)

to a háir 寸分たがわずに, 正確に

tòuch a hàir of* [OR *on*] *a pèrson's héad =*harm a hair of* [OR *on*] *a person's head*(↑)

COMMUNICATIVE EXPRESSIONS

[1] **I líke your háir.** 素敵な髪型ですね(♥ 親しい相手と会話をする際の切り出し文句)

▶▶**～ càre** (↓) **～ gèl** 名 U C ヘアジェル《速乾整髪料》 **～ lòss** 名 C U 抜け毛 **～ remòval** 名 U 脱毛 ‖ ～ *removal* cream 脱毛クリーム **～ restòrer** 名 U C 養毛剤 **～ shírt** 名 C (苦行者の)馬巣(ᵇ)織りシャツ **～ slìde** 名 C 《英》(飾り付きの)髪留め **～ trígger** (↓)

háir·bànd 名 C ヘアバンド

háir·brèadth 名 =hair's-breadth ── 形 きわどい, 間一髪の ‖ have a ～ escape 九死に一生を得る

háir·brùsh 名 C ヘアブラシ

háir càre 名 U ヘアケア, 髪の手入れ **háir-càre** 形

háir·clòth 名 U 馬巣織り《馬やラクダの毛を織り込んだ布. 家具張り用材として用いる》

*****háir·cùt** 名 C ❶ 散髪 ‖ have [OR get] a ～ 散髪してもらう / You need a ～. 髪を刈った方がいいよ ❷ 髪の刈り方, ヘアスタイル ‖ a short ～ 短く刈った髪(型) ❸ 《金融》掛け目 **～·ter** 名 C 理髪師

háir·dò 名 (複 **～s, ～'s** /-z/) C 《口》(女性の)髪型, ヘアスタイル, 髪の結い方

*****háir·drèsser** 名 C ヘアドレッサー, 美容師；《英》理髪師 (barber)

háir·drèssing 名 U 理髪, 整髪；整髪剤

háir·drỳer, -drìer 名 C ヘアドライヤー(♦ 2語にもつづる)

-haired /heərd/ 形 《複合語で》…髪の ‖ fair-～ 金髪の / long-～ 長髪の

háir·grìp 名 C 《英》ヘアピン(《米》bobby pin)

háir·less 形 毛(髪)のない, はげた(bald)

háir·lìke 形 毛状の, 毛のような

háir·lìne 名 C ❶ (特に額(ᵇᵗᵃⁱ)の)生え際 ❷ 極細の線；(文字の)はね；《形容詞的に》極細の ‖ a ～ crack ほんのわずかのひび ❸ 《印》(活字の)細い線；細い線の活字体 ❹ 細じまの織物 ❺ (光学機器などの)照準線

háir·nèt 名 C ヘアネット

háir·pièce 名 C ヘアピース, (部分)かつら

háir·pìn 名 C ❶ ヘアピン《特にU字型のもの》；ヘアピン状のもの ❷ (=～ **cúrve** [**túrn,** 《英》**bénd**])(道路の)ヘアピンカーブ

háir-ràising 形 ぞっとするような, 身の毛のよだつ

háir's-brèadth, háirs·brèadth 名 U/C 《単数形で》(毛ほどの)わずかな差[幅] ‖ escape death by a ～ 間一髪で死を免れる / come [OR be] within a ～ of dying すんでのところで死ぬところだった / be a ～ away もうすぐ…が起こりそうだ

háir·splìtting 形 名 U ささいなことにこだわる(こと), 重箱の隅をつつくような(こと) **háir·splìtter** 名

háir·spràY 名 U C ヘアスプレー

háir·sprìng 名 C (時計の)ひげぜんまい

háir·stỳle 名 C ヘアスタイル, 髪型

háir·stỳlist 名 C =hairdresser

hàir trígger ◁シ 名 C (銃の)触発引き金《ちょっと触れただけで発射する》 **hàir-trígger** 形 《限定》刺激にすぐ反応する, 一触即発の

háir·wòrm 名 C 《動》❶ ハリガネムシ《類線形動物に含まれる生物で主にカマキリなどの昆虫に寄生する》❷ 毛体虫《鳥や哺乳(ᵇⁿʸᵘ)類に寄生する線虫類》

*****hair·y** /héəri/ 形 (◁ hair 名) ❶ 毛深い, 毛で覆われた, 毛の多い；ざらざらの ‖ ～ legs [leaves] 毛深い足[毛で覆われた葉] ❷ 毛の(ような), 毛でできた ❸ 《口》困難な, 危険な；怖いけれど興奮させる, ぞっと[はらはら]する ‖ The situation got ～. 情勢が険悪になった / a ～ escape 危険な脱出 / I've tried skydiving, but it was pretty ～. スカイダイビングをしてみたが, とても怖かったけど面白かった **háir·i·ness** 名

*****Hai·ti** /héɪṭi/ 《発音注意》名 ハイチ《西インド諸島のイスパニョーラ島の西部を占める共和国. 公式名 the Republic of Haiti. 首都 Port-au-Prince》 **-ti·an** 形 ハイチの；ハイチ人[語]の ── 名 C ハイチ人；U ハイチ語

hajj, haj /hædʒ/ 名 C ハッジ《イスラム教徒の義務の1つのメッカ大巡礼》(♦ hadj とも書く)(⇨ UMRAH)

haj·ji /hǽdʒi/ 名 C メッカ巡礼を済ませたイスラム教徒(に与えられる称号)

ha·ka /hɑ́ːkə/ 名 C 《ニュージ》ハーカ ❶ マオリ人の戦いの踊り ❷ ラグビーチームが試合の前に行う❶に似た儀式

hake /heɪk/ 名 (複 ～ OR **～s** /-s/) C 《魚》メルルーサ, ハイク《タラの類》

ha·kim /həkíːm/ (→ ❷) 名 C ❶ (イスラム教国の)医者 ❷ /hɑ́ːkɪm/(イスラム教国の)支配者；裁判官

Hak·ka /hǽkə/ 名 U 客家(ᵇᵃ)語《中国南東部で使われる中国語の方言の1つ》

Hal /hæl/ 名 ハル(Harold の愛称)

ha·lal /həlɑ́ːl/ 名 U 形 ハラル(の)《イスラムの戒律に従って処理された食肉》‖ a ～ butcher イスラムの公認精肉店

ha·la·tion /hæléɪʃən/ 名 U C 《写》ハレーション《カメラが極めて明るい被写体をとらえた時に生じる像のぼやけ》

hal·berd /hǽlbərd/, **-bert** /-bərt/ 名 C ハルバード《やりとおのを組み合わせた昔の武器》

hal·cy·on /hǽlsiən/ 形 《限定》《文》穏やかな, のどかな；平穏無事な ── 名 C 《鳥》カワセミ(kingfisher)；《ギ神》ハルシオン《カワセミに似た想像上の鳥で冬至のころ海上に巣を作り風浪を静める力を持つと信じられた》

▶▶**～ dáys** 名 複 ① (冬至のころの)穏やかな日々 ② 《文》平穏無事の(古きよき)時代[日々]

hale[1] /heɪl/ (♦ 同音語 hail) 形 (特に老人が)元気な, 達者な

hàle and héarty 老いてますます達者な, かくしゃくとした

hale[2] /heɪl/ (♦ 同音語 hail) 動 他 《古》〔人〕を無理やり引っ張り出す；力を込めて…を強く引く

half /hæf | hɑːf/ 名 形 副

名 半分❶ 形 半量[数]の❶ 不完全な❷
副 部分的に❶ 半分ほど❷

―名 (複 **halves** /hævz | hɑːvz/) ❶ U C 〈…の〉**半分**, 半量；ほぼ半分；2つに分けたうちの一方〈**of**〉‖ I've been waiting for「an hour and a ～ [OR one and a ～ hours]. 私は1時間半待っている (→ 形 ❶) / "How old is Max?" "He's three and a ～." 「マックスはいくつだい」「3歳半よ」/ **the first** [**second**, latter] ～ *of* the twentieth century 20世紀前[後]半 / *Half of* 8 is 4. 8の2分の1は4である / *Half of* me would just like to quit everything right now. 今すぐすべてを投げ出してしまいたいような気持ちだ

語法 ☆☆ (1) half の後にくる名詞に this や the, my などがついている場合は, of があってもなくてもよい(→ 形 ❶). 〈例〉*half* (*of*) this money このお金の半分 / *half* (*of*) her friends 彼女の友達のうちの半数
(2) half の後に数量を表す名詞がくる場合は of は使わない(→ 形 ❶). 〈例〉*half* (×of) a mile, *half* (×of) a dozen
(3) 次の2文の違いに注意. 動詞は of の次の(代)名詞に一致させる. 〈例〉*Half of* the orange is bad. そのオレンジの半分は腐っている (♦ 1個のオレンジの半分) / *Half of* the oranges are bad. そのオレンジの半数は腐っている(♦ 複数のオレンジのうちの半数)
(4) 代名詞が後にくる場合は half of them の形になり, ×half them は不可.

❷ C (数としての)2分の1 ‖ Four *halves* make two. 2分の1が4つで2になる
❸ U 半時間, 30分 ‖ It is ～ past four. 4時半です / at ～ one [two] 《英口》1[2]時半に
❹ C (競技や公演の) 前[後]半 ‖ Japan made two goals in **the second** [**first**] ～. 日本は後[前]半に2点入れた ❺ C 《英口》(ビールなどの)半パイント(→half pint) ‖ A ～ of bitter, please. ビターを半パイント下さい ❻ C 〖スポーツ〗=halfback；〖ゴルフ〗ハーフ, 分け《あるホールのスコアが競技相手と同じこと》 ❼ U 《口》かなりの数[量], 大半 ‖ He spent many hours in the library, but was asleep ～ (of) the time. 彼は何時間も図書館にいたが, その大半は寝ていた ❽ C 《英口》(バスや電車などの, 特に子供用の) 半額乗車券 ‖ Two and four *halves* to Oxford, please. オックスフォードまで大人2枚と子供4枚お願いします ❾ C 《米》=half dollar ❿ C 《主に英》(2学期制の)1学期(《米》semester)

a ... and a hálf 《口》大した…, 驚くべき…, ど偉い…；ひどい… ‖ That's *a* film *and a* ～! あれはすごい映画だ
by hálf 半分 ‖ increase ... *by* ～ …を1.5倍に増やす / cut ... *by* ～ …を半分に減らす(→ *too ... by half* (↓))
by hálves 《否定文で》中途半端に, いい加減に ‖ Kim does not do things [OR anything] *by halves*. キムは何事もいい加減にはしない
****gò hálves*** [OR ***hàlf and hálf***] 折半する, 割り勘にする〈**on** …を；**with** 人と〉
hòw the òther hàlf líves 自分とは異なる (特に自分よりずっと金持ち[貧しい])階層の人たちの暮らしぶり
****in hálf***；***into hálves*** 半分に (なるように) ‖ cut a cake「*in* ～ [OR *into halves*] ケーキを半分に切る
the hálf of it 《通例否定文で》《口》最も重要な部分 ‖ You don't know *the* ～ *of it*. (状況の難しさを強調して)君は肝心なことがちっともわかっちゃいないよ
tòo ... by hálf あまりに…で (迷惑なほどで) ある ‖ *too* clever [rich] *by* ～ いやみなほど利口だ[裕福だ]

―形 〔▶ halve 動〕《比較なし》《限定》(♦ 通例 a, the, 所有格などの前で用いる) ❶ **半量[数]の**, 半分の；ほぼ半分の (⇨ 名 ❶ 語法) ‖ ～「an hour [a mile]=a ～ hour [mile] 半時間[マイル](♦ 数量・時間・距離などを表す名詞の前では「a half +名詞」も可) / one and a ～ hours [miles] (=「an hour [a mile] and a half) 1時間半[1マイル半] (♦ one and a half は複数名詞を伴う) / *Half* the strawberries were rotten. 半数のイチゴは腐っていた (→ 名 ❶) / *Half a loaf is better than no bread.* 《諺》半分 [少し] のパンでもないよりはまし / He is ～ her age. 彼は彼女の半分の年だ / a ～ share 半分の分け前 / the next ～ century 次の半世紀
❷ **不完全な**, 不十分な；部分的な ‖ I'm ～ the dancer I used to be. 以前ほどうまく踊れない / ～ knowledge 生半可な知識 / a ～ smile 薄笑い / only ～ the story (何かを秘密にしようとしての)不完全な説明
❸ 《the+名詞を伴って》大半の, 多くの ‖ *Half* the fun with diving is seeing various kinds of fishes. ダイビングの楽しみの大半はいろいろな種類の魚と出会えることだ / I thought about him ～ the night. 夜中ほとんど彼のことを考えていた
❹ 《口》(時間が) 少しの ‖ in ～ a second [OR shake] すぐに ❺ (両親の国籍が異なる場合に)ハーフの
hàlf a dózen ① 6つの ‖ ～ *a dozen* eggs 卵半ダース ② いくつかの；たくさんの ‖ in ～ *a dozen* different languages 数か国語で

―副 《比較なし》 ❶ **部分的に**, 半ば, ある程度；中途半端に ‖ He looked ～ interested, ～ put off. 彼は半ば関心がありそうで, 半ば気乗りがしないふうでもあった / I'm ～ inclined to agree. 私は半ば賛成したい気もする / He'd ～ **expected** her to leave him. 彼は彼女が出て行くだろうといくぶん予期していた / ～ **asleep** うとうとして / ～ cooked 生煮えの
❷ **半分ほど**, 半ば ‖ "The bottle is ～ **empty**." "I'd say ～ **full**." 「瓶は半分空だ」「私なら半分入ってると言うね」/ He is ～ as old as I am. 彼は私の半分の年だ
❸ (状況が悪い場合に) かなり, 相当；ほとんど ‖ She felt ～ dead with exhaustion. 彼女は疲れ果てていた
hàlf as mùch [***màny***, etc.] ***agáin*** (***as*** ...)；***hàlf agáin as mùch*** [***màny***, etc.] (***as*** ...) (…の)1倍半
hálf as mùch [***màny***] (*A*) (***as*** *B*) (数量が)(*B*の)半分(の*A*)
not hálf ① =*not half as A as B* (↓) ② 《特に not ～ bad で》《口》全然 [少しも] …ない ‖ *Not* ～ bad for a beginner. 初心者にしては上出来だ ③ 《英口》とても, 非常に ‖ It *isn't* ～ hot today. 今日はひどく暑い / "Did you enjoy yourself?" "*Not* ～!" 「楽しかったかい」「とっても」
nòt hálf as À as B́ BよりもずっとAでない ‖ It *isn't* ～ *as* easy *as* you suppose. それはあなたが想像するほど生易しいことじゃないんですよ

▶▶ **～ a crówn** 名 C =half crown **～ bìnding** 名 C (本の背と隅が革の)半革装丁 **～ blòod** (↓) **～ bóard** 名 U 《英》(ホテルなどで)一泊二食付き宿泊 **～ bròther** 名 C =half-brother **～ cóck** (↓) **～ crówn** 名 C (英国の)半クラウン(白銅貨)《2シリング6ペンスに相当. 1970年廃止》 **～ dóllar** 名 C (米国・カナダの)50セント(銀貨) **～ éagle** 名 C (米国の昔の) 5ドル金貨 **～ gàiner** 名 U 〖水泳〗前逆飛び込み **～ hítch** 名 C 半[片]結び, 一結び **～ mèasures** /, ˌ--ˌ-/ 名 複 中途半端なやり方 [策] ‖ There are no ～ *measures* about him. 彼には中途半端なところはない / not by ～ *measures* 生半可にでなく本気で, 徹底的に **～ nélson** 名 C 〖レスリング〗ハーフネルソン《首攻めの一種》 **～ nòte** 名 C 《主に米》〖楽〗2分音符(《英》minim) **～ pànts** 名 複 《インド口》半ズボン, ショートパンツ **～ pínt** 名 C ① 半パイント (¼ quart) ② 《米口》《けなして》ちび；取るに足りない人物 **～ príce** 名 U 半値 **～ sìster** 名 C =half-sister **～ sìze** 名 C 中間のサイズ《9と10の中間の9½など》；ハーフサイズ《婦人服で身長に対して幅の広い体型用》 **～ sòle** (↓) **～ stèp** 名 C 《米》① 〖楽〗半音 (semitone) ②

H

行進歩調《速歩で15インチ(38センチ), 駆け足で18インチ(46センチ)》 ～ **térm** 名 C 《英》(学期中の) 短い休み ～ **title** 名 C ① (本の表題紙の前につく) 前扉; (そこに刷られた) 略書名 ② (中扉の) 各章の表題 ～ **tòne** 名 C 《主に米》〘楽〙半音 (semitone) ～ **vólley** 名 C〘テニス・サッカーなど〙ハーフボレー《地面からバウンドした瞬間のボールを打つ[ける]こと》

hàlf-and-hálf ⊲ 名 C 半々の混ぜ物; U《米》牛乳とクリームとの混合飲料; 《主に英》ハーフアンドハーフ《特に ale と porter の混合ビール》 ― 形 副 半々の[に], 等分の[に]; 中途半端な[に] ‖ go ～ 折半する(go halves)

hàlf-ársed ⊲ 形 《英》=half-assed

hàlf-ássed ⊲ 形 副 ⊗《米卑》《蔑》❶ でたらめの[に], 無計画の[に] ❷ 無能な[に], ばかな

hálf·bàck 名 U C〘アメフト・ラグビー・サッカーなど〙ハーフバック, 中衛(の位置・選手)

hálf-bàked 形 ⊲ ❶ 生焼けの ❷《口》(計画などが) よく練ってない, 準備不足の ❸《口》未熟な

hálf-bàth 名 《米》トイレと洗面設備だけの小部屋《シャワーや浴槽がついていない》

hálf blòod 名 C 異父[母]兄弟[姉妹](の関係); ⊗《蔑》混血児 **hàlf-blóoded** 形 ⊗《蔑》混血の

hálf-brèed ⊗《蔑》名 C 混血児《特に白人と北米先住民との子》(❗「混血の人」を half とはいわない) ― 形 混血の(♥ of mixed race という方がよい)

hálf-bròther 名 C 異父[母]兄弟

hálf-càste ⊗《蔑》名 C 混血児《特にヨーロッパ人とインド人やアラブ人との子》 ― 形 混血の(♥ of mixed race という方がよい)

hàlf-céntury 名 C ❶ 半世紀, 50年 ❷〘クリケット〙50点

hàlf cóck 名 U ハーフコック, 安静段《銃の撃鉄を半分だけ上げ, 引き金は引けない状態》
at hàlf cóck 撃鉄が半分上がったまま; 準備不足のまま
gò óff at hàlf cóck 《英》=*go off* HALF-COCKED

hàlf-cócked 形 ❶ (銃の) 撃鉄を半分だけ上げた, 安静段にした; 安全装置をかけた ❷ 早まった, 用意不十分の
gò óff hàlf-cócked ① 撃鉄を十分上げないうちに発射する ② (十分な準備・知識がないまま)早まった行動をとって失敗する

hàlf-crázed 形 少し気がふれたような

hàlf-cút 形 《英口》酔っ払った

hàlf-dáy 名 C 半日勤務[授業]日

hàlf-déad 形 《口》くたくたに疲れて

hàlf-dóne 形 ❶ 生煮え[焼け]の ❷ 未完成の, 不十分な

hàlf-dózen 名 C 半ダース, 6個(half dozen) ― 形 半ダースの, 6個の ‖ a ～ eggs 半ダースの卵

hàlf-hárdy ⊲ 形 (植物が)半耐寒性の

hàlf·héarted ⊲ 形 気乗りのしない, 気[熱意]のない
～**·ly** 副 ～**·ness** 名

hàlf-hóliday 名 C 《英》半日勤務[授業]日

hàlf-hóur ⊲ 名 C 半時間, 30分; (時計の) 半 (half an hour) ‖ (every hour) on the ～ (1時半・2時半など)30分過ぎごとに ～**·ly** 形 副 半時間(ごと)の[に]

hàlf-léngth ⊲ 形 半分の長さの; 半身像の ― 名 C 半身像[画]

hálf-lìfe 名 U C ❶〘理〙(放射性元素の原子の数の) 半減期 ❷〘生〙半減期《体内に取り込まれた物質の半分が失われるのに要する時間》 ❸《口》衰える前の華やぎの一瞬[わずかの期間](half-life period)

hálf-lìght 名 U 薄明かり

hàlf-márathon 名 C ハーフマラソン《full-marathon (42.195km)の半分の距離を走るレース》

hàlf-mást 名 U 半旗の位置《弔意を表す》
at hàlf-mást ① 半旗の位置に ‖ fly a flag *at* ～ 半旗を掲げる ②《戯》(ズボンが) 短かすぎて; (衣服が) ずり下がって, 半ば上がった状態で
― 動 他 〔旗〕を半旗の位置に掲げる

hàlf-móon 名 C 形 半月(の); 半月形のもの(の) (⇨ MOON 図)

half·pence /héɪpəns/ 《発音注意》 名 ⇨HALFPENNY ❷

half·pen·ny /héɪpəni/ 《発音注意》 名 (複 **-nies** /-z/) (→❷) C ❶ (英国の) (旧)半ペニー銅貨 ❷ (複 **-pence** /-pəns/)半ペニー(の値) ‖ three *halfpence* 1ペニー半

half·pen·ny·worth /héɪpəniwə̀ːrθ/ 名 C 《英》半ペニーの価値のもの; ごく少量

háIf·pìpe 名 C ハーフパイプ《スノーボードのフリースタイル用競技場およびそこで行われる競技》

hálf-plàte 名 C 《英》〘写〙16.5cm×10.8cm の感光板

***hàlf-príce** ⊲ 形 副 (平常価格の)半額[値]の[で]

hàlf-sèas óver 形 《叙述》《英口》《旧》生酔いの, ほろ酔い気分の

hálf-sìster 名 C 異父[母]姉妹

hálf-slìp 名 C (スカートの下に着る)ペチコート

hálf sòle 名 C (靴の)半底(革)
hálf-sòle 動 他 〔靴〕に半張りをする

hàlf-stáff 名 《米》=half-mast

hàlf-tímbered ⊲ 形〘建〙木骨造りの《骨組みは木でほかの部分をれんがや漆喰(しっくい)で埋める》

hálf·tìme ⊲ 名 C ❶〘スポーツ〙ハーフタイム《試合の中間の休み》 ❷《英》半日労働

hálf·tòne 名 C ❶〘美〙中間色, (明暗の)半階調 ❷〘印〙網版(あみはん)

hálf-tràck 名 C 半無限軌道装置, 半無限軌道車《主に軍用で後輪にのみキャタピラーを装備する》

hálf-trùth 名 C (人を欺くための) 部分的にのみ真実な説明, 真偽取り混ぜた言葉

***hàlf·wáy** ⊲ 副 ❶ 中間で[に], 中途で[に]; 中途まで, 半分だけ ‖ The game is ～ through, and there's still no score. 試合は前半を終了して0対0のままである / My house is ～ between Osaka and Kobe. 私の家は大阪と神戸の中間にある / ～ up the stairs 階段を半分上がった所で ❷ 中途半端に, 不完全に; ほとんど ‖ The suggestion only went ～ toward solving the problem. その提案も問題を解決するまでには至らなかった / He ～ yielded to his son's pleas. 彼は息子の訴えに半ば屈した ❸ かなり, ほどよく ‖ a ～ decent standard of living かなりよい[まあまあの]暮らし(向き)
mèet a pèrson halfwáy; ***gò halfwáy with a person*** 〔人〕と妥協する, 歩み寄る
― 形 ❶ 中間の, 中間にある, 中途の ‖ reach the ～ point 中間点に達する ❷ 中途半端な, 不完全な, 部分的な ‖ take a ～ stand on ... …に中途半端な態度をとる
▸▸ ～ **hòuse** /英 ニ-ニ/ 名 C ① 中間点; 妥協(方法) ② (精神障害者・麻薬中毒患者などの) 社会復帰施設 ③ 2つの町の中間にある宿屋 ～ **lìne** 名 C〘サッカーなど〙ハーフウェーライン, 中央線

hálf·wìt 名 C 《口》《けなして》ばか, 間抜け; うすのろ
hàlf-wítted 形

hàlf-yéarly 形 副 半年ごとの[に], 年2回(の)

hal·i·but /hǽlɪbət/ 名 (複 ～ OR ～**s** /-s/) C〘魚〙オヒョウ《北方海洋産大カレイ》; U オヒョウの肉

Hal·i·fax /hǽlɪfæks/ 名 ハリファックス《カナダ, ノバスコシア州の州都》

hal·ite /hǽlaɪt/ 名 =rock salt

hal·i·to·sis /hæ̀lɪtóusɪs/ 名 U〘医〙口臭(♦ 日常語では bad breath(臭い息))

*****hall** /hɔːl/ (♦ 同音語 haul)

中心義 **屋根のある広い空間**

― 名 (複 ～**s** /-z/) C ❶ (家・ホテルなどの) **廊下**, 通路 (hallway) ‖ The bathroom is down the ～ on your right. トイレは廊下の向こうの右側です
❷ **玄関** (の広間), ホール (《米》 entry) ‖ Please leave your coat in the ～. コートは玄関に預けてください
❸ (催し物・集会・展示などのための)**会館**, 公会堂, 集会場,

ホール；(会館内などの)大広間；講堂；娯楽場；《the ～s》《英口》演芸場，寄席 (music halls) ‖ Carnegie *Hall* カーネギーホール《ニューヨークにある演奏会場》/ Royal Festival *Hall* ロイヤルフェスティバルホール《ロンドンにある演奏会場》/ an exhibition ～ 展示[展覧]会場 / a dance [concert] ～ ダンス[コンサート]ホール
❹ (大学の)校舎，付属会館，講堂；寮，寄宿舎；《英》学寮 (college)；《英》(学内の)大食堂(での会食) ‖ a lecture ～ 講堂 /《主に英》a ～ of residence 寮(《米》dormitory) / live in (a) ～ 寮生活をする / dine in ～ 大食堂で会食する(♦ 無冠詞で用いる)
❺ (公務などを行う) 建物，庁舎，役所 ‖ a **town** [《米》city] ～ 市庁舎，市役所 ❻ (中世の国王・貴族の)館(やかた)，城(内の大広間)；《英》(大地主の)邸宅
▸▸ **～ bédroom** 名 C 《米》玄関わきの寝室 (♦ ホテルで安値の部屋) **Hàll of Fáme** 名《the ～》栄誉の殿堂《ニューヨーク市の the Hall of Fame for Great Americans (偉大な米国人の殿堂) をはじめ，各界の功労者を顕彰する殿堂》 **～ trèe** 名 C 《米》(玄関などの)樹木形帽子[コート]かけ

hal·lal /həlɑ́:l/ 名 形 =halal

hal·le·lu·jah /hæ̀lılú:jə/ 間 ハレルヤ，主をたたえよ(♥ 神に対する賛美・感謝) ─名 C ハレルヤの叫び[歌]

Hàl·ley's cómet /hǽli:z-/ 名《天》ハレー彗星(すいせい)《約76年周期で出現する彗星》

hal·liard /hǽljərd/ 名 =halyard

hall·mark /hɔ́:lmɑ̀:rk/ 名 C ❶ (金銀細工品に押した)純度検証刻印；(一般に)品質保証(書) ❷ 特徴，特質
─動 他 …に純度検証刻印を押す；…の品質を保証する，…に折り紙をつける

hal·lo(a) /həlóu/ 間 名 動 =hello

hal·loo /həlú:/ 間 ❶ それっ，しっ《猟犬をけしかける掛け声》 ❷ もしもし，おおい；えっ(♥ 人の注意を引いたり，驚きを表す)
─名 C それっとけしかける声；おおいと呼ぶ声
─動 他 〔猟犬〕にそれっとけしかける；〔人〕に大声で呼びかける ─自 もしっ[おおい，えっ]と叫ぶ

hal·low /hǽlou/ 動 他《堅》…を神聖化する，神聖なものとしてあがめる ─名 C《古》聖者，聖徒

hal·lowed /hǽloud, (祈りでは) -loued, -louıd, -louəd/ 形《限定》❶ 神聖化された ‖ bury him on this ～ ground 彼をこの聖地に葬る ❷ 歴史と伝統を誇る

Hal·low·een, -e'en /hæ̀louí:n/ ⟨ジ《発音・アクセント注意》名 U C ハロウィーン《万聖節[諸聖徒日]の前夜(祭) (10月31日)．米国ではカボチャのちょうちんを飾ったり，子供が仮装して家々を回ってお菓子をもらったりする》‖ Happy ～! ハロウィーンおめでとう(→ trick or treat)
語源 *Hallow-* (聖者) + *-een, -e'en* even (=evening) の短縮形

háll·stànd 名 C 《英》(玄関の)帽子・コートかけ(《米》hall tree)

hal·lu·ci·nate /həlú:sınèıt/ 動 他 …に幻覚を起こさせる[感じさせる] ─自 幻覚を起こす

hal·lu·ci·na·tion /həlù:sınéıʃən/ 名 U C ❶ 幻覚；幻影，幻聴 ❷ 妄想，思い違い

hal·lu·ci·na·to·ry /həlú:sənətɔ̀:ri | -sınətə-/ 形《限定》幻覚を起こさせる；幻覚の[によって起こる]

hal·lu·cin·o·gen /həlu:sínədʒən/ 名 C 幻覚剤
hal·lù·ci·no·gén·ic 形 幻覚を起こさせる

háll·wày 名 C (屋内の)通路，廊下；玄関(の広間)，ホール

hal·ma /hǽlmə/ 名 U 飛び将棋《256の目のある盤を用い2人または4人で行うゲーム》

ha·lo /héılou/ 名 (複 **～s**, **～es** /-z/) C ❶ (聖像の)後光，光輪 ❷ 後光，神々しさ，栄光 ❸ (太陽・月などの)かさ
─動 他 …を後光で囲む；栄光で取り巻く
▸▸ **～ effèct** 名 C《心理》ハロー効果《1つの長所を持つ人はほかの面でも有利に評価される傾向があること》

hal·o·gen /hǽlədʒèn/ 名 U《化》ハロゲン，造塩元素《フッ素・塩素・臭素・ヨウ素・アスタチンの総称》

ha·lon /héılɑ̀(:)n | -lɔ̀n/ 名 U ハロン《ハロゲン化炭素の一種でオゾン層を破壊する気体》

*__halt__[1] /hɔ:lt/《発音注意》名 C ❶《単数形で》(進行などの) (一時的) 停止，休止，中止 (↔ continuation) (⇨ STOP 類語) ‖ The truck screeched to a ～. トラックはきいと音を立てて止まった / bring a car to an abrupt ～ 車を急停止させる / come to a ～ 止まる[停止する] / call a ～ to its production その生産の停止を命じる
❷《英》(鉄道の)簡易駅
*__*grind to a hált*__；__*còme to a grìnding hált*__ ① (車などが)きしって止まる ② 〔活動などが〕ゆっくり停止する
─動 自 (一時的[急]に) 止まる，停止する(♦ しばしば命令形で用いる)；中止になる ‖ *Halt!* Who goes there? (番兵などが)止まれ，だれだ / The project ～*ed* for lack of funds. 計画は資金不足のため中止になった ─他 …を停止[中止]させる ‖ fail to ～ economic decline 景気後退に歯止めをかけ損なう / ～ traffic 交通を一時止める

halt[2] /hɔ:lt/ 動 自 ❶《主に米》ためらう，迷う；ためらいがちに言う[歩く] ‖ ～ in one's speech ためらいがちに話す ❷《古》足を引きずって歩く
─形《古》足[脚]の不自由な(lame)

hal·ter /hɔ́:ltər/ 名 C ❶ (牛馬の頭部につける) 端綱(はづな) ❷《通例形容詞的に》ホールター《ひもを首にかけて肩と背中を出して着る婦人服》‖ a woman in a ～ top ホールター型の上着を着た女性 ❸《古》絞首索；絞首刑
─動 他 …に端綱をつける；…を絞首刑にする

hálter·nèck 名 C 形 ホールターネック (の)《ひもを首に回して前の部分をつり，背中と肩を露出した婦人服》

halt·ing /hɔ́:ltıŋ/ 形《通例限定》ためらう，途切れ途切れの
～·ly 副 **～·ness** 名

hal·vah, -va /hɑ:lvɑ́: | hǽlvə/ 名 U ハルバ《ハチミツとすりゴマに香味料を加えて作る中近東起源の菓子》

*__halve__ /hæv | hɑ:v/ 動〔◁ half 形〕他 ❶ …を2等分する；…を〈人と〉折半する，半分半分に分ける〈**with**〉‖ I ～*d* the expenses *with* him. その費用を彼と折半した ❷ …を半減させる ‖ The work force has been ～*d* in five years. 労働力は5年で半減した ❸《ゴルフ》〈相手と〉同じ打数で〔ホール・ラウンド〕を終える，分ける〈**with**〉‖ ～ a hole *with* her 彼女とホールを引き分ける ❹〔材木〕を合欠(あいがき)にする《両端を半分の厚さに切って重ね継ぎする》《***together***》 ─自 半減する

halves /hævz | hɑ:vz/ 名 half の複数

hal·yard /hǽljərd/ 名 C《海》ハリヤード，揚げ綱《帆・旗などを上げ下げする綱》

*__ham__ /hæm/ 名 ❶ U C ハム《豚のもも肉を塩漬け・燻製(くんせい)にしたもの》‖ a slice of ～ ハム1切れ / ～ and eggs ハムエッグ / a ～ sandwich ハムサンド / a baked ～ 焼いたハム一本 ❷ U C (豚などの) もも (の肉) ❸ C ひかがみ《ひざの後ろ》❹ C《口》アマチュア無線家，ハム ❺ C 演技過剰の (大根) 役者；U 演技過剰 ‖ a ～ actress 大根女優 ❻ C《しばしば ～s》ももの後ろ側，ももと尻(しり)(の部分) ‖ squat down on one's ～*s* しゃがむ
─動 (**hammed** /-d/；**ham·ming**) 他〔役〕を大げさに演じる《***up***》 ─自 大げさに演じる《***up***》
hàm it úp わざと大げさな演技をする[言動をとる]

ham·a·dry·ad /hæ̀mədráıəd/ 名 C ❶《ギ神・ロ神》ハマドリュアス《木の精》❷ =king cobra

Ha·mas /hǽmæs, ─⁄/ 名 ハマス《パレスチナのイスラム原理主義過激派組織》

Ham·burg /hǽmbə:rg/ 名 ハンブルク《ドイツ北部，エルベ河畔の港湾都市》

*__ham·burg·er__ /hǽmbə:rgər/《アクセント注意》名 (複 **～s** /-z/) C ❶ ハンバーグ (ステーキ) (《米》hamburger steak,《英》beefburger) ‖ grill a ～ ハンバーグを網焼きにする ❷ ハンバーガー (《口》burger) ❸ (= **～ mèat**) U《米》牛のひき肉(《英》mince)

hàm-físted ⟨ジ 形《口》=ham-handed

hàm-hánded 〈ジ〉 形《口》ぶきっちょな, 下手くそな **~·ly** 副 **~·ness** 名

Ham·ite /hǽmaɪt/ 名 C ❶ ハム族《アフリカ北部・東部に住む民族》 ❷〖聖〗(Noah の次子)Ham の子孫

Ham·it·ic /hæmít̬ɪk/ 形 ハム族の；ハム語族の ―名 U ハム語族《古代エジプト語や現代のベルベル語を含む》

ham·let /hǽmlət/ 名 C (village より小さい)小村；(英国の)(教会を持たない)小村

Ham·let /hǽmlət/ 名 ハムレット《Shakespeare の悲劇, およびその主人公のデンマークの王子》

***ham·mer** /hǽmər/ 《発音注意》 名 (複 **~s** /-z/) C ❶ ハンマー, 金づち, つち ‖ drive nails with a ~ ハンマーでくぎを打つ / take a ~ to a board ハンマーで板をたたく ❷ ハンマー状のもの；(銃の)撃鉄, 打ち金；(ベル・ゴングなどの)打ち子；(ピアノの)ハンマー；(木琴などの)ばち ❸ (ハンマー投げの)ハンマー；《the ~》ハンマー投げ ❹ (競売人の)木づち(mallet) ❺〖解〗(中耳の)槌骨(ついこつ)(malleus)

còme [gò] under the hámmer 競売に付される[付す] ‖ This painting *came under the* ~ at Sotheby's. この絵はサザビーズで競売に付された

hàmmer and tóngs 《口》猛烈に, 懸命に ‖ go [OR be] at it ~ *and tongs* 猛烈な勢いで取りかかる；(2人が) 猛然と争う, 激しく議論を戦わせる

―動 (**~s** /-z/；**~ed** /-d/；**~·ing**) 他 ❶ …をハンマーで打つ[たたく],〔くぎ・くいなど〕を〈…に〉打ち込む《*in*》〈**into**〉；(ハンマーで打つように) …をどんどん [こつこつ] たたく ‖ ~ a nail *in* くぎを打ち込む / ~ a stake *into* the ground くいを地面に打ち込む / ~ a table with one's fist こぶしでテーブルをがんがんたたく

❷ 《+目+補〈形〉/ 目+**into** 名》〔金属など〕をたたいて…(の形) にする ‖ ~ a piece of metal flat [thin] 金属を平らに [薄く] たたき延ばす / ~ steel *into* a sword 鋼を打って刀にする

❸ …を〈…に〉打ちつける, くぎ付けにする《*down, on, up*》〈**on, onto**〉；打ちつけて…を組み立てる《*together*》‖ ~ *down* [*on*] a lid ふたをくぎ付けにする / ~ a rough table *together* 打ちつけて粗末なテーブルを作る

❹ 《+目+**into** 名》〔論点・重要性など〕を…にたたき込む, 銘記させる (→ *hammer home* (↓)) ‖ *Hammer* some good manners *into* her head. 彼女の頭に(よい)作法をたたき込んでやってちょうだい ❺ 《口》〔相手〕を激しく非難する；〔敵〕をたたきのめす ❻ 《口》〔ボールなど〕を勢いよく打つ[ける] ❼ 《英》(株式取引所で)〔会員〕を除名処分にする；〔株〕の値を下落させる；〔企業など〕に打撃を与える

―自 ❶ ハンマーでたたく, 〈…を〉強く打つ[たたく]《*away*》〈**at, on, onto, against**〉‖ ~ *at* the door [keys] ドアをどんどんたたく [ピアノのキーをがんがんたたいて弾く] ❷ (脈が) 打つ, (心臓が) どきどきする ‖ He felt his pulses ~*ing* in his head. 彼は頭がずきんずきんとするのを感じた ❸ (人が理解するまで)〈…を〉言い続ける《*away*》〈**at**〉

hàmmer awáy at ... 〈他〉 ① ⇨ 自 ❶ ② …をせっせと [こつこつ] やる ‖ He ~*ed away at* his homework. 彼は宿題をこつこつやった ③ …をしつこく強調する ‖ ~ *away at* the same points 同じ点をくどくど述べ立てる

hàmmer hóme ... / *hàmmer ... hóme* 〈他〉〔くぎなど〕を深く打ち込む；〔論点など〕を十分たたき[教え]込む

hàmmer ín ... / *hàmmer ... ín* 〈他〉 ① ⇨ 他 ❶ ② 〔論点・教訓など〕をたたき込む, 銘記させる

hàmmer óut ...* / *hàmmer ... óut* 〈他〉 ① …をたたいて作る；…をたたいて平らにする ‖ ~ *out* a dent in a fender フェンダーのへこみをたたいて出す / ~ *out* a kettle in copper 銅を打ち出してやかんを作る ② 〈ピアノ・キーボードなどをたたいて〉〔曲・作品など〕を作り出す, たたくように弾く〈on**〉 ③ …を苦心して案出する；知恵を絞って[討論して]…を解決する ‖ ~ *out* an agreement acceptable to both sides 双方が受け入れられる協定を編み出す / They will ~ *out* their differences. 彼らは互いの相違点を努力して打開するだろう

~·er 名 **~·less** 形

hammer and sickle

▸▸ **~ and sickle** 名 《the ~》ハンマーと鎌(かま)《旧ソ連の国旗に用いられた労働者と農民の象徴》 **~ drill** 名 C (削岩用) ハンマードリル **~ price** 名 C (オークションの) 競り値 **~ throw** 名 《the ~》ハンマー投げ (競技) **~ thrower** 名 C ハンマー投げ選手

ham·mered /hǽmərd/ 形《叙述》《口》(酒に)酔った

hámmer·hèad 名 C ❶ (= **~ shàrk**)〖魚〗シュモクザメ ❷〖鳥〗シュモクドリ ❸〖動〗ウマヅラコウモリ ❹ ハンマー[つち]の頭

ham·mer·ing /hǽmərɪŋ/ 名 ❶ U/C《単数形で》(ハンマー・こぶしなどで) たたく音 ❷ C《通例単数形で》惨敗, 攻撃, 非難

tàke a rèal hámmering 《口》猛攻[激しい批判]にさらされる, 完敗する, 損失を受ける

hámmer·lòck 名 C〖レスリング〗ハンマーロック《相手の片腕をひねって背中に押しつける技》

hámmer·tòe 名 U C〖医〗つち状足指 (症)《足指関節屈曲》

ham·mock /hǽmək/ 名 C ハンモック

Hàm·mond órgan /hæ̀mənd-/ 名 C《商標》ハモンドオルガン《電子オルガンの一種》

ham·my /hǽmi/ 形《口》演技過剰の, 大根役者の

***ham·per**¹ /hǽmpər/ 動 他 …を妨げる；…の邪魔になる(♦しばしば受身形で用いる) ‖ Our project is ~*ed* by lack of funds. 我々の事業は資金不足で進展していない / Her tight skirt ~*ed* her movements. タイトスカートのおかげで彼女は動きがままならなかった

―名 U〖海〗必要ではあるがときには邪魔になる船具

ham·per² /hǽmpər/ 名 C (ふた付きの) 大型かご；《英》(食品・酒などの)かご詰め；《米》洗濯用かご(《英》laundry basket) ‖ a picnic ~ ピクニック用バスケット

Hamp·shire /hǽmpʃər/ 名 ハンプシャー《イングランド南部の州. 州都 Winchester. 略 Hants.》

Hàmp·ton Cóurt /hæ̀mptən-/ 名 ハンプトンコート《ロンドンの南西, テムズ川に臨む宮殿. Henry VIII の王宮》

ham·ster /hǽmstər/ 名 C ❶〖動〗ハムスター ❷ 💻 ハムスター《コードレスマウス》

ham·string /hǽmstrɪ̀ŋ/ 名 C (人のひざの後ろの) ひかがみの腱(けん)；(四足獣の)後脚節の後ろの腱 ‖ pull one's ~*s* 腱を伸ばして痛める

―動 (**-strung** /-strʌ̀ŋ/, 《まれ》**~ed** /-d/；**~·ing**) 他 …の腱を切って足を不自由にする；《通例受身形で》無力になる, 効果がなくなる

Han /hɑːn | hæn/ 名 漢(かん)《中国の王朝. 202 B.C.–A.D. 220》

*****hand** /hænd/ 名 動

中心義 手(に似たもの), 手で行う行為

名 手❶ 針❷ 手助け❸ 労働者❹ 所有❺ 影響力❻ 腕前❼
動 他 手渡す❶

―名〔▶ handy 形〕(複 **~s** /-z/) C ❶ (人間の) 手(♦ふつう手首(wrist)から先の部分を指す)(→ arm¹)；(猿などの哺乳(ほにゅう)動物のものをつかめる)手足；《西インド》腕；《形容詞的に》手の, 手で操作する, 手で持つ[運ぶ], 手のための, 手製の ‖ I'm holding a coin in my right ~. Presto! It's moved to my left. 右手に硬貨を持っていますよ. そーれ. 左手に移ってしまいました / Raise your ~ if you know the answer. 答えがわかった人は手を挙げて / The supporters clapped their ~*s* for joy. サポーターたちは手をたたいて喜んだ / He was standing with his ~*s* in his pockets. 彼はポケットに両手を突っ込んで立っていた / The mother took her child by the ~.

母親は我が子の手をとった / He was on his ~*s* and knees looking for his contact lens. 彼は四つんばいになってコンタクトレンズを捜した / the back [palm] of the ~ 手の甲[ひら] / *The right* [OR *left*] ~ *doesn't know what the left* [OR *right*] ~ *is doing.* 左[右]手のしていることを右[左]手は知らない；(組織内などで)連絡がうまくいっていない (♦聖書の言葉より) / lift one's ~ (片手を挙げて)宣誓する / offer one's ~ (握手のため)手を差し出す / put one's ~(*s*) in one's pocket ポケットに(両)手を入れる / seize a chance with both ~*s* チャンスを諸手(もろて)で捕まえる / a ~ lever 手動レバー / ~ signals 手でする合図

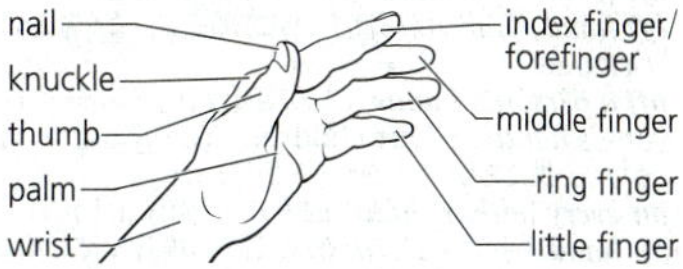

hand ❶

❷ 手の形をしたもの；(時計・計器などの)**針**；〖印〗指印 (☞) (index)；バナナのふさ ‖ the hour [minute, second] ~ 時[分, 秒]針 / the long [short] ~ 長[短]針
❸ 《a ~》(身体を使う作業などの)**手助け**, 援助〈**with** …への / *doing* …する〉(→ CE 5) ‖ Will you give [OR lend, bear] me a (helping) ~ *with* this desk? この机を動かすのを手伝ってくれませんか / She gave me a ~ washing the dishes. 彼女は皿洗いを手伝ってくれた / Call me if you need a ~. 手伝いが必要なら電話して[声をかけて]ください
❹ 《通例複合語で》(主に肉体労働の)**労働者**, 働き手, 人手, 雇い人；(船の)乗組員 ‖ a factory ~ 工員 / We are short of ~*s*. 人手が不足している / *Many ~s make light work.* 《諺》人手が多ければ仕事は楽だ
❺ 《通例 ~s》**所有**；責任；管理；支配；保護, 世話 ‖ The documents will be in your ~*s* by tomorrow. 書類は明日までにはそちらに届きます / leave a child in good [OR safe] ~*s* 子供を信頼できる人に任せる / The documents fell into the wrong ~*s*. 書類が間違った人の手に渡った / fall into the enemy's ~*s* 敵の手に落ちる / rule the country with a heavy ~ 国を厳しく治める / This boy needs a firm ~. この少年はちゃんと監督する必要がある / by the ~*s* of ... …の手を経て
❻ 《単数形で》**影響力**, 作用, 支配力；〈…への〉関与, 参加〈**in**〉‖ The report will strengthen the ~ of the police. その報告は警察の力を強化するだろう / He died by his own ~. 彼は自ら命を絶った / She had a big ~ *in* the project. 彼女はその計画に深くかかわっていた
❼ 《単数形で》**腕前**, 技量；《修飾語とともに》〈…の〉技量の持ち主, 専門家〈**at**〉‖ This painting shows a master's ~. この絵は巨匠の技量を示している / He has a light ~ with cooking. 彼は料理が上手だ / She is good with her ~*s*. 彼女は手先が器用だ / He is (a) good [poor] ~ *at* organizing exhibits. 彼は展覧会の準備をするのによく慣れている[いない]
❽ 《単数形で》筆跡, 書体 (handwriting) ‖ This was written in the author's own ~. これは作者自身の筆跡だ / write in a good [poor] ~ 字がうまい[下手だ]
❾ (トランプの)持ち札, 手；一勝負；競技者；(ブリッジの)宣言者の持ち札 ‖ have a good [bad, poor] ~ 手がよい[悪い] / Let's play a ~ of poker. ポーカーをしよう
❿ 《one's ~》《旧》(女性から男性に対する)結婚の約束[承諾]；約束, 契約, 言質(げんち) ‖ He asked for the lady's ~ (in marriage). 彼はその女性に結婚を申し込んだ / The knight won her ~. 騎士は彼女から結婚の承諾を得た ⓫ ハンド, 手幅尺《馬の背丈(足から肩まで)を測る単位で4インチ(10.16センチ). ほぼ手幅の長さ》⓬ 《a ~》《口》拍手喝采(かっさい) ‖ Hillary got a big ~ for her speech. ヒラリーの演説は盛大な拍手を受けた / Let's give him a big ~. 彼に盛大な拍手を送ろう ⓭ 側, 方向 ‖ at one's right [left] ~ 右[左]手に / on the right [left] ~ side 右[左]側に ⓮ 《英》豚の前肢の肉

a hànd's túrn 《通例否定文で》《口》一働き ‖ don't do *a ~'s turn* 何も[何の努力も]しようとしない
a sàfe pàir of hánds (スポーツで)ボールをしっかり捕球できる人；(事態の対応などで)頼りになる人
a stèady [OR ***fírm***] ***hánd on the tíller*** (難局での)安定した舵(かじ)取り
àll hànds on déck ① 全員甲板へ ② 総動員で
all hánds to the pùmps = *all hands on deck* ②(↑)
An ìron hànd in a vèlvet glóve. = *An iron* FIST *in a velvet glove.*
(***at***) ***first hánd*** 直接に, じかに (⇨ FIRSTHAND) ‖ I learned the news *at first* ~ from an evacuee. その知らせは避難民から直接聞いた
at hánd = (*close* [OR *near*]) *at hand*(↓)
(***at***) ***sècond*** [***thìrd,*** etc.] ***hánd*** また聞きで[間に2人置いて], 間接的に (⇨ SECONDHAND)
at the hánds of a pèrson ; ***at a person's hánds*** 《文》〔人〕の手で[によって], 〔人〕のせいで ‖ They were treated badly *at the ~s of* the military. 彼らは軍からひどい扱いを受けた
be càught with one's hànd in the cóokie jàr 《米口》盗み[不正行為]の現場を見つかる
bìte the hànd that féeds *one* 恩をあだで返す
****by hánd*** ① (機械を使わず)**手で** ‖ I want a sweater knitted *by* ~. 手編みのセーターが欲しい ② (郵便ではなく)手渡しで；使いによって ‖ The letter was delivered *by* ~. 手紙は使いの者が持って来た
****chànge hánds*** (建物などの)持ち主が変わる；(ある額の金が)やりとりされる ‖ This painting has *changed ~s* twice. この絵は2度所有者が変わった
*(***clòse*** [OR ***nèar***]) ***at hánd*** ① **近くで**[に]；すぐ使えるように ‖ Remember to keep a dictionary *close at* ~. 常に辞書をすぐ手元に置いておくようにしなさい ② 近いうちに, やがて ‖ Victory is *at* ~. 勝利は目前だ
còme (***rèadily***) ***to hánd*** (手紙などが)手に入る, 届く, 見つかる
dìrty one's hánds 《通例否定文で》手を汚す, 不正行為を行う
èat òut of a pèrson's hánd (人の)思うがままになる ‖ I've had the whole staff *eating out of* my ~. 職員はすべて私の言いなりにさせてきた
fòrce a pèrson's hánd (人に)気の進まないことを無理にやらせる
from hànd to hánd 手から手へ, 人から人へ
(***from***) ***hànd to móuth*** その日暮らしで, 食べていくのがやっとで (⇨ HAND-TO-MOUTH) ‖ live *from ~ to mouth* その日暮らしの生活をする
gèt one's hánd in 練習で腕を磨く[習熟する]
gèt one's hànds dírty (不快なものも含め)仕事のあらゆる面に携わる(♥ 通例褒めて)
gèt one's hànds óff ... …に触れない, …から手を離す ‖ *Get* your *~s off* me! 手を離してよ
gèt one's hánds on ... ① …を(何とか)手に入れる (get hold of), 見つけ出す ‖ How did you *get* your *~s on* that much money? どうやってあんな大金を手に入れたんだ ② 〔悪いことをした人物など〕を捕まえる ③ (堅信礼・聖職叙任式・心霊治療などで)〔頭の上〕に手をかざす[置く]
gèt [OR ***gàin, hàve***] ***the ùpper hánd of*** [OR ***on, over***] ***...*** …より優勢になる[である]；…に勝る
hánd and fòot ① 手足もろとも, がんじがらめで ‖ I am bound ~ *and foot* by the rules. 規則にがんじがらめに縛られている ② かいがいしく

hànd in [OR ***and***] ***glóve*** 〈…と〉緊密に協力して，ぐるになって〈**with**〉

*****hànd in hánd*** ① **手に手をとって**；〈…と〉協力して〈**with**〉‖ I saw an old couple walking ～ *in* ～. 老夫婦が手をつないで歩いているのを見た ②（2つの事柄などが）〈…と〉相伴って，密接にかかわって〈**with**〉

hànd over fist ①（ロープで登る場合に）交互に手を出して，たぐって ②（金を）どんどん，手早く ‖ make [lose] money ～ *over fist* 金をじゃんじゃんもうける[失う]

hànd to hánd 接近戦で，接近して(⇨ HAND-TO-HAND)

hànds dówn ① 楽々と，容易に ‖ I beat him ～*s down*. 彼を軽く一蹴(いっしゅう)した / He won the race ～*s down*. 彼はそのレースに楽勝した ② 疑いなく，文句なしに

Hànds óff (...)***!*** （…に）手を触れるな；（…に）手出しをするな(⇨ HANDS-OFF)

Behind the Scenes **Hands off xxx.** …から手を引け 英国発祥の政治的スローガンより．紛争地域などへの介入の撤退を求める表現．ベトナム戦争の際は米国に Hands off Viet Nam. という文句で終戦を呼びかけた（♥「…に手を出すのはやめろ」の意味で政治的な状況以外にも用いる．Hands off 「my girl[the merchandise]. 僕の彼女に手を出すな［《俗》私の持ち物に触らないで］）

Hànds úp! ⇨ **CE** 1

hàve clèan hánds；***kèep one's hànds cléan*** （悪い事柄などに）手を染めない，潔白である

*****hàve one's hánds fúll*** 手がふさがっている，多忙である〈**with** …で / ***doing*** …するのに〉

hàve one's hànd(***s***) ***in the tíll*** ＝*have one's* FINGERS *in the till*

hàve one's hánds tìed 自由に行動できない

hòld a pèrson's hánd （困難な状況などで）（人を）慰める[助ける]；（人を）（手をとって）導く

hòld one's hánd 手を控える，許してやる

hòld hánds （恋人同士が）手を握り合う

hòld hánds with ... 〔人〕の手を握る ‖ She *held* ～*s with* her son as they crossed the street. 彼女は息子の手をとって通りを渡った

*****in hánd*** ① 手にして，所有して；《英》（試合などを）残して；《英》（時間の）余裕を持って ‖ I have some money *in* ～. 手持ちのお金がいくらかある / She arrived with half an hour *in* ～. 彼女は30分余裕を持って到着した ② 着手している，進行中で ③ 制御[支配]して，掌握して(↔ *out of hand* ①)(⇨ POWER メタファーの森) ‖ The police had the situation *in* ～. 警察は事態を掌握していた ④（土地などが）自作の

*****in a pèrson's hánds***；***in the hànds of a pérson*** （人が）所有して；（人が）管理して，処理して(→ 名 ❺)

jòin hánds 〈…と〉手をとり合う，手を組む〈**with**〉

kèep one's hánd ìn 休まず練習して腕が鈍らないようにする［腕を磨く］‖ She plays the piano once or twice a week to *keep* her ～ *in*. 彼女は腕が鈍らないように週に1，2度ピアノを弾いている

kèep one's hànds óff ... …にふれない，干渉しない，ちょっかいを出さない

kìss hánds 《英》（就任式などで）女王[王]の手に接吻(せっぷん)する

lày a hànd on a pérson ＝*lay a* FINGER *on a person*

lày one's hánds on ... ＝*get one's hands on* ...(↑)

lìft one's [OR ***a***] ***hánd against*** [OR ***to***] ***a pèrson*** ＝*raise one's* [OR *a*] *hand against* [OR *to*] *a person*(↓)

lìft [OR ***ràise***] ***a hánd*** 《口》＝*lift a* FINGER

òff hánd 《口》（手から渡すように）即座に，よく考えずに(⇨ OFFHAND)

*****off a pèrson's hánds*** （人の）手[責任]から離れて(↔ *on one's hands*) ‖ Our children are *off* our ～*s* now. うちの子供たちももう手がかからなくなった

on èvery [***èither***] ***hánd*** 四方八方[両側]に[から]

*****on hánd*** （手助けなどのため）近く[その場]にいて，用意ができて；対処すべきで ‖ We have a few problems *on* ～. 我々には処理すべき問題が2，3ある

on one's hánds 自分の責任として，面倒を見るべき，処理すべき(↔ *off a person's hands*)；（時間などが）余って ‖ I have a lot of work *on* my ～*s*. 仕事をたくさん抱えている / He retired last month and has time *on* his ～*s* now. 彼は先月退職して今は時間に余裕がある

*****on the óne hànd*** NAVI **一方では**（♦ 通例 on the other (hand) と対で用いる）(⇨ NAVI表現 4) ‖ *On the one* ～ I want to study abroad, but on the other hand, I don't want to leave my family. 留学はしたいが，家族と別れたくもない

*****on the óther hànd*** NAVI **他方では**，それに反して(⇨ NAVI表現 4) ‖ He suffered a heavy loss, but *on the other* ～, he learned a lot from the experience. 彼は大損害をこうむったが，一方では経験から多くを学んだ

*****òut of hánd*** ① **手に負えなくて**(out of control)(↔ *in hand* ③)(⇨ POWER メタファーの森) ‖ The problem is getting *out of* ～. その問題は手に負えなくなっている ② 直ちに，きっぱりと

òut of a pèrson's hánds （人の）手[管轄]を離れて

overplày one's hánd 自分の力量を過信する

plày (***rìght***) ***into a pèrson's hánds***；***plày into the hànds of a pérson*** （人の）術中にはまる

pùt one's hànd in one's pócket 金を払う，（慈善団体などに）寄付する

pùt [OR ***sèt***] ***one's hànd to the plów*** 《文》（困難な）仕事に取りかかる（♦ 聖書の言葉）

NAVI 表現 4. 対比を表す

2つの事柄の相違点が述べられる場合，比較・対比を示す表現が用いられる．代表的な対比を表す表現は **on the other hand** で，**on the one hand** と対で用いられることがある．これらの表現に着目すると対比構造を明確につかめる．

‖ The number of people who are killed in traffic accidents is decreasing. *On the other hand,* the number of people who commit suicide is increasing. 交通事故で亡くなる人の数は減少傾向にある．一方，自殺する人の数は増えてきている / *On the one hand,* I felt the movie was really exciting, but *on the other* (*hand*), I thought it was too violent for children. 映画はとても面白いと感じたが，その一方で子供が見るには暴力的すぎると思った（♦ 対で使う場合，後者の hand は省略されることがある）

また，**by** [**in**] **contrast**, **by** [**in**] **comparison** を使った表現もある．特に **by comparison** は高さ・重さ・点数など比較する尺度がはっきりしているときに用いられる傾向がある．

‖ Tony plays video games before he does his homework. *By contrast,* his sister does her homework first and then plays with her friends. トニーは宿題をする前にゲームをする．一方，彼の妹は先に宿題を片づけてそれから友達と遊ぶ / This dictionary is aimed at high-school and university students and contains approximately 100,000 headwords. *By comparison,* the other one is for junior high school students and has about 50,000 headwords. この辞書は高校生・大学生向けで収録語数は約10万である．それに対して，もう一方の辞書は中学生向けで収録語数は約5万である

さらに，**however** を使って逆接の対比を表すこともできる(⇨ NAVI表現 5)．

‖ Bob was confident about the project. *However,* his colleagues were not. ボブはそのプロジェクトに自信があった．しかし，彼の同僚はそうではなかった

pùt** one's **hánd**(**s**) **on ... …のありかを見つける，…を手に入れる
pùt [OR ***sèt, tùrn***] *one's* [OR ***a***] ***hánd to ...*** …を（真剣に）始める，企てる
pùt** one's **hànds úp 両手を頭の上に上げる《降伏の印》（→ CE 1）
ràise** one's* [OR ***a] ***hánd against*** [OR ***to***] *a pèrson* 〔人〕に手を上げる，〔人〕を殴るぞと脅す
rùb** one's **hánds 《主に英》（自分に都合のよいことがあって）満足する，喜ぶ
sèt [OR ***pùt***] *one's* ***hánd to ...*** …に着手する
shàke hánds on ... 〔取り引き・協定など〕に合意する
shàke hánds with ... ; ***shàke** a pèrson's **hánd*** ; ***shàke** a pèrson **by the hánd*** 〔人〕と握手する ‖ The princess *shook* ~*s with* them all. 王女は全員と握手を交わした
shòw** one's **hánd （トランプの手の内を見せることから）手の内を明かす
sìt on** one's **hánds 手をこまねいている；褒めようとしない
sòil** one's **hánds =dirty one's hands(↑)
stày** a pèrson's **hánd （人の）行動を制止する，（人を）思いとどまらせる
***strèngthen** a pèrson's **hánd**(**s**)* （人の）立場を有利なものにする；気合いを入れる
strìke hánds 《古》（取り引きなどで合意に達して）〈…と〉手を打つ〈**with**〉
tàke [OR ***hàve***] ***a hánd*** 〈…に〉関係する，介入する〈**in**〉
tàke ... in hánd …を世話する，管理する，…の処理をする，…をしつける；〔仕事など〕を引き受ける ‖ *Take* yourself *in* ~ and quit smoking. 自制して禁煙しなさい
tàke ... into** one's **òwn hánds …を（ほかの人に任せずに）自分で行う
the dèad hánd of ... …の妨害 ‖ The meeting was postponed by *the dead* ~ *of* bureaucracy. 会議は官僚主義に遮られ延期になった
thròw** one's **hánd in ; ***thròw ìn** one's **hánd*** 手を引く，勝負を降りる，（計画などを）断念する（♦「ポーカーで手がよくなくトランプを投げて勝負を降りる」から）
thròw ùp** one's **hánds 両手を上げる（♥ あきらめ・降伏・絶望などを表す）
tìe** a pèrson's **hánds 《通例受身形で》自由［行動］を束縛される，手も足も出なくなる
tìp** one's **hánd 《米口》うっかり計画を漏らす
to hánd 手の届く所に；手中に ‖ have [OR keep] a dictionary *to* ~ 辞書を手元に置く
trỳ** one's **hánd 初めて〈…を〉やってみる〈**at**〉
tùrn** one's **hánd to ... 《通例 can を伴って》〔新しい仕事など〕に手をつける，…がうまくこなせる
wàsh** one's **hánds ① 手を洗う；トイレに行く ‖ Where can I *wash* my ~*s*? お手洗いはどこですか ② 〈…から〉手を引く，〈…との〉関係を絶つ〈**of**〉（♥ 悪事に限らない）
with òne hànd (***tìed***) ***behind** one's **báck*** かなり厳しい状況で；いともたやすく
with** one's **òwn fàir hánds 《英》《戯》自分で
wrìng** one's **hánds （両手をもみ絞って）悲しみ［絶望］を示す（♥ 感情を表すだけで何ら行動を起こさないことを非難して用いることが多い）

COMMUNICATIVE EXPRESSIONS

1 **Hànds úp!** ①（発言したい人・同志・参加する人に）手を挙げてください ②（銃などで脅して）手を上げろ
2 **I've gòt my hánds fùll** (**rìght**) **nòw.** 今手がふさがっています；今は手が貸せない（♥ 依頼を断る決まり文句）
3 **Kéep your hánds to yoursèlf.** 人（のもの）にちょっかいを出さないように；おとなしくしていなさい（♥ 他人や他人のものを触っている子供に対して親などが言う．また，男性が女性の体に触ろうとしたときの警告にも用いる）
4 **Óne hànd wàshes the óther.** 持ちつ持たれつ（♥ 片手では手が洗えないことから）
5 **Wànt** [OR **Nèed**] **a hánd?** 手を貸そうか（♥ 手助けを申し出るくだけた表現．♪Can I help you?／♪《堅》May I be of assistance?）
6 **You hàve to plày the hánd lìfe déals you.** これが運命だ；与えられた宿命を受け止めるべきだ（♥hand は「トランプの持ち札」の意．＝You've got to play the hand you're dealt.）

―動 (~**s** /-z/; ~·**ed** /-ɪd/; ~·**ing**)
―他 ❶（＋目 *A*＋目 *B*≒＋目 *B*＋**to** 目 *A*）*A*（人）に*B*（物）を**手渡す**，渡す，取ってやる ‖ I ~*ed* him the letter. =I ~*ed* the letter *to* him. 彼に手紙を渡した
❷（＋目 *A*＋目 *B*）《米口》*A*（人）に*B*（罵声(ばせい)など）を浴びせる；*A*（人）に*B*をもたらす ‖ The youngster ~*ed* him a few choice remarks. 若者は彼に二言三言痛烈なことを言った
❸（＋目＋副句）〔人〕の手を引いて（ある方向へ）導く ‖ He ~*ed* the lady into [out of] the car. 彼は婦人に手を貸して車に乗せた［から降ろした］ ❹ 〖海〗〔帆〕を畳む

hand aróund [《英》***róund***] ***...*** / ***hànd ... aróund*** [《英》***róund***] 〈他〉〔食べ物・飲み物など〕を順に回す，配る ‖ She ~*ed around* the plate of cookies. 彼女はクッキーを配って回った
∗***hand báck ...*** 〈他〉 **I** (***hand back ...*** / ***hand ... back***) …を〈…に〉返す，戻す〈**to**〉 ‖ He ~*ed* the book *back to* me. 彼は私に本を返してくれた **II** (***hànd À bàck B́***) *A*に*B*を返す ‖ ~ him *back* the money 彼に金を返す **III** (***hànd À bàck to B́***)《主に英》（テレビ・ラジオの中継で）*A*（視聴者）に対して場面を*B*（スタジオなど）に戻す ‖ Let me ~ you *back* now *to* the studio. それではスタジオにお返しします
∗***hànd dówn ...*** / ***hànd ... dówn*** 〈他〉 ①〔伝統・慣習・知識など〕を〈後世に〉**伝える**；〔遺産など〕を残す(pass on)；〔服など〕を〈下の子に〉お下がりにする〈**to**〉（⇨ HAND-ME-DOWN）（♦しばしば受身形で用いる）‖The dress was~*ed down to* me from my mother. このドレスは母が私に残してくれたものだ ②〔判決など〕を言い渡す，公表する
∗***hànd ín ...*** / ***hànd ... ín*** 〈他〉〔書類・答案など〕を〈…に〉**提出する**，届ける〈**to**〉 ‖ Please ~ *in* your homework by Thursday. 木曜日までに宿題を提出してください / ~ *in* one's resignation 辞表を提出する
***hànd it to** a pérson* 《口》〔人〕の優秀さを認める (give credit to)（♦ have (got) to を伴って用いる）‖You have to ~ *it to* him. He did a good job in his presentation. 彼を褒めてあげなくちゃ．上手に発表したから
hànd óff ... / ***hànd ... óff*** 〈他〉 ①〖アメフト〗〔ボール〕を手渡す ②〖ラグビー〗〔タックルしてくる相手〕を手でかわす（⇨ HANDOFF）
hànd ón ... / ***hànd ... ón*** 〈他〉…を〈次の人に〉回す；…を〈後の世代に〉残す；〔責任など〕を〈人に〉ゆだねる〈**to**〉
∗***hànd óut ...*** / ***hànd ... óut*** 〈他〉…を〈人に〉**配る**（⇨ HANDOUT）；〔忠告・刑罰など〕を〈人に〉与える〈**to**〉
∗***hànd óver*** 〈他〉(***hànd óver ...*** / ***hànd ... óver***) ①〔要求されたものなど〕を〈…に〉渡す，回す；〔囚人など〕を〈…に〉引き渡す〈**to**〉（⇨ HANDOVER） ②〔権利・責任など〕を〈…に〉譲り渡す；…を渡す，与える〈**to**〉 ‖ After he retires, he will ~ *over* the business *to* his son. 退職した後，彼は商売を息子に任せるつもりだ ―〈自〉 ①（テレビ・ラジオや電話などで）〈ほかの人に〉話してもらう，代わる〈**to**〉 ‖ Let's ~ *over to* Bill in the studio. スタジオのビルに話を聞いてみましょう ②（権利・責任などを）〈人に〉譲り渡す〈**to**〉
hànd úp ... / ***hànd ... úp*** 〈他〉《米》〔起訴状〕を（大陪審から）法廷に送る［上げる］

▶▶~ **bàggage** 名 C 《主に米》（旅行者の）手荷物（《英》hand luggage） ~ **crèam** 名 U ハンドクリーム ~ **grenàde** 名 C 手榴弾(しゅりゅうだん)；手投げ消火弾 ~ **òrgan** 名 C 手回しオルガン ~ **tòwel** 名 C ハンドタオル，手拭き用タオル ~ **trùck** 名 C 《米》（2輪あるいは4輪の）重量物運搬用手押し車，台車

*hánd·bàg 名C ❶ (女性用の)ハンドバッグ(《米》purse, pocketbook) (⇨ BAG 図) ❷ (小型)旅行かばん, 手提げかばん
hánd·bàll 名U ❶ ハンドボール《壁にボールを打ちつけ跳ね返ったボールを手で打ち合う競技と, 手でボールを扱って相手ゴールに投げ入れる競技がある》; C そのボール ❷〘サッカー〙ハンドリング《手や腕にボールが触れる反則》
hánd·bàrrow 名C 担架式運搬具; 手押し車
hánd·bàsin 名C《英》洗面台
hánd·bàsket 名C 手かご, バスケット
gò to hèll in a hándbasket 《米口》(組織・制度などが)機能しなくなる, 駄目になる
hánd·bèll 名C (手で振って鳴らす)ハンドベル
hánd·bìll 名C (手で配る広告の)ビラ, ちらし
hánd·bòok 名C ❶ 手引書, 案内書, ハンドブック; 便覧 (♦ manual は主に機器の操作についての説明書) ‖ a ~ for beginners 入門書 ❷ 旅行案内書 ❸《主に米》(競馬などの)賭(か)け金帳
hánd·bràke 名C《主に英》ハンドブレーキ, 手動[サイド]ブレーキ(《米》emergency brake, parking brake)
▸▸ ~ **tùrn** 名U《主に英》サイド[スピン]ターン《ハンドブレーキをかけて後輪を滑らせ車体の向きを急激に変える技術》
hánd·brèadth 名UC 手幅《約2.5–4インチ(約6.4–10cm)》
h. & c. 略《英》*h*ot *and c*old (water)
hánd·càr 名C《米》(鉄道作業用)手動車, 手押し車
hánd·càrt 名C 手押し車, ショッピングカート; 荷車
hánd·clàp 名C 拍手
a slòw hándclap 《英》緩慢に調子をとった拍手《観客などの不満・退屈の表現》
hánd·clàsp 名C (特に親しい間柄での)握手
hánd·cràft 名 =handicraft ━動 他 …を手で作る, 手作業でこしらえる **~·ed** 形 手作りの, 手工芸の
hánd·cránk 動 他 (クランクなどを手で回して)…を操作する ‖ a ~*ed* fan 手回し扇風機
hánd·cùff 名 (複 **~s** /-s/) C《通例 ~s》手錠 ‖ a pair of ~*s* 手錠1丁 ━動 他 …に手錠をかける (♦ しばしば受身形で用いる); …を抑制する, くじく
-handed 連結形 ❶「…の手をした; …の手でする[を使う]」の意 ‖ left [right]-*handed* 左[右]利き(用)の / heavy-*handed* 手先の不器用な / a one-*handed* catch 片手捕り ❷「…の人数でする, 手を要する」の意 ‖ a four-*handed* card game 4人でするトランプ
Han·del /hǽndəl/ 名 **George Frederick ~** ヘンデル (ドイツ語名 Georg Friedrich Händel) (1685–1759)《英国に帰化したドイツ生まれの作曲家》
hànd-èye coordinátion 名U (特にスポーツでの)手と視覚の連係
hánd·fèed 動 他 ❶ …に手で食物を与える ❷ …を手で供給する
*hand·ful /hǽndfʊ̀l/ 名C ❶ 一握り[つかみ](の数量) ‖ a ~ of coins 一つかみの硬貨 ❷ わずか, 少数, 少量 ‖ invite a ~ of people 一握り[少数]の人を招く / the tiny ~ of bigots ほんの一握りの排他主義者 ❸ (a ~)《口》手に余る人[もの, 仕事], やっかい者(♦ 特に子供や動物についていう) ‖ Those children are quite [a bit of] a ~. あの子たちは全く[いささか]手に負えない
hánd·grìp 名C ❶ 握手, 手で握ること ❷ 握り, 柄(え), 取っ手 ❸ 旅行用小型バッグ ❹《~s》つかみ合い
hánd·gùn 名C 拳銃(けんじゅう), ピストル
hánd·hèld ⟨シ⟩ 形 ❶ 手で持てる, 小型の ❷〘映〙手持ちカメラで撮った ━名C 手で持てるもの《携帯電話など》
▸▸ ~ **compúter** 名UC 手で持ち運べるコンピューター, ハンドヘルドコンピューター (♦ laptop computer より小さく, palm-top computer よりは大きいサイズ)
hánd·hòld 名C ❶ (登攀(はん)の際などの)手がかり, つかみ所(→ foothold) ❷ 把握, 握り
hánd·hòlding 名U 支援, 配慮, 安心させること
hánd-hòt 形 (湯が)何とか手が入れられるくらい熱い
:hand·i·cap /hǽndikæ̀p/《アクセント注意》
━名 ❶ CU (一般に) **不利な条件**, ハンディキャップ; 困難, 不利益; ⊗《ときに蔑》(身体的・精神的な)障害 ‖ work under a ~ 不利な条件の下で働く / In playing basketball, being short is a ~ but it can also be an advantage. バスケットボールをするには, 背が低いと不利ではあるが有利になる可能性もある / overcome a ~ ハンディを克服する / have a **mental** ~ 知能に障害がある
❷ C〘スポーツ・競馬〙**ハンディ(キャップ)** (↔ advantage)《競馬や競技で力を均等化するために強い[弱い]者に与える不利[有利]な条件》; ハンディ付き競馬[競技]; (ハンディ付き競馬の)負担重量; (ゴルフの)ハンディ(打数) ‖ I have a ~ of 15 at golf. ゴルフのハンディは15です / assign [OR give] a ~ ハンディを定める
━動 (**-capped** /-t/; **-cap·ping**) 他 ❶《通例受身形で》(人が) **不利な立場にある** ‖ be *handicapped* by a lack of education 学歴がないために不利をこうむる
❷〔競技参加者など〕にハンディ(キャップ)をつける
語源 帽子の中にあらかじめ罰金を用意しておいて行う hand i' (=in) cap というくじ引き遊びの名が19世紀に一般化して「不利な条件」に転じた.
*hand·i·capped /hǽndikæ̀pt/ 形 (**more ~**; **most ~**)
❶ ⊗《ときに蔑》身体[精神]に障害のある; (the ~ で集合名詞的に)《複数扱い》身体[精神]障害者たち (♦ 現在では disabled がふつう) ‖ a mentally [physically, visually] ~ person 精神[身体, 視覚]障害者 / public buildings easily accessible to the ~ 身体障害者に利用しやすい公共の建物 / ~ children 障害児 (♥ 婉曲的な言い方として children of special needs, exceptional children などがある) ❷ (競技者が) ハンディ(キャップ)をつけられた ‖ a high- [low-] ~ player ハンディの多い[少ない](ゴルフ)プレーヤー
hand·i·cap·per /hǽndikæ̀pər/ 名C ❶ (競馬・競技会の) ハンディキャップ査定係 ❷ ハンディキャップをつけられた競技者[出走馬]
hand·i·craft /hǽndikræ̀ft | -krɑ̀ːft/ 名U ❶ 手細工, 手芸, 手仕事; C《通例 ~s》手細工品, 手工芸品 ❷ 手先の熟練[器用さ] **~·er** 名
hand·i·ly /hǽndɪli/ 副 ❶ 都合よく, 便利に ❷ 手際よく, 器用に ❸ たやすく, すんなりと ‖ win ~ 楽勝する
hand·i·ness /hǽndinəs/ 名U 器用さ, 巧みさ; 手ごろ, 軽便, 便利
hand·i·work /hǽndiwə̀ːrk/ 名U ❶ 手細工; C 手細工品, 手工品 ❷ (特定の人などの) 手になるもの, 仕業 ‖ Nature is God's ~. 自然は神の御手になるもの
*hand·ker·chief /hǽŋkərtʃɪf, -tʃiːf/《アクセント注意》名 (複 **~s** /-s/ OR **-chieves** /-tʃiːvz/) C ❶ ハンカチ (《口》hanky, hankie)《布[柔らかい紙]製で鼻をかんだり顔の汗を拭いたりする》‖ wipe one's nose with a ~ ハンカチで鼻をぬぐう ❷ ネッカチーフ, スカーフ

***han·dle /hǽndl/ 動 名

━動 (**~s** /-z/; **~d** /-d/; **-dling**)
━他 ❶ …**を扱う**, 処理する(deal with); …に対処する; …を統御[指揮, 管理]する; 〔問題など〕を論じる ‖ I'm being ~*d*. Thank you. もうやっていただいています. ありがとう / He always had more patients than he could ~. 彼はいつも扱いきれないほどの患者を抱えていた / I didn't know how to ~ my feelings. 自分の気持ちをどう処理していいかわからなかった / a difficult topic to ~ 論じにくい話題 / What matters most is to ~ yourself. 最も重要なのは君がきちんと行動できるかだ
❷ …に **手を触れる**, …をいじる; …を手に取ってみる, 手で扱う; 〘主にサッカー〙〔ボール〕に手で触れる ‖ Please do not ~ the merchandise. 商品には手を触れないでください / ~ a knife and fork ナイフとフォークを使う / Fragile. *Handle* with care. 壊れ物. 取扱注意《包装表記》(♦ 目

H

的語は省略)
❸〔車など〕を操作［操縦］する ‖ ～ a car with assurance 自信を持って車を運転する
❹《(+目+副)》〔人・動物〕に(…の)態度をとる, …を(…に)扱う［遇する］(◆ 副 は様態を表す) ‖ *Handle* pets kindly. ペットには優しくしなさい / Hotel clerks are trained to ～ guests politely. ホテルのフロント係は泊まり客に礼儀正しく接するよう訓練を受けている
❺〔商品〕を扱う, 商う(deal in) ‖ ～ recycled products リサイクル商品を扱う / ～ stolen goods 盗品を売買する
━自《(+副)》(車などが)操作［操縦］できる(◆ 副 は様態を表す) ‖ The car ～*s* well. その車は運転が楽だ

COMMUNICATIVE EXPRESSIONS

1 **Can** [OR **Could**] **you hándle it?** ① 処理できますか；大丈夫ですか(♥ 難しい状況や課題を処理する能力があるか尋ねる) ② 任せていいですか(♥ 問題処理などの依頼)

Behind the Scenes **You can't handle the truth.** おまえに真実は受け止められまい；おまえには手に負えない 映画 *A Few Good Men* で, Tom Cruise 演じる主人公の海軍中尉 Kaffee に対して大佐の Jessep が言った捨てぜりふ. 軍法会議で Kaffee に証言の矛盾をつかれた Jessep が,「前線にいないおまえに何がわかる；おまえらは俺たちに守られているから, 厳しい現実を受け止めずにすんでいるんだ」と主張する場面より(♥ You と truth は可変. can[can't] handle it の形が一般的. 広く「(人・団体などに)対応できるだけの能力がある［ない］」の意で用いられる. She can't handle it. She has no experience. 彼女に(課題をこなす［大変な事態などに対応する］こと)は無理だ. 経験がないからね)

━名(複 **～s** /-z/) C ❶ **取っ手**, 柄(え), つまみ, ハンドル(❗自転車・オートバイなどの「ハンドル」は handlebar(s), 自動車では steering wheel)；取っ手状のもの ‖ He **turned** [**pulled**] the ～ and opened the door. 彼は取っ手を回して［引いて］ドアを開けた / the ～ of a mop モップの柄 / a door ～ ドアノブ, 扉の取っ手 / break the ～ off a coffee cup コーヒーカップの取っ手を壊す
❷《俗》肩書き, 敬称(title)；愛称, 名前；(パソコン・ハム通信などで本名以外に名乗る)ニックネーム, ハンドル(ネーム)；(市民ラジオの) コールサイン ‖ have a ～ to one's name (sir, lord などの)肩書きがある
❸ つけ入る機会, 口実；〈…の〉手がかり, 糸口, 〈…に〉取りかかる手立て〈**on**〉‖ give him a ～ on ... 彼に…の扱い方を教える
❹《単数形で》《米口》(カジノ・競馬などの)賭(か)け金総額
❺《単数形で》《英》(織物の)手触わり(《米》hand) ‖ The blanket has a harsh ～. その毛布は手触りが悪い

****flỳ òff the hándle*** 《口》(急に)かっとなる, 自制心を失う(◆ 緩んでいたおのの柄が外れて頭が飛ぶことから) ‖ He *flew off the* ～ at the slightest provocation. 彼はささいなことでかっとなった

gèt [OR ***hàve***] ***a hándle on ...*** (対処・操作するため)…を理解する；…を操作する, 管理する

hàn·dle·a·bíl·i·ty 名 **～·a·ble** 形 **～·less** 形

***hándle·bàr** 名 C《通例 ～s》(自転車などの)ハンドル
▸▸ **～ mústache** 名 C カイゼルひげ《自転車のハンドルのように両端の跳ね上がった口ひげ》

han·dled /hǽndld/ 形 ❶ ハンドル［柄, 取っ手］のついた ❷《通例複合語で》(…の) 柄のついた ‖ a long-～ knife 長い柄のついたナイフ

han·dler /hǽndlər/ 名 C ❶ (…を) 扱う人 ‖ a baggage ～ 手荷物係 ❷ (動物の) 調教師 ❸ (選挙などの) 補佐, コンサルタント；統御［指揮］する人 ❹ (ボクサーの)トレーナー, セコンド

hánd·less /-ləs/ 形 手のない；無器用な

han·dling /hǽndlɪŋ/ 名 U ❶ 取り扱い (方), 処理, 管理, 運用 ❷ 手で触れる［握る, つまむ］こと ❸ 手数料, 配送料 ‖ a ～ charge 取扱手数料, 配送料 ❹ (車の) 操縦
❺ 運搬, 運送, 輸送

hánd·lòom 名 C 手織り機, 手機(てばた)

hànd·máde ⟨シ⟩ 形 手製の, 手作りの (↔ machine-made)

hánd·màid(en) 名 C ❶《古》侍女, 小間使い (中立 (personal) attendant) ❷《文》(有用な) 補足物, 助けとなるもの

hánd-me-dòwn 名 C《通例 ～s》お下がり, お古；安物の既製品 ‖ in my sister's ～*s* 姉のお下がりを着て
━形 お下がりの

hánd·òff 名 C ハンドオフ；〘アメフト〙手渡しパス, 手渡しパスしたボール；〘ラグビー〙タックルを手で払いのけること

hánd·òut 名 C ❶ (政府の) 補助金 ❷ (貧しい人への) 施し物 ❸ パンフレット, ビラ ❹ (報道機関に渡される) 声明文, 発表文書 ❺ (講演・授業などの) 配布物, プリント

hánd·òver 名 U (権限などの) 移譲, 譲渡, 明け渡し

hánd·phòne 名 C《東南アジア》携帯電話

hànd·píck ⟨シ⟩ 動 他 ❶〔果物など〕を手で摘む ❷ …を厳選［精選］する；…を自分の都合で選ぶ, 抜擢(ばってき)する

hànd·pícked 形 ❶ (果物などを) 手で摘んだ ‖ ～ strawberries 手摘みのイチゴ ❷ 精選した, 自分が特に選んだ, 抜擢した；お手盛りの

hánd·prìnt 名 C 手形, 手の跡

hánd-pùppet 名 C《米》指人形(《英》glove puppet)

hánd·ràil 名 C (階段などの) 手すり, 欄干(らんかん)

hánd·sàw 名 C (片手で引く) 手びきのこ(ぎり)

hànds-dówn ⟨シ⟩ 形《口》《限定》楽勝の, 文句なしの

hánd·sèt 名 C (電話の) 送受話器；携帯電話機 (の手で握る部分)；(テレビなどの) リモコン

hánds-frèe 形《限定》(機械が) 手で持たなくても操作できる

hánd·shàke 名 C ❶ 握手 ❷ 💻 ハンドシェーク《データを送る前に互いの準備が完了したことを確認する処理》

hánd·shàking 名 U ❶ 握手 (すること) ❷ 💻 ハンドシェーク(すること)；ハンドシェーク信号

hànds-óff ⟨シ⟩ 形 不干渉 (主義) の ‖ a ～ foreign policy 不干渉主義的外交政策

***hand·some** /hǽnsəm/《発音注意》
━形 (**more ～**, **-som·er**；**most ～**, **-som·est**) (◆ more ～；most ～ の方が一般的)
❶ (男性が) **ハンサムな**, 美男子の, 端正な (顔立ちの)；(女性が) 目鼻立ちがはっきりして魅力的な, 大柄で押し出しのよい (↔ ugly) (◆ good-looking の意では通例男性に用いる. 女性には pretty, beautiful の方がふつうだが,「大柄で健康的な魅力がある」の意味では女性にも handsome を用いる) (⇨ BEAUTIFUL 類語P) ‖ I think my boyfriend is ～, though some people disagree. 私のボーイフレンドはハンサムだと思う — そうじゃないと言う人もいるけど / a ～ little boy 美少年 / a young man with a ～ **face** 端正な顔立ちの青年 / tall, dark and ～ 背が高く, 浅黒くて, ハンサムな (◆ 美男子を形容する決まり文句) / She was not pretty like Cordelia, nor beautiful like Mary, but she was very ～. 彼女はコーデリアのようにかわいくはなく, メアリーのようにきれいでもなかったが, 非常にきりっと整った目鼻立ちをしていた
❷ (物が) **見た目に美しい**, 見事な, 立派な；均整のとれた ‖ a ～ building 立派な建物 / a ～ view of the valley 谷間の見事な眺め / a ～ couple 似合いの夫婦
❸ (量などが) かなりの, 相当の, (予想以上に) 多くの；(差が) 大きな ‖ It costs a ～ sum of money. それにはかなりの［多額の］金がかかる / a ～ salary [profit] 相当の給料［利益］/ a ～ win [OR victory] 大勝
❹ (行為などが) 寛大な；惜しみない, 気前のよい (↔ mean)；手厚い；品のある ‖ It is ～ of you to forgive him. 彼を許してやるとはあなたも寛大な人だ / He was given ～ treatment. 彼は手厚いもてなしを受けた / *Handsome is that ～ does.* 《諺》立派な行いの人が麗しい人；見た目より心 (◆ 最初の handsome は ❶ の意味)

❺《主に米》巧みな, 器用な, 上手な ❻ 適当な, ふさわしい
~·ly 副 立派に；かなり；気前よく **~·ness** 名

hànds-ón ⊲ジ 形 ❶ 実地の, 実践的な ‖ ~ experiences 実践的体験 ❷（展示物が）直接手で触れる ❸（重役などが）陣頭指揮［直接参加］をする ‖ Our boss is very ~. 私たちの上司は陣頭指揮に非常に積極的だ / ~ management 重役陣がすべてのレベルで陣頭指揮をする経営方式

hánd·sprìng 名 C とんぼ返り

hánd·stànd 名 C 逆立ち, 倒立

hànd-to-hánd ⊲ジ 形《限定》白兵戦の, つかみ合いの；接戦の ‖ a ~ fighting 白兵戦

hànd-to-móuth ⊲ジ 形 副《限定》その日暮らしの［で］, 食うのがやっとの［で］ ‖ lead a ~ existence その日暮らしの生活をする

hánd·wàsh 動 他 …を手洗いする, 手で洗う **~·ing** 名

hánd·wàving 名 U これ見よがしの［もっともらしい］言動
—形（言動などが）もっともらしいが内容がない

hánd·wòrk 名 U 手仕事, 手細工, 手工芸

hánd·wrìnging 名 U ❶ 心配［不安］の状態 ❷（悲しみ・絶望などのため）両手をもみ絞ること

H

***hánd·wrìting** 名 ❶ U 手書き, 肉筆 ‖ His ~ is terrible. 彼は字が下手だ ❷ U 筆跡, 書体, 書き癖 ‖ clear [legible, illegible] ~ きれいな［読みやすい, 読みにくい］筆跡 / decipher her ~ 彼女の筆跡を判読する

the hàndwriting on the wáll 【聖】差し迫った災いの前兆［不幸の兆し］ ‖ *The* ~ is *on the wall* for our company. 我が社にとっての災いの前兆が表れている

***hànd·wrítten** ⊲ジ 形 手書きの, 肉筆の

***hand·y** /hǽndi/ 形［⊲ hand 名］(**hand·i·er**；**hand·i·est**) ❶ 便利な；（器具・道具などが）扱いやすい；使いやすい（↔ useless）（❗日本語の「ハンディ」は「携帯可能な, 小さい」の意味で使われることがあるが, handy にはそのような意味はない）‖ It is ~ to have a hospital so close. 病院がごく近くにあるのは都合がよい / a ~ guidebook 便利な案内書 ❷《叙述》（物・場所が）〈…の〉手近［近く］にある, 〈…が〉すぐ利用できる, 〈…へ〉すぐ行ける〈**for**〉‖ My house is ~ *for* ⌈the shops [shopping]. 我が家は店がすぐ近くで便利だ［すぐ近くで買い物ができる］/ keep [OR have] a memo pad ~ メモ帳を手元に置いておく ❸《通例叙述》〈…の仕事［扱い］が〉上手な, 器用な（↔ unskilled）〈**with, at, about**〉‖ He is ~ *with* a fishing pole. 彼は釣りざおの扱いが上手だ / She is ~ *at* fixing things. 彼女は物を直すのがうまい / Her husband is ~ *about* the house. 彼女の夫は家の仕事を器用にこなす

****còme in hándy*** 《口》（いつか）役に立つ, 便利なものになる ‖ The bottles I keep will *come in* ~ someday. 私のとってある瓶はいつか役に立つだろう

hándy·màn /-mæ̀n/ 名（複 **-mèn** /-mèn/）C よろず屋, 便利屋；（家庭内の大工仕事や修理などをする）器用な人（中立 odd [general] jobber）

⁑hang /hæŋ/ 動 名

中心義 (1箇所を固定して)かける

—動（**~s** /-z/；**hung** /hʌŋ/；**~·ing**）（♦ 他 ❹❼, 自 ❸ は **~ed** /-d/）

—他 ❶ …を〈…に〉**かける**〈**on**〉；…を〈…から〉**つり下げる**〈**from**〉‖ *Hang* your jacket *on* the hook [OR peg] so it won't wrinkle. 上着をしわにならないように洋服かけにかけなさい / ~ a cage *from* the eaves 鳥かごを軒からつるす / ~ one's wet socks in front of the fire たき火の前にぬれた靴下をつるす

❷《通例受身形で》〈…を〉かけて飾られる〈**with**〉；（美術館・画廊で）（絵などが）展示される ‖ The windows were *hung with* colorful curtains. 窓にはカラフルなカーテンがかかっていた / The show was *hung* chronologically. 展示作品は年代順に陳列されていた

❸［ドアなど］を（開閉できるように）〈…に［で］〉取りつける〈**on, to**〉；〈…で〉しっかり固定する〈**by**〉；［壁紙・タイル］をはる；［スカートなど］のすそ上げをする ‖ ~ a gate *on* its hinges 門をちょうつがいで取りつける / ~ wallpaper 壁紙をはる

❹［人］を〈…のために〉**絞首刑にする**〈**for**〉；…を首をつって殺す ‖ He was *~ed for* murder. 彼は殺人罪で絞首刑になった / He *~ed* himself in his garage. 彼はガレージで首つり自殺をした

❺［頭］を垂れる；［舌・唇］を垂らす ‖ ~ one's head in shame 恥じ入ってうなだれる

❻《主に米口》（特に車を）［右・左］へ曲げる ‖ *Hang* a left at the next street. 次の通りで左へ曲がれ

❼《旧》《口》…を呪(のろ)う（♥ damn の婉曲語で軽いののしりや強意の表現）；《口》…を気にしない ‖ *Hang* you [OR it (all)]! = Be *~ed*! 畜生, とんでもない / ⌈I'll be [OR I'm] *~ed* if I pay for the expense. そんな費用は出さない / Grammar be *~ed*! 文法なんかくそ食らえ / Do it and ~ the expense! 費用は度外視していいからやれ

❽（柔らかみ・風味が出るまで）［肉・獲でしとめた鳥獣］をつるす

❾《主に米》（反対意見を出したりして）［陪審］を評決不能にさせる, 行き詰まらせる ‖ The trial ended in a *hung* jury. 裁判は陪審の評決が出ないで終わった

❿【野球】［カーブ］を投げてすっぽ抜ける

⓫ 💻 …を演算［操作］不能の状態に陥らせる

—自 ❶ **a**（物が）**かかる**；つり［ぶら］下がる, 垂れ下がる〈**from** …から；**on** …に〉‖ A large handbag *hung from* her shoulder. 大きなハンドバッグが彼女の肩から下がっていた / There was a world map *~ing on* the wall. 世界地図が壁にかかっていた

b《+副 / 補〈形〉》（布・衣服などが）（ある状態で）垂れかかる［下がる］；（舌・唇などが）（ある状態で）垂れる ‖ The coat *~s* loose(ly). そのコートはゆったりしている / Her dress *~s* well. 彼女のドレスは緩やかなラインが素敵だ / The dog's tongue was *~ing* out. 犬が舌を垂らしていた

❷（絵などが）〈…に〉展示される, 陳列される〈**in**〉‖ Some of Fujita's paintings ~ *in* this museum. 藤田の絵画数点がこの美術館に展示されている

❸ 絞首刑になる, 首をつって死ぬ ‖ He was sentenced to ~. 彼に絞首刑の判決が言い渡された

❹《+副句》（霧・におい・煙が）（空中に）漂う, とどまる, 立ち込める；（考えなどが）ずっと…（のまま）である ‖ The clouds are *~ing* low. 雲が低く垂れ込めている / The notion *hung* in my head for weeks. その考えは何週間も頭にこびりついて離れなかった

❺（雰囲気が）〈…を〉覆う；（危険などが）〈…に〉のしかかる, 差し迫る, 〈…を〉悩ます〈**over**〉‖ Silence *~s* heavily. 沈黙が重苦しく垂れ込めている / Death [Financial ruin] *~s over* him [OR his head]. 死［経済上の破滅］が彼の身に迫っている［をずっと悩ませている］

❻ 決めかねる, 迷う；未決定(のまま)である ‖ He *hung* between staying and going. 彼は行こうか残ろうか迷った

❼《米口》時間をつぶす［過ごす］, ぶらぶらする〈**in, at** 場所で；**with** 人と一緒に〉（→ *hang out*〈自〉(↓), *hang with*〈自〉(↓)）

❽【野球】カーブがすっぽ抜ける

❾（食べごろになるまで）（肉・鳥獣が）つるしてある

❿ 💻 演算［操作］不能に陥る, フリーズする《**up**》

gò háng 《口》ほうっておく, 無視する；なるようになる, どうでもいい（♦ しばしば let ... go hang で用いる）‖ He let his business *go* ~. 彼は商売をほったらかしにした / Let the world *go* ~. 世の中のことなんかどうなってもいい

****hàng aróund*** [《英》***abóut, róund***]《口》〈自〉① ぶらつく, うろつく；ぶらぶらして待っている ②〈人と一緒に〉時間をつぶす, 付き合う〈**with**〉③ ぐずぐずする ④《通例命令形で》《英・豪口》少し待つ ‖ *Hang about!* ちょっと待ってくれ —〈他〉《***hàng aróund*** [《英》***abóut, róund***] ...》① ［場所］をぶらつく, うろつく ‖ They ~ *around* the street corner every evening. 彼らは毎晩その街角をうろついている ②［人］にまつわりつく, 付き合う

hàng báck 〈自〉 ① しり込みする，後ろに下がる，〈…を〉ためらう〈**from**〉 ② ぐずぐずする ③ 居残る

hàng behínd 〈他〉《***hàng behínd ...***》〔人・物〕の陰に隠れる ―〈自〉 居残る；遅れる

hàng fíve 『サーフィン』片足の指をサーフボードの先端にかけて乗る

hàng héavy (on a pèrson's hánds) （時間などが）（人にとって）なかなか進まない，手持ちぶさたである

hàng lóose ① 《主に米口》 気楽にする，のんびり構える ② ⇨ 自 ❶b

****hàng ón*** 〈自〉 ① しがみつく，しっかりとつかまる ‖ *Hang on* tight! しっかりつかまれよ ② 頑張り続ける ‖ *Hang on* to the end. 最後まで頑張れ / ～ *on* in there = *hang (on) in there* (↓) ③ **少し待つ** (♦ しばしば命令形で用いる) ‖ *Hang on* a minute [moment]. I'm coming. ちょっと待って，すぐ行きますから ④ **電話を切らずにおく** (♥ 相手を待たせる際には hold the line を用いる方が丁寧) ⑤ (風邪などが)なかなか抜けない，長引く，しつこい ―〈他〉 **I** 《***háng on ...***》 ① …に依存する，…によって決まる (depend on) ‖ Everything ～*s on* your decision. すべて君の決心次第だ ② 〔人の言葉〕を熱心に聞く **II** 《***hàng À òn B́***》 ③ 《口》 *A*の責任を*B*(人)にかぶせる，*A*を*B*(人)のせいにする

hàng (on) ín thère 《口》持ちこたえる，耐える，頑張る

hàng one ón 《口》〈他〉《***hàng óne on ...***》〔人〕をぶん殴る ―〈自〉 泥酔する

****háng onto*** [OR ***on to***] ***...*** 〈他〉 ① …にしがみつく，しっかりとつかまる ‖ The child *hung on to* his mother's arm. 子供は母親の腕にしがみついた ② …をとっておく，手放さない，保持する；〔人〕を引き止めておく ‖ Please ～ *on to* Alex. I need to talk to him. アレックスを引き止めておいてください．話があるから

****hàng óut*** 〈自〉 ① (シャツ・犬の舌などが)〈…の〉外にだらりと垂れる〈**of**〉 ② 〈…から〉身を乗り出す (lean out)〈**of**〉 ③ 《口》〈…に〉しょっちゅう出かける；〈…で〉ぶらぶらして時を過ごす〈**at, in**〉 ‖ He ～*s out at* the local bar. 彼は地元の飲み屋に入り浸っている ④ 《口》くつろぐ ⑤ 《口》〈…に〉住む〈**at, in**〉 ⑥ 〈…と〉付き合う〈**with**〉 ⑦ =*let it all hang out* (↓) ―〈他〉《***hàng óut ...*** / ***hàng ... óut***》〔洗濯物など〕を外に干す；〔旗など〕を表に掲げる；〔顔など〕を外に出す

hàng a pèrson òut to drý 《口》〔人〕を窮地の状態のままほうっておく，見殺しにする

hàng óver 〈他〉《***hàng óver ...***》 ① …の上にかかる[突き出る] (→ overhang) ‖ The cliff ～*s over* the road. 崖(がけ)が道路の上に突き出ている / Clouds are ～*ing over* the top of the mountain. 雲が山頂にかかっている ② (危険・不安などが)…に差し迫っている，のしかかる，〔人〕を悩ます (→ 自 ❺) ③ 《be hung over で》《口》二日酔いである (⇨ HANGOVER) ‖ He's badly *hung over* this morning. 彼は今朝はひどい二日酔いだ ―〈自〉 (習慣・状況などが)続く (continue)；〈…から〉ずっとそのままである，残存する〈**from**〉

hàng tén 『サーフィン』両足の指をサーフボードの先端にかけて乗る

hàng togéther 〈自〉 ① 団結する，一致協力する ② (話・考えなどが)つじつまが合う，一貫性がある ③ 一緒に過ごす[いる]

hàng tóugh 《米口》断固として態度[考え]を変えない，頑張り抜く

****hàng úp*** 〈他〉《***hàng úp ...*** / ***hàng ... úp***》 ① 〔衣服など〕を〈…に〉かける[つるす]〈**on**〉 ‖ ～ *up* a hat *on* a hook 帽子をフックにかける ② 〔電話〕を切る (↔ *hold on*) ③ 《米口》…(の進行)を遅れさせる，延期させる；〔車など〕を(渋滞などで)動けなくさせる (♦ しばしば受身形で用いる) ‖ The negotiations were *hung up* for a week. 交渉は1週間進展しなかった ④ 《口》〔スポーツ・職業などの象徴としての用具〕をしまって(そのスポーツ・職業などを)辞める，引退する ‖ ～ *up* one's gloves [cowboy hat] ボクサー[西部劇俳優]を引退する ⑤ 《～ it up で》《米》仕事などを辞める，作業などをよす ⑥ 《受身形で》《口》〈…のことで〉悩む，気に病む，こだわる；〈…に〉夢中になる〈**on, about**〉 ‖ She's *hung up on* some actor. 彼女はある俳優に熱を上げている ―〈自〉 ① (衣服などが)かかっている，つり下げられる ② **電話を切る**；〈…との〉電話を(一方的に)切る〈**on**〉 ‖ He *hung up on* me before I finished. 私の話が終わらないうちに彼は電話を切った ③ (機械・コンピューターなどが)作動しなくなる

háng with ... 〈他〉《米口》〔人〕と一緒に時間をつぶす

lèt it àll hàng óut 《口》 ① 思いのままをしゃべる，隠し立てをしない ② 気ままにする，気楽にやる

―名 (複 **～s** /-z/) U ❶ (物の)かけ[つり，下げ]具合；(衣服の)垂れ具合，ドレープ；(絵などの)かけ方，展示法 ‖ the ～ of a dress ドレスのドレープ ❷ 下り勾配(こうばい)，垂れ ❸ (動きの)停滞，緩み；停止，休止

gèt [OR ***hàve***] ***the háng of ...*** …のこつがわかる [をのみ込む]

nòt càre [OR ***gìve***] ***a háng about ...*** …に関心を払わない，気にしない ‖ He does*n't care a* ～ *about* money. 彼は金のことは意に介さない

▸▸**～ glìder** 名 C ハンググライダー(で滑空する人) **～ glìding** 名 U ハンググライディング **～ tìme** 名 C ハングタイム ① 『軍』(核)ミサイルの発射から着弾までの時間 ② 『スポーツ』けられたボールが空中にある時間；飛び上がった選手の着地までの時間

hang·ar /hǽŋər, hǽŋgər/ (♦ 同音語 hanger) 名 C (航空機の)格納庫

háng·dòg 形 《限定》恥じ入った，こそこそした；やましいところのある；卑屈な，おどおどした ‖ ～ eyes [faces] おどおどした目つき[顔の人々]

hang·er /hǽŋər/ (♦ 同音語 hangar) 名 C ❶ ハンガー，洋服かけ ❷ (物をつるす)ロープ，自在かぎ，つり手 ❸ かける[つるす，張る]人 ‖ a bill ～ ビラ張り ❹ (昔，腰のベルトにつるした)短剣 ❺ 《英》急斜面の林

hànger-ón 名 (複 **hangers-**) C 取り巻き，子分 ‖ political *hangers-on* 政治家の取り巻きたち

hang·ing /hǽŋɪŋ/ 名 ❶ U C 絞首刑 ‖ death by ～ 絞首刑 ❷ C 《通例 ～s》(壁などに)かけるもの[布]《カーテン・つづれ織りなど》；壁紙 ❸ U つるすこと

―形 ❶ 絞首刑に処すべき ❷ 差し迫った，未決の ‖ It's not a ～ matter. それは思ったほど深刻ではない [悪くない] ❸ つるしてある，ぶら下がった ‖ a ～ bridge つり橋

▸▸**～ básket** 名 C (植物を植える)つりかご **Hànging Gàrdens of Bábylon** 名 『史』バビロンの空中庭園《世界の七不思議の1つ》 **～ válley** 名 C 『地』懸谷(けんこく)《氷食などでできる本流より谷床が高い支流》

háng·man /-mən/ 名 (複 **-men** /-mən/) C ❶ 絞首刑執行人 (中立 (public) executioner) ❷ ハングマン《相手の考えている言葉を当てるゲーム》

háng·nàil 名 C (つめの生え際の)ささくれ，逆むけ

háng·òut 名 C 《口》たまり場；隠れ家，アジト

háng·òver 名 C ❶ 二日酔い ❷ 〈…の〉過去の遺物，残存物〈**from**〉

Hàng Sèng Índex /hæŋsèŋ-/ 名 《the ～》 ハンセン(株価)指数《香港の恒生(ハンセン)銀行の関連会社が公表する香港市場の株価指数》

háng-ùp 名 C 《口》〈…についての〉悩みの種，不安；問題，障害(となるもの)〈**about**〉 ‖ adolescent ～*s* 思春期の悩み ―形 〈…について〉不安[悩み]のある〈**about, on**〉

hank /hæŋk/ 名 C ❶ (糸・毛などの)束，輪 ‖ a ～ of hair 1束の髪 ❷ (糸の)1かせ (skein)，一巻き《木綿糸840ヤード・毛糸560ヤード》 ❸ 『海』帆環(はんかん)

hank·er /hǽŋkər/ 動 自 〈…を〉欲しがる，渇望する，あこがれる〈**after, for**〉；〈…してみたい〉と思う〈**to do**〉 ‖ ～ *after* [OR *for*] fame 名声を欲しがる / ～ *to* go home 故郷へ帰りたがる

han·ker·ing /hǽŋkərɪŋ/ 名 C 《通例 a ～》渇望, 切望〈after, for …に対する / to do …したいという〉‖ have a ～「after wealth [to travel abroad] 富を渇望している[外国を旅行したくてうずうずしている]

han·kie, -ky /hǽŋki/ 名 《口》=handkerchief

han·ky-pan·ky /hæ̀ŋkipǽŋki/ 名 U 《口》《戯》いかさま, ぺてん, 詐欺;(性的に)いかがわしい行為

Han·ni·bal /hǽnɪbəl/ 名 ハンニバル ❶ (247?–183? B.C.)《カルタゴの将軍》 ❷ 米国イリノイ州ミシシッピ川西岸の町《マーク=トウェインの少年時代の家がある》

Ha·noi /hænɔ́ɪ/ 名 ハノイ《ベトナムの首都》

Han·o·ver /hǽnouvər/ 名 ハノーバー ❶ 英国のハノーバー王家(の人)(1714–1901) ❷ ドイツ北西部の都市(Hannover)

Han·o·ve·ri·an /hæ̀nəvíəriən, hænou-/ 〈シ〉 形 ❶ ハノーバー王家の ❷ (ドイツの)ハノーバーの
— 名 C ❶ ハノーバー王家支持者 ❷ ハノーバーの人

Han·sard /hǽnsərd | -sɑːd/ 名 C 《単数形で》英国[カナダ]国会議事録(♦ この議事録の出版業者 Luke Hansard の名より)

Hanse /hæns/ 名 《the ～》=Hanseatic League;C ハンザ同盟への入会金

Han·se·at·ic /hæ̀nsiǽṭɪk/ 〈シ〉 形 ハンザ同盟(都市)の
▸▸ ～ **Léague** 名 《the ～》ハンザ同盟《中世の北ドイツおよびその近隣国の間に結ばれ, 商業・貿易の保護・促進を目的とした同盟》

Hán·sen's disèase /hǽnsənz-/ 名 U 【医】ハンセン病(leprosy)(♦ 病菌発見者のノルウェーの医者 Hansen の名より. 現在は leprosy より広く使われる)

han·som /hǽnsəm/ (♦ 同音語 handsome) 名 (=～ **cáb**) C ハンサム《2人乗りの1頭立て二輪のほろ付き馬車》

han·ta·vi·rus /hǽnṭəvàɪərəs/ 名 C ハンタウイルス《ネズミ・リスなどによって媒介されるウイルス》

Ha·nuk·kah /hɑ́ːnəkə/ 名 U ハヌカー《古代の対シリア戦勝利を祝うユダヤ教の祭り》(♦ Chanuk(k)ah ともつづる)

han·u·man /hʌ̀numɑ́ːn/ 名 C ❶ 【動】ハヌマンラングール, ハイイロヤセザル《インドで神聖視されているオナガザルの一種》 ❷ 《H-》【インド神話】ハヌマン《猿の神》

hap /hæp/ 《古》名 U 偶然(chance), 運;C 《通例 ～s》偶然の出来事 — 動 (**happed** /-t/; **hap·ping**) 自 偶然に起こる;たまたま…する(happen)

ha'·pen·ny /héɪpəni/ 名 《英》=halfpenny

hap·haz·ard /hæ̀phǽzərd/ 〈シ〉 形 偶然の, 運任せの, でたらめの ‖ a ～ study 行き当たりばったりの研究
～·ly 副 **～·ness** 名

háp·less /-ləs/ 形 不運な, 不幸な **～·ly** 副

hap·loid /hǽplɔɪd/ 【生】形 半数[単数, 単相]の
— 名 C 単相;半数染色体, 半数細胞(→ diploid)

hap·lol·o·gy /hæplɑ́(ː)lədʒi | -lɔ́l-/ 名 U 【音声】重音脱落《papa が pa, probably が probly と発音されるなど, 1語の中で同音(節)が続く場合に一方が省略されること》

hap·lo·type /hǽplətàɪp/ 名 C 【遺伝】ハプロタイプ《単一の染色体上の遺伝的決定因子の組み合わせ》 ▸▸ ～ **màp** 名 C ハプロタイプ地図(♦ 略して hap map ともいう)

ha'p'orth /héɪpərθ/ 名 《英》=halfpennyworth

*****hap·pen** /hǽpən/ 動 副

中心義 偶然起こる

— 動 (**～s** /-z/; **～ed** /-d/; **～·ing**)
— 自 ❶ (事件などが)(偶然)**起こる**, 生じる(⇨ 類語, PB 18) ‖ The traffic **accident** *～ed* in front of my house. その交通事故は我が家の前で起こった / A major earthquake *～s* there every 80 to 100 years. そこでは80年から100年ごとに大きな地震が起こる / Anything can ～ in the World Series. ワールドシリーズでは何が起こるかわからない / These things ～ (all the time). こんなのはいつものことだ(から気にしないで)
❷ 《+to 名》(不運なことが)〔人・物〕に降りかかる ‖ Something must have *～ed to* him. 彼の身に何かあったに違いない / What's *～ed to* you? 何かあったのかい;どうかしたの
❸ 《進行形不可》 **a** 《+to do》**偶然**[たまたま]…**する**(chance);運よく[うまいことに]…する ‖ I just *～ed to* be in the neighborhood. 私はたまたま近所にいた / Do you ～ *to* know how to run this program? このプログラムの使い方をもしかしたらご存じですか(♥ Do you know how ...? は直接的で尊大な感じを与えるので happen to を加えたり, If you should happen to know ... (万一ご存じならば…) などの条件節を用いればより丁寧になる) / There *～ed to* be a helicopter overhead. たまたまヘリコプターが1機頭上を飛んでいた
b 《It (just) (so) ～ +(that) 節 で》偶然[たまたま]…である ‖ It just so *～s* (*that*) Dorothy is right here helping me with dinner. (=Dorothy *～s* to be right here ....) ドロシーならちょうどここにいて夕食の手伝いをしているわ
❹ 《+to be》(その人・物)とはたまたま…のことである(♥ 相手(の今言ったこと)にむっとして「だから気をつけろ」などの意を込めて用いることがある) ‖ That girl you're talking about *～s to be* my sister. 君のうわさしているその女の子とは僕の妹のことだ(♥「それがどうかしたか」を含意する)

as it háppens [OR ***háppened***] たまたま, 折よく;実のところ;あいにく(と);結果的には ‖ *As it ～ed*, I had no money with me. あいにくお金の持ち合わせがなかった

hàppen acróss ... 〈他〉…をたまたま見つける

hàppen alóng [OR ***pást***] 〈自〉《口》たまたま通りかかる, 偶然やって来る

hàppen bý 〈他〉(***háppen bý ...***)…のそばを通りかかる;…に出くわす —〈自〉=*happen along*(↑)

háppen on [OR ***upon***] ***...*** 〈他〉《通例受身形不可》…に偶然出くわす[出会う], たまたま…を見つける(≒ come across) ‖ I *～ed upon* the answer while glancing through the newspaper. 新聞に目を通していて私は偶然その答えを見つけた

hàppen what máy; ***whatèver háppens*** 何があろうと ‖ *Happen what may*, I will not change my decision. 何があろうと決心を変えるつもりはない

COMMUNICATIVE EXPRESSIONS

[1] **Don't you sèe what's háppening?** (目の前で)何が起きているのかわかりませんか(♥ 状況がのみ込めていない相手に対して「物わかりの悪い人だな」の意で用いる)

[2] **Hòw did it háppen?** 一体どのようにしてこんなことが起きたの?(♥ 事故などのいきさつを尋ねる)

[3] **(I prómise) it wòn't hàppen agáin.** もう二度とこんなことはありません(, 約束します)(♥ 同じ間違いを繰り返さないことを約束する)

[4] **It's lìke it nèver háppened.** 病気だった[けんかしていた]なんてうそみたいだ(♥ 悪い状態の克服・解決を意味する. =I'm [We're] completely over it.)

[5] **Lèt's sèe what háppens.** どうなるか様子を見よう

[6] **Nèver háppen!** とんでもない;まさか(♥ 実現が不可能なことについて. =No way!)

[7] **Téll me** 「**what háppened** [**what's háppening**]. 何が起きたのか[起きているのか]教えて(♥ 出来事のいきさつや理由を問う表現. ときにやや威圧的に聞こえる)

[8] "I'm sórry." "Nèver mínd. **Thèse thìngs háppen (àll the tíme).**" 「ごめんなさい」「気にしないで. こういうことは(よく)あることだよ」(♥ 相手の謝罪を許し, 慰める表現. 自分の失敗の弁解にも用いる)

[9] **Whàt háppened?** (一体)何が起きたんですか(♥ 通例よくない[予想外の]ことが起きたときに)

[10] **Whàt háppened, háppened.** 起こってしまったことは仕方がない. 過去は変えられないよ(♥ 失敗した人への慰め. =The past is the past. / =You [OR We] can't change 「the past [OR what happened]. / =It's all in the past. / ↗There's no use dwelling

on「the past [OR what's already happened].)
11 **What「tènds to háppen [OR ùsually háppens] is** that he rùns ìnto sòme kìnd of tróuble and càlls us for hélp. たいてい彼は何らかの問題にぶち当たって我々に助けを求めてくるんです(♥「いつものこと」の意)
12 **Whàt's háppening?** ① 何事だ ② 調子はどうだい(♥くだけたあいさつ表現. ↘What's up?)
―副《文修飾》《北イング》おそらく, たぶん(perhaps)

類語《自 ❶》**happen**「起こる」を意味する最もふつうの語. 多く「偶然に」の意を含む.
occur happen よりやや形式ばった語だが交換可能なことが多い. 具体的な「場所」や「時」が示されることが多い. 〈例〉The accident *occurred* yesterday. その事故は昨日起こった
take place 予定・計画されていたことが起こる場合. 〈例〉The party will *take place* on Saturday night. パーティーは土曜日の夜に行われる
come about 他動詞表現の bring about (もたらす, 生じさせる)に対する自動詞表現で,「起こる, 生じる」のくだけた表現. 〈例〉How did the change *come about*? その変化はどのようにして生じたのか
break out 戦争・火事など, 予期しないことが突然起こる場合. 〈例〉Panic *broke out*. 恐慌が突発的に起こった

hap·pen·ing /hǽpənɪŋ/
―名 C ❶《しばしば ~s》**出来事**; 事件(⇨ EVENT 類語) ‖ Life is an accidental ~. 生命は偶然発生したものだ / a strange [momentous] ~ 妙な[ゆゆしい]出来事 ❷(予定・筋書きなどにない)ハプニング; (催しなどでの)突発[偶発]的な出来事; (劇場・路上などでの)即興的な演技, (前衛)芸術的なイベント
―形《限定》《口》流行の, 最新の, 人気のある ‖ ~ nightclubs (今)はやりのナイトクラブ

háppen·stànce 名 C《主に米》偶然の出来事 ‖ It was just ~ that ... …なのは全くの偶然だった

***hap·pi·ly** /hǽpɪli/ 副 (more ~ ; most ~) ❶ 幸せ(そう)に; 楽しく, 愉快に(↔ unhappily) ‖ He did not die ~. 彼は幸福な死に方をしなかった(♦この happily は動詞 die のみを修飾する. → ❷(用例)) / They lived ~ ever after. 2人はそののちずっと幸せに暮らしましたとさ(♦おとぎ話などの結びの句) ❷《文修飾》幸いにも, 運よく(fortunately) ‖ *Happily*, he did not die. 運よく彼は死ななかった(♦この happily は文全体を修飾し, 話者の判断を示す. 対応する形容詞 happy は人を主語にするので, ˣIt is [was] happy that ... の形には書き換えられない) ❸ 喜んで ‖ I'll ~ take you to the airport. 喜んで空港までお連れします ❹ 適切に, うまく ‖ She ~ expressed her thoughts. 彼女は自分の考えをうまく表現した

***hap·pi·ness** /hǽpinəs/ 名 U ❶ 幸福, 幸せ; 満足; 愉快, 喜び(↔ unhappiness) (⇨ 類語) ‖ All people have the right to pursue ~. 人は皆幸福を追求する権利がある / the greatest ~ of the greatest number 最大多数の最大幸福 /「look for [achieve] true ~ 真の幸福を求める[得る] ❷ 幸運 ❸ (表現などの) 適切なこと, 巧妙さ

類語《❶》**happiness**「幸せ」を表す一般語. 〈例〉*Happiness* lies first of all in health. 幸せは何よりもまず健康にある
bliss 有頂天でうっとりするような, この上ない幸福・喜び. 〈例〉the *bliss* of ideal matrimony 理想的な結婚生活の至福

▶▶ ~ **económics** 名 U 幸福の経済学《心理学的手法を加えた新しい経済学》

⁑hap·py /hǽpi/

形 幸福な❶ うれしい❷ 満足して❸ 幸運な❹

―形 (-pi·er ; -pi·est)
❶ (人・気持ちなどが)**幸福な**(↔ unhappy), (表情・声などが) 幸せそうな, 楽しい (⇨ 類語) ‖ Every one of us wants to be ~. 私たちはだれもが幸せになりたい / My marriage had been a ~ one until that moment. 私の結婚生活はその瞬間までは幸せなものだった / This is the *happiest* moment of my life. 我が人生で今が最も幸せな瞬間だ / Beethoven didn't have a ~ childhood. ベートーベンの子供時代は幸せではなかった / a ~ couple [marriage] 幸せなカップル[結婚] / a ~ ending ハッピーエンド
❷ **うれしい**, 喜んで(↔ sad) **a** 《+to *do*》(人が)…して[するのが]うれしい, 幸せな; 喜んで…する(♥丁寧な言い方) ‖ I'm ~ *to*「meet you [hear of your success]. お会

メタファーの森 happy, sad 幸せ, 悲しみ

happy, sad ⇨ vertical direction
(幸せ, 悲しみ⇨上下方向)

「幸せ」は上方向に,「悲しみ」は下方向に対応付けられる. これはうれしい時は万歳と手を上げ, 悲しい時はうなだれて下を向くという自然な動作と一致している.

【幸せ⇨上方向】
- I'm feeling **up** today. 今日は気分が上々だ
- He's in **high** spirits. 彼は意気揚々としている(♦ spirits は「気持ち」の意)
- Her kind words gave me a **lift**. 彼女の優しい言葉でうれしくなった(♦ lift は「上昇」の意)

【悲しみ⇨下方向】
- I'm feeling **down** today. 今日は気分が落ち込んでいる
- I feel **depressed**. 憂鬱な気分だ(♦ depress の語源は de(下に) + press(押す))
- My spirits **sank** lower and lower. どんどん気分が沈んでいった

happy, sad ⇨ degree of brightness
(幸せ, 悲しみ⇨明暗)

「明るさ」は「幸せ」を,「暗さ」は「悲しみ」や「不幸」を表す.

【幸せ⇨明】
- Everyone **brightened up** when they knew their family was alive. 家族が無事だと知って全員が明るくなった
- This industry has a **bright** future. この産業の未来は明るい
- Her face **lit up** at the suggestion of an unexpected trip abroad. 思いがけない海外旅行の提案に彼女の顔は明るくなった

【悲しみ⇨暗】
- On hearing the news, her face **darkened**. ニュースを聞くなり彼女の表情が暗くなった
- Our boss is in a **black** mood today. 今日は上司の機嫌が悪い
- Young people feel **gloomy** about their job prospects. 若者は就職の見通しについて不安に感じている

いできて[君の成功を聞いて]うれしく思います(♦ ˣIt is happy (for me) to meet you. とはいわない) / I'd be ～ *to* do what I can. 喜んでできるだけのことはいたします / I was ～ *to* make the dress for the bride. 花嫁にドレスを作ってあげることができて幸せだった
b 《+(**that**) 節》(人が)…ということがうれしい, …を喜んでいる ‖ We're ～ *that* you are here. (=We're ～ *to* have you here.) ようこそおいでくださいました (♦ ˣIt is happy that you are here. とはいわない)
c 《+(**in**) ***doing***》(人が)…して[できて]うれしい, 喜んで ‖ The refugees were ～ (*in*) being back home again. 避難民たちは再び故国に戻って来られて喜んでいた (♦ この文型よりも ❷**a** や ❷**b** の方がふつう)
d 《+**for** 名》〔人〕のことを喜ぶ ‖ I was really ～ *for* you when I heard you'd won first prize. 1等に入賞されたと聞いてとてもうれしかったです
❸〈性質・状態などに〉**満足して**〈**with, about, at, in**〉(♥ しばしば否定文・疑問文で不満を表す) ‖ The old painter is still not ～ *with* [OR *about*] the picture. 老画家はまだその絵(の出来)に納得していない / She won't be ～ until she knows her husband is safe. 夫が無事だとわかるまでは彼女は安心しないでしょう
❹《限定》(出来事が)**幸運な**, 好都合の(↔ unfortunate) ‖ by a ～ chance [OR coincidence, accident] 運よく, 幸運にも
❺《限定》喜ばしい, めでたい(♥ 通例あいさつの慣用句で) ‖ *Happy* **birthday** [New Year, anniversary, Valentine's Day, Mother's Day, 4th of July]! 誕生日[新年, 記念日, バレンタインデー, 母の日, 独立記念日]おめでとう / *Happy* holidays! よい(クリスマス)休暇を / Many ～ returns (of the day)! このめでたい日が何回も巡ってきますように(♦ 誕生日の祝詞) / *Happy* days! 乾杯 / the ～ day 結婚(式の日)
❻(言動・考えなどが)適切な, 巧みな ‖ a ～ expression 適切な表現 / That was not a ～ solution. あれは上々とはいえない解決策だった ❼《口》ほろ酔いの ❽《複合語で》《口》…にぼうっとなった；やたらと…したがる ‖ money-～ 金もうけに夢中の(→ trigger-happy)

COMMUNICATIVE EXPRESSIONS

[1] **Àre you háppy (nów)?** (これで)気が済んだかい(♥ 失敗した人に対して用いる皮肉. 自分の失敗が相手のせいだと思うときにも使う. =I hope you're happy.)
[2] **Éveryone's** [OR **Éverybody's**] **háppy about it(, then).** じゃあみんな賛成ですね (♥ 同意を確認するくだけた表現. ✐So we're agreed(, then).)
[3] **I'd be háppy to** (wòrk láte), 「**as lòng as** [OR **if, provìded**] I gèt páid for it. 相当の手当がもらえるのなら喜んで(残業)します(♥ 条件付きの承諾)
[4] **(I'm afràid) I'm nòt tòo** [OR **vèry**] **háppy about** [OR **with**] the lìmited prógress that has been màde. (残念ながら)進展が限られていることについては満足していません(♥ 不満を述べる控えめな表現)
[5] **I'm sò háppy for you!** おめでとう；よかったね(♥ 特に相手が長く願っていたことがかなった状況で用いる)

類語 《❶》**happy** 一般的な語. 心がうれしく幸せであること.
lucky 偶然に起こる幸せなことについていう. 〈例〉I met her by a *lucky* accident. 運よく偶然彼女に会った
fortunate 通例, lucky よりも形式ばった言い方. 〈例〉He is *fortunate* 「to have [OR (in) having] such parents. そんな両親を持って彼は幸せだ

語源 *hap*- luck(幸運)+-(*p*)*y*(形容詞語尾)

▶▶ ～ **evént** 名 C 《英口》出産, おめでた ～ **fámilies** (↓) ～ **hòur** 名 C U (バーなどで酒が安くなる)サービスタイム《通例夕刻の開店直後の時間帯》 ～ **húnting gròund** 名 C (北米先住民の戦士や狩人が死後に行くとされる)天国；(欲しいものが自由に手に入る)楽園 ～ **médium** 名 C 《単数形で》適切な妥協案, 中庸, 中道 ‖ strike a [OR the] ～ *medium* 中庸を得る, 真ん中をとる

hàppy fámilies 名 U 《英》家族合わせ《絵札で遊ぶゲーム》

hàppy-go-lúcky ⟨シ⟩ 形 成り行き[運]任せの, のんきな, 楽天的な

Haps·burg /hǽpsbəːrg/ 名 ハプスブルク家《神聖ローマ帝国およびオーストリアの王家》(♦ Habsburg ともつづる)

hap·tic /hǽptɪk/ 形 触覚の[に関する]

ha·ra·ki·ri /hàːrəkíri | hæ̀-/ 名 U C 切腹, 腹切り (♦ harikari ともいう)

ha·rangue /həræ̀ŋ/ 名 C (熱烈な)演説, 熱弁, 弾劾(だんがい)演説
―動 他 自 (人などに)大演説をぶつ, 熱弁を振るう, 弾劾する

Ha·ra·re /hərɑ́ːri/ 名 ハラーレ《ジンバブエの首都》

***har·ass** /həræ̀s, hǽrəs | hǽrəs, həræ̀s/ 動 他 ❶〔人〕を絶えず悩ます, 困らせる, 苦しめる〈**with** 難題・脅迫などで；**about** …について〉(⇨ BOTHER **類語**) ‖ Small children ～ us *with* difficult questions. 小さな子供は難しい質問で私たちを困らせる / She insisted that she had been sexually ～*ed* by her superior. 彼女は上司からセクハラを受けたと主張した ❷〔敵〕を繰り返し攻撃[急襲]する, (攻撃して)疲弊[弱体化]させる
～·**er** 名 C 悩ます人, やっかい者

har·assed /həræ̀st, hǽrəst/ 形 (多忙で)悩んでいる, 疲れている ‖ ～ politicians with angry letters 怒りの手紙に手を焼く政治家たち

***har·ass·ment** /həræ̀smənt, hǽrəs-/ 名 U 悩ます[悩まされる]こと；悩み(の種), 心配事 ‖ sexual ～ 性的いやがらせ, セクハラ

Har·bin /hɑ́ːrbən, -bɪn/ 名 ハルビン《中国東北部, 黒竜江省の省都》

har·bin·ger /hɑ́ːrbɪndʒər/ 名 C 先駆者；先触れ, 前兆 ‖ The robin is a ～ of spring. コマドリは春を告げる使者である

·har·bor,《英》**-bour** /hɑ́ːrbər/《発音注意》名 (複 ～**s** /-z/) C U ❶(入江などになった)港, 港湾《防波堤・桟橋などを備え, 船が避難・停泊できる自然の港》(♦ port は停泊・荷揚げの設備や背後の都市などの施設を含む商業港を指すのに対し, harbor は船が安全に停泊できる地形を持った場所としての港を指す) ‖ 「a natural [an artificial] ～ 天然[人工]港 / be in ～ 入港している / enter [clear] the ～ 入港[出港]する ❷避難所, 隠れ家[場所] ‖ give ～ to an escaped prisoner 脱獄囚をかくまう / a ～ for battered wives 虐待された妻たちの隠れ家
―動 他 ❶〔特に悪い感情・考えなど〕を抱く ‖ He ～*s* a grudge against his former boss for firing him. 彼は自分を首にした元の上司に恨みを抱いている / ～ no regrets [doubts] about ... …のことを後悔し[疑問に思わ]ない ❷〔犯人など〕をかくまう, 隠匿する ‖ He ～*ed* a wanted criminal. 彼は指名手配犯をかくまった ❸…に(住まいの)場[生息地]を与える ❹〔病原菌など〕を発生させる[広める]
―自 ❶(船が)港に停泊[避難]する ❷(動物などが)潜む, 潜伏する
▶▶ ～ **màster** 名 C 港務(部)長, 港務官 ～ **sèal** 名 C 《米》《動》ゴマフアザラシ(common seal)

har·bor·age /hɑ́ːrbərɪdʒ/ 名 ❶ C 港；避難所 ❷ U 避難, 保護

hárbor·màster 名 =harbor master

·har·bour /hɑ́ːrbər/ 名 動 《英》=harbor

****hard** /hɑːrd/ 《発音注意》形 副 名

中心義 かたい, 容易には動かない

形 堅い❶ 難しい❷ つらい❸ 厳格な❹ 熱心な❺
副 一生懸命に❶ 力を込めて❷ しっかりと❹

—形〔▶ harden 動〕(~·er ; ~·est)
❶ (物が)**堅い**[固い，硬い]，堅固な(↔ soft)(⇨ 類語) ‖ The bread has gone ~. パンは堅くなってしまった / This walnut is too ~ to crack. このクルミの実は堅くて割れない / boil an egg ~ 卵を固ゆでにする / a ~ knot 堅い結び目 / ~ rubber 硬質ゴム / be as ~ as ⌈a rock [steel] 岩[鋼]のように堅い
❷ (↔ easy) **a** (問題・仕事などが)**難しい**，難解な；困難な，骨の折れる，面倒な；扱いにくい(⇨ DIFFICULT 類語) ‖ "Is Japanese a ~ language to learn?" "Yes, some people say kanji is impossible."「日本語は学ぶのに難しい言語ですか」「そうですね，漢字が無理という人もいますね」/ ~ **work** 大変な仕事 / a ~ question 難しい質問[問題] / He had a ~ **time** walking along the snowy road. 彼は雪道を歩くのに苦労した / He is a ~ opponent to compete with [against]. 彼は手ごわい対戦相手だ
b 《It is ~ (for *A*) to *do B* / *B* is ~ (for *A*) to *do* で》(*A*が)*B*するのは難しい，*B*を…するのは(*A*にとって)難しい(♦ *do* は他動詞. ×It is hard that ... とはいわない) ‖ It is ~ *to* say which is better. どっちがよいかを言うのは難しい / This book is ~ (*for* me) *to* read. この本を読むのは(私には)難しい / Toby is ~ *to* please. = It is ~ *to* please Toby. (= Toby is a ~ man to please.) トビーは気難し屋だ / That condition is ~ *to* accept. その条件は容認できない / Jobs are ~ *to* come by. 仕事を見つけるのは難しい
❸ (生活・状況などが)**つらい**，苦しい，耐え難い；苛酷(かこく)な(↔ easy)；不幸な ‖ ~ times 苦難[不景気]な時代 / have [OR lead] a ~ life 生活が苦しい / have ~ luck 不運である / give him a ~ time 彼をひどい目に遭わせる
❹ 〈…に〉**厳格な**，(手)厳しい〈**on**〉；(検査などが)厳重な ‖ a ~ father 厳格な父親 / He is too ~ *on* (the shortcomings of) the students. 彼は学生(の欠点)に対して厳しすぎる / take a ~ look at the finances 財政状態を入念に調べる
❺ **熱心な**，勤勉な，一生懸命の ‖ a ~ worker 働き者[勉強家] / be ~ at work [study] 仕事[勉強]に励む / try one's ~*est* 最善を尽くす / make ~ work of ... …に精力を費やす
❻ 力のこもった；猛烈な，激しい；過度の；(政治的に)過激な ‖ a ~ blow [kick] 強烈な一撃[キック] / a ~ drinker 大酒飲み
❼ (人・行動などが)情に流されない，非情な，冷酷な；敵対的な；強い，恐れを知らない ‖ a ~ master 非情な雇い主 / be ~ of heart 心が冷たい
❽ 現実的な，冷徹な；偏見のない；抜け目ない，計算高い ‖ a ~ view of life 現実的な人生観 / a ~ businessman 抜け目のない実業家 ❾ 《限定》厳然たる，揺るがない；(情報などが)確実な，信頼できる ‖ ~ facts 厳然たる事実 / ~ information 信憑(しんぴょう)性のある情報 ❿ 妥協しない，断固たる，仮借ない；はっきりした，確固とした ‖ a ~ bargain 厳しい取り引き / a ~ commitment 固い約束 / reach a ~ agreement 確固たる合意に至る ⓫ 《限定》(天候が)厳しい；(雨などが)激しい(↔ mild) ‖ a ~ winter 厳冬 / a ~ rain 豪雨 ⓬ (輪郭の)はっきりした，鮮明な；(色・光などが)不快な，どぎつい；(声などが)耳障りな，柔らかみのない；(視線などが)きつい，鋭い；(ポルノが)露骨な；(文体などが)生硬な ‖ ~ features きつい目鼻立ち / ~ colors どぎつい色彩 / in a ~ voice 荒々しい声で / with ~ eyes 鋭い目つきで / a ~ style 生硬な文体 ⓭ 〘音声〙(子音が)硬音の《c, g がそれぞれ can, get のように /k/, /g/ と発音される場合》(↔ soft) ⓮ (水が)硬度が高い，硬水の(↔ soft) ⓯ (飲み物が)発酵した，アルコール性の；《限定》(酒類が)アルコール分の多い《22.5%以上》；《限定》(麻薬が)中毒になる，習慣性のある，健康を害する(↔ soft) ⓰ (ワインが)渋みが強い ⓱ (小切手・手形に対して)現金の；硬貨の；兌換(だかん)できる ⓲ (皮膚・布地などが)堅い，ざらざらした；(パンの皮などが)古くなって堅い，かりかりの ⓳ 〘商〙(市場・価格などが)高値安定の，強気の，堅調の；(金融が)逼迫(ひっぱく)した ⓴ 〘理〙(X線が)透過力の大きい，強力な ‖ ~ X-rays 強いX線 ㉑ (科学・SF小説などが)事実に基づく ‖ a ~ SF novel 科学的根拠に基づくSF小説 ㉒ (情報・資料などが)(フロッピーなどへの磁気記録ではなく)印刷された，書面の ㉓ 《口》(男性器が)勃起(ぼっき)した

(as) hard as nails ⇨ NAIL 名 (成句)
be hàrd of héaring 耳が遠い，難聴である
****be hárd on ...*** ①〔人〕につらく当たる(→ 形 ❹) ②〔人〕にとって不公平である ③〔物〕を早く駄目にする，…の負担になる ‖ Monitor flicker *is* ~ *on* the eyes. 画面のちらつきは目に悪い
hard and fast ⇨ HARD-AND-FAST
hàrd góing 難しい；退屈な
the hárd wáy 痛い目を見て，苦労して ‖ I learned not to gamble *the* ~ *way*. 痛い目に遭ってギャンブルをしなくなった
tòo mùch like hàrd wórk (あまりの困難[負担]に)耐えきれなくて，力に余って

COMMUNICATIVE EXPRESSIONS
[1] **I find it hárd to sày what I féel, but** I hópe you knòw how mùch I cáre about you. 言いづらいのですが，私がどれほどあなたのことを気にかけているか，わかっていらっしゃいますよね(♥ ためらいながら発言する際に)

—副 (~·er ; ~·est) (♦ hardly と区別)
❶ **一生懸命に**，熱心に；注意を凝らして，じっと ‖ He thought long and ~ before deciding to quit the company. 彼は考えに考えた末に会社を辞める決心をした / Don't **work** too ~. あまり頑張りすぎないようにね(♥ 英語では頑張れの代わりにこのような言い方をすることが多い) / **try** ~ 精いっぱいやってみる / listen ~ 耳を澄まして聞く / look ~ at the man その男をじっと(きつい目で)見つめる
❷ **力を込めて**，強く；激しく，猛烈に；過度に，ひどく(↔ softly) ‖ He **hit** me ~ on the head. 彼に頭を思いきりたたかれた / They were ~ **hit** by the hurricane. 彼らはハリケーンで大損害を受けた / It's raining ~. 雨が激しく降っている / laugh ~ 大笑いする / drink ~ 深酒する
❸ 厳しく，苛酷に ‖ clamp down ~ on riots 暴動を厳しく取り締まる
❹ **しっかりと**，堅く(なるように) ‖ hold on ~ しっかりとつかまる / The ice was frozen ~. 氷は固く凍結した / ~-baked 堅焼きの
❺ 苦労して，やっと(のことで)，なかなか…しないで；《しばしば複合語で》やっと…した ‖ The cork draws ~. コルクがなかなか抜けない / breathe ~ 苦しげに息をする / The victory was ~ won. その勝利はやっとのことで得た / ~-sought やっと見つけた
❻ 〘海〙(操舵(そうだ)で)いっぱいに ‖ *Hard* alee! 下手舵(しもてかじ)いっぱい ❼ 鋭角に ‖ Turn ~ left. 左に鋭角に曲がれ
be hàrd át it 《口》(それに)懸命に取り組んでいる，専念している；忙しい
be hàrd préssed [OR ***pút,*** 《英》***púshed***] ひどく困る，不自由する〈**for** …に / **to** *do* …するのに〉 ‖ I *was* ~ *pressed to* find a reasonable hotel. 手ごろなホテルを見つけるのに苦労した(♦ 主に時間・金に関して用いる)
be hàrd úp 《口》金に困っている；〈…がなくて〉困っている，〈…を〉とても必要としている〈**for**〉(⇨ POOR 類語)
gò hárd with a pérson 《旧》〔人〕に痛手を与える，不利に働く
hàrd bý ... …のすぐ近くに
hàrd dóne bỳ 《英》不当な扱いを受けて ‖ He felt ~ *done by*. 彼は不当に扱われたと感じた
hárd on [OR ***upon***] ***...*** …のすぐ近くに；…の直後に ‖ He is ~ *upon* sixty. 彼はじきに60歳になる / ~ *on* his heels 彼のすぐ後を

play hard to get ⇨ PLAY 動 (成句)
tàke ... hárd …を深刻に受け取る, ひどく悲しむ ‖ Try not to *take* it too ～ if you don't get the job. その仕事に就けなくてもあまり深刻に考えないようにしなさい

COMMUNICATIVE EXPRESSIONS

2 **I knów hòw hàrd you** are trýing, **but** we stíll nèed to fínd a wáy to gàin mòre prófit. あなたが努力していることはわかりますが, 収益をさらにあげる方法をもっと模索する必要があります(♥ 努力を認めつつ不満を示す)
3 **Jùst a lìttle hárder.** もう一息だ;もうひと頑張りだ

―名 (複 **～s** /-z/) C ❶ 《主に英》上陸場, 揚げ場;前浜 ❷ 《主に英俗》U 重労働 ❸ ⊗《俗・卑》勃起

類語 《形 ❶》 **hard** 「堅い, 固い」の意を表す一般語.
firm 材料の組織が密で, 堅固な. 弾力性もある. 〈例〉 *firm* ground 堅い地盤, 堅固な基礎
solid 固形の;中味がぎっしり詰まっている. 〈例〉 *solid* woody material 固い木質の材料
stiff 固くて容易に曲がらない. 〈例〉 a *stiff*-covered book 固い表紙の本
rigid 極度に stiff で曲げると折れる[壊れる].

▸▸ **～ cándy** 名 U 《米》あめ玉 **～ càse** (↓) **～ cásh** 名 U ① (小切手・手形などに対して)現金 ② (紙幣に対して) 硬貨 **～ cíder** 名 U 《米》 (発酵した) リンゴ酒 (《英》 cider) **～ cóal** 名 U 無煙炭 (anthracite) **～ cópy** /, ⌐⌐−/ 名 U C 紙に印刷した情報, ハードコピー **～ córe** (↓) **～ còurt** 名 C ハードコート《アスファルトなどで固めたテニスコート》(→ clay, grass court) **～ cúrrency** 名 U C 〖経〗(外貨に対して)強い通貨, ハードカレンシー (→ soft currency) **～ dísk** 名 C (データ保存用の) ハードディスク **～ dísk recòrder** 名 C ハードディスクレコーダー **～ drínk** 名 U 度の強い酒 (hard stuff) **～ drìve** 名 C ハードディスク読取装置 (hard disk drive) **～ drúg** 名 C (通例 ～s)習慣性の強い麻薬 **～ féelings** 名 複 恨み, 悪感情 ‖ No ～ *feelings*, I hope! 悪く思わないでくださいよ **～ gòods** 名 複 耐久(消費)財 **～ hàt** 名 C ① (建設現場用の)保安帽, ヘルメット ② 《口》 建設労働者 ③ 《主に米口》 保守反動家 **～ knócks** (↓) **～ lábor** 名 U (刑罰としての) 重労働 **～ lánding** (↓) **～ léft** 名 ① C 《a ～》(自動車の)左方への急旋回 ② 《the ～》(左翼政党内の)最左派グループ **～ líne** (↓) **～ línes** 名 複 《主に英口》不運, 不幸;《間投詞的に》お気の毒に, ついてないね **～ líquor** 名 U 《主に米》 (アルコール度の) 強い酒 **～ lúck** 名 U 《口》不運;《間投詞的に》お気の毒さま **～ mòney** 名 U ① 硬貨 ② 《米》 ハードマネー《政治家個人あての政治献金で届け出の必要な金額》(↔ soft money) **～ néws** (↓) **～ nút** 名 C ① 《口》 心身共に強いと思っている人 ② 扱いにくい人 [問題] (hard nut to crack) **～ pálate** 名 C 硬口蓋(こうがい) (↔ soft palate) **～ pórn** 名 U 極度に猥褻(わいせつ) なポルノ **～ ríght** 名 ① C 《a ～》 (自動車の) 右方への急旋回 ② 《the ～》 (右翼政党内の) 最右派グループ **～ róck** 名 U ハードロック《大音響で強烈なビートをきかせたロックンロール》 **～ sàuce** 名 U バター・砂糖・クリームなどで作ったデザート用ソース (《英》 brandy butter) **～ scíence** 名 U C 自然科学 **～ séll** 名 U 強引な売り込み (↔ soft sell) **～ shóulder** 名 C 《英》 (高速道路の) 非常駐車帯, 避難路肩 **～ wàter** 名 U 硬水 (↔ soft water) **～ whéat** 名 U 硬質小麦《タンパク質含有量が高い》 **～ wórds** 名 複 《口》手厳しい言葉;拒絶

hàrd-and-fást ⊲シ 形 《限定》《しばしば否定文で》 (規則などが) 曲げられない, 厳しい ‖ There is no ～ rule [answer]. 絶対的な規則[答え]はない

hárd-àss 名 C ⊗《米俗》《卑》非妥協的なやつ

hárd·bàck 名 C U =hardcover **～ed** 形

hárd·bàll 名 U 《米》 ❶ (ソフトボールに対して) 野球 (baseball) ❷ 《口》 情け容赦のないやり方 ‖ play ～ (with ...) (…に対して) 情け容赦のない仕打ちをする / ～ tactics [attitude] 情け容赦のない戦略[態度]

hàrd-bítten ⊲シ 形 手ごわい, 頑強な, 不屈の;百戦練磨の

hárd·bòard 名 U 〖建〗ハードボード《建築材料》, 硬質繊維板

hàrd-bóiled ⊲シ 形 ❶ (卵が)固ゆでの (↔ soft-boiled) ❷ 《口》非情な, 冷徹な;現実的な, ドライな;〖文学〗ハードボイルドの

hárd·bòund 形 =hardcover

hárd càse 名 C 《口》 手に負えない相手;ひどくやっかいな事情(を抱えた人), 困難な境遇(の人)
hàrd-cáse 形 =hard-bitten

hàrd-códe 形 (データ) を変更できないようにプログラム内で固定する ―動 他 〔データ〕をプログラム内で固定する

hàrd-córe ⊲シ 形 《限定》 ❶ (運動などの) 中核をなす, 強硬な;頑迷な ❷ (ポルノが)露骨な, どぎつい ❸ 〖楽〗(ロックが) ハードコアの《大音響と攻撃的な演奏が特徴》‖ ～ punk ハードコアパンク

***hàrd córe** 名 ❶ C 《集合的に》《単数・複数扱い》(国体・運動などの)中核, 強硬派 ❷ U 《英》ハードコア《地固め用の充填(じゅうてん)に使用されるれんがや砕石》 ❸ C ハードコアポルノ ❹ U 〖楽〗ハードコアロック

hárd·còver 名 《主に米》 C U 堅い表紙の本, ハードカバー (→ paperback) ‖ The book was published in ～. その本はハードカバーで出版された ―形 ハードカバーの

hárd-drìnking 形 大酒飲みの

hàrd-dríving 形 《口》強引な, 辣腕(らつわん)の

hàrd-éarned ⊲シ 形 苦労してもうけた[得た]

hàrd-édged 形 (描写が)リアルな, 正確な;妥協のない

***hard·en** /hɑ́ːrdən/ 動 〔◁ hard 形〕 他 ❶ …を堅くする, 硬化させる;…を固める(↔ soften) ‖ They used fire to ～ the tools. 彼らは火で焼いて道具を堅くした [に焼きを入れた] ❷ **a** 《+目》〈…に対して〉〔人・心など〕を非情[冷酷] にする;〔態度など〕を頑固にする, 硬化させる〈**to, against**〉 **b** 《受身形で》〈…に対して〉無感覚 [鈍感] になる, 感じ[動じ]なくなる〈**to, toward**〉‖ I became ～*ed to* 「the danger [all shame]. 私は危険を[どんな恥も]何とも思わなくなった ❸ 〔人・決意・信念など〕を(いっそう)強くする, 固める ‖ ～ him in his conviction 彼に[の]確信を深めさせる ❹ …を強健にする, 強化する;…を悪条件などに耐えられるようにする
―自 ❶ (物が) 堅くなる, 固まる ‖ Keep it cool until it ～*s*. 固まるまで冷やしておきなさい ❷ 〈…に対して〉非情[冷酷]になる〈**against, toward**〉 ❸ (決意・疑念・反対などが) 強まる ‖ Opposition to the school regulations has ～*ed* recently. 最近校則に反対する動きが強くなってきた ❹ (顔つきなどが) (怒りなどで) 厳しくなる;こわばる ‖ When he heard the news, the look on his face ～*ed*. その知らせを聞いて彼の表情はこわばった ❺ (体などが) 強くなる;(悪条件に) 耐えられるようになる ❻ 〖商〗 (相場・物価・景気などが)堅調になる, (高い所で)安定する
hàrden óff 〈他〉(***hàrden óff ...*** / ***hàrden ... óff***)〔苗木など〕を徐々に外気に当てて慣れさせる ―〈自〉(苗木が) 外気に慣れる

hard·ened /hɑ́ːrdənd/ 形 ❶ 堅くなった;堅牢(けんろう)な ❷ 冷酷な, 無感覚な ❸ 鍛えられた, タフな ❹ 常習的な ‖ ～ criminals 常習犯

hard·en·er /hɑ́ːrdənər/ 名 U (ペンキなどの)硬化剤

hard·en·ing /hɑ́ːrdənɪŋ/ 名 ❶ U 硬化 ❷ C (鋼鉄を造るために鉄に加える)硬化剤

hàrd-fáced 形 鉄面皮の

hàrd·físted 形 ❶ けちな, しみったれた ❷ 非情な ❸ たくましい手をした

hàrd-fóught 形 激戦の

hàrd·hánded 形 圧制的な, 抑圧的な, 暴虐な
～·ness 名

hárd·hèad 名 C ❶ 実利的で抜け目のない人 ❷ 頑固者, わからず屋 ❸ 頭部の硬い魚《マスなど》;鳥:カモ, アヒル

hàrd·héaded ⊲シ 形 ❶ 抜け目のない;現実的な ❷ 強情な, 頭の固い **～·ly** 副 **～·ness** 名

hàrd·héarted 〈ジ〉 形 非情な, 無慈悲な
~·ly 副 **~·ness** 名

hàrd-hítting 〈ジ〉 形 強烈な, 痛烈な

har·di·hood /hɑ́ːrdihʊ̀d/ 名 U 《旧》大胆, 勇気；図太さ, 厚かましさ；(植物の)耐寒性

Har·ding /hɑ́ːrdɪŋ/ 名 **Warren Gamaliel ~** ハーディング(1865-1923)《米国第29代大統領(1921-23)》

hàrd knócks 名 複 《口》逆境, 辛苦
the schòol of hàrd knócks 実社会(での辛苦)

hàrd lánding 名 ハードランディング (↔ soft landing) ❶ C ロケットなどの逆噴射なしの硬着陸 ❷ C 《単数形で》経済の急下落 **hàrd-lánd** 動

·hàrd·líne, hàrd-líne 形 《限定》主義[信条]に徹する, 妥協しない, 強硬な ‖ a ~ peace activist こちこちの平和活動家 / a ~ foreign policy 強硬な外交政策

hàrd líne 〈ジ〉 名 C 《a ~》強硬路線 ‖ take a ~ *line* on ... …に対して強硬路線をとる

hàrd-líner 〈ジ〉 名 C 強硬論者

hàrd-lúck stòry 名 C (同情を買うための)苦労話, 身の上話

hard·ly /hɑ́ːrdli/

— 副 《比較なし》❶ ほとんど…ない(almost not, scarcely)(⇨ 類語) ‖ "What's he like?" "I ~ know him." 「彼はどんな人ですか」「ほとんど知らないんだ」/ I could ~ believe my eyes. 私は自分の目が信じられなかった / Speak louder. I can ~ hear you. もっと大きな声で話してください. あなたの言っていることがほとんど聞き取れません / It ~ matters, does it? それはほとんど問題にならないですよね (♦ 否定文として扱うので, 付加疑問には肯定形を用いる) / *Hardly* a day went by without something unusual happening. 何か異常なことが起こらない日はほとんど一日もなかった[ほぼ毎日起こった]

❷ 《驚き・不同意をほのめかして, または相手の同意を期待して》とても[到底]…ない ‖ I can ~ wait until tomorrow. 明日まで待つなんてとてもできない / It's ~ **surprising** that he quit — he never really fit in, did he? 彼が辞めたのは別に驚くほどのことでもない. 彼は全然なじめなかったものね / This is ~ the place to discuss the problem. ここはそんな問題を話し合う場所ではない

❸ …したばかりで ‖ The boy has ~ gone to bed, but already he is fast asleep. その少年は今寝たばかりなのに, もうぐっすり眠っている

❹ 骨を折って, 苦労して(♦ 通例 hard を用いる)；《古》ひどく(harshly)

語法 ★★
(1) hardly は通例 be 動詞・助動詞の後, 本動詞の前に置かれる.
(2) hardly 自体が否定語なので ×I don't hardly know him. のように not や no とともには用いない.
(3) hardly を強調して文頭に置いた場合, be 動詞・助動詞の倒置が起こる. 〈例〉*Hardly* can I believe it. そんなことはとても信じられない

hàrdly ány ほとんど…ない ‖ *Hardly any*one saw the man. その男を見かけた者はほとんどいなかった(♦ not any と異なり, 主語の位置にくることも可能. ⇨ ANY ❶ 語法 (5)) / We'll have to go shopping. We've got ~ *any* food. 買い物に行かなければ, 食べ物がほとんどありません

*·**hàrdly éver*** めったに…しない (seldom) ‖ He ~ *ever* said anything at the table. 彼は食事中に何か話すことはめったになかった(⇨ SOMETIMES 類語P)

*·**hárdly Á whèn*** [OR ***befòre***] ***B́*** *A*するとすぐ*B*, *A*するかしないうちに*B* ‖ The party had ~ started *when* she arrived. パーティーが始まるか始まらないうちに彼女が到着した (=As soon as the party started, she arrived.) (♦(1)《文》では hardly が文頭にきて後ろが倒置語順になることがある. 〈例〉*Hardly* had the party started when she arrived. (2)《口》において when, before の代わりに than が用いられることがあるが, 正用法と認めない人が多い)

COMMUNICATIVE EXPRESSIONS
[1] **I hàrdly expècted** to sée you hère. ここであなたに会うなんてまるで予想していませんでした
[2] **You can hàrdly càll it** "chéap" to hàve to pày òver twènty dóllars for a méal. 食事に20ドル以上払わなければならないなんて「安い」とはとても言えませんよ(♥ 表現や判断が不適切であることを指摘する)

類語 **hardly, scarcely** 共に「ほとんど…でない[しない]」を意味して交換可能だが, hardly の方が多く用いられる. 〈例〉He can *hardly* [OR *scarcely*] write. 彼はほとんど字が書けない (♦ hardly [OR scarcely] any ... は *almost no* ... で, hardly [OR scarcely] ever は *almost never* で交換可能. 〈例〉You've eaten *hardly* [OR *scarcely*] *any*thing. あなたはほとんど何も食べていないじゃないの (=You've eaten *almost no*thing.) / I *hardly* [OR *scarcely*] *ever* go out these days. 最近はめったに外出しない (=I *almost never* go out these days.))
barely 「辛うじて…する；何とか[やっと]…する」(only just) と「ほとんど…ない」の両方の意味で用いられる (⇨ PB 09). 〈例〉He could *barely* order his meal in French. 彼は辛うじてフランス語で食事の注文ができた / The game had *barely* [OR *hardly, scarcely*] begun when it started raining. 雨が降り始めたとき試合はやっと始まったばかりだった (→ 試合が始まるか始まらないうちに雨が降り始めた)

hard·ness /hɑ́ːrdnəs/ 名 U ❶ 堅いこと；(鉱物・水などの)硬度 ❷ 厳しさ, 苛酷(かこく)さ；困難 ❸ 頑固；不屈

hàrd néws 名 U (ファッションなどのやわらかいニュースに対して政治・経済などの)硬いニュース[記事]；《米》確かな情報 **hàrd(-)néws** 形

hàrd-nósed 〈ジ〉 形 《通例限定》《口》❶ 頑固な, 強情な ❷ 抜け目のない, 現実的な

hárd-òn 名 C ⊗《卑》(男性器の)勃起(ぼっき)

hárd·pàn 名 U ❶ 【地】硬質地層《植物が根を張れない粘土層》❷ 堅固な基盤, 基本

hàrd-préssed 〈ジ〉 形 (仕事に)忙殺されている, (時間・金に)追われている；〈…するのが〉とても難しい〈**to** *do*〉

hárd·scràbble 形 《米口》(土地が)苦労の割に収益があがらない；(生活が)苦しい

hàrd-sét 形 ❶ しっかり固定された ❷ 苦境に陥った；空腹な ❸ 《米》頑固な

hárd·shèll 形 ❶ 殻[皮]の堅い ❷ 《主に米》非妥協的な, 頑固な

*·**hard·ship** /hɑ́ːrdʃɪp/ 名 ❶ U 苦難, 困窮, (経済的)窮乏 (↔ ease) ‖ The new taxes will create great ~ for white-collar workers. 新税はサラリーマンにとって苛酷(かこく)なものとなるだろう / a life full of ~ 苦難に満ちた人生 ❷ C 苦痛, つらさ；苦痛になるもの[こと] ‖ endure the ~*s* of an army life つらい軍隊生活に耐える / Hunger is a ~. 空腹はつらいものだ / It is no ~ to *do* …するのは苦痛ではない

hárd·stànd, 《英》**-stànding** 名 C (飛行場などの)舗装駐機[車]場

hárd·tàck 名 U 《古》(もと軍用などの)堅焼きビスケット, 乾パン

hàrd-thrówing 形 【野球】(投手が)厳しい球を投げる, 剛球の ‖ a ~ starter 厳しい球を投げる先発投手

hárd·tòp 名 C ハードトップ《側面の窓の中央に柱がなく, 堅い素材の屋根を持った車》；ハードトップの屋根

*·**hard·ware** /hɑ́ːrdwèər/ 名 U 《集合的に》❶ 💻 ハードウェア, 機器類《データ処理を行う物理的装置・機械類を指す》(→ software) ❷ 金物類, 金属製品(metalware)；(産業用・工学用)機器；(家庭の内外で使う)道具[用具], 備品《なべ・ドライバー・芝刈り機などの類》‖ a ~ store 金物店 ❸ 軍事用設備, 武器《戦車・飛行機・ミサイルなどの重量兵器》；《口》銃, ピストル

H

▶▶ ～ dèaler 名 C 《米》金物商, 金物店 ～ stòre 名 C 《米》金物商[屋], 鉄器商(《英》 iron monger)

hàrd-wéaring ⊲シ 形 《主に英》(衣服・靴などが)持ちのよい, 長持ちする(《米》 long-wearing)

hárd-wìre 動 他 💻…をハードウェアに組み込む；〔端末など〕を〈…に〉(ソフトウェアではなく物理的に)接続する〈to〉

―― 形 =hard-wired ❶

hàrd-wíred ⊲シ 形 ❶ 💻ハードウェアに組み込まれた；(端末が)本体に直結[回路接続]した ❷ (脳などに)深く刻み込まれた

hàrd-wón 形 《通例限定》苦労の末に手に入れた

hárd·wòod 名 C (カシ・ブナなどの)堅木(かたぎ)；U 堅木材

***hàrd·wórking** ⊲シ 形 勤勉な, よく働く, よく勉強する (⇨ DILIGENT 類語)

***har·dy** /há:rdi/ 形 ❶ (人・動物が)頑健な, 我慢強い；耐久力がある ‖ a ～ sportsman 頑健なスポーツマン ❷ (植物が)耐寒性の, 屋外で越冬できる ‖ half ～ 半耐寒性の《冬に霜よけの必要な》 ❸ 大胆な, 勇敢な；向こう見ずの, 厚かましい ‖ a ～ assertion 勝手な主張

-di·ly 副 **-di·ness** 名

▶▶ ～ perénnial 名 C ① 耐寒性多年生植物 ② (何年も)繰り返し持ち上がる問題[話題]

H

Har·dy /há:rdi/ 名 **Thomas** ～ ハーディ(1840-1928)《英国の小説家・詩人》

***hare** /heər/ (♦ 同音語 hair) 名 (複 ～ OR ～s /-z/) C ❶ ノウサギ《rabbit より大きく穴居性がない；雄は buck, 雌は doe という》；U ノウサギの肉 ‖ run like a ～ (脱兎(だっと)のごとく)疾走する / ～ and hounds (race) ウサギ狩りごっこ(paper chase)《紙片をまきながら逃げる者(hare)をほかの者 (hounds) が追いかけるゲーム》 / *First catch your* ～ *(, then cook him)*. 《諺》まずウサギを捕らえよ(料理をするのはそれから)；捕らぬタヌキの皮算用 ❷ (ドッグレースに使う)電気仕掛けのウサギの模型(electric hare)

(as) màd as a (Màrch) háre (3月の交尾期のノウサギのように)狂気じみた

rùn with the háre and hùnt with the hóunds 《英》ウサギと一緒に逃げながら(一方で)猟犬と一緒に狩りをする；(どっちつかずの)あやふやな態度をとる

stàrt a háre 《英》《旧》ウサギを飛び出させる；(本題をそらすために)別の話題を持ち出す；わき道にそれる

―― 動 自 《口》(脱兎のごとく)疾走する, 突っ走る《*off*》

▶▶ ～ cóursing 名 U 《主に英》(犬を使っての)ウサギ狩り

háre·bèll 名 C 〖植〗イトシャジン《青い釣り鐘形の花をつける多年草》

hàre·bráined /-d/ 形 向こう見ずな；軽率な

Ha·re Krish·na /hà:ri kríʃnə | hæ-/ 名 U クリシュナ教《1960年米国に始まったヒンドゥー教の神クリシュナを信仰する宗派》；C クリシュナ教徒

háre·lìp 名 U C ⊗《蔑》兎唇(としん) **-lìpped** 形

ha·rem /héərəm | há:ri:m/ 名 C ❶ ハーレム《イスラム教国の女性部屋》, 後宮(こうきゅう)；《集合的に》《単数・複数扱い》ハーレムの女たち ❷ 〖動〗ハーレム《1匹の雄と多数の雌からなる集団》 ▶▶ ～ pànts 名 複 ハーレムパンツ《女性用のゆったりしたズボン. 足首で締める》

har·i·cot /hǽrɪkòu/ 名 (= ～ béan /, ⌐－－⌐/) C インゲンマメ

Ha·ri·jan /há:rɪdʒà:n | hǽrɪdʒən/ 名 C 《旧》(インドの)不可触賤民(せんみん)(untouchable)

hark /ha:rk/ 動 自 《通例命令形で》《文》聞く(listen), 耳を傾ける

hárk at ... 〈他〉《命令形で》《英口》…の(ばかばかしい)言いぐさを聞く

Hàrk awáy [OR ***fórward, óff***]***!*** 《英》そら行け《猟犬への号令》

hàrk báck 〈自〉① (人が)(思考・話などで)〈元・昔に〉戻る；(物が)〈過去の出来事を〉思い出させる, 〈…に〉言及する〈to〉 ② (猟犬が)臭跡を求めて元の地点へ戻る

hark·en /há:rkən/ 動 =hearken

Har·lem /há:rləm/ 名 ハーレム《ニューヨーク市マンハッタン区北東部の黒人が多く居住する地区》

har·le·quin /há:rləkwɪn/ 名 C ❶ 《しばしば H-》ハーレクィン《パントマイムの道化役. 仮面と派手なまだら模様の服を着ける》 ❷ 道化者, おどけ者 ―― 形 《限定》まだら(色)の

har·le·quin·ade /hà:rləkwɪnéɪd/ 名 C ❶ (ハーレクィンが演じる)パントマイム, 道化芝居 ❷ 《旧》茶番劇, 道化

Har·ley Da·vid·son /hà:rli déɪvɪdsən/ 名 C 《商標》ハーレーダビッドソン《米国製大型オートバイ》

Hárley Strèet 名 ハーリー街《ロンドンの街路名. 開業医が多いことで知られる》

har·lot /há:rlət/ 名 C 《古》《文》売春婦(prostitute)

:harm /ha:rm/

―― 名 〔▶ harmful 形〕 U (体・心・物に対する)**害**, 損害, 危害 (↔ good)；**悪意**；不都合, 差し支え ‖ I can't see any ～ in it. それがどうして悪いのか私にはわからない / What is the ～ in reading manga? 《口》漫画を読んで何が悪いんだよ

連語 【形＋～】 bodily [OR physical] ～ 身体への害[危害] / grievous [OR serious] ～ 重大な損害[危害] / actual ～ 実害
【動＋～(＋前)】「cause ～ to ... [OR cause ... ～] …に損害[危害]を及ぼす / inflict ～ on ... …に損害を与える[危害を加える]

còme to nò hárm 危害に遭わない ‖ Make sure that your child *comes to no* ～. お子さんが危険な目に遭わないように気をつけてください

dò (...) hárm / ***dò hárm (to ...)*** (…の)害になる(↔ *do good*) ‖ Smoking will *do* you ～. 喫煙は体に悪い

dò more hàrm than góod 有害無益である

in [OR ***into***] ***hàrm's wáy*** 危険な場所に

òut of hàrm's wáy 危険の及ばない[安全な]所に；危害を加えないように ‖ Let's move *out of* ～*'s way*. 安全な所に避難しよう

COMMUNICATIVE EXPRESSIONS

1 **I mèant nò hárm.** 悪気はなかったんです(♥ 相手を傷つけたことに対する言い訳. =No harm intended.)
2 Don't wòrry about it. **Nó hárm dòne.** 心配しないで. 大丈夫だから(♥ 害をこうむったことを許す)
3 **There's nó hàrm in** ásking. 聞くだけ聞いてみたらどうなの(=It does no harm to ask.)
4 **Whère's the hárm in** that? やってみれば?

―― 動 (～s /-z/；～ed /-d/；～·ing) 他 〔人・評判〕を**傷つける**；〔健康など〕を損なう (↔ heal) (⇨ INJURE 類語P) ‖ The package carries a warning that smoking can ～ your health. たばこの箱には喫煙が健康を害する恐れがあるという警告が載っている / It wouldn't ～ you to call him. 彼に電話くらいかけてみたらどうなの / ～ his image [reputation] 彼のイメージ[名声]を傷つける

har·mat·tan /hà:rmətǽn/ 名 U ハルマッタン, アルマッタン《アフリカ西部で冬季に吹く貿易風. 砂塵(さじん)を伴う》

***harm·ful** /há:rmfəl/ 形 〔⊲ harm 名〕 (**more** ～；**most** ～) 〈…に〉有害な (↔ harmless) 〈to〉 ‖ ～ side effects 有害な副作用 / CFCs are ～ *to* the environment. フロンガスは環境に害がある **～·ly** 副 **～·ness** 名

***harm·less** /há:rmləs/ 形 ❶ 〈…に〉害のない, 無害の(↔ harmful) 〈to〉 ‖ Many viruses are ～ *to* human beings. 多くのウイルスは人間にとって無害である / ～ snakes 無害の蛇 ❷ 罪のない, 悪気のない ‖ ～ fun たわいのない楽しみ **～·ly** 副 **～·ness** 名

har·mon·ic /ha:rmá(:)nɪk | -mɔ́n-/ 形 〔⊲ harmony 名〕 《通例限定》 ❶ 〖楽〗(メロディー・リズムに対し)ハーモニーに関する, 和声の, 倍音の ❷ 調和する, 一致する ❸ 〖数〗調和の ‖ a ～ function 調和関数 ―― 名 C 《通例 ～s》 ❶ 〖楽〗倍音(overtone) ❷ 〖理〗調波 **-i·cal·ly** 副

▶▶ ～ análysis 名 (複 **-ses** /-si:z/) C 〖数〗調和解析 ～ mótion 名 U 〖理〗調和[単弦]運動 ～ progréssion 名 C ① 〖数〗調和数列 ② 〖楽〗和声進行

har·mon·i·ca /hɑːrmɑ́(ː)nɪkə | -mɔ́n-/ 名 C ハーモニカ (mouth organ)

har·mon·ics /hɑːrmɑ́(ː)nɪks | -mɔ́n-/ 名 U 和声学

***har·mo·ni·ous** /hɑːrmóuniəs/ 《アクセント注意》 形 〔◁ harmony 名〕 ❶ 和合した, 仲のよい ‖ a ～ relationship [discussion, atmosphere] 協調的な関係[話し合い, 雰囲気] ❷ 調子のよい, 音楽的な；(協)和音の；(聞いて)心地よい ❸ 〈…と〉調和した, 釣り合いのとれた〈**with**〉 ‖ a ～ balance of mind and body 心と体の調和のとれた釣り合い **～·ly** 副 **～·ness** 名

har·mo·nist /hɑ́ːrmənɪst/ 名 C 和声(法)の巧みな人[音楽家]

har·mo·ni·um /hɑːrmóuniəm/ 名 C ハーモニウム, 足踏みオルガン

***har·mo·nize** /hɑ́ːrmənàɪz/ 動 〔◁ harmony 名〕 他 ❶ …を〈…と〉調和[一致]させる〈**with**〉 ‖ ～ one's interests *with* those of the other members 自分の利害をほかの会員と一致させる ❷ 〔規則・制度など〕をそろえる, 同じにする ‖ ～「safety standards [rules] across the member states 加盟国の間で安全基準[規則]を同じにする ❸ 〖楽〗〔旋律〕に和声[和音]をつける

── 自 ❶ 〈…と〉調和[一致]する, 釣り合う〈**with**〉 ‖ These colors ～ well (*with* each other). これらの色はうまく調和している ❷ 〖楽〗和声[和音]をつけて歌う[演奏する]

hàr·mo·ni·zá·tion 名 U 調和, 一致 **-nìz·er** 名

:har·mo·ny /hɑ́ːrməni/

── 名 〔▶ harmonic 形, harmonious 形, harmonize 動〕(複 **-nies** /-z/) ❶ U 〈…との〉**調和**, 一致；和合, 仲よし〈**with**〉 ‖ ～ in international affairs 国際関係の円滑さ / work in perfect ～ 完璧(かんぺき)にうまくいく / racial [domestic] ～ 人種間[家庭内]の和合

❷ U/C 《通例 -nies》〖楽〗和声；(協)和音(→ melody, rhythm)；和声法, 和声学

❸ C U (部分・色などの)心地よい調和, ハーモニー ❹ U 〖聖〗(福音書の一致点を記述する)対観和合；C 対観福音書

**in hármony (with ...)* ① (…と)調和して；仲よくして ‖ Your ideas are not *in* ～ *with* our aims. 君の考えは我々の目的に合わない / live *in* ～ *with* the environment 環境に優しく生きる ② 〖楽〗協和音で；調子よく ‖ sing *in* ～ 協和音で歌う

***har·ness** /hɑ́ːrnɪs/ 名 U C ❶ 《集合的に》馬具, 引き具《馬を馬車につなぐための手綱など》

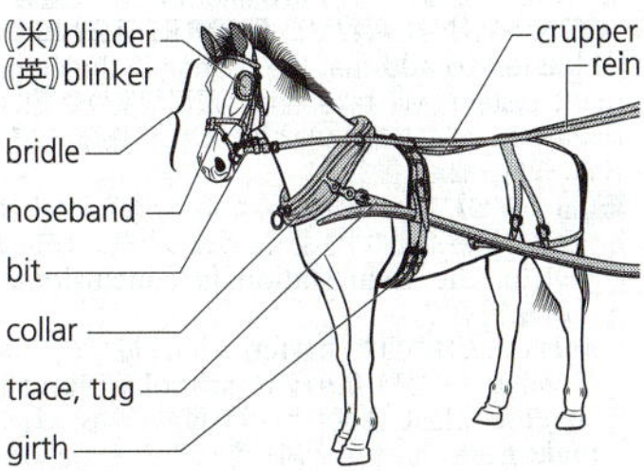

harness ❶

❷ 馬具[引き具]に似たもの；(犬の)鎖；(落下傘・グライダーの)装帯, ハーネス；(車の)安全ベルト；(幼児の)歩行用ベルト

in hárness ① (馬が)馬具をつけて ② (平常の)仕事に携わって, 勤務中で ‖ be back *in* ～ 平常の仕事に戻っている / die *in* ～ 在職[勤務]中に死ぬ ③ 〈…と〉協力して〈**with**〉

── 動 他 ❶ 〔自然力など〕を(制御して)利用する ‖ ～ the sun's rays as a source of energy 太陽光線を動力源として利用する ❷ 〔馬など〕に馬具[引き具]をつける；〔馬など〕を〈…に〉つなぐ〈**to**〉 ‖ ～ horses *to* a coach 馬を馬車につなぐ

▸▸ **～ ràce** 名 C 繋駕(けいが)競馬《二輪軽馬車(sulky)を引かせて行う》

***harp** /hɑːrp/ 名 C ハープ, 竪琴(たてごと)；ハープに似たもの《ランプの笠(かさ)を支える金属枠など》；《主に米口》ハーモニカ

── 動 自 ハープを弾く

hárp on (about) ... 〈他〉〔同じこと〕を繰り返し言う, しつこく繰り返す ‖ Don't ～ *on* (*about*) my mistakes; pay attention to your own. 私の間違いばかり指摘していないで, 自分の間違いに気をつけろ

～·er, ～·ist 名 C ハープ奏者

▸▸ **～ sèal** 名 C 〖動〗タテゴトアザラシ《北大西洋・北極海産》

har·poon /hɑ̀ːrpúːn/ ⊲ 名 C (鯨や大型魚捕獲用の)銛(もり) ── 動 他 〔鯨〕に銛を打ち込む, …を銛で捕獲する

～·er 名 C 銛撃ち, 銛の射手

harp·si·chord /hɑ́ːrpsɪkɔ̀ːrd/ 名 C ハープシコード《16–18世紀に盛んに用いられた鍵盤(けんばん)を持つ撥弦(はつげん)楽器》

～·ist 名 C ハープシコード奏者

Har·py /hɑ́ːrpi/ 名 (複 **-pies** /-z/) ❶ 〖ギ・ロ神〗ハルピュイア《女性の頭と胴体に鳥の翼とつめを持つ貪欲(どんよく)な怪物》 ❷ 《h-》 C 《けなして》強欲な人；がみがみ女

har·que·bus /hɑ́ːrkwɪbəs/ 名 C (昔の)火縄銃《台座に載せて発射した》

har·ri·dan /hǽrɪdən/ 名 C ⊗《蔑》鬼ばばあ, 意地悪ばあさん

har·ri·er[1] /hǽriər/ 名 C ❶ 略奪者, 侵略者 ❷ 〖鳥〗チュウヒ《タカ科》 ❸ 《H-》《商標》ハリアー《英国製の垂直離着陸型の戦闘機》

har·ri·er[2] /hǽriər/ 名 C ❶ ハリア犬《ウサギ狩り用の猟犬》；《～s》ハリア犬と猟師の一団 ❷ クロスカントリー競技の走者

Har·ris /hǽrɪs/ 名 **Townsend ～** ハリス(1804–78)《米国の外交官・初代米国駐日公使. 日米修好通商条約に調印(1858)》

Har·ris·burg /hǽrɪsbə̀ːrg/ 名 ハリスバーグ《米国ペンシルベニア州の州都》

Har·ri·son /hǽrɪsən/ 名 ハリソン ❶ **Benjamin ～** (1833–1901)《米国第23代大統領(1889–93)》 ❷ **George ～** (1943–2001)《英国のロックギタリスト. もと The Beatles のメンバー》 ❸ **William Henry ～** (1773–1841)《米国第9代大統領(1841)》

Hàr·ris twéed /hæ̀rɪs-/ 名 U 《商標》ハリスツイード《手織りの毛織物. スコットランドのハリス島産》

har·row /hǽrou/ 名 C まぐわ, ハロー《馬やトラクターに引かせて土地を耕す農具》 ── 動 他 ❶ 〔土地〕にまぐわをかける ❷ …の気持ちを傷つける, 苦しめる

Har·row /hǽrou/ 名 ハロー地区(Harrow-on-the-Hill)《ロンドン北西部にある》 ▸▸ **～ Schòol** 名 ハロー校《ロンドン近郊にあるパブリックスクール. 1571年創立》

har·row·ing /hǽrouɪŋ/ 形 痛ましい, 悲惨な

har·rumph /hərʌ́mpf/ 動 自 わざとらしくせき払いをする(♥ 不賛成・不満足を表す)；不平を言う

── 名 C 《単数形で》せき払い, えへん, おほん

har·ry /hǽri/ 動 (**-ried** /-d/；**～·ing**) 他 ❶ 〔人〕を苦しめる, 悩ます；…にしつこく迫る ‖ ～ him for money 彼にしつこく金を催促する ❷ 〔敵など〕を(繰り返し)襲撃する；〔土地など〕を略奪する

Har·ry /hǽri/ 名 ハリー《男子の名. Harold の愛称》

***harsh** /hɑːrʃ/ 形 (**～·er**；**～·est**) ❶ (気候・条件などが)厳しい；(人・言葉などが)残酷な, 容赦ない(⇨ SEVERE 類語) ‖ a ～ climate [criticism, punishment] 厳しい天候[批評, 罰] / ～ words 残酷な言葉 / the ～ realities of life 人生の厳しい現実 / He is too ～ with the children. 彼は子供たちに厳しすぎる ❷ 粗い, ざらざらした(↔ soft)；感覚的に不快な, どぎつい, ひどい ‖ ～ to the touch 手触りのざらざらした / a ～, angry voice 耳障りなどなり声 / a ～ color どぎつい色 ❸ (洗剤などが)(生地を痛めるほど)強力な **～·ness** 名

*harsh·ly /hɑ́ːrʃli/ 副 ❶ 厳しく；目[耳]障りに，不快に ❷ 荒々しく，粗野に

hart /hɑːrt/ (♦ 同音語 heart) 名 (複 ～ OR ～s /-s/) Ⓒ 〘動〙(特に5歳以上の)アカシカの雄(→ hind[2])

har·tal /hɑːrtɑ́ːl/ 名 Ⓤ Ⓒ (インドで政治的抗議としての)同盟休業[閉店]

har·te·beest /hɑ́ːrṭəbìːst | -tɪ-/ 名 Ⓒ 〘動〙 ハーテビースト《アフリカ産の大型のレイヨウ》

Hart·ford /hɑ́ːrtfərd/ 名 ハートフォード《米国コネチカット州の州都》

har·um-scar·um /hèərəmskéərəm/ 形 副 無鉄砲な[に]，いい加減な[に]；統制のない[なく]，むちゃくちゃな[に]
―― 名 Ⓒ 無鉄砲な人；Ⓤ 無鉄砲な行為

Hàr·vard Univérsity /hɑ̀ːrvərd-/ 名 ハーバード大学《米国最古の私立総合大学. 1636年創立. マサチューセッツ州ケンブリッジにある》

*har·vest /hɑ́ːrvɪst/ 《アクセント注意》 名 ❶ Ⓤ Ⓒ (作物の)収穫，取り入れ；収穫期；収穫物[高]；捕獲高(♦ 穀物だけでなく水産物についてもいう) ‖ a bumper [poor] ～ of potatoes ジャガイモの大収穫[凶作] / 「bring in [reap] a ～ 作物を取り込む[刈り取る] / at (the) ～ 収穫期に / the ～ of the sea 漁獲高 ❷ Ⓒ 《単数形で》(行為などの)結果，収穫；(行為・努力の)成果；(悪いことをした)報い ‖ reap the ～ of one's research [past mistakes] 研究の成果を得る[過去の過ちの報いを受ける]
―― 動 他 ❶ 〔作物〕を収穫する，取り入れる(reap) ❷ 〔動物・魚など〕を捕獲する ❸ 〔細胞・組織・臓器〕を(実験・移植のために)採取[摘出]する ❹ 〔成果・利益〕を収める；〔報い〕を受ける ‖ ～ many awards たくさんの賞を獲得する
―― 自 作物を収穫する，取り入れる
hàr·vest·a·bíl·i·ty 名 ～·a·ble 形 ～·er 名 Ⓒ 刈り取り機；刈り取り作業員，収穫者
▶▶ ～ féstival 名 Ⓒ (特に英国の教会で行われる)収穫祭 ～ hóme 名 Ⓒ ① 収穫[取り入れ]の完了 ② 収穫祭；収穫の祝い歌 ～ móon 名 《the ～》(秋分のころの)満月 ～ mòuse 名 (複 -mice /-màɪs/) Ⓒ 〘動〙 カヤネズミ《草むらに巣を作る小さなネズミ》

***has** /弱 həz, z, s；強 hæz/
―― 動 助 have の三人称単数直説法現在(⇨ HAVE)

has-been /hǽzbɪ̀n | -bìːn/ 名 Ⓒ 《口》《けなして》盛りを過ぎた人，過去の人[もの]，時代遅れの人[もの]

hash[1] /hæʃ/ 名 ❶ Ⓤ ハヤシ料理《牛肉・ジャガイモ・野菜類を細かく切って調理したもの》 ❷ Ⓒ (電話機)などの#記号(hash sign, 《米》pound sign) ❸ Ⓒ ごた混ぜ，寄せ集め ❹ Ⓒ 💻 ハッシュ値[関数]《データから一定の方法で特定長の短い文字列を得ること，またその値》
màke a hásh of ... 《口》…を台無しにする，…をめちゃめちゃにする
sèttle a pèrson's hásh 《口》(人を)やっつける，黙らせる
slìng hásh 《米口》(安い食堂などで)給仕として働く
―― 動 他 ❶ 〔肉・野菜など〕を細かく切る[刻む]《*up*》(⇨ CUT 類語P) ❷ 💻〔データ〕からハッシュ値を得る
hàsh óut ... / hàsh ... óut 《口》〈他〉…を徹底的に論じて解決する
hàsh óver ... / hàsh ... óver 〈他〉《主に米口》…をじっくり話し合う
▶▶ ～ brówns 名 複 《主に米》〘料理〙ハッシュブラウン《千切りのジャガイモを平たくまとめてフライパンで両面焼いた料理》 ～ hòuse 名 Ⓒ 《主に米口》簡易食堂 ～ màrk 名 Ⓒ ① (米軍の制服の)年功袖章(そでしょう) ② 〘アメフト〙ハッシュマーク，インバウンズライン ③ ハッシュマーク(#)《number の意味を表す記号》 ～ slìnger 名 Ⓒ 《米俗》(簡易食堂の)調理人，ウエーター，ウエートレス

hash[2] /hæʃ/ 名 《俗》=hashish

hash·ish /hǽʃiːʃ/ 名 Ⓤ ハシッシュ《インド大麻から作る麻薬・麻酔剤》

hásh·tàg 名 Ⓒ 💻 ハッシュタグ《ツイッターのメッセージにつけるタグ. #記号と半角英数字で構成される》

Ha·sid /hæsíːd/ 名 (複 -sid·im /-dɪm/) Ⓒ ハシッド《Hasidism を信奉するユダヤ教徒》 Ha·síd·ic 形

Has·i·dism /hǽsɪdìzm/ 名 Ⓤ ハシディズム《18世紀東ヨーロッパに始まったユダヤ教の運動. 神秘的傾向が強い》

*hasn't /hǽznt/ has not の短縮形

hasp /hæsp | hɑːsp/ 名 Ⓒ 掛け金
―― 動 他 《古》…を掛け金で締める

has·si·um /hǽsiəm/ 名 Ⓤ 〘化〙ハッシウム《原子番号108の元素. 元素記号 Hs》

has·sle /hǽsl/ 《口》 名 Ⓤ ❶ 煩わしいこと，面倒 ❷ 《米》口論，けんか ―― 動 他 ❶ 〔人〕を煩わせる，悩ます ❷ 〔人〕と口論する，けんかする ―― 自 口論する，けんかする〈with …と；over …のことで〉

has·sock /hǽsək/ 名 Ⓒ ❶ (教会でひざまずくときに用いる)ひざ布団 ❷ 足のせ用のクッション ❸ (沼地の)草むら

hast /弱 həst, st；強 hæst/ 助 動 《古》have の二人称単数直説法現在形(⇨ HAVE)

*haste /heɪst/ 名 Ⓤ 急ぐこと，急ぎ(hurry)；焦ること，性急，軽率；急ぐ必要，緊急の要 ‖ She wondered what all the secrecy and ～ were about. 何でそんなにこそこそせかせかしているのかしら，と彼女は思った / act with unseemly ～ 見苦しいほどあたふたと行動する / In his ～ to get the work done, he made many mistakes. 急いで仕事を終わらせようとして，彼は多くの誤りを犯した / *Haste makes waste.* 《諺》急(せ)いては事を仕損じる
**in háste* 急いで；慌てて(↝ in a hurry) ‖ Don't act *in* ～; you'll regret it. 慌てるな，後悔するぞ / *Marry in ～, and repent at leisure.* 《諺》慌てて結婚ゆっくり後悔
màke háste 《旧》急ぐ；急いで〈…〉する〈to do〉(hurry)(⇨ HASTEN 類語) ‖ *Make ～ slowly.* 《諺》ゆっくりと急げ；急がば回れ
―― 動 自 他 《古》急ぐ[急がせる]

*has·ten /héɪsən/ 《発音注意》 動 他 〔人〕を急がせる，せかせる；〔仕事・時期など〕をはかどらせる，促進する，早める ‖ Marrying the boss's daughter no doubt ～*ed* his promotion. 上司の娘と結婚したことが彼の昇進を早めたのは確かだ
―― 自 ❶ 《+to do》急いで…する ‖ She ～*ed to* sign up. 彼女は急いで契約した / I ～ *to* tell you that ... …につき取り急ぎお伝えいたします ❷ 《+副句》急ぐ，急いで行く[来る](♦ 副句 は方向を表す)(⇨ 類語) ‖ ～ back to Tokyo 急いで東京に戻る / ～ toward shelter 急いで避難する

COMMUNICATIVE EXPRESSIONS
1 **I hàsten to ádd** that the change in the emplóyment sýstem will tàke tíme. 雇用制度の変更には時間がかかることを付け加えたいと思います(♥ 明確にするために急いで付け加えて言う)

類語 《自 ❷》 **hasten** 時間の切迫などのため，しばしば考慮や準備不足のまま急ぐ. 改まった語. 〈例〉*hasten* to 「the train station [a conclusion] 駅へ[結論を]急ぐ
hurry くだけた語で，hasten よりも「慌てて」のニュアンスが強い. 〈例〉*hurry* to school without having breakfast 朝食もとらずに慌てて学校へ行く
make haste hasten と同じ意味だが，やや古めかしい言い方.
speed 単に動きの速さを意味する語. 〈例〉*speed* along a highway ハイウェイを疾走する
rush 非常に慌てて大急ぎで動く. 〈例〉*rush* 「up the stairs [out into the street] 大急ぎで階段を駆け上がる[あたふたと通りに走り出る]
dash (ふつう短い距離を)全速力で走る.
race, sprint も同様に用いられる. 〈例〉*dash* [OR *race, sprint*] down the road to catch the bus バスに乗り遅れまいと道路を全力疾走する

*hast·i·ly /héɪstɪli/ 副 ❶ 急いで；慌てて(hurriedly) ❷ 早まって，軽率に

Has·tings /héistɪŋz/ 名 ヘースティングズ《イングランド南東部, 英仏海峡に臨む都市. 1066年ノルマンディー公 William がアングロサクソン軍を破った地》

hast·y /héisti/ 形 ❶ 急ぎの, 慌ただしい；素早い(⇨ QUICK 類語) ‖ after a ～ lunch 慌ただしい昼食の後 / make a ～ calculation ざっと計算する ❷ 早まった, 軽率な；せっかちな；短気な ‖ Don't make a ～ decision. 性急な決定をするな / ～ words 軽率な言葉 / I was ～ in rejecting his offer. 彼の申し出をあっさりと断った

hást·i·ness 名 **～ púdding** 名 U ①(英国の)即席プディング《煮立てた湯または牛乳に小麦粉やオートミールを入れてかき混ぜる》 ②(米国の)トウモロコシ粥(がゆ)

hat /hæt/

—名 (複 **～s** /-s/) C ❶ (ふつう縁のある) **帽子** (⇨ 類語) ‖ Pull your ～ over your eyes. There. Cool. 帽子をまぶかにかぶってみて. ほら, かっこいいよ / **wear** [put on, take off] one's ～ 帽子をかぶっている[かぶる, 脱ぐ] / raise [tip] one's ～ 帽子を上げて[に手をやって]あいさつする ❷ (資格や職の象徴としての)帽子；地位, 職, 役割, 立場 ‖ I'm wearing my doctor's ～ today. 今日は医者の立場からお話しします / wear two [a lot of] ～*s* 1人で2つの[多くの]役割[立場]を兼ねている

hàng (ùp) one's hát (帽子かけに帽子をかけて)くつろぐ, 長居をする；居を定める；引退する

hàt in hánd 《米》うやうやしく, 腰を低くして；卑しく(♦ 尊敬・服従の意を示すために帽子を取って手に持つことから) ‖ go [come] ～ *in hand* (援助・借金などを) 頼みに行く[来る]；卑しく懇願する

I'll èat my hát 《旧》《口》どんなことでもする, 絶対ない ‖ If the bus arrives on time, *I'll eat my* ～. バスが定刻に着いたら帽子を食ってやる；バスが定刻になど着くものか

kèep ... under one's hát 《口》…を秘密にしておく

knock ... into a cocked hat ⇨ COCKED HAT(成句)

Mỳ hát! 《旧》これは驚いた：おや, まさか

òut of a [OR ***the***] ***hát*** 《口》無作為に(選んで) ‖ winners drawn *out of the* ～ くじで選ばれた勝者

pàss the hát ((***a***)***ròund***) 《口》(帽子を回して) 寄付を募る, みんなから金を集める

pùll [OR ***pìck***] ***... òut of a*** [OR ***the***] ***hát*** 《口》〔コンテストの勝者など〕を選ぶ

tàlk through one's hát 《口》愚にもつかぬことを言う；はったりを言う；知ったかぶりをする

thròw [OR ***tòss***] ***one's hát in*** [OR ***into***] ***the rìng*** 《口》選挙に出馬を表明する；競技への出場を表明する(♦ 挑戦を受けて立つ意思表示から)

COMMUNICATIVE EXPRESSIONS

1 **Hàng** [OR **Hòld**] **òn to your hát.** しっかりつかまって；気をつけろ；驚くなよ(♥ 運転者が乗客にスピードを上げるときにいう言葉から. ＝Hold your hat.)

2 **I**「**tàke my hát òff** [OR **tìp my hát**] **to** you for suppòrting the refugées. 難民の支援に当たられた皆さんには脱帽します(＝Hats off to you ....)

類語 《❶》 **hat** 縁(brim)が周囲についたもの.
cap 縁がなく, しばしば学帽のようにひさし(bill, visor, peak)のついたもの.
bonnet 大きくて柔らかい縁があり, ひもをあごの下で結ぶ女性・子供用のもの.

～ stánd 名 C 帽子かけ台 **～ trìck** 名 C ハットトリック ①〚サッカー・アイスホッケー〛1人で1試合に3得点をあげること ‖ make a ～ *trick* ハットトリックを決める ②〚クリケット〛投手が3球で3打者を連続アウトにすること

hát·bànd 名 C 帽子のリボン；帽子に巻く喪章

hát·bòx 名 C 帽子入れ, 帽子箱

hatch¹ /hætʃ/ 動 他 ❶〔ひな・卵〕をかえす, 孵化(ふか)させる《*out*》‖ A hen ～*ed* (*out*) a brood of five chicks. めんどりが1回に5羽のひなをかえした / ～ an egg 卵をかえす ❷〔陰謀など〕を企てる, たくらむ；…を考え出す, もくろむ《*up*》‖ What in the world are you ～*ing up*? 一体君は何をたくらんでいるんだ / ～「a plot [some mischief] 陰謀[何かいたずら]をたくらむ

—自 (ひな・卵が) かえる《*out*》‖ Ten little chicks have ～*ed* from their eggs. 10羽の小さなひなが卵からかえった

—名 ❶ U 孵化 ❷ C 一かえりのひな[子] ‖ a ～ of turtles 一かえりのカメ

hatch² /hætʃ/ 名 C ❶ ハッチ, (船の甲板の)昇降口(hatchway)；船倉の扉, ハッチのふた；(飛行機・宇宙船の)出入り口(のドア) ‖ an escape ～ 非常口 ❷ (床・天井などに設けた)出入り口, 上げぶた；(台所と食堂の仕切り壁に開けた)配膳用窓口, (扉に開けた)半戸, くぐり戸 ❸ ハッチバック車(の後部ドア)

bàtten dòwn the hátches (嵐(あらし)に備えて)ハッチを密閉する；来るべき危険[難局]に備える

Dòwn the hátch! さあ飲もう, 乾杯

under (***the***) ***hátches*** ①〚海〛甲板下に；閉じ込められて ②見えなくなって ③死んで, 落ちぶれて

hatch³ /hætʃ/ 名 C ハッチ, けば, 線影《製図などで陰影をつけるのに用いる間隔の狭い平行線》

—動 他 …にハッチを引く, けば[線影]をつける

～·ing 名 U けば[線影]つけ, (製図の)ハッチング

hátch·bàck 名 C ハッチバック車[ドア]《車体後部の上下に開閉するドア, またそれがついた車》

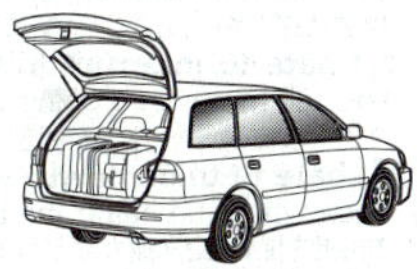
hatchback

hatch·er·y /hǽtʃəri/ 名 (複 **-er·ies** /-z/) C (特に魚の)孵化(ふか)[孵卵]場

hatch·et /hǽtʃɪt/ 名 C 手斧(ちょうな)；(北米先住民の)いくさおの

bùry the hátchet 和睦(わぼく)する；戦いをやめる

～ fàce (↓) **～ jòb** 名 C 《通例単数形で》①《口》(マスコミなどの) 悪意に満ちた中傷 ②《俗》首切り, 解雇

～ màn 名 (複 **-mèn** /-mèn/) C ①《俗》殺し屋 (中立 professional killer) ②《口》(従業員の解雇など)人に雇われていやな仕事をする人 ③《口》(政党などの手先となって)中傷記事を書く記者

hátchet fàce 名 C やせてとがった顔

hàtchet-fáced ⟨シ⟩ 形 《けなして》やせてとがった顔をした

hatch·ling /hǽtʃlɪŋ/ 名 C 孵化(ふか)幼生《卵から孵化したばかりの鳥類・魚類などの幼生》

hátch·wày 名 ＝hatch² ❶

hate /heɪt/ 動 名

—動 〔▶ hatred 名〕(**～s** /-s/ ; **hat·ed** /-ɪd/ ; **hat·ing**) 《進行形不可》

—他 ❶ **憎む** (↔ love) (♦「憎む」度合いは do not like, dislike よりは強く, detest, loathe よりは弱い) (⇨ DISLIKE 類語) **a** 《＋目》…を憎む；…をひどく嫌う, 憎悪[嫌悪]する ‖ I ～ snakes [scary movies]. 私は蛇[怖い映画]が大嫌いだ / I really ～ people who just toss their cigarette butts away on the street. たばこのポイ捨てをする人は心底嫌いです / Those brothers ～ each other. その兄弟は憎み合っている / What I really ～ is being bossed around. 僕が大嫌いなのはあれこれ命令されることだ

b 《＋**to do** / **doing**》…するのを嫌う, …するのは気が進まない(♦ その行為が1度だけの場合には to *do* を, 繰り返される場合には *doing* を用いることが多い) ‖ I ～ *to* go out on such a rainy day. こんな雨の日に出かけるのは気が進まない / I'd ～ *to* be old. 年はとりたくないものだ / He ～*s* getting up early. 彼は早起きが嫌いだ

c 《＋目＋**to do** / **doing**》〔人〕が…するのをいやだと思う, 〔人〕に…してほしくない ‖ I ～ you *to* get more deeply into this. これ以上君にこのことに深入りさせたくない (♦

《米》では I ～ for you *to* get more deeply .... の形も用いられる) / She ～*d* her husband coming home late every day. 彼女は夫の帰りが毎晩遅いのが気に入らなかった

d 《～ it+when/that 節 で》…ということを嫌う ‖ My mother ～*s* it *when* people ask her age. 母は年を聞かれるのをいやがる

❷《受身形不可》**遺憾に思う** **a** 《+**to** ***do***》…するのを遺憾に思う, 残念に思う ‖ I ～ *to* trouble you, but please hand this to your boss. お手数をおかけしますが, これを上司の方に渡してください

b 《～ it+that 節 で》…するのを残念に思う ‖ I ～ it *that* I can't be with you. 君のそばにいられないのがとても残念だ

c 《+目+**to** ***do***》(人が) …するのを残念に思う ‖ I ～ you *to* be troubled. ご迷惑をおかけして恐縮です

━自 憎悪する, 嫌悪する

COMMUNICATIVE EXPRESSIONS

1 **(I) háte to èat and rún.** ばたばたとおいとまするようですみません;お食事後すぐに失礼ですがおいとまします

2 **I háte to (hàve to)「téll you [OR sáy thìs], but** your requèst has been rejécted. 残念ですが, あなたの申請は却下されました(♥ 言いにくい話を切り出す)

3 **I hàte to interrúpt [distúrb] you,** but could you tèll me whàt's gòing ón? 割り込んで[お邪魔して]すみませんが, 一体何が起きているんですか

4 **I háte to thìnk hòw** dévastated she mùst have bèen when she hèard the tèrrible néws. そのひどい知らせを聞いたとき彼女がどれほど絶望的になったかと思うと胸が締めつけられます

━名 〔▶ hateful 形〕 (複 **～s** /-s/) ❶ U C 〈…に対する〉憎悪, 嫌悪, 憎しみ(↔ love)〈**for, against, of**〉(⇨ HATRED 類語) ‖ feel ～ *for* drunkards 酔っ払いに嫌悪を感じる / She seems to have a complete ～ *against* her new boss. 彼女は新しい上司がどうにも嫌いなようだ / have a great ～ *of* overwork 残業が大嫌いだ

❷ C 嫌いな人[もの] ‖ one of my pet ～*s* 《主に英》私の大嫌いな人の1人[ものの1つ]

hát·er 名

▶▶ **～ campàign** 名 C (マスコミなどの) 敵意をあおる作戦 **～ crìme** 名 U C ヘイトクライム《人種・国家・宗教などに対する憎悪を動機とした犯罪》 **～ màil** 名 U (有名人などへの)いやがらせ[非難]の手紙

hate·ful /héɪtfəl/ 形 〔◁ hate 名〕 ❶ 憎い, 憎むべき;ひどくいやな, 不愉快な ❷ 憎悪に満ちた

～·ly 副 **～·ness** 名

háte·mònger 名 U 憎悪[偏見]などを抱かせる人, 扇動者, 敵対者, 反日家

hat·ful /hǽtfʊ̀l/ 名 C 帽子いっぱい;かなりの量[数]〈**of**〉‖ a ～ *of* compliments たくさんの賛辞

hath /弱 həθ;強 hæθ/ 助 動 《古》have の三人称単数直説法現在形

hà·tha yó·ga /hæθə-, hʌtə-/ 名 U ハタ=ヨガ《さまざまなポーズと呼吸法・瞑想(めいそう)を取り入れたヨガ》

hát·pìn 名 C (婦人帽の)留めピン

***ha·tred** /héɪtrɪd/《発音注意》名 〔◁ hate 動〕 U/C 《単数形で》〈…に対する〉憎しみ, 憎悪, 嫌悪, 敵意, 恨み(↔ love) 〈**of, for, toward**〉 ‖ His voice was full of ～. 彼の声は敵意に満ちていた / I felt a deep ～ *for* the stalker. 私はストーカーに強い憎しみを覚えた / stare at him with [OR in] ～ 彼を敵意のまなざしで見つめる

類語 **hatred** 具体的にある人・事物に向けられた憎悪. しばしば,「憎しみ」に加えて, 反感・嫌悪・恨み・憤慨などの感情を暗示する. 〈例〉He has a *hatred* of militarism. 彼は軍国主義を憎悪している

hate 抽象観念として愛 (love) に対する憎悪. 〈例〉Love and *hate* are quite opposite. 愛と憎しみは正反対のものだ

hat·ter /hǽt̬ər/ 名 C 帽子屋[商];帽子製造人

(*as*) ***màd as a hátter*** 《口》気が狂って《昔は帽子の製造過程で水銀中毒にかかる職人がいたことから》

Hat·tie, Hat·ty /hǽt̬i/ 名 ハティー《Harriet, Henrietta の愛称》

hau·berk /hɔ́:bə:rk/ 名 C 鎖帷子(かたびら)《中世の防具》

***haugh·ty** /hɔ́:t̬i/ 形 傲慢(ごうまん)な, 高慢な, 横柄な(⇨ PROUD 類語) **-ti·ly** 副 **-ti·ness** 名

haul** /hɔ:l/(♦ 同音語 hall) 動 他 ❶ …を強く引っ張る, ぐっと引く(♦ しばしば方向を表す 副句 を伴う)(⇨ PULL 類語) ‖ ～ a boat onto the beach ボートを海岸に引き寄せる / ～ up an anchor いかりを引き上げる / ～ logs out of the forest 材木を森から引き出す ❷ …を運搬[輸送]する, 車で運ぶ ‖ ～ timber to a sawmill 材木を製材所へ運ぶ / a ～*ing* cart 運搬車 ❸《口》〔人〕を〈…に〉無理に連れていく, 引き立てる, 連行する《off***》〈**into, to**〉;《通例受身形で》〈法廷・権力者の前などに〉引き出される《***up***》〈**in** 法廷に;**before, in front of** …の前に〉 ‖ The police ～*ed* the pickpocket *into* the (police) station. 警察官はすりを(警察)署に連行した / Violators should be ～*ed off to* jail. 法律違反者は刑務所に入れられるべきだ / be ～*ed* (*up*) *in* court for ... …のかどで法廷に立たされる ❹ 《～ oneself+副句 で》やっとのことで身を動かす;努力して身を立てる (♦ 副句 は方向を表す) ‖ ～ oneself out of bed やっとベッドから出る ❺ 【海】〔船〕の進路を(風上に)変える

━自 ❶ 〈…を〉引く, 引っ張る〈**at, on**〉‖ ～ *at* [OR *on*] a rope 綱を引く ❷ (風向きが) 変わる;(方針などが) 変わる ‖ The wind ～*ed* to the west. 風向きが西に変わった ❸ 【海】(船が)急に進路を変える

hàul ín ... / hàul ... ín 〈他〉 ① …を引き込む, 引き入れる ② …を逮捕する, 連行する ③《口》…を稼ぐ

hàul óff 〈自〉《米口》① (殴る・けるなどの) 身構えをする(♦ 後に and hit [kick] などを伴う) ‖ He ～*ed off* and hit the boy in the nose. 彼は身構えて少年の鼻面を殴った ② 去る, 出発する;移る ━〈他〉《***hàul óff ... / hàul ... óff***》⇨ 他 ❸

hàul úp 〈自〉 ① 到着する, 着く;立ち止まる, 急に止まる ② 船を風上に向ける ━〈他〉《***hàul úp ... / hàul ... úp***》⇨ 他 ❸

━名 C ❶ (不法に得た)もうけ, 実入り;盗品(の稼ぎ高) ‖ make quite a ～ at horse racing 競馬で大もうけする / The thieves ran away with a huge ～. 泥棒たちは莫大(ばくだい)な盗品を手にして逃げた ❷《単数形で》距離, 輸送距離 ‖ the ten-mile ～ to the city 町まで10マイルの距離 ❸ (一網の) 漁獲高, 水揚げ高 ‖ a good ～ of fish 大漁 ❹ (スポーツで)得点[ゴール, タイトル]数

****a*** [***the***] ***lòng*** [***shòrt***] ***hául*** (何かを成し遂げるための)長い[短い] 時間 [距離] ‖ It's *a long* ～ from our farm to the town. うちの農場から町までは長い距離だ

haul·age /hɔ́:lɪdʒ/ 名 U 運搬[輸送]業;輸送料, 運賃

haul·er /hɔ́:lər/, 《英》**-i·er** /hɔ́:liər/ 名 C ❶ 運送業者[会社] ❷ 坑内石炭運搬者 ❸《米俗》(高速)自動車, 乗用車, 大型トラック

haulm /hɔ:m/ 名 U 《集合的に》(動物の寝床などに用いる穀類・豆類などの)茎;C (1本の)茎

haunch /hɔ:ntʃ/ 名 C ❶《通例 ～es》尻(しり), 臀部(でんぶ) ‖ sit [OR squat] on one's ～*es* しゃがむ ❷ (食用としての動物の)腰部と脚部 ❸ 【建】迫腰(せりごし)

***haunt** /hɔ:nt/ 動 他 《進行形不可》❶ (幽霊などが) …に出る, 出没する ‖ The house is said to be ～*ed*. その家は幽霊が出るといわれている ❷ (記憶・考えなどが)…につきまとう, …の頭を離れない, …を悩ます ‖ The horrible experience of the earthquake still ～*s* me. 地震の恐ろしい体験がいまだに頭から離れない ❸ …にたびたび行く, …をよく訪れる ‖ I ～*ed* the theaters while I lived in Shimokitazawa. 下北沢に住んでいたころはよく劇場通いをした

— 名 C ❶ よく行く場所, たまり場 ‖ a favorite ～ of ... …のよく集まる場所 / one's old ～s 昔よく行った所 ❷《主に方》幽霊

haunt·ed /hɔ́ːnṭɪd/ 形 ❶ 幽霊の出る ‖ a ～ house 幽霊屋敷 ❷ (不安などに)取りつかれた, 悩んでいる, 憑(つ)かれたような

haunt·ing /hɔ́ːnṭɪŋ/ 形 脳裏につきまとう, しばしば心に浮かぶ, 忘れられない **～·ly** 副

Hau·sa /háusə/ 名 (複 ～ OR ～s /-z/) C ハウサ族 (の人)《ナイジェリア北部とその周辺に住む民族》; U ハウサ語

haus·frau /háusfràu/ 名 (複 ～s /-z/ OR **-frau·en** /-ən/) C ⊗《口》《ときに蔑》主婦, 家庭的な女性(housewife) (♦ ドイツ語より)

haut·boy, -bois /hóubɔɪ/ 名 C ❶《古》=oboe ❷ オーボーイ《大粒のイチゴの一種》

haute cou·ture /òut kutʃúər/ 名 U オートクチュール《最新流行の高級婦人服 (の仕立て)》(♦ フランス語より) ‖ the market for ～ 高級婦人服市場

hàute cui·síne /-kwɪzíːn/ 名 U 高級フランス料理 (♦ フランス語より)

hàute é·cole /-eɪkóul/ 名《フランス》(=high school) U 高等馬術

hau·teur /houtə́ːr/ 名 U C 横柄, 傲慢

Ha·van·a /həvǽnə/ 名 ❶ ハバナ《キューバの首都》❷ C ハバナ葉巻

have

/弱 həv, əv; 強 hæv/ 動 助 名

中心義 **Aを持っている** (★Aは具体的な「物」に限らず,「関係」「性質」「経験」「状態」など多様)

> 動 他 **持っている❶❷❸ 手に入れる❽ 食べる❾ 経験する❿ …させる⓲ …される⓳a …してもらう⓳b しておく㉑**

— 動 (**has** /弱 həz, əz, s; 強 hæz/; **had** /弱 həd, əd; 強 hæd/; **hav·ing**)

語法 ☆☆ 動詞 have の疑問文・否定文
Ⅰの意味において疑問文・否定文を作るとき,《米》では助動詞 do を用いて Do you have ...? /don't have ... とするが,《英》では do を使わず Have you ...? / have not ... の形を用いるとされていた. しかし今日では, この《英》の形は非常に堅い文体に限られ, 助動詞 do を用いた形が《英》でもふつうである. なお,《口》では have got を用いて Have you got ...? /haven't got ... ということも多い. ⅡとⅢの意味では《米》《英》とも必ず Do you have ...? /don't have ... を用いる (⇨ PB 32).

— 他 **Ⅰ【所有など】**《通例進行形・受身形不可》(⇨ 類語)

❶《所持・所有》(人が)〔物〕を**持っている**, 所有している, …**がある** (♦《口》では have got を使うことも多い. → 助 *have got* ... (↓)) ‖ "Do you ～ a bicycle?" "Yes, I do [《英堅》I ～]." 「自転車をお持ちですか」「ええ, 持っています」/ I don't ～ [《英堅》*haven't*] much time to read. 本を読む時間があまりない / He doesn't ～ his own house. 彼は自分の家を持っていない / She *had* a basket on her arm. 彼女は腕にかごをかけていた

❷《関係》(人が)〔親族・知人〕を**持っている**, …がいる; …を雇っている; 〔動物〕を飼う ‖ They ～ no children. 彼らには子供がいない / She *has* a good secretary. 彼女にはよい秘書がいる / He wants to ～ a dog. 彼は犬を飼いたがっている

❸《性質・属性》(人・物が)…を**持っている**, …がある; …を含む ‖ He *has* dark hair. 彼は黒い髪をしている (=His hair is dark.) / You ～ your father's eyes. 君の目はお父さん譲りですね / He *has* a good memory. 彼は記憶力がよい / ～ a sense of humor ユーモアのセンスがある / A week *has* seven days. 1週間は7日ある (=There are seven days in a week.)

❹《しばしば+目+to *do* で》《責務》…すべき〔責任・義務・仕事など〕がある ‖ I ～ plenty of work *to* do. しなければならない仕事がたくさんある / I ～ a large family *to* support. 私には扶養家族が多い

❺《感情・意見》**a** 《+目》〔感情・考えなど〕を持っている, 抱いている ‖ Do you ～ any questions? 何か質問がありますか / ～ a grudge against him 彼に恨みを抱いている / ～ no interest in science 科学に興味がない / I don't ～ [OR *haven't*] the faintest idea why he did it. なぜ彼がそんなことをしたのか私には全くわからない (♦ この慣用表現では don't have の代わりに haven't を用いることも多い)

b 《～ the 名+to *do* で》…する〔親切・勇気など〕がある, 〔親切・勇敢など〕にも…する (♦ 名 は抽象名詞) ‖ He *had* the kindness *to* give me a ride to town. 彼は親切にも私を町まで車で送ってくれた(=He was kind enough [OR so kind as] to give me a ride to town.) / She *had* the sense *to* lock up all the doors before going to bed. 彼女は就寝前に家中のドアに鍵(かぎ)をかけるだけの分別があった

❻《知識》…を知っている ‖ I ～ only a little Spanish. スペイン語はほんの少ししか知らない

❼《把握》…を捕まえている, つかむ ‖ Nick *had* him by the throat. ニックは彼ののど元を押さえていた

Ⅱ【各種の動作・行為】 ❽《通例進行形不可》…を**手に入れる**, 得る; …を受け取る ‖ This is the first vacation I've *had* in years. 今回は何年ぶりかでとった休暇です / May I ～ your name, please? お名前を伺ってもよろしいですか / *Have* a seat. 席に着きなさい / I've *had* a letter from Mary. メアリーから手紙をもらった

❾ …を**食べる**, 飲む; 〔たばこ〕を吸う (⇨ DRINK 類語P, EAT 類語) ‖ We are *having* cake for dessert. デザートにケーキを食べている / Will you ～ some coffee? コーヒーはいかがですか / ～ a drink 一杯やる / Let me ～ a cigarette first. まずはたばこを1本吸わせてくれ

Behind the Scenes **I'll have what she's having. 私にもあれちょうだい; あれと同じものがいいわ** ロマンティックコメディー映画 *When Harry Met Sally* (邦題「恋人たちの予感」)より. デリで Harry と食事をしていた Sally が, 性行為中のあえぎ声を大胆に模して周囲の注目を浴びた場面で, 見ていた女性客のひとりが店員に言ったせりふ. 「(あんなにおいしい[いい思いができる]なら)私も彼女と同じものを注文するわ」の意. このデリはニューヨーク市に実在する Katz's Delicatessen. Kellogg のコーンフレークや, Pepsi の炭酸飲料のCMなどでも類似の設定でこのせりふが使われた (♥ 素晴らしさに狂喜している他人を, うらやましがって「自分も同じものが欲しい」と言うときに)

❿《通例受身形不可》〔楽しみ・苦しみなど〕を**経験する**, 過ごす; 〔被害など〕を受ける, こうむる; 〔病気〕にかかる ‖ ～ difficulty (in) driving 運転するのに苦労する / ～ a good time 楽しい時を過ごす / ～ an accident 事故に遭う / ～ a fever 熱がある / I've never *had* (the) flu. 私は一度もインフルエンザにかかったことがない

⓫ **a** 《+目》…をする, 行う(do) ‖ ～ a meeting [party] 会議[パーティー]を開く

b 《～ a 名 で》《通例受身形不可》…をする (♦ 名 と同形の動詞とほぼ同義. 1回限りの動作を表す. 動詞を単独で用いるよりも《口》. → take 他 ❾) ‖ ～ a drive [walk, swim] ドライブ[散歩, 一泳ぎ]する(=drive [walk, swim]) / ～ a bath 入浴する (=bathe) / ～ a sleep 一眠りする (=sleep) / Let's ～ a try. ひとつやってみよう(=Let's try.) / She *had* a look around. 彼女は周りを見渡した

⓬《受身形不可》〔子〕を産む, 〈…の〉〔子〕をもうける〈**by**〉‖ My wife is going to ～ a baby. 妻は妊娠中です

⓭《受身形不可》(客として)〔人〕を招く, 〔客〕がある ‖ We are *having* guests tomorrow. 明日来客がある予定だ (♦ 現在進行形で近接未来を表す) / Thanks for *having*

H

me (over). お招きありがとうございました
⑭〔影響・効果など〕を与える ‖ ～ a great influence on the next generation 次の世代に大きな影響がある
⑮《通例受身形で》《口》だまされる, ごまかされる；買収される ‖ You've been *had*. 君はだまされたのだ
⑯《進行形不可》《俗》〔人〕と性交する, やる, 寝る
⑰《進行形・受身形不可》《口》(議論・スポーツなどで)…をやっつける, 打ち負かす

Behind the Scenes **You had me at hello.** **ハローと言った瞬間に, あなたは私をとりこにしていた；最初の一言の段階で私はあなたのものだった** 映画 *Jerry Maguire*(邦題「ザ・エージェント」)で, 主人公 Jerry が妻の Dorothy に言われたせりふ. Dorothy の存在の大きさに気づいた Jerry が, 別居中の彼女によりを戻したいと説得する場面. この場面での Jerry のせりふ You complete me.「君が居て初めて僕が完成する[君なしでは僕はだめなんだ]」も有名. You had me .... はその返事(♥映画では夫が迎えに来た「その時点でもう魅了されていた」の意味だが, 汎用化されて「一目惚(ぼ)れです；最初から好きでした」と告白する際に使われる)

Ⅲ【使役など】《受身形不可》⑱《＋目＋*do*》 **a** 《使役》〔人〕に…**させる** ‖ He *had* his secretary wait in the taxi. 彼は秘書をタクシーの中で待たせておいた / *Have* her sweep the room. 彼女に部屋を掃除させなさい
b 《経験》〔人・物〕に…される(♦この用法はまれ) ‖ Have you ever *had* a policeman ask you questions before? これまでに警官の尋問を受けたことがありますか
c 《will, would を伴って》《文》〔人〕に(ぜひとも)…してもらいたいと思う ‖ What would you ～ me do? 私に何をしてほしいのですか
⑲《＋目＋*done*》 **a** 《被害》〔物〕を…**される** ‖ I *had* my watch stolen. 時計を盗まれた(♦ ˣI was stolen my watch. は不可. My watch was stolen. は可能) / I never *had* my word doubted. これまで一度も自分の言葉を疑われたことはなかった / The house *had* its roof blown off. その家は屋根を吹き飛ばされた
b 《使役》〔物〕を…**してもらう**, 〔物〕を…させる ‖ Where did you ～ your hair cut? どこで髪を切ってもらったの / Can I ～ this bag carried upstairs? このバッグを2階に運んでもらえますか(♥相手が自分より上の立場の場合や, それをする義務のない場合に用いると失礼になる) / He *had* a house built. 彼は家を建てた(♦《口》では He built a house. という)
c 《完了》〔物〕を(自分で)…してしまう, …し終える ‖ I *had* my homework done over an hour ago. 1時間以上も前に宿題をやり終えた / *Have* the job finished before he comes. 彼が来るまでに仕事を終えてしまいなさい

語法 ★★ (1)「have＋目＋*do*」と「have＋目＋*done*」は次の例のように類似の意味を表し得るが, 目的語が「人」であれば前者,「物」であれば後者の言い方になる.〈例〉I *had* the porter *carry* my baggage. = I *had* my baggage *carried* by the porter. 私はポーターに荷物を運んでもらった
(2)「have＋目＋*do*」は, let, make と同じ構文で,「使役動詞」としてまとめることができるが, have は「その人がすべきであることをさせる[してもらう]」場合に多く使われ, let の「許可・放任」や make の「強制」とは異なる.

⑳《＋目＋*doing*》 **a** 《使役》〔人・物〕に…させておく ‖ The movie *had* us crying. あの映画には泣かされた / He *had* a taxi waiting. 彼はタクシーを待たせてあった
b 《経験・被害など》〔人・物〕に…される, …の状態になっている ‖ We *had* relatives visiting us at that time. そのときはうちに親類が来ていた / I *had* water dripping through the ceiling. 天井から水がぽたぽたとたれていた

語法 ☆☆ (1) 一般に, 使役を表す場合には have に強勢が置かれ, ⑲**a**, **c** では done に強勢が置かれるとされる. ただし, 強勢は文脈によって位置が変わるものであり, 常にそのとおりとは限らない(→ get).
(2) ⑲**b**, **c** の意味では have の代わりに get もよく用いる. get の方が《口》.〈例〉She *got* [OR *had*] her shoes polished. 彼女は靴を磨いてもらった
(3) ⑲**a** の場合は, 次例のように目的語が身体の一部である場合を除いて get よりも have の方がふつう(⇨ **PB** 29).〈例〉I *had* [OR *got*] my little finger injured. 私は小指にけがをした
(4) ⑱**a**, **b** の原形不定詞を使う構文では, have の代わりに get は使えない. ⑱**a** の使役の意味で「get＋目＋to *do*」なら可能(→ get).
(5)「have＋目＋*do*」の形は⑱**a** の使役の意味がふつう. したがって「彼は父親に死なれた」を He *had* his father die. とすると「父親を死なせた, 犠牲にした」の意味にとられやすいので避けるべきである.「死なれた」の意味では He lost his father. とすればよい.

㉑《＋目＋補 / 副句》《状態の継続・容認》〔人・物〕を…(の状態)に**しておく**[する], …させる ‖ Ed *had* his back to me. エドは私に背を向けていた / I won't ～ him in the room. 彼を部屋に入れたくはない / I *had* my bad tooth out. 虫歯を抜いてもらった / Please ～ everything ready. 用意万端整えておいてください
㉒《容認》《否定文で》(♦ふつう一人称の主語で will not, cannot を伴い, have に強勢が置かれる) **a** 《＋目》…を受け入れる, 許す, 認める ‖ I won't ～ this nonsense. こんなばかげたことは許さない / My daughter wanted to marry him, but I wouldn't ～ it. 娘は彼と結婚したがったが私は許さなかった
b 《＋目＋*doing* / *do* / *done*》〔人・物〕が…する[される]のを許す, 〔人・物〕に…させておく(♦ふつうは *doing*) ‖ I will not ～ you speaking in that way. そういう口のきき方は許しませんよ / I won't ～ them answer me back. 彼らに口答えはさせないぞ / I will not ～ my father insulted. 父を侮辱させはしないぞ

be not having any (***of it***) ⇨ ANY(成句)
hàve ... (***àll***) ***to oneself*** …を独り占めする, 独占する
hàve a pèrson aróund 〈他〉〔人〕を自宅へ招待する
hàve at ... 〈他〉…に襲い[殴り]かかる
hàve ... báck 〈他〉① …を取り戻す, 返してもらう ②〔別れた夫・妻など〕に帰って来てもらう, …が帰るのを許す
hàve (***gòt***) ***... against a pérson*** 〈他〉〔人〕に敵意[反感]を抱く ‖ ～ something [nothing] *against* John ジョンに対して反感を持つ[敵意はない]
hàve (***gòt***) ***it*** [OR ***that***] ***cóming*** (***to one***) 《口》当然の報いを受ける
****have hád it*** 《口》① (人が)もう駄目[手遅れ]だ, 助かる見込みがない；(物が)使い物にならない, (使い古されて)動かない, 盛りを過ぎる ②〈…は〉もうたくさん[うんざり]だ〈**with**〉(♥しばしば手をのどや頭の上に当てながら言う) ‖ I'*ve had it with* that nonsense. そんなたわごとはもうたくさんだ(♦この意味では I've had it up to here with ... ともいう) ③ ひどく疲れている
hàve ... ín 〈他〉①〔人〕を招く, 迎え入れる；(仕事のために)〔職人など〕を呼ぶ ② …を買い込んで[蓄えて]ある
háve it ① 聞く；聞いて知っている ‖ I ～ *it* on good authority that an election will be called. 確かな筋から選挙が行われるだろうと聞いている ②《通例 that 節 を伴って》言う, (…であると)主張する ‖ Rumor [Tradition, (Local) Lore, Popular wisdom] *has it* that ... 世間のうわさ[伝説, (地元の)言い伝え, 民間の知恵の教えるところ]では…だ ③ (投票などで)勝つ ‖ The ayes ～ *it*. 賛成多数 ④《口》〈…より〉有利である, 勝っている〈(**all**) **over**〉⑤ わかる ‖ I ～ [OR I'*ve* got] *it*! わかったぞ, 解けたぞ ⑥《let *a person* have it で》《口》〔人〕を殴りつける, しかり飛ばす, 罰する ⑦ (ある仕方で) 事を行う, やる ‖ All right then, ～ *it* your way. よし, それじゃ好きなように[勝手に]しろ / You can't ～ *it* both ways. 二またはかけられないよ ⑧ (ある) 時を過ごす ‖ never have *had it* so good 今まででいちばんよい時だ

H

hàve it awáy (***on one's tóes***) 《英口》急いで立ち去る

hàve it awáy [OR ***óff***] (***with a pérson***) ⊗《英卑》(人と)性交する

***hàve it ín for** a pérson* 《口》〔人〕を恨んでいる, 困らせようとしている

hàve it ín** one* (to dó***) (…する)能力がある, …できる

hàve it óut (***with a pérson***) 《口》(人と)議論して決着をつける

hàve it sò góod 《通例否定文で》《口》(大いに)恵まれている[景気がいい]

hàve ... óff 〈他〉 ① …を休みとしてとる ‖ ~ a day *off* 1日休みをとる ② …を暗記している ③ …を着ないでいる；〔明かりなど〕を消している ④ =*have it away* [OR *off*] (*with a person*)(↑)

****hàve ón*** 〈他〉 I 《***hàve ón ...*** / ***hàve ... ón***》 ① …を**着ている**, 身につけている ‖ She *had* long gloves *on*. 彼女は長い手袋をしていた II 《***hàve ... ón***》 ②《口》…を予定[計画]している ‖ Do you ~ anything *on* (for) this evening? 今晩何か予定がありますか ③〔電化製品〕をつけたままにしている ④《英》《通例進行形で》〔人〕をだます, からかう, かつぐ III 《***hàve À on B́***》 ⑤ *B*(人)について*A*(何か悪いことなど)を知っている

hàve ònly to dó …しさえすればよい ‖ You ~ *only to* take one look at it. ともかく1度それを見てみたまえ (♦ only have to *do* の方がふつう. → *only have to do* (↓))

hàve ... óut 〈他〉 ①〔歯〕を抜いてもらう, 〔盲腸〕を摘出してもらう (→ ㊐ ㉑) ② =*have it out* (*with a person*) (↑)

hàve a pèrson óver =*have a person around*(↑)

****hàve to dó*** (♦(1) have to, has to, had to は子音の前ではそれぞれ /hǽvtə, hǽftə/, /hǽztə, hǽstə/, /hǽdtə, hǽttə/ と発音し, 母音の前では /-ə/ の代わりに /-u/ と発音する. (2)《口》では have got to *do* ということもある) ① …しなければならない, …せざるを得ない(♦ must には未来・過去・完了形, 不定詞・分詞がないので, have to が代用される. ⇨ MUST[1] 語法) ‖ Sorry,「I ~ [OR I'*ve got*] *to* go now. 悪いけどもう行かなきゃ /「Do you ~ [OR *Have* you *got*] *to* go now? もう行かなくてはならないのかい / He *had to* go out of the room. 彼は部屋から出て行かなければならなかった / We'll ~ *to* use the stairs. 階段を使わなければならないだろう / That *has to* be done immediately. それは直ちにしなければならない (♦ 不定詞部分の受身形可) / He is *having to* think again. 彼は再考しなければならないところだ (♦ 進行形可) ②《否定文で》…する必要はない ‖ You「don't ~ [OR *haven't got*] *to* accept it. それを受け入れる必要はない (=You need not accept it.=You don't need to accept it.) ③ …に違いない(♦ have (got) to be の形で用いることが多い) ‖「She *has to* [OR She'*s* got to] be beautiful. 彼女はきっと美人だろう / You ~ *got to* be joking. ご冗談でしょう / This war *has got to* end soon. この戦争は間もなく終わるに違いない

have to do with ... ⇨ DO[1](成句)

have ... to do with ... ⇨ DO[1](成句)

hàve until ... to dò …までに…しなければならない, …するのは…までである ‖ You ~ *until* next Thursday *to* pay. お支払いは来週木曜までです

hàve ... úp ①〔田舎の人〕を招く ②《通例受身形で》《英口》〈…のかどで〉呼び出される；(法廷に)召喚される〈**for**〉

ònly hàve to dó …しさえすればよい ‖ You *only* ~ *to* ask her about it. それについては彼女に聞いてみさえすればよい (=All you have to do is (to) ask her about it.) (♦ just have to *do* ともいう)

whàt háve yòu その他同じようなもの[人]

COMMUNICATIVE EXPRESSIONS

1 **Dó hàve** anòther piece of cáke. ぜひケーキをもう一切れどうぞ (♥ 丁寧な表現. ↘Will [OR Won't] you have another ...?/↘《口》Like another ...?)

2 **Do you hàve éverything?** 忘れ物はありませんか

3 **Do you hàve thìs in blúe [cótton, a làrger síze**, etc.**]?** これ青色で[綿で, もっと大きなサイズで, など]ありますか(♥ 客が店員に商品の有無について尋ねる)

4 **Háve at it.** ① 召し上がれ；どうぞ食べ始めて ② (課題・仕事などに)(気合いを入れて)取りかかりなさい

5 **Hàve òne for the róad.** まあ飲み干していってよ (♥ 帰る前に飲み物などを飲み干すよう勧める)

6 **(I) càn't sày (as) I háve.** そういうことをしたことがあるとは言えません；いいえ(♥「経験があるか」という質問に対して, 漠然と No と答える丁寧な返事)

7 **I would hàve you knów** (that Í'm the cáptain). 言わせてもらうけれど(私がキャプテンだからね) (♥ 相手に文句・不満を切り出すときに)

8 **I'll hàve** a smàll cóla. コーラのSサイズをお願いします (♥ 飲食物を注文するときの表現)

9 **(It's) nìce** [OR **gòod**] **to háve you hère.** ようこそ；おいでいただいてうれしいです(♥ 来客を歓迎する)

10 **I've hàd thìs befóre.** 前にも同じようなことがありました(♥ 患者が医者に以前に経験した症状を伝える)

11 「**Lèt me** [OR **Lèt's**] **háve it.** それをこっちによこしなさい(♥ 手渡すように命令する. =Give it to me.)

12 **Thère you háve it.** ⇨ THERE(CE 15)

13 **Whàt are you háving?** 何にしますか (♥ 店員または連れの人が飲食物の注文を尋ねる表現. =What will you have?)

14 **You hàve (gòt) me thére.** ① 痛いところを突かれたね；一本やられた ② (何と答えればいいのか) わかりません

── 助 (**has** /弱 həz, əz, s；強 hæz/；**had** /弱 həd, əd；強 hæd/；**hav·ing**) (♦ 過去分詞とともに完了形を作る)

PLANET BOARD 32

「…を持っていますか」をどう言うか.

問題設定 have を使って「…を持っていますか」とたずねる場合, 最も一般的な形はどれか調査した.

Q 次の表現のうちどれを使いますか. (複数回答可)

(**a**) **Do you have** a bicycle?
(**b**) **Have you** a bicycle?
(**c**) **Have you got** a bicycle?
(**d**) どれも使わない

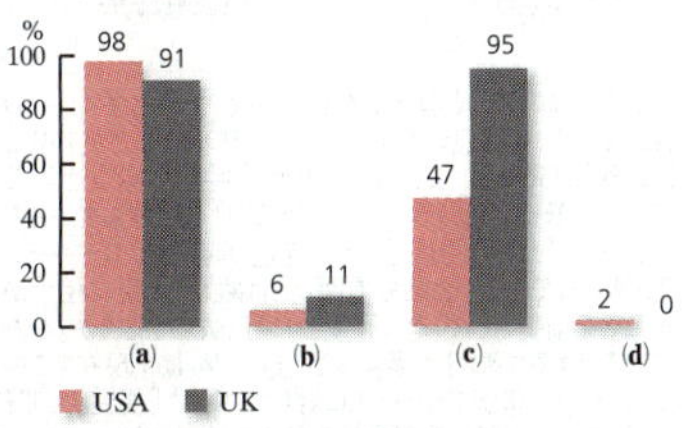

《米》では (**a**) の Do you have ...?, 《英》では (**c**) の Have you got ...? をそれぞれほぼ全員が使うと答えた. 《英》では (**a**) もほとんどの人が使うと答えているが, (**b**) の Have you ...? を使うという人は《米》《英》ともに少なかった.

《米》では「(**a**) と (**c**) の間に意味の違いはないが (**a**) の方がふつう」という意見が多く, 《英》では「(**a**) は《堅》」とする人が多かった. (**b**) については《米》《英》ともに「きわめて《堅》あるいは《旧》」とするコメントが圧倒的だった. どれも使わないと答えた人は, 「bicycle ではなく bike を使い, Do you have a bike? と言う」と述べた.

学習者への指針 《米》では Do you have ...?, 《英》では Have you got ...? が最も一般的である.

H

I【現在完了】《have [has]＋過去分詞》(♦ 過去の動作・状態を現在と関連づける) ❶《完了》…**したところだ** (♦ しばしば just, already, yet, now などの副詞を伴う) ‖ I ～ just written my will. ちょうど遺言状を書いたところだ / *Have* you finished your homework yet? 宿題はもう済ませましたか / "I don't feel well these days." "That's too bad. *Have* you seen the doctor?" 「最近，具合がよくないんだ」「それはまずいな. お医者さんには診てもらったの？」

❷《結果》…**してしまった** (♦ 過去の出来事が現在に何らかの結果を残していることを表す) ‖ The plane *has* taken off. 飛行機は離陸した(もう地上にはない) / He *has* gone to China. 彼は中国へ行った(♥「今こちらにはいない」を含意) (♦ go の現在完了は完了・結果を表すのがふつうだが，《主に米》では経験の意味も表す. ⇨ GO[1] 語法, PB 30)

PLANET BOARD 33

過去形と現在完了形にはどのような意味の違いがあるか.

問題設定 過去形と現在完了形では過去の出来事のとらえ方が異なると言われる. 具体的な文についてどのような違いがあるのかを調査した.

Q 次の表現のどちらを使いますか.

(1) (a) **Have you visited** the Gauguin exhibition?
(b) **Did you visit** the Gauguin exhibition?
(c) 両方
(d) どちらも使わない

(2) (a) Uh, I think **I've lost** the keys. We have to get a locksmith in.
(b) Uh, I think **I lost** the keys. We have to get a locksmith in.
(c) 両方
(d) どちらも使わない

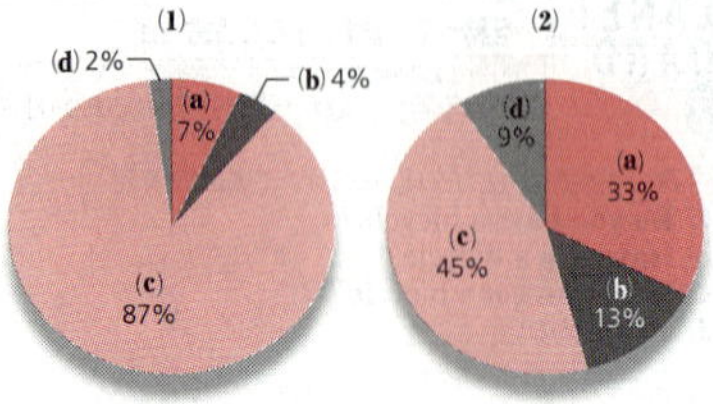

(1) では，両方使うと答えた人が9割近くで最も多く，その割合は《米》よりも《英》の方が高かった. そのほとんどが「(a)と(b)では意味が異なる」としており，(a)が「(時期を特定せず)これまでにゴーギャン展に行ったことがあるか」をたずねているのに対し，(b)は「(比較的最近のある特定の時期に，ゴーギャン展が開催されていた(会話の場面からは離れた)町に相手が行ったことを前提として)その展覧会に行ったのかどうか」をたずねているとするコメントが多かった. また，(a)は「現在もその展覧会に行ける状況で使う」のに対して，(b)は「展覧会が既に終了している，あるいは現在は開催地とは別の町にいるなどの理由で行けない状況で使う」という指摘も目立った. さらに，「(a)の方が《堅》」とする意見もあった.

(2) では，両方使うと答えた人が45%に減少し，(a)のみと答えた人が大幅に増えた. 両方と答えた人の多くは「意味の違いはない」という意見だったが，(a)は「鍵を失くしたことに気づいた時点で発する」文であるのに対して，(b)は「以前から失くしたことを知っていて，今それを人に告げる」文であるという指摘もあった.

学習者への指針 現在完了形は「過去の不特定な時期や，現在の直前の時点で起きた出来事について述べる」場合に使われるのに対して，過去形は「過去の特定の時期に注目して，その時に起きた出来事について述べる」場合に使われる.

❸《経験》…**したことがある** (♦ ever, never, once, before, often, sometimes など頻度を表す副詞を伴うことが多い) ‖ "*Have* you ever been to India?" "Yes, I ～ [No, I ～*n't*]." 「インドに行ったことがありますか」「ええ，あります[いいえ，ありません]」/ I ～ never met him. 彼にはまだ会ったことがない

❹《継続》**ずっと…している**，…してきた (♦ ふつう継続期間を表す 副句 を伴う) ‖ I*'ve* known him for five years. 彼とは5年来の知り合いだ[彼を知って5年になる] / She*'s* been married for three years. 彼女は結婚して3年になる / I*'ve* been writing a letter for two hours. 私は2時間手紙を書き続けている (♦ 動作を表す動詞は，現在完了進行形にすることにより継続の意を表す. この場合，継続期間を表す 副句 がないことも多い)

❺《未来完了の代用》《時や条件を表す副詞節で》‖ When you ～ finished that, would you mind calling me? それが終わりましたら電話を頂けませんか

語法 ★☆ (1) 現在完了形は，現在と何らかの意味で関連があることを示すので，yesterday, last week, ago など，過去を表す語句とともには用いない. なお，just now も現在完了形では用いないとされるが，実際は使われている.
(2) when で始まる疑問文では現在完了形は用いない. 〈例〉When [did you finish [ˣhave you finished] it? いつそれを終えたのですか
(3) today, this week, recently, of late など漠然とした現在にも及ぶ時間を表す語句は現在完了形とともに用いられる. 〈例〉I *have* not read the paper this morning. 今朝はまだ新聞を読んでいない (♦ 午前中に使う. これに対し，午後に言う場合は I didn't read the paper this morning. と過去形になる).
(4) 特に《米口》では，現在完了形と同じ意味で過去形を用いることもある. 〈例〉Did you wash your hands yet? (＝Have you washed your hands yet?) もう手を洗ったの？(⇨ PB 33)
(5) 歴史上の人物など，現存しない人・物を主語にした文には現在完了形を用いない. 〈例〉ˣShakespeare has written a lot of plays. (♦ 受身形の A lot of plays have been written by Shakespeare. は可能)

II【過去完了】《had＋過去分詞》❻《完了・結果》…**してしまった** ‖ When I arrived, the seminar *had* already begun. 私が着いたときにはゼミはもう始まっていた

❼《経験》…したことがあった ‖ He *had* never seen an elephant before. 彼は以前に象を見たことがなかった

❽《継続》ずっと…していた ‖ I *had* been there for an hour before he came. 彼が来るまで1時間そこにいた / He *had* been reading till then. 彼はそのときまで読書をしていた

❾《大過去》(♦ 必ずしも完了・結果・経験・継続の意味に限定されず，過去の時点から見た過去を表す. ⇨ PB 04) ‖ I *had* seen him an hour before you arrived. あなたが着く1時間前に彼に会った / She said she *had* enjoyed the party very much. 彼女はパーティーがとても楽しかったと言った (＝She said, "I enjoyed the party ....")

❿《仮定法過去完了》(もし)…**していたら** ‖ He would have come if you *had* invited him. 招待していたら彼は来ただろうに (♦ if 節, as if 節 中で過去の事実に反する仮定を表す)

語法 ☆☆ 過去完了形は hope, intend, expect, mean などの動詞とともに用いて，実現しなかった過去の事柄を表すことがある. 〈例〉I *had hoped* to finish my homework. 宿題を終えたかったのだが(できなかった) (♦ 同じ意味は完了不定詞を用いて I hoped to have finished ... としても表せるが，あまり使われない)

III【未来完了】《will [shall]＋have＋過去分詞》⓫《完了・結果》…**してしまっているだろう** ‖ I will ～ finished it by ten. 10時までにはそれを終えてしまっているだろう

⓬ 《経験》…したことになるだろう ‖ By next summer I'll ~ climbed that mountain four times. 今度の夏までにはその山に4回登ったことになるだろう
⓭ 《継続》(ずっと)…しているだろう ‖ I'll ~ been here for three years next month. 来月でここに3年いることになる

語法 ☆☆ 可能性・推定の will を用いた場合は, 形は未来完了と同じだが, 現在完了に対する推定を表すので注意 (→ will[1] ❼ c). 〈例〉She *will have read* the letter. 彼女はたぶんあの手紙をもう読んだだろう (= She has probably read the letter.)

Ⅳ 【完了の不定詞・現在分詞・動名詞】(♦ 主動詞の表す時より前に起こった出来事や動作を表す) ⓮ 《完了不定詞》《to have+過去分詞》‖ He seems to ~ been ill. 彼は病気だったらしい (=It seems that he was [OR has been] ill.) / He was believed to ~ been killed in action. 彼は戦死したと思われていた (=It was believed that he had been killed ...)
⓯ 《完了の現在分詞》《having+過去分詞》(♦ 分詞構文として用いられる. 《口》ではふつう接続詞 after, when, since, because などを用いて表す) ‖ *Having* finished his coffee, he stood up and left the room. コーヒーを飲み終えると彼は立ち上がり部屋を出て行った (↘ After he (had) finished his coffee, ...)
⓰ 《完了の動名詞》《having+過去分詞》‖ I am sure of her *having* left for London. 彼女がロンドンに向けて出発したのは確かです (↘ I am sure that she left [OR has left] ...)

have done with ... ⇨ DO[1] 自 ❺
****have gòt ...*** 〈他〉《口》…を持っている (♦ 所有の意味の have と同義で, より《口》) (→ get 他 ❾) ‖ I'*ve got* a new car. 私は新車を持っている / I'*ve got* something to tell you. 君に話すことがある
have gòt to dó =《口》*have to do* (↑)
── 名 Ⓒ 《通例 the ~s》《口》(財産など豊富に)持っている人, 持てる人; (資源・兵器など豊富に)持っている国, 持てる国 ‖ the ~*s* and (the) have-nots 持てる者[国々]と持たざる者[国々]

類語 《動》 have 「所有」を意味する最も一般的な語.
hold 「つかむ, 手に持つ」. 必ずしも自分のものでなくてもよい. 〈例〉*hold* a pen ペンを手にしている
own 「所有権を持つ」. 現在手に持っていなくてもよい.
occupy 所有権の有無にかかわらず現在「占有している」. 〈例〉The room is *occupied* by him. その部屋には彼が入っている
possess 能力・性質・趣味など無形のものや土地・家屋・財産などの有形のものを「所有する」. own より格式的な語. 〈例〉He *possesses* a genius for music. 彼には音楽の才能がある

have·lock /hǽvlɑ(:)k | -lɔk/ 名 Ⓒ (軍帽の)日覆い
***ha·ven** /héɪvən/ 名 Ⓒ ❶ 〈…の〉避難所, 安息地, 保護区 〈**for**〉 ‖ a ~ *for* wildlife 野生動物の保護区 / a tax ~ 税金回避地 ❷ 港, 停泊所 (→ harbor)
háve-nòt (♦ 対照的用法では /ˊˊ/) 名 Ⓒ 《通例 the ~s》《口》(財産・社会的地位などを)持たない者[国], 貧しい人[国], 無産者 (→ have)
***have·n't** /hǽvnt/ have not の短縮形
ha·ver /héɪvər/ 動 自 《スコット》くだらないおしゃべりをする, ぺちゃくちゃしゃべる; 《英》ためらう
── 名 Ⓒ 《通例 ~s》《スコット》くだらないおしゃべり
hav·er·sack /hǽvərsæk/ 名 Ⓒ (兵士・ハイカーなどの)雑嚢(ざつのう), 背嚢(はいのう) 《背中に背負う袋》
***hav·ing** /hǽvɪŋ/ 名 Ⓒ 《通例 ~s》所有物, 財産
***hav·oc** /hǽvək/ 名 Ⓤ ❶ (天災・戦争・暴動などによる)大破壊, 荒廃, 大損害 ‖ The typhoon caused [OR created] terrible ~ over a wide area. 台風は広い地域に甚大な被害をもたらした ❷ 混乱, 無秩序
plày [OR ***ràise***] ***hávoc with ...*** ; ***wrèak hávoc on ...*** …に大混乱を起こす; …をめちゃめちゃに破壊する
haw[1] /hɔː/ 名 Ⓒ サンザシ(hawthorn)(の実)
haw[2] /hɔː/ 間 名 Ⓒ えー(と言う声)《口ごもったときの発声》
── 動 自 (口ごもって)えーと言う(→ hem[2], hum)
haw[3] /hɔː/ 間 ほう, どうどう 《馬などを左へ回らせるときの掛け声》(↔ gee[2])
***Ha·wai·i** /həwάːiː | -wάɪiː/ 《アクセント注意》 名 ❶ ハワイ(州) 《米国の州で太平洋中部の島々からなる. 州都は Honolulu. 略 Haw., 【郵】HI》 ❷ ハワイ島 《ハワイ諸島中最大の島》
***Ha·wai·ian** /həwάːjən | -wάɪən/ 形 ハワイ(Hawaii)の, ハワイ人[語]の ── 名 ❶ Ⓒ ハワイ人 ❷ Ⓤ ハワイ語
▸▸ ~ **guitár** 名 Ⓒ ハワイアンギター; ウクレレ ~ **Íslands** 名 複 《the ~》ハワイ諸島 ~ **shírt** 名 Ⓒ アロハシャツ(aloha shirt)
háw·fìnch 名 Ⓒ 【鳥】シメ《アトリ科》
haw-haw /hɔ́ːhɔ̀ː/ 間 わはは, ははは(♥ 大笑いの発声)
── 名 Ⓒ 大笑い
***hawk[1]** /hɔːk/ 名 Ⓒ ❶ 【鳥】タカ ❷ タカ派, 強硬論者, 武力解決派 (↔ dove[1]) ‖ 「an inflation [a deficit] ~ インフレ抑制[赤字予算削減]強硬(推進)論者 ❸ 人を食い物にする人, 強欲な人, 冷酷な人
have eyes like a hawk ⇨ EYE(成句)
wàtch ... like a háwk …に目を光らせる, …を監視する
── 動 自 ❶ タカ狩りをする, タカを使う ❷ (タカのように)〈…に〉襲いかかる〈**at**〉 ── 他 〔獲物〕をタカのように襲う
~·er 名 Ⓒ タカ使い, 鷹匠(たかじょう) **~·ish** 形 タカ派の, 強硬論者の, 武力による解決を好む; タカのような
hawk[2] /hɔːk/ 動 他 〔品物〕を呼び売りする, 行商する
~·er 名 Ⓒ 呼び売り商人, 行商人
hawk[3] /hɔːk/ 動 自 せき払いする ── 他 せき払いして〔痰(たん)〕を出す《*up*》 ── 名 Ⓒ せき払い(の音)
háwk-èyed 形 目の鋭い; 油断のない
háwks·bìll 名 (=~ **túrtle**) Ⓒ 【動】タイマイ《ウミガメの一種》
haw·ser /hɔ́ːzər/ 名 Ⓒ 【海】太綱《もやい・曳航(えいこう)用》
***haw·thorn** /hɔ́ːθɔ̀ːrn/ 名 Ⓒ Ⓤ 【植】サンザシ, セイヨウサンザシ《バラ科の低木. 5月に白・ピンクの花を咲かせ, 赤い実(haw[1])をつける》‖ a ~ hedge サンザシの生け垣
Haw·thorne /hɔ́ːθɔ̀ːrn/ 名 **Nathaniel** ~ ホーソン (1804–64)《米国の小説家》
***hay** /heɪ/ (♦ 同音語 hey) 名 Ⓤ ❶ 干し草, まぐさ ‖ a bale of ~ 干し草1梱(こり) / *Make ~ while the sun shines.* 《諺》日の照っているうちに干し草を作れ; 好機を逃すな ❷ 《否定文で》《米俗》少額の金 ‖ That ain't ~. それは大金だ[すごいことだ]
hit the háy 《口》寝る
── 動 自 干し草を作る ── 他 〔家畜〕に干し草をやる
▸▸ ~ **fèver** 名 Ⓤ 【医】枯れ草熱, 花粉症
háy·còck 名 Ⓒ 《英》(円錐(えんすい)形に積み上げた)干し草の山
Haydn /háɪdn/ 名 **Franz Joseph** ~ ハイドン (1732–1809)《オーストリアの作曲家》
Hayes /heɪz/ 名 **Rutherford Birchard** ~ ヘイズ (1822–93)《米国第19代大統領(1877–81)》
háy·fòrk 名 Ⓒ 干し草用熊手(くまで); 干し草積み上げ機
háy·lòft 名 Ⓒ 干し草置き場《納屋・馬屋の屋根裏》
háy·màker 名 Ⓒ ❶ 干し草を作る人, 干し草乾燥機 ❷ 《俗》ノックアウトパンチ, 強打
Háy·màrket 名 ヘイマーケット《ロンドンの West End の劇場街》
háy·mòw 名 Ⓒ ❶ (納屋などの)干し草の山 ❷ 干し草置き場《納屋・馬屋の屋根裏》
háy·ràck 名 Ⓒ ❶ まぐさ台, 干し草棚 ❷ (荷車の)干し草運搬枠; 枠付き荷車
háy·rìck 名 =haystack
háy·rìde 名 Ⓒ 《主に米》ヘイライド《干し草を積んだ馬車[トラック]に乗って(主に夜間に)出かける遠足》
háy·sèed 名 ❶ Ⓤ (干し草からこぼれる)草の種子; 干し

草くず ❷ Ⓒ《主に米・カナダ口》《けなして》田舎者

háy·stàck 名 Ⓒ 大きな干し草の山

háy·wìre 形《叙述》《口》(機械などが)正常に作動しない, 調子の狂った;混乱した, 始末に負えなくなった

*__haz·ard__ /hǽzərd/ 名 Ⓒ ❶ (予期しない)危険(なもの);危険要素, 事故原因〈**to, for** …にとっての;**of** …の〉;冒険(risk)(⇨ DANGER 類語) ‖ Wet roads are a ~ *to* drivers. ぬれた道はドライバーにとって危険だ / This insurance covers occupational ~*s*. この保険は職業上の危険もカバーします / He underestimated the ~*s of* doping. 彼はドーピングの危険性を軽視していた / a health ~ =a ~ *to* health 健康に有害なもの / a fire ~ 火事の原因となるもの / put one's reputation to ~ 自分の名声を危険にさらす ❷ Ⓤ 偶然, 運 ❸〖ゴルフ〗ハザード《コース内に設けられた池・バンカーなどの障害区域》❹ (=~ **sìde**)〖コートテニス〗レシーブ側コート;コート側壁の穴《3つの穴のいずれかにボールを打ち込むと得点になる》❺〖ビリヤード〗ハザード《手球を当てて的球をポケットに入れる突き方》‖ a winning ~ 的球をポケットに入れる突き / a losing ~ 手球自体が的球に当たってポケットに入る突き ❻ ハザード《昔のばくちの一種. 2個のさいころを使う》

at [OR *in*] ***házard*** 危険にさらされて

── 動 他 ❶ **a** 《+目》〔推測など〕を思いきって言って[やって]みる ‖ ~ a guess 当てずっぽうを言う / ~ an investment 一か八(ばち)かの投資をする **b** 《+**that** 節》…と思いきって[一か八か]言う ‖ "Will you marry me?" he ~*ed*. 「僕と結婚してくれ」と彼は思いきって言ってみた ❷〔生命・財産・人など〕を危険にさらす, 賭(か)ける

語源 「さいころ」の意のアラビア語 *al-zahr* が, フランス語 *hasard*(さいころ遊び, 偶然)となり, 英語に入って「危険」(賭けで損をすることから)の意味が生じた.

▶▶ ~ **lìght** 名 Ⓒ《通例 ~s》(車の)故障警告灯, ハザードランプ ~ **pày** 名 Ⓤ《米》(外国任地での危険に対する)危険手当

*__haz·ard·ous__ /hǽzərdəs/ 形 危険な, 冒険的な;〈健康などに〉有害な〈**to**〉‖ a ~ journey 冒険旅行 / Smoking is ~ *to* your health. 喫煙は健康に有害だ / ~ waste 有害廃棄物 **~·ly** 副 **~·ness** 名

*__haze__[1] /heɪz/ 名 ❶ Ⓤ/Ⓒ《単数形で》かすみ, もや(⇨ FOG[1] 類語) ‖ a heat ~ 陽炎(かげろう) / through a thick ~ 濃いもやを通して / mountains covered in ~ もやに包まれた山々 ❷ Ⓒ《単数形で》(煙や蒸気のような)かすんでいるもの, ぼやっとしたもの ‖ a ~ of cigarette smoke 立ち込めるたばこの煙 ❸ Ⓒ《単数形で》(頭・考えなどの)ぼんやりした状態, もうろう ‖ an alcoholic ~ アルコールによるもうろう状態, 酩酊(めいてい)

── 動 自 かすむ, ぼんやりする《*over*》 ── 他 …をかすませる

haze[2] /heɪz/ 動 他《米》❶〔新入生など〕をいじめる, しごく ❷〔牛〕を馬に乗って追い込む

*__ha·zel__ /héɪzəl/ 名 ❶ Ⓒ Ⓤ〖植〗ハシバミ, ハシバミの実(hazelnuts) ❷ Ⓤ ハシバミ材 ❸ Ⓤ ハシバミ色, 赤[緑]褐色, くり色 ── 形《限定》ハシバミ色の, 赤[緑]褐色の, くり色の ‖ ~ eyes ハシバミ色の瞳(ひとみ)

házel·nùt 名 Ⓒ〖植〗ヘーゼルナッツ, ハシバミの実

haz·mat /hǽzmæt/ 名 Ⓤ Ⓒ (運搬される)危険物質《放射性物質・毒物など》(♦ *haz*ardous *mat*erial より)

*__ha·zy__ /héɪzi/ 形 ❶ かすみ[もや]のかかった, かすんだ ‖ a ~ sun かすんで見える太陽 ❷ (物事が)不明確な, よく飲み込めない ‖ The meaning of this passage is a little ~. この1節の意味がもうひとつよくわからない ❸ 〈…について〉(考え・記憶などが)はっきりしない, ぼんやりした;(人が)確信がない, 混乱した〈**about**〉(⇨ MOOD メタファーの森) ‖ I'm rather ~ *about* the details. 細部についてはあまりはっきりと知らない / a ~ memory あいまいな記憶

-zi·ly 副 **-zi·ness** 名

Hb 略〖生化〗hemoglobin

HB 略 *h*ard *b*lack《鉛筆の芯(しん)の硬度》

HBM 略《英》*H*er [*H*is] *B*ritannic *M*ajesty

HBÓ 略 *H*ome *B*ox *O*ffice《米国のケーブルテレビ会社》

H-bòmb /éɪtʃ-/ 名 Ⓒ 水爆(hydrogen bomb)

HC 略 *H*oly *C*ommunion;*H*ouse of *C*ommons

HCF, hcf 略〖数〗*h*ighest *c*ommon *f*actor(最大公約数)

HCFĆ 略 hydrochlorofluorocarbon(ヒドロクロロフルオロカーボン)

HĎ 略 *h*eavy *d*uty

hd. 略 hand;head

HDĎ 略 💻 *h*ard *d*isk *d*rive

HDL 略 *h*igh-*d*ensity *l*ipoprotein(高密度リポタンパク質)《いわゆる「善玉コレステロール」. → LDL》

hdqrs. 略 headquarters

HDTV 略 *h*igh-*d*efinition *t*ele*v*ision(高品位テレビ)

⁂**he** /弱 hi;強 hiː/(→ 名) 代 名

── 代 (三人称・単数・主格の人称代名詞)(複 **they** /ðeɪ/)(所有格 **his**;目的格 **him**;所有代名詞 **his**;再帰代名詞 **himself**) ❶ (文脈・状況から特定できる男性・雄の動物を指して)**彼(は[が])**(↔ she) ‖ My father is out, but ~ will soon be back. 父は留守ですがもうすぐ帰るでしょう / What is ~ selling over there? あの人[彼]はあそこで何を売ってるんだろう / "Is Mr. White there?" "Yes, this is ~." (電話口で)「ホワイトさんはいらっしゃいますか」「はい, 私ですが」(♦ *this is him とはいわない)

語法 ☆☆ (1) 文脈中で前に出てきた名詞(句)を受けるのがふつうだが, 従属節が主節に先行する文では後ろの名詞(句)を受けることができる. この性質は it, she, they にも共通. 〈例〉Because *he* missed the bus, Ted was late. バスに乗り損なったのでテッドは遅刻した
(2) 人を紹介するときは He is ... ではなく This is ... という. 〈例〉Kate, this [*he] is Bob. ケートさん, こちらはボブです
(3) 本人が目の前にいる場合は he を使うのを避けて名前をいうか, this gentleman [customer, etc.] などという方がよい. she, they でも同様. 〈例〉*This* gentleman is a student at Oxford. こちらの方はオックスフォードの学生です
(4) 主格補語になる場合や, 接続詞 as, than に続く場合は主格 he が正式とされるが,《口》では目的格 him が使われることがある. 〈例〉I am as tall as *he* [《口》*him*]. 私は彼と同じ背の高さだ
(5)《文》で山, 川, 死, 戦争などを擬人化して he で受けることがあり,《口》でコンピューターを he で受けることもある.

❷ (不定代名詞や性別が特定されない人間を指して)その人は[が](♦ 書き言葉での用法) ‖ Everyone could get what ~ wanted. だれもが自分の欲しいものを手に入れることができた / A nonmember may attend if ~ pays an admission fee. 非会員でも入場料を払えば参加できる

語法 ☆☆ 性差別が感じられるためこの用法は現在では避けられる傾向にあり, 代わりに「he or she [she or he](書き言葉では he/she, (s)he, s/he)や they が用いられることが多い(⇨ THEY ❸).

❸《he who [that] ... で》《文》…する人はだれでも(♦ 現在では anyone who [that] ... がふつう) ‖ *He who sows little reaps little.* 《諺》ほとんど種をまかない人は収穫もほとんどない;労少なき者は得るところ少なし

❹《H-》(キリスト教などの)神(を指す代名詞)

── 名 /hiː/ (複 **hes, he's** /-z/) Ⓒ ❶ 男, 男性;(動物の)雄 ‖ Is that dog a ~ or a she? あの犬は雄ですか雌ですか ❷《複合語で形容詞的に》雄の, 男の ‖ a ~-goat 雄のヤギ(→ he-man)

He 記号〖化〗helium(ヘリウム)

HE 略 *H*is *E*minence;*H*is [*H*er] *E*xcellency

⁂**head** /hed/ 名 形 動

中心義 **頭, 頭の働き**(★「人」に限らず, 「物」や「組織」などについても用いる)

> 名 頭❶ 頭脳❷ 長❹ 最上部❺ 最先端❽ 表❾
> 動 他 向かわせる❶ 率いる❷ 自 進む❶

━ 名 (複 **~s** /-z/) (→ ⓮) Ⓒ ❶ **頭**, 頭部, 首(♦顔を含めて首 (neck) から上の部分を指す. 目から上と後ろの頭髪の生える部分を指すこともある. 日本語では「顔」「首」と訳す場合も多い) ; 《単数形で》首の長さ[高さ] (⇨ FACE 類語, → body 図) ‖ Don't put your ~ out of the window. 窓から顔を出すな(♦ ×Don't put your face ... とはいわない) / He struck me on the ~. 彼は私の頭をたたいた / My ~ aches badly. 頭がひどく痛む / nod one's ~ うなずく / **shake** one's ~ 首を横に振る (♥ 拒否・否定・失望などを表すしぐさ) / turn one's ~ 振り向く / stand on one's ~ 逆立ちする / have a good [OR fine, thick] ~ of hair 髪がふさふさしている / toss one's ~ (back) 首をぐっと後ろに反らす (♥ 誇り・軽蔑などを表すしぐさ) / She is taller than her mother by a ~. 彼女は母親より頭1つ分だけ背が高い / His horse won by a (short) ~. 彼の馬は首の差(足らず)で勝った

❷ **頭脳**, 頭(の働き) ; 知力, 知性, 理解力 ‖ He is weak in the ~. 彼は頭が鈍い / It never entered my ~ to consult him. 彼に相談するなど思いもしなかった / I can't get that melody out of my ~. あのメロディーが脳裏から離れない / I can keep all these numbers in [OR inside] my ~. この数字は全部覚えていられます / The kid can do the figures in his ~. その子は頭で計算が[暗算が] できる / My ~ is buzzing with new ideas. 頭の中で次々に新しい考えが浮かんでいる / *Two ~s are better than one.* 《諺》1人で考えるより2人で考える方がいい ; 三人寄れば文殊(もんじゅ) の知恵 / a clear [cool] ~ 明晰(めいせき)な [冷静な] 思考力 / ~ and heart 知性と感情 (♦ 対句のため無冠詞) / beat the theory into his ~ (何度も繰り返して) その理論を彼の頭にたたき込む / mess with her ~ 《米口》彼女を落胆[心配, いらいら]させる

❸ 《単数形で》〈…に対する〉適性, 才能, 能力〈**for**〉‖ He has a good ~ *for* figures. 彼は数字にとても強い / Somehow I've got no ~ *for* heights. どうも高い所は苦手だ / have a ~ *for* business 実務の才能がある

❹ 《通例 the ~》**長**, 頭(かしら) ; 指導者, 支配者, 責任者, 長官 ; 《しばしば the H-》《英》校長 (head teacher) ; 給仕長 (headwaiter) ‖ the ~ of the Philosophy Department 哲学科長 / the crowned ~ 国王[女王] / the ~ of a [OR the] family [OR household] 世帯主, 一家の長

❺ 《通例単数形で》**最上部**, てっぺん ‖ She is sitting at the ~ of the stairs. 彼女は階段のてっぺんに座っている

❻ 《通例単数形で》(本やページの)上部 ; 《しばしば ~s》(新聞記事などの)見出し (headline) ; (講義・論文などの)項目 (heading) ; 主題, 論題 ‖ His name and address are printed at the ~ of the letter. 彼の名前と住所は手紙の上部に印刷されている / The causes of unemployment may be grouped under four ~*s*. 失業の原因は4項目にまとめられるだろう

❼ 《通例単数形で》(ドアや窓の)上枠 ; (グラスに注いだビールの)泡, (牛乳の表面にできる)膜

❽ 《通例 the ~》**最先端** ; (行列の)先頭 ; 指導的地位, 首位 ; (テーブルなどの)上座 ; (ベッドなどの)頭部 ; (道具などの)打つ[切る]部分 ; (くぎ・鎚(つち)などの)頭 ; (胴体に近い方の)骨の先端 ; (鹿の)角 ; (船のマストなどの)上端 ; 船首 ; (ミサイルなどの)弾頭 ; (たるの上下の)面 ; (太鼓などの)皮面 ; (テープレコーダーの) ヘッド ; (プリンターの) 印字ヘッド (printhead) ; (シリンダーの)閉端 (cylinder head) ‖ at the ~ of a procession 行列の先頭に / at the ~ of the class クラスの首席で / My father always sits at the ~ of the table. 父はいつもテーブルの上座に着く / the ~ of a nail くぎの頭 / a deer of the first ~ 初めて角の生えたシカ

❾ 《~s》《単数扱い》(硬貨の) **表** (↔ tail) 《王・女王などの頭像のある面》‖ I'll toss a coin. *Heads* or tails? コインを投げるよ. 表か裏か (♥ 硬貨を投げて勝負などを決めるときの言葉)

❿ (木の)こずえ ; (草木の)穂先, 花(の咲いている部分), 頭花 ; (キャベツ・ニンニクなどの) 結球, 玉 ‖ two ~*s* of lettuce レタス2個

⓫ 《通例 the ~》(川の)水源 (fountainhead) ; 湖頭 《川が流入する所》; 《地名で》岬 (headland) ‖ Diamond *Head* ダイヤモンドヘッド 《ハワイのオアフ島にある岬》

⓬ (はれ物などの) 化膿(かのう) した部分 ⓭ 危機 ; 転換点 ⓮ (複 **~**) 1人 ; 1頭 (♥ 同種の動物(特に家畜)の頭数を数えるときに用いる) ‖ The cost came to $50 a [OR per] ~. 費用は1人当たり50ドルになった / forty ~ [×heads] of cattle 牛40頭 ⓯ (頭部の)肖像, 彫像 ⓰ 《通例単数形で》(水・蒸気の)圧力 ; (水圧を保つために蓄えられた)貯水 ; 流水の落差[圧力] ; 水頭(すいとう) 《流体の運動のエネルギーを長さの単位で表したもの》‖ keep up a good ~ of steam 十分な蒸気の圧力を保つ ⓱ 《通例単数形で》《口》(特に二日酔いによる) 頭痛 (headache) ‖ I had a terrible [OR bad, sore] ~ when I woke up. 目が覚めたときひどい頭痛がした ⓲ 《俗》麻薬常用者 ; 熱狂者, ファン ⓳ 《集合的に》【地】(氷床の縁で形成された) 鉱床 ⓴ 【採】坑道 ㉑ 【文法】主要部 [語] ㉒ 《俗》【海】(特に船の) トイレ ㉓ ⊗ 《俗・卑》オーラルセックス

above a pèrson's héad =over a person's head ① (↓)

bàng [OR ***bèat, knòck, hìt, rùn***] ***one's héad against a brìck wáll*** 《通例進行形で》執拗(しつよう)に無駄な努力を繰り返す

bàng [OR ***knòck***] ***pèrsons' héads togèther*** 間違った行いに対して(人々を)しかる, 行いを正す ; (意見の合わない者同士を)強引に和解させる

bìte [OR ***snàp***] ***a pèrson's héad òff*** (人に)かみつく(ように答える), (人に)食ってかかる

bòther [OR ***tròuble, wòrry***] 「***one's héad*** [OR ***oneséIf***] ***about ...*** …のことで頭を悩ます, 心配する

brìng ... to a héad 〔状況など〕を危機的状態に追い込む

bùild [OR ***gèt, wòrk***] ***ùp a hèad of stéam*** 活力を蓄える, 支援を得る ; (不安・怒りなどで) 気持ちが抑えられなくなる (→ 名 ⓰)

bùry [OR ***hìde, stìck***] ***one's hèad in the sánd*** 現実を直視しようとしない (→ ostrich)

còme into a pèrson's héad (考えなどが) (人の) 頭に浮かぶ ‖ Just say the first thing that *comes into* your ~. 最初に頭に浮かんだことを言ってください

còme to a héad (状況などが)危機状態に達する

dò a pèrson's héad ìn 《英口》(人を)困惑させる, いら立たせる

ènter a pèrson's héad 《通例否定文で》(考えなどが) (人の)頭に浮かぶ ‖ No such thoughts *entered* my ~. そんな考えは思い浮かばなかった

from hèad to fóot [OR ***tóe***] 頭からつま先まで, 全身 ; 完全に, 全く ‖ She was dressed in black *from ~ to foot*. 彼女は全身黒ずくめだった

gèt one's héad aròund [《英》***ròund***] ***...*** 《通例否定文で》《口》…を理解する

gèt one's héad dòwn 《口》① 《英》眠る ② 今取り組んでいる仕事に集中する ③ =*keep one's head down* (↓)

gèt ... into [OR ***through***] ***one's*** [***a pèrson's***] ***héad*** …を十分理解する[させる]

get it into [OR ***through***] ***one's*** [***a pèrson's***] ***héad that ...*** …だと信じ込む[信じ込ませる] (♥ しばしば誤った思い込みについて用いる)

gìve (***a pèrson***) ***héad*** ⊗《俗・卑》(人に対して) オーラルセックスを行う (→ 名 ㉓)

****give a pèrson his/her héad*** 〔人〕に好きなようにさせる ‖ He trusted his men and *gave* them their ~*s*. 彼

は部下を信頼して好きにさせておいた
****gò hèad to héad*** (ビジネス・スポーツなどで)〈…と〉直接対決する〈**with**〉(⇨ HEAD-TO-HEAD)
****gò to a pèrson's héad*** ① (酒などが) (人を) 酔わせる ‖ The vodka *went* straight *to* his ～. 彼はウオツカを飲んですぐに酔ってしまった ② (成功などが) (人を) 思い上がらせる ‖ Don't let your success *go to* your ～. 成功したからといって思い上がるなよ
hàng one's héad (in sháme) 深く恥じ入る
hàng over a pèrson's héad 《通例進行形で》(困難な状況などが)(人を)悩ます, 苦しめる;(困難などが)(人に)差し迫っている
hàve a gòod héad on one's shòulders 思慮深い, 頭がよい, 有能である
hàve [OR ***bè***] 「***an òld*** [OR ***a wìse***] ***héad on yòung shóulders*** (若者・子供が)年齢の割にしっかりしている, 大人びている
hàve [OR ***with***] ***one's hèad in the clóuds*** (現実離れした)好きなことばかり考えている, 上の空である, 空想にふけっている
hàve one's héad scrèwed òn (***rìght*** [OR ***the rìght wày***]) 《口》分別がある, 賢明である
hàve one's héad (***stùck***) ***ùp one's áss*** [《英》***árse***] 現実を直視しない;自分のことばかり考えている
hèad and shóulders above ... ほかの…よりはるかに勝って, 抜きん出て ‖ He stands ～ *and shoulders above* the other students in math. 彼は数学ではほかの生徒より格段に秀でている
head first ⇨ HEADFIRST
one's héad òff 際限なく, ひどく, 散々(♦ laugh, scream, shout などの動詞の直後で副詞的に用いる) ‖ She was laughing her ～ *off* at his joke. 彼女は彼の冗談に大笑いしていた
hèad over héels ① 真っ逆さまに ② 激しく(恋して) ‖ She fell ～ *over heels* in love with him. 彼女は彼と激しい恋に落ちた
Hèads úp! 《米口》(上から物が落ちて来るかもしれないから)気をつけろ
Hèads will róll. 解雇される[処罰を受ける]者が出るだろう ‖ They hinted that some ～*s will* certainly *roll* over the mistake. その過ちの責任を問われ処罰を受ける者が確実に出るだろう, と彼らはほのめかした
hìde one's héad (恥ずかしくて)顔を隠す, 隠れる;恥ずかしがる, 当惑する
hòld one's héad hìgh; ***hòld one's héad ùp***; ***hòld ùp one's héad*** (困難に遭っても) 毅然(きぜん)としている, 堂々と構える
in òver one's héad 手に負えない事柄にかかわって, 困った状況に追い込まれて ‖ He was [OR got] *in over* his ～ with his company's troubles. 彼は会社のトラブルに巻き込まれ身動きができなかった
kèep a clèar [OR ***còol***] ***héad*** = *keep one's head*(↓)
kèep one's héad 冷静でいる, 落ち着いている
****kèep one's héad above wàter*** 借金せずに何とか食いつなぐ;(金銭面の問題があっても)何とか商売[仕事]を続ける
kèep one's héad below the párapet 《英》手すりの上に顔を出さないようにする;(よくないとは知りながら)事実を伏せておく(↔ *put* [OR *stick, raise*] *one's head above the parapet*)
kèep one's héad dòwn 黙々と仕事をする;目立たないようにしている
knòck a pèrson's héad òff = *knock a person's* BLOCK *off*
knòck ... on the héad 《英》〔計画など〕をやめる[阻止する];〔考え・うわさなど〕をきっぱりと否定する
****lòse one's héad*** ① 自制心を失う, パニックに陥る, 取り乱す(→ CE 1) ② 〈…に〉夢中になる, のめり込む〈**over**〉 ③ 首を切られる, 殺される
màke héad ① 進む, 前進する ② 〈…に〉抵抗する, 立ち向かう〈**against**〉
màke a pèrson's héad spìn (人に)めまいを起こさせる;(人の)頭を混乱させる
màke hèad(s) or tàil(s) of ... 《通例 can't, couldn't を伴い否定文で》…を理解する ‖ I can't *make* ～ *or tail of* what he is saying. 彼の言っていることはさっぱりわからない
màke héads ròll (会社上層部の)首を切る, 責任をとって辞めさせる
nòt rìght in the héad 《口》頭がおかしい, ばかだ
off [OR ***òut of***] ***one's héad*** 《口》気が狂って, 愚かで;(麻薬などで)意識がもうろうとして, 自制心を失って
on one's héad 逆立ちして
on one's (***òwn***) ***héad*** (***bé it***) (思いどおりにならなくても)自らの責任で ‖ If you still insist, then *on* your *own* ～ *be it*. それでもなお主張するのなら, 君自身の責任でしてください
over a pèrson's héad ① (人の) 理解力を越えて ‖ His speech was [OR went] totally *over* my ～. 彼の演説は全く理解できなかった ② (人の) 頭越しに;(昇進などで)(人を) 出し抜いて ‖ The boss wouldn't listen to me, so I had to go *over* his ～ to the manager. 上司は話を聞いてくれなかったので, 彼を飛び越えて部長に相談しなければならなかった
pùt [OR ***stìck, ràise***] ***one's héad above the párapet*** 《英》手すりの上に顔を出す;(批判を承知の上で) 公然と秘密を取り上げる, 支持[意見]を表明する(↔ *keep one's head below the parapet*)
pùt [OR ***stìck***] ***one's héad in a nóose*** 結び輪に首を差し出す;自ら窮地に陥る
pùt one's héad into [OR ***in***] ***the lìon's móuth*** 危険に身をさらす
pùt [OR ***lày***] ***one's héad on the*** (***chópping***) ***blòck*** 評判を落とす[自分の地位を危うくする]ようなことをする(♦「断頭台に身を置く」から)
pùt ... into [***òut of***] ***a pèrson's héad*** (人に)〔考えなど〕を思い出させる[忘れさせる], 吹き込む[断念させる]
pùt their [OR ***our, your***] ***héads togèther*** (困難な問題などに対して)意見を出し合う, 鳩首(きゅうしゅ)会談をする ‖ Let's *put our* ～*s together* and see what we can come up with. じっくり話し合ってどんな提案ができるか考えてみよう
****rèar*** [OR ***ràise***] ***one's*** (***ùgly***) ***héad*** (好ましくないことが)頭をもたげる
(***right***) ***off the top of one's head*** ⇨ CE 5
scràtch one's héad 〈…について〉(困って)頭を抱える, 懸命に考える〈**about, over**〉 ‖ They were *scratching* their ～*s over* what to do with it. それをどうしていいかわからず彼らは頭を抱えていた
snàp a pèrson's héad òff = *bite a person's head off*(↑)
stánd [OR ***tùrn***] ***... on its héad*** 〔意見など〕を逆に[新たな方法で]解釈する, ひっくり返す ‖ He *stood* the standard view *on its* ～. 彼は定説を覆した
stànding on one's héad 逆立ちしたまま, いとも簡単に ‖ I could do it *standing on* my ～. そんなこと朝飯前だ
tàke it into one's héad 〈(予想外のことを) しようと〉(突然)思いつく〈**to do**〉;〈…だと〉思い込むようになる〈**that** 節〉(♥ 特に他人から見たらばからしいと思えることについて用いることが多い) ‖ She suddenly *took it into* her ～ *to* go on a trip alone. 彼女は突然一人旅に出かけようと思い立った
tàlk a pèrson's héad òff 長話で(人を)うんざりさせる
tùrn a pèrson's héad ① (人を) 思い上がらせる ② (人を)夢中にさせる ‖ His success *turned* his ～. 彼は成功していい気になっていた
tùrn héads 大いに注目を集める

COMMUNICATIVE EXPRESSIONS

1 **I'd lòse my héad if it wèren't attáched.** 私はとても忘れっぽい(♥くだけた表現)
2 **It's lèft my héad.** ど忘れしてしまいました
3 **My hèad is thróbbing** [OR **póunding**]. ずきずきするようなひどい頭痛がします(=There is a hammer inside my head./ =My head is killing me.)
4 She **nèeds (to hàve)** her **héad exàmined.** 彼女, 頭を診てもらった方がいいんじゃない;彼女は頭がおかしいよ
5 **(Thìs is rìght) òff the tòp of my héad, but** whỳ nòt shòot òff fíreworks? 今思いついたんですが, 花火を打ち上げるのはどうですか(♥思いつきを述べる際の前置き)
6 **Ùse your héad!** 頭を使いなさい;ちゃんと考えなさい(↘Use your noggin [OR noddle, noodle].)

—形《限定》《比較なし》❶頭の, 主要な;首位の, 首席の ‖ the ~ cook コック長 ❷頭(部)の ❸いちばん上[前]の ❹前から来る ‖ a ~ tide 逆潮(さかしお) / ~ currents 逆流 ❺《俗》麻薬(使用者)の ‖ a ~ shop 麻薬販売店

—動 (**~s** /-z/; **~·ed** /-ɪd/; **~·ing**)

—他 ❶《+目+副句》〔船・車など〕を〈…へ〉**向かわせる**, 向ける;《受身形で》〈…に〉向かう〈**for, toward,** etc.〉;〈好ましくない状況などに〉向かう〈**for**〉‖ The ship was *~ed for* the harbor. 船は港へ向けて進んだ / Where are you *~ed*? どこへ行くのですか / Clearly, they were *~ed for* disaster. 彼らが破滅に向かっているのは明らかだった

❷〔組織・集団など〕を**率いる**, 統率する《*up*》‖ She has been elected to ~ the government. 政府の長として彼女が選挙で選ばれた

❸ **a**《+目》〔リストなど〕のいちばん上にある ‖ His name *~s* the list. 彼の名前がリストの最初に出ている

b《+目+補 / 目+**with** 名》《受身形で》(本などのページなどが)…と見出し[表題]がつけられている(→ headed) ‖ The page was *~ed The End of the World.* そのページには「世界の終焉(しゅうえん)」というタイトルがついていた

❹〔行列など〕の先頭に立つ, …を先導する ‖ The parade was *~ed* by the mayor. パレードの先頭には市長が立った ❺〖サッカー〗〔ボール〕をヘディングする ❻〔木など〕の頭を切る[切りそろえる]

—自 ❶《+副句》〈…に向かって〉**進む**〈**for, toward,** etc.〉;〈好ましくない状況などに〉向かう〈**for, into, toward**〉‖ They *~ed* straight *for* home. 彼らは真っすぐ家に向かった / The ship was *~ing* north. 船は北へ向かっていた / ~ **back** 引き返す / She's *~ing* for trouble. 彼女はやっかいなことになるだろう

❷(キャベツなどが)結球する

****hèad óff*** 〈他〉《***hèad óff ...*** / ***hèad ... óff***》① …を阻止する, 回避する ‖ He was very skillful and *~ed off* many crises. 彼の巧みな手腕によっていくつもの危機が回避された ②(先回りして)…の行く手を遮る(♦ときに at the pass を伴う)‖ She *~ed off* the procession. 彼女は行進の行く手を遮った —〈自〉出かける, 立ち去る ‖ They *~ed off* to the beach. 彼らは浜辺へ向かった

hèad óut 〈自〉《米》= *head off*〈自〉(↑)

hèad úp ... / ***hèad ... úp*** 〈他〉①〔組織・集団など〕を統率する, 率いる(→ 他 ❷) ②〖海〗風の吹いてくる方向に〔船〕の舵(かじ)をとる

COMMUNICATIVE EXPRESSIONS

7 **It's hèaded for the júnk hèap.** そいつは到底無理だね;やっても時間の無駄だ(♥「ごみため行きだ」の意)

▶▶ ~ **bóy** 名C《英》(学校代表の)主席男子生徒 ~ **clèaner** 名C テープヘッドクリーナー《テープレコーダーなどの磁気記録装置部分をきれいにする装置または液剤》 ~ **còld** 名C 鼻風邪 ~ **còunt** 名C (出席者・従業員の)人数を数えること;(数えた)人数 ‖ do a ~ *count* 出席者の数を数える / *head-count* reductions (会社などの)人員削減 ~ **gàme** 名C《通例 ~s》《米口》(相手の真意を探るための)頭を使った言動 ~ **gírl** 名C《英》(学校代表の)主席女子生徒 ~ **òffice** 名C 本社, 本店;本社[本店]の経営陣 ~ **of státe** 名《the ~》国家元首 ~ **scràtcher** 名C《口》頭を悩ませるもの, 難題 ~ **séa** 名C〖海〗向かい波《船の進行方向からの波》(↔ following sea) ~ **stárt** 名C ①(競技で)素早い飛び出し, 有利なスタート;さい先のよい滑り出し, 好発進 ‖ get a ~ *start* on ... …に先んじる, 有利になる ②《H- S-》《米》ヘッドスタート《貧困家庭の未就学児童に早期学習環境を提供することを目的とする連邦政府のプログラム. 1964年創設》 ~ **táble** 名C《米》(宴会などで主賓やスピーチする人が着席する)メインテーブル(《英》top table) ~ **téacher** 名C《主に英》校長(《米》principal)(♦男女いずれにも用いる) ~ **wàll** 名C 圏谷(けんこく)《谷の一方の絶壁》;(生活上の超えるのが困難な)壁

-head[1] 接尾 =-hood ‖ god*head*, maiden*head*

-head[2] 接尾《名詞語尾》❶「…の前部・上部」などの意 ‖ spear*head* ❷「…の始まり」の意 ‖ river*head* ❸《口》「ばか者」など軽蔑の意 ‖ air*head* ❹《口》「中毒者」の意 ‖ pot*head*

***head·ache** /hédèɪk/《発音注意》名C ❶頭痛(→ ache) ‖ I have [OR am suffering from] a bad [splitting, pounding] ~. ひどい[頭が割れるような]頭痛がする / get a slight ~ 少し頭痛がする / a migraine ~ 偏頭痛 ❷《口》頭痛の種, 困り[持て余し]者, 悩み[心配]事(⇨ PROBLEM メタファーの森) ‖ He is a terrible ~ to his family. 彼は家族の者にとって大変な頭痛の種だ / That is a big ~ for the government. それが政府にとっての大問題だ / The noise is giving her a ~. その騒音が彼女を悩ませている

head·ach·y /hédèɪki/ 形 頭痛がする;(風邪などが)頭痛を伴う;《口》頭痛の種となる

héad·bànd 名C ❶鉢巻き, ヘッドバンド ❷〖印〗(ページの上部や章の初めの)帯状の飾り模様;〖製本〗花布(はなぎれ), ヘッドバンド

héad·bànger 名C ❶《俗》ヘビメタ(heavy metal)のビートに合わせて頭を激しく揺り動かす人;ヘビメタ愛好者 ❷《口》頭のいかれたやつ **-bànging** 名

héad·bòard 名C (ベッドの)頭板(あたまいた)

héad-bùtt 動他 …に頭突きを食らわす —名C 頭突き

héad·chèese 名U《米・カナダ》ヘッドチーズ(《英》brawn)《豚の頭の肉から作るソーセージの一種》

héad·drèss 名C 頭飾り, かぶり物

head·ed /hédɪd/ 形 ❶表題[見出し, レターヘッド]のある ‖ ~ notepaper レターヘッド付き便箋(びんせん) ❷(キャベツなどが)結球した ❸《複合語で》…の頭の(ある);…の髪をした;…の性格の ‖ curly-~ 縮れ毛の

head·er /hédər/ 名C ❶💻ヘッダー, 上部見出し行 ‖ a ~ label 見出しラベル / an e-mail ~ Eメールヘッダー《発信者・送信者名などの部分》❷〖サッカー〗ヘディング ❸《口》(水中に)頭から飛び込むこと ‖ take a ~ into the pool プールに頭から飛び込む ❹(配管の)母管, 管(くだ)寄せ ❺〖建〗(れんが・石材などの)小口(→ stretcher)

hèad·fírst ⟨ア 副形 ❶頭から先に[の], 真っ逆さまに[の] ‖ a ~ slide (double)〖野球〗頭からの滑り込み, ヘッドスライディング(による2塁打) ❷向こう見ずに[の], 後先考えずに[の]

hèad·fóre·mòst 副《米》=headfirst

héad·gàte 名C (運河の)上流端水門;防潮門, (取水口の)水門

héad·gèar 名U ❶かぶり物, 頭飾り ❷(頭部を保護する)ヘッドギア ❸(面繋(おもがい)などの)頭部馬具

héad·hùnt 動自他 (人材を)スカウトする;首狩りをする

héad·hùnter 名C ❶人材スカウト;人材供給会社 ❷首狩り族の人

héad·hùnting 名U ❶人材引き抜き ‖ a ~ agency 人材スカウト会社[機関] ❷首狩り

***head·ing** /hédɪŋ/ 名C ❶(パラグラフ・章などの)見出し,

表題, 題目 ; (手紙の本文上の)頭書《差出人の住所・日付・発信地》‖ under the ～ "Generation X"「ジェネレーションX」という表題の下に ❷ 主題, 論題 ; 項目 ; 範疇(はんちゅう) ❸ U C 〘サッカー〙ヘディング ❹ (船舶・航空機の)進路 ; 向首方角 ; 方向 ‖ on a southwest ～ 南西に進路をとって ❺ 〘採〙横坑道(drift) ; 〘土木〙(トンネルの)先進導坑 ❻ カーテンタック

héad·làmp 名 =headlight

head·land /hédlənd/ 名 C ❶ 岬, (海岸・湖岸の)突端 ❷ (畑のへりの)畔(あぜ)

héad·less /-ləs/ 形 ❶ 《通例限定》首[頭部]のない ; 首を切られた ❷ 指導者のいない, リーダーのいない

***héad·lìght** 名 C 《通例 ～s》(自動車などの) ヘッドライト(の光) ; (鉱夫や医師などが頭につける) 前照灯 (headlamp) ‖ turn [OR switch] on [off] the ～*s* ヘッドライトをつける[消す] / dim [《英》dip] the ～ ヘッドライトを(下に向けて) 暗くする / in the glare of the ～*s* ヘッドライトのまぶしい光に照らされて

like a déer* [OR *rábbit*] *càught in the héadlights (ヘッドライトに照らされたシカ[ウサギ]のように)恐怖・驚きのあまりどうしてよいかわからない

:héad·lìne

―名 (複 **~s** /-z/) C ❶ (新聞記事などの) **見出し**, 表題, 大見出し ‖ The ～ **in** today's paper says "Japan Wins!" 今日の新聞の見出しに「日本勝利！」と出ている / glance at the ～*s* 見出し(だけ)をざっと見る / an eight-column **banner** ～ 8段抜きの大見出し / **under** [OR **in**] a front-page ～ (新聞の)1面の見出しに
❷ 《the ～s》〘放送〙(ニュースの初めに挙げる) 主な項目 ‖ the news ～*s* 主なニュース項目
❸ (本などの)欄外見出し, 柱《ページ数や題名などを記す》

hìt* [OR *màke, gràb, càpture*] *(the) héadlines (新聞・ラジオ・テレビで)大きなニュースとして取り上げられる

―動 他 ❶ 《+目+補》《通例受身形で》(記事など) に…という見出し [表題] がついている ‖ The article that was ～*d* "Net Addiction" caught my eye. 「インターネット中毒」という見出しのついた記事が私の目に留まった ❷ 〔ショーなど〕に主役として出演する ❸ 《米》〔人〕を主役として出す[宣伝する] ―自 主役で出る

héadline-gràbbing 形 大きなニュースとして取り上げられる

héad·lìner 名 C ❶ (ポスターなどに名前が大きく出る) スター, 立役者, 真打ち ❷ ヘッドライナー《車の天井の布・ビニール地》

héad·lòck 名 C 〘レスリング〙ヘッドロック

héad·lòng /hédlɔ̀(ː)ŋ/ 副 ❶ 頭から先に, 真っ逆さまに ❷ 後先を考えないで, 向こう見ずに ; 性急に ―形 《限定》 ❶ 頭から先の, 真っ逆さまの ❷ 後先考えない, 性急な

head·man /hédmən/ 名 (複 **-men** /-mən/) C ❶ 指導者, 首領(中立 chief) ❷ 監督, 職工長(中立 supervisor)

***hèad·máster** ⟨シ 名 C 《主に英》校長 ; 《米》(私立学校の)校長(中立 principal, head (administrator))

hèad·místress ⟨シ 名 C 《主に英》女性の校長 ; 《米》(私立学校の) 女性の校長 (中立 principal, head (administrator))

héad·nòte 名 C (書物の)頭注(↔ footnote) ; 〘法〙頭書

***hèad-ón** ⟨シ 形 《限定》正面の ; (真)正面からの ; 真っ向からの ‖ a ～ collision [OR crash] 正面衝突 / a ～ confrontation 真っ向からの対決
―副 正面に ; (真)正面から ; 真っ向から ‖「deal with [OR tackle] a problem ～ 問題に正面から取り組む

***héad·phòne** 名 C 《通例 ～s》ヘッドホン ; (頭につける)受話器

héad·pièce 名 (複 **-piec·es** /-ɪz/) C ❶ かぶり物, 帽子 ; かぶと(helmet) ; (馬具の) 面繋(おもがい) ❷ =headset ❸ 〘印〙(章やページの初めの)花飾り, 頭飾り

héad·quàrtered /-d/ 形 《主に複合語で》本部を置いている ‖ a Tokyo-～ firm 東京に本社のある商社

***head·quar·ters** /hédkwɔ̀ːrṭərz | ╶╶╴/ ⟨シ 名 《単数・複数扱い》(軍・警察・会社などの) 本部, 司令部《略 HQ, H.Q., h.q., hdqrs.》; 本署 ; 本社 ; 本局 ‖ The company's ～ is [OR are] in Brussels. その会社の本社はブリュッセルにある / He is based at ～. 彼は本部[本社]に配属されている /「set up [OR have] ～ 本部[本拠]を構える /「an army [a police] ～ 陸軍[警察]本部 / general ～ 総司令部《略 GHQ》

héad·rèst 名 C (車の座席などの)ヘッドレスト, 頭もたせ

héad·ròom 名 U (トンネル・天井などの)頭上空間

héad·scàrf 名 (複 **-scarves** /-skɑ̀ːrvz/) C ヘッドスカーフ

***héad·sèt** 名 C (マイク付きの)ヘッドホン

head·ship /hédʃɪp/ 名 C 首領[指導者]の地位[職] ; 《主に英》校長の地位[職]

héad·shòt 名 C ❶ (人間の) 頭部写真 ❷ 頭部をねらった弾丸[銃撃]《テレビゲームなどで高得点が得られる》

héad·shrìnker 名 C ❶ 首狩り族の人 ❷ ⊗《主に米口》《蔑》《旧》精神科医(psychiatrist)

heads·man /hédzmən/ 名 (複 **-men** /-mən/) C 首切り人, 死刑執行人(中立 (public) executioner)

héad·stàll 名 C 《主に米》(馬具の) 面繋 (おもがい) (headpiece ❶)

héad·stànd 名 C 頭をつける逆立ち [倒立] (→ handstand) ‖ do a ～ 頭倒立をする

héad·stòne 名 C ❶ 墓石(gravestone) ❷ 〘建〙要石(かなめいし)(keystone)

héad·stròng 形 《けなして》頑固な, 強情な ; 身勝手な, わがままな

hèads-úp ⟨シ 名 C《口》警告 ; 最新情報
―形 《米口》油断のない, 機敏な ; 機知に富んだ

hèad-to-héad 形 《限定》 副 接近戦の[で], 接戦の[で] ‖ compete ～ for ... …を求めて接戦を挑む

hèad·wáiter 名 C 給仕長(♦男女共に用いる)

héad·wàters 名 複 (川の)上流, 源流

héad·wày 名 ❶ U (船の)前進 ; 進歩 ; 進捗(しんちょく), 発達 ‖ make ～ (苦労しながらも)前進[進展]する ❷ =headroom ❸ C (列車・バスなどの)運転間隔

héad·wìnd 名 U C (船・飛行機の) 向かい風, 逆風 (↔ tailwind) ‖ against ～*s* 逆風に逆らって

héad·wòrd 名 C ❶ (辞書などの)見出し語 ❷ 〘言〙主要語

héad·wòrk 名 ❶ U 頭脳[知的]労働 ❷ C 〘建〙要石の装飾

head·y /hédi/ 形 ❶ 《通例限定》(酒などが) 酔わせる ; 興奮させる ; 気分を浮き立たせる ‖ a ～ experience めくるめくような経験 ❷ 《叙述》(人が) 浮き浮きして ‖ I felt ～. 私は浮き浮きした気分だった ❸ 性急な, 軽率な ; 身勝手な
héad·i·ly 副 **héad·i·ness** 名

***heal** /hiːl/ (♦同音語 heel) 動 他 ❶ 〔傷・病人〕をいやす, 治す, 治療する(↔ injure, harm, hurt)《*up*》(♦しばしば受身形で用いるが, cure の方がふつう)(⇨ CURE 類語P) ‖ The wound is not yet ～*ed*. その傷はまだいえていない / ～ him of his disease 《堅》彼の病気を治す ❷ 〔悲しみ・悩みなど〕をいやす ; 〔不和など〕を和解させる ; 〔人〕の心の傷をいやす ‖ Time ～*s* all sorrows. 時が悲しみをすべていやしてくれる
―自 ❶ (傷などが) いえる, 治る《*up*》‖ His arm hasn't ～*ed*. 彼の腕は (まだ) 回復していない ❷ (不和・悩みなどが)解ける, 解決する ; (人の)心の傷がいえる

héal òver 〈自〉 ① (傷が)治って(皮膚などが)元どおりになる ② (不和などが)解消する

～·a·ble 形 治すことができる

語源 「健全な, 完全な」の意の古英語 *hælan* から. whole と同語源(⇨ HEALTH 語源).

heal·er /híːlər/ 名 C (病気・悲しみなどを)いやす人[もの], 信仰療法家 ‖ *Time is the great* ～. 《諺》時がすべてをいやしてくれる

heal·ing /híːlɪŋ/ 名 U 治療(法) ; いやし ; 《形容詞的に》治療の, いやしの ‖ a ～ effect 治療効果

health /helθ/

—名〔▶ healthful 形, healthy 形〕(複 ~s /-s/) U ❶ (体・心の)**健康状態**, 体の調子, (正常な)精神状態 ‖ He has [OR is in] good [bad, ill] ~. 彼は健康である[を害している] / Laughter really can improve people's ~. 笑いは確かに人の健康を増進させる / An unbalanced diet is bad for your ~. バランスのとれていない食事は健康に悪い (⇨ 語法) / *Health is better than wealth.* 《諺》健康は富に勝る;金より体 / quit one's job because of poor [OR ill] ~ 健康上の理由で仕事を辞める[退職する]

語法 ☆☆ しばしば(代)名詞の所有格や形容詞を前に伴う.「健康によい[悪い]」は good [bad] for (the) health も可能だが good [bad] for your health のように所有格を用いる方がふつう.

❷ **健康**(なこと), 健全;**保健**, 衛生;医療(事業) ‖ Grandpa is a picture of ~. おじいちゃんは健康そのものだ / I'm here for my ~. 健康によいのでここに来ています / Amino acids are essential for human ~. アミノ酸は人間の健康に不可欠なものだ / increase government spending on ~ 医療事業への政府出費を増やす / the Department of *Health* and Human Services 《米》保健福祉省《米政府15省の1つ》

連語 【形+~】 mental ~ 精神衛生 / public ~ 公衆衛生
【動+~】 maintain one's ~ 健康を維持する / promote ~ 健康を増進する / damage one's ~ 健康を害する / protect one's ~ 健康を守る / affect one's ~ 健康に影響を及ぼす

❸ (社会などの)健全さ, 安寧, 繁栄;大成功, 上出来;活力 ‖ the economic ~ of a nation 国家の経済的安定 / the ~ of their marriage 彼らの順調な結婚生活

❹ C U (人の健康を祝しての) 乾杯 (→ CE 1) ‖ drink (to) his ~ 彼の健康を祝して乾杯する

❺ 《形容詞的に》健康によい, 健康に関する(→health food, health care) ‖ Active oxygen accounts for many ~ problems. 活性酸素は多くの健康上の問題を引き起こす原因となる

連語 【~+名】 ~ authority 厚生当局 / ~ education 健康教育 / ~ insurance 健康保険 / ~ benefits 健康保険給付金;健康上の利益 / (a) ~ risk 健康を損なう恐れ

COMMUNICATIVE EXPRESSIONS

1 (To) **your vèry gòod héalth**, Ms. White. ホワイトさんの健康を祈って, 乾杯(♥ 形式ばった乾杯のあいさつ. ↘Here's to Ms. White./↘ 《口》 Cheers!)

語源 *heal*(いやす)+*-th*(古い名詞語尾).

▶▶ ~ **càre** 名 U 健康管理, 保健医療 ~ **cènter** [《英》**cèntre**] 名 C 《米》(大学内の)保健医療センター;《英》地域総合診療所;保健所 ~ **clùb** 名 C ヘルスクラブ, スポーツセンター ~ **fàrm** 名 C 《主に英》=health spa ~ **fòod** 名 U/C 《しばしば ~s》健康食品 ~ **máintenance organizàtion** 名 U 《米》(会員制の)健康管理組織《略 HMO》 ~ **resòrt** 名 U 保養地 **Héalth Sàvings Accòunt** 名 C 《米》医療貯蓄口座《将来の医療に備えて積み立てる無税の口座. 2003年創設》 ~ **sèrvice** 名 U C 公共医療(制度) ~ **spà** 名 C 《米》(運動などができる)保養施設 ~ **tòurism** 名 U 健康ツアー《治療を兼ねた(主に海外観光)ツアー. medical tourism ともいう》 ~ **vìsitor** 名 C 《英》家庭訪問看護師《高齢の患者・障害者・幼児がいる家庭の世話や相談に当たる》

***health·ful** /hélθfəl/ 形〔◁ health 名〕《通例限定》健康によい, 健康を増進する;(精神的に)有益な, ためになる(⇨ HEALTHY 類語) **~·ly** 副 **~·ness** 名

‡health·y /hélθi/

—形〔◁ health 名〕(**health·i·er**; **health·i·est**)
❶ **健康な**, 壮健な;(顔色などが)健康そうな (↔ ill, unhealthy) (♦「…は健康である」の言い方は health❶も参照) (⇨ 類語) ‖ Your mother looks very ~. 君のお母さんはとても元気そうですね / a ~ baby 健やかな赤ん坊
❷ 健康[体]によい;(精神的に)ためになる ‖ It's not ~ for you to get by on so little sleep. ほとんど眠らずに何とかやっていくのは体によくないよ / a ~ diet 健康食
❸ (態度・感情などが)賢明な, まともな, 健全な, 自然な;安全な;望ましい ‖ Don't worry. I have a ~ respect for the law. 心配ご無用, 法律のことはちゃんと考慮に入れています / The damp and musty room is not a ~ place to work. 湿っぽくてかび臭い部屋は働く場所に向いていない
❹ 健全な, 安定した, うまくいっている ‖ a ~ economy 健全な経済状態 ❺ 《口》旺盛(おうせい)な;(数量が)相当の, かなりの ‖ Do have some more. You're supposed to have a ~ appetite. 君の若さなら旺盛な食欲があるはずだから, 遠慮するな / earn a ~ income 相当の収入を得る
héalth·i·ly 副 **héalth·i·ness** 名

メタファーの森 health, sick(ness) 健康, 病気

health, sickness ⇨ vertical direction (健康状態⇨上下方向)

「健康」は上方向に,「病気」は下方向に対応付けられて表現される. 体調の悪い時には横になっていることが多いので, 病に倒れた状態が下の方向と対応する. 逆に健康な状態は上方向に対応付けられる.

【健康⇨上方向】
➤ He's in **top** shape. 彼の体調は万全だ(♦ shape は「健康状態・体調」の意)
➤ Matt was sick last week, but he is now **up and running**. マットは先週体調が悪かったが, 今はもう元気に働いている
➤ It is essential to eat right food at right time to **build up** your health. 正しい時間に正しいものを食べることは健康を増進するのに不可欠だ

【病気⇨下方向】
➤ She **fell** ill after eating. 彼女は食後気分が悪くなった
➤ His grandmother is **sinking** fast. 彼の祖母は急に容態が悪くなっている
➤ My brother **came down with** the flu. 私の弟はインフルエンザにかかった

keeping healthy ⇨ fight (健康維持⇨戦闘)

健康を保つには病気という「敵」と闘う必要があることから, 健康維持は「戦闘」に例えられ, 健康に関する話題にも戦闘に関係のある表現が多く用いられる. 日本語の「闘病」もこのメタファーに基づいた表現である.

➤ Getting enough sleep is essential to **fight** disease. 病気と闘うには十分な睡眠が不可欠だ
➤ Regular exercise **protects** you from disease. 定期的な運動があなたを病気から守る
➤ Men are more likely to be the **victims** of heart attacks than women. 男性は女性よりも心臓発作で亡くなることが多い(♦ be the victims of ... は「…の犠牲者になる, …で死ぬ」の意)
➤ I'm sure that my uncle will **beat** the cancer. 私は叔父が癌(がん)を克服できると確信している

類語《❶》**healthy**「健康な」(=in good health)が第1義であるが，healthful の意味に用いることも多い．
healthful 健康によい．〈例〉a *healthful* climate 健康によい気候
well healthy が日ごろから健康で病気になりにくいことを表すのに対し，ある特定のときに病気でなく，ふつうの健康状態にあることを表す．〈例〉Is your father *well*? お父さんはお元気ですか
sound 完全に healthy で病気・欠陥の兆候が皆無の．〈例〉a *sound* body [mind] 健全な身体[精神]
fit 健康状態が(特に定期的に運動をしているために)非常に良好である．

~-lífe expèctancy 名 U 健康寿命

heap /hiːp/ 名 C ❶ 積み重ね，堆積(たいせき)，山(積み)(⇨ PILE[1] 類語) ‖ Lots of clothes were piled in ~*s* in the corner of his room. 彼の部屋の隅にはたくさんの衣服が山と積まれていた / gather fallen leaves into a ~ 落ち葉を集めて山にする / a ~ of garbage [newspapers] 生ごみ[新聞]の山 / a compost [sand] ~ 堆肥[砂]の山 ❷《a ~または~s》《口》多量，多数；たくさんの事物 ‖ There is [×are] ~*s* of money [time]. 金[時間]はたっぷりある / I've heard the story ~*s* of times. その話は何度も聞いた(♦後にくる名詞が C の場合は複数扱い，U の場合は単数扱い) / a ~ of trouble 多くの困難 / "Have you got enough time?" "Yes, I have ~*s*." 「時間は十分ありますか」「ええ，たっぷり」(♦of 句の省略) / I've got ~*s* to tell you. 君に話したいことがいっぱいある ❸《通例 ~s》《副詞的に比較級を修飾して》《英口》大いに，ずっと ‖ She is ~*s* cleverer. 彼女の方がずっと頭がいい ❹《俗》ぽんこつ(自動車)；がたのきた[ぼろの]建物

at the tòp* [*bòttom*] *of the héap 社会[組織]の頂点[底辺]で

be strùck* [OR *knòcked*] *àll of a héap 《口》圧倒される，度肝を抜かれる

in a héap ① 山をなして，積み重なって ② うずくまって ‖ He was shivering *in a* ~ on the floor. 彼は床の上にうずくまって震えていた ③ ばったりと，ぐったりと ‖ fall [OR collapse] *in a* ~ ばったり倒れて動かない

― 動 他 ❶ …を積む，積み上げる，蓄積する《*up*》‖ ~ (*up*) sand into a mound 砂を積み上げて小山にする / ~ *up* riches 富を蓄積する ❷ …を〈…に〉山のように盛る[積む]〈**on, upon, onto**〉；…に〈…を〉山盛りにする[積む]〈**with**〉‖ ~ vegetables *on* [OR *upon, onto*] a plate = ~ a plate *with* vegetables 野菜を皿に山盛りにする / a ~*ed* spoonful of sugar 砂糖山盛り1さじ ❸ …を〈人に〉山ほど与える〈**on, upon**〉；〔人〕に〈賛辞・悪口などを〉浴びせかける〈**with**〉‖ ~ praises [food] *on* [OR *upon*] him = ~ him *with* praises [food] 彼を褒めちぎる[彼に食べ物をたくさん与える]

― 自 積もる，堆積する，山をなす《*up*》

heap·ing /híːpɪŋ/ 形《限定》(スプーンなどに)山盛りの

***hear** /hɪər/ 《発音注意》(♦同音語 here)

中心義 …が聞こえる

― 動 (~s /-z/；**heard** /həːrd/；~·ing) (♦他 ❸，自 ❸ 以外は進行形・命令形はまれ)

― 他 ❶ **聞こえる**(⇨ 類語P) **a** 《+目》…が聞こえる，(ひとりでに)耳に入る(→ listen) ‖ I could ~ the roar of a waterfall. 滝のとどろきが聞こえた(♦継続的に聞こえる場合は通例 can とともに用いる．⇨ CAN[1] ❶ 語法(3)) / I *heard* the doorbell. ドアのベルの音が聞こえた(♦can を伴わないと瞬間的に聞こえることを表す) / I can't ~ you very well. (電話などで)よく聞こえません / We listened but we couldn't ~ anything. 耳をそばだてたが何も聞こえなかった

b 《+目+*do*》…が…するのが聞こえる ‖ I *heard* the ground crew hurry the passengers. 地上勤務員が乗客たちを急がせる声を耳にした(♦受身形では to *do* の形をとるとされるが，実際にはあまり使われず，*doing* を用いるのがふつう．⇨ PB 95〈例〉The ground crew was *heard* hurrying the passengers.) / You could have *heard* a pin drop. ピンの落ちる音が聞こえるほど(静か)だった

c 《+目+*doing*》…が…しているのが聞こえる ‖ We *heard* a fire engine racing along with sirens wailing. 消防車がサイレンを鳴らしながら走り過ぎて行くのが聞こえた

d 《+目+*done*》…が…されるのが聞こえる ‖ Did you ~ our flight announced? 我々の便の出発がアナウンスされたのが聞こえましたか

❷ **a** 《+目》…を聞き知る，知らされる，耳にする[入れる] ‖ I'm ashamed to ~ the story. その話を聞くと耳が痛い / Don't tell me you *heard* nothing of it. それについて何も聞かなかったとは言わせないぞ / I've *heard* enough of that. その話にはもううんざりだ / ~ rumors うわさを聞く

b 《+(**that**) 節 / **wh** 節》…ということを耳にする，伝え聞く；…だと知る，気づく(♦that は省略されることが多い)(→ CE 9) ‖ I'm glad to ~ (*that*) our graduates are doing well. 我が校の卒業生が立派にやっていると聞いてうれしい / When his parents *heard what* he was planning, they tried to stop him. 彼が何を計画しているかを知って両親は彼を引き止めにかかった / I ~ (*that*) he is engaged. 彼は婚約したそうだ(♦この I hear は I have heard と同じ意味)

❸ **注意して聞く** **a** 《+目》…を注意して聞く，〔人の言い分・音楽など〕を聞く；〔演奏会・ミサなど〕に出席する(♦listen to と交換可能な場合が多いが，「演奏会場で(じかに)音楽を聞く」場合は listen to はふつう使わない．⇨ 類語P) ‖ You what? Let's ~ it. 君がどうしたって．聞こうじゃないか / ~ her complaint 彼女の不平を聞いてやる / go to ~ an opera オペラを聞きに行く / I'm ~*ing* his lecture. 彼の講義に出席しています / ~ Mass ミサに出席する

b 《+目+*doing* / *do*》…が〔演奏[講演]など〕をしている[する]のを聞く ‖ ~ her play Vivaldi 彼女がビバルディの曲を弾くのを聞く

c 《+目+*done*》〔演奏・講演など〕が…されるのを聞く

d 《+**wh** 節》…ということを聞く ‖ You must ~ *what* he has to say. 彼の言い分を聞いてあげなさい

❹ 〘法〙〔事件・訴訟など〕を審理する，…に審問する ‖ ~ a case 事件を審理する / ~ evidence 証拠を審理する / ~ witnesses 証人に審問する

❺ 〔祈りなど〕を聞き届ける，かなえる ‖ Lord, ~ our prayer. 主よ，我らの祈りを聞き入れたまえ

❻ 《米口》…を理解する，…がわかる；…と同意見である(→ CE 7) ‖ "This place is overcrowded." "I ~ that." 「ここは人が多すぎる」「そのとおりだ」

― 自 ❶ (耳が)聞こえる；(音が)聞こえる ‖ He doesn't ~ very well. 彼は耳が遠い(=He is hard of hearing.) ❷ 聞き知る，伝え聞く(→ *hear about* ...(↓), *hear from* ...(↓), *hear of* ...(↓)) ❸ 《主に英》耳を傾ける，傾聴する

càn't hèar onesèlf think 《口》(音楽・騒音などで)やかましくて考えごとができない[集中できない]

héar about ... 〈他〉…について(聞き)知る，…のことを耳にする(♦一般的に hear of よりも詳しい内容について聞くときに用いる．受身形はまれ) ‖ I have *heard* a lot *about* you. おうわさはかねがね伺っております

****héar from ...*** 〈他〉《受身形可》① …から**便りがある**；…から連絡を受ける ‖ I look forward to ~*ing from* you. (手紙の末尾などで)お便りを楽しみにしております ② (討論などで)…の意見を聞く；…から事情聴取する ‖ The police *heard from* the witnesses. 警官は目撃者たちから事情聴取をした ③ …にしかられる ‖ If you don't do your homework, you're going to ~ *from* me. 宿題をしないと怒りますよ

****héar of ...*** 〈他〉① …のことを**聞き知る**，…の存在を知る；…のうわさ[消息]を聞く ‖ I've never *heard of* anyone by that name. そんな名前の人は聞いたこともない / They were never *heard of* again. 彼らの消息はそれきり聞かなかった (♦ 受身形可) ② 《通例 will [would, could] not ~ of ... で》…を聞き入れる, …に同意[承服]する ‖ Her mother wouldn't ~ *of* her going to a late-night concert. 彼女の母親は彼女が深夜コンサートに出かけることを承知しなかった

hèar a pèrson óut 〈他〉《受身形不可》 ①〔人〕の話[言うこと]を最後まで聞く ‖ At least ~ me *out* before making up your mind. 決断する前に少なくとも僕の話を最後まで聞いてくれ ②〔人〕の言い分を聞く

màke onesèlf héard (大声を出して) 自分の声を聞かせる ; 自分の考えを聞いてもらう (→ CE 1)

COMMUNICATIVE EXPRESSIONS

1 **Àm I màking mysèlf héard?** ちゃんと聞いてますか ; わかりましたね (♥ 命令調の表現)

2 **Dìd you héar (what háppened)?** ねえ, 聞いた ; 知ってるかい (♥ うわさやニュースの切り出し文句)

3 **(Do) you héar (me)?** いいかい ; よく聞けよ ; わかったか (♥ 注意の喚起)

4 **Have you hèard the óne about** Tèd and his mónkey? ⇨ ONE (CE 3)

5 **Héar! Héar!** 謹聴 ; 賛成, そのとおり (♥ 聴衆が発言者に賛成の意を示すときにいう. 反語的にも用いられる)

6 **I dìdn't** [OR **cóuldn't**] **héar you** [OR **whàt you sáid**]. (おっしゃったことが) 聞こえませんでした

7 **I héar you** [OR **whàt you're sáying**]. ① わかってるよ ; そうだね (♥ 同調・同意) ② 聞いてるよ ; うん, それで (♥ 必ずしも同意していないことをほのめかす)

8 **It was gréat** [OR **níce, góod**] **to héar about** your promótion. 昇進したんだってね, よかったね (♥「おめでとう」という意味のややくだけた表現. ↗Congratulations on your promotion.)

9 **I've hèard it sáid** that she'll be rùnning for máyor. 彼女が市長選に出馬すると聞きました (♥ うわさや情報などを聞き知っていることを述べる. =I hear say [OR tell] that ....)

10 **Nòw hèar thís!** (公式発表で) 重大ニュースを発表します

11 **Sórry to bùtt ín, but did I hèar you** mèntion sòmething about Jóshua? 割り込んですみませんが, ジョシュアについて何か言いました? (♥ 会話に割り込んで話に参加するきっかけを作る)

12 **Thát ìsn't the wày Í hèard it.** そうは聞いていませんが ; 聞いていた話とは違うな (♥「そんなはずはない」の意)

13 "The flìght has been cáncelled." "**Thàt's what I héard.**" 「フライトは欠航になりましたよ」「そのようですね」(♥「すでに聞き知っている」という意味のややくだけた表現. ↗(Yes,) I know (, thanks)./↗So I'm [OR I've been] told./↗So「I hear [OR I've heard].)

14 **We héard you, alrèady.** もうその話は聞いたよ ; わかった, わかった (♥ しつこく同じ話を繰り返す相手に対して)

15 **You héard me.** Stàrt wàshing the díshes. 聞こえたでしょ, 食器を洗い始めなさい (♥ 指示を受けた人がもたもたしている場合にさっさと指示に従うよう促す)

聞く	hear	自然に	聞こえる
	listen (to)	意識的に	耳を傾ける

♦ hear が listen のように意識的に「聞く」の意味になる場合もある (→ 他 ❸).
♦ sound は補語を伴い「…のように聞こえる」.
♦ 音楽会などへ行って「…(の演奏) を聞いた」ということを伝えるときは, その場での具体的な行為は "listen to" であっても, ふつう hear を用いる (→ 他 ❸).

:heard /hə:rd/ 《発音注意》(♦ 同音語 herd) 動 hear の過去・過去分詞

hear·er /híərər/ 名 C 聞く人, 聞き手, 傍聴者

:hear·ing /híərɪŋ/
—名 (複 ~s /-z/) ❶ U 聞くこと, 聴取 ; 聴覚, **聴力** ‖ His ~ is「not very good [poor]. 彼は耳があまりよく聞こえない [遠い] / She is hard of ~. 彼女は耳が遠い / have acute [OR keen] ~ 耳が鋭い / lose one's ~ 耳が聞こえなくなる / at first ~ 初めて聞いたときに / ~ loss 聴力損失 / a ~ test 聴力テスト (❗ 英語などの「聞き取りテスト」は a listening (comprehension) test)
❷ C 公聴会, ヒアリング ; 〖法〗審問, 審理 (court hearing) ‖ hold a public ~ 公聴会を開く / a preliminary ~ 予審 ❸ U 聞こえる距離 [範囲] (earshot) ‖ She said it in my ~. 彼女は私に聞こえる所でそう言った / within [out of] his ~ 彼の聞こえる [聞こえない] 所で ❹ C 聞いてやる [もらう] こと, 傾聴, 発言の機会 ‖ He was not given [OR granted] a fair ~. 彼は言い分を公平に聞いてもらえなかった / gain [OR get] a ~ 発言の機会を得る
▸▸ **~ àid** 名 C 補聴器 **~ dòg** 名 C 聴導犬

hèaring-impáired 形 耳が不自由な, 難聴の

heark·en /há:rkən/ 動 自 《古》=hark, harken

Hearn /hə:rn/ 名 **Lafcadio ~** ハーン (1850–1904) 《ギリシャ生まれのアイルランドの作家. 日本国籍を取得して, 小泉八雲と名乗った》

héar·sày 名 U うわさ, 風説, 風聞 (rumor) ‖ ~ evidence 〖法〗伝聞証拠

hearse /hə:rs/ 名 C 霊柩(れいきゅう)車

H

***heart /hɑ:rt/ 《発音注意》(♦ 同音語 hart)

名 心臓❶ 心❷ 愛情❸ 勇気❹ 中心部❺

—名 〔▶ hearten 動, hearty 形〕 (複 ~s /-s/) ❶ C **心臓** ; 胸, 胸部 (⇨ BREAST 類語P) ‖ My ~ was beating hard [OR fast]. 心臓が激しく鼓動していた [胸がどきどきしていた] / My ~ stood still at the sight. その光景に心臓の止まる思いがした / The doctor pressed the stethoscope against my ~. 医師は聴診器を私の胸に当てた / an artificial ~ 人工心臓 / have a weak [strong] ~ 心臓が弱い [強い] / a ~ transplant [specialist] 心臓移植 [専門医] / have「~ trouble [OR a ~ condition] 心臓に疾患がある / cross one's ~ 胸に十字を切る
❷ U/C 《a ~》(感情の宿る場所としての) **心** (↔ head) ; 感情, 心情 ; 気持ち, 気分 ; 胸の中, 心の底, 内心 ; 知性 ; (広義に) 精神 (⇨ MIND 類語, メタファーの森) ‖ To be a good doctor you need a warm ~ and a cool head. よい医者になるには温かい心と冷静な頭脳が必要である / You have a kind [OR soft] ~. 君は心が優しい / The tragic scene went to my ~. その痛ましい光景に胸が痛んだ / I'm still young at ~. 気持ちは今なお若い / His story touched the ~*s* of the audience. 彼の話は聴衆の心を打った / win the ~*s* and minds of the people 人々の心をつかむ / have a ~ of stone [gold] 冷たい [思いやりのある] 心の持ち主である / a broken ~ 失意 ; 失恋 / with a heavy [light] ~ しょんぼりして [心も軽く]
❸ U 思いやり, 親切心, 優しさ, 温かい心 ; 同情心, 哀れみ, 人情(味) ; 愛, **愛情**, 恋情 ‖ He has no [plenty of] ~. 彼は思いやりがない [人情に厚い] / a man of [without] ~ 心の温かい [情けのない] 人 / He won [OR captured] her ~. 彼は彼女の愛を勝ち得た / affairs of the ~ 恋, 情事
❹ U **勇気**, 気力, 元気 ; 熱意, 意気込み ; 興味 ‖ Be of good ~. 元気を出しなさい / Our team played with a lot of ~. 我がチームは力いっぱい戦った / He put his whole ~ into his work. 彼は仕事に心血を注いだ
❺ 《the ~》**中心部**, 心臓部 ; 内奥部, 内陸, 奥地 ; 核心, 急所 ; 真意 ; 真髄 (⇨ MIDDLE 類語P) ‖ Let's go [OR get] straight to the ~ of the problem. すぐに問題の核心に入ろう / in the ~ of the city [mountains]

町の中心部[山奥]に / strike at the **very** ~ of the problem 問題の核心を突く / the ~ of his theory 彼の理論の骨子

❻ Ⓒ 人, 勇者；愛する人, あなた, (親愛の情を示して)君 ‖ a brave ~ 勇士 / Dear [OR Dearest] ~! 君, おまえ, いとしい人(♥ 妻・恋人・子供に対する呼びかけに用いる)

❼ Ⓒ ハート形(の絵)《愛の象徴》；(トランプの)ハート(の札)；《~s》《単数・複数扱い》ハートの組札；《~s》《単数扱い》ハート抜き(ゲーム) ‖ ~-shaped chocolates ハート形チョコレート / the ace of ~*s* ハートのエース

❽《the ~》〘植〙(花の)芯(しん)；(野菜などの)芯 ❾ Ⓤ《主に英》(土壌の)肥沃(ひよく)さ, 豊かなこと；地味 ‖ out of ~ 土地がやせて / in good [poor] ~ 土地が肥えて[やせて](♦ 通例修飾語を伴う) ❿ Ⓒ (食用にする)動物の心臓

after a pèrson's òwn héart (人と)相性のよい, 馬の合う ‖ a man *after* my *own* ~ 私の心にかなった男性

****at héart*** **心の底(で)は**；実際は ‖ He is a good fellow *at* ~. 彼は根はいいやつだ

be àll héart (人が)心が優しい, 寛大である, 人がよい(♥ やや おどけて反語的に用いる)

****brèak a pèrson's héart*** (人を)ひどく悲しませる

****by héart*** **暗記して**, そらで ‖ learn [OR know] a poem *by* ~ 詩を暗記する[そらんじている]

clòse [OR ***dèar, nèar***] ***to a pèrson's héart*** (人に)とって大事な[いとおしい]

cròss one's héart (***and hòpe to díe***) 誓って本当のことを言う；うそは言わない

crỳ [OR ***sòb***] ***one's héart òut*** 胸が張り裂けるほど泣く

dò a pèrson's hèart góod (人を)喜ばせる

èat one's héart òut 《口》〈…のことで〉くよくよする, 思い悩む〈**for**〉

find it in one's héart to do 《通例 can, could とともに否定文・疑問文で》…する気になる, …したいと思う

from [OR ***at***] ***the bottom of one's heart*** ⇨ BOTTOM (成句)

give a pèrson (***frèsh***) ***héart*** 〔人〕を励ます

give [OR ***lòse***] ***one's héart to a pérson*** 〔人〕に思いを寄せる[心を奪われる], 〔人〕を恋する

hàrden one's héart 〈…に対して〉心を鬼にする〈**against**〉

have a heart ⇨ CE 1

「***hàve one's héart*** [OR ***one's héart is***] ***in ...*** 《通例否定文で》…に興味を持っている ‖ His ~ *is* not *in* his desk job. 彼は事務の仕事には関心がない

「***hàve one's héart*** [OR ***one's héart is***] ***in one's bóots*** とてもがっかりしている, 希望を失っている

「***hàve one's héart*** [OR ***one's héart is***] ***in one's móuth*** 非常にびくびくしている, おびえている

「***hàve one's héart*** [OR ***one's héart is***] ***in the rìght pláce*** 親切心[人情味]がある, 心が優しい

hàve one's hèart's desíre；***hàve éverything one's hèart could desíre*** 欲しいものは何でも持っている

hàve the héart to do 《通例 can, could とともに否定文・疑問文で》平気で…する ‖ How can you *have the* ~ *to* hit a little child? 幼児をぶってよく平気でいられるね

hèart and sóul ① 全身全霊を打ち込んで, 熱心に；全く ‖ devote oneself ~ *and soul* to one's business 商売に全力を注ぐ ② 心臓部, 核心 ‖ A CPU is the ~ *and soul* of a computer. 中央処理装置はコンピューターの心臓部だ

one's heart bleeds ⇨ CE 2

one's heart goes out to ... ⇨ CE 3

one's hèart léaps (喜びや興奮などで)わくわくする

one's hèart mìsses [OR ***skìps***] ***a béat*** 非常に興奮する；びっくりする

one's hèart sínks ひどく落胆する, 意気消沈する

hèart to héart 率直に, 腹蔵なく(⇨ HEART-TO-HEART) ‖ talk ~ *to* ~ 腹を割って話し合う

hèarts and flówers お涙ちょうだい的なもの, 感傷的なもの

in gòod héart 《英》① 元気で, 陽気で；自信に満ちて ② (土壌が)肥えて(→ ❾)

****in one's héart*** (***of héarts***) 心の底で, ひそかに ‖ He knew *in* his ~ that he was wrong. 彼は心の底では自分が間違っていることがわかっていた

lèt one's hèart rùle one's héad 感情のままに

lòse héart 元気[気力]を失う, 意気消沈する(↔ *take heart*)

òff by héart 《英》= *by heart* (↑)

òpen [OR ***pòur òut***] ***one's héart*** 〈人に〉本心を明かす, 本音を吐く〈**to**〉

「***sèt one's héart*** [OR ***hàve one's hèart sét***] ***on*** [OR ***upon***] ***...*** …を強く望む, 欲しがる；…(すること)を心に決める

sìck at héart 悲嘆に暮れて

stèal a pèrson's héart (人の)愛をとらえる

strike ... into a pèrson's héart …を(人の)心に起こさせる

****tàke héart*** 〈…で〉気を取り直す, 勇気[元気]を出す〈**from**〉(↔ *lose heart*)

tàke to héart ...；***tàke ... to héart*** …を心に留める；…について思い悩む ‖ *Take* this advice *to* ~. この忠告を肝に銘じておきなさい

tèar [OR ***rìp***] ***the héart out of ...*** …の肝心な部分を壊す

the way to a pèrson's heart ⇨ WAY[1] (成句)

to one's hèart's contént 心ゆくまで, 存分に

wèar one's hèart on [OR ***upon***] ***one's sléeve*** 感情[愛情]をむき出しにする, 心の内をさらけ出す

****with àll one's héart*** (***and sóul***)；***with one's whòle héart*** 心から, 誠心誠意；喜んで, 自ら進んで

with hàlf a héart しぶしぶ, 気乗りがしないで

COMMUNICATIVE EXPRESSIONS

1 **Háve a hèart.** He's ónly a lìttle bóy. 優しくしてやれよ. まだほんの子供じゃないか

2 **My hèart bléeds for** yóu. あなたのことで胸が痛みます；お気の毒に(♥ しばしば「ざまあみろ」の意の皮肉)

3 **My hèart gòes óut to you.** 深く同情いたします；あなたがいとおしいです

4 **My hèart is héavy.** 気持ちが沈んでいます(♥ 悲しみ・絶望・空虚感を表す)

▶▶ **~ attàck** 名 Ⓒ ① 心臓発作[麻痺(まひ)] ②《口》突然のショック, 激しい動揺 **~ bỳpass sùrgery** 名 Ⓒ 心臓バイパス手術 **~ disèase** 名 Ⓤ Ⓒ 心臓病 **~ fàilure** 名 Ⓤ〘医〙心不全, 心臓麻痺；心臓の機能停止；死 **~ ràte** 名 Ⓒ 心拍数

héart·àche 名 Ⓤ 深い悲しみ, 心痛, 苦悩, 悲嘆

héart·bèat 名 ❶ Ⓒ 心臓の鼓動, 動悸(どうき) ❷《the ~》推進力, 核心

***héart·brèak** 名 Ⓤ Ⓒ 胸の張り裂ける思い, 断腸の思い, 悲痛[悲嘆](の種) ‖ suffer the ~ of losing one's only daughter 一人娘を失って悲嘆に暮れる

héart·brèaker 名 Ⓒ 魅力的だが冷たい人, 人々を不幸にする人[もの]；悲痛な思いをさせる話[出来事]

héart·brèaking 形 胸の張り裂けるような, 悲痛な思いをさせる；非常につらい[困難な] **~·ly** 副

héart·bròken 形 悲嘆に暮れた, 悲しみに打ちひしがれた

héart·bùrn 名 Ⓤ 胸やけ

heart·ed /háːrtɪd/ ⊲シ 形 《通例複合語で》…の心を持った ‖ cold-~ 冷淡な / kind-~ 親切な

heart·en /háːrtən/ 動 〔◁ heart 名〕 他 《通例受身形で》元気[勇気]づく, 励まされる **—**自 元気を出す《***up***》

heart·en·ing /háːrtənɪŋ/ 形 元気[勇気]づける, 励ましになる ‖ ~ news 朗報 **~·ly** 副

héart·fèlt 形 《通例限定》真心のこもった, 心からの ‖ ~ sympathy [thanks] 心からの同情[感謝]

***hearth** /hɑːrθ/ 《発音注意》名 Ⓒ ❶ (特に煮たきする)炉床(⇨ FIREPLACE 図)；炉辺《日常生活の憩いの象徴》 ❷ Ⓤ 家庭(生活) ❸〘冶〙火床, 炉床；〘溶接〙火入れ, 火鉢

hèarth and hóme 家庭(の憩い) ‖ miss ~ *and home* 家を恋しがる

H

héarth·rùg 名 C 暖炉の前の敷物
héarth·stòne 名 C ❶ 炉石 ❷ (炉床や戸口の階段などを磨く)磨き石
heart·i·ly /hɑ́ːrṭɪli/ 副 ❶ 心から, 真心を込めて, 誠実に, 丁重に ❷ 熱心に, 元気よく, 盛んに ❸ 思う存分, 十分に; 腹いっぱい, もりもりと ❹ すっかり, 完全に, 全く
heart·i·ness /hɑ́ːrṭinəs/ 名 U 親切; 熱心, 熱狂; 誠実
héart·lànd 名 (the ～) (政治・経済・軍事上の) 中心地帯, 心臓部
héart·less /-ləs/ 形 思いやりのない, 心ない, 冷酷な, 冷たい **～·ly** 副 **～·ness** 名
hèart-lúng machìne 名 C 人工心肺(装置)
héart·rènding 形 《通例限定》胸のはり裂けるような, 悲痛な **～·ly** 副
héart-sèarching 名 U 内省, 自省
héarts·èase, héart's-èase 名 C 〖植〗三色スミレ, パンジー(pansy)
héart·sìck 形 《通例叙述》《主に文》落胆した, 意気消沈した
héart·sòre 形 《古》《文》悲痛な, 悲嘆に暮れた
héart-stòpping 形 《通例限定》ぞっとする, 身の毛もよだつ
héart·strìngs 名 複 心の琴線, 深奥の感情, 深い愛情 ‖ pluck [OR pull, tug, tear] at his ～ 彼の心の琴線に触れる[心の奥を揺り動かす]
héart·thròb 名 C ❶ 心臓の動悸(どうき) ❷ 《口》(有名な俳優や歌手など)あこがれの人, アイドル 《通例男性》
hèart-to-héart ⊲ 形 《限定》率直な, 心からの, 腹蔵のない ―名 C 《通例 a ～》腹を割った話し合い
héart·wàrming 形 心温まる; 勇気づけられる
héart·wòod 名 U (木材の)心材, 赤身
heart·y /hɑ́ːrṭi/ 形 〔⊲ heart 名〕 ❶ 《通例限定》心のこもった, 友好的で温かい, 親切な ‖ My host family gave me a ～ welcome. ホストファミリーは私を温かく歓迎してくれた ❷ 《通例限定》(感情などが)心底からの; 誠実な; 熱烈な ‖ He has a ～ dislike of liars. 彼はうそつきが大嫌いだ / a ～ liberalist 根っからの自由主義者 ❸ 《ときにけなして》(感情表現などが)抑制されない, 思う存分の ‖ a ～ laugh (思う存分の)高笑い ❹ 《通例限定》(食べ物が)たっぷりの, 豊富な; 栄養たっぷりの ‖ I ate a ～ breakfast. 私は朝食をたっぷりとった / a ～ stew 栄養たっぷりのシチュー ❺ 《通例限定》(食欲)旺盛(おうせい)な ‖ a ～ appetite 旺盛な食欲 / a ～ eater 大食漢 ❻ 強健な, 元気な; 力強い, 猛烈な, 激しい ‖ with a ～ handshake 力のこもった握手をして / a ～ cheer 熱狂的な歓呼 ❼ 《主に英口》(騒々しいくらいに)快活な; 陽気な
―名 (複 **heart·ies** /-z/) C 《英口》《ときにけなして》スポーツマンタイプの人

heat /hiːt/ 名 動

名 熱❶ 温度❷ 暑さ❸ 熱気❺

―名 (複 **～s** /-s/) U ❶ **a** (物体の)**熱**; 熱さ, 暖かさ; 高温, 高熱 ‖ Air conditioners 「give off [OR send out] a lot of ～. エアコンは大量の熱を発する[放つ] / The pool utilizes [OR makes use of] the ～ of the sun. そのプールは太陽熱を利用している / generate [OR produce] ～ 熱を生み出す / retain ～ 保温する
b (体の)**熱**(♦病気の熱は fever); (熱による)ほてり, 紅潮, 上気 ‖ His face was scarlet from ～. 彼の顔はほてって真っ赤だった / The ～ on his cheeks was from anger. 彼の顔が紅潮していたのは怒っていたからだ
❷ U/C 《通例単数形で》**温度**, 熱度, 火 ‖ turn up [down] the ～ (ストーブ・こんろなどの)温度を上げる[下げる] / check the ～ of the bath water ふろの湯加減を見る / at low ～ 低温で / reduce the ～ 火を弱める / set the gas oven to a low [high, moderate] ～ ガスオーブンを弱火[強火, 中火]に設定する
❸ U/C 《ときに the ～, a ～》(気候としての) **暑さ**, 炎暑 (↔ cold); (1日の) 暑さの盛り ‖ The ～ came early that year. その年は暑くなるのが早かった / I'm boiling in this ～. この暑さではうだりそうだ / The race was run in 「30-degree ～ [a ～ of 30 degrees]. レースは30度の炎暑の中で行われた / suffer from the ～ 暑気あたりする / (in) the ～ of the day 日盛り(に)
❹ 暖房(装置); 熱源 ‖ turn on [off] the ～ 暖房をつける[止める] / a room with no ～ 暖房のない部屋
❺ **熱気**, 熱意; 激情; 激怒, 興奮 ‖ The ～ went out of the argument. 議論に熱気がなくなった / speak with great ～ 熱を込めて話す[激論を戦わす]
❻ 〖理〗(エネルギーとしての) 熱 ‖ latent ～ 潜熱 / ～ of dissolution [fusion] 溶解[融解]熱 / ～ of vaporization 気化熱
❼ 最高潮, 絶頂, たけなわ, ピーク(時) ‖ in the ～ of battle [anger] 戦いの真っ最中に[もう頭にきて]
❽ C ひと働き[仕事]; (試合・競技の) 1回; 予選(の1回) (→ dead heat) ‖ at a ～ 一気呵成(かせい)に, ひと息に / win the first trial [OR preliminary] ～ 1次予選に勝つ / final ～s 決勝戦 ❾ (特に動物の雌の)さかり, 発情(期) ‖ The cow is at [《米》in, 《英》on] ～. その雌牛はさかりがついている ❿ 《口》圧力, 重圧, プレッシャー; 非難, 酷評 ‖ the ～ from interest groups 利益団体からの圧力 ⓫ (香辛料などの) ひりひりする辛さ ⓬ 《俗》(警察の)追跡, 捜査(の手); 《the ～》警察, 当局 ⓭ 《米俗》銃器, 拳銃(けんじゅう) ‖ pack [OR carry] ～ 拳銃を持ち歩く
in the hèat of the móment かっとした弾みに
pùt [OR ***tùrn*** (***ùp***)] ***the héat òn ...*** ; ***pùt*** [OR ***tùrn***] ***òn the héat ...*** 《口》① ⇨ 名 ❹ ② …に[…するように]圧力[プレッシャー]をかける, …を厳しく責め立てる; …の行動に目を光らせる
tàke [OR ***stànd***] ***the héat*** ① 暑さに耐える ② (責任を感じて)難事[苦境]の処理に当たる, 非難[攻撃, 脅しなど]を受ける[に耐える](→ CE 1)
tàke the héat òff ... 《口》…への非難[攻撃, プレッシャー]をなくす

COMMUNICATIVE EXPRESSIONS
1 **If you càn't stànd the héat, gèt òut of the kítchen.** 困難[非難, 重圧など]に耐えられないなら, 今のうちに手を引いた方がよい
2 **The hèat is ón [óff].** ① 状況は極めて厳しい[厳しい状況は治まっている] ② (警察が)捜査をしている[打ち切っている] ③ (仕事などが)ピークを迎えている[が過ぎてほっとしている] ④ プレッシャーがかかっている[なくなっている]

―動 (**～s** /-s/; **～·ed** /-ɪd/; **～·ing**)
―他 …を熱する, 暖める; …を温め直す《***up***》‖ ～ water (hot) 湯を沸かす / The stew needs ～*ing up*. シチューは温め直さないと駄目だ ―自 熱くなる, 暖まる《***up***》‖ An oil heater takes a while to ～ *up*. オイルヒーターは暖まるのにちょっと時間がかかる
hèat ... thróugh 〈他〉〔食べ物〕の中までよく火を通す
****hèat úp*** 〈他〉《***hèat úp .../hèat ... úp***》① ⇨ 他 ② 〔人〕を激高させる; 〔情勢〕を緊迫させる, 激化させる ―〈自〉① ⇨ 自 ② (人が)興奮する, 激する; (情勢などが)緊迫する, 激化する, 興奮状態に達する
▸▸ ～ **bàrrier** 名 C 〖空〗熱障壁 ～ **capàcity** 名 C 〖理〗熱容量 ～ **exchànger** 名 C 〖機〗熱交換器 ～ **exhàustion** 名 U 〖医〗熱射病 ～ **ìsland** 名 C ヒートアイランド 《都市部に見られる人工熱の放出や温室効果などによる高温域》‖ ～ *island* effect(s) ヒートアイランド現象 ～ **lìghtning** 名 C 〖気象〗(夏の夕方地平線の近くに見える)(雷鳴のない)稲妻 ～ **pùmp** 名 C 〖理〗ヒートポンプ, 熱ポンプ《ビルの冷暖房用装置》 ～ **ràsh** 名 C U あせも ～ **shìeld** 名 C (ロケットの)熱シールド, 熱遮蔽(しゃへい)板 ～ **sìnk** 名 C 〖理〗熱を吸収する媒体; 熱吸収[消散]装置, ヒートシンク ～ **wàve** 名 C 熱波; 酷暑の期間

H

*__heat·ed__ /híːṭɪd/ 形 ❶ 加熱した, 熱せられた ‖ a ～ swimming pool 温水プール / a centrally ～ home 集中暖房の家 ❷ 興奮した, 激した；怒った ‖ have a ～ argument 激論を戦わす / get ～ about [OR over] ... …に興奮する, 腹を立てる **～·ly** 副

*__heat·er__ /híːṭər/ 名 C ❶ 加熱器, ヒーター；暖房装置；(ガス・電気の)ストーブ；(車などの)ヒーター ‖「a gas [an oil] ～ ガス[石油]ストーブ / a fan ～ ファンヒーター / a water ～ 温水[湯沸かし]器 ❷ 加熱作業をする人 ❸〖電子〗ヒーター《電子管の陰極を熱する電流を運ぶ電極》❹〖野球〗速球 ❺《米俗》《旧》ピストル, 拳銃(けんじゅう)

*__heath__ /hiːθ/ 名 ❶ C (特に英国の, ヒースなどの生い茂った) 荒野, 荒地 ❷ U C〖植〗ヒース《荒野に生えるエリカの類の灌木(かんぼく)》❸ C〖虫〗ヒースチョウ《羽に眼状斑点(はんてん)のあるヨーロッパ産の小型のチョウ》；ヒースガ《荒野や草地に生息するヨーロッパ産のガの一種》

__hea·then__ /híːðən/ 名 ⊗《蔑》❶ C 異教徒《キリスト教徒, ユダヤ教徒, イスラム教徒などから見てそれぞれの教徒以外の者》；〖聖〗異邦人 ❷《the ～》《集合的に》《複数扱い》異教徒たち；異邦人たち ❸ C 未開人, 野蛮人, 不信心者
── 形 異教(徒)の；野蛮な, 教化されていない

__hea·then·ish__ /híːðənɪʃ/ 形 異教(徒)の；野蛮な

__heath·er__ /héðər/《発音注意》名 U ヒース(heath)；(特に)夏咲きエリカ, ギョリュウモドキ

__heath·er·y__ /héðəri/ 形 ヒースのような[生い茂った]

__Hèath·row Áirport__ /hìːθrou-/ 名 ヒースロー空港《ロンドンの西方にある国際空港》

*__heat·ing__ /híːṭɪŋ/ 名 U《主に英》暖房(装置)(《主に米》heat) ‖ install a new ～ system in the room 部屋に新しい暖房を入れる / turn the ～ off 暖房を止める / a central ～ system 集中暖房装置 / forced-air ～ 温風暖房 / district ～ 地域暖房 / ～ bills 暖房費
▸▸ **～ èlement** 名 C 発熱体《トースターなどの発熱線》
～ pàd 名 C 電気座布団

__héat·pròof__ 形 耐熱性の

__héat-resìstant__ 形 =heatproof

__héat-sèeking__ 形 (ミサイルが)熱追尾性の

__héat·stròke__ 名 U 熱射病, 日射病(sunstroke)

__héat-tràpping__ 形 熱をとらえる ‖ ～ gases (温室効果をもたらす)熱をとらえる気体

*__heave__ /hiːv/ 動 (**～s** /-z/；**～d** /-d/；**heav·ing**) (→ 他 ❹, 自 ❹) 他 ❶《+目+副句》〔重いもの〕を(力を込めて)〈…に[へ]〉持ち上げる, 引き上げる, 動かす《*up*》〈**onto, into, toward, etc.**〉(⇨ RAISE 類語) ‖ He ～*d* himself *up*. 彼はよいしょと立ち上がった / ～ a suitcase *onto* the rack スーツケースを(網)棚に載せる ❷《+目+副句》《口》〔重いもの〕を(持ち上げてある方向に)投げる ‖ She ～*d* a bucketful of water at the swarming ants. 彼女はアリの群れを目がけバケツ1杯の水をぶっかけた ❸〔ため息・うめき声など〕を発する, 吐く ‖ Laura ～*d* a sigh of relief when she heard the news of her husband's safe return. ローラは夫が無事帰還したという知らせを聞いてほっと安堵(あんど)のため息をついた / ～ a groan うめき声を上げる ❹ (**hove** /houv/)〖海〗〔いかりなど〕を引き上げる；〔船〕を(ある位置・方向に)動かす ‖ ～ (the) anchor いかりを引き上げる / ～ a ship aback 船を後ろへ移動させる ❺《受身形不可》《口》〔食べたもの〕を吐く, 吐き出す《*up*》❻〖地〗〔地層・鉱脈など〕を転位させる, ずらす
── 自 ❶ 隆起する, ふくらむ, 持ち上がる；(波などが)うねる, 起伏する；(肩・胸などが)大きく波打つ, はあはあいう ‖ with one's chest *heaving* 胸を大きく波打たせて / the *heaving* billows うねる大波 ❷《口》吐き気を催す, むかつく；吐く《*up*》‖ I think I'm going to ～. 何だかもどしそうな気がする ❸ (力を込めて)〈…を〉持ち上げる, 引く, 押す〈**at, on**〉‖ We ～*d* as hard as we could, but we couldn't shift the cupboard. 力いっぱい持ち上げたけれど, 食器棚を動かすことはできなかった ❹ (**hove** /houv/)〖海〗〈ロープ・綱を〉(力を込めて)引く, たぐる, 巻く〈**at, on**〉；(船が)(ある方向に)動く ‖ ～ *at* [OR *on*] a rope ロープを引く / ～ alongside 横づけになる
Hèave hó! 〖海〗しっかり引け, よいとまけ《いかりを引き上げるときの掛け声》(⇨ HEAVE-HO)
hèave tó 〈自〉〖海〗(♦ 過去・過去分詞は hove)(投錨(とうびょう)せずに船首を風上に向けて)停船する
── 名 C ❶ (重いものの)持ち上げ, 引き上げ；投げること；たぐり寄せ ‖ with a mighty ～ 力強く一気に ❷《単数形で》隆起；起伏, 上下動, うねり ‖ the steady ～ of the sea 海面の絶え間ないうねり ❸《the ～s》《口》吐き気, 嘔吐(おうと) ‖ have the dry ～*s* 吐きそうで何も出ない ❹〖地〗転位, 水平ずれ

__hèave-hó__ 名 U《口》解雇；(恋人などを)捨てること
gèt* [*gìve a pèrson*] *the* (*òld*) *hèave-hó 《口》① 首になる[首にする] ② そでにされる[する]
── 間 よいこらしょ, よいとまけ

‡__heav·en__ /hévən/
── 名 (複 **～s** /-z/) ❶《しばしば H-》U C〖宗〗**天国**, 極楽(浄土)《善人が死後行くとされる》(↔ hell) ‖ seventh ～ =the ～ of ～*s* 第7天国《神の住む最高天》/ I felt like I'd died and **gone to** ～. まるで天国[極楽]にいるような気がした；最高に幸せを感じた
❷《通例 H-》U〖宗〗神, 天帝(God) (♦ God の代用語で, 不敬の感じを避けるために用いる) ‖ I am innocent, I swear before *Heaven*. 私は潔白だ, 神かけて誓います
❸ C《しばしば ～s》《間投詞的に》おや, まあ(♥ 驚き・困惑・抗議などを表す. God の婉曲語) ‖ *Heavens*, no! まあ, とんでもない
❹ U C《口》至上の幸福, 至福(の状態)；至福の場所, (この世の)楽園 ‖ I was in ～ when she told me she loved me, too. 彼女も私を愛していると言ってくれたとき私は有頂天だった / The new house is sheer ～ compared to the old one. 新しい家は前のと比べたらまさに天国だ / Bora-Bora is a ～ on earth. ボラボラ島は地上の楽園だ ❺《the ～s》《文》天, 空 ‖ the spangled ～*s* 星のきらめく空
be in héaven ① ⇨ ❹ ② 死んでいる ‖ Your mom *is in* ～ now, dear. ママはね, 今天国にいるんだよ
be in* (*the*) *sèventh héaven 幸福の絶頂にある
By Héaven! 神かけて, きっと
for heaven's sake ⇨ SAKE[1](成句)
(***Gòod*** [OR ***Gràcious, Grèat***]) ***Héavens!***：***Hèavens abóve!*** おやまあ, そりゃ困った(♥ 驚き・困惑)
Hèaven forbíd ((***that***) ...)***!*** =GOD *forbid* ((*that*) ...)!
Hèaven hélp you [OR ***him,*** etc.]***!*** かわいそうに, もう駄目だ
Héaven knòws ((***that***) ...) ⇨ GOD(CE 3)
Hèaven (***ònly***) ***knòws*** (***whó*** [OR ***hów,*** etc.]) 神のみぞ知る, 知るよしもない
in héaven's nàme 《口》《疑問詞を強調して》一体全体 ‖ Who *in* ～*'s name* are you? 一体君はだれだ
mòve hèaven and éarth to do …するために全力を尽くす ‖ The police will *move* ～ *and earth to* arrest the murderer. 警察は全力を尽くしてその殺人犯を逮捕するだろう
stìnk [OR ***smèll***] ***to hìgh héaven*** ひどいにおいがする
***thànk héaven*(*s*)** よかった；やれやれ
The hèavens ópened. どしゃ降りになった
to Héaven ひどく；ぜひ(…であってほしい) ‖ I wish *to* ～ that I could go with you. ぜひあなたと一緒に行けるといいのですが(→ *to* GOD)

*__heav·en·ly__ /hévənli/ 形 ❶《限定》〖宗〗天国の[にある], 神の；この世のものと思えないほどの ‖ our ～ Father 天にまします我らの父 / the ～ host 諸天使 / ～ perfection 完全無欠 ❷《限定》天の[にある], 空の[にある] ‖ ～ bodies 天体 ❸《口》素晴らしい, とても素敵な ‖ have a ～ day 素晴らしい1日を過ごす / What a ～ view! 何て素晴らしい眺めなんだろう **-li·ness** 名

hèaven-sént <シ 形《通例限定》天与の；願ってもない，好都合の ‖ a ～ opportunity 願ってもない機会

heaven·ward /hévənwərd/ 形 天に向かう
―副 天に向かって

heaven·wards /hévənwərdz/ 副 =heavenward

hèav·i·er-than-áir 形〖空〗(航空機が) 空気より比重の大きい，重航空機の

:heav·i·ly /hévɪli/
―副 (**more ～；most ～**)
❶ **濃く**，密に ‖ She was ～ made up. 彼女は厚化粧だった / a ～ wooded hill 木がうっそうと茂った丘 / a ～-stocked fridge びっしり詰まった冷蔵庫
❷ (程度が)非常に，**激しく；大量に**；力いっぱい ‖ He is ～ **involved** in politics. 彼は政治に深くかかわっている / Norway's economy「**relies** ～ [OR is ～ **dependent**] on natural resources. ノルウェーの経済は天然資源に大きく依存している / It's been snowing ～ all day. 1日中激しく雪が降り続いている / My action was ～ criticized. 私の行動は厳しく批判された / He is ～ in debt. 彼は多額の負債を抱えている / a ～ pregnant woman 出産を間近に控えた女性 / drink ～ 大酒を飲む / be ～ **influenced** by ... …に大きく影響される
❸ (体格が) 大きくどっしりとして ‖ Have you seen a man who is ～ built and has curly hair? どっしりとした体格をした縮れ毛の男を見かけましたか
❹ (精神的に) 重苦しく ‖ The news weighed ～ on her mind. その知らせは彼女の心に重くのしかかった
❺ (動作が) 重そうに，のろのろと；苦しそうに ‖ As the path was covered with a lot of snow, we walked ～. 道は雪が深かったので，我々はのろのろと歩いて行った / The patient breathed ～. 患者は苦しそうに息をした
❻ (積荷などが) いっぱいに，ずっしり重く ‖ a ～ loaded van 荷物をいっぱいに積んだトラック

be hèavily into ... 《口》…に強い関心がある，取りつかれている(→ *be* INTO ①)

heav·i·ness /hévinəs/ 名 U ❶ 重いこと，重さ；重量 ❷ 無気力，不活発，けだるさ ‖ the ～ of her eyes 彼女のとろんとした目つき ❸ ぎこちなさ，不器用 ❹ つらさ，重苦しさ；重荷，負担 ❺ 悲嘆，悲哀

Hèav·i·side láyer /hèvisàɪd-/ 名 (the ～) 電離層(E layer) (♦ 英国の物理学者 Heaviside が電離層があることを予測したことから)

:heav·y /hévi/ 形 副 名

中心義》**(Aが)重い**(★Aは具体的な「物」に限らず，「程度」「負担」など多様)

形 **重い❶ 大量の❷ 激しい❸ つらい❺**

―形 (**-i·er；-i·est**)
❶ **重い**(↔ light²)；(体積・容積に比して)重さのある；(物が)〈…で〉重い，〈…で〉いっぱいの〈**with**〉‖ This stone is too ～ to remove. この石は重くてどかせない / "How ～ is that anchor?" "It is [OR weighs] more than 50 pounds."「そのいかりの重さはどれくらいですか」「50ポンド以上はありますね」(♦ ×It is more than 50 pounds heavy. は誤り) / as ～ as lead (鉛のように) ずっしりと重い / The tray was ～ *with* sandwiches and soft drinks. 盆の上はサンドイッチや清涼飲料でいっぱいだった / a tree ～ *with* fruit 枝もたわわに実がなった木
❷ (量・程度・規模などが)大きい，**大量**[多量]**の**，多額の，たっぷりの；《限定》(たばこ・酒などの)分量の多い，(睡眠が)深い ‖ The typhoon caused ～ damage to the whole city. 台風は全市に甚大な被害を与えた / suffer [OR make] a ～ loss of money 多額の欠損を出す / fall into a ～ sleep 深い眠りに落ちる / a ～ drinker 大酒飲み
❸ (力・勢いなどが)**激しい**，強い，すごい；(雨・風などが)ひどい；(海が)荒れた；(濃度・密度が)濃い；(交通が)激しい；(予定などが) ぎっしり詰まった ‖ give [receive] a ～ blow on [OR to] the jaw あごを強打する[される] / He's laid up with a ～ cold. 彼はひどい風邪で寝込んでいる / The river rises after ～ rains. 川は大雨の後で水かさが増す / ～ seas 荒海 / ～ fog 濃霧 / There is always ～ traffic here at this time of the day. いつもこの時間になるとここは交通が激しくなる / have a ～ day 多忙な1日を過ごす / I have a ～ [×hard] schedule this week. 今週は予定がぎっしり詰まっている
❹ 《叙述》《口》〈人に〉容赦しない，厳しい〈**on**〉‖ Sue is ～ *on* her children. スーは子供たちに厳しい
❺ (悲しみ・運命などが) 耐え難い，**つらい**；厳しい；(仕事などが)困難な，骨の折れる；(要求などが)過酷な ‖ My father's death was a ～ sorrow to me. 父の死は私にとって耐え難い悲しみだった / impose a ～ tax on alcohol 酒類に重税を課す / Carrying the piano out of the room was ～ work. ピアノを部屋から運び出すのは大仕事だった / make a ～ demand 過酷な要求をする
❻ (目・顔つきなどが) 悲しみに沈んだ；憂うつそうな ‖ You look ～. 浮かない顔をしているね / with a ～ heart ひどく悲しみながら / with a ～ face 暗い表情をして
❼ (責任・負担などが) 重大な，(問題が) 容易でない ‖ recognize a ～ responsibility 重大な責任を感じる / put a ～ burden on him 彼に重荷を負わせる / a ～ issue 重大な問題 ❽ (天候・空気が) どんよりした，(暑さや湿気などで)うっとうしい，蒸し暑い；(雰囲気などが)重苦しい；(頭・目が)ぼんやりした；眠そうな ‖ a ～ sky どんよりした空 / ～ clouds 厚く垂れ込めた雲 / *Heavy* silence hung between them. 2人の間に重苦しい沈黙が続いた / eyes ～ with fatigue 疲れてとろんとした目 ❾ 厚くて重い；目の粗い；(線状のものが) 太い；(人が) 太った，(体格・顔つきなどが)がっしりした，ごつい；(音・声が)低く太い，響き渡る ‖ a ～ coat 厚ぼったいコート / a ～ pan 底の厚いフライパン / a ～ line 太い線 / a man of ～ build いかつい体つきの男 / ～ fingers 太い指 / a ～ sigh 大きなため息 / ～ snoring 大きないびき / a ～ sound 轟音(ごう) ❿ (食べ物が) こってりした，胃にもたれる；(パンなどが) よくふくらんでいない；〈…のにおいが〉ぷんぷんする〈**with**〉‖ a ～ food 油っこくて胃にもたれる食べ物 / The elevator was ～ *with* perfume. エレベーターの中は香水のにおいがぷんぷんしていた ⓫ (道路が) 歩きにくい；(土地が) 粘土質の，(田畑が) 耕しにくい；(地面が)ぬかるむ；(傾斜が)急な ‖ ～ soil 粘土質の土壌 / a ～ road ぬかるみの悪路 / a ～ grade 急斜面[勾配(こう)] ⓬ 不器用な；(動作が)のろのろとした，(頭が)鈍い，愚鈍な ‖ with a ～ tread 重い足取りで ⓭ (文章・作品などが)退屈な，わかりにくい；(新聞などの論調が)硬い ‖ This novel is ～ reading. この小説は退屈だ / ～ humor 面白くないしゃれ ⓮ (意味が) 深い，重い；〖劇〗(役柄が) まじめな；悲劇的な；悪役の ⓯ 《限定》(産業が) (製鉄・機械・造船などを扱う)重工業の；(銃砲などが)威力のある，大型の；(機械・車などが)大出力[容量]の；〖軍〗重装備の；重… ‖ a ～ bomber 重爆撃機 / ～ artillery 重砲 / a ～ truck 大型トラック ⓰〖楽〗(ジャズが)重厚な；(ロックが)ハードな ⓱〖理〗(同位元素として)比較的大きな原子量の，重… ⓲《俗》(関係などが)深刻な，重大な ‖ get too ～ 深刻になりすぎる ⓳《俗》素晴らしい，すごくいかす ⓴《口》(場面・状況が)やっかいな，面倒な ‖ Things are getting really ～. 本当にやっかいなことになってきた ㉑《口》激しい，乱暴な，人の迷惑になる ㉒《複合語の第2要素として》…が重い，…が大量の ‖ top-～ 頭が重い / the fast food-～ diet ファーストフード偏重の食生活

be [OR ***gò***] ***héavy on ...*** ① (車などが) 〔燃料〕を大量に使う ‖ The car *is* pretty ～ *on* oil. この車はとてもガソリンを食う ② (人が) …をよく食べる[飲む] ‖ I'm afraid she *is* ～ *on* sweets. 言いにくいけど彼女は甘いものの食べすぎだと思う ③〔人〕に厳しい(→❹)

hèavy góing 非常に難しい，退屈な

H

―副 (-i·er ; -i·est) =heavily ; 《複合語で》重く ; 激しく ‖ The rain was falling *heavier* last night. ゆうべの方が雨がひどかった / ～-lidded eyes (眠たげに) まぶたの垂れた目

lìe [OR ***hàng, sìt, wèigh***] ***héavy*** 〈…に〉重くのしかかる ; 〈…に〉まとわりつく, 〈…を〉さいなむ〈**on, in**〉

―名 (複 **-ies** /-z/) Ⓒ ❶ 悪役, かたき役(者) ; 〖劇〗まじめな[悲劇的な]役(の俳優) ❷ 《通例 -ies》《俗》用心棒 ; 悪漢, やくざ者 ❸ 《口》ヘビー級選手 ❹ 《口》影響力のある人, 大物 ❺ 《the -ies》《英口》(大手の)堅実な新聞 ❻ Ⓤ 《スコット》度の強いビタービール

▸▸ ～ **bréather** (↓) ～ **créam** 名 Ⓤ 《米》高脂肪クリーム(《英》double cream) ～ **dáte** 名 Ⓒ 《米俗》濃厚な[大事な]デート(相手)《性行為まで含むような》 ～ **góods vèhicle** 名 Ⓒ 《英》大型貨物自動車 (略 HGV) ～ **hítter** 名 Ⓒ 《口》① 大物, 実力者 ② 〖野球〗強打者, 大物打ち ～ **hýdrogen** 名 Ⓤ 〖化〗重水素 ～ **índustry** 名 Ⓤ Ⓒ 重工業 (↔ light industry) ～ **lífting** 名 Ⓤ 《米口》困難な仕事, 重要な役割 ～ **métal** 名 ① Ⓒ 重金属《比重5以上》 ② Ⓤ 〖楽〗ヘビーメタル, ヘビメタ《エレキギターやドラムで演奏する強烈なビートのロック音楽》 ～ **mòb** [**brigàde**] 名 Ⓒ 《英口》(抗議などのために雇われた)荒っぽい連中, 乱暴な一味 ; 出撃するタフな警官 ～ **óil** 名 Ⓤ 重油 ～ **pétting** 名 Ⓤ 濃厚なペッティング ～ **wáter** 名 Ⓤ 〖化〗重水《重水素と酸素の化合物》

hèavy bréather 名 Ⓒ ❶ 女性にいやがらせ電話をかける男 ❷ 大きないびきをかく人, 騒々しい息をする人
hèavy bréathing 名 Ⓤ 激しい息遣い

hèavy-dúty ⟨シ⟩ 形 《限定》 ❶ 頑丈な, 丈夫な, 酷使に耐える ❷ 《口》重大な, 真剣な

hèavy-fóoted 形 鈍重な, 重い足取りの ; (表現などが)重苦しい

hèavy-hánded ⟨シ⟩ 形 ❶ 高圧的な, 厳しい ❷ 不器用な, ぎごちない, 軽妙さに欠ける ❸ (料理などで味を損なうほど)〈…を〉使いすぎる〈**with**〉 **～·ness** 名

héavy·hànds 名 複 《商標》ヘビーハンズ《両手に持ってフィットネス運動を行うダンベルの一種》

hèavy-héarted ⟨シ⟩ 形 悲嘆に暮れた, ふさぎ込んだ, 憂うつな

hèavy-láden ⟨シ⟩ 形 ❶ 重荷を積んだ ❷ 心配事の多い, 困りきった, 心がふさいだ

hèavy·sét ⟨シ⟩ 形 (体格の)がっちりした, ずんぐりした

***héavy·wèight** 名 Ⓒ ❶ 平均重量以上の人 [もの] ❷ 〖ボクシング〗Ⓤ ヘビー級 ; Ⓒ ヘビー級の選手 ; 〖スポーツ〗(柔道・レスリング・重量上げなど体重別制度を設けているスポーツの) 最も重い級の選手 ❸ 有力な人物 [組織] ‖ a political ～ 政界の有力者 ―形 《限定》 ❶ 平均重量以上の ; 重い, 厚い ‖ ～ nylon tights ナイロン製の厚手のタイツ ❷ ヘビー級(選手)の ❸ 重要な, 重大な

Heb 略 Hebrew ; 〖聖〗Hebrews

He·bei /hʌ̀béɪ | hɜ̀ː-/ 名 河北(ホーペイ)省《中国北東部の省. 省都 Shijiazhuang(石家荘)》

He·bra·ic /hɪbréɪɪk/ 形 ヘブライ人[語, 文化]の
-i·cal·ly 副

He·bra·ism /híːbreɪɪ̀zm/ 名 ❶ Ⓤ ヘブライ精神, ヘブライズム《特にヘレニズムに対し》; ヘブライ人の習慣[制度] ❷ Ⓒ ヘブライ慣用語法

He·bra·ist /híːbreɪɪst/ 名 Ⓒ ❶ ヘブライ(語)学者 ❷ ヘブライ思想の人, ヘブライ主義者

***He·brew** /híːbruː/ 《発音注意》 名 ❶ Ⓒ ヘブライ人, イスラエル人 ; ⊗《旧》《ときに蔑》ユダヤ人(Jew) ❷ Ⓤ (古代)ヘブライ語 ; 現代ヘブライ語《イスラエルの公用語》
―形 ヘブライ人[語]の ; ユダヤ人の(Jewish)

Heb·ri·des /hébrədìːz/ 名 複 《the ～》ヘブリディーズ(諸島)《スコットランド北西岸沖の諸島》
Hè·bri·dé·an 形 名

Hec·a·te /hékəṭi/ 名 〖ギ神〗ヘカテ《冥界(めいかい)の女神》

hec·a·tomb /hékətòʊm | -tùːm/ 名 Ⓒ 大きな犠牲, (古代ギリシャ・ローマで神々にささげた)100頭の(雄)牛のいけにえ, 大殺戮(さつりく)

heck /hek/ 名 《a ～ または the ～》《口》地獄 ; 《間投詞的に》くそっ (♥ hell を婉曲にした強意語) ‖ What the ～*'s* the matter? 一体何事だ / What the ～! 構うもんか / do a ～ of a job すごく上手に仕事をする ; とんでもなくひどい仕事をする

for the héck of it 《口》いたずらで, 面白半分で
to héck with ... …なんかどうにでもなれ

heck·el·phone /hékəlfòʊn/ 名 Ⓒ 〖楽〗ヘッケルフォーン《オーボエ属の低音木管楽器》

heck·le /hékl/ 動 他 ❶ 〔演説者など〕を質問責めにして困らせる, やじり倒す ❷ 〔麻など〕をすく **-ler, -ling** 名

***hec·tare** /hékteər/ 《アクセント注意》 名 Ⓒ ヘクタール《100アール, 1万m^2, 略 ha》

hec·tic /héktɪk/ 形 ❶ やたらに忙しい, てんてこまいの, 時間に追われるような ‖ the ～ pace of city life 都会の慌ただしい暮らしぶり ❷ 《古》(熱が)消耗性の ; 消耗熱のある ; 肺結核の ; (熱で) 紅潮した ‖ a ～ fever [flush] 消耗熱[消耗性紅潮] **-ti·cal·ly** 副

hecto- /hektə-/ 連結形 「100(hundred)」の意(♦ 母音の前では hect-) ‖ *hecto*gram, *hect*are

hécto·gràm 名 Ⓒ ヘクトグラム《100g. 略 hg》

hécto·lìter 名 Ⓒ ヘクトリットル《100l. 略 hl》

hécto·mèter 名 Ⓒ ヘクトメートル《100m. 略 hm》

hécto·pàscal 名 Ⓒ 〖理〗ヘクトパスカル《気圧の単位. 略 hPa》

hec·tor /héktər/ 名 Ⓒ 《古》《文》いばりちらす人, 弱い者いじめする人 ―動 他 …をいじめる ; …を脅して…させる
～·ing 形 いばりちらすような

Hec·tor /héktər/ 名 〖ギ神〗ヘクトール《トロイ戦争におけるトロイの英雄》

***he'd** /弱 *h*id ; 強 hiːd/ ❶ he would の短縮形 ❷ he had の短縮形(♦ had が助動詞の場合)

***hedge** /hedʒ/ 名 Ⓒ ❶ (低木の)垣根, 生け垣 ‖ a country road with a ～ running alongside it 生け垣が続く田舎道 / a hawthorn ～ サンザシの生け垣 / trim a ～ 生け垣を刈り込む ❷ 〈…に対する〉損失防止措置, 予防策〈**against**〉; (賭(か)け事などの)両賭け[掛けつなぎ] ; 〖商〗ヘッジ売買[取引] ‖ a ～ *against* an energy crisis エネルギー危機に対する予防手段 ❸ (人・物の)列, 人垣 ; 障壁, 障害 ; 境界 ‖ a long ～ of spectators 観客の長い列 ❹ のらりくらりの[用心深い]発言, あいまいな言葉[応答]
―動 他 ❶ …を生け垣で囲う, …に生け垣を巡らす ; …を(垣根で囲うように) 取り囲む ; …を囲い込む《*in*》 ‖ ～ a house 家に生け垣を巡らせる / The garden is ～*d in* to keep the poultry out. 庭はニワトリなどが入らないように生け垣で囲ってある ❷ 《通例受身形で》〈条件・規則などで〉束縛される, 制限される《*in, about, around*》〈**with**〉 ‖ He felt ～*d around* by the many regulations. 彼は多くの規則で縛られている感じがした ❸ 〔賭け事・投機など〕を両賭けして丸損を防ぐ ; 〈…に対して〉…を守る手立てをする〈**against**〉 ‖ ～ one's bet(s) 賭けを分散して丸損を防ぐ ―自 ❶ (責任などを避けるため) のらりくらりの態度をとる, 確答を避ける(♦ ときに直接話法にも用いる) ‖ Don't ～. Answer "yes" or "no"! はぐらかさないで, 「はい」か「いいえ」で答えなさい ❷ 生け垣を作る[手入れする] ❸ 丸損しないように両賭けする ; 事前に〈…による〉損失を防ぐ〈**against**〉 ‖ The investment provides a way of *hedging against* inflation. この投資はインフレによる損失を防ぐ助けとなる

▸▸ ～ **clìppers** [**trìmmers**] 名 複 (生け垣の) 刈り込み機 ～ **fùnd** 名 Ⓒ 〖株〗ヘッジファンド《投機性の高い投資信託(会社)》 ～ **spàrrow** 名 Ⓒ 〖鳥〗ヨーロッパカヤクグリ

hédge·hòg 名 Ⓒ ❶ 〖動〗ハリネズミ ; 《米》ヤマアラシ (porcupine) ❷ 〖軍〗ハリネズミ陣《上陸用舟艇を阻止するための海中の防御装置》

hédge·hòp 動 (**-hopped** /-t/ ; **-hop·ping**) 自 超低空飛行をする

hédge·ròw /-ròu/ 名 C (広場や田舎道の)生け垣

he·don·ic /hi:dá(:)nɪk | -dɔ́n-/ 形 快楽の；享楽的な

he·do·nism /hí:dənìzm/ 名 U ❶〖哲〗快楽主義，ヘドニズム ❷ 快楽にふけること **-nist** 名 C 快楽[享楽]主義者；享楽的人間 **hè·do·nís·tic** 形 快楽主義(者)の

hee·bie-jee·bies /hì:bidʒí:biz/ 名 複《the ～》《口》(恐怖や心配などによる)極度の緊張感[状態]，びくびくした状態，いらいら

heed /hi:d/ 動 他〔助言・警告など〕に注意する，気をつける，従う ‖ ～ her warning 彼女の警告に耳を傾ける ―自 注意する，気をつける ―名 U 注意，留意，用心，警戒 ‖ pay [OR give] ～ to his advice＝take ～ of his advice 彼の忠告を心に留める

heed·ful /hí:dfəl/ 形 注意深い，気をつけている，用心深い(careful) **～·ly** 副

heed·less /hí:dləs/ 形《通例叙述》不注意な；〈…に〉無頓着(むとんちゃく)な，構わない〈**of**〉‖ ～ *of* the risks 危険を顧みないで **～·ly** 副

hee-haw /hí:hɔ̀:/ 名 C ❶ ロバの鳴き声 ❷《口》ばか笑い ―動 自 ❶ (ロバが)鳴く ❷ ばか笑いする

:heel¹ /hi:l/ (♦同音語 heal)

―名 (複 **～s** /-z/) C ❶ (人間の) **かかと** (↔ toe) (⇨ FOOT 図，BODY 図)；(動物の)後足のかかと部分；《～s》(動物の) 後足 ‖ My new shoes hurt my ～*s*. 靴が新しくてかかとが痛む / have a blister on one's ～ かかとにまめができている

❷ (靴・靴下の)かかと(の部分)，ヒール；《～s》(女性の)ハイヒール ‖ He shut the door with the ～ of his shoe as his arms were filled with packages. 山のような包みを抱えていたので彼は靴のかかとでドアを閉めた / The ～*s* of my shoes wear unevenly. 私の靴のかかとは不均等にすり減る / Don't wear **high** ～*s* when you're pregnant. 妊娠中はかかとの高い靴を履いてはいけない

❸ (形状・場所が)かかとに似たもの；(手のひら・手袋の)手首に近い部分；(ゴルフクラブのヘッドの)ヒール；(バイオリンの弓の)握りの部分；(マストの)下端；(パン・チーズなどの)端

❹《旧》《口》ろくでなし，卑劣漢；(プロレスの)悪役，ヒール

at [OR *to*] *héel* (犬などが) 人のすぐ後について ‖ The dog kept close *at* ～. その犬はすぐ後からついて来た

at a pèrson's héels ; *at the héels of a person* (人の)すぐ後を追って

brìng ... to héel ①〔人〕を強制的に従わせる，服従させる，意のままに操る ②〔犬〕にすぐ後をついて来させる

còme to héel 《口》① (犬が) 主人のすぐ後について来る，よくなれている ② (規則などに)よく従う，服従する

còol [《英》*kìck*] *one's héels* 《口》長い間待たされる ‖ I was left to *cool* my ～*s* outside. 私はしばらく外で待たされた

dìg one's héels ìn ; *dìg ìn one's héels* 《口》(主張・態度などの点で)一歩も譲らない[後に引かない]

dòwn at (*the*) *héel*(*s*) ① (靴が) かかとがすり減った ② (人が)みすぼらしい姿で，うらぶれた格好で

dràg one's héels ＝*drag one's* FEET

hàrd [*hòt*] *on a pèrson's héels* (人の) すぐ後に続いて[を追いかけて]，(人に) 踵(きびす)を接して；(競争相手などが)(人を)今にも逆転しそうで，(人と)接戦で

kìck ùp one's héels 《口》楽しい時を過ごす，はしゃぐ

lày a pèrson by the héels ①〔人〕を投獄する，…に足かせをかける ②〔人〕を打ち破る；〔人〕を邪魔する

on the héels of ... (物事の)すぐ後に(続いて)，(人・物の)後を追って(♦強調するためにしばしば close, hot, hard などの語が句の前に用いられる) ‖ Hard *on the* ～*s of* this attempted coup came a general strike. この未遂に終わったクーデターの直後にゼネストが起こった

sèt a pèrson bàck on his/her héels 《口》〔人〕をびっくり[動転]させる

shòw one's héels ; *shòw* (*a pèrson*) *a clèan pàir of héels* ; *tàke to one's héels* (人に) 背を向けて一目散に逃げる

swìng from the héels 《米口》〖野球〗(ホームランをねらって)大振りする；(一般に)(大きな効果をねらって)力む

trèad on a pèrson's héels (人に)くっついて行く

tùrn [OR *spìn*] *on one's héel* くるりと向きを変える[後ろを向く]；不意に(ぷいと)立ち去る，踵を返す

under the héel of ... …に支配[蹂躙(じゅうりん)]されて

―動 他 ❶〔靴〕にかかとをつける，…のかかとをつけ替える ‖ She had her shoes ～*ed*. 彼女は靴のかかとをつけ替えてもらった ❷ …をかかとで打つ[押す]；〖ゴルフ〗〔ボール〕をクラブのヒールで打つ；〖ラグビー〗(スクラムの際かかとで)〔ボール〕を後方にけり出す ―自 ❶《通例命令文で》(犬などが)(人の)すぐ後に続いて行く ‖ *Heel!* (犬に) ついて来い ❷ (ダンスで)かかとをリズムに合わせて動かす[床に触れさせる]

▶▶**～ bàr** 名 C 靴修理店[コーナー] **～ spùr** 名 C〖医〗踵骨棘(しょうこつきょく)《かかとの骨の肥厚》

heel² /hi:l/ (♦同音語 heal) 動 自 (船が)横に傾く《**over**》―他〔船〕を横に傾ける ―名 C (船の)傾き，傾斜(度)

héel·bàll 名 U (靴磨き・拓本取りに用いる)墨

heeled /hi:ld/ 形《複合語で》…のかかと[ヒール]のついた ‖ high-～ shoes ハイヒールの靴

héel·tàp 名 C ❶ (靴の)かかと革 ❷《旧》(グラスの)飲み残しの酒

heft /heft/ 動 他 …を持ち上げる，持ち上げて重さを(推し)量る ―名 U《主に米》❶ 重量 ❷ 重要性，影響力

heft·y /héfti/ 形 非常に重い；大きくて力の強い，強力な；多量[額]の，大幅な ‖ a ～ fare increase 大幅な運賃値上げ ―名《H-》C《米》《商標》ヘフティ《ごみ用および保存用の丈夫なビニール袋》

He·gel /héɪgəl/ 名 **Georg Wilhelm Friedrich ～** ヘーゲル(1770–1831)《ドイツの哲学者》

He·ge·li·an /hɪgéɪliən, heɪ-/ 形 ヘーゲル(哲学)の ―名 C ヘーゲル学派の人，ヘーゲル哲学信奉者

heg·e·mon /hédʒəmà(:)n | -mɔ̀n/ 名 C 覇権者[国]

he·ge·mo·nism /hədʒémənɪzm | hɪgé-/ 名 U 覇権主義 **-nist** 名 形 **he·gè·mo·nís·tic** 形

he·ge·mo·ny /hədʒéməni | hɪgé-/ 名 (複 **-nies** /-z/) U C (特に1国による他国に対する) 支配[指導]権，覇権，ヘゲモニー

He·gi·ra, He·ji·ra /hédʒɪrə/ 名 ❶《the ～》ヘジラ《マホメットのメッカからメジナへの移住. A.D. 622》；ヘジラ暦[イスラム教]紀元 ❷《h-》C 逃避(flight)

▶▶**Hègira cálendar** 名《the ～》ヘジラ暦《イスラム教紀元を元年とし1年354日を12か月とする暦》

Hei·deg·ger /háɪdegər/ 名 **Martin ～** ハイデッガー(1889–1976)《ドイツの実存主義哲学者》

Hei·del·berg /háɪdəlbə̀:rg/ 名 ハイデルベルク《ドイツ南西部の都市. ドイツ最古のハイデルベルク大学がある》

heif·er /héfər/《発音注意》名 C (まだ子を産まない)若い雌牛(⇨ ox 類語P)

heigh-ho /hèɪhóu/ 間《口》やれやれ，あーあ(♥軽い驚き・落胆・退屈・疲労などを表す)

:height /haɪt/《発音注意》

―名〔◁ high 形〕(複 **～s** /-s/) ❶ C U (人の) **背丈**，身長；(底から頂までの) **高さ** (⇨ LENGTH 図)；U 背が高いこと (↔ shortness) ‖ He is six feet in ～.＝His ～ is six feet. 彼は身長6フィートだ(＝He is six feet tall.) / My big brother and I are the same ～. 兄と僕は身長が同じだ / What is your ～? 身長はどのくらいですか(＝How tall are you?) / The image of Buddha has a ～ of 16.2 meters. 仏像の高さは16.2メートルある

❷ C U (海面・地面などから測った)高度，標高，海抜(altitude) ‖ The airplane began to gain [lose] ～. 飛行機は高度を上げ[下げ]始めた / The hang glider came down from a great ～. ハンググライダーがずっと高い所から降下してきた / the ～ of a mountain 山の標

高 / fly at a ～ of 1,800 meters (above sea level) (海抜)1,800メートルの高さを飛ぶ
❸ Ⓒ《しばしば ～s》《単数扱い》(かなり)高い所[地点]; 高地, 高台;《しばしば地名として》台地, 高原 ‖ He's afraid of ～*s*. 彼は高所恐怖症だ / I have a head for ～*s*. 私は高い所でも平気だ / You have the best view of the bay from this ～. 湾はこの高台からの眺めがいちばんよい / Shiga *Heights* 志賀高原
❹《通例 the ～》**絶頂**, ピーク, 真っ盛り, 真っ最中;(いいもの・悪いものなどの) 極み, 極致 ‖ We are now in the ～ of summer [the tourist season]. 夏[観光シーズン]はまさにたけなわである / Her fame was **at** its ～. 彼女の名声は絶頂にあった / She was dressed in the ～ of fashion. 彼女は流行の最先端をいく服装をしていた / This idea is the ～ of folly. こんな考えは愚の骨頂だ / **reach** one's ～ (活動・人気などが)絶頂に達する

***height·en** /háɪtən/ 動 他 …を(より)高くする, 高める, 上げる;〔量・程度〕を増大させる, 強める, 深める;〔描写など〕を際立たせる ‖ His speech ～*ed* the crowd's excitement. 彼の演説で群衆は沸き立った / ～ public awareness of the disease その病気について人々の認識を高める / ～ an effect 効果をあげる
── 自 高くなる; 高まる, 増す, 強まる ‖ The tension ～*ed* in the meeting room. 会議室に緊張が高まった

Hei·long·jiang /hèɪlʊŋdʒiáːŋ | -lɒŋdʒǽŋ/ 名 黒竜江(ヘイロンチャン)省《中国最北東部, アムール川の南側にある省. 省都 Harbin(哈爾浜(ハルビン))》

Héim·lich manèuver /háɪmlɪk-/ 名《通例 the ～》〘医〙ハイムリック操作《のどに詰まったものを吐かせる手技》

Hei·ne /háɪnə/ 名 **Heinrich ～** ハイネ(1797–1856)《ドイツの詩人》

hei·nous /héɪnəs/ 形《通例限定》(罪・犯罪者などが)憎むべき, 忌まわしい **～·ly** 副 **～·ness** 名

***heir** /eər/ 《発音注意》(♦ 同音語 air) 名 Ⓒ (♦ しばしば無冠詞で用いる) ❶〈遺産の〉相続人, 跡継ぎ〈**to**〉‖ She was ～ *to* a large fortune. 彼女は莫大(ばくだい)な財産を相続した / They have no son and ～. 彼らには跡取り息子がない ❷〈王位・役職・事業・伝統などの〉継承者, 後継者〈**to**〉‖ the legitimate ～ *to* the throne 王位の法定継承者 / the premier's political ～*s* 首相の政治的後継者 / We fell [OR were] ～ *to* a lot of problems. 我々は多くの問題を引き継いだ
▶▶ **～ appárent** 名 (複 **～s a-**) Ⓒ ① 法定推定相続人 ② (地位などの) 確実な継承者 **～ presúmptive** 名 (複 **～s p-**) Ⓒ 推定相続人

heir·ess /éərəs | -es/ 名 Ⓒ (莫大な財産の) 女子相続人 (中立 heir)

heir·loom /éərlùːm/ 名 Ⓒ ❶ 先祖代々伝えられた家財, 世襲財産 ❷ 法定相続動産

heir·ship /éərʃɪp/ 名 Ⓤ 相続人の地位, 相続権

heist /haɪst/ 《俗》名 Ⓒ 強盗; 押し込み
── 動 他 …に強盗を働く; …を盗む

He·ji·ra /hédʒɪrə/ 名 =Hegira

:held /held/ 動 hold[1] の過去・過去分詞

Hel·en /hélən/ 名 (= **～ of Tróy**) 〘ギ神〙トロイのヘレン《スパルタ王 Menelaus の妃(きさき). トロイの王子 Paris に誘拐され, これが原因でトロイ戦争が起こった》

Hel·e·na /hélənə/ 名 ヘレナ《米国モンタナ州の州都》

hel·i·borne /hélɪbɔ̀ːrn/ 形 ヘリコプター輸送の

hel·i·cal /hélɪkəl/ 形 らせん形[状]の(spiral)

hel·i·ces /hélɪsìːz/ 名 helix の複数の1つ

Hel·i·co·bac·ter py·lo·ri /hèlɪkoubæ̀ktər paɪlɔ́ːraɪ, -riː/ 名 複 〘医〙ヘリコバクター=ピロリ菌《慢性胃炎や胃癌(がん)を引き起こすとされる. H. pylori とも書く》

hel·i·coid /hélɪkɔ̀ɪd/, **-coi·dal** /hèlɪkɔ́ɪdəl/ 形 らせん状[形]の ── 名 Ⓒ 〘数〙らせん面[体]

hel·i·con /héləkɑ̀(ː)n | hélɪkən/ 名 Ⓒ 〘楽〙ヘリコン《行進演奏用のチューバ》

Hel·i·con /héləkɑ̀(ː)n | hélɪkən/ 名 〘ギ神〙ヘリコン山《ギリシャ南部の山地. ミューズ神の聖域で, 詩想の源泉とされる》

***hel·i·cop·ter** /héləkɑ̀(ː)ptər | -ɪkɒp-/ 名 Ⓒ ヘリコプター(《口》copter, chopper) ‖ A ～ hovered over the lifeboat. ヘリコプターが救命用ボートの上を旋回した / get on a ～ ヘリコプターに乗る / carry a patient by ～ ヘリコプターで患者を運ぶ
── 動 自 他 ヘリコプターで飛ぶ[運ぶ]
▶▶ **～ gùnship** 名 Ⓒ 〘軍〙重装備ヘリコプター **～ pàd** 名 Ⓒ ヘリコプターが着陸できる場所 **～ pàrent** 名 Ⓒ《米》超過保護な親 **～ vìew** 名 Ⓒ ①(空中の)ヘリコプターから見た眺め ②《口》(事業計画などの)概要

helio- /híːliou-/ 連結形「太陽(the sun)」の意(♦ 母音の前では heli- を用いる) ‖ *helio*centric, *helio*gram

hèlio·céntric 〈シ〉 形 〘天〙太陽の中心から測った[見た]; 太陽を中心とする(↔ geocentric) ‖ the ～ theory (of Copernicus) (コペルニクスの)太陽中心説, 地動説

he·li·o·graph /híːliəgræ̀f | -gràːf/ 名 Ⓒ 日光反射信号機(で送られる通信); 太陽撮影機; 日照計
hè·li·o·grá·phic 形 **～·er** 名

He·li·os /híːliɑ̀(ː)s | -ɒs/ 名 〘ギ神〙ヘリオス《太陽神. Hyperion の子》

he·li·o·ther·a·py /hìːliəθérəpi/ 名 Ⓤ 日光浴療法

he·lio·trope /híːliətròup/ 名 ❶ Ⓒ 〘植〙ヘリオトロープ《向日性で, 花は香水の原料》; Ⓤ その花から採った香料[香水] ❷ Ⓤ 薄紫色; 赤紫色

hel·i·pad /hélipæ̀d/ 名 =heliport

hel·i·port /hélipɔ̀ːrt/ 名 Ⓒ ヘリポート《ヘリコプターの発着所》

hel·i·ski·ing /héliskìːɪŋ/ 名 Ⓤ ヘリスキー《ヘリコプターで山頂まで行きスキーで滑降すること》

hel·i·stop /hélistɑ̀(ː)p | -stɒp/ 名 =heliport

he·li·um /híːliəm/ 名 Ⓤ 〘化〙ヘリウム《希ガス元素. 元素記号 He》

he·lix /híːlɪks/ 名 (複 **hel·i·ces** /hélɪsìːz/ OR **～·es** /-ɪz/) Ⓒ ❶ らせん(形のもの)《コルク抜き・時計のぜんまいなど》❷〘数〙つる巻き線 ❸〘建〙(柱頭の) らせん [渦巻] 飾り ❹〘解〙耳輪(耳たぶのへり)

:hell /hel/
── 名 (複 **～s** /-z/) Ⓤ ❶《しばしば H-》**地獄**(↔ heaven) ‖ *The road to ～ is paved with good intentions.* 《諺》地獄へ続く道は善意で舗装されている; 善意だけで結果が伴わなければ何にもならない
❷ Ⓤ/Ⓒ《単数形で》**ひどい**[地獄の]**苦しみ**, 責め苦; **生き地獄**; ひどい状態[体験, 場所] ‖ You've made my life a ～ on earth. あなたのせいで私の生活はまるでこの世の地獄だ / Life is just a living ～. 人生はまさに生き地獄だ / War is ～. 戦争は地獄だ
❸ 死者の国, 黄泉(よみ)の国, 冥土(めいど), あの世 ❹《the ～》《文頭で副詞的に》《口》…なんてそれはおかしい, 絶対に…ない(♥ 強い不賛成・否定・拒絶を表す下品な表現) ‖ The ～ I will. まさかそれはないよ (私は絶対しない) ❺《疑問詞+the [OR in (the)] ～ で強意語として》一体全体 (on earth) (♥ 下品な表現) ‖ *What the* [OR *in*] ～ have I done to you? 僕が一体君に何をしたというのだ

a [OR ***one***] ***héll of a ...*** 《口》① 非常に悪い [ひどい] ‖ What *a* ～ *of a* noise! 何てやかましい音だ / I had *one* ～ *of a* headache. ひどい頭痛だった ② 非常な[に], とても ‖ I used to like Monica *a* ～ *of a* lot. 僕はモニカに首ったけだったものだ / I had *one* ～ *of a* time finding this office. この事務所を探すのにずいぶん苦労したよ / I had *a* ～ *of a* good time. とっても楽しかった(♦ hell of a はときに helluva /héləvə/ とつづられる.〈例〉It'll cost a *helluva* lot (of money). それはえらくたくさん(の金が)かかるぞ)

****àll héll brèaks*** [OR ***is lèt***] ***lòose*** 《口》とんでもない騒ぎになる, 大混乱に陥る

as héll 《口》非常に, とても ‖ He's (as) mad *as* ～ now.

彼は今かんかんに怒っている / I'll (as) sure *as* ～ do my best. 必ず全力を尽くします / as cold *as* ～ とても寒い

be héll on ... 《口》 ①〔人〕にとってつらい[厳しい] ②〔物事〕にとって害になる ‖ The bumpy road *is* ～ *on* the tires. でこぼこ道はタイヤが傷む

càtch [《英》 ***gèt***] ***héll*** ① きつくしかられる ② 《口》ひどい目に遭う

(***còme***) ***hèll or hìgh wáter*** 《口》 いかなる困難[障害]があろうとも

for the héll of it 《口》 ① 取り立てて理由もなく ② 面白半分に

from héll 《口》 最低の, 最悪の；この上なく不愉快な ‖ a boyfriend *from* ～ 最低のボーイフレンド

get the hell out ⇨ CE 1

gìve héll to a pérson ; ***gìve a pèrson héll*** 《口》 ① 《通例進行形で》〔人〕を悩ます[苦しめる], ひどい目に遭わせる；(体の部位が)〔人〕に痛みを与える ‖ *Give* them ～! (選手を励まして) 1発かましてやれ / My back's *giving* me ～. 背中が痛い ② 〈…のことで〉人をひどくしかる〈**about**〉

gò to héll 《口》 ① 畜生, くたばっちまえ, ばかを言え, うせろ (♥ ののしり・悪口) ‖ *Go to* ～! くたばれ；地獄に落ちろ ② (人のこと[考え]などを)気にしない, どうしようと構わない ‖ If you don't like it, you can *go to* ～. それがいやなら勝手にしろ

gò to [OR ***through***] ***héll and bàck*** 苦難に耐える, ぎりぎりまで頑張る

gò to hèll in a hándbasket 《米口》 急に悪化する, 落ちぶれる

hèll for léather 全速力で(⇨ HELL-FOR-LEATHER)

hèll on whéels 《口》非常に強引[攻撃的]な人；ひどい[困った]こと[人]

hèll to páy 《口》一大事

hèll's bélls [《英》 ***téeth***] 《口》こん畜生, ばかやろう(♥いら立ち・驚きを表す)

****like héll*** 《口》 ① 猛烈に, 必死に, ひたすら ‖ run *like* ～ 必死に走る ② 《文頭に用いて》 絶対に…ない ‖ *Like* ～ I agree. だれが賛成するもんか

plày (***mèrry***) ***héll*** 《口》 〈…に〉大損害を与える〈**with**〉 ‖ That noise was *playing* ～ *with* his concentration. 騒音が彼の集中力を台無しにした

ràise héll 《口》 ① ばか騒ぎをする ② 文句を言う；問題を引き起こす

shòt to héll 《口》台無しになって, すっかり壊れて, ばらばらになって

the héll out of ... 《口》 …を徹底的に(…する) (♦ annoy, beat, frighten, irritate, knock, scare などの動詞とともに用いる) ‖ I beat *the* ～ *out of* him. 私は彼をこてんぱんに殴った

to héll 《口》非常に, とても

to héll and gòne 《口》非常に遠く離れて

COMMUNICATIVE EXPRESSIONS

1 **Gèt the hèll óut (of here)!** とっとと出て行け (♥ くだけた表現)

2 If we're wróng, 「there'll be [OR we'll hàve] **héll to pày.** もし僕らが間違っていたのならやっかいなことになる[ひどい目に遭う]

3 **I fèel like héll.** 最悪の気分だ；とても具合が悪い (♥ 精神的・肉体的な不調を表すやや粗野な表現)

4 **Óh, hèll, nó.** ⇨ NO[1] (CE 3)

5 I'm gòing to gét them for **pùtting** grandpa **through héll.** じいちゃんにつらい思いをさせたやつらに仕返ししてやる

6 You can wáit **till** [OR **until**] **héll frèezes òver** before I forgíve you. おまえのことは絶対許さないぞ (♥ 「決して…ない」の意)

7 **To héll with** schòol! I'm gòing to quìt and gèt a jób. 学校なんかくそ食らえ. やめて仕事を見つけるさ

8 He **wènt through héll** after the áccident. 事故後彼はひどくつらい思いをした

9 He **wènt to hèll in a hándbasket.** 彼はみるみるうちに落ちぶれた

10 **Whàt the héll**, tomórrow's anòther dáy. 構うもんか, 明日は明日の風が吹くさ(♥「疑問は残るものの自分の意志を貫く」という含みがある)

11 **You lòok like héll.** ひどいなりだな；顔色がすごく悪いよ (♥ 気分が悪そうな[すさんだ様子の]人に対するやや粗野な表現)

―間 《俗》くそ, 畜生, ちぇっ(♥ 怒り・驚き・いら立ちなどを表す) ‖ Oh, ～! I've lost my wallet. 畜生. 財布をなくした / *Hell*, I don't know! そんなこと知るもんか

語法 ☆☆ hell が間投詞として, あるいは上に掲げる成句として用いられる場合, 下品・乱暴な表現とされ, 目上の人や女性に対して用いるのは避ける.

―動 自 《俗》騒がしく遊び回る；騒ぎまくる《***around***》

語源 「覆い隠す」の意のインド＝ヨーロッパ祖語の語根にさかのぼる. 地獄は地下の暗い所に隠されていると考えられていたため.

▸▸**Hèll's Ángel** 名 C (オートバイの) 暴走族 (♦ 米国カリフォルニアの暴走族の名から)

***he'll** /弱 hil ; 強 hiːl/ 《口》 ❶ he will の短縮形 ❷ 《まれ》 he shall の短縮形

hel·la·cious /heléɪʃəs/ 形 《米口》とても悪い, ひどい

héll·bènder 名 C 【動】アメリカオオサンショウウオ, ヘルベンダー《米国中東部の河川に分布》

hèll·bént <シ 形 《叙述》何としてでも〈…する〉決心で〈**on** (*doing*) ; **to do**〉

hèll·bént·for·lèather 形 副 《米口》=hell-for-leather

héll·càt 名 C 手に負えない女, あばずれ女；魔女

hel·le·bore /hélɪbɔːr/ 名 C 【植】 ヘレボラス ❶ キンポウゲ科クリスマスローズ属の植物 ❷ ユリ科シュロソウ属の植物

Hel·lene /héliːn/ 名 C (古代)ギリシャ人

Hel·len·ic /helénɪk/ 形 (古代)ギリシャの, (古代)ギリシャ人[語]の ―名 U 古代ギリシャ語

Hel·le·nism /hélɪnɪ̀zm/ 名 U ヘレニズム《古代ギリシャの文化・思想・芸術. 特にアレクサンダー大王以降の東方文化の影響を受けた文明を指す》

Hel·le·nist /hélɪnɪst/ 名 C ❶ 古代ギリシャ語[文化, 制度]の研究家 ❷ ギリシャの影響を受けた非ギリシャ人《特にユダヤ人》

Hel·le·nis·tic /hèlɪnístɪk/ <シ 形 ❶ ヘレニズムの；ギリシャ語[文化]研究家の ❷ ギリシャ風の；ヘレニズム様式の

héll·fìre /英 ニー/ 名 U 地獄の業火(ごう)；地獄の責め苦

hèll-for-léather 形 副 《米口》猛スピードの[で]

héll·hòle 名 C 非常に不快[不潔]な場所

hel·lion /héljən/ 名 C 《米口》 いたずら者, わんぱく小僧, 問題児；人間のくず

hell·ish /hélɪʃ/ 形 ❶ 地獄の (ような)；恐ろしい, 凶悪な ❷ 《口》非常に不快な, 実にいやな ―副 《英口》実に, ひどく **～·ly** 副 **～·ness** 名

****hel·lo** /həlóu/(♦ 《英》 では hullo, hallo ともつづる)

―間 ❶ 《あいさつ》やあ, おい；こんにちは(♦ 1日を通して最もよく使われる出会いのあいさつ)；《電話で》もしもし；《注意の喚起》もしもし, すみません, おい ‖ *Hello* there, Jen, how are you? やあジェン, こんにちは, 元気かい / *Hello*, this is Chris (speaking). もしもし, こちらクリスですが / *Hello!* Is anybody there? おーい, だれかそこにいないの

Behind the Scenes **Hello, gorgeous. 素敵なあなた, こんにちは** ブロードウェイの喜劇女優 Fanny Brice の半自伝的ミュージカル映画 *The Funny Girl* で, アカデミー賞主演女優賞を受賞した Barbra Streisand の第一声. 後に英国の航空会社 Virgin Atlantic のキャッチコピーや, ブロードウェイミュージカル *The Producers* の中でも使われた (♥ 相手への親しみを込めたあいさつ. イギリスでの使用が多い. 通常は女性に対する呼びかけだが, 異性を誘う場合にも用いる)

❷《英》おや, まあ, ほう(♥驚きを表す)
—名 (複 ~s /-z/) C hello というあいさつ[呼びかけ] ‖ Please say ~ to your family for me. ご家族によろしくお伝えください

héll·ràiser 名C (特に飲んで)ばか騒ぎ[もめ事]を起こすやつ **-ràis·ing** 形

hell·u·va /héləvə/ 形副 ひどい[く], すごい[く]《hell of a の短縮》(⇨ HELL)

***helm**[1] /helm/ 名C ❶〖海〗舵(かじ), 舵輪(だりん), 舵柄(だへい); 操舵装置 ‖ Down [Up] (with the) ~! 下手(したて)[上手(うわて)]舵 ❷《the ~》指導的地位, 支配 ‖ He was at the ~ during the financial crisis. 経済危機の間彼が実権を握っていた / take the ~ of the nation 国の舵取りをする
—動 他 ❶〔船〕の舵をとる; …の指揮を執る ❷《主に米》〔映画〕を撮る, 監督する

helm[2] /helm/ 名《古》=helmet

***hel·met** /hélmət | -mɪt/ 名C ❶ (危険防止用の)ヘルメット; (スポーツ選手用の)ヘルメット, ヘッドギア; (フェンシングの)面; (中世騎士の)かぶと; 鉄かぶと(→ crash helmet, pith helmet) ‖ wear a ~ ヘルメットをかぶる / a batting ~ (野球の)バッター用ヘルメット ❷〖植〗(花冠の)かぶと状突起 ❸ (=~ shèll)〖貝〗トウカムリ《熱帯産の大型の巻き貝》 **~·ed** 形《限定》ヘルメットをかぶった

hel·minth /hélmɪnθ/ 名C (腸内の)寄生虫

hel·min·thic /helmínθɪk/ 形 寄生虫の[による]; 寄生虫を駆除する —名C 虫下し, 駆虫剤

helms·man /hélmzmən/ 名 (複 **-men** /-mən/) C 舵手(だしゅ), 舵取り(中立 pilot, navigator)

Hel·ot /hélət/ 名C (古代スパルタの)奴隷; 《h-》奴隷, 農奴

PLANET BOARD 34

help + 目的語 + to *do* か, + *do* か.

問題設定 「…が…するのを手伝う」の意味で, 「help + 目的語」の後に to 不定詞と原形不定詞のどちらを使うかを調査した.

Q 次の表現のどちらを使いますか.
(a) Ellen **helped** Jeff **to win** the match by cheering him on.
(b) Ellen **helped** Jeff **win** the match by cheering him on.
(c) 両方
(d) どちらも使わない

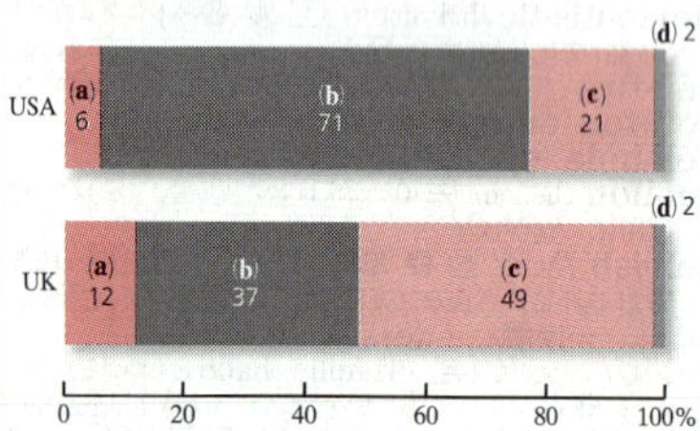

《米》では7割の人が(b)の原形不定詞のみを使うと答え, 2割の人が両方使うと答えた. 《英》では両方使うという人がほぼ半数で最も多く, (b)のみという人が4割弱だった. 「(b)の方が《口》」とする人が多い. 「(a)は実際に勝ったという結果に重点があり, (b)はその過程に重点がある」という意見もあったが, ほとんどの人は「意味の違いはない」とした. 「直接的援助の時は原形不定詞, 間接的援助の時は to 不定詞が使われる」ということが時に指摘されるが, そのことを述べた人はいなかった.

学習者への指針 「help + 目的語」の後には to 不定詞も原形不定詞も使われるが, 原形不定詞の方が口語的で, また《米》での使用率がより高い.

****help** /help/ 動 名 間
—動 (**~s** /-s/; **~ed** /-t/; **~·ing**)
—他 ❶ **助ける; 手伝う** (⇨ 類語) **a** 《+目》〔困っている人など〕を助ける, 手助けする, (金銭的に)援助する; 〔人など〕を救う, 助ける ‖ She was praised for ~*ing* an injured boy. けがをした少年を助けたことで彼女は褒められた / ~ one's old parents 年老いた両親の面倒を見る / *Help* me, I'm falling. 助けて, 落っこちそうだ / *Heaven* [OR *God*] ~*s those who* ~ *themselves.* 《諺》天は自ら助くる者を助く

b 《+目+(**to**) *do*》〔人〕が…するのを手伝う(♦《米》では通例, 《英》でもしばしば原形不定詞を用いるが, 受身形では必ず to 不定詞を用いる. ❶**d**, ❸**b**, **c** についても同様. ⇨ PB 34) ‖ He ~*ed* me (*to*) move the table. 彼は私がテーブルを動かすのを手伝ってくれた / He was ~*ed* (by his friends) *to* move house. 彼は(友人たちに)引っ越しの手伝いをしてもらった

c 《+目+**with** [**in**] 名》〔人〕を(…の面で)手伝う ‖ I used to ~ my brother *with* his homework. 私はよく弟の宿題を手伝ってやった(♦ ×... help my brother's homework とはいわない) / She ~*ed* her father *in* (doing) the family business. 彼女は父親の家業を手伝った(♦動名詞がくるときは前置詞は in)

d 《+(**to**) *do*》…するのを手伝う ‖ Please ~ (*to*) install the new antivirus program. 新しいアンチウイルスのソフトをインストールするのを手伝ってください

❷ 《+目+副句》〔人〕を**助けて[手伝って]…させる**(♦副句は方向を表す) ‖ She ~*ed* her mother 「to her feet [across the street]. 彼女は母親に手を貸して立ち上がらせた[道路を渡らせた] / A child fell down and I ~*ed* him up. 子供が転んだので助け起こしてやった / ~ her into [out of] the bus 彼女に手を貸してバスに乗せる[から降ろす]

❸ **役立つ a** 《+目》(物・事が)…に役立つ, 助けとなる; 〔事〕を促進する, 改善する ‖ Your advice ~*ed* me very much. ご忠告のおかげでとても助かりました / The fall in oil prices will ~ economic development. 石油価格の下落は経済発展を促すだろう / New curtains might ~ the room. カーテンを新しくしたら部屋がよくなるかもしれない / This medicine ~*s* your [OR the] digestion. この薬は消化を助ける

b 《+目+(**to**) *do*》(人・物事が)…するのに役立つ; …を促進する ‖ Your knowledge of Spanish will ~ you (*to*) get a better job. 君はスペイン語がわかるからもっとよい就職口がありますよ

c 《+(**to**) *do*》…するのに役立つ ‖ This insecticide will ~ (*to*) solve your termite problem. この殺虫剤はシロアリ問題の解決に役立つだろう

❹ (店・食堂などで)〔客〕に奉仕[応対]する ‖ May [OR Can] I ~ you? いらっしゃいませ(何にいたしましょうか)

❺〔人〕に〈料理などを〉とってやる〈**to**〉; 〔飲食物〕を給仕する[盛る, 出す] ‖ Shall I ~ you *to* another glass of wine? ワインをもう1杯おつぎしましょうか

❻〔不快感・苦痛など〕を和らげる; 〔病気など〕を治す, …に効く ‖ This medicine will ~ your cough. この薬を飲めばせきが楽になるよ ❼《can, cannot とともに, 通例否定文・疑問文・条件節で》…を差し控える, こらえる, 避ける; …を防ぐ, 抑える ‖ He did not want to speak to her if he could ~ it. できることなら彼は彼女に声をかけたくなかった / We can't ~ the bad weather. 悪天候ばかりはどうすることもできない / I wasn't supposed to go into a bar, but I couldn't ~ myself. バーへ行ってはいけなかったのだが, どうにも自分が抑えられなかった / I can't ~ it. 私としてはどうしようもない / It can't be ~*ed*. 仕方がない, どうしようもないことだ / Don't tell him more than you can ~. 余計なことを彼に言うな

—自 ❶ 〈…を〉**手伝う**, 助ける〈**with, in**〉‖ ~ *with* the

dishes 皿洗いを手伝う / I wish I could ask her to ～. 彼女に手助けを頼めたらなあ ❷ 役に立つ, 助けになる ‖ I hope this money will ～. この金がお役に立つといいですが / Crying won't ～. 泣いても始まらないよ / It ～*s* to carry a card with the address of your hotel on it. 滞在先のホテルの住所が印刷されているカードを持ち歩くと役に立つ / It didn't ～ that he was a foreigner. 彼が外国人であることはプラスにならなかった

*＊**cànnot hèlp dóing*** ; ***cànnot hélp bùt dó*** …**しないではいられない** (→ CE 5, 6, 12, ⇨ PB 35) ‖ I *couldn't* ～ laughing at the unbelievable sight. その信じられない光景を見て笑わないではいられなかった / I *could not* ～ *but* tell the children about our financial situation. 子供たちにうちの経済状況について話さずにはいられなかった(♥ feel, think などとともに用いて「失礼ながら言わせてもらえば」と間接的に意見を述べる. → CE 1)

cànnot hèlp a pèrson's dóing (人が)…するのは仕方がない(♦ 所有格の代わりに目的格を用いることもある) ‖ I *can't* ～ your [OR you] leaving if you insist. 君がどうしても行くというなら仕方がない

hèlp ... alóng 〈他〉…を促進する ; …を容易にする

hèlp a pèrson ón [óff] with ... 〔人〕が…を着る[脱ぐ]のを手伝う

*＊**hèlp óut*** 〈他〉(***hèlp óut ...*** / ***hèlp ... óut***)〔人〕の力になって(困難などから抜け出させて)やる ; 〈仕事・資金などで〉〔人〕を手助けする〈**with**〉‖ He ～*ed* me *out with* the dishes. 彼は皿洗いを手伝ってくれた ―〈自〉手を貸す, 〈…を〉手伝う〈**with**〉‖ He ～*s out* in the store after school. 彼は放課後店を手伝っている

*＊**hèlp onesélf*** ① 〈…を〉**自由にとって食べる**[飲む] ; 勝手[自由]に使う〈**to**〉‖ *Help* yourself *to* the fruit. どうぞ果物をご自由に召し上がってください (♦ しばしば to 以下を省略する) / "Could I use your phone?" "*Help* yourself."「電話をお借りできますか」「ご自由にどうぞ」 ② 《口》〈…を〉勝手に取る[持って行く], 盗む〈**to**〉‖ The thief ～*ed* himself *to* my money. 泥棒が私の金を盗んだ

so hèlp me (Gód) ① 《宣誓で》神に誓って (♦ この意味では常に God を伴う) ‖ I will tell the truth, *so* ～ *me God*. 神に誓って真実を話します ② 《強調する文の後に置いて》絶対に, 誓って, 本当に ‖ I never stole the money, *so* ～ *me!* 絶対にお金を盗んでなんかいません

COMMUNICATIVE EXPRESSIONS

1 **(But) I still càn't hèlp thínking** that hé was respònsible for the tróuble. (しかし)それでも彼に問題の責任があったと思わざるを得ないのですが (♥ 譲歩しながら反論を述べる表現. =I disagree that he was not responsible ....)

2 **Can I hèlp ánybody?** ご用件を伺っていない方はいらっしゃいますか ; 次の方どうぞ(♥ 店員や窓口の係などが用いる)

3 **Delíghted I was àble to hélp.** ⇨ DELIGHTED (CE 1)

4 **(Hòw) may [OR can] I hélp you?** 何かお手伝いできることはありますか ; 何かお探しでしょうか(♥ 店員などが客に対して用いる丁寧な表現で,「いらっしゃいませ」に相当する. ↘What can I do for you?)

5 **I càn't hélp thìnking the sáme.** 全く同感です

6 **I cán't hèlp wóndering whỳ** you ignòred our wárning. どうして私たちの警告を無視したか疑問に思わざるを得ません(♥ 疑問を提示することで反対や不満を示す)

7 **If there's ánything I can dò to hélp, plèase lèt me knów.** 何かお手伝いできることがあったら知らせてください(♥ 積極的な助けの申し出)

8 **I'm afràid I càn't hélp you.** お力になれなくてすみません(♥ 依頼や要求を丁寧に断る)

9 **(I'm sórry,) I càn't hélp you thère.** (すみませんが) そのことについてはお役に立てません ; 知りません (=(I'm sorry,) I don't know.)

10 **Mìght I hèlp at áll?** お手伝いできることが何かありますか(♥ 助けを申し出る形式ばった表現. ↘Can I help?)

11 **Nòt if I can hélp it.** そんなつもりはないね, いやだね(♥ 断り・拒絶の文句)

12 **Sórry, (but) I còuldn't hèlp overhéaring** whàt you were sáying. 失礼ですが, お話が聞こえたもので (♥ 会話に割り込んで話すきっかけを作る)

13 **There is nóthing I can dò to hélp you.** お手伝いできることは何もありません(♥ 要求や依頼をきっぱり断る. =I can't do it./=That's just not possible.)

―名 (複 **～s** /-s/) ❶ U **助け**, **援助**, 助力, 手伝い ; 役に立つこと ; 救助, 救済 ‖ ask for [OR seek] ～ 助けを求める / cry for ～ 助けを求めて叫ぶ / **provide** ～ 援助する / by [OR with] the ～ of ... …の助力で, おかげで / Can you give me some ～ **with** this? これを少し手伝ってくれないか / My friend's advice was of great ～ to me. 友人の忠告が大いに私の役に立った / I'm not much ～ on that. そのことでは私は大してお役に立てない / This guidebook is of little [no] ～. この旅行案内書はほとんど[少しも]役に立たない / I **need** your ～. あなたの助けが必要です / **get** ～ from ... …に助けてもらう

❷ C 《a ～》〈…の〉**役に立つもの[人]**, 助けになる人[もの], 助け〈**to**〉; 《しばしば戯》役に立たないもの[人] ‖ You've been a big ～. おかげでとても助かりました / E-mail is a great ～ to the hearing-impaired. Eメールは聴覚障害者に大変役に立つ

❸ C 《旧》雇い人, 使用人, 召使, (農業)労働者 ; 《主に英》家事手伝い, 家政婦 ; 《the ～》《集合的に》《単数・複数扱い》雇われている人[使用人, お手伝いさん](たち) ‖ a home ～ 《英》お手伝いさん (❗ home helper とはいわない) / a live-in ～ 住み込みの家政婦 / *Help* Wanted 人[家政婦]を求む《求人広告》

❹ U 《しばしば否定文で》救済策, 治療法 ; 逃げ道 ‖

PLANET BOARD 35

「…しないではいられない」を表すのに cannot help *doing*, cannot help but *do*, cannot but *do* のうちどれを用いるか.

問題設定 「…しないではいられない」を表す表現として cannot help *doing*, cannot help but *do*, cannot but *do* のうちどれを用いるかを調査した.

Q 次の (a) ～ (c) のどれを使いますか. (複数回答可)

(a) **I couldn't help thinking** that he was mistaken.

(b) **I couldn't help but think** that he was mistaken.

(c) **I couldn't but think** that he was mistaken.

(d) どれも使わない

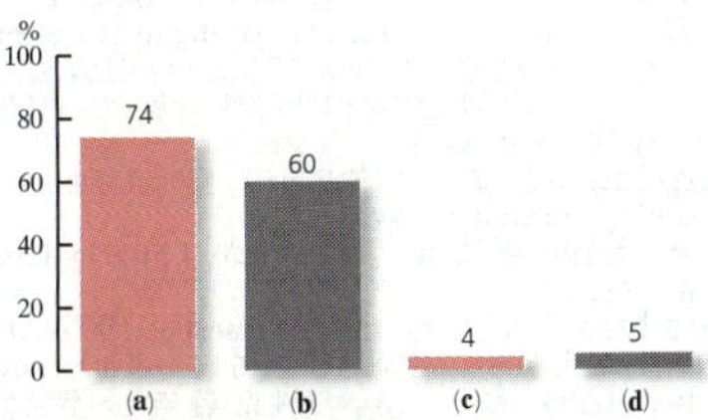

(a) の couldn't help thinking は約¾, (b) の couldn't help but think は6割の人が使うと答えたが, (c) の couldn't but think を使うと答えた人は4%だけだった. (a) と (b) は「同じ意味」とする人が多い. (c) は「とても古風で使わない」というコメントがあった.

学習者への指針 cannot help *doing* が最も一般的な言い方だが, cannot help but *do* もよく用いられる.

There is no ～ for it now. もうそれはどうしようもない / beyond ～ 手遅れで
❺ Ⓒ ヘルプ《ソフトウェアの操作方法がわからなくなった場合に説明を表示させる機能，またその説明》

COMMUNICATIVE EXPRESSIONS

14 **Gèt sòme hélp.** 助けを呼んできてください (♥ 事故現場で警察・救急車を呼んでもらうときなどに)
15 **I was wóndering if you could be of àny hélp.** 何か助けていただけるでしょうか (♥ 助けを求める形式ばった表現. I need your help./Could you help?)
16 **Would you lìke àny hélp?** 何かお手伝いしましょうか
17 **You lóok like you could dò with sòme hélp** (finishing the assígnment). (課題を終わらせるのに)手助けがいりそうですね (♥ 手助けを申し出るくだけた表現. Let me help you (finish ...)./《堅》May I be of assistance (in finishing ...)?)

━間 助けて，だれか来て，困った《助けを呼ぶ，または注意を引く叫び声》

類語《他 ❶》**help**「助ける」という意味で最もふつうの語．目的を達成させる意味が強い．
aid help より堅い語で，力のある者が弱い者を援助する意味が強い．〈例〉*aid* refugees 難民を援助する
assist aid と同じく堅い語で，補助的な助力を意味する．〈例〉The lieutenant governor *assists* the governor. 副知事は知事を補佐する

▶▶～ **dèsk** 名 Ⓒ お客様相談窓口《ハードやソフトの製造会社が開設しているもの》‖ a *help-desk* support system お客様支援体制 ～ **scrèen** 名 Ⓒ ヘルプ画面
～ **wànted** 名 Ⓤ 求人 ‖ *help-wanted* ads 求人広告

***help·er** /hélpər/ 名 Ⓒ 助ける人，助手；助けとなるもの；お手伝いさん，ヘルパー
▶▶～ **T cèll** 名 Ⓒ 〖生理〗ヘルパーT細胞《免疫に関与するリンパ球の1つ》

:help·ful /hélpfəl/
━形 (more ～；most ～)
❶ a 〈人に〉**役立つ**，有用な，有益な〈to〉；〈…に〉役に立つ，**助けになる**〈in〉‖ I've got some ～ ideas [suggestions]. 私にいい考え[提案]がある / You've been a very ～ assistant. 君はとても役に立つ助手だ / I'm sure this map will be ～ *to* you. この地図はきっとあなたの役に立ちます / This TV program is ～ *in* getting an idea of what Japan is like today. このテレビ番組は今日(こんにち)の日本の状況を大まかに知るのに役立ちますよ
b《It is ～ (for ...) to *do* で》…するのは(人にとって)助けとなる，好都合である ‖ It is ～ *for* me *to* know when you'll be back. いつお戻りになるかわかると助かります
❷ 進んで[快く]手伝う ‖ Those young men weren't very ～. その若者たちには進んで手伝おうという気はあまりなかった / a ～ child (言われれば)手伝おうと思っている子供
～**·ly** 副　～**·ness** 名

***help·ing** /hélpɪŋ/ 名 Ⓒ (飲食物の)1盛り，1杯 ‖ a second ～ of salad サラダのお代わり
▶▶～ **hánd** 名 Ⓒ《a ～》助力，手助け ‖ give [OR lend] a ～ *hand* to ... …に手を貸す

help·less** /hélpləs/ 形 (more ～；most ～) ❶ (赤ん坊・病人などが)自分では何もできない；弱々しい ‖ a ～ newborn baby 身動きのできない新生児 ❷ 無力な(状態の)，どうすることもできない，お手上げの (↔ powerful)〈**with, against** …に対して / **to *do …するのに〉；(表情などが)途方に暮れた，困惑した ‖ She was ～ *with* laughter. 彼女はおかしくてどうしようもなかった / We were ～ *to* resist the hackers. 我々はハッカーに対してどうにも抵抗できなかった / She gave me a ～ glance. 彼女は困ったという目つきをちらとこちらに向けた ❸ 自制できない，抑えられない ‖ ～ laughter 抑えようのない笑い ❹ (人・境遇などが)助け[援助]のない，困っている ‖ a ～ orphan 寄る辺のないみなしご　～**·ly** 副 どうすることもできずに；力なく　～**·ness** 名 Ⓤ お手上げの状態

hélp·lìne 名 Ⓒ 悩み事電話相談(サービス)，命の電話；電話情報サービス
hélp·màte 名 Ⓒ 協力者，仲間；配偶者，妻，夫
hélp·mèet /-mìːt/ 名 =helpmate
Hel·sin·ki /helsíŋki/ 名 ヘルシンキ《フィンランドの首都》
hel·ter-skel·ter /hèltərskéltər/ 副 形《限定》慌てふためいて[た]；でたらめに[な]　━名 Ⓒ ❶《英》ヘルタースケルター《遊園地のらせん式滑り台》❷《単数形で》混乱
helve /helv/ 名 Ⓒ (おのなどの)柄(え)
Hel·ve·tian /helvíːʃən/ 形 ヘルベチア(人)の；スイスの
━名 Ⓒ ヘルベチア人；スイス人(Swiss)

***hem**[1] /hem/ 名 Ⓒ (布・衣服の折り返しの)へり，縁；(一般に)へり，縁 (rim) ‖「take up [OR raise] the ～ of a skirt スカートのすそ上げをする
━動 (**hemmed** /-d/；**hem·ming**) 他 〔布(の縁)など〕を折り返して縫う；…に縁取りする　━自 縁取りする
hèm ... abóut [OR ***aróund***]〈他〉=*hem ... in*(↓)
****hèm ín ...*** / ***hèm ... ín***〈他〉…を取り囲む；…を閉じ込める，束縛する (♦ しばしば受身形で用いる) ‖ The small house is *hemmed in* on all sides by high walls. その小さな家は四方を高い塀に囲まれている / Her marriage has *hemmed* her *in*. 彼女は結婚して束縛されてしまった

hem[2] /hm, mm/《発音注意》(→ 名・動) 間 えへん，へん(♥ せき払いの音．話中のためらい・注意の喚起を表す)
━名 /hem/ Ⓒ せき払い　━動 /hem/ (**hemmed** /-d/；**hem·ming**) 自 せき払いする；言葉を濁す
hèm and háw 口ごもる；言葉を濁す

he·mal /híːməl/ 形〖解〗血液の，血管の；(器官が)心臓や大血管と同じ側にある
hé·màn 名 (複 **-mèn** /-mèn/) Ⓒ《口》《しばしば戯》男性的な男，筋骨隆々(りゅうりゅう)の男
he·mat·ic /hiːmǽṭɪk/ 形 血液(色)の；(薬などが)血液に作用する
he·ma·tite /híːmətàɪt/ 名 Ⓤ〖鉱〗赤鉄鉱
he·ma·tol·o·gy /hìːmətá(ː)lədʒi | -tɔ́l-/ 名 Ⓤ〖医〗血液学　**-to·lóg·ic(al)** 形　**-gist** 名 Ⓒ 血液学者
he·ma·to·ma /hìːmətóʊmə/ 名 (複 **～s** /-z/ OR **-ma·ta** /-tə/) Ⓒ〖医〗血腫
heme,《英》**haem** /hiːm/ 名 Ⓤ〖生化〗ヘム《ヘモグロビンの一部をなす赤色色素》
hemi- /hemɪ-/ 接頭「半…(half)」の意 ‖ *hemi*sphere
Hem·ing·way /hémɪŋwèɪ/ 名 **Ernest ～** ヘミングウェイ(1899–1961)《米国の小説家．ノーベル文学賞受賞(1954)》
hèmi·plégia 名 Ⓤ〖医〗半身不随，片麻痺(まひ)
-plégic 形
***hem·i·sphere** /hémɪsfɪər/《アクセント注意》名 Ⓒ ❶ (地球・天体の)半球；半球儀[地図]；《集合的に》半球上の国々[人々] ‖ the Northern [Southern] ～ 北[南]半球 ❷〖解〗脳半球 (cerebral hemisphere) ‖ the right [left] ～ of the brain 右[左]脳 ❸ 半球(体)
hèm·i·sphér·ic(al) 形 半球(状)の　**-i·cal·ly** 副
語源 *hemi-* half+sphere(球)
hem·i·stich /hémɪstɪk/ 名 Ⓒ〖韻〗半行；不完全行
hém·lìne 名 Ⓒ (スカートなどの)すそ(の線)，丈(たけ)
hém·lòck 名〖植〗❶ Ⓤ Ⓒ ドクニンジン；Ⓤ ドクニンジンから作った毒薬 ❷ Ⓒ ツガ(米栂)；Ⓤ ツガ材
hemo-,《英》**haemo-** 連結形「血，血液(blood)」の意(♦ 母音の前では hem-，《英》haem-)
he·mo·glo·bin /híːməglòʊbən | hìːməglóʊbɪn/ 名 Ⓤ〖生化〗ヘモグロビン，血色素
he·mo·phil·i·a /hìːməfíliə/ 名 Ⓤ〖医〗血友病
-phíl·i·ac 名 Ⓒ 血友病患者　**-phíl·ic** 形
hem·or·rhage /hémərɪdʒ/ 名 ❶ Ⓒ Ⓤ〖医〗(多量)出血 ‖ an internal ～ 内出血 ❷ Ⓒ《通例単数形で》(人

材・資産などの)大量流出[損失]
—動 自 (多量に)出血する；(人材・資産などが)大量に流出する —他 〔人材・資産など〕を大量に失う

hem·or·rhoids /hémərɔ̀ɪdz/ 名 複 〘医〙痔(じ), 痔疾

hemp /hemp/ 名 U ❶〘植〙アサ(麻), (インド)大麻(たいま)；アサの繊維 ❷ 大麻から採った麻薬《マリファナなど》

hém·stìtch 名 U 動 他 ヘムステッチ(をする), 飾りべり(をつける)

hen /hen/ 名 C ❶ めんどり (♦ 鳴き声は cackle, cluck) (↔ cock[1], rooster) (⇨ 類語P) ‖ *Hens* lay eggs. めんどりは卵を産む ❷ (一般に鳥の)雌；(タコ・エビ・カニなどの)雌；《形容詞的に》雌の ‖ a ～ pheasant [lobster] 雌のキジ[エビ] ❸ ⊗《旧》《蔑》女, (特に中年の)おしゃべり[がみがみ]女 ❹《スコット》ねえ, なあ (♥ 親しい間柄の少女や女性への呼びかけ)

(*as*) ***màd as a wèt hén*** 怒り狂って
(*as*) ***ràre*** [OR ***scàrce***] ***as hèn's téeth*** 極めてまれな

<table>
<tr><td rowspan="2">鶏</td><td rowspan="2">(総称)
fowl
hen
chicken</td><td>雄</td><td>(おんどり)
《米》rooster
cock</td><td rowspan="2">(ひよこ)
chicken
chick</td></tr>
<tr><td>雌</td><td>(めんどり)
hen</td></tr>
</table>

♦ chick は chicken に比べて特に生まれたてのものをいう.

▸▸ **～ pàrty** [**nìght**] 名 C 《英口》女性だけのパーティー, (特に) 結婚直前の女性を囲む女性だけのパーティー (→ stag party) **～ rùn** 名 C 養鶏場

He·nan /hə̀ná:n/ 名 河南(ホナン) 省《中国東部の省. 省都 Zhengzhou(鄭州)》

hén·bàne 名 C 〘植〙ヒヨス《ナス科の有毒植物》

hence /hens/ 副《比較なし》《堅》❶《帰結》NAVI ⓦ それゆえに, したがって, だから(⇨ THEREFORE 類語, NAVI表現 10) ‖ The hotel was built beside the river；～ the name Riverside. そのホテルは川の近くに建てられたので名前をリバーサイドにした(というわけだ) (♦ 後の文は動詞が省略されて名詞句だけになることがある) / handmade and ～ expensive furniture 手製なので値の張る家具 ❷《堅》《時間》今から(先), …後；今後は ‖ The final result will be published a week or so ～. 最終結果は1週間ぐらいしたら発表になる ❸《場所》《古》ここから；この世から ‖ *Hence* (with her)! (彼女を連れて) 立ち去れ / go ～ 他界する

hènce·fórth 副 今からは, 今後は

hènce·fórward 副 =henceforth

hench·man /héntʃmən/ 名 (複 **-men** /-mən/) C ❶《主にけなして》信頼できる部下[支援者]；(政治家の)取り巻き, 追従者；(やくざ・ギャングの)手下, 子分(中立 sidekick, flunky) ❷《古》従者, 小姓(page)

hén-còop 名 C 鳥かご, 鳥屋(とや)

hendeca- /hendekə-/ 連結形 「11 (eleven)」 の 意 ‖ *hendeca*syllable (11音節の詩行[詩句])

hen·di·a·dys /hendáɪədɪs/ 名 U 〘修〙二詞一意《2つの名詞または形容詞を and で結んで1つの意味を表す修辞法. 〈例〉nice and warm(=nicely warm)》

henge /hendʒ/ 名 C 〘考古〙ヘンジ《先史時代の石柱または木柱の環状遺跡群》(→ Stonehenge)

hén·hòuse 名 (複 **-hous·es** /-hàuzɪz/) C 鶏小屋

hen·na /hénə/ 名 ❶ C 〘植〙ヘナ, ヘンナ《ミソハギ科の低木》；U ヘナ染料《頭髪の染料》 ❷ U 赤褐色(かっしょく)
—動 他 〔髪〕をヘナ染料で染める

hén·pèck 動 他 ⊗《蔑》(妻が)〔夫〕を尻(しり)に敷く

hén-pècked 形 女房の尻に敷かれた, かかあ天下の ‖ a ～ husband 恐妻家

hen·ry /hénri/ 名 (複 **～s**, **-ries** /-z/) C 〘電〙ヘンリー《mks 単位系によるインダクタンスの単位. 略 H》

Hen·ry /hénri/ 名 ヘンリー ❶ イングランド王の名《1世から8世まである. 4世 (1367–1413) はランカスター朝を開く. 統治 (1399–1413). 8世 (1491–1547) は英国国教会を創設. 統治(1509–47)》 ❷ **O.～** ⇨ O. HENRY

hep /hep/ 形 =hip[4]

hep·a·rin /hépərɪn/ 名 U 〘生化〙ヘパリン《高等動物の肝臓などにある多糖類. 血液の凝固を防ぐ》

he·pat·ic /hɪpǽtɪk/ 形 ❶ 肝臓の[に関する]；(薬などが)肝臓に効く；肝臓色[状]の ❷〘植〙ゼニゴケ類の
—名 C ❶ 肝臓薬 ❷〘植〙ゼニゴケ類

he·pat·i·ca /hɪpǽtɪkə/ 名 C 〘植〙スハマソウの類

hep·a·ti·tis /hèpətáɪţəs | -tɪs/ 〈ジ 名 U 〘医〙肝(臓)炎
▸▸ **～ Á** [**B́, Ć**] 名 U 〘医〙A[B, C]型肝炎

Hep·burn /hépbə:rn/ 名 ❶ **Audrey ～** ヘプバーン (1929–93)《ベルギー生まれの米英両国で活躍した女優》 ❷ **James Curtis ～** ヘボン (1815–1911)《米国の医師・宣教師. ヘボン式ローマ字つづりを創始》

hep·cat /hépkæ̀t/ 名 C 《旧》《俗》(スイング) ジャズ狂 [奏者]；かっこいい人, 遊び人

Hep·ple·white /hépl*h*wàɪt/ 形 (家具が) ヘップルホワイト式の《18世紀後期に英国で流行した繊細優美な様式》

hepta- 連結形「7(seven)」の意 ‖ *hepta*gon(♦ 母音の前では hept-)

hep·ta·gon /héptəgɑ̀(:)n | -gən/ 名 C 七辺形, 七角形
hep·tág·o·nal 形

hep·tam·e·ter /heptǽməţər | -ɪtə/ 名 C 〘韻〙7歩脚

hep·tath·lon /heptǽθlən/ 名 C《単数形で》〘陸上〙7種競技 **hep·táth·lete** 名 C 7種競技の選手

＊＊＊＊her /弱 hər, ər；強 hə:r/

—代 (she の所有格・目的格) **Ⅰ【所有格】** ❶ (文脈または状況から特定できる女性・雌の動物を指して) **a**《名詞の前で》**彼女の** ‖ ～ book 彼女の本 / They wish Britain to retain ～ close links with the USA. 彼らは英国が引き続き米国との密接な結びつきを保つことを望んでいる (♦ her は国・船・車・機械などを受けるが《やや旧》. ⇨ SHE) **b**《動名詞句の意味上の主語として》彼女が [は] ‖ *Her* writing the report so rapidly was astonishing. 彼女がそんなに速くレポートを書き上げたのには驚いた
❷ (性別を特定しないで) その人の (♦ 書き言葉での用法) ‖ Everybody who likes singing should do something to protect ～ voice. 歌うことが好きな人は皆声を守るために何かするべきだ (♦ この用法では her の代わりに his or her や their を使うことが多い)
❸《Her で女性に対する敬称として》‖ *Her* Majesty (the Queen) 女王陛下
Ⅱ【目的格】 ❹ **a**《動詞・前置詞の目的語として》(文脈または状況から特定できる女性・雌の動物を指して) **彼女を[に]** ‖ He loves ～ dearly. 彼は彼女を心から愛している / I wrote ～ a letter. 彼女に手紙を書いた / He sat beside ～. 彼は彼女の隣に座った / Fill ～ up. 《やや旧》(ガソリンスタンドで)満タンにしてくれ(♦ her は車を指す. ⇨ SHE) **b**《動名詞句の意味上の主語として》《口》彼女が ‖ As her friend, I hate ～ working for such a low wage. 友人として彼女があんな低賃金で働くのはとてもいやだ
❺《主格の she の代わりに》 **a**《be の後で》‖ That must be ～. あれは彼女に違いない **b**《接続詞の as や than の後で》‖ I am older than ～. 私は彼女より年上だ(♦ be, as, than の後では she よりも her の方がよく使われる. ⇨ I[3], ME[1], PB 77) **c**《独立用法》《口》‖ *Her* and her promises! 彼女の約束ときたら **d**《主語の一部》《俗》‖ *Her* and me got married here. 彼女と私はここで結婚した
❻ (性別を特定しないで) その人を [に] (♦ 書き言葉での用法) ‖ When you raise a child, you must give ～ all your attention. 子供を育てるときは, その子にすべての注意を注ぎなさい (♦ この用法では her の代わりに him or her や them を使うことが多い)
❼《米方》彼女自身を [に] ‖ She got ～ a new car. 彼女は新しい車を自分のために買った / She laid ～ down on the grass. 彼女は草の上に身を横たえた

H

He·ra /híərə/ 名〘ギ神〙ヘラ《Zeus の妻で結婚の女神.〘ロ神〙の Juno に相当》

Her·a·cles /hérəkli:z/ 名 =Hercules

***her·ald** /hérəld/ 《アクセント注意》 名 C ❶〈…の〉先触れ, 前兆〈**of**〉‖ This earthquake may be a ~ *of* a volcanic eruption. この地震は火山噴火の前触れかもしれない ❷(一般に)告知者, 報道者(♦しばしば H- で新聞名として用いる); 伝達者, 使者 ‖ the Boston *Herald* ボストンヘラルド紙 ❸〘史〙伝令官《国の重大な出来事を布告する役人》; 軍使, 勅使; (中世の武芸試合の)進行係 ❹(英国の)紋章官, 式部官

— 動 他 ❶…の到来を告げる, 先触れをする; …を予告する, …の前兆となる ‖ The computer age ~*ed* the arrival of the "paperless office." コンピューター時代は「ペーパーレスオフィス」の到来を告げた ❷《通例受身形で》〈…として〉(大々的に)喧伝(けんでん)される, もてはやされる〈**as**〉‖ His escape was ~*ed as* a miracle. 彼の脱出は奇跡として盛んに喧伝された **he·rál·dic** 形《限定》伝令官の; 紋章官の **he·rál·di·cal·ly** 副

▶▶ **Hèralds' Cóllege** 名《the ~》(英国の)紋章院

her·ald·ry /hérəldri/ 名 (複 **-ries** /-z/) ❶ U 紋章学; 系譜学 ❷ C 紋章 ❸ U 仰々しさ

H

***herb** /ə:rb, hə:rb | hə:b/ 名 C ❶ハーブ, 香草, 薬草《セージ・ハッカなど芳香のある薬用[香料]植物》; 《形容詞的に》ハーブの ‖ dried ~*s* 乾燥ハーブ / a [《米》an] ~ garden ハーブ[薬草]園 ❷(tree や shrub と区別して) 草, 草本 ❸《しばしば the ~》《米俗》マリファナ

▶▶ **~ bénnet** 名 C〘植〙ダイコンソウ **~ Páris** 名 C〘植〙ツクバネソウ **~ téa** 名 U C 薬草湯, ハーブティー, 煎(せん)じ薬

her·ba·ceous /ə(:)rbéɪʃəs, hə:rb- | hə:b-/ 形 草の, 草本の, 草質の; 草状の ‖ ~ plants 草本 ▶▶ **~ bórder** 名 C(庭を縁取るように多年生植物を植えた)花壇

herb·age /ə́:rbɪdʒ, hə́:rb- | hə́:b-/ 名 U ❶《集合的に》草; (特に)牧草 ❷(草の)汁の多い部分《葉・茎など》

***herb·al** /ə́:rbəl, hə́:rb- | hə́:b-/ 形 草の; 薬草の

— 名 C 本草学書, 植物誌

▶▶ **~ médicine** 名 U 漢方薬 ‖ ~ *medicine* therapy 漢方薬治療 **~ téa** 名 U C ハーブティー

herb·al·ist /ə́:rbəlɪst, hə́:rb- | hə́:b-/ 名 C ❶薬草栽培者; 薬草商人; 薬草治療者 ❷《古》本草学者

-ìsm 名 U 薬草治療; 《古》本草学

her·bar·i·um /ə:rbéəriəm, hə:r- | hə:-/ 名 (複 **~s** /-z/ OR **-i·a** /-iə/) C 植物標本集[箱, 室]

her·bi·cide /hə́:rbɪsàɪd | hə́:-/ 名 C U 除草剤

her·bi·vore /hə́:rbəvɔ̀:r | hə́:-/ 名 C 草食動物(→ carnivore, omnivore)

her·biv·o·rous /hə:rbívərəs | hə(:)-/ 形 草食(性)の(→ carnivorous, omnivorous)

herb·y /ə́:rbi, hə́:rbi | hə́:bi/ 形 草の茂った; 草本性の; 草の香りのする

Her·cu·le·an /hə̀:rkjulí:ən/ 〈ジ 形 ❶ヘラクレスの(ような); 怪力無双の ❷《また h-》超人的な(力・努力を必要とする), 非常に困難な

Her·cu·les /hə́:rkjulì:z/ 《発音注意》 名 ❶〘ギ神・ロ神〙ヘラクレス《Zeus の子で怪力無双の勇者. 12の難事を成し遂げた》 ❷ C (ヘラクレスのような) 怪力無双の大男 ❸《the ~》〘天〙ヘラクレス座

***herd** /hə:rd/ 《発音注意》(♦同音語 heard) 名 C《単数・複数扱い》❶〈牛・羊などの〉群れ〈**of**〉(⇨ FLOCK[1] 類語P) ‖ a ~ *of* cattle [elephants] 牛[象]の群れ ❷《通例けなして》(人の)群れ, 群衆, 有象無象; 《the ~》大衆, 庶民 ‖ run in a ~ 連れ立って行動する / follow the ~ みんなにならう(♥他人の猿まねをするといった批判的含みがある) / the common [OR vulgar] ~ 一般大衆 ❸《複合語で》=herdsman ‖ a shep*herd* 羊飼い

ride hérd on ... 《米》①(馬に乗って)〔家畜の群れ〕の番をする ②《口》…を監視する; …の世話をする

— 動 他 ❶〔人〕を集める; …を〈…へ〉集団で移動させる, 追い立てる《***together, up***》〈**into, onto,** etc.〉‖ We were ~*ed onto* the bus. 我々は一団となってバスに乗せられた ❷〔牛・羊など〕の番をする, …を群れで移動させる

— 自 集団をなす; 集団で〈…へと〉移動する《***together***》〈**into, onto,** etc.〉

▶▶ **~ ìnstinct** [**mentàlity**] 名《the ~》〘心〙群居本能

hérd·bòok 名 C《英》(牛・豚などの)血統書

herd·er /hə́:rdər/ 名 =herdsman

herds·man /hə́:rdzmən/ 名 (複 **-men** /-mən/) ❶ C 牧夫, 牧畜業者 (中立 herder, rancher) ❷《the H-》〘天〙牛飼い座

***here** /hɪər/(♦同音語 hear) 副 間

〈中心義〉**話し手がいる領域**(★「空間的」な領域に限らず,「時間的」な領域も表す)

— 副《比較なし》❶《場所》 **a ここに, ここで; ここへ**; この点で ‖ I've lived ~ for ten years. 私はここに10年住んでいる / It's very hot in summer ~ in Kyoto. ここ京都では夏は非常に暑い(♦here と in Kyoto は同格. 大まかな位置を示す here の後に具体的な位置を示す語句がくる) / I'd like a word with you. **Come** and sit ~. 君と少し話したいんだ. ここへ来て座りなさい / I don't belong ~. 私はここの者ではない; 私はここの雰囲気になじめない / **right** ~ まさにここに[で]

b《名詞的に用いて》ここ, この点 ‖ She left ~ yesterday. 彼女は昨日ここを去った(♦「彼女はここが好きだ」の意味では ×She likes here. ではなく She likes this place. または She likes it here. という) / It's warm in ~. ここ(の中)は暖かい(♦in here は室内で, 室外の温度と対比する場合などに用いる) / Get out of ~. ここから出て行け / *Here* is fine. ここで結構です(♥タクシーで降りるとき) / **around** ~ この辺りで[は, に]

c《名詞の後で形容詞的に用いて》ここにいる[ある] ‖ My friend ~ is an interpreter. ここにいる私の友人は通訳です / It's Watson ~. (電話で)こちらはワトソンです(=This is Watson.)

d この世で ‖ ~ below この世で(は)

❷《時期・時点・段階》 **a**《文頭・文末で》ここに, ここで, **この時点**[段階]**で** ‖ *Here* you are wrong. この点で君は間違っている / At last the summer vacation is ~. やっと夏休みがやって来た / Shall we break ~? ここで休憩にしますか / The point I want to emphasize ~ is the urgency of the situation. ここで私が強調したいのは事態が切迫していることである / ~ **again** ここでもまた, この場合も

b《名詞的に用いて》ここ, この時点 ‖ Where do we take it from ~? さて次に何をしましょうか

❸《here is [are] + 名 で》(ほら)**ここに…がある**; (以下のことが)…である; 《be 以外の動詞とともに》ほら…する[した](→ CE 3) ‖ *Here* are some coins. ここにコインがいくつかあります / *Here*'s your key. これがあなたの鍵(かぎ)です(⇨ 語法 (1), (2)) / *Here*'s the answer. 答えは次のとおりです / *Here* comes the bus. ほら, バスが来た / *Here* he comes. ほら, 彼がやって来た

語法 ☆☆ (1) 相手に物を手渡すときに使うが, その場合は Here is は Here's と短縮されるのがふつう.
(2)《口》では, 名 が複数であっても Here's を使うことがある.〈例〉Here's your pencils. これがあなたの鉛筆です
(3) 名 が人称代名詞のときは動詞の前に置く. ×Here is it. や ×Here comes he. とはいわない.
(4) 疑問文・否定文では用いない.〈例〉×Is here a book? / ×Here aren't any books. (♦それぞれ Is there a book here? / There aren't any books here. という. ⇨ THERE ❻)

hère and nów 今ここで; 《the ~》現在, 現時点

hère and thére あちこちで[に, を] ‖ Toys were scat-

tered ~ *and there* around the room. おもちゃが部屋のあちこちに散らかっていた
hère, thère and éverywhere あっちこっちに, 至る所に[で]
hère todáy, (and) gòne tomórrow わずかの間しかとどまっていない, はかない
hère to stáy 定着して, 普及して
nèither hère nor thére 取るに足りない；関係ない ‖ What you are saying is *neither* ~ *nor there.* 君が言っているのはささいなことだ

COMMUNICATIVE EXPRESSIONS

1 **Hère góes.** さあやるぞ（♥ 難しいことに挑戦するときなどの掛け声）
2 **Hère góes nóthing.** ⇨ NOTHING（CE 1）
3 **Hère it ís.** ①（探していたものが）ああ, ここにあった ②（手渡しながら）さあどうぞ
4 **Hère we áre.** ① さあ着いたぞ（♦ ... at the station（駅に）などと続けることができる）②（探していたものが）ほら, ここにあったよ（=Here it is.）
5 **Hère we gó.** さあやるぞ, 始めるぞ
6 **Hère we gò agáin.** ⇨ AGAIN（CE 3）
7 **Hére you àre.** ① さあどうぞ；ほらここにありますよ（♥ 物を差し出すときに. =Here you go./=Here it is.）② いいかね；ほら見て[考えて]ごらん（♥ 注意を促す）③（探していた人が）やっと見つかった；ここにいた
8 **Hère's to you!**（君の健康・成功に）乾杯
Behind the Scenes **Here's looking at you, kid.** 乾杯 映画 *Casablanca* で, 主人公 Rick と元夫 Laszlo の間で揺れ動く Ilsa に対して, Laszlo と行くことを促し, 愛する彼女に別れを告げる場面で Rick が言ったせりふ.「君の瞳に乾杯」という名訳で有名（♥ この形のまま使うと, かなりキザになる. 相手は女性でなくてもいいが, 目上には使わない. より一般的な乾杯の音頭は Here's to you. このとき you は可変で, 名前などが入る. Here's to Sarah [your success, the happy couple]. サラに[君の成功を祈って, 幸せなお二人に]乾杯）
9 **I'm hére if you néed me.** 助けが必要なら言ってください；用事があるならここにいますので
10 **I'm óut of hère.** ⇨ OUT（CE 1）
11 **I'm stìll hére.** 聞いてますよ；聞こえてますよ（♥ 電話などで）
12 **Lòok** [OR **Sèe**] **hére!**（注意を促して）おい；ねえ；いいかい（♥ 説明・説得などが後に続く）
13 **We're [We're nót] hère to ⌈tàlk about** [OR **discùss**] **whose fáult it ìs.** NAVI 私たちはそれがだれのせいなのかを話すためにここにいるわけです[ではありません]（♥ 論点が何であるか[ずれていること]を指摘する）

—間 ❶（注意・慰めを表し）ねえ, おい；さあ ‖ *Here*, where are you going with my bag? おい, 僕のかばんを持ってどこに行くんだ / *Here*, ~, stop that talking. さあ, さあ, おしゃべりをやめなさい
❷（点呼に答えて）はい ❸（人に物を渡すとき）はい, どうぞ

hére·abòuts, -abòut /英 ＿＿/ 副 この辺りに[で], この近くに[で]

hère·áfter 副《堅》❶ 今後, 将来；（法律文書などで）この後で, 以下 ❷ 来世(らいせ)で
—名《the ~》来世, 死後の世界；将来, 未来

hère·bý ＜シ 副《堅》これにより；この結果 ‖ I ~ declare the opening of the Olympic Games. ここにオリンピックの開会を宣言する

he·red·i·ta·ble /hɪrédəṭəbl｜-rédɪ-/ 形 =heritable

her·e·dit·a·ment /hèrɪdítəmənt/ 名 C《旧》【法】相続（可能）財産；遺産；不動産

he·red·i·tar·y /hərédətèri｜-təri/ 形 ❶ 遺伝的な, 遺伝性の ‖ ~ characteristics【生】遺伝形質 ❷（財産・権利・称号などが）世襲（制）の；親譲りの

***he·red·i·ty** /hərédəṭi/ 名 U 遺伝；遺伝形質

Here·ford /hérɪfərd/（→ ❷）名 ❶ ヘレフォード《英国ヘレフォード=ウースター行政州の都市》❷ /米 há:rfərd/ C ヘレフォード種（の肉牛）

hère·ín ＜シ 副《堅》ここに, この点に[で]；この文書に

hère·in·áfter ＜シ 副《堅》（法律文書などで）以下に, 下文に ‖ ... ~ called Mr. A …を以下A氏と称する

hère·in·befóre 副《堅》（法律文書などで）上に, 上文に

hère·óf ＜シ 副《堅》これの,（特に）本書の；これに関して

***here's** /hɪərz/ here is の短縮形

her·e·sy /hérəsi/《発音注意》名（複 **-sies** /-z/）C U【宗】異端；異端説；（学問上などの）異説,《戯》反対意見

her·e·tic /hérətɪk/ 名 C 異端者；異説を唱える人

he·ret·i·cal /hərétɪkəl/ 形 異端（者）の；異端的な
~·ly 副 異端を唱えて

hère·tó ＜シ 副《堅》これに,（特に）本書に

hére·to·fòre /英 ＿＿＿/ ＜シ 副《堅》これまでは, 以前は

hère·únder ＜シ 副《堅》（法律文書などで）以下に, 下記に；以下のような条件で

hére·upòn /英 ＿＿/ ＜シ 副 ❶《古》これに続いて, このすぐ後に ❷《堅》これに関して

hère·wíth ＜シ 副《堅》❶ これとともに（同封して）❷ = hereby

her·it·a·ble /hérəṭəbl｜-ɪt-/ 形 ❶（財産などが）相続できる；【法】（人が）相続権のある ❷ 遺伝性の

:her·it·age /hérəṭɪdʒ｜-ɪt-/《発音注意》
—名 U/C《通例単数形で》❶ **遺産**《後世に残すべき歴史的建造物・自然環境など》；伝統, 継承物；《形容詞的に》遺産の[にかかわる]（⇨ INHERITANCE 類語）‖ Himeji Castle is registered as a World *Heritage* (site). 姫路城は世界遺産に登録されている / a **cultural** [**national**] ~ 文化[国家]遺産
❷ 世襲[相続]財産
❸ 持って生まれた境遇[地位], 運命, 定め ‖ Religion, nationality, and language are part of our social ~. 宗教・国籍・言語は我々が生まれながらにして社会的に付与されたものの一部である
❹《古》【聖】神の選民；イスラエル人；キリスト教会[教徒]
▶▶ **~ cèntre** 名 C《英》文化遺産センター

herk·y-jerk·y /hə̀:rkidʒə́:rki/ 形《米口》ぎくしゃく動く

herl /hə:rl/ 名 C 毛鉤(けばり)

her·maph·ro·dite /hə(:)rmǽfrədàɪt/ 名 C 男女両性具有者；【動】雌雄同体（の動物）；【植】両性花
—形 雌雄同体の, 両性の；相反する性質を備えた
her·màph·ro·dít·ic 形 **-dìt·ìsm** 名
▶▶ **~ brìg** 名 C【海】ブリガンティン, 2本マストの帆船

her·me·neu·tic /hə̀:rmənjú:ṭɪk/ ＜シ, **-ti·cal** /-kəl/ 形（聖書などの）解釈の；解釈学の

her·me·neu·tics /hə̀:rmənjú:ṭɪks/ 名《通例単数扱い》（聖書や文学作品などの）解釈学

Her·mes /hə́:rmi:z/《発音注意》名【ギ神】ヘルメス《神々の使者. 商業・雄弁・科学の神.【ロ神】の Mercury に相当》

her·met·ic /hə(:)rméṭɪk/, **-i·cal** /-ɪkəl/ 形 ❶ 密閉[密封]した, 気密の ‖ a ~ society 閉ざされた社会 ❷《ときに H-》錬金術の；秘術の ‖ ~ art 錬金術 ❸ 秘儀的な, 秘伝の（esoteric） **-i·cal·ly** 副

her·mit /hə́:rmɪt/ 名 C 世捨て人（recluse）；（宗教的）隠遁(いんとん)者, 隠者 **her·mít·ic(al)** 形 隠者の, 隠者らしい **-i·cal·ly** 副
▶▶ **~ cràb** 名 C【動】ヤドカリ

her·mit·age /hə́:rməṭɪdʒ｜-mɪt-/ 名 ❶ C 隠者のすみか；人里離れた一軒家 ❷《the H-》（ロシアのサンクトペテルブルクにある）エルミタージュ美術館

her·ni·a /hə́:rniə/《発音注意》名（複 **~s** /-z/ OR **-ni·ae** /-niì:/）U C【医】ヘルニア, 脱腸 **-al** 形

her·ni·ate /hə́:rnièɪt/ 動 自 ヘルニアになる
hèr·ni·á·tion 名

her·ni·at·ed /hə́:rnièɪṭɪd/ 形 ヘルニアになった ‖ have a ~ disk 椎間板ヘルニアになっている

:he·ro /híːrou, híə-/ 《発音注意》
―名 (複 **~es** /-z/) (→❹) Ⓒ ❶ **英雄**, 勇者 ; 尊敬[あこがれ]の的, 偉人 (♦女性にも用いる) ; 理想の男性 ‖ Your childhood ~ gives you a model for success later in your life. 子供時代のあこがれの的は後の人生で成功のひな形となる / The gold medalist received a ~'s welcome. その金メダリストは熱烈な歓迎を受けた / "Let me carry it." "You're my ~."「僕がそれを運ぶよ」「とても助かるわ」/ **become** a national ~ 国民的英雄になる / make a ~ of ... …を英雄視する
❷ (物語・劇などの)(男性の)**主人公**(↔ heroine) ; (出来事の)中心人物
❸ (神話や伝説に登場する)半神的な英雄, 神人
❹ (複 **~es, ~s** /-z/) 《米》=hero sandwich

COMMUNICATIVE EXPRESSIONS
1 **Dón't trỳ to bè a héro.** かっこつけるなよ (♥人をたしなめたり威嚇する際に用いる)
2 **I'm nó héro.** 僕はヒーローなんかじゃない (♥「(期待されても)そんな度胸はない」の意)

▶▶ **~ sándwich** 名 Ⓒ 《米》ヒーローサンドイッチ 《細長いパンに肉・チーズ・野菜などを挟んだ大型のサンドイッチ》 (submarine (sandwich)) **~ wòrship** 名 Ⓤ 英雄崇拝 ; (ある人物への)極端な英雄視

Her·od /hérəd/ 名 【聖】 **~ the Great** ヘロデ(大王) (73?–4 B.C.) 《キリスト生誕当時のユダヤ王 (37–4 B.C.). 幼児の大虐殺を命じた》

He·rod·o·tus /hərɑ́(ː)dəṭəs | -rɔ́d-/ 名 ヘロドトス (484?–425? B.C.) 《ギリシャの歴史家. 「歴史の父」と呼ばれる》

***he·ro·ic** /həróuɪk/, **-i·cal** /-ɪkəl/ 《アクセント注意》 形
❶ (人・行動などが)英雄的な, 勇敢な, 立派な ‖ ~ deeds 英雄的行為 ❷ (文体・作品などが)荘重な, 堂々たる ; 仰々しい ❸ (手段などが)思いきった, 果敢な ‖ make ~ efforts to save the earthquake victims 地震の被災者を救おうと果敢な努力をする / take a ~ measure 思いきった手段をとる / a ~ remedy 荒療治 ❹ (詩などが) 英雄を扱った ; (神話上の)英雄に関する ❺ 【美】(像などが)実物より大きい (♦colossal よりは小さい. → colossal)
on a heròic scále ; *of heròic propórtions* 非常に大きな[く], 大がかりな[に] ‖ a battle *on a ~ scale* 大規模な戦闘
―名 Ⓒ 《~s》 ❶ 芝居がかった言動 ; 英雄的行為, 勇敢な活躍 ❷ =heroic verse
-i·cal·ly 副 **-i·cal·ness** 名
▶▶ **~ cóuplet** 名 Ⓒ 【韻】英雄対連 《韻を踏む弱強5歩格の2行連句》 **~ vérse** 名 Ⓤ 【韻】史詩格, 英雄詩体 《英語・ドイツ語の詩では弱強5歩格》

***her·o·in** /hérouən | -ɪn/ (♦同音語 heroine) 名 Ⓤ ヘロイン 《モルヒネから作る中毒性の強い麻薬》 ‖ shoot (up) ~ 《俗》薬(ヤク)をやる

***her·o·ine** /hérouən | -ɪn/ 《発音・アクセント注意》 (♦同音語 heroin) 名 Ⓒ ❶ (映画・小説などの)ヒロイン, 女主人公 ‖ play the ~ ヒロインを演じる ❷ (女性の) 英雄, 女傑, 勇敢で気高い女性 ; 敬慕の的となる女性 (♦この意味では hero も用いる) ❸ (神話上の)半女神

***her·o·ism** /hérouìzm/ 《発音・アクセント注意》 名 Ⓤ ❶ 英雄的な資質[行為] ❷ 非常な勇気, 義勇, ヒロイズム ‖ demonstrate [OR display] ~ 勇敢さを発揮する

her·on /hérən/ 名 Ⓒ 【鳥】サギ

hér·on·ry /-ri/ 名 (複 **-ries** /-z/) Ⓒ サギの繁殖地

héro-wòrship 動 (《英》 **-wòrshipped** /-t/ ; **-wòr·ship·ping**) 他 …を英雄視する, 過度に崇拝[賞賛]する
~·er, 《英》 **~·per** 名 Ⓒ 英雄崇拝者

her·pes /hə́ːrpiːz/ 《発音注意》 名 Ⓤ 【医】疱疹(ほうしん), ヘルペス ▶▶ **~ símplex** 名 Ⓤ 【医】単純疱疹 **~ zós·ter** /-zɑ́(ː)stər | -zɔ́s-/ 名 Ⓤ 【医】帯状疱疹

her·pe·tol·o·gy /hə̀ːrpətɑ́(ː)lədʒi | -pɪtɔ́l-/ 名 Ⓤ 爬虫(はちゅう)類学 **-to·lóg·i·cal** 形 **-gist** 名

Herr /heər/ 名 (複 **Her·ren** /hérən/) Ⓒ ❶ (ドイツ語で)…さん, …氏 《英語の Mr. に当たる》 ❷ ドイツ紳士

Her·ren·volk /hérənfòuk/ 名 《ドイツ》 Ⓤ 支配者民族 (としてのドイツ国民)

her·ring /hérɪŋ/ 名 (複 **~** OR **~s** /-z/) 【魚】 Ⓒ ニシン ; ニシン科の魚 ; Ⓤ ニシンの肉 (→ red herring) ‖ kippered ~ 燻製(くんせい)ニシン ▶▶ **~ gùll** 名 Ⓒ 【鳥】セグロカモメ

hérring·bòne 名 Ⓤ ❶ 杉綾(すぎあや) [矢筈(やはず)] 模様 ; ヘリンボーン(の布地), 杉綾織り ; 【建】(れんがなどの)矢筈組み ‖ ~ stitch 千鳥がけ, ヘリンボーンステッチ ❷ 【スキー】開脚登高

herringbone ❶

:hers /həːrz/
―代 (she の所有代名詞) ❶ (文脈または状況から特定できる女性・雌の動物を指して) **a** 《単数・複数扱い》**彼女のもの** ‖ That book is ~. あの本は彼女の(もの)だ / My car is red and ~ is blue. 私の車は赤だが, 彼女のは青だ / My eyes met ~. 私は彼女と目が合った / My parents were poor, but ~ were rich. 私の両親は貧しかったが, 彼女の両親は裕福だった (♦指すものが複数ならば複数扱いにする)
b (名+of ~ で) 彼女の… (⇨ OF ❶b) ‖ a friend *of* ~ 彼女の友人 (♦不特定の友人. 特定の友人の場合は her friend とする) / I found this red pen of ~ in my room. 彼女のこの赤いペンを私の部屋で見つけた (♦ ×her this red pen とはいわない)
❷ (性別を特定しないで) その人のもの (♦書き言葉での用法) ‖ An author may include comments on other people's findings that are different from ~. 著者は自説とは異なるほかの人の所見に関するコメントを含めても構わない (♦この用法では hers の代わりに his or hers や theirs を使うことが多い)

:her·self /弱 hərsélf ; 強 həːrsélf/ 《アクセント注意》
―代 (複 **themselves**) (she の再帰代名詞. 成句については ⇨ ONESELF) ❶ 《再帰用法》**彼女自身を[に]** (♦動詞・前置詞の目的語として用いる) ‖ She supports ~. 彼女は自活している / She bought ~ a camera. 彼女は自分用にカメラを買った / She is proud of ~. 彼女は自分に誇りを持っている / Anne would worry ~ to death if she found out what I was up to. もしアンが私がもくろんでいることを知ったら死ぬほど心配するだろう
❷ 《強調用法》**彼女自身**, 彼女自ら (♦主語や目的語などを強調. 強く発音する) ‖ She told me about it ~.=She ~ told me about it. 彼女は自分でそのことを私に話した / I want to talk to Mrs. Jordan ~. 私はジョーダン夫人本人と話したいのです
❸ (性別を特定しないで) その人自身 (♦書き言葉での用法) ‖ Anyone who considers ~ capable of taking care of dogs may apply for the job. 犬の世話ができると思う人ならだれでもその仕事に応募することができる (♦この用法では herself の代わりに himself or herself や themselves を使うことが多い)
❹ 彼女の本来の状態, いつもの彼女 ‖ She hasn't been ~ since her mother's death. 彼女は母の死以来いつもの彼女ではなくなっている

her·sto·ry /hə́ːrstəri/ 名 (複 **-ries** /-z/) Ⓤ Ⓒ 女性の目から見た歴史 (♦history のもじり)

Hert·ford·shire /hɑ́ːrtfərdʃər/ 名 ハートフォードシャー 《イングランド南東部の州. 州都 Hertford. 略 Herts.》

Herts. /hɑːrts/ 略 Hertfordshire

hertz /həːrts/ 名 (複 **~**) Ⓒ 【理】ヘルツ 《振動数の単位, 毎秒1サイクル. 略 Hz》

Her·ze·go·vi·na, -ce- /heərtsəgóuvɪnə | hɜ̀ːtsəgə́-/ 名 ヘルツェゴビナ 《ボスニア=ヘルツェゴビナ共和国の一地方》
-ni·an 名 形

***he's** /弱 hɪz, iːz ; 強 hiːz/ 《口》 ❶ he is の短縮形 ❷ he

has の短縮形(♦ 通例この場合の has は助動詞)

he/she /hìːʃíː/ (♦ he or she /hìː ər ʃíː/, he slash she /hìː slæʃ ʃíː/ と発音することもある) 代 その人は[が] (♦ 不定代名詞や性別が特定されない人間を指す書き言葉. ⇨ HE ❷)

He·si·od /híːsiəd/ 名 ヘシオドス《紀元前8世紀ごろのギリシャの詩人》

hes·i·tan·cy /hézɪtənsi/, **-tance** /-təns/ 名〔◁ hesitate 動〕U 躊躇(ちゅうちょ), ためらい；口ごもり

hes·i·tant /hézɪtənt/ 形〔◁ hesitate 動〕躊躇する；ためらいがちな；口ごもる；〈…するのを〉ためらう〈to do〉‖ ～ recommendations 及び腰の勧告 **～·ly** 副

hes·i·tate /hézɪtèɪt/

—動 (**～s** /-s/；**-tat·ed** /-ɪd/；**-tat·ing**)〔▶ hesitant 形, hesitancy 名, hesitation 名〕自 ❶ **a**〈…のことで〉**躊躇する, ためらう**；(思い)迷う, 決心がつきかねる(↔ be decisive)〈**about, over**〉‖ I ～*d about* answering [OR whether to answer] his question. 私は彼の質問に答えたものかどうか迷った(♦ 疑問詞や whether が後に続く場合, about を省略することがある) / They're still *hesitating over* the final decision. 彼らはまだ最終決定をためらっている / *He who ～s is lost.* 《諺》ためらう者は負ける；好機逸すべからず

b 《+**to do**》…するのをためらう, …することに気が進まない ‖ If there's anything you need, don't ～ *to* ask me. 必要なものがあったら遠慮なく言ってください

❷ 口ごもる (♦ 直接話法にも用いる) ‖ She ～*d* before reading the next line. 彼女は次の行を読む前に少し口ごもった

COMMUNICATIVE EXPRESSIONS

1 **I hèsitate to sáy thìs, but** màybe the próblem ìsn't with the sóftware. 言いにくいのですが, 問題はソフトウェアではないかもしれません(♥ ためらいがちに発言する)

-tàt·ing·ly 副 ためらいがちに, 躊躇して

***hes·i·ta·tion** /hèzɪtéɪʃən/ 名〔◁ hesitate 動〕U C ❶〈…についての〉躊躇, ためらい, (心の)迷い〈**in, about**〉；不決断；気乗り薄 ‖ I chose this one after 「a lot of [some, a brief, a slight] ～. 散々[ちょっと]迷ったがこれに決めた / without ～ 躊躇せずに / He had no ～ *in* 「his reply [recommending me to the company]. 彼は何らためらうことなく返答した[私をその会社に推薦してくれた] ❷ (声・言葉が)詰まること, 口ごもり

COMMUNICATIVE EXPRESSIONS

1 **I dón't hàve àny hesitátion in sàying that** we should púnish thòse who have tèrrorized our cóuntry. 私は躊躇なく, 我が国にテロ行為を行った者を罰するべきだと言いたい(♥ あえて意見を述べる)

Hes·per·i·des /hɪspérɪdìːz/ 名 複 《ギ神》ヘスペリデス《Hera に与えられた黄金のリンゴを守った4人のニンフ》

Hes·per·us /héspərəs/ 名 《文》宵(よい)の明星, 金星

Hes·se /hésə/ 名 **Hermann ～** ヘッセ (1877–1962) 《ドイツの小説家・詩人. ノーベル文学賞受賞(1946)》

hes·sian /héʃən | hésiən/ U 《主に英》粗い麻布《袋用など》 ▶▶ **～ flý** 名 C 《虫》ヘシアンバエ《幼虫は麦の害虫》

Hes·ti·a /héstiə/ 名 《ギ神》ヘスティア《炉の女神. 《ロ神》の Vesta に相当》

he·tae·ra /hɪtáɪərə/ 名 (複 **～s** /-z/ OR **-rae** /-iː/) C (古代ギリシャの)遊女, 高級売春婦

het·er·o /hétərou | -ər-/ 形 名 (複 **～s** /-z/) C 《口》異性愛の(人) (♦ heterosexual の短縮形)

hetero- /hetərou-/ 連結形 「異…(different), 他…(other)」の意(↔ homo-)

het·er·o·dox /hétərədɑ̀(ː)ks | -ərouďɔks/ 形 非正統派の, 異説[異端]の(↔ orthodox)

語源 *hetero-* different(異なった)+*-dox* opinion(意見)

het·er·o·dox·y /hétərədɑ̀(ː)ksi | -əroudɔ̀ksi/ 名 (複 **-dox·ies** /-z/) U C 《堅》非正統, 異端；異説(↔ orthodoxy)

het·er·o·dyne /hétərədàɪn | -ərou-/ 《無線》形 ヘテロダイン方式の《周波数の変換方法の1つ》

—動 他 自 ヘテロダイン効果を起こさせる[起こす]

het·er·og·a·mous /hètərɑ́(ː)gəməs | -ərɔ́g-/ 形 ❶ 《生》異形配偶子を持つ, 異形配偶子によって生殖する ❷ 《植》(2種の)異性花のある

het·er·og·a·my /hètərɑ́(ː)gəmi | -ərɔ́g-/ 名 U ❶ 《生》異形配偶子生殖；異性生殖 ❷ 《植》異性花のあること

het·er·o·ge·ne·i·ty /hètəroudʒəníːəṭi/ 名 (複 **-ties** /-z/) U C 異種性, 異質；不等質, 異種混成

het·er·o·ge·ne·ous /hètəroudʒíːniəs/ ⟨シ 形 異種の, 異質の；不等質な, (異種)混成の, 雑多な(↔ homogeneous) **～·ly** 副 **～·ness** 名

het·er·og·e·nous /hètərɑ́(ː)dʒənəs | -ərɔ́dʒ-/ 形 = heterogeneous

het·er·o·mor·phic /hètərəmɔ́ːrfɪk/ 形 《生》異形の **-phìsm** 名 U 異形性

het·er·on·o·mous /hètərɑ́(ː)nəməs | -ərɔ́n-/ 形 ❶ 他律(性)の(↔ autonomous) ❷ 《生》異なる発達法則に従う, (器官などが)特殊化した

het·er·on·o·my /hètərɑ́(ː)nəmi | -ərɔ́n-/ 名 U 他律(性)

het·er·o·nym /hétərounɪm/ 名 C 《言》同綴(どうてつ)異音異義語《tear》/tɪər/(涙)と tear /teər/(引き裂く)など》

hètero·séxism 名 U 同性愛(者)に対する差別(主義) **-séxist** 名 C 形 同性愛差別主義者(の)

***hètero·séxual** /-sékʃuəl/ ⟨シ 形 ❶ 異性愛の(↔ homosexual) ❷ 異性の；両性(間)の —名 C 異性愛の人 **-sexuálity** 名 U 異性愛 **～·ly** 副

hèt úp /hét-/ 形 《叙述》《口》〈…に〉興奮した, いきり立った；気をもんだ〈**about, over**〉

heu·ris·tic /hjuərístɪk/ 形 (教授法が)(学習者に)自分で発見させる；💻発見的方法の《試行錯誤やあいまいな定義を参考に解決法を見つける方法》 —名 C 《～s》《通例単数扱い》発見法, 発見教授法；💻発見的方法

hew /hjuː/ (♦ 同音語 hue) 動 (**～ed** /-d/；**～ed** /-d/ OR **hewn** /hjuːn/；**～·ing**) 他 ❶ (おの・剣などで)…を切る, たたき切る《*down, away, off*》‖ ～ *down* a tree 木を切り倒す ❷ 《通例受身形で》切って[刻んで]作られる ‖ a statue *hewn* out of marble 大理石を刻んで造られた像

—自 ❶ (おの・剣などで)切る, たたき切る ❷ 《米》〈方針・規則などに〉従う〈**to**〉‖ ～ *to* the party line 党の方針に従う

hèw óut ... 〈他〉苦労して…を作る；〔運命など〕を切り開く

hèw one's wáy 道を切り開く

HEW 略 Department of *H*ealth, *E*ducation, and *W*elfare ((米国の)保健教育厚生省(1953–79). 現在は Department of Health and Human Services と Department of Education に分かれている)

hew·er /hjúːər/ 名 C 《旧》(木・石を)切る人；炭鉱労働者

hèwers of wóod and dràwers of wáter 苦しい仕事に従事する人々[階級] (♦ 聖書の言葉より)

hewn /hjuːn/ hew の過去分詞の1つ

hex[1] /heks/ 《主に米》動 他 自 魔法をかける, 不運をもたらす —名 C〈…への〉魔法, 呪(のろ)い〈**on**〉；魔女

hex[2] 略 hexadecimal, hexagon, hexagonal

hexa- /heksə-/ 連結形 「6(six)」の意

hex·a·chord /héksəkɔ̀ːrd/ 名 C 《楽》(中世音楽の)ヘクサコード, 6音音階

hèxa·décimal ⟨シ 形 💻16進法の《略 hex》 —名 ❶ U 16進(法) ❷ C 16進数

hex·a·gon /héksəgɑ̀(ː)n | -gən/ 名 C 六角形, 六辺形 **hex·ág·o·nal** 形

語源 *hexa-* six+*-gon* angle(角)

hex·a·gram /héksəgræ̀m/ 名 C 六角[線]星形, 六芒(ぼう)星(の印) (✡. → Star of David)

hex·a·he·dron /hèksəhíːdrən/ 名 (複 **～s** /-z/ OR **-dra** /-drə/) C 六面体 **-dral** 形

hex·am·e·ter /heksǽməṭər | -ɪtə/ 名 U C 《韻》6歩格(詩行)

H

hex·ane /héksein/ 名 U 〘化〙ヘキサン《メタン系炭化水素の1つ》

hex·a·pod /héksəpɑ̀(:)d | -pɔ̀d/ 名 C 6脚類, 昆虫類(insect) ―形 6脚の; 昆虫類の

Hex·a·teuch /héksətjù:k/ 名《the ~》〘聖〙六書《旧約聖書の最初の6書》

:hey /heɪ/(♦同音語 hay)

―間 ❶ **おい**, ちょっと; おや, へえー(♥注意を促したり, 驚き・当惑・喜びなどを表す) ‖ *Hey*, look out! おい, 気をつけろ ❷《口》よお, やあ(♥親しい間柄でのあいさつ) ‖ *Hey*, what's up? やあ, どうだい

→英語の真相→

人に呼びかける際に Hey! と声をかけるのは, 親しい相手などを除いて一般に失礼とされる. レストランの店員など客にサービスを提供する職業の人に対しても同様であり, Excuse me. と声をかけるのが一般的である.

COMMUNICATIVE EXPRESSIONS

1 **Hèy présto!** ① はい, このとおり (♥手品師の掛け声) ② あーら不思議

2 **Whàt the héy.**《米》まあいいや, (どうなろうと)構いやしない(♥疑いながらも[あきらめて]何かをしようとするとき, 間投詞的に用いるかなりくだけた表現. what the hell の婉曲的表現)

héy·dày 名 C《しばしば the ~》(若さ・繁栄などの)盛り, 絶頂, 全盛期 ‖ in her ~ 彼女の絶頂期に / in the ~ of romanticism ロマン主義の全盛期に

Hez·bol·lah /hèzbəlɑ́: | -bɔ-/ 名 ヒズボラ, 神の党《レバノンのイスラム教シーア派の過激な組織》

hf 略 half

Hf 記号〘化〙hafnium(ハフニウム)

HF 略〘無線〙*h*igh *f*requency(高周波)

HFC 略 hydrofluorocarbon(ヒドロフルオロカーボン)

HFEA 略《英》*H*uman *F*ertilisation and *E*mbryology *A*uthority(受精・胚研究機構)

Hg 記号〘化〙mercury(水銀)(♦ラテン語 *hydrargyrum* より)

HG 略 *H*igh *G*erman(高地ドイツ語: 標準ドイツ語)

HGH 略 *h*uman *g*rowth *h*ormone(ヒト成長ホルモン)

hgt. 略 height

HGV 略 *h*eavy *g*oods *v*ehicle(《英国の》重量物積載車両)

hgwy. 略 highway

HH[1] 略 double-hard(《鉛筆の》2H)

HH[2] 略 *H*is [*H*er] *H*ighness; *H*is *H*oliness

hhd 略 hogshead(s)

HHS 略 Department of *H*ealth and *H*uman *S*ervices(《米国の》保健福祉省)

:hi /haɪ/(♦同音語 high)

―間 ❶《口》**やあ**, こんにちは(♥親しい者同士での簡単なあいさつ. 目上の人には hello を用いる方がよい) ‖ *Hi*, there. やあ, こんにちは / *Hi*, Phoebe. How are you? やあ, フィービー, 元気かい ❷ ねえ, ちょっと(♥注意の喚起)

HI 略〘郵〙Hawaii: *H*awaiian *I*slands

hi·a·tus /haɪéɪṭəs/ 名(複 ~ OR ~**es** /-ɪz/) C《通例単数形で》❶(原稿などの)脱落(部分); (仕事・活動などの)中断, 途切れ ‖ be on ~ (一時)中断されている ❷ 割れ目, 隙間(すき) ❸〘音声〙母音接続

▸▸ **~ hérnia** 名 U〘医〙裂孔ヘルニア

hi·ba·chi /hɪbɑ́:tʃi/ 名 C 火鉢; バーベキュー用こんろ (♦日本語より)

hi·ba·ku·sha /hɪbɑ́:kuʃɑ:/ 名(複 ~ OR ~**s** /-z/) C (原爆による)被爆者(♦日本語より)

hi·ber·nate /háɪbərnèɪt/ 動 自 (動物が) 冬眠する (→ estivate); (人が)避寒する; 引きこもる

―他 💻〔コンピューター〕を休止状態にする

hi·ber·na·tion /hàɪbərnéɪʃən/ 名 U ❶〘動〙冬眠 ❷ 💻(コンピューターを)休止状態にすること, ハイバネーション

Hi·ber·ni·an /haɪbə́:rniən/《古》《文》形 アイルランド(人)の ―名 C アイルランド人

hi·bis·cus /haɪbɪ́skəs/ 名 C〘植〙ハイビスカス

hic /hɪk/ 間 ひっく; ういっ《しゃっくりなどの音》

hic·cough /hɪ́kʌp/ 名 動 =hiccup

hic·cup /hɪ́kʌp/ 名 C ❶ しゃっくり(の音); 《(the) ~s》しゃっくりの発作 ‖ get [OR have] (the) ~*s* しゃっくりが出る ❷《口》(小さな)障害, 故障; (一時的な)遅れ

―動 (ときに **-cupped** /-t/; **-cup·ping**) 自 しゃっくりが出る ―他 しゃっくりしながら…と言う

hic ja·cet /hɪ̀k dʒéɪsɪt/ 〈ン〉《ラテン》(=here lies) ここに眠る《墓碑銘の最初の句》

hick /hɪk/《主に米口》《けなして》名 C 田舎者

―形《通例限定》田舎(者)の, ぱっとしない

hick·ey /hɪ́ki/ 名 C《米・カナダ口》❶ 装置, 器械, 仕掛け(gadget) ❷ キスマーク ❸ 吹き出物, にきび

hick·o·ry /hɪ́kəri/ 名 (複 **-ries** /-z/) ❶ C〘植〙ヒッコリー《北米産のクルミ科の落葉樹》❷ U ヒッコリー材; C ヒッコリーのつえ[むち]

HICP 略 *H*armonized *I*ndex of *C*onsumer *P*rices (ユーロ圏総合消費者物価指数)

:hid /hɪd/ 動 hide[1] の過去・過去分詞

hi·dal·go /hɪdǽlgoʊ/ 名 (複 **~s** /-z/) C スペインの下級貴族

:hid·den /hɪ́dən/

―動 hide[1] の過去分詞の1つ

―形 **隠された**; 秘密の; わかりにくい(↔ evident) ‖ He has a ~ talent. 彼には隠れた才能がある / a ~ meaning 隠された意味 / a ~ video camera 隠しビデオカメラ

▸▸ **~ agénda** 名 C (計画や行動の)隠された意図 **~ táx** 名 C 間接税(indirect tax)

:hide[1] /haɪd/ 動 名

―動 (~**s** /-z/; **hid** /hɪd/; **hid·den** /hɪ́dən/《古》《詩》**hid** /hɪd/; **hid·ing**)

―他 ❶ …を**隠す**, 見えない[秘密の]場所に置く; 〔人〕をかくまう《*away*》〈**from** 人から; **in, under, behind,** etc. 場所に〉(⇨ 類語) ‖ I *hid* the money I saved *under* the vase. 私はへそくりを花瓶の下に隠した / He *hid* himself *behind* a tree. 彼は木の陰に隠れた / She *hid* her child *from* his violent stepfather. 彼女は子供を狂暴な継父からかくまった / keep important papers *hidden* 重要書類を隠しておく

❷ (物が)…を**覆い隠す**, 見えなく[見づらく]する, 〈視界から〉遮る《*away*》(↔ reveal)〈**from**〉‖ The moon was *hidden* by the clouds. 月は雲に覆い隠された / Trees and shrubs *hid* the house *from* view. 木々や茂みの陰でその家は(よく)見えなかった

❸〔感情など〕を〈…に隠して〉表に出さない〈**behind**〉; 〔顔・目など〕を背ける, (手・ハンカチなどで)覆い隠す《*away*》‖ ~ one's feelings [disappointment] (*behind* a smile) (にこやかに笑って) 感情[落胆]をあらわにしない / ~ one's face [OR **head**] in shame 恥ずかしさに顔を隠す

❹〔事実・情報など〕を〈…に〉明かさない, 包み隠す, 秘密にしておく《*away*》(↔ disclose)〈**from**〉‖ You shouldn't ~ anything *from* your attorney. どんなことであれ弁護士に隠してはいけません / have nothing to ~ 何も隠すこと[やましいこと]は(して)ない

―自 ❶ 隠れる, 身[正体]を隠す, 潜む《*away*》〈**from** 人から; **under, behind, in,** etc. 場所に〉‖ She *hid from* Dad *in* the closet. 彼女は父親に見つからないように押し入れに隠れた / ~ *behind* a false identity 身元を偽る

❷《+**behind** 名》〔法律・権力など〕を盾にとる, かさに着る, 口実に使う ‖ ~ *behind* 「a legal technicality [one's authority] 法解釈を盾にとる[職権をかさに着る]

hìde awáy 〈他〉《***hìde awáy*** ... / ***hìde*** ... ***awáy***》① 〔物〕を隠す, しまっておく; 〔人〕をかくまう ②《受身形で》(人・物が)遠く[人里]離れている ―〈自〉身を隠す

hìde óut 〈自〉(追っ手から)身を隠す[している], 潜伏する;

(一時的に)行方をくらます, 逃避する
—名 C ((英))(野生動物の狩猟・撮影・観察のための)隠れ場所(blind)

類語 ((他 ❶)) **hide**「隠す」を意味する最もふつうの語. 必ずしも故意の隠匿を意味しない.
conceal hide よりも改まった語だが, 意味上交換可能な場合も多い. ふつう故意に隠す, または秘密などを明らかにすることを拒む.

hide² /haɪd/ 名 C U ❶ (特に大きい獣の) 皮, 皮革 (♦ 動物名との組み合わせで用いることが多い) ‖ gloves made of ox ~ =ox ~ gloves 牛革(製)の手袋 ❷ ((単数形で))((口))(人の)皮膚(⇨ SKIN 類語P); ((口))(危険にさらされた) 人命, 身の安全 ‖ save one's own ~ 危険から身を守る, 窮地を脱する
hàve a thìck híde ((口))面(つら)の皮が厚い
hàve [OR ***tàn, whìp***] ***a pèrson's híde*** ((口)) ((ときに戯)) (人を)(むち)打つ, ひどくしかる, (罰として)(子供の)尻(しり)をたたく
hìde or [OR ***nor***] ***háir*** ((否定文・疑問文で))((口))〈…の〉形跡, 痕跡(こんせき) 〈**of**〉‖ I haven't seen ~ *nor hair of* him since last year. 昨年来全く彼の姿を見かけない

***hìde-and-séek,** + ((米)) **hìde-and-go-séek** 名 U 隠れんぼ ‖ play (at) hide-and(-go)-seek 隠れんぼをする

híde·awày 名 C (くつろぐための)隠れ場所

híde·bòund 形 ❶ (人・考えなど)頑固な, 偏狭な ❷ (家畜が)やせこけた, 骨と皮の

***hid·e·ous** /hídiəs/ ((発音注意)) 形 ❶ 見る[聞く]も恐ろしい, ぞっとする; ひどく醜い, 気持ちの悪い ‖ a ~ monster [shriek] 恐ろしい怪物[悲鳴] ❷ (道義的に) 気に入らない, 不愉快な, いやな ‖ a ~ crime 忌まわしい犯罪 ❸ 苦痛をもたらす, 困った **~·ly** 副 **~·ness** 名

híde·òut 名 C (犯罪者の)隠れ家, 潜伏場所, アジト

***hid·ing**¹ /háɪdɪŋ/ 名 ❶ U 隠す[隠れる]こと, 隠匿, 潜伏, 雲隠れ ‖ The fugitive is in ~ in the mountains. 逃亡者は山の中に潜伏中だ / 「go into [come out of] ~ 姿をくらます[現す] ❷ (=~ plàce) C 隠れ家; 隠し場所

hid·ing² /háɪdɪŋ/ 名 C ((単数形で))((口)) ❶ むち打ち, ひっぱたくこと ❷ 敗北(defeat)
be on a hìding to nóthing ((英口)) 全く成功の見込みがない

hie /haɪ/ 動 (**~d** /-d/; **hie·ing, hy·ing**) 自 他 ((~ oneself で))((古))〈…へ〉急ぐ〈**to**〉

hi·er·arch /háɪərɑ̀ːrk/ 名 C 教主, 高僧; 権力者

hi·er·ar·chic /hàɪərɑ́ːrkɪk/, **-chi·cal** /-kɪkəl/ 形 階級組織の; 聖職位階制の **-chi·cal·ly** 副

***hi·er·ar·chy** /háɪərɑ̀ːrki/ ((発音注意)) 名 (複 **-chies** /-z/) ❶ C U (社会の)階層制, (組織・団体の)職階制, 聖職[教会]位階制度, ヒエラルキー; 職階制を持つ組織[団体] ‖ a social ~ based on wealth 富に基づく社会的ヒエラルキー / companies with a rigid ~ 厳格な職階制を持つ会社 ❷ ((the ~))((集合的に))((単数・複数扱い))(組織・団体の)上層部, 支配[権力]層; (特にローマカトリック教会の)高位聖職者団, 宗教的権威者集団 ‖ have the backing of the Democratic ~ 民主党上層部のバックアップがある ❸ C 〖生〗(動植物の)分類体系〖法〗((門・綱・目・科・属・種など)) ❹ C 〖宗〗天使の階級 ((3つに区分されそれぞれに3階級あって全部で9階級ある)); ((集合的に))((単数・複数扱い))(9階級の)全天使団
語源 *hier-* sacred + *-archy* rule: 聖職者による支配

hi·er·at·ic /hàɪərǽṭɪk/ 形 僧侶(そうりょ)の, 聖職者らしい; (古代エジプトの)神官文字の(→ demotic)

hi·er·o·glyph /háɪərəglɪf/ 名 C ❶ ヒエログリフ ((古代エジプトの象形文字の一書体)); (一般に) 象形文字 ❷ 秘密の文字[記号]

hieroglyph ❶

hi·er·o·glyph·ic /hàɪərəglífɪk/ <シ 形 ❶ ヒエログリフ[象形文字]の; 象形文字で書いた ❷ ((口))判読しにくい
—名 C ❶ =hieroglyph ❶ ❷ ((~s)) 象形文字表記法 ❸ ((~s))((複数扱い))((口))判読しにくい文字[書き物]
-i·cal·ly 副

hi·er·o·phant /háɪərəfæ̀nt | -əroʊ-/ 名 C (特に古代ギリシャの)秘儀の司祭[解説者]

hi-fi /háɪfàɪ/ 名 ❶ =high fidelity ❷ U C ((旧))((口))ハイファイ装置 —形 ((限定))ハイファイの, 高忠実度再生の ‖ a ~ system ハイファイシステム

hig·gle·dy-pig·gle·dy /hìgldipígldi/ <シ 副 形 大混乱して[した], 乱雑に[な]

Higgs bo·son /hígz bòʊsɑ(ː)n | -bòʊsɔn/ 名 C 〖理〗ヒッグス粒子 ((素粒子が質量を持つ理由を説明する理論上の粒子. Higgs particle ともいう))

*****high** /haɪ/ (♦ 同音語 hi) 形 副 名

中心義 (ある基準よりも位置が)高い (★物理的なものに限らず,「程度」「価値」「身分」などにも用いる)

> 形 高い❶❸❹❼ 高さ(が)…の❷ 高価な❺ 高貴な❻
> 副 高く❶

—形 (▶ height 名, highness 名) (**~·er**; **~·est**) (↔ low¹) ❶ (丈が) **高い** (♦ 通例人・動物には用いない) (⇨ 類語P) ‖ He attempted to climb the ~*est* mountains of all seven continents. 彼は7大陸すべての最高峰登頂を試みた / The view from my room is blocked by a ~ wall. 私の部屋からの眺めは高い壁に遮られている
❷ ((数詞などを伴って)) **高さ(が)…の** ‖ How ~ is the mountain? その山の高さはどのくらいですか / The building is 300 feet ~. そのビルは300フィートの高さだ / The water is knee-~. 水はひざまで(の深さが)ある
❸ (高度が)**高い**, 高い位置にある; ((限定))高地の, 奥地の; 高所へ[から]の; (緯度が)高い, 北極[南極]に近い ‖ The shelf is too ~ for me to reach. 棚が高くて届かない / The sun was already ~ in the sky. 太陽はすでに空高く昇っていた / ~ clouds 高い雲 / do a ~ dive 高飛び込みをする / a ~ flight 高空飛行 / *High* Asia 高地アジア / be located in the ~ latitudes 高緯度(地帯)に位置する / a room with a ~ ceiling 天井の高い部屋
❹ (量・程度・割合などが)**高い**; 強い, 激しい; 〈…の〉含有量の多い〈**in**〉; (政治的・宗教的に) 過激な ‖ The river is unusually ~. 川の水位が異常に高い / have [run] a ~ fever [OR temperature] 熱が高い[高熱を出す] / at a ~ **level** 高い水準で / drive (a car) at ~ speed 高速で(車を) 運転する / a ~ rate of birth 高出生率 / ~ humidity 多湿 / a ~ sea 荒海 / The wind is ~ tonight. 今夜は風が強い / Chocolate is ~ *in* calories. チョコレートはカロリーが高い / a ~ Tory 極端な保守党員
❺ (価格・品質などが)高い, **高価な**; 高級な, ぜいたくな; ((通例限定))(人格などが)高潔な, 高尚な, 崇高な, 優れた; (評価・期待などが) 高い ‖ They charge ~ prices to foreign tourists. 彼らは外国人観光客には高い料金を吹っかける / the ~ cost of living 高い生活費 / ~ civilization 高度な文明 / articles of ~*er* [the ~*est*] grade 高級[最高級]品 / live a ~ life ぜいたくな生活をする / a ~ ideal 崇高な理想 / a man of ~ morals 品行方正な人 / ~ minds 気高い心(の持ち主)
❻ (身分・地位などが)高い, **高貴な** ‖ She is ~ up in the Ministry. 彼女はその省で重要な職に就いている / a ~ government official 政府高官
❼ (音・声が) **高い**, 鋭い (↔ deep); (色が) 濃い ‖ a ~ note 高音程 / in a ~ voice かん高い声で / have a ~ color 血色がよい / ~ complexion [OR coloring] 紅潮した顔
❽ 意気盛んな, 活気に満ちた; 陽気な, 楽しい; 〈…に〉興奮

H

した, 感極まった〈on〉‖ They were in ～ spirits. 彼らは元気いっぱい［上機嫌］だった / We are still ～ *on* our victory. 私たちはまだ勝利に酔いしれている
❾《叙述》《口》〈酒・麻薬で〉酔って, ハイになって, 恍惚(こうこつ)状態で, ぼうっとして〈on〉‖ get ～ *on* marijuana マリファナでいい気分［ハイ］になる
❿ 高慢な, 傲慢(ごうまん)な ‖ a ～ look 高慢な顔つき / in a ～ manner 横柄な態度で / with a ～ hand 高圧的に
⓫《特に比較級で》高等な, より進歩［進化］した；複雑な ‖ ～*er* animals [plants] 高等動物［植物］
⓬《比較なし》《限定》(時・季節が)盛りの, たけなわの；ピークの, 絶頂の(→ high time)；《しばしば H-》(時代が)最盛期の ‖ ～ summer 盛夏 / the ～ tourist season 旅行繁忙期, 観光シーズン / the *High* Renaissance ルネサンス盛期
⓭ (時が)(遠い)昔の ‖ ～ antiquity 遠い昔
⓮ 主要な, 重要な；重大な ‖ a ～ festival 大祭 / a ～ crime 重大な犯罪 / The budget increase was ～ on the list [OR agenda]. 予算の増額は緊急を要した
⓯ (チーズなどが)食べごろに熟成した；《叙述》(食べ物が)腐った(においのする) ⓰〘音声〙(母音が)舌の位置が高い(close) ‖ ～ vowels 高母音《/iː/, /uː/ など》 ⓱ (自動車のギアが)高速の, トップの ⓲《H-》高教会派の(→ High Church)
⓳〘トランプ〙(カードが)点の高い, 強い ‖ Aces and kings are ～ cards. エースとキングは点数の高い［強い］札だ

(*as*) ***high as*** 「***a kite*** [OR ***the sky***] ⇨ KITE(成句)
*****hìgh and drý*** ① (船が) (引き潮などで) 陸地に取り残されて ② (どうしようもない状況に)置き去りにされて, 見捨てられて ‖ She was left ～ *and dry* without money. 彼女は金も持たずひとり置き去りにされた
hìgh and lów あらゆる階級の
hìgh and míghty 《口》傲慢な；横柄な；《the ～》《古》身分の高い人たち (♦ high-and-mighty とも書く) ‖ act ～ *and mighty* 傲慢に振る舞う
****high on ...*** ① ⇨ 形 ❽❾ ② …に熱中して, 夢中になって ‖ She's ～ *on* you. 彼女は君に首ったけだ

── 副 (～·er；～·est) (↔ low¹)
❶ (位置が)**高く**, 高い所に［へ］；…の高さに ‖ We can see a plane ～ (up) in the sky. 空高く飛行機が見える / climb ～*er* もっと高く登る / The balloon rose ～ overhead. 風船は頭上高く揚がった / The recycling plant is piled ～ with used paper. リサイクル工場に古紙が高く積み上げられている
❷ (水準・価格などが)高く；高度に, 高価［高額］に；ぜいたくに ‖ He aims ～. 彼は志が高い / charge ～ 高い値段をつける / buy low and sell ～ 安く買って高く売る
❸ (度合いなどが)高く；ひどく, 激しく, 強く ‖ My heart beat ～ with joy at the news. その知らせにうれしくて胸が高鳴った ❹ (音・声が)高い調子で, 高音で ‖ She laughed ～ and loud. 彼女は甲高い大きな声で笑った / I don't sing that ～. そんな高い音では歌えない ❺ (地位が)高く, 高位に ‖ She ranks ～ in the company. 彼女は社内での地位が高い

fly high ⇨ FLY¹(成句)
hìgh and lów 至る所に［で, を］, くまなく ‖ We looked [OR searched, hunted] 「for him ～ *and low* [OR ～ *and low* for him]. 彼をくまなく捜した
hìgh, wìde, and hándsome 《口》のんきに, 悠然と
rìde hígh ⇨ RIDE(成句)
rùn hígh ① (海が)荒れる；(河川が)警戒水位を越える ② (感情が)高ぶる, 激する

── 名 Ⓒ ❶ 最高点, 頂点；高水準；最高値［(価)額］；最高記録；〘株〙最高値 ‖ The average stock price **reached** 「**a new** [OR an **all-time**, a **record**] ～. 平均株価が高値を更新した
❷〘気象〙高気圧(圏)；最高気温［温度］
❸《口》幸福感, 幸せなとき, 悦楽；(麻薬・酒などによる)酔い, 興奮［恍惚］状態 ‖ They felt a ～ from winning the soccer match. 彼らはサッカーの試合に勝って気分は最高だった / I'm still on a ～ after my promotion. 昇進してからずっと幸せな気分だ / get a ～ from drinking beer ビールを飲んでいい気分になる / the ～*s* and lows of life 人生の喜びと悲しみ［浮き沈み］
❹ Ⓤ (自動車の)ハイ［トップ］ギア ‖ move [OR change] into ～ トップに入れる ❺《ときに H-》《主に米口》高校 ‖ go to Patterson *High* パターソン高校へ行く［通う］

from on hígh ① 高い所から；天［神］より ‖ get inspiration *from on* ～ 神から霊感［神霊］を受ける ②《戯》(企業の)上層部から, お上(かみ)から ‖ an order *from on* ～ 上からの命令［天の声］
on hígh ① 上に, 高い所に ② 空高く, 天に(in heaven) ‖ God *on* ～ 天にまします神

高い	high	地上または底部から物体の頂点までの距離が大きい	山・丘・塀・天井・棚・飛行機の高度
			一般の建物
	tall	細長い物体の底部から頂点までの長さが長い	人間(の体)・樹木・煙突

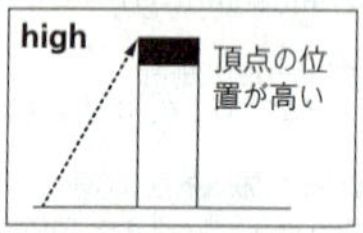

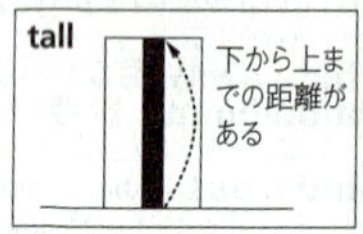

♦ 同じ高い建物でも下から見上げるような場合は a tall building となり, 空や屋上から見下ろす場合には a high building となる.
♦ high の反意語は low, tall の反意語は short である.

⏩**Hìgh Árctic** 名《ときに h- A-》《the ～》北極圏地域 **～ bar** 名 ① /ニニ/ Ⓤ《しばしば the ～》〘体操〙鉄棒(競技)(horizontal bar) ② /ニニ/ Ⓒ 高い基準 **～ béam** 名 Ⓤ/Ⓒ《通例 ～s》《米》ハイビーム灯《遠くまで照らせる自動車のヘッドライト》 **～ blóod prèssure** 名 Ⓤ 高血圧 ‖ have ～ *blood pressure* 血圧が高い **Hìgh Chúrch** (↓) **～ cómedy** 名 Ⓒ ハイコメディー《上流階級を扱い, 機知に富んだ会話を主とする喜劇》 **～ commánd** 名《the ～》(軍隊の)最高司令部；(組織の)首脳陣 **～ commíssion** 名 Ⓒ 高等弁務官事務局(職員) **Hìgh Commíssioner** 名 Ⓒ 高等弁務官 **Hìgh Cóurt (of Jústice)** (↓) **～ dày** 名 Ⓒ《英》祝祭日 **～ explósive** 名 Ⓒ Ⓤ 高性能爆薬《TNT火薬など》 **～ fáshion [stýle]** 名 Ⓤ (婦人服の)最新流行(→ haute couture) **～ fidélity** (↓) **～ fíve** (↓) **～ fréquency** 名 Ⓤ〘無線〙高周波《略 HF》 **～ géar** 名 Ⓒ ① (自動車の)トップギア ② フル活動, フル回転 **Hìgh Gérman** 名 Ⓤ〘言〙高地ドイツ語《ドイツ中南部の方言》；標準ドイツ語 **～ gróund** 名 ① Ⓒ 高地, 高台 ②《通例 the ～》優位, 有利な立場 **～ hát** 名 Ⓒ ① = top hat ② ハイハット《ドラムのパーツ》 **～ héels** 名 複 ハイヒール **Hìgh Hólidays** 名 複《the ～》(ユダヤ教の)大祭日《新年と贖罪(しょくざい)の日》 **～ húrdles** 名《単数・複数扱い》〘陸上〙ハイハードル競走 **～ jínks** /ニニ/ 名 複《口》どんちゃん騒ぎ, お祭り騒ぎ **～ jùmp** (↓) **～ lífe** 名 ①《the ～》《ときに皮肉を込めて》(上流階級の)優雅な暮らし ② Ⓒ《通例 highlife》ハイライフ《西アフリカ起源の激しい踊り(の曲)》 **Hìgh Máss** ⇨ MASS² **～ nóon** 名 Ⓤ ① 正午, 真昼 ② 頂点, 絶頂期 **～ plàces** (↓) **～ pòint** 名 Ⓒ 絶頂, 極み **～ préssure** 名 Ⓤ Ⓒ 高気圧 **～ príest** 名 Ⓒ 司祭長；(ユダヤ教の)大祭司；指導者, 教祖的人物 **～ príestess** 名 Ⓒ 女性の司祭長；女性指導者 **～ prófile** (↓) **～ relíef** 名 Ⓤ〘美〙高浮き彫り(彫刻) **～ róller** (↓) **～ schòol** (↓) **～ schòol equìvalency diplóma** 名 Ⓒ《米》ハイ

スクール卒業認定状《ハイスクールレベル学力試験の合格者に与えられる》 **～ schòol equìvalent tést** 名 C 《米》ハイスクールレベル学力試験《日本の高等学校卒業程度認定試験に近い》 **～ schòoler** 名 C 《米》ハイスクール生，高校生 **～ séas** 名 複 《the ～》公海 **～ séason** 名 《the ～》《主に英》（観光などの）シーズン，ピークの時期 **～ sìgn** 名 C 《米口》無言の合図《身振り・目くばせなど》 **～ society** 名 U 上流社会 **～ spòt** 名 C 《英口》（催しなどで）最高の呼び物；重要な［目立った］箇所 **～ strèet** (↓) **～ táble** 名 C U 《英》主賓席《大学の食堂などで1段高い所に設けられたテーブル》 **～ téa** 名 U C 《主に英》ハイティー《午後遅くにとる軽い食事》 **～ téch** (↓) **～ technólogy** 名 U 高度先端技術，ハイテク **～ tíde** 名 ① C U 満潮(時)（↔ low tide） ② 《the ～》〈…の〉最高潮，クライマックス〈**of**〉 **～ tíme** (↓) **～ tréason** 名 U （国家・元首などに対する）大逆罪 **～ vóltage** 名 U 高電圧 ‖ *high-voltage* transmission lines 高圧送電線 **～ wáter** 名 U （河川などの）最高水位；＝high tide ①（↔ low water） **～ wíre** (↓)

hígh·bàll 《米》 名 C ❶ ハイボール《ウイスキーをソーダ水で割った飲み物》 ❷ 《口》【鉄道】(全速)進行の信号
━動 自 《俗》全速で走る

hígh-bòrn 形 《文》高貴な生まれの，名門出身の

hígh·bòy 名 C 《米》（脚付きの）洋だんす（《英》tallboy）

highboy

hìgh·bréd 形 ❶ （家畜が）血統のよい ❷ 《古》育ちのよい，上品な

hígh·bròw 形 《しばしばけなして》知識人向きの，知的な；（人が）インテリぶった
━名 C 知識人；インテリぶる人（↔ lowbrow）

hìgh-cárb 形 《口》炭水化物の多い（high-carbohydrate） ‖ ～ foods 炭水化物の多い食物

hígh·chàir /英 ∸∸, ∸∸/ 名 C （盆を取りつけた）子供の食事用いす（⇨ CHAIR 図）

Hìgh Chúrch 名 《the ～》《単数・複数扱い》高教会派《教会の権威・儀式などを重んじる英国国教会の一派で，カトリックに近い》（→ Low Church, Broad Church）
Hìgh-Chúrch 形

Hìgh Chúrchman 名 （複 **-men** /-mən/） C 高教会派の信者

hìgh-cláss ◁シ 形 高級な，一流の；上流の

hìgh-cóncept 形 ハイコンセプトの，センスがよく人に訴える力のある

Hìgh Cóurt (of Jústice) ◁シ 名 《the ～》 ❶ （英国の）高等法院 ❷ 最高裁判所（Supreme Court）

hìgh-definítion 形 《限定》高品位の
▸▸ **～ télevision** 名 C 高品位テレビ《略 HDTV》

hígh-ènd 形 《限定》高級な；上流向けの（↔ low-end）

hìgh-énergy 形 ❶ 高エネルギーの；高カロリーの ❷ 力強い，強烈な

high·er /háɪər/ 形 《high の比較級》 ❶ より高い ❷ 高等な，より進歩［進化］した；複雑な ‖ ～ animals [plants] 高等動物［植物］ ▸▸ **～ críticism** 名 U 高等［上層］批評《聖書の文学的・歴史的研究》（→ criticism ❶） **～ educátion** 名 U 高等教育，大学教育 **～ mathemátics** 名 U 高等数学

hìgher-úp ◁シ 名 C 《通例 ～s》《口》上役，上司；大物，重鎮

hìghest còmmon fáctor 名 C 【数】最大公約数（略 HCF）

high·fa·lu·tin, -ting /hàɪfəlúːtən | -tɪn/ ◁シ 形 《口》ひどくもったいぶった［気取った］

hìgh-fíber 形 （食品が）高繊維の

hìgh fidélity 名 U （再生装置などの）高忠実度，ハイファイ（hi-fi）
hìgh-fidélity 形 《通例限定》高忠実度の，ハイファイの

hìgh-fíve 《主に米口》 名 C 《単数形で》ハイファイブ《手のひらを高く上げてパチンと打ち合わせるあいさつ》（❗「ハイタッチ」は和製語）
━動 自 他 （人に）ハイファイブであいさつする

high-five

hìgh·flíer, -flýer 名 C 大望を抱いた人；有望な人；（事業などの）成功者；（学業の）優秀な人

hìgh-flówn ◁シ 形 （言葉などが）大げさな，誇張した

hìgh·flýing ◁シ 形 《限定》 ❶ （飛行機などが）高く飛ぶ ❷ 大志を抱いた；成功した，有望な

hìgh-gráde ◁シ 形 《限定》上等な，高級な，高品位の

hìgh-gróssing 形 （企業・映画などが）高い収益をあげている

hìgh-hánded ◁シ 形 高飛車な，高圧的な **～·ly** 副

hìgh-hát[1] 形 《米口》《旧》お高くとまった，気取った
━動 （**-hat·ted** /-ɪd/；**-hat·ting**）他 …を鼻であしらう，見下す ━自 お高くとまる

hìgh-hát[2] 名 ＝hi-hat

hìgh-héeled 形 （靴が）かかとの高い，ハイヒールの

high·jack /háɪdʒæk/ 動 名 ＝hijack **～·er** 名

hígh jùmp 名 《the ～》【陸上】(走り)高跳び，ハイジャンプ
be (in) for the hígh jùmp 《英口》厳罰を受けることになる
hígh jùmper 名 C （走り）高跳びの選手

*__hígh·lànd__ 名 C 《通例 ～s》高地，高原，山地（↔ lowland）；《the H-s》スコットランド高地地方
━形 《限定》高地(地方)の；《H-》スコットランド高地地方の ‖ ～ dancing 高地地方特有のダンス
▸▸ **Hìghland dréss** 名 U ハイランドドレス《スコットランド高地地方の伝統的な民族衣装》 **Hìghland flíng** 名 C ハイランドフリング《スコットランド高地地方の軽快なフォークダンス》

hígh·land·er /-ər/ 名 C 高地の人；《H-》スコットランド高地人

hìgh-lével ◁シ 形 《通例限定》 ❶ 高い地位にいる，上層部の；（交渉などが）高官による ‖ ～ peace talks 首脳和平会談 ❷ 高所での ❸ 程度［レベル］の高い；強力な，強い ❹ （言葉などが）専門的な，わかりにくい；形式ばった ❺ 💻 （言語が）高水準の ❻ （放射性廃棄物が）高放射能の，ハイレベルの
▸▸ **～ lánguage** 名 U 💻 （コンピュータープログラミング用の）高水準言語《人間の言語に近いプログラミング言語》

*__hígh·lìght__ 名 C ❶ （催しなどの）最も重要な部分，ハイライト，呼び物；《～s》（放送用などの）ハイライト集 ‖ the ～*s* of the Olympic Games オリンピックのハイライト ❷ 《通例 ～s》（絵画・写真などの）最も明るい部分；【写】光源反射，反射光 ❸ 《通例 ～s》局部的に明るい色に染めた髪
━動 他 ❶ …を目立たせる，強調する，…に注目させる ‖ These events ～ the recent depression. これらの出来事は近ごろの不況を物語っている ❷ 〔文章の一部など〕をマーカーで印をつけて目立たせる；💻 〔画面上の文字など〕を（反転させるなどして）強調表示する ❸ …に明るい光を当てる；（絵画などで）〔中心的な部分〕を明るくする，ハイライトにする ❹ 〔髪の一部〕をほかより明るい色に染める

hígh·lìghter 名 C ❶ （＝～ **pèn**）マーカー，蛍光ペン ❷ ハイライト《立体感を出す化粧品》

****high·ly /háɪli/

━副 (**more ～；most ～**)
❶ 《形容詞・過去分詞を修飾して》**大いに**，非常に；高度に ‖ a ～ successful advertising executive 大いに成功した広告担当重役 / a ～ educated engineer 高等教育を受けた技師 / It is ～ unlikely that ... …などということはとてもあり得ない
❷ **大いに賞賛して**，高く評価して ‖ speak ～ of ... …を褒めそやす［賞賛する］ / think ～ of ... …を大いに尊敬［尊重］する / be ～ **regarded** [recommended] 高く

評価[推奨]されている ❸ 高額で；高い地位に，高貴な身分で ‖ a ～ paid bureaucrat 高給取りの官僚 / ～ placed party members 党の上層部

hìghly-strúng ⟨シ⟩ 形 《英》 神経過敏の，ぴりぴりした，緊張した

hìgh-máintenance 形 ❶ (機械・設備などが) 維持費がかかる ❷《口》(人が)世話の焼ける；ぜいたく好きの(↔ low-maintenance)

hìgh-mínded ⟨シ⟩ 形 気高い，高潔な
～·ly 副 **～·ness** 名

hìgh-múck-a-mùck /, ‐‐‐‐/ 名 C 《米口》 偉い人，重要人物《特に尊大・傲慢(ごう)な人を指す》

*__high·ness__ /háɪnəs/ 名 [◁ high 形] ❶ U 高いこと；高潔；高位 ❷ (H-) C 殿下《皇族・王族に対する敬称》‖ His [Her] Royal *Highness* 殿下 [妃殿下] (♦英国の王族に対して用いる) / Their *Highnesses* the Prince and Princess of Wales 英国皇太子殿下ならびに皇太子妃殿下 / Yes, Your *Highness*. かしこまりました，殿下 (♦1人の場合は His [Her] Highness を，複数の場合は Their Highnesses を用いる．直接呼びかけるときは Your Highness(es) を用いる)

hìgh-óctane ⟨シ⟩ 形 《限定》 ❶ (ガソリンが) オクタン価の高い，ハイオク(タン)の ❷《口》エネルギッシュな，力強い

hìgh-órder 形 高い等級[階層，階級]の ‖ ～ multiple birth (3児以上の)多胎出産

hìgh-páid 形 (人が) 高給の ‖ the *highest-paid* executive 最高額の給料の重役

hìgh-páying 形 (仕事が)高給の ‖ *higher-paying* jobs もっと給料のよい仕事

hìgh-perfórmance 形 高性能の

*__hìgh-pítched__ ⟨シ⟩ 形 ❶ (声などが)甲高い，鋭い；興奮した，激した ❷ (屋根が)急勾配(こう)の ❸ (文体などが)荘重な，高邁(まい)な

hígh plàces 名 複 高い地位，重要ポスト；上層部
in hígh plàces (政府などの) 要職にある ‖ He has friends *in* ～. 彼には要職に就いている友人がいる

hìgh-pówered ⟨シ⟩ 形 ❶ (機械などが) 強力な，高性能の ❷ (人が)精力的な；影響力の大きい；(活動などが)重要な，責任の重い

hìgh-préssure ⟨シ⟩ 形 《限定》 ❶ 高圧 (用) の；高気圧の ❷ 高圧的な，強引な ‖ ～ sales 押し売り ❸ 重圧[プレッシャー]のかかる ── 動 他 〔人〕に〈…することを〉強要する〈**into**〉(♦ into の後は通例 *doing*)

hìgh-príced 形 高価な，(適正価額より)高い(⇨ EXPENSIVE 類語)

high-prin·ci·pled /hàɪprínsɪpld/ ⟨シ⟩ 形 =high-minded

*__hìgh prófile__ ⟨シ⟩ 名 C 《a ～》 確固たる姿勢；人目を引くこと

hìgh-prófile 形 人目を引く，目立つ(↔ low-profile)

hìgh-ránking ⟨シ⟩ 形 《限定》高位の

high-res /hàɪréz/ ⟨シ⟩ 形 《口》=high-resolution

hìgh-resolútion 形 〖電子〗高解像(度)の

hígh-rìse /‐‐/ 名 C 高層建築物，高層ビル；ハンドルの高い(子供用)自転車
── 形 《限定》(建物が)高層の；(自転車が)ハンドルの高い

hìgh-rísk ⟨シ⟩ 形 危険性の高い，ハイリスクの

hígh·ròad, hígh ròad 名 C ❶ 《通例単数形で》《英》本道，幹線道路(highway) ❷ 《米》〈…への〉(倫理的に)正しい方法，正道〈**to**〉‖ take the ～ 正道を行く ❸ 楽な[確実な]道筋[方法]，最短コース

hígh róller 名 C 《主に米・カナダ俗》 大金を張るギャンブラー，浪費者，巨額を消費する人 **hígh-rólling** 形

*__hígh schòol__ 名 C ❶ 《米》ハイスクール《日本の高等学校に相当》 ❷ 《英》=grammar school, secondary school **hígh-schòol** 形

hìgh-secúrity 形 《限定》 ❶ (ビルなどが) 警備万全の ❷ (囚人が)厳重監視下に置かれた

hìgh-sóunding ⟨シ⟩ 形 仰々しい，もったいぶった

*__hìgh-spéed__ ⟨シ⟩ 形 《限定》高速(で)の；高速度撮影の ‖ a ～ chase (警察による)高速での追跡

hìgh-spírited ⟨シ⟩ 形 気概のある，勇敢な；元気いっぱいの **～·ly** 副 **～·ness** 名

hìgh-stákes 形 一か八(ばち)かの；大きく報われる ‖ a ～ test (結果によって状況が大きく左右される)重大なテスト

hígh-stìck 動 他 〖アイスホッケー〗〔相手〕をスティックのブレードを肩より上げてたたく《反則》

*__hígh strèet__ 名 ❶ C 《英》(繁華街の) 大通り，目抜き通り，本町通り(《米》main street)；《通例 H- S- で町名の一部として》…本町 ❷ 《the ～》《英口》小売り業，商店；一般消費者 **hígh-strèet** 形

hìgh-stréngth 形 高強度の ‖ ～ ceramics 高強度セラミックス

hìgh-strúng ⟨シ⟩ 形 《主に米・カナダ》=highly-strung

hígh·tàil 動 自 《～ it で》《主に米俗》急いで行く[立ち去る]

hìgh-téch 形 《通例限定》ハイテク(利用)の；(デザインなどが)先端を行く ‖ a ～ industry ハイテク産業

*__hìgh téch__ ⟨シ⟩ 名 U (♦ hi(-)tech, hi-tec ともつづる) ❶ 高度先端技術 (high technology) ❷ ハイテク《金属・ガラス・プラスチックなどの工業素材を使った建築，室内装飾，調度品；それらのデザイン》；ハイテク様式[製品]

hìgh-ténsion ⟨シ⟩ 形 〖電〗 高圧の ‖ a ～ current 高圧電流 / ～ wires 高圧線

hìgh-tést 形 ❶ 厳しい検査に合格した，難しい条件を満たす ❷ 《米》(ガソリンが)揮発性が高い

hìgh tíme 名 U ❶ とっくに…すべき時刻，潮時，ころ合い (→ time 名 ❼) ‖ It's ～ (that) he found a job. 彼は(もう) 仕事を見つけていいころだ (♦ that 節 中の動詞はふつう仮定法過去形) ❷ 《口》楽しいひととき

hìgh-tóned ⟨シ⟩ 形 《主に米》《旧》上品な，上等な

hígh-tòp, hígh·tòp 名 C 《～s》ハイカット (シューズ) 《くるぶしまで覆うスニーカー》(❗「ハイカット」は和製語)
── 形 ハイカットの

hígh-ùp 名 C 《通例 ～s》《口》上役，上司；大物，重鎮

hìgh-wáter màrk 名 C 《単数形で》 ❶ 最高潮位[水位](の跡) ❷ 頂点，絶頂〈**of** …の；**for** …にとっての〉

‡__high·way__ /háɪwèɪ/
── 名 (複 **～s** /-z/) C ❶ 《主に米》**主要[幹線]道路**，ハイウェイ，本道 (❗日本語の「ハイウェイ」(高速道路) は expressway，《米》freeway，《英》motorway のようにいう) (⇨ ROAD 類語P)
❷ (水・陸・空の) 交通路；《英》公道 ‖ the King's [OR Queen's] ～ 天下の公道
❸ 〈…への〉楽な道 [方法]，近道，常道〈**to**〉‖ the ～ *to* success 成功への道，出世街道 ❹ 💻 ハイウェイ《別々のシステムを相互に連結する線；主要な情報通信経路》
▸▸ **Hìghway Códe** 名 《the ～》《英》道路交通規則集 **～ patról** 名 U 《米》(州が管轄する)ハイウェイパトロール《幹線道路とその周辺の治安を守る》 **～ róbbery** 名 ① C 街道沿いに出没する強盗，追いはぎ ② U 《米口》法外な料金，「ぼる」こと

híghway·man /-mən/ 名 (複 **-men** /-mən/) C (昔，街道に出没した) (騎馬の) 追いはぎ (中立 (highway) robber [bandit])

hìgh wíre 名 C (高く張った)綱渡りの綱；はらはらさせるもの **hìgh-wíre** 形 危険性のある；高度の技術 [判断力] を要する ‖ a ～ act 危険な仕事[作業]

hí-hàt, hígh-hàt 名 C 〖楽〗ハイハット (シンバル) 《2枚のシンバルを重ねペダルを踏むと鳴る仕組みの打楽器》

hi·jab /hɪdʒáːb/ 名 ❶ C ヘジャブ《イスラム教徒の女性が頭部を覆うスカーフ》 ❷ U ヘジャブをかぶる定め

*__hi·jack, high-jack__ /háɪdʒæ̀k/ 動 他 ❶〔飛行機・船・列車など〕を乗っ取る，ハイジャックする ‖ ～ a plane to a new destination 飛行機をハイジャックして新しい目的地に向かわせる ❷〔輸送中の積荷など〕を強奪する，〔車両など〕を襲って積荷を強奪する；〔人〕から物品を強奪する ❸

〔組織・会合など〕に乗り込んで思いどおりに支配する, …を牛耳る(♥「不当に」という含みがある) ❹〔計画・アイデアなど〕を横取りする, 盗用する —名C ハイジャック, 乗っ取り
~·er 名C ハイジャック犯 **~·ing** 名

hi·jinks /háɪdʒìŋks/ 名複《米》=high jinks

Hi·jra /hídʒrə/ 名 =Hegira

hike /haɪk/ 動自 ❶ハイキングをする, 田舎(など)を歩き回る; 長距離を歩く; 〖軍〗行軍する(♦通例方向を表す副句を伴う) ‖ go *hiking* in the country 田舎にハイキングに行く ❷(衣服などが)ずり上がる《*up*》 —他 ❶《米》…をハイキングする ❷〔物価・賃金など〕を急に[大幅に]引き上げる《*up*》 ❸〔衣服など〕を(ぐいと)引き上げる《*up*》‖ ~ *up* one's trouser legs ズボンのすそを引き上げる
—名C ❶ハイキング, 徒歩旅行; 長距離を歩くこと; 〖軍〗行軍 ‖ go on [OR for] a ~ ハイキングに行く / It's a real ~ to town. 町まではずいぶん歩きでがある ❷〈物価などの〉急激[大幅]な引き上げ, (急)上昇〈**in**〉‖ an unexpected ~ *in* prices 予期しない物価の上昇

COMMUNICATIVE EXPRESSIONS
[1] **Tàke a híke.** あっちへ行け(☞Go away.)

***hik·er** /háɪkər/ 名C ハイカー, 徒歩旅行者

***hik·ing** /háɪkɪŋ/ 名U ハイキング, 徒歩旅行 ▸▸ **~ bòots** 名複 ハイキング用靴(《英》walking boots)

hi·lar·i·ous /hɪléəriəs/ 形 陽気な; はしゃいだ; 浮かれ騒ぐ; 大笑いさせる(ような) **~·ly** 副 **~·ness** 名

hi·lar·i·ty /hɪlærəṭi/ 名U 陽気, 愉快; 浮かれ騒ぎ

Hílary tèrm /hílәri-/ 名《英》(大学などの)1月から始まる学期, 春学期

****hill** /hɪl/
—名 (複 **~s** /-z/) C ❶**丘, 小山**; 《the ~s》丘陵地帯; 《the ~》(インドの)高原保養地 ‖ The house stood on the top of a ~. その家は丘の上にあった / live in the ~s 丘陵地に住む / a rolling ~ 起伏のある丘 / **climb** a ~ 丘を登る
❷坂(道), 傾斜地 ‖ cycle up a steep ~ 急な坂道を自転車で上る
❸《the H-》=Capitol Hill
❹塚, 盛り土; 《主に米》(作物の根元の)寄せ土, 根元に土寄せした作物; (積み重ねたものの)山(→ anthill, molehill) ‖ a ~ of trash ごみくずの山
a hill of béans 《否定文で》《主に米口》ほとんど価値のないもの, 取るに足りないもの ‖ That doesn't amount [OR add up] to *a ~ of beans*. それはほとんど価値がない
(as) òld as the hílls 非常に古い[年とった]; とても古臭い
over the híll 《口》(人が)年をとって, 盛りを過ぎて(⇨ LIFE メタファーの森) ‖ I can't party all night any more. I'm *over the* ~. もう徹夜では遊べない. もう年だ
ùp híll and dòwn dále 丘を上り谷を下って; あちこちに, 至る所に
▸▸ **~ stàtion** 名C (主にインドの丘陵地帯の)避暑地

hill·bil·ly /hílbìli/ 名 (複 **-lies** /-z/) C 《米口》《通例けなして》山出し, (南部の)田舎者 ▸▸ **~ mùsic** 名U ヒルビリー《米国南部の民謡調のカントリーミュージック》

hill·ock /hílək/ 名C 小さな丘; 塚(mound)

híll·sìde 名C 丘の斜面[中腹], 山腹

híll·tòp 名C 丘[小山]の頂上

híll·wàlking 名U 山歩き, ハイキング

hill·y /híli/ 形 丘[起伏]の多い; 丘のような, 小高い; 険しい ‖ a ~ region 丘陵地帯

hilt /hɪlt/ 名C (刀などの)つか, (道具などの)柄(え)
*(**up**) **to the hílt*** つか元まで; 徹底的に, すっかり; できるだけ

****him** /弱 hɪm; 強 hɪm/(♦同音語 hymn)
—代 (he の目的格) ❶ **a** 《動詞・前置詞の目的語として》(文脈または状況から特定できる男性・雄の動物を指して)**彼を[に]** ‖ I have known ~ since he was a baby. 彼を赤ん坊のころから知っている / I happened to see ~ yesterday. 昨日たまたま彼に会った / I taught ~ chemistry at Brown University. 私はブラウン大学で彼に化学を教えた / You can rely upon ~. 彼は当てにできる
b 《動名詞句の意味上の主語として》《口》彼が ‖ Have you ever imagined ~ [《堅》his] becoming a doctor? 彼が医者になるなんて想像したことがあるかい
❷《主格の he の代わりに》 **a** 《be の後で》‖ That must be ~. あれは彼に違いない
b 《接続詞の as や than の後で》‖ I am as tall as ~. 私は彼と同じ背の高さだ(♦ be, as, than の後では he よりも him の方がよく使われる. ⇨ I[3], ME[1], PB 77)
c 《独立用法》《口》‖ Not ~ again! また彼(が何かやらかした)か
d 《主語の一部》《俗》‖ *Him* and his wife came. 彼とその妻が来た
❸(性別を特定しないで)その人を[に](♦書き言葉での用法) ‖ If someone on your crew is causing you problems, you should consider replacing ~. もし君のチームにだれか問題を起こすような人がいれば, そいつを代えることを考えるべきだ(♦この用法では him の代わりに him or her や them を使うことが多い)
❹《米方》《古》彼自身を[に] ‖ He looked behind ~. 彼は後ろを振り返った / He got ~ a new car. 彼は新しい車を買った

HIM 略 *H*is *I*mperial *M*ajesty (皇帝陛下); *H*er *I*mperial *M*ajesty(皇后陛下)

Hi·ma·la·yan /hìmәlíːәn/ <シ 形 ヒマラヤ(山脈)の

Hi·ma·la·yas /hìmәlíːәz/ 名複 《the ~》ヒマラヤ山脈《アジア中南部の山脈. the Himalaya Mountains ともいう》

him/her /hìmhə́ːr/ (♦ him or her /hìm ər hə́ːr/, him slash her /hìm slæʃ hə́ːr/ と発音することもある) 代 その人を[に](♦不定代名詞や性別が特定されない人間を指す書き言葉. ⇨ HIM ❸)

****him·self** /弱 ɪmsélf; 強 hɪmsélf/
—代 (複 **themselves**) (he の再帰代名詞. 成句については ⇨ ONESELF) ❶《再帰用法》**彼自身を[に]** (♦動詞・前置詞の目的語として用いる) ‖ He introduced ~ to me. 彼は私に自己紹介をした / He was talking to ~ then. そのとき彼は独り言を言っていた / He ran ~ tired. 彼は走ってへとへとになった
❷《強調用法》**彼自身**, 彼自ら(♦主語や目的語などを強調. 強く発音する) ‖ He did it ~.=He ~ did it. 彼は自分でそれをした / I'd like to see Mr. Cosby ~. コスビー氏本人にお目にかかりたいのですが / *Himself* diligent, he did not understand his son's idleness. 自分が勤勉なので, 彼には息子の怠惰が理解できなかった
❸(性別を特定しないで)その人自身(♦書き言葉での用法) ‖ Everyone should learn to love ~. 人はみな自分を愛することを学ぶべきだ(♦この用法では himself の代わりに himself or herself や themselves を使うことが多い)
❹ 彼本来の状態, いつもの彼 ‖ He is not ~ these days. 彼はこのごろどうかしている
❺《主にアイル》重要な男性, (特に)一家の主人

Hi·na·ya·na /hìːnəjɑ́ːnə/ 名U 小乗仏教(↔ Mahayana)

***hind**[1] /haɪnd/ 《発音注意》形《比較なし》《限定》後ろの, 後部の; 後方の(↔ fore[1]) ‖ The dog greeted his master standing up on his ~ legs. その犬は後ろ足で立って主人を迎えた / the ~ wheels 後部車輪

hind[2] /haɪnd/ 名 (複 ~ OR **~s** /-z/) C ❶〖動〗(3歳以上の)雌のアカシカ ❷〖魚〗ハタの類《大西洋産》

Hind 略 Hindi; Hindu; Hindustan, Hindustani

hínd·bràin 名C 〖解〗菱形(りょう)脳; 後脳

hin·der**[1] /híndər/ 動他 **a** 《+目》〔人・物事〕の〈…を〉妨げる, 妨害する, 邪魔する(↔ help)〈**from, in**〉‖ Greenhouse gasses ~ the escape of heat from the earth. 温室効果ガスは熱が地上から逃げるのを阻む / My children ~*ed* me *in* [OR *from*] my work. 子供たちが私の仕事を邪魔した **b** 《+目+**from** ***doing》〔人〕が…するのを妨げる ‖ His lack of experience ~*ed* 「him *from* [OR his] getting the job. 経験不足のために彼はその仕事に就けなかった ―自 妨げ[邪魔]になる

hind·er² /háɪndər/ 形 《限定》《英》後ろの, 後部[後方]の

Hin·di /híndi/ 名 U ヒンディー語 《インドの公用語の1つ》
―形 ヒンディー語の

hínd·lìmb 名 C (四足獣の)後肢, 後ろ足

hínd·mòst 形 《文》いちばん後ろの, 最後方[部]の

hínd·quàrters /, ⁻⁻⁻/ 名 複 (四足獣の) 体の後半部 《後脚を含む》

hin·drance /híndrəns/ 名 U 〈…の〉妨害, 邪魔；C 障害物, 邪魔になる人〈**to**〉

hínd·sìght 名 U 後(あと)知恵(↔ foresight) ‖ with (the wisdom [OR benefit] of) ~ 今になって思えば / in ~ 後で思えば / We're all blessed with 20/20 ~. 我々はそろいもそろって下種(げす) の後知恵ばかりだ (♦ 20/20は twenty-twenty と読む)

***Hin·du** /híndu: | ⁻⁻/ <シ 名 C ❶ ヒンドゥー教徒 ❷ インド人 《特に北インド人》 ―形 ヒンドゥー教 (徒) の；インド人の **~·ìsm** 名 U ヒンドゥー教
▸▸**~ Kúsh** 名 《the ~》ヒンドゥークシ山脈《アフガニスタン北東部の山脈》

Hin·du·stan /hìndustǽn | -stá:n/ 名 ヒンドスタン ❶ インド北部の平原地域 ❷ (イスラム教徒の多いパキスタン地域に対して)ヒンドゥー教徒の多いインド地域

Hin·du·sta·ni /hìndustǽni | -stá:-/ <シ 名 U ヒンドスターニー語 《北部インドの共通語》
―形 ヒンドスタンの, ヒンドスタン人[語]の

***hinge** /hɪndʒ/ 名 C ❶ (戸・門などの)ちょうつがい；(二枚貝の) ちょうつがい ‖ The door is off the [OR its] ~. ドアのちょうつがいが外れている ❷ 決定要因, かなめ, 要点 ❸ 関節 ❹ 〖切手収集〗ヒンジ《アルバムはり込み用の透明紙片》 ―動 自 ❶ 《+**on** [**upon**] 名》《進行形不可》…次第である, …によって決まる (depend) (♦ on [upon] の目的語はしばしば wh 節) ‖ Everything ~*s on* the result of these negotiations. すべてはこの交渉の結果次第だ / Our success ~*s on* how hard we work. 我々の成功はどれほど懸命に働くかにかかっている ❷ ちょうつがいで動く ―他 《通例受身形で》ちょうつがいで動く；ちょうつがいがついている **~d** 形 ちょうつがいのついた

hink·y /híŋki/ 形 《米口》(人が)疑わしい；(物が)あやふやな ‖ ~ data 頼りないデータ

hin·ny /híni/ 名 (複 **-nies** /-z/) C 〖動〗ケッテイ (駃騠) 《雄馬と雌ロバの雑種》

‡**hint** /hɪnt/
―名 (複 **~s** /-s/) C ❶ **ヒント, 暗示**, ほのめかし；手がかり〈**about, as to** …に関する / **that** 節 …という〉 (♦ about, as to の目的語はときに wh 節) ‖ He dropped a ~ *about* getting engaged. 彼は婚約することをほのめかした / **Give** me some ~*s about* the answer. 何か答えのヒントを下さい / The President **gave** no ~ *as to* what his tax reform plan was. 大統領は税制改革プランについて何も漏らさなかった / She **gave** no ~ *that* she was upset. 彼女は自分が狼狽(ろうばい)していることを一切人に悟らせなかった / a broad ~ わかりやすいヒント
❷ 《単数形で》〈…の〉わずかな量[程度]；かすかな兆候, 兆し〈**of**〉；〈…という〉漠然とした感じ〈(**that**) 節〉 ‖ a ~ *of* garlic かすかなニンニクの風味 / She smiled **with** a ~ *of* irony. 彼女は皮肉っぽく笑った / There was no ~ (*that*) they were going to marry. 彼らが結婚する気配は全く感じられなかった ❸ 《しばしば ~s》ちょっとした注意, 心得, **指示**〈**on, about** …についての；**for** …への, …のための〉 ‖ This magazine **gives** some handy ~*s on* decorating a house. この雑誌には室内装飾に役立ついくつかの心得が載っている / The professor **gave** me some useful ~*s for* my research. 教授は私の研究に有益な注意をいくつか与えてくれた

tàke a [OR ***the***] ***hínt*** (人にほのめかされて) 直観的にそれと感づく[気づく], その意図を察しとる

―動 (**~s** /-s/；**~·ed** /-ɪd/；**~·ing**)
―他 **a** 《+目》…を〈人に〉**ほのめかす**, 暗示する, におわせる, それとなく言う〈**to**〉 (⇨ 類語) ‖ I ~*ed* my resignation *to* my colleagues. 私は同僚に退職することをほのめかした **b** 《(+**to** 目) + (**that**) 節》(人に)…であることをほのめかす (♦ 直接話法にも用いる) ‖ He ~*ed* (*to* us) *that* the negotiations had been broken off. 彼は(我々に)交渉が決裂したことをほのめかした
―自 〈…を〉暗示する, **ほのめかす** 〈**at**〉 ‖ What are you ~*ing at*? 何を言いたいの / ~ *at* the possible changes 変更もあり得ることをにおわせる

類語 《他》 **hint** 間接的にそれとなくわからせる.
insinuate ふつう不愉快なことをそれとなく言う.
imply 明瞭(めいりょう)に言葉では表現せず, 暗示する, ほのめかす.
suggest 連想によって思い起こさせる.
(♦ mean が一般的に「意味する」であるのに対し, imply と suggest は「意味をほのめかす」で, 暗に含まれる意味や言外に連想される意味を表す)

hin·ter·land /híntərlæ̀nd/ 名 C 《通例単数形で》後背地, ヒンターランド《港の背後の地域》；奥地, 僻地(へきち)

***hip¹** /hɪp/ 名 C ❶ 《しばしば ~s》腰, 尻(しり), ヒップ, 臀部(でんぶ)(⇨ BACK 図)；腰骨(♦ 日本語の「ヒップ」がふつう「尻」を指すのに対し, hip はウエストと脚の付け根との間の左右に張り出した部分の片方を指す. 両方をいう場合は複数形になる.「尻」により近いのは buttocks) ‖ She looked down at the naughty boys with her hands on her ~*s*. 彼女は両手を腰に当てていたずらっ子たちを見下ろした ❷ 腰の寸法, 腰回り ‖ What size ~ are you?＝What's your ~ size? 腰回りはいくつですか / That girl is only twenty-three inches in the ~*s*. あの女の子の腰回りは23インチしかない ❸ (＝ ~ **jòint**) 〖解〗股(こ)関節 ❹ 〖建〗隅棟(すみむね)

be jòined at the híp ① 非常に親密な間柄である ② 密接につながっている, 切り離して考えられない

shòot [OR ***fire***] ***from the híp*** (状況に)素早く対応する

▸▸**~ flàsk** 名 C (尻ポケットに入れる) 酒用水筒 **~ jòint** 名 C 〖解〗股関節 **~ pócket** 名 C (ズボンの) 尻ポケット **~ replàcement** 名 C 〖医〗腰部置換 (手術) (hip arthroplasty) **~ ròof** 名 (複 **~ roofs** /-s/) C 〖建〗寄棟 (よせむね) 屋根(hipped roof)

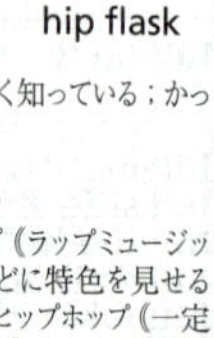
hip flask

hip² /hɪp/ 名 C 《通例 ~s》(野) バラの実, ローズヒップ

hip³ /hɪp/ 間 ヒップ (♥ 応援の掛け声)
Hìp, hìp, hurráy [OR ***hurráh, hooráy***]! それいけ, フレー

hip⁴ /hɪp/ 形 《口》(最新の流行・傾向を)よく知っている；かっこいい(cool)

híp·bàth 名 C 腰湯[座浴]用の浴槽

híp·bòne 名 C 〖解〗無名骨, 座骨

híp-hòp, híp hòp 名 U ヒップホップ《ラップミュージック, ブレークダンス, グラフィティアートなどに特色を見せる1980年代米国のポップカルチャー》；〖楽〗ヒップホップ《一定のビートとラップなどを取り入れたダンス音楽》 **~·per** 名

hip-hug·gers /híphʌ̀gərz/ 名 複 《主に米》ヒップハガー (《英》hipsters)《腰骨に引っかけてはくジーンズなど》

hipped¹ /hɪpt/ 形 ❶ 《複合語で》(…の)腰[尻]を持った ‖ broad-~ 腰幅の広い, 尻の大きい ❷ 〖建〗(屋根が)隅棟のある

hipped² /hɪpt/ 形 《叙述》《主に米口》〈…に〉取りつかれた, 熱中した〈**on**〉

hip·pie /hípi/ 名 (複 **-pies** /-z/) C 《口》ヒッピー (族) 《社

会の既成の慣習に反抗した人たち．長髪・奇異な服装が特徴．1960年代に多かった》 ── 形 ヒッピー(族)の

híp·pie·dom 名 **híp·pie·hòod** 名

hip·po /hípou/ 名《口》=hippopotamus

hip·po·cam·pus /hìpəkǽmpəs/ 名 (複 **-pi** /-paɪ/) C ❶【ギ神】ヒッポカムポス，海馬《馬頭魚尾の怪物で海神の車を引く》 ❷【解】(脳の)海馬状隆起 **-cám·pal** 形

Hip·poc·ra·tes /hɪpá(:)krətì:z | -pók-/ 名 ヒポクラテス(460?–377? B.C.)《ギリシャの医師．医学の父と呼ばれる》

Hip·po·crat·ic /hìpəkrǽṭɪk/ 形 ヒポクラテスの
▸▸ **～ óath** 名《the ～》ヒポクラテスの誓い《医業に入る者が行う倫理綱領の誓約》

Hip·po·crene /hípəkrì:n, hìpou-/ 名 ❶【ギ神】ヒッポクレーネ《ヘリコン(Helicon)山のミューズの霊泉》 ❷ U《文》詩[文学]的霊感

hip·po·drome /hípədròum/ 名 C ❶ 曲馬場；演芸場 ❷ (古代ギリシャ・ローマの戦車競走などの)競技場

hip·po·pot·a·mus /hìpəpá(:)ṭəməs | -pót-/ 名 (複 **～·es** /-ɪz/ OR **-mi** /-maɪ/) C【動】カバ
語源 ギリシャ語 *hippos*(馬)＋*-potamos*(川)：川の馬

hip·py[1] /hípi/ 名 =hippie

hip·py[2] /hípi/ 形 尻[腰回り]の大きい

hippy-díppy 形《口》ヒッピーかぶれの

hip·ster /hípstər/ 名 C《口》新しい流行・傾向に通じている人(→ hip[4])；ジャズ狂

hip·sters /hípstərz/ 名 複《英》=hip-huggers

hi·ra·ga·na /hìrəgá:nə/ 名 U ひらがな

hire /háɪər/ (♦ 同音語 higher)
── 動 (**～s** /-z/；**～d** /-d/；**hir·ing**) 他 ❶〔人〕を**雇う**，雇用する (↔ fire, dismiss) (⇨ EMPLOY 類語) ‖ As business is picking up, we will ～ more people this year. 商売が上向きなので今年はもっと人を雇うつもりだ / We were both pretty busy last week so we had to ～ a babysitter. 先週は2人ともとても忙しかったのでベビーシッターを雇わざるを得なかった / get ～*d* 雇ってもらう ❷《主に英》…を(料金を払って一時的に)借りる，**賃借りする** (《米》rent) (⇨ BORROW 類語P) ‖ We ～*d* a car for the weekend outing. 週末に遠出するため車を借りた / ～ a room [costume] 部屋[衣装]を借りる
hìre ón 〈自〉《米》〈…として〉仕事を得る，雇われる〈**as**〉
hìre óut 〈他〉(***hìre óut*** ... / ***hìre*** ... ***óut***)〔物など〕を賃貸しする，貸し出す；〔人材〕を派遣する(⇨ LEND 類語P) ‖ The hotel ～*s out* bikes to the tourists. ホテルでは観光客に自転車を有料で貸し出している ─〈自〉《米》= *hire on*(↑)
hìre onesèlf óut 〈…として〉(一時的に)雇われる〈**as**〉
── 名 U ❶ (一時的)雇用，雇い入れ；**賃借り**[貸し] ❷ 賃借料，使用料；賃金，報酬 ❸《米》雇われ人 ‖ He's our new ～ in sales. 彼は今度販売部に入った人です
for [OR ***on***] ***híre*** 賃貸し用の，賃貸しで ‖ boats *for* ～ 貸しボート
語源「賃金」の意の古英語 *hyr* から.
▸▸ **～ càr** 名 C《英》ハイヤー，貸し自動車 **～d hánd** 名 C 農場の雇用労働者 **～d mán** 名 C《米》召使，使用人 (中立 helper)；作男 (中立 hired hand) **～ púrchase** 名 U《英》分割払い[割賦]購入(方式) (《米》installment plan) (略 h.p.) ‖ buy ... on ～ *purchase* 分割払い[割賦]で…を買う

hire·ling /háɪərlɪŋ/ 名 C《主にけなして》雇われ人，(特に)金のために働く人 ‖ ～ soldiers 傭兵(ようへい)

hi-res /hàɪréz/ 名 =high-resolution

hir·sute /hə́:rsju:t/ 形《文》《戯》毛深い，毛むくじゃらの

his /弱 hɪz；強 hɪz/
── 代 (he の所有格・所有代名詞) **Ⅰ【所有格】** ❶ (文脈または状況から特定できる男性・雄の動物を指して) **a**《名詞の前で》**彼の** ‖ ～ book 彼の書いた[持っている]本 / He's in ～ sixties. 彼は60(歳)代だ
b《動名詞句の意味上の主語として》彼が[は] ‖ *His* going out with Sara surprised us all. 彼がサラと付き合っていると知って私たちはみな驚いた
❷ (性別を特定しないで) その人の (♦ 書き言葉での用法) ‖ Each person has ～ own ideal. 人にはそれぞれ自分の理想がある (♦ この用法では his の代わりに his or her や their を使うことが多い)
❸《His で男性に対する敬称として》‖ *His* Majesty (the King) 陛下
Ⅱ【所有代名詞】 ❹ (文脈または状況から特定できる男性・雄の動物を指して) **a**《単数・複数扱い》**彼のもの** ‖ This bungalow is ～. このバンガローは彼のものです / My gloves are cheap, but ～ are of superior quality. 私の手袋は安物だが，彼のは上等だ
b《名＋of ～ で》彼の… ‖ a good friend *of* ～ 彼の親友の1人 / It was no fault *of* ～. 彼が悪いのではない (♦ ×his no fault とはいわない)
❺ (性別を特定しないで) その人のもの ‖ Nobody wants to admit that other people's children are smarter than ～ (own). だれも他人の子供の方が自分の子供より利口だとは認めたがらない (♦ この用法では his の代わりに his or hers や theirs を使うことが多い)
hìs and hérs 男女ペアの ‖ ～ *and hers* pajamas ペアルックのパジャマ

his/her /hìzhə́r/ (♦ his or her /hìz ər hə́r/，his slash her /hìz slæʃ hə́r/ と発音することもある) 代 その人の (♦ 不定代名詞や性別が特定されない人間を指す書き言葉. ⇨ HIS ❷)

*__His·pan·ic__ /hɪspǽnɪk/ 形 ❶ スペインの，スペイン人[語]の；スペイン語圏の，スペイン語を話す ❷ (特に米国の)ラテンアメリカ系住民[ヒスパニック](文化)の《特にキューバ・メキシコ・プエルトリコからの移民とその子孫についていう》(→ Latino) ── 名 (=～ **Américan**) C ヒスパニック《スペイン・ラテンアメリカ系の米国市民》
-i·cìze 動 他 **-i·cìsm** 名 U スペイン語特有の語法

His·pan·io·la /hìspənjóulə | -pæniόu-/ 名 イスパニョーラ島《スペイン語名 Española. カリブ海の大アンティル諸島中の島. ハイチおよびドミニカ両共和国に分かれる》

Hispano- /hɪspǽnou, -pɑ:nou/ 連結形「スペインの」の意

*__hiss__ /hɪs/ 動 自 ❶ (蛇・蒸気・風などが) しゅーという音を立てる ‖ The snake reared its head and ～*ed*. 蛇が頭をもたげてしゅーと音を立てた / The pan began to ～. なべがしゅーしゅーといい始めた ❷ (非難・嫌悪などを表して)〈…に〉しーっと言う〈**at**〉‖ The crowd booed and ～*ed at* the President's speech. 聴衆は大統領のスピーチにうるさくやじを飛ばした / My mother ～*ed at* the children to be quiet. 母は子供たちにしーっと言って静かにさせた ─ 他 ❶ …をしーっと言ってののしる[やじる]；…をしっと言って〈…から〉追い払う《*away, off,* etc.》〈**off, from**〉‖ The audience ～*ed* the actor *off* the stage. 聴衆はその役者をしーっとやじって舞台から引っ込ませた ❷〔不快感など〕をしーっと言って表す；《直接話法で》…と強い調子で言う ‖ "Be quiet," my mother ～*ed*. 「しーっ静かに」と母がたしなめた
── 名 C しゅーという音；(不満・怒りなどを表す)しーっという声；【音声】歯擦音《/s/, /ʃ/ など》；U【電子】ヒス《高音域に特有の雑音》‖ the ～ of a snake 蛇のしゅーという音 / He was greeted with boos and ～*es*. 彼はブーイングとやじで迎えられた **～·er** 名

híssy fìt /hísi-/ 名 C《口》かんしゃく(tantrum) ‖ have [OR throw] a ～ かんしゃくを起こす，むっとする

hist. 略 historical, history

*__his·ta·mine__ /hístəmì:n/ 名 U【生化】ヒスタミン

his·to·gram /hístəgræ̀m/ 名 C【統計】ヒストグラム，柱状グラフ

his·tol·o·gy /hɪstá(:)lədʒi | -tól-/ 名 U【生】組織学；組織構造 **-to·lóg·i·cal** 形 **-gist** 名 C 組織学者

his·to·pa·thol·o·gy /hìstəpəθá(:)lədʒi | -θól-/ 名 U

H

組織病理学 **-gist** 名 C 組織病理学者

***his·to·ri·an** /hɪstɔ́ːriən/ 《アクセント注意》(♦ ときに h を発音せず冠詞も an, the /ði/ とすることがあるが，今日では《旧》. historic, historical も同じ) 名 C 歴史家[学者]，歴史専攻学生；年代記編者(chronicler)，歴史物作家 ‖ a military ～ 軍事史家 / an art ～ 美術史家

***his·tor·ic** /hɪstɔ́(ː)rɪk/ 《アクセント注意》(♦ ときに h を発音しないことがある. → historian) 形 〔◁ history 名〕 (**more ～**；**most ～**) (♦ ❶ 以外比較なし)《通例限定》 ❶ 歴史上有名[重要]な；歴史に残る(♦ historic は歴史的に重要な[有名な]という価値判断を含むのに対し，historical は過去の事実としての歴史や歴史に関するものに用いる) ‖ a ～ day [site, meeting, building] 歴史に残る日[史跡，歴史上重要な会見，歴史的建造物] ❷ 有史の (↔ prehistoric) ‖ ～ times 有史時代 ❸《古》=historical

****his·tor·i·cal** /hɪstɔ́(ː)rɪkəl/ (♦ ときに h を発音しないことがある. → historian)

―形〔◁ history 名〕《比較なし》《通例限定》 ❶ **歴史の**，歴史に関する，歴史的な；歴史学の；歴史学的な ‖ in a ～ context 歴史的観点から眺めると / ～ studies 歴史学 ❷ **歴史上の**，歴史上実在した ‖ a ～ character [OR personage] 歴史上の人物 ❸ 歴史に基づく，史実の；歴史資料となる；過去の；年代順の，編年式の；通時的な ‖ a ～ novel [play] 歴史小説[史劇] / collect ～ material 史料を集める ❹《まれ》=historic

～·ness 名

▸▸ ～ **linguístics** 名 U 歴史[史的]言語学 ～ **matérialism** 名 U 史的唯物論 ～ **présent** 名《the ～》〘文法〙歴史的現在《過去の出来事を生き生きと描き出すために用いる現在時制》

***his·tor·i·cal·ly** /hɪstɔ́(ː)rɪkəli/ 副 歴史的に；歴史的見地から ‖ Some of the costumes are ～ inaccurate. 衣装の中には歴史的見地からは誤ったものがいくつかある

his·tor·i·cism /hɪstɔ́(ː)rɪsìzm/ 名 U 歴史主義
-cist 名 C 形 歴史主義者(の)

his·to·ric·i·ty /hìstərísəṭi/ 名 U 史実性

his·to·ri·og·ra·pher /hɪstɔ̀(ː)riá(ː)grəfər | -ɔ́g-/ 名 C 歴史家；(公の)史料編集家

his·to·ri·og·ra·phy /hɪstɔ̀(ː)riá(ː)grəfi | -ɔ́g-/ 名 U 修史，史料編集；歴史学研究史 **-o·gráph·i·cal** 形

******his·to·ry** /hístəri/

―名〔▶ historic 形, historical 形〕(複 **-ries** /-z/) ❶ U **歴史**；(歴)史学 ‖ *History* is not a mere list of facts but a sequence of causes and effects. 歴史とは事実の単なる目録ではなく，原因と結果という関係の繰り返しである / We don't study ～ for nostalgia, but to predict our future. 我々が歴史を学ぶのは郷愁の念に駆られるからではなく，未来を予測するためである / A tiny incident can change the course of ～. ごくささいな出来事が歴史の流れを変えてしまうこともある / *History repeats itself.* 《諺》歴史は繰り返す / Japanese [world] ～ 日本[世界]史 (♦ 無冠詞. ただし the history of Japan [the world] は定冠詞がつく) / ancient [medieval, modern] ～ 古代[中世，近代]史 / **in** the ～ of Granada [jazz music] グラナダ[ジャズ]の歴史において / art ～ 美術史 / political ～ 政治史 / throughout ～ 有史以来 / before the dawn of (recorded) ～ 有史以前に

❷ C 《通例 a ～；one's ～》(個人の)**経歴**，履歴，前歴；病歴；犯罪歴；(物事の)来歴，沿革，由来 ‖ one's personal ～ 経歴，履歴書 / a patient's medical ～ 患者の病歴 / have a ～ of domestic violence 家庭内暴力の前歴がある / Our school can boast of a long ～ of 120 years. 我が校は120年の長い歴史を誇る

❸ U 《無冠詞単数形で》過ぎたこと，過去のこと，もはや重要性のない話[人，もの]；(だれでも)よく知っていること[話]

❹ C 往時[史実]の記録，昔の話，(歴史)物語；歴史書；史劇 ‖ I am reading a ～ of World War II. 第2次世界大戦記を読んでいる / oral *histories* taken from elderly people 高齢者から聞いた口承の昔話

❺ U (自然現象などの)組織的記録(→ natural history)

gò dòwn in hístory 歴史として伝わる，歴史に残る

màke hístory 歴史に残るような重大なことをする

COMMUNICATIVE EXPRESSIONS

[1] Òne mòre mistáke, and you'll **be hístory.** もう一度間違えたら，君は終わり[首]だぞ

[2] **I'm hístory.** あばよ；もう行かなきゃ(♥俗語)

[3] Dón't tàlk about thát — thát's **pàst** [OR **àncient**] **hístory.** それを言うな — もう過ぎたことだ(♥「昔のこと」「もはや重要ではないこと」の意)

[4] **The rèst is hístory.** その後のことは知ってのとおりだ

語源 「(調べて得た)知識・物語」の意のギリシャ語 *historia* から. story と同語源.

his·tri·on·ic /hìstriá(ː)nɪk | -ɔ́n-/ 〈ジ〉 形 ❶ 《堅》俳優[演技]の(ような) ❷ 芝居がかった **-i·cal·ly** 副

hìs·tri·ón·ics /-s/ 名 《複数扱い》演技；《単数・複数扱い》(他人の注意を引くための)芝居がかったしぐさ

******hit** /hɪt/ 動 名

中心義 (衝撃を伴って)1回だけ打つ

動 他 打つ❶ ぶつける❷ ぶつかる❷ 命中させる❸ 襲う❺
名 打撃❶ 大当たり❸

―動 (**～s** /-s/；**hit** /hɪt/；**hit·ting**)

―他 ❶ **a** 《＋目》〔人・物〕を〈…で〉**打つ**，殴る，ぶつ，たたく〈**with**〉；〔人〕の〈…を〉ぶつ，たたく〈**on, in, over**〉(♦ 意図的でない場合にも用いる) (⇨ 類語P) ‖ I ～ my finger *with* a hammer. 金づちで指を打ってしまった / She ～ me **hard**. 彼女は私を強くたたいた / I ～ him 「*on* the head [*in* the face]. 私は彼の頭[顔]を殴った (♦ I hit his head [face]. とほぼ同義)

b 《＋目 *A*＋目 *B*》*A*(人・物)に*B*((強い)一撃)を加える ‖ Rocky ～ Apollo a hard blow. ロッキーはアポロにきつい1発を食らわせた

❷ …を〈…に〉**ぶつける**，当てる〈**against, on, upon**〉；(動いているものが)…に**ぶつかる**，突き当たる，衝突する ‖ ～ one's head 「*against* a branch [*on* a door] 枝[ドア]に頭をぶつける / The speeding car ～ the guardrail. 飛ばしすぎの車がガードレールにぶつかった / A little girl was [OR got] ～ by a car. 少女が車にはねられた

❸ (人が)〔的・人など〕に(弾を)**命中させる**；(弾丸などが)〔標的・人〕に命中する(↔ miss[1]) (♦ しばしば受身形で用いる) ‖ I ～ the bull's-eye in one shot. 私は一発で的の中心に命中させた / The city was heavily ～ by bombs. 町は激しい爆撃を受けた

❹ (スポーツで)〔ボール〕を(バット・ラケットなどで)打つ，打ち返す；〔ゴール〕に入れる，〔得点〕をあげる；〘野球〙〔ヒットなど〕を打つ ‖ The ball she ～ went out of bounds. 彼女の打ったボールはコートの外に出た / ～ a single [double, triple, home run] 安打[2塁打，3塁打，本塁打]を打つ / ～ four runs 4打点をあげる / ～ the basket for two points バスケットにゴールして2点得点する

❺ (災害・病気・不幸などが)…を**襲う**，…に強い打撃を与える，痛手をこうむらせる；〔敵〕を攻撃する；〔人〕の感情を傷つける；〔人〕を動転させる ‖ A heavy storm ～ the area. 激しい暴風雨がその地域を襲った (⇨ PB 18) / A blood clot ～ his brain. 彼は脳血栓にやられた / The strong yen will ～ the manufacturing industries. 円高は製造業に打撃を与えるだろう / His pride was **hard** ～. 彼は自尊心をひどく傷つけられた / I was ～ with a big dental bill. 高い歯の治療費を突きつけられた

❻ 《口》〔障害など〕に行き当たる ‖ If you go now, you will ～ the rush hour. 今行くとラッシュにぶつかるよ /

～ a snag [problem] 障害[問題]にぶつかる
❼〔特定の水準・数量・記録など〕に達する；〔特定の高さの音など〕を正確に出す；《俗》…に到着する，行き当たる ‖ The temperature ～ eighty degrees. 温度は(カ氏) 80度に達した / Stocks ～ a new high. 株が新高値をつけた / ～ rock-bottom [an all-time low] 底値[空前の安値]を記録する / Take the left road when you ～ the fork. 分岐点に行き当たったら左の道を行きなさい
❽（考えなどが）〔人(の心)〕に思い浮かぶ，〔人〕に(…ということを) 思いつかせる；〔人 (の心)〕に訴える ‖ A good idea just ～ me. いい考えが浮かんだ / It suddenly ～ me that John might help me. ジョンが手伝ってくれるかもしれない，とふと思った / How did it ～ you? あなたはどう感じましたか
❾ …をうまく[偶然]見つける；(くじ・賭(か)けなどで)…を当てる ‖ ～ the right answer 正しい答えが見つかる
❿《口》〔スイッチ・押しボタンなど〕を押す，押して作動させる ‖ ～ a wall switch 壁のスイッチを入れる / ～ the brakes ブレーキをかける / ～ the return key (パソコンで)改行キーを押す
⓫《口》(商品が)〔市場〕に出る；(記事が)〔新聞〕に出る，掲載される ‖ Their new compact car ～ the market this week. あの社の新しい小型車が今週市場に出た / The news ～ the front page. そのニュースは1面に掲載された / ～ stores (商品が) 店に出回る / ～ theater (映画が) 公開される ⓬《口》…に出かける，出発する ‖ We ～ a bistro for lunch. 私たちは昼食に簡易レストランへ出かけた / ～ the road 旅に出る / ～ a movie 映画に出かける ⓭《口》〔ウェブページ〕を閲覧する，訪問する ⓮《主に米俗》(特に殺し屋を雇って)〔人〕を殺す，ばらす ⓯《口》〔人〕に麻薬を打つ；〔人〕に酒を飲ます
―自 ❶〈…を〉打つ，たたく，殴る；〈…に〉打ちかかる〈**at**〉‖ A tall boy ～ *at* me. 背の高い男の子が殴りかかってきた ❷〖野球〗ヒットを打つ ❸〈…に〉ぶつかる，衝突する〈**against, on**〉‖ His motorcycle ～ hard *against* the wall. 彼のバイクは壁に激突した ❹ (軍隊などが) 攻撃(を開始)する，急に襲う；(災害・病気などが)襲いかかる ‖ The storm ～ without warning. 嵐(あらし)が前触れなしに襲ってきた ❺ (内燃機関が) 点火する，始動する

hít at ... 〈他〉① ⇨ 自 ❶ ② …に害を与える，悪影響を及ぼす；…を非難する

****hìt báck*** 〈自〉①〈…に〉反撃する，仕返しする；(新聞・放送などで) 反論する〈**at**〉②〈…を〉殴り返す〈**at**〉―〈他〉《***hìt ... báck***》〔人〕を殴り返す

hit home ⇨ HOME 副 (成句)

hít it 《通例命令形で》《口》(演奏などを)始める

hìt (it) bíg (突然)うまくいく，成功を収める

****hìt it óff*** 《口》〈人と〉仲よくやる，折り合う〈**with**〉‖ He and I ～ *it off* (*with* each other) from the word "go." 彼とは最初から馬が合った

hìt óff ... / hìt ... óff 〈他〉① …を (風刺して) 巧みにまねる，模倣する ②〔行事など〕を始める ‖ The mayor ～ *off* the fair by giving a short address. 市長が短いあいさつをして博覧会は幕を開けた

****hít on ...*** 〈他〉① …を**ふと思いつく**；〔捜し物〕を偶然見つける(♦ hit upon ともいう) ②《口》〔異性〕に言い寄る，しつこく迫る ③《米口》〔人〕に〈借金などを〉頼む〈**for**〉

hìt óut 〈自〉①〈…に〉殴りかかる〈**at**〉②〈…を〉激しく非難[攻撃]する〈**at, against**〉③《主に米口》〈…へ〉出かける，出発する〈**for**〉

hít a pèrson (úp) for ... 〈他〉《主に米口》…に〈借金などを〉要求する

hít upon ... 〈他〉=*hit on ...* ①(↑)

hìt a pèrson when he's/she's dówn 倒れている〔人〕を打つ，〔人〕にさらに追い打ちをかける

hìt a pèrson where [it húrts (móst) [OR ***he/she líves***]〔人〕の(いちばん)痛いところ[弱点]を突く

hìt À with B́ 〈他〉《口》*A* (人) に *B* (びっくりするような情報など)を言って驚かす

COMMUNICATIVE EXPRESSIONS

① We dìd**n't knów what hít** us. 何が何だかわからなくてびっくりした，慌てたよ

―名 (複 **～s** /-s/) Ⓒ ❶ **打撃**，一撃，強打 ‖ I gave him a ～ on the head. 私は彼の頭に1発食らわした
❷ 衝突，衝撃；当たり，命中(弾)，命中したもの(↔ miss[1]) ‖ score five ～*s* (on ...) (…に) 5回命中する / take a direct ～ 直撃弾を受ける
❸ (興行などの)**大当たり**，大成功，ヒット；ヒット曲[作]；ヒット商品；人気者；《形容詞的に》大当たりの，ヒットした ‖ The song was a **big** [OR smash] ～. その歌は大ヒットだった / make a ～ with young people 若い人たちに大当たりする[大いに受ける] / a ～ musical 大当たりのミュージカル ❹〖野球〗ヒット，安打 ‖ a sacrifice ～ 犠打 / a two-base ～ 2塁打 ❺ (データの)一致，照合；(インターネットの) ヒット《あるサイトへのアクセス数》‖ The site averages 150 ～*s* daily. そのサイトには1日平均150のヒットがある ❻《俗》麻薬 (注射) の1回分；マリファナの一吸い[1服]；(酒の)一飲み，1杯；(配られたカード)1枚 ❼《主に米俗》(プロの殺し屋による) 殺害，殺し ‖ make a ～ on the leader of a gang ギャングの首領を暗殺する ❽ 皮肉，いやみ，当てこすり；酷評

****hìt or*** [OR ***and***] ***míss*** 《口》運を天に任せて，行き当たりばったりに，でたらめに(⇨ HIT-OR-MISS)

màke [OR ***be***] ***a hít*** 《口》① 成功を収める，うまくいく ‖ *make a* big ～ in business 事業で大きく当てる ②〈人に〉気に入られる，〈人と〉うまくやっていく〈**with**〉③〈人を〉殴る〈**at**〉

tàke a hít ① 攻撃[非難]を受ける；損害をこうむる ②《口》大麻(など)を一服する

打つ・たたく	1回限り	**strike** 急に，かなり激しく	人をたたく	**punch**	げんこつで
				slap	顔を平手で
		hit ねらいをつけて		**smack**	音を立てて（特に平手で）
		knock	こぶしや堅いもので，音を立てて		
	連続	**beat**	一定の間隔で		

♦ strike，hit が一般的な語. ほとんど同義で用いられるが，strike の方がいくぶん改まった語.

▶▶ **～ and rún** 名Ⓒ =hit-and-run **～ lìst** 名Ⓒ《口》① (ギャングなどの) 暗殺対象者リスト ‖ on the [a] ～ *list* 暗殺対象者リストに記載された[て] ② 整理 [首切り] 対象者リスト，整理[閉鎖]対象部門リスト **～ màn** 名Ⓒ《俗》(雇われの) 殺し屋 (中立 (hired) killer) **～ paràde** 名《the ～》《旧》ヒットパレード《ヒット曲の週[月]間売上番付》 **～ ràtio** 名Ⓒ ヒット率《CPUからのアクセス時に，キャッシュメモリー上にその情報が一時保存されている確率》 **～ squàd** 名Ⓒ《俗》暗殺団；テロリスト集団

hìt-and-míss 〈シ〉形《英》=hit-or-miss

hìt-and-rún 〈シ〉形《限定》❶ ひき逃げの ‖ a ～ accident ひき逃げ事故 ❷ 電撃的な ❸〖野球〗ヒットエンドランの ―名Ⓒ ひき逃げ；〖野球〗ヒットエンドラン

***hitch** /hɪtʃ/ 動 他 ❶《口》(ヒッチハイクで)〔便乗〕をさせてもらう ‖ ～ a ride to New York ニューヨークまで便乗させてもらう ❷ …を〈車などに〉つなぐ，連結する；(一時的に)〔牛・馬など〕を〈…に〉つなぐ《**up**》；〔ロープなど〕を〈…に〉引っかける〈**to, on, onto**〉‖ ～ a trailer *to* the back of a car トレーラーを車の後部に連結する ❸ …を〈…へ〉ぐいと動かす[引く]；〔衣類のすそなど〕を引き寄せる，引き上げる《**up**》〈**to, onto**〉‖ He ～*ed* his chair *to* the table. 彼はいすをテーブルに引き寄せた / ～ oneself *onto* a stool

H

さっとスツールに腰をかける / ～ *up* one's trousers ズボンをゆすり上げる —自 ❶《口》〈…を〉ヒッチハイクする〈**across, around,** etc.〉‖ ～ *around* Europe ヨーロッパをヒッチハイクして回る ❷〈…に〉引っかかる，絡まる；つながる〈**in, on, onto**〉 ❸ がたがたと動く；足を引きずって歩く
***gèt hítched* (*úp*)** 《口》結婚する(↗ get married)
hitch a ride [《英》 ***lift***] ⇨ RIDE 名 (成句)
—名 C ❶ 障害，妨害；(計画などの)延期，(一時的)停止 ‖ by a technical ～ 機械の故障によって ❷ 連結；連結部[物]，引っかけ；〖海〗結索，引っかけ結び ❸《米俗》兵役期間 ❹《口》ヒッチハイク ‖ get a ～ ヒッチハイクする ❺ 足を引きずって歩くこと ❻ ぐいと動かす[引く，上げる]こと ‖ give one's belt a ～ ベルトをぐいと引き締める
～·er 名 C つなぐ人[もの]；ヒッチハイクをする人

***hítch·hìke** 動 自 ヒッチハイクする —名 C ヒッチハイク
-hìker 名 C ヒッチハイクをする人，ヒッチハイカー

hi-tech /hàɪték/ 〈シ〉 名 形 =high-tech, high tech

hith·er /híðər/ 《古》《文》 副 ここへ，こちらへ(here)
hìther and thíther [OR ***yón***] あちらこちらに[へ]
—形《限定》《古》こちら側の；近い方の

***hith·er·to** /hìðərtúː/ 〈シ〉 副 今まで，これまで，従来 ‖ a ～ unknown comet 今まで知られていなかった彗星(すいせい)

H

Hit·ler /hítlər/ 名 **Adolf ～** ヒトラー(1889–1945)《オーストリア生まれのドイツの政治家．ナチスの党首．首相(1933–45)．総統(1934–45)》 **～·ìsm** 名 U ヒトラー主義

hìt-or-míss 〈シ〉 形 行き当たりばったりの，でたらめな

hit·ter /híṭər/ 名 C ❶ 打つ人，(野球・クリケットの)打者 ❷〖野球〗《通例複合語で》ヒット数が…の試合 ‖ pitch [OR throw] a two-～ 2安打に押さえる投球 ❸ (政界・実業界の)実力者，大物

Hit·tite /hítaɪt/ 名 C ヒッタイト人《小アジア・北シリアの古代民族》；U ヒッタイト語 —形 ヒッタイト人[語]の

HIV /èɪtʃ aɪ víː/ 名 U ヒト免疫不全ウイルス，エイズウイルス《エイズの原因となるウイルス》(♦ *h*uman *i*mmuno-deficiency *v*irus の略) ‖ be infected with ～ HIVに感染する / ～-positive [-negative] HIV陽[陰]性の

***hive** /haɪv/ 名 C ❶ (ミツバチの)巣箱，ミツバチの巣(beehive) ❷《集合的に》一群[一巣箱]のミツバチ ❸《a ～》人のがやがや集まる所；わいわい騒いでいる群衆 ‖ a ～ of activity [OR industry] 忙しそうに働いている人々でいっぱいの活気に満ちた場所
—動 他 ❶〔ミツバチ〕を巣箱の中に入れる ❷〔蜜(みつ)〕を巣箱に蓄える；(一般に)(将来のために)…を蓄える《***away, up***》
—自 (ミツバチが)巣箱に入る，群棲(ぐんせい)する；(狭い場所に)群居する
hìve óff 〈他〉《***hìve óff*** .../***hìve*** ... ***óff***》《主に英》〔企業など〕を〈…から〉分離・独立させる，分割して売却する；…を分割(民営化)する；…を分離する〈**from** …から；**to, into** …に〉(♦ しばしば受身形で用いる) —〈自〉① (ミツバチが)分封(ぶんぽう)する；(集団から)分かれる ② (企業(の一部)などが)分離・独立する

hives /haɪvz/ 名《単数・複数扱い》〖医〗発疹(ほっしん)，じんましん

hi·ya /háɪjə/ 間 やあ，よう(♥ くだけたあいさつ)

hl 略 hectoliter(s)

H L 略 *H*ouse of *L*ords((英国の)上院)

HM 略 *H*er [*H*is] *M*ajesty('s)

h'm, hmm /hm, mm/ 間 =hem², hum

HMG 略 *H*er [*H*is] *M*ajesty's *G*overnment (英国政府)

HMI 略 *H*er [*H*is] *M*ajesty's *I*nspector (of Schools)((英国の)政府視学官)

HMO 略 *h*ealth *m*aintenance *o*rganization ((米国の)保健機関)

HMS 〈シ〉 略 *H*er [*H*is] *M*ajesty's *S*ervice (英国陸海空軍)；*H*er [*H*is] *M*ajesty's *S*hip(英国軍艦)

HMSO 略 *H*er [*H*is] *M*ajesty's *S*tationery *O*ffice ((英国の)政府刊行物出版局)

HNC 略 *H*igher *N*ational *C*ertificate ((英国の) 高等2級技術検定(合格証))

HND 略 *H*igher *N*ational *D*iploma((英国の)高等1級技術検定(合格証))

HNWI 略 *H*igh *N*et *W*orth *I*ndividual(高額資産保有者)

ho¹ /hoʊ/ 間 ❶ ほう(♥ 喜び・驚き・あざけりなどを表す) ❷ (しばしば方向を表す語の後につけて) おーい(♥ 注意を促す) ‖ Westward [Land] ～! 〖海〗おーい，西へ[陸だぞ]

ho² /hoʊ/ 名(複 **～s** /-z/) C《米俗》❶ 娼婦(しょうふ) ❷ ⊗《蔑》娼婦のような女

Ho 記号 〖化〗holmium(ホルミウム)

hoa·gie, -gy /hóʊgi/ 名 (複 **-gies** /-z/) C《主に米》ホーギー (hero sandwich)《ロールパンを使った大型サンドイッチ》

hoar /hɔːr/ 形《古》《文》(老いて)白髪の；白霜の；(一般に)灰色[灰白色]の

***hoard** /hɔːrd/ (♦ 同音語 horde) 名 C 〈金などの〉蓄え，貯蔵[秘蔵]品；買いだめ；〈知識・事実などの〉蓄積〈**of**〉‖ a ～ *of* silver and gold 金銀財宝の蓄え / a ～ *of* secret information 機密情報の蓄積
—動 他 ❶〔金・品物など〕を(ひそかに)貯蔵する，蓄える《***up***》(↗ squirrel [OR stash] away)；…を大量に隠匿する《***away***》；…を〈…に備えて〉とっておく〈**for**〉‖ ～ food during the war 戦争中食糧を隠匿する / Squirrels ～ nuts *for* the winter. リスは冬に備えて木の実をためる ❷ …を心に秘める —自 (食糧などを)貯蔵する，買いだめする
～·er 名 C 物をため込む人

hóard·ing /-ɪŋ/ 名 C《英》❶ (建築現場などの) 板囲い ❷ 広告掲示板(《米》billboard)

hóar·fròst 名 U 霜(frost)

***hoarse** /hɔːrs/(♦ 同音語 horse) 形 (声が)かれた，しわがれた；(人が)しわがれ声の ‖ His voice was ～ from shouting. 大声を上げたために彼の声はかれていた / in a ～ whisper しゃがれ声で **～·ly** 副 **～·ness** 名

hoars·en /hɔ́ːrsən/ 動 他〔声〕をしわがれさせる
—自 (声が)しわがれる

hoar·y /hɔ́ːri/ 形 ❶ (髪が)(老いて)白い，灰色の；白髪の ❷ 古めかしい，陳腐な **-i·ness** 名

hoax /hoʊks/ 名 C 人をかつぐこと，いたずら，悪ふざけ ‖ ～ calls いたずら電話 —動 他 …をかつぐ，一杯食わせる
～·er 名

hob¹ /hɑ(ː)b | hɔb/ 名 C ❶《英》暖炉内の棚《やかんやなべを置く》；(ガス[電気]こんろを埋め込んだ) 料理用天板 ❷ (輪投げの)的棒 ❸〖機〗ホブ《歯車の歯切り装置》

hob² /hɑ(ː)b | hɔb/ 名 C ❶《古》《方》いたずらな小鬼 ❷〖動〗雄のシロイタチ[フェレット](→ Gill)
plày [OR ***ràise***] ***hób with*** ... 《米口》…に害を与える，…をめちゃめちゃにする

Hobbes /hɑ(ː)bz | hɔbz/ 名 **Thomas ～** ホッブズ(1588–1679)《英国の哲学者》

Hobbes·i·an /hɑ́(ː)bziən | hɔ́bz-/ 形 ホッブズの，ホッブズ主義の

hob·bit /hɑ́(ː)bɪt | hɔ́b-/ 名 C ホビット《英国の作家 J. R. R. Tolkien が創作した架空の小人》

hob·ble /hɑ́(ː)bl | hɔ́b-/ 動 自 よたよた歩く，足を引きずる
—他 ❶ …に足を引きずらせる ❷〔馬など〕の両足を縛って動けなくする(♦ しばしば受身形で用いる) ❸ …を妨げる，邪魔する —名 C《単数形で》❶ 足を引きずること ❷ 馬の両足を縛る縄 ▸▸ **～ skìrt** 名 C ホブルスカート《すその狭いロングスカート》

***hob·by** /hɑ́(ː)bi | hɔ́bi/ 名 (複 **-bies** /-z/) C ❶ 趣味，道楽，気晴らし (⇨ 類語) ‖ My ～ is gardening [growing roses]. 私の趣味は庭いじり [バラの栽培] です / She 「collects antique dolls [plays the piano] as a ～. 彼女は趣味で古い人形を集めている [ピアノを弾く] / My *hobbies* include jogging, aerobics and jazz dance. 私の趣味にはジョギング，エアロビクスそれにジャズダンスがある ❷《古》(元気のよい)小馬

類語《❶》**hobby**「職業以外の好きな道」の意で，何かを作ったり，研究したりする能動的な意味合いの強い語．「趣味」といえば一般的には hobby を用いて差し支えない．
taste「趣味」と訳せるが「好み・嗜好(しこう)」の意．
pastime「時間を過ごす」(＝pass one's time) ためにすることで，余暇の楽しみに行う「気晴らし」を指し，娯楽的な意味合いの強い語．
recreation 仕事を離れて，くつろいだり，楽しんだり，英気を養ったりするために行うことを表す一般語．

hóbby·hòrse 名 C ❶ (おもちゃの) 棒馬；揺り木馬 (rocking horse)；(メリーゴーラウンドの) 木馬；(morris dance の踊り手がつける) 馬の像；その踊り手 ❷ 得意の話題，おはこ
gèt on [OR *rìde*] *a* [OR *one's*] *hóbbyhòrse* 趣味に熱中する；おはこを持ち出す

hob·by·ist /há(:)biɪst | hɔ́b-/ 名 C 趣味に興じる人

hob·gob·lin /há(:)bgà(:)blɪn | hɔ̀bgɔ́b-/ 名 C いたずらな小鬼；お化け (bogeyman)，妖怪(ようかい)

hób·nàil 名 C (靴底に打つ) 頭の大きい鋲(びょう)くぎ
~·ed 形 ▶▶**~(ed) bòots** 名 複 ホブネイルブーツ《靴底を鋲くぎで留めた重い靴》

hob·nob /há(:)bnà(:)b | hɔ́bnɔ̀b/ 動 (**-nobbed** /-d/；**-nob·bing**) 自《口》《けなして》〈自分より地位の高い人と〉親しく付き合う《*together*》〈**with**〉

ho·bo /hóubou/ 名 (複 **~s**, **~es** /-z/) C《米》渡り労働者；路上生活者，宿なし (tramp)

Hòb·son's chóice /hà(:)bsənz- | hɔ̀b-/ 名 U えり好みの許されない選択 (♦ 客に貸馬の選択をさせなかった英国の宿屋の主人の名 Thomas Hobson より)

Hò Chi Mình Cíty /hòu tsi: mìn-/ 名 ホーチミン市《ベトナム南部の海港都市．旧名サイゴン》

hock[1] /hɑ(:)k | hɔk/ 名 C ❶ (馬・牛などの) 飛節；鶏のひざ ❷ (特に豚の) 膝(ひざ)関節の肉

hock[2] /hɑ(:)k | hɔk/ 名 U《主に英》(ドイツの) ライン産白ワイン

hock[3] /hɑ(:)k | hɔk/《俗》動 他 …を質に入れる
── 名 U 質入れ (pawn)
in [OR *into*] *hóck*《口》質に入って；〈…に〉借金して〈**to**〉；《米俗》《旧》入獄して ‖ be deep *in* ～ 借金がかさんでいる

*__hock·ey__ /há(:)ki | hɔ́ki/ 名 U〖スポーツ〗ホッケー (♦《米》では ice hockey,《英》では field hockey を指す)

hóck·shòp 名 C《俗》質屋 (pawnshop)

ho·cus-po·cus /hòukəspóukəs/ 名 U ❶ (奇術師の) 呪文(じゅもん)，まじない；手品，奇術 ❷ (ごまかしを隠すための) 無意味な言葉 [動作] ‖ I won't have any of your ～. 君のどんなごまかしにもだまされないよ ── 動 (《英》**-cussed** /-t/；**-cus·sing**) 他 自 (…を) だます，ごまかす

hod /hɑ(:)d | hɔd/ 名 C ❶ ホッド《れんがやモルタルを肩にかついで運ぶのに使う長柄付きの入れ物》❷ 石炭入れ

hodge·podge /há(:)dʒpà(:)dʒ | hɔ́dʒpɔ̀dʒ/ 名 C《単数形で》《米口》寄せ集め，ごた混ぜ (《英》hotchpotch)

Hódg·kin's disèase /há(:)dʒkɪnz- | hɔ́dʒ-/ 名 U ホジキン病 (Hodgkin's lymphoma)《リンパ節のはれが全身に広がる難病》

hoe /hou/ 名 C 鍬(くわ) (⇨ **類語**)
── 動 (**~d** /-d/；**~·ing**) 他〔土〕を鍬で掘る [耕す]；〔雑草〕を鍬で掘り起こす《*up*》 ── 自 鍬を使う

類語《名》**hoe** 手で使う鍬．
spade 足をかけて土を起こすシャベル状の道具．
plow,《英》**plough** 牛馬や機械で引く鋤(すき)．

hóe·càke 名 C《米南部》トウモロコシパン

hóe·dòwn 名 C《米・カナダ》快活なダンス (パーティー)

*__hog__ /hɔ(:)g/ 名 C ❶《主に米》(肥育した) 豚；《英》(特に去勢した食用の) 雄豚 (⇨ PIG **類語P**) ‖ raise a ～ for its meat 食肉用に豚を飼う ❷《口》意地汚いやつ，欲ばり；食い意地の張ったやつ，大食らい ‖ You greedy ～! この欲ばり野郎 / a road ～ 無謀な運転手 ❸《俗》大型のオートバイ [乗用車] ❹《英・豪・ニュージ方》(毛を刈り取ったことのない) 小羊 (♦ hogg ともつづる)
gò hòg wíld《米口》(急に夢中になって) やり慣れないことを一度にやりすぎる
gò (the) whòle hóg 徹底的に [どこまでも] やる
lìve [OR *èat*] *hìgh off* [OR *on*] *the hóg*《米口》ぜいたくに暮らす
── 動 (**hog·ged** /-d/；**hog·ging**) 他 ❶《口》…を独り占めにする；…をむさぼる ‖ ～ the bathroom 洗面所をひとりで長時間占領する ‖ ～ the stage [limelight] 舞台 [注目] を独り占めする ❷〔背〕を丸く曲げる；《通例受身形で》(船底・竜骨などが) 反り曲がる ❸〔馬のたてがみ〕を短く刈る
── 自 (船底・竜骨などが) 丸く反る
▶▶**～ chòlera** 名 U《米》〖獣医〗豚コレラ **～ hèaven** 名 U 幸せな状態；《米口》極楽

ho·gan /hóugən/ 名 C 北米先住民の丸太小屋

hóg·bàck 名 C 険しい尾根

hog·gish /hɔ́(:)gɪʃ/ 形 豚のような；利己的な，欲ばりの；大食の；不潔な

Hog·ma·nay /há(:)gmənèɪ | hɔ́g-/ 名《ときに h-》U《スコット》大晦日(おおみそか) (の祝い)

hogs·head /hɔ́(:)gzhèd/ 名 C ❶ 大だる《通例 63–140 ガロン入り》❷ ホッグスヘッド《液量の単位．《米》63 ガロン，《英》52.5 ガロン．約 238 リットル．略 hhd.》

hóg·tìe 動 (**-tied** /-d/；**-ty·ing**, **-tie·ing**) 他《米》〔動物〕の 4 つ足をすべて縛る；《口》…を拘束する，縛る

hóg·wàsh 名 U 豚の餌(えさ)，残飯；《口》くだらないもの [話]，たわごと

hóg·wèed 名 C 有毛の雑草の総称《ハナウドなど》

hòg·wíld 形《米俗》ひどく興奮した，度がすぎた

Hoh·en·zol·lern /hóuənzà(:)lərn | hòuənzɔ́l-/ 名 ホーエンツォレルン家 (の人)《ドイツの王家．ドイツ帝国を支配 (1871–1918)》

hò hó 間 はっはっは (♥ 笑い声を表す)

ho-hum /hòuhʌ́m/ 間《口》あーあ (♥ あくびの発声．退屈や不満を表す) ── 形 退屈な，あくびが出るような

hoick /hɔɪk/ 動 他《口》…を急に引く，ぐいっと持ち上げる

hoi pol·loi /hɔ̀ɪ pəlɔ́ɪ/ 名 複《the ～》《けなして》大衆，民衆，一般庶民

hoi·sin /hɔ́ɪsɪn, hɔɪsín/ 名 (＝**～ sàuce**) U カイセンジャン (海鮮醤)《中華料理の調味料の一種》

*__hoist__[1] /hɔɪst/ 動 他 ❶〔重いもの〕を持ち上げる；(綱・クレーン・滑車などで) …をつり [巻き] 上げる《*up*》(→ lift) (♦ 通例方向を表す **副句** を伴う) (⇨ RAISE **類語**) ‖ The father ～*ed* his son (up) on to his shoulders. 父親は息子を抱え上げ肩車をした / She ～*ed* herself to a sitting position. 彼女は身を起こして座った ❷〔旗・帆〕を揚げる ‖ ～ a flag 旗を掲げる / ～ a sail 帆を揚げる ❸《米》〔アルコール類〕を飲む ‖ ～ a glass 祝杯をあげる ── 名 C ❶ 巻き [つり] 上げ装置；起重機 ❷《単数形で》つり [巻き] 上げ；押し上げ ‖ give her a ～ over the wall 彼女を押し上げて壁を越えさせる ❸〖海〗(帆・旗の) 縦幅 (fly)；(合図のため掲揚した) 1 組の旗；(旗の) 旗ざおに近い部分

hoist[2] /hɔɪst/ 形《次の成句で》
hoist by [OR *with*] *one's own petard* ⇨ PETARD (成句)

hoi·ty-toi·ty /hɔ̀ɪṭitɔ́ɪṭi/ 形《口》高慢な，横柄な；うわついた，愚かな

hoke /houk/《米口》動 他 …を (俗受けをねらって) でっち上げる《*up*》 ── 名 ＝hokum

hok·ey /hóuki/ 形《米口》❶ いやに感傷的な，おセンチな ❷ いんちきな，まやかしの

ho·key-co·key /hòukikóuki/ 名 U《英》＝hokey-pokey ❷

ho·key-po·key /hòukipóuki/ 名 ❶ U《旧》街頭売りのアイスクリーム ❷《the ～》《米》ホーキーポーキー《歌いながら踊るダンス，またその歌》❸ ＝hocus-pocus

ho·kum /hóukəm/ 名 U《口》❶ (劇などの) 俗受けをねらった筋立て ❷ くだらない話，たわごと

H

***hold[1] /hould/ 動 名

中心義 …を(包み込んで)一定の位置や状態に保つ

> 動 他 持つ❶ 保つ❷ 持っている❸ 開かれる❹ 考えを抱く❺ 容量がある❻

━動 (~s /-z/; **held** /held/; ~·**ing**)
━他 ❶ (手や腕などで)…を**持つ**, 持っている, つかむ, つかんでいる, 握る, 抱える, 抱く(♦手に持つ行為よりも持った状態の持続に重点がある)(⇨ 類語, HAVE 類語) ‖ Could you ~ my bag for a second? ちょっと私のバッグを持っていてくださいませんか / ~ a dog in one's arms 犬を抱く / ~ her **hand** 彼女の手を握る / ~ a cup [cigarette] カップ[たばこ]を手にしている / ~ the reins 手綱(たづな)を握る / Can I ~ her? (女の赤ちゃんを) 抱っこしていいかしら / Father *held* me close (to him). 父は私を抱き締めた / The slapstick routine made me ~ my sides with laughter. どたばた喜劇のお決まりの演技を見て私は腹を抱えて笑った
❷ **保つ** **a** 《+目+副句》…を(ある場所・位置に) 保つ, 保持する ‖ He *held* the mirror up to his face and peered into it. 彼は顔に鏡をかざしてのぞき込んだ / He *held* out his **hand** to me. (握手のため) 彼は手を差し伸べてきた / The picture is a bit tilted to the right. *Hold* it up a little. その絵は少し右に傾いているね. ちょっと持ち上げてくれ / ~ one's head up 顔を上げ(てい)る; 誇らしげな態度をする / ~ one's head high (逆境などで) 昂然(こうぜん)と頭を起こして[胸を張って] 振る舞う / ~ a pistol「on him [to his head] 銃を彼[彼の頭]に向ける
b 《+目+副句》…を(ある状態に) しておく, 保つ ‖ ~ a telephone number in memory 電話番号を記憶しておく / ~ prices in check 物価を抑えておく / ~ an audience in suspense 観客をはらはらさせておく
c 《+目+補〈形〉》…を…にしておく ‖ In Britain people used to ~ the door open for others to get in. イギリスでは人々はほかの人々が入れるようドアを開けた状態で押さえていたものだった / *Hold* yourself still. じっとしていろ
❸〔金・土地・株・権利など〕を**持っている**, 保有する, 所有する;〔記録・タイトルなど〕を保持する;〔地位・職など〕に就いている ‖ She ~*s* stock in this company. 彼女はこの会社の株を持っている / ~ land 土地を持っている / ~ the copyright 版権を所有している / ~ a Ph. D. 博士号を持っている / Her ex-husband ~*s* the key to the mystery. そのなぞを解く鍵(かぎ)は彼女の前夫が握っている / ~ an advantage over the opponent 相手に対して優位を保つ / He has *held* the office of mayor for four years. 彼は4年間市長を務めてきた
❹《通例受身形で》(会議・パーティーなどが)**開かれる**, 催される; (行事などが)行われる; (会話・相談などが)〈…と〉持たれる, なされる〈**with**〉‖ The meeting will be *held* next week. 会議は来週開かれます / ~「an election [a nuclear test] 選挙[核実験]を行う
❺《進行形不可》**考えを抱く** **a** 《+目》〔考え・意見・学説など〕を心に抱く(♦しばしば受身形で用いる) ‖ That doctrine is still *held* in the East. その教義は東洋でいまだに信奉されている / He ~*s* an old-fashioned view of women. 彼は女性について古臭い考え方をしている / ~ an illusion 幻想を抱く
b 《+**that** 節》…と思う, 考える, 信じる; …と判決[判定]を下す ‖ People once *held that* the earth was flat. かつて地球は平らだと考えられていた
c 《+目+(**to be**) 補》…を(…と)みなす, …と考えている ‖ ~ her dear 彼女をいとしいと思う / I ~ myself (*to be*) **responsible** for the accident. その事故の責任は自分にあると思っている / Robin Hood is still *held to be* a hero. ロビン=フッドは今でも英雄とみなされている
❻《進行形不可》(容器などが)…の**容量がある**; (場所などが)…を収容できる, 収容する;〔物〕を含んでいる, 帯びる ‖ This can ~*s* one liter. この缶には1リットル入る / The hall ~*s* 500 people. そのホールは500人収容できる / What does the future ~? 将来はどうなる[に何が待っている]のか
❼ **a** 《+目》…を引き止めておく; …を抑える, 制する, 控える;〔人〕を拘留[拘束]する, 留置する ‖ *Hold* that elevator! そのエレベーターを止めておいて / Inflation can be *held* to about 2%. インフレは約2パーセントにまで抑えられる / ~ him to a single (強肩で) 彼を単打に抑える / ~ one's anger 怒りをこらえる / ~ one's breath 息を殺す / ~ one's tongue 口をつぐむ, 黙る / There is no ~*ing* him. 彼を止めることはできない / ~ her to her word 彼女に約束を守らせる / He was *held* for questioning. 彼は尋問のため拘留された
b 《+目+補〈名〉》〔人〕を…として拘留する ‖ ~ him prisoner [hostage] 彼を罪人[人質]として拘留しておく(♦補の名詞は無冠詞)
❽ (軍隊が)〔場所など〕を守る, 支配する, 占拠する ‖ The troops *held* the fort for days until help came. その部隊は援軍が来るまで何日間もとりでを守った
❾ (必要に備えで)…をとっておく; 💻〔データ〕を保存する ‖ ~ a room for us (予約などで) 我々の部屋をとっておく / ~ seats 席を確保する / A CD can ~ about 700 Mb's of data. コンパクトディスク1枚に約700メガバイトのデータが保存できる / Today's computers can ~ an amazing amount of information. 現在のコンピューターには驚くほど大量の情報が保存できる
❿ (落ちないように)…(の重量) を支える ‖ This hook won't ~ such a weight. このフックではそれほどの重量は支えられないだろう ⓫〔水準・速度・価格など〕を〈…に〉維持する〈**at**〉 ⓬〔電話〕を切らないでおく;〔興味・注意など〕をつなぎ止めておく;〖楽〗〔音など〕を維持する, つないでおく; (飛行機・船が)…の針路をそれずに進む ‖ *Hold* the line, please. どうぞ電話はそのまま切らずにいてください / She tried to ~ his attention [glance]. 彼女は彼の注意[視線]をつなぎ止めておこうとした ⓭ (人が)〔酒〕を(いくら)飲んでも酔わない, …に強い ⓮ (車が)〔道路〕をしっかりとらえて走る ‖ This car ~*s* the road well. この車はロードホールディング[路面安定性]がいい ⓯《米口》(料理などに)〔特定の材料・調味料など〕を入れないでおく, 抜きにする ‖ *Hold* the mayo. マヨネーズはなしにしなさい
━自 ❶ 持ちこたえる, 耐える ‖ The roof *held* during the furious storm. 屋根は荒れ狂う嵐(あらし)に持ちこたえた
❷ (天気・運などが) 続く, 持つ ‖ How long will this fine weather ~? この好天気はいつまで続くだろうか / This mood will not ~ long. このムードは長続きすまい
❸《+補》(…の) ままでいる ‖ She *held* silent [still]. 彼女は黙って[じっとして]いた
❹《進行形不可》(法則などが)適用される, 効力を持つ; (理論・根拠などが) 有効である (⇨ *hold* GOOD, *hold* TRUE) ‖ The rule ~*s* in those cases. そういう場合にはこの規則が当てはまる
❺ (数量・率・価格などが)〈…の水準で〉維持される〈**at**〉‖ The dollar will ~ *at* current levels until the summit meeting. サミット会議まではドルは現在のレベルのままだろう
❻ (離れずに)ついている; (人が)〈…に〉つかまっている;〈説などを〉曲げない, 固守する,〈…を〉忠実に守る,〈**to**〉‖ Is the bandage ~*ing*? 包帯は締まっていますか / *Hold* tight. しっかりつかまれ / ~ *to* one's promise 約束を守る / ~ fast *to* a resolution 決心を固守する
❼ (電話で)相手が出るまで待つ ‖ Will you ~ or would you like him to call you back? お待ちになりますか, それともこちらからかけ直させましょうか
❽《米口》麻薬を所持する

****hòld À agàinst B̀*** 〈他〉《しばしば否定文で》*A*のことで*B*

(人)を悪く言う[思う]，Bにマイナスの評価を与える(♦しばしば hold it against a person that ... で用いる) ‖ I don't ~ his criminal record *against* him. 彼の前科のことで彼を差別はしない

***hòld báck** 〈他〉《**hòld báck ... / hòld ... báck**》① …を**抑えておく**，押しとどめる，食い止める(keep back；contain)；〔人〕を躊躇(ちゅうちょ)させる ‖ ~ *back* 「the crowd [one's tears] 群衆を押しとどめる[涙を抑える] ②〔人〕の〈…を〉遅れさせる；…の〈前進・進歩を〉阻む，妨げる〈**from**〉 ‖ His parents *held* him *back from* going abroad. 両親は彼が海外に行くのを止めた ③〔情報など〕を押さえて[隠して]おく，伏せておく(suppress, withhold) ‖ I'm sure he's ~*ing* something *back*. 彼はきっと何か隠してるよ(→ CE 2) ④〔物など〕を(後のために)とって[押さえて]おく ―〈自〉〈…を〉しり込みする，控える，躊躇する〈**from, on**〉；涙[笑いなど]をこらえる ‖ ~ *back from* social activity 社会活動に参加しない

hòld by ... 〈他〉〔約束など〕を守る，…に従う

***hòld dówn ... / hòld ... dówn** 〈他〉① …を(一か所に)止めておく，動かないようにする；〔食べ物〕をもどさないでいる ②〔価格など〕を抑えて[下げて]おく ③〔人〕を管理下に置く ④〔職・地位など〕を(頑張って)続ける ⑤《米口》《主に命令形で》〔騒音など〕を低くする，立てないようにする ⑥〔仕事など〕を(ある期間)続ける

hòld fórth 〈自〉〈…について〉長々と意見を述べる，長広舌を振るう〈**on, about**〉

hòld ín ... / hòld ... ín 〈他〉〔感情など〕を抑える；引っ込めておく(↔ *let out*) ‖ ~ oneself *in* 自制する

hold it ⇨ CE 4

***hòld óff** 〈自〉①〈…に〉近づかないでいる，〈…から〉離れている〈**from**〉 ②(雨などが)降らないでいる ‖ The rain *held off* until we got home. 我々が家に着くまで雨にはならなかった ③〈…を〉控える，しないで待つ〈**from**〉；〈…について〉結論を延ばす，延期する〈**on**〉 ―〈他〉 I 《**hòld óff ... / hòld ... óff**》…を遠ざけておく，離しておく，近寄らせない；〔敵の攻撃など〕を押さえる II 《**hòld óff ...**》〈…すること〉を引き延ばす，延期する，〈…し〉ないでいる〈**doing**〉 ‖ ~ *off* (making) one's decision 決断を先に延ばす

***hòld ón** 〈自〉①《命令形で》《口》(ちょっと)**待つ** ‖ Now ~ *on*. You're talking too fast. おいちょっと待ってくれ，早口すぎるよ ② 少し待つ；**電話を切らずにおく** ③ しっかりつかまる，持ち続ける ④(苦境にあって)**頑張り続ける**，持ちこたえる ―〈他〉《**hòld ón ... / hòld ... ón**》(一定の場所に)…をしっかり固定しておく

***hòld 「ón to [OR ónto] ...** 〈他〉① …に**しっかりつかまる**，…にしがみつく ② …を(手放さずに)保有し続ける，失わずにいる；〔信念など〕を持ち続ける ‖ Religion gives us something to ~ *on to*. 宗教は何かすがるものを与えてくれる

***hòld óut** 〈他〉 I 《**hòld óut ... / hòld ... óut**》…を**差し出す**，差し伸べる(→ 他 ❷a) II 《**hòld óut ...**》〔希望など〕があると言う[思う]；〔見込みなど〕を示唆する ‖ I can ~ *out* little hope of improving the old system. 古いやり方を改善できる見込みはほとんどない ―〈自〉①(蓄えなどが)なくならない，持つ ②〈敵・逆境・圧力などに〉**持ちこたえる**，抵抗を続ける，頑張る(↔ *give in*)〈**against**〉

***hòld óut for ...** 〈他〉(交渉などで)…を要求[希望]して譲らない[粘る]

hòld óut on a pérson 〈他〉《口》①〔人〕に隠し事をしている ②〔人〕に(当然与えるべきものを)拒む；与えない

hòld óver 〈他〉 I 《**hòld óver ... / hòld ... óver**》① …(の決定・考慮など)を先に延ばす，延期する(defer) ②《受身形で》(興行などが)続演[続映]となる ③ …を保有し続ける，手放さずにおく II 《**hòld À òver B́**》④ A(人の弱みなど)でB(人)を脅す(種にする)[Bに要求する](♦ Bにはときに *a person's* head が入る) ―〈自〉(地位などに)居座る

hòld to 〈他〉 I 《**hóld to ...**》① …につかまる，しがみつく，固執する(→ 自 ❻) II 《**hòld À to B́**》② A(人)にB(約束などを)守らせる，A(人)をBに忠実にさせる ③(競技で)A(相手)にB(引き分け)以上の点を与えない，Aとの試合をB(…対…)の引き分けに持ち込む

hòld togéther 〈他〉《**hòld togéther ... / hòld ... togéther**》…を1つにまとめておく，団結させる ―〈自〉まとまっている，団結する；(物が)壊れないでいる，使える状態にある；筋が通っている，一貫している

hòld ... únder 〈他〉〔人〕を押さえつける，服従させる

***hòld úp** 〈他〉《**hòld úp ... / hòld ... úp**》① …を**持ち上げる**[上げておく](raise)，支える(→ 他 ❷a) ‖ That pillar ~*s up* the roof. あの柱が屋根を支えている ②〔交通・生産など〕を**遅らせる**；(一時)ストップさせる(♦しばしば受身形で用いる) ‖ The train was *held up* by fog. 列車は霧で遅れた ③(武器で脅して)…から金品を強奪する(rob)(→ holdup) ④ …を〈模範として〉提示する，使う〈**as**〉 ‖ ~ *up* one's father *as* an example 自分の父親を手本として引き合いに出す ⑤ …を〈批判などに〉さらす〈**to**〉 ‖ ~ him *up to* ridicule 彼を笑い物にする ―〈自〉① 持ちこたえる；(気を落とさずに)頑張る，耐える ②(衣類・装備などが)酷使に耐える ③(天候・運など)よい状態が続く ‖ Sales *held up* well. 売れ行きは引き続き順調だった ④(理論・論拠などが)あくまでも正しい，真実であり続ける ⑤〈…を〉延期する，〈…についての〉結論を延ばす〈**on**〉

hòld with ... 〈他〉《否定文で》…に賛同する，共鳴する；…をよいと認める(approve of) ‖ I don't ~ *with* a young girl living alone in a big city. 若い娘が大都会でひとり暮らしをするのは賛成できない

COMMUNICATIVE EXPRESSIONS

1 **Can** [OR **Will**] **you hóld** it **for me?** それの取り置きをお願いできますか(♥商品の取り置きを頼む際に)

2 **Dón't hòld ànything báck (from me).** 何もかも包み隠さず(私に)話しなさい(♥吐露を促す)

3 **Dón't hòld báck.** どうか遠慮しないで(♥恥ずかしがらずに振る舞うよう促す．=Don't be shy.)

4 **Hóld it** [OR **èverything**]**!** ちょっと待った；動くな

5 **I wòn't hòld it agáinst you.** 根に持ったりしませんよ；いいですよ(♥謝罪してきた相手を許すくだけた表現)

―名 (複 **~s** /-z/) ❶ U/C《単数形で》つかむ[握る]こと，把握；握力 ‖ have [OR keep] ~ of ... …をつかんでいる / release one's ~ on the handle 取っ手から手を離す ❷ C つかむ[つかまる]所，握り，柄，取っ手；(岩登りの)手[足]がかり，ホールド ‖ He found a ~ for his hands. 彼は手をかける所を見つけた
❸ U/C《単数形で》〈…に対する〉支配力，影響力，統制(力)，掌握，理解力〈**over, on**〉 ‖ have a firm ~ *over* the public 一般大衆をしっかり掌握している / lose one's ~ *on* them 彼らに対する影響力を失う ❹ C 〘レスリング・柔道〙押さえ込み ❺ C (一時的)延期(命令)，停止(の合図)，保留；一時停止 ❻ C 刑務所，独房；拘留

***càtch** [OR **gràb, lày, tàke, sèize**] **hóld of ...** =*get (a) hold of* ... ①，③(↓)

***gèt (a) hóld of ...** ① …を**つかむ**，捕まえる ② …を支配[掌握]する，統制する ‖ *get* ~ *of* oneself 自分の気持ちを抑える，冷静になる ③ …を手に入れる，得る，見つける ④(用件のために)〔人〕を捕まえる ⑤ …がわか(りかけ)る，…を(十分に)理解する，…の意味をつかむ

***hàve a hóld on** [OR **over**] **...** …の弱みを握っている

lòse (one's) hóld of [OR **on**] **...** …から手を離す；…がわからなくなる，…を忘れる

***on hóld** ①(電話が)保留状態で ‖ Put him *on* ~. 彼を待たせておいて ② 延期して ‖ be put *on* ~ 一時棚上げされる

tàke (a) hóld 根づく；固定する；(勢いが)抑えきれなくなる；(薬・酒などが)効き目を表す ‖ Recession *took* ~ the world over. 景気後退が全世界規模となった

(with) nò hòlds bárred 何ら決まった規則[制限]なしに，自由に；儀礼[節度]を無視して

類語 《他 ❶》 **hold**「(手または腕で)持つ, つかむ, 抱く」を意味する一般語.
seize (急に・素早く)強くつかむ.
grasp しっかりつかんで離さないようにする.
grip 力いっぱいきつく握って離さない.
grab くだけた語で, 手荒く, 急いでつかむ.
clasp 離さないように, 手または腕の中にしっかり持つ.

hold² /hould/ 名 C 船倉;(航空機の)貨物積載室

hóld·àll 名 C 《英》旅行用かばん

hóld·bàck 名 U C ❶ 妨害, 抑制(するもの) ❷ (馬車の長柄についている馬具取り付け用の) 留め金具 ❸ (賃金などの)差し止め, 停止

*__hold·er__ /hóuldər/ 《発音注意》 名 (複 **~s** /-z/) C 《しばしば複合語で》 ❶ 〈土地・権利・意見などの〉所有者, 所持者(→ stockholder, shareholder);〈貸し部屋などの〉入居者 (tenant) 〈*of*〉 ‖ a world-record ~ 世界記録保持者 ❷ 支える用具, 入れ物, ホルダー;(布製の)なべつかみ ‖ a toothbrush ~ 歯ブラシ入れ

hóld·fàst 名 C ❶ 保持, 堅持 ❷ 取り付け金具 《留め金・掛け金など》 ❸ 〖植〗固着部, (海藻の)仮根

*__hold·ing__ /hóuldɪŋ/ 名 ❶ C 《しばしば ~s》所有地, 持ち株, 所有財産;所蔵物 ‖ the museum's ~*s* 美術館の所蔵品 ❷ C (農耕用の) 借地, 小作地 ❸ U 〖スポーツ〗ホールディング 《ボールを持ちすぎたり相手を抱え込んだりする反則行為》 ❹ U 持つ[握る, 支える]こと
—形 一時的保存用の, 遅らせるための;《米俗》麻薬所持の
▸▸ ~ **còmpany** 名 C 持ち株会社, 親会社 ~ **operàtion** [**àction**] 名 C 引き延ばし [現状維持] 作戦 ~ **pàttern** 名 C 〖空〗(着陸の順番を待つときの) 空中待機経路, 待機[一時休止](状態) ~ **ròom** 名 C 控えの間

hóld·òut 名 ❶ U 忍耐;持続;U C 抵抗 (の拠点) ❷ C 《主に米》参加[同意]しない人[組織];(よりよい条件を求めて)契約更改に応じない選手

hóld·òver 名 C 《主に米》 (任期・契約期間以後の) 残留者, 在職者;継続上映の映画[上演の演劇];(前時代からの)遺物

hóld·ùp 名 C ❶ 強盗, 追いはぎ (⇨ ROBBERY 類語) ‖ an armed ~ 武装強盗 ❷ 停滞;(交通)渋滞 ‖ by ~*s* on the highway 幹線道路が渋滞して ❸ 〖トランプ〗(ブリッジで)ホールドアップ 《強いカードを手元に残しておくこと》

⁂hole /houl/ 《発音注意》(♦ 同音語 whole) 名 動

—名 (複 **~s** /-z/) C ❶ **穴**;〈衣類・壁などの〉破れ目, 裂け目 〈**in**〉 ‖ I put a bucket under the ~ *in* [ˣof] the roof to catch the rain. 屋根の穴の下にバケツを置いて雨水を受けた / He has a ~ *in* his sock. 彼の靴下に穴があいている / **dig** a deep ~ *in* the ground 地面に深い穴を掘る / burn ~*s in* the blanket 毛布に焼け穴を作る / bore a ~ *in* the wall 壁に穴をあける / punch a ~ *in* the card カードに穴をあける / fill a ~ 穴をふさぐ / a bullet ~ 弾丸の穴
❷ (獣の)巣穴(burrow) ‖ a rabbit ~ ウサギの巣穴
❸ 《通例単数形で》⊗《口》《蔑》狭くて汚い場所[住居]
❹ 《通例複数形で》欠陥, 短所;《単数形で》埋まらない部分, 空所, 空白, 空位, (入り込む)余地;(財政上の)欠損 ‖ This theory is full of ~*s*. この理論は欠陥だらけだ / His wife's death left a big gaping ~ in his life. 妻の死で彼の人生に大きな空白ができた / fill up a ~ in family finances 家計の穴を埋め合わせる ❺ 《口》 窮地 ‖「put him in [help him out of] a ~ 彼を窮地に陥れる [から救う] / dig oneself into a ~ 窮地に陥る, 墓穴を掘る / get oneself out of a ~ 窮地を脱する ❻ 〖ゴルフ〗ホール, カップ 《球を打ち込む穴》;ホール 《ティーからホールまでのコース》 ❼ (川・池などの) 深み, 淵(ふち) ❽ 〖野球〗三遊間 ❾ 〖電〗正孔(せいこう) 《電子のない半導体中の空点》

a hòle in the wáll 狭くて薄汚い店[飲み屋]
blòw a hóle in ... …を破壊する, 骨抜きにする
bùrn a hóle in a pèrson's pócket 《口》(金が)(人から)すぐ出て行ってしまう, (人が)(金を)しきりに使いたがる ‖ Let's go party! This $100 bill is *burning a ~ in my pocket*! 遊びに行こう. この100ドル紙幣を使いたくてしょうがないんだ
dìg onesèlf into a hóle 自ら窮地に追い込む[状況を悪くする]
in a hóle 《口》窮地に追い込まれて
in hóles 穴だらけで, すり切れて, 着古して
in the hóle 《米口》借金して, 赤字で ‖ I'm *in the ~* by [OR for] one million yen. = I'm a million yen *in the* ~. 私には100万円の借金がある
màke [OR ***punch***] ***a hóle*** (***in ...***) (…に)穴をあける;《口》(金などの) 大部分を使う ‖ The new car *made a ~ in* our savings. 新車に預金を大方使い果たした
nèed [OR ***wànt***] ***... like a hòle in the héad*** 《口》…は絶対に要らない[欲しくない], やっかい[余計]なことと思う
out of the hóle 《米口》借金を脱して, 黒字で
pìck hóles (***in ...***) 《口》(…の)あらを探す, (…に)けちをつける(find fault (with))
—動 他 ❶ …に穴をあける;(穴をあけて)…を作る, 〔トンネルなど〕を掘る (♦ しばしば受身形で用いる) ‖ The ship is ~*d*. (座礁などで) 船に穴があく / ~ a tunnel through a mountain 山にトンネルを通す ❷ 〖ゴルフ〗〔ボール〕をホールに入れる, ホールインする ‖ She ~*d* a bunker shot from 60 feet. 彼女は60フィートのバンカーショットをホールに入れた ❸ …を穴に入れる, 追い込む
—自 ❶ 穴をあける [掘る] ❷ 〖ゴルフ〗ホール (アウト) する 《*out*》 ‖ ~ *out* in four 4打でホールアウトする ❸ 穴に潜り込む
*__hòle úp__; __be hòled úp__ 〈自〉《口》(穴の中で)冬眠する, 冬ごもりする;閉じこもる;隠れる ‖ ~ *up* in an air-conditioned room 冷房のきいた部屋に閉じこもる
▸▸ ~ **in the héart** 名 C 《通例 a ~》〖医〗心臓中隔欠損症 ~ **pùnch** 名 C 穴あけ器

hòle-and-córner 形 《通例限定》秘密の, こそこそした;後ろめたい

hòle-in-óne 名 (複 **holes-**) C 〖ゴルフ〗ホールインワン 《ティーからの1打でホールインすること》

hòle-in-the-wáll 名 (複 **holes-**) C ❶ 《英口》 現金自動預払機 ❷ 《主に米口》 小さくて人目につかない店 [レストラン]

hole·y /hóuli/ 形 (衣類などが)穴だらけの

⁂hol·i·day /há(:)lədèɪ, -di | hɔ́l-/ 名 動

—名 (複 **~s** /-z/) ❶ C **休日**, 休業日 (→ bank holiday, busman's holiday, legal holiday);祝祭日 (↔ workday) (⇨ 類語) ‖ Thank God, tomorrow is a ~! やったー, 明日は休みだ / What do you plan to do for your ~(*s*)? 休日には何をする予定ですか / a national ~ 国民の祝日 / a public ~ 公休日
❷ U/C 《しばしば ~s》《主に英》(長い) **休暇** (《米》 vacation);休暇旅行;《(the) ~s》《米》年末年始の休暇 ‖ "How was your **summer** ~?" "Great!"「夏休みはどうでしたか」「とても楽しかった」/ The school ~*s* start on Friday. 学校の休みは金曜日から始まる / I **spent** my Christmas ~*s* with my family. クリスマス休暇は家族と過ごしました / **take** a month's ~ 1か月の休暇をとる / go home **for** the ~(*s*) 休暇で帰省する / get back from ~ 休暇から戻る / a fishing ~ 釣り旅行
❸ 《形容詞的に》休日[休暇]の;休日用の;休日らしい, 楽しい ‖ ~ clothes よそ行きの着物, 晴れ着 / a ~ cottage 小別荘 / the ~ spirit お祭り気分
gò on hóliday; ***gò on one's hólidays*** 休暇に出かける
màke hóliday 休業にする, 仕事を休む
on hóliday; ***on one's hólidays*** 《主に英》休暇をとって, 休暇中で(《米》 on vacation)
—動 自 《主に英》〈…で〉休暇を過ごす (《米》 vacation) 〈**in, at, etc.**〉

類語《名❶》**holiday**《米》では法律で定められた祝祭日としての「休日」(《英》でこれに相当する公休日は bank holiday).《英》では長期にわたる「休暇, 休み」をいう. ふつう, 週末の「休み」には用いない.
vacation《米》で長期にわたる「休暇, 休み」(《英》の holiday(s) に当たる).〈例〉We get four weeks' *vacation* [《英》*holiday*] a year. うちの会社では年に4週間の休暇がとれる / We are going to France during the summer *vacation* [《英》*holiday(s)*]. 夏休みの間にフランスに行きます《英》で「休暇」は holiday であるが, 大学の場合は vacation を用いる.〈例〉The library is closed during the college *vacation*. 図書館は大学の休暇中は閉鎖される
day off 個人的に仕事を休む「休み」.
leave 軍隊や官庁などにおける「休暇」.

語源 holy day(神聖な日; 祝日)から「休日」に転じた.

▶▶**~ càmp** 名 C《英》(娯楽施設を備えた)キャンプ場, 行楽地 **~ cèntre** 名 C《英》観光客[旅行者]のための施設が備わっている場所, 行楽地 **~ hòme** 名 C(休暇用)別荘

hóliday·màker 名 C《英・豪・ニュージ》休日の行楽客(《米》vacationer)

hò·li·er-than-thóu /hòuliər-/ ⊲ 形《口》独善的な, 殊勝ぶった

ho·li·ness /hóulinəs/ 名 ❶U 神聖(さ) ❷《His [Your] H-》聖下《教皇の尊称》

ho·lism /hóulìzm/ 名 U〘哲〙全体論(⇨ BYB)
-list 名 C 全体論者

ho·lis·tic /houlístɪk/ 形〘哲〙全体論の **-ti·cal·ly** 副
▶▶**~ médicine** 名 U 全体論的医学《患部だけでなく心身全体を対象とする治療法》

Hol·land /há(:)lənd | hɔ́l-/ 名 ❶ オランダ(⇨ NETHERLANDS) ❷《h-》U C ホランド, オランダ布《丈夫な麻布. 家具の覆い, 窓の日よけなどに用いる》

hòl·lan·daise sáuce /hà(:)ləndèɪz- | hɔ̀l-/ 名 U オランダソース《バター・卵黄・レモン汁で作るクリーム状ソース》

Hol·land·er /há(:)ləndər | hɔ́l-/ 名 C《旧》オランダ人

Hol·lands /há(:)ləndz | hɔ́l-/ 名 U《古》オランダ製ジン

hol·ler /há(:)lər | hɔ́l-/《口》動 自〈…に〉(大声で)叫ぶ, どなる; 不平を鳴らす《*about*》〈*at, to*〉 ―他 …を大声で言う, 叫ぶ(◆直接話法にも用いる) ―名 C ❶ 叫び(声); 不平 ❷《主に米》ハラーソング《アメリカ黒人の労働歌》

hol·low /há(:)lou | hɔ́l-/ 形 (~·er; ~·est) ❶ うつろの, 空洞の, 中が空っぽの(↔ solid) ‖ a ~ tree 空洞の木 ❷ くぼんだ; (頬(ほお)・目などが)落ち込んだ ‖ a ~ spot in the road 道路の陥没した箇所 / a man with ~ eyes [cheeks] 目のくぼんだ[頬のこけた]男 ❸《通例限定》(声・音が)うつろに響く, こもった ‖ ~ footsteps うつろに響く足音 / a ~ cough こもったせき ❹《通例限定》空虚な, はかない; 偽りの, 実質のない; 不誠実な, うわべだけの ‖ Your compliment rings ~. 君のお世辞はそらぞらしく聞こえる / ~ promises うわべだけの約束 / a ~ victory 価値のない[むなしい]勝利
―名 C ❶ くぼみ; 空洞, 穴 ‖ the ~ of a hand [the ears] 手のひら [耳の穴] / hide in a ~ in the ground 地面の穴に隠れる ❷ くぼ地, 盆地, 谷間 ❸ 空所, 空白; 空虚感, むなしさ ‖ the aching ~ of one's love むなしい恋のやるせなさ
in the hòllow of one's hánd 掌中に収めて, 自分の思うがままに
―副《口》全く(completely)
bèat ... (àll) hóllow …を徹底的にやっつける
―動 他 ❶ …をくり抜く, …に穴をあける《*out*》; …をくぼませる ‖ ~ *out* a gourd and make a container ヒョウタン(の実)をくり抜いて容器を作る ❷ くり抜いて…を作る, 〔くぼみなど〕を作る《*out*》(◆しばしば受身形で用いる) ‖ a canoe ~*ed out* from a tree trunk 木の幹をくり抜いて造ったカヌー / a ~*ed-out* pumpkin 中をくり抜いたカボチャ
―自 くぼむ, うつろになる **~·ly** 副 **~·ness** 名

hóllow-èyed 形 目の落ちくぼんだ

hóllow·wàre 名 U(皿・なべのような)くぼんだ容器

***hol·ly** /há(:)li | hɔ́li/ 名 (複 **-lies** /-z/) C〘植〙ホーリー, セイヨウヒイラギ, ヒイラギモチ《モチノキ科の常緑樹. 枝・葉や実をクリスマスの装飾に使う》

hólly·hòck 名 C〘植〙タチアオイ

***Hol·ly·wood** /há(:)liwʊ̀d | hɔ́l-/ 名 ❶ ハリウッド《米国カリフォルニア州ロサンゼルスの一地区. 映画産業の中心地》‖ ~, the movie capital, is a mecca for film fans. 映画の都ハリウッドは映画ファンのメッカである ❷ U アメリカの映画界[産業] ‖ ~ is a factory where people's dreams are converted into celluloid. アメリカの映画界は人々の夢を映画フィルムに変える工場である ❸《形容詞的に》ハリウッドの, アメリカ映画界の; ハリウッド式の, 裕福で華美な ‖ ~ life ハリウッド式の生活

Holmes /houmz/ 名 ホームズ ❶ **Sherlock ~**《コナン=ドイルの探偵小説に登場する名探偵》❷ **Oliver Wendell ~** (1841–1935)《米国の法律家. 最高裁判所判事(1902–32)》

hol·mi·um /hóulmiəm/ 名 U〘化〙ホルミウム《希土類金属元素. 元素記号 Ho》

hólm (òak) /hóum-/ 名 C〘植〙ウバメガシ《南ヨーロッパ原産》

hol·o·caust /hóuləkɔ̀:st, há(:)l- | hɔ́l-, hóul-/ 名 C ❶ ((核)戦争・火災による)大規模な破壊, 全滅 ‖ a nuclear ~ 核兵器による大量殺戮(さつりく) ❷《the H-》(ナチスによる)ユダヤ人大虐殺 ❸(ユダヤ教の)燔祭(はんさい)のいけにえ
語源 ギリシャ語 *holo* (完全に) + *kaustos* (焼かれた): 全焼死
▶▶**Hòlocaust denial** 名 U ホロコースト否定(論)《ナチスによるユダヤ人虐殺に関する通説に異を唱えること》

Hol·o·cene /hóuləsì:n | hɔ́lou-/ 形 =recent ❷

hol·o·gram /hóuləgræ̀m | hɔ́l-/ 名 C ホログラム《レーザー光による空間立体像》

hol·o·graph /hóuləgræ̀f | hɔ́ləgrɑ̀:f/ 形《限定》名 C ❶ 自筆の(文書) ❷ =hologram
hòl·o·gráph·ic 形《通例限定》全文自筆の; ホログラフィーの

ho·log·ra·phy /houlá(:)grəfi | hɔlɔ́g-/ 名 U ホログラフィー《レーザー光による空間立体像描出技術》

hols /hɑ(:)lz | hɔlz/ 名 複《the ~》《英口》(学校などの)(長期の)休み, 休暇(holidays)

Hol·stein /hóulsti:n | hɔ́lstaɪn/ 名 C《主に米》ホルスタイン種乳牛(《英》Friesian)《オランダ原産》

hol·ster /hóulstər/ 名 C ホルスター《ピストルのつり革ケース》 ―動 他〔ピストル〕をホルスターに入れる

Boost Your Brain!

holism

holism「全体論」とはギリシャ語の holos「全体, 総和」に由来し, 生命体や現実世界は, 部分の単なる総和ではなく, 有機的なつながりのある全体で成り立っていて, 要素や部分には還元できないとする立場を言う. holism は20世紀の科学的思考において顕著だった還元主義 (reductionism)や要素論(elementalism)への批判や反発として, 哲学, 医学, 心理学, 生物学などさまざまな学問分野で主張されている.

医学では, 人間の身体は部分に分解のできる機械ではなく, 全体で一人の人間であるという立場から, 患者の治療は身体全体や家庭などの生活環境までも目を向けた上で行うべきだとされる. 心理学では, 人の心は小さな部分の集合体ではなく, まとまった一つの単位として考察されるべきだと主張されている. 社会科学では, 分析の対象を集団に求め, 社会現象は個人の意志や考えという観点で説明しきれるものではなく, 社会や組織はそれ自身で独自の存在であると考える立場を言う.

:ho·ly /hóuli/(♦同音語 wholly)
—形 (-li·er ; -li·est)
❶《通例限定》**神聖な**，聖なる；神にささげられた(⇨ 類語) ‖ ～ bread 聖餐(せいさん)式用のパン / ～ grounds 聖地，聖域 / ～ relics 聖遺物《キリスト・聖徒などの遺品・遺骨》
❷敬虔(けいけん)な，信心深い，至徳の ‖ a ～ man 信心深い人 / lead [OR live] a ～ life 敬虔な生活を送る
❸《限定》《旧》《戯》すごい，ひどい(♥驚き・恐怖・称賛などを表す強意語) ‖ *Holy* cow [OR shit, smoke, etc.]! おや，まあ，あれ ❹崇拝すべき，畏敬(いけい)の念を持つべき
—名 (複 -lies /-z/) Ⓒ 神聖な場所[人，もの]

類語 《形 ❶》**holy** 直接神に由来または関係する本来的な神聖さを表す. 〈例〉the *holy* Sabbath 聖なる安息日
sacred 宗教的に尊崇を受けるべきもの，また侵したり汚してはならないとされるものに用いる. 〈例〉a *sacred* oath 神聖な宣誓
divine 神の性格を持っている，神から生じるなどの意味で用いる. 〈例〉*divine* judgments 神の裁き

▸▸**Hòly Bíble** 名《the～》聖書 **Hòly Cíty** 名《the～》聖都《ユダヤ教・キリスト教のエルサレムなど》；天国(Heaven) **Hòly Commúnion** 名 Ⓤ Ⓒ =communion ❸ **～ dày** 名 Ⓒ 聖日，宗教上の祝祭日 **Hòly Fámily** 名《the ～》聖家族《幼いキリスト・聖母マリア・聖ヨセフ(を描いた絵)》 **Hòly Fáther** 名《the ～》教皇(Pope) **Hòly Ghóst** 名《the ～》=Holy Spirit **Hòly Gráil** 名 =Grail **Hóly Lànd** 名《the ～》聖地《特にパレスチナ》 **Hòly Óffice** 名《the ～》〘カト〙検邪聖省 **～ of hólies** 名《the ～》(ユダヤ神殿の)至聖所《神殿の最奥の部屋で，契約の箱が置かれている》；最も神聖な場所 **～ órders** (↓) **Hòly Ròman Émpire** 名《the ～》神聖ローマ帝国(962–1806) **Hòly Sáturday** 名 Ⓒ 聖土曜日《復活祭の直前の土曜日》 **Hòly Scrípture** 名《the ～》聖書 **Hòly Sée** 名《the ～》〘カト〙(バチカンにある)教皇庁 **Hòly Sépulchre** 名《the ～》聖墓《キリストが復活まで横たわっていた》 **Hòly Spírit** 名《the ～》聖霊《三位一体の第三位》(→trinity) **～ térror** 名 Ⓒ《口》おっかない人，手ごわい人，手に負えない子供，わんぱく **Hòly Thúrsday** 名 Ⓒ ① =Ascension Day ② =Maundy Thursday **Hòly Trínity** 名 Ⓤ =trinity ❶ **～ wàr** /ˌ--ˈ-/ 名 Ⓒ 聖戦《特にイスラム教徒の聖戦》(→jihad) **～ wàter** /ˌ--ˈ-/ 名 Ⓤ 聖水 **Hóly Wèek** 名 Ⓤ Ⓒ 復活祭の前週 **Hòly Wrít** 名 Ⓤ 聖書

hóly·stòne 名 Ⓒ (甲板を磨く)磨き石
—動 他 磨き石で(甲板)を磨く

hom·age /há(ː)mɪdʒ | hɔ́m-/ 名 ❶ Ⓤ/Ⓒ《通例単数形で》(権威あるものに対する)敬意 ‖ do [OR pay, give] ～ to him 彼に敬意をささげる ❷ Ⓤ (封建時代の)臣下となる誓いの礼

hom·bre /ɑ́ːmbri, -breɪ | ɔ́mbreɪ, -bri/ 名 Ⓒ (たくましい)男，やつ

hom·burg, Hom·burg /há(ː)mbəːrg | hɔ́m-/ 名 Ⓒ ホンブルグ帽《フェルト製の中折れ帽》

⁑home /houm/《発音注意》名 形 副 動

中心義≫(家族とともに長く)住む場所

> 名 家❶ 家庭❷ 故郷❸
> 形 家庭(で)の❶ 故郷[故国]の❶
> 副 我が家へ[に]❶

—名 (複 ～s /-z/) ❶ Ⓤ/Ⓒ《しばしば無冠詞単数形で》(家族と住んでいる)**家**，我が家，住まい，自宅，生家(♦home は家族と住んでいる所で，家への愛着を表せるが，house は建物としての家の意味しか持たない. ただし home が house の意味を表すこともある. →❹，⇨ PB 36) ‖ We have made our new ～ on the outskirts of Boston. 私たちはボストンの郊外に新居を構えた / I am usually at ～ on weekends. 週末はたいてい家にいる(♦be home は「帰宅している」. →副 ❶) / My grandfather needs help in the ～. 祖父は在宅介護が必要だ / There's no place like ～. 我が家に勝る所はない(♥旅先から帰宅した際や，久々に帰省したときなどに用いられる. 英国民謡 *Home, Sweet Home*「楽しき我が家」の中の1句より) / stay at ～ 家にいる / be away from ～ 不在である / leave ～ 家をあける；家を出る；両親のもとを離れて独立する / work from ～ 在宅勤務をする

Behind the Scenes **E.T. phone home.** うちに連絡する[したい] SFファンタジー映画 *E.T.* で，地球に取り残されてしまった地球外生物 E.T. が，窓の外を指さしながら，宇宙にいる仲間に交信したいと片言で伝える場面より(♥うちに連絡したいときにふざけて用いる. 家に帰りたいときや家が懐かしいときなどに，home の部分だけ E.T. 風の口調で言うことも)

❷ Ⓒ Ⓤ **家庭**，世帯(household)；家庭生活 ‖ We were brought up in Catholic ～*s*. 私たちはカトリックの家庭に育った / All my children have happy ～*s*. 子供たちは皆幸せな家庭を営んでいる / a single parent ～ 一人親世帯
❸ Ⓤ **故郷**，故国，本国，出身地；英本国 ‖ I live in Sydney, but my ～ is in Auckland. 私はシドニーに住んでいるが，故郷はオークランドだ / Caroline was born in London, but she now regards Matsue as her ～. キャロラインはロンドン生まれだが，今は松江を故郷だと思っている / one's spiritual ～ 心のふるさと
❹ Ⓒ (財産としての)家，家屋(house) ‖ build [buy] a ～ 家を建てる[買う] / a luxury ～ 豪華な家 / a four-bedroom ～ 寝室が4つある家 / low-cost ～*s* 低価格住宅 / a second ～ セカンドハウス；第二の故郷
❺ Ⓒ (子供・老人などの)施設，ホーム；(ペットの)収容施設；(労働者などの)寮 ‖ an orphan ～ =a ～ for orphans (孤児の)養護施設 / an old people's ～ 老人ホーム / a dogs' ～ 捨て犬の収容施設 ❻ Ⓤ/Ⓒ《単数形で》〈…の〉発祥地，本家，本場；〈動植物の〉生息地；原産地〈**of**〉‖ Japan is the ～ *of* judo. 日本は柔道発祥の地だ / China is the ～ *of* the panda. 中国はパンダの生息地だ / The islands are ～ to bears. その島はクマの生息地だ / the ～ *of* the finest red wines 最高級赤ワインの原産地 ❼ Ⓒ〘スポーツ〙ゴール，決勝点 ❽ Ⓒ〘野球〙本塁(home plate) ❾ Ⓒ 💻カーソルの始点《通例ファイルの冒頭位置》(❗home を用いた和製語.「ホームドクター」は family doctor [OR physician],「ホームドレス」,「ホームウエア」は house dress,「ホームパーティー」は party at home,「ホームヘルパー」は home-care worker,《英》home help という.「ホームドラマ」は (family) situation comedy(=sitcom)(喜劇), family melodrama などという.「ホームイン」は reach home [OR the home base], cross the plate, score を用いる.「Aの2塁打でBがホームインした」は B scored on A's double.) ❿ Ⓒ ホームグラウンドでの試合(の勝利) ⓫ Ⓒ《英口》〈…の〉収納場所，容器〈**for**〉‖ find a ～ *for* ... …の置き場所を見つける

(*a*) ***hòme*** (《米》***awày***) ***from hóme*** まるで我が家のように楽しい[くつろげる]所

****at hóme*** ① **在宅して**，自宅で(→名 ❶)(♦《米》では at を省略することがある. →副 ❶) ② 国内で(↔ abroad) ‖ He is famous both *at* ～ and abroad. 彼は国内外で有名だ ③ 気楽で，**くつろいで**(→ CE 1) ‖ I feel [OR am] *at* ～ with my family. 家族といると気が休まる / sit *at* ～ (何もしないで)のんびりくつろぐ ④ 〈…と〉なじんで〈**with**〉；〈…に〉**精通して**〈**in, on, with**〉‖ He is quite *at* ～ *in* the subject. 彼はその問題によく通じている ⑤ 面会日で；〈来訪客に〉会うつもりで〈**to**〉‖ be not *at* ～ *to* anyone だれにも会うつもりはない ⑥〘スポーツ〙(試合など)本拠地で(の)，ホームグラウンドで(の)(↔ away) ‖ play *at* ～ 本拠地で試合をする

awày from hóme ① 家から離れて (→ 名 ❶) ② 〘スポーツ〙相手チームの本拠地[ホームグラウンド]で(の) ‖ play *away from* ～ アウェーで試合をする ; 《通例進行形で》《英口》既婚者が配偶者以外の相手とセックスする

sèt up hóme =*set up* HOUSE

COMMUNICATIVE EXPRESSIONS

1 **Màke yoursèlf at hóme.** 楽にしてください

2 「**What's** thát **when** ít's [**Who's** hé **when** hè's] **at hóme?** 《英》それ[彼]って一体何[だれ]なの(♥ 耳慣れないこと[人名]について聞き返すユーモラスな表現)

― 形 《比較なし》《限定》 ❶ **家庭(で)の ; 故郷[故国]の** ; 自家製の (homemade) ‖ a happy ～ life 幸せな家庭生活 / a ～ computer 家庭用コンピューター / ～ address 住所 / ～ care 在宅ケア[介護]

❷ 自国の, 国内の(domestic) ; 国産の(↔ foreign) ‖ ～ industry 国内産業 / the ～ market 国内市場 / ～ news 国内ニュース / ～ products 国産品

❸ 主要な ; 本部の ‖ a ～ office 本社, 本部 ❹ 〘スポーツ〙ホーム[本拠地](で)の(↔ away) ‖ a ～ game ホーム(グラウンド)での試合 / a ～ team 地元のチーム ❺ 急所を突く, 痛切な ‖ a ～ question 急所を突いた質問

― 副 《比較なし》 ❶ **我が家へ[に]**, 故郷[故国]へ[に] (♦ ˣgo [come] to home などとはいわない) ; 帰宅[帰国]して ; 《主に米》在宅して (at home) ‖ Hi, Mom, I'm ～! お母さん, ただいま / on one's way ～ 帰宅途中に / miss friends and family back ～ 故郷の友や家族を恋しがる / Is Edna ～ yet? エドナはもう家に帰っていますか / I will be ～ after seven. 7時過ぎには家に戻っています

連語 【動+～】「go (back) [OR return] ～ 家[故郷, 故国]に帰る[戻る] / get [OR come] ～ 帰宅[帰国]する / send [OR see] a person (back) ～ 〔人〕を家に送る / stay ～ 家にいる / take ... ～ …を家に持って帰る

❷ できるだけ深く[十分に], 徹底的に ; ねらった[正しい]位置に ; 核心を突いて, 痛切に ‖ drive a nail ～ くぎを深く打ち込む / push an attack ～ 徹底的に攻撃する / press ～ the argument 徹底的に議論する / The bullet struck ～. 弾丸は標的に命中した / Her comments hit ～. 彼女のコメントは核心を突いていた

brìng [OR ***drìve, hàmmer, prèss, ràm***] ***À hòme to B̀*** ; ***brìng*** [OR ***drìve, hàmmer, prèss, ràm***] ***hòme to B̀ A*** *A*(あること)を*B*(人)に切実に感じさせる, 十分に理解させる ‖ The photo *brought* the sorrow ～ *to* us. その写真を見て私たちはいたく悲しみを覚えた / The images on TV *brought* ～ *to* us the horror of the war. そのテレビの映像から我々は戦争の恐ろしさを痛切に感じた

clòse [OR ***nèar***] ***to hóme*** (言葉などが)核心[痛いところ]を突いて

còme hóme to ① ⇨ 副 ❶ ② …の胸にしみじみこたえる, …に十分に理解される ‖ The danger of driving really *came* ～ *to* me when I happened to see a bad accident. たまたまひどい事故を目撃して運転の危険性が本当によくわかった

gò hóme ① 家に帰る(→ 副 ❶) ② (発言などが)(相手に)感慨を与える, 効き目がある, (皮肉などが予期したとおりに)痛切にこたえる ③ 《婉曲的》死ぬ

hit [OR ***strike***] ***hóme*** ① (弾丸などが)命中する(→ 副 ❷) ② (言葉が)的を射る, 急所を突く ③ (事の重大さなどが)しっかりとわかる

hòme frée 《米》 ; ***hòme and drý*** 《主に英》 ; ***hòme and hósed*** 《豪》 目的を達して ; (困難を乗り越えた後で)緊張やストレスから解放されて

nothing [***not much***] ***to write home about*** ⇨ WRITE (成句)

tàke hóme 〔金〕を得る, 稼ぐ ‖ *take* ～ about $160 a week 週160ドルほど稼ぐ

― 動 自 家に帰る ; (動物, 特にハトが本能で)巣に戻る, 帰巣する ― 他 〔動物〕に(ペットとして)住む家を与える

****hòme ín on ...*** 〈他〉 ① (ミサイルなどが)〔目標など〕に向かって(正確に[真っすぐ])進む ② 〔テーマ・問題など〕に注意を向ける, 集中する

▸▸ **～ bànking** /,ˊˊ/ 名 U ホームバンキング (預金者が自宅のコンピューターで残高照会・送金などをするシステム) **～ báse** 名 C ① =home plate ② =home 名 ❻ **Hóme Bòx Òffice** 名 《商標》ホームボックスオフィス社 (米国最大の有料テレビ会社. 略 HBO) **～ bréw** (↓) **～ cénter** 《米》ホームセンター, 建材店 **Hòme Cóunties** 名 《the ～》ロンドン周辺の諸州 (サリー, ケント, エセックス, ハートフォードシャーなど) **～ cínema** 名 《主に英》=home theater (↓) **Hóme Dèpot** 名 《the ～》《商標》ホームデポ (米国の家庭用品販売チェーンストア) **～ económics** 名 U 家政学 **～ fàrm** 名 C 《主に英・南ア》(地主の)自家用農場 **～ frìes** 名 複 《米》ポテトスライスのフライ **～ frònt** /英 ˊˊ/ 名 《the ～》国内戦線, (戦時中の)銃後(の守り) **～ gróund** 名 C ① (スポーツチームなどの)ホームグラウンド, 本拠地 ② 精通している[得意な]分野 **Hòme Guárd** 名 《the ～》《英》(第2次世界大戦中の)国防市民軍 ; その兵士 **～ hélp** 名 C 《英》ホームヘルパー (自治体などに雇われ, 老人・病人などの家事を手伝う人. home helper とはいわない) **～ impróvement** 名 C U 家の修繕, 改修, 改築, 増築, リフォーム ‖ *home-improvement* market [store] リフォーム市場[日曜大工用具店] **～ lóan** 名 C 住宅ローン **～ móvie** 名 C 自家製の映画 **～ óffice** 名 ① C (在宅勤務者などの)家庭内事務所, 仕事部屋 ② 《H- O-》《the ～》《単数・複数扱い》《英》内務省 **～ pàge** 名 C 💻 ホームページ (ウェブブラウザで最初に表示されるページ ; ウェブサイトの入口に当たるページ ; ウェブページ) **～ pláte** 名 C 〘野球〙ホーム, 本塁 **～ pórt** 名 C 母港 **～ ránge** 名 C 〘生態〙(定住動物の)行動圏, 縄張り **～ rúle** 名 U 地方自治 ;

PLANET BOARD 36

home を建物としての「家」の意味に使うか.

問題設定 home はふつう家庭としての「家」を意味するが, 建物としての「家」を意味することがあるか調査した.

Q 次の表現のどちらを使いますか.

(a) John's **house** faces south.

(b) John's **home** faces south.

(c) 両方

(d) どちらも使わない

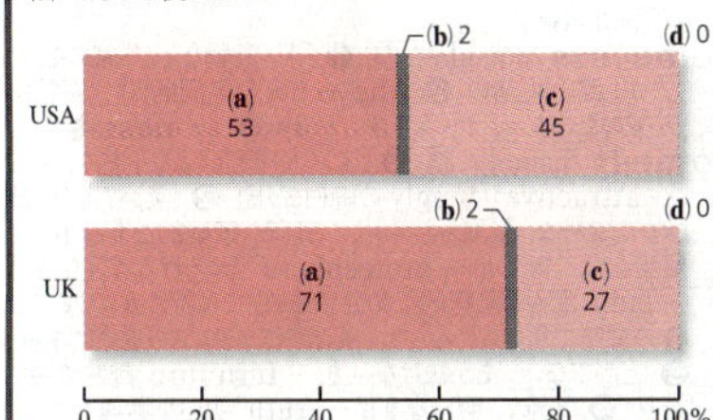

(a) の house のみを使うという人が《米》《英》ともに最も多かったが, 両方使うという人も《米》で半数近く, 《英》で3割弱いた. **(b)** の home のみを使うという人は《米》《英》ともにほとんどおらず, どちらも使わないという人はいなかった.

(a) のみを使うと答えた人の中では「home は建物ではなく, 抽象的な生活の場所としての家庭を意味する」という意見が多かった. 両方使うと答えた人の多くは「2つの間に意味の違いはない」としたが, 「house が一戸建ての家を表すのに対して, home はアパートやコンドミニアムなども含む」というコメントもかなりあった.

学習者への指針 建物としての「家」には house を使うのが一般的だが, home がときに一戸建て以外も含む広い意味での「家屋」を表すことがある.

H

《H- R-》【英国史】アイルランド自治 **～ rún** 名C【野球】ホームラン, 本塁打 ‖ an inside-the-park ～ *run* ランニングホームラン(❗「ランニングホームラン」は和製語) **～ sàles** 名複 家屋の販売(数) ‖ new [existing] ～ *sales* 新築[既存]家屋の販売(数) **Hòme Sécretary** (↓) **～ shópping** 名C ホームショッピング《テレビ・カタログ・インターネットなどを利用して自宅で行う買い物》 **～ stráight** (↓) **～ stùdy** 名U《主に米》❶(単位がとれる)自宅学習 ❷(養子縁組を希望する人に対する)認定検査(♦ adoption home study ともいう) **～ théater** 名U《米》ホームシアター《家庭で映画を大画面で観賞するための設備》 **～ trúth** 名C《通例 ～s》(他人からの)歯に衣(きぬ)着せぬ批評, 耳の痛い話 **～ ùnit** 名C《豪・ニュージ》集合住宅の1戸

hòme-báked ◁シ 形 (パンなどが)自家焼きの

hóme·bòdy 名C《口》家にいるのが好きな人, 出不精(の人)(《英》homebird)

hóme·bòund 形 ❶ 家路[帰途]にある, 帰航の ❷《米》家に閉じこもった

hóme·bòy 名C《主に米・南ア俗》❶ 同郷人 ❷ 不良仲間

hòme·bréd 形 自国で育った;国(内)産の

hòme bréw 名UC 自家醸造酒《特にビール》

hòme bréwed 形 自家醸造の

hóme·bùyer 名C 住宅購入(希望)者

hóme·còming 名 ❶UC 帰宅, 帰省;帰国 ‖ on his last ～ 彼がこの前帰省[国]した際に ❷C《米》(大学の)ホームカミング《同窓生を迎えて開催される学園祭》‖ a ～ dance [queen] ホームカミングのダンスパーティー[学園祭の女王]

hóme·èducate 動 =homeschool

hóme·èducating 名 =homeschooling

hóme·gìrl 名C《主に米・南ア》homeboy の女性形

*__hòme-grówn__ ◁シ 形 ❶(農作物などが)国(内)産の;地元産の;自分の家で栽培した ❷(人が)その土地で育てられた, 生え抜きの

*__hóme·lànd__ 名C ❶《通例単数形で》生まれた国, 自国, 祖国, 故国(fatherland) ❷ ホームランド《ある特別な民族集団と同調する(半)独立国家[自治区]》‖ a ～ for the Palestinians パレスチナ人のためのホームランド ❸ ホームランド《南アフリカの有色人種隔離政策下での黒人居住地区》 ▶▶**Hòmeland Secúrity** 名U(米国の)国土安全保障活動[組織]

*__home·less__ /hóumləs/ 形 ❶(人・動物などが)家のない;(人が)路上生活の ❷《the ～で集合名詞的に》《複数扱い》家のない人々, ホームレス **～·ly** 副 **～·ness** 名

*__home·ly__ /hóumli/ 形 ❶《米》(人・顔立ちが)平凡な, 並の(↔ attractive)(♥ ugly の婉曲表現) ❷《英》質素な, 地味な;素朴な, 気取らない;くつろげる, 家庭的な ‖ ～ food 質素な食べ物 / a ～ atmosphere くつろげる雰囲気 / a ～ lady 温かく家庭的な女性(♥《米》では特に人については❶の意味で用いられるので, 英米のニュアンスの違いに注意) ❸ 上品でない, あか抜けない ‖ ～ furniture 趣味の悪い家具 ❹ 単純な, 明白な ‖ a ～ truth 明白な真理

*__hòme·máde__ ◁シ 形 自家製の, 手製の;国産の ‖ ～ jam 自家製ジャム / a ～ bomb 手製の爆弾 / a ～ car 国産車

hóme·màker 名C 家庭を切り盛りする人, 主婦[夫](♥男女差別を避ける語として housewife の代わりに用いる)

hóme·màking 名U 家庭作り, 家事

ho·me·o·path /hóumiəpæ̀θ, +英 hɔ́m-/ 名C 同種治療医師

ho·me·op·a·thy /hòumiá(ː)pəθi | -ɔ́p-/ 名U【医】同種療法, ホメオパシー **-o·páth·ic** 形

ho·me·o·sta·sis /hòumioustéisɪs/ 名U【生】ホメオスタシス, 恒常性(保持能力)《生物が体内の状態を一定に保とうとする性質・能力. 体温・血液循環などに見られる》

hóme·òwner 名C 持ち家に住む人 **～·ship** 名

hom·er /hóumər/ 名C ❶《米口》=home run ❷《口》伝書バト(homing pigeon)

Ho·mer /hóumər/ 名 ホメロス《古代ギリシャの叙事詩人. *Iliad* と *Odyssey* の作者》‖ *Even* ～ *sometimes nods.* 《諺》ホメロスもときには居眠りする;弘法も筆の誤り

Ho·mer·ic /houmérɪk, hə-/ 形 ホメロス(風)の;壮大な, 雄大な ▶▶**～ láughter** 名C《文》高笑い, 大笑い

hóme·ròom 名UC《米》【教育】ホームルーム ‖ a ～ teacher ホームルーム[担任]の先生

hóme·schòol 動 他 …を自宅学習させる **～·er** 名C 自宅学習者

hóme·schòoling 名U《主に米》自宅学習《(親や家庭教師が)子供を家庭で教育する》

*__Hòme Sécretary__ 名《the ～》《英》内務大臣, 内相

*__hóme·sìck__ 形 ホームシックの, 故郷を恋しがる ‖ be [OR feel, get] ～ ホームシックになる **～·ness** 名U ホームシック, 郷愁(nostalgia)

hóme·spùn 形 ❶ 手織りの ❷ 質素な, 素朴な ―名U 手織りの布地;ホームスパン

hóme·stày 名C ホームステイ(期間)《外国人学生が一般家庭に滞在すること[期間]》(♦ この語は英米では日本ほど広く使われていない)

*__home·stead__ /hóumstèd/ 名C ❶(耕地・付属建物を含めた)農家, 農場;(土地・付属建物を含めた)家屋敷 ❷《豪・ニュージ》牧場主の住居 ❸【米国史】自営農場《ホームステッド法により入植者に与えられた土地》 ―動 自《米》入植して耕作する ▶▶**Hómestead Àct** 名C【米国史】ホームステッド法《入植者に国有地を与えた法律. 西部開拓のため1862年に制定》

hóme·stèader 名C ❶ 家産(homestead)の所有者 ❷《米・カナダ》ホームステッド法による入植者

hòme·strétch, +《英》**hòme stráight** 名C ❶【スポーツ】ホームストレッチ《ゴール前の直線コース》(→ backstretch) ❷(旅・仕事などの)最終部分, 追い込み

hóme·stỳle 形《米》(料理が)家庭風な;自家製の

*__hòme·tówn__ ◁シ 名C(生まれ)故郷;長く住んでいる町(♦《主に英》では home town とも書く) ▶▶**～ advántage** 名U(スポーツで)地元(試合)の有利さ

home·ward /hóumwərd/ 副形 家[故郷, 本国]へ向かって[向かう]

hómeward-bòund 形(船などが)本国行きの

hóme·wards /-wərdz/ 副 =homeward

*__home·work__ /hóumwə̀ːrk/ 名U ❶(学校の)宿題 ‖ Have you done [OR finished] all your ～? 宿題は全部終わったの / Mrs. Fleet gives her pupils 「much ～ [×many ～*s*]. フリート先生は生徒にたくさん宿題を出す / a piece of ～ 宿題1つ(♦ 不可算名詞なので ×homeworks や ×a homework の形は不可) ❷(討議・インタビューなどの)入念な準備, 下調べ ‖ do one's ～ よく準備する ❸(家庭でする)内職

hóme·wòrker 名C 内職者;在宅勤務者

hom·ey[1], **hom·y** /hóumi/ 形《主に米》くつろげる, アットホームな

hom·ey[2], **homie** /hóumi/ 名《主に米》=homeboy, homegirl

hom·i·cid·al /hɑ̀(ː)mɪsáɪdəl | hɔ̀m-/ ◁シ 形 殺人の;殺人癖のある

*__hom·i·cide__ /hɑ́(ː)mɪsàɪd | hɔ́m-/ 名《主に米》❶U 殺人;C 殺人行為, 殺人犯 ‖ the scene of a ～ 殺人現場 ❷《H-》U(警察の)殺人課 ‖ Inspector Andrews of *Homicide* 殺人課のアンドルーズ警部(補)

語源 ラテン語 *homo*(人間)+*caedere*(殺し):殺人. suicide, genocide と同系語.

hom·i·let·ics /hɑ̀(ː)məléṭɪks | hɔ̀mɪ-/ 名U 説教法, 説教術

hom·i·ly /hɑ́(ː)məli | hɔ́m-/ 名(複 **-lies** /-z/) C ❶(特に聖書に関する)説教(sermon) ❷ 長談義, お説教

*__hom·ing__ /hóumɪŋ/ 形《限定》❶ 家に帰る, 帰還する;(ハトなどが)帰巣性のある ‖ the ～ instinct 帰巣[回帰]本能 ❷(ミサイルなどが)自動誘導式の

▸▸ ~ **device** 名 C (ミサイルなどの)自動誘導装置 ~ **pigeon** 名 C 伝書バト

hom·i·nid /há(:)mənɪd | hɔ́m-/ 形 名 C 〘動〙ヒト科の(動物)

hom·i·noid /há(:)mənɔ̀ɪd | hɔ́m-/ 形 名 C 〘動〙(霊長類の)真猿亜目の(動物)

hom·i·ny /há(:)məni | hɔ́m-/ 名 U 《米》(水や牛乳で煮た)ひき割りトウモロコシ ▸▸ ~ **grits** 名《単数·複数扱い》《米》ひき割りトウモロコシの粉

ho·mo /hóumou/ 名 形 =homosexual

Ho·mo /hóumou/ 名 U C 〘動〙ヒト(→Homo sapiens)(♦ラテン語より)(=man, human being)

▸▸ ~ **e·réc·tus** /-ɪréktəs/ 名 U 《ラテン》〘人類〙ホモエレクトゥス, 原人類 ~ **sá·pi·ens** /-séɪpiənz, sǽp-/ 名 U 《ラテン》〘人類〙ホモサピエンス, ヒト《現生人類の学名》;(考える生物としての)人間

homo- /houmə-, -mou-/ 連結形 「同…(same)」の意(↔hetero-)

ho·moe·op·a·thy /hòumiá(:)pəθi | -ɔ́p-/ 名《英》=homeopathy

ho·moe·o·sta·sis /hòumiəstéɪsɪs, hɔ̀(:)mi-/ 名《英》=homeostasis

ho·mo·erot·ic /hòumouɪrá(:)ṭɪk | -ɪrɔ́tɪk/ ⟨シ⟩ 形 同性愛の

ho·mo·ge·ne·i·ty /hòumədʒəní:əṭi, -mou-/ 名 U 同質, 均質性;共通性

***ho·mo·ge·ne·ous** /hòumədʒí:niəs, -mou-/ ⟨シ⟩ 形 ❶ 同種の, 同質の, 均質の(↔heterogeneous) ‖ a culturally ~ community 文化的に均質の社会 ❷〘数〙同次の ‖ a ~ equation 同次式 **~·ly** 副 **~·ness** 名

ho·mog·e·nize /həmá(:)dʒənàɪz | -mɔ́dʒ-/ 動 他 〔ミルク〕を均質にする ‖ ~*d* milk 均質[ホモ]牛乳

ho·mòg·e·ni·zá·tion 名 U 均質化[状態]

ho·mog·e·nous /houmá(:)dʒənəs | həmɔ́dʒ-/ 形 ❶ =homogeneous ❷〘生〙(同一祖先を持つため)類似構造を持つ

hom·o·graph /há(:)məgræ̀f | hɔ́məgrɑ̀:f/ 名 C〘言〙同形異義語《fair (市)と fair (美しい), lead (導く)と lead (鉛)など》

ho·mol·o·gize /houmá(:)lədʒàɪz | həmɔ́l-/ 動 他 …を相応[一致]させる **-gìz·er** 名

ho·mol·o·gous /houmá(:)ləgəs | həmɔ́l-/ 形 ❶(構造·位置·性質などが)一致する;対応する ❷〘生〙相同の;〘化〙同族の

hom·o·logue, +《米》**-log** /hóuməlɔ̀:g | hɔ́məlɔ̀g/ 名 C 相同[対応]物;〘生〙相同器官(→analog);〘化〙同族体

ho·mol·o·gy /houmá(:)lədʒi | həmɔ́l-/ 名 (複 **-gies** /-z/) U C 相同[対応]関係;〘生〙(器官などの)相同(→analogy);〘化〙(化合物の)同族関係

hom·o·nym /há(:)mənɪ̀m | hɔ́m-/ 名 C ❶〘言〙同音異義語《発音が同じで意味が違う語. 厳密にはつづりが同じものを指す. bear (クマ)と bear (…を支える)など》❷ =homograph, homophone ❸ 同名異人

hòm·o·ným·ic 形

ho·mon·y·mous /houmá(:)nɪməs | həmɔ́n-/ 形〘言〙同音異義語の;同名の

ho·mo·pho·bia /hòuməfóubiə 英+ -mou-/ 名 U 同性愛(者)嫌悪[恐怖] **-bic** 形

hom·o·phone /há(:)məfòun | hɔ́m-/ 名 C〘言〙❶(つづりの異なる)同音異義語(homonym)《air と heir, to と too と two など》❷ 同音字《civil の c と sea の s, epoch の ch と look の k など》

hom·o·phon·ic /hà(:)məfá(:)nɪk | hɔ̀məfɔ́n-/ 形 ❶ 同音異義(語)の ❷〘楽〙ホモフォニーの

ho·moph·o·nous /houmá(:)fənəs | həmɔ́f-/ 形 =homophonic

ho·moph·o·ny /houmá(:)fəni | həmɔ́f-/ 名 U〘楽〙ホモフォニー, 同音(↔polyphony)

***ho·mo·sex·u·al** /hòuməsékʃuəl | -mousékʃuəl, hɔ̀mou-/ ⟨シ⟩ 形 名 C (特に男性の)同性愛の(人), ホモ(の)(↔heterosexual) **hò·mo·sèx·u·ál·i·ty** 名

ho·mo·zy·gote /hòuməzáɪgout | hɔ̀mə-/ 名 C 同形接合体, ホモ接合体(↔heterozygote) **-gous** 形

ho·mun·cu·lus /houmʌ́ŋkjuləs, hə- | hɔ-, hə-/ 名 (複 **-li** /-làɪ/) C ❶ ホムンクルス《錬金術師が造ったという小型人造人間》❷ 小人(manikin)

hom·y /hóumi/ 形 =homey[1]

hon[1] /hʌn/ 名《口》=honey ❸

hon[2] 略 honor;honorable

Hon.,《英》**Hon** 略 Honorable;Honorary

hon·cho /há(:)ntʃou | hɔ́n-/《主に米口》名 (複 **~s** /-z/) C 長, 頭(かしら)

— 動 他 …を監督する, 支配する

語源 日本語「班長」から.

***Hon·du·ras** /hɑ(:)ndjúərəs | hɔn-/ 名 ホンジュラス《中米の共和国. 公式名 the Republic of Honduras. 首都 Tegucigalpa》 **-ran** 形 名 C ホンジュラスの(人)

hone /houn/ 名 C (特にかみそり用の)砥石(といし)(whetstone)

— 動 他 …を砥石で研ぐ;〔技量など〕を磨く ‖ ~「a knife [an edge] ナイフ[刃]を研ぐ

H-1B /eɪtʃ wʌn bí:/ 名 C《米》H-1B就労ビザ《専門職に与えられ, 最長で6年滞在できる》

:hon·est /á(:)nəst | ɔ́nɪst/《発音注意》

— 形 (▸ honesty 名)(**more ~; most ~**)

❶ (人·行為·性格が)**正直な**, 誠実な, まっとうな(↔dishonest);正直そうな ‖ an [ˣa] ~ man 正直者, 律義者 / It is ~ of you to tell me where you were. = You are ~ to tell me where you were. どこにいたかよく正直に言ってくれたね / He is ~ in business. 彼は仕事に誠実だ

❷ (意見などが)**包み隠しのない**, 率直な⟨**in** …の点で;**with** 人に;**about** …について⟩ ‖ Give me an ~ opinion [answer]. 腹蔵のない意見[率直な答え]を聞かせてくれ / He was perfectly ~ *in* telling me the whole story. 彼はその話の全容を何一つ包み隠さず話してくれた / He was ~ *about* it. 彼はその件についてありのままを話してくれた / The ~ truth is I don't know what to do. 本当のところはどうすればいいかわからないんだ

❸ 《限定》(仕事ぶりなどが)誠実な, まじめな, まっとうな;非難するに当たらない, 許容できる ‖ do ~ work 誠実に仕事をする / make an ~ effort まじめに努力する / earn [OR make] an ~ living まじめに働いて暮らす / earn [OR turn] an ~ penny まじめに働いて稼ぐ / ~ wealth 正当に得た富 / an ~ mistake うっかりミス

❹ ごくふつうの, 善良な;素朴な ‖ ~ people 善良な人々 / good ~ food with no gimmicks 特別に手をかけていないおいしい食べ物 ❺《古》貞節な

(as) honest as the day (is long) ⇨ DAY(成句)

hònest to Gód [OR ***góodness***] 本当に, 神に誓って(⇨ HONEST-TO-GOD) ‖ *Honest to God*, I don't know what I'm going to do. はっきり言って, 自分でもどうすればいいかわからないんだ

màke an hònest wóman [mán] (òut) of a pérson 《旧》《戯》〔肉体関係のある女性[男性]〕と正式に結婚する

to be (quìte) hónest (with you) 実を言えば, 本当のことを言うと(→honestly ❷, ⇨ PB 37)

COMMUNICATIVE EXPRESSIONS

1 **Bè hónest.** Tèll me whàt you (rèally) thínk. 隠さずに君の(本当に)考えていることを言ってごらん

2 **I'll be (vèry) hónest with you.** 率直に言います

3 **Thàt's vèry hónest of you.** よく正直に言ってくれましたね

— 副《比較なし》《口》本当に(♦間投詞的に用いる) ‖ He is not so bad as he looks, ~. 彼は見掛けほど悪い男ではないんだ, 本当だよ

▸▸ ~ **bróker** 名 C (国際紛争·企業間紛争の)仲裁者

:hon·est·ly /ά(ː)nəstli | ɔ́nɪst-/
—副 (more ～ ; most ～)
❶ 正直に, 公正に ‖ "I don't know," he answered ～.「知りません」と彼は正直に答えた / deal with her ～ 誠実に彼女と接する / gain one's wealth ～ まっとうに富を得る / I「can ～ **say** [～ **believe**] that he has nothing to do with it. 彼がそのことに全く関係していないと, 私は誓って言える[心の底から信じている]
❷《文修飾》《比較なし》本当のことを言って, 本当に, 実際のところ (⇨ PB 37) ‖ *Honestly*, children today don't read half as many books as their parents. ほんと言って, 近ごろの子供たちは親たちの半分くらいしか読書をしない / I ～ don't know [remember] her name. 本当に彼女の名前を知らない [覚えていない] んだ / I will not do it again, ～ I won't. もう二度としません. 本当ですったら
❸《間投詞的に》いやはや (♥いら立ちを込めて) ‖ *Honestly!* What a mess you've made [OR gotten us into]! 全く, 何てひどいことをしてくれたんだ

hònest-to-Gód, hònest-to-góodness ⊲シ
形《限定》本当の, 純正の ‖ This is an ～ homemade pie! これこそ正真正銘の自家製パイだね

·hon·es·ty /ά(ː)nəsti | ɔ́n-/《アクセント注意》名 (◁ honest 形) (複 **-ties** /-z/) ❶ Ⓤ 正直, 誠実 ; 率直 (↔ dishonesty) (⇨ 類語) ‖ *Honesty is the best policy.*《諺》正直は最良の策 ; 正直の頭(こうべ)に神宿る / have the ～ to *do* 正直に…する ❷ Ⓒ〘植〙ギンセンソウ
in àll hónesty 実を言うと, 正直なところ

類語《❶》**honesty**「正直」を表す一般語.
integrity 道徳律を厳しく守り, 信頼や責任を重んじ, 自らの基準にあくまでも忠実であること.
sincerity 真理・真実を固く守り, ごまかしのない誠実さ.

·hon·ey /hʌ́ni/《発音注意》名 ❶ Ⓤ 蜜(みつ), ハチミツ ;《形容詞的に》ハチミツ色の, 黄褐色の ‖ candied ～ (氷砂糖状の)糖化蜜 / her ～-colored skin 彼女のハチミツ色の肌 / (as) sweet as ～ 蜜のように甘い
❷ Ⓤ 甘いもの ; (蜜のような)甘さ ; 甘ったるい言葉, お世辞 ‖ with ～ in one's voice 甘ったるい声で
❸ Ⓒ《口》あなた, おまえ, 君(♥ 恋人や夫・妻などへの呼びかけ) ‖ Mrs. Bates said, "*Honey*, this is Ed."「あなた, こちらエドよ」とベイツ夫人は言った / Be a ～ and get me a cup of coffee. (女性に対して)君, コーヒーを1杯持って来てくれ
❹ Ⓒ《口》素晴らしい人[もの] ‖ What a ～ she is! 彼女かわいいじゃないか / It's a ～ of a bike. そいつは素晴らしい自転車だ

—動 (**～ed** OR **hon·ied** /-d/ ; **～·ing**) 他 ❶〔人〕にお世辞を言う《**up**》❷ …を蜜で甘くする
▸▸ **～ bàdger** 名 Ⓒ〘動〙ミツアナグマ, ラーテル (ratel)
～ guìde 名 Ⓒ〘鳥〙ミツオシエ科の小鳥の総称

·hóney·bèe 名 Ⓒ〘虫〙ミツバチ(bee)

hóney·còmb 名 Ⓒ Ⓤ (六角形の巣室からなる) ミツバチ[ハチ]の巣 ; ハチの巣[ハニカム]状のもの

hóney·còmbed 形〈…で〉穴だらけの〈**with**〉

hóney·dèw 名 ❶ Ⓤ 甘露, 蜜《植物の葉やアブラムシなどが分泌する甘い汁》❷ (= **～ mèlon**) Ⓒ ハネデュー[甘露]メロン《muskmelon の一種》

hon·eyed, hon·ied /hʌ́nɪd/ 形 蜜で甘くした ; 甘言の, へつらいの(flattering) ‖ ～ words 甘言

·hóney·mòon 名 Ⓒ ❶ ハネムーン, 新婚休暇 ; 新婚旅行 ‖ We went to Italy on [OR for] our ～. 私たちは新婚旅行でイタリアへ行った / a second ～ (既婚夫婦の) 第2のハネムーン / a ～ couple ハネムーン中のカップル ❷ 蜜月(みつげつ)(期間) ; 友好的な期間 ‖ the ～ between the new President and the media 新大統領とマスコミとの蜜月期間 / a ～ period 蜜月期間
—動 自〈…で〉ハネムーンを過ごす, 〈…に〉新婚旅行に行く〈**in, at**〉
～·er 名 Ⓒ 新婚旅行中の人

hóney·pòt 名 Ⓒ《口》魅力のある場所[人, もの]

hóney·sùck·le /-sʌ̀kl/ 名 Ⓒ〘植〙スイカズラ

hon·gi /hά(ː)ŋi | hɔ́ŋi/ 名 Ⓒ《ニュージ》ホンギ《鼻と鼻を合わせる, マオリの伝統的なあいさつ》

Hong Kong /hά(ː)ŋ kὰ(ː)ŋ | hɔ̀ŋ kɔ́ŋ/ ⊲シ 名 香港(ホンコン)《中国南東岸の島. 1997年まで英国直轄植民地》
～·er, ～·ite 名 Ⓒ 香港在住の人

honk /hα(ː)ŋk, hɔːŋk | hɔŋk/ 名 Ⓒ ガンの鳴き声 ; (車の)警笛の音 ; ぶーっ, びーっ(という音) —動 自 (ガンが)鳴く ; 警笛を鳴らす —他〔警笛〕を鳴らす

hon·ky, hon·kie /hά(ː)ŋki, hɔ́ːŋ- | hɔ́ŋ-/ 名 (複 **-kies** /-z/) Ⓒ ⊗《米俗》《蔑》白人

hónky-tònk /-tὰ(ː)ŋk, -tɔ̀ːŋk | -tɔ̀ŋk/ 名 Ⓒ《主に米俗》いかがわしい安キャバレー [ダンスホール] ;《形容詞的に》(音楽などが)ホンキートンクの《ラグタイムなど》

Hon·o·lu·lu /hὰ(ː)nəlúːluː | hɔ̀n-/ 名 ホノルル《米国ハワイ州の州都. Oahu 島の観光都市》

:hon·or,《英》**-our** /ά(ː)nər | ɔ́nə/《発音注意》
中心義 名誉, 名誉に対して払われる敬意

名 名誉❶ 光栄❷ 道義心❺
動 他 光栄に思う❶

メタファーの森 honest, dishonest 正直, 不正直

being honest ⇨ being straight
(正直⇨真っすぐ)

「正直でいること」は「真っすぐ」である状態として表現される. 日本語でも「正直」「実直」「素直」など「直」の字が使われることから, 同じメタファーが存在していることがわかる. 一方,「正直ではないこと」や「不誠実さ」は「曲がっている」状態として表現される.

【正直であることを表す】
➤ Just be **straight** with me. 私には正直に話して (♦隠し事などをしないように相手に促す表現)
➤ I think Bob is a **straightforward** man. ボブは正直な人だと思う
➤ My grandfather was a person who **kept on the straight and narrow path** throughout his life. 祖父は人生を通して正道を歩んだ人だった (♦文字どおりには「真っすぐで細い道を歩む」の意. narrow は道の踏み外しやすさ, 正直であることの困難さを暗示する)
➤ I'm sure you can trust him. He's always **on the level.** きっと彼は信用できるよ. いつも実直な人だから(♦level は水平で真っすぐな状態を指す)

【正直でないことを表す】
➤ Considering his **twisted** nature, I do not think he will show up. 彼のひねくれた性格から考えると, 来ないと思う
➤ Be honest. You shouldn't **twist** the facts. 正直に. 事実を曲げてはいけません
➤ The truth was **distorted** in order to suit their convenience. 彼らの都合に合うように事実は曲げられていた
➤ Police found evidence of the **crooked** deal. 警察は不正取引の証拠を見つけた (♦crooked は文字どおりには「曲がった」の意)

—名〔▶ honorable 形〕(複 **~s** /-z/) ❶ Ⓤ **名誉**, 名声 (↔ dishonor)；信用, 体面, 面目 ‖ I can't ignore it. My ~ is at stake. それは無視できない. 私の名誉がかかっているから / fight for the ~ of one's country 国の名誉のために闘う / earn a position of ~ 名誉ある地位に就く / pledge one's ~ to *do* 名誉にかけて…すると誓う / national ~ 国の名誉 / win ~ 名声を得る / It was greatly to his ~ that the writer refused the award. 賞を拒んだことでその作家の名は大いに上がった
❷ Ⓤ Ⓒ **光栄**, 栄誉, 特典, 特権(♥ 丁重な表現) ‖ I had the ~「of meeting [OR to meet] the famous poet. 私はその有名な詩人に会う光栄に浴した / I take your visit as a great ~. おいでいただき誠に光栄です / Would you do me the ~ of having dinner with me? 夕食をご一緒願えませんでしょうか / a rare ~ =a very special ~ 特別な栄誉
❸ Ⓤ 尊敬, 敬意 (↔ contempt) (⇨ RESPECT 類語) ‖ We have to pay [OR give, show] ~ to the elderly. 我々はお年寄りを敬わなくてはいけない / the ~ shown to the winner 勝者に払われる敬意 / the place [OR seat] of ~ 主賓[来賓]席；特等席 / a [OR the] guest of ~ 主賓, 来賓
❹ Ⓒ《通例 ~s》名誉のしるしとなるもの, 勲章, 賞, 称号；叙勲；儀礼, 礼遇 ‖ the New Year's *Honors* (list)《英》1月1日の叙勲(者のリスト) / the last [OR funeral] ~*s* 葬儀 / with military ~*s* 軍葬で
❺ Ⓤ **道義心**, 名誉心, 自尊心, 信義；《旧》(女性の)貞節(の誉れ) ‖ a sense of ~ 道義心 / a man of ~ 高潔な人 / a matter [OR question] of ~ 信義の問題 / save one's ~ 面目を保つ / *There is ~ among thieves.*《諺》盗人にも仁義はある / defend [lose] one's ~ 貞操を守る[純潔を失う]
❻ Ⓒ《an ~》〈…の〉名誉となるもの[人], 誉れ；誇り〈**to**〉‖ She is an ~ *to* her family. 彼女は一族の誉れだ / His discovery will be「an ~ *to* [OR the ~ of] his country. 彼の発見は国の名誉になるだろう
❼ Ⓒ《~s》(学校での)優等；《英》(優等生用の)特別コース ‖ graduate with ~*s* 優等で卒業する / get [OR earn] an ~*s* degree in business administration 経営学の優等学位をとる ❽《H-》閣下《判事・《米》市長に対する敬称》‖ His [OR Her, Your] *Honor* 閣下 / "Your *Honor*, I object."「裁判長, 異議あり」(♥ 弁護士が法廷で) ❾ Ⓒ 高位 ‖ the great ~ of the presidency 大統領の栄職 ❿ Ⓒ《通例 ~s》〖トランプ〗(ブリッジで)エース, キング, クイーン, ジャック, テンの5枚のカード；(ホイストで)ジャック以上の4枚のカード；これらのカードによるポイント
⓫ Ⓤ〖ゴルフ〗オナー《最初にティーショットを行う特権》

a còde of hónor 処世[決闘]の作法[礼法]

be on one's hónor to dò*；*be* [OR *fèel*] *hònor bóund to dò 名誉[信義]にかけて…しなければならない(と思う) ‖ We *are on* our ~ not *to* cheat during the test. 誓って試験中カンニングをしてはならない

***dò a pèrson*「*an hónor* [OR *the hónor of doing*]** 〔人〕に面目[…をして面目]を保たせる(→❷)

dò hónor to a pèrson*；*dò a pèrson hónor ①〔人〕に敬意を表する ②〔人〕の名誉となる

dò the hónors 《口》主人役[接待役]を務める《乾杯の音頭をとったり肉を切り分けたりして》

hònor bright 《英》《旧》誓って, 本当に(honestly)

****in hónor of a pèrson*；*in a pèrson's hónor*** 〔人〕を記念して；〔人〕に**敬意を表して** ‖ a ceremony *in ~ of* those killed in the accident その事故で亡くなった人たちのための追悼式典 / We held a party *in* his ~. 我々は彼を主賓としてパーティーを開いた

on* [OR *upon*] *one's* (*wòrd of*) *hónor 名誉にかけて, 誓って ‖ I promise you, *on* my ~. 絶対に約束するよ

pùt a pèrson on his/her hónor 〔人〕に名誉にかけて誓わせる, 〔人〕の面目に訴える

The hònors are éven. 勝負は互角[五分五分]だ

COMMUNICATIVE EXPRESSIONS

1「**I fèel it as** [OR **It is**] **a grèat hónor to** be invited. お招きいただき大変光栄に存じます(♥ 形式ばった表現. ✎Thank you for inviting me.)

—動 (**~s** /-z/；**~ed** /-d/；**~·ing**)
—他 ❶ **a**《+目》…に光栄[栄誉]を与える ‖ Will you ~ our wedding reception with your presence? 我々の結婚披露宴にご臨席願えませんでしょうか / The party was ~*ed* by the princess. そのパーティーには王女が臨席された **b**《受身形で》**光栄に思う**〈**to** *do* …すること を / **that** 節 …ということを〉‖ I'm ~*ed to* be invited to the party.=I'm ~*ed that* I've been invited to the party. パーティーにご招待していただいて光栄です
❷ …を尊敬する, …に敬意を表す (↔ scorn) ‖ ~ one's ancestors 先祖を敬う
❸ …に〈勲章・勲位・賞などを〉与える〈**with**〉‖ He was ~*ed with* the Nobel prize. 彼はノーベル賞を受賞した
❹〔契約・約束など〕を遵守する；…を尊重する ‖ ~ a treaty [cease-fire, contract] 条約[停戦, 契約]を遵守する
❺〖商〗〔手形・カード・小切手〕を引き受ける ‖ Most credit cards are ~*ed* at this restaurant. 当レストランではほとんどのクレジットカードがご利用になれます / ~ a check 小切手を引き受ける ❻ (ダンスで)〔相手〕におじぎをする

▸▸ **~ guàrd** 名《通例 the ~》(イスラム社会などの)倫理的見張り隊 **~ kìlling** 名 Ⓒ Ⓤ (イスラム社会などの)名誉を守るための殺人 **~ ròll** 名 Ⓒ《米》① 優等生名簿 ② 武勲者名簿(《英》honour's list, roll of honour) **~ socìety** 名 Ⓒ《米》優等生団体 **~ sỳstem** 名 Ⓒ

PLANET BOARD 37

「正直に言うと」は To be honest, ..., Honestly, ..., To tell the truth, ... のうちどれを用いるか.

問題設定「正直に言うと」「実を言うと」などの意味を表す語句はいくつかある. それぞれがどの程度使われるかを調査した.

Q 次の(a)～(c)のどれを使いますか. (複数回答可)
(a) **To be honest**, I don't like my new boss.
(b) **Honestly**, I don't like my new boss.
(c) **To tell the truth**, I don't like my new boss.
(d) どれも使わない

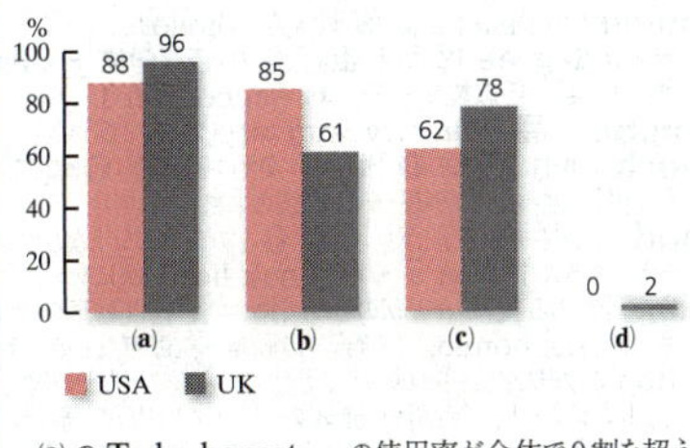

(a) の To be honest, ... の使用率が全体で9割を超え, 最も広く使われている. (b) の Honestly, ... と (c) の To tell the truth, ... はいずれも7割前後の人が使用するが, 《米》では (b), 《英》では (c) を使う人が多かった. to be honest は「秘密を打ち明けるような場合」, honestly は「自分の言うことが本当であることを強調する場合」など含みの違いがあるとされているが, 実際には「意味はどれも同じ」というコメントが非常に多い. 同意表現として, Frankly, ... があげられている. (c) については, To tell *you* the truth, ... の方を好むという人もいる.

学習者への指針「正直に言うと」を表すときは, To be honest, ..., Honestly, ..., To tell the truth, ... のいずれも一般的に用いられる.

《単数形で》(試験・作業などの)自主監督制度

*hon·or·a·ble, 《英》-our- /ά(:)nərəbl | ɔ́n-/ 《アクセント注意》 形 [◁ honor 名] (more ~ ; most ~) (♦ ❺は比較なし) ❶ (賞賛に値するほど)立派な, 尊敬[尊重]すべき ‖ an [ˣa] ~ profession 立派な職業 / ancient and ~ 《堅》(伝統などが) 古式ゆかしい / with a few ~ exceptions 2, 3立派な例外はあるにしても ❷ (高い道徳水準を持ち)高潔な;信義誠実をわきまえた;《堅》《戯》(男性が)(付き合っている女性に)責任を果たす, 結婚する気のある ‖ It was not ~ of him to feign ignorance. 知らないふりをするとは彼も卑劣だった / have ~ intentions (付き合っている女性と) 結婚する気がある ❸ 公正な ‖ an ~ arrangement 公正な取り決め ❹ 高貴な;高名な ‖ a person of an ~ family 高貴な家柄の人 ❺ 《the H-》《敬称》閣下 (《米》では議員・判事などの敬称に, 《英》では伯爵以下の貴族の子・閣僚や判事・国会議員同士に用いられる. 略 Hon.) ‖ the *Honorable* Chief Justice 裁判長閣下 / the *Honorable* Nelson Rockefeller ネルソン=ロックフェラー代議士(♦ 通例姓名の前に付ける) / the *Honourable* Member; my *Honourable* Friend 《英》(同僚)議員(殿)(下院の議場で同僚の議員に対して用いる敬称) / the Most *Honourable* 《英》閣下(侯爵・バス勲爵士に対する敬称) / the Right *Honourable* 《英》閣下(伯爵以下の貴族・枢密顧問官・控訴院判事や大都市の市長などへの敬称) ❻ 名誉となる, 名誉を汚さない;名誉ある ‖ ~ wounds 名誉の負傷 / do the ~ thing (and resign) 名誉を保持(して辞職)する **-bly** 副 高潔に;立派に;敬意を持って ▸▸ **~ méntion** 名 C (選外)佳作

hon·o·rar·i·um /ὰ(:)nəréəriəm | ɔ̀n-/ 名 (複 **~s** /-z/ OR **-i·a** /-iə/) C (講演料などの)謝礼金(⇨ SALARY 類語) ‖ offer [receive] an ~ 謝礼金を出す[受け取る]

hon·or·ar·y /ά(:)nərèri | ɔ́nərəri/ 形 ❶ 名誉として与えられる ❷ 名誉の, 名誉職の(無報酬) ‖ an ~ citizen [president, degree] 名誉市民[会長, 学位] ❸ (支払いなどが)(法律的に強制できず)相手の信義に期待する

hon·or·ee /ὰ(:)nərí: | ɔ̀n-/ 名 C 受賞者

hon·or·if·ic /ὰ(:)nərífɪk | ɔ̀n-/ ⊲シ 形 敬意を表する, 敬語の ‖ an ~ title 尊称 / an ~ word 敬語
—名 C 〖言〗敬語(表現) ‖ the use of ~*s* 敬語の使用

ho·no·ris cau·sa /ounɔ̀:rəs káusα: | hɔnɔ̀:rɪs káuzα:/ 副 《ラテン》(=for the sake of honor) 尊敬の印として(特に学位について)

*hon·our /ά(:)nər | ɔ́nə/ 名 動 《英》=honor
▸▸ **~s degrèe** 名 C 《英》(大学の) 優等学位 **~s lìst** 名 C 《英》 ① 叙勲者一覧 ② =honor roll ①

Hon.Sec. 略 *Hon*orary *Sec*retary(名誉幹事)

hooch /hu:tʃ/ 名 U ❶ 《俗》酒, 安酒;密造酒 ❷ 《主に米俗》《旧》(掘っ立て)小屋(♦ 日本語の「家(うち)」より)

*hood¹ /hʊd/ 《発音注意》 名 C ❶ (コート・マントなどの)フード;ずきん ‖ wear a ~ on one's head 頭にフード[ずきん]をかぶる ❷ フード状のもの, 覆い;《米》(自動車の)ボンネット(《英》bonnet);《英》(自動車・乳母車などの) ほろ(top);(煙突の)かさ;(炉の)ひさし;(こんろの上などの)煙出し, レンジフード, (台所の)排気フード;(タカ(鷹)の)頭覆い;(馬の)面子(めんこ), 目隠し;(ホトケノザのような植物の)花の上部;(カメラの) レンズフード ‖ Shall I look [OR check] under the ~? (自動車の)エンジンを点検しましょうか ❸ (大学の式服などの)背の垂れ布 ❹ (鳥の)冠毛, とさか;(コブラの)頸部(けいぶ) —動 他 …をフードで覆う;…に覆いをかける;…を目隠しする **~·less** 形 **~·lìke** 形

hood² /hʊd, hu:d/ 名 《主に米》=hoodlum

hood³, 'hood /hʊd/ 名 C 《the ~》《主に米俗》近所, (特に自分の住む)近辺, (ある特徴を持った)周辺の地域

-hood /-hʊd/ 接尾 《名詞語尾》 ❶「状態・性質・時期」の意 ‖ boy*hood*, false*hood* ❷「集合体・集団」の意 ‖ brother*hood*, priest*hood*

hood·ed /hʊ́dɪd/ 形 ❶ フード[ずきん] をかぶった;フード[ほろ, かさ]付きの ❷ 上まぶたが垂れた ‖ a man with ~ eyes まぶたの垂れた男 ❸ 〖動〗ずきん状の冠毛のある
▸▸ **~ séal** 名 C 〖動〗ズキンアザラシ

hood·lum /hʊ́dləm | hú:d-/ 名 C よた者, やくざ;ちんぴら, 不良

hoo·doo /hú:du:/ 名 (複 **~s** /-z/) C ❶ 不運;不運をもたらすもの[人], 疫病(やく)神 ❷ (米国西部の) 奇怪な形の岩柱 ❸ =voodoo —動 他 …に不運をもたらす

hóod·wìnk 動 他 …をだます, だまして〈…〉させる〈into〉

hoo·dy, hoo·die /hʊ́di/ 名 (複 **-dies** /-z/) C フード付きトレーナー

hoo·ey /hú:i/ 名 U 《主に米口》たわごと, でたらめ

*hoof /hu:f/ 名 (複 **~s** /-s/ OR **hooves** /hu:vz/) C ❶ (牛・馬などの) ひづめ;(ひづめのある動物の) 足 (⇨ NAIL 類語P) ❷ 《~s》《俗》《戯》(人間の)足 ❸ ひづめのある動物《馬・シカ・牛など》
on the hóof ① (肉用家畜が) (殺されずに) 生きている ‖ import cattle *on the* ~ 肉牛を生きたままで輸入する ② 《英口》十分考えもせず, 上の空で, 急いで ‖ make policy *on the* ~ 場当たり的に方策を立てる
—動 自 (タップ)ダンスを踊る —他 ❶ (牛・馬などが)…を(ひづめで)ける, 踏みつける ❷ 《口》〔ボール〕を強く[大きく]ける ❸ 《~ it で》《口》(特に足早に)歩く, 歩いて行く;(プロのダンサーとして)(タップ)ダンスを踊る ‖ ~ *it* all the way to town 町までずっと歩いて行く
~·er 名 C 《俗》(プロの)(タップ)ダンサー

hòof-and-móuth disèase 名 U =foot-and-mouth disease

hóof·bèat 名 C ひづめの音[響き]

hoo-ha /hú:hὰ:/ 名 U 《俗》騒ぎ, 騒動(♦ hoo-hah ともつづる) ‖ What's all the ~ about? この騒ぎは一体どうしたことか

hook /hʊk/ 《発音注意》
—名 (複 **~s** /-s/) C ❶ (留め)**かぎ**, (物をかける)フック;ホック;**釣り針**(fishhook);かぎ針;(電話の)受話器かけ(→ pothook) ‖ hang a coat (up) on a ~ コートを洋服かけにかける / a picture ~ 画用留め金 / put [OR throw] a ~ on ... …にフック[かぎ]を引っかける / a ~ and line 釣り針をつけた釣り糸 / a crochet ~ (編み物の)かぎ針 / He replaced the phone on the ~. 彼は受話器を(受話器かけに)戻した
❷ 〖ゴルフなど〗フック(ボール) (↔ slice);〖ボクシング〗フック;〖サーフィン〗波頭;〖野球〗カーブ(ボール);〖バスケットボール〗フックショット;〖アイスホッケー〗フックチェック
❸ 人[客]の目を引きつけるもの, 見せ[呼び]物;〖楽〗(流行歌の)さび, 印象的なメロディー ‖ find a ~ to sell a new show 新しいショーを売り出すための呼び物を考える ❹ かま ‖ a reaping ~ 草刈りがま ❺ かぎ状のもの;(文字・引用符などの)かぎ;〖楽〗(音符の)フック, 旗(flag) ❻ (河川・道路の)屈曲部;(湾曲した)砂州;岬, 出鼻《the Hook of Holland などの地名で》 ❼ (動植物の)かぎ状の器官
**by hòok or by cróok* 何としてでも, どんな手を使ってでも
gèt one's hóoks into ... 《口》…を手に入れる;〔人〕を(だまして)支配する, わなにかける
gèt [*give a pèrson*] *the hóok* 《米口》首になる[〔人〕を首にする]
**hòok, lìne(,) and sínker* 《口》疑いもせずに;完全に, すっかり(♦ 魚が針・糸・重りを丸ごと飲み込むことから) ‖ 「swallow a story [fall for her] ~, *line and sinker* 話をすっかりうのみにする[彼女にすっかりほれ込む]
**off the hóok* ① 《口》困難[窮地]を脱して;義務[罰]から解放されて ‖ His testimony got [OR let] her *off the* ~. 彼の証言で彼女は窮地から救われた ② (電話の受話器が)外れて
on one's òwn hóok 《主に米口》《旧》独力で, 自前で
on the hóok 困難に陥って, 苦境に立たされて
rìng off the hóok 《通例進行形で》《米口》電話がひっきりなしにかかる
slìng one's hóok 《通例命令文で》《英口》逃亡する, ずら

かる；立ち去る

—動 (**~s** /-s/；**~ed** /-t/；**~·ing**)

—他 ❶ (かぎ・ホックなどで)…を留める, かける；(器具などで)…を〈別のものに〉接続する〈**to, into, onto, etc.**〉‖ ~ a dress 服のホックをかける / He ~*ed* the trailer (house) *to* the back of his car. 彼はトレーラーハウスを車の後部に連結した

❷ …をかぎ形にする；〔腕・指など〕を〈…に〉絡める, 引っかける〈**in, around, on, etc.**〉‖ ~ his thumbs *in* his belt 親指をベルトにかける / He ~*ed* his arm *around* my neck. 彼は腕を曲げて私の首に回した / My sweater got ~*ed on* a twig. セーターが小枝に引っかかった

❸〔魚〕を釣る；(かぎ形のもので)…を引き上げる；〔人〕の興味[注意]を引く；〔異性など〕を引っかける ‖ ~ a fish 魚を釣(り上げ)る

❹《ゴルフなど》〔ボール〕をフックさせる；《ボクシング》…をフックで打つ；《ラグビー》〔ボール〕を足でスクラムから後方に出す；《クリケット》〔ボール〕をレッグ(leg)[打者の左後方のフィールド]へ引っ張って打つ；《野球》〔ボール〕をカーブさせる；《バスケットボール》〔ボール〕をフックショットでシュートする；《アイスホッケー》〔相手の選手〕をスティックで妨害する ❺《口》〔人など〕を魅惑する, 〈…に〉夢中にさせる；《俗》〈麻薬の〉中毒にさせる〈**on**〉(♦ しばしば受身形で用いる) ‖ He is ~*ed on* jazz [drugs]. 彼はジャズに夢中[麻薬中毒]だ ❻《米》〔敷物・模様など〕をかぎ針で織る ❼《俗》…をかっぱらう, 盗む

—自 ❶ かぎ形に曲がる；(ボールが)フックする

❷ かぎ[ホック](状のもの)で〈…に〉留まる[引っかかる]〈**to, on, onto, etc.**〉‖ a dress that ~*s* at the back 後ろをホックで留める服 ❸《俗》売春する

hóok into ... 〈他〉〔器具・インターネットなど〕に接続される, つながる

hòok À into B̀ 〈他〉① ⇨ 他 ❶ ②《米口》*A* (人)を丸め込んで*B*をさせる, *A*を*B*に引き込む

hóok it 《通例命令形で》《英口》《旧》逃げる

hòok ón to ... 〈他〉① …にかける, つなぐ ② …をよく理解する

*__*hòok úp*__* 〈自〉① (ラジオ局・電気器具などが)〈…に〉つながる；💻〈インターネットなどに〉接続する〈**to**〉‖ Registered users can ~ *up to* the encyclopedia via the Internet. 登録してある利用者はインターネットで百科事典に接続ができる ②《口》〈仲間と〉落ち合う〈**with**〉；《米口》〈…と〉仲よくなる, 〈異性と〉関係を持つ〈**with**〉 ③《米口》(音楽家などがバンド編成などのため)仲間になる, 提携する；〈…と〉手を組む〈**with**〉 —〈他〉(***hòok úp ...*** / ***hòok ... úp***) ① …をかぎ[ホックなど]で留める；…を(かぎなどで)〈…に〉引っかける〈**to**〉‖ Do you mind ~*ing* me *up*? ホックを留めてくださらない ②〔器物など〕を組み立てる；〔電話・コンピューターなど〕を〈ほかの機器・電源などに〉結合[接続]する〈**to**〉；〔場所・人〕を回線でつなぐ；…を〈医療機器などに〉つなぐ〈**to**〉 ③〔人〕に〈切符などを〉入手する手助けをする〈**with**〉

~·less 形

▶▶ **~ and éye** 名 C ① (衣服の)かぎホック ②《米》(ドアの)掛け金 **~ shòt** 名 C《バスケットボール》フックショット《ゴールに対し半身になり片腕で頭上に弧を描く形で行う》

hook·ah /húkə/ 名 C (中近東起源の)水ギセル

hooked /hukt/ 形 ❶ かぎ状の；かぎのついた ‖ a ~ nose かぎ[ワシ]鼻 ❷《叙述》《俗》〈…に〉夢中の, おぼれた〈**on**〉‖ He is [OR has become] ~ *on* jazz [drugs]. 彼はジャズに夢中[薬物中毒]になっている ❸ (じゅうたんなどが)かぎ針で織った

hook·er[1] /húkər/ 名 C ❶《ラグビー》フッカー《スクラム前列中央でボールをスクラム後方にけり入れる選手》 ❷《俗》売春婦 ❸《米口》(なみなみと注いだ)強い酒の一飲み

hook·er[2] /húkər/ 名 C ❶ (アイルランドの)1本マストの小型漁船 ❷《口》おんぼろ船

hook·ey /húki/ 名 =hooky

hóok·nòse /英 ⌣⌣/ 名 C かぎ鼻, ワシ鼻 **~d** 形

hóok·ùp 名 C ❶《口》(放送用機材・回線などの)接続；中継(網)；(機械などの)組み立て, 配置 ‖ a satellite ~ with America 米国との衛星中継 / ~ service (移転先での電話線などの)接続作業[サービス] ❷《口》(国家や政党間などの)協力, 連携

hóok·wòrm 名 C《動》鉤虫(こうちゅう), 十二指腸虫

hook·y, hook·ey /húki/ 名《次の成句で》

plày hóoky 《主に米口》=play TRUANT

hoo·li·gan /hú:lɪgən/ 名 C《口》乱暴者, ごろつき；フーリガン, 暴徒化したサッカーファン **~·ìsm** 名

hoon /hu:n/ 名 C《豪・ニュージ口》荒っぽい若者, 不良, 暴走族

***hoop** /hu:p/ 名 C ❶ (金属・木・プラスチックなどの)輪；(たる・おけの)たが；(転がしたり体で回して遊ぶ大きな)輪(→ Hula-Hoop)；《サーカス》(曲芸師・動物のくぐり抜ける)輪；(昔のペチコート・スカートの)張り骨；張り骨のあるペチコート；刺繍(ししゅう)枠 ❷ 輪状のもの；リング状のイヤリング, (指輪の)輪 ❸《バスケットボール》リング, ゴール；《~s》バスケットボールの試合；《クロッケー》柱門(wicket)；(スポーツ選手のシャツや競馬の騎手の帽子に帯状に入っている)色の環；《豪口》(競馬の)騎手 ‖ play [shoot] (some) ~*s* バスケットボール(の試合)[シュート]をする ❹ 半円状のアーチ；(ビニールハウスを支える)アーチ状の骨

***gò* [OR *jùmp, be pùt*] *through* (*the*) *hóop*(*s*)** 《口》多くの試練を受ける；〈人の〉言いなりになる；〈人に〉気に入られるようどんなことでもする〈**for**〉

—動 他…を輪で[輪のように]取り巻く；…を輪で縛る；〔おけ〕にたがをはめる **~ed** 形 輪状の **~·er** 名 C おけ屋

▶▶ **~ skìrt** 名 C 張り骨で広げたすそ長のスカート《18世紀, 19世紀初頭ごろ流行した》

hoop·la /hú:plɑ:/ 名 U ❶《主に米俗》大騒ぎ；熱狂した叫び ❷《米口》誇大宣伝 ❸《英》(縁日などの)輪投げ(による賞品取り)

hoo·poe /hú:pu:, -poʊ/ 名 C《鳥》ヤツガシラ

hoo·ray /huréɪ/ 間 名 動 =hurrah

Hoo·ray Henry /hu:rèɪ hénri, hù:reɪ-/ 名 (複 **~s, -ries** /-z/)《英口》《けなして》お坊ちゃま, どら息子

hoose·gow /hú:sgaʊ/ 名《the ~》《主に米俗》刑務所(prison)

***hoot** /hu:t/ 動 自 ❶《主に英》(汽笛・警笛などが)ぼう[ぶう]と鳴る；(船・車・運転手などが)〈…に対して〉ぼう[ぶう]と(汽笛・警笛などを)鳴らす(《米》honk)〈**at**〉 ❷〈あざけって〉ぶうぶう騒ぐ, はやし立てる〈**with, in**〉；〈…を〉あざけり笑う, 大声でやじる〈**at**〉‖ They ~*ed with* laughter *at* my mistake. 彼らは私の間違いをばかにして大声で笑った ❸ (フクロウが)ほうほうと鳴く

—他 ❶〔人〕をぶうぶうと言ってあざける[やじる]；〔人〕をあざけって[やじって]〈…から〉追い立てる《***down***》〈**off**〉(boo；shout [OR howl] down) ‖ ~ *down* a speaker 演説者をやじり倒す / ~ an actor *off* a stage 役者をやじって舞台から引っ込ませる ❷《主に英》〔警笛など〕を鳴らす ❸〔不満など〕をぶうぶうと言って表す

—名 C ❶ (あざけりや不満の)叫び声, やじり声；あざけり, 大笑い ‖ let out ~*s* of derision 大声であざける ❷ (汽笛・警笛などの)ぼう[ぶう]という音, (船・車の)警笛[汽笛](の音) ❸ (フクロウの)ほうほうという鳴き声 ❹ おかしさ；(喜びやおかしさからくる)笑い；《単数形で》《口》お笑いぐさ, すごく面白いもの[人, 出来事] ‖ She's a real ~. 彼女はとても愉快なんだ ❺《口》ごく少量；《否定文で》少しも…ない ‖ It isn't worth a ~. それは全く価値がない

***nòt càre* [OR *gìve*]「*a hóot* [OR *twò hóots*]** 《口》〈…を〉まるで気にしない, 〈…に〉全く興味がない〈**about**〉

hootch /hu:tʃ/ 名 C =hooch

hoot·en·an·ny /hú:tənæni/ 名 (複 **-nies** /-z/) C《主に米口》フーテナニー《フォーク歌手による非公式の演奏会》

hoot·er /hú:ṭər/ 名 C ❶ 大声であざける[やじる]人 ❷《主に英》汽笛, 警笛；(工場などの)サイレン ❸《英俗》(大きな)鼻 ❹《~s》⊗《米俗》《蔑》(女性の)乳房

hoo·ver /hú:vər/ 名《しばしば H-》C《英》《商標》(Hoover 社製の) 電気掃除機 ━動 他《英》…を電気掃除機できれいにする；…を吸い上げる《*up*》 **~·ing** 名

Hoo·ver /húːvər/ 名 **Herbert Clark ～** フーバー (1874–1964)《米国第31代大統領(1929–33)》

▸▸ **～ Dám** 名 フーバーダム《米国南西部, コロラド川流域のダム. Boulder Dam の公式名》

hooves /huːvz/ 名 hoof の複数

hop¹ /hɑ(ː)p | hɒp/

━動 (**hopped** /-t/；**hop·ping**)

━自 ❶ (人が片足で, カエル・鳥などが足をそろえて) **ぴょん[ひょい]と跳ぶ**, 跳ねる (⇨ JUMP 類語) ‖ The children were *hopping* along in the street. 子供たちは通りをぴょんぴょん跳ねて行った / ～ on one foot 片足でぴょんと跳ぶ / ～ up and down the stairs 階段をぴょんぴょんと上り下りする / ～ about in pain 痛くて跳ね回る

❷《＋副句》《口》きびきびと[素早く]動く；(位置・場所などを) 素早く替わる[移る]；(特に乗り物などに) 飛び乗る, 飛び降りる (♦ 副句 は方向・場所を表す) ‖ ～ out of bed ベッドから飛び起きる / ～ on a train 列車に飛び乗る

❸《口》(特に飛行機で) 短い旅行をする《*over*》‖ ～ *over* to Blackpool for the weekend 週末にブラックプールへ小旅行する

━他 ❶《主に米口》…に**飛び乗る** ‖ ～ a train 列車に飛び乗る / ～ a ride to work 人の車に便乗して職場へ行く ❷ …を飛び越す (jump over) ‖ ～ a fence [ditch] さく[溝]を飛び越す ❸《口》飛行機で[大洋]を横断する ‖ ～ the Atlantic 大西洋を飛行機で横断する

***hòp ín* [*óut*]** 〈自〉《口》車に (飛び) 乗る[車から (飛び) 降りる] ‖ *Hop in*, and I'll give you a ride home. (車に)乗れよ, 家まで送って行こう

hòp óff 〈自〉《通例命令文で》《口》《旧》立ち去る ━〈他〉《***hòp óff ...***》…を飛び降りる

Hóp to it! 《米口》さっさとしなさい, 急いで

COMMUNICATIVE EXPRESSIONS

1 **Hóp it!** 《英》出て行け (♥ くだけた表現)

2 He was **hòpping mád.** 彼はかんかんに怒っていた

━名 C ❶ (ぴょんと) 跳ぶこと, 一跳び, 跳躍；片足[両足]跳び；カエル跳び；素早い動き[行動] ‖ take a quick ～ into bed 素早くベッドに潜り込む / in a series of ～*s* ぴょんぴょんと(飛び跳ねて)

❷《口》小旅行, 短い距離；(飛行機での) 小旅行；(飛行機の) 一飛び；一航程 ‖ a short ～ from Melbourne to Hobart メルボルンからホバートまでの短距離飛行

❸《旧》《口》(形式ばらない) ダンス (パーティー), 舞踏会

❹ (ボールの) バウンド, 跳ね返り ‖ on a bad ～ (ボールが) 変なはね方をして, イレギュラーバウンドして

càtch a pèrson on the hóp 〔人〕の不意を突く

hòp, skìp* [OR *stèp*] *and júmp ①《a ～》《口》短い距離；密接な関係 (a hop and a skip) ②《旧》三段跳び

kèep a pèrson on the hóp 〔人〕を忙しく立ち回らせる

hop² /hɑ(ː)p | hɒp/ 名 ❶ C【植】ホップ《クワ科の多年生つる草》；《～s》ホップの実《ビールに芳香・苦味をつける》❷ C《～s》《豪・ニュージ口》ビール ❸ U《米俗》《旧》麻薬

━動 (**hopped** /-t/；**hop·ping**) 他〔ビール〕にホップで苦味をつける ━自 ホップを栽培する[摘む]

hòp úp ... 〈他〉①《俗》(麻薬などで) …を興奮させる (♦ しばしば受身形で用いる) ‖ be *hopped up* on Viagra バイアグラで (性的に) 元気が出る ②《米俗》〔エンジン〕の出力を増す ‖ a *hopped-up* engine 過給エンジン

*****hope** /houp/ 動 名

━動〔▸ hopeful 形〕(**~s** /-s/；**~d** /-t/；**hop·ing**)

━他 **a**《＋(**that**) 節》…ということを**望む**, 願う, **期待する** (♦ I hope は望ましいことについて用い, 望ましくないことについては I'm afraid を用いる) (⇨ WANT 類語) ‖ I ～ you are well. お元気のことと思います / I ～ I'm not disturbing you. お邪魔でないといいのですが / We ～ he won't show up. 彼が来ないことを望む / "Will the boss change his mind?" "[(I) ～ **so.** [I ～ **not.**]" 「ボスは考えを変えるだろうか」「そう願うよ[そうでないことを願うよ]」(♦ (1) so [not] は that 節 の代用. (2) I hope not. を I don't hope so. とはしない. ⇨ 語法) / Well, I was *hoping* we could go to see a movie. 実は, 一緒に映画を見に行けたらと思っていたのですが (♥ 過去進行形で用いるとより切実で丁寧な表現となる) / He had ～*d that* he might help that old lady. 彼はその老婦人を助けてあげればよかったと思った (♦ 過去完了形で用いて願望が実現しなかったことを示す) / Let's ～ *that* we'll be in time for the 8:30 plane. 8時半の飛行機に間に合うといいね (♥ Let's hope (that) は, 自分の願っていることを相手に告げる場合に用いる) / You'll be able to come to my birthday party, I ～? 私の誕生日パーティーに来ていただけますね (♥ I hope を文末につけて表現を丁寧にする) / I ～ to God *that* my father's disease will not be fatal. 父の病気が命取りにならなければいいがと切に願う (♥ 重大事になりかねないような場合の強い願望を表す)

語法 ☆☆ (1) that はしばしば省略される.
(2) We think [OR believe] he won't show up. (彼は来ないと思う) は We don't think [believe] he will show up. と同義であるが, We hope he won't show up. (彼が来ないことを望む) は We don't hope he will show up. とは言い換えられない.

b《＋**to** *do*》…することを**望む**, 願う ‖ I ～ *to* get a job within the next week. ここ1週間のうちに何か仕事が

メタファーの森 hope 希望

hope ⇨ *light* (希望⇨光)

「希望」は「光」に例えられる. また, 明るさは希望があることを, 暗さは希望がないことを表す.

➤ I strongly believe that there is still a **ray of hope.** 私はまだ一縷(いちる)の望みがあると強く信じている (♦ ray は「光線」の意. 文字どおりには「一筋の光」. glimmer of hope ともいう)

➤ "We are almost there!" he said, with **light** in his eyes. 「あと少しだ」彼は目を輝かせながら言った

➤ I have **bright hopes** that the project will be successful. 私はプロジェクトが成功するという明るい希望を持っている

➤ The prospects are **gloomy** for next year's sales. 来年の売り上げの見通しは暗い (♦ gloomy は「悲観的な, 希望がもてない」の意)

➤ The accident **cast a shadow on** his happiness. その事故は彼の幸せに暗い影を落とした

hope ⇨ *flame* (希望⇨炎)

「希望」は「炎」にも例えられる. 火が灯った状態で希望があることを表し, 火が消えることは希望がなくなることを表す.

➤ Her face was **lit** with hope. 彼女の顔には希望の火が灯っていた

➤ New employees are **burning with** hope. 新入社員たちは希望に燃えている

➤ A small **flame** of hope was still left in my heart. 私の心にはまだわずかな希望の炎が残っていた

➤ The news **extinguished** the **flame** of hope. そのニュースが希望の炎を消してしまった

見つかるといいんだが / I had ~*d to* write a letter to you. 君に手紙を書こうと思っていたのだが (♦ 過去完了形で用いて願望が実現しなかったことを示す) / "Are you and John getting married?" "We ~ *to*." 「あなたとジョンは結婚するの」「したいと思ってるの」(♦get married を省略して不定詞の to だけを残した形)

―⾃ **a** 〈…を〉**望む**, 願う, 期待する (↔ despair) 〈**for**〉‖ It was all he could ~ *for* from his friends. 彼が友人たちに期待できるのはそれだけだった / Better testimony could not have been ~*d for*. それ以上の証言は期待できなかったろう (♦ hope for が他動詞のようになり受身形を作る) / ~ *for* success [good weather, the best] 成功[好天, 最善]を望む (♦ ×hope success [good weather, the best] とはいわない)

b 《(+**for** 名+**to** *do*)》…が…することを望む ‖ I'm *hoping for* her *to* win the gold medal. 彼女が金メダルをとることを期待している (♦ "for her to win the gold medal" 全体を目的語とする他動詞用法と考えてもよい)

hère's hóping 《しばしば文頭に置いて》〈…すること〉を願っている〈**that** 節〉; 〈…を〉願っている〈**for**〉

hòpe against hópe 《通例進行形で》(見込みはないが)〈…という〉希望を持ち続ける〈**that** 節〉; 〈…の〉万一を頼む〈**for**〉‖ We were *hoping against hope that* our colleague had survived the plane crash. 同僚が飛行機事故で万が一でも生存していることを願っていた

hòpe for the bést (何とか)うまくいくことを期待する

COMMUNICATIVE EXPRESSIONS

1 **I dó hòpe for** their sàfe retúrn. 彼らが無事に戻ることを願っています (♥ 願い事を述べる形式ばった表現. do を強く発音する. ↘I'm hoping they are safe.)

2 **I hòpe éverything gòes wéll.** ⇨ GO[1] (CE 14)

3 **(I) hòpe to sée you agàin (sòmetime).** ⇨ SEE[1] (CE 14)

4 **I hópe you dòn't mìnd my méntioning thìs, but** ... ⇨ MENTION (CE 3)

5 **I hòpe you líke it.** 気に入ってもらえるといいのですが (♥ 贈り物を渡すときなどに)

6 **I hòpe you'll forgíve** [OR **excúse**] **me, but** I hàve to stòp our discússion hère. 恐縮ですが, 議論をここでやめなければなりません (↘I'm afraid I must stop our ..../↘Sorry, I've got to cut our ....)

7 **I should hópe sò (tóo).** (私も)そう願っています

8 **It's nòt what I (had) hóped for.** 期待外れだ; もっと期待していたのに (=I was hoping for more.)

―名 (複 **~s** /-s/) ❶ Ⓤ Ⓒ **希望**, 望み, **期待**〈**for** …に対する; **of** …の / **that** 節 …という〉; Ⓒ 希望を与えるもの[人] ‖ Her words gave me ~ *for* the future. 彼女の言葉は私に将来への希望を与えてくれた / He **had** ~*s of* becoming a famous golfer. 彼はゴルファーとして有名になるという望みを持っていた / My only ~ is *that* I will see my hometown again. もう一度故郷を見たいというのが私の唯一の願いです / *Where there is life there is hope.* 《諺》命がある限り希望がある; 命あっての物種 / **have** high ~*s* 高い望みを持つ / my last ~ 私の最後の希望

連語 【動+~】 give up [lose, abandon] ~ 希望をあきらめる[失う, 捨てる] / pin one's ~*s* on ... …に期待をかける / dash a person's ~*s* 希望を打ち砕く / raise a person's ~ 希望を抱かせる / hold out ~ 希望を与える / express the ~ that ... …という期待を表明する

❷ Ⓒ Ⓤ (有望な)**見込み**, (十分な)可能性〈**of** …の / **that** 節 …という〉‖ There is little [every] ~ *of* his recovery [escaping the dangers]. = There is little [every] ~ *that* he will recover [escape the dangers]. 彼が回復する[その危険を脱する]見込みはほとんどない[十分ある] / The Dodgers are beyond ~ *of* winning the championship. ドジャースが優勝する見込みはない ❸ Ⓤ 《古》信頼 (trust)

*__*in*__ [OR ***with***] (***hìgh***) ***hópes*** ; ***in the hópe*** 期待して〈**of** …を / **that** 節 …ということを〉‖ They came across the Pacific *in* ~*s* [OR *the* ~] 「*of* becoming rich [OR *that* they would become rich]. 彼らは金持ちになりたいと思って太平洋を渡って来た

lìve in hópe ずっと期待している〈**of** …を / **that** 節 …ということを〉(♥ しばしば実現の可能性が低いことを自覚しているという含みがある)

nòt have a hópe in hèll 《口》希望はまるでない ‖ She *doesn't have a* ~ *in hell* of winning the match. 彼女が試合に勝つ見込みは全くない

pìn one's hópes on ... …に期待をかける

COMMUNICATIVE EXPRESSIONS

9 **Sòme** [OR **Nòt a**] **hópe!** あり得ない, 可能性はないね

10 **Thère's hòpe for you yét!** ① まだ希望はある; あきらめないで ② 意外とよくできたんじゃないの

▸▸ **~ chèst** 名 Ⓒ 《米》花嫁支度品(を入れる箱) (《英》《旧》bottom drawer) 《衣類・銀食器・リネン製品など》

hóped-fòr 形 《限定》期待される, 望まれる ‖ a ~ recovery 待たれる回復

***hope·ful** /hóupfəl/ 形 〔◁ hope 名〕(**more ~** ; **most ~**)
❶ 《通例叙述》希望[期待]している (↔ despairing) 〈**of, about** …を / **that** 節 …ということを〉‖ I'm ~ 「*of* the outcome [*about* the future]. 私は結果[将来]に期待している / We are ~ 「*of* getting the job [OR *that* we will get the job]. 仕事に就けることを希望している / The refugees arrived ~ *that* they would be admitted. 難民たちは受け入れを認められるだろうという希望を抱いて到着した ❷ 《限定》希望を持った, 希望に満ちた (↔ hopeless) ‖ her ~ face 彼女の希望に満ちた顔 / wearing a ~ smile 希望に満ちた笑みを浮かべて ❸ 期待できる, 有望な ‖ The future of our company doesn't seem very ~. 我が社の将来はそれほど期待できそうもない / That's a ~ sign that she'll be cured soon. それは彼女がもうすぐ治るという明るい兆しだ

―名 Ⓒ (将来が)有望な人, 成功を望む人; (地位などの)志願者, 候補者 ‖ hundreds of young ~*s* 何百人もの有望な若者 / promotion [presidential] ~*s* 昇任[大統領]候補者 **~·ness** 名

****hope·ful·ly** /hóupfəli/

―副 (**more ~** ; **most ~**)
❶ 《文修飾》**うまくいけば, できれば**, 願わくば (♦ この用法を誤りとする人もいるが実際には頻繁に使用されている) ‖ *Hopefully*, we'll arrive in time. きっと間に合うように着くだろう (=「I hope [OR It is hoped] that we'll arrive in time.)
❷ 望みを抱いて, 期待を込めて ‖ "May I have the book for about a week?" he asked ~. 「その本を1週間ほど貸してくれませんか」と彼は(色よい返事を)期待して尋ねた

***hope·less** /hóupləs/ 形 (**more ~** ; **most ~**) ❶ (状況などが)絶望的な, (成功・改善などの)見込みがない, 望み薄の (↔ hopeful) (⇨ **類語**) ‖ I feel ~ about the future of my son. 息子の将来のことを考えると絶望的になる / The doctors gave up the patient's case as ~. 医師団はその患者を助かる見込みがないとあきらめた / It is ~ 「to ask [OR asking] her for help. 彼女に手伝ってくれと頼んでも無駄だ / a ~ task とてもできそうもない仕事 ❷ 《口》〈…が〉全く駄目な, 不得手な〈**at**〉; どうしようもない ‖ My mom's ~ *at* cooking. ママは料理がまるきり駄目なの / He is a ~ idiot. 彼は救いようのない大ばか者だ ❸ 絶望している, 望みを失った ‖ ~ looks on the faces of the homeless ホームレスの人たちの顔に浮かぶ絶望の色
~·ness 名

類語 《❶》 **hopeless** 「希望がない, 望みを失った」の意の一般語.
despairing ある特定のことに関して希望を全くなくして, なすすべなくしょげ返っている.

H

desperate 絶望的になって，事態改善のためどんな危険でも(向こう見ずに)あえて冒そうとしている(客観的には hopeless ほど望みがないわけではない).

hope·less·ly /hóupləsli/ 副 絶望して；絶望的に，どうしようもなく

hóp·hèad 名 C 《米俗》麻薬中毒者；《豪俗》酔いどれ

Ho·pi /hóupi:/ 名 (複 ~ OR ~s /-z/) C ホピ族《アリゾナ州北部の北米先住民》；U ホピ語 ── 形 ホピ族[語]の

hòpped-úp ⌫ 形 《俗》(主に麻薬により)興奮した

hop·per[1] /há(:)pər | hɔ́p-/ 名 C ❶ ホッパー《底がじょうご形の石炭や穀物用の容器》；開底式貨車(hopper car)；開底式(泥)運搬船 ❷ 跳ねる人[もの]；ぴょんぴょん跳ねる虫《ノミ・バッタなど》(→ grasshopper)；《豪》カンガルー

in the hópper 《米》決定を待っている，検討中の

hop·per[2] /há(:)pər | hɔ́p-/ 名 =hop-picker

hóp-pìcker 名 C ホップ摘み労働者[機]

hop·ping /há(:)pɪŋ | hɔ́p-/ 形 《主に米口》非常に活動的な，忙しい

── 副 《次の成句で》

hòpping mád 《口》ものすごく怒って

hóp·sàck 名 U (綿・羊毛などの) 粗い布地 [織物] 《服地用》；(ホップの実を入れる)粗い麻袋

hop·scotch /há(:)pskà(:)tʃ | hɔ́pskɔ̀tʃ/ 名 U 石けり遊び ‖ play ~ 石けり遊びをする ── 動 自 あちこち飛び回る

hor. 略 horizon, horizontal；horology

ho·ra, -rah /hɔ́(:)rə/ 名 C U ホラ《男女が輪になるルーマニア・イスラエルの民族舞踏》

Hor·ace /hɔ́(:)rəs/ 名 ホラチウス (65–8 B.C.)《ローマの詩人・風刺作家》

Ho·ra·tian /həréɪʃən/ 形 ホラチウスの(詩の)(ような)

*__horde__ /hɔ:rd/ (♦ 同音語 hoard) 名 C 《通例 ~s》 ❶ 《通例けなして》〈…の〉(ばらばらで移動する)集団，大群〈**of**〉‖ ~*s of* tourists [soccer fans] 大勢の観光客[サッカーファン] の群れ / ~*s of* mosquito(e)s 蚊の大群 / They came in ~*s*. 彼らは集団でやって来た ❷ 遊牧民の群れ

── 動 自 群がる；遊牧の群れをなす

hore·hound, hoar- /hɔ́:rhàund/ 名 C 《植》野生ニガハッカ；U その液汁《せき止め薬》

*__ho·ri·zon__ /həráɪzən/ 《発音注意》 名 〔▶ horizontal 形〕 C ❶ 《the ~》地平線，水平線；《天》地平線 ‖ above [below] the ~ 地 [水] 平線より上 [下] に / a row of buses silhouetted on the ~ 地平線上に連なったバスのシルエット / the sensible ~ 地理地平 / the celestial ~ 天球地平 ❷ 《通例 ~s》(知識・経験などの)範囲，限界，視野 ‖ Travel broadens [OR widens, expands] our ~*s*. 旅は我々の視野を広げる ❸ 《地》地平層

*_on the horízon_ 今にも起こりそうで ‖ I'm afraid a recession's *on the* ~. 不況が今にも現実になりそうだ

*__hor·i·zon·tal__ /hɔ̀:rəzá(:)nṭəl | hɔ̀rɪzɔ́n-/ ⌫ 《発音注意》 形 〔◁ horizon 名〕 ❶ 地 [水] 平線 (上) の ❷ 水平な，横の(↔ vertical)；平らな；(機械などが)水平に作動する ‖ Hold your rod so that it is ~. 水平になるように釣りざおを持ちなさい / a ~ line [plane] 水平線[面] ❸ (社会的地位・関係などが)横のつながりの，水平的な；対等の ‖ a ~ labor union 横断的[職業別]労働組合 / a ~ merger of two banks 2銀行の対等合併

── 名 《the ~》水平線[面]；U 水平位置　**~·ly** 副

▶▶ **~ bár** 名 《体操》C 鉄棒；U 鉄棒競技　**~ stábilizer** 名 C 《航空》(航空機の)水平安定板

*__hor·mone__ /hɔ́:rmoun/ 名 C 《生理》ホルモン；(化学的に合成された) ホルモン物質 ‖ a ~ imbalance ホルモンの不均衡 / a growth ~ 成長ホルモン / ~ therapy ホルモン治療　**hor·mó·nal** 形 《通例限定》ホルモン(状)の

▶▶ **~ replácement thèrapy** 名 U 《医》ホルモン置換療法《閉経に伴う症状や骨粗鬆(そしょう)症の治療法．略 HRT》

Hor·muz /hɔ:rmú:z/ 名 **the Strait of ~** ホルムズ [オルムズ]海峡《ペルシャ湾とオマーン湾を結ぶ海峡》

:**horn** /hɔ:rn/

── 名 〔▶ horny 形〕 (複 **~s** /-z/) C ❶ (車の)**警笛**，ホーン ‖ blow [OR sound, honk] a ~ 警笛を鳴らす ❷ (牛・ヤギ・シカ・サイなどの)**角**(つの)，角状の突起；(ミミズクの)耳；(カタツムリなどの)触角 ❸ U (材質としての)角，角質；C 角製のもの[容器] ‖ a ~ button 角のボタン / a ~ handle of a knife 角製のナイフの柄 / a drinking ~ 角製の杯 / a shoe ~ 靴べら ❹ 《楽》角笛；フレンチホルン；金管楽器《トランペットなど》；《口》《ジャズ》ホーン，管楽器 ‖ a hunting ~ 狩りの角笛 ❺ 角状の[突き出た]もの；三日月の先端；かな床のとがった方の端；入江，支流；岬，半島；《地》(山の)鋭くとがった頂尖峰；《米》ホーン《鞍(くら)の隆起部分》；(スピーカーの)ホーン ❻ 《通例 ~s》《古》(妻を寝取られた男の額に生える) 嫉妬(しっと)の角 ‖ wear the ~*s* 妻を寝取られる ❼ ⊗《俗・卑》勃起(ぼっき)したペニス ❽ 《the ~》《米俗》電話 ‖ be [get] on the ~ 電話中である[電話をかける]

blòw [OR tòot] one's òwn hórn 《米口》自慢する，自画自賛する(boast)

dràw [OR pùll] 「in one's hórns [OR one's hórns in] 行動を控えめにする，以前より注意深く行動する；出費を抑える(♦ カタツムリが角を引っ込める様子から)

lòck hórns 角を突き合わせる，意見を戦わせる〈**with** …と；**over** …について〉

on the hòrns of a dilémma (好ましくない) 二者択一を迫られて，進退窮まって，板挟みになって

take [OR grab] the bull by the horns ⇨ BULL[1](成句)

── 動 他 ❶ …を角で突く[襲う] ❷ 《カリブ・米口》〔妻・夫〕に不貞を働く

hòrn ín 〈自〉《口》〈…に〉干渉[介入]する，割り込む，口出しする〈**on**〉

~·less 形　**~·like** 形

▶▶ **~ of plénty** 名 C ① 《単数形で》豊饒(ほうじょう)の角(cornucopia) ② 《菌》クロラッパタケ《食用キノコ》

Horn /hɔ:rn/ 名 《the ~》(=**Càpe ~**) ホーン岬 (スペイン語名 Cabo de Hornos)《南米最南端の岬》

hórn·bèam 名 C 《植》シデ；U シデの木材

hórn·bìll 名 C 《鳥》サイチョウ(犀鳥)

hórn·bòok 名 C ❶ ホーンブック，角本(つのほん)《アルファベットや祈禱(きとう)文などを書いた紙を薄い角質の透明な板で覆って取っ手付きの板に固定した昔の児童用教材》 ❷ 入門書

horned /hɔ:rnd/ (♦ 詩中では /hɔ́:rnɪd/ と発音) 形 ❶ 《しばしば複合語で》角のある ‖ a ~ animal 角のある動物 ❷ 《限定》《文》角状の ‖ the ~ moon 三日月

▶▶ **~ lízard** 名 C =horned toad①　**~ ówl** 名 C 《鳥》アメリカワシミミズク　**~ tóad** 名 C 《動》① ツノトカゲ《アメリカの砂漠地帯にすむ》 ② ツノガエル《南米産》　**~ víper** 名 C 《動》ツノクサリヘビ《アフリカ産の毒蛇》

hor·net /hɔ́:rnɪt/ 名 C 《虫》スズメバチ

(as) màd as a hórnet 《米》《旧》激怒している

stìr ùp a hórnet's nèst 面倒[ハチの巣をつついたような騒ぎ]を引き起こす，大勢の人の怒りを買う

hórn·pìpe 名 C ❶ ホーンパイプダンス《水夫たちの間で伝統的に行われているホーンパイプの伴奏で踊る活発なダンス》；その曲 ❷ ホーンパイプ《角製(つのせい)の管楽器の一種》

hòrn-rímmed ⌫ 形 角製(もしくは類似品)の縁のついた ‖ ~ glasses 角縁[べっ甲縁]の眼鏡

horn·y /hɔ́:rni/ 形 〔◁ horn 名〕 ❶ 角の (ような)；角のある；角製の ❷ 角のように堅い ‖ ~ hands 荒れて硬い手 ❸ 《口》色欲を駆り立てられた；好色な，性的に魅力のある ‖ feel ~ (for ...) (…に)(性的)魅力を感じる

hórn·i·ness 名　**hórn·i·ly** 副

horol. 略 horology, horological

ho·rol·o·gy /hərá(:)lədʒi | -rɔ́l-/ 名 U 時計学；時計製作術；測時法　**hòr·o·lóg·i·cal** 形

hor·o·scope /hɔ́(:)rəskòup/ 名 C ❶ (占星用の) 天宮図，十二宮図 ❷ 星占い ‖ cast a ~ 星占いをする

hòr·o·scóp·ic 形　**ho·rós·co·py** 名 U 占星術

hor·ren·dous /hɔ(:)réndəs/ 形 恐ろしい，身の毛もよだつような；《口》ものすごい，法外な ‖ ～ tax rates ものすごい税率 **～·ly** 副

hor·ri·ble /hɔ́(:)rəbl/
—形〔◁ horror 名〕(**more ～；most ～**)
❶ **恐ろしい**，身の毛もよだつ，ぞっとする ‖ a ～ crime おぞましい犯罪 / a ～ accident ぞっとする事故
❷《口》実にひどい，いやな，不快な ‖ How ～ of him to say such a thing! そんなことを言うなんて彼は何てひどい男だ / ～ weather ひどい天気
❸《口》無礼な，失礼な，不親切な
～·ness 名

hor·ri·bly /hɔ́(:)rəbli/ 副 ❶ 恐ろしく，身の毛もよだつほど ❷《口》ひどく，ものすごく

hor·rid /hɔ́(:)rəd | -ɪd/ 形〔◁ horror 名〕❶《口》実にひどい，いやな，不快な；〈…に〉つらく当たる〈**to**〉‖ What a ～ day! 何ていやな日だ / It's ～ of you to ask such a question. そんなことを聞くなんて君はひどいよ ❷ 恐ろしい，身の毛もよだつ，ぞっとする ‖ a ～ murder [nightmare] 恐ろしい殺人[(悪)夢] ❸《古》乱暴な，荒々しい
～·ly 副《口》とても；恐ろしく **～·ness** 名

hor·rif·ic /hɔ(:)rífɪk/ 形 ❶ 恐ろしい，身の毛もよだつ，ぞっとする ‖ a ～ accident [scene] 恐ろしい事故 [光景] ❷《口》ひどい，度を越した ‖ ～ amounts of garbage ものすごい量のごみ **-i·cal·ly** 副

hor·ri·fy /hɔ́(:)rɪfàɪ/ 動〔◁ horror 名〕(**-fies** /-z/；**-fied** /-d/；**～·ing**) 他〔人〕を怖がらせる，憤慨させる；《受身形で》衝撃を受ける，ぞっとする〈**at, by** …に / **to *do*** …して / **that** 節 …ということで〉‖ She was *horrified at* [OR *to* hear] the news of her brother's death. 彼女は弟が死んだという知らせにショックを受けた **-fied** 形

hór·ri·fỳ·ing /-ɪŋ/ 形 ぞっとさせる(ような)；あきれさせるような ‖ a ～ experience 恐ろしい経験 **～·ly** 副

hor·ror /hɔ́(:)rər/
—名〔▶ horrible 形, horrid 形, horrify 動〕(複 **～s** /-z/) ❶ U **恐怖**，恐ろしさ，戦慄(せんりつ)，身の毛もよだつ思い (⇨ FEAR 類語) ‖ A crow flew at me and I screamed **in** [OR **with**] ～. カラスが私を目がけて飛んで来たのでぞっとして叫び声を上げた / To my ～, my child swallowed all the pills in the bottle. ぞっとしたことに，子供が瓶の中の錠剤を全部飲み込んでしまった / a scene of ～ 身の毛もよだつような光景
❷ U/C《a ～》〈…に対する〉強い嫌悪，憎悪 (↔ love)〈**of**〉‖ I have a ～ *of* cockroaches [speaking in public]. ゴキブリ[人前でしゃべるの]は大嫌いだ
❸ C 恐ろしいもの[人]；大嫌いなもの；《～s》恐怖の体験，悲惨さ，惨事；《英口》いやなやつ，わんぱくな子供 ‖ face the ～ of death 死の恐怖に直面する / Snakes are my ～. 蛇は大嫌いだ / the ～*s* of war [starvation] 戦争[飢え]の悲惨さ / a little ～ 手に負えない子供
❹ C《the ～s》《口》ぞっとする気持ち ‖ Exams still give me the ～*s*. 試験のことを考えると今でもぞっとする
❺ C《口》ひどい代物，ひどく見苦しいもの ‖ That building is an absolute ～. あのビルときたらとんだ代物だ
hòrror of hórrors 《英》《戯》恐ろしいことに，ショックだったのは(♥ しばしば実際はそれほど恐ろしくないことに使う)
—間《～s》うわあ，ひゃあ(♥ 狼狽(ろうばい)・驚き・恐れを表す)
▸▸ **～ fìlm** [**mòvie**] 名 C 恐怖[ホラー]映画 **～ stòry** 名 C 恐怖[ホラー]物語

hórror-strùck, hórror-strìcken 形《通例叙述》恐怖に打ちひしがれて，おびえて，ぞっとして

hors con·cours /ɔ̀:r kounkúər | -kɔ́ŋkuə/ 形《フランス》(=out of competition)《叙述》❶《文》無比[無双]の ❷ 無審査[無鑑査]の，参考出品の

hors de com·bat /ɔ̀:r də koumbá: | -kɔ́mba:/ 形《フランス》(=out of combat)《叙述》戦闘能力を失った

hors d'oeuvre /ɔ̀:r dɔ́:rv/ 名 (複 **～s, ～** /ɔ̀:r dɔ́:rv/) C オードブル，前菜(♦ フランス語より)

*****horse** /hɔ:rs/(♦ 同音語 hoarse) 名 動
—名 (複 **hors·es** /-ɪz/) C ❶ **馬**；(特に)成長した雄馬 (⇨ 類語P) (♦ 鳴き声は neigh, whinny)；ウマ科の動物 (ass, donkey など) ‖ *Horses* quickly appraise your riding skills. 馬というものは乗り手の乗馬技術を素早く見抜いてしまう / *You may lead* [OR *take*] *a ～ to the water, but you cannot make him drink.* 《諺》馬を水飲み場に連れて行くことはできても，馬に水を飲ませることはできない；その気のない者にははたからどうすることもできない / a ～ and cart 荷馬車 (♦ ×a cart and horse とはいわない) / on a ～ 馬に乗って / a herd of wild ～*s* 野生馬の群れ / **ride** a ～ 馬に乗る[乗って行く] / **mount** [**dismount, get off**] a ～ 馬にまたがる[馬から降りる] / fall from a ～ 落馬する
❷ (またがることのできる)馬形のもの (→ hobbyhorse)；〖体操〗跳馬 (vaulting horse)，鞍馬(あんば) (pommel horse) ‖ a rocking ～ (子供の)揺り木馬
❸ U《旧》《俗》ヘロイン
❹《the ～s》《口》競馬 ‖ play the ～*s* 競馬をやる，競馬で賭(か)ける
❺ 脚付き台，枠台；踏み台，脚立(きゃたつ)；木びき台，馬台 (sawhorse)；衣類[衣紋(えもん)]かけ，掛け台
❻ U《集合的に》《単数・複数扱い》騎兵，騎兵隊 ‖ a regiment of ～ 騎兵隊 / light ～ 軽騎兵 / ～ and foot 騎兵と歩兵；全力を尽くして
❼《しばしば ～s》《口》馬力；活力 ❽ U〖鉱〗(鉱脈中の)中石(なかいし) ❾ U〖海〗滑り環付き棒[レール，ロープ]
a hórse of anòther [OR ***a dìfferent***] ***cólor*** 何か全く別のもの[こと]
(as) stròng as a hórse とても力が強い
bàck [OR ***bèt on, pìck***] ***the wròng hórse*** 負け馬に賭ける；負ける側を間違って支持する；予測を誤る
chànge [OR ***swàp, swìtch***] ***hòrses*** (***in midstréam*** [OR ***the mìddle of a stréam***]) 《通例否定文で》中流で馬を変える；中途で考え[方針，人]を変える
chòke a hórse 《米口》たくさん持っている
còme [OR ***gèt***] ***dòwn off one's hìgh hórse*** 謙虚になる，いばらなくなる
èat like a hórse 大食らいする，もりもり食べる
flòg [《主に米》***bèat***] ***a dèad hórse*** 無駄な努力をする；決着済みの問題を蒸し返す
「***gèt on*** [OR ***be on, clìmb***] ***one's hìgh hórse*** いばる，横柄な態度をとる
hòrses for cóurses 《英》特定の競馬場に限って勝つ馬；人それぞれの得手不得手；餅(もち)は餅屋
not look a gift horse in the mouth ⇨ GIFT(成句)
rìde twò hórses (***at the sàme tíme***) 《英》相反する2つのことを同時にやる，二またをかける；対立しているものを両方支持する
Tò hórse! 《命令》馬に乗れ，乗馬せよ
wòrk like a hórse 馬車馬のように働く

COMMUNICATIVE EXPRESSIONS
1 **Hòld your hórses.** ちょっと待て；慌てるな
2 **I could èat a hórse.** 腹ぺこだ
3 **(I'd) bètter gèt òn my hórse.** もう行かなきゃ
4 I gót it (**stràight** [OR **rìght**]) **from the hòrse's móuth.** 本人[関係者]から直接得た情報だ；いちばん確かな筋から聞いたんだ
5 **Wild hórses còuldn't dràg it óut of me.** 絶対秘密にします(♥ 秘密を守る約束をする陳腐な表現)

—動 他〔人〕に馬をあてがう；…を馬に乗せる；〔馬車〕に馬をつける —自 ❶ 馬に乗る，馬に乗って行く
❷ (雌馬が)さかりがついている

COMMUNICATIVE EXPRESSIONS
6 Stóp **hòrsing aróund** and gèt bàck to wórk! ふざけていないで仕事に戻りなさい

—形 ❶ 馬の，馬用の；馬力の ❷ 騎馬の ❸ 大型の

	総称		成長した	若い	子馬
馬	horse	雄	**stallion**	**colt**	**foal**
		雌	**mare**	**filly**	

♦ pony は背丈の低い小型の馬.
▶▶ ~ **chèstnut** 名C〘植〙セイヨウトチノキ(その実(conker)), マロニエ **Hórse Guàrds** 名複《the ~》英国近衛(このえ)騎兵隊; 英国近衛騎兵連隊司令部《ロンドンのホワイトホールにある》 ~ **látitudes** 名複 無風帯《北緯[南緯]30°の周辺》 ~ **màckerel** 名C〘魚〙① クロマグロ ② アジ ~ **òpera** 名C《米口》(映画の)西部劇(Western movie) ~ **ràce** 名C =horserace ~ **rìding** 名U《英》乗馬 ~**'s áss** 名C 愚か者, やっかい者 ~ **sènse** 名U《口》常識(common sense), 生活の知恵 ‖ everyday ~ *sense* 日常の常識 ~ **shòw** 名C 馬の品評会《乗馬技術などの競い合いを伴う》 ~ **tràiler** 名C《米》馬運搬用貨車

hòrse-and-búggy 形《限定》《米》(車が発明される前の)馬車の時代の; 時代遅れの, 古臭い

hórse·bàck 名U ❶ 馬の背 ❷《米》(低い切り立った)尾根 *on* [《米》*by*] *hórseback* 馬に乗って ‖ go *on* ~ 馬に乗って行く
— 副 馬に乗って ‖ ride ~ to town 馬に乗って町に行く
— 形《限定》❶ 馬の背の ‖ ~ riding《米》乗馬 ❷ 大まかな, だいたいの; 思いつきの

hórse·bòx 名C《英》馬匹(ばひつ)輸送車[貨車]

hòrse-dráwn 形 馬に引かせた ‖ a ~ carriage 馬車

hórse·flèsh 名U ❶《集合的に》(乗馬・競馬用の)馬, (売買の対象としての)馬 ❷ 馬肉, さくら肉

hórse·flỳ 名(複 **-flies** /-z/) C〘虫〙ウマバエ, アブ

hórse·hàir 名U ❶ 馬の毛《特にたてがみと尾. 主にマットレス・ソファーなどの詰め物に用いる》❷ 馬の毛織り[馬巣(ばす)織り]の布(haircloth)
▶▶ ~ **wòrm** 名C =hairworm

hórse·hìde 名U ❶ 馬の皮[なめし革] ❷《米口》(野球の)ボール

hórse·làugh 名C 高笑い, ばか笑い(guffaw)

hórse·less /-ləs/ 形《限定》馬のない, 馬のいらない ‖ a ~ carriage 馬なし馬車《自動車の旧称》

horse·man /hɔ́ːrsmən/ 名(複 **-men** /-mən/) C ❶ 騎手; 騎兵; 馬術の名人(中立 horse(back) rider) ❷ 馬の飼育者(中立 horse breeder) **~·shìp** 名

hórse·mèat 名 =horseflesh ❷

hórse·plày 名U 悪ふざけ, ばか騒ぎ

hórse·plàyer 名C《米》競馬の常連

*__hórse·pòwer__ 名(複 ~) C 馬力《略 H.P., h.p., hp》‖ brake ~ ブレーキ馬力 / indicated ~ 図示[実]馬力 / a ten ~ engine 10馬力のエンジン

hórse·ràce 名C ❶ 競馬《1回のレース》❷ 接戦

hórse·ràcing, hórse ràcing 名U 競馬

hórse·ràdish 名 ❶C〘植〙セイヨウワサビ, ホースラディッシュ ❷U (西洋)ワサビ(❶の根から作る)

hórse·shìt 名U⊗《主に米卑》❶ 馬糞(ばふん) ❷ たわごと

hórse·shòe 名C ❶ 蹄鉄(ていてつ) ❷ 蹄鉄形[U字形]のもの; 馬蹄形の幸運の印 ‖ a ~ magnet U字形磁石 ❸《~s》《単数扱い》《主に米》蹄鉄投げ遊び
— 動 他〔馬〕に蹄鉄をつける **-shòer** 名
▶▶ ~ **cráb** 名C〘動〙カブトガニ(king crab)

hórse·tàil 名C ❶〘植〙トクサの類 ❷ 馬のしっぽ《昔トルコ帝国軍で階級を示す幟(のぼり)として用いた》

hórse-tràding 名U 馬の売買[交換]; (秘密の)取り引き, (抜け目ない)駆け引き ‖ political ~ 政治的駆け引き
hórse-tràde 動 自 **hórse-tràder** 名

hórse·whìp 名C (馬を打つ)むち
— 動 (**-whipped** /-t/; **-whip·ping**) 他〔人など〕をむち打つ

hórse·wòman 名(複 **-wòmen**) C ❶ 女性騎手, (女性の)馬術の名人(中立 horse(back) rider) ❷ (女性の)馬の飼育者(中立 horse breeder)

hors·ey /hɔ́ːrsi/ 形 =horsy

hors·y /hɔ́ːrsi/ 形 ❶ 馬の; 馬に関する; 馬に似た ‖ a ~ face 馬面 ❷ 馬[乗馬]好きの; 競馬好きの ❸ (見た目が)大きくぶざまな **hórs·i·ly** 副 **hórs·i·ness** 名

hort. 略 horticultural, horticulture

hor·ta·tive /hɔ́ːrţəţɪv/ 形 =hortatory

hor·ta·to·ry /hɔ́ːrţətɔ̀ːri | -tə-/ 形《堅》勧告の, 忠告の **-to·ri·ly** 副

hor·ti·cul·ture /hɔ́ːrţəkʌ̀ltʃər | -tɪ-/ 名U 園芸(学[術]) **hòr·ti·cúl·tur·al** 形 **hòr·ti·cúl·tur·ist** 名C 園芸家

Ho·rus /hɔ́ːrəs/ 名〘エジプト神話〙ホルス《ハヤブサの頭を持ちファラオを守護する神. Osiris と Isis の子》

Hos 略〘聖〙Hosea

ho·san·na, -nah /houzǽnə/ 間 名C〘聖〙ホサナ《神を賛美する叫び》

*__hose__ /houz/《発音注意》名 ❶CU ホース(hosepipe) ‖ a garden [fire] ~ 庭園[消火]用ホース / a rubber ~ ゴム管 ❷U《集合的に》《複数扱い》(長)靴下(♦ 主に商業用語); パンティーストッキング ‖ a pair of ~ 靴下1足 / half ~ ソックス ❸U《複数扱い》(昔の男性用の)(半)ズボン; (doublet と組み合わせの)タイツ
— 動 他 ❶ …にホースで水をかける; …をホースで洗う《*down, off*》‖ ~ the garden 庭にホースで水をまく / ~ a muddy dog *down* 泥だらけの犬をホースで水をかけて洗う ❷《米俗》…をだます ❸《俗》💻…の機能を低下[停止]させる

Ho·se·a /houzíːə | -zíə/ 名〘聖〙ホセア《紀元前8世紀のヘブライの預言者》; ホセア書《旧約聖書中の預言書. 略 Hos》

hóse·pìpe 名UC (注水用の)ホース

ho·sier·y /hóuʒəri | -ziəri/ 名U《集合的に》靴下類; メリヤス雑貨類(♦ 主に売場で用いる)

hosp. 略 hospital

hos·pice /há(ː)spɪs | hɔ́s-/ 名C ❶ ホスピス《末期患者用の看護療養施設》❷《古》(巡礼者・参拝者などのための)宿泊所

*__hos·pi·ta·ble__ /há(ː)spəţəbl, hɑ(ː)spí- | hɔspí-, hɔ́spi-/ 形 ❶ もてなしのよい; 〈人を〉喜んで[親切に]迎える〈**to, toward**〉‖ This is very ~ of you. これは大変なおもてなしを頂いて / Sue is ~ *to* [OR *toward*] anyone who visits her. スーは訪ねて来る人はだれでも親切に迎える / a ~ couple 人を親切にもてなす夫婦 ❷ (環境などが)(生長・健康などに)快適な, 適した ‖ High humidity provides a ~ environment for bacteria. 湿度の高いことは細菌(の生長)に快適な環境を提供する / soil ~ to plants 植物が育ちやすい土壌 ❸ 〈…にとって〉受容力のある[に富んだ]〈**to**〉‖ English is ~ *to* foreign words. 英語は外来語をすぐ取り入れる **~·ness** 名 **-bly** 副

***hos·pi·tal /há(ː)spɪţəl | hɔ́s-/

— 名〔▶ hospitalize 動〕(複 **~s** /-z/) ❶CU **病院** ‖ Most babies are born in the [OR a] ~ but some mothers choose to deliver at home. ほとんどの赤ん坊は病院で生まれるが, 家での出産を選ぶ母親もいる / I went to the ~ to see my aunt. おばを見舞いに病院に行った / She is a surgeon at a big ~. 彼女は大きな病院の外科医だ / be in (the) ~ 入院している (♦ 入院・退院についていうとき,《英》では無冠詞だが,《米》ではしばしば the をつける. ⇨ PB 38) / a ~ doctor (開業医に対して)勤務医 / a ~ ward 病棟

連語【動+~】enter [OR go to] (the) ~ to have an operation 手術のために入院する / leave (the) ~ 退院する
【形/名+~】a general ~ 総合病院 / a psychiatric [OR mental] ~ 精神科病院 / a children's ~ 小児病院 / a private ~ 個人経営の病院 / a teaching ~ 大学医学部付属病院

❷C 修理店 ‖ a clock [doll] ~ 時計[人形]修理店
❸C《英》〘法〙(貧困者や老人のための)慈善施設; (昔の)

養育院 ❹ Ⓒ〖史〗(特にヨハネ騎士団による)旅行者[巡礼者]用宿泊施設(hospice)
語源 *hospi-* receive as a guest(もてなす)+*-al*(名詞語尾):客をもてなすところ
▸▸～ **bàll** 名 Ⓒ =hospital pass(↓) ～ **còrners** 名 複 シーツの三角折り《病院のベッドメーキングで使う方法》 ～ **pàss** 名 Ⓒ〖ラグビー〗ホスピタルパス《パスの受け手が相手ディフェンスのタックルを受けて病院送りになるような不用意なパス》 ～ **shìp** 名 Ⓒ (傷病兵を運ぶ)病院船 ～ **stày** 名 Ⓒ 入院(期間) ～ **tràin** 名 Ⓒ 病院列車

hos·pi·tal·er, 《英》 **hos·pi·tal·ler** /hɑ́(ː)spɪt̬ələr | hɔ́s-/ 名 Ⓒ ❶ 宗教慈善団員 ❷ (H-)〖史〗ヨハネ騎士団員(the Knights Hospital(l)ers の団員)

***hos·pi·tal·i·ty** /hɑ̀(ː)spətǽləti | hɔ̀spɪ-/ 名 Ⓤ ❶ 親切なもてなし, 歓待;(企業・団体が招待客に出す)もてなしの飲食物[休憩所, 乗り物など] ‖ Thank you for your warm ～. 心のこもったおもてなしに感謝いたします / Afford me the ～ of your columns. 貴紙に掲載を賜りたく《寄稿家の言葉》/ corporate ～ (顧客への)会社の接待 / the ～ industry 接客(産)業《ホテル・レストランなど》 ❷ 受容性, 理解力;歓迎 ‖ give [OR offer] ～ to new ideas 新しい思想をすぐ受け入れる

hos·pi·tal·ize /hɑ́(ː)spɪt̬əlàɪz | hɔ́s-/ 動 〔◁ hospital 名〕 他 《通例受身形で》入院する ‖ He was ～*d* 「for treatment [with AIDS]. 彼は治療のため[エイズで]入院した **hòs·pi·tal·i·zá·tion** 名 Ⓤ 入院(状態)

host[1] /hoʊst/ 《発音注意》
—名 (複 **～s** /-s/) Ⓒ ❶ 《しばしば無冠詞で》(客に対する)**主人**(役);(特別な行事などの)開催者[団体, 国], 受け入れ側(↔ guest), 開催地;《形容詞的に》主催者側[受け入れ]の(♦ 女性形は hostess だが, しばしば女性にも host を用いる. 複数形 hosts は男女共通に用いられる) ‖ The President is ～ **to** the first day's talks. 大統領が初日の会談のホスト役である / The Becks are such good ～*s*. ベックさん一家は素晴らしいもてなし上手だ / Calgary **played** ～ **to** the Winter Games. カルガリーは冬季大会の開催地になった / the ～ cities for the Olympic Games オリンピック大会の開催都市
❷ (ラジオ・テレビの)司会者(《米口》emcee)
❸〖生〗(寄生動植物の)宿主(→ parasite);受容細胞(host cell);被移植体[者] ❹ 旅館の主人;パブの(女)主人;《米》(レストランの)案内係 ❺ (ある特定の生物の)生息地 ❻ 🖳 ホストコンピューター
—動 他 ❶ 〔パーティーなど〕の主人役を務める;…を主催する;…を司会する(《米口》emcee) ❷ …を愛想よくもてなす
語源 古代ローマでは見知らぬ人を家でもてなす習慣があり, その「主人・客」両方を指すラテン語 *hospitem* から. hospital, hospitable, hostel と同系.
▸▸～ **cèll** 名 Ⓒ〖遺伝〗受容細胞 ～ **compúter** 名 Ⓒ 🖳 ホストコンピューター《ネットワーク上で中核的な処理を行うコンピューター》 ～ **fàmily** 名 Ⓒ ホストファミリー《ホームステイの受け入れ先の家族》 ～ **fàther** [**mòther**] 名 Ⓒ ホストファーザー[マザー]《ホームステイの受け入れ先一家の父親[母親]》 ～ **pàrent** 名 Ⓒ ホストペアレント《ホームステイでの受け入れ先一家の父親または母親. 夫妻両方を指す場合は host parents》

***host**[2] /hoʊst/ 名 Ⓒ ❶ 〈…の〉大勢, 大群, 多数〈**of**〉‖ A (whole) ～ *of* problems still remain unsettled. 多くの問題がなお未解決のままである / ～*s of* children 大勢の子供たち ❷ 《古》軍勢 ‖ the Lord [OR God] of *Hosts* 〖聖〗万軍の主

host[3] /hoʊst/ 名 《通例 the H-》聖餐(せいさん)式のパン, 聖体

hos·ta /hóʊstə | hɔ́s-/ 名 Ⓒ〖植〗ギボウシ, ホスタ

***hos·tage** /hɑ́(ː)stɪdʒ | hɔ́s-/ 名 Ⓒ 人質 ‖ release [OR free, liberate] the ～*s* 人質を釈放する / take [hold] the pilot (as a) ～ パイロットを人質にとる[とっておく]
gìve* 「*a hòstage* [OR *hòstages*] *to fórtune (妻子など)将来いざこざ[悩み]の種になりかねないものを抱える;抜き差しならぬ羽目になる(♦「運命に人質を出す」意から)

hóstage-tàking 名 Ⓤ 人質誘拐

***hos·tel** /hɑ́(ː)stəl | hɔ́s-/ (♦《米》同音語 hostile) 名 Ⓒ ❶ ユースホステル《学生・勤労青年用の簡易宿泊所》(→ youth hostel);《古》宿 ❷ 《英》(住居のない人用の一時的な)宿泊施設(《米》shelter) ‖ a ～ for the homeless ホームレスのための宿泊施設 **～·er, ～·ler** 名
語源 「客をもてなす場所, 宿屋」の意のラテン語 *hospitale* から. hospital, hotel と同語源.

hos·tel·ry /hɑ́(ː)stəlri | hɔ́s-/ 名 (複 **-ries** /-z/) Ⓒ 《古》《戯》宿屋, ホテル, パブ

***host·ess** /hóʊstəs | -ɪs/ 《発音注意》 名 Ⓒ ❶ 女主人(役)(♦ 男性形は host) ‖ act [OR serve] as a ～ 女主人役を務める ❷ (ラジオ・テレビなどの)女性司会者 ❸ 《米》(レストランの)ウエートレスの長 ❹ (ダンスホール・バーなどの)ホステス ❺ (飛行機・バス・列車などの)女性乗務員, 旅客係, スチュワーデス(stewardess) ‖ an air ～ スチュワーデス(♥ 最近は flight attendant が好まれる)
—動 自 他 (パーティーなどの)女主人役を務める

***hos·tile** /hɑ́(ː)stəl | hɔ́staɪl/ (♦《米》同音語 hostel) 形 〔▶ hostility 名〕(**more ～**; **most ～**) ❶ 〈…に〉敵意のある, 反感を持った, 冷淡な(↔ friendly)〈**to, toward**〉‖ They were ～ *to* [OR *toward*] the new boss sent from the parent company. 彼らは親会社から派遣された新任の上司に反感を持っていた / He got a very ～ reception at the meeting. 彼はその会合で実に冷淡な迎え方をされた / with ～ eyes 敵意を含んだ目で ❷ 《比較なし》敵の, 敵国の, 敵軍の, 敵性の ‖ a ～ army 敵軍 / ～ nations 敵対国 ❸ (環境・天候などが)〈健康・幸福にとって〉不都合な, 好ましくない, 適さない〈**to**〉‖ a ～ environment 逆境 ❹〖商〗(企業の吸収合併条件などが)買収される側の意向に沿わない, 強引な

PLANET BOARD 38

「入院して」は in hospital か in the hospital か.

問題設定 「入院して」の表現には米英差があり, 《米》では in the hospital, 《英》では in hospital を使うとされる. 米英それぞれの使用率を調査した.

Q 次の表現のどちらを使いますか.
(a) He has been **in hospital** for a month.
(b) He has been **in the hospital** for a month.
(c) 両方
(d) どちらも使わない

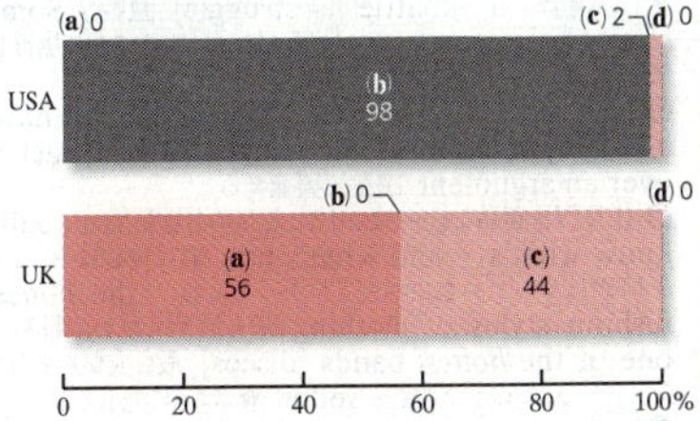

通説どおり, 《米》ではほぼ全員が(b)の in the hospital のみを使うと答えた. また, 《英》では半数以上の人が(a)の in hospital のみを使うと答えたが, 残りの人は両方使うと答えている.

(a)が《英》, (b)が《米》であると認識している人がかなり多い. 《英》で両方使うと答えた人の中には, 「特定の病院の時には the をつける」「『入院している』の意味なら無冠詞だが, 彼がそこで働いているのなら the をつける」などのコメントもあった.

学習者への指針 「入院している」は in hospital, in the hospital のどちらも使えるが, 米英差がかなりはっきりしていることを覚えておくとよい.

— 名 C 敵意を持つ人；敵　**~·ly** 副
▶▶ **~ bíd** [**óffer**] 名 C 〘商〙敵対的会社乗っ取り提案 **~ tákeover** [**búyout**] 名 C 〘商〙敵対的会社乗っ取り **~ wítness** 名 C 〘法〙敵性証人《証人尋問を申請した側に敵意を示す証人》

*__hos·til·i·ty__ /hɑ(ː)stíləṭi | hɔs-/ 名〔◁ hostile 形〕(複 **-ties** /-z/) ❶ U 〈…に対する〉敵意，敵対；(考え方の)対立，反感〈**to, toward**〉‖ feel [display, show] ~ *to* [OR *toward*] ... …に対して敵意を抱く[示す] / show open ~ あからさまな敵意を示す / The proposal met with much ~. その提案は多くの反感に遭った ❷ C《-ties》戦争行為，交戦 ‖ the outbreak of *hostilities* 戦争の勃発(ぼっぱつ) / open [suspend] *hostilities* 開[休]戦する

hos·tler /(h)ɑ́(ː)slər | (h)ɔ́s-/ 名 C 《米》(宿屋の)馬手(ostler)；車両整備員

***__hot__ /hɑ(ː)t | hɔt/ 形 副 動 名

中心義 熱を伴う

形 暑い❶ 熱い❶ 辛い❷ 激しい❸

—形 (**hot·ter**；**hot·test**)
❶ **暑い**；**熱い** (↔ cold)；熱がある，(体が)ほてった (⇨ WARM 類語) ‖ It's (as) ~ as hell [OR blazes, Hades] in the gymnasium. 体育館の中はとてつもなく暑い / the ~ weather 暑い天候 / a baking ~ day in August 8月の焼けつくように暑い日 /「It's ~ today [OR Today is ~], isn't it? 今日は暑いですね / This is too ~ to drink. これは熱くて飲めないよ / After a day like today I'm ready for a nice ~ bath. 今日のような1日の終わりにはすぐにでも熱いふろにつかってすっきりしたいものだ / I like「~ showers [my coffee ~]. シャワー[コーヒー]は熱いのが好きだ / I am [OR feel] ~ with fever. 熱で体がほてっている / her ~ cheeks 彼女のほてった頬(ほお) / ~ **water** 湯；熱湯 / **get** ~ (気温・体温・物の温度が)熱く[暑く]なる
❷ **辛い**，(味が)ぴりっとする，ひりひりする ‖ "This dish is too ~!" "You mean, 'spicy ~' or 'temperature ~'?"「この料理はひどくホットだね」「(スパイスがきいて)辛いってこと？それとも(文字どおり)熱いってこと？」/ a ~ curry 辛いカレー
❸ (争いなどが) **激しい**；(状況などが)困難な，やっかいな；(表現方法が過激で)物議をかもすような ‖ a ~ argument 激しい議論 / a ~ battle [OR struggle] 激戦 / Some scenes were too ~ to broadcast. いくつかの場面は放送するには過激すぎた
❹ (人が)激しやすい，怒りっぽい；興奮した，怒った ‖ have a ~ temper 気が短い / in ~ anger 激怒して / **get** ~ over an argument 議論で興奮する
❺《口》(人・商品などが)はやりの，人気のある ‖ You really know what's ~ and what's not. 君は何がはやっていて何がはやっていないかよくわかってるね / the *hottest* fashion styles of clothing 最も流行している服装 / one of the *hottest* bands [discos] 最も人気のあるバンド[ディスコ]の1つ / a ~ seller 飛ぶように売れる品
❻ (ニュースなどが)新しい，最新の；出たばかりの ‖ the *hottest* news 最新のニュース / news that is ~ off the presses 新聞に出たばかりのニュース
❼《限定》うまくいきそうな；(情報などが)耳よりな ‖ a ~ tip for the next race 次のレースの有力な情報 / a ~ favorite 本命(馬)
❽《口》運のよい，つきについている；(頭がさえて)調子がいい ‖ I'm ~! I'm winning so much today. 今日はついているなあ，こんなに勝てるなんて / be on a ~ streak (賭(か)けなどで)勝ち続ける
❾《しばしば否定文で》《口》(人が)〈…に〉精通した，〈…を〉よく知っている〈**on**〉；〈…に〉優れている，〈…が〉上手な〈**at**〉‖ I am not ~ *on* Japanese history. 私は日本史は詳しくない / a ~ drummer 腕のいいドラマー / She is「not so [OR never too] ~ *at* basketball. 彼女はバスケットボールはあまりうまくない
❿《叙述》《英口》(人が)〈…に〉厳しい，うるさい〈**on**〉‖ He is very ~ *on* punctuality. 彼は時間にうるさい
⓫〘猟〙(においが)新しい，強い；(獲物・目標・正解などに)近い，迫っている ‖ in ~ pursuit 激しく追跡して / be ~ on the robber's trail [OR track] 強盗を追い詰めている / You're getting ~! (クイズで)もう少しで正解だ
⓬《口》〈…に〉熱心な，熱狂的な〈**for, on**〉；しきりに〈…〉したがる〈**to *do***〉‖ a ~ football fan フットボールの熱烈なファン / He is ~ *on* baseball. 彼は野球に夢中だ / Young people are ~ *to* follow the latest fashion. 若者たちはしきりに最新の流行を追いかけたがる ⓭ (人が)好色な，性的に興奮した；(動物が)さかりのついた；(人が)セクシーな；(映画・本などが)情欲を駆り立てる，扇情的な ‖ I'm ~ for him. 彼のことセクシーだと思うわ ⓮ (色彩が)強烈な，どぎつい ‖ a ~ pink dress ど派手なピンクの服 ⓯《俗》(盗品が)足がつきやすい，盗んだばかりの；(品物が)盗んだ；(人が)指名手配中の ‖ ~ goods 盗品 / a ~ car 盗難車 / a ~ suspect 指名手配中の容疑者 ⓰ (ジャズなどの演奏が)熱狂的な，即興的な ‖ ~ jazz ホットジャズ
⓱《俗》面白い，素晴らしい；(場所などが)にぎやかな，活気のある；《しばしば反語的に》ばかげた，笑える ‖ That idea's not so ~. 大して面白いアイデアではない / a ~ town 活気のある町 / That's a ~ one! まさか / *Hot* damn! 万歳，やった，すごい(♥ 喜び・興奮などの歓声) ⓲《口》(高圧)電流の通じている；放射性の ‖ a ~ wire 高圧電線

(**all**) ***hòt and bóthered*** 《口》(すっかり)うろたえて，心配して；興奮して
be tòo hòt to hándle 《口》扱うのに手を焼く；やっかいで手に負えない
blòw [OR ***rùn***] ***hòt and cóld*** 《口》① 態度が一貫しない，意見がぐらつく ② 調子に波がある
gò [OR ***fèel***] ***hòt and cóld*** (***àll óver***) (恐怖・不安・ショックなどのために)激しく取り乱す
hòt to trót 《口》やる気になって；(性的に)興奮して
màke it [OR ***thìngs***] ***hót for a pérson*** 《口》(迫害などで)〔人〕をいたたまれなくする

COMMUNICATIVE EXPRESSIONS

1 **(Is it) hót enòugh for yòu?** 暑いですね(♥「これくらい暑ければ満足ですか」の意で，非常に暑い陽気を皮肉った表現．会話を切り出す文句として用いる)
2 "Hòw is he dóing?" "**Nòt sò** [OR **tòo**] **hót.**"「彼はどうですか」「ぱっとしないね」(♥ 仕事などの出来栄えや体調について)
3 **You thínk you're「sò hót** [OR **sùch hòt stúff**]. 大したことないのに思い上がっちゃって，自分がいけてると思ってるでしょ(♥ 相手を見下す)

—副 (**hot·ter**；**hot·test**)
熱く，暑く；猛烈に；怒って(hotly)
hòt and héavy 《米口》激しく[い]，猛烈に[な]

—動 (**~s** /-s/；**hot·ted** /-ɪd/；**hot·ting**)《次の成句で》
hòt úp 《主に英口》〈自〉① 熱く[暑く]なる，熱せられる ② 活発になる，熱気を帯びる ‖ The election campaign begins to ~ *up*. 選挙運動が熱気を帯びてきた **—**〈他〉《***hòt úp ...*** / ***hòt ... úp***》① …を熱する ② …を活発にする

—名 C《the ~s》《口》肉体的欲求，性欲
hàve [OR ***gèt***] ***the hóts for a person*** 《口》〔人〕にほれる

▶▶ **~ áir** 名 U《口》だぼら，無駄話 ‖ She's full of ~ *air*. 彼女の話はほらばかりだ **~ bùt·ton** (↓) **~ càke** (↓) **~ chóc·olate** 名 U C ココア《飲み物》 **~ cròss bún** 名 C 糖衣の十字架をつけた菓子パン《Good Friday (聖金曜日)に食べる》 **~ dìsh** 名 C なべ焼き料理 **~ dòg** (↓) **~ fávorite** 名 C 本命と目される競

hot cross bun

争[走]相手 **~ flásh** [《英》**flúsh**] 名 C (更年期の女性に起こる) 体熱感, ほてり **~ kèy** 名 C 💻ホットキー《特定の機能を素早く呼び出すために割り当てられたキー》 **~ lìne** 名 C (♦ hotline ともつづる)緊急用直通電話線;(2国政府首脳間の)直通専用電話線, ホットライン **~ lìnk** 《口》名 C 💻ホットリンク(hypertext link)《アプリケーションや文書を直接つなげること》 **~ móney** 名 U ①【金融】ホットマネー《利益を得るため国際金融市場を移動する短期資金》 ② 盗んだ金, やばい金 **~ pàd** 名 C なべつかみ(pot holder)《熱いなべをつかむときの厚手の布》 **~ pànts** 名 複 ① ホットパンツ《女性用の短いぴったりしたショートパンツ》 ②《米俗》強い性的欲求 **~ pépper** 名 C【植】(香辛種の)唐辛子;唐辛子の実;パンショウ(蕃椒);唐辛子粉 **~ plàte** 名 C 料理用鉄板;ホットプレート, 卓上(電熱)こんろ **~ plùg** 名 U C 💻ホットプラグ《周辺機器のコネクターが通電中でも抜き差しが可能な機能》 **~ potáto** (↓) **~ próperty** 名 C (劇場・映画会社から引っ張りだこの)人気者《俳優・歌手など》 **~ ròd** 名 C《俗》ホットロッド《高速度を出すように改造した自動車》 **~ sèat** (↓) **~ shít** 名 C《米俗》① 大物, 優れた人[もの](♥ しばしば反語的に用いる) ② 思い上がった人, 自己主張の強い人 **~ shòe** 名 C【写真】ホットシュー《フラッシュ装置の取り付け口》 **~ spòt** 名 C ① 政治的不安定地域, 紛争地域 ②《口》歓楽地, 賑やかな場所 ③ホットスポット《局地的に何らかの値が高くなっている地点・地域》 ④【地】ホットスポット《マグマがプレートを貫いて上がっている所. 大洋上の火山島など》 ⑤💻ホットスポット《クリックで別の画像を表示するなど何らかの操作ができるスクリーン上の箇所》 ⑥ 💻無線でインターネット接続ができる場所 **~ spríng** 名 C 温泉《特に37℃以上のもの》 **~ stúff** 名 C《口》① 飛び抜けて素晴らしいもの[人];大したもの;すごいもの ② セクシーな人;猥褻(わいせつ)なもの **~ témper** 名 C 激しい気性 **~ tícket** 名 C《口》時代の先端をいく人気者;今はやっているもの[こと] **~ tùb** 名 C (多人数で入れる)温水浴槽 **~ wár** 名 C (実際の戦闘による) 熱い戦争 (→ cold war) **~ wáter** 名 U ① 湯 ②《口》困難, 面倒, ごたごた ‖ be in ~ *water* 困っている / get into ~ *water* 苦境に陥る

***hòt-áir ballòon** 名 C 熱気球

***hót·bèd** 名 C《a ~》温床;(悪などを) 育てる環境 ‖ a ~ of crime 犯罪の温床

hòt-blóoded ⊲ 形 怒りやすい, 短気な;情熱的な, (気性の)激しい **~·ness** 名

hót bùtton 名 C《米口》ホットボタン《特に消費者・選挙民の強い反響を呼ぶ話題・問題》‖ press voters' ~*s* 選挙民の関心を呼び覚ます **hót-bùtton** 形《俗》重大な, 世間を騒がせる ‖ a ~ issue 大きな反響を呼びそうな問題

hót càke, hót·càke 名 C ホットケーキ

sèll [OR ***gò***] ***like hót càkes*** 《口》飛ぶように売れる

hotch·pot /há(ː)tʃpɑ(ː)t | hɔ́tʃpɔ̀t/ 名 U【法】財産併合《遺産の均等相続のために財産を1つにまとめること》

hotch·potch /há(ː)tʃpɑ̀(ː)tʃ | hɔ́tʃpɔ̀tʃ/ 名 ❶ U ごった煮《羊肉や野菜のシチュー》 ❷《英》=hodgepodge

hót-dèsk·ing /-ɪŋ/ 名 U《英》(オフィスの) デスク共用方式《机などを共有して仕事をする》 **-dèsk** 動 自

hót-dòg 動 自《米俗》(スキー・サーフィンなどの)離れ技をする **-dòg·ger** 名

hót dòg /+英 ⌐⌐/ 名 C ❶ ホットドッグ;フランクフルトソーセージ ‖ ~ stands ホットドッグの屋台店 ❷《米俗》(スキー・サーフィンなどの離れ技の)名手 **—** 間《米口》やった, すごい, 万歳, ようし(♥ 喜び・満足などを表す歓声)

*****ho·tel** /hòutél/ 《発音・アクセント注意》

— 名 (複 **~s** /-z/) C ❶ **ホテル**, 旅館(♦ ふつう inn より大きい) (♦《旧》では語頭の h 音を落として冠詞を an, the /ði/ とすることもある) ‖ We stayed [OR **put up**] **at** Raffles *Hotel* on our honeymoon. 私たちは新婚旅行でラッフルズホテルに滞在した / I never make reservations when I stay **at** a ~ — I just walk in. 僕の場合ホテルの予約は一切しない — 飛び込むだけだ / Let's search for ~ vacancies on the Internet. インターネットでホテルの空き部屋探しをしよう / check into [out of] a ~ ホテルにチェックイン[をチェックアウト]する / a first-class [three-star] ~ 一流[3つ星]ホテル / a resort ~ リゾートホテル

❷《主に豪・ニュージ》飲み屋, 酒場

❸ (通信時に)Hを伝えるための言葉

語源 ラテン語 *hospitale* (客をもてなす場所, 宿屋) から. hospital, hostel と同語源.

ho·tel·ier /òutəljéɪ, houtéljər | houtélieɪ/ 名 C ホテル経営者[所有者]

hót·fòot ⊲ 副 大急ぎで **—** 動 他 (~ it で)《口》大急ぎで行く **—** 名 (複 **~s** /-s/) C《米》人の靴の底革と上革の間にそっとマッチを挟んでおいて点火するいたずら

hót·hèad 名 C 短気な人, 性急な人

hòt·héaded ⊲ 形 短気な, 性急な

~·ly 副 **~·ness** 名

hót·hòuse 名 C ❶ 暖房装置付きの温室 (→ greenhouse) ‖ ~ flowers 温室栽培の花 ❷ (悪などの) 温床 (hotbed) **—** 形《口》促成的な;温室育ちの ‖ ~ atmosphere [environment] (エリート校などの) 独特な性格[考え方]を生み出す雰囲気[環境] **—** 動 他 〔幼児〕に早期(英才)教育を施す

hót·hòusing 名 U【教育】幼児英才教育

hót·lìst 名 C 💻ホットリスト, お気に入り, ブックマーク

***hot·ly** /há(ː)tli | hɔ́t-/ 副 激しく;熱烈に;怒ったように ‖ a ~ debated issue 激論の行われた問題

hót·pòt 名 ❶ U C《英》(羊肉または牛肉とジャガイモの)シチュー料理 ❷ C《米》電気湯沸かし器

hòt potáto 名 C《口》いやな問題;危険な事件 ‖ a political ~ 政治的にやっかいな問題

dròp ... like a hòt potáto 〔人・計画など〕から慌てて手を切る[引く]

hót-ròd 動《俗》他 〔車など〕を高速が出るように改造する **—** 自 ホットロッドを運転する **-ròd·der** 名

hót sèat 名 ❶ C《主に米俗》電気いす (electric chair) ❷《the ~》《口》(政治問題などで重大決定を下さざるを得ないような)苦しい立場, 苦境, 難関 ‖ be in [《米》on] the ~ 難しい立場にある, 苦境に立たされている

hót-sèlling 形 よく売れている ‖ the *hottest-selling* video game いちばんよく売れているテレビゲーム

hót·shòt 名 C ❶《口》有能な人, やり手, 腕っこき;名手;有能ぶる人, 自信家 (♥ 皮肉で) ❷《米》急行貨物列車 **—** 形 有能な ‖ a ~ surgeon 優秀な外科医

hòt-témpered ⊲ 形 短気な, かんしゃく持ちの

Hot·ten·tot /há(ː)təntɑ̀(ː)t | hɔ́təntɔ̀t/ ⊗《旧》《蔑》名 C ホッテントット《南アフリカ先住の遊牧民》(♦ 現在はコイコイ)Khoikhoi と呼ばれる);U コイ語

— 形 ホッテントットの;コイ語の

hót-tùb 動 自 温水浴槽に入る **~·ber** 名

hot·ty, -tie /há(ː)ṭi | hɔ́ti/ 名 C《俗》性的魅力のある人, 性感をくすぐる人

hòt-wáter bòttle [《米》**bàg**] 名 C 湯たんぽ《ふつうは金属製でなく日本でいう(ゴム製の)水枕に近い》

hót-wìre 動 他《口》❶ (キーを使わず回路をショートさせて)〔自動車など〕のエンジンをかける ❷ …を不正に動かす, …をいじくる ‖ ~ a car for joyrides 車を不正に動かして[盗んで]ドライブに出かける **—** 形《限定》熱線の

Hou·di·ni /huːdíːni/ 名 ❶ **Harry ~** フーディーニ(1874–1926)《ハンガリー生まれの米国の奇術師. 縄抜け・箱抜けを特技とした》❷ C 縄抜け(師), 見事な脱出 ‖ pull a ~ 見事に脱出する

hough /hɑ(ː)k | hɔk/ 名 C《英》❶ (牛・馬などの)後足のひざ (hock) ❷ (牛の) すね肉 **—** 動 他《古》…の足の腱(けん)を切って歩けなくする(hamstring)

***hound** /haund/ 名 C ❶《しばしば複合語で》(ハウンド種の)猟犬(《主に米方》hound dog);《口》(一般に)犬 ‖ an

Afghan ～ アフガンハウンド ❷《旧》卑劣漢 ❸ ファン, 熱狂者 ‖ an autograph ～ サインマニア / a party ～ パーティー好き ❹〖魚〗ツノザメの類(dogfish)

ride to hóunds 猟犬について馬でキツネ狩りをする

―動 他 ❶〔人など〕を絶えず追い回す, しつこく悩ます;〈仕事・場所から〉〔人〕を追い出す《*out*》〈**out of, from**〉(♦ しばしば受身形で用いる) ‖ ～ a debtor 債務者を追い回す / be ～*ed from* office 職場から追われる ❷ …を〈…に〉けしかける〈**at**〉

hóund's-tòoth [**hóunds·tòoth**] (**chéck**) 名 Ⓤ ハウンドトゥース, 千鳥格子《犬の牙(きば)に似た格子模様》

hour /áuər/(♦ 同音語 our)

―名 (複 **～s** /-z/) Ⓒ ❶ **1時間**《略 H., h., hr., 複数は hrs.》;《～s》何時間も(の長い間) ‖「I'll need [OR It'll **take** (me)] a full ～ to repair the engine. エンジンを直すのに丸1時間はかかるだろう / We took a three-～ bus tour around Madrid. 私たちはマドリッドを巡る3時間のバスツアーに参加した / The situation is changing ～ by ～. 状況は時々刻々と変化している / He is paid $6 an [OR per] ～. 彼の時給は6ドルだ / Tokyo is eight ～*s* ahead of London in the summer. 東京は夏はロンドンより8時間進んでいる / **half** an ～ =《米》a **half** ～ 30分 / a quarter of an ～ 15分 / one and a half ～*s*=an ～ and a half 1時間半 / in an ～ =in an ～*'s* time 1時間したら / drive at 60 miles an [OR per] ～ 時速60マイルで車を運転する / an ～*'s* walk [drive] 徒歩[車]で1時間(の行程) / a five-～ operation 5時間の手術(♦ 数詞とハイフンでつないで形容詞的に用いるときは常に単数形) / **spend** three ～*s* studying for an exam 3時間試験勉強に費やす / They were trapped in the elevator **for** ～*s*. 彼らは長時間エレベーターの中に閉じ込められた / search ～*s* for the right word 適切な言葉を何時間も探し求める(♦ 副詞的にも用いる)

❷ (特定の活動のための)時間;《～s》(勤務・営業・生活などの)**時間**, 決まった[規定の]時間 ‖ I spent my lunch ～ in the park. 公園で昼食時間を過ごした / Office [OR Business, Opening] ～*s* are from 9:30 to 5:00. 営業時間は9時半から5時です(♦《英》では 9.30, 5.00 と書く) / consultation [OR the doctor's] ～*s* 診察時間 / licensing ～*s* 《英》(酒類販売の)許可された時間帯 / visiting ～*s* (病院・刑務所などの)面会時間 / school ～*s* 授業時間 / work long [unsocial] ～*s* 長時間[深夜早朝に]働く / out of ～*s* 勤務時間外に / go on (a) strike for shorter ～*s* (労働)時間短縮を求めてストに入る

❸ **時刻**, 時;《the ～》正時(しょうじ)《端数のない時刻》‖ What is the ～? 時刻は何時か / The ～ is 5:30. 時刻は5時半だ / It's twenty-three (hundred and) fifteen ～*s*. 今は23時15分だ(♦ 24時間制は軍隊・時刻表・その他公式文書で用いる) / ask the ～ 時刻を聞く / at「an early [a late] ～ 早い[遅い]時刻に / at this (late) ～ of the night 夜こんな遅い時間に / 1500 ～*s* 15時, 午後3時(♦ fifteen hundred hours と読む) / The clock struck [OR sounded] the ～ of ten. 時計は10時を告げた / three minutes before [past, after] the ～ 正時から3分前[過ぎ]

❹ (ある特定の)時, おり; 時期, 時代;(歴史・人生などの)重要な時;《one's ～, the ～》死期 ‖ You helped me in my ～ of need. 君は僕が困ったときに助けてくれた / his ～ of destiny 彼の運命の時 / the country's finest ～ その国の最良の時期 / the happiest ～ of my life 我が人生で最も幸福な時期 / She is near her ～. 彼女の最期が近づいている / I thought my (last) ～ had come when the airplane was hijacked. 飛行機がハイジャックされたときはいよいよこれで最期かと思った

❺《the ～》現時点; 現在; 目下 ‖ the man of the ～ 時の人 / news of the ～ 現在のニュース / the question of the ～ 現下の問題 ❻ 1時間で行ける距離 ‖ By car, the city is only an ～ from here. (=The city is only an ～'s drive from here.) その町はここから車でほんの1時間の所にある / Nikko is two ～*s* away. 日光までは2時間かかる ❼ (授業の)1時限, 1時間;(教科の)履修単位時間(credit hour) ❽〖天〗時《経度間の15度》❾《通例 ～s》〖カト〗(定時の)祈りの時, 時課

after hóurs 勤務[営業]時間後に, 放課[終業]後に;(バーなどの)閉店後に

àt àll hóurs いつでも, 時を選ばず(at any hour) ‖ *at all* ～*s* of the day and night 昼夜を問わずいつでも

at the eleventh hour ⇨ ELEVENTH HOUR

by the hóur ① 時間決めで ‖ pay [charge] *by the* ～ 時間いくらで支払う[請求する] ② 何時間も ③ 刻一刻(from hour to hour)

kèep làte [***èarly***] ***hóurs*** 夜更かし[早寝早起き]をする

kèep règular hóurs 規則正しい生活をする

****on the hóur*** 正時に, 時刻きっかりに ‖ The trains leave every hour *on the* ～. 列車は毎時刻きっかりに出る

the smáll [OR ***éarly, wée***] ***hòurs*** (***of the nìght***) (午前0時から3時ごろまでの)深夜, 夜更け

tìll [OR ***untìl***] ***àll hóurs*** 夜遅くまで

wòrk àll the hóurs that Gòd sénds できる限りの時間を働く

COMMUNICATIVE EXPRESSIONS

1 **There are ònly só màny hòurs (in) a dáy.** 1日の(うち働ける)時間は限られている; そんなにできないよ(♥ 無理な日程で課題をこなさなければならない状況で)

2 **Whàt are the hóurs?** 就業時間は何時から何時までですか(♥ 就職の面接などで労働条件を尋ねる)

3 **Whàt are your hóurs?** 営業時間はいつですか

▶～ **hànd** 名 Ⓒ (時計の)短針[時針](→ minute hand)

hóur·glàss 名 Ⓒ (特に1時間用の)砂[水]時計;《形容詞的に》(砂時計のように)真ん中のくびれた ‖ an ～ waistline ぐっとくびれた胴回り

hou·ri /húəri/ 名 Ⓒ ❶ (イスラム教で)極楽の美女 ❷ ⊗《旧》《ときに蔑》なまめかしい美女

***hour·ly** /áuərli/ 形《限定》❶ 1時間(ごと)の, 毎時の ‖ an ～ wage 時間給 / an ～ rate business 時間単位で働く仕事 ❷ 絶え間のない ―副 ❶ 1時間ごとに;《数字とともに》…時間ごとに ❷ 絶え間なく; 頻繁に ―名 (複 **-lies** /-z/) Ⓒ《-lies》時間給労働者

house /haus/(→ 動) 名 動 形

中心義 (居住など)ある目的を持つ建物

名 家❶ 家の者❷ 建物❸ 会社❹ 議院❺

―名 (複 **hous·es** /háuzɪz/) Ⓒ ❶ **家**, 家屋, 住宅, 住居(→ home, ⇨ PB 36) ‖ The family lived in a little ～ on the prairie. その一家は大草原の小さな家に住んでいました / How old is this ～? この家は築何年ですか / Have you had a ～ **built**? 家を建てたんだって / Please「come over to [drop in at] our ～. どうぞ私どもの家へおいで[お立ち寄り]ください / buy a three-bedroom [two-story] ～ 寝室が3つ[2階建て]の家を買う / a wooden ～ 木造家屋 / a ready-built [custom-built] ～ 建て売り[注文]住宅 / move into one's new [OR newly-built] ～ 新築の家へ引っ越す / look for a ～「for rent [《英》to let] 貸家を探す

❷《通例 the ～》《集合的に》《単数扱い》**家の者**(household), 家庭; 家族 ‖ The whole ～ was down with the flu. 家中がインフルエンザでダウンしていた / The old woman was the head of the ～. その老婦人が一家のあるじだった / the man [OR lady] of the ～ 世帯主

❸《通例複合語で》(特定の目的・機能を持つ)**建物**[部屋],

…小屋 ‖ a sorority [fraternity] ～ 《米》女子 [男子] 学生友愛会会館 / a club ～ クラブハウス / a ～ of prayer 礼拝所, 教会 / a hen ～ ニワトリ小屋
❹《通例複合語で》(出版・服飾デザイン・金融業などの) **会社**, 商店, …商会 ‖ a publishing ～ 出版社 / a banking ～ 銀行 / a brokerage ～ 仲買商社 / the ～ of Rothschild ロスチャイルド商会
❺ **a** 《しばしば H-》(立法府の) **議院** ; 議事堂, 議会 (→ congress) ; 《集合的に》(議会の) 議員 ‖ The two ～*s* of the U.S. Congress are the Senate [OR Upper *House*] and the「*House* of Representatives [OR Lower *House*]. 米国議会の2つの議院は上院と下院である / The conservation bill was defeated by the *House*. 自然保護法案は議員たちによって否決された
b 《the H-》(米国の) 下院 (House of Representatives) ; (英国の) 下院 (House of Commons), 上院 (House of Lords)
❻ 劇場, 演芸場, 映画館 ; 《集合的に》観客 ; 《英》上演, 興行 ‖ a movie ～ 映画館 / The company packed the ～. その劇団は劇場を大入りにした / The ～ burst into laughter. 観客はどっと笑った /「an empty [a full, a packed] ～ がらがら [大入り] の観客 / tickets for the first ～ 第1回上演のチケット ❼ (名門の) 一族, …家 ‖ a royal ～ 王室 / the *House* of Windsor ウィンザー家 ❽ 宿屋, ホテル ; 《通例複合語で》レストラン, …店 ; 賭博(とばく)場 ; 経営(陣) ; 《旧》売春宿 ‖ a steak ～ ステーキ店 / a ～ of ill repute [OR fame] 《古》売春宿 ❾ (大学の) 学寮 (college), (学校の) 寮 ; 《集合的に》学寮の学生, 寮生 ❿ (動物の) すみか, 巣 ⓫ 《英》(校内対抗戦などでの) 組, チーム ⓬ 〖占星〗宿(しゅく) (黄道十二宮のうちの1つ) ⓭ 《the H-》《英口》ロンドン証券取引所 (the London Stock Exchange) ⓮ (=～ **mùsic**) 〖楽〗ハウス (ミュージック) (シンセサイザーなどを用いた軽快なビートの効いた曲) ⓯ 〖カーリング〗ハウス (ターゲット周辺の円)

(as) sàfe as hóuses 《英》全く安全な
brìng dòwn the hóuse ; ***brìng the hóuse dòwn*** 観客の喝采(かっさい)を浴びる, 観客を大笑いさせる
clèan hóuse 《米》家を大掃除する ; 悪風 [腐敗] を一掃する ; 粛清する
èat a pèrson òut of hòuse and hóme 《口》《戯》〔人〕の食料 [財産] を食いつぶす
gò (àll) ròund the hóuses 《英》遠回しに言う ; なかなか本題に入らない (beat around the bush)
hòuse and hóme 《強調》家庭 (home) ‖ He sacrificed his ～ *and home* to realize his dream. 彼は夢を実現するため家庭を犠牲にした
in hóuse 会社 [事務所] で (♦「家で」ではない)
kèep hóuse 〈…のために〉家の切り盛りをする〈**for**〉
keep open house ⇨ OPEN HOUSE (成句)
kèep (to) the hóuse 家に閉じこもっている
like a hòuse「on fíre [OR ***afíre***] 《口》すぐに ; 素早く, とてもうまく ‖ We got on [OR along] *like a* ～ *on fire*. 我々はすぐに仲よくなった
****on the hóuse*** (飲み物・料理が) 店のおごりで [の], 無料で (の) ‖ All the drinks are *on the* ～ tonight. 今夜は飲み物はすべて店のサービスです
plày hóuse ままごと遊び [おうちごっこ] をする
pùt [OR ***gèt, sèt***] ***one's (òwn) hóuse in órder*** 家の中をきちんと整頓(せいとん)する ; 自分の行いを正す ; 必要な改革を行う ‖ Before you criticize me, you should *set* your *own* ～ *in order*. 私を非難する前に, 自分のことをきちんとしたらどうだ
sèt ùp hóuse 住まいを構える ; 世帯を持つ
the bìg hóuse 《俗》刑務所 (prison)

COMMUNICATIVE EXPRESSIONS
1 **Oúr** [OR **Mý**] **hòuse is yóur hòuse.** 自分のうちだと思ってくつろいでくださいね (♥ 来客に対して)
2 **Wèlcome to our hóuse.** ようこそ, 我が家へ

―動 /hauz/ (**hous·es** /-ɪz/ ; **～d** /-d/ ; **hous·ing**)
―他 ❶〔人〕に住居を与える ;〔人〕を泊める, 住まわせる ; (建物などが) …を収容する ‖ It is impossible to ～ all the refugees. すべての難民に住居を与えるのは不可能だ / The cottage ～*s* five people. その小屋は5人泊まれる ❷〔物〕を保管する, 収納する, 入れてある ; (建物などが) 中に…の場所を提供している ‖ The library ～*s* a collection of rare books. その図書館は希覯本(きこうぼん)を所蔵している ❸〖建〗…をほぞに差し込む ; …をソケットに入れる ❹〖海〗〔オール・いかりなど〕を安全な場所に入れる
―形《比較なし》《限定》❶ (動物が) 建物の中で飼われた ; 屋内に住みついた ; (植物が) 屋内向きの ❷ 社内向けの ‖ a ～ journal 社内報 ❸ (バンドなどが) 専属の, 店のお抱えの
▸▸ **～ àgent** 名 C 《英》不動産業者, 家屋周旋人 (《米》real-estate agent) **～ arrèst** 名 U 自宅監禁, 軟禁 ‖ under ～ *arrest* 自宅監禁の身で **～ càll** 名 C 往診 ; (セールスマンなどの) 戸別訪問 **～ càt** 名 C 《米》飼い猫 **～ crìcket** 名 C 〖虫〗イエコオロギ **～ detèctive** 名 C 《米》(ホテル・デパートなどの) 警備員, 保安係 **～ dòg** 名 C 番犬, 飼い犬 **～ dùst mìte** 名 C 〖動〗チリダニ **～ gùest** 名 C 泊まり客 **～ hùsband** 名 C 家庭を守る夫, 主夫 (妻が生活費を稼ぐ) **～ màrtin** 名 C 〖鳥〗イワツバメ (人家の軒などに巣を作る) **～ mòuse** 名 C 〖動〗ハツカネズミ **Hòuse of Búrgesses** 名 《the ～》《米》(植民地時代の米国バージニア州の) 下院 **～ of cárds** 名 (複 **hous·es-** /haʊzɪz-/) C (トランプで組み立てた家のように) もろいもの [建物, 計画] **Hòuse of Cómmons** 名 《the ～》(英国・カナダ議会の) 下院 **～ of corréction** 名 (複 **hous·es-** /haʊzɪz-/) C (昔の軽犯罪者の) 矯正院 ; 《米》(軽犯罪者の短期) 収容施設 **～ òfficer** 名 C 《英》(病院の) インターン (《米》intern) **～ of Gód** 名 (複 **hous·es-** /haʊzɪz-/) C 礼拝所, 教会 (house of worship [prayer]) **～ of ìll fáme** [**repúte**] 名 C 《古》売春宿 **Hòuse of Lórds** 名 《the ～》英国議会の上院 **Hòuse of Represéntatives** 名 《the ～》米国の下院, 日本の衆議院 (♦ 日本の「参議院」は the House of Councilors) **～ of wórship** 名 C 礼拝所 (教会・モスクなど) **～ òrgan** 名 C 社内報, 消費者向けPR誌 **～ pàrty** 名 C (数日間にわたる) 招待パーティー (の客たち) **～ physícian** 名 C 《米》(病院などの) 住み込みの内科医 **Hòuses of Párliament** 名 複 《the ～》① 英国の国会議事堂 ② 上・下両議院 **～ spàrrow** 名 C 〖鳥〗イエスズメ **～ stýle** 名 U C (出版社などの) 文書の書式・用字用語に関する内規 **～ tràiler** 名 C 《米》移動住宅車, ハウストレーラー **Hòuse Un-Amèrican Actívities Commìttee** 名 《the ～》米国下院の非米活動調査委員会 (1975年廃止, 略 HUAC) **～ wìne** 名 U ハウスワイン

hóuse·bòat 名 C (居住用の) 平底屋形船, ハウスボート
～·er 名 C ハウスボート生活者

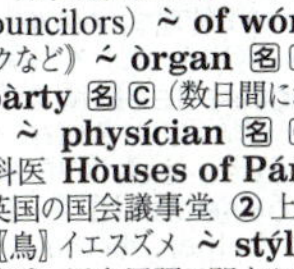
houseboat

hóuse·bòund 形 (高齢・病気などで) 外出できないでいる, 家にこもりっきりの
hóuse·bòy 名 =houseman ❶
hóuse·brèak 動 他 《主に米》〔ペット〕に排泄(はいせつ)の訓練をする ; しつける ―名 C 《米》=break-in
hóuse·brèaker 名 C (特に昼間の) 押し込み強盗
-brèaking 名
hóuse·bròken 形 《米》(ペットが) 排泄(はいせつ)の訓練を受けた (《英》house-trained) (♦ 幼児については toilet-[OR potty-]trained を用いる)
hóuse·clèaning 名 《米》❶ U (家の) 大掃除 ❷ C U 《口》(従業員などの) 入れ替え, 交替
hóuse·còat 名 C (女性用の丈の長い) 部屋着, 室内着
hóuse·drèss 名 C 《米》(家事用の) 仕事着, 家庭着
hóuse·fàther 名 C (施設などの) 寮父

hóuse·flỳ 名 (複 **-flies** /-z/) C 〘虫〙イエバエ
house·ful /háusfùl/ 名 C 家いっぱい ‖ a ～ of guests 家中いっぱいの客
hóuse·guèst 名 C (家庭の) 泊まり客 ‖「a welcome [an unwanted] ～ 歓迎される[ない]泊まり客
:house·hold /háushòuld/
—名 (複 **～s** /-z/) ❶ C《集合的に》《単数・複数扱い》**家族**, (雇い人も含めて)家中の者 ; **所帯**, 世帯 ‖ She kept away from the whole ～. 彼女は家中のみんなを避けていた / a large ～ 大所帯 / set up a ～ 所帯を持つ / run [manage] a ～ 家事を切り盛り[家計をやりくり]する / Most ～*s* now have at least one car. 今はほとんどの家庭に1台は車がある
❷《the H-》《英》王室
—形《比較なし》《限定》❶ 一家の, 家庭[所帯](用)の ‖ ～ management 家事の切り盛り / do ～ accounts 家計簿をつける / ～ goods [OR products, items] 家庭用品 / ～ tasks [OR chores] 家事 / ～ industry 家内工業
❷ よく知られている (→household name, household word) ❸《しばしば H-》《英》王室の, 近衛(このえ)の
▸▸ **Hòusehold Cávalry** 名《the ～》《集合的に》(英国の) 近衛騎兵隊 **～ góds** 名 複 (古代ローマの) 家の守護神 ; 家宝の品々 **～ náme** 名 C 日ごろよく耳[口]にする名前 (の持ち主) **～ wórd** 名 C 日ごろよく使われる言葉[文句, 名前], よく名の通ったもの
house·hold·er /háushòuldər/ 名 C ❶ 家屋所有者 ❷ 世帯主, 戸主
hóuse-hùnting 名 U (購入するための) 家探し, 住まい探し
hóuse·kèeper 名 C ❶ 家政婦, ハウスキーパー ; 主婦 ❷ (事務所などの) 管理人, 監督
***hóuse·kèeping** 名 U ❶ 家事 (の切り盛り), 家政 ‖ set up ～ 所帯を持つ / good [bad] ～ habits 家事の切り盛り上手[下手] ❷ (=**～ mòney**) 家計費 ❸ 💻 ハウスキーピング《直接のデータ処理作業ではないデータ保存・システム管理などの処理作業》❹ (組織の) 管理, 運営 ❺〘生〙ハウスキーピング《全細胞共通の代謝機能の調節》
hóuse·lèek 名 C〘植〙ハウスリーク, センペルビブム, バンダイソウ(万代草)《ベンケイソウ科の多肉植物》
hóuse·lìghts 名 複 (劇場の) 客席の照明
hóuse·màid 名 C お手伝い, メード (中立 household helper, servant) ▸▸ **～'s knée** 名 U ひざ頭の炎症《ひざをついて働くことなどによって起こる》
hóuse·man /-mən/ 名 (複 **-men** /-mən/) C ❶《米》(家庭・ホテルなどの) 下働き, 雑役係(中立 janitor) ❷《英》(病院の) インターン(《米》intern)
hóuse·màster 名 C (寄宿学校の) 男性舎監
hóuse·màte 名 C 同居人
hóuse·mìstress 名 C《主に英》(寄宿学校の) 女性舎監
hóuse·mòther 名 C (施設などの) 寮母
hóuse·pàrent 名 C (施設などの) 寮父[母]
hóuse·phòne 名 C (ホテル・アパートの) 内線電話
hóuse·plànt 名 C 室内用の植木
hóuse-pròud 形 (主婦などが) (過度に) 家の掃除・模様替えなどに余念のない, 家自慢の **-prìde** 名
hóuse·ròom 名 U 人を泊める[ものを置く]スペース, 収容[収納]の余地
nòt give ... hóuseroom 《英》…は欲しくない[考えたくもない] ; …にはかかわりたくない
hóuse-sìt 動 (**-sat** /-sæ̀t/ ; **-sit·ting**) 自 (持ち主が不在の間) 住み込んで家の世話をする **-sìtter** 名 **-sìtting** 名
hòuse-to-hóuse ⟨ジ 形《限定》副 戸別の(に) (door-to-door) ‖ ～ inquiries 戸別調査
hóuse·tòp 名 C 屋根(roof)
shòut ... from the hóusetops =shout ... from the ROOFTOPS

hóuse-tràined 形《英》=housebroken
hóuse·wàres 名 複 家庭[台所]用品
hóuse·wàrming 名 C《通例形容詞的に》新築[新居移転]の祝い ‖ a ～ party 新築祝いのパーティー
***house·wife** 名 C ❶ /háuswàɪf/ (複 **-wives** /-wàɪvz/) 主婦 (↔ house husband) (中立 homemaker) ‖ a good ～ 家事の切り盛りが上手な主婦 ❷ /hʌ́zɪf/《発音注意》(複 **-wifes** /-fs/ OR **-wives** /-vz/) 針箱, 裁縫箱
house·wife·ly /háuswàɪfli/ 形 (やりくり上手の) 主婦らしい, つましい **-li·ness** 名
house·wif·er·y /háuswàɪfəri | -wɪ̀fəri/ 名 U 家事, 家政 (中立 homemaking, housekeeping)
hóuse·wòrk 名 U 家事《掃除・洗濯・料理など》
～·er 名
:hous·ing¹ /háuzɪŋ/
—名 (複 **～s** /-z/) ❶ U《集合的に》**住宅**, 家屋 (houses) ‖ Private ～ is banned in this area. この地域では個人の住宅 (を建てること) は禁止されている / the ～ shortage 住宅不足[難]
❷ U 住宅供給, 住宅計画 ‖ a ～ problem 住宅問題 / a ～ bureau 住宅局
❸ C 避難所 ; 宿所, 居所 ; 覆い
❹ C〘機〙架構, 軸受け枠, 格納部 ; 外被, カバー, ケース ;〘建〙ほぞ穴, 大入れ《木の差し口》; (像などを置く) 壁龕(へきがん) ;〘海〙檣脚(しょうきゃく)
▸▸ **～ associàtion** 名 C《英》住宅協同組合《住宅の建築・購入のための非営利の会員組織》 **～ bènefit** 名 U 住宅給付(金)《家賃などを払えない人々のため地方自治体によって給付される金》 **～ bòom** 名 C 住宅建築ブーム **～ bùbble** 名 C 住宅バブル **～ devèlopment** [《英》**estàte**] 名 C (住宅) 団地 **～ màrket** 名《通例 the ～》住宅市場 **～ pròject** 名 C《米》(特に低所得者向けの) (公営) 団地 **～ stàrt** 名 C ① 住宅建築の着工 ②《～s》(一定期間内の) 住宅着工件数《景気の尺度とされる》
hous·ing² /háuzɪŋ/ 名 C ❶《古》(装飾・庇護(ひご)用の) 馬衣(うまぎぬ) ❷《しばしば ～s》馬飾り
Hous·ton /hjúːstən/ 名 ヒューストン《米国テキサス州南東部の都市. NASAのジョンソン宇宙センター所在地》
hove /houv/ 動 heave の過去・過去分詞の1つ
hov·el /hʌ́vəl | hɔ́v-/ 名 C ❶ あばら屋, 掘っ立て小屋 ❷《古》家畜小屋 ; 物置き小屋, 納屋(shed)
***hov·er** /hʌ́vər | hɔ́və/ 動 自 ❶ (鳥・昆虫などが) (翼を激しく羽ばたいて) 空中に停止する, (ヘリコプターが) (移動しないで) 上空の一か所に止まっている〈**over, above, etc.**〉‖ The hummingbird was ～*ing above* the flower. ハチドリが花の上を舞っていた ❷ (+副句) (人が) (辺りを) うろつく, ぶらぶら[そわそわ]しながら待つ ; つきまとう(♦ 副句 は場所を表す) ‖ The press was still ～*ing* around Simpson's house. 記者がまだシンプソンの家の辺りをうろついていた / Her little son ～*ed* behind her. 幼い息子は彼女につきまとった ❸ (価格・温度などが)〈…の辺りで〉上がり下がりする, はっきり定まらない, 低迷する〈**around, above, etc.**〉; (人(の意識・状態など)が)〈…を〉さまよう, はっきり決めかねる, ためらう, 戸惑う〈**between, over, etc.**〉‖ Economic growth will ～ just *above* the zero mark. 経済成長率はゼロすれすれの辺りを低迷するだろう / ～ *between* life and death 生死の間をさまよう / ～ *over* a word 一言言おうかどうかためらう
—名 U 空に舞う[浮かぶ]こと ; うろつくこと
▸▸ **～ mòwer** 名 C (空気浮上式) 芝刈り機
hóver·cràft /-kræ̀ft | -kràːft/ 名 (複 **～** OR **～s** /-s/) C ホバークラフト《圧搾空気で車体を浮上させて走る水陸両用の乗り物》(→ hydrofoil)(♦ 商標名より)
hóver·pòrt 名 C ホバークラフト発着所
hóver·tràin 名 C ホバートレイン《空気浮上式高速列車》
HOV làne /èɪtʃ ou víː-/ 略 *h*igh-*o*ccupancy *v*ehicle lane (高速道路の2人以上乗車の自動車専用レーン. car-pool lane ともいう)

how /haʊ/ 副 接 名

— 副《比較なし》 **I【疑問副詞】** ❶《手段・方法》**どのように**, どうやって, どうして ‖ *How* do you spell your name? お名前はどう書くのですか / Could you tell me ～ you cook it? その料理法を教えていただけますか / I have no idea ～ Father found out about our using the car. 私たちがその車を使ったことがなぜ父にばれたのか全くわからない / I don't know ～ to install this software. このソフトのインストールの方法がわからない

❷《程度・数量》**どれくらい**(♦ how＋形容詞・副詞となることが多く, 単独で用いるのは動詞が like などの場合に限られる) ‖ *How* **much** do you want? どれくらい(の量が)欲しいのですか / *How* **much** is the vase over there? あちらの花瓶はおいくらですか / *How* **many** people can this hotel accommodate? このホテルの収容可能人数はどれくらいなの / "*How* tall is the Great Buddha at Nara?" "Well, I don't know ～ tall he'd be if he stood up." 「奈良の大仏の高さはどれくらいなの」「そうね, 立ち上がった場合にどれくらいの高さになるかわからないな」/ *How* do you like Japan? 日本はいかがですか / *How* **long** is it since you last saw Kevin? 最後にケビンに会ってからどのくらいたちますか

語法 ☆☆ how の後にくる形容詞は deep, far, high, large, long, old, tall などで, これらの反対語はふつう用いない. ただし, 小さい[若い]ことが前提となっていて「どれくらい小さい[若い]のか」を尋ねるような文脈では How small [young] ...? などを使うこともある.

❸《状態・具合》**どんなふう[様子]で** ‖ *How* are you feeling? 気分はどう / *How*'s the weather? 天気はどうですか (＝What's the weather like?) / *How* do I look in this sweater? このセーター似合うかしら / *How* do you feel about it? それについてどう思いますか (♦ think を用いる場合は What [×How] do you think about it? という. ⇨ PB 83)

語法 ☆☆ how❸ は一時的な状態について用いるので, 人や物について「どんな人[もの]ですか」と性格・特徴を尋ねる場合には how を使わずに What ... like? を用いる. 〈例〉*What* is her boyfriend like? 彼女の恋人はどんな人ですか (♦ How is her boyfriend? では健康状態を尋ねていることになる)

❹《理由》**どうして**, なぜ ‖ *How* do you know? どうして知っているの / *How* can he be so selfish? 彼はよくあれだけわがままになれるもんだね (♥ 話者の驚きや非難の気持ちを表す) / *How* can you just walk away from me? 黙って僕から去ってしまうなんてひどいじゃないか / *How* is it that she knows you? どうして彼女が君を知っているんだ (＝Why is it that ...?) / You mean you lied to me? Oh, ～ could you? 私にうそをついてたの? ああ, 何てことを

英語の真相
会話をする際は Yes/No 疑問文よりも wh 疑問文を用いた方が話が広がることが多い. 特に初対面の人に対しては Do you go to the same university as Keith? (キースと同じ大学に行っているんですか) のように Yes/No 疑問文を用いるより, how を用いて How do you know Keith? (キースとはどういう知り合いなんですか) のように言う方が単に Yes か No だけで会話が終了することなく, 話題が広がりやすい. ただし, 時と場合によっては尋問のように響く可能性もあるので注意が必要.

❺《感嘆》**何と, いかに**(♦ 形容詞や副詞, または文全体を強調して感嘆文を作る. 堅苦しいニュアンスになることが多いが女性が比較的好んで用いる) ‖ *How* foolish I was! 私は何てばかだったんだろう (♦ 感嘆文は疑問文と違って主語と(助)動詞の倒置が起こらない. 文末には感嘆符をつける) / *How* wonderful! 何て素敵なんでしょう (♦ 形容詞・副詞を強調する感嘆文では主語以下は省略されることが多い) / *How* kind of you to say so! そう言ってくれてありがとう / *How* he talks! 彼は何てよくしゃべるんだ / *How* she's grown! 彼女は何と大きくなったことでしょう (♦ この2例では文全体を強調している. それぞれ *How* much he talks!, *How* big she's grown! と同義) / I told her ～ late she was. ひどい遅刻じゃないか, と彼女に言った (♦ how を ❷ の意味にとって「私は彼女にどれくらい遅刻したか言ってやった」とも解釈できる) / *How* lovely this flower is! (♪ *How* lovely a flower this is!) この花は何てかわいらしいのだろう (＝What a lovely flower this is!) (♦ (1) ×How a lovely flower ...! とはならない. (2) how の場合, 複数名詞・不可算名詞には用いないので, ×How lovely flowers ...! や ×How cold water ...! などとはいわず, What を用いる. ⇨ WHAT)

II【関係副詞】(♦ 先行詞を含む) ❻ **…する仕方**[ありさま] ‖ That's ～ dad first met mom. そうやってパパはママと出会ったのです / You have to understand this is ～ we do things here. これが僕たちのここでのやり方だということを君に理解してもらわないと困る (♦ この how は the way で置き換えが可能. しかし ×the way how ... は不可. the way in which は《堅》だが可能. ⇨ WAY[1])

❼ …するどんなやり方ででも ‖ This is my life, so I'll live it ～ I want. 私の人生だから自分の望みどおり生きるつもりです

And hów! 《口》全く(そのとおり)で, そうだとも, 本当に (♥ 強い同意を表す) ‖ "Aren't they clever!" "*And* ～!" 「うまいもんだなあ」「いや全く」/ Prices are rising, *and* ～. 物価は上がってきていますよ, 本当に

*****Hów about ...?*** 《口》① …はいかがですか (♥ 名詞(句)または動名詞を伴い, 提案・勧誘・控えめな助言を表す) ‖ *How about* (having) a cup of tea? お茶を1杯いかがですか (＝What about a cup of tea? / How would you like (to have) a cup of tea?) (♦ if 節を伴うこともある. 〈例〉*How about* if it rains? 雨が降ったらどうするの) ② …(について)はどうですか, どうするのですか (♥ 質問) (→ CE 2) ‖ "I like sushi and sukiyaki." "*How about* tempura?" 「私は寿司(すし)とすき焼きが好きです」「天ぷらはどうですか」

Hòw's thát for ...? ① すごい…じゃないか ② (それは)…として申し分ないと思いますか

COMMUNICATIVE EXPRESSIONS

1 **Hòw abóut thàt!** ① 大したもんだ; やるじゃないか ② これでどうだい; すごいだろう (＝How do you like that!)

2 I like this song. **Hòw about yóu?** 私はこの歌が好きだけど, あなたはどうですか

3 **Hòw áre you (dóing)?** こんにちは; お元気ですか; 調子はどうですか (♥ あいさつ. 一般的な答え方は (I'm) fíne, thank you. Hòw are yóu? で you に強勢を置く. くだけた答えとしては O.K./ Not too bad./ All right. など. ＝How are things?/＝How's everything?/↘《口》How's it going?/↘《口》How's life?/↘《口》How's every little thing?)

4 **Hòw can you sáy thàt?** ⇨ SAY (CE 17)

5 **Hòw còme** hé gòt a prìze and nòt mé? 彼が賞をとって僕はとれなかったというのはどういうことだ (♥ しばしば驚きや腑(ふ)に落ちない気持ちを表す. How come? のみだと「どうして」の意の聞き返しになる)

6 **Hòw do you dó?** はじめまして, こんにちは (♥ 初対面のときの丁寧なあいさつ. How d'ye do? /hàʊdʒudúː/ となることもある ⇨ 次ページ 英語の真相)

7 **Hòw do you méan** (you lòst my bóok)**?** (私の本をなくしたとは) どういう意味[こと]ですか; もう一度説明してください (♥ ときに不快や怒りを表す. ＝What do you mean (you ...)?)

8 **Hòw só?** どうして (♥ 事情などの説明を求める)

9 **Hòw's thát?** ① それでどうですか, それをどう思いますか ② それはどういうことだ, どうして ③ 何だって (もう一度言ってくれ) ④《クリケット》(審判に向かって)(打者は)アウトですか

→英語の真相→
How do you do? に How do you do? と応じると「古めかしい」「堅苦しい」と感じられることが多い. また, 疑問文に疑問文で答えるのは相手の質問に答えていないため「機械的」で「話す気がない」と思われることもある. Nice to meet you. と返すのが一般的である.

—接 …ということ ‖ He told me ～ he had read about it in *The New York Times*. 彼はそれをニューヨークタイムズで読んだと言った
—名 C 仕方, 方法, 手段 ; どのようにしたかという質問 ‖ the ～(*s*) and the why(s) of it その方法と理由

how'd /haʊd/ how would [did] の短縮形

how·dah /háʊdə/ 名 C (象の背につけた) 天蓋(てんがい)付きの数人乗りの輿(こし)

how-do-you-do /hàʊdjudúː/, **how-d'ye-do, how-de-do** /hàʊdjədúː/ 名 C 《口》 ❶ あいさつ (greeting) ‖ as soon as the ～*s* were finished あいさつが終わるやいなや ❷ 《単数形で》困ったはめ, 苦境

how·dy /háʊdi/ 間 《米口》(あいさつで)よう, やあ

*****how·ev·er** /haʊévər/ 《アクセント注意》
—副 《比較なし》 ❶ 《接続詞的に用いて》 NAVI ⓦ **しかしながら** (⇨ NAVI表現 5) ‖ It is said that dogs are obedient. *However*, they sometimes have their own way. 犬は従順だといわれているが, 気ままに振る舞うときもある / The insurance man promised "Any time." When I really needed him, ～, he wasn't of any help. その保険外交員は「いつでもどうぞ」と約束したのに, 実際に彼を必要としたときには何の助けにもならなかった

語法 ★★ **however と but**
(1) however は but よりも堅い語である.
(2) however は but と異なり, 文中に挿入して用いたり, 文末に置くこともある. これらの場合はコンマで区切る. ただし, 文末で用いられることは比較的少ない.
(3) however は but と異なり副詞なので2つの節を接続することはできない. 〈例〉 I don't like fishing *but* [×however] I'll come with you. 釣りは好きでないけれど君と一緒に行くことにするよ

❷ 《単体でまたは形容詞・副詞とともに用いて譲歩の副詞節を導いて》**どんなに…でも**, いくら…しても ; どんなふうに…しても (♦ 《口》 では however の代わりに no matter how を使うことが多い) ‖ *However* difficult the work ⌈may be [OR is], it must be finished by tomorrow. = The work, ～ difficult (it ⌈may be [OR is]), must be finished by tomorrow. その仕事はどんなに困難でも, 明日までに終えねばならない (♦ 《口》 ではふつう may は用いない. 動詞が be 動詞の場合は, 主語とbe動詞が省略されることがある) / *However* you (may) do it, the result will be the same. どのようにやっても結果は同じだろう
❸ 《副詞節を導いて》 どんなやり方ででも ‖ You can wear your hair ～ you want. 髪型は好きなようにしていいですよ / My boss let me do the job ～ I liked. 上司は私の好きなように仕事をやらせてくれた
❹ 一体どんなふうにして (♦ 疑問詞 how の強調. how ever と2語に書く場合もある) ‖ *How ever* did you get him to sign the contract? 一体どうやって彼に契約書にサインさせたんだい

how·it·zer /háʊɪtsər/ 名 C (105ミリ) 榴弾(りゅうだん)砲

***howl** /haʊl/ 《発音注意》 動 自 ❶ (オオカミ・犬などが)〈…に向かって〉遠ほえをする〈**at**〉 (⇨ 類語) ‖ The dogs ～*ed at* the moon. 犬たちは月に向かってほえた ❷ (怒り・抗議などで)大声を張り上げる, どなる, わめく〈**at** …に ; **for** …を求めて〉 ; 〈恐ろしさ・悲しみ・苦痛などで〉泣きわめく, うめく ; 大声で笑う〈**with, in**〉 ‖ ～ *with* [OR *in*] pain 苦痛でうめく / ～ *with* laughter 大笑いする ❸ (風が)ひゅうひゅううなる ❹ 《米俗》浮かれ騒ぐ
—他 …を大声で叫ぶ, わめいて言う (♦ 直接話法にも用いる)
hòwl dówn ...* / *hòwl ... dówn 〈他〉…をどなって黙らせる, やじり倒す (shout [OR hoot] down)
—名 C ❶ (オオカミ・犬などの)遠ぼえ ❷ (怒り・嘲笑(ちょうしょう)・抗議・喜びなどの)大声, わめき声, 怒号, (苦痛の)うめき ‖ provoke ～*s* of derision [protest] 嘲笑[抗議]を招く / give [OR let out] a ～ of pain 苦痛の叫び声を上げる / ～*s* of laughter 大笑いの声 ❸ 風が激しくうなる音 ❹ 《米俗》面白い人[もの], 冗談 ❺ 【電】(音響機器が発する)雑音, ハウリング

類語 《自 ❶》 **howl** 遠ぼえする.
bark わんわんほえる.
yelp きゃんきゃん鳴く.
whine くんくん哀れっぽく鳴く.

howl·er /háʊlər/ 名 C ❶ 遠ぼえする動物 ; わめく人 ❷ (= ～ **mònkey**) 【動】ホエザル (南米産の樹上性の猿) ❸ 《口》ばかげた失敗, とんでもないへま

howl·ing /háʊlɪŋ/ 形 《限定》 ❶ 遠ぼえする ; わめく, うめく ; 泣き叫ぶ ; 吹きすさぶ ❷ 《文》荒れ果てた, 物寂しい ‖ a ～ wilderness 獣のほえる荒野 (♦ 聖書の言葉) ❸ 《口》非常な, 大変な ‖ a ～ success 大成功 **～·ly** 副

how'll /haʊl/ how will の短縮形

how're /háʊər/ how are の短縮形

***how's** /haʊz/ how is [has] の短縮形

hòw·so·éver ⟨シ⟩ 副 いくら…しても ; どんなふうに…しても

hów-tò 形 《限定》《口》(本などが) ハウツーものの ‖ a ～ book [manual] on ... …に関する実用書[マニュアル]
—名 (複 **～s** /-z/) C 《口》実用的方法 [知識] ; ハウツーもの, 実用書

how've /haʊv/ how have の短縮形

how·zat /hàʊzǽt/ 間 【クリケット】= how CE 9 ④

ho·ya /hɔ́ɪə/ 名 C 【植】ホヤ (熱帯アジア原産のつる植物. 観賞用)

NAVI 表現 5. 逆接を表す

1つの事柄に対して, 後続する文の内容が対照的であったり予想外であったりする場合, **however** などの逆接を表す表現が用いられる.
‖ Aki is an excellent student. *However*, I find her a bore. アキは優秀な生徒である. しかし, 面白みに欠ける

一般に予測される結果とは違う状況であることを示す場合, **nevertheless**, **nonetheless** などが用いられる.
‖ We left home late. *Nevertheless*, we were in time for the movie. 家を出る時間が遅くなった. それにもかかわらず映画に間に合った (♦ 前文からは一般に「遅れる」ということが予測されるが, そうならなかったことを表す)

however との違いは however が対比の意味でも用いられるのに対して (⇨ NAVI表現 4), nevertheless は前後の文が何らかの論理的なつながりを持つ必要があるということである.
‖ Kay is tall. *However* [×Nevertheless], Ron is short. ケイは背が高いが, ロンは背が低い (♦「ケイは背が高い」ことから「ロンも背が高い」ことは論理的に予測できない)

また, **even then**, **still**, **yet** などを用いて意外性を強調した逆接を表すこともできる.
‖ The book is written in easy English, but I still needed to read it three times before I understood it. *Even then*, I am afraid I missed some of the finer details. この本は易しい英語で書かれているが, 理解するには3回読む必要があった. それでも, 細かい点をいくつか見落としてしまったのではないかと心配だ

このような逆接の表現が出てきた場合, 著者(話者)の言いたいことは後ろの文にあることに注意したい.

HP, hp, h.p. 〈シ〉 略 *h*igh *p*ressure ; horse*p*ower, *h*ire *p*urchase ; home *p*age ; *H*ouses of *P*arliament
HPC 略 *h*and-held *p*ersonal *c*omputer
HPV 略 *h*uman *p*apilloma*v*irus〘医〙(ヒト乳頭腫ウイルス)
HQ, H.Q., h.q. 略 headquarters
HR 略 homeroom ; *H*ome *R*ule ; *H*ouse of *R*epresentatives ; *h*uman *r*esources
hr. 略 hour
HRH, H.R.H. 略 *H*is [*H*er] *R*oyal *H*ighness(殿下)
hrs, hrs. 略 hours
HRT /èɪtʃ ɑːr tíː/ 名 U〘医〙ホルモン置換療法(♦ *h*ormone *r*eplacement *t*herapy の略)
HS, H.S. 略 *H*igh *S*chool ; *H*ome *S*ecretary
HST 略 *H*awaiian *S*tandard *T*ime(ハワイ標準時)(♦ H.S.T. ともつづる) ; *h*igh-*s*peed *t*rain ; *h*ypersonic *t*ransport(極超音速旅客機)
HSUS 略 *H*umane *S*ociety of the *U*nited *S*tates(米国人道協会)
HT, H.T. 略 *h*alf-*t*ime ;〘電〙*h*igh-*t*ension ; *h*igh *t*ide
ht. 略 height
HTML 略 *H*yper*t*ext *M*arkup *L*anguage《World Wide Web 上のページなどで用いられる hypertext を表記するテキスト言語》
http, HTTP 略 *h*yper*t*ext *t*ransfer *p*rotocol《World Wide Web 上でページを表示する hypertext データを転送するために用いられる通信規約》
HUAC /hjúːæk/ 略 *H*ouse *U*n-American *A*ctivities *C*ommittee
Huang He /hwɑ̀ːŋ hɜ́ː | hwæ̀ŋ-/, **Hwang Ho** /hwɑ̀ːŋ hóʊ | hwæ̀ŋ-/ 名 黄河(こうが)《中国北部を流れ渤海(ぼっかい)に注ぐ同国第2の川》
hua·ra·che /wərɑ́ːtʃi/ 名 C (メキシコの) 革ひも編みの平底サンダル, ワラチ
hub /hʌb/ 名 C ❶ (車輪の)こしき, ハブ ❷ (活動・関心などの)中心, 中枢 ; (= **~ àirport**)ハブ空港《乗り継ぎの中心》‖ a ~ of commerce [airline traffic] 商業 [空の交通] の中心地 ❸ ハブ, データ伝送延長装置《ネットワークを構成する複数のコンピューター・周辺機器を接続し, データ伝送と中継をする装置》
▸▸ **~ and spóke** 名 U ①〘航空〙ハブアンドスポーク方式(hub-and-spoke system)《乗客がハブ空港を経由して地方の小空港に移動する方式》 ② ハブアンドスポーク式接続(hub-and-spoke network)
hub·ble-bub·ble /hʌ́bəlbʌ̀bəl/ 名 C ❶ 水ギセル ❷ ぶくぶくいう音 ❸ わいわい, がやがや(hubbub)
Hùbble's Láw /hʌ́bəlz-/ 名 U〘天文〙ハッブルの法則《銀河までの距離に比例してその銀河の後退速度が速くなるという法則》(♦ 米国の天文学者 Edwin P. Hubble (1889–1953)の名より)
Húbble Spàce Tèlescope 名 C ハッブル宇宙望遠鏡《1990年に打ち上げられた, 人工衛星として地球を周回する天体望遠鏡》
hub·bub /hʌ́bʌ̀b/ 名 U/C《単数形で》わいわい, がやがや ; 大騒ぎ
hub·by /hʌ́bi/ 名 (複 **-bies** /-z/) C《口》夫(husband)
húb·càp 名 C (自動車の車輪の)ホイールキャップ
Hu·bei /hùːbéɪ/ 名 湖北(フーペイ)省《中国東部の省. 省都 Wuhan(武漢)》
hu·bris /hjúːbrɪs/ 名 U (身の破滅を招く)慢心, 傲慢(ごうまん)
hu·brís·tic 形 **hu·brís·tic·al·ly** 副
huck·a·back /hʌ́kəbæ̀k/ 名 U ハッカバック《麻・木綿のタオル地》
huck·le·ber·ry /hʌ́kəlbèri | -bəri/ 名 (複 **-ries** /-z/) C〘植〙ハックルベリー(の実)《コケモモの類. 北米産》
huck·ster /hʌ́kstər/ 名 C ❶ (果物・野菜などの) 行商人 ; 呼び売り商人 ❷ 欲得ずくの人 ; 強引に売り込む人 ❸《米》(放送用の)コマーシャル製作者, 広告業者
—動 自 値切る ; 行商する **—**他 ❶ …の行商をする, …を売る ❷ …を押し売りする **~·ìsm** 名
HUD /hʌd/ 略 Department of *H*ousing and *U*rban *D*evelopment((米国の) 住宅都市開発省) ; *h*ead-*u*p *d*isplay(前方表示装置)
***hud·dle** /hʌ́dl/ 動 自 ❶ (寒さ・恐れのために) 体を寄せ合う, 〈…の周りに〉群がる, 集まる《*together, up*》〈**around**〉‖ The campers ~*d together* for warmth. キャンパーたちは暖をとるために体を寄せ合った / We ~*d around* the bonfire. 我々はたき火の周りに集まった ❷ (腕・脚を抱え込んで) 体を丸める, 身を縮める《*up*》‖ ~ *up* in bed 丸くなって寝る ❸《米》密談に寄り集まる ; 集まって〈…と〉相談をする〈**with**〉 ❹〘アメフト〙ハドルする《作戦協議のためにスクラム線後方で円陣を組むこと》
—他 ❶《主に英》…を乱雑に [大急ぎで] 寄せ集める《*together, up*》; …を〈…に〉無造作に詰め込む〈**into**〉; 〔衣服〕を無造作に着る《*on*》‖ ~ one's clothes *into* a suitcase スーツケースに衣類をぎっしり詰め込む ❷ **a**《受身形または ~ oneself で》体を丸める, 縮こまる《*up*》‖ The cat ~*d* itself (*up*) on the cushion. 猫はクッションの上で体を丸くした **b**《~d で形容詞として》寄り集まって, 丸まって《*together, up*》‖ We sat ~*d together*. 我々は互いに詰め合って座った
—名 C ❶ (人・物の)密集(状態), 集まり ; 衆 ; 混雑, 乱雑 ‖ a ~ of cottages 密集した小屋 ❷ 内緒の相談, 密談 ; (秘密の)会議 ❸〘アメフト〙ハドル, 作戦会議
gò [OR ***gèt***] ***into a húddle***《口》集まって内緒話をする, 密談する
Hud·son /hʌ́dsən/ 名 ハドソン ❶ **Henry ~** (1565–1611)《英国の航海家・探検家. ハドソン川・ハドソン湾を発見・探検した》 ❷《the ~》米国ニューヨーク州東部の川
▸▸ **~ Báy** 名 ハドソン湾《カナダ北東部の内湾》
Hu·dud /hʊ́duːd, hʊdúːd/ 名《通例 the ~》(重罪に対する)イスラム刑法
***hue**[1] /hjuː/ (♦ 同音語 hew) 名 C U ❶ 色 ; 色合い, 色調 ; 色相(⇨ COLOR 類語) ‖ take on a red ~ (顔・葉などが) 赤みを帯びる / the flowers of many ~*s* いろいろな色(合い)の花 / a subtle [warm] ~ 微妙な[暖かい]色合い / subdued ~*s* 落ち着いた色合い ❷ (意見・信条などの) 特色, 傾向, 色合い ‖ an audience of every political ~ いろいろな政治的傾向の聴衆
~d 形《複合語で》…色の ‖ rosy-*hued* バラ色の
hue[2] /hjuː/ (♦ 同音語 hew) 名《次の成句で》
a hùe and crý ① 〈…への〉(抗議・要求などの公然の)叫び(声)〈**against, about**〉 ② (昔の英国での) 犯人追跡(の叫び声)
huff /hʌf/ 名 C《通例単数形で》むっとすること ‖ in a ~ むっとして / go [OR get] into a ~ =take the ~ むっとする **—**動 自 ❶ ぷっと息を吐く ❷ むっとする, 怒る
—他 ❶ 〔人〕をむっとさせる, 怒らせる ❷ むっとして [怒って] …と言う ; 〔人〕をどなりつける ; どなりつけて〈…〉させる〈**into, out of**〉(♦ 直接話法にも用いる) ❸〘チェッカー〙(規則違反の罰として)〔相手のこま〕をとる
hùff and púff ① うるさく文句を言う ② (口をあけて) はあはあ呼吸する
huff·y /hʌ́fi/ 形 怒りっぽい ; むっとした, 腹を立てた ‖ Don't get all ~ with me! そんなに怒らないでよ
húff·i·ly 副 **húff·i·ness** 名
***hug** /hʌg/ 動 (**hugged** /-d/ ; **hug·ging**) 他 ❶ 〔人など〕を(しっかり)抱き締める, 抱擁する(⇨ 類語) ; 〔物〕を抱える ‖ She *hugged* her child tight(ly). 彼女は子供をしっかりと抱き締めた / He *hugged* me goodbye. 彼は私を抱き締めて別れを告げた / ~ one's knees 両ひざを抱える ❷ 〔偏見・信念など〕に固執する ; …を(心に)抱く ❸ (船・車などが)…に沿って(すぐ近くを)進む, 〔地面など〕にすれすれに動く[飛ぶ] ‖ ~ the shoreline (船が) 海岸線に沿って進む / ~ the road (車が) 路面にぴったりついて走る ❹ (衣

服が)〔体〕にぴったりくっつく ❺《～ oneself で》〈喜びなどで〉大いに満足する〈with〉 ―自 しっかりと抱く
―名 C ❶ 抱擁 ‖ Give me a better ～ and a kiss. もっとちゃんと抱いてキスしてちょうだい ❷ (レスリングなどの)抱え込み, 締めつけ

類語 《他 ❶》 **hug** 愛情や友情を込めて強く抱き締める. くだけた語.
embrace 改まった語で, ふつう愛情のしるしに, ときに儀礼的に抱き締める.「ひしと強く, 愛情を込めて」という語感は hug の方が強い. 〈例〉*embrace* a visitor 訪問客を抱き締める

***huge** /hjuːdʒ/
―形 (**hug·er**; **hug·est**)
❶ (大きさ・量・程度などが)**巨大な**, とても大きい; 莫大(ばくだい)な, 計り知れない (↔ tiny) (♦ ふつう very とともには用いない. ⇨ PB 93) (⇨ 類語) ‖ a ～ tanker 巨大なタンカー / a ～ crowd of people ものすごくたくさんの群衆 / a ～ **amount** of money 莫大な金額 / show a ～ (trade) deficit 膨大な(貿易)赤字になっている / Their concert was not a ～ success. 彼らのコンサートは大成功には至らなかった
❷ 《口》大成功の, 有名な ‖ They are already a ～ band back in Brazil. 彼らは(故郷の)ブラジルでは有名なバンドだ
～·ness 名

類語 《❶》 **huge** 形・量・容積などが極端に大きい. 〈例〉a *huge* building 巨大な建物
vast 広さ・範囲などが極端に大きい. 〈例〉a *vast* area 広大な地域
enormous 形・程度などがふつうの限度・標準を越えて大きい. 〈例〉an *enormous* amount of money 巨額の金
immense ふつうの方法ではとても測れないほど大きい. 〈例〉an *immense* expanse of water 果てしなく広い海
tremendous 人を恐れさせるほど巨大な. 〈例〉an iceberg of a *tremendous* size とてつもなく大きい氷山
gigantic, colossal 異常に大きな. 〈例〉a *gigantic* [OR *colossal*] tree 巨木

húge·ly /-li/ 副 大いに, 非常に, とても ‖ a ～ expensive project すごく費用のかかる事業(計画)
hug·ger-mug·ger /hʌ́gərmʌ̀gər/ 名 U ❶ 混乱, 乱雑 ❷ 秘密
―形 副 ❶ 混乱した[て], 乱雑な[に] ❷ 秘密の[に]
―動 他 …を秘密にする, 隠す ―自 こっそりやる
Hu·go /hjúːgou/ 名 **Victor** (**Marie**) ～ ユゴー (1802–85)《フランスの詩人・小説家・劇作家》
Hu·gue·not /hjúːgənɑ̀(ː)t | -nòu/ 名 C ユグノー《16–17世紀のフランスの新教徒》 **-ism** 名
***huh** /hʌ/ (♦ 鼻にかけて発音する) 間 ❶ …じゃないかい (♦ 文末に付けて同意を求める. 付加疑問の代用になる) ‖ This is not a bad restaurant, ～? このレストラン, 悪くないと思わないかい ❷ えっ, はあ, 何て言った(♥ 聞き返す) ❸ えーっ, 何だって(♥ 同意しない驚き・怒りを表す) ❹ ふん, へえ, ほう(♥ 軽蔑・驚きを表す)
hu·la /húːlə/ 名 C フラダンス (♦ hula dance, hula-hula ともいう) ‖ dance the ～ フラ(ダンス)を踊る
▸▸ **～ skìrt** 名 C (長い草を編んだ)フラダンス用スカート
Hu·la-Hoop, hu·la·hoop /húːləhùːp/ 名 C フラフープ(♦ 商標名より)
hulk /hʌlk/ 名 C ❶ (装備を取り外した)老朽船の船体《倉庫などに使われる》; 《しばしば ～s》(19世紀の)牢獄(ろうごく)船 ❷ 図体(ずうたい)が大きい人, かさばるもの ‖ a great ～ of a man どでかい男 ―動 自 (大きなものが)姿を現す, 立ちはだかる; のそのそ動く《*up*》
hulk·ing /hʌ́lkɪŋ/ 形 《口》でかい, かさばる ‖ You great ～ idiot! このウドの大木め
***hull¹** /hʌl/ 名 C 外皮, (豆・穀粒・木の実・種の)皮, 殻, さや(pod); (イチゴの類の)へた ‖ remove the ～*s* from the nuts 木の実の殻をとる ―動 他 …の皮[殻, さや]をとる, むく; …のへたをとる ‖ ～ grain 脱穀する
hull² /hʌl/ 名 C 船体, (飛行船・戦車などの)胴体, 本体
―動 他 ❶〔船体・車体〕を砲弾などで貫く ❷《-hull(ed)の形の複合語で》…の船体を持つ ‖ a double-*hull*(*ed*) vessel 双胴船
hul·la·ba·loo /hʌ̀ləbəlúː/ 名 (複 **～s** /-z/) C 《口》大騒ぎ; わあわあ, がやがや(hubbub) (♦ hulla bal loo ともつづる) ‖ start a ～ in the press 新聞を賑わす
***hul·lo** /həlóu/ 間 名 動 《主に英》=hello
***hum** /hʌm/ (→ 間) 動 (**hummed** /-d/; **hum·ming**) 自
❶ 鼻歌を歌う, ハミングする ‖ He is *humming* out of tune. 彼は調子外れの鼻歌を歌っている ❷ (ハチ・蚊・鳥・こまなどが)ぶんぶんいう; (場所が)〈音・人声などで〉がやがや[ざわざわ]している〈with〉 ‖ The bees are *humming* about the flowers. ハチが花の周りでぶんぶんいっている ❸《口》(場所・事業などが)〈…で〉忙しく活気がある, 景気がいい〈with〉(♦ しばしば進行形で用いる) ‖ The factory is *humming with* activity. その工場には活気がみなぎっている / Things are beginning to ～. 事態はよくなり始めている / make things ～ 仕事に活気を与える, 景気をつける ❹《英口》悪臭がする
―他 …を鼻歌[ハミング]で歌う ‖ He walked along the street *humming* a tune to himself. 彼は何やら鼻歌を歌いながら通りを歩いて行った
hùm and háw [OR *há*] 《英》(ためらって)ふむとかはあとか言う, ぐずぐずしていて結論に達しない, ためらう (《主に米》hem and haw)
―名 C 《通例単数形で》 ❶ ぶんぶん, ぶーん; がやがや, ざわざわ; (テレビなどの) 雑音 ‖ (can) hear 「a ～ of conversation [the ～ of traffic] がやがや話し声[通りのざわめき]が聞こえる ❷ 鼻歌, ハミング; ハミングすること
―間 /həm, hm:/ うーむ, ふーん(hem, h'm) (♥ ためらい・疑い・驚き・当惑・不満などを表すとき)

***hu·man** /hjúːmən/ 形 名
―形 〔▶ humanity 名, humanize 動〕(**more ～**; **most ～**) (♦ ❸ 以外比較なし)
❶《限定》**人間の**, 人類の; 人間に関する, 人間からなる ‖ a ～ body 人体 / ～ behavior 人間の習性 / ～ society 人間社会 / ～ history 人類の歴史 / ～ happiness [destiny] 人類の幸福[運命] / a demon [brute] in ～ shape 人間の皮をかぶった悪魔[畜生] / the ～ relationship with the environment 自然環境と人間との関係 / fit for ～ consumption (食べ物などが) 人間の食用に適した[食べられる] / ～ affairs 人事 / ～ cloning クローン人間を造ること
❷ (神や動物・機械などに対して)**人間(特有)の**, 人間の持っている; 人間の弱さを示す ‖ To err is ～, to forgive divine. 過ちは人の常, 許すは神(♦ 英国の詩人 A. Pope の言葉) / reduce the possibility of ～ error 人的ミスの可能性を減らす / That's far beyond ～ power [OR ability]. それはとても人間の力では及ばぬことだ / Agatha is only ～ — sometimes she makes mistakes. アガサだってやはり(ただの) 人間 — ときには間違えることもあるさ
❸ **人間らしい**, 人間的な, 人間[人情]味のある, 優しい(humane) (↔ inhuman) ‖ I found the first lady quite ～. 大統領夫人はとても人間味のある方だった / He showed a warmly ～ understanding toward me. 彼は私に温かい思いやりのある理解を示した / be lacking in ～ feelings 人間味に欠けている / have the ～ touch 人情味がある
―名 (複 **～s** /-z/) C 《しばしば ～s》人間(♦ ふつうは human being(s) を用いる) ‖ coexistence of ～*s* and nature 人と自然の共生

~·ness 名 U 人間らしさ
▶▶~ béing 名 C ① (霊長目ヒト科の) ヒト ② (神・動物などに対し) 人間 ~ cháin 名 C 人間の鎖《デモ運動の1つ》;(物をリレーして運ぶために並んだ) 人の列 ~ ecól·ogy 名 U 人間生態学 ~ engineéring 名 U 人間工学;(作業能率を高めるための) 人間管理 ~ génome 名 C 〘遺伝〙ヒトゲノム Hùman Génome Pròject 名 C《しばしば the ~》〘遺伝〙ヒトゲノム解析計画《略 HGP》~ geógraphy 名 U 人文地理学 ~ ínter·est (↓) ~ náture 名 U 人間性, 人間の本性, 人情 ~ ráce 名《the ~》人類 ~ relátions 名《通例単数扱い》人間関係 (学) ~ resóurces 名 ① 人材, 人的資源 (manpower) ②《単数・複数扱い》(企業の) 人事部門 ‖ a ~ *resources* consulting firm 労務管理コンサルティング会社 ~ ríghts (↓) ~ shíeld 名 C 〘軍〙人間の盾《敵の攻撃を防ぐため重要拠点に配置された人質》~ tráfficking 名 U 人身売買 (human trade)

*hu·mane /hjuméɪn/《発音・アクセント注意》形 ❶ 人間味のある, 思いやりのある, 慈悲深い, 優しい, 理解のある, 人道にかなった ‖ It is not ~ to lock a dog in such a small cage. 犬をそんな小さなおりに閉じ込めておくのは思いやりに欠ける / a ~ attitude 優しい態度 ❷ できるだけ苦痛を与えない ‖ the ~ killing of animals 動物の安楽死 ❸《限定》《堅》(学問が) 人を高尚にする, 洗練する; 人文学の ‖ ~ studies 人文科学 ~·ly 副 ~·ness 名
▶▶~ society 名 C 動物愛護協会

hùman ínterest 名 C (新聞・ニュース報道などでの) 人間的興味 **hùman-ínterest** 形

*hu·man·ism /hjúːmənɪzm/ 名 U ❶《しばしば H-》人間 (中心) 主義, 人本主義 (❗日本語の「人道主義・博愛主義」の意味で用いられる「ヒューマニズム」は humanitarianism に近い) ❷ 人文科学 [古典文学] への傾倒, 研究 ❸《しばしば H-》(ルネサンス期の) 人文主義

hu·man·ist /hjúːmənɪst/ 名 C ❶ 人間性・人間に関する事柄の研究者 ❷ 人間 (中心) [人本] 主義者 ❸ 人文科学 [古典文学] 研究者 ❹《しばしば H-》(ルネサンス期の) 人文主義者, ユマニスト
—形 ❶ 人間 (中心) 主義の ❷ (ルネサンス期の) 人文主義 (者) の
hù·man·ís·tic 形 **hù·man·ís·ti·cal·ly** 副

*hu·man·i·tar·i·an /hjumæ̀nɪtéəriən/ 形 人道主義の, 博愛主義の ‖ ~ aid 人道的援助
—名 C 人道主義者, 博愛主義者, ヒューマニスト

hu·màn·i·tár·i·an·ìsm /-ìzm/ 名 U 人道主義, 博愛主義 **-ist** 名

*hu·man·i·ty /hjumǽnəṭi/《アクセント注意》名 〔◁ human 形〕(複 -ties /-z/) U ❶《通例無冠詞で》《集合的に》《単数・複数扱い》人類 (mankind); 人々 ‖ relics of ~ 人類の遺跡 / a crime against ~ 人類に対する犯罪 / be packed with ~ 人でぎっしり満員である ❷ 人間性, 人間であること; 人間味, 人間らしさ ❸ 人間愛, 慈愛, 親切, 人情; (他人に対する) 尊敬, 共感, 理解, 善意 ‖ treat animals with ~ 動物をいたわる ❹ C《(the) -ties》《ときに単数扱い》人文科学; (古代ギリシャ・ローマの) 古典文学

hu·man·ize /hjúːmənàɪz/ 動 〔◁ human 形〕他 ❶ …に人間性を与える, 人格化する; …を人間向きにする ‖ ~*d* milk 母乳化した牛乳 ❷ …に人間味を持たせる
hù·man·i·zá·tion 名 **-ìz·er** 名

hùman·kínd 名 U《集合的に》《単数・複数扱い》人間, 人類 (♥ mankind ❶の性差別を避ける語)

hu·man·ly /hjúːmənli/ 副 ❶ 人間らしく, 人間的に ❷ 人間の力によって; 人間的見地から (は) ‖ ~ [not ~] possible 人間の力でできる [できない] / ~ speaking 人間の立場で言えば, 人知の限りでは ❸《古》人間の常として (は), 人情としては

hu·man·oid /hjúːmənɔ̀ɪd/ 形 人間のような, 人間に似た
—名 C ヒューマノイド《SFで (地球以外の天体に住む) 人間に似た生物・ロボット》‖ a ~ alien 宇宙 [異星] 人

*hùman ríghts 名 複 基本的人権
hùman-ríghts 形 人権の [に関する] ‖ ~ groups [activists, abuses] 人権擁護団体 [活動家, 侵害]

*hum·ble /hʌ́mbl/ 形 (-bler; -blest) ❶ 謙遜 (けんそん) した, 謙虚な, 控えめな, へりくだった (↔ arrogant, proud) (→ humility); (卑下して) つまらぬ, 取るに足りない (⇨ 類語) ‖ I especially admire his ~ attitude. 特に彼の謙虚な態度が立派だと思う / make a ~ apology 平謝りに謝る / in my ~ opinion 卑見によれば / your ~ servant《古》《戯》敬具《以前用いられた手紙の結句》❷ 地位 [身分] などが低い, 下層の, 卑しい ‖ He rose from ~ circumstances. 彼は恵まれない境遇から身を起こした / a man of ~ origins 生まれの卑しい男 ❸ (物・事が) ごくありふれた, ささやかな, 小さな ‖ run a ~ restaurant 小さなレストランを経営する / a ~ job つまらない仕事
—動 他 ❶ …を謙虚 (な気持ち) にさせる;《~ oneself で》謙虚になる, 謙遜する, へりくだる ❷ …の品位 [地位など] を落とす; …を辱める, 卑しめる ‖ Failure ~*d* his pride. 失敗が彼の高慢の鼻をくじいた ❸《通例受身形で》(ずっと強い相手が) たやすく打ち負かされる ‖ To our surprise, the champion was ~*d* by a knockout. 驚いたことに, チャンピオンはノックアウト負けした
~·ness 名 U 謙虚, 謙遜, 卑下; 卑しさ

類語《形 ❶》**humble** よい意味では高慢でなく謙虚な, 悪い意味では卑屈なほど卑下する.
modest ふつうよい意味で用い, 自慢・気取りがなく控えめな.

▶▶~ píe 名 U ①《古》シカの臓物で作ったパイ ② 屈辱, 不面目 ‖ eat ~ *pie* (自分の非を認めて) 平謝りに謝る, 甘んじて屈辱を受ける (♦ 昔, 狩りの獲物のよい肉は主人が食べ, 従者には臓物パイ (umble pie, 後にふざけて humble pie とした) が与えられたことから)

húmble·bèe 名 = bumblebee

hum·bly /hʌ́mbli/ 副 ❶ 謙遜して, へりくだって, 恐れ入って ❷ (地位などが) 低く, 卑しく ‖ ~ born 卑しい身分の生まれで

hum·bug /hʌ́mbʌ̀g/ 名 ❶ U ごまかし, ぺてん, まやかし, 詐欺; たわごと ‖ *Humbug!* ばかな, くだらない ❷ C 詐欺師, ぺてん師, いかさま師 ❸ C《英》ハッカ入りあめ
—動 (-bugged /-d/; -bug·ging) 他 …をぺてんにかける, だます; だまして〈…〉させる [〈…を〉奪う]〈**into, out of**〉
—自《旧》詐欺を働く
-bùg·ger 名 **-bùg·ger·y** 名

hum·ding·er /hʌ̀mdíŋər/ 名 C《単数形で》《俗》素晴らしい人 [もの]

hum·drum /hʌ́mdrʌ̀m/ 形 平凡な, 退屈な, 月並みな; 単調な ‖ a daily ~ existence 単調な日常生活
—名 U 退屈, 単調; 退屈な話

Hume /hjuːm/ 名 **David ~** ヒューム (1711-76)《スコットランドの哲学者・歴史家》

hu·mec·tant /hjuméktənt/ 名 C (食品・保湿クリーム等に添加される) 湿潤剤 —形 保水性の

hu·mer·al /hjúːmərəl/ 形《限定》〘解〙上腕骨の; 肩の

hu·mer·us /hjúːmərəs/ 名 (複 -mer·i /-aɪ/) C 〘解〙上腕骨

hu·mic /hjúːmɪk/ 形《限定》腐植質 (humus) の

*hu·mid /hjúːmɪd/ 形 湿気のある, (空気が) 湿っぽい (⇨ WET 類語) ‖ The climate here is hot and ~. 当地の気候は高温多湿だ

hu·mid·i·fy /hjumídɪfàɪ/ 動 (-fied /-d/; ~·ing) 他 …を湿らせる, 加湿する **hu·mìd·i·fi·cá·tion** 名 **hu·míd·i·fì·er** 名 C 加湿器, 湿度調節装置

*hu·mid·i·ty /hjumídəṭi/ 名 U 湿気; (大気の) 湿度 ‖ *Humidity* will be high [low] today. 今日は湿度が高い [低い] でしょう / 75% ~ 湿度 75%

hu·mi·dor /hjúːmɪdɔ̀ːr/ 名 C (たばこなどの) 給湿貯蔵箱 [室]《内部の湿度が一定》

***hu·mil·i·ate** /hjumílièɪt/ 動 他 …の自尊心を傷つける，…に恥をかかせる；…をへこませる ‖ He was ~*d* in front of his friends. 彼は友人たちの前で赤恥をかいた / ~ oneself 恥をかく，面目を失う

hu·míl·i·àt·ing /-ɪŋ/ 形 恥をかかせる，屈辱的な，不面目な ‖ a ~ defeat 屈辱的敗北 **~·ly** 副

***hu·mil·i·a·tion** /hjumìliéɪʃən/ 名 U C 恥をかかせる［かく］こと；屈辱，不面目；C 恥ずかしい事態 ‖ suffer [face, put up with] deep ~ ひどい恥辱を味わう［に直面する，に耐える］/ Their son's arrest was seen to be a ~ for the whole family. 息子が逮捕されたことは家族全員にとって恥だと考えられた

***hu·mil·i·ty** /hjumíləṭi/ 名（♦ 形容詞は humble）U 謙遜(けんそん)，卑下 ‖ a woman of great ~ 大変謙虚な女性 / in [OR with] ~ 謙遜して

hum·int, HUMINT /hjú:mɪnt/ 名 U 諜報活動

húmming·bìrd /hʌ́mɪŋ-/ 名 C 〖鳥〗ハチドリ《北米南部から南米に分布．世界最小の鳥として知られる》

hum·mock /hʌ́mək/ 名 C ❶ 小山，丘 ❷《米》(湿地帯の)小高い場所 ❸ (氷原上の)氷丘 **~·y** 形

hum·mus /hʊ́mʊs, hʌ́m-, -məs/ 名 C U 〖料理〗フムス《ヒヨコマメを裏ごしした中東のペースト》

H

hu·mon·gous /hjumʌ́ŋgəs/ 形《口》巨大な，恐ろしく大きい ‖ a ~ steak ばかでかいステーキ **~·ly** 副

***hu·mor,**《英》**-mour** /hjú:mər/

── 名〔▶ humorous 形〕(複 **~s** /-z/) ❶ U **ユーモア**，しゃれ，おかしさ；ユーモアを解する力(⇨ WIT¹ 類語) ‖ I see no ~ in what you say. 君の言うことの面白さがわからない / He is known for his dry ~. 彼はにこりともせずに冗談を言うことで知られている / a sense of ~ ユーモアのセンス / wry ~ 皮肉の入ったユーモア / black ~ ブラックユーモア

❷ U C《堅》(一時的な)気分，機嫌，気まぐれ ‖ Dad is in a **good** ~. Time to ask for a raise in allowance. パパは上機嫌だ．小遣いのアップを頼むチャンスだ / She is「in no ~ [OR not in the ~] for work. 彼女は仕事をする気分にならない / be in no ~ to crack a joke 冗談を言う気分ではない

❸ U C 気質，性質，気性 ‖ *Every man has his ~.*《諺》十人十色(ﾄ)

❹ C《古》(中世医学での)体液 ‖ the cardinal ~*s* 4体液《blood (血液)，phlegm (粘液)，choler (黄胆汁)，melancholy(黒胆汁)》

be òut of húmor 不機嫌である

── 動 (**~s** /-z/；**~ed** /-d/；**~·ing**) 他〔人〕の機嫌をとる，好きなようにさせる；〔人〕をうまく扱う；…に調子を合わせる

語源 ラテン語で「液体」の意．中世では，体内の4体液の割合でその人の性質・気質が決まると考えられていた．

hu·mor·al /hjú:mərəl/ 形〖医〗体液の，体液に関する

hú·mored,《英》**-moured** /-d/ 形《通例複合語で》…の機嫌の ‖ good- [ill-]~ 上[不]機嫌な

hu·mor·esque /hjù:mərésk/ 名 C〖楽〗ユーモレスク《滑稽(こっけい)味のある軽い小曲》

hu·mor·ist /hjú:mərɪst/ 名 C ❶ ユーモアのある［わかる］人；ひょうきん者 ❷ ユーモア作家［俳優］

hú·mor·less,《英》**-mour-** /-ləs/ 形 ユーモアのない［わからない］；面白くない **~·ly** 副 **~·ness** 名

***hu·mor·ous** /hjú:mərəs/ 形〔◁ humor 名〕ユーモアのある［わかる］；滑稽(こっけい)な，面白い，ユーモラスな；ひょうきんな，おどけた ‖ a ~ tale of her trip abroad 彼女の海外旅行の滑稽な話 / a ~ person ひょうきんな人

***hu·mour** /hjú:mər/ 名 動《英》=humor

***hump** /hʌmp/ 名 C ❶ (土地・表面の)盛り上がり，隆起した所；丸い丘；(道路の)出っ張り ‖ a road [OR speed] ~《英》ロード［スピード］ハンプ《自動車の速度を抑えるために施された路面の出っ張り》 ❷ (背中の)こぶ；(ラクダなど動物の)背こぶ ‖ a camel with two ~*s* フタコブラクダ ❸ (事業・試練などの)難局，危機 ❹《the ~》《英口》憂うつ，かんしゃく ‖ He always gives me the ~. あいつにはいつも頭にくる ❺〖鉄道〗ハンプ《重力によって貨車を仕分け線に転送するための操車場の傾斜地》

gèt [OR ***hàve, tàke***] ***the húmp***《英口》しゃくに障る，機嫌を悪くする

òver the húmp 難局を脱して，最悪の事態を切り抜けて

── 動 他 ❶〔背中〕を丸くする，屈める ❷《+目+副句》《主に英口》〔重いもの〕を(背負って)運ぶ，かつぐ(♦ 副句 は方向を表す) ‖ I am quite tired from ~*ing* furniture around. 家具をあちこち運んですっかりくたびれた ❸ ⊗《俗》《蔑》…とセックスする ── 自 ❶ 背中を丸める；丸く盛り上がる ❷ ⊗《俗》《蔑》〈…と〉セックスする〈**with**〉

▸▸ **~ [hùmpback(ed)] brídge** 名 C《英》太鼓橋

húmp·bàck 名 C ❶ =hunchback ❷ (= **~ whále**)〖動〗ザトウクジラ **~ed** 形

▸▸ **~ sálmon** 名 C〖魚〗カラフトマス，セッパリマス

humph /hʌmf, m̩m, həm̩/ 間 ふん，ふふん(♥ 疑い・驚き・軽蔑・不満などを表す)

── 動 自 ふふんと言う

Hump·ty-Dump·ty /hʌ̀mptidʌ́mpti/ 名 (複 **-ties** /-z/) C《口》❶ ハンプティ=ダンプティ《*Mother Goose* に登場する戯画化された卵．塀から落ちて粉々になる》；一度損なわれ［倒され］たら元どおりにならないもの［人］❷《h- d-》ずんぐりむっくりの人

hump·y /hʌ́mpi/ 形 ❶ (背中に)こぶのある，こぶだらけの；こぶのような ❷ (すぐ)いらいらする **húmp·i·ness** 名

hu·mus /hjú:məs/ 名 U (土壌中の)腐植質

Hum·vee /hʌ́mvi:/ 名《主に米》《商標》ハンビー《軍事用高性能4輪駆動車》

Hun /hʌn/ 名 C ❶ フン族(の人)《4–5世紀にヨーロッパを侵略した中央アジアの遊牧民族》‖ Attila the ~ フン族のアッティラ(王) ❷ 心なき破壊者，野蛮人 ❸《旧》《俗》《けなして》(第1・2次世界大戦時の)ドイツ人［兵］

Hu·nan /hù:ná:n | -næn/ 名 湖南(フーナン)省《中国南東部の省．省都 Changsha(長沙)》

***hunch** /hʌntʃ/ 名 C ❶ 直感，予感，虫の知らせ ‖ I had a ~ (that) you'd come. 君が来そうな気がしたんだよ / just on a ~ ちょっと予感がしたので / play one's ~ 予感［直感］に頼って行動する ❷ こぶ(hump) ❸ (チーズ・パンなどの)厚切り(lump)

── 動 他 ❶〔体(の一部)〕を丸める《*up*》‖ ~ one's shoulders 肩を丸める ❷ …を押す，突く ── 自 ❶ 背を丸める，〈…に覆いかぶさるように〉身をかがめる〈**over**〉；うずくまる《*up*》‖ She ~*ed over* the book. 彼女は覆いかぶさるようにして本を読んだ ❷ 体を乗り出す，ぐいと進み出る **~·ed** 形

húnch·bàck 名 C ⊗《しばしば蔑》背にこぶのある人，猫背(の人)；背骨が後方に異常湾曲した背 **~ed** 形 猫背の，背にこぶのある人の

‡hun·dred /hʌ́ndrəd/

── 名 (複 **~s** /-z/) ❶ U C 100；百 ‖ a [OR one] ~ 100 (♦ one hundred の方が《堅》) / some ~=about a ~ およそ100 / the three ~ (and) fiftieth 350番目

語法 ☆☆ (1) 数詞または数を示す形容詞が前にくるときは複数の -s をつけない．〈例〉two *hundred* [×hundreds] 200
(2) 数を読む場合，百の位と十の位の間に and を入れるが，《米》では省略することが多い．〈例〉two *hundred* and seven 207

❷ C《~s》何百(もの)，多数(の) ‖ Her bag cost her ~*s* of dollars. 彼女のバッグは何百ドルもした / The town is ~*s* of miles away. その町は何百マイルも離れている / ~*s* of thousands of people 何十万もの人々 / I've got ~*s* of things to do. やることがすごくたくさんある

❸ U C《米》100ドル(紙幣)；《英》100ポンド(紙幣) ‖ I bought the coat for three ~. そのコートを300ドルで買った ❹ C 100を表す記号《100, Cなど》❺ C U 100

歳 ‖ Few people live to be a ～. 100歳まで生きる人はわずかしかいない / a man of a ～ 100歳の男性
❻《複数扱い》100人[個] ❼ Ⓒ 100人[個]1組(のもの) ‖ sell by the ～ 100単位で売る ❽《the ～s》100代(の数)《100から999まで》‖ a figure in the low ～*s* 数百[100代前半]の数(字) ❾ Ⓒ《the ... ～s》《数詞を伴って》…百年代 ‖ the early twenty ～*s* 2000年代初期(=the early 2000s) ❿ Ⓒ Ⓤ【英国史】ハンドレッド《英国の county, shire の下の地域区分単位》

a [OR *one*] ***hùndred percént*** 《口》100パーセント(の)；完全な[に] ‖ I'm *a* ～ *percent* well. 調子は上々だ / The team gave *a* ～ and ten *percent*, but they still lost. チームは110%[全力を尽くして]頑張ったが，負けた

―形 ❶ 100の，100人[個]の ‖ some ～ CDs およそ100枚のCD(♦「数百枚のCD」は some hundreds of CDs) / several ～ customers 数百人のお客
❷《a ～》多くの ‖ I have a ～ things to finish by tomorrow. 明日までに終えなければならないことが山のようにある / *a* ～ times 《口》何度となく，しばしば
❸《... ～ hours》《口》《数詞を伴って》(24時間制の)…時 ‖ twelve ～ hours 12時[正午](=12:00)

▸▸ **～s and thóusands** 名 複 《英》(デザートに振りかける，砂糖・チョコレートでできた)トッピング **Hùndred Yèars' [Yèars] Wár** 名《the ～》【史】百年戦争(1337–1453)《英仏間で断続的に戦われた一連の戦争》

hun·dredth /hʌ́ndrədθ/ 《略 100th》形 ❶《通例 the ～》第100の，100番目の ❷ 100分の1の ―名 ❶《通例 the ～》第100，100番目のもの ❷ Ⓒ 100分の1

húndred·wèight 名 (複 **～s** /-s/,《数詞の後で》**～**) Ⓒ ハンドレッドウエート《重量の単位.《米》では100ポンド(short hundredweight),《英》では112ポンド(long hundredweight). 略 cwt》‖ a [four] ～ (of coal) 1[4]ハンドレッドウエート(の石炭)

hung /hʌŋ/
―動 hang の過去・過去分詞の1つ
―形《比較なし》❶(議会・陪審などで)過半数がとれない
❷《しばしば ～ up で》💻ハングアップした，フリーズした
❸《～ up で》《叙述》《口》困った，いやな ❹《～ up on [OR about] ... で》《俗》…が心配で落ち着かない，…に取りつかれて，恋して ❺《叙述》⊗《俗》《蔑》巨根の(well-hung)

▸▸ **～ júry** 名 Ⓒ【法】意見が分かれて判決が出せない陪審団 **～ párliament** 名 Ⓒ《英》【政】絶対多数を占める政党のいない議会

Hung. 略 Hungarian, Hungary

Hun·gar·i·an /hʌŋɡéəriən/ 形 ハンガリーの，ハンガリー人[語]の ―名 Ⓒ ハンガリー人；Ⓤ ハンガリー語

Hun·ga·ry /hʌ́ŋɡəri/ 名 ハンガリー《ヨーロッパ中部の国. 首都 Budapest》

hun·ger /hʌ́ŋɡər/
―名〔▶ hungry 形〕(複 **～s** /-z/) ❶ Ⓤ **飢え**，飢餓，空腹(感)，ひもじさ ‖ There are children dying of [OR from] ～ in Africa, so eat your broccoli. アフリカでは餓死する子供もいるんだからブロッコリーを食べなきゃ駄目 / The climber was faint with [OR from] ～. その登山者は空腹でふらふらしていた / *Hunger is the best sauce.* 《諺》空腹は最高のソース；空腹にまずいものなし / feel [OR suffer] ～ 空腹を覚える / ～ pangs 空腹時に起こる腹痛
❷ Ⓤ Ⓒ 飢饉(きん)，食料不足
❸ Ⓒ《a ～》強い欲求，熱望，渇望，…欲〈**for, after** …に対する / **to do** …しようとする〉‖ have a ～ *for* fame [knowledge] 名誉[知識]欲が旺盛(おうせい)である / have a ～ *for* love 愛に飢えている / a ～ *to* explore the universe and discover its truths 宇宙を探検しその真理を発見しようとする飽くなき探求心
―動 自 ❶ 熱望する，渇望する〈**for, after** …を / **to do** …することを〉‖ ～ *for* 「parental affection [a better life] 親の愛[よりよい生活]を求める / He ～*ed to* see his mother again. 彼はもう一度母に会いたがった
❷《古》空腹である

▸▸ **～ màrch** (↓) **～ strìke** (↓)

húnger màrch 名 Ⓒ《英》飢餓行進《失業者の行うデモ行進》 **húnger màrcher** 名

húnger strìke 名 Ⓒ Ⓤ ハンガーストライキ，ハンスト ‖ be [go] on (a) ～ ハンストをしている[する]
húnger strìker 名 **húnger-strìke** 動 自

hùng-óver 形 二日酔いで(♦ hungover, hung over ともつづる)

hun·gry /hʌ́ŋɡri/
―形〔◁ hunger 名〕(**-gri·er**；**-gri·est**)
❶ **飢えた，空腹な**；空腹そうな；空腹を誘う；腹の減る；《the ～ で集合名詞的に》飢えた人々 ‖ How can you tell whether the baby is ～ or has wet his diaper? 赤ん坊が空腹なのか，おむつをぬらしたのかどうやってわかるの / I'm so ～ I could eat a horse! 腹がぺこぺこだ / feel ～ 空腹を覚える / get [OR become] ～ 腹が減る / go ～ 食べずにいる，飢える / a ～ look ひもじそうな顔つき / a ～ supper もの足りない夕食 / feed the ～ 飢えた人々に食事を与える

Behind the Scenes **As God is my witness, I'll never be hungry again.** **神様，見ていてください，私は二度と飢えることはありません** 映画 *Gone with the Wind*(邦題「風と共に去りぬ」)で，主人公の Scarlett が，母を亡くし，無一文になり，父までも気が変になってしまったにもかかわらず，不屈の精神で立ち上がって言ったせりふ(♥ I'll never be ... again. で，「二度とこうはなるものか」という強い決意を表す)

❷〈…(すること)を〉熱望して，渇望して；〈…(すること)に〉貪欲(どんよく)な，貪婪(どんらん)な〈**for** / **to do**〉；《複合語で》…に飢えた，…を熱望する ‖ The poor child has been ～ *for* affection. かわいそうなその子はずっと愛情に飢えていた / He was ～ *for* power [a job]. 彼は権力[仕事]を欲しがっていた / ～ eyes 物欲しそうな目つき / ～ flames 焼き尽くす炎 / power-～ 権力欲の強い
❸(土地が)やせた，不毛の
❹《限定》《口》野心を起こすような，意欲をそそるような ‖ ～ work 意欲をそそる仕事
-gri·ly 副 **-gri·ness** 名

hunk /hʌŋk/ 名 Ⓒ ❶(パンや肉などの)大きなかたまり，厚切り(lump) ❷《口》たくましくてセクシーな男性

hun·ker /hʌ́ŋkər/ 動 自 ❶ しゃがむ；潜伏する《***down***》
❷(困難な状況に)腰を据えて取りかかる；頑として固執する《***down***》

hun·kers /hʌ́ŋkərz/ 名 複《口》尻(しり)
on one's húnkers しゃがんで

hun·ky /hʌ́ŋki/ 形《口》(男性が)たくましくてセックスアピールのある

hun·ky-do·ry /hʌ̀ŋkidɔ́ːri/ 形《口》申し分ない，素晴らしい，うまくいっている

Hun·nish /hʌ́nɪʃ/ 形 ❶ フン族(Huns)の ❷ 野蛮な，破壊的な **～·ness** 名

hunt /hʌnt/
―動 (**～s** /-s/；**～·ed** /-ɪd/；**～·ing**)
―他 ❶ …を**狩る**，…の狩猟をする；(動物が)〔獲物〕を(追跡して)捕殺する，狩る ‖ Tigers have been heavily ～*ed* to the verge of extinction. トラは大量に捕獲されていて絶滅の危機にひんしている / ～ big game (トラ・ライオンなどの)大物狩りをする / ～ hare(s) [ducks] ウサギ狩り[カモ猟]をする / Wolves ～ large prey in a pack. オオカミは群れをなして大きな獲物を襲う
❷《英》〔キツネ狩り〕をする《猟犬や馬を使って獲物を追い，猟銃は用いない》；〔猟犬・馬〕を狩猟に使う
❸〔犯人など〕を**追う**，追跡する；…を〈…から〉追い立てる，(責め立てて)追い出す〈**out of**〉‖ The bank robbers are being ～*ed* by the police. 銀行強盗は警察に追われている

H

❹〔物・真相など〕を（丹念に）捜し求める ‖ ～ evidence far and wide くまなく証拠を捜し求める
❺〔ある地域〕を狩りをして回る；〔ある場所〕を〈…を求めて〉（丹念に）捜す，捜索する〈**for**〉‖ The narcotics squad ～*ed* the den *for* heroin. 麻薬捜査班はヘロインを見つけようと隠れ家をくまなく捜した
―自 ❶ **狩りをする**，狩猟を行う；（動物が）獲物を（追跡して）捕殺する；《英》キツネ狩りをする ‖ go (out) ～*ing* 狩りに出かける
❷〈…を〉（丹念に）捜す；捜し求める〈**for, after**〉‖ He ～*ed* through the drawers *for* his missing key. 彼はなくした鍵(かぎ)を見つけようと引き出しをくまなく捜した / I spent the whole day ～*ing for* bargains. 一日中掘り出し物を探し求めた / ～ high and low *for* a criminal 犯罪者を求めてあらゆる所を［くまなく］捜索する / ～ *after* fame 名声を追い求める
❸（機械・計器の針などが一定の所を）左右［前後，上下］に振れる，揺れ動く；（飛行機・ロケットが）軌道［航路］上を振れながら飛ぶ
*****hùnt dówn ...* / *hùnt ... dówn*** 〈他〉…を追い詰める，追跡して捕らえる；〔物〕を捜して見つけ出す
hùnt óut ...* / *hùnt ... óut 〈他〉〔動物〕を狩り出す；〔人〕を追跡して捕らえる；〔しまい込まれていたもの・見つけにくいものなど〕を捜し出す，探り出す(search out)
hùnt úp ...* / *hùnt ... úp 〈他〉…を（苦労して）捜し出す，見つける
―名（複 **～s** /-s/）Ⓒ ❶ **狩り**，狩猟；《英》キツネ狩り；《しばしば複合語で》…狩り ‖ an elephant ～ 象狩り / have a good ～ 狩りでたくさんの獲物を捕る
❷〈…の〉追跡，捜索；探索，探究〈**for**〉‖ The ～ is up *for* the serial killer. 連続殺人犯の追跡［捜索］が始まっている / have a ～ around *for* ... 《口》…を捜す / the ～ *for* the remains of the sunken ship 沈没船の遺体捜索 / a treasure ～ 宝探し
❸《集合的に》狩猟（愛好）会；猟区，狩猟地
❹（組み鐘の）ハント《5個から12個の鐘を用いて順序を入れ替えながら鳴らすこと》
▸▸ **～ sabotèur** 名 Ⓒ《英》（キツネなどの）狩猟禁止を訴えるグループのメンバー

hùnt-and-péck 形《口》（タイピングが）キーを探しながら打つ，雨だれ式の ―名 Ⓤ 雨だれ式タイピング
～·er 名

hunt·ed /hʌ́nt̬ɪd/ 形（目つきなどが）（追われている者のように）おどおどした ‖ a ～ man おびえた表情の男

*****hunt·er** /hʌ́nt̬ər/ 名 Ⓒ ❶ 狩りをする人，ハンター，猟師；獲物を狩る動物 ‖ The lion is a good ～. ライオンは優れたハンターだ ❷《しばしば複合語で》（…を）あさる人，…目当ての人 ‖ a bargain [bounty, head] ～ 特売品をあさる人［賞金稼ぎ，人材スカウト］/ a fortune ～ 財産目当ての人 ❸《米》猟犬；《英》（特にキツネ狩り用の）猟馬 ❹ ハンター時計《ふた付き懐中時計》
▸▸ **～'s móon** 名《the ～》狩猟月《9月の仲秋の満月(harvest moon)の次の(10月の)満月》

hùnter-gátherer 名 Ⓒ 狩猟・採集生活者

hùnter-kíller 形〖軍〗（艦船が）潜水艦攻撃用の

:hunt·ing /hʌ́nt̬ɪŋ/
―名 Ⓤ ❶ **狩猟**，狩り；《英》キツネ狩り(fox hunting)；《形容詞的に》狩猟（用）の ‖ a ～ knife [cap] 狩猟用ナイフ［狩猟帽］
❷ 捜索，探索，探究；《しばしば複合語で》…探し，…ハンティング ‖ treasure [job, house] ～ 宝物［職，家］探し
▸▸ **～ cròp** 名 Ⓒ 狩猟用のむち(hunting whip) **～ gròund**（↓）**～ hòrn** 名 Ⓒ《英》狩猟用らっぱ

*****húnting gròund** 名 Ⓒ 狩猟場，猟区；あさり場《欲しい情報［もの］を手に入れようとして探し回るありそうな場所》‖ a ～ for antique dealers 骨董(こっとう)商たちのあさり場
a hàppy húnting gròund ⇨ HAPPY HUNTING GROUND

Hun·ting·ton's cho·re·a /hʌ̀nt̬ɪŋtənz kəríːə|-kɔːríə/ 名 Ⓤ〖医〗ハンチントン舞踏病，ハンチントン病(Huntington's disease)《全身の不随意運動を伴う遺伝病》

hunt·ress /hʌ́ntrəs/ 名 Ⓒ 女性狩猟家（中立 hunter）；狩猟の女神

hunts·man /hʌ́ntsmən/ 名（複 **-men** /-mən/）Ⓒ ❶ 狩猟家，猟師（中立 hunter）❷（キツネ狩りの）猟犬係

Hunts·ville /hʌ́ntsvɪl/ 名 ハンツビル《米国アラバマ州北部の都市．宇宙開発の研究センターがある》

*****hur·dle** /hə́ːrdl/ 名 Ⓒ ❶〖スポーツ〗（競走・競馬用の）障害物，ハードル，フェンス；《the ～s》《単数扱い》ハードル競技，（馬術・競馬の）障害競走 ‖ clear a ～ ハードルを飛び越す［クリアーする］/ the high [low] ～*s* 高［低］障害競走 / the 400-meter ～*s* 400メートルハードル ❷ 困難，障害，問題 ‖「get over [OR overcome, clear] a ～ 障害を克服する ❸《主に英》（家畜・土地を仮に囲っておくための）編み垣 ❹《英》すのこそり《昔，罪人を乗せて刑場に運んだ一種のそり》
―動 他 ❶〔ハードル・フェンスなど〕を飛び越す；〔困難・障害〕を克服する，乗り越える ❷ …を編み垣で囲う
―自 ハードル競技に出る **-dler** 名 Ⓒ ハードル競技者［選手］；障害競走馬［犬］ **-dling** 名

hur·dy-gur·dy /hə́ːrdigə̀ːrdi/ 名（複 **-dies** /-z/）Ⓒ ❶〖楽〗ハーディガーディ《右手でハンドルを回し，左手で鍵盤を押さえて演奏する擦弦楽器》❷《口》＝barrel organ

*****hurl** /həːrl/ 動 他 ❶《＋目＋副句》…を〈…に〉強く投げつける，ほうり投げる〈**at, into, etc.**〉（⇨ THROW 類語）‖ The batter ～*ed* his bat *at* the ground. バッターは地面にバットをたたきつけた ❷ **a**《＋目》…を強く押す［突く］，投げ［押し］倒す《***down***》**b**《～ oneself で》〈…に〉身を投げる，飛びかかる，体当たりする〈**on, at, etc.**〉；〈…に〉打ち込む〈**into**〉‖ She ～*ed* herself *on* the sofa. 彼女はソファーに身を投げた / He ～*ed* himself *into* his work. 彼は自分の仕事に打ち込んだ ❸〔悪口・非難など〕を〈人に〉浴びせる〈**at**〉（⇨ WORD メタファーの森）‖ The pitcher ～*ed* dirty words *at* the umpire. ピッチャーは審判に汚い言葉を浴びせた
―自 ❶ 突進する ‖ The train ～*ed* away. 列車は驀進(ばくしん)して行った ❷ 物を投げつける，発射する ❸〖野球〗投手を務める ❹《俗》吐く，もどす
―名 Ⓒ ❶ 投げつけ，投擲(とうてき) ❷《スコット口》車で行くこと
～·er 名 Ⓒ 強く投げる人；〖野球〗投手(pitcher)；《英》ハーリング選手

hurl·ing /hə́ːrlɪŋ/ 名 Ⓤ ハーリング《15人ずつの2組で行うフィールドホッケーに似たアイルランドの球技》

hur·ly-bur·ly /hə̀ːrlibə́ːrli, ⌐⌐⌐/ 名（複 **-lies** /-z/）Ⓤ Ⓒ 大騒ぎ，騒動，ごたごた ‖ the ～ of a big city 大都会の喧騒(けんそう) ―形 ごった返した

Hu·ron /hjʊ́ərən/ 名 **Lake ～** ヒューロン湖《五大湖 (the Great Lakes) の1つ》

hur·rah /həráː/《発音・アクセント注意》**, hur·ray** /həréɪ/ 間 名 Ⓒ フレー，万歳（の声）(hooray)（♥ 歓喜・励まし・承認などの叫び声）（→ hip³）‖ *Hurrah* for the Queen! 女王万歳
―動 自 フレー［万歳］と叫ぶ

*****hur·ri·cane** /hə́ːrəkèɪn|hʌ́rɪkən/ 名 Ⓒ ❶〖気象〗ハリケーン《特に西インド諸島付近に発生する暴風》；颶風(ぐふう)《時速119km以上の強風》（⇨ WIND¹ 類語）‖ *Hurricane* Katrina ハリケーン＝カトリーナ《2005年8月に米国南部を襲った大型ハリケーン》❷ ハリケーンのようなもの；〈感情などの〉爆発，〈…の〉嵐(あらし)〈**of**〉
▸▸ **～ dèck** 名 Ⓒ（客船の）最上甲板 **～ làmp** 名 Ⓒ ハリケーンランプ《強風用の火屋(ほや)付きランプ［燭台(しょくだい)］》

hur·ried /hə́ːrid|hʌ́r-/ 形 急いで［慌てて］行われた，大急ぎでの(hasty)；（せき立てられて）慌ただしい，忙しい
～·ly 副 急いで(in a hurry) **～·ness** 名

:hur·ry /hə́ːri | hʌ́ri/
―動（**-ries** /-z/；**-ried** /-d/；**～·ing**）
―自 ❶ **急ぐ**，急いで行く［する］（♦ しばしば方向を表す 副句

を伴う)(⇨ HASTEN 類語) ‖ *Hurry* to the station, please.(タクシーの運転手に)急いで駅までやってください / If we don't ～, we will miss the plane. 急がないと飛行機に遅れるよ / ～ home from work 仕事から急いで帰宅する / ～ away [OR off] 急いで(立ち)去る / ～ through a distasteful task いやな仕事を急いで片づける / ～ **back** 急いで帰る[戻る]

❷ 急いで[慌てて]〈…を〉する〈**to** *do* / **and** *do*〉‖ I *hurried to* answer the doorbell. 急いで玄関のベルに答えた(♦《口》では急ぐよう命令する場合, to *do* の代わりに and *do* の形をよく用いる.〈例〉*Hurry and* answer the doorbell. はやく玄関のベルに応答しなさい)

━他 ❶〔人など〕を**急がせる**, せき立てる;…を急いで行かせる[送る, 運ぶ](♦しばしば方向を表す 副句 を伴う) ‖ Don't ～ the driver. 運転手を急かしてはいけない / ～ onlookers away 野次馬たちを急いで立ち去らせる / Troops were *hurried* to the front. 軍隊は前線に急派された

❷ …を急がせて[せき立てて]〈…を〉させる〈**into**〉;〔事柄・行動・速度など〕を速める, 急がせる;急いで[慌てて]…をする ‖ He was *hurried into* making an imprudent decision. 彼はせき立てられて軽率な決断をした / ～ one's pace 足を速める / Please ～ dinner. 夕食を急いでください

hùrry alóng 〈自〉急いで行く ━〈他〉《***hùrry ... alóng***》〔人・行動など〕を急がせる, 〔事〕を早める

hùrry ón 〈自〉① どんどん行く, 足を速める ② (話などを)どんどん続ける[進める]〈**to** …の話題へ / **to** *do* …して〉‖ He *hurried on to* explain why he had dropped out of college. 彼はなぜ大学を退学してしまったのかどんどん説明を続けた

****hùrry úp*** 〈自〉《口》**急ぐ**;〈…を〉急いでする〈**with**〉(♦しばしば命令文で用いる) ‖ *Hurry up*, or we will miss the train. 急いでくれ, でないと列車に遅れるぞ / *Hurry up with* your tea. さっさとお茶を飲んでしまいなさい ━〈他〉《***hùrry úp ...*** / ***hùrry ... úp***》〔人・行動〕を**急がせる**, 〔事〕を早める ‖ *Hurry* these children *up*. この子たちを急がせなさい / ～ *up* a report 急いで報告書を作る

━名 U ❶ **急ぐこと**, 大急ぎ, 大慌て;〈…したいと〉はやる気持ち〈**to** *do*〉‖ In my ～ *to* leave, I forgot my ticket. 急いで出てきたので切符を忘れた / without ～ 急がずに, 慌てずに

❷《疑問文・否定文で》〈…を〉急ぐ必要〈**for**〉‖ There's no ～ (*for* lunch). (昼食は)急がなくてもいいよ / Is there any ～ *for* the goods? 品物はお急ぎですか

****in a húrry*** ① **急いで**, 慌てて;気がはやって〈**for** …を / **to** *do* …したいと〉‖ Don't talk to me now; I'm *in a* ～. 今は話しかけないでくれ, 急いでるんだから / Are you *in a* ～「*for* dinner [*to* see the chief]? 夕食はお急ぎですか[部長にはすぐにお会いになりますか] ②《否定文で》《口》簡単に, やすやすと ‖ I won't forget his kindness *in a* ～. 彼の親切はちょっとやそっとでは忘れません ③《否定文で》《口》喜んで ‖ We won't go there again *in a* ～. もう二度とそこへは行きたくない

****in nò húrry***; ***nòt in àny húrry*** (時間はたっぷりあるので)急がずに, 慌てずに;(あまり)〈…する〉気がなくて〈**to** *do*〉‖ Women today「are *in no* [OR are*n't in any*] ～ *to* get married. 近ごろの女性は急いで結婚したがらない

COMMUNICATIVE EXPRESSIONS

1 **What's (àll) the** [OR **your**] **húrry?** 何をそんなに急いでいるの;そんなに慌てなくていいじゃない(♥ 去ろうとしている人を引き止めたり, 慌てている人を落ち着かせる際に. = Why are you in such a hurry? / = What's the rush? / = Why the haste? / = What is the need for all this hurry?)

hur·ry-scur·ry, hur·ry-skur·ry /hə̀ːriskə́ːri | hʌ̀riskʌ́ri/ 名 U 大慌て ━形 副 慌てふためいた[て]

húrry-ùp 形《米口》《限定》急いだ, せっかちな ‖ a ～ lifestyle せかせかした生活スタイル

***hurt /həːrt/《発音注意》動 名 形

中心義 **(身体的・精神的に)傷つけ痛みを与える**

━動 (～**s** /-s/; **hurt** /həːrt/; ～**·ing**)

━他 ❶〔人(の体)・生き物〕を**傷つける**, …に**けがをさせる**, …を痛める;…に痛みを与える, 痛いと感じさせる(↔ heal)(⇨ INJURE 類語P) ‖ The ball hit the batter and ～ his arm. ボールがバッターに当たり腕を負傷させた / Did the kids ～ themselves badly? 子供たちはひどくけがをしたのか / He was seriously ～「in the accident [by a falling rock]. 彼は事故で[落石で]重傷を負った / My right arm ～*s* me most. 右腕がいちばん痛む

❷ **a**《+目》〔人(の感情・誇りなど)〕を**害する**, **傷つける** ‖ Her remark ～ my pride deeply. 彼女の言葉で私はプライドをひどく傷つけられた / ～ her **feelings** 彼女の感情を傷つける / It ～*s* me to think that many children are dying due to a shortage of food. 食糧難で多くの子供たちが死にかかっていると思うと心が痛む

b《受身形で》感情を害する, 傷つく〈**at, by** …に, で / **to** *do* …して / **that** 節 …ということで〉‖ He will be ～ if you don't accept his invitation. 招待を受けないと彼は気を悪くしますよ / She was (very) much ～「*at* his refusal [*to* hear him say no]. 彼女は彼の拒絶に[彼が駄目だと言うのを聞いて]いたく傷ついた / Sue was deeply ～ *that* only she wasn't invited to the party. 自分だけパーティーに呼ばれず, スーはとても気を悪くした

❸ …を損なう, …に害を及ぼす, 悪影響を与える;…を破損する ‖ One drink won't ～ you. 1杯飲んだからってどうってことないだろう / The new regulations will ～ the textile industry. 新しい規制は繊維業界の打撃となろう

━自 ❶ **痛む**, 痛い;痛みを与える ‖ My legs still ～ after the long trek. 長い徒歩旅行のおかげで足がまだ痛む / It ～*s* here **badly** [slightly] after I eat. 食後ここがひどく[少し]痛むんです / Where does it ～, Mr. Sinclair? どこが痛みますか, シンクレアさん / My new shoes ～. 新しい靴のせいで足が痛い

❷ (物事が)(精神的に)苦しめる, 苦しい;《進行形で》(人が)(精神的に)苦しむ;動揺する, 惨めになる ‖ It still ～*s* to think of that terrible fire. あの恐ろしい火事のことを考えるとまだ心が痛む / She was alone and ～*ing*. 彼女は孤独で悲しかった

❸《口》害を与える, 困ったことになる, 差し障る ‖ The tax bill ～*s*. 納税通知には頭が痛い

❹《進行形で》《米口》(金など)肝心なものがない, 〈…に〉困窮[窮乏]する〈**for**〉‖ He wasn't ～*ing for* money. 彼はお金には困っていなかった

it húrts that ... …なのは悲しい, つらい

****it wòn't*** [OR ***wòuldn't, dòesn't***] ***húrt*** **(...)** ***to dó***; ***it nèver húrts*** **(...)** ***to dó*** …しても(人・物に)害を及ぼさない(だろう), …してもよかろう ‖ *It won't* ～ your car *to* leave it in the rain. 君の車は雨ざらしにしておいても構わないだろう / *It wouldn't* ～ you *to* give him some money. 彼にいくらか金をやったって君にとっては痛くもないだろう / *It won't* ～ *to* wait a bit longer. いっそもう少し待ってみようか

COMMUNICATIVE EXPRESSIONS

1 You'd **be** (**ònly** [OR **jùst**]) **hùrting** yoursélf if you kèep on lýing. うそをつき続けるともっと惨めな思いをすることになるよ;困るのは自分だ

2 **I dòn't mèan to hùrt your féelings, but** you're nòt a vèry góod sínger. あなたの気持ちを傷つけるつもりはないのですが, 歌はあまり上手ではありませんね(♥ 言いにくい話を切り出す)

━名 (複 ～**s** /-s/) ❶ U/C《通例単数形で》精神的苦痛, 心の痛手 ‖ feelings of ～ 傷心

❷ C けが, **傷** ‖ have a ～ on one's knee ひざをけがする / cause a ～ 痛みを与える

❸ U/C《通例単数形で》害, 損失, 差し障り ‖ I intended

H

no ～ to her feelings. 彼女の気持ちを傷つける気はなかった / It would do no ～ to call off the meeting. 会合を中止しても何ら差し支えはないでしょう
━形 ❶ けがをした, 傷ついた ‖ Nobody got ～. だれにもけがはなかった / a ～ dog けがをした犬
❷ 感情を害した；(感情が) 傷ついた ‖ She gave him a ～ look. 彼女は彼にむっとした表情を見せた / His ～ pride showed in his face. 彼の傷ついたプライドがその表情に表われた

hurt·ful /hə́ːrtfəl/ 形 〈…に〉有害な, 苦痛を与える〈**to**〉‖ ～ *to* the health 健康によくない / a ～ remark 人の心を傷つける言葉 **～·ly** 副 **～·ness** 名

hur·tle /hə́ːrtl/ 動 自 (列車・岩などが) (音を立てて) 突進する, 猛烈な勢いで進む[飛ぶ]
━他 …を猛烈な勢いで[びゅーんと]投げる[飛ばす] (hurl)

***hus·band** /hʌ́zbənd/ 名 動
━名 (複 **～s** /-z/) Ⓒ **夫** (↔ wife) (♥ 親しい人の夫を指す場合は通例 your husband ではなくファーストネームを用いる) ‖ He may be highly regarded at work, but he isn't a good ～ to me. 彼は職場では高く評価されているかもしれないが, 私にとってよい夫ではない / an abusive ～ 暴力を振るう夫 / her **late** ～ 彼女の亡き夫

hùsband and wífe 夫と妻, 夫婦 (♦ 無冠詞で用いる) ‖ live together as ～ *and wife* まるで夫婦のように一緒に暮らす, 同棲(どうせい)[同居]する
━動 他 …を節約する, 大事に使う

hús·band·man /-mən/ 名 (複 **-men** /-mən/) Ⓒ《古》農民 (farmer)

hús·band·ry /-ri/ 名 Ⓤ ❶ 農業, 耕作 ‖ animal ～ 畜産 (学) ❷ 節約, 倹約；家政, (身の回りの) やりくり ‖ good [bad] ～ (家計の)やりくり上手[下手]

***hush** /hʌʃ/ 動 他 ❶ 〔人〕を黙らせる, 静かにさせる；〔口論など〕を静める；〔声〕をひそめる (⇨ CALM 類語) ‖ ～ a baby 赤ん坊を静かにさせる / ～ them into silence (しっと言って) 彼らを黙らせる / ～ one's conversation 話をやめて静かにする / in a ～*ed* voice ひそひそ声で ❷ …をなだめる, 静める ‖ ～ one's conscience 自分の良心をなだめる ━自 黙る, 静かにする《**up**》(♦ 主に命令文で用いる) ‖ *Hush!* 静かに, しー (♦ 発音は /ʃː, hʌʃ/)

hùsh úp* 〈他〉(*hùsh úp ...** / **hùsh ... úp***) ① …をぴたりと黙らせる, 静まり返らせる ② 〔事件など〕をもみ消す, 秘密にしておく；〔人〕に秘密を守らせる ━〈自〉⇨ 自

━名 Ⓒ《単数形で》(特に騒がしさの後の) 静けさ, 静寂；《英口》沈黙 ‖ There was a dead [OR deathly] ～ in the chapel. 礼拝堂内はしんと静まり返っていた / in the ～ of night 夜のしじまに / A ～ fell [OR descended] over the crowd. 群衆はしんと静まり返った / Can we have a bit of ～? = Let's have a bit of ～, please. 《英口》(特に子供に対して) 静かにしようね

▸▸ **～ mòney** 名 Ⓤ《口》口止め料 **～ pùppy** 名 ① Ⓒ ハッシュパピー《トウモロコシの粉を丸めて油で揚げた米国南部の菓子》② (H- Puppies)《複数扱い》《商標》ハッシュパピー《軽快なカジュアルシューズの一種》

hush·a·by, -bye /hʌ́ʃəbàɪ/ 間《古》(子供をあやして) 静かにおやすみ, ねんねしな

húsh-hùsh 〈シ〉形《口》秘密 (主義) の, 極秘の

husk /hʌsk/ 名 Ⓒ ❶ (木の実・果実などの) 外果皮, 殻, 皮, さや ❷ 形骸(けいがい) ❸ (動物の) 気管支炎 ❹ (声の) かすれ, しゃがれ声 ━動 他 …の殻[皮, さや]をとる ━自 ハスキーな声で言う **～·er** 名

▸▸ **～ing bèe** 名 Ⓒ《米》トウモロコシの皮むきの寄り合い《家族・知人などが寄り集まって共同で作業する》

***husk·y**[1] /hʌ́ski/ 形 ❶ (声が) かすれた, しゃがれた；ハスキーな (♥ しばしば魅力的なことを示す) ‖ His voice was ～ with fatigue. 彼の声は疲労のためかすれていた ❷《口》(男性が) たくましい, がっしりした ❸ 皮[殻]の多い, 皮[殻]の (ような) ━名 (複 **husk·ies** /-z/) Ⓒ《米口》たくましい[がっしりした]人 **húsk·i·ly** 副 **húsk·i·ness** 名

hus·ky[2] /hʌ́ski/ 名 Ⓒ《動》ハスキー犬《そり引き用の犬》

hus·sar /huzɑ́ːr/ 名 Ⓒ (15世紀ハンガリーの) 軽騎兵；ヨーロッパの軍隊の軽騎兵

hus·sy /hʌ́si, hʌ́zi/ 名 (複 **-sies** /-z/) Ⓒ《けなして》あばずれ女；おてんば娘 ‖ a brazen ～ 恥知らずのあばずれ女

hus·tings /hʌ́stɪŋz/ 名《単数・複数扱い》(演説や票まとめなどの) 選挙運動 ‖ on the ～ 選挙運動中で

***hus·tle** /hʌ́sl/《発音注意》動 他 ❶ 〔人〕を急がせる, せかせる；〔人〕を押し込む[出す]；…を乱暴に押す[動かす] (♦ 通例方向を表す 副句 を伴う) ‖ We were ～*d* 「into a cab [out of a bar]. 私たちはタクシーに押し込まれた[バーから追い出された] / ～ one's kids to school せかして子供を学校に行かせる ❷ 〔人〕をせき立てて〈…を〉させる〈**into**〉‖ ～ him *into* (making) a decision 彼をせき立てて決心させる ❸ …を押し進める ‖ *Hustle* your work along. てきぱき仕事を片づけてくれ ❹《主に米俗》…を強引に[不正に] 手に入れる[売りつける] ‖ ～ stolen goods on the street 路上で盗品を売る ❺《米俗》ぺてんにかけて〔金など〕を〈…から〉巻き上げる〈**from**〉；(売春婦・ぽん引きが)〔客〕を引く
━自 ❶《口》急いで[てきぱきと, せっせと]やる, 精を出す ‖ We have to ～ to finish this work in an hour. 1時間でこの仕事を終えるには急がないと駄目だ ❷ 急ぐ, 急いで行く；乱暴に押す (♦ しばしば方向を表す 副句 を伴う) ‖ ～ along through the crowd 人込みを押し分けて進む / ～ off to work 急いで職場に向かう ❸ 強引に商談などを進める ❹《米俗》(いかがわしい手段で) 金もうけをする, 欲しいものを手に入れる；(売春婦が) 客引きをする
━名 Ⓤ ❶ 押し合い ‖ the ～ and bustle of the crowd 人込みでの押し合いへし合い ❷《米口》てきぱきやること, ハッスル ❸ Ⓒ《米俗》不正な金もうけ, 押し売り, ぺてん, かもにすること

hus·tler /hʌ́slər/ 名 Ⓒ ❶《主に米口》(事業などの) やり手, 押しの強いセールスマン, ぺてん師, いかさま師；犯罪人；(賭博(とばく)などで) 素人をかもにする人 ❷《俗》売春婦

***hut** /hʌt/ 名 Ⓒ 小屋, あばら屋 (⇨ COTTAGE 類語) ‖「an alpine [OR a mountain] ～ 山小屋 / a gardening ～ 庭の物置き小屋 ━動 (**hut·ted** /-ɪd/；**hut·ting**) 他 …を小屋に泊める ━自 小屋に泊まる

hutch /hʌtʃ/ 名 Ⓒ ❶ (ウサギなどの) (箱型の) おり[小屋] ‖ a rabbit ～ ウサギ小屋 ❷《米》(食器) 戸棚, ハッチ, (貯蔵用の) 箱, 櫃(ひつ)

hut·ment /hʌ́tmənt/ 名 Ⓤ Ⓒ (軍隊の駐留地の) (一群の) 仮兵舎

Hu·tu /húːtùː/ 名 (複 **～, ～s** /-z/) Ⓒ ❶ フツ族 (の人)《アフリカ中部のルワンダ, ブルンジを中心に居住する民族の1つ》❷ Ⓤ フツ語《バンツー諸語の1つ》

hutz·pah /hútspə/ 名 = chutzpah

Hux·ley /hʌ́ksli/ 名 ハクスリー ❶ **Aldous** (**Leonard**) ～ (1894–1963)《英国の小説家・評論家. ❸の孫》❷ **Sir Julian** (**Sorell**) ～ (1887–1975)《英国の生物学者. ❸の孫で❶の兄》❸ **Thomas Henry** ～ (1825–95)《英国の生物学者. ❶と❷の祖父》

HV, H.V. 略 *h*ealth *v*isitor；*h*igh *v*elocity；*h*igh *v*oltage

HWM 略 *h*igh-*w*ater *m*ark (高水標)

hwy, hwy. 略 highway

hwyl /hú(ː)ɪl/ 名 Ⓤ 感情の高まり, 熱情 (♦ ウェールズ語より)

hy·a·cinth /háɪəsɪnθ/ 名 ❶ Ⓒ【植】ヒヤシンス ❷ Ⓤ ヒアシンス色, 青紫色 ❸ Ⓤ【鉱】ヒヤシンス石 (jacinth)《ジルコンの一種》 **hỳ·a·cín·thine** 形

Hy·a·des /háɪədìːz/ 名 複【天】ヒアデス星団《牡牛(おうし)座 (Taurus) 中のV字形を形作る群星. これが太陽とともに昇ると雨が降ると古代人は考えた》

hy·ae·na /haɪíːnə/ 名 = hyena

***hy·brid** /háɪbrɪd/ 名 Ⓒ ❶ (動植物の) 雑種；交配種；⊗《蔑》混血児 ‖ A mule is a ～ of [OR between] a

male donkey and a female horse. ラバは雄ロバと雌馬との雑種だ ❷ (2つ以上の異なる要素からなる) 混成物〈**of** …の；**between** …の間の〉‖ a ～ *of* a book and a magazine 本と雑誌の要素の混成物 ❸ ハイブリッド車《動力にガソリンエンジンと電気モーターを併用した乗用車》❹〘言〙混成語《2種以上の異なった言語の要素によって形成された語. 〈例〉mis-fortune(英＋仏)》❺ ハイブリッド製品《プログラムや記憶媒体など. 特に Windows と Macintosh の双方で利用できるアプリケーションやデータが記録されたCD-ROMを指す》
—形 ❶ 雑種の；混血の ❷ 混成の, 混種の ❸ ハイブリッドの **～·ism, hy·bríd·i·ty** 名 U 雑種性
▸▸ **～ applicátion** 名 C ハイブリッドアプリケーション《CD-ROMの内容とネットワーク上にある情報をリンクさせたアプリケーション》**～ cár** [**véhicle**] 名 C ハイブリッド車 (→ 名 ❸) **～ vígor** 名 U〘生〙雑種強勢(heterosis)

hy·brid·i·za·tion /hàɪbrədəzéɪʃən | -brɪdaɪ-/ 名 U 交配, 雑種繁殖；異種混合

hy·brid·ize /háɪbrɪdàɪz/ 動 他〔異種〕を交配する
—自 雑種を生じる；交配する
-iz·a·ble 形 **-ìz·er** 名

Hyde /haɪd/ 名 ⇨ JEKYLL AND HYDE

Hỳde Párk 名 ハイドパーク《ロンドンにある大公園. 市民の散策や自由な演説の場として親しまれている》

hydr- /haɪdr-/ 連結形《母音の前で》＝hydro-

hy·dra /háɪdrə/ 名 (複 **～s** /-z/, **-drae** /-driː/) ❶ (H-)〘ギ神〙ヒュドラ《9つの頭を持った大蛇》❷ C (原因が多岐にわたって) 根絶し難い困難 [災い] ❸ C〘動〙ヒドラ《淡水性の腔腸(こうちょう)動物》❹ (H-)〘天〙海蛇座

hýdra-hèaded 形 多くの頭[支部]を持つ, 多面的な

hy·dran·gea /haɪdréɪndʒə/ 名 C〘植〙アジサイ

hy·drant /háɪdrənt/ 名 C (特に路上の) 消火栓, 給水栓

hy·drate /háɪdreɪt/ 名 C〘化〙水化物；水酸化物 (hydroxide) —動 他 自 水化 [和] させる [する]；(…に) 水分を補給する **hy·drá·tion** 名 **-drà·tor** 名

hy·drau·lic /haɪdrɔ́ːlɪk/ 形 ❶ 水力の, 水流の；水力学の ❷ 水 [油] 圧式の ‖ a ～ power plant (station) 水力発電所 / a ～ pump 水圧ポンプ ❸ 水中で硬化する ‖ ～ cement 水硬セメント **-li·cal·ly** 副
▸▸ **～ bráke** 名 C 水 [油] 圧ブレーキ **～ jáck** 名 C〘機〙油[水]圧ジャッキ **～ líft** 名 C〘機〙油[水]圧リフト

hy·dráu·lics /-s/ 名 ❶《複数扱い》水[油]圧を使った装置 ❷ U 水力学

hy·dra·zine /háɪdrəziːn/ 名 U〘化〙ヒドラジン《還元剤・ロケット燃料用》

hy·dride /háɪdraɪd/ 名 U〘化〙水素化物

hy·dro /háɪdroʊ/ 名 (複 **～s** /-z/) C ❶《英》水治療施設, 湯治場 ❷ 水力発電所[棟] ❸ U 水力電気；《カナダ》電気

hydro- /haɪdrə-, -droʊ-/ 連結形「水, 液体；水素」の意 (♦ 母音の前では hydr-)

hỳdro·cárbon 名 U〘化〙炭化水素

hỳdro·céph·a·lus /-séfələs | -kéf-/ 名 U〘医〙水頭症, 脳水腫(すいしゅ) **-ce·phál·ic** 形

hỳdro·chlò·ric ácid /-klɔ̀(ː)rɪk-/ 名 U〘化〙塩酸, 塩化水素酸

hỳdro·chló·ride /-klɔ́ːraɪd/ 名 C U〘化〙塩酸塩

hỳdro·chlòro·flúoro·càrbon 名 U〘化〙ヒドロクロロフルオロカーボン《代替フロンの一種. 略 HCFC》

hỳdro·córtisone 名 U〘化〙ヒドロコルチゾン《副腎皮質ステロイドの一種で, 関節炎等の治療剤》

hỳdro·cy·àn·ic ácid /-saɪæ̀nɪk-/ 名 U〘化〙シアン化水素酸, 青酸

hỳdro·dynámic, **-dynámical** 形 流体の運動の[による]；流体力学の
-dynámically 副 **-dynámicist** 名 C 流体力学の専門家

hỳdro·dynámics 名 U 流体力学

hỳdro·eléctric 形 水力発電の[による] ‖ a ～ plant [dam] 水力発電所[用ダム]

hỳdro·electrícity 名 U 水力電気

hỳdro·flu·òr·ic ácid /-fluɔ̀(ː)rɪk-/ 名 U〘化〙フッ化水素酸

hỳdro·flúoro·càrbon 名 U〘化〙ヒドロフルオロカーボン《代替フロンの一種. 略 HFC》

hy·dro·foil /háɪdrəfɔ̀ɪl, -droʊ-/ 名 C 水中翼(船)

***hy·dro·gen** /háɪdrədʒən/ 名 U〘化〙水素《気体元素. 元素記号 H》
語源 hydro-(水)＋-gen(生み出すもの)：燃やすと水が発生することから.
▸▸ **～ bómb** 名 C 水素爆弾 (H-bomb) **～ bónd** 名 C〘化〙水素結合 **～ cýanide** 名 U〘化〙シアン化水素 **～ (fúel) céll** 名 C 水素燃料電池 **～ peróxide** 名 U〘化〙過酸化水素 **～ súlfide** 名 U〘化〙硫化水素

hy·dro·gen·ate /haɪdrɑ́(ː)dʒənèɪt | háɪdrə-/ 動 他〘化〙…(の分子)に水素添加する, 水素と化合させる；水素で処理する **hy·drò·gen·á·tion** 名 **-gen·à·tor** 名

hy·drog·e·nous /haɪdrɑ́(ː)dʒənəs | -drɔ́dʒ-/ 形〘化〙水素の, 水素を含む

hýdrogen-pòwered 形 水素で動く, 水素駆動の

hỳdro·geólogy 名 U 水文[水理]地質学
-geológic(al) 形 **-geólogist** 名

hy·drog·ra·phy /haɪdrɑ́(ː)grəfi | -drɔ́g-/ 名 U 水路学
hỳ·dro·gráph·ic 形 **-gráph·i·cal·ly** 副

hỳdro·kinétics 名 U 流体動力学(→ hydrostatics)
-kinétic, -kinétical 形 流体運動の；流体動力学の

hy·drol·o·gy /haɪdrɑ́(ː)lədʒi | -drɔ́l-/ 名 U 陸水学, 水文(すいもん)学 **hỳ·dro·lóg·ic(al)** 形 **-gist** 名

hy·drol·y·sis /haɪdrɑ́(ː)ləsɪs | -drɔ́l-/ 名 U〘化〙加水分解 **hỳ·dro·lýt·ic** 形

hy·dro·lyze /háɪdrəlàɪz/ 動 他 自〘化〙(…を) 加水分解する

hy·drom·e·ter /haɪdrɑ́(ː)mətər | -drɔ́mɪ-/ 名 C 液体比重計, 浮秤(ふひょう) **hỳ·dro·mét·ric** 形

hy·drop·a·thy /haɪdrɑ́(ː)pəθi | -drɔ́p-/ 名 U 水治療法
hỳ·dro·páth·ic 形

hy·dro·phil·ic /hàɪdrəfílɪk, -droʊ-/ 形〘化〙親水性の, 水によくなじむ **hỳ·dro·phi·líc·i·ty** 名

hỳdro·phóbia 名 U ❶ 恐水病, 狂犬病 (rabies) ❷ 水に対する異常な恐怖

hỳdro·phóbic 形 ❶ 恐水病の[にかかった] ❷〘化〙疎水性の(↔ hydrophilic)
-phóbe 名 C 恐水病患者 **-pho·bíc·i·ty** 名

hýdro·phòne 名 C 水中聴音器

hýdro·phỳte /-faɪt/ 名 C〘植〙水生植物, 水草
hỳdro·phýtic 形

hýdro·plàne 名 C ❶ 水上滑走艇《船底の浅い軽量の快速モーターボート》；水中翼船(hydrofoil)；《米》水上飛行機(seaplane) ❷ (潜水艦の)水平舵(だ)
—動 自《主に米》(舟艇などが)水面を滑走する；(ぬれた路上で)車がスリップする, ハンドル[ブレーキ]操作がきかなくなる

hýdro·plàning 名 U《米》＝aquaplane

hy·dro·pon·ics /hàɪdrəpɑ́(ː)nɪks, -droʊ- | -pɔ́n-/ 名 U 水栽培(法), 水耕法
-pón·ic 形 ‖ a ～ farm 水耕農場 **-pón·i·cal·ly** 副

hýdro·pòwer 名 U 水力電気

hỳdro·quinóne 名 U〘化〙ハイドロキノン《写真の現像薬》

hýdro·spèed, 《英》**hýdro·spèeding** 名 U ハイドロスピード《浮き袋につかまって急流を下る極限スポーツの一種》

hýdro·sphère 名《通例 the ～》水圏《地球表面上の水によって占められている部分》**hỳdro·sphéric** 形

hỳdro·státics 名 U 流体静力学 **-státic** 形

hỳdro·thérapy 名 ＝hydropathy

hỳdro·thérmal 形〘地〙熱水の **～·ly** 副

hy·drous /háɪdrəs/ 形〘化〙水を含む

H

hy·drox·ide /haɪdrá(ː)ksaɪd | -drɔ́ks-/ 名 C 〘化〙水酸化物

hy·drox·yl /haɪdrá(ː)ksɪl | -drɔ́ks-/ 名 C 〘化〙水酸基

hy·e·na /haɪíːnə/ 名 C 〘動〙ハイエナ **hy·é·nic** 形

Hy·ge·ia /haɪdʒíːə/ 名 〘ギ神〙ヒュギエイア《健康の女神》

***hy·giene** /háɪdʒiːn/ 名 U ❶ 衛生(状態[管理]); 清潔 ‖ public ～ 公衆衛生 / mental ～ 精神衛生 / good [bad, poor] ～ よい[悪い]衛生状態 ❷ 衛生学 (hygienics); 健康法 ▸▸ ～ **hypòthesis** 名 C U 清潔仮説《アレルギーは清潔すぎることで起こるとする仮説》

hy·gi·en·ic /hàɪdʒɪénɪk | -dʒíːn-/ ⌫ 形 衛生的な, 清潔な; 健康によい, 健康な; 衛生学[健康法]の **-i·cal·ly** 副

hỳ·gi·én·ics /-s/ 名 U 衛生学 (hygiene)

hy·gien·ist /haɪdʒíːnəst | háɪdʒiːnɪst/ 名 C 衛生学者[専門家]

hy·grom·e·ter /haɪgrá(ː)məṭər | -grɔ́mɪ-/ 名 C 湿度計 ‖ a hair ～ 毛髪湿度計

hy·gro·scope /háɪgrəskòʊp/ 名 C 湿度(表示)器

hy·gro·scop·ic /hàɪgrəská(ː)pɪk | -skɔ́p-/ ⌫ 形 ❶ 吸湿性の ❷ 湿度(表示)の **-i·cal·ly** 副

hy·ing /háɪɪŋ/ 動 hie の現在分詞の1つ

Hyk·sos /híksɑ(ː)s | -sɔs/ 名 複 《the ～》ヒクソス《紀元前18–16世紀ごろ古代エジプトを支配した異民族》

hy·men /háɪmən | -men/ 名 C 〘解〙処女膜 **～·al** 形

Hy·men /háɪmən | -men/ 名 〘ギ神〙ヒュメン《婚姻の神》

hy·me·ne·al /hàɪmənìːəl | -me-/ ⌫ 形 《文》結婚の, 婚姻の (nuptial) **～·ly** 副

***hymn** /hɪm/ 《発音注意》(同音語 him) 名 C ❶ 賛美歌, 聖歌 (⇨ PSALM 類語) ‖ sing a ～ 賛美歌を歌う ❷ 賛歌 ‖ a ～ to freedom 自由をたたえる賛歌
sìng from the sàme hýmn shèet [OR ***bòok***] 《英口》《通例進行形で》同じことを言う; 口裏を合わせる
── 動 他 〔神〕を(賛美歌を歌って)賛美する; …を賛美[賞賛]する ── 自 賛美歌を歌う
▸▸ ～ **bòok** 名 C 讃美歌集

hym·nal /hímnəl/ 名 C 賛美歌集 ── 形 賛美歌の

hym·nist /hímnɪst/ 名 C 賛美歌作(曲)者

hym·no·dy /hímnədi/ 名 U ❶ 賛美歌を歌うこと; 賛美歌の作曲 ❷ 《集合的に》賛美歌

hym·nol·o·gy /hɪmná(ː)lədʒi | -nɔ́l-/ 名 U 賛美歌学 **-gist** 名 C 賛美歌学者

hyp. 略 hypotenuse; hypothesis, hypothetical

***hype**[1] /haɪp/ 《口》 名 ❶ U 誇大宣伝, 派手な売り込み(♥批判的に用いられる) ‖ the media ～ マスコミを使っての派手な売り込み ❷ C 詐欺, ぺてん
── 動 他 …を誇大に宣伝する, 派手に売り込む《***up***》

***hype**[2] /haɪp/ 《俗》 名 C ❶ 皮下注射(針) ❷ 麻薬常用者
── 動 他 《通例受身形で》(麻薬・刺激的なことなどで)興奮する, 神経が高ぶる《***up***》

hyped-up /hàɪptʌ́p/ 形 《叙述》《俗》麻薬で元気づいた(ような), 興奮した; 〈…について〉不安に駆られた〈**about**〉

hy·per /háɪpər/ 形 《口》気が張り詰めた, 激しやすい

hyper- /haɪpər-/ 接頭 ❶ 「過度の (excessive), 過度に (excessively); …を超えた, 超… (super-)」の意 (↔ hypo-) ‖ *hyper*sensitive ❷ 「多次元の」の意

hỳper·ácid 形 (胃)酸過多の
-acídity 名 U (胃)酸過多(症)

hỳper·áctive ⌫ 形 (子供の行動などが)過度に[異常なほど]活動的な, 過敏な ‖ a ～ child [conscience] 活発すぎる子供[過敏な善悪感]
-áction 名 **-áctively** 副

hỳper·activity 名 U C 活動過多(状態)

hỳper·bár·ic /-bǽrɪk/ ⌫ 形 〘理〙(気体が)高圧の
▸▸ ～ **chámber** 名 C 高圧室, 与圧室

hy·per·bo·la /haɪpə́ːrbələ/ 名 (複 **～s** /-z/ OR **-lae** /-liː/) C 〘数〙双曲線

hy·per·bo·le /haɪpə́ːrbəli/ 名 U 〘修〙誇張(法)
hỳ·per·ból·ic(al) 形 〘修〙誇張した, 大げさな; 〘数〙双曲線の **hỳ·per·ból·i·cal·ly** 副

hy·per·bo·re·an /hàɪpərbɔ́ːriən/ 名 C 《文》❶ 《H-》〘ギ神〙(北風のかなたの)常春(とこはる)の国の住人 ❷ 極北地方の住人 ── 形 極北地方の(住人の); 極寒の

hỳper·cho·lès·ter·ol·é·mi·a /-kəlèsteroulíːmiə/ 名 U 〘医〙過[高]コレステロール血(症) **-mic** 形

hỳper·corréct ⌫ 形 ❶ 細かいことにやかましい ❷ 〘言〙過剰訂正の **～·ly** 副 **～·ness** 名

hỳper·corréction 名 U 〘言〙過剰訂正

hỳper·crítical ⌫ 形 (細かいことまで)批判が厳しい, あら探し的な ‖ a ～ parent [teacher] うるさい親[厳しい先生] **～·ly** 副 **-críticìsm** 名 U 厳しすぎる批判

hỳper·gly·cé·mi·a, -cáe- /-glaɪsíːmiə/ 名 U 〘医〙高血糖(症) **-glycémic, -glycáemic** 形

hỳper·inflátion 名 U 〘経〙超インフレ **～·ary** 形

Hy·pe·ri·on /haɪpíəriən/ 名 ❶ 〘ギ神〙ヒュペリオン《Uranus と Gaea の子でタイタン族の1人. Helios の父であるが, しばしば同一視される》 ❷ 〘天〙ヒペリオン《土星の第7衛星》

hy·per·ki·ne·si·a /-kɪníːziə, -kaɪ- | -ziə/, **-sis** /-sɪs/ 名 U 〘医〙 ❶ 運動亢進(こうしん)症《コントロールできないほどのけいれんなど》 ❷ 多動《集中力の欠如・衝動的行動などが特徴》

hỳper·kinétic 形 ❶ 運動亢進症の ❷ よく動き回る, 熱狂した

hýper·lìnk 名 C U ハイパーリンク (link) 《hypertext 上で, ある事項と関係のある項目へ関連参照を行うこと, またはそのリンクボタン[場所]》

hýper·màrket 名 C 《主に英》(特に郊外の)大型スーパー(マーケット)

hýper·mèdia 名 U ハイパーメディア《音声・画像・動画などマルチメディア的な要素を付加した情報の形式》

hy·per·nym /háɪpərnɪm/ 名 C 〘言〙(より狭い意味範囲の語の)上位語《例えば animal は mammal の上位語》(↔ hyponym)

hy·per·o·pi·a /hàɪpəróʊpiə/ 名 U 遠視 (farsightedness) (↔ myopia)

hy·per·op·ic /hàɪpərá(ː)pɪk, -róʊp- | -rɔ́p-, -róʊp-/ 形 遠視の

hỳper·sénsitive ⌫ 形 極度に敏感な; 過敏症の《アレルギー体質など》; 〈…に〉神経過敏な〈**to, about**〉 ‖ ～ *to* cold 寒さに過敏な / ～ *about* one's appearance 身なりに神経質な **～·ness, -sensitívity** 名

hỳper·sóm·nia /-sá(ː)mniə/ 名 U 〘医〙多眠症 (↔ hyposomnia) **-sóm·niac** 名 C 形 多眠症患者(の)

hỳper·sónic ⌫ 形 極超音速の《音速の5倍以上をいう》; 極超音波の (→ supersonic) ‖ a ～ transport 極超音速機 (略 HST) **-sónically** 副

hýper·spàce 名 U 〘数〙(4次元以上の)多次元空間; (SF小説などで超光速移動が可能な)超空間
hỳper·spátial 形

hỳper·ténsion 名 U ❶ 〘医〙高血圧(症) ❷ 過度の緊張 **-ténsive** 形 名 C 高血圧の(患者)

hýper·tèxt 名 U ハイパーテキスト《関連事項間の相互参照やキーワードからの関連項目の参照ができるデジタルデータ, またその情報の形式》

hỳper·thér·mi·a /-θə́ːrmiə/ 名 U 〘医〙 ❶ 高体温, 高熱 ❷ 温熱療法 **-mal, -mic** 形 **-my** 名

hỳper·thý·roid /-θáɪrɔɪd/ ⌫ 形 名 C 甲状腺(せん)機能亢進(こうしん)症の(人), バセドウ病の(患者)

hỳper·thý·roid·ìsm /-ìzm/ 名 U 〘医〙甲状腺機能亢進(症), バセドウ病

hỳper·tónic 形 ❶ 〘生理〙過度の, 高緊張の ❷ 〘理〙高張の, 優張の
-tónia 名 U 筋肉の硬直 **-tonícity** 名

hy·per·tro·phy /haɪpə́ːrtrəfi/ 名 U 〘生理〙(組織・器官の)肥大
── 動 自 他 (…が[を])肥大する[させる]

hỳ·per·tróph·ic, -tro·phied 形

hỳper·véntilate 動〘医〙自 過換気する, 過呼吸する
—他 呼吸亢進させる
-vèntilátion 名

hỳper·vì·ta·mi·nó·sis /-vàɪtəmɪnóʊsɪs/ 名 C U ビタミン過多(症) ‖ ～ A ビタミンA過多(症)

hy·phen /háɪfən/ 名 C ハイフン, 連字符《drive-through, father-in-law など2つ(以上)の語を連結したり, 2行にまたがる1語を連結する場合などに用いる符号(-)》
—動 他 =hyphenate

hy·phen·ate /háɪfənèɪt/ 動 他〔語〕をハイフンで結ぶ；〔複合語〕をハイフンを入れて書く
-àt·ed 形 **hỳ·phen·á·tion** 名

hỳphenated Américans 名 複《米口》外国系米国人(♦ German-Americans, Irish-Americans などのようにハイフンを用いて書くことから)

hyp·no·sis /hɪpnóʊsɪs/ 名 (複 **-ses** /-sìːz/) U C ❶ 催眠状態 ‖ under ～ 催眠状態で(の) ❷=hypnotism ❶

hỳpno·thérapy 名 U 催眠(術)療法
-thérapist 名 C 催眠(術)療法師

hyp·not·ic /hɪpná(ː)t̬ɪk | -nɔ́t-/ 形 ❶ 眠気を誘う ❷ 催眠(術)の ‖ a [OR post] ～ suggestion 催眠術をかけた上で行う暗示 —名 C ❶〘医〙催眠剤, 睡眠薬 ❷ 催眠術にかかっている[かかりやすい]人
-i·cal·ly 副

hyp·no·tism /hípnətìzm/ 名 U ❶ 催眠術[学] ❷ 催眠状態(hypnosis) **-tist** 名 C 催眠術師

hyp·no·tize /hípnətàɪz/ 動 他 ❶〔人など〕に催眠術をかける；…を暗示にかける ❷ 魅惑する, うっとりさせる ‖ ～ him into [to do] ... 彼に催眠術[暗示]をかけて…にする[…させる] **-tìz·a·ble** 形

hy·po[1] /háɪpoʊ/ 名 U〘写〙ハイポ, チオ硫酸ナトリウム(hyposulphite)《現像定着剤》

hy·po[2] /háɪpoʊ/ 名 =hypodermic

hypo- /haɪpə-, -poʊ/ 接頭 (♦ 母音・h の前では hyp-) ❶「下に(under)；以下の」の意. 〈例〉*hypo*dermic (↔ hyper-) ❷「少し」の意 ❸〘化〙「次亜…」の意

hỳpo-allèrgénic 形 アレルギーを起こしにくい

hýpo·cènter 名 C ❶ (核兵器の)爆心直下地点(ground zero) ❷ 震源(地)

hy·po·chon·dri·a /hàɪpəká(ː)ndriə, -poʊ- | -kɔ́n-/ 名 U〘心〙ヒポコンデリー, 心気症；(俗に)憂うつ症

hypo·chón·dri·ac /-ká(ː)ndriæ̀k | -kɔ́n-/ 形 ❶ (= **-chon·dri·a·cal** /-kɑ(ː)ndráɪəkəl | -kɔn-/)〘心〙心気症の, 心気症にかかった ❷ 季肋(きろく)部の
—名 C 心気症患者 **-chon·drí·a·cal·ly** 副

hy·poc·ri·sy /hɪpá(ː)krəsi | -pɔ́k-/ 名 (複 **-sies** /-z/) U 偽善；見せかけ, 猫かぶり；C 偽善的言動 ‖ sheer ～ 全くの偽善 / expose his ～ 彼の偽善を暴く

hyp·o·crite /hípəkrɪt/ 名 C 偽善者；猫かぶりの人

hyp·o·crit·i·cal /hìpəkrít̬ɪkəl/ <シ 形 偽善の；見せかけの, 猫かぶりの **～·ly** 副

hy·po·der·mic /hàɪpədə́ːrmɪk, -poʊ-/ <シ 形《限定》〘医〙皮下(用)の ‖ a ～ injection 皮下注射
—名 C 皮下注射(器) **-mi·cal·ly** 副

hỳpo·dérmis 名 U ❶〘動〙下皮, 真皮(しんぴ)《分泌物で覆われた無脊椎(せきつい)動物の上皮》❷〘植〙下皮《表皮のすぐ下の組織》 **-dérmal** 形 真皮の；下皮の

hỳpo·gly·cé·mi·a /-glaɪsíːmiə/ 名 U〘医〙低血糖症
-mic 形

hý·poid gèar /háɪpɔɪd-/ 名 C〘機〙ハイポイド歯車

hy·po·nym /háɪpənɪm, -poʊ-/ 名 C〘言〙(より広い意味範囲の語の)下位語《例えば terrier は dog の下位語》(↔ hypernym) **hy·pón·y·my** 名

hy·poph·y·sis /haɪpá(ː)fəsɪs | -pɔ́f-/ 名 (複 **-ses** /-sìːz/) C〘解〙下垂体

hy·pos·ta·sis /haɪpá(ː)stəsɪs | -pɔ́s-/ 名 (複 **-ses** /-sìːz/) C ❶〘哲〙(属性に対する)本質, 実体 ❷〘宗〙位格《三位一体の(いずれかの)一位》❸ U〘医〙沈下うっ血, 血液沈降
hỳ·po·stát·ic(al) 形 **-i·cal·ly** 副

hy·pos·ta·tize /haɪpá(ː)stətàɪz | -pɔ́s-/ 動 他〔観念など〕を実体化する；本質と考える
hy·pòs·ta·ti·zá·tion 名 U (観念などの)実体化

hýpo·stỳle 形〘建〙多柱式の, 多柱構造の
—名 C 多柱式建造物

hỳpo·táxis 名 U〘文法〙従属 **-táctic** 形

hỳpo·ténsion 名 U 低血圧(症) **-ténsive** 形 名 C 低血圧の(人)；(薬などが)血圧を下げる

hy·pot·e·nuse /haɪpá(ː)tənjùːs | -pɔ́tənjùːz/ 名 C〘数〙(直角三角形の)斜辺

hypoth. 略 hypothesis, hypothetical

hỳpo·thálamus 名 (複 **-thalami** /-maɪ/) C〘解〙視床下部 **-thalámic** 形〘解〙視床下部の

hy·poth·e·cate /haɪpá(ː)θəkèɪt | -pɔ́θ-/ 動 他 …を抵当[担保]に入れる(mortgage) **hy·pòth·e·cá·tion** 名

hỳpo·thér·mi·a /-θə́ːrmiə/ 名 U〘医〙低体温

***hy·poth·e·sis** /haɪpá(ː)θəsɪs | -pɔ́θ-/ 名 (複 **-ses** /-sìːz/) ❶ C 仮説, 仮定；(議論の)前提 ‖ a working ～ 作業仮説 / an absurd ～ to explain global warming 地球温暖化を説明するおかしな仮説 /「build up [suggest, accept] a ～ 仮説を立てる[出す, 受け入れる] / on the ～ that ... …であると仮定して ❷ U (根拠のない)憶測 ‖ mere ～ 単なる憶測

hy·poth·e·size /haɪpá(ː)θəsàɪz | -pɔ́θ-/ 動 自 仮説を立てる —他 …と仮定する(assume)
-sìz·er 名

***hy·po·thet·i·cal** /hàɪpəθét̬ɪkəl/ <シ 形 ❶ 仮説に基づいた；仮定の ‖ a purely ～ question 全くの仮定に基づいた質問 ❷〘論〙仮言的な
～·ly 副 仮説の上で(は)

hỳpo·thý·roid /-θáɪrɔɪd/ <シ 形 名 C 甲状腺(せん)機能不全(症)の(人)

hỳpo·thý·roid·ìsm /-ìzm/ 名 U〘医〙甲状腺機能不全(症)

hy·pox·e·mi·a /hàɪpɑ(ː)ksíːmiə/ 名 U〘医〙低酸素血(症)

hy·pox·i·a /haɪpá(ː)ksiə | -pɔ́ks-/ 名 U〘医〙低酸素症
hy·pox·ic 形

hy·rax /háɪræks/ 名〘動〙ハイラックス《外見は耳の短いウサギに似るが象に近縁のアフリカ・中近東産の動物》

hys·sop /hísəp/ 名 C ❶〘植〙ヒソップ《セイヨウハッカの一種. 薬剤や香辛料として用いる》❷〘聖〙ヒソプ《昔, ユダヤ人がその小枝を水に浸し清めの儀式に用いた植物》

hys·ter·ec·to·my /hìstəréktəmi/ 名 (複 **-mies** /-z/) C〘医〙子宮切除 **-mìze** 動 他 …の子宮を切除する

hys·ter·e·sis /hìstəríːsɪs/ 名 U ❶〘理〙(磁気・電気などの)履歴現象, ヒステリシス ‖ a ～ curve 履歴曲線 ❷〘経〙ヒステレシス(現象)《高い失業率が賃金の低下を即座にはもたらさない現象》

hys·te·ri·a /hɪstíəriə/ 名 U ❶〘心〙ヒステリー(の発作) ❷ (群集などの)異常な興奮, 半狂乱 ‖ mass ～ 集団ヒステリー ❸ 抑え難い笑い[泣き叫び]

hys·ter·ic /hɪstérɪk/ 名 C ❶《～s》《口》ヒステリーの発作；狂ったような笑いの発作 ‖ go [OR fall, get] into ～*s* ヒステリーを起こす ❷ ⊗《旧》《蔑》ヒステリーを起こしやすい人 —形 =hysterical
語源「子宮の, 子宮を患った」の意のギリシャ語 *hysterikos* から. 昔, 女性特有の病苦で原因は子宮の不調であると考えられていた.

***hys·ter·i·cal** /hɪstérɪkəl/ 形 ❶ ヒステリーの[にかかった]；異常に興奮した, ヒステリーじみた ‖ a ～ letter ヒステリックな手紙 / become ～ 狂乱状態になる ❷《口》おかしくてたまらない, 笑いの止まらない ‖ a ～ movie [joke] 爆笑映画[涙が出るほど笑わせる冗談]
～·ly 副 狂乱状態で；非常に

Hz 略〘電〙hertz

I i

Strike the **iron** while it is hot. 鉄は熱いうちに打て；好機逸すべからず《諺》

i¹, I¹ /aɪ/ (♦ 同音語 aye, eye) 名 (複 **i's, is** /-z/；**I's, Is** /-z/) C ❶ アイ《英語アルファベットの第9字》 ❷ i[I]の表す音 ❸ (活字などの) i [I] 字 ❹ I字形(のもの) ❺ (連続するものの) 第9番目 ❻ U (ローマ数字の) 1 《iii, III=3, iv, IV=4, vi, VI=6, ix, IX=9》

dòt (all) the [OR ***one's***] ***i's and cròss (all) the*** [OR ***one's***] ***t's*** (iに点を打ちtに横線を引くように) 細かい点まで気を配る, 確かめる

i² 記号 《数》imaginary unit(虚数単位)

I² 記号 《化》iodine(沃素(ようそ))；《電》electric current

*****I³** /aɪ/ (♦ 同音語 aye, eye) (♦ 常に大文字で書く) 代 名

—代 (一人称・単数・主格の人称代名詞) (複 **we** /弱 wi；強 wi:/) (所有格 **my**；目的格 **me**；所有代名詞 **mine**；再帰代名詞 **myself**) **私(は[が])** ‖ *I*'m starving. 腹ぺこだ / It's ～. 《堅》それは私だ (♦ 主格補語としての用法だが現代ではふつう It's me. を用いる. ただし主語を強調する強調構文では I もよく使われる. → me¹ 〈例〉It is *I* who am to blame. 悪いのは私だ (↘ It's me who is to blame.))

語法 ☆☆ (1) ほかの (代) 名詞と並べるときには二人称, 三人称, 一人称の順がふつう. I を先頭に出すと, 話し手が後からほかの2人を加えたように響き傲慢(ごうまん)な印象を与えることもある. ただし I を me に置き換えると比較的位置が自由になり, 《口》では一人称目的格を先頭にすることもある. 〈例〉You, Mary and *I* あなたとメアリーと私 / Me, you and Richard 《口》私とあなたとリチャード

(2) 日記など主語が I であることが明らかな場合には I を省略することがある. 〈例〉Aug. 3, (*I*) saw Jim. 8月3日ジムに会った

(3) 《口》では動詞や前置詞の目的語の位置で ... and *I* として me の代わりに使われることがあるが正用法ではない. 〈例〉between you and *I* ここだけの話だが / She invited John and *I*. 彼女はジョンと私を招待した

—名 (複 **I's** /-z/) 《the ～》《哲》自我(the ego)

▸▸ **～ spý** 名 U 《英》アイスパイ《1人が今見えているものの頭文字を言い, ほかの者がそれは何かを当てる子供の遊び》

I⁴ 略 Institute；Intelligence；《米》Interstate (Highway)

I⁵, I. 略 Island(s)；Isle(s)；Italy

i. 略 incisor；interest；intransitive

IA 略 《郵》Iowa

Ia. 略 Iowa

IAA 略 《生化》*i*ndole*a*cetic *a*cid(インドール酢酸)

IAAF 略 *I*nternational *A*ssociation of *A*thletic *F*ederations(国際陸上競技連盟)

IAEA 略 *I*nternational *A*tomic *E*nergy *A*gency (国際原子力機関)

-ial /-iəl/ 接尾 《形容詞語尾》=-al ❶ ‖ artific*ial*, jov*ial*

～·ly 接尾

i·amb /áɪæmb/ 名 =iambus

i·am·bic /aɪǽmbɪk/ 形 名 C 《通例 ～s》《韻》弱強格[短長格]の(詩)

i·am·bus /aɪǽmbəs/ 名 (複 **～·es** /-ɪz/ OR **-bi** /-baɪ/) C 《韻》(英詩で)弱強格；(ギリシャ・ラテン詩で)短長格

-ian /-iən/ 接尾 《名詞・形容詞語尾》《特に地名・人名から形容詞・名詞を作る》 (⇨ -AN ❶, ❷) ‖ Ind*ian*, Paris*ian*, Darwin*ian*

-iana /-iɑ:nə, -iænə/ 接尾 《複数扱いの名詞語尾》=-ana ‖ Mozart*iana*

IATA /iɑ́:tə/ 略 *I*nternational *A*ir *T*ransport *A*ssociation(国際航空運送協会)

i·at·ro·gen·ic /aɪætrədʒénɪk, -roʊ-/ <シ〉 形 《医》医師の治療によって生じる, 医師に原因する ‖ ～ disease 医原病

IAU 略 *I*nternational *A*stronomical *U*nion (国際天文学連合)

ib. 略 ibidem

IBA 略 *I*ndependent *B*roadcasting *A*uthority《(英国の)独立放送協会》

I·be·ri·a /aɪbíəriə/ 名 イベリア ❶ スペインとポルトガルを含む半島 ❷ コーカサス山脈南方の一地方の古名

I·be·ri·an /aɪbíəriən/ 形 ❶ イベリア (半島) の ‖ the ～ Peninsula イベリア半島 ❷ (コーカサス山脈地方の) 古代イベリア人の

—名 ❶ C イベリア半島の住民；U その言語 ❷ C (コーカサス山脈地方の)古代イベリアの住民；U その言語

i·bex /áɪbeks/ 名 (複 **～** OR **～·es** /-ɪz/) C 《動》アイベックス《アルプス山脈などに野生する湾曲した大角を持つヤギ》

***ibid.** /íbɪd/ 略 ibidem(同じ箇所に) (♦ 著作物で参考文献や引用文に関して紙面節約のために用いられる)

ib·i·dem /íbɪdèm, ɪbáɪdem/ 副 同書[章, 節]に, 同じ箇所に《略 ib., ibid.》

語源 「同じ箇所に」の意のラテン語から.

-ibility /-əbɪləṭi/ 接尾 《形容詞語尾 -ible に対応する名詞語尾》 ‖ cred*ibility*, feas*ibility*

i·bis /áɪbɪs/ 名 (複 **～** OR **～·es** /-ɪz/) C 《鳥》❶ トキの類《温帯・熱帯産》 ❷ アメリカトキコウ(wood ibis)

-ible /-əbl/ 接尾 《形容詞語尾》=-able ‖ divis*ible*, ed*ible*, poss*ible*, terr*ible* (♦ -able の場合と意味の異なる語がある. 〈例〉ed*ible*－eatable, leg*ible*－readable)

-i·bly 接尾 《副詞語尾》

IBM 略 *I*nternational *B*usiness *M*achines (アイビーエム)《米国のコンピューターメーカー, またそのブランド名》；*i*ntercontinental *b*allistic *m*issile(大陸間弾道弾)

IBM-compátible 名 C 形 IBM互換機(の), IBM PC仕様と互換性のある(パソコン)

I·bo /í:boʊ/ 名 (複 **～** OR **～s** /-z/) C イボ族 (の人)《ナイジェリア東南部の民族》；U イボ語(♦ Igbo ともつづる)

IBRD 略 *I*nternational *B*ank for *R*econstruction and *D*evelopment (国際復興開発銀行)《世界銀行の公式名》

Ib·sen /íbsən/ 名 **Henrik ～** イプセン(1828–1906)《ノルウェーの劇作家・詩人》

i·bu·pro·fen /àɪbju:próʊfen, -fən, aɪbjú:proʊ-/ 名 C U 《商標》イブプロフェン《非ステロイド系鎮痛・解熱剤》

IC 略 *i*ntegrated *c*ircuit (集積回路)；*i*nternal-*c*ombustion(内燃式の)(〈例〉the *IC* engine)；*i*mmediate *c*onstituent(《言》直接構成素)

▸▸ **～ càrd** 名 C ICカード《ICメモリーを内蔵した記憶媒体》(→ chip card)

i/c 略 《軍》*i*n *c*harge (of)；*i*n *c*ommand

-ic /-ɪk/ 接尾 ❶ 《形容詞語尾》 **a** 「…の (ような), …に関係する, …からなる」などの意 ‖ alcohol*ic*, Byron*ic*, class*ic*, publ*ic*, volcan*ic* **b** 《化》(-ous より原子価の高い化合物名) ‖ sulfur*ic* ❷ 《名詞語尾；❶ **a** からの転用》 ‖ crit*ic*, mechan*ic*, mus*ic*

-ical /-ɪkəl/ 接尾 《形容詞・名詞語尾》=-ic ‖ mus*ical*；patholog*ical* (♦ -ic, -ical の形を持つ形容詞が両方ある場合, 次例のように意味が異なることもある. 〈例〉class*ical*－class*ic*, com*ical*－com*ic*, econom*ical*－econom*ic*, histor*ical*－histor*ic*)

-ically /-ɪkəli/ 接尾 《-ic, -ical に対応する副詞語尾》‖ comic*ally*, poetic*ally*
ICAO /ɪkáːoʊ | aɪ-/ 略 *I*nternational *C*ivil *A*viation *O*rganization《(国連の)国際民間航空機関》
Ic·a·rus /íkərəs/ 名〘ギ神〙イカロス《Daedalus の子. ろう付けの翼でクレタ島から脱出したが, 父の注意を無視して太陽に接近しすぎ, ろうが溶けて海へ落ちて死んだ》
ÌCBḾ 略 *i*nter*c*ontinental *b*allistic *m*issile (大陸間弾道弾. IBM ともいう)
ÌCĆ 略 *I*nternational *C*riminal *C*ourt (国際刑事裁判所); 《米》*I*ndian *C*laims *C*ommission; *I*nternational *C*hamber of *C*ommerce (国際商業会議所); *I*nterstate *C*ommerce *C*ommission (米州間通商委員会)

ice /aɪs/ 名 動
—名〔▶ icy 形〕(複 **ic·es** /-ɪz/) ❶ U 氷; 氷状のもの(→dry ice) ‖ Water freezes into ~ at zero degrees centigrade. 水はセ氏零度で氷になる / A sheet of ~ has formed on the surface of the river. 川の表面に氷が張った / A gin and tonic, please — with lots of ~. ジントニックをお願いします, 氷は多めで / put some ~ in the lemonade レモネードに氷を入れる / a piece [lump, block] of ~ 1片[塊]の氷 / crushed [OR chipped] ~ ぶっかき氷
❷《the ~》(川·池などに一面に張った) 氷 ‖ He cut a hole through the ~ on the lake to fish. 彼は釣りをするため湖に張った氷に穴をあけた / The ~ here is thick enough for skating. ここの氷はスケートができるほど厚い
❸ C 《米》シャーベット, 氷菓; 《主に英》アイスクリーム (❗「アイスキャンディー」は《米》《商標》Popsicle, 《英》ice lolly, lollipop, lollypop という) ‖ eat ~*s* シャーベット[アイスクリーム]を食べる ❹ U (態度などの)冷たさ, よそよそしさ ❺ C U 《俗》(特に盗品の)ダイヤモンド, 宝石 ❻《通例 the ~》(アイススケート·アイスホッケーの)リンク ❼ U 《俗》覚醒(かくせい)剤メタンフェタミンの結晶
break the ice (会話などの初めに)人々の緊張をほぐす; 真っ先に始める, 話の口火を切る, 糸口をつかむ ‖ His humor *broke the* ~. 彼のユーモアでその場がなごんだ
cùt nò íce 〈人に〉効果[影響]がない, 役に立たない〈**with**〉‖ His excuses *cut no* ~ *with* his angry wife. 彼の弁解も腹を立てている妻には効き目がなかった
on íce ① 氷で冷やして ‖ put the champagne *on* ~ シャンパンを氷で冷やす ② 保留[待機]して ‖ put a plan *on* ~ 計画を保留する ③ 氷上で演じられる
on thìn íce 《口》薄氷を踏んで, 危険[不安]な状態で ‖ skate [OR tread, walk, stand, etc.] *on thin* ~ 薄氷を踏む; 危ない橋を渡る
—動 (**ic·es** /-ɪz/; **~d** /-t/; **ic·ing**)
—他 ❶ …を凍らせる; …を氷で覆う《*over, up*》‖ The cold has ~*d* the car windows *up*. 寒さで車の窓に氷がはりついた / an *iced-over* river 全面が凍りついた川
❷〔飲み物など〕を氷で冷やす; 〔けがの箇所〕を氷で冷やす《*down*》‖ ~*d* coffee アイスコーヒー
❸〔ケーキなど〕を糖衣で覆う ❹《米俗》…を殺す ❺《米俗》〔試合など〕に決着をつける, 勝利をもたらす, 〔勝利〕を決める; 〔取り引きなど〕をまとめる ❻〘アイスホッケー〙〔パック〕を守備側から相手の陣深くシュートする
—自 凍る, 氷で覆われる《*over, up*》‖ The lake has ~*d over*. 湖一面に氷が張った
▶▶ ~ **àge** 名《the ~》氷河時代; 《the I- A-》(第四紀の)大氷河時代, 更新世 ~ **àx** [《英》**àxe**] 名 C アイスアックス, ピッケル《登山用の砕氷おの》 ~ **bàg** 名 C 氷嚢(ひょうのう), 氷枕(こおりまくら) (ice pack) ~ **blùe** (↓) ~ **bùcket** 名 C 《英》アイスバケット《水割り用の, あるいはワインを冷やすための氷入れ容器》, ワインクーラー ~ **càp** 名 C =icecap ~ **cóffee** =iced coffee ~ **crèam** (↓) ~ **cùbe** 名 C (冷蔵庫でできる)角氷, アイスキューブ ~ **dàncing** (↓) ~ **fìeld** 名 C (極地などの) 氷原; 浮氷原 ~ **físhing** 名 U 氷上釣り ~ **flòe** 名 C (洋上の) 浮氷原《ice field より小さい》; 流氷 ~ **fòot** 名 C〘海〙氷脚《海岸線に沿って長く細く凍結している氷の帯》 ~ **hòckey** 名 U〘スポーツ〙アイスホッケー (《米》hockey) ~ **lólly** /, ニニー/ 名 C 《英》(棒の先につけた) アイスキャンディー (《米》Popsicle) ~ **mílk** 名 U 《米》アイスミルク《脂肪分の少ないアイスクリーム》 ~ **pàck** 名 C ① (洋上の) 浮氷原 ② 氷嚢 (ice bag) ~ **pìck** 名 C アイスピック《氷割り用の錐(きり)》 ~ **plànt** 名 C ①〘植〙アイスプラント《マツバギクの一種》② 製氷工場 ~ **rìnk** 名 C 《英》アイススケート場, スケートリンク ~ **shèet** 名 C 氷床 (極地などを覆う厚い氷の層) (icecap) ~ **shèlf** 名 C (南極などの) 氷棚(ひょうほう)《岸から海上まで続く氷床》 ~ **shòw** 名 C アイスショー, 氷上ショー ~ **skàte** (↓) ~ **skàting** (↓) ~ **stòrm** 名 C 《主に米》〘気象〙氷雨(ひさめ)を伴う暴風 ~ **téa** 名 U 《米》=iced tea ~ **wàter** 名 C U ① 《米》氷水 (《英》iced water) ② 氷の溶けた水 ~ **wìne** 名 C U アイスワイン《凍結したブドウを使った高級ワイン. カナダ産が有名》 ~ **yàcht** 名 C =iceboat ❶
ÌCÉ 略 *i*ce, *c*ompress, *e*levation (傷の治療法の1つ); *I*nstitution of *C*ivil *E*ngineers (《英国の》土木技術協会); *i*nternal-*c*ombustion *e*ngine (内燃機関); *I*nternational *C*ultural *E*xchange (国際文化交流)
Ice. 略 Iceland, Icelandic
íce·bèrg 名 C ❶ 氷山 ‖ The Titanic struck an ~ and sank on her maiden voyage. タイタニック号は処女航海のときに氷山に衝突して沈没した / watch out for ~*s* 氷山を監視する ❷《口》冷淡[冷静]な人 ‖ (as) cool as an ~ とても冷淡[冷静]な, とても冷たい
the tìp of the íceberg 氷山の一角
▶▶ ~ **léttuce** 名 U C アイスバーグレタス《レタスの一種で, 巻きが固い》
íce blùe 名 U 薄いブルー, 淡青色
íce-blùe 形 (特に目が) 薄いブルーの, 淡青色の
íce·bòat 名 C ❶ 氷上ヨット (ice yacht) ❷ =icebreaker ❶
íce·bòund 形 (港などが) 氷に閉ざされた, 氷結した (↔ice-free); (船などが) 氷に閉じ込められた
íce·bòx 名 C ❶ アイスボックス《氷を用いる冷蔵庫》; 《米》《旧》電気冷蔵庫 (refrigerator) ❷ 《英》(冷蔵庫内の) 製氷室, 冷凍庫
íce·brèaker 名 C ❶ 砕氷船 ❷ 緊張·堅苦しさなどをほぐすもの[人] (⇨ *break the* ICE)
íce·càp 名 C (高山·極地の) 氷帽, 氷冠, 万年氷原
ìce-cóld ⟨シ⟩ 形 ❶ (氷のように) とても冷たい ❷ 非常に冷淡[冷徹]な
íce-crèam 形《限定》アイスクリームの; (服が)(バニラ)アイスクリーム色の ‖ an ~ stand アイスクリーム売りのスタンド
▶▶ ~ **còne** 名 C (アイスクリームを入れる) コーン; コーンに入れたアイスクリーム ~ **sóda** 名 C クリームソーダ
****íce crèam** /+英 ニニ/
—名 (複 **~s** /-z/) C U **アイスクリーム** ‖ vanilla ~ (バニラ) アイスクリーム / Two ~*s*, please. アイスクリーム2つ下さい
***iced** /aɪst/ 形 ❶ 氷に覆われた, 氷詰めの ❷ 氷で冷やした ❸ (菓子などが) 糖衣のかかった
▶▶ ~ **cóffee** 名 U C アイスコーヒー (♦ ice coffee ともいう) ~ **téa** 名 U C アイスティー (♦ ice tea ともいう) ~ **wáter** 名 U 《英》=ice water
íce dàncing 名 U アイスダンス《フィギュアスケートの一種目》 **íce-dànce** 動 自 アイスダンスをする **íce dàncer** 名 C アイスダンサー
íce·fàll 名 C ❶ 凍結した滝 ❷ アイスフォール, 氷瀑(ひょうばく)《氷河の急傾斜地帯で起こる崩落面》
íce·fìsh 名 (複 ~ OR ~·**es** /-ɪz/) C ❶ =capelin ❷ 氷片のような透明の小魚 —動 自 (氷面に穴をあけ) 穴釣り

をする ~·ing 名 U 穴釣り ‖ go ~ 穴釣りに行く
ice-frée 形 不凍の, 氷結しない(↔ icebound)
íce·hòuse 名 (複 **-hous·es** /-hàuzɪz/) C氷室(ひむろ), 貯氷庫；製氷室
Icel. 略 Iceland, Icelandic
*Ice·land /áɪslənd/ 名 アイスランド《北大西洋の共和国. 公式名 the Republic of Iceland. 首都 Reykjavik》
~·er 名 C アイスランド人
*Ice·land·ic /aɪslǽndɪk/ 形 アイスランドの, アイスランド人[語]の ―名 U アイスランド語
íce·màker 名 C (冷蔵庫内の)製氷器[装置]
íce·màn /-mæ̀n/ 名 (複 **-mèn** /-mèn/) ❶ C《主に米》氷屋, 氷配達人(中立 ice deliverer) ❷《the I-》アイスマン《1991年イタリア Bolzano 近くの峠で発見された約5,000年前の男性のミイラ》
*íce skàte 名 C《通例 ~s》アイススケート靴(♦ 競技としてのアイススケートは ice skating) **íce-skàte** 動 自 アイススケートをする **íce skàter** 名 C アイススケートをする人
*íce skàting 名 U アイススケート(競技) ‖ an *ice-skating* rink アイススケート用リンク
ich·neu·mon /ɪknjúːmən/ 名 C ❶〖動〗エジプトマングース ❷ (= ~ flỳ)〖虫〗ヒメバチ
i·chor /áɪkɔːr/ 名 U ❶《古》〖医〗膿漿(のうしょう) ❷〖ギ神〗イコル《神々の血管を流れているという霊液》
ich·thy·oid /íkθiɔ̀ɪd/ 形《古》魚に似た
―名 C 魚形脊椎(せきつい)動物《円口類のヤツメウナギなど》
ich·thy·ol·o·gy /ìkθiá(ː)lədʒi | -ɔ́l-/ 名 U 魚類学
-gist 名
ich·thy·oph·a·gous /ìkθiá(ː)fəgəs | -ɔ́f-/ ⟨シ⟩ 形《堅》〖動〗魚食性の, 魚を常食とする
ich·thy·o·saur /íkθiəsɔ̀ːr/, **-sau·rus** /ìkθiəsɔ́ːrəs/ 名 C〖古生〗イクチオサウルス《ジュラ紀の魚竜》
-ician /-ɪʃən/ 接尾《名詞語尾》「…の巧みな人, …の専門家」の意(♦ 通例 -ic, -ics で終わる名詞に対応する) ‖ log*ician*, mus*ician*, phys*ician*, polit*ician*
i·ci·cle /áɪsɪkl/ 名 C ❶ つらら ❷《米口》冷たい[冷静な]人
ic·ing /áɪsɪŋ/ 名 U ❶ (菓子の) 糖衣 (《米》frosting) ❷ (航空機・船などの)着氷, 氷の被膜 ❸〖アイスホッケー〗アイシング《センターラインの手前から打ったパックが相手側のゴールラインを越えること. 反則》
the ìcing on the cáke ① よい状態をますますよくするもの ② 特に重要でないもの, 付随的なもの
▸▸ **~ sùgar** 名 U《主に英》(製菓用の)粉末砂糖
ÌCJ 略 *I*nternational *C*ourt of *J*ustice (国際司法裁判所)
ick /ɪk/ 名《主に米口》U C べとつくいやなもの, 汚らしいもの；いやなやつ ―間 うえっ, げっ(♥ 嫌悪などを表す)
ick·y /íki/ 形《口》❶ いやにべとつく ❷ やけに甘ったるい[感傷的な]；とてもいやな, むかつく
i·con /áɪkɑ(ː)n | -kɔn/ 名 C ❶ (東方教会の)イコン, 聖像[画](ikon) ❷ (絵画・彫刻の)像, 肖像；偶像, 憧憬(どうけい)の的, アイドル；類似記号 ❸ 💻 アイコン《プログラムの各機能・作業を図形・シンボルで表した絵柄》
i·con·ic /aɪká(ː)nɪk | -kɔ́n-/ 形 ❶ 像の, 肖像画の；聖像の ❷〖美〗(彫刻などが)因習的な, 伝統的形式による
icono- 連結形「像」の意(♦ 母音の前では icon- を用いる) ‖ *icono*logy(♦ ギリシャ語 *eikōn*「姿, 像」より)
i·con·o·clasm /aɪká(ː)nəklæ̀zm | -kɔ́n-/ 名 U 聖像破壊(主義)；偶像破壊；因習打破
i·con·o·clast /aɪká(ː)nəklæ̀st | -kɔ́n-/ 名 C 聖像破壊(主義)者；偶像破壊者, 因習打破を叫ぶ人
i·còn·o·clás·tic 形 聖像破壊(主義者)の；偶像破壊(者)の；因習を打破する, 型破りの
i·co·nog·ra·phy /àɪkəná(ː)grəfi | -nɔ́g-/ 名 ❶ C U 図示, 図解(法・書)；(特定の主題に基づく)図像集成 ❷ U 図像学《図像の意味内容や使用法を研究する》, 聖像学(iconology) **-pher** 名 C 肖像画家；図像学者
i·co·nol·o·gy /àɪkəná(ː)lədʒi | -nɔ́l-/ 名 U 図像学；聖像学, イコン研究
i·co·sa·he·dron /aɪkòusəhíːdrən | àɪkəsə-/ 名 (複 **~s** /-z/ OR **-dra** /-drə/) C〖数〗20面体 **-dral** 形
ÌCPÓ ⇨ INTERPOL
-ics 接尾《名詞語尾》❶《通例単数扱いの名詞》「学術・技術」の意 ‖ linguist*ics*, mathemat*ics*, electron*ics*, acoust*ics*(音響学) ❷《通例複数扱いの名詞》「活動・現象・性質」などの意 ‖ gymnast*ics*, acrobat*ics*, hyster*ics*, acoust*ics*(音響効果)
ÌCT 略 *I*nformation *C*ommunication *T*echnology (情報通信技術)《学科の名称》
ÌCÚ 略〖医〗*i*ntensive *c*are *u*nit(集中治療室)
*i·cy /áɪsi/ 形〔◁ ice 名〕❶ 氷のように冷たい ‖ It's getting so ~. ひどく冷えてきた / an ~ wind とても冷たい風 ❷ 氷の, 氷で覆われた；滑りやすい ‖ ~ roads 凍った道路 ❸ (態度・口調が)冷淡な, 冷たい ‖ an ~ stare 冷たい凝視 **-ci·ly** 副 冷酷に；冷淡に **-ci·ness** 名
id[1] /ɪd/ 名《the ~》〖心〗イド《個人の本能的衝動の源泉》(→ ego, superego)
ID[1] /àɪ díː/ 名 U C 身分証明(書)(♦ identification, identity の略) ―動 (**ID's** /-z/；**ID'd** /-d/；**ID'ing**) 他《口》…の身元を確認する(♦ identify の略)
▸▸ **~ càrd** 名 C 身分証明書(♦ *id*entification [*id*entity] *card* の略)
ÌD[2] 略〖郵〗Idaho
ÌD[3], **ìd**[2] 略 *i*ndustrial *d*esign (工業デザイン) *i*nner [OR

メタファーの森 idea 考え

idea ⇨ structure (考え⇨建築物)

「考え」は「建築物」に例えられ, 組み立てられたり, 解体されたりするというシナリオに沿って表現される.

- Drawing a figure will help you **build** an idea. 図を描くと考えを組み立てる助けになるでしょう(♦ build のほか, structure や frame などの動詞も用いられる)
- Her question was quite simple but it took me a while to **assemble** my thoughts. 彼女の質問は極めて単純だったが私は考えを組み立てるのに時間がかかった
- I had to **re-structure** my ideas. 私は自分の考えを組み立て直さなければならなかった
- The experiment **demolished** the idea of a distinction between the two types. その実験によって, 2つのタイプを区別するという考えは崩れ去った(♦ demolish は文字どおりには「(再建を目的として)建物などを取り壊す」の意)
- The **foundation** of your idea is certainly valid, but you should reconsider how you develop it. あなたの考えの基礎は確かに妥当だが, 展開の方法を再考するべきだろう
- I might need some time to **get** my thoughts **into shape.** 考えを具体化するのに少し時間がかかるかもしれない(♦ get ... into shape は「…を形にする, 具体化する」の意)
- He seems to have no **fixed** idea about what to buy. 彼は何を買うべきか考えが固まっていないようだ

⇨ BELIEF メタファーの森

*i*nside, *i*nternal] *d*iameter(内径)

I'd /aɪd/ 《口》 ❶ I would, I should の短縮形 ❷ I had の短縮形(♦ had が助動詞の場合)

id. 略 idem

Id. 略 Idaho

IDÁ 略 *I*nternational *D*evelopment *A*ssociation (国際開発協会,「第2世界銀行」)

Ida. 略 Idaho

I·da·ho /áɪdəhòʊ/ 名 アイダホ《米国北西部の州. 州都 Boise /bɔ́ɪzi/. 略 Ida.,〖郵〗ID》

~·an 形 名 C アイダホの(人)

ÌDÉ 略 *i*ntegrated *d*rive [OR *d*evice] *e*lectronics (《IBM互換機標準のハードディスクやCD-ROM用ディスクドライブインターフェース》)

-ide 接尾 《名詞語尾》〖化〗「2成分からなる化合物」の意 ‖ sodium chlor*ide*, potassium cyan*ide*

i·de·a

/aɪdíːə, ´–– | aɪdíə/ 《発音・アクセント注意》

中心義 **頭の中で形作るもの**

—名 (複 **~s** /-z/) C ❶ **思いつき**, 着想, アイデア, 考え；発案, 計画〈**for** …の / **of** ***doing*** …しようという / **to do** …するという / **that** 節 …という〉(♦ to *do* を伴う形は《口》)(⇨ BELIEF メタファーの森) ‖ "Why don't we have lunch together?" "(That's a) **good** ~!"「一緒に昼食でもどうですか」「いいですね」/ What gave you the ~ *for* the TV show? 何がきっかけでそのテレビショーを思いついたのですか / Paul「hit on [OR came up with] the ~ *for* the tune "Yesterday" in his sleep. ポールは眠っている最中に「イエスタデイ」の楽想を得た / a person of ~*s*=an ~(*s*) person 着想の豊かな人 / My parents don't like my ~ *of* becoming a single mother. 両親はシングルマザーになるという私の考えが気に入らない / I've just **had** an ~ *for* doubling our sales. 我々の売り上げを倍増する案を思いついた / What do you think of his ~ *that* we should adopt flextime? フレックスタイムを導入すべきだという彼の発案をどう思いますか / It was Dad's ~「to eat [OR that we should eat] out tonight. 今夜外食するというのはパパの思いつきだった

連語 【形+~】 a new ~ 新しいアイデア / a great ~ 素晴らしいアイデア
【動+~】 reject an ~ アイデアを却下する / develop an ~ アイデアを発展させる

❷ C U **理解**, 認識, 知識, 見当〈**of** …についての / **that** 節 …という /(**of**) **wh** 節 …かどうかの〉‖ "Whose turn next?" "I have no ~."「次はだれの番ですか」「わかりません」/ Could you give me a rough ~ (*of*) *how* much it will cost? いくらかかるかだいたいのところを教えていただけませんか / People didn't have the faintest [OR foggiest, first] ~ *what* the saucerlike object was. 人々には円盤状の物体が何か皆目見当もつかなかった / Now I've got a clear ~ (*of*) *what* you want to do. 君がやりたいことがはっきりわかった(♦ wh 節 の前の of は《口》では省略されることが多い) / What's given you the ~ *that* I don't like you? 何で私が君を好きじゃないと思ったわけ (⇨ PB 79) / You'll soon get the ~. いずれわかるよ

❸ 考え(方), 意見, 見解, 信念〈**about, of, on** …についての / **that** 節 …という〉‖ Einstein's ~*s about* time and space アインシュタインの時間と空間に関する考え / twentieth-century ~*s about* marriage 20世紀的結婚観 / my ~*s on* the Constitution of Japan 日本国憲法についての私の見解 / His ~ *of* shopping is to come back with drinks. 彼の考える買い物とは酒を買って帰ることだ / Climbing is not my ~ *of* fun. 登山は私の趣味ではない / the ~ *that* being a light eater lengthens your life span 小食家であれば寿命が長くなるという見解(⇨ PB 79)

❹《the ~》〈…の〉意図, 目的, 目標〈**of**〉‖ I searched the Internet with the ~ *of* getting information about Nauru. ナウルに関する情報を得るためにインターネットで検索した / The ~ *of* the report is to make people think about environmental pollution. そのレポートの目的は人々に環境汚染について考えさせることだ / The ~ is to buy the firm as soon as possible. 目標はできるだけ早くその会社を買収することだ

❺〈…という〉(漠然とした)感じ, 予感；空想〈**that** 節〉‖ I have an ~ (*that*) he's not coming. 彼は来ないような気がする / I have an ~ (*that*) I'll win the game. 私は試合に勝てそうな予感がする

❻ 概念, 観念, 思想〈**of** …の / **that** 節 …という〉(⇨ THOUGHT[1] 類語) ‖ the ~ *of* democracy 民主主義の概念 / a fixed ~ 固定観念 / ~*s of* right and wrong 善悪の観念 / social ~*s* 社会思想

❼〖哲〗観念, 理念, 概念；(プラトン哲学で)イデア《永遠不変の実在》;(カント哲学で)(先験的)イデー, 純粋理性概念；(ヘーゲル哲学で)(絶対的)観念, 世界理性

bòunce*「*an idéa* [OR *idéas*] *off a pérson 《口》〔人〕に考えをぶつけて意見を求める

bùck one's idéas ùp ; ***bùck ùp one's idéas*** 向上に努める, より真剣に取り組む

gèt idéas 《口》(実現しそうもない)期待や希望を抱く

hàve the rìght idéa 適切な選択[判断]をしている

pùt idéas into a pèrson's héad ; 《口》***give a pèrson idéas*** (人に) (実現しそうもない) 期待や希望を抱かせる ‖ Don't *put* ~*s into* his *head*. We can't afford to send him abroad. 彼にあまり期待を抱かせないで. 海外へやる余裕なんてないんだから

COMMUNICATIVE EXPRESSIONS

1 **At thís pòint, I'm nòt súre if it's a gòod idéa or nòt.** 現時点ではそれがよい考えかどうか確信が持てません(♥ 意見や回答を保留する)

2 **((Have you) gòt) àny idéa** whère he ís nòw? 彼が今どこにいるか知ってる？(♥ 情報を尋ねるくだけた表現. ↗Do you know where ...? / ↗《堅》I wonder if you could tell me where ....)

3 Is thìs **his idèa of a jóke**, sènding me a chìldish gìft like thís? こんな子供じみた贈り物を送ってくるなんて彼は冗談のつもりなのだろうか(♥ 笑えない冗談に対してあきれている気持ちを表す)

4 **I dón't like the idéa of** trèating ìmmigrants dífferently. 移民に対して異なる扱いをする考えは好きではない(♥ 偏見や不合理な考えなどに心情的に反対する)

5 **I have a bètter idéa.** もっとよい考えがあります (♥ 代案を切り出す)

6 **I jùst「hít on** [OR **gót**] **a gòod idéa.** たった今いい考えが浮かびました(♥ とっさに思いついた考えを述べる際の前置き. =An idea has just come to me.)

7 **Is** càlling him **a gòod idéa?** 彼に電話するのはいい考えですか；彼に電話していいものですかね (♥ 許可や賛同を求める. ↘Is it okay to call him?)

8 **It might** [OR **would**] **be an** [OR **a gòod**] **idéa to** condùct a prelìminary súrvey. 予備調査をするというのはいかがでしょう(♥ 提案)

9 **It mìght nòt be a bàd idéa** to quìt smóking. 禁煙するのも悪くないかもよ (♥ 助言したり何かを勧めたりする際のややくだけた表現. =Why don't you quit ...? / ↗I think you should [OR ought to] quit .... / ↗《堅》My advice would be to quit ....)

10 **Só is the bàsic** [OR **gèneral**] **idéa that** we should retréat? つまり撤退すべきだということですか (♥ 要点の理解が正しいか確認する. =Do you mean that we ...? / ↘In other words, we should retreat, right?)

11 **Thát's a brìght idéa.** そりゃあ名案だ (♥ しばしば愚案に対する皮肉. =Whose bright idea is that?)

12 **Thát's** [OR **Thére's**] **an idéa.** (なるほど)それも1つの

考えだ；それはよい考えだ(♥賛意を表す)
⑬ **Thát's my idéa, tóo.** 私もそう考えます(♥賛意を表す)
⑭ **Thát's nòt my idéa of** whàt lànguage educàtion should bé. それは私が考える言語教育のあるべき姿とは違います(♥理念や価値観などに対して異論を唱える)
⑮ **Thát's the idéa.** そのとおり；それでいい(♥励まし)
⑯ **Whàt an idéa!** (そんなことを考えるなんて)全くあきれたものだ，いやはやひどいものだ(=The (very) idea!)
⑰ **Whát's the (bìg) idéa (of** màking him our cáptain)**?** (彼を主将にするなんて)一体どういうつもりだ，何てばかなことを(♥あきれ・怒り・不満)
⑱ **Whère did you gèt thát idèa?** そんな考え一体どうやって思いついたの(♥妙案が浮かんだ相手に「よくそんなことを思いついたね」，勘違いや思い込みをしている人に「何でそう思っちゃったの」などの意で用いる)
⑲ **You have nò idéa** (hòw térrible the situátion was). (その状況がどれほどひどいものだったか)あなたには想像もつかないでしょう[わかるわけがない]

⁑i·de·al /aɪdíːəl | -díəl/ 《発音・アクセント注意》
―形 《比較なし》 ❶〈…にとって〉**理想の**，理想的な；申し分のない，完璧(かんぺき)な〈**for**〉‖ The weather was ～ *for* sailing. ヨット遊びには申し分のない天気だった / You are the ～ person *for* the task. 君はその仕事にはうってつけの人だ / It would be ～ *for* a traveler to be able to say at least "thank you" in local languages. 旅行者が旅先の言葉でせめて「ありがとう」ぐらいは言えれば理想的だろう / an ～ home 理想的な家庭
❷《限定》観念的な；理想上の，空想[想像]上の(↔ real[1], actual)
❸〖哲〗イデア[観念，理念](上)の；観念論[理想主義]の
―名 (複 **～s** /-z/) Ⓒ ❶**理想**；《通例単数形で》〈…の〉理想的なもの[人]〈**of**〉；(理想とする)究極の目標 ‖ That actress was so close to every man's ～ *of* a woman. その女優は男ならだれもが描く理想の女性に近かった / realize [pursue, abandon] one's ～*s* 理想を実現する[追求する，あきらめる] ❷空想，想像上のもの
▸▸**～ gás** 名ⒸⓊ〖理〗理想気体《あらゆる状態で，ボイル＝シャルルの法則が成り立つ仮想的な気体》

Boost Your Brain!

identity

identityとは「あるものとあるものが同一であること」，または「自分がほかの誰でもない自分であること，またはその意識」を意味する．

例えば，数学におけるidentity「恒等式」とは，変数がどのような値であっても常に左右の値が等しく等号で結ぶことのできる $x^2 + 2xy + y^2 = (x + y)^2$ のような式のことであり，またidentity card「身分証明書」とは本人を識別する情報の記されているカードのことである．芸術家の作風に見られるその人だとすぐに分かるような独自の「個性，固有性」もidentityである．一般的には「身元，正体」を意味するが，自分が自分であるという意識は「自己認識」，自分と自分の属する組織がひとつであるという意識は「帰属意識，一体感」と訳される．national identityとは「国家に対する帰属意識，国民的一体感」を意味する．心理学などの学術分野では「自己同一性，アイデンティティ」と訳すことが多い．

学術用語としてのidentityは，アメリカの精神分析医エリクソン(Erik H. Erikson 1902–94)が提唱し，のちに一般に浸透していった．エリクソンは青年期における「自分は何か」「何をするべきなのか」という内的葛藤をidentity crisis(自己認識の危機)と呼び，これが本当に自分のあるべき姿だという実感をself identity(自己同一性)と呼んだ．

今日，identityという言葉は，学術分野だけではなくビジネスなど様々な世界で「ほかとは違っている独自性，あるいはその意識」という意味で用いられている．例えば，商品ブランドが持つ競合商品にはない独自のものをbrand identity，会社の独自性を示す企業理念をcorporate identityと言う．

***i·de·al·ism** /aɪdíːəlɪ̀zm | -díː-/ 名Ⓤ 理想主義；〖哲〗観念論，唯心論(↔ materialism)；〖芸〗理想主義(↔ realism) ‖ German ～ ドイツ観念論
i·de·al·ist /aɪdíːələst | -díəlɪst/ 名Ⓒ 理想主義者；理想家，空想家；〖哲〗観念論者
i·de·al·is·tic /aɪdìːəlístɪk | -dɪ̀-/ <シ 形 理想主義的な；理想[夢想]家の；〖哲〗観念論的な(↔ realistic)
-ti·cal·ly 副
***i·de·al·ize** /aɪdíːəlàɪz | -díː-/ 動 他 …を理想化する，理想的に考える[描く] ‖ ～ the past 過去を美化する
―自 理想を抱く；理想像を描く
i·dè·al·i·zá·tion 名Ⓤ 理想化(されたもの)　**-ìz·er** 名
***i·de·al·ly** /aɪdíːəli | -díə-/ 副 ❶《文修飾》理想的には，理想としては；理論的には(♦しばしば should, ought to, would などとともに用いる) ‖ *Ideally*, I'd like to finish by July. 理想的には7月までに終えたいのだが ❷理想的に，申し分なく，完璧(かんぺき)に ‖ ～ suited for [OR to] the job その仕事にぴったりな
i·de·ate /áɪdièɪt/ 動 自 他 (…を)観念化する；想像する
i·de·a·tion /àɪdiéɪʃən/ 名Ⓤ 観念化，観念作用
i·dée fixe /ìːdeɪ fíks/ 名《フランス》(＝fixed idea) (複 **i·dées fixes** /ìːdeɪz fíks/) Ⓒ 固定観念，強迫観念
i·dée re·çue /ìːdeɪ rəsúː/ 名《フランス》(＝received idea) (複 **i·dées re·çues** /ìːdeɪz rəsúː/) Ⓒ 通説，通念
i·dem /ídem, áɪ-/ 名Ⓤ形《ラテン》(＝same)同上(の)；同著(者)(の)；同語(の)《略 id.》
***i·den·ti·cal** /aɪdénṭɪkəl/ 形 ❶《the ～》《限定》同一の，まさにその(↔ different)(⇨ SAME 類語) ‖ I found my bag at the ～ spot where I had left it. かばんを置き忘れたまさにその場所で見つけた ❷(2つ以上の異なるものが)〈…と〉あらゆる点で一致する，全く同じような，非常によく似た(↔ different)〈**with, to**〉‖ No two leaves from the same tree are ～. 同じ木からの葉でも全く同じものは2枚とない / The signatures on the two letters were found to be ～. その2通の手紙の署名は同一であることがわかった / The copy is nearly ～ *with* [OR *to*] the original. その写しはほとんど本物と同じだ ❸〖生〗一卵性の(→ fraternal) ❹〖論・数〗同一の
～·ly 副　**～·ness** 名
▸▸**～ twíns** 名 複 一卵性双生児(→ fraternal twins)
i·den·ti·fi·a·ble /aɪdénṭəfàɪəbl/ 形 身元[正体，出所など]を確認できる，同一のものとみなし[証明し]得る
***i·den·ti·fi·ca·tion** /aɪdèntɪfɪkéɪʃən/ 名〔◁ identify 動〕Ⓤ ❶同一物[人]であることの確認，検証，識別；〈…の〉認識〈**of**〉‖ The ～ of the drowned woman seems difficult. 溺死(できし)した女性の身元確認は難しそうだ / use fingerprints for ～ 身元確認のために指紋を使う ❷ⓊⒸ 同一であることの証明となるもの，身分証明書《略 ID》‖ Do you have any ～? 何か身分を証明するものをお持ちですか ❸同一視，同一化〈**of** … の / **with** …との〉‖ the ～ *of* literacy *with* privilege 読み書きできることを特権と同一視すること ❹〈…との〉一体感，共鳴〈**with**〉‖ children's ～ *with* television characters テレビ番組の登場人物になったような子供たちの気持ち
▸▸**～ càrd** 名Ⓒ《米》＝ID card **～ paràde** 名Ⓒ《英》(証人に犯人を突き止めさせるための)面通し(の列)(《米》lineup)
i·den·ti·fi·er /aɪdénṭəfàɪər | -tɪ-/ 名Ⓒ ❶💻識別子，識別名 ❷確認者，鑑定人
⁑i·den·ti·fy /aɪdénṭəfàɪ | -tɪ-/
―動〔▶ identification 名〕(**-fies** /-z/；**-fied** /-d/；**～·ing**)
―他 ❶…を**(同一人[物]であると)確認する**；〔人・物〕を〈…だと〉特定する，明らかにする，見分ける〈**as**〉(⇨ RECOGNIZE 類語) ‖ A baby *identifies* its mother by her

voice. 赤ん坊は母親を声で見分ける / I *identified* the hat *as* mine. その帽子は私のものだと確認した / His accent *identified* him *as* Spanish. 彼はなまりからスペイン人とわかった / ～ oneself 自分の身元を明らかにする
❷ **a** 《+目》〔問題点・原因など〕を**特定する**, 明らかにする, 突き止める；…の存在を確認する ‖ ～ the real origins of the drought かんばつの真の原因を特定する
b 《+**wh** 節》…かを特定する[明確にする] ‖ We need to ～ *what* qualities we desire most in a new teacher. 新任の先生にどんな資質を最も望むのかを明確にする必要がある
❸ **a** 《+目+**with** 名》…を〔ほかの人・もの〕と**同じもの[同類]として考える[扱う]**, 同一視する；…を…と強く結びつけて考える (♦しばしば受身形で用いる) ‖ It is a great mistake to ～ being a speaker of English *with* being cosmopolitan. 英語を話す人であれば国際人だと考えるのは大きな誤りだ / Nationality is often *identified with* race. 国籍は民族と結びつけて考えられることが多い
b 《受身形または～ oneself with ... で》…と一体感を持つ, …に共鳴する ‖ The cult's members ～ themselves completely *with* its goals. そのカルト教団のメンバーは教団の目的に完全に賛同している
❹ 〖生〗〔動植物などの種〕を決定する；…を分類する
— 自 〈…に〉共鳴[共感]する；〈…と〉一体感を持つ；同一視する 〈**with**〉 ‖ ～ *with* the hero of a novel 小説の主人公になりきった気でいる

I·den·ti·kit /aɪdéntəkìt | -ti-/ 名 Ⓒ 《英》《商標》モンタージュ写真(作成スライド)(《米》composite)
— 形 《i-》《限定》《主にけなして》特徴のない, 形式的な

‡i·den·ti·ty /aɪdéntəti/
— 名 (複 **-ties** /-z/) (⇨ BYB) ❶ Ⓤ Ⓒ **身元**, 正体, 出所；《口》身分証明書；《形容詞的に》身分を証明する (→ ID card) ‖ The police already knew his ～. 警察はすでに彼の身元を知っていた / Her large sunglasses hid her ～. 大きなサングラスのために彼女がだれかわからなかった / a case of mistaken ～ (犯罪の容疑などで)身元誤認の事件[例] / her true [assumed, false] ～ 彼女の本当の[偽りの]身元
連語 【動+～】 discover [OR find out] a person's ～ (人の)身元を突き止める / establish a person's ～ (人の)身元を特定する / reveal [OR disclose] a person's ～ (人の)身元を明らかにする / conceal one's ～ 身元を隠す
❷ Ⓤ (自己の)**アイデンティティ**, 自己同一性《自分とはこのような人間であるという明確な存在意識》; 独自性, 主体性 ‖ Language is a means of personal and group ～. 言語は個人や集団の独自性を示す手段である / develop a sense of ～ 自分らしさの感覚を養う / lose [preserve] one's own ～ 自己の主体性を失う[保つ] / ethnic [racial] ～ 民族[人種]的アイデンティティ / corporate ～ 企業のイメージ戦略
❸ Ⓤ **全く同じであること**, 同一性, あらゆる点での一致；類似性 〈**with** …との；**between** …間の〉 ‖ There is no doubt as to the ～ of the authors. その複数の作家が同一人物であることは明らかだ
❹ Ⓒ 《豪・ニュージ口》(ある地域で定評のある)有名人(celebrity) ❺ Ⓒ 〖数〗恒等式；単位元
▶▶ ～ **càrd** 名 Ⓒ 《英》=ID card ～ **crìsis** 名 Ⓒ Ⓤ 〖心〗自己同一性の危機《自分の実体や所属がわからず不安定になること》 ～ **màtrix** 名 Ⓒ 〖数〗単位行列 ～ **paràde** 名 Ⓒ 《英》=identification parade ～ **thèft** [**fràud**] 名 Ⓒ Ⓤ アイデンティティ窃盗, 身元詐称 ～ **thìef** [**fràudster**] 名 Ⓒ アイデンティティ泥棒, 身元詐称者

id·e·o·gram /ídiəgræ̀m/, **-graph** /-græf | -grɑ̀ːf/ 名 Ⓒ 表意文字[記号]《漢字や数字, +, ÷の記号など》(→ phonogram)

id·e·o·graph·ic /ìdiəgrǽfɪk/ ⊲シ, **-i·cal** /-ɪkəl/ 形 表意文字[記号]の

id·e·og·ra·phy /ìdiɑ́(ː)grəfi | -ɔ́g-/ 名 Ⓤ 表意文字法(使用)；図示法《図形で意思を表現すること》

***i·de·o·log·i·cal** /àɪdiəlɑ́(ː)dʒɪkəl | -lɔ́dʒ-/ ⊲シ, **-lo·gic** 形 〔◁ideology 名〕(**more** ～；**most** ～) ❶ イデオロギー(上)の ❷ 観念的[空論的]な **～·ly** 副

i·de·ol·o·gist /àɪdiɑ́(ː)lədʒɪst | -ɔ́l-/ 名 Ⓒ ❶ イデオロギー研究家 ❷ =ideologue

i·de·o·logue /áɪdiəlɔ̀(ː)g/ 名 Ⓒ (特定の)イデオロギーの主張者；イデオロギーに凝り固まった人, 教条主義者

***i·de·ol·o·gy** /àɪdiɑ́(ː)lədʒi, ìdi- | -ɔ́l-/ 名《発音注意》〔▶ideological 形〕(複 **-gies** /-z/) (⇨ BYB) ❶ Ⓤ Ⓒ 《ときにけなして》イデオロギー, 社会的意識形態；政治的主張[行動指針], 思想傾向 ‖ embrace [OR espouse] Marxist ～ マルクス主義のイデオロギーを信奉する ❷ Ⓤ 《古》〖哲〗観念形態, 観念論 ❸ Ⓤ 《古》空理, 空論

ides /aɪdz/ 名《しばしば単数扱い》(古代ローマ暦で3月・5月・7月・10月の) 15日, (その他の月の) 13日 ‖ *Beware the* ～ *of March*. 3月15日を警戒せよ《Caesar 暗殺の故事から, 凶事の警告》

id est /ɪd ést/ 《ラテン》(=that is) すなわち, 換言すれば《略 i.e., /ðæ̀tíz/ とも発音される》

id·i·o·cy /ídiəsi/ 名 (複 **-cies** /-z/) Ⓤ 非常な愚かさ, ばからしさ；Ⓒ 極めて愚かな言動, 愚行

id·i·o·lect /ídiəlèkt/ 名 Ⓒ Ⓤ 〖言〗個人語《個人に特有の言語の総体》(→ dialect)

***id·i·om** /ídiəm/ 名 ❶ Ⓒ 熟語, 成句, 慣用句, イディオム《個々の単語の意味を集めた意味とは異なる独自の意味を持つ語群》 ‖ colloquial ～*s* 口語的な成句 ❷ Ⓤ Ⓒ 《堅》(ある民族・国民に特有の)言語；(ある地域・階層の)方言；(ある言語・人・集団に特有の)語法, 慣用語法 ‖ the local ～ 方言 / the American ～ アメリカ語法 / Shakespeare's ～ シェークスピアの語法 / legal ～ 法律用語 ❸ Ⓤ Ⓒ (音楽・美術上の) 固有の表現法, 作風 ‖ the modern jazz ～ モダンジャズの表現法
語源 ラテン語 *idioma* (特性)から. ギリシャ語 *idios* (自分自身の)にさかのぼる. idiot と同系.

id·i·o·mat·ic /ìdiəmǽtɪk/ ⊲シ 形 ❶ 慣用的な；いかにもその言語らしい ‖ an ～ phrase 熟語, 成句 / ～ English こなれた[いかにも英語らしい]英語 ❷ (芸術などで)(人・作風などが)独特の, 個性的な **-i·cal·ly** 副

id·i·o·path·ic /ìdiəpǽθɪk/ 形 〖医〗(病気が)原因不明の, 特発性の, ある個人に独特の **-óp·a·thy** 名 (複 **-thies**

Boost Your Brain!

ideology

ideology「イデオロギー, 観念形態」とは,「人々の考え方や行動を決定する根本的な世界観」を指す. 一個人ではなく, ひとつの党派, 階級, 国家などの集団の構成員や, ある時代, ある社会に属する人々が共通して持つものであり, 科学的思考や政治行動, 日常的な考え方なども規定する. 何らかの虚偽や欺瞞(ぎまん)を含む偏った考え方であることも多い. 例えば中世ヨーロッパにおいては, 天動説や生命や宇宙は神が創造したとする創造説が, 科学的根拠のある説として信じられていたが, これは当時の支配的なイデオロギーであったキリスト教原理を反映したものだと言える.

イデオロギーはその集団の構成員が無自覚に持つこともあるし, そうした無自覚なイデオロギーへの批判という形をとることもある. 例えばフェミニズムやマルクス主義は, 社会に存在する男性中心的イデオロギー, あるいは支配階級のイデオロギーを批判するが, 一方でフェミニズムやマルクス主義もひとつのイデオロギーであると見なすことができる.

イデオロギーに帰依した人は純粋だが柔軟にかける考え方をすると見なされることも多く, この言葉は時に現実から遊離した空疎な観念体系という揶揄(やゆ)的な意味をこめて用いられる.

/-z/) Ⓤ Ⓒ 〘医〙特発性疾患《原因不明の病気》

id·i·o·syn·cra·sy /ìdiəsíŋkrəsi, -iou-/ 名 (複 **-sies** /-z/) Ⓒ ❶ (個人的)特質, 特異性 ; 風変わりな癖, 奇行 ; (物・場所の) 変わった特徴 ❷ (作家などの) 特有の表現法 ❸ 〘医〙特異体質

-syn·crát·ic 形 個人特有の, 独特な ; 一風変わった, 妙な ; 〘医〙特異体質の **-syn·crát·i·cal·ly** 副

*__id·i·ot__ /ídiət/ 名 Ⓒ ❶ 《口》《けなして》全くのばか, 間抜け ‖ Don't be an ～. ばかなまねはやめろ / You stupid ～! このばか / How could I make such an utter ～ of myself? 何だってあんな全くばかなまねができたんだろう ❷ ⊗《旧》《蔑》白痴 (♦もと重度の知的障害を指す医学用語)

語源 ラテン語 *idiota* (平民, 俗人) から. ギリシャ語 *idios* (自分自身の, 私有の)にさかのぼる. idiom と同系.

▶▶ **～ bòard** [**càrd**] 名 Ⓒ 《俗》(テレビ出演者用の)せりふなどを表示する投射像や大型の厚紙, カンペ, プロンプター (cue card) **～ bòx** 名 《the ～》《俗》テレビ **～ lìght** 名 Ⓒ 《米俗》(自動車の計器盤上の) 異常表示ランプ **～ savánt** /ì:djou sɑ:vɑ́:n | ìdiət sǽvənt/ 名 (複 **～ savants** OR **～s s-**) Ⓒ ⊗《ときに蔑》〘医〙イディオ＝サバン《暗算などの特殊能力を持つ知的障害者》

id·i·ot·ic /ìdiɑ́(:)ṭɪk | -ɔ́t-/ 〈シ〉 形 《けなして》全くばかげた ; 大ばかな ; ⊗《旧》《蔑》白痴の **-i·cal·ly** 副

ídiot-pròof 形 だれにでも使える[わかる], 超簡単な

I·di·ta·rod /aɪdíṭərɑ̀(:)d | -rɔ̀d/ 名 《the ～》❶ アイディタロッド川《アラスカ州西部の川》❷ アイディタロッド犬ぞり大会《アンカレッジからノームの間約1,900kmを走る》

*__i·dle__ /áɪdl/ 《発音注意》(♦同音語 idol) 形 ❶ (人が) 仕事がない, 用がない, 遊んでいる (♦必ずしも悪い意味ではない) (⇨ 類語) ‖ I take it easy, but my wife dislikes being ～. 私はのんびりやっているが, 妻はぶらぶらしているのが嫌いだ / I have been ～ for a month. この1か月仕事がない / the ～ rich (働かずに暮らしている) 有閑階級 ❷ (機械・工場などが)動いていない ; (物・場所が)使われていない(↔ occupied) ; (金が)現金のままで, 利息のつかない口座に入れて ‖ ～ funds 遊んでいる資金 / lie [OR stand] ～ (金などが)使われていない ❸ 怠け者の, 怠惰な (lazy) (↔ busy) ‖ Though clever, he was ～ at school. 彼は頭はよいが学校では怠けていた / *Idle folks have the least leisure.* 《諺》怠け者に暇なし(♦仕事から逃げるためにいつも忙しいふりをしているということ) ❹ 《限定》(時間が)暇な, 空いている ; (選手などが)試合のない, オフの ‖ ～ hours 暇な時間 ❺ 《通例限定》理由[根拠]のない ‖ A trait of creative people is ～ curiosity. 創造的な人々の1つの特徴は根拠のない好奇心である / ～ rumors [fears] 根拠のないうわさ [恐怖] / an ～ compliment 空世辞 ❻ する価値のない, 取り立てて意味[目的]のない ; 無駄な (↔ meaningful) ‖ It's no ～ jest. つまらない冗談などではない (まじめな話だ) / It would be ～ to deny that .... …であることを否定しても無駄だろう

—動 他 ❶ 〔時間〕をぶらぶらして過ごす《*away*》(⇨ 類語P) ‖ Don't ～ *away* your time. 時間を無駄にするな ❷ 〔エンジンなど〕を空転させる ❸ 《米》〔工場など〕を(一時)閉じる ; 〔労働者など〕を遊ばせる, ぶらぶらさせる

—自 ❶ 何もしないで過ごす, ぶらぶらする ; 〈…を〉ぶらつく《*about, around*》〈**around, along,** etc.〉❷ (機械などが) 空転 [アイドリング] する (tick over) ‖ Don't leave the engine *idling*. エンジンをかけっ放しにするな

怠ける			
	be lazy	やるべき事があっても	働こうともしない
	neglect		怠る
	idle away		何もしないで無駄に時を過ごす
	be idle	する事がなくて	何もしていない

類語 《形 ❶》 **idle** 何もせず[働かず, 作動せず]にいる状態. ふつう悪い意味は含まない.

lazy なすべきことをしないで怠けている. 性格的な意味を含み, ふつう非難の意がこもる.

語源 古英語 *idel*(空の)から「無駄な」の意を経て「怠惰な」に転じた.

▶▶ **～** [**ídler**] **whèel** 名 Ⓒ ＝idler ❷

i·dle·ness /áɪdlnəs/ 名 Ⓤ 何もしないでいること, 無為, 怠惰 ‖ live in ～＝live a life of ～ 無為に暮らす

i·dler /áɪdlər/ 名 Ⓒ ❶ 怠け者 ❷ 〘機〙アイドラー(idle(r) wheel), 遊び車[滑車, 歯車, ギア]

i·dly /áɪdli/ 副 何もしないで, ぼんやりと ; 怠けて ; 無駄[無益]に ‖ I can no longer *stand* ～ *by*. もう何もしないでいることはできない / ～ watch the sea ぼんやりと海を見る

*__i·dol__ /áɪdəl/ (♦同音語 idle) 名 Ⓒ ❶ 偶像視される人 [もの], 人気者, アイドル ‖ a TV [teen] ～ テレビ[10代]の人気者 / a fallen ～ 落ちた偶像 / make an ～ of entrepreneurship 企業家精神を偶像視[崇拝]する ❷ 〘宗〙(信仰の対象となる)偶像《絵・彫像など》; 偶像神 ; 邪神(false god) ❸ 〘論〙イドラ, 謬見(びゅうけん)《Francis Bacon の唱えた4種類の誤った概念》

語源 ギリシャ語 *eidōlon*(姿, 形)から. 「偶像」の意はユダヤ教およびキリスト教の影響による.

i·dol·a·ter /aɪdɑ́(:)ləṭər | -dɔ́l-/ 名 Ⓒ (♦女性形 idolatress /-trəs/) ❶ 《けなして》偶像崇拝者 ❷ (一般に) 〈…の〉崇拝者, 心酔者〈**of**〉

i·dol·a·trous /aɪdɑ́(:)lətrəs | -dɔ́l-/ 形 偶像崇拝の ; 盲目的に崇拝する, 心酔する

i·dol·a·try /aɪdɑ́(:)lətri | -dɔ́l-/ 名 Ⓤ ❶ 《けなして》偶像崇拝 ❷ 崇拝, 偶像視, 心酔

i·dol·ize /áɪdəlàɪz/ 動 他 ❶ …を偶像視する ; …を溺愛(できあい)する ❷ 《けなして》…を偶像として崇拝する

ì·dol·i·zá·tion 名 Ⓤ 偶像視 ; 崇拝, 心酔

i·dyll, i·dyl /áɪdəl | ɪ́-, áɪ-/ 名 Ⓒ 田園詩, 牧歌 ; (田園詩に適するような)牧歌的場面[情景, 題材, 生活] ; (田園詩風の)ロマンチックな恋物語

i·dyl·lic /aɪdílɪk | ɪ-, aɪ-/ 形 田園詩の ; 牧歌的な, のどかで美しい ‖ ～ life 牧歌的な生活 **-li·cal·ly** 副

i·dyl·list, i·dyl·ist /áɪdəlɪst | ɪ́-, áɪ-/ 名 Ⓒ 田園詩人, 田園作家[画家]

ÌE 略 *I*ndo-*E*uropean ; *I*ndustrial *E*ngineer (経営工学者)

*__i.e.__ /àɪ í:, ðǽtíz/ 略 NAVI ⓦ (前述したことの詳しい説明として)すなわち(♦ラテン語の *id est*(＝that is)の略. 日常語では that is (to say) を用いる. ⇨ NAVI表現 12) ‖ writing implements, ～ pencils and pens 筆記用具, つまり鉛筆とペン

-ie 接尾 《名詞語尾》＝-y² ‖ bird*ie*, night*ie*, sweet*ie* ; 《愛称で》Charl*ie*, Sus*ie*

ÌEÁ 略 *I*nternational *E*nergy *A*gency (国際エネルギー機関)

ÌED 略 *i*mprovised *e*xplosive *d*evice(s) (即席爆発装置)

ÌEE 略 *I*nstitution of *E*lectrical *E*ngineers ((英国の)電気技師研究所)

IEEE /àɪ trɪpl í:/ 略 💻 *I*nstitute of *E*lectrical and *E*lectronic *E*ngineers Inc. (米国電気電子技術者協会)

-ier /-ɪər/ 接尾 《名詞語尾》「(職業など)に関係のある人」の意 ‖ furr*ier*, hos*ier* ; bombard*ier*

⁑**if** /ɪf/ 接 名

—接 ❶ 《条件・仮定》もし…なら, …だとすると, …の場合には (⇨ 類語) **a** 《現在・現在完了の節を導いて》(♦現在や未来についての仮定・条件を表す) ‖ *If* he has enough experience as a bartender, (then) I will hire him. 彼にバーテンダーの経験が十分あれば雇おう (♦ if と呼応して主節の始めに then を置くことがある. ⇨ THEN 副 ❹) / You can stay with us tonight ～ you like. よかったら今夜はうちに泊まってもいいですよ / If you have finished with the CD, please bring it back to me. そのCDを聞き終えていたら返してください / *If* it's [×it will be] warm tomorrow, we'll have a barbecue in the yard. もし明日暖かければ庭でバーベキューをしよう (♦ if 節 の時制については ⇨ 語法 (1)) / *If* you ask me, Richard is the ideal person for you. 私に言わせればリチャードは君にぴったりだ (♦ 主節の前に I'll tell you を補って解釈する. ⇨ 語法 (2)) / ~ any person be found guilty 有罪だと評決された場合には (♦ 格式ばった文書では仮定法現在を用いる)

語法 ★☆ (1) 条件, 仮定を表す if 節 では単純未来を表す will, would は用いない. ただし will, would が, 主語の意志を表す場合や現在の判断の根拠となるような未来の推定を表す場合, you を主語にして依頼を表す場合(→ ❺)などは if 節 内でも用いる. 〈例〉 I can't help you *if* you won't give me the details. 詳しいことを教えてくれないならお役に立てません / I can lend you some money, *if* that will help. お役に立つなら少しお金を貸しましょう
(2)「…であるといけないので [あったときのために] …と言っておきます」のような使い方がされることがある. 〈例〉 *If* you want to go to the store, Monica knows where it is. その店に行きたいなら, モニカが場所を知っているからね

b 《過去・過去完了の節を導いて》(♦ 過去についての仮定・条件を表す) ‖ *If* that was what he told you, he was lying. 君にそう言ったのなら, 彼はうそをついていたのだ

c 《仮定法過去の節を導いて》(♦ 現在の事実に反する仮定または実現の可能性が低いと話者が考える近未来の仮定を表す. if 節 では be 動詞は主語の数や人称に関係なく were になる. ただし《口》では主語が一人称または三人称単数の場合 was も使われる. その他の動詞は過去形を用い, 主節では通例「should, would, could, might など過去形の助動詞+動詞の原形」を用いる) ‖ *If* my mother were here, I could show her this view. もし母がここにいたら, この眺めを見せられるのに (♦ 現実には母がここにいないのでこの眺めを見せられない) / I expect it'd kill him ~ you left him. もしあなたに捨てられたら, きっと彼は耐えられないだろう / *If* that were true, you wouldn't have bothered to come. それが事実ならあなただってわざわざやって来なかったろうに (♦ if 節 が仮定法過去でも主節が過去の事実に反する内容を表す場合は, 主節では「過去形の助動詞+have+過去分詞」を用いる)

d 《仮定法過去完了の節を導いて》(♦ 過去の事実に反する仮定を表す. if 節 の動詞は過去完了形. 主節では通例「should, would など過去形の助動詞+have+過去分詞」を用いる) ‖ *If* I had arrived three minutes later, I would have missed the train. 3分遅れて着いていたら, 列車に乗り遅れるところだった (♦ 現実には遅れなかったので列車に間に合った) / *If* the guide hadn't come, I don't know what we would have done. もしガイドが来なかったら, 我々はどうしていたかわからない / *If* you had taken my advice then, you wouldn't be so hard up today. あのとき僕の助言を聞いていれば, 君は今こんなに金に困っていないだろうに (♦ if 節 が仮定法過去完了でも主節が現在の事実に反する内容を表す場合は, 主節では「過去形の助動詞+動詞の原形」を用いる)

e 《should, were to, happen to を伴って》万一…ならば (♦ 未来または現在についての実現の可能性が低い仮定を表す) ‖ *If* anyone should ring for me, please take a message. 万一だれかが電話をしてきたら, 伝言を聞いておいてください / I would very much appreciate it ~ you were to let me know how to use it. それの使い方を教えていただければとてもありがたいのですが (♦ if ... were to ... の形は実現の可能性が低くなくても, 控えめな表現として使われることがある. この例では遠慮がちな依頼となっている. → **f**)

f 《were to を伴って》仮に…なら (♦ 実現の可能性のない純然たる仮定を表す. ふつう if 節 では主語の数や人称に関係なく were to を用いるが, 一人称および三人称の単数の場合《口》では was to を使うこともある) ‖ *If* the sun were to vanish, all life would disappear. 仮に太陽が消滅したら, あらゆる生物は存在しなくなるだろう

語法 ★☆ (1) if 節 ではしばしば「主語+be動詞」が省略されるが, 省略が可能なのは if necessary [possible] などの慣用表現および主語が主節の主語と同じ場合である. 〈例〉 Add a little more salt *if* (it is) necessary. 必要なら塩をもう少し足しなさい / I will gladly come *if* (I am) invited. 招待されれば喜んで伺います / *If* (you are) in doubt, ask me. わからないことがあれば私に聞いてください (♦ 命令文の主語は you と考えられるので)
(2) ❶ **c, d, e, f** の用法において, 書き言葉では if を用いず, 主語と(助)動詞の倒置によって仮定, 条件を表すことがある (⇨ PB 39). 〈例〉 Had I not seen it (= *If* I had not seen it) with my own eyes, I would not have believed it. 自分の目で見なかったら, 私は信じなかっただろうが (♦ ×Hadn't I seen it .... のように短縮形にはしない) / Should you need (= *If* you should need) any help, please let me know. 万一助けが必要な場合は, 知らせてください / Were he (= *If* he were) in charge, he would do things differently. 彼が担当なら違うやり方をするだろうに
(3) 《口》では, 脅迫を表す場合文頭の if を省略することがある. 〈例〉 (*If*) you touch me again, I'll report you. もう一度おれに手を出したら言いつけるぞ
(4) 《口》では, 疑い・不確実性・驚きなどを表す表現の後の if 節 に否定の意味を持たない not が挿入されることがある. 〈例〉 I wouldn't be surprised *if* she「didn't leave [OR left] town soon. 彼女がすぐに町を出て行っても驚きはしない

❷ 《場合》**…のときは (必ず)** (when) ; …のときはいつでも (whenever) ‖ *If* anyone interrupted him, he always got angry. だれかが話を遮ると彼はいつも腹を立てた / *If* plastic gets too hot, it melts [OR will melt]. プラスチックは熱くなりすぎると溶けるものだ / *If* you mix

PLANET BOARD 39

倒置によって if を省略した仮定法を使うか.

問題設定 《文》では倒置によって if の省略を表すことがあるとされる. この構文の使用率を調査した.

Q 次の表現を使いますか.

Had I not seen it with my own eyes, I would not have believed it.

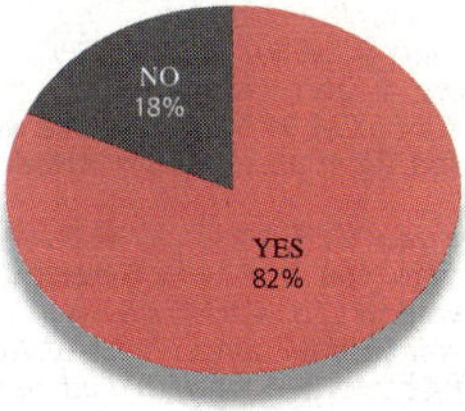

大多数の人が, この構文を使うと答えた. そのうちの約半数がこれを《堅》または《文》としたが, 残りの半数は特に《堅》ではないとした. 使わないと答えた人も全員, 「他人が使うのを聞いたことがある」と答えており, 「自分が使わないのは《堅》すぎるから」との意見が多かった.

学習者への指針 《堅》と受け取られる場合が多いので, 特に《口》では if を省略しない If I had ... の形を使うのが無難だろう.

red and blue, you get purple. 赤と青を混ぜると紫になる(♦ if 節 と主節の動詞は同じ時制になることが多い)
❸《譲歩》 **a たとえ…でも** (even if), …ではあるが (although) ‖ *If* it takes us ten years, we will do it. たとえ10年かかっても我々はやるぞ / I wouldn't tell you (even) ~ you paid me a million dollars. たとえ100万ドルもらったって言わないよ
b《対比を表す形容詞句を導く》‖ He's a pleasant young man, ~ a little talkative. 少し口数が多いが，彼は好青年だ / an enthusiastic, ~ small, audience 数は少なくても熱心な聴衆
❹《間接疑問文を導く》…**かどうか** (♦ ask, find out, know, see, tell, wonder などの後で用いる. whether より《口》. なお whether との用法上の違いについては ⇨ WHETHER 語法, PB 97) ‖ Ask him ~ he will come tomorrow. 彼に明日来るのかどうか聞いてみて (♦ 間接疑問文の if 節 では未来を表すのに will, shall を用いる) / Go and see ~ anyone is at the door. 玄関にだれか来ているかどうか見てきてよ / I was wondering ~ you'd like to have dinner with me this evening. 今晩ご一緒にお食事でもいかがでしょうか
❺《丁寧表現》 **a**《しばしば will, would とともに》…していただけると (♥ 丁寧な依頼) ‖ I should be very grateful ~ you would reply as soon as possible. できるだけ速やかにお返事を頂けると大変ありがたいのですが / *If* you'd fill in this form. この用紙にご記入いただけますか(♦ 主節はしばしば省略される)
b《しばしば can, could, may, might を伴って》…させていただくと (♥ 丁重に人を遮ったり自分の意見を述べたりする) ‖ There are several problems with this idea of yours, ~ I may say so. こう申すのも何ですが，あなたのこの考えにはいくつか問題があります / But ~ I may interrupt, I don't think anybody here is blaming you. お話の途中ですが，ここにいる人はだれもあなたを責めてはいませんよ
❻《感情を表す動詞や形容詞，名詞の後で that の代わりに》…とすれば ‖ I am very sorry ~ you took it that way. あなたがそんなふうに理解したとすれば大変残念です
❼《特に否定文で，主節を省略して》何と…ではないか(♥ 驚き・感謝・後悔などを表す) ‖ Why, ~ it isn't Dan! やあ，ダンじゃないか / Well, ~ I haven't lost my watch! ああ何てことだ，時計をなくしてしまうなんて
***if*「*a dáy* [*an hóur, an ínch, a cént,* etc.]** 少なくとも，確かに(♦ 時間・距離・重量・金銭などの小さい単位を用いる) ‖ He's eighty ~ (he's) *a day*. 彼は少なくとも80歳にはなっている
ìf and ónly if ... (もし)…でありかつその場合に限って
ìf and whén ... もし…のときには
if any ⇨ ANY 代 (成句)
if anything ⇨ ANYTHING 代 (成句)
if at áll もしそうだ[そうする]としても ‖ The word is now little used, ~ *at all*. その語は今では使われるとしてもまれだ
if Ì were yóu 私が君の立場なら，私なら (♥ 忠告の導入句. if I was you ということもあるがまれ) ‖ *If I were you*, I wouldn't go. 私なら行かないね
if it had nót bèen for ... もし…がなかったら(but for)(♦ 過去の事実と反対の仮定) ‖ *If it had not been for* your help, I could never have done it. もしあなたの助けがなかったら，私には絶対にできなかったでしょう (♦ 書き言葉では Had it not been for ... ともいう)
if it were nót for ... もし…がなければ (but for) (♦ 現在の事実と反対の仮定) ‖ *If it were not for* water, no living things could exist. 水がなければ生物は存在できないだろう(♦ 書き言葉では Were it not for ... ともいう)
if nót 《前の現在または現在完了の節や yes/no 疑問文，仮定を含む文を受けて》そうでなければ，さもなければ ‖ Is anybody feeling cold? *If not*, let's open the windows. だれか寒い人いますか，もしいなければ窓を開けましょう
if nót ... ①(たとえ)…ではないにしろ ‖ It would violate the spirit, ~ *not* the letter, of the law. それは法律の条文ではないにしても，法律の精神には反するだろう ② ひょっとすると…かもしれない，おそらく ‖ many, ~ *not* most, of the survivors 多くの，おそらく大半の生存者 / difficult, ~ *not* impossible 困難な，おそらく不可能な(♦ 文脈によって ①, ② いずれの意味にもなり得る)
if ónly ... ①《現在や未来に対する願望を表して》…でさえあればなあ ‖ *If only* I could stop smoking! たばこがやめられさえすればなあ / *If* someone *only* knew where to look for our missing kitty! 行方不明のうちの猫ちゃん，どこを捜せばいいかだれか知っていればねえ(♦ 仮定法過去の節を導き，しばしば if 節 だけで独立的に用いる) ②《過去の事実に反することについて，特に残念そうに》…でさえあったらなあ ‖ *If only* I hadn't lost the book! あの本をなくしさえしなかったらなあ (♦ 仮定法過去完了の節を導き，しばしば if 節 だけで独立的に用いる) ③ たとえ…のためだとしても ‖ ~ *only* to avoid confrontation 対決を避けるためだとしても / ~ *only* because I ask you 私が君に頼むからだとしても ④ ただ…さえすれば ‖ *If only* you read this book, you will know the truth. この本を読みさえすれば真実がわかるよ
if só もしそうなら
ónly if ... …の場合に限って，…という条件でのみ (♦ if only ... (↑) と区別) ‖ You will「succeed *only* [OR *only* succeed] ~ you do your best. 最善を尽くして初めて成功するものだ / *Only* ~ Phil goes will she go. フィルが行くというのであれば彼女も行くだろう(♦ 文頭に置く場合は主節で倒置が起こる)

COMMUNICATIVE EXPRESSIONS
1 **Às if (I cáre).** なあんてね；どうでもいいけど(♥ さも気にかけているような発言をしたり同情しているような態度をとった後で皮肉を込めて用いるくだけた表現)
2 "Would you like me to hèlp you càrry thát?" "**If you (would,) pléase.**"「それを運ぶの手伝いましょうか」「よろしければお願いします」(♥ 申し出や提案に対して同意を示したり，依頼する丁寧な表現)

—名 (複 **~s** /-s/) Ⓒ ❶ 不確定要素，疑問 ‖ I will buy a yacht only if, and it's a big ~, I get the money. 万々が一の話だが，もしその金が手に入ったらヨットを買うぞ
❷ 条件，仮定；不確実なこと ‖ There are too many ~*s* in what you say. 君の話には「もしも」が多すぎる
****ifs, ànds(,) or búts*** ；《英》***ifs and*** [OR ***or***] ***búts*** (もしも，でも，などの) 言い訳 ‖ I won't have any ~*s and buts*. 言い訳は聞きたくないよ；つべこべ言うな

類語《接 ❶》 if 可能性の有無に関係なく，条件・仮定を表す最もふつうの語.〈例〉*If* it rains, I won't go. 雨なら行くのはやめる
suppose, supposing「…だとして，そうすれば…」という想定・仮定を表し口語的. 典型的には疑問文を伴う.〈例〉*Suppose* [OR *Supposing*] it rains, will you go? 雨だとしたらそれでも行くかい
provided, providing if よりも「…であることを条件として」という意味が強められる.〈例〉You may go out *provided* [OR *providing*] you come home by six. 6時までに帰るのなら出かけてもよい

ÌF 略 〖電〗 *i*ntermediate *f*requency(中間周波数)
IFAD 略 *I*nternational *F*und for *A*griculture *D*evelopment(国際農業開発基金)
ÌFC 略 *I*nternational *F*inance *C*orporation (国際金融公社)
iff /ɪf/ 略 〖数・論〗=if and only if ⇨ IF(成句)
if·fy 形《口》不確定要素の多い，確かでない，疑わしい；《主に英》あまりよくない
if·tar /íftɑːr/ 名《また I-》Ⓤ Ⓒ イフタール《ラマダーン[断食月]期間中の夕食》

-ify, -fy 接尾 《動詞語尾》「…化する」の意(⇨ -FY) ‖ beau*tify*, simpl*ify*

Ig·bo /í(g)bou/ 名 =Ibo

IGCC 略 *i*ntegrated *g*asification *c*ombined *c*ycle (石炭ガス化複合発電)

ig·loo /íglu:/ 名 (複 **~s** /-z/) C イグルー《氷のブロックを積んで作るイヌイット(Inuit)の家》

igloo

ig·ne·ous /ígniəs/ 形 ❶ 〘地〙(岩石が)火山活動によって生じた, 火成の ‖ ~ rocks 火成岩 ❷ 《堅》火の(ような)

ig·nis fat·u·us /ìgnɪs fǽtʃuəs | -fǽtju-/ 名 《ラテン》(複 **ig·nes fat·u·i** /ìgni:z fǽtʃuaɪ | ìgneɪz fǽtʃui:/) C ❶ =will-o'-the-wisp ❶ ❷ 《文》(人を惑わす)はかない望み[目標], 空想的なお題目

*__ig·nite__ /ɪgnáɪt/ 動 他 ❶ …に火をつける, 点火する, …を発火させる, 燃やす; 〘化〙…を(燃焼するくらい)高温に熱する, 燃焼させる ‖ ~ a rocket ロケットに点火する / ~ a fire 点火する ❷〔感情など〕を燃え立たせる;〔激動など〕を引き起こす —自 ❶ 火がつく, 点火[発火]する ‖ ~ by friction 摩擦で発火する ❷ (感情などが)燃え上がる

-nìt·a·bíl·i·ty, -nìt·i·bíl·i·ty 名 U 可燃性 **-nít·a·ble, -nít·i·ble** 形 可燃性の **-nít·er** 名 C 点火者[器]

*__ig·ni·tion__ /ɪgníʃən/ 名 ❶ U 点火, 発火; 燃焼(状態) ❷ C 《通例単数形で》(エンジンの)点火装置; 始動スイッチ ‖ switch [OR turn] on [off] the ~ イグニションスイッチを入れる[切る]

▸▸ **~-ìnterlock devìces** 名 C イグニション＝インターロック装置《ドライバーの呼気のアルコールを検知するとエンジンが始動しない飲酒運転防止装置》 **~ kèy** 名 C イグニションキー(ignition)《車のエンジン始動用の鍵(かぎ)》

ig·no·ble /ɪgnóubl/ 形 ❶ 卑しい, 下品な, 下劣な(↔ noble); 不面目な ‖ an ~ action 恥ずべき行い ❷ 《堅》身分の低い, 生まれの卑しい **~·ness** 名 **-bly** 副

ig·no·min·i·ous /ìgnəmíniəs/ ◁ 形 《堅》不名誉な, 不面目な, 恥ずべき ‖ an ~ defeat 屈辱的な敗北 **~·ly** 副 **~·ness** 名

ig·no·min·y /ígnəmìni/ 名 (複 **-min·ies** /-z/) 《堅》 U 不名誉, 不面目, 恥辱; C 醜態(⇨ DISGRACE 類語)

ig·no·ra·mus /ìgnəréɪməs/ 名 C 《通例戯》無知[無学]な人, 愚か者

*__ig·no·rance__ /ígnərəns/ 《アクセント注意》 名〔◁ ignorant 形〕 U ❶ 無知, 無学(↔ knowledge) ‖ show [OR display] ~ 無知をさらけ出す / *Ignorance is bliss.* 《諺》無知こそ幸せ; 知らぬが仏 ❷〈…についての〉知識[情報]の欠如; 〈…を〉知らないこと, 気づかぬこと〈**of, about**〉 ‖ I was in complete ~ *of* the plot. 私はそのたくらみを全く知らずにいた / The suspect pleaded [affected] ~ *of* the fact. 容疑者はその事実を知らなかったと弁解した[知らないふりをした] / keep the people in ~ 国民に教育を与えず[知らせず]におく

*__ig·no·rant__ /ígnərənt/ 《アクセント注意》 形〔◁ ignore 動 | ▸ ignorance 名〕(**more ~ ; most ~**) ❶〈…について〉無知[無学]な, 教育[教養]のない(↔ educated)〈**of, about**〉(⇨ 類語) ‖ surprisingly ~ *of* history 驚くほど歴史を知らない / ~ *about* foreign affairs 外交について無知な ❷ 《叙述》気づかない, 知らない(↔ informed, aware)〈**of** …を / **that** 節 …ということを〉 ‖ I was totally [OR blissfully] ~ *of* the danger. 私はその危険性に全く気づかなかった ❸ 無知から起こる, 無知であることを示す ‖ an ~ remark 教養のなさを露呈する一言 / an ~ mistake 無知から出た誤り ❹ 《英口》不作法な, 粗野な **~·ly** 副 無知で, 知らずに

類語 《❶》 **ignorant** 全般的にまたは特定のことについて知識がない. 「無知な」.

illiterate 読み書きができない.

uneducated 教育を受けたことのない. 「無学な」.

***__ig·nore__ /ɪgnɔ́:r/ 《アクセント注意》

—動〔▸ ignorant 形〕(**~s** /-z/ ; **~d** /-d/ ; **-nor·ing**) 他 …を**無視する**(✎ brush aside, pass over), 知らない[気づかない]ふりをする; …を考慮しない, …に注意を払わない(↔ *pay attention to*) (⇨ NEGLECT 類語) ‖ I kept telling him not to go, but he ~*d* me [OR my advice]. 行くなと言い続けたが, 彼は私の忠告を無視した / Their arguments ~ the question of the expense. 彼らの議論は費用の問題を考慮していない / ~ the law [speed limits] 法律[速度制限]を無視する

連語 【副＋~】 completely [OR entirely, totally] ~ ... …を完全に無視する / deliberately ~ ... …を故意に無視する / be largely [virtually] ~*d* ほぼ[事実上]無視され(ている)

COMMUNICATIVE EXPRESSIONS

1 **I thínk** the còst **is sòmething we can ignóre** (for the tìme béing). (今のところ)費用については考えなくていいと思います(♥ 重要でないことを指摘する)

2 **We càn't ignòre the possibílity** that the pàtient's sỳmptoms will còme báck. 患者の症状が再発する可能性を無視することはできません(♥ 考慮に入れておくべき事項を述べる. =We can't overlook the possibility ....)

-nór·a·ble 形 **-nór·er** 名 C 無視する人

語源 「知らない」の意のラテン語 *ignorare* から.

i·gua·na /ɪgwá:nə/ 《発音・アクセント注意》 名 (複 **~** OR **~s** /-z/) C 〘動〙イグアナ《熱帯アメリカ産の大型のトカゲ》

i·guan·o·don /ɪgwá:nədɑ̀(:)n | -dɔ̀n/ 名 C 〘古生〙イグアノドン《中生代白亜紀の草食恐竜》

ÌGÝ 略 *I*nternational *G*eophysical *Y*ear (国際地球観測年. 1957–58)

ihp, i.h.p., i.hp. 略 *i*ndicated *h*orse*p*ower (指示馬力)

ÌHS 略 Jesus (♦ Jesus を表すギリシャ語の最初の3文字 ΙΗΣ より)

i·ke·ba·na /ì:keɪbá:nə/ 名 U 生け花(♦ 日本語より)

i·kon /áɪkɑ(:)n | -kɔn/ 名 =icon ❶

ÌL 略 〘郵〙Illinois

il- 接頭 (l の前で) =in-[1,2] ‖ *il*legal, *il*literate, *il*luminate

ÌLEÁ 略 *I*nner *L*ondon *E*ducation *A*uthority

il·e·um /íliəm/ 名 (複 **il·e·a** /-iə/) C 〘解〙回腸

il·e·us /íliəs/ 名 U 〘医〙腸閉塞(へいそく)症

i·lex /áɪleks/ 名 C 〘植〙 ❶ セイヨウヒイラギ(holly) ❷ ウバメガシ(holm (oak))

ÌLGWÚ 略 *I*nternational *L*adies' *G*arment *W*orkers' *U*nion (国際婦人服工組合)

il·i·ac /íliæ̀k/ 形 〘解〙腸骨(ilium)の

Il·i·ad /íliəd/ 名 ❶ (the ~) イリアス, イリアッド《Homer の作とされる, トロイ戦争をうたった叙事詩》(→ Odyssey) ❷ 《しばしば i-》 C イリアス風の叙事詩; 災難[不運]の連続

il·i·um /íliəm/ 名 (複 **il·i·a** /-iə/) C 〘解〙腸骨

ilk /ɪlk/ 名 C 《単数形で》一族, 家族; 種類, 類(kind); 同類[種] ‖ like most of one's ~ 同類たちの大多数と同じように

of thàt ílk ① 同種の, 同類の ② 《スコット》《主に古》姓[地名]が同じの ‖ MacDonald *of that* ~ マクドナルド(地名)のマクドナルド家(MacDonald of MacDonald)

:ill /ɪl/ 中心義 **よくない状態**

—形 (**worse** /wə:rs/ ; **worst** /wə:rst/) (♦ iller, illest も用いられるが, 非標準的とされる)

❶ 《通例叙述》《主に英》〈…の〉**病気で**, 〈…で〉健康を害した, 加減[気分]の悪い(《主に米》sick)(↔ well[1], healthy)〈**with**〉(♦ 限定用法では sick を用いるのがふつう. ⇨ 類語); 不快な ‖ You look pale — are you ~? 顔色が悪いよ. 病気かい / The doctor declared him ~

I

with a viral infection. 医者は彼はウイルス感染症にかかっていると言った / **get** [OR become, fall, be taken, 《口》take] ～ 病気になる / be ～ in bed 病床にある / be ～ *with* pneumonia [diabetes] 肺炎[糖尿病]にかかっている / feel ～ 気分がすぐれない / a physically [mentally] ～ patient 肉体的に[精神的に]病気の患者 (♦ 副詞を伴った場合は限定用法も一般的) / It makes me ～ just to think about his betrayal. 彼に裏切られたことを考えただけで不快になる / the ～ 病気の人々

連語 【副＋～】 seriously [OR severely] ～ 重症[重病]で / very [OR really] ～ 病状が重い / terminally ～ 末期症状で / critically ～ 危篤状態で

❷ 《通例限定》**悪い**, 害のある, 好ましくない (↔ favorable) ; (行動が) 邪悪な ‖ people of ～ repute 評判の悪い人たち / ～ deeds 悪行 / ～ **health** 病気 / *Ill weeds grow apace* [OR *fast*]. 《諺》雑草は速く伸びる ; 憎まれっ子世にはばかる

❸ 不親切な, 悪意のある, 意地悪い ‖ bear him no ～ will 彼に悪意は抱かない / hold an ～ view of ... …を悪くみる / do her an ～ turn 彼女にひどい仕打ちをする

❹ 不運な, 不吉な ; 都合の悪い ‖ It was ～ fortune [OR luck] that ... …したのは不運だった / an ～ omen 凶兆 / ～ predictions 不吉な予言 / *It's an ～ wind that blows nobody good.* 《諺》だれの得にもならない風は悪い風(だがそんな風は吹かない ; 必ずだれかの得になる) ; 甲の損は乙の得 ❺ 不完全な, 下手な, まずい ; (振る舞いなどが) 粗野な, 不適切な ‖ ～ management 下手な処理[管理] / ～ success 不成功 / ～ manners 無作法

****ill at ease*** ⇨ EASE(成句)

── 名 (複 **～s** /-z/) ❶ U/C 《通例 ～s》不幸, 不運 ; 悩み, 困難, 問題 ; 病気 ‖ I wish no ～. 私は不幸は願わない / Many ～*s* have befallen the princess. いくつもの不運が王女に降りかかった / the ～*s* of life 人生の苦難 / social ～*s* 社会悪[問題] / financial ～*s* 財政問題

❷ U 悪, 罪悪, 悪事(evil) ‖ do much ～ to ... …にひどい悪事を働く

── 副 (**worse** ; **worst**) (↔ well[1])

❶ **悪く**, まずく ; 不正に ; 意地悪く (♦ 固定した表現以外は badly の方がふつう) ‖ be ～ treated [OR used] 不当な扱いを受ける / *Ill got, ～ spent.* 《諺》悪銭身につかず

❷ 都合悪く, 不運に ‖ bode ～ for ... …にとって悪い兆候である ❸ 不十分に ; ほとんど…ない ‖ We could ～ **afford** to ignore his opinion. 彼の意見を無視するわけにはいかなかった

spèak [***thìnk***] ***ill of ...*** …を悪く言う[思う]

類語 《形 ❶》 **ill** 《英》では a seriously ill person (重病人) のように副詞がつく場合や ill health (不健康) というような場合以外は叙述的に用いるのがふつう.
sick 限定的に用いることもできる. 〈例〉 a *sick* person (病人) 《英》ではふつう He is ill. (彼は病気だ) と He is sick. (彼は吐いている) を区別するが, 《米》ではどちらも「病気で」の意であり, sick の方が多く用いられる. ill はやや格式ばった語で, しばしばより重い病気に用いられる.
unwell ill や sick より格式ばった語で「(一時的に) 気分がすぐれない」の意から「病気である」の意まで語義の幅がより広い.

▸▸ **～ féeling** 名 U 悪感情, 反感, 憎しみ **～ héalth** 名 U 健康がすぐれないこと, 体調不良 **～ húmor** [《英》 **húmour**] 名 U/C 《通例 an ～》不機嫌, 気難しさ **～ náture** 名 C U 《旧》意地悪な[ひねくれた]性格 **～ wíll** 名 U 悪意, 敵意, 反感, 恨み

***I'll** /aɪl/ (♦ 同音語 aisle, isle) 《口》 ❶ I will の短縮形 ❷ I shall の短縮形

ill. 略 illustrated, illustration, illustrator

Ill. 略 Illinois

ill- /ɪl-/ 接頭 「まずく ; 不完全に」の意 (↔ well-) (♦ 特に過去分詞・現在分詞とともに複合語を作る) (→ ill 副 ❶) ‖ *ill*-designed (デザインの悪い) / *ill*-equipped (装備の不十分な) / an *ill*-fitting uniform (体に合わない制服) (♦ これらの比較変化は worse- [worst-] equipped と more [most] ill-equipped の2つの型があるが, 前者がふつう)

ìll-advísed ⟨シ⟩ 形 無分別な, 思慮のない, 浅はかな **-vís·ed·ly** 副

ìll-affécted 形 《古》よく思っていない, 不満を抱いている

ìll-assórted ⟨シ⟩ 形 (集団の成員同士が) 不釣り合いの, 不似合いの, 不調和の

ìll-beháved 形 不作法な, 行儀の悪い (↔ well-behaved)

ìll-bréd ⟨シ⟩ 形 育ち[しつけ]の悪い, 粗野な(rude)

ìll-bréeding 名 U 育ち[しつけ]の悪いこと, 無作法

ìll-concéaled 形 隠されていない

ìll-concéived 形 計画[構想]の悪い

ìll-consídered 形 熟慮を欠いた, 賢明でない ; 不適当な

ìll-defíned 形 はっきりしない, あいまいな

ìll-dispósed ⟨シ⟩ 形 《叙述》〈…に〉悪意を抱いた, 好意的でない〈**toward**〉

***il·le·gal** /ɪlíːɡəl/ 《発音注意》 形 ❶ 不法[違法]の, 非合法の (↔ legal) (→ unlawful) ‖ It is ～ to drive while intoxicated. 酒気帯び運転は違法だ / be caught [OR arrested] for ～ possession of heroin ヘロインの不法所持で捕まる / a decidedly ～ act 明らかな違法行為 / an ～ trader 不法[密]貿易者 ❷ (スポーツ・ゲームなどで) ルール違反の, 反則の ‖ The rabbit punch is ～ in boxing. 後頭部へのパンチはボクシングでは反則だ ❸ 💻 プログラム(の文法)に反する, モードに違反した

── 名 C 《主に米》不法[密]入国者

ìl·le·gál·i·ty 名 (複 **-ties** /-z/) U 不法, 違法 ; C 違法行為 **～·ly** 副

▸▸ **～ ímmigrant** 名 C 不法入国者 (《米》illegal alien)

il·leg·i·ble /ɪlédʒəbl/ 形 読みにくい, 判読できない (↔ legible) (→ unreadable) **il·lèg·i·bíl·i·ty** 名 U 読みにくいこと, 判読不能 **-bly** 副

il·le·git·i·ma·cy /ìlədʒítəməsi/ 名 U 《法》 ❶ 不法, 違法, 非合法 ; 不合理 ❷ 非嫡出(ちゃくしゅつ), 庶出, 私生

***il·le·git·i·mate** /ìlədʒítəmət/ ⟨シ⟩ 形 ❶ (子供が) 嫡出でない 《法律上婚姻関係にない男女間に生まれた》 ‖ an ～ child 非嫡出子 ❷ 不法[違法]の, 非合法の ; 妥当でない ‖ ～ trade of stocks 株の不法取引 ── 名 C 非嫡出子 **～·ly** 副

ìll-equípped 形 備え[設備・能力]が十分でない

ìll-fáted ⟨シ⟩ 形 不運な, 不幸な ; 不運[災難]をもたらす

ìll-fávored ⟨シ⟩ 形 (外見, 特に顔が) 醜い, 器量の悪い ; 《文》(言動が) 不快な, いやな

ìll-fítting ⟨シ⟩ 形 (サイズ・形が) 合っていない

ìll-fóunded ⟨シ⟩ 形 (主張などが) 根拠の薄弱な

ìll-gótten ⟨シ⟩ 形 不正な手段で得た

ìll-húmored 形 不機嫌な, 気難しい, むっつりした

il·lib·er·al /ɪlíbərəl/ 形 ❶ 狭量な, 寛容性のない ; 反自由主義の, 自由を認めない ‖ ～ policies 反自由主義的政策 ❷ 《古》無教養な ; 粗野な, 下品な ❸ 《古》けちな, 物惜しみする **il·lìb·er·ál·i·ty** 名 **～·ly** 副

il·lic·it /ɪlísɪt/ 形 《堅》禁制の, 不法の ; 不義の ‖ an ～ love affair 不義, 密通 **～·ly** 副

il·lim·it·a·ble /ɪlímɪtəbl/ 形 《堅》無限の, 果てしない, 広大な **-bly** 副

ìll-infórmed 形 よく知らない, 情報不足の

Il·li·nois /ìlənɔ́ɪ, -nɔ́ɪz/ 名 ❶ イリノイ 《米国中西部の州. 州都 Springfield. 略 Ill., 〖郵〗IL》 ❷ 《複数扱い》イリノイ族 《北米先住民の一部族》 ; (複 ～) C イリノイ族の人 ❸ U イリノイ語 **～·an** 形 名 C イリノイ州の(人)

il·lit·er·a·cy /ɪlítərəsi/ 名 (複 **-cies** /-z/) ❶ U 読み書きのできないこと, 非識字 ; 無学, 無教育 (↔ literacy) ‖ computer-～ コンピューターを使いこなせないこと ❷ C 無学から起こる誤り 《誤字脱字・文法違反など》

***il·lit·er·ate** /ɪlítərət/ 形 ❶ 読み書きのできない, 無学の ;

教養のない(⇨ IGNORANT 類語) ‖ an ～ child 読み書きのできない子供 / the ～ population 読み書きのできない人たち(の数) / functionally ～ 社会生活に必要な読み書きの能力を欠いた ❷《しばしば副詞・名詞を前につけて》〈特定の主題・分野について〉無知な, 何も[あまり]知らない〈**about**〉 ‖ He is economically [musically] ～. 彼は経済[音楽]のことはよくわからない / computer ～ コンピューターについて無知な ❸(言葉の使い方が)誤りの多い, 無学を示す; (語句などが)語法に反する ‖ an ～ letter 間違いだらけの手紙 ―名Ⓒ読み書きのできない人, 無学[無教養]な人
～·ly 副 **～·ness** 名

ìll-júdged 形 判断を誤った, 無分別な, 浅はかな

ìll-mánnered ◁シ 形 無作法な, 行儀の悪い(⇨ RUDE 類語)

ìll-nátured ◁シ 形 意地の悪い, 気難しい, ひねくれた(♥ やや軽蔑的できつい表現)

:ill·ness /ílnəs/
―名 (複 **～·es** /-ɪz/) ❶Ⓤ(一般に)**病気**(の状態), 患っていること(↔ health) (⇨ 類語) ‖ He is absent「because of [OR due to, through, ˣfor] ～. 彼は病気のために休んでいる / show signs of ～ (人が)病気の兆候を示す
❷Ⓒ(特定の)病気, 患っている期間 ‖ I've never had a day's ～ since childhood. 私は子供のころから1日たりとも病気をしたことがない / have [OR suffer from]「an acute [a **chronic**] ～ 急性[慢性]の病気にかかる /「come down with [OR succumb to] an ～ 病気で倒れる /「recover from [get over] an ～ (人が)病気が治る[を克服する] / a job-related ～ 職業病 / the normal childhood ～*es* 幼時によくかかる病気
連語 **【動+～】** treat an ～ 病気を治療する / prevent (an) ～ 病気を予防する / cause an ～ 病気を引き起こす / develop (an) ～ 病気にかかる / fight (against) (an) ～ 病気と闘う / fight off (an) ～ 病気に勝つ
【形+～】 (a) physical [mental, psychiatric] ～ 肉体[心]の病気 / (a) serious [OR critical, severe] ～ 重い病気 / (a) terminal ～ 末期の病気
類語 **《❶》illness** 《英》では病気を意味するふつうの語. 《米》ではやや格式ばった語で, しばしば比較的重い病気を指す. 〈例〉a mental [terminal] *illness* 精神[末期]疾患
sickness 《米》ではふつうの「病気」を指すが, 《英》では「病気」のほか「吐き気」も意味する.
disease 具体的病名がつき, 医学的な治療・研究の対象となるもの. 〈例〉an infectious *disease* 伝染病
disorder disease より広義で「体の不調」. 〈例〉I have a stomach *disorder*. 胃の具合が悪い

il·lo·cu·tion /ìləkjúːʃən/ 名ⓊⒸ〖言〗発語内行為

il·log·i·cal /ɪlɑ́(ː)dʒɪkəl | -lɔ́dʒ-/ 形 非論理的な, 不合理な, 筋の通らない **il·lòg·i·cál·i·ty** 名 (複 **-ties** /-z/) Ⓤ 非論理性, 不合理; Ⓒ 不合理なもの[こと] **～·ly** 副

ìll-ómened ◁シ 形 不吉な, 縁起の悪い; 不運な

ìll-prepáred 形 準備不足の; 心構えの不十分な

ìll-stárred ◁シ 形 星回りの悪い, 不運な, 不幸な

ìll-témpered ◁シ 形 不機嫌な, 気難しい, むっつりした(♥ やや軽蔑的できつい表現); (議論などが)いらいらさせる

ìll-tímed ◁シ 形 時機を失した, 折の悪い, あいにくの

ìll-tréat 動 他 …を虐待する, 冷遇する; …をひどい目に遭わせる **～·ment** 名Ⓤ 虐待, 冷遇

ìll-tréated 形 虐待された; 冷遇された

ìll-tréating 形 虐待する; 冷遇する

il·lu·mi·nance /ɪlúːmɪnəns/ 名ⓊⒸ〖光〗照度 (illumination)《単位面積に当たる光の量. ルクスで表す》

il·lu·mi·nant /ɪlúːmɪnənt/ 形 光を発する, 照らす
―名Ⓒ 発光体[物], 光源

***il·lu·mi·nate** /ɪlúːmɪnèɪt/ 《発音・アクセント注意》 動 〔▶ illumination 名〕 他 ❶(電灯などが)…を照らす, 照明する; …を〈電灯などで〉明るくする, ライトアップする(↷ light up) (↔ darken) 〈**with, by**〉; …にイルミネーションを施す ‖ Spotlights ～*d* the bridge. スポットライトがその橋を照らした / The garden was ～*d by* [OR *with*] rows of lamps. 庭は何列もの電灯で明るく照らされていた / ～ a street at night 夜間通りを電灯で照らす
❷〔問題点・意味など〕を解明する, 明らかにする ‖ ～ the point at issue 問題点を明らかにする ❸《文》〔人〕を啓蒙[啓発]する(♦ しばしば受身形で用いられる) ‖ I was greatly ～*d* by the author. その著者にとても啓発された ❹〔人の顔など〕を明るくする, 輝かす; …に光彩を添える ‖ Her face was ～*d* by a smile. ほほ笑むと彼女の顔は明るく輝いた ❺〔写本のページの縁・文字など〕に彩飾を施す, …を金[銀]文字[色柄など]で飾る
-nàt·ed 形 ① ライトアップされた ② (写本などが)金[銀]文字[色柄など]で飾ってある **-nàt·ing** 形 ① 明るく[照明]する ② (問題点などを)解明する; 啓発的な
語源 ラテン語 *illuminare*(光を当てる)から. illustrate と同系.

***il·lu·mi·na·tion** /ɪlùːmɪnéɪʃən/ 《発音注意》 名〔◁ illuminate 動〕 ❶ⓊⒸ 照らす[明るくする]こと, 照明, ライトアップ; 〖光〗照度(illuminance); 光源 ‖ The ～ is too weak to read by. 照明が暗くて本を読むことができない ❷Ⓒ《～s》《主に英》(クリスマス・祝賀などの)電飾, イルミネーション ❸Ⓤ 解明; 啓蒙, 啓発 ‖ You can get further ～ from her seminar. 彼女のゼミを聴講すればもっとよくわかるよ ❹Ⓒ《通例 ～s》(写本などの)彩飾

il·lu·mi·na·tive /ɪlúːmɪnèɪtɪv, -nə-/ 形 照らす, 明るくする; 解明的な; 啓発的な, 啓蒙(㋮㋒)的な

il·lu·mi·na·tor /ɪlúːmɪnèɪtər/ 名Ⓒ 照明係; 照明器具[装置]; 啓蒙家; (中世の写本などの)彩飾家

il·lu·mine /ɪlúːmɪn/ 動 《文》=illuminate

illus. 略 illustrated, illustration, illustrator

ìll-úsage 名Ⓤ 虐待, 酷使; 悪用, 乱用

ill-use /ìljúːz/ 《発音注意》(→ 名) 動 他 …を虐待する (ill-treat) ―名 /ìljúːs/ =ill-usage

***il·lu·sion** /ɪlúːʒən/ 名 ❶ⓊⒸ 思い違い, 誤解, 錯覚〈**about** …についての / **that** 節 …という〉(⇨ 類語) ‖ I have no ～*s about* my ability. 自分の力量はわきまえている / It's an ～ to think that computers are almighty. コンピューターが何でもできると思うのは誤解だ / Some of the guests were under the ～ *that* Eliza was a duchess. 中にはイライザが公爵夫人だと勘違いしている招待客もいた / create [OR produce] an ～ 錯覚を起こす[させる] / optical ～*s* 目の錯覚 ❷Ⓒ 幻想, 幻影, まぼろし ‖ cherish [OR harbor, have] an ～ of equality [happiness] 平等[幸福]の幻想を抱く
～·al, ～·ar·y 形
類語 **《❶》illusion** いかにも真実らしく見える[思われる]が, 実はそうでない考えや思い込み. 必ずしも悪い意味ではない.
delusion 精神的混乱などのため, 明らかに事実に反するのに当人が真実だと信じ込んでいること. 〈例〉The patient suffers from the *delusion* that she is Cleopatra. その患者は自分がクレオパトラだという妄想を抱いている

illúsion·ìsm 名Ⓤ ❶〖哲〗幻想説, 迷妄説《物質世界は幻影にすぎないという説》 ❷ 幻覚法, だまし絵的技法

illúsion·ist 名Ⓒ ❶ 奇術師 ❷ 幻覚法を用いる芸術家 ❸ 幻覚を見る人

il·lu·sive /ɪlúːsɪv/ 形 《主に文》=illusory

il·lu·so·ry /ɪlúːsəri/ 形 幻想的な, まやかしの, 錯覚による, 人を惑わす; 実体のない, 架空の

:il·lus·trate /íləstrèɪt, +米 ɪlʌ́s-/ 《アクセント注意》
―動 〔▶ illustration 名〕 (**～s** /-s/; **-trat·ed** /-ɪd/; **-trat·ing**)
―他 ❶(人が)〈例・図などを挙げて〉…を**説明する**, はっきりさせる〈**with**〉 ‖ Let me ～ my **point** *with* some

examples. いくつか例を挙げて要点を説明しましょう
❷ a 《+目》(事柄が)…の**説明となる**, …を例示する ‖ Their language ~s their social status. 言葉遣いから彼らの社会的地位がわかる b 《+wh 節 / that 節》…か[…ということ]を説明する, 例示する ‖ This **example** ~s *how* the greenhouse effect is caused. この例が温室効果はどのように起こるかの説明となる
❸ 《通例受身形で》(本・雑誌などに)挿絵[図, 写真]が載る, イラストが入る;(本などに)〈…が〉入る〈**with**〉‖ The author herself ~d the story *with* pen-and-ink drawings. 著者自身がその物語のイラストをペン画で描いた / The brochure is ~d *with* beautiful photos. パンフレットにはきれいな写真が載っている
—自 例を挙げて説明する, 明確にする

COMMUNICATIVE EXPRESSIONS
1 **To íllustrate thìs póint**, lèt's tàke a lòok at the nèxt táble. NAVI この点の例証として, 次の表を見てみましょう(♥ 要点や例示の際の形式ばった前置き. ✎Take the next table, for instance.)

-tràt·ed 形 イラスト[写真, 絵図]入りの

*__il·lus·tra·tion__ /ìləstréɪʃən/ 名 〔◁ illustrate 動〕 ❶ Ⓒ挿絵, イラスト, (説明)図, (挿入)写真 ‖ an ~ of rabbits ウサギの挿絵 / color ~s カラーイラスト / a graphic ~ 説明図[図解] ❷ Ⓒ (説明のための)例, 実例 (⇨ INSTANCE 類語) ‖ give [OR offer, provide] an ~ 例を挙げる / as an ~ 一例として / an ~ of a population explosion 人口爆発の例 ❸ Ⓒ Ⓤ (例を挙げての)説明, 例示, 例証 ‖ by way of ~ 例証として / give an ~ of how a tornado is formed 竜巻がどのようにして起こるかを(図などを使って)説明する ❹ Ⓒ Ⓤ (本などの)挿絵を描くこと;イラストの作成[仕事] **~·al** 形

il·lus·tra·tive /ɪlʌ́strəṭɪv | íləs-/ 形 (解説の) 実例 [例証] となる, 明らかにする ‖ These words are ~ of his attitude toward life. これらの言葉は彼の人生に対する態度をよく表している / ~ examples わかりやすく解説するために挙げた例 **~·ly** 副 実例[例証]となるように

il·lus·tra·tor /íləstrèɪṭər/ 《アクセント注意》 名 Ⓒ イラストレーター, 挿絵画家;説明[例証, 図解]する人[もの]

il·lus·tri·ous /ɪlʌ́striəs/ 形 (人が)著名な, 高名な;(業績などが)輝かしい **~·ly** 副 **~·ness** 名

ìll-wísher 名 Ⓒ 他人の不幸を願う人

ÌLO, Ì.L.Ó. 略 *I*nternational *L*abor *O*rganization (国際労働機構)

ÌLS 略 〖空〗 *i*nstrument *l*anding *s*ystem (計器着陸方式)

ÌM 略 *i*nstant *m*essaging [*m*essage] (💻インスタントメッセージ(ング)《チャットなど》); *I*nternational *M*aster(〖チェス〗国際マスター); intra*m*ural

*__I'm__ /aɪm/ 《口》 I am の短縮形

im- 接頭 《b, m, p の前で》=in-[1,2] ‖ *im*becile, *im*material, *im*possible

im·age /ímɪdʒ/ 《発音・アクセント注意》 名 動

中心義 像 (★心に思い浮かぶものも実際に目に見えるものも表す)

名 イメージ❶ 映像❸ 肖像❹ 姿❼

—名 (複 **-ag·es** /-ɪz/) Ⓒ ❶ 印象, **イメージ**, 感じ;(世間の)評判;観念, 概念, 心象〈**of** …の / **that** 節 …という〉‖ He is the macho ~ *of* a prizefighter. 彼はプロボクサーの男っぽいイメージそのものだ / We have an ~ *of* her as (being) cheerful. 彼女には元気で明るいというイメージがある / He changed his ~ by dyeing his hair. 彼は髪を染めてイメージチェンジをした / improve [OR boost] a company's ~ 会社のイメージアップをする / damage [OR harm, hurt] a company's ~ 会社をイメージダウンさせる(❗「イメージアップ」,「イメージダウン」は和製語. また「プラスイメージ」も和製語で英語では positive [OR good] image という) / our public ~ 世間の評判
❷ (思い浮かぶ)〈…の〉情景, 予想像;心像〈**of**〉‖ I have the ~ *of* the countryside in my mind. 田舎の風景が心に浮かぶ / have a clear ~ *of* one's own ideal future 自分の理想の未来をはっきりと想像する
❸ (鏡・テレビ・望遠鏡などに映る)像, **映像**, 画像(→ mirror image);💻画像 ‖ look at one's ~ in the mirror 鏡に映った自分の姿を眺める / throw [OR create, form] an ~ on the screen (光線が) スクリーンに映像を映す / a clear ~ 鮮明な画像 / a virtual [real] ~ 虚[実]像 / a still ~ 静止画像
❹ (木・紙などに描き刻んだ)像;**肖像**, 彫像;偶像 ‖ an ~ of「the Virgin Mary [Buddha] 聖母マリア[仏]像 / carve [OR engrave] an ~ in wood 木像を彫る
❺ 《the ~》(外見が)そっくりの人[もの], 生き写し;化身 ‖ Meg is the (very [OR living, 《口》 spitting]) ~ of her mother. メグは母親に生き写しだ
❻ 《the ~》典型, 代表例;象徴(的存在), 権化 ‖ She is the ~ of「Japanese beauty [honesty]. 彼女は日本美人の典型[正直を絵に描いたような人]だ
❼ 形, **姿**, 外観;表現 ‖ God created man in his own ~. 神は自らの形に人を創造された ❽ Ⓒ Ⓤ 〖文学〗比喩(ゆ)的表現, 生き生きした[迫真的な]描写 ‖ speak in ~s 比喩を使って話す / give a vivid ~ of ... …を生き生きと描き出す ❾ 〖数〗写像《等角[線型]写像など》
—動 (**-ag·es** /-ɪz/; **~d** /-d/; **-ag·ing**)
—他 ❶ …を心に描く, 想像する
❷ …の像を描く[造る, 彫る];…をありありと描写する
❸ 〖医〗(X線・超音波などで)〔組織など〕を写し出す, 造影する ❹ …を映写[投影]する, 鏡に映す ❺ …を象徴する
語源 「模写, 似せたもの」の意のラテン語 *imago* から. imitate と同語源.
▶▶ **~ comprèssion** 名 Ⓤ 〖電子〗イメージ圧縮《画像を保存するのに必要なデジタル情報量を減らすための技術》 **~ convèrter** 名 Ⓒ 〖電子〗イメージ変換器 **~ hòsting** 名 Ⓤ 💻画像ホスティング《利用者が画像をアップロードして本人や他者が閲覧できるようにするサービス》 **~ intènsifier** 名 Ⓒ 〖電子〗映像増幅管 **~ pròcessing** 名 Ⓤ 💻画像処理

ímage-màker 名 Ⓒ 広告[宣伝]する人;(商社・会社・商品などの)イメージ作りをする人

im·ag·er /ímɪdʒər/ 名 Ⓒ 受像機, 映像収録機

*__im·age·ry__ /ímɪdʒəri/ 名 Ⓤ ❶ (文学作品の) 比喩的表現, 詩的[空想的]表現, 生き生きとした描写, 言葉のあや ‖ use effective ~ to convey lyric emotion 叙情的な感じを伝えるために効果的な表現を使う ❷ 《堅》像, 彫像, 画像, 映像;絵画, 彫刻, 写真 ‖ satellite ~ 人工衛星から撮った (地球の) 写真 / computer-generated ~ コンピューターが作り出す画像 ❸ イメージ, 心に描く像[姿, 形], 心像 ‖ a dream filled with surreal ~ 超現実的なものばかりが現れる夢

*__i·mag·i·na·ble__ /ɪmǽdʒɪnəbl/ (♦ imaginary, imaginative と区別) 形 想像できる, 考えられる(限りの) (♦ 通例強調のため形容詞の最上級, all, every, no などとともに用いる. しばしば名詞の後に置かれる) ‖ the most absurd statement ~ これ以上は考えられないようなばかげた陳述 / every means ~ 考え得る限りのありとあらゆる手段
-bly 副 想像できるように

*__i·mag·i·nar·y__ /ɪmǽdʒənèri | -dʒɪnəri/ (♦ imaginable, imaginative と区別) 形 〔◁ imagine 動〕 ❶ 想像上の, 架空の (↔ real[1], actual) ‖ The boy pulled the trigger of an ~ gun. 少年は銃の引き金を引く格好をした / an ~ creature [monster] 空想上の生き物 [怪物] / an ~ enemy 仮想敵 (国) / an ~ world 夢の世界
❷ 〖数〗虚(数)の **-nar·i·ly** 副
▶▶ **~ númber** 名 Ⓒ 〖数〗虚数 **~ únit** 名 Ⓒ 〖数〗虚数単位 ($\sqrt{-1}$のこと. 記号 *i*)

i·mag·i·na·tion /ɪmæ̀dʒɪnéɪʃən/
—名〔◁ imagine 動〕(複 **~s** /-z/) ❶ C U **想像** (⇨ 類語); **想像力**, 創造力, 構想力 ‖ His writing lacks ~. 彼が書いたものは想像力に欠ける / have much [little] ~ 想像力が豊かだ[乏しい] / **capture** [OR catch, grip] a person's ~(*s*) (人の) 心をつかむ / with [beyond] one's ~ 想像力を働かせて[越えて]
❷ U (想像の場としての) 心, 頭の中 ‖ Ghosts exist only **in** your ~. 幽霊は心の中にしか存在しない
❸ U 想像の所産;(ふとした)思いつき, (単なる)感じ;心像, 空想(的な考え), 架空の存在 ‖ Our past is a story, our future a piece of ~. 我々の過去は物語であるが, 未来は空想である ❹ U (困難・問題の) 処理能力, 臨機応変, 機転, 着想 ‖ solve the problem with ~ 機転をきかせて問題を処理する ❺ U (作家などの) (事実のように見せかける)手腕, 筆の力, (迫真的な)描写(力)

COMMUNICATIVE EXPRESSIONS
[1] **I'll léave it to your imaginátion.** ご想像にお任せします(♥ 答えにくい質問をはぐらかすときの返答)
[2] **Is it my imaginátion, or** have you pùt on wéight? 気のせいかもしれないけど, あなた太ったんじゃない?(♥ 確信があるときの皮肉にもなり得る)
[3] **Ùse your imaginátion.** 想像力を働かせなさい (♥ もっと柔軟に考えるよう促す)

類語 《❶》 **imagination** 眼前にはないもの, または実在しないものを実在するもののように心に描くこと.
fancy 非現実的なあり得ないものを勝手[手軽]に心の中に作り上げること.〈例〉the capricious *fancy* of a child 子供の気まぐれな空想
fantasy 現実の制約から離れて自由奔放に展開された夢のような想像.

*__i·mag·i·na·tive__ /ɪmǽdʒənətɪv, -nèɪ-| ɪmǽdʒɪ-/ 《アクセント注意》 (♦ imaginable, imaginary と区別) 形 (**more ~ ; most ~**) ❶ 想像[創造]力に富んだ, 独創的な (↔ unimaginative) ‖ an ~ person 想像力の豊かな人 / ~ design 独創的なデザイン ❷ 空想にふけりがちな ❸ あり得ない, 信じ難い, 怪しい ❹ 想像の, 想像[創造]的な ‖ ~ power 想像力 **~·ly** 副 **~·ness** 名

:i·mag·ine /ɪmǽdʒɪn/
—動〔▶ imagination 名, imaginary 形〕(**~s** /-z/ ; **~d** /-d/ ; **-in·ing**)
—他 ❶ 《通例進行形不可》**想像する** (⇨ 類語) **a** 《+(**that**) 節》…ということを想像する, 心に描く ‖ I can't ~ *that* I will ever go on a round-the-world cruise. 私が世界一周の船旅に出かけるなんて想像できない / I ~*d that* I was flying in a space shuttle. スペースシャトルに乗って飛んでいる自分を想像した / Just ~ *that* you were [OR are] manager of the team. 君がチームの監督だとしよう (♦ 命令文で現実に反する内容の that 節 中では仮定法を用いることもある)
b 《+目》…を想像する, 思い描く ‖ It is difficult to ~ life without television and computers. テレビやコンピューターのない生活は想像し難い / You can easily [OR just] ~ my disappointment when I heard about her failure. 彼女の失敗を聞いたときの私の落胆ぶりは容易に想像できるでしょう
c 《+**wh** 節》…かを想像する ‖ Can you ~ *what* it is like to drive a car on such a snowy day? こんな雪の日に車を運転するのがどういうものか想像できますか / You can't ~ *how* sad I felt. 私がどんなに悲しんだかあなたには想像つかないでしょうね
d 《(+目) +*doing*》(…が) …することを想像する ‖ She couldn't ~ living with a playboy like him. 彼女は彼のようなプレーボーイと暮らすなんて想像できなかった / When you ~ yourself speaking confidently, you become more confident. 自分が自信たっぷりに話しているのを想像すると, もっと自信を持てるようになる
e 《+目+**as** 名 / 目+ (**to be**) 補》…が…であると想像する ‖ We've only chatted by e-mail, but I ~ him *as* a kind, gentle person. 私たちはEメールで話しただけだが, 私は彼を親切で優しい人だと想像している / *Imagine* yourself (*to be*) tall and handsome. 君が背が高くてハンサムだとしよう
❷ 《進行形不可》(⇨ 類語) **a** 《+(**that**) 節》…と**思う**, …を推察[推測]する ‖ I ~ (*that*) you're wrong. 君は間違っていると思う / I don't ~ he will support me. 彼は私を支持してくれないと思う (♦ I imagine he will not support me. よりも一般的. ⇨ NOT ❷) / He made a good many enemies that way, I should ~. 彼はそうやって敵をたくさん作ったんだと思うよ
b 《+**wh** 節》…かを推察[推測]する ‖ I can't ~ *what* he means. 私には彼が何を言いたいのかはかりかねる / What do you ~ will happen next? この次にどんなことが起こると思いますか
❸ **思い込む a** 《+目》…を思い違いする, …と(勝手に)思い込む ‖ "Did you hear the doorbell?" "No, you're *imagining* things." 「玄関のベルが聞こえた」「いや, 気のせいだよ」
b 《+**that** 節》…だと思い込む ‖ He ~*d that* he was being followed by the police. 彼は警察に尾行されていると思い込んだ
c 《+目+**to be** 補 / 目+**as** 名》…が…であると思い込む ‖ He ~*d* himself *to be* popular with his staff. 彼は自分がスタッフの間で評判がいいと思い込んでいた
—自 想像する, 想像力を働かせる ; 思う ; 推察する ‖ The mind can think and ~. 頭は考えたり想像したりできる

COMMUNICATIVE EXPRESSIONS
[1] **I can imágine how** upsét you must bé. さぞがっかりなさったこととお察しします (♥ 好ましくない状況にある相手に対して気持ちを「想像できる」という表現だが, 相手に対して同情を示しているとは限らない)
[2] **Imágine thàt!** いやあ, 驚いた;想像してみてよ, びっくりでしょ (♥ 思いがけない出来事に対する驚き. =Fancy that!)
[3] He dòesn't dislíke you. **You are jùst imágining it!** 彼は君のこと嫌いじゃないさ. 君が勝手にそう思い込んでいるだけだよ(♥ 相手の思い違いを指摘する)

類語 《他 ❶, ❷》「…だと思う」は I think が一般表現だが, think の代わりに以下の語を用いることがよくある. その場合, それぞれの語の原意(=想像する, 空想する, 推測する, 推定する, 予想する)がほのめかされる.
imagine 心に思い描いたり, 確証はないが…だと思う.〈例〉*imagine* oneself abroad 自分が外国にいるものと想像する
fancy あり得ないことを気ままに空想する.〈例〉*fancy* oneself to be a pirate 自分を海賊だと空想する
guess 知らないことについて大胆に予想・推量する ; 偶然言い当てる.〈例〉*guess* the outcome of a game 試合の結果を予想する
suppose たぶん…だろうと思う.〈例〉I *suppose* you have finished your homework. 宿題は終えたんだろうね
expect 《口》で suppose と同じ.

i·mag·i·neer /ɪmæ̀dʒɪníər/ 名 C 創造的立案者;(特にテーマパークなどの)アトラクション企画者 ; アイデアマン
im·ag·ing /ímɪdʒɪŋ/ 名 U 💻イメージング《対象の情報をコンピューターで処理し, その画像を画面上に映し出す方法》
i·mag·in·ing /ɪmǽdʒɪnɪŋ/ 名 C 《通例 ~s》 想像の産物, 空想, 妄想, 気のせい
im·ag·ism /ímɪdʒìzm/ 名 U 〚文学〛 イマジズム, 写象主義 《ロマン主義に対抗して起こった1910年代の新しい詩の運動》 **-ist** 名 C 形 写象主義者(の)
i·ma·go /ɪméɪgoʊ, -mɑ́ː-/ 名 (複 **~s, ~es** /-z/ OR **-gi·nes** /-dʒɪnìːz/) C ❶ 〚虫〛 成虫 ❷ 〚心〛 イマーゴ, 成像 《幼年期に形成されたまま保存される愛の対象の理想像》

i·mam /ɪmáːm/ 名 イマーム ❶《I-》イスラム教国の首長の称号 ❷ C 礼拝の指揮者, 導師；イスラム法の学者
IMAX /áɪmæks/ 名 U《商標》アイマックス《超大型スクリーンに映す上映方式》
im·bal·ance /ɪmbǽləns/ 名 U C 不均衡, アンバランス, 不安定〈**in** …の；**between** …間の〉(♦日本語の「アンバランス」は形容詞では unbalanced, 名詞では imbalance)(→ unbalance) ‖ the trade ～ *between* two countries 2国間の貿易の不均衡 / hormonal ～*s* ホルモンのアンバランス
im·be·cile /ímbəsəl | -sìːl, -sàɪl/ 名 C ❶ ⊗《蔑》《けなして》ばか, 間抜け ❷ ⊗《旧》《蔑》痴愚《もと中程度の精神遅滞を表す医学用語》(→ idiot, moron) **ìm·be·cíl·ic** 形
ìm·be·cíl·i·ty 名 (複 **-ties** /-z/) U 知能の低いこと, 愚鈍；痴愚；C 愚かな言動
im·bed /ɪmbéd/ 動 (**-bed·ded** /-ɪd/ ; **-bed·ding**) ＝embed
im·bibe /ɪmbáɪb/ 動 他 ❶《堅》《戯》〔酒など〕を飲む ❷《文》〔思想・意見など〕を吸収する, 摂取する, 同化する ❸《堅》〔水分など〕を吸収する(absorb), 〔空気など〕を吸入する ―自《堅》《戯》(特に酒を)飲む
im·bi·bi·tion /ìmbɪbíʃən/ 名 U 吸収, 吸入；同化
im·bri·cate /ímbrɪkət/ (→ 動) 形 (瓦(かわら)のように)重なり合った, うろこ状[模様]の ―動 /ímbrɪkèɪt/ 自他 (…が[を])(瓦・うろこ状に)重なる[ねる]
ìm·bri·cá·tion 名 U C 重なり；うろこ形模様
im·bro·glio /ɪmbróuljou | -liou/ 名 (複 **～s** /-z/) C ❶ (政治上の)混乱, 紛糾, ごたごた；(劇や小説の)複雑な筋；(人間・国家間の)もつれた誤解 ❷《古》乱雑な積み重ね
im·bue /ɪmbjúː/ 動 他 ❶〔人〕に〈思想・主義などを〉吹き込む〈**with**〉(♦しばしば受身形で用いる) ‖ people ～*d with* patriotism 愛国心に染まった人々 ❷ …を〈…で〉染める, …に〈…を〉しみ込ませる〈**with**〉
ÌMÉ 略 💻 *i*nput *m*ethod *e*ditor《標準キーボードから主にアジアの文字を入力するプログラム》
I. Mech. E. 略 *I*nstitution of *Mech*anical *E*ngineers((英国の)機械学会)
***ÌMF** 略 *I*nternational *M*onetary *F*und (国際通貨基金)
ÌMHÓ 略 💻 *i*n *m*y *h*umble *o*pinion (私見によれば) (♦主にEメールで使われる. → IMO)
im·i·ta·ble /ímɪt̬əbl/ 形 まね[模倣]できる, まねるに値する
ìm·i·ta·bíl·i·ty 名
***im·i·tate** /ímɪtèɪt/《アクセント注意》動 他 ❶ …をまねる, 模倣する；…を手本とする, 見習う (⇨ 類語) ‖ Children ～ their parents. 子供は親を見習う[まねる] ❷ (笑わせるために) …の(物)まねをする ‖ He made us laugh by *imitating* celebrities. 彼は有名人のまねをして我々を笑わせた ❸ …を模造[模写]する, …に似せ(て作)る ‖ Plastics can ～ many other materials. プラスチックはほかの多くの素材に似せることができる

類語《❶》**imitate**「まねる」の意を表す一般語. 手本・見本とするが, 模倣の忠実さは強調されない. 〈例〉*imitate* one's father 父を見習う
copy できるだけ忠実に模倣・模写・再生する. 〈例〉*copy* a Picasso ピカソの作品を模写する
mimic 言葉遣い・身振り・癖などを(おどけたり, からかって)そっくりまねる. 〈例〉*mimic* a movie star 映画スターのものまねをする
mock あざけったり, 侮辱したりする意図を持ってまねる. 〈例〉*mock* one's teacher 教師のものまねをしてからかう
ape (猿まね的に)そっくりまねる. しばしば軽蔑的に用いる. 〈例〉He *apes* everything his older brother does. 彼は兄のすることを何でもまねる

***im·i·ta·tion** /ìmɪtéɪʃən/ 名 ❶ U 見習うこと；模倣, まね ‖ Children learn by [OR through] ～. 子供はまねをして覚える / in ～ of the older boys 先輩たちを見習って ❷ C 人まね, 物まね ‖ do (good) ～*s* of TV personalities テレビタレントのものまねをする(のがうまい) ❸ C 複写物；模造品, コピー商品；偽造品, にせ物, イミテーション ‖ Beware of ～*s*. 模造品に注意 ❹ U《楽》模倣, イミテーション《あるモチーフ(楽句)を音調を変えてほかの箇所で繰り返すこと》 ―形 模造の, 人造の, にせの, イミテーションの ‖ ～ leather 人工皮革 / an ～ pearl 模造真珠
im·i·ta·tive /ímətèɪt̬ɪv | ímɪtə-/ 形 ❶ 模倣の, …にならった, 模造の；偽造の ‖ the ～ arts 模倣芸術《絵画・彫刻など》/ a style ～ of Dickens ディケンズをまねた文体 ❷ 擬音[擬声]の；《生》擬態の ‖ ～ words 擬音[擬声]語《hiss, fizz, clang など》 **～·ly** 副 **～·ness** 名
im·i·ta·tor /ímɪtèɪt̬ər/ 名 C 模倣[模造]者, 偽造者
im·mac·u·late /ɪmǽkjulət/ 形 ❶ 汚れ[しみ]ひとつない ❷ 純潔な, 無垢(く)な ❸ 欠点[傷]のない, 完璧(ぺき)な；誤りのない, 無謬(びゅう)の **-la·cy** 名 **～·ly** 副
▶▶ **Immàculate Concéption** 名《the ～》《カト》無原罪懐胎(説)《神は聖母マリアがその母の胎内に宿った瞬間から原罪の汚れを免れさせたという教理》；無原罪懐胎の祭日《12月8日》
im·ma·nent /ímənənt/ 形 ❶《堅》内在する(inherent)；《哲》(精神行為などが)心の中だけに起こる ❷《宗》(神が)宇宙に内在[遍在]する(↔ transcendent) **-nence** 名 **-nen·cy** 名 U 内在(性) **～·ly** 副
im·ma·te·ri·al /ìmətíəriəl/ <シ 形 ❶《通例叙述》〈…にとって〉重要でない, 取るに足りない〈**to**〉❷ 非物質的な, 実体のない, 無形の；霊的な **ìm·ma·tè·ri·ál·i·ty** 名
***im·ma·ture** /ìmətjúər, -tʃúər/ <シ 形 ❶ 未(成)熟の, 成熟[成長]しきっていない, 幼稚な (♥批判の意を込めて用いる)；大人げない ‖ ～ fruit 熟しきっていない果実 / an ～ and selfish girl まだ幼くてわがままな少女 ❷ 未完成の；未発達の ‖ The plan is still ～. その計画は未完成のままだ **～·ly** 副 **-tú·ri·ty** 名
im·meas·ur·a·ble /ɪméʒərəbl/ 形 測ることができない；果てしない, 広大な **-bly** 副
im·me·di·a·cy /ɪmíːdiəsi/ 名 (複 **-cies** /-z/) U 直接(性)；即時(性)；近[隣]接；C《-cies》緊急に必要なもの
:im·me·di·ate /ɪmíːdiət/《発音注意》
中心義 (時間的・空間的に)間に入るものがない
―形《比較なし》❶ **即座の**, 即刻の, 早速の, 早急な ‖ The new governor put an ～ stop to the plan to build the dam. 新知事はダム建設計画を即座にやめさせた / There is no need for ～ action. 早急に行動する必要はない / an ～ answer 即答 / an ～ response 即座の反応 / have an ～ effect 即効性[すぐに効果]がある
❷《通例限定》**現今の**, 目下の, 当面の, 急務の ‖ one's ～ concerns 目下の関心事 / solve the ～ problem of hunger 飢えという差し迫った問題を解決する
❸《限定》(空間的に)すぐそばの, 隣接した；すぐ前[後]の；(関係・順序が)すぐ近い ‖ in the ～ vicinity [OR neighborhood] すぐ近所に / on one's ～ right すぐ右手に / in the ～ future ごく近い将来に / one's ～ family 身近な家族, 身内の者
❹《限定》直接の, 媒介物のない；直観[直覚]的な ‖ Avoid ～ contact between the two cords. 2本のコードを直接接触させるな / the ～ cause of his death 彼の直接の死因
～·ness 名
語源 *im-* not＋mediate(間接の)：直接の
▶▶ **～ constítuent** 名 C《言》直接構成(要)素《略 IC》
*****im·me·di·ate·ly** /ɪmíːdiətli/ 副 接
―副《比較なし》❶ すぐに, **直ちに**(at once, right away) (⇨ INSTANTLY 類語) ‖ The train left ～. 列車はすぐに出発した / His address was not ～ available. 彼の住所はすぐに明らかにはならなかった
❷《前置詞の前で》**a**《時間》すぐ(後[前]に) ‖ He reported to the police ～ **after** the accident. 事故の

直後に彼は警察に出頭した / ~ before her arrival 彼女が到着する直前に
b 《場所》すぐ近くに，隣接して(♦ 通例場所の 副句 とともに用いる) ‖ My seat is ~ behind yours. 私の席はあなたの席のすぐ後ろです
❸ 直接に，じかに(♦ 通例過去分詞とともに用いる) ‖ I am not ~ 「involved in [OR concerned with] the decision. 私はその決定に直接かかわっていない / He was among those ~ affected by the earthquake. 彼は地震に直接影響を受けた人の一人だった
── 接 《主に英》…するやいなや(as soon as)，…した直後に ‖ Grandmother began to weep ~ she saw me. 祖母は私の姿を見たとたん泣き出した

im·me·mo·ri·al /ìməmɔ́:riəl/ ⟨シ⟩ 形 (記憶・記録にないほど)遠い昔の，太古の
from [OR ***since***] ***time immemorial*** ⇨ TIME (成句)
~·ly 副

***im·mense** /ɪméns/ 形 (**more ~** ; **most ~**) ❶ 広大な，巨大な，膨大な(↔ tiny)；途方もない，大変な(⇨ HUGE 類語) ‖ at ~ expense 膨大な費用をかけて / the ~ and boundless universe 広大無辺の宇宙 / ~ responsibility 大きな責任 ❷《口》この上なく素敵な

***im·mense·ly** /ɪménsli/ 副 ❶ 非常に ‖ enjoy oneself ~ 大いに楽しむ ❷ 広大に，膨大に

im·men·si·ty /ɪménsəṭi/ 名 (複 **-ties** /-z/) U 広大，莫大(ばくだい)，無限の空間；C 広大なもの；莫大な量

***im·merse** /ɪmɔ́:rs/ 動 他 ❶〈液中に〉…をすっかりつける，浸す〈**in**〉❷〖宗〗…に浸礼を施す《全身を水につけて洗礼を施す》❸《通例受身形または ~ oneself で》〈…に〉没頭する，ふける〈**in**〉(⤳ bury in) ‖ 「be ~*d* [OR ~ oneself] *in* one's work 仕事に没頭する

***im·mer·sion** /ɪmɔ́:rʒən, -ʃən/ 名 U ❶ 浸す[浸される]こと，浸入 ❷〖宗〗浸礼 ❸〈…への〉没頭，熱中〈**in**〉‖ ~ *in* thought 考えにふけること ❹〖天〗潜入《天体がほかの天体の背後に隠れる現象》❺〖教育〗没入法《目標言語を集中的に与える外国語教育法》
▸▸ **~ hèater** 名 C 《英》(水中)投入式電熱(湯沸かし)器《密閉した発熱体を水中に入れて加熱する》

***im·mi·grant** /ímɪgrənt/ 《アクセント注意》名 C ❶ (外国からの)移住者(の子孫)，移民(♦「外国への移民」は emigrant) ‖ ~ communities 移住者たちの社会 ❷〖生〗帰化植物，外来動物
── 形 移住の，移住して来る

***im·mi·grate** /ímɪgrèɪt/ 動 自 他 (外国・他地域から)(…が[を])移住する[させる] (↔ emigrate) 〈**from** …から；**into, to** …へ〉(⇨ MIGRATE 類語)

***im·mi·gra·tion** /ìmɪgréɪʃən/ 名 U ❶ (外国からの)移住(♦「外国への移住」は emigration) ‖ encourage ~ from abroad 海外からの移住を奨励する / restrict ~ into ... …への移住を制限する ❷ (= ~ contròl) 入国管理事務所，出入国管理業務

im·mi·nence /ímɪnəns/ 名 U 切迫，急迫；C 差し迫った危険[事態]

***im·mi·nent** /ímɪnənt/ 形 (**more ~** ; **most ~**) (危険・死などが)今にも起こりそうな，差し迫った，急迫した(↔ remote) ‖ His arrest was ~. 彼の逮捕は間近に迫っていた **~·ly** 副

im·mis·ci·ble /ɪmísəbl/ 形 (特に液体が)混ざらない
im·mìs·ci·bíl·i·ty 名

im·mo·bile /ɪmóubəl | -baɪl/ 形 ❶ 動かない，静止した(motionless) ❷ 動けない，動かせない，動かしにくい(↔ mobile) **ìm·mo·bíl·i·ty** 名

im·mo·bi·lize /ɪmóubəlàɪz/ 動 他 ❶ …を動けないようにする，固定する；〔手足・関節など〕を(添木・ギプスなどで)固定する；〔患者〕を安静に保つ ❷〔軍隊・艦隊など〕を移動不能にする ❸〔貨幣〕の流通を止める；〔流動資本〕を固定(資本)化する **im·mò·bi·li·zá·tion** 名

im·mo·bi·liz·er /ɪmóubəlàɪzər/ 名 C イモビライザー《電子キーで車両の盗難を防ぐシステム》

im·mod·er·ate /ɪmá(:)dərət | ɪmɔ́d-/ 形 《通例限定》《堅》節度のない，節制しない，過度の，法外な(↔ moderate) ‖ ~ drinking 飲みすぎ **-a·cy** 名 **~·ly** 副

im·mod·est /ɪmá(:)dɪst | ɪmɔ́d-/ 形 ❶ 慎みのない，ぶしつけな；(通例女性の言動・服装などが)下品な，みだらな ❷ 無遠慮な，厚かましい，図々しい(↔ modest)
~·ly 副 **-es·ty** 名

im·mo·late /íməlèɪt, ímou-/ 動 他 《文》…をいけにえとして焼き殺す[ささげる]；《~ oneself で》(抗議の意味で)焼身自殺する **ìm·mo·lá·tion** 名 U いけにえをささげること；いけにえになること；C いけにえ，犠牲

***im·mor·al** /ɪmɔ́(:)rəl/ 形 不道徳な(↔ moral) (→ amoral)；品行のよくない；(性的に)ふしだらな，みだらな，猥褻(わいせつ)な **~·ly** 副

im·mor·al·i·ty /ìmɔrǽləṭi/ 名 (複 **-ties** /-z/) U 不道徳；ふしだら；C《通例 -ties》不道徳[ふしだら]な行為

***im·mor·tal** /ɪmɔ́:rṭəl/ 形 ❶ 不死の，死なない(↔ mortal) ‖ Do you believe a person's soul is ~? 人間の魂は不死だと信じますか / the ~ gods 不死の神々 ❷ 不滅の，不朽の；不朽の名声を有する ‖ Shakespeare's ~ plays [lines] シェークスピアの不朽の名戯曲 [せりふ] / ~ fame 不朽の名声 / an ~ enemy 永遠の敵 ── 名 C ❶ 不死の人，不滅の存在；不朽の名声を博する人 [著者] ‖ Babe Ruth, one of baseball's ~*s* 野球界不朽の名選手の一人ベーブ＝ルース ❷《通例 the ~s [I-s]》(古代ギリシャ・ローマの)神々 ❸《I-s》〖史〗古代ペルシャの近衛隊 ❹《I-》アカデミーフランセーズの会員 **~·ly** 副
語源 *im-* not＋mortal(死すべき)：死なない

im·mor·tal·i·ty /ìmɔ:rtǽləṭi/ 名 U 不死，不滅(性)；不朽の名声 ‖ the ~ of the soul 霊魂の不滅

im·mor·tal·ize /ɪmɔ́:rṭəlàɪz/ 動 他 …を不滅にする；…に不朽の名声を与える

im·mo·tile /ɪmóuṭəl | -taɪl/ 形 〖生〗動けない

im·mov·a·ble, im·move·a·ble /ɪmú:vəbl/ 形 ❶ 動か(せ)ない，不動の，固定された，静止した；(祭日が)毎年同じ日の，固定した ‖ ~ feasts 固定祭日(→ feast) ❷ 断固とした，揺るぎない；感情に左右されない，冷静な ‖ ~ in purpose 目標の揺るぎない ❸〖法〗(財産が)不動の(↔ personal) ‖ ~ property 不動産
── 名 C《~s》〖法〗不動産 **-bly** 副

***im·mune** /ɪmjú:n/ 形 《通例叙述》❶〈病気などに対して〉免疫の，免疫のある〈**to**〉‖ Adults are generally ~ *to* [OR from] (the) measles. 大人はたいていはしかに対して免疫がある / an ~ serum 免疫血清 ❷〈税・義務などを〉免れた，免除された〈**from**〉‖ Though the present mayor is very popular, he is not ~ *from* criticism. 現在の市長はとても人気があるが，批判を受けないわけではない / ~ *from* danger 危険を免れた ❸〈…に〉影響されない，動じない〈**to**〉‖ Baseball is not ~ *to* economic recession. 野球も不況と無縁ではない / ~ *to* others' suffering 他人の苦しみを何とも思わない
▸▸ **~ defíciency** 名 U ＝immunodeficiency **~ respònse** 名 C〖生理〗免疫応答［反応］ **~ sỳstem** 名《the ~》免疫機構

im·mu·ni·ty /ɪmjú:nəṭi/ 名 (複 **-ties** /-z/) ❶ U〈病気などに対する〉免疫(性)〈**to, against**〉；〈有害物・危険などから〉免れていること〈**from**〉❷ U C〈債務・兵役などの〉免除〈**from**〉；(逮捕などを免除される)特典，免責特権 ‖ ~ *from* taxation [prosecution] 税の免除 [(捜査協力などによる)訴追免除] / cut [OR make, strike] an ~ deal 免訴取引を行う / diplomatic ~ 外交特権

im·mu·nize /ímjunàɪz/ 動 他 (予防接種などで)…に〈…に対する〉免疫性を与える〈**against**〉‖ ~ him *against* malaria 彼にマラリアに対しての免疫性を与える
ìm·mu·ni·zá·tion 名

immuno- /ɪmjunou-/ 連結形「免疫(の)」の意

ìmmuno·ássay 名 C〖医〗免疫学的検定(法)，免疫測

定 ━動他…に免疫測定を行う

immuno·defíciency 名U〘免疫〙免疫欠損, 免疫不全(→ AIDS)

im·mu·nol·o·gy /ìmjuná(:)lədʒi | -nɔ́l-/ 名U免疫学 **-no·lóg·ic(al)** 形 **-gist** 名

immuno·suppréssion 名U〘医〙免疫反応抑制(作用) **-suppréssive, -suppréssant** 名C形免疫抑制(剤)(の) **-suppréssed** 形免疫不全の, 免疫力が低下した

immuno·thérapy 名U〘医〙免疫療法

im·mure /ɪmjúər/ 動他《通例受身形で》《文》〈部屋などに〉監禁される, 幽閉される;《堅》閉じこもる(confine)〈**in**〉‖ ~ oneself *in* one's study 書斎に閉じこもる

im·mu·ta·ble /ɪmjúːt̬əbl/ 形不変の, 不易(ふえき)の;変えられない ‖ ~ laws 不変の法則
im·mù·ta·bíl·i·ty 名 **-bly** 副

ÌMÓ 略 *in my opinion* (♦主にEメールで用いられる. → IMHO);*International Maritime Organization*((国連の)国際海事機関);*International Meteorological Organization*(国際気象機構)

imp /ɪmp/ 名C ❶(おとぎ話の)鬼の子, 小鬼;小悪魔 ❷いたずらっ子, わんぱく小僧 ‖ You little ~! このいたずらっ子め ━動他(羽を付け足して)〔タカの翼〕を補強する

imp. 略 imperative;imperfect;imperial;impersonal;import, imported, importer;important;imprimatur

I

‡im·pact /ímpækt/《アクセント注意》(→ 動)
━名(複 **~s** /-s/) ❶C《通例単数形で》〈…に対する〉(強い)**影響**;効果;感化〈**on, upon**〉‖ Local protest **had** [OR **made**] no [little] ~ *on* the board's decision. 地元の反対は委員会の決定に何ら[ほとんど]影響を与えなかった / The cellphone **has** a great ~ *on* our daily life. 携帯電話は我々の日常生活に大きな影響を及ぼしている / an **environmental** ~ statement [assessment] 環境影響報告書[評価]
❷U〈…との〉(激しい)**衝突**;UC(衝突の際の)〈…への〉衝撃(力)〈**on, against**〉‖ the ~ from the collision 衝突による衝撃 / He reeled with the ~ of the pistol shot. 彼はピストルを撃った衝撃でぐらついた
**on ímpact* 衝撃で, ぶつかったときに ‖ Air bags inflate *on* ~. エアバッグは衝撃でふくらむ
━動 /ɪmpǽkt/ (**~s** /-s/;**~·ed** /-ɪd/;**~·ing**)
━自 ❶〈…に〉強い影響を及ぼす, 衝撃を与える〈**on, upon**〉‖ The cool summer has ~*ed on* our sales. 冷夏が我々の売り上げに強い影響を及ぼしている
❷〈…に〉(激しく)衝突する〈**on, upon, with**〉‖ ~ *on* the moon's surface 月面に激突する
━他 ❶…に強い影響を及ぼす
❷《主に米》…に(激しく)衝突する
❸…を〈…に〉ぎゅっと押しつける[詰め込む]〈**into, in**〉
語源 *im-* upon+*-pact* strike:…を打つ
▸▸ ~ **prìnter** 名C インパクトプリンター《ドットマトリックスプリンターの別称》

im·pact·ed /ɪmpǽktɪd/ 形 ❶〘医〙(歯が)埋伏(まいふく)した;(折れた骨が)嵌入(かんにゅう)した;(便が)腸にたまった ❷影響を受けた ❸《米》(行政区域が)人口過密で財政が逼迫(ひっぱく)した

***im·pair** /ɪmpéər/ 動他〔能力・機能など〕を弱める;〔健康など〕を害する, 損なう ‖ Loud music has ~*ed* the hearing of many young people. 騒々しい音楽が多くの若者の聴覚障害を招いている / Overwork ~*ed* her health. 過労で彼女は体を壊した

im·paired /ɪmpéərd/ 形弱った, 悪くなった, 損なわれた;《複合語で》…に障害のある(♥ blind, deaf などの婉曲的表現) ‖ visually-~ children 視覚に障害のある子供たち

***im·pair·ment** /ɪmpéərmənt/ 名UC悪化, 損傷

im·pa·la /ɪmpáːlə/ 名(複 ~ OR **~s** /-z/) C〘動〙インパラ《アフリカ産の中型レイヨウ》

im·pale /ɪmpéɪl/ 動他 ❶…を刺し貫く, 突き刺す;…を固定する ‖ ~ a body on [OR with] a stake (昔の処刑法で)体を杭(くい)に刺す(♦しばしば受身形で用いる) ❷〘紋章〙〔2つの紋章〕を(それぞれ縦に2分割して)合わせ紋にする
~·ment 名

im·pal·pa·ble /ɪmpǽlpəbl/ 形《堅》❶手で触ってみることができない, 触[感]知できない;(粉末などが)微細な ❷微妙な, 実体のない;理解しにくい **-bly** 副

im·pan·el /ɪmpǽnəl/ 動(**-eled,**《英》**-elled** /-d/;**-el·ing,**《英》**-el·ling**) 他〘法〙…を陪審名簿に載せる;〔陪審員〕を陪審名簿から選ぶ

***im·part** /ɪmpáːrt/ 動他 ❶〔知識・情報など〕を〈…に〉伝える, 知らせる, 告げる〈**to**〉‖ We ~*ed* scraps of information *to* each other. 我々は断片的な情報を伝え合った ❷…を〈…に〉分け与える, 授ける;添える〈**to**〉
im·par·tá·tion 名

***im·par·tial** /ɪmpáːrʃəl/ 形(判断などが)偏らない, 偏見のない, 公平な(♦「直接的利害関係にない[第三者である]ため公平な判断ができる」という意)(⇨ FAIR[1] 類語) ‖ a detached and ~ judgment 偏見にとらわれない公平な判断 **~·ly** 副 **im·pàr·ti·ál·i·ty** 名U公平さ

im·pass·a·ble /ɪmpǽsəbl | -páːs-/ 形(道・川などが)通行できない, 通り抜け[横断]できない;(困難・障害などが)乗り越えられない **im·pàss·a·bíl·i·ty** 名 **-bly** 副

im·passe /ímpæs | æmpáːs, ɪm-/ 名C《通例単数形で》袋小路, 行き止まり(dead end);窮地, 行き詰まり(deadlock) ‖ Negotiations have reached [OR hit] an ~. 交渉は行き詰まってしまった

im·pas·si·ble /ɪmpǽsəbl/ 形 ❶苦痛を感じない, 無感覚な ❷無感動な, 無神経な, 鈍感な

im·pas·sioned /ɪmpǽʃənd/ 形《通例限定》(演説などが)熱烈な, 情熱を込めた

im·pas·sive /ɪmpǽsɪv/ 形 ❶無表情の, 無感動の;平静な ‖ his ~ face 彼の無表情な顔 ❷苦痛を感じない, 感覚のない **~·ly** 副 **ìm·pas·sív·i·ty** 名

im·pas·to /ɪmpǽstoʊ/ 名U〘美〙インパスト, 厚塗り[盛上げ]画法《キャンバスに絵の具を厚く塗ること》;厚く塗り上げた絵の具

im·pa·tience /ɪmpéɪʃəns/ 名 ❶U我慢できないこと, じれったがること, 短気, 性急(↔ patience) ‖ out of ~ 待ちきれずに / with ~ いらいらして;やきもきしながら ❷U/C《単数形で》〈…したくて〉たまらないこと〈**to do**〉

im·pa·tiens /ɪmpéɪʃənz, -ʃəns | -ʃiènz, -pǽt-/ 名(複 ~) C〘植〙インパチェンス《ツリフネソウ科の植物》

‡im·pa·tient /ɪmpéɪʃənt/
━形(**more ~;most ~**)
❶**いらいらして**〈**with** 人に;**about, at** 物事に〉‖ Don't be so ~「*with* a child [*about* a trivial thing]. 子供相手に[ささいなことで]そういらいらするな / People were getting ~ *at* the delay of the train. 人々はその列車の遅れにいらついてきていた / an ~ mood いらいらした気分
❷ **a** 《+for 名》…を**待ちきれない** ‖ I've been ~ *for* the weekend. 週末が待ち遠しかった
b 《(+for 名)+to do》(…が)…するのを待ちきれない, しきりに…したがって ‖ She is ~ *to* see her daughter who is still missing. 彼女は依然行方がわからない娘にしきりに会いたがっている / He was ~ *for* the ceremony *to* end. 彼は式が終わるのを今か今かと待っていた
❸〈…に〉耐えられない, 我慢できない〈**of, with**〉‖ They are ~ *of* the slow progress. 彼らは遅々とした進行に我慢ならない
❹(行動などが)もどかしげな, じれったそうな ‖ an ~ gesture もどかしげな身振り / an ~ reply じれったそうな返答

im·pa·tient·ly /ɪmpéɪʃəntli/ 副もどかしそうに, いらいらして, しびれを切らして;(今か今かと)待ちかねて

im·peach /ɪmpíːtʃ/ 動他 ❶…を告発[告訴]する(accuse);《主に米》《堅》〔特に公職にある者〕を〈…のことで〉弾劾[解職]する〈**for**〉‖ ~ an official *for* taking bribes

役人を収賄(しゅうわい)の疑いで弾劾する ❷《堅》〔人の名声・性格・行動など〕を問題とする；…(の信憑(しんぴょう)性)を疑う(↘ call into question)；…の欠点を指摘する，非難する ‖ ～ his motives 彼の動機を疑う **～·a·ble** 形

im·peach·ment /impíːtʃmənt/ 名 U C 《法》(公職者に対する)告発，告訴，弾劾；非難

im·pec·ca·ble /ɪmpékəbl/ 形 ❶ (人・作法などが)非の打ち所のない，完璧(かんぺき)な ❷ 罪を犯すことのない
im·pèc·ca·bíl·i·ty 名 **-bly** 副

im·pe·cu·ni·ous /ìmpɪkjúːniəs/ ＜ジ 形 (常に)金がない，貧乏な，無一文の(penniless)

im·ped·ance /ɪmpíːdəns/ 名 U/C 《単数形で》《電》インピーダンス《交流電流に対する電気抵抗．単位 ohm；記号 Z》

im·pede /ɪmpíːd/ 動 他 …を妨げ(て遅らせ)る，邪魔する

im·ped·i·ment /ɪmpédɪmənt/ 名 C ❶ 〈…の〉障害(物)〈**to**〉 ❷ 身体障害，(特に)言語障害 ❸《法》法的に障害となるもの，(特に法的に結婚などの)妨げになる事柄《年齢が若すぎるなど》

im·ped·i·men·ta /ɪmpèdɪméntə/ 名 複 ❶《文》(旅などの)妨げになるもの，(特に)手荷物 ❷《堅》(軍隊の)行李(こうり)《前線に運ぶ軍需品》

im·pel /ɪmpél/ 《アクセント注意》 動 〔＜ impulse 名〕(**-pelled** /-d/；**-pel·ling**) 他 ❶ (考え・感情などが)…を〈…に〉駆り立てる，促す，強いる〈**to**〉；〔人〕に無理に〈…〉させる〈**to do**〉 ‖ *impelled* by necessity 必要に迫られて ❷《堅》…を推進する，推し進める，(前へ)動かす(propel) ‖ *impelling* force 推進力
語源 *im-* on＋*-pel* drive：前の方へ押し進める

im·pel·lent /ɪmpélənt/ 形 推し進める，推進する；駆り立てる ―名 C 推進するもの；推進力

im·pel·ler /ɪmpélər/ 名 C 推進力となる人［もの］；(ポンプ・扇風機などの)羽根車，回転翼

im·pend /ɪmpénd/ 動 自 ❶《堅》(災害・危険などが)差し迫る，切迫する ❷《文》(真上に)垂れ下がる，覆いかぶさる
～·en·cy 名 **～·ent** 形

***im·pend·ing** /ɪmpéndɪŋ/ 形 《限定》まさに起ころうとしている，切迫した ‖ an ～ storm 今にも来そうな嵐(あらし)

im·pen·e·tra·ble /ɪmpénɪtrəbl/ 形 ❶ 突き通せない；通り抜けられない，入り込めない；通さない ‖ ～ darkness (先の見通せない)漆黒(しっこく)の闇(やみ) ❷〈…に〉計り知れない，不可解な〈**to**〉 ‖ an ～ mystery 不可解ななぞ ❸ (思想や影響などを)受けつけない，かたくなな，鈍感な
im·pèn·e·tra·bíl·i·ty 名 **-bly** 副

im·pen·i·tent /ɪmpénɪtənt/ 形 悔い改めない，頑迷な ―名 C 悔い改めない人 **-tence** 名

***im·per·a·tive** /ɪmpérətɪv/ 形 (**more ～**；**most ～**)(♦ ❶ 以外比較なし) ❶《通例叙述》絶対必要な，必須(ひっす)の(↔ unnecessary)；避けられない，緊急の ‖ It will become ～ to shift from gasoline to cleaner fuel. ガソリンからより環境に優しい燃料への転換がどうしても必要になるだろう / It is ～ that I go [《主に英》should go].＝It is ～ for me to go. どうしても私が行かねばならない ❷《堅》命令的な，権威ある ‖ in an ～ tone 命令口調で ❸《限定》《文法》命令(法)の ‖ the ～ mood 命令法 / an ～ sentence 命令文
―名 ❶ C (急を要する)最重要問題，緊急の［切実な］課題；急務，責務；(守らざるを得ない)規則，規範；命令(→ categorical imperative) ‖ Reducing ozone depletion has become an ～. オゾンの減少を抑えることが切実な問題となっている / the ～*s* of emergency 非常時の緊急課題 / the moral ～ 道義的責務［道徳律］ ❷《the ～》《文法》命令法；C 命令法［形］の動詞
～·ly 副 命令的に，いや応なしに **～·ness** 名

im·per·cep·ti·ble /ìmpərséptəbl/ 形 感知できない，目に見えない，気づかない(ほどの)；ごくわずかな，微細な，微妙な ‖ ～ to the naked eye 肉眼ではわからない
-bly 副 それとわからないほどに，かすかに

im·per·cep·tive /ìmpərséptɪv/ 形 知覚［感知］しない；知覚力を欠いた **～·ness** 名

im·per·cip·i·ent /ìmpərsípiənt/ 形 ＝imperceptive

***im·per·fect** /ɪmpɔ́ːrfɪkt/ 形 ❶ 不完全な，不十分な；欠点のある(↔ perfect) ‖ an ～ understanding of Western culture 西洋文化の不十分な理解 / ～ goods 傷物の商品 ❷《限定》《文法》未完了の ‖ the ～ tense 未完了［半過去］時制《英語では(過去)進行形がこれに相当する》 ❸《植》雌雄異花の ❹《法》法的効力のない，法的要件を欠いた ❺《楽》(音程などが)不完全な
―名《the ～》《文法》未完了［半過去］時制 **～·ly** 副

im·per·fec·tion /ìmpərfékʃən/ 名 U 不完全，不備；C 欠点，欠陥，不完全な部分(defect)

im·per·fo·rate /ɪmpɔ́ːrfərət/ 形 穴のあいていない；《解》無孔の；(切手(のシート)が)ミシン目のない，無目打ちの ―名 C 目打ちのない切手

***im·pe·ri·al** /ɪmpíəriəl/ 形 〔＜ emperor, empire 名〕 ❶《限定》帝国の；《しばしば I-》大英帝国の ❷《限定》皇帝の，女帝［皇后］の；帝位の；最高権威の ‖ His *Imperial* Majesty 皇帝［天皇］陛下 / the ～ family 皇室 / the ～ system 天皇制 ❸ 荘厳な，堂々たる；尊大な ‖ in an ～ manner 堂々と ❹ (生産物・商品などが)特大［特上］の，非常に大きい［優れた］；《印》(用紙サイズが)インペリアル判の ‖ an ～ tea 上等の茶 ❺《限定》(度量衡の単位が)英本国法定の標準に従う(→ metric)
―名 C ❶ 皇帝ひげ《ナポレオン３世にならった下あごのとがったひげ》 ❷《印》インペリアル判《かつての最も大きい用紙サイズ．《米》584×838ミリ；《英》559×762ミリ》 ❸ 特大［特上］の品 ❹ 乗合馬車の屋根；(その上に乗せて運ぶ)旅行用かばん ❺ 皇帝，皇后 **～·ly** 副

im·pe·ri·al·ism /ɪmpíəriəlìzm/ 名 U ❶ 帝国主義《軍事力などを用いた領土拡張主義》；《英》大英帝国主義 ❷ 帝政

im·pe·ri·al·ist /ɪmpíəriəlɪst/ 名 C 帝国主義者；帝政主義者 ―形 ＝imperialistic
im·pè·ri·al·ís·tic 形 帝国主義(者)の，帝国主義的な；帝政の **im·pè·ri·al·ís·ti·cal·ly** 副

im·per·il /ɪmpérəl/ 動 (**-iled**，《英》**-illed** /-d/；**-il·ing**，《英》**-il·ling**) 他 …を危うくする，危険にさらす(endanger)

im·pe·ri·ous /ɪmpíəriəs/ 形 ❶ 有無をいわせない，高飛車な，威圧的な，横柄な，傲慢(ごうまん)な ❷ 緊急の，差し迫った
～·ly 副 **～·ness** 名

im·per·ish·a·ble /ɪmpérɪʃəbl/ 形 不滅の，不朽の；《文》(食品などが)長持ちする
im·pèr·ish·a·bíl·i·ty 名 **-bly** 副 **～·ness** 名

im·per·ma·nent /ɪmpɔ́ːrmənənt/ 形 永続しない，一時的な，はかない **-nence, -nency** 名

im·per·me·a·ble /ɪmpɔ́ːrmiəbl/ 形 (液体・ガスなどを)通さない，〈…に〉不浸透性の〈**to**〉 ‖ a coat ～ *to* rain 雨を通さないコート

im·per·mis·si·ble /ìmpərmísəbl/ ＜ジ 形 許されない，許すべからざる，容認し難い

***im·per·son·al** /ɪmpɔ́ːrsənəl/ 形 ❶《通例けなして》非人間的な，人格を持たない；人間の感情［人間味］を欠いた，よそよそしい；(場所・状況が)その重要性［価値］を感じさせない ‖ ～ forces 非人間的な力《自然の力など》 / ～ bureaucracy 非人間的な官僚主義 / a too big and ～ school 大きすぎて人間的な温かみのない学校 ❷ 特定の個人に関係しない，一般的な，客観的な ‖ an ～ comment 特定の個人に向けたものではないコメント ❸《限定》《文法》非人称の ‖ an ～ verb 非人称動詞《It rains. の rain など．it を impersonal it (非人称の it)という》 / an ～ construction 非人称構文
im·pèr·son·ál·i·ty 名 U C (特定の)個人に関係しないこと；非人格性；非人格的なもの **～·ly** 副

im·per·son·ate /ɪmpɔ́ːrsənèɪt/ 動 他 ❶ (俳優などが)…に扮(ふん)する，(ふざけて)…をまねる，…の声色を使う；…に変装する ❷ …を人格化［擬人化］する

I

im·pèr·son·á·tion 名 U C 人格化, 具現;(役者の)扮装(法), 役を演じること;物まね, 声色

im·per·son·a·tor /ɪmpə́ːrsənèɪṭər/ 名 C 扮する者, 役者;物まね芸人, 声色つかい ‖ a female ～ 女性の役をやる男の役者, 女形(おやま)

im·per·ti·nence /ɪmpə́ːrtənəns|-tɪ-/, **-nen·cy** /-nənsi/ 名 U C ❶ 無礼, 生意気(な言動) ❷《堅》不適切, 見当違い(の言動), 無関係(なこと)

im·per·ti·nent /ɪmpə́ːrtənənt|-tɪ-/ 形《堅》❶(目上の人などに対して)無礼な, 生意気な(⇨ RUDE 類語) ❷ 不適切な, 見当違いの, 無関係な **～·ly** 副

im·per·turb·a·ble /ìmpərtə́ːrbəbl/ <シ 形 物に動じない, 沈着冷静な

im·per·tùrb·a·bíl·i·ty 名 **-bly** 副

im·per·vi·ous /ɪmpə́ːrviəs/ 形 ❶〈水などを〉通さない〈to〉 ❷〈…に〉影響されない, 鈍感な〈to〉 **～·ly** 副

im·pe·ti·go /ìmpɪtáɪgoʊ/ 名 U《病理》とびひ, 膿痂疹(のうかしん)《特に幼·小児がかかる細菌性の皮膚病》

im·pet·u·os·i·ty /ɪmpètʃuá(ː)səṭi|-pètjuɔ́s-/ 名 (複 **-ties** /-z/) ❶ U 衝動性, 性急, せっかち;C《堅》衝動的[性急]な言動 ❷ U (風などの)すさまじさ, 猛烈

im·pet·u·ous /ɪmpétʃuəs/ 形 ❶ 衝動的な, 性急な, せっかちな ‖ ～ remarks 思わず口をついて出た言葉 ❷《文》(風などが)猛烈な速度[勢い]の, すさまじい **～·ly** 副

im·pe·tus /ímpəṭəs|-pɪ-/《アクセント注意》名 ❶ U/C《単数形で》(物理的)推進力, 起動力;弾み, 刺激〈**to, for** …に対する / **to *do*** …する〉‖ The recent controversy has given fresh ～ *to* the movement. 最近の論争はその運動に新たな弾みをつけた ❷ U《機》運動量

PLANET BOARD 40

important, necessary の後の前置詞は to か for か.

問題設定「…にとって重要[必要]である」を表す時, important や necessary の後には to, for いずれの前置詞を使うかを調査した.

Q 次の表現のどちらを使いますか.

(1) (a) This principle is important **for** us.
(b) This principle is important **to** us.
(c) 両方
(d) どちらも使わない

(2) (a) Moderate exercise is necessary **for** him.
(b) Moderate exercise is necessary **to** him.
(c) 両方
(d) どちらも使わない

(1)

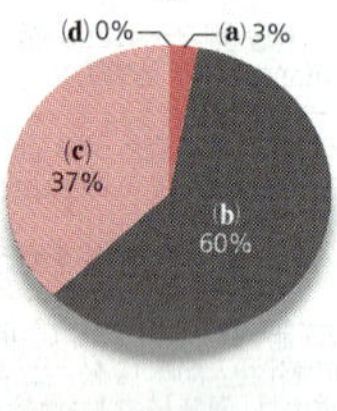

(2)

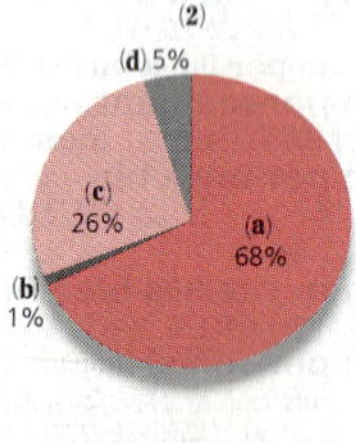

(1) important では, (a) の for のみを用いる人はわずかで, (b) の to のみを用いるという人が6割, 両方用いる人が4割弱だった.「(a) はこの原理が私たちにとって利益になるということを表し, (b) は私たちがこの原理を重んじるということを表す」という趣旨のコメントが多い.

(2) necessary では, (a) の for のみという人が7割近く, (b) の to のみという人はきわめて少なく, 両方用いる人が26%だった. 両方用いる人の多くは「(a) は適度な運動が実際に彼の健康には必要であることを表し, (b) は彼自身が適度な運動に価値をおいていることを表す」というコメントをしている.

学習者への指針 important は to, necessary は for と結びつくのが一般的である.

im·pi·e·ty /ɪmpáɪəṭi/ 名 (複 **-ties** /-z/) U ❶ 不信心 ❷《堅》不敬, 不遜(ふそん) ❸ C《しばしば -ties》不信心[不遜]な言動

im·pinge /ɪmpíndʒ/ 動 自 ❶〈…に〉(強い)(特に悪い[いやな])影響[印象]を及ぼす〈**on, upon**〉❷〈自由·権利などを〉犯す, 侵害する〈**on, upon**〉‖ ～ *on* other people's rights 他人の権利を侵す ❸〈…に〉打ち[突き]当たる, ぶつかる〈**on, upon**〉 **～·ment** 名

im·pi·ous /ímpiəs, ɪmpáɪəs/ 形 神を敬わない, 不信心な;《堅》不敬な, 不遜な;邪悪な(↔ pious) **～·ly** 副

imp·ish /ímpɪʃ/ 形 小鬼のような;いたずらな, わんぱくな, おちゃめな(mischievous) **～·ly** 副 **～·ness** 名

im·plac·a·ble /ɪmplǽkəbl/ 形 (怒りなどが)なだめようのない, 静められない;執念深い

im·plàc·a·bíl·i·ty 名 **-bly** 副

im·plant /ɪmplǽnt|-plɑ́ːnt/《アクセント注意》(→ 名) 動 他 ❶〈人(の心)に〉〔思想など〕を(しっかりと)植えつける, 吹き込む〈**in, into**〉‖ ～ high ideals *in* children 子供に高い理想を植えつける ❷《医》…を体内に埋め込む;…を移植する ‖ ～ a pacemaker ペースメーカーを埋め込む

―自 (受精卵が)着床する

―名 /ímplænt|-plɑːnt/ C《医》体内に埋め込まれるもの《組織·ラジウムカプセルなど》;移植組織片

im·plan·ta·tion /ìmplæntéɪʃən|-plɑːn-/ 名 U 植え[埋め]込むこと;《医》(樹脂·組織片などの)移植, 埋め込み;(受精卵の)着床;教え込むこと, 鼓吹, 注入

im·plau·si·ble /ɪmplɔ́ːzəbl/ 形 本当とは思えない, 信じ難い(↔ plausible)

im·plàu·si·bíl·i·ty 名 **-bly** 副

***im·ple·ment** /ímplɪmənt/《発音注意》(→ 動) 名 C ❶ 道具, 用具, 器具;《～s》用具[装備]一式, 家具[衣装]一そろい(⇨ TOOL 類語) ‖ farm [gardening] ～*s* 農器具[園芸用具] / writing ～*s* 筆記用具 / the ～*s* of modern warfare 近代戦の装備 ❷ (目的遂行のための)手段;手先 ❸ U《スコット》《法》履行

―動 /ímplɪmènt/ 他 ❶〔計画など〕を実行する,〔契約など〕を履行する,〔事業など〕を遂行する(↔ hinder) ‖ ～ a reform 改革を遂行する ❷ …に道具[手段]を提供する

語源 *im-* in＋*-ple-* fill(満たす)＋*-ment*(名詞語尾):満たすための道具

***im·ple·men·ta·tion** /ìmplɪmentéɪʃən/ 名 U (計画·政策などの)実行, 処理

im·pli·cate /ímplɪkèɪt/ 動〔▶ implication 名〕他 ❶〔人〕を〈犯罪などに〉連座させる, 関係させる, 巻き込む;《受身形で》〈…に〉関係している〈**in**〉(⇨ INVOLVE 類語) ‖ be ～*d in* a conspiracy 陰謀に関係している ❷《堅》(当然)…を意味する, 暗に示す, 合意する

語源 *im-* in＋*-plicate* fold(包む):包み込む

***im·pli·ca·tion** /ìmplɪkéɪʃən/ 名〔◁ implicate 動, imply 動〕❶ C《通例 ～s》影響, 結果〈**of** …の;**for** …に対する〉‖ This policy has serious ～*s for* our children's future. この政策は我々の子供たちの将来に重大な影響がある ❷ U C〈…という〉言外の意味, 含み, 暗示(するもの), ほのめかし〈**of/that** 節〉;《論》含意 ‖ He was embarrassed by the ～ *of* sentiment in his remark. 彼は自分の意見が感傷めいていたのを恥ずかしく思った / She nodded with the clear ～ *that* we should implement the plan. 彼女は計画を実行しろという明確な含みを持たせてうなずいた / The language of the novel is rich in ～*s*. その小説の言い回しは含蓄に富んでいる ❸ U 関与, 連座〈**of** 人に;**in** 物事に〉(♦ 対応する動詞は ❶, ❷ では imply だが, この意味では implicate) ‖ His ～ *in* the scandal was damaging. 彼がそのスキャンダルにかかわっていたのはまずかった

by implicátion ① 暗に, それとなく ② 当然の帰結として, 必然的に

COMMUNICATIVE EXPRESSIONS
1 **The implicàtion sèems to bé** that they are unwìlling to coóperate. どうやら彼らには協力する気がないということのようです(♥ 暗示されていることを述べる)

im·pli·ca·ture /ɪmplíkətʃər, 英+ tjuə/ 名 C U (語用論的) 含意；ほのめかし, 間接的表明 ‖ conversational ～ 会話の含意

***im·plic·it** /ɪmplísɪt/ 形 ❶〈…に〉暗に示された, 暗黙のうちの, ほのめかされた (↔ explicit)〈in〉‖ There was an ～ understanding [OR agreement] between the two. 両者の間には暗黙の了解があった / give ～ consent to their offer 彼らの申し出を暗黙のうちに承諾する / make an ～ demand for money 暗に金を要求する / a message ～ *in* his remarks 彼の言葉に暗に含まれたメッセージ ❷〈…に〉潜在する〈in〉‖ Risk is ～ *in* mountain-climbing. 登山に危険はつきものだ / a deep insight ～ *in* his theory 彼の理論に潜在する深い洞察力 ❸ 無条件の, 絶対的な ‖ put ～ trust in him 彼に絶対的な信頼を置く / ～ faith 絶対的信仰 ❹ 〘数〙陰の
～·ly 副 **～·ness** 名

im·plied /ɪmpláɪd/ 形 暗に含まれている, 言外に示された
～·ly 副 それとなく, 暗に(におわせて)

im·plode /ɪmplóʊd/ 動 自 他 内側に破裂する [させる]；内部崩壊する[させる](↔ explode)

im·plore /ɪmplɔ́ːr/ 動 他 《堅》…を請う；〔人〕に請い願う, 懇願する (beg)〈**to** *do* …するように / **that** 節…だと〉‖ ～ a judge for mercy 裁判官に慈悲を請う
語源 *im-*(強意)+*-plore* weep(泣く)：泣いて頼む

im·plor·ing /ɪmplɔ́ːrɪŋ/ 形 哀願 [懇願] するような ‖ an ～ look 哀願するような目つき **～·ly** 副

im·plo·sion /ɪmplóʊʒən/ 名 U C 内側への破裂, 内破；(組織などの)内部崩壊；〘音声〙内破(↔ explosion)

im·plo·sive /ɪmplóʊsɪv/ 名 C 形 〘音声〙内破音(の)

***im·ply** /ɪmpláɪ/ 《発音·アクセント注意》
—動 (▶ implication 名) (**-plies** /-z/；**-plied** /-d/；**～·ing**) 他 ❶ **a** 《+目》…を(言外に)**意味として含む**, 暗に示す, ほのめかす, におわせる(⇨ HINT 類語) ‖ Silence often *implies* consent. 沈黙は暗に同意を意味することが多い / I wasn't quite sure what was *implied* in his words. 彼の言葉が暗に何を意味しているのかよくわからなかった / as the name *implies* その名が示すように
b 《+ (**that**) 節》…であると暗に示す ‖ The boss *implied that* I was responsible for the loss. 上司はその損失の責任が私にあるとそれとなく言った
❷ …を当然必要とする, 必然的に含む [伴う] ‖ Equality in rights *implies* equality in obligations. 権利の平等は当然義務の平等を伴う

COMMUNICATIVE EXPRESSIONS
1 **Are you implýing that** we should consùlt a láwyer? 弁護士に相談すべきだとおっしゃっているのですか
2 **I dòn't mèan** [OR **wìsh**] **to implý that** you should tàke àll the responsibílity. あなたがすべての責任をとるべきだと言いたいわけではありませんよ
3 **Whàt are you implýing?** 何が言いたいんですか (♥ 相手の発言に対して「どういうつもりだ」と反発を示す)
語源 *im-* in+*-ply* fold(包む)：包み込んで, はっきり言葉に出さない

***im·po·lite** /ìmpəláɪt/ 〈シ〉 形 不作法な, 無礼な, ぶしつけな；失礼な(↔ polite)(⇨ POLITE, RUDE 類語) ‖ It is ～ of him to ignore our invitation.=He is ～ to ignore our invitation. 我々の招待を無視するとは彼は礼儀をわきまえぬ人だ / be ～ to one's guests 客に対して無礼に振る舞う **～·ly** 副 **～·ness** 名

im·pol·i·tic /ɪmpɑ́(ː)lətɪk | -pɔ́l-/ 形 賢明 [得策] でない, 無分別な, 愚かな **～·ly** 副

im·pon·der·a·ble /ɪmpɑ́(ː)ndərəbl | -pɔ́n-/ 形 ❶ 計量不能の, 重量のない, とても軽い ❷ (効果·影響などが)はっきり評価することのできない, はかり難い —名 C 不可量物《熱·光など》；《～s》(効果·影響などの)はかり難いもの
im·pòn·der·a·bíl·i·ty 名 **-bly** 副

***im·port** /ɪmpɔ́ːrt/ 《アクセント注意》(→ 名)
—動 (**～s** /-s/；**～·ed** /-ɪd/；**～·ing**) 他 ❶ …を**輸入する** (↔ export)；…を取り入れる, 移入する〈**from** …から；**into** …に〉‖ Japan has to ～ most of its oil *from* the Middle East. 日本は石油の大半を中東から輸入しなければならない / ～*ed* goods [cars] 輸入品 [車] / vegetables ～*ed from* China *into* Japan 中国から日本に輸入された野菜
❷ 《堅》 **a** 《+目》…の意味を含む, 暗にほのめかす (imply) ‖ What does your remark ～? 君の言葉はどういう意味なのか **b** 《+**that** 節》…という意味を含む ‖ Selecting him for the post ～*ed that* major policy changes were made. その地位に彼を抜擢(ばってき)したということは政策が大きく変更されたことを意味した
❸ 〔データなど〕を取り込む, インポートする
—名 /ímpɔːrt/ (複 **～s** /-s/) ❶ U **輸入**；C 《通例 ～s》輸入品, 輸入額 ‖ the ～ of coffee from Columbia コロンビアからのコーヒーの輸入 / *Imports* exceed exports by 15 million dollars. 輸入額は輸出額を1,500万ドル上回っている / ～ duties 輸入税
❷ 《通例 the ～》(暗黙のうちに)言わんとするところ, 意味, 趣旨 ‖ I failed to grasp the full ～ of his speech. 彼が演説で言わんとする意味が十分に把握できなかった
❸ U 重要性 (importance) ‖ a matter of great ～ 非常に重大な事柄 ❹ U (データの)取り込み, インポート
～·a·ble 形 輸入できる
語源 ラテン語 *in-*(中へ) +*portare* (運ぶ)：中へ運び入れる. export, portable と同系.

***im·por·tance** /ɪmpɔ́ːrtəns/

—名 〔◁ important 形〕 U ❶〈…の〉**重要(性)**, 大切さ, 意義〈**of**〉；重々しさ (⇨ 類語) ‖ The Prime Minister **stressed** [OR **emphasized**] the ～ *of* education. 首相は教育の重要性を強調した / That news is **of** no ～ to us. そのニュースは我々には重要ではない (✎ That news is not important to us.) / It is **of** little ～ what his parents did. 彼の両親の経歴は大した問題ではない / Let's discuss the issues in order of ～. 諸問題を重要な順に議論しましょう / We **attach** [OR give] ～ to experience when reviewing applications. 願書[申込書] を調べる場合, 経験を重視いたします / a matter **of great** [considerable] ～ 非常に [かなり] 重要なこと / The ornate door gives an air of ～ to the building. 装飾の施されたドアは建物に重厚な感じを与えている
❷ 重要な地位 [立場], 社会的重要性, 有力；威信 ‖ a person of ～ 有力者, 重要人物
fúll of one's òwn impórtance うぬぼれている, もったいぶった

類語 《❶》**importance**「重要 (性)」を意味する最もふつうの語.
consequence それがもたらす結果や及ぼす影響を考えての重要性. 格式ばった語. 〈例〉an event of great *consequence* for our future 私たちの将来にとって極めて重要な事件
significance 必ずしも表面には表れないが特別の意味があるための重要性. 〈例〉miss the real *significance* of an event 事件の真の重要性に気づかない
moment 直ちに認められる重要性. of ... moment の形で用いられる. やや古風な表現. 〈例〉an international treaty of great *moment* 極めて重要な国際条約

***im·por·tant** /ɪmpɔ́ːrtənt/

—形 (▶ importance 名) (**more ～；most ～**)
❶ **a** 〈…にとって〉**重要な**, 大切な, 注目すべき(↔ unimportant)〈**to, for**〉(⇨ PB 40) ‖ A person's outer

appearance is ~ *to* many people, but not *to* me. 多くの人にとって外見は重要だが, 私にとっては大事ではない / How you dress is an ~ means of expressing yourself. 着こなしは自己表現の重要な手段である / Having no prejudice is ~ *for* international understanding. 偏見を持たないことは国際理解にとって大切だ / The ~ thing is to be punctual. 大切なのは時間の厳守だ / ~ events 重大事件 / play an ~ **part** [OR **role**] in our work 我々の仕事で重要な役割を果たす
b 《It is ~ (for *A*) to *do*/It is ~ (to [for] *B*) that *A* (should) *do* で》(*B*にとって)(*A*が)…することは重要なことだ ‖ It is ~ not *to* give up. あきらめないことが肝心だ / It is ~ *for* you *to* make decisions yourself.= It is ~ *that* you make [《主に英》should make] decisions yourself. あなた自身が決定を下すことが大切なのです / Why is it so ~ *to* women *that* they lose [《主に英》should lose] weight? なぜ女性にとってはやせることがそんなにも大事なのだろう
❷ **重要な地位にある, 著名な** ‖ I feel ~ sitting in this chair. このいすに座っていると偉い人になった気分だ / a very ~ person 要人, 大物(→ VIP)
❸ もったいぶった, 尊大な ‖ act ~ 偉そうにする
Mòre* [*Mòst*] *impórtant, ... 《文頭で》さらに[最も]重要なことに(は)(More [Most] importantly)(♦「同様に重要なことに」は Equally [OR Just as] important, ... などという)

COMMUNICATIVE EXPRESSIONS
[1] **It is impòrtant to sée** [OR **récognize**] that nóne of the mèmbers sáw her thàt dày. その日はメンバーのだれも彼女を見かけていない事実に注目することが大切です(♥ 重要な事実に注意を向けるよう促す)
[2] **Thát's nòt impórtant hère.** NAVI ここではそれは重要ではありません(♥ 論点からずれていることを指摘する)

***im·por·tant·ly** /ɪmpɔ́ːrtəntli/ 副 (**more ~ ; most ~**) ❶ 重大に, 顕著に ; もったいぶって, 偉そうに ❷ 《文修飾》重要なことには(♦ 通例次の成句で用いる)
mòre* [*mòst, èqually*] *impórtantly 《文修飾副詞として》NAVI さらに[最も, 同様に]重要なことに(は)

im·por·ta·tion /ìmpɔːrtéɪʃən/ 名 U 輸入 ; C 輸入品 ; 外国から移入されたもの《言葉など》(↔ exportation)

***im·port·er** /ɪmpɔ́ːrṭər/ 名 C 輸入業者[国]

im·por·tu·nate /ɪmpɔ́ːrtʃənət | -tju-/ 形 《堅》❶ (人が)執拗(しつよう)にせがむ ; しつこい, 執拗な ❷ (事態などが)急を要する, 差し迫った **~·ly** 副

im·por·tune /ìmpərtjúːn/ 動 他 《堅》❶ 〔人〕にうるさくせがむ, しつこくねだる, 執拗にせがんで悩ます 〈**for** …を / **to *do*** …することを〉 ❷ (売春婦が)〔客〕のそでを引く
—自 しつこくせがむ ; (売春婦が)客を誘う

im·por·tu·ni·ty /ìmpərtjúːnəṭi/ 名 (複 **-ties** /-z/) 《堅》U しつこさ, 執拗 ; C しつこい要求

***im·pose** /ɪmpóuz/ 中心義 (…を)強いる
—動 〔▶ imposition 名〕(**-pos·es** /-ɪz/ ; **~d** /-d/ ; **-pos·ing**)
—他 ❶ 〈…に〉〔規則・税・罰金など〕を**課[科]す**, 〔義務・負担・苦難〕を負わせる〈**on, upon**〉 ‖ Heavy fines are ~*d on* speeders. スピード違反者には重い罰金が科せられる / ~ restrictions [conditions] 制限[条件]を課す / ~ a tax *on* [OR *upon*]「property owners [alcoholic beverages] 資産の所有者[アルコール飲料]に課税する
❷ 〔考えなど〕を〈…に〉**押しつける**, 強いる〈**on, upon**〉 ‖ ~ one's beliefs *on* others 自分の信念を他人に押しつける
❸ 《~ oneself で》〈他人事に〉出しゃばる, 〈人(の所)に〉押しかける〈**on, upon**〉 ❹ 〔にせ物など〕を〈…に〉つかませる〈**on, upon**〉 ❺ 《印》〔組み版〕を製版する
—自 ❶ 迷惑をかける, 無理をさせる ‖ I shouldn't be *imposing* like this. このようにご迷惑をおかけしてすみません ❷ 〈人の親切などに〉つけ込む, 〈…を〉利用する, 〈…の〉負担となる〈**on, upon**〉 ‖ ~ *on* his「good nature [OR hospitality] 彼の人のよさ[手厚いもてなし]につけ込む
語源 *im-* upon + *-pose* put, place : …の上に置く, …を負わせる

***im·pos·ing** /ɪmpóuzɪŋ/ 形 強い印象を与える, (外観が)堂々とした ‖ an ~ building 堂々とした建物 **~·ly** 副

im·po·si·tion /ìmpəzíʃən/ 名 〔◁ impose 動〕❶ U (税・重荷などを)〈…に〉課すること, 〈…への〉課税 ; (自分の考えなどを)〈…に〉押しつけること, 〈…への〉無理強い〈**on, upon**〉 ‖ the ~ of new controls *on* education 教育に新たな統制を課すこと ❷ C 賦課されたもの, 税金, 罰金, 負担, 重荷 ❸ C 《文》(善意などに)つけ込むこと ; 詐欺行為, ぺてん ❹ C 《宗》(頭に手を置く)按手(あんしゅ) ❺ U C 《印》製版(ページ)

im·pos·si·bil·i·ty /ɪmpɑ̀(ː)səbíləṭi | -pɔ̀s-/ 名 〔◁ impossible 形〕(複 **-ties** /-z/) U 不可能(性) ; C 不可能なこと[もの] ‖ a logical ~ 論理的に不可能なこと

*****im·pos·si·ble** /ɪmpɑ́(ː)səbl | -pɔ́s-/
—形 〔▶ impossibility 名〕(**more ~ ; most ~**)
❶ **a** (物事の解決・対処などが)**不可能な**, できない, 扱いが極めて困難な (↔ possible) ‖ This plan is **almost** [OR **virtually, nearly**] ~ (of attainment). この計画はほぼ(達成)不可能だ / The ambassador was put in an ~ situation. 大使は極めて困難な状況に置かれた / Some clients make ~ demands. 実現不可能[無理]な要求をする依頼人もいる / set a goal ~ to achieve 達成できないような目標を立てる
b 《It is ~ (for *B*) to *do A* / *A* is ~ (for *B*) to *do* で》(*B*にとって)*A*することは不可能である, *A*は(*B*にとって)…するのが不可能である ‖ It is ~ *for* me *to* solve this problem.=This problem is ~ *for* me *to* solve. 私にこの問題を解くことはできない (♦ この意味で ˣI am impossible to solve this problem. とはいえない. I am unable to .... は可能. また, この意味で that 節 を用いて ˣIt is impossible that I solve this problem. とはいえない. → ❷**b**) / I find it ~ *to* believe you. 君の言うことはとても信じられない
❷ **a** (事態が)**起こり得ない**, (物事が)存在し得ない, 不可能な ; 信じられない ‖ A perfect husband is definitely ~. 完璧(かんぺき)な夫なんて絶対にあり得ない / an ~ story あり得ない話
b 《It is ~ that *A* ...》*A*が…である[する]ことはあり得ない, …であるはずがない ‖ It is ~ *that* he should make such a mistake. 彼がそんな間違いをするはずがない (♦ that 節 内では would make, makes(直説法), make (仮定法現在)も可能)
❸ (人が)手に負えない ; (人・状況などが)**我慢ならない**(♥ いら立ち・不愉快さを表す) ‖ You are ~! しようがないやつだな(おまえは)
the impóssible 不可能[無理]なこと ‖ ask *the* ~ 無理な要求をする / try to do *the* ~ できないことをやろうとする

COMMUNICATIVE EXPRESSIONS
[1] **Thát's impóssible.** ① そんなことあるものか ; 信じられない ② そんなことは無理だ(♥ 依頼・要求などをはっきりと断る)

語源 *im-* not + possible(可能な)

im·pos·si·bly /ɪmpɑ́(ː)səbli | -pɔ́s-/ 副 (♦ 動詞を修飾できない) ❶ 不可能なほどに, 信じられないくらいに ‖ not ~ ことによると ❷ 《口》途方もなく, どうしようもないほど ‖ He is ~ selfish. 彼はどうしようもないほど利己的だ

im·post[1] /ímpoust/ 名 ❶ C 賦課金, 税金 ; 輸入税, 関税 ❷ 《the ~》《競馬》(馬がハンディとして負う)負担重量

im·post[2] /ímpoust/ 名 《the ~》《建》迫持(せりもち)《アーチを支える柱の頭頂部》

im·pos·tor, -ter /ɪmpɑ́(ː)stər | -pɔ́s-/ 名 C (他人の名や身分をかたる)詐欺師, 詐称者 ; ぺてん師

im·pos·ture /ɪmpɑ́(ː)stʃər | -pɔ́s-/ 名 U C (特に名前・身分・職業などの詐称による)詐欺(行為), ぺてん

im·po·tence /ímpətəns/ 名U 無力, 無能；無気力；(男性の)(性交)不能, インポ(テンツ)

im·po·tent /ímpətənt/ 《アクセント注意》形 ❶ 無力な；無気力な；…することができない ❷ 力[効果]のない, 無益な ‖ an ～ rage どうすることもできない怒り ❸ (男性が)(性交)不能の；(広く)生殖能力のない(sterile) **～·ly** 副

im·pound /ɪmpáund/ 動他 ❶〘法〙〔書類・証拠など〕を押収する ❷〔動物〕を囲い[おり]の中に入れる；〔人〕を監禁[拘置]する ❸(ダムなどに)〔水〕をためる **～·ment** 名

im·pov·er·ish /ɪmpá(ː)vərɪʃ | -pɔ́v-/ 動他 ❶ …を貧しくする(↘ make poor) ❷〔土地〕をやせさせる, 不毛にする；…の質[内容]を低下させる；…を疲弊させる ‖ The misguided economic policy ～*ed* the country. 見当違いの経済政策がその国を疲弊させた
～·ment 名U 質の低下；疲弊

im·pov·er·ished /ɪmpá(ː)vərɪʃt | -pɔ́v-/ 形 ❶ 貧困に陥った(⇨ POOR 類語) ❷ (土地などが)やせた；虚弱になった, 貧弱な ‖ ～ soil やせた土地 / ～ health 衰えた健康

im·prac·ti·ca·ble /ɪmprǽktɪkəbl/ 形 ❶ 実行[実現]不可能な；実用化できない, 実用に適さない ❷ (道などが)使用できない, 通行不能な
im·pràc·ti·ca·bíl·i·ty 名 **-bly** 副

im·prac·ti·cal /ɪmprǽktɪkəl/ 形 実際的[実用的]でない, 非現実的な；(人が)実際面にうとい, 常識のない；《主に米》実行不可能な(impracticable)
im·pràc·ti·cál·i·ty 名

im·pre·cate /ímprɪkèɪt/ 動他《堅》〔災いなど〕を(人に降りかかるように)祈り求める, 〔呪(のろ)い〕を〈人に〉かける〈**on, upon**〉；…を呪う(curse)

im·pre·ca·tion /ìmprɪkéɪʃən/ 名《堅》U (人に)災いが降りかかるよう祈ること；C 呪い(の言葉)(curse)

im·pre·cise /ìmprɪsáɪs/ 〈シ〉形 不正確な, あいまいな
～·ly 副 **-cí·sion** 名U 不正確

im·preg·na·ble /ɪmprégnəbl/ 形 ❶ 難攻不落の ❷ (態度などが)堅固な, 揺るぎない ‖ an ～ position 揺るぎない地位 **im·prèg·na·bíl·i·ty** 名 **-bly** 副

im·preg·nate /ɪmprégneɪt | ⸗⸗⸗/ (→ 形) 動他 ❶《通例受身形で》〈…が〉充満[飽和]する, たっぷりしみ込む〈**with**〉‖ a cake strongly ～*d with* brandy ブランデーをたっぷりしみ込ませたケーキ ❷《文》〈思想などを〉…に吹き込む(imbue)〈**with**〉‖ ～ him *with* a new idea 彼に新思想を吹き込む ❸ …を妊娠させる；〘生〙〔卵子〕を受精させる **―**形 /ɪmprégnət/ 〈…が〉しみ込んでいる, 充満している；〈…を〉吹き込まれた〈**with**〉
ìm·preg·ná·tion /, ⸗⸗⸗/ 名

im·pre·sa·ri·o /ìmprəsá:riòu/ 名 (複 **～s** /-z/) C (オペラやコンサートの)興業主, 主催者；(テレビ番組やスポーツ競技の)後援者, スポンサー；(歌劇団などの)団長；監督, プロデューサー(♦ イタリア語より)

im·pre·scrip·ti·ble /ìmprɪskríptəbl/ 形〘法〙(権利などが)時効で消滅できない, 法的に奪えない, 絶対的な

‡im·press¹ /ɪmprés/ 《アクセント注意》(→ 名)
―動〔▶ impression 名, impressive 形〕(**～·es** /-ɪz/ ; **～ed** /-t/ ; **～·ing**)
―他《進行形不可》❶〈…で〉〔人〕に(よい)**印象を与える**, …を感心[感動]させる〈**with**〉；《受身形で》感銘を受ける, 感心する〈**with, by** …に / **that** 節 …ということに〉‖ What ～*ed* you most during your stay in New York? ニューヨーク滞在中に最も印象に残ったことは何ですか / The dolphins ～*ed* the audience *with* their performance. イルカたちは芸をして観客を感心させた / I'm very much ～*ed with* your résumé. あなたの履歴書にはつくづく感心しました / Her friends were deeply ～*ed that* Alice was devoting herself to her husband. 友人たちはアリスが夫に懸命に尽くしているのに本当に感心した
❷《進行形不可》**a**《+目+as 名・形》〔人〕に…という印象を与える(♦ as 名・形 は主語について説明する主格補語) ‖ He ～*ed* me *as* 「a frivolous man [OR (being) frivolous]. 彼は私にふまじめな人だという印象を与えた
b《～ oneself on ... で》…に強く印象づける, 印象を刻み込む ‖ Her tenderness ～*ed* itself on my memory. 彼女の優しさは私には忘れられない思い出となった
❸ **a**《+目 *A*+**on** [**upon**] 名 *B* / 目 *B*+**with** 名 *A*》*A* を*B*に印象づける, *A*を*B*の心に刻み込む, *B*に*A*を認識させる(♦ 目 *A*が長いとき on [upon] *B* はしばしば 目 *A*の前に置かれる) ‖ He ～*ed on* [OR *upon*] his son the importance of hard work.＝He ～*ed* his son *with* the importance of hard work. 彼は息子に懸命に働くことの大切さを痛感させた
b《+**on** [**upon**] 目+**that** 節 / **wh** 節》…に…であることを認識させる ‖ ～ *on* children *how* important life is 命がどれほど大切かを子供たちに説く
❹ …を〈…に〉押す, 押しつける〈**into, on, upon**〉；…に〈印などを〉押してつける〈**with**〉‖ ～ a design *upon* a surface＝～ a surface *with* a design 表面に模様を刻印する ❺ …に電圧を加える[かける]
―自 好印象を与える, 注目を集める
―名 /ímpres/ (複 **～·es** /-ɪz/) C ❶《単数形で》押印；刻印；印影(imprint)
❷ 特徴；印象, 感銘(impression)；影響
語源 *im-* in(中へ)+press(押す)：印象づける

im·press² /ɪmprés/ 動他 ❶〘史〙(陸海軍で)〔人〕を無理に徴兵する ❷〔物資など〕を徴発[徴用]する **～·ment** 名

‡im·pres·sion /ɪmpréʃən/
―名〔◁ impress¹ 動〕(複 **～s** /-z/) C ❶ **印象**；感銘〈**on** …に与える；**of** …の〉‖ "What was your **first** ～ *of* [*about] Shirley?" "Oh, she **made** an unforgettable ～ *on* me." 「シャーリーの第一印象はどうだった」「いやあ, 忘れられない印象を受けたよ」/ He **gives** the ～ of being very modest. 彼はとても謙虚な印象を与える / The obscure news of this case **created** the ～ that he was a murderer. この事件に関するあいまいな報道は彼が犯人だという印象を与えた
❷《通例単数形で》〈…であるという〉(漠然とした)**感じ**[気持ち]〈**of/that** 節〉‖ I **had** the ～ *of* being followed. 後をつけられているような気がした / 「I **got** the ～ [OR It was my ～] (*that*) he was a little strange. 彼はちょっと変わっているなという感じがした
❸ しるし, 痕跡(こんせき)；(化石の)印象；U 押印[刻印]すること；〘歯〙歯型 ‖ The tires made [OR left] clear ～*s* in the mud. ぬかるみにはっきりタイヤの跡がついた
❹〘印〙(原版の)第…刷(→ edition)；1回の印刷部数 ‖ the second ～ of the fifth edition 第5版第2刷
❺〈有名人などの〉物まね〈**of**〉；模写, 似顔絵 ‖ He is good at doing ～*s of* Michael Jackson. 彼はマイケル＝ジャクソンのものまねが得意だ
❻ U (行為などの残す)影響；効果, 結果 ‖ They made [OR left] little ～ on the culture. 彼らはその文化にほとんど影響を与えなかった
__be under__ [OR __of__] __the impréssion that ...__ (誤って)…だと思い込んでいる, 何となく…だろうという気がする ‖ At first, I *was under the* ～ *that* you were British. 最初は何となく君は英国人だろうと思っていた

COMMUNICATIVE EXPRESSIONS
1 「**My impréssion is** [OR **I have the impréssion**] **that** she is néw to this jób. 彼女はこの仕事に慣れていないようだ(♥ 印象を述べる)

im·pres·sion·a·ble /ɪmpréʃənəbl/ 形 (特に若い人が)影響を受けやすい, 感じやすい, 感受性の強い(sensitive)
im·près·sion·a·bíl·i·ty 名

im·pres·sion·ism /ɪmpréʃənìzm/ 名《しばしば I-》U〘芸〙印象主義, 印象派《19世紀後半にフランスで興った画風. 後に文学・音楽などにも適用される》

***im·prés·sion·ist** /-ɪst/ 名C ❶《しばしば I-》印象派の画家[作曲家, 作家] ❷ (有名人の)物まね芸人

im·pres·sion·is·tic /ɪmprèʃənístɪk/ ⊲シ 形 ❶ 印象主義[派]の ❷ 印象による ‖ ～ criticism 印象批評

:im·pres·sive /ɪmprésɪv/
―形 〔◁ impress¹ 動〕(**more ～ ; most ～**)
強い印象[感銘]を与える, **印象的な** (⇨ MOVING 類語) ‖ His speech was very ～. 彼の演説はとても印象的だった / an ～ smile 印象的な笑顔 / an ～ scene 感動的な場面
～·ly 副 **～·ness** 名

im·pri·ma·tur /ìmprɪmɑ́ːtʊər | -tə/ 名 C 《単数形で》(特にローマカトリック教会が与える書物の) 発行許可 《略 imp.》; 《堅》(一般に) 認可, 許可 (♦ラテン語より)

im·pri·mis /ɪmpráɪmɪs/ 副 《ラテン》《堅》第1に, 最初に

im·print /ímprɪnt/ 《アクセント注意》(→ 動) 名 C ❶ 〈…に〉(押してつけた) 跡; 押印, 印影; 痕跡(こんせき), 形跡; 足跡 (footprint) 〈**in, on, upon**〉 ‖ My boots made ～*s in* the snow. 長靴が雪の中に痕跡を残した ❷ (人や経験が与えた特徴的な) 結果; 〈…への〉(永続的な) 効果, 影響, 印象〈**on, upon**〉 ‖ His hard experience has left its ～ *on* the features of his face. 彼のつらい経験が容貌(ようぼう)に年輪を刻んだ ❸ 奥付, インプリント《書物の扉か後ろのページに記す発行所の名・日付など》
―動 /ɪmprínt/ 他 ❶ …を〈…に〉押しつける, 刻印する〈**on, upon**〉; (押して) …に〈印などを〉つける〈**with**〉 ‖ ～ a seal *on* a paper = ～ a paper *with* a seal 書類に印を押す ❷ 〈心・記憶などに〉…を強く印象づける, 銘記させる〈**on, upon, in**〉 ‖ Her smile was ～*ed on* his memory. 彼女の微笑は彼の記憶に焼きついた
―自 〖動〗(生後間もない動物が) 刷り込み(学習)を受ける

***im·pris·on** /ɪmprízən/ 《アクセント注意》 動 他 《通例受身形で》投獄される, 刑務所に入る; 閉じ込められる, 監禁される (たようになる) (↷ shut in [OR up]) (↔ free) ‖ Jean was ～*ed* for nineteen years. ジャンは19年間投獄された / feel ～*ed* 閉じ込められた感じがする

***im·pris·on·ment** /ɪmprízənmənt/ 名 U 投獄, 禁固; 監禁 ‖ be sentenced to 「two years' [life] ～ 2年の禁固刑[終身刑]に処せられる

***im·prob·a·ble** /ɪmprɑ́(ː)bəbl | -prɔ́b-/ 形 ❶ あり[起こり]そうもない; 本当とは思えない ‖ an ～ story ありそうもない話 ❷ 信じ難い; 奇抜な ‖ It is highly [OR most] ～ that he should still be alive. 彼がまだ生きているとはとても考えられない
im·pròb·a·bíl·i·ty 名 (複 **-ties** /-z/) C あり[起こり]そうもないこと[事柄] **-bly** 副 ありそうもなく; 信じられないほどに ‖ not ～ ことによると / ～ enough 信じ難いことだが

im·pro·bi·ty /ɪmpróʊbəṭi/ 名 U 《堅》道義心の欠如, 不実, 邪悪 (↔ probity)

im·promp·tu /ɪmprɑ́(ː)mptjuː | -prɔ́mp-/ 形 副 即席の[で], 即興の[で] ‖ an ～ speech 即席の演説 / speak ～ 即席で話す ―名 C 即興曲, 即興演奏

***im·prop·er** /ɪmprɑ́(ː)pər | -prɔ́p-/ 形 ❶ 礼儀に反する, 無作法な, ぶしつけな; 美的観念に反する, 下品な (↔ proper, decent) ‖ It is ～ to talk with food in your mouth. 口に食べ物を入れて話をするのは無作法だ / ～ language 下品な言葉遣い / ～ behavior 見苦しい行動 / make an ～ suggestion to ... …にみだらな誘いかけをする ❷ 誤った, 間違った ‖ an ～ diagnosis 誤診 / ～ inference 誤った推論 ❸ 目的に反する, 不適当[不適切]な, 妥当でない ‖ an ～ dress 場違いの服装 **～·ly** 副
▸▸ **～ fráction** 名 C 〖数〗仮分数

im·pro·pri·ate /ɪmpróʊprièɪt/ 動 他 〔教会の収入・財産〕を俗人[個人]の管理に移す **im·prò·pri·á·tion** 名 **-à·tor** 名 C 教会財産を保管する俗人

im·pro·pri·e·ty /ìmprəpráɪəṭi/ 名 (複 **-ties** /-z/) U 間違い, 誤り; 不穏当, 不適当; 無作法; みだらなこと; C 不穏当[無作法, みだら]な言動; 言葉の誤用

im·prov·a·ble /ɪmprúːvəbl/ 形 改善[改良]できる
im·pròv·a·bíl·i·ty 名

:im·prove /ɪmprúːv/ 《発音注意》
―動 〔▶ improvement 名〕(**～s** /-z/ ; **～d** /-d/ ; **-prov·ing**)
―他 ❶ …を〈…の点で〉**改良[改善]する**; …を〈…の点で〉進歩[向上]させる (↔ worsen) 〈**in**〉 ‖ We must ～ the academic competitiveness of our public schools. 我が国の公立学校を学力の面で改善しなければならない / Our new model has ～*d* sales by 30%. 我が社の新型車は売上台数を30%伸ばした / The system could be ～*d* considerably [significantly]. そのシステムはかなり[大いに] 改良の余地がある / ～ the **quality** of education 教育の質を高める / ～ one's appearance [skills] 見た目をよくする[腕を上げる]
❷ (改良・開発などをして)〔土地・不動産など〕の価値を高める ‖ We ～*d* our condominium by remodeling the living room. 居間を改造してマンションの資産価値を高めた ❸ …を有効に利用する, 活用する
―自 **よくなる**, 改良[改善]される; 〈…の点で〉進歩する (↔ worsen) 〈**in**〉 ‖ The weather dramatically ～*d*. 天候が劇的に回復した / The batter's form is *improving*. そのバッターのフォームはよくなりつつある / ～ *in* health 健康が回復する
***impróve on** [OR **upon**] **...** 〈他〉…をよりよいものにする; …を超える ‖ No one could ～ *on* her record. だれも彼女の記録を破れないだろう

:im·prove·ment /ɪmprúːvmənt/
―名 〔◁ improve 動〕(複 **～s** /-s/) ❶ C U 〈…における〉**改良** [改善], 進歩 [向上] 〈**in, on, to**〉 ‖ Much ～ is shown *in* your efficiency. 君は仕事上の能率の点で進歩の跡が著しい / There is room for ～ (*in* his plan). (彼の計画には) 改善の余地がある / We **made** some ～*s to* the sound system. 我々は音響装置を改良した
❷ C **改良点**, 〈…より〉改善された点, 前より進歩した人[こと]〈**on, over**〉; 《米》改修工事 ‖ She **made** [**showed**] a **significant** ～ *on* [OR *over*] previous marks. 彼女は前回の点を大きく上回る成績をあげた[見せた] (♦ ×... than the previous mark とはいわない) / This is a big ～ *on* the last pizza I made. 今度のは前回焼いたピザよりずっとよい / We did our home ～*s* last year. 昨年家をリフォームした

im·prov·i·dent /ɪmprɑ́(ː)vɪdənt | -prɔ́v-/ 形 《堅》先見の明のない, 将来に対して備えのない, 不用意な; 倹約心のない **-dence** 名 U 先見の明のなさ **～·ly** 副

im·prov·ing /ɪmprúːvɪŋ/ 形 (道徳的・知的に) ためになる, 有益な ‖ an ～ book ためになる本

im·pro·vi·sa·tion /ɪmprɑ̀(ː)vəzéɪʃən | ìmprəvaɪ-/ 名 U 即興的にやること, 即興; C 即興的にやったもの《即興詩・即興曲など》, 即興演奏

im·prov·i·sa·to·ri·al /ɪmprɑ̀(ː)vəzətɔ́ːriəl | -prɔ̀v-/, **im·pro·vi·sa·to·ry** /ìmprəváɪzətɔ̀ːri | -təri/ 形 即興の, 即席の

im·pro·vise /ímprəvàɪz/ 動 他 自 (詩・曲などを) 即興的に作る[演奏する]; (手近のもので) 一時しのぎに間に合わせる ‖ Louis ～*d* a jazz tune on his trumpet. ルイはトランペットでジャズの曲を即興で作った / ～ a speech 即席で演説する / a drum ～*d* from an oilcan 油の缶で間に合わせに作ったドラム **-vìs·er, -vì·sor** 名

im·pru·dence /ɪmprúːdəns/ 名 U 無分別, 軽率; C 無分別な言行

im·pru·dent /ɪmprúːdənt/ 形 思慮の浅い, 無分別な, 軽率な ‖ It is ～ of you to marry such a girl. そんな女の子と結婚するなんて君も無分別だ **～·ly** 副

im·pu·dence /ímpjudəns/ 名 U 厚かましさ, 図々しさ, 生意気; C 図々しい言動 ‖ He had the ～ to ask for more money. 彼は厚かましくももっと金をねだった / None of your ～! 生意気なことを言うな

***im·pu·dent** /ímpjudənt/ 《アクセント注意》 形 厚かまし

I

い, 図々しい, 生意気な (⇨ RUDE 類語) ‖ It was ~ of you to say that to your mother. お母さんにそういうことを言ったとはおまえは生意気だ ~·ly 副

im·pugn /ɪmpjúːn/ 動 他 (批判などで) …を (誤りであるとして) 攻撃する, …に疑義を呈する
~·a·ble 形 非難[疑問]の余地がある **~·ment** 名

im·pulse /ímpʌls/ 《発音・アクセント注意》 名 〔▶ impulsive 形, impel 動〕 ❶ Ⓒ Ⓤ 〈…する〉衝動, 心の弾み；衝動的発作, 一時の出来心〈**to** *do*〉‖ He had [resisted, stifled] an ~ *to* trade in his car for a new one. 彼は車を下取りに出して新車を買いたい衝動を覚えた[抑えた] / sexual ~ 性的衝動 / a person of ~ 衝動的な人 / under the ~ of ... …の衝動に駆られて ❷ Ⓤ/Ⓒ 《通例単数形で》(外部からの) 弾み, 刺激 (impetus) ‖ give an ~ to ... …を刺激[鼓舞]する ❸ Ⓒ (物理的な) 衝動, 衝撃, 推進；衝撃[推進]力 ❹ Ⓒ 〖電〗インパルス, 衝撃電流；〖理〗力積；〖生〗インパルス, 衝動
*****on* (*an*) *ímpulse*** 衝動的に, 衝動に駆られて ‖ I bought a new cellphone *on* (*an*) ~. 私は新しい携帯電話を衝動買いした
▸▸ **~ bùy** 名 Ⓒ 衝動買いしたもの **~ bùying** 名 Ⓤ 衝動買い

im·pul·sion /ɪmpʌ́lʃən/ 名 Ⓤ Ⓒ 推進, 推進力；強制；弾み, 刺激；衝撃, 衝動 (impulse)

im·pul·sive /ɪmpʌ́lsɪv/ 形 〔◁ impulse 名〕 ❶ (人・行動などが) 衝動的な, 衝動に駆られた, 直情的な ‖ an ~ action 衝動的行動 ❷ (物理的に) 推し進める；〖理〗瞬間力の **~·ly** 副 **~·ness** 名

im·pu·ni·ty /ɪmpjúːnəṭi/ 名 Ⓤ 罰[害]を免れること, 免責
with impúnity 罰せられずに, 無事に (without punishment)

im·pure /ɪmpjʊ́ər/ 〈ジ〉 形 ❶ (金属などが) 純粋でない；(色が) 混色の；(様式・語法などが) 混交の；(水・空気などが) 不潔な, 汚れた ❷ (宗教上) 不浄の；(道義的に) 不純な ‖ ~ motives 不純な動機 **~·ly** 副 **~·ness** 名

im·pu·ri·ty /ɪmpjʊ́ərəṭi/ 名 (複 **-ties** /-z/) ❶ Ⓤ 不純；不潔；不道徳；猥褻(わいせつ) ❷ Ⓒ 《-ties》不純物, 混ざり物

im·put·a·ble /ɪmpjúːṭəbl/ 形 〈…に〉帰す[負わす]ことのできる, 〈…に〉転嫁できる〈**to**〉

im·pu·ta·tion /ìmpjutéɪʃən/ 名 Ⓤ (人に過ち・責任などを) 帰す[負わせる]こと, 転嫁；Ⓒ (負わされた) 非難, とが, 汚名 ‖ cast an ~ on his character 彼の人格を傷つけるようなことを言う

im·pute /ɪmpjúːt/ 動 他 〔過ち・責任など〕を〈…に〉負わせる, 〈…の〉せいにする〈**to**〉‖ The accident was ~*d to* his carelessness. その事故は彼の不注意のせいにされた

in

/ɪn/ (♦ 同音語 inn) 前 副 形 名

中心義 **Aの中に[で]** (★Aは「場所」に限らず, 「期間」「行為」「状況」など多様であり, 具体的であれ抽象的であれ, 広さや幅のあるもの)

—前 ❶ 《場所・位置・容器》 …**の中に[で]** (♦ 場所を表す in と at の使い分けについては ⇨ AT 語法) ‖ There is a gift for you ~ the box. 箱の中に君にあげたいプレゼントが入っているよ / The former silent movie star lived ~ a big house ~ Beverly Hills. その往年の無声映画スターはビバリーヒルズの豪邸に住んでいた / go hunting ~ the woods 森に猟に行く (♦ to は使わない. → go[1] ❷) / Don walked down the street singing ~ the rain. ドンは雨の中歌を口ずさみながら通りを歩いた / I read about his death ~ today's newspaper. 今日の新聞で彼の死を知った

語法 ☆☆ 次のような場合, 慣用的に in の後の名詞には the をつけない. 〈例〉*in* prison 服役中で / *in* bed 寝ていて / *in* class 授業中で / *in* court 法廷で / *in* town 町で / *in* (the) hospital 入院中で (♦ 《米》では the をつける. ⇨ PB 38) / *in* school 在学中で (♦ 《英》では at school)

❷ 《方向・動作の目標》 …**の中[方]に[へ]** (→ into ❶) ‖ Malcolm was thrown ~ jail. マルコムは投獄された / I put the car ~ the garage. 私は車を車庫に入れた / The wind is ~ the north. 風は北から吹いてきている / The sun rises ~ the east and sets ~ the west. 太陽は東から昇り西に沈む (♦ これら2例では「…から」に in を用いている) / He went ~ that direction. 彼はあちらの方向へ行った (♦ ×into that direction とはいわない) / get ~ a taxi タクシーに乗り込む / look her ~ the face 彼女の顔を見る

語法 ☆☆ 方向を表す場合, into の方がふつうだが, throw, put, push, jump などそれ自体が方向性のある動作を示す動詞の後では in を使うことが多い.

❸ 《期間・時期》 …**(のうち)に** ‖ The salesperson came ~ your absence. そのセールスマンは君の留守中にやって来た / ~ May [(the) summer, 2010] 5月[夏, 2010年]に / ~ one's youth 若いころに / ~ (the) future 未来に / ~ the morning [evening] 午前中[夕方]に

語法 ★☆ (1) at は時の一点, in は比較的長い期間を示す. 〈例〉*at* six *in* the morning 午前6時に
(2) 特定の日, 朝, 夕方などを示すときは in でなく on を使う. 〈例〉*on* the morning of September 1 9月1日の朝に
(3) 時間, 期間を意味する名詞に this, that, last, next, one, every などがつくと副詞句の働きとなり, 前置詞は使われない. 〈例〉He came early *this* morning. 彼は今朝早く来た

❹ 《時間の経過》 …**のうちに**, …で, …後に (⇨ PB 41) ‖ The job will be done ~ a day or two. その仕事は1日か2日でできる / He will come back ~ a week [OR week's time]. 彼は1週間たてば戻って来るよ (♦「1週間以内 (within a week)」の意味で用いることもある)

語法 ★★ 「…後に」の意味では, in は現在を基準にした場合に用い, 過去を基準にした場合は after を用いる. しかし, 動作の完了を表すときは過去形の文でも in が用いられる. 〈例〉I couldn't finish it *in* three days. それを3日で終えることはできなかった

❺ 《最上級, first, only, not, no などとともに》 …間[のうち]で, …ぶりに；…の間中ずっと ‖ The team won for the first time ~ ten games. そのチームは10試合ぶりに勝った / the coldest winter ~ twenty years ここ20年間でいちばん寒い冬 / I haven't seen him ~ more than a month. 1か月以上彼に会っていない (♦ in の代わりに for を用いることもある. ⇨ FOR 前 ❺)

❻ 《着用・被覆》 …を着て, **身につけて**；…に覆われて, 包まれて ‖ He was (dressed) ~ rags. 彼はぼろをまとっていた / a lady ~ red [uniform] 赤い服[制服]を着た女性 / a girl ~ new shoes 新しい靴を履いた女の子 / a mountain deep ~ snow 雪に深々と覆われた山

❼ 《従事・活動》 …に従事して, 所属して ‖ He is (engaged) ~ trade [politics]. 彼は貿易[政治]に従事している / He spent his time (~) reading. 彼は読書をして過ごした / I had no trouble (~) getting there. そこには難なく着いた (♦ 動名詞を伴う場合には in は省略されることが多い) / His and our boys are ~ the same class at school. 彼の子とうちの子は学校で同じクラスだ

❽ 《手段・方法・材料》 …で, …を使って ‖ How do you say that ~ English? それを英語でどう言いますか / This is the way ~ which I taught judo at school. これが私が学校で柔道を教えたやり方です / speak ~ a whisper ひそひそ声で話す / ~ this way こうして, この方法で / write ~ ink [pencil] インク[鉛筆]で書く (♦ pencil に冠詞は不要. ただし with を使うと with a pencil となる) / pay ~ cash 現金で払う (♦「小切手で払う」は pay by check, 「クレジットカードで払う」は pay by [OR with a] credit card) / ~ a bus バスに乗って (♦ on a bus の方がふつう)

❾ 《状態・状況・環境》 …にあって, …**の状態で**, …として ‖

The engine is ~ good condition. エンジンの調子はいい / ~ a hurry 急いで / ~ surprise 驚いて / ~ a bad temper 不機嫌で / ~ secret ひそかに / ~ order 整理されて, 準備が整って / a man ~ his fifties 50代の男性 / ~ return 見返りに / ~ response to ... …の返答として / ~ exchange for ... …と交換で
❿《形状・配置・構成》**…の形で**, …をなして, …となって ‖ The rain was coming down ~ torrents. 雨は滝のように降っていた / dance ~ a circle 輪になって踊る / walk ~ pairs 2人ずつ並んで歩く / ~ alphabetical order アルファベット順に / his symphony ~ G minor 彼のト短調の交響曲 / break a cup ~ two 茶わんを2つに割る / cut an apple ~ half リンゴを半分に切る (=... into halves) / a play ~ three acts 3幕物の劇
⓫《範囲・領域・分野・限定》…が, …における, …に関して ‖ This country is rich ~ natural resources. この国は天然資源に恵まれている / the highest mountain ~ Japan 日本でいちばん高い山 / He was blind ~ his right eye. 彼は右目が見えなかった / a Ph.D. ~ physics 物理学の博士号 / ~ my view 私の考えでは
⓬《割合・単位》**…のうち**, …につき ‖ nine ~ ten 十中八九まで (nine out of ten) / Pack them ~ dozens. 1ダースずつ包装しなさい / two feet ~ length [width, depth] 長さ[幅, 深さ]2フィート
⓭《範囲》…のうちに ‖ It is not ~ my power to grant permission. 許可を与える権限は私にはない / ~ my experience 私の経験では
⓮《人の能力・性格》…のうちに ‖ He has no malice ~ him. 彼に悪意はない / He had it ~ him to be a great player. 彼には大選手になる素質があった ⓯《数量・程度》…ほどに ‖ ~ huge quantities とてつもなく大量に / ~ great numbers 大勢で, 大挙して ⓰《動名詞とともに》…するとき ; …することにより ‖ You should be careful ~ crossing the street. 通りを渡るときには気をつけなさいね / We protect our company and ~「doing so [OR so doing] we protect our own interests. 我々は会社を守り, そうすることにより我々自身の利益を守る ⓱《同格》…という ‖ I have found a good friend ~ Kate. 私はケートというよい友達を得た

PLANET BOARD 41

「(今日から)3日後」をどのように表すか.

問題設定 現在を基準として「…後」を表すには前置詞は in を用い, 過去や未来のある時点を基準として「…後」を表すのには later や after を用いるとされている. その妥当性を調査した.

Q 次の (a) ~ (d) のどれを使いますか. (複数回答可)

(a) We will send you the papers **in three days**.
(b) We will send you the papers **in three days' time**.
(c) We will send you the papers **three days later**.
(d) We will send you the papers **after three days**.
(e) どれも使わない

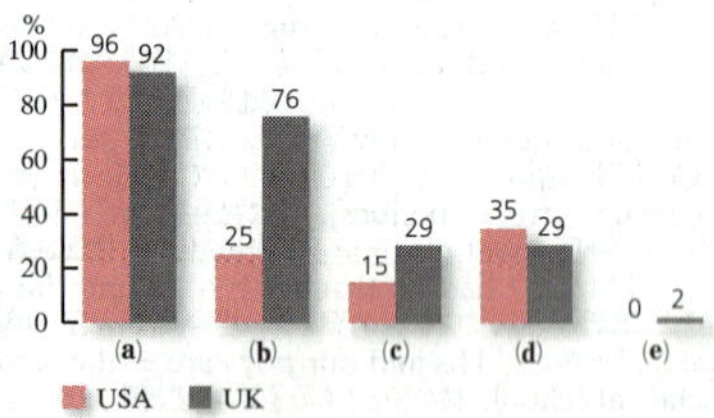

(a) の in three days を用いる人が9割以上と断然多い. (b) を用いると答えた人は全体の半数だが, 《英》では¾にのぼる. (c) (d) を使うとした人はそれぞれ全体の2割強, 3割強と少なかった. (c) (d) を使うという人も多くは (a) (b) と意味が違うとしており, 「(a) (b) は『今から3日以内に送る』という意味だが, (c) (d) は『今から3日たってから送る』という意味」「(c) (d) は『今から3日後』ではなく, 文脈中の『何らかの出来事より3日後』を意味する」などのコメントがあった.

学習者への指針 「今から…後」の意味では前置詞 in を使うのがよい. これは「今から…以内」の意味にもなる.

in itsélf 本来(on its own) (→ *in* ONESELF)
in so far as ⇨ INSOFAR
in that ... …という点で, …であるために(since, because) (♦ 前置詞はふつう that 節 をとらないが, in は例外的にとる. ⇨ EXCEPT *that*) ‖ People differ from wild beasts ~ *that* they can think and speak. 考えたり話したりできるという点で人間はけだものとは異なる

—副《比較なし》❶ **中へ[に, で]** ‖ He opened the garage and **put** his car ~. 彼は車庫を開けて車を入れた (♦ in の後ろの it が省略されたと考えることもできる) (→ 前 ❷) / Let me ~. 中へ入れてくれ / **Come** (on) ~, please. どうぞお入りください / dine ~ 家で食事をする / drive ~ a nail くぎを打ち込む
❷ (家・仕事場などに) 在室中で, 在宅して (↔ out) ‖ Is your father ~? お父さんいますか / Our boss is not ~ right now. 社長はただいま席を外しております
❸ (乗り物などが) 到着して ; (郵便物などが) 届いて ; (申込書などが) 提出 [受理] されて ; (季節などが) やって来て ‖ The train is ~. 列車が到着している / When is your flight due ~? あなたの乗る便はいつ着く予定ですか / Applications must be ~ by the end of June. 申込書は6月末日までに必着のこと / My luck's ~. つきが回ってきた
❹ 流行して, 出回って (↔ out) ‖ Long skirts are ~ now. ロングスカートが今はやっている / Oysters are ~. カキが旬(しゅん)だ ❺ 政権に就いた, 選出された ‖ The Democrats are ~. 民主党が政権を握っている / The new government was voted ~. 選挙の結果新内閣が成立した ❻ (野球・クリケットなどで) 攻撃中で ; (テニスなどで) ボールがコート内にある ‖ His first serve was just ~. 彼のファーストサーブはぎりぎり入った ❼ (書類などに) 記入されて, 加えて, 盛り込んで ‖ fill ~ one's name on the form 用紙に名前を書き込む / mix ~ the cream クリームを混ぜ合わす / paint ~ the sky 空をかき込む ❽ 岸に向かって, 中心に向かって ‖ The tide is coming ~. 潮が満ちてきている ❾ 囲んで, ふさいで, 閉じ込めて ‖ fence one's fields ~ 畑をさくで囲い込む / cover ~ a hole 穴をふさぐ ❿ (火が) 消えずにいて

àll ín 疲れ果てて
be ín at ... …に居合わせる, 参加している
****be ín for ...*** 〔いやなこと〕を必ず味わうことになる ‖ When she gets home, she's ~ *for* a shock. 家に帰ったら彼女はきっとショックを受けるだろう
****be ín for it*** ひどい目に遭うのは必至だ
be in góod [bád] with ... 《主に米口》〔地位のある人など〕に好かれて[嫌われて]いる
****be ín on ...*** ① …に関与する, かかわる ‖ *be* ~ *on* the plan to assassinate the president 大統領暗殺の計画にかかわる ② …の内情に通じている
be (wèll) ín with ... 《口》〔有力者など〕と(非常に)親しい
hàve (gòt) it ín for ... …に恨みを持っている
ìn and óut ① 出たり入ったり ‖ She is not healthy, and is always ~ *and out* of (the) hospital. 彼女は健康がすぐれず, いつも入退院を繰り返している ② (内も外も)すっかり

—形《限定》《比較なし》❶《口》流行の, はやりの ‖ his ~ clothes 彼の着てるはやりの服 / an ~ restaurant はやっているレストラン
❷ (冗談などが) 仲間にだけ通じる ‖ an ~ joke 仲間だけにしかわからないジョーク

❸ 中の，内部の ‖ an ～ patient 入院患者 ❹ 到着する，入って来る ❺ 権力の座にある ‖ the ～ party 与党
— 名 (複 ～s /-z/) Ⓒ ❶ コネ，影響力；(組織などへ)入るための足がかり ‖ be on the ～ 《米》内情に通じて / an ～ to the job その仕事に就くための足がかり
❷ 《通例 ～s》与党
gèt [OR *hàve*] *an ín* (*with a pérson*) (人に)顔がきく，コネがある
**the ìns and óuts* 一部始終，詳細
▶▶ ～ **bòx** 名 Ⓒ ① 《米》未決書類入れ (《英》in tray) (↔ out box) ② 受信箱《受信したEメールを保管しておく場所》(♦ in-box，inbox とも書く) ～ **tròy** 名 Ⓒ 《英》=in box

In 記号 〖化〗indium (インジウム)

IN 略 〖郵〗Indiana

in. 略 inch(es)

in-[1] /ɪn-/ 接頭 (⇨ UN-[1]) 《形容詞・副詞・名詞につけて》「無…，非…，不…(not)」の意(♦ ラテン語系の語に用いられ，l の前で il-，b，m，p の前で im-，r の前で ir- となる) ‖ *in*direct(ly)；*il*literate；*im*balance，*im*material，*im*possible；*ir*responsible

in-[2] /ɪn-/ 接頭 「中へ，中に(in, into, on, toward, within)」の意(♦ l の前で il-，b，m，p の前で im-，r の前で ir- となる) ‖ *in*coming；*il*luminate；*im*migrate；*ir*radiate

-in[1] /-ən, -ɪn/ 接尾 《名詞語尾》「有機化合物・薬品など」の意(♦ -ine /-àɪn, -ìːn, -ɪn/ ともなる) ‖ insul*in*，caffe*ine*

-in[2] /-ɪn/ 連結形 「(大衆)示威運動，趣味の集まり」の意 ‖ sit-*in*，teach-*in*，love-*in*

***in·a·bil·i·ty** /ìnəbíləṭi/ 名 〔◁ unable 形〕 Ⓤ/Ⓒ 《単数形で》〈…することが〉できないこと〈**to** *do*〉；無能，無力 (↔ ability) (⇨ DISABILITY 類語) ‖ Your ～ *to* use the Internet would be a disadvantage. インターネットが使えないと不利だろう

in ab·sen·ti·a /ìn əbsénʃə | -tiə/ 副 《堅》不在[欠席]中に(♦ ラテン語より)

in·ac·ces·si·bil·i·ty /ìnəksèsəbíləṭi/ 名 Ⓤ 近づき難いこと，得難いこと

in·ac·ces·si·ble /ìnəksésəbl/ ◁シ 形 ❶ (場所などが)〈…にとって〉近づき難い；(物が)〈…にとって〉得難い；理解できない〈**to**〉 ❷ (人が)よそよそしい，とっつきにくい；(人が)〈感情などを〉受け付けない〈**to**〉 **-bly** 副

in·ac·cu·ra·cy /ɪnǽkjərəsi/ 名 (複 **-cies** /-z/) Ⓤ 不正確；Ⓒ 《しばしば -cies》誤り，間違い(error)

***in·ac·cu·rate** /ɪnǽkjərət/ 形 不正確な，ずさんな；間違った，誤りのある，誤差の多い **～·ly** 副 **～·ness** 名

in·ac·tion /ɪnǽkʃən/ 名 Ⓤ 不[無]活動；無為，怠惰

in·ac·ti·vate /ɪnǽktɪvèɪt/ 動 他 …を不活発にする；…を機能させなくする；〔部隊など〕の戦時編制を解く；〖免疫〗〔ウイルスなど〕を不活性化する **in·àc·ti·vá·tion** 名

***in·ac·tive** /ɪnǽktɪv/ 形 ❶ 無活動の，不活発な；機能していない，動いていない，停止中の ❷ 使われていない ❸ 効き目のない ❹ 怠惰な ❺ 〖軍〗退役した ❻ 〖理〗不活性の，放射性のない；〖医〗(病状が)静止した；〖光〗非旋光性の **～·ly** 副 **in·ac·tív·i·ty** 名 Ⓤ 不活発；休止；怠惰；不景気

in·ad·e·qua·cy /ɪnǽdɪkwəsi/ 名 (複 **-cies** /-z/) Ⓤ Ⓒ 不適当(な点)，不十分；(力量などの)不足；《しばしば -cies》不完全な点，欠点

***in·ad·e·quate** /ɪnǽdɪkwət/ 《発音注意》 形 (**more** ～；**most** ～)不適当な，不十分な；(人が)無能な；(社会的)適性を欠いた(↔ adequate)〈**for, to** …に / **to** *do* …するのに〉 ‖ Our equipment is ～ *for* the job. うちの設備ではその仕事には十分でない / The budget was ～ *to* meet expenses. その予算は経費を十分にまかないきれなかった / feel ～ (*to* the task) (その仕事の)任に堪えないと感じる / measures ～ *to* the situation 事態に対して適切さを欠く措置 **～·ly** 副

in·ad·mis·si·ble /ìnədmísəbl/ ◁シ 形 容認[承認]できない[し難い] ‖ ～ evidence 〖法〗証拠として認め難い証拠 **in·ad·mìs·si·bíl·i·ty** 名 **-bly** 副

in·ad·ver·tence /ìnədvə́ːrtəns/ 名 Ⓤ Ⓒ 不注意；見落とし，手落ち，手ぬかり(oversight)

in·ad·ver·tent /ìnədvə́ːrtənt/ ◁シ 形 不注意な[による]；故意でない，過失の；偶然の，不慮の **～·ly** 副

in·ad·vis·a·ble /ìnədváɪzəbl/ ◁シ 形 《通例叙述》勧められない；賢明[得策]でない(unwise)〈**for** …に / **to** *do* …するのは〉

in·a·lien·a·ble /ɪnéɪliənəbl/ 形 《通例限定》《堅》(権利などが)譲る[奪う]ことのできない ‖ ～ rights 譲ることのできない権利《アメリカ独立宣言中の一句．生命・自由・幸福の追求の権利を指す》 **in·à·lien·a·bíl·i·ty** 名 **-bly** 副

in·al·ter·a·ble /ɪnɔ́ːltərəbl/ 形 変えられない，不可変の **in·àl·ter·a·bíl·i·ty** 名 **-bly** 副

in·am·o·ra·ta /ɪnæ̀mərɑ́ːṭə/ 名 Ⓒ (女性の)恋人，愛人(♦ イタリア語より)

ìn-and-óut 形 ❶ 出たり入ったりの，見え隠れする ❷ 一慣性のない，不安定な ❸ 〖商〗(株などを短期に)売買する

in·ane /ɪnéɪn/ 形 ❶ 無意味な，つまらぬ，愚かな ❷ 空の，空虚な **～·ly** 副

in·an·i·mate /ɪnǽnɪmət/ 形 ❶ 生命のない，無生物の；死んだ，非情の；〖言〗無生の ‖ ～ nature 動物以外の世界 / an ～ noun 〖言〗無生名詞 ❷ 生気[活気]のない，退屈な **～·ly** 副 **～·ness** 名

in·a·ni·tion /ìnəníʃən/ 名 Ⓤ ❶ 栄養失調；〖医〗飢餓性衰弱 ❷ 《文》無気力；不活発

in·an·i·ty /ɪnǽnəṭi/ 名 (複 **-ties** /-z/) ❶ Ⓤ 無意味，ばかばかしさ，愚かさ ❷ Ⓒ 《しばしば -ties》愚かな行為[言葉]

in·ap·pli·ca·ble /ɪnǽplɪkəbl | ìnəplí-/ 形 《叙述》〈…に〉適用[応用]できない，当てはまらない，不適当な〈**to**〉 **in·àp·pli·ca·bíl·i·ty** /, ------/ 名 **-bly** 副

in·ap·pre·cia·ble /ìnəpríːʃəbl/ 形 感知できない(ほどの)，気づかない；取るに足りない，ささいな **-bly** 副

in·ap·pre·cia·tive /ìnəpríːʃəṭɪv/ 形 見る目がない，鑑賞力のない，正しく評価できない

***in·ap·pro·pri·ate** /ìnəpróupriət/ 《発音注意》 形 (**more** ～；**most** ～)不適当な，不似合いの〈**for, to** …に / **to** *do* …するのに〉 ‖ It is ～ *to* smoke here. ここで喫煙するのはまずい / utterly [OR wholly] ～ *to* the existing situation 現状に全く不適当な **～·ly** 副 **～·ness** 名

in·apt /ɪnǽpt/ 形 不適当な；下手な，適性[才能]のない **～·ly** 副 **～·ness** 名

in·ar·tic·u·late /ìnɑːrtíkjulət/ ◁シ 形 ❶ (言葉が)はっきりしない，(発音が)不明瞭(ふめいりょう)な ❷ (激情などで)口がきけない；(意見などを)はっきり述べられない；口下手な ‖ ～ with astonishment 驚きのあまり口もきけない ❸ (苦痛などが)言葉で言い表せないほどの ❹ 〖動〗関節のない **～·ly** 副 **～·ness** 名

in·ar·tis·tic /ìnɑːrtístɪk/ ◁シ 形 (作品が)非芸術的な；(人が)芸術のわからない，無趣味な **-ti·cal·ly** 副

in·as·much as /ìnəzmʌ́tʃ əz/ 接 ❶ …だから(since, because) ❷ …である限り(insofar as)

in·at·ten·tion /ìnəténʃən/ 名 Ⓤ 〈…への〉不注意，怠慢，無頓着(むとんちゃく)；無愛想〈**to**〉

in·at·ten·tive /ìnəténṭɪv/ ◁シ 形 〈…に〉不注意な，無頓着な，怠慢な〈**to**〉 **～·ly** 副 **～·ness** 名

***in·au·di·ble** /ɪnɔ́ːdəbl/ 形 〈…に〉聞こえない，聞き取れない〈**to**〉 **in·àu·di·bíl·i·ty** 名 **-bly** 副

in·au·gu·ral /ɪnɔ́ːgjurəl/ 形 ❶ 就任(式)の；開会[開始]，開会式の ‖ an ～ address (大統領の)就任演説 / an ～ ceremony (大統領の)就任式；発会式；開通式 ❷ 第1回目の，最初の
— 名 Ⓒ (大統領の)就任演説[式]；(教授の)就任講義

***in·au·gu·rate** /ɪnɔ́ːgjərèɪt/ 動 他 ❶ 《通例受身形で》(就任式を行って)〈…として〉就任する〈**as**〉(♦ 《米》では特に大統領の就任に使う) ‖ Mr. Brown was ～*d as* mayor of the city. ブラウン氏はその市の市長に就任した ❷

I

…の落成[開会, 開通]式を行う ‖ The library was ～*d* in 1980. 図書館は1980年に落成した ❸〔組織・政策・期間〕を(正式に)開始する;〔新時代〕を開く ‖ ～ a new policy [era] 新政策を開始する[新時代を開く]

in·au·gu·ra·tion /ɪnɔ̀ːgjəréɪʃən/ 名 U C ❶ 就任;C 就任式;開会[落成, 開通]式 ‖ the ～ of a new President 新大統領の就任 ❷(正式の)開始, 発足, 開業, 開通 ▶▶**Inaugurátion Dày** 名《米》大統領就任式の日《大統領選挙の翌年の1月20日》

in·aus·pi·cious /ìnɔːspíʃəs/ ⌫ 形 不吉な, 縁起の悪い;不運な ‖ an ～ start さい先の悪いスタート **～·ly** 副

in·au·then·tic /ìnɔːθénṭɪk/ 形 本物[真正]ではない;当てにならない

ìn-betwéen ⌫《口》形《限定》中間の, 中間的な
—名 C 介在物;仲介者;どっちつかずの人 (→ go-between)

in·board /ínbɔ̀ːrd/ 副 形〖海・空〗船内[機内]に(の);船内発動機付きの(↔ outboard)

in·born /ìnbɔ́ːrn/ ⌫ 形 生まれつき[生得]の, 先天的な

in·bound /ínbàund/ 形 (船が)出発地[本国]に向かう, 帰航する(↔ outbound);市内に向かう;(到着する駅・線に)入って来る

ìn-bóunds 形〖バスケットボール〗(パスが)コートの外から中への;〖スポーツ〗コート内の, ラインの内側の

ín·bòx 名 =in box

in·bred /ìnbréd/ ⌫ 形 ❶ 生まれつき[生得]の ❷ 同系交配による

in·breed /ínbrìːd/ 動 (**-bred** /-brèd/;**-breed·ing**) 他〖生〗〔動物など〕を同系[近親]交配させる;〔感情・思想など〕を内部に生じさせる

in·breed·ing /ínbrìːdɪŋ/ 名 U ❶ 同系交配;近親結婚 ❷ 同族[同系]者優先(の人事), 派閥人事

ìn-búilt ⌫ 形 =built-in

inc. 略 included, including, inclusive;income;incomplete;increase

*__Inc.__ /ɪŋk/ 略《米》〖商〗Incorporated (♦ 法人名を表す名詞の後に置く. → Ltd.)

In·ca /íŋkə/ 名 ❶ C インカ人;《the ～s》インカ族 ❷《the ～》インカ帝国皇帝;インカの王族[貴族]

In·ca·ic /ɪŋkéɪɪk/ 形 インカ人の;インカ帝国[文明]の
▶▶**～ Émpire** 名《the ～》インカ帝国《12世紀から1533年スペインに征服されるまでペルーを中心に南米で栄えたアメリカ先住民系(ケチュア族)の帝国》

in·cal·cu·la·ble /ɪnkǽlkjuləbl/ 形 数えきれない(ほどの), 莫大(ばくだい)な;予測[予想]できない;(人物・性格などが)当てにできない **in·càl·cu·la·bíl·i·ty** 名 **-bly** 副

in camera /ìn kǽmərə/ 副《ラテン》(=in a chamber)〖法〗非公開で

In·can /íŋkən/ 形 =Incaic

in·can·desce /ìnkəndés|-kæn-/ 動 自 他 白熱する[させる]

in·can·des·cence /ìnkəndésəns|-kæn-/ 名 U 白熱(光)

in·can·des·cent /ìnkəndésənt|-kæn-/ 形 ❶ 白熱の, 白熱光を発する ❷(表現・才知などが)輝くばかりの;(熱意・意欲などが)燃ゆるがごとき

in·can·ta·tion /ìnkæntéɪʃən/ 名 C U 呪文(じゅもん)(を唱えること), 魔法, まじない

*__in·ca·pa·ble__ /ɪnkéɪpəbl/ 形 (**more ～;most ～**) ❶《叙述》(人が)無力の, 無能の;不適格の(↔ capable) ‖ As a manager he was ～. 経営者としては彼は失格だった / drunk and ～ 酔いつぶれて(前後不覚の) ❷〈…が〉できない, 〈…をする〉能力[適性]がない〈**of**〉(♦ of の後は名詞か *doing*);(法的に)資格がない ‖ Scientists are still ～「*of* making [×to make] reliable earthquake forecasts. 科学者はいまだに確実な地震予知をすることができない / He is ～ *of* deceiving others. 彼は(性格的に)他人をだませない / ～ *of* speech [rational judgment] 口がきけない[妥当な判断ができない] ❸〈…を〉許さない, 受け付けない;〈…の〉余地がない〈**of**〉‖ ～ *of* change [improvement] 変化を許さない[改善の余地がない] / ～ *of* repair 修理不能の
in·cà·pa·bíl·i·ty 名 **～·ness** 名 **-bly** 副

in·ca·pac·i·tate /ìnkəpǽsɪtèɪt/ 動 他 ❶(病気・事故などが)…を無能[無力]にする;…に(…が)できないようにする ‖ Age ～*d* him for [OR from] work. 年をとって彼は働けなくなった ❷〖法〗…から(…の)資格を奪う, …を不適格にする **in·ca·pàc·i·tá·tion** 名

in·ca·pac·i·ty /ìnkəpǽsəṭi/ 名 U/C《an ～》❶〈…する ことが〉できないこと〈**for** / **to** *do*〉, 無能, 無力, 不適当 ❷〖法〗無資格, 無能力

ìn-cár 形《限定》車内に取りつけた;車内の

in·car·cer·ate /ɪnkáːrsərèɪt/ 動 他《堅》…を投獄する;…を〈…に〉閉じ込める, 監禁する〈**in**〉(♦ しばしば受身形で用いる) **in·càr·cer·á·tion** 名 U 投獄, 監禁

in·car·na·dine /ɪnkáːrnədàɪn/《文》名 U 肉色;(血のような)赤, 深紅色(crimson)
—形 肉色の;深紅色の —動 他 …を赤く染める

in·car·nate /ɪnkáːrnət/(→ 動) 形 ❶ 人の姿をした, 肉体を持つ;擬人化された;《通例名詞の後に置いて》(抽象的性質・概念などが)形となって現れた, 化身(けしん)の, 権化(ごんげ)の ‖ a devil ～ 人の姿をした悪魔 / She is purity ～. 彼女は清純そのものだ ❷ =incarnadine
—動 /ínkɑːrnèɪt, +英 ‐ˊ‐‐/ 他 ❶ …に人の姿をとらせる, 肉体を与える ❷ …を形として現す, 具体化する;…の権化である ‖ He ～*s* the frontier spirit. 彼は開拓者精神の権化だ
語源 *in-* in + *-carn-* flesh(肉) + *-ate*(動詞語尾):肉を入れる, 生きた人間にする

in·car·na·tion /ìnkɑːrnéɪʃən/ 名 ❶《the I-》〖宗〗(キリストの)受肉《キリストが神の子として生まれたこと》❷ C (神・精霊などの)化身, 権化 ‖ She is the ～ of goodness. 彼女は善良そのものだ ❸ C (輪廻(りんね)における)一時期(にとる姿)

in·case /ɪnkéɪs/ 動 =encase

in·cau·tious /ɪnkɔ́ːʃəs/ 形 不注意な, 軽率な, 無謀な
～·ly 副 **～·ness** 名

in·cen·di·ar·y /ɪnséndièri|-əri/ 形《限定》❶ 火災を起こす;放火の, 放火する ‖ an ～ bomb 焼夷(しょうい)弾(fire bomb) ❷ 扇動的な, 扇情的な
—名 (複 **-ar·ies** /-z/) C 焼夷弾;《堅》放火魔;扇動者
-a·rìsm 名 U 放火;(暴動などの)扇動

*__in·cense__[1] /ínsens/《アクセント注意》名 U ❶ 香(こう);香のかおり[煙] ‖ burn ～ 香をたく / a stick of ～ 線香 ❷ 芳香 ❸ お世辞, 賞賛 —動 他〔神仏など〕に香をたく, 焼香する;…に香をたき込める ▶▶**～ cèdar** 名 C〖植〗オニヒバ《北米原産の針葉樹》;U その材木

in·cense[2] /ɪnséns/ 動 他《通例受身形で》ひどく怒る, 激怒する(enrage) ‖ He was ～*d* at the news of the scandal. 彼はその醜聞のニュースを聞いてひどく腹を立てた / be ～*d* with him 彼に腹を立てる

*__in·cen·tive__ /ɪnsénṭɪv/ 名 C U ❶ 刺激, 誘因, 動機(づけ), 励み(↔ disincentive)〈**for, to** 行動・意欲などへの / **to** *do* …するための〉;〈…しようという〉気力〈**to** *do*〉‖ An increase in wages is an ～ *to* better work. 昇給はもっとよく働こうという励みになる / There is little ～ for me *to* undertake such work. そんな仕事を引き受ける気は私にはまずない / give [OR provide] an ～ 刺激を与える[やる気にさせる] ❷(生産[購買]意欲を促す)報奨[奨励]金;(減税などの)優遇策[措置] ‖ tax ～*s* 税の優遇措置 / financial ～*s* 奨励金
—形〈行動・意欲を〉促すような, 〈…へ〉駆り立てる, 励みになる〈**to, for**〉‖ ～ awards *for* good attendance 出席率をよくするための奨励賞 / an ～ speech 激励演説

in·cen·tiv·ize /ɪnsénṭɪvàɪz/ 動 他《口》…に奨励金を出す, …を奨励する(→ incentive)

in·cep·tion /ɪnsépʃən/ 名 ❶《通例 the ～》《堅》初め，発端，開始 ❷ U C《英堅》《旧》(特に修士・博士課程の)大学に入学すること
in·cep·tive /ɪnséptɪv/ 形 名 =inchoative
in·cer·ti·tude /ɪnsə́ːrṭətjùːd | -tɪ-/ 名 U 不確実，不確定，不安定；懸念，疑惑
***in·ces·sant** /ɪnsésənt/ 形 (不快感を伴うような) 絶え間のない，ひっきりなしの(⇨ CONTINUOUS 類語) ‖ ～ rain 降り続く長雨 / the sound of ～ sobbing 絶え間なく聞こえるすすり泣き　**～·ly** 副
語源 *in-* not＋*-cess-* cease＋*-ant*(形容詞語尾)：やまない
in·cest /ínsest/ 名 U 近親相姦(そうかん)
in·ces·tu·ous /ɪnséstʃuəs | -tjuəs/ 形 ❶ 近親相姦の(罪を犯した) ❷ (グループなどが)排他[閉鎖]的な，仲間だけで固まる　**～·ly** 副　**～·ness** 名
:**inch** /ɪntʃ/
—名 (複 **～·es** /-ɪz/) C ❶ **インチ**《長さの単位：1/12フィート，2.54センチ；略 in. 記号 ″ (例：10″)》‖ He is five feet eight ～*es* (**tall**). 彼の身長は5フィート8インチだ (✎ He is five foot eight.) / My dog's tail is ten ～*es* **long**. 私の犬のしっぽは10インチある
❷《しばしば否定文で》非常に短い長さ，ごくわずかな量[程度]，少量，少し ‖ The climbers couldn't see an ～ before them. 登山者たちは一寸先も見えなかった / I don't trust that person an ～. あの人物はまるきり信用していない / *Give him an ～ and he will take a mile* [*yard*]. 《諺》1インチ与えると1マイル[ヤード]欲しがる；甘い顔をするとつけ上がる
❸ (1インチの) 降雨[雪]量；(水銀柱1インチの) 気圧 ‖ two ～*es* of rain 2インチの降雨量
❹《one's ～es で》身長，背丈(stature)
❺《英》(地図の縮尺単位で)1マイルの1インチ縮尺 ‖ one-～ map 1マイルが1インチ縮尺の地図
by ínches ① 少しずつ，ゆっくりと，徐々に ‖ advance *by* ～*es* 少しずつ前進する ② きわどいところで ‖ escape death *by* ～*es* 間一髪で死を免れる
****èvery ínch*** ① あらゆる所，〈…の〉端から端まで (の距離)〈**of**〉‖ search *every* ～ *of* a house 家をくまなく捜す ②《副詞句》完全に，完璧(かんぺき)に ‖ He looks *every* ～ a doctor. 彼はどこから見ても医者に見える
ìnch by ínch =by inches ①(↑)
not bùdge [OR ***give, yìeld***] ***an ínch*** 一歩も譲らない
(***to***) ***within an ínch of ...*** もう少しで[危うく]…(するところ)で ‖ He came *within an* ～ *of* drowning. 彼はもう少しでおぼれるところだった
—動 自《＋副句》(ある方向へ) 少しずつ動く ‖ The old man ～*ed* down the steps carefully. その老人は注意深くゆっくりと階段を降りた / Prices are ～*ing* up. 物価がじりじり上がっている
—他《＋目＋副句》…を (ある方向へ) 少しずつ動かす ‖ ～ one's way toward ... …の方へ少しずつ進む
語源「(1フィートの)12分の1」の意のラテン語 *uncia* から．ounce と同語源．
ín·chàrge 名 C《インド》社長，院長，局長
inch·meal /íntʃmìːl/ 副 少しずつ，じりじりと
in·cho·ate /ɪnkóʊət/ 形《堅》始まったばかりの，芽生えたばかりの，初期の；未発達の，未完成の，不完全な；組織化されていない；〖法〗(罪が)未確定の，未発効の
in·cho·a·tive /ɪnkóʊəṭɪv/ 形 ❶《堅》初めの，開始の，発端の ❷〖文法〗動作の開始を示す，起動 (相) の (inceptive) ‖ an ～ verb (特にギリシャ語・ラテン語の) 起動動詞　**—**名 C〖文法〗起動動詞
ínch·wòrm 名 =measuring worm
***in·ci·dence** /ínsɪdəns/ 名 ❶ U/C《単数形で》〈事件・病気などの〉発生(率)，(影響の)度合[範囲]〈**of**〉‖ The ～ *of* violent crime is on the increase. 凶悪犯罪の発生(率)は増大している / Men have a higher ～ *of* certain cancers. 男性の方がある種の癌(がん)にかかる率が高い
❷ U〖理〗(光線・発射物の)落下，(物に)当たること[方向]；投射[入射]（角）‖ the angle of ～ 投[入]射角 ❸ U C (出来事・税金などが)身に降りかかること，発生の仕方，負担の仕方[範囲]
:**in·ci·dent** /ínsɪdənt/ 《アクセント注意》
—名 [▶ incidental 形] (複 **～s** /-s/) C ❶ (付随的な[小さな])**出来事**，騒動(♥ 特に不快なことについていう)；(偶発的な) 事件，事故 (⇨ EVENT 類語) ‖ This ～ stayed at the back of my mind for a long time. この出来事は長い間私の頭の片隅から離れなかった / An ～ **occurred** [OR happened] which dismayed the entire village. 村全体を仰天させる騒動が持ち上がった / report an ～ to the police 警察に事故を通報する
❷ (反乱・戦争などの)事件，事変；(2国間の)紛争 ‖ an ～ of terrorism テロ事件 / border ～*s* 国境紛争 / without ～ 何事もなく ❸〖法〗付帯権利[義務]
—形《比較なし》❶《叙述》〈…に〉起こりがちな，つきものの，付随する〈**to**〉‖ evils ～ *to* human society 人間社会につきまとう悪 / difficulties ～ *to* doing what has never been done before これまでだれもやらなかったことをする場合につきものの困難
❷《叙述》〖法〗〈…に〉付帯する〈**to**〉
❸〖理〗(光線などが)〈…に〉投射[入射]する〈**on, upon**〉‖ rays of light ～ *on* a surface 表面に投射する光線
語源 *in-* on＋*-cid-* fall(落ちる)＋*-ent*(形容詞語尾)：…の上に落ちる，降りかかる
▸▸ **～ ròom** 名 C《英》〖警察〗臨時捜査本部
***in·ci·den·tal** /ìnsɪdénṭəl/ 《シ》 形 〔◁ incident 名〕 ❶ 2次的な，付随的な，大して重要でない，偶発の，臨時の ‖ ～ expenses 雑費 ❷《叙述》〈…に付随して〉起こりがちな，つきものの〈**to**〉‖ injuries ～ *to* that type of work その種の仕事につきもののけが　**—**名 C《通例 ～s》❶ 付随的[2次的]な事柄 ❷ 雑費；不時の入用品
▸▸ **～ músic** 名 U (劇などの)付随[付帯]音楽
***in·ci·den·tal·ly** /ìnsɪdénṭəli/ 《アクセント注意》 副 ❶《文修飾》《文頭・文中で》NAVI ところで(♥ 前に述べたことと直接関係のない話題を導入する．⇨ NAVI表現 11) ‖ *Incidentally*, I think you still owe me $100. ところで，まだ100ドル貸したままだと思うけど ❷《文修飾》NAVI ついでながら (♥ 前に述べたことに対して，さほど重要ではない情報を付け加える) ❸ 偶然に，付随的に
in·cin·er·ate /ɪnsínərèɪt/ 動 他 …を焼いて灰にする，焼却する；〔死体〕を火葬にする；〖化〗…を灰化する
—自 焼けて灰になる　**in·cìn·er·á·tion** 名
in·cin·er·a·tor /ɪnsínərèɪṭər/ 名 C 焼却炉
in·cip·i·ence /ɪnsípiəns/, **-en·cy** /-ənsi/ 名 U 最初，始まり，発端；(病気などの)初期の段階
in·cip·i·ent /ɪnsípiənt/ 形《限定》始まりの；初期の，発端の ‖ an ～ case of pneumonia 肺炎の初期症状
in·cise /ɪnsáɪz/ 動 他 ❶ …に切り込みを入れる；〖医〗…を切開する ❷〔像・図柄・銘など〕を〈…に〉刻む，彫り込む〈**in, into, on**〉
in·ci·sion /ɪnsíʒən/ 名 U C ❶ 切り込むこと；切り込み，切り口 ❷〖医〗切開(手術)；〖植〗(葉縁の)深い切れ込み
in·ci·sive /ɪnsáɪsɪv/ 形 (頭脳が) 明敏な；(説明が) 明解な；(批評などが)痛烈な，辛辣(しんらつ)な；(刃物が)鋭利な；〖解〗門歯の　**～·ly** 副　**～·ness** 名
in·ci·sor /ɪnsáɪzər/ 名 C 門歯，切歯
***in·cite** /ɪnsáɪt/ 《アクセント注意》 動 他 ❶ **a** 《＋目》〔人〕を扇動する，駆り立てる(✎ stir up)〈**to** …へ；**against** 反対行動へ〉(⇨ PROVOKE 類語) ‖ He ～*d* the mob *against* the president. 彼は群集を扇動して大統領に刃向かわせた / ～ the people *to* rebellion 民衆を扇動して暴動を起こさせる **b** 《＋目＋**to** *do*》〔人〕を (暴力的なことや違法なことを) するように扇動する [そそのかす] ‖ His speech ～*d* the crowd *to* attack the police. 彼の演説に扇動されて群衆は警察を襲った ❷〔感情・行動など〕を誘発する，引き起こす ‖ Her final word ～*d* anger. 彼

I

女の最後のひと言が怒りを誘発した
-cít·er 名 **-cít·ing·ly** 副

incíte·ment /-mənt/ 名 U C そそのかし, 刺激, 扇動〈**to** …への ; **to *do*** …することへの〉; 誘因, 動機

in·ci·vil·i·ty /ìnsəvíləṭi/ 名 (複 **-ties** /-z/) U 無作法, 失礼 ; C《~s》失礼な言動

incl. 略 including ; inclusive(ly)

in·clem·ent /ɪnklémənt/ 形 ❶(天候・気候が)厳しい, 荒れ模様の, 寒い(↔ clement) ❷《堅》(性格が)無慈悲な, 苛酷(かこく)な **-en·cy** 名

*__in·cli·na·tion__ /ɪnklɪnéɪʃən/ 名 ❶ C U〈…への〉好み, 愛好〈**to, toward, for**〉;〈…したいという〉気持ち, 意向, 願望〈**to *do***〉‖ She has little ~ *for* housework. 彼女は家事はあまり好きではない / I felt an ~ *to* hit him. あの男を殴ってやりたいと思った / Gambling is quite out of my ~. 賭(か)け事はどうも好きになれない / follow one's own ~*s* 自分の気の向くままにする / against one's ~ 不本意ながら ❷ C《通例単数形で》〈…への〉傾向, 性向〈**to, toward**〉;〈…する〉性癖, 体質〈**to *do***〉(⇨ TENDENCY 類語) ‖ With an ~ *to* stoutness, she is absorbed in aerobics. 彼女は太りやすいたちなのでエアロビクスに熱中している ❸ C《通例単数形で》(頭・体を)傾けること, おじぎ, うなずき ‖ with a slight ~ (of one's head) 軽く会釈して[うなずいて] ❹ C《通例単数形で》傾斜, 勾配(こうばい), 斜面 ; U 傾斜度 ‖ an ~ of 20 degrees 20度の傾斜 ❺ C〘数〙傾斜, 傾角 ;〘天〙(惑星・衛星の軌道の)傾斜(角)

*__in·cline__ /ɪnkláɪn/ (→ 名) 動 他 ❶《進行形不可》**a** 《+目+**to *do***》〔人〕を…する気にさせる, …したいと思わせる ;《受身形で》…したいと思う, …する気がある ‖ Your attitude doesn't ~ me *to* help you. 君のその態度では助けてやる気にならない / I am rather ~*d to* believe so. どちらかと言えばそう信じたい(♥ 意見を述べる際に用いると断言を避けることができる) / If you are so ~*d*, you can invite her. あなたがそうしたいなら彼女を呼んでもいいですよ(♦ so は to *do* の表す内容, ここでは to invite her の代用語) **b** 《+目+**to** [**toward, for**] 名》〔人〕の心を…に向けさせる, 傾けさせる ;《受身形で》…に心が傾く, 乗り気である ‖ He was well ~*d to* the project. 彼はその計画にだいぶ乗り気だった / I don't feel much ~*d for* work. あまり働く気はしない ❷《進行形不可》**a** 《+目+**to *do***》〔人〕に…する傾向[性癖]を与える ;《受身形で》…しがちである, …する傾向がある(⇨ LIABLE 類語) ‖ She is ~*d to* 「be too lenient [tell lies]. 彼女はどうも寛大になりすぎる傾向[うそをつく癖]がある **b** 《+目+**to** [**toward**] 名》〔人〕に…の傾向[性癖]を与える ;《受身形で》…の傾向[性癖]がある ‖ He is rather ~*d toward* drink. 彼はどうも酒に走りがちだ ❸〔頭〕を下げる, 〔体〕を曲げる, かがめる ‖ ~ one's head in greeting 頭を下げてあいさつする ❹〔物〕を〈…に〉傾ける, 傾斜させる〈**to, against**〉‖ ~ a post *against* the wall 柱を壁に立てかける

── 自 ❶ **a** 《+**to** [**toward**] 名》…に心が傾く, 気が向く ‖ I'm afraid I ~ *to* the opposite view. 残念ながら私は逆の見方の方に心が引かれています **b** 《+**to *do***》…したい気がする, …したいと思う ‖ I ~ *to* 「think so [believe him]. そう思い[彼の言うことを信じ]たい ❷ **a** 《+**to** [**toward**] 名》…への傾向がある ‖ American psychology ~*s toward* empiricism. アメリカの心理学は経験主義に傾きがちだ **b** 《+**to *do***》…する傾向がある, …しがちである ‖ Children, if left alone, ~ *to* be lazy. 子供たちはほうっておくと怠惰に流れがちだ ❸ 頭[体]を〈…に〉傾ける, おじぎをする〈**to, toward**〉❹〈…に〉傾く, 傾斜する〈**to, toward**〉

COMMUNICATIVE EXPRESSIONS
[1] **Personally, I'd be mòre inclíned to agrèe with** their view. 私個人としては, どちらかというと彼らの見解の方に賛成です(♥ 形式ばった表現. ↘I don't think that's right. I agree with their view.)

── 名 /ínklaɪn/ C ❶ 傾斜, 勾配, 斜面 ‖ go up an ~ 斜面を上る ❷〘鉄道〙インクライン, ケーブル鉄道

語源 ラテン語 *in-*(…の方へ)+*clinare*(傾く)から. decline, recline と同系.

*__in·clined__ /ɪnkláɪnd/ 形 (**more ~ ; most ~**) ❶《叙述》…する傾向がある(→ incline 動 他 ❶❷) ❷《副詞を伴って》(…の[…的な])才能のある ‖ artistically [mathematically] ~ 芸術[数学]の才のある ❸ 傾いた, 傾斜した ;〘数〙傾角をなした

in·cli·nom·e·ter /ɪnklɪnɑ́(ː)məṭər | -nɔ́mɪ-/ 名 C ❶〘空・海〙傾斜計《飛行[航行]中の機体[船体]の, 前後・左右の傾きを知るための計器》❷〘地〙インクリノメーター, 伏角計《地球磁力が水平面となす角を測定する》

in·close /ɪnklóuz/ 動 =enclose

in·clo·sure /ɪnklóuʒər/ 名 =enclosure

⁑**in·clude** /ɪnklúːd/

── 動〔▶ inclusion 名, inclusive 形〕(**~s** /-z/ ; **-clud·ed** /-ɪd/ ; **-clud·ing**) 他 ❶《進行形不可》(↔ exclude)(⇨ CONTAIN 類語) **a** 《+目》(部分・要素として)…**を含む**, 含んでいる, 包含する ‖ The roots of rock ~ blues and country music. ロック(音楽)のルーツにはブルースとカントリーミュージックが含まれる / Consumption tax is ~*d* **in** [×by] the price. 消費税は価格に含まれている(♦ 受身形では, 対応する能動文の主語は in の句で表される) / The hotel charges ~ dinner and breakfast. ホテルの料金には夕食と朝食が含まれている
b 《+*doing*》…することを含む ‖ These ceremonies ~ saluting the national flag. こうした儀式には国旗敬礼が入っている
❷ …を〈…の中に〉**入れ(て考え)る**, 勘定に入れる ; …を〈…の〉部類に入れる ; …を〈…に〉同封する〈**in, among, with, on**〉‖ I ~ you *among* my friends. 私は君を友人の1人と思っている / It is most kind of you to ~ me *in* your family party. ご一家のパーティーに私も加えてくださって本当にありがとうございます / ~ window-cleaning *among* their duties 彼らの仕事の1つに窓拭きも入れる / A press clipping was ~*d with* his letter. 新聞の切り抜きが彼の手紙に同封されていた

COMMUNICATIVE EXPRESSIONS
[1] **Inclùde** me **óut.** 私は外してください(↗Exclude me.)

語源 ラテン語 *in-*(中に)+*claudere*(閉じ込める)から. conclude, exclude と同系.

*__in·clud·ed__ /ɪnklúːdɪd/ 形 ❶《名詞の後に置いて》…を含めて ‖ Price $12, tax ~. 税込み価格12ドル / His courage impressed everybody, me [OR myself] ~. 彼の勇気は私を含めすべての者に感銘を与えた ❷〘植〙(雄しべ・花柱が)花冠内にある

⁑**in·clud·ing** /ɪnklúːdɪŋ/
── 前 **…を含めて**, 込みで(↔ excluding)《略 incl.》‖ A new car of this type costs $50,000, ~ tax. このタイプの新車は税込みで5万ドルする(=..., tax included.) / Seven people, ~ two women, were sent. 女性2人を含む7名が派遣された

*__in·clu·sion__ /ɪnklúːʒən/ 名〔◁ include 動〕❶ U 包含, 含有, 包括 ;〈…の中へ〉含める[含まれる]こと(↔ exclusion)〈**in, into**〉❷ C 含まれる人[もの] ; 含有物 ;〘生〙細胞含有物 ;〘鉱〙(鉱物中の)含有物 ; U〘論・数〙包含[関係]

in·clu·sive /ɪnklúːsɪv/ 形〔◁ include 動〕(↔ exclusive) ❶《名詞句の後に置いて》《主に英》(期間・範囲などの)両端を含めて ‖ ten days, from the third to the twelfth ~ 3日から12日まで(両日を含めて)10日間(♦《米》では (from) the third through the twelfth が一般的) ❷(値段・勘定などが)すべてを含んだ, すべて込みの ‖ ~ terms (ホテルで)食費など一切を含めた宿泊料 ❸(言葉が)性差別しない ‖ ~ language (性差を避けるための)包括語《chairperson など》

inclúsive of ... …を含めて(including) ‖ The price is

£15, ～ *of* tax. 値段は税込みで15ポンドだ
～·ly 副 **～·ness** 名

in·cog·ni·to /ìnkɑ(:)gní:toʊ | -kɔg-/ 〈ジ〉 形 副 《しばしば名詞の後に置いて》変名[匿名]の[で]；名前・身分などを隠した[て]，お忍びの[で] ‖ a prince ～ 身分を隠した[お忍びの]王子 / travel ～ お忍びで旅行する
—名 (複 **～s** /-z/) Ⓒ 匿名(者)；変名，偽りの身分

in·co·her·ence /ìnkoʊhíərəns/ 名 Ⓤ 論理が一貫していないこと，つじつまの合わないこと，支離滅裂

in·co·her·ent /ìnkoʊhíərənt/ 〈ジ〉 形 ❶ 論理が一貫していない，つじつまの合わない，支離滅裂の ❷ 取り乱した，(怒りのあまり)舌がもつれた ❸ (音声などが)聞き取りにくい，不明瞭(ふめいりょう)な ❹ 粘着力のない；まとまりのない；相いれない，異質の **～·ly** 副

in·com·bus·ti·ble /ìnkəmbʌ́stəbl/ 〈ジ〉 形 不燃性の
—名 Ⓒ 不燃性物質

in·come /ínkʌm/ 《アクセント注意》
—名 (複 **～s** /-z/) Ⓤ Ⓒ (定期的)**収入**，所得(↔ outgo)；(特に) 年収 ‖ I **have** an ～ of two hundred thousand yen a month before tax. 私は税込みで月20万円の収入がある / The 「outgo was [《英》outgoings were] more than the ～ last month. 先月は支出が収入を上回った / people **on** a high [**low**] ～ 高[低]所得の人々 / live beyond [within] one's ～ 収入以上の[内で]生活をする / a two-～ family 共働きの家庭

連語 【形/名+～】 national ～ 国民所得 / net ～ (諸経費を差し引いた) 実収入，純利益 / 「an annual [a monthly] ～ 年[月]収 / earned [unearned] ～ 勤労[不労]所得 / a total ～ 総所得 / disposable ～ 可処分所得 / real ～ 実質所得 / investment ～ 投資による所得 / family [OR household] ～ 世帯所得

▸▸**～ suppòrt** 名 Ⓤ (英国・カナダ政府の貧困者・失業者に対する)所得援助 **～ tàx** 名 Ⓤ Ⓒ 所得税

in·com·er /ínkʌmər/ 名 Ⓒ 入[新]来者；《主に英》移[来]住民

in·com·ing /ínkʌ̀mɪŋ/ 形 《限定》 (↔ outgoing) ❶ 入って来る，到着する；(電話・Eメールなどが)受信の ‖ the ～ tide 上げ潮 / an ～ flight (飛行機の) 到着便 ❷ 後任[継]の ‖ the ～ mayor 後任の市長 ❸ (利益などが) 生じてくる；始まりかけている ‖ the ～ year 新年 ❹ 《英》移住して来る
—名 ❶ Ⓤ 《堅》入来，到着 ❷ Ⓒ 《～s》収入，所得

in·com·men·su·ra·ble /ìnkəménʃərəbl/ 〈ジ〉 形 《叙述》 ❶ 同じ基準で計れない[比較できない]；〈…と〉比較にならない，けた違いの，不釣り合いな〈**with**〉 ❷ 【数】公約数を持たない，通約[約分]できない；無理数の
—名 Ⓒ 《通例 ～s》同じ基準で計れないもの **-bly** 副

in·com·men·su·rate /ìnkəménʃərət/ 〈ジ〉 形 《叙述》 ❶ 不釣り合いな，不十分な，不相応な ‖ a supply ～ to [OR with] the demand 需要を満たすに足りない供給 ❷ =incommensurable ❶ **～·ly** 副

in·com·mode /ìnkəmóʊd/ 動 他 《堅》…に不便[迷惑]をかける，…を困らせる；…を邪魔する，妨げる

in·com·mo·di·ous /ìnkəmóʊdiəs/ 〈ジ〉 形 《旧》《堅》不便な，不都合な；(不便を感じるくらい)狭苦しい

in·com·mu·ni·ca·ble /ìnkəmjú:nɪkəbl/ 〈ジ〉 形 (美などが)伝えることのできない；(感情などが)言葉では言い表せない；《古》無口な **-bly** 副

in·com·mu·ni·ca·do /ìnkəmjù:nɪkɑ́:doʊ/ 形 副 《叙述》(囚人などが)外部との連絡の手段を絶たれた[て]；独房に入れられた[て] (♦ スペイン語より)

in·com·mut·a·ble /ìnkəmjú:ţəbl/ 形 交換[換算]不可能の；変えられない，不変の **-bly** 副

in·com·pa·ra·ble /ɪnkɑ́(:)mpərəbl | -kɔ́m-/ 《アクセント注意》 形 ❶ たぐいまれな，無比の，無類の ❷ 《叙述》比較できない，比較にならない

in·com·pa·ra·bly /ɪnkɑ́(:)mpərəbli | -kɔ́m-/ 副 比較にならないほど

in·com·pat·i·bil·i·ty /ìnkəmpæ̀təbíləţi/ 名 Ⓤ Ⓒ 相反，不一致；《～s》相いれないもの[性質]

in·com·pat·i·ble /ìnkəmpǽţəbl/ 〈ジ〉 形 ❶ (性質が)合わない，一致しない ‖ ～ colors 調和しない色 ❷ 《叙述》(人が)〈…と〉馬が合わない；両立しない，相いれない，矛盾する〈**with**〉；【論】非両立性の ❸ (役職が)兼任できない ❹ 【薬】同時に服用できない；【医】(血液型が) 不適合の；【機】〈…と〉接続して使えない，互換性のない〈**with**〉

in·com·pe·tence /ɪnkɑ́(:)mpətəns | -kɔ́mpɪ-/, **-ten·cy** /-tənsi/ 名 Ⓤ 無能，不適格；【法】無資格

in·com·pe·tent /ɪnkɑ́(:)mpətənt | -kɔ́mpɪ-/ 形 ❶ 能力のない，無能な，役に立たない，不適任の ❷ (病気などで)理解力を喪失した；【法】(年齢・病気などで)無資格の
—名 Ⓒ 無能な人，不適任者；【法】無資格者 **～·ly** 副

***in·com·plete** /ìnkəmplí:t/ 〈ジ〉 形 不完全な；不十分な，不備な；未完成の；【アメフト】(パスが)不成功の
～·ly 副 **～·ness** 名

in·com·pre·hen·si·bil·i·ty /ɪnkɑ̀(:)mprɪhènsəbíləţi | -kɔ̀m-/ 名 Ⓤ わかりにくさ

in·com·pre·hen·si·ble /ɪnkɑ̀(:)mprɪhénsəbl | -kɔ̀m-/ 〈ジ〉 形 〈…にとって〉理解できない，わかりにくい〈**to**〉
-bly 副 不可解に[なことに]

in·com·pre·hen·sion /ɪnkɑ̀(:)mprɪhénʃən | -kɔ̀m-/ 名 Ⓤ 無理解，理解力がないこと，理解できないこと

in·com·press·i·ble /ìnkəmprésəbl/ 形 圧縮[圧搾]できない

***in·con·ceiv·a·ble** /ìnkənsí:vəbl/ 〈ジ〉 形 〈…にとって〉想像できない，考えられない；信じ難い，思いもよらない〈**to**〉；注目すべき，驚くべき ‖ The whole story is almost ～ *to* us. その話全体が我々にはほとんど信じられない / It is ～ that you didn't know the truth. 君が真実を知らなかったなんて考えられない / It is ～ for him to change his decision. 彼が決心を変えることは考えられない / ～ happenings 考えられないような出来事 / with ～ cruelty 信じられないほどの残酷さで **-bly** 副

in·con·clu·sive /ìnkənklú:sɪv/ 〈ジ〉 形 (議論などが) 納得させるに至らない；結論に達しない，要領を得ない；(勝利などが)決定的でない **～·ly** 副 **～·ness** 名

in·con·gru·ent /ɪnkɑ́(:)ŋgruənt | -kɔ́ŋ-/ 形 一致[適合，調和]しない，不適当な **-ence** 名

in·con·gru·i·ty /ìnkəŋgrú:əţi/ 名 (複 **-ties** /-z/) Ⓤ 不適切；不調和，不一致；Ⓒ 場違い[不調和]なもの[こと]

***in·con·gru·ous** /ɪnkɑ́(:)ŋgruəs | -kɔ́ŋ-/ 形 ❶ (態度などが) その場に合わない，不適切な (↔ appropriate) ❷ 〈…と〉調和しない，一致しない；矛盾した〈**with**〉 **～·ly** 副

in·con·se·quence /ɪnkɑ́(:)nsɪkwəns | -kɔ́n-/ 名 Ⓤ ❶ 必然的[論理的]でないこと；矛盾；見当違い ❷ 取るに足りないこと

in·con·se·quent /ɪnkɑ́(:)nsɪkwənt | -kɔ́n-/ 形 論理的でない，不合理な；つじつまの合わない；見当違いの，不調和な **～·ly** 副

in·con·se·quen·tial /ɪnkɑ̀(:)nsɪkwénʃəl | -kɔ̀n-/ 〈ジ〉 形 ❶ 重要でない，取るに足りない，ささいな (trivial) ❷ =inconsequent **～·ly** 副

in·con·sid·er·a·ble /ìnkənsídərəbl/ 〈ジ〉 形 《堅》 ❶ (量・大きさなどが)わずかの，小さな(♦ しばしば not とともに用いて「かなりの，相当な」の意を表す) ‖ a not ～ amount of money 少なからざる金額 ❷ 考慮に値しない，取るに足りない **～·ness** 名 **-bly** 副

***in·con·sid·er·ate** /ìnkənsídərət/ 《発音注意》 〈ジ〉 形 《けなして》 ❶ 思いやりのない ‖ You are ～ of others' feelings. 君は他人の気持ちに対して思いやりがない ❷ 礼儀作法を欠く，思慮分別のない ‖ It was ～ of me to ask you that. あなたにそれをお聞きするとは私に配慮が足りませんでした **～·ly** 副 **～·ness** 名

***in·con·sis·ten·cy** /ìnkənsístənsi/ 名 (複 **-cies** /-z/) ❶ Ⓤ 両立しないこと，矛盾，食い違い，不一致；無節操 ❷

Ⓒ《通例 -cies》矛盾したこと[言動]

***in·con·sis·tent** /ìnkənsístənt/ ⟨シ⟩ 形 ❶《通例叙述》〈…と〉相いれない, 両立しない, 互いに矛盾する, 食い違う, (互いに)一致[調和]しない〈**with**〉‖ Your conduct is ～ *with* your principles. 君の行為は自らの主義と矛盾している ❷ (思想・解釈などが)一貫していない, 無節操な；(行動・仕事ぶりなどが) 安定性がない ‖ have an ～ season (チームなどが)不安定なシーズンを過ごす **～·ly** 副

in·con·sol·a·ble /ìnkənsóuləbl/ ⟨シ⟩ 形 ひどく沈んだ；〈…のことで〉(慰めようのないほどに)悲嘆に暮れた〈**for**〉 **～·ness** 名 **-bly** 副

in·con·spic·u·ous /ìnkənspíkjuəs/ ⟨シ⟩ 形 目立たない, 地味な **～·ly** 副 **～·ness** 名

in·con·stan·cy /ɪnká(ː)nstənsi | -kɔ́n-/ 名 (複 **-cies** /-z/) Ⓤ 気まぐれ, 移り気；変わりやすさ；Ⓒ《通例 -cies》気まぐれな行為

in·con·stant /ɪnká(ː)nstənt | -kɔ́n-/ 形 ❶《文》気まぐれな, 移り気な (fickle) ‖ an ～ lover 移り気な恋人 ❷ 変わりやすい, 不安定な **～·ly** 副

in·con·test·a·ble /ìnkəntéstəbl/ ⟨シ⟩ 形 議論[疑問]の余地のない, 疑いのない, 否定できない, 明白な **-bly** 副

in·con·ti·nence /ɪnká(ː)ntənəns | -kɔ́ntɪ-/ 名 Ⓤ ❶〖医〗失禁 ‖ nocturnal ～ 夜尿(症) ❷《文》自制心のないこと, 不節制 ❸ 淫乱(いんらん)

in·con·ti·nent /ɪnká(ː)ntənənt | -kɔ́ntɪ-/ 形 ❶〖医〗失禁の, (人が)排泄(はいせつ)を制御できない ❷ (特に性欲を)自制できない **～·ly** 副

in·con·tro·vert·i·ble /ìnkà(ː)ntrəvə́ːrṭəbl | -kɔ̀n-/ 形 議論の余地のない, 明白な **-bly** 副

***in·con·ven·ience** /ìnkənvíːniəns/ 名 ❶ Ⓤ 不便, 不自由, 不都合；迷惑, やっかい ‖ Sorry for the ～. 不便をおかけしてすみません / the ～ of not having a car 車を持っていないことの不便さ / cause a lot of ～ to her = put her to a lot of ～ 彼女に大変な迷惑をかける / be at great ～ = suffer great ～ 非常にやっかいな思いをする ❷ Ⓒ 不便なもの；問題などを起こす人[もの] ‖ The introduction of the bus lane posed an ～ to cyclists. バス専用車線の導入がサイクリストに不便さをもたらした

— 動 他 …に不便な思いをさせる, 迷惑をかける ‖ I hope this delay won't ～ you. この遅れで迷惑をおかけしないといいけれど

***in·con·ve·nient** /ìnkənvíːniənt/《発音注意》⟨シ⟩ 形〈…にとって〉不便な, 不都合な；迷惑な, やっかいな〈**to, for**〉‖ I'll change the date if Saturday is ～ *for* [OR *to*] you. 土曜日がご都合悪ければ別の日にしましょう / The room was ～ *for* my work. その部屋は仕事に不便だった / Please come and see me when it is not ～ *to* [OR *for*] you. ご都合の悪くないときにおいでください (♦人を主語にして ... ˣwhen you are not inconvenient とはいわない) / at an ～ time 都合[具合]の悪いときに **～·ly** 副

in·con·vert·i·ble /ìnkənvə́ːrṭəbl/ 形 交換[転換]できない；兌換(だかん)できない **in·con·vèrt·i·bíl·i·ty** 名

***in·cor·po·rate** /ɪnkɔ́ːrpərèɪt/ (→ 形) 動〔▶ incorporation 名〕他 ❶ …を〈…に〉含む, 取り入れる, 組み入れる (≒ build in)〈**in, into, within**〉；…を〈…と〉合体[合併]させる〈**with**〉‖ We ～*d* his suggestion *in* the new plan. 我々は彼の提案を新しい計画に取り入れた / Many words have been ～*d into* English from French. たくさんの言葉がフランス語から英語に取り入れられてきた ❷ …の加入を認める, …を(団体・組織の)一員にする ❸ …を法人(組織)にする；《米》…を(株式[有限])会社(組織)にする(♦しばしば受身形で用いる. → incorporated) ❹ …を〈…と〉混合する, 混ぜる〈**with**〉

— 自〈…と〉合併する, 統合される〈**with**〉

— 形 /ɪnkɔ́ːrpərət/ ❶ 法人(組織)の；《米》(株式)会社(組織)の ❷《文》具体化した

語源 *in-* in + *-corpor-* body(一体, 団体) + *-ate*(動詞語尾)：団体とする

in·cór·po·ràt·ed /-rèɪṭɪd/ 形 ❶ 合併[統合, 合同, 編入]した, 一体となった ❷ 法人(組織)の(♦《米》Inc. と略して社名の後につける.《英》の Ltd. に相当) ‖ Jason Chemicals *Inc.* ジェーソン化学薬品株式会社

in·cor·po·ra·tion /ɪnkɔ̀ːrpəréɪʃən/ 名〔◁ incorporate 動〕Ⓤ ❶ 組入れ, 合併, 統合；編入, 混入；Ⓒ 法人団体；《米》会社 ❷ 法人格付与, 法人[《米》会社]の設立 ❸〖文法〗抱合《動詞の中に目的語などを抱合して1つの単語とすること》

in·cor·po·ra·tor /ɪnkɔ́ːrpərèɪṭər/ 名 Ⓒ 結合する人；法人[《米》会社]設立者

in·cor·po·re·al /ìnkɔːrpɔ́ːriəl/ ⟨シ⟩ 形 ❶《堅》実体[肉体]を持たない, 非物質的な, 無形の, 霊的な ❷〖法〗無体(財産)の《特許権・著作権など》 **～·ly** 副

in·cor·po·re·i·ty /ɪnkɔ̀ːrpəríːəṭi/ 名 Ⓤ 実体のないこと, 無形；非物質性

***in·cor·rect** /ìnkərékt/ ⟨シ⟩ 形 ❶ 不正確な, 間違った ‖ make an ～ diagnosis 誤った診断をする ❷ (態度・服装などが) 不適切な, 不穏当な ‖ It was ～ for her to wear casual clothes to the party. 彼女がそのパーティーにカジュアルな服で行ったのはまずかった / ～ behavior 不作法 **～·ly** 副 **～·ness** 名

in·cor·ri·gi·ble /ɪnkɔ́(ː)rɪdʒəbl/ 形 (人・性格・悪癖などが) 矯正できない, 抜き難い, 根強い, 救い難い；手に負えない **—** 名 Ⓒ 手に負えない人；救い難い人 **-bly** 副

in·cor·rupt·i·ble /ìnkərʌ́ptəbl/ ⟨シ⟩ 形 ❶ (人が) 買収されない, 清廉な ❷ 腐敗[腐食, 溶解]しない, 朽ちない；永遠の **in·cor·rùpt·i·bíl·i·ty** 名 **-bly** 副

incr. 略 increase, increased, increasing

⁝in·crease /ɪnkríːs/《アクセント注意》(→ 名) 動 名

— 動 (**-creas·es** /-ɪz/；**～d** /-t/；**-creas·ing**) (↔ decrease)

— 自 **増える**, 増加する；繁殖する；強まる, 高まる〈**in** …の点で；**from** …から；**to** …まで；**by** …だけ〉‖ Cellphones have **dramatically** ～*d in* number. = The number of cellphones has [ˣhave] **dramatically** ～*d*. 携帯電話の数が激増している / His weight ～*d from* 68 *to* 72kg. 彼の体重は68キロから72キロに増えた / The output has ～*d by* 8% in the automobile industry. 自動車業界では生産量が8%増大した (♦ by は程度・割合を表す) / The pain in my chest ～*d*. 胸の痛みが強まった / Computer literacy is *increasing in* importance. コンピューター運用能力の重要性が高まっている

— 他 …を**増やす**, 増大させる；…(の程度)を強める, 高める〈**from** …から；**to** …まで；**by** …だけ〉(⇨ 類語) ‖ We'll ～ the **number** of employees *from* forty *to* sixty. 我が社は従業員数を40人から60人に増やす予定だ / She resisted pressure from above, which **greatly** [OR **significantly**] ～*d* our respect for her. 彼女は上役からの圧力に抵抗したが, それが我々の彼女に対する尊敬を著しく深めた / ～ one's wealth 富を増やす / ～ production 生産を増大させる / ～ the **risk** of cancer 癌(がん)の危険性を増大させる

— 名 /íŋkriːs/ (複 **-creas·es** /-ɪz/) Ⓤ Ⓒ〈…の〉**増加**, 増大；Ⓒ 増加[増大]量〈**in, of**〉‖ the ～ *in* the number of traffic accidents 交通事故の増加 / a continuous [substantial] ～ *in* harvests 収穫の連続的[相当な]増大 / the natural ～ *of* population 人口の自然増 / price ～*s* 物価の上昇 / a tax ～ *of* 3 percent = an ～ *of* 3 percent *in* tax 3パーセントの増税 / **show** a significant ～ 著しく増加する

on the increase 増加[増大]して (↔ *on the decrease*) ‖ The number of the unemployed is *on the* ～. 失業者の数が増えている

類語《他》**increase**「増やす」の意を表す最もふつうの語.

augment (しばしば, すでにかなり大きな数量・形・程度・範囲などを)さらに付加して増やす. 格式ばった語.
enlarge 形・範囲・程度などを広げて大きくする. 〈例〉*enlarge* a house 家を増築する
multiply 急速に増やす. 〈例〉*multiply* debts by reckless speculations 無謀な投機でどんどん借金を増やす

in·creased /ɪnkríːst/ 形 《限定》増加した, 増大した ‖ the ~ cost of living 生活費の高騰 / ~ efforts よりいっそうの努力

in·creas·ing /ɪnkríːsɪŋ/ 形 《限定》増加している, ますます増える ‖ the ~ population 増大している人口

in·creas·ing·ly /ɪnkríːsɪŋli/
— 副 《比較なし》**ますます**, いよいよ; 《文修飾》さらにいっそう, だんだん ‖ Young people are ~ changing their eating habits. 若者たちはだんだん食生活を変えてきている / Unless you have an operation now, the treatment will be ~ **difficult.** 今手術を受けなければ治療はますます困難になるだろう / It has become ~ **important** to use computers in education. 教育現場でのコンピューターの利用はますます重要になってきている

in·cred·i·bil·i·ty /ɪnkrèdəbíləṭi/ 名 U 信じられないこと

in·cred·i·ble /ɪnkrédəbl/ (♦ incredulous と区別) 形 (**more ~**; **most ~**) ❶ 信じられない, 信じ難い ‖ Jeff often tells ~ lies. ジェフはよくとんでもないうそをつく / It is ~ to me that they refused the offer. 彼らがその申し出を断ったとは信じ難い ❷ 《口》驚くほどの, とてつもない, 信じられないほど素晴らしい [すごい] ‖ I had an ~ time at the party. パーティーはすごく楽しかった / with ~ rapidity 信じられない速さで / (That's) ~! 素晴らしい, 信じられない

in·cred·i·bly /ɪnkrédəbli/ 副 ❶ 信じられないほど, とてつもなく, 非常に ‖ ~ easy [tasty] 信じられないくらい簡単な[おいしい] ❷ 《文修飾》信じられないことに, 信じ難いことに(は) ‖ *Incredibly*, he survived the accident. 信じられないことに, 彼はその事故で生き残った

in·cre·du·li·ty /ìnkrədjúːləṭi/ 名 U 疑い深さ, 不信 (disbelief), 懐疑

in·cred·u·lous /ɪnkrédʒələs | -krédju-/ 形 ❶ (人が) 信じようとしない, 疑い深い, 懐疑的な ‖ She was ~ of our stories. 彼女は我々の話を信じようとしなかった ❷ (目つきなどが) 疑うような, けげんそうな ‖ an ~ look 信じられないといった顔つき **~·ly** 副 **~·ness** 名

in·cre·ment /íŋkrɪmənt/ 名 ❶ C U (金額・価値などの) 増加, 増大 (increase); C 増加量; 〖数〗増分 (↔ decrement) ❷ U 利益, もうけ ‖ unearned ~ 〖経〗(地価などの値上がりによる)自然増収

in·cre·men·tal /ìŋkrɪménṭəl/ 形 (数量の)増加する, だんだん増える **~·ly** 副

ìncreméntal·ìsm 名 U (政治的・社会的などの) 漸進主義[政策] **-ist** 名 形

in·crim·i·nate /ɪnkrímɪnèɪt/ 動 他 ❶ …に罪を負わせる; …を告発する, 訴える ❷ (証言・証拠などが)…を罪に陥れる, 事件に巻き込む ‖ His testimony ~*d* his friend. 彼の証言が友人を罪に陥れた ❸ …を (望ましくないことの) 原因であるとする ‖ ~ cigarettes *as* a cause of lung cancer たばこが肺癌(はいがん)の原因の1つであるとする
-na·tion 名 **-na·to·ry** 形 (人を)有罪にする(ような)

in·crim·i·nat·ing /ɪnkrímɪnèɪṭɪŋ/ 形 (人の) 有罪を立証する ‖ ~ evidence 有罪を立証する証拠

in·crust /ɪnkrʌ́st/ 動 =encrust

in·crus·ta·tion /ìnkrʌstéɪʃən/ 名 (♦ encrustation ともつづる) ❶ U 外被[殻]で覆う[おおわれている]こと ❷ C 外被, 被膜, 殻; 付着物, 堆積(たいせき)物; (傷口の)かさぶた

in·cu·bate /íŋkjubèɪt/ 動 他 ❶ 〔卵〕を抱く, かえす (hatch), (人工的に)孵化(ふか)する; 〔細菌〕を培養する[体内に保有する]; 〔未熟児〕を保育器で育てる ❷ 〔計画など〕を温める, 熟考する — 自 ❶ (鳥が)卵を抱く; (卵が)孵化する ❷ (病気が)潜伏する

in·cu·ba·tion /ìŋkjubéɪʃən/ 名 U ❶ 抱卵 (期間); 孵化; 培養; C 抱卵[孵化]期間 ‖ artificial ~ 人工孵化 ❷ 思案, もくろみ ❸ (病気の)潜伏; (= **~ pèriod**) C 潜伏期間 **ìn·cu·bá·tive** 形 孵化の; 潜伏(期)の

in·cu·ba·tor /íŋkjubèɪṭər/ 名 C ❶ (未熟児の) 保育器 ❷ 孵化器; (細菌の)培養器 ❸ 《米》(ベンチャービジネスの)支援センター

in·cu·bus /íŋkjubəs/ 名 (複 **in·cu·bi** /-baɪ/ OR **~·es** /-ɪz/) C ❶ (睡眠中の女性を犯すという) 夢魔 (→ succubus) ❷ 《文》(悪夢のように) 人を苦しめる人[もの], (心の) 重荷, 心配ごと ❸ 《古》悪夢(nightmare)

in·cul·cate /ɪnkʌ́lkeɪt | ˊ-ˋ-/ 動 他 (繰り返し)…を〈人・心に〉教え込む, 説き聞かせる〈**in, into**〉; 〈人に〉…を植えつける〈**with**〉 ‖ ~ patience *in* one's children = ~ one's children *with* patience 子供に忍耐を教え込む
ìn·cul·cá·tion 名 **-ca·tor** 名

in·cul·pa·ble /ɪnkʌ́lpəbl/ 形 《堅》罪を犯していない, 潔白な

in·cul·pate /ɪnkʌ́lpeɪt | ˊ-ˋ-/ 動 他 …に罪を負わせる; …を告発する, 非難する **ìn·cul·pá·tion** 名

in·cum·ben·cy /ɪnkʌ́mbənsi/ 名 (複 **-cies** /-z/) ❶ U C 《堅》(役人・教授などの) 地位; 在任期間; 《英》聖職禄(ろく)所有者の地位[任期]; 聖職禄 ❷ C 義務, 責任

*__in·cum·bent__ /ɪnkʌ́mbənt/ 形 ❶ 《叙述》《堅》〈…にとって〉義務として当然の〈**on, upon**〉 ‖ It's ~ *upon* us to provide for our future. 将来に備えるのは私たちの義務だ ❷ 《限定》在位中の, 現職の ‖ the ~ president 現職の大統領 ❸ 《古》〈…に〉寄りかかる, もたれかかる〈**on**〉
— 名 C 現職者, 在職者; (教会を持つ)司祭, 牧師 ‖ He beat the ~ to become mayor. 彼は現職を破って市長になった

in·cu·nab·u·lum /ìnkjunǽbjuləm/ 名 (複 **-la** /-lə/) C ❶ インキュナブラム 《紀元1501年より前にヨーロッパで活版印刷された現存する書物》 ❷ (**-la**) 《文》揺籃(ようらん)時代, 初期(♦ ラテン語より)

*__in·cur__ /ɪnkə́ːr/ 《アクセント注意》 動 (**-curred** /-d/; **-cur·ring**) 他 〔危険〕を(自ら)招く, 〔非難・罰〕を受ける, 〔負債・損害など〕をこうむる ‖ ~ his wrath [dislike] 彼の怒り[不興]を買う / ~ huge debts 大変な借金を背負い込む
語源 *in-* into + *-cur* run : …とぶつかる, ある状態に陥る

in·cur·a·ble /ɪnkjúərəbl/ 形 ❶ 不治の ‖ an ~ disease 不治の病 ❷ 矯正できない, 救い難い ‖ an ~ optimist どうしようもない楽天家 — 名 C 不治の病人; 矯正できない人 **in·cùr·a·bíl·i·ty** 名

in·cur·a·bly /ɪnkjúərəbli/ 副 治らない [救い難い] ほどに ‖ He is ~ lazy. 彼はどうしようもない怠け者だ

in·cu·ri·ous /ɪnkjúəriəs/ 形 ❶ 好奇心のない, 無関心な ❷ 面白みのない, 珍しくない ❸ 軽率な, 不注意な
~·ly 副 **~·ness** 名

in·cur·sion /ɪnkə́ːrʒən | -ʃən/ 名 C ❶ (外敵の) 〈…への〉急襲, 突然の攻撃, 侵略〈**into**〉 ❷ 《堅》突然の〈…への〉乱入, 侵入, 不意の出現〈**into**〉
-sive /-sɪv/ 形 侵入する; 侵略的な; 流入する

in·curve /ìnkə́ːrv/ 〈ジ〉(→ 名) 動 他 …を内側へ湾曲させる — 自 内側に湾曲する — 名 /ínkə̀ːrv/ C 内屈, 湾曲; 〖野球〗インカーブ, 内曲球(↔ outcurve)

in·curved /ìnkə́ːrvd/ 形 内側に曲げた[曲がった]

in·cus /íŋkəs/ 名 (複 **in·cu·des** /ɪŋkjúːdiːz/) C 〖解〗砧骨(きぬたこつ)(anvil)《中耳の聴骨の1つ》

ind. 略 independence, independent; index; indicative; indirect; industrial, industry

Ind. 略 Independent; India, Indian; Indiana; Indies

in·da·ba /ɪndáːbə/ 名 C 《南ア》❶ 会議, 協議 ❷ 《口》関心事, 難題

*__in·debt·ed__ /ɪndéṭəd | -ɪd/ 《発音注意》 形 ❶ (+to 名) 《叙述》〈…のことで〉〔人〕に恩を受けている, 負うところがある

〈**for**〉‖ I am greatly [OR deeply] ～ *to* Professor Lyons *for* his many helpful suggestions. 多くの有益な助言を頂いたライオンズ教授には負うところが多い ❷ 〈…に〉借金[負債]がある〈**to**〉‖ ～ nations 負債国

in·debt·ed·ness /ɪndéṭɪdnəs/ 名 U (受けた) 恩義 (の程度)；負債(の額)

in·de·cen·cy /ɪndíːsənsi/ 名 (複 **-cies** /-z/) U ❶ みだら, 下品；無作法, 見苦しいこと, ぶざま；C みだらな行為[言葉] ❷ 💻(コンテンツが)猥褻(わいせつ)であること

***in·de·cent** /ɪndíːsənt/ 《発音注意》 形 ❶ 猥褻な, みだらな, 下品な (↔ decent) ‖ It was ～ of him to change in front of us. 私たちの前で着替えるなんて彼は慎みのない人だ / an ～ joke 下品な冗談 / ～ clothes だらしない服装 ❷ (常識的にみて)好ましくない, 見苦しい, 不体裁な；(質・量・程度などが)妥当でない ‖ He thought it would be ～ to remarry so soon after his wife's death. 妻が死んですぐに再婚するのは非常識だと彼は思った / with ～ haste 見苦しいほど慌てて **～·ly** 副

▶▶ **～ assáult** 名 C U 強制猥褻(罪) **～ expósure** 名 U 公然猥褻(罪)《特に男性器の露出》

in·de·ci·pher·a·ble /ìndɪsáɪfərəbl/ ⊲ 形 判読[解読]できない

in·de·ci·sion /ìndɪsíʒən/ 名 U 優柔不断；躊躇(ちゅうちょ) ‖ a moment of ～ 一瞬のためらい / in ～ 躊躇して

in·de·ci·sive /ìndɪsáɪsɪv/ ⊲ 形 ❶ 優柔不断な, 煮え切らない ❷ 決定的でない, 決着のつかない, どっちつかずの；漠然とした, ぼんやりした **～·ly** 副 **～·ness** 名

in·de·clin·a·ble /ìndɪkláɪnəbl/ ⊲ 形 《文法》格[語尾]変化をしない ―名 C 不変化詞(particle)

in·dec·o·rous /ɪndékərəs/ 形 無作法な, ぶしつけな；趣味の悪い **～·ly** 副 **～·ness** 名

in·de·co·rum /ìndɪkɔ́ːrəm/ 名 U 無作法, ぶしつけ；悪趣味, 下品；C 無作法[下品]な行為[言葉]

⁝in·deed /ɪndíːd/

中心義 実(際)に

―副 《比較なし》 ❶ 《ときに文修飾》**本当に**, 間違いなく, 事実として (⇨ 類語) ‖ Did he ～ tell you that? 彼は本当に君にそう言ったの / *Indeed*, it is good news. = It is ～ good news. = It is good news ～. それは実によい知らせだ / "Isn't it a lovely day?" "Yes, ～." 「よい天気ですね」「ええ, 本当に」/ It is rare ～ for him to be on time. 彼が時間に遅れないなんて実に珍しい / I ～ appreciate your help. 君の助けは本当にありがたい

❷ 《前文を(補足・訂正の上)強調して》それどころか, 実際は, (想像・外見などと違って) **実(のところ)は** (in fact) ‖ I don't mind at all. *Indeed*, I am pleased to help you. 全然構いませんよ. それどころか喜んでお手伝いさせていただきます / Ultimately, ～, quite soon, he'll go bankrupt. 最終的には, いやそれどころかごく近いうちに, 彼は破産するだろう

❸ 《強調》**実に**, 全く (♦ ふつう very を伴った形容詞・副詞の後に置く. 疑問の意を含む文脈では用いない) ‖ Thank you very much ～. 本当にどうもありがとう / Very well ～. 大変元気です / I am very sorry ～ to hear that. それは実にお気の毒です

❹ 《but …を伴って譲歩的に》なるほど[確かに] (…だが) ‖ *Indeed* he is old, but he is strong. なるほど彼は年をとってはいるが, 丈夫だ (= It is true that he is old, but he is strong.)

❺ 《間投詞的に》へえ, まさか (♥ 驚きや疑いを示す) ‖ "I saw a UFO." "*Indeed?* Where was it?" 「UFOを見たんだ」「へえ, どこで」/ "Anna says she saw a ghost." "A ghost ～. Ridiculous!" 「アンナが幽霊を見たって言ってるよ」「幽霊なんてまさか. ばかばかしい」

❻ 《相手の使った疑問詞を繰り返して》《口》本当にねえ (♥ 同調やときに皮肉・無関心を示す) ‖ "When will Pat pay his debt?" "When ～?" 「パットはいつ借金を返してくれるんだろう」「本当にねえ, いつなんだろうね」

COMMUNICATIVE EXPRESSIONS

1 **I'm vèry wèll indéed(, thánk you).** 大変元気です(ありがとうございます)(♥「元気か」と聞かれたのに対する形式ばった返答. ↘I'm fine(, thank you)./↘《口》Pretty fair(, thanks).)

2 **(Yés,) indéed you may** stàte your opínion. どうぞご意見をおっしゃってください(♥ 許可を与える形式ばった表現. = There seems to be no reason why you shouldn't state .... /↘(Yes,) certainly you can state .... /↘《口》Feel free to state ....)

類語 《❶》**indeed, really, truly** 「間違いなく本当に」の意でほとんど同様に用いる. 関心・驚き・皮肉などを込めた相づちとしては indeed と really を用いる. 〈例〉I am *indeed* happy. = I am happy *indeed*. = I am *really* [OR *truly*] happy. 私は本当に幸せだ

actually 「事実として本当に」の意. indeed と同様に「意外にも」の含みがある. 〈例〉He not only entered the contest, but he *actually* won first prize. 彼はその競技に参加したばかりか, 何と優勝した

in reality really よりも格式ばった表現で, 事実[現実]性を強調する.

in fact actually とほぼ同意. 〈例〉I think so ; *in fact*, I know it is so. そう思うだけではない, 事実そのとおりだということを知っているんだ

(as) a matter of fact in fact と同意. ただし actually と同じく「意外かもしれないが」の含みが強い.

indef. 略 indefinite

in·de·fat·i·ga·ble /ìndɪfǽṭɪgəbl/ ⊲ 形 疲れを知らない；飽きることを知らない, 辛抱強い, 不屈の

ìn·de·fàt·i·ga·bíl·i·ty 名 **-bly** 副

in·de·fea·si·ble /ìndɪfíːzəbl/ ⊲ 形 (権利などが) 破棄できない, 無効にできない

in·de·fen·si·ble /ìndɪfénsəbl/ 形 防御できない；弁明の余地のない, 言い訳のできない

ìn·de·fèn·si·bíl·i·ty 名 **-bly** 副

in·de·fin·a·ble /ìndɪfáɪnəbl/ ⊲ 形 定義できない, (明確に)説明できない；ぼんやりした, おぼろげな ‖ an ～ odor 何とも言えないにおい **～·ness** 名 **-bly** 副

***in·def·i·nite** /ɪndéfənət/ 形 (↔ definite) ❶ (数量・大きさなどが) 限定されない, 不定の (《略 indef.》) ‖ an ～ number of people 不定数の人々 / an ～ prison term 無期懲役 ❷ (意味・形などが)はっきりしない, 漠然とした；確定していない ‖ give an ～ answer to his question 彼の質問にあいまいな返事をする ❸ 《文法》不定の

▶▶ **～ árticle** 名 C 《文法》不定冠詞 (a, an) **～ prónoun** 名 C 《文法》不定代名詞 (anything, everyone など)

***in·déf·i·nite·ly** /-li/ 副 ❶ 無期限に, 不特定期間にわたって ❷ あいまいに, 漠然と

in·del·i·ble /ɪndéləbl/ 形 (汚れ・インクなどが) 消せない；(汚名・印象などが)ぬぐい去れない, 忘れられない

in·dèl·i·bíl·i·ty 名 **～·ness** 名 **-bly** 副

in·del·i·ca·cy /ɪndélɪkəsi/ 名 (複 **-cies** /-z/) U 粗野, 無作法, ぶしつけ；C ぶしつけな行為[言葉]

in·del·i·cate /ɪndélɪkət/ 形 粗野な, 無作法な, ぶしつけな, 無神経な **～·ly** 副

in·dem·ni·fi·ca·tion /ɪndèmnɪfɪkéɪʃən/ 名 U 保障, 弁償；C 保障となるもの, 賠償金

in·dem·ni·fy /ɪndémnɪfàɪ/ 動 (**-fied** /-d/ ; **～·ing**) 他 ❶ 〈危害・損害・損失のないように〉〔人〕に保障する〈**against**〉 ‖ ～ him *against* possible loss [damage] 起こり得る損失[損害]に対して彼に保障をする ❷ 〔人〕に〈…に対して〉弁償[賠償]する〈**for**〉‖ ～ him *for* loss [damage] 損失[損害]に対して彼に賠償する ❸ …に〈法的責任を〉免じる〈**for**〉 **-fi·er** 名

in·dem·ni·ty /ɪndémnəṭi/ 名 (複 **-ties** /-z/) ❶ U C (損害・損失に対する)保障；賠償, 弁償；U 《法》免責 ❷

Ⓒ (特に戦勝国への)賠償金

in·dent¹ /ɪndént/ (→ 名) 動 他 ❶〔最初の行〕を字下げする ‖ an ～*ed* line 字下げした行 ❷ …(の縁)に刻み目[ぎざぎざ]をつける(notch)；《通例受身形で》(海岸線が)入り込む, 湾入する ‖ an ～*ed* coast 入り込んだ海岸 ❸ (後日の確認のため)〔正副2通の契約書など〕を歯形の線に沿って切り離す；〔契約書など〕を正副2通作成する ❹ (2枚続きの注文書で)…を注文する；…を徴発する ━自《英》(2枚続きの)注文書で注文する；(正式の手続きで)申し込む[注文する] ━名 /índent/ Ⓒ ❶ ぎざぎざ, 刻み目；湾入 ❷ =indenture ❸《英》〖商〗(海外からの)商品注文 ❹ 字下げ(した行)；(文頭などでの)字下げ, インデント

語源 ラテン語 *in-* (中に) +*dens* (歯のようなぎざぎざをつける)から. 昔, 契約書をジグザグに切って半分にしておき, 後で切れ目を合わせて本物であることを確認した. 「字下げ」の意は17世紀からとされる.

in·dent² /ɪndént/ 動 他 …にくぼみをつける, …をへこます；〔印・型など〕を打ち込む, 押印する

in·den·ta·tion /ìndentéɪʃən/ 名 Ⓤ Ⓒ ❶ ぎざぎざ[刻み目]；(海岸線の)湾入 ❷ =indention ❶

in·dent·ed /ɪndéntɪd/ 形 ぎざぎざの, でこぼこの

in·den·tion /ɪndénʃən/ 名 Ⓤ ❶ 字下げ(した空き) ❷ =indentation ❶

in·den·ture /ɪndéntʃər/ 名 Ⓒ (歯形)捺印(なついん)証書；(公式)証書[目録]；《通例 ～s》徒弟[年季]奉公証文
━動 他〔人〕(の徒弟[年季]奉公)を契約書で取り決める
～d 形 徒弟[年季]奉公契約の

in·de·pend·ence /ìndɪpéndəns/
━名〔◁ independent 形〕Ⓤ 〈…からの〉**独立**；自主；自立〈**from**〉；自立心(↔ dependence) ‖ the (US) Declaration of *Independence* (米国の)独立宣言 / declare ～ 独立を宣言する / India **gained** [OR **achieved**] ～ *from* Britain in 1947. インドは1947年に英国から独立した / enjoy ～ of outside control 外部の支配を受けずにいられる / the ～ of the judiciary 司法の独立 / Full ～ *from* your parents can't be achieved without financial ～. 経済的自立なしには両親からの完全な自立は成し遂げられない / My son showed some ～ at the age of one. 私の息子は1歳にして自立心をちょっとのぞかせた
Independence Dày 名《米》独立記念日 (the Fourth of July)《7月4日. 英国からの独立(1776年)を祝う祝日》

in·de·pen·den·cy /ìndɪpéndənsi/ 名 (複 **-cies** /-z/) Ⓒ 独立国；Ⓤ《古》=independence

in·de·pen·dent /ìndɪpéndənt/《アクセント注意》
中心義 他に頼らない
━形〔▶ independence 名〕(**more ～**；**most ～**) (♦❷❸以外比較なし)
❶ (国・組織などが)他国[行政機関など]の支配を受けない, 〈…から〉**独立した**(↔ subject)〈**of, from**〉‖ East Timor **became** ～ *from* Indonesia in 2002. 東ティモールは2002年にインドネシアから独立した / an ～ food store (チェーン組織でない)自営の食料品店 / an ～ bus line 私[民]営バス路線 / ～ television《英》民放テレビ
❷ 独自の, 他に影響されない, 公正な(判断をする)；〈…とは〉無関係の〈**of**〉‖ conduct an ～ investigation 独自の調査を行う / ～ analysis 公正な分析 / The two effects [OR results] are ～ *of* each other. 2つの結果は互いに無関係だ
❸ (人が)自活する, 自立した；〈…から〉独立した(↔ dependent)〈**of**〉；自負心の強い, 他人の拘束を嫌う ‖ be ～ *of* [×on] one's family 家族から独立している / financially ～ 経済的に独立した / She is too ～ to accept a favor. 彼女は人の恩顧を受けるには自負心が強すぎる
❹《限定》(収入・財産が)働かずに暮らせるだけの ‖ a woman of ～ income [means] 働かずに暮らせるだけの収入[財産]のある女性 ❺ (政治で)無党派の, 無所属の ‖ an ～ voter 無党派の投票者 ❻〖数・統計〗(変数が)独立の ❼〖文法〗(節が)独立の ❽《I-》《英》独立教会派の
indepéndent of ... 《副詞句を導いて》…と関係なく, …とは別に ‖ He does what he wants, ～ *of* anyone's wishes. 彼は他人がどう望もうと関係なく自分のしたいことをする
━名 (複 **～s** /-s/) Ⓒ ❶《しばしば I-》無党派の人, 無所属議員(候補者) ❷ 独自の考えの持ち主
～ cláuse 名 Ⓒ〖文法〗独立節 **～ schóol** 名 Ⓒ 私立学校 **～ váriable** 名 Ⓒ〖数〗独立変数, 自変数

in·de·pen·dent·ly /ìndɪpéndəntli/ 副〈…から〉独立して〈**of**〉；他に依存せずに, 自主的に, 独自に；自立して ‖ The two departments work ～ *of* each other. 2つの部門は互いに独立して仕事をする

in-dépth 形《限定》詳細な, 徹底的な ‖ an ～ story [study] 詳細な物語[研究]

in·de·scrib·a·ble /ìndɪskráɪbəbl/ 形 言語に絶する, (はっきりと)言い表せない, 何とも言えない **-bly** 副

in·de·struc·ti·ble /ìndɪstrʌ́ktəbl/ 形 破壊できない, 不滅の；壊れない, 丈夫な **in·de·strùc·ti·bíl·i·ty** 名

in·de·ter·min·a·ble /ìndɪtə́ːrmɪnəbl/ 形 (議論などが)決着のつかない；はっきりと確定できない **-bly** 副

in·de·ter·mi·na·cy /ìndɪtə́ːrmɪnəsi/ 名 Ⓤ 不確定, あいまい ‖ ～ principle〖理〗不確定性原理

in·de·ter·mi·nate /ìndɪtə́ːrmɪnət/ 形 ❶ (範囲・性質などが)不確定の, 不定の；漠然とした, あいまいな ‖ an ～ sentence 不定期刑 / an ～ vowel〖音声〗あいまい母音《/ə/》❷ 未確定の, 決定していない；はっきりした結論の出ない ❸〖数〗不定の ❹〖植〗(花序が)無限の
～·ly 副 **～·ness** 名

in·de·ter·mi·na·tion /ìndɪtə̀ːrmɪnéɪʃən/ 名 Ⓤ ❶ 不決断, 優柔不断 ❷ 不確定, 不定

in·de·ter·min·ism /ìndɪtə́ːrmɪnìzm/ 名 Ⓤ〖哲〗非決定論 **-ist** 名

in·dex /índeks/《アクセント注意》
━名 (複 **-dex·es** /-ɪz/,《特に❷❸❺など専門用語で》**-di·ces** /índɪsìːz/) Ⓒ ❶ **索引**, インデックス；(蔵書などの)目録, 一覧；(辞書などの)つめかけ (thumb index) (→ card index) ‖ a library ～ 蔵書目録
❷ 指示するもの, 印, 表れ；指標, 指針 ‖ The number of gold records on his shelf is an ～ of his great popularity. 棚の上のゴールドディスクの数は彼の並外れた人気度を示している
❸《通例 -dices》(物価・賃金などの)指数 ‖ the cost-of-living ～ 生計費指数 / the ～ of production [prices] 生産[物価]指数
❹ (計器などの)指針, 目盛り ❺《通例 -dices》〖数〗(べき)指数 (exponent), 添え字 (X_1, Y^1 などの1) ❻ 指標, 添字《配列のかっこ内の数字》❼ (=～ màrk)〖印〗指印, インデックス (☞)(fist) ❽ =index finger
━動 (**-dex·es** /-ɪz/；**-dexed** /-t/；**-dex·ing**) 他 ❶〔本など〕に索引をつける；〔語・項目〕を索引に載せる ‖ The book is well ～*ed*. その本は索引がよく整っている ❷〔賃金など〕を〈物価などに対して〉スライド制にする〈**to**〉(♦しばしば受身形で用いる) ‖ ～ wages *to* inflation 賃金をインフレにスライドさせる ❸ …を指示する, 示す(indicate)
～·er 名 索引作成者

語源 「指し示すもの, 人差し指」の意のラテン語から. indicate と同語源.

～ càrd 名 Ⓒ 索引用カード **～ càse** 名 Ⓒ〖医〗指針症例《疫学(えきがく)における最初の症例》 **～ fìnger** 名 Ⓒ 人差し指 (forefinger, first finger) (⇨ HAND 図) **～ fòssil** 名 Ⓒ〖地〗示準化石 **～ nùmber** 名 Ⓒ =index 名 ❸

in·dex·a·tion /ìndekséɪʃən/ 名 Ⓤ (賃金・利率などの)物価スライド制, 指数化方式による物価修正

ìndex-línked 形《英》(物価)スライド制の ‖ ～ pensions スライド制の年金 **-línk·ing** 名

In·di·a /índiə/
—名 ❶ インド《インド亜大陸の大部分を占める連邦共和国で英連邦の加盟国. 公式名 the Republic of India. 首都 New Delhi》
❷ インド亜大陸《ヒマラヤ山脈の南の亜大陸. パキスタン・バングラデシュなどを含む》
▶▶～ **ínk** 名 U《米》墨, 墨汁(《英》Indian ink) ～ **pàper** 名 U ①インディア紙《薄くて丈夫な辞書・聖書などに用いる上質の印刷用紙》② 和紙 ～ **rúbber** 名《ときに i- r-》U C《旧》生ゴム

Índia·man /-mən/ 名 (複 **-men** /-mən/) C〖史〗(特に東インド会社の)インド貿易船

***In·di·an** /índiən/ 名 (複 **～s** /-z/) C ❶ インド人；東インド人(East Indian) (→ West Indian) ❷ ⊗《旧》《蔑》(南・北)アメリカインディアン(♦今日では Native American (アメリカ先住民) というのがふつう) ❸ U C アメリカインディアン諸語(の1つ)
—形 ❶ インド(人)の, インド製の；東インド(the East Indies) (人)の ❷ ⊗《ときに蔑》(南・北)アメリカインディアンの；アメリカインディアン語の
▶▶～ **clùb** 名 C インディアンクラブ《腕力を鍛えるための瓶状の体操用こん棒》 ～ **córn** 名 U〖植〗トウモロコシ(corn, 《英》maize) ～ **file** 名 C U ⊗《旧》《蔑》1列縦隊(single file) ～ **gìver** 名 C ⊗《米口》《蔑》人に物を与えておいてそれを取り返そうとする人；返礼目当ての贈り物をする人 ～ **hémp** 名 U ①〖植〗インド大麻 ② マリファナ ～ **ínk** 名 U《英》= India ink ～ **méal** 名 U《米》トウモロコシ粉(cornmeal) ～ **Mútiny** 名《the ～》インド暴動《英国支配に対するインド人兵士の反乱(1857–58). セポイの反乱(Sepoy Rebellion)ともいう》 ～ **Nàtional Cóngress** 名《the ～》インド国民会議派《インド独立運動に指導的役割を果たし, 独立後は政府与党となる》 ～ **Ócean** 名《the ～》インド洋 ～ **páintbrush** 名 C〖植〗インディアンペイントブラシ《ゴマノハグサ科の半寄生植物》 ～ **pípe** 名 C〖植〗アキノギンリョウソウの類 ～ **réd** 名 U インディアンレッド, インド赤《酸化第二鉄から作る赤色顔料[絵の具]》; 赤褐色 ～ **súmmer** 名 C ①(特に米国北部の)小春日和《秋に一時的に見られる温暖な気候(の日)》(→ St. Martin's summer) ② 晩年の幸福[隆盛]なとき ～ **wréstling** 名 U《米》インディアンレスリング《互いに足を並べて向かい合って立ち, 右ないし左の手を組み合わせて相手を倒す》

Indian club

In·di·an·a /ìndiǽnə/ 名 インディアナ《米国中西部の州. 州都 Indianapolis. 略 Ind., 〖郵〗IN》
-an, -i·an 形 名 C インディアナの(人)

In·di·an·ap·o·lis /ìndiənǽpəlɪs/ 名 インディアナポリス《米国インディアナ州の州都》
▶▶～ **500** /-faɪvhʌ̀ndrəd/ 名 インディアナポリス500マイルレース《米国最大の自動車レース. Indy ともいう》

indic. 略 indicative；indicating；indicator

***in·di·cate** /índɪkèɪt/
—動〔▶ indication 名〕(**～s** /-s/；**-cat·ed** /-ɪd/；**-cat·ing**)
—他 ❶ **示す** **a**《+目》…を(指などで)指し示す(✎ point to [OR at])；…に注目させる；(計器などが)…を表示する ‖ The speedometer is *indicating* 80 miles per hour. 速度計は時速80マイルを示している / ～ a place on the map 地図の上にある場所を(指で)指す
b《+(**that**) 節》…ということを示す, 明らかにする, 指摘する ‖ The teacher ～*d* (*that*) the boy was to rise. 先生はその男の子に立ち[起き]上がるように指示した / Statistics **clearly** ～ (*that*) domestic violence is on the increase. 統計から家庭内暴力が明らかに増加していることがわかる
c《+**wh** 節 / **wh to** *do*》(場所・方向・理由などについて)…であるかを示す ‖ This sign ～*s where* the palace stood. この標識は宮殿があった場所を示している
❷ **a**《+目》…の**兆候を示す**, しるしである, …を意味する；…を(暗に)示す ‖ A falling barometer ～*s* the coming of a storm. 気圧の低下は嵐(あらし)の到来の兆候だ / His reply ～*s* total disagreement. 彼の答えは全面的不賛成を示している
b《(+**to** 名)+(**that**) 節》(…に)…ということを物語る, (暗に)示す ‖ Is there any evidence to ～ *that* he did it? 彼がそれをしたことを示す何か証拠はあるのですか
❸ **a**《+目》〔意向・計画など〕を〈…に〉(簡単に)述べる, ほのめかす〈**to**〉‖ They have already ～*d* their willingness to cooperate. 彼らはすでに協力する意向をほのめかしている
b《(+**to** 名)+(**that**) 節 / **wh** 節》(…に)…だと(簡単に)述べる, ほのめかす ‖ The Prime Minister has not ～*d* even *to* those close to him (*that*) he may resign. 首相は辞任することもあるとは側近筋にさえ漏らしていない
❹《通例受身形で》(手術・治療などが)必要である；(対策・手段などが)勧められる ‖ In this case surgery is ～*d*. この場合には手術が必要だ / Increased taxation was ～*d*. 増税の必要性が勧告された
❺《英》(車・運転者が)方向指示器[手信号]で〔進行方向〕を合図する；〈…するという〉信号[合図]を出す〈**that** 節〉
—自《英》(人・車が)方向指示器[手信号]で合図する

in·di·càt·ed /-ɪd/ 形 計器[インジケーター]に示された ‖ ～ horsepower 図示馬力

***in·di·ca·tion** /ìndɪkéɪʃən/ 名〔◁ indicate 動〕❶ C U しるし, 表れ, 兆候〈**of** …の / **that** 節 …ということの〉‖ There's no ～ *of* a rise in the cost of living. 生活費上昇の兆しはない / He gives his wife little ～ *of* what he feels. 彼は妻に自分が何を考えているのかほとんど示さない / There is every ～ *that* the economy is picking up. 経済が回復しつつある兆しが十分にある ❷ U 指示, 指摘 ❸ C (計器の)表示, 読み ❹ C〖医〗〈治療を要する〉兆候, 症状〈**for**〉

***in·dic·a·tive** /ɪndíkətɪv/ 形 ❶《通例叙述》〈…を〉表示する, 示す〈**of**〉‖ His gesture was ～ *of* displeasure. 彼のしぐさは不快感を表していた ❷《限定》〖文法〗直説法の《略 ind., indic.》(→ subjunctive) ‖ the ～ mood 直説法 —名〖文法〗《the ～》直説法；C 直説法の動詞(形) **～·ly** 副

***in·di·ca·tor** /índɪkèɪṭər/ 名 C ❶ 指示者[物]; 指針, 尺度, 指標 ‖ an ～ of affluence 豊かさの尺度 / an economic ～ 経済指標 ❷ 表示計器, メーター；(計器の)指針 ‖ a speed ～ スピードメーター ❸《英》(車の)方向指示器[灯](《米》turn signal)；《英》(駅・空港などの)案内板 ❹〖化〗指示薬；トレーサー(tracer) ❺〖生態〗指標植物[動物]

in·dic·a·to·ry /índɪkətɔ̀ːri, ɪndík- | ɪndíkətəri/ 形 = indicative ❶

in·di·ces /índɪsìːz/ 名 index の複数の1つ

in·di·ci·a /ɪndíʃiə/ 名 複 (単数形は **-ci·um** /-ʃiəm/) ❶ (特徴的な)目印, 兆候 ❷ (料金別納郵便物の)証印

in·dict /ɪndáɪt/《発音注意》動 他《主に米》〖法〗…を〈…のかどで〉起訴する, 告発する(accuse)〈**for**〉(♦しばしば受身形で用いる) ‖ be ～*ed for* fraud 詐欺罪で起訴される

in·dict·a·ble /ɪndáɪṭəbl/《発音注意》形 起訴[告発]されるべき；(犯罪などの)起訴を可能にする

in·dict·ee /ɪndaɪtíː/《発音注意》名 C《主に米》被起訴者

in·dict·er /ɪndáɪṭər/《発音注意》名《主に米》C 起訴者

***in·dict·ment** /ɪndáɪtmənt/《発音注意》名 C ❶《通例単数形で》(社会・制度などの)過ちを示すもの, 啓発するもの ‖ Those cruel crimes are an ～ of society. そうした残酷な犯罪は社会に問題があることを示している ❷ C U

《主に米》〖法〗起訴(手続き), 告発 ‖ He is under ～ for murder. 彼は殺人罪で起訴されている ❸《主に米》〖法〗起訴状 ‖ bring in an ～ against her 彼女に対する起訴状を提出する；彼女を起訴する

in·die /índi/ 名《俗》C ❶ 独立プロ, インディーズ《メジャーでないレコード会社・そこに所属するバンドなど》❷ 独立系の映画製作会社
━形《俗》(レコード会社・バンドなどが)インディーズ系の, 独立プロの(◆*inde*pendent より)

in·dif·fer·ence /ɪndífərəns/ 名 (◆ difference の反意語ではない) U ❶〈…への〉無関心, 無頓着(ﾑﾄﾝﾁｬｸ)；冷淡〈**to, toward**〉‖ We cannot regard his behavior with ～. 彼の態度を黙って見過ごすことはできない / show ～ *to* art 芸術に無関心である ❷〈…にとって〉重要でないこと, どうでもよいこと〈**to**〉‖ It is a matter of complete ～ *to* me whether you achieve your goal. 君が目的を達成するかどうかは私には全くどうでもいいことだ

in·dif·fer·ent /ɪndífərənt/ 形 (◆ different の反意語ではない) ❶《通例叙述》〈…に〉無関心な, 無頓着な, 冷淡な〈**to, toward**〉(⇨ **類語**) ‖ He is ～ *to* his appearance. 彼は外見を気にしない / ～ *to* other people's feelings 他人の気持ちを省みない / ～ *to* tradition 伝統に無関心な ❷《限定》よくも悪くもない, ふつうの, 並の；《婉曲的》いささか劣る, ちょっとひどい(◆この意味では very を伴って「とてもひどい」の意味になることがある) ‖ give an ～ performance まあまあの演奏をする / produce a very ～ score ひどい得点をあげる ❸ えこひいきのない, 公平な ‖ an ～ decision 公平な決定 / remain ～ in a dispute 論争でどちらにも加担せずにいる ❹ 重要でない, どうでもよい ‖ The time of departure is altogether ～ to me. いつ出発しても私は全く構わない
～·ly 副 無頓着に, 冷淡に；よくも悪くもなく；下手に

類語《❶》**indifferent** 関心や好奇心がない. 意味が近いのは uninterested.〈例〉She may seem *indifferent*, but she really does care. 彼女は見掛けはどうでもよさそうでも, 実は気にしているんだ
disinterested 自己の利益を図る意図がない；公平な.〈例〉a *disinterested* mediator 公平無私の調停者
uninterested 関心・興味がない.〈例〉I'm completely *uninterested* in golf. ゴルフには全く興味がない(＝I do not find golf interesting at all.)

indífferent·ìsm 名 U (特に宗教上の)無関心；信仰無差別論 **-ist** 名

in·di·gence /índɪdʒəns/ 名 U《堅》貧困, 貧窮

in·dig·e·nous /ɪndídʒənəs/ 形 ❶ (特に動植物が) 土着の；〈その土地に〉固有の, 原産の〈**to**〉‖ plants ～ *to* the district その地域固有の植物 ❷ 生まれながらの, 〈…に〉生来の(innate)〈**to**〉 **～·ly** 副 **～·ness** 名

in·di·gent /índɪdʒənt/《堅》形 貧しい, 貧窮した
━名 C 貧困者

in·di·gest·i·ble /ìndɪdʒéstəbl/ ⟨ジ⟩ 形 消化できない[しにくい]；理解できない[しにくい]；鼻持ちならない
ìn·di·gèst·i·bíl·i·ty 名 U 消化不良

in·di·ges·tion /ìndɪdʒéstʃən/ 名 U 消化不良(による痛み), 胃弱；理解不足, 未消化, 生硬 **-tive** 形

in·dig·nant /ɪndígnənt/ 形 憤った, 憤慨した, 怒った〈**with** 人に；**at, about, over** 事柄・行為に / **that** 節 …ということに〉‖ He was ～ *with* me for having told him a lie. 彼は私がうそをついたことに腹を立てていた / She became ～ *at* 「the accusation [having been cheated]. 彼女はその非難[だまされたこと]に憤然とした / We are ～ *that* the concert was suddenly cancelled. 私たちはコンサートが突然中止になったことに憤っている **～·ly** 副

in·dig·na·tion /ìndɪgnéɪʃən/ 名 U 憤り, 憤慨, 義憤〈**with, against** 人に；**at, over, about** 事柄・行為に〉(⇨ ANGER **類語**) ‖ The decision aroused their ～. その決定で彼らは義憤に駆られた / feel strong ～ *with* [OR *against*] him 彼に強い憤りを感じる / express one's ～ *at* unfair treatment 不公正な扱いに憤りを表す / in one's ～ *over* the state of the world 世界情勢に憤って / to one's (great) ～《文修飾》(人が)(大いに)憤ったことに

in·dig·ni·ty /ɪndígnəṭi/ 名 (複 **-ties** /-z/) U C 侮辱(的行為), 軽蔑, 無礼

in·di·go /índɪgòu/ 名 (複 **～s, ～es** /-z/) ❶ U インディゴ, 藍(ｱｲ)《染料》；藍色 ❷ C〖植〗インドアイ
▸▸ **～ blúe** (↓) **～ snáke** 名 C〖動〗インディゴヘビ《北米南東部に分布する無毒の大型蛇》

ìndigo blúe 名 U 藍(ｱｲ)色；インディゴ青《染料 indigo の主成分で染色素》 **ìndigo-blúe** 形

***in·di·rect** /ìndərékt, -daɪ-/ ⟨ジ⟩ 形 (**more ～；most ～**) (↔ direct)《通例限定》❶ 間接の, 二次的な, 副次的な；間接税の；間接費の ‖ an ～ result 副次的結果, 副産物 ❷ (表現・行為などが) 間接的な, 遠回しの ‖ an ～ reply [accusation] 遠回しの答え[非難] / ～ control 間接的統制 ❸ (道などが) 真っすぐでない, 遠回りの ‖ an ～ route 迂回(ｳｶｲ)路, 回り道 ❹ 不正な, 曲がった ‖ ～ methods 不正手段 ❺〖サッカー〗(フリーキックが) 間接の ‖ an ～ free kick 間接フリーキック **～·ness** 名
▸▸ **～ cóst** 名 C《通例 ～s》〖経〗間接費 **～ óbject** 名 C〖文法〗間接目的語 **～ quéstion** 名 C〖文法〗間接疑問文《被伝達部としての疑問文.〈例〉He asked me *where she was.*》 **～ spéech** 名 U〖文法〗間接話法 (→ speech ❻) **～ táx** 名 C U 間接税 **～ taxátion** 名 U 間接課税(方式)

in·di·rec·tion /ìndərékʃən, -daɪ-/ 名 U C ❶ 遠回しの方法[手段] ‖ by ～ 遠回しに ❷ 不正, 偽り, 策略

***in·di·rect·ly** /ìndəréktli, -daɪ-/ 副 (**more ～；most ～**) 間接的に, 遠回しに, 副次的に

in·dis·cern·i·ble /ìndɪsə́ːrnəbl, -zə́ːrn-/ ⟨ジ⟩ 形 識別できない, 見分けにくい, はっきりしない **-bly** 副

in·dis·ci·pline /ɪndísəplɪn/ 名 U 無規律

in·dis·creet /ìndɪskríːt/ ⟨ジ⟩ 形 (言動が) 無分別な, 軽率な, 無思慮な ‖ an ～ remark 不用意な言葉

in·dis·cre·tion /ìndɪskréʃən/ 名 U 無分別, 無思慮, 軽率；C 軽率な行動；《婉曲的》不謹慎な行動《軽犯罪・男女関係の過ちなど》；うっかり口を滑ら(して秘密を漏ら)すこと ‖ have the ～ to do 無分別にも…する / his youthful ～*s* 彼の若気(ﾜｶｹﾞ)の過ち

***in·dis·crim·i·nate** /ìndɪskrímɪnət/ ⟨ジ⟩ 形 ❶〈…に〉見さかいのない, 無差別な, 思慮の足りない〈**in**〉‖ He was ～ *in* making friends and is now unsure of who his real friends are. 彼はだれかれなしに友達を作ったので今ではだれが本当の友達なのか自信がない / ～ killing 無差別殺戮(ｻﾂﾘｸ) / ～ reading 乱読 ❷ 乱雑な, ごちゃまぜの；混乱した ‖ an ～ pile of letters 乱雑な手紙の山
～·ly 副 **～·ness** 名

***in·dis·pen·sa·ble** /ìndɪspénsəbl/ ⟨ジ⟩ 形 ❶〈…に〉不可欠な, なくてはならない, 必須の〈**to, for**〉(⇨ NECESSARY **類語**) ‖ His help is ～「*to* us [*for* the success of the project]. 我々には[その計画の成功には] 彼の助けが絶対に必要だ ❷ (法則・義務などが) 避けられない, 無視できない
ìn·dis·pèn·sa·bíl·i·ty, ～·ness 名 **-bly** 副

in·dis·posed /ìndɪspóuzd/ ⟨ジ⟩ 形《叙述》《堅》❶ 軽い病気にかかった, 気分のすぐれない ‖ be ～ with a cold 風邪で気分がすぐれない ❷ 気のない, 気が向かない〈**for** …に / **to do** …する〉‖ be ～ *to* help 助ける気のない

in·dis·po·si·tion /ìndɪspəzíʃən/ 名 U C《堅》❶ 気分がすぐれないこと, 軽い病気 ❷ 気が進まないこと, いや気

in·dis·pu·ta·ble /ìndɪspjúːṭəbl/ ⟨ジ⟩ 形 議論の余地のない, 明白な ‖ an ～ fact 明白な事実 **-bly** 副

in·dis·sol·u·ble /ìndɪsɑ́(ː)ljubl | -sɔ́l-/ ⟨ジ⟩ 形 ❶ 分解[溶解]できない, 壊れない, 堅固な ❷ 揺るぎない, 永続的な
ìn·dis·sòl·u·bíl·i·ty, ～·ness 名 **-bly** 副

in·dis·tinct /ìndɪstíŋkt/ ⟨ジ⟩ 形 (形・音などが) 不明瞭

(ふめいりょう)な, ぼんやりした;(輪郭・区別などが)ぼやけた, はっきりしない **~·ly** 副 **~·ness** 名

in·dis·tin·guish·a·ble /ìndɪstíŋgwɪʃəbl/ ⊲ 形 ❶〈…と〉区別できない, 見分けのつかない〈**from**〉‖ ~ *from* the real thing 本物と見分けがつかない ❷ 判然としない, はっきりしない, ぼやけた **~·ness** 名 **-bly** 副

in·di·um /índiəm/ 名 U 〖化〗インジウム《金属元素. 元素記号 In》

⁂**in·di·vid·u·al** /ìndɪvídʒuəl/ 《アクセント注意》形 名

—形〔▶ individualism 名, individuality 名〕(**more ~; most ~**)
❶《比較なし》《限定》一個の; **個々の**, 別々の(↔ collective) (♦ しばしば each の後に用いられる) ‖ Each ~ case should be treated differently. 個々の事例はそれぞれ異なった扱いをするべきだ / check every ~ part 個々の部品をすべて検査する
❷《比較なし》《限定》個人の, **個人的な**; 1人用[一人前]の, 個人向けの ‖ ~ differences in taste 好みにおける個人差 / ~ privacy 個人のプライバシー
❸《通例限定》(よい意味で)個性的な, (その人)**独特の**(↔ conventional) ‖ The actor has a very [OR highly] ~ style. その俳優はとても個性的な芸風を持っている / his very ~ wit 彼の極めて独特なウイット

—名 (複 **~s** /-z/) C ❶(社会階級・集団・家族などに対し)**個人**, 個体;(固有の思想・感情を持つ)**人**, 一個人;《堅》(一般に)人 ‖ the relations between the ~ and society 個人と社会との関係 / the behavior of **each** ~ 個々人の行動 / treat him as an ~ 彼を一個人として扱う / Two ~*s* were placed under arrest. 2人の人が拘留されている(♦ person を用いる方が一般的)
❷《形容詞を伴って》《口》…な人; 風変わりな人 ‖ a cultivated ~ 教養のある人 / an ordinary ~ ふつうの人 / an odd ~ 変わり者

語源 ラテン語 *in*-(…できない)+*dividere*(分割する): これ以上分割できない(単位)

***in·di·vid·u·al·ism** /ìndɪvídʒuəlɪzm/ 名〔◁ individual 形〕U ❶ 個人主義, 自立主義 ❷ 個性, 独自性 ❸〖社〗個人主義《個人の行動の自由は国家統制に優先するとする》;〖政〗自立主義《国家は政治・経済を統制すべきでないとする》❹ 利己主義

***in·di·vid·u·al·ist** /ìndɪvídʒuəlɪst/ 名 C 個人主義者; 利己主義者; 自立主義者

in·di·vid·u·al·is·tic /ìndɪvìdʒuəlístɪk/ 形 個人主義(者)の; 利己主義(者)の(♥ egotistic の婉曲語)

***in·di·vid·u·al·i·ty** /ìndɪvìdʒuǽləṭi/ 名〔◁ individual 形〕(複 **-ties** /-z/) ❶ U 個性, 特性, 人格(⇨ CHARACTER 類語) ❷ C《**-ties**》(好みなどでの)個人的特性 ❸ U 個であること; C 個体, 個人; 個性的な人[もの]

in·di·vid·u·al·ize /ìndɪvídʒuəlàɪz/ 動 他 ❶ …に個性を与える, …を独特なものにする ❷ …を個々に述べる, 特記する **ìn·di·vìd·u·al·i·zá·tion** 名

ìn·di·víd·u·al·ìzed 形 個人の好みに合わせた ‖ an ~ learning program 個人に合わせた学習計画

***in·di·vid·u·al·ly** /ìndɪvídʒuəli/ 副 ❶ 個別に, めいめいに(↔ collectively) ❷《文修飾》個人的に(は), 個人としては, 一つ一つを見れば ‖ *Individually*, these students are nice boys. 一人一人をとってみれば, この生徒たちはよい少年たちだ ❸ 個性的に, 独特のやり方で

in·di·vid·u·ate /ìndɪvídʒuèɪt/ 動 他 ❶ …に個性を与える ❷ …を個体化する **ìn·di·vìd·u·á·tion** 名

in·di·vis·i·ble /ìndɪvízəbl/ ⊲ 形 分割できない;〖数〗割り切れない, 整除できない
ìn·di·vis·i·bíl·i·ty 名 **-bly** 副

Indo- /índoʊ-/ 連結形「インド(人)の」,「インドおよび…の」の意

Ìndo-Áryan ⊲ 名 ❶ C インド=アーリア人 ❷ U インド=アーリア語 —形 インド=アーリア(人[語])の

Ìndo-Canádian 名 C《カナダ》インド[南アジア]出身のカナダ人, 南アジア系カナダ人

In·do·chi·na /ìndoutʃáɪnə/ ⊲ 名 インドシナ ❶(広義に)ベトナム, ラオス, カンボジア, タイ, ミャンマーおよびマレー半島を含むアジア南東部の半島全域 ❷(狭義に)旧仏領インドシナ **-chinése** 形 名 (複 ~) C インドシナの(人)

in·doc·ile /ɪndá(:)səl | -dóusaɪl/ 形 教えにくい, 素直でない, いうことをきかない **in·do·cíl·i·ty** 名

in·doc·tri·nate /ɪndá(:)ktrɪnèɪt | -dɔ́k-/ 動 他 …に(教義・学説・信条などを無批判に)教え込む, たたき込む ‖ ~ him with ideas 彼に考えを教え込む
in·dòc·tri·ná·tion 名

Ìndo-Européan ⊲ 形 名 U インド=ヨーロッパ語族(の), 印欧語族(の)《ヨーロッパの言語のほとんど, およびアジア南西部・インドの言語の多くを含む大語族. 略 I.E.》; C インド=ヨーロッパ語を話す人

Ìndo-Germánic 形 名 Indo-European の旧名

Ìndo-Iránian ⊲ 名 U 形 インド=イラン語(の)

in·do·lence /índələns/ 名 U 怠惰, 無精

in·do·lent /índələnt/ 形 ❶ 楽をしたがる, 横着な, 怠惰な ❷〖医〗痛みを伴わない《特にゆっくり進行し, あるいは治りにくい潰瘍(かいよう)など》 **~·ly** 副

in·dom·i·ta·ble /ɪndá(:)məṭəbl | -dɔ́mɪ-/ 形 (勇気などが)くじけない, 不屈の **~·ness** 名 **-bly** 副

⁂**In·do·ne·sia** /ìndouní:ʒə, -ʃə, -də-/
—名 **インドネシア**《東南アジア南部の共和国. 公式名 the Republic of Indonesia. 首都 Jakarta》

***In·do·ne·sian** /ìndouní:ʒən, -ʃən, -də-/ ⊲ 形 インドネシアの, インドネシア人[語]の
—名 (複 **~s** /-z/) ❶ C インドネシア人 ❷ U インドネシア諸語; インドネシア公用語(Bahasa Indonesia)

***in·door** /ìndɔ́:r/ ⊲ 形《限定》屋内の, 室内の; 室内用の(↔ outdoor) ‖ ~ games 室内遊戯, 屋内競技

***in·doors** /ìndɔ́:rz/ ⊲ 副 屋内で[に, へ](↔ outdoors) ‖ stay [OR keep] ~ 家に閉じこもる / play ~ 屋内で遊ぶ / go ~ 家の中に入る
her indóors《口》《戯》妻, パートナーの女性

Ìndo-Pacífic 形 インド洋=太平洋地域の

in·dorse /ɪndɔ́:rs/ 動 =endorse

In·dra /índrə/ 名〖ヒンドゥー教〗インドラ《雷や戦争をつかさどる神》

in·drawn /ìndrɔ́:n/ ⊲ 形 ❶《限定》(息が)吸い込んだ, 吸気の ❷ (人などが)内にこもりがちな, 内気な

in·dri /índri/ 名 C〖動〗インドリ《マダガスカル島産の短尾のキツネザル. 原猿類中の最大種》

in·du·bi·ta·ble /ɪndjú:bəṭəbl | -bɪ-/ 形 疑う余地のない, 明らかな **-bly** 副

***in·duce** /ɪndjú:s/ 動〔▶ induction 名, inducement 名〕他 ❶ (+目+**to** *do*)〔人〕に(説いて)…させる, …するようにしむける ‖ It is difficult to ~ him *to* talk. 彼に口を開かせるのは難しい / Nothing would ~ me *to* set foot within her house. どんなことがあろうと彼女の家には足を踏み入れるものか ❷ …を引き起こす, 誘発する(≒ bring about) ‖ Overwork ~*s* stress. 過労はストレスを生む / ~ a change of foreign policy 外交政策の変更をもたらす / a drought-~*d* famine 干ばつによる飢饉(ききん) ❸〖医〗〔陣痛〕を(薬剤で)人工的に誘発する;〔妊婦〕に人工分娩(ぶんべん)させる;〔赤ん坊〕を人工分娩する ‖ ~*d* labor 人工陣痛 ❹〖電〗〔電気・磁気〕を誘導する;〖理〗(非放射性物質に)〔放射能〕を誘発する ‖ ~*d* radioactivity 誘発放射能 ❺〖論〗〔結論など〕を帰納(的に推論)する(↔ deduce)

語源 *in*- into+-*duce* lead(導く): 導き入れる, 誘い込む

▶▶ **~d pluripòtent stém cèll** 名 C〖医〗人工[誘導]多能性幹細胞, iPS細胞

indúce·ment /-mənt/ 名〔◁ induce 動〕C U 動機, 刺激, 誘因《特に報奨金・賄賂(わいろ)など》〈**to** …への / **to** *do* …する〉

in·duct /ɪndʌ́kt/ 動 他 (♦しばしば受身形で用いる) ❶…を〈聖職・地位などに〉正式に就任させる〈**to, into, as**〉‖ be ~*ed to* benefice (禄(ろく)付きの)聖職に就任する ❷…を〈会・団体などに〉加入させる〈**into, to**〉;…に〈秘術などを〉手ほどきする〈**into, to**〉;《米》…を〈軍隊に〉徴兵する〈**into**〉‖ ~ him *into* a society 彼を会に入れる

in·duct·ance /ɪndʌ́ktəns/ 名 U C 〖電〗インダクタンス, 誘導係数;誘導回路, 誘電子

in·duct·ee /ɪ̀ndʌktíː/ 名 C 《米》徴集兵, 応召兵

in·duc·tion /ɪndʌ́kʃən/ 名 〔◁ induce 動〕 ❶ U 〖電〗誘導, 感応 ❷ U C 〖論・数〗帰納(法)(↔ deduction); C 帰納的結論 (⇨ DEDUCTION **BYB**) ❸ U C 〈聖職などへの〉就任(式);加入;伝授, 手ほどき〈**into**〉;《米》徴兵 ‖ the ~ of Mr. A *into* the Hall of Fame A氏の栄誉の殿堂入り ❹ U 誘発, 引き起こすこと;〖医〗(薬剤による)人工的誘発 ‖ ~ of labor 薬剤によって陣痛を引き起こすこと

▸▸ **~ còil** 名 C 〖電〗誘導[感応]コイル **~ còurse** 名 C 《英》(新入生・新入社員などへの)オリエンテーション **~ hèating** 名 U 〖電〗誘導加熱《電磁誘導により電流を導入して行う》 **~ lòop** 名 C 誘導ループシステム《劇場内に設置されたループアンテナから電波を補聴器で受信できるようにした設備》

in·duc·tive /ɪndʌ́ktɪv/ 形 ❶〖論〗帰納的な(↔ deductive) ‖ ~ reasoning 帰納的推理 ❷〖電〗(電気[磁気])誘導の **~·ly** 副 **~·ness** 名

in·dúc·tor /-tər/ 名 C ❶〖電〗誘導回路, 誘電子 ❷〖化〗感応物質, 誘導質 ❸ (聖職などへの)授職者

in·due /ɪndjúː/ 動 =endue

in·dulge /ɪndʌ́ldʒ/ 動 〔▶ indulgence 名, indulgent 形〕 自 ❶ (+in 名)…に夢中になる,〔不健全な楽しみ〕にふける, おぼれる ‖ She ~*s in* binge eating. 彼女は大食にふけっている / ~ *in* nostalgic memories 懐古の思いにどっぷり浸る ❷《口》深酒をする ‖ He held up the bottle, asking, "Do you ~?" 彼は瓶を持ち上げて「たっぷりやるか」と聞いた **—** 他 ❶〔人〕を甘やかす, 思いのままにさせる;〔人〕を〈物で〉喜ばせる〈**in, with**〉‖ She ~*s* her grandson *with* pocket money. 彼女は孫に小遣いをやって甘やかしている ❷ (~ oneself で)〈…を〉満喫する, 心行くまで楽しむ〈**in, with**〉‖ He ~*d* himself *in* skiing all day. 彼は1日中心行くまでスキーをした ❸〔欲望など〕を思う存分満たす ‖ I sometimes ~ my love of travel by dropping everything and grabbing the first flight available. たまにすべてをほうり出し最初にとれた便に飛び乗って旅行の虫を満足させている ❹ (借り手に)支払いの猶予を与える

•**in·dul·gence** /ɪndʌ́ldʒəns/ 名 〔◁ indulge 動〕 ❶ U 耽溺(たんでき), 〈…に〉ふけること〈**in**〉‖ ~ *in* bad habits 悪癖にふけること ❷ C 楽しみ, 道楽, 好物 ‖ What's your greatest ~? あなたの一番の楽しみは何ですか ❸ U 気ままにさせること, 甘やかし;勝手気まま, わがまま ‖ The child is treated with ~. その子供は甘やかされている ❹ U 寛大さ, 大目に見ること ❺〖カト〗U 免責;C 免罪符 ❻ U 〖英国史〗信教の自由

•**in·dul·gent** /ɪndʌ́ldʒənt/ 形 〔◁ indulge 動〕気ままにさせる;〈…に〉寛大な, 甘い(↔ strict)〈**with, to, toward**〉‖ ~ parents 甘い両親 / ~ *with* [OR *to, toward*] one's children 子供に甘い / ~ in marking 採点が甘い **~·ly** 副

in·du·na /ɪndúːnə/ 名 C 《南ア》(部族の)長老

in·du·rate /índjərèɪt | -djuə-/ (→ 形) 動 他 自 《文》固くする[なる], 硬化する;冷酷にする[なる] **—** 形 /índjərət, -rèɪt/ 冷酷な(unfeeling) **ìn·du·rá·tion** 名 **-rà·tive** 形 硬化させる

In·dus /índəs/ 名 《the ~》インダス川《インド北西部からパキスタン中央部を通ってアラビア海に注ぐ大河》

⁝**in·dus·tri·al** /ɪndʌ́striəl/ 《アクセント注意》 **—** 形 〔◁ industry 名〕《比較なし》《通例限定》(♦ industrious と区別) ❶ **産業の**, 工業の, 工業用の ‖ ~ development 産業振興 / ~ products 工業製品 / ~ alcohol 工業用アルコール ❷ 産業[工業]の発達した;産業[工業]に従事している;産業[工業]労働者の ‖ the ~ countries [OR nations] 工業国 / ~ workers 産業労働者 / ~ welfare 産業福祉 **—** 名 (複 **~s** /-z/) C ❶ (~s)工業株 ❷ 産業労働者[製品];生産会社 **~·ly** 副

▸▸ **~ áction** 名 U 《英》(労働者の)示威行為《ストライキなど》(《米》job action) ‖ take ~ *action* 示威行為に出る **~ archaeólogy** 名 U 産業考古学 **~ árts** 名 U 《米》工芸技術 **~ dispúte** 名 C U 労働争議 **~ éspionage** 名 U 産業スパイ(行為) **~ estáte** 名 C 《主に英》=industrial park **~ párk** 名 C 《米・豪》工業団地 **~ relátions** 名 複 労使関係 **Indùstrial Revolútion** 名 《the ~》産業革命《18世紀後半に英国で始まった, 技術革新に伴う産業・経済・社会上の大変革》 **~ tribúnal** 名 C (英国の)労働審判所 **~ únion** 名 C 産業別労働組合(→ craft union)

indústrial·ìsm 名 U 産業主義

indústrial·ist /-ɪst/ 名 C 産業経営者, 実業家

•**in·dus·tri·al·i·za·tion** /ɪndʌ̀striələzéɪʃən | -əlaɪ-/ 名 U 産業化, 工業化

•**in·dus·tri·al·ize** /ɪndʌ́striəlàɪz/ 動 他 〔国・地域など〕を産業化[工業化]する **—** 自 産業化[工業化]する

•**in·dus·tri·al·ized** /ɪndʌ́striəlàɪzd/ 形 産業[工業]化された

indústrial-strèngth 形 工業用強度の, 極めて強力な

in·dus·tri·ous /ɪndʌ́striəs/ (♦ industrial と区別) 形 勤勉な, よく働く(⇨ DILIGENT **類語**) **~·ly** 副 **~·ness** 名

⁝**in·dus·try** /índəstri/ 《アクセント注意》 **—** 名 〔▶ industrial 形〕 (複 **-tries** /-z/) U ❶ **産業**, 工業(↔ agriculture);C (個々の)産業, 商売(♦ 形容詞は industrial) ‖ heavy [light] ~ 重[軽]工業 / go into the auto (mobile) ~ 自動車産業に入る / the airline [broadcasting] ~ 航空産業[放送事業] / a major [basic] ~ 主要[基幹]産業 / ten years of experience in the service ~ サービス産業で10年勤めた経験 ❷《堅》勤勉, 努力(♦ 形容詞は industrious) ‖ win success by ~ 勤勉によって成功を勝ち取る ❸《口》(特別なテーマ・人の)…研究;(大勢の人が従事する)…産業 ‖ the Harry Potter ~ ハリー=ポッター研究 / the counseling ~ カウンセリング産業 ❹ 《集合的に》経営者(側);産業界 ‖ labor and ~ 労使 ❺ 組織的作業, 勤労

índustry-wìde 形 《限定》産業全体の

in·dwell /ɪndwél/ 動 (**-dwelt** /-dwelt/, **~·ing**) 《堅》 他 (精神・霊などが)…に宿る, 内在する **—** 自 (精神・霊などが)宿る, 内在する **~·er** 名 C 内在者[物]

In·dy /índi/ 名 =Indianapolis 500

Índy·càr 名 C インディアナポリス500マイルレース用の車

-ine[1] 接尾 《形容詞語尾》「…に属する;…の性質の」などの意 ‖ Alp*ine*, div*ine*, femin*ine*, mar*ine*, crystall*ine*

-ine[2] 接尾 《名詞語尾》 ❶ 《女性名詞語尾》 ‖ hero*ine*, Clement*ine* ❷ 《抽象名詞語尾》 ‖ doctr*ine*, medic*ine* ❸ 《化学用語》 ‖ coca*ine*, brom*ine*, quin*ine*

in·e·bri·ant /ɪníːbriənt/ 形 名 C 酔わせる(もの)

in·e·bri·ate /ɪníːbrièɪt/ (→ 形 名) 《堅》《戯》 動 他 …を酔わせる;…を有頂天にさせる, …の気分を高揚させる **—** 形 /ɪníːbriət/ 酔った(drunk) **—** 名 /ɪníːbriət/ C 酔っ払い;飲んだくれ **-àt·ed** 形 **in·è·bri·á·tion** 名

in·e·bri·e·ty /ìnibráɪəti/ 名 U 酔い, 酩酊(めいてい)

I

in·ed·i·ble /ɪnédəbl/ 形 食用に適さない, 食べられない (uneatable) **in·èd·i·bíl·i·ty** 名 **-bly** 副

in·ed·u·ca·ble /ɪnédʒəkəbl | -édju-, -édʒu-/ 形 (知能の発達の遅れなどで)教育が施せない

in·ef·fa·ble /ɪnéfəbl/ 形 ❶ 言いようのない, 言語に絶する(ほど圧倒的な) ❷ (みだりに)口にすべきでない **in·èf·fa·bíl·i·ty** 名 **-bly** 副

in·ef·face·a·ble /ìnɪféɪsəbl/ 〈シ〉 形 《堅》消すことのできない, 忘れられない **in·ef·fàce·a·bíl·i·ty** 名 **-bly** 副

in·ef·fec·tive /ìnɪféktɪv/ 〈シ〉 形 ❶ 期待した効果のあがらない, 無駄な ❷ 無能な **~·ly** 副 **~·ness** 名

in·ef·fec·tu·al /ìnɪféktʃuəl/ 〈シ〉 形 ❶ 効果のあがらない, 無駄な ❷ (人が)無力な **~·ly** 副 **~·ness** 名

in·ef·fi·cien·cy /ìnɪfíʃənsi/ 名 (複 **-cies** /-z/) ❶ U 非能率; 無能; 無効果 ❷ C 無駄な行為[計画]

***in·ef·fi·cient** /ìnɪfíʃənt/ 〈シ〉 形 (↔ efficient) ❶ (時間・製品・システムなどが) 非能率的な, 効率の悪い ❷ (人が)無能な, 役に立たない **~·ly** 副

in·el·e·gance /ɪnélɪɡəns/ 名 U 優美でないこと, 洗練されていないこと, やぼったさ

in·el·e·gant /ɪnélɪɡənt/ 形 優美でない, 洗練されていない, やぼったい, 粗野な **~·ly** 副

in·el·i·gi·ble /ɪnélɪdʒəbl/ 形 資格のない, 法的資格に欠ける, 不適格な〈**for** 職務に選ばれる / **to** *do* …する〉‖ ~ *for* the position その地位に就く資格のない
—— 名 C 不適格者 **in·èl·i·gi·bíl·i·ty** 名 **-bly** 副

in·e·luc·ta·ble /ìnɪlʌ́ktəbl/ 〈シ〉 形 《堅》避けられない, 不可抗力の **in·e·lùc·ta·bíl·i·ty** 名 **-bly** 副

in·ept /ɪnépt/ 形 ❶ (特定の作業に必要な) 能力[技量]に欠ける, 無能な; 不器用な ❷ 場違いの, 的外れの; ばかげた **~·ly** 副 **~·ness** 名

in·ept·i·tude /ɪnéptɪtjù:d/ 名 ❶ U 力不足, 適性の欠如 ❷ C 場違い[的外れ]の言動

***in·e·qual·i·ty** /ìnɪkwá(:)ləṭi | -kwɔ́l-/ 名 (複 **-ties** /-z/) U C ❶ 不平等, 不均等; 不公平な事柄 ‖ social ~ 社会的不平等 / ~ of opportunity 機会の不均等 / *inequalities* in education 教育の不平等 ❷ (表面の) でこぼこ; (数の)不ぞろい, 不規則; (温度などの)変動 ❸ 〖数〗不等(式)

in·eq·ui·ta·ble /ɪnékwəṭəbl | -wɪ-/ 形 不公平な, 不当な **-bly** 副

in·eq·ui·ty /ɪnékwəṭi/ 名 (複 **-ties** /-z/) ❶ U 《堅》不公正, 不公平 ❷ C 《-ties》不公平な事態 ‖ social *inequities* 社会的不公平

in·e·rad·i·ca·ble /ìnɪrǽdɪkəbl/ 〈シ〉 形 根絶できない, 根深い **-bly** 副

in·er·rant /ɪnérənt/ 形 《堅》間違うことのない, 無謬(むびゅう)の **-ran·cy** 名 U 無謬性

***in·ert** /ɪnə́:rt/ 形 ❶ 自分では動けない, 自動力のない ❷ (態度・取り組む姿勢などが)鈍い, 不活発な, 緩慢な; (作品などが)面白くない ❸ 〖化〗不活性の
▸▸ **~ gás** 名 U C 〖化〗不活性ガス(noble gas)

in·er·tia /ɪnə́:rʃə/ 名 U ❶ 不活発, 無精, ものぐさ ‖ through ~ 惰性で ❷ 〖理〗慣性 ‖ the law [moment] of ~ 慣性の法則[慣性モーメント] **-tial** 形
▸▸ **~ rèel** 名 C 慣性リール 《これに巻きつけたシートベルトの長さを自動的に調節する装置》 **~ sélling** 名 U 《英》押し付け販売 《注文しない商品を客に送りつけ, 返品がないと代金を請求する商法》

in·es·cap·a·ble /ìnɪskéɪpəbl/ 〈シ〉 形 逃れ[避け]られない, 不可避の ‖ an ~ duty 回避できない義務 **-bly** 副

in·es·sen·tial /ìnɪsénʃəl/ 〈シ〉 形 本質的でない, 全く重要[必要]でない; 実質のない —— 名 C 《通例 ~s》本質的[必要]でないもの **in·es·sèn·ti·ál·i·ty** 名

in·es·ti·ma·ble /ɪnéstɪməbl/ 形 計り知れない, 計り知れないほど大きい[貴重な] **-bly** 副

***in·ev·i·ta·ble** /ɪnévəṭəbl | -évɪ-/ 《発音・アクセント注意》 形 ❶ 避けられない, 必然的な(↔ avoidable) ‖ It is almost ~ that his youthful indiscretions will be revealed before the election. 彼の若気の過ちが選挙前に暴露されるのはまず避けられない / an ~ result 必然的な結果 ❷ 《限定》《口》お決まりの, 相変わらずの ‖ The Prime Minister closed his speech with his ~ joke. 首相は演説をお決まりの冗談で締めくくった
—— 名 《the ~》避けられないこと, 必然(性) ‖ accept [bow to] the ~ 必然を受け入れる[に屈する]
in·èv·i·ta·bíl·i·ty 名 U 不可避; C 避けられないこと

***in·ev·i·ta·bly** /ɪnévəṭəbli | -évɪ-/ 副 《通例文修飾》必然的に, 必ず; 《戯》思ったとおり ‖ Such a society will ~ bring itself to destruction. そのような社会は必然的に自ら破滅するだろう / *Inevitably*, this will take time. 当然これには時間がかかるだろう

in·ex·act /ìnɪɡzǽkt/ 〈シ〉 形 厳密でない, 正確でない

in·ex·act·i·tude /ìnɪɡzǽktɪtjù:d/ 名 U 不正確, 不精密; C 不正確な事例

in·ex·cus·a·ble /ìnɪkskjú:zəbl/ 〈シ〉 形 (人・行動が)弁解の余地のない, 許せない **-bly** 副

in·ex·haust·i·ble /ìnɪɡzɔ́:stəbl/ 〈シ〉 形 ❶ 無尽蔵の ❷ 疲れを知らない, 根気のよい **-bly** 副

in·ex·o·ra·ble /ɪnéksərəbl/ 形 《堅》動かし難い, 不変の; (人・行動などが)説得[懇願]に心を動かされない, 無情な, 冷酷な **-bly** 副

in·ex·pe·di·ent /ìnɪkspí:diənt/ 〈シ〉 形 不得策な, 不適当な **-ence** 名

***in·ex·pen·sive** /ìnɪkspénsɪv/ 〈シ〉 形 手ごろな値段の, あまり費用のかからない, (値打ちの割に値段の) 安い (♦ cheap と異なり「安物の, 安っぽい」の意味はない) (⇨ CHEAP 類語) ‖ This is ~ for a first edition. これは初版本にしては安い **~·ly** 副 **~·ness** 名

in·ex·pe·ri·ence /ìnɪkspíəriəns/ 名 U 未熟, 不慣れ; 経験不足; 世間知らず

in·ex·pe·ri·enced /ìnɪkspíəriənst/ 形 〈…に〉未熟な, 不慣れな〈**in**〉; 世間知らずの

in·ex·pert /ɪnékspə:rt/ 形 素人の, 未熟な **~·ly** 副

in·ex·pi·a·ble /ɪnékspiəbl/ 形 (罪が) 償いようのない; (怒り・感情などが)和らげられない **-bly** 副

in·ex·pli·ca·ble /ìnɪksplíkəbl/ 〈シ〉 形 説明不能の, 不可解な **in·ex·plì·ca·bíl·i·ty** 名 U 不可解 **-bly** 副

in·ex·press·i·ble /ìnɪksprésəbl/ 〈シ〉 形 (感情などが) 名状し難い, 言語に絶する **-bly** 副

in·ex·pres·sive /ìnɪksprésɪv/ 〈シ〉 形 表情[意味]のない, 無表情な ‖ an ~ face 無表情な顔 **~·ly** 副

in ex·ten·so /ɪn ɪksténsou/ 副 《ラテン》 (=at full length) 詳細に, 省略せずに

in·ex·tin·guish·a·ble /ìnɪkstíŋɡwɪʃəbl/ 形 消すことのできない; (感情などが)抑えきれない

in ex·tre·mis /ɪn ɪkstrí:mɪs/ 形 副 《ラテン》 (=in extremity) 死に臨んだ[で]; 絶体絶命の[で]

in·ex·tri·ca·ble /ìnɪkstríkəbl/ 〈シ〉 形 (問題・結び目などが) 解けない, 解決できない; 込み入った; (場所・状態などが)抜け出せない **-bly** 副

inf. 略 infantry; inferior; infinitive; infinity; informal; information

in·fal·li·bil·i·ty /ɪnfæ̀ləbíləṭi/ 名 U 誤りをおかさないこと, 絶対確実; 〖カト〗(ローマ教皇の)不可謬(ふかびゅう)性

***in·fal·li·ble** /ɪnfǽləbl/ 形 ❶ (人・判断などが) 決して誤らない, 絶対に正しい ‖ No doctor is ~. 絶対過ちを起こさぬ医者はいない ❷ (効果などが) 絶対確実な, 信頼できる ‖ an ~ remedy 絶対効く薬 ❸ 必ず起こる, 避けられない ❹ 〖カト〗 (教皇が) 絶対誤らない —— 名 C 絶対誤らない人[もの] **-bly** 副

***in·fa·mous** /ínfəməs/ 《発音・アクセント注意》 形 ❶ 〈…で〉悪名[悪評]の高い, 名うての〈**for**〉(♦ famous の反意語ではない) (⇨ FAMOUS 類語) ‖ That company is ~ *for* its forceful way of doing business. あの社は強引な商売で悪名が高い / an ~ traitor 悪名高い裏切り者

❷ 不名誉な, 恥ずべき；忌まわしい, いとうべき ‖ ～ behavior 恥ずべき振る舞い ❸〖法〗(人が) 公民権を剝奪された；(犯罪が) 破廉恥的な, 不名誉な　**～·ly** 副

in·fa·my /ínfəmi/ 名 (複 **-mies** /-z/) ❶ Ⓤ 悪名, 悪評；不名誉 (⇨ DISGRACE 類語) ❷ Ⓒ 恥ずべき行動 ❸ Ⓤ〖法〗公民権剝奪

***in·fan·cy** /ínfənsi/ 名 (複 **-cies** /-z/) Ⓤ ❶ 幼年時代, 幼少のころ, 幼時；《集合的に》幼児 ‖ He lost his parents in his ～. 彼は幼いころ両親と死別した ❷ (事柄などの) 初期, 揺籃(ようらん)時代 ‖ Market research is still only in its ～. 市場調査はまだほんの初期の段階にある ❸ Ⓤ Ⓒ〖法〗未成年 (minority)

in·fant /ínfənt/

—名 (複 **～s** /-s/) Ⓒ ❶ (まだ歩けない) **乳児**, 赤ん坊 (⇨ CHILD 類語P)
❷ **幼児**, 小児；《英・豪》(4–7歳の) 在学児童, 学童 ‖ the ～*s'* class 幼児クラス
❸〖法〗未成年者《ふつう18歳未満》

—形《限定》❶ 幼児の, 幼少の ‖ an ～ son 幼い息子 / ～ food 幼児食
❷ 初期の, 未発達の ‖ an ～ industry 未発達の産業
▶▶ **～ fòrmula** 名 Ⓒ 乳児用調製粉乳　**～ mortálity (ràte)** 名 Ⓒ (1歳未満の) 幼児死亡率　**～ pródigy** 名 Ⓒ 神童　**～ schòol** 名 Ⓒ《英》(ふつう4, 5歳から7歳までの児童の) 幼児学校, 幼稚園 (kindergarten)

in·fan·ta /ɪnfǽntə/ 名 Ⓒ〖史〗(スペイン・ポルトガルの) 王女《ふつう王位を継承しない第1王女》

in·fan·ti·cide /ɪnfǽnṭəsàɪd | -tɪ-/ 名 Ⓤ (母親による) 嬰児(えいじ)殺害；Ⓒ 嬰児殺害者

in·fan·tile /ínfəntàɪl/ 形 ❶ 幼児の；幼児らしい；《けなして》幼稚な (⇨ CHILDLIKE 類語) ❷ (浸食・低落などの) 初期の　▶▶ **～ parálysis** 名 Ⓤ《旧》小児麻痺(まひ) (♦現在では polio(myelitis) を用いる)

in·fan·ti·lism /ɪnfǽnṭəlìzm | -tɪ-/ 名 Ⓤ ❶〖医〗発育不全, 幼稚症《成人しても子供のままの知能・体格でいる症状》❷ 子供じみた言動

in·fan·til·ize /ínfəntaɪlàɪz, -təl-, ɪnfǽnṭəl- | ɪnfǽntɪ-/ 動 他 …を子供扱いする

***in·fan·try** /ínfəntri/ 名 Ⓤ《集合的に》《単数・複数扱い》歩兵, 歩兵隊 (♦一人一人は infantry soldier) ‖ a platoon of ～ 歩兵小隊 / an ～ regiment 歩兵連隊

ínfantry·man /-mən/ 名 (複 **-men** /-mən/) Ⓒ (個々の) 歩兵 (中立 infantry soldier, footsoldier)

in·farct /ínfɑːrkt/ 名 Ⓒ《医》梗塞(こうそく)によって壊れた組織
in·fárc·tion 名 Ⓤ 梗塞

in·fat·u·ate /ɪnfǽtʃuèɪt | -fǽtju-/ 動 他《通例受身形で》(恋などで)〈人に〉夢中になる, 酔いしれる, うつつを抜かす〈**with**〉‖ He was completely ～*d with* the girl. 彼はその娘にすっかりのぼせていた

in·fat·u·a·tion /ɪnfætʃuéɪʃən | -fætju-/ 名 Ⓤ Ⓒ〈…に〉夢中になること；夢中にさせるもの[人]〈**for, with**〉

***in·fect** /ɪnfékt/ 動 (▶ infection 名, infectious 形) 他
❶〔人・器官・傷・地域など〕に病原菌を感染[伝染]させる；〔人・地域など〕に〈病気を〉感染[伝染]させる[うつす]〈**with**〉(♦しばしば受身形で用いる) ‖ His wound was ～*ed.* 彼の傷口はばい菌で冒されていた / an ～*ed* area 伝染病流行地域 / The soldier was ～*ed with* malaria. その兵士はマラリアにかかっていた
❷〔大気・水など〕を〈…で〉汚染する, 汚す〈**with**〉(♦しばしば受身形で用いる) ‖ The air was ～*ed with* dioxin. 大気はダイオキシンで汚染された ❸〔人〕を感化する,〔人〕に影響を与える；〔人〕を〈…に〉染まらせる[かぶれさせる]〈**with**〉‖ They are ～*ed with* a radical idea. 彼らは危険思想にかぶれている / She ～*ed* him *with* her liveliness. 彼女のはつらつさが彼を元気づけた ❹ 💻 (ウイルスが)〔ネットワークなど〕に侵入する,〔ファイルなど〕に感染する ‖ A computer virus ～*ed* all of the data files. コンピューターウイルスにすべてのデータファイルが感染した

in·féct·ed /-ɪd/ 形 (病原菌に) 感染した；💻ウイルスに感染した ‖ an ～ disk ウイルスに感染したディスク

***in·fec·tion** /ɪnfékʃən/ 名〔◁ infect 動〕Ⓤ ❶ (病気の) (間接) 伝染, 感染 (状態) (→ contagion) ‖ ～ by a flu virus インフルエンザウイルスの伝染 / prevent ～ of the wound 傷口に病菌が入るのを防ぐ
❷ Ⓒ 伝染病 ‖ spread [OR pass on] an ～ 伝染病をうつす ❸ 💻 (コンピューターウイルスの) 感染 ❹《比喩的に》伝染, 感化；Ⓒ 感化による (悪) 影響 ‖ He yawned and she caught the ～. 彼のあくびが彼女に伝染した

***in·fec·tious** /ɪnfékʃəs/ 形〔◁ infect 動〕❶ (病気が) 感染性の, 伝染病の (→ contagious) ‖ an ～ disease 伝染病 / an ～ hospital 伝染病病院 ❷《通例叙述》(人・動物が) 病気を伝染させる, 感染力がある ‖ You will be ～ until the ulcers have healed. あなたは潰瘍(かいよう)が治るまでは人に病気をうつす恐れがある ❸ (感情・考え方などが) 伝染しやすい, 人にうつりやすい [伝わる] ‖ ～ laughter 伝染する笑い　**～·ly** 副　**～·ness** 名

in·fec·tive /ɪnféktɪv/ 形 ＝infectious ❷, ❸

in·fe·lic·i·tous /ìnfəlísəṭəs | -lísɪ-/ 〈ジ〉形 ❶ (表現が) 不適切な ❷ 不幸な, 不運な　**～·ly** 副

in·fe·lic·i·ty /ìnfəlísəṭi/ 名 (複 **-ties** /-z/) ❶ Ⓒ Ⓤ (表現が) その場にふさわしくないこと, 不適切；不適切な言動 ❷ Ⓤ《古》不幸, 不運

***in·fer** /ɪnfə́ːr/ 動 (▶ inference 名) (**-ferred** /-d/；**-fer·ring**) 他 ❶ **a** 《＋目》〈証拠・事実などから〉…を推論する, 推断する, 推測する〈**from**〉‖ The existence of the star can be *inferred from* these data. その星の存在はこれらのデータから推測される **b** 《＋**that** 節 / **wh** 節》〈…から〉…であると[であるか] 推論 [推測] する, 察する〈**from**〉‖ His mother *inferred from* his answer *that* he was trying to conceal something. 母親はその返答から息子が何かを隠そうとしているのを察した / *From* her accent I *inferred where* she was from. そのなまりから彼女がどこの出身かを推測した ❷《＋ (**that**) 節》…であることを暗に意味する, 暗にほのめかす (♦ふつうこの意味では imply を用いるのが正しいとされている) ❸ …を示す ‖ Silence ～*s* consent. 沈黙は同意のしるしだ
—自 推論する
～·a·ble 形 推論できる　**～·a·bly** 副　**～·rer** 名
語源 *in-* in, into＋*-fer* bring, carry (運ぶ)：運び入れる, 考えに入れる

***in·fer·ence** /ínfərəns/ 名〔◁ infer 動〕❶ Ⓤ (証拠・前提から) 推論 (すること), 推測 ‖ by ～ 推論によって / speak from ～ 推測して言う
❷ Ⓒ 推論の結果, 推理による結論 ‖ What ～*s* do you draw [OR make] from the results? その結果からあなたはどんな判断を下しますか ❸ Ⓤ〖論〗推理 ‖ deductive [inductive] ～ 演繹(えんえき)[帰納]的推理

in·fer·en·tial /ìnfərénʃəl/ 〈ジ〉形 推論 (上) の, 推論による　**～·ly** 副

***in·fe·ri·or** /ɪnfíəriər/ 形 (▶ inferiority 名) (↔ superior) ❶ (質・価値が)〈…より〉劣った, 劣悪な〈**to**〉‖ This wine is ～ *to* that in flavor. このワインはあれより風味が劣る / feel ～ *to* him 彼に劣等感を抱く
❷ (地位・階級などが)〈…より〉下位の, 下級の〈**to**〉‖ a rank ～ *to* [×than] captain 大尉よりも下の階級 / an ～ officer 下級公務員 ❸ (同種のものの中で) 劣った, 劣悪な, 粗悪な, 並以下の；ふつうの, 二流の (↔ excellent) ‖ These reports are ～ in information density. これらの報告書は情報密度の点で劣る / an ～ pianist 二流ピアニスト ❹ (位置が) 下にある, 下方の ❺ (裁判所が) 下級の ❻〖経〗(商品などが) (不況時に需要のある) 下級財の ❼〖植〗(萼(がく)が子房より, 子房が萼より) 下位の ❽〖解〗(器官がほかの器官より) 下位の ❾〖天〗(惑星が) 地球と太陽の間にある, 内惑星の；地平線の下の ❿〖印〗(数字・文字が) 下付きの《CO_2 の 2 など》
—名 ❶《通例 one's ～》(地位などが) 下の者, 目下の者,

I

部下, 後輩;〈…の点で〉劣った人[もの]〈**in**〉‖ She is kind to her ～*s*. 彼女は目下の者[部下]に親切だ / I am his ～ *in* administrative skills. 私は管理手腕では彼に及ばない ❷Ⓒ下付きの数字[文字] **～·ly** 形
語源 *infer-* low(低い)+*-ior*(比較級語尾)

in·fe·ri·or·i·ty /ɪnfɪ̀əriɔ́(:)rəṭi/ 名〔◁ inferior 形〕Ⓤ劣っていること(↔ superiority), 下位, 下級;劣悪, 劣等
▸▸**～ còmplex** 名Ⓒ〖心〗劣等複合;劣等感, ひがみ, 自信喪失(❗complex だけでは「劣等感」の意味にならない. ⇨ COMPLEX)

in·fer·nal /ɪnfə́ːrnəl/ 形 ❶地獄の ❷《限定》《口》ひどい, とんでもない ‖ an ～ nuisance やっかい者 ❸極悪非道の ‖ an ～ plot 残酷な陰謀 **～·ly** 副

in·fer·no /ɪnfə́ːrnoʊ/ 名(複 **～s** /-z/) Ⓒ ❶《通例単数形で》燃え狂う炎, 巨大な火炎 ❷地獄さながらの場所[光景];灼熱(しゃくねつ)地獄 ❸《通例 the I-》地獄《特に Dante 作 *the Divine Comedy*(神曲)中の *the Inferno*(地獄編)に言及して》

in·fer·tile /ɪnfə́ːrṭəl | -taɪl/ 形 ❶(動植物が)繁殖力のない, (夫婦などが)不妊の ❷(土地が)不毛の

in·fer·til·i·ty /ɪ̀nfərtíləṭi/ 名Ⓤ不妊;不毛
▸▸**～ tréatment** 名ⒸⓊ不妊治療

in·fest /ɪnfést/ 動 他《通例受身形で》〈害虫・海賊・疫病などが〉(場所などに)はびこる, 横行する, 群がる, 寄生する〈**with**〉;《-ed の形の複合語で》…がはびこった ‖ a lawn ～*ed with* weeds 雑草のはびこる芝生 / a cockroach-～*ed* house ゴキブリがはびこった家

in·fes·ta·tion /ɪ̀nfestéɪʃən/ 名ⒸⓊ(害虫などの)はびこること, 群がり襲うこと, 横行

in·fi·del /ínfɪdəl/ 《主に古》《けなして》名Ⓒ不信心者;〖史〗(特にキリスト教・イスラム教から見て)異教徒
—形 不信心の;異教徒の

in·fi·del·i·ty /ɪ̀nfɪdéləṭi/ 名(複 **-ties** /-z/) Ⓤ ❶背信, 不忠;不義;Ⓒ背信[不義]行為 ❷《けなして》不信心

ín·field 名Ⓒ ❶〖野球〗内野;内野の守備位置;《形容詞的に》内野の, インフィールドの;《集合的に》内野手(↔ outfield) ‖ The ～ fly rule is called. インフィールドフライが宣せられた《打者は自動的にアウトになる》❷(農家の周りの)畑地;耕地 **～·er** 名Ⓒ内野手

ín·fighting 名Ⓤ ❶〖ボクシング〗接近戦 ❷(組織内の)内輪もめ, 内紛, 内部抗争 **-fighter** 名

in·fill /ínfɪl/ 《英》名Ⓤ ❶(都市計画で)既存の建物と建物の間に建築すること ❷(隙間(すきま)・穴の)充塡(じゅうてん)材
—動 他 ❶〔穴・隙間〕を埋める(♦しばしば受身形で用いる) ❷〔複数の建物〕の間に新しいビルを建てる

***in·fil·trate** /ɪnfɪltreɪt | ˌ-ˌ-/ 動 他 ❶〔軍隊・スパイなど〕を〈…に〉潜入させる〈**into**〉;(スパイなどが)…に潜入する ‖ ～ spies *into* enemy headquarters 敵司令部にスパイを潜入させる / ～ enemy lines 敵の戦線に潜入する ❷〔液体・ガスなど〕を〈…に〉しみ込ませる, 浸透させる〈**into, through**〉;(液体・思想などが)…にしみ込む, 浸透する ‖ ～ water *into* [OR *through*] cotton 綿に水をしみ込ませる
—自〈…に〉潜入する;浸透する, しみ込む〈**into, through**〉
—名Ⓒ〖医〗浸潤物;浸潤病巣
ín·fil·trà·tive /, ˌ-ˌ-ˌ-/ 形 浸透する;浸潤性の

in·fil·tra·tion /ɪ̀nfɪltréɪʃən/ 名ⓊⒸ浸透;潜入

in·fíl·tra·tor /ɪnfíltreɪṭər | ˌ-ˌ-ˌ-/ 名Ⓒ潜入者

***in·fi·nite** /ínfɪnət/ 《発音・アクセント注意》形 ❶(空間・大きさなどが)無限の, 果てしない(↔ finite) ‖ ～ space 無限の空間 ❷(程度・量などが)計り知れないほどの, 莫大(ばくだい)な;無尽蔵の;《複数名詞とともに》無数の, 数えきれないほどの ‖ *Infinite* damage is expected in the next earthquake. 次の地震では想像を絶する損害が予想される / with ～ patience 際限を知らぬ忍耐力で / ～ sums of money 莫大な金額 / in one's ～ wisdom 計り知れないほどの知恵で(♥しばしば皮肉で「浅知恵」を意味する) ❸〖数〗無限の ‖ an ～ series 無限級数 ❹〖文法〗(動詞形が)不定の, 非定形の(non-finite)《人称と数の制約を受けない》‖ an ～ form 不定形《不定詞・分詞・動名詞》
—名 ❶Ⓒ《単数形で》無限なもの《空間・時間など》;《the ～》無限の空間 ❷《the I-》神, 造物主 ❸ⒸⓊ〖数〗無限大 **～·ness** 名

***in·fi·nite·ly** /ínfɪnətli/ 副 ❶無限に ❷非常に, 極めて(♦動詞を修飾できない. 比較級の形容詞・副詞とともに用いられることが多い) ‖ His first novel was ～ better than his others. 彼の最初の小説は彼のほかの小説よりずっとよかった

in·fin·i·tes·i·mal /ɪ̀nfɪnɪtésɪməl/ 〈シ〉形 微小の, 極微の;〖数〗無限小の —名Ⓒ無限小 **～·ly** 副
▸▸**～ cálculus** 名Ⓤ微積分学《微分学と積分学》

in·fin·i·tive /ɪnfínəṭɪv/ 名ⓊⒸ形〖文法〗不定詞(の)《I can walk. /I want to walk. における walk, to walk など, 人称・数・時制の制約を受けない動詞形. to のつかないもの(bare infinitive)と to のつくもの(to-infinitive)がある》(⇨ TO²) **in·fin·i·tí·val** /-táɪ-/ 形

in·fin·i·tude /ɪnfínɪtjùːd/ 名Ⓤ/Ⓒ《単数形で》❶無限(性) ❷無限の量[数, 範囲] ‖ an ～ of ... 無数[莫大な量]の…

in·fin·i·ty /ɪnfínəṭi/ 名(複 **-ties** /-z/) ⓊⒸ ❶無限(性);無限の空間[時間, 距離] ❷無限の[莫大な]数[量] ‖ with an ～ of precautions この上なく用心して ❸〖数〗無限大《記号∞》❹〖写〗無限遠《記号∞》

in·firm /ɪnfə́ːrm/ 形 ❶(身体が)弱い, 虚弱な;(特に老齢のため)衰弱した(⇨ WEAK 類語) ❷《英では古》(精神的に)優柔不断な, 決断力のない ❸(物が)強固でない ❹(議論などが)根拠の弱い **～·ly** 副 **～·ness** 名

in·fir·ma·ry /ɪnfə́ːrməri/ 名(複 **-ries** /-z/) Ⓒ病院;(特に学校・会社内などの)診療所[室]

in·fir·mi·ty /ɪnfə́ːrməṭi/ 名(複 **-ties** /-z/) ❶Ⓤ虚弱, 病弱;Ⓒ病気, 疾患 ❷Ⓤ優柔不断;Ⓒ(性格的な)欠陥, 欠点 ‖ ～ of purpose 意志薄弱

in·fix /ɪnfíks/ 動 他 ❶…をはめ込む;…を心に植えつける, 印象づける ❷〖文法〗〔挿入辞〕を語幹に挿入する
—名Ⓒ〖文法〗挿入辞

infl. 略 inflammable; inflorescence; influence, influenced

in fla·gran·te de·lic·to /ɪn fləgrænti dɪlíktoʊ/ 副 《ラテン》(=in blazing crime)(悪事の)現場を押さえられて(《口》in flagrante)

in·flame /ɪnfléɪm/ 動 他 ❶〔人〕をあおり立てる;〔欲望など〕をかき立てる ❷《文》…を(炎で)真っ赤にする, (燃えるように)明るくする ‖ The bonfire ～*d* the night. かがり火が夜を赤く染めた ❸《通例受身形で》炎症を起こす, はれ上がる ‖ ～*d* with rheumatism リューマチ性関節炎ではれ上がった —自 ❶燃える ❷(欲望・激情などが)燃え上がる, 興奮する ❸炎症を起こす, はれ上がる
-flám·er 名Ⓒ火をつける人, 扇動者

in·flamed /ɪnfléɪmd/ 形 炎症を起こした

in·flam·ma·ble /ɪnflǽməbl/ 形 ❶燃えやすい, 引火性の(→ flammable) ❷興奮しやすい, 怒りっぽい
—名Ⓒ《通例 ～s》燃えやすいもの
in·flàm·ma·bíl·i·ty 名Ⓤ可燃[引火]性;興奮[激]しやすいこと

***in·flam·ma·tion** /ɪ̀nfləméɪʃən/ 名ⓊⒸ ❶〖医〗炎症 ❷点火, 引火, 炎上;激怒, 興奮

in·flam·ma·to·ry /ɪnflǽmətɔ̀ːri | -təri/ 形 ❶怒り・激情などをかき立てる, 扇動的な ‖ an ～ speech 扇動的な演説 ❷〖医〗炎症性の

***in·flat·a·ble** /ɪnfléɪṭəbl/ 形 (空気などで)ふくらます必要のある ‖ an ～ boat ゴムボート
—名Ⓒ ❶ゴムボート ❷ゴム風船;(空気入りの)ゴムボール

in·flate /ɪnfléɪt/ 動〔▶ inflation 名〕(↔ deflate) 他 ❶(空気・ガスで)〔風船・タイヤなど〕をふくらませる, 膨張させる(≒ blow [OR pump] up) ‖ ～ a balloon 気球をふくらませる ❷…を実物よりも重要[印象的]に見せる;…を誇張する ❸〖経〗〔物価〕をつり上げる(≒ jack up);〔通貨〕を

膨張させる　━自 ❶ ふくらむ，膨張する ❷〘経〙インフレ(ーション)を起こす，インフレ政策をとる

in·flát·ed /-ɪd/ 形 ❶ ふくらんだ ❷ 得意になった ❸（文体・言葉などが）誇張した，大言壮語の ❹〘経〙（物価が）不当につり上げられた

in·fla·tion /ɪnfléɪʃən/
━名〔◁ inflate 動〕U ❶〘経〙**インフレ(ーション)**，通貨膨張；（物価などの）暴騰（↔ deflation）‖ reduce [OR control] ～ インフレを抑制する / double-digit [3%] ～ 二桁(ﾌﾀｹﾀ)[3パーセント]のインフレ / an ～ rate インフレ率 / **high** [**low**] ～ 高[低]率のインフレ
❷ ふくらませること，膨張(状態)；〘天〙(宇宙の)膨張
❸ 得意，慢心

inflátion-adjùsted 形《限定》インフレ調整後の

in·fla·tion·ar·y /ɪnfléɪʃənèri | -əri/ 形 インフレ [通貨膨張]の[を引き起こす]
▸▸～ **spíral** /-spáɪrəl/ 名 C（物価と賃金との）連鎖的上昇，悪性インフレ

inflátion-pròof 形（年金などを）インフレから守る

in·flect /ɪnflékt/ 動 他 ❶〘文法〙〔語〕を屈折させる，語形変化させる ❷〔音声〕に抑揚をつける ❸ …を（内側に）屈曲[湾曲]させる　━自〘文法〙（語が）屈折する
～·ed 形　**-fléc·tive** 形 屈曲[屈折]する

in·flec·tion /ɪnflékʃən/ 名 U ❶（内側への）屈曲，湾曲；C 屈曲点 ❷〘文法〙屈折；C 屈折形；屈折語尾 ❸ 音声の変化，抑揚 ❹〘主に数〙変曲

in·flec·tion·al /ɪnflékʃənəl/ 形〘文法〙屈折変化する ‖ an ～ language〘言〙屈折(言)語《ラテン語など》(→ agglutinative)

in·flex·i·ble /ɪnfléksəbl/ 形 曲げられない，曲がらない；柔軟性を欠く；不変の ‖ an ～ will 不屈の意志
in·flèx·i·bíl·i·ty 名　**-bly** 副

in·flex·ion /ɪnflékʃən/ 名《主に英》=inflection

in·flict /ɪnflíkt/ 動〔▶ infliction 名〕他〔打撃・傷〕を〈…に〉与える，負わせる〈**on, upon**〉；〔罰・いやな仕事・負担など〕を〈…に〉負わせる，課する〈**on, upon**〉‖ Acid rain ～*ed* great damage *on* [ˣto] the forest. 酸性雨はその森に大損害を与えた / ～ a crushing blow *on* one's opponent 相手に決定的な一撃を加える / We ～*ed* punishment *on* him. 我々は彼に罰を科した / Don't ～ your ideas *on* me. 君の考えを僕に押しつけるな
inflíct oneséf on [OR ***upon***] ... 《しばしば戯》（長居などして）…に迷惑[やっかい]をかける
～·a·ble 形　**～·er** 名

in·flic·tion /ɪnflíkʃən/ 名〔◁ inflict 動〕❶ U 〈…に〉（打撃などを）与える[負わせる]こと；（罰を）科すること〈**on, upon**〉 ❷ C（科せられた）罰，苦しみ；《旧》《口》難儀，面倒

***ìn-flíght** ◁ 形《限定》飛行中の，機内の ‖ ～ movies 機内映画 / ～ meals 機内食

in·flo·res·cence /ìnflərésəns, -flɔː-/ 名 U ❶ 花開くこと，開花 ❷〘植〙花序 ❸《集合的に》（ある植物の）花；花房　**-rés·cent** 形

ín·flòw 名 U C 流入(物)（↔ outflow）

in·flu·ence /ínfluəns/《アクセント注意》名 動

━名〔▶ influential 形〕(複 **-enc·es** /-ɪz/)
❶ U C **影響**，感化；（影響の）効果〈**on, upon, over** …に対する；**of** …の〉（⇨ 類語P）‖ Some websites have a **bad** ～ *on* children. ウェブサイトの中には子供に悪影響を与えるものがある（♦ give a bad influence to ... とはふつういわない）/ The village remained untouched by outside ～*s*. その村は外部からの影響を受けずにいた / the moon's ～ *on* the tides 潮の干満に及ぼす月の影響 / **under** the ～ *of* her mother 彼女の母親の影響を受けて

連語【動＋～（＋前）】exercise [OR exert] an ～ 影響を及ぼす / show the ～ of ... …の影響（を受けていること）を示す
【形＋～】a major ～ 重大な影響 / a direct ～ 直接的影響 / an important ～ 重要な影響 / a strong [OR powerful] ～ 強力な影響 / political ～ 政治的影響 / great [OR significant, considerable] ～ 大きな影響 / environmental ～*s* 環境による影響

❷ U（富・地位・権力などによる）**影響力**，勢力，威光；説得力〈**over, with** …に対する；**of** …の〉‖ I **have** no ～ *over* my children. 私は子供たちににらみがきかない / He is a man of ～ in this town. 彼はこの街では有力者だ / He used his ～ to get me the job. 彼の口ききで私はその職を得た / through the ～ *of* one's friend 友人のおかげで / undue ～〘法〙不当な圧迫 / backstair(s) ～ 裏から手を回しての権力の行使
❸ C〈…に対して〉影響を及ぼす人[もの]〈**on, upon**〉；有力者 ‖ Joey is a good [bad] ～ *on* my son. ジョーイは私の息子によい[悪い]影響を与えている
❹ U《古》〘電〙=induction
❺ U〘占星〙(星の霊気が人に及ぼす)感化力
under the ínfluence ① ⇨ ❶ ②《口》酒に酔って ‖ He was arrested for driving *under the* ～. 彼は酔っ払い運転でつかまった

━動 (**-enc·es** /-ɪz/；**～d** /-t/；**-enc·ing**) 他 **影響を及ぼす**（⇨ 類語P）**a**（＋目）…に影響を及ぼす，〔人・行動など〕を左右する ‖ Agricultural chemicals **strongly** ～*d* the ecosystem of the area. 農薬はその地域の生態系に強く影響を及ぼした / We are ～*d* by our environment. 我々は環境に左右される / **factors** *influencing* his decision 彼の決断を左右する要因
b（＋目＋**to** *do*）〔人〕に影響を与えて…させる ‖ What ～*d* you *to* buy such a difficult philosophy book? どうしてそんな難しい哲学書を買う気になったの / My father ～*d* me *to* take up the teaching profession. 私が教職に就いたのは父の影響だ
c（＋**wh** 節）…かということに影響を及ぼす ‖ Education **heavily** [OR greatly] ～*s how* children understand their role in society. 教育は子供が社会における自分の役割をいかに理解するかに影響を与える
～·a·ble 形　**-en·cer** 名

影響する			
	influence	名詞	have an influence on
		動詞	influence＋名詞
	affect	動詞	affect＋名詞
	effect	名詞	have an effect on

語源「流れ込む」の意のラテン語 *influere* から．占星術で天体から流れ込むものが人の性質や運を左右すると考えられていたことから，「人からの力の行使」の意が生じた．influenza と同語源．
▸▸～ **pèddler** 名 C《米》政治ブローカー《政府高官などのコネを利用して仲介料をとる人》～ **pèddling** 名 U 政治ブローカー行為

***in·flu·en·tial** /ìnfluénʃəl/《アクセント注意》◁ 形〔◁ influence 名〕(**more ～**；**most ～**)〈…に〉大きな影響を及ぼす，感化力のある（↔ unimportant）；有力な，勢力のある〈**in**〉‖ The Beatles were ～ *in* contemporary music. ビートルズは現代音楽に大きな影響を及ぼした / a highly ～ newspaper 極めて有力な新聞　**～·ly** 副

***in·flu·en·za** /ìnfluénzə/ 名 U〘医〙インフルエンザ，流行性感冒(flu)；(広く)感冒，風邪　**-zal** 形
語源 イタリア語で「影響，流行(病)」の意．influence と同語源．

ín·flùx 名 C ❶（水・空気の）〈…への〉流入；（人・物の）〈…への〉殺到（↔ efflux）〈**into**〉‖ an ～ of tourists *into* the city 市内に押し寄せる観光客 ❷（川の）合流点

in·fo /ínfoʊ/ 名《口》=information

in·fo·bahn /ínfoʊbɑːn/ 名《the ～》《口》💻（インターネットなどの）高速情報ネット(information superhighway)

(♦ *in*formation＋ドイツ語 *bahn*(道))

in·fo·mer·cial /ìnfoumə́ːrʃəl/ 名 ＝informercial

‡in·form /ɪnfɔ́ːrm/

—動〔▶ information 名〕(~s /-z/ ; ~ed /-d/ ; ~·ing)

—他 ❶ **通知する** **a** 《＋目》〔人〕に〈…について〉通知する, 知らせる〈**of, about**〉(⇨ TELL 類語) ‖ We'll keep you ~*ed of* fresh developments. 事態の新たな進展については逐一お知らせします / You should ~ the police *about* the stalker. そのストーカーのことを警察に知らせた方がいい / Nobody was **fully** ~*ed about* it. そのことはだれにも十分に知らされていなかった(♦ about は it などの代名詞とともに用いることが多い) / ~ oneself *of* [OR *about*] …(の情報)を探る[知る]

b 《＋目＋(**that**) 節》〔人〕に…であると(公式に)伝える, 告げる ‖ The traveler was ~*ed that* the rooms were all occupied. 旅行客は部屋は全部ふさがっていると告げられた / I was reliably ~*ed that* they were going to marry within the year. 確かな筋の話で彼らは年内にも結婚する予定だと聞いた / "Jerry isn't in today," she ~*ed* me. 「ジェリーは本日休暇をとっております」と彼女に言われた

c 《＋目＋**wh** 節 / **wh to** *do*》〔人〕に…かを伝える, 告げる ‖ Dick didn't ~ me [*whether* she was coming [*where to* get it]. ディックは彼女が来るのかどうか[それがどこで手に入るか]教えてくれなかった

❷ …を特徴づける, 性格付ける ; …に生気を与える ; …に〈…を〉吹き込む〈**with**〉 ❸ 《堅》…に影響を与える

—自 ❶ 知らせる, 告げる, 情報を提供する

❷〈人を〉密告する〈**against, on**〉(↘ grass on) ‖ ~ *on* one's accomplices to the police 共犯者を警察に密告する

‡in·for·mal /ɪnfɔ́ːrməl/

—形 (**more** ~ ; **most** ~) (↔ formal)

❶ 形式ばらない, **略式の** ; 略装の ; 非公式の(↔ official) ‖ an ~ atmosphere くつろいだ雰囲気 / an ~ party 略式のパーティー / ~ clothes 普段着 / The two premiers had an ~ breakfast talk. 両首相は朝食をとりながら非公式に会談した

❷ (言葉などが)くだけた, 日常(会話)の, 口語体の(colloquial) ‖ an ~ style of language くだけた言葉遣い

▸▸ ~ **séttlement** 名 C 《南ア》(都市の周辺の, 貧困者が居住する) 仮設住宅建設地, スラム街 ~ **vòte** 名 C 《豪・ニュージ》無効投票, 無効票

in·for·mal·i·ty /ìnfɔːrmǽləṭi/ 名 (複 **-ties** /-z/) U 形式ばらないこと, 略式 ; C 形式ばらない行為

***in·for·mal·ly** /ɪnfɔ́ːrməli/ 副 形式ばらずに, 略式に ; 非公式に ; 口語体で

in·form·ant /ɪnfɔ́ːrmənt/ 名 C ❶ ＝informer ❷ 《言》インフォーマント, 資料提供者

in·for·mat·ics /ìnfərmǽṭɪks/ 名 U 《英》情報科学(information science) ; 🖳コンピューターサイエンス

‡in·for·ma·tion /ìnfərméɪʃən/

—名〔◁ inform 動〕(複 ~s /-z/) ❶ U **情報**, ニュース, 消息 ; (研究・調査などによる)知識, データ〈**on, about** …に ついての〉/(**that**) 節 …という〉(♦ 数えるときは two pieces [OR items] of information のようにいう) (⇨ WISDOM 類語) ‖ That's a vital [useful] piece of ~. それは極めて重要な[役に立つ]情報だ / We **have** no ~ (*that*) he may have fled the country. 我々は彼が国外へ逃亡したという情報は得ていない / **For further** ~, please contact the number below. 詳しくは下記の番号にご連絡ください / The Internet is a rich but not always reliable source of ~. インターネットは情報源として豊富ではあるがいつも頼りになるとは限らない / They got [OR obtained] the ~ through unofficial channels. 彼らはその情報を非公式ルートで入手した / all the ~ **available** to us 私たちが入手可能なすべての情報

連語 【動＋~(＋前)】 collect [OR gather, obtain] ~ 情報を集める / give [OR pass on, provide] ~ (to ...) (…に) 情報を与える [提供する] / share ~ (with ...) (…と) 情報を共有する / receive ~ 情報を受け取る / seek ~ 情報を求める

❷ U (情報・知識などの) **通知**, 伝達, 資料 (→ CE 2) ‖ **for** ~ only＝**for your** ~ ご案内までに (♦ 書類などに記す. 後者は FYI と略して使うこともある)

❸ C (駅・ホテルなどの)案内所[係] ; U 案内, インフォメーション ; 《米口》電話番号案内(Directory Assistance, 《英》directory enquiries) ‖ ask at *Information* for a timetable 案内所で時刻表を求める

❹ C 《法》〈…に対する〉告発, 起訴〈**against**〉 ‖ lay an ~ *against* him 彼を起訴する

❺ U 🖳情報 ; 情報量 ; 《生》遺伝情報 ❻ 《形容詞的に》情報の, 案内の ‖ He has access to a wide ~ network. 彼は広い情報網を持っている / an ~ system 情報(処理)システム / ~ security 情報セキュリティー / ~ management 情報管理 / an ~ age 情報化時代

COMMUNICATIVE EXPRESSIONS

1 **Could** [OR **Can**] **you give me àny informàtion about** the cónference? その会合について情報を提供してもらえますか (♥ 情報を聞き出す際の形式ばった表現. ＝Is it possible to obtain any information about ...?/↘Do you (happen to) know anything about ...?)

2 **For your informátion**, I have nò inténtion of apólogizing. ご参考までに私は謝る気は全然ありませんから(♥ 何かを言うときの前置きに用いる形式ばった表現. しばしばいらいらした気分で「言っておきますがね」の意)

3 **I thínk the informátion you hàve must be incorréct.** そちらの情報は間違っていると思います (♥ 間違いを指摘する形式ばった表現. ↘No, that's not (quite) right./↘You've got that all wrong.)

4 **(I'm afráid) I hàven't gòt thàt informátion (with me).** 残念ながらその情報は持ち合わせていません (♥「知らない」の意の形式ばった表現. ↘(I'm sorry,) I don't know./↘《口》(Sorry,) no idea.)

~·**al** 形 ~·**al·ly** 副

▸▸ ~ **òverload** 名 U C 情報オーバーロード《情報過多により必要な情報がうずもれてしまうこと》 ~ **pròcessing** 名 U 🖳情報処理 ~ **retrìeval** 名 U 🖳情報検索 ~ **scìence** 名 U 🖳情報科学 ~ **superhíghway** 名 《the ~》🖳情報スーパーハイウェイ《広大な地域をコンピューターのネットワークで結ぶ高度通信情報網》 ~ **technòlogy** 名 U 情報通信技術《コンピューターと遠距離通信技術を用いた情報の収集・検索・伝達の技術. 略 IT》 ~ **thèory** 名 U 情報理論

in·form·a·tive /ɪnfɔ́ːrməṭɪv/ 形 情報[知識]を提供する, 教育的な, 有益な ~·**ly** 副 ~·**ness** 名

***in·formed** /ɪnfɔ́ːrmd/ 形 ❶ 情報に通じた ; 知識の豊富な, 博学の (→ well-informed) ‖ according to ~ sources 消息筋によれば ❷ 情報に基づく

▸▸ ~ **consént** 名 U 《医》インフォームド＝コンセント《医師が手術などの治療行為を行う前に, その危険度や考えられるほかの手段などを説明し, それを受けた患者または代理人が納得・同意すること》

***in·form·er** /ɪnfɔ́ːrmər/ 名 C 情報提供者 ; 密告者, 通報者 ; 垂れ込み屋(common informer)

in·for·mer·cial /ìnfərmə́ːrʃəl/ 名 C 情報コマーシャル《ニュースなどを盛り込んでいるテレビのCM》(♦ *inform*ation＋com*mercial* より)

in·fo·tain·ment /ìnfoutéɪnmənt/ 名 U 《放送》娯楽的情報番組(♦ *in*formation＋enter*tainment* より)

ìnfo·tèch 名 《口》＝information technology

in·fra /ínfrə/ 副 《堅》下に ; (書物中などで)下記に, 以下に (♦ ラテン語より) ▸▸ ~ **díg** 形 《叙述》《口》威厳を損じる, 品位を損なう, 体面にかかわる

infra- /ɪnfrə-/ 接頭「下に, 下位に(below, beneath)」の意 (↔ supra-)(♦ラテン語より) ‖ *infrared*

in·frac·tion /ɪnfrǽkʃən/ 名 U C 〔主に法〕違反, 侵害 ‖ ～ of law 違法(行為)

ìnfra·réd <シ 形 《限定》〔理〕赤外線の ‖ ～ radiation [OR rays] 赤外線 / ～ therapy 赤外線療法 / an ～ camera 赤外線カメラ ―名 U 赤外線

ìnfra·sónic <シ 形 可聴下音の, 超低周波音の

ìnfra·sóund 名 U 〔理〕可聴下音; 超低周波音

ínfra·strùcture 名 U C (組織体・団体などの)下部構造[組織], (経済)基盤; 基本的施設, インフラ(国家・社会などの存続に欠かせない上下水道・道路・学校・運輸機関・通信機関・金融機関など) **-strùc·tural** 形

in·fre·quent /ɪnfríːkwənt/ 形 ❶ めったに起こらない, まれな ❷ まばらな, とびとびの **-quen·cy** 名 **～·ly** 副

in·fringe /ɪnfríndʒ/ 動 自 〈他人の権利などを〉侵す, 侵害する〈**on, upon**〉‖ ～ *on* his privacy 彼のプライバシーを侵害する ―他〔法・誓い・他人の権利など〕を侵す, 破る, 侵害する ‖ ～ a law [rule] 法[規制]を侵す

in·fringe·ment /ɪnfríndʒmənt/ 名 U C 〈権利などの〉侵害(行為), 違反〈**of**〉

***in·fu·ri·ate** /ɪnfjúəriὲɪt/ 動 他〔人〕を激怒させる, 激高させる ‖ The decision ～*d* the champion. 判定はチャンピオンを激怒させた / It ～*d* us that we were not notified of the changes. それらの変更について知らされなかったことに我々は憤慨した

in·fú·ri·àt·ing /-ɪŋ/ 形 (人を)激怒させる(ような), とても腹立たしい(ほどの) **～·ly** 副

in·fuse /ɪnfjúːz/ 動 他 ❶〔もの〕を〈…に〉注入する〈**into**〉❷〔希望・考えなど〕を〈人に〉教え込む[吹き込む]〈**into**〉; 〔人〕に〈希望・考えなどを〉吹き込む〈**with**〉‖ He ～*d* enthusiasm *into* people. = He ～*d* people *with* enthusiasm. 彼は人々に情熱を沸き立たせた ❸〔薬・茶など〕を煎(せん)じる ❹〔医〕点滴する ―自(茶・薬などが)煎じ出される

in·fu·si·ble /ɪnfjúːzəbl/ 形 溶けない, 不溶解性の

in·fu·sion /ɪnfjúːʒən/ 名 ❶ U 注入(すること); 鼓吹(こすい) ❷ C 煎じ汁 ‖ an ～ of herbs 薬草の煎じ汁 ❸ U〔医〕点滴 ❹ C 注入[混入]物, 混和物

-ing[1] /-ɪŋ/ 接尾《動詞活用語尾》❶《現在分詞》‖ She was laugh*ing*. / I saw him runn*ing*. (♦現在分詞の中には形容詞化・前置詞化したものもある.〈例〉an interest*ing* story / dur*ing* the war) ❷《動名詞》‖ See*ing* is believ*ing*. / I like danc*ing*. / He was against giv*ing* the right to vote to women.

-ing[2] /-ɪŋ/ 接尾《名詞形成語尾》❶《動詞から》**a**《行為の事例》‖ give him a good beat*ing* / go to a wedd*ing* **b**《行為の結果》‖ a build*ing* / my earn*ings* **c**《素材》‖ chocolates with cream fill*ings* ❷《名詞から》《集合体》‖ carpet*ing*, matt*ing* ❸《副詞から》‖ inn*ing*, off*ing*

***in·ge·ni·ous** /ɪndʒíːniəs/《発音注意》(♦ingenuous と区別) 形 ❶(ものが)独創的な, 巧妙な, 精巧な(↔ unimaginative) ‖ an ～ plan 独創的な計画 ❷(人が)創意工夫に富む; 利発な; 器用な ‖ It was ～ of him to solve the puzzle that way. あんなふうにパズルを解くとは彼もよく思いついたものだ **～·ly** 副 **～·ness** 名

in·gé·nue /ǽnʒənjùː/ 名 C (特に舞台で演じられる)うぶな娘(役)(♦フランス語より)

***in·ge·nu·i·ty** /ìndʒənjúːəṭi/《発音注意》名 (複 **-ties** /-z/) (♦本来は ingenuous の名詞形だが, ingenious と混同された) ❶ U 創意工夫の才, 独創性; 巧妙, 精巧; 利発; 器用 ‖ She had the ～ to find new ways of extending our market. 彼女には販路拡張の新たな方策を見いだす才があった / show [OR exercise] remarkable ～ in designing the experiment 実験の立案に素晴らしい才能を発揮する ❷ C《通例 -ies》巧妙な工夫[考案](品), 精巧[巧妙]な仕掛け

in·gen·u·ous /ɪndʒénjuəs/ (♦ingenious と区別) 形 天真らんまんな; 純真な, うぶな **～·ly** 副 **～·ness** 名

in·gest /ɪndʒést/ 動 他〔食べ物・薬など〕を摂取する; 〔思想など〕を吸収する **-gés·tive** 形

in·ges·tion /ɪndʒéstʃən/ 名 U 摂取, 吸収

in·gle /íŋgl/ 名 C《英では主に方》炉火; 炉; 炉辺

íngle·nòok 名 C 炉辺, 炉端; 炉端のベンチ

in·glo·ri·ous /ɪnglɔ́ːriəs/ 形 ❶ 不名誉な, 恥ずべき ❷《文》無名の **～·ly** 副 **～·ness** 名

ín-gòal àrea 名 C〔ラグビー〕インゴール《ゴールラインとデッドボールライン間のトライできる所》

ín·gòing 形《限定》❶ 入って来る ❷ 発端の, 初めの

in·got /íŋgət/ 名 C 鋳塊, インゴット

in·grain /ɪngréɪn/ 動 他〔染料・習慣・偏見など〕を深くしみ込ませる ―形 ❶ = ingrained ❷(布に織る前に)先染めの ―名 C 先染めの糸, 先染めのもの《カーペットなど》

in·grained /ɪngréɪnd/ 形 ❶(習慣・思考などが)根深い, 深くしみ込んだ; 全くの ‖ ～ prejudices 根深い偏見 ❷(しみ・汚れが)(繊維などに)しみ込んだ

in·grate /íngreɪt/ 名 C《堅》《文》恩知らずの人

in·gra·ti·ate /ɪngréɪʃièɪt/ 動 他《受身形不可》(～ oneself で)〈人に〉取り入る〈**with**〉‖ ～ oneself *with* the leader 指導者に取り入る **in·grà·ti·á·tion** 名

in·gra·ti·at·ing /ɪngréɪʃièɪṭɪŋ/ 形 人に取り入ろうとする, 迎合的な **-àt·ing·ly** 副

in·grat·i·tude /ɪngrǽṭətjùːd | -grǽtɪ-/ 名 U 恩知らず, 忘恩

***in·gre·di·ent** /ɪngríːdiənt/ 名 C ❶〈料理の〉材料,〈混合物の〉成分〈**of, for, in**〉‖ the ～*s of* a cake ケーキの材料 / the basic ～*s for* soup スープの基本的な材料 ❷〈成功などの〉要因, 要素〈**of, for, in**〉‖ The novel has all the ～*s of* a best-seller. その小説はベストセラーとしてのすべての要素を備えている / the essential ～*s of* success 成功に不可欠な要因

語源 *in-* in + *-gredi-* step, go + *-ent*(名詞語尾): 中に入るもの

in·gress /íngres/ 名《堅》❶ U 入ること, 入場 ❷ C 入場権; 入場手段, 入口(♦*in* + *gress*(= go)より)

ín-gròup 名 C〔社〕(排他的な)内集団, 組織内組織(↔ out-group)

ín·gròwing <シ 形《限定》内に伸びる; (つめが)肉に食い込む **-gròwn** 形 内に伸びた; 肉に食い込んだ; 生まれつきの; 偏狭な, 打ち解けない

in·gui·nal /íŋgwɪnəl/ 形《限定》〔解〕鼠蹊(そけい)(部)の

in·gur·gi·tate /ɪngɔ́ːrdʒəṭèɪt/ 動 他《文》…をむさぼる, がぶがぶ飲む; (渦巻のように)…をそっくり飲み込む **in·gùr·gi·tá·tion** 名

In·gush /íŋguʃ/ 名 (複 ～ OR ～**es** /-ɪz/) C イングーシ人; U イングーシ語 ―形 イングーシ(人)の; イングーシ語の

In·gu·she·ti·a, -ya /ìŋguʃétiə, -ʃíːʃə/ 名 イングーシ, イングシェチア《北コーカサスにあるロシア連邦内の共和国》

***in·hab·it** /ɪnhǽbɪt/ 動 他 ❶《通例進行形不可》(人・動物の集団が)…に住んでいる, 居住する (⇨ LIVE[1] 類語) ‖ The apartment is ～*ed* by a Vietnamese family. アパートのその部屋にはベトナム人の一家が住んでいる / an island ～*ed* only by birds and animals 鳥獣のみがすむ島 ❷ …に宿る, 存する

語源 *in-* in + *-habit* live: …の中に住む

in·hab·it·a·ble /ɪnhǽbəṭəbl | -ɪt-/ 形 居住に適した, 住むことのできる **-bìl·i·ty** 名

***in·hab·it·ant** /ɪnhǽbəṭənt | -ɪt-/ 名 C 居住者, 住民; 棲息(せいそく)動物 ‖ ～*s* of large cities 大都市の住民

in·hal·ant /ɪnhéɪlənt/ 名 U C 吸入; 吸入剤 ―形《限定》吸入用の, 吸い込む

in·ha·la·tion /ìnhəléɪʃən/ 名 U C 吸入; 吸入剤

in·ha·la·tor /ínhəlèɪṭər/ 名 C (薬剤などの)吸入器

in·hale /ɪnhéɪl/ 動 他 ❶〔息・ガスなど〕を吸い込む, 吸入する (⤳ breathe in) (↔ exhale) ❷《米口》がつがつ食

べる ━自 吸い込む，(たばこの煙を)深く吸い込む

in·hal·er /ɪnhéɪlər/ 名 C 吸入器；人工呼吸装置

in·har·mo·ni·ous /ìnhɑːrmóuniəs/ ⊲シ 形 ❶ (音が)不調和な，調子の合わない ❷ 仲のよくない，気の合わない

~·ly 副 **~·ness** 名

in·here /ɪnhíər/ 動 自 《堅》(性質・権利などとして)〈…に〉本来備わる〈**in**〉；〖法〗(権利などが)本来的に賦与されている

in·her·ence /ɪnhíərəns | -hér-/ 名 U 本来性，固有性

***in·her·ent** /ɪnhíərənt | -hér-, -híər-/ 形 ❶ (性質・権利などが)〈…に〉本来的に備わっている，固有の，生来の〈**in**〉(⇨ ESSENTIAL 類語) ‖ the dangers ~ *in* almost every sport ほとんどすべてのスポーツにつきものの危険 ❷〖法〗既得権の ‖ ~ rights 生得権 ❸〖言〗(形容詞が)限定・叙述両用法で同じ意味を持つ

~·ly 副 本質的に，先天的に

***in·her·it** /ɪnhérət | -ɪt/ 動 〔▶ inheritance 名〕 他 ❶〔財産・権利など〕を〈…から〉受け継ぐ，相続する〈**from**〉；〔人〕の跡を継ぐ；(分け前として)…を手に入れる ‖ She ~*ed* the property *from* her father. 彼女は父親から財産を相続した ❷〔性質・体質など〕を〈…から〉(遺伝で)受け継ぐ〈**from**〉‖ Caroline ~*ed* her beauty *from* her mother. キャロラインは母親から美貌(びぼう)を受け継いだ ❸〔事務・問題など〕を〈前任者から〉引き継ぐ〈**from**〉‖ The mayor ~*ed* many serious problems *from* his predecessor. 市長は前任者から多くの重大問題を引き継いだ / He ~*ed* two balls *from* the previous pitcher. 彼は前の投手からツーボールで引き継いだ ❹《口》〈…から〉〔身の回り品〕をお下がりとしてもらう〈**from**〉

━自 (財産・権利などを)相続する，受け継ぐ

in·her·it·a·ble /ɪnhérətəbl | -ɪt-/ 形 (財産・権利などが)相続できる；(性質・体質などが)遺伝する ‖ ~ property 相続財産 **in·hèr·it·a·bíl·i·ty** 名

***in·her·it·ance** /ɪnhérətəns | -ɪt-/ 名〔⊲ inherit 動〕❶ C《通例単数形で》相続財産[物件]，遺産；(先祖からの)(無形の)遺産，伝統(⇨ 類語) ‖ The ~ has been swallowed up by various taxes. 遺産はさまざまな税金で消えてしまった / leave a large ~ to one's daughter 娘に大きな遺産を残す ❷ U 相続(すること)，継承；相続権 ‖ receive property by ~ 財産を相続する ❸ U C 遺伝；遺伝的形質 ‖ through biological ~ (生物学上の)遺伝を通して / the ~ of intelligence 知能の遺伝 / Mendel's laws of ~ メンデルの遺伝の法則

類語 《❶》 **inheritance** 親から子へ直接受け継がれるもので，特に財産・権利など．heritage の意味に用いることもある．

heritage 国家や社会が後世に伝えるすべてのもの．〈例〉the *heritage* of ancient China 古代中国の遺産

▸▸ **~ rìghts** 名 複 相続権 **~ tàx** 名 U C 相続税

in·her·i·tor /ɪnhérətər | -hérɪ-/ 名 C 相続人

in·hib·it** /ɪnhíbət | -ɪt/ 動 他 ❶〔感情・欲望など〕を抑制する，抑える；〔行動・発達など〕を妨げる；〔人〕が〈自由に…する の〉を(心理的に)抑制する〈**from *doing〉‖ Shyness ~*ed* her *from* speaking out. 内気なため彼女は思いきって発言できなかった / ~ one's impulse to cough せき払いをしたい衝動を抑える ❷〖生化〗…の化学反応[生理作用]を抑制する ❸〖宗〗(教会が)〔聖職者〕に聖務の執行を禁じる

-i·tive, -i·to·ry 形

語源 *in-* in+*-hibit* hold, have：中に入れておく，抑える

in·híb·it·ed /-ɪd/ 形 (心理的に)抑制された，自由に振る舞うことのできない

***in·hi·bi·tion** /ìnhɪbíʃən/ 名 U C ❶ 抑制，禁止，禁制；抑制するもの，妨げ；〖心〗抑制，抑圧；心理的抵抗 ‖ lose one's ~*s* 抑制(心)がなくなる / have no ~*s* about asking questions 遠慮なく質問をする ❷〖生化〗反応抑制[停止] ❸ C《英》〖法〗職務停止命令[令状]

in·hi·bi·tor /ɪnhíbɪtər/ 名 C ❶ 抑制する人[もの] ❷〖化・生〗抑制剤《化学反応・生理作用を妨害する物質》

ín-hòme 形《限定》家庭でできる，在宅の

in·ho·mo·ge·ne·ous /ìnhoumədʒíːniəs/ 形 異質な，不等質な

in·hos·pi·ta·ble /ìnhɑ(ː)spítəbl | -hɔs-/ ⊲シ 形 ❶ (土地などが)風雨を避ける所のない，荒れ果てた ❷ (人・行動が)もてなしの悪い，無愛想な，素っ気ない **-bly** 副

ìn-hóuse ⊲シ 形《限定》組織内(部)の，社内の

━副 組織内(部)で

in·hu·man /ɪnhjúːmən/ 形 ❶ 不人情な，思いやりのない，冷淡な，残酷な ❷ 非人間的な **~·ly** 副

in·hu·mane /ìnhjuméɪn/ ⊲シ 形 非人道的な，不人情な，残酷な **~·ly** 副

in·hu·man·i·ty /ìnhjumǽnəti/ 名 (複 **-ties** /-z/) U 不人情，思いやりのなさ，冷酷；C 非人道的行為

in·hume /ɪnhjúːm/ 動 他《文》〔死体〕を埋葬する，土葬する **ìn·hu·má·tion** 名

in·im·i·cal /ɪnímɪkəl/ 形 ❶ 有害な，〈…に〉反する，不利な〈**to**〉‖ ~ *to* freedom 自由をおびやかす ❷〈…に〉敵意のある，非友好的な〈**to**〉 **~·ly** 副

in·im·i·ta·ble /ɪnímətəbl | -ímɪ-/ 形 まねのできない，無類の，独特の **in·ìm·i·ta·bíl·i·ty** 名 **-bly** 副

in·iq·ui·tous /ɪníkwətəs | -wɪ-/ 形 邪悪な，はなはだしく不正な **~·ly** 副

in·iq·ui·ty /ɪníkwəti/ 名 (複 **-ties** /-z/) U C 邪悪，不正；邪悪[不正]な行為

****in·i·tial** /ɪníʃəl/

━形《比較なし》《限定》❶ 初めの，**初期の** ‖ the ~ stage of a disease 病気の初期段階 / ~ expenses 創業費 / (an) ~ reaction 最初の反応

❷ **語頭にある**，語頭の ‖ the ~ letter of a word 単語の頭文字

━名 (複 **~s** /-z/) C 語頭の文字，**頭文字**；章頭の飾り文字；《通例 ~s》(姓名の)頭文字，イニシャル ‖ His ~*s* were J.F.K. 彼のイニシャルはJ.F.K.だった

━動 (**~s** /-z/；**-tialed**，《英》**-tialled** /-d/；**-tial·ing**，《英》**-tial·ling**) 他 …にイニシャルを入れる，イニシャルで署名する；〔条約・契約〕にサインして承認する ‖ ~ a treaty 条約にイニシャルで署名する / a handkerchief ~*ed* "R" Rのイニシャルの入ったハンカチ

inítial·ìsm 名 C〖言〗頭(かしら)文字略語《語群の頭文字を並べて1語とした語で，固有の発音を持たないもの．〈例〉MP, U.N. → acronym》

in·i·tial·ize /ɪníʃəlàɪz/ 動 他 💻 …を初期状態に戻す，初期設定する；〔ディスクなど〕を初期化する

in·ì·tial·i·zá·tion 名 U 初期化，初期設定

***in·i·tial·ly** /ɪníʃəli/ 《アクセント注意》 副《文修飾》初めは，初めのうちは；初めに，第1に(♦後の段階との対比で用いる) ‖ *Initially*, I was unwilling to do it, but later I changed my mind. 初めはそれをしたくなかったが，後で気が変わった

***in·i·ti·ate** /ɪníʃièɪt/ 《発音注意》(→ 形, 名) 動 他 ❶ …を新たに始める，新たに考え出す，起こす，創始する，…に着手する (♦ begin などと比べて特に最初の段階を強調する語で，結果については言及しない) ‖ ~ a new procedure 新しい手順を考え出す / ~ negotiations 交渉の口火を切る ❷〔人〕に〈…の〉初歩を教える，手ほどきをする〈**in, into**〉(♦しばしば受身形で用いる) ‖ I was ~*d into* the 「joys of snowboarding [world of opera]. スノーボードの楽しみ方を手ほどきしてもらった[オペラの世界のいろはを教えてもらった] ❸ (儀式などの正規の手続きを踏んで)〔人〕を〈…に〉入会させる〈**into**〉‖ ~ him *into* a secret society 彼を秘密結社に入会させる

━形 /ɪníʃiət, -eɪt/ 新入りの；手ほどきを受けた，秘伝[奥義]を授けられた

━名 /ɪníʃiət/ C 新入会者，入門者；秘伝[奥義]を授けられた人

***in·i·ti·a·tion** /ɪnìʃiéɪʃən/ 名 ❶ U〈…の〉開始，創始；伝授，手ほどき(を受けること)〈**of**〉 ❷ U〈…への〉加入，入会

I

〈**into**〉; Ⓒ 入会式, 入会の儀式
▶▶ **~ cèremony** [**rìte, rìtual**] 名Ⓒ 入会式

in·i·ti·a·tive /ɪníʃiət̬ɪv/
—名 (複 **~s** /-z/) ❶ Ⓤ 自発性; 独創力 ‖ He lacks [OR has no] ~. 彼には進取の気概がない / You'll have to use your (own) ~. 自ら進んで事に当たらなくてはいけません / show ~ 独創力を発揮する
❷ Ⓒ (特別の目的・問題解決のための) 重要な新計画 [構想]; 斬新(ざんしん)なアプローチ〈**to** *do* …するための; **for** …へ向けての〉 ‖ a (**new**) peace ~ 新平和構想
❸ ((通例 the ~)) **主導権**, **イニシアチブ**; 率先, 先導(力) ‖ The ~ is all theirs. 主導権はすべて彼らが握っている / **take** the ~ in settling the labor dispute 率先して労働争議解決に当たる / have the ~ 主導権を握っている / seize [lose] the ~ 主導権を握る[失う] ❹ ((通例 the ~))〖政〗(スイス・アメリカの諸州の)国民発案; 発議権
—形 ((堅))初めの, 発端の; 率先した, 創意に富んだ
~·ly 副

in·i·ti·a·tor /ɪníʃièɪt̬ər/ 名Ⓒ 創始者; 首唱者, 主導者; 伝授者, 教導者

in·i·ti·a·to·ry /ɪníʃiətɔ̀ːri | -tə-/ 形 初歩の, 手始めの; 入会の, 入門の

*__in·ject__ /ɪndʒékt/ 動 他 ❶〔薬など〕を〈人・体に〉注射する, 注入する〈**into**〉;〔人など〕に〈薬などを〉注射する〈**with**〉;〔人など〕に〈…の〉予防注射をする〈**against**〉;〔液体・気体〕を〈…に〉注入 [注射] する〈**into**〉 ‖ The doctor ~*ed* serum *into* his arm. = The doctor ~*ed* his arm *with* serum. 医者は彼の腕に血清を注射した / I was ~*ed against* flu. インフルエンザの予防注射を受けた ❷〔新しいもの・異なる要素など〕を〈…に〉導入する;〔資金など〕を〈…に〉つぎ込む (⇨ pump in) 〈**into**〉 ‖ ~ new ideas *into* Japanese culture 日本の文化に新しい考えを導入する / ~ money *into* high-tech industries ハイテク産業に金をつぎ込む ❸〔言葉・意見など〕を〈会話などに〉差し挟む〈**into**〉 ‖ Try to ~ some enthusiasm *into* your voice. もっと熱意を込めて話すようにしなさい ❹〖宇宙〗〔ロケット・人工衛星など〕を〈軌道に〉乗せる〈**into**〉
~·a·ble 形 (薬が)注射できる
語源 *in-* into + *-ject* throw(投げる): 投入する

*__in·jec·tion__ /ɪndʒékʃən/ 名 ❶ⓊⒸ 注射(shot), 注入, 浣腸(かんちょう); (資金などの)導入, つぎ込み〈**into** …への; **of** …の〉 ‖ have [OR get] a tetanus ~ 破傷風の注射をしてもらう / give [OR administer] an ~ *of* glucose ブドウ糖を注射する / supply the hormone by ~ ホルモンを注射によって補給する / execution by lethal ~ 致死注射による (死刑囚の) 処刑 / an ~ *of* money *into* the project プロジェクトへの資金の投入 ❷Ⓒ 注入物; 注射液; 浣腸剤 ❸Ⓤ (内燃機関の)(燃料)噴射, インジェクション (fuel injection) ❹Ⓤ〖宇宙〗投入 ((人工衛星などを軌道に乗せること)); 投入の瞬間, 投入が行われる場所 ❺Ⓒ〖数〗単射, 1対1の写像
▶▶ **~ mòlding** 名Ⓤ (加熱可塑性物質の) 注入式塑造法, 射出形成

in·jec·tor /ɪndʒéktər/ 名Ⓒ 注入する人[もの]; (燃料)噴射注入装置; (ボイラーへの)噴射式注水装置

ín·jòke 名Ⓒ 仲間内のジョーク, 楽屋落ち

in·ju·di·cious /ìndʒudíʃəs/ ⊲シ 形 無分別な, 思慮のない **~·ly** 副 **~·ness** 名

In·jun /índʒən/ 名Ⓒ⊗((米口))((旧))((蔑))アメリカ先住民(♦ Indian より)

*__in·junc·tion__ /ɪndʒʌ́ŋkʃən/ 名Ⓒ 命令, 勧告;〖法〗禁止[差止]命令 ‖ She got an ~ against her ex-husband to keep him from stalking her. 彼女は前夫にストーカー行為をさせない禁止命令を勝ち取った
-tive 形

‡**in·jure** /índʒər/
—動 (▶ injury 名) (**~s** /-z/; **~d** /-d/; **-jur·ing**) 他 ❶ …を**傷つける**, …にけがをさせる, …を痛める; …に損害を与える (⇨ 類語P) ‖ They were **seriously** [slightly] ~*d* in the accident. 彼らは事故で重[軽]傷を負った / ~ one's health 健康を害する
❷〔感情・名誉など〕を傷つける, 害する, 損なう ‖ I'm afraid I've ~*d* her (feelings). どうやら彼女 (の気持ち)を傷つけてしまったようだ
❸〖法〗〔人〕を不当に扱う;〔人〕に不正を行う
-jur·er 名Ⓒ 加害者

傷つける・損なう 動詞＼目的語	人 動物	身体 手足	建物 車	感情	健康	名声
injure	○	○		○	○	○
damage			○		○	○
harm	○			○	○	○
hurt	○	○		○		○
wound	○	○		○		○

♦ hurt は injure よりも格式ばらない語. ふつう, hurt の方が injure よりも「けが」の程度は軽い.
♦ wound は「銃や刀などの武器により傷つける」こと.「その事故で彼はけがをした」は He was *injured* [OR *hurt*] in the accident. といい, wound は基本的に使えない.
♦ be hurt は ⓐ「けがをする」と ⓑ「感情を害する」で副詞に注意. 〈例〉ⓐ He was *slightly* [*badly, seriously*] *hurt* when he fell off the ladder. 彼ははしごから落ちて軽い [ひどい, 大] けがをした 〈例〉ⓑ He was *very* [*rather, deeply*] *hurt* by her unkind words. 彼は彼女のつれない言葉にひどく[いささか, 深く]傷ついた

*__in·jured__ /índʒərd/ 形 (**more ~**; **most ~**) ❶ 傷ついた, けがをした; 損害を受けた; ((the ~ で集合名詞的に))((複数扱い)) 負傷者(たち) ‖ an ~ arm 傷ついた腕 / the dead and (the) ~ 死傷者 ❷ ((比較なし))((限定)) (感情・名声などが)傷つけられた, 害された; (声・表情などが)むっとした ‖ her ~ pride 彼女の傷つけられたプライド / an ~ look むっとした顔つき
▶▶ **~ párty** 名 ((the ~))〖法〗被害者(側)

in·ju·ri·ous /ɪndʒʊ́əriəs/ 形 ❶ 〈…に〉有害な〈**to**〉 ‖ ~ *to* the health 健康に悪い ❷ (言葉が)無礼な, 侮辱的な
~·ly 副 **~·ness** 名

‡**in·ju·ry** /índʒəri/
—名 (◁ injure 動) (複 **-ries** /-z/) ⒸⓊ ❶ **傷害**, けが; 〈…への〉損傷〈**to**〉 ‖ **personal** ~ 身体損傷 / a **head** ~ 頭部損傷 / **suffer** [OR receive, sustain] severe *injuries to* the legs 両脚に重傷を負う / avoid [OR escape] ~ けがを免れる / **cause serious** ~ to him = inflict serious ~ on him 彼に重大なけがを負わせる / do oneself an ~ ((主に英口))傷を負う / insurance against ~ at work 作業中の傷害に対する保険
❷ 〈感情・権威などを〉傷つけること, 〈…に対する〉無礼, 侮辱〈**to**〉;〖法〗(権利)侵害, 違法行為 ‖ ~ *to* one's pride プライドを傷つける侮辱
▶▶ **~ tìme** 名Ⓤ ((英))〖スポーツ〗ロスタイム, インジュリータイム ((サッカー・ラグビーなどで負傷者の手当てなどに要した時間)) (❗ loss time は和製語)

*__in·jus·tice__ /ɪndʒʌ́stɪs/ 名Ⓤ 不正, 不公平, 不法; Ⓒ 不正 [不法] 行為; Ⓤ 権利の侵害 ‖ commit an ~ 不正を働く / redress [OR remedy] an ~ 不正を正す

COMMUNICATIVE EXPRESSIONS
1 **You dò** me **an injústice to sày** sùch a thìng. それは私に対する不当な言いがかりです

*__ink__ /ɪŋk/ 名 (複 **~s** /-s/) Ⓤ ❶ インク (♦ 種類を指す場合は Ⓒ) ‖ India [OR Indian, Chinese] ~ 墨 / write with [OR in] pen and ~ ペンとインクで書く / in red ~ 赤インクで / (as) black as ~ 真っ暗な / The ~ on the agreement was hardly dry before ... その協定書のインクが乾くか乾かぬかのうちに… ❷ (イカ・タコの) 墨

(sepia) ❸《米俗》知れ渡ること，(特に活字メディアによる)報道

blèed rèd ínk 大赤字である，経営が非常に苦しい

―動 (~s /-s/ ; ~ed /-t/ ; ~·ing) 他 ❶ …をインクで書く[描く，刻印する] ❷〔製版・スタンプなど〕にインクを塗る ❸〔契約書など〕に署名する

ìnk ín ... / ìnk ... ín 〈他〉…をインクで書き入れる；…をインクでなぞる[仕上げる]；《比喩的に》…を確定する

ìnk óut ... / ìnk ... óut 〈他〉…をインクで消す

ínk·blot tèst 名 C =Rorschach test

ínk·hòrn 名 C 角(つの)製の小さい容器《インク入れに使われた》 ―形 学者ぶった ‖ ~ words 衒学(げんがく)的用語

ín-kìnd 形《限定》(金銭ではなく)現物による(⇨ *in* KIND ②) ‖ ~ benefits [gifts] 現物給付，物品による贈り物

ínk-jèt prìnter 名 C 💻 インクジェットプリンター

ink·ling /íŋklɪŋ/ 名 C《単数形で》漠然とした知識，うすうす知っている[気づいている]こと；ほのめかし，暗示〈**of** …の / **that** 節 …であることの〉‖ give him an ~ *of* ... 彼に…(のこと)をそれとなくほのめかす

ínk·pàd 名 C インクつけ台，スタンプ台

ínk·stànd 名 C ❶ インクスタンド ❷ =inkwell

ínk·wèll 名 C (机にはめ込んだ)インクつぼ

ink·y /íŋki/ 形 インクのような，真っ黒な；インクで汚れた

ínk·i·ness 名

ìn·láid ⟨ジ⟩ 動 inlay の過去・過去分詞 ―形《限定》〈…を〉はめ込んだ，象眼(ぞうがん)した〈**with**〉；象眼模様の ‖ ~ work 象眼細工 / an ~ table 象眼模様のテーブル

*__in·land__ /ínlənd, -lænd/ 《アクセント注意》(→ 副) 形 (**more ~ ; most ~**)《限定》❶ 内陸の，内地の，奥地の ‖ Ours is a rather quiet ~ city. 私たちの市はかなり静かな内陸の町です / ~ waterways 内陸の水路 / the *Inland* Sea (of Japan) 瀬戸内海 ❷《主に英》国内の[で行われる]，内国の ‖ ~ trade 国内貿易

―名 C 内陸，内地，奥地

―副 /ɪnlǽnd/ 内陸[内地，奥地]に[へ] ‖ go [travel] ~ 奥地に向かって行く[旅する]

~·er 名 C 内地人，奥地人

▸▸ **~ navigátion** 名 U 運河および河川による交通 **~ révenue** 名 U《英》内国税収入(《米》internal revenue)；《the I- R-》《英》内国歳入庁(《米》Internal Revenue Service)

ín-làw 名 C《通例 ~s》《口》姻戚(いんせき) ▸▸ **~ apàrtment** 名 C《米》(母屋に接した)老人用付設住宅

in·lay /ìnléɪ/ (→ 名) 動 (**-laid** /-léɪd/ ; **~·ing**) 他 ❶《通例受身形で》〈…に〉はめ込まれる〈**into**〉；〈…で〉象眼(ぞうがん)される〈**with**〉‖ a wooden box *inlaid with* mother-of-pearl 螺鈿(らでん)細工の木の箱 ❷〔写真・カットなど〕を(台紙に)はめ込む ―名 /ínlèɪ/ U C ❶ 象眼細工，はめ込み模様；(象牙(ぞうげ)や木の)象眼材 ❷【歯科】インレー《虫歯のくぼみに合わせた金属や陶質の詰め物》

*__in·let__ /ínlət, -lèt/ 名 C ❶ 入江，小湾；(島と島の間の)瀬戸 ❷ 入口；取り入れ口(↔ outlet) ‖ a fuel ~ 燃料の取り入れ口 ❸ はめ込んだもの，挿入物；(服の)タック

ìn-líne ⟨ジ⟩ 形 ❶ (部品などが)1列に並んだ ❷ 💻 インラインの ▸▸ **~ skáte** 名 C《通例 ~s》インラインスケート，ローラーブレード《ローラーが縦に3-4個ついたローラースケート靴》 **~ skáting** 名 U インラインスケートをすること

in lo·co pa·ren·tis /ɪn lòʊkoʊ pəréntɪs | -tɪs/ 副《ラテン》(=in the place of a parent)親の代わりに(なって)

in·ly /ínli/ 副《文》内心で(は)；(心から)親しく

*__in·mate__ /ínmèɪt/ 名 C (特に精神病院の)入院(患)者，(刑務所などの)在監者，収容者 ‖ a prison ~ 入獄者

in me·di·as res /ɪn mìːdiæs réɪz/ 副《ラテン》(=into the midst of things)《堅》事件の中心に[から]

in me·mo·ri·am /ɪn mɪmɔ́ːriəm/ 前 (碑文などで)…の記念に ―名《しばしば形容詞的に》記念[追悼(ついとう)]の碑(文) ‖ ~ notices in the paper 新聞の死亡公示記事(♦ ラテン語より)

ín·mòst 形《限定》《文》最も奥の；深く心に秘めた，衷心の(innermost) ‖ ~ thoughts 深く心に秘めた考え

*__inn__ /ɪn/ (♦ 同音語 in) 名 C ❶《英》(宿泊施設のある田舎の)酒場，パブ；(昔の)宿屋 ‖ a roadside [OR wayside] ~ 道路沿いの宿屋 ❷《米》(田舎の)小さなホテル ❸《I-》…イン(♦ ホテル・パブなどの店名に用いる) ‖ Holiday *Inn* ホリデイ＝イン(ホテル) ❹《英》《古》学生の宿舎

▸▸ **Ìnns of Cóurt** 名《the ~》(英国の)法曹学院；その建物

in·nards /ínərdz/ 名 複《口》内臓；(機械などの)内部

*__in·nate__ /ɪnéɪt/ ⟨ジ⟩ 形 ❶ (性質などが)生まれながらの，生得の；固有の，本来的な ‖ ~ cruelty 生まれながらの残忍さ ❷【哲】本有的な，生得的な **~·ly** 副 **~·ness** 名

‡__in·ner__ /ínər/

―形《比較なし》《限定》❶ **内部の**，内側の，奥の；中心部に近い(↔ outer) ‖ an ~ office 奥のオフィス / ~ Tokyo 東京都心部

❷ より親密な，内密の ‖ his ~ circle of friends 彼の特に親しい友人仲間 ❸ 内面的な，精神的な ‖ the ~ life 内面生活 / one's ~ struggle 内面の葛藤(かっとう) / (an) ~ strength 内面的強さ ❹ 隠れた，はっきりしない ‖ an ~ meaning 隠れた意味 ❺ 中枢の，最も特権のある

―名 (複 **~s** /-z/) C ❶【アーチェリー・射撃】(標的の)中心に隣接する内心円；それに当たった弾[矢]

❷ 内部[内側]にあるもの

~·ly 副 **~·ness** 名

▸▸ **~ bár** 名 C《英》勅選弁護士団 **~ chíld** 名 C【心】心の中の子供(の自分)《傷ついた子供時代の心を持つ自分》 **~ círcle** 名 C (組織内中枢部の)実権者グループ **~ cíty** (↓) **~ éar** 名 C【解】内耳 **~ mán [wóman]** 名《the ~》① 精神，霊魂(中立 inner person)(↔ outer man [woman]) ②《戯》胃袋(中立 stomach) ‖ satisfy the ~ *man* 腹ごしらえをする **Ìnner Mongólia** 名 内モンゴル(自治区)《中国北部の自治区》(→ Mongolia) **~ tùbe** /ˌ ーーˊ/ 名 C (自転車などのタイヤの)チューブ

*__ìnner cíty__ ⟨ジ⟩ 名 C 都心部《スラム街であることが多い》(↔ outer city) **ìnner-cíty** 形 都心部の

ìnner-diréctéd 形【心】内部指向型の(↔ outer-directed)

ínner·mòst 形《限定》最も奥の；最も親しい[内密の](↔ outermost) ‖ ~ feelings 深く心に秘めた気持ち

ínner·sòle 名 =insole

ínner·sprìng 形《米》スプリング入りの(《英》interior-sprung) ‖ ~ mattresses スプリング入りのマットレス

in·ner·vate /ɪnə́ːrveɪt | ˊーー/ 動 他【医】❶〔器官〕に神経を発達させる ❷〔神経・器官など〕を刺激する

ìn·ner·vá·tion 名

*__in·ning__ /ínɪŋ/ 名 C ❶【野球】イニング，回 ‖ in the top [bottom] half of the fifth ~ 5回の表[裏]に / a 1-2-3 [one-two-three] ~ 3者凡退のイニング ❷《~s》《単数扱い》【クリケット】イニング，(攻撃)回；(打者の)攻撃 ❸ 活躍の機会，(特に)政権担当[在任](期間)；(個人の)活躍期 ‖ The election gave him his ~*s*. 選挙で彼に政権[活躍の場]が回ってきた

hàve a gòod ínnings《英口》長い[充実した]生涯を送る，務めをまっとうする(♦ 亡くなった人や退職者について用いる．過去形・現在完了形で用いることが多い)

in·nit /ínɪt/ 《英口》=isn't it (♦ 標準的ではない．don't you や haven't you など，あらゆる付加疑問の代わりに用いられることがある)

―間《応答で》ほんとだぜ，全くだ ‖ "Did you see the movie?" "*Innit.*" 「あの映画見たかい」「ああ，見たとも」

ínn·kèeper 名 C《主に古》宿屋の主人

*__in·no·cence__ /ínəsəns/ 名 U ❶ 罪のないこと，無罪(↔ guilt)，潔白 ‖ protest one's ~ 身の潔白を主張する / plead [OR maintain] one's ~ 無罪を申し立てる ❷ 純真，無垢(むく)；無邪気，天真らんまん；無知 ‖ lose one's ~

純真さをなくす / the ～ of a child 子供のような純真さ / in all ～ 何の悪意もなしに, 全く無邪気に ❸ 純潔；童貞[処女]であること

*in·no·cent /ínəsənt/ 形 (more ～ ; most ～) ❶ 無罪の, 潔白な(↔ guilty)；〈罪を〉犯していない〈of〉; 合法の ‖ It turned out that he is ～ (*of* the crime). 彼には(その)罪がないことが判明した / Legally, you are ～ until proven guilty. 法律的には有罪が立証されるまであなたは無罪である ❷ 《限定》巻き添えを食った, 無関係な ‖ ～ victims of a traffic accident 交通事故の巻き添えを食った犠牲者たち ❸ 悪意のない, 悪気のない(♥「悪気はないが結果として好ましくない状態を引き起こしてしまった」という含みがある) ‖ His motives were ～. 彼の動機は純粋だった / ～ mischief 罪のないいたずら / an ～ remark 悪気のない発言 ❹ 悪に染まっていない, 純真な；無邪気な, 天真らんまんな；単純な, お人よしの ‖ Look at the ～ face of that sleeping child. あの子の無邪気な寝顔を見てごらん / ～ for a politician 政治家にしては人がよすぎる ❺ 《叙述》全く〈…の〉ない；〈…に〉無知の；〈…に〉気づいていない；〈…に〉無縁の〈of〉 ‖ floors ～ *of* carpets カーペットの敷いてない床 / He is ～ *of* the use of knives and forks. 彼はナイフとフォークの使い方を知らない
—名 C ❶ 無垢な人, 幼児；無邪気な人, お人よし ❷ 《the I-s》〖聖〗殉教の幼児(ﾖｳｼﾞ) 《Herod 王の命令で殺された Bethlehem の男児》
▸▸ Ínnocents' Dày 名 〖カト〗幼児殉教者の日《12月28日. Herod 王が Bethlehem の幼児を虐殺した日》

in·no·cent·ly /ínəsəntli/ 副 無邪気に ‖ He was ～ pleased. 彼は無邪気に喜んでいた

in·noc·u·ous /ɪná(:)kjuəs | ɪnɔ́k-/ 形 ❶ 悪意のない, 気に障らない；面白くない, 退屈な ❷ (特に蛇が)無害な, 無毒の　～·ly 副　～·ness 名

in·nom·i·nate /ɪná(:)mɪnət | ɪnɔ́m-/ 形 《堅》無名の, 名前のない；《文》匿名の
▸▸ ～ bóne 名 C 〖解〗無名骨(→ hipbone)

in·no·vate /ínəvèɪt, -noʊ-/ 《アクセント注意》 動 自 革新する, 刷新する —他 〔新しいもの〕を導入する ‖ ～ a computer-operated system コンピューターによる作動システムを導入する　-và·tor 名 C 革新者
語源 *in-* in＋*-nov-* new(新しい)＋*-ate*(動詞語尾)：新しくする

*in·no·va·tion /ìnəvéɪʃən, -noʊ-/ 名 ❶ C 〈…における〉新機軸, 新考案, 新制度, 新しい方法〈in〉 ‖ technical ～*s in* printing methods 印刷方法における新技術 ❷ U 〈…での〉革新, 刷新, 技術革新〈in〉　～·al 形

*in·no·va·tive /ínəvèɪtɪv, -noʊ-, ＋英 -və-, ɪnóʊvə-/ 《アクセント注意》 形 (more ～ ; most ～) 革新[刷新]的な；創造力のある ‖ ～ teaching methods 革新的な教授法 / an ～ young man 創意工夫に富む若者
～·ly 副　～·ness 名

in·no·va·to·ry /ínəvətɔ̀:ri | -vèɪtəri/ 形 ＝innovative

in·nu·en·do /ìnjuéndoʊ/ 名 (複 ～s, ～es /-z/) C U ❶ ほのめかし, 当てこすり ‖ make ～*es* 当てこすりを言う ❷ 〖法〗語意の説明《訴訟などにおける注釈的文句》

In·nu·it /ínjuɪt/ 名 ＝Inuit

*in·nu·mer·a·ble /ɪnjú:mərəbl/ 形 (しばしば誇張気味に)無数の, 数えきれない(ほどの)(⇨ NUMEROUS 類語)
in·nù·mer·a·bíl·i·ty, ～·ness 名　-bly 副
語源 *in-* not＋*-numer-* number (数える)＋*-able* (「可能」を表す形容詞語尾)

in·nu·mer·ate /ɪnjú:mərət/ 形 名 C 理数系に弱い(人), 計算のできない(人)　-a·cy 名 U 理数系に弱いこと

in·oc·u·late /ɪná(:)kjulèɪt | -ɔ́k-/ 動 他 〔人・動物〕に〈…の〉予防接種をする〈against〉；〔人〕に〈ワクチンなどを〉接種する〈with〉；〔微生物〕を〈土壌・生体に〉植えつける〈into〉 ‖ Every child is ～*d against* polio. すべての子供がポリオの予防接種を受けている
-là·tive 形 予防接種の　-là·tor 名 C 予防接種者

in·oc·u·la·tion /ɪnà(:)kjuléɪʃən | -ɔ̀k-/ 名 U C (予防)接種 ‖ have ～*s* against typhoid fever 腸チフスの予防接種をする

in·oc·u·lum /ɪná(:)kjuləm | -ɔ́k-/ 名 (複 -la /-lə/) C 接種材料《細菌・胞子・ウイルスなど》

in·of·fen·sive /ìnəfénsɪv/ 《アクセント注意》 形 害のない；気に触らない, 当たり触りのない；不快にさせない　～·ly 副

in·op·er·a·ble /ɪná(:)pərəbl | -ɔ́p-/ 形 ❶ 〖医〗(癌(ｶﾞﾝ)などの病気が)手術不可能な ‖ an ～ cancer 手術できない癌 ❷ 実施できない；実際的でない　-bly 副

in·op·er·a·tive /ɪná(:)pərəṭɪv | -ɔ́p-/ 形 ❶ 動いていない, 操業していない ❷ 効き目のない；(法律が)無効の

in·op·por·tune /ɪnà(:)pərtjú:n | -ɔ́pətjù:n/ 《アクセント注意》 形 時機を失した, 折の悪い；(時機が)不適当な　～·ly 副

in·or·di·nate /ɪnɔ́:rdənət | -dɪ-/ 形 過度の, 法外な；節度のない ‖ an ～ demand 法外な要求　～·ly 副

in·or·gan·ic /ìnɔ:rgǽnɪk/ 《アクセント注意》 形 (↔ organic) ❶ 〖化〗無機の；無生物の ‖ ～ compounds 無機化合物 ❷ 有機的組織を欠いた ❸ 自然発生的でない, 外来の
-i·cal·ly 副　▸▸ ～ chémistry 名 U 無機化学

in·o·si·tol /ɪnóʊsɪtɔ̀(:)l/ 名 U 〖生化〗イノシトール, イノシット《ビタミンB複合体の1つ》

ín·pàtient 名 C 入院患者(↔ outpatient)

in pro·pri·a per·so·na /ɪn pròupriə pərsóunə/ 副 《ラテン》本人自ら

*in·put /ínpʊ̀t/ 《アクセント注意》 (↔ output) 名 U/C 《単数形で》❶ 投入, 投下；投入量；(投入された)情報, 助言, アイデア, 意見；努力；資金 ❷ 入力(情報), インプット〈to, into …への；of …の；from …からの〉 ❸ 〖機・電〗入力(エネルギー), インプット ❹ C 〖経〗投資；生産要素《土地・労働・原料など》 ❺ C 入力装置[端子]
—動 (-put OR -put·ted /-ɪd/；-put·ting) 他 ❶ 《口》〔情報など〕を提供する ❷ 〔データなど〕を〈コンピューターに〉入力する, インプットする(key [OR type] in)〈to, into〉
～·ter 名

ìnput/óutput 名 C 形 入出力ポート(の)《コンピューターと外部機器の間のデータ転送に使われる経路. 略 I/O》；(データの)入出力(の)

*in·quest /ínkwest/ 名 C 〖法〗❶ (陪審員の前での)審問, 審理；《英》(特に)死因審理, 検死 ‖ hold an ～ on ... …(の死因)について審理する ❷ 《集合的に》《英》(検死)陪審員 ❸ 《口》調査, 吟味

in·qui·e·tude /ɪnkwáɪətjù:d/ 名 U 《文》不安, 動揺

*in·quire /ɪnkwáɪər/ 《アクセント注意》 動 (▶ inquiry 名) (♦ 特に《英》ではしばしば enquire ともつづる) 他 …を尋ねる, 問う, 聞く(♦ ask より格式ばった語. ask と異なり目的語に人をとらない) **a** 《(＋of 名) ＋wh 節 / wh to do》…(するの)かを(人に)尋ねる(♦ 直接話法にも用いる) ‖ He ～*d what* time the public hearing began. 彼は何時に公聴会が始まるのかを尋ねた / You can ～ (*of* them) *where* the station is. 駅がどこかは(あの人たちに)聞けばいいでしょう / "Do you have any ID?" ～*d* the policeman. 「身分証明書はありますか」と警官は聞いた **b** 《＋目》…を〈人に〉尋ねる〈of〉 ‖ May I ～ something personal *of* you? 個人的なことを伺ってもよろしいですか / ～ her name 彼女の名前を聞く —自 尋ねる, 問う, 聞く〈of 人に；about, as to …について〉 ‖ I am writing to ～ *about* your article of Nov. 1. 11月1日付の貴殿の記事につき質問いたしたく筆をとりました / *Inquire* within. 中でお尋ねください《店頭の表示》
inquire after ... 〈他〉① 〔人〕の健康状態[安否]を尋ねる ② …についての情報を求める
inquire for ... 〈他〉〔人〕に面会を求める
inquire into ... 〈他〉…について事実を知ろうとする, …を調査する ‖ The authorities ～*d into* his complaint. 役所では彼の苦情に関して調査を行った
-quír·er 名 C 尋ねる人, 照会者；調査者；《新聞の名称として》…新聞

語源 *in-* into＋*-quire* seek(探す)：入って探す

in·quir·ing /ɪnkwáɪərɪŋ/ 形《限定》知識を求める；詮索(せんさく)好きな；探るような，不審そうな ‖ turn one's ～ eyes towards ... …の方に不審そうな目を向ける **～·ly** 副

:in·qui·ry /ínkwəri, ɪnkwáɪəri | ɪnkwáɪə-/
—名〔◁ inquire 動〕(複 **-ries** /-z/) (♦特に《英》ではしばしば enquiry ともつづる) ❶ U 尋ねること；C〈…についての〉**質問**，問い合わせ，照会〈**about**〉；《-ries》《英》案内所 ‖ Upon further ～, I learned that he had left the company three years earlier. さらに問い合わせたところ彼は3年前に会社をやめていたということがわかった / a letter of ～ 照会状 / an ～ desk 案内所 / There were many *inquiries about* the new mail rates. 新しい郵便料金について多くの問い合わせがあった / **make** *inquiries* 問い合わせをする
❷ C〈…の〉(公の)**調査**，取り調べ，捜査，審査；研究，探究〈**into**〉‖ Her former husband is helping the police with their *inquiries*. 彼女の前夫は警察の事情聴取に応じている / have an official ～ 正式に調査する / a court of ～ 事故[災害]調査委員会；〖軍〗査問会議 / **make** [OR hold] an ～ *into* a missing person 行方不明者の捜査を行う / institute a scientific [scholarly] ～ *into* ... …の科学[学術]的調査に乗り出す / a public ～ 公式調査，公開審問

in·qui·si·tion /ìŋkwɪzíʃən/ 名 ❶ U C (人権を無視した)厳しい調査[取り調べ]；(法廷の)審理 ❷《the I-》(中世ヨーロッパの)異端審問(所)，宗教裁判(所) **～·al** 形

in·quis·i·tive /ɪnkwízəṭɪv/ 形 ❶ 知識を求める ❷ 好奇心の強い；詮索好きな ‖ an ～ glance 探るような一瞥(いちべつ) / Didn't you think he was too ～ about your personal life? 彼はあなたの私生活のことを詮索しすぎていると思いませんでしたか **～·ly** 副 **～·ness** 名

in·quis·i·tor /ɪnkwízəṭər | -kwízɪ-/ 名 C ❶ 取り調べ官，調査官；《I-》異端審問官，宗教裁判官 ‖ the Grand *Inquisitor* 異端審問長，宗教裁判所長 ❷ 根掘り葉掘り聞く人

in·quis·i·to·ri·al /ɪnkwìzətɔ́ːriəl/ 〈ジ 形 ❶ 取り調べ官[異端審問官]の(ような)；詮索好きな(inquisitive) ❷〖法〗(裁判手続きが)糾問(きゅうもん)主義の；秘密刑事訴追の(↔ accusatorial) **～·ly** 副

in·quor·ate /inkwɔ́ːrèɪt, -rɪt, -rət/ 〈ジ 形《英》(会議が)定足数を満たさない(↔ quorate)

in re /ɪn ríː, -réɪ/ 前 …に関して (concerning)《特に訴訟名に用いる》(♦ラテン語より)

in rem /ɪn rém/ 形《しばしば名詞の後に置いて》〖法〗(訴訟などが)物への，財産[権利]に関しての(♦ラテン語より)

ìn-résidence 形《名詞の後に置いて複合語を作って》《米》(大学などに)一時的に籍を置いて自由に自分の研究のできる ‖ a poet-～ at a college ある大学在籍の詩人

in·road /ínròud/ 名 C ❶《通例 ～s》〈…への〉食い込み，蚕食〈**into**〉‖ make ～*s into* the U.S. market 米国の市場に食い込む ❷ 突然の侵入[襲撃]，急襲

ín·rùsh 名 C《単数形で》流入(influx)，乱入，殺到

INS 略 *I*mmigration and *N*aturalization *S*ervice ((米国の) 移民帰化局)；*I*nternational *N*ews *S*ervice ((米国の) 国際通信社)；*i*nertial *n*avigation *s*ystem 〖空〗(慣性航法装置)；*I*nformation *N*etwork *S*ystem ((高度)情報通信システム)

ins. 略 inches；inscription；inspector；insulation

in·sa·lu·bri·ous /ìnsəlúːbriəs/ 〈ジ 形 (土地・気候などが)健康[体]によくない **～·ly** 副 **-bri·ty** 名

***in·sane** /ɪnséɪn/ 形 ❶ 正気でない，狂気の (↔ sane)；〖法〗心神喪失の (⇨ MAD 類語) ‖ I thought he went ～. 彼のことを頭がおかしくなったのかと思った / drive him ～ 彼の正気を失わせる / criminally ～ 刑法上心神喪失の ❷《口》ばかげた，あきれ果てた ‖ It would be ～ (for them) to risk everything for it. (彼らが) そのためにすべてを危険にさらすとすれば非常識もいいとこだ / an ～ scheme ばかげた計画 ❸《the ～ で集合名詞的に》《複数扱い》精神障害者 ‖ a hospital for the ～ 精神科病院

COMMUNICATIVE EXPRESSIONS
[1] **Thàt's insáne.** とんでもない(♥強い反対の表明)

～·ly 副 **～·ness** 名

in·san·i·tar·y /ɪnsǽnətèri | -təri/ 形 不衛生な；健康によくない

***in·san·i·ty** /ɪnsǽnəṭi/ 名 (複 **-ties** /-z/) ❶ U C 全くばかげたこと；愚かな[狂気じみた]行為，狂気の沙汰(さた) ❷ U 精神錯乱，狂気；〖法〗(一時的)心神喪失《法的に責任を免除される精神状態》‖ plead temporary ～ (法廷に) 一時的に心神喪失状態だったと申し立てる

in·sa·tia·ble /ɪnséɪʃəbl/ 形 貪欲(どんよく)な，飽くことを知らない ‖ an ～ hunger for success 成功への飽くなき欲望
in·sà·tia·bíl·i·ty 名 U 貪欲 **-bly** 副

in·scape /ínskèɪp/ 名 U《文》(芸術作品，特に詩で表現される)人間や事物の内面，本質

ìn·schóol 形 校内での；在校時間内の

***in·scribe** /ɪnskráɪb/ 動 他 ❶〔言葉・記号など〕を〈…に〉書く，記す，刻む〈**in, on**〉；〔銘板など〕に〈言葉・記号などを〉書く[刻む]〈**with**〉‖ ～ one's name *in* a book 本に名前を記す / Initials were ～*d on* the cover. カバー[表紙]には頭文字が刻まれていた ❷〔本など〕に献辞を書く，署名する；〔本など〕を(献辞を書いて[署名して])〈人に〉献呈する〈**to, for**〉‖ an ～*d* copy 献呈本 ❸〔人〕を名簿に載せる，登録する ❹ …を〈心に〉深く刻む，〈記憶に〉銘記する〈**in, on**〉❺〖数〗…を〈…に〉内接させる〈**in**〉(↔ circumscribe) ‖ ～ a circle *in* a square 円を正方形に内接させる / an ～*d* circle 内接円
-scríb·a·ble 形 **-scríb·er** 名
語源 *in-* on＋*-scribe* write(書く)：…の上に書く

***in·scrip·tion** /ɪnskrípʃən/ 名 ❶ C 碑文，銘；(硬貨などの) 銘刻；(本などの) 献辞，題辞 ‖ the ～*s* on the gravestones 墓碑銘 ❷ U 刻むこと，銘刻，記入；登録；(本などの)献呈 **～·al, -tive** 形 碑文[銘]の；献辞の

in·scru·ta·ble /ɪnskrúːṭəbl/ 形 (調べても) わからない；計り知れない，不可思議な ‖ What's behind Mona Lisa's ～ smile? モナリザの不可思議なほほ笑みの裏に何があるのか **in·scrù·ta·bíl·i·ty, ～·ness** 名 **-bly** 副

ín·sèam 名 C《米》(特にズボンの脚部の) 内側の縫い目(の長さ[寸法])(《英》inside leg)

:in·sect /ínsekt/ 《アクセント注意》
—名 (複 **～s** /-s/) C ❶ **昆虫**
❷《口》(昆虫に似た)小動物，虫《クモ・ムカデ・ダニなど》
❸ ⊗《蔑》虫けらのようなやつ，軽蔑すべき人間
❹《形容詞的に》昆虫(用)の；殺虫用の ‖ ～ spray 殺虫用散布剤 / an ～ net 捕虫網 / ～ repellent 防虫剤
語源 *in-* in＋*-sect* cut：(体が)切り込まれた

in·sec·tar·i·um /ìnsektéəriəm/ 名 (複 **～s** /-z/ OR **-i·a** /-iə/) C 昆虫飼育場，昆虫館

in·sec·tar·y /ɪnséktəri/ 名 ＝insectarium

in·sec·ti·cide /ɪnséktɪsàɪd/ 名 U C 殺虫剤
in·sèc·ti·cíd·al 形 殺虫(剤)の

in·sec·ti·vore /ɪnséktɪvɔ̀ːr/ 名 C 食虫動物 [植物]；〖動〗食虫目の動物《モグラなど》

in·sec·tiv·o·rous /ìnsektívərəs/ 〈ジ 形 食虫性の

***in·se·cure** /ìnsɪkjúər/ 〈ジ 形 ❶〈…に〉確信の持てない，自信のない〈**about**〉；不安な，心配な ‖ Many modern parents are ～ *about* what is right for their children. 現代の多くの親が子供たちにとって何が望ましいのか確信を持てないでいる / feel ～ *about* one's marriage 結婚生活に自信が持てない ❷ 危険への対策が不十分な；(仕事・地位などが)将来の保証がない ‖ an ～「computer system [(tele)phone] 侵入されやすいコンピューターシステム[盗聴されやすい電話] ❸ (物が)不安定な，(土台・取り付けが)しっかりしていない ‖ an ～ ladder 不安定なはしご
～·ly 副 **～·ness** 名

***in·se·cu·ri·ty** /ìnsɪkjúərəṭi/ 名 (複 **-ties** /-z/) ❶ U

不安定；不安 ❷ Ⓒ 不安定[不確実]なもの

in·sem·i·nate /ɪnsémɪnèɪt/ 動 他 …に授精させる（♦ しばしば受身形で用いる）

in·sem·i·na·tion /ɪnsèmɪnéɪʃən/ 名 Ⓤ Ⓒ 授精 ‖ artificial ～ 人工授精

in·sen·sate /ɪnsénseɪt/ 形 ❶ 感覚のない，生命のない ❷《堅》非情な；理性に欠ける **～·ly** 副

in·sen·si·bil·i·ty /ɪnsènsəbíləṭi/ 名 Ⓤ ❶ 無感覚；意識不明 ‖ ～ to pain 痛みを感じないこと ❷ 無感動［関心］，冷淡 ‖ ～ to music 音楽に対する無関心

in·sen·si·ble /ɪnsénsəbl/ 形 ❶《通例叙述》感覚のない，〈…を〉感じない〈**to**〉；感覚[意識]を失った（⇨ SENSIBLE 類語）‖ be ～ *to* pain 痛みを感じない / knocked ～ by a blow 一撃を食らって気を失った ❷《叙述》〈…に〉気づかない，認識しない〈**of, to**〉；感情的に反応のない，無感動[無関心]な，冷淡な ‖ be ～ *of* one's danger 危険に気づかない / be ～ *to* fear 恐怖を感じない ❸（変化などが）(気づかないほど)わずかな，徐々の，(それと)わからないほどの ‖ by ～ degrees（それと気づかないほど）極めて徐々に **-bly** 副（それと気づかないほど）わずかに，徐々に

***in·sen·si·tive** /ɪnsénsəṭɪv/ 形 ❶〈…に〉無神経な，冷淡な，情に欠ける；〈ことの〉重要性を理解しない〈**to**〉（⇨ SENSIBLE 類語）‖ It was ～ of you to tell him that. 彼にそう話したとは君も冷たいね / ～ *to* her feelings 彼女の感情に無神経な ❷〈…に〉あまり感じない，感覚の鈍い；(感情的に)反応の鈍い，鈍感な〈**to**〉‖ ～ *to* pain 痛みをあまり感じない / ～ *to* criticism 批判を意に介さない / ～ *to* poetry 詩のわからない ❸（化学的・物理的に）〈…の〉影響を受けない，〈…に〉反応しない〈**to**〉‖ ～ *to* light 感光しない **～·ly** 副 **～·ness, in·sèn·si·tív·i·ty** 名

in·sen·ti·ent /ɪnsénʃiənt/ 形 感覚のない；意識のない；生命を持たない **-ence** 名

***in·sep·a·ra·ble** /ɪnsépərəbl/ 形〈…から〉分離できない，分けられない；離れられない〈**from**〉‖ Society and the individual are ～. 社会と個人とは不可分のものである / ～ friends 離れられない友達
━名 Ⓒ《通例 ～s》離れられない人[友]，分離し難いもの
in·sèp·a·ra·bíl·i·ty, ～·ness 名 **-bly** 副

***in·sert** /ɪnsə́ːrt/《アクセント注意》(→ 名) 動 他 ❶〔物など〕を挿入する，差し込む，入れる〈**in, into** …に；**between** …の間に〉‖ ～ a key *in* a lock 鍵(㋕)を錠前に差し込む / I ～*ed* a coin *into* the vending machine. 自動販売機に硬貨を入れた
❷〔字句など〕を〈…に〉書き込む，入れる，付け加える；💻〔文字など〕を〈…に〉挿入する〈**in, into, between**〉‖ ～ a change *in* a manuscript 原稿に訂正を書き込む
❸〔広告など〕を〈…に〉掲載する〈**in, into**〉‖ ～ an advertisement *in* a newspaper 新聞に広告を掲載する
━名 /ínsəːrt/ Ⓒ ❶ 挿入物；(新聞・雑誌などの)折り込みビラ，差し込みページ ❷ 💻（文字などの）挿入；挿入モード《insert mode の略》(↔ overwrite mode) ❸（衣服の）飾り部分 ❹ 映画やビデオに挿入された1シーン
語源 *in-* in＋*-sert* join：…の中に加える

in·ser·tion /ɪnsə́ːrʃən/ 名 ❶ Ⓤ〈…への〉挿入，差し込み〈**in, into**〉❷ Ⓒ 挿入物；書き込み字句；(新聞の)掲載広告；(布にはめ込まれた)飾り刺繍(ししゅう) ❸ Ⓤ Ⓒ〖解〗(器官の一部の)着生(点) ❹〖遺伝〗Ⓤ 遺伝子配列への挿入；Ⓒ 遺伝子配列に挿入されるDNAセグメント

ìn-sérvice <シ 形《限定》雇用中の，現職(中)の ‖ ～ training 職場教育[訓練]

in·set /ínsèt/ (→ 動) 名 Ⓒ 挿入物；(本などの)差し込みページ；(大きな地図・図版中の)差し込み地図[図]；(衣服にはめ込んだ)装飾用布片
━動 /ɪnsét/ (**in·set** OR **-set·ted** /-ɪd/；**-set·ting**) 他 …を〈…に〉挿入する，差し込む(insert)〈**in, into**〉

ìn·shóre <シ 形《限定》海岸に近い，沿岸の；海岸へ向かう(↔ offshore) ‖ ～ fisheries 沿岸漁業 / an ～ current 沿岸流 **━**副 海岸に(向かって)

*****in·side** /ìnsáɪd/《アクセント注意》<シ (↔ outside) 前 副 名 形
中心義 …の内側に[で]
━前 ❶《場所》…**の中に[で，へ]**，内部[内側]に[で，へ] ‖ There seems to be a spy ～ the company. 会社の内部にスパイがいるようだ / Very little was known of events ～ the palace. 宮殿内での出来事についてはほとんど知られていなかった / take a dog ～ the pub 犬をパブの中に連れて入る / He had a couple (of) mugs of beer ～ him. 彼はジョッキ2，3杯のビールを飲んでいた
❷《時間》…以内に ‖ ～ twenty minutes 20分以内に
❸（サッカーなどで）〔ほかの選手〕よりも競技場の中央寄りに
━副《比較なし》❶ **内側[内部]に[で，へ]**；屋内に[で，へ] ‖ I sometimes feel like staying ～ all the time. ときどきずっと家の中に閉じこもっていたくなる / The box had some pictures ～. 箱の中には数枚の写真が入っていた / go [look] ～ 入り込む[のぞき込む]
❷ 心の中では，内心は ‖ Can you imagine how I felt deep ～? 私が心の奥深くではどういう気持ちだったか想像できるかい
❸《口》刑務所に入って ‖ He's been ～ twice. 彼は2度刑務所暮らしをしたことがある ❹（サッカーなどで）競技場の中央寄りに ‖ He cut ～ and passed to me. 彼は素早く中に切り込んで私にパスを出した
insíde of ... ① …以内(の時間)で ‖ finish the job ～ *of* a month 仕事を1か月以内に終わらせる ② …の中に ‖ There were about a hundred students ～ *of* the classroom. 教室の中には100人ほどの学生がいた
━名（複 **～s** /-z/）❶《通例 the ～》**内部**，内側 ‖ the ～ of a box 箱の内部 / the ～ of the hand 手のひら / from the ～ 内側から
❷《通例 the ～》(歩道の)建物に近い側；《米》(中央分離帯に最も近い)中央寄りの車線，《英》中央分離帯から最も離れた車線；(競技場の)内側のレーン，インコース ‖ After overtaking you should move back into the ～. 追い越した後は(追い越し車線から)走行車線へ戻りなさい
❸ Ⓒ《通例 ～s》《口》おなか，腹（♥ belly の婉曲語），胃 ‖ pain(s) in one's ～ 腹痛
insìde óut ① 裏返して，ひっくり返して ‖ You have your shirt on ～ *out*. シャツを裏返しに着てるよ ② 裏も表も，完全に ‖ He knows London ～ *out*. 彼はロンドンを知り尽くしている
on the insíde 内部情報に詳しい ‖ Someone *on the* ～ must have helped them to break into the bank. 内部事情に詳しい者が一味の銀行に押し入る手助けをしたに違いない
tùrn ... ìnside óut ① …をひっくり返す，裏返す ② …を徹底的に調べる ‖ The police *turned* the room ～ *out*. 警察はその部屋を徹底的に調べた ③ …を根こそぎ変えてしまう ‖ War *turns* morality ～ *out*. 戦争は道徳を変えてしまう
━形《比較なし》《限定》❶ **内側[内部]の**；屋内の ‖ an ～ pocket 内ポケット / one's ～ leg 股下(またした)(の長さ) / an ～ wall 内壁
❷ 内部の者しか知らない，内々の，秘密の ‖ ～ information 内部情報 / an ～ story 内輪話 ❸（サッカーなどで）競技場の中央に近い；〖野球〗(投球が)内角の
▸▸ **～ jób** 名 Ⓒ《口》内部の者の犯行 **～ tráck** 名 ① Ⓒ 内側走路 ②《the ～》(競争での)有利な立場 ‖ have [OR get] the ～ *track* 有利な立場にある

***in·sid·er** /ìnsáɪdər/ <シ 名 Ⓒ ❶（組織・集団などの）内部の人間，会員，部員(↔ outsider) ❷ 内情に詳しい人，消息通，インサイダー
▸▸ **～ déaling [tráding]** 名 Ⓤ（株式の）インサイダー取引《違法行為》

in·sid·i·ous /ɪnsídiəs/ 形 ❶ 狡猾(こうかつ)な，油断のならない，陰険な ❷（病気などが）知らないうちに進行する，潜行性の **～·ly** 副 **～·ness** 名

I

***in·sight** /ínsàɪt/ 《アクセント注意》 名 U C ❶〈…を〉直観的に見抜く力,〈…への〉洞察力, 眼識, 識見, 明察〈**into, about**〉‖ Counselors need to have ~ *into* what their clients' real problems are. カウンセラーには依頼人の本当の問題が何なのかを直観的に見抜く力が必要だ / deep ~ 深い洞察(力) / a man of great [OR keen] ~ 洞察力の鋭い人 / a book full of ~*s* *into* the causes of violence 暴力の原因についてさまざまな洞察がなされている書物 ❷〖医〗病識

ín·sìght·ful /-fʊl/ 形 洞察に満ちた, 卓抜な **~·ly** 副

in·sig·ni·a /ɪnsígniə/ 名 (複 ~ OR **~s** /-z/) C (階級・戦功などを示す)記章, 勲章, 印 ‖ military ~ 軍人の階級章 (♦ ラテン語では insigne の複数形であるため, 複数扱いが正用法という意見もあるが, 実際には単数・複数扱い. また複数形 insignias も正用法)

in·sig·nif·i·cance /ìnsɪgnífɪkəns/ 名 U 取るに足りない[ささいな]こと; 僅少(きんしょう); 卑賤(ひせん); 無意味 ‖ fade [OR pale] into ~ つまらないことに見えてくる

***in·sig·nif·i·cant** /ìnsɪgnífɪkənt/ ⦅シ⦆ 形 ❶ 重要でない, 取るに足りない (↔ significant) ‖ an ~ detail 取るに足りない細かなこと ❷ ごくわずかの ‖ an ~ sum of money ごくわずかな金額 ❸ 権力を持たない, 地位の低い; (性格の)卑しい, 見下げ果てた ❹ 無意味な **~·ly** 副

in·sin·cere /ìnsɪnsíər/ ⦅シ⦆ 形 誠意のない, 本音を明かさない, 偽善的な **~·ly** 副

in·sin·cer·i·ty /ìnsɪnsérəṭi/ 名 (複 **-ties** /-z/) ❶ U 不誠実 ❷ C 不誠実な言動

in·sin·u·ate /ɪnsínjuèɪt/ 動 他 ❶ (悪いことについて) …を〈…であると〉遠回しに言う, ほのめかす〈**that** 節〉(⇨ HINT 類語) ‖ She ~*d that* he was not to be trusted. 彼女はそれとなく彼は信用できないと言った ❷〔考えなど〕を〈…に〉徐々に[巧みに]入り込ませる, 吹き込む〈**into**〉; 《~ oneself で》〈…に〉こっそり[巧みに]入り込む, 取り入る〈**into**〉‖ ~ one's political beliefs *into* the conversation 話の中に巧みに自分の政治的信念を織り込む ❸ …をそっと動かす

in·sin·u·a·tion /ɪnsìnjuéɪʃən/ 名 ❶ U 遠回しに言うこと; C〈…という〉ほのめかし, 当てこすり〈**that** 節〉‖ by ~ 遠回しに / make ~*s* about ... …に当てこすりを言う ❷ U (考えなどを)吹き込むこと; うまく取り入ること, 迎合

in·sip·id /ɪnsípɪd/ 形 ❶ 無味乾燥な, 退屈な ❷ (飲食物が)風味のない, 気の抜けた **~·ly** 副

in·sip·id·i·ty /ìnsɪpídəṭi/ 名 (複 **-ties** /-z/) U C 無味乾燥, 陳腐; 無味; 退屈な人[もの]

:in·sist /ɪnsíst/
— 動〔▶ insistent 形, insistence 名〕(**~s** /-s/; **~·ed** /-ɪd/; **~·ing**)
— 自 ❶ (反対・不信に対して)〈事実などを〉**強く主張する**, 言い張る, 断言する, 力説する, 強調する〈**on, upon**〉‖ I wanted to go out alone but Rachel ~*ed on* coming with me. 私は1人で行きたかったが, レイチェルが一緒に行くと言ってきかなかった / He ~*ed on* her innocence. 彼は彼女の無実を主張した / The rightists ~ *upon* the need for organization and authority. 右派の人たちは組織と権威の必要性を強調する
❷〈…を〉(断固として) **要求する**, 強要する, 強いる〈**on, upon**〉‖ I ~ *on* your presence. = I ~ *on* your [《口》you] being present. (= I ~ that you be [《主に英》should be] present. → 他 ❷) 君にはどうしても出席してもらいたい (♦ (1) ×I insist on you to be present. は不可. (2) insist on it that ... は《文》) / She ~*ed on* men wearing ties at dinner. 彼女は夕食時に男性はネクタイを着用することを要求した
❸〈…に〉固執する, こだわる〈**on, upon**〉‖ He ~*ed on* wearing his hair long. 彼は長髪にこだわっていた / ~ *on* prompt, courteous service (店などの)早くて丁寧なサービスにこだわる
— 他 《+ (**that**) 節》 ❶ …であることを**強く主張する**, 言い張る, 断言する ‖ Her parents ~*ed that* their daughter had been murdered. 両親は娘は殺害されたのだと強く主張した / "I don't know who has the key," she ~*ed*. 「だれが鍵(かぎ)を持っているのか知らないわ」と彼女は言い張った
❷ …である[…する]ように**要求する**, 強要する, 強いる ‖ They ~*ed that* the foreign minister resign [《主に英》should resign]. 彼らは外務大臣に辞任を迫った / He ~*ed* (to Lucy) *that* she apply [《主に英》should apply] for the scholarship. 彼は(ルーシーに)ぜひ奨学金を申請するようにと言った

COMMUNICATIVE EXPRESSIONS

1 "Pléase accépt this rewárd." "Wèll, **if you insíst.**" 「どうかこの報酬を受け取ってください」「仕方ないですね」(♥「どうしてもと言うのなら」の意で, 依頼・申し出等を躊躇(ちゅうちょ)しつつ受ける場合に用いる)

2 **If you insìst on** chànging the desígn, **(thèn) we càn't** tàke responsibílity for the cónsequences. デザインを変えると言い張るのでしたら, 私たちは結果に責任は負えませんよ(♥ 相手の出方を見て交渉を進める)

語源 *in-* on + *-sist* stand(立つ): (自分の考え)の上に立つ

***in·sist·ence** /ɪnsístəns/ 名〔◁ insist 動〕U ❶ 主張; 断言; 強調; 強要〈**on, upon** …の / **that** 節 …という〉‖ ~ *on* one's innocence 無実の主張 / It was at my mother's ~ that I always wore clean underwear as a boy. 子供のころいつも清潔な下着を着ていたのは母親がしつこく言ったからだった ❷ しつこさ, 執拗(しつよう) ‖ with great ~ 大変執拗に

in·sist·en·cy /ɪnsístənsi/ 名 = insistence ❷

***in·sist·ent** /ɪnsístənt/ 形〔◁ insist 動〕❶ 強く主張する[言い張る]; 強要する, しつこく求める; 執拗な, しつこい〈**on, upon** …を / **that** 節 …ということを〉‖ The little girl was ~ *on* going to the store by herself. 女の子はどうしても1人で店に行くと言ってきかなかった / My sister and her husband were ~ *that* I stay [《主に英》should stay] with them a day or two longer. 姉夫婦は私にもう1日か2日泊まっていけと言ってきかなかった / ~ demands 執拗な要求 ❷ 人目を引かずにはいない(ほど目立つ); (何度も繰り返し続くので)気になって仕方がない ‖ the ~ ringing of the telephone しつこく鳴り続けている電話 **~·ly** 副

in si·tu /ɪn sáɪtuː | -sítjuː/ 副 形 《ラテン》(= in position) 本来の場所に[の], 元の位置に[の]

in·so·bri·e·ty /ìnsəbráɪəṭi, -soʊ-/ 名 U 不節制; 暴飲

in·so·far /ìnsəfáːr, -soʊ-/ 接 《~ as で》…する限りにおいては (♦ in so far ともつづる) ‖ *Insofar as* I can tell, the weather should be pleasant tomorrow. 私にわかる限りで言えば, 明日はきっとよい天気になるだろう

in·so·la·tion /ìnsouléɪʃən/ 名 U ❶ 日光に当てること; 日光浴 ❷〖医〗日射病 ❸〖気象〗日射; 日照量

ín·sòle 名 C (靴の)中底; (靴の)敷き皮

in·so·lence /ínsələns/ 名 U 傲慢(ごうまん), 無礼

in·so·lent /ínsələnt/ 形 (言葉や態度が)〈…に〉傲慢な, 無礼な, 横柄な〈**to, toward(s)**〉(⇨ PROUD 類語) ‖ an ~ smile せせら笑い **~·ly** 副

in·sol·u·ble /ɪnsá(ː)ljʊbl | -sɔ́l-/ 形 ❶ (物質が) 溶解しない, 非溶解性の ‖ ~ in water 水に溶けない ❷ (問題が)解決できない **in·sòl·u·bíl·i·ty** 名 **-bly** 副

in·solv·a·ble /ɪnsá(ː)lvəbl | -sɔ́lv-/ 形 = insoluble

in·sol·ven·cy /ɪnsá(ː)lvənsi | -sɔ́l-/ 名 U 支払い不能, 破産

in·sol·vent /ɪnsá(ː)lvənt | -sɔ́l-/ 形 ❶ 支払い不能の, 破産した ❷ 破産(者)に関する — 名 C 支払い不能者

in·som·ni·a /ɪnsá(ː)mniə | -sɔ́m-/ 名 U (慢性的な)不眠(症) **-àc** 形 名 C 不眠症の(人)

in·so·much /ìnsəmʌ́tʃ, -soʊ-/ ⦅シ⦆ 副 ❶ 《~ as で》…だから; …ほど ❷ 《~ that で》…の程度まで, …ほど

in·sou·ci·ant /ɪnsúːsiənt/ 形 苦労のない, 気楽な, のんきな

-ance 名
ín·sòurcing 名 U 社内人材活用(方式)(↔ outsourcing)
ín·sòurce 動 他 …を社内の人材を活用して得る
insp. 略 inspected；《通例 I-》inspector ❷
in·span /ɪnspǽn/ 動 (**-spanned** /-d/；**-span·ning**) 他 《南ア》〔牛馬など〕を一まとめにして車につなぐ
*__in·spect__ /ɪnspékt/ 動〔▶ inspection 名〕他 ❶〈欠陥・誤りなどがないかどうか〉…を(注意深く)点検する，(詳細に)検査する〈**for**〉；〔パスポートなど〕を検閲する ‖ A policeman stopped me and asked if he could ～ my baggage. 警官が私を呼び止め荷物を調べさせてくれと言った / He ～*ed* his clothing *for* bloodstains. 彼は血痕(けっこん)がついていないかどうか着ているものを点検した
❷〔学校・工場・軍隊など〕を視察する，査察する ‖ ～ the troops 軍隊を閲兵する
語源 *in-* into＋*-spect* look：…の中をよく見る
*__in·spec·tion__ /ɪnspékʃən/ 名〔◁ inspect 動〕U C ❶〈…の〉点検，検査，校閲，調査〈**of**〉‖ All the passengers must pass customs ～ when they enter the country. すべての乗客は入国時に税関検査を受けなければならない / on closer ～ さらによく調べてみると / a surface ～ *of* the damage 損害の上っ面だけの点検 / give [OR carry out, make] an intensive ～ (*of* ...) (…を)徹底的に検査する
❷(公式の)視察，検閲，査察 ‖ go on a tour of ～ 視察旅行に行く
▸▸ **～ árms** 名 複〘軍〙銃点検《姿勢または号令. 銃を体の前で斜めに持つ》
*__in·spec·tor__ /ɪnspéktər/ 名 C ❶検査官[人]，視察官，監督官 ‖ a school ～ 視学官 / a customs ～ 税関検査官 / an ～ of taxes 《英》収税官 ❷《米》警視正(《英》chief superintendent)；《英》警部(補)(《米》lieutenant) ‖ a chief ～ 《英》警部(《米》captain) / a deputy ～ 《米》警視(《英》superintendent) / *Inspector* Cramer of Homicide 殺人課のクレイマー警部(補)
❸《英》(バス・電車の)検札係
in·spec·tor·ate /ɪnspéktərət/ 名 U ❶検査[検閲]官の職[任務，管轄範囲]；警視[警部]の職[任務，管轄区域] ❷《集合的に》検査官，検閲官；警視，警部
*__in·spi·ra·tion__ /ìnspəréɪʃən/ 名〔◁ inspire 動〕❶ U 創造的刺激，霊感，インスピレーション；知的に刺激する[される]こと，鼓吹，鼓舞；示唆(すること) ‖ I found a lot of ～ in her works. 彼女の作品に多くの刺激を受けた / Genius is one percent ～ and ninety-nine percent perspiration. 天才とは1%のひらめきと99%の汗[努力]である(♦ Edison の言葉) / Ukiyo-e provided ～ for the Impressionist painters in the West. 浮世絵は西洋の印象派の画家たちに刺激を与えた / get [OR draw] ～ from nature 自然からインスピレーションを受ける ❷ C〈…に対して〉創造的刺激となる人[もの，場所，経験]，霊感を与える人[もの，場所，経験]〈**to, for**〉‖ Kurosawa was an ～ *to* many (film) directors. 黒澤は多くの映画監督を刺激した ❸ C (ぱっとひらめく)名案 ‖ I suddenly had an ～. 突然ぱっと名案がひらめいた ❹ U〘宗〙霊感，神感，神示 ❺ U 息を吸い込むこと，吸入
～·al 形 霊感の；霊感を与える；霊感を受けた
in·spir·a·to·ry /ɪnspáɪrətɔ̀ːri | -tə-/ 形〘生理〙吸入(用)の
‡**in·spire** /ɪnspáɪər/《アクセント注意》
—動〔▶ inspiration 名〕(**～s** /-z/；**～d** /-d/；**-spir·ing**)
—他 ❶ **a** 《＋目》〔人〕を**奮い立たせる**，発奮させる；〔人〕に創造的刺激を与える，インスピレーションをひらめかせる ‖ He had an ability to ～ people. 彼には人を発奮させる能力が備わっていた / The adventures of the great navigators ～*d* many of the early 20th century pilots. 偉大な航海家たちの冒険記が20世紀初頭の多くのパイロットたちを刺激した
b 《＋目＋**to** 名 / 目＋**to** *do*》〔人〕を…へと[…するよう]**奮起させる[鼓舞する]** ‖ Our narrow defeat ～*d* us *to* greater efforts. 惜敗して我々はさらに努力をしなければという気持ちにさせられた / Minor inconveniences in her daily life ～*d* her *to* develop many new patents. 日常生活でのちょっとした不便さが彼女に多くの新特許品を開発させた
❷ **a** 《＋目》〔思想・感情など〕を起こさせる，**喚起する**(call forth) ‖ ～ trust (人に)信頼感を起こさせる
b 《＋目 *A*＋**in** 名 *B* / 目 *B*＋**with** 名 *A*》*A*(自信など)を *B*(人)に吹き込む ‖ The teacher ～*d* **confidence** *in* him. 先生は彼に自信を持たせた
❸ …を引き起こす，生じさせる ‖ Their research was ～*d* by his discovery. 彼らの研究は彼の発見が契機となった ❹ 霊感によって…を導く[伝える，起こす] ❺〔息〕を吸い込む(inhale)(↔ expire, exhale)
語源 *in-* into＋*-spire* breathe(呼吸する)：…に息を吹き込む
in·spired /ɪnspáɪərd/ 形 ❶霊感を受けた(かのように素晴らしい) ‖ an ～ performance 神業的な演技 ❷(その筋から)示唆された，内意を受けた ‖ an ～ article 御用記事
in·spir·ing /ɪnspáɪərɪŋ/ 形 奮い立たせる，鼓舞する；インスピレーションをひらめかせる　**～·ly** 副
in·spir·it /ɪnspírɪt/ 動 他《文》…に生気を与える，…を元気[勇気]づける，激励する　**～·ing** 形 元気づける
inst. 略《旧》《商》instant；institute, institution, institutional
*__in·sta·bil·i·ty__ /ìnstəbíləṭi/ 名 U 不安定，不安；移り気，無定見；不決断，優柔不断 ‖ political and economic ～ 政治的経済的不安 / emotional ～ 情緒不安定
*__in·stall, -stal__ /ɪnstɔ́ːl/ 動 他 ❶〔装置など〕を〈…に〉取り[据え]つける，設置する(♪ put in)〈**in**〉‖ We had a solar heating system ～*ed in* our house. 我が家にソーラーシステムを取りつけてもらった
❷〔人〕を(正式に)任命する；〈地位・職務に〉就かせる〈**in**〉；〔人〕を〈…として〉就任させる〈**as**〉‖ ～ a new college president 新しい学長を任命する / ～ her *in* an office 彼女を職務に就ける / An outsider was ～*ed as* president of the company. 外部の者が社長に就任した
❸《～ oneself または受身形で》〈場所・地位に〉落ち着く，〈…の〉席につく〈**in**〉‖ We ～*ed* ourselves [OR were ～*ed*] *in* the living room to watch the finals on TV. 私たちはテレビで決勝戦を見るため居間に落ち着いた
❹ 💻〔ソフトなど〕をインストールする，(ハードディスクに)組み込む
— 名 U 💻(ソフトなどの)インストール(installation)
～·er 名
*__in·stal·la·tion__ /ìnstəléɪʃən/ 名 ❶ U (装置などの)〈…への〉取り付け，据え付け，設置〈**in**〉；C (設置した)装置，設備 ‖ a new cooling ～ 新しく取りつけた冷房装置 ❷ C 軍事施設《基地・駐屯地など》；(一般に)(工業用)施設 ‖ military ～*s* 軍事施設 ❸ U 就任；任命(式) ‖ the ～ of the new governor 新知事の就任式 ❹ C〘美〙インスタレーション《展示空間に音・光などを利用して作品を展示する芸術》 ❺ U 💻(ソフトなどの)インストール
▸▸ **～ prógram** 名 C 💻インストール用プログラム
in·stall·ment, -stal- /ɪnstɔ́ːlmənt/ 名 C ❶分割払いの1回分 ‖ pay by monthly ～*s* 月賦で支払う / in six monthly ～*s* 6回の月賦で / keep up the ～*s* きちんと月賦を払い続ける ❷(連載小説・連続番組・双書などの)1回分 ‖ a serial story in six ～*s* 6回連載の物語
▸▸ **～ plàn** 名 U《米》分割払い(方式)，月賦(制)(《英》hire purchase) ‖ buy on the ～ *plan* 分割払いで買う
‡**in·stance** /ínstəns/《アクセント注意》
—名 (複 **-stanc·es** /-ɪz/) C ❶〈…の〉(具体的な)**例**，実例；例証(となる人[もの])〈**of**〉(⇨ 類語) ‖ Let's take an ～ from the cinema. 映画に例をとってみよう / a typical ～ *of* success 典型的な成功例 / cite a famous poem as an ～ 有名な詩を例として引用する
❷(特定の)場合(case) ‖ in many ～*s* 多くの場合に /

I

in the ～ of Bill ビルの場合に(は) ❸〖法〗訴訟(手続き) ‖ a court of first ～ 第一審裁判所

***for instance** NAVI **例えば** (for example) (⇨ NAVI表現 2) ‖ Take the case of France, *for* ～. 例えばフランスの場合をとってみよう

in the first ínstance NAVI《堅》まず最初に, 第1に ‖ Now let us review in turn the points made in this section. *In the first* ～, we observed that the most important advantage of this legislation is that it provides a new lifestyle for elderly people. それではこの節でのポイントを順番に振り返ろう. 第1に, この法律の最も重要な利点は高齢者に新しいライフスタイルを提供するということであった

―動 (**-stanc·es** /-ɪz/; **～d** /-t/; **-stanc·ing**) 他 ❶〔事実など〕を例に挙げる ❷…を例証する

類語《名 ❶》**instance** 説明・実証のため引き合いに出す例.〈例〉an *instance* of his honesty 彼の正直さの一例
case 同種のことの一例となる行為, 出来事.〈例〉a *case* of love at first sight 一目ぼれの一例
example 同種の instance の中から引き合いに出す典型的・代表的な例・見本.〈例〉an *example* of hard training 猛訓練の実例
illustration 特に実証・説明の助けになる具体的な例.〈例〉an *illustration* of patriotism 愛国心とは何かを示す実例

I

:in·stant /ínstənt/《アクセント注意》

―名〔▶ instantaneous 形〕(複 **～s** /-s/) ❶ C《通例単数形で》**一瞬間**, 瞬時, 刹那(せつな) (⇨ MOMENT 類語) ‖ All this happened **in** an ～. これがすべて一瞬の出来事だった / Superman came to the rescue of the damsel in distress **at** the last ～, as usual. 例のごとくいよいよという時になってスーパーマンが困っている若い女性の救出にやって来た / Not **for** an ～ did we believe the witness had lied. 目撃者がうそをついていたとはだれも一瞬たりとも考えなかった / They arrived not an ～ too soon. 彼らはちょうどよい時期に着いた / **for** an ～ 一瞬の間

❷ U (まさにその)瞬間, 今の今 ‖ **At** that ～ the phone rang. ちょうどそのとき電話が鳴った / Stop talking this ～! 今すぐ話をやめなさい

❸ U インスタント食品;(特に)インスタントコーヒー ‖ a cup of ～ インスタントコーヒー1杯

the ínstant (***that***) ... …するやいなや (as soon as) ‖ Call me *the* ～ he comes. 彼が来たらすぐ私を呼んで

―形 (**more ～**; **most ～**)(♦ ❸ 以外比較なし)
❶《限定》**即時の**, すぐの ‖ an ～ millionaire にわか成金 / have ～ success たちまちのうちに成功する / ～ retaliation 即時報復 ❷《限定》(食べ物が)インスタントの, 即席の ‖ ～ food インスタント食品 ❸《限定》緊急の, 切迫した ‖ an ～ need of action 緊急に行動を起こす必要 ❹《旧》〖商〗今月の(略 inst.) ‖ your letter of the 6th ～ 今月6日付けの貴簡

―副《詩》直ちに, すぐに

▸▸ **～ cámera** 名 C インスタントカメラ **～ méssage** (↓) **～ méssaging** 名 U インスタントメッセージ(システム)(ネット上で呼び出した相手と文字で通信するシステム) **～ réplay** 名 C《米》〖放送〗(運動競技などの)(スロー)ビデオ(《英》action replay)

***in·stan·ta·ne·ous** /ìnstəntéɪniəs/ ⌫ 形〔◁ instant 名〕❶ 瞬時の, 瞬間的な;即時の, すぐの ‖ His death was ～. 彼は即死だった / an ～ reply 即答 ❷〖理〗ある瞬間の ‖ ～ velocity 瞬間速度 **～·ly** 副

***in·stant·ly** /ínstəntli/ 副 直ちに, すぐに (at once, immediately) (⇨ 類語) ‖ We recognized each other ～, even after twenty years. 20年も会っていなかったが, お互いにすぐわかった

―接 …するとすぐに(as soon as)

類語《副》**instantly** 少しも時間をおかず即刻.〈例〉He was killed *instantly*. 彼は即死した
immediately instantly とほぼ同義で両方とも at once (直ちに)で置き換えられるが, instantly の方が「瞬時に」の意味は強い.〈例〉I'm coming *immediately*. すぐ行きます
directly immediately に近い場合と presently に近い場合がある.〈例〉Answer me *directly*. 今すぐ答えろ / He should be here *directly*. 彼はもうすぐ着くはずだ
presently やや格式ばった語. soon(間もなく)に近い.〈例〉She will be home *presently*. 彼女は間もなく帰宅するだろう

ìnstant méssage 名 C インスタントメッセージ(略 IM) **ínstant-mèssage** 動 他 …にインスタントメッセージを送信する

in·state /ɪnstéɪt/ 動 他〔人〕を〈地位に〉就かせる〈**in**〉

in sta·tu quo /ɪn stèɪtu: kwóu | -stætju:-/ 副《ラテン》(=in the state in which (anything was or is)) 以前と同じ状態で, 現状のままで(→ status quo)

:in·stead /ɪnstéd/《アクセント注意》

―副《比較なし》**その代わりに**;《通例否定文を受けて》**そうではなくて**, それどころか ‖ We have run out of coffee. Would you like tea ～? コーヒーを切らしてしまって. 代わりに紅茶はいかがですか / We never use live bait for those fish at this time of year. *Instead* we use special lures. 1年のうちこの時期はそういう魚には生き餌(え)は使わず, 特別なルアーを使う

****instéad of ...*** **…の代わりに**;…しないで, …するどころか(→ CE 2) (⇨ WITHOUT 前 ❹) ‖ Can I go ～ *of* my father? 父の代わりに私が行ってもいいですか / The walls were yellow ～ *of* white. 壁は白ではなく黄色だった / Demand curves sloped upwards ～ *of* down. 需要曲線は下降するどころか上昇した / I found it in the drawer ～ *of* on the desk. 私はそれを机の上でなく引き出しの中に見つけた(♦ 後に前置詞句・副詞句を伴うこともある)

COMMUNICATIVE EXPRESSIONS

1 **But càn't we** càncel the evènt, **instéad?** そうじゃなくて, イベントを中止してしまえませんか (♥ 相手の意見に対して代案を示す. ✐Would it be all right if we cancelled the event instead?)

2 **Instèad of** cálling him, **whàt about** sèeing him in pérson? 電話する代わりに彼に直接会うというのはどうでしょうか(♥ 代案を示す)

3 **We wànt** this dóne by this wéekend, **but we'll hàve to séttle for** nèxt wéek **instéad.** 我々は今週末までにこれをやってほしいんですが, 代わりに来週までということで承知せざるを得ないでしょう(♥ 譲歩)

ín·stèp 名 C (足の)甲(⇨ FOOT 図);(靴・靴下の)甲

in·sti·gate /ínstɪgèɪt/ 動 他 ❶〔人〕をそそのかす, 扇動して…させる ❷〔反乱など〕を扇動[教唆]する;…に着手する (⇨ PROVOKE 類語) **in·sti·gá·tion** 名 U 扇動, 教唆 ‖ at his ～ 彼にそそのかされて **-gà·tor** 名 C 扇動者

in·still, -stil /ɪnstíl/ 動 (**-stilled** /-d/; **-stil·ling**) 他 ❶〔思想・感情など〕を〈人(の心)に〉徐々に注ぎ込む, 教え込む〈**in, into**〉;〔人(の心)〕に〈思想・感情などを〉徐々に植えつける〈**with**〉‖ They ～*ed in* him a pride in his work. = They ～*ed* him *with* a pride in his work. 彼らは彼に自分の仕事に対する誇りを少しずつ教え込んだ ❷〔液体〕を1滴ずつ垂らす, 滴下する ‖ ～ eye drops 目薬をさす

ìn·stil·lá·tion 名

***in·stinct** /ínstɪŋkt/《アクセント注意》(→ 形) 名 ❶ U C 本能;(意志によらない)自然の衝動〈**for** …への / **to do** …する〉‖ animal ～*s* 動物の本能 / maternal [sexual] ～*s* 母性[性]本能 / homing ～ 帰巣本能 / follow one's ～*s* 本能に従う / an ～ *for* self-preservation

自己保存本能 / have an ～ *to* hunt 狩猟本能がある / His first ～ was to hide behind the door. 彼がまず本能的にとった行動はドアの後ろに隠れることだった / Animals can keep away from danger by ～. 動物は本能的に危険を避ける ❷ Ⓒ〈…に対する〉(生得の)才能, 素質; 直観, 勘〈**for**〉‖ have an ～ *for* making money 生まれつき金もうけの才がある

COMMUNICATIVE EXPRESSIONS

1 **My ínstinct tèlls me** that shè is invólved in thìs íncident. この出来事には彼女がかかわっているような気がします(♥ 直観に基づく判断や意見を述べる)

——形 /ɪnstíŋkt/ 《叙述》《堅》〈…で〉いっぱいの, 〈…に〉みなぎる〈**with**〉‖ a look ～ *with* pity 哀れみに満ちた表情 / a man ～ *with* patriotism 愛国心でいっぱいの男

∗in·stinc·tive /ɪnstíŋktɪv/ 形 本能によってうながされた, 本能的な, 直観的な ‖ an ～ suspicion 本能的な疑いの念 / with an ～ understanding of his aims 彼の目的を直観的に察して **～·ly** 副 本能的に

in·stinc·tu·al /ɪnstíŋktʃuəl | -tjuəl/ 形 =instinctive

∶in·sti·tute /ínstɪtjùːt/ 《アクセント注意》

——名 (複 **～s** /-s/) Ⓒ ❶ (芸術・科学などの進展のための)**協会**, 学会, 研究機関; (芸術)学校; (理工系の)高等専門学校, (工科)大学; (協会・学会などの)会館, 研究所 ‖ the *Institute* of International Affairs 国際問題研究所 / the Massachusetts *Institute* of Technology マサチューセッツ工科大学

❷ 《米》短期講習会, 研修会 ❸ (確立された)(基本)原理, 法, 慣習; 《～s》(特に法律上の)原論, 法学概論

——動 (**～s** /-s/; **-tut·ed** /-ɪd/; **-tut·ing**) 他 ❶ 〔制度・ルールなど〕を**設ける**, 制定する ‖ ～ rules 規則を設ける

❷ 〔調査など〕を**始める**, 実施する(↔ end); 〔訴訟など〕を起こす ‖ ～ an inquiry 調査を開始する / ～ a publicity campaign 宣伝キャンペーンを開始する / ～ reforms 改革に手をつける ❸ …を〈特に教会・教区の聖職者などに〉就任させる〈**to, into**〉(♦ しばしば受身形で用いる)

語源 *in-* on＋*-stitute* set up : …に設立する

∶in·sti·tu·tion /ìnstɪtjúːʃən/

——名 (複 **～s** /-z/) Ⓒ ❶ (長い伝統を持つ公共の) **機関**, 団体, 組織; 協会, 学会 ‖ ～*s* of higher learning 高等教育機関 / a **financial** ～ 金融機関 / a medical ～ 医療機関 / a public ～ 公共機関

❷ (福祉などのための)**施設**(の建物)(♥ 通例「不親切な, 非人間的な」などの意味を含む); 精神科病院 ‖ an ～ for the aged 高齢者施設 / children in ～*s* 施設の子供たち

❸ **慣習**, 制度, (確立された)法(⇨ BYB) ‖ rooted in social ～*s* 社会の慣習に根ざした / the ～ of afternoon tea in Britain 英国での午後の軽食の習慣 / the ～ of marriage 結婚という制度

❹ 《口》《戯》おなじみの人[もの], 「名物」‖ Agatha Christie's *Mousetrap*, the world's longest running play, is an ～ in Britain. アガサ=クリスティー作の劇で世界最長のロングランを続けている『ねずみとり』は英国ではおなじみだ ❺ Ⓤ〈…の〉設立, 創設, 開設; 開始〈**of**〉 ❻ Ⓤ 《宗》聖職叙任

∗in·sti·tu·tion·al /ìnstɪtjúːʃənəl/ 形 《通例限定》 ❶ (公共)機関[団体]の[による], 協会[学会]の, (社会福祉)施設の[による]; (いかにも)社会福祉施設らしい ‖ ～ life 施設での生活 / ～ care 社会福祉施設での看護 ❷ (個人よりも)機関[団体]の[による] ‖ ～ investors [shareholders] 機関投資家[株主] ❸ (宗教が)(教会を通して)制度化された ❹ 慣習[制度]として確立された; ありふれた, 一様な, 退屈な ❺ (宣伝が)(販売目当てより)信用獲得をねらった **～·ly** 副

in·sti·tu·tion·al·ism /ìnstɪtjúːʃənəlɪ̀zm/ 名 Ⓤ ❶ (公共[慈善]団体などの)組織, 制度 ❷ (宗教などの)制度尊重主義 **-ist** 名

in·sti·tu·tion·al·ize /ìnstɪtjúːʃənəlàɪz/ 動 他 ❶ …を社会的慣習[制度]に取り込む, 制度化する ❷ 《通例受身形で》(社会福祉)施設に入る[収容される]

ìn·sti·tù·tion·al·i·zá·tion 名

ìn·stóre ⟨ʃ⟩ 形 副 (百貨店などの)店内の[に], 店内で(行われる) ‖ an ～ bakery 店内のパン屋

instr. 略 instruction; instructor; instrument

∗in·struct /ɪnstrʌ́kt/ 動 〔▶ instruction 名, instructive 形〕 他 ❶ 指示する **a** 《＋目＋**to** *do*》〔人〕に…するように指示する, 命令する, 指図する (⇨ ORDER 類語) ‖ The policeman ～*ed* us *to* leave the building quickly. 警官は我々に急いで建物から出るように指示した **b** 《＋目＋**wh** 節 / **wh to** *do*》〔人〕に…を指示する ‖ We were ～*ed how to* pair off and stand for the dance. 私たちはそのダンスでのペアの組み方と立ち方について指示を受けた **c** 《(＋目) ＋**that** 節》(人に)…ということを指示する ‖ The doctor ～*ed that* he be [《主に英》should be] given a CT scan. CTスキャンを撮りましょうと医者は彼に指示した / "Cut down on your intake of salt," the doctor ～*ed* me. 「塩分は控えるように」と医者に指示された

❷ 〔人〕に〈…を〉教える, 教育する〈**in, on**〉(⇨ TEACH 類語) ‖ The teacher ～*ed* her students *in* the proper use of the word "the". 先生は生徒に the という単語の正しい使い方を教えた

❸ 《通例受身形で》〈…であるという〉通知を受ける〈**that** 節〉 ‖ They were ～*ed that* the bus would arrive at five. 彼らはバスが5時に到着すると知らされた

❹ 《法》〔弁護士〕を雇う, 〔弁護士〕に事実を説明する; (裁判官が)〔陪審員〕に法律の説明をする

語源 *in-* on＋*-struct* build, pile up : …に(知識などを)積み上げる

∶in·struc·tion /ɪnstrʌ́kʃən/

——名 〔◁ instruct 動〕(複 **～s** /-z/) ❶ Ⓒ 《通例 ～s》**指図**, 指示, 命令〈**to do** …せよとの / **that** 節 …という〉; 《～s》(製品の) **使用書**, 取扱説明書 ‖ **Following** ～*s*, I telephoned from a booth near the station. 指示に従って駅近くのボックスから電話した / The Minister **gave** ～*s* for foreigners *to* be treated politely. 大臣は外国人の扱いを丁寧にするように指示した / My ～*s* were *that* you put [《主に英》should put] no calls through to me. 電話を私に取り次がないようにと指示したんだがね / on his ～*s* 彼の指示どおりに / Read the ～*s* carefully before you switch on the machine. 機械のスイッチを入れる前に使用書を注意して読むこと

❷ Ⓤ〈…の〉教育, 教授, 訓練〈**in**〉; 知識; 教訓 ‖ He is

Boost Your Brain!

institution

社会科学の分野で institution「制度」とは「国家などの共同体において円滑な社会生活を営むために, 人々の間で共有されている約束事やしくみの総体」を指す. 車が道を進む場合, 左側通行と右側通行のどちらがより優れているとは言えないが, どちらかに決まっていないと安全な走行はできない. そのように人々の間で共有されている慣行が制度である. 制度は交通法規のような法律や契約などにより成文化されている場合もあれば, テーブルマナーや冠婚葬祭のしきたりなど暗黙の了解として受け入れられている場合もある. institution は円滑な市民生活を行うために必要なものではあるが, 同時に変革を拒むものにもなりうる.

"Institutions are not so easy to transform over night, because they relate to the mind-sets of people. They cannot be changed simply by legislations, politician's will, or administrative regulations." (Masahiko Aoki —日本の経済学者)「制度は人々の身についた考え方と結びついているので, 一夜にして変えるのはそれほど容易なことではない. 単に法制化や政治家の意志, 行政による規制によって制度を変えることはできない.」

still under ～. 彼はまだ教育[訓練]中だ / give [receive] ～ *in* aerobics エアロビクスを教える[教わる]
❸ Ⓒ〘法〙(弁護士への)指示, 説明
❹ Ⓒ 命令《CPUが実行する命令の最小単位》
▸▸ ～ **mànual** 名 Ⓒ 使用[取扱]説明書 ～ **sèt** 名 Ⓒ CPUの認識可能な機械語の命令群

in·struc·tion·al /ɪnstrʌ́kʃənəl/ 形《通例限定》教授(上)の, 教育(上)の

***in·struc·tive** /ɪnstrʌ́ktɪv/ 形〔◁ instruct 動〕ためになる, 教育的な ‖ It is ～ to read much while young. 若いうちにたくさん読書することは役に立つ / an ～ lesson on hotel management ホテル経営に役立つレッスン / an ～ book for children 子供のためになる本

***in·struc·tor** /ɪnstrʌ́ktər/ 名 Ⓒ ❶ (技能を教える) 指導者, 指導員, インストラクター (⇨ TEACHER 類語) ‖ a driving ～ 運転指導教官 / a ski ～ スキーのインストラクター ❷《米》(大学などの)講師

:in·stru·ment /ínstrəmənt/《アクセント注意》(→ 動)
── 名 (複 **～s** /-s/) Ⓒ ❶ (科学・医療などの特に精密な) **器械**, 機器, 道具, 機械, 装置(⇨ TOOL 類語) ‖ medical [surgical] ～*s* 医療[外科用]器械 / optical ～*s* 光学機器 / drawing ～*s* 製図器械 / an ～ of torture 拷問具 / a blunt ～ 鈍器
❷ **楽器** (musical instrument) ‖ **play** a stringed [wind, percussion] ～ 弦[管, 打]楽器を演奏する
❸ (航空機などの) 計器 ; (《形容詞的に》)計器の [による] ‖ The ～*s* went dead. 計器が動かなくなった / fly on ～*s* 計器飛行をする / study the ～*s* 計器を調べる / ～ error 計器の誤差 ❹ (《通例単数形で》)〈…の〉手段, 方法, システム〈**for**〉; (人の)手先 ; (政府などの)機関 ❺ 目に見えない大きな力に操られる人 ; 事の要因(を作る人[となるもの]) ‖ human beings as the ～*s* of fate 運命にもてあそばれる人間 ❻《堅》法律文書, 証書 ‖ negotiable ～*s* 〘商〙流通証券《小切手・為替手形など》
── 動 /ínstrəmènt/ 他 ❶ …に計器を備える
❷〔曲〕を器楽用に作曲[編曲]する
▸▸ ～ **flỳing** 名 Ⓤ〘空〙計器飛行 (↔ contact flying) ～ **lànding** 名 Ⓒ Ⓤ〘空〙計器着陸 ～ **pànel** [**bòard**] 名 Ⓒ (航空機などの)計器盤(dashboard)

***in·stru·men·tal** /ìnstrəméntəl/ 〈シ〉 形 (**more ～** ; **most ～**)(♦ ❶ 以外比較なし) ❶ (《叙述》)〈…(するの)に〉助けとなる, 役立つ〈**in**〉‖ His fluency in Spanish was ～ *in* getting him selected for the role. スペイン語が達者であることが彼がその役に抜擢(ばってき)されるのに役立った ❷ 器械[計器](上)の, 器械的な, 器械による ❸ 楽器の, 楽器で演奏される ‖ ～ music 器楽 ❹〘文法〙具格の, 助格の ── 名 Ⓒ ❶ 器楽曲 ❷〘文法〙具格, 助格《手段を示す格》 **～·ly** 副

in·stru·mén·tal·ìsm /-ìzm/ 名 Ⓤ ❶ 道具主義《科学や教育などを実際的な目的を実現するための手段とみなすプラグマティズムの考え》❷〘哲〙(プラグマティズム哲学の)概念道具説 ; (マルクス哲学の)国家道具説

in·stru·mén·tal·ist /-ɪst/ 名 Ⓒ ❶ 器楽家, 器楽奏者 ❷ 道具主義者 ── 形 道具主義の

in·stru·men·tal·i·ty /ìnstrəmentǽləṭi/ 名 (複 **-ties** /-z/)《堅》Ⓤ 役に立つこと ; Ⓒ 手段, 媒介 ‖ by the ～ of ... …(の助け)によって

in·stru·men·ta·tion /ìnstrəmentéɪʃən/ 名 Ⓤ ❶ 管弦楽法 ; 器楽編曲法 ❷ 器械[計器]の使用[設置] ; 器械[計器]の[による]操作 ❸ (《集合的に》)計器(一式) ; (ある曲・楽団の)楽器(一そろい) ❹《堅》手段, 媒介

in·sub·or·di·nate /ìnsəbɔ́ːrdənət | -dɪ-/ 〈シ〉 形 (上位の者に)不従順な, 反抗的な **～·ly** 副 **in·sub·òr·di·ná·tion** 名 Ⓤ Ⓒ 不服従, 不従順(な行為)

in·sub·stan·tial /ìnsəbstǽnʃəl/ 〈シ〉 形 ❶ 実体のない, 非現実的な ❷ 堅くない, もろい ❸ (量や大きさが)十分でない **in·sub·stàn·ti·ál·i·ty** 名

in·suf·fer·a·ble /ɪnsʌ́fərəbl/ 形 耐え難い, 我慢のならない, 鼻持ちならない **-bly** 副

in·suf·fi·cien·cy /ìnsəfíʃənsi/ 名 ❶ Ⓤ/Ⓒ (《単数形で》)不十分, 不足 ; 不適当, 不適任 ‖ ～ of provisions 食糧不足 ❷ Ⓤ〘医〙機能不全 ‖ renal ～ 腎(じん)不全

***in·suf·fi·cient** /ìnsəfíʃənt/ 〈シ〉 形 (**more ～** ; **most ～**) 十分でない, (必要なものが) 足りない, 不足している (↔ ample) ; 不適当な, 不適格な〈**for** …に / **to do** …するのに〉‖ There was ～ evidence *to* convict him. 彼に有罪を宣告するのには証拠が不十分だった / ～ supplies 必需品の不足 / The food was ～ *for* their needs. 食糧は彼らに必要な量はなかった **～·ly** 副

in·su·la /ínsələ, -sjʊ-/ 名 (複 **-lae** /-liː/) Ⓒ〘解〙(脳・膵臓(すいぞう)内の)島

in·su·lant /ínsələnt | -sjʊ-/ 名 Ⓒ 絶縁材

in·su·lar /ínsələr | -sjʊ-/ 形 ❶ 島の ; 島の形をした ; 島に住む ❷ (島のように)孤立した ; 島国根性の, 狭量な, 偏狭な ‖ ～ prejudices 島国的な偏見 ❸〘解〙(脳の) 島状組織に関する **～·ìsm** 名 Ⓤ 島国根性, 偏狭 **in·su·lár·i·ty** 名 Ⓤ 島国性 ; 島国根性, 狭量

***in·su·late** /ínsəlèɪt | -sjʊ-/ 動 他 ❶ …を〈電気・熱・音などから〉絶縁する, 遮断する〈**from, against**〉❷ …を〈周囲から〉引き離す, 孤立させる〈**from**〉

ínsulating tàpe 名 Ⓤ 絶縁テープ (《米》friction tape)

in·su·la·tion /ìnsəléɪʃən | -sjʊ-/ 名 Ⓤ ❶ 断熱[絶縁](する[されている]こと) ; 断熱[絶縁]材[体] ❷ 孤立, 隔離

in·su·la·tor /ínsəlèɪṭər | -sjʊ-/ 名 Ⓒ ❶ 絶縁材[体], (特に)碍子(がいし) ❷ 隔離物[装置]

in·su·lin /ínsələn | -sjʊlɪn/ 名 Ⓤ〘生化〙インシュリン《膵臓から分泌される》;〘薬〙インシュリン(製剤)
▸▸ ～ **shòck** [**reàction**] 名 Ⓤ〘医〙インシュリンショック《インシュリンの過度の投与による低血糖症》

***in·sult** /ɪnsʌ́lt/《発音・アクセント注意》(→ 名) 動 他 …を侮辱する, 辱める (↔ praise) ; …に無礼を働く ‖ I felt ～*ed* by his apparently innocent joke. 彼の一見たわいもない冗談に侮辱されたと感じた / ～ her by calling her a simpleton ばか呼ばわりして彼女を侮辱する
── 名 /ínsʌlt/ Ⓒ ❶〈…に対する〉侮辱, 侮辱的な言動, 無礼〈**to**〉‖ The lecture was an ～ *to* our intelligence. その講義は (簡単すぎて) 私たちの知性に対する侮辱だった / "Your cooking is typically British." "Is that a compliment or an ～?"「あなたの作る料理はいかにも英国的ですね」「それってお世辞, それとも侮辱」/ shout [OR hurl] ～*s* at ... …に乱暴な言葉を浴びせる ❷〘医〙(身体への)傷害, 損傷 ; 傷害の原因 ‖ environmental ～*s* 健康を損なう環境的要因
àdd ìnsult to ínjury 踏んだりけったりの目に遭わせる, さらにひどいことをする ; (《独立不定詞で》)ますます悪いことに, さらに恥ずべきことに
語源 *in-* on＋*-sult* leap : …に跳びかかる, …を攻撃する

in·su·per·a·ble /ɪnsúːpərəbl/ 形 (困難などが) 克服し難い ; (障害物などが) 越えられない **-bly** 副

in·sup·port·a·ble /ìnsəpɔ́ːrṭəbl/ 〈シ〉 形 ❶ 支えきれない, 耐えられない ‖ ～ pain 耐えられないほどの苦痛 ❷ 支持できない, 証明できない, 納得のいかない **-bly** 副

:in·sur·ance /ɪnʃʊ́ərəns, ＋米 ーーー/
── 名〔◁ insure 動〕(複 **-anc·es** /-ɪz/) Ⓤ ❶ **保険** ; 保険業 ; 保険契約〈**against** 被害に対する ; **on, for** 財産などに対する〉‖ I have ¥50 million worth of life ～. 私は5千万円の生命保険に入っている / Do you have ～ *on* your car? 車に保険をかけていますか / What kind of damage does your ～ **cover**? あなたの保険はどのような損害を補償しますか / **take out** ～ *on* one's house 家に保険をかける / work in ～ 保険会社で働く
連語 【名/形＋～】/ car ～ 自動車保険 / health [medical] ～ 健康[医療]保険 / National *Insurance*《英》国民保険 (制度) / social ～ 社会保険 / unemployment ～ 失業保険

❷ 保険料，（保険の）支払額
❸ 保険金，（保険の）補償額 ‖ claim [OR file a claim for] the damage on one's ～ 損害の保険金を請求する ❹ Ⓒ 保険証書 ❺ Ⓒ《単数形で》〈損害・被害に対する〉保護策，備え〈**against**〉‖ have [OR take] a shot as ～ *against* influenza インフルエンザの予防に薬を飲む[注射をする] / an ～ *against* failure 失敗に対する備え
━形《限定》❶ 保険の ‖ an ～ company 保険会社
❷【スポーツ】勝利を確実にする ‖ an ～ run 駄目押し点
▶▶ **～ adjùster** 名 Ⓒ《米》保険精算人（《英》loss adjuster） **～ bròker [àgent]** 名 Ⓒ 保険外交員；保険代理店 **～ pòlicy** 名 Ⓒ 保険契約；保険証券 **～ prèmium** 名 Ⓒ 保険料，掛金

***in·sure** /ɪnʃʊ́ər/（◆ 同音語 ensure）動（▶ insurance 名）他 ❶〔人命・財産〕に保険をかける〈**against** …に備えて；**for** …の金額の〉；（保険会社が）…の保険を引き受ける ‖ Are you ～*d*? 保険に入ってますか / ～ one's house *against* earthquakes 自宅に地震保険をかける / ～ ⌜one's life [OR oneself] *for* $100,000 10万ドルの生命保険に入る ❷〈不慮の出来事などから〉…を守る，安全にする〈**against**〉‖ More care will ～ you *against* making so many mistakes. もっと気をつければそれほど間違いをしなくて済むだろう ❸《主に米》…を請け合う，保証する；〈…だと〉保証する（ensure）〈**that** 節〉（⇨ 類語）‖ ～ the safety of your life [property] あなたの生命[財産]の安全を保証する
━自 ❶〈…に備えて〉保険をかける[に入る]，保険契約を結ぶ〈**against**〉‖ ～ *against* theft 盗難保険に入る / I've ～*d* with a major company. 私は大手の保険会社と契約をした ❷〈…に〉備える，〈…から〉守る〈**against**〉

類語《他 ❸》**insure, ensure, assure** いずれも基本的に「確実にする」の意を共有する．
insure 危険・不幸などに対して安全を確実にする．「保証する」．
ensure「確実に（必ず）…するようにする」(make sure)．〈例〉Please *ensure* that all the doors are locked. 必ずすべてのドアに鍵(かぎ)がかかっているようにしなさい；戸締まりをしっかりお願いしますよ
assure「確実に…することを請け合う，保証する，確約する」(promise, guarantee)．〈例〉I can *assure* you that she will get well soon. 大丈夫，彼女はすぐによくなりますよ（◆ 抽象名詞などを目的語として ensure と同じように用いられることもある．〈例〉*assure* [OR *ensure*] success 成功を保証する[確約する]）

in·sured /ɪnʃʊ́ərd/ 形 保険に入っている，保険がかけてある ━名（the ～）《単数・複数扱い》被保険者

***in·sur·er** /ɪnʃʊ́ərər/ 名 Ⓒ 保険会社，保険業者；保証する人[もの]

in·sur·gen·cy /ɪnsə́ːrdʒənsi/ 名（複 **-cies** /-z/）Ⓤ Ⓒ 暴動（状態），反乱

in·sur·gent /ɪnsə́ːrdʒənt/ 名 Ⓒ《通例 ～s》暴徒，反乱者；（政党内の）反対分子
━形《限定》暴動の，反乱を起こした ‖ ～ forces 反乱軍

in·sur·mount·a·ble /ìnsərmáuntəbl/ ⓢ 形（障害などが）克服できない，乗り越えられない **-bly** 副

***in·sur·rec·tion** /ìnsərékʃən/ 名 Ⓤ Ⓒ 反乱，暴動，謀反(むほん) ‖ stage an ～ against ... …に対して反乱を企てる[起こす] **～·ist** 名 Ⓒ 暴徒，反乱扇動者

in·sur·rec·tion·ar·y /ìnsərékʃənèri | -əri/ 形 反乱の，暴動の

in·sus·cep·ti·ble /ìnsəséptəbl/ 形《堅》受け入れない；簡単に影響されない，心を動かされない ‖ be ～ to disease 病気を寄せつけない **in·sus·cèp·ti·bíl·i·ty** 名

int. 略 intelligence；intercept；interim；interior；【文法】interjection；internal；international；interpreter；intersection；interval；【文法】intransitive

***in·tact** /ɪntǽkt/《アクセント注意》形《叙述》損なわれていない，元のままの，安全な姿で，手をつけられていない ‖ The tower is preserved ～. 塔は完全な姿で保存されている / The package arrived ～. 小包は壊れずに届いた

in·ta·glio /ɪntǽljou | -táːliou/ 名（複 **～s** /-z/）❶ Ⓤ Ⓒ 彫り込み模様；沈み彫り；宝石など沈み彫り細工物（↔ relief[2]）❷ Ⓤ【印】凹版(おうはん)印刷；Ⓒ その印刷版[型]（◆ イタリア語より）

***in·take** /íntèɪk/ 名 Ⓒ ❶《単数形で》（空気・水などの）取り入れ，吸い込み；摂取[吸い込み]量；《形容詞的に》取り入れ[吸い込み]用の ‖ have a sharp ～ of breath 激しく息を吸い込む / his alcohol ～ 彼のアルコール摂取量 / her daily ～ of calories 彼女の毎日のカロリー摂取量 / reduce the ～ of water by 20%（用水などの）取水量を2割減らす / an ～ valve [tube]（空気）取り入れ口[吸い込み管] ❷ Ⓤ/Ⓒ《単数形で》《集合的に》《単数・複数扱い》受け入れ数，入学[入社，入所]者数 ‖ the student ～ 学生の入学者数 ❸（水・空気などの）取り入れ口，吸い込み口 ‖ an (engine) air ～（エンジン用）空気取り入れ口

in·tan·gi·ble /ɪntǽndʒəbl/ 形 ❶ 手に触れられない，実体のない ❷ 把握し難い，ぼんやりした，雲をつかむような ❸ 無形の ‖ ～ assets 無形の資産《会社の名声など》（◆ 日本の「無形文化財」は intangible cultural asset(s) という）
━名 Ⓒ《通例 ～s》手に触れることのできないもの，実体のないもの **in·tàn·gi·bíl·i·ty** 名 **-bly** 副

in·tar·sia /ɪntáːrsiə/ 名 Ⓤ ❶【美】インタルジア，寄木象眼《ルネサンス期の象眼細工の一種》❷ インターシャ《無地の編み地に異なる色の模様を編み込む技法》

in·te·ger /íntɪdʒər/ 名 Ⓒ ❶【数】整数（↔ fraction）❷ 完全なもの

***in·te·gral** /íntɪɡrəl/《アクセント注意》形（**more ～；most ～**）❶（完全であるために）〈…にとって〉必要な，不可欠な（↔ inessential）〈**to**〉‖ Rice is an ～ part of our diet. 米は私たちの食事に欠かせないものだ ❷《限定》必要な要素をすべて含んだ，完全な；完全体を構成する ❸《比較なし》【数】整数の；積分の（→ differential） ━名 Ⓤ【数】積分 ‖ definite [indefinite] ～ 定[不定]積分
ìn·te·grál·i·ty 名 **～·ly** 副
▶▶ **～ cálculus** 名 Ⓤ 積分学

in·te·grant /íntəɡrənt | -tɪ-/《堅》形（部分が）完全体を構成する，構成要素の；必須(ひっす)の
━名 Ⓒ（不可欠な）構成要素，成分

***in·te·grate** /íntəɡrèɪt | íntɪ-/《アクセント注意》動 他 ❶〔部分・要素〕を〈全体に〉まとめる，統合[統一]する（unify）〈**into**〉；…を〈…と〉結びつける，一体化する（↔ separate）〈**with**〉；（ほかの部分を付け加えて）…を完全なものにする ‖ ～ several opinions *into* the final report いくつかの意見を最終報告にまとめる / This house is well ～*d with* the landscape. この家は風景にうまく溶け込んでいる ❷〔学校・公共施設・団体など〕の（人種）差別を撤廃（して解放・統合）する；〔人〕を〈全体（組織）に〉融和[融合]させる，（特に）〔黒人・少数民族〕を差別なく〈…に〉融合させる，〈…と〉差別しない（↔ segregate）〈**into, with**〉‖ ～ school districts（差別を撤廃して）学区を統合する / All the restaurants were fully ～*d*. すべてのレストランで完全に人種差別がなくなった / ～ the refugees ⌜*with* existing residents [*into* our society] 難民を先住者と[我々の社会に]融和させる ❸【数】…を積分する
━自 ❶（学校などが）（人種）差別がなく（って統合され）る ❷〈…と〉融合する〈**with**〉，〈…に〉溶け込む〈**into**〉；（2つのものが）合わさる **-grà·tive** 形 統合に役立つ，統合する傾向の；人種差別廃止の ‖ ～ medicine 統合医学

***ín·te·gràt·ed** /-ɪd/ 形（**more ～；most ～**）❶ 統合された；完全なものになった ❷（人種）差別の撤廃された ‖ an ～ school（人種差別を廃した）統合学校 ❸【心】心身の調和のとれた ‖ an ～ personality 調和のとれた人格
▶▶ **～ círcuit** 名 Ⓒ 集積回路（略 IC）

***in·te·gra·tion** /ìntəɡréɪʃən | ìntɪ-/ 名 Ⓤ ❶（部分・要素の）統合，融合，集成〈**into** …への；**with** …との〉；完成，吸収，合併 ‖ economic and political ～ 経済と政治

の統合 / the ～ of immigrants *into* British society 移民の英国社会への融合 / ～ of acting *with* song and dance 歌と踊りとの演技の調和 / European ～ ヨーロッパ統合 ❷ 人種差別撤廃(による融合), 融和, 受け入れ(↔ segregation) ❸ 〘数〙積分(法) (↔ differentiation) ❹ 〘心〙(人格の)調和, 統合, 融和
～·ist 名 C 形 (人種)差別撤廃論者(の)

in·te·gra·tor /ínṭəgrèɪṭər | -tɪ-/ 名 C ❶ 統合する人[もの] ❷ 積分器, 求積器 ; 💻積分回路網

*__in·teg·ri·ty__ /ɪntégrəṭi/ 名 U ❶ 高潔, 誠実, 正直 (↔ dishonesty) (⇨ HONESTY 類語) ‖ He had a reputation for commercial ～. 彼は商道徳に厳しいことで評判だった / a man of ～ 高潔の士 / political ～ 政治上の清廉潔白さ / show [OR display] ～ 誠意を見せる ❷ 《堅》(状態の)完全, 無欠 ; 保全, 無傷 ‖ Removing the chapter destroys the ～ of my book. その章を削除すると私の著作全体のまとまりがなくなる / defend [threaten] the ～ of the state 国を保全する[国の保全をおびやかす] / territorial ～ 領土保全

in·teg·u·ment /ɪntégjumənt/ 名 C (動植物の)外皮, 皮膚, 殻

in·tel /íntel/ 名 U 《口》(軍事的)情報, 知性 (♦ (military) intelligence の短縮形)

*__in·tel·lect__ /ínṭəlèkt/ 《アクセント注意》 名 〔▶ intellectual 形〕 ❶ U C 知性, 知力 ; 英知, 理知 ; (論理的[客観的])思考力[理解力] (♦ will (意志)や feeling (情緒的な心の働き)と対比して用いる) (→ intelligence, mind) ‖ His speeches appeal more to the ～ than the emotions. 彼の演説は感情よりむしろ知性に訴える / a man of (high) ～ 知性豊かな人 / a woman with a keen [OR sharp] ～ 鋭敏な知力を備えた女性 / sharpen the ～ 知性を磨く ❷ C 知者 ; 《the ～(s)》《集合的に》《複数扱い》知性豊かな人(たち), 知識人, 知識階級, インテリ ‖ That writer isn't a great ～. あの作家は大した知性の持ち主ではない / the leading ～(*s*) of the nation その国の一流の知識人(たち)
語源 *intel-* between＋*-lect* choose : いくつもの中から運ぶ(力)

:**in·tel·lec·tu·al** /ìnṭəléktʃuəl/ 《アクセント注意》〈シ
—形 〔◁ intellect 名〕(**more ～ ; most ～**)
❶ 《通例限定》**知性の**, 知性[知力]に関する ; **知的な**, 知性に訴える, 知性を要する, (感情より)知性に導かれた, 知能[頭脳]的な (♦ intelligent は「知能[理解力]が高い」ことをいい, intellectual は「思考または教育によって裏付けされる知性がある」ことをいう) ‖ He developed his ～ powers by reading many books. 彼は多くの本を読んで知力を養った / She is full of ～ curiosity. 彼女は知的好奇心に満ちている / ～ faculties 知能 / an ～ crime 知能犯罪 / an ～ occupation 知的職業 / ～ creativity [activity] 知的創造力[活動]
❷ (人が) **知性豊かな**, **知性的な**, 理知的な, 聡明な (⇨ CLEVER 類語) ‖ an ～ family 理知的な家族 / the ～ class 知識階級 / an ～ life 知的生活
—名 (複 **～s** /-z/) C 知性豊かな人, 知識人 ; 《the ～(s)》インテリ, 知識階級 (↔ idiot) ‖ phoney ～*s* えせ知識人 / respect for the ～*s* 知識階級に対する敬意
ìn·tel·lèc·tu·ál·i·ty 名 **～·ly** 副
▸▸ **～ próperty** 名 U 〘法〙知的財産(権) 《特権・著作権など》 ‖ ～ *property* rights 知的所有権

ìn·tel·léc·tu·al·ìsm /-ìzm/ 名 U ❶ 知性を働かすこと, 知的追求 ; 知性偏重 ❷ 〘哲〙主知主義 **-ist** 名

in·tel·lec·tu·al·ize /ìnṭəléktʃuəlàɪz/ 動 他 …を知的にする ; …を知的に扱う ; …を知的[合理的]に分析する
—自 知的に話す[書く, 考える]

:**in·tel·li·gence** /ɪntélɪdʒəns/ 《アクセント注意》
—名 U ❶ **知能**, 理知, 理解力 (→ mind) ; 思考力, 判断[推理]力 ‖ Wild animals have ～ even though they lack intellect. 野獣には知性がないにしても知能はある / **artificial** [native] ～ 人工[生まれつきの]知能 / a person with [OR of] high [average, low] ～ 知能が高い[平均的な, 低い]人 / apply one's ～ to ... …に頭を働かせる
❷ 頭の働き, 頭のよさ, 知恵, 英知, 聡明さ ‖ You possess outstanding ～. 君は頭の働きがよい[頭がよく切れる] / He had enough ～ to see through the scheme. 彼にはその策略を見抜く聡明さがあった / Use your ～! 頭を使え / farseeing ～ 先見の明 / a woman of her beauty and ～ 彼女のような聡明で美しい女性
❸ (特に軍事的・政治的)**秘密情報** ; 《古》一般情報[報道], ニュース ‖ betray [gather, collect] ～ about ... …についての(秘密)情報を漏らす[集める] / industrial ～ 産業情報 / ～ sources 情報筋
❹ (特に軍事的・政治的)秘密情報の収集, 諜報(ちょうほう)活動 ; 諜報(部)員 ; 《ときに I-》《集合的に》《単数・複数扱い》**情報[諜報]機関** ‖ work for Military *Intelligence* 軍の情報部で働く / an ～ agent 諜報(局)員, スパイ / the *Intelligence* Department [OR Services] 情報部[局] / the Central *Intelligence* Agency (米国の)中央情報局 《略 CIA》
❺ C **知的存在** ; 聡明な人 ; 〘宗〙(特に)天使, 霊 ; 神の永遠の不変性 ‖ the Supreme *Intelligence* 神
▸▸ **～ quòtient** 名 C 知能指数 《精神年齢を生活年齢で割り100倍した数. 略 IQ, I.Q.》 **～ tèst** 名 C 知能検査

:**in·tel·li·gent** /ɪntélɪdʒənt/
—形 (**more ～ ; most ～**)
❶ (人・動物が) **知能の高い**, 頭のよい, 理知的な, 聡明な (↔ stupid) (→ intellectual, smart) ‖ We think that whales are as ～ as human beings. 私たちは鯨は人間と同じくらい賢いと考えている / This dog is so ～. この犬はとても利口だ / a charming and **highly** ～ girl 魅力的で非常に聡明な女の子
❷ (言葉・行動などが)頭のよさを示す, **気のきいた**, 利口な (⇨ CLEVER 類語) ‖ It was not ～ of him. それは彼も気がきかなかったね / an ～ account 気のきいた説明 / an ～ question [answer] 頭のいい質問[答え]
❸ 知能を有する, **思考[理解, 判断]力のある** ‖ ～ animals 知能を持つ動物 ❹ 💻 (システムが)自立的に判断・情報処理できる ; 多用途・多目的に対応できる ❺ (建物・組織などが)情報化した, コンピューターネットワーク化された
～·ly 副
▸▸ **～ desígn** 名 U インテリジェントデザイン, 知的設計論 《宇宙や生命体は高度に知的な存在によって創造されたとし, 進化論を認めない疑似科学的主張》

in·tel·li·gent·si·a /ɪntèlɪdʒéntsiə/ 名 《通例 the ～》《集合的に》《単数・複数扱い》知識階級, 知識人, インテリゲンツィア (♦ よい意味にも悪い意味にも用いる. ロシア語より)

in·tel·li·gi·ble /ɪntélɪdʒəbl/ 形 ❶ 〈…にとって〉簡単に理解できる, わかりやすい, はっきりした 〈**to**〉 ‖ in ～ terms わかりやすい言葉で ❷ 〘哲〙知性によってのみ理解される
in·tèl·li·gi·bíl·i·ty 名 **-bly** 副

In·tel·sat /íntelsæt/ 名 国際電気通信衛星機構, インテルサット ; C インテルサット衛星 (♦ *I*nternational *Tele*communications *Sat*ellite Organization の略)

in·tem·per·ance /ɪntémpərəns/ 名 U 不節制, 放縦, 過度 ; 暴飲

in·tem·per·ate /ɪntémpərət/ 形 ❶ 不節制な, 放縦な, 度を過ごした ; 酒におぼれる ‖ ～ habits 大酒癖 ❷ (人(の言動)が)節度のない, 過激な, 乱暴な ❸ 《堅》(気候などが)厳しい, 極寒[極暑]の **～·ly** 副

:**in·tend** /ɪnténd/
—動 〔▶ intention 名〕(**～s** /-z/ ; **～·ed** /-ɪd/ ; **～·ing**)
—他 ❶ **意図する a** 《＋**to** *do* / ***doing***》…するつもりである, …しようと思う ‖ I'm sorry. I didn't ～ *to* hurt your feelings. ごめんなさい. あなたの気持ちを傷つけるつ

もりはなかったのです / What do you ～「to do [OR doing] today? 今日は何をするつもりですか

語法 ☆☆ (1) intend *doing* よりも intend to *do* の方が一般的.
(2)《口》では be going to *do* や be thinking of *doing* を用いることが多い.
(3) 過去完了形にすると実現しなかった過去の意図を表す.〈例〉I had *intended* to write (a line) to you. あなたに一筆差し上げようと思ったのですが(できませんでした) これは完了不定詞を用いて I intended to have written (a line) to you. ともいえるが I had intended to write ... の方が一般的. また I intended to write (a line) to you, but I couldn't. のようにいうことも多い. (⇨ HOPE)

b 《+(**that**) 節》…というつもりである, 計画である, …を目指している ‖ It is ～*ed that* at least fifty countries take part in this project. このプロジェクトには最低50か国が参加する予定である / She ～*ed that* he take [《主に英》should take] the initiative. (=She ～*ed* him to take the initiative.) 彼女は彼に主導権を握らせる気でいた

c 《+目+**to do**》〔人・物〕に…させるつもりである ‖ He ～*ed* the woman *to* serve as both cook and housekeeper. 彼はその女性に料理人と家政婦の両方の役目をさせるつもりだった

d 《+目 *A*+目 *B*⇄+目 *B*+**to** 目 *A*》*A* (人)に *B* (あること)を意図する, *A*に対して故意に*B*をする ‖ I ～*ed* you no harm.=I ～*ed* no harm *to* you. 悪気があったわけではないのです

e 《+**for** 名+**to do**》(人)に…してもらうつもりである (♦ この文型は非標準とされることがある) ‖ I never ～*ed for* you *to* remain this late. (=I never ～*ed* you to ....) 君にこんなに遅くまで残っていてもらうつもりは全くなかった

❷《通例受身形で》〈…のために〉意図[予定, 用意]されている;〈…の職業に〉就くことになっている〈**for, as / to be**〉‖ Let me remind you that priority seats are ～*ed for* the elderly and disabled. 言っておきますが, 優先席はお年寄りや障害者のために用意されているんですよ / He was ～*ed*「*for* the ministry [OR *to be* a minister]. 彼は聖職者になることになっていた / a computer ～*ed for* use in factories 工場での使用に向けられたコンピューター / This is not ～*ed as* a joke. これは冗談などではない / The building was **originally** ～*ed to be* a library. その建物はもともとは図書館にする予定だった

❸〈表現などで〉…を意味する[表す], …のつもりで言う〈**by**〉‖ What did she ～ *by* this phrase? 彼女はこの言葉をどういう意味で使ったのだろう

—自 意図する, 計画がある ‖ Here he met with a greater triumph than he had ～*ed*. ここで彼は考えていたよりも大きな勝利を経験した

COMMUNICATIVE EXPRESSIONS

[1] **I dòn't inténd to** dèny your éfforts. あなたの努力を否定するつもりはありません(♥ 誤解を避けるための形式ばった表現. =I have no intention (whatsoever) of denying .... / ↘ I'm not going to deny ....)

[2] **I (fùlly) inténd** to prevènt fùrther dámage. さらなる被害を食い止めようと(強く)思います(♥ 意志を示す形式ばった表現. ↘ I'm going to make sure that further damage will be prevented.)

語源 *in-* to, toward+*-tend* stretch:…の方へ気持ちを向ける

***in·ténd·ed** /-ɪd/ 形《限定》❶ 意図した, もくろんだ, 故意の ❷ 将来の;いいなずけの ‖ one's ～ wife 未来の妻
—名《one's ～》《旧》《戯》婚約者

***in·tense** /ɪnténs/ 形 (♦ intensive と区別)〔▶ intensify 動, intensity 名〕(**-tens·er, more ～ ; -tens·est, most ～**) ❶ (温度・光・色・味・痛みなどが)極度の, 強烈[猛烈]な, 厳しい (↔ mild) ‖ ～ cold [heat] 極寒[酷暑] / (an) ～ sunlight 強烈な陽光 / an ～ red 濃い赤 / an ～ pain 激痛 ❷ (行動・感情・考えなどが)激しい, 極度に張り詰めた, 熱烈な, 真剣な, 懸命な, 集中した ‖ ～ hatred [anger] 激しい憎悪[怒り] / a look of ～ embarrassment ひどく困惑した様子 / ～ observation 熱心な観察 / ～ negotiations 真剣な交渉 / an ～ moment 緊張の一瞬 / his face ～ with concentration 気持ちの集中で張り詰めた彼の顔 ❸ 情熱的な, 感情的な;激しやすい;感動しやすい ‖ He was very ～ during the discussion. 議論の間彼はひどく興奮気味だった / an ～ personality 情熱的な人
～·ly 副 **～·ness** 名

in·ten·si·fi·er /ɪnténsɪfàɪər/ 名 Ⓒ ❶ 強化する人[もの] ❷〚文法〛強意語《very などの形容詞・副詞を限定し, その程度の高いことを示す副詞》

***in·ten·si·fy** /ɪnténsɪfàɪ/ 動 〔◁ intense 形〕(**-fies** /-z/ ; **-fied** /-d/ ; **～·ing**) 他 ❶ …を(いっそう)強化する, 強める, 激しくする;…の度[量]を増す (↔ decrease) ‖ ～ the search for the missing child 行方不明の子供の捜索を強化する / ～ one's efforts いっそう努力する / ～ one's feeling of superiority 優越感を増す ❷〚写〛〔ネガ〕の明度を増す **—**自 いっそう強くなる, 激しくなる
in·tèn·si·fi·cá·tion 名 Ⓤ 強化(すること), 激化

in·ten·sion /ɪnténʃən/ 名 Ⓤ ❶《堅》強化, 増大;強度, 強烈さ ❷〚論〛内包(↔ extension)

***in·ten·si·ty** /ɪnténsəṭi/ 名 〔◁ intense 形〕(複 **-ties** /-z/) Ⓤ Ⓒ ❶ (性質・感情・気候・痛みなどの) 激しさ, 強[激]烈(さ), 極端(さ);強度 ‖ He showed the ～ of his love with expensive presents. 彼は自分の愛情の強さのあかしに高価な贈り物をした / the ～ of pain 痛みの激しさ / the ～ of the heat 大変な暑さ / religious ～ 宗教的熱情 ❷ (行動などの)熱心さ, 真剣;猛烈, 激しさ ‖ They worked [played] with greater ～. 彼らはいっそう真剣に働いた[プレーをした] ❸〚理〛(光・熱・音・色・震動などの)強度, 強さ, 度合い ‖ earthquake [OR seismic] ～ 震度 / ～ of illumination 照度 / the ～ of radiation 放射線の強度 ❹ (色の)鮮明さ, 飽和度

***in·ten·sive** /ɪnténsɪv/ 形 (♦ intense と区別) (**more ～ ; most ～**) (♦ ❶❸ 以外比較なし) ❶ 徹底的な, 集中的な;猛烈な, 激しい ‖ He took an ～ Chinese course before being transferred to Beijing. 彼は北京に転勤する前に中国語の集中講座を受けた / ～ reading 精読 / an ～ search for the murderer 殺人者の徹底的捜索 ❷〚農〛集約的な (↔ extensive) ‖ ～ agriculture [OR farming] 集約農業 ❸《複合語で》…を集約的に用いる ‖ capital- [labor-, technology-]～ 資本[労働, 技術]集約的な… ❹〚文法〛強意の ❺〚医〛集中強化[治療]の
—名 Ⓒ〚文法〛強意語(intensifier), 強意形
～·ly 副 **～·ness** 名
▸▸ **～ cáre** 名 Ⓤ (重症患者に対する) 集中治療 ‖ ～ *care* unit (病院の)集中治療室 (略 ICU)

***in·tent**[1] /ɪntént/ 名 ❶ Ⓤ Ⓒ《堅》計画;目的;意図 (⇨ INTENTION 類語) ‖ with malicious [good] ～ 悪[善]意で ❷ Ⓤ〚法〛(犯罪などを犯す)意図;故意;目的 ‖ He broke into the store with ～ to steal. 彼は窃盗の目的でその店に侵入した
for* [《英》*to*] *àll intènts and púrposes どう見ても, 事実上 ‖ *For all ～s and purposes* the bill was shelved. 事実上その案は棚上げになった

***in·tent**[2] /ɪntént/ 形 (**more ～ ; most ～**) ❶ 〈…に〉注意を集中して, 没頭して〈**on, upon**〉‖ He is ～ *on* [*to]「his work [money-making]. 彼は仕事[金もうけ]に夢中だ ❷ 〈…(すること)を〉決意して, するつもりで〈**on, upon**〉‖ She is ～ *on* studying abroad. 彼女は留学するつもりだ / ～ *on* revenge 復讐(ふくしゅう)を決意して ❸ (顔つきなどが) 熱心な, (視線が) じっと注がれて ‖ with an ～ look [gaze] 見入るような目つき[まなざし]で **～·ness** 名

I

:in·ten·tion /ɪnténʃən/
―名〔◁ intend 動〕(複 **~s** /-z/) ❶ Ⓒ Ⓤ **意図**, 意志, 意向, つもり, 考え〈**of** *doing*, **to** *do* …する / **that** 節…という〉(⇨ 類語) ‖ I have no [every] ~ *of* trying bungee jumping again. バンジージャンプは二度とやってみようと思わない[ぜひもう一度やってみたいと思う] / Have you heard of his ~ *to* leave the company? 彼が会社を辞めるという話を聞いているかい(♦ intention に the, any, no などがつくときは of *doing*, one's がつくときは to *do* がふつう) / The company **announced** its ~ to launch a new brand. その会社は新しいブランドを立ち上げる意向を発表した / It was my ~ *that* he should succeed me in my business. 私は彼に商売の跡を継がせるつもりだった / carry out one's original ~ 初志を貫徹する / by ~ 故意に, わざと / without ~ うっかり / She went to Vietnam **with** the ~ *of* buying silk dresses. 彼女は絹のドレスを買うつもりでベトナムへ行った
❷ Ⓒ 意図したもの, 目的, ねらい, 動機;《~s》心構え, 心づもり, 態度, 気持ち ‖ He did it **with** 「the best of [**good**, honorable] ~*s*. 彼はそれをよかれと思って[善意で, 誠意を持って]やった(がうまくいかなかった)(♥ 特に不成功に終わった行為に対していう)
❸ Ⓒ《通例 ~s》《旧》(特に男性の女性に対する)結婚の意志 ‖ have honorable ~*s* 正式に結婚するつもりでいる / What are your ~*s* toward my daughter? うちの娘と結婚する気はあるのか
❹ (~s)《論》概念 ❺《医》(切開した傷口の)治癒経過

類語 《❶》**intention**「意図」を意味する一般語.
intent intention よりも明確で, かつ入念に考慮した意図を暗示する. やや格式ばった語で, 主に法律用語.

***in·ten·tion·al** /ɪnténʃənəl/ 形 意図的な, 故意の(♥ 通例好ましくない事柄について用いる)(⇨ DELIBERATE 類語) ‖ Sorry — it wasn't ~. ごめんね — わざとじゃなかったんだ / ~ cruelty 意識的な冷酷さ **~·ly** 副

***in·tent·ly** /ɪnténtli/ 副 一心に, 夢中で

***in·ter** /ɪntə́ːr/ 動 (**-terred** /-d/ ; **-ter·ring**) 他《通例受身形で》(死体が)埋葬される(bury)

inter- /ɪnt̬ər-/ 接頭「中間, 間(between, among);相互(with each other)」の意 ‖ *inter*national, *inter*linear, *inter*weave ; *inter*state, *inter*play

***in·ter·act** /ìnt̬ərǽkt/ 動 自 相互に作用する;〈…と〉互いに影響し合う, 交流する〈**with**〉‖ Ken ~*s* well *with* the other children in his class. ケンはクラスの子供たちとうまくやっている

***inter·áction** 名 Ⓤ Ⓒ 相互作用, かかわり合い, 交流;対話〈**between** …間の, **with** …との〉‖ ~ *between* physical and emotional illness 体と心の病の相互作用 / ~ of supply and demand 需要と供給の関係 / classroom ~ 教室内での触れ合い

ìnter·áctive ⊲シ 形 ❶ 相互に作用[影響]し合う ❷ 💻 双方向対話型の, 対話形式の ―名 Ⓤ 💻 双方向対話型, 対話形式《情報交換時に互いに反応し合える仕組み》
~·ly 副 **-activity** 名

ìnter·ágency 形 (特に政府) 関係機関間の[合同の] ‖ an ~ task force 関係機関合同の活動部会

in·ter a·li·a /ìnt̬ər éɪliə/ 副《ラテン》(=among other things)中でも, とりわけ

ìnter·atómic 形《理》原子間の

ìnter·bánk 形 銀行間の

***ìnter·bréed** 動 (**-bred** /-bréd/ ; **~·ing**) 他 自 ❶ (異種) 交配させる[する], 雑種を作る[になる] ❷ (限られた個体群で)近親交配させる[する]

in·ter·ca·lar·y /ɪntə́ːrkəlèri | -kələri/ 形 ❶ (日・月・年が)うるうの ❷《堅》挿入された

in·ter·ca·late /ɪntə́ːrkəlèɪt/ 動 他 ❶〔うるうの日・月〕を暦に加える ❷《堅》…を挿入する, 間に入れる

in·ter·cede /ìnt̬ərsíːd/ 動 自 仲裁する, 中に入る;〈…に〉取りなす〈**with**〉‖ ~ *with* the authorities for the prisoner 囚人のためにその筋に取りなす

ìnter·céllular 形《生》細胞間の

***in·ter·cept** /ìnt̬ərsépt/(→ 名) 動 他 ❶ …を途中で止める[押さえる, 横取りする];〔通信など〕を傍受する ‖ The police ~*ed* him on his way to the office. 警察は出社途中の彼を捕まえた / ~ a suspicious plane 不審な航空機を迎撃する / Her phone calls were ~*ed*. 彼女の電話は盗聴されていた ❷《フットボールなど》〔相手ボール〕をインターセプトする ‖ ~ a forward pass 前方へのパスをインターセプトする ❸〔光・熱・通路など〕を〈…から〉遮る〈**from**〉;〔逃亡・通行など〕を阻止する, 妨害する;〔効果など〕を食い止める ‖ ~ a passage 通路を遮断する ❹《数》…を2点[線, 面]で区切る[切り取る]
―名 /ínt̬ərsèpt/ Ⓒ Ⓤ ❶ 横取り, 遮断, 妨害, 阻止;傍受;インターセプト;《軍》迎撃 ❷《数》切片
語源 *inter-* between+*-cept* take:中間で取る[つかむ]

in·ter·cep·tion /ìnt̬ərsépʃən/ 名 Ⓤ Ⓒ ❶ 途中で押さえること;(通信の)傍受;迎撃 ❷《アメフト》インターセプト

in·ter·cep·tor /ìnt̬ərséptər/ 名 Ⓒ 途中で阻止する人[もの];《軍》迎撃機[ミサイル]

ìn·ter·cés·sion /-séʃən/ 名 Ⓤ Ⓒ 仲裁, 取りなし;人のための神への取りなし[祈り] ‖ make (an) ~ to *A* for *B* *B*のために*A*に取りなす / on ~ of ... …の取りなしで
-cés·sor 名 **-cés·so·ry** 形

in·ter·change /ìnt̬ərtʃéɪndʒ/ ⊲シ (→ 名) 動 他 ❶ …を〈…と〉置き換える, 入れ換える;…を〈…と〉交互にする〈**with**〉‖ ~ work *with* play 仕事と遊びを交互にやる ❷ …を交換する, やりとりする(exchange)(♦ 複数形の名詞を目的語とする) ‖ ~ letters 手紙をやりとりする ―自〈…と〉置き[入れ]換わる〈**with**〉 ―名 /ínt̬ərtʃèɪndʒ/ ❶ Ⓤ Ⓒ 交換, やりとり;置き換え;交互にすること ‖ ~ of ideas 思想の交流 ❷ Ⓒ (高速道路の)立体交差点, インターチェンジ ❸ Ⓒ (列車・バスなど交通機関の)乗換駅

in·ter·change·a·ble /ìnt̬ərtʃéɪndʒəbl/ ⊲シ 形〈…と〉置き[入れ]換えできる, 交換できる〈**with**〉
ìn·ter·chànge·a·bíl·i·ty, ~·ness 名 **-bly** 副

ìnter·cíty ⊲シ 形《限定》都市間の, 都市と都市を結ぶ ‖ ~ trains 都市と都市を結ぶ列車 ―名《I- C-》《商標》インターシティー《英国の急行旅客列車》

ìnter·collégiate ⊲シ 形 大学間の, 大学対抗[連合]の ‖ ~ games 大学対抗競技

in·ter·com /ínt̬ərkɑ̀(ː)m | -kɔ̀m/ 名 Ⓒ (飛行機・船内やオフィスなどの) 内部通話装置, インターホン (♦ *intercommunication system* の略)

ìnter·commúnicàte 動 自 ❶ 連絡し合う;意見(など)の交換をする ❷ (部屋などが)互いに通じる

ìnter·commùnicátion 名 Ⓤ 相互の交通, 交際, 連絡;交通路

ìnter·commúnion 名 Ⓤ ❶《宗》異なる宗派の人々で行われる聖餐(せいさん)式 ❷ 親交, 交際

***ìnter·connéct** ⊲シ 動 他 自 (相互に)連結させる[する]
~·ed 形 **-connéction** 名

ìnter·còntinéntal ⊲シ 形 大陸間の ‖ an ~ ballistic missile 大陸間弾道弾(略 ICBM)

ìnter·cóstal ⊲シ 形《解》肋間(ろっかん)の ‖ ~ neuralgia 肋間神経痛 ―名 Ⓒ 肋間筋, 肋間部

***in·ter·course** /ínt̬ərkɔ̀ːrs/ 名 Ⓤ ❶ 性交, 肉体関係(sexual intercourse) ❷〈…との〉交際, 交渉, 交流, (意見などの) 交換〈**with**〉(♥ ❶ の意味に誤解されやすいので relation などを用いることが多い) ‖ social ~ between the young and the old 若者と老人の社会的交流 / have commercial ~ *with* ... …と通商関係を持つ

ìnter·cúltural 形 異文化間の

ìnter·cút 動 (**-cut** ; **~·ting**) 他《映画・テレビ》〔あるシーン〕に〈対照的なシーンを〉挿入する〈**with**〉
―自 (シーンなどが)挿入される

ìnter·denòminátional ⊲シ 形 諸宗派間の, 諸宗派共通の

ìnter·depàrtméntal 〈形〉 形 部局間の, 学部間の
ìnter·depénd 動 自 相互に依存する
ìnter·depéndence, -dency 名 U 相互依存
ìnter·depéndent 〈形〉 形 相互に依存する
in·ter·dict /íntərdìkt/ (→ 動) 名 C ❶禁止, 禁制 ; 《主にスコット》《法》(裁判所による)禁止命令 ❷ (ローマカトリック教会の)(人・教区に対する)聖務・特権の禁止宣告
— 動 /ìntərdíkt/ 他 《主に米》 ❶〔行動〕を禁止する, 禁制にする ; …の使用を禁止する ; 〔人〕が〈…するのを〉禁じる 〈**from** *doing*〉 ; 〔人〕を制止する, やめさせる ❷《軍》〔敵の輸送路〕を破壊する **in·ter·díc·tion** 名
ìnter·dísciplinary 〈形〉 形 学際の, 異なる学問分野間(協同)の ‖ an ～ approach 学際的研究(法)

in·ter·est /íntərəst/ 《アクセント注意》 名 動

中心義 興味(を起こさせる要因)

> 名 興味❶ 関心事❸ 利子❹ 利益❺ 利害関係❻
> 動 他 興味を起こさせる❶

— 名 (複 **～s** /-s/) ❶ U/C 《an ～》〈…に対する〉**興味**, 関心 〈**in**〉 ‖ I **take** [OR **have**] an ～ *in* astronomy these days. 近ごろ天文学に興味を持っている / She showed [OR expressed] much [little] ～ *in* your story. あなたの話に彼女はとても興味を示した [ほとんど興味を示さなかった] / The boy stared at the koala with great ～. 男の子はコアラをとても興味を持って見つめた
連語 【動＋～(＋前)】 lose ～ in ... …に興味[関心]をなくす / arouse [OR raise] a great ～ 大変な関心をかき立てる[呼び起こす] / attract ～ 興味[関心]を集める
【形＋～】 special [OR particular] ～ 特別な関心 / public ～ 世間の興味[関心]
❷ U 〈人に〉興味[関心]を起こさせること[もの, 力], 〈…に対する〉興趣, 面白さ 〈**for, to**〉 ‖ Sumo wrestling holds little ～ *for* me. (＝I have little ～ *in* sumo wrestling.) 私は相撲にはほとんど興味がない / The scandal is of no ～ *to* me at all. そのスキャンダルには全く興味がない / a matter of general ～ だれもが知りたがるもの /「Just out [OR As a matter] of ～, may I ask where you're from? ちょっと好奇心でお尋ねしますが, ご出身はどちらですか / human [love] ～ (物語や映画などの中の)人生[恋]の見せ場 / add ～ *to* ... …に興趣を添える
❸ C (人の)**関心事**, 興味の対象, 趣味 ‖ His main ～*s* are chess and computer games. 彼の主な関心事はチェスとコンピューターゲームだ / a man of wide [OR varied] ～*s* 趣味の対象が広い人
❹ U 〈…の〉**利子**, 利息 〈**on**〉 ; おまけ ‖ My bank pays five percent ～. 私の銀行は5%の利息をつけてくれる / simple [compound] ～ 単[複]利 / annual [daily] ～ 年利[日歩] / The rate of ～ has risen. 利率が上がった / bear 2 percent ～ 2%の利子を生む / charge ～ at 10 percent every ten days 10日で10%の利子をとる / a high [low] rate of ～ ＝a high [low] ～ **rate** 高[低]金利 / ～ *on* a loan ローンの利息
❺ U/C 《通例 ～s》 **利益**, ため ‖ The reform bill is in the national [**public**] ～. その改革法案は国益[公益]にかなっている / The merger is contrary to our company's ～*s*. この合併は我が社の利益に反する[我が社には不利だ] /「look after [OR protect] one's ～*s* 自分の利益を求める[守る] / She has your best ～*s* at heart. 彼女は君のためを心から思っていますよ
❻ U C 〈…の〉**利害関係**, 関係, 関与, 利権, 権利, 権益 ; (所有の)株式 〈**in**〉 ‖ have an ～ *in* the profits もうけにあずかる / declare an ～ *in* ... …に利害関係のあることを申し立てる ; …の関与を認める / a legal ～ *in* the property 財産の法的所有権 / Japanese ～*s* overseas 海外における(投資資本などの)日本の権益 / have [sell] a controlling ～ *in* a company 会社を運営できる(比率の)株を所有する[売る] / He has a 25 percent ～ *in* the business. 彼はその事業に25%出資している ❼ C 《通例 ～s》《集合的に》利害関係者, 同業者 ; 同士 ‖ the banking ～ 銀行業界 / the landed ～ 地主側 / shipping ～*s* 海運業者 ❽ U 重要性 ‖ a matter of great ～ 非常に重要なこと ❾ U 勢力, 支配力, 影響力

•in a person's (*òwn* [OR *bèst*]) *ínterest*(*s*) (人にとって)有利な[に] (→ CE 2) ‖ It is *in* your *own* ～*s* to be honest. 誠実であることが君自身のためになる

•in the ínterest(*s*) *of ...* …の利益のために ‖ *In the* ～ *of* safety, please refrain from smoking. 安全のためおたばこはご遠慮ください / *in the* ～ *of* justice 正義のために

with ínterest ① 興味を持って (→ 名 ❶) ② 利息をつけて ; おまけをつけて ‖ I'll pay him back *with* ～. 彼におまけをつけて仕返しをしてやるぞ

COMMUNICATIVE EXPRESSIONS

1 **Do you shàre my ínterest in** this prójeet (**àt áll**)? あなたも私と同様(少しでも)この企画に興味をお持ちですか (♥ 興味を確認する形式ばった表現. ↘Do you also find this project interesting?)

2 But **súrely it's in our òwn ínterests to** gèt the consùmer's suppórt. ですが確かに消費者の支持があることが我々にとっても有益ですよね ; ぜひ消費者の支持を得ましょうよ (♥ 相手を説得するための形式ばった表現. ↘I really think we'd do well to get ....)

— 動 (**～s** /-s/ ; **～·ed** /-ɪd/ ; **～·ing**) 他 ❶〔人に〕〈…への〉**興味を起こさせる**, 関心を持たせる (↔ bore) 〈**in**〉 (♦ 進行形はまれ. 受身形で形容詞的になる用法については ⇨ INTERESTED) ‖ The history of music ～*s* me a lot. 私は音楽の歴史に大変興味がある (＝I'm very much interested in the history of music.) / It ～*s* the detective that he threw away a pair of almost-new shoes. 刑事は彼がほぼ新品の靴を捨てたことに興味を示している / It may ～ you to know that the woman you have been criticizing is my wife. 驚くかもしれないが, 君がずっと非難し続けている女性は私の妻だ / He began to ～ himself *in* voluntary service. 彼はボランティア活動に興味を持ち始めた
❷〔人〕に〈…を〉手に入れたい[したい]気を起こさせる 〈**in**〉 (→ CE 3, 4) ‖ Could I ～ you *in* a movie? よろしかったら映画に行きませんか

COMMUNICATIVE EXPRESSIONS

3 **Can I ínterest you in** our nèw clòthes lìne for áutumn, **mádam?** 奥様, 秋物のドレスはいかがでしょうか (♥ 店員が客に丁寧に勧める形式ばった表現)

4 **Is thère ànything élse I can ìnterest you ín?** ほかに何かございますか (♥ 店員などが客に尋ねる)

▶▶ **～ gròup** 名 C 《単数・複数扱い》利益集団

in·ter·est·ed /íntərəstɪd/

— 形 (**more ～ ; most ～**)
❶ (人が)**興味を持った**, 関心[好奇心]のある, 興味深げな (↔ uninterested) 〈**in** …に / **to** *do* …することに / **that** 節 …ということに〉 (♦「(人に)興味を起こさせる」の意味では interesting を用いる) ‖ I'm very [**particularly**] ～ *in* this job. 私はこの仕事にとても[特に]興味がある / You are ～ *to* see my boyfriend, aren't you? 私のボーイフレンドが見たいんでしょう / The police were ～ *that* he didn't go to the office that day. 警察は彼がその日出社しなかったことに関心を持った / I proposed going to the auto show, but they weren't ～. 自動車ショーに行こうと話を持ち出したが彼らは関心を示さなかった / an ～ look 興味深げな顔つき
❷ 〈…に〉利害関係のある, 関与した (↔ disinterested) 〈**in**〉 ‖ He is ～ *in* the transaction. 彼はその取り引きに関与している / an ～ **party** 《法》利害関係のある人たち

(の集まり), 利益団体 ❸《限定》打算的な, 私心のある, 利害に左右された ‖ ～ marriage 欲得ずくの結婚 / from ～ motives 不純な動機で

COMMUNICATIVE EXPRESSIONS

1 **I mùst** be pàid móre than thàt, **or I'm nòt ínterested.** これより報酬が多くなければやる気はありません(♥ 条件を示し, それが駄目なら断るような状況で)

2 **I'd be ràther [vèry, mòst] ínterested to knòw** how he mànages to tàke cáre of sò màny thíngs. 彼が一体どうやってこんなに多くのことをやってのけられるのかちょっと[とても]知りたいものです(♥ 情報を引き出すための形式ばった表現. ↘I wonder how he ....)

3 **I'm ínterested in what you sáid about** the compúter prògram. コンピュータープログラムについてあなたがおっしゃったことに興味を持ちました(♥ 相手の発言の一部を取り上げて質問やコメントをする際の前置き)

4 **I'm nòt ínterested.** 興味がありません; 気が進みません(♥ 誘いを断るときなど, 消極的な態度を見せる際の表現)

5 **Would you be ìnterested in** jòining the stáff? どうですか, スタッフに加わりませんか(♥ 誘いの表現)

～·ly 副 関心を持って, 興味深げに

ínterest-frèe 副 形 利息なしで(の), 無利子で(の)

in·ter·est·ing /ínṭərəstɪŋ/《アクセント注意》

―形 (more ～; most ～)

興味深い(⇨ 類語P) **a** 〈…にとって〉興味を起こさせる, 興味深い, 面白い(↔ uninteresting)〈**to, for**〉(♦「(人が)興味を持っている」の意の interested と区別) ‖ His speech was very [OR quite] ～ *to* us all. 彼の演説は私たちみんなにとってとても興味あるものだった / "Mr. Smith, how did you find my essay?" "It's ～." 「スミス先生, 私のレポートどうでしたか」「興味深いね」(♥ 強調の副詞を伴わず単独で用いられる場合や肯定的なコメントが続かない場合は婉曲的に「あまりよくはない」というニュアンスになることがある) / a **particularly** ～ article 特に興味深い記事 / I found his previous novel more ～ than this one. 彼の前作の方がこれよりは面白いと思った / an ～ book [fellow] 面白い本[男]

b 《*A* is ～ (for *B*) to *do*/It is ～ (for *B*) to *do A* で》*A*は(*B*にとって)…するのが面白い[興味深い] ‖ Insects are ～ *to* study. = It is ～ *to* study insects. 昆虫の研究は面白い

c 《It is ～ (to *A*) that ... で》…というのは(*A*にとって)面白い ‖ It is ～ *that* no one noticed him sneak out of the dormitory. おかしなことに彼が寄宿舎を抜け出すのをだれも気づいていなかった / I find it ～ *that* the criminal returned to the scene of the crime. 犯人が犯行現場に戻ったというのは興味深い

COMMUNICATIVE EXPRESSIONS

1 Her léctures **àren't àll thàt ínteresting (as fàr as Í'm concèrned).** (私に言わせれば) 彼女の講義はそんなに興味深いものではありません(♥ 興味・関心がないことを示す. =I find her lectures rather uninteresting(, I'm afraid). / =I don't find her lectures very [OR particularly] interesting. /↘Her lectures aren't for me.)

2 **Hòw ínteresting!** へえ; それはそれは(♥ 相づち. 興味を示す場合と反語的な意味の場合がある. =Really? /↘Tell me more. /↗Indeed?)

3 **I dón't find** thàt **vèry ínteresting(, àctually).** それには(実のところ)あまり興味がありません(♥ 興味・関心がないことを示す. =Actually, I don't have much interest in that. /↗(I must admit) I don't take any great interest in that.)

4 **(It's) ínteresting you should sáy sò, because** I was thìnking the sàme thíng. そのようにおっしゃるのは興味深いですね, 私も同じことを考えていたものですから(♥ 相手の発言の一部を取り上げてコメントする)

面白い	関心・興味をそそって	interesting
	人を楽しませて	amusing
		entertaining
	こっけいで	funny

***ín·ter·est·ing·ly** /-li/ 副 ❶興味を起こさせるように, 面白く ❷《文修飾》面白いことに ‖ *Interestingly* (enough), the results are not in accord with his calculations. 面白いことに結果は彼の計算と食い違っている

***ínter·fàce** 名 C ❶〈2つの領域などの間の〉共有領域, 接点〈**between**〉〖主に理〗(2つの物体などの)界面 ‖ an oil-water ～ 水と油の界面 ❷ 💻インターフェース《ユーザーとコンピューター画面など, 2つの異なる構成要素間での情報伝達の境界となる装置・仕組みなど》

―動 自 〈…と〉結びつく; 〈人・組織などと〉交流する; 💻接続する〈**with**〉 ―他 …を〈…に〉結びつける; 💻〈…に〉インターフェースで接続する〈**with**〉 **ìnter·fácial** 形

ínter·fàcing 名 U ❶芯地(しんじ)《襟などの》 ❷連絡すること, 通じ合うこと

ìnter·fáith 形 《限定》宗派の異なる信者間の

***in·ter·fere** /ìnṭərfíər/《発音・アクセント注意》動 〔▶ interference 名〕 自 ❶ (人が)〈…に〉干渉する, 余計な口出しをする, 介入する〈**in, between, with**〉 ‖ Don't ～ *in* our affairs. 私たちの問題に干渉しないで / You'd better not ～ *between* [OR *with*] a husband and wife. 夫婦のことに口出ししない方がいいよ ❷〈…を〉阻む, 妨げる, 邪魔する; (利害などが)〈…と〉衝突する, 対立する〈**with**〉 ‖ I'll come if nothing ～*s*. 何の支障もなければ伺います / Don't ～ *with* my work. 私の仕事の邪魔をしないで / The two partners' interests ～*d*. 2人の仲間の利害が衝突した ❸ (無断で)〈…に〉手をつける; 〈…を〉いじくる, 損なう〈**with**〉 ‖ The telephone has been ～*d with*. 電話には細工をされた跡がある ❹〖理〗(光・電波などが)〈…に〉干渉を起こす; (テレビ・ラジオが)〈…と〉混信する〈**with**〉 ‖ Laptops and computer games can ～ *with* airline communications. ラップトップコンピューターや電子ゲームは航空機の通信を妨害する恐れがある ❺《英》(子供に)(性的な)いたずらをする, 暴行する〈**with**〉 ❻ (馬が) (運動中に) ひづめをほかの脚にぶつける ❼〖スポーツ〗〈…に対して〉インターフェア[不法な妨害]をする〈**with**〉

***in·ter·fer·ence** /ìnṭərfíərəns/ 名 〔◁ interfere 動〕 U C ❶〈…への〉干渉, 口出し; 妨害, 邪魔; 衝突〈**in, with**〉 ‖ The organization even causes ～ *in* other countries' internal affairs. その組織は他国の内政にまで干渉する / an uncalled-for ～ *with* personal liberty 個人の自由に対する余計な干渉 ❷〖理〗(光・電波・音波などの)干渉, 妨害; (テレビ・ラジオ・電話などの)混信, 雑音; (映像の) 乱れ ‖ The storm caused television ～. 暴風雨でテレビに混信が起きた ❸〖スポーツ〗インターフェア, 不法な妨害

rùn interférence 《米》 ①〖アメフト〗(ボール保持者について走り)相手をブロックする(→❸) ②《口》〈…の代わりに〉問題をうまく処理する〈**for**〉

ìn·ter·fér·ing /-ɪŋ/ ◁ 形 《通例限定》干渉する, おせっかいな **-ly** 副

ìnter·fe·róm·e·ter /-fərá(ː)məṭər | -fərɔ́mɪ-/ 名 C 〖光〗干渉計

ìn·ter·fer·on /ìnṭərfíərɑ(ː)n | -ɔn/ 名 U 〖生化〗インターフェロン《細胞内のウイルス増殖抑制物質》

ìnter·galáctic ◁ 形 《限定》〖天〗銀河間の

ìnter·generátional 形 世代間の

ìnter·glácial ◁ 形 〖地〗間氷期の

ìnter·gòvernméntal 形 政府間の ‖ the Intergovernmental Panel on Climate Change 気候変動に関する政府間パネル **～·ly** 副

***in·ter·im** /ínṭərɪm/ 形 《限定》 ❶一時の, 仮の, 暫定的

な，中間の ‖ an ～ report 中間報告 / an ～ government 暫定政府 / an ～ agreement 仮協定 / an ～ job 一時的な仕事 ❷〘金融〙中間の ‖ an ～ dividend 中間配当 ―名 ❶《the ～》合間，しばらくの間 ‖ in the ～ その間に，当面は，それまで(の間)は ❷Ⓒ《-s》《主に英》中間配当[利益]

*in·te·ri·or /ɪntíəriər/ 形《限定》❶内部の，内側の，中にある，室内の(↔ exterior) ‖ The ～ walls are of natural materials free from harmful chemicals. 内壁は有害な化学物質を含まない自然素材でできている / the ～ rooms 奥の部屋 ❷内地の，奥地の ‖ the ～ regions of Australia オーストラリアの内陸地方 ❸国内の；内政[内務]の(domestic)(↔ foreign) ‖ ～ trade 国内貿易 / the ～ minister 内務大臣 ❹内的な，内心の；隠された；精神的な，霊的な ‖ an ～ description 内面描写 / the ～ life of human beings 人間の内的生活 ❺室内で描いた[撮影した] ‖ an ～ shot 室内写真 ―名 ❶Ⓒ《通例単数形で》内部，内側(inside)；室内，屋内；〘建〙インテリア(↔ exterior) ‖ The ～ of her house is a blend of Southeast Asian styles. 彼女の家の内部は東南アジア調でまとめている / a car with a brown leather ～ 茶色い革で内装された車 ❷《the ～》内陸(部)，奥地 ‖ the African ～ アフリカ大陸奥地 ❸《the ～》内政，内務；《the I-》内務省 ‖ the U. S. Department [Secretary] of the *Interior* 米国内務省[内務省長官] / the Minister of the *Interior* (フランス・イタリアなどの)内務大臣 ❹《the ～》内心，本性 ❺Ⓒ室内を描いた絵 **～·ly** 副
▸▸ ～ **ángle** 名Ⓒ〘数〙内角 ～ **decorátion** [**desígn**] 名Ⓤ室内装飾 ～ **décorator** [**desígner**] 名Ⓒ室内装飾家 ～ **mónologue** 名Ⓒ内面独白《文学において人物の心の内を表す描写》

intérior-sprùng 形《英》=innerspring

interj. 略 interjection

*__in·ter·ject__ /ìnṭərdʒékt/ 動 他〔言葉〕を不意に差し挟む(↷ put in) ‖ ～ a question 不意に質問を差し挟む ―自(会話の中などに)割って入る(↷ chip in)

in·ter·jec·tion /ìnṭərdʒékʃən/ 名 ❶Ⓒ不意に差し挟まれた言葉[叫び]；〘文法〙間投詞，感嘆詞 ❷Ⓤ(言葉を)不意に差し挟むこと **～·al** 形

inter·láce 動 他 ❶…を〈…と〉織り交ぜる；…を〈…と〉(細かく)組み[絡み]合わせる，交錯させる〈**with**〉❷…を〈…と〉混ぜ合わせる〈**with**〉―自絡み合う，交錯する **-láced** 形 💻インターレース方式の **～·ment** 名

ínter·lànguage 名ⓊⒸ〘言〙中間言語《第2言語習得の過程で生じる，母語と第2言語双方の性質を持つ言語》

ínter·lèaf 名《複》**-leaves** /-lì:vz/ Ⓒ(本の間の)差し込み紙，とじ込み紙《ふつうメモ用の白紙》

inter·léave 動 他 ❶〔本など〕の間に差し込み紙をとじ込む；…の間に〈…を〉差し挟む〈**with**〉❷💻〔メモリーや処理能力〕を各タスクで交互に利用する，インターリーブする

in·ter·leu·kin /ìnṭərljú:kɪn/ 名Ⓤ〘生化〙インターロイキン《感作リンパ球が抗原と結合して分泌する特殊タンパク質の1つ. 1, 2, 3など10数種が知られている》

inter·líbrary 形《限定》図書館相互の ‖ ～ loan 図書館相互貸借(制度)

inter·líne 動 他〔文書など〕の行間に字句を書き入れる[印刷する]；〔字句〕を行間に書き入れる

inter·línear ⟨シ⟩ 形 ❶行間に書き込んだ[印刷した] ‖ ～ notes 行間に書き込んだ注 ❷(聖書などで)(同じ本文を)2か国語で1行ずつ並べて印刷した

inter·língual 形〘言〙❶2言語間の，2言語に関する ❷中間言語の，中間言語に関する

inter·líning 名Ⓤ(衣服の)芯(しん)；詰め物

inter·línk 動 他…を〈…と〉つなぎ合わせる，連結する〈**with**〉

in·ter·lóck (→名) 動 他…を〈…と〉組み合わせる，かみ合わせる〈**with**〉；〔信号機など〕を連動させる；💻…を(インターロックによって)連動させる ―自組み合わさる；連動する ―名 /ˊーˋー/ ❶Ⓒ連動装置 ❷ⓊⒸ💻連動(装置)，インターロック《ハードウェア・ソフトウェアの干渉を避けるためにタイミングを制御すること》❸Ⓤ(下着などの)編み地の布

inter·locútion 名Ⓤ《堅》会話，対話，対談，問答

inter·lóc·u·tor /-lá(:)kjuṭər | -lɔ́k-/ 名Ⓒ ❶《堅》対談者 ❷寄席演芸(minstrel show)の司会者

inter·lóc·u·to·ry /-lá(:)kjutɔ̀:ri | -lɔ́kjutə-/ 形〘法〙(判決などが)中間の，暫定的な

in·ter·lope /ìnṭərlóup/ 動 自 ❶干渉する，出しゃばる ❷侵入する，他人の(商売の)権利を侵す **-lóp·er** 名Ⓒ口出しする人，出しゃばりな人；侵入者；もぐり(業者)

*__in·ter·lude__ /ínṭərlù:d/ 名Ⓒ ❶(2つの時期・出来事などの)合間；合間の出来事，エピソード ‖ a brief ～ of peace 戦争の間のつかの間の平和 / a romantic ～ ロマンチックな(出会い[関係]の)ひととき ❷幕間(まくあい)；幕間の演芸[余興] ‖ a musical ～ 幕間演奏 ❸〘楽〙間奏曲 ❹(Tudor王朝時代の)笑劇，喜劇

inter·lúnar 形〘天〙(旧月と新月の間の)月の見えない期間の，無月期間の

inter·márriage 名Ⓤ ❶族外婚《異なる階級・種族・民族・宗教間の結婚》❷近親[血族]結婚

inter·márry 動 (**-marries** /-z/；**-married** /-d/；**～·ing**) 自 ❶(異なる部族・家族・国家などが)婚姻によって結ばれる，姻戚(いんせき)関係になる ❷近親結婚をする

in·ter·me·di·ar·y /ìnṭərmí:dièri | -əri/ ⟨シ⟩ 形 ❶仲介の，仲を取り持つ ❷中間の ―名 (複 **-ar·ies** /-z/) Ⓒ ❶仲介者(go-between) ‖ act as an ～ in ... …において仲介役を務める ❷媒介(物)

*__in·ter·me·di·ate__ /ìnṭərmí:diət/ 《発音注意》⟨シ⟩(→動) 形 ❶(程度が)中級の ‖ an ～ English course 英語の中級コース《elementary と advanced の中間》/ ～ skiers 中級のスキーヤー ❷《通例限定》(場所・時間などについて)〈…の〉中間の，中間にある，中間に生じる〈**between**〉‖ an ～ examination 《英》(オックスフォード大学・ケンブリッジ大学以外の)入学後1年以内に行われる試験 / Gray is ～ *between* black and white. 灰色は黒と白の中間の色だ ❸(ミサイルの射程が)中距離の ‖ an ～ range ballistic missile 中距離弾道弾(略 IRBM) ―名Ⓒ ❶中間にあるもの ❷仲介[仲裁]者 ❸中級(学習)者 ❹《米》中型自動車 ❺〘化〙中間生成物 ―動 自 /ìnṭərmí:dièɪt/〈…の〉仲介[仲裁]をする〈**between**〉 **～·ly** 副 **～·ness** 名 **in·ter·mè·di·á·tion** 名Ⓤ介在；仲介，仲裁 **-à·tor** 名Ⓒ仲介[仲裁]者
語源 *inter-* between+mediate(調停する)
▸▸ ～ **schòol** 名Ⓒ《米》① 高等小学校《4-6年生からなる》② =junior high school ～ **technólogy** 名Ⓤ中間技術《環境に優しく資源の保護にも役立つ単純な科学技術》

in·ter·ment /ɪntə́:rmənt/ 名ⓊⒸ埋葬

inter·mésh 動 自(2つのもの・部分が)かみ合う

in·ter·mez·zo /ìnṭərmétsou, +英 -médzou/ 名 (複 **～s** /-z/ or **-mez·zi** /-métsi, -dzi/) Ⓒ ❶(劇・オペラの)幕間(まくあい)の余興 ❷〘楽〙間奏(曲)

in·ter·mi·na·ble /ɪntə́:rmɪnəbl/ 形 終わることのない，果てしない；(うんざりするほど)延々と続く **-bly** 副

inter·míngle 動 自〈…と〉混ざる；(人が)〈…と〉(打ち解けて)交わり合う〈**with**〉―他…を〈…と〉混ぜる〈**with**〉

inter·míssion 名ⒸⓊ ❶中断，休止 ❷《米》幕間(の休憩時間)(《英》interval)；幕間の音楽

in·ter·mit·tent /ìnṭərmítənt/ ⟨シ⟩ 形 断続する，間欠的な ‖ an ～ fever (マラリアなどの)間欠熱 **～·ly** 副

inter·míx 動 =intermingle

inter·míxture 名 ❶Ⓤ混合 ❷Ⓒ混合物；混ぜ物

*__in·tern__[1], __in·terne__ /íntə:rn/ 《アクセント注意》名Ⓒ《主に米》❶インターン，(病院住み込みの)研修医(《英》houseman)；(一般に)研修生 ‖ a research ～ 研究実習生 ❷教育実習生(student teacher)；(ジャーナリスト

I

などの)見習い ―動自《主に米》インターンとして働く
~·ship 名UC インターンの身分；実習訓練(期間)
in·tern² /ɪntə́ːrn/ 動他 (戦時中に)〔捕虜・敵国人〕を抑留する, 収容する；〔危険人物など〕を拘禁する
in·ter·nal /ɪntə́ːrnəl/ 《アクセント注意》
―形《比較なし》❶《限定》**内(側)の, 内部の[にある]** (↔ external)；体内の；(薬が)内(服)用の ‖ ~ structures 内部構造 / ~ warfare 内部抗争 / the ~ ear 内耳 / ~ bleeding 内出血 / ~ injuries 内傷 / ~ organs 内臓 / medicines for ~ use 内服薬
❷《限定》**国内の**, 内国の；内政[内務]の(domestic)(↔ foreign) ‖ ~ trade 国内貿易 / the ~ economy 国内経済 / ~ affairs 国内事情, 内政 / keep ~ order 国内の秩序を保つ
❸〈…に〉内在する, 本質的な, 固有の〈**to**〉‖ ~ character 本質的性格 / ~ evidence 内的証拠《文学作品などに内在し, その起源などをめぐる説を支える証拠. つづり字・文体など》/ ~ *to* human nature 人間の本性に固有の
❹内面的な, 精神的な, 主観的な ‖ an ~ conflict 内面の葛藤(かっとう) ❺《英》(学生が)学内の《講義も試験も共にその学校で受ける》
―名 (複 **~s** /-z/) ❶C《~s》内臓, はらわた ❷U(人・事物の)本質, 内面的特質
in·ter·nál·i·ty 名
▶▶**~ áudit** 名C〚会計〛内部監査 **~ énergy** 名U〚理〛内部エネルギー《記号 U》 **~ médicine** 名U 内科(学)(↔ surgery) **Intèrnal Révenue Sèrvice** 名《the ~》《米》国税庁《財務省の一部署》
intèrnal-combústion ègine 名C 内燃機関
in·ter·nal·ize /ɪntə́ːrnəlàɪz/ 動他 ❶〚心〛…を内面化する, …を自分の考え方に取り入れる ❷〚経〛〔リサイクル費用など〕を価格に組み込む
in·tèr·nal·i·zá·tion 名U 内面化；〚経〛のみ行為
in·ter·nal·ly /ɪntə́ːrnəli/ 副 内部で(は)；体内で；(薬を)内服用に；国内で, 内政面で；内面的に(は)

in·ter·na·tion·al /ìnṭərnǽʃənəl/ 〈シ〉 形名

―形 (**more ~**；**most ~**)《通例限定》
(諸)**国家間の, 国際的な**, 国際上の；世界的な；諸国民の(ための) ‖ The ~ conference was besieged by anti-globalist groups. その国際会議は反グローバル主義者のグループに取り囲まれた / ~ affairs 国際問題 / ~ politics 国際政治 / ~ cooperation 国際協力 / an ~ agreement 国際協定 / ~ trade 国際貿易 / an ~ monetary crisis 国際通貨危機 / an ~ terrorist 国際(的な)テロリスト / with an ~ perspective 国際的視野に立って / That hospital enjoys an ~ reputation as a mecca for cancer treatment. その病院は癌(がん)治療のメッカとして国際的名声を博している / She became an ~ star. 彼女は世界的なスターになった / The world-scale concert was a realization of rock as ~ music. その世界的規模のコンサートはロックが国際的な音楽であることを実際に証明してみせた
―名 (複 **~s** /-z/) ❶《the I-》インターナショナル《19世紀後半-20世紀前半に結成された the First [Second, Third, Fourth] *International* などの社会・共産主義(労働)者の国際組織》；インターナショナルの一員
❷C 国際競技[試合]；国際競技[試合]参加者 ‖ the Japan-France football ~ 日仏サッカー国際試合
❸C 2つ(以上)の国に関係する組織[企業, 団体]
in·ter·nà·tion·ál·i·ty 名 **~·ly** 副
語源 *inter-* between＋nation(国)＋*-al*(形容詞語尾)：国と国との間の
▶▶**Internàtional Còurt of Jústice** 名《the ~》国際司法裁判所《本部ハーグ. 略 ICJ》 **Internàtional Dáte Lìne** 名《the ~》国際日付変更線 **~ láw** 名U 国際法 **Internàtional Mónetary Fùnd** 名《the ~》国際通貨基金《本部ワシントンD.C.. 略 IMF》 **Internàtional Phonètic Álphabet** 名《the ~》国際音標文字, 国際音声記号《略 IPA》 **~ relátions** 名複 国際関係論 **Internàtional Spáce Stàtion** 名《the ~》国際宇宙ステーション《略 ISS》
In·ter·na·tio·nale /ìnṭərnæʃənɑ́ːl/ 名《the ~》インターナショナル(の歌)《1871年にフランスで初めて歌われた革命歌》
in·ter·na·tion·al·ism /ìnṭərnǽʃənəlìzm/ 名U 国際主義, 国際協調主義；国際性
in·ter·na·tion·al·ist /ìnṭərnǽʃənəlɪst/ 名C ❶国際(協調)主義者 ❷国際法専門家 ❸《I-》国際共産主義者 ❹国際競技出場者
in·ter·na·tion·al·ize /ìnṭərnǽʃənəlàɪz/ 動他 …を国際化する；〔領土など〕を国際管理下に置く
ìn·ter·nà·tion·al·i·zá·tion 名
in·terne /íntəːrn/ 名 = intern¹
in·ter·ne·cine /ìnṭərníːsən|-saɪn/ 〈シ〉 形 ❶互いに殺し合う, 共倒れの；内部抗争の ‖ ~ warfare 共倒れの争い ❷大量殺戮(さつりく)的な, 死傷者の多い
in·tern·ee /ìntəːrníː/ 名C (戦時中の)被抑留者, 捕虜
In·ter·net /íṇṭərnèt/
―名《また i-》《通例 the ~》**インターネット**《コンピューターを用いた国際情報通信ネットワーク》(→ net¹ ❺) ‖ The ~ brings the world to your room. インターネットは部屋にいながらにして世界に接触させてくれる / She opened a virtual shop on the ~. 彼女はネット上でバーチャルショップを開店した / We had a videoconference over the ~. 私たちはネット上でテレビ会議を行った / search the ~ for information インターネットで情報を検索する / surf the ~ ネットサーフィンする
▶▶**~ bànking** 名U 💻オンラインバンキング(online banking)《銀行によるインターネット上での業務サービス》 **~ cafè** 名C インターネットカフェ **~ pròtocol** 名C 💻インターネットプロトコル《インターネットでのデータ転送に関する規定》 **~ sérvice provìder** 名C 💻インターネットサービスプロバイダー《略 ISP》
in·ter·nist /íntəːrnɪst/ 名C《主に米》内科(専門)医(↔ surgeon)
in·tern·ment /ɪntə́ːrnmənt/ 名UC 抑留(状態), 収容；抑留期間 ‖ an ~ camp 抑留キャンプ
ínter·nòde 名C〚植〛節間；〚解〛(神経の)分節部
inter·núncio 名 (複 **~s** /-z/) C ローマ教皇庁公使《nuncio の不在の場合に置く》
inter·óffice 形 各局[部]間の ‖ ~ mail 社内メール
inter·óperable 形 💻(プログラムが)相互に情報交換ができる, (ソフトやハードの)互換性のある **-operabílity** 名
inter·párty 〈シ〉 形《限定》政党間での
in·ter·pel·late /ìnṭərpéleɪt|ɪntə́ːpəlèɪt/ 動他《英》(議会で政策などについて)〔大臣〕に質問する, 説明を求める
in·ter·pel·lá·tion /英 ----/ 名UC 質問, 説明の要求 **-là·tor** 名C 質問者
inter·pénetràte 動他 …に十分に浸透する
―自 互いに浸透し合う **-pènetrátion** 名
inter·pérsonal 〈シ〉 形《限定》人と人との間の；人間[対人]関係の ‖ excellent ~ skills 人付き合いのうまさ
inter·plánetary 〈シ〉 形 惑星間の
ínter·plày 名UC 相互作用(interaction)；交錯
inter·pléader 名C〚法〛競合権利者確認手続
In·ter·pol /íṇṭərpòul|-pɔl/ 名《単数・複数扱い》国際(刑事)警察(機構), インターポール(♦*Inter*national Criminal *Pol*ice Organization の略)
in·ter·po·late /ɪntə́ːrpəlèɪt/ 動他 ❶〔写本・本など〕に(修正)語句を書き[差し]込む, 改ざんする；〔修正語句など〕を書き入れる ❷〔会話など〕に口を挟む ❸〚数〛〔級数・数列〕に中間項を挿入する, 補間する
in·tèr·po·lá·tion 名U 書き入れ, 改ざん；C 書き入れた語句；〚数〛(中間項の)補間 **-là·tor** 名C 改ざん者
inter·póse 動他 ❶〔反対意見など〕を持ち出して邪魔す

る;〔言葉など〕を差し挟む, 干渉する ❷ …を間に置く;《～oneself で》〈…の〉間に入る, 仲裁する〈**between**〉
―自 ❶ 口出しする;干渉する ❷〈…の〉間に入る, 仲裁する〈**between, in**〉‖ ～ *in* a dispute 口論を仲裁する

inter·posítion 名 ❶ U 挿入, 介在, 干渉, 妨害 ❷ C 間に置いたもの, 挿入物

:**in·ter·pret** /ɪntə́ːrprət | -prɪt/《アクセント注意》
―動〔▶ interpretation 名〕(～**s** /-s/; ～**·ed** /-ɪd/; ～**·ing**)
―他 ❶ …を**解釈する**, 説き明かす, 説明する ‖ ～ a difficult passage (in a text) (テキストの)難解な一節を解釈する / ～ a dream 夢判断をする / Please ～ your joke for me. What's funny about it? 君の冗談を説明してほしいな. どこがおかしいの
❷ 《+目+**as** 名·形 / 目+**to be** 補》…を…であると解釈する, …と受け取る ‖ Can I ～ your silence *as* a sign of approval? 君の沈黙を承諾のしるしと理解していいかな / The earth's core is ～*ed* to be liquid. 地核は液体だと考えられている
❸〔外国語での話など〕を**通訳する** ❹〔芸術作品〕を(演出·演奏を通じて)解釈する, 自己の解釈で演出[演奏]する
―自 ❶〈…のために〉通訳する, 通訳を務める〈**for**〉‖ I ～*ed for* our overseas clients. 我が社の海外からの得意客のために通訳を務めた ❷ 解釈する, 説明する
in·tèr·pret·a·bíl·i·ty 名 **～·a·ble** 形 解釈できる, 判断できる;通訳できる

:**in·ter·pre·ta·tion** /ɪntə̀ːrprɪtéɪʃən/
―名〔◁ interpret 動〕(複 ～**s** /-z/) U C ❶ **解釈**, 解明, 説明;(夢などの)判断;(言動などの)考え方 ‖ Psychologists might put a different ～ **on** that dream. 心理学者ならその夢に異なった解釈をするかもしれない / The passage is open [OR subject] to a number of ～*s*. この一節は色々に解釈できる
❷ **通訳**(◆行為を表す.「通訳者」は interpreter)
❸ (芸術作品の演出·演奏·制作に表れた)解釈;(自己の解釈·芸術的意図に基づく)演出, 演奏, 発表

COMMUNICATIVE EXPRESSIONS
1 **My interpretátion of** this crìminal càse **is that** the súspect was àcting on revénge. この犯罪事件に対する私の解釈では容疑者は復讐(ふくしゅう)のために行動したのだと考えます(♥ 自分の解釈を述べる)

～·al 形

in·ter·pre·ta·tive /ɪntə́ːrprətèɪtɪv | -prɪtə-/ 形 =interpretive

***in·ter·pret·er** /ɪntə́ːrprəṭər | -prɪtə/《アクセント注意》名 C ❶ 通訳(者) ‖ a simultaneous ～ 同時通訳者 ❷ 解釈者, 解説者;演出者, 出演者, 演奏者 ❸ 🖳 インタープリター《実行時に1行ずつ機械語に翻訳して処理を行うプログラム》 **～·shìp** 名

in·ter·pre·tive /ɪntə́ːrprəṭɪv | -prɪ-/ 形《通例限定》説明的な, 解説的な;解釈(上)の ‖ an ～ article 説明記事

inter·rácial ⟨シ⟩ 形 異人種間の

in·ter·reg·num /ìnṭərrégnəm/ 名 (複 ～**s** /-z/ OR **-na** /-nə/) C ❶ (王位などの)空位期間;政権[政治]の空白期間 ❷ 空白期, 休止期間

inter·reláte 動 他 自 (…を[が])相互に関係[関連]させる[する] **-reláted** 形 相互関係のある

inter·relátion 名 C U 〈…間の〉相互関係〈**of, between**〉 **～·shìp** 名 U 相互関係(のあること)

interrog. 略 interrogation; interrogative

***in·ter·ro·gate** /ɪntérəgèɪt/《発音注意》動 他 ❶〔人〕を尋問する, 取り調べる ‖ ～ a witness 証人を尋問する ❷ 🖳〔データベースなど〕からデータ·情報を取得する
-gà·tor 名 C 尋問者, 質問者

***in·ter·ro·ga·tion** /ɪntèrəgéɪʃən/ 名 U C 尋問, 審問, 取り調べ;《堅》質問(question) ‖ suffer rigorous ～*s* by the police 警察の厳しい尋問を受ける / a case under ～ 取り調べ中の事件 **～·al** 形

➡ **～ pòint [màrk]** 名 C =question mark

in·ter·rog·a·tive /ìnṭərá(ː)gəṭɪv | -rɔ́g-/ ⟨シ⟩ 形 ❶ 質問の, 疑問を表す;不審そうな ❷《文法》疑問の, 疑問を表す ‖ an ～ sentence 疑問文 ―名 C《文法》疑問詞
～·ly 副 いぶかしげに

in·ter·rog·a·to·ry /ìnṭərá(ː)gətɔ̀ːri | -rɔ́gətə-/ ⟨シ⟩ 形《堅》=interrogative ❶
―名 (複 **-ries** /-z/) C (公式の)質問, 尋問;《法》質問書

***in·ter·rupt** /ìnṭərʌ́pt/《発音·アクセント注意》(→ 名) 動〔▶ interruption 名〕(～**s** /-s/; ～**·ed** /-ɪd/; ～**·ing**)
他 ❶〔人(の話·行動など)〕を〈…で〉妨げる, 遮る〈**with**〉(◆(1) 直接話法にも用いる. (2) 特に口を挟んで中断させることをいう.「邪魔する」の意には disturb を用いるのがふつう) ‖ My mother-in-law always ～*s* our conversations. 義母はいつも私たちの話の腰を折る / Don't ～ me while I'm busy! 忙しいときに邪魔しないで / "Nonsense!" he ～*ed* her.「ばかばかしい」と彼は彼女を遮った(♥ やむを得ず他人の話に割り込む際には I「don't want [OR hate] to interrupt you, but before I forget, ... などの前置きがあると多少は失礼さを和らげることができる. → CE 1, 2)
❷ …を中断させる, 断つ;〔視界など〕を遮る ‖ Traffic was ～*ed* by the heavy rain. 大雨のため交通は途絶えた / A tall building ～*s* the view from our house. 高い建物が邪魔になって私たちの家からは見晴らしがきかない
―自 邪魔をする;(話などを)遮る, 口を挟む ‖ Stop ～*ing*! 邪魔をしないで

COMMUNICATIVE EXPRESSIONS
1 **Excúse me for interrúpting** (, **but** the dáta you cìted are tòo óld to suppòrt your árgument). ちょっと口を挟んでいいですか(あなたが引用したデータはあなたの議論の根拠とするには古すぎます)(♥ 話に割り込む際の前置き. =May I interrupt you for a moment? (I think the data ....)/=If I may just interrupt you, the data ....)
2 **(I'm) sòrry to interrúpt, but did I hèar you** mèntion Cárol? お話の途中ですみませんが, 今キャロルって言いましたか(♥ 相手の発言を中断させて内容を確認する表現. 人の会話に加わる前置きとしても用いる)
3 **Réally, I mùst interrúpt thère.** ちょっと待ってください(♥ 相手の発言が間違っていたり, 不当であったりしたため黙っていられず, 口を挟むような状況で用いる)

―名 /ínṭərʌ̀pt/ (複 ～**s** /-s/) C 🖳 割り込み, インターラプト **～·i·ble, -rúp·tive** 形 妨げる, 遮る

in·ter·rupt·er /ìnṭərʌ́ptər/ 名 C ❶ 妨害者, 遮る人[もの] ❷《電》断続器, 断流器

***in·ter·rup·tion** /ìnṭərʌ́pʃən/ 名〔◁ interrupt 動〕U C 妨げ(られ)ること, 妨害, 邪魔(物);中断 ‖ without ～ 間断なく / after an ～ 一時中断の後に

in·ter se /ìnṭər séɪ/ 副 形《ラテン》(=between [OR among] themselves)彼らの間だけで(の), 内々で(の)

in·ter·sect /ìnṭərsékt/ 動 他 …を横切る, …と交差する ‖ The garden is ～*ed* by a stream. その庭園は小川が横切っている ―自 (線などが)交差する, 交わる

***in·ter·sec·tion** /ìnṭərsékʃən/ 名 ❶ C (道路の)交差点(junction) ‖ a busy ～ 交通の激しい交差点 / at an ～ 交差点で ❷ C《数》交点, 交線 ❸ U 交差(すること), 横断(すること);分断 **～·al** 形

inter·sérvice 形 (陸·海·空の)軍部間の

ínter·sèx 名 C《生》間性(個体)《雌雄の中間的特徴を示す個体》

inter·séxual 形 両性間の, 異性間の;《生》間性の

in·ter·space /ínṭərspèɪs/ (→ 動) 名 U (物と物の間の)空間, 隙間(すき);(時間的な)合間
―動 /ìnṭərspéɪs/ 他 …の間に空間[合間]をおく;…の空間[合間]を埋める ‖ ～ one's visits 間をおいて訪問する

inter·specífic, -spécies 形《生》異種間の

in·ter·sperse /ìnṭərspə́ːrs/ 動 他《通例受身形で》❶ あちこちに点在する ‖ flowers ～*d* among shrubs 植え

込みのあちこちに植えられている花 ❷〈…で〉変化を与えられる〈**with**〉‖ His speech was ~*d with* touches of humor. 彼の演説にはあちこちにちょっとしたユーモアが交じっていた **-spér·sion** 名

ìnter·státe ◁シ 形《限定》(主に米国) 各州間の(→intrastate) ―名(=~ **híghway**) Ⓒ 州間幹線道路

ìnter·stéllar ◁シ 形《限定》星と星の間の, 星間の

in·ter·stice /ɪntə́ːrstɪs/ 名 Ⓒ《通例 ~s》隙間(すき); 割れ目, 裂け目

in·ter·sti·tial /ìnṭərstíʃəl/ ◁シ 形 ❶ 隙間の, 割れ目に生じる ❷〘解〙細胞組織の間にある ❸ (結晶の)格子間の

ìnter·tèxtuálity 名 Ⓤ テキスト間相互関連性

ìnter·tídal 形《限定》(干潮と満潮の間の)潮間の

ìnter·tríbal ◁シ 形《限定》(異)種族[部族]間の

ìnter·tròpical convérgence zòne 名《the ~》〘気象〙熱帯収束帯《両半球の貿易風が衝突する赤道近くの地帯. 略 ITCZ》

ìnter·twíne /-twáɪn/ 動 他…を〈…と〉絡み合わせる, より合わせる〈**with**〉; …を織り込む ‖ with their arms ~*d* 彼らは腕を絡み合わせて ―自 絡む, もつれ合う

ìnter·úrban ◁シ 形《限定》都市間の[を結ぶ]

***in·ter·val** /ínṭərvəl/《アクセント注意》名 Ⓒ ❶〈…の(間の)〉(時間の)間隔, 隔たり, 合間; (空間の)間隔, 距離〈**between**〉‖ A bus shuttles between the hotel and the airport at regular ~*s*. バスがホテルと空港間を一定の間隔で往復している / The ~ *between* the successive full moons is about 30 days. 満月から次の満月までの間隔はおよそ30日である / fall asleep in the ~ その合間に寝入る / at daily [weekly] ~*s* 毎日[週] / sunny [OR bright] ~*s* 晴れ間 / Guards were posted at ~*s* of ten meters. 警備員が10メートル間隔で配置された ❷《英》幕間(まくあい) (の休憩時間) (《米》intermission) ❸ (スポーツの試合などでの) 小休止, 休憩; 休止期間 ❹〘楽〙音程 ❺〘数〙区間, インターバル

****at intervals*** ① 時折, 折に触れて ② あちらこちらに, ここかしこに

▸▸ **~ tràining** 名 Ⓤ インターバル=トレーニング《全力疾走とジョギングを組み合わせた練習方法》

***in·ter·vene** /ìnṭərvíːn/《アクセント注意》動〔▶ intervention 名〕自 ❶ (事態収拾などのために)〈…に〉介入する, 干渉する, 口を出す(↘ step in)〈**in**〉; 〈…間の〉仲裁に入る〈**between**〉; 言葉などを不意に差し挟む(♦ 直接話法にも用いる) ‖ ~ *in* exchange markets 為替市場に介入する / ~ *between* Bill and Bob ビルとボブの仲裁に入る / "But," he ~*d*, "how the devil are you going to get it?" 「しかし」と彼は口を挟んだ,「一体どうやってそれを手に入れようというんだね」❷ 〈2つのもの・出来事などの間に〉入る, 起こる, 介在する〈**between**〉; (事件などが) (間に起こって) 支障をもたらす, (不都合などが) (その間に) 起こる ‖ Fifteen minutes ~*d between* the two events. その2つの事件の間には15分あった / My memories were distorted by twenty-five *intervening* years. 25年もの歳月を経て私の記憶もゆがめられた / if nothing ~*s* その間に何事も(不都合が)なければ ❸〘法〙(自分の利益のために第三者として)訴訟に参加する

-vén·er, -vé·nor 名 **-vén·ient** 形

***in·ter·ven·tion** /ìnṭərvénʃən/ 名〔◁ intervene 動〕Ⓤ Ⓒ ❶ (国家・政府などの)〈…への〉介入, 干渉〈**in**〉; 仲裁, 調停 ‖ military ~ *in* politics 政治への軍の介入 / government ~ *in* markets 市場への政府の介入 ❷ 治療 ‖ medical [nursing] ~ 内科[看護]治療 ❸ 介在, 間に入ること ‖ divine ~ 神の介在 **~·al** 形 **~·ism** 名 Ⓤ 干渉主義 **~·ist** 名 Ⓒ 形 干渉主義者(の)

ìnter·vértebral 形〘解〙脊椎(せきつい)間の ‖ an ~ disk [OR disc] 椎間板(ついかんばん)

*****in·ter·view** /ínṭərvjùː/《アクセント注意》名 動

―名(複 **~s** /-z/) ❶ Ⓒ (新聞・雑誌記者などの)〈…との〉**インタビュー**, 記者会見〈**with**〉; 取材訪問 ‖ The ~ survives on tape. そのインタビューの内容はテープに残っている / The Prime Minister **gave** an ~ to Japanese reporters. 首相は日本の報道陣と記者会見した / an exclusive ~ 独占インタビュー

❷ Ⓒ Ⓤ〈就職などの〉**面談**, 面接(試験)〈**for**〉; 〈…との〉**会見**, 対談〈**with**〉; (警察の)尋問, 取り調べ ‖ have an ~ *for* a job=have a job ~ 就職の面接を受ける / **conduct** a group ~ グループ面接を行う / be called for an ~ 会見を求められる / a police ~ 警察の取り調べ

―動 (**~s** /-z/; **~ed** /-d/; **~·ing**)

―他〔人〕にインタビューする;〔人〕と面談[面接]する〈**about** …について; **for** 就職などの〉; (警察が)…を尋問する, 取り調べる ‖ The director was ~*ed about* his next movie. 監督は次の映画のことでインタビューを受けた

―自 会見[面談]する; (就職などのための) 面談を受ける〈**for** 仕事の; **with, at** 会社などの〉

~·ing 名

in·ter·view·ee /ìnṭərvjuíː/《アクセント注意》名 Ⓒ インタビューされる人, 被面接者, 被会見者

in·ter·view·er /ínṭərvjùːər/ 名 Ⓒ インタビューアー, 訪問記者, 面接者, 聞き手

in·ter vi·vos /ìnṭər víːvous/ 副 形《ラテン》(=among the living)〘法〙(贈与について)生存者間で[の]

ìnter·vocálic ◁シ 形〘音声〙(子音が)母音間にある

ìnter·wár 形《限定》(第1次・第2次)両大戦間の

ìnter·wéave /-wíːv/ 動 (**-wove** /-wóuv/; **-wo·ven** /-wóuvən/; **-weav·ing**) 他 ❶《通例受身形で》〈…と〉密接に関係する〈**with**〉‖ The problems are closely *interwoven*. それらの問題は密接に関係している ❷《通例受身形で》〈…が〉織り込まれている〈**with**〉❸ …を〈…に〉織り混ぜる, 織り込む〈**with**〉‖ ~ fiction *with* historical events フィクションと歴史的事実を織り混ぜる

―自 混ざり合う

in·tes·tate /ɪntésteɪt/ 形 ❶《叙述》遺言を残さない ‖ die ~ 遺言を残さずに死ぬ ❷《限定》遺言によって処分されない ‖ ~ property 遺言によって処分されない財産

―名 Ⓒ 遺言を残さずに死んだ人

-ta·cy /-təsi/ 名 Ⓤ 遺言を残さないこと[残さずに死ぬこと]

in·tes·tin·al /ɪntéstɪnəl/ 形《通例限定》腸(内)の; 腸に作用する ‖ ~ surgery 腸の手術 / ~ parasites 腸内寄生虫

***in·tes·tine** /ɪntéstɪn/ 名 Ⓒ《通例 ~s》〘解〙腸 ‖ the large [small] ~ 大[小]腸

ín-thìng 名《次の成句で》

be the in-thing《口》(現在)大流行している

in·ti·fa·da, -dah /ìntɪfáːdə/ 名《the ~》(パレスチナ人による)反イスラエル抗争《1987年以降続く》

***in·ti·ma·cy** /ínṭəməsi | -tɪ-/ 名(複 **-cies** /-z/) ❶ Ⓤ 親しさ, 親密さ〈**with** …との; **between** …の間の〉; Ⓒ《通例 -cies》親密さを表す言動, 愛情行為《抱擁やキスなど》‖ ~ *between* sisters 姉妹の仲のよさ / I am on terms of ~ *with* her. 彼女とは親しい関係だ(♥ ❷ の意味と誤解されることがあるので注意が必要) ❷ Ⓤ《婉曲的》ねんごろな間柄, 不倫の仲〈**with** …との; **between** …の間の〉; Ⓒ《通例 -cies》《婉曲的》(不倫の) 性行為 ‖ have sexual *intimacies with* … …と性的関係を持つ ❸ Ⓤ Ⓒ 落ち着ける雰囲気, 居心地のよさ; 秘密, 私生活, プライバシー ‖ the warm ~ of the restaurant そのレストランの居心地のよさ ❹ Ⓒ《通例 an ~》〈学問などの〉詳細な知識, 深い理解〈**with**〉‖ an ~ *with* Japan 日本通

***in·ti·mate**[1] /ínṭəmət | -tɪ-/《発音注意》形 (**more ~**; **most ~**) ❶ (人が) 親しい, 親密な, 懇意な(↔ distant) (♥ しばしば性的関係を連想させる. それを避けるには close や good を用いる); 《婉曲的》〈…と〉肉体関係がある, ねんごろな〈**with**〉(⇨ FAMILIAR 類語) ‖ I am on ~ terms with her. 彼女とは親しい関係だ / ~ friends [friendship] 親友[親交] / transmit the virus through ~

contact 性的接触によってウイルスを感染させる
❷ (相互のつながりが) 密接な ‖ an ～ connection between the two countries 両国間の密接な関係
❸ (場所・状況などが)くつろげる, こぢんまりと心地よい, 気の許せる ‖ an ～ nightclub 居心地のよい[ムード満点の]ナイトクラブ ❹《限定》(知識などが)精通した, 詳細な, 深い ‖ have an ～ knowledge of flowers 草花に精通している ❺ 個人的な, 私的な, 私事の, 内密の(↔ public);心の奥底からの ‖ her ～ feelings 彼女の私的感情 / ～ prayers 心底からの祈り ❻ 本質的な, 基本的な ‖ the ～ structure of the atom 原子の基本構造
── 名《通例 one's ～》親しい仲間, 親友;腹心の友(confidant) (↔ stranger) (♥ しばしば性的関係を意味するので現在ではあまり用いられない)

*in·ti·mate² /íntəmèɪt | -tɪ-/ 《発音注意》 動 他 ❶ a 《+目》…を〈人に〉ほのめかす〈to〉 ‖ I ～d my ambition *to* my boss. 自分の抱いている夢をそれとなく上司に伝えた b 《(+to 名) +(that) 節》(人に)…ということを遠回しに知らせる ‖ Lisa ～d (*to* me) *that* she was in financial difficulties. リサは(私に)経済的に困っていることをほのめかした ❷ …を(公式に)知らせる, 告知する

*in·ti·mate·ly /íntəmətli | -tɪ-/ 副 親しく;親密に;詳しく, 深く;個人的に;心から

in·ti·ma·tion /ìntəméɪʃən | -tɪ-/ 名 U C ❶ 暗示, ほのめかし(hint) ❷ 告示, 通告, 通達

*in·tim·i·date /ɪntímɪdèɪt/ 《アクセント注意》 動 他 〔人〕をおびえさせる, 脅す;〔人〕を脅して〈…〉させる〈into〉 ‖ He was ～d *into* silence. 彼は脅されて口をつぐんだ
-dàt·ing 形 おびやかすような, 脅迫的な, 威圧的な in·tìm·i·dá·tion 名 U 脅し -dà·tor 名 C 脅迫者

in·tinc·tion /ɪntíŋkʃən/ 名 U 〖宗〗インティンクション《聖別されたぶどう酒に聖別されたパンを浸すこと》

intl. 略 international

in·to /弱(子音の前で)íntə,(母音の前で)íntu;強 íntu:/
中心義 Aの中へ(★Aは「場所」に限らず,「状況」や「時間」など多様)
── 前 ❶《方向・場所・空間》…の中へ;…の方へ(♦ in よりも方向性をはっきりと示す. ⇨ IN 前 ❷ 語法) ‖ go ～ the house 家の中に入る (♦ この例では in を使う方が《口》) / get [change] ～ a suit スーツを着る[に着替える] / pour milk ～ a glass コップにミルクを注ぐ / take a taxi ～ Washington タクシーに乗ってワシントン市内に行く / look not ～ the past but ～ the future 過去ではなく将来を見つめる / speak ～ the microphone マイクに向かって話す
❷《状況・活動・従事》…の中へ, …に ‖ go ～ journalism [business] 報道の世界に入る[商売を始める, 実業界に入る] / get ～ difficulties [OR trouble] 困難に陥る / come ～ power 政権の座に就く
❸《調査・関心》…(へ)の, …を ‖ He has an insight ～ others' character. 彼は人を見抜く力を持っている / an investigation ～ the case その事件の調査 / look ～ the matter その件を調査する / go ～ details 詳述する
❹《変化》…に(なる), …に(変わる) (♦ 単なる状態の変化を表す to と違い, into は質的な変化を表す) ‖ I couldn't put my feelings ～ words then. 私はそのとき自分の気持ちを言葉にできなかった / It is difficult to translate the haiku ～ English. 俳句を英語に訳すのは難しい / Boys are pressured to grow ～ strong men. 男の子たちは強い男になるように強く求められている / cut the pizza ～ pieces ピザを切り分ける / divide the class ～ two groups クラスを2つのグループに分ける
❺《接触》…にぶつかって ‖ run ～ a wall 壁にぶつかる / bump ～ her 彼女にどすんとぶつかる
❻《時間》…まで, すでに…になって ‖ We carried on talking late ～ the night. 私たちは夜遅くまで話し続けた / When he got married, he was well ～ his forties. 結婚したとき彼は優に40を過ぎていた / Just three months ～ the job, she was promoted to a higher position. その職に就いてわずか3か月で彼女はより高い地位に昇進した
❼〖数〗…を割って ‖ 6 ～ 12 is [OR goes] 2. 12割る6は2 (♦ 12 divided by 6 is [OR equals] 2. ともいう) / Does 7 divide ～ 129? 7で129は割り切れますか
be into ... ①《口》…に興味がある;…に熱中している ‖ What kind of music *are* you ～? どんな音楽に興味がありますか / She'*s* really [OR very much] ～ playing tennis. 彼女はテニスに夢中だ ②《米俗》〔人〕に〈…の〉借金がある〈for〉 (♦ …には金額が入る) ‖ He'*s* ～ me *for* over a hundred bucks. あいつはおれに100ドル以上借りがあるんだ

*in·tol·er·a·ble /ɪntá(:)lərəbl | -tɔ́l-/ 形 ❶ 耐え難い, 我慢できない (unbearable) ‖ ～ pain つらい痛み ❷ 不愉快な, しゃくに障る ‖ ～ behavior [language] 無礼な態度[言葉遣い] -bly 副 耐えられないほどに ‖ It's ～ cold. 耐えられないほど寒い

in·tol·er·ance /ɪntá(:)lərəns | -tɔ́l-/ 名 U C ❶ 狭量, 雅量のなさ;(宗教的)不寛容 ❷ 過敏性, アレルギー ‖ lactose ～ 乳糖アレルギー

in·tol·er·ant /ɪntá(:)lərənt | -tɔ́l-/ 形 ❶ 〈人の意見を〉認めようとしない, 〈…に〉狭量な;(特に宗教上で)〈…に〉不寛容な〈of〉 ❷ 〈…に〉我慢できない, 耐えられない〈of〉 ‖ trees ～ *of* shade 日陰では育たない樹木 ❸ 〈食物・薬などを〉受けつけない, 〈…で〉アレルギーを起こす〈of〉 ～·ly 副

in·to·nate /íntənèɪt, -tou-/ 動 =intone

*in·to·na·tion /ìntənéɪʃən/ 名 ❶ U C 〖音声〗イントネーション, 抑揚, 音調 ‖ a rising [falling] ～ 上昇[下降]調 ❷ U 〖楽〗発声法, 調音 ❸ C イントナチオ《グレゴリオ聖歌の冒頭の句》

in·tone /ɪntóun/ 動 他 〔祈りなど〕を(単調な声で)詠唱する, 唱える(♦ 直接話法にも用いる)

in to·to /ɪn tóutou/ 副 《ラテン》(=in the whole)全体として;完全に, すっかり

in·tox·i·cant /ɪntá(:)ksɪkənt | -tɔ́ks-/ 形 酔わせる
── 名 C 酔わせるもの, 酒類

in·tox·i·cate /ɪntá(:)ksɪkèɪt | -tɔ́ks-/ 動 他 《受身形で》 ❶ 酔っ払う ❷ 夢中になる, ひどく興奮する ‖ be ～d with [OR by] success 成功に酔いしれている
-càt·ing 形 人を酔わせる;夢中にさせる

in·tox·i·ca·tion /ɪntà(:)ksɪkéɪʃən | -tɔ̀k-/ 名 U ❶ 酔い, 酩酊(めいてい) ❷ 夢中, 狂喜, 有頂天

intra- /íntrə-/ 接頭 《通例形容詞につけて》「内部に, 中に(within)」の意(↔ extra-) ‖ *intra*company(社内の); *intra*mural

ìntra·céllular 形 〖生〗細胞内の

in·trac·ta·ble /ɪntrǽktəbl/ 形 ❶《堅》強情な, 手に負えない;扱いにくい ❷ 加工しにくい;(病気が)治りにくい
in·tràc·ta·bíl·i·ty 名 -bly 副

ìntra·molécular 形 〖化〗分子内の

ìntra·múral ⟨ 形 ❶《主に米》学内の;校内対抗の ❷ 城壁内の;建物内の, 構内の ❸ 〖解〗(器官の)臓壁内の

ìntra·múscular ⟨ 形 〖医〗(注射などが) 筋肉内の (略 IM)

íntra·nèt 名 C 💻 イントラネット《TCP/IPなどのインターネット基盤技術を使った企業内コンピューターネットワーク》

intrans. 略 intransitive

in·tran·si·gent /ɪntrǽnsɪdʒənt/ 形 妥協しない
── 名 C 妥協しない人 -gence 名 U 妥協しないこと

in·tran·si·tive /ɪntrǽnsətɪv/ 形 〖文法〗自動詞の (↔ transitive) ‖ an ～ verb 自動詞 ── 名 C 自動詞 ～·ly 副

in·tra·pre·neur /ìntrəprənə́:r/ 名 C 社内起業家《大企業内で新製品・新事業の開発を任される人材》

ìntra·státe 形 《限定》《米》州内の

ìntra·úterine ⟨ 形 《限定》子宮内の《略 IU》

I

▶▶ **~ devíce** 名 C (避妊用)子宮内リング《略 IUD》

ìntra·váscular 形 〘解〙血管内の, リンパ管内の

ìntra·vénous ◁ジ 形《限定》静脈内の, 静脈注射の《略 IV》‖ an ~ injection [drip] 静脈注射[点滴]

~·ly 副

in·trep·id /ɪntrépɪd/ 形 恐れを知らぬ, 大胆不敵な, 勇猛な **ìn·tre·píd·i·ty** 名 (複 **-ties** /-z/) U 大胆不敵; C 大胆不敵な行動 **~·ly** 副

in·tri·ca·cy /íntrɪkəsi/ 名 (複 **-cies** /-z/) ❶ U 複雑(さ), 錯綜(さくそう) ❷ C《通例 -cies》複雑な事柄, 込み入った問題

***in·tri·cate** /íntrɪkət/ 《発音注意》形 複雑な, 錯綜した, ややこしい; 手の込んだ, 難解な(↔ simple) ‖ an ~ pattern 複雑な模様 / an ~ plot 込み入った筋 / the ~ workings of a human soul 人間の精神の複雑な働き

~·ly 副

***in·trigue** /ɪntríːg/ (→ 名) 動 他〔人〕の好奇心をそそる, …に興味を起こさせる; …を魅了する;《受身形で》興味をそそられる[抱く]〈**by, with** …に / **to** *do* …して〉‖ The new plan ~*d* us all. 我々は皆その新しい計画に興味を抱いた / It ~*s* me how she managed to get the money out of Dad. どうやって彼女がその金をパパから手に入れたのか興味がある / I was ~*d* **by** [OR *with*] his story.=I was ~*d* **to** hear his story. 彼の話を聞いて興味をそそられた ―自 陰謀を企てる, 裏工作をする〈**with** …と; **against** …に対して〉‖ ~ *with* them *against* the government 彼らと共謀して政府に陰謀をたくらむ

―名 /íntriːg/ ❶ C U 陰謀, 密計 ‖ a political ~ 政治的陰謀 ❷ U 興味, 魅力 ❸ C 密通, 不義

-trígu·er 名 C 陰謀家

in·trigu·ing /ɪntríːgɪŋ/ 形 ❶ 興味をそそる, 好奇心をかき立てる, 魅力的な ❷ 陰謀をたくらむ **~·ly** 副

***in·trin·sic** /ɪntrínsɪk/ 形 〈…に〉固有の, 本来備わっている, 本質的な(↔ extrinsic)〈**to, in**〉(⇨ ESSENTIAL 類語) ‖ ~ *in* human nature 人間の本性に固有の

-si·cal·ly 副

in·tro /íntroʊ/ 名《口》=introduction

intro- 接頭「内部へ, 中に(into, inward(s))」の意 ‖ *intro*vert

‡in·tro·duce /ìntrədjúːs/

―動〔▶ introduction 名, introductory 形〕(**-duc·es** /-ɪz/; **~d** /-t/; **-duc·ing**)

―他 ❶〔人〕を〈人に〉**紹介する**, 引き合わせる;〔若い女性〕を〈社交界に〉出す, 披露(ひろう)する〈**to**〉(⇨ 類語) ‖ Please ~ me *to* the beautiful lady you're with. 私をご同伴の美しい女性に紹介してください / ~ one's daughter *to* society 娘を社交界にデビューさせる

❷〔番組・出演者など〕を(聴衆に)紹介する, …の案内役を務める (present) ‖ Tonight's show will be ~*d* by Peter Trent. 今晩のショー番組はピーター=トレントがお送りいたします

❸〔新しいもの〕を〈…に〉**取り入れる**, **導入する**, 輸入する;〔病気など〕を〈…に〉持ち込む, 伝える, もたらす〈**into, to**〉‖ ~ a sociological approach *to* art history 美術史に社会学的研究方法を取り入れる / ~ a new product *into* the market 新製品を市場に導入する / Coffee was ~*d into* England from the Continent. コーヒーは(ヨーロッパ)大陸からイギリスに持ち込まれた / a **recently** ~*d* concept 最近導入された概念

❹〔人〕に〈…の〉手ほどきをする, 〈…を〉初めて経験させる;〔物事〕を〈人に〉紹介する, 体験させる〈**to**〉‖ He ~*d* me *to* modern jazz. 彼は私にモダンジャズの手ほどきをしてくれた / ~ him *to*「Mexican food [cigars] 彼にメキシコ料理[葉巻]を初体験させる

❺〔議案など〕を〈議会に〉提出する〈**into, to, before**〉; …を〈話に〉持ち出す〈**into**〉;〔(新しい)法律など〕を施行する ‖ ~ a bill「*before* Parliament [OR *into* Congress] 議会に法案を提出する

❻ …を〈…に〉差し込む, はめ込む, 挿入する, 注入する〈**into**〉‖ ~ a needle *into* the arm 腕に注射針を刺す / ~ a new item *into* the list 新しい項目をリストに付け加える

❼〈…を前置きとして〉…を始める〈**with**〉; …の始まり[導入部]となる, …を導く ‖ ~ a talk *with* a joke ジョークを言ってから話を始める / A relative pronoun ~*s* an adjective clause. 関係代名詞は形容詞節を導く

COMMUNICATIVE EXPRESSIONS

1 **Allòw me to introdúce mysèlf.** Sàrah Hýman, Gèneral Mánager, Wèstwood Hotél. まずは自己紹介させてください. サラ=ハイマンと申します. ウェストウッドホテルの総支配人でございます(♥ 初対面の場面での形式ばった自己紹介. 氏名, 役職, 所属組織名の順で言う. =First let me introduce myself. Sarah Hyman, .../ How do you do? My name's Sarah Hyman, .../ 《口》Hi! I'm Sarah (Hyman), ...)

2 **Hàve you twò been introdúced?** お二人はお互いに紹介されましたか, もう知り合われましたか (♥ 会合などで, 知り合いではないと思われる人同士を引き合わせる際に)

3 **I would lìke to introdúce you to sòmeone.** 紹介したい人がいます

語源 *intro-* in＋*-duce* lead: 導き入れる

類語 《❶》 **introduce**「紹介する」を意味するふつうの語.

present introduce より格式ばった語で正式に, 特に目上の人に紹介する. 〈例〉*present* a new ambassador to the Prime Minister 新任の大使を首相に紹介する

‡in·tro·duc·tion /ìntrədʌ́kʃən/

―名〔◁ introduce 動〕(複 **~s** /-z/) ❶ U C〈…への〉**紹介**, 披露〈**to**〉; 初顔合わせ, 引き合わせ; C 紹介状 ‖ They met through my ~. 彼らは私の紹介で会った / The principal's ~ of the guest speaker was brief but informative. 校長による来賓講演者の紹介は短かったが参考になった / Our judges today need no ~. 本日の審査員はご紹介するまでもありません (それほど有名な方々ばかりだ) / a letter of ~ 紹介状

❷ U〈…への〉**導入**, 採用; 輸入, 伝来, 移入〈**into, to**〉; C 導入されたもの, 外来種の動物[植物] ‖ "Anime" is a Japanese word of recent ~. 「アニメ」は最近取り入れられた日本語だ / the ~ of Christianity *into* Japan キリスト教の日本伝来

❸ C U (書物・講演などの)序論, 序文, 前置き; 〘楽〙導入部, 序奏(⇨ PREFACE 類語) ‖ by way of ~ 前置きとして

❹ C 〈…への〉入門(書), 手引き, 概論〈**to**〉‖ an ~ *to* earth science 地球科学入門 ❺ C《単数形で》《one's ~》〈…を〉初めて経験する[知る]こと, 〈…の〉初体験; 〈…への〉手ほどきを受けること〈**to**〉‖ This was my (first) ~ *to* chess. チェスを教えてもらったのは今回が初めてだった

in·tro·duc·to·ry /ìntrədʌ́ktəri/ ◁ジ 形〔◁ introduce 動〕《通例限定》序論の, 前置きとなる; 入門の; 初めの(initial) ‖ an ~ chapter [book] 序章[入門書] / an ~ offer 売り出し価格

in·tro·it /íntroɪt/ 名 C 〘カト〙(ミサの初めに歌う)入祭唱; 〘英国国教会〙(聖餐(せいさん)式前に歌う)参入唱

in·tron /íntrɑ(ː)n | -trɒn/ 名 C 〘遺伝〙イントロン

in·tro·spec·tion /ìntrəspékʃən, -troʊ-/ 名 U 内省, 内観 **-tive** 形 内省的な

in·tro·ver·sion /ìntrəvə́ːrʒən, -troʊ- | -ʃən/ 名 U ❶ 〘心〙内向(性)(↔ extroversion) ❷ 〘医〙内転

in·tro·vert /ìntrəvə́ːrt, -troʊ-/ (→ 名 形) 動 他〔考えなど〕を内に向ける; 内省させる ―名 /íntrəvə̀ːrt, -troʊ-/ C 〘心〙内向性[型]の人(↔ extrovert) ―形 /íntrəvə̀ːrt, -troʊ-/ 内向的な

in·tro·vert·ed /ìntrəvə́ːrṭɪd | -troʊ-/ 形 ❶ 〘心〙内向性[型]の ❷ 〘医〙(器官が)内転した

***in·trude** /ɪntrúːd/ 動 自 (招かれもしないのに) 〈…に〉立ち

入る，〈…の〉邪魔をする〈**on, upon**〉；〈…に〉押し入る，侵入する〈**into**〉‖ I hope I'm not *intruding* (*on* you [OR your time]). お邪魔でないとよろしいのですが / He ～*d upon* their hospitality. 彼は彼らが親切にしてくれるのにつけ込んだ / ～ *on* his privacy 彼のプライバシー［私生活］に立ち入る / ～ *into* a room [meeting] 部屋に押し入る［会議に割り込む］

—他 ❶ …を〈…に〉無理に押しつける〈**on, upon**〉；…を〈…に〉押し入れる，持ち込む〈**into**〉‖ ～ one's opinion 自分の考えを押しつける / He ～*d* himself *into* our conversation. 彼は我々の会話に割り込んできた ❷〘地〙〔火成岩〕を貫入させる；〔既成の岩石〕に貫入する

in·trud·er /ɪntrúːdər/ 名 Ⓒ（不法）侵入者；邪魔者

***in·tru·sion** /ɪntrúːʒən/ 名 Ⓤ Ⓒ ❶ 押し付け，無理強い；〈…への〉邪魔，侵害（するもの）〈**on, upon**〉；〈…への〉押し入り，侵入［行為］〈**into**〉；〘法〙不法占有 ‖ a bold ～ *on* her affairs 彼女の私事に対する厚かましい侵害 / make an ～ *into* ... …に侵入する ❷〘地〙貫入（岩）

in·tru·sive /ɪntrúːsɪv/ 形 ❶ 押しつけがましい，邪魔な，侵入的な ‖ an ～ question 立ち入った質問 ❷〘地〙貫入の ‖ ～ rocks 貫入岩 ❸〘音声〙侵入的な ‖ an ～ "r" 侵入的 r 音《law and order /lɔ́ːrənɔ́ːrdər/ のように，母音で終わる語の次に母音がきた場合，つづり字にないが発音される r 音》 **～·ly** 副 **～·ness** 名

in·trust /ɪntrʌ́st/ 動 ＝entrust

in·tu·bate /ínṭjubèɪt/ 動 他〘医〙〔気管など〕に挿管する
ìn·tu·bá·tion 名 Ⓤ 挿管（法）

in·tu·it /ɪnṭjúːət | -ɪt/ 動 他 …を直観［感］で知る，直観［感］的に理解する —自 直観［感］で知る

***in·tu·i·tion** /ìnṭjuíʃən/《アクセント注意》名 ❶ Ⓤ 直観（力），直感，勘；直観による理解［把握］；Ⓒ〈…だという〉直観的知識〈**that** 節〉‖ I used my ～ to find his apartment. 直感で彼のマンションを見つけた / by ～ 直観で / I had an ～ *that* something was wrong with her. 直観的に何か彼女の様子がおかしいと感じた ❷ Ⓤ Ⓒ〘倫・哲〙直観，直覚；直観的真理

COMMUNICATIVE EXPRESSIONS
1 **It's wòmen's intuítion.** 女の勘ですよ

～·al 形 **～·ìsm** 名 Ⓤ〘倫〙直観主義 **～·ist** 名 Ⓒ 直観主義者

***in·tu·i·tive** /ɪnṭjúːəṭɪv/《アクセント注意》形 ❶ 直観による，直観的な；勘の鋭い ‖ ～ power [knowledge] 直観力［直観的知識］/ an ～ girl 勘の鋭い少女 ❷（ソフトウェアが）わかりやすく使いやすい **～·ly** 副

in·tu·mes·cence /ìnṭjumésəns/ 名 Ⓤ〘医〙膨脹，はれ；Ⓒ はれ物 **-cent** 形 はれ（上がっ）た

In·u·it /ínjuit/ 名（複 ～ OR ～s /-s/）Ⓒ イヌイット（→ Eskimo）；Ⓤ イヌイット語 —形 イヌイット（語）の

I·nuk /ɪnúːk, ínʊk/ 名（複 **In·u·it**）Ⓒ イヌイット（の人）

I·nuk·ti·tut /ɪnʊ́ktɪtʊ̀t/ 名 Ⓤ イヌクティトゥット語《カナダのイヌイットが使う言語の1つ》

in·un·date /ínʌndèɪt/ 動 他 ❶ …を水浸しにする，…に氾濫（はんらん）する（deluge）❷《通例受身形で》〈…が〉（洪水のように）押し寄せる，殺到する〈**with**〉‖ be ～*d with* phone calls 電話が殺到する
ìn·un·dá·tion 名 Ⓤ Ⓒ ① 洪水 ② 氾濫；殺到

in·ure /ɪnjúər/ 動 他《通例受身形または ～ oneself で》〈困難・苦痛などに〉慣れる〈**to**〉‖ be ～*d to* misfortune 不運に慣れている / ～ oneself *to* country life 田舎暮らしに慣れる —自（法律などが）発効する
～·ment 名 Ⓤ 慣らす［慣れる］こと

in u·ter·o /ɪn júːṭəròu/ 副 形《ラテン》（＝in the womb）子宮内で［の］；生まれる前に［の］

in·u·tile /ɪnjúːṭəl | -taɪl/ 形《堅》無用の，無益な（useless）
ìn·u·tíl·i·ty 名

inv. 略 invented, invention, inventor；invoice

in vac·u·o /ɪn vǽkjuòu/ 副《ラテン》（＝in a vacuum）真空内に；事実とは無関係に，本文から離れて

***in·vade** /ɪnvéɪd/ 動（▶ invasion 名）他 ❶〔他国〕を侵略する，…に侵入する ‖ ～ a country [city] 国［市］を侵略する ❷〔場所〕に（大勢で・大量に）どっと押し寄せる，殺到する ‖ Tourists ～ Blackpool in summer. 夏になるとブラックプールに観光客がどっと押し寄せる ❸〔権利など〕を侵害する，…に立ち入る ‖ Further inquiries would ～ her privacy. これ以上の質問は彼女のプライバシーの侵害になる ❹（病気・騒音・疑惑などが）…を襲う，冒す；…に充満する ‖ Doubts ～*d* my mind. 胸に疑念が浮かんだ —自 侵入する；侵害する，押し寄せる
-vád·er 名 Ⓒ 侵入者，侵略者；侵害者
語源 *in-* in＋*-vade* go：…の中へ入る

***in·va·lid¹** /ínvələd | -lìːd/《アクセント注意》名 Ⓒ 病弱者《慢性病患者・身体障害者など》，病人 ‖ During his early years, he was an ～. 子供のころ彼は病弱だった
—形 ❶ 病弱な，病身の，身体に障害のある ❷《限定》病人（用）の ‖ an ～ home 療養施設 / ～ diets 病人食
—動 他《通例受身形で》❶《主に英》（兵士が）病気［負傷］のため〈…から〉除隊［帰還］させられる《*out*》〈**out of**〉❷ 病気［障害］で動けなくなる，身体障害者になる ‖ He was ～*ed* in the war. 彼は戦争で身体障害者になった

***in·val·id²** /ɪnvǽlɪd/《アクセント注意》形 ❶（要求などが）（正式に）認められない，（法的に）無効の（↔ valid）‖ an ～ ticket 使えない切符 ❷（意見・理由などが）妥当でない，根拠のない，説得力のない ❸ 💻 無効な，（規格・仕様に）合致しない **ìn·va·líd·i·ty** 名 **～·ly** 副

in·val·i·date /ɪnvǽlɪdèɪt/ 動 他 …を無効［無価値］にする；…を根拠のないものにする **in·vàl·i·dá·tion** 名

in·va·lid·ism /ínvəlɪdìzm/ 名 Ⓤ 病弱，病身

***in·val·u·a·ble** /ɪnvǽljuəbl/ 形（**more ～；most ～**）〈…にとって〉極めて高価［貴重］な，計り知れない価値のある（↔ worthless），非常に役立つ〈**for, to**〉（♦ valuable の強意語．⇨ PRECIOUS 類語）‖ ～ information 非常に役立つ情報 **-bly** 副

in·var·i·a·ble /ɪnvéəriəbl/ 形 変わることのない，不変の；〘数〙一定の，定数の **in·vàr·i·a·bíl·i·ty** 名

***in·var·i·a·bly** /ɪnvéəriəbli/ 副 いつも（決まって）（always）；変わることなく（↔ variably）‖ He's ～ busy when I need to see him. どうしても会いたいというとき彼はいつも決まって忙しい

in·var·i·ant /ɪnvéəriənt/ 形 不変の —名 Ⓒ〘数〙不変式［量］ **-ance** 名 Ⓤ 不変（性）

***in·va·sion** /ɪnvéɪʒən/ 名〔◁ invade 動〕Ⓒ Ⓤ ❶〈…に〉侵入すること，〈…への〉侵略〈**of**〉‖ a sudden ～ *of* [×to, ×into] England イングランドへの突然の侵攻 ❷ 殺到 ‖ a tourist ～ ＝an ～ of tourists 観光客の大挙到来 ❸（権利などの）侵害 ‖ an ～ of privacy プライバシーの侵害 ❹（病気などの）侵入，（災害などの）襲来

in·va·sive /ɪnvéɪsɪv/ 形 ❶ 侵略的な，侵害する；（病巣などが）（体内で）広がる ‖ an ～ species（在来種を侵害する）外来種 ❷〘医〙侵襲性の《診断・治療が器具を体内に挿入することを必要とする》

in·vec·tive /ɪnvéktɪv/《堅》名 Ⓤ 激しい非難［攻撃］，悪口，ののしり，毒舌 —形 激しい非難の，ののしりの

in·veigh /ɪnvéɪ/ 動 自〈…を〉激しく非難［攻撃］する，ののしる，罵倒（ばとう）する〈**against**〉

in·vei·gle /ɪnvéɪgl/ 動 他〔人〕を言葉巧みに誘い込む，うまくおだてて…させる〈**into** …に / **into** *doing* …することを〉；《～ oneself で》〈…に〉うまく取り入る［つけ込む］〈**into**〉‖ ～ her *into* joining us 彼女を口説いて参加させる
～·ment 名

‡**in·vent** /ɪnvént/《アクセント注意》
—動（▶ invention 名）（**～s** /-s/；**～·ed** /-ɪd/；**～·ing**）他
❶ …を**発明する**，考え出す，創案する（♦ discover「発見する」と区別）‖ Gunpowder was ～*ed* in ancient China. 火薬は古代中国で発明された / ～ a new religion 新しい宗教を興す
❷〔理由・言い訳・話など〕をでっち上げる，偽って作る（↷

make up) (♥ lie² の婉曲語) ‖ She ~*ed* an excuse for her absence. 彼女は欠席の言い訳をでっち上げた / I didn't ~ the story. それは作り話ではない
語源 *in-* upon+*-vent* come：…に巡り合う, ふと見つける

*__in·ven·tion__ /ɪnvénʃən/ 名〔◁ invent 動〕❶ U 発明, 考案, 創案 ‖ the ~ of printing 印刷(術)の発明 ❷ C 発明品, 新製品 ‖ The "furoshiki" is a great Japanese ~. 「ふろしき」は日本の素晴らしい発明品だ ❸ C U 作り話［事］; でっち上げ; うそ (♥ lie² の婉曲語) ‖ Her history is full of ~*s*. 彼女の経歴はうそだらけだ ❹ U 発明の才, 創造力 ‖ a man of ~ 発明の才のある人 ❺ C 〖楽〗インベンション《対位法を用いた即興曲風の小品》

__in·ven·tive__ /ɪnvénṭɪv/ 形 ❶ 発明の才のある, 創意に富む, 創造力豊かな ❷ (考え·作品などが)新しくて興味深い, 創造力を示す **~·ly** 副 **~·ness** 名

*__in·ven·tor__ /ɪnvénṭər/ 名 C 発明［考案］者, 創案者; 発明家; 〖法〗新案特許権保持者 ‖ Bell is the ~ of the telephone. ベルは電話の発明者だ

*__in·ven·to·ry__ /ínvəntɔ̀ːri | -tə-/ 《アクセント注意》 名 (複 **-ries** /-z/) C ❶ (商品·財産の)目録, 明細［一覧］表, 棚卸し表; 《主に米》在庫品, 棚卸し商品［資産］; 帳簿記載品目; 在庫量, 在庫品(評)価額 ‖ make an ~ of stock on hand 手持ち在庫品の目録を作る / keep *inventories* low 在庫(量)を少なくしておく ❷ U C 《米》(定期の)在庫調べ, 棚卸し; 在庫帳簿の作成(手順［時期］) ‖ We'll take ~ at the end of this month. 今月末には棚卸しをします / close the store for ~ 棚卸しのために閉店する
— 動 (**-ries** /-z/; **-ried** /-d/; **~·ing**) 他 …の目録［一覧表］を作る; …を目録に記載する, …の棚卸しをする

__In·ver·ness__ /ìnvərnés/ ⊲ 名 ❶ インバネス《スコットランド北部の都市》 ❷ 《しばしば **i-**》 C インバネスコート《取り外しのできるケープのついたコート》

__in·verse__ /ìnvə́ːrs/ ⊲ 形 《通例限定》 ❶ 逆の, 反対の, 逆さの ‖ an ~ position 逆の立場 ❷ 〖数〗反対の, 逆の ‖ ~ ratio 反比例 / in ~ proportion ［OR relation］ to ... …に反比例して — 名 《the ~》 ❶ 逆のもの, 正反対 ❷ 〖数〗逆(関)数; 逆算; 逆元 ‖ Three-fourths is the ~ of four-thirds. ¾は⁴⁄₃の逆数である **~·ly** 副

__in·ver·sion__ /ɪnvə́ːrʒən | -ʃən/ 名 U C ❶ 逆(にすること), 倒置(されたもの) ❷ 〖文法·修〗語順転倒, 倒置(法) ❸ 〖化〗転化, 反転 ❹ 〖楽〗転回 ❺ 〖気象〗(高度と気温の)逆転 ❻ 〖医〗逆位, 内反 ❼ 〖遺伝〗逆位 ❽ 〖数〗反転 ❾ 《旧》〖精神医〗性的倒錯, 同性愛 **-sive** 形 逆の

__in·vert__ /ɪnvə́ːrt/ (→ 名) 動 他 ❶ …を逆さまにする, ひっくり返す ‖ ~ a cup 茶わんを伏せる ❷〔位置·方向·順序など〕を逆にする, 倒置する ‖ ~ the order of the alphabet アルファベットの順を逆にする ❸ 〖楽〗〔音程中のある音〕を転回させる ❹ 〖化〗…を転化させる
— 名 /ínvəːrt/ C ❶ 〖建〗インバート, 逆アーチ ❷ (排水管の)導流溝 ❸ 《旧》性的倒錯者, 同性愛者
語源 *in-* toward+*-vert* turn：…の方へ回る
▸▸ **~ed cómma** (↓) **~ed snóbbery** 名 U ⊗ 《英》《蔑》逆スノッブ根性

__in·ver·te·brate__ /ɪnvə́ːrṭɪbrət/ 形 ❶ 脊椎(せきつい)のない, 無脊椎動物の (↔ vertebrate) ❷ 気骨(きこつ)のない, 意気地のない — 名 C 無脊椎動物

__invèrted cómma__ 名 C 《通例 ~s》《主に英》引用符 (quotation marks) (' 'または" ")
in invèrted cómmas 《英口》かぎかっこ付きの, 文字どおりの意味ではなく

__in·vert·er, -ver·tor__ /ɪnvə́ːrṭər/ 名 C 〖電〗インバーター《直流を交流に変換する》(→ converter)

*__in·vest__ /ɪnvést/ 動〔▸ investment 名〕他 ❶〔金など〕を〈…に〉投資する;〔時間·労力など〕を〈…に〉つぎ込む (↘put in) 〈**in**〉 ‖ He has ~*ed* his savings *in* [ˣto, ˣinto] both stocks and real estate. 彼は蓄えを株と不動産の両方に投資した / I ~ every spare minute *in* writing my blog. 私は空いている時間をすべてブログを書くのにつぎ込んでいる ❷ 《+目+**with** 名》〔人〕に〈権力·地位·権威などを〉付与する, 授ける;〔人·物〕に〈特質·特徴を〉与える［帯びさせる］ ‖ They ~*ed* him *with* full authority to settle the problem. 彼はその問題を解決するための全権を与えられた / The building was ~*ed with* a sort of sadness. その建物は何か悲しさのようなものを漂わせていた ❸ 《堅》〔役職者〕を就任させる;〔人〕を〈…に〉叙任する〈**as**〉 ‖ The mayor will be ~*ed* tomorrow. 市長は明日就任されます ❹ 《古》〔人〕に〈衣服などを〉着用させる; まとわせる〈**in, with**〉 ❺ 《古》〖軍〗〔場所〕を包囲する
— 自 ❶ 〈…に〉投資する, 金を使う〈**in**〉 ‖ ~ heavily *in* property 土地に多額の投資をする ❷ 《口》〈高価で長く使えるものを〉買う〈**in**〉 ‖ ~ *in* a new suit for an interview 面接(試験)用に新しいスーツを買う
語源 *in-*+*-vest* clothe：…を着せる

*__in·ves·ti·gate__ /ɪnvéstɪgèɪt/ 《アクセント注意》
— 動〔▸ investigation 名〕(**~s** /-s/; **-gat·ed** /-ɪd/; **-gat·ing**)
— 他 **a** 《+目》…を(本格的［詳細, 公式］に)**調べる**, **調査する**, 吟味する(↘follow up, look into); (警察などが)…を捜査する, 取り調べる; …を(学術的に)研究する, 究明する ‖ The police are *investigating* (the cause of) the accident thoroughly. 警察はその事故(の原因)を徹底的に調べている / ~ a crime from a psychological viewpoint 犯罪を心理学的見地から究明する
b 《+**wh** 節》…か(どうか)を調べる［究明する］ ‖ ~ *how* the accident happened 事故がどうして起きたかを調べる
— 自 ❶ 〈…を〉調査する, 研究する〈**into**〉
❷ 確かめる, 点検する

*__in·ves·ti·ga·tion__ /ɪnvèstɪgéɪʃən/
— 名〔◁ investigate 動〕(複 **~s** /-z/) U C 〈…の〉(詳しい) **調査**, 捜査, 研究〈**into**〉 ‖ The police **conducted** [OR **carried out**] an ~ *into* the murder. 警察はその殺人事件の捜査を行った / The accident is now under ~. その事故は目下調査中だ / make a thorough [OR full] ~ *into* ... …を徹底的に調べる / on [OR upon] **further** [close] ~ さらに［詳しく］調査してみると
連語 【形/名+~】(a) detailed ~ 詳細な研究 / police ~ 警察の調査 / criminal [murder] ~ 犯罪［殺人事件］の調査 / scientific ~ 科学的調査 / (an) internal ~ 内部調査 / (a) preliminary ~ 予備調査

__in·ves·ti·ga·tive__ /ɪnvéstəgèɪṭɪv | -tɪgə-/ 形 《通例限定》研究熱心な; 調査する ‖ ~ journalism 調査報道

*__in·ves·ti·ga·tor__ /ɪnvéstɪgèɪṭər/ 名 C 調査者, 捜査員, 取り調べ官; 研究者 ‖ a private ~ 私立探偵

__in·ves·ti·ga·to·ry__ /ɪnvéstɪgətɔ̀ːri | -gətəri/ 形 = investigative

__in·ves·ti·ture__ /ɪnvéstətʃər | -tɪ-/ 名 U C 叙任(式), 授与(式)

*__in·vest·ment__ /ɪnvéstmənt/
— 名〔◁ invest 動〕(複 **~s** /-s/) ❶ U 〈…への〉**投資**, 出資〈**in**〉; C 投資の対象, 投資物(件); 投資［出資］額［金], 投下資本 ‖ capital [stock] ~ 資本［株式］投資 / direct ~ 直接投資 / **make** a big ~ *in* ... …に巨額の投資をする / Is gold a good ~? 金はよい投資になりますか / buy a house as an ~ 投資目的で家を買う
❷ U C (時間·労力·感情などの)投入; 傾注, 傾倒 ‖ ~ of time and effort 時間と労力の投入 / His parents have a large emotional ~ in his success. 彼の両親は息子の成功を期待して大変な気の入れようだ
❸ U 《堅》叙任, 任命, 授与(♦ investiture を用いるのがふつう) ❹ U 〖生〗外被, 殻 ❺ U 《古》〖軍〗包囲, 封鎖
▸▸ **~ bànk** 名 C 〖経〗(米国の)投資銀行(《英》merchant bank) **~ clùb** 名 C 投資クラブ《資金を出し合って協議で決定した対象に投資を行うグループ》 **~ trùst** [**còmpany**] 名 C 〖経〗投資信託(会社)

invéstment-gràde 形 投資適格の《Moody's などの格付け会社による投資等級の1つ》

*__in·ves·tor__ /ɪnvéstər/ 名 C〈…への〉投資者[家], 出資者〈**in**〉‖ an institutional ～ 機関投資家 / a small [OR private] ～ 個人投資家 / ～ confidence 投資家(から)の信頼

in·vet·er·ate /ɪnvéṭərət/ 形《限定》(行為・気持ちなどが)常習的な(habitual), 病みつきの；根深い, 頑固な；(病気が)慢性の ‖ an ～ liar 常習的なうそつき
-a·cy 名 U 根深さ；(病気などの)慢性 **～·ly** 副

in·vid·i·ous /ɪnvídiəs/ 形 反感[ねたみ]を買うような；不愉快な, 不当な **～·ly** 副 **～·ness** 名

in·vig·i·late /ɪnvídʒəlèɪt/ 動 自 他《英》(…の)試験監督をする(《米》proctor) **in·vìg·i·lá·tion** 名 U《英》試験の監督

in·vig·i·la·tor /ɪnvìdʒəléɪṭər/ 名 C《英》試験監督者(《米》proctor)

in·vig·or·ate /ɪnvíɡərèɪt/ 動 他 …を活気[元気]づける(♦しばしば受身形で用いる) **-àt·ing** 形 活気[元気]づける **in·vìg·or·á·tion** 名 U 元気づけること, 激励

in·vin·ci·ble /ɪnvínsəbl/ 形 ❶ 征服できない, 無敵の；不屈の ❷ 克服できない, 手に負えない ‖ ～ difficulties どうにもならない困難 **in·vìn·ci·bíl·i·ty** 名 **-bly** 副

in·vi·o·la·ble /ɪnváɪələbl/ 形 犯してはならない, 不可侵の；神聖な **in·vì·o·la·bíl·i·ty** 名 **-bly** 副

in·vi·o·late /ɪnváɪələt/ 形 侵害されていない, 犯されていない；(約束などが)破られていない **-la·cy** 名

*__in·vis·i·ble__ /ɪnvízəbl/ 形 ❶〈…に〉見えない〈**to**〉；(視野から)隠れた(↔ visible) ‖ Germs are ～ *to* the naked eye. 細菌は肉眼では見えない / an ～ enemy 目に見えない敵 ❷ 目につかない, 目立たない, ごく小さい ‖ ～ differences 目につかないほどの違い ❸ (人・意見が)無視されて, 重要視されない ‖ I felt ～ at the meeting. 私はその会議で無視されているように感じた ❹〖経〗統計[財務表など]に表れない；貿易外の ‖ ～ assets 隠し財産 / (the balance of) ～ trade 貿易外取引[収支]
―名 ❶ U 目に見えないもの ❷ C《通例 ～s》貿易外収支 **in·vìs·i·bíl·i·ty** 名 U 目に見えないこと, 不可視性
-bly 副 目に見えないほどに, 隠れて
語源 *in-* not＋*-visible*(目に見える)
▸▸ **～ ínk** 名 U あぶり出し用のインク

****in·vi·ta·tion** /ɪ̀nvɪtéɪʃən/
―名〔◁ invite 動〕(複 **～s** /-z/) ❶ U C〈…への〉**招待**〈**to**〉；〈…しようという〉誘い, 勧誘〈**to do**〉‖ You have「an open [OR a standing] ～ *to* our house (「for dinner [*to* spend the weekend]). 私たちの家に(夕食を食べに[週末を過ごしに])いついらしていただいても結構です / Admission by ～ only. 《掲示》入場は招待者のみ / **at** the ～ of the Embassy 大使館の招きで / get [OR receive] a letter of ～ 招待状を受け取る / I **accepted** [declined] his ～ *to* go to the opera. オペラを見に行こうという彼の誘いに応じた[を断った]
❷ C〈…への〉招待状, 案内状〈**to**〉‖ send out ～*s to* a party パーティーへの招待状を出す
❸ C《通例単数形で》誘惑；誘因, 奨励〈**to, for** …への / **to do** …することへの〉‖ Leaving your suitcase unattended is an open ～ *to* thieves. スーツケースをほったらかしにするのは, 泥棒にどうぞといっているようなものですよ / an ～ *to* riot 暴動の誘因[引き金]
(**by**) ***invitátion ònly*** 招待客のみの ‖ an ～ *only* sale 招待客限定セール

in·vi·ta·tion·al /ɪ̀nvɪtéɪʃənəl/《米》形 招待者[選手]のみによる ―名 C 招待選手競技会

*****in·vite** /ɪnváɪt/《アクセント注意》(→ 名) 動 名
中心義 **Aを誘う**(★Aは「人」に限らず,「意見」や「事態」なども含む)
―動〔▸ invitation 名〕(**～s** /-s/；**-vit·ed** /-ɪd/；**-vit·ing**)
―他 ❶ **a** 《+目》〔人〕を**招待する**, 招く《***in, up, over, around***》〈**to** 家・会などに；**for** 食事・面談などに〉‖ The townspeople ～*d* the exchange students *to* their homes. 町の人々は交換学生を自宅に招いた / I've been ～*d to* a tea ceremony. Can I get a new kimono? 茶会に招待されているの. 着物を新調してもいいかしら / They ～*d* us *over for* dinner. 彼らは私たちを食事に招いてくれた / He ～*d* the police officer *in*. 彼は警官を中に招き入れた
b 《+目+**to do**》〔人〕に…するよう誘う, 招く ‖ She ～*d* us *to* stay overnight at her country house. 彼女は私たちを一晩別荘に泊まるようにと誘ってくれた / The sun ～*s* us *to* be out in the open air. 太陽は我々を戸外に出るよう誘う
❷《+目+**to do**》〔人〕に…してくれるよう丁寧に頼む, **懇請する**；〔人〕に…するように勧める ‖ We ～*d* him *to* be the president of the club. 我々は彼にクラブの会長になってくれるよう要請した / I've been ～*d to* come to an interview. 面接に来るように言われている
❸〔意見など〕を〈…から〉丁重に請う[求める]〈**from**〉‖ I'd like to ～ some questions *from* the floor. 会場の皆さんからいくつか質問を受けたいと思います / ～ donations 寄付をお願いする
❹〔よくない事態〕を引き起こす, もたらす, 生じさせる；〔興味など〕を引きつける, 誘う ‖ That would be just *inviting* trouble. そんなことをしたらまずいことになるだけだ / His behavior ～*d* criticism. 彼の行動は批判を招いた / ～ great interest 興味を大いにそそる
invìte a pèrson alóng 〈他〉一緒に来る[行く]ように〔人〕を誘う
invìte a pèrson báck 〈他〉〔一緒に外出した人〕を自宅に寄るよう誘う；〔人〕にまた来るよう誘う；(招待された返礼として)〔人〕を自宅に招く
invìte a pèrson óut 〈他〉〔人〕を(映画・食事などに)誘い出す；…をデートに誘う(↘ ask out)

COMMUNICATIVE EXPRESSIONS
1 **Thànk you for invíting us.** お招きありがとうございました(♥招待された際に用いる丁寧なあいさつ)
2 **Whò invíted you?** だれもあなたなんかに聞いてませんよ；余計な口出しをするんじゃないよ(♥口を挟んできた相手に対するややぶしつけな表現. ＝You're not invited.)
3 **You are còrdially invíted to** attènd a recéption in hònor of Dr. Jàne Ríchards. ジェーン＝リチャーズ博士に敬意を表するレセプションにご招待いたします(♥形式ばった招待の表現. ＝We have the pleasure of inviting you to a reception ....)

―名 /ínvaɪt/ C U《口》〈…への〉招待(状), 案内(状)(invitation)〈**to**〉
(**by**) ***ínvite ònly*** ＝(*by*) INVITATION *only*
in·vi·tée 名 C 招待客 **in·vít·er** 名 C 招待する人

in·vit·ing /ɪnváɪṭɪŋ/ 形 人を引きつける, 心をそそる, 魅力的な **～·ly** 副

in vi·tro /ɪn víːtroʊ/ 副 形〖生〗試験管内で[の], 生体外で[の] ‖ an ～ baby 体外受精児 / ～ fertilization 体外受精《略 IVF》(♦ in glass の意のラテン語より)

in vi·vo /ɪn víːvoʊ/ 副 形〖生〗生体内で[の] (↔ in vitro)(♦ラテン語より)

in·vo·ca·tion /ɪ̀nvəkéɪʃən, -voʊ-/ 名〔◁ invoke 動〕U C ❶ (神への)祈り, 祈願；(権力(者)・法への)訴え, 嘆願；《the ～》(説教などの初めに唱える)祈禱(きとう)文 ❷ 呪文(じゅもん)を唱えて霊などを呼び出すこと；(霊などを呼び出す)呪文, まじない ❸ 💻(特定の処理の)実行開始

in·voice /ínvɔɪs/《アクセント注意》名 C〖商〗インボイス, 送り状, 仕切り状《商品の明細書》
―動 他 …のインボイス[送り状]を作成する[送る]；〔人〕にインボイスを送る

*__in·voke__ /ɪnvóʊk/ 動〔▸ invocation 名〕他 ❶ (権威として)…に訴える, 頼る；〔主義・名言など〕を引き合いに出す,

採用する；〔法・権力など〕を行使する，発動する ‖ ～ a doctrine 教義を引き合いに出す / The government ～*d* the Gun Control Act. 政府は銃器取締法を発動した ❷〔ある感情・心象など〕を生じさせる，もたらす；〔ある状態・場面など〕を思い起こさせる ‖ His speech ～*d* powerful patriotic feelings among the audience. 彼の演説は聴衆に強烈な愛国的感情を呼び起こした ❸〔神など〕に(助け・恵みを)祈る，祈願する ❹〔助け・復讐(ふくしゅう)など〕を祈り求める，切に願う，懇願する ‖ ～ his mercy 彼の慈悲を請う ❺〔霊・悪魔など〕を呼び出す ❻〔プログラムなど〕を呼び出す，起動させる

-vók·er 名 C 祈願[懇願]する人

語源 *in-* on＋*-voke* call：…に呼びかける，頼む

***in·vol·un·tar·y** /ɪnvá(ː)ləntèri | -vɔ́ləntəri/ 《アクセント注意》 形 (↔ voluntary) ❶ 不本意な，いやいやながらの；無意識の，何気なしの ‖ ～ unemployment 不本意な失業 / give an ～ cry (of surprise) 思わず(驚きの)叫び声を上げる ❷ 故意でない，過失の ‖ ～ manslaughter 〘法〙過失致死(罪) ❸〘生理〙不随意の ‖ ～ muscles 不随意筋

in·vòl·un·tár·i·ly /, ‐‐́‐‐‐‐‐/ 副 **-tar·i·ness** 名

in·vo·lute /ínvəlùːt/ 形 ❶《堅》複雑な，込み入った (intricate) ❷ 渦巻き状の，らせん状の ❸〘植〙(葉が)内旋(ないせん)の，内巻きの ❹〘動〙(貝殻が)渦巻き状の ‖ ～ shells 巻き貝 ─名 C〘数〙伸開線 ─動 自 内旋する

in·vo·lu·tion /ìnvəlúːʃən/ 名 U C ❶ 巻き込むこと，巻き込んだもの ❷ 複雑，錯綜(さくそう) ❸〘生〙内旋(部)，渦巻き(部分) ❹〘数〙対合，累乗 ❺〘生理〙機能低下

⁝in·volve /ɪnvá(ː)lv | -vɔ́lv/

中心義 …を(強い結びつきで)かかわらせる

─動 (～s /-z/；～d /-d/；-volv·ing)

─他《通例進行形不可》❶ **a** 《＋目》(結果・要素として)〔状況・出来事など〕を**含む**，(必然的に)…を伴う，(当然)…を必要とする ‖ Being a housewife ～*s* so much work. 主婦業はやることがとても多い / Ecology ～*s* a study of birth and death rates. 生態学には出生率と死亡率を調べることも含まれる

b 《＋*doing*》〔(…が)…すること〕を含む，伴う ‖ This job ～*s* (your) visiting [×to visit] more than ten clients every day. この仕事には(君が)毎日10件以上の顧客回りをすることも含まれている

❷ **a** 《＋目》〔人〕を〈…に〉巻き込む，かかわらせる，関与[参加]させる〈**in**〉(⇨ 類語) ‖ The evidence ～*d* the President *in* the scandal. その証拠が大統領をスキャンダルに巻き込んだ / the pedestrians ～*d in* the car accident その自動車事故に巻き込まれた歩行者たち / a rescue operation *involving* many volunteers 大勢のボランティアが参加している救助活動

b 《受身形または ～ oneself で》〈…に〉関係[関与]する，参加する，携わる〈**in, with**〉‖ Many students are ～*d in* internships. 多くの学生が実習生として勤務している / A doctor should not **get** [OR **become**] ～*d in* ending a patient's life. 医者は患者の生命を絶つようなことにかかわるべきでない / She is **directly** [actively, closely] ～*d* 「*in* many activities [*with* human rights]. 彼女は多くの活動[人権運動]に直接的に[活発に，密接に]携わっている / I don't want to ～ myself *in* this mess. 私はこのごたごたに巻き込まれたくない

❸《受身形で》〈…に〉熱中する，引き込まれる，感動する〈**in**〉；〈…と〉(男女の)深い仲になる〈**with**〉‖ He was ～*d in* his work. 彼は仕事に没頭していた / She is secretly ～*d with* her boss. 彼女はひそかに上司と深い仲になっている

❹ …に影響を与える，関係する ‖ It ～*s* their reputation. それは彼らの名誉にかかわる / Divorce ～*s* the children. 離婚は子供に影響を与える

❺ …を包む，覆う，くるむ

-vólv·er 名 C 巻き込むもの，(困難に)陥れるもの

類語 《❷》 **involve** 複雑でやっかいなことに深く関係させる．〈例〉*involve* her in a lawsuit 彼女を訴訟に巻き込む

implicate 悪事や犯罪行為などとかかわりを持たせる．〈例〉a letter *implicating* him in the robbery 彼をその強盗事件に巻き込む[彼がその強盗事件とかかわりがあることを示す]手紙

語源 *in-* in＋*-volve* roll：…の中に巻き込む

***in·volved** /ɪnvá(ː)lvd | -vɔ́lvd/ 形 (**more ～**；**most ～**) (♦ ❶ 以外比較なし) ❶ 複雑な，込み入った(↔ straightforward) ‖ an ～ explanation 込み入った説明 ❷《叙述》〈活動などに〉参加している，関係している〈**in**〉 ❸《名詞の後に置いて》(努力・危険などが)必要な，必然的に伴う ‖ There is too much risk ～. あまりにも危険を伴いすぎる **～·ly** 副

***in·volve·ment** /ɪnvá(ː)lvmənt | -vɔ́lv-/ 名 ❶ U 〈…に〉巻き込まれること，〈…への〉関与，参加〈**in, with**〉‖ ～ *in* the murder 殺人への関与 / Children's ～ *in* sports should be encouraged. スポーツへの子供の参加は奨励されるべきだ ❷ U C 〈…への〉熱中，没頭〈**in, with**〉‖ You need an ～ *in* something besides work. 君は仕事とは別に何か夢中になれるものが必要だ ❸ C U 〈…との〉(男女)関係，深い関係〈**with**〉

in·vul·ner·a·ble /ɪnvʌ́lnərəbl/ 形 〈攻撃などに対して〉不死身の，傷つけられない〈**to**〉；攻撃できない；打ち破れない

in·vùl·ner·a·bíl·i·ty 名 **-bly** 副

-in-waiting 連結形 ❶ …に仕える ‖ a lady-*in-waiting* 侍女 ❷ 今にも起きそうな，起こっても不思議でない ‖ a disaster-*in-waiting* 今にも起こりそうな災厄

***in·ward** /ínwərd/ (↔ outward) 形《限定》❶ 内部の，内側の；内部に向かう ‖ the ～ part of the church 教会の内部 / an ～ curve 内側への湾曲 ❷ 心の中の，精神的な，内面的な ‖ with ～ relief [regrets] 内心ほっと[後悔]して / feel an ～ tension 内心緊張する

─副 ❶ 内部[内側，中心]に(向かって) ‖ The door swung ～. ドアが内側に開いた ❷ 心の中で，内心に ‖ Look ～ to learn why. 理由が知りたければ自分の心にただしてみるんだね ─名 C《文》内部，内側

▸▸ **～ invéstment** 名 U C (外国企業による) 他国内への投資

ìnward-lóoking 形 他者に興味を示さない

in·ward·ly /ínwərdli/ 副 ❶ 内部に[で]，内側に[で] ❷ 心の中で，内心で(は) ‖ ～ much relieved 内心ではとてもほっとして ❸ 小声で，聞こえないように

in·ward·ness /ínwərdnəs/ 名 U 内省的なこと；精神性，霊性

***in·wards** /ínwərdz/ 副 ＝inward

in·wrought /ìnrɔ́ːt/ ＜シ 形《文》(織物が) 模様を織り込んだ；象眼した；(模様が)織り込んである

ìn-your-fáce 形《口》図々しい，露骨な

I·o /áɪoʊ/ 名 ❶〘ギ神〙イオ《Zeus に愛されたが，Hera の嫉妬(しっと)のため白い雌牛に変えられた乙女》❷〘天〙イオ《木星の第1衛星》

Ì/Ó ＜シ 略 *i*nput/*o*utput(入出力)

ÌOĆ 略 *I*nternational *O*lympic *C*ommittee (国際オリンピック委員会)

i·o·dide /áɪədàɪd/ 名 U〘化〙沃化(ようか)物

i·o·dine /áɪədàɪn | -diːn/ 名 U ❶〘化〙沃素(ようそ)，ヨード《非金属ハロゲン元素．元素記号 I》❷〘薬〙ヨードチンキ，ヨーチン《消毒剤》(tincture of iodine)

i·o·dize /áɪədàɪz/ 動 他 …をヨード処理する；…にヨードを加える ‖ ～*d* salt ヨウ素添加(食卓)塩

i·o·do·form /aɪóʊdəfɔ̀ːrm | aɪɔ́-/ 名 U〘化〙ヨードホルム

IOM 略 *I*sle *o*f *M*an(マン島)

***i·on** /áɪən/ 《発音注意》名 C〘理〙イオン ‖ positive [negative] ～*s* 陽[陰]イオン **i·ón·ic** 形 イオンの；イオンを用いる ▸▸ **～ exchànge** 名 U イオン交換

-ion /-ʃən, -ən/ 接尾《名詞語尾》「動作・状態・結果」などの意

(⇨ -SION, -TION, -ATION) ‖ translat*ion*, condemna*tion*, correct*ion*

I·o·ni·a /aɪóuniə/ 名 イオニア《小アジア西岸地帯の古代の名称. ギリシャの植民地》

I·o·ni·an /aɪóuniən/ 形 イオニア(人)の —名 C イオニア人 ▸▸**~ Séa** 名《the ~》イオニア海《イタリアとギリシャの間の地中海の海域》

I·on·ic /aɪɑ́(ː)nɪk | -ɔ́n-/ 形 ❶【建】イオニア式の《溝彫り付きの円柱と柱頭の渦巻き模様が特徴》 ❷《ときに i-》【韻】イオニア詩脚の ❸(古代ギリシャの)イオニア(人)の —名 ❶ C イオニア詩脚(を持つ詩) ❷ U イオニア語

i·on·i·za·tion /àɪənəzéɪʃən | -ənaɪ-/ 名 U【理】イオン化, 電離 ▸▸**~ chàmber** 名 C【理】電離箱《放射線の強度を測定する装置》

i·on·ize /áɪənàɪz/ 動 他 自 (…を)イオン化する, 電離する **-ìz·er** 名 C イオン化[電離]装置

i·on·o·sphere /aɪɑ́(ː)nəsfɪər | -ɔ́n-/ 名《the ~》電離層, イオン圏 **i·òn·o·sphér·ic** 形

i·o·ta /aɪóuṭə/ 名 C《単数形で》❶ イオタ《ギリシャ語アルファベットの第9字. Ι, ι. 英語の I, i に相当》❷《通例否定文で》わずか, 少し ‖ There is not an [OR one] ~ of truth in the gossip. そのうわさ話には少しの真実もない

ÌOÚ 名 C 借用証書《IOU $50 などと書いて署名する》(♦ I owe you. (私はあなたに借金している)の発音から)

-ious /-iəs, -jəs/ 接尾《形容詞語尾》「…の特徴のある;…に満ちた」の意(⇨ -OUS) ‖《名詞語尾 -ion に対応》caut*ious*, relig*ious* /《名詞語尾 -ity に対応》vivac*ious*

ÌOẂ 略 *i*n *o*ther *w*ords ((Eメールで)言い換えれば); *I*sle *o*f *W*ight(ワイト島)

I·o·wa /áɪəwə | -ouə/ 名 アイオワ《米国中西部の州. 州都 Des Moines /də mɔ́ɪn/. 略 Ia.,【郵】IA》 **-wan** 形 名 C アイオワ州の(人)

ÌṔ 略【野球】*i*nnings *p*itched (投球回数); 💻 *I*nternet *P*rotocol(インターネットプロトコル) ▸▸**~ addréss** 名 C 💻 IPアドレス《インターネット上の各コンピューターを識別するアドレス》

ÌPÁ 略 *I*nternational *P*honetic *A*lphabet (国際音標文字), *I*nternational *P*honetic *A*ssociation(国際音声学協会)

i·Pad /áɪpæ̀d/ 名 C《商標》アイパッド《米国 Apple 社製のタブレットコンピューター》

ÌPCĆ 略 *I*ntergovernmental *P*anel on *C*limate *C*hange(気候変動に関する政府間パネル)

i·Phone /áɪfòun/ 名 C《商標》アイフォーン《米国 Apple 社製のスマートフォン》

ÌPÓ 略 *I*nitial *P*ublic *O*ffering((株式の)初上場)

i·Pod /áɪpɑ̀(ː)d | -pɔ̀d/ 名 C《商標》アイポッド《米国 Apple 社の携帯型デジタル音楽[動画]再生機》

ips 略《米》*i*nches *p*er *s*econd

iPS 略 *i*nduced *p*luripotent *s*tem cell (人工[誘導]多能性幹細胞)

ip·se dix·it /ìpsi díksɪt/ 名《ラテン》(=he himself has said it) C 独断, 独断的な言葉[言辞]

ip·sis·si·ma ver·ba /ɪpsìsəmə və́ːbə/ 名《複数扱い》《ラテン》(=precise words)ある人の言ったとおりの言葉

ip·so fac·to /ìpsou fǽktou/ ⌫ 副《ラテン》まさにその事実によって; それによって, 結果として

ÌQ́ 名 C 知能指数, アイキュー ‖ have a high ~ 知能指数が高い(♦ *i*ntelligence *q*uotient の略)

i.q. 略 *i*dem *q*uod

Ir[1] 記号【化】iridium(イリジウム)

Ir[2] 略 Ireland, Irish

ÌŔ 略 *i*nformation *r*etrieval(情報検索); infrared(赤外線の);《米》*i*nternal [《英》*i*nland] *r*evenue(内国税収)

ir- 接頭 (r の前で)=in-[1,2] ‖ *ir*regular, *ir*responsible; *ir*rigate

ÌRÁ ⌫ 略 *i*ndividual *r*etirement *a*ccount ((米国の)個人退職金預金口座); *I*rish *R*epublican *A*rmy

***I·ran** /ɪrɑ́ːn/ 名 イラン《アジア南西部の共和国. 公式名 the Islamic Republic of Iran(イラン=イスラム共和国). 旧称 Persia. 首都 Teh(e)ran》

***I·ra·ni·an** /ɪréɪniən/ 形 ❶ イラン(人)の ❷ イラン語(派)の —名 (複 **~s** /-z/) C イラン人; U イラン語(派)

***I·raq** /ɪrɑ́ːk/ 名 イラク《アジア南西部の共和国. 公式名 the Republic of Iraq. 首都 Baghdad》

***I·ra·qi** /ɪrɑ́ːki/ 形 イラクの; イラク人[語]の —名 (複 **~s** /-z/) C イラク人; U イラク語

i·ras·ci·ble /ɪrǽsəbl/ 形 怒りっぽい, 短気な **i·ràs·ci·bíl·i·ty** 名

i·rate /àɪréɪt/ 形 ひどく怒った, 激怒した(very angry)

ÌRĆ 略 💻 *I*nternet *R*elay *C*hat《ネットでのチャット》

IrDA 略 💻 *i*nf*r*ared *d*ata *a*ssociation《赤外線データ転送の規格》

ire /áɪər/ 名 U《堅》怒り(anger) **~·ful** 形 怒った

Ire. 略 Ireland

‡Ire·land /áɪərlənd/《発音注意》
—名 ❶ **アイルランド島**《大ブリテン島の西にある島. アイルランド(共和国)と北東部の英国領北アイルランド(Northern Ireland)よりなる》
❷ アイルランド《アイルランド島南部を占める共和国. 首都 Dublin》

I·rene /aɪríːn | ˊ-ˊ-/ 名【ギ神】エイレーネ《平和の女神》

i·ren·ic /aɪríːnɪk/, **-i·cal** /-ɪkəl/ 形《堅》平和を促進する, 平和的な

ir·i·des·cent /ìrɪdésənt/ 形 虹(にじ)色の, 玉虫色の, 見る角度で色が変化する **-cence** 名 U 虹色, 玉虫色

i·rid·i·um /ɪrídiəm/ 名 U【化】イリジウム《プラチナに似た金属元素. 元素記号 Ir》

ir·i·dol·o·gy /ìrɪdɑ́(ː)lədʒi | -dɔ́l-/ 名 U【医】虹彩学《瞳(ひとみ)の虹彩から健康状態を診断して治療する》 **-gist** 名

i·ris /áɪərɪs/ 名 (複 **~·es** /-ɪz/ OR **i·ri·des** /áɪərədìːz/) C ❶【解】(眼球の)虹彩(こうさい)(⇨ EYE 図) ❷【植】アイリス, アヤメ科の植物(の花) ❸【写】虹彩絞り ❹《I-》【ギ神】イリス《虹(にじ)の女神》
—動 自【写】絞り込む《*out*》; 絞りを徐々に開く《*in*》
▸▸**~ recognìtion (technólogy)** 名 U 虹彩認証(技術) **~ scàn** 虹彩走査

***I·rish** /áɪərɪʃ/ 形 ❶ アイルランド(風)の, アイルランド人[語]の ❷ ⊗《蔑》(言動が)矛盾している, 非論理的な[に見える]
—名 ❶《the ~》《集合的に》《複数扱い》アイルランド人[国民](→ Irishman, Irishwoman) ❷ U アイルランド語
▸▸**~ cóffee** 名 U C アイリッシュコーヒー《少量のウイスキーを加え生クリームを浮かせたコーヒー》 **~ Gáelic** 名 U アイルランド[ゲール]語《アイルランド共和国の公用語》 **~ Repùblican Ármy** 名《the ~》アイルランド共和国軍《北アイルランドの英国からの独立を目指す過激な地下組織. 略 IRA》 **~ Séa** 名《the ~》アイルランド海《アイルランドと大ブリテン島の間の海域》 **~ sétter** 名 C アイリッシュセッター《赤褐色の毛を持った猟犬》 **~ stéw** 名 U C アイリッシュシチュー《羊肉・ジャガイモ・タマネギなどの入ったシチュー》 **~ térrier** 名 C アイリッシュテリア《赤毛の中型犬》 **~ wólfhound** 名 C アイリッシュウルフハウンド《昔オオカミ狩りに用いた大型犬》

I·rish·ism /áɪərɪʃìzm/ 名 U C アイルランド語法[なまり]; アイルランド風[気質]

Írish·man 名 (複 **-men** /-mən/) C アイルランド人; アイルランド人男性

Írish·wòman 名 (複 **-women** /-wìmɪn/) C アイルランド人女性

irk /əːrk/ 動 他 …をいら立たせる, うんざりさせる (♦ときに It ~ a person to *do* / that 節 の形をとる)

***irk·some** /ə́ːrksəm/《発音注意》形 うんざりする, 退屈な; やっかいな, 迷惑な **~·ly** 副

‡i·ron /áɪərn/《発音注意》
—名 (複 **~s** /-z/) ❶ U【化】**鉄**《金属元素. 元素記号 Fe》‖ cast [pig, steel, wrought] ~ 鋳[銑, 鋼, 錬]鉄

/ (as) hard as ~ 非常に堅い / *Strike the ~ while it is hot.* 《諺》鉄は熱いうちに打て；好機逸すべからず
❷ Ⓒ **アイロン** ‖ plug in an ~ アイロンのプラグを差し込む / pass [OR run] an ~ over a shirt シャツにアイロンをかける
❸ Ⓒ 《通例複合語で》鉄製の器具［道具］‖ a soldering ~ はんだごて
❹ Ⓒ 《~s》(囚人用の)手［足］かせ，鎖，手錠；《口》あぶみ；下肢矯正器 ‖ clap him in ~*s* 彼に手［足］かせをはめる
❺ Ⓒ 〖ゴルフ〗アイアン(クラブ) ‖ hit a good shot with a three ~ 3番アイアンでいいショットをする
❻ Ⓤ (身体·精神の)強固さ，堅さ，不屈 ‖ a man of ~ in a crisis 危機に際して不屈の精神力を持つ人 / have a will of ~ 鉄の［強固な］意志を持つ
❼ Ⓤ 〖薬〗鉄剤；〖医〗鉄分 ‖ ~ tablets 鉄剤 / You need more ~ in your diet. あなたは日常の食事でもっと鉄分をとる必要がある ❽ Ⓒ 《俗》💻ハードウェア ❾ Ⓤ 《米口》〖重量挙げ〗重量，ウエート

hàve* 「*(too) màny* [OR *sèveral, òther, a lòt of*] *ìrons in the fíre 一度に(あまりにも)多くのこと［活動，事業，計画など］に手を出す

pùmp íron 《口》ウエートトレーニングをする ‖ *pump* ~ for fitness 健康のためにウエートトレーニングをする

rùle ... with a ròd of íron*；*rùle ... with an ìron físt [OR ***hánd***] …に圧制を行う，…を厳格に支配する

—形 《比較なし》《限定》 ❶ **鉄の，鉄製の** ‖ ~ ore 鉄鉱石 / ~ gates 鉄の門 ❷ (鉄のように) 頑丈な，丈夫な (↔ weak)；(意志·決心などが)確固とした，揺るぎない，固い；頑固な；無慈悲な，冷酷な ‖ an ~ will 不屈の意志 / ~ resolve 固い決心 / an ~ discipline 厳格なしつけ

—動 (**~s** /-z/；**~ed** /-d/；**~·ing**)

—他 ❶ …に**アイロンをかける** ‖ Your pants are wrinkled. I'll ~ them. ズボンにしわが寄っていますね．アイロンをかけてあげましょう
❷ …を鉄で覆う，…に鉄器具を取りつける

—自 ❶ アイロンをかける，プレスする ❷ (衣服·材質が)アイロンが効く［かかる］‖ This dress washes and ~*s* easily. このドレスは洗濯もアイロンも効く

****ìron óut ...*** / ***ìron ... óut*** 〈他〉① ［しわ］をアイロンでのばす ② …を(話し合って)調整する，円滑にする，［問題など］を解決する，解消する ‖ It's only a little difference. I think I can ~ it *out*. ささいな違いだから，折り合いがつけられると思う

▶▶ **Íron Àge** 名 《the ~》鉄器時代 (→ Bronze Age, Stone Age) **Ìron Cróss** 名 Ⓒ (もとドイツの) 鉄十字勲章 **Ìron Cúrtain** 名 《the ~》鉄のカーテン《旧ソ連·東欧社会主義圏が西側に対して設けた政治的·思想的障壁》(♦ W. Churchill の造語) **~ gráy** 名 Ⓤ =iron-gray **~ hórse** 名 Ⓒ 《文》蒸気機関車 **~ lúng** 名 Ⓒ 鉄の肺《鉄製の人工呼吸器》 **~ máiden** 名 Ⓒ 鉄の処女《内側にくぎを巡らせた女性の形をした箱．昔の拷問具》 **~ mán** 名 Ⓒ 並外れた力を持った人；鉄腕投手；鉄人《トライアスロンなど忍耐力を要する競技の参加者》；鉄人競技 **~ mòld** 名 Ⓤ (布などについた) 鉄さび，インクのしみ **~ oxíde** 名 Ⓤ 酸化鉄 **~ pýrites** 名 Ⓤ 黄鉄鉱(fool's gold) **~ rátions** 名 複 (兵士の)非常用携帯食糧；必要最小限のもの

íron·bòund 形 ❶ 鉄張りの ❷ 《文》(海岸が) 岩だらけの，岩に囲まれた ❸ 堅固な；厳しい

íron·clàd 形 ❶ (特に船が)甲鉄の，装甲の ❷ 破ることができない，非常に厳しい **—**名 Ⓒ (19世紀の)甲鉄艦

ìron-gráy 名 Ⓤ 鉄灰色

***i·ron·ic, -i·cal** /aɪrá(ː)nɪk(əl) | -rɔ́n-/ 形 〔◁ irony[1] 名〕(**more ~**；**most ~**) ❶ (情況が) 皮肉な ‖ It is ~ that the movie star became popular after she died. その映画スターが死後に人気が出たのは皮肉だ ❷ 反語の，反語的な；皮肉好きな，皮肉屋の ‖ I meant to be ~. 皮肉のつもりで言ったんだけど / an ~ remark [smile] 皮肉な言葉［笑み］/ an ~ writer 皮肉好きな作家

***i·ron·i·cal·ly** /aɪrá(ː)nɪkəli | -rɔ́n-/ 副 ❶《文修飾》皮肉なことに(は)，皮肉にも ‖ The accident occurred, ~, during the safety test. 皮肉なことに，その事故は安全性テストの最中に起こった ❷ 皮肉を込めて，皮肉っぽく

i·ron·ing /áɪərnɪŋ/ 名 Ⓤ ❶ アイロンがけ ‖ do the ~ アイロンがけをする ❷ アイロンをかける［かけた］もの ‖ a pile of ~ アイロンがけをした［が必要な］衣類の山
▶▶ **~ bòard** 名 Ⓒ アイロン台

i·ron·ist /áɪərənɪst/ 名 Ⓒ 皮肉屋

íron·mònger 名 Ⓒ 《英》金物商［業者］(《米》hardware dealer)；(《~'s で》)金物店［屋］
-mònger·y 名 《英》① Ⓒ 金物商［店］② Ⓤ 金物(類)

íron-òn 形 アイロン(の熱と圧力)でつけられる

íron·sìde 名 Ⓒ ❶ 頑強な人 ❷ 《通例 I-s》《単数扱い》英国の将軍 Oliver Cromwell のあだ名；《複数扱い》(Cromwell が率いた) 鉄騎兵隊 ❸ 《~s》《通例単数扱い》甲鉄艦

íron·stòne 名 Ⓤ ❶ 鉄鉱石 ❷ 白色硬質陶器

íron·wàre 名 Ⓤ (家庭用の)鉄製品，鉄器

íron·wòod 名 Ⓤ Ⓒ 硬質材(の樹木)

íron·wòrk 名 ❶ Ⓤ 《集合的に》鉄製品；(建物などの) 鉄製部分 ❷ Ⓒ 《~s》《単数·複数扱い》製鉄所，鉄工場

***i·ro·ny**[1] /áɪərəni/ 《発音注意》名 〔▶ ironic 形〕(複 **-nies** /-z/) ❶ Ⓤ 皮肉，当てこすり，いやみ；Ⓒ 皮肉［いやみ］な言葉；〖修〗反語(法)《本来の意味とは反対の意味を持たせた言い方．「君は偉いよ」と言って，実は「間抜けだ」を意味するなど》(⇨ 類語) ‖ "How clever of you," he said with heavy ~. 「頭がいい人は違うね」と彼はいやみたっぷりに言った ❷ Ⓒ Ⓤ (運命などの)意外な成り行き，皮肉な巡り合わせ (♥ しばしば悪い結果を暗示する) ‖ The ~ of it is that the medicine took away his life. 皮肉なことにその薬が彼の命を奪った / by the ~ of fate 運命の皮肉［いたずら］で ❸ Ⓤ 劇的皮肉(dramatic irony)《登場人物が知らないことを観客［読者］が知っていることからくる皮肉·面白さ》‖ tragic ~ 悲劇的［悲しい］皮肉 ❹ = Socratic irony

類語 **《❶》irony** 反語的な効果をあげる表現としての「皮肉」を表す一般語．滑稽(こっけい)·冷やかし·いやみなどの効果を持つが，sarcasm のように辛辣(しんらつ)ではない．
sarcasm 人を傷つける痛烈で嘲笑(ちょうしょう)的·軽蔑的な意図を持つ皮肉．
satire 悪徳·愚行，あるいは慣習·制度などの不合理を皮肉って批判するもの．「風刺」．

i·ron·y[2] /áɪərni/ 形 鉄の(ような)；鉄(分)を含む；鉄製の

Ir·o·quois /írəkwɔ̀ɪ/ 名 (複 **Ir·o·quois** /-z/) Ⓒ イロコイ人［族］《北米先住民の部族連合》
Ìr·o·quói·an 形 イロコイ人の，イロコイ族［語］の
—名 Ⓒ イロコイ人［族］；Ⓤ イロコイ語

ir·ra·di·ance /ɪréɪdiəns/ 名 Ⓤ ❶ 〖理〗放射照度 ❷ 《文》発光；光輝，輝き **-ant** 形 光り輝く

ir·ra·di·ate /ɪréɪdièɪt/ 動 他 ❶ …を放射線に当てて治療する；(殺菌·腐敗防止のために) …に放射線を照射する ❷ …を照らす，明るくする；…を明らかにする ❸ 《主に受身形で》〈喜びなどで〉輝く〈**with, by**〉‖ Her face was ~*d with* happiness. 彼女の顔は幸せに輝いていた

ir·ra·di·a·tion /ɪrèɪdiéɪʃən/ 名 Ⓤ ❶ 放射線治療；(食品保存のための) 放射線照射 ❷ 照らす［照らされる］こと，照射 ❸ 〖光学〗光滲(こうしん)

***ir·ra·tion·al** /ɪrǽʃənəl/ 形 (↔ rational) ❶ (人が) 理性のない，道理のわからない (⇨ 類語) ‖ He seems to have become ~ with rage. 彼は怒りのあまり理性を失ったようだ ❷ (行動などが)理性に基づかない，不合理な，いわれのない ‖ It's ~, but I'm afraid of heights. 理由はないのですが，高い所が怖いんです ❸ 〖数〗無理(数)の ❹ (ギリシャ·ラテン韻律で)変則格(詩脚)の **—**名 Ⓒ ❶ 合理的に考えられない人 ❷ (=**~ númber**) 〖数〗無理数
~·ìsm 名 Ⓤ 非合理主義；不合理な行動［考え］ **~·ly**

副 **~·ness** 名

類語 **《❶》irrational** 通常の理性の力を欠いて［まともな理性に基づかないで］ばかげた.〈例〉an *irrational* belief in superstition 迷信への不合理な信仰 **unreasonable** 理性で正しいとは認められず不当な.〈例〉an *unreasonable* price 不当に高い値段

ir·ra·tion·al·i·ty /ɪræ̀ʃənǽləṭi/ 名（複 **-ties** /-z/）U 不合理(性)；分別のなさ；C《通例単数形で》不合理な［ばかげた］行動［考え］

ir·re·claim·a·ble /ìrɪkléɪməbl/ 形 回復［改良，矯正］できない；(土地が)開墾［埋め立て］できない **-bly** 副

ir·rec·on·cil·a·ble /ɪrèkənsáɪləbl/ ◁シ 形 ❶ 和解できない，妥協できない ❷（考えなどが）〈…と〉矛盾した，両立しない〈**with**〉 ── 名 C 両立できないもの **-bly** 副

ir·re·cov·er·a·ble /ìrɪkʌ́vərəbl/ ◁シ 形 取り戻しようのない，回収できない；回復できない，不治の **-bly** 副

ir·re·deem·a·ble /ìrɪdí:məbl/ ◁シ 形 ❶ 買い戻せない；(国債などが)無償還の；(紙幣などが)兌換(だかん)できない ❷ 取り返しのつかない，修正［改良］できない ❸（人が）矯正［救済］できない **-bly** 副

ir·re·den·tist /ìrɪdénṭəst | -tɪst/ ◁シ 名 C 民族統一主義者；《I-》イタリア民族統一主義者［党員］ **-tìsm** 名

ir·re·duc·i·ble /ìrɪdjú:səbl/ ◁シ 形 ❶ 縮小できない，削減できない；単純化できない ❷【数】既約の **-bly** 副

ir·ref·u·ta·ble /ìrɪfjú:ṭəbl, ɪréfjuṭəbl/ 形 論駁(ろんばく)できない **-bly** 副

irreg. 略 irregular(ly)

ir·re·gard·less /ìrɪgá:rdləs/ 形 副《口》＝regardless

***ir·reg·u·lar** /ɪrégjulər/ 形〔▶ irregularity 名〕(**more** ~；**most** ~)（♦❼❽❾は比較なし）❶ 不規則な，変則的な，不定期の（↔ regular, steady）‖ He is ~ in attending class. 彼はきちんと授業に出席していない / at ~ intervals 不規則な間隔をおいて / ~ rhythm 不規則なリズム / an ~ pulse 不整脈 / keep ~ hours 不規則な生活をする
❷（形・配置が）不ぞろいの，むらのある，でこぼこの，不同の（↔ even）‖ ~ in shape 形が不ぞろいの / ~ teeth 歯並びの悪い歯 / the ~ surface of the moon 月のでこぼこの表面 / an ~ coastline 入り組んだ海岸線
❸ 法［道徳，礼儀］に反する，正式でない，反則の ‖ It would be highly ~ for you to take a vacation at this time. 君がこんな時期に休暇をとるのは，はなはだ非常識というものだろう / an ~ proceeding 違法な手続き / an ~ physician 無免許医師 / an ~ marriage 内縁の結婚，事実婚 ❹ 規律のない，だらしない，不品行な ‖ lead an ~ life ふしだらな生活をする / ~ conduct 不品行 ❺《主に米》(商品などが)傷のある，不完全な，規格に合っていない ‖ ~ pants 傷物のズボン ❻【植】不ぞろいの，不整形の ❼【文法】不規則(変化)の ‖ an ~ verb 不規則動詞 ❽（軍隊が）不正規の ‖ ~ troops 不正規軍 ❾《米》《婉曲的》(人が)便秘気味の(constipated)
── 名 C ❶《通例 ~s》不正規軍，ゲリラ ❷《主に米》傷物商品

ir·reg·u·lar·i·ty /ɪrègjulǽrəṭi/ 名〔◁ irregular 形〕（複 **-ties** /-z/）❶ U C 不規則(性)，変則；不ぞろい；反則 ❷ C《通例 -ties》不規則なもの；不ぞろいなもの；不法行為，不品行 ❸ U《米》《婉曲的》便秘

ir·reg·u·lar·ly /ɪrégjulərli/ 副 不規則に，変則的に，不定期的に；不法に，だらしなく；不ぞろいで

ir·rel·e·vance /ɪréləvəns/ 名 U 無関係，見当違い，的外れ；C《通例単数形で》無関係［見当違い］の言葉［行為］

***ir·rel·e·vant** /ɪréləvənt/ 形 (**more** ~；**most** ~) ❶〈…にとって〉関係［関連］のない，重要でない〈**to**〉；的外れの，見当違いの（↔ relevant）‖ Your comment is ~ *to* the argument. 君の意見は目下の議論とは関係のないものだ / an ~ answer 見当違いの答え ❷ 無益な，役に立たない **~·ly** 副

ir·re·li·gion /ìrɪlídʒən/ 名 U 無信仰，不信心；反宗教

ir·re·li·gious /ìrɪlídʒəs/ ◁シ 形 無信仰の，不信心な；反宗教的な，不敬な

ir·re·me·di·a·ble /ìrɪmí:diəbl/ ◁シ 形 治療できない，不治の；矯正できない **-bly** 副

ir·re·mov·a·ble /ìrɪmú:vəbl/ ◁シ 形 移動［除去］できない；解雇できない

ir·rep·a·ra·ble /ɪrépərəbl/ 形（損傷などが）修復［治療］できない，取り返しのつかない **-bly** 副

ir·re·place·a·ble /ìrɪpléɪsəbl/ ◁シ 形（ほかのものとは）取り替えられない；かけがえのない

ir·re·press·i·ble /ìrɪprésəbl/ ◁シ 形 ❶（人が）生き生きとした，元気な ❷ 抑制できない；こらえられない **-bly** 副

ir·re·proach·a·ble /ìrɪpróʊtʃəbl/ ◁シ 形 欠点［難点，落ち度］のない，非の打ち所のない **-bly** 副

***ir·re·sist·i·ble** /ìrɪzístəbl/ ◁シ 形 ❶ 抵抗できない，抑えられない，圧倒的な ‖ I felt an ~ urge to start giggling. 笑い出したい気持ちを抑えられなくなった / an ~ force 不可抗力 ❷〈人にとって〉非常に魅力的な，うっとりさせるような〈**to**〉‖ Chocolate cake is ~ *to* me. チョコレートケーキが好きでたまらない **-bly** 副

ir·res·o·lute /ɪrézəlù:t/ 形 決断力のない，優柔不断な **~·ly** 副 **ir·rès·o·lú·tion** 名 U 優柔不断

***ir·re·spec·tive** /ìrɪspéktɪv/ ◁シ 形《~ of で前置詞として》…にかかわらず，…に関係なく(regardless) ‖ ~ *of* age [sex] 年齢［性別］に関係なく

ir·re·spon·si·bil·i·ty /ìrɪspɑ̀(:)nsəbíləṭi | -spɔ̀n-/ 名 U 無責任

***ir·re·spon·si·ble** /ìrɪspɑ́(:)nsəbl | -spɔ́n-/ ◁シ 形（↔ responsible）❶ 無責任な，いい加減な，責任感がない ‖ It was ~ of you to leave the children alone on the riverbank.（君が）子供たちだけを河原に置いてきたなんて無責任だ / ~ behavior [parents] 無責任な行動［親たち］❷ 責任能力のない，責任を負わない ── 名 C ❶ 責任感のない人 ❷（年齢・精神的要因で）責任を問われない人 **-bly** 副

ir·re·spon·sive /ìrɪspɑ́(:)nsɪv | -spɔ́n-/ 形 反応［手応え］のない

ir·re·triev·a·ble /ìrɪtrí:vəbl/ ◁シ 形 取り返しのつかない，元には戻せない，回復できない **-bly** 副

ir·rev·er·ence /ɪrévərəns/ 名 U（既存の権威・伝統などの）軽視

ir·rev·er·ent /ɪrévərənt/ 形（権威・伝統などに）敬意を払わない；批判的な（♥ しばしば「既成概念を打破した，伝統にとらわれない」といった肯定的意味で用いる） **~·ly** 副

ir·re·vers·i·ble /ìrɪvə́:rsəbl/ ◁シ 形 元に戻せない，変更［撤回］できない **-bly** 副

ir·rev·o·ca·ble /ɪrévəkəbl/ 形 呼び戻せない；取り消せない，変更できない；最終的な **-bly** 副

ir·ri·gate /írɪgèɪt/ 動 他 ❶ …に水を引く，…を灌漑(かんがい)する ❷【医】…を洗浄する ❸ …を生き生きとさせる

***ir·ri·ga·tion** /ìrɪgéɪʃən/ 名 U ❶ 灌漑(された状態)，注水 ‖ land under ~ 灌漑されている土地 / ~ canals 用水路 ❷【医】(傷口などの)洗浄

***ir·ri·ta·ble** /írəṭəbl | írɪ-/ 形 ❶ 怒りっぽい，短気な，いらいらする ‖ an ~ person 短気な人 / get tired and ~ 疲れていらいらする ❷【生理】(神経などが) 刺激に敏感な，興奮性の；過敏な；【医】炎症性の ‖ ~ skin 敏感肌
ìr·ri·ta·bíl·i·ty 名 **~·ness** 名 **-bly** 副
▸▸ **~ bówel sỳndrome** 名 U【医】過敏性大腸症候群（略 IBS）

ir·ri·tant /írətənt | írɪ-/ 形《通例限定》刺激性の，炎症を起こさせる ── 名 C 刺激剤；いら立たせるもの

***ir·ri·tate** /írɪtèɪt/ 動〔▶ irritation 名〕他 ❶ …をいらいらさせる，怒らせる，じらす；《受身形で》いらいらする，腹を立てる〈**with** 人に対して；**at, by** 物・事に対して〉‖ His jokes always ~ me. 彼の冗談に私はいつもいらいらさせられる / Joyce was quite ~*d with* him. ジョイスは彼にひどく腹を立てていた / I am ~*d at* being unable to

forget her. 彼女のことが忘れられなくていらいらしている ❷ …をひりひりさせる；〖生理〗…を刺激する，…に炎症を起こさせる ‖ The smoke ～*d* my eyes. 煙が目にしみた
—自 いらいらする

***ir·ri·tat·ing** /írɪtèɪtɪŋ/ 形 ❶ いらいらさせる，腹立たしい ❷ 刺激する，ひりひりさせる；炎症を起こさせる **～·ly** 副

***ir·ri·ta·tion** /ìrɪtéɪʃən/ 名〔◁ irritate 動〕U ❶ いら立ち，立腹，かんしゃく ‖ with ～ いらいらして / show signs of ～ いら立ちの様子を見せる ❷ Cいら立たせるもの[こと] ‖ Traffic jams are one of the ～*s* of urban life. 交通渋滞は都会生活でのいらいらの1つだ ❸〖医〗(肌の)ひりつき(感)；炎症，刺激，興奮

ir·ri·ta·tive /írɪtèɪtɪv/ 形 ❶ いらいらさせる，怒らせる ❷〖医〗炎症による[を伴う]，刺激性の

ir·rupt /ɪrʌ́pt/ 動 自 ❶ 侵入[突入，乱入]する ❷ (動物などが)急増する；集団移動する

ir·rup·tion /ɪrʌ́pʃən/ 名 U C ❶ 〈…への〉侵入；突入，乱入 ❷ (動物などの)急増；集団移動

ÌRŚ 略 *I*nternal *R*evenue *S*ervice((米国の)国税庁)

Ir·ving /ə́:rvɪŋ/ 名 **Washington ～** アービング(1783–1859)《米国の作家》

⁑is /弱 z, s；強 ɪz/
—動 (**was**；**been**) 自 be 動 の三人称単数・直説法現在形 (⇨ BE 動) ‖ "What ～ he?" "He ～ an engineer." 「彼は何をする人ですか」「技師です」/ Switzerland ～ in Europe. スイスはヨーロッパにある
—助 (**was**；**been**) be 助 の三人称単数・直説法現在形 (⇨ BE 助) ‖ He ～ listening to music. 彼は音楽を聞いている / Paper ～ made from pulp. 紙はパルプから作られる

is. 略 island；isle

Is. 略〖聖〗Isaiah；Island(s)；Isle(s)

ÌSÁ 略 💻 *i*ndustry *s*tandard *a*rchitecture《拡張ボードインターフェースの規格》；*i*ndividual *s*avings *a*ccount (《英》個人貯蓄預金)

Isa 略〖聖〗Isaiah

I·saac /áɪzək/ 名〖聖〗イサク《Abraham と Sarah の子. Jacob と Esau の父》

Is·a·bel·la /ìzəbélə/ 名 ～ **I** イザベル1世 (1451–1504)《スペインのカスティーリャの女王 (1474–1504). Columbus の新大陸発見時の航海の後援者》

I·sa·iah /aɪzéɪə｜-záɪə/ 名〖聖〗イザヤ《紀元前8世紀のヘブライの預言者》；(旧約聖書中の)イザヤ書

-isation /-əzeɪʃən｜-aɪ-/ 接尾《主に英》＝-ization

ÌSBŃ 略 *I*nternational *S*tandard *B*ook *N*umber (国際標準図書番号)

is·che·mi·a, 《英》**-chae-** /ɪskí:miə/ 名 U〖医〗虚血，乏血《動脈の狭窄(きょうさく)などによる局所的な貧血》

ÌSDŃ 略 💻 *i*ntegrated *s*ervices *d*igital *n*etwork (統合サービスデジタル通信網)

-ise /-aɪz/ 接尾《英》＝-ize

-ish /-ɪʃ/ 接尾《名詞語尾》《名詞から》「(国・地域)の人々(の言語)」の意 ‖ the Brit*ish*, Turk*ish*；《形容詞語尾》❶《名詞から》**a**「…に属する，…の国籍の」の意 ‖ Brit*ish*, Span*ish* **b**「…のような，…じみた，…めいた，…の傾向のある」の意(♥ しばしば軽蔑的) ‖ child*ish*, fool*ish* ❷《ほかの形容詞から》「やや…の，…がかった，…っぽい」の意 ‖ old*ish*, redd*ish* ❸《口》《数詞から》(年齢・時刻などが)「およそ，…ごろ，…くらい，…がらみの」の意 ‖ eighty*ish*, ten*ish*

Ish·ma·el /íʃmeɪəl, -miəl/ 名 ❶〖聖〗イシュマエル《Abraham と Hagar の子. 後に母とともに荒野に追放される》❷ C《文》宿なし，のけ者

Ish·ma·el·ite /íʃmiəlàɪt, -meɪəl-/ 名 ❶ イシュマエルの子孫《伝説上のアラブ人の祖先》❷ ＝Ishmael ❷

i·sin·glass /áɪzənglæ̀s｜-zɪŋglà:s/ 名 U ❶ アイジングラス《チョウザメの浮袋から作るゼラチン状の物質. 接着剤・ゼリー用》❷〖鉱〗雲母(うんも)

I·sis /áɪsɪs/ 名〖エジプト神話〗イシス《古代エジプトの豊穣(ほうじょう)の女神. Osiris の妻で Horus の母》

isl. 略 island；isle

***Is·lam** /ízlɑ:m, ís-/ 名 U ❶ イスラム教 ❷《集合的に》イスラム教徒，イスラム教国家 ❸ イスラム教文化(圏)，イスラム世界

Is·lam·a·bad /ɪzlɑ́:məbæ̀d, ɪs-/ 名 イスラマバード《パキスタンの首都》

***Is·lam·ic** /ɪzlǽmɪk, ɪs-/ 形 ❶ イスラム教(徒)の ❷ イスラム文化の，イスラム世界の
▸▸ **～ Jihád** 名 イスラミックジハード《イスラム原理主義を奉ずるパレスチナの過激派集団》

Is·lam·ism /ɪzlǽmìzm, ɪs-/ 名 U イスラム教原理主義(の復興運動) **-ist** 名

Is·lam·ize /ízləmàɪz, ɪs-/ 動 自 他 (…が[を])イスラム教化する，イスラム教に改宗する[させる]；イスラム教を信奉する[させる] **Ìs·lam·i·zá·tion** 名 U イスラム教化

Is·lam·o·pho·bia /ɪslæ̀məfóubiə, ɪz-/ 名 U イスラム教嫌い，イスラム勢力に対する恐怖

⁑is·land /áɪlənd/《発音注意》名 動
—名 (複 **～s** /-z/) C ❶ **島**《略 I., Is.》‖ Shikoku *Island*＝the ～ of Shikoku 四国 / the main ～ of Japan 本州 / the Pacific ～*s* 太平洋の島々 / live **on** an ～ 島に住む / a remote ～ 遠方の島 / a desert ～ 無人島 / an offshore ～ 沖合いの島
❷ 島に似たもの，孤立したもの ‖ an ～ of floating ice in the lake 湖に島のように浮かぶ氷
❸《英》(道路上の)安全地帯 (traffic [《米》safety] island) ❹〖医〗島《周囲と異質な細胞群》
—動 他 …を島(のよう)にする；…を孤立[孤絶]させる

***is·land·er** /áɪləndər/ 名 C 島民，島[島国]の住民

***isle** /aɪl/《発音注意》(♦ 同音語 aisle, I'll) 名 C《文》島 (island)，小島(♦ 主に詩語，あるいは固有名詞の一部として用いる) ‖ the British *Isles* 英国諸島 / the *Isle* of Man マン島

is·let /áɪlət/《発音注意》名 C 小島；小島状のもの
▸▸ **～s of Láng·er·hàns** /-lɑ́:ŋərhɑ̀:nz｜-lǽŋəhæ̀nz/ 名 複〖解〗ランゲルハンス島《インシュリンを分泌する膵臓(すいぞう)内の組織》

ism /ízm/ 名 C ⊗《口》《主に蔑》イズム，主義，学説

-ism /-ɪzm/ 接尾《抽象名詞語尾》❶《主義・学説・教(派)・原理・体系》(→ -ist) ‖ social*ism*, Darwin*ism*, Buddh*ism*, cub*ism* ❷《特有の行動・特性；言語上の特質》‖ patriot*ism*, diamagnet*ism*(反磁性)；American*ism* ❸《病的状態》‖ alcohol*ism* ❹《行為・状態》‖ bapt*ism*, critic*ism*, terror*ism*

***is·n't** /íznt/《口》is not の短縮形(⇨ BE 動 助, IS 動 助)

ÌSÓ 略 International Organization for Standardization(国際標準化機構；その基準に基づく写真フィルム・撮像素子の感度表示)(♦ 語源は「等しい」の意のギリシャ語 isos であるが，つづりに合わせて *I*nternational *S*tandards *O*rganization の略とすることが多い)

iso- 連結形 (♦ 母音の前では is- を用いる) ❶「同…，等…(equal)」の意 ‖ *iso*tope ❷〖化〗「異性体の(isomeric)」の意 ‖ *iso*prene

i·so·bar /áɪsəbɑ̀:r, -sou-/ 名 C ❶〖気象〗等圧線 ❷〖理〗同重核 **ì·so·bár·ic** 形

i·so·chro·mat·ic /àɪsəkroumǽtɪk, -sou-/ ◁シ 形 ❶〖光〗等色の ❷〖理〗一定の波長[周波]の ❸〖写〗整色性の

i·soch·ro·nal /aɪsɑ́(:)krənəl｜-sɔ́k-/ 形 ❶ 等時(性)の ❷ 等時間の ❸ (運動・振動などが)等時持続する

i·so·dy·nam·ic /àɪsədaɪnǽmɪk, -sou-/, **-i·cal** /-ɪkəl/〖理〗形 ❶ 等力の ❷ (地球の表面の)等磁力線の

i·so·fla·vone /àɪsouflérvoun/ 名 U C イソフラボン《大豆などに含まれる色素成分. 癌(がん)・老化などの予防成分として注目される》

i·so·gloss /áɪsəglɑ̀(:)s, -sou-｜-glɔ̀s/ 名 C〖言〗等語線

《言語的特徴の異なる２地方を分離する想像上の線》

i·so·gon /áɪsəgɑ̀(:)n | -gɔ̀n/ 名 C 等角多角形

i·so·gon·ic /àɪsəgɑ́(:)nɪk, -soʊ- | -gɔ́n-/, **i·sog·o·nal** /aɪsɑ́(:)gənəl | -sɔ́g-/ 形 ❶ 等角の ❷ （地磁気が）等偏角（線）の ―名 C 等偏角線

***i·so·late** /áɪsəlèɪt/ 動 他 ❶…を〈…から〉分離させる，孤立［孤絶］させる，切り離す〈**from**〉‖ The village was ～*d* by the heavy snow. 村は大雪のため孤立した / ～ oneself *from* all society 世間との交際を一切絶つ / ～ religion *from* politics 政治と宗教を切り離す ❷〔原因など〕を特定する，〔問題など〕を〈…から〉切り離して対処する〈**from**〉 ❸〘医〙〔患者〕を〈…から〉隔離する〈**from**〉‖ Those with contagious diseases are ～*d*. 伝染病にかかった人たちは隔離される ❹〘化・生〙〔物質・細菌など〕を〈…から〉遊離させる，分離する〈**from**〉 ❺〘電〙…を絶縁させる（insulate） ―名 C ❶ 孤立した人［もの］ ❷〘化・生〙遊離［分離］されたもの **-là·tor** 名 C 分離［隔離］するもの［人］；絶縁体（insulator）

***i·so·lat·ed** /áɪsəlèɪtɪd/ 形（**more ～**；**most ～**）（♦ ❸ ❹ は比較なし） ❶ 孤立した，まばらな，隔離された ‖ be ～ from society 社会から孤立している / Tomorrow will be sunny with ～ showers. 明日は晴れで局地的ににわか雨となるでしょう / an ～ house 一軒家 ❷ 孤独な ‖ In a large city, everybody feels ～ at times. 大都市ではだれもが時折孤独を感じる ❸（事件・例などが）1回だけの，単発的な ‖ an ～ incident 一度だけの事件 / an ～ example 例外的なケース ❹〘化〙遊離した

***i·so·la·tion** /àɪsəléɪʃən/ 名 U ❶ 分離，孤立，孤独 ‖ an ～ cell （拘置所などの）独房 / a policy of ～ 孤立主義政策，鎖国政策 / feelings of ～ 孤独感 ❷〘医〙隔離 ‖ an ～ hospital [ward] 隔離病院［病棟］ ❸〘化〙遊離；〘電〙絶縁；〘生〙分離

in isolátion* 〈…と〉切り離して〈from**〉，単独で；孤立して ‖ That issue cannot be dealt with *in* ～. その問題をほかと切り離して扱うことはできない

～·ìsm 名 U 孤立主義（政策），不干渉主義 **～·ist** 名 C 形 孤立主義（政策）者（の）；孤立主義（政策）（の）

i·so·mer /áɪsəmər/ 名 C ❶〘化〙異性体 ❷〘理〙異性核 **ì·so·mér·ic** /-mérɪk/〘医〙形

i·som·er·ism /aɪsɑ́(:)mərɪzm | -sɔ́m-/ 名 U ❶〘化〙（同質）異性 ❷〘理〙（核種の）核異性

i·so·met·ric /àɪsəmétrɪk, -soʊ-/ ⟨シ⟩ 形 ❶ 同じ大きさ［寸法，容積］の ❷〘製図〙等測投影法の ‖ ～ drawing 等測投影法 ❸〘医・スポーツ〙アイソメトリクスの ‖ ～ exercises＝isometrics ❹〘結晶〙等軸の ❺〘韻〙等韻律の

ì·so·mét·rics /-s/ 名《単数・複数扱い》〘医・スポーツ〙アイソメトリクス《筋肉鍛練法の一種》

i·so·morph·ic /àɪsəmɔ́ːrfɪk, -soʊ-/ ⟨シ⟩ 形 ❶〘生〙（異種）同形の，同一構造の ❷〘数〙同型の ❸〘結晶〙異質同像の

i·so·mor·phism /àɪsəmɔ́ːrfɪzm, -soʊ-/ 名 U ❶〘生〙（異種）同形；等表現型 ❷〘化〙異質同像 ❸〘数〙同形（写像）

i·son·o·my /aɪsɑ́(:)nəmi/ 名 U〘法〙法の下での平等（権）

i·so·prene /áɪsəprìːn, -soʊ-/ 名 U〘化〙イソプレン《人造ゴムの原料》

ì·so·prò·pyl álcohol /àɪsəpròʊpəl- | -pɪl-/ 名 U〘化〙イソプロピルアルコール《不凍剤・殺菌用など》

i·sos·ce·les /aɪsɑ́(:)səlìːz | -sɔ́s-/ 形《限定》〘数〙二等辺の，等脚の ▸▸**～ tríangle** 名 C 二等辺三角形

i·sos·ta·sy /aɪsɑ́(:)stəsi | -sɔ́s-/ 名 U〘地〙アイソスタシー，地殻均衡

i·so·therm /áɪsəθəːrm, -soʊ-/ 名 C〘気象〙等温線

i·so·therm·al /àɪsəθə́ːrməl, -soʊ-/ 形 等温［一定温度］で起こる；等温（線）の ―名 C 等温線

i·so·ton·ic /àɪsətɑ́(:)nɪk, -soʊ- | -tɔ́n-/ ⟨シ⟩ 形 ❶〘理・化〙（溶液が）等張の，等浸透圧の ❷〘生理〙（筋肉が）等（緊）張の ❸（飲み物が）アイソトニックの《運動で失われたミネラルを補う働きをする》

i·so·tope /áɪsətòʊp/ 名 C〘化〙アイソトープ，同位元素《原子番号は同じだが原子量と核の性質を異にする元素》‖ a radioactive ～ 放射性同位元素

i·so·tro·pic /àɪsətrɑ́(:)pɪk, -soʊ- | -trɔ́p-/ 形〘理〙等方性の

ÌSṔ 略 💻 *I*nternet *s*ervice *p*rovider

Isr. 略 Israel, Israeli

***Is·ra·el** /ízriəl | -reɪəl/《発音注意》名 ❶ イスラエル《1948年建国の Palestine のユダヤ人国家．公式名 the State of Israel．首都 Jerusalem》 ❷ イスラエル王国《地中海東南端の古代国家．また分裂後の北王国》 ❸〘聖〙イスラエル《Jacob の別名》 ❹ U《集合的に》《複数扱い》（Jacob の子孫としての）イスラエル人，ヘブライ人，ユダヤ人

***Is·rae·li** /ɪzréɪli/《アクセント注意》形（現在の）イスラエルの，イスラエル共和国［人］の ―名（複 **～** OR **～s** /-z/）C（現在の）イスラエル（共和国）人

Is·ra·el·ite /ízriəlàɪt/ 名 C 古代ヘブライ人；古代イスラエル人，ユダヤ人 ―形 古代イスラエル（人）の，ヘブライ（人）の

ÌSSŃ 略 *I*nternational *S*tandard *S*erial *N*umber（国際標準逐次刊行物番号）

is·su·ance /íʃuəns/ 名 U 発行，発布；配給，支給

is·sue /íʃuː, ísjuː/ 名 動

中心義 外に出す，外に出てきたもの

> 名 問題❶ 争点❶ 発行❷ 発行物❷
> 動 他 発行する❶ 出版する❶ 出す❷ 自 出る❶

―名（複 **～s** /-z/） ❶ C（論争の焦点となる）**問題**，問題点；**争点**，論点；《しばしば ～s》（個人的な）問題，事情，困ったこと（♦ problem より婉曲的な語）（⇨ PROBLEM 類語P）‖ That's just the ～. それがまさに問題だ / The real ～ is unemployment. 真の問題点は失業だ / His income isn't the ～. 彼の収入は大した問題ではない / have an ～ with him 彼とうまくいっていない；彼と意見が合わない / have ～*s*「with money [about food] 金［食べ物］の問題を抱えている / an ～ of law〘法〙法律上の争点

連語【動＋～】address [OR tackle] an ～ 問題に取り組む / raise [discuss, resolve] an ～ 問題を提起［論議，解決］する / consider an ～ 問題について検討する / become an ～ 問題点になる / avoid [OR evade, dodge] an ～ 問題を回避する / confuse [OR cloud] an ～ 問題点をぼかす
【形＋～】a current ～ 今問題となっている事項 / a central [major] ～ 中心的な［主要な］問題 /「a political [an environmental] ～ 政治［環境］問題 /「an important [OR a key] ～ 重要な問題 / a big ～ 大きな問題

❷ U（新聞・雑誌・切手・通貨などの）**発行**，刊行；（手形などの）振り出し；（命令などの）発布，（声明などの）発表；（免許などの）交付；C **発行物**，発行部数；（出版物の）第…刷［版，号］‖ the ～ of「a newspaper [stamps] 新聞［切手］の発行 / the date of ～ 発行［刊行］年月日 / a share ～ 発行株式 / the May ～ of *In Style*「イン＝スタイル」誌の5月号 / the current ～ 最新号

❸ U C（糧食・武器などの）支給［配給］（品）‖ the ～ of supplies 物資の支給

❹ U/C《an ～》（水・煙などの）流出（物）；C 出口，はけ口；河口（outlet）‖ an ～ of blood 出血

❺ U《集合的に》《単数・複数扱い》《堅》〘法〙子，子孫；跡取り ‖ die without ～ 子孫を残さずに死ぬ

❻ C《an ～》《旧》結果，成果；決着，結審 ‖ hope for a successful ～ 好成果を望む / bring a case to an ～ 係争事件を結審させる

❼ C《～s》〘法〙（地所などからの）収益，収穫，利得

❽ C〘医〙瀉血（しゃけつ）；（膿（うみ）の）排出；切開（口）；膿

at íssue 係争[論争]中の[で], 問題の(under discussion);〈…と〉意見が合わない〈**with**〉‖ What's *at* ~ is who should be held most responsible for it. 問題はだれがその最大の責任を負うべきかだ / miss the point *at* ~ 論点[要点, 争点]を外す / be *at* ~ *with* one's superior 上役と意見が合わない

fòrce the íssue 決着を迫る, 行動を起こさせる

màke an íssue (***òut***) ***of ...*** 〔特に小さなこと〕を問題にする, 騒ぎ立てる

tàke [OR ***jòin***] ***íssue*** 〈意見などに〉異議を唱える, 反対する〈**with**〉; 意見を異にする, 対立する〈**with** 人と; **about, on, over** …について〉‖ Many statisticians *take* ~ *with* this approach. 多数の統計学者がこの方法に異を唱えている / I'll *take* ~ *with* you *about* this statement. 私は今の申し立てに関してあなたに異議を唱えたく思います

COMMUNICATIVE EXPRESSIONS

[1] Móney **is nòt the íssue** nòw. NAVI 今はお金を問題にしていない(♥ 論点が違うことを指摘する. ⇨ NAVI表現 7)

[2] **Thís [Thát] is a híghly sènsitive [confidèntial, dèlicate] íssue.** これ[それ]は取り扱いに慎重を要する[機密の, 細心の注意を要する]問題だ(♥ うかつに発言できないことを示す)

[3] **Whàt's the bìg íssue?** 何が問題なんだ; 大騒ぎするようなことじゃない

―動 (**~s** /-z/; **~d** /-d/; **-su·ing**)

―他 ❶〔切手・通貨など〕を**発行する**;〔手形〕を振り出す; …を**出版**[刊行]**する** ‖ ~ currency [bonds] 通貨[債券]を発行する / This magazine is ~*d* once a month. この雑誌は月1回発行される

❷〈…に〉〔声明など〕を**出す**(↘ put out), 発する, 交付する〈**to**〉,〔法律・令状など〕を発布する ‖ ~ a **statement** *to* news agencies 通信社に声明を発表する / ~ invitations 招待状を出す

❸《(米) +目 *A* +目 *B* / (英) +目 *A* + **with** 目 *B* ⇄ +目 *B* + **to** 目 *A*》*A*(軍人・生徒など)に*B*(物資・食料など)を支給[配給]する; *A*に*B*(公文書・旅券など)を交付する(♦ しばしば受身形で用いる) ‖ Each pupil is ~*d* ((英) *with*) a textbook. 各生徒に教科書が1冊ずつ支給される / The government refused to ~ him ((英) *with*) a passport. 政府は彼に旅券を交付するのを拒んだ

―自 ❶(音・煙・液体などが)(大量に)**出る**, 流出する(↘ flow out); 現れる《*forth, out*》〈**from** …から; **into** …へ〉‖ A stream of foul language ~*d forth from* her lips. 下品な言葉が次々に彼女の口をついて出た / smoke *issuing from* a volcano 火山から噴き出る噴煙

❷〈ある源から〉発する, 生じる;(結果として)〈…から〉起こる, 出る〈**from**〉;(利益・収入が)〈株・土地などから〉上がる〈**from, out of**〉‖ Three little streams ~ *from* the mountain. 山から3本の小川が流れ出ている

-ist /-əst | -ɪst/ 接尾 《名詞語尾》「…する人」の意 ❶《-ize [-ise] で終わる動詞の動作主》‖ apolog*ist* ❷《-ism で終わる名詞から》「…主義者, …派, …(教)徒」の意(♦「…主義(者)の」「…的な」の意の形容詞にもなる) ‖ social*ist*, Buddh*ist* ❸《学術研究など》「…(学)者, …奏者, …家」の意 ‖ physic*ist*, violin*ist*, novel*ist*

Is·tan·bul /ìstænbʊ́l/ ◁ジ 名 イスタンブール《トルコ北西部, ボスポラス海峡に臨む港湾都市. 旧名コンスタンティノープル》

isth·mi·an /ísθmiən/ 形 地峡の;《I-》コリント地峡の, パナマ地峡の ―名 C 地峡の住民

isth·mus /ísməs/ 《発音注意》名 C ❶ 地峡 ‖ the *Isthmus* of Panama パナマ地峡 ❷〔解〕峡, 峡部

it[1] /ɪt/ 代 名

―代 (三人称・単数の人称代名詞の主格および目的格)(複 **they** /ðeɪ/)(所有格 **its**; 再帰代名詞 **itself**) ❶《既述のもの・事などを指して》**それ(は[が])**, **それ(を[に])**(♦ 特に「それ」と訳さなくてよい場合が多い) ‖ She received an e-mail from him at last and read ~ hastily. 彼女はやっと彼からEメールをもらい急いで読んだ / "What is this [that]?" "*It*'s a cross between a chair and a table — I call ~ a 'chable'!"「これ[あれ]は何ですか」「いすにもテーブルにもなるもので, 私は『チェーブル』と呼んでいます」(♦ This [That] is ... の形でも答えられるが「It is [It's] ... の方がふつう) / Love ceases to be a pleasure when ~ ceases to be a secret. 恋は秘密でなくなったときに喜びではなくなる / Even if he is angry, he won't show ~. たとえ腹が立ったとしても彼は怒りを見せないだろう / Here is $100. Will ~ be enough for a deposit? ここに100ドルあります. これで保証金になりますか / The committee announced that ~ had rejected the proposal. 委員会はその提案を却下したと発表した(♦ 集団の各成員に重点がある場合は they で受ける) / What a lovely baby! Is ~ a boy or a girl? 何てかわいい赤ちゃんでしょう, 男の子ですか, 女の子ですか(⇨ 語法 (1)) / "Who is ~?" "*It*'s Dan."(ノックや足音を聞いて)「どなた」「ダンです」(♦ 姿の見えない人を指す) / When I found ~, the cat was all wet. その猫を見つけたときそれはびしょぬれだった(♦ 従属節が主節の前にきた場合, it は後の名詞(句)を指すことがある. ⇨ HE ❶ 語法 (1))

語法 ☆☆ (1) 文脈・状況から特定できるもの・概念・集合体・動物などを指す. 子供・赤ん坊・ペットなどにも性別がわからない場合は使うことがあるが, これらには性別に応じて he, she を用いるのがふつう.

(2) 実際に物を指して「それ」というときには it ではなく指示代名詞 that を用いる.〈例〉*That* is my pen. それは私のペンだ

(3) it は前に出てきた句・節・文の内容を受けることができるが, this および that も同様に用いられる. this は話者が内容に関心を寄せていてこれからその事柄を話題にしようとしている場合に用いられやすく, that は話者がこの事柄から距離をおき, これから特に話題にしようとしない場合に使われる傾向にある. it を用いるとそのいずれの含みもない言い方になる. (⇨ PB 42)

❷《漠然とした状況・文脈から判断できる事柄を指して》(♦ 特に訳さなくてよい場合が多い) ‖ I can't stand ~ any longer. (こんなことは)もう我慢できない / I like ~ here. ここが気に入っている(♦ it はその場所の状況・雰囲気などを漠然と指す) / *It* can't be helped. 仕方がない / Stop ~. やめて / Where does ~ hurt? どこが痛むの / How's ~ going (with you)? 調子はどうだい / *It*'s my turn. (今度は)僕の番だ / I'd like to see you this afternoon if ~'s convenient. もしご都合がよろしければ今日の午後お目にかかりたいのですが / President Reagan once said, "We've never had ~ so good." レーガン大統領はかつて「我々の状況がこれほどよかったことはなかった」と述べた

❸《天候・時間・日付・距離などを表す文の主語として》(♦ it を「それ」とは訳さない) ‖ *It* rained hard all day long. 1日中ひどい雨だった / *It*'s a quarter to ten. 10時15分前です / *It*'ll soon be dinner time. じきに夕食の時間だ / *It* is five years since I saw him last. 彼に最後に会ってから5年たった / What day of the week is ~ today? 今日は何曜日ですか / *It*'s a long way from here to the beach. ここから浜辺までは遠い

❹《形式上の主語・目的語として》(♦ 実質上の主語・目的語が後ろにくるので it 自体に意味はなく「それ」とは訳さない)

a 《不定詞句を受けて》‖ *It* is not easy *to* settle the matter. その問題を解決するのは容易ではない(=To settle the matter is not easy.) / You'll find ~ difficult *to* persuade Mom. ママを説得するのは難しいことがわかるよ / Is ~ necessary for you *to* work part-time? (=Is ~ necessary that you work [(主に英) should work] part-time?) どうしてもアルバイトをしなければならないの(♦ この場合 it は「for+名+to *do*」を受ける. → for ⑲) / *It*'s kind of you *to* say so. そう言っ

てくださってありがとう(＝You are kind to say so.)(♦この場合 for you ではなく of you となる. → of ❼b)
b 《that 節 を受けて》‖ Is ～ true *that* he's ill? 彼が病気だというのは本当ですか / I think ～ possible *that* she will come again. (＝I think (that) ～ is possible (*that*) ....) 彼女はまた来ると思う / *It* is quite natural *that* you should be angry. 君が腹を立てるのも無理はない (♦ natural や strange, a pity, no wonder などの語句がこの構文で使われた場合, that 以下に should を用いて「…が…するとは…だ」という主観的意味合いを表す. → should ❺) / *It* is said [thought] *that* blood is thicker than water. 血は水よりも濃いといわれ[考えられ]ている (♦ ˣThat blood is thicker than water is said. は不可) / I don't like ～ *that* he should be alone with my daughter. あの男が娘と二人きりだというのが気に入らない (♦ 近い意味で like it when ... ということもある. → like² 動 他 ❶ a)
c 《wh 節 を受けて》‖ *It* doesn't matter to me *where* you go. 君がどこへ行こうと私は構わない / *It* is not clear to me *why* he behaved like that. 彼がなぜああいう振る舞いをしたのか私にはわからない
d 《動名詞句を受けて》‖ *It*'s been nice talking to you. お話しできて楽しかったです / *It*'s no use shouting. 大声を出しても無駄だ / What's ～ like being a foreigner in Japan? 日本で外国人でいることはどんな気分ですか / I find ～ difficult getting up early in the morning. 朝早く起きるのがつらい
e 《関係節を伴った名詞句を受けて》《口》‖ *It* makes me sick the way he treats his wife. 彼の妻に対する接し方にはうんざりだ(♦ 名詞句はしばしば the way ...)

語法 ☆☆ (1) 多くの場合, 形式上の主語 it の代わりに実質上の主語を置くこともできる. しかし, 特に **a**, **b**, **c** では it で始まる構文の方がふつう.
(2) 動詞の後ろに形式上の目的語 it がくる構文で, it の代わりに実質上の目的語である不定詞や節を置く形は不可. 〈例〉 ˣYou'll find to persuade Mom difficult. / ˣI think that she will come again possible.

❺ **a** 《appear, happen, seem などの主語として》(♦ it 自体に意味はなく「それ」とは訳さない) ‖ *It appears* that they are in trouble. 彼らは困っているようだ / *It* just *happened* that I was there when he came in. 彼が入って来たとき僕はたまたまそこにいた / *It seemed* as if the day would never end. その日は決して終わることがないかのように思われた[とても長く感じられた]

語法 ★★ (1) ❹の場合と異なり, it の代わりに節を主語にすることはできない. 〈例〉 ˣThat he is sick seems.
(2) that 節 を伴う場合, 不定詞を用いた言い換えが可能 (→ seem). 〈例〉 *It seems* [OR *appears*] *that* he is sick. ＝He *seems* [OR *appears*] *to* be sick. 彼は病気のようだ

b 《It is that [OR as if] ... で》‖ *It*'s not *that* [OR *as if*] she is in favor of your proposal. 彼女はあなたの提案に賛成というわけではない (♦ しばしば否定文で用いる. また, It is simply [OR just, only] that ... や It may be that ... の形になることも多い. → that 接 ❻)
❻ 《強調構文》(♦ it 自体に意味はなく「それ」とは訳さない) ‖ *It* is you that [OR who] are to blame. 悪いのは君だ (♦ You are to blame. の you を強調した形. 主語を強調するとき, that [who] 以下の動詞は強調される主語に一致する) / *It* is classical music that Bill enjoys listening to. ビルが聴くのが好きなのはクラシック音楽だ / *It* is Mr. Curtis that I want to talk to. 私が話したいのはカーチスさんです / *It* was on Tuesday that Ben came. ベンが来たのは火曜日だった (♦ that 以下が過去形のときは It was ... となるのがふつう) / *It* was because he was ill that we decided to come back. 我々が引き上げることを決めたのは彼の病気のためだった

語法 ☆☆ (1) It is [was] *A* that ... の形で*A*の部分を強調し, 「…なのは*A*だ[だった]」という意味になる. *A*が人を指す名詞句で主格ならば who を that の代わりに使うこともある. 目的格の whom を用いることは少ない. *A*が物を指す名詞句のときに which を使うことはまれ. *A*が時を表す語句のとき when を that の代わりに使うこともあるが, あまり一般的ではない.
(2) 《口》では that や who はしばしば省略される.
(3) It is [was] *A* that ... の*A*の部分に強勢を置いて発音する. *A*の部分にくるのは名詞句・前置詞句・副詞句[節]などで, 形容詞句はまれ. 動詞句は不可.
(4) 強調構文と形式上の主語を使った構文(→ ❹b)とは明確に区別する必要がある. 前者では強調される部分とそれ以外が2つに分かれているので分裂文とも呼ばれる. 後者では分裂はなく, that 以下が完全な文である.

❼ 《特定の動詞・前置詞の目的語として》(♦ 慣用的な表現に限られる. it は特定の物・事は指さず「それ」とは訳さない)
a 《動詞の目的語として》‖ Cut ～! よせ, ずらかれ / He and his father did not hit ～ off together. 彼と父親はお互いにうまくいっていなかった / As ill luck would have ～, he was fired. 不幸にも彼は首になった / Like ～ or lump ～. 気に入らなければ我慢しろ / Damn ～! こん畜生 / Brave ～ out! 勇敢にやり通せ / fight ～ out あくまで戦う / make ～ うまくいく, 成功する, 間に合う / rough ～ 不便を忍ぶ
b 《前置詞の目的語として》‖ I had a good time of ～ yesterday. 昨日は愉快に過ごした / I was put to ～. 一苦労した / Stick to ～. あきらめるな, 頑張れ / make a clean breast of ～ すっかり打ち明ける, 白状する / Depend upon ～. 大丈夫だよ(⇨ DEPEND CE 2)

PLANET BOARD 42
相手の話した内容を受ける代名詞は it か that か.

問題設定 相手の話した内容を受ける代名詞として it, that とも用いられるが, I can't believe ... の後にどちらが使われるかを調査した.

Q "Paul's parents got divorced." への反応として, 次の表現のどちらを使いますか.
(a) I can't believe **it**.
(b) I can't believe **that**.
(c) 両方
(d) どちらも使わない

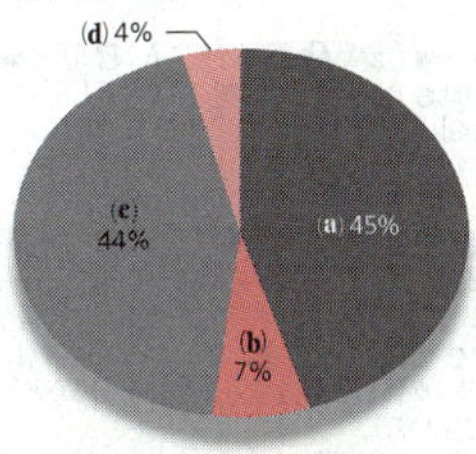

(a) の I can't believe it. のみを使う人が45%, 両方使うという人が44%で, (b) の I can't believe that. のみを使う人は1割未満だった. 両方使うという回答者の中には, 「that の方が意味が強い」「I can't believe it. は驚きを表す定型表現だが, I can't believe that. は本当に信じていない, あるいは疑っていることを表す」などのコメントをした人がいるが, 「意味の違いはない」とした人も多い. どちらも使わないと答えた人の多くは, 「can't を使わず, I don't believe it. を用いる」とした.

学習者への指針 I can't believe it., I can't believe that. はどちらも同じように用いるが, 「驚き」を表す表現としては前者の方がより一般的である.

I

c《名詞を動詞的に使う場合の目的語として》‖ foot ～ 徒歩で行く / bus ～ バスで行く / hotel ～ ホテルに泊まる / lord [queen] ～ over ... …に対して殿様[女王]のように振る舞う, いばる

―名 U ❶《口》ある特定の能力；望ましい資質；(まさに)そのもの；極致 ‖ In a job like computer programming, you've either got ～ or you haven't. コンピューターのプログラムを組む仕事などでは向き不向きがはっきりしている / She thinks she's ～. 彼女は自分を(実際以上に)すごいと思っている / That film was really ～. あの映画は最高だったね ❷ (鬼ごっこや隠れん坊の) 鬼 (♦ 引用符をつけて"it"と書くことも多い) ❸《俗》性交；性的魅力 (♦ 引用符をつけて"it"と書くことも多い)

COMMUNICATIVE EXPRESSIONS

1 **Is thàt ít?** ① それだけ[それでおしまい]ですか (♥ 期待外れの結果・状況などに対して不満を表す) ② それで全部ですか；ほかはいいですか (♥ 欲しいものなどが全部そろったかどうか相手に確かめる) ③ それで合っていますか

2 **Thàt's ít.** ① そのとおりだ, それだ(♥「いい点をついた」と相手の発言を認める) ② それでおしまいだ (♥ しばしば文末に for today を伴って「今日はここまで」と, 教師・上司などが授業・作業の終わりを知らせる表現にもなる) ③ もう勝手にしろ(♥ いら立ち・腹立ちを表す) ④ そこが問題だ

3 **Thàt's (jùst) about ít.** NAVI だいたいそんなところだ (♥ 話を終えたときに)

4 **Thìs is ít.** ① これだ；やっと見つけた(♥ 物を探し当てたときや, アイデアや解決法などがひらめいたときに) ② いよいよだ；これで終わりだ (♥ 最終局面などを迎えるときの覚悟) ③ そのとおりだ, それだ(♥ 的を射た発言に対して)

▸▸ **Ít gìrl [bòy]** 名《また i- g- [b-]》C《俗》若くて魅力的な女性[男性]有名人

it² /ɪt/ 名 U《英口》《旧》イタリア産ベルモット (酒) ‖ (a) gin and ～ ジンのイタリア産ベルモット割り(1杯)

IT /àɪ tíː/ 名 U 💻 情報 (通信) 技術；情報工学 (♦ *i*nformation *t*echnology の略)

It. 略 Italian

ITA ⊲ジ 略 *I*ndependent *T*elevision *A*uthority ((英国の) 独立テレビジョン公社. 現在の IBA)；*I*nitial *T*eaching *A*lphabet(幼児用アルファベット)

ital. 略《印》italic(s)

Ital. 略 Italian, Italy

***I·tal·ian** /ɪtǽljən/ 《発音注意》形 イタリアの；イタリア人[語]の

―名 (複 ～s /-z/) ❶ C イタリア人 ❷ U イタリア語

I·tal·ian·ate /ɪtǽljənèɪt/ 形 イタリア風[式]の, イタリア的な

i·tal·ic /ɪtǽlɪk/ 形《印》イタリック体の, 斜字体の

―名 C《しばしば ～s》イタリック体 (の文字), 斜体字 (→ roman, Gothic) ‖ in ～*s* イタリック体で

I·tal·ic /ɪtǽlɪk/ 形《限定》❶《言》(インド＝ヨーロッパ語族中の) イタリック語派の ❷ 古代イタリアの ―名 U イタリック語派《古代ラテン語・オスク語・ウンブリア語など》

i·tal·i·cize /ɪtǽlɪsàɪz/ 動 他 …をイタリック体で印刷する；…にイタリック体の指定をする《下線を引くなど》(♦ しばしば受身形で用いる)

Italo- /ɪtǽloʊ-/ 連結形「イタリア(人)の」,「イタリアおよび…の」の意 ‖ *Italo*-German 伊独の

⁝I·ta·ly /ɪ́t̬əli/ 《アクセント注意》

―名 イタリア《ヨーロッパ南部の共和国. 公式名 the Republic of Italy. 首都 Rome》

ITC 略 *I*ndependent *T*elevision *C*ommission ((英国の) 独立テレビジョン委員会)；*I*nternational *T*rade *C*harter (国際貿易憲章)《経》*i*nvestment *t*ax *c*redit (投資税額控除)

***itch** /ɪtʃ/ 動 自 ❶ (人・体の部分・傷が)かゆい, むずがゆい；(衣類などが) かゆみを感じさせる；《米口》かゆい所をかく ‖ I'm ～*ing* all over. 体中がむずむずする / My mosquito bites are still ～*ing*. 蚊にくわれた跡がまだむずがゆい ❷《しばしば進行形で》《口》a 〈…が欲しくて〉うずうずする, たまらない〈**for, after**〉；〈…したくて〉うずうずする〈**to do**〉‖ ～ *for* a fight けんかしたくてうずうずする / I am ～*ing to* know all about your fiancé. 君の婚約者のことを何でも知りたくてうずうずしている b《+for 名+to do》…が…するのを待ちかねる, …してほしくてうずうずする ‖ He was ～*ing for* the ceremony *to* end. 彼は早く式が終わらないかといらいらしていた ―他〔人・体の部分〕をかゆがらせる；《米口》〔かゆい所〕をかく(scratch) ‖ This turtleneck ～*es* me. このタートルネックはかゆい

―名 C ❶《通例単数形で》かゆみ, かゆいこと ‖ Scratch my back — I have [OR feel] an ～. 背中をかいて ― かゆいんだ / relieve an ～ かゆみを和らげる ❷《単数形で》《口》(むずむずするような)欲望, 切望, 渇望〈**for** …への / **to do** …したいという〉‖ I have no ～ *for* wealth. 私には富への欲望は全くない / I get an ～ *to* go skiing every winter. 毎年冬になるとスキーに行きたくてたまらなくなる ❸《the ～》《医》皮癬(ひぜん), 疥癬(かいせん)(scabies)

itch·y /ɪ́tʃi/ 形 ❶ かゆい, むずむずする ‖ feel ～ all over 体中がむずむずする ❷ (したくて・欲しくて)うずうずする

hàve [OR *gèt*] *itchy féet*《口》どこかへ出かけたくてうずうずしている；何か新しいことをしたくてたまらない

ítch·i·ness 名

▸▸ **～ fíngers** 名 複《口》すり；盗人

***it'd** /ɪ́t̬əd/ 《口》❶ it would の短縮形 ❷ it had の短縮形(♦ had が助動詞の場合)

-ite /-aɪt/ 接尾《名詞語尾》❶ ⊗《しばしば蔑》「…の信奉者・支持者」の意.「…の信奉者の」の意の形容詞にもなる ‖ Benthamite ❷「…の住民」「…の一員」の意 ‖ Tokyo*ite*, labor*ite* ❸《爆発物・製品》‖ dynam*ite*, ebon*ite* ❹《化石・鉱石》‖ ammon*ite*, anthrac*ite* ❺《酸塩》‖ sulf*ite* ❻《体の一部》‖ dendr*ite*

⁝i·tem /áɪt̬əm/ 《発音注意》(→ 副)

中心義 **個々の単位[もの]**

―名 (▶ itemize 動) (複 ～s /-z/) C ❶〈同種の中の〉…個[本, 枚, 着], …品[点](piece)(♦ 物質名詞や抽象名詞など数えられない名詞の個数を表す)〈**of**〉‖ an ～ *of* furniture [clothing] 家具[衣類]1点 / the hottest ～ *of* news＝the hottest news ～ 最新のニュース(の1つ)

❷ (一覧表などの)**項目**, 品目, アイテム；箇条, 条項, 種目, 細目；(帳簿の) 記入事項；💻 データ項目 ‖ The outlet has a wide choice of ～*s* for sale. その直販店にはたくさんの商品がそろっている / We have many ～*s* to take up for discussion. 議題として取り上げる項目がたくさんある / check the ～*s* on a list リストの品目をチェックする / luxury ～*s* ぜいたく品

❸ (新聞・テレビなどの) (短い) 記事, 1項目のニュース ‖ a column of local ～*s* 地方記事欄

❹《口》1組の恋人, 恋人同士, カップル

ìtem by ítem 1項目ごとに, 品目別に

COMMUNICATIVE EXPRESSIONS

1 **They're an ítem,** you knòw. 彼らは付き合っているんだよね(♥「親密な[いい]関係にある」「できている」の意)

2 **The nèxt ítem on the agènda is** our nèw sáles stràtegy. NAVI 次の議題は我々の新しい販売戦略についてです(♥ 会議の進行に用いる形式ばった表現で, 特に結果を声明や報告書などにまとめなければならないような正式な場で用いる. ＝Could we move on now to (the issue of) our new sales strategy?/⤻Let's change the subject to our new sales strategy.)

―副 /áɪtem/ (リストの項目を1つずつ読み[数え]上げるときに)1つ…, 同じく…(also)

i·tem·ize /áɪt̬əmàɪz/ 動〔◁ item 名〕他 …を箇条書きにする, 項目別にする；…の明細を記す **ì·tem·i·zá·tion** 名

it·er·ate /ɪ́t̬ərèɪt/ 動 他〔引用句など〕を繰り返す；〔反論など〕を繰り返し言う, 反復する ―自 💻 繰り返し処理を行う

ìt·er·á·tion 名 U C 繰り返し, 反復(されるもの)；C 💻 繰り返し処理；(ソフトウェア・ハードウェアの)新しいバージョン

it·er·a·tive /ɪ́ṭərèɪṭɪv, -ərə-/ 形 ❶ 繰り返しの, 反復の ❷〘文法〙(動詞が) 反復 (相) の ❸〘数〙(公式などが) 反復の

Ith·a·ca /íθəkə/ 名 イタカ《ギリシャ西部海岸沖のイオニア諸島中の島. Ulysses の故郷》

ith·y·phal·lic /ìθɪfǽlɪk/ ⦅シ⦆ 形 男根像の; 淫猥(いんわい)な

-itic 接尾 《-ite, -itis で終わる名詞に相当する形容詞・名詞語尾》‖ Sem*itic*, syphil*itic*

i·tin·er·ant /aɪtínərənt/ 形《限定》巡回 [巡歴] する; 旅回りの; 移動式の ‖ an ～ judge 巡回判事 / an ～ library 移動[巡回]図書館
—名 C 巡回判事[牧師]; 旅役者, 行商人, 移動労働者

*__i·tin·er·ar·y__ /aɪtínərèri | -tínərəri/ 《発音注意》名 (複 **-ar·ies** /-z/) C ❶ 旅行の日程, 旅行計画; 旅路 ‖ plan the ～ for one's trip to Europe ヨーロッパ旅行の日程を組む / Is Pompeii on the ～? ポンペイは旅行計画に入っていますか ❷ 旅日記, 旅行記 ❸ 旅行案内(guidebook)
—形《限定》旅行[旅程]の

i·tin·er·ate /aɪtínərèɪt/ 動 自 巡回 [巡歴] する; 巡回布教[裁判]する **i·tìn·er·á·tion** 名

-itis 接尾《名詞語尾》❶〘医〙「…炎, …症」の意 ‖ appendic*itis*, bronch*itis* ❷《口》「…狂, …熱, …癖」の意 ‖ golf*itis* (ゴルフ狂) / education*itis* (教育熱)

*__it'll__ /ɪṭəl/《口》❶ it will の短縮形 ❷《まれ》it shall の短縮形

ÌTÓ 略 *I*nternational *T*rade *O*rganization (国連国際貿易機構)

***its** /ɪts/(◆同音語 it's)
—代 (三人称・単数の人称代名詞 it の所有格)**その, それの** (◆ it's と区別する) **a**《名詞の前に用いて》‖ The baby stood up on ～ feet. 赤ん坊は両足で立ち上がった / The book has lost ～ cover. 本のカバーがなくなっている **b**《動名詞の主語として》‖ *Its* breaking down caused us a lot of trouble. それが壊れて私たちは大いに迷惑した

*__it's__ /ɪts/(◆同音語 its)《口》❶ it is の短縮形 ❷ it has の短縮形(◆ has が助動詞の場合)

***it·self** /ɪtsélf/
—代 (複 **themselves**) (it の再帰代名詞) ❶《再帰用法》**それ自身を[に]** (◆動詞の直接[間接]目的語や前置詞の目的語として用いる) ‖ History repeats ～. 歴史は繰り返す (◆ 動 + itself は自発的動作を表す) / The robot taught ～ some rules of chess. そのロボットは自分でチェスのルールを覚えた / The cat wrapped its tail around ～. 猫は尾を体に巻きつけた
❷《強調用法》**それ自身[自体]**, そのもの(◆主語・目的語, ときに補語を強調. 強勢を置いて発音する) ‖ The problem ～ is very clear. 問題自体は非常にはっきりしている / She's kindness ～. 彼女は親切そのものだ, 本当に親切だ
❸ 本来の状態, いつもの状態
(all) by itself ⇨ ONESELF(成句)
(all) to itself ⇨ ONESELF(成句)
****beside [for, in] itself*** ⇨ ONESELF(成句)
ìn and of itsélf それ自体は(in itself)

it·sy-bit·sy /ìtsibítsi/, **it·ty-bit·ty** /ìṭibíṭi/ ⦅シ⦆ 形《通例限定》《口》とてもちっちゃい, ちっぽけな

ÌTÚ 略 *I*nternational *T*ypographical *U*nion (国際印刷同盟); *I*nternational *T*elecommunication *U*nion (国際電気通信連合)

iTV, ITV[1] 略 *i*nteractive *t*ele*v*ision (インタラクティブ[双方向対話型]テレビ)

ÌTV́[2] ⦅シ⦆ 略《米》*i*nstructional *t*ele*v*ision (教育用テレビ);《英》*I*ndependent *T*ele*v*ision (商業[民間]テレビ(局))

-ity 接尾《名詞語尾》「状態・性質」などの意 ‖ regular*ity*, chast*ity*

ÌÚ 略 *i*nternational *u*nit (国際単位)

ÌUCD́ 略 *i*ntra*u*terine *c*ontraceptive *d*evice (⇨ IUD)

ÌUCŃ 略 *I*nternational *U*nion for *C*onservation of *N*ature and Natural Resources (国際自然保護連合)《世界遺産の自然遺産候補の選定を行う》

IUD /àɪ juː díː/ 名 C 避妊用子宮内リング (◆ *i*ntra*u*terine *d*evice の略. IUCD ともいう)

-ium 接尾《名詞語尾》❶《ラテン語系名詞につける》‖ med*ium*, prem*ium* ❷《金属元素名につける》‖ irid*ium*, sod*ium*

IV /àɪ víː/ 名 C 点滴, 静脈注射 (◆ *i*ntra*v*enous drip [injection] の略)

ÌVÁ 略 *i*ntra-*v*ehicular *a*ctivity (宇宙船内の活動)

I·van /áɪvən/ 名 イワン ❶ **～ the Great** イワン大帝 (Ivan III)(1440–1505) ❷ **～ the Terrible** イワン雷帝 (Ivan IV)(1530–84)

*__I've__ /aɪv/ I have の短縮形 (◆ ふつう have が助動詞の場合. ただし《英》では, have が本動詞でも所有の意味の場合にはときに短縮形が使われる)

-ive /-ɪv/ 接尾《形容詞語尾》「…の性質[機能]を持つ; …の傾向のある」の意 (⇨ -ATIVE) ‖ creat*ive*, substant*ive*, interrogat*ive*

ÌVF́ 名 U 体外受精(◆ *i*n *v*itro *f*ertilization の略)

*__i·vo·ry__ /áɪvəri/ 名 (複 **-ries** /-z/) ❶ U 象牙(ぞうげ); (セイウチなどの)牙(きば); 象牙質; C (個々の)象牙(tusk) ‖ These earrings are made of ～. これらのイヤリングは象牙製だ ❷ U 象牙色, アイボリー, 乳白色 ❸ C《しばしば -ries》象牙製品; 《the -ries》《口》(ピアノの)鍵(けん); 《(-ries)》《俗》さいころ; 《俗》歯 ‖ tickle the *ivories* ピアノを弾く
—形 ❶《限定》象牙製の, 象牙の (ような) ‖ ～ chessmen 象牙製のチェスのこま ❷ 象牙 [乳白] 色の, アイボリー色の ‖ an ～ skin 乳白色の肌
▸▸**Ìvory Cóast** (↓) **～ nùt** 名 C〘植〙ゾウゲヤシの実 **～ tówer** 名 C 象牙の塔《現実社会から遠く離れた状態 [場所]》‖ shut oneself up in an ～ *tower* 象牙の塔にこもる / an ～ *tower* egghead 《けなして》象牙の塔のインテリ(◆ フランス語 tour d'ivoire の翻訳. 1873年にフランスの評論家サント=ブーブが用いた)

*__Ìvory Cóast__ 名《the ～》コートジボワール (フランス語名 Côte d'Ivoire)《象牙海岸の名で知られるアフリカ西部の共和国. 正式名 the Republic of Côte d'Ivoire. 首都 Yamoussoukro》

*__i·vy__ /áɪvi/ 名 (複 **i·vies** /-z/) U C (◆ 種類をいうときは C)〘植〙ツタ, キヅタ; (一般に)つる植物 ‖ a wall covered in ～ ツタで覆い尽くされた壁 **í·vied** 形 ツタの生い茂った

Ívy Lèague 名《the ～》アイビーリーグ《米国東北部の伝統ある名門諸大学の総称. エール・ハーバード・プリンストン・コロンビア・ダートマス・コーネル・ペンシルベニア・ブラウンの8大学》
—形 アイビーリーグの
Ívy Lèaguer 名 C アイビーリーグの在校[卒業]生

ÌWĆ 略 *I*nternational *W*haling *C*ommission (国際捕鯨委員会)

ÌWẂ 略 *I*ndustrial *W*orkers of the *W*orld (世界産業労働組合)

ix·i·a /íksiə/ 名 C〘植〙イキシア, ヤリズイセン《南アフリカ原産のアヤメ科の球根草》

-ization /-əzɪʃən | -aɪ-/ 接尾 《-ize, -ise で終わる動詞からの名詞語尾》‖ civil*ization*, material*ization*

-ize /-aɪz/ 接尾《動詞語尾》❶「…(のよう)にする[なる], …化する」の意 ‖《形容詞から》American*ize*, modern*ize* / 《名詞から》hospital*ize*, union*ize* ❷「(…の方法で)処理する」の意 ‖ pasteur*ize* ❸「…化させる」の意 ‖ oxid*ize* ❹「(ある方法で)取り扱う」の意 ‖ monopol*ize* ❺「(…の行動などに) 従う; (特別な感情を) 抱く」の意 ‖ theor*ize*, sympath*ize*

J

Judge not, that ye be not **judged**. 人を裁くな，自らが裁かれないために(聖書の言葉)

j

j[1], **J**[1] /dʒeɪ/ 名 (複 **j's, js** /-z/; **J's, Js** /-z/) C ❶ジェイ《英語アルファベットの第10字》 ❷j[J]の表す音 ❸(活字などの) j [J]字 ❹ j [J]字形のもの ❺(連続するものの)10番目(のもの)

j[2], **J**[2] 略 〖理〗joule(s)(ジュール)《エネルギーの単位》

J[3] 略 〖トランプ〗jack；記号 日本車の国際登録証

j., J. 略 Journal；Judge；Justice

Ja. 略 January

*__jab__ /dʒæb/ 動 (**jabbed** /-d/；**jab·bing**) 他 ❶…を〈とがったもので〉ぐいと突く〈**with**〉；…の〈…を〉突く〈**in**〉；…を〈…に〉突き刺す〈**into**〉；〔指など〕を〈…に〉突きつける〈**at**〉‖ I *jabbed* her *in* the ribs *with* a stick. = I *jabbed* a stick *in* her ribs. 私は彼女のあばら骨を棒でぐいと突いた / Don't ～ your finger *at* me. 私に指を向けるな(♥ 非難のしぐさ) ❷〖ボクシング〗〔相手〕にジャブを打つ ‖ The champion *jabbed* the challenger on the chin. チャンピオンは挑戦者のあごにジャブを打った
— 自 ❶〈…を〉突き刺す，突く〈**at**〉‖ He *jabbed at* the steak with his fork. 彼はフォークでステーキを突き刺した ❷〖ボクシング〗〈…に〉ジャブを打つ〈**at**〉
— 名 C ❶素早い突き[刺し，一撃]；〖ボクシング〗ジャブ ‖ He gave his opponent a ～「in the side [stomach] with his elbow. 彼は相手のわき腹[腹]をひじで突いた ❷非難，酷評，いやみ ❸《英口》(皮下)注射，接種

jab·ber /dʒǽbər/ 動 自 (訳のわからないことを)ぺちゃくちゃしゃべる《*away*》 — 他〔言葉〕を興奮して早口にしゃべる《*out*》 — 名 U/C《単数形で》(早口で訳のわからない)おしゃべり；ちんぷんかんぷん(gibberish)

jab·ber·wock·y /dʒǽbərwɑ̀(ː)ki | -wɔ̀ki/ 名 (複 **-wock·ies** /-z/) U C 訳のわからない言葉[話，書き物]，ちんぷんかんぷん(♦ Lewis Carroll の詩の題名から)

jab·i·ru /dʒæ̀bərúː, ＿＿＿/ 名 C 〖鳥〗ズグロハゲコウ《中南米産のコウノトリの一種》

ja·bot /ʒæbóu | ＿＿/ 《発音注意》 名 C 〖服飾〗ジャボー《婦人服などのレースの胸部ひだ飾り》

jac·a·ran·da /dʒæ̀kərǽndə/ 名 C 〖植〗ジャカランダ，ハカランダ《熱帯アメリカ産のノウゼンカズラ科の高木》；U その木材《高級ギターの材料》

ja·cinth /dʒéɪsɪnθ, dʒǽ-/ 名 ❶ U 赤みがかったオレンジ色 ❷ = hyacinth ❸

*__jack__[1] /dʒæk/ 名 C ❶(車輪などを持ち上げる)ジャッキ，押し上げ万力 ❷〖トランプ〗ジャック ‖ the ～ of hearts ハートのジャック ❸〖電〗ジャック《プラグの差し込み口》 ❹《しばしば J-》《口》男，やつ(♦ 諺(ことわざ)・慣用句などで用いる)；《主に米口》おい君(♥ 知らない男性への呼びかけ)；《通例複合語として》(…の)仕事をする人 ‖ *Jack* and Jill (若い)男女[兄妹] / a lumber ～ 木材切り出し人 ❺《～s》《単数扱い》ジャックス《ボールをバウンドさせ，それをキャッチするまでに小さい金属片を拾い上げる子供のゲーム》；ジャックスで使う玉(jackstone) ❻(ローンボウリングの)ジャック《標的となる白球》 ❼(動物の)雄；雄ロバ(jackass)；《米》= jack rabbit ❽(国籍を表す)船首旗；〖海〗トゲルンマストの先端にある横木 ❾ U《俗》金 ❿ U《米》= applejack ⓫ U《通例否定文で》《米俗》まるで…ない ‖ You don't know ～. 君は何もわかっていない ⓬〖魚〗シマアジの類(jack fish)

èvery man jáck [OR *Jáck*]《口》〈…の〉だれもかれもみな〈**of**〉

I'm àll right, Jàck.《英口》(他人のことは知らないが)私は大丈夫だ；自分が大事

on one's Jáck [OR *Jàck Jónes*]《英俗》ひとりで，自分で

— 動 他 ❶…を(ジャッキで)持ち上げる《*up*》‖ ～ *up* the car to change a tire タイヤを交換するため車をジャッキで持ち上げる ❷《米俗》…を盗む(carjack)
— 自《米》(かがり火を用いて)漁をする

jàck aróund《米口》〈他〉(*jàck ... aróund*)(わざとぐずぐずして[事をややこしくして])〔人〕に迷惑をかける，…をいらいらさせる —〈自〉ぶらぶら過ごす

jàck ín ... / jàck ... ín〈他〉①《英口》〔仕事・試みなど〕をやめる，放棄する ②《口》💻(システムなどに)…をつなぐ

jàck ínto ...〈他〉《口》💻〔ネットワークなど〕に接続する，アクセスする

jàck À into B́〈他〉(回線などで)AをBに接続する

jàck óff〈自〉⊗《卑》(男が)マスターベーションをする

jàck úp*〈他〉(*jàck úp ... / jàck ... úp*) ①⇨ 他 ❶ ②《口》〔値段・速度など〕をつり[引き]上げる(inflate)，増す ‖ ～ *up* the rate of industrial investment 産業投資の割合を上げる ③《通例受身形または ～ oneself up で》《米口》〈麻薬などで〉興奮する，気分が高まる〈on, with**〉；そわそわする —〈自〉①《俗》(麻薬などを)打つ ②《豪》断る，(計画などから)降りる

▸▸ ～ **bèan** 名 C 〖植〗ジャックビーン，ナタマメ《米国南部産のマメ科の植物で主に飼料用に栽培される》 ～ **màckerel** 名 C 〖魚〗マアジの類《東部太平洋沿岸産》 ～ **pìne** 名 C 〖植〗バンクスマツ《北米のやせた岩地に生育する松の一種．柔かい材質でパルプ材となる》 ～ **plàne** 名 C 下削り用かんな，粗仕子(あらしこ) ～ **plùg** 名 C 〖電〗ジャックプラグ《音響機器の接続などに用いられるプラグ》 ～ **ràbbit** 名 C ジャックウサギ《北米西部平原産のノウサギ．耳と後ろ足が長い》

jack[2] /dʒæk/ 名 C (中世の歩兵が着用した)そでなしの革製上着

Jack /dʒæk/ 名 ジャック《John (ときに Jacob, James)の愛称》‖ *Jack of all trades*(*, and master of none*).《諺》何にでも手を出す人はどれもものにはならない；多芸は無芸(→ jack-of-all-trades)

▸▸ ～ **chèese** 名 U《米》ジャックチーズ《チェダーチーズの一種．Monterey Jack ともいう》 ～ **Dániel's** 名《商標》ジャックダニエル《テネシー州に本拠地を置くバーボンウイスキーメーカー．またその代表的銘柄》 ～ **Fróst** 名 霜，厳寒，冬将軍(♦ 擬人化した呼称) ～ **Róbinson** (↓) ～ **Rússell** (**tèrrier**) 名 C 〖動〗ジャックラッセル《キツネ狩りに用いる活動的な小型犬》 ～ **tár** 名《しばしば J-T-》C《英口》《旧》水兵，船乗り ～ **the Lád** 名 C《単数形で》《英口》生意気な[自信満々の]若者；だて男 ～ **the Rípper** 名 切り裂きジャック《1888年にロンドンで発生した連続殺人事件の犯人の通称》

jack·al /dʒǽkəl | -kɔːl/ 名 C ❶〖動〗ジャッカル《アフリカや南アジア産のイヌ科の動物》 ❷下働き；(悪事の)手先《ジャッカルはライオンのために獲物を調達するという迷信から》

jack·a·napes /dʒǽkənèɪps/ 名 (複 ～) C ❶《旧》(猿のように)生意気な男 ❷《旧》いたずら[わんぱく]小僧 ❸《古》〖動〗(ならした)猿

jack·a·roo /dʒæ̀kərúː/ 名 = jackeroo

jáck·àss 名 C ❶ばか，間抜け，のろま ❷雄のロバ(male ass) ❸《豪》〖鳥〗ワライカワセミ(laughing jackass)

jáck·bòot 名 ❶ C (ひざ上までくる)大長靴《騎兵用》 ❷《the ～》《単数扱い》(軍人などの)威圧的な態度；C 強圧的な人 ‖ under the ～ of colonialism 植民地主義の圧政の下で **～·ed** 形 威圧的な

jáck·dàw 名 C 〖鳥〗コクマルガラス《ヨーロッパ・アジア産．人の言葉をまねる》

jack·e·roo /dʒæ̀kərúː/ 名 C《豪・ニュージロ》(牧場の)見

習い, 下働き ━動自 見習いとして働く

‡jack·et /dʒǽkɪt/ 中心義 主要な部分を覆うもの
━名 (複 **~s** /-s/) C ❶ **短い上着, ジャケット**; (衣服以外の用途の) 胴着 ‖ Even on hot days we had to **wear** our ~*s* and ties in the office. 暑い日でも会社では上着とネクタイを着用していなければならなかった / a man **in** a **leather** ~ 革製のジャケットを着た男性 / a sports ~ (ラフな感じの) 替え上着 / a life ~ 救命胴衣
❷ (レコードやCDの) **ジャケット** (《英》 sleeve); (本が傷まないようにするための) **カバー** (dust jacket) (♦ 英語の cover は表紙を指す); (ペーパーバック・小冊子・目録などの) 表紙; 《米》書類封筒, 紙ばさみ; 💻 フロッピーディスクのケース
❸ 《英》(皮ごと焼いた) ジャガイモの皮
❹ (一般に) 覆い; (銃弾の) 薬莢(やっきょう); (パイプ・ボイラー・海洋採油井などの放熱を防ぐ) ジャケット (包被材)
❺ (動物の) 外皮, 毛皮, 被毛
━動他 …に上着を着せる; …にカバー[覆い]をつける
▸▸ **~ potáto** 名 C 《英》皮ごと焼いたジャガイモ (《米》 baked potato)

jáck·hàmmer 名 C 《主に米》ジャックハンマー (《英》 pneumatic drill) (圧搾空気を利用した削岩機)

Jack·ie /dʒǽki/ 名 ジャッキー (Jacqueline, Jack の愛称)

jáck-in-òffice 名 (複 **jacks-**) (ときに J-) C 《英》横柄な役人 (bumble)

jáck-in-the-bòx 名 (複 **jacks-** OR **-boxes**) C びっくり箱

jàck-in-the-púlpit 名 C 〘植〙マムシグサ (サトイモ科テンナンショウ属の植物)

jáck·knìfe 名 (複 **~s** /-nàɪfs/ OR **-nives** /-nàɪvz/) C ❶ ジャックナイフ (大型折り畳みナイフ) ❷ (= **~ díve**) 〘水泳〙ジャックナイフダイブ (えび型飛び込み)
━動自 ❶ 体をえび型に折り曲げる ❷ (トレーラーなどが) (連結部で) V字型に鋭く曲がる ❸ ジャックナイフダイブをする ━他 〔体〕をえび型に折り曲げる
-knìfed 形 ジャックナイフのような; くの字形に折れ曲がった **-knìfing** 名 U 〘水泳〙えび型飛び込み

jáck·lèg 形 《限定》《米口》❶ 未熟な, 不慣れな ❷ 良心的でない, 破廉恥な ━名 C 未熟なやつ; 破廉恥なやつ

jàck-of-áll-tràdes /, ⌐⌐⌐⌐/ 名 (複 **jacks-**) C (単数形で) 何でも屋, よろず屋, 便利屋 (generalist)

jàck-o'-lántern /, ⌐⌐⌐/ 名 C ❶ カボチャちょうちん (Halloween のときにカボチャに目・鼻・口をくり抜いて作る) ❷ 《古》鬼火, きつね火

jáck·pòt 名 C ❶ 〘ポーカー〙積み立て賭(か)け金 (競技者の1人が2枚のジャックまたはそれ以上のよい手を手に入れるまで積み立てる) ❷ 《口》(予期せぬ) 大当たり, 大成功
hit the jáckpot 《口》〘ポーカー〙積み立て賭け金を得る, (賭け事で) 大当たりする; 大金を手に入れる, 大成功する (⇨ LIFE メタファーの森)
▸▸ **~ jùstice** 名 U 《口》高額支払命令の判決

Jàck Róbinson 名 (次の成句で)
before one can [OR ***could***] ***sày Jàck Róbinson*** 《口》あっという間に, たちまち (⇨ KNIFE (成句))

jáck·scrèw 名 C ねじジャッキ

jáck·snìpe 名 (複 **~** OR **~s** /-s/) C 〘鳥〙コシギ (北ヨーロッパ・アジア産); ウズラシギ (北米産)

Jack·son /dʒǽksən/ 名 ジャクソン ❶ **Andrew ~** (1767–1845) (米国の軍人・政治家. 第7代大統領 (1829–37)) ❷ **Thomas Jonathan ~** (1824–63) (米国南北戦争時の南軍の将軍) ❸ 米国ミシシッピ州の州都

Jack·so·ni·an /dʒæksóuniən/ 形 名 C 〘米国史〙Andrew Jackson の (支持者・崇拝者)

jáck·stòne 名 C =jack[1] ❺

jáck·stràw 名 C ❶ (~s) 《単数扱い》ジャックストロー (積み上げたわら・木片などの山を崩さずに1本ずつ抜き取って, その本数を競う遊び) ❷ ジャックストローに使うわら [木片など]

Ja·cob /dʒéɪkəb/ 名 〘聖〙ヤコブ (Isaac の子で Abraham の孫. 12人の子はイスラエルの12部族の祖となった)
▸▸ **~'s ládder** 名 C ① 〘海〙綱ばしご (♦〘聖〙Jacob が夢みた天まで届くはしごから) ② 〘植〙ハナシノブ (北米産で葉がはしご状に並ぶ)

Jac·o·be·an /dʒæ̀kəbíːən, dʒæ̀kou-/ ⟨ジ 形 ❶ 〘英国史〙イングランド王ジェームズ1世 (1603–25) 時代の (♦ジェームズのラテン語名は *Jacobus* であることから) ❷ (家具・建築が) ジャコビアン様式の; (家具が) 黒褐色の
━名 C ジェームズ1世時代の著名な作家 [政治家]

Jac·o·bin /dʒǽkəbɪn/ 名 C ❶ ジャコバン党員 (フランス革命時の急進派) ❷ 急進派の政治家, 過激分子 ❸ (フランスの) ドミニコ会修道士 ❹ (j-) 〘鳥〙ジャコバンバト (頭部に修道士の頭巾(ずきん)のような羽毛がある)
~·ism 名 U ジャコバン主義; 過激思想

Jac·o·bite /dʒǽkəbàɪt/ 名 C 形 ジャコバイト (派の) (名誉革命で退位したジェームズ2世およびその子孫を復位させようとした一派)

jac·o·net /dʒǽkənèt | -nɪt/ 名 U ジャコネット (薄手の綿布. インド産)

jac·quard /dʒǽkɑːrd/ 名 U C ジャカード紋織(もんおり) (機) (♦ フランスの発明家 J. M. Jacquard (1752–1834) の名から)

Ja·cuz·zi /dʒəkúːzi/ 《発音注意》名 C 《商標》ジャクージ, ジャグジー (噴流式泡ぶろの一種)

jade[1] /dʒeɪd/ 名 ❶ U 〘鉱〙ひすい, 玉(ぎょく); C ひすい製品 ❷ (= **~ gréen**) U ひすい色 (青緑から黄緑に至る各種の緑色)

jade[2] /dʒeɪd/ 名 C 《古》❶ あばずれ女 ❷ やせ馬, 駄馬
jád·ed 形 (酷使されて) 疲れきった; 飽き飽きした

jade·ite /dʒéɪdaɪt/ 名 U 〘鉱〙硬玉 (アルカリ輝石の一種)

Jaf·fa /dʒǽfə/ 名 ❶ ヤッファ (イスラエル西部の海港. 現在はテル=アビブの一部) ❷ (= **~ órange**) C 《英》《商標》ジャッファオレンジ (イスラエル産の大ぶりのオレンジ)

jag[1] /dʒæg/ 名 C ❶ (岩などの) 鋭い角(かど) ❷ (衣服などの) かぎ裂き ━動 (**jagged** /-d/; **jag·ging**) 他 〔布など〕をかぎ裂きにする, …にぎざぎざをつける

jag[2] /dʒæg/ 名 C 《主に米口》❶ (活動・感情などに) ひとしきりふけること, 浮かれ騒ぎ; (酒・麻薬に) 酔った状態, 陶酔 ‖ a shopping [crying, talking] ~ 買い物に夢中になること [ひとしきり泣くこと, 夢中になってしゃべること] ❷ 《方》(干し草などの少量の) 束 [荷]

Jag /dʒæg/ 名 《英口》=jaguar ❷

jag·ged /dʒǽgɪd/ 形 ぎざぎざの, ごつごつした; 荒い, 滑らかでない; かぎ裂きのある, ぼろぼろの **~·ly** 副

Jag·ger /dʒǽgər/ 名 **Sir Mick ~** ジャガー (1943–) (英国のロックミュージシャン)

jag·gy /dʒǽgi/ 形 ❶ =jagged ❷ 💻 (文字の縁などが) ぎざぎざの

jag·uar /dʒǽgwɑːr | -juə/ 《発音注意》名 C ❶ 〘動〙ジャガー, アメリカトラ (中南米産) ❷ (J-) 《商標》ジャガー (英国の高級乗用車)

jag·ua·run·di /dʒæ̀gwərʌ́ndi/ 名 C 〘動〙ジャガランディ (熱帯アメリカ産のヤマネコ)

jai a·lai /háɪ làɪ, hàɪ əláɪ/ 名 U ハイアライ (スペインと中南米で盛んなスカッシュに似た球技)

‡jail /dʒeɪl/
━名 (複 **~s** /-z/) C **刑務所**, 監獄, 牢獄 (prison); 拘置所, 留置所; U 投獄, 拘置 (♦ 《英》では gaol のつづりを用いることがあるが, jail が一般的) ‖ The murderer is still **in** ~. その殺人者はまだ刑務所に入っている / 「go to [break, get out of] ~」入獄 [脱獄] する / send him to ~ 彼を投獄する / He was sentenced to 「ten years' ~ [OR ten year **in** ~]. 彼は禁固10年の刑を下された / a two-year ~ sentence 2年の実刑判決
━動他 《通例受身形で》〈…のかどで〉投獄 [拘置] される 〈**for**〉 ‖ The prisoner was ~*ed for* murder. その囚人は殺人 (罪) で投獄された

J

▶▶**～ fèver** 名 U 発疹(はっしん)チフス(♦かつて刑務所内で多発したことから)

jáil·bàit 名 U《俗》(承諾年齢(age of consent)に達しない)性的魅力のある少女(たち)

jáil·bìrd 名 C《口》常習犯, 前科者, 拘置所の常連

jáil·brèak 名 C 脱獄, 刑務所破り

jail·er, -or /dʒéɪlər/ 名 C《旧》(刑務所の)看守

jáil·hòuse 名 C《米》刑務所

Jain /dʒaɪn/, **Jai·na** /dʒáɪnə/ 名 C ジャイナ教徒
—形 ジャイナ教徒の

Jain·ism /dʒáɪnìzm/ 名 U ジャイナ教《紀元前6世紀にインドで創始された宗教. 生き物に対する非暴力主義と禁欲主義で知られる》

Ja·kar·ta, Dja·kar·ta /dʒəkáːrṭə/ 名 ジャカルタ《インドネシアの首都. 旧名 Batavia》

jake /dʒeɪk/ 形《叙述》《米·豪·ニュージ口》申し分のない, 結構な, OKの ‖ Everything is ～ with me. 私は万事OKです

jakes /dʒeɪks/ 名《単数·複数扱い》《古》(屋外)便所

jal·ap /dʒǽləp/ 名 U ヤラッパ《メキシコ原産のつる草の根から採る下剤》

jal·a·pe·ño /hàːləpéɪnjoʊ | hæ̀l-/ 名 (**～s** /-z/) (= **～ pépper**) C ハラペーニョ《主にメキシコ料理に用いる唐辛子の一種から作る香辛料》

ja·lop·y /dʒəlá(ː)pi | -lɔ́pi/ 名 (複 **-lop·ies** /-z/) C《口》おんぼろ自動車

jal·ou·sie /dʒǽləsi | ʒǽluzìː/ 名 C ジャロジー, (ガラス製の)すだれ式日よけ, よろい窓[戸]

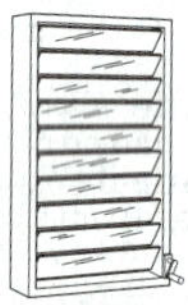
jalousie

***jam¹** /dʒæm/ 名 U ❶ ジャム(♦種類を表すときは C) ‖ For breakfast I have toast with ～. 私は朝食にジャムを塗ったトーストを食べます / strawberry [blueberry] ～ イチゴ[ブルーベリー]ジャム / spread ～ on bread パンにジャムを塗る ❷《英口》愉快な[楽な]もの[こと] ‖ want ～ on it 高望みをする
—動 (**jammed** /-d/; **jam·ming**) 他〔果物〕をジャムにする
▶▶**～ jàr** 名 C ①《英》ジャムの瓶 ②《英俗》自動車(♦car の押韻俗語) **～ tomórrow** 名 U《英口》当てにならない先の楽しみ(《米》pie in the sky)

***jam²** /dʒæm/ 動 (**jammed** /-d/; **jam·ming**) 他 ❶ (力で)…を〈…に〉詰め込む, 押し込む[割り込ませる];〔指など〕を挟む, 挟んで押しつぶす《*in*》〈**into, in, between, under, onto,** etc.〉‖ I *jammed* all my clothes *into* my suitcase. 私は衣類を全部スーツケースに詰め込んだ / She *jammed* herself *onto* the narrow bench. 彼女は狭い座席に(無理に)身を押し込んだ / ～ one's finger *in* the door 指をドアに挟む[挟んでつぶす]
❷ (人·物が)〔場所〕をふさぐ, 混雑させる;(電話の殺到で)〔交換台など〕を麻痺(まひ)させる;《受身形で》〈…で〉ぎっしり詰まる《*up*》〈**with**〉‖ Dead leaves have *jammed* the gutters. 枯葉が側溝をふさいでしまった / A great number of fans *jammed* the entrance to the hall. 多くのファンがホールの入口に詰めかけた / The train was *jammed with* commuters. 列車は通勤客ですし詰めだった
❸ …を〈…に〉強く押し当てる, 押しつける《*on*》〈**against, on, onto**〉‖ ～ one's cap *onto* one's head 帽子を頭にぐいっとかぶる
❹ **a** 《+目》〔機械など〕を動かなくする, 故障させる, つかえさせる《*up*》‖ You'll ～ the copier, putting the paper in that way. そんな紙の入れ方をしたらコピー機が詰まっちゃうよ **b** 《+目+補〈形〉》…を…の状態で動かなくする ‖ ～ a door open with one's foot ドアを片足で(押さえて)開けておく ❺〖無線〗(妨害電波で)〔放送·信号·レーダー〕を妨害する;〔ビデオテープなど〕にコピー防止の処置をする, スクランブル信号を加える
—自 ❶ (人·物が)(狭い場所で)押し合う《*together, up*》;〈…に〉(大勢)押し入る, 割り込む〈**into**〉‖ Everyone *jammed into* the elevator. だれもがエレベーターに(押し合いへし合い)なだれ込んだ
❷ (機械·器具などが)(引っかかったりして)動かなくなる《*up*》‖ The tape *jammed* in the video camera. ビデオカメラのテープが動かなくなった ❸《口》〖楽〗〈ほかのミュージシャンたちと〉即興演奏する〈**with**〉 ❹《進行形で》《米口》(人が)手早くうまくやっている;頑張っている
jàm ón ... / ***jàm ... ón*** 〈他〉①〔衣類〕を押しつけるように[急いで]身につける ‖ ～ one's hat *on* 帽子を(頭に)ぐいとひっかぶる ②〔ブレーキ〕を力いっぱい踏み込む
—名 C ❶ 押し合い, ぎっしり詰まって動きがとれないこと;雑踏, 混雑 ‖ a traffic ～ 交通渋滞 ❷ (機械の)故障, 停止 ❸《口》窮境, 困難 ‖ be in a ～ 窮地に陥っている / get into [out of] a ～ 窮地に陥る[を脱する] ❹ (= **～ sèssion**) ジャムセッション, 即興ジャズ演奏(会)

Jam. 略 Jamaica;〖聖〗James

***Ja·mai·ca** /dʒəméɪkə/ 名 ジャマイカ《西インド諸島中の, 英連邦内の独立国. 首都 Kingston》

***Ja·mai·can** /dʒəméɪkən/ 形 ジャマイカ(人)の
—名 C ジャマイカ人

ja·mais vu /dʒəmèɪ vjúː/ 名 C U 未視感, ジャメビュ, ど忘れ(↔ déjà vu)(♦never seen の意のフランス語より)

jamb /dʒæm/ 名 C〖建〗抱(だき), わき柱《入口·窓·暖炉などの両側に建てた柱の1本》

jam·ba·lay·a /dʒæ̀mbəláɪə/ 名 U〖料理〗ジャンバラヤ《エビ·鶏肉·野菜などを材料とした炊き込みご飯. Creole 料理の一種》

jam·bo·ree /dʒæ̀mbəríː/ 《アクセント注意》⊲シ 名 C ❶ にぎやかな宴会[祝賀会], どんちゃん騒ぎ ❷ (ボーイスカウトなどの国際[全国]的な)大集会, ジャンボリー

jam·cam /dʒǽmkæ̀m/ 名 C《英》ジャムカメ, 交通渋滞カメラ《交通渋滞箇所を表示するインターネット接続のカメラ》

James /dʒeɪmz/ 名 ❶〖聖〗ヤコブ **a St. ～ the Great** 大ヤコブ《キリスト12使徒の1人. Zebedee の子. 使徒 John の兄弟》 **b St. ～ the Less** 小ヤコブ《キリスト12使徒の1人. Alphaeus の子》 **c** キリストの兄弟《ヤコブの手紙の筆者とされる》 ❷ ヤコブの手紙《新約聖書中の一書》 ❸ **a ～ I** ジェームズ1世(1566–1625)《イングランド王(1603–25). スチュアート朝の開祖. 王権神授説の信奉者》 **b ～ II** ジェームズ2世(1633–1701)《イングランド王(1685–88). 名誉革命により王位を奪われ, フランスに亡命》 ❹ ジェームズ **a Henry ～**(1843–1916)《米国生まれの英国の作家》 **b Jesse ～**(1847–82)《米国の無法者. 強盗で殺人者であるが伝説では義賊で民間英雄》 **c William ～**(1842–1910)《米国の心理学者·哲学者. Henry James の兄》

Jámes·tòwn 名 ジェームズタウン《米国バージニア州東部の村. 北米最初の英国人定住地(1607)》

jam·mer /dʒǽmər/ 名 C ❶ 障害物 ❷ 電波妨害機;〖軍〗電波妨害のための航空機

jam·mies /dʒǽmiz/ 名 複《米口》= pajamas

Jàm·mu and Káshmir /dʒǽmuː-/ 名 ジャンム=カシミール《インドとパキスタンとの係争地のインド領地域. インド連邦の州》

jam·my /dʒǽmi/ 形 ❶ ジャムをつけた, ジャムに似た[でべたつく] ❷《英口》とても運のよい, 幸運な

jàm-pácked 形《通例叙述》《口》〈…で〉ぎっしり詰まった, すし詰めの〈**with**〉

Jan. 略 January

jane /dʒeɪn/ 名 C《主に米口》女(の子)

Jàne Dóe /-dóʊ/ 名 U/C《単数形で》《米》❶〖法〗ジェーン=ドウ(↔ John Doe)《裁判で当事者の本名不明の場合に用いられる女性の仮名》 ❷《口》ふつうの女性;(特に名を出すことのない)某女性

jan·gle /dʒǽŋgl/ 動 自 ❶ (鐘などの耳障りな音が) じゃんじゃん鳴る;(鍵束(かぎたば)·硬貨などが) じゃらじゃら音を立てる

❷(神経・耳などに)障る ―他 ❶…をじゃんじゃん[がちゃがちゃ]鳴らす ❷〔神経など〕をいら立たせる
―名Ⓤ ❶(金属的な)耳障りの音 ❷《旧》けんか, 口論

jan·is·sar·y /dʒǽnəsèri | -nɪsəri/ 名 =janizary

jan·i·tor /dʒǽnəṭər | dʒǽnɪ-/ 名Ⓒ ❶《主に米》(アパート・ビル・学校などの維持・清掃を行う)用務員, 管理人(《英》caretaker) ❷門番, 門衛(doorkeeper)
jàn·i·tó·ri·al 形

jan·i·zar·y /dʒǽnəzèri | -nɪzəri/ 名 (複 **-zar·ies** /-z/) Ⓒ(14–19世紀トルコ王護衛の)歩兵精鋭部隊の兵士(janissary)

Jan·sen·ism /dʒǽnsənɪ̀zm/ 名Ⓤ〖カト〗ジャンセニズム《オランダの神学者 C. O. Jansen(1585–1638)の教義》
-ist 名Ⓒ ジャンセニスト

·**Jan·u·ar·y** /dʒǽnjuèri | -əri/ 名 (複 **-ar·ies** /-z/) Ⓒ Ⓤ《通例無冠詞単数形で》1月《略 Jan., Ja.》‖ The big earthquake occurred on「the 17th of ~ in 1995 [OR ~ 17(th), 1995]. その大地震は1995年の1月17日に起こった / I was born in (late) ~. 私は1月(下旬)に生まれた / We went skiing at Naeba last ~. 私たちは去年の[この前の]1月苗場にスキーに行った / at the end of ~ 1月の末に

Ja·nus /dʒéɪnəs/ 名〖ロ神〗ヤヌス《頭の前後に2つの顔を持ち, 門や戸口を守護する神. 旧年と新年の両方を見ることから January の語源となる》

Jánus-fàced 形《文》二面性を持った;二心のある, 不誠実な

Jap /dʒæp/ 形 名 ⊗《俗·卑》=Japanese

Jap. 略 Japan, Japanese(♥ 侮蔑的な Jap を連想させるので Jpn., JPN を用いるのが望ましいとされる)

ja·pan /dʒəpǽn/ 名 ❶Ⓤ 漆(うるし) ❷Ⓒ 漆器(しっき)
―動 (**-panned** /-d/; **-pan·ning**) 他 …に漆を塗る
語源 原産地名 Japan から.

⁝Ja·pan /dʒəpǽn/

―名 **日本**《略 Jpn, JPN》‖ the Sea of ~ 日本海 / ~ Art Academy 日本芸術院
▸▸ **~ Cúrrent** 名《the ~》日本海流《フィリピン東部に発し日本の南東から北東に流れる暖流. 黒潮 (Kuroshio Current)とも呼ばれる》

⁝Jap·a·nese /dʒæ̀pəníːz/ ⊲シ 形 名

―形 **日本の**;日本人[語]の ‖ the ~ language 日本語 / ~ literature 日本文学 / things ~ 日本の風物 / I am ~. 私は日本人です(♦ 国籍をいう場合 I am a Japanese. よりこちらの方がふつう)
―名 (複 ~) ❶Ⓒ **日本人** ‖ By and large the ~ like baseball. 概して日本人は野球好きだ(♦ the Japanese は複数扱い) / a [many] ~ 1人の[多くの]日本人 / the ~ 日本人(全体), 日本国民
❷Ⓤ《通例無冠詞で》日本語 ‖ Do you speak ~? 日本語を話しますか / Please write your name here in ~. あなたの名前を日本語でここに書いてください
▸▸ **~ andrómeda** 名Ⓒ〖植〗アセビ(馬酔木) **~ bée-tle** 名Ⓒ〖虫〗マメコガネ《農作物の害虫》 **~ cédar** 名Ⓒ〖植〗(ニホン)スギ(Japan cedar) **~ encephalítis** 名Ⓤ〖医〗日本脳炎 **~ íris** 名Ⓒ〖植〗ハナショウブ;カキツバタ **~ lántern** 名Ⓒちょうちん(Chinese lantern) **~ máple** 名Ⓒ〖植〗イロハモミジ《東アジア原産のモミジ》 **~ persímmon** 名Ⓒ〖植〗① カキの木 ② カキの実 **~ quínce** 名Ⓒ〖植〗ボケ;ビワ(loquat)

Japanèse-bórn 形 日本生まれの;日系2世の ‖ a ~ American 日系アメリカ人

Ja·pan·i·ma·tion /dʒæ̀pənɪméɪʃən/ 名 Ⓤ Ⓒ 日本製アニメ

Jap·a·nize /dʒǽpənàɪz/ 《アクセント注意》動 他 …を日本風にする, 日本化する ―自 日本風になる, 日本化する
Jàp·a·ni·zá·tion 名

Jap·a·nol·o·gy /dʒæ̀pənɑ́(ː)lədʒi | -nɔ́l-/ 名Ⓤ 日本学, 日本研究 **-gist** 名

jape /dʒeɪp/ 動 自 冗談を言う;からかう ―他 …に冗談を言う;…をからかう ―名Ⓒ 冗談, いたずら, からかい

Jap·lish /dʒǽplɪʃ/ 名Ⓤ《口》和製英語;日本式英語(♦ *Jap*anese+Eng*lish* より)

ja·pon·i·ca /dʒəpɑ́(ː)nɪkə | -pɔ́n-/ 名Ⓒ〖植〗❶(日本産の)ツバキ ❷ =Japanese quince ❸Ⓤ ジャポニカ米(↔ Indica)《主要生産国は日本と米国》

*·**jar**[1] /dʒɑːr/ 名Ⓒ ❶広口瓶《陶器・プラスチック製で食べ物貯蔵用》;つぼ(❗日本語の「ジャー」(魔法瓶・炊飯器)の意味はない. 魔法瓶は《商標》thermos, vacuum container, 炊飯器は electric rice cooker という)(⇨ POT 類語) ‖ Pooh broke the honey ~. くまのプーさんはハチミツの瓶を割った ❷瓶[つぼ]1杯(の量) ‖ a ~ of jam 1瓶のジャム ❸《英口》(グラス)1杯のビール ‖ Let's have a ~ at the pub. パブでビールを一杯やろうよ
~·ful 名Ⓒ 瓶[つぼ]1杯(の量)

*·**jar**[2] /dʒɑːr/ 動 (**jarred** /-d/; **jar·ring**) 自 ❶ **a** (戸などが)きしる, 〈…に〉ぶつかってがつんという〈**on, upon, against**〉‖ The boat *jarred against* a rock. ボートが岩にぶつかりがりがりと音を立てた **b** 《+補》きしんで…(の状態)になる ‖ The prison gate *jarred* open. 刑務所の扉がぎいっと鳴って開いた ❷〈耳・神経などに〉障る〈**on, upon**〉‖ The loud music ~*s on* my nerves [ears]. そのけたたましい音楽は神経に障る[耳障りだ] ❸(物が)がたがたいう[揺れる] ❹(意見・行動などが)〈…と〉一致しない, 食い違う;(色調・様式などが)〈…と〉合わない, 不釣り合いである〈**with**〉‖ Our opinions ~. 私たちの意見は一致しない / The color of this curtain ~*s with* that of the room. このカーテンの色は部屋の色調と合わない
―他 ❶(急な衝撃などで)〔体の一部〕を痛める ‖ I missed the step and *jarred* my ankle. 階段を踏み外し足首を痛めた ❷…をがたがた揺する, 震動させる;…に耳障りな音を立てさせる, …を(ぎーぎー)きしらせる ❸ **a** 《+目》〔人〕をぎくりとさせる;〔神経〕に障る;…にショック[不快感]を与える ‖ She was *jarred* by his appearance. 彼の出現に彼女はぎくりとした **b** 《+目+補 / 目+**into** *doing*》〔人〕をぎくりとさせて…(の状態)にする[…するようにさせる] ‖ The phone *jarred* me awake. 電話の音にぎくりとして目を覚ました
―名Ⓒ ❶(耳障りな)騒音, きしる音 ❷(急激な)震動;(精神的)衝撃, ショック, (身体的)損傷 ‖ feel a ~ ぶるっとする ❸Ⓤ(意見・行動などの)不一致;不和

jar[3] /dʒɑːr/ 名《次の成句で》
on the jár 《口》《方》(ドアが)半開きで, 少し開いて

jar·di·niere /dʒɑ̀ːrdəníər | ʒɑ̀ːdɪniéə/ 名Ⓒ ❶(装飾用)植木鉢[花台] ❷〖料理〗ジャルディニエール《肉料理に添える野菜の盛り合わせ》(♦ フランス語より)

*·**jar·gon**[1] /dʒɑ́ːrɡən/ 名Ⓤ ❶(しばしばけなして)(特定の団体・職業の者だけに通じる)専門用語;仲間言葉, 符丁;隠語(→ cant[1]);💻(部外者にはわかりにくい)専門用語 ‖ medical ~ 医学用語 / critics' ~ 批評家用語 ❷訳のわからない語[話], たわごと ‖ speak ~ 訳のわからないことを言う **~·ìze** 動

jar·gon[2] /dʒɑ́ːrɡən/, **-goon** /dʒɑːrɡúːn/ 名Ⓤ〖鉱〗ジャーゴン《ジルコン(zircon)の一変種. セイロン産》

Jar·go·nelle /dʒɑ̀ːrɡənél/ 名Ⓒ《英》〖植〗ジャゴネル《早生(わせ)のナシの一種》

jar·ring /dʒɑ́ːrɪŋ/ 形 耳障りな, きしる, 神経に障る;(色などが)調和しない;(意見などが)合わない **~·ly** 副

jas·mine /dʒǽzmɪn/ 《発音注意》名Ⓒ〖植〗ジャスミン;Ⓤ ジャスミンの香り;ジャスミン色《明るい黄色》

Ja·son /dʒéɪsən/ 名〖ギ神〗イアソン《アルゴ(Argo)号に乗船して遠征し, 金の羊毛(Golden Fleece)を得て帰ったギリシャの英雄》(→ Argonaut)

jas·per /dʒǽspər/ 名Ⓤ ❶〖鉱〗碧玉(へきぎょく)《石英の一種》❷〖窯業〗ジャスパー(jasperware)《英国の陶磁器会社

J

Wedgwood 社製炻器(せっき))

ja·to, JATO /dʒéɪṭoʊ/ 名 (複 **~s** /-z/) 〖空〗 ❶ U ジェット補助離陸 ❷ (= ~ **ùnit**) C 離陸用補助ジェットエンジン (♦ *j*et-*a*ssisted *t*ake-*o*ff より)

jaun·dice /dʒɔ́ːndɪs/ 名 U ❶ 〖医〗黄疸(おうだん) ❷ ねたみ, ひがみ; 偏見 ── 動 他 〔人〕を黄疸にかからせる

jáun·diced /-t/ 形 ❶ 黄疸にかかった(ような) ❷ ひがんだ; 偏見を抱いた, 偏った ‖ with a ~ eye (過去の経験から)偏見を持って

jaunt /dʒɔːnt/ 名 C 小旅行, 物見遊山(ゆさん) ── 動 自 小旅行に出かける, 小旅行をする ▸▸ **~ing càr** 名 C (以前広くアイルランドで用いられた)4人乗り軽二輪馬車

jaun·ty /dʒɔ́ːnṭi/ 形 ❶ 意気揚々とした, 元気いっぱいの ❷ スマートな, 粋な **-ti·ly** 副 **-ti·ness** 名

Jav. 略 Javanese

Ja·va[1] /dʒɑ́ːvə/ 名 ❶ ジャワ(島)《インドネシアの中心となる島. 首都 Jakarta がある》 ❷ U ジャワ産のコーヒー; 《通例 j-》《米口》コーヒー ▸▸ **~ màn** 名 《the ~》ジャワ原人, ピテカントロプス《1891年ジャワ島で発見された化石人類》 **~ Séa** 名 《the ~》ジャワ海

Ja·va[2] /dʒɑ́ːvə/ 名 U 《商標》💻ジャバ《Sun Microsystems 社の開発した, 複数のOSに対応したオブジェクト指向のプログラミング言語》

Ja·van /dʒɑ́ːvən/ 形 ジャワ(人)の ── 名 = Javanese ❶

Jav·a·nese /dʒæ̀vəníːz | dʒɑ̀ːv-/ ⟨ 形 ジャワ(人)の; ジャワ語の ── 名 (複 ~) ❶ C ジャワ人 ❷ U ジャワ語

jave·lin /dʒǽvəlɪn/ 名 ❶ C (投げ)やり; (やり投げ競技用の)やり ❷ (= ~ **thròw**) 《the ~》〖スポーツ〗やり投げ競技

:jaw /dʒɔː/ 《発音注意》
── 名 (複 **~s** /-z/) C ❶ **あご**, (特に)下あご(の骨格) (♦ あごの先端は chin) (⇨ FACE 図); (特に人の性格を表すとされる)あご形 ‖ The boxer punched his opponent on the ~. ボクサーは相手のあごにパンチを入れた / He dropped his ~. = His ~ **dropped** [OR fell, sagged] (open). 彼はぽかんと口をあけた (♥ 驚き・失望のしぐさ) (→jaw dropper) / the upper [lower] ~ 上[下]あご / She's got a very determined ~. 彼女のあごが意志の強さを表していた
❷ 《~s》(人・動物の)口《上下顎骨(がっこつ)と歯を含む》‖ clench one's ~*s* 歯を食いしばる / the gaping ~*s* of the crocodile ワニの大きく開けた口
❸ 《~s》(渓谷・海峡などの)狭い入口; 《~s》(万力などの)あご部 ‖ the ~*s* of a wrench スパナのあご ❹ U 《俗》おしゃべり; 長談義; 小言, お説教 ‖ Hold [OR Stop] your ~! 《俗》黙れ / have a ~ (じっくり)話をする
sèt one's jáw 決意のほどを示す, 腹を決める
the jàws of déath [**despáir, deféat**] 《文》死地[絶望の縁, 敗色] ‖ escape *the* ~*s of death* 死地を脱する / They snatched victory from *the* ~*s of defeat*. 彼らは負け試合を逆転して勝利を奪った
── 動 自 《口》(くどくど)しゃべる
▸▸ **~ dròpper** 名 C 《主に米口》びっくり[失望]させられるもの[こと] **Jàws of Lífe** 名 複 《商標》ジョーズ=オブ=ライフ《事故車などから人を救出する油圧式金属切断機》

jáw·bòne 名 C あごの骨, 顎骨(がっこつ), (特に)下顎骨 ── 動 他 《米口》…を強く説得する

jáw·brèaker 名 C ❶ 《口》(舌をかみそうな)発音しにくい言葉 ❷ 《主に米口》大きくて堅いあめ玉 ❸ 〖機〗岩石粉砕機

jáw-dròpping 形 《口》仰天の, 口をあんぐりとさせる

-jawed /dʒɔːd/ 接尾 《形容詞語尾》…のあごを持つ ‖ square [strong, jut]-*jawed* 角ばった[頑丈な, 突き出た]あごの

jáw-jàw 名 U 動 自 《英口》無駄なおしゃべり(をする)

jaw·line /dʒɔ́ːlàɪn/ 名 C 下あごの輪郭

jay /dʒeɪ/ 名 C ❶ 〖鳥〗カケス《羽毛の色がきれいで鳴き声が騒々しいカラス科の鳥. 地面を斜めに飛び跳ねる. → jaywalk》 ❷ 《口》《旧》(度がすぎた)おしゃべり屋; 間抜け

jáy·bìrd 名 《米》= jay ❶ (♦ jay が一般的)
(*as*) ***nàked as a jáybìrd*** 《米》裸で, 何も身につけずに

Jay·cee /dʒèɪsíː/ 名 C 《米口》青年商工会議所会員 (♦ JC (*J*unior *C*hamber の略)の発音つづり)

jáy·wàlk 動 自 交通規則を無視して[安全を確認せずに]道路を横断する[歩く] **~·er** 名 **~·ing** 名

***jazz** /dʒæz/ 名 U ❶ ジャズ; ジャズダンス ‖ *Jazz* without improvisation isn't ~. 即興演奏のないジャズはジャズではない / live ~ ジャズの生演奏 / a ~ band [singer] ジャズバンド[シンガー]
❷ 《俗》《けなして》たわごと, ほら ‖ Don't give me any ~ about calling you this early. こんなに朝早く電話したからってぶつぶつ言うな ❸ 《俗》活気; 熱狂
... and àll that jázz 《口》…やなんか, …などなど ‖ We're fed up with work, meetings *and all that* ~. 私たちは仕事やら会議やらにうんざりしている
── 動 他 ❶ …をジャズ風に演奏[編曲]する《*up*》 ❷ 《米俗》…にうそをつく, 誇張して話す ── 自 ❶ 《旧》ジャズを演奏する[に合わせて踊る] ❷ 《米俗》うそをつく, 誇張する
****jàzz úp ... / jàzz ... úp*** 〈他〉《口》① ⇨ 他 ❶ ② …を盛り上げる, 活気づける, 楽しくする; …を飾り立てる, 派手にする ‖ ~ *up* a party パーティーを盛り上げる / ~ *up* a room with some flowers 花で部屋を飾る

jázz·màn /-mæ̀n/ 名 (複 **-mèn** /-mèn/) C ジャズマン (中立 jazz musician [player])

jazz·y /dʒǽzi/ 形 《口》❶ ジャズ調の ❷ 派手な, 華やかな, 多彩な; 陽気な

JC, J.C. 略 *J*esus *C*hrist; *J*ulius *C*aesar

JCC, J.C.C. 略 *J*unior *C*hamber of *C*ommerce ((米国の)青年商工会議所) (→ Jaycee)

JCL 名 U 💻ジョブ制御言語 (♦ *j*ob *c*ontrol *l*anguage の略)

J-clòth 名 C 《商標》ジェイクロス《家庭用ぞうきん[ふきん]》

JCR 略 *J*unior *C*ommon [Combination] *R*oom ((英国の)学部学生用社交室)

JCS 略 *J*oint *C*hiefs of *S*taff ((米国の)統合参謀本部)

jct. 略 junction

JD, J.D. 略 《ラテン》*J*uris *D*octor (= Doctor of Jurisprudence) (法学博士); *J*ustice *D*epartment ((米国の)司法省); *j*uvenile *d*elinquent (未成年犯罪者)

***jeal·ous** /dʒéləs/ 形 (▶ jealousy 名) (**more ~; most ~**) ❶ 嫉妬(しっと)深い, 焼きもちやきの; ねたんで, 嫉妬して〈**of** …を / **that** 節 …ということを〉‖ She gets ~ when her husband talks with his female clients. 彼女は夫が女性客と話をすると嫉妬する / a ~ husband [wife] 焼きもちやきの夫[妻] / He was ~ ⌈*of* my success [OR *that* I succeeded]. 彼は僕の成功をねたんでいた (♦ ×about my success は不可)
❷ 油断のない, 用心深い; 〈自分の所有物・権利などを〉とられまいと用心[警戒]する〈**of**〉‖ He is ~ *of* his authority. 彼は自分の権威を守ることにきゅうきゅうとしている / keep a ~ eye [guard] on ... …を油断なく見張る[監視する]
❸ 〖聖〗(神が)絶対的忠誠[信仰]を求める
~·ly 副 ねたんで, 嫉妬して; 油断なく

***jeal·ous·y** /dʒéləsi/ 名 (◁ jealous 形) (複 **-ous·ies** /-z/) U ❶ 嫉妬, 焼きもち, ねたみ, そねみ; C ねたみの仕打ち[言葉] (⇨ 類語) ‖ ~ of another's success 他人の成功に対するそねみ / go mad with ~ 嫉妬に狂う / in a fit of ~ 嫉妬に駆られて ❷ すきのない用心, 警戒心

類語 《❶》 **jealousy** 自分が手に入れて当然と思うものを他人(特に競争相手)が手に入れたことに不当と感じ, 憤慨したりねたましく思ったりする激しい気持ち. 〈例〉feel *jealousy* when a coworker receives a promotion 同僚の昇進に嫉妬を感じる
envy 他人が手に入れたものをうらやましく思い, 自分もそれを手に入れることができればと思う気持ち. 〈例〉feel *envy* when a friend inherits a fortune 友人が遺産を手に入れるとうらやましく思う

***jean** /dʒiːn/ 名 ❶ U デニム地《丈夫な厚手のあや織綿布》‖ ～ trousers デニム地のズボン ❷ C 《～s》ジーンズ(「ジーパン」は和製語);(一般に)ズボン ‖ Susan was in ～*s* and a sweatshirt. スーザンはジーンズにトレーナーという格好だった / a pair of blue ～*s* ブルージーンズ1本
語源 この布地の最初の産地名 Genoa(イタリアのジェノバ)を表す中英語 *Gene* から.

jeep, Jeep /dʒiːp/ 名 C 《商標》ジープ《四輪駆動で荒地を走行できる自動車》

jèe·pers (créepers) /dʒìːpərz-/ 間 《主に米口》《旧》=gee[1]

jeep·ney /dʒíːpni/ 名 C (ジープを改造した)小型乗合バス, ジープニー《フィリピンで使用されている》

***jeer** /dʒɪər/ 動 自 〈…を〉からかう, 冷やかす, やじる;あざける, ばかにする〈at〉‖ The audience ～*ed at* the actor. 観客はその俳優をやじった / ～ *at* his stupidity. 彼の愚かさをあざ笑う ━他〔人・提案など〕を冷やかす, からかう, やじり倒す(♦ 直接話法にも用いる) ‖ He was ～*ed* off the stage by the crowd. 彼は群衆にやじられて演壇を去った ━名 C 《通例 ～s》やじ, 冷やかし, あざけり
～·ing 形 《限定》からかいの, 冷やかしの ‖ a ～ crowd やじを飛ばす群衆 **～·ing·ly** 副 あざけって

jeez /dʒiːz/ 間 《口》あら, ああ, くそっ, ちぇっ(♥ 驚き・怒り・当惑などを表す. Jesus の婉曲語. geez とも書く. 信仰があつい人などは不快に感じることがある)

Jeff /dʒef/ 名 ジェフ《Jeffrey の愛称》

Jef·fer·son /dʒéfərsən/ 名 **Thomas ～** ジェファソン(1743–1826)《米国の独立宣言の起草者. 第3代大統領(1801–09)》
▸▸**～ Cíty** 名 ジェファソンシティ《米国ミズーリ州の州都》

Jef·fer·so·ni·an /dʒèfərsóuniən/ ⟨シ 形 ジェファソン的な[流の]《地方分権尊重の民主主義など》
━名 C ジェファソン(主義の)崇拝[支持]者

je·had /dʒɪhɑ́ːd | -hǽd/ 名 =jihad

Je·hosh·a·phat /dʒɪhɑ́(ː)ʃəfæ̀t | -hɔ́ʃ-/ 名 【聖】ヨシャパテ《紀元前9世紀のユダ王国(Judah)の王》

Je·ho·vah /dʒɪhóuvə/ 名 【聖】エホバ(Yahweh)《旧約聖書の唯一神》
▸▸**～'s Wítnesses** 名 《the ～》エホバの証人, ものみの塔(Watch Tower)《19世紀後半に米国で興ったキリスト教の1派. 会員は Jehovah's Witness という》

Je·hu /dʒíːhjuː/ 名 【聖】エヒウ, イエフ《Ahab 家の一家を滅ぼした紀元前9世紀のイスラエル王. 戦車の猛烈な御者として知られる》

je·june /dʒɪdʒúːn/ 形 ❶ (文章などが)面白みのない, 退屈な ❷ (考え・振る舞いなどが)未熟な, 幼稚な ❸ 乏しい, 貧弱な;栄養価の低い;(土地が)やせた, 不毛の

je·ju·num /dʒɪdʒúːnəm/ 名 C 《単数形で》【解】空腸

Jè·kyll and Hýde /dʒèkəl ənd háɪd, dʒìːkəl-/ 名 C 《単数形で》二重人格者(♦ 英国の作家 R. L. Stevenson の小説 *The Strange Case of Dr. Jekyll and Mr. Hyde*(1886)の主人公の名より)

jell /dʒel/ 動 自 ❶ ゼリー(状)になる ❷ 《口》(方針・考えなどが)具体化する, 固まる(《主に英》gel) ‖ Things are finally starting to ～. 事態はやっと安定化の方向に向かい出した ❸ 〈…に〉進んで協力する〈with〉 ━他 ❶ …をゼリー(状)にする ❷〔方針など〕を具体化する, 固める

Jell-O /dʒélou/ 名 U 《米》《商標》ジェロー《フルーツゼリーの一種》
like trýing to nàil Jèll-O to the wáll 《米口》所詮(しょせん)無理な話で

***jel·ly** /dʒéli/ 《発音注意》 名 (複 **-lies** /-z/) U ❶ 《主に英》ゼリー《ゼラチンなどで固めた菓子》 ❷ (肉汁)ゼリー, ジュレ《ゼラチンに肉[魚]汁を加えた料理》;(肉の)煮こごり ❸ フルーツジャム《果汁に砂糖を加えて煮詰めたもの》 ❹ U C ゼリー状のもの;どろどろしたもの ❺ (=～ **shoes**) C 《通例 -lies》《英》(海辺などで履くビニール製の)サンダル
fèel like jélly; *tùrn to jélly* 《口》(足・ひざが)(恐怖などで)がくがくする, 震える
━動 (**-lies** /-z/; **-lied** /-d/; **～·ing**) 他 …をゼリー(状)にする, 凝固させる ━自 ゼリー(状)になる, 凝固する
▸▸**～ bàby** 名 C 《英》赤ん坊の形のゼリー菓子 **～ bèan** 名 C ゼリービーンズ《豆の形にしたゼリーに鮮やかな色の糖衣をかけた菓子》 **～ ròll** 名 C 《米》ゼリーロール(《英》Swiss roll)《薄いスポンジケーキにジャムやクリームなどを塗って巻いたもの》

jélly·fìsh 名 (複 ～ OR ～**·es** /-ɪz/) C ❶ 【動】クラゲ ❷ 《口》意志薄弱な人, 煮えきらない人

jem·my /dʒémi/ 名 動 《英》=jimmy

je ne sais quoi /ʒə nə seɪ kwɑ́ː/ 名 《フランス》(=I don't know what) U C 名状し難いもの, 言葉では表現できないもの(♥ 特に好ましいことに用いる)

Jen·ner /dʒénər/ 名 **Edward ～** ジェンナー(1749–1823)《英国の医者. 種痘(しゅとう)法の発見者》

jen·net /dʒénɪt/ 名 C ❶ スペイン産の小馬 ❷ 雌ロバ

jen·ny /dʒéni/ 名 (複 **-nies** /-z/) C ❶ (ある種の動物・鳥の)雌(↔ jack[1]);(=～ **àss**)(特に)雌ロバ ❷ =spinning jenny ▸▸**～ wrèn** 名 C 《英口》【鳥】ミソサザイ(♥ 子供の用いる俗称)

Jen·ny /dʒéni/ 名 ジェニー《Jennifer の愛称》

***jeop·ard·ize** /dʒépərdàɪz/ 《発音注意》 動 他 《堅》…を危うくする, 危機に陥れる(endanger) ‖ ～ one's close relationship with him 彼との親しい関係を危うくする

jeop·ard·y /dʒépərdi/ 名 U ❶ 危険(⇨ DANGER 類語) ‖ He put [OR placed] himself in ～. 彼は我が身を危険にさらした ❷ 【法】(刑事事件で有罪判決および刑罰に処せられる)危険(性)

Jer 略 【聖】Jeremiah

jer·bo·a /dʒə(ː)rbóuə/ 名 C 【動】トビネズミ《北アフリカ・東ヨーロッパ・中近東・中央アジアの乾燥地帯に生息する後脚と尾が長いネズミの一種》

jer·e·mi·ad /dʒèrɪmáɪəd/ 名 C 《堅》長い間の悲嘆, 嘆き, 恨みごと;悲話

Jer·e·mi·ah /dʒèrɪmáɪə/ 名 ⟨シ ❶ 【聖】エレミア《紀元前7–6世紀のヘブライの預言者》 ❷ 【聖】エレミア記《旧約聖書中の一書. 略 Jer》 ❸ C (将来についての)悲観論者

Jer·i·cho /dʒérɪkòu/ 名 【聖】イェリコ, エリコ《死海の北方ヨルダン川西岸にあるパレスチナの古都》

***jerk**[1] /dʒəːrk/ 動 他 ❶ **a** (+目+副句)…を急に動かす[引く, 押す, ねじる, 投げる] ‖ He ～*ed* his hand out of the cold water. 彼は冷たい水から慌てて手を引っ込めた **b** (+目+補〈形〉)…をぐいと動かして…にする ‖ He ～*ed* the door open. 彼はドアをぐいと開けた ❷〔言葉など〕をせかせかと[せき込んで]言う《*out*》 ❸ 【重量挙げ】〔バーベル〕をジャークで挙げる ❹ 《米》〔クリームソーダ〕を作って出す ━自 (+副句)(急に)がくんと動く ‖ The train ～*ed* forward [to a halt]. 列車ががたんと動き出した[止まった] / The engine ～*ed* into action. エンジンが突然ぶるんとかかった
jèrk aróund 〈他〉(*jèrk ... aróund*)《米口》〔人〕を困らせるようなことをする, 不当に扱う, 惑わす(mislead) ━〈自〉ぶらぶら過ごす
jèrk (*onesèlf*) *óff* ⊗《米卑》マスターベーションをする
━名 C ❶ 急に動く[引く, 押す, ねじる]こと ‖ The car started with a ～. 車は突然がくんと動き出した / He gave a sudden ～ of his head. 彼は頭を突然ぐいと動かした / She unplugged the TV with an angry ～. 彼女は荒々しくぐいっとテレビのコンセントを抜いた ❷ (筋肉の)けいれん, 引きつり;《～s》(特に宗教的感動から起こる)激しい引きつけ[発作] ❸ 《俗》ばか者, 間抜け ❹ 【重量挙げ】ジャーク

jerk[2] /dʒəːrk/ 動 他〔牛肉など〕を細長く切って干し肉にする ━形 香辛料の入った;干し肉風にした ‖ ～ pork [chicken] 干し肉風豚肉[鶏肉]

jer·kin /dʒə́ːrkɪn/ 名 C そでなしの胴着;(男子用の)革製胴着《16–17世紀ごろ用いられた》

J

jérk·wàter 形《限定》《米口》❶ 田舎の, ひなびた, へんぴな ❷ つまらない, 取るに足りない
jerk·y¹ /dʒə́ːrki/ 形 ❶ ぐいと[がくんと]動く, がたがた[ぎくしゃく]動く；けいれん性の, 発作的な；気まぐれな ❷《米口》ばかな, 間抜けの **jérk·i·ly** 副 **jérk·i·ness** 名
jer·ky² /dʒə́ːrki/ 名 U ジャーキー《特に牛の干し肉》‖ beef ～ ビーフジャーキー
jer·o·bo·am /dʒèrəbóuəm/ 名 C (ワイン・シャンパン用の)大瓶
Je·rome /dʒəróum/ 名 **St.～** 聖ヒエロニムス(ラテン語名 *Eusebius Hieronymus*)(342?–420?)《キリスト教修道士・聖書学者. ラテン語訳聖書の完成者》
jer·ry /dʒéri/ 名 C《英口》《旧》寝室用便器, おまる(《米》potty)
Jer·ry /dʒéri/ 名 (複 **-ries** /-z/) ❶ ジェリー《男性名. Gerald, Gerard, Jeremiah, Jeremy の愛称》❷ C ⊗《英俗》《旧》《蔑》ドイツ人(German)；《集合的に》ドイツ人[兵](Germans)
jérry-buìlt 形 安普請(やすぶしん)の, 急造の
-buìlder 名 C 安普請大工, たたき大工
jérry·càn 名 C ジェリーカン《5ガロン入り液体ポリ容器. 主にガソリン用》
jérry-rìg 動 他 =jury-rig
*__jer·sey__ /dʒə́ːrzi/ 名 ❶ C ジャージー《ラグビーなどの運動選手が着るシャツ》；セーター；女性用のメリヤス上着[セーター] ❷ U ジャージー《伸縮性に富む服地》
Jer·sey /dʒə́ːrzi/ 名 ❶ ジャージー島《イギリス海峡中の Channel Islands 最大の島》❷ C ジャージー種《乳牛の一品種》
Je·ru·sa·lem /dʒərúːsələm/《発音注意》名 エルサレム(アラビア語名 Al-Quds. ヘブライ語名 Yerushalayim)《イスラエルの首都. キリスト教・ユダヤ教・イスラム教の聖地》
～·ite 名 C 形 エルサレム住民(の)
▶▶**～ ártichoke** 名 C〔植〕キクイモ(菊芋)《塊茎は食用》**～ thórn** 名 C〔植〕パーキンソニア《とげのあるマメ科の低木. 熱帯アメリカ産で観賞用》
Jes·per·sen /jéspərsən/ 名 **(Jens) Otto (Harry) ～** イェスペルセン(1860–1943)《デンマークの言語学者》
jes·sa·mine /dʒésəmɪn/ 名 =jasmine
Jes·se /dʒési/ 名〔聖〕エサイ《David の父》
*__jest__ /dʒest/ 名 C ❶《文》冗談, しゃれ；からかい, 冷やかし；戯れ, ふざけ(⇨ JOKE 類語) ‖ It is no idle ～. 冗談ではない；本気だ / break [OR drop] a ～ 冗談を言う ❷《古》笑いぐさ, 物笑いの種 ‖ make a ～ of him 彼を物笑いの種にする
in jést ふざけて, 冗談で ‖ speak [say] *in* ～ ふざけて話す[言う] / half *in* ～ ふざけ半分で
—動《文》自 冗談を言う；茶化(ちゃか)す；ふざける〈**about** …について；**with** …に〉‖ Don't ～ *about* other people's failures. 他人の失敗を茶化すな / Don't ～ *with* me. からかわないでくれ
—他 …と言ってからかう(♦ 直接話法にも用いる)
jest·er /dʒéstər/ 名 C ❶ (中世の王侯貴族お抱えの)道化師 ❷ 冗談好きの人
Jes·u·it /dʒéʒuət｜dʒézjuɪt/ 名 C ❶〔カト〕イエズス会士 ❷《ときに j-》⊗《蔑》策士, 策謀家；詭弁(きべん)家
Je·su·it·ic /dʒèʒuɪ́tɪk｜dʒèzju-/ 〈シ〉, **-i·cal** /-kəl/ 形 ❶ イエズス会(士)の ❷《j-》⊗《蔑》ごまかす, 詭弁的な, 陰険な
*__Je·sus__ /dʒíːzəs/《発音注意》名 イエス(キリスト)(♦ Jesus Christ, またときに Jesus of Nazareth ともいう)
Jèsus (Chríst)! ⊗《蔑》こいつは驚いた[まいった], 畜生, くそったれ, 全く(♥ 怒り・不信・驚き・いら立ちなどを表す. 信仰があつい人などは不快に感じることがある)
▶▶**～ frèak** 名 C ⊗《口》《主に蔑》キリスト教の若い熱狂的信者
jet¹ /dʒet/
—名 (複 **～s** /-s/) C ❶ **ジェット機**(jet plane), ジェットエンジン(jet engine), ジェット気流(jet stream)(❗「ジェットコースター」は《米》roller coaster,《英》switchback) ‖ The singer came to Japan in her own private ～. その歌手は自家用ジェット機で来日した / travel by ～ ジェット機で旅行する / a ～ fighter ジェット戦闘機
❷ **噴出**, 噴射, 噴流 ‖ The fountain shoots a ～ of water 30 feet high. その噴水は30フィートの高さに水を噴き上げる ❸ 噴出口, 筒口 ‖ a gas ～ ガス灯の火口
—動 (**～s** /-s/；**jet·ted** /-ɪd/；**jet·ting**)
—自 ❶《+副句》ジェット機で旅行する(♦ 副句 は方向を表す) ‖ ～ to the Hawaiian Islands ジェット機でハワイ諸島に飛ぶ ❷ 噴射する, 吹き出す《*out*》
—他 …を噴出する, 吹き出す
▶▶**～ áircraft** 名 C ジェット航空機 **～ éngine** 名 C ジェットエンジン, 噴射推進機関 **～ làg** 名 U (ジェット機旅行による)時差ぼけ ‖ I'm afraid I've a bit of ～ *lag*. どうも少し時差ぼけのようだ **～ pèople** 名 U《集合的に》《複数扱い》《米口》(ジェット機による)亡命者, 難民(♦ boat people からの造語) **～ pláne** 名 C ジェット機 **～ propúlsion** 名 U ジェット推進 **～ sèt** (↓) **Jét Skì** (↓) **～ strèam** 名 ①《the ～》〔気象〕ジェット気流 ② C ジェットエンジンの排気流
jet² /dʒet/ 名 U ❶〔鉱〕黒玉(くろたま)炭, 貝褐(かいかつ)炭《真黒色石炭》❷ 黒玉色, 漆黒(しっこく)
—形 黒玉[製]の；黒玉色の, 漆黒の
jèt-bláck 〈シ〉 形 漆黒の, 真っ黒な
je·té /ʒətéɪ/ 名 C〔バレエ〕ジュテ《一方の足を前方に突き出して跳び上がり, 他方の足を後方に伸ばすバレエのステップ》(♦ フランス語より)
jét·fòil 名 C ジェットエンジン付き水中翼船(→ hydrofoil)
jét-làgged 形 時差ぼけした
*__jét·lìner__ 名 C ジェット旅客機
jét·pòrt 名 C ジェット機用空港
jèt-propélled 〈シ〉 形 噴射推進式の, ジェット式の；非常に速い
jet·sam /dʒétsəm/ 名 U 投げ荷《遭難船が船体を軽くするために海中に投棄した貨物》(→ flotsam)；(一般に)捨てられたもの
jét sèt 名《the ～》《集合的に》《単数・複数扱い》《口》(ジェット機で世界を飛び回る富裕な)ジェット族
jét-sètter 名 C ジェット族の1人 **jét-sètting** 形
Jét Skì 名 C《商標》ジェットスキー, 水上バイク《高速の小型モーターボート. jet ski, jetski とも書く》
jét-skì 動 自 ジェットスキーをする **jét-skìing** 名
jet·ti·son /dʒétɪsən/ 動 他 ❶〔保険〕(遭難船[機]から)〔荷〕を投げ捨てる[投下する] ❷〔無用[やっかい]なものなど〕を放棄する —名 U 投げ荷[行為]；放棄
jet·ty /dʒéṭi/ 名 (複 **-ties** /-z/) C ❶ 突堤, 防波堤 ❷ 桟橋, 波止場(⇨ WHARF 類語)
Jét·wày 名 C〔商標〕ジェットウェイ(《英》air bridge)《空港ビルの搭乗口と飛行機の出入口を直結する伸縮式の通路》
jeu d'es·prit /ʒùː desprìː｜ʒə̀ː-/ 名 (複 **jeux d'esprit** /ʒùː desprìː｜ʒə̀ː-/)《フランス》(=play of intellect) C ウイットに富むしゃれ, 警句
*__Jew__ /dʒuː/ 名 C ❶ ユダヤ人, ヘブライ人 ❷ ユダヤ教徒
▶▶**jew's harp** /∸∸｜∸∸/ 名 C ジューズハープ, 口琴(こうきん)《歯の間にくわえて金属の舌を指ではじいて鳴らす楽器》
*__jew·el__ /dʒúːəl/《発音注意》名 C ❶ 宝石；《通例 ～s》(宝石入りの)装身具, 宝飾品, アクセサリー(⇨ 類語) ‖ She wore her best ～*s* to the ceremony. 彼女はその式にいちばんいい宝飾品をつけて行った ❷ (時計などの軸受)石 ‖ a watch of 17 ～*s*=a 17-～ watch 17石の時計 ❸ 貴重な人[もの], 至宝 ‖ a ～ of a city 市の至宝
the jèwel in the [OR ***a pèrson's***] ***crówn*** 最も価値ある[誇れる]もの[部分]

—動 (~s /-z/; ~ed OR《英》-elled /-d/; ~·ing《英》~·ling) 他《通例受身形で》宝石で飾られている[をはめてある], 〈…が〉ちりばめられている〈with〉‖ a ~*ed* comb 宝石入りのくし / a sky ~*ed with* stars 宝石をちりばめたような星空

類語《名 ❶》**jewel** 宝石, および宝石を貴金属にはめ込んだ装身用の飾り.
gem 特にカットして磨いた宝石.
precious stone 一般的な意味での宝石.

▸▸ **~ bòx [càse]** 名 C (プラスチックの)CDケース

jew·el·er /dʒúːələr/ 名 C ❶ 宝石商, 貴金属商; 宝石細工職人 ❷ (~'s)《英》宝石店, 貴金属店
▸▸ **~'s róuge** 名 U《英》高級ベンガラ《金属やレンズの研磨に使用する酸化第二鉄の粉末》

jéwel·fìsh 名 (複 ~ OR ~·es /-ɪz/) C〔魚〕ジュエルフィッシュ《熱帯アフリカ産の鮮やかな色の観賞魚》

jew·el·ry, 《英》**-el·ler·y** /dʒúːəlri/ 《発音注意》 名 U《集合的に》宝石類, ジュエリー; (宝石入りの)貴金属装身具類 (♦ 個々の宝石は jewel) ‖ She wore very little ~. 彼女は宝石類をほとんど身につけなかった / a valuable piece of ~ 高価な宝石

jéwel·wèed 名 C《米》〔植〕ツリフネソウ《北米産. 黄色またはオレンジ色の花をつけるホウセンカの一種》

Jew·ess /dʒúːəs | -es/ 名 C ⊗《旧》《しばしば蔑》ユダヤ人女性(→ Jew)

jéw·fìsh 名 (複 ~ OR ~·es /-ɪz/) C〔魚〕❶ ハタ《北米の沿岸産》 ❷ オオニベ《インド洋産》

Jew·ish /dʒúːɪʃ/ 《発音注意》 形 ユダヤ人の, ユダヤ人的[風]な; ユダヤ教の —名 U《口》イディッシュ語 (Yiddish) ▸▸ **~ cálendar** 名《the ~》ユダヤ暦《紀元前3761年を創世紀元とし, 1年を353–355日とする太陰暦》

Jew·ry /dʒúːri | dʒʊ́ə-/ 名 (複 **-ries** /-z/) ❶ U《集合的に》ユダヤ人[民族] ❷ C ユダヤ人街(ghetto)

Jez·e·bel /dʒézəbèl/ 名 ❶〔聖〕イゼベル《イスラエルの王Ahab の妻で偶像崇拝を広めた》 ❷《また j-》C《単数形で》⊗《旧》《蔑》(恥知らずで不道徳な)悪女, 妖婦(ようふ)

JFK 略 *J*ohn *F*itzgerald *K*ennedy

jg, j.g. 略〔米海軍〕*j*unior *g*rade(下級)

Jiang·su /dʒæ̀ŋsúː/ 名 江蘇(チャンスー)省《中国東部, 揚子江下流域の省. 省都 Nanjing(南京)》

Jiang·xi /dʒæ̀ŋʃíː/ 名 江西(チャンシー)省《中国南東部の省. 省都 Nanchang(南昌)》

jib[1] /dʒɪb/ 名 C ❶ (= **~ sàil**)〔海〕ジブ《船首の三角帆》 ❷〔機〕ジブ《起重機の腕》
the cùt of a pèrson's jíb (人の)風采(ふうさい), 身なり
▸▸ **~ bòom** 名 C〔海〕ジブブーム《船首第2斜檣(しゃしょう)》

jib[2] /dʒɪb/ 動 (**jibbed** /-d/; **jib·bing**) 自 (馬が)前に進もうとしない, 後ずさりする; ためらう〈**at** …を / **at** *doing* …するのを〉 **~·ber** 名

jibe[1] /dʒaɪb/ 動 自《米口》〈…と〉調和する, 一致する〈**with**〉

jibe[2] /dʒaɪb/ 名 動 =gibe

jibe[3] /dʒaɪb/ 〔海〕動 自 ❶ (追い風を受けて)帆が反対側の舷側(げんそく)に向きを変える ❷ 船の向きが変わる
—他〔帆〕の向きを変える
—名 U ジャイブ《帆の向きが変わる[向きを変える]こと》

jiff /dʒɪf/ 名《口》=jiffy

jif·fy /dʒɪ́fi/ 名 C《単数形で》《口》瞬間 (moment) ‖ I'll be back in a ~. すぐに戻るよ

Jíffy bàg 名 C《英》《商標》ジフィーバッグ《壊れやすいものの郵送に用いる詰め物入りの紙袋》

jig /dʒɪɡ/ 名 C ❶ ジグ《⅜拍子の動きの速い踊り》; その舞曲 ❷〔機〕ジグ, 治具《工作物に取りつけて切削工具を正しく導く用具》 ❸〔釣り〕分銅針; 疑似餌(え) ❹〔採〕選鉱機
in jíg tìme《米口》非常に早く, すぐに
The jìg is úp.《米口》(悪事がばれて)万事休す
—動 (**jigged** /-d/; **jig·ging**) 自 ❶ ジグを踊る[演奏する]; 激しく上下に動く ❷ ジグを用いて工作する; ジグ[選鉱機]で選鉱する ❸ 分銅針で釣る —他 ❶ …を急激に上下に動かす ❷ …をジグで切る[処理する, 選鉱する]

jig·ger[1] /dʒɪ́ɡər/ 名 C ❶ ジグを踊る人; ジグを操作する人 ❷ ジガー《カクテル用の小型計量カップ》, その容量《1.5オンス》 ❸ (ドリルのような激しい動きをする) 機械装置 ❹《口》(正確な名称がわからないときに用いる) 例のもの ❺〔海〕小型テークル《操帆用ロープと滑車装置》; 補助帆 ❻《口》〔ビリヤード〕レスト, メカニカルブリッジ
—動 他《口》…に(不正に)手を加える[変更する]

jig·ger[2] /dʒɪ́ɡər/ 名 =chigger

jig·gered /dʒɪ́ɡərd/ 形《英口》❶ とても驚いた ‖ Well, I'll be [OR I'm] ~. いささかびっくりした; そんなことがあってたまるものか, まさか / I am ~ if I do it! そんなことをだれがするものか ❷ 疲れきった; 壊れた

jig·ger·y-pok·er·y /dʒɪ̀ɡəripóʊkəri/ 名 U《主に英口》ごまかし, いんちき; 不正な取り引き

jig·gle /dʒɪ́ɡl/ 動 他 自 (上下左右に)(…を[が])軽くせわしく動かす[動く], 小刻みに揺らす[揺れる]
—名 C《単数形で》軽い急速な揺さぶり ‖ give the key a ~ in the lock 鍵穴(かぎあな)で鍵をがちゃがちゃ動かす

jig·gy /dʒɪ́ɡi/ 形《米俗》❶ そわそわした, 落ち着かない, 興奮した ❷ かっこいい
get jiggy (***with it***) 我を忘れて踊る[演奏する, セックスする]

jíg·sàw 名 C ❶ 糸のこ(ぎり) ❷ (= **~ pùzzle**) ジグソーパズル, はめ絵 ❸ 困難な[入り組んだ]状況

ji·had /dʒɪhɑ́ːd | -hǽd, -hɑ́ːd/ 名 C (イスラム教徒の) 聖戦, ジハード(♦ jehad ともつづる); (大義・理想に殉ずる)闘い **~·i, ~·ist** 名 C 聖戦戦士

jil·bab /dʒɪ́lbæb/ 名 C ジルバブ《イスラムの女性が着用するヘッドスカーフ》

Ji·lin /dʒìːlín/ 名 吉林(チーリン)省《中国北東部の省. 省都 Changchun(長春)》

Jill /dʒɪl/ 名 ジル《Juliana の愛称》

jil·lion /dʒɪ́ljən/ 名 C《主に米口》莫大(ばくだい)な数(♦ billion, million にならった造語)(→ zillion)

jilt /dʒɪlt/ 動 他 (特に女性が)〔恋人・婚約者〕を捨てる, 振る (↝ throw over)(♦ しばしば受身形で用いる)
—名 C《古》男をもてあそぶ女, 浮気女

Jim /dʒɪm/ 名 ジム《James の愛称》

Jìm Crów 名《しばしば j- c-》《米》❶ C ⊗《蔑》黒人 ❷ U《口》(1960年代以前の)黒人差別[隔離]政策
—形《限定》黒人差別の; 黒人専用の ‖ ~ laws 黒人差別法 (♦ 黒人に扮(ふん)した白人のミンストレルショー (minstrel show)で Thomas Rice (1808–60)が歌った *Jim Crow* という歌の題名より)

jìm-dándy 形 名 C《米口》素晴らしい[いかす]人[もの]

jím-jàms 名 複《口》❶《the ~》=jitter ❶ ❷ =delirium tremens ❸《英口》=pajamas

jim·mies /dʒɪ́miːz/ 名 複《米》チョコチップ《ケーキなどの上に振りかける小粒状のチョコレート》

jim·my /dʒɪ́mi/ 《米》名 (複 **-mies** /-z/) C (組立) 鉄梃(かなてこ)(jimmy iron bar,《英》jemmy)
—動 (**-mies** /-z/, **-mied** /-d/, **~·ing**) 他 (組立) 鉄梃で〔戸・窓など〕をこじ開ける

jím·son·wèed /dʒɪ́msən-/ 名 C〔植〕シロバナヨウシュチョウセンアサガオ, ダチュラ

***jin·gle** /dʒɪ́ŋɡl/ 動 自 ❶ (鈴・硬貨・鍵(かぎ)などが)ちりんちりんと鳴る ❷ (詩句が)(同音を繰り返して)調子よく響く, 押韻する —他〔鈴・硬貨・鍵など〕をちりんちりん鳴らす ‖ He ~*d* the coins in his pocket. 彼はポケットの中の硬貨をじゃらじゃら鳴らした
—名 C ❶《単数形で》(鈴・硬貨・鍵などの)ちりんちりん[じゃらじゃら] (と鳴る音); その音を立てるもの ❷ 類似音 [同音]反復; (同音を繰り返すような)調子のよい文句[詩, コマーシャル(ソング)] ‖ an advertising ~ コマーシャル(ソング) ❸《単数形で》《米口》電話をかけること ‖ give ... a ~ …に電話をかける
▸▸ **~ drèss** 名 C ジングルドレス《北米先住民女性が着

用する舞踊用衣装》

jin·go /dʒíŋgoʊ/ 名 (複 **~es** /-z/) Ⓒ ⊗《旧》《主に蔑》好戦的愛国者, 対外強硬論者 ; 主戦論者

by jíngo 《旧》《口》誓って, 確かに ; 断じて, とんでもない ; こいつは驚いた(♥ 驚き·強調·困惑などを表す)

~·ìsm 名 Ⓤ ⊗《主に蔑》ジンゴイズム, 盲目[好戦]的愛国主義 **~·ist** 名 Ⓒ 形 盲目[好戦]的愛国主義者(の) **jìn·go·ís·tic** 形 盲目[好戦]的愛国主義の

jink /dʒɪŋk/ 名 Ⓒ さっと身をかわすこと ; 《~s》=high jinks

—動 自 さっと身をかわす

jinn /dʒɪn/ 名 (複 ~ OR **~s** /-z/) Ⓒ (イスラム神話の)精霊, 魔神(genie)

jin·ni /dʒíni/ 名 =jinn

jin·rik·i·sha, -rick·sha /dʒɪnríkʃɔː, | -ʃə/ 名 Ⓒ 人力車(ricksha)(♦ 日本語より)

jinx /dʒɪŋks/ 名 Ⓒ 《通例単数形で》〈…に〉不運をもたらす人[もの] ; 不運〈**on**〉(❗ 日本語の「ジンクス」と違い, 悪いものだけを意味する) ‖ put a ~ *on* ... …に不運をもたらす

—動 他 《通例受身形で》不運をもたらされる ; けちをつけられる **~ed** 形 不吉な, 呪(のろ)われた

語源 魔術に用いられたアリスイという鳥のラテン語名 *jynx* から. 「魔術」の意から「悪運をもたらすもの」に転じた.

jir·ga /dʒə́ːrgə/ 名 Ⓒ (パキスタンなどの)評議会, ジルガ

JIT 略 *j*ust-*i*n-*t*ime

jit·ney /dʒítni/ 名 Ⓒ 《米口》(低料金の)小型乗合バス[タクシー]《もと5セントで定期ルートを走っていた》

jit·ter /dʒítər/ 《口》 名 ❶ Ⓒ 《しばしば the ~s》いらいら, そわそわ ‖ have [get] the ~*s* いらいら[そわそわ]している[する] / give him (the) ~*s* 彼をいらいら[びくびく]させる ❷ Ⓤ 〖電子〗(テレビ映像などの)ちらつき, 乱れ

—動 自 いらいらする, そわそわする, びくびくする

~·y 形 いらいら[そわそわ]した

jítter·bùg 名 ❶ 《the ~》ジルバ, ジターバグ ; Ⓒ 《旧》ジルバを踊る(ことが好きな)人(♦ 日本語の「ジルバ」は jitterbug の発音がなまったもの) ❷ Ⓒ 《旧》《口》神経質な人

—動 (**-bugged** /-d/, **-bug·ging**) 自 ジルバを踊る

jiu·jit·su, -jut- /dʒùːdʒítsuː/ 名 =jujitsu

jive /dʒaɪv/ 名 Ⓤ ❶ ジャイブ《テンポの速いスイングジャズの一種》; Ⓒ そのダンス ❷ 《俗》(ジャズ関係者などの)隠語 ❸ 《米俗》いい加減な話, たわごと, うそっぱち

—動 自 《口》ジャイブを演奏する[に合わせて踊る]

—他 《米俗》…を冷やかす, からかう ; …にでたらめを言う

—形 《米俗》にせの, いんちきの, でたらめの

Jnr., Jnr, jnr. 略 Junior, junior

jnt. 略 joint

Jo /dʒoʊ/ 名 ジョー(Joseph, Josephine の愛称)

Joan of Arc /dʒòʊn əv áːrk/ 名 ジャンヌ=ダルク(♦ フランス語名 Jeanne d'Arc)(1412–31)《百年戦争で祖国フランスの危機を救った少女. 異端者として火刑に処せられたが, 1920年に列聖された. オルレアンの少女(the Maid of Orléans)と呼ばれる》

***job** /dʒɑ(ː)b | dʒɔb/ 名 動

中心義 仕事

—名 (複 **~s** /-z/) Ⓒ ❶ **勤め口**, 定職, 仕事 ; 職業, 地位(post)(♦ 相手の職業を尋ねる場合, What is your job? よりも What do you do (for a living)? というのがふつう) (⇨ 類語P, POST³ 類語) ‖ She **got** a ~ as a salesclerk in a boutique. 彼女はブティックの店員の仕事を得た / I've been out of a ~ for five months. もう5か月間失業している / I am between ~*s*. 私は失業中の身だ / get [OR take] a ~ with that company あの会社に就職する / have a nine-to-five ~ in an office 9時から5時までの会社勤めをしている / a full-time [part-time] ~ 正規雇い[パート]の仕事 / a steady [OR permanent] ~ 定職 / a temporary ~ 一時的な仕事 / ~ cuts 人員削減 / ~ losses 雇用喪失 / ~ satisfaction 仕事から得られる満足感

連語 【動+~】find a ~ 職を見つける / lose one's ~ 失業する / know one's ~ 仕事をよく知っている / 「give up [OR leave] a ~ 職を辞する

❷ (具体的な1つの)**仕事**, 作業, 手間仕事, 賃仕事 ; 仕事の遂行[成果] ‖ I want to finish the ~ by lunchtime. 昼食までにその仕事を終えたい / You **did** [OR made] a **good** ~ of fixing the car. なかなかうまく車の修理ができましたね / I spent the weekend **doing** various ~*s* around the house. 家の外回りのさまざまな作業をして週末を過ごした / odd ~*s* 臨時の仕事 / a repair ~ 修理作業 / get on with a ~ 仕事を続ける / the ~ in [OR at] hand 今やっている仕事

❸ 《通例単数形で》**責務**, 義務, 務め, 役目, 機能(⇨ TASK 類語) ‖ It's our ~ to enforce the regulations. 規則を施行するのが我々の責務だ / Washing the dishes is my husband's ~. 皿洗いは夫の役割です / a ~ of work 《英》(好き嫌いにかかわらず)しなければならないこと

❹ 💻 (ひとまとまりの)作業, ジョブ《作業の単位》

❺ 《単数形で》《口》骨の折れること, ひと苦労 ‖ You'll have quite a ~ getting [OR to get] there. そこにたどり着くにはかなり苦労するよ / What a ~ it was, trying to get him to agree! 彼を同意させるのは容易じゃなかった

❻ 《口》犯罪, 窃盗, 強盗 ; 汚職 ; 不正行為 ‖ do a bank ~ 銀行強盗を働く / an inside ~ 内部の者の犯行

❼ 《口》(際立った)完成品, 製品《自動車·飛行機など》‖ The car's a nice [OR neat, smart] little ~. その車はよくできている ❽ 《単数形で》《口》事, 事態 ‖ It's a good ~ that you got to high ground before the flood hit. 洪水が襲う前に高台に行き着いたのは幸運だったね ❾ 《口》外科手術, 特に美容整形[形成]手術 ‖ have a nose ~ 鼻の整形手術を受ける

dò a jób on ... 《口》…にひどいことをする ; …をめちゃくちゃにする

****dò the jób*** 《口》うまくいく, 目的を達する

Dòn't gìve ùp the dáy jòb! 《口》《戯》手慣れた仕事を捨てるんじゃない ; 不得手なことには手を出すな

fàll dòwn on the jób 役目を果たせない

gìve ... ùp as a bàd jób 《口》…をそれ以上続けても無駄だとあきらめる, …はもう駄目だとあきらめる

****jòbs for the bóys*** ⊗《英》《蔑》(就職の)縁故採用, コネ就職 ; (仲間内で分け合う)うまい仕事

jùst the jób 《英口》おあつらえ向きのもの[人]

lìe dòwn on the jób 仕事に精を出さない, きちんと仕事をやらない

make the best of a bad job ⇨ BEST(成句)

on the jób ① 仕事に集中して ; 警戒して ; 職場で, 仕事中に (→ on-the-job) ‖ He lost his job as a driver after drinking *on the* ~. 仕事中に酒を飲んで彼は運転手の職を失った ② 《英俗》セックスして(いるところで)

COMMUNICATIVE EXPRESSIONS

1 **I'm ònly [OR jùst] dòing my jób.** 自分の仕事をやっているだけです(♥「命じられたことをやっているだけだ, 自分に責任はない」と釈明する)

2 **It's mòre than my jòb's wórth to** fàlsify the repórt. 《英》報告書の偽造なんかしたら私の首が飛ぶ(→ jobsworth)

3 **It's nòt「my jób [OR in my jób descrìption].** それは(仕事の契約書にないので)私の担当ではありません(♥ 与えられた任務などを断るときに)

4 **It's nòt my jób to** cὸmment on his decísion. 私は彼の決定にコメントする立場にありません(♥かかわりや責任を避ける表現. この場合の job は「義務·責任」の意. = My job is not to ....)

5 (You dìd a) **níce [OR góod] jób!** よし, よくやった(♥ 課題や任務をうまくやりこなした相手に対するねぎらいの表現. 出来が悪かった場合に皮肉を込めて用いることもある)

—動 (**~s** /-z/ ; **jobbed** /-d/ ; **job·bing**)

—自 ❶ 片手間仕事をする, 臨時の仕事をする

❷ (株・商品の)仲買をする
❸ (公職や地位を利用して)不正を働く, 私腹を肥やす
━他 ❶〔株・商品〕の仲買をする, …を卸す ❷〔仕事・契約など〕を下請けさせる《*out*》‖ ～ *out* a contract to a number of small outfits いくつもの小さな会社に契約を下請けさせる ❸《英では俗》…をだます, …からかすめ取る

職業	work job employment occupation	専門的知識を要する知的な(弁護士・医師)	**profession**
		天職的な(教職・看護師)	**calling** **vocation**
		手先の熟練を要する(大工など)	**trade**
		商売・商業	**business**

♦ work は最も一般的な語で, 広く「仕事」を意味するが, 報酬を前提としないこともあり, ときに永続性をほのめかす. 〈例〉be devoted to volunteer *work* ボランティアの仕事に献身する 不可算語であることに注意. 〈例〉new *work* は「新しい仕事」, *a* new *work* は「新しい作品」
♦ job は口語的で, 常勤の仕事から一時的な仕事まで広く用いる. 〈例〉She has a part-time *job*. 彼女はパートの仕事をしている(=She works part time.)
♦ employment は雇われて従事するさまざまな仕事 ; 雇用との関連における「職」. work と同じく不可算語. 〈例〉He is out of *work* and looking for *employment*. 彼は失業中で, 職探しをしている
♦ occupation はやや改まった語で, 正式に「職業」という場合に用いる. 〈例〉Please state your *occupation* on the form. 職業を用紙に記入してください
♦「一生の仕事にする」という意味での仕事[職業]は career
♦ 個人・団体に割り当てられ, 義務としてやらねばならない仕事は task

▶▶**～ àction** 名 U 《米》(労組の) 抗議闘争 **～ appróval ràting** 名 C U 役職評価 **～ creàtion** 名 U 雇用創出《新たな雇用形態の開発》 **～ descrìption [specificàtion]** 名 C 職務内容説明書 **～ fàir** 名 C 就職説明会 **～ lòck** 名 C (医療保険を失うことからの) 転職不安 **～ lòss** 名 U (個人の) 失業 ; C《通例 ～es》(業界再編成などによる)雇用喪失 **～ lót** /ˌ-ˈ-/ 名 C (一括売り込み用の各種雑多な) 廉価商品 ; 雑多な半端物〈**of**〉‖ in ～ *lots* 大量に ; 十把一からげに **～ màrket** 名 U C 就職市場 **～ prògram** 名 C (行政機関による) 失業対策 **～ satisfáction** 名 U 仕事の満足度 **～ secùrity** 名 U 雇用確保 **～ sèeker** 名 C 《英》求職者 ‖ ～ *seeker*'s allowance 失業[生活保護]手当て / the ～ *seekers* situation (社会の) 就業状況 **～ spìll** 名 C 《口》仕事による私生活の圧迫 (♦ oil spill からの連想) **～ tràining** 名 U 職業訓練

Job /dʒoub/ 名〖聖〗❶ ヨブ《苦難に耐え神への信仰を貫いたヘブライの族長》‖ have the patience of ～ 極めて忍耐強い ❷ ヨブ記 (the Book of Job)《旧約聖書の一書. 略 Jb》 ▶▶**～'s cómforter** 名 C ヨブの慰安者《慰めるつもりで相手の苦悩を深める人》, ありがた迷惑な人

job·ber /dʒɑ́(ː)bər | dʒɔ́bə/ 名 C ❶《米》仲買人, 卸商 ❷《英》《旧》=stockjobber ❷ ❸ 手間賃仕事をする人, 請負職人(piece worker)

job·ber·y /dʒɑ́(ː)bəri | dʒɔ́b-/ 名 U (公職利用の) 不正(利得), 汚職

jób·cèntre 名 C 《英》公共職業安定所

jób·hòlder 名 C 《米》定職のある人

jób-hòp 動 (**-hopped** /-t/ ; **-hop·ping**) 自 《米口》職を転々とする, しばしば転職する
-hòpper 名 **-hòpping** 名

jób-hùnt 動 自 《口》職探しをする **～·er** 名

*__jób·less__ /-ləs/ 形 失業中の ; 失業者(対策)の ; 《the ～で集合名詞的に》《複数扱い》失業者たち ‖ Japan's ～ rate 日本の失業率 **～·ness** 名
▶▶**～ cláim** 名 C 失業保険請求

Jobs /dʒɑ(ː)bz | dʒɔbz/ 名 **Steven Paul ～** ジョブズ(1955–2011)《米国生まれの実業家. Apple 社創立者の1人》

jób-shàre 動 自 1つの仕事を複数の人で共有する, ジョブシェアする ━名 C ジョブシェア **-shàrer** 名

jób-shàring 名 U ジョブシェアリング《1つの職を複数の人で分かち合って雇用の維持・増加を図ろうとする考え方》

jóbs·wòrth 名 C 《英口》杓子(しゃくし)定規な役人(♦ 市民の依頼を断るときに It's more than my job's worth.「そんなことをしたら私は首になる」ということから)

jock[1] /dʒɑ(ː)k | dʒɔk/ 名 《口》 ❶ =jockey ❶ ❷ =disc jockey

jock[2] /dʒɑ(ː)k | dʒɔk/ 名 C 《米口》 ❶ =jockstrap ❷ (特に大学の) 運動選手, 熱狂的なスポーツファン ❸ 男っぽい男 ▶▶**～ ìtch** 名 U 《米口》(股間(こかん)の) いんきん(たむし) **～ jàcket** 名 C ウインドブレーカー, ジョックジャケット

Jock /dʒɑ(ː)k | dʒɔk/ 名 C ⊗《英口》《しばしば蔑》スコットランド人[兵], スコットランド野郎(♥ 呼びかけに用いる)

*__jock·ey__ /dʒɑ́(ː)ki | dʒɔ́ki/ 名 C ❶ (特に競馬の) 騎手, ジョッキー ❷《米口》運転手, (特定の機械・道具類の) 操作員 (→ disk jockey)
━動 他 ❶ (騎手として)〔馬〕に騎乗する ❷〔人〕をだます ; 〔人〕をだまして〈…を〉奪う〈**out of**〉; 〔人〕をだまして〈…〉させる〈**into** *doing*〉‖ He ～*ed* me *out of* my property. 彼は私の財産を詐取した / She ～*ed* me *into* taking responsibility. 彼女は私をだまして責任をとらせた ❸ …を上手に運転[操作]する ; …を巧みに動かして〈…に〉入れる〈**into**〉 ━自 ❶ うまく立ち回って〈有利な立場などを〉得ようとする, 〈…を〉得ようと画策する〈**for**〉‖ He is ～*ing for* position in his company. 彼は社内で有利な立場を得ようとうまく立ち回っている ❷ 騎手として騎乗する
▶▶**～ càp** 名 C (ひさしの長い) 騎手帽 **Jóckey Clùb** 名《the ～》ジョッキークラブ《18世紀に英国ニューマーケットで設立された団体. 英国の競馬を取り仕切る》 **～ shòrts** 名 複《商標》(男子の運動選手がトランクスの下にはく) サポーター(Jockeys)

jóck·stràp 名 C (運動用の) 局部サポーター

jo·cose /dʒoukóus, dʒə-/ 形《堅》冗談好きな, 滑稽(こっけい)な, ふざけた, おどけた **～·ly** 副 **～·ness** 名

jo·cos·i·ty /dʒoukɑ́(ː)səti, dʒə- | -kɔ́s-/ 名 (複 **-ties** /-z/) U《堅》おどけ, 滑稽さ : C おどけた言動, 冗談

joc·u·lar /dʒɑ́(ː)kjulər | dʒɔ́k-/ 形 ふざけた, おどけた, ひょうきんな, 冗談好きな, 滑稽な
jòc·u·lár·i·ty 名 **～·ly** 副

joc·und /dʒɑ́(ː)kənd | dʒɔ́k-/ 形《堅》愉快な, 陽気な ; 楽しい **jo·cún·di·ty** 名 **～·ly** 副

jodh·purs /dʒɑ́(ː)dpərz | dʒɔ́d-/ 名 複 乗馬ズボン(♦ インドの旧州名より)

Joe /dʒou/ 名《米口》❶ (j-) U コーヒー ‖ a cup of ～ コーヒー1杯 ❷《ときに j-》C 男, やつ(guy)
▶▶**～ Blóggs** 名《単数扱い》《英口》=Joe Blow **～ Blów** 名 C《単数形で》《米口》平均的男性, 平凡な人, ふつうの人 **～ Públic** 名 U《英口》一般大衆, 庶民 **～ Síx-pàck** 名 C《主に米口》平凡な労働者(♦「6本パックの缶ビールを飲みながらテレビを見る人」の意から)

Jo·el /dʒóuəl/ 名 ❶〖聖〗ヨエル《バビロン捕囚後のヘブライの小預言者》 ❷ ヨエル書《旧約聖書中の一書. 略 Jl》

jo·ey /dʒóui/ 名 C《豪》❶ 動物の子, 幼獣 ; (特に) カンガルーの子 ❷《口》幼児

*__jog__[1] /dʒɑ(ː)g | dʒɔg/ 動 (**jogged** /-d/ ; **jog·ging**) 自 ❶ (運動のために) ゆっくり一定の速さで走る, ジョギングする ‖ I「go *jogging* [～ around the park] for half an hour every morning. 私は毎朝30分間ジョギングに出かける

J

［公園の周りをジョギングする］ ❷ (馬が) 速歩で進む ❸ (人・事態が) どうにかこうにかやっていく［進展する］《*along, on*》 —他 ❶ …を揺り動かす，揺する；…を軽く突く［押す］，…に突き当たる ‖ ～ a motor モーターをがくんと始動させる ❷〔記憶〕を呼び起こす，かき立てる ‖ The picture helped to ～ his memory. その写真は彼が記憶を呼び覚ます助けとなった

—名 C《単数形で》❶ ゆっくりと走ること，ジョギング；(馬の) 速歩 (trot) ‖ go for a ～ ジョギングをする / at a ～ ゆっくりした駆け足で / take a ～ ジョギングをする ❷ (軽い) 揺れ；軽い突き［押し］‖ give her a ～ with one's elbow 彼女をひじで小突く

▶▶ ～ **tròt** 名 C《単数形で》① (馬の) ゆっくりした規則正しい歩調，緩歩(かんぽ) ② 退屈で単調なやり方［暮らし］‖ at a ～ *trot* 何事もなく，平々凡々と

jog[2] /dʒɑ(ː)g | dʒɒg/ 名 C《米》(道などの) 急な曲がり；急な方向転換 —動 (**jogged** /-d/; **jog·ging**) 自 急に曲がる

jog·ger /dʒɑ́(ː)gər | dʒɔ́gə/ 名 C ジョギングする人

***jog·ging** /dʒɑ́(ː)gɪŋ | dʒɔ́g-/ 名 U ジョギング

▶▶ ～ **sùit** 名 C ジョギングスーツ《スウェットパンツとスウェットシャツの組み合わせ》

jog·gle /dʒɑ́(ː)gl | dʒɔ́gl/ 動 他 …を軽く揺する —自 軽く揺れ動く —名 C 軽い揺れ；揺れ動き，震動

Jo·han·nes·burg /dʒouhǽnəsbə̀ːrg, dʒə- | -nɪs-/ 名 ヨハネスブルク《南アフリカ共和国最大の都市》

Jo·han·nine /dʒouhǽnaɪn/ 形 使徒ヨハネ(John)の；ヨハネ福音書の

john /dʒɑ(ː)n | dʒɒn/ 名 C《俗》❶《主に米》トイレ，便所 (restroom, toilet) ❷ (売春婦の)客

John /dʒɑ(ː)n | dʒɒn/ 名 ❶〖聖〗ヨハネ **a** (= ～ **the Baptist**) バプテスマのヨハネ，洗礼者ヨハネ《キリストの先駆者. ヨルダン川でキリストに洗礼を行った. Herod Antipas により斬首》(→ Salome) **b** 使徒ヨハネ《キリストの12使徒の1人》❷〖聖〗(使徒ヨハネの著作とされる)ヨハネによる福音書《新約聖書の一書. 略 Jn》；ヨハネの手紙《新約聖書中の書. 第一から第三まである. 略 Jn1-Jn3》❸ ジョン王(1167?–1216)《イングランド王(1199–1216). 通称欠地王(John Lackland). Magna Carta に署名した》❹ **Sir Elton** ～ エルトン＝ジョン(1947–)《英国のミュージシャン》

▶▶ ～ **Bárleycorn** 名 ジョン＝バーレーコーン，麦太郎《ビール・ウイスキーなどの擬人化》 ～ **Búll** 名 ジョン＝ブル《典型的な英国人，または英国の擬人化》(→ Uncle Sam) (♦ John Arbuthnot の寓話(ぐうわ) *The History of John Bull* (1712) の主人公の名より) ～ **Déere** 名《米》《商標》ジョン＝ディーア《芝刈機やトラクターの製造会社名》 ～ **Dóe** 名 C《通例単数形で》①《主に米》〖法〗ジョン＝ドウ(↔ Jane Doe)《本名が不明のときや本名を出したくないときに裁判で用いる男性の仮名》②《米口》ふつうの人，一般人 ～ **Dóry** 名 (複 ～ **-ries**) C〖魚〗マトウダイ ～ **Háncock** 名 C《米口》自筆の署名 ‖ Put your ～ *Hancock* on this check. この小切手にサインしてください (♦ John Hancock (1737–93) はアメリカ合衆国独立宣言の最初の署名者. その署名が特に大きくて読みやすかったことから) ～ **o'Gróats** /dʒɑ̀(ː)n əgróuts | dʒɒ̀n-/ 名 ジョン＝オグローツ《大ブリテン島最北端とされているスコットランド北東岸の地》(→ Land's End) ～ **Pául II** 名 ヨハネ＝パウロ2世 (1920–2005)《第264代ローマ教皇 (1978–2005)》 ～ **Q. Públic** 名 U《米》一般大衆(《英》Joe Public)

John Bull

jóhn·bòat 名 C《米》小型平底ボート《浅瀬での釣りなどに用いる》

john·ny, -nie /dʒɑ́(ː)ni | dʒɔ́ni/ 名 (複 **-nies** /-z/) C《口》❶《英》(名前が不明の者に用いて)あいつ，あの男 ❷《米》(入院患者が着用する) 短い襟なしのガウン ❸ = condom ▶▶ **Jòhnny Réb** 名《米口》(米国の南北戦争の)南軍兵士

jóhnny·càke 名 U《米》(鉄板で焼いた) トウモロコシパン；C《豪・ニュージ》小麦粉の薄焼きパン

jòhnny-còme-látely 名 (複 **-latelies** OR **johnnies-**) C《単数形で》《口》新米，新参者，新入者；(流行などに)遅れた人

Jòhnny-júmp-ùp 名 (複 **-ups**) C《米》(野生の) スミレ，サンショクスミレ

Jòhnny-on-the-spót 名 (複 **Johnnies-**) C《米口》《旧》必要なときにすぐ手を貸してくれる人

John·son /dʒɑ́(ː)nsən | dʒɔ́n-/ 名 ジョンソン ❶ **Andrew** ～ (1808–75)《米国第17代大統領 (1865–69)》❷ **Lyndon Baines** ～ (1908–73)《米国第36代大統領 (1963–69)》❸ **Samuel** ～ (1709–84)《英国の辞書編集者・作家. Dr. Johnson として知られる》

▶▶ ～ **Spáce Cènter** 名 ジョンソン宇宙センター《NASAの宇宙センターの1つ. 米国テキサス州 Houston にある》

joie de vi·vre /ʒwɑ̀ː də víːvrə/ 名《フランス》(=joy of living) U 生きる喜び

***join /dʒɔɪn/ 動 名

中心義 **(結びついて)一緒になる**

—動 (～**s** /-z/; ～**ed** /-d/; ～**·ing**)

—他 ❶〔会・団体など〕に**加わる**；…に参加する，加盟する，…のメンバーになる；…に入社する；〔軍〕に入隊する ‖ He ～*ed* the search party for the missing Boy Scouts. 彼は行方不明になっているボーイスカウトの捜索隊に加わった / I think I'll ～ the fencing club. フェンシング部に入ろうかと考えている / If you can't beat 'em, ～ 'em. 相手を負かせないのなら(利をはかって)手を結べ

❷〔人〕と〈行動などを〉一緒にする〈**in, for**〉；〔人〕と一緒になる，(落ち) 合う；〔行動〕に参加する ‖ She wept, and I ～*ed* her. 彼女が泣いたので私も釣られて泣いた / Can you ～ us *for* dinner? 夕食を一緒にどう / ～ them *in* dancing [a game] 彼らと一緒に踊る［ゲームをする］/ I'll ～ you later. 後で合流するよ / ～ a strike [picket line] ストライキに参加する［ピケに並ぶ］/ ～ battle《堅》交戦する

❸ …を〈…に〉**つなぐ**，結びつける，接合する《*up, together*》〈**to, onto**〉；〔2点〕を (直) 線で結ぶ《*up*》(⇨ CONNECT 類語) ‖ He ～*ed* his car battery *to* mine with a booster cable. 彼はブースターケーブルで自分の車のバッテリーを私のバッテリーにつないだ / ～ two rails *together* [OR *up*] 2本のレールをつなぐ

❹〈結婚・友情などで〉〔人〕を結びつける〈**in**〉‖ The two families have been ～*ed in* marriage. その2つの家族は結婚によって結ばれた / ～ forces (ある目的のために) 力を合わせる / ～ hands 手を組む，仲間になる；夫婦になる

❺ (川・道などが) …に合流する ‖ The river ～*s* the Mississippi at this point. その川はこの地点でミシシッピ川に合流する ❻ …に隣接する(adjoin) ❼《英》〔列車・飛行機など〕に乗る ❽《英》〔道など〕を歩み始める

—自 ❶〈…に〉加わる，**参加する**《*in*》〈**in**〉；加入する，加盟する，会員［党員］になる；加わって一緒に(何かを)する〈**with** 人と；**in** …に〉‖ Let me ～ *in* Rachel's surprise party. レイチェルへのびっくりパーティーの仲間に私も加えてくれないか / They all ～*ed with* me *in* drinking a toast. 一同みな私に唱和して乾杯した

❷ **つながる**，結合する；(道・川などが)合流する ‖ There's always a jam where these two roads ～. この2つの道路が合流する地点はいつも渋滞する

❸ 連合［合併］する，〈…と〉**一緒になる**，行動を共にする，提携する《*up, together*》〈**with**〉‖ The two families ～*ed up* for the rest of the holiday. その2家族は休日の残りを一緒に過ごした / The two tour groups ～*ed with* each other. 2つのツアーが一緒になった / We'll ～ *up with* you on Karel Bridge. 我々はカレル橋の上で

君たちに合流しよう ❹ 隣接する, 境を接する
*jòin úp 〈自〉 ① ⇨ 自 ❸ ② 入隊する (enlist) ―〈他〉《jòin úp ... / jòin ... úp》⇨ 他 ❸

COMMUNICATIVE EXPRESSIONS
1 **(Do you) càre [OR mìnd] if I jóin you?** ご一緒してもいいですか(♥ 活動に参加したり相席を求めたりする際に)
2 **(Would you) càre [OR lìke] to jóin us?** ご一緒にいかがですか(♥ 活動への参加や相席を誘う際などに)

―名 (複 **~s** /-z/) C 接合部[箇所], つなぎ目, 縫い目

join·der /dʒɔ́ɪndər/ 名 U ❶ 接合, 結合, 合同 ❷〘法〙(訴訟当事者・訴訟原因の)統合, 併合; 共同訴訟 ❸〘法〙(争点の)受理, 承認, 決定

jòined-úp 形 《通例限定》《英》 ❶ (書体が) 文字同士が連続した ❷ 協調した ‖ a ~ system 協調方式

join·er /dʒɔ́ɪnər/ 名 C ❶ 《主に英》指物師, 建具屋 ❷ 《口》いろいろな団体に好んで加入する人

join·er·y /dʒɔ́ɪnəri/ 名 U ❶ 指物職, 建具職 ❷ 《集合的に》指物, 建具類

:joint /dʒɔɪnt/
―名 (複 **~s** /-s/) C ❶ **関節**; 〘植〙(枝・葉の)付け根, 節(ふし) ‖ I have pains in my knee *~s.* ひざの関節が痛い / He cut the bamboo at the ~. 彼は竹を節の所で切った
❷ **接合**(箇所), つなぎ[合わせ]目; 〘機〙ジョイント, 継ぎ手 ‖ a ~ in a pipe パイプのつなぎ目
❸ 《英》(骨付きの) 肉の大きな切り身 (《米》roast) ‖ a ~ of beef 牛肉の大切り身
❹ 〘地〙(岩石の)節理, 割れ目
❺ 《口》(人々の集まる)盛り場, 安酒場, 低俗なナイトクラブ, 安レストラン[ホテル] ‖ a clip ~ 法外な料金をとる店 / a burger ~ バーガー店
❻ 《俗》マリファナ入りたばこ ❼ 《the ~》《米俗》刑務所
càse the jóint 《俗》(泥棒などが)現場の下見をする
òut of jóint ① 関節が外れて, 脱臼(だっきゅう)して ② 調子が狂って, 故障して ‖ There is something *out of* ~ in this society. この社会は何かが変だ
―形 《比較なし》《限定》**共同の**, 合同の; 〘法〙共同名義の, 連帯の (↔ several) ‖ issue a ~ communiqué 共同声明を出す / a ~ concert ジョイントコンサート / a ~ author 共著者 / ~ responsibility 共同[連帯]責任 / ~ efforts 協力
―動 (**~s** /-s/; **~·ed** /-ɪd/; **~·ing**) 他 ❶ 〔肉〕を(関節で)切り分ける(disjoint) ❷ (継ぎ手で)…を接合する; …に継ぎ手をつける; (セメントなどで)…の目地を仕上げる; 〔板など〕を接合できるように角を仕上げる
~·ed 形 関節[継ぎ目]のある
▸▸ **~ accóunt** 名 C (2人以上, 特に夫婦名義の)共同預金口座 **Jòint Chìefs of Stáff** 名 《the ~》《米》(陸海空軍) 統合参謀本部 (略 JCS) **~ cústody** 名 U (離婚[別居]夫婦の) 共同親権 **~ degrée** 名 C 《主に英》複数専攻学位《複数分野の履修により取得する学位》 **~ resolútion** 名 C 《米》(両院の) 共同決議 **~ stóck** 名 C 共同資本, 株式組織 **~ vénture** 名 C 〘経営〙合弁(事業)

***joint·ly** /dʒɔ́ɪntli/ 副 《比較なし》共同[合同]で, 連帯して, 一緒に (↔ separately) ‖ The 2002 World Cup was ~ hosted by Japan and Korea. 2002年のワールドカップは日本と韓国が共同開催した

joint·ress /dʒɔ́ɪntrəs/ 名 C 《旧》〘法〙寡婦(かふ)給与財産権(jointure)の設定を受けた女性

jòint-stóck còmpany 名 C 《米》合資会社; 《英》株式会社

join·ture /dʒɔ́ɪntʃər/ 名 C 〘法〙寡婦給与財産《夫の死後妻の所有に帰するように設定された土地財産》

joist /dʒɔɪst/ 名 C 〘建〙根太(ねだ), 梁(はり)《床や天井を支えるため平行に並べた木材や鉄筋》

jo·jo·ba /hoʊhóʊbə/ 名 ❶ C 〘植〙ホホバ《北米南西部産のツゲ科の低木》 ❷ (=~ òil) U ホホバ油《保湿用》

:joke /dʒoʊk/
―名 (複 **~s** /-s/) C ❶ 〈…についての〉**冗談**, しゃれ, 軽口〈**about**〉; いたずら, 悪ふざけ, からかい(⇨ 類語) ‖ Please don't take seriously what was meant as [OR for] a ~. 冗談のつもりだったのを本気にしないで / My ~ seems to be wasted on you. 私の冗談はあなたには通じないみたいですね
連語 **【動+~ (+前)】** tell a ~ to her 彼女に冗談を言う / have a ~ with her 彼女と冗談を言い合う (♦ ×say a joke とはいわない) / make [OR crack] a ~ 冗談を飛ばす / get [OR see] the [×a] ~ 《否定文で》《口》しゃれが通じる[わかる] / play a ~ on him 彼をからかう
【形/名+~】 a sick ~ 悪趣味なジョーク / a dirty ~ 性についてのジョーク (→ practical joke, standing joke) / a bad ~ 悪い[ひどい]冗談 / an old ~ 言い古された[お決まりの]冗談
❷ 《単数形で》《口》おかしな[滑稽(こっけい)な]人[もの, 状況], 笑い物 [ぐさ] (laughingstock) ‖ the ~ of the village 村中の笑い者 ❸ 《俗》どうでもよいこと, 取るに足りないこと; 易しい[簡単な]もの(→ *be no joke*(↓))
be [OR *gèt, gò*] *beyond a jóke* 笑い事ではなくなる
be nò jóke 笑って済まされない; 簡単なことではない
màke a jóke of ... 〔まじめなこと〕を面白おかしく[冗談めかして]言う
**tàke a jóke* 冗談として受け取る ‖ You shouldn't have said that to her. She can't *take a* ~. 彼女にそんなことを言うべきじゃなかったよ. 冗談がわからないんだから
The jòke's on a pérson. 《口》(人をからかったはずが)〔自分の方〕が笑いものになる
―動 (**~s** /-s/; **~d** /-t/; **jok·ing**)
―自 **冗談を言う** 〈**with** 人に; **about** …について〉 ‖ Never ~ *with* him *about* his hair. 彼の髪のことで彼に冗談を言ってはならない
―他 《+that 節》…だと冗談を言う (♦ 直接話法にも用いる) ‖ He ~*d that* he had been born with his glasses on. 彼は眼鏡をかけて生まれてきたと冗談を言った
jòke aróund 〈自〉《口》ばかばかしい振る舞いをする[ことを言う]

COMMUNICATIVE EXPRESSIONS
1 **(I was) jùst [OR ònly] jóking.** 冗談で言っただけです (♥ 冗談をまじめにとられてしまったときに. =That was meant to be a joke. / =I meant it as a joke.)
2 **I'm nòt jóking.** 冗談を言っているわけではありませんよ(♥ まじめな話であると念を押す)
3 **Jòking asíde [OR apárt], lèt's gèt dówn to búsiness.** NAVI 冗談はさておき, 仕事を始めましょう[本論に入りましょう](⇨ NAVI表現 7)
4 **「You mùst be [OR You're, You've gòt to be] jóking.** ご冗談でしょう; まさか

jók·ing·ly 副 冗談で, ふざけて
類語 《名 ❶》 **joke** 「冗談」を表す一般語.
jest joke より格式ばった語で, 皮肉やあざけりを含む「おどけた言葉」の意.

jok·er /dʒóʊkər/ 名 C ❶ 冗談の好きな人, ひょうきんな人 ❷ 《口》どじなやつ, ばかなやつ ❸ 〘トランプ〙ジョーカー ❹ 《米》擬装[抜け穴]条項《法案や契約を骨抜きにするために目立たぬように入れられた条項》
the jòker in the páck 《主に英口》予期せぬ効果[影響]を及ぼしそうな人[要因], (その影響力が)未知数の人[もの]

jok·ey, jok·y /dʒóʊki/ 形 面白い, 愉快な; 滑稽な, ふざけた

jol·li·fy /dʒɑ́(ː)lɪfàɪ | dʒɔ́l-/ 動 (**-fied** /-d/; **~·ing**) 他 自 (人を[が])陽気にさせる[なる], 浮かれさせる[騒ぐ]
jòl·li·fi·cá·tion 名 U 浮かれ騒ぎ, 歓楽

jol·li·ty /dʒɑ́(ː)ləṭi | dʒɔ́l-/ 名 (複 **-ties** /-z/) U 陽気, 楽しさ; 《-ties》お祭り騒ぎ, 酒宴

***jol·ly** /dʒɑ́(ː)li | dʒɔ́li/ 形 (**-li·er**; **-li·est**) ❶ 陽気な, 浮か

J

れた；にぎやかな，お祭り騒ぎの ‖ a ～ evening 愉快な晩 ❷《主に英口》楽しい，気持ちのよい，素敵な；ひどい，たいそうな（♥ しばしば反語的に用いる）‖ a ～ fool ひどいばか / ～ weather 素晴らしい天気
—副《英口》非常に，とても ‖ a ～ good idea 素晴らしい考え / ～ soon すぐさま
Jòlly góod. 《英口》そのとおり
jólly wèll 《英口》確かに，本当に（♥ 反語的に怒りやいら立ちを表す）‖ It serves you ～ *well.* ざまあ見ろ，いい気味だ
—名（複 **-lies** /-z/）C ❶《主に英口》パーティー ❷《-lies》《米口》（いたずらなどによる）スリル，興奮 ‖ get one's *jollies* from ... …から楽しみを得る
—動（**-lies** /-z/；**-lied** /-d/；**～·ing**）他…をおだてて［励まして］させる〈**into** …するように；**out of** …をやめるように〉‖ She *jollied* her brother *into* treating her to a steak. 彼女は兄をおだててステーキをおごらせた
jòlly a pèrson alóng 〈他〉〔人〕の気を引き立てる，…を励ます，励まして協力させる
jòlly úp ... / jòlly ... úp 〈他〉〔場所など〕を楽しく［華やかに］する；〔人〕を元気づける，陽気にさせる
▶▶**～ bòat** 名 C〔海〕（船に積載した）小型ボート，雑用艇 **Jòlly Róger** 名《the ～》海賊旗（black flag）《黒地に頭蓋骨（ずがいこつ）と2本の骨を組み合わせた図柄》

Jolly Roger

*__jolt__ /dʒoult/ 動 他 ❶…を（急激に）揺さぶる，揺する；打撃［衝撃］を与えて倒す［ぐらぐらにさせる］‖ The basket was ～*ed* out of the cart. かごが荷車から揺れ落ちた ❷ **a**《＋目》…にショックを与える，びっくりさせる；…を驚かして〈…に〉する〈**into**〉；…を驚かして〈…から〉抜け出させる〈**out of**〉；〔記憶など〕を揺り起こす ‖ Every slight noise ～*ed* me *into* paying attention. 私はほんのかすかな物音にもはっとなった / ～ him *out of* his depression 彼にショックを与えてふさいだ気分から立ち直らせる **b**《＋目＋補〈形〉》…に衝撃を与えて…の状態にする ‖ I was ～*ed* fully awake by the news. そのニュースに驚いてすっかり目を覚ました —自 激しく揺れる，揺れながら進む ‖ ～ along the road 道路をがたがたと進む
—名 C《通例単数形で》❶ 急激な揺れ［動揺］❷ 驚き，ショック ‖ give her a ～ 彼女を驚かす
～·y 形 がたがた揺れる

Jon 略〔聖〕Jonah；Jonathan

Jo·nah /dʒóunə/ 名 ❶〔聖〕ヨナ《ヘブライの小預言者．神の怒りに触れて大魚に飲み込まれ3日3晩その腹中にあった》❷〔聖〕ヨナ書《旧約聖書の一書．略 Jon》❸ C 不幸をもたらす（と思われている）人，不吉な人

Jon·a·than /dʒɑ́(ː)nəθən | dʒɔ́n-/ 名 ❶〔聖〕ヨナタン《Saul の子で David の親友》❷ C ジョナサン《米国産リンゴの一品種．日本名は紅玉》

jones /dʒounz/ 名 U《主に米俗》❶ ヘロイン（中毒），ヘロイン禁断症状 ❷ 強い興味，渇望，熱中 ❸ ペニス
—動 自 中毒になる

Jones /dʒounz/ 名 **Daniel ～** ジョーンズ（1881–1967）《イギリスの音声学者》

Jones·es /dʒóunzəz | -ɪz/ 名 複《通例 the ～》隣人，世間の人々（♦ 通例次の成句で用いる）
**kèep úp with the Jóneses* 《しばしばけなして》隣人［仲間］に引けをとるまいとする［見えを張る］（♦ Jones は一般的な姓で，ここでは隣人一般を指す）

jon·gleur /dʒɑ́(ː)ŋglər | ʒɔ̃ŋglə́ː/ 名 C（中世の）吟遊詩人（minstrel）（♦ フランス語より）

jon·quil /dʒɑ́(ː)ŋkwɪl | dʒɔ́ŋ-/ 名 C〔植〕キズイセン（黄水仙）；U 淡黄色

Jon·son /dʒɑ́(ː)nsən | dʒɔ́n-/ 名 **Ben(jamin) ～** ジョンソン（1573?–1637）《英国の劇作家・桂冠詩人（1619–37）》

*__Jor·dan__ /dʒɔ́ːrdən/ 名 ❶ ヨルダン《中東の王国．公式名 the Hashemite Kingdom of Jordan（ヨルダン＝ハシェミット王国）．首都 Amman》❷《the ～》ヨルダン川《パレスチナを流れ死海（Dead Sea）に注ぐ川》
Jor·dá·ni·an 形 名 C ヨルダンの（人）

Jòrdan álmond 名 C（スペイン原産の）大粒アーモンド《製菓用》

Jo·seph /dʒóuzəf | -zɪf/ 名 ❶〔聖〕ヨセフ《Jacob の子，エジプトの太守（たいしゅ）》❷〔聖〕ヨセフ《聖母マリアの夫，ナザレの大工》
▶▶**～ of Àr·i·ma·thé·a** /-ærɪməθí(ː)ə/ 名〔聖〕アリマタヤのヨセフ《イスラエルの金持ち．キリストの遺体を埋葬した》

Jo·se·phine /dʒóuzəfiːn | -zɪ-/ 名 ジョゼフィーヌ（1763–1814）《ナポレオン1世の最初の妻．皇后（1804–09）》

josh /dʒɑ(ː)ʃ | dʒɔʃ/《口》動 他…をからかう，冷やかす
—自 ふざける，冗談を言う —名 U《米》悪気のない冗談
～·er 名 **～·ing·ly** 副 からかい［冷やかし］ながら

Josh 略〔聖〕Joshua

Josh·u·a /dʒɑ́(ː)ʃuə | dʒɔ́ʃ-/ 名〔聖〕❶ ヨシュア《Moses の後継者．イスラエル人を率いて約束の地へ入った》❷ ヨシュア記（the Book of Joshua）《旧約聖書の一書．略 Josh》 ▶▶**～ trèe** 名 C〔植〕ユッカの類の樹木（yucca）《米国南西部の砂漠地帯産》

joss /dʒɑ(ː)s | dʒɔs/ 名 C（中国人の祭る）神像，偶像
▶▶**～ hòuse** 名 C（中国の）廟（びょう），寺 **～ stìck** 名 C 線香

joss·er /dʒɑ́(ː)sər | dʒɔ́sə/ 名 C《英口》やつ，野郎；うすのろ，老いぼれ

jos·tle /dʒɑ́(ː)sl | dʒɔ́s-/（発音注意）動 他 ❶（ひじなどで乱暴に）…を突く，…を押す《***away***》；押し分けて進む ‖ ～ one's way「through the mob [out of the room] 群衆を押し分けて進む［部屋を出る］❷ …と〈…を〉争う，競う〈**for**〉 —自 ❶ 突き当たる，押す；押し分けて進む《***along***》❷〈…を〉競い合う〈**for**〉‖ ～ *for* position in line 並び順を競い合う —名 U 押し合い，突き合い，混雑

*__jot__ /dʒɑ(ː)t | dʒɔt/ 動（**jot·ted** /-ɪd/；**jot·ting**）他…を（手早く）書き留める，メモする《***down***》‖ ～ *down* a phone number 電話番号を控える —名 C《単数形で》《通例否定文で》少し，わずか（bit）‖ do not care a ～ 全く気にしない **～·ter** 名 C メモする人；《英》メモ帳；《スコット》練習問題集（《米》exercise book） **～·ting** 名 C《通例 ～s》覚書，メモ

joule /dʒuːl/ 名 C〔理〕ジュール《エネルギー・仕事の単位．略 J》（♦ 英国の物理学者 J. P. Joule（1818–99）の名より）

jounce /dʒauns/ 動 他 自（…を［が］）上下に激しく揺する［揺れる］ —名 C 激しい動揺，震動

jour. 略 journal；journeyman

*__jour·nal__ /dʒə́ːrnəl/ 名 C ❶ 日刊［週刊］新聞；（新聞名で）…紙；（専門）雑誌，（時事問題を扱う）定期刊行物，会報 ‖ a weekly ～ 週刊紙［誌］/ the science ～ *Nature* 科学雑誌『ネイチャー』❷（詳細な記録としての）日誌，日記；〔海〕航海日誌（logbook）；《the J-》《英》国会議事録 ‖ keep a ～ 日誌をつける ❸〔簿〕仕訳（しわけ）帳；仕訳日記帳 ❹〔機〕ジャーナル《軸受けに支えられて回転する軸の部分》
語源 *jour-* day（日）＋*-al*（形容詞語尾）：毎日（発行されるもの）

jour·nal·ese /dʒə̀ːrnəlíːz/ 名 U《口》《通例けなして》ジャーナリズム文体［口調］《新聞・雑誌などに特有の文体・話法・用語．決まり文句や誇張表現の多用が特徴》

*__jour·nal·ism__ /dʒə́ːrnəlɪzm/ 名 U ❶ ジャーナリズム，新聞雑誌放送業（界）；《集合的に》新聞雑誌，報道関係 ‖ go into ～ ジャーナリズム（の世界）に入る / a career in broadcast ～ 放送関係の職業 ❷（学究的文書に対して）新聞雑誌（調）の雑文［表現］；大衆向けの記事

‡**jour·nal·ist** /dʒə́ːrnəlɪst/
—名（複 **～s** /-s/）C **ジャーナリスト**，新聞［雑誌］記者；報道関係者 ‖ a political ～ 政治記者

jour·nal·is·tic /dʒə̀ːrnəlístɪk/ 〈シ〉形《通例限定》ジャ

ーナリズム(特有)の；ジャーナリスト的な **-ti·cal·ly** 副

jour·ney /dʒə́ːrni/ 名 動

―名 (複 **~s** /-z/) C ❶ (主に陸路での長距離の) **旅行**, 旅(⇨ TRAVEL 類語P) ‖ My wife has **gone on** a two-week ~ of Europe. 妻はヨーロッパへ2週間の旅に出た / A ~ of a thousand miles begins with one step. 千里の道も一歩から / **make** [OR take, undertake] a ~ to Penzance ペンザンスへ旅行する / break one's ~ 旅行を一時中断する；途中下車する / reach one's ~'s end 旅路の果て[人生行路の終わり]にたどり着く

❷ 旅程, 行程 ‖ How long does your ~ to work take? 通勤にはどれくらいかかりますか / 「a four-hour [OR four hours'] ~ by car 車で4時間の行程

❸ 〈…への〉道, 移行〈**to**〉‖ the ~ *to* success 成功への道

COMMUNICATIVE EXPRESSIONS

1 **Hàve a sàfe jóurney.** ⇨ SAFE (CE 1)

―動 (**~s** /-z/；**~ed** /-d/；**~·ing**) 自 《+副句》旅行する(♦副句 は方向を表す)

jóurney·man /-mən/ 名 (複 **-men** /-mən/) C ❶ (一流ではないが堅実な) 職人, スポーツ選手, 芸術家 (中立 average performer) ❷ (年季の明けた) 一人前の職人 (→ apprentice)

jour·no /dʒə́ːrnoʊ/ 名 =journalist

joust /dʒaʊst/ 名 C ❶ (トーナメント形式による中世の) 馬上やり合戦；《~s》その大会(tournament) ❷ (1対1の) 論争, 競争 ―動 自 ❶ 馬上でやり合戦をする, 大会に参加する ❷ 論争する, 競う

Jove /dʒoʊv/ 名 〖ロ神〗ジュピター神(Jupiter)

by Jóve! 《旧》これは驚いた, おやまあ, やれやれ；確かに, 本当に(♥ 驚き·賛成·喜び·強調などを表す)

jo·vi·al /dʒóʊviəl/ 形 愉快な；陽気な, 上機嫌の

jò·vi·ál·i·ty 名 **~·ly** 副

Jo·vi·an /dʒóʊviən/ 形 ❶ ジュピター神(Jupiter)の(ような) ❷ 〖天〗木星の；(惑星が) 木星型の ‖ a ~ moon 木星の衛星の1つ / a ~ planet 木星型惑星

―名 C (想像上の)木星人

jowl /dʒaʊl/ 名 C 《通例 ~s》 ❶ あご(の骨), (特に)下あご ❷ 頬(ほお) ❸ (太った人の二重あごの)垂れ肉, (牛·鳥などの)のどの垂れ肉；《米》(豚の)頬肉(ほおにく) ‖ a man with heavy ~*s* でっぷりとあごの肉が垂れている男

jówl·y 形 (下あごの)肉の垂れた；下あごが目立つ

-jówled /-d/ 形 《複合語で》…のあごを持った ‖ a lean-*jowled* man あごの細い男

joy /dʒɔɪ/

―名 (**~s** /-z/) ❶ U (大きな) **喜び**, 歓喜, 有頂天 (↔ sorrow)；喜びの表情(⇨ PLEASURE 類語) ‖ She wept **with** [OR for] ~ when she heard of her son's safety. 息子が無事だと聞かされて彼女はうれし泣きした / They clutched each other in ~. 彼らは喜んで抱き合った / To my **great** ~, my plan succeeded. とてもうれしいことに, 私の計画はうまくいった / the ~ of living [OR life] 生きる喜び / jump [dance] for ~ 喜んで飛び上がる[踊り出す] / *Joy* shone on every face. どの顔にも喜びの表情が輝いた

❷ C 喜びをもたらすもの[人], 喜びの種 ‖ It is a ~ to see my little daughter sleeping peacefully. 幼い娘が安らかに眠っているのを見るのはうれしい / On a hot day, a cool swim is a ~. 暑い日に冷たい水の中で泳ぐのは楽しいものだ / the ~*s* and sorrows of life 人生の苦楽

❸ U 《否定文·疑問文で》《英口》成果；成功；満足 ‖ I tried to get a taxi. No ~. タクシーを捕まえようとしたが, 駄目だった

fùll of the jòys of sprìng 大喜びで, 喜々として, 陽気で

wìsh a pèrson jóy 《英》〔人〕に〈…のことで〉お祝いを述べる〈**of**〉(♥ 通例反語的に用いる) ‖ I *wish* you ~ *of* your marriage. せいぜい結婚生活を楽しんでください

―動 自 《文》〈…を〉喜ぶ, うれしがる〈**in**〉

Joyce /dʒɔɪs/ 名 **James ~** ジョイス(1882-1941)《アイルランドの小説家·詩人. 主著 *Ulysses*(1922)》

***joy·ful** /dʒɔ́ɪfəl/ 形 喜ばせる；喜びに満ちた, うれしそうな, 幸福そうな ‖ the ~ news 喜ばしいニュース / She was ~ to see her old friends at the reunion. クラス会で旧友に会えて彼女はうれしかった / feel ~ about [OR over] ... …を喜ぶ, 楽しく感じる **~·ly** 副 **~·ness** 名

jóy·less /-ləs/ 形 喜びのない, 楽しくない；悲しい, 惨めな

***joy·ous** /dʒɔ́ɪəs/ 形 《主に文》喜ばせる；喜びでいっぱいの, うれしそうな, 幸せそうな ‖ ~ laughter うれしそうな笑い声 **~·ly** 副 **~·ness** 名

jóy·pàd 名 C ジョイパッド《両手で持って操作するゲーム用コントローラー》

jóy·rìde 名 C 《口》 ❶ 面白半分のドライブ《特に盗んだ車を無謀に乗り回すこと》 ❷ 無謀で危険な行動；飲み会；(麻薬による)恍惚(こうこつ)状態 ―動 自 面白半分の無謀運転をする, 車でぶっ飛ばす **-rìding, -rìder** 名

jóy·stìck 名 C 《口》 ❶ (飛行機などの) 操縦桿(かん) ❷ (テレビゲームなどの)ジョイスティック, 操作レバー(control lever)

JP 略 Justice of the Peace(治安判事)

JPEG /dʒéɪpeg/ 略 💻 *j*oint *p*hotographic *e*xperts *g*roup《フルカラー表示ができる圧縮可能な画像フォーマット》

Jpn 略 Japan, Japanese

***Jr, Jr.** 略 Journal；Junior

jt. 略 joint

ju·bi·lant /dʒúːbɪlənt/ 形 喜びにあふれた, 歓喜に満ちた, 歓呼する **-lance** 名 U 歓喜 **~·ly** 副

ju·bi·late /dʒúːbɪlèɪt/ 動 自 《古》喜ぶ, 歓喜する；記念祭を祝う **-lá·tion** 名 U 歓喜, 喜び；祝祭

Ju·bi·late /dʒùːbɪláːti/ 名 C 〖聖〗詩編第100番；その曲

ju·bi·lee /dʒúːbɪlìː, ˌ-ˌ-ˊ/ 名 C ❶ (25年·50年などの) 記念祭；(一般に)祝祭, 祝典(→ silver jubilee, golden jubilee, diamond jubilee) ❷ 〖カト〗(通例25年ごとの) 聖年, 特赦の年 ❸ 〖ユダヤ史〗ヨベル(yōbhēl)の年《50年ごとの安息の年》 ❹ 歓喜, 喜び[祝い]の時

Ju·dae·a /dʒudíːə | -díə/ 名 =Judea

Ju·dah /dʒúːdə/ 名 ❶ 〖聖〗ユダ《Jacob の第4子》；ユダ族《ユダを祖先とするイスラエルの一部族》 ❷ ユダ王国《古代国家イスラエル王国分裂後の南の王国》(→ Israel ❷)

Ju·da·ic /dʒudéɪɪk/, **-i·cal** /-ɪkəl/ 形 ユダヤ (民族) の；ユダヤ教の；ユダヤ風の

Ju·da·i·ca /dʒudéɪɪkə/ 名 複 ユダヤ関係資料《ユダヤ人の宗教·習慣·文化·工芸品·歴史に関するもの》

Ju·da·ism /dʒúːdeɪɪzm/ 名 U ❶ ユダヤ教 ❷ ユダヤ人の慣習[伝統], ユダヤ主義, ユダヤ人かたぎ ❸ 《集合的に》ユダヤ人, ユダヤ民族(Jews)

-ist 名 C ユダヤ教徒[主義者]

Ju·da·ize /dʒúːdeɪàɪz/ 動 自 ユダヤ人の慣習に従う, ユダヤ化する ―他 …をユダヤ化する, ユダヤ教に改宗させる

Ju·das /dʒúːdəs/ 名 ❶ 〖聖〗イスカリオテのユダ(Judas Iscariot)《キリストの12使徒の1人で金のためにキリストを裏切った》；=Jude ❶ ❷ C 裏切り者 ❸ 《j-》C (戸の)のぞき穴《独房などの監視用》

▸▸ **~ kíss** 名 C ユダの接吻(せっぷん)《うわべだけ取り繕った裏切り行為》 **~ trèe** 名 C 〖植〗ユダの木《セイヨウハナズオウの俗称. ユダがこの木で首をつったといわれる》

jud·der /dʒʌ́dər/ 動 自 (機械·エンジンなどが) がたがた揺れる, がたがた動く ―名 C (機械などの)異常振動；震え

Jude /dʒuːd/ 名 〖聖〗 ❶ ユダ《キリストの使徒の1人でユダ書の著者》 ❷ ユダ書《新約聖書の一書. 略 Jd》

Ju·de·a /dʒudíːə | -díə/ 名 ユダヤ《古代パレスチナの南部地域でローマの支配下にあった. もとはユダ王国の地》

Ju·dé·an 形 名 C 古代ユダヤの(人)

Judg 略 〖聖〗Judges(士師記)

******judge** /dʒʌdʒ/ 《発音注意》 名 動

中心義 **判断する(人)**

名 裁判官❶ 審査員❷ 目利き❸
動 他 判断する❶ 判断を下す❷

—名 (複 judg·es /-ɪz/) C ❶ **裁判官**, 判事 (→ justice, magistrate) ‖ *Judge* Arnold delivered a landmark decision. アーノルド判事は歴史的な判決を下した / a Supreme Court ～ 最高裁判所判事 / a civil [criminal] court ～ 民事[刑事]裁判所判事 / a trial ～ 第一審判事 / the presiding ～ 裁判長
❷ (コンテストなどの)**審査員**, 審判官, ジャッジ; (問題の)裁き手, 決定を下す人 (⇨ 類語) ‖ the ～*s* at [OR in, of] a flower show フラワーショーの審査員 / I'll [OR Let me] be the ～ of that. それは自分で判断する[決める]; そんなことはわかっている
❸ 〈…の〉よしあしのわかる人, **目利き** 〈**of**〉 ‖ I'm no ～ *of* music. 私には音楽はわからない / He is a good [poor] ～ *of* wine. 彼はワインのことがよくわかっている[いない]
❹ 〖ユダヤ史〗士師(し) (古代イスラエルの統治者・裁き人); (the J-s) (単数扱い) 〖聖〗士師記 (旧約聖書の一書. 略 Judg, Jgs) ❺ (J-) (最高審判者としての)神
(*as*) ***sòber as a júdge*** 全く酔っていない; 非常に謹厳な
—動 〔▶ judgment 名, judicial 形〕 (**judg·es** /-ɪz/; **～d** /-d/; **judg·ing**)
—他 ❶ **判断する** **a** (＋目) …を評価する, 判断する 〈**by, from** …で; **on** …について, 基づいて〉; …を見積もる, 推定する ‖ Don't ～ a book *by* its cover. 本を表紙で判断するな; 外観で中身を判断するな / ～ the age of a fossil 化石の年代を推定する
b (＋目＋(**to be**) 補) …を…と判断する, 思う; …と推定する ‖ The censor ～*d* his book obscene. 検閲官は彼の著作を猥褻(わいせつ)と判定した / He ～*d* the distance *to be* three miles. 彼はその距離を3マイルと見積もった / I ～ it (*to be*) better to start at once. すぐに出発する方がいいと思います
c (＋**that** 節) …だと判断する[思う] ‖ I ～*d that* he was right. 私は彼(の言い分)が正しいと判断した
d (＋**wh** 節 / **wh to** *do*) …かを判断[推測]する ‖ It was difficult to ～ *who* had made the mistake. だれがその誤りを犯したのか判断するのは困難だった
❷ **a** (＋目) 〔人〕に**判決を下す**; 〔事件〕を裁く, 裁判する ‖ The court ～*d* him leniently. 裁判所は彼に寛大な判決を下した / *Judge not, that ye be not* ～*d.* (諺) 人を裁くな, 自らが裁かれないために (♦ 聖書の言葉より)
b (＋目＋補 (形)) …に…と判決を下す ‖ ～ him guilty 彼に有罪の判決を下す
❸ …を審査[審判]する; …を鑑定する ‖ She was invited to ～ the piano contest. 彼女はピアノコンテストの審査員として招かれた
❹ …を批判的に見る[判断する], 批判する
—自 ❶ (裁判官・審査員などとして)裁く, 判定する ‖ ～ at a cattle show 牛の品評会の審査員を務める
❷ 〈…で〉評価する, 判断する 〈**from, by**〉 ‖ as far as I can ～ 私に判断できる限りでは
****júdging*** [OR ***to júdge***] ***from*** [OR ***by***] ***…*** …から判断すると ‖ *Judging from* her clothes, she is not so young. 着ているものからみると, 彼女はそんなに若くないね

COMMUNICATIVE EXPRESSIONS
1 **It's nòt for me to júdge.** 意見を申し上げる立場にはありません (♥ 関与を否定・拒否する. ＝Who am I to judge?)

類語 《名 ❷》 **judge** 裁決・判定権限を持つ人; 知識・経験・公平な判断力に富むことを暗示. 〈例〉 a *judge* of a photo contest 写真コンテストの審査員
referee, umpire 審判を意味するが, いずれを用いるかは各スポーツの慣用による. 〈例〉 a soccer *referee* サッカーの審判 / a baseball *umpire* 野球の審判 (→ referee)

▸▸ **～ ádvocate** 名 C 〖軍〗法務官 (米国3軍内で軍の司法権を託された法務将校. 略 JA) **～s' rúles** 名 複 (英) 〖法〗裁判官の規制 (拘留中の容疑者への警察側の行為の規則)

júdge·shìp 名 U 裁判官[判事]の地位[職務, 任期, 権限]

***judg·ment**, ＋(英) **judge-** /dʒʌ́dʒmənt/
—名 〔◁ judge 動〕 (複 **～s** /-s/) ❶ C U 〈…についての〉**意見**, 見解 〈**of, about, on**〉; 評価 ‖ **In** my ～, we should spend more money on care for the elderly. 私の考えでは, 老人介護にもっと金をかけるべきだ / **make** [OR form] a ～ *on* … …について意見を持つ / suspend [OR reserve] ～ 意見を差し控える
❷ U C **判断**(すること), 判定; 審査; 鑑定; U **判断力**(の行使); 思慮分別; 見識, 良識 ‖ The pilot escaped the crash by (good) ～. パイロットは判断がよかったので墜落を免れた / a ～ of value＝a **value** ～ 価値判断 / an error of ～ 判断の誤り / exercise one's ～ 分別を働かせる / cloud his ～ 彼の判断力を鈍らせる / show [OR use] good ～ in … …に好判断[良識]を示す / a person of ～ 思慮分別のある人
❸ U **裁判**; C **判決**; 判決による債務[義務]; 判決書 ‖ give [OR deliver] a ～ 判決を下す / an unfair ～ 不公平な判決 ❹ C (a ～) (堅) (戯) 〈…への〉天罰, ばち, 報い 〈**on**〉 ‖ It is a ～ *on* you for getting up late. 君が遅くまで寝ていた報いだ ❺ (the (Last) J-) 〖宗〗最後の審判
against one's bètter júdgment 心ならずも, 悪いこととは知りつつ
pàss júdgment on … …に判決を下す, …に判断を下す; …を批判[非難]する
sit in júdgment 〈…を〉裁く, 裁判する; 〈…について〉判断を下す, 批判する 〈**on, over**〉

COMMUNICATIVE EXPRESSIONS
1 **You're rìght in your júdgment.** あなたの判断は正しいです (♥ 相手の判断や意見が正しいことを評価する)

▸▸ **～ càll** 名 C (口) 個人的判断[意見] **Júdgment Dày** 名 (the ～) 〖宗〗最後の審判の日 (doomsday); この世の終わり **Jùdgment of Sólomon** 名 (the ～) 〖聖〗ソロモンの審判 (イスラエルの王ソロモンが1人の赤ん坊をめぐる2人の女性の争いに下した審判. 互いに自分の子だと主張する女性に赤ん坊を2つに切って分けるようにいい, 赤ん坊の命ごいをした方の女性を本当の母親とした)

judg·men·tal /dʒʌdʒméntəl/ 形 裁判(上)の, 判決(上)の; 判断(上)の; 批判的な **～·ly** 副

ju·di·ca·to·ry /dʒúːdɪkətɔ̀ːri | -təri/ 名 (複 **-ries** /-z/) (堅) ❶ C 裁判所, 法廷 ❷ U 司法行政(組織)
—形 裁判(上)の, 司法の

ju·di·ca·ture /dʒúːdɪkèɪtʃər | -kətʃə/ 名 U ❶ 司法行政; 司法[裁判]権; 裁判管轄権[区] ❷ 裁判官の職務[権威, 任期] ❸ (the ～) (集合的に) 裁判官, 司法当局 ❹ C 裁判所, 法廷

***ju·di·cial** /dʒudɪ́ʃəl/ (発音注意) 形 〔◁ judge 動〕 (限定) ❶ 司法の (→ executive, legislative); 裁判の; 裁判所[官]の; 裁判[判決]による ‖ the ～ branch (国家の) 司法部 / ～ powers 司法権 / ～ proceedings 訴訟手続き / a ～ decision 判決 / ～ murder 法の殺人 (不当な死刑宣告) ❷ 裁判官にふさわしい; 公平な; 判断力のある; 批判的な ‖ a ～ mind 批判的な精神 (の持ち主) **～·ly** 副
▸▸ **～ review** 名 U 〖法〗(英国の)司法審査(権); 違憲立法審査(権) (特に米国では最高裁判所が有する各法令の合憲・違憲性を問う法令審査権)

ju·di·ci·ar·y /dʒudɪ́ʃièri | -ʃəri/ 名 (複 **-ar·ies** /-z/) (the ～) 司法部; 司法制度[組織]; (集合的に) (単数・複数扱い) (堅) 裁判官 —形 司法の, 裁判の; 裁判所[官]の

***ju·di·cious** /dʒudɪ́ʃəs/ 形 思慮分別のある, 賢明な ‖ It would be ～ not to follow that path. その道を通らない方が賢明だろう **～·ly** 副 **～·ness** 名

ju·do /dʒúːdou/ 名 U 柔道 ‖ practice [OR do] ～ 柔道をする(♦日本語より) **～·ist** 名

Ju·dy /dʒúːdi/ 名 (複 **-dies** /-z/) ❶ ジュディ《人形劇の Punch の妻》(→ Punch-and-Judy) ❷《ときに j-》C《英口》《旧》女, 娘

jug /dʒʌɡ/ 名 C ❶《米》ジャグ《ふつう, 取っ手と栓付きの口の狭い容器》;《英》水差し, ピッチャー(《米》pitcher) (⇨ POT 類語) ❷ ジャグ[水差し]1杯 ‖ a ～ of water ジャグ[水差し]1杯の水 ❸《(the) ～》《俗》刑務所 ❹《～s》⊗《卑》(女性の)胸, おっぱい

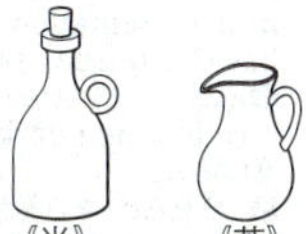

jug ❶

—動 (**jugged** /-d/; **jug·ging**) 他 ❶《通例受身形で》(ウサギの肉などが) 深なべで煮込まれる ❷《俗》…を刑務所に入れる

▸▸**～ bànd** 名 C 〖楽〗ジャグバンド《瓶や洗濯板などの即席の楽器を加えたバンド》 **jùgged háre** 名 U 〖料理〗ウサギ肉のシチュー

júg-èared 形 (水差しの取っ手のように) 大きく突き出た耳をした

Ju·gend·stil /júːɡəntʃtiːl/ 名《ドイツ》(=youth style) U C 〖美〗ユーゲントシュティール《19世紀末のヨーロッパの造形芸術に影響を与えた様式》

jug·ful /dʒʌ́ɡfùl/ 名 C ジャグ[水差し]1杯分

Jug·ger·naut /dʒʌ́ɡərnɔ̀ːt/ 名 ❶ (ヒンドゥー教の) クリシュナ(Krishna)神像《毎年巨大な山車(だ)に乗せて引き回され, 極楽往生を遂げるため信者はこの車輪の下に自ら飛び込んだといわれる》 ❷《j-》C 盲目的な献身を強いるもの;あらがい得ない巨大な力, 不可抗力的なもの ‖ the *juggernaut* of war 戦争という巨大な力 ❸《j-》C《英》大型長距離輸送トラック

jug·gle /dʒʌ́ɡl/ 動 他 ❶〔2つ以上の球・皿など〕をお手玉のように空中に上げてつかむ, …を使って曲芸をする ❷〔時間・仕事など〕をうまく処理する, 上手にやりくりする ‖ manage to ～ a full-time job and homemaking フルタイムの仕事と家事を上手にこなす ❸〔数字など〕をごまかす, 改ざんする;〔人〕からだまし取る ‖ ～ figures in a ledger 元帳の数字を操作する —自 ❶《球・皿などを》空中に上げてつかむ, 曲投げする〈**with**〉 ❷〈数字などを〉ごまかす, 改ざんする〈**with**〉 —名 C《単数形で》❶ 曲技, 曲投げ, ジャグリング, 奇術 ❷ 詐欺, ごまかし

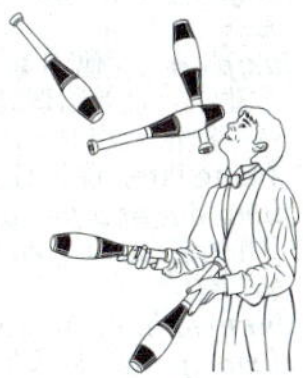
juggle ❶

jug·gler /dʒʌ́ɡlər/ 名 C 曲芸師, 手品師, 奇術師

jug·gler·y /dʒʌ́ɡləri/ 名 (複 **-gler·ies** /-z/) C ❶ 曲芸, 手品, 奇術 ❷ ぺてん, 詐欺

júggling àct 名 C 複数の仕事を両立させること《困難を伴うことが多い》

jug·u·lar /dʒʌ́ɡjulər/ 形 ❶ 頸部(けいぶ)の;咽喉(いんこう)部の ❷〖魚〗(胸びれの前に)腹びれがある

—名 C ❶ <ジ /英－－－－, －－－－/ (=**～ véin**)〖解〗頸静脈 ❷ (人の)極めて重要な所, 急所

gò for the júgular《口》相手の急所を攻める, 相手の弱点を突く

juice /dʒuːs/

—名 (複 **juic·es** /-ɪz/) ❶ U C (果物・野菜の)汁, 液, ジュース(❗英語では100%果汁のもののみを指す. それ以外の「ジュース」は soft drink);《通例 ～s》(肉の)汁 ‖ fresh-squeezed ～ 搾りたてのジュース / A cold glass of tomato ～ is just the thing for a hangover. コップ1杯の冷たいトマトジュースは二日酔いにおあつらえ向きだ / Meat ～s dripped down on(to) the charcoal. 肉汁が木炭の上に滴り落ちた

❷ C《通例 ～s》体液, (特に)分泌液 ‖ gastric ～s 胃液 / digestive ～s 消化液

❸ U 精髄, 本質;《口》活力, エネルギー;創造力

❹ U《口》(動力源としての) ガソリン, 石油, ガス;電気 ‖ This air conditioner uses a lot of ～. このエアコンは電気を食う ❺ U《主に米俗》酒 ❻ U《米俗》高利, 暴利 ❼《the ～》〈…に関する〉ゴシップ〈**about, on**〉

stèw in one's òwn júice《口》自業自得で苦しむ ‖ My boss left me to *stew in* my *own* ～. 私の上司は自業自得だといって助けてくれなかった

—動 他 …のジュース[液汁]を搾る

jùice úp ... / jùice ... úp〈他〉《主に米口》…を活気[元気]づける;…を楽しくする, 盛り上げる;…を強力にする

▸▸**～ bòx** 名 C (ストロー付きの) カートン入りフルーツジュース

juiced /dʒuːst/ 形 ❶《米口》酔っ払った ❷ 興奮した, 活気づいた(juiced-up)

jùiced-úp 形《米口》補強した, より刺激的にした;酔っ払った, 興奮した, 活気づいた(→ juice up)

juic·er /dʒúːsər/ 名 C ❶ ジューサー;《米》レモン搾り器(lemon squeezer) ❷《米俗》飲んべえ, アルコール依存症患者

juic·y /dʒúːsi/ 形 ❶ (食べ物が)水分[汁]の多い, みずみずしい(♦悪い意味で「水っぽい」というときは watery などを使う) ‖ a ～ apple みずみずしいリンゴ / ～ steak 肉汁たっぷりのステーキ ❷《口》興味津々(しんしん)の, 面白い;きわどい ‖ ～ gossip きわどいうわさ話 ❸《口》(仕事などが) やりがいのある ❹《口》もうけの多い,「おいしい」‖ a ～ contract うまみのある契約 **júic·i·ness** 名 U 水分[汁]の多いこと

ju·jit·su /dʒudʒítsuː/ 名 U 柔術(♦日本語より)

ju·ju /dʒúːdʒuː/ 名 C (西アフリカの)呪物(じゅぶつ), お守り, 魔よけ;U (護符などの)魔力

ju·jube /dʒúːdʒuːb/ 名 C ❶〖植〗ナツメの木[実] ❷《主に米》(ナツメ風味の)キャンディー, せき止めドロップ

juke[1] /dʒuːk/《米口》名 C ❶ =juke joint ❷《旧》=jukebox —動 自 ジュークボックスの音楽に合わせて踊る

▸▸**～ jòint** 名 C《米口》(ジュークボックスのある)大衆酒場

juke[2] /dʒuːk/ 動《米口》他〖アメフトなど〗〔相手選手〕をフェイントでかわす

—自 ❶ フェイントで裏をかく ❷ ジグザグに動く

júke·bòx 名 C ジュークボックス ❶ コインを入れて音楽を聴く20世紀中ごろ流行した装置 ‖ pump the ～ ジュークボックスに金をたくさん入れる ❷ 💻音楽ファイルなどを収納し再生できるソフトウェア

Jul. 略 July

ju·lep /dʒúːlɪp/ 名 C ❶ =mint julep ❷ (薬を飲みやすくする)糖水;薬用甘味飲料

Jul·ian[1] /dʒúːljən | -liən/ 名 ユリアヌス(331?-63)《ローマ皇帝(361-63). 背教者ユリアヌス(Julian the Apostate)と呼ばれる》

Jul·ian[2] /dʒúːljən | -liən/ 形 ジュリアス=シーザー(Julius Caesar)の(ような);ユリウス暦の

▸▸**～ cálendar** 名《the ～》ユリウス暦《紀元前46年に Julius Caesar が従来のローマ暦を改め制定した太陽暦》(→ Gregorian calendar)

ju·li·enne /dʒùːlién/ <ジ 名 U (千切り野菜の) 澄ましスープ —形《限定》千切りの —動 他〔野菜〕を千切りにする

Ju·li·et /dʒúːljət, dʒùːliét | dʒúːliət, dʒùːliét/ 名 ジュリエット ❶ 女子の名《Julia の愛称》 ❷ Shakespeare の悲劇 *Romeo and Juliet* の女主人公 ❸ C〖通信〗J字を表す符号 ▸▸**～ càp** 名 C (花嫁がかぶる)真珠や宝石で飾った縁なし帽

Jùl·ius Cáe·sar /dʒùːljəs- | -iəs-/ 名 ⇨ CAESAR

Ju·ly /dʒulái/ 名 (複 **-lies** /-z/) C U《通例無冠詞単数形で》7月《略 Jul., Jy.》(⇨ JANUARY用例) ‖ the Fourth of ～ 7月4日(の米国独立記念日)

J

語源 Julius Caesar の出生月にちなんだ名称.

jum·ble /dʒʌ́mbl/ 動 他 ❶ …をごた混ぜにする, 乱雑にする《*up, together*》(♦ しばしば受身形で用いる) ❷〔考えなど〕を混乱させる ─自 ごた混ぜになる, 入り乱れる, ごった返す ─名 ❶ Ⓒ《通例 a ～》〈…の〉ごた混ぜ, 寄せ集め〈**of**〉; 混乱(状態) ‖ a ～ *of* paper scraps ごた混ぜになった紙切れ / in a ～ ごた混ぜになって, ごちゃごちゃになって ❷ Ⓤ《英》がらくた市向きの不用品

▸▸ ～ **sàle** 名 Ⓒ《英》=rummage sale

jum·bo /dʒʌ́mbou/《口》名 (複 **～s** /-z/) Ⓒ ❶ とてつもなく大きい人[動物, もの], ジャンボ ❷ (=～ **jèt**)ジャンボジェット機 ─形《限定》超特大の, ジャンボの

語源 19世紀半ばに人気があった巨象の名から.

***jump** /dʒʌmp/ 動 名

─動 (**～s** /-s/; **～ed** /-t/; **～·ing**)

─自 ❶ (⇨ 類語) **a** 跳ぶ, 跳ねる; 飛び乗る; 飛び出す; 飛び降りる(♦ 通例方向を表す 副句 を伴う) ‖ I ～*ed* up to catch the little girl's balloon. 幼い女の子の風船を捕まえようと跳び上がった / How high can you ～? どのくらい高く跳べますか / He ～*ed* off the cliff into the sea. 彼はがけから海へ飛び込んだ / ～ onto a table テーブルに飛び乗る / Stop ～*ing* up and down on the sofa. ソファーの上で飛び跳ねるのをやめなさい / ～ out of a window 窓から飛び降りる / ～ over a fence さくを跳び越える / ～ from an airplane with a parachute パラシュートで飛行機から飛び降りる

b 《+副句》…(の高さ・幅)を跳ぶ(♦ jump の後に高さ・幅を表す語句が前置詞なしで用いられる) ‖ He ～*ed* six meters in the broad jump. 彼は走り幅跳びで6メートルを跳んだ

❷《+副句》(ある方向へ)さっと動く[移動する], さっと立ち上がる ‖ ～ to one's feet ぱっと立ち上がる / ～ into a car 車にさっと乗り込む / ～ out of bed ベッドから飛び起きる / ～ clear of a car 車からさっと離れる

❸ (驚き・ショックなどで)**飛び上がる**, びくっと[どきっと]する, 急に動く ‖ Oh, you made me ～ — I didn't notice you were in the room. わあ, (飛び上がるほど)驚いた. 君が部屋にいるとは気づかなかったよ / My heart ～*ed* when she said yes. 彼女が「はい」と返事したときどきっとした / ～ for joy 小躍りして喜ぶ

❹ **a** (物価・利益・数量などが)急騰する, 跳ね上がる, 急増する; (人が)急に昇進する〈**from** …から; **to** …に〉‖ Shares ～*ed from* 35% *to* 45% during this quarter. この四半期にシェアが35%から45%に急増した / ～ *from* clerk *to* manager in several months 数か月で店員から支配人に昇進する

b 《+(**by**) 副〈自〉》…だけ跳ね上がる ‖ Sales ～*ed* (*by*) 17%. 売り上げは17%跳ね上がった

❺ (話題などが)**急に変わる**, 飛ぶ; (職業などを)転々とする《*about*》〈**from** …から; **to** …に〉‖ ～ *from* one topic *to* another 話が次から次へと飛ぶ / ～ *from* one job *to* another=～ *from* job *to* job 職を転々とする

❻〈中間を飛ばして結論などに〉飛躍する〈**to**〉, すぐに飛びつく〈**at**〉;〈列などに〉割り込む〈**in**〉;〈…に〉加わる〈**into**〉;《口》(命令などに従って)すぐ行動する ‖ Don't ～ *to* conclusions! 結論を急ぐな / ～ *at* an offer 申し出に飛びつく / ～ ahead *to* the last chapter 最終章へ飛ぶ / ～ *in* line 列に割り込む / ～ *into* a discussion 議論に加わる

❼ (レコード針が)飛ぶ; (映画・テレビの画像が)飛ぶ, ちらちらする ❽《進行形で》《口》(場所などが)活気がある, にぎわう ‖ This bar is ～*ing* weekends. この飲み屋は週末はいつもにぎわっている ❾〖チェッカー〗相手のこまを跳び越えて取る;〖トランプ〗(ブリッジで)ビッドを必要以上に上げる ❿ 💻ジャンプする《プログラムの一連の命令からほかの命令に飛ぶ; ハイパーリンクよりほかのウェブページ, ページ内のほかの箇所に移動する》

─他 ❶ …を**跳び越える** ‖ Do you think you can ～ this stream? この小川を飛び越えられると思うかい / ～ rope《米》縄跳びをする / This disease ～*s* species. この病気はほかの動物[植物]にも移る

❷〔馬など〕を跳び越えさせる, 跳躍させる ‖ ～ a horse over a fence 馬にさくを跳び越えさせる

❸〔中間〕を飛ばす, 飛ばして先に進む, 抜かす;〔人〕を昇進させる;〔列など〕に割り込んで前に出る ‖ ～ several steps in a presentation 説明の何段階かを飛ばす / ～ the line [《英》queue] 列に割り込む

❹《口》〔人〕を攻撃する; …の不意を襲う ‖ Somebody ～*ed* him in a dark alley. 何者かが彼を暗い路地で不意に襲った

❺〔価格など〕を急騰させる ‖ Unexpected shortages ～*ed* toilet paper prices. 予期せぬ品不足でトイレットペーパーの値段が急騰した

❻《口》〔交通信号・合図など〕より先に飛び出す, …を無視する ‖ ～ the green light 信号が青になる前に飛び出す / ～ the gun (走者が)フライングする ❼ (電車などが)〔線路〕を外れる, 脱線する ‖ The train ～*ed* the rails [OR track]. 列車が脱線した ❽ …に無賃乗車する;〔乗り物〕に飛び乗る ‖ ～ a bus バスに飛び乗る ❾ (許可なく)…から姿をくらます, 逃げる;〔チーム・組織など〕を捨てる, (契約などに違反して)脱退する (⇨ *jump* SHIP, *jump* BAIL[1]) ❿《米》〔他人の権利など〕を不法に奪う, 占拠する ‖ ～ a mining claim 採掘権を奪う ⓫〖チェッカー〗〔相手のこま〕を跳び越えて取る;〖トランプ〗(ブリッジで)〔ビッド〕を必要以上に上げる ⓬《米》=jump-start ⓭《米俗》〔人〕とセックスする

júmp all over ... 〈他〉《米》…をひどくしかりつける

****júmp at ...*** 〈他〉① …に飛びかかる ② ⇨ 自 ❻ ③《米口》…をしかりつける, 非難する

jùmp ín 〈自〉① 車にさっさと乗り込む ② さっさと行動する, 慌てて事を始める ③ (会話に)割り込む ④ ⇨ 自 ❻

jùmp óff 〈自〉① 飛び降りる(→ 自 ❶ **a**) ② 始まる, 起こる

júmp on ... 〈他〉《口》…を突然襲う[攻撃する]; …を激しく非難する; (しばしば罪もないのに)…を〈…のことで〉なじる, …に(不当に)文句をつける〈**for**〉‖ She ～*ed on* him *for* being late. 彼女は遅れたといって彼をなじった

jùmp óut at a pèrson 〈他〉(物事が)〔人〕の目につく ‖ The misprint ～*ed out at* me. 誤植が私の目に飛び込んできた

Jùmp tó it. 《口》さっさとしなさい; 急げ

jùmp úp 〈自〉すっくと立ち上がる

jùmp ùp and dówn 〈自〉《通例進行形で》《口》ひどく興奮する, 激怒する

─名 (複 **～s** /-s/) Ⓒ ❶ 跳び上がる[降りる]こと, **跳躍**; ひと跳びの幅[高さ]; ジャンプ競技 ‖ **make** [OR **do**] a parachute ～ パラシュート降下をする / at a ～ ひと跳びで / the ～ from the second floor of the building ビルの2階からの飛び降り / the high [long, triple] ～ 高跳び[幅跳び, 三段跳び]

❷ (跳ぶべき)障害物, 跳躍台 ‖ Her horse fell at the last ～. 彼女の馬は最後の障害物で転んだ

❸〈価格・温度などの〉急騰〈**in**〉‖ a ～ *in* temperature [crude oil prices] 気温[原油価格]の急上昇

❹ (話題・様子などの)急変, 飛躍 ‖ take a ～ forward 進展する

❺ (興奮・ショックなどで)びくっとすること, 急激[発作的]な動作;《the ～s》不安, いらいら ‖ She gave a ～ in surprise. 彼女は驚いてびくっとした

❻〖チェッカー〗相手のこまを跳び越えて取ること;〖トランプ〗(ブリッジで)必要以上にビッドを上げること(jump bid)

❼《口》短い[慌ただしい]旅 ❽《米俗》セックスすること

gèt [OR ***hàve***] ***the*** [OR ***a***] ***júmp on ...*** 《米口》〔相手〕より1歩先んじる, …より先に始める

òne júmp ahèad of ... …より1歩先んじて ‖ We have to be [OR keep, stay, remain] *one* ～ *ahead of* other companies. 当社は他社の先を進んでいなければならない

with a júmp びくっとして

類語 《自 ❶》**jump**「跳ぶ」を意味する最もふつうの語. しばしば「突然」の意を伴う.
leap jump と同義のことも多いが, leap の方がしばしば意識的で跳び方が大きく, 跳躍の意が強められる.
hop (片足などで) 短い跳躍をする. 〈例〉 a *hopping* bird ぴょんぴょん跳ぶ鳥
bound 大きく弾むように, ふつう連続的に跳ぶ. 〈例〉 boys *bounding* after a ball 飛び跳ねるようにボールを追う少年たち
skip 軽快な [連続的な] 跳躍で移動する. 〈例〉 *skip* about 軽く跳ね回る
spring 不意に飛び跳ねる. 〈例〉 *spring* from the bed ベッドから跳ね起きる
vault 手やさおなどを支えにして跳び越える.

▸▸ **～ bàll** 名 C 〖バスケットボール〗ジャンプボール《試合の開始・再開のときにレフェリーが両チームの選手の間に投げる球》 **～ing bèan** 名 C 〖植〗トビマメ《メキシコ産のトウダイグサのピーナッツ大の種子で中にガ (蛾) の幼虫が寄生するために踊るように動く》 **～ cùt** (↓) **～ing jàck** 名 C ① ジャンピングジャック《跳び上がりながら開脚し, 両手を頭上で合わせる運動を繰り返す準備体操》 ② 踊り人形《ひもを引くと手足が踊り出す操り人形》 ③《英》《旧》ねずみ花火 **～ing mòuse** 名 C 〖動〗トビハツカネズミ《中国や北米産の長い尾と後脚を持ったネズミの一種. → jerboa》 **～ jèt** 名 C 垂直離着陸ジェット機 **～ lèads** 名 複《英》=jumper cables **～ ròpe** 名 C《米》(縄跳び用の) 縄 ; 縄跳び (《英》skipping rope) **～ sèat** 名 C《主に米》ジャンプシート《自動車の折り畳み式補助席》 **～ shòt** 名 C 〖バスケットボール〗ジャンプショット [シュート]

jumping jack ②

júmp cùt 名 C 〖映画〗ジャンプカット, 切り詰め《同一シーン内の画面を削除して急な画面転換を図ること》
jùmp-cút 動 自 ジャンプカットする

jùmped-úp ⟨⊐⟩ 形《限定》《俗》成り上がり (者) の ; 思い上がった

*__jump·er__[1] /dʒʌ́mpər/ 名 C ❶ 跳ぶ人 [動物, もの] ; ジャンプ競技選手 ; 幅跳びの選手 ; 障害馬 ❷〖電〗ジャンパー線《回路の切断部をつなぐ短い線》 ❸〖海〗ジャンパー《支索の一種》 ❹ 削岩機 ❺〖バスケットボール〗ジャンプショット
▸▸ **～ càbles** 名 複《米》ブースターケーブル (《英》jump leads)《車のバッテリーの充電に用いる》 **～ swìtch** 名 C 🖳 ジャンパースイッチ《拡張ボード上などの設定スイッチ》

jump·er[2] /dʒʌ́mpər/ 名 C ❶《米》(ブラウスやセーターの上に着る) ジャンパースカート (《英》pinafore dress) ❷《英》頭からかぶるセーター, プルオーバー ❸ (～s)《米》= romper ❹ (工員・水夫などの) 作業用上着 ; (男性の) 簡易上着, ジャンパー (❗ 日本語の「ジャンパー」は jacket, windbreaker の方がふつう)

jùmping-óff plàce [pòint] 名 C ❶ (旅行・事業などの) 出発点 ❷ 人里離れた所, 最果ての地 ; 限界点, 極限

júmp-òff 名 C ❶ (攻撃・競技の) 開始 ❷ (馬術競技で同位の場合に行われる) 優勝決定戦

júmp-stàrt 動 他 ❶ [車のエンジン] をブースターケーブルを使ってスタートさせる ❷ …を復活させる, …に活を入れる
— 名 C ❶ (車の) ジャンプスタート ❷ 活性化するもの [手段]

júmp·sùit 名 C ❶ ジャンプスーツ《パラシュート降下服に似た上下続きの婦人服》 ❷ パラシュート降下服

Júmp-ùp 名《ときに j-》U 〖楽〗ジャンプアップ《カリブ海地域のポピュラー [ダンス] 音楽》

jump·y /dʒʌ́mpi/ 形 ❶《口》ひどく神経質な, びくびくする ❷ (急に) 跳んだり跳ねたりする ; 変動しやすい
júmp·i·ly 副 **júmp·i·ness** 名

jun. 略 junior

Jun. 略 June ; Junior

jun·co /dʒʌ́ŋkoʊ/ 名 (複 **～s**, **～es** /-z/) C 〖鳥〗ユキヒメドリ (雪姫鳥)《ホオジロ科. 北米産》

*__junc·tion__ /dʒʌ́ŋkʃən/ 名 ❶ C 連接 [接合] 点 ; (道路の) 交差地点 ; (鉄道の) 接続 [連絡] 駅 ; (川の) 合流点 〈**of** …の, **with** …との〉 ‖ The police box stands at the ～ *of* the two roads. 2つの道路が交差する所に交番がある ❷ U 連接, 接合 ❸ C 〖電〗中継半導体 ❹ U 〖文法〗連接《a red flower のように「主語＋述語」の関係を示さない語の結合様式》(→ nexus)
▸▸ **～ bòx** 名 C 〖電〗接続箱《複数の電線を接続するときに用いる金属またはプラスチックの箱》

junc·ture /dʒʌ́ŋktʃər/ 名 ❶ C 時点, 時期 ; 重大時期, 危機 ; 事態, 状況 ‖ at this ～ この (重大な) 時期に ; この際に ❷《堅》U 連接, 接合 ; C 連結 [接合] 点, つなぎ目, 縫い目 ❸ U 〖音声〗連接《語句などの境目に見られる音声上の特徴. 例えば I scream と ice cream はこの特徴の違いで聞き手は識別できる》

*__June__ /dʒuːn/ 名 C U《通例無冠詞単数形で》6月《略 Jun.》(⇨ JANUARY用例) ‖ get married in ～ 6月に結婚する ▸▸ **～ bèetle [bùg]** 名 C 〖虫〗コフキコガネムシ (garden chafer)《晩春に現れる大きな褐色の甲虫. 農作物の害虫》

Ju·neau /dʒúːnoʊ/ 名 ジュノー《米国アラスカ州の州都》

Jung /jʊŋ/ 名 **Carl Gustav ～** ユング (1875–1961)《スイスの精神病医・心理学者. 分析心理学の創始者》
～·i·an 形 名 C ユング学説の (信奉者)

Jung·frau /jʊ́ŋfràʊ/ 名《the ～》ユングフラウ《スイス南部ベルナー＝アルプス中の高峰. 4,158m》

*__jun·gle__ /dʒʌ́ŋgl/ 名 ❶ C U (熱帯などの) ジャングル, 密林 (地帯) ‖ a dense ～ うっそうとしたジャングル ❷ C《単数形で》密集したもの ; (ごたごたした) 寄せ集め ; (人を困惑させる) 複雑怪奇なもの ‖ a ～ of umbrellas (林立する) 傘の群れ / the ～ of human wants 錯綜(さく)する人間のさまざまな欲望 ❸ C《単数形で》(生存のための) 苛酷(こく)な争いの場 ‖ a blackboard ～ 校内暴力, 暴力教室 ❹ C《米俗》《旧》失業者のたまり場 ❺ (＝～ mùsic) U 〖楽〗ジャングル《1990年代初頭, 英国で生まれたダンス音楽》
-glìsm 名 U ジャングルミュージック文化 **-gly** 形 ジャングルのような ; 非情な掟の支配する
▸▸ **～ féver** 名 U 〖病理〗マラリア **～ fòwl** 名 C 〖鳥〗ヤケイ (野鶏)《東南アジア産でニワトリの先祖とされる》 **～ gỳm** 名 C《米》ジャングルジム **～ jùice** 名 U《俗》(特に自家製の) 強い酒

:__ju·nior__ /dʒúːnjər | -niə/
— 形《比較なし》❶ (地位などが)〈…より〉**下級の**, 下位の, 後進の ; (就任・入社などが) 日の浅い (↔ senior) 〈**to**〉 ‖ He is ～ *to* me though he is a year older. 彼は私より年は1つ上だが地位は下だ / a ～ partner 後輩 / the most ～ clerk いちばん下級職の事務員 / ～ in rank 地位が低い / a ～ minister 新任の大臣
❷ **年少の** (♦ 同姓同名の親子などのうち, 年少者の方を示すために名の後につける. 男子のみに用いる. 略 Jnr, Jr., jr., Jun., jun.) ; 〈…より〉年下の (↔ senior) 〈**to**〉 ‖ Jim Brown(,) *Jr.* ジム＝ブラウン＝ジュニア《息子の方のジム＝ブラウン》/ He is two years ～ *to* [×than] me. = He is ～ *to* [×than] me by two years. 彼は私より2歳年下だ (♦ He is two years younger than 「I am [OR me]. や He is younger than 「I am [OR me] by two years. の方がふつう)
❸ 若い (方の) メンバー [低学年] からなる ; 年少者向きの ‖ a ～ version of *Vogue*『ボーグ』誌のジュニア版
❹《限定》《米》(大学・高校の) 最後の学年より1年下の学年の (4年制大学の3年生・4 [3] 年制高校の3 [2] 年生など) ‖ during one's ～ year (4年制の) 3年生のうちに
❺《限定》《英》(学校 (の一部) が) 11 [13] 歳以下の小児が

通う ❻《限定》(スポーツで) 16［18］歳までの，ジュニア(の部)の ‖ the national ～ swimming championship 全国ジュニア水泳選手権 ❼ (ふつうより)小型の；小規模の
―名 (複 ～s /-z/) Ⓒ ❶《one's ～》年下の者；地位の低い者，後輩，下級生 ‖ He is two years my ～.＝He is my ～ by two years. 彼は私より2歳年下だ
❷《米》(大学・高校の)最後の学年より1年下の学生
❸《英》ジュニアスクール(junior school)の生徒
❹《しばしば J-》《主に米口》息子，ジュニア《特に長男》‖ Stop calling me *Junior*. 僕を坊っちゃん［ジュニア］と呼ぶのはやめてくれ ❺《米》(小柄な女性用衣服の)ジュニアサイズ ❻《米口》若いの，小僧(♥呼びかけで用いる) ❼ (スポーツで)ジュニア選手《16［18］歳以下》
▶▶～ **cóllege** 名 Ⓒ《米》2年制大学，短期大学 ～ **cómmon ròom** 名 Ⓒ《英》(大学などの)学生用社交［休憩］室 ～ **hígh (schòol)** 名 Ⓒ《米・カナダ》中学校《elementary school と senior high school の中間で，通常7–9学年》 ～ **míss** 名 Ⓒ《米》《旧》10代の若い娘 ～ **schòol** 名 Ⓒ《英》ジュニアスクール《7歳から11歳までの上級小学校》(→ primary school) ～ **vársity** 名 Ⓒ《米》(高校・大学の)2軍チーム

ju·ni·per /dʒúːnɪpər/ 名 ❶ Ⓒ〖植〗ビャクシン(柏槙)，ネズ《ヒノキ科の常緑低木》❷ (＝～ **òil**) Ⓤ 杜松(としょう)油《ビャクシンの実から採れ，薬用またはジンの香り付けになる》

***junk**[1] /dʒʌŋk/ 名 Ⓤ ❶《口》がらくた；つまらないもの ‖ a suitcase full of ～ がらくたのいっぱい詰まったスーツケース ❷くず物，廃品《古鉄・古紙・ぼろなど》；中古品 ❸《英》〖海〗塩漬け肉 ❹ たわごと，くだらない読み物 ‖ You read too much ～. くだらないものの読みすぎだ ❺ ＝junk food ❻《俗》麻薬；ヘロイン
―動 他《口》…を(がらくたとして)処分する
▶▶～ **bònd** (↓) ～ **DNÀ** 名 Ⓤ〖遺伝〗ジャンクDNA《遺伝と無関係，あるいは関係が不明と考えられるDNA》 ～ **fòod** 名 Ⓤ ジャンクフード(♦種類をいうときはⒸ)《高カロリー・低栄養価の加工食品．ポテトチップス・ポップコーンなど》 ～ **màil** 名 Ⓤ《けなして》くずとして捨てられる郵便物《ダイレクトメールなど》；迷惑メール(spam) ～ **scìence** 名 Ⓤ《けなして》クズ科学《一見科学的に見えるが実際は根拠や裏付けのない理論や主張》 ～ **shòp** 名 Ⓒ《口》がらくたを売る店，古道具店

junk[2] /dʒʌŋk/ 名 Ⓒ ジャンク《中国の平底帆船》

***júnk bònd** 名 Ⓒ ジャンクボンド《格付けの低い債券．利回りは大きいが，価格変動が激しく危険を伴う》‖ be downgraded to ～ status ジャンクボンドの評価に格下げされる

junk·er /dʒʌ́ŋkər/ 名 Ⓒ《米俗》(修理に値しない)ぽんこつ自動車

Jun·ker /júŋkər/ 名 Ⓒ ❶ ユンカー《プロイセンの大地主貴族．保守反動的な階級で20世紀までプロイセンの政治を支配》❷ ⊗《蔑》(偏狭な)ドイツの役人［軍人］

jun·ket /dʒʌ́ŋkət | -kɪt/ 名 ❶ Ⓤ ジャンケット，甘い凝乳食品 ❷ Ⓒ《口》宴会，ピクニック；(公費による豪華な)遊山；官費［接待］旅行 ‖ a business ～ 仕事上の旅行
―動 自《米》宴会をする；《口》遊山をする；官費旅行に出かける ―他《米》(宴会で)…をもてなす，…にごちそうする

junk·ie, junk·y[1] /dʒʌ́ŋki/ 名 (複 **-ies** /-z/) Ⓒ ❶《俗》麻薬［ヘロイン］常習者 ❷《口》(あることについての)熱狂者，中毒者 ‖ a sports ～ スポーツ狂

junk·y[2] /dʒʌ́ŋki/ 形 (**-i·er**；**-i·est**)《主に米口》がらくた同然の，つまらない

júnk·yàrd 名 Ⓒ《米》がらくた置き［捨て］場

Ju·no /dʒúːnou/ 名 (複 ～s /-z/) ❶〖ロ神〗ジュノー，ユーノー《Jupiter の妻．結婚の女神．〖ギ神〗の Hera に相当》❷ Ⓒ 堂々として気品のある美女 ❸〖天〗ジュノー《小惑星の1つ》❹ ジュノー《2011年NASAが打ち上げた木星探査機》

Jù·no·ésque 形 (女性が)堂々として気品のある

jun·ta /húntə | dʒʌ́n-/ 名 Ⓒ ❶ (クーデター後などの)軍事政権，暫定［臨時］政府 ‖ a military ～ 暫定軍事政権 ❷ (昔のスペイン・ポルトガルの)議会(♦スペイン語より)

jun·to /dʒʌ́ntou/ 名 (複 ～s /-z/) Ⓒ (政治)結社，党派

Ju·pi·ter /dʒúːpət̬ər | -pɪ-/ 名 ❶〖ロ神〗ジュピター，ユピテル《神々の王で天の支配者．Jove とも呼ばれる．〖ギ神〗の Zeus に相当》❷〖天〗木星

ju·ral /dʒʊ́ərəl/ 形《堅》法律(上)の；権利・義務(上)の

Ju·ras·sic /dʒuərǽsɪk/〖地〗形 ジュラ紀［系］の
―名《the ～》ジュラ紀［系］《中生代の中期》

ju·rid·i·cal /dʒuərídɪkəl/ 形《通例限定》〖法〗司法［裁判］(上)の；法律上の ‖ ～ days 開廷期間 ～**·ly** 副

ju·ris·con·sult /dʒʊ̀ərɪskɑ(ː)nsʌ́lt, -kən-/ 名 Ⓒ〖法〗(主に大陸法・国際法の)法学者，法律専門家

***ju·ris·dic·tion** /dʒʊ̀ərɪsdíkʃən/ 名 ❶ Ⓤ 司法権，裁判権；(一般に)支配権，管轄権，権限〈**over** …に対する；**of** …の / **to do** …する〉‖ have ［exercise］ ～ *over* … …に対して権限［裁判権］を有する［行使する］❷ Ⓒ 司法［支配，管轄］権が及ぶ範囲，管轄区 ‖ be within ［OR under］ the ～ of … …の管轄内にある / be outside ［OR beyond］ the ～ of … …の管轄外にある

ju·ris·pru·dence /dʒʊ̀ərɪsprúːdəns/ 名 Ⓤ ❶ 法(律)学，法哲学 ‖ medical ～ 法医学 ❷ 法制，法体系；(1国の)司法組織；…法 **jù·ris·pru·dén·tial** 形

ju·rist /dʒʊ́ərɪst/ 名 Ⓒ 法律(問題)専門家，法学者；法学生；《米》弁護士，判事 **ju·rís·tic** 形 **-ti·cal·ly** 副

***ju·ror** /dʒʊ́ərər/ 名 Ⓒ ❶ 陪審員《陪審(jury)の一員》❷《堅・文》(忠誠などの)誓いを立てる人

***ju·ry**[1] /dʒʊ́əri/ 名 (複 **-ries** /-z/) Ⓒ《集合的に》《単数・複数扱い》(♦《米》では通例単数扱い，《英》では全体を一つの集団と見る場合は単数扱い，個々の成員に重点を置く場合は複数扱い) ❶ 陪審(員団)《地域住民の間から選ばれた一定数の陪審員(juror)からなり，有罪(guilty)か無罪(not guilty)かの評決(verdict)を与える》‖ The jury returned a verdict of guilty ［not guilty］. 陪審は有罪［無罪］の評決を答申した / a petty ［OR petit］ ～ 小陪審 / a grand ～《米》大陪審 / a special ～ 特別陪審《特別の資格を有する者が陪審員となる》/ a common ～ 普通陪審《特別陪審に対する》/ a coroner's ～ 検死陪審 / serve ［OR sit］ on a ～ ＝do ～ service 陪審を務める / end in a hung ～ 陪審の評決が出ないで終わる / a trial by ～ 陪審裁判 ❷ (コンテスト・スポーツなどの)審査員団，審判団

the jùry is ［OR ***are***］ (***still***) ***óut*** 〈…について〉まだ結論に達していない；世論が定まっていない〈**on**〉(♦陪審員たちが「(まだ法廷の)外に出ている」，すなわち「協議中である」ということから転じたもの)

▶▶～ **bòx** 名 Ⓒ 陪審員席 ～ **dùty** 名 Ⓤ《米》陪審員の任期 ～ **pòol** 名 Ⓒ 陪審員候補者団［名簿］(venire) ～ **ròom** 名 Ⓒ 陪審員室 ～ **sèrvice** 名 Ⓤ《英》＝jury duty

ju·ry[2] /dʒʊ́əri/ 形《限定》〖海〗応急の，間に合わせの ‖ a ～ mast 応急マスト

júry·man /-mən/ 名 (複 **-men** /-mən/) Ⓒ 陪審員(中立 juror) **-wòman** 名

júry-rìg 動 (**-rigged**；**-rig·ging**) 他 (破損したマストや装備の代用として)…を応急装備する，仮装備する ‖ ～ stage lights using car headlights 車のヘッドライトを使って舞台照明の急場をしのぐ
-rigged 形 応急の，仮装備の；《主に米》一時しのぎの

jus·sive /dʒʌ́sɪv/ 形〖文法〗(特にセム語派諸語の動詞が)命令を表す ―名 Ⓒ 命令形［法，格］

⁝just /弱 dʒəst；強 dʒʌst/ 副 形

中心義≫ **Aにちょうど一致する**(★Aは「時」「状態」「場所」など多様)

> 副 ちょうど❶　たった今❷a　今にも❷b　単に❹
> やっと❺　ちょっと❻　形 正しい❶

—副《比較なし》❶ **ちょうど**, まさに, ぴったり ‖ He turned up ~ at six o'clock. 彼はちょうど6時に現れた / This is ~ what I wanted. これがまさに私の欲しかったものです(♥ 贈り物をもらったときの定型表現) / She looks ~ like her mother. 彼女は母親とうり二つだ / He is ~ as smart as his brother. 彼は兄(弟)と同じくらい頭がいい / Beer is ~ the thing for such a hot day. こんな暑い日にはビールがもってこいだ

❷ **a**《完了形・過去形とともに》**たった今**(…したばかり)(♦ 過去形で用いるのは《米》とされていたが,《英》でも広まりつつある) ‖ I have ~ arrived and I haven't decided on a hotel yet. 到着したばかりでまだ宿は決めていません / She ~ got back from Alaska. 彼女はちょうどアラスカから戻ったところだ / It will be hard getting back to work, since I (have) ~ had the most fantastic vacation ever. 今までで最も素晴らしい休暇を過ごしたばかりなので仕事に戻るのが難しそうだ

b《進行形や be about to *do*, be going to *do* などとともに》**今にも**, ちょうど, まさに ‖ It's ~ starting to rain. 雨が降り始めてきた / I was ~ about to go to bed. ちょうど寝ようとしていたところです / I'm ~ going to make the coffee. コーヒーを入れようとしているところです

❸《場所・時間を表す副詞句[節]の前で》すぐ ‖ A convenience store has opened ~ around the corner. 角を曲がってすぐの所にコンビニがオープンした / It was ~ after he died. それは彼の死の直後だった / ~ before dawn 夜明け直前に

❹ ただ, ほんの, **単に**(only) ‖ They are ~ kids. 彼らはほんの子供だ / "Can I help you?" "No thanks, I'm ~ looking." 「何にいたしましょうか」「いいえ, ただ見ているだけです」(♥ 店での応答) / Do you need ~ a plane ticket, or a package deal including the hotel? 航空チケットだけお求めでしょうか, それともホテル込みのパック旅行になさいますか / At first I didn't know what to do, so I ~ sat there. 最初はどうすればいいのかわからなかったのでただそこに座っていた / This is not ~ another movie. これはどこにでもあるという[平凡な]映画ではない / He is not ~ a friend, but a real pal. 彼はただの友達じゃなくて親友だ(♦ not just ..., but ... の形で相関的に用いる)

❺ **やっと**, 何とか, わずかに, ほんの少しで(♦ しばしば only just として用いられる) ‖ Our child can only ~ reach the shelf, even when she stands on tiptoe. うちの子はつま先で立ってもやっと棚に手が届くくらいだ / I arrived (only) ~ in time for the train. 何とか列車に間に合った / The arrow ~ missed the target. 矢はわずかに的をそれた / a population of ~ over 45 million 4,500万をわずかに上回る人口

❻《命令・依頼・提案などとともに》**ちょっと**, まあ; ともかく(♥ 使い方によって表現を和らげる場合もあれば強める場合もある) ‖ Could you ~ give me a little hint? ちょっとヒントだけでも下さいませんか / Now ~ listen to me. まあ, ちょっと僕の言うことを聞いてくれよ(♥ この2例では表現を和らげている) / Look, ~ shut your mouth. おい, ちょっと黙れよ / *Just* let me know if you need any help. 手助けが必要だったら遠慮なく言って(♥ この2例では意味を強めている) / *Just* a minute, please. ちょっと待ってください

❼《可能性を表す may, might, could とともに》ひょっとして, あるいは ‖ It might ~ be possible. それはひょっとしたらあり得るかもしれない / This plan could ~ work out. この計画はひょっとしたらうまくいくかもしれない

❽ 全く, 本当に(♥ 強調を表す) ‖ She was ~ **right**. 彼女は全く正しかった / This is ~ perfect. これは全く申し分ない / I ~ don't think about him any more. もう彼のことはまるっきり考えていません / I'm ~ fine. とても元気です

❾《否定疑問文で》全く, 本当に(♥ 強い同意を表す) ‖ "She is so very kind." "Isn't she ~?" 「彼女はとっても親切だね」「本当だね」/ "They really like meetings." "Don't they ~?" 「連中は本当に会議が好きだね」「全くね」

❿《疑問文を強めて》一体, 正確には ‖ *Just* whatever do you mean? 一体全体君は何を言いたいんだ

****It's jùst as wéll (that) ...*** …は好都合[幸い]だ

****jùst abóut***《口》① ほとんど, ほぼ, もう少しで(almost) ‖ "And you got there at half past six, right?" "*Just about*, yes." 「それでそこには6時半に着いたんだね」「うん, だいたいその頃だ」/ ~ *about* everybody ほとんどの人 ② 辛うじて, 何とか

júst as ① ちょうど…と同じように ‖ Do it ~ *as* I do. 私がするのと同じようにやりなさい ② ちょうど…時に ‖ The lights went off ~ *as* they finished dinner. 彼らがちょうど夕食を終えたときに電気が消えた

jùst like thát いきなり, 何の説明もなく; すぐに, 簡単に

jùst nów ①《現在形とともに》ただ今, ちょうど今; 今のところ ‖ He isn't here ~ *now*. Will you call back later? 彼はちょうど今席を外しています. 後ほどもう一度お電話くださいますか / He is in a good mood ~ *now*. 今のところ彼は機嫌がいい ②《過去形とともに》たった今, ついさっき ‖ I was talking to her ~ *now*. たった今彼女と話をしていたんだ

jùst on ...《主に英》(時間・数量などが)ちょうど(で), ぴったり(で) ‖ When I woke up, it was ~ *on* 5 o'clock. 目が覚めたとき5時ちょうどだった

jùst só ① きちんと, 整った ‖ She doesn't like an untidy room. Everything must be ~ *so*. 彼女はちらかった部屋が気に入らない. 何でもきちんとしていないと気が済まないのだ ② そのとおりです

jùst yét《否定文で》今はまだ(…ないが近いうちに…するだろう) ‖ I can't return the money ~ *yet*. 今はまだお金は返せません

COMMUNICATIVE EXPRESSIONS

1 **Can** [or **May**] **I jùst sày** a wórd about thàt? そのことについて一言だけ言わせてもらってもいいですか(♥ 発言を申し出る表現. =Excuse me, I'd just like to say ....)

2 **It's nòt that I dòn't wánt to** ..., **but** [or **it's**] **jùst that** .... ⇨ WANT(CE 4)

3 **Jùst**「lísten to [lóok at] thìs. とにかく聞いて[見て]ください(♥ 相手に注目を促す)

4 **Júst becàuse** she has nò álibi **dòesn't mèan** she's the múrderer. 彼女にアリバイがないというだけで彼女が殺人犯であるとはいえない(♥ 論拠が不十分であることを指摘する)

5 "Còuld you lènd me sòme mòre móney?" "I **jùst cán't**." 「もっとお金を貸していただけませんか」「断固いやです(できませんよ)」(♥ 強い断りの表現)

6「**Jùst lèt me** [or **Lèt me** (**jùst**)] **sáy** that I'm vèry sórry. ⇨ SAY(CE 41)

7 **Júst the pèrson** [or **làdy, màn**] we were wáiting for! やあ, 待ってました(♥ 相手を歓迎するくだけたあいさつ)

8 **Jùst you trý!** ⇨ TRY(CE 3)

9 **Thàt's jùst ít.** それこそまさに問題の点だ; まさにそういうことだ

—形 (▶ justice 名, justify 動)(**more ~, ~·er; most ~, ~·est**)

❶ **正しい**, 公平な, 公正な; (the ~)《名詞的に》正しい人々(⇨ FAIR[1] 類語) ‖ a fair and ~ decision 公平かつ正しい判断 / a ~ judge 公正な裁判官

❷《限定》(扱い・報酬などが)応分の, 当然の ‖ a ~ reward [punishment] 当然の報酬[罰] / get one's ~ deserts 当然の報いを受ける

❸ (意見などが)根拠のある, 正当な, 筋の通った ‖ have a ~ claim to ... …を要求する正当な権利を持っている / The criticism is ~. その批判は筋が通っている

J

❹ (計量・報告などが)正確な，誤りのない ‖ a ～ scale 正確な尺度

:jus·tice /dʒʌ́stɪs/
—名〔◁ just 形〕(複 **-tic·es** /-ɪz/) U ❶ **正義；公正**；公平，公明正大(↔ injustice) ‖ in the interest(s) of ～ 正義のために / a sense of ～ 正義感 / social ～ 社会正義 / treat all pupils with ～ すべての生徒を公平に扱う / *Justice* has been done [OR served]. 公正な裁きが行われた
❷ 法(の施行)，**司法**；裁判；処罰 ‖ a court of ～ 法廷，裁判所 / administration of ～ 法の施行，司法 / the system of ～ 司法組織 / the Minister of *Justice* 法務大臣 / criminal ～ 刑事裁判 / escape ～ 処罰を免れる
❸《ときに J-》C《米》裁判官，判事(judge)；《英》高等法院判事 ‖ the chief ～ 裁判(所)長 / an associate ～ 陪席判事 / a ～ on the Supreme Court 最高裁判所判事 / the Chief *Justice*《米》最高裁判所長官 / Mr. *Justice* Mais メイス判事殿
❹ 正当性，妥当性，合法性；道理 ‖ question the ～ of his view 彼の見解の妥当性を疑う / There's ～ in what she says. 彼女の言うことにはもっともな点がある
❺ 因果応報，当然の報い(→ poetic justice)
brìng a pèrson to jústice 〔人〕を法に照らして処罰する，裁判にかける，捕まえて告訴する
*****dò jústice to ... ; dò ... jústice*** ① **…を正当に扱う**；…を正当に評価する ‖ The reporter did not *do* ～ *to* the story. 記者はその話を正しく扱わなかった ② (絵などが)**…を実物どおりに表す** ‖ The snapshot doesn't *do* you ～ at all. そのスナップ写真では君は映りがよくないね ③〔食事など〕を十分に味わう ‖ The guests *did* ample ～ *to* her excellent cooking. 客たちは彼女の素晴らしい料理を十分に堪能(たんのう)した
dò onesèlf jústice 力[真価]を十分発揮する ‖ He couldn't *do himself* ～ in the exam. 彼は試験で十分に力を発揮できなかった
in jústice to ... …を公平に評価すれば
ròugh jústice 不公平な[法に基づかない]扱い[罰]
with jústice ① 公正[公平]に(→❶) ②《文修飾的に》正当に，当然のこととして ‖ He complained *with* ～ of his treatment. 彼は待遇について愚痴をこぼしたがそれももっともだった
～·shìp 名 U (高等法院)判事の地位[職務，任期]
▶▶**Jùstice of the Péace, j-** 名 (複 **～s of the P-**) C 治安判事《軽微な裁判手続を託された下級裁判所の裁判官. 米国では結婚の立ち会いも行う. 英国では法律を専門としない者が就く. 略 JP》

jus·ti·ci·ar·y /dʒʌstɪ́ʃièri | -ʃiəri, -ʃəri/ 名 (複 **-ar·ies** /-z/) C《主にスコット》司法官；U 司法(の権限)
—形 司法(上)の

***jus·ti·fi·a·ble** /dʒʌ̀stɪfáɪəbl, ⌐⌐⌐⌐⌐/ 形 正当[妥当]と認められる，もっともな ‖ Is it ～ to wage war on them because we don't like their system of government? 彼らの政治体制が気に入らないからといって戦争を起こすのは正当であろうか / ～ murder [OR homicide] 正当(防衛)と認められる殺人
-bly 副《文修飾》正当と認められて，もっともなことながら

***jus·ti·fi·ca·tion** /dʒʌ̀stɪfɪkéɪʃən/ 名〔◁ justify 動〕U ❶ 正当化，弁明；〈…に対する〉正当化[弁明]の理由[根拠]〈**for**〉‖ You have no ～ *for* your conclusion. 君には自分の結論を正当化する根拠がない / with some ～ それなりの理由[根拠]があって
❷〖宗〗義認《神によって義と認められること》‖ ～ by faith 信仰による義認 ❸〖印〗(行末の)行そろえ；(ワープロの)単語の位置調整，区切り調整
in justificátion (***of ...***) (…を)正当化[弁護]して ‖ She made a speech *in* ～ *of* her actions. 彼女は自分の行動を正当化しようとスピーチを行った

***jus·ti·fied** /dʒʌ́stɪfàɪd/ 形 (**more ～ ; most ～**)《叙述》〈…することが〉正当な，理にかなった，無理もない〈**in**〉‖ You were quite ～ *in* refusing his offer. 君が彼の申し出を拒否したのも無理もない

***jus·ti·fy** /dʒʌ́stɪfàɪ/ 動〔◁ just 形 | ▶ justification 名〕(**-fies** /-z/ ; **-fied** /-d/ ; **～·ing**) 他 ❶ 正当化する **a**《+目》〔人・行為・主張など〕を〈人に対して〉正しいとする；…を正当化する，弁明する〈**to**〉；(事情などが)…の正当な理由[根拠]となる ‖ The end *justifies* the means. 目的は手段を正当化する / These arguments were used to ～ the social repression of the African-Americans. こうした議論はアフリカ系アメリカ人の社会的抑圧を正当化するために利用された / The present level of crime has *justified* their fears. 現在の犯罪状況からみて彼らの懸念ももっともだ
b《+*doing*》…するのを正当化する ‖ Nothing can ～ cheating on an exam. カンニングをしていい理由は何一つない
c《～ oneself で》〈…に〉自己弁護する〈**to**〉‖ He must ～ himself *to* his supporters. 彼は支持者たちに自分の潔白を証明しなければならない
❷〖宗〗(神が)〔人〕を義とする ❸〖印〗〔行(末)〕をそろえる

Jus·tin·i·an /dʒʌstíniən/ 名 ユスティニアヌス(♦ ラテン語名 *Justinianus*)(483–565)《東ローマ皇帝(527–565). ユスティニアヌス法典を編纂(へんさん)させた大帝》

jùst-in-tíme ◁ 形《限定》ジャストインタイム方式の，かんばん方式の《生産・流通において在庫を最小限にとどめ，必要なときに必要なだけ補充するシステムについていう》‖「a ～ system [～ management, ～ delivery] かんばん方式[経営，配達]
—名 U かんばん方式

just·ly /dʒʌ́stli/ 副 ❶ 公平に；相応に；正当に；正確に ‖ be ～ rewarded 相応の報酬を受ける ❷《文修飾》当然のことながら ‖ The king was ～ called the Great. その王が大王と呼ばれたのは当然のことであった

just·ness /dʒʌ́stnəs/ 名 U 公正；相応；正当；正確

jut /dʒʌt/ 動 (**jut·ted** /-ɪd/ ; **jut·ting**) 自 他 (…が[を])突出する[させる]《***out, forth***》〈**from** …から；**into, over** …に〉‖ The island ～*s out into* the sea. その島は海に突き出ている
—名 C 突出部，突端

***jute** /dʒuːt/ 名 U ❶〖植〗ジュート，ツナソ，黄麻(こうま) ❷ ジュート繊維《ロープ・帆布・南京(なんきん)袋の材料》

Jute /dʒuːt/ 名 C ジュート人《5–6 世紀にイギリス東南部ケントに移住したとされるゲルマン民族の一部族》

Jut·land /dʒʌ́tlənd/ 名 ユトランド(半島)(デンマーク語名 Jylland)《ヨーロッパ大陸北部，北海とバルト海を分ける半島. デンマークの大部分を占める》

***ju·ve·nile** /dʒúːvənàɪl/ 形 ❶《限定》〖法〗青少年に特有の；年少者向きの(⇨ YOUNG 類語) ‖ ～ problems 青少年問題 / ～ crime 青少年犯罪 / ～ books 少年少女向きの本 ❷ 未熟な，子供じみた ‖ ～ behavior 子供じみた行動
—名 C ❶〖法〗青少年，少年，少女，未成年者(⇨ CHILD 類語P) ❷〖劇〗子役 ❸ 児童向け図書 ❹ 幼鳥；(競馬の)2歳馬；幼馬
▶▶ **～ cóurt** 名 C 少年裁判所《ふつう18歳未満の者を裁く》 **～ delínquency** 名 U 青少年による犯罪 **～ delínquent** 名 C 未成年犯罪者，非行少年[少女] **～ hórmone** 名 C〖虫〗幼虫[幼若]ホルモン

ju·ve·nil·i·a /dʒùːvənɪ́liə/ 名 複 (画家・作家などの)青年時代の作品，初期作品集

ju·ve·nil·i·ty /dʒùːvənɪ́ləṭi/ 名 (複 **-ties** /-z/) ❶ U 若々しさ，未熟さ ❷ C《しばしば -ties》子供じみた言動

jux·ta·pose /dʒʌ́kstəpòʊz | ⌐⌐⌐/ 動 他 (特に比較・対照のために)…を並べる，並置する
jùx·ta·po·sí·tion 名 U C 並置(状態)

JV 略 *junior varsity*

J

K

Knowledge is Power. 知識は力である（⇨ F. BACON）

k

k¹, K¹ /keɪ/ 名（複 **k's, ks** /-z/；**K's, Ks** /-z/）C ❶ ケイ《英語アルファベットの第11字》❷ k［K］の表す音 ❸（活字などの）k［K］字 ❹ k［K］字形（のもの）❺（連続するものの）第11番目（の人［もの］）
▸▸**K ràtion** 名 C〔米軍〕応急野戦携帯食糧（♦ 米国の生理学者 Ancel Keys の K より）

k² 略 kilo-

K² 記号〔化〕potassium（カリウム）（♦ 近世ラテン語 *kalium* より）

K³ 略 ❶《口》kilo-（1,000）‖ a salary of $18*K* 18,000ドルの給料 / the Y2*K* problem （コンピューターの）紀元2000年問題 ❷ 🖳kilobyte(s) ‖ a computer with a 64*K* memory 64×2¹⁰ の記憶容量を持つコンピューター ❸〔理〕kelvin(s)；kindergarten；〔チェス・トランプ〕King('s)；〔楽〕Köchel (number)（ケッヘル番号）；〔野球〕strike out

k. 略 karat；kilogram(s)；〔チェス〕king；kitchen；knight；〔海〕knot；kopeck

Kaa·ba /káːbə/ 名《the ～》カーバ《メッカの Great Mosque の中央にあるイスラム教の最も神聖な神殿で南東部に黒い聖石（Blackstone）がある．イスラム教徒の巡礼（hajj）の最終目的地》

ka·bad·di /kɑːbáːdi, kə-, kʌ́bədi, kəbʌ́di/ 名 U カバディー《南アジア発祥の団体競技》

kab·a·la, kab·ba- /kæbáːlə/ 名 =cabala

ka·bob /kəbá(ː)b | -bɔ́b/ 名《米》=kebab

ka·bu·ki /kəbúːki/ 名 U 歌舞伎（かぶき）（♦ 日本語より）

Ka·bul /káːbul/ 名 カブール《アフガニスタンの首都》
～·i /-i/ 名 C 形 カブール市民（の）

Ka·byle /kəbáɪl/ 名 ❶ C（北アフリカの）カバイル族《アルジェリア北部に住むベルベル人》❷ U カバイル語

ka·chi·na, ka·tchi- /kətʃíːnə/ 名 C ❶ カチーナ《北米先住民プエブロ族の神話における祖霊》❷（=～ **dòll**）カチーナ人形 ❸（=～ **dàncer**）（仮面をつけ祖霊を擬人化したとされる）カチーナダンサー

ka-ching /kətʃíŋ/ 間 かちゃん，がちゃん《金銭登録機などの音．ker-ching, ca-ching などとも書く》

Kad·dish /káːdɪʃ | kǽd-/ 名 U C〔ユダヤ教〕カディシュ《服喪中の者が礼拝で毎日唱える祈禱（きとう）》

kaf·fee·klatsch /kɔ́ːfiklætʃ | kǽf-/ 名 C おしゃべり会（coffee klatsch）《コーヒーを飲みながらうわさ話などをする集まり》

Kaf·fir /kǽfər/ 名 ❶ C ⊗《主に南ア卑》《蔑》南アフリカの黒人 ❷ U カフィル語
▸▸**kàffir córn** 名 C ⊗《ときに蔑》〔植〕カフィルコーン《南アフリカで栽培されるモロコシの一種．ビール醸造用》

kaf·fi·yeh /kəfíːjə/ 名 C カフィエ（kafiyeh）《アラブの男性がかぶる頭巾（ずきん）》

Kaf·ir /kǽfər/ 名（複 ～ OR ～**s** /-z/）C ❶ =Kaffir ❶ ❷ カーフィル人《アフガニスタン北東部のヌーリスタン州（旧カフィルスタン）の住民》❸（イスラム教徒から見た）異教徒

Kaf·ka /káːfkə | kǽf-/ 名 **Franz** ～ カフカ（1883–1924）《チェコ［オーストリア］出身のドイツ語作家》
Kàf·ka·ésque ⊲ 形 カフカ風の，不条理な

kaf·tan /kǽftən | -tæn/ 名 =caftan

kai·ser /káɪzər/ 名 C ❶〔史〕皇帝（emperor）❷《K-》カイゼル《特に，神聖ローマ帝国皇帝・オーストリア皇帝・ドイツ皇帝の称号》

ka·ka·po /káːkəpou/ 名（複 ～**s** /-z/）C〔鳥〕フクロウオウム《ニュージーランド特産の飛べないオウム．国際保護鳥》

ka·ke·mo·no /kàːkəmóunou | kækɪ-/ 名（複 ～**s** /-z/）C 掛け物，掛軸（♦ 日本語より）

ka·la-a·zar /kàːləəzáːr | kæ̀-/ 名 U〔医〕カラアザール《原虫 leishmania による熱帯地方の感染症》

Ka·la·hà·ri Désert /kæləhàːri-/ 名《the ～》カラハリ砂漠《アフリカ南西部のボツワナ共和国およびナミビア・南アフリカ共和国の一部の砂漠高原》

ka·lash·ni·kov /kəlǽʃnɪkɑ̀(ː)f, -kɔ̀ːf | -kɔf/ 名《ときに K-》C カラシニコフ銃《ロシア製軽機関銃》

kale /keɪl/ 名 U C ❶ ケール，チリメンキャベツ《結球しない》❷《米俗》《旧》金（かね），銭（ぜに）

ka·lei·do·scope /kəláɪdəskòup/ 名 C ❶ 万華鏡 ❷《通例単数形で》千変万化するもの ‖ the ～ of life 変転極まりない人生 **ka·lèi·do·scóp·ic** /-ská(ː)p-/ 形 変幻極まりない **-i·cal·ly** 副
語源 発明者によるギリシャ語からの造語．「*Kalos*（美しい）+*eidos*（形）+-scope（見る機械）」の意．

kal·ends /kǽlendz/ 名 複 =calends

Ka·le·va·la /kàːlɪváːlə/ 名《the ～》カレワラ《フィンランドの民族叙事詩》

Kále·yard Schòol 名《通例 the ～》菜園派《スコットランド農民の日常生活を描いた19世紀末の小説家たち》

Ka·li·man·tan /kælɪmǽntən/ 名 カリマンタン《東南アジアに位置する面積で世界第3位の島．旧称ボルネオ》

ka·lim·ba /kəlímbə/ 名 C カリンバ《並べた金属片を親指ではじくアフリカの民族楽器》

kal·mi·a /kǽlmiə/ 名 C〔植〕カルミア，アメリカシャクナゲ《ツツジ科の常緑低木》

ka·ma·ai·na /kàːməáɪnə/ 名 C《米》カーマアイナ《ハワイに古くから住んでいる人》

Ka·ma·su·tra, Ka·ma Su·tra /kàːməsúːtrə/ 名《the ～》カーマスートラ《古代インドの性愛に関する技法書》

Kam·chat·ka /kæmtʃǽtkə/ 名《the ～》カムチャツカ（半島）《ロシア北東部の半島》

kame /keɪm/ 名 C〔地〕ケイム《氷河の後退の際に砂や小石が堆積（たいせき）してできた丘状地形》

ka·meez /kəmíːz/ 名 C カーミーズ《南アジアの人々がズボン（salwar）の上に着る長そでの服》

ka·mi·ka·ze /kàːmɪkáːzi | kæ̀-/ ⊲ 名 C 神風特攻機［隊員］ —形《限定》神風特攻隊のような；無謀な（♦ 第2次世界大戦時の日本の「神風特攻隊」より）

Kam·pa·la /kɑːmpáːlə | kæm-/ 名 カンパラ《東アフリカ，ウガンダの首都》

kam·pong /káːmpɔ(ː)ŋ | kǽm-/ 名 C カンポン《マレーシアの小村落》

Kam·pu·che·a /kæmputʃíːə/ 名 カンプチア《カンボジアの旧公式名（1976–89）》 **-ché·an** 形 名

Ka·nak·a /kənǽkə/ 名 C カナカ人《ハワイおよび南洋諸島の先住民》

kan·ban /káːnbaːn/ 名（=～ **sỳstem**）U（生産・流通の）かんばん方式（→ just-in-time）（♦ 日本語より）

Kan·chen·jun·ga /kàːntʃəndʒúŋgə | kæn-/ 名 カンチェンジュンガ《ヒマラヤ山脈中の世界第3位の高峰．8,586m》

kan·ga·roo /kæ̀ŋgərúː/《アクセント注意》⊲ 名（複 ～**s** /-z/）C〔動〕カンガルー
▸▸～ **cóurt** /, ーーニー/ 名 C（法律や人権を無視した）私的裁判，つるし上げ ～（**mòther**）**cáre** 名 U カンガルー（マザー）ケア（主に未熟児に対して（母親が）肌と肌を直に触れ合わせて行う抱っこ）～ **ràt** 名 C〔動〕カンガルーネズミ《北米の砂漠地帯にすむ後脚が大きく発達したポケットマウス科のネズミの一種》～ **vìne** 名 C〔植〕リュウキュウヤブガラシ《オーストラリア原産のつる植物》

K

kan·ji /ká:ndʒi | kǽndʒi, ká:n-/ 名 (複 ～) U C 漢字 (♦日本語より)
Kan·na·da /ká:nədə, kǽnədə/ 名 U カナラ語, カンナダ語 (南インドで話されるドラビダ語族の言語の1つ)
Kans. 略 Kansas
Kan·sas /kǽnzəs/ 名 カンザス (米国中部の州. 州都 Topeka. 略 Kans., Kan., 〔郵〕KS)

Behind the Scenes **Toto, I've a feeling we're not in Kansas anymore.** トト, なんだかもうカンザスにはいない気がするわ ミュージカル映画 *The Wizard of Oz* (邦題「オズの魔法使い」)で, 竜巻で建物ごと吹き飛ばされた主人公 Dorothy が小人の国にたどり着いたときに飼い犬の Toto に言ったせりふ (♥ 田舎から都会に出てきた人などが,「見知らぬ土地に来た ; 自分が知っているのとは勝手が違う」という意味で用いる. 実際の地名に関係なく Kansas を使う. not in Kansas の箇所以外は可変. 映画 *Volcano* の中でも You're not in Kansas anymore.「おまえはもう前の配属とは違うところにいるんだ(勝手をするな)」というせりふで使われている)

Kán·san 形 名 C カンザス州の(人)
▸▸～ **Cíty** 名 カンザスシティ ① 米国カンザス州北東部の都市 ② ミズーリ州北西部の都市 (①と②は隣接している)
Kant /kɑ:nt | kænt/ 名 **Immanuel** ～ カント (1724-1804) (ドイツの哲学者) **～·i·an** 形 カント(哲学)の 名 C カント学派の人, カント哲学信奉者
ka·o·lin /kéɪəlɪn/ 名 U カオリン, 高陵土, 白陶土 (陶磁器や薬の原料)
ka·o·lin·ite /kéɪəlɪnàɪt/ 名 U カオリナイト (kaolin の成分)
ka·on /kéɪɑ(:)n | -ɔn/ 名 C 〔理〕K中間子, K粒子
ka·pok /kéɪpɑ(:)k | -pɔk/ 名 U カポック, パンヤ (まくらなどの詰め綿用)
Ka·pò·si's sarcóma /kəpòʊsiz- | -ziz-/ 名 U 〔医〕カポジ肉腫(にくしゅ) (エイズ患者などに見られる癌(がん)の一種)
kap·pa /kǽpə/ 名 C カッパ (ギリシャ語アルファベットの第10字. K, κ. 英語の K, k に相当)
ka·put /kəpʊ́t/ 形 《叙述》《口》壊れて使えなくなった, 駄目になった ; やられた ‖ go ～ 駄目になる
kar·a·bi·ner /kærəbí:nər/ 名 C カラビナ (carabiner) (金属製の輪で, ハーケンにザイルを連結するための登山用具)
Ka·ra·chi /kərá:tʃi/ 名 カラチ (パキスタン南部の港湾都市. 旧首都(1947-59))
Ka·ra·jan /ká:rəjà:n | kǽ-/ 名 **Herbert von** ～ カラヤン (1908-89) (オーストリアの指揮者)
Ka·ra·ko·ram /kà:rəkɔ́:rəm | kæ̀-/ 名 (the ～) カラコルム山脈 (ヒマラヤの西に連なる山脈. 最高峰 K2)
kar·a·kul /kǽrəkəl/ 名 C 〔動〕カラクル羊 ; U カラクル羊の子の黒い毛皮
Ka·ra Kum /kà:rə kú:m | kæ̀-/ 名 カラクーム砂漠 (トルクメニスタンの砂漠)
ka·ra·o·ke /kæ̀rióʊki/ 名 U カラオケ (♦日本語より)
kar·at /kǽrət/ 名 C 《米》カラット (《英》carat) (金の純度の単位. 純金は24カラット. 略 k., kt.)
ka·ra·te /kərá:ţi/ 名 U 空手 (♦日本語より)
kar·ma /ká:rmə/ 名 U ❶ 〔ヒンドゥー教・仏教〕カルマ, 羯磨(かつま), 業(ごう) ❷ 《口》宿命, 運命 ; 因果応報, 因縁 ❸ 《口》雰囲気
ka·roo, kar- /kərú:/ 名 (複 ～**s** /-z/) C カルー (南アフリカの乾燥した台地)
ka·ro·shi /kæróʊʃi/ 名 U 過労死 (♦日本語より)
karst /kɑ:rst/ 名 C 〔地〕カルスト地形 (石灰岩台地)
kart /kɑ:rt/ 名 ＝go-kart
kart·ing /ká:rţɪŋ/ 名 U ゴーカートレース
kas·bah /kǽzbɑ:, +米 ká:z-/ 名 C カスバ (北アフリカの町にある城や要塞, またその町の旧市街. casbah とも書く)
Ka·sha /ká:ʃə | kǽ-/ 名 U 《商標》羊とヤギの毛織の服地
Kash·mir /kæʃmíər/ ⊲ 名 カシミール (インド・パキスタン北部の山岳地方) ▸▸～ **góat** 名 C 〔動〕カシミールヤギ
Kash·mir·i /kæʃmíəri/ 名 (複 ～ OR ～**s** /-z/) ❶ U カシミール語 ❷ C カシミール人
kash·ruth /ká:ʃrəθ/, **-rut** /kɑ:ʃrú:t/ 名 U 〔宗〕(ユダヤ教で)適法 ; 食事戒律
ka·ta·ka·na /kɑ̀:ţəká:nə | kætə-/ 名 U かたかな (♦日本語より)
Kate /keɪt/ 名 ケート (Katherine の愛称)
Kath·y /kǽθi/ 名 キャシー (Katherine の愛称)
Kat·man·du, Kath- /kætmændú:, kɑ̀:tmɑ:n-/ ⊲ 名 カトマンズ (ネパールの首都)
ka·ty·did /kéɪţidɪd/ 名 C 〔虫〕(北米産)キリギリスの一種
katz·en·jam·mer /kǽtsəndʒæ̀mər/ 名 U C 《米口》《旧》 ❶ 大騒ぎ ❷ 二日酔い(の頭痛) ❸ 憂うつ (♦ドイツ語より)
Ka·u·ai /káʊaɪ/ 名 カウアイ島 (米国ハワイ州北西部の火山島)
kau·ri /káʊəri/ 名 〔植〕 C カウリマツ (ニュージーランド産) ; U カウリマツ材 ; カウリ樹脂
ka·va /ká:və/ 名 C 〔植〕カバ, カバカバ (kava-kava) (南太平洋の島に分布するコショウ科の低木. 嗜好(しこう)品として飲用されるが, 安全性に問題があるとされる)
kay·ak /káɪæk/ 名 C ❶ カヤック (kaiak) (イヌイットの皮張りの小舟) ❷ カヤック型カヌー ━動 自 カヤックで行く[競漕(きょうそう)する] **～·er** 名 **～·ing** 名
kay·o /kèɪóʊ/ 《俗》〔ボクシング〕名 (複 ～**s** /-z/) C ノックアウト (K.O., knockout) ━動 他 …をノックアウトする
Ka·zakh, -zak /kəzá:k | -zǽk/ 名 ❶ C カザフ人, コサック人 (中央アジアに住む) ❷ U カザフ語
*__Ka·zak·stan, -zakh-__ /kæ̀zækstá:n, kɑ̀:zɑ:k-/ 名 カザフスタン (中央アジア西部の共和国. 公式名 the Republic of Kazak(h)stan. 首都 Astana)
ka·zoo /kəzú:/ 名 (複 ～**s** /-z/) C カズー (細い筒の一方に張った薄膜を振動させて鳴らすおもちゃの笛)
kb 略 〔生化〕kilobase(s) (核酸の長さを表す単位)
Kb 略 💻 kilobit(s)
KB 略 💻 kilobyte(s) ; 〔法〕*K*ing's *B*ench
KBE 略 *K*night Commander (of the Order) of the *B*ritish *E*mpire (大英帝国第2級勲爵士)
kbps 略 💻 *k*ilo*b*its *p*er *s*econd
kc 略 kilocycle(s)
KC, K.C. 略 *K*ansas *C*ity ; *K*ing's *C*ounsel
kcal 略 kilocalorie(s)
KCB 略 *K*night *C*ommander (of the Order) of the *B*ath ((英国の)バス第2級勲爵士)
KCMG 略 *K*night *C*ommander (of the Order) of St.*M*ichael & St.*G*eorge ((英国の)聖マイケル・聖ジョージ上級勲爵士)
kc/s 略 *k*ilo*c*ycles per *s*econd
KCVO 略 *K*night *C*ommander of the Royal *V*ictorian *O*rder ((英国の)ビクトリア上級勲爵士)
ke·a /kí:ə/ 名 C 〔鳥〕ミヤマオウム, ケアオウム (ニュージーランド特産の大型オウム)
Kea·ton /kí:tən/ 名 **Buster** ～ キートン (1895-1966) (米国の喜劇映画俳優)
Keats /ki:ts/ 名 **John** ～ キーツ (1795-1821) (英国の詩人)
ke·bab /kɪbá:b | -bǽb/ 名 C 《通例 ～s》〔料理〕ケバブ (《米》kabob) (中東地域発祥の串焼きの肉料理)
kecks /keks/ 名 複 《英口》ズボン
kedge /kedʒ/ 〔海〕動 他 〔船〕を小錨(しょうびょう)の索をたぐって動かす ━自 (船が)小錨によって動く
━名 (＝～ **ànchor**) C 小錨
ked·ger·ee /kédʒərì: | ⌐⌐⌐/ 名 U C 〔料理〕ケジャリー (米・魚・卵・豆・香辛料などを用いたインド料理. また, これをアレンジしたイギリス料理)
keek /ki:k/ 《スコット》動 自 のぞき見をする ; スパイをする
━名 C 《単数形で》のぞき見, 一見

*__keel__ /kiːl/ 名 C ❶〖海〗竜骨, キール《船底の中心線を船首から船尾まで通した船体の背骨ともいえる材》‖ lay down a ～ 竜骨を据える, 船を起工する ❷(航空機の)竜骨 ❸《文》船 ❹〖植〗竜骨弁;〖鳥〗竜骨突起, 胸峰

on an èven kéel ①〖海·空〗(船·飛行機が)水平を保って, 等喫水で ②安定して(stable), (人が)落ち着いて, 平穏で ‖ The country is back *on an even* ～. その国は平常な状態に戻っている

―動 自 ❶(船が)ひっくり返る《***over***》❷《口》(人が)転倒する, 卒倒する《***over***》**―**他〔船〕をひっくり返す《***over***》

kéel·bòat 名 C 貨物運送船《ミシシッピ川などで用いられた喫水の浅い船》

kéel·hàul 動 他 ❶〖史〗(罰として)…を綱で縛って船底をくぐらせる ❷《戯》…を厳しくしかる

keel·son /kélsən, kíːl-/ 名 C〖海〗内竜骨

*__keen__[1] /kiːn/ 形 (**～·er**; **～·est**) ❶《主に英》(人が)熱心な, 熱意に満ちた; 熱望して〈**to do** …することを / **that** 節 …ということを〉(⇨ EAGER 類語) ‖ a ～ collector 熱心な収集家 / The exchange students were ～ *to* know every little thing. 交換留学生たちはどんなささいなことでも知りたがった / His mother is ～ for him *to* marry Audrey. 彼の母親は彼がオードリーと結婚することを強く望んでいる

❷〈…が〉大好きな, 〈…に〉夢中の〈**on, about**〉‖ I'm not very ～ *on* music [going out tonight]. 音楽はあまり好きではない[今夜はあまり外出したくない] / He's awfully [OR really] ～ *on* you. 彼はあなたに首ったけだ

❸(知力·才気·感覚などが)鋭敏な; 明敏な; 〈…に〉敏感な〈**of**〉‖ Dogs have a ～ sense of smell. 犬は嗅覚(きゅうかく)が鋭い / have a ～ eye for detail 細部に対する鋭い目を持つ / ～ *of* scent [hearing] 嗅覚[耳]が鋭い / ～-sighted [OR -eyed] 眼力の鋭い ❹(感情·欲求などが)激しい, 強烈な ‖ ～ delight 強い喜び / Our history teacher had a ～ interest in international politics. 私たちの歴史の先生は国際政治に強い関心を抱いていた ❺(競争などが)激しい, 激烈な ‖ a ～ argument 激しい議論 ❻《文》(音·光などが)鋭い; (痛みなどが)激しい; (言葉などが)辛辣(しんらつ)な; (においなどが)鼻につんとくる; (風·寒さが)肌を刺すような ‖ a ～ hunger ひどい空腹 / ～ sarcasm 痛烈な皮肉 ❼《通例限定》《文》(刃物などが)鋭い, 鋭利な (⇨ SHARP 類語) ‖ a ～ knife 鋭利なナイフ ❽《米口》《旧》素敵な, 素晴らしい ❾《英》(価格が)(過当競争のため)割安の, 格安の　**～·ness** 名

keen[2] /kiːn/ 名 C《文》(アイルランドの)挽歌(ばんか), 哀歌《死者を悼んで泣きながら歌う》

―動 自 挽歌を歌う; (死者に対して)泣き叫ぶ

*__keen·ly__ /kíːnli/ 副 鋭く, 痛烈に; 鋭敏に; 熱心に

***keep** /kiːp/ 動 名

中心義 (努力して) Aを保つ (★Aは「状態」「物」「人」など多様)

> 動 他 保つ❶　持ち続ける❷ a　とっておく❷ b
> つける❹
> 自 ままである❶

―動 (**～s** /-s/; **kept** /kept/; **～·ing**)

―他 ❶保つ a《+目+補》〔人·物〕を…(の状態)にしておく, 保つ ‖ The chef always ～*s* his kitchen spotlessly clean. シェフはいつも調理場を汚れ一つなく清潔にしている / Please ～ it (a) **secret** from my wife. どうかそれは妻には内緒にしておいてください / Don't ～ me in suspense. じらさないでよ

b《+目+*doing*》〔人·物〕に…させ続ける[させておく] ‖ Sorry to have *kept* you waiting. お待たせしてすみません / They took turns ～*ing* the fire burning all night. 彼らは交替で一晩中火を燃やし続けた

c《+目+*done*》〔人·物〕を…した[された]ままにしておく ‖ *Keep* the door locked. ドアに鍵(かぎ)をかけておきなさい / I'll ～ you informed. 何かありましたらお知らせします / *Keep* your eyes closed until I say OK. 私がもういいよと言うまで目を閉じていてね

❷ **a**《+目》…を(手放さずに)**持ち続ける**, 保持する; …を保管する, しまっておく (⇨ 類語) ‖ You can ～ the book. I don't need it. その本は持っていていいよ. 僕は必要ないから / "*Keep* the change," I told the cab driver. 「釣りはとっといて」と私はタクシーの運転手に言った / I decided to ～ my apartment instead of selling it. アパートは売らずに持っていることにした / He still ～*s* pictures of his first wife in his closet. 彼は今でも最初の妻の写真を押し入れにしまっている / *Keep* your valuables in the safe provided in the room. 貴重品は室内備えつけの金庫に保管してください / They *kept* some meat for the next day. 彼らは翌日のために肉を少しとっておいた

b《+目 *A*+目 *B* ⇄ +目 *B*+**for** 目 *A*》*A*(人)に*B*(物)を**とっておく** ‖ Please ～ me this seat. = Please ～ this seat *for* me. この席をとっておいてください

❸〔人〕を引き留める, 留置する, 遅れさせる ‖ I won't ～ you long. 長くはお引き留めしませんから / We'd like to ～ you in the hospital for a week. 1週間入院していただきたいのですが / What *kept* you so long? どうしてそんなに手間取ったんだい

❹〔日記·帳簿など〕を(続けて)**つける**, 記入する ‖ *Keep* a record of everything you eat for a week. 1週間食べたものをすべて記録しておいてください / ～ a diary 日記をつける / ～ an account of sales 販売の明細をつける / ～ (the) score (試合の)スコアをつける

❺〔約束·秘密など〕を守る; 〔法律など〕に従う ‖ I will ～ my promise [OR word]. 私は約束は守ります / Can you ～ a secret? 君は秘密を守れますか / ～ an appointment (待ち合わせの)約束を守る / ～ law and order in the country その国の法律と秩序に従う

❻〔ある状態·行動など〕を続ける ‖ ～ silence 沈黙を守る / ～ guard [OR watch] 見張りをする / ～ a vigil 寝ずの看病をする / ～ a lookout for ... …を見張る

❼〔家族など〕を養う; 〔子供など〕の世話をする; 〔動物など〕を飼う; 〔人〕を(愛人として)囲う; 〔人〕を雇う ‖ I can just afford to ～ my five kids. 5人の子供を食べさせていくのがやっとだよ / Could you ～ my children while I shop? 私が買い物をする間子供たちを見ていてくださいませんか / You can't ～ a lion without a special license. ライオンは特別許可なしでは飼うことはできない

❽〔商店など〕を経営する; …を(よい状態に)維持する ‖ ～ a liquor shop 酒屋を経営する / ～ house 家事を切り盛りする ❾〔人〕を〈…から〉守る〈**from**〉‖ May God ～ you! 神のご加護がありますように ❿(伝統を守って)〔祝祭日〕を祝う; 〔式典など〕を行う, 催す ‖ ～ Christmas クリスマスを祝う ⓫〔商品など〕を置いている ‖ Excuse me, but do you ～ English mustard? すみません, イングリッシュマスタードは置いていますか ⓬〖スポーツ〗〔ゴール〕を守る ‖ ～ goal ゴールキーパーをする ⓭〔道〕をたどる ‖ ～ one's course towards ... …への道をたどる

―自 ❶ **a**《+補》ずっと…の**ままである**, (ある状態を)続ける ‖ *Keep* **warm** and stay in bed. 暖かくして寝ていなさい / I hope it ～*s* fine. お天気が続くといい / Let's ～ in touch. 連絡を取り合いましょう / ～ friends《口》《旧》ずっと友達でいる / ～ **quiet** 静かにしている

b《+(**on**) *doing*》ずっと…し続ける(♦keep *doing* が単純に動作の継続を意味するのに対し, keep on *doing* は動作の繰り返しを強調する) ‖ My car ～*s* (*on*) breaking down. 僕の車は故障ばかりだ / It *kept* raining all day. 雨は1日中降り続いた

❷(食べ物が)持つ; (問題などが)さしあたり急がない, 待てる ‖ Eat the sushi first because it won't ～ till tomorrow. まず寿司(す)からお食べなさい, 明日まで持たな

K

いだろうから / Whatever your story is, it will ～. 君の話が何であろうと, それは後でいい
❸《＋副句》(ある場所・位置に)とどまる；(ある方向に)ずっと進む ‖ ～ indoors ずっと家の中にいる / ～ (to the) left 左側通行をする ❹《＋副》《進行形で》《主に英口》体の調子［健康状態］が…である (♦ 副 は様態を表す) ‖ "How are you ～*ing*?" "I'm ～*ing* quite well, thank you."「お元気ですか」「おかげ様で元気にやっています」❺(サッカーなどの)ゴールキーパーをする

kéep after 〈他〉 **Ⅰ** 《***kéep after ...***》 ① …を捜し［追い］続ける ② …に小うるさく言う, せっつく〈**about** …のことで / **to do** …するように〉‖ My son ～*s after* me *to* buy him a bicycle. 息子が自転車を買ってくれとうるさくせがんでいる **Ⅱ** 《***kéep ... after***》 ③《米》〔生徒〕を(罰として)放課後残す

kèep ahéad 〈他〉《***kèep ... ahéad***》…を〈相手より〉優位に保つ〈**of**〉‖ Their tax policy will ～ the party *ahead of* their rivals in the election. 税政策のおかげであの党は選挙でライバルたちより優位に立つだろう **—**〈自〉〈相手より〉優位に立っている〈**of**〉‖ ～ *ahead* in the opinion polls 世論調査で優位に立つ

****kéep at*** 〈他〉 **Ⅰ** 《***kéep at ...***》 ① …を根気よくやる (stick at ; persevere) ‖ *Keep at* it. 頑張れ ② ＝ *keep after* ② (↑) **Ⅱ** 《***kéep A at B***》 ③ *A*（人）に*B*を根気よくやらせる ‖ My boss *kept* me *at* work till late at night. 上司は私にその仕事を夜遅くまでさせた

****kèep awáy*** 〈他〉《***kèep awáy .../kèep ... awáy***》…を〈…に〉**近づけない**, 〈…から〉遠ざける〈**from**〉‖ ～ young people *away from* drugs 若者を麻薬に近づけない / ～ colds *away* 風邪を寄せつけない **—**〈自〉〈…に〉近づかない；〈…を〉避ける〈**from**〉‖ *Keep away from* the water's edge. 《掲示》水際に近づくな

****kèep báck*** 〈他〉 **Ⅰ** 《***kèep báck ... / kèep ... báck***》 ① …を〈…に〉**近づかせない**〈**from**〉‖ ～ *back* the crowds *from* the scene of the crime 犯行現場に群衆を近づかせない ②〔感情・涙など〕を**抑える** (hold back ; contain) ‖ I couldn't ～ *back* my anger. 私は怒りを抑えることができなかった ③〔秘密など〕を〈…に〉隠す, 知らせないでおく〈**from**〉‖ I'm sure he is ～*ing* something *back from* us. きっと彼は私たちに何か隠しているよ ④ …を〈…から〉差し引く；〔一部〕を(後で利用するために)とっておく, 残しておく (reserve)〈**from**〉‖ Ten percent of your salary is *kept back* for income tax. 給料の10%は所得税として差し引かれる ⑤〔生徒〕を留年させる ⑥《英》〔生徒〕を(罰として)放課後残す **Ⅱ** 《***kèep ... báck***》 ⑦〔人(の成功・進歩など)〕を阻む **—**〈自〉〈…に〉近づかない〈**from**〉

****kèep dówn*** 〈他〉《***kèep dówn ... / kèep ... dówn***》 ①〔声など〕を低くする；〔体〕を低くする ‖ *Keep* it *down*, will you? I'm trying to sleep. 静かにしてくれないか. 眠ろうとしているんだから / *Keep* your head *down*! (体を)伏せろ ②〔人・集団・国など〕を抑えつけておく, 抑圧する (oppress) ‖ There was a barrier ～*ing* women *down* in the company. その会社には女性を抑えつけようとする壁があった ③〔害虫・雑草など〕を減らす, 除去する ④ (気分が悪くても)〔飲食物〕を何とか吐かずにいる ⑤〔支出・体重・物価など〕を抑える, 増やさない ⑥《英》〔生徒〕を留年させる ⑦〔感情など〕を抑える **—**〈自〉姿勢を低くしている, 体を伏せている

****kéep from*** 〈他〉 **Ⅰ** 《***kéep from ...***》 ①〈…〉をしないでいる (resist)〈***doing***〉‖ I could hardly ～ *from* laughing to hear that. それを聞いてどうにも笑いをこらえられなかった ② …を慎む, やめる ‖ ～ *from* alcohol 酒をやめる **Ⅱ** 《***kéep A from B***》 ③ *A*を*B*(人)に知らせない［隠しておく］‖ We don't ～ anything *from* each other. 私たちはお互いに隠し事をしない間柄だ ④ *A*に*B*を**させない** (prevent) ; *A*を*B*から守る ‖ The ticking of the clock *kept* me *from* my studies. 時計のかちかちいう音が気になって勉強できなかった / ～ oneself *from* stumbling つまずかないようにする ⑤ *A*(感情など)を*B*(言葉など)に表さないようにする ‖ ～ the irritation *from* one's voice いら立ちを声に出さない

kèep góing 〈他〉《***kèep a pèrson góing***》〔人〕を持ちこたえさせる ‖ Here's 20,000 yen. It will ～ you *going* for a while. ここに2万円あります. これでしばらくは持つでしょう **—**〈自〉① 頑張って続ける ② (何とか)生き続ける

kèep ín 〈他〉 **Ⅰ** 《***kèep ín ... / kèep ... ín***》 ①〔感情〕を抑える ‖ ～ *in* one's indignation 憤りを抑える **Ⅱ** 《***kèep ... ín***》 ②〔人〕を閉じ込めておく, 入院させておく ③《英》〔生徒〕を(罰として)放課後残す, 屋内にとどめる ④〔火〕を燃やし続ける **Ⅲ** 《***kèep À ìn B̀***》 ⑤ *A* (人) に*B*を欠かさず与える ‖ Susie earns enough to ～ herself *in* good clothes. スージーにはよい服を買い続けるだけの収入がある **—**〈自〉① 引き［閉じ］こもっている ② 道の端に寄る ‖ *Keep in*! There's a bus coming. 端に寄って. バスが来ますよ ③ (火などが)燃え続ける, 消えずにいる

kèep ín with ... 〈他〉《主に英》(自分の利益のために)〔人〕と親しく［仲よく］しておく

****kèep óff*** 〈他〉 **Ⅰ** 《***kèep óff ...***》 ① …に**近づかない**, 手を触れない ‖ *Keep off* the grass. 《掲示》芝生に入るべからず ②〔飲食物など〕を口にしない, 控える ‖ I've been trying to ～ *off* sweets to lose weight. やせるために甘いものを口にしないようにしている ③ …を話題にしない ‖ ～ *off* (the subject of) sexual harassment セクハラのことを話題にしない **Ⅱ** 《***kèep óff ... / kèep ... óff***》 ④ …を近づけない, 防ぐ ‖ ～ *off* mosquitoes 蚊を寄せつけない ⑤ …を脱いでいる, 身につけないでいる ‖ ～ one's hat *off* 帽子を脱いでおく ⑥ …を (授業に) 出席させない **Ⅲ** 《***kèep À òff B̀***》 ⑦ *A*を*B*に近づけない ‖ *Keep* your hands *off* me. 私に触らないで ⑧ *A* (人) に*B* (飲食物など) を口にさせない ‖ ～ him *off* 「the bottle [OR drinking] 彼に酒をやめさせる **—**〈自〉① 離れている, 近づかない ②《英》(雨などが)降らないでいる

****kèep ón*** 〈自〉① **続ける**〈**with** 仕事などを / ***doing*** …するのを〉(→ 自 ❶b) ‖ ～ *on with* one's work 仕事を続ける ② 進み［歩み］続ける ③〈…のことを〉くどくどと話し続ける, がみがみ言う〈**about**〉‖ He *kept on about* unimportant details. 彼は重要でもない細かいことをくどくど話し続けた **—**〈他〉《***kèep ón ... / kèep ... ón***》 ① …をずっと身につけたままでいる ②〔人〕を雇い続ける ‖ We have decided to ～ you *on* next year. 我が社は来年もあなたを雇うことに決めました ③〔家・部屋など〕を借り続ける

kèep ón at ... 〈他〉《英口》〔人〕にがみがみ言う〈**about** …のことで / **to do** …するように〉‖ He *kept on at* his daughter *to* get into a good university. 彼は娘によい大学に入れとうるさく言い続けた

****kèep óut*** 〈自〉中に入らない, 外にいる ‖ Danger! *Keep out*! 《掲示》危険, 立入禁止 **—**〈他〉《***kèep óut ... / kèep ... óut***》…を中に入れない, 閉め出す

****kéep out of*** 〈他〉 **Ⅰ** 《***kéep out of ...***》 ① …の外に出ている ② …にかかわらないようにする ‖ ～ *out of* trouble 面倒に巻き込まれないようにする **Ⅱ** 《***kèep A óut of B***》 ③ *A*を*B*の外に出しておく ‖ *Keep* the dog *out of* my room. その犬を私の部屋に入れないでおいてくれ ④ *A*を*B*にかかわらせない, 巻き込まない ‖ ～ politics *out of* sports スポーツに政治を持ち込まない

kèep (***onesélf***) ***to onesélf*** 人との交際を避けて暮らす

****kéep to*** 〈他〉 **Ⅰ** 《***kéep to ...***》 ①〔道・川など〕に沿って進む, 〔場所〕から**離れない** ‖ ～ *to* the right 右側を通行する / *Keep to* this road, and you won't get lost. この道を行けば迷うことはないでしょう ②〔話題など〕から離れない ‖ ～ *to* the point 要点から離れない ③〔規則・約束・計画など〕を**守る** ‖ ～ *to* one's word [OR promise] 約束を守る / ～ *to* the speed limit 制限速度を守る ④〔部屋など〕に引きこもる ‖ Don't ～ *to* your room; go play outside. 部屋に閉じこもってばかりいないで外で遊び

なさい Ⅱ《*kéep A to B*》⑤ *A*（数量など）を*B*に抑える ‖ We need to ～ costs *to* a minimum. 我々は費用を最小限に抑える必要がある

kèep ... to onesélf …を他人に知らせない；〔物〕を独り占めにする

kèep togéther〈他〉《*kèep togéther ... / kèep ... togéther*》…をまとめておく，団結させる ―〈自〉集まっている，まとまっている，団結している

kèep ... únder〈他〉①〔人〕を抑える，抑圧する ‖ The army *kept* the crowds *under.* 軍隊は群衆を制圧した ②〔人〕を（薬物で）意識のない状態にしておく

*****kèep úp***〈他〉Ⅰ《*kèep úp ... / kèep ... úp*》①…を落ちない［沈まない，倒れない］ようにしておく ②〔気力など〕を**維持する**；〔価格・水準など〕を落とさない（maintain）（→ CE 1）‖ *Keep up* your spirits [courage]! 元気を出せ［勇気を持て］③…を**続ける** ‖ ～ *up* the payments on one's loan ローンの支払いを続ける ④〔家・庭など〕を（手入れして）維持する（maintain）⑤〔伝統など〕を守り続ける，維持する ‖ ～ *up* old customs 古い習慣を守る / ～ *up* one's English 英語の力を維持する Ⅱ《*kèep ... úp*》⑥〔人〕を眠らせない，起こしておく ‖ Don't worry. I'm not going to ～ you *up.* 心配するな．君に夜更かしさせはしないから ―〈自〉①落ちない［沈まない，倒れない］でいる ②（天候が）続く ‖ I hope the sunny weather will ～ *up* for tomorrow's outing. あしたの遠出のためにいい天気が続けばいいんだが ③遅れずについていく（↔ *fall behind*）（→ *keep up with ...*（↓））

*****kèep úp with ...***〈他〉①〔人・仕事・勉強など〕に**遅れないでついていく**（↔ *fall behind*）‖ I had to work through lunch hour to ～ *up with* my work. 仕事をこなしていくために昼食の時間も働かなければならなかった / Our incomes are not ～*ing up with* rising prices. 我々の収入では物価上昇に追いつかない ②〔時勢・流行など〕に遅れない ‖ ～ *up with* the changes in computer technology コンピューターテクノロジーの変化に遅れずについていく ③…と連絡をとり続ける，付き合いを続ける ‖ I don't ～ *up with* many of my old friends. 付き合いを続けている古い友人は多くはない ④…（の情報）に通じている ⑤〔支払いなど〕をきちんと続ける

COMMUNICATIVE EXPRESSIONS

1 **Kèep it úp!** ①その調子で頑張って（♥ 励まし．= Keep up the good work! / = Keep the challenge!）②そうやってると（そのうち）どうなるか見てなさい（♥ 図に乗っている相手に対する脅し）

2 **Whère have you been kéeping yoursèlf?** どうしてたの；お久しぶり（♥ 久しぶりに会う人にも使えるが，しばしば異性に声をかけるときの誘い文句で，「あなたみたいな素敵な人がこれまでどこに隠れていたの」の意）

―名 ❶ Ⓤ 生活に必要なもの，衣食住；生活費 ❷ Ⓒ（城の中心にある）堅固な塔，天守閣；牢屋(ろうや)，刑務所

èarn one's kéep ①生活費を稼ぐ ②（ものが）お金をかける［場所をとる］だけの価値がある，元がとれる

for kéeps《口》永久に，ずっと

plày for kéeps《米・豪口》本気でやる；（ゲームなどで）勝ち取ったものは返さない約束で勝負する

類語《他 ❷》**keep**「持ち続ける」ことを表す最も一般的な語．
retain keep より改まった語．しばしば反対や抵抗にもかかわらず持ち続けようとすることを強調する．〈例〉*retain* one's title 選手権を保持する
reserve 将来使用するためにとっておく，また，しばらくの間保留しておく．〈例〉*reserve* one's judgment 判断を保留する
withhold 与える［差し出す］のをやめておく．〈例〉*withhold* evidence 証拠の提示を差し控える

▸▸ **～ fit** 名 Ⓤ《主に英》健康増進体操

*****keep·er*** /kíːpər/ 名 Ⓒ ❶《しばしば複合語で》看守，番人，監視員 ‖ a lighthouse ～ 灯台守 ❷ 保護者，守護者（protector）❸〈約束などを〉守る人〈**of**〉‖ a ～ *of* the flame 信条などを固く守る人 ❹ 管理人，保管者（custodian）；猟場監視人（gamekeeper）；（動物園などの）飼育係，整備員；《主に英》（美術館・博物館などの）館長（curator）❺〖スポーツ〗ゴールキーパー；（クリケットの）ウィケットキーパー ❻（ある場所に物を）留めておくもの，保護するもの《指輪が抜け落ちないようにはめる留め指輪や磁石の保磁子など》❼ 保存のきく果物［魚，飲み物］‖ a good [bad] ～ 持ちのよい［悪い］もの ❽《口》保存［保有］する価値のあるもの；《米》獲って［釣って］よい魚《獲った後で放してやらなくてよい十分成長した魚》❾〖アメフト〗クォーターバックがボールを受けて走るプレー

not*「*one's brother's* [OR *a person's*] *keeper …の知ったことではない

keep·ing /kíːpɪŋ/ 名 Ⓤ 保管（custody），管理；維持；保存（状態）‖ *Finding is* ～.《諺》拾ったものは自分のもの（⤳ *Finders keepers.*）

in a pèrson's kéeping（人の）世話になって

in* [*òut of*] *kéeping with ... …と一致して［不一致で］，…と調和して［不調和で］

kéep·sàke 名 Ⓒ（人からもらうちょっとした）記念品，形見

kees·hond /kéɪshɑ̀(ː)nd | -hɔ̀nd/ 名（複 **～s** /-z/ OR **-hon·den** /-ən/）Ⓒ キースホンド犬《オランダ産の小型犬》

kef /keɪf/ 名 Ⓤ 喫煙用麻薬《マリファナなど》

kef·fi·yeh /kəfíːjə/ 名 =kaffiyeh

keg /keg/ 名 Ⓒ ❶ 小だる（の容量）《通例5–10ガロンの容量》；アルミ製ビールだる ❷（= **～ bèer**）小だる入りの生ビール ❸ ケグ《くぎの重量単位．100ポンドに相当》

▸▸ **～ pàrty** 名 Ⓒ《米口》（特に若者が行う）ビールコンパ《たるからビールを注ぐ》

keg·ger /kégər/ 名《米口》=keg party

keis·ter, kees- /kíːstər/ 名 Ⓒ《米俗》❶《戯》尻(しり) ❷《旧》尻ポケット；かばん，スーツケース；金庫

Ke·jia /keɪdʒiáː, -dʒǽː/ 名 =Hakka

ke·lim /kiːlíːm, kélɪm/ 名 =kilim

Kel·ler /kélər/ 名 **Helen** (**Adams**) ～ ケラー（1880–1968）《米国の教育家・社会福祉活動家．盲(もう)・聾(ろう)・唖(あ)を克服して身体障害者の救済運動に貢献》

ke·loid /kíːlɔɪd/ 名 Ⓤ〖医〗ケロイド《やけどなどの後にできる引きつれ》

kelp /kelp/ 名 Ⓤ ❶〖植〗ケルプ《コンブなど大型で褐色の海藻》❷ ケルプ灰《炭酸ソーダ・ヨードの原料》

kel·pie /kélpi/ 名 Ⓒ ❶（スコットランド民話の）水の精，水魔《馬の姿の怪物で，人間を溺死(できし)させるといわれる》❷〖動〗ケルピー《オーストラリア原産の中型牧羊犬》

kel·son /kélsən/ 名 =keelson

kelt /kelt/ 名 Ⓒ〖魚〗（産卵後のやせた）サケ［マス］

Kelt /kelt/ 名 =Celt

kel·vin /kélvɪn/ 名 Ⓒ〖理〗ケルビン《絶対温度の単位．略 K》 ▸▸**Kélvin scàle** 名 Ⓤ ケルビン目盛り

ken /ken/ 名 Ⓤ 認識，理解（の範囲）；視界 ‖ His new idea was very much beyond our ～. 彼の新しい考えは私たちには全く理解できなかった

―動（**kenned** /-d/ OR **kent** /kent/；**～·ning**）他《スコット・北イング》…を知る，理解する

Ken /ken/ 名 ケン（Kenneth の愛称）

ke·naf /kənǽf/ 名 Ⓤ〖植〗ケナフ，ボンベイ麻《その繊維を粗布・縄に使う》

ken·do /kéndoʊ/ 名 Ⓤ 剣道（♦ 日本語より）

Ken·ne·dy /kénədi/ 名 **John Fitzgerald** ～ ケネディ（1917–63）《米国第35代大統領（民主党）（1961–63）．テキサス州ダラスで暗殺された．略 JFK》

▸▸ **～ Spáce Cènter** 名 ケネディ宇宙センター《1966年にフロリダ州 Cape Canaveral に設立》

*****ken·nel*** /kénəl/ 名 Ⓒ ❶ 犬小屋（《米》doghouse）❷《しばしば ～s》《単数・複数扱い》犬の飼育場；犬の預かり所 ❸（犬の）群れ ❹（キツネなどの）巣，穴

―動（**-neled,**《英》**-nelled** /-d/；**-nel·ing,**《英》**-nel·**

ling) ㊀…を犬小屋に入れる, 犬小屋で飼う
—㊁ 犬小屋に入る[住む]

Kén·ne·wick màn /kénəwɪk-/ 名 〚人類〛ケネウィック人《1996年に米国で発掘された約9,300年前の人骨》

ke·no /kíːnou/ 名 U キーノ《bingo に似たゲーム. 賭博(とばく)の一種》

Kent /kent/ 名 ❶ ケント(州)《イングランド南東部の州. 州都 Maidstone》 ❷ ケント王国《6–9世紀》

Kent·ish /kéntɪʃ/ 形 ケント(Kent)(人)の
—名 U (特に中世の)ケント方言

Ken·tuck·y /kəntʌ́ki | ken-/ 名 ケンタッキー《米国中東部の州. 州都 Frankfort. 略 Ky., 〘郵〙KY》
-túck·i·an 形 ケンタッキー州の 名 C ケンタッキー州の人, ケンタッキー生まれの人
▸▸ **~ blúegrass** 名 C 〚植〛ナガハグサ(長葉草)《ミシシッピ川流域に多い. 牧草用》 **~ Dérby** 名 《the ~》ケンタッキーダービー《米国ケンタッキー州ルイビルで毎年5月に開かれる3歳馬の競馬》

***Ken·ya** /kénjə/ 名 ケニア《アフリカ中東部の共和国. 公式名 the Republic of Kenya. 首都 Nairobi》
-yan 形 ケニア(人)の 名 C ケニア人；ケニア生まれの人

kep·i /kéɪpi/ 名 C ケピ《フランスの軍帽》

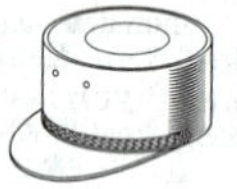
kepi

Kep·ler /képlər/ 名 ❶ **Johannes ~** ケプラー(1571–1630)《ドイツの天文学者》 ❷ ケプラー《太陽系外の地球型惑星探査を目的としたNASAの宇宙望遠鏡》
▸▸ **~'s láws** 名 複 〚天〛ケプラーの法則《惑星運動の3法則》

***kept** /kept/ 動 keep の過去・過去分詞
—形 (愛人として)囲われた ‖ a ~ woman 囲い者, 愛人

ker·a·tin /kérəṭən | -tɪn/ 名 U 〚生〛ケラチン, 角質

ker·a·ti·tis /kèrətáɪṭɪs/ 名 (複 **-ti·ti·des** /-tíṭədiːz/) C 〚医〛角膜炎

ker·a·tot·o·my /kèrətɑ́(ː)ṭəmi | -tɔ́t-/ 名 C U 〚医〛角膜切開(術)

kerb /kəːrb/ 名 《英》=curb ❷ ▸▸ **~ dríll** 名 C U 《英》(道路横断で)右・左・右を見ての安全確認

kérb·cràwling 名 U 《英》買春目的に歩道沿いに車をゆっくり走らせること **-cràwler** 名

kérb·stòne 名 《英》=curbstone

ker·chief /kə́ːrtʃɪf/ 名 (複 **~s** /-s/) C ❶ カーチフ《女性用の頭や首を覆う四角い布》, スカーフ ❷ 《文》=handkerchief

kerf /kəːrf/ 名 C (のこぎりなどでつけた)ひき目, 切り込み；(切り倒した木などの)切り口

ker·fuf·fle /kərfʌ́fl/ 名 C 《通例単数形で》《主に英口》から騒ぎ

ker·mes /kə́ːrmiːz/ 名 C ❶ ケルメス《エンジムシの雌》 ❷ ケルメス染料《❶を乾燥させて採った赤紫色の染料》

ker·mis /kə́ːrmɪs/ 名 C ❶ (オランダ・ベルギーなどの) 年1回の市(いち)[祝祭] ❷ 《米》慈善市, バザー

kern /kəːrn/ 名 C 〚印〛飾りひげ(*f* の上下, *y* の下のように活字文字の上下に突き出た部分) —動 ㊀ …に飾りひげをつける；〔文字間〕を詰める —㊁ 文字間を詰める

ker·nel /kə́ːrnəl/ (♦ 同音語 colonel) 名 C ❶ 仁(じん)《堅果の核の中にある種子》 ❷ (麦などの) 穀粒(grain) ❸ (物事・問題などの) 中核, 核心；中心部；心髄 ‖ a ~ of truth 真実の核心 ❹ 💻カーネル《OSの核となるプログラムモジュール》

***ker·o·sene, -sine** /kérəsìːn/ 名 U 《主に米》灯油(《英》paraffin) ‖ a ~ lamp 石油ランプ

ker·sey /kə́ːrzi/ 名 U カージー織り《地の粗いあや織りのコート用毛織物》

ker·sey·mere /kə́ːrzimìər/ 名 U カージミヤ《良質の服地用毛織物. cashmere の異形》

kes·trel /késtrəl/ 名 C 〚鳥〛チョウゲンボウ《小型のタカ》

ketch /ketʃ/ 名 C ケッチ《2本マストの小型帆船》

ketch·up /kétʃəp/ 名 U ケチャップ(《米》catsup)

ke·tone /kíːtoun/ 名 U 〚化〛ケトン
▸▸ **~ bòdy** 名 C 《~s》/ U 〚生化〛ケトン体

ke·to·sis /kiːtóusəs | -sɪs/ 名 U 〚医〛ケトン血症《血中のケトン体が増加した状態》

***ket·tle** /kéṭl/ 名 C ❶ やかん(teakettle)；湯沸かし；なべ, かま ‖ I'll put the ~ on and make some coffee. やかんをかけてコーヒーを入れましょう / boil a ~ やかんで湯を沸かす ❷ やかん1杯(の量) ‖ a ~ of boiling water やかん1杯の熱湯 ❸ =kettledrum
a fine* [OR *prètty*] *kèttle of físh 《口》困った事態
anòther* [OR *a dìfferent*] *kèttle of físh 《口》(前に言っていたこと[人]とは)全く別のこと[人]
▸▸ **~ hòle** 名 C 〚地〛ケトル《氷河時代の堆積(たいせき)物に閉じ込められていた氷が溶けて生じたくぼみ》

kéttle·drùm 名 C 〚楽〛ケトルドラム, ティンパニー

keV 略 *k*ilo-*e*lectron*v*olt(s)

Kev·lar /kévlɑːr/ 名 U 〚商標〛ケブラー《鋼鉄の5倍の強さを持つとされる繊維》

Kèw Gárdens /kjùː-/ 名 キューガーデン《ロンドンの王立植物園》

kew·pie /kjúːpi/ 名 (=**~ dòll**) C キューピー(人形) (♦《米》では商標)

*****key**[1] /kiː/ (♦ 同音語 quay) 名 形 動
—名 (複 **~s** /-z/) C ❶ **鍵**(かぎ) (♦ 鍵穴に差し込む方が key で取りつけてある錠は lock. → lock[1]) ‖ I have lost the 「~ to the car [OR car ~]. 車の鍵をなくした / I'd like the ~ for Room 305, please. 305号室の鍵を下さい / He put the ~ in the lock and turned it. 彼は鍵を錠に差し込んで回した

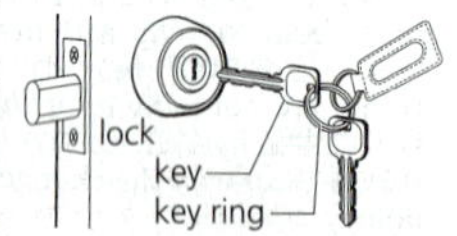

key[1] ❶

❷ 《通例 the ~》〈問題解決などの〉**鍵**(となるもの), 手がかり, 秘訣(ひけつ)〈to〉；(暗号解読の)鍵；(地図・辞書などの)記号解, 略語一覧；(数学の問題などの)解答集；(外国語の書物の) 直訳本 ‖ hold the ~ *to* a riddle なぞを解く鍵を握っている / The ~ *to* [×of] my success is that I worked harder than others. 成功の秘訣は他人より一生懸命に働いたことだ / Money is the ~ *to* her heart. 彼女の心をつかむ鍵は金だ
❸ 《the ~》〈…に至る〉(交通・戦略上などの)要衝の地, 関門〈to〉；(局面を支配する)〈…にとっての〉重要人物[事物]〈to〉 ‖ the ~ *to* the Mediterranean 地中海を制する要衝の地《Gibraltar のこと》
❹ (キーボードの)**キー**；(鍵盤楽器の)鍵(けん), (管楽器の)キー；(発信装置などの回路の)開閉器, 電鍵 ‖ Which ~ do I press? どのキーを押せばいいのでしょう / strike a ~ キーをたたく
❺ 〚楽〛(長短の)調；調性 ‖ a major [minor] ~ 長[短]調 / a symphony in the ~ of C major ハ長調の交響曲
❻ (声の)調子(tone)；(色彩・写真の)トーン, (明暗などの)調子；(表現などの) 調子, スタイル ‖ speak in a high [low] ~ 高い[低い]声で話す / sing off ~ 調子外れに歌う / painted in a high [low] ~ 明るい[沈んだ]トーンで描かれた / all in the same ~ 一本調子で, 単調に
❼ (形・用途などが)鍵に似たもの；(機械装置の)止めピン, ボルト, くさび込み栓；(時計の)巻きねじ；スパナ ❽ 〚建〛かなめ石, くさび石(keystone)；(木摺(きずり)に塗りつけた)漆喰(しっくい)の下塗り, 板面のざらざら ❾ 〚植〛翼果, 翅果(しか) ❿ 〚バスケットボール〛フリースローレーン ⓫ 💻キー《ファイル中のデータに含まれるほかのデータとの識別に用いる文字列》

in a mìnor kéy ① 短調で[の](→❺) ②(作風などが)哀調を帯びた ③ 陰うつな気分で[の]

in [òut of] kéy 〈…と〉調和して[不調和で]〈**with**〉

—形 《比較なし》《通例限定》重要な, 主要な, 欠くことのできない ‖ The ~ people in this (murder) case were the butler and the parlormaid. この(殺人)事件の重要人物は執事とお手伝いの2人だった / play a ~ **role** in ... …において重要な役割を演じる / a ~ point 要点, キーポイント / a ~ position 重要な地位;要衝の地 / His work was a ~ factor in the discovery. その発見には彼の業績が重要な役割を果たした / Price cuts are ~ to boosting our sales. 価格引き下げが売り上げを増すのに不可欠だ

—動 (**~s** /-z/; **~ed** /-d/; **~·ing**)

—他 ❶ …をキーボードで打ち込む《***in***》(type in; enter, input) ‖ ~ (*in*) one's password パスワードを打ち込む ❷《通例受身形で》〈…(の調子)に〉合わせられる, 調節[調整]される〈**to**〉‖ His remarks were *~ed to* the situation. 彼の言葉は状況に合っていた

❸《通例受身形で》(楽器が)調律される, ピッチが調節される ❹ …に鍵をかける[つける]; …をくさび(など)で〈…に〉止める[締める]〈**in, on, etc.**〉 ❺(広告の反応がわかるように)〔広告中〕に識別符号を入れる ❻(ペンキなどののりをよくするために)〔壁〕の表面をざらざらにする[整える] ❼〔アーチなど〕にかなめ石を入れる ❽〔車の側面〕にキーで引っかき傷をつける ❾《米口》(ほかのプレーヤーより活躍して)〔(チームの)勝利に〕貢献する, 〔勝利〕を導く

kéy (ín) on ... 〈他〉…を最重要視する, …に焦点を合わせる;〔相手チームの選手など〕をマークする

kèy À ìnto B́ 〈他〉(キー操作で)*A*(情報)を*B*に入力する

kèy úp ... / kèy ... úp 〈他〉《通例受身形で》緊張する, 神経が高ぶる ‖ Meg felt *~ed up* after the exciting evening. 素晴らしい夕べを過ごした後でメグは気が高ぶっていた

▸▸ **~ càrd** 名 C キーカード《磁気カード式の鍵》 **~ ìndustry** 名 C 基幹産業 **~ mòney** 名 U《英》(借家人が鍵を受け取るとき払う)権利金, 保証金 **~ rìng** 名 C(多くの鍵を通しておく)鍵環, キーリング, キーホルダー(❗「キーホルダー」は和製語)(⇨KEY¹ 図) **~ sìgnature** 名 C〖楽〗調号(♯, ♭)

key² /kiː/ (♦同音語 quay) 名 C (カリブ海・メキシコ湾などの)サンゴ礁(reef), 砂州(さす), 低い島

▸▸ **Kèy Wést** 名 キーウェスト《米国フロリダ州フロリダキーズ諸島西端にある島の都市. 海軍基地がある》

***kéy·bòard** 名 C ❶(ピアノなどの)鍵盤(けんばん);(コンピューターなどの)キーボード ❷《~s》鍵盤楽器, (特に)電子ピアノ, シンセサイザー —動 他 💻〔情報など〕をキーボードで打ち込む —自 💻キーボードで情報を入力する

~·er 名 C キーボードで入力する人 **~·ing** 名 **~·ist** 名 C キーボード奏者

kéy·chàin 名 C キーチェーン, キーホルダー

***kéy·hòle** 名 C ❶ 鍵穴(かぎあな) ❷《米》〖バスケットボール〗フリースローレーン

▸▸ **~ sàw** 名 C 穴ひきのこ **~ súrgery** 名 U〖医〗ファイバースコープを利用して行う切開部を小さくする手術

key·less /kíːləs/ 形 ❶〖楽〗無鍵(むけん)の ❷ 鍵のない ‖ a ~ lock キーレスロック《番号合わせやリモコン操作で開く》 ❸《英》(時計が)竜頭巻きの

Keynes /keɪnz/ 名 **John Maynard** ~ ケインズ(1883–1946)《英国の経済学者》

Keynes·i·an /kéɪnziən/ 形 ケインズの, ケインズ学派[学説]の —名 C ケインズ経済学者[支持者]

kéy·nòte 名 C ❶(演説・政策などの)基調, 基本方針; 主旨, 主題 ❷〖楽〗主音(tonic)《音階の第1音》

—動 他 …で基調演説を行う; …を強調する **-nòt·er** 名

▸▸ **~ addréss [spéech]** 名 C (党大会・学会などでの)基調演説 **~ spéaker** 名 C 基調方針演説者

kéy·pàd 名 C (プッシュホン・電卓などの操作用)小型キーボード; キーパッド《コンピューターのキーボード上で数字やコマンドキーが配置されている部分》

kéy·pàl 名 C キーパル, Eメール上の知人

kéy·pùnch 名 C キーパンチ, 穿孔(せんこう)機

—動 他〔パンチカードなど〕にキーパンチで穴をあける

-pùncher 名 C キーパンチャー

kéy·stòne 名 C ❶〖建〗(アーチの)かなめ石 ❷(組織などの)かなめ, 拠(よ)り所;(学説などの)根本原理

kéy·stròke 名 C (キーボードなどの)キーの一打ち

kéy·wày 名 C〖機〗(軸などの)キー溝

kéy·wòrd 名 C キーワード, 主要語, (なぞ解きの)鍵となる言葉 ‖ do a「search on a ~ [OR ~ search] キーワード検索をする

***kg** 略 kilogram(s)

KG 略 *K*night (of the Order) of the *G*arter《英国の)ガーター勲爵士》

KGB /kèɪ dʒiː bíː/ 名《the ~》(旧ソ連の)国家保安委員会(♦ロシア語 *K*omitet *G*osudarstvennoi *B*ezopasnosti より)

Kgs 略〖聖〗Kings(列王記)

kha·ki /kǽki | káː-/ 形 カーキ色の, 黄褐色の

—名 U ❶ カーキ色, 枯れ草色 ❷ カーキ色の服地 ❸ C《通例 ~s》カーキ色の軍服[制服]

kha·lif /kéɪlɪf/ 名 =caliph

khan /kɑːn/ 名《しばしば K-》C ❶ カーン《中央アジア・アフガニスタンなどで統治官・高官の称号》 ❷〖史〗汗(かん), ハン《中世の中国・蒙古(もうこ)・タタールなどの支配者の称号》‖ Genghis *Khan* チンギス=ハン

~·àte 名 U C カーン[汗]の統治(国)

Khar·toum /kɑ̀ːrtúːm/ 名 ハルツーム《スーダンの首都》

khat /kɑːt/ 名 U カート, アラビアチャノキ《葉を一種の幻覚剤としてかんだりお茶として飲む》

kha·zi, kar·zy /káːrzi/ 名 C《英口》トイレ

Khmer /kəméər/ 名 (複 ~ OR **~s** /-z/) C クメール人[族]《カンボジアに住む民族》; U クメール語

▸▸ **~ Róuge** 名 クメールルージュ《カンボジアの(ポルポト派)武装左翼勢力. 1975–79年政権を掌握》

Khoi·khoi /kɔ́ɪkɔ̀ɪ/, **Khoi·kho·in** /-kɔ̀ɪn/ 名 C コイコイ(族)《南西アフリカのカラハリ砂漠地帯の先住民. 以前は Hottentot と呼ばれた》(→ Hottentot)

Kho·mei·ni /kouméɪni | kɔ-/ 名 **Ayatollah Ruholla** ~ ホメイニ(1900–89)《イランのイスラム教シーア派指導者. 反王制革命(1979)の中心人物. イラン=イスラム共和国の最高指導者(1979–89)》

Khru·shchev /krúːstʃef | krʊ́stʃɔf/ 名 **Nikita Sergeyevich** ~ フルシチョフ(1894–1971)《旧ソ連共産党第1書記(1953–64)・首相(1958–64)》

khur·ta /kɔ́ːrṭə/ 名 C クルタ(kurta, kurtha)《インドの襟のないゆったりした長い上着, またこれと似たインドの婦人服》

Khy̆·ber Páss /kàɪbər-/ 名 カイバー峠《パキスタンとアフガニスタンとの国境にあるヒンドゥークシ山脈の山道》

kHz 略 kilohertz

KIA 略《米》〖軍〗*k*illed *i*n *a*ction(戦死(者))

ki·ang /kiáːŋ | -ǽŋ/ 名 C〖動〗キャン《チベット産の野生ロバ》

kib·ble /kíbl/ 動 他〔穀物など〕を粗くひく

—名 C U 粗びきの穀物《ドッグフードなど》

kib·bled /kíbld/ 形《通例叙述》(穀物が)粗くひかれた

kib·butz /kɪbʊ́ts/ 名 (複 **-but·zim** /kìbutsíːm/ OR **-but·zes** /-ɪz/) C キブツ《イスラエルの共同農場》

~·nik 名 C キブツの一員

kibe /kaɪb/ 名 C (特にかかとの潰瘍(かいよう)化した)しもやけ

kib·itz /kíbɪts/ 動 自《主に米口》(トランプのゲームで)のぞき見して余計な口出しをする;〈…について〉雑談する〈**about**〉

~·er 名 C《主に米口》トランプの見物人《うるさく口出しする人》;(一般に)余計な助言をする人

kib·lah, -la /kíblə/ 名 U キブラ《(イスラム教徒が祈りのときに向く)メッカ(Mecca)の方向》

K

ki·bosh /káɪbɑ(ː)ʃ, kɪ́- | káɪbɒʃ/ 名《次の成句で》
pùt the kíbosh on ... 《口》…を終わらせる；〔計画など〕をぶち壊しにする
──動 他 …を止める，…にとどめを刺す

:kick /kɪk/
──動（**~s** /-s/；**~ed** /-t/；**~·ing**）
──他 ❶ …を**ける**，けとばす ‖ The goalkeeper was *~ed* in the groin and taken away on a stretcher. ゴールキーパーは股間（ふん）をけられ担架で運ばれた / ~ him in the stomach 彼の腹をける / ~ a ball ボールをける
❷ **a**《+目+副句》…をけって動かす；…をけって…（の状態）にする ‖ ~ a stone into the gutter 石をけって溝に入れる / ~ a ball around ボールをあちこちけり回す / ~ a flowerpot over 植木鉢を足でひっくり返す
b《+目+補〈形〉》…をけって…（の状態）にする ‖ He *~ed* the door open. 彼はドアをけって開けた（♦ 補 が open のときは He kicked open the door. も可能）
❸〔足〕を（けるように）動かす，ばたつかせる ‖ The cheerleaders were singing, *~ing* their legs in the air. チアリーダーたちは足を高くけり上げながら歌っていた
❹〔穴など〕をけって作る ‖ ~ a hole in the box けって箱に穴をあける ❺『サッカー・ラグビー』ボールをキックして〔ゴール〕を決める，〔ゴール〕で得点する ❻《口》〔悪習など〕を断つ，やめる，捨てる ‖ I've *~ed* 「my smoking habit [cigarettes]. 喫煙[たばこ]はやめたんだ
──自 ❶ 足を（けるように）動かす；〈…を〉**ける**，けとばす〈**at**〉；（馬が）ける（癖がある）‖ Oh, my baby is *~ing* inside me. まあ，赤ちゃんがお腹の中でけっているわ / The police dragged the protesters off *~ing* and screaming. 警官は足をばたばたさせたりわめいたりして抵抗する人々を引きずり出した / ~ *at* a ball ボールをけとばす
❷（銃が）（発射の反動で）跳ね返る，後座する（recoil）
❸《口》〈…を〉はねつける，〈…に〉激しく反対する，とても我慢できない〈**against, at**〉；〈…について〉不平を言う〈**about**〉‖ ~ *against* [OR *at*] the rules 規則に反発する
❹『サッカー・ラグビー』キックしてゴールする
*__*kìck aróund* [OR *abóut*]__ 〈他〉Ⅰ《***kìck aróund*** [OR ***abóut***] ***...*** / ***kìck ... aróund*** [OR ***abóut***]》① ⇨ 他 ❷ **a** ②《口》〔計画・提案など〕をあれこれ検討する，話し合う Ⅱ《***kìck ... aróund*** [OR ***abóut***]》③ …をけったり打ったりしていじめる；…を酷使[虐待]する ‖ I won't let anybody ~ me *around*. なめられてたまるか ──〈自〉《口》① ぶらぶらと旅して回る，歩き回る ②《進行形で》生きている，存在する ‖ He's still *~ing around*. 彼はまだぴんぴんしている ③《通例進行形で》（使われないで）ほったらかしになっている，放置されている ‖ The suggestion has been *~ing around* for months. その提案は何か月も（取り上げられず）放置されている
kìck báck 〈自〉①〈…を〉けり返す；〈…に〉反撃[逆襲]する〈**at**〉②《米口》リラックスする，のんびりする ‖ Let's ~ *back* and relax. のんびりしよう ③（人が）悪い習慣に戻る；（病気などが）ぶり返す ④（銃が）（発射で）跳ね返る，後座する ⑤ リベートを出す ──〈他〉《***kìck báck ...*** / ***kìck ... báck***》① …を[に]けり返す ②（リベートとして）〔金銭の一部〕を返す；〔リベート〕を出す
kìck dówn 〈他〉《***kìck dówn ...*** / ***kìck ... dówn***》①〔戸など〕をけり破る ②〔車〕のギアを落とす ──〈自〉（車の）ギアを落とす
kìck a pèrson downstáirs 〔人〕を降格させる，免職にする
*__*kìck ín*__ 〈自〉①（装置などが）作動を開始する，機能し始める；（薬などが）効き始める ②《俗》〈…に〉割り前を出す，献金[寄付]する〈**for** 人・資金などに；**on** 事業・寄付などに〉③《米俗》死ぬ，くたばる ──〈他〉《***kìck ín ...*** / ***kìck ... ín***》①〔戸など〕を外から破る ②《俗》〈…に〉〔割り前〕を出す，…を献金[寄付]する〈**for** 人・資金などに；**on** 事業・寄付などに〉
kìck a person in the teeth ⇨ TOOTH（成句）
kíck it ①《米口》薬物[悪習]を断つ ②《米口》のんびり過ごす，ぶらぶらする ③《米俗》ジャズを夢中で演奏する ④《進行形で》〈…と〉恋愛関係にある〈**with**〉
*__*kìck óff*__ 〈他〉Ⅰ《***kìck óff ...*** / ***kìck ... óff***》①〈…で〉…を始める，開始する〈**with**〉‖ My company will soon ~ *off* its ad campaign (*with* TV commercials). うちの会社は間もなく（テレビコマーシャルで）宣伝活動を始めるよ ② …をけって脱ぐ[ほうり出す] ‖ Don't ~ *off* your shoes like that. そんなふうに靴をけって脱がないこと Ⅱ《***kìck À òff B́***》《口》*A*（人）を *B*（チームなど）から追い出す（♦ しばしば受身形で用いる）（→ *kick out*（↓））──〈自〉①『フットボール』キックオフで試合を始める ②《口》〈…で〉始める，始まる〈**with**〉‖ ~ *off with* soup（食事を）スープから始める ③《俗》くたばる，死ぬ（die）④《英口》怒り出す
*__*kìck óut*__ 〈他〉《***kìck óut ...*** / ***kìck ... óut***》《口》〔人〕を〈…から〉追い出す；お払い箱[首]にする（boot out；expel）〈**of**〉（♦ しばしば受身形で用いる）‖ I got *~ed out of* my apartment. 私はアパートを追い出された ──〈自〉（怒りなどで）〈…を〉ける，けとばす〈**at**〉
kìck óut against ... 〈他〉…に反抗する，強く反対する
kìck óver 〈他〉《***kìck óver ...*** / ***kìck ... óver***》…をけって倒す[ひっくり返す] ──〈自〉《米俗》（エンジンが）始動する
kìck úp 〈他〉Ⅰ《***kìck úp ...*** / ***kìck ... úp***》① …をけり上げる；〔ほこりなど〕をけ立てる（raise）②〔値段など〕を上げる Ⅱ《***kìck úp ...***》③〔騒ぎなど〕を起こす ‖ ~ *up* a fuss about ... …のことで騒ぎ立てる / ~ *up* a row [OR shindy] 騒ぎを引き起こす ──〈自〉①《口》（機械などの）調子が悪い；（症状などが）出る，悪化する ‖ The air conditioner started *~ing up*. エアコンの調子が悪くなってきた ②（風などが）強まる
kìck a pèrson upstáirs 〔人〕を昇格させて閑職に就かせる，祭り上げる
kìck a pèrson when he/she is dówn 弱っている〔人〕に追い討ちをかける，〔人〕の弱みにつけ込む

COMMUNICATIVE EXPRESSIONS
1 I could have **kícked mysèlf**. あんなことしなけりゃよかった（♥愚かな行為に対するいら立ち）

──名（複 **~s** /-s/）C ❶ **けること**，けり，けとばし，けり上げ；（水泳の）キック；（走者の）ラストスパート；（けるときの）ぽん（という音）‖ He gave a good ~ at the door. = He gave the door a good ~. 彼はドアを強くけった / suffer a ~ けとばされる ❷『サッカー・ラグビー』キック；キックしたボール；キックの距離；（ラグビーの）キッカー ‖ take a ~ キックをする / a free ~ フリーキック ❸《口》快い興奮[刺激]，スリル，楽しみ ‖ give her a ~ 彼女を喜ばせる ❹《a ~》《口》（薬物・アルコール飲料などの）刺激性 ‖ This whiskey has quite a ~ (to it). このウイスキーはとても強い ❺ U C 活力，元気，力，勢い；回復力 ‖ He hasn't got a ~ left in him. 彼はもうへとへとだ / have lots of ~ とても元気がいい ❻《口》（一時的な）熱中，強い興味 ‖ I'm on a photography ~ now. 今，写真にはまっている ❼《口》反対（の理由），反抗，拒否；不平，苦情 ‖ I have no ~ against that. それに異論はない ❽（銃の）跳ね返り，後座（recoil）
a kìck in the bútt [OR ***áss***]《米俗》；***a kìck ùp the backside*** [OR ***árse***]《英俗》= *a kick in the pants* ①（↓）
a kìck in the pánts 《口》① だらだらやっている人への叱責（しっせき），叱咤（しった）激励，活 ② 思いがけない仕打ち[失望] ③ 楽しみ（のもと）‖ The new roller coaster at the park is *a* real ~ *in the pants*. 遊園地の新しいジェットコースターは大変なお楽しみだ
a kìck in the téeth [OR ***gúts***]《口》思いがけないひどい仕打ち[失望] ‖ Another bank failure would be *a* real ~ *in the teeth* for the economy. また銀行が破綻（はたん）するようなことになれば経済への悪影響は計り知れない
for kícks 楽しみのために，スリルを求めて（for fun）
*__*gèt* 「*a kíck* [OR *one's kícks*] 「*òut of* [OR *from*] *...*__ 《口》…を楽しむ，面白がる ‖ You'll *get a* big ~ *out of* watching this movie. この映画すごく楽しめるよ

▸▸～ **drùm** 名 C《口》キックドラム《ペダルで演奏する大きなドラム》～ **plàte** 名 C けり板《ドアの下部にはりつけられた保護用の金属板》～ **plèat** 名 C キックプリーツ《細身スカートなどの前またはわきに, 動きやすいようにつけるひだ》

Kick·a·poo /kíkəpùː/ 名 (複 ～ OR ～s /-z/) C キカプー族《北米先住民の一部族》; U キカプー語

kíck-àss 形《限定》《主に米俗》❶ 強引な, 攻撃的な ❷ 素晴らしい, すごくよい

kíck·bàck 名 U/C《通例 ～s》《口》❶ リベート, (不正な)割り戻し金 ❷ 突然の強い反動

kíck·bàll 名 U《米》キックベース《ボールを足でける野球に似たゲーム》‖ play ～ キックベースをする

kíck·bòxing 名 U キックボクシング
　-bòxer 名 C キックボクサー

kíck·dòwn 名 C U《英》(オートマチック車の)キックダウン(装置)《アクセルをいっぱいに踏んで低速ギアに切り替える変速装置》

kick·er /kíkər/ 名 C ❶ ける人；けりぐせのある馬；〖アメフト・ラグビー〗キッカー ❷《米口》思いがけない問題点, わな；どんでん返し

kick·ing /kíkɪŋ/ 名 U 足でけること；足でける罰[攻撃]
　━形《俗》活発な, すごい

kíck·òff 名 ❶ C U〖サッカー・ラグビー〗キックオフ《ボールをけって試合を開始すること》❷ C《単数形で》《口》開始, 初め ‖ for a ～ 手初めに, まず第1に

kíck·stànd 名 C キックスタンド《自転車・オートバイを倒れないように支えておく装置》

kíck-stàrt 動 他 ❶〔オートバイなど〕を足げりして始動させる ❷ …を促進させる ‖ ～ the economy 経済を促進する ━名 C キックスターター(kick starter)《オートバイなどの足げり式起動装置》

kíck-tùrn 名 C ❶〖スキー〗キックターン《スキーを別々に持ち上げて回転させ方向転換すること》❷〖スケートボード〗前輪を地面から離して向きを変えるターン

kíck·ùp 名 C《米口》騒ぎ, もめごと

*****kid**[1] /kɪd/ 名 形 動
━名 (複 ～s /-z/) C ❶《口》**子供**；(親に対して)子, 息子, 娘；《口》若者；若いの(♥ 呼びかけで)(⇨ CHILD 類語P) ‖ When I was a ～, I thought I'd live forever. 子供のころ自分は永遠に生き続けるものと考えていた / How many ～*s* do you have? お子さんは何人ですか / college [high school] ～*s* 大学[高校]生
❷ **子ヤギ**；(カモシカなどの)子 ❸ U 子ヤギの肉《食用》；子ヤギの皮, キッド革；C《～s》キッドの手袋[靴]
like a kìd in a cándy stòre《米》= *like a* CHILD *in a sweetshop*
the nèw kíd「*on the blóck* [OR *in tówn*]《口》新入り, 新米；新製品

COMMUNICATIVE EXPRESSIONS
1 **My kíd could dò thàt.** そんなことはうちの子でもできるような(つまらない)ことだ；全然大したことじゃないね(♥ 感心しない, あるいは評価することすら拒否する際に)

━形 ❶ (手袋などが)キッド皮製の(→ kid gloves)
❷《限定》《口》(兄弟・姉妹が)年下の(younger) ‖ my ～ brother [sister] 私の弟[妹]
━動 (kid·ded /-ɪd/; kid·ding) 自 (ヤギが)子を産む
▸▸～ **glóves** (↓) ～('s) **stùff** 名 U《米口》子供のするようなこと；(子供でもできる)とても簡単なこと

***kid**[2] /kɪd/ 動 (kid·ded /-ɪd/; kid·ding)《口》自《しばしば進行形で》冗談を言う, からかう, かつぐ ‖ I'm only *kidding*. ただの冗談だよ ━他 ❶ (まじめくさって)…に冗談を言う, …をからかう, かつぐ ‖ He *kidded* her about her hairdo. 彼はヘアスタイルのことで彼女をからかった ❷ …をだます；《～ oneself で》〈…だと〉思い込む, 思い違いをする〈(that) 節〉‖ She didn't ～ herself *that* she looked like a movie actress. 彼女は自分を映画女優みたいだなどと思い上がりはしなかった
(all) kìdding asíde 冗談は別として
kìd aróund〈自〉からかう；ふざける

COMMUNICATIVE EXPRESSIONS
1 **I'm nòt kídding.** 冗談じゃないよ；本気で言っているんだ(=I kid you not.)
2 **Nò kídding.** ① 本当かい, まさか(♥ 疑いを表す. 通例 No kidding? とし, 文尾を上げていう) ② 本当に, 冗談抜きで ③ 全くそのとおりだ(♥ 同意を示す)
3 **Whò do you thìnk you're kídding?** まさか私をからかっているんじゃないだろうね(♥ しばしば「冗談だったら承知しない」の意. =Who are you kidding?)
4 **You wòuldn't be trỳing to kíd me, wóuld you?** まさか冗談じゃないだろうね；私をかつごうとしているんですか
5「**You've gòt to be** [OR **You're**] **kídding (me)!** ええ, 冗談でしょ；信じられない

━名 U《口》からかい, 冷やかし
～·der 名 C《口》だます人, ぺてん師；からかう人

Kidd /kɪd/ 名 **Captain** (**William**) ～ キッド(1645?–1701)《スコットランド生まれの海賊》

kid·die, kid·dy /kídi/ 名 (複 **-dies** /-z/) C《口》子供

kíddie-càm 名 C キディキャム, 子供監視カメラ

kiddle /kídl/ 名 C (川・海に作った)梁(やな), 仕掛け

kid·do /kídou/ 名 (複 ～**s**, ～**es** /-z/) C《通例単数形で》《口》(親しい年下の者へ呼びかけて)ねえ君, おいおまえ

kìd·glóve ⟨ジ⟩ 形《限定》❶ 丁重な, 慎重な ❷ お上品な, きゃしゃな

kìd glóves 名 複 キッド革製の手袋
hàndle [OR *trèat*] *... with kìd glóves* …を慎重に[優しく]取り扱う

***kid·nap** /kídnæp/ 動 (**-napped**, +《米》～**·ed** /-t/; **-nap·ping**, +《米》～**·ing**) 他 (身代金目当てに)〔人〕を誘拐する, さらう ‖ The four men were *kidnapped* by terrorists. 4人の男はテロリストによって誘拐された
━名 U 誘拐 **～·per** 名 C 誘拐犯

***kid·nap·ping** /kídnæpɪŋ/ 名 C U 誘拐

***kid·ney** /kídni/ 名 C ❶〖解〗腎臓(じんぞう)(→ renal) ‖ an artificial ～ 人工腎臓 / a ～ transplant 腎臓移植 / ～ failure 腎不全 ❷ (羊・牛・豚などの)腎臓(♦ 食品としてはU) ❸《旧》《単数形で》(人の)性質, 気質, 種類
▸▸～ **bèan** 名 C インゲン豆 ～ **machìne** 名 C 人工腎臓 ～ **stòne** 名 C 腎臓結石

kídney-shàped 形 腎臓形の, インゲン豆形の

ki·dol·o·gy /kɪdá(ː)lədʒi | -dɔ́l-/ 名 U《主に英口》だまし方, (人を)だますこと

kíd·skìn 名 U 子ヤギ皮, キッド革《手袋・靴の材料》

kid·ult /kídʌlt/ 名 C《口》子供から大人まで楽しめるテレビ番組；子供用のものが好きな大人, 子供じみた趣味の大人
━形 キダルト(向け)の, キダルト的な ‖ ～ culture キダルト文化(♦ *kid*+*adult* より)

kid·vid /kídvɪd/ 名 C《口》子供向け番組

kiel·ba·sa /kiːlbáːsə/ 名 (複 ～**s** /-z/ OR **-sy** /-si/) C キルバーサ《ニンニク入りのポーランド風のソーセージ》

Kier·ke·gaard /kíərkəgàːrd/ 名 **Sören Aabye** ～ キルケゴール(1813–55)《デンマークの哲学者》

kie·sel·guhr, -gur /kíːzəlgùər/ 名 U 珪藻(けいそう)土

Ki·ev /kíːef/ 名 キエフ《ウクライナの首都》

kif /kɪf/ 名 =kef

Ki·ga·li /kɪgáːli/ 名 キガリ《ルワンダの首都》

kike /kaɪk/ 名 C ⊗《米口》《蔑》ユダヤ人

ki·lim /kiːlíːm, kílɪm/ 名 C キリム《トルコのじゅうたん》

Kil·i·man·ja·ro /kɪlɪməndʒáːrou/ 名 キリマンジャロ《タンザニア北東部にあるアフリカの最高峰. 5,895m》

*****kill** /kɪl/ 動 名
中心義 **Aをなくす**(★Aは「人」「感情」「時間」など多様)
━動 (～**s** /-z/; ～**ed** /-d/; ～**·ing**)
━他 ❶〔人・動物〕を**殺す**, 殺害する；(病気・悲しみなどが)

…に死をもたらす；〔植物〕を枯らす(⇨ 類語P, DIE[1] 類語P) ‖ The explosion ~*ed* ten people. その爆発で10人が死んだ / A single gram of dioxin can potentially ~ 10,000 people. たった1グラムのダイオキシンが1万人を殺す可能性がある / Many elephants are ~*ed* for ivory each year. 毎年多くの象が象牙(ぞうげ)をとるために殺されている / The cat was run over and ~*ed* by a car. その猫は車にひかれて死んだ / 563 people were ~*ed* in [*by] the plane crash. 563人が飛行機事故で死亡した(♦ 事故・戦争などで「死ぬ」のは die よりも be killed を用いるのがふつう) / ~ weeds 除草する
❷〔興味・食欲・意欲など〕を失わせる, **そぐ** ‖ I ~*ed* his love. 私は自分のせいで彼の愛情を駄目にしてしまった / His curiosity has been ~*ed* by routine teaching. 彼の好奇心は型にはまった教育のせいで失われてしまった / ~ a laugh 笑いをかみ殺す
❸〔計画・活動など〕をつぶす, 葬る, 駄目にする；〔議案など〕を否決する ‖ The committee voted to ~ the project. 投票の結果委員会はプロジェクトをとりやめにした / ~ a bill 法案を否決する
❹〔病気・痛みなど〕を鎮める, …の勢いをそぐ ‖ ~ the pain with a shot 注射で痛みを抑える
❺〔時間〕を**つぶす** ‖ We ~*ed* a couple of hours window-shopping. 私たちはウインドーショッピングをして2, 3時間暇つぶしをした
❻〔味など〕を損なう；〔効果など〕を弱める, 台無しにする ‖ Too much soy sauce would ~ the taste of the tofu. しょうゆをかけすぎると豆腐の味が死んでしまう / The drum ~*s* the strings. ドラムが弦楽器の効果をぶち壊している
❼《通例進行形で》《口》〔人〕にひどい痛みをもたらす ‖ Why don't we have a rest for a moment? My feet are ~*ing* me. ちょっと休まないか. 足が痛くて死にそうだ
❽《口》〔人〕をへとへとにさせる(tire out)
❾《口》〔人〕にひどく腹を立てる, 激怒する ‖ My wife will ~ me if I'm not back by 7:00 p.m. 7時までに帰らないと女房にこっぴどくとっちめられる
❿《口》(おかしさ・スリル・魅力などで)〔人〕をすっかりまいらせる, たまらなくさせる, 魅了する；〔人〕を大いに笑わせる ‖ The movie ~*ed* her. 彼女はその映画にすっかり魅了された ⓫《口》《戯》〔人〕の大きな負担となる ⓬《口》〔エンジン・モーター・回路など〕を切る；〔照明・音・火など〕を消す；💻〔コンピューターのプログラムや操作〕を止める, 強制終了させる ‖ ~ a cigarette たばこ(の火)を消す ⓭《俗》〔記事・原稿など〕を没にする；〔不要な語・ファイルなど〕を削除する ⓮《俗》〔酒など〕を飲み干す ‖ The two of us ~*ed* a bottle of wine. 2人でワインを1本空けてしまった ⓯〖テニス・バレーボールなど〗〔ボール〕をキルする, (相手が返球できないほど)強打する；〖サッカー〗〔ボール〕を静止させる
—自 ❶ 殺す, 人殺しをする；死をもたらす ‖ Drunk driving can ~! 飲酒運転は殺人行為だ ❷ (植物が)枯れる
kìll óff ... / kìll ... óff 〈他〉① …を皆殺しにする, 絶滅させる, すっかり消滅[死滅]させる(wipe out；eradicate)；…を排除する；〔計画など〕をつぶす ‖ That species has been almost completely ~*ed off*. その種はほぼ絶滅してしまった ② (物語などの中で)〔登場人物〕を死なせる
kíll onesèlf ① 自殺する ② 《口》〈…しようと〉無理する〈***doing*** / **to *do***〉
kìll onesèlf láughing 《主に英口》大笑いする
kìll or cúre 《英》(物事が)一か八(ばち)かだ(♦ a kill or cure remedy(一か八かの治療法)のように 形 としても用いる)

COMMUNICATIVE EXPRESSIONS
1 I'll do it (**èven**) **if it kílls me.** 何が何でもそうするぞ
2 **If lòoks could kíll,** she'd be long góne by nòw. あの女には実に腹が立つ(♥「にらむだけで相手を殺せるなら彼女はとうに消えうせているだろうに」の意. 強い怒りを表す)
3 **It wòn't** [OR **wòuldn't**] **kíll you to** hèlp me. 手伝ってくれてもいいじゃないか(♥「死にはしないでしょう」の意)
4 **Kíll it.** そんなことやめちまえ(♥ くだけた表現)
5 Stóp it! **You're kílling me!** やめろよ, 笑い死にしてしまうよ

—名 (複 **~s** /-z/) Ⓒ ❶《通例単数形で》殺すこと；獲物をしとめること；(狩りで殺した)獲物；(ほかの生物に殺された)獲物 ‖ make a ~ 獲物をしとめる ❷《俗》撃墜, 撃沈；撃墜[沈]した敵機[艦] ❸〖スポーツ〗キル《テニス・バレーボールなどの相手が返球できないような強烈なショット》
be in at [OR ***on***] ***the kill*** 獲物をしとめるのを見届ける；《口》(勝利・破滅などの)劇的な最後を見届ける[の場に居合わせる]
mòve [OR ***clòse***] ***in for the kill*** ; ***gò*** (***in***) ***for the kill*** 相手にとどめを刺す行動に出る

殺す	kill slay	人を	不法・計画的に	murder
			暗殺する	assassinate
			大量に	massacre
			処刑する	execute
		人・動物を	残虐な方法で	butcher
				slaughter
			種族全部を	exterminate

▸▸ **~ fèe** 名Ⓒ 不採用原稿料[工賃](cancellation [OR rejection] fee)《不採用の原稿[仕事]に対し下請け業者に支払われる》

kill·deer /kíldìər/ 名 (複 ~ OR **~s** /-z/) Ⓒ〖鳥〗フタオビチドリ《北米産. つんざくような鳴き声を立てる》

***kill·er** /kílər/ 名Ⓒ ❶ 殺す人[動物, もの]；(常習的)殺人者, 殺し屋(♦ 主に新聞用語)；死をもたらすもの ‖ Stomach cancer was the number-one ~ in Japan. 日本では胃癌(がん)が一番の死因だった / weed ~*s* 除草剤 / a serial ~ 連続殺人犯 ❷《俗》極めて魅力的[悩殺的]な人[もの]；楽しい冗談 ❸《口》難しくて骨の折れること；とても退屈なこと
—形《限定》❶ 死をもたらす, 死に至らしめる；壊滅的な打撃をもたらす ‖ a ~ virus 致死ウイルス / a ~ typhoon 大打撃を与える台風 / a ~ disease 致命的疾患 ❷《口》見事な, 素晴らしい, すごい ‖ a ~ smile [OR grin] 人を悩殺するようなほほ笑み
▸▸ **~ applicátion** 名Ⓒ💻キラーアプリケーション(killer app)《その分野でほかを圧倒する人気・能力を有するアプリケーションプログラム》 **~ bée** 名Ⓒ《主に米口》殺人ミツバチ, アフリカナイズドビー(Africanized bee)《1950年代に米大陸で野生化したアフリカ原産のミツバチと交雑して生まれた攻撃性の強いミツバチ》 **~ cèll** 名Ⓒ〖免疫〗キラー細胞(killer T cell)《癌細胞や感染細胞を破壊する》 **~ ìnstinct** 名ⒸⓊ 負けん気；殺人本能 **~ whále** /, ニーニ/ 名Ⓒ〖動〗シャチ(orca)

kil·lick /kílɪk/, **-lock** /-lək/ 名Ⓒ ❶ いかり, 小錨(しょうびょう) ❷ いかりの代用の石

***kill·ing** /kílɪŋ/ 名ⓊⒸ 殺すこと, 殺害, 殺人
****màke a kílling*** 《口》〈…で〉(突然)大もうけ[ぼろもうけ]をする〈**on, in**〉‖ He *made a* ~ *on* the stock market last month. 彼は先月株で大もうけをした
—形 ❶ 致命的な；破壊的な；くたびれさせる ‖ a ~ schedule 猛烈なスケジュール ❷《口》悩殺的な ‖ a ~ wink 悩ましいウインク ❸《俗》とてもおかしい **~·ly** 副《口》とても
▸▸ **~ fìeld** 名Ⓒ《通例 ~s》大量殺人の現場

kíll·jòy 名Ⓒ 座をしらけさせる人, 興をそぐ人

kiln /kɪln/ 名Ⓒ (れんがなどを焼く)窯, 炉
—動 他 …を窯で焼く

***ki·lo** /kíːlou/ 名 =kilogram, kilometer

kilo- /kɪlə-, kɪlou-/ 連結形「1,000(thousand)」の意 ‖ *kilo*hertz

kílo·bìt 名Ⓒ💻キロビット《情報量の単位. 厳密には 2^{10} (=1,024) ビット. 約1,000ビット. 略 Kb, kb.》‖ ~*s* per second 秒当たりの情報転送ビット量の単位《略 kbps》

kílo·bỳte 名 C ▭ キロバイト《情報量の単位. 厳密には 2^{10}(＝1,024)バイト. 約1,000バイト. 略 K, KB》

kílo·càlorie 名 C〘理〙キロカロリー, 大カロリー《熱量の単位；1,000カロリー. 略 kcal》

kílo·cỳcle 名 C〘電〙キロサイクル《周波数の単位. 略 kc. 現在は kilohertz を用いる》

***kílo·gràm** 名 C キログラム《略 kg》

kílo·hèrtz 名 C〘理〙キロヘルツ《周波数の単位. 略 kHz》

kílo·jòule 名 C キロジュール《エネルギーおよび仕事の国際単位. 略 kJ》

kílo·lìter 名 C キロリットル《略 kl》

:kil·o·me·ter,《英》**-tre** /kəlɑ́(:)məṭər | kíləmìː-, kɪlɔ́mɪ-/
— 名（複 **~s** /-z/）C **キロメートル**《略 k, km》

kílo·tòn 名 C キロトン《1,000トン. 略 kt；TNT火薬1,000トンに相当する原水爆などの爆破力の単位》

kílo·vòlt 名 C〘電〙キロボルト《電圧の単位；1,000ボルト. 略 kV, kv》

kílo·wàtt 名 C〘電〙キロワット《電力の単位. 略 kw, kW》

kìlowatt-hóur 名 C〘電〙キロワット時《エネルギー・電力量の単位. 略 kWh》

Kil·roy /kɪlrɔ̀ɪ/ 名 キルロイ《架空の米軍兵士. 第２次世界大戦中から戦後にかけ各地で米兵が書いたと思われる“Kilroy was here.”の落書きが多く見られた》

kilt /kɪlt/ 名 C キルト《スコットランド高地人男子用の格子じまの短いスカート》；(女子・子供用の)キルト風のスカート — 動 他〔スカートなど〕をはしょる；〔スカート〕にひだをつける
~·ed 形 ① キルトをはいた ② ひだのある

kilt

kil·ter /kɪ́ltər/ 名 U よい状態
òut of kílter 不調で；釣り合いが悪くて

Kim·ber·ley /kɪ́mbərli/ 名 キンバリー《南アフリカ共和国中部の鉱山都市. ダイヤモンドの産地》

kim·ber·lite /kɪ́mbərlàɪt/ 名 C〘鉱〙キンバレー岩《しばしばダイヤモンドを含む》

kim·chi, -chee /kɪ́mtʃi/ 名 U キムチ《朝鮮の漬物の総称》(♦朝鮮語より)

ki·mo·no /kɪmóʊnə | -noʊ/ 名（複 **~s** /-z/）C 着物；(着物に似た女性用の)部屋着(♦日本語より)

kin /kɪn/ 名 U ❶《集合的に》《複数扱い》親族, 親類(♦ときに親族の１人を指すこともある) ❷ 一族, 同族 ❸ 同類, 同種のもの
nèar of kín 近親で；同類で
nèxt of kín (最) 近親者 (たち) ‖ Who is his *next of* ~? 彼の最も近い親戚(しんせき)はだれか
— 形《叙述》〈…の〉親族で；同類で〈**to**〉‖ He is ~ *to* her. 彼は彼女の親戚です

-kin 接尾《名詞語尾》「小さい…」「小…」の意 ‖ lamb*kin*

ki·nase /káɪneɪs/ 名 U〘生化〙キナーゼ《酵素の一種》

:kind[1] /kaɪnd/

— 名（複 **~s** /-z/）C ❶ **種類**, 類, 部類, タイプ(⇨ SORT 類語) ‖ The golden retriever is a ~ **of** dog. ゴールデンレトリバーは犬の一種である(⇨ 語法 (1)) / a new ~ **of** product 新種の製品 / three ~*s* **of** cars 3種類の車(♦ three kinds of car ともいう) / **different** ~*s* **of** music＝《やや堅》music **of different** ~*s* さまざまな種類の音楽 / all ~*s* **of** guitar(s) あらゆる種類のギター / That ~ **of** thing can happen again. そういう類のことはまた起こることもある / Tell me if you have a problem **of** any ~. どんなことでも問題があったら言いなさいね

語法 ☆☆ (1) a kind of に続く名詞は無冠詞がふつうだが,《口》では a をつけることもある.
(2) What kind of (a) ...? は冠詞の有無で意味に差が出ることがある. 無冠詞では種類を問い, 冠詞をつけると特徴・能力などに視点を置いた尋ね方になる.〈例〉What *kind* of doctor is he? 彼は何が専門の医者ですか / What *kind* of a doctor is he? 彼はどんな[どの程度の]医者ですか
(3) 複数名詞について「この種類の」というとき, 1種類であれば cars of this kind というのが《やや堅》だが正確.《口》では this kind of cars, these kind of cars も使われるが, 特に後者は誤りとされることがある. 2種類以上であれば these kinds of cars となる.

❷《one's (own) ~》(…と) 同類の人[もの] ‖ People hang about with their own ~. 人は自分と同類の連中と付き合う / I can't trust Mark and his ~. マークのような連中は信用できない / This car is the best of its ~. この種の中ではこの車がいちばん優れている
❸《前または後に修飾語句を伴って》特定の性質の人[もの], (…の) タイプの人[もの] ‖ He is not the marrying ~. 彼は結婚向きの男ではない / She is not the ~ (of person) to try to deceive me. 彼女は私をだますような人物ではない / The food was the ~ I liked. 食事は私の好みに合うものだった
❹ (動植物などの)種族(race), 類(class), 種(species), 属(genus) ‖ the human ~ 人類
❺ U 本質, 質 ‖ The difference is not one of ~ but of degree. 質的に異なるというより程度差だ / dangers similar in ~ 質的に同じような危険 ❻〘宗〙(聖体の) 形色 ‖ in both ~*s* (パンとぶどう酒の)両形色において

a kind of ... ① …の一種 (→❶) ② 一種の…, (何か)…のようなもの, …みたいなもの(♦ *of a kind* と区別) ‖ He was *a* ~ *of* mentor to me when I was young. 私の若いころ彼は私を導いてくれる助言者のような人だった / *a* ~ *of* political stability 一応の政治的安定

****àll kínds of ...*** ① あらゆる種類の(→❶) ② (数量が)たくさんの ‖ We still have *all* ~*s of* time to have lunch. 昼食の時間はたっぷりある

in kínd ① 本質的に (→❺) ② (支払い方法について) 品物で, 現物で；(奉仕などの) 行動で (↔ *in cash*) ‖ Meg wouldn't take any money, so I paid her *in* ~ by giving her a basket of tomatoes. メグはどうしてもお金を受け取ろうとしないので, トマト1かごをお礼にあげた ③ 同じやり方で ‖ respond *in* ~ 同様に応酬する

****kínd of*** 《副詞的に》《口》**やや**, いくらか(somewhat)；むしろ(rather), どちらかと言えば(♥ sort of と同じで, 次に続く語句の本来の意味を弱めたり言いよどむときに用いられる. 縮約されて kinda ともいう) ‖ This pair of shoes is ~ *of* old-fashioned. この靴はちょっと流行遅れだ / I ~ *of* felt that you were angry at me. 何となく君が怒っているように感じた / “Are you hungry?” “Yes, ~ *of*.” 「お腹すいた？」「うん, ちょっとね」

nòthing of the kínd*; *nòt ànything of the kínd 何もそのようなもの[こと]はない ‖ I heard she was mean but she is *nothing of the* ~. 彼女は意地悪だと聞いていたが, 全くそんなことはない

****of a kínd*** ① 同じ種類の, 同類の ‖ two *of a* ~ よく似た2つのもの[人] ② 名ばかりの(お粗末な)(♥ 期待外れであることをけなしていう) ‖ coffee *of a* ~ コーヒーとは名ばかりのまずいもの

òne of a kínd 独特のもの, ほかに類のないもの

sòmething of the [OR ***thàt***] ***kínd*** 何かそのようなもの[こと] ‖ “Is Brad Pitt coming to Japan?” “I've heard *something of the* ~.” 「ブラッド＝ピットが日本に来るんだって？」「何かそのようなことを聞いたけど」

COMMUNICATIVE EXPRESSIONS
1 **It tàkes àll kínds (to màke a wórld).** 世の中にはいろいろな人がいるものだ；人それぞれだ(♥ やや陳腐な表現)

:kind[2] /kaɪnd/

—形 (~·er ; ~·est)
❶ a 〈…に〉親切な, 優しい, 思いやりのある ; 寛大な ; 好意的な〈to〉; 親切心から出た, 優しさを表す(↔ unkind)(⇨類語) ‖ Mrs. Takasugi is a ~ person. 高杉さんの奥さんは心の優しい人だ / He was ~ *to* animals. 彼は動物に優しかった / The teacher always has a ~ word for every student. 先生はいつも生徒みんなに優しい言葉をかける / a ~ smile 優しい微笑
b 《It is ~ of *A* to *do* / *A* is ~ to *do* で》*A*(人)が…するのは[してくれて]親切だ ‖ It's very ~ *of* you *to* lend me your corsage.＝You are very ~ *to* lend me your corsage. コサージュを貸してくださってどうもありがとうございます / That's very ~ *of* you. ご親切にありがとうございます(♦ to *do* を省略した表現)
❷ 《堅》(伝言・手紙などで)心のこもった, 心からの ‖ Give my ~ regards to your sister. 妹さんによろしく
❸ (製品などが)〈…に〉よい, 優しい, ためになる ; (天候などが)〈…に〉心地よい, 快い〈to〉 ‖ I'm looking for a soap that is ~ *to* the skin. 肌に優しい石けんを探しています

COMMUNICATIVE EXPRESSIONS
1 Would you **be** 「**sò kínd as** [OR **kínd enòugh**] **to** òpen the wíndow? すみませんが, 窓を開けていただけますか(♥ 丁寧な依頼表現. ↘Could you open ...?)
2 **Thàt's réally vèry kínd of you, but** I believe I can mánage. ご親切は痛み入りますが, 何とかなると思います(♥ 相手の親切な申し出を断る丁寧な表現. ↘Thanks a lot, but I think (I) can manage.)

類語 《❶》 **kind** 親切・優しさ・思いやりなどを示す人柄・行為について用いる一般語. 〈例〉 a *kind* heart 優しい心
kindly ふつう, 限定的に用い, 年下や目下の人に対して示される親切・優しさ・思いやりなど (の特に外見的要素) を表すことが多い. 〈例〉 a *kindly* smile 優しいほほ笑み / *kindly* words of advice 親切な忠告の言葉

kind·a /káɪndə/ 副 《口》ちょっと, まあ… (→ kind of) ‖ It's ~ strange. それはちょっと変だ

kin·der·gar·ten /kíndərgɑ̀ːrtən/ 名 Ⓒ Ⓤ 幼稚園 (児のクラス) (♦ ドイツ語より) **-gàrt·ner, ~·er** 名 Ⓒ ① 幼稚園児 ② 幼稚園の先生[教諭]

kìnd·héarted <ジ 形 親切な, 心の優しい, 情け深い
~·ly 副 **~·ness** 名

kin·dle /kíndl/ 動 他 ❶ …に火をつける, 点火する, …を燃やす ‖ ~ a fire 火を燃やす ❷ [興味・感情など] を燃え立たせる, かき立てる, あおる ‖ ~ her to passion 彼女の情熱を燃え立たせる ❸ …を明るくする, 照らす ‖ The setting sun ~*d* the sky. 夕日が空を赤々と染めた
—自 ❶ 火がつく, 燃え上がる ❷ (感情などが)高ぶる ; (人が) 興奮する, かっとなる ❸ 明るくなる, 輝く ‖ Her eyes ~*d* with joy. 彼女の眼は喜びに輝いた

kin·dling /kíndlɪŋ/ 名 Ⓤ ❶ (乾いた木片・わらなどの) たきつけ ❷ 点火 ❸ 興奮

***kind·ly** /káɪndli/ 副 (**more ~** 《ときに》**-li·er** ; **most ~** 《ときに》**-li·est**) ❶ 親切に, 優しく, 好意的に ; 快く, 穏やかに (↔ unkindly) (♦ 位置は動詞より後ろ) ‖ "Please sit down," the lady said ~. 「どうぞお座りください」とその女性は親切に言ってくれた / This medicine acts more ~. この薬の効き目はもっと穏やかだ ❷ 《主動詞の前で》《文修飾》親切なことに ‖ He ~ offered us a lift. 彼は親切にも私たちを車に乗せて行ってあげようと言ってくれた (＝He was kind enough to offer ....) ❸ 《比較なし》どうぞ (…してください) (♦ 命令文では通例文頭に置かれる) ‖ You are ~ requested to refrain from smoking in this building. この建物内ではたばこはお控えください (♦ Could [Would] you please ...? などの方がふつう) / *Kindly* remove your foot from mine. お願いだからあなたの足を私の足の上からどけてください(♥ しばしば「足をどけたらどうなんだ」のような怒り・いら立ちを表す) ❹ 心から ; 快く, 喜んで ‖ We thank you ~. 心から感謝します / take his advice ~ 彼の忠告を快く受け入れる

lòok kíndly on [OR ***upon***] ***...*** …を認める, 支持する
****nòt tàke kíndly to ...*** …を快く受け入れない ‖ She does*n't take* ~ *to* being criticized. 彼女は批判されるのを好まない
thìnk kíndly of ... …をよく思う
to pùt it kíndly NAVI 好意的な言い方をすれば ‖ He often behaved impolitely during his stay in Japan. *To put it* ~, that was probably because of his cultural upbringing. 彼は日本にいる間, しばしば無礼な振る舞いをすることがあった. 好意的な言い方をすれば, それは文化の差だったのかもしれない
—形 (**-li·er** ; **-li·est**) 《通例限定》 ❶ 親切な, 思いやりのある, 優しい (⇨ KIND² 類語) ‖ His mother seems to be ~ and gentle. 彼のお母さんは親切で優しい人のようだ ❷ (気候・環境などが)快適な, 温和な
-li·ly 副 **-li·ness** 名

***kind·ness** /káɪndnəs/ 名 ❶ Ⓤ 親切, 優しさ, 思いやり, いたわり 〈**to, toward** …に対する / **to** *do* …する〉 ‖ Thank you for your ~. ご親切ありがとう / She did it out of ~ (*to* you). 彼女は (君に対する) 親切心 [思いやり] からそうした / He had the ~ *to* take me to the right platform. 彼は親切にも正しいプラットホームにまで私を連れて行ってくれた (＝He was kind enough to take me to the right platform.)
❷ Ⓒ 親切な行為 ‖ He showed [OR did] me many ~*es*. 彼はいろいろ親切にしてくれた / It would be a ~ to tell her so. 彼女にそう言ってやるのが親切というものだ / repay [OR return] a ~ 親切にお返しをする
kìll a pèrson with [OR ***by***] ***kíndness*** 親切にしすぎて〔人〕を駄目にする, 〔人〕をひいきの引き倒しにする ; 〔子供〕を甘やかして駄目にする

kin·dred /kíndrəd/ 名 Ⓤ ❶ 《集合的に》《複数扱い》親族, 親戚(しんせき)(の人々) ❷ 血縁, 親類関係 ❸ (質の)類似, 同種 —形 《限定》 ❶ 類似の, 同種の ‖ ~ languages 同族語 ❷ 《堅》同族の, 親類の
▸▸ **~ spírit** 名 Ⓒ 馬の合う人, 同好の士

kin·e·mat·ic /kɪ̀nɪmǽţɪk/ <ジ, **-i·cal** /-ɪkəl/ 形 運動学(上)の

kin·e·mat·ics /kɪ̀nɪmǽţɪks/ 名 Ⓤ 〘理〙運動学

kin·e·scope /kínɪskòup/ 名 Ⓒ 《米》〘放送〙 ❶ キネスコープ (受像用ブラウン管の一種) ❷ キネスコープ録画 (テレビ番組のフィルム録画) —動 他 …を録画する

ki·ne·sics /kaɪníːsɪks/ 名 Ⓤ 動作学, キネシックス (伝達手段としての身振りや表現などの研究)

ki·ne·si·ol·o·gy /kɪnìːsiɑ́(ː)lədʒi, kaɪ- | -ɔ́lə-/ 名 Ⓤ ❶ キネシオロジー, 身体運動学 ❷ 運動療法

ki·ne·sis /kɪníːsɪs, kaɪ-/ 名 Ⓤ 〘生〙キネシス, 無定位運動(性) (光などの刺激により誘発される生物の動き)

kin·es·the·si·a, 《英》 **kin·aes-** /kɪ̀nəsθíːʒə | -iːsθíːziə/ 名 Ⓤ 〘解〙筋感覚 (筋肉・関節などが運動・重量などを知覚すること)

ki·net·ic /kənéţɪk | kaɪ-/ 形 《通例名詞を修飾して》 ❶ 〘理〙運動の, 運動学上の ❷ 動的な (dynamic) ❸ 動く芸術の ▸▸ **~ àrt** 名 Ⓤ キネティックアート, 動く芸術 **~ énergy** 名 Ⓤ 〘理〙運動エネルギー

ki·net·ics /kənéţɪks | kaɪ-/ 名 Ⓤ 〘理〙動力学, 運動力学 (dynamics)

kín·fòlk 名 Ⓤ 《集合的に》《複数扱い》《主に米》親類, 親戚

*****king** /kɪŋ/ 名 動
—名 (複 **~s** /-z/) Ⓒ ❶ 王, 国王, 君主 (→ queen) (⇨ 類語) ‖ The prince will become ~ when his father dies. 父親が死ねばその王子が国王となるだろう (♦ 補語として用いるときは無冠詞が多い) / Henry Ⅷ, *King* of England イングランド国王ヘンリー8世 (♦ Ⅷ は the eighth と読む) / crown him ~ 彼を王位に就ける /

K

the *King* and Queen of Denmark デンマーク国王夫妻 / His Majesty the *King* 国王陛下 / Long live the *King*! = God save the *King*! 国王万歳 (♦ save は仮定法現在)
❷《比喩的に》〈…の〉王, 最優秀のもの, 最上種 ; 第一人者, 大立者〈**of**〉‖ The lion is the ~ *of* the jungle. ライオンはジャングルの王者だ (♦ 実際はジャングルで生活しているわけではないが, 慣用句的によく使われる) / (the) ~ *of* birds 鳥の中の王《ワシ》/ the ~ *of* wines ワインの最上種 /「an oil [a railway] ~ 石油[鉄道]王 / a home run ~ ホームラン王 / (the) ~ *of* the guitar ギター演奏の第一人者 / (the) *King of* Rock'n'Roll ロックンロールの王者《エルビス=プレスリー》/ (the) ~ *of* comedians 最高のコメディアン

Behind the Scenes **I'm king of the world!** **やったぜ ; 世界征服だ** 映画 *Titanic* で, 主人公の Jack がカードゲームに勝ってタイタニック号に乗船できたときに船のへさきで叫んだ歓喜のせりふ (♥ 思い通りにうまくいってすごく嬉しいときに)

❸《K-》神(God) ; キリスト(Christ)
❹〖トランプ〗キング ; 〖チェス〗キング(⇨ CHESS) ; 〖チェッカー〗成駒(なりごま) ‖ the ~ of spades スペードのキング
❺《K-s》《単数扱い》〖聖〗列王記《上下2部よりなる旧約聖書中の文書. 略 Ki, Kgs》

be kíng 人々に強い影響力を持つ ‖ If we're talking (about) jazz, New Orleans *is* ~. ジャズといえば, ニューオーリンズでしょう
kìng of the híll [《英》 ***cástle***] 大将 ; 影響力のある人 ‖ I'm sure your team will be ~ *of the hill* this season. 今シーズンはきっと君のチームが一番になるよ
lìve like a kíng [OR ***quéen***] ぜいたくな暮らしをする
the Kìng of Kíngs イエス=キリスト

—動 (**~s** /-z/ ; **~ed** /-d/ ; **~·ing**) 他 ❶〖チェッカー〗〔こま〕を王にする ❷…を王位に就ける ❸《king it で》《旧》〈…に対して〉王者のように振る舞う〈**over**〉

類語《名 ❶》**king** 王国(kingdom)の世襲的な男の主権者, 王.
monarch 世襲的な君主.
emperor 帝国(empire)の世襲的な男の主権者, 皇帝.
sovereign 一国の最高主権者. 〈例〉A *monarch* is a hereditary *sovereign*, such as a *king*, a queen, or an *emperor*. 君主とは, 例えば王や女王や皇帝といった世襲の主権者である

~·hòod 名 **~·less** 形 **~·lìke** 形

▸▸**Kìng Chàrles spániel** 名 C キングチャールズスパニエル《垂れ耳で毛の長い愛玩(あいがん)犬》 **~ cóbra** 名 C〖動〗キングコブラ《インド・東南アジア産の毒蛇》 **~ cráb** 名 C〖動〗① カブトガニ(horseshoe crab) ② タラバガニ ③ クモガニ(spider crab), ズワイガニ **Kìng Jàmes Vérsion [Bíble]** 名《the ~》(1611年ジェームズ1世が作らせた) 欽定(きんてい)英訳聖書(Authorized Version) **~ pènguin** 名 C〖鳥〗オウサマペンギン《南極周辺の島に分布する大型のペンギン》 **~ pòst** 名 C〖建〗真束(しんづか) **~ sàlmon** 名 C キングサーモン, マスノスケ(chinook salmon)《サケの中で最大》 **Kìng's Bénch** 名《the ~》〖英法〗王座部《高等法院(High Court of Justice)の一部門》(→ Queen's Bench) **Kìng's Cóunsel** 名 C U〖英法〗王室顧問弁護士《略 K.C.》(→ Queen's Counsel) **Kìng's Énglish** 名《the ~》(英国の) 標準英語 (→ Queen's English) **Kìng's évidence** 名 U〖英法〗(減刑を目的とした) 共犯者に不利な証言 ‖ turn *King's evidence* 共犯者に不利な証言をする (→ Queen's evidence) **~'s évil** 名《the ~》《古》るいれき(scrofula)《結核菌のために首のリンパ腺(せん)がはれる病気. 王の手が触れると治ると信じられていた》 **~ snàke** 名 C〖動〗キングスネーク《米国南部産の無毒の蛇》 **~'s ránsom** 名 C 大金 **Kìng's spéech** 名《the ~》(英国議会開会時の)王の演説

King /kɪŋ/ 名 **Martin Luther ~, Jr.** キング(1929-68)《米国の牧師. 黒人公民権運動の指導者. ノーベル平和賞受賞(1964). テネシー州メンフィスで暗殺された. → MARTIN LUTHER KING DAY》

kíng·bìrd 名 C〖鳥〗❶ タイランチョウ《北米産》❷ ヒヨクドリ《ニューギニア産》

***king·dom** /kíŋdəm/
—名 (複 **~s** /-z/) C ❶ (王または女王を元首とする)**王国** ; 王領 ; 王政 ‖ the United *Kingdom* 連合王国 ; 英国 ❷ (学問・芸術・活動などの)領域, 分野 ; 支配圏 ‖ the ~ of「the imagination [dreams] 想像[夢]の世界 ❸《the ~》(自然界を3つに区分した)界 ; 〖生〗界《分類学的生物区分の最上位》‖ the **animal** [vegetable, mineral] ~ 動[植, 鉱]物界 ❹《the ~》神の支配, 神の国 ‖ the ~ of God [OR heaven] 神の国, 天国

blòw [OR ***blàst***] ***... to kìngdom cóme*** 《口》…を(爆弾などで)すっかり破壊する ; …をあの世へ送る
còme ìnto [OR ***to***] ***one's kíngdom*** 権力[勢力]を得る ; (魅力などを)身につける
till [OR ***until***] ***kìngdom cóme*** 《口》いつまでも

kíng·fìsh 名 (複 **~** OR **~es** /-ɪz/) C〖魚〗❶ 米国大西洋沿岸でとれる食用・釣用の魚《ニベ科など》❷ (西大西洋産の)サワラの一種 ❸ (南太平洋産の)アジ科の魚

kíng·fìsher 名 C〖鳥〗カワセミ

king·let /kíŋlət/ 名 C ❶ ⊗《主に蔑》小国の王 ❷《主に米》〖鳥〗キクイタダキ

king·ly /kíŋli/ 形 ❶ 王の, 王位の ❷ 王らしい, 王者にふさわしい, 威厳のある **-li·ness** 名

kíng·màker 名 C ❶ (候補者を要職に送り込む) 政界の実力者, キングメーカー ❷ 国王擁立者

kíng·pìn 名 C ❶《口》(組織・運動などの)中心人物, 中心となるもの ❷〖ボウリング〗ヘッド[1番]ピン ; 5番ピン ❸〖機械〗心ボルト(kingbolt)

king·ship /kíŋʃìp/ 名 U ❶ 王の身分, 王位 ; 王の権威 ❷ 王政, 王の統治 ❸《His [Your] K-》国王陛下《尊称》

kíng-sìze, -sìzed 形《通例限定》❶ キングサイズの, 並より大きい ; (ベッドなどが)特大の ‖ a ~ bed 特大ベッド ❷《口》並外れた, 大変な, ど偉い

Kings·ton /kíŋstən/ 名 キングストン《ジャマイカの首都》

Kings·town /kíŋztaun/ 名 キングスタウン《西インド諸島のセントビンセントおよびグレナディーン諸島の首都》

kink /kɪŋk/ 名 C ❶ (糸・綱などの) よじれ, ねじれ ; (毛髪の) 縮れ ❷《口》(首や背中の) 筋肉のけいれん, 筋違え ❸ (心の)ゆがみ ; 気まぐれ, 奇行 ❹ (計画などの) 難点, 欠陥 ❺《俗》性的倒錯, 変態 ❻ =kinkajou

ìron [OR ***wòrk***] ***òut the kínks*** まずい点を直す
—動 自 他 (綱などが[を]) よじれる[よじれさせる], もつれる[もつれさせる]

kin·ka·jou /kíŋkədʒùː/ 名 C〖動〗キンカジュー《アライグマ科の夜行性動物. 中南米産》

kink·y /kíŋki/ 形 ❶ ねじれた, よじれた ; (髪が)縮れた ❷《口》ひねくれた ; 風変わりな, 奇矯な ; 《俗》変態の

kíns·fòlk 名 =kinfolk

Kin·sha·sa /kɪnʃáːsə/ 名 キンシャサ《コンゴ民主共和国の首都. 旧名 Leopoldville》

kín·shìp 名 ❶ U 〈…との〉親類 [血族] 関係〈**with**〉❷ U/C《単数形で》〈…との〉(性質・品質などの)類似, 近似, 共通点〈**with, for**〉

kíns·man /-mən/ 名 (複 **-men** /-mən/) C (男の) 血縁者, 親類の男性

kíns·wòman 名 (複 **-wòmen**) C (女の) 血縁者, 親類の女性

***ki·osk** /kíːɑ(ː)sk | -ɔsk/ 《アクセント注意》名 C ❶ キオスク《駅前・広場などで新聞・飲み物などを売る売店》(⇨ STORE **類語P**) ‖ I'm getting an evening newspaper at a ~ on the station platform. 夕刊は駅のホームのキオスクで買って来ます ❷《英》公衆電話ボックス ❸ 広告塔《街角などにある広告などを張る建造物》❹《古》キ

K

オスク《トルコなどのあずまや》

Ki·o·wa /kíːəwɑ̀ː/ 名 (複 ～ OR ～**s** /-z/) C カイオワ族《米国南西部の先住民》; U カイオワ語

kip /kɪp/ 名 ❶ C《主にスコット俗》寝場所; 寝床; 下宿屋 ❷ U/C《通例単数形で》《英口》睡眠
— 動 (**kipped** /-t/; **kip·ping**) 自《英口》(特に一時的な場所などで)眠る; 寝る ‖ ～ in the van トラックの中で寝る

Kip·ling /kíplɪŋ/ 名 **Rudyard** ～ キップリング (1865–1936)《インド生まれの英国の作家・詩人. 主著 *The Jungle Book* (1894). ノーベル文学賞受賞(1907)》

kip·per /kípər/ 名 C ❶ キッパー《干物[燻製(くんせい)]のニシン. 英国人が朝食によく食べる》 ❷ 産卵期の雄ザケ
— 動 他 〔サケ・ニシンなど〕を開いて塩干し[燻製]にする
▶▶ ～ **tíe** 名 C《英》幅広の派手なネクタイ

kir, K- /kɪər/ 名 U C《商標》キール《白ワインとカシスリキュールで作る飲料》

kír·by grìp /kə́ːrbi-/ 名 C《英》＝hairgrip

***Kir·i·ba·ti** /kɪ̀ribɑ́ːti/ 名 キリバス《太平洋中西部の共和国. 公式名 the Republic of Kiribati. 首都 Tarawa》

kirk /kəːrk/ 名 ❶ C《スコット・北イング》教会 (church) ❷《the K-》スコットランド教会《スコットランドで最大の長老教会》 ▶▶**Kírk sèssion** 名 C (スコットランド教会とほかの長老教会の)教会会議

kir·mess /kə́ːrməs | -mès/ 名 ＝kermis

Kír·ri·bìl·li Hòuse /kírɪbɪlɪ-/ 名《豪》(シドニーにある)首相官邸(→ the Lodge)

kirsch /kɪərʃ/ 名 U キルシュ《サクランボのブランデー》

kirsch·was·ser /kíərʃvɑ̀ːsər | -væ̀sə/ 名 ＝kirsch

Ki·shi·nev /kíʃɪnev, -nef/ 名 キシニョフ《東ヨーロッパ, モルドバの首都》

kis·met /kízmet/ 名 U 運命(fate); アラー神の御意

*****kiss** /kɪs/ 動 名
— 動 (～**·es** /-ɪz/; ～**ed** /-t/; ～**·ing**)
— 他 ❶ …に**キスする**, 接吻(せっぷん)する, 口づけする ‖ The couple ～*ed* each other on both cheeks. 2人はお互いの両頬(ほお)にキスした / ～ her **hand** [**cheek**] 彼女の手[頬]にキスする / He ～*ed* his ring when he scored the goal. ゴールを決めた彼は指輪に口づけした / ～ the trophy トロフィーに口づけする
❷《＋目 *A*＋目 *B* ⇄ ＋目 *B*＋**to** 目 *A*》*A* (人) にキスして *B*を表す ‖ She ～*ed* me goodbye [good night].＝She ～*ed* goodbye [good night] *to* me. 彼女は私に別れ[おやすみ]のキスをした
❸ (風・波・日光などが)…に軽く触れる ‖ The cool breeze in the morning ～*ed* her face. 朝の冷たいそよ風が彼女の頬をなでた ❹ (自動車が)…に軽く接触する; 〖ビリヤード〗(ボールが)〔ほかのボール〕に軽く触れる, キスする
— 自 ❶ (互いに)キスする ❷〖ビリヤード〗(ボールが)キスする
kìss and màke úp 仲直りする
kìss and téll《口》(有名人との過去の関係などを)暴露する
kìss awáy ... / kìss ... awáy 〈他〉〔涙など〕を口づけして取り除く ‖ I ～*ed away* her tears [worries]. 口づけして彼女の涙[心配]をぬぐい去ってやった
kìss ... bétter 〈他〉《口》〔子供のこぶ・軽いけがなど〕をキスして痛みを紛らせてやる
kìss óff《米俗》〈他〉(***kìss óff ... / kìss ... óff***) ① …をお払い箱にする; …をはねつける, 無視する ② …を無理にあきらめる —〈自〉立ち去る ‖ *Kiss off*! 出てってくれ, ほっといてくれ
kìss úp to ... 〈他〉《米俗》…にこびへつらう
— 名 (複 ～**·es** /-ɪz/) C ❶ **キス**, 接吻, 口づけ; ちゅっ《キスの音》‖ **Give** Grandma a ～ and say goodbye. おばあちゃんにさよならのキスをしてちょうだい / They were greeted **with** hugs and ～*es*. 彼らは抱擁(ほうよう)とキスで迎えられた / **plant** a ～ **on** her cheek 彼女の頬に強くキスする
❷ (風などが) 軽く触れること ❸〖ビリヤード〗キス《ボールとボールとの軽い接触》 ❹ メレンゲ菓子
blòw a pèrson a kíss; ***blòw a kíss to a pérson*** 〔人〕に投げキスする
the kìss of déath 死の接吻; (表面上はよさそうだが)命取りになる行為 ‖ Popular success is *the* ～ *of death* for an avant-garde artist. 大衆的成功は前衛芸術家にとって命取りだ
the kìss of lífe《口》① 口移し式人工呼吸 ② 起死回生策
the kìss of péace 平和の接吻《キリスト教での聖餐(せいさん)時の儀式的抱擁》
▶▶ ～ **cùrl** 名 C《英》(額・耳の前などに垂らした) 巻き毛 ～**ing bùg** 名 C〖虫〗(吸血性の)サシガメ ～**ing cóusin** 名 C ① (遠い血縁だが会えばキスのあいさつを交わす親しい)親戚(しんせき) ② 非常に近い[似た]もの ～**ing gàte** 名 C《英》(1人ずつしか通れない)小開き門

kìss-and-téll 形 以前交際のあった (有名) 人の私事[秘密]を暴露する ‖ write a ～ book 暴露本を書く

kiss·er /kísər/ 名 C ❶ キスする人 ❷《俗》口; 顔

Kis·sin·ger /kísɪndʒər/ 名 **Henry Alfred** ～ キッシンジャー (1923–)《ドイツ生まれの米国の政治学者・国務長官(1973–77). ノーベル平和賞受賞(1973)》

kíss-òff 名《the ～》《主に米口》(突然)お払い箱にすること, 首; 手切れ, おさらば; 死 ‖ get the ～ 捨てられる / give him the ～ 彼を捨てる[首にする]

kiss·o·gram /kísəɡræm/ 名 C (誕生日などの) キス電報《扮装をした人が配達し, あて名人にキスのお祝いする》

KÍSS prìnciple 名《the ～》《主に米》KISS原則《製品・システム・広告などはなるべく簡潔にすべきだとする考え》(◆ *K*eep *i*t *s*imple, *s*tupid の頭文字から)

Ki·swa·hi·li /kɪ̀swɑhíːli, kìswɑː-/ 名＝Swahili ❷

***kit**[1] /kɪt/ 名 C ❶ 道具一式, 用具一そろい; 道具[用具]入れ[箱] ‖ a shaving [sewing, repair, survival] ～ ひげそり道具[裁縫道具, 修理道具, 非常用装備]一式 / a first-aid ～ 救急箱 ❷ 組み立て式部品一式, キット ‖ a model airplane ～ 模型飛行機組み立てキット / furniture in ～ form 組み立て式家具 ❸ U《英》(特定の)服, 服装; 〖軍〗(武器以外の)装備一式 ‖ in football ～ サッカーの服装で ❹《英》(魚を入れる)かご, おけ
gèt one's kìt óff《英口》素っ裸になる
the whòle kìt and cabóodle 何もかも; だれもかれも
— 動 (**kit·ted** /-ɪd/; **kit·ting**) 他《次の成句で》
kìt óut ... / kìt ... óut 〈他〉《通例受身形で》《主に英》① 身につける〈**in** 衣類を; **with** 装具を〉‖ The students were all *kitted out in* ski clothes. 学生たちはみなスキー服に身を包んでいた ② 〈…の〉設備がある〈**with**〉
kìt úp ... / kìt ... úp 〈他〉《主に英》＝*kit out ...* / *kit ... out* ①
▶▶ ～ **bàg** 名 C (兵士の)背嚢(はいのう); (肩にかつぐ昔の)旅行かばん ～ **càr** 名 C キットカー, 組み立て自動車《購入者が自分で組み立てる》

kit[2] /kɪt/ 名 C 子猫(→ kitten)

*****kitch·en** /kítʃən/《発音注意》
— 名 (複 ～**s** /-z/) ❶ C (家庭の) **台所**, キッチン, 炊事場, 勝手; (ホテルなどの) 調理場, 厨房(ちゅうぼう) ‖ Monica is **in** the ～ making spaghetti sauce. モニカは台所でスパゲッティ用ソースを作っている / a fitted ～ 食器棚付きの台所 / a ～ table 台所のテーブル, 食卓
❷ U《集合的に》調理部, 配膳係; (備え付けの)台所[調理場]用品 ❸ U 料理法; 料理(cuisine) ‖ the French ～ フランス料理 ❹ C《口》(オーケストラの) 打楽器部門 ❺《形容詞的に》(言葉が)間に合わせの, 片言の
▶▶ ～ **càbinet** 名 C ① (大統領などの) 私設顧問団 ② (台所の) 食器棚 ～ **gárden** 名 C《主に英》家庭菜園 ～ **mìdden** 名 C〖考古〗貝塚 ～ **políce** 名 U《複数扱い》《米軍俗》炊事当番兵[軍務](略 K.P.) ～ **pórter** 名 C《英》(レストラン・ホテルの) 皿洗い係 ～ **ròll** [**pà-**

per] 名 U 《英》(台所用) ペーパータオル (《米》 paper towel) **～ sínk** (↓) **～ téa** 名 C 《豪・ニュージ》キッチンティー《女友達が台所用品を持ち寄り結婚式前に花嫁のために行うパーティー》 **～ tòwel** 名 C ① 《米》 (小さめの)台所用タオル(《英》 tea towel) ② 《英》=kitchen roll

kitch·en·ette /kìtʃənét/ 名 C (アパートなどの) 簡易台所

kìtchen-sínk ◁ 形 《限定》 ❶ 《主に英》 (映画・演劇などで) 飾らずに何もかも映し [描き] 出す, お茶の間の ‖ ～ drama 社会派リアリズムの演劇 ❷ 雑多な要素からなる

kìtchen sínk 名 C 台所の流し(台), シンク

éverything but the kìtchen sínk 《口・戯》多くの [余計な]ものいろいろ, 一切合切

kítchen·wàre 名 U 台所用品, 調理用具

kite /kaɪt/ 名 C ❶ 凧(たこ) ‖ Children are flying ～*s*. 子供たちが凧揚げをしている ❷ 【鳥】トビ ❸ 《口》 【海】 (微風時に張る)軽帆 ❹ 《俗》 【商】空(から)手形, 融通手形; 不正小切手; 偽造請求書[領収証] ❺ 《英俗》 《旧》飛行機

(as) hìgh as a kíte 《口》 ① (酒・麻薬で)酔って, 頭がぼうっとして ② 浮き浮きして ③ 空高く

flỳ a kíte ① 凧を揚げる (→❶) ② 世論を打診する ③ 観測気球を揚げる ④ 《俗》空[融通]手形を振り出す

COMMUNICATIVE EXPRESSIONS

1 **Gò flỳ a kíte!** うせろ; あっちへ行け

— 動 自 ❶ (トビのように)速く飛ぶ, 素早く動く; 高く揚がる ❷ 《俗》不正なやり方で小切手を使う

— 他 《俗》[小切手など]を不正に使う[書き換える]

▸▸ **～ sùrfer** 名 C カイトサーファー **～ sùrfing** 名 U カイトサーフィン (kiteboarding) 《大凧を揚げ風の力を利用してサーフィンをするスポーツ》

kíte-flỳing 名 U ❶ 凧揚げ ‖ In Japan, ～ is one of the traditional New Year amusements. 日本では凧揚げはお正月の伝統的な遊びの1つです ❷ 《英・豪》 (計画などを公表して) 世論の反応を探ること ❸ にせの小切手[領収書]を使うこと

Kitemark

Kíte·màrk 名 C 《商標》 英国規格院検査証《凧型の印. 日本のJISマークに当たる》

kith /kɪθ/ 名 《次の成句で》

kìth and kín 《旧》親類縁者, 親類知人(♦ 1人にもいう)

kitsch /kɪtʃ/ 名 U キッチュ, 浅はかで趣味の悪い作品, 俗悪な作品 **—** 形 =kitschy

kitsch·y /kítʃi/ 形 俗受けねらいの, 安っぽい, キッチュな

***kit·ten** /kítən/ 名 C ❶ 子猫; 小型の哺乳(ほにゅう)動物の子《ウサギ・ビーバーなど》 ❷ 【虫】モクメシャチホコガ(の類)

(as) wèak as a kítten 弱々しい, 病弱な

hàve kíttens 《英口》神経をとがらせている; 気をもんでいる

— 動 自 (猫などが)子を産む

▸▸ **～ hèel** 名 C 《通例 ～s》 キトンヒール《細くて低めのかかとの婦人靴》

kit·ten·ish /kítənɪʃ/ 形 子猫みたいな; ふざける, じゃれる; しなを作る, 思わせぶりな

kit·ti·wake /kíṭiwèɪk/ 名 C 【鳥】ミツユビカモメ

kit·tle /kíṭl/ 形 《古》扱いにくい

kit·ty[1] /kíṭi/ 名 (複 **-ties** /-z/) C ❶ 《口》 子猫 ❷ にゃんにゃん, にゃんこ(♥ 小児語)

kit·ty[2] /kíṭi/ 名 (複 **-ties** /-z/) C 《通例単数形で》 ❶ 【トランプ】(プレーヤー全員の)賭(か)け金 ❷ (ある目的のための)共同積立金; 積立金用つぼ

fèed the kítty お金を寄付する

Kit·ty /kíṭi/ 名 キティー (Katherine の愛称)

kítty-còrner(ed) 形 副 《米口》=cater-cornered

Kítty Hàwk 名 キティーホーク《米国ノースカロライナ北東部の村. Wright 兄弟が動力飛行機による初飛行に成功した地》

ki·va /kí:və/ 名 C キバ《北米先住民のプエブロ族が宗教的儀式に用いた地下あるいは半地下の建造物》

Ki·wa·nis /kɪwá:nɪs/ 名 キワニス(クラブ)《全米の実業家の国際的な奉仕団体》 **-ni·an** 名 C キワニスクラブの会員

ki·wi /kí:wi:/ 名 C ❶ 【鳥】 キーウィ《ニュージーランド特産の飛べない鳥》 ❷ 《K-》 《口》ニュージーランド人(New Zealander); ニュージーランドの兵士[選手](♥ 差別的と感じられることもある) ❸ (=～ frùit)キーウィ(フルーツ)

語源 ニュージーランド先住民の言語マオリ語で, この鳥の鳴き声の擬声語.

kJ 略 kilojoule(s) 《エネルギーおよび仕事の国際単位》

K.J.V. 略 *K*ing *J*ames *V*ersion

KKK 略 *K*u *K*lux *K*lan

kl 略 kiloliter

Klan /klæn/ 名 =Ku Klux Klan

Klans·man /klǽnzmən/ 名 (複 **-men** /-mən/) C Ku Klux Klan の団員

klatch /klætʃ/ 名 C 《米》雑談会, 懇談会, おしゃべり茶飲み会(♦ ドイツ語 Klatsch より)

Klax·on /klǽksən/ 名 C 《商標》 (自動車の) 警笛, クラクション

Klee /kleɪ/ 名 **Paul ～** クレー (1879–1940) 《スイスの画家》

Kleen·ex /klí:neks/ 名 (複 **～** OR **～·es** /-ɪz/) C 《商標》 クリネックスティッシュ, ティッシュペーパー ‖ Can you give me a ～, please? ティッシュを1枚くれませんか

Klem·pe·rer /klémpərər/ 名 **Otto ～** クレンペラー (1885–1973) 《ドイツの指揮者・作曲家》

klep·toc·ra·cy /kleptá(:)krəsi | -tɔ́k-/ 名 U 泥棒政治[国家] 《他国からの援助金などを為政者が奪い私腹を肥やす政治》 **klép·to·cràt** 名 C 悪徳政治家 **klép·to·crát·ic** 形

klep·to·ma·ni·a /klèptəméɪniə, -tou-/ 名 U 【心】 病的盗癖, 窃盗強迫症 **klèp·to·má·ni·àc** 形 病的盗癖の **—** 名 C 病的盗癖者

klez·mer /klézmər/ 名 (複 **～s** /-z/ OR **klez·mo·rim** /-mərì:m/) U 【楽】 クレズマー《主に東欧のユダヤ人の伝統音楽》; C クレズマー音楽家

klíeg (lìght) /klí:g-/ 名 C クリーグ灯 《映画スタジオの照明用強力アーク灯》

Klon·dike /klá(:)ndàɪk | klɔ́n-/ 名 クロンダイク 《カナダ北西部ユーコン川流域の金の産地. 1897–98年の gold rush で知られる》

kludge, kluge /klʌdʒ, klu:dʒ/ 名 C 《俗》 ❶ 手早くまずく組み立てたもの ❷ 💻 クラッジ 《組み合わせの不適当なシステム》 **—** 動 他 💻 [パソコンなどの問題] を組み合わせ的手段で解決する **klúdg·y** 形

klutz /klʌts/ 名 C ⊗《主に米・カナダ俗》《蔑》不器用な人; のろま, どじ **klutz·y** 形

klys·tron /kláɪstrɑ(:)n | -trɒn/ 名 C 【電子】 クライストロン電子ビーム管 《極超短波の発振・増幅用》

***km** 略 kilometer(s)

kn. 略 【海】knot(s)

knack** /næk/ 《発音注意》 名 C 《通例単数形で》 ❶ 〈…の〉こつ, 要領, 呼吸; 才覚〈**for, of, to**〉 ‖ Sara's got the ～ *of* baking good cookies. サラはおいしいクッキーを焼くこつを知っている / Dad has a ～ *for* telling funny stories. パパには面白い話をする才能がある / There is a ～ *to* uncorking a bottle. 瓶のコルク栓を抜くにはこつがある ❷ 〈…する〉 癖, 性向, 傾向 〈**of *doing〉 ‖ The child has a ～ *of* getting into trouble. その子にはトラブルに巻き込まれやすいところがある

knack·er /nǽkər/ 《英》 名 C ❶ 動物[廃馬]処理業者 ❷ 廃船[古屋]解体業者 **—** 動 他 ❶ 《受身形で》 《俗》 疲労困憊(こんぱい)する, くたくたになる ❷ …に重大な損害を与える **～·ing** 形

▸▸ **～'s yàrd** 名 C 《英》廃馬処理場

knack·wurst /ná(:)kwə̀:rst | nǽk-/ 名 U C クナックブルスト 《香辛料の効いた太く短いソーセージ》

knap /næp/ 動 (**knapped** /-t/ ; **knap·ping**) 他 …をこつ

K

こつたたく；削って[たたいて]砕く；ぽきんと折る

***knáp·sàck** 名 C (兵士・ハイカーなどの)背嚢(はいのう)，ナップザック

knáp·wèed 名 C 〘植〙ヤグルマギク

knave /neɪv/ 名 C ❶《古》いかさま師，ならず者 ❷〘トランプ〙ジャック(jack)

knav·er·y /néɪvəri/ 名 (複 **-er·ies** /-z/) C《古》いかさま，不正行為

knav·ish /néɪvɪʃ/ 形 いかさまの，不正な **~·ly** 副

knead /niːd/ (♦同音語 need) 動 他 ❶〔パン生地・陶土など〕を練る，こねる ❷〔パン・陶器など〕を練って[こねて]作る ❸〔肩の筋肉など〕をもむ，マッサージする

:knee /niː/《発音注意》

—名 (複 **~s** /-z/) C ❶ **ひざ**，膝(ひざ)関節(→ body 図)；ひざ頭；(動物の)ひざ(♦「ひざの上にのせる[置く]」などの「ひざ」は lap がふつう) ‖ I got down **on** my hands and *~s* to look for the lost ring. 落とした指輪を捜すため四つんばいになった / We sank **to** our *~s* in the deep snow. 深い雪の中で私たちはひざまで埋まった / My *~s* are knocking. ひざががくがくする / He fell **to** his *~s* in prayer. 彼は祈るためにひざまずいた / a ~ injury ひざのけが

❷ (衣服の) ひざ (の部分) ‖ She wore jeans in which she'd made holes in both *~s*. 彼女は両ひざに穴をあけたジーンズをはいていた

❸ (座った人の) ももの上側 (lap) ‖ Mother took the child on her ~. 母親は子供をひざの上にのせた

❹ (曲げた)ひざ状のもの；腕木，ひじ材；(樹木の)こぶ

at one's mòther's [OR ***fàther's***] ***knée*** 幼いころに[の]

bènd [OR ***bòw***] ***the*** [OR ***one's***] ***knée*** (***to ...***) (…に)屈服する

****brìng ... to his / her / its knées*** (戦争で)〔人・国など〕を屈服させる，弱らせる；〔組織など〕を崩壊させる

on bènded knée(***s***) (特に嘆願・崇拝のため)ひざまずいて

on one's knées ① ひざまずいて ‖ go (down) *on one's ~s* ひざまずく ② (計画・事業などが)崩壊寸前で；(人が)疲れ果てて

pùt [OR ***tàke***] ***a pèrson over one's knée*** 〔子供など〕をひざの上に寝かせて尻(しり)をたたく

wèak at the knées (驚き・衝動で) 倒れそうで；どぎまぎして

—動 (**~s** /-z/；**~d** /-d/；**~·ing**) 他 …をひざでける，…にひざで触れる

▸▸ **~ brèeches** 名 複《古》(ひざ下までの)半ズボン

knée·bòard 名 C ニーボード(サーフィン)用の板

—動 自 ニーボード (サーフィン) をする《ボードにひざをついてするサーフィン》 **~·er** 名 **~·ing** 名

knée·càp 名 C ❶ ひざの皿，〘解〙膝蓋(しつがい)骨(patella) ❷ ひざ当て —動 (**-capped** /-t/；**-cap·ping**) 他 (罰として)…のひざを撃って足を不自由にさせる

knée·càpping 名 形

knèe-déep ⟨シ⟩ 形 ❶ ひざまで達する，ひざまでの深さの ❷ ひざまで没した[つかった] ❸《叙述》没頭した，はまり込んだ ‖ ~ in work 仕事にどっぷりつかって

***knèe-hígh** ⟨シ⟩ 形 ひざまでの高さの ‖ ~ boots ひざまでの高さのブーツ

knee-high to a grasshopper ⇨ GRASSHOPPER(成句)

—名 C《通例 ~s》ひざまであるソックス

knée·hòle 名 C (机の下などの)両ひざの入る空間

knée-jèrk 形《限定》《口》(反応などが)反射的な；決まりきった反応を示す；前もってわかってしまう

kneel** /niːl/《発音注意》動 (**knelt** /nelt/，+《米》**~ed** /-d/；**~·ing**) 自 ひざまずく，ひざを曲げる《down***》‖ ~ *down* in prayer ひざまずいて祈る

knée-lèngth 形《限定》(衣服などが)ひざ丈の

knéel·er /-ər/ 名 C ひざまずく人；ひざつき台；ひざ布団；ひざ当て

knée·pàd 名 C (保護用などの)ひざ当て

knées-ùp 名 C《英口》にぎやかなパーティー[集まり]

knell /nel/《発音注意》名 C ❶ (人の死・葬儀を知らせる)弔鐘(の音) ❷《文》(終末・失敗などの)前兆(→ death knell) —動 自 (鐘が) (人の死を告げて) 鳴る —他〔人の死など〕を鐘を鳴らして知らせる

knelt /nelt/ 動 kneel の過去・過去分詞の1つ

Knes·set /knéset/ 名《the ~》クネセト，イスラエル国会

:knew /njuː/《発音注意》(♦同音語 new) 動 know の過去

knick·er·bock·ers /níkərbɑ̀(ː)kərz | -bɔ̀k-/ 名 複 ニッカーボッカー

knick·ers /níkərz/ 名 複 ❶《米》=knickerbockers ❷《英》パンティー

gèt [OR ***hàve***] ***one's knickers in a twist*** [《豪口》***knòt***] 《英口》怒る，(重要でないことに)慌てふためく

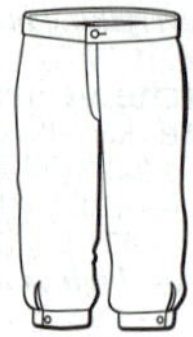

knicker-bockers

knick·knack /níknæk/ 名 C (室内などの安価な)小装飾品，小間物

:knife /naɪf/《発音注意》

—名 (複 **knives** /naɪvz/) C ❶ ナイフ，小刀，包丁；刃物，短刀 ‖ This ~ is **sharp** [dull]. このナイフはよく切れる[切れない] / A policeman was stabbed **with** a kitchen ~. 警官が1人包丁で刺された / a plastic ~ and fork プラスチックのナイフとフォーク (♦ fork and knife とはいわない) / a fish [butter, steak, bread, carving] ~ 魚肉用[バター，ステーキ，パン切り，肉切り用]ナイフ / A robber brandishing [OR wielding] a ~ broke into a convenience store. ナイフを振りかざした強盗がコンビニに押し入った / He pulled a ~ on the policeman who was questioning him. 彼は職務質問をしていた警官にナイフを突きつけた

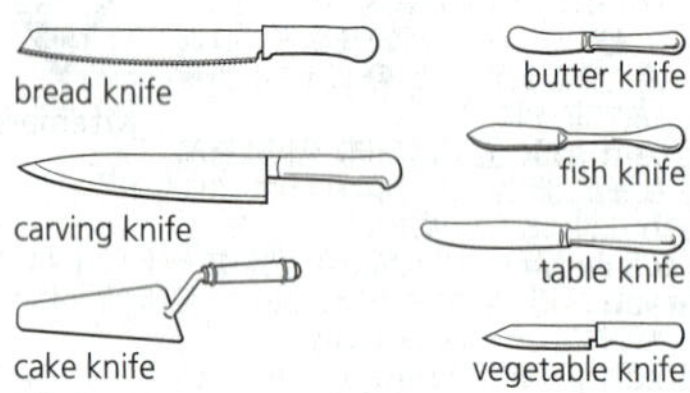

knife ❶

❷ 手術刀，メス ❸〘機〙(切断機の)刃

befòre one can [OR ***could***] ***sày knífe*** 《口》あっという間に，たちまち(⇨ JACK ROBINSON(成句))

One could cùt the átmosphere [OR ***áir***] ***with a knífe.*** とても重苦しい雰囲気だ

gèt [OR ***hàve***] ***one's knífe into*** [OR ***in***] ***a pérson*** 《口》〔人〕に攻撃的な態度をとる，意地悪をする

like a (***hòt***) ***knìfe through bútter*** いとも簡単に；何の抵抗[困難]にも遭わずに

pùt [OR ***stìck***] ***the knífe in*** [***into a pérson***] 《主に英口》[〔人〕に]意地の悪いことを言う[する]

the knives are òut (***for ...***) 《口》(…に対して)責任を押しつける，険悪である

twist [OR ***tùrn***] ***the knífe*** (***in the wòund***) わざと人がさらに怒るようなことを言う

under the knífe 《口》手術を受けて ‖ go *under the ~* 手術を受ける / die *under the ~* 手術中に死ぬ

—動 (**~s** /-s/；**~d** /-t/；**~·ing**)

—他 ❶ …をナイフで切る，短刀で刺す[傷つける] ‖ He's been *~d* in the back many times. その男は背中を何度もナイフで刺されていた ❷《俗》…を卑劣な手段でやっつけようとする；…の寝首をかこうとする

—自 〈…を〉(ナイフで)切るように進む〈**through**〉

knif·er 名

knífe-èdge 名 C ❶ ナイフの刃;ナイフの刃状のもの ❷ (天秤(びん)の支点となる)刃形支柱 ❸〖登山〗やせ尾根

on a knífe-èdge 不安定な状況で;結果が心配で

—形 予断を許さない[緊迫した]状態の ‖ a ~ election 接戦の選挙

knífe·pòint 名 C ナイフの刃先

at knífepoint ナイフを突きつけられて

***knight** /naɪt/ 《発音注意》(♦同音語 night) 名 C ❶ ナイト爵, 勲爵士《英国で国家への功績により与えられる一代限りの栄爵. Sir の称号が許され, baronet の次に位する》 ❷〖史〗(中世の)騎士《名門の子弟が武道・礼節などの訓練を受けながら page, squire を経て knight になった》‖ King Arthur and the *Knights* of the Round Table アーサー王と円卓の騎士たち ❸ (主義などのために尽くす)勇士;《文》(女性に献身的に仕える)ナイト ❹《通例 K-》(会員を knight と呼ぶ団体の) 会員 ❺ (古代ギリシャ・ローマの)騎士階級 ❻〖チェス〗ナイト(⇨ CHESS 図)

a knìght in shìning ármor 光輝く甲冑(かっちゅう)に身を固めた騎士;女性の危機を救う勇敢な男性;正義の味方 (♦ a knight on a white charger ともいう)

a knìght of the róad 《口》外交販売員;放浪者;大型トラック[タクシー]の運転手;(昔の)追いはぎ

—動 他《通例受身形で》ナイトに叙せられる

▸~ **báchelor** 名 (複 **~s -lor(s)**) C (どの騎士団にも属さない) 最下級の勲爵士 **Knìghts Témplars** 名《the ~》① テンプル騎士団《十字軍時代の代表的な騎士修道会》② テンプル騎士団《① の後継と称する米国の Freemason 系秘密結社》

knìght-érrant 名 (複 **knights-**) C ❶ (中世の) 武者修行[遍歴]中の騎士 ❷ 義侠(ぎきょう)の士, 弱きを助け強きをくじく人(♥ ときに皮肉)

knìght-érrantry 名 (複 **-errantries**) U 武者修行;C 義侠的行為

kníght·hòod 名 U ❶ ナイトの爵位;騎士の地位[身分] ❷ 騎士道, 騎士かたぎ ❸《the ~》《集合的に》ナイト爵士団;騎士団

knight·ly /náɪtli/ 形《通例限定》騎士の(ような), 勇敢な, 義侠的な, 礼節をわきまえた **-li·ness** 名

K-9 /kèɪnáɪn/ 名 C《米》警察犬(♦canine の略記より)

knish /kəníʃ/ 《発音注意》名 C〖料理〗クニッシュ《薄いパン生地にひき肉やマッシュポテトを詰めて揚げたり焼いたりしたユダヤ料理》

***knit** /nɪt/ 《発音注意》(♦同音語 nit) 動 (**knit·ted** /-ɪd/ OR **knit**; **knit·ting**) (♦ 他 ❸, ❹と自 ❷では過去・過去分詞は通例 knit) 他 ❶ **a** 《+目》〔衣類・布など〕を編む;〔毛糸など〕を〈衣類などに〉編む〈**into**〉;〔衣類など〕を〈毛糸などから〉編む〈**out of, from**〉‖ ~ socks ソックスを編む / ~ wool *into* a sweater=~ a sweater *out of* wool 毛糸を編んでセーターを作る **b** 《+目 *A*+目 *B*⇄+目 *B* +**for** 目 *A*》*A* (人) に *B* (物) を編んでやる ‖ Mother is *knitting* me a scarf.=Mother is *knitting* a scarf *for* me. 母は私にマフラーを編んでくれている

❷〔編み目〕を作る;…を表編みする ‖ *Knit* one, purl two. 表1目, 裏2目で編みなさい

❸ …を密着させる, 結合する;(結婚・共通の利益などで)…を固く結びつける〈**to** 他者に;**into** …に一体化して〉;〔折れた骨〕を癒合(ゆごう)させる《*together*》(fuse) ‖ They are closely ~ (*together*) by common interests. 彼らは共通の利益で固く結ばれている ❹《過去分詞 knit で形容詞として複合語を作って》引き締まった, 固く結びついた ‖ a well-~ frame よく引き締まった体格 / a close-~ group 団結の固いグループ ❺〔まゆ〕をひそめる, 八の字に寄せる ‖ She *knitted* her eyebrows together in thought. 彼女はまゆを八の字に寄せて考え込んだ

—自 ❶ 編み物をする ❷ 密着[結合]する, 固く結びつく;(折れた骨が) 癒合する《*together*》❸ (まゆが) (八の字に) 寄る

knìt úp 〈自〉(毛糸などが) 編みやすい, 編み物に向く (♦ well など様態を表す副詞を伴う) —〈他〉《*knìt úp* ... / *knìt* ... *úp*》① …を編んで作り上げる[繕う] ② …を終結させる

—名 ❶ U/C (しばしば ~s)編んで作った布地[衣類], ニット製品, ニットウエア ‖ wool ~*s* for winter 冬用のウールニット製品 ❷ U 編み方;(棒編みの)編み目

knit·ted /nít̬ɪd/ 形 編んだ, 手編みの, ニットの

knit·ter /nít̬ər/ 名 C 編み物をする人;編み機

***knit·ting** /nít̬ɪŋ/ 名 U 編むこと, 棒編み, 編み物

stìck to the [OR *one's*] *knítting* 《口》自分のことに専心する

▸~ **machìne** 名 C 編み機;メリヤス機械 **~ nèe·dle** 名 C 編み針, 編み棒

knít·wèar 名 U ニットウエア《編んで作った衣類》

***knives** /naɪvz/ 名 knife の複数

***knob** /nɑ(:)b | nɔb/ 《発音注意》名 C ❶ (ドア・引き出しなどの) (丸い) 取っ手, ノブ ❷ (電気器具の) つまみ ‖ She turned the ~ to adjust the volume. 彼女は音量を調節するためつまみを回した ❸ (旗ざお・柱頭などの) 球飾り ❹ (木の) 節(ふし), こぶ ❺《英》(バターなどの) 丸いかたまり ‖ a ~ of butter ひとかたまりのバター ❻《主に米》丸い山[丘] ❼ ⊗《英卑》ペニス

with (*bràss*) *knóbs òn* 《英口》① おまけをつけて;さらにいっそう (♥ 子供同士の会話で相手に言い返すときなどに用いる) ‖ The same to you *with* ~*s on.* おまえなんかもっと(そう)だ ② かなりの程度に, はなはだしく

—動 他 ⊗《英卑》(男が)…と性交する

knobbed /nɑ(:)bd | nɔbd/ 形 握り[ノブ]のついた;節[こぶ]のある

knob·ble /nɑ́(:)bl | nɔ́bl/ 名 C《英》小さいこぶ(状のもの) (small knob) **-bly** 形 =knobby

knob·by /nɑ́(:)bi | nɔ́bi/ 形 こぶの多い, 節くれだった **-bi·ness** 名

knob·ker·rie /nɑ́(:)bkèri | nɔ́b-/ 名 C (先端にこぶのついた)投げ棒《南アフリカの先住民が武器として用いた》

***knock** /nɑ(:)k | nɔk/ 《発音注意》動 名

中心義 音を立てて打つ

—動 (**~s** /-s/; **~ed** /-t/; **~·ing**)

—自 ❶ 〈ドアなどを〉(こぶしなどで) **たたく**, **ノックする** 〈**on, at**〉(♦ 指先で「たたく」のは tap)(⇨ HIT 類語P) ‖ She entered my room without ~*ing* and locked the door behind her. 彼女はノックもせずに私の部屋に入って来るなりドアに鍵(かぎ)をかけた / I ~*ed* softly *on* [OR *at*] his door. 私は彼の部屋のドアを軽くノックした

❷ 〈…に〉打ち当たる, **ぶつかる**, 突き当たる〈**against, on, into**〉‖ Someone ~*ed against* [OR *into*] me. だれかが私にぶつかった / ~ *against* the table テーブルにぶつかる

❸ (自動車のエンジンが) ノッキングを起こす;(機械の内部が)がたがたいう

❹ (恐怖などで) (心臓が)どきどきする;(ひざなどが)がくがく震える ‖ My knees are ~*ing* (together). ひざががくがく震えている ❺《口》あらを探す, けちをつける, けなす

—他 ❶ …を**打つ**, 殴る;〔ボール〕を打つ[ける](♦「ドアをノックする」のは knock on [OR at] a door (→ 自 ❶) で, knock a door はまれ) ‖ Don't ~ others on the head. 人の頭をたたいちゃ駄目よ

❷ **a** 《+目+副句》…を打って[たたいて]動かす[倒す, …にする](♦ 副句 は方向を表す) ‖ I (accidentally) ~*ed* the glass off the table with my hand. 手が当たってグラスをテーブルからはたき落としてしまった (♦ accidentally がなければ「手で故意にはたき落とした」の意味にもなる) / Someone ~*ed* me to the ground and ran off with my purse. だれかが私を殴り倒し, 財布を奪って逃げ去った / ~ some nails in [into the wall] くぎを何本か打ち込む[壁に打ち込む]

b《＋目＋補〈形〉/ 目＋*doing*》…を打って[たたいて]…の状態にする ‖ I ～*ed* him **unconscious** [OR senseless]. 私は彼を殴って意識を失わせた / A big man ～*ed* me flying. 大きな男が私にぶつかってはね飛ばした
❸〔体(の一部)〕を〈…に〉打ち当てる，**ぶつける**〈**against, on**〉；…を(打って)傷つける ‖ Don't ～ your head *against* [OR *on*] the door. 頭をドアにぶつけるなよ
❹〔部屋〕の仕切りを取り壊して〈1つに〉つなげる《*together*》〈**into**〉‖ ～ two of the rooms 「*into* one [OR *together*] 間の壁を取り壊して2つの部屋をつなげる ❺ たたいて〔穴など〕を作る ‖ ～ a hole in the wall たたいて壁に穴をあける ❻《口》…をこき下ろす，けなす ‖ Don't ～ this movie until you have seen it. この映画をけなすのなら見てからにしなさいよ ❼《口》(年齢が)〔…歳〕に近づく

hàve it knócked《米俗》うまくいく，成功間違いなしである

knòck abóut〈自・他〉《英口》＝*knock around*(↓)

knòck aróund《口》〈他〉Ⅰ《***knòck aróund ...*** / ***knòck ... aróund***》①〔ボール〕をけって遊ぶ ②〔考えなど〕を話し合う Ⅱ《***knòck ... aróund***》③ …を続けざまに殴る，虐待する ‖ His father often ～*ed* him *around*. 彼の父親はしばしば彼を虐待した Ⅲ《***knòck aróund ...***》④ …を旅行して回る，渡り歩いて経験を積む；…の辺りをぶらぶらする；…でぶらぶらと過ごす ‖ He ～*ed around* Europe for a couple of years. 彼は2，3年ヨーロッパを転々としていた —〈自〉① 旅行して回る；ぶらつく；ぶらぶらと過ごす ②《進行形で》《英》(物が)(辺りに知られずに)ある，転がっている；(人が)いる ‖ My key should be ～*ing around* somewhere in this room. 私の鍵がこの部屋のどこかに転がっているはずなんだけど ③《主に英》〈人と〉(一緒に)よく連れ立って出歩く；〈異性と〉親しい関係にある，付き合う《*together*》〈**with**〉(✍ consort with)

knòck báck《口》〈他〉Ⅰ《***knòck ...báck*** / ***knòck báck ...***》①〔酒など〕をぐいっと飲み干す，ぐいぐい飲む(swig) ②《英》〔申し出など〕を拒否する Ⅱ《***knòck ... báck***》③《英》〔人・行動など〕を阻止する，邪魔する，…に水を差す ④《英》〔人〕を驚かす，落胆させる，〔人〕にショックを与える Ⅲ《***knòck À bàck B́***》⑤《英》*A*(人)に*B*(金銭)がかかる ‖ That dress must have ～*ed* her *back* a few hundred dollars. 彼女のあのドレスは数百ドルしたに違いない

knòck a pèrson déad ①〔人〕を殴り殺す ②《口》(演技などで)〔人〕を感動させる，うならせる(♦ しばしば knock 'em(＝them) dead の形で用いる)

****knòck dówn ...*** / ***knòck ... dówn***〈他〉① …を殴り[打ち]倒す；(車が)〔人〕をはねる；驚かす(♦ しばしば受身形で用いる) ‖ He was ～*ed down* by a taxi. 彼はタクシーにはねられた ②〔建物など〕を取り壊す ③(オークションで競売人が木槌(きづち)をたたいて)〈…に〉…の落札を告げる，…を売り渡す〈**to**〉‖ The table was ～*ed down to* him for a hundred pounds. そのテーブルは100ポンドで彼に落札された ④(輸送・保管の便宜上)…を解体[分解]する ⑤《口》〔値段〕を下げ(させ)る，まけ(させ)る；〔人〕にまけさせる ‖ ～ the price *down* 「200 dollars [by 20%] 200ドル[20%]値切(らせ)る / ～ him *down* from 50 dollars to 30 dollars 彼に50ドルから30ドルにまけさせる ⑥〔議論など〕を打ち破る；〔提案など〕を却下する ⑦《米口》(給料として)…を稼ぐ ⑧《米口》〔酒〕をぐいっと飲む，ぐいぐい飲む ⑨〘バスケットボール〙〔得点〕を入れる

knòck (*persons'*) ***hèads togéther***《口》(人に)(論争などを)強引にやめさせる(→ CE 2)；(難問解決などに)衆知を集める

knóck into ...〈他〉① …にぶつかる(→ 自 ❷) ②〔人〕に(偶然)出くわす

knòck À ìnto B́〈他〉① *A*を*B*に打ち込む(→ 他 ❷**a**) ② *A*(部屋)の仕切りを取り壊して*B*(1つの部屋)にする(→ 他 ❹) ③ *A*(分別など)を*B*(人(の頭))にたたき込む ‖ ～ some sense *into* him 彼に多少の分別をつけさせる

knock it off ⇨ CE 3

****knòck óff***〈他〉Ⅰ《***knòck óff ...*** / ***knòck ... óff***》① …をたたき落とす，払い落とす；…を取り除く，除去する ②《口》…を差し引く，値引きする，控除する ‖ ～ *off* ten dollars 10ドル値引きする ③《口》…を急いで仕上げる，さっと書き上げる ‖ ～ *off* a novel in a week 小説を1週間でさっと書き上げる ④《俗》…を殺す；(競技で)…を打ち破る，やっつける ⑤《英口》…を〈…から〉盗む(nick；steal)〈**from**〉⑥《口》…の違法コピー[にせブランド物]を作る；…から盗作する ⑦ ⊗《英卑》…とセックスする Ⅱ《***knòck óff ...***》⑧《口》〔仕事・勉強など〕をやめる，中止する ‖ ～ *off* work for lunch 仕事をやめて昼食にする ⑨《米口》…から盗む，…に盗みに入る Ⅲ《***knòck À òff B́***》⑩ *A*を*B*からたたき[払い]落とす；*A*を*B*から取り除く[除去する] ⑪《口》*A*を*B*から差し引く，値引きする，控除する —〈自〉《口》仕事を終える[やめる] ‖ Can I ～ *off* early today? 今日は早退してもいいですか

knòck ón〈自〉①《進行形で》《英口》年をとる ②〘ラグビー〙(ボールを)ノックオンする(ボールを手や腕に当てて前方に落とす反則)(♦ knock the ball on ともいう)

****knòck óut***〈他〉Ⅰ《***knòck óut ...*** / ***knòck ... óut***》① …をたたいて〈外に〉出す〈**of**〉；〔たばこのパイプ〕をたたいて灰を捨てる ‖ ～ *out* a tune on the piano ピアノで(不器用に)1曲弾く ②〔人〕を意識不明にする，気絶させる；昏睡(こんすい)させる；(ボクシングで)〔相手〕をノックアウトする；(野球で)〔ピッチャー〕をノックアウトする ③ …を打ち破る，(トーナメント戦などで)…を〈…から〉敗退させる(eliminate)〈**of**〉‖ Our team was ～*ed out* 「*of* the competition [in the semifinals]. 我々のチームは負けて競技会から脱落した[準決勝戦で敗退した] ④ …を使用不能にする；…を破壊する ⑤《口》…を急いで[ざっと]仕上げる[書き上げる] Ⅱ《***knòck ... óut***》⑥《口》〔人〕を疲れ果てさせる，くたくたにする；頑張る(→ *knock oneself out*(↓)) ⑦《口》〔人〕を驚嘆させる；〔人〕をびっくりさせる

knòck a pèrson (***òut***) ***cóld***《口》〔人〕を気絶させる；愕然(がくぜん)とさせる

knòck À òut of B́ ① ⇨ *knock out* ①，③(↑) ② *A*(特質など)を*B*(人)から奪い取る，失わせる

****knòck ... óver*** / ***knòck óver ...***〈他〉① …にぶつかって倒す[ひっくり返す]；(車で)〔人〕をひく ② …をびっくりさせる，唖然(あぜん)とさせる(→ CE 4) ‖ He was ～*ed over* by the news. 彼はその知らせにすっかりまいってしまった ③《米口》…に強盗に入る；…を奪い取る

knòck onesèlf óut《口》頑張って疲れ果てる；大いに努力する ‖ "Do you mind if I have another piece of cake?" "*Knock* yourself *out*!" 「ケーキもう1つ食べていいですか」「どうぞ，いっぱい食べて」

knòck thróugh〈他〉《***knòck thróugh ...*** / ***knòck ... thróugh***》〔部屋〕の仕切り[壁]をぶち抜く；〔仕切り・壁〕を取り除く —〈自〉部屋と部屋の間の仕切り[壁]を取り払う

knòck togéther〈他〉《***knòck togéther ...*** / ***knòck ... togéther***》① …を急いで[ざっと]作る[組み立てる] ②〔2つの部屋〕をつなげる(→ 他 ❹) —〈自〉ひざががくがくする

knòck úp〈他〉《***knòck úp ...*** / ***knòck ... úp***》①《英》ドアをノックして〔人〕を起こす(rouse) ②《英》…を急いで[手早く]準備する[作る] ‖ Could you ～ (me) *up* some sandwiches? (私に)サンドイッチを急いで作ってくださいませんか ③《俗》〔女〕をはらませる(♦ しばしば受身形で用いる) ④《主に英口》〔人〕をへとへとに疲れさせる，〔人〕の体調を崩させる ⑤〘クリケット〙〔得点〕をたたき出す —〈自〉《英口》(テニスなどの)試合前に軽く打ち合いの練習をする

COMMUNICATIVE EXPRESSIONS

[1] **Dòn't knóck it.** つべこべ言うな
[2] **I'll knòck your héads togèther.** いい加減けんかをやめないとひどい目に遭わせるぞ
[3] **Knòck it óff!** やめろよ；たいがいにしろ(♥ ふざけたり騒いだりしている人をたしなめる俗語)
[4] **You could have knòcked me óver** [《英》**dówn**] **with a féather.** やあ，びっくりしたな(♥ 大げさな驚きを表す)

—名 (複 **~s** /-s/) C ❶ノック，こつこつ (♦ノックの音としては通常 knock, knock と2度用いる) ‖ There was a loud ~ **on** [OR **at**] the door. ドアをたたく大きな音が聞こえた
❷打つ[たたく]こと，殴打，衝突；殴打[衝突]によるけが，打撲傷 ‖ get a ~ **on** the head 頭を殴られる[ぶつける]
❸《口》不幸，苦難，手痛い打撃 ‖ take [OR have] a ~ 打撃を受ける，不幸な経験をする ❹U (エンジンなどの)ノッキング(の音) ❺《口》酷評，こき下ろし，非難 ‖ have some hard ~ from the critics 批評家たちから手厳しい非難を受ける ❻《口》〘クリケット〙打撃番，イニング

knóck·abòut 形《限定》❶荒っぽい，騒々しい；(芝居などが)どたばたの(slapstick) ❷(服などが)荒仕事用の，丈夫な —名 C ❶〘海〙ノッカバウ《小型ヨットの一種》❷荒仕事用の服 ❸どたばた喜劇(の役者)

knóck-bàck 名 U C《口》拒絶，はねつけ

knóck·dòwn 形《限定》❶強烈な，圧倒的な ❷(家具などが)組み立て・解体のできる；(輸出品が)現地組み立て方式の，ノックダウン方式の ❸《口》(値段が)ごく安い(reduced)，(競売で)最低価格の
—名 C ❶打ち倒すこと，ノックダウン；圧倒するもの ❷簡単に組み立て[解体]できるもの ❸(価格の)割引；(数量の)削減 ❹〘海〙(強風で小舟などが)転覆すること

knóck-dòwn-dràg-òut 《口》形《限定》徹底的な，容赦ない —名 C 容赦ない争い，徹底的な論争

knock·er /ná(ː)kər | nɔ́kə/ 名 C ❶(ドアに取りつけた)ノッカー ❷(戸を)たたく人，ノックする人；《口》戸別販売のセールスマン ‖ on the ~ 《英口》訪問販売をして ❸《口》やたらとけちをつける人 ❹(~s)⊗《俗》《蔑》乳房

knócking còpy 名 U《英口》他社製品をけなす広告

knócking shòp 名 C《英口》売春宿(brothel)

knòck-knée 名 C (~s)X脚
-knéed 形 (↔ bow-legged)

knóck·òff 名 C《口》(安物の)イミテーション，にせブランド商品 ‖ a direct ~ of A A製品の完全な模造品

knòck-ón 名 C〘ラグビー〙ノックオン《ボールを手や腕に当てて前方に落とす反則》
▸▸ **~ effèct** /ˌ----ˊ/ 名 C《主に英》連鎖反応

knóck·òut 名 C ❶〘ボクシング〙ノックアウト《略 KO》❷《英》トーナメント方式の試合 ❸《口》素敵な人[もの]，すごい美人

COMMUNICATIVE EXPRESSIONS
1 Thát nèw músical **is a knóckout.** あの新しいミュージカルは素晴らしい(♥高い評価を表すくだけた表現)

—形《限定》❶強烈な，ノックアウトできる ‖ a ~ blow 強烈な一撃 ❷《英》トーナメント方式の ❸遺伝子操作された
▸▸ **~ dròps** 名 複《口》(飲み物に入れる)麻酔剤，眠り薬

knóck-ùp 名 C《英》〘テニス〙試合前の打ち合い練習

knock·wurst /ná(ː)kwəːrst | nɔ́k-/ 名 =knackwurst

knoll /noʊl/ 名 C 小さな円い丘；塚(mound)

knop /nɑ(ː)p | nɔp/ 名 C (ガラス器などの)こぶ状の装飾的取っ手，つまみ

Knos·sos /ná(ː)səs | knɔ́sɔs/ 名 クノッソス《ギリシャのクレタ島中央北岸に近い古代都市．ミノア文明の中心地》

*__knot__[1] /nɑ(ː)t | nɔt/ 《発音注意》(♦同音語 not) 名 C ❶結び；結び目；結び方 ‖ He tied a strange big ~ in his shoe lace. 彼は靴ひもに大きくて変な結び目を作った / undo [OR untie] a ~ 結び目をほどく / a loose [tight] ~ 緩い[堅い]結び目 / make a ~ at the end of the rope ロープの端に結び目を作る / fix the ~ in one's tie ネクタイの結び目を直す / a square [《英》reef] ~ こま結び
❷(髪・毛糸などの)もつれ，絡み；(後ろで結った)まげ ‖ Her hair was in a tight ~. 彼女は髪をきちっと結っていた
❸〘海・空〙ノット《船舶・航空機の1時間当たり1海里(約1,852メートル)の速度．略 kt》；海里(nautical mile)；(昔船の速度を測るのに用いた測程索の)結節，ノット ‖ a vessel of ten ~s 10ノットの船 ❹(人の小さな)集まり，群れ ‖ A ~ of people were standing outside the theater. ひとかたまりの人々が劇場の外に立っていた ❺こぶ；(筋肉の)結節，(力)こぶ；(腹部などの)しこり，ぐりぐり ‖ a ~ of muscles 筋肉のこぶ ❻(木の)こぶ；(材木の)節(ふし) ❼(緊張・恐怖などによる)胃[のどなど]のつかえ ‖ There was a ~ of fear in my stomach. 恐怖で胃がつかえていた ❽(剣・肩章・頭髪などの)飾り結び，蝶(ちょう)結びのリボン ❾(夫婦などの)縁，きずな(bond) ‖ the ~ of matrimony 夫婦のきずな ❿難問，難事，紛糾(→ Gordian knot)；(問題などの)核心

at a rate of knots ⇨ RATE[1](成句)
cut the (Gordian) knot ⇨ GORDIAN KNOT(成句)
tìe the knót 《口》結婚する(⇨ LOVE メタファーの森)
tìe a pèrson (ùp) in [OR ***into***] ***knóts*** 《口》[人]をすっかり混乱させる，苦境に陥れる

—動 (**~s** /-s/; **knot·ted** /-ɪd/; **knot·ting**) 他 ❶…を結ぶ，結びつける《*together*》；…に結び目を作る ‖ ~ *together* the ends of two ropes 2本の縄の両端を結び合わせる ❷[敷物など]を結び目模様で作る ❸…をこぶにする；…にこぶ[節]を作る ❹…をもつれさせる，絡ませる；[眉間(みけん)]に八の字を寄せる；(緊張・恐怖などが)[胃]をつかえさせる ‖ with one's forehead *knotted* 額に八の字を寄せて / Tension *knotted* her stomach. 緊張で彼女の胃がつかえた —自 結び目を作る，結ばれる；もつれる；こぶ[しこり]ができる；(胃が)つかえる ‖ His stomach *knotted* with [OR in] fear. 彼は恐怖のあまりに胃がつかえた

COMMUNICATIVE EXPRESSIONS
1 **Gèt knótted!** 《英》黙れ；うせろ；くたばれ

▸▸ **~ gàrden** 名 C ノットガーデン《入念にデザインされた装飾花壇[庭園]》

knot[2] /nɑ(ː)t | nɔt/ (♦同音語 not) 名 C〘鳥〙コオバシギ

knót·hòle 名 C (材木の)節穴

knot·ty /ná(ː)ti | nɔ́ti/ 形 ❶結び目のある，節だらけの ❷(問題・解決などの)難しい，難解な ‖ a ~ problem 難問
-ti·ness 名

K

*****know** /noʊ/ 《発音注意》(♦同音語 no) 動 名
中心義 …を知っている
—動 (▶ knowledge 名) (**~s** /-z/; **knew** /njuː/; **known** /noʊn/; **~·ing**) (通例進行形不可)
—他 ❶(事実・情報として)**知っている**，わかっている(♦「知る」「気づく」の意は get to know, find out, learn などを用いる) (⇨ UNDERSTAND 類語) **a** 《+目》…を知っている，わかっている，わかる ‖ Everybody ~*s* the fact. みんなその事実を知っている(♦これの受身形は The fact is known to everybody. と ... known by everybody. の両方が可能．by は特に意図的に「知ろうとして知った」という場合に用いられることが多い．判断の手段，基準を表す by とは区別が必要．→❸**a**) (⇨ PB 43) / "I ~ all about you." "You scare me." 「君のことなら何でも知ってるよ」「おどかさないで」/ Antwerp is best *known* to Japanese for its association with *A Dog of Flanders*. アントワープは『フランダースの犬』がらみで日本人に最もよく知られている
b 《+(*that*) 節》…であることを知っている，わかっている，確信している ‖ How do you ~ (*that*) he's her husband? どうして彼が彼女の夫だとわかるんだい / I ~ you don't love me anymore. あなたが私のことをもう愛してないのはわかっているわ / It is **well** *known that* those birds fly south in the winter. それらの鳥が冬に南の方に飛んで行くことはよく知られている
c 《+*wh* 節 / *wh to do*》…かを知っている，気づいている，確信している ‖ I don't ~ *who* I should ask. = I don't ~ *who to* ask. だれに尋ねたらいいかわからない / I ~ **exactly** *where* she lives. 彼女がどこに住んでいるかは正確にわかっている / No one ~*s whether* [OR *if*] this picture is genuine. だれもこの絵が本物かどうか知

らない / There's no ～*ing how* the story will end. その話がどういう結末になるのか全くわからない / Do you ～ *who* that gentleman is? あの紳士がだれだか知っていますか (♦ Yes, No で答えられるので ×Who do you know that gentleman is? の語順にはならない)

d 《+目+**to be** 補 / 目+**as** 補》…を…だと知っている (♦ to be 補 のほか to have *done* の文型も可能) ‖ Everybody ～*s* the opposite *to be* true. (✎ Everybody ～*s* (that) the opposite is true.) みんなその逆が真実だと知っている / The government is **well** *known to be* divided on this issue. この問題で政府内の意見が割れていることはよく知られている / Pocket Monsters, also *known as* Pokémon, are popular among children. ポケモンとして知られているポケットモンスターは子供たちに人気がある (♦ also known as を略して AKA [OR a.k.a.] と書くこともある) / She was *known to* have left Turkey under a false name. 彼女は偽名を使ってトルコを出発したことがわかっていた

e 《+**to** *do*》…すべきだと知っている ‖ Does he ～ *to* come here by noon? 彼は昼までにここへ来なければならないのを知っているのかい

❷ a 《+目》…を**よく知っている**, …に精通している (↔ be ignorant of) ; …と**知り合いである** (↔ be unfamiliar with) (♦ ⑴「…と知り合いになる」には get to know を用いる. ⑵ 受身形の前置詞は by, to いずれも用いる. ⇨ **PB** 43) ‖ Do you ～ Japanese? 日本語がわかりますか [できますか] (♦ know Japanese は日本語の非母語話者が日本語を話したり理解したりできることを意味する. → *know about*) / I ～ SoHo very well. ソーホーのことはよく知っている / ～ the way to the station 駅への道を知っている / We have *known* each other for years. 我々は年来の知己だ / She's terribly nice when you get to ～ her. 彼女は知り合いになるととても素敵な人です

PLANET BOARD 43

be known の後は to か by か.

問題設定「…に知られている」は be known to ... とされることが多いが, be known by ... も使われる. それぞれの使用率を調査した.

Q 次の表現のどちらを使いますか.
(a) She is known **to** everyone here.
(b) She is known **by** everyone here.
(c) 両方
(d) どちらも使わない

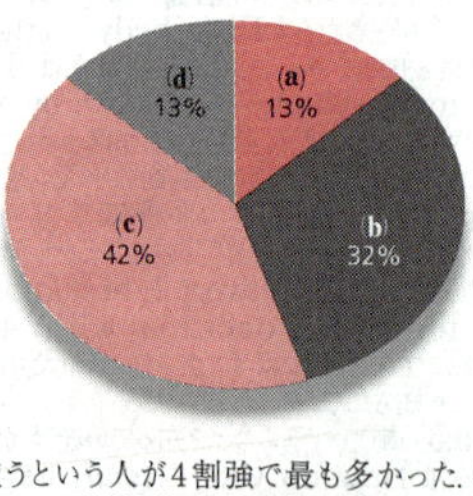

両方使うという人が4割強で最も多かった. (b) の be known by のみを使うという人は約3割, (a) の be known to のみを使うという人は約1割だった. 両方使うと答えた人の一部は,「(a) はその人の名がよく知られていることを表し, (b) は個人的に知り合いであることを表す」「(a) は悪いことで有名であることを表す」などと述べている. しかし,「意味の違いはなく, (a) の方が《堅》」とするコメントも多かった. どちらも使わないと答えた人はすべて, 能動態の Everyone here knows her.を使うとしている.

学習者への指針 be known to ..., be known by ... のどちらも使われるが, 後者の方が《口》ではより一般的である.

語法 ☆☆ I know him. は彼と知り合いであることを表し,「名前[顔](だけ)を知っている」は I know him by name [sight]. という. また,「…について知っている」は know about [of] (→成句(↓))を用いる. したがって歴史上の人物などには know about [of] しか使えない. 〈例〉We all know about [of] Napoleon. 私たちはみんなナポレオンのことを知っている (♦ ×We all know Napoleon. とはいわない)

b 《+**wh to** *do*》…すべきかをよく知っている ‖ She ～*s* *how to* cook fish. 彼女は魚の料理法を知っている

❸ (区別して) わかる a 《+目》(ほかと区別して)…だと〈…によって〉わかる, 気づく〈**by**〉‖ You would hardly ～ him now that he's gained so much weight. 今彼を見ても彼だとわかりませんよ, とても太ってしまいましたから / I *knew* him for a southerner *by* his drawl. ゆっくりとした話しぶりから彼が南部出身だとわかった / A person [OR man] is *known by* the company he keeps. 人は付き合う友によってわかる (♦ この by は対応する能動文の主語を表すのではなく, 判断の手段, 基準を表す. → by 前 ❹)

b 《+目+**from** 名》…を…から区別[識別]する ‖ The boys didn't ～ good *from* evil. 少年たちは善悪の区別がつかなかった

c 《+ (**that**) 節》…だと気づく, わかる ‖ From the tone of his voice I *knew* something had gone wrong. 彼の口調から何かうまくいかないことがあったとわかった

❹ 《通例完了形で》《主に否定文・疑問文で》 **a** 《+目》(経験により) …を知っている, 体験している ‖ I have never *known* such nice weather. こんないい天気は初めてだ / She has *known* better days. 彼女にもよい時代があったのだ (=She has seen better days.)

b 《+目+ (**to**) *do*》…が…したことを知っている [見聞きしている] (♦ see や hear の意味に近いので,《英》では to を省略することがある) ‖ I've never *known* him (*to*) lie. 彼は私にうそをついたことがない (♦ 受身形は He has never been known to lie. で to は省略できない)

❺ 《古》…と性関係を持つ

─ 自 **知っている**, (物事が) わかっている ‖ "DiMaggio was the best ballplayer ever." "Oh, I don't ～." 「ディマジオは史上最高の野球選手だよ」「さあ, どうでしょうか」(→ **CE** 28) / I wouldn't ～. 私が知っているはずがないでしょう ; まさか (→ **CE** 13) / Be sure to let me ～. 必ず知らせてくれ (♦ 以上3つの用例は目的語が省略されたものとも考えられる) / He planned the party without her ～*ing*. 彼は彼女に気づかれずにパーティーを計画した

****as*** [OR ***so***] ***fàr as I knów*** 私の知る限りでは

as we knów it [OR ***them***] 今日知られているような

as you knów 知ってのとおり, ご存じのとおり ‖ *As you* ～, you and I were raised in different countries. ご存じのとおり, 私達は別々の国で育ってきた (♥ 共有知識を確認する) / *As you* ～, you need money to buy things. 知ってのとおり, 物を買うにはお金がいるんだよ (♥ 自明の事実や聞き手が明らかに知らない内容について言うと皮肉な響きとなる)

be nòt to knów 知る由もない ‖ I *wasn't to* ～ that he was in trouble. 彼が困っているとは知る由もなかった

befòre one knòws whère one ís ; ***befòre one knóws it*** あっという間に

for àll [《文》***àught***] ***I knów*** 自分は (よくは) 知らないけれど, たぶん (♥ 話者の発話に対する無関心を強調する表現) ‖ Andrew Carnegie could be from Scotland *for all I* ～. アンドルー=カーネギーはスコットランド出身かもね, まあ関係ないけど

I dòn't knów about ... 《口》 ①〔人 (がどうか)〕については知らないが ‖ *I don't* ～ *about* you, but I'm going to have a little drink. 君はどうか知らないけど, 僕はちょっと飲んでいくよ ② …についてはそう思わない ‖ *I don't* ～ *about* that. それについてはどうかなあ

know a thing or two ⇨ THING (成句)

knów about ... …について(外面的なことを)知っている ‖ Just because linguists ~ *about* many languages does not mean they know many languages. 言語学者が多くの言語について知識があるからといって，多くの言語を使いこなせるわけではない

knòw ... báckward(s) (《米》 ***and fórward(s)***) …を完全に知り尽くしている

knòw bést いちばんよく知っている，最高の権威である

****knòw bétter (than ...)*** (**…するほど)愚かでない**，分別がある(から…しない) ‖ She ought to ~ *better* (*than* that). 彼女は(そんなことをしないようもっと)分別があってしかるべきだ / I ~ *better than* to invest in junk bonds. ジャンクボンドに投資するようなばかはしない

knòw dífferent [OR ***ótherwise***] そうではないと知っている

knów of ... …(の存在)について知っている，聞き知っている (⇨ ❷a 語法 (↑)) ‖ He is the only Korean actor I ~ *of*. 彼は私の知っている唯一の韓国人俳優です

knòw whàt one is tálking about 自分の話していることに自信がある；経験上知っている ‖ I've been there, so I ~ *what* I'm *talking about*. そこには行ったことがあるからよくわかります

lèt it be knówn that ... …ということをそれとなく知らせる

màke ... knówn …を〈…に〉知らせる〈**to**〉 ‖ He *made* himself *known to* me. 彼は私に自己紹介した

nòt knòw àny bétter 礼儀を知らない；物事を知らない

nòt knòw whàt hít one 《口》不意を打たれて狼狽(ろうばい)する ‖ I've just been fired and I do*n't* ~ *what hit* me. 突然首になって，どうしようかと思っている

nòt knòw whère [OR ***whìch wày***] ***to lóok*** とても決まりが悪い；どうしてよいかわからない

nòt knòw whèther [OR ***if***] ***one is còming or góing*** 《口》(すべきことが多すぎて)何が何だかわからない，自分が何をしているかわからない

nòt wànt to knów 《口》 ① 〈…に〉興味[関心]を持たない〈**about**〉 ② (大変だから)知らない方がよい ‖ "How much was it?" "You do*n't want to* ~."「それ，いくらしたの」「知らない方がいいよ」

****you knów*** 《口》(♥ 多用するのを好まない人もいる) ① 言っておくが…ということだ，…だからね (♥ 発言の内容を強調する) ‖ You're not allowed to enter the building, *you* ~. 君は建物内に入ってはならない，いいね / Your money won't last forever, *you* ~. いいかい，君の金だっていつまでも持ちはしないんだよ ② ほら例の，知ってのとおり (♥ 相手が理解していることを確認する) ‖ He's just 12, *you* ~. Please be patient. 知ってるでしょう，彼はまだ12歳よ．我慢してあげて ③ でね，ほら，その，何て言うか (♥ 単に話の間を埋めるために用いる．言いたいことがうまく言えないもどかしさやためらいを伝えることもある) ‖ Do try to remember not to wash your, *you* ~, your stuff in running hot water. 覚えておいてほしいんだが，君の，その何だ，身の回りの品を水道の湯で洗わないでくれ

COMMUNICATIVE EXPRESSIONS

1 You're nòt suppòsed to be dóing thìs. **And you know it.** 君はこんなことをしているべきじゃないんだ．自分でもわかっているでしょ(♥ 説得·説教·叱咤(しった)する際に)

2 **Ànybody** [OR **Ànyone**] **I knów?** どなた(でしたっけ)(♥ 遠慮がちに第三者について「だれですか」と尋ねる)

3 **But nòbody knóws** what the situàtion would be like nèxt yéar. しかし来年どのような状勢になっているかはだれもわからないことですよね (♥ 相手が不確定な情報を論拠にしていることを指摘する)

4 **Did you knòw** that he gòt promóted? 彼，昇進したんですってね(♥「自分はこんなことを知っているんだ」ということを控えめに相手に伝える．=I hear that he .... /↗Guess what: he ....)

5 Can I tránsfer hère, **do you knów?** ここで乗り換えができるかどうか，ひょっとして知ってる (↗Could you tell me if I can transfer here?)

6 **Dòesn't ánybody knòw** where he ìs rìght nów? 彼が今どこにいるかだれも知らないんですか (♥ しばしば「だれも知らないなんてまいったな」の意を含む)

7 **Dòn't I knów it!** わかっているさ；そのとおりさ (♥ 気に障ることなどを言われた際の言い返し)

8 **Dòn't I knów you from sòmewhere?** どこかでお会いしませんでしたっけ (♥ 字義どおりのほか，しばしば初対面の異性に声をかけるときに)

9 You **dòn't knòw nóthing**. おまえは何もわかっちゃいない (♥ 意見が不一致の相手を非難するくだけた表現．don't know nothing は正しくは don't know anything だが，あえて非文法的な形を使っている．=You don't know beans [OR up from down, which end is up, quality from a hole in the ground].)

10 **Dón't you knòw thát?** そんなことも知らないのか(♥ 辛辣(しんらつ)な表現)

11 **Éveryone** [OR **Éverybody**] **knòws that** we càn't affòrd to wàste àny mòre tíme. これ以上時間を無駄にできないことは皆わかっていることですよね (♥ 周知の事実を確認したり，明確な事実を示して人を説得するとき)

12 **Hòw do you knów?** どうしてそんなことが言える[わかる]んだい

13 **Hòw (the hèll) should** [OR **would**] **Í knòw?** 私が知っているわけないでしょう；知らないよ(♥ しばしばいら立ちを伴う．I を強く発音する．the hell がつくと「知るかよ」という，よりぶしつけな意味になる．=Don't ask me.)

14 **Hòw was I to knów?** 私は知りませんよ (♥ 自分の責任ではないことを述べる)

15 "**Hòw will I know** [OR **récognize**] **you?**" "I'll be wèaring a pìnk shírt with strípes."「どうやってあなただとわかりますか」「ピンクのしまのシャツを着て行きますので」(♥ 初対面の人との待ち合わせなどをする際に)

16 **I dòn't knòw why you càn't** màke the rúles mòre fléxible. どうして規則をもっと柔軟なものにできないのか理解できません(♥ 説得の表現)

17 **I knéw it.** きっとそんなことだろうと思っていた

18 **I knów.** ① そうですね；わかりますよ(♥ 同意) ② わかっています (♥ 反論を制する) ③ そうだ (♥ 名案が浮かんだ際に．I を know より強く発音する．=I know what.)

Behind the Scenes **I know. わかってる** SF映画 *Star Wars* の中で，敵に捕らえられた Han Solo に向かって Princess Leia が I love you. と告白したのに対して Solo が返した答え (♥ 愛を告白された際のおどけた，またはキザな返事．しばしば「自分も愛している」の意)

19 **I knòw nóthing of** her pèrsonal báckground. 彼女の個人的な背景については何も知りません (♥ 意見や情報の持ち合わせがないことを述べる)

20 **I knów (that)** you're àwfully búsy, **but** could you plèase trỳ and càll her agáin? 大変お忙しいのはわかっていますが，どうかもう一度彼女に電話してみてくれませんか(♥ あえて意見を述べたり，提案·依頼などをする)

21 **Í knòw whát.** ⇨ WHAT(CE 2)

22 **I knów what you méan.** おっしゃることはわかります(♥ 理解を示す)

23 **I mìght have knówn** she'd be láte. 彼女が遅れて来ることは予想できたはずなのに；案の定彼女は遅刻だ

24 **I'd gìve** ⌜**a lót** [OR **ánything**] **to knòw** how to òperate thìs machíne. この機械の操作方法をぜひ知りたいです(♥ 強い興味を示す)

25 **If ònly I knéw.** 知ってさえいればなあ；知らないので残念だ(♥ ややくだけた表現．↗I wish I knew.)

26 "You pròbably trìed vèry hárd." "**Mòre than you('ll èver) knów.**"「君はずいぶん頑張ったんだろうね」「あなたが思っている以上にね」

27 **Nòt that I knów of.** 私の知る限りそういうものはありません[人はいません] (♥ 該当するもの[人]を尋ねる質問に対する答え)

K

28 "Dòn't you thìnk he should resígn?" "**Wèll, I dòn't knów (rèally).**"「彼は辞職した方がいいと思いませんか」「さあ，どうかな」(♥あいまいな返事で意見の明言を避ける場合に用いるくだけた表現. ✎ I'd rather not say anything about it. / ✎ I'm afraid I can't comment on that.)

29 **(Wèll,) whàt do you knów!** おやまあ，これはこれは；これは驚いたね(♥予期しなかったことへの驚きを表す)

30 "You should rèad the mánual for the céllphòne." "**Whàt's (thère) to knów?** Thèse are àll bàsically the sáme, áren't they?"「その携帯電話のマニュアル読んだ方がいいんじゃない」「そんなのどうということはないよ. 携帯電話なんてみんな基本的に同じでしょ」(♥「それには特別な知識なんて必要ない」の意)

31 **Whò knóws?** ① 知るもんか；そんなことだれも知らないよ ② ひょっとしてそうなるかもしれないよ(♥後に「そうなるかもしれない」状況を説明する文が続く)

32 **Wòuldn't you knów it?** そんなことはわかりきっているじゃないか

33 **You knòw whát** [OR **sómething**]**?** NAVI ねえねえ，知ってる？；ねえ，聞いてよ(♥会話の話題導入に用いるくだけた表現)(⇨ NAVI表現 1)

34 **You knòw what「I méan** [OR **I'm sáying**]. 私の言ってることわかるね(♥「だからこれ以上言わないよ」の意を含む)

35 **You knòw what I thínk?** ⇨ THINK(CE 31)

36 **You nèver knów** (who will cóme). (だれが来るか)わからないよ，(だれか来る)かもしれないよ(♥「先のことは何とも言えない」と未来の可能性を述べる際の前置き. よいことにも悪いことにも使える)

—名《次の成句で》

*****in the knów*** 内情に通じていて，詳しく知っていて ‖ people *in the* ～ 内情に詳しい人たち

～·er 名

know·a·ble /nóuəbl/ 形 (情報などが) 知ることができる，知られ得る；理解される

—名 C《通例 ～s》知ることができるもの

knów-àll 名《英口》=know-it-all

***knów-hòw** 名 U《口》専門的知識[技術]，ノウハウ ‖ the necessary technical ～ for the job その仕事に必要な技術的ノウハウ / have the financial ～ to run a company 会社経営の財務的ノウハウを持っている

know·ing /nóuɪŋ/ 形 ❶ 知ったかぶりの，訳知り顔の ❷ ⊗《主に蔑》狡猾(こうかつ)な，抜け目のない ❸ 物を知っている，利口な ❹ 故意の

***know·ing·ly** /nóuɪŋli/ 副 心得顔で，さもわかっているというふうに；故意に，知っていながら

knów-it-àll 名 C《主に米口》知ったかぶりをする人，物知り顔で人の助言を受けつけない人

*****knowl·edge** /ná(ː)lɪdʒ | nɔ́l-/ 《発音・アクセント注意》

—名〔◁ know 動〕(複 **-edg·es** /-ɪz/) ❶ U/C《a ～》〈…についての〉**知識**，学識，学問(↔ ignorance)〈**of, about**〉(⇨ WISDOM 類語) ‖ So far we've acquired [OR gained] little ～ *of* extrasolar planets. 今までのところ我々は太陽系外惑星についての知識はほとんど得ていない / I have a working ～ *of* Hindi. 私はヒンディー語の実用的知識を持っている / She has enough ～ *about* antiques to write a book. 彼女は骨董(こっとう)について本が書けるほど知識がある / specialist [scientific] ～ 専門的[科学的]知識 / every branch of ～ 学問のすべての分野

❷ U **知って[気づいて]いること**；認識，承知(↔ unawareness)〈**of** …について(の) / **that** 節 …ということについて〉‖ I have no ～ *of* what he is up to. 彼が何をやるつもりかまるで知りません / She denied any ～ *of* her husband's wrongdoing. 彼女は夫の犯罪について何も知らないと言った / It is common [OR public] ～ *that* their marriage is in shambles. 彼らの結婚生活が破滅状態にあることは皆が知っている / I was safe in the ～ *that* my father was going to help. 父が助けてくれると知って私は安心していた / ～ *of* good and evil 善悪の認識 / ～ *of* the situation 状況に対する認識

❸ U《古》性行為，性交(carnal knowledge)

❹ 💻(システム内に蓄積された)情報(量)

còme to a pèrson's knówledge (人の) 知るところとなる，(人に) 知られる ‖ It has *come to* my ～ that my son isn't doing well at school. 息子の学業成績が思わしくないことがわかってきた

*****to the best of one's knowledge*** ⇨ BEST 名 (成句)

without a pèrson's knówledge (人に)知られずに

▶▶**～ bàse** 名 C ① (問題解決に利用できる) 基礎知識[データ] ② 💻(コンピューターが集積している利用可能な)情報(量) **～ ecònomy** 名 U 知識型経済《知的所産を基にした21世紀型経済》 **～ industry** 名 C 知識産業 **～ mànagement** 名 U (企業内の)情報管理

knowl·edge·a·ble /ná(ː)lɪdʒəbl | nɔ́l-/ 形 物知りの，賢い；〈…を〉よく知っている〈**about**〉‖ ～ *about* wines ワインについて詳しい **-bly** 副

knòwledge-básed 形 💻知識ベースの ‖ ～ software 知識ベースのソフトウェア《コンピューターに集積している大量の知識型情報に基づいて処理を行うソフト；自学自習により能率性を高めるソフト》

****known** /noun/ 《発音注意》

—動 know の過去分詞

—形《比較なし》《限定》(よく)**知られている**，名の通っている(↔ unknown)；(数などが)既知の ‖ a ～ criminal 名うての犯罪者 / the **best-**～ jazz musician 最もよく知られているジャズ音楽家 / die of a little-～ disease ほとんど未知の病気で死ぬ / a ～ quantity 既知量[数]；よく知られた人[もの] / the earliest-～ example 知られているうちではいちばん最初の例

—名 C 知られた事実[情報]

knów-nòthing 名 C ❶ 無知な人 ❷ (K-N-)『米国史』ノーナシング党の党員《1850年代移民やローマカトリック教徒が公職に就くことに反対した党のメンバー》

Knt. 略 Knight

***knuck·le** /nʌ́kl/ 《発音注意》名 C ❶ (特に指の付け根の)指関節，指節；指関節部(の隆起)(⇨ HAND 図)；《～s》げんこつ ‖ crack one's ～*s* 指の関節をぽきぽき鳴らす / scrape one's ～*s* 指の節をすりむく ❷ (四足獣の) 膝(ひざ)関節 (の突起)；膝関節部の肉，ひざ肉 (《米》hock) ‖ a ～ of pork 豚のひざ肉 ❸『機』(ちょうつがいの) つぼ金 ❹《～s》《米》=brass knuckles

gò the knúckle 《豪口》げんこつで殴り合う，けんかする

near the knúckle 《英口》(冗談などが) きわどい，(猥褻(わいせつ))すれすれで

*****ràp a pèrson's knúckles*; *ràp a pèrson on*** [OR ***over***] ***the knúckles*** (悪いことをしたといって) (人を)叱責(しっせき)する；非難する

—動 自 (おはじきをするとき) 指関節部をそろえて地面につける《**down**》 —他 …を指関節部で打つ[押す，こする]

knùckle dówn 〈自〉①《口》〈…に〉真剣に精を出す，精力的に働く〈**to**〉‖ Let's ～ *down to* business. 精を出して仕事にかかろう ② =*knuckle under*(↓) ③ ⇨ 自

knùckle únder 〈自〉〈…に〉屈(服)する(submit)〈**to**〉‖ ～ *under to* threats 脅しに屈する

knúck·ly 形

▶▶**～ jòint** 名 C ① 指関節《指の付け根の関節》 ②『機』ナックル [二また] 継ぎ手 **～ sándwich** 名 C《俗》(握りこぶしでの)口へのパンチ

knúckle·bàll 名 C『野球』ナックルボール

knúckle·bòne 名 C ❶《口》指関節の骨 ❷ (羊などの) 足先の骨；《～s》《単数扱い》(羊などの足先の骨片を使った)お手玉遊び

knúckle-dùster 名 =brass knuckles

knúckle·hèad 名 C ⊗《俗》《蔑》愚か者, ばか
knúckle-wàlk 動 自 (ゴリラなどが) こぶしを地面につけて歩行する, ナックルウォークで歩く
knurl /nəːrl/ 名 C ❶ (つまみや貨幣の縁などの) ぎざぎざ ❷ 小突起, こぶ **~ed** 形 ぎざぎざのある; こぶの多い
K̀Ó 《口》【ボクシング】名 (複 **KO's** /-z/) C ノックアウト (knockout), ケーオー
―動 (**KO'd** /-d/; **KO'·ing**) 他 …をノックアウトする
ko·a·la /kouáːlə/ 《発音・アクセント注意》名 (= **~ bèar**) C【動】コアラ
ko·bold /kóubɑ(ː)ld, -bould | kɔ́bould/ 名 C (ドイツの民間伝承の)コボルト《(人家に出没するいたずら好きの)小妖精(ようせい); (地中に住む)地の精》
Koch /kouk/ 名 **Robert ~** コッホ(1843–1910)《ドイツの細菌学者. 結核菌・コレラ菌などを発見. ノーベル生理・医学賞受賞(1905)》
Ko·dak /kóudæk/ 名 C《商標》コダックカメラ
Ko·di·ak /kóudiæk/ 名 (= **~ Ìsland**) コディアック島《北太平洋上のアラスカ南西部の島》
▸▸ **~ bèar** 名 C【動】コディアックベア《アラスカおよびその近辺の島に生息する大型のヒグマ》
K̀ of C̀ 略《米》*K*nights *of* *C*olumbus (コロンブス騎士会)
kof·ta /kɑ́(ː)ftə | kɔ́f-/ 名 U C【料理】コフタ (♦インド料理で, 肉・魚肉をチーズや香辛料と混ぜて作る団子)
kohl /koul/ 名 U コール, 化粧墨, アイライン《中近東で女性が目の縁につける》‖ ~-lined eyes アイラインをつけた目
kohl·ra·bi /kòulrɑ́ːbi/ 名 (複 **~es** /-z/) C【植】カブラタマナ, コールラビ《茎が肥大したキャベツの一品種》
koi /kɔɪ/ 名 (複 **~** OR **~s** /-z/)【魚】(観賞用の)コイ, ニシキゴイ(♦日本語より)
koi·ne /kɔ́ɪneɪ/ 名 《ときに K-》U コイネー《ローマ帝国時代の標準ギリシャ語. 新約聖書はこれで書かれた》
ko·la /kóulə/ 名 =cola ❶ ▸▸ **~ nùt** 名 C コーラの木 (cola)の実《清涼飲料に用いる》
ko·lin·sky /kəlínski/ 名 (複 **-skies** /-z/) C【動】チョウセンイタチ; U チョウセンイタチの毛皮
kol·khoz /kɑ̀(ː)lkɑ́(ː)z | kɔ̀lkɔ́z/ 名 C (旧ソ連の) コルホーズ, 集団農場
Köln /kəːln/ 名 ケルン (♦ Cologne のドイツ語つづり)
Kol Ni·dre /kòul nídreɪ | kɔ̀l nídriː/ 名【ユダヤ教】コル＝ニドレイ《贖罪(しょくざい)の日》
ko·mat·ik /koumǽṭɪk/ 名 C コマチク《イヌイットのそり》
Ko·mò·do drágon /kəmòudou-/ 名 C【動】コモドオオトカゲ《インドネシアのコモド島に生息する世界最大のトカゲ》
koo·doo /kúːduː/ 名 =kudu
kook /kuːk/ 名 C《米口》《けなして》変人, 奇人
kook·a·bur·ra /kúkəbə̀ːrə | -bʌ̀rə/ 名 C【鳥】ワライカワセミ
kook·y, kook·ie /kúːki/ 形 ⊗《俗》《蔑》変人の, 奇人の, 頭のおかしい **kóok·i·ness** 名
Koo·ri /kúəri/ 名 (複 **~es** /-z/ OR **~s** /-z/) C《豪》オーストラリア先住民, アボリジニ
kop /kɑ(ː)p | kɔp/ 名 ❶ C《南ア口》頭 ❷ C《南ア》丘 (♦通例地名に用いる) ❸《通例 the K-》《英》サッカー場の階段席《以前はサポーターの立ち見席》
ko·pe(c)k /kóupek/ 名 C コペック, カペイカ《ロシア・ベラルーシの貨幣単位. 1/100 ruble. 略 k.》; カペイカ青銅貨
kop·pie, -je /kɑ́(ː)pi | kɔ́pi/ 名 C《南ア》小丘
Ko·ran /kərɑ́ːn | kɔː-/ 《発音注意》名《the ~》コーラン《イスラム教の聖典》(♦ Qur'an とも書く) **~·ic** 形
Ko·re·a /kəríːə | -ríə/ 《アクセント注意》
―名 朝鮮, 韓国
語源 朝鮮語 *koryo* (高麗) から. 原義は「高い山やきらめく川の国」.
Ko·re·an /kəríːən | -ríː-/ 《アクセント注意》
―形 **朝鮮[韓国]の**, 朝鮮[韓国]人の, 朝鮮[韓国]語の
―名 (複 **~s** /-z/) ❶ C 朝鮮[韓国]人
❷ U 朝鮮[韓国]語
▸▸ **~ Wár** 名《the ~》朝鮮戦争(1950–53)
korf·ball /kɔ́ːrfbɔ̀ːl/ 名 U コーフボール《男女混合で行うバスケットボールに似た球技》
kor·ma /kɔ́ːrmə/ 名 C《~s》【料理】コルマー《肉・魚・野菜をクリームで煮込んだインド料理》
Ko·ror /kɔ́ːrɔːr/ 名 コロール《パラオの首都》
Kór·sa·koff's sỳndrome [psychòsis] /kɔ́ːrsəkɑ(ː)fs- | -kɔfs-/ 名 U【精神医】コルサコフ症候群[病], 健忘症候群 (♦ロシアの医師 Nikolai S. Korsakoff (1853–1900)より)
ko·ru·na /kɔ́ːruːnə | kɔrúː-/ 名 (複 **-run** /-ruːn/ OR **-ru·ny** /-ruːni/ OR **~s** /-z/) C コルーナ《チェコ共和国とスロバキア共和国の通貨単位》; コルーナ貨
Kos·ci·us·ko /kɑ̀(ː)siʌ́skou | kɔ̀s-/ 名 ❶ **Thaddeus ~** コシューシコ(1746–1817)《ポーランドの軍人. 米国独立戦争に義勇兵として参加し, ポーランドに侵入したロシア軍を破った》 ❷ **Mount ~** コジアスコ山《オーストラリア大陸の最高峰. 2,228m》
ko·sher /kóuʃər/ 形 ❶【ユダヤ教】(食物の掟(おきて)から見て)適法の, 清浄な, 食べるのに適した; (店などが)適法の食物[品]を販売[提供]する ‖ keep [OR eat] ~ ユダヤの食事の掟を守る ❷《口》適切な, 申し分のない, 正しい
―動 他〔食べ物〕を食用に適したものにする
Ko·so·vo /kóusəvòu | kɔ́-/ 名 コソボ《旧ユーゴスラビア連邦セルビア共和国内の自治州であったが, 2008年2月セルビアからの独立を宣言. アルバニア系住民が多い. 公式名 Republic of Kosovo. 首都 Priština》 **-vàr** 形 名
ko·to /kóutou/ 名 (複 **~s** /-z/) C 琴(♦日本語より)
kou·miss /kúːmɪs/ 名 =kumiss
kow·hai /kóuaɪ/ 名 C【植】キエンジュ(黄槐)《ニュージーランド・チリ産》
Kow·loon /kàulúːn/ 名 九竜(カオルン)《中国南東部にある香港対岸の半島》
kow·tow /kàutáu/ 動 自 叩頭(こうとう)する《ひざまずいて額を地面につけ, 尊敬・畏怖(いふ)などを表す》; 平身低頭する, ぺこぺこする ―名 C 叩頭の礼 **~·er** 名
K̀P, K̀.P̀. 略【米軍】*k*itchen *p*olice
kph, K̀PH 略 *k*ilometers *p*er *h*our
Kr 記号【化】krypton(クリプトン)
kr. 略 krona, kronor; krone, kroner
kraal /krɑːl/ 名 C《南ア》❶ ⊗《ときに蔑》(南アフリカ先住民の)村落《さくで囲まれている》❷ (牛・羊の)おり, 囲い
kraft /kræft | krɑːft/ 名 (= **~ pàper**) U クラフト紙《褐色の丈夫な包装用紙》
krait /kraɪt/ 名 C【動】アマガサヘビ《インド・東南アジア産の毒蛇》
kra·ken /krɑ́ːkən/ 名【北欧伝説】クラーケン《ノルウェー近海に現れるといわれる想像上の巨大な生物》
Kras·no·yarsk /krɑ̀ːsnoujɑ́ːrsk/ 名 クラスノヤルスク《ロシア中南部, エニセイ川上流の工業都市》
kraut /kraut/ 名 ❶ =sauerkraut ❷《しばしば K-》C ⊗《俗》《蔑》ドイツ人[兵]
Krébs cỳcle /krébz-/ 名《通例 the ~》【生化】クレブス回路《細胞内物質代謝で最もふつうの回路》
***Krem·lin** /krémlɪn/ 名 ❶《the ~》クレムリン宮殿; ロシア[旧ソ連]政府 ❷《k-》C (ロシア都市の)城塞(じょうさい)
Krem·lin·ol·o·gy /krèmlɪnɑ́(ː)lədʒi | -ɔ́l-/ 名 U ロシア[ソ連]政治研究 **-gist** 名 **-o·lóg·i·cal** 形
krill /krɪl/ 名 (複 **~**) C【動】オキアミ
kris /kriːs/ 名 C クリース《マレー人・インドネシア人の使う刀身が波形の短剣》
Krish·na /kríʃnə/ 名【ヒンドゥー教】クリシュナ《Vishnu 神の第八化身》 **~·ìsm** 名 U クリシュナ神崇拝
Kriss Kring·le /krìs kríŋgl/ 名《米》《文》《戯》=Santa Claus
kro·na /króunə/ 名 C クローナ; クローナ貨 ❶ (複 **-nor**

K

/-nɔ:r/) スウェーデンの貨幣単位 ❷ (複 **-nur** /-nuər/) アイスランドの貨幣単位

kro·ne /króunə/ 名 (複 **-ner** /-nər/) Ⓒ クローネ《デンマーク・ノルウェーの貨幣単位》; クローネ貨

Kru·ger·rand /krú:gərænd/ 名《また k-》Ⓒ クルーガー金貨《南アフリカ共和国発行の1オンス金貨》

krum·horn /krʌ́mhɔ̀:rn/ 名 Ⓒ〔楽〕クルムホルン (crumhorn)《ルネサンス期のリード楽器の1つ》

kryp·ton /kríptɑ(:)n | -tɔn/ 名 Ⓤ〔化〕クリプトン《大気中に含まれる希ガス元素. 元素記号 Kr》

kry·tron /kráɪtrɑ̀(:)n | -trɔ̀n/ 名 Ⓒ〔電子工〕クライトロン《核兵器の起爆に使われる高速スイッチ装置》

KS 略〔郵〕Kansas

KT 略 *K*night (of the Order) of the *T*histle《(英国の) アザミ勲爵士》; *K*nights *T*emplars

kt. 略 karat

Kt. 略〔チェス〕knight

K-12 /kèɪ twélv/ 形《米》(幼稚園から第12学年までの) 初等中等教育の (♦ K は kindergarten, 12 は twelfth grade を表す)

K2 /kèɪtú:/ 名 K2《カラコルム山脈中で最高の世界第2位の高峰; 8,611m》

Kua·la Lum·pur /kwɑ̀:lə lumpúər | -lúmpuə/ 名 クアラルンプール《マレーシアの首都》

Ku-bánd /kèɪju:-/ 名 Ⓒ ケーユーバンド《衛星通信などで使われる超極短波の周波数帯》

Ku·blai Khan /kù:blaɪ kɑ́:n/ 名 フビライ=ハン (忽必烈汗) (1216?–94)《元の初代皇帝(1259–94)》

ku·chen /kú:kən/ 名 Ⓒ クーヘン《木の実や干しブドウ入りのドイツ風ケーキ》

ku·dos /kjú:douz | -dɔs/ 名 Ⓤ 賞賛, 栄誉, 名声

ku·du /kú:du:/ 名 (複 ~ OR ~s /-z/) Ⓒ〔動〕クーズー《アフリカ産の大型のレイヨウ》

kud·zu /kúdzu:/ 名 Ⓒ〔植〕クズ(葛)《日本原産のマメ科のつる植物. 米国では飼料・土壌浸食防止用》

Ku·fic /kjú:fɪk/ 形 クーフィー体の《初期のアラビア文字の書体》(Cufic)
——名 Ⓒ 初期のアラビア文字

Kúi·per Bèlt /káɪpər-/ 名《また K- b-》《the ~》〔天〕カイパーベルト《海王星・冥王(めいおう)星の外の太陽系の外れを回転している小天体群の環》

Ku Klux Klan /kù: klʌ̀ks klǽn/ 名《the ~》クー=クラックス=クラン, 3K団《略 KKK》《南北戦争後米国テネシー州で結成された反黒人秘密結社. 黒人・北部人を弾圧した; また, その白人優越主義を継承した秘密結社. 1915年ジョージア州で結成. 反黒人・反ユダヤ人・反カトリックを旗印にする》

kuk·ri /kúkri/ 名 Ⓒ ククリ刀《ネパールの Gurkha 族の使う鎌形(かまがた)の短剣》

ku·lak /kulɑ́:k | kú:læk/ 名 Ⓒ クラーク《ロシア革命以前の富農》

kul·fi /kúlfi/ 名 Ⓒ Ⓤ クルフィ《インドのアイスクリーム》

Kul·tur·kampf /kultúərkɑ̀:mpf/ 名《ときに k-》《ドイツ》文化闘争《Bismarck がドイツのカトリック教会の教育・宗教上の特権を制限しようとしたことによって起こった闘争(1871–87)》; (一般に) 文化闘争

Kumbh Me·la /kùm məlɑ́:, -méɪlə/ 名 Ⓤ クム=メイラー, クンブメーラ《12年毎にインドの川岸の聖都で行われるヒンドゥー教の祭典. 巡礼者は沐浴(もくよく)する》

ku·miss, -mis /kú:mɪs/ 名 Ⓤ クーミス《アジアの遊牧民がロバやラクダの乳を発酵させて造る酒》

küm·mel /kíməl | kúm-/ 名 Ⓤ キュンメル酒《caraway や cumin などで風味をつけたバルト海沿岸諸国起源の無色のリキュール》

kum·quat /kʌ́mkwɑ(:)t | -kwɔt/ 名 Ⓒ〔植〕キンカン(の木)

kun·da·li·ni /kùndəlí:ni:/ 名 Ⓤ クンダリーニ《ヨガの修行によって覚醒(かくせい)し脊柱(せきちゅう)の基部からららせん状に上昇するとされる精神エネルギー》

kung fu /kʌ̀ŋ fú:/ 名 Ⓤ カンフー(功夫)《空手に似た中国の拳法(けんぽう)》

Kuo·min·tang /kwòumɪntɑ́:ŋ | -tǽŋ/ 名《the ~》(中国) 国民党《1914年結成された中華民国の政党. 蔣介石総統の下, 政権を掌握(1928–49)》

Kurd /kə:rd/ 名 Ⓒ クルド人《主に Kurdistan に住むクルド語を話すイスラム教徒の農耕民族》 **~·ish** 形 名

Kur·di·stan /kə́:rdəstæ̀n | kə̀:dɪstɑ́:n/ 名 クルジスタン《トルコ・イラン・イラクにわたる山岳・高原地帯》

kur·gan /kuərgɑ́:n/ 名 Ⓒ〔考古〕クルガン《ユーラシア草原地帯に多い円形の墳丘》

Kù·ril(e) Íslands /kù:rɪl-/ 名《the ~》《複数扱い》千島列島

ku·rus /kurú:ʃ/ 名 (複 ~) Ⓒ クルーシュ《トルコの貨幣単位》

***Ku·wait** /kuwéɪt/ 名 クウェート《アラビア半島北東部, ペルシャ湾に臨むイスラム教国およびその首都. 公式名 the State of Kuwait》

***Ku·wai·ti** /kuwéɪṭi/ 名 Ⓒ クウェート人
——形 クウェートの, クウェート人の

Ku·znètsk Básin /kuznètsk-/ 名 クズネツク盆地《ロシア南部の北域, 世界最大級の炭田があり大工業地域》

kv, kV 略 kilovolt(s)

kvass /kvɑ:s/ 名 Ⓤ クワス《ライ麦や黒パンから造るビールに似たロシアの飲料》

kvetch /kvetʃ/《米口》名 Ⓒ ❶ 文句[泣き言]ばかり言う人, 不平家 ❷ 不平, 文句(complaint)
——動 自 絶えず文句[泣き言]を言う

kw, kW 略 kilowatt(s)

kwa·cha /kwɑ́:tʃə/ 名 (複 ~) Ⓒ クワチャ ❶ ザンビアの通貨単位《100 ngwee》 ❷ マラウイの通貨単位《100 tambala》

Kwang·ju /kwɑ̀:ŋdʒú: | kwæ̀n-/ 名 光州(クヮンジュ)《韓国全羅南道の道都》

kwan·za /kwɑ́:nzə/ 名 (複 ~ OR ~s /-z/) Ⓒ クワンザ《アンゴラの通貨単位. 100 lwei》

Kwan·za /kwɑ́:nzə/ 名 クワンザ《元日前7日間行われるアフリカ系アメリカ人の祭り》(♦ Kwanzaa ともつづる)

kwa·shi·or·kor /kwɑ̀(:)ʃió:rkər | kwɔ̀ʃió:kɔ:/ 名 Ⓤ〔医〕クワシオルコル症状《主にタンパク質不足から起こる小児の栄養失調》

kwe·la /kwéɪlə/ 名 Ⓤ〔楽〕クウェラ《南アフリカのジャズ音楽の一種. ペニーホイッスルという小型の笛を多用する》

kWh 略 *k*ilo*w*att-*h*our(s)

KWIC /kwɪk/ 名 Ⓒ 形 クイック索引[表示](の)《キーワードが文脈の中に入ったまま配列された索引, またそのようなデータの表示方法》(♦ *k*ey-*w*ord *i*n *c*ontext の略)

KY 略〔郵〕Kentucky

Ky. 略 Kentucky

kyat /tʃɑ:t | kiɑ́:t/ 名 (複 ~ OR ~s /-s/) Ⓒ チャット《ミャンマーの通貨単位》

kyle /kaɪl/ 名 Ⓒ《スコット》海峡

ky·mo·graph, cy·mo- /káɪməgræ̀f | -grɑ̀:f/ 名 Ⓒ カイモグラフ《血圧・脈拍などの波動運動の記録装置》

Ky·ó·to Pròtocol /kióutou-/ 名《the ~》京都議定書 (the Kyoto accord [OR pact])《1997年京都で開かれたG7会議で決議された地球温暖化対策に関する議定書》

ky·pho·sis /kaɪfóusɪs/ 名 Ⓤ〔医〕脊柱(せきちゅう)後湾症

***Kyr·gyz** /kíərgɪs | kə́:-/ 名 Ⓒ 形 キルギス(の), キルギス人(の); Ⓤ キルギス語(の)

Kyr·gyz·stan /kìərgɪstɑ́(:)n, -stǽn, kə̀:r-, 米+ ⌒⌒⌒/ 名 キルギスタン《中央アジアの共和国. 公式名 the Kyrgyz Republic. 首都 Bishkek》

Kyr·i·e e·le·i·son /kìrieɪ ɪléɪsɑ̀(:)n | -sɔ̀n/ 名〔宗〕キリエエレイソン《「主よ哀れみ給え」の祈りの文句》;〔楽〕キリエ(エレイソン)《ミサ曲の一部》(♦ ギリシャ語より)

K

L

The more a man has **learnt**, the easier it is for him to **learn** still more. より多く学んだ者は，さらに多くを学ぶのが容易になる (⇨ RUSSELL)

l

l¹, L¹ /el/ 名 (複 **l's, ls** /-z/ ; **L's, Ls** /-z/) C ❶ エル《英語アルファベットの第12字》 ❷ l [L] の表す音 ❸ 《活字などの》l [L] 字 ❹ L字形のもの ; 《主に米》《建物の》L字翼[そで]，L字管 ❺ 第12番目《のもの》 ❻ 《ローマ数字の》50 (→ Roman numeral)

l² 略 left ; 〖競馬〗length(s) ; liter(s)

L² 略 large ; Latin

£ 記号 pound《《貨幣単位の》ポンド,「はかり」の意のラテン語の *libra(e)* の略》(♦ 重量単位のポンドは lb)

l. 略 left ; length ; line ; lira ; liter ; 《古》pound(s)《通貨単位》

L. 略 lake ; large ; Latin ; 《英》learner driver

la¹ /lɑː/ 名 U C 〖楽〗ラ《全音階の第6音》

la² /lɑː/ 間 《主に米方》ほら，そら ; あれ，おや，まあ(♥ 驚き・強調を示す)

La 記号 〖化〗lanthanum(ランタン)

LA ⌫ 略 *L*egislative *A*ssembly (立法議会) ; Los Angeles ; 〖郵〗Louisiana

La. 略 Louisiana

lab /læb/ 名 《口》=laboratory

Lab. 略 《英》Labour (Party) ; Labrador

lab·bie /lǽbiː/ 名 C 《俗》実験室助手

la·bel /léɪbəl/ 《発音注意》

── 名 (複 **~s** /-z/) C ❶ **荷札**，名札，**ラベル**，レッテル(「レッテル」はオランダ語 letter《文字・手紙の意味》からの和製語) ‖ A name and address ~ must be attached to all baggage. 名前と住所を記したラベルを荷物すべてにはりつけなくてはいけない / washing instructions **on** a ~ 《衣料品の》ラベルに書かれている洗濯の注意書き

❷ 《人・集団・主義などへの》**レッテル**，《不正確な》決めつけ ‖ Using a ~ for a person may encourage prejudice. 人にレッテルをはることは偏見を助長することがある

❸ 《レコード・CDの》レーベル ; レコードレーベル[会社]，音楽ソフト製作会社 ; 《衣料品などの》ブランド(名)，商標(名) ‖ Aerosmith signed with a new ~. エアロスミスは新レーベルと契約した / She only wears designer ~*s*. 彼女はブランド物しか着ない ❹ 《標本などの》分類表示 ; 《辞書の》ラベル《用法などを示す《英》・〖化〗などの表示》 ❺ 〖紋章〗長子識別模様 ❻ 💻ラベル《数値でない文字としての記号》; 《プログラム中の》標識名，識別名 ❼ 〖化〗標識 ❽ 〖建〗《入口などにある》雨だれ石

── 動 (**~s** /-z/ ; **~ed**, 《英》**~led** /-d/ ; **~·ing**, 《英》**~·ling**) 他 ❶ **a** 《+目》…に**(荷)札[ラベル]をはる**[つける] ‖ All items are ~*ed* **with** a bar code. すべての商品にバーコードがつけられている / ~ a package for mailing 小包に郵送用の荷札をつける

b 《+目+補 《(**as**) 名・形》》…に…と(荷)札[ラベル]で表示する ‖ The bottle was ~*ed* "poison" [OR (*as*) poisonous]. その瓶には「毒薬」というラベルがはられていた

❷ 《+目+補 《(**as**) 名・形》》…を…と分類する[呼ぶ] ; …に…というレッテルをはる ‖ The students ~*ed* the PE teacher cruel. 生徒たちは体育の先生に「鬼教師」というレッテルをはった ❸ 〖化〗〔元素〕に標識をつける ; 〔化合物〕の成分元素を標識元素で置き換える

~·(l)er 名

la·bi·a /léɪbiə/ 名 labium の複数

▸▸ **~ ma·jó·ra** /-mədʒɔ́ːrə/ 名 複 〖解〗大陰唇(いんしん) **~ mi·nó·ra** /-mɪnɔ́ːrə/ 名 複 〖解〗小陰唇

la·bi·al /léɪbiəl/ 形 ❶ 〖音声〗唇子音の ❷ 〖解〗唇の(ような)，唇状の ; 陰唇の ── 名 C 〖音声〗唇音，唇子音《/b/, /m/, /p/ など》 **~·ly** 副

la·bile /léɪbaɪl/ 形 〖化〗変化[分解]しやすい，不安定な

la·bi·o·den·tal /lèɪbioudéntəl, -biə-/ ⌫ 名 C 形 〖音声〗唇歯音(の)《/f/, /v/ など》

la·bi·o·ve·lar /lèɪbiouvíːlər, -biə-/ ⌫ 名 C 形 〖音声〗唇軟口蓋(こうがい)音(の)《/w/ など》

la·bi·um /léɪbiəm/ 名 (複 **-bi·a** /-biə/) C 《通例 -bia》 ❶ 〖解〗陰唇 ❷ 〖虫〗下唇 ❸ 〖植〗下唇弁

la·bor, 《英》**-bour** /léɪbər/ 名 形 動

── 名 (複 **~s** /-z/) ❶ U **労働** ; 《肉体的・精神的》骨折り，努力 (↔ leisure) (⇨ WORK 類語P) ‖ *Labor* is included in the price of repairs. 修理代には技術料が含まれている / manual ~ 肉体労働 / hard ~ 《刑罰としての》重労働 / withdraw one's ~ ストライキをする

❷ C 《特定の》仕事 ; 労働の所産 ‖ a ~ of love 《もうけのためでなく》自分の喜びのためにする仕事《慈善など》

❸ U 《集合的に》《賃金》労働者，**労働力** ; 《経営者に対し》**労働者**《階級》; 労働組合 ‖ *Labor* and management agreed to the downsizing proposal. 労使はリストラの提案に同意した / Their exports are produced by **cheap** ~. 彼らの輸出品は安い労働力で生産されている / a shortage of ~ 労働力不足 / The gap between skilled and unskilled ~ is widening. 熟練労働者と未熟練労働者との間の格差が拡大している / organized ~ 組織労働者 / *Labor* vehemently opposes job cuts. 労組は雇用削減に猛反対している

❹ 《one's ~s》《根を詰めて成し遂げた》一仕事 ‖ The success of the party was the result of his ~*s*. パーティーの成功は彼の努力のたまものだった

❺ U/C 《通例単数形で》分娩(ぶんべん) ‖「an easy [a hard] ~ 安[難]産 / My wife is in ~. 私の妻は分娩中だ / go into ~ 分娩が始まる / ~ pains 陣痛

❻ 《L-》《英》=Labour Party

── 形 《比較なし》《限定》 ❶ 労働の，労働者の ‖ ~ relations 労使関係 / ~ shortage 労働力不足

❷ 《L-》《英》労働党(支持)の ‖ a *Labour* MP 労働党の代議士 / a *Labour* Government 労働党政権

── 動 (**~s** /-z/ ; **~ed** /-d/ ; **~·ing**)

── 自 ❶ **労働する**，せっせと働く，〈…に〉精を出す(↔ rest)〈**at, over**〉; 〈…を求めて〉**骨を折る**〈**for**〉，〈…しようと〉努力する〈**to** *do*〉‖ ~ in the fields 畑でせっせと働く / ~ *at* the problem その問題に取り組む / The UN is ~*ing* *for* [*to* promote] world peace. 国連は世界平和の[を促進する]ために努力している

❷ 《+副句》苦労して進む ‖ The old car ~*ed* up the steep hill. おんぼろ車は急な坂道をやっと上った

❸ 《船が》ひどく揺れる ; 《エンジン・機械が》ぎくしゃくする

❹ 出産の苦しみをする，陣痛を催す

── 他 …を《必要以上に》念入りに扱う，くどくどと論じる

lábor under ... 〈他〉 ① 〔重荷など〕を背負う ② 〔逆境など〕に苦しむ，耐えつつ励む ③ 〔誤解・妄想など〕にとらわれる

làbor one's wáy 《まれ》苦労して進む

▸▸ **~ càmp** 名 C 強制労働収容所 **~ còst** 名 C 《通例 ~s》人件費，労賃 ‖ save on ~ *costs* 人件費を節約する **Lábor Dày** 名 U C レイバーデー《労働者の日. 労働者をたたえる米国・カナダの法定休日で9月の第1月曜日》(→ May Day) **~ fòrce** 名 《the ~》〖経〗労働力，労働人口(work force) **~ màrket** 名 《the ~》労働市場 **~ mòvement** 名 《the ~》労働運動 **~ ùnion** 名 C 《主に米》労働組合(《英》trade union)

lab·o·ra·to·ry /lǽbərətɔ̀ːri | ləbɔ́rətə-/ 《アクセント注意》

—名 (複 -ries /-z/) C ❶ **実験室**, 研究室[所] ; (薬品などの)製造所 ; 演習室(《口》lab) ; 《形容詞的に》実験(室)用の ‖ a research ～ 研究所 / a chemistry ～ 化学実験室 / a language ～ (語学)ラボ, LL / a ～ **test** 実験室試験, 臨床検査 / a ～ animal 実験用動物
❷ (授業としての)実験, 実習
語源 *laborat-* labor, work(働く) + *-ory*(「場所」を表す名詞語尾)

la·bored /léɪbərd/ 形 努力を要する, 困難な ; 不自然な, ぎこちない ‖ ～ breathing 苦しい息遣い

*__la·bor·er,__ 《英》 **-bour-** /léɪbərər/ 名 C (肉体) 労働者 (⇨ WORKER 類語) ‖ a farm ～ 農場労働者 / a day ～ 日雇い労働者

làbor-inténsive <シ 形 労働集約的な

*__la·bo·ri·ous__ /ləbɔ́ːriəs/ 《アクセント注意》 形 ❶ 骨の折れる, 困難な ‖ a ～ task きつい仕事 ❷ (文体などが)ぎこちない(labored) ❸ 勤勉な, よく働く(hardworking)
～·ly 副 **～·ness** 名

la·bor·ite /léɪbəràɪt/ 名 C ❶ (労働運動・組合の) 会員, 支援者 ❷ 《L-》英国労働党員

lábor-sàving 形 《限定》労力節約の, 省力(化)の

****la·bour** /léɪbər/

名 形 動 《英》= labor
▸▸ ～ exchànge 名 C 《英》《旧》= jobcentre **Lábour Pàrty** (↓)

*__Lábour Pàrty__ 名 《the ～》(英国の)労働党

Lab·ra·doo·dle /lǽbrədùːdl/ 名 C ラブラドゥードル 《ラブラドルレトリバーとプードルを交配してオーストラリアで作出された中型犬》

Lab·ra·dor /lǽbrədɔ̀ːr/ 名 ❶ ラブラドル (半島) 《カナダ北東部の半島》 ❷ (= ～ **retríever**) C ラブラドルレトリバー(犬)《カナダのニューファンドランド島原産の猟犬》

la·bret /léɪbret/ 名 C 唇飾り《装飾用に唇に差す貝殻・木片・骨片など》

la·brum /léɪbrəm/ 名 (複 **-bra** /-brə/) C 唇 ; 唇状のもの ; 【動】(節足動物の)上唇, (貝殻の)外唇(→ labium)

la·bur·num /ləbə́ːrnəm/ 名 C U 【植】キングサリ《春にフジに似た黄色い花をつけるマメ科の低木》

lab·y·rinth /lǽbərɪnθ/ 名 ❶ C 迷宮, 迷路(maze) ; 複雑な関係, 錯綜(さくそう)した状態 ‖ I was lost in the ～ of streets in Hong Kong. 香港では迷路のような通りで迷ってしまった / go through a ～ of rules and regulations 複雑な法と規則の網をくぐり抜ける ❷ 《the L-》【ギ神】ラビュリントス《怪物 Minotaur を閉じ込めた迷宮》 ❸ C 【解】内耳

lab·y·rin·thine /læ̀bərínθən | -θaɪn/ <シ 形 《堅》迷宮[迷路]の ; 迷宮[迷路]のような, 入り組んだ

lab·y·rin·tho·dont /læ̀bərínθədɑ̀(ː)nt | -dɔ̀nt/ 名 C 【古生】迷歯類動物《古生代後半から中生代まで生存したワニに似た両生類》 —形 迷歯の ; 迷歯類の

lac /læk/ 名 U ラック《ラックカイガラムシ (lac insect) が樹木に分泌する樹脂状物質. ワニス・染料用》

LAC 略 【英空軍】*L*eading *A*ir*c*raftman

lac·co·lith /lǽkəlɪθ/ 名 C 【地】ラコリス, 餅盤(へいばん) 《マグマの浸入によりドーム状に押し上がった岩盤》

*__lace__ /leɪs/ 名 〔▸ lacy 形〕 ❶ U レース ; 《形容詞的に》レースの ‖ a dress trimmed with ～ レースで縁飾りしたドレス / ～ curtains レースのカーテン ❷ C 《通例 ～s》(靴などの) ひも ‖ Your shoe ～*s* have come undone [OR untied]. 靴ひもがほどけていますよ / tie [OR do up] one's shoe ～*s* 靴のひもを結ぶ ❸ U (縁取り用などの) 飾りひも, (軍服などの)モール ‖ gold ～ 金モール
—動 他 ❶ 〔靴など〕をひもで締める, …のひもを結ぶ《*up*》(↷ do up) ; 〔人〕のコルセットをきつく締める《*up*》 ❷ 〔ひもなど〕を〈…に〉通す〈**through**〉 ‖ ～ a cord *through* eyelets はと目にひもを通す ❸ 〔飲み物・食べ物〕に〈酒・薬物・毒などを〉入れる, 〈…で〉風味を添える〈**with**〉(♦しばしば受身形で用いる) ‖ drink one's coffee ～*d with* brandy コーヒーにブランデーを垂らして飲む ❹ …に〈…を〉混ぜる ; 〔話・文章〕に〈…を〉盛り込む〈**with**〉(♦しばしば受身形で用いる) ‖ Her speech was ～*d with* a lot of technical terms. 彼女の話には専門用語がたくさん入っていた ❺ …を織り交ぜる[合わせる] ; 〔手・指など〕を絡ませる, 組み合わせる ‖ *Lace* your fingers together at the back of your head and stretch. 頭の後ろで手を組んで伸びをしなさい ❻ …をレースで飾る, …に〈…で〉縁飾りをつける ; …に〈色で〉筋[しま]をつける〈**with**〉 ❼ 《口》…をむち打つ, 打つ
—自 ひもで締められる[結ばれる]《*up*》; 靴ひもを通す ‖ This dress ～*s up* at the side. このドレスはわきをひもで締める
láce into ... 〈他〉《口》〔人〕を攻撃する(attack), …を激しく非難する

Lac·e·dae·mon /læ̀sədíːmən/ 名 ラケダイモン《古代スパルタ(Sparta)の別名》
-dae·mó·ni·an <シ 形 ラケダイモンの, スパルタ(人)の
—名 C スパルタ[ラケダイモン]人

lac·er·ate /lǽsərèɪt/(→ 形) 動 他 ❶〔肉・肌など〕を引き裂く, ずたずたに裂く ❷〔感情〕をひどく傷つける, 〔人〕を苦しめる —形 /lǽsərət, -rèɪt/ 引き裂かれた, 裂けた

lac·er·a·tion /læ̀səréɪʃən/ 名 U C 引き裂くこと ; 裂傷, 裂け口

láce-ùp 形 ひものついた, 編み上げの
—名 C 《通例 ～s》《主に英》ひもで締める靴, 編み上げ靴

láce·wìng 名 C 【虫】クサカゲロウ

láce·wòrk 名 U レース細工 ; レースによる装飾

lach·es /lǽtʃɪz, léɪtʃɪz/ 名 U 【法】懈怠(けたい), 怠慢《権利の行使を怠ること》; 遅延 ; (衡平法(equity)上の)消滅時効

Lach·e·sis /lǽkɪsɪs/ 名 【ギ神】ラケシス《運命の3女神(Fates)の1人. 運命の糸(生命)の長さを決める》

lach·ry·mal, lac·ri- /lǽkrɪməl/ 形 ❶ 《堅》《文》涙の ; 涙もろい ❷ 《通例 lacrimal》【生理】涙を分泌する ‖ ～ glands 涙腺(るいせん) **làch·ry·má·tion, làc·ri-** 名 U 《文》落涙 **-mà·tor** 名 C 催涙ガス

lach·ry·ma·to·ry /lǽkrəmətɔ̀ːri | læ̀krɪméɪtə-/ <シ 形 《文》涙の, 涙を催させる

lach·ry·mose /lǽkrɪmòʊs/ 形 《文》涙もろい, 涙に暮れる(tearful) ; 涙を催させる, 悲しい

lac·ing /léɪsɪŋ/ 名 U ❶ レースで飾ること, ひもで結ぶこと ❷ (靴などの) ひも類, レース ❸ (紅茶などに入れる) 少量の酒 ❹ 《口》むち打ち

la·cin·i·ate /ləsíniètt/, **-at·ed** /-èɪtɪd/ 形 【生】ぎざぎざの(縁の)ある, 鋸歯(きょし)状の ‖ a ～ leaf 鋸歯状の葉

***lack /læk/ 名 動

—名 (複 **～s** /-s/) ❶ U/C 《a ～》〈…の〉**不足**, 欠乏 ; 〈…の〉欠如, 〈…が〉(全く)ないこと〈**of**〉(⇨ 類語) ‖ Because of her ～ *of* experience, she was not hired. 彼女は経験が不足していたので雇われなかった / ～ *of* food 食糧不足 / a total [OR complete] ～ *of* confidence 全く自信のないこと / a ～ *of* consideration for others 他人への思いやりの欠如
❷ C 不足[欠乏]しているもの, 必要とされるもの
for [OR ***through***] ***láck of ...*** …の不足のために, …がないために ‖ *for* ～ *of* funds [time] 資金[時間]不足で / *for* ～ *of* a better word 《口》ほかによい言葉がないために
nò láck of ... たっぷりの…, 十分な… ‖ There is *no* ～ *of* materials. 材料には少しも事欠かない
—動 (**～s** /-s/ ; **～ed** /-t/ ; **～·ing**)
—他 《受身形・進行形不可》…に**欠けている**, …がない ‖ You ～ a positive attitude. 君は積極性に欠ける / He ～*s* experience. 彼は経験不足だ (= He is lacking in experience.) (♦ ×He is lacking experience. は不可)
—自 〈…に〉欠けている 〈**in, for**〉 (♦ lack in ... よりも形容詞を使って be lacking in ... とする方がふつう (⇨ LACKING). lack for は通例否定文で用いる) ‖ Ian does not ～ *for* friends. イアンは友達には事欠かない

làck (for) nóthing (必要なものが)すべてそろっている

類語 《名❶》**lack** 必要なものが欠けているか不足している状態を表す最も一般的な語.
want ふつう望ましいものが欠けている状態. しばしばそれを補う差し迫った必要をほのめかす.〈例〉live in *want* 貧しい暮らしをする
absence 全然存在しない, その場にない[いない]状態.〈例〉a long *absence* of rain 長い間雨が降らないこと
scarcity 需要に比べて量が足りないことを暗示.〈例〉the wartime *scarcity* of food 戦時中の食糧不足
shortage 「不足」の意味で lack とほぼ同意. しばしば通常の必要量に達しないことを含意.〈例〉a housing *shortage* 住宅不足
deficiency 基本的に必要な要素が不足か欠けている状態;欠陥のある状態.〈例〉a slight *deficiency* of vitamins 軽いビタミン欠乏

lack·a·dai·si·cal /lækədéɪzɪkəl/ ⊲ 形 (人・行動・言葉などが)活気のない, 気力のない, 物憂げな **~·ly** 副

lack·ey /lǽki/ 名 C ❶《旧》(通例お仕着せを着た)従僕, 召使 ❷ ⊗《蔑》へつらう人, 卑屈な人

***lack·ing** /lǽkɪŋ/ 形《叙述》❶〈…が〉欠けて, 不足して〈in〉‖ Space is ~ to discuss the points at issue. 問題の要点を論じるにはスペースが足りない / You are ~ *in* common sense. 君は常識に欠けている (♦ be lacking in ... はふつう属性・性質などについて用い, 物の場合には他動詞 lack を用いて He lacks money. とする. ただし He is short of money. とする方が口語的)
❷《口》少し知恵が足りない
— 前 …がなくて, ないので ‖ *Lacking* confidence, I'm not good at speaking in public. 自信がないので, 私は人前で話すのは苦手だ

láck·lùster, 《英》**-tre** 形 生気のない, 輝きのない

La·co·ni·a /ləkóuniə/ 名 ラコニア《ギリシャ南部, Peloponnesus にあった古代の王国. 首都 Sparta》 **-an** 形

la·con·ic /ləkɑ́(ː)nɪk | -kɔ́n-/ 形 短い, 簡潔な, 口数の少ない **-i·cal·ly** 副
語源 「ラコニア(人)の」の意のギリシャ語から. ラコニア人は簡潔な物言いで知られていた.

la·con·i·cism /ləkɑ́(ː)nɪsɪ̀zm | -kɔ́n-/, **lac·o·nism** /lǽkənɪ̀zm/ 名 U 簡潔さ;簡潔な表現

***lac·quer** /lǽkər/ 名 U ❶ ラッカー(塗料);塗装材 ❷ 漆(うるし)(Japanese lacquer) ❸《旧》ヘアスプレー
— 動 他 …にラッカー[塗料, 漆]を塗る;《旧》〔髪〕にヘアスプレーをかける ▶▶**~ trèe** 名 C U ウルシの木

lácquer·wàre 名 U 塗り物, 漆器

lac·ri·mal /lǽkrɪməl/ 形 =lachrymal

la·crosse /ləkrɔ́(ː)s/ 名 U ラクロス《10人ずつのチームで, 袋状の網のあるラケット(crosse)を用いてボールをパスし, ゴールに入れるホッケーに似た競技》

lac·tase /lǽkteɪs/ 名 U 〖生化〗ラクターゼ《乳糖分解酵素》

lac·tate /lǽkteɪt/ (→ 動) 名 U 〖化〗乳酸塩, 乳酸エステル
— 動 /lǽkteɪt | -ˊ-/ 自 乳を分泌する[出す]

lac·ta·tion /læktéɪʃən/ 名 U 乳の分泌(期間);授乳

lac·te·al /lǽktiəl/ 形 ❶ 乳の, 乳を作り出す;乳状の(milky) ❷〖解〗乳糜(にゅうび)を運ぶ
— 名 C (~s)〖解〗乳糜管

lac·tes·cent /læktésənt/ 形 ❶ 乳状の, 乳白色の ❷〖植〗乳(状)液を分泌する **-cence** 名

lac·tic /lǽktɪk/ 形〖化〗乳の, 乳から採れる
▶▶**~ ácid** 名 U〖化〗乳酸

lac·tif·erous /læktífərəs/ 形 乳を分泌する[運ぶ];〖植〗乳(状)液を分泌する ‖ ~ glands 乳腺(にゅうせん)

lacto- /læktou-, -tə-/ 連結形「乳, 牛乳」の意(♦ 母音の前では lact- を用いる) ‖ *lact*ose, *lact*ate

làcto·bacíllus 名 (複 **-bacilli** /-bəsílaɪ/) C〖生〗乳酸菌

làcto-òv·o-vegetárian /-òuvou-/ 名 C 形 乳卵菜食主義者(の)《肉と魚は食べない. ovo-lactovegetarian ともいう》

làcto·prótein 名 U〖生〗乳タンパク質, 乳の中にあるタンパク質

lac·tose /lǽktous/ 名 U〖化〗ラクトース, 乳糖
▶▶**~ intòlerance** 名 U 乳糖不耐症《乳糖を消化する能力がない》

làcto·vegetárian 名 C 形 乳菜食主義者(の)《肉・卵・魚は食べない》

la·cu·na /ləkjúːnə/ 名 (複 **~s** /-z/ OR **-nae** /-niː/) C ❶ 穴, くぼみ ❷《文》〈本・原稿などの〉脱落(部分), 空隙(くうげき), 欠落(gap)〈in〉❸〖解〗(特に骨の)小窩(しょうか), くぼみ, 空洞 **-nal** 形

la·cu·nar /ləkjúːnər/ 名 (複 **~s** /-z/ OR **-nar·i·a** /lækjunéəriə, -nǽr-/) C〖建〗❶ 格(ごう)天井 ❷ 格間(ごうま)《天井の内側に設けた装飾的なくぼみ》 — 形 =lacunal

la·cus·trine /ləkʌ́strɪn/ 形《文》湖の;湖に住む[育つ]

LACW 略〖英空軍〗*L*eading *A*ircraft*w*oman

lac·y /léɪsi/ 形〔⊲ lace 名〕レースの(ような)

***lad** /læd/ 名 ❶ C《口》若者, 青年, 少年(boy)(→ lass);男, やつ;おまえ, おい(♥ 特に親しみを込めて呼びかけで) ❷《the ~s》《英口》遊び[飲み]友達, (仕事やチームなどの)仲間 ❸ C《通例単数形で》《英口》威勢のよい[荒っぽい, 元気のよい]男, プレーボーイ(♦ 特に quite a lad, a bit of a lad として用いる) ❹ C《英》(年齢・性別に関係なく)馬の飼育人
òne of the láds 《英》=*one of the* BOYS

lad·a·num /lǽdənəm/ 名 U ラダナムゴム《ハンニチバナから採れるゴム樹脂. 香料に用いる》

:lad·der /lǽdər/
— 名 (複 **~s** /-z/) C ❶ **はしご**(→ rung²) ‖「Climbing (up) [OR Mounting] a ~ to clear the snow off the roof is hard work. はしごを上って屋根の雪下ろしをするのは重労働だ / climb down a ~ はしごを降りる /「set up [OR put up, lean] a ~ against a wall 壁にはしごを立てかける
❷《通例単数形で》(出世への)手段, 方法;(上るための)階段, 階級, 地位 ‖ **climb** (up) the ~ of success 出世の階段を上る / begin from the bottom of the ~ 最低の地位から身を起こす / get to the top of the ~ 最高位にまで上り詰める / go [OR move] up the political ~, rung by rung 政界で一段一段地位を上る
❸ はしご状のもの ❹《英》(ストッキングの)伝線(《米》run)
❺ (=~ **tòurnament**)〖スポーツ〗勝ち抜き戦
— 動《英》自 (靴下が)伝線する(《米》run)
— 他〔靴下〕を伝線させる

ládder-bàck 形 背もたれがはしご状の — 名 (=~ **cháir**) C 背もたれがはしご状のいす

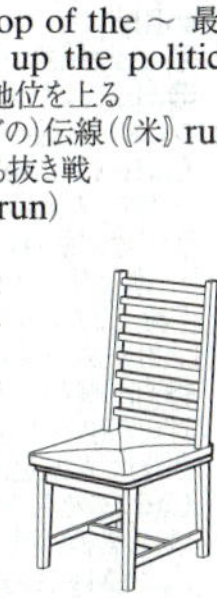
ladder-back

ládder·pròof 形《英》(ストッキングが)伝線しない(《米》runproof)

lad·die /lǽdi/ 名 C《主にスコット口》(しばしば呼びかけで) 少年, 若者 (→ lassie)

lad·dism /lǽdɪ̀zm/ 名 U《英》低俗若者文化《飲酒・スポーツ・女性などに関心の強い若者の文化また考え方》 **-dish** 形

lade /leɪd/ 動 (**lad·ed** /-ɪd/; **lad·en** /léɪdən/,《米》**lad·ed** /-ɪd/; **lad·ing**) 他《古》❶〔船など〕に〈…を〉積む〈**with**〉;…を〈船などに〉積む〈**on**〉❷〔人〕を〈重荷などで〉苦しめる〈**with**〉❸〔水など〕をひしゃくでくみ出す
— 自 ❶ 荷を積む ❷ 水をくむ

***lad·en** /léɪdən/ 動 lade の過去分詞
— 形《通例叙述》❶ (船・馬などが)〈…を〉積んでいる, (いっぱいに)載せている, 担っている, たくさん持っている〈**with**〉‖ That dump truck is fully [OR heavily] ~ *with* sand.

あのダンプは砂を満載している / a tree ～ *with* fruit 実がたわわになっている木 ❷〈責任・罪・悲しみなどの〉重荷を背負わされた；〈…に〉悩んでいる〈**with**〉 ❸《複合語で》(…を)負った；(…を) 含む[付与された] ‖ debt-～ 借金漬けの / pesticide-～ water 殺虫剤が混入した水

la-di-da /lὰːdidάː/ 〈ミ〉 形 《口》気取った, きざな
—間 ほうほう, へいへい(♥ 気取った態度をあざける表現)

ládies' [lády's] màn 名 C 《口》プレーボーイ

ládies' [ládies] ròom 名 C 《主に米》女性用トイレ

lad·ing /léɪdɪŋ/ 名 《古》 ❶ U 荷積み, 積載 ❷ C 積み荷, 貨物

la·dle /léɪdl/ 名 C ひしゃく；おたま, レードル
—動 他 (ひしゃく・おたまで)…をすくう；〔スープなど〕をよそう《*out*》
làdle óut ... / làdle ... óut 〈他〉《口》〔金・情報・助言など〕をたっぷり与える

:la·dy /léɪdi/ 《発音注意》
—名 (複 **-dies** /-z/) C ❶ **ご婦人**, 女の方(♥ woman に対する丁寧な語. 最近ではやや古い感じとなっている. ただし old woman は無作法に響くので old lady が用いられることが多い)(→ young lady, old lady, first lady)；《米》(よい意味で)個性の強い女性；《-dies》《呼びかけ》ご婦人方(♥ 通例複数形 ladies で複数の女性聴衆に対する呼びかけとして用いる. 1人の女性に対する呼びかけは通例 madam を用いる. 《主に米》では単数形の lady も用いるが, ぶっきらぼうな響きがある) ‖ "A ～ just called you." "That's no ～, that's my sister."「たった今, ご婦人から電話があったよ」「ご婦人だなんて. 妹だよ」/ She is a very attentive ～. 彼女はとても気がきく女性だ / *Ladies* [×Lady] first. レディーファースト, 女性優先 / the *ladies* only compartment 女性専用客室 / Mrs. Burt and other *ladies* バート夫人とほかのご婦人方 / a cleaning [sales] ～ 女子清掃員[販売員](❗「オフィスレディー」やその略語の「OL」は和製語) / *Ladies* and gentlemen! (紳士淑女の) 皆さん (♦ 必ずこの語順で用いる) / You dropped your handkerchief, ～. もしもし, ハンカチを落としましたよ
❷ (品位の点での) **淑女**, レディー(→ gentleman) ‖ She is a real ～. 彼女は本物のレディーだ / *Ladies* talk softly. レディーは物静かな話し方をするものだ
❸ (上流階級の)**貴婦人**；貴族の女性(→ lord)
❹ 《L-》(女性に対する敬称)…夫人, …嬢；(役職の肩書につけて) 女性…；英国下院の女性議員に対する称号 ‖ *Lady* Chatterley チャタレー夫人 / *Lady* Olive オリーブ嬢 / *Lady* President (女性の)会長

語法 ☆☆ (1) Lord(侯爵・伯爵・子爵・男爵)または Sir(準男爵とナイト)の称号を持つ人の夫人, また公爵・侯爵・伯爵の令嬢に用いる(→ lord, sir).
(2) 夫人の場合は姓の前, 令嬢の場合は名の前につける.

❺ 《旧》奥様, 奥さん(wife)(♥ Lady の称号を持つ女性に対して用いる場合, または敬意を込めて言及する場合以外は《旧》)；女友達, 愛人(lady friend)；奥様(my lady)(♥ Lady の称号を持つ女性に対し使用人などが用いる語)；(一般に)奥様, 奥さん(my dear [OR good] lady)(♥ 呼びかけ)；《My L-》女性裁判官や貴族の女性への呼びかけ ‖ your good ～ 君の奥さん
❻ 《(the) ladies('), (the) Ladies(')》《単数扱い》《英》女性用トイレ(《米》ladies' room) ‖ Where is the *Ladies*, please? 女性用トイレはどこですか
❼ 〖史〗(荘園などの)女領主, 女主人；(騎士道的愛の対象としての) 貴婦人 ❽ 《Our L-》聖母マリア ❾ 《形容詞的に》女性の, 婦人…, 女流…(♥ 丁寧表現として用いられるが, 侮蔑(ぶべつ) 的表現と感じる女性もいる) ‖ a ～ doctor [lawyer, novelist] 女医[女性弁護士, 女流作家](♦ 複数形は lady doctors のようになり, woman の場合と異なる. → woman ❸) ❿ 《通例 the ～》《俗》コカイン
a làdy of léisure 《戯》働く必要のない女性
a làdy of the níght [OR ***évening***] 《俗》《婉曲的》売春婦
It ìsn't óver till [OR ***until***] ***the fàt làdy síngs.*** まだ決着はついていない《オペラの最後に歌うプリマドンナに太った女性が多いことに由来する》
làdies who lúnch ⊗《口》《しばしば蔑》有閑マダム族
the làdy of the hóuse 《旧》奥様, 主婦

語源 古英語の「パン(loaf)をこねて作る人(kneader)」の意の複合語 *hlæfdige* から.「こねる」の部分の古英語 *dige* はドーナツの dough(パン生地)と同語源(→ lord).

▸▸ **～ bèetle** 名 C =ladybug **～ bóuntiful** 名 《ときに L- B-》《通例 the ～》(近所の) 気前のよいご婦人, 婦人慈善家 (♦ Farquhar の喜劇の女主人公の名) **Lády chàpel** 名 C (大教会堂付属の) 聖母礼拝堂 **Lády Dày** 名 U 《英》 ① =annunciation ❷ ② 3月25日の春季支払日 (→ quarter day) **～ fèrn** 名 C U 〖植〗メシダ **～ frìend** 名 C 女友達；《しばしば戯》愛人, 恋人 **Làdy Lúck** 名 《ときに L- l-》 U 幸運の女神 **～ máyor** 名 C ① 女性市長 (mayoress) ② (イングランド・ウェールズ・北アイルで) 市長夫人 **Làdy Máyoress** 名 《the ～》《英》(特にロンドン) 市長夫人 (→ Lord Mayor) **Làdy Múck** 名 C 《英口》うぬぼれている女, いばり散らす女 **Lády's bèdstraw** 名 C U 〖植〗ヤエムグラ **～'s fìnger** 名 C ① 《英》〖植〗クマノアシツメクサ《ヨーロッパアルプス原産のマメ科の薬草》 ② =ladyfinger **～'s máid** 名 C 侍女, 小間使い **～'s màn** 名 C =ladies' man **～'s [làdy] slípper** 名 C 〖植〗アツモリソウの類 **～'s smòck** 名 C =cuckooflower

lády·bìrd 名 《英》=ladybug

lády·bùg 名 C 《米》〖虫〗テントウムシ

lády·fìnger 名 C 《米》フィンガーケーキ《指の形をしたスポンジケーキ》

lády·fìsh 名 (複 ～ OR ～·**es** /-ɪz/) C 〖魚〗ソトイワシ, カライワシの類

làdy-in-wáiting 名 (複 **ladies-**) C (女王・王女の) 女官, 侍女

lády-kìller 名 C 《口》レディーキラー, プレーボーイ

lády·lìke 形 貴婦人らしい, 淑女[レディー]にふさわしい

lády·lòve 名 C 《旧》愛している女, いとしの女(ひと)

lády·shìp 名 《しばしば L-》 C 《Your, Her などを冠して》奥様, お嬢様(♥ Lady の称号を持つ女性に対する敬称または呼びかけ. 皮肉を込めてふつうの女性にも用いる) ‖ The car is outside, Your ～. 奥様, 車が外へ参っております

La·fa·yette /lӕfiét | lὰːfaɪ-/ 名 **Marquis de ～** ラファイエット(1757-1834)《フランスの軍人・政治家. 米国独立戦争・フランス革命に参加》

Láf·fer cùrve /lǽfər-/ 名 C 《単数形で》〖経〗ラッファー曲線《税率を高くすれば税収は増えるが, 高くしすぎると経済活動が抑制されて税収は減ることを示す》(♦ 米国の経済学者 Arthur B. Laffer より)

La Fon·taine /lὰː fɔ(ː)ntéɪn | lӕ-/ 名 **Jean de ～** ラ=フォンテーヌ(1621-95)《フランスの詩人・寓話(ぐうわ)作家》

***lag**[1] /lӕg/ 動 (**lagged** /-d/；**lag·ging**) 自 ❶ 遅れる, ぐずぐずする；〈…より〉のろのろ進む《*behind*》〈**behind**〉 ‖ ～ far [OR way] *behind* (other nations) in scientific education 科学的教育の点で(ほかの国々より)はるかに立ち遅れる ❷ 徐々に弱まる ‖ The students' interest ～*s* as summer vacation approaches. 夏休みが近づくにつれ学生たちの興味はだんだんに薄れる ❸ 〖ビリヤード〗(プレーの順番を決めるために)キューボールを突く
—名 U C ❶ 遅れること, 遅延；〖理〗(運動などの) 遅滞(量), 遅れ；(時間などの) 隔たり, ずれ (→ time lag, jet lag) ❷ (順番を決めるために)キューを突くこと

lag[2] /lӕg/ 動 (**lagged** /-d/；**lag·ging**) 他 〔ボイラーなど〕を〈断熱材で〉包む〈**with**〉
—名 C おけ板, たる板；(シリンダーの) 被覆材

lag[3] /lӕg/ 《英口》 名 C 囚人；前科者 ‖ an old ～ 常習犯 —動 (**lagged** /-d/；**lag·ging**) 他 《古》…を投獄する；…を逮捕する

lag·an /lǽgən/ 名 U《古》〚法〛浮標付き投荷《海難の際, 回収用の浮標をつけて海中に投下した貨物》

Lag b'O·mer /lɑ̀ːg bəóumər/ 名〚宗〛(ユダヤ教の)三十三日節《過ぎ越しの祝い(Passover)の翌日から33日目に当たり疫病の終わりを祝う》

*__la·ger__ /lɑ́ːgər/《発音注意》名(= ~ **béer**) U ラガービール, 貯蔵ビール《低温で数か月熟成したもの. → draft》; C ラガービール1杯[1本]

▶▶**~ lòut** /-làut/ 名 C《英口》飲み騒ぐ若者

lag·gard /lǽgərd/ 名 C 形 のろま(の), ぐず(な)

lag·ging /lǽgɪŋ/ 名 U (ボイラーなどの)断熱被覆材

La Gio·con·da /lə dʒoukɑ́(ː)ndə, dʒìːə- | -kɔ́n-/ 名 = Mona Lisa

la·gniappe /lǽnjæp/ 名 C《米南部》❶ (買い物客への)おまけの品, 景品 ❷ 思いがけない収入, 棚ぼた

*__la·goon__ /ləgúːn/ 名 C ❶ 潟(かた); 礁湖(しょうこ)《環礁(atoll)に囲まれた海面》;《米・豪・ニュージ》(大きな川などに通じる)浅い湖[池] ❷ (工場廃水や大雨であふれ出た水を処理するための)貯水池

La·gos /léɪgɑ(ː)s | -gɔs/ 名 ラゴス《ナイジェリアの首都》

La Gùar·di·a Áirport /lə gwɑ̀ːrdiə-/ 名 ラガーディア空港《ニューヨーク市の国際空港の1つ》

lah /lɑː/ 名 = la¹

la·har /lɑ́ːhɑːr/ 名 C〚地〛ラハール《火山の斜面に生じる火山泥流や地滑り》

lah-di-dah /lɑ̀ːdidɑ́ː/ ⊲ 形 間 = la-di-da

LAIA 略《米》*L*atin *A*merican *I*ntegration *A*ssociation(ラテンアメリカ統合連合)

la·ic /léɪɪk/《堅》形 (聖職者に対して)俗人の(lay), 世俗の
——名 C 平信徒, 俗人 **-i·cal** 形

⁑**laid** /leɪd/《発音注意》
——動 lay¹ の過去・過去分詞

▶▶**~ páper** 名 U 透かし罫(けい)紙

làid-báck ⊲ 形《口》くつろいだ, のんびりした

láid-òff 形 レイオフ[一時解雇]された

⁑**lain** /leɪn/《発音注意》(♦同音語 lane) 動 lie¹ の過去分詞

lair /leər/ 名 C (野獣の)ねぐら, 巣, 穴(den);《口》(人の)隠れ家

laird /leərd/ 名 C (スコットランドの)地主

lais·sez-al·ler, lais·ser- /lèɪseɪæléɪ | -ɑ́ːleɪ/ 名《フランス》(=let go) U 気まま, 自由勝手

lais·sez-faire, lais·ser- /lèɪseɪféər/ 名《フランス》(=let (people) do (as they please)) U 自由放任主義[政策], 無干渉主義《特に市場原理に任せて政府が干渉しない経済政策に用いる》

lais·sez-pas·ser, lais·ser- /lèɪseɪpæséɪ | -pɑ́ːseɪ/ 名《フランス》C 入場[通行]許可(証)

la·i·ty /léɪəṭi/《発音注意》名《the ~》《集合的に》《単数・複数扱い》俗人, 平信徒たち; (専門家に対して)素人たち

⁂**lake**¹ /leɪk/

——名 (複 **~s** /-s/) C ❶ **湖**, 湖水; (公園などの) 池 ‖ *Lake* Michigan ミシガン湖 / the Great *Lake* グレートレーク《タスマニア島最大の湖》/ the Great *Lakes* (米国の) 五大湖 / the *Lakes* (英国の) 湖水地方(Lake District) / We went「sailing on [swimming in] the ~. ヨットに乗りに[泳ぎに]湖に行った / He has a summer cottage on the ~. 彼は湖のほとりに夏用の別荘を持っている

❷ (液体の)たまり(pool) ❸《英》(ワインなどの) 大量の余剰在庫 ‖ a milk ~ 生産過剰の牛乳

gò (and) júmp in the [OR ***a***] ***láke***《命令文で》邪魔しないでとっととうせろ

▶▶**Láke Dìstrict** 名《the ~》湖水地方《イングランド北西部の風光明媚(めいび)な湖沼地域》**~ dwèlling** (↓) **Láke Pòets** 名《the ~》湖畔詩人《19世紀初頭, 英国湖水地方に住んだ Wordsworth, Coleridge, Southey などのロマン派の詩人》**~ tròut** 名 U C〚魚〛レイクトラウト《北米の湖に産するマスの一種》

lake² /leɪk/ 名 U レーキ(深紅色の顔料); 深紅色

láke dwèlling 名 C (特に有史以前の)湖上住居[家屋]
láke dwèller 名 C 湖上生活者

láke·frònt 名《通例 the ~》湖畔, 湖岸(の土地)

Lake·land /léɪklənd/ 名《the ~》= Lake District

▶▶**~ térrier** 名 C〚動〛レークランドテリア《英国湖水地方原産の犬》

láke·sìde 名 = lakefront

La·ko·ta, La·kho·ta /ləkóuṭə/ 名 (複 ~ OR **~s** /-z/) ❶ C ラコタ族《サウスダコタ州西部に住む北米先住民スー族系の種族》❷ U (ラコタ族が用いる)スー語

lá·la lànd /lɑ́ːlɑː-/ 名 U《米口》❶ Los Angeles の異名 ❷ 理想郷, 夢幻郷(《英》cloud-cuckoo land)

lal·la·tion /lælέɪʃən/ 名 U〚音声〛r 音を l 音に発音すること; r 音または l 音を不正確に発音すること

lal·ly·gag /lɑ́ːligæg | læl-/ 動 = lollygag

lam¹ /læm/ (♦同音語 lamb) 動 (**lammed** /-d/; **lam·ming**)《口》他 …を殴る, たたく ——自 殴る, 攻撃する

lam² /læm/《米口》動 (**lammed** /-d/; **lam·ming**) 自 (特に法の手から)逃げる, 逃亡する
——名《次の成句で》
on the lám《米口》逃亡して, 逃走中で

lam. 略 laminated

Lam 略〚聖〛Lamentations

*__la·ma__ /lɑ́ːmə/ 名 C ラマ僧《チベット・モンゴルなどの仏僧. → Dalai Lama》

La·ma·ism /lɑ́ːməɪzm/ 名 U ラマ教 **-ist** 名 形

La·marck /ləmɑ́ːrk/ 名 **Chevalier de ~** ラマルク(1744–1829)《フランスの生物学者・進化論者》**~·ism** 名 U〚遺伝〛ラマルキズム《獲得形質が遺伝するという説》

la·ma·ser·y /lɑ́ːməsèri | -səri/ 名 (複 **-ser·ies** /-z/) C ラマ教の僧院

La·maze /ləmɑ́ːz/ 名 U 形《限定》〚医〛ラマーズ方式(の)《心理的・肉体的準備による無痛自然分娩(ぶんべん)方式. フランスの産科医 F. Lamaze(1891–1957)が提唱》

*__lamb__ /læm/《発音注意》(♦同音語 lam) 名 ❶ C (特に乳離れしていない) 子羊 (→ sheep) ❷ U 子羊の肉, ラム(→ mutton) (⇨ MEAT 類語P) ❸ = lambskin ❹ C おとなしい人, 柔和な人, 無邪気な人, よい子; かわいい人; だまされやすい人, 素人の投機家 ‖ She is as gentle [quiet] as a ~. 彼女はとても優しい[おとなしい] / You poor ~! かわいそうに

like「a làmb [OR ***làmbs***] ***(to the sláughter)*** (子羊のように)柔順に, おとなしく, 危険を知らぬまま
——動 自 (羊が)子羊を産む

▶▶**Làmb of Gód** 名《the ~》〚聖〛神の小羊, イエス=キリスト **~'s lèttuce** 名 U〚植〛ノヂシャ **~'s quàrter** 名 C《通例 ~s》〚植〛シロザ, シロアカザ **~'s wòol** 名 U = lambswool

Lamb /læm/ 名 **Charles ~** ラム(1775–1834)《英国の随筆家・批評家》

lam·ba·da /lɑːmbɑ́ːdə | læm-/ 名 C ランバダ《ブラジル発祥のセクシーなダンス, またその音楽》

lam·baste /læmbéɪst/, **-bast** /-bǽst/ 動 他 …をひどく殴る; …を厳しくとがめる

lamb·da /lǽmdə/ 名 C ラムダ《ギリシャ語アルファベットの第11字. Λ, λ. 英語の L, l に相当》

lam·bent /lǽmbənt/ 形《文》❶ (炎・光などが)揺らめく, ゆらゆらする; (空・目などが)優しく光る[輝く] ❷ (機知などが)軽妙な **-ben·cy** 名 **~·ly** 副

lam·bert /lǽmbərt/ 名 C〚光〛ランバート《輝度の単位》

Lam·beth /lǽmbəθ/ 名 ランベス《ロンドン南部のテムズ川に面する地区. カンタベリー大主教の公邸ランベス宮殿(Lambeth Palace)の所在地》▶▶**~ Cónference** 名《the ~》ランベス会議《10年ごとにランベス宮殿で開かれる英国国教会系の諸教会の主教会議》

lámb·kìn 名 C ❶ 小さな子羊 ❷ (愛情を込めて)よい子,

かわいい子
lámb·lìke 形 子羊のような；優しい，おとなしい，無邪気な
lam·bre·quin /lǽmbərkɪn/ 名 C ❶《米》(戸口窓・棚から垂らす) 垂れ布，垂れ飾り ❷ (中世騎士の) かぶと飾り《盾形紋章の下部枠取りとなる装飾的な布切れ》
Lam·brus·co /læmbrúːskoʊ | -brʊ́s-/ 名 U ランブルスコ《イタリア北部産のブドウ，またそれから造られる赤ワイン》
lámb·skìn 名 U 子羊の毛皮[なめし革]
lámbs·wòol 名 U ラムウール《子羊から採る上質の羊毛，またその織物》
*__lame__ /leɪm/ 形 ❶ (人・動物が) 足[脚]の不自由な；(手足が) 不自由な (♥ 人に対して用いると差別的と感じられることも多いので disabled などが好まれる) ‖ He is ~ in one leg. 彼は片足が不自由だ / go ~ 足が悪くなる ❷ (腰・肩などが) 凝って痛い ❸ (議論などが) 不十分な，説得力のない；(韻律が) 不完全な ‖ give a ~ excuse 下手な言い訳をする ❹《俗》興味をそそらない，退屈な；世間知らずの
—動 他《通例受身形で》足[脚]が不自由になる
~·ly 副 **~·ness** 名
▸▸ **~ dúck** 名 C ①《主に米》(残された任期を消化するだけの) 政治力の衰えた議員[政権，(特に) 大統領]，レイムダック (♦ 米国では大統領の3選は認められないため，再選直後からこう呼ばれることがある) ② 役に立たない人[もの]，能なし
la·mé /lɑːméɪ | ⌐−/ 名 U ラメ《金[銀]糸を織り込んだ織物》
láme·bràin 名 U ⊗《口》《蔑》能なし，間抜け
la·mel·la /ləmélə/ 名 (複 **-mel·lae** /-méliː/) C ❶【動】(骨・組織などの) 薄板，薄片，薄層 ❷【植】(キノコのかさの裏側の) ひだ
*__la·ment__ /ləmént/ 《アクセント注意》 動 他 **a** (+目) …を嘆き悲しむ，悼(いた)む (mourn for)；…をとても残念[遺憾]に思う，深く後悔する ‖ He ~*ed* his「mother's death [misfortune]. 彼は母親の死を悼んだ[我が身の不運を嘆いた] / ~ one's failure 失敗を悔いる **b** (+**that** 節) …ということを嘆き悲しむ ‖ He ~*ed that* the task was left unfinished. 彼はその仕事がやり残しになっていることを遺憾に思った / "Doesn't he know," she ~*ed*, "that black is bad luck for weddings?" 「黒は結婚式には縁起が悪いことを彼は知らないのかしら」と彼女は嘆いた
—自 〈…を〉嘆き悲しむ，悼む；とても残念に思う〈**for, over**〉；声を上げて泣く ‖ ~ *for* the loss of a friend 友の死を悼む / ~ *over* one's lack of talent 才能のなさを嘆く
—名 ❶ C U 悲嘆，嘆き，悲しみ；後悔，失望；不平 ❷ C 悲歌，哀歌，挽歌(ばんか)
la·men·ta·ble /ləméntəbl | lǽmən-/ 形 ❶ 悲しむべき，痛ましい；嘆かわしい，残念な ‖ a most ~ state of affairs 極めて遺憾な事態 ❷《古》悲しそうな，悲しげな
-bly 副
lam·en·ta·tion /læ̀məntéɪʃən/ 名 ❶ U 悲嘆，嘆き；C 悲嘆の声 ❷ (L-s)《単数扱い》【聖】エレミアの哀歌 (the Lamentations of Jeremiah)
la·ment·ed /ləméntɪd/ 形《しばしば the late ~》(特に死者が) 悲しまれる，惜しまれる ‖ the late ~ Sayers (最近亡くなった) 故セイヤーズ氏
la·mi·a /léɪmiə/ 名 (複 **~s** /-z/ OR **-mi·ae** /-miiː/) C【ギ神】ラミア《上半身が女，下半身が蛇の吸血怪物》
lam·i·na /lǽmɪnə/ 名 (複 **~s** /-z/ OR **-nae** /-niː/) C ❶ (岩石・動物組織・骨などの) 薄片，薄板，薄層，薄膜 ❷【植】葉片，葉身
lam·i·nar /lǽmɪnər/ 形 薄片(状)の，薄層をなす
▸▸ **~ flów** 名 U/C《単数形で》【理】層流《流体の乱れのない流れ》
lam·i·nate /lǽmɪnèɪt/ 動 他 ❶ …を薄板で覆う ❷ …を薄板を重ねて作る ❸〔金属〕を薄板に打ちのばす ❹ …を薄板に分ける —自 薄板に分かれる —形 =laminated
—名 U C (ベニヤ板などの) 薄板・合板製品，ラミネート加工されたもの
lam·i·nat·ed /lǽmɪnèɪtɪd/ 形 薄板からなる，薄板を重ね合わせた，ラミネート加工された ‖ ~ wood 合板材
lam·i·na·tion /læ̀mɪnéɪʃən/ 名 ❶ U 薄板[薄片]にする[なる]こと ❷ C 薄板[薄片]を重ね合わせた構造(物)；薄片，薄板
Lam·mas /lǽməs/ 名 ❶ (英国で昔8月1日に催された) 収穫祭，初穂祭 ❷【カト】聖ペテロの鎖の記念日
lam·mer·gey·er, -gei·er /lǽmərgàɪər/ 名 C【鳥】ヒゲワシ《ヨーロッパ最大の猛禽(もうきん)．くちばしの周りにあごひげのような羽毛を持つ》
⁑**lamp** /læmp/
—名 (複 **~s** /-s/) C ❶ (一般に) **明かり**，灯火《電灯・ガス灯など》；**ランプ**；(電気) スタンド (❗「(電気) スタンド」は和製語．机に置くものは desk lamp，フロアスタンドは floor lamp という) ‖ Fluorescent ~*s* are bright and long-lasting. 蛍光灯は明るくて長持ちする / **light** [OR **switch on**, turn on] a ~ 明かりをつける / an oil ~ オイルランプ / a street ~ 街灯
❷ (医療・美容用の) ランプ ‖ an infrared [ultraviolet] ~ 赤外線[紫外線]ランプ
❸《文》(精神・知恵などの) 光明，知恵の源；心や魂を照らすもの ‖ the ~ of freedom 自由のともし火
▸▸ **~ shèll** 名 C【動】シャミセンガイ (類)《触手動物門腕足綱の二枚貝に似た海洋生物》
lámp·blàck 名 U 油煙；(油煙・すすから作る) 黒色顔料
lámp·lìght 名 U ランプの光，灯火 ‖ read by ~ 灯火の下で読書する
lámp·lìghter 名 C ❶ (路上のガス灯の) 点灯夫 ❷ ランプ点灯具
lam·poon /læmpúːn/ 名 C 痛烈な風刺文[詩]，落書(らくしょ)
—動 他 …を痛烈に風刺する
~·ist 名 C 風刺文[詩]作家
lámp·pòst 名 C 街灯の柱，街灯
between you, me, and the lamppost ⇨ BETWEEN (成句)
lam·prey /lǽmpri/ 名 C【動】ヤツメウナギ
lámp·shàde 名 C ランプ[電灯]の笠(かさ)
LAN /læn/ 名 C 💻 ラン，ローカルエリアネットワーク (♦ *lo*cal *a*rea *n*etwork の略)
la·nai /lənáɪ/ 名 C (ハワイで居間として使う) ベランダ，ポーチ
Lan·ca·shire /lǽŋkəʃɪər | -ʃə/ 名 ランカシャー《イングランド北西部の州．州都 Preston．略 Lancs.》
Lan·cas·ter /lǽŋkəstər/ 名 ❶ ランカスター家 (the House of Lancaster)《英国王家の1つ．バラ戦争で赤バラを紋章とした．1399–1461の間に王位に就いたのはヘンリー4世・5世・6世の3人》(→ York[1]) ❷ ランカスター《イングランド北西部ランカシャー州の都市》
Lan·cas·tri·an /læŋkǽstriən/ 形 ❶ 英国ランカシャー[ランカスター]の ❷ ランカスター家[側]の
—名 C ❶ ランカシャー[ランカスター]人 ❷ (バラ戦争時の) ランカスター家の支持者 (→ Yorkist)
*__lance__ /læns | lɑːns/ 名 C ❶ (昔，騎士が用いた) 長やり ❷ やす，もり (漁具) ❸ 酸素やり (oxygen lance)《鋼材を切断する火を起こすために，炉に酸素を送り込む金属の管》❹ =lancet ❶ ❺ 槍(そう)騎兵 (lancer)
—動 他 …を長やり (のようなもの) で突き刺す；【医】〔でき物など〕をランセット (lancet) で切開する，とがったもので突く ‖ ~ the boil of corruption 腐敗の膿(うみ)を出す
▸▸ **~ córporal** 〈略〉 名 C ①【米海兵隊】上等兵 ②【英陸軍】上等兵と伍長(ごちょう)の中間位の兵
lance·let /lǽnslət | lɑ́ːns-/ 名 C【動】ナメクジウオ
Lan·ce·lot /lǽnsəlɑ̀(ː)t | lɑ́ːnsəlɔ̀t/ 名【アーサー王伝説】ランスロット《円卓の騎士の1人で，王の妃(きさき) Guinevere の恋人》
lan·ce·o·late /lǽnsiəlèɪt | lɑ́ːn-/ 形 (葉などが) やりの穂先のような，先がとがった
lan·cer /lǽnsər | lɑ́ːn-/ 名 C 槍(そう)騎兵
lan·cers /lǽnsərz | lɑ́ːn-/ 名《単数扱い》ランサーズ《4人組で踊るカドリール (quadrille) の一種》；その曲

lan·cet /lǽnsət | lɑ́ːnsɪt/ 名 C ❶〘医〙ランセット《外科手術用のナイフ》❷ (＝～ **àrch**)〘建〙ランセットアーチ《上部がとがったアーチ》❸ (＝～ **wíndow**)〘建〙ランセット窓《上部がとがった窓》

Lancs. 略 Lancashire

land /lænd/ 名 動

中心義 地(に着く)

―名 (複 **～s** /-z/) ❶ U (海に対しての)**陸**, 陸地 (↔ sea) ‖ After weeks at sea, we finally sighted ～. 何週間もの航海の後やっと陸地が見えた / The ship reached [OR came to] ～ safely. 船は無事陸地に着いた / travel by ～ 陸路を旅する / animals living on ～ 陸上動物

❷ U/C 《～s》(特定の自然条件を持った) **土地**, 地帯 ‖ wooded ～ 森林地帯 / marshy ～ 沼沢地 / the equatorial ～*s* 赤道地帯

❸ U (性質・用途などの面から見た) **土地**, 地面; 土壌 ‖ **agricultural** [building] ～ 農地[建築用地] / The ～ hereabouts is rich [poor]. この辺りの土地は肥えて[やせて]いる / fertile [barren, cultivable] ～ 肥沃(ひよく)な[不毛な, 耕作可能な]土地

❹ U (不動産としての)**土地**, 地所; C 《～s》所有地, 領地 ‖ The price of ～ in Japan has dropped dramatically. 日本の地価は大幅に下落した / I own a lot of ～ in Hawaii. ハワイにたくさん[広い]土地を所有している (♦ ˣbig [OR large] land とはいわない. a large tract of land のようにいう) / buy a tiny piece of ～ わずかばかりの土地を買う / public [private] ～*s* 公[私]有地

❺ C **国**, 国土; 地域; 《the ～》《集合的に》国民, 住民 ‖ She left Japan, the ～ of her birth, when she was three. 彼女は3歳のときに誕生の地である日本を離れた / immigrants from other ～*s* ほかの国々からの移民 / my native ～ 私の故国 ❻ C 領域, …の国, …界 ‖ a ～ of dreams 夢の国 / the ～ of death 黄泉(よみ)の国, あの世 ❼ 《the ～》(都会に対して)田舎, 農村, 田園[農業]地帯 ‖ The Industrial Revolution drove many farmers off the ～. 産業革命で多くの農業従事者が農村から離れた / get back to the ～ 田舎に帰る / work (on) the ～ 農業に従事する ❽ C (ライフル銃の銃身内部やレコード面の溝と溝の間の)山; (畑の)畝

in the lànd of the líving 《戯》生きていて; 起きていて, (病気や事故の後)回復して

lìve òff the lánd (木の実や狩猟または農作物など)大地の恵みで生きる, 自給自足する

màke lánd (船から)陸地を認める, 陸地に近づく

sée [OR ***find óut***] ***hòw the lánd lìes*** (物事を決断する前に)形勢をうかがう

spỳ òut the lánd 情勢を偵察する[念入りに調べる]

the lànd of mìlk and hóney 乳と蜜(みつ)の流れる地, 豊かで恵まれた地; 暮らしやすい土地 (♦ 聖書の言葉より)

the lànd of Nód [OR ***nód***] 《戯》眠りの国 ‖ in *the* ～ *of nod* 眠っていて

the lày [《英》***lìe***] ***of the lánd*** 《米》地勢, 地形; 形勢, 情勢, 状況

―動 (**～s** /-z/; **～·ed** /-ɪd/; **～·ing**)

―自 ❶ (飛行機・宇宙船などが)**着陸する**, 着水する ‖ We will be ～*ing* at Narita International Airport soon. 間もなく成田国際空港に着陸いたします

❷ 〈…に〉(船から)**上陸する**; (船が)入港する, 接岸する; (乗り物から)降りる, (人・物が)着く〈**at, in, on**〉‖ We ～*ed at* [OR *in*] Zeebrugge. 我々はゼーブルッヘに上陸した / The huge tanker ～*ed at* Yokohama. 巨大タンカーが横浜に入港した / Many people ～*ed* from the ferry. フェリーからたくさんの人々が降りた / Neil Armstrong was the first man to ～ *on* the moon. ニール＝アームストロングは月に最初に降り立った人だった

❸ 《＋副句》(空中からある場所に)落ちる, 落ちて[当たって]止まる; (鳥・昆虫などが)とまる ‖ The ball ～*ed* at my feet. ボールは私の足下に落ちた / A butterfly ～*ed* on the flower. チョウがその花にとまった

❹ 《口》(好ましくないものが)不意に現れる, 目の前に置かれる, (不幸な事態が)突然起こる ❺ 〈好ましくない状態に〉陥る〈**in**〉‖ ～ *in* jail 刑務所入りになる

―他 ❶ 〔飛行機・宇宙船など〕を**着陸させる**, 着水させる ‖ The pilot managed to ～ the plane on the runway. 操縦士は何とか飛行機を滑走路に着陸させた

❷ (船から)…を**上陸させる**, 下船[下車]させる; 〔荷〕を陸揚げする ‖ The Allies ～*ed* an army at Normandy. 連合国軍はノルマンディーに軍隊を上陸させた / ～ fish at a harbor 港で魚を陸揚げする

❸ 《口》 **a** 《＋目》〔職・契約など〕を得る, 手にする, つかむ ‖ He ～*ed* a six-digit job. 彼は年収10万ドルを越える仕事を得た

b 《＋目 *A*＋目 *B* ⇄ ＋目 *B*＋**for** 目 *A*》*A*(人)に*B*(仕事など)を得させる (♦ 目 *A*はしばしば oneself) ‖ I'd be happy to ～ her any movie contract at all. 彼女に何でもいいから映画の契約をとってやれたらうれしい / ～ oneself a coveted job 人もうらやむ仕事を手に入れる

❹ 《口》 **a** 《＋目》〔一撃〕を〈…に〉食らわす〈**on**〉‖ I ～*ed* a punch *on* his chin. 彼のあごにパンチを1発見舞った

b 《＋目 *A*＋目 *B*》《口》*A*(人)に*B*(1撃)を食らわす ‖ The drunken man was ～*ed* one by the bouncer. 酔っ払いは用心棒に1発食らった

❺ 《＋目＋**in** 名》《口》〔人〕を〔ある場所・状態〕に置く, 陥らせる (♦ 目 はしばしば oneself) ‖ I developed pneumonia, which ～*ed* me *in* the hospital again. 肺炎を起こして再び入院することになった / He ～*ed* himself *in* trouble [OR a mess, hot water]. 彼は面倒に巻き込まれた ❻ 《＋目＋**with** 名》《主に英口》〔人〕に〔面倒など〕を押しつける ‖ I'm sorry I always ～ you *with* my boys. いつもうちの子の世話を押しつけてごめんなさい ❼ 〔魚〕を釣り上げる

lánd on ... 〈他〉《米口》…を厳しくしかる[非難する]

lànd úp 〈自〉《口》① 最後に[結局]〈ある場所に〉到着する, 行き着く〈**at, in, etc.**〉② 挙げ句の果てに…になる[落ち着く], …という(悪い)結果になる (♦ 副詞相当語句・形容詞補語・*doing* を伴う) ‖ If you don't stop drinking, you will ～ *up* in the hospital. 酒をやめないと最後には病院行きだぞ

▶▶ ～ **àgent** 名 C 《英》地所[土地]管理人; 不動産業者 (《米》real estate agent) ～ **bànk** 名 C 不動産銀行 《特に農地の売買に融資を行う》 ～ **brèeze** 名 C 陸(軟)風 《夜間に陸から海へ吹く微風》(→ sea breeze) ～ **brìdge** 名 C 陸橋 《2つの大陸を地続きにし, 人間や動物の移動を可能にするところ. 先史時代のベーリング海峡がその例》 ～ **cràb** 名 C 〘動〙オカガニ 《陸上で生活し繁殖期のみ海に移動する》 ～ **gràb** (↓) ～ **grànt** (↓) ～ **òffice** 名 C 《主に米》公有地管理局 ～ **refòrm** 名 C U 農地[土地]改革 **Lánd Règistry** 名 C (英国の)土地登記所 **Lánd Ròver** 名 C 《商標》ランドローバー 《英国の四輪駆動車》 ～ **rùsh** 名 C 土地ラッシュ 《土地の取得を求めて大勢の人が殺到すること. → gold rush》 **Lànd's Énd** 名 ランズエンド 《イングランド南西端, コーンウォール半島の突端にある岬》(→ John o'Groats) ‖ from *Land's End* to John o'Groats 英国の端から端まで (♦ 米国の場合 from Maine to California という) ～ **tàx** 名 U (土地に対する)固定資産税 ～ **yàcht** 名 C ① (風力で砂上を走る)陸上ヨット ② 《米口》大型車

lan·dau /lǽndaʊ, -dɔː/ 名 C ランドー馬車 《前後からほろのかかる四輪馬車》

lánd-bàsed 形 《通例限定》陸上基地発進の; 陸生の

land·ed /lǽndɪd/ 形 《限定》❶ 土地を所有する ❷ 土地からなる, 地所の ‖ ～ property 土地財産, 不動産

land·er /lǽndər/ 名 C (月・惑星などへの)着陸船

lánd·fàll 名 U C ❶ (航海・飛行後の)初の陸地発見, 陸地初認 ‖ have a ～ (長い航海後に)陸地が見える ❷ 到

着, 着陸, 上陸 ‖ The hurricane made ～ on August 29. そのハリケーンは8月29日に上陸した ❸ Ⓒ 地滑り, 山崩れ

*__lánd·fìll__ 名 Ⓤ Ⓒ ごみ埋め立て地;(埋め立て用の)ごみ
—動 他〔ごみ〕を処理する[埋め立てる]

lánd·fòrm 名 Ⓒ 地形, 地勢

lánd gràb, lánd·gràb 名 Ⓒ (政府などによる)土地の略取[横領] **～·ber** 名 **～·bing** 名

lánd gràn t 名 Ⓒ《米》(鉄道・公立大学などへの)無償払い下げ土地
lánd-grànt 形 公有地供与による[によって設立された]

lánd·hòlder 名 Ⓒ 土地所有者, 地主, 土地占有者
-hòlding 名 Ⓤ 形 土地所有(の)

*__land·ing__ /lǽndɪŋ/ 名 ❶ Ⓤ Ⓒ 着陸, 着水(↔ takeoff); 上陸, 陸揚げ ‖「a crash [an emergency] ～ 不時着[緊急着陸] / a soft ～ on the moon 月面軟着陸 / make an easy ～ 楽々と着陸する ❷ Ⓒ (敵地への) 上陸(作戦) ❸ (= ～ **plàce**) Ⓒ 船着場, 波止場, 荷揚げ場 ❹ Ⓒ (階段の) 踊り場, 階段を上った[下りた]所 ❺ (= ～ **stàge**) Ⓒ 浮き桟橋

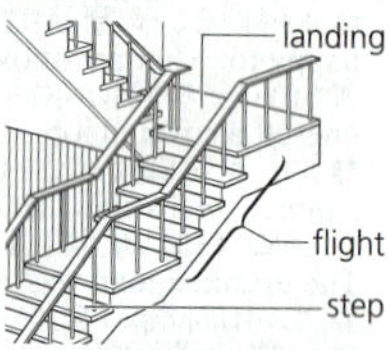

landing ❹

⏩ ～ **bèam** 名 Ⓒ〚航空〛着陸誘導電波 ～ **cràft** 名 Ⓒ〚軍〛上陸用舟艇 ～ **fìeld** 名 Ⓒ (飛行機の)離着陸場 ～ **gèar** 名 Ⓤ (飛行機・宇宙船の)着陸[着水]装置《車輪・フロートなど》 ～ **lìghts** 名 複 ① (飛行機の)着陸灯 ② (滑走路の) 誘導灯 ～ **lìne** 名 Ⓒ =landline ～ **nèt** 名 Ⓒ たも(網) ～ **pàd** 名 Ⓒ ヘリコプター着陸所 ～ **pàge** 名 Ⓒ ランディングページ《ユーザーがあるサイトにアクセスするときに最初に表示されるページ》 ～ **strìp** 名 Ⓒ =airstrip

lánd·làdy 名 Ⓒ ❶ (土地・家屋などの)女地主[家主] ❷ (下宿・宿屋などの)女主人 ❸《英》パブの女経営者

lánd·less /-ləs/ 形《通例限定》土地を持たない

lánd·lìne 名 Ⓒ ❶ (通信用の) 地上[地中]ケーブル ❷ (従来の)固定式電話

lánd·lòcked 形 ❶ (国・湾などが)陸地に囲まれた ❷ (魚が)陸封型の, 淡水性の ‖ a ～ salmon 陸封サケ

*__lánd·lòrd__ 名 Ⓒ ❶ 地主, 家主, 大家 ❷ (下宿・宿屋などの)主人 ❸《英》パブの主人

lánd·lùbber 名 Ⓒ《口》新米水夫; 海に不慣れな者

*__lánd·màrk__ 名 Ⓒ ❶ (ある場所の)目標, 目印(となるもの)《高い建物・木など》 ❷〈…における〉画期的な出来事, 大発見[発明, 変革]〈**in**〉‖ a ～ *in* medicine 医学における画期的な出来事 ❸ (土地の) 境界標識 ❹《主に米》歴史的建造物, 遺跡 ❺《形容詞的に》重大な

lánd·màss 名 Ⓒ 広大な陸地, 大陸塊(かい)

lánd·mìne 名 Ⓒ 地雷 ‖ an anti-personnel ～ 対人用地雷

lànd-òffice búsiness 名 Ⓒ《単数形で》《米口》景気のよい商売 ‖ do a ～ 景気よくやっている

*__lánd·òwner__ 名 Ⓒ 土地所有者, 地主
～·shìp 名 **-òwning** 名 Ⓤ 形 土地所有(の)

lánd-pòor 形《米》土地貧乏の《大して役に立たない土地をたくさん持っていて金に困った状態》

lánd·ràil 名〚鳥〛ウズラクイナ(corncrake)

Land·sat /lǽndsæ̀t/ 名 ランドサット《米国の地球観測衛星》‖ a ～ image ランドサットによる映像

:land·scape /lǽndskèɪp/
—名 (複 **～s** /-s/) ❶ Ⓒ《通例単数形で》**眺め**, **風景**, 景色 (⇨ VIEW 類語) ‖ A rural ～ extended before me. 田園風景が私の目の前に広がっていた / The beauty of the Swiss ～ is beyond description. スイスの風景の美しさは言葉では言い表せないほどだ / an urban ～ 都会の風景
❷ Ⓒ 風景画[写真]; Ⓤ (ジャンルとしての)風景画
❸《the ～》(活動の)…分野, …界; 状況, 展望 ‖ the political ～ 政治状況 / the ～ of science 科学の領域
❹ (= ～ **mòde**) Ⓤ〚印〛(本・写真などの)風景モード《横長の配置法》 ❺ Ⓤ 広範な精神世界, 内面の世界
—動 (**～s** /-s/; **～d** /-t/; **-scap·ing**) 他《通例受身形で》(土地が)美化される, 造園を施される
-scàp·er 名 Ⓒ 造園家 **-scàp·ist** 名 Ⓒ 風景画家
⏩ ～ **àrchitect** 名 Ⓒ 風致的都市計画技師 ～ **àrchitecture** 名 Ⓤ 風致的都市計画法 ～ **gàrdener** 名 Ⓒ 造園家 ～ **gàrdening** 名 Ⓤ 造園術

*__lánd·slìde__ 名 Ⓒ ❶ 地滑り, 土砂崩れ, 山津波 (landfall); Ⓤ (地滑りの)土砂 ❷ (選挙での)地滑り的勝利; 一方的な選挙; (一般に) 大勝利 ‖ a Democratic ～ in the fall elections 秋の選挙における民主党の地滑り的勝利 / win by a ～ 地滑り的に勝利を収める / a ～ victory 地滑り的勝利

lánd·slìp 名 Ⓒ《主に英》地滑り(♦ 通例 landslide より小規模)

lands·man /lǽndzmən/ 名 (複 **-men** /-mən/) Ⓒ 海に不慣れな人, 陸(おか)の人間(↔ seaman)

lánd·ward /-wərd/ 副 (内)陸へ向かって —形《限定》陸に面した, 陸側の **-wards** /-wərdz/ 副 =landward

:lane /leɪn/ (♦ 同音語 lain)
—名 (複 **～s** /-z/) Ⓒ ❶ (垣根・壁・建物などの間の)**路地**; 小道, (特に田舎の, しばしば曲がりくねった) **狭い道路** (⇨ ROAD 類語P); 《地名で》…通り ‖ Penny *Lane* ペニーレーン《ビートルズの曲名になった実在の街路》/ a **narrow**

language

Boost Your Brain!

数えられる名詞の a language は英語, 日本語などの「(具体的な個々の)言語」を指し, 一方, 数えられない名詞の language は「言語体系, あるいはそれを運用する言語能力」を指す.「外国語を学ぶ」は learn a foreign language であり,「(幼児が) 言語能力を獲得する」は acquire language である.

音声以外の身振りや手振りによる意思伝達や, 動物の用いるさまざまなコミュニケーション手段も language と呼ぶことはある. しかし, 多くの場合, language とは「音声を用いて意思を伝える人間固有の能力」であるとされる. それゆえ「言語とは何か」「人間の言語とほかの動物のコミュニケーション手段とはどのように異なるのか」を定義することは, 結局は「人間とは何か」を理解することにつながる.

人間の言語に固有の特徴として, 創造性, 転位性, 恣意性(⇨ ARBITRARY BYB)などがあげられる.

人間は有限の音声や単語などの要素 (element) を使って, 無限に多くの発話(utterance)を生み出し, またそれを理解することができる. つまり, 空想で物語を作ることができるし, 行ったことがない国や食べたことがない料理の話でも言語を通して理解することができる. これを「言語の創造性(productivity)」と言う.

犬は見知らぬ人がやってきたのを, ほえて飼い主に伝えることができるが, その人物が昨日もうろうろしていたことを伝える手段は持たない. 一方, 人間は言語を使って過去や未来のことを表現できるし, 文字を使えば後世に伝えることもできる. これを「言語の転位性(displacement)」と言う.

幼児がこうした言語能力をどのように習得するかの解明は, 発達心理学(developmental psychology)における大きな課題であり, 人間とほかの動物との違いを知るための鍵となると言われている.

country ～ 狭い田舎の道 / *It is a long ～ that has no turning.* 《諺》曲がり角のない道は(果てなく)長い；待てば海路の日和(ひより)あり
❷ **車線**, レーン ‖ change ～*s* 車線変更する / get into the fast [slow] ～ 追い越し[低速]車線に入る / the bus ～ バス専用[優先]の車線 / a six-～ highway 6車線の幹線道路
❸ (競技場・プールなどの) コース ‖ She will run in ～ four. 彼女は第4コースを走る
❹ 航路(→ sea lane)；航空路 ❺ 〖ボウリング〗レーン
life in the fást làne 競争社会での(刺激に満ちた)生活

láne·wày 名 C 《英・カナダ》=lane ❶

lang. 略 language

lang·lauf /lɑ́ːŋlàuf | lǽŋ-/ 名 U 〖スキー〗(クロスカントリーの)長距離レース(♦ドイツ語より)(long race)

lan·gouste /lɑ̀ːŋɡúːst | lɔ̀ŋ-/ 名 =spiny lobster

lan·gous·tine /lɑ̀ːŋɡustíːn | lɔ̀ŋ-/ 名 C 〖動〗ラングスティン, スカンピ, ヨーロッパアカザエビ(Norway lobster)

lang syne /lǽŋ sáɪn, -záɪn/ 名 U 副 《スコット》《古》遠い昔, ずっと以前(に)(→ auld lang syne)

***lan·guage** /lǽŋɡwɪdʒ/ 《発音注意》

―名 (複 **-guag·es** /-ɪz/) U (⇨ BYB) ❶ (人間の) **言語, 言葉**；言語活動；言語能力 (⇨ 類語) ‖ Spoken ～ is not a degraded form of written ～. 話し言葉は書き言葉の崩れた形ではない / A smile can surmount the ～ barrier. ほほ笑みによって言葉の壁は乗り越えられる / ～ skills 言語運用能力 / acquire ～ 言語 (使用能力) を習得する
❷ C (個々の民族や国の) 言語, …語 (⇨ 類語) ‖ the English ～ (歴史や文法の点から見た)英語(♦単に English という場合は無冠詞) / **Learning** a foreign ～ means acquiring a value system different from your own. 外国語を学ぶということは自分たちのものとは異なる価値体系を習得することを意味する / Swahili serves as a common ～ in East Africa. スワヒリ語はアフリカ東部の共通語だ / **speak** [**use**] three ～*s* 3か国語を話す[使う] / **in** one's own ～ 自分の母語で

連語 ❷ 【形+～】 one's first [OR native] ～ 母語 / a second ～ 第2言語 [(第1) 外国語] / a modern ～ 近代[現代]語 / an artificial ～ 人工語 / a natural ～ (人工語に対する) 自然言語 / an official ～ 公用語 / a dead ～ 死語

❸ (ある職業やグループなどの)(特殊)用語, 術語, 専門(用)語 ‖ the ～ of law=legal ～ 法律用語 / the ～ of teenagers 10代の若者の言葉
❹ (個人の) 言葉遣い, 言い方；汚い言葉遣い ‖ formal [dirty] ～ かしこまった[卑猥(ひわい)な] 言葉遣い / The textbook explains economics in **plain** ～. その教科書は平易な言葉で経済学を説明している / in obscure ～ あいまいな言い方で / bad [OR foul] ～ 汚い言葉 (遣い), ののしり / street ～ 街の言葉；ぶしつけな言葉(遣い)
❺ U C (意思・情報の)伝達手段；(表現・伝達のための)記号体系；動物の言語《鳴き声など》；ボディーランゲージ；動作学 (→ body language, finger language, machine language, sign language) ‖ human ～ 人間の言語 / the ～ of mathematics 数学の記号体系 / the ～ of birds 鳥の言葉 ❻ (文書などの)表現法, 言い回し, 文体 (style) ‖ the ～ of poetry 詩の文体 ❼ 💻言語, コンピューター言語《プログラムやアルゴリズムを書くための記号や規則の体系》 ❽ (特に教科としての)語学；言語学
spèak [OR ***tàlk***] ***the sàme lánguage*** (人と)同じ考え(など)を持っている(ので理解し合える)

COMMUNICATIVE EXPRESSIONS

1 **Wàtch** [OR **Mìnd**] **your lánguage.** 言葉 (遣い) に気をつけなさい

類語 《❶, ❷》 **language** 一般に「言語・国語」という意思伝達の体系.
speech (書き言葉(written language)に対して) 話し言葉(spoken language).
tongue 特定の民族・地域の言語. 〈例〉 The *speech* of the villagers was in a foreign *language* [OR *tongue*]. 村人の話す言葉は外国語だった (=The villagers spoke in a foreign *language* [OR *tongue*]. 村人たちは外国語で話した)
word 語・単語. language の中の個々の言葉.

語源 「舌」の意のラテン語 *lingua* から. lingual と同語源.

▸▸ **～ árts** 名 複 《米》(初・中等教育での) 国語技術教育 **～ engineéring** 名 U 言語工学 **～ làboratory** 名 C 語学実習室, ラボ(❗LLは和製略語) **～ of flówers** 名 U 花言葉 **～ trànsfer** 名 U 言語転移《母語の知識が第2言語の習得に影響すること》

langue /lɑːŋɡ | lɔŋɡ/ 名 U 〖言〗ラング, (ある社会における) 言語体系 (♦スイスの言語学者 F. Saussure の用語. 「言語」の意のフランス語より)

làngue d'óc /-dɑ́(ː)k, -dɔ́ːk | -dɔ́k/ 名 U 《フランス》オック語《中世フランス南部で用いた》(♦「oc の言語」の意. oc はプロバンス地方に残る古代フランス語で yes の意味)

lan·guid /lǽŋɡwɪd/ 形 ❶ 元気[活力]のない, ぐったりした ‖ a ～ wave of the hand 弱々しく手を振ること ❷ (動きなどが)鈍い, のろい ❸ 物憂げな, やる気のない ‖ a ～ mood だらけた雰囲気 **～·ly** 副 **～·ness** 名

lan·guish /lǽŋɡwɪʃ/ 動 自 ❶ 元気がない [なくなる], 弱る；(花などが)しおれる ❷ 〈…の状態で〉惨めな[苦しい]生活をする 〈in〉 ‖ ～ *in* poverty 貧しさの中で悲惨な生活を送る ❸ 《古》思い焦がれる, 恋い慕う ❹ 《古》(特に同情を得るため)物悲しいふりをする **～·ing** 形 物憂げな, けだるい

lan·guor /lǽŋɡər/ 名 U ❶ (快い)倦怠(けんたい), だるさ, 疲労感 ❷ (空気などの)重苦しさ, うっとうしさ, 物憂い静けさ ❸ 物思い, 感傷

lan·guor·ous /lǽŋɡərəs/ 形 ❶ だるい, 物憂い；快くけだるい ❷ 元気のない, 鈍い, のろい **～·ly** 副

lan·gur /lʌŋɡúər/ 名 C 〖動〗ラングール《南アジア産の尾の長いオナガザルの総称》

La Niña /lɑː níːnjə | lə-/ 名 U 〖気象〗ラニーニャ現象《南太平洋ペルー沖の海面温度が平年より低くなる現象》(↔ El Niño)

lank /læŋk/ 形 ❶ (髪が) 真っすぐで柔らかい, 直毛の ❷ (人などが)長身でやせた, ひょろりとした(lanky)

lank·y /lǽŋki/ 形 (人・手足などが)のっぽでやせ型の, ひょろひょろした **lánk·i·ly** 副 **lánk·i·ness** 名

lan·o·lin /lǽnəlɪn/ 名 U ラノリン, 羊毛脂《羊毛から採る油. 軟膏(なんこう)・化粧品の原料》

Lan·sing /lǽnsɪŋ | lɑ́ːn-/ 名 ランシング《米国ミシガン州の州都》

lan·ta·na /læntɑ́ːnə/ 名 C 〖植〗ランタナ, シチヘンゲ《小型の花をまとまって咲かせる熱帯原産の植物》

***lan·tern** /lǽntərn/ 名 C ❶ (ガラス・金属製などの)ランタン, 角灯, カンテラ(→ Chinese lantern, dark lantern) ‖ a paper ～ ちょうちん ❷ (灯台の) 灯火室 ❸ (円天井などの)明かり取り, 天窓 ▸▸ **～ flỳ** 名 C 〖虫〗ビワハゴロモ《熱帯産》 **～ jàw** (↓) **～ slìde** 名 C 幻灯用スライド

lántern·fìsh 名 (複 **～** OR **～·es** /-ɪz/) C 〖魚〗ハダカイワシ《深海に生息する発光魚》

lántern jàw 名 C 細く突き出たあご
làntern-jáwed 形 頬(ほお)のこけた

lan·tha·nide /lǽnθənàɪd/ 名 U 〖化〗ランタン系列元素《原子番号57から71までの希土類元素》
▸▸ **～ sèries** 名 《通例 the ～》〖化〗ランタン系列, ランタノイド《原子番号57から71に至る15の希土類元素》

lan·tha·num /lǽnθənəm/ 名 U 〖化〗ランタン《希土類金属元素. 元素記号 La》

lan·yard /lǽnjərd/ 名 C ❶ 〖海〗ラニヤード, 固定索, 締め綱 ❷ (ナイフ・呼笛などを首・肩からつるす)つりひも ❸ (砲弾発射用の)引き綱

La·oc·o·ön /leɪɑ́(ː)kouɑ̀(ː)n | -ɔ́kouɔ̀n/ 名 〖ギ神〗ラオコ

ーン《トロイ神殿の神官. トロイ戦争でギリシャ軍の木馬の計略をトロイ人に警告したため, 2人の息子とともに2匹のウミヘビに締め殺されたという》

***La·os** /lá:ous | laus/ 名 ラオス《インドシナ半島北西部の共和国. 公式名 the Lao People's Democratic Republic. 首都 Vientiane》

***La·o·tian** /leióuʃən, láuʃən | láuʃən, -ʃiən, leióuʃən/ 形 名 C U ラオス(Laos)の, ラオス人(の); ラオス語(の)

Lao-ts(z)e, Lao-tze, Lao-tzu, -tse /làutséi/ 名 老子(604?–531? B.C.)《中国の哲学者. 道教(Taoism)の祖》

***lap¹** /læp/ 名 C ❶ (人の) ひざの上《座ったときの腰からひざ頭まで》(♦1人の「ひざ」は lap で, 複数形にはしない); (衣服の) ひざ上部分 ‖ It seems like only yesterday that she was sitting on my ~ [×laps]. 彼女が私のひざの上に座っていたのが昨日のことのように思える / He sat alone with his hands in his ~. 彼はひざに両手を置いてひとりで座っていた ❷ 安息の場, いこいの場; 責任, 管理(♦ふつう以下のような成句表現で用いる) ‖ in the ~ of luxury ぜいたくに浸って / The whole thing was dumped [OR dropped] in my ~. すべては私の責任に任された / The victory dropped [OR fell] into my ~. 勝利が私に転がり込んできた / The task 「landed in [OR was thrown into] his ~. その仕事は彼にゆだねられた / in the ~ of the gods (事の成否が) 神の手にゆだねられて, 人の力が及ばない ❸ (山あいの) くぼんだ所《谷間など》 ❹ (衣服の) ひざの部分; (衣服の) 垂れ

▸▸ ~ bèlt 名 C (腰の部分を締める) シートベルト ~ dànce [dàncing] 名 U ラップダンス《バーやクラブで客のひざの上などで踊るストリップダンス》 ~ ròbe 名 C《米・カナダ》(車に乗ったときなどに用いる) ひざかけ

L

***lap²** /læp/ 名 C ❶ (競技で数周する際の) 1周, (競泳用コースなどの) 1往復, ラップ ‖ run a ~ around the track トラックを1周する / swim [OR do] a few ~*s* in the pool プールで何往復か泳ぐ / on the last ~ 最後の1周で / a victory ~ ウイニングラン (《英》a lap of honour) / ~ time ラップタイム

❷《単数形で》(旅の) 行程, (計画などの) 段階 ❸ 重なり合う[突き出ている] 部分; U 重なり合いの度合い ❹ (支柱・リールなどに巻いたロープ・糸などの) 一巻き; ラップ《処理加工用に薄く延ばしてローラーに巻いた綿・羊毛など》

—動 (**lapped** /-t/; **lap·ping**) 他 ❶ (競技で)〔相手〕を1周[数周]抜く;〔トラックなど〕を1周する ❷〈…の上に〉…を一部重ね合わせる (overlap)〈**over, on**〉‖ ~ shingles *over* one another 屋根板を少しずつ重ね合わせる ❸《通例受身形で》《文》(特に体の一部などが)〈柔らかいもので〉くるまれる, 包まれる;〈喜びなどで〉包み込まれる, 〈…に〉浸る〈**in**〉 ❹〔宝石・金属面など〕を研磨機で磨く

—自 ❶ 一部重なり合う, 折り返る ❷ はみ出す《*over*》 ❸ (特に決められた時間内にコースを) 1周[往復]する

▸▸ ~ jòint 名 C〖建〗重ね接合, 重ね継ぎ, 重ね張り ~ pòol 名 C ラッププール《特にラップ用の25mなど短いプール》

lap³ /læp/ 動 (**lapped** /-t/; **lap·ping**) 他 ❶ (犬・猫などが) …をぴちゃぴちゃ飲む《*up*》‖ The cat *lapped up* the whole dish of milk. 猫はたっぷり一皿のミルクをきれいになめ尽くした ❷ (波などが)〔岸〕をぴしゃぴしゃ洗う[打つ] ❸〔お世辞など〕を喜んで受け入れる, …に喜んで飛びつく《*up*》 —自 ❶ ぺろぺろなめる《*up*》❷ (波が) ぴしゃぴしゃ洗う —名 ❶ C ぴちゃぴちゃ飲むこと[量] ❷《the ~》(岸を洗う) 波音 ❸ U (犬などの) 流動食

lap·a·ro·scope /lǽpərəskòup/ 名 C〖医〗腹腔(ふくこう)鏡

lap·a·ro·scop·ic /læ̀pərəská(:)pɪk | -skɔ́p-/ 形 腹腔鏡下の ‖ ~ surgery 腹腔鏡手術 **-i·cal·ly** 副

lap·a·ros·co·py /læ̀pərá(:)skəpi | -rɔ́s-/ 名 (複 **-pies** /-z/) U C 腹腔鏡検査, ラパロスコピー

lap·a·rot·o·my /læ̀pərá(:)ṭəmi | -rɔ́t-/ 名 (複 **-mies** /-z/) C〖外科〗開腹術; 側腹切開術

La Paz /lə pá:z | lɑ: pǽz/ 名 ラパス《ボリビアの首都. 司法上の首都は Sucre》

láp·bòard 名 C ひざ板《机・テーブルの代用にひざにのせる平板》

LAPD 略 *L*os *A*ngeles *P*olice *D*epartment (ロサンゼルス市警察)

láp·dòg 名 C ❶ ペット用小型犬 ❷ おべっか使い, へつらう人, 手先

la·pel /ləpél/ 名 C (上着の) 襟の折り返し, ラペル
la·pélled 形《複合語で》(…の) 襟のついた

lap·i·dar·y /lǽpədèri | -ɪdəri/ 名 (複 **-dar·ies** /-z/) C 宝石細工職人
—形《限定》❶ 宝石 (細工) に関する ❷ 石に刻まれた; 《堅》(文体などが) 碑文調の, 簡潔で格調の高い

***lap·is laz·u·li** /læ̀pɪs lǽzəli: | -lǽzjuli/ 名 C U ラピスラズリ, 瑠璃(るり); 瑠璃色 (深い青色)

Lap·land /lǽplæ̀nd/ 名 ラップランド《スカンジナビア半島北部の地域》

Lap·land·er /lǽplæ̀ndər/ 名 =Lapp ❶

Lapp /læp/ ⊗《蔑》名 ❶ C ラップ (ランド) 人 ❷ U ラップ (ランド) 語 —形《限定》ラップ人[語]の

lap·pet /lǽpɪt/ 名 C ❶ (衣服・帽子などの) 垂れひだ ❷ 垂れ下がった部分; 鳥の肉垂(にくすい), 牛ののど袋, 耳たぶ

lap·sang sou·chong /lɑ̀:psɑ:ŋ sú:ʃɑ:ŋ | læ̀psæŋ su:tʃɔ́ŋ/ 名 U ラプサンスーチョン (正山小種)《中国福建省産の紅茶の一種; 独特の薫香がある》

***lapse** /læps/ 名 C ❶ ちょっとした誤り, うっかりミス, 思わぬ失敗 ‖ a ~ of memory 記憶違い; 度忘れ / a ~ of the pen [tongue] 書き[言い] 違い / a ~ in judgment 判断ミス / a drunken ~ 酒の上での失敗 ❷〈正道から〉それること〈**from**〉;〈悪に〉陥ること〈**into**〉‖ a ~ *from* virtue=a moral ~ 堕落 / a ~ *into* bad habits (一時的に) 悪習に陥ること ❸《通例単数形で》〈時の〉推移, 経過; 経過した時間, 期間; 中断, 休止〈**of**〉‖ after a ~ *of* three months 3か月たってから ❹〖法〗(不行使による) 権利の失効

—動 自 ❶〖法〗(権利・契約などが) 期限切れになる, 失効する ❷ (活動などが) 自然消滅する, (徐々に) 消える; (習慣などが) 廃れる ❸《+**into** 名》〔不活発な状態〕に落ち込む, 陥る ‖ ~ *into* 「unconsciousness [a coma] 気を失う[昏睡(こんすい) 状態に陥る] / ~ *into* thought 考え込む ❹〈望ましくない状態に〉転落する; (言葉・行動などが)〈以前の状態に〉逆戻りする《*back*》〈**into**〉‖ The weather ~*d into* rain. 天気は崩れて雨になった / ~ *into* ruin 破滅[倒壊] する / ~ *back into* vice 昔の悪の道に戻る ❺〈信仰・主義を〉捨てる, 〈…から〉離れる〈**from**〉‖ ~ *from* grace 神の恩寵 (おんちょう) を失う ❻ (時が) 過ぎる, 経過する《*away*》

▸▸ ~ ràte 名 C〖気象〗(高度の上昇に伴う) 気温低下率

lapsed /-t/ 形《限定》❶ 信仰心を失った, 堕落した ❷〖法〗失効した, 人手に渡った

lap·sus /lǽpsəs/ 名 (複 ~) C《ラテン》ちょっとした誤り, うっかりしたミス ‖ a ~ calami /kǽləmaɪ/ 《堅》筆の誤り, 書き損じ (=a slip of the pen) / a ~ linguae /líŋgwaɪ/ 《堅》言い損ない, 失言 (=a slip of the tongue)

***láp·tòp** 名 C 形 💻 ノートパソコン(の), ラップトップ(の) (→desktop, palmtop, notebook)

La·pu·tan /ləpjú:tən/ 形 空想的な, 非現実的な, ばかばかしい (♦「ガリバー旅行記」中のラプタ(Laputa)島から)

láp·wìng 名 C〖鳥〗タゲリ

lar·ce·ny /lá:rsəni/ 名 (複 **-nies** /-z/)〖法〗U 窃盗罪; C 窃盗行為 **-nist** 名 C 窃盗犯 **-nous** 形 窃盗 (犯) の

larch /lɑ:rtʃ/ 名〖植〗C カラマツ; U カラマツ材

lard /lɑ:rd/ 名 U ❶ ラード《料理用の豚の脂肪》❷《口》(人の身体についた) 余分な脂肪 —動 他 ❶ (料理前に)〔脂身・ベーコンなど〕を挟む ❷《通例受身形で》(話・文章などが)〈…で〉飾り立てられる, いっぱいになる〈**with**〉‖ His review is ~*ed with* quotations. 彼の評論は引用だら

けだ **~·y** 形

lárd-àss 名 C ⊗《米口》《蔑》太った人, でぶ

lard·er /lɑ́ːrdər/ 名 ❶ C (家庭の) 食品貯蔵室 [庫] ❷ U 貯蔵食料

la·res /lǽriːz | lɑ́ːreɪz/ 名 複 (♦ 単数形 **lar** /lɑːr/) (古代ローマの)家の守護神

làres and penátes ① 家庭, 家の守護神 ② 《旧》家宝, 大切な家財道具

‡large /lɑːrdʒ/ 形 名 副 動

中心義 **(寸法・程度・範囲などが)大きい**(★主に客観的大きさについて用いる)

— 形 (▶ enlarge 動) (**larg·er**; **larg·est**)

❶ **a 大きい**, 大型の; 広い, 広々とした(↔ small)(⇨ BIG 類語) ‖ Daddy's hands are ~ and bony. パパの手は大きくて骨ばっている / My suitcase is ~ enough to put a week's wardrobe in. 私のスーツケースは1週間分の服を収めるのに十分な大きさだ / This dress is many sizes too ~ for me. このドレスは私には何サイズも大きすぎる / a ~ office 広いオフィス

b (服・飲食物などが)Lサイズの, 大の ‖ Pizzas come in three sizes — ~, medium and small. ピザはL, M, Sの3つのサイズがあります

❷ (数量・程度などが)**多数の**, **多量の**, かなりの, 相当の; 多数[量]からなる, 大規模な(↔ small) (♦ 量については通例 big は用いない) ‖ You need to lose a ~ [×big] amount of weight. 君は体重をかなり落とさなければならない / make a ~ [×big] amount of money 大金をもうける / a ~ proportion of high school students かなりの割合の高校生 / in ~ [×big] quantities 大量に / a ~ [×big] **number of** people 多くの人々 / a ~ profit [loss] 多額の利益[損失] / He has a ~ family. 彼のところは大家族だ / a ~ crowd 大群衆 / The population of Japan is about three times as ~ as that of Spain. 日本の人口はスペインの人口の約3倍だ / China is the world's second *largest* market after the U.S. 中国は合衆国に次いで世界第2位の市場である / have a ~ membership 多数の会員を持つ / a ~ corporation 大企業

❸ 《婉曲的》(人が)大柄な, 太って上背のある(♥ fat (太った)よりも上品な表現)

❹ **広い範囲にわたる**, 幅広い, 包括的な; (問題などが)広範囲に影響を及ぼす, 重要な, 重大な ‖ You should take a *larger* view. もっと幅広い見方をした方がいい / Television plays a ~ part in our lives. テレビは我々の生活に大きな役割を果たす / a ~ problem 大きな問題 (♦ big を用いる方がふつう)

❺ (心が) 広い, 寛大な ‖ She has a ~ heart. 彼女は心の広い人だ ❻ (話し方・態度などが)もったいぶった, 自慢気な ‖ ~ talk 大げさな話, 自慢話 ❼ 《海》(風が) 順風の ‖ a ~ wind 順風

— 名 U 《米口》1,000ドル ‖ 16 ~ 16,000ドル

******at lárge*** ① (危険な人物や動物が) **捕まっていないで**, 逃走中で ‖ Is the escaped prisoner still *at* ~? 脱獄囚は今も捕まっていないのですか ② 一般の, **全体として**(の) (in general, as a whole) (♦ 名詞の後に置く) ‖ The issue of juvenile crime needs to be debated by society *at* ~. 青少年犯罪の問題は社会全体で議論されなければならない ③ 《しばしば at-~ で》(国・州・地区などの)全体を代表する [して] (♦ 名詞の後に置く) ‖ a congressman at-~ [OR at ~] 全州選出の下院議員 ④ 《米》特定の任務のない, 無任所の (→ ambassador-at-large) ⑤ 《旧》詳細に, 事細かに

— 副 (**larg·er**; **larg·est**)

❶ 大きく ‖ write ~ 字を大きく書く

❷ 誇らしく, 華やかに ‖ live ~ ぜいたくに暮らす

❸ 《海》順風を受けて ‖ sail ~ 順風を受けて帆走する

by and large ⇨ BY (成句)

loom large ⇨ LOOM[1] (成句)

writ large ⇨ WRIT[2] (成句)

— 動 他 《次の成句で》

lárge it (úp) 《英俗》(飲んだり踊ったりして)楽しむ

~·ness 名

▶▶ **~ híll** 名 《通例 the ~》《スキー》ラージヒル《K点90～105m級のジャンプ競技. → normal hill》 **~ intéstine** 名 《解》《the ~》大腸(→ small intestine)

lárge-càp 名 C 形 《経済》大企業(の株)(の)

làrge-hánded 形 気前のよい

làrge-héarted ⊲ 形 心の広い, 寛大な, 親切な

‡large·ly /lɑ́ːrdʒli/

— 副 (**more ~**; **most ~**)

❶ 《比較なし》**主として**, 大部分(は) ‖ Her money went ~ for clothes. 彼女の金は主に洋服に使われた / The language of air traffic control is ~ English. 航空管制の言語は主として英語である

❷ **大量に**, 相当; 広範に, 幅広く; 気前よく

làrge-mínded ⊲ 形 心の広い, 寛容な

~·ly 副 **~·ness** 名

làrger-than-lífe 形 けた外れの, ずば抜けた

***làrge-scále** ⊲ 形 《通例限定》 ❶ 大規模な, 広範囲にわたる ‖ ~ farming 大規模農業 / a ~ disaster 大災害 ❷ (地図・模型などが)大縮尺の, 詳細な

lar·gesse, -gess /lɑːrʒés/ 名 U ❶ (上から下へ) 気前よく与えること, 寛大さ ❷ 気前のよい贈り物[心付け]

làrgest-éver 形 今までで最大の

lar·ghet·to /lɑːrɡétou/ 副 形 《楽》ラルゲットで[の], やや遅く[い]《ラルゴ(largo)よりやや速く》

— 名 (複 **~s** /-z/) C ラルゲット(の楽章[節])

larg·ish /lɑ́ːrdʒɪʃ/ 形 やや大きい, 大きめの

lar·go /lɑ́ːrɡou/ 副 形 《楽》ラルゴで[の]《極めてゆっくりしたテンポ》 — 名 (複 **~s** /-z/) C ラルゴ(の楽章[節])

lar·i·at /lǽriət/ 名 C ❶ (家畜を捕らえるための) 投げ縄(lasso) ❷ (家畜の)つなぎ縄

***lark**[1] /lɑːrk/ 名 C ❶ 《鳥》ヒバリ(skylark) ❷ ヒバリに似た小鳥《meadowlark, pipit など》; 《口》早起きの人 ‖ (as) happy as a ~ とても幸せな気分で

be* [OR *gèt*] *ùp with the lárk 《英》早起きする

lark[2] /lɑːrk/ 《口》 名 C ❶ 《通例 a ~》浮かれ騒ぎ, 戯れ, 冗談, ふざけ(た脱線行為) ‖ for [OR on] a ~ 冗談のつもりで ❷ 《英》ばかげたこと, 無駄なこと

blòw* [OR *sòd*] *that for a lárk 《英俗》(あまりの大変さに) もうたくさん

— 動 自 《主に英》浮かれ騒ぐ, ふざける, いたずらをする《***about, around***》

lárk·spùr 名 =delphinium

lark·y /lɑ́ːrki/ 形 《口》浮かれ騒ぐ

lar·ri·gan /lǽrɪɡən/ 名 C ラリガン《油をしみ込ませた革で作った長靴. きこり・猟師などが用いる》

lar·ri·kin /lǽrɪkɪn/ 名 C 《豪・ニュージ口》よた者, ちんぴら

lar·rup /lǽrəp/ 動 他 《口》…をむちで打つ(whip)

Lar·ry /lǽri/ 名 ラリー(Laurence, Lawrence の愛称)

(as) hàppy as Lárry 《英》とても幸せな

***lar·va** /lɑ́ːrvə/ 名 (複 **~s** /-z/ OR **-vae** /-viː/) C (昆虫の)幼虫; (動物の)幼生《オタマジャクシなど》 **-val** 形

la·ryn·ge·al /ləríndʒəl/ 形 ❶ 喉頭(こうとう)の; 喉頭用の ❷ 《音声》喉頭音の — 名 C 《音声》喉頭音

lar·yn·gi·tis /lærɪndʒáɪtɪs/ 名 U 《医》喉頭炎

lar·yn·gol·o·gy /lærɪŋɡɑ́(ː)lədʒi | -ɡɔ́l-/ 名 U (耳鼻) 咽喉(いんこう)学 **la·rỳn·go·lóg·ic(al)** 形 **-gist** 名

la·ryn·go·scope /ləríŋɡəskòup/ 名 C 《医》喉頭鏡

lar·yn·got·o·my /lærɪŋɡɑ́(ː)təmi | -ɡɔ́t-/ 名 (複 **-mies** /-z/) U 《医》喉頭切開(手術)

lar·ynx /lǽrɪŋks/ 名 (複 **la·ryn·ges** /ləríndʒiːz/ OR **~·es** /-ɪz/) C 《解》喉頭

la·sa·gna, -gne /ləzɑ́ːnjə | -zǽ-/ 名 U C 《料理》ラザーニャ《幅広く平たいパスタの一種; またそれにトマトソースやチ

ーズなどを重ねて焼いた料理》

Las·caux /lɑːskóu | lǽskou/ 名 ラスコー《フランス南西部にあるラスコー洞窟(どうくつ)の所在地. 旧石器時代の彩色動物壁画で知られる》

las·civ·i·ous /ləsíviəs/ 形 ❶ 好色な, みだらな ❷ 情欲をそそる, 扇情的な **~·ly** 副 **~·ness** 名

*__la·ser__ /léɪzər/ 名 C レーザー《電磁波の誘導放出による光の増幅・発振装置》(♦ *l*ight *a*mplification by *s*timulated *e*mission of *r*adiation の略) ; =laser beam ; 《形容詞的に》レーザー(技術)を用いた ‖ ~ weapons レーザー兵器

▸▸~ **bèam** 名 C レーザー光(線)《光通信・光情報処理・医療・バーコード読み取りなどに応用されている》 ~ **dìsk** [**dìsc**] 名《しばしば L- D-》C レーザーディスク(→ optical disk) ~ **gùn** 名 C レーザーガン《レーザー光を使ってバーコードを読み取ったり物体の速度・距離などを測る装置》 ~ **pòinter** 名 C レーザーポインター《レーザー光線でスクリーンの1点を指し示す器具》 ~ **prìnter** 名 C 🖳レーザープリンター(page printer) ~ **sùrgery** 名 U《医》レーザー手術 ~ **twèezers** 名 複《理》レーザーピンセット(optical tweezers)《対物レンズにレーザーを集光させ微小粒子を操作する装置》

láser-gùided 形 レーザー誘導の ‖ a ~ bomb レーザー誘導爆弾

*__lash__[1] /læʃ/ 名 C ❶《~es》まつげ(eyelash) ❷ むち打ち ; 《the ~》むち打ちの刑, 笞刑(ちけい) ‖ He gave the horse a ~ with his whip. 彼は馬にむちを当てた ❸ (尾などを)激しく動かす[振る]こと ❹ むちの先, むちひも ; むち(whip) ❺ 痛烈な非難

—動 他 ❶ …を(むち)打つ ❷〔手足・尾など〕を激しく動かす[振る] ❸ (風・雨・波などが)…を激しく打つ ❹ …を激しく非難する, きつくしかる ❺《+目+**into** 名》〔人〕を…に駆り立てる ‖ ~ a crowd *into* a frenzy 群衆を駆り立てて熱狂させる —自 ❶〈…を〉(むち)打つ〈**at**〉 ❷ (手足・尾などが) 激しく動く, (蛇・魚などが) 激しく身を振る《***about, around***》 ❸〈…に〉激しく打ちつける《***down***》〈**against, at**〉‖ The rain ~*ed at* the door. 雨が戸口に激しく打ちつけた ❹〈…を〉非難する〈**at, into**〉

làsh báck 〈自〉〈非難・攻撃してきた相手に〉やり返す

làsh óut 〈自〉①〈…に〉打ちかかる, 襲いかかる〈**at**〉;〈…を〉痛烈に非難する〈**at, against**〉‖ The Opposition ~*ed out against* the tax bill. 野党は増税案を激しく非難した ②《英口》〈…に〉大散財する〈**on**〉

lash[2] /læʃ/ 動 他 (ひも・ロープなどで) …を縛(りつけ)る《***down, together***》

lash·ing /lǽʃɪŋ/ 名 C ❶ むち打ち(の罰) ; 痛烈な非難(→ lash[1]) ❷《通例 ~s》ロープ, 縄(→ lash[2])

lash·ings /lǽʃɪŋz/ 名 複《英口》(特に飲食物の)大量 ‖ a cake with ~ of cream クリームたっぷりのケーキ

lásh-ùp 名 C《口》一時しのぎ[急造]の設備, 装備

*__lass__ /læs/ 名 C ❶《主にスコット・北イング》少女, 若い娘, 乙女(→ lad, laddie) ❷ (女の)恋人

Lás·sa fèver /lǽsə-/ 名 U《医》ラッサ熱《ウイルス性出血熱の一種で西アフリカの風土病》

las·sie /lǽsi/ 名 =lass

las·si·tude /lǽsɪtjùːd/ 名 U 疲労感 ; 倦怠(けんたい)感, けだるさ

las·so /lǽsou | ləsúː/ 名 (複 **~s, ~es** /-z/) C (牛や馬などを捕まえるための) 投げ縄, 輪縄 ‖ twirl a ~ 投げ縄を(回しながら)投げる —動 他 …を投げ縄で捕まえる

⁑last[1] /læst | lɑːst/ 形 副 名

> 形 この前の❶ 最後の❷ 最後に残った❸ 最も…ない❹
> 副 最近❶ 最後に❷❸
> 名 最後の人[もの, こと]❶

—形《late の最上級の1つ》❶《限定》(時間的に) **この前の**, つい最近の, 昨…, 先…(♦「現在に最も近い過去の」の意) (→ next) ‖ I saw you with somebody ~ **night**. 昨夜どなたかとご一緒のところをお見かけしました / ~ week [month, **year**] 先週[先月, 昨年] (♦ the last week [month, year] と the のつく形は「ここ1週間[1か月間, 1年間]」の意) / I've had a cold for the ~ week. この1週間風邪をひいていました (♦ I had a cold last week. (先週風邪をひいていた) と区別) / ~ Wednesday=on Wednesday ~ この(前の)水曜日に(♦ ×on last Wednesday は不可) (⇨ 語法 (1)(4)) / ~ summer 去年の夏 (♦ 秋冬から見て「(過ぎ去った)今年の夏」は this summer で表せる) / during the ~ century 前世紀の間(に) / (at) this time ~ week [month, year] 先週[先月, 昨年] の今ごろ / I've lived here for the ~ few years. 私はこの何年かここに住んでいる (♦ last は基数詞類に先行する. ×... for the few last years. とはいわない) / He was ill in bed (the) ~ **time** I saw him. この前会ったとき彼は病気で寝ていた (♦ (the) last time が従位接続詞のように使われている)

> **語法 ★☆** (1) last night [week, month, year, etc.] には前置詞をつけない.
> (2) 過去のある時点からみて「その前の」という場合は previous を用いる. 〈例〉the previous night [week] その前の夜[週] (=the night [week] before) 直接話法での last night [week] は間接話法ではふつうこれらに変わる.
> (3)「昨日の朝[午後]」は last ではなく yesterday を用いる. 〈例〉yesterday [×last] morning [afternoon] 「昨晩」は last evening も使われるが, yesterday evening, last night の方がふつう.
> (4) last Wednesday は, 例えば今が月曜日なら「先週の水曜日」を指すが, 今が金曜日なら「今週の水曜日」となることが多いので, 「先週の水曜日」とはっきりいう場合は on Wednesday last week とする.

❷ (順序・時間が)**最後の**, 最終の, いちばん後ろの(↔ first) (⇨ 類語) ; (人生などの)最期の, 臨終の ‖ December is the ~ month of the year. 12月は1年の最後の月です / I made the ~ train by a couple of seconds. 最終列車にきわどいところで間に合った / the ~ two chapters 最後の2章 / the ~ page but one [two]=the second [third] to ~ page 終わりから2[3]ページ目 / He was ~ but one in the race. 彼は競走で最後から2番目だった / This is our very ~ chance to see him. これは私たちが彼に会うまさに最後の機会だ / He thought his ~ hour had come. 彼は死期が迫ってきたと思った

❸《限定》**最後に残った** ‖ I've just spent my ~ dollar. ちょうど最後の1ドルを使い果たしたところだ

❹《the ~》**最も…しそうにない**, 最も…するのにふさわしくない(♦「the last + 名」の後に to *do* または関係詞節を伴う) ‖ He was the ~ person I'd expected to meet in a bar. 彼とバーで出会うなんて思いもよらなかった / The ~ thing I want to do is to work on Sunday. 日曜日に働くことだけはしたくない

❺《the ~》最新の (♦ この意味では latest の方がふつう. → latest) ‖ This is the ~ thing in jogging shoes. これは最新のジョギング用の靴です / the ~ news I have heard 私が聞いた最も新しいニュース

❻ 最も威厳のある, 決定的な(→last word)

èvery làst ... 1つ[1人]残らずの… (♦ every を強めた表現) ‖ I spent *every* ~ penny on the new car. 新車に全財産を(1ペニーも残さず)注ぎ込んだ

for the lást tìme (それを) 最後に ‖ "*For the* ~ *time*, stop this nonsense!" she yelled. 「それくらいで悪ふざけはおやめ」と彼女はしかりつけた

làst thíng (***at níght***) 就寝前に (⇨ (*the*) FIRST *thing*) ‖ Take one of these tablets ~ *thing at night*. 夜寝る前にこの錠剤を1錠飲みなさい

COMMUNICATIVE EXPRESSIONS

1 **(Pléase,) thìs is** [OR **will be**] **the lást tíme.** (お願いです)これで最後にしますから(♥ 借金など頼み事の際に用いる決まり文句. 頼まれた方は (Be sure to) make this the last time.「(本当に)これが最後だからな」などと念を押す)

━副《late の最上級の1つ》❶《通例動詞の前あるいは文末で》**最近**, この前 (↔ next) ‖ When did you ～ see him?＝When did you see him ～? 最近いつ彼に会いましたか

❷《通例動詞の後ろあるいは複合語で》**最後に**, いちばん終わりに (↔ first) ‖ Who came in ～? だれが最後に入って来ましたか / the ～-mentioned book 最後に述べた本

❸《通例文頭あるいは文末で》NAVI (事柄を列挙して) **最後に**, 締めくくりとして (lastly) ‖ And ～, I thank my family for their support. そして最後に, 家族の支援に感謝します

lást but nòt léast NAVI (事柄を列挙して) 最後ではあるが重要なのは ; (紹介で) 最後になりましたが ‖ *Last but not least*, I would like to thank my family for their moral support and encouragement. 最後になったが, 精神的支えと励ましをくれた家族に感謝したい

làst ín, fírst óut 最後に雇われた人が最初に解雇されること

làst of áll NAVI 最後に (lastly) (⇨ NAVI表現 3) ‖ *Last of all*, some areas and directions for future research suggested by this study will be mentioned. 最後に, この研究の今後の課題と方向性について述べる

━名 ❶《the ～, one's ～》**最後の人[もの, こと]** ‖ That meet was his ～ as an amateur. その競技会はアマチュアとして彼の最後のものだった / I was the ～ to learn about his death. 彼の死を知ったのは私が最後だった

❷《the ... before ～》先々…, 昨… ‖ the night [day, week, year] before ～ 一昨晩[おととい, 先々週, 一昨年] (♦ おとといは the day before yesterday ともいう) / the chairman before ～ 先々代の議長

❸ Ⓤ 〈…の〉残り〈**of**〉 ‖ They drank the ～ *of* the whiskey. 彼らが残りのウイスキーを飲んでしまった

❹《the ～》最も〈…しそうもない〉人[もの, こと]〈**to do**〉(→ 形 ❹) ‖ He would be the ～ to say "I'm sorry." 彼は決して「ごめんなさい」とは言わないだろう

❺ Ⓤ この前の人[もの, こと] ‖ This earthquake was much stronger than the ～. 今回の地震は前回のものよりはるかに強かった ❻《the ～, one's ～》結末, 終わり ; 最期, 臨終 ‖ breathe one's ～《文》息を引き取る

*_**at lást**_ ① (長いこと遅れた[待った]挙げ句)ついに, やっと, とうとう(♥ 望ましいことが実現したときに用い, 否定文や望ましくない結果になる場合には用いない) ‖ *At* ～ he found the key under the carpet. やっと彼は鍵(かぎ)をじゅうたんの下に見つけた / Here you are *at* ～. ここにいたのか, やっと見つけたよ ②《感嘆文で》やれやれ ‖ *At* ～! Where have you been? やれやれ(やっと来たか). 一体どこにいたんだよ

at lòng lást ついに, やっとのことで(♦ *at last* より強調的)

hèar [***sèe***] ***the lást of ...*** …の聞き[見]納めになる ‖ I suspect we haven't *heard the* ～ *of* the problem. その問題はまだ片づいていない気がする

to [OR ***till***] ***the lást*** 最後まで, 死ぬまで ‖ He remained faithful to his master *to the* ～. 彼は最後まで主人に忠義を尽くした

COMMUNICATIVE EXPRESSIONS

2 **The làst I héard,** she was going to becòme a nún. 最後に聞いたところでは, 彼女は尼になるつもりでいた

類語《形 ❷》**last** 連続しているものの最後を表す最も一般的な語. 〈例〉the *last* person in the queue 行列の最後の人

final「決定的に結末をつける」の意で, 後続のないことを強調. 〈例〉the *final* ballot 決選投票

terminal 末端を表す. 〈例〉the *terminal* stage 末期

eventual 成り行きや事態が最終的な ; ときに予見できる (あるいは必然的な) 結末を暗示する. 〈例〉the *eventual* downfall of a corrupt government 汚職にまみれた政府がついに立ち至った崩壊

ultimate 長い過程などの限界で, もうそれより先は存在しないことを強調する. 〈例〉our *ultimate* goal 我々の究極の目標

▸▸ **～ cáll** 名《the ～》①《主に米》(バー・パブなどの閉店間際の)最後の注文, ラストオーダー ; その呼びかけ ② 最終搭乗案内 **～ hurráh** 名 Ⓒ《通例単数形で》《主に米口》(特に選挙戦での) 最後の試み [ひと頑張り] **Làst Júdgment** 名《the ～》〖宗〗最後の審判(の日) **～ mínute** (↓) **～ nàme** /,ˊ-ˊ/ 名 Ⓒ 名字, 姓 (surname) (→ name) **～ órders** 名 複《英》＝last call **～ póst** 名《the ～》《英》葬送[消灯]らっぱ(の音) **～ rítes** 名 複《the ～》〖カト〗臨終の人に施す最後の秘跡 **～ stráw** 名《the ～》(我慢の限界を越える) 最後のわずかなもの [行為] (♦ *It is the last straw that breaks the camel's back.* (ラクダの背骨を折るのは最後にのせた1本のわらである) という諺(ことわざ) に由来する) **Làst Súpper** 名《the ～》最後の晩餐(ばんさん)《キリストがはりつけになる前日に弟子たちとした晩餐》 **～ wórd** 名 ①《the ～》(議論での) 最後 [締めくくり] の一言 ; 決定権 ‖ have the ～ *word* 一言最後の断を下す ; 決定権を有する ②《the ～》〈…の点で〉完璧(かんぺき)なもの, 究極のもの ; 最新の品〈**in**〉 ‖ Their house is the ～ *word in* comfort. 快適さの点では彼らの家は最高だ

:last² /læst | lɑːst/

━動 〔▶ lasting 形〕(**～s** /-s/ ; **～·ed** /-ɪd/ ; **～·ing**)《進行形不可》

━自 ❶ **続く**, 継続する(go on)(↔ end)(♦ 期間を表す語句を伴う) (⇨ CONTINUE 類語) ‖ The party ～*ed* **long** [until midnight, (for) a full three hours]. パーティーは長時間[真夜中まで, 丸3時間も]続いた / so long as peace ～*s* 平和が続く限り

❷ (天候・体力・食品などが) **持ちこたえる**, 長持ちする ‖ if this fine weather ～*s* この好天が続けば / Her anger did not ～ long. 彼女の怒りは長続きしなかった

❸ (物資・食糧・金などが)(ある期間だけ) **持つ**, 間に合う, 足りる ‖ Your money won't ～ forever. 金はいつまでも持つわけじゃないよ

━他《受身形不可》❶ (ある期間)〔人〕に足りる, 間に合う, 持つ ‖ The supplies will ～ us (for) a month. その食糧で我々は1か月は持つだろう

❷ …の終わりまで持ちこたえる ; …を切り抜けて生き残る (♦ しばしば out を伴う) ‖ He could not ～ (out) his apprenticeship. 彼は見習期間をやり通せなかった / I don't think the old man will ～ (out) the night. 老人は一晩持ちこたえられないだろうと思う

làst óut 〈自〉① (食糧などが) ある期間 (まで) 持つ (hold out) ② (人が) 持ちこたえる, 生き続ける ━〈他〉《***làst óut ...***》《受身形不可》① 〔ある期間〕に使い続けるのに十分である, 間に合う ② ⇨ 他 ❷

last³ /læst | lɑːst/ 名 Ⓒ (靴の)木型, 靴型

stíck to one's lást 自分の本分を守る, 知らないことには口出ししない

last⁴ /læst | lɑːst/ 名 Ⓒ《英》ラスト《重さ・容積・量の単位であるが, 地域・物品によって異なる》

làst-bórn 形 (子供が)最後に生まれた ━名 Ⓒ 末子

làst-dítch <ジ 形《限定》最後の (必死の), ぎりぎりの ‖ a ～ effort 最後の必死の努力

làst-gásp 形 最後のあがきの, 土壇場の

*__last·ing__ /lǽstɪŋ | lɑ́ːst-/ 形〔◁ last² 動〕《通例限定》永続的な, 永久に変わらぬ ; 長持ちする ‖ Our homeroom teacher left [OR made] a ～ impression on us. クラス担任の先生は私たちにいつまでも残る印象を残した / ～ friendship 永久に変わらぬ友情 / have a ～ effect

L

on ... …に永続的な影響を与える ―名 U あや織りの丈夫な布地 ~·ly 副 ~·ness 名

*last·ly /lǽstli | lɑ́:st-/ 副 NAVI 最後に(♦列挙した最後の項目の文頭に用いる. ⇨ NAVI表現 3) ‖ *Lastly*, I must warn you that computers are not always perfect. 最後に, コンピューターは常に完璧(かんぺき)であるとは限らないということを警告しておかなければなるまい

làst mínute 名《the ~》(重要な出来事などの起こる前の)最後の瞬間, 土壇場(the last moment) ‖ at the ~ 土壇場になって **làst-mínute** ⟨シ⟩ 形《限定》最後の瞬間の, 土壇場の ‖ a ~ change of plans 直前の予定変更

Las Ve·gas /lɑ̀:s véɪgəs | læ̀s-/ 名 ラスベガス《米国ネバダ州南東部のカジノで有名な歓楽都市》

lat. 略 latitude

Lat. 略 Latin ; Latvia ; Latvian

latch /lætʃ/ 名 C (ドア・門などの)掛け金, ラッチ ; (ドアの)スプリング錠

on the látch 《英》(鍵(かぎ)はかけずに)掛け金(だけ)をかけて

―動 他 〔ドアなど〕に掛け金をかける

―自 (ドアなどが)掛け金がかか(って締ま)る

làtch ón 〈自〉《英口》理解する

làtch 「*ón to* [OR *ónto*] ...」《口》① 〔人〕にまつわりつく ② …に執着する, 強い興味を持つ ③ …を手に入れる, つかむ ④ …を理解する

látch·kèy 名 C (玄関などの)掛け金を外す鍵

▸▸ ~ **chìld** 名 C 鍵っ子

látch·string 名 C 掛け金ひも《掛け金を外から外すために戸の穴から通したひも》

⁝late /leɪt/ 形 副 名

中心義 (ある基準よりも)遅い

―形 (**lat·er** OR **lat·ter** /lǽţər/ ; **lat·est** OR **last** /læst/) (♦ later, latest は「時間」について, latter, last は「順序」について用いる)

❶《通例叙述》〈…に〉**遅れた**(↔ early), 遅刻した〈**for**〉; 〈支払いなどが〉遅れた〈**with**〉(⇨ QUICK 類語) ‖ I'm sorry for being ~. 遅れてすみません(⇨ PB 70) / The bus was half an hour ~. バスが30分遅れた / We'll be ~ *for* the parade. Keep running! パレードに遅れちゃうよ. さあ, どんどん走って / He is a month ~ *with* [OR (in) paying] his rent. 彼は1か月家賃を滞納している(♦《口》では in がしばしば省略される)

❷ (いつも・ふつうより)**遅い**, 遅めの ; 遅咲きの ‖ I have a ~ breakfast on Sundays. 日曜日には遅めの朝食をとる / *It is never too ~ to apologize* [OR *mend*]. 《諺》謝るのに遅すぎることは決してない / a ~ marriage 晩婚 / a ~ riser 朝寝坊の人 / ~ dahlias 遅咲きのダリア

❸《限定》(日・週・月・年・時代など)**後半の**, 後期の, 終盤の, 末期の, 晩年の ‖ in one's ~ thirties 30代の終わりで / in ~ spring 晩春に / in the ~ afternoon 夕方近くに / in the ~ twentieth century 20世紀の終わりに / a ~ Renoir 晩年のルノワールの作品 / the *Late* Stone Age 石器時代後期

❹ (時刻が)**遅い**, 夜遅くの ; 夜遅くまで続く ‖ It's too ~ to go out. 外出するにはもう遅すぎる / a ~ movie on television テレビの深夜映画

❺《the ~, one's ~》《限定》故…(⇨ DEAD 類語) ‖ my ~ husband 亡き夫 / the ~ Mr. Horn 故ホーン氏

❻《比較なし》《限定》先の, 前回の, 前任の ‖ the ~ Secretary of State 前国務長官 / my ~ residence 私の元住居(♦人を指す場合, ❺の意味にもとれるので, former を使う方がよい) ❼《限定》《しばしば latest》近ごろの, 最近の ; 最新の, 新着の(↔ old) (→ latest) ‖ a ~ news report 新しいニュース報道 / a ~ model 新型

COMMUNICATIVE EXPRESSIONS

1 **I wòn't be láte.** (帰り[戻るの]は)そんなに遅くならないよ(♥出かけるときに用いる)

2 **Is it thàt làte alréady?** もうそんな時間ですか(♥いとまを告げる際の前置き)

3 **Wéll, it's gètting láte.** もう遅いですから(おいとまします)(♥いとまを告げる際の前置き)

―副 (**lat·er** ; **lat·est**, **last**)

❶ (いつもより)**遅く**(↔ early), 遅めに ; **遅刻して**(♦動詞句の直後で用いる) ‖ I woke up ~ this morning. 今朝はいつもより遅く目が覚めた / He arrived ten minutes ~. 彼は10分遅れてやって来た / *Better ~ than never.* 《諺》遅くともしないよりはまし

❷ (日・週・月・年・時代など)終わり近くに, 末期に ‖ He began to write novels ~ in his life. 彼は晩年になって小説を書き始めた / ~ in the afternoon 午後遅くなって / since ~ last year 去年暮れから

❸ (時刻が)遅く(なって) ; 夜遅く(まで), 夜更けまで ‖ I 「went to bed [stayed up] ~ last night. 昨晩は遅く寝た[遅くまで起きていた]

as láte as ... つい…まで, …に至るまで ; …になってやっと ‖ *As ~ as* last week I was still in the depths of the Amazon. つい先週まで私はまだアマゾン川の奥地にいた

late in the day ⇨ DAY(成句)

láte of ... …に最近まで(勤務・居住して)いた ‖ a man ~ *of* Chicago シカゴに最近まで住んでいた男性

―名《次の成句で》

of láte 最近 ‖ I have heard nothing from her *of* ~. 最近彼女から何の便りもない

~·ness 名 U 遅さ, 遅れ

▸▸ ~ **blóomer** [《主に英》**devéloper**] 名 C 晩成型の人, おくて ; 遅咲きの花 ~ **lífe** 名 C (人の一生の)後半, 高年齢

láte-brèaking 形 放送[印刷]直前に飛び込んできた ‖ ~ news たった今入って来たニュース

láte·còmer 名 C 遅参[遅刻]者 ; 新参者

la·teen /lətí:n, læ-/ 名 C 形 《海》大三角帆(の) ‖ a ~ sail 大三角帆

*__late·ly__ /léɪtli/ 副 最近, 近ごろ ‖ Things have gone rather well for him ~. 最近彼はなかなか順調にいっている / My car has not been in good shape ~. このところ車の調子が思わしくない / Pat has grown fat ~. パットは最近太った

語法 ☆☆ (**1**) recently と意味上の差はないが, recently が more recently のように比較変化するのに対し, lately ではこの用法はまれ. また very, quite などで強調されることも少ない.
(**2**) 位置は文末が多いが, 文中・文頭(特に前文との対照で)でも用いられる.
(**3**) lately は近い過去に起きた事柄が現在も継続していることを表し, ふつう現在完了(進行)形の文で使う. また現在も続いている習慣的行為などを表す現在進行形の文で用いることもある. 過去形の文ではふつう用いない.
〈例〉 We 「have had [×had] a lot of rain lately. このところ雨が多い / I haven't been feeling well lately. 最近気分がすぐれない(⇨ RECENTLY)

la·ten·cy /léɪtənsi/ 名 U C 潜在, 潜伏 ; (病気などの)潜伏期

La Tène /lɑ: tén/ 形 《考古》ラテーヌ期の《紀元前5–1世紀にかけてのヨーロッパ後期鉄器文化期》

láte-nìght 形《限定》夜遅くの ‖ I took a ~ flight to Honolulu. ホノルル行きの夜行便に乗った

la·tent /léɪtənt/ 《発音注意》形 ❶ 潜在的な ; 外から見えない, 内に潜む ‖ ~ abilities 潜在能力 ❷《医》(病気が)潜伏(性)の, 潜伏期の ; (ウイルスが)潜伏している ❸《生》潜伏の, 休眠中の **~·ly** 副

▸▸ ~ **héat** 名 U 《理》潜熱 ~ **ímage** 名 C 《写》潜像《現像によって見えてくる像》 ~ **pèriod** 名 C ① 《医》(病気の)潜伏期 ② 《生理》反応時間

⁝**lat·er** /léɪţər/

―副《late の比較級の1つ》**後で**, 後になって ; **もっと遅く** ; 後に(afterward) ‖ I'll give you a ring ~. 後で電話

します / *Later* he was operated on a second time. 後に彼は2度目の手術を受けた / as she ～ told it 後で彼女が話したように / until ～ 後まで

語法☆☆ 過去の文脈で「その…後」という場合には ... later を用いるが,「今から…後」には in ... を用い, later は用いない. 〈例〉 I called her two days *later*. (その) 2日後に彼女に電話した / Can I call you back「in two hours [×two hours later]? (今から) 2時間後にもう一度お電話してよろしいですか

⁎***làter ón*** 《口》**後で**, 後になって(↔ early [OR earlier] on)

nòt [OR ***nò***] ***láter than ...*** …までに ‖ The application form should arrive *not* [OR *no*] ～ *than* Friday next week. 申込書は来週の金曜日必着のこと

COMMUNICATIVE EXPRESSIONS

1 **Can I give you my ànswer láter?** 後でお返事するということでいいですか; ちょっと考えさせてください

2 **Càtch me láter.** ⇨ CATCH(CE 1)

3 **(I'll) càtch you láter.** ⇨ CATCH(CE 3)

4 **(I'll) sèe you láter(, alligator).** じゃあまた後で; じゃあね, またね(♥くだけた別れのあいさつ. alligator は later と韻を踏んでいるだけで, 特に意味はない. 返事は After [OR In] a while(, crocodile). ⇨ WHILE CE 1)

5 **Lét's còme back to this (pòint) láter.** この点についてはまた後で取り上げましょう(♥議論を後回しにする)

6 "Hòw about gòing óut for sòme cóffee?" "Nót nòw. **Perhàps a lìttle láter.**" 「コーヒーでも飲みに行かない」「今は駄目. また後でね」

―形《限定》❶ **もっと遅い; より最近の** ‖ a ～ model より最近の型 ❷ 後の, 後半の ‖ in ～ **years** [**life**] 後年[もっと年をとってから] / at a ～ **date** 後日 / at a ～ **stage** もっと後の段階で

lat·er·al /lǽṭərəl/ 形《通例限定》❶ 横(へ)の, 側面の(↔ longitudinal) ❷〖音声〗側音の

―名C ❶ 側面, 側部(にあるもの); 〖植〗側生枝[芽] ❷〖音声〗側音 ❸〖アメフト〗横パス **～·ly** 副

▶▶**～ líne** 名C (魚の)側線《圧力・振動などを感知する》 **～ thínking** 名U《主に英》水平[側面]思考(↔ vertical thinking)《常識・既成概念にとらわれない考え方. マルタ出身の英国の心理学者 Edward de Bono(1933–)の造語》

⁎**lat·est** /léɪṭɪst/ 形《late の最上級の1つ》❶《限定》最新の, 最近の(⇨ NEW 類語) ‖ his ～ novel 彼の今度[最新]の小説 / the ～ news 最新のニュース / the ～ fashions from Milan 最新のミラノファッション ❷ 最も遅い ‖ He is the ～ comer. 彼はいちばん後に来た人です

―名《the ～》《口》最近のニュース, 最新のもの[流行, 技術改良] ‖ Have you heard the ～? 最新のニュースを聞きましたか / Her ～ is the best ever. 彼女の最新作はこれまでで最高の出来だ

⁎***at the látest*** 遅くとも(↔ *at the earliest*) ‖ You should get there by 10 *at the* ～. 遅くとも10時までにはそこに到着するようにしなさい

―副《late の最上級の1つ》最も遅く, いちばん後で ‖ He arrived here ～. 彼はいちばん後でここに着いた

láte-stàge 形 末期の, 後期の ‖ ～ cancer 末期癌(がん)

láte-tèrm 形 後期の ‖ a ～ abortion 後期中絶

la·tex /léɪteks/ 名(複 **～·es** /-ɪz/ OR **lat·i·ces** /lǽṭəsì:z | lǽtɪ-/) U(♦種類をいうときは C) ❶ (ゴムの木などの)乳液 ❷ (ペンキなどに用いる)乳濁液; 〖化〗ラテックス

láte-yèar 形 年の後半の ‖ a ～ rebound (株価などの)年次後半の立ち直り

lath /læθ | lɑ:θ/ 名(複 **～s** /læðz, læθs | lɑ:θs, lɑ:ðz/) C U 木摺(きずり)《漆喰(しっくい)壁の下地用の薄板》; 木舞(こまい)《金網・紙などによる漆喰壁の下地》‖ as thin as a ～ (人が)やせ細った / ～ and plaster 木摺と漆喰, 壁材

―動他 …に木摺[木舞]を打ちつける[張る]

lathe /leɪð/ 名C 旋盤 ―動他 …を旋盤にかける

lath·er /lǽðər | lɑ́:ðə-/ 名 ❶ U/C《a ～》(石けんなどの)泡; (馬の)泡汗(⇨ FOAM 類語) ❷ C《a ～》《口》興奮状態 ‖ get [work oneself] into a ～ over ... …のことで(不必要に)動揺する[焦る]

in a láther ひどく興奮して

―動他 ❶ …に石けんの泡を立てる《***up***》❷《口》(むちなどで)…をひどく打つ

―自 (石けんが)泡立つ; (馬が)泡汗をかく

lat·i·ces /lǽṭəsì:z | lǽtɪ-/ 名 latex の複数の1つ

⁎**Lat·in** /lǽtən | -ɪn/《アクセント注意》名 ❶ U ラテン語《略 L., Lat.》‖ Classical ～ 古典ラテン語《75 B.C. – A.D. 200ごろ》/ Medieval ～ 中世ラテン語《A.D. 600–1500ごろ》/ Modern ～ 近代ラテン語《1500ごろ以降. 主に科学用語で》/ Vulgar ～ 俗ラテン語《古典時代の民衆のラテン語》/ dog ～ 変則な[破格の]ラテン語(→ pig Latin) ❷ C ラテン系[民族]の人《特にラテンアメリカ出身の人》; 南ヨーロッパの人 ❸ C (古代)ラティウム(Latium)人; 古代ローマ人

―形 ❶ ラテン語の ❷ (ラテン語を起源とする)ロマンス諸語の; ラテン民族の; ラテンアメリカ(人)の ❸ ローマカトリック教会の ❹ (古代)ラティウム(人)の; 古代ローマ(人)の

▶▶**～ América** 名 ラテンアメリカ **～ Américan** (↓) **～ Chúrch** 名《the ～》=Roman Catholic Church **～ cróss** 名C ラテン十字架(⇨ CROSS 図) **～ lóver** 名C《ときにけなして》ラテン系の色男《南欧系またはラテンアメリカ系の男はセクシーで女好きという固定観念的な人物像》 **～ Quàrter** 名《the ～》(パリの)ラテン区, カルチェラタン(Quartier Latin)《セーヌ川左岸の一地区で学生や芸術家が多く居住》

La·ti·na /lətí:nə, læ-/ 名(複 **～s** /-z/) C 形《主に米》(アメリカ在住の)ラテンアメリカ系女性住民(の)

⁎**Làtin Américan** 名C ❶ ラテンアメリカ人 ❷ ラテンアメリカ系の人 ―形 ラテンアメリカ(人)の

Lat·in·ate /lǽtənèɪt | -ɪn-/ 形 ラテン語風の

Lat·in·ist /lǽtənəst | -ɪnɪst/ 名C ラテン語学者

Lat·in·ize /lǽtənàɪz | -ɪn-/ 動他 ❶ …をラテン風にする, ラテン化する ❷ …を古代ローマ風にする, ローマカトリック化する ❸《古》…をラテン語に翻訳する ―自《古》ラテン語法を用いる **Làt·in·i·zá·tion** 名

La·ti·no /lətí:noʊ/ 名(複 **～s** /-z/) C 形 ❶《主に米》(アメリカ在住の)ラテンアメリカ系住民(の)(♦女性形 Latina) ❷ ラテンアメリカ人(の)

lat·ish /léɪṭɪʃ/ 形 副 やや遅い[く], 遅れ気味の[に]

⁎**lat·i·tude** /lǽṭətjù:d | lǽtɪ-/ 名 ❶ U C〖地〗緯度《略 lat.》(↔ longitude); 〖天〗黄緯 ‖ The Equator is located at 0° ～. 赤道は緯度0度にある / *Lat.* 40°15′ S 南緯40度15分(♦ latitude forty degrees fifteen minutes south と読む) ❷ C《～s》(緯度から見た)地方 ‖ high [low] ～*s* 高[低]緯度地方 ❸ U (行動・思想などの)許容範囲; (解釈などの)自由〈**for, in** …(で)の / **to** *do* …する〉‖ I allowed my son ～「*in* choosing [OR *to* choose] his job. 私は息子に仕事を選ぶ自由を与えた ❹ U〖写〗(露出の)寛容度 **làt·i·tú·di·nal** 形 緯度の

lat·i·tu·di·nar·i·an /læ̀ṭətjù:dənéəriən | lætɪtjù:dɪ-/ 形 名C (特に宗教に関して)寛容な(人), 柔軟な(人), 形式にこだわらない(人)

lat·ke /lɑ́:tkə/ 名C ラートケ《ユダヤ料理. すりつぶしたジャガイモで作るパンケーキ》

la·trine /lətrí:n/ 名C (野営地・建設現場などの)(共同)簡易便所

-latry 接尾《名詞語尾》「…崇拝」の意(♦しばしば -olatry の形で) ‖ ido*latry*

lat·te /lɑ́:teɪ | lǽt-/ 名 U C ラッテ, ラテ(caffe latte)《泡立てたホットミルクを入れたエスプレッソ》‖ a frozen ～ フローズンラテ1つ

⁑**lat·ter** /lǽṭər/

―名《the ～》(二者のうちの)**後者**(↔ the former)(♦受ける名詞の数に応じて単数あるいは複数扱い) ‖ We offer a continental breakfast or an English breakfast.

I suggest the ～. 私どもでは大陸式朝食または英国式朝食をご用意しています. 私なら後者をお勧めいたします / I bought a jacket and two shirts but the ～ were more expensive. ジャケットを1着とシャツを2枚買ったが後者の方が高かった

語法★★ 3つ以上のものについては通例 latter ではなく last を用いる. 〈例〉I took physics, economics, and linguistics this semester, and I liked the *last* better than the others. 今学期は物理と経済学と言語学をとったが, 言語学がいちばん気に入った

―形《late の比較級の1つ》《限定》❶《the ～》(二者のうちの) **後者の** (↔ the former) ‖ I suggest you take the ～ option. 後者の選択肢を勧めます / in the ～ **case** 後者の場合には

❷ (期間などの)**後の方の**, 後半の ; 終わりに近い(↔ earlier) ‖ the ～ **part** [OR half] of the 19th century 19世紀後半《1851–1900年》/ the ～ years of her life 彼女の晩年 / the ～ end (期間などの)終末, 死

❸ 最近の, 近ごろの ‖ in these ～ days 最近

làtter-dáy 〈シ〉 形《限定》(昔の著名人などの) 現代版の, 現代の, 今… ‖ a ～ Roosevelt 現代のルーズベルト

▸▸ **Làtter-dày Sáint** 名 C《通例 ～s》末日聖徒《モルモン教徒(Mormon)の自称》

lat·ter·ly /lǽṭərli/ 副 ❶ 近年は, 昨今は, 最近は (of late) ❷ 後に, 後期[晩年]に

lat·tice /lǽṭəs | -ɪs/ 名 C ❶ 格子(こうし) ; 格子造りの窓[戸, 門] ; 格子状のもの《格子紋章など》❷ 〖理〗結晶格子 ; (原子炉の)格子 ―動 他 …に格子を取りつける, …を格子状にする **～d** 形 格子のついた, 格子造りの

▸▸ **～ wíndow** 名 C 格子窓

láttice·wòrk 名 U 格子 ; 格子造り, 格子模様[織り]

L

***Lat·vi·a** /lǽtviə/ 名 ラトビア《バルト海に面する共和国. 公式名 the Republic of Latvia. 首都 Riga /ríːgə/》

***Lat·vi·an** /lǽtviən/ 形 ラトビアの, ラトビア人[語]の ―名 C ラトビア人 ; U ラトビア語(Lettish)

laud /lɔːd/ 動 他《堅》…を賞賛する, 賛美する ―名 ❶ U《古》賞賛, 賛美 ❷ C 賛歌, 賛美歌 ❸ C《しばしば ～s》《単数・複数扱い》〖宗〗朝の祈り

laud·a·ble /lɔ́ːdəbl/ 形 賞賛に値する, 褒めるべき **làud·a·bíl·i·ty** 名 **-bly** 副

laud·a·num /lɔ́ːdənəm/ 名 U アヘンチンキ

lau·da·to·ry /lɔ́ːdətɔ̀ːri | -tə-/ 形 賞賛の, 褒めたたえる

*****laugh** /læf | lɑːf/《発音注意》動 名

―動 (～s /-s/ ; ～ed /-t/ ; ～·ing)

―自 ❶ (声を立てて)**笑う**, 〈…を〉面白がって笑う(↔ cry) 〈**at, about**〉(→ chuckle, giggle) (⇨ 類語P) ‖ I couldn't help ～*ing at* how he fell down juggling his books. 彼が本をほうり上げながら転ぶ様子に思わず笑ってしまった / She ～*ed* with relief when she found her child sleeping in the closet. 我が子が押し入れの中で眠っているのを見つけて, 彼女はほっとして笑った / *He ～s best who ～s last.*=*He who ～s last ～s longest.*《諺》最後に笑う者が最もよく笑う ; 早まって喜ぶな / **burst out** ～*ing* どっと笑い出す / ～ **out loud** 大声で笑う / ～ like hell [OR crazy] 大笑いする

❷《進行形で》《口》(物事がうまくいって)満足している, ほくほくである, うれしがる ‖ If I win the first round, I'll be ～*ing*. 1回戦を突破したら私は満足だ

❸ (鳥獣などが)笑うように鳴く

―他 ❶《+目+補〈形〉/ 目+前 名》…を笑って…の状態にする(♦ 目 はしばしば oneself) ‖ I ～*ed* myself hoarse. 笑いすぎて声をからした / ～ oneself silly [OR sick] 笑いが止まらない / ～ oneself *into* tears [convulsions] 涙が出る[おなかがよじれる]ほど笑う / The audience ～*ed* the speaker off the stage. 観客はあざ笑って講演者を舞台から下りさせた / ～ him out of a somber mood 彼の暗い気分を笑いで吹き飛ばす

❷《～ a [one's] ... laugh で》〔…の笑い方〕で笑う, …の笑い方をする (♦ ... には形容詞が入る) ‖ She ～*ed* her high-pitched laugh. 彼女は甲高い声で笑った / ～ a hearty laugh 心から笑う

❸ 笑って…を言う[示す] ; 《直接話法で》笑って…と言う ‖ ～ one's consent 笑って同意を示す / "You're so funny!" he ～*ed*. 「君って本当におかしいね」と彼は笑って言った

****láugh at ...*** 〈他〉① …を面白がって笑う, おかしがる(→ 自 ❶) ② …をあざ笑う, 笑いものにする(ridicule) ‖ Everybody ～*ed at* my invention at first. 最初は私の発明を皆(ばかにして)笑った(♦ 受身形 be laughed at が可能) ③ …を一笑に付す ‖ They ～*ed at* my warning and climbed the mountain. 一行は私の警告を無視して山に登った

làugh awáy ... / làugh ... awáy 〈他〉〔心配など〕を笑って払いのける ; 〔時間〕を笑いながら過ごす ‖ We ～*ed* our worries [fears] *away*. 私たちは悩み[不安]を笑い飛ばした

làugh dówn ... / làugh ... dówn 〈他〉軽蔑した笑いで…をはねつける

làugh óff ... / làugh ... óff 〈他〉〔心配など〕を笑って払いのける ; …を笑って取り繕う[ごまかす]

làugh ... out of cóurt [《米》***tówn***] …を一笑に付す

làugh out of the òther sìde of one's móuth ;《英》***làugh on the òther sìde of one's fáce*** 《主に will, would とともに》(笑いから)一転して泣きを見る羽目になる

COMMUNICATIVE EXPRESSIONS

1 **I dón't knòw whether to làugh or crý.** 笑ったものやら泣いたものやら(♥ 不幸[不運]な出来事のショックで気が動転したときに)

2 **You** [OR **Dón't**] **màke me láugh.** 笑わせるな(♥ 相手の言動を一笑に付す)

3 「**You've gòt** [OR **You hàve**] **to láugh.** さあ, 笑顔を見せて, (いやな状況でも)楽しい[よい]面もあるはずだ

―名 (複 **～s** /-s/) C ❶ **笑い** ; 笑い声 (→ laughter) ‖ "Good girl," he said to his daughter **with** a ～. 「いい子だね」と彼は娘に笑いながら言った / She **gave** a weak [hearty] ～. 彼女は弱々しく[心から]笑った / **get** [OR raise] a big ～ (観客などの) 笑いを大いに誘う / stifle [suppress] a ～ 笑いをかみ殺す[こらえる]

❷《a ～》《口》おかしい[愉快な]こと, 愉快な[面白い]人 ; 笑いの種, お笑いぐさ ‖ This comedy was a real ～. この喜劇は実に面白かった / Fred is a good ～. フレッドは愉快なやつだ ❸《しばしば ～s》《口》気晴らし, 娯楽

(be) a làugh a mínute 《口》とてもおかしい(♥ しばしば反語的にも用いる)

for*「*a láugh [OR ***láughs***] 冗談で, ふざけて(for fun) ‖ I entered the competition just *for a* ～. ほんの冗談でコンテストに参加した

hàve a (gòod) láugh ① 楽しい時を過ごす ; 〈…を〉とても楽しむ〈**about**〉 ② 〈…を〉大いに笑う, 面白がる〈**about**〉

****hàve the làst láugh*** (苦労の末)最後に笑う, 最後に〈人を〉笑い返してやる〈**on**〉

plày ... for láughs (芸人が) 聴衆の笑いをとろうとする(♥ 特に不適切な状況で)

The láugh is on a pérson. (先に笑った者が) 今度は(自分が)笑われる番だ

笑う	声を立てて	laugh	くすくすと	chuckle
				giggle
			げらげらと	guffaw
	声を立てずに	smile	歯を見せて	grin
			軽蔑するように	sneer
			にやにや, にたにた	smirk

♦ これらの語はいずれも対象を示す場合には at を伴う.
♦ laugh も smile も「あざ笑う」の意になることがある.
♦ chuckle (うれしそうに, 声を抑えて)「くすくす」「くっくっ」と笑う. 含み笑いや, 悦に入った独り笑いにも用いる.
♦ giggle (特に若い女性が)「くすくす」笑う. (こらえきれず, 無邪気に)「ころころ」笑う.
♦ guffaw (あけっぴろげに)「わはは, がはは, げらげら」と笑う. 高笑い, ばか笑い.
♦ grin「にこっと, にやっと」笑う. 歯を見せた笑い方.
♦ sneer せせら笑う, 冷笑する.
♦ smirk (悦に入ったように)「にやりと, にやにや」笑う.

▸▸ ~ **lìnes** 名 複 《米》笑いじわ ~ **tràck** 名 C 〘放送〙観客の笑い声の録音テープ

láugh·a·ble /-əbl/ 形 ❶ 一笑に付すべき, ばかばかしい ❷ 笑いを誘う, おかしい **-bly** 副

***laugh·ing** /lǽfɪŋ | lɑ́:f-/ 名 U 笑うこと, 笑い
— 形 《限定》❶ 笑っている ; 陽気な ; (花・川などが)笑っているような, 和やかな ❷ おかしい, 笑うべき ‖ It's no [OR not a] ~ matter. それは笑いごとではない
▸▸ ~ **gàs** 名 U 《口》笑気ガス (♦ 専門用語では nitrous oxide) ~ **jáckass** 名 C 《豪》《旧》〘鳥〙ワライカワセミ (kookaburra) 《オーストラリア産》 ~ **stòck** 名 C = laughingstock

laugh·ing·ly /lǽfɪŋli | lɑ́:f-/ 副 ❶ 笑って, (陽気に[ばかにして])笑いながら ❷ ふざけて, ばかにして(…と呼ぶ)

láughing·stòck 名 C (単数形で)笑いもの, 物笑いの種 (♦ laughing stock ともつづる) ‖ make a ~ of oneself (人の)笑いものになる

***laugh·ter** /lǽftər | lɑ́:f-/ 《発音注意》名 U 笑うこと, 笑い ; 笑い声 (♦ laugh は C として用いる. → laugh 名 ❶) (→ Homeric laughter) ; C 《米口》(スポーツの試合での) 楽勝, 大勝 ‖ gales of ~ 大笑い / roar [OR howl, shriek, shake] with ~ 大笑いする / *Laughter is the best medicine.* 《諺》笑いは最良の薬 ; 笑う門には福来たる
bùrst* [OR *brèak* (*òut*)] *into láughter どっと笑う ‖ The entire hall *burst into* ~ at the speaker's joke. 話し手の冗談で会場中が爆笑の渦に包まれた
hòld one's sìdes with láughter 腹を抱えて笑う
▸▸ ~ **lìnes** 名 複 《英》= laugh lines

⁑launch¹ /lɔ:ntʃ/ 《発音注意》 中心義 …を表に出す
— 動 (~·es /-ɪz/ ; ~ed /-t/ ; ~·ing)
— 他 ❶ …を**開始する**, …に着手する, 乗り出す ‖ The new project was **officially** ~*ed* yesterday. 新しいプロジェクトが昨日公式に始動した / ~ an **attack** 攻撃を開始する / ~ a website ウェブサイトを立ち上げる / ~ one's political career 政界に打って出る
❷ 〔商品など〕を市場に出す, **売り出す** ; 〔人〕を〈事業などに〉乗り出させる 〈**on, into**〉 ‖ ~ a new product 新製品を売り出す / ~ one's son 「*on* a career [*into* business] 息子を職業に就ける[に商売を始めさせる]
❸ 〔飛行機・ロケット・宇宙船など〕を**発射する**, 発進させる, 打ち上げる ; 💻〔コンピューター・プログラム〕を起動する ‖ ~ a rocket into space ロケットを宇宙に打ち上げる
❹ 〔船〕を水面に浮かべる, 進水させる
❺ 〔武器など〕を〈…に〉投げ(つけ)る ; 〔一撃〕を振るう ; 〔非難・威嚇など〕を浴びせる 〈**at, against, on**〉 ‖ ~ a spear やりを投げる / ~ threats *at* him 彼を威嚇する / ~ an attack *on* ... …を(武力・言葉などで)攻撃する
láunch into ... 〈他〉…を熱心に話し始める ; …を勢いよく始める ‖ He ~*ed into* an account of his adventure. 彼は冒険談を熱っぽく語り始めた
làunch óut 〈自〉〈…に〉乗り出す 〈**into, on**〉 ‖ ~ *out into* a new line of business 新しい分野の商売を始める / ~ *out on* a new career 新しい職業に就く
láunch onesèlf 〈自〉① 勢いよく動く 《*forward, up,* etc.》 ② 〈…を〉勢いよく始める 〈**into**〉
— 名 C 《通例単数形で》❶ 発射, 発進 ; 進水 ❷ 開始 ; 売り出し
▸▸ ~(**ing**) **pàd** 名 C (ロケットなどの)発射[打ち上げ]台 ~ **vèhicle** 名 C (ロケット・宇宙船などの)打ち上げ用ロケット(launcher)

launch² /lɔ:ntʃ/ 名 C ❶ ランチ 《河川で遊覧などに用いる大型モーターボート》 ❷ (軍艦に搭載の)大型ボート, 短艇

láunch·er /-ər/ 名 C (ロケット・ミサイルの)発射台 ; (人工衛星・宇宙船の) 打ち上げ用ロケット (launch vehicle) ; (艦載機の)発射装置(catapult) ; (小銃の)手榴弾(しゅりゅうだん)発射装置

***laun·der** /lɔ́:ndər/ 《発音注意》動 他 ❶ 《口》〔不法な金〕を(海外の銀行に預けた後に引き出すなどして)合法的に見せる ‖ ~ money 金を洗浄する (→ money laundering) ❷ …を洗濯する (wash) ; …を洗濯してアイロンで仕上げる ‖ Do not ~. Dry clean (only). 水洗い無用, ドライクリーニングのみ (♦ 衣料品などの表示で. 目的語は省略) ❸ 〔情報・データ〕の不都合部分を削除する — 自 《+副》(布地が) 洗濯がきく (♦ 副 は様態を表す) ‖ This shirt ~*s* well. このシャツは洗濯がよくきく — 名 C (選鉱用の)樋(とい)
~·**er** 名 C 洗濯する人 ; 洗濯屋

laun·der·ette /lɔ̀:ndərét/, **-drette** /-drét/ 名 C 《英》コインランドリー (♦ 商標より)

Laun·dro·mat /lɔ́:ndrəmæ̀t/ 名 C 《主に米・カナダ・豪》《商標》ランドロマット, コインランドリー

***laun·dry** /lɔ́:ndri/ 《発音注意》名 (複 **-dries** /-z/) ❶ 《the ~》洗濯物 ; U 洗濯 ‖ do the ~ 洗濯をする ❷ C 洗濯屋, クリーニング店 ❸ C (ホテル・病院などの) 洗濯場[室]
wash* [OR *air*] *one's dirty laundry in public ⇨ DIRTY LINEN(成句)
語源「洗う」の意のラテン語 *lavare* から.
▸▸ ~ **bàsket** 名 C 《英》洗濯かご ; 洗濯物入れ ~ **lìst** 名 C 《口》(必要品・苦情などの)詳細リスト

láun·dry·man /-mən/ 名 (複 **-men** /-mən/) C クリーニング店の従業員 [御用聞き] (中立 launderer, laundry worker)

Lau·ra·sia /lɔ:réɪʒə | -réɪʃə/ 名 〘地〙ローラシア大陸《古生代の終わりまで北米・ヨーロッパ・アジアが一体だったとする仮説上の超大陸》

lau·re·ate /lɔ́(:)riət/ 名 C ❶ (ある分野で) 栄冠を授けられた人 ‖ a Nobel ~ in literature ノーベル文学賞受賞者 / a poet ~ 桂冠詩人 ❷ = poet laureate
— 形 《文》(名誉のしるしとして) 月桂(げっけい)冠を頂いた, 桂冠(けいかん)の, (ある分野で)優れた

***lau·rel** /lɔ́(:)rəl/ 名 ❶ C U 〘植〙ゲッケイジュ (月桂樹) (bay tree) ; ゲッケイジュに似た木《mountain laurel など》❷ (= ~ **wrèath**) C 《通例 ~s》月桂冠《栄誉・勝利の象徴》; 名誉, 栄誉 ; 勝利 ‖ He received ~*s* for academic excellence. 彼は学業成績が優秀なことで賞賛された / win ~*s* 栄誉を手にする
lòok to one's láurels 名声・有利な立場を奪われないよう努力する
rèst* [OR *sìt*] *on one's láurels 過去の功績の上にあぐらをかく, 向上心を失う
— 動 (《米》 ~**ed**, 《英》 **-relled** /-d/ ; 《米》 ~·**ing**, 《英》 **-rel·ling**) 他 …に月桂冠を授ける ; …に栄誉を授ける, …を顕彰する

lav /læv/ 名 《口》= lavatory

la·va /lɑ́:və/ 名 U (流動状または凝固した) 溶岩 ; C 《通例 ~s》火山岩層 ▸▸ ~ **làmp** 名 C ラバランプ《液体中の油性の物体が温度変化に応じ形を変えながら浮き沈みする装飾用ランプ》 ~ **tùbe** [**tùnnel**] 名 C 溶岩チューブ[トンネル]《流出した溶岩が冷え固まるときにできた空洞》

la·va·bo /ləvɑ́:bou/ 名 (複 ~**s**, ~**es** /-z/) ❶ 《しばしば L-》U 〘カト〙手洗式 ; C (手洗式で用いる) 手ぬぐいと手洗い鉢 ❷ C (昔の) 手洗い鉢《壁に固定され, 上部に取りつけた水槽から水を注ぐ》

la·vage /ləvɑ́:ʒ | lǽvɪdʒ/ 名 U C 〘医〙(胃・腸などの)洗浄

L

la·va·liere /lævəlíər | ləvæliéə/ 名 C ラバリエール《宝石ペンダント》

lav·a·tor·i·al /lævətɔ́:riəl/ 〈シ〉 形 便所の ‖ ～ humor《主に英》トイレ[排泄(はいせつ), セックス]に関する冗談

***lav·a·to·ry** /lǽvətɔ̀:ri | -tə-/ 名 (複 **-ries** /-z/) C ❶《米》洗面所, 手洗い《洗面台と便器がついている》; 洗面台 (washbowl) ❷《主に英》トイレ(toilet), (水洗)便所; 便器 ‖ a public ～ 公衆便所 / go to the ～ トイレに行く / ～ paper《英》トイレットペーパー
語源「洗う」の意のラテン語 *lavare* から. laundry と同語源.

lav·en·der /lǽvəndər/ 《アクセント注意》 名 U ❶〖植〗ラベンダー《薄紫色の花をつけるシソ科の植物》 ❷ 乾燥ラベンダー《香料・虫よけ用》 ❸ 薄紫色, 藤色
lày ùp ... in lávender (後のために)…を大切にとっておく
▶▶ ～ **wàter** 名 U ラベンダー水《化粧水》

la·ver[1] /léɪvər/ 名 C ❶〖宗〗大水盤《古代ユダヤの祭司が手足や供物を洗うために用いた》 ❷《古》《文》水鉢, 水盤, 水おけ

la·ver[2] /lɑ́:vər/ 名 U 食用ノリ《アマノリなど》
▶▶ ～ **brèad** 名 U《英》ラーバーブレッド《ゆでた食用ノリをオートミールに浸し油で揚げたウェールズの地方料理》

***lav·ish** /lǽvɪʃ/ 形 ❶ 気前のよい, 〈…を〉惜しまない〈**with, in**〉‖ ～ *with* money [praise] とても金離れがよい[人を褒めちぎる] / ～ *in* giving money to charity ふんだんに慈善事業に献金する / a ～ cook 材料を惜しまないコック ❷ 豊富な, たっぷりの ‖ ～ praise べた褒め ❸ ぜいたくな, 豪華な ―動 他 …を〈…に〉惜しみなく与える〈**on, upon**〉; 〔人〕に〈…を〉ふんだんに与える〈**with**〉‖ He ～*ed* money [affection] *on* [OR *upon*] his son. 彼は息子に惜しみなく金を使った[愛情を注いだ] / Grandma ～*ed* me *with* kisses. おばあちゃんは私にキスの嵐(あらし)を浴びせた **～·ly** 副 **～·ness** 名

L

*****law** /lɔ:/ 《発音注意》
―名 (複 **～s** /-z/) U ❶《しばしば the ～》(国家・社会の)**法律**, **法** (→ common law, statute law, equity); C (個々の)**法律**, 法令, 法規〈**against** …を禁止する; **on** …に関する〉(⇨ 類語) ‖ Am I **breaking** [OR **violating**] the ～? (私がしていることは) 法律違反ですか / It is against the ～ to drink and drive. 飲酒運転は法律違反だ / We are all equal under the ～. 法の下で我々はみな平等である / I acted within the ～. 私は法律の範囲内で行動した / In Japan, those under twenty are forbidden to drink by ～. 日本では20歳未満の飲酒は法律で禁じられている / A legislative bill becomes ～ when it passes the Diet. 法案が国会を通れば法律になる / keep [OR observe, respect] the ～ 法を守る / above the ～ 法の裁きを逃れて / at [OR in] ～ 法律に基づいて / The new ～ *against* stalking came into force. ストーカー行為を禁ずる新法が施行された / a ～ *on* food hygiene 食品衛生に関する法律
連語 【動+～(+前)】make (a) ～ 法律を作る / enforce the ～ 法律を施行する / change the ～ 法律を改正する / pass a ～ (議会などが) 法律を可決[制定]する / obey [OR follow] the ～ 法律に従う / apply the ～ to ... 法律を…に適用する
❷《通例修飾語を伴って》(各分野の)**法律**, …法 ‖ civil ～ 民法 / criminal ～ 刑法 / company ～ 会社法 / commercial ～ 商法 / copyright ～ 著作権法 / antitrust [OR antimonopoly] ～ 独占禁止法 / securities and exchange ～ 証券取引法
❸ 法の強制力[権威]; 法治, 法秩序 ‖ establish [maintain, restore] ～ and order 法と秩序を確立[維持, 回復]する / My mother's word is ～ in my house. 母の言葉は我が家では絶対だ
❹ **法学**, 法律学 ‖ study [《主に英》read] ～ 法律を勉強する
❺《しばしば the ～》法律業, 法曹界 ‖ practice ～ 弁護士を開業する / go into ～ 法曹界に入る
❻《the ～》《集合的に》《単数・複数扱い》《口》警察, 警官 ‖ be in trouble with the ～ 警察のやっかいになる
❼ 法的手続き, 訴訟 ‖ resort to ～ 法に訴える / take him to ～ 彼を告訴する ❽ C (哲学・科学・数学などの) **法則**, 原理; (自然に備わった) 本能 (的行動原則) ‖ the ～*s* of nature 自然界の法則 / the ～ of gravity [OR gravitation] 引力の法則 / the ～ of self-preservation 自己保存本能 ❾ U C 規定, 規則, おきて; (道徳・慣習上の) 作法 ‖ the ～*s* of cricket クリケットのルール / the ～*s* of grammar 文法上の規則 / a moral ～ 道徳律 ❿ (神の)おきて, 律法; 天啓, 啓示; 《the L-》モーセの律法 (Mosaic Law); モーセ五書(Pentateuch)
be a làw unto oneséIf (他人や慣例などを無視して)自分の思うとおりにする, 思うままに振る舞う
gò to láw《英》訴えを起こす(→❼)
lày dòwn the láw 独断的なものの言い方をする; 高圧的に命令する; ひどくしかる
tàke the láw into one's òwn hánds (法律によらずに) 自らの手で裁きをつける

COMMUNICATIVE EXPRESSIONS
1 **I'll hàve the láw on you.** 警察を呼ぶぞ; 訴えるぞ
2 **There òught to be a láw against it.** それを取り締まる法律があってしかるべきだ; そんなことは許されない
3 **There's nó làw against it.** それを取り締まる法律はない; とがめられる筋合はない(♥ 責められたときの反論)

類語《❶》**law**「法」を意味する最も広義の語; 国の権力者または立法府が制定する成文法と慣習による不文法とがある.
act 立法府の制定する成文法. 〈例〉the Anti-trust *Act* 反トラスト法
rule 秩序・規律の維持のため一般的に守られる (通例個人的行動や手続きに関する) 規則. 〈例〉the *rules* of boxing ボクシングの試合規則
regulation ある組織の統制・運営のため定められる規則. 〈例〉traffic [school] *regulations* 交通規則[校則]
statute = act.
ordinance 地方公共団体の制定する条例

▶▶ ～ **cóurt** 名 C 法廷 (court of law), 裁判所 ～ **enfòrcement** 名 U 法の執行 (機関) ～ **enfòrcement àgency** 名 C《米》法執行機関《警察・FBI・CIAなど》 ～ **fìrm** 名 C 法律事務所 ～ **lòrd** 名 C (英国上院の) 法務委員 ～ **of áverages** 名《the ～》〖統計〗平均[大数]の法則 (law of large numbers) ～ **of dimìnishing retúrns** 名《the ～》〖経〗収穫逓減の法則 ～ **òfficer** 名 C 司法官, 法務官; 《英》法務長官 [次官] ～ **of nátions** 名《the ～》国際法 ～ **of supplỳ and demánd** 名《the ～》〖経〗需要供給の法則 ～ **of the júngle** 名《the ～》(非情な) ジャングルのおきて《弱肉強食》 ～ **schòol** 名 C U 法学部; 《米》法科大学院, ロースクール

láw-abìding 形 法を遵守する, 順法精神の ‖ ～ citizens (法を守る)良民

láw·brèaker 名 C 法律違反者
-brèaking 名 U 形 法律違反(の)

***law·ful** /lɔ́:fəl/ 形 ❶《通例限定》法律で認められた, 法定の(⇨ 類語); 《旧》嫡出の(legitimate) ‖ a ～ marriage [wife] 合法的な結婚[正妻] / ～ money 法定貨幣 / a ～ child 嫡出子 ❷ 合法的な, 適法の ‖ ～ means 合法的手段 ❸ 法を遵守する(law-abiding)

類語《❶》**lawful** 法にかなった; 国の法律, 道徳律, 宗教上のおきてなどすべての law に用いられる語. 〈例〉a *lawful* act 適法行為
legal 法律(上)の, 合法的な, 法律に定められた; 成文化した法令についてのみ用いられる語. 〈例〉a *legal* term 法律用語 / a *legal* heir 法定相続人

legitimate 法律・慣習・伝統などによって正当と認められる.〈例〉a *legitimate* lie 正当なうそ《病人を力づけるためのうそなど》

~·ly 副 ~·ness 名

láw·gìver 名 C ❶ (共同社会の)法典制定者 ❷ =lawmaker

law·less /lɔ́ːləs/ 形 ❶ 無法の ‖ a ~ city 無法の町 ❷ 不法な, 違法な；手に負えない ~·ly 副 ~·ness 名

***law·mak·er** /lɔ́ːmèɪkər/ 名 C 立法者；立法府の一員, 議員(legislator) **láw·màk·ing** 名 U 形 立法(の)

láw·man /-mən/ 名 (複 **-men** /-mən/) C (米国の) 法の執行官《特に保安官》(中立 law officer [enforcer])

***lawn**[1] /lɔːn/ 《発音注意》名 C U (庭や公園などの) 芝生；芝地 ‖ mow the ~ 芝を刈る

~ **bòwling** 名 U 《米》ローンボウリング (bowls)《芝生上で木球(bowl)を転がし, 標的の白球(jack)までの距離の近さを競うゲーム. ⇨ BOWL[2]》 ~ **chàir** 名 C 《米》ローンチェアー《芝生用折り畳みいす》 ~ **mòwer** 名 C 芝刈り機 ~ **pàrty** 名 C 《米》園遊会 (《英》garden party) ~ **tènnis** /英 ―⌣―/ 名 U 《旧》《堅》屋外テニス；(特に芝生コートで行われる)テニス

lawn[2] /lɔːn/ 名 U ローン《薄手の平織綿布》

Law·rence /lɔ́(ː)rəns/ 名 ローレンス ❶ **D(avid) H(erbert)** ~ (1885–1930)《英国の小説家・詩人. 主著 *Lady Chatterley's Lover* (1928)》 ❷ **Thomas Edward** ~ (1888–1935)《英国の軍人・考古学者. トルコからのアラブ独立運動を指導し, Lawrence of Arabia (アラビアのロレンス)として知られる》

law·ren·ci·um /lɔːrénsiəm | lə-/ 名 U 〖化〗ローレンシウム《人工放射性元素. 元素記号 Lr》

***law·suit** /lɔ́ːsjùːt/ 名 C (民事) 訴訟 ‖「bring (in) [OR enter, file] a ~ against a bank 銀行に対して訴訟を起こす

‡law·yer /lɔ́ːjər/ 《発音注意》

―名 (複 **~s** /-z/) C **弁護士**；法律家 (⇨ 類語) ‖ consult a ~ 弁護士に相談する / a family ~ 顧問弁護士 / a criminal [trial] ~ 刑事[法廷]弁護士

類語 **lawyer** 「弁護士」の意味の最も一般的な語.
(米) **counselor**, (英) **barrister** 上級法廷で訴訟事件を扱う法廷弁護士. 一般の依頼人は直接法廷弁護士とは接触しない.
(米) **attorney**, (英) **solicitor** 依頼人 (client) のために契約・遺言などの法律書類を作成し, counselor や barrister のために訴訟準備をする事務弁護士. 米国では attorney が広く lawyer 全般に用いられることが多い.

***lax** /læks/ 形 ❶ 厳しくない, 手ぬるい；だらしない, たるんだ ‖ ~ security 手ぬるい警備 ❷ 〖生理〗(腸が)緩んだ, 下痢気味の ❸ 〖音声〗弛緩(しかん)音の(↔ tense[1])

~·ly 副 ~·ness 名

lax·a·tive /lǽksət̬ɪv/ 形 〖医〗便通を促進する, 下剤の

―名 C 緩下剤, 下剤

lax·i·ty /lǽksət̬i/ 名 U 緩み, たるみ, 緩んだ状態

‡lay[1] /leɪ/ 動 名

中心義》…を横たえて安定させる

動 他 置く❶ 敷く❷ 産む❸ 用意をする❹

―動 (**~s** /-z/；**laid** /leɪd/；**~·ing**) (♦ lie[1] の過去形と同形なので区別が重要)

―他 ❶ (+目+副句)…を…に**置く**, 横たえる；〔手など〕を置く, 当てる；〔人〕を寝かせる；《婉曲的》〔人〕を埋葬する (♦ 副句は場所を表す) (⇨ PUT 類語P) ‖ The boy took off his cap and *laid* it on the table. 少年は帽子を脱いでテーブルの上に置いた / I impulsively *laid* my hand upon her shoulder. 僕は衝動的に彼女の肩に手をかけた / They *laid* her in the tomb overlooking the sea. 彼らは彼女を海を見渡す墓に埋葬した

❷ **a** (+目)(しかるべき場所に)…を**敷く**, 据える, 並べる；…を敷設する ‖ *Lay* your sweaters neatly in the drawers. セーターを引き出しにきちんと並べてしまいなさい / The pavement was well *laid*. 道路はきれいに舗装されていた / ~ bricks れんがを積む / ~ a pipeline パイプラインを敷設する

b (+目 *A*+**on** [**over**] 名 *B* / 目 *B*+**with** 名 *A*) *B* (の表面)を*A*で覆う, *B*に*A*を敷く ‖ ~ tiles *on* a porch=~ a porch *with* tiles ポーチにタイルを敷く (♦ 後者ではポーチ全体にタイルを敷いたという意味になるが, 前者ではポーチ全体とは限らない) / The floor was *laid with* a thick carpet. 床には厚いカーペットが敷いてあった

❸ 〔卵〕を**産む** ‖ Some ostriches can ~ as many as 100 eggs per year. 年間100個も卵を産むダチョウもいる

❹ 〔食卓〕の**用意をする**, 準備を整える ‖ *Lay* the table. Dinner will be ready soon. 食卓の用意をしてね. じきに食事の用意ができるから

❺ 〔火〕をおこす準備をする ‖ ~ a fire in the fireplace 炉に(まきなどを積んで)火をおこす用意をする

❻ 〔物事〕を準備[用意]する, 〔計画など〕を立てる；〔わななど〕を仕掛ける ‖ He is ~*ing* his plans for a political career. 彼は政界進出をもくろんでいる / ~ an ambush 伏兵を置く / ~ a trap for rabbits ウサギ用のわなを仕掛ける

❼ 〈…の〉〔基礎など〕を置く, 築く〈**for**〉 ‖ ~ the foundations *for* psychology 心理学の基礎を築く

❽ (+目+**on** 名)〔望み・信頼・重点など〕を…に置く；〔税・罰など〕を…に課する；〔むちなど〕を…に振り下ろす ‖ I ~ my hope *on* my son. 私は息子に望みを託している / She *laid* much stress *on* economic factors. 彼女は経済的要因を強調した

❾ 〔罪・事故など〕を帰する, かぶせる〈**on, against** 人に；**to** 原因に〉 ‖ Everyone *laid* the blame for the accident *on* me. だれもが事故の責任を私にあるとした / ~ false charges *against* them 彼らに無実の罪を着せる / The disaster was *laid to* faulty planning. その惨事の原因は誤った計画立案にあるとされた

❿ (+目+補〈形〉/ 目+前 名)…を…の状態にする ‖ His nasty comment *laid* him open to criticism. 意地悪な意見を述べたため彼は批判にさらされた / ~ one's feelings bare 感情を表に出す / ~ the land waste 国土を荒廃させる

⓫ 〔権利など〕を主張する；〔異議など〕を〈…に〉申し立てる；〔書類など〕を〈…に〉提出する〈**before**〉 ‖ ~ claim to the estate その土地の権利を主張する / ~ one's case *before* a commission 委員会に自分の立場を申し立てる / ~ one's report *before* the board 役員会に報告書を提出する

⓬ **a** 〔賭(か)け〕をする；〔金額〕を〈…に〉賭ける〈**on**〉 ‖ ~ a bet [OR wager] 賭ける / He *laid* $50 *on* the horse. 彼はその馬に50ドル賭けた **b** (+目 *A*+目 *B*+(**that**) 節)*A*(人)に対して…ということに*B*(金額)を賭ける (♦ *A*または*B*は省略可能) ‖ I'll ~ you $10 *that* he won't turn up. あの男が現れない方に10ドル賭けよう

⓭ 《通例受身形で》(物語の場面などが)(ある場所に)設定される ‖ The scene is *laid* in wartime Europe. 場面は戦時中のヨーロッパに置かれている

⓮ ⊗《卑》…と性交する, 寝る (♦ しばしば受身形で用いる) ‖ get *laid* 性交する ⓯ 〔生け垣〕を刈りそろえる ⓰ 〔糸〕をより合わせる ⓱ 〖軍〗〔大砲〕の照準を定める

―自 ❶ 卵を産む ‖ The hen is ~*ing* well. そのめんどりはよく卵を産んでいる ❷ 賭ける, 賭けをする ❸ 横たわる《*down*》(♦ lie[1] との混同で非標準的とされる)

lày abóut ... 〈他〉《英》① …を〈…で〉激しく打つ[攻撃する], 打ちまくる〈**with**〉 ② 〔自分〕の前後左右を〈…で〉打ちまくる [攻撃する] 〈**with**〉 ‖ He *laid about* him *with* a whip. 彼はむちで四方八方を打ちまくった

L

lày asíde ... / lày ... asíde 〈他〉① …をわき［下］へ置く ②〔金など〕を〈…のために〉とっておく〈**for**〉 ③ …を(一時)やめる, 放棄する；〔習慣など〕を捨てる ‖ ～ *aside* old prejudices 古くからの偏見を捨てる

lày awáy ... / lày ... awáy 〈他〉① …をしまっておく；〔金〕を蓄えておく ②《主に米》(支払いが済むまで)〔商品〕を保管する, 預かっておく

lày báck 〈自〉《米口》のんびりする

lày bý ... / lày ... bý 〈他〉…を〈…のために〉蓄える, とっておく〈**for**〉

*****lày dówn*** 〈他〉 **I** 《***lày dówn ... / lày ... dówn***》① …を横たえる, 下に置く, 降ろす ‖ How to live our life is the biggest challenge *laid down* before us. 人生をいかに生きるかということが私たちの前に横たわる最大の問題だ ②〔仕事・職務など〕を辞める；〔態度・立場など〕を捨てる ③ …を規定する；…を宣言する,〈…だと〉決める, 述べる (stipulate)〈**that** 節〉 ‖ ～ *down* rules 規則を定める / The president's task is *laid down* in the Constitution. 大統領の職務は憲法に規定されている / The law ～*s* (it) *down that* ... 法律で…と決められている ④〔ワインなど〕を貯蔵する, 寝かせる；〔物質〕を堆積(たいせき)させる ⑤〔基礎など〕を築く, 置く；〔船など〕を建造する, 建造し始める；〔鉄道など〕を敷く, 敷設する ⑥〔金〕を賭ける (bet) ⑦《口》〔音楽〕を録音する **II** 《***lày dówn ...***》⑧〔武器など〕を捨てる；〔命〕を〈…に〉ささげる〈**for**〉 ‖ Joan of Arc *laid down* her life *for* her country. ジャンヌ＝ダルクは祖国のために命をなげうった ―〈自〉⇨ 自 ❸

láy for ... 〈他〉《米口》…を待ち伏せする

lày ín ... / lày ... ín 〈他〉…を〈…のために〉蓄える, 買いだめする〈**for**〉

lày ínto ... 〈他〉《口》…を激しく殴る；…を厳しく非難する；…をしかり飛ばす

lày it òn thíck [OR ***with a trówel***] 《口》大げさに言う［褒める］；おべっかを使う

*****lày óff*** 〈他〉 **I** 《***lày óff ... / lày ... óff***》①〔労働者〕を(一時的にまたは永久に) **解雇する** ②《米》…の境界を区分する, 区画する ③〚サッカー〛〚ボール〛を好位置の味方にパスする, フィードする ④〔賭け金〕を分散する **II** 《***lày óff ...***》⑤《口》〔酒・悪いことなど〕をやめる；〔人〕を困らせる［いじめる］のをやめる ‖ Just ～ *off* me, will you? とにかくそっとしておいてくれ ―〈自〉《口》《しばしば命令形で》(人のいやがるようなことを) やめる；構わないでおく ‖ Enough of that noise! *Lay off!* その騒音はもうたくさんだ, やめてくれ

*****lày ón ... / lày ... ón*** 〈他〉①〔ペンキなど〕を塗る, 塗布する ②〔会・娯楽など〕を計画する, 準備する；〔食事など〕を用意する；〔サービスなど〕を供する (provide) ‖ My wife has a dinner *laid on* for you. 家内が夕食のご用意をしました / They *laid on* a car for me. 彼らは私のために車を用意してくれた ③《英》〔水道・ガス・電気など〕を引く, 供給する ‖ have electricity *laid on* 電気を引いてもらう

lày À òn B́ 〈他〉《口》① *A*〔責任・問題・罪など〕を*B*(人)に課する［帰する］；*A*(重点など)を*B*に置く(→ 他 ❽, ❾) ②《米口》*A*(秘密など)を*B*(人)に話す, ばらす

*****lày óut*** 〈他〉《***lày óut ... / lày ... óut***》① …を広げる, 並べる, 展示する ②〔都市・庭園など〕を **設計する**；〔紙面など〕を割りつける, レイアウトする (⇨ LAYOUT) ‖ The garden was beautifully *laid out.* その庭園は美しく設計されていた / ～ *out* an advertisement 広告のレイアウトをする ③〔仕事など〕の計画を立てる, 段取りをつける；〔考え・案など〕を詳しく説明する ‖ ～ *out* a sales campaign 販売活動の立案をする ④〔死人〕の埋葬準備をする ⑤《口》〔多額の金など〕を〈…に〉費す, 出す〈**on, for**〉 ⑥《口》〔人〕をたたきのめす ⑦《米口》〔人〕をしかり飛ばす (♦ しばしば後に in lavender を伴う) ―〈自〉《米口》寝そべって日なたぼっこをする (♦ 非標準用法. → 自 ❸)

lày óver 〈自〉《米》(旅行中に)途中下車［着陸］する, 飛行機からいったん降りる

lày onesèlf òut to dó ... …しようと一生懸命になる

lày tó 〈自〉〚海〛(船が)(船首を風上に向けて)停船している (♦ lie to がふつう)

lày úp 〈他〉《***lày úp ... / lày ... úp***》①《通例受身形で》〈病気で〉寝たきりになる〈**with**〉 ‖ He has been *laid up with* a lingering cold. 彼はしつこい風邪でずっと寝たきりだ ②〈将来のために〉…を蓄える〈**for**〉 ③〔面倒なことなど〕をしょい込む (♦ 通例 for oneself を伴う) ④《通例受身形で》使用されないでしまい込まれる；(船が)ドックに入る；(自動車が使われずに) ガレージにしまったままになる ―〈自〉〚ゴルフ〛距離を短かめに打つ

―名 (複 **～s** /-z/) ❶《the ～》位置, 配置；方向；地形, 地勢 ‖ the ～ of the land 地勢；状況

❷ Ⓒ ⊗《卑》性交(の相手の女性) ‖ She is 「a good [an easy] ～. 彼女は寝るにはいい［簡単に寝る］相手だ

❸ Ⓤ 産卵 (できる状態) ‖ in ～ 産卵期で / come into ～ 産卵期に入る

▸▸ **～ fìgure** /英 ＿＿＿/ 名 Ⓒ ① (画家などが用いる) 人体模型, マネキン人形 ② 取るに足りない人, でくの坊, 傀儡(かいらい)

‡lay² /leɪ/ 動 lie¹ の過去

lay³ /leɪ/ 形《限定》❶ (聖職者に対し) 平信徒の, 俗人の ❷ (特に法律・医学について)素人の, 専門でない

▸▸ **～ bròther** /英 ＿＿＿/ 名 Ⓒ 平修道士；助修士《修道誓願を立て修道会服を着ているが手仕事に携わる》 **～ rèader** /英 ＿＿＿/ 名 Ⓒ 平信徒読師《英国国教会などで礼拝の一部をつかさどる資格のある平信徒》 **～ sìster** /英 ＿＿＿/ 名 Ⓒ 平修道女, 女性助修士《lay brother と同じ立場の女性》

lay⁴ /leɪ/ 名 Ⓒ ❶ (歌用の) 短い叙情詩, 物語詩 ❷《文》歌

láy·abòut 名 Ⓒ《主に英》《けなして》怠け者

láy·awày (plàn) 名 Ⓤ《米》予約購入(制度)《予約金・手付金を支払って品物を取り置きしてもらい, 全額支払った時点で受け取る制度》(⇨ LAY¹ *away* ②) ‖ buy a suit on ～ スーツを予約購入する

láy-bỳ 名 ❶ Ⓒ《英》(高速道路などの)待避所(《米》turnout) ❷《豪・ニュージ・南ア》＝layaway (plan)

‡lay·er /léɪər/

―名 (複 **～s** /-z/) Ⓒ ❶ 〈…の〉(いくつにも重ねた) **層**；塗り, 重ね〈**of**〉 ‖ ～*s of* rock 岩石の層 / ～*s of* paint いく層にも塗ったペンキ / the ozone ～ オゾン層 / peel an onion ～ by ～ タマネギを1枚ずつむく

❷〈意味・体系などの〉重なり, 層〈**of**〉 ‖ This poem has several ～*s of* meaning. この詩にはいくつかの意味が重なっている

❸《通例複合語で》敷く［積む］人(→ bricklayer)

❹ (＝**～ chìcken**) 産卵する鶏 ‖ a good [poor] ～ よく卵を産む［あまり卵を産まない］鶏 ❺〚園芸〛取り木用の枝 ❻ 💻 レイヤー《重ね合わせて1枚の画像を構成する複数のシートの1つを指す；ネットワーク構造の階層》

―動 (**～s** /-z/；**～ed** /-d/；**～·ing**)

―他 ❶ …を層にする, 層に分ける

❷〔髪の毛〕を何層かに切る, レイヤードカットにする ❸〚園芸〛…を取り木で増やす ―自 層になる［分かれる］

▸▸ **～ càke** 名 Ⓒ Ⓤ《主に米》レイヤードケーキ《層状になったスポンジケーキ》

lay·ered /léɪərd/ 形 層になった, 層状の

lay·er·ing /léɪərɪŋ/ 名 Ⓤ〚園芸〛圧条, 取り木

lay·ette /leɪét/ 名 Ⓒ 新生児用品一式《産着・寝具・おしめなど》

***lay·man** /léɪmən/ 名 (複 **-men** /-mən/) Ⓒ ❶ (特に法律・医学上で, 専門家に対して) 素人, 門外漢 ‖ in ～*'s* terms (素人にもわかる)易しい言葉で(言うと) ❷ (聖職者に対して) 平(ひら)信徒, 俗人 (♥ 女性形は laywoman だが男女共に layperson が一般化している)

***láy·òff** 名 (複 **～s** /-s/) Ⓒ ❶ 一時解雇［帰休］(期間), レイオフ ❷ (活動の)一時休止［停止］期間

***lay·out** /léɪàʊt/ 名 ❶ Ⓤ/Ⓒ《通例 a ～》〈都市・庭園などの〉設計, 地取り；〈人・機械などの〉配置；〈ページなどの〉割

L

付, レイアウト〈**of**〉; 設計[レイアウト]されたもの ❷ Ⓒ《米口》(大規模な)住居, 施設, 場所 ‖ a fancy ～ with a swimming pool プール付き高級住宅

láy·òver 名 Ⓒ《米》途中下車(stopover), (さらに旅を続けるための)小休止, ひと休み

láy·pèrson 名 =layman

láy·shàft 名 Ⓒ《英》中間軸

láy·ùp 名 ❶ Ⓒ〘バスケットボール〙レイアップ《バスケットのすぐ下で片手で行うジャンプシュート》 ❷ Ⓒ〘ゴルフ〙レイアップ《安全策で次打が打ちやすい所をねらう短めのショット》 ❸ Ⓤ (特に船の)運航中止, 係留; 休み, 休養

láy·wòman 名 Ⓒ layman の女性形

laz·a·ret·to /læ̀zərétoʊ/, **-ret, -rette** /-rét/ 名 (複 **～s** /-z/) Ⓒ ❶ (特にハンセン病の) 隔離病院 ❷ 検疫船[所] ❸ (船の)貯蔵室

Laz·a·rus /lǽzərəs/ 名〘聖〙ラザロ《マリアとマルタの兄弟. キリストにより死からよみがえった》

laze /leɪz/ 動 自 怠ける, ゆったり[ぼんやり]過ごす《*about, around*》 ━他〔時〕をぼんやり過ごす《*away*》 ━名 Ⓒ《単数形で》ぼんやりしている時間, くつろぎ

laz·u·li /lǽzəli: | lǽzju-/ 名 ⇨ LAPIS LAZULI

***la·zy** /léɪzi/ 形 (**-zi·er**; **-zi·est**) ❶《けなして》(人が)ものぐさな, 怠惰な, 無精な(↔ diligent)(⇨ IDLE 類語P) ‖ a ～ student 怠惰な学生 ❷ 物憂い, けだるい; のんびり過ごす ‖ a ～ summer day けだるい夏の日 / a ～ Saturday のんびり過ごす土曜日 ❸ (川などが) 動きのゆっくりした, 緩やかな ❹ (考えなどが) いい加減な; 努力[配慮]に欠ける ‖ a ～ excuse おざなりな言い訳 ❺ (家畜の焼き印が) 90度回転して押された **-zi·ly** 副 **-zi·ness** 名

▸▸ **～ éye** 名 Ⓒ ① 弱視(♦ 専門用語では amblyopia) ② 内斜視(♦ 専門用語では esotropia) **～ Súsan** 名 Ⓒ (食卓に置く) 回転盆 (⇨ DUMBWAITER 図) **～ tòngs** 名 複 無精[伸縮自在]ばさみ《遠くのものをとるのに用いる》

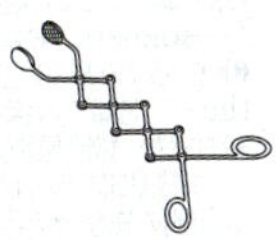

lazy tongs

lázy·bònes 名 複《口》《しばしば呼びかけで》怠け者, 無精者

***lb** /paʊnd/ 略 (複 **～** OR **～s** /-z/) pound ((重量単位の)ポンド. ラテン語の *libra(e)* の略)(♦ 貨幣単位のポンドは£) ‖ 2 ～(*s*) 2ポンド(♦ two pounds と読む)

LBÓ 略〘経営〙*l*everaged *b*uy*o*ut《借入資金による企業買収》

lbw 略〘クリケット〙*l*eg *b*efore *w*icket《ボール妨害の判定による退場》

lc, l.c. 略《ラテン》*loco citato* (=in the place cited); 〘印〙*l*ower *c*ase

LC, L.C. 略 *L*ibrary of *C*ongress ((米国の) 国会図書館)

L/C 略 *l*etter of *c*redit(信用状)

LCD 略 *l*iquid *c*rystal *d*isplay (液晶ディスプレー); 〘数〙*l*owest [*l*east] *c*ommon *d*enominator

LCL 略〘商〙*l*ess than *c*ar*l*oad *l*ot(貸し切り未満貨物)

LCM, l.c.m. 略〘数〙*l*owest [*l*east] *c*ommon *m*ultiple(最小公倍数)

L Cpl 略 *L*ance *C*or*p*ora*l*

LD 略 *l*ethal *d*ose (致死量); 《米》*l*earning *d*isability; *l*earning-*d*isabled

ld. 略〘印〙lead; load

Ld. 略 Limited (company); Lord

LDC 略 *L*ess-*D*eveloped *C*ountry(発展途上国)

ldg, 略 landing; loading

LDL 略〘生化〙*l*ow-*d*ensity *l*ipoprotein

L-do·pa /èldóʊpə/ 名 Ⓤ〘生化〙〘薬〙エルドーパ《パーキンソン病による運動障害の治療薬》

L-driver /él-/ 名 Ⓒ《英》教習[仮免]中のドライバー (learner driver)

lea /li:/(♦ 同音語 lee) 名 Ⓒ《文》草原, 草地, 牧草地

LEA 略 *L*ocal *E*ducation *A*uthority ((英国の) 地方教育当局)

***leach** /li:tʃ/ 動 他〔液体〕をこす, ろ過する;〔可溶成分〕をこして採る《*away, out*》 ━自 こされる, 溶け出す《*away, out*》 ━名 ❶ Ⓤ こすこと, ろ過 ❷ Ⓒ こし[ろ過]器 ❸ Ⓤ こされたもの[液]

***lead[1] /li:d/ 動 名

中心義 先に立って導く

> 動 他 導く❶ 案内する❷ 率いる❸
> 自 案内する❶ 通じる❷ つながる❸
> 名 先頭❶

━動 (**～s** /-z/; **led** /led/; **～·ing**)

━他 ❶ (先頭に立って) …を**導く**, 先導する, 率いる (⇨ GUIDE 類語) ‖ Two motorcycles were ～*ing* the marathon runners. 2台のオートバイがマラソン選手たちを先導していた / ～ the **way** in developing next-generation technology 先頭に立って次世代技術を開発する

❷《＋目＋副句》(先に立って) …を (ある方向へ) **案内する**, 導く, 連れて行く; (手をとったりして)…を連れて[引いて]行く (♦ 副句 は方向を表す) ‖ I *led* the guest upstairs [to the bathroom]. 客を上の階[トイレ]に案内した / He *led* the horse (by the halter) into the barn. 彼は(端綱(はづな)で)馬を引いて納屋に入れた

❸〔組織・集団〕を**率いる**, 統率する, 指揮する;〔楽団など〕の指揮者[リーダー, 第一奏者]を務める ‖ I asked her to ～ this project. この企画の指揮を彼女に頼んだ / ～ the team to victory チームを勝利に導く / ～ a band バンドのリーダーをする

❹〈…で〉〔対戦相手〕をリードする;〔グループなど〕の首位に立つ〈**in**〉 ‖ Japan *led* France 2–0. 日本はフランスを2対0でリードした(♦ 2–0 は two to zero と読む. ⇨ ZERO 語法) / ～ the league by two games 2ゲーム差でリーグ首位に立つ / ～ the world *in* iPS cell research iPS細胞研究で世界の先端を行く

❺〔…の生活[人生]〕を送る, 過ごす ‖ I want to ～ a normal [fuller] life. ふつうの[もっと充実した]生活を送りたい / ～ a double life 二重生活をする

❻〔人〕を〈ある結果・状態などに〉導く, 陥らせる〈**into, to**〉 ‖ Further discussion will just ～ us *into* complexity. これ以上議論してもややこしくなるばかりだ / This will ～ us nowhere. こんなことをしていても何にもならない

❼《＋目＋**to** *do*》(物・事が)〔人〕を…するようにさせる[仕向ける] ‖ What *led* you *to* run for governor? 何がきっかけで知事に立候補しようと思ったのですか / We were *led to* believe that the money would go to charities. 私たちはその金が慈善事業に使われるのだと信じ込まされた

❽《＋目＋副句》(道などが) (ある方向・地点へ) 〔人〕を導く, 到達させる; (パイプなどが)〔水など〕を導く, 引く〈**from** …から; **to** …へ, etc.〉 ‖ This lane will ～ you *to* the freeway. この車線を行くと高速に入る / The pipe ～*s* the water (away) *from* the house *to* the sewer. そのパイプが家から下水管まで水を通している

❾〔話題など〕を〈自分の望む方向に〉導く〈**to**〉 ‖ She tried to ～ the conversation *to* the topic of marriage. 彼女は会話を結婚話に持っていこうとした ❿〘トランプ〙〔ある札〕を最初の手として出す ⓫ (ダンスで)〔パートナー〕をリードする ⓬〔証人〕に誘導尋問をする ⓭ (射撃で) 〔動く標的〕の前方をねらう ⓮《複合語 -led で》…に導かれた, …主導の ‖ a market-*led* economy 市場主導型経済 / a student-*led* demonstration 学生主導のデモ

━自 ❶ (先に立って) **案内する**, 先導する ‖ I will ～, so just follow me. 私が案内するから, 後について来て

❷《+副句》(道・管・ドアなどが)〈ある方向・地点に〉**通じる**, 至る〈**into, to,** etc.〉‖ This road ~*s to* a dead end. この道は行き止まりだ / This door ~*s to* the bedroom. このドアは寝室に通じている / This tunnel ~*s into* Hokkaido. このトンネルを抜けると北海道に出る / the expressway ~*ing* north from Tokyo 東京から北へ走っている高速道路 / This link ~*s to* our company's website. このリンクから弊社のウェブサイトへ行けます
❸〈…に〉(必然的に)発展する, **つながる**, 至る〈**to**〉;(話題・音楽などが)〈…へと〉発展する〈**into**〉‖ The merger of these banks will directly ~ *to* large-scale downsizing. これらの銀行の合併は直接大規模なリストラに発展するだろう / Too much salt can ~ *to* high blood pressure. 塩分をとりすぎると高血圧になり得る
❹(試合・競争などで)リードする, 勝つ ‖ So far Rory McIlroy is ~*ing* by eight shots [OR strokes]. 今のところローリー=マキロイが8打差で首位につけている
❺〈特定の分野で〉進んでいる, 先端を行く〈**in**〉‖ Sweden ~*s in* social welfare. スウェーデンは社会福祉の分野で進んでいる ❻〈…を〉トップ記事[ニュース]にする〈**with**〉 ❼(トランプなどで)〈特定のカードから〉始める〈**with**〉 ❽〘ボクシング〙〈…の〉リードブローを出す, 攻勢に出る〈**with**〉‖ ~ *with* a left 左で1発リードブローを出す ❾(ダンスで)パートナーをリードする ❿〘野球〙(走塁のために)リードする

lèad a pèrson astráy 〔人〕を(悪行・不道徳な行為へと)そそのかす,〔人〕を迷わす

lèad ín 〈自〉導入部を述べる[演奏する];(話などを)〈…で〉始める〈**with**〉

lèad óff 〈自〉①(会合・話などを)〈…で〉始める, 口火を切る;(会合などが)始まる〈**with, by**〉‖ Can you ~ *off with* your opinion? まず始めに君の意見を述べてくれますか ②(道・部屋などが)〈…から〉直接つながっている〈**from**〉③〘野球〙先頭打者[1番バッター]になる ―〈他〉Ⅰ《***lèad óff ... / lèad ... óff***》〔会合・話など〕を〈…で〉始める, 口火を切る〈**with, by**〉 Ⅱ《***lèad óff ...***》(道・部屋などが)直接…とつながっている ‖ a bathroom ~*ing off* a bedroom 寝室に直接つながっている浴室

lèad ón ... / lèad ... ón 〈他〉〔人〕を〈甘言などで〉だます, 口車に乗せる〈**with**〉;〔人〕に言葉巧みに〈…〉させる〈**to do**〉;〔人〕を悪事などに誘い込む

__lèad「ón to [OR ónto] ...__ 〈他〉《英》(事柄が)…につながる, …を可能にする

__lèad úp to ...__ 〈他〉①(時間的に)…に至る, 近づく ‖ the days ~*ing up to* the commencement 卒業式直前の日々 ②(事件などが)…につながっていく, …へと発展していく, …に至る ③(話題などが)…に向かう(♥ 好ましくないことが多い)

COMMUNICATIVE EXPRESSIONS

1 **It lèads us báck to what I sàid éarlier.** NAVI それで先ほど私が言ったことに話題が戻ります(♥ 論点が元に戻ることを示す)

2 **Óne thìng lèd to anóther and** ... ⇨ THING (CE 19)

3 **Thís lèads us** [OR **me**] **to** the ìssue of recýcling. NAVI これに関連して次にリサイクル問題(の議論)に移ります(♥ 関連のある議題に移る前置き)

―名 (複 **~s** /-z/) ❶《the ~》(競争・レースなどの)**先頭**, 首位;Ⓒ《a ~》2位との差, リード〈**of, in** …の;**over** …に対する〉‖ She had [OR was in] the ~ after the compulsories. 規定演技終了時点で彼女は首位に立っていた / I took [OR moved into] the ~ *in* the last lap. 最後の1周で私は先頭に立った / have a「~ *of* five points [five-point ~] *over* an opponent 相手を5点リードしている / lose the ~ to ... …にリードを奪われる / cut the ~ to one (run) 〘野球〙リードを1点にする
❷Ⓒ主導, 率先;指導的地位;優位 ‖ She took the ~ in the fund-raising campaign. 彼女が率先して募金運動を行った / The LDP is still in the ~ in the polls. 世論調査では自民党がまだ優位にある
❸Ⓒ《単数形で》手本, 模範;前例 ‖ The teacher tried to give a moral ~ to his students. 教師は生徒に道徳的模範を示そうと努力した / Stop it! Your brother will follow your ~. やめなさい. 弟がまねするでしょ
❹Ⓒ手がかり, 糸口;指標 ‖ The police got a ~ as to who killed her. 警察は彼女を殺した人物についての手がかりをつかんだ
❺Ⓒ(劇・映画の)主役, 主演;主演者;《形容詞的に》リード役の, 主役の ‖ play the ~ in a movie 映画で主役を演じる / a ~ singer (ロックバンドなどの)リードボーカル / play ~ guitar リードギターを弾く / a paper's ~ author 論文の中心的執筆者
❻Ⓒ《英》(犬などの)引き綱(《米》leash) ❼Ⓒ《英》〘電〙リード線, 導線(wire) ❽Ⓒ〘新聞〙トップ記事;(記事中の)リード, 前文(♦ 形容詞的にも用いる)‖ The accident will make the ~ in tomorrow's papers. その事故は明日の新聞のトップニュースになるだろう ❾Ⓒ〘トランプ〙先手(の権利);最初に出す札 ‖ It's your ~ now. 今度はあなたが先手の番だ ❿Ⓒ〘野球〙(塁にいる走者の)リード ‖ The runner can't take [OR get] a good ~ on the pitcher. ランナーはピッチャーに対してうまいリードがとれません ⓫Ⓒ(氷原の)狭い水路;(水車用の)水路

▸▸ **~ stòry** 名Ⓒ(新聞・ニュース番組などの)トップ記事 **~ tìme** 名Ⓒ(新製品の)開発[準備]時間

__lead__[2] /led/ 《発音注意》(♦ 同音語 led) 名 ❶Ⓤ〘化〙鉛(金属元素. 元素記号 Pb);《形容詞的に》鉛の, 鉛製の ‖ white ~ 白鉛 / red ~ 赤鉛, 鉛丹 / (as) heavy as ~ (鉛のように)とても重い, 非常に重苦しい / a ~ pipe 鉛管 / ~ soldiers (おもちゃの)鉛の兵隊
❷ⒸⓊ(鉛筆の)芯(しん) ❸Ⓒ測鉛 ‖ cast [OR heave] the ~ 測鉛で水深を測る ❹Ⓒ(~s)(ステンドグラスの)鉛の窓枠;《英》屋根ふきの鉛板, 鉛板ぶきの屋根 ❺Ⓤ《集合的に》《旧》(鉛の)弾丸(bullets) ❻Ⓒ〘印〙インテル《活版印刷の植字で活字の行間に入れる鉛板》

gèt the léad òut 《米口》急ぐ, さっさと仕事をする

go over [《主に英》***down***] ***like a lead balloon*** ⇨ BALLOON(成句)

hàve lèad in one's péncil 《口》精力旺盛(おうせい)である

pùt lèad in a pèrson's péncil 《口》(男性に)精力をつける

▸▸ **~ glàss** [**crỳstal**] 名Ⓤ 鉛ガラス《酸化鉛入り》 **~ monóxide** 名Ⓤ 一酸化鉛(litharge) **~ póisoning** 名Ⓤ 鉛中毒 **~ shót** 名Ⓤ《集合的に》散弾 **~ tetraéthyl** 名Ⓤ〘化〙=tetraethyl lead

lead·ed /lédɪd/ 形《通例限定》❶鉛で覆った, (屋根が)を鉛でふかれた, (窓が)鉛の窓枠のついた ❷(ガソリンなどが)鉛(化物)を添加された, 有鉛の

▸▸ **~ líghts** 名複《英》鉛で枠囲いした明かり取り(小窓) **~ wíndows** 名複《英》=leaded lights

lead·en /lédən/ 形 ❶鉛色の ‖ ~ clouds 鉛色の雲 ❷(鉛のように)重い, 重苦しい;活気のない, だるい;意気消沈した ‖ ~ spirits 沈んだ気分 ❸《古》鉛(製)の

⁑**lead·er** /lí:dər/

―名 (複 **~s** /-z/) Ⓒ ❶ **指導者**, 指揮者, **リーダー**(↔ follower);(政党の)党首 ‖ the ~ of the opposition =the opposition ~ 野党党首 / the majority [minority] ~ of the Senate [House] 《米》上[下]院与党[野党]院内総務 / the *Leader* of the House of Commons [Lords] 《英》下[上]院院内総務

連語 【形+~】a political [religious] ~ 政治[宗教]指導者 / the former [deputy] ~ 前の[副]リーダー / the world ~ 世界的指導者 / a strong ~ 強い指導者 / a born ~ 生まれながらの指導者

❷(競技などで)先頭[首位]に立っている者;〈ある分野で〉最も成功している会社[国]〈**in**〉‖ At the 30km point, she caught up with the ～*s*. 30キロ地点で彼女は先頭集団に追いついた / This university is a world ～ *in* electronics. この大学は電子工学で世界をリードしている ❸《米》〖楽〗(オーケストラなどの) 指揮者 (conductor) ; 《英》(オーケストラの) 首席第一バイオリン奏者 (《米》 concertmaster) ❹ 先導者 ; (馬車の) 先導馬 ❺《英》首席弁護人 ‖ the ～ for the defense 被告側首席弁護人 ❻《英》=leading article ❼ 目玉商品 (loss leader) ❽ (フィルム・テープなどの) リーダー《引き出し部分》 ❾ 導管 ; 雨どい ; (暖房設備の) 送風管 ; 〖機〗主輪, 主動部 ❿〖植〗(木の主要な幹の) 若枝 ⓫〖釣〗鉤素(はりす) ⓬ (～s)〖印〗(目次などの) リーダー《目次や索引などを見やすくする点線または破線》 ⓭〖解〗腱(けん) (tendon)

～·less 形 指導者のいない

▶▶ **～ bòard** 名 C (ゴルフなどの) リーダーボード《順位掲示板》

‡lead·er·ship /líːdərʃɪp/

── 名 U ❶ **指導者の地位**[任務] ‖「take over [resign] the ～ of a party 党首の地位に就く[を辞する] / a ～ contest 党首選挙 / under the ～ of ... …の指導 [指揮]の下で

❷ **指導[統率]力**, リーダーシップ ‖ He is lacking in ～. 彼は指導力に欠ける / provide [OR exercise] ～ 指導力を発揮する

❸ (the ～) (集合的に) (単数・複数扱い) **指導者たち**, 指導部 ‖ The ～ has no intention of changing the present policy. 指導部には現在の政策を変更する意志はない ❹ 統率, 指導, 指揮 ‖ under the ～ of the Democratic Party 民主党の指導の下に ❺ (競争などで) 先頭に立つこと, 先行 ‖ market ～ 市場での優位性

lèad-frée /lèd-/ 形 (ガソリンが) 無鉛の

lead-in /líːdìn/ 名 C ❶〖無線〗(アンテナと送受信機を結ぶ) 引き込み線[ケーブル] ❷〖放送〗(番組・議論などの) 〈…への〉導入部分, 前置き〈**to**〉

‡lead·ing[1] /líːdɪŋ/

── 形 (比較なし) (限定) ❶ **主要な**, 最も重要な ; 第一級の, 優れた (↔ minor) ‖ the ～ industrial countries 主要工業国 / play a ～ **role** in ... …で指導的役割を果たす

❷ 主演の, 主役の ‖ the ～ lady [OR actress] 主演女優 / the ～ man [OR actor] 主演男優

❸ 先導する, 先頭に立つ ‖ the ～ car 先導車

── 名 U 先動, 案内 ; 指導, 統率

▶▶ **～ áircraftman** 名 C 〖英空軍〗1等航空兵《aircraftman の上の位》 **～ árticle** 名 C ①《英》(新聞の) 社説, 論説 (《米》 editorial) ②《米》(定期刊行物の) 主要記事 **～ édge** (↓) **～ líght** 名 C (地域などの) 指導的人物 **～ nóte** 名 C《英》=leading tone **～ quéstion** 名 C 誘導尋問 **～ rèin** 名 C (馬の) 引き手綱 **～ séaman** 名 C 〖英海軍〗上等水兵《下士官のすぐ下》 **～ tóne** 名 C 〖楽〗導音《音階の第7音》

lead·ing[2] /lédɪŋ/ 名 U ❶ (窓ガラスなどの) 鉛の枠 [縁] ❷〖印〗行間 (→ lead[2] ❻)

lèad·ing édge 名 C ❶〖空〗(翼・プロペラの) 前べり ❷ (科学技術などの) 最先端 (の人[もの])

lèad·ing-édge 形 (限定) 最先端の

léad·òff /líːd-/ 名 C (行動などの) 開始, 着手 ; 最初にやる人 ── 形〖野球〗(打者が) 打順が先頭の, トップの ‖ a ～ batter 先頭打者, 1番打者 / a ～ single [double] 先頭打者によるヒット[2塁打]

léad-òff /líːd-/ 形 最初の, 開始の

léad-ùp /líːd-/ 名 C (事件・状況の発展につながる) 糸口, 前段階的事件

‡leaf /liːf/

── 名 〔▶ leafy 形〕 (複 **leaves** /liːvz/) ❶ C **葉**, 木 [草] の葉 (→ blade, frond) ‖ dead *leaves* 枯れ葉

❷ U (集合的に) 葉, 群葉 (foliage) ‖ The trees are in full ～. 木々はいっぱいに葉が茂っている / the fall of the ～ 落葉期, 秋 (autumn) / tobacco [tea] ～ (商品としての) たばこ[茶]の葉

❸ C (口) 花びら, 花弁 (petal) ❹ C (書物などの紙の) 1枚, 1葉《表と裏で2ページ分》 ‖ He put a piece of paper between the *leaves* of his book. 彼は1枚の紙を本のページの間に挟んだ ❺ U (金属などの) 箔(はく)《foil より薄い》 ‖ gold ～ 金箔 ❻ C (折り畳みテーブルの) 垂れ板 ; (伸ばして使えるテーブルの) 挟み板 ; (ドア・シャッターなどの) 折り畳み扉 ; (板ばねの) ばね板 ; (はね橋の) はね板

còme into léaf 葉が出る

shàke [OR ***trèmble***] ***like a léaf*** (寒さ・恐怖で) ひどく震える

tàke a lèaf from [OR ***òut of***] ***a pèrson's bóok*** (成功した人を) 見習う, (人の) まねをする

****tùrn òver a nèw léaf*** 行いを改める, 心を入れ替える, 新たにやり直す

── 動 自 葉を出す, 葉をつける《***out***》

lèaf thróugh ... 〈他〉…のページをぱらぱらめくる

▶▶ **～ blòwer** 名 C リーフブロワー《落葉を吹き飛ばして集める機械》 **～ ìnsect** 名 C 〖虫〗コノハムシ(木葉虫)《南アジア産. 形態が木の葉に酷似する》 **～ mìner** 名 C 〖虫〗ハモグリムシ《葉の組織内に入って生活するハエ・ガなどの幼虫の総称》 **～ mòld** [《英》 **mòuld**] 名 U ① 腐葉土 ② (葉にカビが生じて起こる) 病的ふくらみ **～ pèeping** 名 U (米口) 紅葉狩り **～ spòt** 名 U (通例修飾語を伴って) 葉斑(はん)病《葉が斑点状に変色する病気》 **～ sprìng** 名 C 〖機〗板ばね, 重ね板ばね

leaf·age /líːfɪdʒ/ 名 U (集合的に) 葉 (foliage)

leafed /liːft/ 形 =leaved

leaf·less /líːfləs/ 形 葉の(出ていない)ない

***leaf·let** /líːflət/ 名 C ❶ (通例1枚の紙を折り畳んだ) リーフレット, ちらし ; (数枚つづりの) パンフレット ‖ advertising ～*s* 宣伝用ちらし ❷ 小さい葉, 若葉 ; 〖植〗小葉《複葉の1片》 ── 動 (**～·ed**, +《米》 **-let·ted** /-ɪd/ ; **～·ing**, +《米》 **-let·ting**) 他 自 (…に) ちらしを配る

léaf·stàlk 名 C 葉柄(ようへい) (petiole)

leaf·y /líːfi/ 形 〔◁ leaf 名〕 ❶ 葉に覆われた, 葉の茂った ; 緑の多い, 木の多い ‖ a ～ shade [street] 木陰 [葉に覆われた通り] ❷ 広い葉の ; 広い葉からなる ‖ ～ plants 広葉植物 / ～ vegetables 葉物野菜 ❸ 葉状の, 葉のような **léaf·i·ness** 名

‡league[1] /liːg/

── 名 (複 **～s** /-z/) C ❶ **同盟**, 連盟 ; 盟約

❷ 〖スポーツ〗 **競技連盟**, リーグ (→ major league, minor league) ; (形容詞的に) リーグの ‖ the American [National] *League* (大リーグの) アメリカン [ナショナル] リーグ / the Premier *League* (イングランドのサッカーの) 1部リーグ / a ～ match 同一リーグ所属チーム [選手] 同士の試合

❸ (質・能力の) 部類, 同類, 範疇(はんちゅう) ‖ This restaurant is in a different ～ from the others. このレストランはほかとは違う (♥よい場合も悪い場合もある) / As a pianist, she simply isn't in your ～. ピアニストとして彼女は全く君に及ばない

be (***wày***) ***óut of a pèrson's lèague*** ① …が高価すぎて (人に) 買えない, 難しすぎて (人の) 手に負えない ‖ $1,000 *is out of my* ～. 1,000ドルでは高くて手が出ない ② …が立派すぎて (人と) 釣り合わない ; 優秀すぎて (人の) 競争相手にならない ‖ That girl *is out of your* ～. あの娘は君には釣り合わないよ / He *is out of my* ～ when it comes to accounting. 経理のことになると彼にはとてもかなわない

bòttom [***tòp***] ***of the léague*** (質・業績などが) (ある分野で) 最低[高]で

****in léague*** (***with ...***) (…と) (ひそかに) 同盟[連盟]して, ぐるになって

in the bìg léague 強力[重要]な組織に属して

in the sàme léague (しばしば否定文で) 同じレベルで ‖ This computer is not *in the same* ～ as the new

models. このコンピューターは新型には及ばない
—動 自 同盟する, 連合[団結]する
—他 …を連合[団結]させる, …に連盟を組ませる
▶▶ ~ **chámpion sèries** 名《the ~》〖野球〗(米大リーグの)リーグチャンピオンシリーズ《地区シリーズの勝者がワールドシリーズ出場をかけて4戦先勝方式で行う》 **Lèague of Árab Stàtes** 名《the ~》アラブ連盟《アラブ諸国の政治的地域協力機構. 1945年設立》 **Lèague of Nátions** 名《the ~》国際連盟《1919年世界の平和と協同を目的として結成された国際組織. 1946年解散, 国際連合に引き継がれた》 ~ **tàble** 名 C《英》① (リーグ戦の)順位表(《米》league standings) ② 比較対照表;《~s》(学校などの)格付け表《公的試験の成績に基づくランク付け》

league² /liːg/ 名 C リーグ《昔の距離の単位. 米英では約3マイル》

leagu·er /líːgər/ 名 C 同盟[連盟]加入者[国, 団体];《主に米》(プロ野球の)リーグ所属選手 (→ major-leaguer, minor-leaguer)

***leak** /liːk/ 動 (▶ leaky 形) 自 ❶ (容器などが) (水が) 漏る ‖ The boat ~*s* like a sieve. そのボートはざるのように水が漏る ❷ (液体・ガスなどが) 漏れる, しみ出る[込む]《*in, out*》‖ The rain is ~*ing in*. 雨がしみ込んでいる / Air ~*ed* from the tire. タイヤから空気が漏れた ❸ (秘密などが)漏れる《*out*》
—他 ❶〔液体・気体・光など〕を漏らす, しみ出させる[込ませる] ❷ 〈…に〉〔秘密など〕を漏らす〈**to**〉‖ Somebody ~*ed* the results of the investigation *to* the press. だれかが捜査結果を報道陣に漏らした
—名 C ❶ 〈…の〉漏れ穴, 漏れ口〈**in**〉‖ a ~ *in* the roof (雨がしみ込む) 屋根の穴 / spring a ~ 漏れ穴を生じる, (水が) 漏れ出す / plug (up) a ~ 漏れ穴をふさぐ ❷ U C 漏れること;漏れた液[気体など];漏出量;〖電〗漏電(箇所), リーク ‖ suspect a gas ~ ガス漏れを疑う ❸ (秘密などの) 漏洩(ろうえい), リーク;漏れた情報;漏洩者 ‖ Who do you think is responsible for the ~? この情報を漏らしたのはだれだと思いますか ❹《俗》放尿, 排尿
tàke [OR *hàve*] *a léak* 《俗》小便をする

leak·age /líːkɪdʒ/ 名 ❶ C U 漏れ, 漏出, 漏入;(秘密などの)漏洩 ❷ C 漏出[入]物;漏出[入]量

léak·pròof 形 ❶ (容器などが) 漏れない ❷《口》秘密保持の

leak·y /líːki/ 形〔◁ leak 動〕漏れ穴のある, (水が) 漏る;《口》秘密を守れない, おしゃべりな **léak·i·ness** 名

leal /liːl/ 形《スコット》《古》忠実な, 誠実な(loyal)

:lean¹ /liːn/
—動 (~**s** /-z/;~**ed** /liːnd, lent/, +《英》**leant** /lent/;~**·ing**)
—自 ❶ **傾く**, 傾斜する ‖ The whole building was ~*ing* to the left. 建物全体が左に傾きつつあった
❷《+副句》上体を曲げる[傾ける](♦ 副句 は主に方向を表す) ‖ ~ **forward** 前かがみになる / ~ **back** そっくり返る / ~ out of the window 窓から上体を乗り出す / ~ over the table テーブルに身を乗り出す
❸《+**against** [**on**] 名》…に**寄りかかる**, もたれる ‖ She ~*ed on* his arm. 彼女は彼の腕に寄りかかった / ~ *against* the wall 壁に寄りかかる
❹《+**on** [**upon**] 名》…に頼る, すがる, …を当てにする ‖ Don't ~ *upon* others for help. 他人の助けを当てにしてはいけない / He ~*ed on* his father to find a job. 彼は父親に頼って職を見つけてもらった / ~ *on* a broken reed 頼みにならない人[もの]に頼る
❺《+**toward** [**to**] 名》…への傾向がある, …へ傾く ‖ They ~ *to* pessimistic opinions. 彼らは悲観的な考え方に傾きがちだ / ~ *toward* extremism 過激主義に傾倒する
—他 ❶《+目+**on** [**against**] 名》…を…にもたせかける, 寄りかからせる ‖ I ~*ed* a ladder *against* the tree. 木にはしごを立てかけた / The little girl ~*ed* her **head** *on* my shoulder and fell asleep. 少女は頭を私の肩にもたせかけて寝入った
❷ …を傾ける ‖ ~ one's head back 頭を後ろにそらせる
léan on ... 〈他〉① ⇨ 自 ❸ ② ⇨ 自 ❹ ③ …に〈…するように〉圧力をかける (pressure, pressurize)〈**to** *do*〉‖ The loan shark ~*ed on* him *to* pay back the loan. 高利貸しは借金を返せと彼を脅した
lèan òver báckward(s) = BEND¹ *over backward(s)*

COMMUNICATIVE EXPRESSIONS
1 **You can léan on me.** 任せてよ;当てにしていいよ(=Leave it to me.)

—名 U 傾き(の度合);傾向, 片寄り(inclination)

lean² /liːn/ 形 ❶ (人・動物が) やせた, 引き締まった (⇨ THIN 類語) ❷ (肉が) 低脂肪の, 赤身の (↔ fat) ❸《通例限定》収穫の少ない, 不作の;(燃料が) 可燃成分の少ない;(鉱石が) 有用成分の少ない ‖ a ~ year 不作の年 ❹ (経営・予算など)節約する, 無駄のない —名 U 赤身肉
~·ly 副 **~·ness** 名

léan-bùrn 形 (エンジンなどが) リーンバーンの《大気汚染防止のため空気の割合を高くした燃料化合物を用いる》

lean·ing /líːnɪŋ/ 名 C《しばしば ~s》〈…への〉傾向, 性向, 好み〈**to, toward**〉‖ a student with ~*s toward* philosophy 哲学的傾向のある学生 —形《しばしば複合語で》傾く ‖ her right-~ view 彼女の右寄りの見方
▶▶ **Lèaning Tòwer of Písa** 名《the ~》ピサの斜塔

leant /lent/ 動《主に英》lean¹ の過去・過去分詞の1つ

léan-tò 名 (複 ~**s** /-z/) C 差しかけ小屋[屋根] ‖ a ~ greenhouse 差しかけ小屋の温室

:leap /liːp/
—動 (~**s** /-s/;《主に米》**leaped** /liːpt, lept/,《主に英》**leapt** /lept/;~**·ing**) (♦《米》では leaped と leapt の頻度はほぼ同じ. 《英》では leapt が多用される)
—自 ❶ **跳ぶ**, 跳ねる, 跳び上がる (♦ 通例方向などを表す 副句 を伴う. jump より《堅》. この意味では jump を用いるのがふつう) (⇨ JUMP 類語) ‖ ~ for joy 喜んで飛び跳ねる / *Look before you* ~. 《諺》跳ぶ前に見よ;転ばぬ先のつえ
❷《+副句》〈…へ〉さっと[突然]動く;素早く行動する〈**to, into,** etc.〉‖ ~ *to* one's feet さっと立ち上がる / I ~*ed* out of bed at the sound of the alarm. 目覚ましの音でベッドから飛び起きた / Don't ~ *to* conclusions without considering all the possibilities. あらゆる可能性を考えもしないで結論を急ぐな
❸ (価格・数量などが) 激しく上昇する ‖ His income ~*ed* from $30,000 to $45,000. 彼の収入は3万ドルから45,000ドルに跳ね上がった
❹ (驚きや喜びで) (心臓が) 飛び出しそうになる《*up*》‖ My heart ~*ed* when I ran into my old girlfriend. 昔の恋人に出会ったとき私は心臓が飛び出るかと思った
—他 ❶ …を跳び越す
❷ …に〈…を〉跳び越えさせる〈**over, across**〉‖ ~ a horse *over* a fence 馬にさくを跳び越えさせる
léap at ...* 〈他〉〔チャンスなど〕に飛びつく
léap on [OR ***upon***] ***...*** 〈他〉① …に飛び[襲い]かかる ② 〔考えなど〕に飛びつく
lèap óut at ... 〈他〉(名前などが)…の目に飛び込む
—名 (複 ~**s** /-s/) C ❶ **跳ぶこと**, 跳躍 ‖ make [OR take] a ~ from the window 窓から飛び降りる
❷ 跳んだ距離[高さ];跳び越すべき場所 ‖ a ~ of four meters 4メートルの跳躍距離 ❸ 〈…の〉突然の推移[増加]〈**in**〉;(想像などの) 飛躍 ‖ a startling ~ *in* grain prices 穀物価格の驚くほどの高騰 / a ~ of imagination 想像の飛躍 / a quantum ~ 飛躍的発展
a lèap in the dárk 向こう見ずな行動, 暴挙
a lèap of fáith 納得しなくてもやってみること
****by*** [OR ***in***] ***lèaps and bóunds*** 急速に, とんとん拍子に
▶▶ ~ **dày** 名 C うるう日《2月29日》 ~ **sècond** 名 C うるう秒 ~ **yèar** 名 C うるう年

léap·er /-ər/ 名C 跳ぶ人, 跳ねる馬(など)
léap·fròg 名U 馬跳び ―動 (**-frogged** /-d/, **-frog·ging**) 自 馬跳びをする；跳び越える〈**to, into**〉 ―他 ❶〔さくなど〕を跳び越す；〔人・順位など〕を跳び越す ❷〔危険など〕を回避する ❸〖軍〗〔2部隊〕を(交互に)先進させる
leapt /lept/ 動 leap の過去・過去分詞の1つ
Lear /lɪər/ 名 **King** ～ リア王《Shakespeare の四大悲劇の1つ *King Lear* の主人公》

learn /ləːrn/

中心義 知識や技能などを得る

動 他 学ぶ❶ 身につける❷ 知る❸
自 学ぶ❶ 知る❷

―動 (**~s** /-z/；**~ed** /-d, -t/, 《主に英》**learnt** /-t/；**~·ing**) (♦《米》では過去・過去分詞とも learned がふつう.《英》では両方用いられるが,《口》での過去分詞は learnt が多い)
―他 ❶ **学ぶ**, 覚える(⇨ 類語P) **a** 《+目》…を学ぶ, 習い覚える, 習得する；…を覚える, 暗記する ‖ Children ～ all they really need to know from playing with their friends. 子供は友達と遊ぶことで本当に知る必要のあることをすべて学ぶ / *Learning* a foreign language is difficult but rewarding. 外国語の習得は難しいがやりがいがある / ～ one's lines せりふを覚える / ～ a lesson 教訓を得る
b 《+**to** *do* / **wh to** *do*》…の仕方を学ぶ, 覚える ‖ How do children ～ *to* use language? 子供たちはどのようにして言語の使い方を学ぶのだろうか / I've always wanted to ～ *how to* play bridge. 前々から(トランプの)ブリッジのやり方を習いたかった
c 《+**that** 節》…ということを学ぶ, 覚える ‖ I ～*ed* by working part-time during the vacation *that* work is challenging. 休暇中にバイトをして仕事はやりがいがあるということを学んだ
❷ **a** 《+目》〔習慣・態度など〕を**身につける** ‖ How do birds ～ navigation? 鳥はどのようにして目的地に向けて飛べるようになるのだろうか / By caring for pets, children ～ responsibility. ペットを世話することによって子供たちは責任感を身につける
b 《+**to** *do*》…する[できる]ようになる ‖ The baby is ～*ing to* walk. 赤ちゃんは歩けるようになってきている
❸ **知る** (♦「知っている」の know と区別する) **a** 《+目》(見たり聞いたりして)…を(聞き)知る, 確かめる ‖ I ～*ed* the details of her early life from her father. 彼女の生い立ちの詳しい話を彼女の父親から聞いた
b 《+**that** 節》…ということを(聞き)知る ‖ He will be happy to ～ *that* he has passed the exam. 彼はその試験に受かったと知って喜ぶだろう
c 《+**wh** 節》…かどうかを(聞き)知る ‖ Her mother has not yet ～*ed whether* she survived the accident. 娘がその事故で助かったかどうか母親はまだ知らない
❹ 《方》…を教える；…を懲らしめる (♦ 非標準とされる) ‖ That'll ～ you. それで懲りるだろう
―自 ❶〈…について〉**学ぶ**, 覚える〈**of, about**〉‖ I ～ a lot *about* life from movies. 映画を見て人生について多くのことを学んでいる / ～ from experience 経験から学ぶ / ～ from [OR by] one's mistakes 過ちから学ぶ / ～ quickly 物覚えが早い
❷〈…のことを〉**知る**, 聞く〈**of, about**〉‖ We were quite surprised to ～ *of* her engagement. 私たちは彼女が婚約したと聞いてひどく驚いた / I ～*ed about* their marriage from a mutual friend. 共通の友人から彼らの結婚について知らされた
lèarn óff ... / lèarn ... óff 〈他〉…をすっかり暗記する
learn ... the hard way ⇨ *the hard* WAY[1]

COMMUNICATIVE EXPRESSIONS
[1] (**Óh,**) **I have a lòt to léarn yèt.** (いや) まだまだ学ぶべきことがたくさんあります (♥ 称賛・祝辞への謙虚な返答)
[2] **Whèn will you [I] (èver) léarn?** 一体何度同じことをすればわかるんだ (♥ 間違いを繰り返す子供など［自分］に対して)

学ぶ	ある分野の知識・技能を	learn	(勉強・練習・経験を通じて)身につける, 習い覚える
	学科や研究対象について	study	(授業・読書・考察などにより)勉強する, 研究する

♦ study は努力して体系的に研究すること, learn は結果として「習得する」ことを意味する. 〈例〉I *studied* English very hard, but did not *learn* much. 一生懸命に英語を勉強したが, あまり身につかなかった
♦ work は生徒・学生・研究者など, 本来の仕事が勉強・研究である人が「仕事をする」すなわち「勉強する」の意味で, 口語的.
♦「(特に大学である科目を)専攻する」の意味で,《米》major (in ...),《英》specialise (in ...) が用いられる.

*__learn·ed__ /lə́ːrnɪd/ 《発音注意》(→ ❸) 形 《通例限定》❶ 学問[学識]のある, 博識な；《叙述》〈…に〉造詣(ぞうけい)の深い (↔ ignorant) 〈**in**〉‖ He is ～ *in* the law. 彼は法律に精通している / a ～ man 学者 / my ～ friend 《英》該博(がいはく)なる貴兄《下院・法廷などで弁護士が互いに相手を呼ぶときの敬称》/ the ～《集合名詞的に》学問のある人々 ❷ 学問の, 学問に関する, 学術的な；学問による ‖ a ～ society 学会 / ～ books 学術書 / the ～ professions 知的職業 (♦ 古くは神学・法学・医学の3つを指した) ❸ 《限定》/ləːrnd/ 学習[経験]によって獲得した ‖ a ～ response 学習によって得た反応
~·ly 副 **~·ness** 名

*__learn·er__ /lə́ːrnər/ 名C ❶ 学習者, 生徒；初学者 ‖ a quick ～ 物覚えの早い人 ❷ (＝**～ dríver**) 教習中のドライバー, 仮免中の運転手(《英》L-driver)
▶▶ **～'s díctionary** 名C 学習辞典 **～'s pèrmit** 名C《米》運転仮免許証

lèarner-céntered 形 学習者本位の
léarn·fàre 名U《米》就学を条件とした福祉制度《給付金を受けるには一定の学習行動をすることが必要》

*__learn·ing__ /lə́ːrnɪŋ/ 名U ❶ 学問, 学識 ‖ a man of ～ 学識ある人, 学者 / have wide ～ 広い知識を持っている ❷ 学習, 習得 ‖ computer-assisted ～ コンピューターを利用した学習
▶▶ **～ cùrve** 名C〖教育〗学習[習熟]曲線；自らの誤りから学習する過程 **～ dìfficulties** 名 複 (生まれつき・病気などによる)学習障害 **～ disabìlity** 名CU (就学児童の)学習障害《読み・計算など特定の能力の習得に困難を示す種々の障害. 略 LD》

léarning-disàbled 形 (就学児童が)学習障害がある《略 LD》

*__learnt__ /ləːrnt/ 動《主に英》learn の過去・過去分詞の1つ
*__lease__ /liːs/ 名C (土地・家屋の)賃貸借契約, 借地[借家]契約；賃貸借契約書；賃貸借契約期間, 賃借権 (♦ 貸す人は lessor, 借りる人は lessee) ‖ take (out [OR up]) a ～ on a farm 農場を賃借りする / The house was put out to ～. その家は貸家に出された / The ～ on her house「expires [OR runs out] in six years. 彼女の家の借家契約は6年で切れる / on a five-year ～ 5年間の賃貸借契約で
__a nèw lèase on__ [《英》*of*] ***life*** (人・物の)寿命の延び；より幸福な人生 (「寿命の新契約」の意. 寿命は神から借りているものとされることから) ‖ The song has recently enjoyed *a new ～ of life*. その歌は最近また人気が出てきた
on [OR ***by***] ***léase*** 賃貸借契約で ‖ take a flat *on* ～ アパートを賃借りする / buy ... *on* ～《主に米》(一定期間賃借りしてから)〔アパートなど〕を残金を一括して支払い購入する

L

—動 他 ❶〈…から〉〔土地・家屋など〕を賃借する〈from〉(⇨ BORROW, LEND 類語P) ‖ ～ computers コンピューターをリース(で賃借)する ❷《+目 A+目 B≒+目 B+to 目 A》A(人)にB(土地・家屋など)を賃貸する，リース(で賃借)する ‖ They will ～ you the house at a reasonable rent. あの人たちなら手ごろな家賃でその家を貸してくれるよ / ～ land *to* the U.S. for military bases 軍事基地用に米国に土地を賃貸する

lèase óut ... / lèase ... óut 〈他〉…を〈…に〉賃貸する〈to〉

léase·bàck 名 C リースバック《不動産の買い主がその物件を売り主に長期契約で貸し付けること》

léase·hòld 名 U C 借地[借家]権；借地，借家
—形 副 賃借りした[して] **～·er** 名 C 借地[借家]人

leash /liːʃ/ 名 ❶ C (犬などをつなぐ)革ひも，鎖(《英》lead) ‖ a dog on a ～ 鎖につないだ犬 ❷ U 束縛，抑制 ❸ C 〖狩〗(猟犬・キツネなどの)3匹一組

kèep* [or *hàve*] *a pèrson on a shòrt* [or *tìght*] *léash 〔人〕の行動を厳しく制御[拘束]する

stràin at the léash 自由になろうとしてもがく，(何かをしたくて)うずうずする

—動 他 〔犬など〕をひも[鎖]でつなぐ；…を制御[抑制]する

***least /liːst/ 形 名 副

—形《little の最上級の1つ》(→ less) ❶《通例 the ～》(量・程度などが)**最も小さい，最も少ない**(↔ most) ‖ My son always does his homework in the ～ amount of time, and yet still gets an A. 息子はいつだって最低限の時間で宿題を片づけているが，それでもいつもAをとっている

❷《通例 the ～》《否定文で》**少しも**；《仮定の文脈で》いかにわずかな…でも ‖ I don't have the ～ idea what to do next. 次にどうしたらいいかまるでわからない / Little Red Riding Hood went to her grandmother's house without the ～ concern. 赤ずきんちゃんは少しも心配せずにおばあちゃんの家に行きました / He faints at the ～ sign of blood. 彼はほんの少し血を見ただけで気を失う

—名《通例 the ～》**最も少ないもの**，最小限，最小(↔ most) ‖ He is very rich but spends the ～ on living expenses. 彼は大金持ちだが生活費には最少の金しかかけない / That was the ～ of his worries. そんなことは(彼のほかの悩みに比べれば)何でもなかった

*__at léast__ (♦ at the (very) least も用いられる) ① (数量について) **少なくとも**，最低限 (↔ *at most*) ‖ It takes *at* ～ fifty minutes to get to the airport. 空港までは少なくとも50分はかかる / I swim three times a week *at* ～. 最低週に3回は水泳をする ② せめて，(ほかのことはともかく)少なくとも ‖ *At* ～ you could have told me. せめて話してくれてもよかったのに ③ ともかく，(いずれにせよ)少なくとも ‖ The food wasn't particularly good, but *at* ～ it was hot. 食事は取り立ててよくはなかったが，ともかく温かかった ④ いや，もっと正確には(♥ 前言を修正する) ‖ He isn't coming today. Or *at* ～ that's what I heard from him. 彼は今日は来ません．もっと正確に言えば本人からそのように聞きました

at the* (*vèry*) *léast ① =*at least* (↑) ② 批判的[悲観的]な見方をすれば

last but not least ⇨ LAST[1] 副 (成句)

nòt* (*in*) *the léast 少しも…ない(not at all) (♦ not (in) the least bit とするとさらに意味が強まる) ‖ I am *not in the* ～ worried. ちっとも心配はしていない / "Are you tired?" "*Not in the* ～." 「疲れましたか」「ちっとも」

*__to sày the léast__ (*of it*) 控えめに言っても ‖ He was rather angry, *to say the* ～. 控えめに言っても彼はかなり怒っていた

COMMUNICATIVE EXPRESSIONS

1 **That's the léast I can dò.** せめてそれくらいのことはさせてください(♥ 感謝に対する丁寧な返答)

—副《little の最上級》(→ less) ❶《動詞を修飾して》**最も少なく**(↔ most) ‖ My dad talks ～ in the family. パパは家族の中で口数がいちばん少ない / She is (the) ～ wanted here. 彼女はここではいちばん用のない人間だ / We met you when we ～ **expected** it. 全く思いがけないときに君に会った / *Least said, soonest mended.* 《諺》口数が少なければすぐに訂正できる；口は禍(わざわい)のもと

❷《形容詞・副詞を修飾して》**最も…でない** ‖ This is the ～ important problem. この問題はいちばん重要性が低い / This is one of the ～ appreciated of his films. これは彼の映画の中で最も評価が低い作品の1つだ / a goal ～ likely to be achieved 最も達成できなそうな目標

❸《the ～》《否定文で》少しも(→ 形 ❷) ‖ I wasn't the ～ frightened. 少しも怖くなかった

*__lèast of áll__ 特に…(はそう)でない ‖ No one should complain, 「～ *of all* about his decision [or about his decision ～ *of all*]. だれも不満を言うべきではない，特に彼の決定については

nòt léast とりわけ，特に(especially) ‖ Trade has been bad, *not* ～ because of the increased cost of raw materials. 商売はこのところ振るわないが，それはとりわけ原材料費が高くなっているためだ

▶▶ ～ **còmmon denóminator** 名《the ～》=lowest common denominator ～ **còmmon múltiple** 名《the ～》=lowest common multiple ～ **squáres** 名 U 〖統計〗最小二乗法

léast·wàys, -wìse 副《方》《口》少なくとも(at least)；とにかく(anyway)

*leath·er /léðər/

—名 (複 **～s** /-z/) ❶ U **革**，なめし革 (♦ 生皮は hide) ‖ genuine ～ 本革 / imitation ～ 模造[合成]皮革，レザー(❗ 合成皮革を「レザー」というのは和製語) / patent ～ エナメル革 / (as) tough as ～ (皮のように)とても固い

❷ C 革製品；研ぎ革；あぶみ革；《～s》オートバイ乗りの革製の服 ❸ C (犬の)垂れ耳

—形《限定》❶ 革(製)の ‖ a ～ jacket 革のジャケット ❷《俗》性的倒錯者向けの

—動 (**～s** /-z/；**～ed** /-d/；**～·ing**) 他 ❶《通例 ～ed で形容詞として》革で覆った，革を張った ❷ …を(革のむちで)打つ

léather·bàck 名 (=～ **tùrtle**) C 〖動〗オサガメ《現存する最大のウミガメ．背甲は鱗板(りんばん)が退化して柔らかい》

léather·clòth 名 U レザークロス《皮革に似せた布地》

leath·er·ette /lèðərét/ 〈シ〉 名 U 模造皮革

léather·jàcket 名 C ❶《英》〖虫〗ガガンボの幼虫 ❷〖魚〗堅い皮を持つ魚の総称《カワハギ・アジ科の魚など》

leath·ern /léðərn/ 形《限定》《古》革(製)の；革に似た

léather·nèck 名 C《米俗》海兵隊員(marine)

léather·wèar 名 U 皮革製衣類

leath·er·y /léðəri/ 形 革のような；強靭(きょうじん)な

***leave[1] /liːv/

中心義 **Aをそのままに残して離れる**(★Aは「場所」「人」「物」「事」など多様．文脈によって「残す」側面，もしくは「離れる」側面のどちらかに重きが置かれた意味になる)

動 他 **去る❶ やめる❷ 放置する❸ 置き忘れる❸ 残しておく❻ ままにしておく❼ 任せる❾ 残して死ぬ❿**
自 **出発する❶**

—動 (**～s** /-z/；**left** /left/；**leav·ing**)
—他 ❶〔場所〕を〈…へ向かって〉**去る**，たつ(↔ arrive at)〈**for**〉；〔人〕のもとを離れる；〔乗り物〕を降りる ‖ Air France Flight 001 *left* Paris *for* [ˣto] New Caledonia. エールフランス001便はパリをたってニューカレドニアに向かった / I *left* **home** without my wallet. 私は財布を持たずに

家を出た / The dog would not ～ his sick owner for a moment. その犬は病気の飼い主のもとを片時も離れようとしなかった / Energy suddenly *left* all my limbs. 突然私の手足から力が抜けた / ～ the train 電車を降りる

Behind the Scenes **Don't leave home without it.** **出かけるときは忘れずに** American Express のクレジットカードのCMより.「(便利なカードを)必携で出かけましょう」というキャッチコピー. 後に米国のコメディアン Bob Hope がテレビ番組でローマ法王に扮(ふん)し, バチカン＝エクスプレスカードを持って Don't leave Rome without it. というパロディーを披露したことも有名 (♥ 何か大事なものを忘れずに「必ず持って行くよう」注意するときなどに)

❷〈…のために〉〔学校・仕事・団体など〕を**やめる**(quit);〔学校〕を卒業する;〔故郷・国など〕を出る;〔家族・配偶者など〕を捨てる〈**for**〉‖ She *left* college in the middle of her sophomore year. 彼女は2年生の途中で大学をやめた / He *left* the business world *for* an NGO job. 彼は実業界を去ってNGOの仕事に就いた / One secretary after another ～*s* him. 彼の秘書は次から次へとやめてしまう / My brother *left* home to live on campus. 兄は学内に住むために家を出た / The boy *left* his girlfriend *for* an older woman. 青年は恋人を捨て年上の女に走った / ～ school 退学[卒業]する

❸《+目+副句》…を**放置する**, 置いたままにしておく;…を**置き忘れる**《***behind***》(♦ 副句 は場所を表す) ‖ It is not allowed to ～ your car on the premises during the night. 夜間構内に車を置いておくことはできない / ～ dirty dishes in the sink 汚れた皿を流しに出しっ放しにする / I've *left* my bag (*behind*) on the subway. かばんを地下鉄に置き忘れた(♦ 場所を表す語句を伴って「…に置き忘れる」は forget ではなく leave を用いるのがふつう)

❹ **a**〔人・物〕を〈人に〉預けて行く, 置いて行く;〔伝言〕を託す〈**with**〉‖ She *left* her children *with* [OR in the care of] her neighbor. 彼女は子供を近所の人に預けた / ～ a fat tip チップをたっぷり置いて行く / I *left* word *with* him that I would be back soon. 私は彼にすぐ戻るという伝言を残した

b《+目 *A*+目 *B*⇄+目 *B*+**for** 目 *A*》*A*(人)に*B*(伝言・手紙・荷物など)を残して行く, 置いて行く ‖ I'll ～ you my address and phone number.＝I'll ～ my address and phone number *for* you. 住所と電話番号を置いて行きます

❺ …をやらずにおく, 後回しにする;〔食べ物・飲み物〕を残す ‖ He always ～*s* things to the last minute and finishes them at one go. 彼はいつだってやるべきことを最後までやらずにおいて一気に片づける / Have I *left* it too late? もう手遅れでしょうか / The dish tasted so hot I *left* most of it. その料理はとても辛くてほとんど手をつけなかった

❻ **a**《+目》…を**残しておく**, とっておく ‖ He *left* some of the money for the future. 彼はその金の一部を将来のためにとっておいた / There's some pizza *left* from dinner. 夕食の残りのピザが少しある / The only thing *left* for me to do was contact your parents. 唯一私に残された道はあなたのご両親と連絡をとることでした / Produce grown locally has most of its nutrients *left*. 地元産の農産物はほとんど栄養分が失われていない

b《+目 *A*+目 *B*⇄+目 *B*+**for** 目 *A*》*A*(人)に*B*(物事)を残しておく ‖ She *left* him some of the food.＝She *left* some of the food *for* him. 彼女は彼に料理を少し残しておいた / My job ～*s* me little spare time. 仕事ではほとんど暇がない

❼ **ままにしておく**, ほうっておく **a**《+目+補》〔人・物〕を…のままにする;(結果として)…にする ‖ Don't ～ the door **open**. ドアを開けっ放しにするな(♦ keep を用いると「意図的に開けたままにしておく」の意) / ～ a light on 電灯をつけっ放しにする / Your story ～*s* much of his character a mystery. 君の話を聞いても彼の性格はほとんどわからない / We were *left* speechless when we saw the photos of the disaster. その惨事の写真を見て言葉を失った **b**《+目+***done***》〔人・物〕を…されたままにする ‖ The painting was *left* unfinished. その絵は未完のままだった / There was nothing *left* unsaid between us. 私たちの間で隠し事は一切なかった / ～ things half done 物事を中途半端にする **c**《+目+***doing***》〔人・物〕を…しているままにする ‖ ～ the engine running エンジンをかけっ放しにする **d**《+目+**to *do***》〔人・物〕を…するままにする ‖ *Leave* the water *to* boil for ten minutes. お湯を10分間沸騰させなさい **e**《+目+**as** 節》〔人・物〕が…するままにしておく ‖ Don't touch the body ; ～ it *as* it is. 死体に触るな, そのままにしておけ

❽〔人〕を(物事に)専念できるようにしておく, したいままにさせておく;〔事柄〕をなるがままに任せる〈**to** …に / **to *do*** …するのを〉‖ I *left* him *to* his work. 彼にそのまま仕事をさせておいた / The children were *left to* themselves. 子供たちはしたいようにしていた / The monastery was *left to* decay. 修道院は荒れるに任された

❾ **a**《+目》〔物・事〕を〈…に〉**任せる**, 託す《***up***》〈**to**〉‖ The decision was *left* entirely (*up*) *to* him. その決定はすべて彼に任された / Do your best and ～ the rest *to* fate. 最善を尽くして後は天命を待つんだね / Let's ～ it in the hands of the police. それは警察の手にゆだねよう / Your plan ～*s* a lot *to* other people's kindness. 君の計画は人の親切を当てにしすぎだ(♥ 批判的なニュアンスがある) **b**《+目+**to *do***》〔人〕に…するのを任せる ‖ *Leave* me *to* settle the matter. その件の解決は私に任せてください

❿ **残して死ぬ** **a**《+目》〔家族〕を残して死ぬ ‖ ～ a wife and two children 妻と2人の子供を残して死ぬ **b**《+目 *A*+目 *B*⇄+目 *B*+**to** 目 *A*》*A*(人・団体など)に*B*(財産)を残して死ぬ ‖ He *left* his wife a large fortune.＝He *left* a large fortune *to* his wife. 彼は妻に莫大(ばくだい)な財産を残して死んだ(♦ his wife, a large fortune のどちらも受身形の主語になり得る) **c**《+目+補》〔人〕を…の状態にして死ぬ ‖ She was *left* a widow so young. 彼女はそんなにも若くして夫に先立たれた / Her husband *left* her poorly provided for. 夫に死なれて彼女は生活に事欠いた

⓫〔跡・傷・印象など〕を残す;〔人など〕に〈傷・印象など〉を残す〈**with**〉‖ The incident *left* an unpleasant taste (in my mouth). その事件は(私に)いやな後味を残した / The wound *left* a scar on his face. その傷は彼の顔に跡を残した / ～ a deep impression 深い印象を残す / The accident *left* her *with* a broken leg. 事故で彼女は脚を骨折した / They may find it difficult to be *left with* nothing. 彼らにとって何も残らないというのはたぶんつらいことだろう ⓬〔間隔・余地など〕を残しておく, 空ける ‖ *Leave* enough room for a car to pass. 車が通れるだけの間を空けておきなさい ⓭(引き算で)…を余りとして残す ‖ Ten minus three ～*s* seven. 10引く3は7

━自 ❶ **出発する**, 去る〈**for** …へ向けて, **from** …から〉‖ He *left for* [×to] Bonn yesterday. 彼は昨日ボンへ出発した / The train *left from* Track No. 3. 列車は3番線から出発した(♦「東京を出発する」は from を使わず The train left Tokyo. とする方がふつう. → 他 ❶)

❷(仕事などを)辞める;退学する

****lèave … alóne*** …に**干渉しない**, …をほうっておく

lèave asíde … / lèave … asíde 〈他〉①〔物〕を取りのけておく ②…を無視する, 考慮の対象から外す;…をひとまず置いておく ‖ *leaving aside* the question of how to raise funds どうやって資金を調達するかという問題はひとまず置いて

lèave … bé …をほうっておく, …に干渉しない

lèave behínd 〈他〉I《***lèave behínd … / lèave … be-***

hínd》①〔場所など〕を(永久に)後にする;〔人など〕から(永久に)去る ‖ The bus *left* the village *behind*. バスは村を後にした / ～ one's home *behind* 故郷を後にする ②…を置いていく, 置き忘れる(→ 他 ❸) ‖ You must ～ your son *behind*; the road is very dangerous. 息子さんは置いていきなさい, この道はとても危険だから ③《通例受身形で》〔相手〕を引き離す;〔人〕を置いてけぼりにする ④…を後に残して死ぬ ⑤〔出来事など〕の影響を受けないようになる ⑥〔財産・痕跡(こんせき)など〕を後に残す Ⅱ《*lèave À behìnd B́*》⑦ *B*(人)が去った[死んだ]後に*A*を残す ⑧ *B*の影響を*A*(自分)が受けないようにする[なる]

lèave hóld [《主に英》***gó***] ***of ...*** 《口》…を手放す

lèave it at thát それくらいにしておく

lèave óff 〈他〉Ⅰ《*lèave óff ...*》…をやめる(stop) ‖ ～ *off* crying 泣くのをやめる Ⅱ《*lèave óff ...* / *lèave ... óff*》〔服など〕を着ないでおく Ⅲ《*lèave À òff B́*》*B*(名簿など)から*A*(名前など)を省く, 落とす ―〈自〉やめる;(物事が)終わる, やむ

****lèave óut ...*** / ***lèave ... óut*** 〈他〉①〈…から〉…を**省く**, 落とす, 除外する〈**of**〉‖ ～ *out of* account the fact that ... …だという事実を考慮外に置く ②…を無視する ‖ feel *left out* 仲間外れにされたと感じる

lèave óver... / ***lèave ... óver*** 〈他〉《通例受身形で》①残っている ‖ I warmed up the curry *left over* from last night. 昨夜の残りのカレーを温めた ②(問題などが)先送りされる

lèave ... stánding 《英口》…よりずっと勝る

lèave wèll (***enòugh***) ***alóne*** (変更・改良を加えず)そのままにしておく, 現状で満足する

COMMUNICATIVE EXPRESSIONS

1 **Are you rèady to léave?** さて, 失礼しましょうか;帰りましょうか(♥ いとまごいをする前に連れに向かって)

2 **Bètter lèft unsáid.** (それについては)黙っていた方がいいでしょう;話さないでおきます(♥「差し障りがあるかも」の意)

3 **I'm afráid we shall hàve to lèave it thére.** NAVI 今はお話はここまでにしなければなりません(♥ 途中で話を切り上げるときに用いる丁寧で格式ばった表現. ↘I'm afraid I must go now./↘《口》(Sorry,) I've got to go.)

4 **Lèave it óut!** 《英》①(相手の邪魔などを遮って)やめろ ②そんなばかな;うそを言うな

5 **Lèt's lèave it ópen.** ⇨ OPEN(CE 2)

6 **Lèt's màke like a trèe and léave.** さあ失礼するとしますかね(♥ いとまを告げるおどけた表現)

7 **Would you lìke me to léave?** 席を外しましょうか

***leave**² /liːv/ 名 U ❶(特に軍隊・官公庁などの)休暇(→ sick leave);C 休暇期間, 休み(の日)(⇨ HOLIDAY 類語)‖ take three weeks' ～ 3週間の休暇をとる ❷《堅》〈…する〉許可, 許し(permission)(↔ refusal)〈**to do**〉‖ He gave me ～ *to* go out. 彼は私に外出を許可した / I'm afraid I must take ～ *to* doubt it. 遺憾ながらあえて疑問を呈さざるを得ません / ask ～ *to* use a meeting room 会議室を利用する許可を求める / be absent without ～ 無断欠勤[欠席]する ❸いとまごい, 別れ(→ French leave)

bèg léave to dó …する許可を求める

by [OR ***with***] ***your léave*** お許しを願って, よろしければ

****on léave*** 休暇で ‖ He is home *on* ～. 彼は休暇で帰省している / *on* maternity ～ 産休中で

tàke one's léave (別れを告げて)立ち去る(depart)

****tàke*** (***one's***) ***léave of ...*** …**にいとまごいをする**, 別れを告げる

tàke lèave of one's sénses 正気を失う

withòut (***so*** [OR ***as***] ***mùch as***) ***a by-your-léave*** 《口》許可なしに, 許しなく;無礼に

▸▸ ～ **of ábsence** 名 U 休暇

leave³ /liːv/ 動 自 葉を出す, 葉をつける

leaved /liːvd/ 形 葉のある;《複合語で》…の葉をつけた ‖ a four-～ clover 4つ葉のクローバー

leav·en /lévən/ 《発音注意》名 ❶ U パン種, イースト(菌)(yeast);ベーキングパウダー ❷ U C (徐々に)感化・影響を与えるもの[要素, 力];潜勢力;気味 ‖ with a ～ of wit いくぶん機知を交えて ―動 他 ❶〔生パン〕を発酵させる ❷…に影響を及ぼす, 〈…を〉感化する;…を〈…で〉より興味深いものとする〈**with**〉(◆ しばしば受身形で用いる)

leaves /liːvz/ 名 leaf の複数

léave-tàking 名 U/C 《通例単数形で》《文》いとまごい, 告別

leav·ings /líːvɪŋz/ 名 複 残り物, かす, くず(refuse)

***Leb·a·nese** /lèbəníːz/ ⟨ ⟩ 形 レバノン(Lebanon)の, レバノン人の ―名(複 ～)C レバノン人

***Leb·a·non** /lébənən/ 名 レバノン《地中海東岸, イスラエル北部の共和国. 公式名 the Republic of Lebanon. 首都 Beirut》

lech /letʃ/ 名 C ⊗《口》《蔑》❶《単数形で》好色, 情欲 ❷ = lecher ―動 自 好色なことをする, 色情にふける

lech·er /létʃər/ 名 C 好色漢[家]

lech·er·ous /létʃərəs/ 形 好色な, みだらな ～**·ly** 副

lech·er·y /létʃəri/ 名 U 好色, 淫乱(いんらん)

lech·we /líːtʃwi/ 名(複 ～ OR ～**s** /-z/)〖動〗リーチュエ《レイヨウの一種》

lec·i·thin /lésɪθɪn/ 名 U 〖生化〗レシチン《リン脂質の一種》

lect. 略 lecture, lecturer

lec·tern /léktərn/ 名 C (教会の)聖書台;書見台(式の演説用机)

lectern

lec·tin /léktɪn/ 名 U 〖生化〗レクチン《赤血球の細胞に生じる物質》

lec·tion·ar·y /lékʃənèri | -ʃənəri/ 名(複 **-ar·ies** /-z/)C (礼拝式で読む)聖句集;聖句朗読予定表

lec·tor /léktɔːr, -tər/ 名 C ❶(大学の)講師, (特に外国語を教える)外国人講師 ❷〖カト〗読師《旧聖職位階の1つ》

lec·trice /léktrɪs | lektríːs/ 名 C lector ❶ の女性形

****lec·ture** /léktʃər/

―名(複 ～**s** /-z/)C ❶〈…についての〉**講演, 講義**, 講話〈**on, about**〉(⇨ SPEECH 類語)‖ attend a ～ 講義に出席する / **give** [OR deliver] a course of ～*s on* the origin of the universe 宇宙の起源について連続講演をする / a ～ hall 講堂 / a ～ tour 講演旅行 / the ～ circuit 講演巡回

❷〈…についての〉(長い)説教, 小言, 訓戒〈**on, about**〉‖ Dad gave me a ～ *on* the company I keep. パパは付き合っている仲間について僕に説教した / read him a ～ 彼に小言を言う

―動(～**s** /-z/;～**d** /-d/;**-tur·ing**)

―自 **講演[講義]する**〈**to** 人に;**on, about, in** 事柄について〉‖ ～ *to* the society *on* the morality of human cloning 学会で人間のクローン化の道義性について講演する / ～ *in* biotechnology 生物工学の講義をする

―他 ❶…に〈…について〉**講演[講義]する**〈**on**〉‖ She ～*d* her students *on* Chinese affairs. 彼女は中国問題について学生たちに講義した

❷…に〈…のことで〉小言を言う, 説教をする〈**for, about, on**〉‖ He ～*d* the boy *for* breaking the window. 彼は窓ガラスを割ったことで少年をしかった / Stop *lecturing* me *about* being late. 遅刻, 遅刻ってお説教するのはやめてください

▸▸ ～ **thèater** [《英》**thèatre**] 名 C 階段教室

***lec·tur·er** /léktʃərər/ 名 C ❶講演者, 講師, 講話者 ❷《米》(大学の)非常勤講師;《英》(大学などの)専任講師(《米》instructor)(senior lecturer の次位);(日本の大

学の)(専任)講師, 助教(⇨ TEACHER 類語)
léctureship 名 C (大学)講師の資格[身分, 地位]
led /led/ (♦同音語 lead²) 動 lead¹ の過去・過去分詞
LED /èli:dí:/ 略 light-emitting diode(発光ダイオード)
ledge /ledʒ/ 名 C (壁・窓・崖(がけ)などから突き出た)棚；(海岸近くの)岩棚；〖鉱〗鉱脈
ledg·er /lédʒər/ 名 C ❶〖簿〗元帳, 台帳 ❷(建築現場の)足場の横木, 布丸太；(墓の)平石 ❸ =leger line
▸▸~ **lìne** 名 C =leger line
***lee** /li:/ 名 ❶《the ~, one's ~》物陰(shelter)；(特に)風の当たらない場所；風下(↔ windward) ‖ under [OR in] the ~ of a wall (風の当たらない)壁の陰に ❷(=~ **sìde**)《the ~》〖海〗風下(側)(↔ windward side)
▸▸~ **shòre** /英 ニ-/ 名 C (船の)風下の海岸 ~ **tìde** /英 ニ-/ 名 C〖海〗順風潮《風の向きと同方向の潮流》
Lee /li:/ 名 **Robert E(dward)** ~ リー(1807–70)《米国南北戦争時の南軍の総司令官》
leech /li:tʃ/ 名 C ❶〖動〗ヒル《昔, 医療に用いて患部の血を吸わせた》‖ stick like a ~ (ヒルのように)吸いついて離れない, 非常にしつこい ❷他人に食いついて利益をむさぼる人, 寄生虫のような人, 高利貸し ❸《古》医者
—動 他…にヒルを吸いつけ(て吸血させ)る
—自〈…を〉食い物にする, 〈…に〉依存する, 頼る〈**on, off**〉
Leeds /li:dz/ 名 リーズ《イングランド中北部の都市. 商工(特に織物)業の中心地》
leek /li:k/ 名 C〖植〗リーキ《西洋ネギ. ウェールズの象徴》
leer /lɪər/ 名 C いやらしい[意地悪い]目つき, 横目, 流し目
—動 自〈…を〉いやらしい[意地悪い]目つきで見る, 横目で見る〈**at**〉
leer·y /líəri/ 形《叙述》疑い深い, 用心深い
lees /li:z/ 名 複 (ワインの)おり, かす；(一般に)残りかす
lee·ward /lí:wərd,〖海〗lјú:ərd/ (↔ windward) 形 副 風下の[に], 風下に向かう[向かって] —名 U 風下
lée·wày 名 U ❶(強風で船・飛行機が進路から)風下にそれること ❷許容度；(行動・時間などの)余裕, 余地 ‖ We have an hour's ~ to catch the train. その列車に乗るのに1時間の余裕がある ❸《英》(時間の)損失
màke úp (the) léeway 《英》失地を回復する；遅れを取り戻す；窮地を脱する

⁑left[1]

/left/ (↔ right) 形 副 名
—形 ❶《比較なし》《限定》**左の**, 左側の, 左手の, 左方向への ‖ Why do mothers hold their babies on their ~ **sides**? なぜ母親たちは赤ん坊を左側に抱くのだろうか / in one's ~ hand 左の手に / the ~ bank (川下に向かって)左岸 / on the ~ hand (of ...) (…の)左手[側]に / make a ~ turn 左折する
❷(**more ~, ~·er ; most ~, ~·est**)《しばしば L-》(政治的に)左派の, 左翼の(→ left wing)
have two left feet ⇨ FOOT(成句)
lèft and ríght ; [***lèft, rìght*** [OR ***rìght, lèft***] ***and cén-ter***] 至る所で, 四方八方に
—副《比較なし》**左に**, 左側に, 左の方に ‖ He walked on looking neither right nor ~. 彼はわき目も振らずに歩き続けた / **turn** ~ 左に曲がる, 左折する / keep ~ 左側を通行する
—名 (複 **~s** /-s/) ❶《通例 the ~, one's ~》**左**, 左側, 左方；(軍の)左翼 ‖ In Britain they drive **on** the ~. 英国では車は左側通行です / Keep to the ~. 《掲示》左側通行 / Turn to the ~ at the bank. 銀行の所で左に曲がりなさい / She is standing **on** his ~ in the photograph. その写真で彼女は彼の左側に立っている / from ~ to right 左から右へ(♦無冠詞で用いる) / the top [bottom] ~ (corner) 左上[下](隅)
❷ C 左折, 左回り；左への道 ‖ make [OR take] a ~ at the crossroads 四つ角で左に曲がる / take the second ~ 2つ目の左への道を行く(♦ first, second などとともに用いる)
❸《しばしば the L-》C《集合的に》《単数・複数扱い》左翼(政党), 急進派(♦フランス革命後の国民議会での保守派(議長の右), 進歩派(左)の席に由来する) ‖ She is on the *left* of the party. 彼女はその党では左派になる
❹ C 左手；〖野球〗レフト, 左翼；(サッカーなどのフィールドの)左(側)；〖ボクシング〗左手のパンチ, レフト
語源「弱い」の意の古英語 *lyft* から. 体の左側が弱い側と考えられた.
▸▸**Lèft Bánk** 名《the ~》(パリのセーヌ川の)左岸《芸術家・学生たちの居住地区》 ~ **bràin** 名 C 左脳, 大脳の左半球《主に分析・言語機能をつかさどる》 ~ **clìck** 名 C 💻左クリック(↔ right click) **Léft Còast** 名《ときに l- c-》《the ~》(米国の)西海岸《特にカリフォルニア州》
~ **fíeld** (↓) ~ **wíng** (↓)
⁑left² /left/ 動 leave¹ の過去・過去分詞
▸▸~ **lúggage** (↓)
léft-clìck 動 自 他 💻(…を)左クリックする(↔ right-click) ‖ ~ (on) the icon アイコンを左クリックする
lèft fíeld 名 C ❶《無冠詞単数形で》〖野球〗左翼, レフト ❷《単数形で》(ふつうの立場とはかけ離れた)変わった[異常な]意見[立場]
òut in lèft fíeld 《米口》とても変わっている
òut of [OR ***from***] ***lèft fíeld*** 思いがけない[く], 予期しない(で)
~·er 名 C 左翼手, レフト
***left-hand** /lèfthǽnd/ <ニ 形《限定》❶左の, 左手の, 左側の；左巻きの(↔ right-hand) ‖ The church stands on the ~ side of the street. 教会は道の左側にある ❷左手の(ための), 左手でする, 左利きの ‖ a ~ can opener 左利き用缶切り
▸▸~ **dríve** 名 U《通例形容詞的に》左ハンドル《車のハンドルが左側にあるもの》
***lèft-hánded** <ニ 形 ❶左利きの, 左手を使った, (道具などが)左利き用の ‖ ~ golf clubs 左利き用のゴルフクラブ ❷(ねじなどが)左回りの, 左巻きの ❸不器用な, ぎごちない ❹(お世辞などが)誠意のない；あいまいな, 疑わしい ‖ a ~ compliment けなしているようにもとれるお世辞
—副 左手で ‖ pitch [write] ~ 左手で投げる[書く]
~·ly 副 **~·ness** 名
lèft-hánder 名 C 左利きの人；左腕投手；左手からの一撃[パンチ](→ southpaw)
left·ie /léfti/ 名 =lefty
left·ism /léftɪzm/ 名 U 左翼主義[思想]
left·ist /léftɪst/ 形 名 C 左翼[左派]の(人)
léft-lèaning 形 (思想的・政治的に)左傾の
lèft lúggage 名《英》❶ U 手荷物預かり所に預ける手荷物 ❷ =left-luggage office
lèft-lúggage òffice 名 C《英》(駅・空港などの)手荷物預かり所(《米》baggage check)
léft·mòst 形《限定》最左端の, 最も左側の
left-of-cénter 形 中道左派の(↔ right-of-center)
***léft·òver** 名 C ❶《通例 ~s》(特に食事の)残り物 ‖ I whipped up a dish from ~*s*. 残り物で料理を手早く作った ❷名残, 遺風 ‖ a ~ *from* colonial days 植民地時代の名残
—形《限定》残り(物)の, 食べ残しの；名残の
left·ward /léftwərd/ 形《限定》副 左手の[に], 左の方の[に], 左寄りの[に]
left·wards /-wərdz/ 副 =leftward
***lèft wíng** <ニ 名《the ~》❶《集合的に》《単数・複数扱い》左翼, 左派, 急進派(↔ right wing) ❷(サッカー・野球などの)左翼, レフト(ウイング)；C レフトウイングの選手(left-winger) ❸(軍隊の)左翼
lèft-wíng 形 左翼の, 左派の
lèft-wínger 名 C 左翼[左派]の人；レフトウイングの選手
left·y /léfti/ 名 (複 **left·ies** /-z/) C 形《口》❶《主に米》左利きの人[運動選手](の), 左腕投手(の)(left-hander) ❷《主に英》左翼の人(の)

L

*****leg** /leg/ 名 動

—名 (複 **~s** /-z/) C ❶ (人・動物の)**脚** (♦ 通例足首から上の部分) (→ body 図) ; (特に)すね ‖ **I broke** my left ~ while skiing. スキーをしていて左脚を骨折した / Mom is proud of her shapely ~*s*. ママは均整のとれた脚を自慢にしている / My ~*s* are asleep. 脚がしびれている / cross one's ~*s* 脚を組む / an artificial ~ 義足 / stand **on** one ~ 片足で立つ / the hind ~*s* of a dog 犬の後ろ脚

❷ C U (食用肉としての)後脚部, 脚肉, もも肉 ‖ (a) ~ of mutton 羊の脚肉 / (a) chicken ~ 鶏のもも肉

❸ (ズボンなどの)脚部

❹ (いす・テーブルなどの)脚 ; (機械・建造物の)支柱, 支え ; (コンパスなどの) 脚 ; 〚数〛(直角三角形の) 直角を挟む辺 ‖ The ~*s* of the table are covered so they won't damage the floor. 床を傷つけないようにテーブルの脚にはカバーがついている

❺ (旅行などの)1行程, 1旅程 ; (リレー・レースで1走者が走る) 区間 ; 〚海〛(帆船の帆の開きを一定に保つ間の) 直線区間, レッグ ‖ They were on the return ~ of the trip. 彼らは帰途に就いていた / the last ~ of a tour 旅行の最後の行程 ❻ (2回以上の競技を行って最終的な勝者が決まる試合の)1試合《ダーツ・サッカーなど》 ❼ (= **~ sìde**) U 〚クリケット〛レッグ《右打者の左後方 [左打者の右後方] のフィールド》 ❽《~s》《口》(製品・考えなどの) 長く続く人気, 息の長さ ; 〚ゴルフ〛(打球の) 勢い, 球足 ‖ That quiz show has ~*s*. そのクイズ番組は長く続いている / My shot didn't have the ~*s* to reach the green. 私のショットはグリーンに届かなかった

as fàst as one's lègs can cárry one 全速力で

be àll légs (人が)足が長い ; (人が)ひょろひょろしている

Brèak a lég! 成功を祈るよ(Good luck!) (♥ 主に舞台に上がる出演者に言う)

fèel [OR ***find***] ***one's légs*** ① (赤ん坊が) 歩ける[立てる]ようになる ② 自信がつく

gèt one's lég òver ⊗《英卑》(男性が)性交をする

hàve the légs of ... 《英口》…より速く走れる

*「***nòt have*** [OR ***be without***] ***a lèg to stánd on*** (議論などで)論拠が十分でない ; (行動などについて)弁解の余地がない

on one's hìnd légs 《英口》(特に演説するために) 立ち上がって

****on one's làst légs*** 死にかけて, 終わりが近づいて ; 消耗しきって, 弱り果てて ‖ The company was *on* its *last* ~*s*. その会社は倒産寸前だった

pùll a pèrson's lég 《口》(人を)かつぐ, からかう

shàke a lég ①《通例命令形で》急ぐ ② 踊る

shòw a lég 《通例命令形で》《英》起床する

strètch one's légs (長い間座っていた後で) 立って足を伸ばす, 少し動き回る

tàlk the hìnd lèg(s) off a dónkey 《英口》止めどもなくしゃべる

—動 (**~s** /-z/ ; **legged** /-d/ ; **leg·ging**) 他 ❶《~ it で》《口》歩く, 走る ; 走って逃げる

❷ (昔の運河のトンネル中で)壁を足でけって〔舟〕を進める

▶▶ **~ brèak** 名 C 〚クリケット〛レッグブレイク《投球後内角から外の方へ外れたボール》 **~ bỳe** 名 C 〚クリケット〛レッグバイ《打者の手以外の身体に球が当たったときの得点》 **~ slìp** 名 C 〚クリケット〛レッグスリップ《打者の左後方側の守備位置(の選手)》 **~ spìn** 名 U 〚クリケット〛レッグスピン《投球後, レッグブレイクを起こすようにボールが曲がること》(→leg break) **~ ùp** (↓)

leg. 略 legal ; legate ; legato ; legislation, legislative, legislature

***leg·a·cy** /légəsi/ 名 (複 **-cies** /-z/) C ❶ 遺贈, 遺産《遺言によって譲られる財産》‖ a ~ from one's uncle おじからの遺産 ❷ 先祖から受け継いだもの, 過去(から)の遺物[遺産] ‖ We have been left with a ~ of nuclear waste. 核廃棄物という(負の)遺産が残されている

—形 時代遅れの, 旧態化した ; 💻(ソフト・ハードが)(旧式だがいまだに使用頻度が高いため)交換が難しい

▶▶ **~ admìssion** 名 C《主に米》レガシー入学《血縁者が通学者[卒業生]である場合はその子弟が優先的に入学が許可される》 **~ càrrier** 名 C《通例 ~s》既存の大手航空会社 **~ còst** 名 C《通例 ~s》《米》(企業が支払う)退職者給付金

lègacy-frée 形 💻旧規格機能を搭載していない, レガシーフリーの

***le·gal** /líːɡəl/《発音注意》

—形《比較なし》❶《限定》**法律(上)の** ; 法的な ; 法律に関する ; 法律で定められた, 法律に基づく ‖ a ~ adviser 法律顧問 / ~ rights 法的権利 / the ~ profession 法曹《法律関係の仕事に携わる人》

❷ **合法的な**, 法に従った, 法的に許される(↔ illegal)(⇨ LAWFUL 類語) ‖ Hitchhiking is not ~ in some American states. アメリカの一部の州ではヒッチハイクは法律で認められていない / ~ business deals 合法的な商取引

❸ 法的要件を満たした, 適法の ‖ a ~ heir 法定相続人 / a ~ requirement 法定要件 ❹ 法律家の ‖ ~ ethics 法律家の道義 ❺ (衡平法でなく)慣習法[コモンロー]上の

màke it légal 結婚する(get married)

▶▶ **~ áction** 名 U 法定措置 ‖ take ~ *action* against ... …を相手取って訴訟を起こす **~ áge** 名 U 法定年齢, 成年 **~ áid** 名 U 法律扶助, 司法援助《公的資金で資力のない人の訴訟費用を援助すること》 **~ béagle** 名 C = legal eagle **~ éagle** 名 C《俗》(若くてやり手の)法律家, 辣腕(らつわん)弁護士 **~ hóliday** 名 C《米》法定休日 (《英》bank holiday) **~ nótice** 名 C 〚法〛免責事項《製品の誤使用による事故など, 不測の事態が起きた場合にその提供者が責任を免れる事項》 **~ pád** 名 C《米》リーガルパッド《主に法律家が用いる罫(けい)入り黄色の便箋(びんせん)》 **~ procéedings** 名 複 〚法〛訴訟手続 **~ resérve** 名 C《しばしば ~s》(銀行・保険会社の) 法定準備金 **~ separátion** 名 C 〚法〛(裁判所の判決による)法定別居 **~ sỳstem** 名 C 法(律)制度 **~ ténder** 名 U 法貨, 法定貨幣

le·gal·ese /lìːɡəlíːz/ 名 U《口》(小難しい)法律用語

légal·ìsm 名 U ❶ 法律尊重主義 ; (お役所的な) 形式主義, 規則一点張り ❷ 〚宗〛律法主義

-ist 名 **lè·gal·ís·tic** 形

le·gal·i·ty /lɪɡǽləṭi/ 名 (複 **-ties** /-z/) ❶ U 適法, 合法性 ❷ C《-ties》法的義務

***le·gal·ize** /líːɡəlàɪz/ 動 他 …を合法化する

lè·gal·i·zá·tion 名

***le·gal·ly** /líːɡəli/ 副 ❶ 法的に, 法律によって ; 合法的に ‖ ~ recognized 法的に認められた ❷ 法律上の観点からは, 法的には

légal-sìze 形《米》(紙が) 法定の大きさの《(約) 8½ × 14インチの大きさ》‖ ~ pages 法定サイズのページ

leg·ate /léɡət/ 名 C ❶ ローマ教皇特使 ; 《古》(一般に)使節 ; 国使 ❷ 〚ローマ史〛総督代理 ; 地方総督

~·shìp 名 U legate の地位[職務, 任期]

leg·a·tee /lèɡətíː/ 名 C 遺産受取人

le·ga·tion /lɪɡéɪʃən/ 名 C ❶《集合的に》公使一行, 公使館員 ❷ 公使館(事務所), 公使公邸 ❸ U《古》使節派遣, 公使の職

le·ga·to /lɪɡáːtoʊ/ 〚楽〛形 副 レガートの[で], 音を切らずに滑らかな[に] —名 (複 **~s** /-z/) C レガートの楽節

le·ga·tor /lɪɡéɪṭər/ 名 C 〚法〛遺言者, (特に)財産遺贈者

***leg·end** /lédʒənd/《アクセント注意》

—名 (複 **~s** /-z/) ❶ C **伝説**, 言い伝え ; U《集合的に》伝説, 説話 (文学) ‖ ~*s* and myths 伝説と神話 / a hero in Roman ~ ローマ伝説の英雄

❷ C 伝説的な人物, 偉人 ; 聖人伝 ‖ The champion became a ~ in his own lifetime. そのチャンピオンは

生存中に伝説の人となった / a living ～ 名声を博している人, 有名人
❸ Ⓒ Ⓤ 語りぐさ, (現代の) 伝説化した話 ‖ *Legend* has it that she started her career as a sales clerk. 彼女のキャリアは一店員から始まったというのが伝説になっている / an urban ～ 都市伝説 ❹ Ⓒ《通例単数形で》(貨幣·紋章などの)銘(inscription)《理想·目標·モットーなどを記す》; (挿絵などの)簡単な説明文(caption); (地図·時刻表などの) 凡例 ‖ the ～ "In God we trust" (米国の貨幣に刻まれた)「我らは神を信ず」という銘

*****leg·end·ar·y** /lédʒəndèri | -dəri/ 形 ❶《限定》伝説の, 伝説に関する; 伝説上の, 伝説に語られた ‖ ～ heroes 伝説上の英雄たち ❷〈…で〉伝説的な, 有名な〈**for**〉‖ Greta Garbo's beauty is ～. グレタ=ガルボの美しさは伝説的だ

leg·er·de·main /lèdʒərdəméɪn/ 名 Ⓤ ❶ 手先の早業(はやわざ), 手品, 奇術 ❷ ごまかし, ぺてん, 手練手管

léger lìne /lédʒər-/ 名 Ⓒ〔楽〕(楽譜の)加線

-legged 連結形《通例複合語で》足[脚]の…な, …足[脚]の ‖ long-*legged* 足[脚]の長い / a four-～ animal 4つ足[脚]の動物

leg·ging /légɪŋ/ 名 Ⓒ《通例 ～s》❶ (布·革製の) すね当て, 脚半(きゃはん) ❷ レギンス, スパッツ《小児·女性用のぴったりしたズボン》

leg·gy /légi/ 形 (馬などの)脚がひょろ長い; (女性が)脚線美の; (植物の)茎のひょろ長い

leg·horn /léghɔ̀ːrn | -ˊ-/ 名 ❶ Ⓤ (イタリア産の) 細い麦わら(を編んだひも); Ⓒ それで作った帽子 ❷《L-》Ⓒ レグホン種の鶏

leg·i·ble /lédʒəbl/ 形 (筆跡·印刷などが)読める, 読みやすい **lèg·i·bíl·i·ty** 名 **-bly** 副

*****le·gion** /líːdʒən/ 名 Ⓒ ❶ (古代ローマの) 軍団《3,000–6,000人の兵員からなる》❷ 軍団, 軍隊 (→ foreign legion); 《the L-》在郷軍人会 (→ American Legion) ❸ 無数, 多数 ‖ He had a ～ of fans. 彼にはファンが大勢いた
— 形《叙述》多数の, 無数の ‖ Stories of corrupt officials are ～. 汚職官吏の話は枚挙にいとまがない
▶▶ **Lègion of Mérit** 名《the ～》《米》勲功章《国籍に関係なく著しい功績のあった軍人に贈られる米国陸軍の勲章》

le·gion·ar·y /líːdʒənèri | -dʒənəri/ 名 (複 **-ar·ies** /-z/) Ⓒ 軍団の一員, (特に古代ローマの) 軍団員
— 形《限定》軍団の, 軍団を形成する

le·gion·naire /lìːdʒənéər/ 名 Ⓒ 在郷軍人会の会員; 軍団員, (特にフランス外国人部隊の) 軍団兵
▶▶ **～'s disèase** 名《また L- d-》Ⓤ〔医〕在郷軍人病《急性肺炎の一種》

legis. 略 legislation; legislative; legislature

leg·is·late /lédʒɪslèɪt/ 動 自 法律を制定する〈**against** …を禁止する; **for** …を認める; **on** …に関する〉‖ They ～*d against* [*for*] the sales of alcohol. 彼らは酒類販売を禁止する[認める]法律を制定した
— 他 …を法律を作って…する[させる]

:leg·is·la·tion /lèdʒɪsléɪʃən/
— 名 Ⓤ ❶《集合的に》**法律**, 法令〈**on** …についての / **to do** …する〉‖ **enact** ～ 法律を制定する / **pass** [**introduce, propose**] new ～ *to* protect children's rights 子供の権利を守る新しい法律を可決[議会に提出, 提案]する / ～ limiting the sale of guns 銃販売規制法
❷ 法律制定, **立法** ‖ the power of ～ 立法権

*****leg·is·la·tive** /lédʒəslèɪtɪv | -ɪslə-/ (アクセント注意) 形《限定》立法の (→ executive, judicial); 立法機関の (議員の); 立法権のある; 法として制定された ‖ ～ powers 立法権 / the ～ branch (国家の)立法部[府] **～·ly** 副

*****leg·is·la·tor** /lédʒəslèɪtər | -ɪs-/ 名 Ⓒ 立法者, 法律制定者; 立法府の一員, 国会議員(lawmaker)

*****leg·is·la·ture** /lédʒəslèɪtʃər | -ɪslə-/ 名 Ⓒ (国家の) 立法機関, 立法府; 州議会 (→ congress, parliament)

le·git /lɪdʒít/ 形《叙述》❶《俗》=legitimate ‖ go ～ 更生する, まともな生き方を始める ❷《俗》正直な, 誠実な ❸《口》本格劇の
on the legit 合法的な, まともな

le·git·i·ma·cy /lɪdʒíṭəməsi/ 名 Ⓤ ❶ 適法 (性), 合法 (性) ❷ 嫡出(ちゃくしゅつ); 正統, 正系

*****le·git·i·mate** /lɪdʒíṭəmət/ 《発音注意》(→ 動) 形 (**more** ～; **most** ～)(♦❷以外比較なし) ❶ 合法的な, 法律にかなった(↔ illegitimate)(⇨ LAWFUL 類語) ‖ ～ business 合法的な商売 / ～ tax deductions 適法な税控除 ❷ 論理的に正しい; 妥当な, 正当な, もっともな; 規則にかなった ‖ a ～ question [reason] もっともな質問[理由] / ～ self-defense 正当防衛 ❸ (子供が) 嫡出の (↔ bastard); (君主が)正統の, 正系の ‖ a ～ child 嫡出子 / of ～ birth 嫡出の / a ～ sovereign 正統の君主 ❹〔劇〕(通俗的なショーなどと区別して)本格的な ‖ the ～ drama [OR theater] 本格劇[正劇]
— 動 /lɪdʒíṭəmèɪt/ 他 ❶ …を合法と認める, 合法化する; …を正当化する ❷ …を嫡出子とする[認める] **～·ly** 副
～·ness 名 **le·gìt·i·má·tion** 名 **-màt·or** 名

le·git·i·ma·tize /lɪdʒíṭəmətàɪz/ 動 =legitimate

le·git·i·mize /lɪdʒíṭəmàɪz/ 動 =legitimate

leg·less /légləs/ 形 ❶ 脚のない ❷《英口》泥酔した

leg·man /légmæ̀n/ 名 (複 **-men** /-mèn/) Ⓒ ❶《米》取材記者 (中立 correspondent, reporter) ❷ 使い走り, 情報収集者(中立 messenger)

Le·go /légoʊ/ 名 Ⓤ《商標》レゴ《プラスチック製ブロック玩具(がんぐ)》

lèg-of-mútton 形 (そで·帆などが) 羊の脚の形をした, (羊の脚のように)三角形の(leg-o'-mutton)

lég·pùll 名 Ⓒ《口》からかい, 悪ふざけ (⇨ *pull a person's* LEG)

lég·pùlling 名 Ⓤ《英口》からかうこと

lég·ròom 名 Ⓤ (席に座ったときの)足を伸ばす余地

*****leg·ume** /légjuːm, lɪgjúːm/ 名 Ⓒ〔植〕マメ科の植物; マメのさや; 豆果

le·gu·mi·nous /lɪgjúːmɪnəs/ 形《通例限定》〔植〕マメ(科)の

lég ùp, lég-ùp 名 Ⓒ《口》❶ 押し上げ; 支援, 後押し ‖ get a ～ 後押し[支援]を受ける / give him a ～ 彼を下から押し上げる; 彼を後押し[支援]する ❷《主に米》〈…に対する〉優勢, 利点, 有利(な態勢)〈**on**〉‖ have a ～ *on* the other competitors ほかの競争相手より有利である

lég·wàrmer 名 Ⓒ《通例 ～s》レッグウォーマー《ダンサーなどが練習中にはく足の部分がない靴下の一種》

lég·wòrk 名 Ⓤ《口》(情報収集などのために)歩き回ること; 足で行う取材[研究, 調査, 依頼など]

lei /leɪ/ 名 Ⓒ レイ《ハワイで歓迎のしるしに人の首にかける花輪》

Leib·niz, -nitz /láɪbnɪts/ 名 **Gottfried Wilhelm ～** ライプニッツ(1646–1716)《ドイツの哲学者·数学者. 微積分法を考案》

Leices·ter /léstər/ 名 レスター ❶ イングランド中部, レスターシャー州の州都 ❷ Ⓤ レスターシャー産チーズ ❸ Ⓒ レスター種の羊

Leices·ter·shire /léstərʃər/ 名 レスターシャー《イングランド中部の州. 州都 Leicester》

Leics. 略 Leicestershire

leis·ter /líːstər/ 名 Ⓒ (魚を突く)やす
— 動 他〔魚〕をやすで突く

:lei·sure /líːʒər | lé-/《発音注意》
— 名 ❶ Ⓤ (自分のしたいことができる) **自由な時間**, **余暇** (↔ work) 〈**to do** …する / **for** …のための〉‖ I don't have much ～ *to* go to the movies. 私には映画を見に行く自由な時間があまりない / live in ～ のんびりと暮らす(❗日本語の「レジャー(余暇に行う娯楽)」の意味では recreation, leisure activities を用いる)
❷《形容詞的に》自由にできる, 暇な, 用事のない; 暇を持て

L

余す, 有閑の；余暇に着る, 普段着の ‖ in her ～ **time** 彼女の自由な時間[余暇]に / ～ **facilities** 娯楽施設

a làdy* [*gèntleman*] *of léisure 《戯》働く必要のない女性[男性], 有閑マダム[紳士]

at léisure ① 自由になる時間があって, 暇で, 手がすいて (free) ② ゆっくりと, のんびりと

****at one's léisure*** ① 時間のあるときに, 都合のよいときに ‖ Please take the brochure home to read *at* your ～. そのパンフレットを家に持って帰って暇なときに読んでください ② =*at leisure* ②(↑)

▶▶**～ cèntre** 名 C 《英》レジャーセンター《種々のレクリエーション活動ができる公共施設》

lei·sured /líːʒərd | lé-/ 形《限定》暇のある, 有閑の；のんびりとした ‖ the ～ classes 有閑階級

lei·sure·less /líːʒərləs | lé-/ 形 暇のない, 忙しい

***lei·sure·ly** /líːʒərli | lé-/ 形《通例限定》のんびりとした, ゆっくりした, 急がない ‖ a ～ breakfast ゆっくりした朝食 / a ～ conversation 悠長な会話

── 副 のんびりと, 急がずに **-li·ness** 名

léisure·wèar 名 U レジャーウエア, 遊び着

leit·mo·tif, -tiv /láɪtmoutìːf/ 名 C ❶〖楽〗示導動機, ライトモチーフ ❷ (小説などで繰り返し見られる)主題, 中心思想(♦ドイツ語より)(=leading motive)

LEM /lem/ 略 *l*unar *e*xcursion *m*odule

lem·ma /lémə/ 名 (複 **～s** /-z/ OR **-ma·ta** /-mətə/) C ❶ (議論・証明などの)補助定理 ❷ (議論などの)主題, テーマ ❸ (辞書・用語集などの)見出し語

lem·me /lémi/ 《口》 =let me(⇨ LET¹)

lem·ming /lémɪŋ/ 名 C ❶〖動〗レミング, タビネズミ《大量発生の際, 集団で移動して溺死(できし)することがある》❷ (破滅に至る集団行動に)盲目的に加わる者

L

***lem·on** /lémən/ 名 ❶ C レモン(の実)；U レモン果汁；C レモンの木；U レモンの風味 ‖ a slice [squeeze] of ～ 1切れ[1搾り]のレモン / squeeze a ～ レモンを搾る ❷ U レモン色, 淡い明るい黄色(lemon yellow) ❸ U 《英》レモン飲料 ❹ C 《口》役立たず, 出来損ない；欠陥品, (特に)欠陥車 ❺ C 《英》ばか, 間抜け

── 形 ❶ レモン色の ❷ レモン入りの；レモン味[風味]の ‖ ～ tea レモンティー **～·y** 形

▶▶**～ bàlm** 名 U〖植〗レモンバーム, セイヨウヤマハッカ **～ cúrd** [**chéese**] 名 U《英》レモンチーズ《卵・バター・レモン汁を混ぜたもので, パンに塗る》 **～ dròp** 名 C レモンドロップ《レモンの風味のドロップ》 **～ gràss** 名 U〖植〗レモングラス《葉からレモンの香りがする油が採れるインド原産のイネ科植物》 **～ sóle** 名 C U〖魚〗シタビラメの一種 **～ squèezer** 名 C レモン搾り器(⇨ JUICER 図) **～ verbéna** 名 U〖植〗レモンバーベナ《葉がレモンに似た芳香を放つ南米産の低木》 **～ yéllow** (↓)

***lem·on·ade** /lèmənéɪd/ ⊲ジ 名 U ❶ レモネード《レモンの果汁に砂糖と水を加えた飲み物》❷《英》レモンソーダ《レモン風味のソーダ水》❸ C グラス1杯の[1瓶の]レモネード[レモンソーダ]

lèmon yéllow ⊲ジ 名 U 淡い黄色, レモン色

lèmon-yéllow 形 レモン色の

le·mur /líːmər/ 名 C〖動〗キツネザル《マダガスカル島産の原始的な猿》

Len /len/ 名 レン(Leonard の愛称)

⁑**lend** /lend/

── 動 (**～s** /-z/；**lent** /lent/；**～·ing**)

── 他 ❶ **a** 《+目 *A*+目 *B*⇄+目 *B*+**to** 目 *A*》*A*(人)に*B*(金・物など)を**貸す**(↔ borrow)(⇨ 類語P) ‖ Can you ～ me some of your camping gear next weekend?=Can you ～ some of your camping gear *to* me next weekend? 来週末に君のキャンプ用具を少し貸してくれないか(♦受身形ではふつう 目 *A*を主語とする.〈例〉You were *lent* ten thousand dollars last year. 昨年は10,000ドルの貸し付けを受けましたね)

b 《+目》(利息をとって)〔金〕を貸し付ける ‖ Banks ～ **money** at low interest. 銀行は低利で金を貸し付ける / *Lend your money and lose your friend.* 《諺》金を貸せば友を失う

❷ **a** 《+目 *A*+目 *B*⇄+目 *B*+**to** 目 *A*》*A*(人)に*B*(助言・援助など)を**与える**；*A*に*B*(趣など)を添える, 加える ‖ ～ him moral **support** 彼に精神的援助を与える / Flowers ～ a warm atmosphere *to* the place. 花のおかげでその場の雰囲気が温かなものになる / His broken arm ～*s* weight *to* his story. 彼が腕を骨折したことで彼の話に信憑(ぴょう)性が加わる

b 《+目》〔助言・援助など〕を与える ‖ ～ a hand 手伝う (⇨ HAND 名 ❸)

── 自 (金融機関が)金を貸す, 融資する

lènd óut ...* / *lènd ... óut 〈他〉…を(…に)貸し出す〈**to**〉

****lénd itsèlf to ...*** (物が)…に適合する, ふさわしい (↘ be suitable for)；…を受けやすい (↘ be liable to) ‖ James' novels ～ themselves *to* being made into films. ジェームズの小説は映画化に適している / Democracy ～*s* itself readily *to* abuse. 民主主義は悪用されやすい

lénd onesèlf to ... ① (人が)〔通例よくないこと〕に手を貸す, 加担する ② …を甘んじて受ける

～·a·ble 形

貸す	無料で	**lend** (+《米》**loan**)		金・物品
	有料で	**rent** (**out**)	**hire out**	車・ボートなど
			《主に英》**let** (**out**)	部屋・家屋・土地
		lease (**out**)		土地・建物・家屋

♦ lend, loan は「利子をつけて貸す」の意でも用いる.

♦ rent は《英》でも《米》と同じように用いる傾向にある.

♦ lease は「正式に契約書を取り交わして貸す」, また高価な機器・設備などをリースで貸す[借りる]場合にも用いる.

♦「*A*(人)に電話を貸す」は let *A* use the telephone という.

▶▶**～ing lìbrary** 名 C ① (貸し出しのできる)図書館；《英》(貸し出しのできる)公立図書館 ②《米》(有料で本・資材を貸し出す)図書館 **～ing ràte** 名 C〖金融〗金利, 利率(interest rate)

***lend·er** /léndər/ 名 C 貸す人, 貸し主；金貸し, (銀行などの)貸付機関

lènd-léase 名 (同盟国への)武器貸与

⁂**length** /leŋkθ, lenθ/ 《発音注意》

── 名 〔◁ long¹形〕(複 **～s** /-s/) ❶ U C **長さ**；縦(の寸法)《長方形・直方体などの辺のうち(最も)長いもの》(→ breadth, width)；C《しばしば複合語で》(衣服などの)丈 ‖ 6 meters **in** ～ 長さ6メーター (↘ 6 meters long) / a rectangle 8 feet **in** ～ and 6 in breadth 縦8横6フィートの長方形 / the ～ of the fish その魚の体長 / the ～ of a skirt スカートの丈(♦「このテーブルの長さは…です」は The length of this table is .... よりも This table is ... long. のように形容詞 long を使う方が一般的. ⇨ PB 44) / a pair of knee-～ boots ひざまでのブーツ / the full ～ 全長

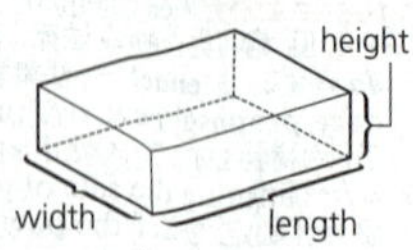

length ❶

❷ U C (時間の)**長さ**, 期間；(演説・物語などの)長さ；(寸法・期間などの)長いこと(↔ shortness) ‖ The movie is 75 minutes **in** ～. その映画は75分の長さだ / a paper of 100 pages **in** ～ 100ページにわたる論文 / She spends a ridiculous ～ of time on her cellular phone. 彼女は携帯電話にあきれるほど時間を使う / for

any ～ of time いくらかの間だけでも；長い間
❸《the ～》(長く伸びたもの の)端から端まで(の距離)，丈いっぱい；《one's ～》身の丈いっぱい ‖ walk the ～ of the old-time Tokaido highway 旧東海道の端から端までを歩く / The road **runs** the ～ of this state. その道路はこの州の端から端まで通っている
❹ Ⓒ (ボートの)艇身；(競馬の)馬身；(競泳プールの)コースの長さ；(あるものを尺度とした)距離；長いもの ‖ Our boat won by three ～*s*. 我々のボートは3艇身差で勝った / swim 10 ～*s* a day 1日に(プールを)5往復泳ぐ / within arm's ～ 手の届く範囲内に / brush one's ～*s* of hair 長い髪をブラッシングする
❺ Ⓒ (切り取った)一定[標準]の長さのもの[材料] ‖ a ～ of string [pipe] 1本のひも[管]
❻ Ⓒ (行動などにおける)(徹底の)程度，範囲(♦ふつう go とともに用いる)(→ *go to great* [OR *any*] *length*(*s*)(↓)，*go* (*to*) *the length of doing*(↓)) ❼ Ⓤ 〖音声・韻〗(母音・音節の)長さ，音量 ❽ Ⓤ 〖クリケット〗球程 ❾ Ⓒ 〖トランプ〗(ブリッジ・ホイストでの)4枚以上のそろいの組札

at fùll léngth 長々と(寝そべって)，大の字に ‖ lie *at full* ～ 大の字に寝そべる

****at léngth*** ① (長い時間の末)**ついに**，とうとう(♦否定文には用いない) ‖ "So?" he said *at* ～. 「それで？」と彼はようやく言った ② **詳細に**，十分に(♦ at great [some] length (非常に[かなり]詳しく)の形でも用いる)

****gò to grèat*** [OR ***àny***] ***léngth***(***s***) 〈…するためには〉どんなことでもしかねない〈**to do**〉 ‖ They would *go to any* ～*s to* keep it secret. それを秘密にしておくためには彼らはどんなことでもしかねない

gò (***to***) ***the lèngth of dóing*** …までもする

mèasure one's léngth 《旧》大の字になって倒れる

the lèngth and bréadth of ... (地域について)…の全体，…中 ‖ travel *the* ～ *and breadth of* India インドの隅から隅まで旅する

***length·en** /léŋkθən/ 動 〔▶ long[1] 形〕(↔ shorten) 他 …を長くする，伸ばす；…を延長する ‖ ～ a road 道路を延長する / ～ one's stay 滞在を延ばす
—自 長くなる，伸びる；延長する ‖ The days are ～*ing* day by day. 日ごとに日が長くなっている **～·er** 名

léngth·wàys 副 =lengthwise

léngth·wìse 副 形 《限定》長さの方向に[の]，縦に[の]

***length·y** /léŋkθi/ 形 (通例 **length·i·er**；**length·i·est**) 長い，長時間の；(演説・議論などが)長ったらしい，冗長な，くどい(↔ brief) **léngth·i·ly** 副 **léngth·i·ness** 名

le·ni·en·cy /lí:niənsi/, **-ence** /-əns/ 名 Ⓤ 寛大さ，慈悲深さ

le·ni·ent /lí:niənt/ 形 ❶ 寛大な，穏やかな，慈悲深い；(罰が)緩やかな ❷《古》和らげる，鎮静する **～·ly** 副

Len·in /lénɪn/ 名 **Vladimir Ilyich Ulyanov ～** (筆名 **Nikolai ～**) レーニン(1870–1924)《ロシア革命の最高指導者》 **～·ism** 名 Ⓤ レーニン主義 **～·ist** 名 形

Len·in·grad /lénɪngræ̀d/ 名 レニングラード《サンクトペテルブルグ(St. Petersburg)の旧称》

le·nis /lí:nɪs, léɪ-/ 形 〖音声〗((有声)子音が)軟音の，軟子音の《/b/ /g/ /j/ など》(→ fortis)

Len·non /lénən/ 名 **John ～** レノン(1940–80)《英国のミュージシャン．the Beatles のメンバー》

le·no /lí:nou/ 名 (複 **～s** /-z/) Ⓤ Ⓒ 紗(しゃ)織り(の布)

***lens** /lenz/ 名 Ⓒ ❶ レンズ；(カメラなどの)組み合わせレンズ ‖ a concave [convex] ～ 凹[凸]レンズ / a wide-angle ～ 広角レンズ ❷ 〖解〗(眼球の)水晶体 ❸ コンタクトレンズ(contact lens) ❹ 〖理〗レンズ《電子・音波などを焦点に集める装置》
—動 他 《米口》…を映画に撮る
～ed 形 レンズのついた[入った] **～·less** 形 レンズなしの

***lent** /lent/ 動 lend の過去・過去分詞

Lent /lent/ 名 ❶ 四旬節，大斎節，受難節《Ash Wednesday から Easter までの40日間．キリストの荒野での断食を記念するために断食やざんげを行う》 ❷《～s》(Lent の期間に行われるケンブリッジ大学の)ボートレース
▸▸ **～ lìly** 名《しばしば l-》Ⓒ《英》〖植〗(野生の)スイセン(daffodil) **～ tèrm** 名 Ⓒ《英》(大学などの)春(学)期

Lent·en /léntən/ 形 四旬節の[にふさわしい]；つましい ‖ ～ meals 質素な食事
▸▸ **～ róse** 名 Ⓒ 〖植〗レンテンローズ，クリスマスローズ《早春に下向きの花を咲かせるキンポウゲ科の多年草》

len·tic·u·lar /lentíkjulər/ 形 ❶ レンズ豆形の，両凸レンズ状の ❷ レンズの；(眼球の)水晶体の

len·ti·go /lentáɪgou/ 名 (複 **len·tig·i·nes** /lentídʒənì:z/) Ⓤ 〖医〗ほくろ

len·til /léntəl | -tɪl/ 名 Ⓒ 〖植〗レンズマメ，ヒラマメ

len·to /léntou/ 形 副 〖楽〗レントの[で]，遅い[く]
—名 (複 **～s** /-z/) Ⓒ レントの楽節[動き]

***Le·o** /lí:ou/ 名 ❶《無冠詞で》〖天・占星〗獅子(しし)座；獅子宮《黄道十二宮の第5宮》(the Lion)(⇨ ZODIAC 図) ❷ Ⓒ 〖占星〗獅子座[宮]生まれの人

Le·o·nar·do da Vin·ci /lì:ənà:rdou də víntʃi, lì:ou-/ 名 ⇨ DA VINCI

Le·o·nid /lí:ənɪd/ 名 (複 **～s** OR **Le·on·i·des** /liá(:)nədì:z | -ɔ́nɪ-/) Ⓒ 獅子座流星(群)

le·o·nine /lí:ənàɪn, lí:ou-/ 形 ライオンの(ような)

***leop·ard** /lépərd/ (発音注意) 名 Ⓒ ❶ 〖動〗(雄の)ヒョウ(panther) ‖ a black ～ クロヒョウ / a hunting ～ チーター(cheetah) / an American ～ ジャガー(jaguar) / a snow ～ ユキヒョウ(ounce) / *A* ～ *can't* [OR *doesn't*] *change its spots.* 《諺》ヒョウは自分の斑点(はんてん)を変えられない；三つ子の魂百まで ❷ 〖紋章〗片方の前脚を

PLANET BOARD 44

「…の長さは…である」を表すときに，名詞 length，形容詞 long のどちらを使うか．

問題設定 「橋の長さは…である」を表すのに，length という名詞を使う表現と形容詞 long を用いた表現があるが，どちらが一般的かを調査した．

Q 次の表現のどちらを使いますか．

(a) **The length of** the bridge is 200 meters.
(b) The bridge is 200 meters **long**.
(c) 両方
(d) どちらも使わない

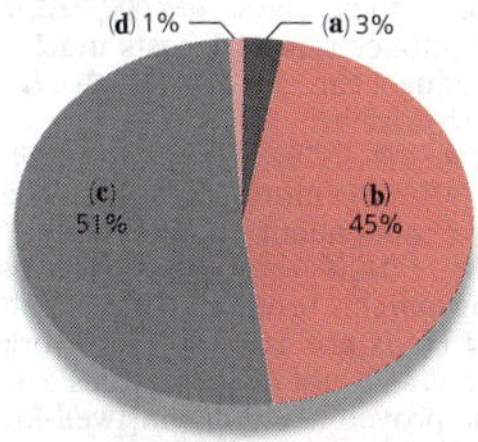

(a) のみを使うとした人は非常に少なく，(b) のみを使う人が45%，両方使うとした人が51%だった．「(b) の方が日常的，(a) はより堅い表現で書き言葉には適している」という回答が多い．他のコメントとして，「長さが特に重要である時は (a)」「ツアーガイドなら (a) を使う」などがある．どちらも使わないと答えた人は，「The bridge is 200 meters. という」と述べた．

参考 「高さ」に関しても，(a) The **height** of that mountain is 1800 meters. と (b) That mountain is 1800 meters **high**. で調査したところ，(a) のみが4%，(b) のみが48%，両方が48%だった．「長さ」の場合とほぼ同様の結果である．

学習者への指針 ものの長さを具体的に表す時，堅い文体では名詞 length も使えるが，より一般的には形容詞 long を用いた表現を使う．

上げ顔だけ正面を向いたライオン ~·ess 名 C 雌ヒョウ
▶~ sèal 名 C 〘動〙ヒョウアザラシ《南極海産》

le·o·tard /líːətàːrd/ 名 C レオタード《体操選手などの着用する体にぴったりの衣服. 人名より》

LEP /lep/ 形《限定》《米》(母語ではないので)英語力に限界のある(♦ *l*imited *E*nglish *p*roficient の略)

lep·er /lépər/ 名 C ❶ ハンセン病患者 ❷ (人の反感をかうようなことをして)忌み嫌われる人

lep·i·dop·ter·an /lèpɪdá(ː)ptərən | -dɔ́p-/ 形 名 C (チョウ・ガなどの)鱗翅(りんし)類の(昆虫) **-ous** 形

lep·i·dop·ter·ist /lèpɪdá(ː)ptərəst | -dɔ́ptərɪst/ 名 C (チョウ・ガなどの)鱗翅類収集[研究]家

lep·re·chaun /léprəkɔ̀ːn/ 名 C 〘アイル民話〙小妖精(ようせい), 小人《捕まえた人に宝のありかを教えるとされる》

lep·ro·sy /léprəsi/ 名 U ハンセン病, レプラ

lep·rous /léprəs/ 形 ハンセン病の(ような)

lep·tin /léptɪn/ 名 U レプチン《食欲とエネルギー代謝の調整を行うホルモン》

Les /lez/ 名 レズ《Leslie の愛称》

***les·bi·an** /lézbiən/ 《アクセント注意》 形 ❶ (女性が)同性愛の ❷《L-》レスボス(Lesbos)島の ——名 C ❶ 女性の同性愛者, レズビアン ❷《L-》レスボス島の人
~·ìsm 名 U (女性間の)同性愛(関係)
語源 同性への愛をうたったギリシャの女流詩人 Sappho が住んでいた島の名 Lesbos から.

lèse-ma·jes·té /lìːzmǽdʒəsti | lèɪzmǽdʒəstèɪ/ 名 = lese majesty

lèse májesty /lìːz- | lèɪz-/ 名 U 大逆(罪), 不敬(罪); 冒瀆(ぼうとく)行為, 侮辱(♦ lèse majesté ともつづる. injured majesty の意のフランス語より)

le·sion /líːʒən/ 名 C 〘医〙 ❶ 傷害, 傷 ❷ (器官・組織の)病変, 障害

***Le·so·tho** /ləsúːtuː/ 名 レソト《四方を南アフリカ共和国に囲まれた王国. 公式名 the Kingdom of Lesotho. 首都 Maseru》

***less /les/ 副 形 名 前

中心義 より少なく[少ない]

——副《little の比較級》(→ least) ❶《動詞を修飾して》(程度・回数が)〈…より〉**より少なく**(↔ more)〈**than**〉‖ I exercise ~ these days. 最近運動をあまりしていない / Taking public transport costs much [OR far] ~ *than* driving a car. 公共の乗り物に乗る方が車を運転するよりずっと安上がりだ

❷《形容詞・副詞を修飾して》(程度が)〈…より〉**より少なく**, 〈…ほど〉…でなく(↔ more)〈**than**〉‖ a more balanced budget ~ dependent on taxes 税金への依存度がより少ないいっそう均衡のとれた予算案 / He is ~ hardworking *than* his brother. 彼は兄ほど勤勉ではない(♦《口》では He is not as [OR so] hardworking as his brother. のように not as [OR so] ... as を用いる方がふつう) / She proved ~ intelligent [well-known] *than* I had thought. 彼女は私が考えていたほど聡明(そうめい)[有名]ではないことがわかった / This new medicine is ~ likely to make the takers feel nauseous than that one. この新しい薬はあの薬ほど吐き気を催させない / ~ fortunate people 貧しい人々(♥ 比較の対象が自明の場合は than 以下を示さないこともあり, 婉曲的に標準よりも程度が低いというニュアンスになることがある)

❸《the ~》それだけ…(し)ない(⇨ THE 副 ❶ ❷) ‖ I was the ~ surprised as I had been warned. 警告されていた分だけ驚かなかった / He'll be all the ~ willing to help you if you don't work. 君が働かなければ, 彼もそれだけ君を手伝う気がしなくなるだろう / She isn't any the ~ happy because of that. 彼女はそれでも少しも不幸になっていない[やっぱり幸福だ] / The ~ you work, the ~ you earn. 仕事をしなければしないほど稼ぎも少なくなる

ànything léss than ... ⇨ *nothing less than ...*(↓)

èven léss = *much less*(↓)

in lèss than nó tíme すぐに, 直ちに

****lèss and léss*** ますます少なく ‖ He works ~ *and* ~. 彼はますます少ししか仕事をしない / She grew ~ *and* ~ patient. 彼女は次第に我慢ができなくなった

lèss is móre (装飾などが)少なければ少ないほどよい[効果的だ]

léss than ①《数詞を伴って》…より少ない ‖ in ~ than an hour 1時間もしないで ②《形容詞を伴って》少しも[決して]…でない ‖ The result of our fund raising was ~ *than* satisfactory. 募金活動の結果は到底満足できるものではなかった / a *less-than*-sizzling record 決して華々しいとはいえない記録

lìttle léss than ... ほとんど…に等しい, …も同然だ ‖ That's *little* ~ *than* robbery! それでは強盗も同然じゃないか

more or less ⇨ MORE(成句)

mùch léss ... 《否定文に付加して》まして…はない(♦ even less ..., still less ... も用いる) ‖ I can hardly stand on my feet, *much* ~ walk upright. ほとんど立っていられないし, ましてや真っすぐ立って歩くなんて無理だ

nò léss ① 驚いたことに, ほかでもない, まさしく ‖ I received a letter from the President, *no* ~. 何と大統領から手紙をもらった(=I received a letter from no less a person than the President.) ② 同程度に, 劣らず ‖ *No* ~ significant is the increased number of imports. 同様に重要なのは輸入品の増加である ③ (数・量の大きさを強調して)(何と)…もの(→ *no less than* ①(↓)) ‖ He won ten million yen *no* ~, in the lottery. 彼は宝くじで何と1千万円当たった

nò léss than ... ①《数詞の前で》(数・量の大きさを強調して)(何と)…もの(as many [much] as)(♦ 後ろが可算名詞の場合, 改まった書き言葉では no fewer than ... が用いられる. また数・量の小ささを強調する場合は no more than ... を用いる) ‖ She speaks *no* ~ *than* five different languages. 彼女は何と5つもの異なった言語を話す ② …と同様に, 同程度に ‖ The subject deals with human nature *no* ~ *than* the nature of plants and animals. その科目は動植物の性質と同様に人間性をも扱う / Such a radical political change could be called *no* ~ *than* a revolution. そのような徹底的な政治的変化は革命と呼んでも差し支えない

nò lèss Á than B́ ① Bに劣らずAで, Bと同様にAで ‖ His short stories are *no* ~ interesting *than* his novels. 彼の短編小説は長編小説に劣らず面白い ② Bという A, まさしくA(♦ Bは有名な人・場所など) ‖ *No* ~ a gentleman *than* the Prime Minister entered the room. 首相その人が部屋に入って来た

nòne the léss それでもなお, それにもかかわらず(♦ nonetheless と1語につづることもある) ‖ He's cheeky, but I love him *none the* ~. =I love him *none the* ~ for his cheekiness. 彼は図々しいが, それでも私は彼が好きだ

nòt léss than ... …かそれ以上, 少なくとも…(at least)(→ *no less than*(↑)) ‖ He has *not* ~ *than* 200 dollars in cash. 彼は少なくとも現金で200ドルは持っている

nòt lèss Á than B́ Bに勝るとも劣らずAで(→ *no less A than B*(↑)) ‖ His new movie is *not* ~ exciting *than* his earlier ones. 彼の新作映画は初期のものに勝るとも劣らずわくわくさせる

nòthing léss than ... ① …以下ではないもの, 少なくとも…以上のもの ‖ The plan calls for *nothing* ~ *than* reconstruction of most of the present facilities. その計画には少なくとも現在の設備の大部分の改造が必要だ / 《否定の文で anything less than の形で》She was unwilling to settle for *anything* ~ *than* half the inheritance. 彼女は少なくとも財産の半分はもらうという条件でなければ手を打つ気はなかった ② …にほかならない ‖

It is *nothing* ～ *than* an interference in our internal affairs. それはまさに我々の内政問題への干渉だ
still léss ... =*much less ...*(↑)

COMMUNICATIVE EXPRESSIONS
1 **(I) could** [OR **còuldn't**] **càre léss.** どうでもいいよ；関係ないね(♦ could でも couldn't でも同じ意味になるが，could を用いる場合には強勢を置かずに発音する．強勢を置くと「少しは気になるが」という別の意味になる)
2 **I còuldn't agrèe léss.** ⇨ AGREE(CE 2)

―形《little の比較級の1つ》(→ least)(量・程度が)〈…より〉**より少ない[小さい]**(↔ more)〈**than**〉‖ Put ～ sugar in your coffee. コーヒーに入れる砂糖の量を減らしなさい / As the youngest child, I grew up under **much** [OR far] ～ pressure to do well in school. 末っ子だったので私は(兄[姉]たちと比べて)学校でいい成績をとらねばというプレッシャーはずっと少なく育った / *Less* noise, please! もう少し静かにしてください / *Less* size means ～ weight. 型が小さいということは重さも軽いということだ / a matter of ～ importance より重要性の低い問題

語法 ☆☆ **(1)** less は little の比較級として量が少ない場合に不可算名詞とともに用い，可算名詞の場合は fewer を用いるのが原則である．しかし《口》ではしばしば fewer の代わりに可算名詞の複数形とともに用いて「数がより少ない」の意を表すことがある．ただし，これを正用法と認めない人も多い(⇨ PB 45)．〈例〉Fewer [OR *Less*] students study German today. 今日ではドイツ語を勉強する学生は以前ほど多くない
(2) 数詞などの後では less の方がふつう．〈例〉「a few [three] *less* boys (前より)数人[3人]少ない少年たち(♦ この場合 ×a few fewer boys とはいわない)

―名 U〈…より〉**より少ない数[量]，より小さい程度[規模]**(↔ more)〈**than, of**〉‖ I have little money but you seem to have even ～. 僕は少ししか金を持ってないが，君はもっと乏しいようだね / I spend ～ *of* my time playing with my children now. 子供たちと遊んで過ごす時間が今は少なくなっている(♦ 限定詞なしの名詞の前では I spend less time ... のように less は形容詞として用いる．×less of time とはいわない) / My husband earns ～ *than* his colleagues. 夫は同僚たちより稼ぎが少ない / Where to stay is much ～ *of* a problem. どこに泊まるかはずっと重要度の低い問題だ / The boy was ～ *of* a weakling *than* he looked. 少年は見掛けほど弱虫ではなかった
Léss of ...! 《英口》…はよせ，やめろ ‖ *Less of* it [OR that]! (子供に対して)いたずらはやめなさい / *Less of* your impudence! 生意気なことを言うんじゃない
―前…を差し引いて，…だけ足りない(↔ plus) ‖ He gave me my money back, ～ $5 for his own expenses. 彼は自分の経費5ドルを引いて金を返してくれた / a year ～ three days 1年に3日足りない日数

-less /-ləs, -lɪs/ 接尾《形容詞(まれに副詞)語尾》❶《名詞につけて》「…を欠いた」「…のない」「…できない」の意 ‖ child*less*, care*less*, speech*less* ❷《動詞につけて》「…できない」「…し難い」の意 ‖ fathom*less*, tire*less*

les·see /lesíː/ 名 C 借家[借地]人(tenant)(↔ lessor)

***less·en** /lésən/ (♦ 同音語 lesson) 動 他…を少なくする，小さくする，減らす(↔ increase)；…を重要でなくする(⇨ DECREASE 類語) ‖ ～ the pain 痛みを和らげる / ～ the risk of ... …の危険を減らす ―自 少なくなる，小さくなる，減る ‖ The pain ～*ed* gradually. 痛みは次第に和らいだ **～·ing** 名

Les·seps /lésəps/ 名 **Ferdinand Marie, Vicomte de ～** レセップス(1805-94)《フランスの外交官・技師．スエズ運河建設に貢献》

***less·er** /lésər/ 形《little の比較級の1つ》❶《限定》より小さい(方の)(↔ greater)；より劣る(♦ 通例 than とともには用いない) ‖ to a ～ extent [OR degree] より少ない程度に / ～ mortals 小市民 ❷(動物・植物が)(同類のほかの種より)小さい(方の)(→ lesser panda)
****the lèsser of twò évils***；***the lèsser évil*** 2つの災い[害悪]のうちましな方 ‖ I voted for him as *the* ～ *of two evils.* 2人のうちまだましな彼の方に投票した / *Choose the* ～ *of two evils.* 《諺》2つの悪のうちましな方を選べ
―副《little の比較級の1つ》《通例複合語で》より少なく ‖ ～-known writers あまり有名でない作家たち
▶▶ **～ célandine** 名 C =celandine ❷ **～ pánda** 名 C 《動》レッサーパンダ《アジア南東部の山岳地域に生息するアライグマに似た小獣》(→ panda)

*****les·son** /lésən/ (♦ 同音語 lessen) 名 動
中心義 **学ぶべきこと[時間]**
―名 (複 **～s** /-z/) C ❶《しばしば ～s》〈…の〉(系統立った)**レッスン**，けいこ〈**in, on**〉‖ **I take** [OR have] six driving ～*s* a month. 月に6回車の教習を受けている / **give** ～*s in* ballet バレエを教える
❷《しばしば～s》《英》(学校の)〈…の〉**授業**(内容)(《米》class)〈**in, on**〉；授業時間 ‖ How were your math ～*s*? 数学の授業はどうでしたか / Today's ～ is on page 25. 今日の授業は25ページからです
❸ **教訓**，教え，戒め；教訓となる出来事[事例]；(将来ためになる)経験 ‖ This accident「was a ～ to me [OR taught me a ～]. この事故は私には教訓となった / Let this be a ～ to you. これに懲りて二度と繰り返すな / **learn** [OR draw] a ～ from ... …から教訓を得る
❹ (教科書などの)**課** ‖ Turn to ～ 5. 5課を開きなさい
❺ (生徒の)学ぶべきこと，**学課**，勉強
❻ 懲戒，叱責(しっせき) ‖ read [OR give] him a (stiff) ～ 彼を(厳しく)叱責[説教]する
❼《宗》(聖書)日課《朝夕の礼拝で朗唱する聖書の抜粋》
―動 他〔人〕に教える；〔人〕を訓戒する，しかる

les·sor /lesɔ́ːr/ 名 C 貸家[貸地]人(landlord)(↔ lessee)

***lest** /lest/ 接《堅》❶ …しないように，…するといけないから ‖

PLANET BOARD 45
less を可算名詞の複数形とともに使うか．
問題設定 less は本来，不可算名詞とともに使うが，可算名詞の複数形とともに使うことがあるか調査した．
Q 次の表現のどちらを使いますか．
(a) There are **fewer students** this year than last year.
(b) There are **less students** this year than last year.
(c) 両方
(d) どちらも使わない

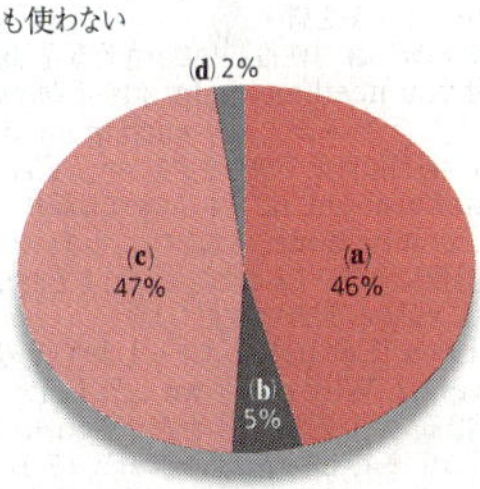

(a) の fewer のみを使うという人と，両方使うという人にほぼ2分された．(a) のみを使うと答えた人は，「(b) の less は文法的に誤り」としている．両方使うと答えた人の多くは「2つの間に意味の違いはなく，(a) が《堅》で (b) が《口》」と答えた．
学習者への指針 《口》では可算名詞の複数形にも less が使われることがあるが，文法的に誤りと考える人も多いことから，fewer を使うのが無難だろう．

Take care ～ you catch cold! 風邪をひかないように気をつけなさい / They spoke quietly ～ anyone (should) hear them. 人に聞かれないよう彼らは小声で話した / *Lest* you (should) wonder about my story, let me tell you that it is all true. 私の話に疑問を持たないように，それはすべて真実だと言わせてください

語法★★ (**1**) lest は《堅》で，《口》では in case, so that ... not などを用いる．
(**2**) lest 節 では仮定法現在，つまり原形動詞がふつう．should, might, may を伴うこともある．

❷ …しはしないかと，…ではないかと (that) (♦ fear, be afraid など恐れ・心配を表す語句に続けて用いるが，《口》では that がふつう) ‖ She was afraid ～ her superior (should) get angry. 彼女は上司が怒りはしないかとびくびくしていた / I feared ～ he (might) die. 彼が死にはしないかと心配した

***let[1] /let/ 動 名

中心義» **なすがままに任せる**

─動 (**～s** /-s/ ; **let** ; **let·ting**) 他 (♦❶a, ❷, ❸, ❹ では受身形不可)

❶《許可・放任》 **a** 《+目+*do*》…を[に]…**させる**，**…させておく**，…するのを許す，なす[なる]がままに任せる (♦ make のような強制ではなく，「…するのを妨げない」という意味合いで用いる) (⇨ ALLOW 類語) ‖ After questioning, the police ～ him go home. 尋問した後で警察は彼を帰宅させた / *Let* me have a drink first, will you? まずは1杯飲ませてくれないか / She wanted to go to the movies, but her mother wouldn't ～ her (go). 彼女は映画に行きたかったが，母親がどうしても許さなかった (♦ 文脈上明らかな場合は《+目+*do*》の *do* が省略される)
b 《+目+補〈形〉/ 目+副句》…を…**(の状態)にしてやる**，…(の方向) に移動させる ‖ The boy ～ the fish loose in the river. 少年は魚を川に逃してやった / *Let* him in, could you? 彼を中に入れてやってくれますか / You'd better ～ the dog out of the car. 犬を車から出してやった方がいいですよ / I never ～ a day go by without calling my boyfriend. 1日たりともボーイフレンドに電話しない日はない / ～ ... lie [OR rest] …について問題にしない，取り合わない

語法☆☆ (**1**) 受身形には let を用いず，be allowed to *do* を用いる．〈例〉The police *let* Jeff go home. →Jeff *was allowed to* go home.
(**2**) let の後に drop, fall, fly, go, pass, slip などの単音節の動詞を伴うときは目的語の前にこれらの動詞を置くことがある．〈例〉*let* go a rope＝*let* a rope go ロープから手を離す

❷《+目+*do*》 **a** 《使役》…**に…させる** ‖ Just ～ me know if you need any help. 何か手助けが必要なときは言ってくださいよ / *Let* each man decide for himself. 各自に自分で決めさせなさい / *Let* there be no mistake about it. それについては誤りのないようにしなさい / *Let* it be done. それをやってしまいなさい
b 《仮定》仮に…が…するとせよ[しよう] ‖ *Let* x be equal to y. 仮にxがyと等しいとせよ[しよう]

❸ **a** 《Let's [Let us] *do* で》…**しよう** (♥ 提案の表現．Shall we ...?, Why don't we ...?, Let's ... の順に強制力が強まる．⇨ 英語の真相) ‖ *Let's* go to the park. 公園に行こう (♦ 答えるときは Yes, let's. (そうしよう)，No, let's not. (やめておこう) のようにいう) / *Let's* take a break. ひと休みしよう / *Let's* dance, shall we? 踊りませんか (⇨ 語法) /「*Let's* not [《英口》Don't *let's*,《米俗》*Let's* don't] talk about it. その話はしないことにしましょう (♥ 提案ではなく軽い命令の意にもなる)

語法☆☆ (**1**) この意味では，Let's, Let us とも発音はふつう /lets/ となる．ただし《堅》では /létəs/ となることもある．Let us を /lètʌ́s/ と発音すると「私たちに…させてください」の意味になる．
(**2**) 付加疑問の shall we? は常に上昇調で発音する．しかしこれは実際にはあまり使われず，特に《米》ではまれ．《米》では Let's dance, okay? (踊ろうよ) という形もあるが，これもそれほど使われない．
(**3**) 否定形「…しないようにしよう」は Let's not *do* が最もふつう．

→英語の真相
Let's ... は相手と意見が一致しそうな場合に用いる提案の表現であり，すでに決まっていることの内容確認には用いない．友人と4時に会う約束をした後，別れる際に念を押すつもりで Let's meet at 4 o'clock と言うと「話した内容を無視している」「前の話を聞いていない」と思われる恐れがある．このような場合は So [OR OK, then], (I'll) see you at 4. のような言い方が一般的である．

b 《Let me [us] *do* で》《自発的行為》…させてください，…しましょう (♥ 人に手助けを申し出る際に用いると，「自分は好きでやっている」という含みになり，相手に負担感を与えない丁寧な言い方となる) ‖ *Let me* take your jacket. 上着をお預かりします / *Let me* give you a hand. お手伝いいたしましょう (♦ Let's give you a hand. という場合もある)

❹《+目+*do*》 **a** どうか…が…します [...であります] ように (♥ 願望) ‖ "Please God. *Let* him be safe," she prayed.「どうか神様，彼が無事でありますように」と彼女は祈った **b** …に…させてやれ (♥ 挑戦・譲歩) ‖ *Let* him do his worst. 彼がやると言うのならやらせてみろ **c** …に…させてみろ (♥ 警告) ‖ Don't ～ me catch you trespassing on our property again! またうちの土地に入ったら許さないぞ

❺《主に英》〔家・部屋・土地など〕を賃貸する，貸す《*out*》‖ ～ (*out*) a room to a student 学生に部屋を貸す / House [Room] to *Let*.《掲示》貸家 [間] あり (♦ 単に To Let. ともいう．《米》では for rent または for let を用いる)

❻〔仕事〕を〈…に〉請け負わせる〈**to**〉‖ The work was ～ *to* his firm. その仕事は彼の会社に請け負いに出された

*__lèt alóne__ 《通例否定文の後で》…**は言うまでもなく**，まして… (much less) ‖ He can't even walk yet, ～ *alone* run! 彼はまだ歩くことさえできない，まして走るなんて

lèt ... alóne ＝ LEAVE ... *alone*

lèt ... bé …を構わずにおく ‖ *Let* the dog *be*. その犬に構うな / *Let* it *be*. あるがまま[そのまま]にしておけ

*__lèt dówn__ 〈他〉《**lèt dówn ...** / **lèt ... dówn**》① …を下げる，下ろす ‖ ～ a bucket *down* by a rope ロープでバケツを下ろす ②〔衣服 (のすそ)〕の丈を下ろす (↔ *take up*) ③ …の質を落とす ‖ The way she speaks ～*s down* her elegance. 話し方が彼女の品位を落としている ④《英》〔タイヤ・風船など〕から空気を抜く (deflate) ⑤ …(の期待・信頼) を裏切る，…を**失望させる**；(物事が)…を失敗に終わらせる ⑥《態度を表す副詞を伴って》〔人〕に (…の態度で) 悪い知らせなどを伝える ‖ ～ her *down* gently [OR lightly, easy] 彼女をがっかりさせないように優しく悪い知らせを伝える ─〈自〉(飛行機 (のパイロット) が) (着陸前に) 高度を下げる

let go ⇨ GO[1] 動 (成句)

lèt a pèrson háve it 《口》〔人〕に (殴ったり責めたりして) 激しい攻撃を加える．

*__lèt ín ...__ / **lèt ... ín** 〈他〉① …を中へ入れる (→ 他 ❶b) (admit) ②〔空気・光など〕を中に入れる

lèt a pèrson ín for ... 《口》〔人〕を〔困難・いやなこと〕に巻き込む

lèt a pèrson ín on ... 〔人〕に〔秘密など〕を打ち明ける

lèt *A* ìnto *B* 〈他〉① *A*を*B*の中に入れる ‖ ～ him *into* a club 彼をクラブに入れる ② *A* (人) に *B* (秘密など) を打ち明ける ‖ Don't ～ him *into* your plan. あの男に君の計画を教えてはいけない ③《通例受身形で》*A*が*B*にはめ込まれる ‖ The air-conditioner is ～ *into* the ceiling. エアコンは天井にはめ込んである

lèt it be knówn that ... …ということをそれとなく知らせる
**lèt a pèrson knów* 〔人〕に知らせる ‖ Please ~ me *know* the results as soon as possible. 結果をできるだけ早くお知らせください
let loose ... ⇨ LOOSE(成句)
lèt óff* 〈他〉 **I 《*lèt óff ...* / *lèt ... óff*》 ① …を無罪放免にする,〈軽い罰で〉許してやる〈**with**〉‖ He was ~ *off with* a small fine. 彼はわずかな罰金で放免となった ②〔銃など〕を発砲する,〔爆弾など〕を爆発させる,〔花火など〕に点火する;〔熱・音など〕を発する ③《英口》〔おなら〕をする ④(乗り物から)〔人〕を降ろす ⑤《英》〔建物・住居〕の一部を貸す **II** 《*lèt À òff B́*》 ⑥ AをB(義務・責任)から免除する ‖ My teacher ~ me *off* (doing) my homework. 先生は宿題を免除してくれた ━〈自〉《英口》おならをする
lèt ón* 《口》〈他〉《*lèt ón ...*》 ① …という秘密を漏らす〈to** 人に/(**that**) 節, **wh** 節 …だという〉‖ He didn't ~ *on to* anyone *that* he'd made a mistake. 彼は誤りを犯したことをだれにも明かさなかった ②〈…だという〉ふりをする〈(**that**) 節〉‖ She likes to ~ *on that* she is rich. 彼女は金持ちぶるのが好きだ ━〈自〉秘密を漏らす〈**to** 人に;**about** …について〉‖ Don't ~ *on about* it. そのことは漏らすな
lèt óut* 〈他〉 **I 《*lèt óut ...* / *lèt ... óut*》 ① …を〈…の〉外に出してやる〈**of**〉(→ 他 ❶**b**) ②〔液体・気体など〕を〈…の〉外に出す, 漏らす〈**of**〉‖ ~ the air *out of* the balloon 風船の空気を抜く ③(義務・疑いなどから)…を解放する ④〔部屋など〕を貸す(⇨ LEND 類語P) ⑤〔衣類〕を緩める, 大きくする ⑥〔秘密など〕を漏らす **II** 《*lèt óut ...*》 ⑦〔声など〕を出す,〔感情〕を表す ‖ ~ *out* a scream 悲鳴を上げる ━〈自〉《米》(学校・会合などが)終わる
lèt onesèlf gó しきたりや服装に構わなくなる;気ままに振る舞う;なりふり構わない
lèt thróugh ... / *lèt ... thróugh* 〈他〉…を通してやる, 通過させる
lèt úp* 〈自〉《口》 ①(望ましくないことが)弱まる,(風雨などが)やむ, 治まる ②《通例否定文で》〈…に対して〉手を緩める, 気を抜く〈on**〉‖ Don't ~ *up on* your kids. 自分の子供たちに甘くしてはいけない
lèt wèll (enòugh) alóne = LEAVE *well (enough) alone*
lèt's [OR *lèt us*] *sáy* ① もし…ならば, …と仮定したら ②《挿入的に》例えば, まあ(♦単に say ともいう)
**lèt's sée* ①(…かどうか)やってみましょう ② = CE 3

COMMUNICATIVE EXPRESSIONS
1 **I'm afràid I càn't lèt you** sèe my dáughter àny mòre. もう娘に会うことは許しません(♥不許可・禁止)
2 "The chíldren sày they wánt to stày ùp láte tonìght." "Thát's okày. **Lét** them." 「子供たちが今夜は遅くまで起きていたいんですって」「いいよ, そうさせよう」
3 **Lèt me sée** [OR **thínk**]. Whère did I pùt my glásses? ええと, どこに眼鏡を置いたかな

━名 C《英》❶《単数形で》賃貸, 賃貸契約(期間) ❷賃貸物件, 借家, 借間

let² /let/ 名 C ❶ レット《テニスなどでネットの上端に触れて入ったサーブ球. やり直しができる》❷《古》妨害, 障害
without lèt or híndrance 《堅》何の障害もなく
━動 (**let·ted** /-ɪd/ OR **let**; **let·ting**) 他《古》…を妨げる

-let /-lət/ 接尾《名詞語尾》❶「小…」「小さな」の意 ‖ book*let*, leaf*let* ❷(装身具の)「小さな」の意 ‖ arm*let*, neck*let*

lét·dòwn 名 C《単数形で》/ U ❶ 失望, 幻滅(感) ❷《空》(着陸準備の)降下

***le·thal** /líːθəl/ 形 致命的な, 致死(性)の;極めて危険な, 破壊的な ‖ The scandal was ~ to his candidacy. そのスキャンダルは彼の立候補に致命傷だった / a ~ injury 致命傷 / a ~ weapon 凶器 / a ~ combination 極めて危険な組み合わせ
le·thál·i·ty 名 U 致死(性) **~·ly** 副 ▸▸**~ chàmber** 名 C 無痛畜殺室;(処刑用の)ガス室(gas chamber) **~ dòse** 名 C (薬などの)致死量 **~ injèction** 名 C U (安楽死または刑罰のための)致死量の注射

le·thar·gic /ləθáːrdʒɪk/ 形 ❶ 嗜眠(しみん)状態の, 昏睡(こんすい)状態の ❷ 無気力な, 不活発な **-gi·cal·ly** 副

leth·ar·gy /léθərdʒi/ 名 U C ❶《医》昏睡(状態), 嗜眠状態 ❷ 無気力, 倦怠(けんたい);無関心

Le·the /líːθi/ 名 ❶《ギ神》レーテ, 忘却の川《黄泉(よみ)の国(Hades)を流れ, その水を飲むと過去の記憶を失う》❷《l-》U 忘却 **Le·the·an** /liθíːən, ---/ 形

lét·òut 名 C《英口》(面倒・困難からの)逃げ, 忌避(きひ)

***let's** /lets/ let us の短縮形(♦非常にくだけた用法として let me の短縮形として用いられる場合がある. ⇨ LET¹ ❸)

Lett /let/ 名 C レット人《ラトビアを中心とするバルト海沿岸の住民》

****let·ter /léṭər/ 名 動

中心義 文字(によって記されたもの)
━名〔▶ literal 形〕(複 **~s** /-z/) C ❶ **手紙**, 書簡 ‖ Thank you for your ~ of September 25 concerning your intention to purchase the tractor. そのトラクターを購入する意向に関する9月25日付のお手紙拝見いたしました / Please inform me by ~. 書簡でお知らせください / I **wrote** a ~ to my old friend. 私は旧友に手紙を書いた / She **received** [OR **got**] a love ~ from a total stranger. 彼女は全く知らない人からラブレターをもらった / a ~ of introduction [complaint] 紹介状[苦情の手紙] / a thank-you ~ 礼状 / **send** a ~ by air mail 航空便で手紙を出す / what you said in your ~ あなたが手紙でおっしゃっていたこと
❷(表音)**文字**, 字(♦漢字や記号などの特殊なものは character を用いる);《印》活字;字体;《集合的に》活字, フォント ‖ the ~ S Sという字 / write in capital [small] ~*s* 大[小]文字で書く / a cursive ~ 筆記体
❸ U/C《~s》《単数・複数扱い》文学;《古》学問, 学識;著述業 ‖ a man of ~*s* 文人,(文)学者 / English ~*s* イギリス文学
❹《(the) ~》(法律・協定などの)条文, 文言;条文[字義]どおりの解釈(↔ spirit) ‖ The jury followed the ~, but not the spirit, of the law. 陪審は法の精神ではなく字義どおりの解釈に従った
❺《しばしば ~s》公式文書, 証書 ‖ ~*s* of citizenship 市民権認定書 / a ~ of attorney 委任状
❻《米》校名の頭文字マーク《学校の代表チームの選手が上着の胸などにつける》‖ earn one's ~ 代表選手になる
to the létter 文字どおりに;(一字一句に至るまで)正確に(exactly; in every detail) ‖ He followed the instructions *to the* ~. 彼は厳密に指示に従った
━動 他 ❶《通例受身形で》文字が入っている[記されている] ❷ …をアルファベットで分類する
━自《米口》(学生が)〈スポーツなどで〉ジャケットに校名マークをつける資格を得る, 優秀選手に選ばれる〈**in**〉
▸▸**~ bòmb** 名 C (テロリストの使う)手紙爆弾 **~ bòx** 名 C《主に英》= mailbox **~ càrrier** 名 C《米》= postman **~ of crédence** 名 (複 **~s of c-**) C (大公使に与える)信任状 **~ of crédit** 名 (複 **~s of c-**) C《商》(銀行の発行する)信用状(略 L/C) **~ of márque** 名 (複 **~s of m-**) C《通例 ~s-》他国船拿捕(だほ)許可状 **~ òpener** 名 C《米》紙切りナイフ(paperknife) **~s of administrátion** 名 複 (裁判所の発行する)遺言管理状 **~s pátent** 名 複《法》開封勅許状

létter·bòx 名 ❶ C《英》郵便箱(letter box, mail box) ❷ C《英》郵便ポスト ❸ = letterboxing
━動 他 …をレターボックス方式で映す

létter·bòxing 名 U レターボックス方式《ワイドスクリーン映画をそのままの形でテレビに映す方式》

létter-càrd 名 C 《英》郵便書簡，封緘(ふうかん)はがき(→ air letter)

let·tered /létərd/ 形 ❶《旧》学問[教養]のある；読み書きのできる(literate) ❷ 文字入りの

létter·hèad 名 C レターヘッド《便箋(びんせん)上部に印刷された団体などの所在地·名前》；U レターヘッド付きの便箋

let·ter·ing /létərɪŋ/ 名 U レタリング；文字を書く[刻む，印刷する]こと；(特に図案化して刻んだ)文字

lètter-pérfect 〈ジ〉 形 《米》文字[言葉]どおりの，(細部に至るまで)正確な，(言葉·つづりに)間違いのない；(せりふなどが)誤りのない

létter·prèss 名 ❶ U 凸版(とっぱん)印刷；C 凸版印刷物 ❷ C 《英》(挿絵と区別して)本文

lètter-quálity 形 (コンピュータープリンターによる) 高品質印字の ‖ The printing is ～. 印刷は質がよい

létter-size 形 《米》(紙が)8½×11インチの大きさ

let·ting /létɪŋ/ 名 《英》 ❶ U (家などを)貸すこと ❷ C 貸し家[間]

Lett·ish /létɪʃ/ 形 レット人[語]の

―名 U レット語，ラトビア語(Latvian)

***let·tuce** /létəs | -ɪs/ 名 ❶ U C レタス，チシャ；U レタスの葉 ‖ a head of ～ レタス1つ / crisp ～ ぱりっとしたレタス ❷ U 《俗》札(さつ)，金(かね)

語源 ラテン語 *lactucam* から．*lact-* は「ミルク」の意．芯(しん)からミルク状の液が出ることに由来する．

lét·ùp 名 U/C 《単数形で》《口》 ❶ 力を緩めること，気を抜くこと，骨休み ❷ 停止，休止

leu·cine /lú:si:n/ 名 U 〖化〗ロイシン《白色結晶性の必須アミノ酸の一種》

leuco- 連結形 =leuko-

leu·ke·mi·a /lukí:miə/ 名 U 〖医〗白血病 **-mic** 形

leuko- 連結形 「白」「白い」の意(♦ 母音の前では leuk-)

leu·ko·cyte, -co- /lú:kəsàɪt/ 名 C 〖生理〗白血球

leu·ko·tri·ene, -co- /lù:kətráɪì:n/ 名 U 〖生化〗ロイコトリエン《気管支ぜん息などのアレルギーに関与する生理活性物質》

Lev 略 〖聖〗Leviticus

Le·vant /ləvǽnt/ 名 《the ～》レバント《地中海東部沿岸諸国，特にレバノン·イスラエルおよびトルコ·シリアの一部》

le·vant·er /ləvǽntər/ 名 C (地中海特有の)強い東風

Le·van·tine /lévəntàɪn/ 形 名 C 《主に古》レバント(Levant)の(人)

lev·ee[1] /lévi/(♦ 同音語 levy) 名 C ❶ (川の)護岸堤防；(自然にできた)沖積(ちゅうせき)堤，土手 ❷ 《主に米》(川の)船着き場

lev·ee[2] /lévi/(♦ 同音語 levy) 名 C ❶ 接見，レセプション ❷ (君主の行う) 午後の男子だけの接見 ❸ 《古》(君主の)朝の接見

***lev·el /lévəl/ 名 形 動

中心義 水平な(位置)(★物理的な位置に限らず，「能力」や「数量」などにも用いる)

> 名 水準❶ 程度❷ 高さ❸ 地位❺
> 形 水平な❶ 動 他 水平にする❶

―名 (複 **～s** /-z/) ❶ C U (技能·能力などの)**水準**，レベル，段階 ‖ maintain a **high** ～ of education 高い教育水準を保つ / His research is recognized at an international ～. 彼の研究は国際レベルで認知されている

連語 【形/名+～】a low ～ 低いレベル / an entry ～ 初心者レベル / a basic ～ 初級レベル / an intermediate ～ 中級レベル / an advanced ～ 上級レベル

❷ C (数量などの) **程度**，大きさ，レベル ‖ Unemployment has reached its **highest** ～ in five years. 失業率はこの5年間で最高レベルに達した / **High** [Low] ～*s* of radiation were found in the air after the explosion. 爆発事故の後，大気中に多量[少量]の放射能が検出された / reduce [OR lower] stress [noise] ～*s* ストレス度[騒音量]を減らす / measure one's cholesterol ～ コレステロール値を測る

❸ C U (平面の)**高さ**，深さ；水平(状態)；(基準となる)水平面[線] ‖ The flood rose almost to roof ～. 洪水は屋根の高さ近くにまで達した / Water finds [OR seeks] its ～. 水は低きにつく / a picture at eye ～ 目の高さにある絵 / above sea ～ 海抜

❹ C (建物などの)階，層，段 ‖ This shopping center has three ～*s*. このショッピングセンターは3階建てだ

❺ U C (組織·企業などにおける)**地位**，階級，階層，レベル ‖ He exerts his influence **at** all ～*s* of government. 彼は政府のあらゆる層に幅をきかせている / These issues should be resolved **at** the national ～, not at the local ～. こうした問題は地方レベルでなく国家レベルで解決されるべきものだ

❻ C (ものの) 見方，(考えたりするための) 側面 ‖ He is a very good person on a personal ～. 個人として見れば彼はとてもいい人だ / They're a great company on the R & D ～, but not so hot on the production ～. その会社は研究開発の面で傑出しているが，生産面はそれほど活発ではない ❼ C 平地；平地地方 ‖ build a house on the ～ 平地に家を建てる ❽ C (測量用の)水準器，アルコール水準器(《米》spirit level)；水平器；水準測量 ‖ take a ～ (土地の)高低差を測量する

dràw lével 〈…に〉追いつく，〈…と〉肩を並べる〈**with**〉

find one's (òwn) lével ① ⇨ 名 ❸ ② (能力·価値などに応じて)相応の所に落ち着く，適所を見つける

on a lével 水平で；〈…と〉同じ高さ[平面]で；〈…と〉力量が同じで，同じ水準で〈**with**〉 ‖ Keep the tops of the frames *on a* ～. 額縁の上端を水平にそろえなさい / His skills are *on a* ～ *with* those of his teacher's now. 彼の腕は今や先生と同じ水準にある

****on the lével*** 正直な[に]，誠実な[に](honest(ly))；信頼できる(trustworthy)；公正な[に](⇨ HONEST メタファーの森)

sink to a pèrson's lével (人の) レベルに合わせて行儀が悪くなる，(人の)レベルまで落ちる

―形 (**more ～, ～·er**, 《英》 **～·ler**；**most ～, ～·est**, 《英》 **～·lest**)

❶ **水平な**，傾いていない；平らな，平坦な(⇨ FLAT[1] 類語) ‖ This floor is not quite ～. この床は全く水平というわけではない / a ～ surface 平らな表面

❷ 《比較なし》《叙述》〈…と〉同じ高さで，同一水平面上にあって，(位置が)並んで；(程度·地位·能力などが)同等で，同水準で，互角で〈**with**〉；《主に英》〖スポーツ〗同点の ‖ Could you kneel down so that everybody's face is ～? ひざをついていただけますか，そうすれば全員の顔が同じ高さになりますので / The bird's nest is ～ *with* my room window. その鳥の巣は私の部屋の窓と同じ高さにある / keep [draw] ～ *with* ... …と互角である [並ぶ] / finish ～ 同点で終わる

❸ 《比較なし》《限定》(容器の縁と同じ高さで)すり切りの ‖ a ～ tablespoon(ful) of sugar 砂糖大さじすり切り1杯

❹ (色彩·声調などが)一様な，むらのない；(表情·視線などが)ぐらつかない，ひるまない ‖ speak in ～ tones 淡々とした調子で話す / give her a ～ look 彼女をじっと見据える

❺ 思慮分別のある，合理的な，冷静な(level-headed) ‖ keep a ～ head 冷静さを失わない

a lèvel pláying field (だれにも同じチャンスがある) 公平な状態

dò one's lèvel bést 最大の努力をする，最善を尽くす

―動 (**～s** /-z/；**-eled**, 《英》 **-elled** /-d/；**-el·ing**, 《英》 **-el·ling**)

―他 ❶ …**を水平にする**；…を平らにする，ならす《*off, out*》 ‖ The ground was ～*ed* (*off*) before potatoes were planted. 土地はジャガイモを植える前にならされた

❷ …を同じ高さ[水準]にする；…を平等にする；〔色〕を一様

にする；(スポーツで)〔得点〕を同じにする ‖ Love ～*s* all inequalities. 愛はすべての不平等を平等にする / A hit from Phil ～*ed* the score, saving his team. フィルのヒットで同点に追いつき，チームを救った
❸ …を倒壊させる，破壊し尽くす；〔人〕を殴り倒す，打ちのめす ‖ A big earthquake ～*ed* the whole city. 大地震がその都市全体を破壊し尽くした / The challenger ～*ed* the champ. 挑戦者はチャンピオンをノックアウトで倒した / ～ a building to the ground 建物を取り壊す
❹〔銃など〕を(水平に)構える，〈…に〉ねらいをつける〈**at**〉；〔批判・告発など〕を〈…に〉向ける，浴びせる〈**at, against**〉‖ Policemen ～*ed* their guns *at* the burglar. 警官たちは強盗に銃を向けた / A number of criticisms have been ～*ed at* [OR *against*] the food industry. 多くの批判が食品産業に向けられている
❺〚測量〛(水準器を使って)〔土地〕を水準測量する
—㊀ (銃の)ねらいをつける《*at*》
***lèvel dówn* [*úp*] ... / *lèvel ... dówn* [*úp*]** 〈他〉① …の高さを下げ[上げ]てならす ② …を引き下げ[引き上げ]てほかと水準[レベル]をそろえる[ならす](「英語をレベルアップする」は improve [OR raise the level of] one's English)
****lèvel óff* [OR *óut*]** 〈自〉① (上下していたものが)平ら[一様]になる(→ ㊐ ❶) ② (進行・成長が)横ばいになる ‖ Inflation hasn't ～*ed off*. インフレがまだ収まらない ③ (飛行機・潜水艦などが)(上昇・下降の後)水平に進む，水平飛行をする[に移る] —〈他〉《***lèvel óff* [OR *óut*] ... / *lèvel ... óff* [OR *óut*]**》① ⇨ ㊐ ❶ ② 〔航空機・潜水艦など〕を水平方向に進ませる，水平飛行させる
lével with ... 〈他〉《口》〔人〕に率直に打ち明ける，正直に言う
～·ly 副 冷静に **～·ness** 名
▸▸ **～ cróssing** 名 Ⓒ《英》=grade crossing

lev·el·er /lévələr/ 名 Ⓒ ❶《通例単数形で》(年齢や社会的地位にかかわらず)すべての人に平等にかかわるもの，能力・地位などの違いをなくすもの ‖ Time is a great ～. 時こそはすべての人に平等にかかわる ❷ 差別廃止論者，平等主義者；《L-》〚英国史〛平等派の一員《ピューリタン革命時の左翼党派》❸ 平らにするもの，地ならし機

lèvel-héaded ⟨ン⟩ 形 冷静な，思慮分別のある

***lev·er** /lévər | líːvə/ 名 Ⓒ ❶ てこ；(操作用の)レバー ‖ a gear ～ in a car 車の変速レバー ❷ (目的達成の)手段，力 ‖ use friendship as a ～ to get a promotion 昇進するために友情を利用する
—動 ㊐ ❶ **a** 《+目+副句》…を(てこである方向へ)動かす[持ち上げる] ‖ ～ up a stone with a stick 棒切れをてこにして石を持ち上げる / ～ oneself out of a sofa ソファーから重い腰を上げる **b** 《+目+補〈形〉》…を(てこで)…の状態にする ‖ ～ a door open ドアをこじ開ける ❷〔人〕を(地位・状況から)追い出す《*out*》 —㊀ てこを使う

***lev·er·age** /lévərɪdʒ | líːv-/ 名 Ⓤ ❶ てこの作用；てこの力；てこの効用；てこ装置 ❷ (目的達成のための)効力，影響力；(有効な)手段；(立場上の)有利性 ‖ They have no political ～. 彼らには政治的コネがない ❸〚経〛借入資本の利用(効果)，レバレッジ，てこ入れ効果
—動 ㊐ 借入金で〔会社買収など〕に投機する

lev·er·aged /lévərɪdʒd | líːv-/ 形〚商〛(自己資本に比べ)借入金の多い，借入金による ‖ a ～ deal [transaction] 借入金による取り引き / a ～ purchase 借入金による購入
▸▸ **～ búyout** 名 Ⓒ〚商〛レベレッジドバイアウト《買収先企業の資産を担保にした借入金による買収. 略 LBO》

lev·er·et /lévərət/ 名 Ⓒ〚動〛(その年に生まれた)子ウサギ

le·vi·a·than /ləváɪəθən/ 名 Ⓒ ❶〚聖〛レビヤタン《海の怪物》；(一般に)巨大なもの，巨船；《文》巨大な海獣，(特に)鯨 ❷《L-》リバイアサン《T. Hobbes の政治哲学書》❸ 独裁君主(国家)(♦ ❷ から)

Le·vi's /líːvaɪz/ 名 複《商標》リーバイス《縫い目を鋲(びょう)で補強したジーンズ》(♦ 米国の衣料品会社)

lev·i·tate /lévɪtèɪt/ 動 ㊀ ㊐ (心霊術・奇術で)(…が[を])空中浮揚する[させる] **lèv·i·tá·tion** 名

Le·vite /líːvaɪt/ 名 Ⓒ〚聖〛レビ人《ユダヤの神殿の祭司を助けた》

Le·vit·i·cal /ləvítɪkəl/ 形 ❶ レビ人[族]の ❷〚宗〛(ユダヤ教の)レビ記の(律法に関する)

Le·vit·i·cus /ləvítɪkəs/ 名〚聖〛レビ記《旧約聖書中の一書. 略 Lev》

Lev·it·town /lévɪttàʊn/ 名《米》レビットタウン《William J. Levitt (1907–94) が第2次大戦後に帰還兵士などの需要を見込んでニューヨーク州に造成した郊外型住宅都市》

lev·i·ty /lévəṭi/ 名 (複 **-ties** /-z/) Ⓤ 軽薄，不謹慎

le·vo·do·pa /lìːvədóʊpə/ 名 =L-dopa

***lev·y** /lévi/ 名 (複 **lev·ies** /-z/) Ⓤ Ⓒ ❶ 〈…への〉課税，(税・罰金などの)取り立て，徴収；税額，徴収額；税(tax)；(寄付金などの)強制割り当て；〚法〛差し押さえ，押収〈**on**〉‖ put [OR impose] a ～ *on* ... …に課税する ❷ (兵士の)徴募，召集；徴募軍隊；《-ies》召集兵員
—動 (**lev·ies** /-z/；**lev·ied** /-d/；**～·ing**) ㊐ ❶ …を取り立てる；〔税・罰金など〕を〈…に〉課する〈**on, upon**〉‖ ～ a tax *on* goods 品物に課税する ❷〔兵士〕を徴募する，召集する ❸〔戦争など〕を〈…に対して〉始める〈**on, upon, against**〉—㊀〚法〛〈…を〉差し押さえる〈**on, upon**〉
lév·i·er 名

lewd /luːd/ 形 みだらな，卑猥(ひわい)な，いかがわしい
～·ly 副 **～·ness** 名

Lew·is /lúːɪs/ 名 ルイス ❶ **Carl ～** (1961–)《米国の短距離・幅跳び選手》❷ **Mer·i·weth·er** /mérɪwèðər/ ～ (1774–1809)《米国の探検家；Lewis and Clark expedition と呼ばれる米北西部地方探検隊(1804–06)のリーダー》❸ **Sinclair ～** (1885–1951)《米国の小説家》

lex. 略 lexicon

lex·eme /léksiːm/ 名 Ⓒ〚言〛語彙(ご)素，語彙項目

***lex·i·cal** /léksɪkəl/《発音注意》形 (**more ～；most ～**)《通例限定》❶〚言〛語彙の ❷ 辞書の(ような) **～·ly** 副

lex·i·cog·ra·pher /lèksɪkɑ́(ː)grəfər | -kɔ́g-/ 名 Ⓒ 辞書編集[執筆]者

lex·i·cog·ra·phy /lèksɪkɑ́(ː)grəfi | -kɔ́g-/ 名 Ⓤ 辞書編集[執筆] **-co·gráph·ic(al)** /-kəgrǽfɪk(əl)/ 形

lex·i·col·o·gy /lèksɪkɑ́(ː)lədʒi | -kɔ́l-/ 名 Ⓤ 語彙(ご)論 **-co·lóg·i·cal** 形 /-kəlɑ́(ː)dʒɪkəl | -lɔ́-/ **-gist** 名

lex·i·con /léksəkɑ̀(ː)n | -ɪkən/ 名 (複 **～s** /-z/ OR **-ca** /-kə/) Ⓒ ❶ (特にギリシャ語・ヘブライ語など古代語の)辞書(⇨ DICTIONARY 類語) ❷ (特定の著者・研究分野などの)語彙(集) ❸《the ～》〚言〛語彙目録

Lex·ing·ton /léksɪŋtən/ 名 レキシントン《米国マサチューセッツ州，ボストン近くの町. アメリカ独立戦争発端の地》

lex·is /léksɪs/ 名 (複 **lex·es** /-siːz/) Ⓤ Ⓒ (文法・構文に対してある言語の)全語彙(ご)

ley /leɪ/ 名 Ⓒ ❶ =lea ❷ (=～ **líne**) レイライン《先史時代の英国各地の遺跡などを結んでいると想像される道》

Léy·den jàr /láɪdən-/ 名 Ⓒ ライデン瓶《初期の蓄電器の一種》

Lèy·land cý·press /lèɪlənd-/ 名 Ⓒ〚植〛レイランドヒノキ《北米産の針葉樹で生垣用に植栽される》

lf 略〚印〛*l*ight *f*ace；〚無線〛*l*ow *f*requency

LF 略〚野球〛*l*eft *f*ield(er)；〚無線〛*l*ow *f*requency

lg. 略 large；long

lh, l.h. 略 *l*eft *h*and

LH 略〚生化〛*l*uteinizing *h*ormone(黄体形成ホルモン)

Lha·sa /lɑ́ːsə/ 名 ラサ(拉薩)《中華人民共和国，チベット自治区の首府. ラマ教(Lamaism)の聖地》
▸▸ **～ áp·so** /-ɑ́ːpsoʊ | -ǽpsoʊ/ 名 (複 **～s** /-z/) Ⓒ〚動〛ラサアプソ《チベット原産の長い直毛で覆われた小型犬》

LHD 略《ラテン》*Lit*(*t*)*erarum Humaniorum Doctor* (=Doctor of Humanities [Humane Letters])(人文学博士)

Li 記号〚化〛lithium(リチウム)

LI 略 *L*ong *I*sland

*li·a·bil·i·ty /làɪəbíləṭi/ 名〔◁ liable 形〕(複 -ties /-z/) ❶ Ⓤ(法的)責任, 義務〈for …に対する / to do …する〉; Ⓒ(法的に)義務を負うべきもの ‖ accept [deny] ~ *for* an accident 事故の責任を認める[否認する] / limited [unlimited] ~ 〘法〙有限[無限]責任 / exclude ~ *for* … …を免責する ❷ Ⓒ《通例 -ties》負債 (↔ assets), 借金 ❸ Ⓒ《通例単数形で》〈…に〉不利になるもの, ハンディ, お荷物, マイナス〈to〉‖ You're a ~ *to* this company. 君はこの会社にとってマイナスだ ❹ Ⓤ〈…する〉傾向〈to do〉; 〈…(の影響)を〉受けやすいこと, 〈病気などに〉かかりやすいこと〈to〉‖ ~ *to* error [disease] 間違い[病気]をしがちなこと

▸▸ ~ insùrance 名 Ⓤ 賠償責任保険 ~ wàiver 名 Ⓒ Ⓤ〘法〙免責同意書

*li·a·ble /láɪəbl/ 《発音注意》形〔▶ liability 名〕(more ~; most ~)(♦ ❸ ❹ は比較なし)《叙述》❶ 《+to do》…しそうな; …しがちな, …しやすい (⇨ 類語) ‖ The bus is ~ *to* be late on Sundays. バスは日曜日は遅れがちだ / She is ~ *to* get angry. 彼女は怒りっぽい ❷ 《+to 名》…(の影響)を受けやすい, 〔病気など〕にかかりやすい ‖ be ~ *to* seasickness 船酔いしやすい / areas ~ *to* landslides 地滑りしやすい地域 ❸ (法的に)責任がある〈to 人に対して; for 物事に対して / to do …する〉‖ You are ~ *to* me *for* the damage. 君は私に対してその損害賠償の責任がある / be ~ *to* pay debts 借金を支払う責任がある ❹ 《+to 名》…(の適用)を受ける, …に処せられる; …を免れない ‖ be ~ *to* a heavy fine 重い罰を科される

類語《❶》**liable** 好ましくない状態になりやすい.〈例〉If you drive on a snow-covered road, you are *liable* to have an accident. 雪道を運転すると事故を起こしやすい

apt 生来または習慣上あることになりやすい傾向がある(好ましくない傾向とは限らない).〈例〉Most people are *apt* to accept the advice of an expert. 人はたいてい専門家の忠告は受け入れる傾向がある (♦ be apt to ... は be inclined to ..., tend to ... とほぼ同意)

prone apt より意味が強く, 格式ばった語.〈例〉be *prone* to cause accidents 事故を起こしがちである

li·aise /liéɪz/ 動 自〈…と〉連絡をつける[取り合う]〈with, between〉

*li·ai·son /lí:əzà(:)n | liéɪzən/ 名 ❶ Ⓤ〘軍〙(部隊間の)連絡; (一般に)〈…との〉連絡, 協力関係〈between〉; Ⓒ〈…との〉連絡係〈to, with〉❷ Ⓒ〈…との〉不義, 密通〈with〉❸ Ⓒ〘音声〙連声, 連結, リエゾン《語尾の黙子音が次の頭母音と結合して発音されること. 特にフランス語に見られる》❹ Ⓤ(スープなどを濃厚にする)つなぎ材料

▸▸ ~ òfficer 名 Ⓒ〘軍〙連絡将校

li·a·na /liá:nə/, li·ane /-á:n/ 名 Ⓒ リアナ《熱帯雨林のつる植物の総称》

Liao·ning /liàunɪ́ŋ/ 名 遼寧(リャオニン)省《中国北東部の省. 省都 Shenyang(瀋陽)》

*li·ar /láɪər/ 名 Ⓒ (特に常習的な)うそつき

英語の真相

liar は日本語の「うそつき」よりも強い意味合いで用いられるため注意が必要である. いつも冗談ばかり言っている相手が明らかに事実とは思えない発言をした場合でも, 面と向かって (You're a) liar. と言うと, 相手の人格そのものを否定しているように受け取られ, けんかを売っているような響きになったり, 侮辱(ぶじょく)しているような印象を与えてしまう. liar を用いず, Are you sure [OR serious]? (本気で言っているの?) と確認したり, You are [OR must be] joking [OR kidding]. (冗談でしょう?), I don't believe you [OR that]. (信じられない) と言うのが一般的である.

▸▸ ~('s) dìce 名 Ⓤ ライアーダイス《ポーカーダイスとダウトを合わせたようなさいころゲーム》

lib /lɪb/ 名 Ⓤ《旧》《口》解放運動 (liberation) (→ women's lib) líb·ber 名 Ⓒ 解放運動家

Lib. 略 Liberal; Liberalism

li·ba·tion /laɪbéɪʃən/ 名 Ⓤ Ⓒ ❶ (神への)献酒; (献酒用の)神酒(みき) ❷《戯》お神酒, 飲酒

Lìb Dém 〈シ〉名 Ⓒ《英口》=Liberal Democrat

*li·bel /láɪbəl/ 名 ❶ Ⓒ Ⓤ〘法〙〈…への〉(文書による)名誉毀損(きそん)(罪)〈on〉; 誹謗(ひぼう)[中傷]文書(♦ slander は口頭による名誉毀損) ‖ sue a newspaper for ~ 名誉毀損で新聞社を訴える / a ~ action 文書誹謗訴訟 ❷ Ⓒ 誹謗, 中傷; 〈…にとって〉不名誉(となるもの)〈on〉‖ The portrait is a ~ *on* her. その肖像画は彼女を侮辱するものだ ❸ Ⓒ〘海事法・教会法〙(原告の)申立書

—動 (《米》-beled, 《英》-belled /-d/; 《米》-bel·ing, 《英》-bel·ling) 他 ❶〘法〙…の誹謗[中傷]文書を公表する ❷ …を誹謗[中傷]する, おとしめる ❸〘海事法・教会法〙(文書でもって)…に対する訴えを起こす

~·ist, -bel·list 名 =libeler

li·bel·er /láɪbələr/ 名 Ⓒ〘法〙誹謗者, 中傷者

li·bel·ous /láɪbələs/ 形 中傷的な, 名誉毀損の ~·ly 副

‡lib·er·al /líbərəl/ 沖心義 枠にはまらない

—形〔▶ liberty 名〕(more ~; most ~)

❶〈…に〉**寛大な**, 度量の大きい; 伝統[権威]にとらわれない, 偏見のない〈to, in〉‖ a ~ attitude *to* homosexuality 同性愛に対する偏見のない態度 / be ~ *in* one's ideas 考え方が柔軟である

❷《通例限定》**自由主義の, 自由主義的な**, リベラルな; 穏健な進歩派の; 《比較なし》《L-》自由党の, (英国の)自由民主党の ‖ ~ politicians リベラルな政治家たち

❸ 十分な, **たっぷりの** ‖ a ~ tip [donation] 多額のチップ[寄付] / have a ~ supply of drinks 飲み物は十分に蓄えている ❹ 〈金などに〉**気前のよい**, 〈…を〉物惜しみしない〈with〉‖ be ~ *with* [OR of] one's money [praise] 金[賞賛]を惜しまない ❺ 字義にとらわれない, 自由な; 大ざっぱな ‖ a ~ interpretation of the law 法の自由な解釈 ❻ (専門的でなく)教養を深めるための, 一般教養の(→liberal arts) ‖ ~ education 一般教育

—名 (複 ~s /-z/) Ⓒ 自由主義者, リベラリスト; 《L-》(特に英国の)自由党員

▸▸ ~ árts 名 複 ①《主に米》(大学の)教養科目, 一般教養(arts) ② 中世の三学(trivium)と四学(quadrivium)からなる学芸 Lìberal Démocrat (↓) Líberal Pàrty 名 Ⓒ 自由主義を標榜(ひょうぼう)する政党; 〘英国史〙《the ~》自由党 ~ stúdies 名《通例単数扱い》《英》(特に自然科学専門の学生のための)教養科目, 一般教養

*Lìberal Démocrat 名 ❶《the L- D-s》(英国の)自由民主党(略 Lib Dems) ❷ Ⓒ (英国の)自由民主党員(略 Lib Dem)

*lib·er·al·ism /líbərəlìzm/ 名 Ⓤ ❶ (政治・経済上の)自由主義, リベラリズム ❷《L-》(英国などの)自由党の政策[主義] ❸《しばしば L-》(現代プロテスタンティズムの)自由主義(運動) -ist 名 Ⓒ 自由主義者, リベラリスト

lib·er·al·is·tic /lìbərəlístɪk/ 形 自由主義的な

lib·er·al·i·ty /lìbərǽləṭi/ 名 Ⓤ ❶ 寛大さ, 度量の広さ ❷ 気前のよさ

*lib·er·al·ize, +《英》-ise /líbərəlàɪz/ 動 他 …を自由主義化する; 〔法律・規制など〕を緩和する; 〔貿易など〕を自由化する; …を寛大にする —自 自由主義化する; 寛大になる

lìb·er·al·i·zá·tion 名 -ìz·er 名

lib·er·al·ly /líbərəli/ 副 気前よく; 十分に, たっぷりと

*lib·er·ate /líbərèɪt/ 動 他 ❶ …を〈占領・束縛などから〉自由にする, 解放する(✎ set free)〈from〉‖ Men also long to be ~*d from* traditional gender-based roles. 男だって伝統的な性的役割から解放されたいと願っている / ~ the child *from* his kidnappers 誘拐者たちからその子供を解放する ❷〘化〙〔気体など〕を(化合物から)遊離させる; 〘理〙〔エネルギー〕を放出する ❸《口》〈…から〉…を盗む, くすねる(steal)〈from〉

lib·er·at·ed /líbərèɪtɪd/ 形 (社会の因襲・性的偏見から)解放された

lib·er·a·tion /lìbəréɪʃən/ ＜シ 名 U 自由の身になること[すること], 解放, 釈放 ‖ women's ～ 女性解放(運動)

▸▸～ **theòlogy** 名 U 解放神学《社会の不正・抑圧から国民を解放しようとするラテンアメリカ, カトリック教徒の神学運動》

lib·er·a·tor /líbərèɪṭər/ 名 C (祖国などの)解放者

Li·ber·i·a /laɪbíəriə/ 名 リベリア《アフリカ中西部, 大西洋に面する共和国. 公式名 the Republic of Liberia. 首都 Monrovia》 **-an** 形 名 C リベリアの(人)

lib·er·tar·i·an /lìbərtéəriən/ ＜シ 名 C 意志自由論者(↔ necessitarian), 自由の擁護者 **～·ìsm** 名

lib·er·tine /líbərtiːn/ 名 C ❶ (道徳的に束縛されない)放蕩(ほうとう)者, 道楽者, 女たらし ❷ (宗教上の)自由思想家
—形 ❶ (道徳的, 特に性的に)束縛されない, ふしだらな ❷ (宗教上)自由思想の

lib·er·ty /líbərṭi/

—名 [◁ liberal 形] (複 **-ties** /-z/) ❶ U C (政治的・法的)**自由** ; U (外国支配からの)独立 ; U (拘束・監禁などからの)解放, 釈放 ; 《L-》自由の女神《擬人化》(⇨ FREEDOM 類語 BYB) ‖ *Liberty* and justice are the state religion of the US. 自由と正義は合衆国の国教だ / Give me ～, or give me death. 我に自由を与えよ, しからずんば死を与えよ (♦ 米国独立革命の指導者 Patrick Henry の言葉) / She gained her ～ at last when the divorce was finalized. 離婚訴訟が決着して彼女はやっと自由になった / **individual** ～ 個人の自由 / **civil** *liberties* 市民的自由 / ～ from foreign control 外国支配からの独立

❷ 《通例 the ～》通行権, 使用権〈**of**〉‖ Our dogs have the ～ *of* the house. うちの犬たちは家の中を自由に動き回れる ❸ C 《単数形で》勝手, 気まま(→ *take the liberty* 「*of doing* [OR *to do*]」(↓)) ❹ C 《通例 -ies》なれなれしさ, 無遠慮, 無作法(→ *take liberties* ①(↓)) ; 無謀 ‖ What a ～! 何て無遠慮な / She took *liberties* riding the bike. 彼女は自転車のむちゃな乗り方をした ❺ U 〖海〗上陸許可

* ***at líberty*** ① 監禁されないで, 解放されて, 野放しで(free) ‖ set animals *at* ～ 動物を自然に帰す ② 好きなように〈…する〉自由[権利]がある〈**to do**〉‖ We are *at* ～ *to* refuse further medical treatment. 我々には延命治療を拒む自由がある ③ 暇で, 忙しくない ; 使用していない ‖ He is now *at* ～ and can see you. 彼は今手がすいていますからお目にかかれます

tàke líberties ① 〈人に〉(あまりにも)なれなれしくする〈**with**〉‖ He *took liberties with* me, thinking it was allowed. 許されると思って彼は私になれなれしい態度をとった ② 〈資料などを〉勝手に変える〈**with**〉‖ The film *takes liberties with* the original novel. その映画は原作を勝手に変えている

tàke the líberty 「***of dòing*** [OR ***to dò***]」《通例過去形で》勝手に…する(♥ 他人の行為に関しては批判的に用いるが, 自分が無断で行った行為に関して事後承諾を得るときにも用いる) ‖ I *took the* ～ *of* ordering breakfast. 失礼ながら勝手に朝食を注文しました

▸▸**Líberty Bèll** 名 《the ～》自由の鐘《米国フィラデルフィアにある独立宣言を祝して鳴らされた鐘》 ～ **bòat** 名 C 《英》〖海〗上陸許可を得た船員を運ぶボート ～ **bòdice** 名 C 《英》(女性・子供用の)胴着状の下着 ～ **càp** 名 C 自由の帽子《自由を象徴する三角帽でフランス革命時や米国独立初期に用いられた》 **Líberty Hàll** 名 U 《英》勝手気ままにできる場所 ～ **hòrse** 名 C 《英》(サーカスで)人が乗らずに芸をする馬 **Lìberty Ísland** 名 リバティー島《米国ニューヨーク湾の小島. 自由の女神像(the Statue of Liberty)がある》 **Líberty shìp** 名 C リバティー船《第2次大戦中に多数造られた1万トン級の米国の輸送船》

li·bid·i·nous /lɪbídənəs | -bídɪ-/ 形 みだらな, 好色な(lustful) **～·ly** 副

li·bi·do /lɪbíːdoʊ/ 名 (複 **～s** /-z/) U C ❶ 〖心〗リビドー《人間の本能と結びついた精神的・感情的なエネルギー, 特に性的エネルギー》 ❷ 性的衝動, 性欲 **-bíd·i·nal** 形

***Li·bra** /líːbrə, láɪ-/ 名 ❶ 《無冠詞で》〖天・占星〗天秤(てんびん)座 ; 天秤宮《黄道十二宮の第7宮》(the Balance) (⇨ ZODIAC 図) ❷ (複 **-brae** /-briː/) C 〖占星〗天秤座[宮]生まれの人 **-bran** 形 名 C 天秤座[宮]生まれの(人)

***li·brar·i·an** /laɪbréəriən/ 《アクセント注意》 名 C 図書館員, 司書 ; 図書館長

librárian·shìp 名 U 図書館員[司書]の地位[職務] ; 《英》図書館学(《米》library science)

*****li·brar·y** /láɪbrèri | -brəri/

—名 (複 **-brar·ies** /-z/) C ❶ **図書館**, 図書室 ; (新聞社などの)資料室 ; (フィルム・レコードなどの)ライブラリー (→ circulating library, lending library, reference library) ‖ Don't dirty your ～ book. 図書館の本は汚さないように

連語 【形+～】 a public ～ 公共図書館 / a local ～ 地区の図書館 / a neighborhood ～ 近所の図書館 / a reference [research] ～ 参考[研究]図書館 / a school [university] ～ 学校[大学]図書館 / a national ～ 国立図書館

❷ **書斎** ; 書庫 ❸ (個人の)**蔵書** ; (研究者用などの)収集図書, 文庫 ; (フィルム・レコードなどの)コレクション ‖ build up a ～ 蔵書を増やす ❹ (同じような装丁による)双書, シリーズ, 文庫 ; (レコードの)全集, 選集 ❺ 🖳 ライブラリー(software library)《プログラムが参照する関数やコンポーネントなどをまとめたファイル》

語源 「書店」の意のラテン語 *libraria* から. もとの語 *liber* は古代ローマで文字を書きつけるのに用いた「木の内皮」を意味し, そこから「本」の意に転じた.

▸▸～ **edìtion** 名 C 図書館版《図書館用の丈夫な装丁の版》 **Lìbrary of Cóngress** 名 《the ～》(米国の)議会[国会]図書館 ～ **scíence** 名 U 図書館学

li·bret·tist /lɪbréṭəst | -tɪst/ 名 C オペラなどの台本の作者

li·bret·to /lɪbréṭoʊ/ 名 (複 **～s** /-z/ OR **-ti** /-tiː/) C (オペラなどの)歌詞・台本

Li·bre·ville /líːbrəvìl/ 名 リーブルビル《西アフリカ, ガボンの首都》

Lib·ri·um /líbriəm/ 名 U 《商標》リブリアム《精神安定剤の一種. クロルジアゼポキシドの商品名》

***Lib·y·a** /líbiə/ 名 リビア《アフリカ北部の国. 首都 Tripoli》

***Lib·y·an** /líbiən/ 形 リビア(人)の —名 ❶ C リビア人 ❷ U (古代リビアの)ベルベル語(Berber)

lice /laɪs/ 名 louse の複数

***li·cense,** 《英》**-cence** /láɪsəns/

—名 (複 **-cens·es**, 《英》 **-cenc·es** /-ɪz/) ❶ U C (公的機関の)**許可**, 認可, 免許〈**for** …の / **to *do*** …する〉; C **許可証**, **免許証**, 鑑札, ライセンス ; (大学の)修了証書, (開業)資格証書 ‖ This beer is produced in Japan under ～ from Heineken. このビールはハイネケン社から認可を受けて日本で生産されている / grant [OR issue] a ～ to him 彼に免許を与える / marry by ～ 許可を得て結婚する《予告(banns)を必要としない》/ I've forgotten to renew my driver's [《英》 driving] ～. 運転免許証を更新するのを忘れていた / get a gun ～ 銃所持許可証を手に入れる / a dog ～ 犬の鑑札 / a medical ～ 医師免許

❷ U (一般に)〈…する〉許可, 承認(↔ denial)〈**to *do***〉‖ May I have your ～ *to* use your car? 車をお借りしてもよろしいでしょうか ❸ U 〈…する〉無責任な自由, 身勝手, 放縦 ; (性的な)乱行〈**to *do***〉; 規則[慣行]無視 ❹ U (よいと思うことをする)自由 (⇨ FREEDOM 類語) ❺ U (詩・美術・音楽などの)破格, 型破り(→ poetic license)

a lìcense to prìnt móney (努力なしで)金のもうかる商売 ; 金をいくらでもつぎ込める計画

L

―動 (♦動詞では《英》でも license がふつう. しばしば受身形で用いる) 他 ❶ a 《+目》…を認可する；…に〈…の〉免許[認可]を与える〈for〉 b 《+目+to *do*》[人など]に…する許可を与える ‖ Only lawful owners are ～*d to* use the program. 正規の所有者だけがこのソフトを使うことができる ❷〔土地・家屋〕に(酒類販売などを)認可する(→ licensed) ❸ …の出版[上演など]を許可する

-cens·a·ble 形 **-cens·er, -cens·or** 名

▸▸ **～ fèe** 名 C ① ライセンス料 ② (テレビなどの)受信料 **～ nùmber** 名 C《米》(自動車の)ナンバープレートの番号(《英》registration number) **～ plàte** 名 C《米》(自動車の)ナンバープレート(《英》number plate)；鑑札

***li·censed** /láɪsənst/ 形 免許[鑑札]を受けている, 免許を受けた；《英》(特に酒類販売の) 許可を受けた ‖ a ～ restaurant 酒類が出せるレストラン

▸▸ **～ pràctical núrse** 名 C《米》准看護師(→ registered nurse) **～ víctualler** 名 C《英》(酒類販売免許を持つ)飲食店営業者

li·cens·ee /làɪsənsíː/ 名 C (特に酒類販売の) 免許[鑑札]取得者

lícensing làws 名 複《英》(酒類販売の時間・場所を規制する)事業許可法

li·cen·ti·ate /laɪsénʃiət/ 名 C ❶ (ある特定の職業を開業する) 免許状所有者 ‖ a ～ in medicine 医師開業資格者 ❷ (ヨーロッパの一部の大学が授与する)修士号[所有者] ❸ (長老教会の)有資格説教師

li·cen·tious /laɪsénʃəs/ 形 ❶ (性的に) 不道徳な, 不身持ちな, みだらな ❷《古》(特に文体が)(規則・規準を)無視する, 無法な **～·ly** 副 **～·ness** 名

li·chee /líːtʃi, láɪ- | làɪtʃíː/ 名 =litchi

li·chen /láɪkən/ 名 ❶ C〖植〗地衣(類), こけ ❷ U〖医〗苔癬(たいせん) **～ed** 形 地衣に覆われた, こけむした **～·ous** 形 地衣の(ような)；地衣の多い

L

lich·gate /lítʃgèɪt/ 名 =lychgate

lic·it /lísɪt/ 形 合法的な, 正当な(↔ illicit) **～·ly** 副

***lick** /lɪk/ 動 他 ❶ a 《+目》…をなめる；(猫などが) …をなめるように飲む[食べる] ‖ ～ an ice-cream cone アイスクリームコーンをなめる / ～ a stamp 切手をなめる b 《+目+補〈形〉》…をなめて…(の状態) にする ‖ ～ the plate clean 皿をなめてきれいにする ❷ (炎・波などが)…(の表面)をなめるように進む, なめる ‖ The waves ～*ed* the shore. 波が海岸にひたひたと打ち寄せた ❸《口》(競技などで)…を負かす, …に打ち勝つ；〔問題・困難など〕を克服する；…に勝る ‖ She has ～*ed* her weight problem. 彼女は体重の問題を克服した / *If you can't ～ them, join them.* 《諺》勝てない相手とは仲よくせよ；長いものには巻かれろ ❹《口》(罰として)…を殴る；…をむち打つ

―自 (炎・波などが)〈…の表面に〉(さっと)なめるように広がる〈against, at, etc.〉

lick a person's boots [OR ***shoes***] ⇨ BOOT(成句)

lìck óff 〈他〉 I (*lìck óff ... / lìck ... óff*)…から…をなめて取り除く ‖ The boy ～*ed* the chocolate *off* his lips. その子は唇についたチョコレートをなめてとった II (*lìck óff ...*)…をなめて取り除く

lìck úp ... / lìck ... úp 〈他〉…をきれいになめ尽くす；(炎が)…をなめ尽くす ‖ The cat ～*ed up* the spilt milk. 猫はこぼれたミルクをきれいになめた

lick one's wounds ⇨ WOUND(成句)

―名 C ❶《通例単数形で》なめること, ひとなめ；(炎・波などの) なめるような動き ‖ Can I have a ～ of your ice cream? アイスクリームをひとなめさせてくれない ❷《口》少量, (ペンキなどの) ひと塗り分；(ざっとやる) ひと仕事 ‖ He wouldn't do a ～ of work. 彼は少しも働こうとしなかった ❸《口》(鋭い) 一撃 ❹《a ～》《口》スピード ‖ at a (fair) ～ 猛スピードで ❺《口》(ジャズの) (即興の) 一節 ❻ (動物が塩をなめに集まる) 含塩地 (salt lick) ❼《～s》機会；順番 ‖ last ～*s* 最後の機会

gìve ... a lìck and a prómise 《口》〔仕事など〕をざっといい加減にやる；…をいい加減に掃除する[洗う]

～·er 名

lick·er·ish /líkərɪʃ/ 形 ❶ 好色な, みだらな ❷《古》がつがつ食べる, 貪欲(どんよく)な

lick·e·ty-split /líkəṭisplít/ 副《米・カナダ口》全速力で, 大急ぎで；まっしぐらに

lick·ing /líkɪŋ/ 名 C《口》❶ むち打ち；殴打 ‖ give him a good ～ 彼をしたたかに殴る[むち打つ] / take a ～ ぼろ負けする, 酷評される ❷ 大敗北；頓挫(とんざ)

líck·spìttle 名 C おべっか使い, (上司に)こびる人

lic·o·rice /líkərɪs/ 名 U C ❶〖植〗カンゾウ(甘草) ❷ カンゾウの乾燥した根(のエキス)《薬用・菓子用》；カンゾウ風味のキャンディー

***lid** /lɪd/ 名 C ❶ (容器の) ふた ‖ Don't bang the dustbin ～ shut. ごみ箱のふたをばたんと閉めないで /「take off [open] the ～ of a box 箱のふたを取り外す[開ける] ❷ まぶた(eyelid) ❸《俗》帽子, ヘルメット；頭 ❹《口》抑制, 制止 ‖ Put a ～ on it! 黙って, 静かに ❺〖生〗ふた, へた(operculum) ❻《俗》1オンスのマリファナ

blòw one's líd 腹を立てる

blòw** [OR ***tàke, lìft] ***the líd off ...*** ; ***lìft the líd on ...*** …(の真相)を暴く, ばらす

flìp one's líd 《口》① かっとなる, 自制心を失う ② 気が狂う

kèep a** [OR ***the] ***líd on ...*** ①〔事態の悪化〕を防ぐ, …を抑える, …を終わらせる ② …を秘密にしておく ‖ He tried to *keep the ～ on* the scandal. 彼はスキャンダルを隠そうとした

pùt the (***tìn***) ***líd on*** (...) 《英》(…に)とどめを刺す, (それで)すべてが最後になる

li·dar /láɪdɑːr/ 名 U ライダー《レーダーの原理でレーザー光線を用いる探知装置》(♦*light*+*radar* より)

lid·ded /lídɪd/ 形《通例限定》ふた付きの；《複合語で》まぶたが…の ‖ heavy-～ eyes まぶたのはれぼったい目

lid·less /lídləs/ 形 ふたのない；まぶたのない

li·do /líːdoʊ/ 名 (複 ～s /-z/) C《主に英》(公共の屋外) プール；海水浴場

li·do·caine /láɪdəkèɪn/ 名 U〖薬〗リドカイン《局所麻酔薬》

⁝lie[1] /laɪ/ 動 名

中心義 平たい状態にある

―動 (～s /-z/；**lay** /leɪ/；**lain** /leɪn/；**ly·ing**)

―自 ❶ a 《+副句》(人・動物が)(場所に)**横たわる**, 横になっている, 寝ている；横になる《*down*》(♦状態・動作いずれも表す. 一時的な状態は進行形で表せる)；もたれている, もたれる《*back*》‖ *Lie down* on the grass. You feel like part of the earth. 芝生の上に寝そべってごらん. 地球の一部になったような感じがするよ / The baby was *lying* on her back [stomach, side]. 赤ん坊はあお向け[うつぶせ, 横向き]に寝ていた / The salesman *lay down* on the bench and fell asleep. 営業マンはベンチに横になり眠りに落ちた / *Lie back* in the chair and relax. いすにもたれて楽にしなさい

b 《+補〈形〉(+副句)》…の状態で (…に) 横たわる ‖ The dog was *lying* **still** in a sunny spot. 犬は日だまりでじっと横たわっていた / ～ sick in bed 病床に就いている / ～ asleep [awake] 横になって眠って[目を覚まして]いる

❷ a 《+副句》(物が) (…に平たく) **置いてある**, 置かれている, (横にして)ある ‖ Her letters *lay* on his desk. 彼女の手紙は彼の机の上にたまっていた

b 《+補〈形〉(+副句)》…の状態で (…に) 置いてある ‖ Masses of newspaper clippings *lay* scattered about all over the floor. 大量の新聞の切り抜きが床中に散らかっていた / Snow *lay* thick upon the roof. 雪が屋根に厚く積もっていた

❸ 《+副句》…に位置する, ある(be situated) ‖ Fukuoka ～*s* in the north of Kyushu. 福岡は九州の北部にある

/ We bought some land *lying* high on the mountain. 私たちは山の高所にある土地を買った
❹ a 《+副詞 / 補〈形〉》…の状態にある［なっている］‖ Much of the city *lay* in ruins. 市の大半は廃虚のままだった / The neighboring houses still *lay* in darkness. 付近の家々はまだ闇(やみ)に包まれていた / It isn't advisable to have the money *lying* idle. その金を遊ばせておくのはもったいない / His motives *lay* hidden. 彼の動機はなぞのままだった（♦ 後に過去分詞を伴い受身形を作る. 動作ではなく必ず状態の受身形になる. ⇨ BE 助 語法） b そのままになっている, ほうっておかれる ‖ Why did the government let this problem ～ for such a long time? なぜ政府はこの問題をこんなに長い間放置したのだろう
❺《+副句》《進行形不可》（抽象物が）〈…に〉**ある**, 存在する, 見いだされる〈**in, within,** etc.〉；〈…に〉のしかかる〈**on, upon**〉‖ Our future ～*s in* welfare business. 我々の将来は福祉事業にある［かかっている］/ The real issue ～*s in* quality control. 本当の問題は品質管理にある / The solution may ～ *within* the individual, not *in* society. 解決策は社会にでなく, 個人にあるのかもしれない / Our hopes of winning the game *lay* heavily *on* her shoulders. 試合に勝とうという我々の期待が彼女の両肩に重くのしかかっていた / He knows where his interest ～*s*. 彼はどこに自分の利益があるのかわかっている
❻《+副句》《進行形不可》（眼前に）広がっている, 展開する；（道などが）(…へ)延びている, 通じている；（霧などが）(…に)かかっている ‖ St. James's Park *lay* beneath our windows. セントジェームズ公園が窓の下に広がっていた / The route ～*s* to the east. その道は東に延びている / A thick fog *lay* before us. 濃霧が行く手にかかっていた ❼《英》（競争・試合で）…の順位にいる, …位である（♦ 序数詞または in ... を伴う）‖ She was *lying* second [OR in second place] at the turn. 彼女は折り返し地点では2位につけていた ❽《+副句》(…に)埋葬されている ‖ Here ～*s* the body of ... （墓碑名で）…の遺体ここに眠る ❾〚法〛（訴訟・控訴などが）成立する, 認められる

lie ahéad 〈自〉〈…の〉前途に待ち受けている〈**of**〉‖ Many problems ～ *ahead of* us. 我々の前にはたくさんの問題が待ち構えている

⁎***lie aróund*** [OR ***abóut***] **(...)** 〈自・他〉① (物が)(…に)散乱している, ほったらかしになっている ② (人が)(…の辺りを)だらだらと無為に過ごす

⁎***lie báck*** 〈自〉① よりかかる, もたれかかる, （あお向けに）寝転ぶ（→ 自 ❶） ② リラックスする, 何もせずくつろぐ

lie before ... 〈他〉…の前途に待ち受けている

lie behind ... 〈他〉① (真実・理由などが)…の裏に隠れている(underlie) ‖ I don't know what ～*s behind* his remarks. 彼の言葉の真意が私にはわからない ② (物事が)…にとってすでに過去のものとなっている［終わっている］

⁎***lie dówn*** 〈自〉横にな(ってい)る；（横になって）ひと休みする（→ 自 ❶）

lie héavy on ... …に重くのしかかる

lie in 〈自〉①《英口》（いつまでもぐずぐずと）朝寝坊する (sleep in) ②《古》お産の床に就く ―〈他〉《***lie in ...***》（将来・問題・策などが）…にある(consist in), 存在する(→ 自 ❺)

lie low ⇨ LOW¹(成句)

lie óff (...) 〈自・他〉〚海〛（船が）（陸地・他船から）少し離れている

lie óver 〈自〉①（案件などが後日に）持ち越される ②《米》旅を切り上げる

lie tó 〈自〉〚海〛（船が船首を風上に向けて）停船している

lie úp 〈自〉①（船が）ドックに入る, 就航していない ②（追手を逃れて）身を隠す, 潜伏する ③ 病床に就いている

⁎***líe with ...*** 〈他〉①（責任などが）〔人〕にある；（問題などが）…によって生じる, …の責任である, …にある ‖ The decision ～*s with* you. 決定を下すのは君の責任だ ②《古》〔人〕と性交する, 同衾(どうきん)する

tàke ... lỳing dówn 《主に否定文で》〔非難・侮辱など〕を甘んじて受ける ‖ I cannot *take* such an insult *lying down*. そんな侮辱は承服できかねる

―名（複 **～s** /-z/）C ❶《the ～》（物・地域の）位置, あり方；（物事の）状況, 情勢 ❷（動物の）ねぐら, 隠れ場所, 巣 ❸〚ゴルフ〛ライ《打ったボールの止まった位置・状態》‖ The ball has a good ～. ボールのライがよい

the lie of the land ⇨ LAND(成句)

:lie² /laɪ/

―名（複 **～s** /-z/）❶ C **うそ**, 偽り(↔ truth)（♥ lie はふつう相手に対する非難・侮辱を表す強い意味の語なので使用には注意が必要. → liar）‖ It would be a ～ to say that I wasn't upset. 落ち込んではいなかったと言えばうそになるだろう / **tell** [ˣsay, ˣspeak] a ～ うそをつく / a bald-faced [OR barefaced] ～ しらじらしいうそ / 「a downright [OR an outright] ～ 真っ赤なうそ
❷ C（人を）欺くもの, ごまかし ‖ Her friendship was a ～. 彼女の友情はうわべだけだった

a tìssue [OR ***pàck***] ***of líes*** うそ八百

gìve the líe to ... ①〔うわさ・説など〕が偽り［間違い］であることを示す ② …がうそをついたと責める

lìve a líe 偽りの生活を送る

nàil a líe 偽りであることを示す［見破る］

pùt the líe to ... = give the lie to ... ①(↑)

COMMUNICATIVE EXPRESSIONS

1 **I tèll a líe.** 《英》あっ, 間違えました（♥ 前言を訂正する. = That's a lie.）

2 **Nò líe?** うそじゃないでしょうね（♥ 疑念を表すだけた表現）

3 **Thàt's a (bìg [OR fàt]) líe.** そいつは（全く）違うな；それは（真っ赤な）うそだ（♥ 強い反論を示すくだけた表現）

―動（**～s** /-z/；**～d** /-d/；**ly·ing**）

―自 ❶ **うそをつく**〈**about** …について；**to** …に〉‖ Don't ～ *to* me. 私にうそをつくな / Oh, you're *lying*! あら, うそばっかり（♥ この形では侮辱にならない）/ I know you are *lying about* your age. 君が自分の年齢をごまかしているのはわかっている
❷《進行形不可》（物が）人を欺く［だます］‖ The camera never ～*s*. カメラは決して人を欺かない

―他 うそをついて…を（…の状態）にする〈**into** …に（陥れる）；**out of** …から（抜け出させる）〉（♦ 目的語はしばしば oneself）‖ You will ～ yourself *into* trouble. うそをつくと自分が困ることになるよ

líe one's wày into [***òut of***] ***...*** うそをついて…に入り込む［…から逃れる］

▸▸ **～ detèctor** 名 C うそ発見器（♦ 専門語は polygraph）

Lieb·frau·milch /líːbfraumɪlk, -mɪlx, -mɪlʃ, líːp-/ 名 U C リープフラウミルヒ《ドイツのライン川流域産白ワイン》

⁎**Liech·ten·stein** /líktənstàɪn/ 名 リヒテンシュタイン《オーストリアとスイスの間にある公国. 公式名 the Principality of Liechtenstein. 首都 Vaduz》

lied /liːd/ 名（複 **lie·der** /líːdər/）C リート, ドイツ歌曲

lìe-dówn /⌐⌐/ 名 C《通例単数形で》《主に英口》（ベッドに横になっての）短い休息

lief /liːf/ 副《古》喜んで, 快く

would as líef do (***as ...***) 《古》（…するくらいなら）…する方がましだ

liege /liːdʒ/ 名 C ❶ 封建君主, 領主 ❷《～s》封建家臣, 家来 ―形《限定》《古》❶ 封建君主たる；臣下たる；主従関係の ‖ a ～ lord 君主 ❷ 忠実な

líege·màn 名 C〚史〛臣下, 家来（中立 servant, vassal）

lìe-ín /⌐⌐/ 名 C《通例単数形で》《主に英口》朝寝坊

li·en /líːən/ 名 C〚法〛〈…に対する〉先取特権, 留置権〈**on**〉

lieu /ljuː/ 名 U《古》場所（♦ 通例次の成句で用いる）

in líeu of ... …の代わりに(instead of)

Lieut. 略 Lieutenant

⁎**lieu·ten·ant** /luːténənt | lef-/ 名 C ❶〚軍〛（米陸軍・

海兵隊・空軍の)中尉《略 LT, Lt.》;(英・豪・カナダ陸軍の)中尉 ‖ a first [second] ～ (米陸軍[空軍, 海兵隊]の)中尉[少尉] ❷〖軍〗(米・英・豪・カナダ海軍の)大尉 ❸《米》警部補(《英》inspector);(消防署の)副署長 ❹上官代理, 副官(aide) (→ Lord Lieutenant, deputy lieutenant) **-an·cy** 名 U lieutenant の地位[職務]

▶▶**～ cólonel** 名 C〖軍〗(米陸軍・空軍・海兵隊の)中佐;(英陸軍の)中佐 **～ commánder** 名 C〖軍〗(米海軍・沿岸警備隊の)少佐;(英海軍の)少佐 **～ géneral** 名 C〖軍〗(米陸軍・空軍・海兵隊の)中将;(英陸軍の)中将 **～ góvernor** 名 C ①(米国の)州副知事 ②(カナダの)副総督《州知事に相当》 **～ jùnior gráde** 名 (複 **～s j- g-**) C〖米海軍〗中尉

***life /laɪf/

中心義 命, 命のあるもの[期間]

> 名 生命❶ 人命❷ 一生❸ 生物❹ 人生❺ 生活❻ 活気❾

─名〔◁ live¹ 動〕(複 **lives** /laɪvz/) ❶ U **生命**, 命;生きていること, 生(↔ death) ‖ The man who was pulled out of the water showed no signs of ～. 水中から引き上げられた男性は生命反応を示さなかった / Nothing is more precious than ～. 命ほど大切なものはない / the origin of ～ 生命の起源 / a matter of ～ and [OR or] death 死活問題 / eternal [OR everlasting] ～ 永遠の命

❷ C (個々の)生命, **人命** ‖ Many people lost their *lives* in the flood. 洪水で多くの人命が失われた(＝Many people were killed in the flood.) / You've saved my ～! あなたは私の命の恩人です / take his ～ 彼の命を奪う / risk one's ～ 命をかける / take one's own ～ 自殺する

❸ C U **一生**, 生涯 ‖ I've dreamed of visiting Paris all my ～. 生まれてからずっとパリを訪れてみたいと思っていた / for the first time **in** one's ～ 生まれて初めて / late [early] in ～ 晩年に[幼いときに] / the game of my ～ 生涯最高の試合

❹ U《集合的に》**生物**, 生きているもの, 生き物 ‖ Is there any form of ～ on Mars? 火星には何か生物がいますか / animal [plant] ～ 動[植]物 / forest [marine] ～ 森[海]の生物

❺ U **人生**;世間, 世の中 ‖ *Life* is not all roses. 人生は楽しいことだけではない / *Life* is not worth living without having a little fun from time to time. ときに少々楽しまない人生なんて生きるに値しない / You are still too young to know much about ～. 君はまだ若すぎてあまり世の中のことを知らない / this ～ この世, 現世 / the next [OR other] ～＝the ～ to come あの世, 来世

> **Behind the Scenes** **Life is like a box of chocolates. 人生は何が起こるかわからない** 映画 *Forrest Gump* の主人公のせりふ Mama always said life was like a box of chocolates. You never know what you're gonna get.「ママはいつも, 人生は箱入りのチョコレートのようだと言っていた. 中に何が入っているか食べてみないとわからない, ってね」より(♥「何があるかわからないが, (中身は何であれ, だれもが好きなチョコレートにかわりはないので)人生捨てたものじゃないはず」という含み)

❻ C U **生活**, 暮らし(方), 生き方 ‖ He lives [OR leads] a simple [a happy, a miserable, an ordinary] ～. 彼は質素な[幸せな, 惨めな, ふつうの]暮らしをしている / He lived his own ～. 彼は独立独歩の生き方をした / start [OR make] a new ～ 新しい生活を始める / in real ～ 実生活では;現実では

> **連語**【形/名＋～】an active [OR a busy] ～ 忙しい暮らし / a good ～ 幸せな暮らし / a normal ～ ふつうの暮らし / a hard [boring, lonely] ～ つらい[退屈な, 寂しい]暮らし / school ～ 学園生活 / social ～ 社交生活, 付き合い / private [OR personal] ～ 私的な暮らし / public ～ (政府関係者の)公的生活 / daily [OR everyday] ～ 日常の生活 / family ～ 家庭生活 / working ～ 仕事生活

❼ U《口》終身刑(life imprisonment) ‖ He killed a police officer and got [OR was given] ～. 彼は警察官を殺して終身刑を受けた(✐ ... and was sentenced to life imprisonment.)

❽ C《単数形で》(物の)存続期間, 耐用[有効]年数, 寿命,

メタファーの森 life 人生

life ⇨ journey (人生⇨旅)

「人生」は目的地に向かって進む「旅」に例えられる. 旅には方向があり, 道があり, 分岐点があり, 山や谷があるが, 人生もこの行程に当てはめて表現される.

- ➤ My brother and I chose to **go separate ways.** 弟と私は違う道を進むことを選んだ
- ➤ **I'm at a crossroads** in my life. 私は人生の岐路に立っている(♦ crossroads は文字どおりには「交差点」の意)
- ➤ She's **without a direction** in life. 彼女は人生の方向性を失っている(♦ 類似の表現として lose one's way(道に迷う, 目的を失う)もある)
- ➤ There's **no turning back.** もう後戻りはできない(♦「進んできた道を戻ることはできない」の意)
- ➤ He **found a way** out of the difficult situation. 彼は困難な状況から活路を見出した
- ➤ I think the singer is already **over the hill.** その歌手はもう盛りを過ぎていると思う(♦ hill は「全盛期」を表す)

life ⇨ gamble (人生⇨ギャンブル)

人生の不確定性に焦点を当て, くじ引きやトランプゲームなどの「ギャンブル」に例えられることもある.

- ➤ He **hit the jackpot** with his new business. 彼は新しいビジネスで一山当てた(♦ hit the jackpot はポーカーで「積み立て賭(か)け金(jackpot)を得る」ことから「大成功する」の意)
- ➤ It's just **the luck of the draw** whether a person is born rich or not. お金持ちに生まれるかどうかは運次第だ(♦ draw は「くじ引き」の意)
- ➤ It's important to cool down **when the chips are down.** いざというときには冷静になることが大切だ(♦ 口語表現. 相手が勝負の準備が整って賭け金(chips)をテーブルに置く場面から)
- ➤ If you **play your cards right** in your company, you could have a successful career in no time. 会社でうまく立ち回ればすぐに出世できるかもよ(♦ cards はトランプの手札を表し, 適切に使えばゲームに勝てるということ)
- ➤ It's just **in** [《英》**on**] **the cards.** 単純にそういう巡り合わせなんだよ(♦ タロット占いのカードに含まれていて起こりそうであるということから)

賞味期限 ‖ The ~ of a TV set is 10 years at best. テレビの寿命はよくて10年だ

❾ Ⓤ **活気**, 生気 ; 活動 ‖ At the age of 80, he is still full of ~. 80歳にして彼はまだ元気いっぱいだ / You should put a little more ~ into your acting. もっと生き生きと演技をしてくれないか / This part of the city has few signs of ~ at night. 市街のこの辺りは夜にはほとんど人の気配がなくなる

❿ Ⓒ 伝記 (biography) ⓫ Ⓤ (絵画などのモデルとなる) 実物, 本物 (→ still life) ; 写生画 ; 実物大 ‖ paint [OR draw] from ~ 実際のモデルを使って描く ⓬ Ⓤ (命と同じほど) 大切なもの ‖ Music is my ~. 音楽は私の命だ / Freedom of speech is the ~ of democracy. 言論の自由は民主主義にとって欠かせないものだ

(as) bìg [OR ***làrge***] ***as life*** ① 実物大の [で] ② (何と実際に) 本人が ‖ I never thought she would show up. But there she stood, *as big as* ~. 絶対に来ないと思っていたが, そこに立っていたのはまさしく彼女だった

bèt one's lífe 絶対に…だ

bìgger than lífe (才能や奇妙な振る舞い, 服装で) 人目を引く, 非常に印象的な

brèathe (***nèw***) ***lífe into ...*** …を生き返らせる ; 〔事業など〕に新風を吹き込む

brìng ... to lífe ① 〔人を〕生き返らせる, 正気づかせる ② …を活気づかせる, 生き生きさせる ; …に命を吹き込む

****còme to lífe*** ① 意識を回復する, 生き返る ② 活気づく, 生き生きとする ; (おもちゃ・機械などが) 動き出す

depàrt this lífe 《堅》世を去る, 死ぬ (♥ die の婉曲表現)

dò ànything for a quìet lífe 面倒を避けて譲歩する

for dèar [OR ***one's***] ***lífe*** 命がけで, 必死に

for lífe 一生の間, 終身の ‖ a friend [job] *for* ~ 生涯の友 [一生の仕事]

for the life of one 《否定文で》《口》どうしても (…ない) ‖ I can't *for the* ~ *of* me remember who that man is. どうしてもあの男がだれだか思い出せない

frìghten the lífe òut of a pèrson 〔人〕をぎょっとさせる, 怖がらせる

gèt a lífe 《口》① 元気を出す, 楽しむ (努力をする) ② ⇨ CE 1

give one's lífe =*lay down one's life* (↓)

hàve [OR ***lèad, lìve***] ***a chàrmed lífe*** (魔法で守られているかのような) 幸運な生活を送る

hàve a life of its ówn (機械などが) ひとりでに動く

in (***àll***) ***one's lífe*** (生まれてこのかた) いまだかつて一度たりとも (♦ 通例 never または最上級の形容詞を伴う名詞とともに用いられる) ‖ I've never been so embarrassed *in all* my ~. 生まれてこのかたこんな恥ずかしい思いをしたことはない / It was the happiest time *in* my ~. それは私の生涯で最も幸せな時だった

làrger than lífe =*bigger than life* (↑)

lày dòwn one's lífe 〈祖国などのために〉命を投げ出す 〈**for**〉

lìfe and límb 五体, 体全体 ‖ escape with ~ *and limb* 大したけがもなく逃れる / risk ~ *and limb* 危険に身をさらす

life is tòo shórt 人生はあまりにも短い (♥「くだらないことに費やす時間はない」の意) ‖ *Life is too short* to waste our time arguing. 議論をして時間を無駄にする暇はない

live [OR ***lèad***] ***the lìfe of Ríley*** ぜいたくに暮らす (♦ 19世紀末の歌に起源があるとする説が有力. Riley は /ráɪli/ と発音する)

màke lìfe dífficult 〈…に〉苦労をかける, 悩ませる 〈**for**〉

nòt on your lífe 《口》とんでもない, 絶対に駄目だ ; 断じて…しない ‖ "I'd like you to meet her." "*Not on your life.*" 「彼女に会ってもらいたいんだ」「絶対にいや」

pùt [OR ***plàce***] ***one's lìfe in a pèrson's hánds*** ; ***one's lìfe is in a pèrson's hánds*** 自分の命を (人の) 手にゆだねる

scàre the lífe òut of a pèrson =*frighten the life out of a person* (↑)

sèe lífe 世間を見る (see the world)

tàke one's lìfe in one's hánds 生命の危険を冒す

the lìfe (《英》 ***and sóul***) ***of the pàrty*** パーティーの花 [華]

the mán [***wóman***] ***in one's lìfe*** 《口》恋人, 結婚相手

to sàve one's lífe 《cannot, will not とともに》どうしても ‖ I couldn't sing in front of the public *to save* my ~. どうしても人前で歌えなかった

to the lífe 実物そっくりの [に] ‖ This portrait is Queen Elizabeth *to the* ~. この肖像画はエリザベス女王そっくりだ

trùe to lífe (物語・ドラマなどが) 事実に即した, 現実のとおりに

COMMUNICATIVE EXPRESSIONS

1 **Gèt a lífe!** (つまらないことをやめて) まともな生活をしろ ; もっとちゃんとしろよ (♥ いら立ちを表す)

2 **Hòw's lífe (trèating you)?** どう, 調子は ; 元気か (♥ くだけたあいさつ. ✐How are you? / ✐《堅》I trust you're keeping well.)

3 **Lífe is jùst a bòwl of chérries.** 人生は楽しいことばかり (♥ ときに皮肉表現としても用いられる)

4 **Lífe is the píts.** 人生は最悪

5 **Thàt's lífe.** 人生とはそういうものだ (♥「どんなに困難でもその状態を受け入れるしかない」と物事の道理を説く)

6 **Thìs is the lífe.** これこそ人生だ (♥ 現在の状況に満足している表現)

7 **To lífe!** 乾杯

8 **Whàt a lífe!** 何ということだ (♥ 不満・嘆きを表す)

9 **When lífe gìves you lémon, màke lemonáde.** 与えられたものをうまく生かすんだ (♥「レモンを渡されたらレモネードを作れ」から,「悪い状況にあってもその中でチャンスを見いだせ」を意味する陳腐な表現)

▸▸ ~ **assùrance** 名 Ⓤ 《主に英》 =life insurance ~ **bèlt** 名 Ⓒ 《主に英》 救命帯 ~ **bùoy** 名 Ⓒ 救命ブイ 《浮き輪》(life preserver) ~ **clàss** 名 Ⓒ ヌードモデルを描く授業 ~ **còach** 名 Ⓒ 生き方アドバイザー [カウンセラー] ~ **cỳcle** 名 Ⓒ ① 〖生〗生活環 《個体の発生から次の世代の発生までの過程》 ② 生活史 ; (製品などの) 寿命, ライフサイクル ~ **expéctancy** /, ----- / 名 Ⓤ Ⓒ 平均余命 ~ **fòrce** 名 Ⓤ 生命を元気づけるもの ; 活力 [飛躍] 源 ~ **fòrm** 名 Ⓒ 生物形態 ; 生物 ~ **hístory** 名 Ⓒ ① 〖生〗生活史 《受精・受胎から死に至るまでの生活過程》 ② (個人の) 生活史, 伝記 ~ **imprísonment** 名 Ⓤ 終身刑, 無期懲役 ~ **insùrance** 名 Ⓤ 《米》生命保険 (《英》 life assurance) ~ **ìnterest** 名 Ⓤ 〖法〗生涯不動産 (権) (life estate) ~ **jàcket** 名 Ⓒ 救命胴衣 ~ **mèmber** 名 Ⓒ 終身会員 ~ **òffice** 名 Ⓒ 《英》生命保険会社 ~ **péer** 名 Ⓒ (英国の) 一代貴族 ~ **péeress** 名 Ⓒ (英国の) 一代 (女性) 貴族 ~ **presèrver** 名 Ⓒ ① 《米》救命具 《life jacket, life belt など》 ② 《英》(護身用の) 仕込みづえ ~ **ràft** 名 Ⓒ 救命いかだ ~ **scìences** 名 複 生命科学, ライフサイエンス 《生物学・医学・人類学・社会学など》 ~ **sèntence** 名 Ⓒ 終身刑 (の判決), 無期懲役刑 ~ **stòry** 名 Ⓒ 伝記, 身の上話 ~ **suppòrt** (↓) ~**'s wòrk** 名 Ⓒ 《単数形で》 =lifework ~ **tàble** 名 Ⓒ =mortality table ~ **vèst** 名 Ⓒ 《米》 =life jacket

lìfe-and-déath ⟨ジ⟩ 形 《限定》生きるか死ぬかの, 死活にかかわる, 非常に重大な

***life·blòod** 名 Ⓤ 《文》(生命に不可欠の) 血 ; 活力源

lífe·bòat 名 Ⓒ 救助艇 ; (船に搭載した) 救命ボート

lífe-enhàncing 形 幸福な [満足した] 気分にさせる

lífe-gìving 形 生命 [活力] を与える ; 元気づける

lífe·guàrd 名 Ⓒ (海岸・プールの) 監視 [救助] 員

lífe·hàck 動 自 仕事を能率化する —名 Ⓒ Ⓤ 仕事の能率化方策, 仕事術 (♦ life hack ともつづる)

life·less /láɪfləs/ 形 ❶ 生命のない，死んだ；死んだように見える ❷ 生物が住んでいない ‖ a ～ planet 生物のいない惑星 ❸ 活力[生気]のない **～·ly** 副 **～·ness** 名

lífe·lìke 形 生きているような，実物そっくりの

lífe·lìne 名 C ❶ (救助用の)救命索；(水夫・潜水夫の)命綱 ❷ (生命・生活維持のために)不可欠のもの；生命線；頼みの綱 ‖ throw a ～ to ... …に救いの手を差し伸べる ❸ (手相の)生命線

***lífe·lòng** 形《限定》一生の，終生の，終生変わらぬ ‖ a ～ love 終生変わらぬ愛情

lìfe-or-déath 形 =life-and-death

lif·er /láɪfər/ 名 C ❶《口》終身刑囚 ❷ (ある仕事や同一企業に) 一生をかける人，生え抜き ‖ a laboratory ～ 実験室[研究所]専任職員 ❸《米》職業軍人

lífe·sàver 名 C ❶ 水難救助者；《豪・ニュージ》=lifeguard ❷《口》(苦難・危機から)救ってくれる人[もの]；救いの神

lífe·sàving 名 U 形 人命[水難]救助(の)

lífe-sìze, -sìzed 形 等身大の，実物大の

***lífe·spàn** 名 C (生物の)寿命；(機械などの)耐用期間，寿命 ‖ The average ～ of Japanese women is about 86 years. 日本人女性の平均寿命は約86歳である

***lífe·stỳle** 名 C U ライフスタイル，生活様式，(個人の)生き方(♦ life style, life-style ともつづる)

▶▶ **～ disèase [disòrder]** 名 C 生活習慣病 (♦ life-style-related disease ともいう) **～ drùg** 名 C ライフスタイルドラッグ《生活の質を向上させる薬》

lífe suppòrt 名 U 生命維持装置；延命処置 ‖ keep a person on ～ (人に)延命処置を施しておく

lífe-suppòrt /+英 ニ-ニ/ 形 生命維持の

▶▶ **～ machìne** 名 C 生命維持器具 **～ sỳstem** 名 C (病院・宇宙船などの)生命維持装置；生物圏

***lífe-thrèatening** 形 (病気などが)命にかかわる

:life·time /láɪftàɪm/

— 名 C《通例単数形で》❶ **一生**，生涯，終生 ‖ **during** [OR **in**] our ～ 我々の生涯で / a ～ membership 終身会員 / ～ employment 終身雇用 / a ～ supply of vitamins 一生分のビタミン

❷ (物の) 耐用年数，**寿命** ‖ the ～ of a car 自動車の耐用年数 ❸《口》とても長い時間 ‖ wait a ～ for the bus ずいぶん長い間バスを待つ

nòt in this lífetime《口》決して…ない

ònce in a lífetime ごくまれに ‖ An opportunity like this comes only *once in a* ～. このような機会はめったに訪れるものではない / a *once-in-a-*～ experience 一生に1度の経験(♦ しばしば複合語として用いる)

the ... of a lifetime (生涯で) 最良の… ‖ *the* chance [opportunity, vacation] *of a* ～ (生涯で) 最良のチャンス[機会，休暇]

lìfe·wórk 名 C《通例単数形で》一生の仕事[事業]，ライフワーク(《英》life's work)

LIFO /láɪfou/ 略〖会計〗💻 *l*ast-*i*n, *f*irst-*o*ut ((株価・データ処理の)後入れ先出し法)

:lift /lɪft/ 動 名

中心義 **Aを (今ある位置から離して) 高い位置に上げる** (★ Aは具体的な「物」に限らず，「制限」「気持ち」「負担」など多様)

> 動 他 持ち上げる❶ 上げる❷ 廃止する❸
> 自 持ち上がる❶
> 名 持ち上げること❶ エレベーター❸ 乗せること❺

— 動 (**～s** /-s/；**～·ed** /-ɪd/；**～·ing**)

— 他 ❶ …を**持ち上げる**《**up**》(↔ lower¹)；…を持ち上げて動かす〈**to** …へ；**onto** …の上に；**out of, from, off** …から〉；…を取って下ろす《**down**》(⇨ RAISE 類語) ‖ He ～*ed* the suitcase *down from* the luggage rack. 彼はスーツケースを手荷物棚から下ろした / When I ～*ed* the puppy *up*, he peed on me! 子犬を抱き上げたら小便をかけられた / ～ a heavy box 重い箱を持ち上げる / ～ the receiver [OR phone] 電話の受話器を取る

❷〔目・顔など〕を上に向ける；〔手・腕など体の一部〕を**上げる**《**up**》‖ She ～*ed* (*up*) her eyes from the book and smiled. 彼女は読んでいた本から目を上げほほ笑んだ / He ～*ed* his right arm to greet me, and a taxi stopped. 彼が私にあいさつしようとして右手を上げたところ，タクシーが止まってしまった

❸〔制限・禁止など〕を**廃止する**，解除する；〔軍の包囲・爆撃など〕をやめる ‖ ～「a ban [an embargo, a curfew] 禁止令[輸出禁止令，夜間外出禁止令]を解除する

❹ (特に緊急時に) 〔人・貨物など〕を空輸する〈**from** …から；**to** …へ〉(→ airlift) ‖ Helicopters ～*ed* people *from* the flooded areas *to* higher ground. ヘリコプターが浸水地帯から人々を高台へと空輸した

❺〔気持ち・感情など〕を高める，高揚させる；〔地位・境遇など〕を高める，改善する《**up**》‖ The news of the victory ～*ed* our spirits. 勝利のニュースに皆元気づけられた / Drastic reforms ～*ed* the nation out of stagnation. 思いきった諸改革によってその国は不況から脱した

❻《口》〔小さなものなど〕を盗む，万引きする(→ shoplift)；〔文章など〕を盗用する ‖ She was captured on the surveillance camera trying to ～ some CDs from that store. 彼女はその店でCDを何枚か盗もうとしているところを防犯カメラに撮られた / This part in your essay is ～*ed* straight from my book. 君のエッセイのこの部分は私の著書からそのまま盗用しているね

❼〔負担・責任など〕を取り除く，除去する；〔痛み・憂うつなど〕を取り除く ‖ Your offer to lend support ～*ed* a great weight off my mind. ご支援いただけるということで気持ちがとても楽になりました / ～ a burden from her shoulders 彼女の肩の荷を下ろしてやる

❽〔イモなど〕を掘り出す(dig up) ❾〔量・価格など〕を引き上げる ‖ ～ interest rates 利率を引き上げる ❿〔顔・乳房〕の美容整形手術をする，たるみ[しわ]とりの手術をする ‖ have one's face [breasts] ～*ed* 顔[胸]の美容整形手術をしてもらう ⓫《米》〔負債など〕を払い終わる，〔抵当〕を外す ⓬〖ゴルフ・野球など〗〔ボール〕を高く打ち上げる

— 自 ❶ **持ち上がる**，上がる(rise)；開く ‖ The window [lid] doesn't ～. 窓 [ふた] が開かない / Her eyes ～*ed* from the floor to us. 彼女は視線を床から私たちの方へ向けた ❷ (雲・霧などが) 上がる，晴れる，消える；(雨が) 一時的にやむ ‖ The fog began to ～. 霧が晴れてきた ❸ (気分が)晴れる，(気持ちが)高揚する ‖ Our hearts ～*ed* at the sight of the rescuer. レスキュー隊員の姿に我々の気持ちが明るくなった ❹ (量・価格などが) 上がる

lift óff 〈自〉(飛行機などが)離陸する，発進する

— 名 (複 **～s** /-s/) C ❶ **持ち上げること**；上がること，上昇 ‖ He gave the bed a ～ to help her get the suitcase out from under it. 彼はベッドを持ち上げて彼女がその下にあるスーツケースを取り出しやすくした / a ～ in prices 物価の上昇

❷ 持ち上げる [上がる] 重量 [高さ] ‖ The weightlifter did a ～ of 100 kilos. その重量挙げ選手は100キロを持ち上げた

❸《英》**エレベーター**(《米》elevator) ❹ 昇降機，(自動車修理用の) リフト，起重機；スキーリフト(chair lift) ❺ (a ～)《主に英》(人を車に) **乗せること**，乗せてもらうこと(《米》ride) (♦ ふつう無料で) (→ CE 1) ‖ Could you **give** me a ～ to the station? 駅まで車に乗せていただけますか / **get a** ～ 車に乗せてもらう / hitch [OR thumb] a ～ ヒッチハイクをする ❻ (a ～)感情の高揚，気分の高まり(⇨ HAPPY メタファーの森) ‖ Scoring the first goal gave a tremendous ～ to the team. 最初のゴールを決めてチームの意気は大いに上がった ❼ 助力，手助け；(物を持ち上

げるのに) 必要な力 ‖ Can you give me a ～ with this baggage? この荷物を運ぶの手伝ってくれるかい ❽ Ⓤ Ⓒ 上昇力；〘航空〙揚力 ❾ (＝**shóe** [**héel**] ～) (背を高く見せるための) 靴の上げ底 ❿ 空輸(量) (→ airlift) ⓫ 《体の部位を表す語の後で》美容整形手術 ‖ a forehead ～ (額のしわなどを取る)額リフト(→ forehead lift)

COMMUNICATIVE EXPRESSIONS

① **Nèed** [OR **Gìve you**] **a líft?** 車に乗せていってあげようか；送るよ(♥ しばしば異性を誘う文句としても用いる)

▶▶**～ pùmp** 名 Ⓒ 吸水[揚水]ポンプ

líft·òff 名 Ⓒ (ロケット・宇宙船などの)打ち上げ, 離昇, 離陸(の瞬間) ‖ Three, two, one, ～. 3, 2, 1, 発射

lig·a·ment /lígəmənt/ 名 Ⓒ ❶〘解〙靭帯(じんたい) ❷ 物を結びつけるもの；きずな

li·gand /lígənd/ 名 Ⓒ 〘化〙リガンド, 配位子

li·gase /láɪgeɪs/ 名 Ⓒ 〘生化〙リガーゼ, 合成酵素

li·gate /láɪgeɪt/ 動 他 〘医〙〔出血する血管〕を縛る, 結紮(けっさつ)する　**li·gá·tion** 名

lig·a·ture /lígətʃùər | -tʃə/ 名 ❶ Ⓒ (縛るのに使う)綱, ひも, 包帯；〘外科〙結紮糸 ❷ Ⓒ 〘印〙合字, 抱き字《œ, fi など》 ❸ Ⓒ 〘楽〙スラー(slur)；連音符 ❹ Ⓤ くくる[縛る]こと
——動 他 …をくくる, 縛る；〘外科〙＝ligate

li·ger /láɪgər/ 名 Ⓒ 〘動〙ライガー《雄のライオンと雌のトラの交配による雑種》(♦ *li*on＋*ger* より)(→ tiglon)

lig·ger /lígər/ 名 Ⓒ 《英口》(企業が主催する新製品発表パーティーなどに)押しかける人

***light¹ /laɪt/ 名 形 動

中心義 **明るい(もの)**

名 **光❶❷　照明❸　交通信号❸　日光❹**
形 **明るい❶　淡い❷**
動 他 **火をつける❶　明るくする❷**

——名 (▶ lighten¹ 動) (複 **～s** /-s/) ❶ Ⓤ **光**, 光線；明るさ, 明かり(↔ darkness) (⇨ 類語) ‖ the ～ of「the sun [a lamp, a candle] 太陽[ランプ, ろうそく]の光 / a ray [OR beam] of ～ 光線 /「The ～ isn't enough [OR There isn't enough ～] to shoot the scene. このシーンを撮影するには明るさが足りない / The fortuneteller read my palm by [OR in] the dim ～ of the candle. 占い師はろうそくの薄暗い明かりで私の手相を見た

❷ Ⓒ (ある一定の色・明るさの) **光** ‖ The picture is in a good [bad] ～. その絵は(明るくて)よく見える[(暗くて)よく見えない]所にある / Who is it? Come out into [OR in] the ～. だれなの, 明るい所へ出てきなさい / the strong [OR bright] ～ of the neon signs ネオンサインの鮮やかな光

❸ Ⓒ **照明**, 電灯(electric light), 灯火, 明かり；《通例 ～s》**交通信号**(traffic lights)；(車・自転車などの)ヘッドライト, ブレーキランプ；灯台；光を発するもの ‖ The ～ comes on when someone approaches the gate. だれかが門に近づくと明かりがつく / turn [OR switch, put] on a ～ 明かりをつける / turn [OR switch, put] off a ～ 明かりを消す (♦ turn out, put out もこの意味で使える) / The street ～*s* go off automatically at dawn. 街灯は夜が明けると自動的に消える / Turn left at the next ～*s*. 次の信号のところで左折してください

❹ Ⓤ **日光**(daylight)；日中；夜明け ‖ at first ～ 夜明けとともに / before ～ 夜が明けないうちに

❺ Ⓒ 《通例 a ～》(マッチ・たばこなどの)火；点火するもの；火花 ‖ Do you have a ～ [× fire]? (たばこの)火を貸してくれませんか

❻ Ⓒ 《通例単数形で》(物事の)見方, 観点, 見地 ‖ This article portrays him in the worst possible ～. この記事は彼を非常な悪意に満ちた見方で描いている

❼ Ⓒ 《通例単数形で》(目の)輝き；ある表情 ‖ A ～ of hope came into his eyes. 希望の光が彼の目に浮かんだ / The ～ died out of the boy's eyes. 少年の目から輝きが消えた ❽ Ⓤ 理解, 知識, (問題解決に役立つ)手がかり；(精神的な)啓蒙(けいもう), 光明 ❾ Ⓒ 《通例 one's ～s》知識；才能, 知力 ‖ act according to one's (own) ～*s* 自分の能力に応じて行動する；自分の見解に基づいて行動する ❿ Ⓒ 〘建〙小窓, 明かり取り窓, 天窓 ⓫ Ⓒ (指導的な)人物, 大家 ‖ a guiding ～ 模範となる人物 ⓬ Ⓤ Ⓒ 〘美〙(絵画・写真の)明るい部分 ‖ ～ and shade 明暗(♦ 美術以外にも対比の意で使われる) ⓭ Ⓒ 《～s》脚光 ‖ have one's name in ～*s* 脚光を浴びる；有名になる ⓮ Ⓒ 《英》(クロスワードパズルの)空欄 ⓯ Ⓤ 〘法〙採光権

be [OR ***stànd***] ***in a pèrson's líght*** (人と)光源の間に立つ, (人の)手元を暗くする

be [OR ***gò***] ***òut like a líght*** 《口》あっという間に眠りに落ちる[気を失う]

****brìng ... to líght*** 〔秘密など〕を明るみに出す, 暴露する

****càst líght on ...*** ＝*shed light on ...*(↓)

****còme to líght*** (秘密などが)**明るみに出る**, 発覚する

hìde one's líght under a búshel 〔自分〕の才能[長所]を隠す(♦ 聖書の言葉より)

in a ... líght …のように；…を強調して；…の印象を与えるように ‖ see the matter *in a* different [new] ～ その問題を別の[新しい]観点から見る

in the còld lìght of dáy 冷静になってみると, 現実に返ってみると

****in (the) líght of*** …に照らして, **…を考慮すると** (♦ the を省略するのは《主に米》) ‖ *In the* ～ *of* what we know about him now, hiring him was a mistake. 現時点で彼についてわかっていることから考えると彼を雇ったことは誤りだった

sèe the líght ① ようやくわかる, 納得する ② 改宗する, 信仰を持つようになる

sèe the lìght (of dáy) ① 日の目を見る, 世に出る, 公にされる (♥ 困難の末にようやく世に出るといったニュアンスがある) ② (人が)生まれる

sèt líght to ... …に火をつける, …を燃やす

****shèd líght on ...*** …を解明する, …の解明に役立つ ‖ The evidence *shed* ～ *on* the murder. 証拠は殺人事件に手がかりを与えた

****(the) lìght at the ènd of the túnnel*** 長い苦難[試練]の後の光明[希望]

(the [OR ***a]) lìght dáwns*** 〈…が〉やっとわかる, 〈…に〉やっと気づく〈**on**〉

the lìght of a pèrson's lífe (人の)最愛の人

the lìghts are ón but「***nòbody is at hóme*** [OR ***nòbody's hóme***] まともなように見えるが, 本当は愚かだ[役に立たない]

thròw líght on ... ＝*shed light on ...*(↑)

——形 (**～·er**；**～·est**)

❶ (場所が)**明るい**, 日がよく入る(↔ dark) ‖ The room was ～ and spacious. 部屋は明るくて広々としていた / Be sure to come back while it's still ～. 必ず明るいうちに帰って来なさい

❷ (色が)**淡い**, 薄い ‖ She has a ～ complexion. 彼女は色白だ / ～ green 薄緑色

——動 (**～s** /-s/；**lit** /lɪt/ OR **～·ed** /-ɪd/；**～·ing**)

—他 ❶ …に**火をつける**, 点火する《*up*》；〔火〕をおこす(↔ *put out*) ‖ The cigarette is *lit*. たばこに火がついている / ～ (*up*) a **candle** ろうそくに火をつける / a ～*ed* [OR *lit*] cigarette 火がついたたばこ (♦ 過去分詞を形容詞として名詞の前に置く場合には lit, lighted 共に用いる)

❷ …を**明るくする**, 照らす《*up*》(↔ darken)；…に明かりをつける (♦ しばしば受身形で用いる) ‖ The room is *lit* by indirect lighting. その部屋は間接照明を取り入れている / Colorful beams *lit up* the stage brightly. カラフルな光線が舞台を明るく照らした / Regent Street is *lit up* for Christmas. リージェント通りはクリスマスの照明でライトアップされている / a **brightly** [dimly, well] *lit*

room 照明が明るい[薄暗い, 十分な]部屋
❸ (笑いなどが)〔顔・目〕を明るく輝かせる, 晴れ晴れとさせる《*up*》‖ A smile *lit up* her tear-stained face. にっこりと笑って彼女の涙でぬれた顔が輝いた
❹《+目 (+副句)》(明かりが) …を(…の方へ) 誘導する, 案内する ‖ The moon *lit*「our way [OR us] to the beach. 月が海辺まで行く道を明るく照らしてくれた
━自 ❶ 明かりがつく, 灯火がつく；火がつく；明るくなる《*up*》❷ (顔・目が) 明るく輝く, 晴れ晴れする《*up*》‖ The little child's eyes *lit up* with joy when he saw his mother waving at him. 母が自分に手を振っているのを見ると幼い子供の目はうれしさに輝いた ❸ たばこの火をつける, たばこを吸い始める《*up*》‖ Hey, don't ～ *up*. Can't you see the no-smoking sign? ちょっと, たばこを吸わないで, 禁煙のサインが見えないの

***light on* [OR *upon*] …** 〈他〉(急にまたは偶然) …を見つける, 思いつく

類語 《名 ❶》**light**「光・明るさ」の意の一般的な語. 〈例〉*light* and darkness 光と闇(ゃみ)
flash 突然の瞬間的な光. 〈例〉the *flash* of an explosion 爆発の閃光(せんこう)
beam 比較的太い一筋の光, 数筋が束になった光. 〈例〉a *beam* of sunlight 一筋の日の光
ray beam より弱い一筋の光. 〈例〉a *ray* of light through a hole in the wall 壁の穴から差し込む一条の光
gleam あまり鮮明でない, 柔らかな光. しばしば断続的な光の流れ. 〈例〉the distant *gleam* from a lighted window 遠くにちらつく窓の灯火
glimmer gleam よりかすかで揺れている光. 〈例〉the *glimmer* of candlelight ちらちら揺れるろうそくの光

▸▸ ～ **bùlb** 名 C 白熱電球 ～ **gùn** 名 C 🖳ライトガン, 光線銃《コンピューターゲーム用のコントローラーの一種》 ～ **mèter** 名 C 照度計；(カメラの) 露出計 (exposure meter) ～ **pèn** 名 C 🖳ライトペン《CRTディスプレー上の位置を読み取って入力する装置》;《英》バーコード読み取りペン ～ **pollùtion** 名 U 光害《天文観測を妨げる都会の明かり》 ～ **reàction** 名《the ～》《生化》明反応《光合成の第1段階》 ～ **shòw** 名 C ライトショー《ロックコンサートなどで用いる光と色の織りなすショー》 ～ **stìck** 名 =glowstick ～ **yèar** 名 C =light-year

***light[2] /laɪt/ 形 副

中心義 **軽い** (★物の重さに限らず,「力」や「負担」などにも用いる)

形 **軽い**❶❹ **少ない**❷ **弱い**❸ **優しい**❸ **肩の凝らない**❺

━形〔▶ lighten[2] 動〕(～·er；～·est)
❶ **軽い** (↔ heavy)；《名詞の後で》量目不足の (⇨ THICK 類語P) ‖ This new computer is much ～*er* than the one I have now. この新しいコンピューターは今私が持っているのよりずっと軽い / (as) ～ as air (空気のように) 極めて軽い / ～ metal 軽金属 / a ～ summer jacket 軽い夏用のジャケット / This sack of rice is 2 kilos ～. この袋の米は2キロ重さが足りない
❷ (量の) **少ない**, わずかな (↔ heavy)；(人が) 食の細い, (酒・たばこを) あまり飲まない ‖ The traffic is usually ～ on Sunday mornings. 日曜日の朝はふつう交通量が少ない / It'll be cloudy tomorrow, with ～ rain. 明日は曇りで雨が少し降るでしょう / a ～ lunch [meal] 軽い昼食 [食事] / a ～ eater [drinker, smoker] 少食の[酒をたしなむ程度の, たばこをたまにふかす程度の] 人 (♦ 反意語は a big eater, a heavy drinker [smoker])
❸《通例限定》(力の) **弱い**, **優しい**；(風・音などが) 静かな (↔ strong) ‖ give a ～ kiss on the cheek 頬(ほお)に軽くキスをする / ～ footsteps 軽やかな足音 / I heard ～ taps on the door. ドアが軽くノックされるのが聞こえた
❹《通例限定》(罰・仕事・病気などが) **軽い**, 少ない (↔ heavy)；楽な (↔ strenuous) ‖ He received only a ～ sentence. 彼は軽い刑だけで済んだ / ～ burns 軽いやけど / a ～ task 簡単な仕事
❺ (音楽・読み物などが) **肩の凝らない**, 娯楽的な ‖ Your speech needs a ～*er* touch. 君のスピーチはもう少し肩の力を抜いた方がよい / ～ music 軽い音楽
❻ (食べ物が) 胃にもたれない, あっさり[さっぱり]した；(アルコール度が) 低い, 低カロリーの, 低脂肪の ‖ The sauce for the fish is ～. その魚用のソースはあっさりしている / ～ beer [wine] アルコール度の低いビール[ワイン] (♦「カロリー[アルコール度]が低い」の意味では lite のつづりも使う)
❼ 重要でない, ささいな (↔ serious)；軽薄な, 思慮の足りない ‖ It is no ～ matter that so many teenagers are dropping out of school. 10代の若者がこれほど多く退学しているのは由々しい問題だ / a ～ remark 何気ない一言 / ～ chatter 軽いおしゃべり / ～ conduct 軽薄な行為
❽《通例限定》快活な, 浮き浮きした；心配のない, 気楽な (↔ serious) ‖ with a ～ heart 心も軽く / in a ～ mood 楽しげに
❾〈身のこなしが〉軽快な, 軽やかな〈**on**〉;(手先が) 器用な (↔ clumsy) ‖ Boxers are ～ *on* their feet. ボクサーはフットワークが軽い / with ～ steps 軽快な足取りで
❿ (パン・ケーキなどが) (空気を含んで) ふわっとした, 軽い (fluffy)；(土が) 砂を多く含んだ, 砕けやすい
⓫《限定》(眠りが) 浅い ‖ He fell into a ～ sleep. 彼は浅い眠りに落ちた / a ～ sleeper 眠りの浅い人
⓬ 頭がふらふらする, めまいがする ‖ She felt a little ～ in the head. 彼女は少しめまいを感じた (→ light-headed)
⓭《古》(女性が) ふしだらな, だらしない
⓮ (車両・船舶などが) 軽荷物用の, 軽便な；(船舶が) 荷物を積んでいない ‖ a ～ truck 軽トラック
⓯〚軍〛軽装備の；(銃などが) 小型の ‖ ～ arms 軽火器
⓰ (建物などが) (外見の) ほっそりした, 優美な；〚印〛(活字が) 細めの, ボールドではない ⓱〚音声〛(音節が) 強勢のない

(*as*) *light as a feather* ⇨ FEATHER(成句)
***be light on* …** …がやや足りない ‖ The player has a lot of talent, but *is* a little ～ *on* experience. この選手は才能はあるが少し経験不足だ
in a lighter vèin*；*on a lìghter nóte 少し肩の凝らない話題で, 少し陽気な話をしますと (♥ 深刻な話をした後, ユーモラスな話題に変わるときに使う)
***màke light of* …** …を軽く考える, …を軽んじる (↔ *make much of* …) ‖ He *made* ～ *of* his injury. 彼はけがは大したことがないように振る舞っていた
trìp the light fantástic 踊る

━副 (～·er；～·est)
❶ (旅行で) あまり荷物を持たないで, 軽装で ‖ travel ～ 身軽に旅行する ❷ 軽く, 軽快に (♦ lightly がふつう) ‖ sleep ～ 眠りが浅い

▸▸ ～ **áir** 名 U/C (～s)〚気象〛至軽風《時速1-3マイルの風》 ～ **áircraft** 名 (複 ～ **a-**) C《カナダ》=light plane ～ **ále** 名 U アルコール度の低いビール ～ **bréeze** 名 C〚気象〛軽風《時速4-7マイルの風》 ～ **flýweight** 名 C〚ボクシング〛ライトフライ級 (の選手) ～ **héavyweight** 名 C〚ボクシング〛ライトヘビー級 (の選手) ～ **índustry** 名 U C 軽工業 (↔ heavy industry) ～ **míddleweight** 名 C〚ボクシング〛ライトミドル級 (の選手) ～ **ópera** 名 C =operetta ～ **pláne** 名 C 軽飛行機 ～ **ráilway** 名 C《英》軽便鉄道 (《米》light rail) ～ **wáter** 名 U (重水に対して) ふつうの水, 軽水 ～ **wélterweight** 名 C〚ボクシング〛ライトウェルター級 (の選手)

light[3] /laɪt/ 動 (**lit** /lɪt/ OR ～**·ed** /-ɪd/；～**·ing**) 自 ❶〈…を〉偶然見つける, 〈…に〉ふと出会う〈**on, upon**〉‖ ～ *upon* a solution たまたま解決法を見いだす ❷ (不幸などが) 突然降りかかる ❸ (鳥などが) 降りてとまる ❹《古》(馬・乗り

物などから)降りる
light into ... 〈他〉《米口》…を激しく攻撃[非難]する
light óut 〈自〉《米口》急いで立ち去る

lìght-cólored 形 淡い[薄い]色の
lìght-dúty 形《通例限定》(車などが)軽量級の, 軽作業用の(↔ heavy-duty)
lìght-emìtting díode 名 C〖電工学〗発光ダイオード《略 LED》
***light·en¹** /láɪtən/ 動〔◁ light¹ 名〕他 ❶ …を明るくする, 照らす ❷〔目・顔など〕を輝かす[晴れやかにする] ❸〔色〕を明るくする —自 ❶ (空などが) 明るくなる (brighten); (目・顔などが) 輝く, 晴れやかになる ❷《it を主語にして》稲妻が光る[走る] (♦ まれにしか用いない) ‖ It's thundering and ～*ing*. 雷が鳴り稲妻が走っている
***light·en²** /láɪtən/ 動〔◁ light² 形〕他 ❶〔重量・荷など〕を軽くする; …の〈荷を〉減らす〈**of**〉‖ ～ a ship's cargo = ～ a ship *of* her cargo 船の積み荷を軽くする ❷〔心〕の重荷を解く;〔負担・苦痛など〕を軽減する, 和らげる (↔ intensify) ‖ ～ the load of work 仕事量を軽減する / ～ taxes 税を軽減する ❸ …を元気づける, 喜ばせる
—自 軽くなる; 緩和[軽減]される; 元気[陽気]になる
lìghten úp 《口》① 《命令形で》気楽にいけ, リラックスしろ ② (体重などを減らして)身軽になる[する]

light·er¹ /láɪṭər/ 名 C 点火[点灯]する人; 点火用具, ライター
light·er² /láɪṭər/ 名 C はしけ —動 他 …をはしけで運ぶ
ligh·ter·age /láɪṭərɪdʒ/ 名 U はしけ運搬(料)
lighter-than-áir 形《限定》(飛行船・気球などが)空気より軽い, 軽航空機の
líght·fàce 名 U〖印〗肉細活字, ライトフェース (↔ boldface) **-fàced** 形
líght·fàst 形 (染料が)日光に当たっても色あせない
lìght-fíngered ◁ 形 ❶ 手先の器用な, 手際のよい ❷《口》手くせの悪い, 盗癖のある
lìght-fóoted, líght·fòot 形 足取りの軽快な, 敏捷(びんしょう)な(nimble);《米俗》同性愛(者)の
lìght-hánded 形《米》= light-fingered ❶ **～·ly** 副
lìght-héaded ◁ 形 ❶ 目まいがする, 頭がくらくら[ぼうっと]する ❷ 思慮がない, 軽薄な **～·ly** 副 **～·ness** 名
lìght-héarted ◁ 形 気楽な, のんきな; 陽気な
～·ly 副 **～·ness** 名
líght·hòuse 名 C 灯台 ‖ a ～ keeper 灯台守
***light·ing** /láɪṭɪŋ/ 名 U ❶ (室内などの)照明(法); 照明装置 ‖ direct [indirect] ～ 直接 [間接] 照明 (法) ❷ (舞台・映画などの)照明配置, 照明効果
▸▸ **～ engineèr** 名 C (テレビ局・劇場などの)照明技師
lìghting-úp tìme 名 U《英》(法律で定められた走行中の自動車の)点灯時刻
***light·ly** /láɪtli/ 副 (**more ～; most ～**) ❶ 軽く; 静かに, そっと(↔ heavily) ❷ わずかに, 少しばかり ❸ 陽気に, 活発に ‖ take the bad news ～ 悪い知らせを明るく受け止める ❹《しばしば否定文で》軽率に, 軽視して, 軽々しく (↔ seriously) ‖ a matter not to be taken ～ 軽々しく受け取るべきではない問題 ❺ 簡単に, 容易に ‖ *Lightly come, ～ go.* 《諺》楽に手に入るものはすぐに失われる; 悪銭身につかず ❻ 軽やかに, 敏捷に
gèt [OR *be lèt*] *òff lightly* (予想より)軽い罰で済む
lìght-mínded ◁ 形 軽薄な, 不まじめな
～·ly 副 **～·ness** 名
light·ness¹ /láɪtnəs/ 名 U ❶ 明るいこと, 明るさ ❷ 明度《物体が投射光線を反射する物体の色の度合い》
light·ness² /láɪtnəs/ 名 U ❶ 軽いこと, 軽さ ❷ 軽快, 機敏 ❸ 陽気, 快活; のん気, 気楽 ❹ 軽薄, 不まじめ ❺ 手際のよさ, 軽やかさ, 流麗さ
***light·ning** /láɪtnɪŋ/ (♦ lighting, lightening と区別) 名 U 稲光, 稲妻; 雷 ‖ a flash [OR streak, bolt] of ～ = ～ flash [OR streak, bolt] 稲光 / be struck by ～ 雷に打たれる / a ～-struck tree 落雷に遭った木
like (*grèased*) *líghtning*; (*as*) *quìck as líghtning* 非常に速く, たちまち
—形《限定》(稲妻のように)非常に速い, 電撃的な ‖ at [OR with] ～ speed 電光石火のごとく, 瞬時に
—動 自《it を主語にして》稲妻が走る, 稲光がする (♦ 現在分詞形も lightning の形)
▸▸ **～ bùg** 名 C《米》= firefly **～ ròd** [《英》**condùctor**] 名 C ① 避雷針 ② (ほかの重要な問題から目をそらすため) 非難を一身に受ける人[もの] **～ stríke** 名 C ① 落雷 ②《英》電撃[抜き打ち]ストライキ
líght·prὸof 形 光を通さない
lights /laɪts/ 名 複 (羊・豚などの)肺臓《ペットの餌(えさ)》
pùnch a pèrson's líghts òut (人を)たたきのめす
lìght-sénsitive 形 光に敏感な
líght·shìp 名 C 灯(台)船
light·some /láɪtsəm/ 形《文》❶ 優美な, エレガントな, 上品な ❷ 陽気な, 快活な; 軽薄な ❸ 敏捷な, 機敏な, 活発な
lìghts-óut 名 U (軍隊・寄宿舎などの) 消灯 [就寝] 時刻 (bedtime); 消灯らっぱ(の合図) ‖ at ～ 消灯時に
—形 (ロボット作業のため) 暗くても作業できる, 完全自動の ‖ a ～ factory 完全自動化工場
***líght·wèight** 形 ❶《通例限定》軽量の, 軽い ‖ a ～ jacket 軽めのジャケット ❷ 重要でない, 取るに足りない, つまらない ❸《限定》(ボクシングなどの) ライト級の ❹ 💻 (プログラム言語が)軽量の《スクリプト言語など, 簡単に書くことができるものを指す》
—名 C ❶ 大して重要でない人[もの], 能力のない人, つまらないやつ [もの] ‖ a political ～ 軽量級の政治家 ❷ 標準重量以下の人[もの] ❸〖ボクシング〗U ライト級; C ライト級の選手
***líght-yèar** 名 C ❶〖天〗光年《光が真空中を1年間で進む距離. 約9兆5千億キロメートル》❷《～s》《口》とても長い時間 [距離] ‖ We seem to be ～*s* away from colonizing the moon. 我々が月に入植するのははるか遠い先のことに思われる
lig·nin /lígnɪn/ 名 U リグニン, 木質素
lig·nite /lígnaɪt/ 名 U 褐炭, 亜炭
lig·no·caine /lígnəkèɪn/ 名 U = lidocaine
lik·a·ble /láɪkəbl/ 形〔◁ like² 動〕(人が) 好感の持てる, 好ましい, 魅力的な

****like¹** /laɪk/ 前 名 形 接 副

中心義 …のような[に]
—前 (♦ more, most をつけて比較級・最上級にでき, very, so, just などの副詞で修飾することもできるため, 形容詞あるいは副詞とも見られる) ❶ **…に似ている**, …のような (↔ unlike) ‖ You are very ～ your father. 君はお父さんによく似ていますね / "Your husband looks a bit ～ Dustin Hoffman." "I'd say more ～ Kevin Costner." 「あなたのご主人はダスティン＝ホフマンにちょっと似ていますね」「ケビン＝コスナーの方が似てないかしら」/ "There is no place ～ home." "Why bother to travel, then?" 「我が家ほどいい所はどこにもないね」「じゃあ, どうしてわざわざ旅に出るの」/ "What does it taste ～?" "It tastes ～ tofu." 「それはどんな味ですか」「豆腐のような味だ」/ He looked more ～ her father than her husband. 彼は彼女の夫というよりむしろ父親のように見えた / *Like father, ～ son.* 《諺》この親にしてこの子あり; カエルの子はカエル (♦ *Like mother, like daughter.* ともいう)

語法 ☆☆ (1) この語義で動詞の後に続ける場合, その動詞は be, look, sound, feel, taste, seem など.
(2) 「(2つ以上のもの [2人以上の人] が) 互いに似ている」という場合は alike を用いる. 〈例〉The two girls are alike [×like]. その2人の女の子は似ている (→ alike)

❷《一般動詞を修飾して》…の**ように**, …と同じように ‖ Do

it ~ this. このようにしなさい / The rumor spread ~ wildfire. うわさは野火のようにぱっと広がった / sleep ~ a log ぐっすり眠る / drink ~ a fish 大酒を飲む

語法☆☆ (1) **like と否定表現** like ... が否定表現の前か後かによって文の意味が変わることに注意. (a) I don't speak French *like* Sue. 私はスーと違ってフランス語を話さない (b) *Like* Sue, I don't speak French. スーと同様に私はフランス語を話さない (a)ではスーはフランス語を話す人だが, (b)ではフランス語を話さない人である. (2) **like と as** 次の意味の違いに注意. (a) Pete has been playing tennis *as* a professional for 10 years. ピートはこの10年プロとしてテニスをしてきた (b) Pete plays tennis *like* a professional. ピートのテニスはプロ並みだ (a)ではピートは本物のプロの選手だが, (b)では違う(→ as 前 ❶).

❸ (いかにも) …**らしい**, …の特徴を表して ‖ It is just ~ him to attempt something so reckless. そんな無謀なことを企てるなんていかにも彼らしい / It's not ~ you. 君らしくないよ

❹ (例えば) …のような (such as) ‖ She is good at scientific subjects, ~ mathematics. 彼女は数学のような理系の科目が得意だ / I have never heard a story ~ that before. これまでそんな話は聞いたことがない (♦ such a story よりふつう)

anything like ... ⇨ ANYTHING 副 (成句)

just like that ⇨ JUST (成句)

like só 《口》このように ‖ Turn the key ~ *so*. こんな具合に鍵(かぎ)を回しなさい

móre like ... (数量などについて)…と言う方が近い; (しばしば it を伴って) (というより)むしろ…だ ‖ It was after five. *More* ~ a quarter past. 時刻は5時を過ぎていた, 15分過ぎだったという方が正確だろう / He gave me some advice, well, orders, *more* ~ it. 彼は私にアドバイスしてくれた, というか, あれはむしろ命令だった

nóthing like ... ① 少しも…(に似てい)ない, 全く…ない ‖ His house is *nothing* ~ home. 彼の家は全く家庭らしくない ② …に匹敵するものは何もない, …ほどの(よい)ものはない ‖ There is *nothing* ~ a good friend. よき友人に勝るものはない ③ (as, so の句を伴って)とても…ほどではない ‖ Instant noodles are not bad, but they're *nothing* ~ as good as the real thing. インスタントラーメンも悪くはないけど本物のラーメンにはとてもかなわない ④ …のようなものは…(し)ない

sómething like ... ① およそ, ほぼ ‖ It will cost *something* ~ 50,000 yen. まあ5万円くらいはするでしょう / "When shall we give a party? Next Saturday?" "*Something* ~ that." 「パーティーはいつにしようか. 今度の土曜日はどう」「その辺りかな」 ② (やや)…に似て, (まあ)…のようで ‖ in a case *something* ~ ours 我々のといくぶん似たケースで ③ 何か…のようなもの, …に似た何か ‖ His name is Dubois or *something* ~ that. 彼の名前はデュボアとか何かそんなふうだ ④ 《英口》(like に強勢を置いて) 見事な, 素晴らしい ‖ He was *something* ~ an actor! 彼は大した役者だった / That's *something* ~ (it)! それはすごい

Whàt is ... líke? …はどのようなもの[人]か, どんな感じか

COMMUNICATIVE EXPRESSIONS

1 **Dón't bè like thát.** ⇨ THAT CE 1

2 **I'm lìke yóu.** 私もあなたと同じですよ (♥ 置かれている状況や考え方・意見などが相手と似ていることを伝える)

3 **It's lìke thís: (fírst) you** stìr the éggs and thén àdd sòme súgar. このようにします. まず卵をかき混ぜて, それから砂糖を加えます (♥ 手順や経過などを順序立てて説明する)

4 **Lìke whát?** 例えば? (≒For example?)

5 **Lìke you sáy.** ① おっしゃるとおりです (♥ 賛成を表すがやや恩着せがましい感じがする表現. =As you say.) ② 承知いたしました(♥「仰せのとおりにいたします」の意. 丁寧で形式ばった表現. =As you say.)

6 **Thát's more like it!** (前と比べて) その方がずっといい; それでよくなった

—名 《通例 the ~, one's ~》**似た人[もの]**, 同様な人[もの], 匹敵する人[もの] (↔ opposite) (♦ 諺(ことわざ)を除きふつう肯定文では用いない) ‖ We shall not see his ~ again. 彼のような人物には二度と会えないだろう (♥ ときに「素晴らしい, 秀でた」のニュアンスを持つ) / I have never seen the ~. そんなこと見たこともない (♥「あきれたものだ」の意) / an excellent performance, the ~ of which we have never seen 素晴らしい演技, これまでに見たこともないようなもの / *Like attracts* ~. 《諺》類は友を呼ぶ

and the líke および同類のもの, …など

or the líke または同類のもの

the líkes of ... 《口》…のような人々[もの]

—形 (**more ~; most ~**)

❶ 《比較なし》《限定》同じような, 似ている (↔ different) ‖ **in** (a) ~ **manner** 同じような方法で / a ~ case 同じような状況 / of ~ mind 同じ意見で

❷ 《叙述》似ている; (絵などが) 実物にそっくりな ‖ (as) ~ as two peas [OR beans] (in a pod) うり二つで

❸ 《叙述》《口》〈今にも…〉しそうで (likely) 〈*to do*〉 ‖ He was ~ *to* die! 彼は今にも死にそうだった

—接 (♦ 書き言葉では ❶ の場合は as を, ❷ の場合は as if を用いるのがよいとされている) ❶ 《口》…の (する) ように ‖ Nobody loves you ~ I do. 僕のように君を愛している人はだれもいない / *Like* I said, he has no idea about it. 前に言ったように, 彼はそのことについては何も知らないよ (♥ 前に言ったことに立ち返って強調する)

❷ 《口》まるで…のように (♦ 《英》では非標準とされる) ‖ I acted ~ I couldn't hear them. 私は彼らの言っていることが聞こえないふりをした / It seems ~ it's going to snow. 雪でも降ってきそうだ / That playboy changes girlfriends ~ he changes clothes. そのプレーボーイは服でも変えるようにガールフレンドを変える

—副 《比較なし》 ❶ 《語・句・節の前後に付加して》《俗》まあ, その, ね (♥ you know と同様に間を持たせるために用い, 特に意味はない. 書くときは必ずしもコンマで区切らない) ‖ I was just having a chat with Dan, ~, and my boyfriend got angry. 私はダンとおしゃべりをしてただけなのよね, そしたら私の彼が怒り始めたの / Could you, ~ come and pick me up by car right now? 今すぐ車で迎えに来てくれたりしない? (♥ 頼みにくいことなどで躊躇(ちゅうちょ)するときに用いる)

❷ 《文末に付加して》《俗》多少 (とも), いわば, …みたい ‖ Sally looks sulky ~. サリーはちょっとふくれているようだ

❸ 《口》(数詞を伴って)およそ, だいたい

❹ (be like ... で直接話法で) 《口》 **a** (人が)…と言う **b** …という感じだ, …と言わんばかりだ ‖ She's ~, "What are you talking about?" 彼女は「何の話をしているの」って感じだよ

(as) like as nót たぶん, おそらく

Ít's not like ... 《口》…だというわけではあるまいし

líke enòugh たぶん, おそらく

lìke nèver befóre かつてないほど

mòst [OR ***vèry***] ***like*** 《旧》たぶん, おそらく

***like[2]

/laɪk/ 動 名

中心義 …を好ましく思う

—動 (▶ likable 形) (**~s** /-s/; **~d** /-t/; **lik·ing**)

—他 《通例進行形不可》 ❶ **好む, 好きである** (♥ like は「好き」という意味の一般的な語. 婉曲的には care を用いる. 否定文では care for を用いる方が丁寧 (⇨ 英語の真相). love は like よりも強い感情を表す. 〈例〉I *like* him, but I don't *love* him. 彼のことは好きだけど, 愛しているというほどではない) **a** (+目) …が好きである, …を好む; [人]に好意を持つ ‖ I ~ waffles very much. =I **really** ~ waffles. 私はワッフルが大好きです (=I'm very fond of waffles.) / I don't ～ coffee much. コーヒーはあまり好きではない (♦ like の強調語は very much がふつう. like の直前に置かれることもある. 〈例〉I *very much like* Sim and his brother. 私はシムとシムの弟が大好きだ. much は否定文では単独で用いるが肯定文では使わない. 〈例〉ˣI like waffles much.) / Nick ～*s* dogs better than cats. ニックは猫より犬の方が好きだ(♦(**1**)「…というもの全般が好きだ」というときには目的語が可算名詞の場合, 無冠詞複数形を用いる. (**2**) 強調語の比較級・最上級には, better ; best, more ; most とも用いられる. ⇨ **PB** 46) / It didn't take me long to start *liking* him. 彼に好意を持つようになるまで長くはかからなかった / I ～ it that you are always considerate. あなたがいつも思いやりがあるのがうれしい (♦ like は that 節 を直接目的語にはとれないので形式目的語 it を用いる. ˣI like that you are always considerate. は不可) / I don't ～ it when he uses those dirty words. 彼がそういった汚い言葉を使うのは嫌いだ (♦ it は状況を漠然と指す用法) / You didn't ～ what I said to you yesterday, did you? 私が昨日言ったことが気に入らなかったんでしょう / What I ～ about you is your sincerity. あなたのいいところは誠実なことだ

語法 ☆☆ (**1**) like の受身形は少ないが,「人が不特定多数の人々に好かれる」場合には可能. そのとき必ず by に導かれる句を伴う. また, well で強調することがある. 〈例〉 She is (well) *liked* by everyone [both men and women]. 彼女はみんな [男女両方] に (とても) 好かれている. ˣShe is liked by John. のように by 以下が特定の人の場合は不可.
(**2**) 進行形ではふつう使わない. ただし「好きになりつつある」の意味で Are you *liking* your new school? (新しい学校は気に入りそうですか) のようにいうことはある (⇨ **PB** 94).

英語の真相
don't like は嫌いであることを表す直接的な言い方のため注意が必要である. 自分の嫌いな食べ物を勧められた際に I don't like fish. のように言うと, 特に《米》では「失礼」あるいは「子供っぽい」と思われる可能性が高く, 単に No, thank you. と言って断るか, 理由を挙げる場合でも I'm sorry, but I don't [can't] eat fish. / I'm sorry, but I don't care for fish. などの言い方が好まれる.

b 《+**to** *do* / *doing*》…するのが**好きである** ‖ I ～ dancing [OR *to* dance] my stress away on Friday nights. 金曜日の夜は踊ってストレスを解消するのが好きだ / I ～ sleeping in until brunch on Sunday mornings. 日曜日の朝はブランチまで寝坊するのが好きだ / Ann ～*s* *to* be left alone when she's depressed. アンは落ち込んでいるときはひとりにしてもらいたいと思っている (♦ like *doing* と like to *do* の間に大きな意味の差はなく,《米》では like to *do* を使うことが多い. ただし《英》では like *doing* は現状を好ましく思う場合, like to *do* は選択や習慣が問題になる場合に使う傾向がある. 〈例〉I *like working* for AT&T. AT&Tに勤めて満足しています / I *like to* go to bed early. 夜は早く床に就くのが好きです)

c 《+目+ (**to be**) 補》…が…なのが好きである, …が…であることを望む (♦ 補 はふつう形容詞か過去分詞. to be はふつう省略) ‖ "How do you ～ your coffee?" "I ～ it black [strong, weak, hot], please." 「コーヒーはどんなふうに入れますか」「ブラックで[濃く, 薄く, 熱く]入れてください」/ I don't ～ my private life discussed openly. 私生活がおおっぴらに話題にされるのはいやだ / I ～ (my) fish and chips soaked with vinegar. 酢をたっぷり振りかけたフィッシュアンドチップスが好きだ

d 《+目+**to** *do* / 目+*doing*》〔人〕が…するのが好きである, 〔人〕に…**してもらいたい** ‖ My father ～*s* me *to* wear conservative clothes. 父は私が地味な服を着るのが好きだ (♦(**1**)《米口》では My father likes for me to ... の形も使う. ⇨ 自 ❷ (**2**) 目 を主語にした受身形の ˣI am liked to ... は不可) / I didn't ～ him [OR his] shouting at me at all. 彼にどなられるのがすごくいやだった (♦ *doing* の前に置くのは所有格より目的格の方がふつう)

❷ 《+**to** *do* / *doing*》《否定文で》…**したい**, …する気がする ‖ I don't ～ *to* trouble you. あなたに迷惑をかけたくない / She didn't ～ going to her father for money. 彼女は父親に金の無心をしたくなかった

─自 ❶ 《従属節で》好む, 気に入る (please) ‖ Do as you ～. 好きなようにやりなさい / Come whenever you ～. いつでも好きなときにいらっしゃい

❷ 《+**for** 名+**to** *do*》《米口》〔人〕が…するのが好きである, 〔人〕に…してもらいたい(→ 他 ❶**d**)

*__Hòw do you líke ...?__ ① …をどう思いますか (♥ 相手の意見・感想などを聞くときに使う. ˣHow do you think ...? とはいわない) (→ **CE** 1) ‖ *How did you* ～ your trip to Korea? 韓国への旅行はいかがでしたか ② …はどうしましょうか (♥ 食べ物・飲み物の調理の好みを聞くときに使う) (→ 他 ❶**c**, *How would you like ...?* ②(↓))

Hòw would you líke ...? ① …はいかがですか ;〈…して〉はいかがですか〈**to** *do*〉(♥ 食べ物・飲み物を勧めるとき, 何かに誘うときに肯定の答えを前提として使う) ‖ *How would you* ～ a glass of cold beer? 冷たいビールはいかがでしょう / *How would you* ～ *to* come to the movie with me tonight? 今夜, 一緒に映画に行きませんか ② …はどうしましょうか (♥ 食べ物・飲み物の調理の好みを聞くときに使う. How do you like ...? よりも丁寧) (→ **CE** 2) ③ …が〈…するというような(悪い)ことが〉自分の身に起こると

PLANET BOARD 46

like ... better か like ... more か.

問題設定 like を強める副詞の比較級は more より better がふつうとされることが多い. 実際の使用率を調査した.

Q 次の表現のどちらを使いますか.
(**a**) I **like** his poems **better** than his short stories.
(**b**) I **like** his poems **more** than his short stories.
(**c**) 両方
(**d**) どちらも使わない

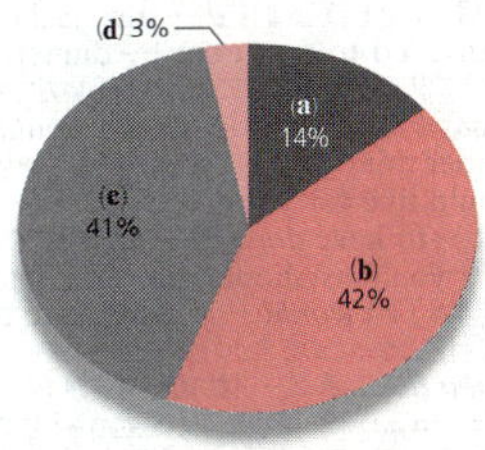

(**a**) の better だけを使うと答えた人は14%と少なく, (**b**) の more だけを使う人が4割強, 両方使う人が約4割だった.「(**a**) と (**b**) の間に特に意味の違いはない」とする人が多かった. どちらも使わないとした人は代わりの表現として, I prefer his poems to [OR over] his short stories. / His poems are better than his short stories. をあげた.

参考 動詞 love についても, (**a**) I **love** his poems **better** than his short stories. と (**b**) I **love** his poems **more** than his short stories. で同様の調査を行ったところ, (**b**) だけ使う人が71%と圧倒的に多く, どちらも使わない人が17%, 両方使う人が7%, (**a**) だけ使う人が5%だった.「love はあまり程度の差を考えないので比較級とともには用いない」という人が多かった.

学習者への指針 like を強める副詞の比較級には better, more とも用いられる.

想像したらどんな思いがするだろう［ひどいと思うでしょう］〈*doing*〉‖ *How would you* ～ your landlord threatening to put you out in the street? 家主が君を追い出すと脅したらひどいと思うだろう

I'd [OR ***I***] ***lìke to thínk*** (***that***) ... …だと思いたい，信じたい

if you líke ① よろしければ，差し支えなければ（♥ 丁寧な提案・申し出）；あなたがよいなら（♥「自分の意見は異なる」という意を含むことがある）（→ CE 7）‖ "Shall we stop for a coffee?" "*If you* ～." 「ちょっとコーヒーでも飲んでいかないか」「君がいいなら（僕もいいよ）」 ② こういう言い方が妥当なら，こういう言い方でもよいなら ‖ What we are seeing here is, *if you* ～, a giant step toward achieving a society free of crime. 私たちが今目にしているのは，こういう言い方が妥当ならば，犯罪のない社会を実現するための大きな第一歩です ③ 《意味を強めて》おそらく(perhaps)，本当に，実際(indeed)

lìke it or lúmp it 《口》いやでも仕方がない［受け入れるしかない］，つべこべ言わずに

lìke it or nót 《口》好きだろうと嫌いだろうと，好むと好まざるとにかかわらず ‖ You are going, ～ *it or not*. 好むと好まざるとにかかわらず，君は行くんだよ（♦ whether you like it or not の短縮形）

****would*** [OR ***should***] ***líke ...*** ① …が欲しい（のですが）（♥ want よりも婉曲的で丁寧な言い方．should は《英堅》で主語が一人称の場合にのみ用いられるが，現在では would の方がふつう．会話ではしばしば 'd like となる）‖ I'*d* ～ something to drink. 何か飲み物を頂きたいのですが / I'*d* ～ an explanation [apology, answer]. 説明［謝罪の言葉，お答え］を頂きたいのですが ② 〈…〉したい（のですが）〈**to** *do*〉（♥ would like to は want to, wish to に言い換えられるが，want to はかなり直接的な表現）‖ I'*d* ((very) much) ～ *to* talk to you. （ぜひ）お話ししたいのですが（♦ (1) 強調には (very) much を like の直前に置くことが多い．(2) この構文では動名詞は不可．*I would like talking to you.）/ *Would* you ～ *to* see the room? 部屋をご覧になりますか / I'*d* ～ *to* see you swim faster than me. 君が私より速く泳ぐのを見たいものだ（♥「泳げるというなら泳いでみろ」という不信感を表す） ③ 《＋目＋*done*》…が…であることを望む ‖ I'*d* ～ my jacket pressed and delivered to my room by dinner. 上着にアイロンをかけて夕食までに部屋に届けてほしいのですが ④ 《＋目＋**to** *do*》〔人〕に…してもらいたい ‖ I *would* ～ you *to* remember this. これは覚えておいてください（♦《米口》では I would like for you to .... ともいう．→ 自 ❷） ⑤ 《would ～ to have *done* で》…したかったのだが（できなかった）（♦ would [OR should] have liked to *do* でも同じ意味を表す）‖ I *would* ～ *to have* gone to college. 大学には行きたかったのですが（行けなかった）

****Would you líke ...?*** ① **…はいかがですか**；〈…するのは〉いかがですか〈**to** *do*〉（♥ 相手に何かを勧めるときに用いる丁寧な言い方．この意味では Do you like ...? は使わない）（→ CE 9）‖ *Would you* ～ a cup of coffee or something? コーヒーか何かいかがですか / *Would you* ～ *to* go shopping with me? 私と一緒に買い物に行きませんか ② 〈…して〉いただけませんか〈**to** *do*〉‖ *Would you* ～ *to* come this way, please? こちらにおいでいただけませんか ③ 《Would you ～ me to *do* で》…しましょうか ‖ *Would you* ～ *me to* drive you to the station? 駅まで車でお送りしましょうか（♦ Shall I drive you ...? とほぼ同じ意味．⇨ SHALL ❸ **a** 語法）

COMMUNICATIVE EXPRESSIONS

1 **Hòw do you lìke thát?** ① どう，気にいった？（♥ 感想を尋ねる） ② 何てことだ；こんなことってあるか（♥ 予想外の出来事などに驚きや不快感を表す感嘆表現） ③ どうだ，まいったか（♥ 挑発）

2 **Hòw would you lìke thàt (dóne)?** ① 焼き加減はどういたしましょうか（♥ レストランの店員などが客に調理方法などの好みを尋ねる） ② お札はどうしますか（♥ 銀行員などが客にお金をいくらの紙幣で受け取りたいか尋ねる．この場合は done は不要）

3 Dáve pùnched the gùy in the fáce? Well, **I líke thàt!** デイブがやつの顔をぶん殴ったんだって？ そいつはいいや（♥ 反語的に「それはひどい」という意味にもなる）

4 "Would you lìke to còme òver to my hóuse?" "**I'd lìke nòthing bétter.**" 「うちに来ますか」「いいですねえ，ぜひ」（♥ 誘いを積極的に受ける．＝That would be very nice./↗《堅》I'd very much like to./↘You bet!）

5 "Còme and jóin us." "**I'd líke to, but** I hàve to càtch a tráin." 「一緒にどう？」「そうしたいけれど，電車に乗らなきゃならないから」（♥ 誘いを断る丁寧な表現．↗Much as I should like to, I'm afraid I must catch ..../↘Sorry, I can't. I have to catch ....）

6 "Whàt do you sáy we gò skíing togèther thìs wínter?" "**I'd vèry mùch líke to.**" 「この冬，一緒にスキーに行きませんか」「喜んで」（♥ 誘いを受ける形式ばった表現．↘With pleasure./↘You're on.）

7 **If you líke, I could** gìve you a hánd. もしよければ手を貸しますが（♥ 助けなどを申し出る．↗May I be of assistance?/↘Need some help?）

8 **What I should réally lìke is** a nìce hòt cùp of cócoa. 温かくておいしいココアが欲しいですね（♥ 何かが欲しいことを表す形式ばった表現．↘I need a nice ..../↘I could do with a nice ....）

9 **Whàt would you líke?** ① 何になさいますか（♥ レストランなどで店員が客の注文を聞く） ② いかがいたしましょうか（♥ 美容師などが客の希望を尋ねる．＝How would you like to have your hair done?）

10 **You may** [OR **might**] **lìke to** tàlk to a cóunselor. カウンセラーと話をした方がいいかもしれませんよ（♥ アドバイスなどを与える，やや形式ばった表現．＝I suggest you talk ..../↘Why don't you talk ...?）

―名（複 **～s** /-s/）C《～s》**好み** ‖ ask about his ～*s* and dislikes 彼の好き嫌いについて尋ねる

-like /-laɪk/ 接尾《形容詞語尾》《(具象)名詞につけて》「…のような」「…らしい」「…にふさわしい」などの意（♦ -ll で終わる名詞につく場合には「-」が必要）‖ child*like*, life*like*, statesman*like*, ball-*like*

like·a·ble /láɪkəbl/ 形 ＝likable

***like·li·hood** /láɪklihʊ̀d/ 名〔◁ likely 形〕U ありそうなこと，可能性，見込み；C《単数形で》(具体的な何かの)見込み〈**of** …の / **that** 節 …という〉‖ There is every ～ *of* her refusing the job. 彼女がその仕事を断る可能性が高い（＝It is likely that she will refuse the job.）/ There is (a) strong ～ [*that* he will succeed [OR *of* his success]. 彼が成功する可能性は高い / What is the ～ *of* this happening? これが起こる可能性はどのくらいか

in àll líkelihood きっと，十中八九，おおかた

***like·ly /láɪkli/ 形 副

―形〔▶ likelihood 名〕(**more ～, -li·er ; most ～, -li·est**)

❶（↔ unlikely）（⇨ 類語）**a ありそうな**，予想される ‖ Showers are ～ in the Kanto district today. 関東地方では今日にわか雨が降るでしょう / It is important to think about the ～ outcome of your actions. 君の行動によって予想される結果を考えることが大切だ / a ～ cause of an accident 考え得る事故の原因

b 《It is ～ that *A* ... /*A* is ～ to *do* で》*A* は…**しそうである**，…らしい，おそらく…であろうと予想される（♦ 可能性が高い場合は very likely または quite likely という）‖ It is not ～ *that* he will win.＝He is not ～ *to* win. 彼は勝ちそうにない（♦ 時制や助動詞をはっきりと示したい場合以外は後者の方が好まれる）/ Do you think it's ～ *to* rain? 雨になりそうだと思いますか / Please remind me because I'm ～ *to* forget. 忘れそうだから思い出させてね / It's more than ～ (*that*) he got lost on his way. 彼が途中で迷子になったのはほぼ確実だ / There was ～ *to* be an outbreak. 暴動が起こりそうだった

連語 **【～+名】** the ～ effects [impact] of ... …の予想される効果［影響］/ the most ～ reason for ... …の最も考えられる理由 / a ～ result 考えられる結果 / the ～ consequence of ... …の予想される帰結 / the most ～ explanation for ... …に対して考えられる最も有力な説明

❷《限定》適切だと思われる，目的にかなった〈**for** …に / **to** *do* …するのに〉‖ a ～ candidate *for* [OR *to* do] the job その仕事にあつらえ向きの人 / a ～-looking place ぴったりだと思われる場所

❸《限定》信じられる，本当に思える ‖ a ～ excuse もっともらしい言い訳 / a ～ story もっともらしい話(♥「まさか」の意で皮肉を込めて)

❹ 有望な，見込みのある ‖ a ～ lad 有望な若者

❺《主に米》顔立ちの美しい；気持ちのよい

── 副 **たぶん**，おそらく(♦《英》では必ず very, more, most, quite などを伴う.《米》では堅い文体を除いて likely を単独で用いることもある) ‖ I'd very ～ say the same thing if I were you. もしあなたと同じ立場ならたぶん同じことを言うでしょう / Most ～ he will pass the exam. おそらく彼は試験に合格するだろう

(as) likely as nót たぶん，おそらく

mòre thàn líkely おそらく，きっと

Mòst lìkely nót. おそらくそうではない

COMMUNICATIVE EXPRESSIONS

1 "Are you gòing to quít?" "**Nòt líkely!**"「やめるのですか」「とんでもない」(♥ 相手の発言を強く否定する)

類語 **《形 ❶》likely, probable** ほぼ同義で「(確実とはいえないが) そうなる可能性は大きい，たぶん…するだろう」の意を表す．語法的には likely には不定詞を伴う用法がある点で異なる．

possible「そうなる可能性がなくはない，…することがあり得る」．〈例〉It is *possible* that he will win. ひょっとしたら彼は勝つかもしれない

lìke-mínded ⟨シ⟩ 形 同じような考え［意見，趣味，目的など］を持った，同好の **～·ness** 名

lik·en /láɪkən/ 動 他 …を〈…に〉たとえる，〈…に〉なぞらえる〈**to**〉(♦ しばしば受身形で用いる) ‖ Life is often *～ed to* a voyage. 人生はよく航海にたとえられる

***like·ness** /láɪknəs/ 名 ❶ U 似ていること，類似；C 似ている点 (⇨ **類語**) ‖ bear a striking ～ to one's father 父親に実によく似ている ❷ C よく似ているもの；似姿，画像，似顔，肖像画；写真 ‖ This painting is a good ～ of his mother. この絵は彼の母親をよく描いた肖像画だ ❸ U 外観，見せかけ；姿 ‖ assume the ～ of a gentleman 紳士を装う

類語 **《❶》likeness** 外見・性質などがよく似ていること．〈例〉an amazing *likeness* between brothers 兄弟同士がびっくりするほど似ていること

similarity (ときに部分的な) 類似性．〈例〉a *similarity* in tastes 趣味の類似性［点］

resemblance 外見的・表面的な類似．〈例〉a strong *resemblance* between the twins 双生児の容貌(ょう)がそっくりなこと

analogy 基本的には全く違うものに認められる類似した関係．〈例〉an *analogy* between life and a journey 人生と旅の類似

***like·wise** /láɪkwàɪz/ 副 ❶ 同じように (in the same way) ‖ do ～ 同じようにする ❷《文修飾》NAVI ⓦ さらに(また)，同様に，…もまた ‖ She didn't offer to help pay his rent. *Likewise*, neither did I, or he'd always be asking me for money. 彼女は彼の家賃の支払いに手を貸さなかった．同様に私もそうしなかった．そうしなければ彼はいつも私にお金をせびってくることになるだろう / Mr. Brown came, ～ Mrs. White. ブラウン氏がやって来た，さらにホワイト夫人も ❸《口》どういたしまして；こちらこそ (♥ 相手の発言への同意やあいさつの返答として) ‖ "It was great to see you." "*Likewise.*"「お会いできて本当によかったです」「こちらこそ」

***lik·ing** /láɪkɪŋ/ 名 ❶ U/C《a ～》〈…に対する〉愛好，気に入り，愛情〈**for**〉‖ have a ～ *for* sweets 甘いものが好きである ❷《通例 one's ～》好み，趣味 ‖ The restaurant is too noisy for my ～. そのレストランはうるさすぎて好みに合わない

****tàke a líking to ...*** …が好きになる

to one's líking 気に入って ‖ Is the tea *to your* ～? そのお茶はお好みに合いますか

***li·lac** /láɪlək/ 名 ❶ C 〖植〗ライラック，リラ ❷ U ライラックの花 (房) ‖ a bunch of ～ 1束のライラックの花 ❸ U 薄紫色 ── 形 薄紫色の

Lil·li·put /lílɪpʌt/ 名 リリパット，小人国《英国の作家 J. Swift 作 *Gulliver's Travels* (1726) の中の想像の国》(→ Brobdingnag)

Lil·li·pu·tian /lìlɪpjúːʃən/ ⟨シ⟩ 形 ❶ リリパット［小人国］の；リリパット人の ❷《また l-》非常に小さい，ちっぽけな；取るに足りない ── 名 C ❶ リリパット［小人国］の住人 ❷《また l-》小人，ちび；心の狭い人

li·lo, Li-Lo /láɪloʊ/ 名 (複 **～s** /-z/) C《英》(ビニールやゴム製の)エアマット《浜辺などで使う》，空気袋(♦ もと商標名. *lie*+*low* より)

LILO /láɪloʊ/ 略 💻 *last-in, last-out* ((データ処理の) 後入れ後出し法)；*li*nux *lo*ader《Linuxや各種OSを起動させるローダープログラム》

Li·long·we /lɪlɔ́(ː)ŋweɪ/ 名 リロングウェ《南東アフリカ，マラウィの首都》

lilt /lɪlt/ 名 C ❶《a ～》(歌・演説の) 軽快な調子 ❷《主にスコット》《古》陽気で軽快な歌［曲］ ❸ 軽快な動作
── 動 他 自 (…を) 軽快な調子で歌う［演奏する，話す］；軽快に動く **～·ing** 形 (声・動きが) 軽快な (調子の)

***lil·y** /líli/ 名 (複 **lil·ies** /-z/) C ❶〖植〗ユリ；ユリの花《純潔と美の象徴》❷《旧》純潔な人；色白の美人；純白なもの ❸《the lilies》(フランス王家の)ユリの紋章(fleur-de-lis)

gìld the líly (そのままで十分美しいものに) 余計な飾りを施す，無用の手を加える

▸▸ **～ of the válley** 名 (複 **lilies of the v-**) C〖植〗スズラン **～ pàd** 名 C 水に浮かぶスイレンの葉

lìly-lívered ⟨シ⟩ 形《旧》おく病な(cowardly)

lìly-whíte ⟨シ⟩ 形 ❶ ユリのように白い ❷ 純潔な，汚れを知らない，欠点のない ❸ ⊗《米》《けなして・しばしば蔑》白人主義の，黒人差別の，黒人の参政反対の

Li·ma /líːmə/ 名 リマ《ペルーの首都》

▸▸ **líma bèan** /láɪmə-, +英 líː-/ 名 C〖植〗ライマメ，リママメ；その木《熱帯アメリカ産の平たい食用の豆》

***limb**[1] /lɪm/《発音注意》名 C ❶ (人・動物の) 腕，脚，肢(し) (♦ arm と leg を指す)；(鳥の) 翼；ひれ足 ‖ the upper [lower] ～*s* 上［下］肢 ❷ (木の) 大枝，主枝 (⇨ BRANCH **類語**) ‖ a tree ～ 大枝 ❸ 突出部 ‖ the four ～*s* of a cross 十字架の4本の腕 ❹ 手先，代理人，代表 ‖ a ～ of the law 法律の手先《弁護士・警官など》❺《主に英口》わんぱく小僧，いたずらっ子

life and limb ⇨ LIFE(成句)

****òut on a límb*** (人の意見・態度が) 孤立して；危険な［微妙な］立場で［へ］‖ go *out on a* ～ 危ない橋を渡る / leave ... *out on a* ～ …を孤立させる［危険な立場に置く］

tèar [OR ***rìp***] ***a pèrson lìmb from límb*** 〔人〕を八つ裂きにする，〔人〕をこっぴどくやっつける

～·less 形 手足［四肢］のない

limb[2] /lɪm/ 名 C ❶〖天〗(太陽・月などの) 縁 ❷〖植〗葉辺；(花びらの) 拡大部 ❸ (四分儀などの) 目盛り縁，分度弧；〖弓術〗リム《握部によって分けられた弓の上下の部分》

limbed /lɪmd/ 形《通例複合語で》(…の) 手足［枝，翼］を

持つ ‖ strong-～ 手足の丈夫な

lim·ber[1] /límbər/ 形 (体が)簡単に曲がる, しなやかな, 柔軟な；軽快な, 敏活な
—動 他 (準備体操などで)〔体など〕を柔軟にする《***up***》
—自 体を柔軟にする, (競技前に)体をほぐす《***up***》

lim·ber[2] /límbər/ 名 C 〖軍〗(砲車の)前車
—動 他〔砲車〕に前車をつなぐ《***up***》

lim·bic /límbɪk/ 形 〖解〗大脳辺縁系の ▶▶～ **sỳstem** 名 C 〖解〗大脳辺縁系《感情をつかさどる部分》

lim·bo[1] /límbou/ 名 (複 **～s** /-z/) U ❶ どっちつかずの状態 ‖ in a state of ～ どっちつかずの［忘れ去られた］状態で［の］ ❷《しばしば L-》〖宗〗リンボ, 地獄の辺土《未洗礼の子供やキリスト降誕以前の善人が住むといわれる》

lim·bo[2] /límbou/ 名 (複 **～s** /-z/)《the ～》リンボーダンス《次第に低くなる棒の下を反り身・すり足でくぐり抜ける西インド諸島起源の踊り》 ▶▶～ **stìck** 名 C リンボースティック《リンボーダンスで使う棒》

Lim·burg·er /límbə:rgər/ 名 (=～ **chèese**) U リンバーグチーズ《ベルギーのリンバーグ産》

***lime**[1] /laɪm/ 名 U ❶ 石灰 (→ quicklime) ‖ slaked ～ 消石灰 ❷ 鳥もち(birdlime)
—動 他 ❶ (酸度などを低くするために)〔畑・地面〕に石灰をまく；〔生皮など〕を石灰水に浸す；〔木材〕を石灰で漂白する ❷〔鳥など〕を鳥もちで捕まえる
▶▶～ **wàter** 名 U 石灰水

lime[2] /laɪm/ 名 ❶ C 〖植〗ライム；ライムの実《レモンの類》 ❷ U ライムの果汁 ‖ drink vodka and ～ ウオツカをライムの果汁で割って飲む ❸ (=～ **gréen**) U ライムグリーン, 薄緑色

lime[3] /laɪm/ 名 =linden

lime·ade /làɪméɪd/ 名 U ライムエード《ライムの果汁を水で割り砂糖を加えた清涼飲料》

líme·lìght 名 ❶《the ～》世間の注目の的, 脚光 ‖ in the ～ 脚光を浴びて / steal [OR grab] the ～ (ほかのものに集まっていた)関心を奪う ❷ U 石灰光, ライムライト《電灯が発明される前に使われた照明器具. 主に舞台照明用》；スポットライト
～·er 名 C 脚光を浴びたがる［浴びている］人

lim·er·ick /límərɪk/ 名 C 5行俗謡《弱弱強格でAABBAと押韻する5行からなる滑稽(こっけい)詩》

líme·scàle 名 U《英》湯あか《石灰質のかたまり》

***líme·stòne** 名 U 石灰岩, 石灰石

lim·ey /láɪmi/《米・カナダ・豪》名 C ⊗《俗》《蔑》英国人；英国人船員；《俗》英国船《英国人船員が壊血病予防のためによく lime juice を飲んだことから》
—形 ⊗《俗》《蔑》英国(人)の(British)

***lim·it** /límət | -ɪt/ 名 動

—名 (複 **～s** /-s/) C ❶《しばしば ～s》**限度**, 限界, 極限；〈…に対する〉制限, 規制〈**to, on**〉‖ His ambition knows no ～(*s*). 彼の野心はとどまるところを知らない / "Why not give it a go and ask for a raise?" "I know my ～*s*." 「昇給を一応要求してみたら」「自分の力量をわきまえているよ」/ My patience was tried **to** its ～(*s*). 私は堪忍袋の緒が切れそうになった / There's a ～ *to* my patience. 我慢にも限界がある / "Are you going to buy a new car this year too?" "No, I have my ～*s*." 「今年も新車を買うつもりなの」「いや, けじめは心得ているさ」/ reach the ～(*s*) of one's resources 財力の限度に達する / to the utmost ～ 極度に / These ～*s on* voting are undemocratic. 投票に対するこういう制限は非民主的だ / **set**「a ～ [OR ～*s*] *to* ... = **set** [OR put, place]「a ～ [OR ～*s*] *on* ... …を制限する / go (to) the ～ できる限りのことをやる, 限界までやる / **within the** ～*s* of the law 法律の範囲内で
連語 【形/名+～】the upper [lower] ～ 最高［最低］限度；上［下］限 / the time ～ 制限時間, 期間 / the age ～ 年齢制限 / the speed ～ 制限速度

❷ 境界線；《～s》(境界線内の)区域；範囲 ‖ outside [within] the city ～*s* 市外［市内］で / within a 500-meter ～ of the nuclear power plant 原子力発電所の500メートルの範囲内に［で］
❸《the ～》《口》我慢の限界(を超えること) ‖ You really are the ～! 君にはとても我慢できない；全く困った人だ
❹《the ～》(自動車運転の)法定飲酒許容量(legal limit) ‖ be over [below] the ～ 法定飲酒許容量を超えている［以下である］ ❺〖数〗(関数・数列などの)極限 ❻〖ポーカー〗一度に賭(か)けられる最高［限度］額

***òff límits** 〈…に〉立入禁止で, 許可されない〈**to**〉(out of bounds)

within límits 適度に, ほどほどに, ある程度までは ‖ You can trust him *within* ～*s*. 彼はほどほどになら信頼しても大丈夫だ

without límit 際限なく, 無制限に

COMMUNICATIVE EXPRESSIONS

1 **That's the (àbsolute) límit!** もう我慢の限界だ；もうたくさんだ

2 **There are límits!** いい加減にしろ

—動〔▶ limitation 名〕(**～s** /-s/；**～·ed** /-ɪd/；**～·ing**)
他 …を〈…の〉限度内にとどめる；…を〈…に〉**制限［規制］する**〈**to**〉‖ We are ～*ed*「in ability [for time]. 我々の能力［時間］は限られている / His interest in banking is ～*ed to* the ATM. 彼の銀行への関心は現金自動預払機に限られている / ～ one's spending (*to* 10,000 yen a week) 出費を(週1万円に)制限する / ～ oneself *to* 1,300 kilocalories per day 1日1,300キロカロリーの摂取に制限する

***lim·i·ta·tion** /lìmɪtéɪʃən/ 名〔◁ limit 動〕❶ U 制限, 規制 ‖ without ～ 無制限に ❷ C《しばしば ～s》〈…を〉制限［規制］するもの［規則］〈**on**〉‖ a new judicial ～ *on* freedom of speech 言論の自由に対する新しい司法上の規制 / the ～*s* of nuclear weapons 核兵器の制限 ❸ C《通例 ～s》(能力・活動などの)限界, 弱み, 短所 ‖ I know my ～*s*. 私は自分の力の限界を知っている / have one's ～*s* 限界がある ❹ C 〖法〗出訴期限

***lim·it·ed** /líməṭɪd/
—形 (**more ～**；**most**) (♦ ❷❸❹ は比較なし)
❶ **限定された**, 有限の；狭い；わずかの, 乏しい ‖ A ～ **number** of reporters were allowed into the house. ごく限られた数の記者だけが家に入ることを許された / one's ～ experience 限られた［乏しい］経験 / ～ ability 限られた能力
❷《しばしば L-》《英》〖商〗有限(責任)の(《米》incorporated) ‖ Planet News *Limited* プラネットニュース有限会社 (♦ 法人名の後に付記するときは Ltd. と略記することも多い)
❸《米》(列車・バスなどが)(乗客数・停車駅制限の)特別(急行)の ‖ a ～ express 特別急行(列車)
❹〖政〗立憲制の ‖ a ～ monarchy 立憲君主国
～·ly 副 **～·ness** 名
▶▶～ **edítion** 名 C (本などの)限定版 ～ **liabílity** 名 U《英》有限責任 ～ **(liabílity) còmpany** 名 C《英》有限(責任)会社 (♦ Co., Ltd. と略す) ～ **wár** 名 C 限定戦争《戦争目的や戦闘手段を限定した戦争》；局地戦

lim·it·er /líməṭər | -ɪtə/ 名 C ❶ 制限する人［もの］ ❷〖電〗リミッター《放送などで音量を制限しゆがみを防ぐ装置》

lím·it·ing /-ɪŋ/ 形 ❶ 制限する, 限定的な ‖ a ～ factor 〖生〗限定因子《ある生物現象の進行を抑制する要因》 ❷〖文法〗(形容詞が)制限［限定］的な

lím·it·less /-ləs/ 形 無限の；無制限の；無期限の；広大な, 果てしない **～·ly** 副 **～·ness** 名

limn /lɪm/ 動 他《文》…を(絵に)描く；…を描写［叙述］する
～·er 名 C (特に肖像・細密)画家, 絵師

lim·nol·o·gy /lɪmnɑ́(:)lədʒi | -nɔ́l-/ 名 U 陸水学, 湖沼(こしょう)学

L

lim·o /límou/ 名《口》=limousine

li·mo·nite /láɪmənàɪt/ 名 U 〘鉱〙褐(かっ)鉄鉱

lì·mo·nít·ic 形 褐鉄鉱の

lim·ou·sine /límәzì:n | ーーˊ/ 名 C ❶ リムジン《運転席と客席の間に開閉できるガラス仕切りのある超高級乗用車》(→ sedan);(運転手付きの)大型高級車 ‖ a ～ and chauffeur 運転手付きの大型高級車 ❷《主に米》リムジン(バス)《旅客送迎用の小型バス》

語源 フランスの Limousin 地方の人々が着ていた厚手のケープ付き外套 *limousine* から. 自動車の仕切り席を, 馬車の御者が着ているこのマントにたとえたものという.

▸▸**～ lìberal** 名 C ⊗《米》《蔑》金持ちの自由主義者 ‖ a ～-*liberal* fantasy 金持ちの自由主義者が抱く夢想

*****limp**[1] /lɪmp/ 動 自 ❶ 片足を引きずって[かばって]歩く ‖ ～ off the field (選手が)片足を引きずってグラウンドの外に出る ❷ (車・船などが)(故障して)のろのろ進む《***along***》❸ (話などが) つかえる;(景気などが) はかどらない, もたつく《***along***》;(詩が)韻律が乱れる

―名 C《a ～》足を引きずって歩くこと ‖「walk with [OR have] a (slight) ～ (少し)足を引きずって歩く

limp[2] /lɪmp/ 形 ❶ 締まりのない, ぐにゃぐにゃの, だらっとした(↔ stiff);〘製本〙(本の装丁が)板紙抜きの, 薄表紙の ❷ 元気[気力]のない, 弱々しい, 柔弱(にゅうじゃく)な;(疲れて)へなへなの, ぐったりした ‖ ～ as a dog [OR rag] くたくたになって

～·ly 副 **～·ness** 名

lim·pet /límpɪt/ 名 C ❶〘貝〙カサガイ ‖「hold on [OR hang on, cling] to one's job like a ～ (カサガイのように)自分の地位にしっかりしがみつく ❷ (= **～ mìne**)船底に吸着させる時限爆弾, 吸着機雷

lim·pid /límpɪd/ 形 ❶ (液体・空気・目などが) 澄んだ (clear), 透明な ❷ (文体などが) 明晰(めいせき)な, 明快な ❸ 全く平静な, 落ち着き払った

lim·píd·i·ty 名 **～·ly** 副 **～·ness** 名

lìmp-wrísted ⟨シ 形 ⊗《口》《蔑》(男性が)同性愛の;めめしい

lim·y /láɪmi/ 形 ❶ 石灰の(ような), 石灰質の;石灰を含んだ ❷ 鳥もちを塗った;鳥もちのような, ねばねばする

lin. 略 lineal;linear

lin·age, line·age /láɪnɪdʒ/ 名 U ❶ (印刷物・原稿の)行数 ❷ (稿料の)行数払い;(行当たりの)稿料

LINC /lɪŋk/ 略 *L*anguage *I*nstruction for *N*ew*c*omers to Canada《カナダへの移住者に対する無料の語学クラス》

linch·pin, lynch- /líntʃpìn/ 名 C ❶ (車輪の) 輪止めくさび ❷《the ～》(組織などに)不可欠の人[要素]

Lin·coln[1] /líŋkən/ 名 **Abraham ～** リンカーン (1809–65)《米国第16代(共和党)大統領(1861–65)》

Lìn·coln·ésque 形 リンカーンのような

▸▸**～'s Bírthday** 名《米》リンカーン誕生日《2月12日. 現在は初代大統領 G.ワシントンの誕生日と合わせて2月の第3月曜日に Presidents' Day として祝われる. 法定祝日》

Lin·coln[2] /líŋkən/ 名 リンカーン ❶ 米国ネブラスカ州の州都 ❷ 英国リンカーンシャー州の州都

▸▸**～ gréen** 名 U (昔, 英国のリンカーンシャーで作られた)明るい緑色の布地;明るい緑色

Lin·coln·shire /líŋkənʃər/ 名 リンカーンシャー《イングランド東部の州. 州都 Lincoln. 略 Lincs.》

Lincs. /lɪŋks/ 略 Lincolnshire

linc·tus /líŋktəs/ 名 U《英》〘薬〙リンクタス《せき止めシロップ》

Lind·bergh /líndbə:rg/ 名 **Charles Augustus ～** リンドバーグ(1902–74)《米国の飛行家・技師. 初めてニューヨーク・パリ間大西洋無着陸横断飛行に成功(1927)》

*****lin·den** /líndən/ 名 C 〘植〙シナノキ, ボダイジュ

***line**[1] /laɪn/ 名 動

中心義 **線(状のもの)**(★目に見えるものに限らず, 線としてイメージされるものも含む)

> 名 線❶ 境界線❷ 電話線❺ 綱❻ 方向❼ 方法❽ 列❾ 行⓫ 路線⓬ 動 他 並べる❶

―名 (複 **～s** /-z/) C ❶ **線**, 直線;(ノートなどの) 罫(けい);〘数〙線 ‖ **Draw** a straight ～ from A to B. AからBまで直線を引きなさい /「a broken [a curved, a dotted, an oblique, a vertical, a wavy] ～ 破線[曲線, 点線, 斜線, 垂直線, 波線]

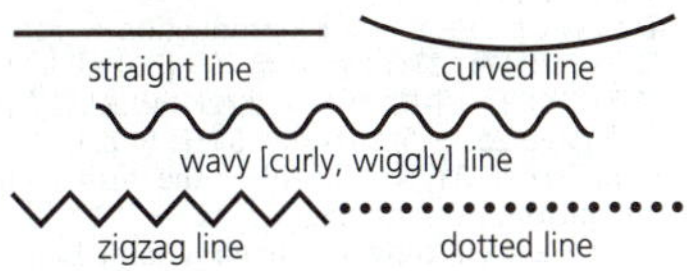

line[1] ❶

❷ **a 境界線**, 境界;(物事を区別する)線, (限度などを示す) (基準) 線, 限界 ‖ a county [state] ～ 郡 [州] 境 / **draw** a ～ between right and wrong 善悪の区別をする / divide [OR separate] ... along religious [party] ～*s* 宗教[支持政党]の基準によって…を区分する[分ける] / the poverty ～ 貧困線《最低限度の生活をするのに必要な所得水準》/ cross the ～ 一線を越える, 常軌を逸する / draw a ～ under ... (区切りをつけて) …を終わりにさせる

b (各種競技の) ライン, 線;〘アメフト〙スクリメージ線 (⇨ SCRIMMAGE), スクラムの列 ‖ a starting [goal] ～ スタート[ゴール]ライン

❸ (顔の)しわ;(手のひらの)線;(色などの)筋, しま;縫い目;畝 ‖ deep ～*s* of experience on his face 彼の顔に刻まれた経験を物語る深いしわ / the ～ of life [fate] (手相で)生命[運命]線

❹《通例 ～s》輪郭, 外形, 顔立ち;輪郭線 ‖ a ship of fine ～*s* 形の美しい船

❺ **電話線**, 電信線;電話接続, 電話回線 ‖ a telephone ～ 電話線 / a free (phone) ～ 空きの電話回線 / Hold the ～, please. I'll put you through to the dean. 切らずにそのままお待ちください. 学部長におつなぎいたします / Could you hold the ～ a moment, please? 少々お待ちいただけますか (♥ 電話で相手を待たせる際の丁寧な表現) / He's on another ～. ただ今別の電話に出ております / (The) ～ (is) busy [《英》engaged]. (電話で)お話し中です / The ～*s* have [OR are] crossed. 電話が混線している / The ～ went dead. 電話が切れた / have a bad [OR poor] ～ (雑音などで)電話がうまくつながらない

❻ **綱**, ひも, 糸, 針金;釣り糸;物干し綱 ‖ hang washing on a ～ 綱に洗濯物をかける / He throws a good ～. 彼は釣りが上手だ / wet one's ～*s* 釣り糸を垂れる / a fishing rod and ～ 糸のついた釣りざお

❼ (進行の)**方向**, 経路, 筋道;(政策・行動などの)方向, 方針, 態度 ‖ The ～ of march was disrupted by the mob of fleeing villagers. 行進経路は逃げ惑う村人の群れで遮断された / communication ～*s* 伝達経路;《軍》(基地との) 連絡線 / The culture developed along new and unique ～*s*. その文化は新しい独自の方向に発展した / We followed [were against] the party ～. 私たちは党の路線に従った[反対だった] / take [OR adopt] a hard [OR firm, strict, tough] ～ with her on a matter ある件で彼女に断固たる態度[強硬策]をとる

❽《通例 ～s》**方法**, 様式, やり方 ‖ along these [similar, different, same] ～*s* これらの[似た, 違った, 同じ]やり方で / on right ～*s* 正しいやり方で / a new ～ of inquiry 新しい調査方法

L

❾ (人·物の)**列**(→ row¹) ; 《主に米》(順番を待つ)**列**, 行列 (♦ 《英》では queue が一般的. 行進の行列は procession, parade) ‖ We waited [got] in ~. 並んで待った [列に加わった] (♦ 無冠詞用法) / Please form a ~ here. ここに並んでください / A middle-aged woman cut in [OR into] the long ~. その長い列に中年の女性が割り込んだ / There was a ~ around the block for the show. そのショーを見ようと一区画を取り巻くほどの行列ができていた / next in ~ 順番が次 / a ~ of trees [cars] 並木[車の列]
❿ (工場などの)生産ライン ‖ a production ~ 流れ作業
⓫ (ページの)**行** ; 詩行 ; 《~s》詩 ; (役者の)せりふ ; 《~s》《英》詩文の行《学校で罰として生徒に繰り返し書き取らせる》‖ page 25, ~ 5 25ページの5行目 (♦ p.25, l.5 と略す. 5行目から10行目は ll.5-10) / the fifth ~ from the bottom [top] on page 15 15ページの下[上]から5行目 / a well-known ~ from a John Lennon's song ジョン=レノンの曲の中の有名な歌詞 / Where's the punch ~ in your joke? 君の冗談の落ちはどこなの / a catch ~ 標語[うたい文句] / I forgot my ~*s*. せりふを忘れてしまった / Blowing [OR Fluffing, Muffing] ~*s* is every actor's nightmare. せりふをとちるのはどんな俳優にとっても悪夢のような経験だ / a come-on ~ 口説き文句
⓬ (鉄道·バスなどの) **路線**, 航路 ; 交通網 ; 運輸会社 ‖ Take the Central *Line* as far as Bond Street. セントラル線でボンドストリートまで行きなさい / a bus [subway] ~ バス[地下鉄]路線 (♦ バスが走る車線は bus lane) / ˹the main [a branch]˺ ~ 本線[支線]
⓭ 《通例単数形で》職業, 商売 ‖ She's in the medical ~. 彼女は医学関係の仕事をしている / What ~ (of business) are you in? = What's your ~? どんな関係のお仕事をなさっているのですか
⓮ 《主に否定文で》専門, 得意の領域 ; 関心の筋 ‖ Politics are not his ~. 政治は彼の得意分野ではない / Music is not in my ~. 音楽にはあまり興味がない / out of ~ 専門外で
⓯ 《the ~》〘軍〙戦線, 前線 ; 要塞(ようさい)[塹壕(ざんごう)]線 ; 《しばしば ~s》防御線, 布陣 ; 《the ~》前線将校団 ; 《米》戦闘部隊《兵站(へいたん)部·参謀部などに対して》; 《英》正規軍《近衛(このえ)兵·補助軍に対して》; (軍艦·軍隊の)戦列 ‖ the front ~ 最前線 ⓰ 系列, 系統 ; 血統, 家系 ; 家柄 ‖ a ~ of great kings 偉大な歴代の王 / the male [female] ~ 男[女]系 / a family ~ 家系 / come of a good ~ よい家柄の出である ⓱ (質·量·種類などからみた) 商品 ‖ a new ~ of bicycles 新型(製品)の自転車 / a new top-of-the-~ [top-~] car 新発売の高級車 ⓲ 電線 ; (水道·ガスなどの) 管, パイプ ; 配管, 配線 ‖ (electric) power ~*s* 電線 / a hot water supply ~ 給湯管 ⓳ 短信, 一筆 ‖ drop her a ~ 彼女に一筆書く ⓴ 《口》口車, 追従(ついしょう) ‖ He fell for her ~. 彼は彼女の甘い言葉に乗せられてしまった ㉑ 《通例 ~s》(特に船の) 設計図 ㉒ 〘楽〙(五線紙の)線 ; 一連の音符, メロディー ㉓ 〘地〙経緯線 ; 《the ~》赤道 (equator) ‖ ~*s* of longitude [latitude] 経線[緯線] ㉔ 《俗》1服分のコカイン《吸うために線上に並べる》 ㉕ (テレビの) 走査線 ㉖ ライン《長さの単位 ; 1/12インチ》 ㉗ 〘生化〙系(統), ライン《同一胚からの等質の一連の細胞群》‖ a stem-cell ~ 幹細胞ライン

a fine [OR ***thìn, nàrrow***] ***line*** 微妙な差[違い] (♦ 通例否定的な要素が後にくる) ‖ There's *a fine* ~ between directness and rudeness. 率直と無作法は紙一重 / tread [OR walk] *a thin* ~ 微妙な立場にいる

abòve the líne 〘経〙(税引き前の) 経常損益に関する (↔ *below the line*)

àll alòng [OR ***the wày dòwn***] ***the líne*** ; ***rìght dòwn the líne*** あらゆる段階[点]で, 完全に ‖ I agree with you *all along the* ~. あなた(の言うこと)に全く賛成です

alòng the líne = *down the line*(↓)

alòng the sàme línes 同じ方法で

bè nòt a pèrson's lìne of cóuntry 《英》(人の) 得意分野ではない

belòw the líne 〘経〙損益調整後の利益に関する (↔ *above the line*)

brìng ... into líne ① …を1列に並べる, 整列させる ② …を〈…と〉一致[同調, 協力]させる〈**with**〉

còme into líne = *fall in* [OR *into*] *line*(↓)

dòwn the líne ① いつか, そのうち, 後々, ある時点で ‖ I like this house, but *down the* ~, when we have kids, we'll have to move to a bigger one. この家が気に入っているが, いずれ子供たちができたらもっと大きな家に引っ越さなくてはならなくなるだろう ② 徹底的に, 全面的に ‖ He's a good employee, right *down the* ~ — honest, sincere, hardworking. 彼は非の打ち所がない従業員だ. 正直で, 誠実で, 勤勉だ (♦ further をこの句の前につけることもある)

dràw a lìne in the sánd (ここからは駄目だと) 決然とした態度をとる

*****dràw the líne*** ① ⇨ 名 ❶, ❷ ② 〈…に〉限度を決める, 〈…〉まで[以上]はしない〈**at**〉‖ I have been guilty of crimes, but *draw the* ~ *at* murder. いろいろな罪を犯してきたが殺人だけは別だ[人を殺したりしない]

fàll in [OR ***into***] ***líne*** ① 1列に並ぶ, 整列する ② 〈…と〉一致[同調, 協力]する〈**with**〉

fèed a pèrson a líne 〔人〕にいい加減な話をする, 〔人〕をだます ; 役者に次のせりふを教える

gèt a líne on ... 《口》…について情報を得る

gèt into líne = *fall into line*(↑)

gèt one's línes cròssed 電話が混線する ; 誤解する, 取り違える

gìve a pèrson a líne 〔人〕をかつぐ, だます

gìve a pèrson a líne on ... 《口》…について〔人〕に知らせる[情報を与える]

Hàrd línes! 運が悪い, ついてないね

hàve a líne on ... 《主に米口》…について知っている ‖ I *have a* ~ *on* a good used car. 中古車のいいのを知っている

hòld the líne ① 〈…の〉戦線を維持する ; 現状を維持する, 立場[主張]を守る〈**on**〉‖ *hold the* ~ *on* taxes 税金を(現状のまま)据え置く ② ⇨ 名 ❺

in líne (↔ *out of line*) ① 一直線に ; 整列して (♦ in a line となることもある) ② 一致[同調]して, 〈…に〉従って〈**with**〉‖ act *in* ~ *with* party policy 党の政策に従って行動する ③ 節度を保って, 制御して ‖ keep ˹one's temper [prices]˺ *in* ~ かんしゃく[物価]を抑える ④ 見込みがあって〈**for** …を得る / **to do** …する〉‖ He is (next) *in* ~ *for* promotion. (次は)彼が昇進の番だ

in the lìne of dúty (特に警官·軍人が) 勤務中に, 公用[職務]で

lày [OR ***pùt***] ***... on the líne*** (♦ 目的語に it をとることが多い) ① 率直に[包み隠さず]ものを言う ‖ The boss *laid* it *on the* ~ — some people would have to lose their jobs. 社長はきっぱりと言った. 何人かは職を失わなければならないだろうと ② (名声などを) 賭(か)ける ‖ *lay* my career [life] *on the* ~ 私の職[命]を賭ける

lìne of fórce 〘理〙力線

off líne ① (人·機械が) 働いて[動いて]いない ② 💻オフラインで[の] (→ off-line) ③ (返球などが) それて ‖ The ball was way *off* ~. ボールが大きくそれた

on líne ① (工場などが) 稼働して ; (制度などが) 機能して ② 💻オンラインで[の] (→ online) ‖ pay *on* ~ by credit card クレジットカードを使いオンラインで支払う ③ 行列に並んで ④ 《米》= *in line* ①(↑)

on the líne ① 失う危険にさらされて, (試合に)負けそうな ; 賭けて (at risk) ② (絵などが) 目の高さに (かけられて) ③ 即座に

on the sàme línes = *along the same lines*(↑)

òut of líne (↔ *in line*) ① 一直線にならずに；〈…と〉1列にならずに，列を乱して，一致しないで〈**with**〉 ② 不適切で，節度を欠いて（→ *step* [OR *get*] *out of line*（↓）） ③ （量・値段などが）不当な，予想外の（♦ ②，③の意味で way out of line も使われる）

rèad between the línes 行間を読む，言外の意味を読み取る

shòot [OR ***spin*** (*a pèrson*)] ***a líne*** 《英》（人に）ほらを吹く

sígn on the (***dòtted***) ***líne*** 同意書に署名する；正式に態度を表明する

sòmewhere alòng the líne どこか途中で，いずれどこかで ‖ We'll discuss it *somewhere along the* ～. いずれそのことを話し合いましょう

stèp [OR ***gèt***] ***òut of líne*** 羽目を外す，不適切な行動をとる；同調しない

the line of fíre ; ***the fíring lìne*** 弾丸・ミサイルの飛んで来る方向；砲列線；攻撃[非難]を受けやすい立場 ‖ She was in *the* ～ *of fire* at the meeting. その会合で彼女は非難を受けやすい立場にいた

the line of least resistance ⇨ RESISTANCE(成句)

tòe [OR ***tòw***] ***the líne*** 規則[命令]に従う；規則に従って務めを果たす

—動 (**～s** /-z/；**～d** /-d/；**lin·ing**)

—他 ❶〔街路・壁など〕に沿って〈…を〉**並べる**〈**with**〉；（人・物が）…に沿って並ぶ ‖ ～ the walk *with* flowers 歩道に沿って花を植える / Poplars ～ the streets.＝The streets are ～*d with* poplars. 道路沿いにポプラの並木が続いている

❷ …に線[罫]を引く；…にしわを寄せる（♦ しばしば受身形で用いる） ‖ a deeply ～*d* face 深くしわの寄った顔 ❸ …を線で描く[なぞる] ❹ 『野球』〔投球〕をライナーで打つ

—自 『野球』ライナーを打つ

line óut 〈自〉『野球』ライナーをとられてアウトになる

****line úp*** 〈他〉《***lìne úp...*** / ***lìne ... úp***》 ① …を一直線[1列]に並べる，整列させる；…を整頓(せいとん)する；…を〈…と〉一直線[水平]になるようにする〈**with**〉 ‖ ～ *up* the people at the gate その人たちを門の所に並ばせる / I ～*d* them *up* in a row. 私は彼らを横1列に整列させた ② 〔支援・職など〕を確保する；〔陣容など〕を整える；〔計画など〕を企画する，準備する ‖ ～ *up* strong support 強力な支援を確保する / ～ *up* excellent entertainers for the show そのショーのためにそうそうたるエンターテイナーを集める ③ 〈相手に対して〉…を対抗させる〈**against**〉 —〈自〉 ① 1列に並ぶ，整列する；〈…と〉一直線[水平]になる〈**with**〉；《主に米》（順番を待って）〈…のために〉**列を作る**（《英》queue (up)）〈**for**〉 ‖ ～ *up for* a bus 並んでバスを待つ ② 〈…と〉協力態勢を組む〈**with, alongside**〉；〈…を〉支持する〈**behind**〉；〈…に対して〉対抗する〈**against**〉

▸▸ **～ brèeding** 名 U 『遺伝』系統交配（優れた個体の子孫同士の弱い近親交配） **～ dàncing** 名 U ラインダンス（カントリー＝アンド＝ウエスタンに合わせて踊る舞踏の一種） **～ dràwing** 名 C 線画 **～ drìve** 名 C 『野球』ラインドライブ，ライナー (liner) **～ engràving** 名 U 『美』線刻（法）；線刻銅版画 [印刷物] **～ mànagement** 名 U 《主に英》『経営』（企業の）基幹業務管理(者)，ライン管理（者） **～ mànager** 名 C 《主に英》『経営』（企業の）基幹業務管理者，ライン管理者 **～ òfficer** 名 C 『軍』（戦闘部隊を指揮する）戦列 [兵科] 将校 (→ staff officer) **～ of síght** [**vísion**] 名 (複 **～s of s-**, **～s of v-**) C 視線 **～ prìnter** 名 C 🖳ラインプリンター，行単位印字装置（文字単位ではなく行単位の印字が可能なプリンター） **～ squàll** 名 C 『気象』ラインスコール（前線に沿って起こる激しいスコール）

***line²** /laɪn/ 動 他 ❶ …に〈…で〉裏[ライナー]をつける，裏張り[裏打ち]する；…の内部[内側]を〈…で〉覆う〈**with**〉（♦ しばしば受身形で用いる） ‖ ～ a dress *with* rayon ドレスにレーヨンの裏地をつける / a fur-～*d* coat 毛皮のライナー付きコート / Paintings ～ the walls of the museum.＝The walls of the museum are ～*d with* paintings. 美術館の壁面には絵が一面にかかっている ❷ 〔ポケット・胃など〕に詰め込む，…をいっぱいにする（⇨ *line one's* (*own*) POCKETS）

lin·e·age¹ /líniɪdʒ/ 名 ❶ U 血統，血筋；家系，家柄 ‖ a man of good ～ 名門出の人 ❷ C （共通祖先の）一族

line·age² /láɪnɪdʒ/ 名 ＝linage

lin·e·al /líniəl/ 形 ❶ 《限定》直系の，正統の (↔ collateral)；先祖伝来の ‖ a ～ ascendant [descendant] 直系尊属[子孫] ❷ 線(状)の **～·ly** 副 直系で；線状に

lin·e·a·ment /líniəmənt/ 名 C 《each, every に続く以外では ～s》《文》 ❶ 顔かたち，顔立ち；体つき，姿，外形 ❷ （顕著な）特徴

***lin·e·ar** /líniər/ 形 (**more ～**；**most ～**) ❶ 線の；(直)線状の，直線的な；線を使った ‖ a ～ design 線模様 ❷ 《比較なし》《限定》長さに関する，1次元の ‖ a unit of ～ measurement 長さの単位 ❸ 相接した，直接的な ‖ a ～ relationship 直接的な関係 / ～ thinking 垂直思考 ❹ 『美』線的な ❺ 『植』線形の ❻ 『数』1次の ‖ a ～ function 1次関数 **lìn·e·ár·i·ty** 名 **～·ly** 副

▸▸ **Lìnear Á** 名 U 『考古』線文字 A（紀元前18–15世紀クレタ島で用いられた文字の一系列. 未解読） **～ accélerator** 名 C 『理』線型加速器 **Lìnear B́** 名 U 『考古』線文字 B（紀元前15–12世紀クレタ島とギリシャ本土で用いられた文字の一系列. 1952年解読） **～ equátion** 名 C 『数』線型方程式（2変数の1次方程式） **～ méasure** 名 C 長さ（の尺度）；尺度（法） **～ mótor** 名 C 『電』リニアモーター (linear induction motor)（一般の誘導電動機を軸方向に向け一直線に延ばし，直線運動を得る仕組みのモーター. 浮上式鉄道に応用される） ‖ a ～ *motor* train リニアモーター式列車 **～ perspéctive** 名 U 『美』線透視図法 **～ prógramming** 名 U 『数』線型計画（法）

líne·bàcker 名 C 『アメフト』ラインバッカー（ラインマンのすぐ後ろで守る選手）

lined /laɪnd/ 形 線[罫(けい)]を引いた；しわの寄った；（服などが）裏地のついた

line·man /láɪnmən/ 名 (複 **-men** /-mən/) C ❶ 『アメフト』ラインマン，前衛 ❷ （鉄道の）保線作業員（中立 line repairer [maintainer]） ❸ 《米》（送電線・電話の）架線・保線作業員（中立 line installer [maintainer]）

***lin·en** /línɪn/ 名 U ❶ リンネル，リネン，亜麻布；亜麻の繊維[糸] ‖ ～ cloth 麻布地 / a ～ blouse リンネル[麻]のブラウス ❷ C 《集合的に》《しばしば ～s》リンネル[キャラコ]製品（亜麻布や木綿で作るシーツ・枕(まくら)カバーなど） ‖ change one's bed ～ シーツと枕カバーを替える ❸ （白い）下着類 ‖ change one's ～ 下着を替える ❹ （＝～ páper）リンネル紙

air [OR ***wash***] ***one's dirty linen in public*** ⇨ DIRTY LINEN(成句)

▸▸ **～ bàsket** 名 C 《主に英》洗濯物入れ，洗濯かご **～ cùpboard** 名 C シーツやタオルの収納戸棚

líne-òut 名 C 《英》『ラグビー』ラインアウト

***lin·er¹** /láɪnər/ 名 C ❶ 定期客船，定期旅客機 (airliner) ‖ on an ocean ～ 遠洋航海の定期客船に乗船して ❷ （アイシャドウなどを引く）ライナー，化粧筆 (→ eyeliner) ❸ ＝line drive

lin·er² /láɪnər/ 名 C ❶ 裏をつける人；裏に当てるもの，裏(地)，裏張り (lining)；(取り外しのできる)ライナー；(容器の)内張り；『機』（機械の摩滅防止の）きせ金，かぶせ金 ❷ 《米》（レコードの）ジャケット（《英》sleeve）

▸▸ **～ nòte** 名 C 《通例 ～s》《米》ライナーノート（《英》sleeve notes）（CD・レコードのジャケット(ケース)の解説文）

lines·man /láɪnzmən/ 名 (複 **-men** /-mən/) C ❶ 『スポーツ』ラインズマン，線審（中立 line judge [referee]） ❷ 《英》＝lineman ❸

***líne-ùp** 名 C 《通例単数形で》 ❶ （共通の目的・利害関係などを持った人・国家などの）陣容，顔ぶれ，構成 ❷ 『スポー

ツ》ラインアップ, 出場選手(のリスト) ‖ the starting ～ 先発メンバー ❸《主に米》(行)列(line)；面通しのために並ばされた容疑者の列 (《英》identification parade) ❹ (ラジオ・テレビの) 番組予定表 ‖ the fall ～ of TV programs 秋のテレビ番組予定(一覧)表

ling[1] /lɪŋ/ 名 (複 ～ OR ～s /-z/) C〘魚〙リング《タラ科の食用魚. 北大西洋産》

ling[2] /lɪŋ/ 名 U〘植〙ギョリュウモドキ, ナツザキエリカ《ヨーロッパ産の最もふつうのヒース》(heather)

-ling 接尾《名詞語尾》❶《名詞・形容詞・副詞につけて》「…に関係のある」「…に属する」「…の性質を持つ」の意 ‖ hire*ling*, young*ling*, under*ling* ❷《名詞につけて》「小…(small)」の意 ‖ duck*ling*

líng·còd 名 (複 ～) C〘魚〙リングコッド《北米の太平洋沿岸に生息するアイナメ科の食用魚》

***lin·ger** /líŋɡər/ 動 自 ❶ ぐずぐずと居残る, なかなか立ち去ろうとしない《*on*》; ぶらつく《*about, around*》‖ His fans ～*ed* at the stage door after the concert. コンサート終了後彼のファンは楽屋口から去らなかった ❷〈楽しみなどを〉味わっている；〈あることを〉いつまでも続ける, 〈仕事などに〉手間取る, 〈…を〉だらだらやる；〈物思いなどに〉ふける〈**on, over**〉‖ ～ *over* breakfast いつまでも朝食を食べている ❸ (病人が) 細々と生きながらえる；(病気・苦痛などが) 長引く；(慣習・においなどが) なかなかなくならない, だらだら続く《*on*》‖ This superstition still ～*s* (*on*) in these parts. この地域ではいまだにこの迷信が残っている / Her last words ～*ed* in his mind. 彼女の最後の言葉がいつまでも彼の心に残っていた

lin·ge·rie /lɑ̀ːndʒəréɪ, -ríː | lǽndʒəri/ 名 U ランジェリー, 女性用下着類

lin·ger·ing /líŋɡərɪŋ/ 形《限定》長引いた；なかなかなくならない；名残惜しそうな ‖ a ～ disease 長患い

～·ly 副 ぐずついて；名残惜しそうに

lin·go /líŋɡoʊ/ 名 (複 ～es /-z/) C《通例単数形で》《口》《しばしば戯》(耳慣れない) ちんぷんかんぷんの言葉；外国語；専門[特殊]用語

lin·gua fran·ca /lìŋɡwə frǽŋkə/ 名 (複 ～s /-z/ OR **lin·guae fran·cae** /lìŋɡwiː frǽŋkiː, -frǽnsiː/) ❶ C (外国人同士の間で使われる) 共通語；混成国際語 ❷ U リンガフランカ語《18世紀ごろまで地中海沿岸地方で使われたイタリア語・スペイン語・フランス語・ギリシャ語・アラビア語などの混成語》(♦ イタリア語より)

lin·gual /líŋɡwəl/ 形 ❶〘解〙舌の, 舌に関する ❷〘音声〙舌音の (/t/, /l/ など) ❸ 言語の (linguistic)

— 名 C〘音声〙舌音；舌音字

▸▸ **～ gýrus** 名 C〘解〙舌状回《大脳の側頭葉と後頭葉の下面内側部にある脳回》

lin·gui·ne, -ni /lɪŋɡwíːni/ 名 U〘料理〙リングイネ《断面が楕円(だえん)形のやや平たいパスタ》(♦ イタリア語より)

***lin·guist** /líŋɡwɪst/ 名 C ❶ いろいろな言語に通じた人 ‖ a good [bad] ～ 外国語の得意[下手]な人 ❷ 言語学者

‡**lin·guis·tic** /lɪŋɡwístɪk/

— 形《比較なし》**言語の**；言語学(上)の ‖ the ～ development of young children 幼児の言語の発達

-ti·cal·ly 副

▸▸ **～ átlas** 名 C〘言〙言語地図 **～ prófiling** 名 U 言語的分析《個人を割り出すために話しぶりや書き方の特徴を分析すること》

***lin·guis·tics** /lɪŋɡwístɪks/ 名 U 言語学 ‖ general ～ 一般言語学 / descriptive [historical, comparative] ～ 記述[歴史, 比較]言語学

lin·i·ment /línəmənt/ 名 U〘医〙(液状の) 塗布剤, 塗り薬

***lin·ing** /láɪnɪŋ/ 名 ❶ C (衣服などの) 裏, 裏地, 裏当て；U 裏地[裏当て]材料 ‖ a coat with a fur ～ 毛皮のライナー付きのコート ❷ U (内臓などの) 内壁

‡**link**[1] /lɪŋk/

— 名 (複 ～s /-s/) C ❶ **連結するもの[人]**, 間を埋めるもの, 一体化するもの, つなぎ, つながり, 関連〈**with, to** …との；**between** …の間の〉‖ Stay away from them. They have ～*s to* the Mafia. 彼らに近づくな. マフィアとかかわりを持っているぞ / sever diplomatic [trade] ～*s with* a country ある国との外交[通商]関係を断つ / establish a ～ *between* heredity and heart disease 遺伝と心臓病との関連を立証する / **provide** ～*s* between education and business 教育とビジネスを結びつける
❷ (2地点を結ぶ) 交通手段, 路線, 道筋, 通信手段 ‖ **provide** a high-speed rail ～ between the two cities 2都市間を高速鉄道路線でつなぐ / The news was broadcast via a satellite ～. そのニュースは衛星中継された
❸ (鎖を構成する) **輪, 環**；(編み物の) 目；鎖状のものの一部；(一連のものの) 一環 ‖ a ～ of sausage 鎖状につながったソーセージの一節
❹《通例 ～s》カフスボタン (cuff link) ❺ U C 💻 (ウェブ上の) リンク, 参照 (hyperlink)；(ライブラリーなどを組み合わせての) プログラム実行ファイルの作成 ❻〘測量〙リンク《測量単位. 1/100 chain (7.92 in.)》❼〘機〙リンク

— 動 (～s /-s/；～ed /-t/；～·ing)

— 他 (♦ しばしば受身形で用いる) ❶ …を〈…に〉**結びつける**, つなぐ, 連結する, 一体化させる, 関連させる《*together*》(↔ separate)〈**to, with**〉(⇨ CONNECT 類語) ‖ The Panama Canal ～*s* the Caribbean Sea and [OR *with*] the Pacific Ocean. パナマ運河はカリブ海と太平洋をつなぐ / The euro ～*s together* many countries in Europe. ユーロはヨーロッパの多くの国々を結びつける / These inquiries are **closely** [**directly**] ～*ed with* the study of dreams. これらの調査は夢の研究に密接に[直接] 関連している / Twelve deaths have been ～*ed to* food poisoning. 12件の死(亡事故)は食中毒と関連づけられている
❷〔手・指〕を絡める《*together*》；〔腕〕を組む〈**through** 人の腕と；**with** 人と〉‖ Mom always ～*s* her arm [*through* Dad's [OR *with* Dad] when they go out. ママは外出するときはいつもパパと腕を組む
❸ 💻 …を〈ウェブページに〉リンクさせる〈**to**〉

— 自 ❶〈…と〉結びつく, つながる, 結合する《*together*》〈**to, with**〉❷ 💻〈ウェブページに〉リンクする〈**to**〉

****lìnk úp*** 〈他〉《**lìnk úp ... / lìnk ... úp**》…を〈…と〉結びつける, 連結する, つなげる〈**with, to**〉；…を〈…と〉提携させる〈**with**〉‖ You can ～ your digital camera (*up*) *to* my computer. あなたのデジタルカメラを私のコンピューターに接続できます **—**〈自〉① 〈…と〉連結する, つながる〈**with, to**〉；〈…と〉結びつく, 提携する, (宇宙船が) ドッキングする〈**with**〉② 〈人と〉落ち合う, 会う〈**with**〉

▸▸ **～ing vèrb** 名 C 連結動詞 (copula)《become, seem など主語と補部をつなげる動詞》

link[2] /lɪŋk/ 名 C (麻くずと松やにの) たいまつ (torch)

link·age /líŋkɪdʒ/ 名 U C ❶ 連結, 連関, 結合(状態)；連鎖, つながり ❷〘機〙リンク[連動]装置 ❸〘遺伝〙(同一染色体上の) リンケージ, 連鎖 ❹〘政〙リンケージ《諸懸案を包括的に関連づけて双方の譲歩を引き出し, 交渉を成立させる外交手法》❺ 💻 リンケージ, リンク《複数のプログラム・ライブラリーを結びつけて1つのプログラムにする作業》

línk·màn /-mæ̀n/ 名 (複 **-mèn** /-mèn/) C《英》〘放送〙(番組の) 総合司会者 (中立 anchor)；つなぎ役

links /lɪŋks/ 名《単数・複数扱い》❶ ゴルフ場 (golf links) ❷《スコット》(海岸沿いの) 砂丘, 砂地

línk·ùp 名 C ❶ 結合, 一体化, 提携；連結(部[装置])；(テレビの) ネットワーク ❷ (宇宙船の) ドッキング

Lin·nae·an, Lin·ne·an /lɪníːən, -néɪən/ 形〘生〙リンネ式分類法の, 二名法の

Lin·nae·us /lɪníːəs/ 名 **Carolus** ～ リンネ (1707–78)《スウェーデンの生物学者・植物学者. 動植物の分類法・学名の命名法を大成》

lin·net /línɪt/ 名 C〘鳥〙ムネアカヒワ《ヒワの一種》

li·no /láɪnoʊ/ 名《主に英口》=linoleum
líno·cùt 名 U C リノリウム版(画)
li·no·le·um /lɪnóʊliəm/ 名 U リノリウム《床材用合成材》
li·no·type, L- /láɪnətàɪp, -noʊ-/ 名 C《商標》ライノタイプ《キーをたたくと自動的に1行分の活字が鋳造・植字される印刷機械》
lin·seed /línsì:d/ 名 U 亜麻仁(あまに)《アマ(flax)の種子》
▶▶ **~ òil** 名 U 亜麻仁油《絵の具・印刷用インキ用》
lin·sey-wool·sey /lìnziwúlzi/ 名 U リンゼイウールゼイ《綿[麻]と毛の交織の目の粗い布地》
lint /lɪnt/ 名 U ❶《英》リント《片側をけば立てた麻[綿]布. 湿布・包帯用》❷ 綿毛, けば;糸くず ‖ a ~ roller 綿毛取りローラー ❸ 綿の繊維;繰り綿 **~·y** 形
lin·tel /línṭəl/ 名 C【建】まぐさ, まぐさ石《窓・戸口の上に渡した横架材》
Li·nux /línəks/ 名 U 🖳 リナックス《オープンソースのUNIX互換OS》
lin·y /láɪni/ 形《口》線を引いた, 線だらけの;しわのある
⁑**li·on** /láɪən/
― 名 (複 **~s** /-z/) C ❶ **ライオン**, 獅子(しし) (→ lioness, cub);ライオンに似た大型の野生ネコ類《cougar など》‖ The ~, the king of the beasts, rules the savannah. 百獣の王ライオンはサバンナに君臨する / (as) bold [OR brave] as a ~ とても勇敢な / fight like a ~ 勇敢に闘う / a ~'s roar ライオンのほえ声[咆哮(ほうこう)] / a pride of ~*s* (社会的な単位としての)ライオンの群れ
❷ 勇猛な人, 怪力の人;残忍な人
❸ 名士, 人気者, 花形 ‖ We cannot all be social ~*s*. だれもが社会の花形になれるわけではない / make a ~ of ... …を名士扱いする[もてはやす] / a literary ~ 文学界の名士 ❹《the L-》【天・占星】獅子座;獅子宮(Leo) ❺【紋章】(英国の象徴としての) 獅子 (紋章) ‖ the ~ and the unicorn 獅子と一角獣《英国王室の紋章を支える動物》
❻《L-》ライオンズクラブの会員
bèard [OR ***bràve***] ***the líon in his dén*** [OR ***láir***] 敵地に乗り込んで渡り合う;重要人物を訪ねて自分の意見を言う, 勇敢に立ち向かう(♦ イソップ物語より)
put one's head into [OR ***in***] ***the lion's mouth*** ⇨ HEAD(成句)
thròw [OR ***fèed, tòss***] ***a pèrson to the líons*** 〔人〕を危険[困難]な立場に置く, 見捨てる
▶▶ **~ dànce** 名 U 獅子舞 **Líons Clùb** 名 ライオンズクラブ《国際的社会奉仕団体. 1917年シカゴで発足》**~'s dèn** 名《the ~》恐ろしい相手に直面しなければならない状況[場所] (lions' den) **~'s shàre** 名《the ~》(不当に)大きな分け前, いちばんいいところ, うまい汁 ‖ take [OR win] the ~*'s share* いちばん大きい分け前をとる, うまい汁を吸う(♦ イソップ物語より)
li·on·ess /láɪənəs | -es/ 名 C 雌ライオン
lìon·héarted ⟨シ⟩ 形 勇猛な, 豪胆な ‖ Richard the *Lion-Hearted* 獅子心王リチャード《イングランド王リチャード1世(1189-99)の通称》
li·on·ize /láɪənàɪz/ 動 他 〔人〕をもてはやす, ちやほやする, 名士扱いする, 祭り上げる **-ìz·er** 名
⁂**lip** /lɪp/ 名 動
― 名 (複 **~s** /-s/) C ❶ **唇**(⇨ FACE 図);《通例 ~s》(発声器官としての)口 ‖ the **upper** [**lower**] ~ 上[下]唇(♦ the upper lip は鼻の下の部分も含む) / A mustache is the hair which grows on a man's **upper** ~. 口ひげは男性の鼻の下に生える毛だ / Kiss me. No, on the ~*s*. キスして. 駄目, 唇にして / His ~*s* muttered meaningless words. 彼は (何やら) 意味のない言葉をつぶやいた / "No!" "Yes! I heard it from her own ~*s*." 「まさか」「本当なんだ. それを彼女自身の口から聞いたんだ」/ The secret escaped his ~*s*. うっかり彼の口から秘密が漏れた / with a cigarette between one's ~*s* 口にたばこをくわえて
❷ 唇状のもの;(水差しなどの)口;(茶わん・穴などの)へり, 縁;傷口;(工具の)刃;(管楽器の)マウスピース(mouthpiece);【解】陰唇(いんしん) (labium) ‖ the ~ of a cup カップの縁
❸《one's ~》《俗》生意気な言葉 ‖ None of your ~!=Don't give me any of your ~! 生意気な口をきくな
❹《形容詞的に》唇 (用) の;口先だけの ‖ a ~ Christian 口先だけのキリスト教徒
bìte one's líp (苦痛・怒り・悲嘆などを抑えて)唇をかむ, じっとこらえる, 笑いをかみ殺す
bùtton (ùp) one's líp 《口》口を固く閉じる, 口に栓をする, 黙る;秘密を漏らさない
cùrl one's líp (ばかにして)口元をゆがめる
kèep a stìff ùpper líp 《口》(困難・不幸などに遭っても)くじけない, 弱音を吐かない
lìck [OR ***smàck***] ***one's líps*** 舌なめずりする;(楽しいことを予想したり思い出したりして)心を躍らせる
a pèrson's lìps are séaled (人が)秘密を漏らさない, (人の)口が固い ‖ My ~*s are sealed.* 口にチャックをしておこう
on a pèrson's líps ① (人が) 話題にしている ‖ The news is *on* everyone's ~*s*. そのニュースはみんなの話題になっている ② (言葉・質問などが)(人の)口まで出かかって
pàss a pèrson's líps (言葉が)(人の)口から漏れる;(食べ物が)(人の)口に入る ‖ Not a word *passed* his ~*s*. 一言も彼の口から漏れなかった
pùrse one's líps 口をすぼめる(♥ 不賛成・疑念などを表す)
rèad a pèrson's líps ① (人の) 唇の動きで言葉を理解する ②《口》(人の) 言うことを注意して聞く ‖ *Read* my ~*s*! I won't say this again. よく聞いて, 二度と言わないから
― 動 (**~s** /-s/; **lipped** /-t/; **lip·ping**) 他 ❶ …に唇を触れる;〔管楽器〕に唇を当てる
❷ (水・波が)〔岸〕を洗う(lap) ❸【ゴルフ】(ボールが)〔カップ〕の縁をかすめる;(人が)打ったボールが〔カップ〕にけられる
▶▶ **~ bàlm** 名 U C リップクリーム **~ glòss** 名 U C リップグロス《唇のつや出し》**~ lìner** 名 U リップライナー **~ rèading** 名 U 読唇術;読話 **~ sàlve** /-sælv, -sɑ̀:v/ 名 U C《英》リップクリーム (lip balm) **~ sèrvice** 名 U 口先だけの敬意[忠誠, 支持, 好意, 愛情];うわべだけの信心 ‖ give ~ *service* to ... …に口先だけ賛同する
li·pase /láɪpeɪs/ 名 U【生化】リパーゼ《脂肪分解酵素》
li·pec·to·my /lɪpéktəmi/ 名 U【医】(肥満の) 脂肪組織切除(術)
lip·id /lípɪd/ 名 U【生化】脂質 ‖ ~ peroxide 過酸化脂質
Lip·iz·za·ner, Lip·pi·za·ner /lìpɪtsɑ́:nər, ⌐⌐⌐⌐/ 名 C リピッツァナー《馬場馬術で用いる白馬》
lip·o·dys·tro·phy /lìpədístrəfi, làɪp-/ 名 U【医】脂肪異栄養症, リポジストロフィー《脂肪の代替障害》
lip·o·pro·tein /lìpəpróʊti:n, làɪ-/ 名 C U【生化】リポタンパク質《脂質とタンパク質の複合体》(→ LDL)
lip·o·some /lípəsòʊm, láɪ-/ 名 C【生化】リポソーム, 細胞内脂肪粒子
lip·o·suc·tion /lípousʌ̀kʃən, lípə-/ 名 U 脂肪吸引(法)《吸引により体脂肪を除去する美容整形術》
lipped /lɪpt/ 形 ❶ 唇のある;注(つ)ぎ口[縁]のある ❷《複合語で》…の唇の;…の注ぎ口[縁]のある ‖ red-~ 唇の赤い / tight-~ 唇を固く結んだ
lip·py /lípi/ 名 U《英口》口紅
― 形《口》生意気な口をきく
líp-rèad /-rì:d/ 動 (**-read** /-rèd/) 他 自 (…を)唇で読む, 読唇(どくしん)する **líp-rèader** 名 **líp-rèading** 名
*·**líp·stìck** 名 U C (棒状の) 口紅, リップスティック ‖「put on [wear] ~ 口紅を塗る, つける[つけている] / remove [OR wipe off] ~ 口紅をぬぐいとる
líp-sỳnc, -sỳnch /-sɪŋk/ 名 U 口パク;【映】当てレコ《映像に合わせて吹き替え録音すること》― 動 他 自 (…

に合わせて)口パクする;(…を)当てレコする ～·er 名

liq. 略 liquid;liquor

liq·ue·fac·tion /lìkwɪfǽkʃən/ 名 U 液化(状態)

lìquefied nátural gàs 名 U 液化天然ガス《略 LNG》

lìquefied petróleum gàs 名 U 液化石油ガス, LPガス《略 LPG》

liq·ue·fy, -ui- /líkwɪfàɪ/ 動 (-fies /-z/;-fied /-d/;～·ing) 他 自 (…を)液化させる[する]

li·queur /lɪkɑ́ːr|-kjúə/ 名 U リキュール《アルコールに砂糖・香料などを混ぜた強い酒. 食後用の洋酒, キュラソーなど》;C リキュール1杯;リキュール入りのチョコレート

:liq·uid /líkwɪd/《発音注意》

―名 (複 ～s /-z/) ❶ U C (一種の) **液体** (→ gas¹, solid) (⇨ 類語) ‖ Water is a ～. 水は液体である / Drink plenty of ～*s* when you have a fever. 熱があるときは水分をたくさんとりなさい ❷ C〖音声〗流音《/l/ /r/ など》

―形《比較なし》❶ **液体の**, 液状の;流動体の(fluid) ‖ a ～ diet 流動食 / ～ refreshment《戯》(特に)アルコール飲料

❷ (資産が)現金化の容易な, 流動性の

❸ 澄んだ, 透明な ‖ ～ eyes 涼しい目 / a ～ sky 澄み渡った空 / ～ air 澄んだ空気

❹ (音声などが)明瞭(めいりょう)な, にごりのない;流れるような, よどみない, 優美な ‖ ～ sounds 流麗な音 / in one's ～ Italian 流暢(りゅうちょう)なイタリア語で / the ～ notes of a bird 小鳥の優美な鳴き声 ❺ 変わりやすい, 不安定な ‖ ～ convictions 不安定な信念 ❻〖音声〗流音の

類語《名 ❶》**liquid** 固体(solid)・気体(gas)に対して「液体」.
fluid 液体・気体を問わず「流動体」.
liquor 濃い溶液. ふつうはアルコール飲料を意味する.

▸▸ ～ **crýstal** 名 U〖理〗液状結晶, 液晶 ～ **crỳstal displáy** 名 C〖電子〗液晶ディスプレー《略 LCD》 ～ **lúnch** 名 U《口》《戯》昼食代わりの飲酒 ～ **méasure** 名 C 液量(単位)(→ dry measure) ～ **páraffin** 名 U《主に英》液体パラフィン《無味無臭の緩下剤》

liq·ui·date /líkwɪdèɪt/ 動 他 ❶〔負債・損害賠償など〕を弁済する, 清算する (settle) ❷〔会社など〕を解散する, 整理する ❸〔証券・資産など〕を換金する ❹ …を一掃する;粛清する, 抹殺する, 消す ―自 清算する, 整理する;(会社などが)解散される, 整理される;破産する

liq·ui·da·tion /lìkwɪdéɪʃən/ 名 U (負債などの) 弁済, 清算;(会社などの)解散, 整理;《口》一掃, 除去, 粛清 ‖ go into ～ (会社などが)破産する

liq·ui·da·tor /líkwɪdèɪṭər/ 名 C (特に裁判所から指名された)整理財産管財人, 清算人

li·quid·i·ty /lɪkwídəṭi/ 名 U 液状;流動状態 (fluidity);〖金融〗流動[換金]性;流動資産を保有していること

liq·uid·ize /líkwɪdàɪz/ 動 他《英》〔野菜・果物など〕をつぶして液状にする, ジュースにする ―自 液状になる

-ìz·er 名 C《英》ミキサー(《米》blender)

***liq·uor** /líkər/ 名 U ❶ (♦ 種類を表す場合はC)《主に米》強い酒, (特に)蒸留酒(《英》spirits)《whiskey, brandy など》;《英》アルコール飲料(⇨ LIQUID 類語) ‖ No more for you, I know you can't hold your ～. もう勧めないよ, 君が酒に弱いのはわかっているから / malt ～ 麦芽酒, ビール類 / spirituous ～ 蒸留酒 / hard [OR strong] ～ 強い酒 / a ～ store《米》酒屋(《英》off-licence) ❷ (肉・野菜などの)煮汁, 漬け汁 ‖ meat ～ 肉汁 ❸ (薬物の)溶液;(工業用の)溶液;醸造水 ‖ ～ ammonia アンモニア溶液

―動 自《米口》酒に酔う《*up*》 ―他 ❶《米口》〔人〕を酒に酔わせる《*up*》‖ Are you trying to ～ me *up*? 私を酔わせるつもりなの ❷〔麦芽など〕を水に浸す

▸▸ ～ **stòre** 名 C《米》酒類販売店(《英》off-licence)

liq·uo·rice /líkərɪs/ 名《英》=licorice

▸▸ ～ **állsorts** 名 複《英》カンゾウ(甘草)入り色付きキャンディー

li·ra /lɪ́ərə/ 名 (複 **li·re** /líreɪ|lɪ́ərə/) C リラ《euro 導入以前のイタリアの貨幣単位. 略 L.》;リラ銀貨

Lis·bon /lízbən/ 名 リスボン《ポルトガルの首都》

lísle (thrèad) /láɪl-/《発音注意》名 U ライル糸《堅よりの細い綿糸. 手袋・靴下などにする》;ライル糸編み物類

lisp /lɪsp/ 名 C《単数形で》舌足らずの発音《/s/, /z/ を /θ/, /ð/ のように》‖ speak with a ～ 舌足らずな話し方をする ―動 自 舌足らずに発音する;(子供などが) 舌足らずな発音で話す ―他 …を舌足らずに発音する;…を舌足らずな発音で話す《*out*》(♦ 直接話法にも用いる)

LISP /lɪsp/ 名 U リスプ《リスト処理用の高レベルのプログラミング言語で, 人工知能の開発によく使われている》(♦ *lis*t+*p*rocessing より)

lis·some, -som /lísəm/ 形 (体が)柔軟な, しなやかな;きびきびした, 敏捷(びんしょう)な ～**·ly** 副 ～**·ness** 名

::::list¹ /lɪst/ 名 動

―名 (複 ～s /-s/) C ❶ **表**, 一覧表, リスト;**名簿**(roll);目録(catalog);出版目録(→ active list, blacklist, civil list, shortlist, sick list, waiting list) ‖ Good food and wine are high **on** the ～ of life's pleasures. うまい食事とワインは人生の楽しみの上位にくる / That charismatic hairdresser has a long ～ of clients. そのカリスマ美容師には (長いリストができるほど) たくさんのお得意がいる / a price ～ 定価表 / a shopping ～ 買い物のリスト / Please put [OR place] your name **on** the **waiting** ～ and wait until you're called. 順番待ち名簿にお名前をご記入の上ご案内するまでお待ちください / draw up a ～ リストを作成する / **make** a ～ of passengers 乗客名簿を作る / a guest ～=a ～ of guests 来客名簿

❷ =list price ❸ (画面・プリンターへの) 出力結果一覧《プログラム内容・処理結果など》;=mailing list

―動 (～s /-s/;～**·ed** /-ɪd/;～**·ing**)

―他 …を**一覧表にする**, (口頭で)列挙する;…を載せる[記入する]〈**in** 表・名簿・目録などに;**on** ページに〉;…を(ある部類に入れて)記載する(❗この意味で「リストアップ」というのは和製語) ‖ The sales department ～*ed* all the convenience stores in the area. 営業部はその地域のコンビニをすべてリストアップした / He was ～*ed on* the election ballot. 彼(の名)は選挙候補者名簿に記載された / He is ～*ed* as missing. 彼は行方不明と記されている / be ～*ed* **below** [**above**, **alphabetically**] 下 [上, アルファベット順]に列挙されている

―自 (カタログなどで)〈ある価格で〉売りに出される〈**at, for**〉‖ That television ～*s for* $650. そのテレビは650ドルの値段で出ている

▸▸ ～**ed búilding** 名 C《英》文化財に指定された建物 ～ **price** 名 C 表示価格, 定価

list² /lɪst/ 名 ❶ C U (布地の) へり;織りべり, 耳 (selvage);へり地 ❷ C (板の)切り出し;辺材 ❸ C〖建〗平縁 (fillet) ❹《～s》=lists ―動 他 …にへりをつける;…の端を細長く切り取る;…に畝を立てる

list³ /lɪst/ 動 自 (船が)傾く, かしぐ ―他〔船〕を傾かせる

―名 C《単数形で》傾くこと, 傾斜

list⁴ /lɪst/ 動 他 自《古》(…に)耳を傾ける, (…を)聞く

::::lis·ten /lísən/《発音注意》動 名

中心義》**(意識して) 耳を傾ける** (★実際に聞こえるとは限らない)

―動 (～s /-z/;～**ed** /-d/;～**·ing**) 自 ❶ **耳を傾ける a** (注意して)聞く, 傾聴する, 耳を傾ける(⇨ HEAR 類語P) ‖ We ～*ed* **carefully**, but heard nothing. 我々は注意して耳を傾けたが何も聞こえなかった / Good conversationalists ～ **intently** [hard]. 会話上手は一心に [よく] 聞く / ～ with all one's ears 聞き耳を立てる

b《+**to** 名》…に耳を傾ける ‖ Are you ～*ing to* me

[OR what I'm saying]? 私の言っていることを聞いているのか / ～ to music 音楽を聴く
c ((+to 名+doing / do))…している[…する]のに耳を傾ける ‖ The audience was enchanted ～ing to him playing rock on the shamisen. 聴衆は彼が三味線でロックを演奏するのをうっとりして聞いていた / Listen to him speak. 彼の演説を聞け
❷ ((命令文で))いいですか, ねえ(♥ 間投詞的に相手の注意を促したり, 本題に入る合図として用いる) ‖ Listen, don't bother me anymore. いいかい, これ以上邪魔するな / Listen here. いいか, よく聞け(♥ 相手が言った[した]ことに対する怒りを表す)
❸ 〈…に〉耳を貸す, (聞き)従う, 〈…を〉聞き入れる〈**to**〉‖ I've told her repeatedly, but she doesn't [OR won't] ～. 彼女に繰り返し言ったんだが耳を貸そうとしない / He didn't ～ to ⌈his parents [my advice]. 彼は両親の言うこと[私の忠告]を聞き入れなかった / Your criticism will not be ～ed to. 君の批判にはだれも耳を貸さないだろう / ～ to reason 道理(の命じるところ)に従う
*・**lísten for ...** 〈他〉…(の音)がしないかと耳を澄ます, …を期待して聞き耳を立てる ‖ Please ～ for the phone while I'm taking a shower. 私がシャワーを浴びている間, 電話がかかってこないか気をつけていてね
*・**listen ín** 〈自〉〈会話などを〉盗み聞く(eavesdrop), 電話で盗聴する〈**on**〉; 〈局・番組を〉放送で聞く〈**to**〉(♦「ラジオを聞く」は listen to the radio でよい) ‖ ～ in on their conversation 彼らの会話を盗み聞きする
lìsten óut 〈自〉((英口))〈…が聞こえないかと〉耳を澄ます[そばだてる]〈**for**〉

COMMUNICATIVE EXPRESSIONS
[1] **Are you lístening?** ちゃんと聞いてますか(♦ ×Are you hearing? とはいわない)
[2] **I'm lístening.** ちゃんと聞いてますよ ; うんうん, それで(♥ 話を続けるよう促す. =I'm all ears.)
[3] **Lìsten úp.** よく[注意して]聞きなさい

――名 C ((単数形で))((口))聞くこと, 傾聴 ‖ Have a ～ to this new CD. この新しいCDを聞いてごらん / receive a careful ～ 注意深く聞いてもらう
▶▶ **～ing device** 名 C 盗聴器 **～ing pòst** 名 C 〘軍〙聴音地点, 聴音哨(しょう)((敵の近くに位置してその動きを物音から探る場所)); (一般に)秘密情報収集場所[センター]

lis·ten·a·ble /lísənəbl/ 形 耳に心地よく響く, 聴いて楽しい, 聞くことができる
*・**lis·ten·er** /lísənər/ 名 C 聞き手 ; (放送番組などの)聴取者, リスナー ‖ a good ～ 聞き上手
list·er /lístər/ 名 C ❶ 〘農〙畝立て耕作機 ❷ (特に鑑定人・財産評価人などの)名簿作成者, リスト[カタログ]作成者
lis·te·ri·a /lɪstíəriə/ 名 U 〘細菌〙リステリア菌((食中毒の原因となる)); ((口))(リステリア菌による)食中毒
*・**list·ing** /lístɪŋ/ 名 C ❶ 一覧表[目録] (の記載項目) ❷ ((～s))(新聞・雑誌の)イベント[映画・演劇]の一覧表 ❸ 💻 プリントアウトしたリスト ❹ 〘経〙上場企業の地位((ロンドン証券取引所の証券公報 Official List of Securities による))
list·less /lístləs/ 形 気(力)のない, 元気のない, 物憂げな ; 無関心な, つまらなそうな **～·ly** 副 **～·ness** 名
lists /lɪsts/ 名 ((the ～))((単数・複数扱い)) ❶ (中世の)やり試合場(の囲い) ; 矢来(やらい) ❷ 戦い[競争, 論争]の場
ènter the lísts ((堅))〈…との〉戦い[競争, 論争]に参加する[応じる]〈**against**〉
list·serv /lístsə̀ːrv/ 名 C 💻 リストサーブ((メーリングリストを管理するプログラム))
Liszt /lɪst/ 名 **Franz ～** リスト(1811-86)((ハンガリーの作曲家・ピアニスト))
*・**lit** /lɪt/ 動 light[1, 3] の過去・過去分詞の1つ
lit. 略 liter(s) ; literal(ly) ; literary ; literature
lit·a·ny /lítəni/ 名 (複 **-nies** /-z/) C ❶ 〘宗〙連禱(れんとう)((司祭の唱える祈りに会衆が決まった文句を唱和する)); ((the L-))〘英国国教会〙(祈禱(きとう)書中の)嘆願 ❷ (繰り返し)唱えること, くどい説明 ; 延々と続くもの
li·tchi /líːtʃi, láɪ- | làɪtʃíː/ 名 C 〘植〙レイシ(荔枝), ライチ((中国南部原産の常緑小高木)); (= **～ nùt**)その実
Lit.D 略 Litt.D., Litt D
lite /laɪt/ 形 (酒が)アルコール分の少ない ; (飲食物が)低カロリーの(→ light[2] 形 ❻) ――名 U アルコール分の少ない酒
*・**li·ter,** ((英)) **li·tre** /líːṭər/ 名 C リットル((容積の単位. 1,000 cc. 略 l., lit.))
*・**lit·er·a·cy** /líṭərəsi/ 名 U 読み書きの能力, 識字能力 ; 教育[教養]のあること(↔ illiteracy); (特定分野の)知識, 技能 ‖ computer ～ コンピューターを使いこなす技能
▶▶ **～ hóur** 名 C ((英))読み書きの時間((読み書き能力を高めるため1998年から英国の初等教育に導入)) **～ ràte** 名 C 識字率
*・**lit·er·al** /líṭərəl/ 形 〔◁ letter 名〕 ❶ ((通例限定))逐語的な, 一語一語の(word-for-word) ; (解釈などが)文字どおりの, 字義どおりの(↔ figurative) ; (語の意味が)本来の ‖ "What happened to your head?" "I bumped into someone, in the ～ sense (of the word)."「その頭どうしたの」「文字どおりだれかにぶつかったんだ」/ a ～ translation 逐語訳[直訳](↔ a free translation) ❷ (性格などが) 想像力に欠けた, 融通のきかない ; 散文的な, 面白みのない ❸ 実際の, 正確な, 虚飾のない ; ((口))((強調して))全くの ‖ the ～ truth 正真正銘の真実 / a ～ swarm of ants 文字どおりうじゃうじゃいるアリの群れ ❹ ((限定)) 文字(上)の, 文字による ‖ ～ notation (数字でなく)文字による表記 / a ～ error 〘印〙誤植(misprint)
――名 C 〘印〙誤植(misprint, typo) ; 💻 定数, リテラル
～·ness 名
語源 「文字」の意のラテン語 *litera* から. literature, literacy と同系.
líteral·ìsm 名 U ❶ 文字どおりの解釈, 直訳主義, 直訳調 ❷ (芸術上の)直写主義
-ist 名 **lìt·er·al·ís·tic** 形
‡lit·er·al·ly /líṭərəli/
――副 (**more ～ ; most ～**)
❶ **文字どおり**, 逐語的に, 一語一語 ‖ My plan ～ went up in smoke when the office burned. 事務所が全焼して私の計画は文字どおり煙と化した / Come on! Don't **take** what he says so ～. He's just joking. あのねえ, 彼の言うことをあまりまともに受け取ってはいけないよ. 冗談を言っているだけなんだから / translate a passage ～ 1節を逐語訳する / **quite** ～ 全くその言葉どおり
❷ ((比較なし))((口)) 全く, まさしく(♥ 強調) ‖ I'm ～ freezing. 本当に凍えちゃうよ / He was ～ drenched to the skin. 彼はすっかりずぶぬれになった
‡lit·er·ar·y /líṭərèri | lítərəri/
――形 〔◁ literature 名〕(**more ～ ; most ～**)
❶ **文学[文芸]の**, 文学的な, 文学[文芸]上の ; 著作(上)の ‖ ～ criticism 文学[文芸]批評 / ～ works 文学[文芸]作品 / ～ property 著作権
❷ 文語の, 文語的な(↔ colloquial) ‖ A ～ style does not necessarily imply formality. 文語体が堅苦しさを含意するとは限らない ❸ ((比較なし)) 文学に通じた, 文学愛好の ; 著述業の ‖ ～ circles 文学界
-ar·i·ly 副 **-ar·i·ness** 名
▶▶ **～ àgent** 名 C 版権エージェント, 著作権代理人
*・**lit·er·ate** /líṭərət/ 形 ❶ 読み書きのできる(↔ illiterate) ; 教育[教養]のある ; 博学の, 博識の ; (特定分野の)知識[能力]がある(→ computer-literate) ‖ economically ～ 経済知識のある ❷ 文学の ; 文学に通じている ; (作品が)よく書けている, 明晰(めいせき)な
――名 C 読み書きのできる人 ; 教育[教養]のある人
～·ly 副 言葉巧みに, 明晰に **～·ness** 名
lit·e·ra·ti /lìṭəráːṭi/ 名 複 ((堅))文人たち ; ((the ～))知識階級(intelligentsia)
‡lit·er·a·ture /líṭərətʃər/ ((発音注意))

―名〔▶ literary 形〕U ❶ **文学**，文芸；純文学；文学［文芸］作品 ‖ Japanese ～ 日本文学 / a great work of ～ 優れた文学作品 / study ～ 文学を勉強［研究］する ❷ U/C《単数形で》(特定の分野の)文献；(作曲の)全作品 ‖ **in** the medical ～ 医学の文献において / the ～ **of** business management 事業経営の文献 / the voluminous ～ **on** this subject この問題に関する豊富な文献 ❸ (広告などの) 印刷物 (printed matter)，ビラ ‖ campaign ～ 選挙運動用のちらし ❹ 文筆 (業)，著述 (業)；文学研究

lith. 略 lithograph, lithography

lithe /laɪð/ 形 (体の)柔軟な，しなやかな **～·ly** 副

lithe·some /láɪðsəm/ 形 =lithe

lith·i·um /líθiəm/ 名 U〘化〙リチウム《最も軽いアルカリ金属元素．元素記号 Li》

lith·o /líθoʊ/ 名《口》=lithograph, lithography

litho- 連結形「石」「岩」「結石」の意(♦ 母音の前では lith- を用いる；ギリシャ語 lithos より) ‖ *litho*graphy

lith·o·graph /líθəgræf, líθoʊ- | -grɑ̀:f/ 名 C 石版画，リトグラフ(《口》litho) ―動 他 …を石版で印刷する

lith·o·graph·ic /lìθəgræ̀fɪk, lìθoʊ-/ ⊲ 形 石版印刷の

li·thog·ra·phy /lɪθɑ́(:)grəfi | -θɔ́g-/ 名 U 石版技術，石版印刷(《口》litho)

-pher 名 C 石版工 **lìth·o·gráph·i·cal·ly** 副

li·thol·o·gy /lɪθɑ́(:)lədʒi | -θɔ́l-/ 名 U 岩石学；岩質 **lìth·o·lóg·ic** 形

lith·o·sphere /líθəsfɪ̀ər, líθoʊ-/ 名 C〘地〙岩石圏

*__Lith·u·a·ni·a__ /lìθjuéɪniə/ 名 リトアニア《バルト海に面する共和国．公式名 the Republic of Lithuania．首都 Vilni(y)us》

*__Lith·u·á·ni·an__ /-niən/ ⊲ 形 リトアニアの；リトアニア人［語］の ―名 C リトアニア人；U リトアニア語

lit·i·gant /lítɪgənt/ 名 C 訴訟当事者《原告または被告》―形《古》訴訟に関係している

lit·i·gate /lítəgèɪt | lítɪ-/ 動 他 …を法廷で争う，訴訟に持ち込む ―自 訴訟を起こす **-gà·tor** 名

*__lit·i·ga·tion__ /lìtɪgéɪʃən/ 名 U 訴訟，告訴；訴訟 (事件) (lawsuit) ‖ in ～ 係争中で

li·ti·gious /lɪtídʒəs/ 形 ❶ すぐ裁判に訴える，訴訟好きの；論争好きの ❷ 法廷で争える，訴訟に持ち込める；訴訟すべき ❸ 訴訟に関する，訴訟上の **～·ness** 名

lit·mus /lítməs/ 名 U〘化〙リトマス《リトマスゴケなどから採る紫色の色素．酸性溶液で赤に，アルカリ性溶液で青に変色する》 ▶▶ **～ pàper** 名 U〘化〙リトマス試験紙 **～ tèst** 名 C ①〘化〙リトマス試験 ② 決定的なテスト

li·to·tes /láɪtətì:z, -toʊ-/ 名 U〘修〙緩叙法《not a few (=many), no small(=great)のように，反対語を否定してかえって強い効果を与える表現方法》

*__li·tre__ /lí:tər/ 名《英》=liter

Litt D, Litt.D. 略 *Lit(t)erarum Doctor* (=Doctor of Letters [Literature])(文学博士)(♦ ラテン語より)

*__lit·ter__ /lítər/ 名 ❶ U (公共の場所での)散らかったもの，ごみ［紙］くず，空き瓶［缶］，がらくた ‖ No *Litter*《掲示》ごみ捨て禁止 /「pick up [drop] ～ ごみを拾う［捨てる］ ❷ C《a ～》〈…の〉雑然とした山積；乱雑な状態〈**of**〉‖ My son's room is in a ～. 息子の部屋は散らかっている / a ～ *of* books 雑然とした本の山 ❸ C《単数・複数扱い》(動物の)一緒に生まれた子，一腹(ひとはら)の子 ‖ a ～ of four kittens 一緒に生まれた4匹の子猫 ❹ U (家畜などの)寝わら；(植物の)敷わら；厩肥(きゅうひ)；(森林の)腐葉土層 ‖ cat ～ 猫用のトイレに敷く乾いた砂など ❺ C (昔の) 担いかご；《旧》担架(stretcher)

―動 他 ❶ (ごみなどが)〔場所〕に散らかる《*up*》；(人が)〔ごみなど〕を散らかす；〔場所〕を〈…で〉散らかす，汚す〈**with**〉‖ Paper ～*ed* the floor.＝The floor was ～*ed with* paper. 紙くずが床に散らかっていた / ～ toys around the room 部屋中におもちゃを散らかす ❷《受身形で》〈…が〉たくさんある〈**with**〉‖ The guest list is ～*ed with* the rich and famous. 招待客名簿は金持ちや有名人の名前でいっぱいだ ❸《古》〔馬など〕に寝わらを敷いてやる

―自 ❶ (動物が)子を(一度に)産む ❷ ごみを散らかす

▶▶ **～ bìn** 名 C《英》(公園・道路などの) ごみ箱 (《米》trash can, wastebasket) **～ lòut** 名 C《英口》=litterbug

lit·ter·a·teur, -tér- /lìtərətə́:r/ 名 C 文学者，文士；文芸評論家

lítter·bàg 名 C《米》(自動車の中などで使う)ごみ袋

lítter·bùg 名 C《口》(公共の場所に)ごみを散らかす人

***__lit·tle__ /lítl/ 形 副 代

中心義 ▶ 小さい (★「寸法」や「量」に限らず，「(人の)成長」「重要性」などにも用いる)

―形 (♦ 比較は ❶, ❹ では通例 **small·er**；**small·est** を代用．《口》では **lit·tler**；**lit·tlest** を用いることもあるが，まれ(⇨ PB 47)．❸ では **less**；**least**．❼, ❽ では **less** OR **less·er**；**least**)

❶《通例限定》**小さい** (↔ big) (⇨ 類語) ‖ He has opened a ～ restaurant with five small tables, but he has big dreams. 彼は小さなテーブルが5つのこぢんまりとしたレストランを開いたが，彼には大きな夢がある / *A ～ pot is soon hot.*《諺》小さなべはすぐ熱くなる；小人怒りやすし / a ～ shop 小規模な店 / a ～ town 小さな町

語法 ☆☆ **little と small**
(1) little ❶ はふつう補語として用いないので，代わりに small を使う．〈例〉That shop is small [×little]. あの店は小さい(⇨ PB 47)

PLANET BOARD 47

「小さい」という意味の little を叙述用法や比較級で用いるか．

問題設定「小さい」という意味の形容詞 little は，叙述用法(補語としての用法)ではあまり使われず，比較級・最上級にはならないとされる．実際の使用率を調査した．

Q 次の (a)～(c) の表現を使いますか．
(a) That cup **is little**.
(b) I often went to the park when I **was little**.
(c) My cup **is littler than** yours.

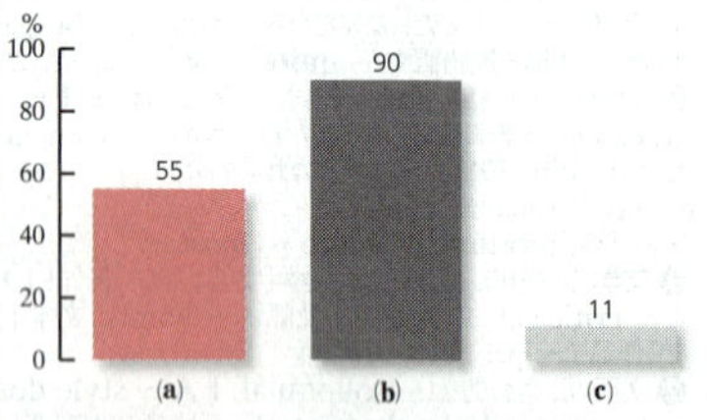

「小さい」という意味での叙述用法の (a) は55%，「子供の頃」の意味の (b) は9割の人が使うと回答した．(a) では，「That cup is *small*. / That is *a little* [OR *small*] *cup*. の方がよい」という人が多い．(b) は，「このままでもよいが，... when I was *young*(*er*). / ... when I was *a child*. の方がふつう」とした人もいる．比較級の (c) を使うと答えた人は約1割しかいない．(c) は「まだ正しい言葉を習得していない子供の使う英語だ」という意見が非常に多く，ほとんどの人が「My cup is *smaller* than yours. を用いる」としている．

学習者への指針 little の叙述用法はそれほど一般的ではないが，「子供のころ」という意味では叙述用法でも使われる．また，比較級 littler はほとんど使用されない．叙述用法には small，比較級には smaller を代わりに用いる．

(2) little ❶ はふつう very, too, quite, rather などで修飾されない. small では問題なく可能.
❷《比較なし》《限定》《話者の感情を表して》 **a** **かわいい**, いとしい(♦ しばしば nice, clever, poor, pretty などの形容詞を強調して用いる) (⇨ 類語) ‖ What a sweet ~ baby! 何てかわいらしい赤ちゃんでしょう / Bless your ~ heart! ありがとう ; かわいそうに / a poor ~ bird かわいそうな小鳥 / a cute ~ puppy かわいい子犬
b つまらない, いやな(♦ nasty, silly, stupid などの形容詞を強調して用いる) ‖ a nasty ~ question やっかいな問題 / those silly ~ boys あのばかな少年たち
❸《数えられない名詞とともに》(♦ 比較は **less** ; **least**.「数」については few を用いる. → few) **わずかの** **a** 《a を伴わないで》《否定的用法》ほとんど…ない, わずか(しか…ない), ほんの少しの (♦ この用法での little は《堅》.《口》では代わりに not much や only a little などを用いる方が多い) ‖ have ~ money [time] 金 [時間] が少ししかない (♦ do not have much money [time] の方が《口》) / pay ~ attention ほとんど注意を払わない / There was very [relatively] ~ difference between the two parties. 2つの党にはほとんど [比較的わずかしか] 違いはなかった / There is ~ doubt. ほとんど疑い(の余地)はない
b 《a を伴って》《肯定的用法》**少しの**, 少しの量の(↔ ample) (♦ 否定的な little と肯定的な a little のどちらになるかは話者の見方の違いによる. 絶対的な量の多少とは関係ない) ‖ My landlord speaks a ~ Korean. うちの大家さんは韓国語が少しできる / A very ~ drink affects him. ほんの少しの酒で(も) 彼は酔う / A ~ pepper will accentuate the flavor of the soup. こしょうを少し加えるとスープの風味が増します / A ~ knowledge of the local language will help you a great deal. その土地の言葉を少しでも知っていれば大いに役立つはずです
c 《the, what などとともに》(多くはないが)…だけ全部の, なけなしの ‖ I gave her the [OR what] ~ money I had. 持っていたわずかの金を全部彼女にくれてやった
❹ **幼い** ;《比較なし》年少の ‖ He was too ~ to ride (on) the roller coaster. 彼は幼すぎてジェットコースターに乗れなかった / a ~ child 小さな子供 / my ~ ones 私の子供たち / a ~ brother [sister] (まだ幼い) 弟 [妹] (♦ ふつうまだ子供である場合に使う) / when I was ~ 私が小さかったころに
❺《比較なし》《限定》(時間・距離などが) 短い ‖ a ~ distance ちょっとの距離 / for a ~ while ほんのしばらくの間 ❻《比較なし》《限定》ささいな, つまらない, 取るに足りない (↔ important) ‖ I had a ~ trouble with my car. 車がちょっと故障した / worry about ~ things ささいなことを気に病む ❼ (声・音・動作などが)力のない, 目立たない ‖ give a ~ smile ちょっとほほ笑む ❽ 卑劣な, けちな ; 狭量な ‖ We know his ~ ways. 彼のけちくさい[子供じみた] やり方はわかっている / a ~ mind 了見の狭い心(の人) ❾《比較なし》《動植物の名称に用い同類のほかの種と区別して》小…, 小型の ‖ a ~ grebe カイツブリ

****a little bit*** 《口》ほんの少し

little or nó ... ; ***little ..., if ány*** ほとんどない ‖ I have ~ *or no* land. 土地はほとんど持っていないに等しい

nòt a little ... ; ***nò little ...*** 少なからぬ…, かなりの… ‖ I had *not a* ~ anxiety. 私は少なからず不安を抱いていた (♦《口》ではふつう a lot of や very much などを使う)

quite a little ... かなり多くの(量の)…

—副 (**less** /les/ ; **least** /liːst/)

❶《a を伴わないで》《否定的用法》**ほとんど…(し)ない**, **少ししか…(し)ない** ; めったに…(し)ない(♦ little を単独で用いるのは《堅》で,《口》では very, so などを伴うことが多い. 動詞を修飾する場合, 位置は動詞の後が多い) ‖ I slept very ~ with the mosquitoes buzzing around in the tent all night. 蚊がテントの中で一晩中ぶんぶん飛び回っていてほとんど眠れなかった / The landscape here has changed ~ since I was a child. 私が子供のときからこの辺りの風景はほとんど変わっていない / The band is ~ **known** outside of a small circle of followers. そのバンドは少数の熱心なファン以外にはほとんど知られていない (♦ 受身形の場合, little の位置は本動詞の前) / The manager resigned, but his successor is ~ different. 部長は辞職したが彼の後継者も代わり映えがしない (♦ different 以外の形容詞の原級を修飾することはない)
❷ **全く…(し)ない**(not at all) (♦ think, know, care, understand, expect, imagine, realize など「思考・認識」に関係のある動詞の前で用いる) ‖ He ~ cares. 彼は全く気にしない [意に介さない] / My colleagues ~ understood the impact of the boss's new idea. 同僚たちは上司の新提案がもたらした衝撃をまるで理解しなかった / *Little* did we expect that we would win. 我々が勝てるなどとは全く思わなかった (♦《文》では little を文頭に置いて, その後が倒置語順になることがある)
❸《a を伴って》《肯定的用法》**少し(は)** (⇨ VERY 類語P) ‖ He was a ~ nervous. 彼は少し神経質になっていた (♦ 形容詞や副詞の前に置く. ×He was nervous a little. は不可) / This dress is a ~ too loud for me. この服は私にはちょっと派手すぎる / I feel a ~ better thanks to the aspirin. アスピリンのおかげで前より少し気分がいい / Your order is coming soon. Please wait a ~ longer. ご注文の料理は間もなく参ります. もうちょっとお待ちください

little bétter than ... ほとんど…同然で ‖ He's ~ *better than* a thief. 彼は泥棒と大して変わらない

****little by little*** **少しずつ**, 徐々に(gradually)

little léss than ... ほとんど…に等しいもの, まるで…みたいなもの ‖ That's ~ *less than* robbery. それでは強盗とほとんど変わりない

little móre than ... ほとんど…と同じくらい(の少ないもの), …にすぎない ‖ He came back ~ *more than* half an hour later. 彼は30分そこそこで戻って来た

mòre than a líttle =*not a little*(↓)

nòt a líttle 少なからず, ずいぶん, 大いに ‖ I was *not a* ~ surprised. 私はとても驚いた

—代《不定代名詞》❶《a を伴わないで》《否定的用法》**わずか (しか…ない)** ‖ *Little* is known about the politician's private life. その政治家の私生活についてはほとんど知られていない / I have seen very ~ of him lately. 最近彼にほとんど会っていない
❷《a を伴って》《肯定的用法》**わずか(のもの)**, **少量**(↔ lot) ‖ Only a ~ was left. ほんの少ししか残っていなかった / I drank a ~ of the wine. そのワインを少しだけ飲んだ
❸《the, what などとともに》わずかではあるができるだけのこと[もの] ‖ The ~ that is known about the artist is often misunderstood. その画家について知られているわずかばかりのことがよく誤解されている / I'll do what ~ I can. ごくわずかだが自分にできるだけのことをしよう
❹《a を伴って》わずかの時間 [距離] ‖ after a ~ 少したって / for a ~ 少しの間

in líttle 小規模に[の], 小型に[の](↔ in large)

líttle but ... ほとんど…にすぎない […しかない] ‖ It's ~ *but* a tourist trap. そこはほとんど観光客を食い物にする所にすぎない

líttle or nóthing ほとんど何も…ない ‖ I know ~ *or nothing* about the matter. 私はそのことについてほとんど何も知らない

màke líttle of ... …をいい加減に扱う, 見くびる ; …をほとんど理解しない

nòt a líttle 少なからぬもの [量], かなりのもの [量] ‖ *Not a* ~ was left. 少なからぬ量が残された

quìte a líttle かなりたくさん, 多量

thìnk líttle of ... = THINK *nothing of* ...

tòo líttle, tòo láte (援助などの)量も足りないしタイミングも遅い

~·ness 名

L

類語《形 ❶, ❷》**little**「小さな」,「ちっちゃい」; 小さいことを好ましいこととして表し, 愛情・愛着などの感情的色彩を含むことが多い. 体についていう場合, ふつう little の方が small よりも「小ささ」が強調される. 〈例〉a *little* boy 小さな[かわいい]男の子 / I'd like to have a *little* house of my own. ささやかな自分の家を持ちたいものだ
small 客観的な「小ささ」を表し, 感情的色彩を含まないことが多い. 〈例〉a *small* boy 小さい男の子, 小柄な少年 / I wouldn't like to live in such a *small* house. こんな小さな[狭い]家には住みたくない
tiny「極端に小さい」,「ちっぽけな」. 〈例〉a *tiny* baby ちっちゃな赤ん坊
minute /maɪnjúːt/「微小な」,「微細な」.

▸▸**Lìttle Béar** 名《the ～》〖天〗小熊座(Ursa Minor)(→ Great Bear) **Lìttle Dípper** 名《the ～》《米・カナダ》〖天〗小びしゃく《小熊座のひしゃく形に並ぶ7つの星. 小北斗七星. 柄の端が北極星. → Big Dipper》 **Lìttle Énglander** 名 C《英》小イギリス主義者《19-20世紀の植民地不拡大政策(Little Englandism)支持者》 **～ fínger** 名 C (手の)小指 **～ grèen mán** 名 C《口》《戯》緑色の小人《初期のSF小説によく登場した宇宙人. 略 LGM》 **Líttle Lèague** (↓) **～ magazíne** 名 C (小規模出版の)同人雑誌 **～ màn** 名 C ふつうの[平凡な]人, 一介の人間; 一般投資家; 細々と仕事を営む商人 **～ òwl** 名 C コキンメフクロウ **～ pèople** 名《集合的に》《複数扱い》① 《the ～》妖精(ようせい)たち(fairies) ② U 小市民たち, 庶民 **Líttle Ròck** 名 リトルロック《米国アーカンソー州の州都》 **～ slám** 名 C 〖トランプ〗(ブリッジの)リトルスラム《13トリックのうち12トリックをとること. またその宣言》 **～ théater** 名 C 小劇場《実験的な演劇を上演する非商業的劇場》; (小劇場向きの)実験的な芝居; 素人の小劇団 **～ tóe** 名 C (足の)小指(⇨ HAND 図) **～ wóman** 名《the ～》《口》《蔑》妻, 家内, 女房, うちのかみさん(中立 spouse, wife)

Líttle Lèague 名《the ～》《米》〖野球〗リトルリーグ《8-12歳の少年少女を対象としたリーグ. 1939年発足》
Lìttle Léaguer 名 C リトルリーガー

lit·to·ral /lítərəl/ 形《限定》岸の, 沿岸[海岸]の; 〖生〗海岸[水辺]に生息する ━名 C 沿岸地域, 海岸地帯

li·tur·gi·cal /lɪtə́ːrdʒɪkəl/, **-gic** /-dʒɪk/ 形 礼拝式の, 典礼の; 礼拝式で用いる; 礼拝式を行う **～·ly** 副

lit·ur·gy /lítərdʒi/ 名 (複 **-gies** /-z/) C ❶ 礼拝式, 典礼; (礼拝式用の)祈禱(きとう)文 ❷《the L-》《英》《古》〖英国国教会〗祈禱書(the Book of Common Prayer); (東方教会の)聖餐(せいさん)式

liv·a·ble /lívəbl/ 形 ❶ (家・気候などが)生活に適した ‖ a ～ city 住み心地のよい都市 ❷《叙述》《口》(人が)気のおけない, 〈…と〉気持ちよく付き合える, 一緒に暮らしやすい 〈**with**〉 ‖ He is very ～ *with*. 彼はとても気持ちよく付き合える ❸ (人生などが)生きがいのある; (事が)耐えられる
～·ness 名 U 居住適性; 生存能力

live[1] /lɪv/

> 動 自 生きる❶ 暮らす❷ 住んでいる❸
> 他 生活を送る❶

━動〔▶ life 名, alive 形〕(**～s** /-z/; **～d** /-d/; **liv·ing**)
━自 ❶ **生きる**, 生存する(↔ die[1]); 生きている(be alive) ‖ How long do cats ～ on average? 猫の平均寿命はどれくらいですか / The doctor told his family that he only had a few months to ～. 医者は家族に彼は数か月の命であると告知した / Once upon a time there ～*d* a wise king. 昔々1人の賢い王様がいました(♦ 物語の冒頭によく使う表現) / Mozart is the greatest composer that [OR who] ever ～*d*. モーツァルトは過去の最大の作曲家だ / No animals can ～ without water. どんな動物でも水なしで生きられない / as long as I ～ 私が生きている限りは(♦ live を単純現在形で「生きている」の意味に使うのは as long as I live のような慣用句以外ではまれ. 「彼はまだ生きている」は He still lives. ではなく He is still alive [OR living]. というのがふつう)
❷《+副》(ある生き方で)**暮らす**, 生活する(♦ 副 は様態を表す語または句)(⇨ 類語) ‖ They ～*d* happily ever after. 2人はその後幸せに暮らしましたとさ(♦ 物語の最後によく使う表現) / ～ well [high, simply] 豊か[ぜいたく, 質素]な生活をする / ～ dangerously (習慣的に)危険なことをする; 死と隣り合わせに生きる / ～ from paycheck to paycheck 給料でぎりぎりのやりくりをする / ～ from day to day (先のことを考えずに)その日暮らしをする / ～ out of cans 缶詰ばかりを食べて生活する / ～ in poverty [luxury] 貧しい[ぜいたくな]暮らしをする / ～ above [OR beyond] one's income 自分の収入以上の(ぜいたくな)生活をする / ～ **alone** [OR on one's own] ひとり暮らしをする
❸《+副句》(人が)(ある場所に)**住んでいる**, 住む, 居住する; (動植物が)(ある場所に)生息[生育]している(inhabit)(♦ 副句 は場所を表す)(⇨ 類語) ‖ Where do you ～? お住まいはどちらですか / I ～「in Perth [at home, near the school, on Baker Street]. パース[自宅, 学校の近く, ベーカー街]に住んでいる / ～ on the streets 路上生活をする / I'm *living* with my parents. 今両親と住んでいます(♦ live を進行形で使うと, 一時的に居住している状態を表す) / This room doesn't seem to have been ～*d* in. この部屋には人が住んでいた気配がない(♦ live in が受身形になることがある) / ～ under the same roof with ... …と同じ家に住む / This type of plant only ～*s* in wetlands. この種類の植物は湿地帯にしか生育しない
❹ **a** 《+副句》生きながらえる, 生き延びる(♦ 副句 は期間を表す) ‖ ～ long 長生きする / ～ to the age of 100 100歳まで生きる **b** 《+to *do*》生きて…となる[…する](♦ 不定詞は結果を表す副詞的用法) ‖ He ～*d to* be a hundred. 彼は100歳まで生きた / Rose ～*d to* see all her grandchildren happily married. ローズは孫全員が幸せに結婚するのを見届けるまで長生きした
❺ (記憶に)生き続ける, 残る ‖ Her memory will ～ forever in our hearts. 彼女の思い出はずっと私たちの心に生き続けるだろう / The happy summer we spent together still ～*s* in my memory. 一緒に過ごした楽しい夏は今も覚えています / This tradition has ～*d* in this region for centuries. この伝統はこの地域で何世紀にもわたって受け継がれてきた ❻ 人生を楽しく暮らす, 充実して生きる ‖ He really knows how to ～. 彼は人生の楽しみ方を知っている / You haven't ～*d* until you've spent your vacation on the Gold Coast. ゴールドコーストでの休暇ほど楽しいものはないよ / *You haven't ～d if you haven't loved.* 《諺》愛したことがない人は人生を楽しんだとはいえない; 愛してこそ生きがいのある人生だ ❼《口》(物が)(場所に)しまってある ‖ The bankbook ～*s* in the safe. 銀行通帳は金庫にしまってある ❽ (小説・劇などの人物が)生き生きしている
━他 ❶《～ a ... life などで》…の**生活を送る**(♦ life は同族目的語でふつう修飾語句を伴う) ‖ ～「a happy [a lonely, a quiet, an active, a busy] life 幸せな[寂しい, 静かな, 活動的な, 忙しい]生活を送る / ～ a double life 二重生活を送る / ～ the life of a typical suburban wife 典型的な郊外に住む主婦の生活を送る / ～ life to the full 精いっぱい生きる
❷〔信念・主義など〕を実践[実現]する ‖ ～ one's ideals 理想を実現する / ～ a lie 偽りの生活を送る
❸〔苦悩など〕を経験する

live and bréathe ... …に熱中している ‖ He ～*s and breathes* jazz. 彼はジャズにはまっている
live and learn ⇨ CE 2

lìve and lét lìve 互いに干渉せずにやっていく；他人の行動に対して寛容である
líve by ... 〈他〉① …で生計を立てる ‖ ～ *by* writing 物を書いて食べていく / ～ *by* one's wits 小才をきかして世渡りする ② …を生活の指針とする(☞ abide by) ‖ ～ *by* a strict moral code 厳格な道徳律に従って暮らす
**lìve dówn ... / lìve ... dówn* 〈他〉《しばしば否定文で》〔不名誉なこと・失敗など〕を首尾よく人に忘れさせる，克服する；〔悲しみなど〕を月日とともに忘れる ‖ The actress will never ～ *down* the scandal she caused. あの女優は自分が起こしたスキャンダルを人々の記憶から消せないだろう
**líve for...* 〈他〉① …を生きがいとする ‖ I ～ *for* my child. 子供が私の生きがいだ / ～ *for* the moment 刹那(せつな)的に生きる ②〔…の日〕を待ち望んでいる
lìve ín 〈自〉(従業員などが)住み込みで働く；(学生が)学校の寮に住む(↔ *live out*)
lìve it úp 《口》(大金を使ったり刺激的な社交生活をして)派手に楽しむ
lìve óff... 〈他〉①〔福祉·貯金など〕を頼りに暮らす，〔親〕のすねをかじる ‖ ～ *off* one's savings 貯えを取りくずしながら暮らす / You can't ～ *off* your parents for the rest of your life. これからは親がかりでは暮らせないよ ② =*live on* ...〈他〉①(↓)
lìve ón* 〈他〉《*líve on ...*》① …を食べて生きている**；…ばかり食べる；…を収入源として生活する ‖ You can't ～ *on* air. かすみを食っては生きていけない / ～ *on* fish and vegetables 魚と野菜を常食とする / ～ *on* welfare 生活保護で生活する ② …の額の収入で生活する ‖ ～ *on* 50,000 yen a month 月5万円で生活する ─〈自〉(人·物事が) **ずっと生き続ける**，残る ‖ His music will ～ *on* long after he dies. 彼の音楽は死後も長く残るだろう
lìve óut 〈他〉《*lìve óut ... / lìve ... óut*》①(…の状態[場所]で)…を生き抜く，持ちこたえる，〔余生〕を全うする ‖ ～ *out* one's remaining days in one's hometown 残された人生を故郷で過ごす ②〔希望など〕を実現する(fulfill) ─〈自〉(従業員などが)通いで勤める；(学生が)学外に住む(↔ *live in*)
**lìve thróugh ...* 〈他〉〔困難など〕を切り抜ける
lìve togéther 〈自〉〈…と〉同棲(どうせい)する，同居する〈**with**〉
lìve úp to ...* 〈他〉〔期待など〕に応える**，添う；〔規範など〕に従って行動する ‖ ～ *up to* one's obligations as a father 父親としての義務を果たす
**líve with ...* 〈他〉①(未婚で)…と同棲する ②〔いやなこと〕を我慢する(☞ put up with)，受け入れる(→ CE 1)
whère a pèrson líves 《米口》痛いところ(に)，急所(に) ‖ His remarks hit [OR got] me *where* I ～. 彼の批判は私の痛いところを突いていた

COMMUNICATIVE EXPRESSIONS
1 **I can lìve with thát.** ① それでよかろう；構わないよ(♥ 是認·許可) ② そのうち慣れるだろう；まあいいでしょう(♥「(特によいとは思っていないが)我慢できなくはない」の意)
2 **(You) lìve and léarn.** 長生きはするものだ(♥ 新しい見聞をして驚いたときに)

類語 《自❷, ❸》 live 「暮らす」「住む」を意味する最もふつうの語.
dwell 古風な，または詩的·文語的な語.
reside 最も格式ばった語. しばしば堂々たる邸宅を連想させ，また永住的な住居にも多く用いられる. 〈例〉The royal family *resides* in the castle. 王室一家はその城に住まわれている
inhabit これだけが他動詞で「…に住む，生息する」の意. 〈例〉Snakes *inhabit* the whole island. 島全域に蛇がいる

:live² /laɪv/ 《発音注意》
─形《比較なし》《通例限定》❶ **生きている** (alive, living)(↔ dead)；《a real ～ で》《口》《戯》(絵やおもちゃではなく)本物の ‖ a ～ fish 生きている魚(♦この意味では補語としては alive を用いる. 〈例〉The fish is still *alive* [×live].) / ～ bait 生き餌(え) / a real ～ burglar 紛れもない強盗
❷ (放送などが)**生**(なま)**の**，実況の，ライブの；(演奏などが)実演の；(聴衆などが)目の前にいる(❗「ライブハウス」は和製語. 店の形態に応じて，a restaurant [bar] with [OR that has] *live* music あるいは具体的に a blues [jazz] club などとする) ‖ The interruption due to the quake showed that the program wasn't recorded, but ～. 地震による中断があったことからその番組が録音ではなく生放送であることがわかった / a ～ performance 生演奏 / in front of a ～ audience 聴衆を実際に目の前にして / appear on ～ TV テレビに生出演する

Behind the Scenes **Live from New York, it's Saturday Night!** ニューヨークから生でお届けします，サタデーナイトの始まりです 米国の人気バラエティー番組 *Saturday Night Live* の生放送で導入のコントが終わった後，必ず流れる番組開始のせりふ(♥ イベントの始まりなどで番組を模してふざけて言う. 地名 (New York) と曜日 (Saturday) は可変)

❸ (問題などが)目下の，今関心を集めている，論議中の ‖ ～ situations 当面の諸状況 / a ～ issue [concern] 当面の問題[関心事]
❹ 未使用の，まだ使える；(砲弾などが)まだ破裂していない；(電線などが)電流の流れている ‖ The bomb was found to be still ～. その爆弾は不発弾であることがわかった / a ～ bullet 実弾
❺ 火のついて[燃えて]いる(↔ dead)，光っている ‖ ～ coals 火のついている石炭 / a ～ cigar 火のついた葉巻 / a ～ volcano 活火山 ❻ 生き生きとした，活気のある，精力的な(→live wire) ❼ (ヨーグルトが)まだ生きている菌を含む ❽ 《スポーツ》(ボールが)生きている，有効な，試合継続中の(↔ dead) ‖ a ～ ball 生きているボール ❾ 💻 (ウェブ上のリンクが)有効な，接続可能な ❿ (岩石が)自然のままの，まだ切り出していない；(空気が)新鮮な ‖ ～ ore 自然のままの鉱石 ⓫ (色が)鮮明な；(コンサートホールなどが)音響のよい ⓬ 《印》(組版が)すぐ印刷にかけられる
gò líve 💻 (システムが)稼動し始める
─副《比較なし》生で，実況で，ライブで ‖ perform ～ 生で演奏する / recorded ～ 生録の
▸▸ **～ áction** 名 U (映画の)実写 **～ bírth** 名 U C 正常[普通]出産(↔ stillbirth) **～ cóverage** 名 U (テレビ·ラジオなどの)生放送，現場取材 **～-fìre éxercise** 名 C (軍隊の)実弾[実戦]演習 **～ lóad** 名 C 《土木》活荷(かつか)重，動荷(どうか)重(↔ dead load) **～ óak** 名 C 《植》ライブオーク《北米南部産の種々のカシワ. 木材は造船用. ジョージア州の州木》 **～ wíre** 名 C ① 電流の通じている電線，活線 ② 《口》精力的な人，やり手

live·a·ble /lívəbl/ 形 =livable
-lived 連結形 …の生命を持った ‖ long-[short-]*lived* 長命[短命]の
lived-in /lívdìn/ 形 ❶ (家·部屋が)人の住んでいる(ような) ❷ 《口》人生体験を表すような
***live-in** /lìvín/ <ジ 形《限定》❶ (使用人などが)住み込みの；(治療などが)泊り込みの ❷ 同棲(中)の
─名 C 同居人，同棲者
***live·li·hood** /láɪvlihʊ̀d/ 《発音注意》名 U/C 《通例単数形で》生活手段，生計，暮らし(→ living) ‖ Golf is his ～. 彼はゴルフで生計を立てている / earn one's ～「by teaching [OR as a teacher] 教師の仕事で生計を立てる / a [OR one's] means of ～ 生計の手段
líve·lòng /lív-/ 形《限定》《文》(退屈なくらい)長い…，…中，丸…(whole) ‖ (all) the ～ day [night, summer] 一日[一晩，一夏]中
:live·ly /láɪvli/ 《発音注意》
─形 (**-li·er, more ～**；通例 **-li·est**)
❶ (人·表情などが)**元気な**，生き生きとした(↔ dull) ‖ Her face was ～ and animated. 彼女の顔は実に生き生きしていた / a young and ～ family 若く元気な家族

❷《通例限定》(議論・会話などが) **活発な**；(知力・頭脳が) 鋭い；(場所・集まり・雰囲気などが) にぎやかな (↔ quiet), 〈…で〉活気にあふれた〈**with**〉；《英》(取り引き・競りが) 活発な ‖ have a broad and ～ debate 広範囲にわたって活発な討論をする / a ～ mind 鋭敏な頭脳 / Harajuku is ～ *with* young people. 原宿は若者でにぎわっている
❸《通例限定》(ダンスが) 躍動的な, 軽快な；(音楽・曲などが) 陽気な；(動作・足取りが) 軽快な ‖ The accordionist struck up a ～ tune. アコーディオン奏者は陽気な曲を演奏し始めた / The horse set off at a ～ gait. 馬は軽快な足並みで出発した / a ～ dance 軽快なダンス
❹《通例限定》(風が) さわやかな, 爽快(そうかい)な；(空気が) すがすがしい ‖ a ～ breeze さわやかなそよ風
❺ (色彩・光・記憶などが) 鮮やかな (↔ dull)；(描写が) 真に迫った, 生き生きした ‖ All the displays of spring fashions were bright and ～. 春のファッションの展示品はどれも色鮮やかだった / He has a ～ sense of what the readers expect. 読者が何を期待しているかを彼ははっきり理解している ❻《通例限定》(ボールなどが) よく弾む；(ワインなどが) よく泡立つ (↔ flat¹)；(船・ボートなどが) 軽く波の上に躍る, すいすい走る ❼《主に英》《皮肉で》はらはら[わくわく, どきどき]させる, 危険な, 多難な ‖ We'll make it [OR things] ～ for him. あいつをはらはらさせてやろう

COMMUNICATIVE EXPRESSIONS
1 **Lòok lívely!** 急げ (=Step lively! / Hurry up!)；てきぱきやれ；ぼやぼやするな

―副 生き生きと, 元気に；活発に；快活に；鮮明に
-li·ly 副 **-li·ness** 名

liv·en /láɪvən/ 動 自 他 (…が[を]) 生き生きとする[させる], 活気づく[づける], 元気づく[づける]《*up*》

***liv·er¹** /lívər/ 名 (複 **～s** /-z/) ❶ C《解》肝臓 (♦ 古くは感情や欲望の源と考えられた) ❷ U C (食用の) 肝(きも), レバー ‖ chicken ～ ニワトリのレバー ❸ U 肝臓色, 赤褐色
▶▶ ～ **flùke** 名 C《医》肝吸虫；カンテツ ～ **sàlts** 名 複《英》健胃作用のあるミネラル塩 ～ **sàusage** 名 U《英》レバーソーセージ, レバーブルスト《豚の肝臓を主材料とする》 ～ **spòt** 名 C《医》肝斑(かんぱん)；しみ

liv·er² /lívər/ 名 C 生活者, 居住者, 住人；《形容詞を伴って》…の生活をする人 ‖ a ～ in a town 都市生活者 / a clean [loose] ～ 清潔な[だらしない] (生活をする) 人 / a fast ～ 放蕩(ほうとう)者 / a good ～ 有徳者；美食家

liv·er·ied /lívərid/ 形 仕着せを着た, 制服[そろいの服]を着た ‖ a ～ chauffeur 制服を着たお抱え運転手

liv·er·ish /lívərɪʃ/ 形 ❶ 肝臓の悪い ❷ 気難しい, 怒りっぽい；《口》(特に色が) 肝臓のような, 茶褐色の

li·ver·mo·ri·um /lìvərmɔ́:riəm/ 名 U《化》リバモリウム《原子番号116の人工放射性元素. 元素記号 Lv》

Liv·er·pool /lívərpù:l/ 名 リバプール《イングランド北西部の港湾都市》

Liv·er·pud·li·an /lìvərpʌ́dliən/ 〈シ〉 形 名 C リバプール (Liverpool) の, リバプール市民(の)

líver·wòrt 名 C《植》ゼニゴケ

líver·wùrst /-wə̀:rst/ 名《米》=liver sausage

***liv·er·y** /lívəri/《発音注意》名 (複 **-er·ies** /-z/) ❶ U C《史》(貴族の家臣などが身につけた) そろいの服；《英》(ロンドンの同業組合員の着た) 制服 ‖ in [out of] ～ お仕着せを着て[平服で] ❷ U C (会社員・公務員の) 制服；《主に英》(企業などの) シンボルデザイン, イメージ[シンボル]カラー (♦ 企業の製品や乗り物・航空機につける) ❸ U《文》(木・鳥などの) 装い；服装, 彩り ‖ the trees in their autumn ～ 秋の装いをした木々 / the ～ of grief 喪服 ❹ U《集合的に》《英》(ロンドンの) 同業組合の組合員；=livery company ‖ take up one's ～ (ロンドンの) 同業組合員となる ❺ U 馬の有料預かり；C《米》=livery stable ❻ C《米》貸しボート[自動車, 自転車]屋
▶▶ ～ **còmpany** 名 C (往時英国のロンドンにあった) 同業組合《組合員は職業別に特殊な制服を着た》 ～ **stàble** 名 C 貸馬(車)屋；馬預かり所

liv·er·y·man /lívərimən/ 名 (複 **-men** /-mən/) C ❶ (往時の英国ロンドンの) 同業組合員 (中立 livery company member) ❷ 貸馬(車)屋の主人[使用人] (中立 livery keeper [worker])

lives /laɪvz/ 名 life の複数

***live·stock** /láɪvstɑ̀(:)k | -stɔ̀k/《発音注意》名《集合的に》《通例単数・複数扱い》(牧場・農場などで飼育される) 家畜 (類)《牛・羊・豚など》‖ ～ farming 畜産 / keep [OR raise] ～ 家畜を飼育する

lìve·wáre /làɪv-/ 名 U ライブウェア《コンピューターにかかわる人員》(→ hardware, software)

liv·id /lívɪd/ 形 ❶ 暗青色の, 鉛色の；青ざめた (pale), 血の気のうせた；(打撲によるあざで) 青黒い ‖ a ～ sky 鉛色の空 / ～ with fury 怒りで蒼白(そうはく)になった ❷《口》激怒した **～·ly** 副 **～·ness** 名

:liv·ing /lívɪŋ/
―形《比較なし》❶ **生きている**, 生命のある (↔ dead) ‖ Every ～ cell can be thought of as a miniature chemical factory. 生きている一つ一つの細胞は小型の化学工場とみなすことができる / all ～ **things** 生きとし生けるもの, この世に生きるすべてのもの
❷《限定》現在使われている, 現在行われている；**現存の**, 現代の (↔ obsolete) ‖ He is one of the greatest ～ actors. 彼は現存する最も偉大な俳優の1人だ / a ～ language 現用語 / a ～ institution 現行制度
❸《限定》生活の, **生活上の**, 生活するための；居住用の (↔ working) ‖ ～ **conditions** 生活状態 / the ～ cost 生活費 (=the cost of living) / a satisfactory ～ environment 申し分のない住環境
❹《限定》活発な, 活気のある；(信仰・感情・興味などが) 強い ‖ a ～ community 活気ある地域(社会)
❺《限定》生き写しの, 実物そっくりの；事実に即した ‖ You are the ～ image of your mother. 君は母親に生き写しだ / natural ～ drama 自然で現実的なドラマ
❻《限定》(岩石が) 自然のままの；《文》(水が) 絶えず流れている；(石炭・燃えさしが) 火のついた ‖ ～ water 流水
―名 ❶ C《通例単数形で》**生計** (livelihood), 生活費；商売, 職業 ‖ What do you do for a ～? お仕事は何をなさっていらっしゃいますか / I **make** [OR **earn**] a [OR my] ～ 「as a hairdresser [(by) writing, with my violin]. 私は美容師をして[物書きをして, バイオリンを弾いて] 生計を立てている / It's not a good job, but it's a ～. つまらない仕事だけどこれも生活のためだ
❷ U/C《a ～》**生活**, 暮らし方, 暮らし向き ‖ good ～ 結構な暮らし / (a) high [low] ～ ぜいたくな[貧しい]生活 / the cost of ～ 生活費 / plain ～ 質素な生活
❸ C《英》聖職禄(ろく) (benefice)
❹《the ～》《集合的に》《複数扱い》生きている人々；生者(せいじゃ) (↔ the dead [OR departed])
❺ U 生き(てい)ること, **生存** ‖ the joy of ～ 生きる喜び
scràpe [OR *scràtch*] ***a líving*** 何とか食べていく
▶▶ ～ **déath** 名《a ～》生ける屍(しかばね)の生活, 悲惨極まりない生活, 生き地獄 ～ **fóssil** 名 C 生きた化石《カブトガニなどのように太古からほとんど進化していない生物》 ～ **héll** 名 C 生き地獄 ～ **ròom** (↓) ～ **stàndard** 名 C《通例 ～s》生活水準 (standard of living) ～ **wáge** 名 C《単数形で》(生活していくのに最低限必要な) 生活給, 生活賃金 ～ **wíll** 名 C《法》リビングウィル《患者が医師・親族などに終末期に意思表示ができなくなった場合の治療法を事前に指示しておく遺言書》

***líving ròom** 名 C ❶ 居間 (《英》sitting room)《家族がくつろいだり, 客をもてなしたりするのに用いる》(→ drawing room) ❷ 生活圏, 空間

Liv·ing·stone /lívɪŋstən/ 名 **David** ～ リビングストン (1813-73)《スコットランドの宣教師. アフリカ探検家》
▶▶ ～ **dàisy** 名 C《植》リビングストンデージー《南アフリカ原産の多肉植物》

liz·ard /lízərd/ 名 ❶ C《動》トカゲ；トカゲに似た爬虫

(は ちゅう)類《ワニなど》‖ a house ～ ヤモリ ❷ U トカゲの皮

Lju·blja·na /lùːbljáːnə/ 名 リュブリャナ《ヨーロッパ南部スロベニアの首都》

Lk 略 〖聖〗Luke

ll. 略 lines ‖ See *ll.* 5–8. 5行目から8行目まで参照(♦ See from line five to line eight. と読む)

'll /-l/ will, shall の短縮形(♦ 主に代名詞とともに用いる) ‖ I*'ll* go., She*'ll* sing., That*'ll* be the postman.

lla·ma /láːmə/ 名 C 〖動〗ラマ《南米産のラクダ科の反芻(はんすう)動物》; U ラマの毛(の織物)

lla·no /láːnou/ 名 (複 **~s** /-z/) C リャノ《北米南西部および南米北部オリノコ川流域の大草原地帯》

LLB, LL.B. 略 *Legum Baccalaureus* (=Bachelor of Laws)(法学士)(♦ ラテン語より)

LLD, LL.D. 略 *Legum Doctor* (=Doctor of Laws)(法学博士)(♦ ラテン語より)

LLM, LL.M. 略 *Legum Magister* (=Master of Laws)(法学修士)(♦ ラテン語より)

Llòyd Géorge /lɔ̀ɪd-/ 名 **David ~** ロイド=ジョージ(1863–1945)《英国の政治家・首相(1916–22)》

Lloyd's /lɔɪdz/ 名 ロイズ(The Corporation of Lloyd's)《ロンドンにある個人保険業者の組合》

▸▸ **~ Régister** 名 ロイズ船舶登録名簿《ロイズの発行する世界の海上船舶名の年鑑》

lm 略 lumen

LM /lem/ 略 〖宇宙〗*l*unar (excursion) *m*odule (月着陸船)

LMS 略 *l*ocal *m*anagement *s*ystem ((e ラーニングにおける)学習管理システム)

LMT 略 *L*ocal *M*ean *T*ime((米国の)地方平均時)

ln 略 〖数〗*n*atural *l*ogarithm(自然対数)

LNG 略 *l*iquefied *n*atural *g*as(液化天然ガス)

lo /lou/ 間 《古》(おお)見よ(♥ 注意を促したり, 驚きを表す)

Lò and behóld! 《戯》こはいかに, 驚くなかれ

loach /loutʃ/ 名 C 〖魚〗ドジョウ

load /loud/ 中心義 荷(を積む)

> 名 (積み)荷❶ 一荷❷ 重荷❺ たくさん❻ 負荷❼
> 動 他 積む❶ 装填(そうてん)する❹
> 自 荷を積む❶

—名 (複 **~s** /-z/) C ❶ (特に重い)**荷**, **積み荷**(⇨ 類語) ‖ The donkey staggered under the **heavy** ～ of firewood it was **carrying**. たきぎをどっさり乗せて運んでいたロバがよろめいた / That truck was hauling a ～ of lumber. あのトラックは材木(の荷)を運んでいた

❷《しばしば複合語を作って》(1回分の)(最大)積載量, **一荷**; 1台[1両, 1機, 1隻(せき)]分の積み荷; (洗濯機・皿洗い機の)1回の洗濯[皿洗い]量; (銃砲の)1回の装填量(charge) ‖ The first plane*load* of relief supplies has arrived in the country. (航空機1機分の)救援物資第1便がその国に着いた / a ship*load* of settlers 船1隻にぎっしり詰め込まれた移民たち

❸ (人・集団・機械が行う)仕事量, 担当[分担]量 ‖ a heavy teaching ～=a heavy ～ of classes to teach 負担の重い授業担当量

❹《通例単数形で》(橋・建物などが支える)(総)重量, 重さ, 重圧 ‖ The bridge is safe for a ～ of 10 tons. その橋は10トンの重みに対して安全だ

❺《通例単数形で》(精神的な)**重荷**, 重圧; 負担, 心配, 悲しみ ‖ I have a heavy ～ to carry, with the company's expectation of producing a hit. 会社からヒット商品の開発を期待されて大変な重圧を感じている / Your recovery is a ～ off our mind. あなたが回復してほっとしました / a ～ of debt [responsibility] 借金[責任]の重荷

❻《～s of ... または a ～ of ... で》《口》**たくさん**の…, 多数[多量]の…(♥ a load は特につまらないもの, 不愉快なものについて用いる) ‖ I've been there ～*s of* times. そこへは何度も行ったことがある / She spends a ～ *of* money on clothes. 彼女は衣服にやたらと金を使う

❼〖電〗**負荷**, 荷重, 容量; (電力の供給を受ける)器具, 電気抵抗装置 ❽ 🖳負荷; 読み込み ‖ My computer crashed [hung] because of the heavy ～. 私のコンピューターは負荷が大きすぎて故障した[反応しなくなった]

❾《～s》《副詞的に》《口》大いに, ずっと, 大変 ‖ I'm feeling ～*s* better today. 今日はずっと気分がいい ❿〖株〗(特定のファンドに投資する際の)手数料; 《米》〖商〗(株の配当金に加えられる)付加金 ⓫〖医〗遺伝荷重

__a lòad of rúbbish__ [OR *gárbage, júnk, cráp, búll*] くだらないこと[もの](→❻)

__gèt a lóad of ...__ 《しばしば命令文で》《口》① …をよく見る; …に注意を払う ② …をよく聞く

tàke [OR ***gèt***] ***a*** [OR ***the***] ***lóad òff*** (*one's féet*) 座る(sit down); 横になる(lie down); くつろぐ

tàke [OR ***gèt***] ***a lóad òff*** *a pèrson's mínd* (人の)心の重荷[不安]を取り除く, (人を)安心させる ‖ I found my missing ring — that really *takes a* ～ *off* my *mind*. なくしてた指輪が見つかった — やれやれだわ

—動 (**~s** /-z/; **~·ed** /-ɪd/; **~·ing**)

—他 ❶〔車・飛行機・船など〕に〈荷・乗客などを〉**積む**[積み込む, 載せる, 乗せる]; …に〈荷を〉詰め込む〈**with**〉; 〔荷・乗客など〕を〈…に〉積む, 積み込む, 載せる, 乗せる, 詰め込む〈**into, onto**〉 ‖ ～ a wagon 軽トラックに荷を積み込む / ～ a dishwasher 皿洗い機に汚れた食器類を入れる / ～ freight 貨物を積む / The scrap was ～*ed into* a narrow boat. スクラップは運河船に載せられた / The two wounded were ～*ed onto* the jeep. 2人の傷病兵がジープに乗せられた / ～ a shelf *with* books 棚に本を載せる

❷〔食卓など〕にどっさり〈食べ物などを〉並べる, 盛る(heap up); 〔胃など〕に〈…を〉(やたらに)詰め込む; 〔物語〕に〈…を〉盛る〈**with**〉 ‖ ～ one's stomach *with* too much food 食べすぎて胃に負担をかける / a novel ～*ed with* suspense サスペンスたっぷりの小説

❸〔人〕にどっさり[有り余るほど]〈…を〉与える; 〔人〕にたくさんの〈荷物などを〉負わせる, 運ばせる; 〔人〕に〈心労・責任・宿題などを〉かける[負わせる, 課す]〈**with**〉; 〔重い荷・負担など〕を〈人に〉負わせる〈**on**〉 ‖ ～ her *with* praise [abuse] 彼女を褒めちぎる[彼女に悪口を浴びせる] / ～ his parents *with* worries 彼の両親に気苦労をかける / ～ more work *on* him=～ him *with* more work 彼にさらに仕事を課す

❹〔銃砲など〕に〈弾を〉込める, **装填する**(charge); 〔カメラ〕に〈フィルムを〉入れる; 〔ペン〕に〈インクを〉入れる〈**with**〉; 〔フィルム・ディスクなど〕を〈…に〉入れる〈**into**〉 ‖ a disposable camera ～*ed with* a 24-exposure roll of film 24枚撮りのフィルムを入れた使い捨てカメラ

❺ 🖳〔プログラム・データ〕を〈…に〉読み込む, ロードする〈**onto, into**〉 ‖ ～ a program *into* memory プログラムをメモリー[記憶装置]に読み込む / ～ information *onto* a personal computer 情報をパソコンにロードする

❻《米》〖野球〗〔塁上〕にすべて走者を置く(♦ しばしば受身形で用いる) ‖ The bases were ～*ed* on walks, and a relief pitcher was on the mound. (連続)フォアボールで満塁になり救援投手がマウンドに上がった

❼ (余分の金額などを)…に上乗せする; 〖保険〗〔純保険料〕に付加金を足す ❽〔さいころ〕に鉛などの詰め物をする; 〔ルーレットの回転盤〕を一方に偏らせる ❾〔酒など〕に混ぜ物をする; 〔証拠・質問など〕に偏った意味を持たせる

—自 ❶ **荷を積む**; 旅客(など)を乗せる

❷《米》〈乗り物に〉乗り込む〈**into, onto**〉 ‖ We all ～*ed into* the car. 私たちはみんな車に乗り込んだ

❸ 🖳(プログラム・データが)ロードされる

❹ 弾を込める, 装填する; (銃砲などが)装填される

be lóaded with ... ① …をいっぱい積んで[詰めて]いる(→

L

他 ❶, ❷, ❸, ❹) ② …を多量［過剰］に含んでいる ‖ That food *is ~ed with* fat. その食品には脂肪分がたっぷり含まれている

lòad dówn ... / lòad ... dówn 〈他〉《通例受身形で》(車・船・人などが)〈重荷を〉かけられる；(車・船などが)〈…を〉どっさり積み込まれる；(人が)〈重い荷を〉いっぱい持たされる，〈重い負担・心労などを〉かけられる〈**with**〉‖ The table before us was *~ed down with* jellies and ice cream. 私たちの目の前のテーブルにはゼリーやアイスクリームが所狭しとばかり並んでいた / be *~ed down with* problems いろいろな問題を抱えて苦労している

lòad úp 〈他〉《***lòad úp ... / lòad ... úp***》〔車・船など〕に〈荷を〉いっぱい積み込む，載せる［乗せる］，〔人〕に〈…を〉いっぱい持たせる［運ばせる］〈**with**〉；〔荷〕を〈車・船などに〉積み込む〈**into, onto**〉‖ The ship was *~ed up with* food and medicine. 船に食料や医薬品がいっぱい積み込まれた ―〈自〉〈荷を〉いっぱい積み込む；《米》〈物を〉いっぱい買い込む［ため込む］〈**with**〉‖ ~ *up with* enough food for the expedition 遠征に十分な食料を積み込む

lòad úp on ... 〈他〉…をどっさり買い込む［ため込む］(→*load up*〈自〉(↑))

類語 《名 ❶》**load**「荷」を表す最も意味の広い一般語．人・動物・乗り物などで運ばれるもの．
burden「重荷」．現在は心身の重い負担を意味するのがふつう．〈例〉a *burden* of duty 義務の重荷
freight「貨物」．列車やトラックなどで運ばれる荷．〈例〉a *freight* train 貨物列車
cargo 以前は船で，後に船・飛行機で運ばれる「積み荷」．

▶▶ ~ **fàctor** 名 C ①〖電〗負荷率 ②(航空機の)搭乗率《座席数に対する乗客数の割合》 ~ **lìne** 名 C〖海〗満載喫水線(Plimsoll line［OR mark］) ~ **shèdding** 名 U (局所的)電力供給削減《発電所への過重負担を避けるためのもの》

L

***load·ed** /lóudɪd/ 形 ❶《限定》(車などが)荷を満載した；いっぱいに詰め込んだ ‖ a ~ bus 満員のバス ❷弾丸を込めた，装塡した；(カメラが)フィルムを入れた；(録音機などが)テープを入れた；(つえ・さいころなどが)鉛などを詰めた；(酒などが)混ぜ物をした ‖ My gun is ~. おれの銃には弾が入っている / a ~ stick (先の方に鉛を入れた)仕込みづえ / ~ dice いかさまダイス，いんちきさいころ ❸《叙述》《俗》金がうなるほどある，大金持ちの ❹(質問・言葉が)望ましい返事［反応］をねらった；隠された意図のある；一方に有利な［不利な］；《叙述》(記事・法律などが)不当に偏った〈**in favor of** …に有利に，**against** …に不利に〉‖ a ~ question 罠(わな)を仕掛けた質問(→ leading question) ❺《叙述》《主に米俗》〈…で〉酔っ払った；〈麻薬で〉ぼうっとした〈**on**〉 ❻《米口》(車が)(ぜいたくな)付属品を装備した

load·er /lóudər/ 名 C ❶荷を積む人［機械］；(銃などの)装塡者［器］ ❷《複合語で》…込め銃，…装銃［砲］；(積載などが)…方式の機械 ‖ a breech*loader* 元込め銃，後装銃 / a muzzle*loader* 先込め銃，口装銃 / a front ~ (洗濯機などの)前面出し入れ方式機器 ❸ 💻ローダー《データやプログラムを内部記憶装置に転送するプログラム》

load·ing /lóudɪŋ/ 名 U ❶積荷，荷；荷重(かじゅう)；荷積み，荷役(にやく)；(銃の)装塡 ❷詰め物，混ぜ物 ❸〖電〗(電話・ラジオなどの)装荷(そうか)；💻ローディング《データやプログラムを内部記憶装置に転送する作業》 ❹ C〖保険〗付加保険料

▶▶ ~ **dòck** ［《英》**bày**］名 C (トラック・貨車・船舶などの)貨物積み降ろし口

lóad·màster 名 C〖空〗貨物担当乗務員［責任者］

lóad·stàr 名 =lodestar

lóad·stòne 名 =lodestone

***loaf**[1] /louf/ 名 (複 **loaves** /louvz/) C ❶(長方形など一定の形に焼いた)ひとかたまりのパン，カットしていないパン(♦焼いたままのパン1個を指す)(→ bread) ‖ a white［brown］~ 白［黒］パンひとかたまり /「a ~［two *loaves*］of bread 1［2］個のパン(♦1枚のパンは a slice of bread) ❷ C U〖料理〗ローフ《ひき肉などを食パン型に固めて調理したもの》‖「(a) meat［(a) fish, (an) oyster］~ ミートローフ［フィッシュ，オイスター］ローフ ❸《英俗》頭，脳みそ ‖ Use your ~. 頭を使え ❹(= ~ **sùgar**) U《英》(円錐状に固めた)棒砂糖(1個)(sugar loaf)；《米》棒ケーキ

loaf[1] ❶

loaf[2] /louf/ 動 自 のらくらする，だらだらと時を過ごす；ぶらつく《***about, (a)round***》‖ ~ on one's job だらだらと仕事をする

loaf·er /lóufər/ 名 C ❶のらくら者，怠け者，ぶらぶらしている人 ❷《しばしば L-》《商標》ローファー《かかとの低いひもなしの革靴》

***loam** /loum/ 名 U〖地〗ローム《砂・粘土がほぼ等分に含まれている沃土(よくど)》；(一般に)肥沃な黒土；へな土，ローム《粘土・砂・わらくずからなる混合土．れんが・壁土などの素材》

loam·y /lóumi/ 形 (土壌が)ローム質［状］の

***loan /loun/ (♦同音語 lone) 名 動

― 名 (複 **~s** /-z/) ❶ C **貸付金，融資**，借金，ローン(→ mortgage)；公［国］債，借款(しゃっかん)；貸借物〈**from** …から；**to** …へ；**for** …に対する；**of** …(金額)の〉‖ The bank **made** a $21 million ~ *to* the company. 銀行はその会社へ2,100万ドルの貸し付けをした / apply for a ~ *of* £40,000 to buy the house その家の購入のため4万ポンドのローンを申し込む / a bank ~ *for* a new car 新車の銀行ローン / The DVD is a ~ *from* a friend. そのDVDは友達からの借り物だ

連語 【動+~(+前)】get［OR obtain, take out, arrange］a ~ from a bank 銀行から融資を受ける / repay［OR pay off, pay back］a ~ ローンを返済する / provide a ~ to ... …に貸し付ける / raise a ~ 公債を募る
【名/形 + ~】「a long-term［a low-interest, an interest-free］~ 長期［低金利，無利子］ローン / a foreign ~ 外国債 / a bad［OR non-performing］~ 不良債権 / a car ~ 車のローン / a home ~ 住宅ローン / a student ~ (卒業後に返す)学資ローン

❷ U/C《通例単数形で》〈…を〉(短期間)貸すこと，〈…の〉貸し付け；〈…が〉貸し出されること〈**of**〉‖ She made me a ~ *of* a book on modern architecture. 彼女は現代建築に関する本を貸してくれた / I asked Father for the ~ *of* his car for my date. デートに使いたいので父に車を貸してくれるよう頼んだ / We had the ~ *of* a motorboat in Hawaii. 私たちはハワイでモーターボートを借りた(=We borrowed a motorboat in Hawaii.)

❸ C 借用語(loanword)；外来の風習

on lóan (短期間)借用中で，貸し出し中で；貸し付け中で；(社員が)出向して，(スポーツ選手が)レンタル移籍して〈**from** …から；**to** …へ〉‖ The painting is *on ~ from* the Louvre. その絵はルーブル美術館から借り出し中のものだ / He's *on ~ to* a subsidiary right now. 彼は今，子会社へ出向している

― 動 (**~s** /-z/；**~ed** /-d/；**~·ing**) 他 ❶ **a** 《+目 *A*+目 *B* ⇄ +目 *B*+**to** 目 *A*》《主に米》*A*(人)に*B*(金など)を貸す，貸し付ける；《主に英》*A*(美術館・団体など)に*B*(貴重なもの)を貸し出す(⇨ LEND **類語P**) ‖ A friend of mine *~ed* me $100.＝A friend of mine *~ed* $100 *to* me. 友人が僕に100ドル貸してくれた / She *~ed* Bob her lecture notes. 彼女はボブに講義のノートを貸した(♦《米》では loan を「…を貸す」という意味で lend と同義に使う．《英》ではその意味で使うことは少なく，「〔絵画のような高価なもの〕を正式に(長期に)貸す」という意味で使う)
b 《+目》〔金・物・人手など〕を貸す
❷〔人〕を〈…に〉出向［レンタル移籍］させる〈**to**〉

lòan óut ... / *lòan ... óut* 〈他〉《英》…を〈…に〉(ある期間)貸し出す〈**to**〉
▸▸**～ càpital** 名 U 〖商〗借入資金[資本] **～ collèction** 名 C 貸与コレクション《展覧会などに貸し出された美術骨董(こっとう)品のコレクション》 **～ shàrk** 名 C ⊗《口》《蔑》高利貸し **～ translàtion** 名 C U 翻訳借用(語句)《外国語を翻訳して自国語にしたもの. フランス語の raison d'état(国家的理由)に対する reason of state など》

loan·er /lóunər/ 名 C ❶ (修理期間中に)客に貸し出されるもの, 代替品《自動車・電気製品など》 ❷ 貸す人, 貸与者, 債権者

lóan-shàrking 名 U《口》《けなして》高利貸し業

lóan·wòrd 名 C 借用語, 外来語

loath /louθ/ 形《叙述》〈…するのに〉気の進まない, 嫌いで, しぶしぶ[いや]で(reluctant)〈**to** *do*〉

*__loathe__ /louð/ 動 他《進行形不可》 **a** 《+目》…をひどく[むかつくほど]嫌う, 嫌悪する, …は大嫌いだ(⇨ DISLIKE 類語) ‖ I ～ the smell of tobacco. たばこのにおいは嫌いだ **b** 《+*doing*》…することをひどく嫌う ‖ Richard ～*s* being called Dick. リチャードはディックと呼ばれるのをひどくいやがっている

loath·ing /lóuðɪŋ/ 名 U 嫌悪, 大嫌い

loath·ly /lóuðli/ 形 =loathsome

loath·some /lóuðsəm/ 形 吐き気のするほど嫌いな, いやでたまらない, いとわしい **～·ly** 副 **～·ness** 名

loaves /louvz/ 名 loaf[1] の複数

lob /lɑ(:)b | lɔb/ 名 C 〖テニス〗ロブ《高く緩く打ち上げた球》; 〖クリケット〗ロブ《下手からゆっくりと投げる球》; 〖サッカー〗ロブ《高く弧を描くようにキックされた球》
―動 (**lobbed** /-d/ ; **lob·bing**) 他 ❶〖テニス・クリケット・サッカー〗〔ボール〕をロブする ❷ …を(無造作に)ほうり投げる
―自〖テニス・クリケット・サッカー〗ボールをロブする

lo·bar /lóubər/ 形《限定》〖解〗(肺)葉(lobe)の

*__lob·by__ /lá(:)bi | lɔ́bi/ 名 (複 **-bies** /-z/) C ❶ (ホテル・劇場・アパートなどの)ロビー, 玄関の広間; (控え室・休憩室に用いる)大廊下 ❷ (英米議会内の)控え室, ロビー《議員と院外者の会見用の広間》 ❸《集合的に》《単数・複数扱い》院外団, 圧力団体, 陳情団《議会のロビーに出入りして議員に働きかける団体》; 《通例 a ～》〈議会や議員への〉陳情, 院外活動, 議会工作〈**of**〉 ‖ The gun ～ is against it 銃関係圧力団体がそれに反対している / a mass ～ *of* Parliament 議会への大衆規模の陳情運動 ❹《英》投票者控え廊下 (division lobby)《下院の裁決のため議員が賛否に分かれる》
―動 (**-bies** /-z/ ; **-bied** /-d/ ; **～·ing**) 自 院外から運動をする, 議員に働きかける, 陳情する〈**for, in support of** …に賛成して; **against** …に反対して〉 ‖ ～ *for* [OR *in support of*] the bill その法案に賛成の陳情運動をする
―他 ❶ **a** 《+目》〔議員・議会〕に〈…を求めて〉運動[陳情]をする〈**for**〉 ‖ ～ the city council 市議会に陳情する **b** 《+目+**to** *do*》…するように…に運動[陳情]する ‖ ～ the legislature *to* ban the film 州議会にその映画の上映を禁止するように働きかける ❷〔法案・計画など〕を運動して〈議会を〉通過させ(ようとす)る〈**through**〉

lóbby·ist 名 C ロビイスト《議院内のロビーに出入りして議員に陳情運動し, 背後の圧力団体から報酬を得る人》

*__lobe__ /loub/ 名 C ❶ 耳たぶ(earlobe) ❷〖解〗葉(よう); 〖植〗裂片 ‖ a ～ of the brain [lung] 脳[肺]葉

lo·be·lia /loubíːliə/ 名 C〖植〗ロベリア《キキョウ科の観賞用草本》

lob·lol·ly /lá(:)blɑ̀(:)li | lɔ́blɔ̀li/ 名 ❶ (=～ **pìne**) C〖植〗タエダマツ《米国南東部原産》; U その木材 ❷ C《米方》ぬかるみ ❸ (=～ **bày**) C〖植〗ラブラリーベイ《米国南東部原産のツバキ》

lo·bo·la /lóubələ/ 名 U《南ア》結納金

lo·bot·o·mize /loubɑ́(:)təmàɪz | -bɔ́t-/ 動 他〖医〗…にロボトミー(手術)を施す; 《口》〔人〕の活力[感情・思考力]を奪う(♦しばしば受身形で用いる)

lo·bot·o·my /loubɑ́(:)təmi | -bɔ́t-/ 名 (複 **-mies** /-z/) U C《旧》〖医〗ロボトミー, 前頭葉切開術(《英》leucotomy)《大脳の前頭葉の手術. 現在は行われない》

lob·scouse /lɑ́(:)bskàus | lɔ́b-/ 名 U〖海〗(船員用の)肉・野菜・堅パンのシチュー

*__lob·ster__ /lɑ́(:)bstər | lɔ́b-/ 名 ❶ C ウミザリガニ, ロブスター《米国ではニューイングランド, 特にメイン州の特産》; U その肉 ❷ C イセエビ(spiny lobster) **―**動 自 ロブスターを捕る ▸▸**～ pòt** 名 C ロブスター捕りのわなかご **～ thér·mi·dor** /-θə́ːrmədɔ̀ːr | -mɪ-/ 名 U C〖料理〗ロブスターテルミドール《半身に切ったロブスターにクリームソースをかけて焼いた料理》

*****lo·cal** /lóukəl/ 形 名

中心義 特定の場所に限られた

―形 (▶ locality 名, localize 動) 《比較なし》《通例限定》 ❶ **その土地**[場所]**の**, 地元の; ある地域[地方]に限られた[特有の](♦「全国の(national)」,「全域の(general)」に対する「地方の」の意味であり,「田舎の(rural)」の意味ではない) (→ provincial); 企業[職場]近くの ‖ That DJ's fame is ～ rather than national. そのDJの名声は全国的というよりは局地的だ / The ～ people disagree about whether to build the dam. 地元民の間ではダム建設の是非について意見が一致していない / balance ～ and national interests 地元と国全体の利益のバランスをとる / go to a ～ school 地元の学校に通う
連語 【～+名】 ～ news 地元関係のニュース(記事), ローカルニュース / ～ elections 地方選挙 / a ～ community 地域社会 / a ～ resident 地元住民
❷〖医〗**局部の**, 局所の ‖ a ～ infection 局部感染 / a ～ pain 局部的な痛み
❸ **各駅停車の**; 短距離区間を走る ‖ a ～ train (各駅停車の)普通列車 / a ～ line 短い区間を走る鉄道[バス路線] ❹《英》同一区内の, 市内郵便の《郵便物の封筒に表示する》 ❺ 💻 ローカルの《通信回線を介さずに接続した, ネットワーク上でない; (変数などが)局所的な》 ❻ 狭い地域に限られる, 局地的な; (見解などが)狭い ‖ ～ rain 局地的な雨 / ～ outlook 狭い見方 / ～ data 限られた資料
―名 (複 **～s** /-z/) C ❶《通例 ～s》土地の人, 地元の人[住民] ‖ I asked one of the ～*s* if he could recommend an off-the-beaten-path restaurant for dinner. 地元の人にお勧めの穴場のレストランがあるかどうか聞いた
❷《米》(各駅停車の)普通列車[バスなど]
❸《米》(組織・団体の)地方支部, (特に)労働組合支部[分会] ❹《英口》(近所の)行きつけの居酒屋[パブ] ❺ (新聞の)地方記事 ❻《口》=local anesthetic
▸▸**～ anesthétic** 名 U〖医〗局部麻酔薬 **～ àrea nétwork** 名 C = LAN **～ authórity** 名 C《英》地方自治体 **～ bús** 名 U 💻 ローカルバス《CPUと直結する外部通信経路》 **～ càll** 名 C (電話の)市内通話(→ long-distance) **～ cólor** [《英》**cólour**] 名 U ① (文学作品・映画などに描かれた)その土地独特の風俗・習慣, 地方[郷土]色, ローカルカラー ②〖美〗(個々の対象物の)固有色; (絵の)部分的な色彩 **～ cóntent** 名 U ローカルコンテント, 現地調達率《海外進出企業が現地で部品などを調達する割合. 法律で義務づけられることも多い》 **～ cóuncil** 名 C《英》地方委員会《地域の住宅・学校・公園などの供給・設置の任に当たる委員会のメンバー》 **～ dérby** 名 C ダービーマッチ《同じ地区[地元]のチーム同士の(サッカーの)試合》 **～ examinátions** 名 複《英》地方試験《大学当局が地方で実施する試験》 **～ góvernment** 名 C 地方自治体; U 地方自治[政治] **～ hístory** 名 U 地方史 **～ óption** 名 C 住民選択権《特に酒類販売などの可否を住民投票で決定する権利》 **～ páper** 名 C 地方新聞, 地方紙 **～ rádio** 名 U (ラジオの)ローカル放送, 地方局からの放送 **～ rág** 名 C ⊗《英口》《蔑》地方新聞 **～ tìme** /, ˌ-ˌ-ˊ-/ 名 U 地方時(→ standard time)

lo-cal /lòukǽl/ 〈シ〉 形 《口》=low-cal
lo·cale /loukǽl | -kɑ́:l/ 名 C 特定の出来事に関連した場所, 現場;(映画・小説などの)シーン, 舞台
lócal·ìsm /lóukəlìzm/ 名 ❶ C なまり, 方言;U その地方特有の習慣[風俗], 郷土色 ❷ U 郷土愛, 地方主義[偏重];(地方的)偏狭(provincialism)
*****lo·cal·i·ty** /loukǽləṭi/ 名〔◁ local 形〕(複 **-ties** /-z/) C ❶ 位置,(存在する)場所, 所在地;(事件などの)現場 ‖ a poor sense of ～ 方向音痴 ❷(特定の)地方[地域]
lo·cal·ize /lóukəlàɪz/ 動〔◁ local 形〕他 ❶ ある地方[場所]に限定する, …を局地化する ‖ Some activity in the brain is ～*d*. 脳の働きの中には局在化しているものもある ❷〔民謡など〕の発生地[起源]を突き止める ❸ …に地方色を与える 一自 集中する, 集まる
lò·cal·i·zá·tion 名 U 地方化, 局地化
lo·cal·ized /lóukəlàɪzd/ 形 局部的な, 局地的な
*****lo·cal·ly** /lóukəli/ 副 ❶ ある特定の地域内で, その地方で, 地元で;局地的に, 局部的に ‖ The show is only being broadcast ～. そのショーはある特定の地域でのみ放映されている / Think globally and act ～. 地球的規模で考え, 地域的規模で行動せよ / ～ based 地域に基盤を置いた ❷ 近くに, 近隣に
:lo·cate /lóukeɪt | -´-/ 《アクセント注意》
一動〔▶ location 名〕(**～s** /-s/; **-cat·ed** /-ɪd/; **-cat·ing**)
一他 ❶ 《通例進行形不可》…の**位置を**〈…で〉**探し当てる**, 突き止める(≒ find out);…の場所[位置]を示す[定める];…を位置づける〈**on, in**〉‖ "Let's see if we can ～ this station *on* the subway map." "Yes, here we are."「地下鉄路線図でこの駅がどこだか見てみよう」「わかった, ここだ」/ ～ a Perry Baker *in* the phone book 電話帳でペリー=ベーカーという名の人物を探し当てる / ～ a leak *in* a gas pipe ガス管の漏れる箇所を見つける
❷ 《+目+副句》(ある場所・役割・仕事などに)〔店・人など〕を配置する, **設ける**;…の場所を決める;《受身形で》〈…に〉**位置する**〈**in**〉‖ He ～*d* his office on the main street. 彼は事務所を大通りに構えた / The kitchen is ～*d in* the basement. 台所は地下にある / The hotel is **centrally** [conveniently] ～*d*. そのホテルは中心部に[交通の便のよい所に]位置している
一自 《+副句》《主に米》〈…に〉(移転して)住みつく, 定住する, 落ち着く;〈…に〉店[事務所など]を構える, 〈…で〉開業する〈**in, at, etc.**〉
:lo·ca·tion /loukéɪʃən/
一名〔◁ locate 動〕(複 **～s** /-z/) ❶ C 〈…の〉**位置**, **場所**, 用地, 予定地, 敷地〈**for, of**〉‖ a fine ～ *for* a house 家を建てるのに適した場所 / the ～ *of* our school 私たちの学校の所在地 / a mining ～ 採鉱用地 / **in** a quiet ～ 静かな場所に
❷ C U 〖映〗**ロケ現場**, 野外撮影地
❸ U 配置, 設置;位置づけ, 場所の選定;(水・埋蔵品などの)在り場所の発見;《主に米》家[店など]を構えること, 居住
❹ C 《南ア》非白人指定居住地区(♦ 後に township を使用);《豪》農場, 牧場
❺ U 💻(記憶装置内の)情報の保存場所
on locátion ロケ(ーション)(中)で[に], 野外撮影で[に] ‖ The movie was shot *on* ～ in Singapore. その映画はシンガポールでロケが行われた
loc·a·tive /lɑ́(:)kəṭɪv | lɔ́k-/ 形 〖文法〗位置格の, 所格の
lo·ca·tor /lóukeɪṭər | -´-´-/, **-ter** 名 C ❶ 《米》土地[鉱区]境界設定者 ❷(電波)探知機, 聴音機
loc. cit. /lɑ̀(:)k sít | lɔ̀k-/ 略 *loco citato* (=in the place cited)上記引用文に(♦ ラテン語より)
loch /lɑ(:)k, lɑ(:)x | lɔx, lɔk/ 名 C 《スコット》❶ 湖(lake) ‖ *Loch* Ness ネス湖 ❷(細長い)入江
▶▶**Lòch Nèss Mónster** 名《the ～》ネス湖の怪獣, ネッシー(Nessie)《ネス湖に生息するといわれる怪物》
lo·ci /lóusaɪ/ 名 locus の複数
:lock[1] /lɑ(:)k | lɔk/
一動(**～s** /-s/; **～ed** /-t/; **～·ing**)
一他 ❶ …に**鍵(かぎ)をかける**, …に錠を下ろす(↔ unlock) ‖ "The **door** was ～*ed* securely on the inside." "Another ～*ed*-room murder case, eh?"「ドアは内側からしっかり鍵がかかっていたんだ」「またまた密室殺人事件かい」/ ～ a window 窓に鍵をかける / The door ～*s* itself. そのドアはひとりでに錠が下りる[自動ロックである]
❷(鍵をかけて)…**を**〈…に〉**閉じ込める**《*in*》;…をしまい込む《*away, up*》〈**in, into**〉;…を〈…に〉固定する〈**to**〉‖ He ～*ed* (*up* [OR *away*]) the money *in* the safe. 彼は金を金庫に鍵をかけしまい込んだ / I was ～*ed in*. 鍵がかかって中から出られなかった
❸ 《通例受身形で》動けなくなる, 〈困難・紛争などに〉はまり込む, 抜け出せなくなる;〈氷・山などに〉囲まれる〈**in, into**〉‖ We should avoid being ～*ed in* a drawn-out legal battle. 長期にわたる法廷闘争に巻き込まれるのを避けなくてはいけない / The ship was ～*ed in* the ice. 船は氷に閉じ込められた
❹〔腕・指など〕を固く組み合わせる, 絡み合わせる;《受身形で》しっかりと抱き合う《*together*》‖ I ～*ed* my hands *together* and lifted him over the wall. 私は両手をしっかり組み合わせて彼をへいの上まで持ち上げた
❺ 💻〔ファイル〕をロックする《削除や変更ができないようにする》❻〔運河など〕に閘門(こうもん)を取りつける;〔船〕を閘門を(昇降して)通過させる《*up, down*, etc.》
一自 ❶ **錠がかかる**, 鍵がかかる ‖ The door ～*s* automatically. そのドアは自動的に鍵がかかる
❷(しっかりと)かみ合う, 組み合う;固定する, 動かなくなる ‖ The gears ～*ed* into each other. 歯車がお互いにかみ合った / His jaws ～*ed* in suppressed anger. 彼は怒りを抑えて歯を食いしばった / The wheels abruptly ～*ed*. 車輪が突然止まった
❸(船が)閘門を通過する《*up, down*, etc.》
*****lòck awáy ... / lòck ... awáy** 〈他〉① ⇨ 他 ❷ ②《～ oneself away で》(人目を避けるなどして)〈…に〉引きこもる〈**in**〉③〔人〕を(精神科病院などに)入れる, 閉じ込める
lòck dówn ... / lòck ... dówn 〈他〉《米口》〔罪人〕を監房に入れる
lock horns ⇨ HORN(成句)
*****lòck ín ... / lòck ... ín** 〈他〉① ⇨ 他 ❷, ❸ ② …を固定する;〔目標など〕に的を固定する
lòck À in B AをBに閉じ込める(→ 他 ❷, ❸)
lóck (in) on ...; lóck onto ... 〈他〉(ミサイルなどが)〔標的〕にねらいを固定する, …を自動的に探知・追跡する
*****lòck óut ... / lòck ... óut** 〈他〉①(鍵をかけて)…を〈…から〉締め出す〈**of**〉‖ I ～*ed* myself *out*. (オートロックのドアで)鍵がかかって締め出された ②(雇用者が)〔被雇用者〕を職場から締め出す, ロックアウトする
*****lòck úp** 〈他〉《**lòck úp ... / lòck ... úp**》①〔家・店など〕の戸締りをする ② ⇨ 他 ❷ ③(監獄・精神科病院などに)…を収容する, 監禁する ④〖商〗〔資金〕を(すぐに換金できないような形で)投資する, 〔資本〕を固定する 一〈自〉① 戸締まりをする ②(車輪・機械の一部などが)動かなくなる

COMMUNICATIVE EXPRESSIONS
1 **It's lòcked úp.** それはもう済んだ[決まった]ことだ

一名(複 **～s** /-s/) C ❶ **錠**, 錠前(⇨ KEY[1] 図);(自転車などの車輪にかける)鍵(bicycle lock);(車の)ハンドルロック(steering lock)(❗ 日本語の「鍵」は錠(lock)と錠の穴に差し入れて開閉する金具(key)の両方を指す)(→ key[1]) ‖ open the ～ with a key 錠を鍵で開ける / force a ～ 鍵を無理やり開ける / a ～ on the door ドアの錠
❷ 閘門《運河・河川などで, 水位を調節し船を昇降させるためのせき》❸ U (機械などの)停止 ❹ U/C 《単数形で》《英》(自動車のハンドルの)切れる角度 ‖ full ～ ハンドルの切れる最大角度 ❺(= ～ **fórward**)〖ラグビー〗ロック《スクラムの2列目の選手》❻(銃の)発射装置 ❼《a ～》《米口》〈…の〉確実な成功の見込み, 完全な掌握〈**on**〉;(成功が確実な)人[もの] ‖ He has a ～ *on* the next presidency.

彼は次期大統領になることが確実だ / a ～ for this year's Academy Award nomination 今年のアカデミー賞候補指名確実の作品 ❽〘レスリング〙ロック, 固め ❾エアロック, 気閘(きこう)(→ air lock)

lòck, stòck and bárrel 一切合切, すべて；完全に(♦銃の各部分の名称から. しばしば副詞的に用いる) ‖ She owns this business ～, *stock and barrel*. 彼女はこの商売のすべてを所有している

pick a lóck 錠をこじ開ける

under lòck and kéy ① 厳重に錠をかけてしまい込んで, 安全に ② 閉じ込め(られ)て, 投獄されて

▸▸～ **pìcking** 图Ⓤ 解錠, ピッキング ～ **stìtch** 图Ⓤ (ミシンの)ロックステッチ, かがり縫い

lock² /lɑ́(ː)k | lɔk/ 图Ⓒ ❶ 髪の一束［一房］, 一房の巻き毛；《～s》《主に文》(頭)髪 ‖ a ～ of hair 一房の(巻き)毛 ❷ (羊毛・綿などの)ふさ(tuft)

lock·a·ble /lɑ́(ː)kəbl | lɔ́k-/ 形 錠［鍵］がかけられる

lóck·bòx 图Ⓒ (金庫・私書箱など)錠のかかる箱；〘放送〙ロックボックス (lockout box)《加入者のみ受像可能な装置が入っている》；錠付きの郵送用ボックス

lóck·dòwn 图ⒸⓊ《米》囚人の独房への拘禁；厳重監視

Locke /lɑ(ː)k | lɔk/ 图 **John ～** ロック(1632-1704)《英国の経験論哲学者》

***lock·er** /lɑ́(ː)kər | lɔ́kə/ 图Ⓒ ❶ ロッカー；《米》＝footlocker ‖ a coin-operated ～ コインロッカー ❷《米》冷凍貯蔵庫, 賃貸用冷凍庫 ❸〘海〙(衣料・弾薬用などの)箱, 仕切り部屋 ❹ 錠を下ろす人［もの］

lócker ròom 图Ⓒ《主に米》ロッカールーム, 更衣室

lócker-ròom 形《限定》(ロッカールームで交わされるような)下品な, 卑猥(ひわい)な ‖ ～ language [OR jokes, humor]《口》卑猥な言葉 / ～ platitude スポーツ選手が互いに励ますための決まり文句 / ～ speech (試合前のコーチなどによる)激励の言葉, 檄(げき)

lock·et /lɑ́(ː)kɪt | lɔ́k-/ 图Ⓒ ロケット《合わせぶた付きの小容器. 巻き毛(lock)・写真・形見の品などを入れ鎖で首にかける》；(刀剣のさやの)ベルト留めの部分

lock-in 图Ⓤ《英》(バーやクラブの)占有《閉店時刻後に一般客の入店を断り, 常連客だけにサービスすること》

lóck·jàw 图Ⓤ《口》〘医〙開口障害《破傷風(tetanus)の初期の症状で, 咬筋(こうきん)のけいれんにより口が開かなくなること》；＝tetanus

～ed 形 口を動かさないように話す, 無口な

lóck·kèeper 图Ⓒ (運河などの)水門監視員

lóck·nùt 图Ⓒ〘機〙止めナット；自動締めねじ

lóck·òut 图Ⓒ ロックアウト, 工場閉鎖

lóck·smìth 图Ⓒ 錠前屋［師］

lóck·stèp 图Ⓤ ロックステップ, 同一歩調の密集行進(法)《隊列をできるだけ詰めた行進法》；固定した［融通のきかない］やり方 ‖ in ～ 足並みをそろえて

──形 融通のきかない, 画一的な

lóck·ùp 图 ❶Ⓒ 留置場, 拘置場, 刑務所 (prison) ❷Ⓒ《英》(夜間)戸締まりのできる店, 錠のかけられるガレージ《貸しロッカーなど》；《形容詞的に》きちんと鍵のかかる ‖ a ～ shop 居住部分のない店舗, 床店(とこみせ) / a ～ garage 鍵のかかる車庫 ❸Ⓤ 錠を下ろすこと, 戸締まり；(学校などの)閉門(時間), 門限 ❹Ⓒ (資本の)固定, 固定資本

lo·co¹ /lóukou/ 图《米》❶ (＝～ **disèase**) Ⓤ〘獣医〙ロコ病《家畜がかかる神経系統の中毒》❷〘植〙＝locoweed

──形《口》気の狂った

──動 他 …をロコ草で中毒させる；《米口》…の気を狂わせる

lo·co² /lóukou/ 图《英口》＝locomotive

lo·co ci·ta·to /lòukou saɪtéɪṭou/ 副《ラテン》(＝in the place cited)上記引用文に(略 loc.cit.)

lo·co·mo·tion /lòukəmóuʃən/ 图Ⓤ 移動, 移動力, 運動(力)

語源 *loco-* place＋motion：場所の移動

***lo·co·mo·tive** /lòukəmóuṭɪv/ ⊲ 《発音注意》图Ⓒ ❶ 機関車 (《口》loco) ‖ a steam ～ 蒸気機関車 ❷ (経済などを動かす) 原動力, 牽引(けんいん)力；〈…への〉刺激〈**for**〉 ❸《米口》(機関車のように最初ゆっくりでだんだん速度を増す)応援

──形 ❶ 移動［運動］する；移動［運動］力のある；自動推進式の；機関車の ‖ ～ organs (脚などの) 移動器官 / ～ animals 運動力のある動物 / a ～ engine 機関車 ❷《戯》旅行好きの ‖ a ～ mania 旅行狂

lo·co·mo·tor /lòukəmóuṭər/ ⊲ 形 移動の, 運動の；(自力で)移動［運動, 運転］できる

──图Ⓒ 運動［運転, 移動］力のある人［もの］

▸▸～ **atáxia** 图Ⓤ〘医〙運動失調(症)

lo·co·mo·to·ry /lòukəmóuṭəri/ 形 ＝locomotor

lo·co·weed /lóukouwìːd/ 图Ⓤ〘植〙ロコ草《北米西部産のマメ科の数種の多年草. 馬などの家畜のロコ病 (loco¹) を起こす》

lo·cum te·nens /lòukəm ténənz | -ténenz, -tíː-/ 图 (複 **lo·cum te·nen·tes** /-tenéntiːz/) Ⓒ (聖職者・医師の)臨時代理(人)；代診

lo·cus /lóukəs/ 图 (複 **lo·ci** /-saɪ/) Ⓒ ❶ 場所, 位置, 所在地；中心(地) ❷〘数〙軌跡 ❸〘遺伝〙遺伝子座, 座《染色体中である遺伝子が占める位置》

▸▸～ **clás·si·cus** /-klǽsɪkəs/ 图 (複 **lo·ci clas·si·ci** /-klǽsɪsàɪ/)《ラテン》Ⓒ (解説などによく引用される) 名句, 標準的［典拠のある］章句(classical passage)

***lo·cust** /lóukəst/ 图Ⓒ ❶〘虫〙イナゴ, バッタ, 飛蝗(ひこう)《特に大群で農作物を食い尽くす飛ぶ力の強いもの》(→ grasshopper) ‖ a ～ swarm＝a swarm of ～*s* イナゴの大群 ❷《米》〘虫〙ジュウシチネンゼミ(17年蝉) (seventeen-year locust)；(一般に) セミ (cicada) ❸ (＝～ **trèe**)〘植〙マメ科の類の木《ハリエンジュ・ニセアカシア・イナゴマメ(carob)など》；Ⓤ ハリエンジュ材 ❹ むさぼり食う人［生き物］, 破壊的な人［生き物］ ▸▸～ **yèars** 图 複 低迷期, 苦難の時代(♦聖書の言葉より)

lo·cu·tion /loukjúːʃən, lə-/ 图 ❶Ⓤ (特にある地域・集団などに特有な)語句；言葉遣い, 語法, 文体 ❷Ⓒ 慣用表現［語法］, 言い回し(idiom) ❸ⓊⒸ〘言〙発語行為

lode /loud/ 图Ⓒ ❶ 鉱脈, 鉱床；豊富な源泉［供給］‖ the mother ～ 主鉱脈；高利益をもたらすもの ❷ 水路；(沼沢地帯の)排水溝

lo·den /lóudən/ 图Ⓤ ❶ ローデン《コートなどに用いる厚手の防水毛織物》❷ 暗緑色, 灰緑色(loden green)

lóde·stàr 图Ⓒ ❶ 道しるべとなる星；《the ～》(特に) 北極星 ❷《文》指針, 指導原理；目標

lóde·stòne 图 ❶Ⓤ 磁鉄鉱 ❷Ⓒ 引きつけるもの, 魅力的なもの

***lodge** /lɑ(ː)dʒ | lɔdʒ/ 图Ⓒ ❶ (狩猟・スキー・釣りなどに使う)小屋, 山荘, ロッジ；夏の別荘；《米》(行楽地の)ホテル, モーテル, 宿屋(⇨ COTTAGE 類語) ‖ a hunting [ski(ing)] ～ 狩猟小屋［スキーロッジ］❷ (大邸宅・公園などの) 番小屋；《主に英》(アパート・ホテル・大学などの)門衛詰め所, 守衛室 ‖ the porter's ～ near the main gate 正門近くにある門衛詰め所 ❸ (秘密結社・労働組合・共済組合などの) 地方支部(の集会場)；《集合的に》《単数・複数扱い》支部会員たち ‖ the grand ～ (フリーメーソン団などの) 本部, グランドロッジ ❹ (ビーバーなどの) 巣 (den) ❺《米》(北米先住民の)テント小屋(wigwam), ログハウス；《集合的に》テント小屋に住む一家族［一集団］❻《英》(ケンブリッジ大学の)学寮長官舎 ❼《the L-》《豪》(キャンベラにある)首相官邸(→ Kirribilli House)

──動 他 ❶〔控訴・要求など〕を提出［提起］する；〔苦情・抗議など〕を申し出る(make)〈**against** …に反対して；**with** …(その筋)に〉‖ ～ an appeal *against* a decision 判決を不服として控訴する / ～ a protest *with* an ambassador 大使に抗議を持ち込む

❷《＋目＋副句》〈…に〉〔弾丸など〕を撃ち込む；〔杭(くい)など〕を打ち込む；〔矢など〕を突き立てる；…を引っかからせる［つかえさせる］, 突っ込む, はめ込む〈**in, down, between,** etc.〉‖ He ～*d* an arrow *in* the bear's chest. 彼は矢をク

L

マの胸に突き立てた / I had my bag ~*d between* the doors. かばんをドアの間に挟まれた
❸ …を〈…に〉泊める, 下宿させる, 同居させる;〔被災者など〕を〈…に〉収容する〈**at, in** 家・場所に; **with** 人の家に〉‖ Could you ~ me for the night? 一晩泊めていただけませんか / ~ the children *with* relatives 子供たちを親戚(しんせき)の家に同居させる
❹〔大切なものなど〕を〈安全な場所に〉保管する〈**in**〉; …を〈人に〉預ける〈**with**〉‖ The documents were ~*d with* an attorney. 書類は弁護士に預けられた / He ~*d* his money *in* the bank. 彼は金を銀行に預けた / She ~*d* her will *with* the bank. 彼女は遺書を銀行に預けた(♦「銀行」が人格化されて with を伴っている)
❺ (風雨が)〔作物など〕をなぎ倒す(➘ beat down)
— ⓐ ❶《+副句》《旧》(通例金を払ってある期間)住む, 泊まる; 間借りする, 下宿する〈**at, in** 家・場所に; **with** 人の家に〉 ❷《+副句》(弾丸などが)〈体の中などに〉とどまる, 撃ち込まれる; (魚の骨などが)〈…に〉刺さる, つかえる, 引っかかる〈**in, down, etc.**〉; (事実・感情・思想などが)〈記憶に〉宿る, 残る〈**in**〉‖ A fishbone ~*d in* my throat. 魚の骨がのどにつかえた / The fact ~*d in* his mind. その事実は彼の記憶にこびりついていた ❸ (風雨などで作物が)倒れる

lodg·er /lá(ː)dʒər | lɔ́dʒə/ 名 Ⓒ 宿泊者; (特に)下宿人, 同居人(→ boarder¹) ‖ take in ~*s* 下宿人を置く

***lodg·ing** /lá(ː)dʒɪŋ | lɔ́dʒ-/ 名 ❶ Ⓤ/Ⓒ《単数形で》(一時的な)宿泊所, 宿, すみか ‖ seek ~ in a church basement 教会の地下室をねぐらにする ❷ Ⓒ《通例 ~s》《旧》貸し間, 下宿(部屋) ‖ live [OR stay] in ~*s* 下宿住まいをする, 間借りする ❸ Ⓤ (日・週単位の)宿泊; 下宿 ‖ furnish board and ~ まかない付きで下宿させる ❹ Ⓒ《~s》(オックスフォード大学の)学寮長官舎(→ lodge 名 ❻)
▸▸ ~ **hòuse** 名 Ⓒ《英》下宿屋, 宿泊所(《米》《旧》rooming [OR boarding] house)

lodg·ment, lodge- /lá(ː)dʒmənt | lɔ́dʒ-/ 名 ❶ (主に文) Ⓤ 宿泊; Ⓒ 宿泊所; (一時的な)居所 ❷ Ⓤ Ⓒ (障害となる)堆積(たいせき)(物), 沈殿(物) ❸ Ⓒ〚軍〛(敵陣内に獲得した)拠点, 足場 ‖ effect [OR make] a ~ 拠点[足場]を設ける ❹ Ⓤ (苦情などの)提出, 提起, 申し立て

lo·ess /les | lóues/ 名 Ⓤ〚地〛黄土, レス《ミシシッピ川・ライン川流域や中国北部の黄土など》

loft /lɔ(ː)ft/ 名 Ⓒ ❶《英》(特に物置としての)屋根裏(attic) ❷ (納屋などの上階の)干し草置き場 ❸《米》(倉庫・工場などの)上階, ロフト(upper floors)《仕切りがないので, 改造されてスタジオなどに利用される》 ❹ (教会・講堂などの)最上階, 桟敷(さじき)(gallery) ‖ a choir ~ 聖歌隊席 ❺ Ⓤ〚球技〛ロフト《ボールを高く投げ[けり]上げること》;〚ゴルフ〛ロフト《ボールを高く打ち上げるための, クラブフェースの後方傾斜》; ロフト打ち[投げ, げり] ❻ Ⓤ 織物の厚さ; (ジャケットなどの)詰め物の厚み ❼《英》ハト小屋
— 動 他〚球技〛〔ボールなど〕を高く打ち[投げ, けり]上げる;〔クラブフェース〕にロフトをつける
語源 古代北欧語 *lopt*(空気, 空)から. 13世紀ごろから「上の部屋」の意に転じた. lift と同語源.

***loft·y** /lɔ́(ː)fti/ 形 ❶《通例限定》(思想・理想などが)高尚な, 高潔な, 崇高な; 堂々とした; (地位が)高い ‖ have ~ ideals [ambitions] 高遠な理想[志(こころざし)]を抱く / a ~ speech 堂々とした演説 ❷ 高慢な, 傲慢(ごうまん)な ‖ She was disliked because of her ~ airs. 彼女はお高くとまっているので嫌われていた ❸ (山・建物などが)非常に高い, 高くそびえる(soaring)(♦ 人には用いない) ‖ a ~ church-tower [peak in the Alps] 高い教会の塔[アルプスの高峰] ❹ (毛織物などが)厚くて弾性のある
lóft·i·ly 副 **lóft·i·ness** 名

‡**log¹** /lɔ(ː)g/
— 名 (複 **~s** /-z/) Ⓒ ❶ **丸太**, 丸木; まき(⇨ TREE 類語P) ‖ Dad has spent his weekends building a ~ cabin for months. パパはこの数か月週末を使って丸太小屋を建てている / a raft of ~*s* 丸太のいかだ / float like a ~ (船が)丸太のように(波のまにまに)漂う / saw trees into ~*s* 木を切って丸太にする / a ~ bridge 丸木橋 / a ~ fire (暖炉などの)まきの火
❷ 航海日誌; 航空日誌; (一般に)記録日誌(logbook)《旅行日誌・実験日誌・機械の運転記録など》‖ keep a ~ 航海日誌をつける / enter the details in a ~ 日誌に詳細を記入する
❸〚海〛(船の速度を測る)測程器[儀] ‖ sail by the ~ 測程器で(船の位置を測って)航行する ❹ Ⓤ 💻記録, ログ《システムの状態・操作状況などを時間の経過に従って記録したもの》‖ open a ~ file ログファイルを開く
(*as*) ***èasy as fàlling*** [OR ***ròlling***] ***òff a lóg*** = (*as*) *easy as* PIE¹
like a bump on a log ⇨ BUMP(成句)
slèep like a lóg 死んだように寝る, ぐっすり眠る
— 動 (**~s** /-z/; **logged** /-d/; **log·ging**)
— 他 ❶ …を航海[航空]日誌に書き込む; (一般に)〔出来事・事実など〕を(正式に)記録につける
❷ (飛行機・船が)〔…の速度〕を出す;〔…の時間・距離〕を航行する; (人が)〔…の飛行時間〕を達成する; (一般に)〔…の距離〕を旅する ‖ It was the first aircraft to ~ over a million miles. それは100万マイル以上を飛んだ最初の航空機だった / That pilot has *logged* 500 hours in the new plane. そのパイロットは新型機で500時間の飛行時間を達成した ❸〔木〕を切り出す; …を切って丸太にする;〔森林・地域〕から木材を伐採する ❹ 💻〔データ・操作記録など〕を〈…に〉記録する〈**in**〉
— ⓐ 木材を伐採する[切り出す]
****lòg ín*** 〈自〉① 💻〈システムに〉アクセス可能な状態になる, ログインする〈**to**〉‖ You need a password to ~ *in*. ログインするにはパスワードが必要だ ② 入社[入室, 入館, 来社など]を記録する —〈他〉(***lòg ín ...*** / ***lòg ... ín***)〔入社・入室・入館・来社など〕を記録する
lòg ínto [OR ***ónto***] ... 〈他〉💻〔システム〕にアクセスする
****lòg óff*** 〈自〉= *log out*〈自〉①(↓) —〈他〉(***lòg óff ...***) 💻〔システム〕の利用を終了する
****lòg ón*** 〈自〉= *log in*〈自〉①(↑)
****lòg óut*** 〈自〉① 💻コンピューターシステムの利用を終了する, ログアウトする ② 退出を記録する —〈他〉(***lòg óut ...*** / ***lòg ... óut***) …の退出を記録する
lòg úp ... 〈他〉(主に英)(飛行機・パイロットが)…の飛行時間[距離]を記録する; (人が)…の距離[時間]を(乗り物で)旅する[走る]
▸▸ ~ **cábin** 名 Ⓒ 丸太小屋, ログキャビン ~ **lìne** 名 Ⓒ〚海〛測程線[索]

log² /lɔ(ː)g/ 名 = logarithm(♦ 特に数詞の前で) ‖ $\log_{10}100 = 2$ 10を底とする100の対数は2である

-log 接尾《米》= -logue

Lo·gan /lóugən/ **Mount ~** 名 ローガン山《カナダ北西部セントエライアス山脈の主峰. カナダの最高峰. 5,959m》

lo·gan·ber·ry /lóugənbèri | -bəri/ 名 (複 **-ries** /-z/) Ⓒ ローガンベリー(の実)《blackberry と raspberry の交配種》

lóg·an(-stòne) /lá(ː)gən- | lɔ́g-/ 名 Ⓒ 揺るぎ石, 傘石(かさいし)《少し力を加えただけで崩れ落ちそうな石》(rocking-stone)

log·a·rithm /lɔ́(ː)gərɪðm/ 名 Ⓒ〚数〛対数《略 log》‖ common ~*s* 常用対数 / natural ~*s* 自然対数

log·a·rith·mic /lɔ̀(ː)gərɪ́ðmɪk/ ⟨ジ⟩, **-mi·cal** /-mɪkəl/ 形 対数の **-mi·cal·ly** 副

lóg·bòok 名 Ⓒ ❶ = log¹ 名 ❷ ❷《英》(自動車の)登録台帳

loge /louʒ/ 名 Ⓒ (劇場の)仕切り席(box), 特別席;《米》正面桟敷(さじき) ▸▸ ~ **bòx** 名 Ⓒ《米》(劇場・野球場などの)ます席, ボックス席

log·ger /lɔ́(ː)gər, 米+ lá(ː)g-/ 名 Ⓒ 木材を切り出す人, きこり

log·ger·head /lɔ́(ː)gərhèd/ 名 Ⓒ ❶ (= ~ **tùrtle**)

〘動〙アカウミガメ ❷ (=～ shrìke)〘鳥〙アメリカオオモズ ❸ (熱してタールなどを溶かす)鉄球棒 ❹《古》ばか
at lóggerheads 意見が食い違って, 言い争って〈**with** 人と;**over** …について〉

log·gi·a /lóudʒə | lɔ́dʒiə/ 名 (複 **～s** /-z/ OR **-gie** /-dʒeɪ/) C〘建〙ロッジア, 開廊《一方の側が柱だけで壁のない廊下》

***log·ging** /lɔ́(:)gɪŋ/ 名 U 木材の切り出し, 伐採搬出(業)

***log·ic** /lá(:)dʒɪk | lɔ́dʒ-/ 名 ❶ U 論理, 論法, 推論法;考え[議論]の進め方 ‖ understand nature by human ～ 人間の論理によって自然を理解する ❷ U/C《単数形で》正しい論理[筋道];道理, 条理;(学問・芸術上の)原理(体系)〈**in, to** …に(おいての);**of** …の〉‖ There is not much ～ *in* your argument. 君の議論はあまり筋が通っていない / No doubt there is some ～ *to* his complaint. 確かに彼のクレームには道理にかなったところもある / the ～ *of* physics 物理学の論理 ❸ U 論理学;C 論理学書 ‖ formal [symbolic] ～ 形式[記号]論理学 ❹ 💻ロジック《コンピューターの作動システム[諸原理]》 ❺〈…の〉やむを得ぬ成り行き, 必然的な結果, 不可抗力〈**of**〉;理詰め ‖ the ～ *of* war 戦争の論理 / accept the ～ *of* the situation その状況からの必然的な結果を受け入れる
語源 ギリシャ語 *logos*(言葉, 議論)にさかのぼる.
▸▸ ～ **bòmb** 名 C 💻論理爆弾《コンピューターウイルスの一種で, 条件が満たされたときに突然作動し始める破壊プログラム》 ～ **cìrcuit** 名 C 💻論理回路《論理素子を用いた回路》 ～ **gàte** 名 C 💻論理ゲート《論理回路を構成する最も基本的な電子回路》(gate)

***log·i·cal** /lá(:)dʒɪkəl | lɔ́dʒ-/ 形 (**more ～**;**most ～**)(♦❸❹は比較なし) ❶ 論理的な, 理にかなった;(考え方が)筋の通った;論理的な思考のできる[に慣れた](↔ illogical)(⇨ REASONABLE 類語) ‖ a ～ mind 論理的な頭脳 / a ～ conclusion 理にかなった結論 ❷ (論理的に)当然の, 必然の ‖ He was the ～ choice for the position. 彼がその職に選ばれたのは当然の成り行きだった / It is ～ that they will try to find a way to recover their losses. 自分たちが招いた損失を埋め合わせる方策を彼らが見いだそうとするのは当然だ ❸ 論理学(上)の;論理(上)の ‖ ～ flaws in argument 議論における論理上の欠陥 ❹ 💻論理(回路)の

COMMUNICATIVE EXPRESSIONS

1 **It's lógical to thìnk** [OR **suppòse, sày, conclùde**] **that** the evént was càncelled for polítical rèasons. その催しは政治的な理由で中止になったと考えるのが理にかなっています(♥論理的結論を述べる際に)

2 **The ónly lògical thìng to dó is to** redùce expénses. ここでなすべき唯一妥当な[やるしかない唯一の]ことは支出を抑えることです(♥ほかに選択肢がないときに)

▸▸ ～ **átomism** 名 U〘哲〙論理的原子論《すべての命題は単一の独立した要素に分析できるとする立場》 ～ **pósitivism** 名 U〘哲〙論理実証主義

-logical, -logic 連結形《-logy で終わる名詞に対応する形容詞を作る》‖ bio*logical*, geo*logical*

log·i·cal·ly /lá(:)dʒɪkəli | lɔ́dʒ-/ 副 論理上, 論理的に;《文修飾》論理的には, (論理上)当然(のことながら) ‖ ～ incompatible 論理的に矛盾して

lo·gi·cian /loudʒíʃən/ 名 C 論理学者;論法に長じた人

lóg-ìn 名 U 💻ログイン《コンピューターシステムへ接続し, 利用可能にすること. 特にUNIX系OSで用いる》

-logist 連結形「…学に精通した人」「…(学)者」「…論者」の意 ‖ bio*logist*, geo*logist*

lo·gis·tic¹ /loudʒístɪk/, **-ti·cal** /-tɪkəl/ 形〘軍〙兵站(へいたん)学の;物流に関する **-ti·cal·ly** 副

lo·gis·tic² /loudʒístɪk/ 形 記号論理学の

lo·gis·tics /loudʒístɪks/ 名《単数・複数扱い》❶〘軍〙兵站学《兵員・軍需品の輸送・補給などを扱う軍事科学の1分野》;兵站業務;事業の詳細な計画・遂行 ❷〘経営〙ロジスティックス《原材料の調達から製品の販売活動までのものの流れの管理技法》, 物流総合管理システム

lóg·jàm 名 C ❶ (川の1か所にたまって動かなくなった)丸太のつかえ ❷ 行き詰まり, 停滞 ‖ cause [break] a ～ 行き詰まりを招く[打開する]

log·o /lóugou/《発音注意》名 =logotype ❶

lóg-òff 名 U 💻ログオフ《コンピューターシステムの利用を終了すること. 特にWindows系OSで用いる. → log-out》

log·o·gram /lɔ́(:)gəgræ̀m/ 名 C 表語文字《dollar に対する $, cent に対する ¢ など》(logograph)

lóg-òn 名 U 💻ログオン《コンピューターシステムへ接続し, 利用可能にすること. 特にWindows系OSで用いる. → log-in》

Lo·gos /lóugɑ(:)s | lɔ́gɔs/ 名 U ❶〘哲〙(宇宙を支配する根本原理としての)理性, 理法, ロゴス(→ pathos) ❷〘宗〙神の言葉;(三位一体の第二位の)キリスト

log·o·type /lɔ́(:)gətàɪp/ 名 C ❶ ロゴタイプ, 標識図案, シンボルマーク《会社名などのマーク》 ❷〘印〙連字, 連結活字《ing, and, on など1語または2字以上をひとまとめに鋳造した活字. → ligature》

lóg-òut 名 U 💻ログアウト《コンピューターシステムの利用を終了すること. 特にUNIX系OSで用いる》

lóg·ròll 動《米》自 (政治家が)互いに助け合う, 議案通過に協力する;丸太乗り競技に加わる ―他〔法案〕を相互に協力して通過させる **～·er** 名

lóg·ròlling 名 U《米》❶ 丸太乗り競技(birling)《水に浮かべた丸太を足で回転させ相手を落とし合う》 ❷ 助け合い;褒め合い, 仲間褒め;〘政〙相互援助[協力], なれ合い投票《法案通過のための取り引き》

-logue, +《米》**-log** 接尾《名詞語尾》❶「談話」「話(discourse)」の意 ‖ dia*logue*, mono*logue* ❷「編集物(compilation)」の意 ‖ cata*logue* ❸「学者」「学徒(student)」の意 ‖ Sino*logue*, ideo*logue*

lóg·wòod 名 U C〘植〙ロッグウッド(から採る染料)《マメ科の高木. 中米・西インド諸島産》

lo·gy /lóugi/ 形《米》(食べすぎなどで)体の動きの鈍い, ぼうっとした, 活力に欠ける ‖ I'm always ～ after a big lunch. たっぷり昼食をとった後はいつもぼうっとしてしまう

-logy 連結形 (♦しばしば -ology の形をとる) ❶「…学」「…論」の意 ‖ bio*logy*, theo*logy*, zoo*logy*;mineral*ogy* ❷「談話」「…語」「…辞」などの意 ‖ eu*logy*, tauto*logy*, tri*logy*

***loin** /lɔɪn/ 名 ❶ C《～s》《主に文》(特に生殖力の宿る部位としての)下腹部;《婉曲的》生殖器(genital area);腰部, 腰回り ‖ a fruit of one's ～*s*《文または戯》自分の子供(たち) ❷ C U (牛・羊などの)腰肉 ‖ (a) beef ～ 牛の腰肉 / a ～ steak 腰肉のステーキ
gìrd (*ùp*) *one's lóins* 覚悟を決めて身構える, 褌(ふんどし)を締めてかかる(↷ get ready)

lóin·clòth 名 C (特に熱帯地方の先住民の)腰布, 褌

Loire /lwɑːr/ 名《the ～》ロワール川《ビスケー(Biscay)湾に注ぐフランス最長の川》

loi·ter /lɔ́ɪṭər/ 動 自 ❶ ぶらつく, うろつく《***about, along, around***》‖ No ～*ing* (allowed). この付近に用もなく長くとどまることを禁ず(♦売春行為などを禁ずる掲示) ❷《けなして》だらだらと時を過ごす《***about, around***》;ぐずぐずする, 手間取る ‖ ～ over a job ぐずぐずと仕事をする
～·er 名

lol, LOL 略 *l*aughing *o*ut *l*oud(吹き出してしまう)(♦主にEメールで使う);*l*ots *o*f *l*ove(愛を込めて)(♦Eメールの文末などで使う)

Lo·li·ta /loulíːṭə | lɔ-, lou-/ 名 C ロリータ, 性的魅力のある少女(♦Vladimir Nabokov の同名の小説より)

loll /lɑ(:)l | lɔl/ 動 自 ❶ だらしなく[ぐったりと, ゆったりと]もたれる[座る, 横たわる, 立つ]《***about, around***》‖ ～ in a chair いすの背にもたれるように[ゆったりと]座る ❷ (犬の舌などが)だらりと垂れ下がる《***out***》 ―他〔頭・手足〕をだらりと下げる;〔舌〕をだらりと垂らす《***out***》

lol·la·pa·loo·za, -sa /lɑ̀(:)ləpəlúːzə | lɔ̀l-/ 名 C《米俗》ずば抜けて素敵なもの[人];尋常でない出来事

lol·li·pop, -ly- /lá(:)lipɑ̀(:)p | lɔ́lipɔ̀p/ 名 C ぺろぺろキャンディー《棒のついた円形または球形のあめ》 ▸▸～ **màn** [**wòman, làdy**] 名 C 《英口》緑のおじさん[おばさん]《"Stop! Children crossing"(止まれ，子供横断中)と書いた円盤のついた棒で車を止め学童の横断を助ける》

lol·lop /lá(:)ləp | lɔ́l-/ 動 自 《英》よたよた[ぶらぶら]歩く；ぶらぶら過ごす

lol·ly /lá(:)li | lɔ́li/ 名 (複 **-lies** /-z/) ❶ C 《主に英口》= lollipop ❷ U 《英口》金；(特に)あぶく銭

lólly·gàg 動 (**-gagged** /-d/；**-gag·ging**) 自 《米口》《旧》ぶらぶらする，怠ける(lallygag)

Lom·bard /lá(:)mbərd | lɔ́m-/ 名 C ❶ ランゴバルド[ロンバルド]族の人《ゲルマン人の一派で，6世紀にイタリアを征服し，北イタリアのロンバルディア地方にランゴバルド王国を樹立》 ❷ ロンバルディア人[の住人]

―形 ❶ ランゴバルド族の ❷ ロンバルディアの

Lom·bár·dic 形 〖美〗ロンバルディア様式の

▸▸～ **Strèet** 名 ロンバード街《ロンドンの金融市場の中心 → Wall Street》；英国の金融市場[界] ‖ all ～ *Street* to a China orange まず確実なこと

Lom·bar·dy /lá(:)mbərdi | lɔ́m-/ 名 ロンバルディア(イタリア語名 Lombardia)《イタリア北部の地方》

▸▸～ **póplar** 名 C 〖植〗セイヨウハコヤナギ，ポプラ

Lo·mé /louméɪ | ́－́/ 名 ロメ《西アフリカ，トーゴの首都》

:Lon·don[1] /lʌ́ndən/ 《発音注意》

―名 **ロンドン**《英国の首都. the City シティー(テムズ川北岸の旧市部. 世界的な金融の中心地)，the West End ウェストエンド(商業地区)，the East End イーストエンド(商工業・港湾地帯)からなる》

▸▸～ **Brídge** 名 ① ロンドンブリッジ《ロンドンのテムズ川にかかる橋. the City (ロンドン旧市部)と南岸地区を結ぶ》 ② 古い子供の歌遊びの1つ《手をつないだ子供たちの下をくぐっているうちに手が下りて通れなくなる》 ～ **bróil** 名 C 《米》ロンドン風ステーキ《薄く切って食べる横腹肉のステーキ》 ～ **cláy** 名 U 〖地〗ロンドン粘土(層)《イングランド南東部の化石を含んだ海底粘土の地層》 ～ **príde** 名 C 〖植〗ヒカゲユキノシタ《ピンク色のユキノシタの類》

Lon·don[2] /lʌ́ndən/ 《発音注意》 名 **Jack** ～ ロンドン(1876-1916)《米国の小説家》

Lon·don·der·ry /lʌ́ndəndèri/ 名 ロンドンデリー《北アイルランド北部の州，またその州都の港湾都市》

Lon·don·er /lʌ́ndənər/ 名 C ロンドン市民，ロンドンっ子(→ cockney)

L

***lone** /loun/(♦ 同音語 loan) 形 《限定》 ❶ ひとりきりの，連れのない，孤独な；唯一の；(意見が)支持者を持たない(♦ 叙述用法では alone を用いる)(⇨ ALONE 類語) ‖ a ～ traveler 一人旅の人 / fight a ～ battle ただひとりで戦う ❷ 《主に英》一人親の；夫[妻]に先立たれた ‖ a ～ mother 夫に先立たれた母 ❸ 《文》寂しい(lonesome)，心細い ❹ 《文》(場所が)孤立した；人里離れた，人跡まれな

▸▸～ **hánd** (↓) **Lòne Stár Stàte** 名 《the ～》《口》米国テキサス州の別名 ～ **wólf** 名 C 一匹狼(おおかみ)，孤独を好む人[動物](loner)

lòne hánd 名 C ❶ 〖トランプ〗(パートナーの協力を得ず)ひとりで勝負できる札(を持つ人) ❷ 独立独行の人；孤立した立場；単独行動

plày a lòne hánd 他人の力を借りずに行動する

***lone·li·ness** /lóunlinəs/ 名 U ひとりぼっち，孤独，寂しさ ‖ one's sense of ～ 孤独感

:lone·ly /lóunli/ 《発音注意》

―形 (**-li·er**；**-li·est**)

❶ **寂しい**，心細い，寂しくさせる(⇨ ALONE 類語) ‖ a ～ life in a big city 大都会での孤独な生活 / **feel** ～ 寂しく思う，人恋しい

❷ 《限定》《文》人里離れた；孤立した；人気(ひとけ)のない ‖ a ～ island 孤島 / a ～ street 人気のない通り

lònely-héarts 形 《限定》(結婚相手を探し求める)独身者たちの ‖ a ～ club [column] 独身者クラブ[欄]

lòne-pàrent fámily 名 C 一人親の家庭(one-parent family；single-parent family)

lon·er /lóunər/ 名 C 人と交わらない人，孤高の人；一匹狼(おおかみ)(lone wolf) ‖ a political ～ 政界の一匹狼

lone·some /lóunsəm/ 形 《主に米》孤独感を抱いた，ひとりで寂しい；寄る辺のない；(人が)不在で寂しく思う；(場所が)寂しい気持ちにさせる，物悲しい，人跡のまれな(⇨ ALONE 類語) ‖ feel ～ 寂しく思う

―名 《次の成句で》

(*àll*) *by* [OR *on*] *one's lónesome* 《口》ひとりで

～·ly 副 **～·ness** 名

:long[1] /lɔ(:)ŋ/ 形 副 名

中心義 **(空間的・時間的に)長い**

―形 [▶ length 名，lengthen 動] (**～·er** /lɔ́(:)ŋgər/；**～·est** /lɔ́:ŋgəst | -ɪst/)

❶ (距離・長さなどが)**長い**(↔ short)；《スコット》《口》(人が)背の高い，のっぽの ‖ There was a ～ line outside the theater. 劇場の外には長い行列ができていた / The nearest gas station is a ～ **way** from here. いちばん近いガソリンスタンドでもここからかなり遠い / We footed it down the ～ country road. 長い田舎道を歩いて行った / the ～*er* side of the board 板の長辺

❷ (時間が)**長い**，長く続く ‖ I haven't seen you for a ～ **time**.=It's been a ～ **time** since I saw you last. 久しぶりですね / He has ～ experience as a politician. 彼は政治家として長い経験を積んでいる / We didn't talk for a ～ **time**, but Sue seemed fine. 長い時間話したわけではないけれどスーは元気そうだった(♦ この場合 for a long time は for long で言い換えられる) / Jake and his brother hadn't talked for a ～ **time**, not since their father's funeral. ジェークと弟は父親の葬式以来長く話をしていなかった(♦ この場合 for long では言い換えられない) / Has it been ～ since you graduated from college? 大学を出てからだいぶたちますか / for the ～*est* time 《米口》とても長い間(for a very long time) / be not ～ for this world もう長くはない，死が迫っている / a ～ good-bye 長い別れ / a ～ friendship [custom] 長い間の友情[習慣] / in the ～ term 長期的に(は) / over a ～ **period** of time 長期間[時間]にわたって

❸ 《長さを表す語句の後で》**長さが…で**，…の長さで ‖ The room is fifteen feet ～ and ten feet wide. その部屋は縦[奥行き]15フィート，横[間口]10フィートだ / The TV show was an hour ～. そのテレビ番組は1時間ものだった / Each section is about 300 words ～. 各段落は約300語の長さだ / How ～ is your vacation? 休暇の長さはどれくらいですか / a three-hour-～ movie 上映時間3時間の映画

❹ (ふつうより)長い；(衣服・そでなどの)丈が長い；縦長の，細長い ‖ with ～ strides 大またで / a ～ dress ロングドレス / a ～ table 細長いテーブル

❺ 長たらしい(↔ brief)；(実際以上に)長く感じられる，退屈な ‖ make a ～ speech 長たらしい話をする / It's been a very ～ day. 今日は長い1日だった / ten ～ miles=a ～ ten miles たっぷり10マイル

❻ 遠くまで達する；将来にまで及ぶ；(記憶力が)遠い過去にまで及ぶ ‖ a ～ hit [putt] 長打[ロングパット] / make a ～ guess 先々まで予測する / have a ～ memory 古いことをよく覚えている ❼ 内容[項目，ページ数など]の多い ‖ We have a ～ shopping list. 買うものがたくさんあります / a ～ bill 細目の多い請求書 / a ～ novel 長編小説

❽ 《叙述》《口》〈…が〉たっぷりある〈**on**〉 ‖ The president's talk was ～ *on* ideas and short on specifics. 社長の話は思いつきばかりで具体性に乏しかった / be ～ *on* common sense 常識が豊かである ❾ 〖音声〗(母音・子音が)長い；(英語の母音が)長い《二重母音を

含む》;〚韻〛(音節が)強勢のある, 長い ‖ a ～ vowel 長母音 ⑩ (飲み物が)深いグラスに入った, アルコール分の(少)ない ⑪〚商〛(株などの)騰貴を見越して買った;(ブローカーが)強気の;(債券などが)長期の ⑫ 勝ち目のない, 見込薄の ‖ make a ～ guess いい加減な当てずっぽうを言う / take a ～ chance わずかな望みに賭(か)ける

at (the) lóngest (長くても)せいぜい

COMMUNICATIVE EXPRESSIONS

1 **Hòw lòng will it bé?** 時間はどれくらいかかりますか

2 **Lòng tìme nò sée.** ⇨ TIME(CE 21)

— 副 (**～·er**; **～·est**)

❶《通例否定文・疑問文で》**長く**, **長い間**, 久しく ‖ Their "great love affair" didn't **last** very ～. 彼らの「大恋愛」はあまり長続きしなかった / How ～ have you been going out with him? 彼とはどれくらい付き合っているのですか / How much ～*er* do we have to wait? あとどれくらい待つことになるのですか / an engineer ～ unemployed 長い間失業中の技師 / a ～-established newspaper 歴史の古い新聞 / ～ **overdue** 長時間[期間]遅れている

語法 ☆☆ 副詞の long はふつう否定文・疑問文で用い, 肯定文では (for) a long time とするのが原則である. 〈例〉He stayed in that post (*for*) *a long time.* 彼は長い間その地位にとどまっていた ただし次の場合には副詞の long を肯定文で用いる.
(**a**) so, too, enough などの修飾語を伴うときや, 比較級, 最上級のとき. 〈例〉Her wrists ached from holding the receiver so *long*. とても長い間受話器を握っていたので彼女は手首が痛んだ / He had been in the village *long* enough to know their customs. 彼はその村に長くいたので村人たちの習慣がわかっていた / The concert lasted *longer* than we had expected. コンサートは思っていたより長かった / Let's see who can hold their breath the *longest*! だれがいちばん長く息を止めていられるかやってみようよ
(**b**) 完了形で, 態度・思考などを表す動詞とともに使うとき. 位置は助動詞 have [has, had] の後. 〈例〉I have *long* thought of becoming an astronaut. 私はずっと宇宙飛行士になりたいと思ってきた

❷《after, before, ago, since などを伴って》**ずっと**(前に, 後に) ‖ The truth came out ～ after his death. 真実は彼の死後ずっと後になって明らかになった / The incident happened ～ **ago**. その事件はずっと前に起こった / The shop has ～ since been closed. その店は以来ずっと閉まったきりだ

❸《通例 all を伴い, 時間を表す名詞の後で》…**中** (♦ この long は省略してもほぼ同じ意味になる) ‖ We danced all night ～. 私たちは1晩中踊った / all [OR the whole] day [year, summer] ～ 1日[年, 夏]中 / all one's life ～ 一生涯ずっと

❹ 時間のかかる, 〈…に〉手間取る〈**in**〉(♦ be の後ろに用いる. この用法では形容詞とも見られる. → 形 ❷) ‖ Don't be ～ (about it). (そのことで)あまり手間取らないで / Dinner won't be ～. もうすぐ夕食です / The chance was not ～ (*in*) coming. チャンスは間もなくやって来た (♦ 肯定文では The chance was a ～ time (in) coming.) / It will not be ～ before she realizes what she has done to us. 私たちにどんな仕打ちをしたか彼女にも間もなくわかるだろう

❺ (球技でボールを)遠くへ, 長く;あまりに遠くへ, 長すぎて ‖ His backhand stroke was ～. 彼のバックハンドの打球は長すぎた[バックラインを越えた]

****as lóng as ...*** (♦ ②, ③ は so long as ... ともいう) ① …ほどの長い間 ‖ for *as* ～ *as* five years 5年もの長い間 ②《接続詞として》…**の間は**(while);…**する限りは**, …しさえすれば (♦ 従属節内では未来の内容の場合も will は使わず現在形にする. 〈例〉I'll help you *as long as* I live. 私が生きている限りは援助しよう) ‖ You can stay here *as* ～ *as* you want to. ここにいたいだけいて構いませんよ ③《接続詞として》…だから, …なので ‖ *As* ～ *as* you are staying here for some time, why don't you come and see us? ここにしばらくいるんだから, 家へ遊びに来ませんか

Lòng lìve 「***the Quéen*** [***the Repúblic, fréedom***]***!*** 《間投詞として》女王[共和国, 自由]よ永遠なれ

****nò lónger***; ***nòt ... àny lónger*** **もはや…でない**, もう…ない (♦ not ... any longer の方が no longer より《口》) ‖ She is 「*no* ～*er* a child [*not* a child *any* ～*er*]. 彼女はもう子供ではない / I can'*t* stand it *any* ～*er*. もうこれ以上我慢できない

so long as ... =*as long as* ... ② ③(↑)

COMMUNICATIVE EXPRESSIONS

3 She's **nò lònger amóng us.** 彼女は亡くなりました (♥「死んだ」ことを意味する婉曲表現)

4 **Sò lóng.** さよなら, じゃあね (♥ 親しい者の間で用いるが, あまり長い別れには使わない. ⇨ GOODBYE 類語)

— 名 ❶ U **長い間** ‖ This work won't **take** ～. この仕事は長くはかかるまい (♦ 肯定文では take a long time を用いる) / Maybe she doesn't have ～ to live. 彼女は余命いくばくもないかもしれない

❷ C (ズボンの)(平均より)長い丈;《～s》長ズボン

❸ C 長い信号(音);〚音声〛長母音;長音節 ‖ The signal was two ～*s* and one short. 信号はツーが2回, トンが1回だった ❹ C《～s》〚商〛長期債券[資産];強気筋

❺《the ～》《英》=long vacation

****before lóng*** **間もなく**(soon) ‖ She will be back *before* ～. 彼女はもうすぐ戻って来る (=It will not be long before she is back.)

****for*** (***so***) ***lóng*** (そんなに)長く, **長い間**(♦ ふつう否定文・疑問文で用いる) ‖ Are you going to stay there *for* ～? あちらには長く滞在するつもりですか

the lòng and (***the***) ***shórt of it is*** (***that***) ... NAVI 結局のところは[要するに]…ということだ ‖ Different people will give you different advice, but *the* ～ *and the short of it is* (*that*) there's no way to predict what the stock market is going to do. 人によって言うことが違うかもしれないが, 結局のところは株式市場がどうなるかは予測できないのだ

▸▸ **～ bàll** 名 C〚野球〛長打, ホームラン;〚サッカーなど〛ロングシュート[パス] **Lóng Bèach** 名 ロングビーチ《米国カリフォルニア州南部, 太平洋に臨む保養都市. 海水浴場と海軍基地で有名》 **～ divísion** 名 U〚数〛長除法《割り算の計算式を全部紙に書き出す方式》(↔ short division) **～ dózen** 名 C《a ～》13《1ダース+1》 **～ drínk** 名 C《主に英》ロングドリンク(ス)《タンブラーや大型のグラスで飲む冷たい飲み物》 **～ drìve** 名 U ロングドライブ《ゴルフのドライバーの飛距離だけを争う競技》 **～ fáce** (↓) **～ hául** (↓) **～ húndredweight** 名 C《英》ロングハンドレッドウエート《重量の単位. 112ポンド(約50.8kg)》 **Lòng Ísland** 名 ロングアイランド《米国ニューヨーク州南東部の島. 略 L.I.》 **～ jòhns** 名 複《口》長い下着《腕や足首まで覆う》;股引(もも) **～ jùmp** 名《the ～》=broad jump **～ méasure** 名 C ① =linear measure ② =long meter **～ méter** 名 C〚韻〛(奇数行と偶数行が各押韻する)1行8音節の4行連句 **～ ódds** 名 複 あまり見込みのない賭(か)け率 (↔ short odds) ‖ the ～ *odds* of 100 to 1 100対1という大差の賭け率 **Lòng Párliament** 名《the ～》〚英国史〛長期議会《1640–53, 1659–60》(↔ (the) Short Parliament) **～ shòt** (↓) **～ síght** 名 U 遠視(→ sight) **～ súit** 名 ① C〚トランプ〛ロングスーツ《手持ちの札の中で枚数の多い(3, 4枚以上)同種類のカード;同種の札が4枚以上そろった場合の1組》 ②《one's ～》《口》得意, 得手, 長所 ‖ Cooking is her ～ *suit*. 料理は彼女の得意とするところだ **～ tón** 名 C 英トン《1,016kg, 2,240ポンド》 **～ vacátion** 名

L

U C《英》(大学・法廷などの)夏期休暇 **~ wáve** /ˌ ニ ˊ/ 名 U C〖無線〗長波 **~ wéekend** 名 C 金曜日［月曜日］が連続して休みの週末

*__long__² /lɔ(ː)ŋ/ 動 自 強く望む **a**《+ **for** 名》…を熱望する, 切望する, 思い焦がれる ‖ ~ *for* peace [success, fame] 平和［成功, 名声］を切望する **b**《+**to** *do*》…することを強く望む ‖ He ~*ed to* be left alone. 彼はそっとしておいてくれるよう切に望んだ / I'm ~*ing to* see him. 彼に会いたくて仕方がない **c**《+**for** 名+**to** *do*》…が…するのを切望する ‖ She ~*ed for* him *to* ask her out. 彼女は彼がデートに誘ってくれることを切に願った

long. 略 longitude

-long /-lɔ(ː)ŋ/ 接尾《形容詞・副詞語尾》「…中続く」の意 ‖ day*long* 終日(の) / a life*long* dream 一生涯の夢

lòng-awáited 形《限定》待望の, 待つこと久しい ‖ a ~ software release 待ちに待ったソフトウェアの発売

lóng·bòard 名 C (サーフィンの)ロングボード《長さ9フィート以上のボード》

lóng·bòat 名 C〖海〗長艇《帆船積載の大型のボート》

lóng·bòw /-bòu/ 名 C 大弓, 長弓
  dràw [OR ***pùll***] ***the lóngbow*** 大げさに話す

lòng-dístance ⊲ 形《限定》長距離の ‖ a ~ call《主に米》長距離電話(《英》《旧》trunk call) / a ~ coach 長距離バス ―副 長距離(電話)で ‖ call him ~ 彼に長距離電話をする ―名 U《米》長距離電話
  ▸▸ **~ fóotpath** 名 C 自然遊歩道

lòng-dráwn 形 =long-drawn-out

lòng-dràwn-óut ⊲ 形 長く引いた；長たらしい

lónged-fòr 形《限定》待望の, 思い焦がれた(→ long²)

lòng-énded 形《限定》終わってから久しい, とっくに終わった

lon·gev·i·ty /lɑ(ː)ndʒévəṭi, lɔːn- | lɒn-/ 名 U ❶ 長命, 長生き；寿命 ‖ enjoy health and ~ 達者で長生きする ❷ 年功, 長年勤続 ‖ ~ pay〖米軍〗年功加俸

lòng-expécted 形《限定》長く待ち望んだ

lòng fáce 名 C《a ~》陰気な［不機嫌な］顔 ‖ pull [OR make, wear, put on] a ~ 陰気な［浮かぬ］顔をする
  lòng-fáced 形

Long·fel·low /lɔ́(ː)ŋfèlou/ 名 **Henry Wadsworth ~** ロングフェロー(1807–82)《米国の詩人》

lòng·háir 名 C《口》❶《ときにけなして》長髪の人, ヒッピー ❷《ときにけなして》(世俗にうとい)インテリ, 知識人 ❸ 芸術［特にクラシック音楽］愛好者 ❹ 毛足の長い猫
  ―形 =longhaired

lóng·hàired ⊲ 形 ❶《ときにけなして》長髪の ❷《口》インテリの, 高踏的な；芸術［クラシック音楽］を愛好する

lóng·hànd 名 U (速記やタイプでなく)ふつうの書き方(↔ shorthand, typing)

lòng-hául ⊲ 形《限定》長時間［距離］の；長距離輸送の ‖ a ~ truck [flight] 長距離輸送トラック［飛行(便)］/ ~ holidays 遠くへ出かけて過ごす休暇

lòng hául 名 C《通例単数形で》《口》❶《米》長期間 ❷ 長距離(輸送・旅行) ❸ 長い間の試練
  over [OR ***in***] ***the lòng hául***《主に米》長距離［時間］にわたって；長期的に見れば(in the long run)

lòng·héaded ⊲ 形 ❶〖人類〗長頭の ❷《旧》先見の明のある, 賢い, 抜け目のない(shrewd)

lóng·hòrn 名 C ❶ ロングホーン種(の牛)《英国の角の長い食肉牛》；テキサスロングホーン(Texas longhorn)《米国南西部産の角の長い畜牛》❷〖虫〗カミキリムシ

lóng·hòuse 名 C (北米先住民や東南アジアの)長屋

*__long·ing__ /lɔ́(ː)ŋɪŋ/ 名 U/C《単数形で》〈…への〉熱望, 切望, あこがれ〈**for**〉；〈…したいという〉(強い)願望〈**to do**〉(⇨ DESIRE 類語) ‖ have [OR feel] a ~ *for* city life 都会生活にあこがれている / The girl looked at the chocolate with ~. 少女はいかにも欲しそうにチョコレートを眺めた / I sometimes feel an uncontrollable ~ *for* cheesecake. ときどきチーズケーキを食べたいという抑え難い願望があるのです(♥ おどけた言い方) / She had a sudden ~ *to* return home. 彼女は突然家［故郷］に帰りたいという衝動に駆られた ―形《限定》あこがれの, 熱望する ‖ with ~ eyes あこがれのまなざしで **~·ly** 副

long·ish /lɔ́(ː)ŋɪʃ/ 形 やや長い, 長めの

lon·gi·tude /lɑ́(ː)ndʒətjùːd | lɔ́ŋgɪ-, -dʒɪ-/ 名 U C ❶〖地〗経度《略 long.》(↔ latitude) ‖ at ten degrees twenty minutes of east [west] ~ 東［西］経10度20分の地点に［で］❷〖天〗黄経(celestial longitude)

lon·gi·tu·di·nal /lɑ̀(ː)ndʒətjúːdənəl | lɒ̀ŋgɪtjúːdɪ-/ ⊲ 形 ❶ 経度［経線］の(↔ latitudinal) ❷ 縦の, 長さの；縦方向の(↔ lateral) ‖ ~ measurement 縦の寸法 ❸ (研究などが)長期間にわたる **~·ly** 副
  ▸▸ **~ wáve** 名 C〖理〗縦波(↔ transverse wave)

*__lòng-lásting__ 形 長続きする；(物が)長持ちする；(薬などの)効果が持続する

lòng-légged 形 脚の長い；(足の)速い

lòng-lífe 形《限定》《英》(食品などが)長期保存のきく, (電池などが)寿命の長い

lóng·lìne 名 C 延縄(はえなわ) ‖ ~ fishing 延縄漁
  -lìn·er 名 C 延縄漁船

lòng-líved /-láɪvd | -lívd/ ⊲ 形 長命の；長続きする

lóng-lòst 形《限定》長い間行方不明の［見なかった］

lòng-néeded 形《限定》長く必要とされていた［求められていた］

lòng-pláying ⊲ 形 (レコードが)長時間演奏の, LPの
  ▸▸ **~ récord [álbum, dísk]** 名 C LPレコード

*__lòng-ránge__ ⊲ 形《通例限定》❶ 長期にわたる, 遠い将来に及ぶ(↔ short-range) ‖ a ~ weather forecast 長期(天気)予報 / a ~ plan [outlook] 遠大な計画［長期の見通し］❷ 長距離に達する, 射程の長い；(航空機などが)長距離を飛行［走行］できる ‖ a ~ ballistic missile 長距離弾道ミサイル

lòng-rúnning 形《限定》長期にわたる, ロングランの

lòng-sérving 形《限定》長い間勤務してきた, 永年勤続の

lóng·shìp 名 C (中世の)長船《バイキングが用いた, 船体が細長く1個の横帆と多くの櫂(かい)のついた船》

lóng·shòre 形《限定》(港近くの)海岸沿いの, 沿岸で働く ‖ a ~ bar 沿岸砂州
  ▸▸ **~ dríft** 名 U〖地〗沿岸漂移《波浪が海岸線に対して斜めに入って来るときに生ずる砂礫(されき)の移動》

lóng·shore·man /-mən/ 名 (複 **-men** /-mən/) C《米》港湾労働者(中立 longshore worker, dockhand)；沿岸漁民

lóng shòt 名 C ❶《口》勝ち目の少ない賭(か)け, 大穴(ねらい), 勝ち目のない馬［チーム］；一か八(ばち)かの企て, 冒険的事業［商売］‖ take a ~ 一か八かやってみる ❷〖映〗遠写し, ロングショット
  by a lóng shòt《口》《否定・最上級を強調して》全く, 全然 ‖ He didn't say that *by a* ~. 彼はそんなことちっとも言わなかった

lòng-síghted ⊲ 形 (↔ short-sighted,《米》nearsighted) ❶《英》遠視の(《米》farsighted) ❷ 先見の明のある, 洞察力のある, 賢明な **~·ness** 名

lòng-sóught 形《限定》長く求められていた

lòng-stálled 形《限定》長く頓挫(とんざ)していた

*__long-standing__ /lɔ̀(ː)ŋstǽndɪŋ/ ⊲ 形《限定》長年の, 長い間続いている, ずっと以前からの ‖ a ~ dispute over the boundary 境界についての長期にわたる論争

lóng-stày 形《限定》長期滞在の

lòng-súffering ⊲ 形 (不幸・苦難などに)じっと耐えている, 忍耐強い ―名 U 辛抱強さ

lòng-ténured 形《限定》長期在職の

*__long-term__ /lɔ̀(ː)ŋtə́ːrm/ ⊲ (アクセント注意) 形《通例限定》長期の［にわたる］, 長期的な(↔ short-term) ‖ ~ effects 長期にわたる影響 / ~ bonds 長期公債

*__long·time, long-time__ /lɔ́(ː)ŋtàɪm/ 形《限定》長年の, 長い間の ‖ a ~ friend 長年の友

lon·gueur /loungə́ːr | lɔŋ-/ 名 C (小説・劇・音楽作品などの)長く退屈な箇所, だれ場 ; U 長く退屈な時間(♦ フランス語より)

lóng·wàys 副 形 縦に[の], 縦に長く[い] (lengthwise) ‖ measure ... ～ …を長さで測る

lòng·wéaring 形 《米》(衣服などが) 長持ちする (《英》 hard-wearing)

lòng-wínded /-wíndɪd/ <シ 形 ❶ 《古》 息の長く続く, なかなか疲れない ❷ (人が)長広舌の ; (話・文章などが)長たらしい, 退屈な **～·ness** 名

lóng·wìse 副 形 =longways

loo[1] /luː/ 名 C 《英口》トイレ, 便所 (lavatory)

loo[2] /luː/ 名 C 〖トランプ〗ルー《罰金が賭(か)け金にプールされるゲーム》

loo·fa, -fah /lúːfə/ 名 C 〖植〗ヘチマ ; ヘチマのスポンジ (vegetable sponge)

⁑look /lʊk/ 動 名

中心義 (意識して)目を向ける (★実際に見えるとは限らない)

動 自 見る❶ 探す❷ 見える❸ 面する❹
名 見ること❶ 目つき❷ 外観❸

—動 (**～s** /-s/ ; **～ed** /-t/ ; **～·ing**)

—自 ❶ 見る (⇨ 類語P) **a** (注意して)見る ; 視線を向ける (♦ しばしば方向を表す 副句 を伴う) ‖ If you ～ carefully, you can see a squirrel among the leaves. よく見れば葉っぱの間にリスが見えるよ / He ～*ed* back but saw nothing. 彼は振り返ったが何も見えなかった / I was ～*ing* the other way when he hit a home run. 彼がホームランを打ったとき私は違う方向を見ていた / ～ out (of) a window 窓の外を見る / ～ up [down] 上[下]を見る / ～ to one's right 右を見る / ～ in a mirror 鏡をのぞく / Guess who just came in with Sue. No, don't ～ now! 今しがたスーと一緒に入って来た人, だれだと思う. 駄目, そっちを向いちゃ

b 《+**at** 名》…を見る ‖ He ～*ed at* me sadly. 彼は悲しそうに私を見た / She was conscious that she was being ～*ed at*. 彼女は自分が見つめられているのを意識していた(♦ look at で他動詞的に働き, 受身形にできる)

c 《+**at** 名+*do* / *doing*》…が…する[している]のを見る ‖ The boy ～*ed at* the hippo swim [swimming]. 少年はカバが泳ぐ[泳いでいる]のを見た

❷ **探す** (→ *look for* ①(↓))(♦ しばしば場所を表す 副句 を伴う) ‖ We ～*ed* everywhere but not a trace of her was found. くまなく捜したが彼女は影も形もなかった / She ～*ed* under the bed for her lost ring. 彼女はなくした指輪がないかとベッドの下を捜した

❸ **a** 《+(**to be**) 補》〈…にとって〉…に**見える** ; …と思われる〈**to**〉(♦ to be は伴わない方がふつう) (⇨ SEEM 語法) ‖ She ～*ed* sad [satisfied]. 彼女は悲しそう[満足げ]に見えた (♦ この意味ではふつう進行形にしないが, ごく一時的な状態を示す場合や以前との対比を表す場合は可能. 〈例〉 You are *looking* better today. 今日は顔色がいいですね) / That dress ～*s* **good** [OR **nice**] on you.=You ～ **good** [OR **nice**] in that dress. そのドレスは似合いますよ / Judging from what they say, he ～*s* (*to be*) the perfect man for the post. 彼らの話から判断すると, 彼はその任務にうってつけのようだ

b 《+**as if** [OR **though**] / **like**》…のように見える (→ *look as if* [OR *though*] ; *look like* ... (↓))

連語 【～+形】 ～ tired [surprised, puzzled] 疲れて[驚いて, 当惑して]いるように見える / ～ bad 調子が悪そうに見える, 見た目が悪い, 似合わない / ～ different 別のもの [人] のように見える / ～ well よさそうに[かっこよく, かわいく, きれいに]見える / ～ right 正しそうだ, 適切そうだ / ～ lovely かわいらしい / ～ set「to *do* [for ...] …する[の]準備ができているようだ

❹ 《+副句》《進行形不可》(家・窓などが) (…の方に) **面する**, 向く ‖ The window ～*s* south.=The window ～*s* to [OR toward] the south. その窓は南向きだ / The villa ～*s* (out) on the sea. その別荘は海に面している / The veranda ～*s* over the garden. ベランダからは庭が見渡せる

—他 ❶ 《+**wh** 節》《通例命令文で》…かどうか調べてみる, 確かめる ‖ *Look who's* here! だれかと思ったら (君か) ; お久しぶり / *Look what* you've done! 何ていうことをしてくれたんだ / *Look how* big you've grown! ずいぶん大きくなったじゃない

❷ …をじっと見る, 熟視[直視]する (♦ 目的語の後に直視される部位を示す語句を伴う) ‖ ～ death in the face 死を直視する / He ～*ed* me straight in the eye. 彼は私の目をじっと見た (♦ ×He looked at me .... とはしない)

❸ 《+**to** *do*》《口》…することを予期[期待]する ; …することを計画する, もうすぐ…する (♦ しばしば進行形で用いる) ‖ I didn't ～ *to* see you here. ここであなたに会おうとは思わなかった / The Bank of Japan is ～*ing to* raise the official discount rate. 日銀は近々公定歩合を上げようとしている

❹ …らしく[にふさわしく] 見える (♦ この用法は 自 ❸ とも考えられる) ‖ She's in her sixties but doesn't ～ it. 彼女は60歳台だがそうは見えない / ～ one's age 年相応に見える / ～ one's role 役柄にぴったりの風貌(ふう)である

lòok abóut =*look around* (↓)

lòok áfter ... 〈他〉 ① …を見送る ② 〔人〕 の**世話をする** (attend), 〔物〕 の手入れをする (⇨ PROTECT 類語P) ‖ She ～*ed after* me like my own mother. 彼女は本当の母親のように私の面倒を見てくれた / His garden was well ～*ed after*. 彼の庭は手入れが行き届いていた / Leave me alone. I can ～ *after* myself. ほっといてくれ. 自分のことぐらい自分でやれるから / *Look after* yourself. お元気で (♥ 親しみを込めた別れの言葉) ③ …に責任を持つ, …を管理する (≒ attend to) ‖ I ～*ed after* the store while the owner was on vacation. 経営者が休暇中, 店の切り盛りをした ④ 〔物〕を(盗まれないよう)見張る ‖ Would you ～ *after* my baggage? 荷物を見ていてくださいませんか ⑤ 〔利益など〕を求める

lòok ahéad 〈自〉 ① 前方を見る ② 〈将来・前途を〉考える 〈**at, to**〉 ‖ ～ *ahead to* one's retirement 退職後の生活を考える

lòok aróund [《主に英》 ***róund***] 〈他〉 《***lòok aróund*** [***róund***] ...》 ① 〔場所〕 の辺りを見回す ② 〈…を求めて〉〔場所〕を探し回る 〈**for**〉 ③ 〔場所〕を見て回る, 見物する ‖ ～ *around* New York ニューヨーク見物をする —〈自〉 ① 辺りを見回す ; (後ろを) 振り返る ② 〈…を〉 探し回る 〈**for**〉 ‖ ～ *around for* her [a job] 彼女 [職] を探し回る ③ 見て回る, 見物する

lóok as if [OR ***thòugh***] ... …のように見える [思われる] (♦ 《口》 では as if [OR though] の代わりに like も用いる) ‖ He ～*s as if* [OR *though*] he knows everything about the construction business. 彼は建築業のことをすべて知っているように見える / It ～*s as if* you are right. どうやら君の言うことが正しいらしい

lóok at ... 〈他〉 ① …を見る (→ 自 ❶**b**) ② 〔書物など〕にざっと目を通す ‖ I was too busy to ～ *at* the report. 忙しくてレポートに目を通す暇がなかった ③ 〔問題など〕を考える, 考察する, 検討する ‖ You have to ～ carefully *at* the issue. その問題はよく考えなければいけない ④ 〔悪いところ〕を調べる, 検査する (⇨ 英語の真相) ‖ It would be better to get your shoulder ～*ed at*. 肩を診てもらった方がいいですよ ⑤ 《命令形で》 …を見なさい (♥ 何かを例として挙げるときに用いる) ‖ Money can't buy everything. *Look at* Mr. Johnson, for instance. 金ですべてが買えるわけではない, 例えばジョンソンさんを見なさい ⑥ …を (ある視点から) 見る ⑦ 《通例 will not, would not を伴って》 …を相手 [問題] にする ‖ He wouldn't even ～ *at* my proposal. 彼は私の提案に見向きもしなかった

•***lòok awáy*** 〈自〉〈…から〉目をそらす，顔を背ける〈**from**〉‖ She ～*ed away* quickly when I caught her eye. 私のことが目に留まると彼女はすぐに目をそらした

•***lòok báck*** 〈自〉 ①〈…を〉振り返って見る〈**at**〉(→ 自 ❶ **a**) ②〈昔のことを〉振り返る，**回顧する**〈**on, to, at, etc.**〉‖ ～ *back on* one's school days 学生時代を振り返る ③《否定文で》(あるとき以降) 後退する，うまくいかなくなる ‖ Since her debut on the big screen, she has never ～*ed back*. 映画界にデビュー以来，彼女の人気は衰えを知らない

lòok bád；***nòt lòok góod*** ① 不謹慎 [不作法] な態度とみなされる ② 悪いことが起こりそうである

lòok beyónd ... 〈他〉 ① …より向こう [遠く] を見る ② …以後 (のこと) を考える ‖ *Look beyond* Deborah. There are many other nice women in the world. いつまでもデボラのことでくよくよするなよ．君にふさわしい女性はほかにたくさんいるから

•***lòok dówn on ...*** 〈他〉 …を**ばかにする**，見下す (↔ *look up to ...* (↓)) ‖ He is ～*ed down on* by everybody because he is so mean. 彼はとても意地悪なのでみんなに軽蔑されている

•***lóok for ...*** 〈他〉 ① …を**探す**，求める (⇨ SEEK 類語) ‖ What are you ～*ing for*? 何をお探しですか / ～ high and low *for* evidence [a job] 証拠[職]をくまなく探す ② …を期待する，待ち望む ‖ I'll ～ *for* you at the party. パーティーでお待ちしています / ～ *for* a handsome profit 大幅な利益を期待する ③〔面倒など〕を自ら招く ‖ Are you ～*ing for* trouble, talking like that to your boss? ひどい目に遭いたいのかい，上司にあんな口をきいて

•***lòok fórward to ...*** 〈他〉《しばしば進行形で》…を**楽しみに待つ**，期待する(♦ to の後ろは名詞または動名詞で，動詞の原形は不可) (⇨ EXPECT 類語) ‖ I'm ～*ing forward to* seeing [×see] you. あなたに会えるのを楽しみに待っています / ～ *forward to* a promotion 昇進を期待する / I ～ *forward to* hearing from you. お手紙[便り]をお待ちしております (♦ 公式の手紙の結びなどに用いる．単純な現在形を用いる表現はやや《堅》)

lòok góod うまくいきそうである

look here ⇨ CE 5

lòok ín 〈自〉 ① ちょっとのぞく ‖ ～ *in* at the window 窓をのぞき込む ② ちょっと立ち寄る，顔を出す〈**on** 人のところに；**at** 場所に〉‖ Will you ～ *in* 「*on* me [OR *at* my house] on your way home? 帰りに私のところに寄ってくれませんか ③ テレビを見る —〈他〉《***lòok ín ...***》…の中を見る(→ 自 ❶ **a**)

•***lòok ínto ...*** 〈他〉 ① …をのぞき込む ‖ ～ *into* his face [eyes] 彼の顔[目]をのぞき込むように見る ② …を**調べる**，捜査する(investigate)

•***lóok like ...*** ① (特に外見が) …に似ている ‖ She ～*s* just *like* her mother. 彼女は母親にそっくりだ ②《口》…であるように見える [思われる]；…しそうだ (♦ like の後は (動) 名詞または節) ‖ It ～*s like* (it's going to) rain. 雨が降り出しそうだ / It ～*s like* he'll win. 彼は勝ちそうだ / He ～*ed like* a friendly guy (to me). 彼は (私には)気さくな男のように見えた

•***lòok ón*** 〈他〉《***lóok on*** [OR ***upon***] ***...***》 ①〈ある感情を持って〉…を見る，眺める〈**with**〉‖ Everyone ～*ed on* him *with* distrust [favor]. だれもが彼を不信の目で [好意的に] 見た ② …を〈…と〉**みなす**〈**as**〉‖ I ～ *on* him *as* a great scholar. 私は彼を大学者と考える ③ ⇨ 自 ❹ —〈自〉 ① そばで見る，傍観する ② (本などを)〈人と〉一緒に見る〈**with**〉‖ May I ～ *on with* you? I've left my copy at home. 一緒に見せてもらえませんか．自分のを家に忘れてきてしまったので

•***lòok óut*** 〈自〉 ① 外を見る (→ 自 ❶ **a**) ②《通例命令文で》**注意する**，気をつける ‖ *Look out!* 危ない ③〈…に〉面する〈**on, over**〉(→ 自 ❹) —〈他〉《***lòok óut ...*** / ***lòok ... óut***》《英》…を捜す，選び出す

lòok óut for ... 〈他〉 ① …に気をつける，注意する；…の世話をする，…を守る ‖ *Look out for* pickpockets. すりに御用心 / I'll always ～ *out for* you. いつでも君を守っていてあげるよ / ～ *out for* oneself＝～ *out for* number one 自分のことだけを考える ② …を探す

lòok óver 〈他〉 **I** 《***lòok óver ...***》 ① …に面する，…を見渡す(→ 自 ❹) ② …を見て回る，下検分する **II** 《***lòok óver ...*** / ***lòok ... óver***》 ③ …を (ざっと) 調べる ‖ Would you ～ *over* this rough draft? この草稿をちょっと見ていただけませんか

lòok róund ＝*look around*(↑)

lòok oneself いつものように元気そうである (♦ しばしば否定文で用いる) ‖ Are you OK? You don't ～ yourself this morning. 大丈夫かい．今朝はいつもの元気がないようだが

•***lòok thróugh*** 〈他〉 **I** 《***lòok thróugh ...***》 ① …を通して見る ‖ ～ *through* a keyhole [telescope] 鍵穴(かぎあな) [望遠鏡] をのぞく ②〔たくさんのもの〕の中を探す ‖ ～ *through* the file [drawers] ファイル[引き出し]の中を探す ③〔書物・メモなど〕にざっと目を通す ④〔人〕に気づかない (ふりをする) ‖ He ～*ed* right [OR straight] *through* me. 彼は私に全く気づかなかった [気づかぬふりをした] **II** 《***lòok thróugh ...***/***lòok ... thróugh***》 ⑤〔書類など〕を細かく調べる

lóok to ... 〈他〉 ① …の方を見る；…に面する (→ 自 ❶, ❹) ② …に気をつける，気を配る；〔将来など〕に目を向ける，…のことを考える ‖ ～ *to* one's manners 礼儀作法に気をつける / ～ *to* one's laurels 名声を失わないように気をつける ③ …に期待する，頼る〈**for** …を / **to** *do* …するように〉‖ The citizens ～*ed to* the government *for* [*to* give them] equal opportunities. 国民は政府に公平な機会[公平な機会を与えること]を期待した

lóok toward ... 〈他〉 ① …に面する (→ 自 ❹) ② …を期待する，…に注意を向ける

•***lòok úp*** 〈他〉《***lòok úp ...*** / ***lòok ... úp***》 ①〔単語など〕を**調べる** ‖ ～ *up* a phone number on the website ウェブサイトで電話番号を調べる ②《受身形不可》〔人・場所〕を**久しぶりに訪ねる** ‖ Don't forget to ～ me *up* when you are in the neighborhood. 近くに来たらぜひうちに寄ってください —〈自〉 ① 上を見る，見上げる(→ 自 ❶ **a**) ②《通例進行形で》(事態が) 上向く，好転する ‖ Business is ～*ing up*. 景気が上向いてきている

lòok a pèrson ùp and dówn 〔人〕を頭のてっぺんから足の先まで(じろじろ)見る

•***lòok úp to ...*** 〈他〉 …を**尊敬する** (respect) (↔ *look down on ...* (↑)) ‖ She is ～*ed up to* as a pioneer. 彼女は先駆者として尊敬されている

màke a pèrson lòok góod [***bád***] (事実はそうではないのに)〔人〕を有能[無能]に見せる

nòt mùch to lóok at 《口》(人・物が) 見栄えがしない ‖ My car is*n't much to* ～ *at*, but it runs well. 私の車は見た目はよくないがなかなかよく走る

to lóok at ... ① …を見たところでは (♦ 文全体を修飾する用法．→ to² ❺ **f**) ② 見た目が…で ‖ She's good *to* ～ *at*. 彼女は見た目がよい

COMMUNICATIVE EXPRESSIONS

1 **(But) let's lóok at it** 「**lìke thís** [OR **thís wày**]**.** (でも) こういうふうにとらえてみたら (♥ ほかのものの見方を紹介することで相手の意見を変えようとする際に用いるくだけた導入表現．＝Well, think of it this way./ I wonder if you have taken everything into account.)

2 **Còme and lóok!** ちょっと来て，これ見て；全く驚いたね，見てよこれ(＝Just look at this!)

3 **(I'm) jùst lóoking.** 見ているだけです (♥ 店員に「何かお探しですか」などと声をかけられたときに)

L

4 **Lóok at yòu!** You are àll wét. まあ，ずぶぬれじゃないの(♥ 特に子供のふだんとは違った姿などに驚いたときに)
5 **Lóok (hére)!** ほら，ちょっと；いいかい(♥ 抗議や怒りの気持ちを表したり，相手の注意を喚起するのに用いる)
6 **Lòok what you're dóing.** 自分のしていることを見てみなさい(♥ 自分の行動をきちんと考えるようたしなめる)
7 **Nòw, lét's lòok at** what she hàs to sáy. NAVI では彼女の言い分を検討してみましょう(♥ 新しい検討事項や議論に入る際に用いる)
8 **Thàt's óne wày of lóoking at it, but** there are cèrtainly óther pòssible interpretátions. 確かにそういう見方もできますが，ほかの解釈も当然可能でしょう(♥ 部分的には賛成しつつ，別の観点を述べる)
9 **The wày Í lòok at it is** that Jáne lòcked him ìn without knówing it. 私の考えではジェーンはそれと知らずに彼を閉じ込めてしまったのではと思います(♥ 自分の見解を述べる前置き表現．I に強勢を置く)
10 **Trý and lòok on the bríght sìde.** ⇨ SIDE(CE 2)
11 **Whàt are you lóoking for (in** an employée)? どういった人材をお求めですか；(従業員に) どのような資質をお求めですか(♥ 就職面接などで雇用側に尋ねる)

―名 (複 **~s** /-s/) Ⓒ ❶《通例単数形で》〈…を〉**見ること**，一見〈**at**〉；調べる[検討する，探す]こと ‖ Just **have** a ~ *at* my car, it's making strange noises. 車をちょっと見てください．変な音がしているんです / The committee is **taking** a **good** [**close**] ~ *at* this possibility. 委員会はこの可能性を入念に[詳しく]検討中だ / A quick ~ *at* his resume will show you how brilliant he is. 履歴書をざっと見れば彼がどんなに優秀かわかるでしょう / **take** a (long) hard ~ at ... …を綿密に検討する / **have** a ~ around a market 市場を見て回る

英語の真相
look at と have a look at はほぼ同義だが，後者の方が親しげな印象となることが多い．困っている友人に「パソコンの調子を見ましょうか」と申し出る場合，I'll look at your PC. より I'll have [《主に米》take] a look at your PC. の方があまりもったいぶった感じがせず好まれる．また，後者はただ見るだけでなく問題を解決しようという姿勢も感じられることが多い．

❷ **目つき**，顔つき，表情(⇨ FACE 類語) ‖ She **gave** [OR cast] a dirty [OR black] ~ at me. 彼女は私を腹立たし気に見た / A ~ of disappointment was clearly visible on her face. 失望の色が彼女の顔にありありと見えた / **with** a puzzled ~ 当惑した表情で
❸《通例単数形で》(物事の)**外観**，様子 ‖ The chair **has** a cheap ~. そのいすは安物っぽい / We form first impressions of others by their ~*s*. 見掛けで人の第一印象が決まる傾向がある / He **had** the ~ of a professor. 彼はいかにも教授然としていた / From [OR By] the ~(*s*) of the sky we'll have rain. 空模様からするとひと雨きそうだ
❹《~s》顔立ち，容貌(ぼう)，ルックス；いい顔，美貌 ‖ He inherited his mother's good ~*s*. 彼は母親に似てハンサムだ / lose one's ~*s* 容色が衰える
❺(要旨などの)簡単な説明[記述]，要約 ‖ a brief ~ at Japanese history 日本の歴史の要約
❻《単数形で》(ファッションの)流行の型，…ルック ‖ The military [punk] ~ is back. ミリタリー[パンク]ルックがリバイバルした / the latest ~ 最新のスタイル

if lòoks could kill あんな目つきで見られたらね(♥ 人からの視線の厳しさを表す) ‖ *If ~s could kill*, you'd be dead. あんなすごい目つきでにらまれたらもう駄目だよね
tàke [OR ***hàve***] ***a lóok for ...*** …を捜す

COMMUNICATIVE EXPRESSIONS
12 **Are you gòing for a partìcular lóok?** 何か，こうしたいというようなイメージはありますか；どのようになさりたいですか(♥ 美容師などが客に向かって尋ねる)

見る	自然に目に入る	see		ちらりと目に入る	glimpse
見る	意識的に目を向ける	look (at)	比較的長い間	見守る	watch
見る	意識的に目を向ける	look (at)	比較的長い間	じっと見る	stare
見る	意識的に目を向ける	look (at)	比較的長い間	じっと見る	gaze
見る	意識的に目を向ける	look (at)	比較的長い間	じっと見る	gape
見る	意識的に目を向ける	look (at)	比較的長い間	じっと見る	peer
見る	意識的に目を向ける	look (at)	比較的長い間	のぞき見る	peep
見る	意識的に目を向ける	look (at)	比較的長い間	のぞき見る	peek
見る	意識的に目を向ける	look (at)	一瞬	ちらりと見る	glance
見る	意識的に目を向ける	look (at)	一瞬	ちらりと見る	glimpse

♦ see と look at の関係は hear と listen to の関係に対応する(→ hear)．
♦ ただし see は意味が広く，「目に入る」場合だけでなく，「意識的に見る」場合(例えば，映画・試合などを「見る」，「見物する」など)や「心の中で描いて見る」など，いろいろな場合に用いる．
♦「じっと見る」うちの stare は「驚き・恐怖などで」，gaze は「感嘆して(→ gaze)」，gape は「口をぽかんと開けて」，peer は「目を凝らして」の違いがある．

▸▸ **~ing glàss** 名 Ⓒ 鏡，姿見(mirror)

lóok-alìke 名 Ⓒ《口》(特に有名な人・権威あるものなどに)うり二つの人[もの] ‖ a ~(*s*) show そっくりショー / an Elvis Presley ~ エルビス＝プレスリーのそっくりさん

lòok-and-sáy 名 Ⓤ【教育】ルック＝アンド＝セイ《単語を音節単位でなく全体を見て読み方を覚えさせる教授法》

look·er /lʊ́kər/ 名 Ⓒ ❶《口》顔のいい人，美女 ❷ 見る人；観察[検査]する人

lòoker-ón 名 (複 **lookers-**) Ⓒ 見物人，傍観者(onlooker) ‖ *Lookers-on see most of the game.* 《諺》見物人にはゲームがいちばんよく見える；傍目(おかめ)八目

lóok-ìn 名 Ⓒ ❶《a ~》《通例否定文で》《英口》勝ち目，成功の見込み；(人の話などに)加わるチャンス ‖ I don't have [OR get] a ~ at that position. 私にはあの地位に就ける見込みはない ❷《単数形で》《口》短い訪問

-look·ing /-lʊkɪŋ/ 形《複合語で》顔つき[見た目]が…の，…に見える ‖ good-*looking* 器量のよい / nervous-*looking* 神経質そうな / a forward-*looking* proposal 前向きの提案

lóok·òut 名 Ⓒ ❶《単数形で》〈…の〉警戒，見張り〈**for**〉 ‖ keep a good ~ *for* the enemy 敵を油断なく見張る ❷ 見張り役，監視人；見張り所，望楼(ぼうろう) ❸《単数形で》見晴らし，眺望；前途，見込み ‖ It's a poor ~ for him. 彼の前途は思わしくない ❹《one's ~》《口》関心事；責任 ‖ That's your ~. それは君の問題だ
on the lóokout for ... …を警戒して；…を捜して

lóok-òver 名 Ⓒ《単数形で》(簡単な)点検 ‖ give a paper a ~ 書類に目を通す

lòok-sée 名 Ⓒ《単数形で》《口》一見，一瞥(いちべつ)；簡単な点検[視察] ‖ have a ~ at ... …にざっと目を通す

*__loom__[1] /luːm/ 動 自 ❶《+副句》(大きな姿で)ぼんやりと現れる，ぼうっと浮き出る；ぬっと立ちはだかる《**up**》(♦ 副句 は場所を表す) ‖ Through the fog a ship ~*ed* on our port bow. 霧の中から1隻(せき)の船が左舷(さげん)前方にぼうっと現れた ❷(危険・困難などが)不気味に迫る，立ちはだかる，のしかかる ‖ Another fateful decision ~*ed* ahead of me. またしても重大な決断の時が行く手に待ち受けていた
lòom lárge (不安・脅威などが)不気味に迫る[広がる] ‖ The risks ~*ed large*. 危険がじわじわ迫った
―名 Ⓒ (陸地などが霧の中などから)ぼうっと現れること

loom[2] /luːm/ 名 Ⓒ ❶ 織機，はた ‖ a hand [power] ~ 手[動力]織機 ❷【海】オールの柄

loon[1] /luːn/ 名 Ⓒ《米》【鳥】アビ(《英》diver)《水鳥の一種．

水に潜って魚を食べる》

loon² /lu:n/ 名 C 《口》愚か者, 間抜け

(*as*) ***cràzy as a lóon*** 頭の変な

loo·nie /lú:ni/ 名 C 《カナダ口》ルーニー《1カナダドル硬貨の通称》(♦ カナダの国鳥アビ(loon)が刻まれていることから); カナダドル(→ toonie)

loon·y /lú:ni/ 《口》 形 ⊗《蔑》気の狂った; 間抜けな, 愚かな ‖ a ~ idea ばかな考え ━名 (複 **loon·ies** /-z/) C 《けなして》狂人; ⊗《しばしば蔑》間抜け, 愚か者

▶▶ ~ **bìn** 名 C ⊗《口》《蔑》精神科病院 ~ **tùnes** 名 複 《口》狂人; 狂気

*__loop__ /lu:p/ 名 C ❶ (糸・ひも・針金などで作る)輪, 円環, 輪穴; (装飾用またはものを留めるためなどの)輪, 環 ‖ throw a ~ of one's rope over a horse's neck 馬の首に輪縄を投げかける / make a ~ in a string ひもに輪を作る / ~*s* for a belt ベルト通し(の輪) ❷ 輪[環]状のもの; (道路・川などの)(急な)湾曲部, つづら折り; 輪状の留め金[取っ手]; (b, e, l などの筆記体の) 輪の部分 ‖ the ~ of a river 川の湾曲部 ❸ 〖空〗宙返り(loop-the-loop) ❹ ループフィルム[テープ]《反復のために輪状になっているフィルム[テープ]》 ❺ 💻 (プログラム中の) 繰り返し実行命令 ❻ (= ~ **lìne**)《英》ループ線, 環状線《鉄道などで一度本線から分かれ再び本線につながる線》; 《英》側線; 〖電〗(電線の)環線; 支線《高速道路の立体交差点などで本線に出入りする線》 ❼ 〖電〗閉回路; ループアンテナ (loop antenna [《英》aerial]) ❽ 《the L-》ループ地区《米国シカゴ市の中心部》 ❾ 〖フィギュアスケート〗ループ《片方の靴のエッジで描く曲線》 ❿ 避妊用子宮内リング

in [OR ***inside***] ***the lóop*** 《口》(意思決定を行う) 有力な集団に属して; 〈…に関する〉詳しい情報[秘密]を知って〈**on**〉

knòck [OR ***thròw***] ***a pèrson for a lóop*** 《米口》〔人〕をびっくり仰天させる, 驚かせる

lòop the lóop 〖空〗宙返り飛行する

òut of the lóop 《口》有力な集団から外れて; 〈…に関する〉詳しい情報を知らないで〈**on**〉

━動 他 ❶〔糸など〕を輪にする ❷ …を輪で結ぶ《***together***》; …を輪状にして締める, 輪で留める, 輪にして巻く《***up, back***》; …を〈…に〉巻きつける〈**over, around, through**〉 ‖ She ~*ed* her arm *through* mine. 彼女は腕を僕の腕に絡ませた / He ~*ed* the rope *around* a post. 彼はロープを柱に巻きつけた / The curtains were ~*ed up* [OR *back*]. カーテンは輪でくくって留められた

━自 ❶ 輪になる ❷ 《+副句》輪を描いて動く[進む]; (川などが)弧を描いて流れる

▶▶ ~ **of Hén·le** /-hénli/ 名 (~**s of H-**) C 〖解〗ヘンレ係蹄(けいてい)(Henle's loop)《腎臓(じんぞう)の尿細管のU字形部》

loop·er /lú:pər/ 名 =measuring worm

lóop·hòle 名 C ❶ (法律などの) 逃げ道, 抜け穴 ‖ a ~ in the new tax law 新しい税法の抜け道 ❷ 《古》銃眼, 狭間(はざま); 空気抜き, 小窓, 明かり取り

━動 他〔壁など〕に銃眼をつける

loop·y /lú:pi/ 形 《口》 ❶ 少し頭のおかしい, 気が変な; ばかな ❷ 《英》激怒して ❸ 輪(loop)の多い

****loose** /lu:s/ 《発音注意》(♦ lose /lu:z/ との発音の違いに注意) 中心義 **縛りのない**

> 形 **とれそうな❶ 緩い❶ ゆったりした❷**
> **解き放された❸ 結んでいない❹**

━形 (▶ loosen 動) (**loos·er**; **loos·est**)

❶ **とれそうな**, しっかり留まっていない, 外れそうな; (結び目などが)**緩い**, (綱などが)たるんでいる ‖ One of the buttons has come [OR become] ~. ボタンの1つがとれかかっている (♦「ボタンがとれてしまった」は A button has come off.) / a ~ tooth ぐらぐらの歯 / a ~ floorboard 外れかかった床板 / a ~ knot 緩い結び目 / Johnson pulls his tie ~ the minute the customer walks out of the office. ジョンソンは客が事務所から出て行くやいなやネクタイを引っ張って緩めるのが癖だ

❷ (衣服などが) **ゆったりした**, だぶだぶの (↔ tight) ‖ The dress is getting a little ~ at [OR around] the waist. (やせたから)服の腰回りが少し緩くなってきた / a ~ T-shirt [sweatshirt] ゆったりとしたTシャツ[トレーナー]

❸ 《比較なし》《叙述》〈…から〉**解き放された**, つながれていない, 自由な〈**from, of**〉 ‖ The dog was running ~ in the field. 犬は野原を自由に駆け回っていた / The criminal got [OR broke] ~. 犯人は逃亡した / set [OR let, turn] a horse ~ 馬を放す / I managed to get my hand ~ *from* his grip. 私は何とか彼につかまれていた手を振りほどいた

❹ 《比較なし》(髪などが)**結んでいない**, 束ねていない; (紙などが)(ホッチキスなどで)とじていない; (商品などが)ばらの, 容器などに入っていない ‖ Her long hair fell ~ over the shoulders. 彼女の長い髪が両肩にばらりとかかった / ~ papers とじていない書類 / He carries his keys ~ in his pants pocket. 彼は鍵(かぎ)をばらのままでズボンのポケットに入れて持ち歩く / The store sold candies ~ by weight. その店はキャンディーをばらで量り売りした

❺ (人の体などが) 締まりがない, たるんだ ‖ His skin is getting ~ around the lower jaw. 彼は下顎(したあご)の辺りの皮膚がたるんできている / have a ~ mouth [frame] 口元[体]に締まりがない

❻ (織物など) 目の粗い; (土が) 粘着性のない, ぼろぼろの ‖ cloth with a ~ weave 織の粗い生地

❼ 《限定》(同盟・協定などが) 拘束の緩やかな, 厳しくない, (組織などの) 結束が固くない ‖ a ~ alliance 緩やかな同盟

❽ 《通例限定》(表現・翻訳などが) 正確でない, あいまいな (↔ precise); (思考などが) 散漫な ‖ a ~ interpretation いい加減な解釈 / ~ thinking 散漫な思考 / a ~ argument 論旨の不明瞭(ふめいりょう)な議論 ❾ 《通例限定》《旧》(道徳的に)だらしのない, ふしだらな ‖ ~ morals 不品行, 身持ちの悪さ / She led a ~ life. 彼女はふしだらな生活を送った(❗日本語で「(人が)ルーズな」は「態度・行動がだらしない, 締まりがない」を意味し, 英語では sloppy, irresponsible, careless などが近い. 英語の loose は「性的にだらしがない」の意味なので注意) ❿ (口が) 軽い, (発言などが) 無責任な ‖ have a ~ tongue 口が軽い / ~ talk 無責任なおしゃべり / *Loose lips sink ships.* 《諺》軽口は船を沈める; 口は災いのもと《第2次世界大戦中船員が標語として用いた》 ⓫ (腹の具合が) 緩い, 下痢気味の; (せきが) 痰(たん) の混じる ‖ I was a little ~ this morning. 今朝少し下痢気味だった / have ~ bowels 下痢気味である / a ~ cough 痰が混じるせき ⓬ 〖スポーツ〗(ボールが) 選手の手から離れている; 〖野球・クリケット〗(投球・守備などが)不正確な, 下手な; 〖ラグビー〗オープンプレーで, 散開して ⓭ (人の身のこなしなどが)ゆったりとした, くつろいだ ‖ walk with a ~ stride ゆったりした大またで歩く

brèak lóose 〈自〉〈…から〉自由になる, 逃げ出す〈**from**〉(→ 形 ❸)

cùt lóose 〈他〉(***cùt lóose ...*** / ***cùt ... lóose***) …を〈…から〉切り離す; …を〈…から〉自由にする, 解放する; 解雇する〈**from**〉 ‖ She *cut* herself ~ *from* her family. 彼女は家庭の束縛から自由になった ━〈自〉 ① 〈…から〉自由になる, 束縛を脱する; 《俗》立ち去る〈**from**〉 ② 羽目を外す, (仕事などを忘れて)楽しむ ③ 突然〈言葉などを〉発する〈**with**〉

hàng [OR ***kèep, stày***] ***lóose*** 〈自〉《主に米口》心配しない, 気楽にしている, 落ち着いている ‖ *Hang* ~, guys. Everything is going to be OK. みんな, 落ち着いて. すべて大丈夫だから

lèt lóose 〈他〉 **I** (***lèt lóose ...*** / ***lèt ... lóose***) ① …を解き放す (→ 形 ❸) ② 〔人〕に〈…を〉思いどおりにさせる〈**on, with**〉 ‖ The boss *let* me ~ *on* the new project. 上司はその新しい仕事を私に任せてくれた **II** (***lèt lóose ...***) ③〔言葉など〕を〈人に〉ぶつける; 〔怒りなど〕を爆発させる〈**on**〉, 〔怒声〕を発する ━〈自〉 ① 緩む, ぐらぐらする ② 《口》思いどおりに行動する ③ =*cut loose*〈自〉

③(↑)
tùrn lóose ... / tùrn ... lóose 〈他〉① …を自由にする，解き放す(→ 形 ❸) ② = *let loose*〈他〉②(↑)
tùrn À lòose on B́ A(人)を使ってBを攻撃[批判]させる
── 動 (**loos·es** /-ɪz/ ; **~d** /-t/ ; **loos·ing**)
── 他 ❶ …を〈…から〉解き放す，自由にする，解放する(let loose)〈**from**〉‖ She ~*d* the horse *from* the stable. 彼女は馬を馬小屋から放した
❷ …をほどく，解く；…を緩める(↔ fasten)(♦ この意味では loosen の方がふつう) ‖ ~ a rope ロープをほどく / ~ a belt ベルトを緩める / He ~*d* his grip on her arm. 彼は彼女の腕をつかむ力を緩めた
❸〔矢・鉄砲など〕を放つ，撃つ《***off***》❹〔危険[破壊的]なこと〕を〈…の上に〉起こるに任せる，野放図にする〈**on, upon**〉
── 自〈…に向かって〉(銃などを)撃つ，(矢を)射る《***off***》〈**at**〉
── 名《次の成句で》
**on the lóose* ① 拘束を解かれた[て]，自由な[に] ‖ a serial killer *on the* ~ 野放しにされている連続殺人犯 ② 好き放題な[に]，放縦な[に] ‖ At night that area is full of youngsters *on the* ~. 夜あの辺りは無軌道な若者でいっぱいだ
── 副 緩く，緩んで(loosely)
play fast and loose with ... ⇨ FAST[1](成句)
▶▶ ~ **bòx** 名 C 《英》(馬屋などの)放し飼い用の仕切り(《米》box stall) ~ **cánnon** 名 C 《俗》手に負えない人，危険人物 ~ **chánge** 名 U ポケット[バッグ]に入れたばら銭 ~ **cóver** 名 C 《通例 ~s》《英》(いすなどの)取り外しのきくカバー(《主に米》slipcover) ~ **énd** (↓) ~ **fórward** 名 C 〖ラグビー〗ルースフォワード《スクラムの最後列の選手》 ~ **héad** 名 C 〖ラグビー〗ルースヘッド《スクラム最前列フロントローの左端の選手》

lòose énd 名 C ❶《~s》《口》未解決の部分，未処理事項 ‖ leave a lot of ~*s* (仕事などを)たくさんやり残す / tie up the ~*s* (争議・論争などの)解決をつける ❷ (ひもなどの)結んでない端
at lòose énds《米》; *at a lòose énd*《英》① 特に何もすることがなくて；定職がなくて ② 未解決で，あやふやで，(…かどうか)見当がつかなくて

lòose-fítting 形 (衣服が)ゆったりした
lòose-jóinted 形 関節[継ぎ目]の緩んだ；自由自在に動く，しなやかな；体に締まりのない
***lòose-léaf** ⊲シ 形《限定》ルーズリーフ式の ‖ a ~ notebook ルーズリーフ式ノート / ~ paper ルーズリーフの紙
lòose-límbed ⊲シ 形 (人が)手足のしなやかな
***loose·ly** /lúːsli/ 副 ❶ 緩く，ゆったりと；ばらばらに，粗く ❷ 緩やかに，大まかに，散漫に ‖ rules ~ enforced あまり厳格に施行されない規則
***loos·en** /lúːsən/《発音注意》動〔◁ loose 形〕他 ❶〔固着したもの・引っ張られているもの〕を緩める，解く，ほどく；…をぐらぐらさせる(↔ tighten) ‖ Please ~ your tie and relax. どうぞネクタイを緩めておくつろぎください / It's not good manners to ~ your belt at the table. 食事中にベルトを緩めるのは不作法だ / ~ one's grip [OR hold] (on ...) (…を)握った手を緩める / ~ a screw [knot] ねじを緩める[結び目をほどく] ❷〔連帯・つながり〕を弱める ❸〔規律・法律など〕を緩和する，緩める ‖ ~ discipline [restrictions on trade] 規律[貿易上の制約]を緩和する ❹ …を〈監禁・拘束などから〉解放する，自由にする；…を〈…から〉外す(set free)〈**from**〉❺〔腹具合〕を緩ませる ‖ ~ the bowels 通じをつける ── 自 緩む，たるむ，ぐらぐらになる，ばらばらになる；(肩こりが)ほぐれる
lòosen úp〈他〉《*lòosen úp ... / lòosen ... úp*》① (スポーツの前などに)〔筋肉・関節など〕をほぐす；(運動が)〔人〕の体をほぐす；《~ oneself up で》体をほぐす(warm up) ② …を打ち解けさせる，リラックスさせる ③〔経済など〕を緩和する ④〔土など〕を細かくほぐす ─〈自〉① 打ち解ける，くつろぐ(relax) ② 体[筋肉]を解きほぐす，準備運動をする ‖ My tired muscles ~*ed up* in a hot bath. 熱いふろに入って筋肉の疲れがほぐれた ③《米口》金離れがよくなる

loose·ness /lúːsnəs/ 名 U 緩み；締まりのなさ
lòose-tóngued 形 口の軽い，おしゃべりの
loos·ey-goos·ey /lùːsigúːsi/ ⊲シ 形《口》リラックスした，くつろいだ
***loot** /luːt/ 名 U ❶《口》盗品，盗んだ金[貴重品] ‖ The thief was captured with the ~. 泥棒は盗品もろとも逮捕された ❷《集合的に》戦利品，略奪品(spoils) ❸《集合的に》《米口》(大量の)贈り物，購入品 ‖ She came home with sacks of ~. 彼女はいっぱい買い物をして帰って来た ❹《口》金；富，財産 ❺ (官吏の)不正利得
── 動 他 (戦争・暴動などで)〔都市・家・店など〕を荒らす；〔金品(きんぴん)〕を略奪する；《口》…を盗む，失敬する ‖ The rioters ~*ed* the downtown shops. 暴徒たちは商店街の店々を荒らした / Food was ~*ed* from warehouses. 倉庫から食糧が略奪された ── 自 略奪行為を働く
loot·er /lúːtər/ 名 C 略奪者，強奪者；不正所得者
loot·ing /lúːtɪŋ/ 名 U 略奪，強奪，不正所得
lop[1] /lɑ(ː)p | lɒp/ 動 (**lopped** /-t/ ; **lop·ping**) 他 ❶〔木〕を刈り込む(trim)；〔枝など〕を払う，下ろす《***off, away***》❷〔人の首・手足など〕をはねる《***off***》❸〔不要な[余った]部分〕を取り除く，削る《***off***》‖ The ending of the word was *lopped off* in the borrowing process. その語の語尾は借用の過程で脱落した
── 名 C (切り取った)小枝；削除された部分
lop[2] /lɑ(ː)p | lɒp/ 動 (**lopped** /-t/ ; **lop·ping**)《米》《英では古》自 ❶ (ウサギの耳などが)だらりと垂れる；垂れ下がる ❷ のらくらする，ぶらぶらする《***about***》
─ 他〔ウサギの耳など〕をだらりと垂らす；…を垂れ下げる
lope /loʊp/ 動 自 (ウサギなどが)ぴょんぴょん跳ぶ；(人が)大またで歩く[走る]；(馬などが)ゆっくり駆ける《***along, across, up,*** etc.》‖ Her dog ~*d* through the field. 彼女の犬は野原を跳ねるようにして走り抜けた
─ 他〔馬など〕をゆっくり駆けさせる
── 名 C 《単数形で》(動物の)ゆっくりした大またの足取り
lòp-éared ⊲シ 形 (ウサギ・犬などが)耳の垂れた
lóp-èars 名 複 (犬などの)垂れた耳
lòp·síded ⊲シ 形 不均衡な，片寄った ‖ a ~ view [victory] 偏見[一方的な勝利] **~·ly** 副 **~·ness** 名
lo·qua·cious /loʊkwéɪʃəs/ 形 非常におしゃべりな，多弁な(talkative) **~·ly** 副 **~·ness** 名
lo·quac·i·ty /loʊkwǽsəṭi/ 名 U 多弁，おしゃべり
lo·quat /lóʊkwɑ(ː)t | -kwɒt/ 名 C 〖植〗ビワ(の実)
lor /lɔːr/ 間《英口》ああ，あら(♦ Lord のなまり)
lor·an /lɔ́ːræn/ 名 U C ローラン，遠距離航法システム《船や飛行機が2地点以上の無線局からの電波によって自らの位置を測定する方式．また，この方式による航法》(♦ *lo*ng-*ra*nge *n*avigation の略)
‡lord /lɔːrd/
── 名 (複 **~s** /-z/) C ❶《単数形で》**支配者**，首長，主人；(中世ヨーロッパの)封建領主；地主 ‖ our sovereign ~ the King 国王陛下 / the ~ of the jungle ジャングルの王 / a feudal ~ 封建君主，領主 / the ~ of a manor 領主，荘園主 / a ~ of few acres《文》ほとんど土地を持たない人
❷ (業界などの)大物，巨頭，…王 ‖ a drug [cotton, money] ~ 麻薬王[綿花王，金融界の実力者] / the ~*s* of the media マスコミ界の大物たち
❸《通例 the L-》**神，主**(しゅ)；(旧約聖書で)ヤハウェ(God)(♦ 直接呼びかけるときは無冠詞)；《Our L-》キリスト，救世主 ‖ The *Lord* be with you! 主御身とともにあれ(♦ 神の加護を祈る表現)
❹《L-》《英》**a** …**卿**(きょう)(♦ (1) 男爵に対する公式の，侯爵・伯爵・子爵に対する略式の尊称．(2) 男爵の場合には姓または領地名の前で用い，公爵・侯爵の次子以下の場合は名前(＋姓)の前で用いる) ‖ *Lord* Salisbury ソールズベリー卿(the Marquess of Salisbury) / *Lord* John Russell ジョン＝ラッセル卿

L

b …長, 長官(♦ 高位の官職名の一部として用いる称号) ‖ the *Lord* Mayor of London ロンドン市長
c 主教(♦ 高位の聖職名の正式の尊称) ‖ *Lord* Bishop of Durham ダラムの主教(→ *my Lord*(↓))
❺《英》貴族, 華族
❻《the L-s》《単数・複数扱い》《英》上院(the House of Lords)(↔ the Commons);《集合的に》上院議員

(as) drunk as a lord ⇨ DRUNK(成句)
live like a lórd = *live like a* KING
one's lòrd and máster 《戯》支配者;夫, 亭主, だんな様(husband)
Lòrd (ònly) knóws .... 《口》① 《wh 節 を伴って》…は神のみぞ知る, さっぱりわからない ‖ "What has driven him to do that?" "*Lord knows!*"「彼はなぜあんなことをする気になったんだろう」「神のみぞ知るだよ」② 神に誓って…である, 確かに…である ‖ *Lord knows* I did my best. 神に誓って私は最善を尽くした
Lòrd wílling 《口》= GOD *willing*
my Lórd [OR ***lórd***] /mɪlɔ́ːrd/ 《英》閣下(♥ 英国で侯爵以下の貴族・市長・高等法院判事・主教などに呼びかけるときの敬称;弁護士はしばしば /mɪlʌ́d/ と発音する)
****(Oh) Lórd!*** ; ***Gòod Lórd!*** ; ***Lòrd bléss me*** [OR ***you, us***]***!*** 《間投詞的に》《口》おお, ああ, まあ(♥ 驚き・いら立ち・不安・面白がる気持ちなどを表す) ‖ *Oh Lord*, how am I going to manage? まあ, どうやってやりくりしていこうかしら

—動 (~s /-z/ ; ~·ed /-ɪd/ ; ~·ing) 他 ❶ いばる(→ *lord it over a person*(↓)) ❷《古》…に爵位を与える
lórd it òver a pèrson 〔人〕に対し偉そうな態度をとる, 横柄に振る舞う ‖ He learned early to ~ *it over* other children. 彼は早いうちにほかの子供たちにいばることを覚えた(⇨ QUEEN *it*)

語源 古英語で「パン(loaf)を守る人(ward)」の意の複合語 *hlaford* から. 昔は食料貯蔵庫の権利を握る者が権力を持った(→ lady).

▶▶**Lòrd Ádvocate** 名《the ~》(スコットランドの)法務長官, 検事総長 **Lòrd Bíshop** 名 C 主教(♦ 公式の呼び方) **Lòrd Chámberlain** 名《the ~》⇨ CHAMBERLAIN **Lòrd Chìef Jústice** 名《the ~》⇨ JUSTICE **Lòrd (Hìgh) Cháncellor** 名《the ~》⇨ CHANCELLOR **Lòrd Jústice (of Appéal)** 名《the ~》⇨ JUSTICE **Lòrd Lieuténant** 名 (複 **Lords L-**) C ① 統監《英国の州(county)における王権の首席代表. 名誉職》② (1922年までの) アイルランド総督 **Lòrd Máyor** 名《the ~》(英国の大都市の)市長, (特に)ロンドン市長《女性の場合も同じ. Greater London でなく the City の長. 名誉職で任期は1年》(→ Lady Mayoress) **Lòrd Prìvy Séal** 名《the ~》⇨ PRIVY SEAL **Lòrd Protéctor** 名《the ~》⇨ PROTECTOR **Lòrd Próvost** 名 C (スコットランドの大都市の)市長 **Lórd's dày** 名《the ~》主日(しゅじつ), 安息日《日曜日》**Lòrd's Práyer** /-préər/ 名《the ~》〖聖〗主の祈り, 主禱(しゅとう)文《Our Father ... で始まる》**Lòrds Spíritual** 名 複《英》聖職上院議員《上院議員である bishop や archbishop》**Lòrd's Súpper** 名《the ~》① 最後の晩餐(ばんさん)(the Last Supper) ② 聖餐(せいさん)(式)(Holy Communion) **Lòrds Témporal** 名 複《英》聖職者以外の上院議員

lord·ly /lɔ́ːrdli/ 形 ❶ 尊大な, 横柄な, 傲慢(ごうまん)な ❷ 堂々とした, 豪華な ❸ 君主[貴族]らしい[にふさわしい]
-li·ness 名

***lórd·shìp** 名《英》❶ U 貴族[君主]であること;貴族[君主]の地位 ❷ U 君臨, 支配, 統治(権), 所有(権) ❸《通例 L-》C《his, your, their を伴って》閣下《Lord の肩書を持つ者への敬称. すべて三人称として扱われる》(♥ 戯言的にふつうの人に使うこともある) ❹ C (昔の)領地, 所領

***lore** /lɔːr/ 名 U (特定の題材に関する)伝承, 言い伝え;知恵(→ folklore) ‖ according to local ~ 土地の言い伝えによれば / ghost [baseball] ~ 幽霊[野球]伝説

Lor·e·lei /lɔ́(ː)rəlàɪ/ 名 ローレライ《ライン川の岩の上で美しい声で歌を歌い, 舟人を誘惑して難破させたというドイツの伝説上の魔女》;その岩

lo-res /lòuréz/ 名 U 形 低解像度(の)(♦ *low resolution* の略) ‖ a ~ monitor 低解像度(データ)表示装置

lor·gnette /lɔːrnjét/ 名 C ロルニェット, ローネット《柄のついた眼鏡・オペラグラス》

lorgnette

lor·i·keet /lɔ́(ː)rɪkìːt, 米+ lɑ́(ː)rɪ-, ˌ-ˌ-ˊ/ 名 C《主に豪》= lory

lo·ris /lɔ́ːrɪs/ 名 (複 ~ OR ~·es /-ɪz/) C〖動〗ロリス, ノロマザル《南アジア産. 夜行性で動作がのろい》

lorn /lɔːrn/ 形《古》《文》わびしい, 孤独の

***lor·ry** /lɔ́(ː)ri/ 名 (複 **-ries** /-z/) C《英》トラック(《米》truck)(⇨ CAR 類語P) ‖ an articulated [a breakdown, a tipper, a dustbin] ~ 《英》トレーラートラック[レッカー車, ダンプカー, ごみ収集車]
off the back of a lorry ⇨ BACK 名(成句)

lo·ry /lɔ́ːri/ 名 (複 **-ries** /-z/) C〖鳥〗ヒインコの類《オーストラリア・インドネシア産で体色が鮮やか》

Los Al·a·mos /lɔ(ː)s ǽləmous | -mɔs/ 名 ロスアラモス《米国ニューメキシコ州中北部の町. 原子爆弾の開発地》

Los An·ge·les /lɔ(ː)s ǽndʒələs | -lìːz/ 名 ロサンゼルス《米国カリフォルニア州南西部の都市. 略 L.A., LA》(❢「ロス」という略し方は和製用法)

*****lose** /luːz/《発音注意》(♦ loose /luːs/ の発音との違いに注意)

中心義 **Aを失う**(★Aは具体的な「物」に限らず,「勝利」や「興味」など抽象的なものも含む)

—動 (▶ loss 名)(**los·es** /-ɪz/ ; **lost** /lɔ(ː)st/ ; **los·ing**)
—他 ❶〔所持品など〕を**なくす, どこかに置き忘れる**, 落とす, 紛失する(↔ find) ‖ I have *lost* my wallet. 財布をなくしてしまった / The confidential documents got *lost*. 機密[マル秘]文書が紛失した
❷ **a** 《+目》(不運・不注意などで)〔大切・必要なもの〕を**失う**, なくす ‖ He *lost* an arm in a traffic accident. 彼は交通事故で片腕を失った(♦ lose the use of an arm は「(麻痺(まひ)[傷害]などで)片腕が使えなくなる」の意) / ~ one's sight [hearing] 視力[聴力]を失う / ~ teeth [hair] (加齢などで) 歯[髪]が抜ける / ~ one's voice (風邪などで一時的に) 声が出なくなる / ~ one's job 失業する / ~ one's license 免許取り消しになる / I have nothing to ~. I can start from zero again, if I must. (もうこれ以上)失うものは何もない. ぜひにと言うのならゼロから再スタートできるさ
b 《+目 *A*+目 *B*》*A* (人) に*B*を失わせる (cost) ‖ His curiosity nearly *lost* him his life. 好奇心のため彼は危うく一命を落とすところだった
❸ **a** 《+目》〔勝負・選挙など〕で〈…に〉**負ける**, 敗れる(↔ win);〈競争相手に〉…をとられる〈**to**〉‖ Waseda *lost* the game *to* Keio [three to one [by two points]. 早稲田は慶応との試合に3対1で[2点差で]負けた(♦ lose は負けた相手を目的語にはとらないので ˣWaseda lost Keio. は不可) / ~ [an argument [a battle] 議論[戦い]に負ける
b 《+目 *A*+目 *B*》*A* (人) を*B* (勝負など) に負けさせる ‖ The rising unemployment rate *lost* the Conservative Party the last election. 失業率が増加したことで保守党はこの前の選挙に敗北した
❹〔興味・健康など〕を**失う**, 維持できなくなる;〔速度・高度など〕を失う ‖ ~ one's nerve [confidence, patience] おじけづく[自信をなくす, 我慢しきれなくなる] / ~ hope 希望を失う / ~ one's balance よろめく / ~ speed [altitude] 速度[高度]が落ちる
❺〔体重〕を減らす(↔ gain);〔病気など望ましくないもの〕か

ら脱する, …を治す (get rid of) ‖ She *lost* 10 kilos on her latest diet. 彼女はいちばん最近のダイエットで10キロ減量した / ～ **weight** from food poisoning 食中毒でやせる / I still haven't *lost* my cold. まだ風邪が治らない / ～ one's fear of heights [water] 高所[水]に対する恐怖心を克服する
❻〔道〕に迷う;〔人など〕を見失う(⇨ *get* LOST) ‖ She *lost* 「her way [OR herself] in the woods. 彼女は森の中で道に迷ってしまった / I *lost* my husband in the crowd of Christmas shoppers. クリスマスの買い物をする人込みの中で夫とはぐれてしまった
❼〔人など〕に死なれる, 死に別れる; (妊婦が)〔赤ん坊〕を死産する; (医者が)〔患者〕を死なせる ‖ I *lost* my father 「to cancer [in a car accident]. 私は父を癌(がん)で[交通事故で]失った / She *lost* her baby. 彼女は赤ん坊を流産した ❽〔機会など〕を逃す, 逸する;〔時間など〕を無駄にする ‖ I may have *lost* my only chance to become famous. もしかしたら有名になる唯一の機会を逃してしまったかもしれない ❾〔言葉・人の話など〕を聞き落とす, 理解し損なう;《口》〔人〕を理解できなくさせる, 混乱させる ‖ Her voice was *lost* amid wild applause. 彼女の声は熱狂的な拍手にかき消された ❿ (時計が) …だけ遅れる (↔ gain) ‖ My watch *loses* 10 seconds a month. 私の時計は1月に10秒遅れる ⓫〔追っ手などを〕まく;〔競争相手を〕引き離す ‖ ～ a pursuer 追っ手をまく / ～ the other runners ほかの走者を引き離す
―自 ❶ 〈…で〉**損をする**〈**on**〉‖ He *lost* heavily 「*on* the deal [in the stock market]. 彼はその取り引きで[株の売買で]大損をした
❷〈…に〉**負ける** (go down)〈**to**〉‖ The Giants *lost to* the Swallows two to one. ジャイアンツはスワローズに2対1で負けた ❸ (時計が)遅れる(↔ gain)
**lóse it* 《口》頭が変になる; 怒り[笑い, 叫びなど]が抑えられなくなる(→ CE 2)
lòse óut* 〈自〉① 〈…を得られないで〉不利になる, 〈…の〉機会を逃す〈on**〉‖ ～ *out on* promotion 昇進の機会を逸する ② 〈…に〉負ける, 取って代わられる〈**to**〉‖ Our company *lost out to* a small venture. 我が社は小さなベンチャー企業に(競争で)負けた
lóse onesèlf in ... ① …に夢中になる ‖ He quickly *lost* himself *in* the fantasy world of video games. 彼はすぐにテレビゲームの空想の世界に夢中になった ② …に[で] 姿を消す, 見えなくなる ‖ She *lost* herself *in* the crowd. 彼女は人込みの中に消えてしまった ③ …で道に迷う, 途方に暮れる(→ 他 ❻)

COMMUNICATIVE EXPRESSIONS

1 **Gèt lóst!** 消えうせろ; いい加減にしろ(♥くだけた表現)
2 **I àlmost lóst it.** ああ, 怖かった
3 **I'm lóst.** ① 道に迷ってしまった ② 訳がわからなくなっちゃった(♥理解できないときに)
4 **You càn't lóse.** (どう転んでも)絶対うまくいきますよ
5 **You've lóst me thère.** その点が理解できないのですが; そこから話がわからなくなってしまいました

lòse-lóse 形《限定》双方にとってマイナスな(↔ win-win)
***los·er** /lúːzər/ 名 C ❶ (試合などの) 敗者, (競馬の) 負け馬 ‖ a good [bad, poor] ～ 負けても悪びれない人 [負けてぐずぐず言う人] ❷ 損失者, 損をする [した] 人 ‖ the real ～*s* in a recession 不況のあおりをもろに受ける [た] 人たち ❸ 敗北者, 失敗者, 駄目人間, 負け組; 失敗作, 駄目なもの ‖ a born ～ いつも失敗ばかりしている人
los·ing /lúːzɪŋ/ 形《限定》勝ち目のない, 負けと決まった(↔ winning), 損失の出そうな ‖ a ～ battle [game] 負けいくさ[試合] / a ～ pitcher 敗戦投手

⁝**loss** /lɔ(ː)s/
―名〔◁ lose 動〕(複 **～·es** /-ɪz/) ❶ U/C《単数形で》**失うこと**, 喪失; 紛失, **遺失** ‖ a temporary ～ of memory [hearing] 一時的な記憶[聴力]喪失 / a sense of ～ 喪失感 / the ～ of a document 文書の紛失 / (a) ～ of face 面目をなくすこと / cause **job** ～*es* 失業を引き起こす
❷ U/C (通例 a ～) 損 (↔ gain), **損失** (↔ profit), 損害, 欠損; C 遺失物, 損害額, 損失数; (～es)〖軍〗(戦闘員・航空機・船舶などの)損害 ‖ The company **suffered** [OR made, sustained] a net ～ of $500,000 last year. その会社は昨年50万ドルの最終損失を出した / report the ～*es* 損失を発表する / without calculation of ～ or gain 損得勘定抜きで / make up for a ～ 損失の穴を埋める / the profit and ～ account 損益勘定
❸ C **敗北** (↔ win), 失敗 ‖ His team handed us our second ～ of the season. 彼のチームに我々は今シーズン2敗目を喫した / a 54–14 ～ to the Chicago Bears 54対14の対シカゴベアーズ戦敗北
❹ C U 〈人の〉死〈**of**〉; (～es)(戦いによる)死傷者 ‖ They wept over her ～. 彼らは彼女の死を嘆いて泣いた / the ～ *of* one's only child ただ一人の子供の死 / The enemy **suffered** heavy ～*es*. 敵は多くの死傷者を出した
❺ U (愛する人・大事なものなどの喪失による) 悲しい気分, 喪失感 ‖ an aching sense of ～ うずく喪失感
❻ C《単数形で》(損失による)痛手, 不利; 失う[なくす]と困る人[もの] ‖ His death was a great [OR big] ～ to our company. 彼の死は我が社にとって大きな痛手だった
❼ U 逸する[取り損なう]こと; 無駄, 浪費 ‖ without any ～ of time 直ちに, 時を移さず ❽ U/C《単数形で》(量・程度などの)減少, 低下 ‖ weight ～ = a ～ in weight 目方の減少, 減量 / ～ of blood 失血
at a lóss* ① **途方に暮れて, 困って〈**for** …に / **to** *do* …するのに / **wh to** *do* …していいか〉‖ She was *at a* ～ *for* words when I asked her that question. 彼女は私がその質問をしたとき, 何と言えばよいのかわからなかった / I am *at a* ～ *what to* do. どうすればよいのかわからず途方に暮れている ② 損をして (↔ at a profit) ‖ operate a business *at a* ～ 損失を出して事業を経営する ③ 〈…が〉不足して〈**for**〉‖ He was *at a* ～ *for* companionship. 彼は仲間付き合いが少なかった
cùt one's lósses (それ以上損をしないよう)手を引く
(*It's*) *a pèrson's lóss.* 《口》好機を逃しても自分のせいさ[逃すなんてどうかしている] ‖ "Sorry, I can't go tonight. I've got to get home." "Your ～." 「ごめん, 今晩行けない. 帰らないと」「ばかだな(君の損なのに)」
▸▸ **～ adjùster** 名 C《英》〖保険〗損害査定人(《米》insurance adjuster) **～ avèrsion** 名 U〖心理〗損失回避《損失した価値を同額の利益より重大視する投資家心理》 **～ lèader** 名 C (原価を割った)目玉商品
lóss·lèss 形 ❶ 電気[電磁]エネルギーの散逸が生じない ❷ 💻可逆 (圧縮) [ロスレス]の, データが全く損なわれない (↔ lossy)
lóss-màking 形 いつも赤字の
los·sy /lɔ́(ː)si, 米+ lɑ́(ː)si/ 形 ❶ 電気 [電磁] エネルギーの散逸が生じる ❷💻非可逆 (圧縮) の, データが多少損なわれる(↔ lossless)
⁝**lost** /lɔ(ː)st/
―動 lose の過去・過去分詞
―形《比較なし》❶ **失った**, なくした; **紛失した**, なくなった; 見失った, 行方不明の ‖ ～ friendships 失った友情 / the ～ dreams of his youth 失われた彼の青春時代の夢 / ～ articles 遺失物 / his long-～ child とうに死んだ[行方不明になった]彼の子供
❷ 道に迷った ‖ Every time I come here, I get ～. I have no sense of direction. ここに来るといつも迷ってしまう. 方向感覚が全然ないのだ / a ～ child 迷子
❸《通例限定》つかみ損なった, 逃した; 無駄にした, 浪費された ‖ a ～ opportunity 逸したチャンス / ～ labor 徒労
❹《叙述》〈…に〉夢中になった, 没頭している〈**in**〉‖ a man ～ *in* thought 思索にふけっている人 ❺《叙述》困惑した, 途方に暮れた, 落ち着かない; (混乱していて)訳がわから

L

ない ‖ be ～ for words 言葉に窮する / feel [OR be] ～ in a strange town 知らない町で途方に暮れる / I'd be ～ without your help. あなたの助けがないとどうしてよいかわからない ❻取り損なった；負けた ‖ a ～ prize 取り損ねた賞品 / a ～ battle 負け戦 ❼滅びた，破滅した；命を落とした ‖ ～「at sea [in battle] 海[戦い]で死んだ

àll is nòt lóst 望みが全くなくなったわけではない

*****be lóst on ...*** …に理解されない，…には無駄である ‖ Your joke *was* completely ～ *on* her. 君の冗談も彼女には全然通じなかったよ

be lóst to ... ① …に気づかない，…を感じない ‖ When he starts reading, he *is* ～ *to* the world. 本を読み出すと彼は周囲のことが目に入らない ② …の手にはもう入らない，…から失われた ‖ The opportunity *was* ～ *to* her. 彼女にその機会が訪れることは二度となかった

*****gèt lóst*** ① **道に迷う**(→ 形 ❷) ② 《主に命令文で》《口》立ち去る，姿を消す ‖ You kids *get* ～ before I call the police! おまえら警察を呼ぶ前にとっととうせろ

gìve a pèrson ùp for lóst 〔人〕を死んだものとあきらめる

▸▸ **～ and fóund** 名 《the ～》《米》《掲示》(駅などの)遺失物取扱所 **～ cáuse** 名 C 失敗に終わった企て[運動]；成功の見込みのない人[もの] **Lòst Generátion** 名 《the ～》失われた世代《第1次大戦下に精神形成期を過ごし，人生に幻滅を感じて精神的安定を失った世代の人々．またこの世代の米国の作家群．ヘミングウェイ，ドス=パソス，フォークナーなど》 **～ próperty** 名 U 《英》(駅などの)遺失物；(=**～ próperty òffice**) C 遺失物取扱所 **～ tríbes** 名 《the ～；しばしば L- T-》〖聖〗失われた支族《アッシリアに連れ去られたと伝えられるイスラエルの10支族》

⁝**lot** /lɑ(:)t | lɔt/ 名 動

中心義 (ひとつに)まとまったもの

> 名 たくさん❶ とても❷ 1組❸❹
> 1区画の土地❼ くじ❽

―名 (複 **～s** /-s/) C ❶ 《a ～, ～s》《口》〈…する〉**たくさん**，多数，多量〈**to do**〉(→ *a lot of ...*；*lots of ...*)(♦ 数・量のどちらにも用いる) ‖ At the reunion we had「a ～ [OR ～*s*] *to* talk about. クラス会では話すことがたくさんあった / Phew! I had an **awful** ～ *to* do today. ひゃあ，今日はやることがずいぶんあったなあ / This painting cost me quite a ～. この絵はとても高かった / "How many oranges do you still have?" "「A ～ [OR *Lots*]." 「まだいくつオレンジがあるの」「たくさん」/ have a ～ (《米》 going) on やることがたくさんある

❷ 《a ～, ～s》《副詞的に》《口》**とても**，大変，ずいぶん，ずっと (⇨ VERY 類語P) (♦ ふつうは a lot として用い，lots は比較的まれ) ‖ Thanks a ～. どうもありがとう (♥ 反語的に「大きなお世話だ」の意味にもなる) / I like you a ～, but not as a girlfriend. 君のことは大好きだけど，恋人としてはちょっとね / This hotel is a ～ cheaper. このホテルの方がずっと安い(♦ 叙述用法の形容詞および副詞の比較級の強調に使われる．限定用法の形容詞には使わない．〈例〉 ˣThis is a lot cheaper hotel.)

❸ (競売品・商品の)**1組**，1品 ‖ *Lot* 12 is an 18th-century china vase. 12番の出品物は18世紀の陶器の花瓶です

❹ 《集合的に》《単数・複数扱い》(人・物の)**1組**，1群，連中 ‖ The next ～ of tourists will be arriving here soon. 次の観光客の一行が間もなく到着します / I have several ～*s* of second-hand clothes to sort out. 仕分けしないといけない古着の山がいくつかある

❺ 《修飾語を伴って》《口》やつ，手合い (♥ 通例悪い意味を持つ) ‖ He is a bad ～. 彼は悪いやつだ

❻ 《the ～》《単数・複数扱い》全部，すべて，一切 ‖ Get out, the ～ of you! おまえら全員出て行け / Is this the whole ～? これで全部ですか ❼ 《主に米》**1区画の土地**；(ある目的のための)土地，敷地；映画の撮影所，スタジオ ‖ sell a piece of land in 10 ～*s* 土地を10区画に分けて販売する / a vacant ～ 空き地 / a parking ～ 駐車場 / a used-car ～ 中古車置き場 / The Universal Studios ～ ユニバーサル映画撮影所 ❽ **くじ**(の1本)；U くじ引き，抽選法；《通例 the ～》くじ引きの結果，当たりくじ ‖ draw [OR cast] ～*s* for [to *do*] ... くじ引きで…を[するのを]決める / The ～ fell on [OR upon] him. 彼にくじが当たった ❾ 《通例 one's ～》運命，定め，巡り合わせ；分け前，取り分 (⇨ FATE 類語) ‖ Not many people are content with their ～ in life. 自分の運命に満足している人はあまりいない / It fell to my ～ to deliver the bad news. 悪い知らせを届ける役目が私に当たった / receive one's ～ of an inheritance 遺産の配分を受ける / That's your ～. 《口》それがおまえの取り分だ

a fàt lót (of ...) 《反語的に》《口》全く[ほとんど]…ない ‖ That's *a fat* ～ *of* help [OR use, good]. あれは全く役に立たないよ / *A fat* ～ I care! そんなこと気にするものか

*****a lót of ...*；*lóts of ...*** 《口》**たくさんの**，多数の，大量の(♦ 可算名詞・不可算名詞のどちらにも用いる．不可算名詞が続くときは単数扱い) ‖「*A* ～ [OR *Lots*] *of* people are out of work today. 現在多数の人が失業している / Quite *a* ～ *of* money was [ˣ were] wasted. 多額の金が浪費された / watch *a* ～ *of* TV テレビをたくさん見る (=watch TV a lot) / do *a* ～ *of* talking たくさん話す (=talk a lot) / *a* ～ *of* times いつもは，たびたび / It saves us ～*s* and ～*s of* time. それはすごく時間の節約になる(♦ 強調した形)

> **語法** ☆☆ (1) a lot (of), lots (of) は many [much] よりも《口》で，主に肯定文に用いられる．否定文・疑問文でも使われるが，many [much] がふつう．
> (2) a lot (of) と lots (of) では，lots (of) の方がより《口》だが，出現頻度は低い．
> (3) an awful lot of ... として強調することもある．
> (4) lots of は非常にくだけた会話では lotta /lɑ́(:)t̬ə | lɔ́tə/，lotsa /lɑ́(:)tsə | lɔ́-/ となることもある

a whòle lót 《口》はるかに，ずっと(♦ 比較級を強める．a lot の強調形) ‖ I like this color *a whole* ～ better. こっちの色がずっと好きだよ

a whòle lót of ... たくさんの…

àll òver the lót =*all over the* PLACE

「***thròw in*** [OR ***càst***] ***one's lót with ...*** 〔人・組織など〕と運命を共にする

by lót くじ引きで，くじを引いて

―動 (**～s** /-s/；**lot·ted** /-ɪd/；**lot·ting**) 他 ❶〔土地〕を区画に分ける ❷〔商品など〕を(競売などのために)区分けする ❸ …を割り当てる(allot)

lò·téch 形 =low-tech

loth /loʊθ/ 形 =loath

Lo·thar·i·o /loʊθériòʊ | -θɑ́:r-/ 名 (複 **～s** /-z/) 《しばしば l-》 C 女たらし (♦ Nicholas Rowe の戯曲 *The Fair Penitent*(1703)中の人物から)

*****lo·tion*** /lóʊʃən/ 名 U C 洗浄剤[液]；化粧水，ローション ‖ put after-shave [suntan] ～ (on ...) (…に)アフターシェーブ[日焼け]ローションをつける[塗る]

lot·ta /lɑ́(:)t̬ə | lɔ́tə/, **lot·sa** /lɑ́(:)tsə | lɔ́-/ 《俗》 =lots of

*****lot·ter·y*** /lɑ́(:)t̬əri | lɔ́t-/ 名 (複 **-ter·ies** /-z/) ❶ C 宝くじ，福引き(→ raffle¹) ‖ a ～ ticket 宝くじ券 / win a ～ 宝くじに当たる ❷ C U 抽選，くじ引き ❸ C 《a ～》計算どおりにいかないもの，運次第のもの，宝くじのようなもの ‖ Life [Marriage] is a ～. 人生[結婚]は運次第だ

*****lot·to*** /lɑ́(:)t̬oʊ | lɔ́t-/ 名 ❶ U ロット《ビンゴに似たカードの数字を合わせる遊び》 ❷ C 《主に米》(州政府などが発行する)宝くじ ‖ a ～ ticket 宝くじ券

lo·tus /lóʊt̬əs/ 名 C ❶ 〖植〗ハス；スイレン(睡蓮)，ヒツジグサ ❷ 〖ギ神〗ロートス《その実を食べるとこの世の憂いを忘れ，快楽の夢を見ることができると考えられた想像上の植物》；

〘植〙ナツメ《ロートスの木と信じられた》❸〘建〙蓮華(れんげ)模様 ▶▶ **～ position** 名《通例 the ～》蓮華座, 結跏趺坐(けっかふざ)(lotus posture)《ヨガ式のあぐら》

lótus-èater 名 C 安逸をむさぼる人, 快楽主義者《ロートスの実(→ lotus ❷)を食べて憂いを忘れ歓楽の生活にふけっていた人. Homer の *Odyssey* に由来する》

Lou /luː/ 名 ルー《Louis, Louise の愛称》
▶▶ **～ Géhrig's disèase** 名 U〘医〙ルー=ゲーリッグ病, 筋萎縮性側索硬化症(◆ 米国の野球選手 Lou Gehrig がこの病気で死亡したことから. 正式名は amyotrophic lateral sclerosis)

louche /luːʃ/ 形 いかがわしい, 疑わしい(◆ ラテン語 *luscus*「1つ目の」より)

:loud /laʊd/《発音注意》
—形 (**～·er** ; **～·est**)
❶ (声・音などが)**大きい**(↔ low¹) ; **大声での**, 声高の, 大きな音のする ; 騒々しい(↔ quiet) ‖ The TV is too ～. テレビがとてもうるさい / in a ～ **voice** 大声で / make a ～ noise 大きな音を立てる / ～ music 騒々しい音楽 / The Italian guy upstairs has a ～ party every Friday night. 上の階のイタリア人は毎週金曜日の夜騒々しいパーティーをやる
❷ やかましい, うるさい ; しつこい, 執拗(しつよう)な ‖ be ～ in one's praise しきりに褒める / be ～ in one's demands for higher wages もっと賃金を上げろと執拗に要求する / ～ opposition for [OR to] ... …への強硬な反対
❸ (色・服装などが)派手な, けばけばしい ‖ a ～ suit 派手なスーツ ❹ (態度などが) 下品な, 粗野な ‖ ～ manners 不作法 ❺《主に米》(においなどが)いやな, 不快な
—副 (**～·er** ; **～·est**)
❶ **大声で**, 声高に(loudly)(↔ low¹) ; 騒々しく(◆ aloud (声を出して, 聞こえる声で) と区別) ‖ You're talking too ～. 君の話し声は大きすぎる / Speak ～*er*! もっと大きな声で話しなさい ❷ うるさく, 執拗に ❸ (服装・態度などが)けばけばしく ; 下品に
lòud and cléar 明瞭(めいりょう)に, はっきりと
****out lóud*** (はっきり聞こえるように) 声に出して (aloud) ‖ laugh *out* ～ 声を立てて笑う / think *out* ～ 考えていることを口に出す / count *out* ～ 声に出して数える

lòud·háiler 名《主に英》=bullhorn

***loud·ly** /láʊdli/ 副 ❶ 大声で, 声高に ; 騒々しく ‖ laugh ～ 大声で笑う / echo ～ やかましく反響する ❷ 熱心に ; うるさく ❸ 派手に, けばけばしく ; 粗野に, 下品に ‖ ～ dressed 派手に着込んだ

lóud·mòuth 名 C《口》大声でしゃべり散らす人, おしゃべりな人 ; ほら吹き, 大口をたたく人 **lòud·móuthed** 形

loud·ness /láʊdnəs/ 名 U 音声の強さ ; 大声 ; 騒々しさ ; (色彩・服装などの)派手, けばけばしさ

***lòud·spéaker** 名 C 拡声器, (ラウド)スピーカー

lough /lɑ(ː)k, lɑ(ː)x | lɒx, lɒk/ 名 C《アイル》湖 ; 入江(→ loch)

Lou·is /lúːi/ 名 ルイ ❶ **～ XIV** ルイ14世 (1638–1715)《フランス絶対王制最盛期の王 (1643–1715). 太陽王 (the Sun King) と呼ばれる》❷ **～ XVI** ルイ16世 (1754–93)《フランス王 (1774–92). フランス革命により処刑》

Lou·i·si·an·a /luìːziǽnə/ 名 ルイジアナ《米国南部の州. 州都 Baton Rouge. 略 La.,〘郵〙LA》
-si·an·an, -si·an·i·an 形 名 C ルイジアナ州の(人)
▶▶ **～ Púrchase** 名《the ～》ルイジアナ購入地《1803年にアメリカがフランスから買い入れた土地で, ミシシッピ川からロッキー山脈へ, メキシコ湾からカナダへ及ぶ土地》

***lounge** /laʊndʒ/ 名 C ❶ (ホテル・空港などの)ラウンジ, ロビー, 待合室, 談話室 ;《英》(家庭の)居間 ❷《米》=cocktail lounge ❸ 寝いす, 長いす ❹《単数形で》《英》ぶらぶらすること[ひととき] ‖ have a ～ ぶらぶらする
—動 自 ❶《+副句》ゆったりと座る[もたれかかる, 横になる] (◆ 副句 は場所を表す) ‖ ～ against a wall 壁に寄りかかる / ～ in a chair いすにゆったりと腰をかける / ～ on a sofa ソファーにゆったりと横になる ❷ のらくらと時を過ごす《*around, about*》‖ ～ *around* reading comics 漫画を読んでごろごろする ❸〈…を〉ぶらぶらする[歩く]〈**about, around, at**〉 **—他**〔時〕をのらくらして過ごす《***away***》
▶▶ **～ bàr** 名 C《英》=saloon bar **～ lìzard** 名 C《俗》《けなして》(女性目当てにホテルのラウンジなどをぶらつく)のらくら者, 女たらし **～ sùit** 名 C《英》背広(《米》business suit)

loung·er /láʊndʒər/ 名 C ❶ ぶらぶら歩く人, 怠け者 ❷《主に英》=chaise longue

lóunge·wèar 名 U ラウンジウエア, 室内着

loupe /luːp/ 名 C ルーペ, 拡大鏡

***louse** /laʊs/ (→ 動) 名 (複 **lice** /laɪs/) (→ ❷) C ❶〘虫〙シラミ ❷ (複 **lous·es** /-ɪz/)《口》ろくでなし, 軽蔑すべき人間 ❸ (動物や植物につく)寄生虫《アブラムシなど》
—動 /laʊz/ 他 …からシラミを取り除く
lòuse úp 《口》〈他〉《***lòuse úp ... / lòuse ... úp***》…を台無し[めちゃめちゃ]にする, 没にする ‖ He ～*d up* his big chance. 彼は大きなチャンスを台無しにした **—**〈自〉〈…で〉どじを踏む〈**on**〉

lous·y /láʊzi/ 形 ❶ シラミのたかった, 不潔な, 汚い ❷《口》全くいやな, 卑劣な, ひどい ; お粗末な, 下手な ; 惨めな ❸《叙述》(人が)〈…が〉下手な〈**at, with**〉❹《叙述》《口》ひどく調子[気分]の悪い ❺《叙述》《口》たんまりある ; いっぱいの ‖ be ～ with money 金をたんまり持っている
lóus·i·ly 副 **lóus·i·ness** 名

lout /laʊt/ 名 C 無骨者, 田舎者

lout·ish /láʊtɪʃ/ 形 無骨な, 無作法な

lou·ver,《英》**-vre** /lúːvər/ 名 C
❶ (通気・日よけ用の)よろい張り, よろい窓, ルーバー ❷ (中世の建物の屋根の) 通風用小塔 ❸ ルーバー《自動車のボンネットなどの通気孔》
-v(e)red 形 よろい窓のついた

louver ❶

Lou·vre /lúːvrə/ 名《the ～》ルーブル美術館《パリにある国立美術博物館. もとは王宮》

lov·a·ble /lʌ́vəbl/ 形 愛すべき, 愛らしい
～·ness 名 **lóv·a·bly** 副

***love /lʌv/ 名 動

—名 (複 **～s** /-z/) ❶ U **愛**, 愛情, 好意(↔ hate, hatred) (⇨ 類語) ‖ Kids need lots of ～ so they can feel secure. 子供たちには安心していられるように愛情がたくさん必要だ / His ～ for his family knows no bounds. 彼の家族への愛は計り知れない / The Olympics stir people's ～ of their country. オリンピックは人々の愛国心をかき立てる / great ～ 大きな愛 / real ～ 本当の愛 / true ～ 真実の愛

Behind the Scenes **Love means never [OR not ever] having to say you're sorry. 愛とは決して謝らなくていいということ** 富豪の息子と庶民の娘の悲恋を描いた小説・映画 *Love Story* (邦題「ある愛の詩」)で, 親の反対を押し切って家を出て Jennifer と結婚した Oliver が, Jennifer とけんかをした後, 謝ろうとしたときに言われたせりふ. Jennifer の病死後, 謝ろうとする父親に対して Oliver が同じせりふを言う.「愛とは, 何があっても相手を許せること. だから謝る必要はない」の意. さまざまなテレビドラマ・歌・小説などで言及されている表現. また, Love の部分を Being bad / Hate / Freedom / Killing などに置き換えたパロディー版が漫画やコメディーで使われている (♥ Love は可変.「…とは決して謝らなくていいということ」という強い意志を表明する際に)

❷ U **恋**, 恋愛, 恋慕, 愛 ; 性愛 ; 情事 ‖ He married her for ～, not for her money. 彼が彼女と結婚したのは愛

していたからで，財産目当てではない / He couldn't win [return] her ～. 彼は彼女の愛を勝ち得る[に応える]ことはできなかった / In Mom's case it was ～ at first sight. ママの場合は一目ぼれだった / For some, the bloom of ～ wears off eventually — but not for us! 恋の盛りがいずれは衰えるという人もいるが，私たちの場合はそんなことはない / *Love is blind.* 《諺》恋は盲目；恋する者には相手の欠点は見えない / in one-sided ～ with ... …に片思いして

❸ Ⓒ 愛する人，**恋人** ‖ You're the ～ of my life. あなたは私が心から愛している人だ(♦《口》では「恋人」は boyfriend, girlfriend を使うのがふつう. lover は性的関係にあるが結婚していない相手を指す場合が多く，日本語の「愛人」に近い)

❹ Ⓤ/Ⓒ《単数形で》〈芸術・スポーツなどへの〉強い好み，**愛好**，愛着〈**of, for**〉‖ He has a great ～ *of* nature [music, sport, adventure]. 彼は自然[音楽，スポーツ，冒険]が大好きだ / Her ～ *for* sumo wrestling is well-known. 彼女の相撲好きは有名だ

❺ Ⓒ 好きなもの，愛好するもの ‖ Jazz is one of his greatest ～*s*. ジャズは彼が最も好きなものの1つだ

❻ Ⓒ《英口》おまえ，あなた(♥ 恋人同士，夫婦間，また子供に対して使う呼びかけ)；ねえ，あなた，君(♥ 一般的に親しみを表す呼びかけ. 男性同士で使うことはまれ) ‖ Wake up, ～. Breakfast is ready. あなた，起きて. 朝ご飯ができたから / They are 50 pence each, ～. お嬢さん，1つ50ペニーです(♥ 女性への呼びかけに用いると失礼と感じられることもある) ❼ Ⓤ よろしく(♥ あいさつの決まり文句) ‖ Give your family my ～.=Give my ～ to your family. ご家族によろしくね / Julie sends you her ～. ジュリーがよろしくと言っています ❽ Ⓤ《手紙の結句》…より(よろしく) ‖ See you soon. *Love*, Kate. じゃあまたね，ケートより(♦ Lots of love., All my love., With love. なども親しい人によく使う) ❾ Ⓤ〖テニス・スカッシュ〗ラブ，0点，無得点(♦ 無得点を love というのは play for love, つまり金銭目当てではなく，ただ好きでプレーをするからとされる. また数字のゼロの形からの連想で「卵」の意味のフランス語 l'œuf が転訛(てんか)したとする民間語源説がある) ‖ win the first set six-～ 6対0で第1セットをとる / ～ all ラブオール(0対0) / at ～ 相手を無得点に抑えて / a ～ game ラブゲーム(一方が無得点で終わったゲーム) ❿ Ⓤ (神の)愛，慈愛；(神への)愛，敬愛 ⓫《L-》愛の神，キューピッド

a làbor of lóve (報酬を求めず)好きでやる仕事

****(be) in lóve*** 〈…に〉恋をして(いる)，〈…を〉愛して(いる)；〈…が〉好きで(ある)〈**with**〉‖ They *are* madly *in* ～ *with* each other. 2人はお互いに熱々なんです / a woman *in* ～ 恋する女性

****fàll in lóve*** 〈…を〉**恋する**，愛する；〈…が〉好きになる〈**with**〉‖ They *fell in* ～ *with* each other. 2人は恋に落ちた / I *fell in* ～ *with* the house right away. 私はその家がすぐさま気に入った

fàll òut of lóve 〈…に対する〉愛が冷める；〈今まで好きだったものが〉嫌いになる〈**with**〉

for lòve nor [OR ***or***] ***móney*** 《否定文で》《口》どうしても ‖ We can't get him to say yes *for* ～ *nor money*. 彼にどうしてもうんと言わせることができない

for the lòve of Gód [OR ***Chríst,*** 《英口》***Mike, Péte***] ①《婉曲的》何だって(♥ 驚き・失望を表す) ② どうかお願いだから，後生だから

(jùst) for lóve；***(jùst) for the lóve*** 〈…が〉好きなために，楽しいから；〈…への無私の愛ゆえに〉無報酬で〈**of**〉

****màke lóve*** ①《婉曲的》〈…と〉セックスする〈**to, with**〉 ②《旧》〈…に〉甘い言葉をささやく，キスをする〈**to**〉

There is nò [OR ***lìttle***] ***lóve lòst between A and B.*** AとBの間には少しの愛情もない(♦ 古くは「愛情は少しも損なわれていない，まだしっかり愛し合っている」を意味していた)

類語《名 ❶》**love**「愛」を表す一般語. affection, attachment より強い感情.

affection 優しい，温かい愛情；いとおしく思う気持ち・愛情.〈例〉*affection* for one's son 息子への優しい愛情

attachment 人・物に心を引かれ，愛着を感じること.〈例〉*attachment* to one's country 母国への愛着

devotion ひたすらな愛情，献身的な愛.

—動 (～**s** /-z/；～**d** /-d/；**lov·ing**)《通例進行形不可》

—他 ❶〔家族・友人・祖国など〕を**愛する**，大切に思う(↔ hate)；〔神〕を敬愛する ‖ *Love* others as you ～ yourself. 自分を愛するように他人を愛しなさい

❷〔人〕に**恋する**，…を愛する，…にほれている ‖ "I will ～ you for the rest of my life." "How can you be so sure?"「あなたを一生愛し続けます」「どうしてそう言いきれるの」/ He ～*d* his wife deeply [with all his heart]. 彼は妻を深く[心から]愛していた / My parents don't agree who ～*d* who first. 両親はどちらが先に相手を好きになったのかについて意見が食い違っている

❸《受身形不可》(↔ dislike) **a**《+目》〔もの〕が**大好きである**(♦ like よりも強い感情を表す) ‖ I ～ music [movies] more than anything in the world. 私はほかの何にも増して音楽[映画]が好きだ / I ～ it when you smile. 君の笑顔がとても好きだ

b《+**to *do*** / ***doing***》…するのが大好きだ，…をとてもしたい(♦ *to do* と *doing* の違いについては ⇨ LIKE[2] ❶ **b**) ‖ She ～*s to* look at her reflection whenever there is a mirror. 彼女は鏡があると必ず自分の姿を見たがる / He ～*s* teaching children. 彼は子供を教えるのが大好きだ

❹《would, should とともに用いて》《口》**欲しい，したい**(♦ (1)《英》では主語が一人称のとき should を用いることもあるが，現在では would の方がふつう. 会話では肯定文のときはしばしば 'd love となる. (2) would [should] like より丁寧な表現. 女性がよく使う) **a**《+目》《受身形不可》〔もの〕が欲しい ‖ I'd ～ a cup of coffee, if it's not too much trouble. もしもご面倒でなければ，コーヒーを1杯頂けますか

b《+**to *do***》…をしたい ‖ "Would you like to come to the beach with us?" "I'd ～ *to*."「海に一緒に行きませんか」「うれしいわ」(♥ 誘われたときの答えによく使われる. to の後ろの come が省略された形. ×I'd love. は不可)

c《+目+**to *do***》《受身形不可》〔人〕にぜひ…してもらいたい ‖ If you have time tomorrow, I'd ～ you *to* join us. もし明日時間があったらぜひご一緒してほしいのですが(♦《米口》では I'd love for you to ... の形も用いられる)

❺ (植物などが)…を好む，…でよく育つ ‖ Ferns ～ dark, wet places. シダは暗くて湿った所を好む

—自 愛情を抱く，愛する；恋をする

COMMUNICATIVE EXPRESSIONS

1 **I lóve it!** ① それは素晴らしい；素敵だ ② それはいいや，ざまを見ろ(♥ 人の失敗などを面白がって反語的に)

2 **I must** [OR **I'll**] **lòve you and léave you.** (もう少しいたいけれど)そろそろおいとましなければ

3 **You're going to lóve thìs.** いい話を聞かせてあげよう(♥ しばしば他人に起こったよくないことを面白がって人に伝える際の前置き)

▸▸ **～ affàir** 名Ⓒ ①〈…との〉情事，恋愛(事件)；浮気，不倫〈**with**〉 ②〈物事に対する〉熱狂，熱中〈**with**〉‖ have a ～ *affair with* soccer サッカーに熱中している **～ bìte** 名Ⓒ キスマーク(《米》hickey) **～ chìld** 名(複 **～ children**) Ⓒ 未婚の男女から生まれた子(♦ 新聞・雑誌などで使われる). (child born out of wedlock) **～d òne** 名 ①《one's ～》最愛の人 ‖ She prayed for the safe return of her ～*d one*. 彼女は恋人が無事に戻るよう祈った ②《～s》家族，親類；《ときに L- O-》亡くなった身内[親類]の人 **～ fèast** 名Ⓒ ① 愛餐(あいさん)(agape)《初期キリスト教徒の間で兄弟愛の象徴として行った会食》；愛餐式 ②(一般に)懇親会 **～ hàndles** 名 複《口》《戯》腹部のぜい肉 ‖ lose one's ～ *handles* 腹部のぜい肉がとれてや

せる **～ìnterest** 名 C (映画や小説などの主人公の) 恋人役 **～knòt** 名 C (リボンの) 愛 [恋] 結び **～lètter** 名 C 恋文, ラブレター **～lìfe** 名 C U 性生活; 異性関係 **～màtch** 名 C 恋愛結婚 (love marriage) **～nèst** 名 C《通例単数形で》《口》(恋する者の) 愛の巣 **～pòtion** 名 C 媚薬(びやく), ほれ薬 **～sèat** 名 C ラブシート (♦ two-seater ともいう) **～sòng** 名 C ラブソング, 恋歌 **～stòry** 名 C 恋愛物語, ラブストーリー **～trìangle** 名 C《通例単数形で》(恋愛での) 三角関係

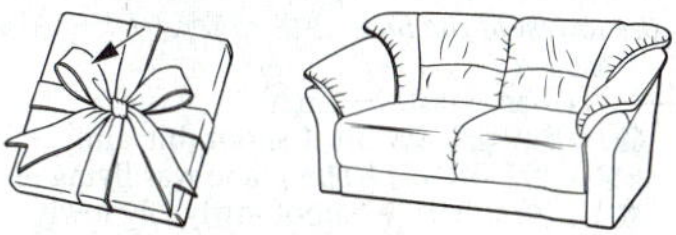

love knot　love seat

love·a·ble /lʌ́vəbl/ 形 =lovable

lóve·bìrd 名 C ❶〚鳥〛ボタンインコ《アフリカ原産の小型で色彩の美しいインコ. つがいの仲がよいことで知られる》❷《～s》《口》熱々のカップル; おしどり夫婦 ‖ Look at those two ～s! あの熱々の2人を見てごらん

lóved-ùp 形《口》❶ 麻薬 (Ecstasy) で気分がハイになった ❷ 恋しくてたまらない

lòve-háte relàtionship 名 C《通例単数形で》(同一対象に対する) 愛憎関係

lóve-ìn 名 C《口》❶《旧》ラブイン《ヒッピーの集会》❷《けなして》(真剣ではなさそうだが) 熱々に見える仲

lòve-in-a-míst 名 C〚植〛クロタネソウ (黒種草)

lóve·less /-ləs/ 形 愛情のない; 愛されていない; 人好きのしない, かわいげのない **～·ly** 副 **～·ness** 名

lóve·lòck 名 C ❶《古》(額や頬(ほお)に垂らした) 巻き毛, 愛嬌(あいきょう)毛 ❷ 垂れ髪《昔, 上流階級の男子が顔の両側に長く垂らしてリボンで結んだ》

lóve·lòrn 形 片思いに悩む

:love·ly /lʌ́vli/

—形 (**-li·er**, 《主に英》**more～**; **-li·est**, 《主に英》**most～**)

❶ **美しい**, 魅力的な, かわいらしい, 愛らしい (↔ ugly) (⇨ BEAUTIFUL 類語P) ‖ a ～ girl 愛らしい女の子 / a ～ view [voice] 美しい眺め [愛くるしい声]

❷ (人が) 愛想のよい, 気持ちのよい; 親切な, 優しい ‖ a ～ person 人柄のよい人

❸《口》**素晴らしい**, **楽しい**, 愉快な (↔ horrible) (♥《米》では主に女性が用いる) ‖ ～ weather とてもよい天気 / have a ～ time 素晴らしい時を過ごす / It's a ～ idea! それは素晴らしい考えだわ / It's ～ to see you. お目にかかれてうれしいわ

❹《L-》《英口》素敵, お見事, ありがとう (♥ 満足感を表す)

lòvely and ... 《英口》素晴らしく…な (♦ and を伴って…の意味を強める) ‖ ～ *and* warm 本当に暖かい

—名 (複 **-lies** /-z/) 《口》(若い) 美しい女性《特にダンサー・モデルなど》(♥ my lovely で呼びかけにも用いる); 美しいもの ‖ stage *lovelies* 舞台の美女たち

-li·ly 副 **-li·ness** 名 U 魅力のあること

lóve·màking 名 U (抱擁・愛撫(あいぶ)などの) 行為; 性交, セックス

:lov·er /lʌ́vər/

—名 (複 **～s** /-z/) C ❶ (肉体関係を持つ, 配偶者以外の) **愛人**, 恋人 (→ love ❸); 情夫 (♥ Paul is her lover. というと「恋人」ではなく「愛人」の意味にとられるので, 「恋人」といいたいときには Paul is her boyfriend. のようにいう方がよい) ‖ a good [lousy] ～ 《口》セックスの上手な [下手な] 人

❷《～s》恋人同士 ‖「a ～'s [OR ～s'] quarrel 痴話げんか ❸《しばしば複合語で》**愛好者** ‖ a music-～ 音楽愛好家 / a great ～ of dogs 大の犬好き

～·ly 形 副

lóve·sìck 形 恋の病にかかった, 恋焦がれた; 恋の悩みを表現する ‖ get that ～ expression on one's face 例の恋焦がれた表情をする **～·ness** 名 U 恋患い

lov·ey /lʌ́vi/ 名《英口》=love 名 ❻

lov·ey-dov·ey /lʌ̀vidʌ́vi/ 〈シ〉 形《口》ほれた, のぼせた; あまりにも感傷的な, 甘ったるい (mushy) ‖ say something ～ 甘ったるいことを言う

***lov·ing** /lʌ́viŋ/ 形《通例限定》❶ (人を) 愛する, 愛情の深い; 愛情 [心] のこもった ‖ a ～ wife 夫思いの妻 / with ～ care 心を込めて世話して, 優しい心配りで / Your ～ daughter, Alice あなたを愛する娘, アリスより (♦ 手紙の結句) ❷《複合語で》…を愛する, …好きの ‖ peace-～ 平和を愛する **～·ly** 副 **～·ness** 名

▶▶ **～ cùp** 名 C 親愛の杯《昔宴会で使われた2つの取っ

メタファーの森　love 愛

love ⇨ journey (愛⇨旅)

「愛」は目的地に向かって進む「旅」に例えられる.

- Tom and Mary are in a **dead-end** relationship. トムとメアリーの関係は行き詰まっている (♦ dead-end は「行き止まり(の道)」の意)
- They are at a **crossroads** in their relationship. 彼らの関係は岐路にある (♦ 関係を断つか継続するかを選択しなければならないような状態を指す)
- Our marriage is **on the rocks.** 私達の結婚は暗礁に乗り上げている (♦ on the rocks は「(船などが) 座礁する」の意. ここでは夫婦関係が破綻寸前であることを表す)

⇨ LIFE メタファーの森

love ⇨ flame (愛⇨炎)

「愛」は燃え上がる「炎」に例えられる. また, 心に火がつくことは愛の始まりを表す.

- My heart is **on fire.** 私の心に火がついた
- **I'm burning with** love for her. 私は彼女に恋焦がれている
- I don't want to **get burned** again. もう (恋愛で) やけどはしたくないんだ
- She's **an old flame.** 彼女は昔の恋人だ (♦「新しい恋人」の意味で new flame とは言わない. find a new love (新しい恋人を見つける) のように表現する)

love ⇨ thread (愛⇨糸)

「愛」は「糸」に例えられ, 糸を結ぶことは恋愛関係になること, 糸を切ることは恋愛関係を解消することを表す.

- There once was **a romantic tie** between them. かつて彼らは恋愛関係だった
- You should **cut ties** with a man like him. 彼みたいな男とは関係を断ったほうがいいよ
- I feel we are **bound** together by destiny. 彼女と運命の糸で結ばれている気がする (♦ 日本語には「(運命の) 赤い糸」という表現があるが, 英語では色のイメージはない)
- My sister is going to **tie the knot** with her classmate next year. 来年, 姉は同級生と結婚する予定です (♦ tie the knot は「結婚する」という意味の成句表現)

手のついた回し飲み用の大きなカップ》 ~ **kíndness** 名 U 慈愛, 慈悲, 慈しみ, 思いやり

low[1] /loʊ/ 《発音注意》 形 副 名

中心義 **(ある基準よりも位置が)低い** (★物理的なものに限らず, 「程度」「価値」「身分」などにも用いる)

形 **低い❶❷ 安い❷ 劣る❸ 元気のない❺**

—形 〔▶ lower[1] 動〕 (**~·er**; **~·est**)
❶ (高さ・位置が)**低い** (↔ high); 低い所にある (♦ 人の「背が低い」は short, 「鼻が低い」は flat) (⇨ HIGH 類語P) ‖ The basin is surrounded by ~ mountains. その盆地は低い山々に囲まれている / a ~ building [tree] 背の低い建物[木] / I feel closed in due to the ~ ceiling. 天井が低いせいで閉じ込められているように感じる / The sun was already ~ in the sky. 日はすでに傾いていた / make a ~ bow 深々と[丁寧に]おじぎをする / The river [reservoir] is ~. 川[貯水池]の水位が低い / ~ clouds 低く垂れ込める雲
❷ (数値・価格などが)**低い**, (値段が)**安い** ‖ This food is ~ in calories [cholesterol, sodium]. この食べ物はカロリー[コレステロール, 塩分]が少ない / The temperature will be in the ~ 50s. 気温は(カ氏) 50度の前半でしょう《51–53度ぐらいを指す》/ ~ prices [wages, taxes] 低い価格[賃金, 税金] (♦ ×cheap prices [wages, taxes] とはいわない. ⇨ PB 14) / at (a) ~ speed 遅いスピードで / ~-fat yogurt 低脂肪のヨーグルト / a ~-calorie diet 低カロリーの食事 / ~-cost housing 低価格の住宅 (♦ 上例のようにしばしば複合語として使う)
❸ (程度・水準・質などが) 低い, **劣る** (⇨ HEALTH メタファーの森) ‖ Morale among the factory workers was really ~. 工員たちの士気は実に低かった / ~ moral [safety, environmental] standards 低い道徳[安全, 環境]基準 / have a ~ opinion of him = hold him in ~ esteem 彼のことはあまり評価していない / a ~ **level** 低い水準 / ~-priority 低い優先順位 / ~-quality silk 質の悪い絹
❹《叙述》〈…が〉不十分な, 底を突きかけた〈**on**〉‖ Fuel is running [OR getting] ~. = We are running [OR getting] ~ *on* fuel. 燃料が底を突き始めた / Food stocks are ~. 食料の在庫が手薄だ / We are ~ *on* money. 懐が寂しい
❺ **元気のない**, 意気消沈した; (健康状態などが) 悪い ‖ I'm feeling a little ~ today. 今日は少し落ち込んでいるんです / He seems to be in ~ spirits. 彼は元気がないようだ / in a ~ state of health 健康状態が悪い
❻ 低音の, (周波数帯が)低域の; (音・声が)小さな, 静かな (↔ loud) ‖ Keep your voice ~. 大きな声を立てるな / The volume on the radio is too ~. ラジオの音(量)が小さすぎるよ / speak in a ~ voice 小さい[低い]声で話す / a ~ murmur 小さい[低い]つぶやき声
❼ (光などが)暗い, 弱い; (火が)弱火の; (電池が)切れかかった ‖ The lights in the hall were ~. 廊下の照明は暗かった / The candle was burning ~. ろうそくの火がちろちろと燃えていた / cook on a ~ heat 弱火で調理する / a ~ battery 切れかけている電池
❽ (地位・身分などが)低い, 下層の (⇨ POWER メタファーの森) ‖ the ~*er* classes of society 社会の下層階級 / a man of ~ social standing 社会的地位の低い人 / be of ~ birth [OR breeding] 《旧》下層の出である ❾ 低級な, 品のない, 低俗な (↔ honorable); 卑劣な ‖ ~ manners 粗野な態度 / a ~ joke 下品な冗談 / mix with ~ company 低俗な連中と交わる / a ~ trick [blow] 卑劣な策略[行為] / ~ cunning 下劣な悪知恵
❿ (自動車のギアが) ローギアの, 低速用の ‖ shift into ~ gear ローギアにシフトする ⓫ (婦人服の) 襟ぐりの大きい, 胸元の開いた ‖ Her blouse has a ~ neckline. 彼女のブラウスは胸が大きく開いている ⓬ 〘音声〙 (母音が) 舌の位置の低い (/æ/ /ɑ/ など) ‖ a ~ vowel 低母音

be bròught lów 落ちぶれる, (財産価値などが)下がる
lày ... lów ① …を(病気などで)弱らせる (♦ しばしば受身形で用いる) ‖ He was *laid* ~ by [OR with] (the) flu. 彼はインフルエンザで寝込んだ ② …を打ち倒す, 滅ぼす
lìe lów ① うずくまる ② 身を隠す, (世間の目に触れないように) おとなしくしている ‖ This is not the time to act. Just *lie* ~ for a while. 今は行動する時機ではない. しばらくおとなしく様子を見よう
the lòwest of the lów (道徳上)最低の人たち; 社会の最下層の人々

—副 (**~·er**; **~·est**) (↔ high)
❶ (位置が)低く, 低い所に ‖ shoot [hit, aim] ~ 下の方を撃つ[殴る, ねらう] / The plane was flying ~. 飛行機は低く飛んでいた (♦ ×shoot lowly, ×fly lowly とはいわない) / He bent his head ~ in prayer. 彼は深々と頭を垂れて祈った / a dress cut ~ at the front 胸元の大きく開いたドレス / ~ **down** 下の方に[で]
❷ 低音で; 小さな音で, 小声で ‖ Could you speak a little ~*er*? You will wake the baby. もう少し小声で話してくださらない. 赤ん坊が起きてしまうわ
❸ (価格が) 低く ‖ buy ~ and sell high 安く買って高く売る / a ~-paid worker 低賃金労働者
❹ (程度が)低く; (身分などが)落ちぶれて

—名 (複 **~s** /-z/) C ❶ (株式・通貨などの)安値, (温度・重量などの) 最低値 (↔ high) ‖ The stock market **hit** [OR fell to] a **new** ~. 株式市場は新底値をつけた / The yen fell to an **all-time** ~ against the dollar. 円はドルに対し最安値を記録した / Today's ~ will be in the 50s. 今日の最低気温は(カ氏)50度台でしょう
❷ (人生などの) 悪い時期 ‖ His life **hit** an **all-time** ~ when he lost his son in a car accident. 息子を自動車事故で失ったときが彼の人生で最悪の時だった / the highs and ~*s* of my life 私の人生のよい時と悪い時
❸ 〘気象〙低気圧域 ❹ U (自動車の) 低速[ロー]ギア ❺ 《口》(気分の)落ち込み, 憂うつ

▸▸ ~ **béam** 名 C 《米》ロービーム, 下方照射光線《近い所を照らす自動車のヘッドライト》(↔ high beam) **Lòw Chúrch** 名 U 形 低教会派(の)《教義や儀式に重きを置かず福音主義的な英国国教会の一派. → High Church》 **Lòw Chúrchman** 名 (複 **Low Churchmen** /-mən/) C 低教会派の信者 ~ **cómedy** 名 U どたばた[低俗]喜劇, 茶番 **Lów Còuntries** 名 《the ~》(北海沿岸の)低地帯諸国《オランダ・ベルギー・ルクセンブルク》 ~ **fréquency** 名 U 〘無線〙低周波《略 LF, L.F.》 ~ **géar** 名 C U 低速ギア, ローギア ‖ drive in ~ *gear* ローギアで運転する **Lòw Gérman** 名 U 〘言〙 ① (狭義に) 低地ドイツ語《ドイツ北部の方言. 略 LG》 ② (広義に)低地ドイツ語《西ゲルマン語 (West Germanic) 派のうち High German 以外の英語・オランダ語・フリジア語など》(→ High German) ~ **lìfe** 名 = lowlife **Lòw Máss** 名 U 〘カト〙読唱ミサ《音楽を伴わず司祭が典礼文を読唱して行うミサ》(→ MASS[2]) ~ **pòint** 名 《the ~》最悪の状態 ~ **préssure** 名 U ① 低圧(状態); 低気圧 ② (活動などの) 低調 ‖ work at ~ *pressure* のんびり働く ~ **prófile** (↓) ~ **relíef** 名 C U = bas-relief ~ **sèason** 名 《the ~》《英》(客足の減る) 閑散期, シーズンオフ (↔ high season) ~ **slúng** 形 = low-slung **Lòw Súnday** 名 C U 復活祭後の最初の日曜日 ~ **technólogy** 名 U 低度技術, 低レベルの科学技術 (↔ high technology) ~ **tíde** 名 U C ① 干潮(時); 干潮時の水位 (↔ high tide) ② 最低点, どん底 ‖ Her spirits were at ~ *tide*. 彼女はしょげ返っていた ~ **wáter** 名 U (川・湖の)最低水位 (↔ high water); 干潮(時) (low tide); 最低時, 不振状態

low[2] /loʊ/ 動 自 (牛が)もうと鳴く (moo)
—他 …を(うなるような)低い声で言う

—名 C もう(という牛の鳴き声)(moo)

lów·bàll 動 他 《米口》…に信じられないほどの安値をつける；…を過小評価する(underestimate) —形 過小評価の —名 ❶ C 《米口》著しく安い価格(の提示) ❷ U ローボールポーカー《低い手の方が勝ちになるポーカー》

lòw·bórn ⊲ジ 形 低い階層に生まれた, 生まれの卑しい

lów·bòy 名 C 《米》(脚付きの低い)テーブル式たんす(→ highboy)

lowboy

lów·bròw 形 名 C 《けなして》教養[知性]の低い(人), 洗練されていない[低俗趣味の](人) (↔ highbrow)

lòw-búdget 形 低予算の, 金をかけない

lów-càl /-kæl/ 形 低カロリーの (♦ *low-cal*orie より)

lów-càrb /-kɑ̀ːrb/ 形 低炭水化物の (♦ *low-carbo*hydrate より) ‖ ~ food 低炭水化物食品

lòw-cláss 形 質の劣る；下層階級の(lower-class)

lòw-cóst 形 安価の, ローコストの

lòw-cút 形 ❶ =low-necked ❷ (婦人服が) 背がない(backless) ❸ (いすが)背もたれがない(backless)

lòw-dènsity lipoprótein 名 U 〚生化〛低密度リポタンパク質《いわゆる悪玉コレステロール. 略 LDL》(↔ high-density lipoprotein)

lów·dòwn 名 《the ~》《口》〈…の〉真相, 内幕, 実体〈**on**〉 ‖ get the ~ *on* ... …の真相を知る

lòw-dówn ⊲ジ 形 《限定》《口》非常に低い；卑劣な；堕落した；〚ジャズ〛ひどく感情的な

lòw-énd 形 《限定》(商品が) 市場の低価格帯の (↔ high-end) ‖ a ~ computer 低価格仕様のコンピューター

‡low·er¹ /lóuər/

—形 《low¹ の比較級》《比較なし》《限定》 ❶ (場所・位置などが)低い方の, **下の**(↔ upper) ‖ the ~ lip [jaw] 下唇[あご] / the ~ berth (寝台車などの) 下段の寝台 / one's ~ back (人の)腰 / a ~-back pain 腰痛

❷ (土地が) 低い；下流の；南部の ‖ the ~ slopes of a mountain 山の低斜面 / the ~ Seine セーヌ川下流 / ~ New York State 南部ニューヨーク州

❸ (等級・地位が)下級の, 下層の, 下位の；(議院が)下院の；(生物が) 下等の (↔ upper, higher) ‖ the ~ middle class 中流階級の下層 / a ~ boy 《英》(public school の)下級生 / the ~ animals 下等動物

❹ 《しばしば L-》〚地〛初期の, (地層が)下部の, 古い

—動 (⊲ low¹ 形)(**~s** /-z/；**~ed** /-d/；**~·ing**)

—他 ❶ 〔価格・程度・量・調子など〕を**下げる**, 低くする；…を弱める (↔ increase, raise) ‖ She ~*ed* her **voice** to a whisper. 彼女は声を低くしてささやいた / ~ the rent 賃貸料を下げる / ~ the pressure [temperature] 圧力[温度]を下げる

❷ 〔高い位置・角度にあるもの〕を**低くする**, 下げる, 降ろす (↔ raise, lift) ‖ We ~*ed* the flag to half-mast. 我々は旗を半旗の位置に降ろした / ~ a bar by two centimeters バーを2センチだけ下げる / ~ one's **head** [eyes] 頭を低くする[目を伏せる] / ~ one's gun 銃のねらいを下げる ❸ 《~ oneself で》《通例否定文で》〔品位・人格・評判など〕を落とす ‖ I wouldn't ~ myself to accept a bribe. 私は自分の品位を落として賄賂(ﾜｲﾛ)を受け取ろうとは思わない

—自 **低くなる**, 下がる；沈む, 下る(descend)；下落する ‖ The stocks ~*ed* in price. 株価が下がった

—名 C (2つ以上あるものの)低い[下の]方のもの

▸▸**Lòwer Califórnia** 名 下(ｼﾓ)カリフォルニア, バハ=カリフォルニア(半島)《太平洋とカリフォルニア湾との間に延びるメキシコ北西部の半島》 **Lòwer Cánada** 名 下カナダ《ケベック地方南部の旧名》 **~ cáse** ⊲ジ 名 U 〚印〛小文字用植字ケース；小文字(の活字)《略 l.c.》(↔ upper case) ‖ in ~ *case* 小文字で **~ cláss** (↓) **~ còurt** 名 C U 下級裁判所 **~ críticism** ⇨ CRITICISM **~ déck** 名 C 〚海〛下(ｹﾞ)甲板；水兵部屋；《the ~》《集合的に》水兵, 平水夫 (→ quarterdeck) **~ hóuse** [**chámber**] 名 C 《通例単数形で》(2院制の) 下院 (→ Upper House [Chamber]) **~ órders** 名 複 ⊗ 《旧》《蔑》=lower class **~ régions** 名 複 《the ~》地獄, 黄泉(ﾖﾐ)の国 **~ schòol** 名 C 《英》(通常11歳–14歳の子供のための)下級学校[クラス] **~ wórld** 名 《the ~》あの世, 地獄；(天体に対比して)下界, この世(the earth)

low·er² /láuər/ 《発音注意》 動 自 ❶ 顔をしかめる；顔をしかめて〈…を〉見る〈**on, upon, at**〉 ❷ (空模様などが)あやしくなる ‖ ~*ing* clouds 今にも一雨来そうな雲

—名 C しかめっ面；あやしい空模様

lówer·càse /lóuər-/ 〚印〛形 小文字の；小文字で組んだ[印刷した] —動 他 …を小文字で組む[印刷する]

lòwer cláss ⊲ジ 名 《the ~(es)》下層階級(の人々), 労働者階級 **lòwer-cláss** ⊲ジ 形 下層階級の；低級な, 劣等の；(大学・高校の)下級の

lówer·mòst 形 最も下の, 最低の, どん底の(lowest)

lòwest còmmon denóminator 名 《the ~》 ❶ 〚数〛最小公分母《略 L.C.D.》 ❷ ⊗《しばしば蔑》最大多数の人々に共通に受け入れられるもの, 共通項；すぐに感化される[低俗なものに興味を抱く]人々

lòwest còmmon múltiple 名 《the ~》〚数〛最小公倍数《略 LCM》

lòw-fát 形 低脂肪の

lòw-flýing 形 (航空機などが)低空を飛行する

lòw-gráde 形 質の悪い, 低級な；(程度の)低い, 軽度の ‖ a ~ fever 微熱

lòw-ímpact 形 《通例限定》 ❶ 体に負担の少ない ❷ 環境に優しい

lòw-íncome 形 低所得の, 低収入の

lòw-kéy, -kéyed ⊲ジ 形 (写真が) コントラストの少ない, 暗い色調の；低音の, 調子を抑えた, 控えめの (restrained) ‖ a ~ presentation 控えめの商品紹介

low·land /lóulənd/ 名 U/C (~s)低地；《The L-s》スコットランド(南東部の)低地地方(↔ Highlands)

—形 《限定》低地の；《L-》スコットランド低地地方の

low·land·er /lóuləndər/ 名 C 低地人；《L-》スコットランド低地人

lòw-lével 形 《通例限定》低水準の；低地の；低空(から)の；位の低い, 下級の；💻(プログラム言語が)低レベルの

lów·lìfe 名 《the ~》犯罪者の生態；C 《口》犯罪者 (♦ low life ともつづる)

lów-lìfe 形 堕落した, 低級な；犯罪者の

lów·lìghts 名 複 (髪の毛の)暗い色に染めた部分(↔ highlights)

low·ly /lóuli/ 形 地位[身分]の低い, 下級の；謙虚な, 控えめな；簡素な, つつましい；みすぼらしい, 平凡な, つまらない

—副 ❶ 謙遜(ｹﾝｿﾝ)して, 謙虚に ❷ 小声で, 低い声で；低く, 卑しく；安値で **-li·ness** 名

***lòw-lýing** ⊲ジ 形 (高さの) 低い；低い所にある, 低地の ‖ the *lowest-lying* country in the world 世界でいちばん海抜の低い国

lòw-máintenance 形 手数がかからない (↔ high-maintenance)

lòw-mínded ⊲ジ 形 心の卑しい, 浅ましい

lòw-nécked ⊲ジ 形 (婦人服が) 襟ぐりの大きい, 胸元のあいた(low-cut, décolleté)

lòw-páid 形(人・仕事が)給料[賃金]の安い(↔ high-paid)

lòw-pítched ⊲ジ 形 ❶ (声などが)調子の低い, 低音域の；控えめの, 抑えた ‖ give a ~ moan 低いうめき声を発する ❷ (屋根が)勾配(ｺｳﾊﾞｲ)の緩い

lòw-pówer 形 (放送局が)低出力の；低(消費)電力の

lòw-préssure 形 ❶ 低圧の；低気圧の；低圧を用いる ❷ 低調な；やる気のない, 積極性のない；気楽な, のんきな

lòw-príce(d) 形 安価な

lòw-prófile ⊲ジ 形 《限定》(努めて)目立たない, 人目を引

L

かない
lòw prófile 名 C (単数形で)低姿勢(↔ high profile)
kèep a lòw prófile 目立たないようにする
lòw·ránge 形 下級[下層]の(→ elite, midrange)
lòw-ránking 形 (役職などが)下位[下級]の
lòw-rént 形 安っぽい, 品質の悪い
low-res /lòuréz/ 形 《英》=low-resolution
lòw-resolútion 形 解像度が低い, (写真や画像の)細部が鮮明でない(→ lo-res)
lów·rìder 名 C 《米》車高を低くした車(を乗り回す若者)
lòw-ríding 名 U 車の車高を低くすること
—形 (ズボンなどが)ずり下げて着用する
lòw-ríse ⟨シ⟩ 形 《限定》 ❶ 低層建物の, 1·2階建ての(↔ high-rise) ❷ (ズボンなどが) 股上(ﾏﾀｶﾞﾐ) が浅い ‖ ~ jeans ローライズジーンズ —名 C 低層の建物
lòw-rísk 形 危険が小さい ‖ a ~ investment (比較的)安全な投資
lòw-skílled 形 《限定》低技術の
lòw-slúng 形 地面(床面)に近い, (車が)車高が低い
lòw-spírited ⟨シ⟩ 形 元気のない, 意気消沈した(↔ high-spirited)
lòw-téch 形 (産業などが)先端技術を導入していない, 低レベル科学技術の, ローテクの(↔ high-tech)
lòw-ténsion 形 〖電〗低電圧(用)の
lòw-wáter màrk 名 C (↔ high-water mark) ❶ 低潮(水)位標 《略 LWM, lwm》 ❷ 最低点, どん底
lox[1] /lɑ(ː)ks | lɔks/ 名 U 液体酸素 《ロケット用燃料》(♦ *l*iquid *ox*ygen より)
lox[2] /lɑ(ː)ks | lɔks/ 名 U 《米》サケの燻製(くんせい), スモークサーモン(smoked salmon)
***loy·al** /lɔ́ɪəl/ (♦ royal と区別) 形 〔▶ loyalty 名〕 (**more** ~ ; **most** ~) ❶ 〈…に〉忠実な, 誠実な ; 貞淑な (↔ disloyal)〈**to**〉(⇨ FAITHFUL 類語) ‖ a ~ friend 忠実な友 / remain ~ *to* one's country 変わらず国に忠誠を尽くす ❷ (行為·発言などが) 忠誠 [忠実] を示す [表す] ‖ ~ conduct 誠実な行動 **~·ly** 副 **~·ness** 名
lóyal·ìsm 名 U (反乱時の)現体制[国王]への忠誠[支持]
lóyal·ist 名 C ❶ (反乱時の)現体制[国王]の支持者, 忠臣, 王党員 ❷ 《L-》《英》大ブリテン·北アイルランド連合支持者 ❸ 《L-》〖米国史〗(独立戦争時の) 英国政府支持者 ❹ 《L-》(スペイン内乱時の)政府支持者, 反フランコ派
—形 体制[王制]擁護派の
***loy·al·ty** /lɔ́ɪəlti/ 名 〔◁ loyal 形〕 (複 **-ties** /-z/) ❶ U 〈…への〉忠義, 忠実〈**to, toward**〉; 誠実 ❷ C 《しばしば -ties》忠誠心 ; 義理, 義理立て ; 忠実な行為(↔ disloyalty) ‖ a sense of ~ 忠誠心 / confirm one's ~ 忠誠心を確かめる / divided *loyalties* (2つの対立する主義·立場の双方を支持することによる)忠誠心の板挟み
▸▸ ~ **càrd** 名 C ポイントカード, お客様カード《店が得意客に発行する優待カード》 ~ **pòint** 名 C (ポイントカードの)ポイント ~ **prògram** 名 C 〖商〗顧客つなぎとめ方策
loz·enge /lɑ́(ː)zɪndʒ | lɔ́z-/ 名 C ❶ ひし形 ; (宝石の) ひし形面 ; 〖紋章〗ひし形紋, (婦人用の)ひし形の紋地 ❷ 薬用ドロップ, のどあめ 《当初ひし形であったことに由来》 ‖ suck on a throat ~ のどあめをしゃぶる
***LP**[1] 名 (複 **~s**, **~'s** /-z/) C LPレコード (♦ *l*ong-*p*laying (record) の略)
LP[2] 略 *l*ow *p*ressure
LPG 略 *l*iquefied *p*etroleum *g*as(液化石油ガス)
L-plàte /él-/ 名 C 《英》(L字(learner)の入った) 仮免練習中の表示板
lpm, LPM 略 💻 *l*ines *p*er *m*inute 《分当たりの印刷行数. ラインプリンターの性能を表す単位》
LPN 略 *L*icensed *P*ractical *N*urse(《米国の准》看護師)
lpt, LPT 略 💻 *l*ine *p*rint *t*erminal 《パソコンのプリンター接続ポート》
Lr 記号 〖化〗lawrencium(ローレンシウム)
l.s., L.S. 略 *locus sigilli* (=the place of the seal) 捺印(なついん)箇所(♦ ラテン語より)
LSAT /élsæt/ 略 *L*aw *S*chool *A*dmission *T*est (《米国の》法学大学院入学検定試験, エルサット)
LSB 略 💻 *l*east *s*ignificant *b*it (最下位桁(けた)ビット)《右端ビットとも言われ, 十進法ならば「一の位」に相当する》
LSD 名 U 〖薬〗エルエスディー《リゼルギン酸ジエチルアミド. 幻覚剤》(♦ *lys*ergic acid *d*iethylamide の略)
l.s.d., L.S.D. 名 U ポンド=シリング=ペンス《1971年までの旧英国貨幣制度で用いられた用語》; 《英》《旧》金銭, 富(♦ ラテン語 *librae, solidi, denarii* より)
LSE 略 *L*ondon *S*chool of *E*conomics (ロンドン大学経済学部)
LSI 略 〖電子〗*l*arge-*s*cale *i*ntegration (高密度集積回路)
lt. 略 light
Lt. 略 〖軍〗Lieutenant
Ltd, ltd. 略 《英》Limited (有限(責任)の) (♦ 会社名の後に付記して用いる. → limited (liability) company)
LTE 略 *l*ong *t*erm *e*volution 《携帯電話の通信規格の1つ》
Lu 記号 〖化〗lutetium(ルテチウム)
Lu·an·da /luǽndə/ 名 ルアンダ《アンゴラの首都》
lu·au /lúːaʊ/ 名 C (ハワイの)パーティー, 宴会
lub·ber /lʌ́bər/ 名 C ❶ 《方》《古》《けなして》無骨者, ウドの大木 ❷ 新米水夫 **~·ly** 形 無骨な, 不器用な
▸▸ ~('s) **lìne** 名 C 〖海〗(羅針盤[儀]の)基線
lube /luːb/ 名 ❶ =lubricant ❷ =lubrication ❸ C 《米·豪》(車の)オイル交換 —動 他 =lubricate
lu·bri·cant /lúːbrɪkənt/ 名 U C 潤滑油[剤] ; 滑らか[円滑]にするもの —形 潤滑性[用]の ; 滑らか[円滑]にする
lu·bri·cate /lúːbrɪkèɪt/ 動 他 …に潤滑油 [剤] を差す [塗る] ; 〔皮膚など〕を滑らかにする ; 〔人間関係など〕を円滑にする ‖ become ~*d* 酔ってくる ; (性的に)ぬれてくる
-cà·tive 形 潤滑性の **-cà·tor** 名 C 油を差す人 [もの], 注油器 ; 潤滑剤[油] ; 油差し口
lu·bri·ca·tion /lùːbrɪkéɪʃən/ 名 U 潤滑, 注油
lu·bri·cious /luːbríʃəs/, **-cous** /lúːbrɪkəs/ 形 《文》 ❶ 好色な, みだらな, 卑猥(ひわい)な ❷ 滑らかな, すべすべした ; 捕らえどころのない, 移ろいやすい
lu·bric·i·ty /luːbrísəṭi/ 名 U 《堅》 ❶ 好色ぶり, みだら, 卑猥さ ❷ 滑らかさ, 潤滑性 ; 捕らえどころのないこと, 移ろいやすさ
lu·cent /lúːsənt/ 形 《文》 光る, 輝く ; 半透明の (translucent) **-cen·cy** 名 U 光輝 ; 半透明
lu·cerne /lusə́ːrn/ 名 =alfalfa
***lu·cid** /lúːsɪd/ 形 ❶ 明快な, 明瞭(めいりょう)な, わかりやすい ‖ a ~ explanation わかりやすい説明 ❷ (人が) 正気の, 意識のはっきりした ❸ 《文》明るい, 輝く ❹ 透明な, 澄んだ
~·ly 副 **~·ness** 名
lu·cid·i·ty /lusídəṭi/ 名 U ❶ 明瞭, 明快, わかりやすさ ❷ 洞察力, 頭のさえ, 勘
Lu·ci·fer /lúːsɪfər/ 名 ❶ ルシファー, 魔王 (Satan) ‖ (as) proud as ~ (魔王のように) 非常に傲慢(ごうまん)な ❷ 《文》明けの明星《金星》(Venus) ❸ 《l-》 C 《古》(昔の)黄燐(おうりん)マッチ(lucifer match)
Lu·cite /lúːsaɪt/ 名 U 《主に米》《商標》ルーサイト (《英》 Perspex)《透明なアクリル樹脂の一種》
:luck /lʌk/
—名 〔▶ lucky 形〕 ❶ U **運** ; 巡り合わせ ; 縁起(えんぎ)(⇨ 類語) ‖ He had the **bad** ~ 「to get [OR of getting] there at the wrong time. 彼は運悪くまずいときにそこに到着した / It was **bad** ~ that she broke her leg. 運の悪いことに彼女は脚を骨折した / I had a run of **bad** [**good**] ~ in my business. 私は仕事で不[幸] 運続きに見舞われた / have **bad** [OR **hard, tough**] ~ 運が悪い / trust to ~ 運を天に任せる
❷ U **幸運**, よい巡り合わせ, つき ‖ It was **pure** [OR **sheer**] ~ 「to meet [that I met] her. 彼女に会えたの

は全くの幸運だった / I had the ~ to pass the exam. 私は幸運にも試験に合格した / Your ~'s in [out]. 君はついてる[ついてない]ね / My ~ turned [ran out]. 運が向いてきた[尽きた] / *Luck* was「with you [OR on your side]. 君はついてたんだ / What a stroke [OR piece] of ~! 何て運がいいんだろう / Some people have all the ~. 中には運がつきっ放しの人もいる / I wish you ~! ご幸運をお祈りします；頑張ってください / I had no ~ (in) finding a job. 職探しではついていなかった / bring ~ 幸運をもたらす / beginner's ~ ビギナーズラック《賭(か)け事などで初心者がよくつくこと》

❸ Ⓒ 幸運をもたらすもの

as lùck would háve it 巡り合わせで, 運よく[悪く](♦「よく」か「悪く」かは文脈による) ‖ *As* (good) ~ *would have it*, it stopped raining. 運よく雨が上がった

****be in*** [***òut of***] ***lúck*** 運がよい[悪い], ついている[いない]

by (***gòod***) ***lúck*** 幸運にも

dòwn on one's lúck 《口》運が尽きて；金に困って ‖ in this *down-on*-its-~ village このうらぶれた村で

for lúck ① 縁起をかついで, 幸運を願って ‖ knock on wood *for* ~ 厄よけのおまじないに木をたたく ② 特にこれといった理由もなく

hàve the lùck of the dévil [***Írish***] やけに[怖いほど]ついている

pùsh [OR ***prèss***] ***one's lúck*** 《口》(もっとつきを呼ぼうとして)余計な危険を冒す, 図に乗る

rìde one's lúck (よいことについて)成り行きに任せる

the lùck of the dráw (くじ)運；運任せ, 偶然によること (⇨ LIFE メタファーの森)

trỳ [OR ***chànce***] ***one's lúck*** 一か八(ばち)かやってみる

with (***àny*** [OR ***a bìt of***]) ***lúck*** 運がよければ

wòrse lúck 《挿入句として》《口》あいにく, 運悪く

COMMUNICATIVE EXPRESSIONS

1 **Ány [Nò] lúck?** うまくいった[駄目だった]かい

2 **Bàd** [OR **Tòugh, Hàrd, Ròtten**] **lúck!** ついてないね (♥ 不運な目に遭った人への慰め)

3 **Bàd lúck to** him! あの罰当たりめ

4 **Bètter lùck néxt tìme!** この次はうまくいくよ (♥ 失敗した人を励ます)

5 **Gòod** [OR **The** (**vèry**) **bèst of**] **lúck** (**with** your nèw búsiness)**!** (あなたの新しい事業がうまくいきますように)ご幸運をお祈りします, 頑張ってください(♥ 別れのときなどの言葉)

6 **(It is) jùst my lúck!** やっぱりまた駄目だ

7 **Lòts of lúck!** 幸運を祈ってるよ (♥「運でもなければまず駄目だろうから」という否定的意味合いを持つこともある)

8 **Nò sùch lúck!** あいにく[残念ながら] そういうことはない；うまくいかなかった

── 動 自 《口》 **a** 《+**out**》《米》運よく成功する, 運がよい, ついている **b** 《+**into** [**onto, upon**] 名》 運よく…に出くわす, 運よく[偶然]…を手に入れる

lùck one's wáy 運よく〈…を〉手に入れる〈**into, onto, upon**〉 ‖ She ~*ed* her *way into* the job. 彼女は幸運にもその仕事に就けた

類語 《名 ❶》 **luck**「運」を表す口語的な日常一般語. 賭け事の「つき」のニュアンスを伴うこともある. 〈例〉 *Luck* was with us. 私たちはついていた

fortune luck より改まった語. 神話の運命の女神の名に由来し, よく擬人化され, 運命の「気まぐれさ」をほのめかすこともある. 〈例〉 He felt *Fortune* smiling on him. 彼は運命 (の女神) がほほ笑みかけているのを感じた

***luck·i·ly** /lʌ́kɪli/ 副 《文修飾》運よく, 幸いにも ‖ *Luckily* I was at home when he came. うまい具合に彼が来たとき私は家にいた (=I was lucky to be at home when he came.) / *Luckily* for you, the train hasn't departed yet. よかったね, 列車はまだ発車していないよ

lúck·less /-ləs/ 形 不運な(unlucky) **~·ly** 副

:luck·y /lʌ́ki/

── 形 (◁ luck 名) (**luck·i·er**；**luck·i·est**)

❶ 幸運な, 運のよい(↔ unlucky)〈**at, in, with** …(の点)で；**for** …にとって / **to do** …して[するとは]/(**that**) 節 …とは〉 (⇨ HAPPY 類語) ‖ be ~「*at* cards [*in* love, *with* investment] トランプ[恋, 投資]でついている / That was ~ *for* you. それはついていたね / He was ~ (enough) *to* meet the personnel director. 彼は運よく人事部長に会えた / You will be ~ to live to be 90. 90歳まで生きられれば君は幸運だ(♦ 不定詞を伴う場合,「幸運にも…する[…するとは幸運だ]」がふつうだが,「もし…すれば幸運だ」の意味になることもある) / It's [OR We are] ~ *that* we got here early. 早く着いたのは幸いだ / think [OR consider, count] oneself ~ 自分を運がよいと思う

❷ 幸運によって生じる, まぐれの(↔ unlucky) ‖ a ~ guess [OR hit] まぐれ当たり / a ~ accident 幸運による巡り合わせ (の出来事) ❸ 幸運をもたらす, 縁起のよい ‖ a ~ number 縁起のよい数 / a ~ charm 幸運のお守り

You [***He,*** etc.] ***will be lúcky***；***You*** [***He,*** etc.] ***should be sò lúcky*** 《口》そうはうまくいくものか (♥ 皮肉表現) ‖ He *should be so* ~. 彼は虫がよすぎるよ

COMMUNICATIVE EXPRESSIONS

1 **Lùcky yóu [mé]!** 君はついてるね[よし, ついてるぞ]

2 **Yóu lùcky dóg!** この果報者め

lúck·i·ness 名

▸▸ **~ bág [díp]** 名 Ⓒ 《通例単数形で》《英》(バザー・パーティーなどでの) 福袋(《米》grab bag)《料金をとって袋の中の品物をつかみ出させる宝くじの一種》

***lu·cra·tive** /lúːkrət̬ɪv/ 形 (仕事などが)もうかる, 利益のあがる(profitable) **~·ly** 副 **~·ness** 名

lu·cre /lúːkər/ 名 Ⓤ 《けなして》《戯》不正に得た金[利益] ‖ filthy ~ 不正利得

lu·cu·bra·tion /lùːkjubréɪʃən/ 名 Ⓤ (深夜の) 刻苦研鑽(けんさん), 思索；Ⓒ (学究的)労作, 苦心の作

lu·cu·lent /lúːkjulənt/ 形 ❶ 明快な, わかりやすい ❷ きらめく **~·ly** 副

Lu·cy /lúːsi/ 名 ルーシー ❶ 女子の名 ❷ 1974年エチオピアで発掘された約320万年前の猿人の女性の名

Lud·dite /lʌ́daɪt/ 名 Ⓒ ❶ 《けなして》機械化反対論者 ❷ 『英国史』ラッダイト運動の一員《19世紀初頭の英国における機械破壊運動の参加者》

lu·dic /ljúːdɪk/ 形 滑稽(こっけい)な遊びの；茶化している

lu·di·crous /lúːdɪkrəs/ 形 滑稽な, ばかげた(⇨ FOOLISH 類語) ‖ That's ~! そんなばかな

~·ly 副 **~·ness** 名

lu·do /lúːdou/ 名 Ⓤ 《英》ルード《さいころと数取りを使って盤の上でする子供のゲーム》

luff /lʌf/ 動 他 自 『海』(船の船首を[が]) 風上に向ける [向く] ── 名 Ⓒ 『海』ラフ《前帆の前べり》

lug[1] /lʌg/ 動 (**lugged** /-d/；**lug·ging**) 他 ❶ 〔重いもの〕を(無理やり)引きずる[引っ張る]；〔人〕を(無理やり)連れて行く《**along**》 ❷ (関係もないのに)〔話題など〕を無理に持ち込む《**in**》 ‖ ~ a topic *in* ある話題を強引に持ち出す ── 自 〈…を〉強く[ぐいと]引っ張る〈**at**〉 ── 名 ❶ Ⓒ 《a ~》強く引くこと ❷ Ⓒ (果物・野菜の)出荷用木箱；『海』=lugsail

lug[2] /lʌg/ 名 Ⓒ ❶ 取っ手, 柄, つまみ, 突起 ‖ a ~ bolt 耳付きボルト ❷ 《スコット・北イング口》耳 (ear) ❸ 《主に米口》《ときに戯》無骨者, のろま ❹ =lugworm

▸▸ **~ nùt** 名 Ⓒ (車輪固定用などの)大型ナット

luge /luːʒ/ 名 Ⓒ リュージュ《スイス起源の1人または2人乗りの競技用のそり》；《the ~》その競技 ‖ a two-man ~ 2人乗りリュージュ ── 動 自 リュージュで滑る **lúg·er** 名

Lu·ger /lúːgər/ 名 Ⓒ 《商標》ルーガー《ドイツ製自動拳銃》

***lug·gage** /lʌ́gɪdʒ/ 《発音注意》 名 Ⓤ 《集合的に》《主に英》旅行用スーツケース[かばん]類；(旅行の)手荷物, 小荷物 (《主に米》baggage) (♦ 英国でも空港などでは baggage がよく用いられる) ‖ two pieces of ~ 手荷物2個

▸▸ **~ ràck** 名 Ⓒ (列車・バスなどの)網棚；(車の屋根の上

L

の)荷台 **～ vàn** 名 C《英》(列車に連結されている)手荷物車両(《米》baggage car)

lug·ger /lʌ́gər/ 名 C〘海〙ラガー《ラグスル(lugsail)付きの小型帆船》

lúg·hòle 名 C《英口》耳

lug·sail /lʌ́gsèɪl,〘海〙-səl/ 名 C〘海〙ラグスル(lug)《四辺形の縦帆》

lu·gu·bri·ous /ləgúːbriəs/ 形 (あまりにも)悲しげな, 痛ましい, 悲しみに沈んだ **～·ly** 副 **～·ness** 名

lúg·wòrm 名 C〘動〙タマシキゴカイ《釣りの餌(え)用》

Luke /luːk/ 名 ❶〘聖〙ルカ《使徒パウロの友人》❷ ルカによる福音書, ルカ伝《新約聖書中の一書》

*__luke·warm__ /lùːkwɔ́ːrm/ ⊲シ 形 ❶ (液体などが) 生ぬるい, 微温の ‖ ～ to the touch 手触りが生ぬるい ❷ (態度などが)熱意のない, 生半可な,〈…に〉気乗り薄の〈**about, to**〉‖ ～ *about* a proposal 提案に気乗り薄の

～·ly 副 **～·ness** 名

*__lull__ /lʌl/ 《発音注意》動 他 ❶〔赤ん坊など〕をあやして寝かしつける, なだめる；(揺れ・音などが)〔人〕を落ち着かせ眠くさせる ‖ ～ a baby to sleep 赤ん坊をあやして寝かしつける ❷〔感情など〕を和らげる；〔人〕を安心させて[だまして]〈…の状態に〉する〈**into**〉‖ She was soon ～*ed into* a false sense of security. 彼女はじきにだまされて安心感を抱いた ❸ (だまして)〔疑惑・警戒心など〕を解く, 静める ❹〔嵐(あらし)など〕を静める —自 (嵐・騒音などが)静まる, 和らぐ；(恐怖・疑惑などが)弱まる

—名 C《通例単数形で》〈嵐などの〉小やみ, なぎ；〈病気・苦痛などの〉小康状態；〈会話などの〉一時的休止〈**in**〉‖ the ～ before the storm 嵐の前の静けさ / a momentary ～ *in* the conversation 会話のつかの間の途切れ

lull·a·by /lʌ́ləbàɪ/ 名 (複 **-bies** /-z/) C 子守歌 (の曲) (cradle song) —動 (**-bied** /-d/; **～·ing**) 他〔子供〕を(子守歌を歌って)寝かしつける[あやす]

lu·lu /lúːluː/ 名 C《俗》特別に優れたもの[人]

lum·ba·go /lʌmbéɪgoʊ/ 名 U 腰痛(backache)

lum·bar /lʌ́mbər/ 形《限定》腰の, 腰部の；腰椎(ようつい)の ‖ ～ pain 腰痛 ▶▶**～ púncture** 名 C《英》〘医〙腰椎穿刺(せんし)《麻酔などのために腰椎に針を刺すこと》

*__lum·ber__¹ /lʌ́mbər/ 名 U ❶《主に米》材木, 木材 (《英》timber) (⇨ TREE 類語P) ‖ green [seasoned] ～ 未乾燥の[よく乾燥した]木材 ❷《主に英》(大きな)がらくた, 不用品《使い古した家具など, 場所をふさぐもの》

—動 他 ❶《通例受身形で》《英口》〈やっかいなこと[もの]を〉押しつけられる〈**with**〉‖ I've been ～*ed with* all his problems. 彼が抱えている問題をすっかり押しつけられてしまった ❷《主に米》〔森など(の木)〕を伐採する；〔材木〕を切り出す ❸〔がらくたなど〕を(無造作に)積み上げる；〔部屋・場所〕を〈がらくたで〉ふさぐ, …に〈がらくたなどを〉積み上げる〈**with**〉 —自《主に米》材木を切り出す, 製材する

～·er 名 C《主に米》伐採[製材]業者

▶▶**～ ròom** 名 C《英》がらくた部屋, 物置, 納戸(なんど)

lum·ber² /lʌ́mbər/ 動 自 重そうに[ぎくしゃく, がたがた]動く ‖ ～ to one's feet 大儀そうに立ち上がる

lum·ber·ing /lʌ́mbərɪŋ/ 形 重々しそうに動く[歩く]

lúmber·jàck 名 C ❶《米・カナダ》きこり, 材木切り出し人 ❷《米》=lumberjacket

lúmber·jàcket 名 C ランバージャケット《きこりの着る短い上着》

lúm·ber·man /-mən/ 名 (複 **-men** /-mən/) C《米》材木商, 製材業者；=lumberjack ❶ (中立 lumber worker, logger)

lúmber·yàrd 名 C《米》(貯蔵・販売用の)材木置場

lu·men /lúːmən|-mɪn/ 名 (複 **-mi·na** /-mɪnə/) C ❶〘理〙ルーメン《光束の単位. 略 lm》❷〘解〙(管状器官などの)内腔(ないこう)；〘植〙細胞間隙(かんげき)

lu·mi·nance /lúːmɪnəns/ 名 U ❶〘光〙輝度(きど)；(発光体・反射体の)明るさ ❷〘放送〙ルミナンス, 光度信号《画面の明るさを決定するビデオ信号の構成要素》

lu·mi·nar·y /lúːmənèri|-mɪnəri/ 名 (複 **-nar·ies** /-z/) C ❶ 権威者；傑出した人物；名士, 有名人 ❷《文》(空の)発光体《太陽・月・星など》

lu·mi·nesce /lùːmɪnés/ 動 自 冷光を発する

lu·mi·nes·cence /lùːmɪnésəns/ 名 U ルミネセンス, 無熱光, 冷光(現象) **-cent** 形 冷光を発する

▶▶**～ dàting** 名 U ルミネセンス時代測定法《radiocarbon dating などとともに主要な時代測定法》

lu·mi·nos·i·ty /lùːmɪnɑ́(ː)səṭi|-nɔ́s-/ 名 U 光り輝くこと, 光輝；聡明；〘天〙光度；C 発光物[体]

*__lu·mi·nous__ /lúːmɪnəs/ 形 ❶ (特に暗い所で) 光を発する, 光り輝く, 夜光性の；明るく照らされた, 明るい ‖ a ～ body 発光体 / ～ paint 発光[夜光]塗料 ❷ 明るい色の, 蛍光色の ‖ ～ green 明るいグリーン ❸ (意味の)明白な, わかりやすい；啓発的な **～·ly** 副 **～·ness** 名

lum·me, lum·my /lʌ́mi/ 間《英口》《旧》こいつは驚いた(♦ (Lord) love me! より)

lum·mox /lʌ́məks/ 名 C《主に米口》《けなして》のろま, 間抜け ‖ You big [OR stupid] ～! この間抜け野郎め

:**lump**¹ /lʌmp/

—名〔▶ lumpish 形, lumpy 形〕(複 **～s** /-s/) C ❶ (不定形の) **かたまり**, ひとかたまり ‖ Give the sauce a good stir until all the ～*s* are gone. だまがなくなるまでソースをよく混ぜなさい / a ～ of clay ひとかたまりの粘土 ❷〈…の〉こぶ, はれ物〈**on, in**〉‖ a ～ *on* one's neck 首にできたはれ物 / a ～ *in* one's chest 胸の中にできたしこり ❸ 角砂糖(1個) ‖ One ～ or two? 砂糖は1つ, それとも2つ ❹《口》間抜け, のろま；太っちょ ❺《通例 a ～》(一括しての) 大量, 多量 ‖ a ～ (sum) of money (いちどきにやりとりされる)大金 ❻《～s》《米口》ひどい打撃, (悪事などの)報い；非難, 批判 ‖ take [OR get] one's ～*s* ひどい攻撃[非難, 罰]を(甘んじて)受ける / give him his ～*s* 彼をひどく懲らしめる ❼《the ～》《集合的に》《単数・複数扱い》《英口》(建築現場などの)季節労働者

a lúmp in one's [OR ***the***] ***thròat*** (悲しみ・感動で)のどが詰まるような[胸がいっぱいになる]感じ ‖ I had *a* ～ *in* my *throat* at the sight.=The sight brought a ～ to my throat. その光景を見て私は胸が詰まった

—形 ❶ かたまりになった ‖ ～ sugar 角砂糖 ❷ ひとまとめになった, 一回払いの ‖ a ～ payment 一括払い

—動 他 ❶ …を〈…と〉一緒くたにする, 一様に扱う《***together***》〈**with**〉(♦ しばしば受身形で用いる)；…をひとかたまり[ひとまとめ]にする ‖ They were ～*ed together* as rebellious. 彼らは一様に反逆的だとされた / I don't mean to ～ you *with* anybody. 君をどの人とも一緒にするつもりはない / Let's ～ all the expenses together. 費用は全部ひとまとめにしよう

❷《+副句》《英》〔重い荷物〕を骨折って運ぶ

—自 ❶ ひとかたまりになる《***together***》

❷ 重そうに歩く, のっそり動く《***along***》

▶▶**～ súm** 名 C 一括払いの金額, 総額

lump² /lʌmp/ 動 他《口》…をしぶしぶ我慢する(♦ lump it の形で like it と対比させて用いる. → like²)

lump·ec·to·my /lʌ̀mpéktəmi/ 名 U〘医〙乳腺(にゅうせん)腫瘤(しゅりゅう)摘出(術)《乳房は切除しないようにする. → mastectomy》

lum·pen /lʌ́mpən/ 形 社会から脱落した, 下層階級の, ルンペンの —名《the ～》《単数・複数扱い》下層階級の人

lúmp·fìsh 名 (複 **～** OR **～·es** /-ɪz/) C〘魚〙ダンゴウオ (lumpsucker)《大西洋産種の卵はキャビアの代用》

lump·ish /lʌ́mpɪʃ/ 形〔◁ lump¹ 名〕無器用な, ぎこちない；のろまの, 間抜けな **～·ly** 副 **～·ness** 名

lump·y /lʌ́mpi/ 形〔◁ lump¹ 名〕❶ (スープなどが) (小さな) かたまりの多い；(マットレスなどが) 表面のぶつぶつした, (道などが) でこぼこの；(海面などが) さざ波の立っている ❷ =lumpish **lúmp·i·ly** 副 **lúmp·i·ness** 名

Lu·na /lúːnə/ 名〘ロ神〙ルナ《月の女神.〘ギ神〙のセレネ (Selene)に相当》；U〘錬金術〙銀

L

lu·na·cy /lúːnəsi/ 名 ❶ U《旧》精神障害, 狂気(insanity) ❷ U 狂気の沙汰(さた); C 狂気じみた行為

*__lu·nar__ /lúːnər/ 形《通例限定》❶ 月の, 月に関する; 月(面)用の; (潮の干満などが)月の影響による ‖ the ～ orbit 月の軌道 / a ～ vehicle 月面車 ❷ 月の公転によって測られる, 太陰(暦)の(↔ solar) ❸ 月のような; 半月[三日月]形の ❹ (光などが)青白い, かすかな ❺ 銀の, 銀を含む

▸▸ ～ **cálendar** 名《the ～》太陰暦 ～ **cýcle** 名 C〘天〙太陰周期(→ Metonic cycle) ～ **dáy** 名 C 太陰日《約24時間50分》 ～ **dístance** 名 C U〘海〙月距(げっきょ)《月と太陽または星との距離. 海上で経度を測るために用いる》 ～ **eclípse** 名 C〘天〙月食(→ solar eclipse) ～ **(excúrsion) mòdule** 名 C 月着陸船《略 LM, LEM》 ～ **mónth** 名 C 太陰月《新月から新月までの期間. 平均太陽時で約29½日》; 《俗に》4週間 ～ **yéar** 名 C 太陰年《354日8時間》

lu·nate /lúːneɪt/ 形 三日月形の
── 名 C〘医〙(手首の)月状骨

*__lu·na·tic__ /lúːnətɪk/ 《アクセント注意》名 C ❶ 愚か者, 変人 ❷《旧》⊗《蔑》狂人, 精神障害者
── 形《限定》❶ 全くばかげた, 狂気じみた; 常軌を逸した ❷ ⊗《蔑》精神障害の, 狂気の
語源 ラテン語 *luna*「月」の意より.

▸▸ ～ **asýlum** 名 C《旧》精神科病院(♦ 現在では mental home [hospital, institution] が一般的) ～ **frínge** 名《the ～》⊗《蔑》(政治・社会・宗教運動などの団体周辺の)少数の狂信的支持者, 少数過激派

lunch /lʌntʃ/ 名 動

── 名 (複 ～·es /-ɪz/) ❶ U C **昼食**(の時間), ランチ(→ dinner); (朝食と夕方の dinner との間の)軽食(♦ 食事の量を表す場合は U, 内容・種類を表す場合は C. 形容詞に修飾される場合以外は通例無冠詞) ‖ What's for ～ today? 今日のお昼は何かな / **have** [OR eat] a light [OR snack] ～ 軽い昼食をとる / I had only a salad for ～. 昼食はサラダで済ませた / go out to ～ 外に昼食に出かける / a working ～ 商談をしながらの昼食 / **after** [before] ～ 昼食後[前]に / **at** ～ 昼食の最中に[で]
❷ U C《米》(時刻を問わずすべての簡単な)軽食, 弁当 ‖ take a picnic [bag, sack] ～ ピクニック用[サンドイッチなど]の弁当を持参する / a box ～《米》(サンドイッチなどを詰めた)ランチボックス(《英》packed lunch)

dò lúnch 《口》昼食を共にする
òut to lúnch ① 昼食に出かけて ②《俗》頭がおかしい, 気が変になった

COMMUNICATIVE EXPRESSIONS
1 **There's nò sùch thíng as a frèe lúnch.** ただほど高いものはない

── 動 (～·es /-ɪz/; ～ed /-t/; ～·ing)
── 自 (レストランなどで)昼食をとる ‖ I ～*ed* on the train. 車中で昼食をとった / ～ out [in] 外[家, 会社など]で昼食をとる
── 他 …に昼食を供する[おごる], …を昼食に連れ出す

～·**er** 名 C 昼食をとる人; 弁当屋

▸▸ ～ **bòx** 名 C ① 弁当箱 ② ラップトップ型コンピューター ～ **brèak** 名 C 昼休み ‖ a one-hour ～ *break* 1時間の昼休み ～ **bùcket** (↓) ～ **còunter** 名 C 軽食堂, 軽食用カウンター ～ **hòme** 名 C《インド》=restaurant ～ **hòur** 名 C =lunchtime ～ **làdy** 名 C《米》=dinner lady ～ **mèat** 名 U《主に米》=luncheon meat ～ **mòney** 名 U 弁当代, はした金 ～ **pàil** (↓)

lúnch-bùcket 形《限定》《米》労働者階級の

lúnch bùcket 名 C《米》弁当箱(lunch pail)

*__lunch·eon__ /lʌ́ntʃən/ 名 ❶ U C《堅》昼食 ❷ C 午餐(ごさん)会, 昼食会 ‖ a charity ～ 慈善昼食会

▸▸ ～ **mèat** 名 U ランチョンミート《すぐに食べられるソーセージなどの加工肉》 ～ **vòucher** 名 C《英》(会社の支給する)(昼)食券(《米》meal ticket)《略 LV》

lunch·eon·ette /lʌ̀ntʃənét/ 名 C《米》軽食堂

lúnch-pàil 形《限定》《米口》労働者階級の(lunch-bucket)

lúnch pàil 名 C《米》弁当箱

lúnch·ròom 名 C《米》=luncheonette; (学校・工場などの)食堂

*__lúnch·tìme__ 名 U C 昼食時, ランチタイム

lune /luːn/ 名 C〘数〙(平面・球面上の)弓形, 半月形; 三日月状のもの;〘カト〙三日月形聖体納器(lunette)

lu·nette /luːnét/ 名 C 半月形のもの;〘建〙(丸屋根などの)半月形の窓[壁面]; 三日月堡塁(ほうるい);〘兵器〙ルーネット, 尾環《砲車などの尾部についている環》;〘地〙三日月状粘土砂丘;〘カト〙三日月形聖体納器

*__lung__ /lʌŋ/ 名 C ❶ (脊椎(せきつい)動物の)肺, 肺臓; (無脊椎動物の)肺嚢(はいのう), 書肺 ‖ ～ cancer 肺癌(はいがん) ❷《通例 ～s》《英》(大都市内外の)大きな空き地《公園・広場など, 空気の新鮮な場所》‖ the ～*s* of London ロンドン市内および近郊の空き地[公園, 広場]

at the tòp of one's lúngs 声を限りに
hàve gòod [OR ***a gòod pàir of***] ***lúngs*** 声が大きい, 声量のある

▸▸ ～ **capàcity** 名 U 肺活量

lunge /lʌndʒ/ 名 C ❶《単数形で》〘フェンシング〙突き ❷ 〈…への〉突進〈**at, for**〉‖ make a ～ *at* a door ドアを目がけて体当たりする ── 動 自 (剣などで)突く; 〈…目がけて〉突進する〈**at, for, toward, forward**〉‖ ～ into the room 部屋に飛び込む ── 他 〔武器など〕を突き出す

lúng·fìsh 名 (複 ～ OR ～·es /-ɪz/) C〘魚〙ハイギョ(肺魚)《浮き袋が肺に変化して空気呼吸できる. 南米・アフリカ・オーストラリアの淡水域に生息》

lung·ful /lʌ́ŋfʊ̀l/ 名 C (空気・煙などの)胸[肺]いっぱい(の量)

lun·gi /lʊ́ŋgi/ 名 C ❶ (インドなどで腰布・肩布・ターバンに使う)長い布; (インドで男が用いる)腰布, 腰巻き ❷ (ミャンマーで男女が用いる)腰巻き

lúng·wòrm 名 C 肺虫《哺乳(ほにゅう)類の肺に寄生する線虫類》

lu·ni·so·lar /lùːnɪsóʊlər/ 形〘天〙月と太陽の; 太陰太陽の ‖ a ～ period 太陰太陽期《太陰暦と太陽暦が循環して一致する周期. 532年》

lunk·er /lʌ́ŋkər/ 名 C《米口》(特に釣りの)大物

lúnk·hèad /lʌ́ŋk-/ 名 C ⊗《口》《蔑》ばか, うすのろ

lu·nu·la /lúːnjulə/ 名 (複 **-lae** /-lìː/) C 新月状[三日月形]のもの, つめの半月(♦ ラテン語 *luna* より)

Luo·yang /lwòʊjáːŋ/ 名 洛陽(ルオヤン)《中国東部, 河南(ホーナン)省の古都》

lu·pine¹, 《英》**-pin** /lúːpɪn/ 名 C〘植〙ルピナス《マメ科の観賞用植物》; 《～s》ルピナスの種子《食用》

lu·pine² /lúːpaɪn/ 形 オオカミの(ような)(wolfish); 獰猛(どうもう)な, がつがつした

lu·pus /lúːpəs/ 名 U〘医〙狼瘡(ろうそう)《潰瘍(かいよう)性の皮膚病》

▸▸ ～ **èr·y·thè·ma·tó·sus** /-èrəθìːmətóʊsəs/ 名 U〘医〙紅斑(こうはん)性狼瘡

*__lurch¹__ /ləːrtʃ/ 動 自 ❶《+副句》(人が)よろめく, 千鳥足で歩く(stagger)(♦ 副句 は方向を表す) ‖ ～ along the pavement 歩道を千鳥足で歩く / ～ against the wall よろけて壁にぶつかる ❷ (人・情勢などが)あちこち揺れ動く ‖ She kept ～*ing* from one topic to another. 彼女の話は絶えず話題があちこちに飛んだ ❸ (恐怖・興奮などで)(心臓・胃が)躍る; どきっとする ❹ (船・車などが)突然傾く, がくんと揺れる ── 名 C ❶ (車・船などの)急な傾き, 突然の揺れ; (心の)動揺 ‖ The ship gave a great ～. 船は大きく傾いた ❷ (人の)よろめき ～·**ing·ly** 副

lurch² /ləːrtʃ/ 名《次の成句で》
lèave a pèrson in the lúrch 〔人〕が困っているのを見捨てる, 〔人〕を見殺しにする

lurch·er /lɜ́ːrtʃər/ 名 C ❶《英》(主に密猟者の使う)雑

L

種の猟犬 ❷《古》こそ泥；密猟者；スパイ

*__lure__ /ljʊər, ＋英 ljəː, ljɔː/ 名 ❶《通例 the ～》人を引きつける力, 魅力；人を引きつけるもの ‖ the ～ of adventure 冒険の魅力 ❷ C おとり(decoy)；生き餌(え), (特に魚釣り用の)疑似餌, ルアー ❸ C 呼び戻しおとり《タカ狩りで, タカを呼び戻すのに用いる鳥形のおとり》

—動 他 ❶ …を〈…に〉誘惑する, そそのかす〈**into, to**〉；〔人・動物など〕を〈…から〉誘い出す《**away**》〈**from**〉(→ allure) ‖ The blackmailer was *～d into* the trap. 恐喝犯は罠(わな)におびき寄せられた / The designer was *～d away from* his old company. そのデザイナーは誘いにあって前の会社から引き抜かれた ❷〔タカ〕をおとりで呼び戻す **lúr·er** 名

Lu·rex /ljʊ́əreks, 英＋ ljɔ́ː-, ljəː-/ 名 U《商標》ルレックス《プラスチックにアルミ被覆をした繊維》

lur·gy /lə́ːrɡi/ 名 C《通例単数形で》《英》《戯》軽い病気

lu·rid /lʊ́rəd | ljʊ́ərɪd/ 形 ❶(色などが)毒々しい, けばけばしい ‖ paperbacks in ～ covers けばけばしい表紙のペーパーバック ❷恐ろしい, ぞっとするような, 残忍な；扇情的な ‖ give all the ～ details of a catastrophe 大惨事の恐ろしい模様を一部始終伝える ❸(空・雲などが)ぎらぎら燃えるような, 燃えるように真っ赤な ‖ a ～ sunset 燃えるような日没 ❹(死人のように)青白い, 青ざめた(wan)

～·ly 副 **～·ness** 名

*__lurk__ /ləːrk/ 動 自 ❶(＋副句)潜む, 潜伏する；待ち伏せする；(人目を避けて)こそこそと行動する(♦ 副句 は場所を表す) ‖ ～ in the shadows 暗がりに潜む / ～ behind a tree 木の陰に潜む ❷(危険・感情・疑念などが)〈…に〉潜んでいる, 潜在する〈**in, behind, etc.**〉‖ Suspicion *～ed in* her heart. 疑念が彼女の胸中に潜んでいた ❸ 💻チャットルームなどを(自分は発言せずに)のぞく

—名 C《豪・ニュージ口》詐欺, ぺてん

～·er 名 **～·ing** 形

lur·ve /ləːrv/ 名 U 動《英口》＝love(♦ 恋愛感情をおどけて表現するのに用いる非標準的つづり)

Lu·sa·ka /lusɑ́ːkə/ 名 ルサカ《ザンビアの首都》

lus·cious /lʌ́ʃəs/ 形 ❶(味・香りが)甘い, 甘美な, 美味な；(果実が)熟した ❷《口》肉感的な, 官能的な, あでやかな ❸(言葉遣い・文体などが)甘ったるい, 華美な

～·ly 副 **～·ness** 名

lush¹ /lʌʃ/ 形 ❶(牧草(地)などが)青々と茂った, 繁茂した；みずみずしい ❷豪勢な, ぜいたくな, 華美な, 壮麗な ❸《口》セクシーな **～·ness** 名

lush² /lʌʃ/《主に米口》名 U 酒；C 飲んだくれ, 酔っぱらい

—動 他 自 (大酒を)飲む；《旧》(…に)酒を飲ませる[おごる]

Lu·si·ta·ni·a /lùːsɪtéɪniə/ 名《the ～》ルシタニア号《1915年5月7日北大西洋でドイツ潜水艦に沈められた英国の客船》

lu·so·phone /lúːsəfòʊn/ 形 ポルトガル語を話す

*__lust__ /lʌst/ 名 ❶ U C (愛情を伴わない)性欲, 色欲；肉欲 ‖ feel ～ 性欲を感じる / gratify [OR satisfy] one's ～ 肉欲を満たす ❷ U/C《単数形で》〈…への〉強い欲望, 渇望；熱意, 強い興味〈**for, of**〉(⇨ DESIRE 類語) ‖ a ～ *for* power 飽くなき権力欲 / his ～ *for* revenge 彼の強い復讐(ふくしゅう)心

—動 自《(＋**after** [**for**] 名)》…に色情を催す；…を切望[渇望]する(crave) ‖ ～ *after* [OR *for*] power [riches, women] 権力[富, 女性]を貪欲(どんよく)に求める

lus·ter /lʌ́stər/ 名 U ❶つや, 光沢；光り, 輝き, 輝くような美しさ；つや出し材, 光沢剤 ‖ give the apples more ～ リンゴにもっとつやをつける ❷ C U 栄光, 名声 ‖ add (a) ～ to her name 彼女の名前に輝きを添える ❸ C シャンデリア(のガラス製垂れ飾り) ❹《英》ラスター《光沢のある織物》 ❺ラスター《陶磁器表面のうわ薬による金属性の光沢》；ラスター(ウェア)《金属性の光沢のある陶磁器》

—動 他〔布・陶磁器など〕に光沢をつける, …のつやを出す；…に光彩を添える

lust·ful /lʌ́stfəl/ 形 貪欲(どんよく)な；欲しがる；肉欲的な, 好色な, みだらな **～·ly** 副 **～·ness** 名

lust·i·ly /lʌ́stɪli/ 副 元気旺盛に, 力強く

lus·tre /lʌ́stər/ 名 動《英》＝luster

lus·trous /lʌ́strəs/ 形 つや[光沢]のある；光り輝く, 素晴らしい **～·ly** 副

lust·y /lʌ́sti/ 形 強壮な, 丈夫な, 力強い, 元気旺盛(おうせい)な；好色な **lúst·i·ness** 名

lù·sus na·tu·rae /lùːsʊs nɑːtʊ́əriː/ 名 (複 ～ /-suːs-/ OR **lu·sus·es n-** /-ɪz-/) C《堅》自然の戯れ；異形, 奇形；〖医〗先天性奇形

lu·ta·nist, -te- /lúːtənɪst/ 名 C リュート奏者

lute¹ /luːt/ 名 C リュート《15-17世紀に盛んに用いられた撥(ばち)弦楽器》

lute² /luːt/ 名 U 封泥(ふうでい)《空気や液体の漏れを防ぐ粘土やセメント》 —動 他 …に封泥を塗る

lu·te·al /lúːt̬iəl/ 形〖解〗黄体の ‖ ～ hormone 黄体ホルモン

lu·te·in /ljúːtiɪn, -tiːn/ 名 U ❶〖生化〗ルテイン《野菜などに含まれる黄色素》 ❷〖生理〗黄体

lu·te·ti·um, -ci- /lutíːʃəm/ 名 U〖化〗ルテチウム《希土類金属元素. 元素記号 Lu》

Lu·ther /lúːθər/ 名 **Martin** ～ ルター(1483-1546)《ドイツの宗教改革者》

Lu·ther·an /lúːθərən/ 形 ルター(Martin Luther)の；ルター派の, ルーテル教会の —名 C ルターの信奉者；ルーテル教会の信者 **～·ìsm** 名 U ルター派の教義

luv /lʌv/ 名《英口》＝love 名 ❻

luv·vy, luv·vie /lʌ́vi/ 名 (複 **-vies** /-z/) C《英口》❶《けなして》(演技が大げさな)俳優 ❷ ＝lovey

lux /lʌks/ 名 (複 ～ OR **～·es** /-ɪz/ OR **lu·ces** /lúːsiːz/) C ルクス《照度の単位. 略 lx》

*__Lux·em·bourg__ /lʌ́ksəmbə̀ːrɡ/ 名 ルクセンブルク《西ヨーロッパの大公国, およびその首都. 公式名 the Grand Duchy of Luxembourg》

～·er 名 C ルクセンブルク人 **～·i·an** 形 ルクセンブルク(人[語])の

lux·u·ri·ant /lʌɡʒʊ́əriənt | -zjʊ́ə-, lʌksjʊ́ə-/ 形 ❶繁茂した, うっそうと茂った；(髪などが)ふさふさとした ❷(文体などが)華麗な；華やかな ❸(想像力などが)豊かな；(土地などが)肥沃(ひよく)な(fertile), 多産な **-ance** 名

lux·u·ri·ant·ly /lʌɡʒʊ́əriəntli | -zjʊ́ə-, lʌksjʊ́ə-/ 副 ❶うっそうと；(髪などが)ふさふさと ❷気持ちよさそうに

lux·u·ri·ate /lʌɡʒʊ́ərièɪt | -zjʊ́ə-, lʌksjʊ́ə-/ 動 自 ❶〈…に〉とっぷりとふける, 〈…を〉大いに楽しむ(revel)〈**in, over**〉‖ ～ *in* the warm sunshine 暖かい日差しを心行くまで浴びる / ～ on choice wines 美酒を満喫する ❷繁茂する, はびこる；急速に広がる[発展する]

*__lux·u·ri·ous__ /lʌɡʒʊ́əriəs, lʌkʃ- | lʌkʒʊ́ə-, lʌɡʒ-, lʌkʃ-/《アクセント注意》形〔◁ luxury 名〕❶ぜいたくな, 豪華で快適な；官能を心地よく刺激する ‖ a ～ hotel デラックスなホテル ❷ぜいたく好きな；快楽にふける ‖ a ～ taste in clothes 着るものに対するぜいたくな好み

～·ly 副 **～·ness** 名

*__lux·u·ry__ /lʌ́ɡʒəri, lʌ́kʃ- | lʌ́kʃ-, lʌ́ɡʒ-/《アクセント注意》名〔▶ luxurious 形〕(複 **-ries** /-z/) ❶ U ぜいたく, おごり, 豪奢(ごうしゃ) ‖ It was sheer ～ to relax on the beach. 海岸でくつろぐのは極楽気分だった / live in (the lap of) ～ ぜいたくに暮らす ❷ C ぜいたく品, 高級品, 得難いもの ‖ Telephones are still a ～ here. ここでは電話は今でもぜいたく品だ ❸ U/C《単数形で》得難い喜び(を与えてくれるもの) ‖ have [OR enjoy] the ～ of ... …というぜいたくを楽しむ / Grief is a ～ of the rich. 悲嘆は金持ちのぜいたくだ ❹《形容詞的に》ぜいたくな, 豪華な(luxurious) ‖ a ～ hotel [liner] 豪華ホテル[客船]

Lu·zon /lùːzɑ́(ː)n | -zɔ́n/ 名 ルソン《フィリピン諸島中の最大の島. 首都 Manila などがある》

LV, L.V. 略 *l*uncheon *v*oucher

lv. 略 leave(s)

L̀Ẁ 略〘無線〙long wave
l̀wm̀, LWM 略 low-water mark(干潮標[線])
LXX 記号 Septuagint(70人訳ギリシャ語聖書)
-ly[1] /-li/ 接尾《副詞語尾》《形容詞から副詞を作る》❶《様態》‖ calm*ly*, happi*ly*, volub*ly*, smiling*ly*, assured*ly*, matter-of-fact*ly* ❷《程度》‖ extreme*ly*, relative*ly*, awful*ly* ❸《関連点》‖ part*ly*, personal*ly* ❹《観点》‖ academical*ly* ❺《方向》‖ outward*ly* ❻《時間の間隔》‖ annual*ly* ❼《順序》‖ first*ly*
-ly[2] /-li/ 接尾《形容詞語尾》《主に名詞から形容詞を作る》❶「…のような」「…らしい」の意 ‖ father*ly*, man*ly*, dead*ly* ❷「…ごとの」の意 ‖ hour*ly*, month*ly*, dai*ly*
ly·ase /láɪeɪs/ 名 U〘生化〙脱離酵素, リアーゼ《二重結合形成反応などの触媒として作用する酵素の総称》
ly·cée /liːséɪ | ─́─/ 名 C《フランス》リセ《フランスの後期中等教育機関. 日本の高校にほぼ相当》
ly·ce·um /laɪsíːəm/ 名 ❶ C《米》《古》(講義・討論用の)文化会館; 文化運動団体 ❷《the L-》リュケイオン《アリストテレスが哲学を教えたアテネの学園》; アリストテレス学派
ly·chee /líːtʃi, láɪ- | làɪtʃíː, ─́─, lítʃi/ 名 =litchi
lych·gate /lítʃgèɪt/ 名 C 屋根付き墓地門(♦ lichgate ともつづる)
ly·co·pene /láɪkoupìːn | -kə-/ 名 U〘化〙リコピン《トマトに含まれる赤色色素》
Ly·cra /láɪkrə/ 名 U《商標》ライクラ《ポリウレタンを使用した伸縮性の高い合成繊維. スポーツ着などの素材》
lydd·ite /lídaɪt/ 名 U〘化〙リダイト《高性能爆薬》
Lyd·i·a /lídiə/ 名 リディア《小アジア西部の古代王国》
Lyd·i·an /lídiən/ 形 リディアの; リディア人[語]の
── 名 ❶ C リディア人 ❷ U リディア語
lye /laɪ/ 名 U 灰汁(あく); (洗濯用の)アルカリ液; 洗剤
***ly·ing**[1] /láɪɪŋ/ 動 lie[1] の現在分詞・動名詞形
── 名 U 横たわること, 横臥(おうが) ── 形 横たわっている
***ly·ing**[2] /láɪɪŋ/ 動 lie[2] の現在分詞・動名詞形
── 名 U うそをつくこと ── 形《限定》うそをつく; 虚偽の
l̀ying-ín 名 C《単数形で》《古》お産の床に就くこと; 出産 ‖ a ~ hospital 産院
▸▸ **~ státe** 名 U (公人の)遺体公開(期間)《一般参列者の献花を受けるために設ける》
Lýme disèase /láɪm-/ 名 U〘医〙ライム病《ダニによって伝染する関節炎》(♦ この病気の症例が最初に確認された米国コネチカット州の地名より)
lymph /lɪmf/《発音注意》名 U ❶〘生理〙リンパ(液) ❷ 血清, 痘苗(とうびょう)(vaccine lymph)
▸▸ **~ nòde [glànd]** 名 C〘解〙リンパ節[腺(せん)]
lym·phat·ic /lɪmfǽtɪk/《発音注意》形 ❶《限定》リンパ(液)の, リンパ液を分泌する ‖ a ~ gland [vessel] リンパ腺[管] ❷《古》腺病質の, リンパ性[滲出(しんしゅつ)性]体質の; 虚弱な, 鈍重な ── 名 C〘解〙リンパ管
▸▸ **~ sỳstem** 名 C〘解〙リンパ系
lympho- 連結形「リンパ」の意(♦ 母音の前では lymph- を用いる) ‖ *lympho*cyte, *lymph*oid
lym·pho·cyte /límfəsàɪt/ 名 C〘解〙リンパ球[細胞]
lỳm·pho·cýt·ic 形
lymph·oid /límfɔɪd/ 形〘解〙リンパ(性)の, リンパ状の
lymph·o·ma /lɪmfóumə/ 名 (複 **~s** /-z/ OR **-ma·ta** /-məṭə/) C〘医〙リンパ腫(しゅ)

***lynch** /lɪntʃ/ 動 他 (特に群集が)〔容疑者〕を(特に絞首の)私刑[リンチ]を加えて殺す(♦ 名詞としては用いない. 名詞の「リンチ」は lynching)
~·er 名 **~·ing** 名
語源 米国 Virginia 州の保安官 Captain William Lynch (1742-1820) の名に由来. 当時ならず者集団に悩まされ, やむを得ず正式の裁判を経ずに彼らを処刑した.
▸▸ **~ làw** 名 C リンチ, 私刑(♦ もとは Lynch's law) **~ mòb** 名 C リンチをするために集まった群集
lýnch·pìn 名 =linchpin
lynx /lɪŋks/ 名 (複 **~** OR **~·es** /-ɪz/) C〘動〙オオヤマネコ; U その毛皮; 《the L-》〘天〙山猫座
lỳnx-éyed <シ 形 目の鋭い(sharp-sighted)
ly·on·naise /lìːənéɪz/ <シ 形〘料理〙リヨネーズの, リヨン風の《刻んだタマネギと一緒に料理した》
Ly·ons /liːɑ́ːn | líːɔn/ 名 リヨン(フランス語名 Lyon)《フランス中東部の都市》
lyre /láɪər/ 名 C リラ《古代ギリシャの竪琴(たてごと)》
lýre·bìrd 名 C〘鳥〙コトドリ(琴鳥)《オーストラリア産》
***lyr·ic** /lírɪk/ 形《限定》❶ 叙情(詩)の; 叙情的な(→ epic) ‖ a ~ poem [poet] 叙情詩[詩人] ❷ 歌の, 歌を用いた ‖ a ~ drama 歌劇(opera) ❸〘楽〙(歌声が)リリックの《高めの音域を持ち柔軟な声の》‖ a ~ soprano リリックソプラノ ❹ 竪琴(用)の; 竪琴の伴奏で歌うのにふさわしい
── 名 C ❶ 叙情詩(→ epic) ❷《通例 ~s》(流行歌・ミュージカルなどの) 歌詞 ‖ The tune was easy but I had to work to catch all the ~*s*. メロディーは簡単だったが歌詞を漏らさず聞き取るのに苦労した
***lyr·i·cal** /lírɪkəl/ 形 ❶ (言葉・詩・音楽などで)想像力豊かに美しく表現された, 叙情味にあふれた; 歌のような ❷ =lyric ❸ 熱のこもった; (感情の表現が)大げさな
wàx lýrical 〈…について〉熱っぽく語る〈**on, about**〉
~·ly 副 情熱的に, 叙情的に **~·ness** 名
lyr·i·cism /lírɪsìzm/ 名 U 叙情性; 叙情的表現; 誇張した感情
lýr·i·cist /-sɪst/ 名 C 叙情詩人; 流行歌の作詞家
lyr·ist /láɪərɪst/(→ ❷) 名 C ❶ リラ[竪琴]奏者 ❷ /lírɪst/ =lyricist
lyse /laɪz/ 動 自 他〘生化〙(…が[を])溶解[分離]する[させる]
ly·sèr·gic ácid /laɪsə̀ːrdʒɪk-/ 名 U〘化〙リゼルギン酸《LSDの合成に用いる》
▸▸ **lysèrgic àcid di·éth·yl·am·ide** /-daɪéθələmàɪd/ 名 =LSD
ly·sin /láɪsɪn/ 名 U〘生〙リシン, 溶解素
ly·sine /láɪsiːn/ 名 U〘生化〙リシン《アミノ酸の一種》
ly·sis /láɪsɪs/ 名 U ❶〘免疫〙(リシンによる)細胞の溶解 ❷〘医〙病勢の減退
Ly·sol /láɪsɔ(ː)l/ 名 U リゾール《クレゾール石けん液. 消毒薬》(♦ 商標より)
ly·so·some /láɪsəsòum, -sou-/ 名 U〘生化〙リソソーム《細胞内に侵入する異物を破壊する組織体》
ly·so·zyme /láɪzəzàɪm/ 名 U〘生化〙リゾチーム《細菌を溶解する酵素》
lyt·ic /líṭɪk/ 形〘生〙細胞を溶解する; 溶解(lysis)の; 溶解素(lysin)の
L̀Ź 略〘軍〙landing zone(上陸[着陸]地)

L

M

M

Money is like a sixth sense — and you can't make use of the other five without it.
金銭は第六感のようなもの — それなしではほかの五感を活用することはできない (⇨ MAUGHAM)

m

m¹, M¹ /em/ 名 (複 **m's, ms** /-z/；**M's, Ms** /-z/) Ⓒ ❶ エム《英語アルファベットの第13字》 ❷ m [M] の表す音 ❸ (活字などの) m [M] 字 ❹《M》M字形(のもの) ❺ (連続したものの) 第13番目 ❻〖印〗＝em ❼ Ⓤ (ローマ数字の) 1000《mmviii, MMVIII＝2008》

m² 記号 magnetic moment；〖理〗mass

m³, m. 略〖クリケット〗maiden over(s)；male；manual；married；masculine；〖化〗meta-；meter(s)；mile(s)；milli-；million(s)；minute(s)

M² 記号〖理〗mutual inductance

M³, M. 略 majesty；March；Master；May；Medieval；medium (特に, 衣服のMサイズ)；mega-；Member (of)；〖化〗molar；Monday；Monsieur；motorway

'm¹ /m/ am の短縮形 ‖ I'*m* going.

'm² /m/ ma'am の短縮形 ‖ Yes'*m*.

M'- 接頭 ＝Mac-

*__ma__ /mɑː/ 名《しばしば M-》Ⓒ《口》❶ おかあちゃん, ママ (mama, mamma) (→ mom, pa) ❷《主に米》《旧》(…) おばさん (♥ 年配の女性への呼びかけなどで)

MA¹ 略〖郵〗Massachusetts

MA², M.A. 略 *M*aritime *A*dministration；*M*aster of *A*rts；〖心〗*m*ental *a*ge；*M*ilitary *A*cademy

*__ma'am__ /弱 məm, əm；強 mæm/《発音注意》(→❷) 名 Ⓒ ❶《米口》奥様, お嬢様, 先生 (↔ sir) (♥ 立場や年齢が下の者が上の相手に, 店員が女性客に, また生徒が女の先生に対して用いる丁寧な呼びかけ. 複数形には ladies を用いる. 現在ではやや古風な感じを与える) ‖ May I help you, ～? いらっしゃいませ, 奥様 ❷ /mæm, mɑːm/《英》女王[王妃, 王女]様；奥方様 (♥ 王族の女性に対する呼びかけ. 以前は上流社会の夫人にも用いた)；上官殿 (♥ 軍隊・警察で女性の上官に対する呼びかけ) (♦ *madam* より)

mà-and-pá 形 ＝mom-and-pop

Máas·tricht Trèaty /mɑ́ːstrɪkt-/ 名《the ～》マーストリヒト条約《1991年12月オランダのマーストリヒトで調印された欧州連合条約》

Maa·thai /mətáɪ/ 名 **Wangari Muta** ～ マータイ (1940–2011)《ケニアの環境保護活動家. 2004年アフリカ人女性として史上初めてノーベル平和賞受賞》

mac, mack /mæk/ 名《英口》＝mackintosh

Mac /mæk/ 名 Ⓒ ❶《ときに m-》《主に米口》君, あんた (♥ 名前を知らない男性に対するぞんざいな呼びかけ) ❷《商標》マック《Macintosh (米国 Apple 社のパソコン) の愛称》(→ Macintosh)

Mac- /mæk-, mək-；k, g の前では mə-/ 接頭「…の息子」の意《スコットランドおよびアイルランド系の姓に用いられる. Mc-, M'- ともつづる》‖ *Mac*Arthur, *Mc*Cormick, *M'*Coy (→ O')

ma·ca·bre /məkɑ́ːbrə/ 形 ぞっとする；死を連想させる

ma·ca·co /məkɑ́ːkoʊ/ 名 (複 **～s** /-z/) Ⓒ〖動〗キツネザル (lemur)

mac·ad·am /məkǽdəm/ 名 ❶ Ⓤ マカダム《道路舗装用の幾重にも敷き詰めた砕石》(→ tarmac) ❷ (＝～ **ròad**) Ⓒ マカダム (舗装) 道路 **～·ìze** 動 他 〔道路〕をマカダム舗装する (♦ 人名 McAdam から)

mac·a·da·mi·a /mækədéɪmiə/ 名 Ⓒ〖植〗❶ マカダミア《オーストラリア原産のヤマモガシ科の常緑樹》❷ (＝～ **nùt**) マカダミアナッツ《その木の実》

Ma·cao /məkáʊ/ 名 マカオ (澳門)《中国南部, 香港の対岸にある元ポルトガルの海外州 (1999年中国に返還), およびその海港都市》 **Ma·ca·nése** 名 形

ma·caque /məkɑ́ːk/ 名 Ⓒ〖動〗マカク《アジア・北アフリカ産のオナガザルの類》

*__mac·a·ro·ni__ /mækəróʊni/ 〈ジ〉 名 (複 **～s, ～es** /-z/) ❶ Ⓤ マカロニ ❷ Ⓒ (18世紀英国の) 伊達(だて)男 (dandy)《大陸風ファッションの影響を受けた》

▸▸ **～ and chéese**《米》, **～ chéese**《英》名 Ⓤ マカロニアンドチーズ《マカロニをチーズソースであえた料理》

mac·a·ron·ic /mækərɑ́(ː)nɪk | -rɔ́n-/ 〈ジ〉 形 自国語と外国語を混ぜ合わせた, 現代語にラテン語の語尾をつけた, 雅俗混交の ── 名 Ⓒ《通例 ～s》雅俗混交体詩

mac·a·roon /mækərúːn/ 名 Ⓒ マカロン《アーモンド・卵白・砂糖などで作ったクッキー》

Mac·Ar·thur /məkɑ́ːrθər/ 名 **Douglas** ～ マッカーサー (1880–1964)《米国の陸軍元帥. 日本占領連合軍最高司令官 (1945–51)》

Ma·cás·sar (òil) /məkǽsər-/ 名 Ⓤ (昔の) マカッサル油《整髪用》

ma·caw /məkɔ́ː/ 名 Ⓒ〖鳥〗コンゴウインコ

Mac·beth /məkbéθ/《アクセント注意》名 マクベス《Shakespeare の四大悲劇の1つ, およびその主人公》

Macc 略〖聖〗Maccabees

Mac·ca·bees /mǽkəbìːz/ 名《単数扱い》〖聖〗マカベア書《旧約聖書外典の1つ. 2書よりなる. 略 Macc》

mace¹ /meɪs/ 名 Ⓒ ❶ (市長などの) 職杖(しょくじょう)《職権の象徴》；(英国の) 下院議長の職杖 ❷ 戦棍(せんこん)《頭部に金属製のくぎのついた中世の武器》 ❸ (＝～ **bèarer**) 職杖奉持者

mace² /meɪs/ 名 Ⓤ メース《ナツメグ (nutmeg) の外皮を粉末にした香味料》

Mace /meɪs/ 名 Ⓤ《商標》メイス《催涙ガスなどを含んだスプレー. 護身や暴動鎮圧などに用いる》
── 動 他《しばしば m-》〔暴徒など〕をメイスで攻撃する

ma·cé·doine /mæsɪdwɑ́ːn/ 名 Ⓒ ❶ マセドワーヌ《野菜・果物を刻んで混ぜ合わせ (ゼリーで固め) た料理》❷ 寄せ集め

Mac·e·don /mǽsədɑ̀(ː)n | -ɪdən/ 名 ＝Macedonia ❶

*__Mac·e·do·ni·a__ /mæ̀sɪdóʊniə/ 名 マケドニア ❶ ギリシャ北部にあった古代の王国 ❷ ギリシャ北東部の地方 ❸ マケドニア旧ユーゴスラビア共和国《バルカン半島にある共和国. 公式名 the Former Yugoslav Republic of Macedonia. 首都 Skopje》

Màc·e·dó·ni·an /-niən/ 形 マケドニアの；マケドニア人[語]の
── 名 Ⓒ マケドニア人；Ⓤ マケドニア語《南スラブ系言語》

mac·er·ate /mǽsərèɪt/ 動 他 自 ❶ (…を[が]) 液体に浸して柔らかくする[なる] ❷《古》(断食などで) やせ衰え(させ)る **màc·er·á·tion** 名

Mach /mɑːk, mæk/ 名 ❶ **Ernst** ～ マッハ (1838–1916)《オーストリアの物理学者・哲学者》❷ Ⓤ マッハ《Mach number で表される速度》‖ at ～ 1 [2] マッハ1 [2] で ▸▸ **～ nùmber** 名 Ⓒ マッハ(数)《流体中の物体の速度と音速との比. マッハ1は音速に等しい. 略 M》

mach. 略 machine, machinery, machinist

mache, mâche /mɑːʃ/ 名 Ⓤ〖植〗マーシュ, ノヂシャ《ヨーロッパ地中海地方産のハーブ. サラダ用》

ma·che·te /məʃéţi/ 名 Ⓒ マチェーテ《中南米・西インド諸島の長刃の鉈(なた). 武器あるいは作業用》

Mach·i·a·vel·li /mækiəvéli/ 名 **Niccolò** ～ マキアベリ (1469–1527)《イタリアの政治学者・歴史家》

Mach·i·a·vel·li·an /mækiəvéliən/ 〈ジ〉 形 ❶ 権謀術数を用いる, 狡猾(こうかつ)な ❷ マキアベリの；マキアベリズムの
── 名 Ⓒ 権謀術数家, 策士 **～·ìsm** 名 Ⓤ マキアベリズ

ム；権謀術数主義 **-vél·list** 名 形

mach·i·nate /mǽkɪnèɪt, mǽʃ-/ 動 自 他 (陰謀を) たくらむ[企てる] **-nà·tor** 名 C 陰謀家

mach·i·na·tion /mæ̀kɪnéɪʃən, mæ̀ʃ-/ 名 ❶ C 《通例 ～s》奸計(かんけい), 策略, 陰謀 ❷ U 陰謀をたくらむこと

ma·chine /məʃíːn/ 《発音注意》 名 動

—名 〔▶ mechanical 形, mechanize 動〕 (複 **～s** /-z/) C ❶ 《しばしば複合語で》**機械**；機械装置；自動販売機 ‖ run [shut down] a ～ 機械を運転する[止める] / turn [OR switch] a ～ on [off] 機械のスイッチを入れる[切る] / like a well-oiled ～ 効率よくスムーズに / a vending ～ 自動販売機 / a washing ～ 洗濯機 / a sewing ～ ミシン / a life-support ～ 生命維持装置 / a text translated by ～ 機械翻訳された文(♦ 無冠詞で用いる)

❷ マシーン 《自動車・オートバイなど, 機械で動く乗り物》

❸ 《口》(パソコン・留守番電話・オートバイなどの身近な機械類を指して) 機械, マシン ‖ I tried to reach Ed but kept getting his ～. エドに連絡をつけようとしたが何回かけても留守電だった

❹ 〖機〗運動(力)の伝導装置 《滑車・てこ・ねじ・輪軸など》

❺ (仕組みの複雑な)組織, 機構, 機関；(複雑な)有機体 《人体など》 ‖ the economic ～ 経済機構 / the war ～ 軍隊組織 / the publicity ～ 宣伝機関

❻ 《集合的に》《単数・複数扱い》(政党・組織などの)執行機関, 指導部, 幹部 ‖ the party ～ 政党幹部

❼ がむしゃらに働く[動く]人, 機械的に行動する人 ‖ an editing ～ 機械のように働く編集者 ❽ (古典劇で) 舞台効果を高めるからくり(→ deus ex machina)；(文学作品で)劇的効果をあげるための超自然的力[人物, 事件など]

—動 他 ❶ …を機械で作る[加工する, 仕上げる]

❷ 《主に英》…をミシンで縫う, 縫いつける, 縫い合わせる

—自 機械で加工できる[仕上げられる]

▶▶ ～ **còde** 名 C U =machine language ～ **gùn** (↓) ～ **lànguage** 名 C U 機械(言)語(machine code) 《コンピューターを動かすための命令語》 ～ **shòp** 名 C 機械工場 ～ **tòol** (↓) ～ **translátion** 名 U コンピューターによる翻訳, 機械翻訳 ～ **vìsion** 名 C マシンビジョン

***machíne gùn** 名 C 機関銃, マシンガン ‖ a heavy [light] ～ 重[軽]機関銃

machíne-gùn 動 (**-gunned** /-d/；**-gun·ning**) 他 …を機関銃で撃つ[殺す] —形 機関銃の(ような)；速くて切れ切れの **-gùn·ner** 名 C 機関銃射手

machìne-máde 形 機械製の(↔ handmade)

machìne-réadable <シ> 形 (テキストなどが) コンピューターで読めるデータになった, 機械可読の

ma·chin·er·y /məʃíːnəri/ 《発音注意》

—名 U ❶ 《集合的に》(特に大型の)**機械(類)**(machines)；機械部品 ‖ farm ～ 農業機械 / a piece [two pieces] of ～ 機械1[2]台 / install ～ 機械を設置する / operate [OR run] ～ 機械を操作する / the ～ of a watch 時計の部品(全体)

❷ **機械装置**, 機械仕掛け (mechanism) ‖ recording ～ 録音装置

❸ U/C 《単数形で》組織, 機構 ‖ the ～ of government 行政機構 / administrative ～ 行政組織

❹ 方策, 手段 〈**of** …の / **for** ***doing*** …するための〉 ‖ the ～ *of* analysis 分析手段 ❺ (文学表現の)技巧, 趣向

machíne tòol 名 C 工作機械, 電動工具

machíne-tòoled 形 工作機械で作った, 機械製作の

machìne-wásh 動 他 …を洗濯機で洗う

～·a·ble 形 (衣類などが)洗濯機で洗える

ma·chin·i·ma /məʃíːnəmə, -ʃɪn-/ 名 C U マシネマ 《テレビゲームの表示画面を利用した映画(製作)》(♦ machine +cinema [animation] より)

***ma·chin·ist** /məʃíːnɪst/ 名 C ❶ 機械技師 ❷ 《英》ミシン工 ❸ 機械製作[修理]工 ❹ 〖米海軍〗機関准尉

ma·chis·mo /mɑːtʃíːzmoʊ | mətʃíz-/ 名 U (誇張された)男らしさ, 男っぽさ(♦ スペイン語より)

Mách·mèter 名 C 〖空〗マッハ計

ma·cho /mɑ́ːtʃoʊ | mǽ-/ 形 《通例けなして》男ぶりを誇示する(♥ 知性・思いやりの欠如を含意する)

—名 (複 **～s** /-z/) ❶ C 男らしさを誇示する男, マッチョ (macho man) ❷ =machismo(♦ スペイン語より)

MACHO /mɑ́ːtʃoʊ | mǽtʃoʊ/ 名 (複 **～s** /-z/) C 〖天〗マッチョ 《銀河系の巨大暗黒物質》(♦ *M*assive *A*strophysical *C*ompact *H*alo *O*bject の略)

Ma·chu Pic·chu /mɑ̀ːtʃuː píːktʃu | mæ̀tʃuː píktʃuː/ 名 マチュピチュ 《ペルー南部, アンデス山脈中にあるインカの都市遺跡》

Mac·in·tosh /mǽkɪntɑ̀(ː)ʃ | -tɔ̀ʃ/ 名 C U 《商標》 マッキントッシュ 《米国 Apple 社のコンピューター》

mack /mæk/ 名 =mackintosh

mack·er·el /mǽkərəl/ 名 (複 ～ OR **～s** /-z/) C 〖魚〗サバ

▶▶ ～ **shàrk** 名 C 〖魚〗アオザメの類 ～ **ský** 名 C イワシ[サバ]雲の出ている空

mack·in·tosh /mǽkɪntɑ̀(ː)ʃ | -tɔ̀ʃ/ 名 《主に英》 ❶ C 防水コート；レインコート ❷ 《旧》 U (ゴム引きの)防水布

mack·le /mǽkl/ 名 C 〖印刷〗二重刷り；刷り損ない；(インクの)ずれ —動 他 自 (…を[が])二重刷りにする[なる]

Mac·mil·lan /məkmílən/ 名 **Harold** ～ マクミラン (1894–1986) 《英国の政治家. 首相(1957–63)》

mac·ra·mé /mǽkrəmèɪ | məkrɑ́ːmi/ 名 U マクラメ 《家具の飾りに用いる目の粗いレースのふさ飾り》

mac·ro[1] /mǽkroʊ/ 形 大きい, 大規模な

▶▶ ～ **lèns** 名 C 〖写真〗マクロレンズ, (拡大)接写用レンズ

mac·ro[2] /mǽkroʊ/ 名 (複 **～s** /-z/) C マクロ 《アプリケーションに付属し, ユーザーが記述できる, 複数の作業を自動的に連続して実行するための処理命令プログラム》

macro- /mækroʊ-, -rə-/ 連結形 「大きい(large)」「大規模な」「長い(long)」の意(↔ micro-)

màcro·biótic <シ> 形 長寿食の 《野菜と穀物だけの料理など》；自然食の ‖ ～ food 長寿[自然]食(品)

màcro·biótics 名 U 長寿食研究[理論]；自然食による食事法

mac·ro·cosm /mǽkrəkɑ̀(ː)zm, -roʊ- | -kɔ̀zm/ 名 《the ～》マクロコスモス, 大宇宙(↔ microcosm)；(内部に中小体系を含む)総体, 複合体

màcro·económics 名 U マクロ経済学 (↔ microeconomics) **-económic** 形 **-ecónomist** 名

màcro·evolútion 名 U 〖生〗大進化 《分類学上の新グループの誕生など》 **-evolútionary** 形

màcro·mólecule 名 C 〖化〗高分子

mac·ron /mǽkrɑ(ː)n, méɪ- | -rɔn/ 名 C 〖音声〗マクロン 《母音字の上につける長音記号. 〈例〉ēqual》

màcro·nútrient 名 C 〖生〗多量養素 《生物の生長に多量に必要な物質. タンパク質・炭水化物・カリウムなど》

mac·ro·phage /mǽkrəfèɪdʒ/ 名 C 〖生〗マクロファージ, 大食細胞

mac·ro·scop·ic /mæ̀krəskɑ́(ː)pɪk | -skɔ́p-/ 形 ❶ 肉眼で見える ❷ 巨視的な(↔ microscopic)

mac·u·la /mǽkjʊlə/ 名 (複 **-lae** /-lìː/) C ❶ (皮膚の)あざ, 斑点(はんてん) ❷ (太陽の)黒点 ❸ (= ～ **lú·te·a** /-lúːt̬iə/) (**màculae lú·te·ae** /-lúːtiìː/) 〖解〗(網膜の)黄斑(おうはん) **-lar** 形

mac·u·late 《文》 /mǽkjʊlèɪt/ (→ 形) 動 他 …を汚す, …に斑点[汚点]をつける —形 /mǽkjʊlɪt, -lət/ 汚れた, 斑点[しみ, 汚点]のついた **-lá·tion** 名

***mad** /mæd/ 中心義 **気の狂った**

—形 (**mad·der**；**mad·dest**)

❶ 《叙述》《米口》**怒って**, 腹を立てて 〈**at, with** 人に；**for, about, over** …のことで〉 ‖ Mother was ～ *at* [OR *with*] me *for* coming home late. 母は遅く帰宅した私に腹を立てた / get ～ 腹を立てる

❷ 《主に英口》(人・言動・考えなどが)**ばかげた**, むちゃな；乱

M

M

暴な ‖ You were ～ to go for a drive in such weather. そんな天気にドライブに出かけたりして君はまともじゃないよ / be barking ～ (とっぴな考えを抱いたりして)完全に頭がおかしい / a ～ scheme むちゃな計画 / a ～ driver 乱暴な運転手
❸《比較なし》《主に英》(人が)**気の狂った**, 狂気の(♥ 現在では侮辱的表現とみなされ, mentally ill などというのがふつう)(⇨ 類語) ‖ go [OR run] ～ 気が狂う
❹《比較なし》《主に英口》〈…で〉逆上した, 手に負えないほど興奮した〈**with**〉; (行動などが)猛烈な, 激しい ‖ become ～ *with* rage [grief] 怒り[悲嘆]で気が狂ったようになる / get into a ～ panic (気も狂わんばかりに)慌てふためく
❺《叙述》《口》〈…に〉**熱中した**, 夢中の, のぼせている〈**about, on, over**〉; 〈…が〉欲しくて仕方がない〈**for, after**〉; 《複合語で》…に夢中の ‖ I was ～ *about* [OR *over*] motorcycling at your age. 君ぐらいの年には私はオートバイに夢中だった / Sean is ～ *for* a new car. ショーンはとても新車を欲しがっている / He's football-～. 彼はフットボールに夢中だ / a money-～ person 金に目のない人
❻《口》とても陽気[愉快]な, 浮かれた ‖ have a ～ time at the party パーティーでどんちゃん騒ぎをする
❼(犬が)狂犬病にかかった(rabid) ‖ a ～ dog 狂犬
*(as) **mad as a hatter*** [OR ***March hare***] 《口》⇨ HATTER(成句)
*(as) **mad as a hornet*** [OR ***wet hen***] ⇨ HORNET(成句)
dòn't gèt mád, gèt éven かっかしないでやり返せ
drìve a pèrson mád ① 〔人〕を狂わせる ‖ Jealousy *drove* him ～. 嫉妬(しっと)で彼は我を失った ② 《口》〔人〕をひどく怒らせる[いらいらさせる]
gò mád ① 腹を立てる ② ⇨ ❸ ③ 《口》羽目を外す; 熱中する ‖ Don't *go* ～. あまりむちゃする[夢中になる]な
hòpping [OR ***bòiling***] ***mád*** 《口》かんかんに怒って
****like mád*** ① 気が狂ったように ② 《口》猛烈に, 激しく ‖ We ran *like* ～ to catch the bus. バスに間に合うよう私たちは必死に走った
màd kéen 《英口》〈…に〉夢中で; 〈…が〉大好きで〈**on**〉
stàrk ràving [《英》***stàring***] ***mád*** 《口》全く狂っている[ばかげた]
—動 (**mad·ded** /-ɪd/; **mad·ding**) 他 《古》…の気を狂わせる; …をひどく怒らせる

類語《形 ❸》
mad 「狂気」の程度が強く, しばしば狂乱・逆上など手のつけられない状態を連想させる語.
crazy 「気が狂った」状態を表す口語的一般語.
insane 正気を失って; 物事の基本的判断や自分の状態について認識できない精神状態を表す正式な語.
(♦ 3語とも, 実際に「気が狂った」の意味ばかりでなく, 「無分別な, 常軌を逸した, ばかげた」などの意味でも用いる)

▶▶ ～ **ców disèase** 名 U 《口》狂牛病(→ BSE) ～ **mòney** 名 U 《米口》へそくり, 予備の金

***Mad·a·gas·car** /mæ̀dəgǽskər/ 名 マダガスカル《インド洋上, アフリカ大陸南東岸沖にある島であり共和国. 公式名 the Republic of Madagascar. 首都 Antananarivo /æ̀ntənæ̀nəríːvoʊ/》 **-can** 形 名 C マダガスカルの(人)

***mad·am** /mǽdəm/ 名 (❶ では **mes·dames** /meɪdɑ́ːm | -dǽm/, ❶ 以外では **～s** /-z/) C ❶《しばしば M-》《堅》奥様, お嬢様; …夫人(♥ (名前を知らない)女性に対する丁寧な呼びかけとして用いる) (→ ma'am ❶) ‖ Are you being served, ～? 奥様, ご用件は承っておりますでしょうか(♥《英》で特に女性客に対する店員の言葉. 《米》では ma'am) / Dear *Madam* 拝啓(♥ 名前を知らない女性に対する手紙の冒頭文句) / *Madam* Chairman [OR Chairperson]! 議長(♥ 女性の役職名につけて呼びかけに用いる) ❷ (売春宿の)女将(おかみ) ❸《英口》生意気な小娘, わがままな若い女(proper little madam)

Mad·ame /mǽdəm/ 名 (複 **Mes·dames** /meɪdɑ́ːm | -dǽm/) C …夫人, 奥様《外国, 特にフランスの既婚女性に対する敬称. 英語の Mrs. に相当し, 姓・称号につける. 略 Mme. (複 Mmes.)》‖ ～ Devancourt ドゥバンクール夫人

mád·càp 形《通例限定》名 C 向こう見ずな(人)

***mad·den** /mǽdən/ 動 他 …を発狂させる; …を激怒させる(♦ しばしば受身形で用いる)
—自 発狂する; 激怒する

mad·den·ing /mǽdənɪŋ/ 形 気を狂わせるような; 腹立たしい, しゃくに障る, いら立たしい **～·ly** 副

mad·der /mǽdər/ 名 ❶ C 〖植〗セイヨウアカネ《多年生のつる草. その根から染料を採る》❷ U アカネ染料; アカネ色, 深紅色

mad·ding /mǽdɪŋ/ 形《文》狂気の, 狂乱の

****made** /meɪd/ (♦ 同音語 maid)
—動 make の過去・過去分詞
—形《比較なし》❶《複合語で》**…製の**, …で作った; …に作られた; …の体格の ‖ a Japanese-～ cellphone 日本製の携帯電話(♦ この場合 made につくのは国名の形容詞形. 「フィンランド製の携帯電話」なら a Finnish-*made* cellphone) / a well-～ play よくできた劇 / a slightly-～ man 体つきのほっそりした男性
❷《限定》**作られた**, 形成された; 人造の, 人工の; (材料を)寄せ集め(て作っ)た ‖ a ～ story 作り話 / ～ fur 人造の毛皮 / a ～ dish 盛り合わせ料理 ❸ 成功間違いなしの; 成功した ‖ a ～ man 成功確実な男性, 成功者
be máde (***for life***) 《口》一生楽に暮らせる
hàve (***gòt***) ***it máde*** 《口》成功間違いなしである

Ma·dei·ra /mədíərə/ 名 ❶ マデイラ(島)《アフリカ大陸西岸沖のポルトガル領マデイラ諸島中の主島》❷《しばしば m-》U マデイラワイン《同島産の白ワイン》 ▶▶ ～ **càke** 名 U C 《英》マデイラケーキ《スポンジケーキの一種》

mad·e·leine /mǽdəlɪn/ 名 C マドレーヌ《1個ずつ型に入れて焼く小型のスポンジケーキ》

Ma·de·moi·selle /mæ̀dəmwəzél/ 〈シ 名 (複 **Mes·de·moi·selles** /mèɪdəmwəzél/) C ❶ …嬢; 《呼びかけに用いて》お嬢さん, マドモアゼル《フランス語圏の未婚女性に対する敬称. 英語の Miss に相当. 略 Mlle. (複 Mlles.)》
❷《m-》若いフランス人女性; 《旧》フランスの女性家庭教師

màde-to-méasure 〈シ 形 (衣服が)寸法に合わせて作られた; おあつらえ向きの

màde-to-órder 形《限定》❶ (衣服・家具などが)特注の, オーダーメードの(↔ ready-made) ❷ おあつらえ向きの, ぴったりの

***màde-úp** 〈シ 形 ❶ (話などが)でっち上げた, 仕組んだ ‖ a ～ story 作り話 ❷ 化粧した, メーキャップした ‖ a heavily ～ woman 厚化粧した女性 ❸ 仕上がった, まとめ[作り]上げた ❹《英》(道路が)舗装された

mád·hòuse 名 (複 **-hous·es** /-hàʊzɪz/) C ❶《通例単数形で》⊗《口》《ときに蔑》混乱の場 ❷ ⊗《蔑》《旧》精神科病院

Mad·i·son /mǽdɪsən/ 名 マディソン ❶ **James ～** (1751–1836)《米国第4代大統領(1809–17)》❷ 米国ウィスコンシン州の州都

Màdison Ávenue 名 ❶ マディソン街《ニューヨーク市の大通り. 広告会社が多い》❷ (米国の)広告業界

Màdison Squàre Gárden 名 マディソンスクエアガーデン《ニューヨーク市にある屋内競技場・コンサート会場などの複合施設. 略 MSG》

***mad·ly** /mǽdli/ 副 ❶ 情熱的に, 激しく ‖ Meg is ～ in love with Bob. メグはボブに首ったけだ ❷《口》非常に, とても ‖ I'm ～ jealous of you. 君がうらやましくてたまらない ❸《動詞の後にのみ用いて》狂ったように; 愚かに(も) ‖ beat ～ on the door 狂ったようにドアをたたく

***mad·man** /mǽdmən/ 名 (複 **-men** /-mən/) C ❶ 狂人 ‖ drive like a ～ 乱暴な運転をする / work like a ～ 狂ったように働く(中立 maniac, lunatic) ❷ ばかなやつ

mad·ness /mǽdnəs/ 名 U ❶ 狂気, 精神錯乱 ❷ 狂気

の沙汰(さ)，愚行(♥「危険を伴う行為」というニュアンスがある) ‖ It's ～ to try to reason with her. 彼女を説得しようとするなんて狂気の沙汰だ ❸ 熱狂，夢中 ❹ 激怒

Ma·don·na /mədɑ́(ː)nə | -dɔ́nə/ 名 ❶ 《the ～》聖母マリア ❷ 《ときに m-》 C 聖母マリア(画)像 ❸ C マドンナ《理想化された美しい貞淑な女性》 ❹ マドンナ(1958-)《米国の歌手・女優》 ▸▸ ～ **lìly** 名 C 【植】ニワシロユリ

Ma·dras /mədrɑ́ːs/ 名 ❶ マドラス《インド南東部の港湾都市》 ❷ 《m-》 U マドラス木綿《しま模様の綿布》 ❸ 《m-》 U C マドラスカレー《辛口のカレー》

ma·dra·sa(h), -ssa(h) /mədrǽsə/ 名 (複 ～ OR ～s /-z/) C マドラサ《イスラム諸学を教える高等教育機関》

Ma·drid /mədrɪ́d/ 名 マドリード《スペインの首都》

mad·ri·gal /mǽdrɪgəl/ 名 C ❶ 【楽】マドリガル《16世紀に流行した無伴奏の多声歌曲》；(一般に) 多声歌曲 ❷ マドリガル《短い恋愛詩》

mád·wòman 名 (複 **-wòmen**) C 狂女 (中立 maniac, lunatic)

mael·strom /méɪlstrəm | -strɔm/ 名 C ❶ (水の) 大渦巻き；《the M-》ノルウェー西海岸沖の大渦巻き ❷ 《通例単数形で》大混乱 ‖ the ～ of war 戦争の大混乱

mae·nad, me- /míːnæd/ 名 C ❶ 【ギ神】ディオニュソス[バッカス]の巫女(こ) ❷ 錯乱した女，狂女

ma·es·tro /máɪstroʊ/ 名 (複 **～s** /-z/ OR **-tri** /-triː/) C ❶ 大音楽家，名指揮者，マエストロ(♥ M- として敬称にも用いる) ❷ (各分野の)大家，巨匠(♦ イタリア語より)

Mae·ter·linck /méɪṭərlɪ̀ŋk/ 名 **Comte Maurice ～** メーテルリンク(1862-1949)《ベルギーの劇作家・詩人. ノーベル文学賞受賞(1911)》

Màe Wést /mèɪ-/ 名 C 《旧》《口》救命胴着 (♦ 米国の胸の大きな女優 Mae West の名より)

MAFF /mæf/ 略 *M*inistry of *A*griculture, *F*isheries, and *F*ood((英国の)農漁食糧省)

***Ma·fi·a** /mɑ́ːfiə, mǽ-/ 名《単数・複数扱い》 ❶ 《the ～》マフィア《イタリア・米国などの国際的秘密犯罪組織. シチリア島に起源を持つ》 ❷ 《通例 m-》 C (マフィアのような) 犯罪組織，不法[悪徳]集団 ❸ 《通例 m-》 C (特定の社会・組織の)支配[勢力]者グループ，…界のマフィア，黒幕たち

語源 イタリア語のシチリア方言で「大胆，空いばり」の意. 当地の秘密犯罪組織を指して用いられたが，メンバーの移住に伴って米国にも広まった.

Ma·fi·o·so /mɑ̀ːfióʊsoʊ | mæ̀-/ 名 (複 **～s** /-z/ OR **-si** /-siː/)《また m-》 C マフィアの一員

mag /mæg/ 名 ❶ 《口》=magazine ❶ ❷ =mag wheel

mag. 略 magnesium；magnetism；magneto；magnets；magnitude

mag·a·log /mǽgəlɔ̀ːg/ 名 C 商品カタログ雑誌 (♦ *mag*azine + cata*log* より)

*****mag·a·zine** /mǽgəzìːn, ⸗⸗́/

── 名 (複 **～s** /-z/) C ❶ **雑誌** (《口》mag) (♦ 学術的なものは journal という) ‖ read a monthly [weekly] ～ 月刊 [週刊] 誌を読む / a fashion [women's] ～ ファッション雑誌 [女性誌] / a dirty ～ 猥褻(わいせつ) 雑誌 / take [OR subscribe to] a ～ 雑誌を (定期) 購読する / a ～ article 雑誌記事 / a ～ rack マガジンラック
❷ 【放送】(テレビ・ラジオの)マガジン番組《特定の話題・インタビュー・娯楽情報などを盛り込んだニュース番組》
❸ (銃の)弾倉；(カメラ・CDプレーヤーなどの)フィルム[ディスク]装塡(てん)室；(印刷機などの)用紙供給装置
❹ (軍艦などの)弾薬[火薬]庫；武器・軍需品倉庫；(倉庫保管の)武器弾薬[軍需品]；貯蔵品

Mag·da·len /mǽgdəlɪn/, **-lene** /mæ̀gdəlíːni/ 名 ❶ 《the ～》【聖】マグダラのマリア (Mary Magdalene) ❷ 《m-》 C 《古》更生した売春婦；売春婦更生施設

Ma·gel·lan /mədʒélən | -gél-/ 名 ❶ **Ferdinand ～** マゼラン(1480?-1521)《ポルトガルの航海者》 ❷ **the Strait of ～** マゼラン海峡《南米大陸南端の海峡》

Ma·gel·lan·ic /mæ̀dʒɪlǽnɪk | -gɪl-/ <シ 形 マゼランの ▸▸ ～ **Clóud** 名 C 【天】マゼラン星雲

Ma·gen Da·vid /mɔ̀ːgən dɔ́ːvɪd/ 名 C U ダビデの星[盾]《六線星形. ユダヤ教のシンボル Star [OR Shield] of David》(♦ Mogen David ともいう)

ma·gen·ta /mədʒénṭə/ 名 U ❶ マゼンタ《深紅色のアニリン染料》 ❷ マゼンタ色，深紅色 ── 形 マゼンタ色の

***mag·got** /mǽgət/ 名 C ❶ (青バエなどの)ウジ(虫)《釣りの餌(え)》；《米俗》《けなして》くだらないやつ，ウジ虫野郎 ❷ 《古》気まぐれ(な考え)，奇想 **～·y** 形 ウジ(虫)だらけの；気まぐれな；《英俗》酔っ払った；《豪・ニュージ》怒った

Ma·gi /méɪdʒaɪ/ 《発音注意》 名 複 (♦ **Ma·gus** /méɪgəs/ の複数形) 《the ～》【聖】東方の三博士《キリスト降誕の際に贈り物を携えて東方から来たといわれる》

****mag·ic** /mǽdʒɪk/ 《アクセント注意》

── 名 U ❶ **魔法**，魔術，呪術(じゅじゅつ)，まじない (→ black magic, white magic) ‖ The prince was turned into a frog by ～. 王子は魔法でカエルに変えられた / work [OR do] ～ on ... …に魔法をかける
❷ 不思議な力，**魔力**；格別の[不思議な]魅力 ‖ There is ～ in his speech. 彼の演説には魅了されるところがある / the ～ of love 恋の魔力
❸ **奇術**，手品 ‖ perform ～ 手品を見せる
like mágic；***as if by mágic*** 魔法を使ったように；不思議にも，たちどころに ‖ The treatment worked *like* ～. その治療法はたちどころに効果があった

── 形 (**more ～**；**most ～**)《通例限定》
❶ **魔法の**；魔法に用いる ‖ a ～ phrase [OR spell, charm] 呪文(じゅもん) / What's the ～ word? (子供に向かって)何て言うんだっけ(♥ please, thank you などの言葉を促す)
❷ 魔法のような[不思議な]力を持つ；**魅力のある** ‖ have a ～ touch (まるで魔法のような)不思議な能力[才能]がある
❸ **奇術の** ‖ a ～ trick 奇術 ❹ 《叙述》《英口》素晴らしい，とてもよい[楽しい](♦ しばしば間投詞的にも用いる)

── 動 (**～s** /-s/；**-icked** /-t/；**-ick·ing**) 他 (+目+副)…を魔法で[魔法をかけたように]変幻させる ‖ ～ up [away] ... …を魔法のようにして出す [消す] / ～ a pigeon out of a hat 帽子からハトを出す

▸▸ ～ **búllet** 名 C 《口》 ① 魔法の弾丸《副作用なしに効く薬》；(難問解決のための)妙案，特効薬 ② 《M- B-》《商標》マジックブレット《アメリカ製のフードプロセッサー[ミキサー]》 ～ **cárpet** 名 C 魔法のじゅうたん ～ **éye** 名 C 《口》マジックアイ《特にラジオの同調状態を示すランプ》；光電管 [セル] ～ **lántern** 名 C (旧式の) 幻灯機 (♦ 今は projector という) **Màgic Márker** 名 《また m- m-》 C 《商標》マジックマーカー《速乾性防水インクのペンマーカー》(❗「マジック (ペン)」は felt pen, 「マジックテープ」は Velcro(商標)という) ～ **múshroom** 名 C 《口》幻覚キノコ《ワライタケなど》 ～ **númber** 名 C ① 【理】マジックナンバー《2, 8, 20, 50, 82, 126など, 特別に安定した核種 (nuclide) の原子番号または中性子数》 ② 【野球】マジックナンバー《プロリーグなどで首位チームが，あと何勝すればほかのチームが全勝しても優勝できるかを示す数字》 ～ **réalism** 名 U 魔術的リアリズム《空想的な出来事を写実的に描写する芸術上の表現技法》 ～ **squáre** 名 C 魔方陣《縦・横・斜めのどの方向に加えても和が常に等しい数字配列表》 ～ **wánd** 名 C 魔法のつえ；難問を解決する良策 ‖ I wish I could wave a ～ *wand*. 魔法みたいにうまくいけばいいのに

***mag·i·cal** /mǽdʒɪkəl/ 形 (**more ～**；**most ～**) ❶ 《比較なし》魔法の(ような)，魔術的な；不思議な；魅惑的な ‖ have ～ powers 魔力を持つ / a ～ effect てきめんの効果 / a ～ evening 魅惑的な夜 ❷ 《口》とても楽しい **～·ly** 副
▸▸ ～ **réalism** 名 U =magic realism

***ma·gi·cian** /mədʒɪ́ʃən/ 名 C 奇術師；魔法使い；巧みな技術を持った人(→ conjurer, sorcerer, wizard) ‖ a ～ with words=a word ～ 言葉の魔術師

Má·gi·not Lìne /mǽʒɪnòʊ-/ 名 《the ～》マジノ線《第

M

２次大戦前にフランスがドイツとの国境に建設した要塞（ようさい）線》

mag·is·te·ri·al /mæ̀dʒɪstíəriəl/ ⦅シ⦆ 形 ❶ 権威ある；高圧的な ❷《限定》下級［治安］判事の［による］ **～·ly** 副

mag·is·tra·cy /mǽdʒɪstrəsi/ 名（複 **-cies** /-z/）❶ Ⓤ 下級判事の職［地位，権限］；Ⓒ その管轄区域 ❷《the ～》《集合的に》下級判事たち

***mag·is·trate** /mǽdʒɪstrèɪt/ 《アクセント注意》名 Ⓒ ❶ 下級裁判所判事《軽犯罪裁判や重犯罪者の予備審問など法の執行権が限られている》；治安判事（justice of the peace）；警察（裁判所）判事（judge of a police court）；地方判事［司法官］（→magistrates' court）❷（司法権を持つ）行政官；（大きな行政単位の）行政長官，首長 ‖ the chief [OR first] ～ 元首；知事；市長；《米》大統領

▸▸ **～s' còurt** 名 Ⓒ（イングランド・ウェールズの）治安判事裁判所

mag·lev /mǽglèv/ 名 Ⓒ Ⓤ 磁気浮上（式高速列車），リニアモーターカー（方式）（♦ *mag*netic *lev*itation より）

mag·ma /mǽgmə/ 名 Ⓤ 〘地〙マグマ，岩漿（がんしょう）

▸▸ **～ chàmber** 名 Ⓒ 〘地〙マグマだまり **～ tùbe** 名 Ⓒ 〘地〙マグマチューブ［管］《地中のマグマが流動する空洞》

Mag·na Car·ta [Char·ta] /mæ̀gnə kɑ́ːrṭə/ 名《the ～》〘英国史〙マグナカルタ，大憲章《1215年，イングランド王ジョンが貴族たちの要求により承認した人民の権利と自由を保証した勅許状》；《m- c-》Ⓒ（一般に）人民の権利を保証する法令

mag·na cum lau·de /mæ̀gnə kum láudeɪ/ 副 形《ラテン》（＝with great praise）《主に米》優等で［の］，（3グループ中の）第２位グループで［の］《大学などの卒業成績》（→cum laude, summa cum laude）

mag·na·nim·i·ty /mæ̀gnənímәṭi/ 名（複 **-ties** /-z/）Ⓤ 雅量（のあること）；Ⓒ 雅量のある言動

mag·nan·i·mous /mægnǽnɪməs/ 形 雅量のある，度量の大きい，寛大な；高潔な **～·ly** 副

語源 *magn*(*i*)- great＋*-anim-* mind＋*-ous*（形容詞語尾）：大きい心を持った

mag·nate /mǽgneɪt/ 名 Ⓒ（実業界の）有力者，大物 ‖ a financial [railroad] ～ 財界の大物［鉄道王］

mag·ne·sia /mægníːʃə/ 名 Ⓤ マグネシア，酸化マグネシウム（magnesium oxide） **-sian** 形

mag·ne·si·um /mægníːziəm/ 《アクセント注意》名 Ⓤ 〘化〙マグネシウム《アルカリ土類金属元素．元素記号 Mg.》

▸▸ **～ óxide** 名 Ⓤ 〘化〙酸化マグネシウム（magnesia）

***mag·net** /mǽgnɪt/ 名〔▶ magnetic 形〕Ⓒ ❶ 磁石 ‖ Steel cans can be separated from aluminum ones by a ～. スチール缶はアルミ缶と磁石によって分別される / a permanent ～ 永久磁石 / a horseshoe [bar] ～ 馬蹄（ばてい）形［棒］磁石 ❷ 電磁石（electromagnet）❸《通例単数形で》〈人を〉引きつける人［もの，場所］〈**to, for**〉‖ The shop became a ～ *for* young people. その店は若者たちを引きつけるようになった ❹ ＝lodestone

▸▸ **～ schòol** 名 Ⓒ《米》マグネットスクール《優れた設備・教育課程により広い区域の生徒を集め，人種差別をなくすことを意図した公立中等学校》

mag·net·ar /mǽgnətɑ̀ːr/ 名 Ⓒ 〘天体〙中性子星，マグネター（♦ *magnet*＋pul*sar* より）

:mag·net·ic /mægnéṭɪk/

―形〔◁ magnet 名〕（**more ～；most ～**）

❶ **磁石［磁力，磁気］の**；磁力［磁気］を帯びた；地磁気の；磁化され得る；磁石に引かれる ‖ ～ force 磁力

❷《通例限定》磁石［磁気］を利用した ‖（a）～ recording 磁気記録［録音，録画］❸《通例限定》人を引きつける，非常に魅力的な ‖ a ～ personality 魅力的な性格

-i·cal·ly 副

▸▸ **～ cómpass** 名 Ⓒ 磁気羅針盤 **～ dísk [disc]** 名 Ⓒ 💻 磁気ディスク《主にフロッピーディスクなど磁性体を利用した記憶媒体》 **～ equátor** 名《the ～》〘地〙磁気赤道 **～ fíeld** 名 Ⓒ 磁場，磁界 **～ héad** 名 Ⓒ（テープレコーダーなどの）磁気ヘッド **～ indúction** 名 Ⓤ 〘理〙磁気誘導；〘電〙磁束密度 **～ levitátion** 名 Ⓤ Ⓒ 磁気浮上（式高速列車）（maglev）‖ a ～ *levitation* train リニアモーターカー **～ média** 名 複 💻（記録用テープ・ディスクなどの）磁気媒体 **～ míne** 名 Ⓒ（海底に敷設する）磁気機雷 **～ móment** 名 Ⓤ 〘理〙磁気モーメント **～ néedle** 名 Ⓒ（羅針盤の）磁針 **～ nórth** 名《the ～》磁北 **～ póle** 名 Ⓒ（磁石・地球の）磁極 **～ résonance ìmaging** 名 Ⓤ 〘医〙磁気共鳴映像法《略 MRI》 **～ stórm** 名 Ⓒ 磁気嵐（あらし） **～ stríp** 名 Ⓒ 磁気ストリップ《クレジットカードなどの情報を書き込む磁気体の帯》 **～ tápe** 名 Ⓤ（録音・録画用）磁気テープ

mag·net·ism /mǽgnətɪ̀zm/ 名 Ⓤ ❶ 磁気，磁性；磁力 ‖ terrestrial ～ 地磁気 ❷ 磁気学 ❸ 人を引きつける力，魅力 **-ist** 名 Ⓒ 磁気学者

mag·net·ite /mǽgnətàɪt/ 名 Ⓤ 〘鉱〙磁鉄鉱

mag·net·ize /mǽgnətàɪz/ 動 他 ❶ …に磁性を与える，…を磁化する（♦ しばしば受身形で用いる）❷〔人〕を引きつける **-ìz·a·ble** 形 **màg·net·i·zá·tion** 名 Ⓤ 磁化

mag·ne·to /mægníːṭou/ 名（複 **～s** /-z/）Ⓒ（特に，内燃機関の）高圧磁石発電機

magneto- /mægniːṭə-, -ṭou-/ 連結形「磁性，磁気」の意（♦ 母音の前では magnet- を用いる）‖ *magneto*meter

magnèto·eléctric, -eléctrical 形 磁電気の **-electrícity** 名 Ⓤ 磁電気（学）

magnèto·hỳdro·dynámics 名 Ⓤ 〘理〙磁気［電磁］流体力学《略 MHD》

mag·ne·tom·e·ter /mæ̀gnətɑ́(ː)məṭər | -tɔ́mɪtə/ 名 Ⓒ 磁気［磁力］計

magnéto·sphère 名《the ～》磁気圏 **magnèto·sphéric** 形

mag·ne·tron /mǽgnətrɑ̀(ː)n | -trɔ̀n/ 名 Ⓒ 〘電子〙マグネトロン，磁電管《極超短波発振用の真空管》

Mag·nif·i·cat /mægnífɪkæt/ 名 ❶《the ～》マニフィカート，聖母マリアの賛歌 ❷《m-》Ⓒ 賛歌，頌歌（しょうか）

mag·ni·fi·ca·tion /mæ̀gnɪfɪkéɪʃən/ 名 ❶ Ⓤ 拡大 ❷ Ⓒ Ⓤ 拡大率，倍率 ‖ have a ～ of ten 10倍に拡大できる ❸ Ⓒ 拡大図［像］

mag·nif·i·cence /mægnífɪsəns/ 名 Ⓤ 壮麗，華麗，荘厳；《口》素晴らしさ

:mag·nif·i·cent /mægnífɪsənt/ 《アクセント注意》

―形（**more ～；most ～**）

❶（大きさ・美しさが）実に印象的な，**壮麗［荘厳］な；壮大な**，堂々たる；見事な ‖ a ～ cathedral 荘厳な大聖堂 / a ～ view from the summit 山頂からの見事な眺め

❷（同類の中で）際立ってよい，最高の，優秀な，立派な ‖ a ～ organist 優れたオルガン奏者

❸《口》とてもよい，素晴らしい ‖ a ～ day 素晴らしい日

～·ly 副 壮麗に，堂々と；《口》素晴らしく

mag·ni·fi·er /mǽgnɪfàɪər/ 名 Ⓒ 拡大鏡［レンズ］；拡大する人［もの］

***mag·ni·fy** /mǽgnɪfàɪ/ 動（**-fies** /-z/；**-fied** /-d/；**～·ing**）他 ❶ …を拡大する，大きくして見せる ‖ This microscope *magnifies* objects 1,000 times [OR diameters]. この顕微鏡は物体を1,000倍に拡大できる ❷ …を誇張する，大げさに言う ‖ You are always ～*ing* my faults. 君はいつも僕の欠点を誇張しているね / ～ one's difficulties 自分の苦境［苦労］を大げさに言う ❸ …を増大させる，強める ❹《堅》《宗》〔神〕を賛美する

語源 *magni-* great＋*-fy*（「…する」を意味する動詞語尾）：大きくする

▸▸ **～ing glàss** 名 Ⓒ 拡大鏡，虫眼鏡

mag·nil·o·quent /mægníləkwənt/ 形（言葉遣い・文体が）大げさな，大言壮語の；（人が）ほら吹きの **-quence** 名 Ⓤ 大言壮語，誇張 **～·ly** 副

***mag·ni·tude** /mǽgnɪtjùːd/ 名 ❶ Ⓤ〈形・規模・数量などの〉大きいこと，大きさ；重大さ（の度合い）（↔ smallness）；重要性〈**of**〉‖ This photo shows the ～ *of* the damage caused by the flood. この写真を見ると洪水がもたらした被害の大きさがわかる / ～ *of* sound 音量 / realize the ～ *of* the problem 問題の重要性を認識する / an event of great ～ to Japan 日本にとって大変重要な出来事 ❷ Ⓒ Ⓤ 〘天〙(星の)光度(による等級) ‖ a star of the second ～ 2等星 ❸ Ⓒ Ⓤ (地震の)マグニチュード(→ Richter scale) ‖ an earthquake of ～ 4.5＝a 4.5-～ earthquake マグニチュード4.5の地震 ❹ Ⓒ 〘数〙数量, 数値

of the first mágnitude ① (星が)1等級の ② 最も重要な ‖ a disaster *of the first* ～ 第1級[最大級]の災害

mag·no·lia /mægnóʊliə/ 名 ❶ Ⓒ 〘植〙モクレン(木蓮), タイサンボク(泰山木) ❷ Ⓤ クリームがかった白色

mag·nox /mǽgnɑ(ː)ks | -nɒks/ 名 Ⓤ マグノクス《英国で開発された原子炉用のマグネシウム合金》

mag·num /mǽgnəm/ 名 Ⓒ ❶ マグナム瓶, 大瓶《ふつうの瓶の約2倍入るワインボトル. 約1.5 *l* 入り》 ❷ マグナム弾《同一口径の標準的なものより火薬が多量に装塡(そうてん)されている》; マグナム銃 ▸▸ **～ ópus** 名 Ⓒ 《単数形で》大作, 傑作(masterpiece); 大事業(♦ ラテン語より)

mag·pie /mǽgpàɪ/ 名 Ⓒ ❶ 〘鳥〙カササギ ❷ 《口》おしゃべりな人; がらくたを集める人 ❸ 標的の外から2番目の圏; そこに当たった弾

ma·guey /məgéɪ/ 名 Ⓒ 〘植〙マゲー《リュウゼツラン科の植物. 熱帯アメリカ産》; Ⓤ マゲーの繊維

Ma·gus /méɪgəs/ 名 (複 **-gi** /-dʒaɪ/) Ⓒ ❶ 〘聖〙東方の三博士(Magi)の1人 ❷ 《m-》マギ《古代ペルシャの司祭》 ❸ 《m-》魔術師

mág whèel 名 Ⓒ 《米》マグホイール《マグネシウム合金の自動車用ホイール. 単に mag ともいう》

Mag·yar /mǽgjɑːr/ 名 Ⓒ マジャール人《ハンガリーの主要人種》; Ⓤ マジャール[ハンガリー]語

—形 マジャール人[語]の

ma·ha·ra·jah, -ja /mɑ̀ːhərɑ́ːdʒə/ 名 Ⓒ マハラジャ, 大王《昔のインドの君主の位》

ma·ha·ra·ni, -nee /mɑ̀ːhərɑ́ːni/ 名 Ⓒ マハラジャの妻

ma·ha·ri·shi /mɑ̀ːhəríʃi/ 名 Ⓒ (ヒンドゥー教の)導師(の称号); (一般に)導師

ma·hat·ma /məhɑ́ːtmə/ 名 Ⓒ ❶ (インド・チベットで)聖者, 賢者 ❷ 《M-》マハトマ《インドで貴人の尊称》 ‖ *Mahatma* Gandhi マハトマ＝ガンジー

Ma·ha·ya·na /mɑ̀ːhəjɑ́ːnə/ 名 Ⓤ 大乗仏教(↔ Hinayana)

Ma·hi·can /məhíːkən/ 名 (複 ～ OR ～**s** /-z/) Ⓒ モヒカン族(の人)《ハドソン川上流の北米先住民》; Ⓤ モヒカン語

mah·jongg, -jong /mɑ̀ːʒɑ́(ː)ŋ, -ʒɔ́ːŋ | -dʒɔ́ŋ/ 名 Ⓤ マージャン(麻雀)

Mah·ler /mɑ́ːlər/ 名 **Gustav ～** マーラー(1860–1911)《オーストリアの作曲家・指揮者》

mahl·stick /mɑ́ːlstɪk | mɔ́ːl-/ 名 ＝maulstick

***ma·hog·a·ny** /məhɑ́(ː)gəni | -hɔ́g-/ 名 (複 **-nies** /-z/) ❶ Ⓒ 〘植〙マホガニー《赤褐色のアメリカ産熱帯樹》; Ⓤ マホガニー材《主に高級家具用材》 ‖ a ～ cabinet マホガニーの飾り棚 ❷ Ⓤ マホガニー色, 暗赤褐色

—形 マホガニー(材)の; マホガニー色の

ma·hout /məháʊt/ 名 Ⓒ (東南アジアの)象使い

mai·a·saur·a /màɪəsɔ̀ːrə/ 名 Ⓒ 〘古生〙マイアサウラ《大型カモノハシ恐竜の一種》

***maid** /meɪd/ (♦ 同音語 made) 名 Ⓒ ❶ 《しばしば複合語で》(ホテル・邸宅などで働く)(女性の)お手伝い, メード(→ housemaid, nursemaid) ‖ a personal ～ お付きのメード / a ～ of all work お手伝いさん; 雑用係, 何でも屋 ❷ 《古》《文》少女, 乙女; 未婚の若い女性(→ old maid); 処女 ‖ the Maid (of Orleans) オルレアンの少女《ジャンヌ＝ダルク(Joan of Arc)のこと》

a màid of hónor ① 《米》花嫁の付き添いの未婚女性(bridesmaid) ② (女王・王女付きの未婚の)女官, 侍女 ③ 《英》タルト菓子の一種

***maid·en** /méɪdən/ 形 《限定》 ❶ 《文》未婚の; 少女[娘, 乙女]らしい ‖ a ～ blush 乙女らしい恥じらい / ～ innocence 少女の無邪気さ ❷ 初めての; 初めて試みる[行う]; 未使用の, 未経験の ‖ make a ～ voyage [flight] 処女航海[飛行]をする ❸ 〘競馬〙未勝利(馬)の ‖ a ～ horse [race] 未勝利馬[レース] ❹ (雌の家畜が)交尾[出産]していない(unmated); (植物が)種から育った, 実生(みしょう)の

—名 Ⓒ ❶ 《文》娘, 乙女 ❷ 〘競馬〙未勝利馬 ❸ 《M-》(16, 7世紀のスコットランドの)断頭台 ❹ ＝maiden over

▸▸ **～ áunt** 名 Ⓒ 《旧》未婚のおば **～ nàme** 名 Ⓒ (女性の)結婚前の姓, 旧姓 **～ óver** 名 Ⓒ 〘クリケット〙無得点のオーバー[投球数] **～ spéech** 名 Ⓒ 《主に英》(特に国会議員の議場での)初めての演説

máiden·hàir 名 (＝～ fèrn) Ⓒ 〘植〙クジャクシダ

▸▸ **～ trèe** 名 Ⓒ 〘植〙イチョウの木(ginkgo)

máiden·hèad 名 Ⓤ 《文》処女性(virginity); Ⓒ 処女膜(hymen)

máiden·hòod 名 Ⓤ 《古》処女[娘]時代(中立 youth, adolescence); 処女であること, 処女性

máid·en·ly /-li/ 形 〘文〙処女の(ような), つつましい

máid·sèrvant 名 Ⓒ 《旧》メード, お手伝い(中立 housekeeper)

:**mail**[1] /meɪl/ (♦ 同音語 male)

—名 (複 **～s** /-z/) ❶ Ⓤ 《主に米》**郵便**(制度) (♦ 《英》では海外向け郵便(air mail, sea mail)などのほかは post が一般的) ‖ The goods can be sent either **by** ～ or by delivery service. 品物は郵便と宅配便のいずれでもお送りできます / The parcel got lost in the ～. その小包は郵送中紛失した

❷ Ⓤ/Ⓒ 《ときに ～s》《集合的に》《単数・複数扱い》《主に米》**郵便物**; (1回の)郵便配達[回収]分; (特定の個人・団体あての)郵便物(全部); 《形容詞的に》郵便(用)の ‖ Is there much ～ this morning? 今朝は郵便物がたくさんありますか / Bring me my ～, please. 私あての郵便物を持って来てください / catch [be late for] the morning ～ 午前の便に間に合う[間に合わない] / ～ delivery 郵便配達 / a ～ coach (昔の)郵便馬車

❸ Ⓒ 郵便(輸送)車[船, 飛行機など]

❹ 《M-》《新聞名として》…メール紙 ‖ *The Daily Mail* デイリーメール紙 ❺ Ⓤ 💻 電子メール, (E)メール(E-mail, e-mail, electronic mail)

連語 ❷❺ 【動+～】 get [OR receive] ～ 郵便物を受け取る[メールを受信する] / send ～ 郵便物を送る[メールを送信する] / deliver the ～ 郵便物を配達[(サーバーが)メールを配信]する / open the ～ 郵便物を開ける[メールを開く] / check one's ～ 郵便物[メール]が来ていないか確認する

—動 (**～s** /-z/; **～ed** /-d/; **～·ing**) 他 ❶ 《主に米》 **a** 《＋目》…を**郵便で送る**, 投函(とうかん)する(《英》post) ‖ ～ a parcel 小包を郵送する **b** 《＋目 *A*＋目 *B*⇄＋目 *B*＋to 目 *A*》 *A*(人)に *B*(手紙など)を郵送する ‖ Please ～ him the documents.＝Please ～ the documents *to* him. 彼にその書類を郵送してください

❷ 💻 〔人〕に(E)メールを送る; …を〈…に〉(E)メールで送る(e-mail)〈to〉

màil óut ... / màil ... óut 〈他〉〔手紙・宣伝物など〕を(多数の人に)一斉に発送する

～·a·ble 形 《主に米》郵送できる

▸▸ **～ càrrier** 名 Ⓒ 《米》郵便配達人(letter carrier, letter deliverer, postal worker, 《英》postman [postwoman]) **～ mèrge** 名 Ⓤ Ⓒ 💻 メールマージ, 差し込み印刷《本文に別ファイルにあるあて名・住所を組み入れて印刷する機能》 **～ órder** (↓) **～ slòt** 名 Ⓒ 《米》(ドアにつけられた)郵便差入口(《英》letter box) **～ tràin** 名 Ⓒ 郵便列車

mail slot

M

mail² /meɪl/ (♦同音語 male) 名 U ❶ (昔の)鎖帷子 (coat of mail) 《小さな金属の輪や板を組み合わせて作ったよろい》 ❷ (動物の)甲羅, 甲殻
—動 他 〔人〕を鎖帷子で武装させる
▸▸ **~ed físt** 名 《the ~》武力(による威嚇)

máil·bàg 名 C ❶ 《米》(配達用)郵便かばん(《英》 postbag) ❷ (輸送用)郵便物袋, 郵袋 ❸ 《集合的に》(受け取った)郵便物

máil·bòat 名 C 郵便船

máil·bòmb 名 C ❶ 郵便爆弾 ❷ 💻Eメール爆弾 《いやがらせ目的で送信された大量のEメール》

máil·bòx 名 C ❶ 《米》(郵便)ポスト(《英》 postbox) ❷ 《主に米》郵便受け (《英》 letter box) ❸ 💻 (メールサーバー上やメールソフト内の) 送受信メールの保存ファイル [フォルダ], メールボックス

mailbox ❷

máil·dròp 名 C ❶ 《米》郵便受け; 私書箱 ❷ 《主に米》(実際に住んでいない) 郵便物を受け取るための住所 ❸ 《英》(郵便・広告ちらしなどの)配達

mail·er /méɪlər/ 名 C ❶ 《主に米》郵便物差出人 [発送者], 郵送係; (封筒・包装箱など)郵便物を入れる[包む]もの; (郵送の)宣伝パンフレット, 案内状; 郵便機械 《消印印刷・自動選別などをする》 ❷ 💻メールプログラム, メーラー

***máil·ing** /-ɪŋ/ 名 U 郵送; C (1回に発送される)郵便物; (多くの人に郵送される) 案内状 ▸▸ **~ làbel** 名 C 郵送用ラベル **~ lìst** 名 C 💻 (一斉に情報送信を行う) Eメール送信先一覧, メーリングリスト(機能, サービス)

mail·lot /mɑːjóʊ/ 名 (♦フランス語より) C ❶ 《主に米》(ワンピース型の女性用)水着 ❷ タイツ, レオタード

***máil·màn** /-mæ̀n/ 名 (複 **-mèn** /-mèn/) C 《米》郵便集配人(《英》 postman) (中立 mailperson, mail carrier)

***màil órder** 〈ジ〉 名 U メールオーダー, 通信販売 (の注文[商品]) ‖ buy housewares by ~ 家庭用品を通販で買う **máil-òrder** 〈ジ〉 形 《限定》通信販売の ‖ a ~ catalog 通信販売のカタログ

máil·shòt 名 C 《英》ダイレクトメールによる情報 (の発信) (《米》 mass mailing)

maim /meɪm/ 動 他 〔人〕の肢体を不自由にする(cripple); …を害する, 損なう

⁝main¹ /meɪn/ (♦同音語 mane) 形 名

中心義 中心的な

—形 《比較なし》《限定》 ❶ 主な, **主要な**; 主要部をなす(↔ minor) (⇨ CHIEF 類語) (❗「メインスタンド」は和製語で, 英語では grandstand という) ‖ My ~ concern is my family's happiness. 私の一番の関心事は家族の幸せだ / the ~ point of the speech その演説の要点 / the ~ building 本館 / The ~ **thing** is whether you really love him. 最も大事な点はあなたが彼のことを本当に愛しているかどうかだ
❷ すべてを尽くした, 最大限の ‖ by ~ force [OR strength] 力いっぱい, 全力を振るって
❸ 《海》メインマストの

—名 (複 **~s** /-z/) C ❶ 《しばしば ~s》(水道・ガスの) **本管**, 水道[ガス]管, 下水本管; (電気の)本[幹]線, 配電線; 《通例 the ~s》《単数・複数扱い》《主に英》(建物・地域への)(公共の)水[電気, ガス]の供給; 水道[電力]網[系統]; 電源, 元栓; 《形容詞的に》水道管[配電線]の[から取り入れた] ‖ The old water ~*s* burst because of the severe cold. 厳しい寒さで古い水道管が破裂した / He turned off the water [gas] at the ~*s*. 元栓をひねって水[ガス]を止めた / the water supply from the ~*s* = the ~*s* water supply 水道管からの水の供給
❷ 《the ~》《古》《文》大海, 大海原
❸ 《海》メインマスト(mainmast); 大檣帆(mainsail)
❹ 主要部, 主[重]要点(→ *in the main*(↓))

**in the máin* 大部分は, 概して(♦しばしば文中に置かれる) ‖ The passengers were, *in the* ~, tourists from China. 乗客は大部分が中国からの観光客だった

▸▸ **~ bráce** 名 C 《海》大檣転桁索 《main yard を回す》 ‖ splice the ~ *brace* 《英》《旧》酒を飲む **~ chánce** 名 《the ~》最も有利 [重要] な機会; 私利 **~ cláuse** 名 C 《文法》主節 (↔ subordinate clause) **~ cóurse** 名 C ① (食事の) メインコース (→ entrée) ② 《海》(横帆艤装の船の) 主帆 **~ déck** 名 C 《海》主甲板, メインデッキ **~ drág** 名 《the ~》《主に米口》メインストリート, 本通り **~ líne** (↓) **~ màn** 名 C 《主に米口》親友, 頼れる人物 **~ stém** 名 C (川の) 本流 **~ strèet** 名 ① C (小都市の)本通り, 大通り, 目抜き通り (《英》 high street) ② 《M- S-》 U 《主に米》(小都市特有の)偏狭で保守的な性格(の人々[場所]) (♦ S. Lewis の同名の小説より) **~ vérb** 名 C 《文法》本動詞

main² /meɪn/ (♦ 同音語 mane) 名 C ❶ (さいころ賭博で)さいころを振る前に選ぶ目の数 ❷ (昔の)闘鶏(試合)

Maine /meɪn/ 名 メイン《米国北東端の州. 州都 Augusta. 略 Me., 《郵》 ME》 ‖ from ~ to California 全米にわたって

***máin·fràme** 名 C 💻大型高速コンピューター, メインフレームコンピューター

***main·land** /méɪnlənd/ 名 《通例 the ~》本土; 《形容詞的に》…本土 ‖「~ China [OR the Chinese ~] (台湾に対し)中国本土 / ~ Britain 英国本土
~·er 名 C 本土の住民

máin·lìne 動 自 他 《俗》(麻薬を)静脈に打つ
—形 (宗教・思想・運動などが)本流の, 伝統的な

màin líne 名 C ❶ (鉄道の) 本線; 《米》幹線道路 ❷ 《俗》(麻薬を打ちやすい)(太い)静脈

⁝main·ly /méɪnli/
—副 《比較なし》**主に**; 《文修飾》概して, 大部分は ‖ I'm ~ **concerned** with market research. 私は主にマーケットリサーチにかかわっています / a shop selling ~ shoes and clothes 主に靴と衣類を売っている店 / I chose this room ~ because of the reasonable rent. 私がこの部屋を選んだ主な理由は家賃が手ごろだからだ

máin·màst /-mæ̀st | -mɑ̀ːst, 《海》 -məst/ 名 C 《海》メインマスト, 大檣

máin·sàil /-sèɪl, 《海》-səl/ 名 C 《海》大檣帆

máin·sprìng 名 ❶ C (時計の) 主ぜんまい ❷ 《通例 the ~》〈…の〉原動力, 推進力〈**of**〉‖ the ~ *of* one's action 行動の原動力

***máin·stày** 名 C ❶ 《海》大檣支索 ❷ 〈…の〉頼みの綱, 拠り所〈**of**〉

***máin·strèam** 名 ❶ 《the ~》〈活動・思潮などの〉主流, 主潮; 大勢〈**of**〉 ❷ U 《楽》メインストリームジャズ《1950年代に流行したスイングジャズなど》 —形 《限定》主流の; 標準的な; 《楽》メインストリーム (ジャズ) の ‖ ~ artists 主流派の芸術家たち / go ~ 主流になる —動 他 ❶ …を主流にする ❷ 《主に米》〔障害児〕を普通学級に入れる

⁝main·tain /meɪntéɪn, men-, mən-/

中心義 **Aを一定の状態に保つ** (★Aは「状態」「家族」「意見」など多様)

動 他 維持する❶ 養う❸ 主張する❹ 支持する❺

—動 (▶ maintenance 名) (**~s** /-z/; **~ed** /-d/; **~·ing**)
—他 ❶ …(の状態・水準など)を**維持する**, 持続する, 継続する(✎ keep up)(↔ end); …を(損なわずに)保つ ‖ We need more money to ~ our present operation. 現在の活動を維持していくにはもっと金が必要だ / ~「good relations [close economic contact] with ... …と良好な関係 [密接な経済的接触] を保つ / ~ silence [peace] 沈黙 [平和] を守る / ~ one's health 健康を保つ / ~ prices 物価を維持する

❷〔建物・機械など〕を(手入れして)使えるようにしておく, 整備する, 保守管理する(↘keep up) ‖ This type of car is costly to ～. このタイプの車は維持費がかさむ / The building is poorly ～*ed*. そのビルは保守状態が悪い
❸〔家族など〕を〈…で〉**養う**, 扶養する〈**on**〉;〔人〕の生活費などの面倒を見る;〔活動・運営など〕を支える, 維持する;〔生命〕を維持する, 保つ ‖ His wages are sufficient to ～ him. 彼は給料で十分やっていける / ～ two children *on* one's small salary わずかな給料で2人の子供を扶養する / ～ one's family in ease and comfort 家族に安楽な暮らしをさせる / This orphanage is ～*ed* by charity. この養護施設は慈善団体によって維持されている / A third of the world's population barely gets enough food to ～ life. 世界の人口の3分の1が辛うじて生命の維持に足る食糧を手に入れている
❹ **a** 《+**that** 節》《通例進行形不可》…だと**主張する**, …を事実だ[正しい]と言い張る, 断言する(♦直接話法にも用いる) ‖ He ～*ed that* he was innocent. 彼は自分は無実だと主張した / "I was trying hard," he ～*ed*. 「頑張ってやろうとしたんだ」と彼は断言した
b 《+目》…を主張する ‖ He ～*ed* his innocence. 彼は自分の無実を主張した
❺〔考え・意見など〕を**支持する**, 擁護する, 主張する ‖ ～ one's 「point of view [rights] 自分の考え[権利]を擁護する ❻〔地位・立場・陣地など〕を守る ‖ ～ one's position [OR status] 自分の地位を守る / ～ one's ground against ... …に対して自分の立場を守る
━自 《米口》現状を維持する
～·a·ble 形 継続[維持]できる
語源 *main-* hand＋*-tain* hold : 手に[で]持つ
▶▶**～ed schóol** 名 C 《英》公立学校

*__main·te·nance__ /méɪntənəns/ 名〔◁ maintain 動〕U ❶ 維持, 持続 : 継続 ; 〈建物・機械などの〉整備, 保守, 管理, メンテナンス〈**of**〉‖ the ～ *of* order [peace] 秩序[平和]の維持 / car ～ 車の整備 ❷ 扶養 ; 生計の資, 生活費 ; 《英》〖法〗扶養料, 養育費(《米》alimony) ‖ provide ～ 生計を支える / pay ～ 「for a child [to one's ex-wife] 子供の養育費[前妻に生活費]を払う ❸ (意見などの)主張 ; 支持, 擁護 ❹〖法〗訴訟幇助(ほうじょ) ▶▶**～ màn** 名 C (ビルなどの) 管理員, 営繕係 (中立 maintenance worker) **～ òrder** 名 C 《英》〖法〗扶養手当支払命令

máin·tòp 名 C〖海〗大檣(だいしょう)楼
màin·tóp·màst 名 C〖海〗大檣の中檣
ma·iol·i·ca /maɪá(ː)lɪkə | maɪɔ́l-/ 名 U マヨリカ焼き《イタリアの彩色陶器》(→ majolica)
mai·son·ette /mèɪzənét/ 名 C 《主に英》メゾネット《1世帯用住宅が2階式になっているアパート》
mai tai /màɪ táɪ/ 名 C マイタイ《ラム酒と果汁のカクテル》
maî·tre d' /mèɪtrə díː/ 名 =maître d'hôtel
maî·tre d'hô·tel /mèɪtrə doutél/ 〈シ〉名《フランス》(=master of the house) C ❶ (レストランの) 給仕頭, ボーイ長(headwaiter) ❷ (ホテルの)支配人
maize /meɪz/ (♦同音語 maze) 名 U ❶《英》トウモロコシ(《米》corn¹) ❷ トウモロコシ色, 薄黄色
Maj. 略 Major
*__ma·jes·tic__ /mədʒéstɪk/ 形 威厳のある, 堂々とした ; 荘厳な ‖ The king looked ～ in his ceremonial robes. 儀礼服を着た王の姿は威厳があった / a ～ view of Uluru ウルル(エアーズロック)の雄大な姿 **-ti·cal·ly** 副
*__maj·es·ty__ /mǽdʒəsti/ 名 (複 **-ties** /-z/) ❶ U 威厳 ; 尊厳 ; 荘厳さ ; 雄大さ, 偉大さ ‖ the ～ of the Grand Canyon グランドキャニオンの雄大さ / the ～ of God 神の偉大さ ❷ 《M-》C 《所有代名詞 Your, His, Her, Their を伴って》陛下(♥王・女王・天皇・皇后に対する(呼びかけの) 尊称. 三人称扱い) ‖ Thank you, Your *Majesty* [*Majesties*]. (直接の呼びかけで) ありがとうございます, 陛下[両陛下] / His [Her] *Majesty* 国王[女王]陛下 / Their *Majesties* 両陛下 / Her *Majesty* the Queen 女王陛下 / Her *Majesty's* Government 英国政府 《略 H.M.G.》 ❸ U 至上権, 主権, 王権, 統治権 ‖ the ～ of the law 法の至上権
Maj.Gen. 略 *Maj*or *Gen*eral
ma·jol·i·ca /mədʒá(ː)lɪkə | -dʒɔ́l-/ 名 U C マジョリカ焼き《イタリアのマヨリカ焼き(maiolica)に似せて作った陶器. 多くは英国製》

⁑ma·jor /méɪdʒər/ 《発音注意》形 名 動

中心義 **大きな部分を占める**

> 形 **大きい方の❶ 主要な❷ 長調の❹**
> 名 **少佐❶** 動 自 **専攻する❶**

━形〔▶ majority 名〕《比較なし》(↔ minor) ❶《通例限定》(数量・程度などが)**大きい**[**多い**]**方の** ; 特に大きい[多い] ; 大部分の, 大多数の, 過半数の ‖ the ～ part of an income 収入の大半 / the ～ opinion 多数意見
❷《通例限定》**主要な** ; 一流の, 優れた ; (問題・手術などに関して) 重大な, 深刻な, 命の危険を伴うような ‖ His ～ novels have been translated into Japanese. 彼の主要な小説は日本語に翻訳されている / a ～ **problem** 大きな問題 / two ～ political parties in the US 米国の2大政党 / undergo a ～ operation 大手術を受ける
❸《叙述》《米口》重要な, 大切な, 大した ‖ Don't worry. It's not ～. 気にするな. 大したことじゃないよ
❹〖楽〗**長調の** ; 長音階の ; 長音程の ; 全音の ‖ the ～ key 長調 / the ～ scale 長音階 / a piano sonata in C ～ ハ長調のピアノソナタ(♦音調記号の後につける)
❺〖法〗成年に達した, 成人の
❻《しばしば M-》《英》《旧》年長の, 年上の(♦以前のパブリックスクールで2人の同姓者がいるとき年長者の姓の後につけた) ‖ Brown ～ 年上のブラウン (♦《米》では the older Brown というのがふつう) ❼《主に米》(科目・課程が) 専攻の ‖ a ～ subject [course] 専攻科目[課程] ❽〖論〗大前提の ; 大名辞の ‖ a ～ premise 大前提
━名 (複 **～s** /-z/) C ❶ (米陸軍・海兵隊・空軍の)**少佐** ; (英陸軍・海兵隊の)**少佐**(略 Maj.) ; (軍楽隊の)隊長 ; 《修飾語を伴って》リーダー, 長 ‖ a trumpet ～ トランペット部門のリーダー
❷《主に米》専攻科目[課程, 分野] ; 《修飾語を伴って》…専攻の学生 ‖ What is your ～ at college? あなたの大学での専攻は何ですか / a sociology ～＝a ～ in sociology 社会学専攻の学生 ❸ (＝**～ kèy**) U〖楽〗長調 ; 長音階 ; 長音程 (↔ minor) ❹《the ～s》《米》(野球の) 大リーグ (major league) ❺〖法〗成年者, 成人(→ majority ❺) (↔ minor) (⇨ CHILD 類語P) ❻ 大企業 ; 《the ～s》国際石油資本《米・英系大手石油7社(7大メジャー)の総称》 ❼〖論〗(三段論法の)大前提 ; 大名辞
━動 (**～s** /-z/ ; **～ed** /-d/ ; **～·ing**) 自 ❶ 《+**in** 名》(米・豪・ニュージ) (学生が)…を**専攻する**(《英》specialise) (⇨ LEARN 類語P) ‖ I'm ～*ing in* international relations at university. 私は大学で国際関係論を専攻している
❷ 《+**on** [**in**] 名》《英》(生産・趣味などで)…を専門にする
～·ly 副 《口》非常に, 大いに, 極度に
▶▶**～ áxis** 名《the ～》〖数〗(楕円(だえん)の)長軸(↔ minor axis) **～ géneral** 名 C〖軍〗《米》陸軍[空軍, 海兵隊]少将 ; 《英》陸軍少将 **～ léague** (↓) **～ órder** 名 C〖カト〗上級聖職位《bishop, priest, deacon, subdeacon の位をいう》 **～ plánet** 名 C〖天〗大惑星《太陽系の8つの惑星の総称》 **Màjor Próphets** 名 ⇨ PROPHET **～ súit** 名 C〖ゲーム〗(ブリッジで強い手である) ハート[スペード]の組札(→ suit)

ma·jor·ette /mèɪdʒərét/ 名 =drum majorette
ma·jor·i·tar·i·an /mədʒɔ̀ːrətéəriən | -dʒɔrɪ-/ 〈シ〉形 多数決の[を主張する] ━名 C 多数決唱道者[支持者]

⁑ma·jor·i·ty /mədʒɔ́(ː)rəti/ 《アクセント注意》
━名〔◁ major 形〕(複 **-ties** /-z/) (↔ minority) ❶

M

《the ~, a ~》《集合的に》《単数・複数扱い》〈…の〉**大多数**，大部分，大半〈**of**〉‖ The **vast** [OR **great**] ~ *of* the applicants were high school students. 申込者の大半が高校生だった（♦ 動詞は of の後ろの名詞の単複に合わせるが，ふつうは複数名詞がきて動詞も複数で受ける）/ The ~ is [OR are] in favor of the new treaty. 大多数が新しい条約に賛成している（♦ of 句を伴わない単独用法では，《米》では通例単数扱い，《英》では全体を一つの集団と見る場合は単数扱い，個々の成員に重点を置く場合は複数扱い）/ on the ~ *of* occasions たいていの場合に
❷ Ⓒ 多数派，多数党（♦ 用法は ❶ に同じ）；《形容詞的に》多数派[党]の ‖ the Senate ~ leader 上院の多数党指導者 / a ~ opinion 多数意見
❸ Ⓒ 《通例単数形で》（投票・議席などの）**過半数**；《形容詞的に》過半数[多数決]の[による] ‖ The bill was passed **by** a ~ (**vote**). その法案は過半数で通過した / **win** [OR **gain**] a ~ 過半数を獲得する / an absolute [overall] ~ 絶対[圧倒的]多数 / a ~ decision 多数決（制）/ ~ rule 多数決の法則 / a ~ verdict （陪審員の）過半数評決 / a two-thirds ~ 3分の2の多数 / decide by the vote of a simple ~ 単純多数投票で決める《過半数以下であっても最高得票で決める》
❹ Ⓒ 《米》（勝者の側から見た）〈勝者の得票数と残りの者全部を合計した得票数との〉**得票差**〈**over**〉（♦ 《英》では勝者と次点者との得票差を指す）‖ win **by** [OR **with**] a large [narrow] ~ 下位に大差をつけて[少差で]勝つ / have a ~ of 500 votes *over* the other party 相手方に500票の差をつける（→ plurality）
❺ Ⓤ 〖法〗成年，成人；成人の法定年令（《米》では多くの場合21歳，《英》では18歳）‖ attain [OR reach] one's ~ 成年に達する ❻ Ⓒ 《通例単数形で》〖軍〗少佐の階級
in the [OR ***a***] ***majórity*** 多数派に属して；大部分をなして
▸▸ **~ gòvernment** 名 Ⓒ 多数派政府《議会で過半数の議席を有する政党が構成する政府》（↔ minority government）**~ lèader** 名 Ⓒ 《米》多数党の院内総務 **~ òwnership** 名 Ⓤ 〖商〗（株の）過半数所有 **~ rùle** 名 Ⓤ 多数決原理 **~ sháreholder** 名 Ⓒ 過半数株保有者 **~ vèrdict** 名 Ⓒ 《英》〖法〗（陪審員の過半数による）多数評決

majórity-òwned 形 〖商〗（株式を）過半数所有した ‖ a ~ company 過半数所有会社

màjor léague, Màjor Léague ⊲シ 名 《the ~s》《米》（特に野球の）大リーグ，メジャーリーグ《American League と National League がある》
màjor-léague ⊲シ 形 大リーグ（所属）の；《口》非常に重要な **màjor-léaguer** 名 Ⓒ 大リーグの選手，大リーガー

ma·jus·cule /mǽdʒəskjùːl/ 名 Ⓤ （古文書の）大文字[アンシアル]書体；Ⓒ 大文字（の文書）

***make /meɪk/ 動 名

中心義 …に働きかけて別の物[状態]を生み出す

> 動 他 作る❶ 用意する❸ する❹ させる❺
> 引き起こす❻ 得る❼ なる❽❾ 進む⓬

—動 (~s /-s/; **made** /meɪd/; **mak·ing**)
—他 ❶ **a** 《+目》〈…で〉〔物〕を**作る**，作成する〈**of, out of, from**〉‖ This table is *made of* teak. このテーブルはチーク材でできている / Beer and whisky are *made from* barley. ビールとウイスキーは大麦から造られる（♦ 原材料の質が変化する場合は from，変化しない場合は of, out of を用いるのがふつう. 質が変化したかどうか不明のときは from を使う方が多い）/ ~ a cake ケーキを作る / ~ a fire 火をおこす / ~ a law 法律を制定する / ~ a nest *of* straw わらで巣を作る / ~ stilts *out of* bamboo 竹で竹馬を作る
b 《+目 *A*+目 *B* ⇄ +目 *B*+**for** 目 *A*》*A*（人）に*B*（物）を作ってやる ‖ I *made* Toby a new doghouse. = I *made* a new doghouse *for* Toby. 私はトビーに新しい犬小屋を作ってやった（♦ 受身形は目 *B*を主語にして for をつけた A new doghouse was *made for* Toby (by me). の形のみが可能）

Behind the Scenes **Just like mother used to make.** **おふくろの味；お母さんが作ってくれたみたい** 1900年代以降米国の食品の宣伝文句などでよく使われる（♥「母親がかつて作ってくれたのとまるで同じような」手作りの食べ物などに出会ったときに，懐かしさを込めて言う）

❷ 《+目+**into** 名》…を…に作り替える，加工する ‖ ~ milk *into* cheese and butter (= ~ cheese and butter from milk) 牛乳をチーズやバターにする
❸ **a** 《+目》…を**用意する**，準備する，整える ‖ ~ a meal 食事を用意する / ~ a bed ベッドを整える
b 《+目 *A*+目 *B* ⇄ +目 *B*+**for** 目 *A*》*A*（人）に*B*（食事・ベッドなど）を用意する，準備する ‖ I'll ~ you a cup of tea. = I'll ~ a cup of tea *for* you. 紅茶を入れてあげましょう
❹ **a** 《+目》…**をする**，行う（♦ 行為を表す名詞を目的語にして1つの動詞と同じような働きをする）‖ ~ a choice 選ぶ / ~ a decision 決心をする / ~ a comment 発言する / ~ a promise 約束をする / ~ a guess 推測する / ~ a speech 演説［スピーチ］をする / ~ a suggestion 提案する / ~ a request 依頼する / ~ a (phone) call 電話をかける / ~ progress 進歩する / ~ a turn 曲がる / ~ a visit 訪問する / ~ arrangements 準備する
b 《+目 *A*+目 *B* ⇄ +目 *B*+**to** 目 *A*》*A*（人）に*B*（申し出・提案など）をする ‖ I'll ~ him an offer he can't refuse. 私は彼に断れない申し出をするつもりだ / I think it would be best if you *made* a proposal of peace *to* them. 君は彼らに和解を申し込んだ方がいいと思うよ
❺ …**させる**，…にする **a** 《+目+*do*》…に…**させる**（♦ 使役・強制の意味）（⇨ FORCE 類語）‖ They *made* me sign the agreement. 彼らは私に（無理に）その合意書に署名させた（♦ 人が主語のときは「無理やり…させる」という強制的な意味になるのがふつう. 許可を表す let との違いに注意）/ She was *made* to work day and night. 彼女は日夜働かされた（♦ 受身形では to不定詞を用いる）/ My husband didn't want to retire early, but they *made* him (do it). 夫は早期に退職したくなかったが，せざるを得なかった（♦ 文脈から推測可能な場合は原形不定詞を省くことがある）/ His jokes always ~ me laugh. 彼の冗談にはいつも笑ってしまう（♦ 主語が強制するのではなく単に原因を表す場合もある）/ What ~*s* you think so? どうしてそう思うの（♥ 冷静・客観的に理由を尋ねる言い方. Why do you think so? には相手を責める気持ちが含まれることがある）
b 《+目+補》…を…にする（♦ 補 は名詞（句）・形容詞（句）・前置詞句. 目 には形式目的語 it を置いて，補 の後ろに that 節 または（for 名+）不定詞句を伴うことがある. ⇨ 語法）‖ The film *Taxi Driver made* Robert De Niro a star. 映画「タクシードライバー」でロバート＝デ＝ニーロはスターになった / We *made* him captain. 我々は彼をキャプテンにした（♦ 補 が役職を表す名詞の場合は無冠詞）/ The princess's death *made* the whole nation sad. 王女の死は全国民を悲しませた / He *made* it possible for me to finish the work in a day. 彼のおかげで私はその仕事を1日で終わらせることができた（♦ it は形式目的語）/ *Make* yourself ⌈at home [OR comfortable]. どうぞお楽に
c 《+目+*done*》…を…（された状態に）する（♦ 目 はしばしば oneself）‖ He manages to ~ himself understood in the local language wherever he goes. 彼はどこへ行ってもその土地の言葉で何とか自分の言いたいことを伝えられる / She couldn't ~ herself [OR her voice] heard above the noise. 雑音で彼女の声は聞こえなかった

Behind the Scenes **Make it so(, Number One).** そうしてくれ 米国のSFドラマ *Star Trek* の中で，宇宙船エンタープライズ号のNumber One「副長」が問題への対応などについて「こういたしましょうか」と尋ねてきた際に，船長のPicard が返すせりふ．堅い表現で，目下に対してのみ使われる（♥ 自分が指示を出す立場に立ったときに，上司ぶって言う）

語法☆☆ ❺**b** の文型で補語が clear, plain, known, available, possible などの場合，目的語の前にくることがある．これは目的語が長い名詞句か節の場合で，やや《堅》．節の場合，make の直後に形式目的語 it を置いて make it clear [plain, etc.] that ... となることも多い．〈例〉We will *make* available two meeting rooms. 会議室を2つ用意しておきましょう / I want to *make* (it) clear that I'm not going to change my mind. 私は考えを変える気はないことをはっきりさせておきたい

❻ …を**引き起こす**，生じさせる ‖ Your contribution *made* all the difference. 君の貢献はとても重要だった / My objection won't ～ any **difference**. 私が反対しても（事情に）何の変わりもないだろう（♦ make a difference はふつう「（単なる変化ではなく）改善をもたらす」）/ ～ a mistake 間違いをする / ～ a dent in the bumper バンパーをへこます / ～ a hole (in ...)（…に）穴をあける / ～ a noise 音を立てる / ～ a mess 散らかす / ～ a scratch (on ...)（…に）引っかき傷をつける / ～ trouble もめ事を引き起こす

❼〔金・名声など〕を**得る**；〔友達など〕を作る；〘スポーツ〙〔点・タッチダウンなど〕をとる ‖ ～ money 金をもうける / ～ fifty dollars a week 週に50ドル稼ぐ / ～ a [OR one's] living 生計を立てる / ～ a profit [loss] 利益をあげる［損失を出す］/ ～ a [OR one's] name as a writer 作家として名を上げる / ～ a fast reputation またたく間に名声を得る / ～ friends with ... …と友達になる / ～ enemies 敵を作る / ～ a touchdown タッチダウンする

❽《受身形・進行形不可》（総計・順序などが）…に**なる**，…を構成する ‖ Two and two ～(*s*) four. 2足す2は4 / One hundred cents ～ a dollar 100セントで1ドルになる / This ～*s* the third time you've failed. 君の失敗はこれで3度目だ / "The same for me." "So that ～*s* two, please."「私も同じものを」「じゃあ，全部で2つお願いします」

❾《受身形・進行形不可》 **a**《＋目》…に**なる**，…になる素質がある；…にふさわしい；《主に米》…に昇進［昇格］する ‖ She will ～ an excellent manager. 彼女は素晴らしい支配人になるだろう / This barrel ～*s* a good seat. このたるはよい腰かけになる / That will ～ a good ending to the story. それは物語のよい結末にふさわしいだろう / He couldn't ～ branch manager because of the scandal. そのスキャンダルのせいで彼は支店長になれなかった（♦ 目が役職名の場合は通例無冠詞）

b《＋目 *A*＋目 *B* ⇄＋目 *B*＋**for** 目 *A*》*A*（人・物）にとって *B*（人・物）になる ‖ This puppy will ～ him a good companion. ＝This puppy will ～ a good companion *for* him. この子犬は彼のよい仲間になるだろう

語法☆☆ (1) ❾**a** は補語を伴う自動詞とも考えられるが，本来は他動詞で，後ろの名詞（句）は目的語．
(2) ❾では主語にくる人［物・事］の「成功」を表す場合が多い．したがって **a** の目，**b** の目 *B* には good や nice など好ましい意味の形容詞を伴った名詞句がくるのが一般的．

❿《＋目＋(**to be**) 補》《受身形・進行形不可》…を（…と）見積もる，思う ‖ I ～ the total (*to be*) $50. 総額で50ドルくらいだと思う / What time do you ～ it? ＝What do you ～ the time? 何時だと思いますか［何時ですか］

⓫《受身形・進行形不可》…に到着する；〔列車など〕に間に合う；〔会合など〕に出席する（→ *make it*（↓））‖ I didn't ～ Torquay before nightfall. 私は夕暮れ前にトーキーに着けなかった / I don't think we're going to ～ the 7:00 train. 我々は7時の列車に間に合わないと思う / ～ a deadline 締め切りに間に合う / ～ a meeting [party] 会議［パーティー］に出席する

⓬《受身形不可》〔距離〕を**進む**，行く；〔ある速度〕を出す ‖ This airplane ～*s* 1,500 miles an hour. この飛行機は時速1,500マイルで飛ぶ / The ship *made* twenty knots. 船は20ノットの速力を出した

⓭《受身形・進行形不可》〔記事・リストなど〕に載る；〔チームなど〕の一員になる ‖ ～ the headlines（新聞の）見出しに載る / He *made* the Japanese national team. 彼は日本のナショナルチームの一員になった（♦「チームを作る」は form [OR make up] a team）

⓮《受身形・進行形不可》…の成功［名声］を確実にする，…を完全にする，成功させる ‖ The tower design *made* that architect. その塔のデザインのよさがその建築家の名声を確実にした

⓯《＋目＋補〈名〉》《進行形不可》…を…と決める ‖ "What time shall we meet?" "Let's ～ it 7:00."「何時に会おうか」「7時にしよう」

⓰《米俗》…を口説く；…と性交する，寝る ⓱〘電子〙〔回路〕を閉じる；〔電流〕を入れる ⓲《主に古》〔結婚〕の約束をする ⓳〘トランプ〙〔1回の札〕をとる，〔ブリッジの競り〕に勝つ；〔コントラクト〕を成立させる；〔カード〕をシャッフルする

―自 ❶《＋副句》〈…の方向へ〉向かう，進む〈**for, toward,** etc.〉‖ The boys *made* straight *toward* a distant light. 少年たちは遠くの明かりに向かって真っすぐ進んだ / ～ *for* an exit 出口に向かう

❷ 振る舞う（→ *make as if*（↓），*make like*（↓））

❸（…の状態に）なる，する（♦ 特定の形容詞を伴って成句を作る．目的語の oneself が省略されたと考えられる）‖ ～ ready 用意をする / ～ sure 確かめる / ～ merry 浮かれる ❹《＋**to** *do*》《堅》…しそうな素振りをする，…しかける ‖ She *made to* protest, but he stopped her. 彼女は抗議しかけたが，彼はそれを止めた ❺（潮が）満ち始める

be máde for ...（人・物などが）…に向いている，適する；…向きにできている ‖ He *is made for* the job. ＝The job *is made for* him. 彼はその仕事に向いている

be máde for èach òther（カップルが）お似合いである

máke after ...〈他〉《受身形不可》《旧》…を追跡する

máke as if [OR ***thòugh***]〈…する〉素振りを見せる，ふりをする〈**to** *do*〉‖ She *made as if to* cry. 彼女は今にも泣きそうだった / He *made as if* he liked the soup. 彼はスープが気に入ったふりをした

máke at ...〈他〉…に襲いかかる

màke awáy〈自〉急いで立ち去る

màke awáy with ...〈他〉① …を盗む，持ち去る ②《旧》…を殺す

make believe (***that***) ... ⇨ BELIEVE（成句）

＊***màke dó***〈自〉〈あり合わせのもので〉**済ます**〈**with**〉；〈…なしで〉済ませる〈**without**〉；〈わずかなもので〉何とかやりくりする〈**on**〉‖ I don't have time to cook, so could you ～ *do with* what we've got? 料理する時間がないからあり合わせのもので済ませてくれますか

＊***máke for ...***〈他〉① …の**方向へ進む**（→ 自 ❶）(head for [OR toward]) ②《受身形・進行形不可》…の結果をもたらす，…を可能にする，…に**寄与する** ‖ Don't be lazy. That won't ～ *for* your success. 怠けないことだな．怠けていては成功は無理だよ ③ …に襲いかかる

make good〈他〉⇨ GOOD（成句）

＊***màke A ìnto B***〈他〉① *A* を *B* に作り替える（→ 他 ❷）(turn into) ② *A* を *B* に変える，変化させる ‖ Prof. Higgins *made* Eliza *into* a lady. ヒギンズ教授はイライザを淑女に変えた

＊***máke it*** ①（何とか）**間に合う**；たどり着く，到達する ‖ If we take a taxi, we should ～ *it* (to the airport). タクシーに乗れば（空港に）間に合うはずだ ② **成功する**，うまくいく；目的を遂げる ‖ I think Michael will ～ *it* as an

M

actor. マイケルは役者として成功すると思う / ~ *it* big 大成功する ③(会合などに)出席できる, 都合をつける ④(病人などが)よくなる, 助かる;(困難などを)切り抜ける

Behind the Scenes **Made it, Ma! Top of the world!** **やったぜ, かあちゃん! 乾杯!** 米国の犯罪映画 *White Heat*(邦題「白熱」)のラストシーンで, 残虐で狂気に満ちた主人公のギャング Jarrett が, 警察に追い詰められ, ガスタンクに火をつけて自爆する際に叫ぶせりふより. マザコンの Jarrett が唯一信用していた母親が生前 Jarrett を慰めるときにいつもお酒を出して Top of the world.「乾杯」と言っていた (♥ 字義通りの意味「やったぜ, かあちゃん, 世界一になったよ[大成功をおさめたよ]」で使われることが多い)

màke it úp ①《口》〈…に〉埋め合わせをする, 償いをする〈**to**〉 ②《英》(口論の後で)〈…と〉仲直りする〈**with**〉

màke it with a pérson 《米俗》〔人〕と性交する, 寝る

máke lìke ... 《口》…のように振る舞う, …のふりをする (♦ like の後は名詞(句)または節) ‖ ~ *like* a soldier 兵隊のまねをする / He ~*s like* he knows everything. 彼は何でも知っているかのように振る舞う

****màke À of B̀*** 〈他〉① BでAを作る(→ 他 ❶ **a**) ② BについてAと思う[理解する] ‖ What do you ~ *of* his opinion? 彼の意見をどう思いますか / I can't ~ anything *of* this. これは全然わからない ③ BをAにする(♦ 種々の成句を作る. 各名詞の項を参照) ‖ He wants to ~ a doctor *of* his son. (=He wants to ~ his son a doctor.) 彼は息子を医者にしたがっている / ~ a fool *of* ... …をばかにする / ~ an exception *of* ... …を特別扱いする / ~ a habit *of* ... …を習慣にする

màke óff 〈自〉急いで立ち去る

****màke óff with ...*** 〈他〉…を持ち逃げする, 盗む

màke or bréak [OR ***már***] ***...*** …が成功するか失敗するかを決定する, …の運命を左右する ‖ This presentation will ~ *or break* our company. このプレゼンテーションが我が社の命運を左右するだろう

****màke óut*** 〈他〉(***màke óut ...*** / ***màke ... óut***) ①《通例 can, could を伴って》…が何とか聞こえる[見える, 読める] ‖ I could scarcely ~ *out* her voice. 私には彼女の声がほとんど聞こえなかった ②《通例 can, could を伴って否定文・疑問文で》《受身形不可》…を**理解する**, 〔人(が考えていることなど)〕がわかる (understand) ‖ I couldn't ~ *out* who they were talking about. 彼らがだれについて話しているのか私にはわからなかった / Ann is strange. I can't ~ her *out*. アンは変わっている. どうも彼女のことは理解できない ③〔小切手・申込書など〕を**書く**, **作成する** ‖ ~ *out* a check to ... …に小切手を書く[振り出す] ④〈…だと〉(うそのことを) 主張する, 〈…だという〉ふりをする〈**that** 節〉; …を〈…だと〉思い込む, 言い張る〈**to be**〉 ‖ They *made out* (*that*) he had stolen the painting. 彼らは彼がその絵を盗んだのだと言い張った / He's not so lazy as he ~*s* himself *out to be*. 彼は自分で言っているほど怠け者ではない ⑤ …を立証する ‖ ~ *out* a case for [against] this point of view この見方が正しい[誤っている]ことを証拠を挙げて示す ―〈自〉①《口》うまくやる, 何とかやっていく (♦ しばしば疑問文で how とともに用いる) (get by; cope) ‖ How are you *making out* in school? 学校の方はどんな具合だい ②《主に米口》〈…と〉いちゃつく, 性交する (score)〈**with**〉

màke óver ... / ***màke ... óver*** 〈他〉①〔財産など〕を〈…に〉法的に譲渡する〈**to**〉 ‖ ~ *over* the land *to* him 彼に土地を譲渡する ② …を作り直す;〔人の容姿など〕をすっかり変える ‖ ~ an old kimono *over* into a skirt 古い着物をスカートに作り直す

màke to dó …しかける(→ 自 ❹)

****màke úp*** 〈他〉 **I** (***màke úp ...*** / ***màke ... úp***) ①〔うそ・言い訳〕をでっち上げる;〔歌など〕を作る ‖ She ~*s* lots of things *up*. 彼女はいろいろとでっち上げる女だ ②〔人〕に化粧をする ‖ She *made* herself *up* attractively. = She *made up* her face attractively. 彼女は魅力的な化粧をした ③〔ベッドなど〕を整える;《主に米》〔ホテルの部屋〕をルームメイキングする;〔食事など〕を準備する;〔薬〕を調合する;〔リストなど〕を作る; …を作り上げる〈**from** …から; **into** …に〉 ④ …を補って完全にする ‖ ~ *up* a difference 差額を補う ⑤ …の**埋め合わせをする**;《米》〔再試験〕を受ける, 〔学科〕を再履修する ‖ You can leave early today if you ~ *up* the time tomorrow. 明日埋め合わせをしてくれるなら今日は早く帰っていいよ ⑥〔生地〕を〈…に〉仕立てる〈**into**〉, 〔衣服など〕を仕立てる ‖ ~ the material *up into* some curtains その生地をカーテンに仕立てる ⑦〔火〕に燃料を足す ⑧《印》〔ページ〕の体裁に組む, …をメークアップする **II** (***màke úp ...***) ⑨ …を**構成する** (compose) ‖ Different qualities ~ *up* a man's character. 人間の性格はさまざまな特性からできている / The committee is *made up* of seven members. 委員会は7名のメンバーで構成されている ⑩〔口論など〕をやめて仲直りする ―〈自〉① 化粧をする ②〈…と〉**仲直りする**〈**with**〉 ‖ kiss and ~ *up* キスをして仲直りする

****màke úp for ...*** 〈他〉…の**埋め合わせをする**, …を補う, 取り戻す (compensate) ‖ Money can't ~ *up for* the loss of my son. 金では私の息子の死を償えない / ~ *up for* lost time 時間の遅れを取り戻す

màke ùp to a pérson 〈他〉①〔人〕に埋め合わせをする ②《口》(自分の利益のために)〔人〕のご機嫌をとる

máke with ... 〈他〉《俗》…を与える, 持って来る; …をする, 始める; …を使う (♦ 後続する名詞はふつう the を伴う) ‖ *Make with* the dinner, will you? 夕飯を用意してくれないか / ~ *with* the jokes 冗談を言う

whàt a person is (***rèally***) ***máde of*** 《口》その人の実力

COMMUNICATIVE EXPRESSIONS

1 **(Do you) wànt to màke sómething of it?** 何か文句でもあるのか; けんかでもふっかけたいのか (♥ 因縁をつけるぶしつけでけんか腰の表現)

2 **I'm not màde for** óffice wòrk. 私は事務に向いていない

3 **I'm nòt màde of móney.** ⇨ MONEY (CE 2)

4 **Màke it snáppy** [OR **quíck**]. すぐに(やって)

5 **Màke it twó.** 同じものをもう一つください (♥ レストランなどで連れと同じものを注文する際に)

6 **Thàt màkes twó of us.** ⇨ TWO (CE 3)

7 **They dòn't máke them like they úsed to.** (製品などの)質が昔に比べてよくない

―名 (複 **~s** /-s/) C U ❶ …製, 制作; つくり ‖ What ~ is your watch? あなたの腕時計はどこ製ですか / a car of Korean ~ 韓国製の車 / a machine of intricate ~ 複雑な構造の機械 ❷ 体格, 性格, 性質 ‖ a man of (a) slender ~ きゃしゃな体格の男性

be màke or bréak for ... …が成功するか失敗するかを決定するものである, …の運命を左右するものである

on the máke 《口》① 金もうけ[利益・成功]に夢中になって ② 異性との(性)交渉を求めて

pùt the máke on a person 《米口》〔人〕に言い寄る, 〔人〕を口説く

máke-belìeve 名 U 見せかけ, ふり; 虚構 ‖ a game of ~ ごっこ遊び / a ~ world 虚構の世界 ―形 見せかけの, 偽りの; 虚構の ―動 自 ふりをする, 心に描く

máke-dò 形《限定》名 (複 **~s** /-z/) C 間に合わせの(もの)

màke-or-bréak 形 のるか反(そ)るかの, 一か八(ばち)かの

máke·òver 名 C 改造, 改装, イメージチェンジ

***mak·er** /méɪkər/

―名 (複 **~s** /-z/) ❶ C《しばしば複合語で》作る人[装置], **製作者**; 製造業者, メーカー; …(を)する人;《~s》《英》製作[製造]会社 ‖ a film~ 映画制作者 / a trouble~ もめごとを起こす人 / a peace~ 仲裁人 / the largest ~ of toys in Japan 日本で最大の玩具(がんぐ)メーカー / a decision ~ 決定を下す人

❷《the M-, one's M-》造物主, 神

❸ Ⓒ 〖法〗約束手形振出人；法律書類署名者
mèet one's Máker 《主に戯》神に召される, 死ぬ(die)

máke·shìft 形 《通例限定》一時しのぎの, 間に合わせの ‖ a ～ classroom 仮教室 ―名 Ⓒ 間に合わせのもの, 代用品；一時しのぎの便法 ‖ Please use this sofa as a ～ for a bed. このソファーをベッド代わりに使ってください

máke·ùp, máke-ùp 名 ❶ Ⓤ/Ⓒ 《通例単数形で》(俳優などの)メーキャップ, 舞台化粧；(一般に)化粧；化粧品, ドーラン；《形容詞的に》メーキャップの ‖ I didn't recognize her with no ～ on. メーキャップをしていなかったので彼女と気づかなかった / 「put on [OR apply, do one's] ～ メーキャップ[化粧]をする(❗「化粧する」の意味で「メーク」というのは和製語) / wear thick [OR heavy] ～ 厚化粧をしている / remove (one's) ～ 化粧を落とす / a ～ artist メーキャップアーティスト ❷ Ⓒ 《通例単数形で》組み立て, 構成, 構造 ‖ What is the ～ of the new team? 新チームはどんな構成ですか ❸ Ⓒ 《通例単数形で》(人の)性質, 個性；体質 ‖ It's in Jeff's ～ to take everything seriously. 何でも真剣に受け止めるのがジェフ(の性格)だ ❹ Ⓤ/Ⓒ 《通例単数形で》(本・新聞などの)割付け, 体裁；〖印〗整版, メーキャップ ❺ Ⓒ 《米》再[追]試験

máke·wèight 名 Ⓒ (必要な)目方の足し；(付け足しにしかならない)つまらない人[もの]；釣り合いをとるもの

máke-wòrk 《主に米》 名 Ⓤ (失業対策や労働者を遊ばせないための)不急不要の仕事 ―形 失業救済だけの

mak·ing /méɪkɪŋ/ 名 ❶ Ⓤ作る[作られる]こと；《しばしば複合語または the ～ で》〈…の〉製造, 製作, …作り；製造[形成, 発達]過程〈**of**〉‖ cake [shoe] ～ ケーキ作り[靴製造(業)] / the ～ *of* the universe 宇宙の形成 / the ～ *of* decisions [policy]=decision [policy] ～ 意思[政策]決定 / the furniture-～ industry 家具製造業 ❷ Ⓒ作られるもの, 製品；Ⓤ(1回の)製造[生産]量, 出来高 ❸ Ⓒ 《～s》(作るのに必要な)材料, (料理などの)素材, 成分；《米・豪・ニュージ口》巻きたばこの材料《紙とたばこの葉》 ❹ Ⓒ 《the ～s》〈…になるのに必要な〉資質, 素質, 才能；可能性〈**of**〉 ❺ 《the ～》〈…の〉成功[発展]の原因[手段], もと〈**of**〉‖ This discovery was the ～ *of* my grandfather. この発見がもとで祖父は成功した ❻ Ⓒ 《通例 ～s》《口》《旧》(金)もうけ, 稼ぎ, 利益

hàve the mákings of ... …の素質がある ‖ She *has* all *the* ～*s of* a first-class athlete. 彼女には一流の運動選手になる素質がすべて備わっている

**in the máking* 製造[形成]過程にある, 発達[進行]中の；(…になる)用意ができている, (…に)仕上がりつつある ‖ a storm *in the* ～ 発達中の嵐(あらし) / This dictionary was ten years *in the* ～. この辞書は仕上げるのに10年かかった / disaster *in the* ～ 起こる恐れのある災難 / a movie star *in the* ～ 映画スターの卵

of one's (òwn) máking 自分で引き起こした ‖ This trouble is *of* your *own* ～. このごたごたは君が自分で種をまいたものだ[自業自得だ]

Mal 略 〖聖〗Malachi

Mal. 略 Malay, Malayan；Malaysia, Malaysian

mal- /mæl-/ 接頭 「悪い, 不正な」「不適当な」「否定的な」の意 ‖ *mal*treat, *mal*function, *mal*content

Ma·la·bo /mɑːláːbou/ 名 マラボ《赤道ギニアの首都》

Ma·lac·ca /məlǽkə/ 名 ❶ マラッカ《Melaka の別名》 ❷ 《通例 m-》 Ⓒ =Malacca cane ❸ **the Strait of ～** マラッカ海峡《マレー半島とスマトラ島の間の海峡》 ▸▸**～ cáne** 名 《しばしば m-》 Ⓒ マラッカづえ《籐製のステッキ》

Mal·a·chi /mǽləkàɪ/ 名 〖聖〗マラキ書《旧約聖書中の預言書. 略 Mal》

mal·a·chite /mǽləkàɪt/ 名 Ⓤ 〖鉱〗クジャク石

màl·adjústed ⟨シ⟩ 形 環境に適応できない, 環境不適応の ‖ a home for ～ children 環境不適応児童ホーム

màl·adjústment 名 Ⓤ 〖心〗(環境への)不適応

màl·admínister 動 他 《堅》…の運営[処理]を誤る

màl·administrátion 名 Ⓤ 失政, 失策；経営の失敗

màl·adróit ⟨シ⟩ 形 不器用な, 不手際な **～·ly** 副 **～·ness** 名

mal·a·dy /mǽlədi/ 名 (複 **-dies** /-z/) Ⓒ ❶ 《堅》深刻な問題 ‖ the ～ of our age 現代の病弊 ❷ 《古》病気

Mal·a·ga /mǽləgə/ 名 Ⓤ マラガワイン《スペイン南部のマラガ(Málaga)産の白ワイン》

Mal·a·gas·y /mæləgǽsi/ ⟨シ⟩ 形 マダガスカル(Madagascar)の, マダガスカル人[語]の ―名 (複 **～** OR **-gas·ies** /-z/) Ⓒ マダガスカル人；Ⓤ マダガスカル語

ma·laise /məléɪz/ 名 Ⓤ ❶ 何となく気分がすぐれないこと, 不定愁訴 ❷ (漠然とした)不安, 沈滞(感)

Mal·a·mud /mǽləməd, -mʊd | -mʊd/ 名 **Bernard ～** マラマッド(1914-86)《米国の小説家》

mal·a·mute, mal·e- /mǽləmjùːt/ 名 Ⓒ 〖動〗マラミュート《アラスカ産のそり引き犬》

mal·a·prop·ism /mǽləprɑ(ː)pìzm | -prɔp-/ 名 Ⓤ Ⓒ 言葉の滑稽(こっけい)な誤用(《米》malaprop)

mal·ap·ro·pos /mæ̀læ̀prəpóu/ 《堅》 形 副 時宜にかなわない(で), 不適切な[に]

ma·lar·i·a /məléəriə/ 《発音注意》 名 Ⓤ 〖医〗マラリア **-i·an** 形 **-i·ous** 形

ma·lar·i·al /məléəriəl/ 形 マラリア性の(malarian, malarious) ‖ ～ fever マラリア熱

ma·lar·key, -ky /məlɑ́ːrki/ 名 Ⓤ 《口》たわごと

mal·a·thi·on /mæ̀ləθáɪən/ 名 Ⓤ マラチオン, マラソン剤《殺虫剤》(♦ 商標より)

Ma·la·wi /məlɑ́ːwi/ 名 マラウイ《アフリカ南東部の英連邦内の共和国. 公式名 the Republic of Malawi. 首都 Lilongwe /lɪlɔ́(ː)ŋweɪ/》

Ma·lay /méɪleɪ | məléɪ/ 形 マレー人[語]の ―名 Ⓒ マレー人；Ⓤ マレー語 ▸▸**～ Archipélago** 名 《the ～》マレー諸島《太平洋とインド洋にまたがる群島》 **～ Península** 名 《the ～》マレー半島

Ma·lay·a /məléɪə/ 名 ❶ マレー半島(→ Malay Peninsula) ❷ マラヤ連邦《もとマレー半島南部と付近の島々とシンガポールを含めた連邦. 現在はシンガポールを除いてマレーシアに統合》

Mal·a·ya·lam /mæ̀leɪɑ́ːləm/ ⟨シ⟩ 名 Ⓤ マラヤーラム語《ドラビダ語族の一言語》 ―形 マラヤーラム語の

Ma·lay·an /məléɪən/ 形 名 =Malay

Ma·lay·o-Pol·y·ne·sian /məlèɪoupɑ̀(ː)ləníːʒən, -ʃən | -pɔ̀lɪníːziən, -ʒən/ 名 Ⓤ 形 マレー=ポリネシア語族(の)(Austronesian)

Ma·lay·sia /məléɪʒə, -ʃə | -ziə, -ʒɪə/ 名 マレーシア《東南アジアの国. 首都 Kuala Lumpur》

Ma·lay·sian /məléɪʒən, -ʃən | -ziən, -ʒɪən/ 形 マレーシア(人)の；マレー半島の ―名 Ⓒ マレーシア人, マレー人

Mal·colm X /mǽlkəm éks/ 名 マルコム X (1925-65)《本名 Malcolm Little. 米国の黒人公民権運動指導者. 暗殺された》

màl·contént /英 ⌐−⌐/ 名 Ⓒ (政治的)不満分子, 反逆者, 造反者 ―形 不満を抱いた, 反抗的な, 造反的な

mal de mer /mæ̀l də méər/ 名 《フランス》(=seasickness) Ⓤ 船酔い

màl·distribútion 名 Ⓤ 不均衡配分[分布]

Mal·dives /mɔ́ːldiːvz, -daɪvz/ 名 《the ～》モルジブ《スリランカの南西, インド洋上の島々からなる共和国. 公式名 the Republic of Maldives. 首都 Malé》

Mal·div·i·an /mɔːldíviən/ 名 Ⓒ モルジブ人；Ⓤ モルジブ語 ―形 モルジブの, モルジブ人[語]の

⁝male /meɪl/ (♦ 同音語 mail) (↔ female) 形 名

―形 《比較なし》 ❶ (生物が)**雄の**, 男性の；〖生〗雄性の；〖動〗精巣を有する；〖植〗雄株の, 花粉をつける(⇨ 類語) ‖ the ～ sex 男性 / a ～ child 男児 / a ～ dog 雄犬 / a ～ flower 雄花

❷ **男の**, 少年の；男[少年]からなる；男らしい, 男(性)特有の ‖ a ～ nurse 男性の看護[保健]師 / a ～ chorus 男

声合唱団 / a ～ voice 男らしい声 / the ～ love of fighting 男性特有の闘争志向 ❸〘機〙雄の，(部品が)凸型の ‖ a ～ plug 雄プラグ(↔ female receptacle)
──名 (複 ～s /-z/) Ⓒ ❶ **男性**，男，少年 ‖ an **adult** ～ 大人の男性 / a ～-dominated society 男性支配の社会 ❷ (生物の)雄；〘植〙雄性植物；雄花；雄株
～·ness 名

類語 《形 ❶》**male** 人間だけでなく動植物にも用い，単に性が「男の，雄の」(↔ female)．
masculine 人間だけに用い，男性としての特徴(望ましいものとは限らない)を備えた，「男性的な」(↔ feminine)．〈例〉She has a rather *masculine* voice. 彼女はやや男性的な声をしている(♦ 生物としての性(sex)には male，female を，文法上の性(gender)には masculine，feminine を用いる)
manly 男性について，成人男子としてふさわしい[望ましい，典型的と考えられる(例えば勇気といった)]特徴を備えた，「男らしい」．
mannish (女性が)性格・振る舞い・身なりなどが「男じみた，男っぽい」．

▸▸ **～ bónding** 名 Ⓤ 男(性)同士の強いきずな[仲間意識，よしみ](から出た行為) **～ cháuvinism** 名 Ⓤ《けなして》男性絶対優位主義 **～ cháuvinist** 名 Ⓒ《けなして》男性絶対優位主義者 ‖ a ～ *chauvinist* pig 男尊女卑の男 **～ férn** 名 Ⓒ〘植〙オシダ(ヨーロッパ産) **～ ménopause** 名《the ～》男性更年期

Ma·lé /mɑːléɪ, mɑːlíː/ 名 マレ《モルジブの首都》
mal·e·dic·tion /mæ̀lɪdíkʃən/ 名 Ⓒ《堅》呪(のろ)い；中傷，悪口(↔ benediction) **-to·ry** 形 呪いの[に似た]
mále-dòminated 形 男性優位[支配]の
mal·e·fac·tion /mæ̀lɪfǽkʃən/ 名 Ⓤ Ⓒ《堅》悪事；犯罪
mal·e·fac·tor /mǽlɪfæ̀ktər/ 名 Ⓒ《堅》悪人；犯罪者
ma·lef·i·cent /məléfɪsənt/ 形 ❶ 有害な ❷ 悪事を働く **-cence** 名 Ⓤ 有害性；Ⓒ 悪行
màle-vòice chóir 名 Ⓒ 男声合唱団
ma·lev·o·lence /məlévələns/ 名 Ⓤ 悪意，敵意
ma·lev·o·lent /məlévələnt/ 形 悪意のある，よこしまな(↔ benevolent) **～·ly** 副 悪意を持って
mal·fea·sance /mæ̀lfíːzəns/ 名 Ⓤ《堅》〘法〙(公務員の)不法[不正]行為(→ misfeasance)
màl·formátion 名 Ⓤ 不格好，でき損ない；Ⓒ 奇形
màl·fórmed ⊲ 形 不格好な，でき損ないの，奇形の ‖ a ～ leg 奇形の脚
màl·fúnction 名 Ⓒ (機械・身体などの)不調，機能不全，故障 ──動 自 (機械・身体などが)故障を起こす
***Ma·li** /mɑ́ːli/ 名 マリ《アフリカ西部の共和国．公式名 the Republic of Mali．首都 Bamako》
màl·ic ácid /mæ̀lɪk-/ 名 Ⓤ〘化〙リンゴ酸
***mal·ice** /mǽlɪs/ 名 Ⓤ ❶ (根強い)悪意，敵意，恨み；意地悪 ‖ I bear [OR have] no ～ to [OR toward, against] anybody. 私はだれも恨んでいない / There is no ～ on my part. 私としては何の恨みもありません / out of ～ 悪意があって ❷〘法〙犯意
語源 *mal-* bad + *-ice*(名詞語尾)
▸▸ **～ afórethought** [**prepénse**] 名 Ⓤ〘法〙計画的犯行，殺意
***ma·li·cious** /məlíʃəs/ 形 悪意[敵意]のある，意地の悪い ‖ a ～ curiosity 意地の悪い好奇心 / ～ gossip 悪意のあるうわさ話 **～·ly** 副 **～·ness** 名
ma·lign /məláɪn/《発音注意》形 有害な，邪悪な；悪意に満ちた；《古》(病気が)悪性の ──動 他 …の悪口を言う，…を中傷する(♦ しばしば受身形で用いる) **～·ly** 副
ma·lig·nan·cy /məlígnənsi/ 名 (複 **-cies** /-z/) ❶ Ⓤ 悪意のあること；有害 ❷ Ⓤ (病気などの)悪性；Ⓒ 悪性腫瘍(しゅよう)
ma·lig·nant /məlígnənt/ 形 ❶ (病気・腫瘍などが)悪性の(↔ benign) ‖ a ～ growth 悪性腫瘍 ❷ (人・行為などが)悪意に満ちた；有害な ‖ a ～ look [remark] 悪意に満ちた表情[言い草] **～·ly** 副
ma·lig·ni·ty /məlígnəṭi/ 名 (複 **-ties** /-z/) ❶ Ⓤ 根深い悪意[恨み] ❷ Ⓒ 悪意に満ちた言行 ❸ Ⓤ (病気の)悪性
ma·lin·ger /məlíŋgər/ 動 自《通例進行形で》《けなして》(特に兵士・船員などが)仮病を使う **～·er** 名
mall /mɔːl, mæl/ (♦ 同音語 maul) (→ ❹) 名 Ⓒ ❶《主に米》モール，(車での乗り入れができない)商店街[ショッピングセンター] (shopping mall,《英》shopping centre) ❷ (木陰のある)散歩[遊歩]道 ❸《米》(道路の)中央分離帯 ❹ /mæl/ Ⓤ ペルメル(pallmall)《球技の一種》
mal·lard /mǽlərd | -ɑːd/ 名 (複 ～ OR ～s /-z/) Ⓒ〘鳥〙マガモ；Ⓤ マガモの肉
mal·le·a·ble /mǽliəbl/ 形 ❶ (金属が)可鍛(かたん)性の，打ち延ばしできる ❷ (人・性格などが)適応性のある，柔順な **màl·le·a·bíl·i·ty** 名
mal·let /mǽlɪt/ 名 Ⓒ ❶ 木づち ❷ (クロケット・ポロなどの)マレット《長柄の木づち》
mal·le·us /mǽliəs/ 名 (複 **-le·i** /-liàɪ/) Ⓒ〘解〙(中耳の)槌骨(ついこつ)
mall·ing /mɔ́ːlɪŋ/ 名 Ⓤ《米》❶ ショッピングモール化 ❷ モーリング《モール内で暇つぶしをすること》
mal·low /mǽloʊ/ 名 Ⓒ Ⓤ〘植〙アオイ(葵)の類
máll·ràt 名 Ⓒ《米口》モールに入り浸りの若者，モール族(mall crawler)
malm·sey /mɑ́ːmzi/ 名 Ⓤ マームジー《マデイラ産の甘口ワイン》
màl·nóurished ⊲ 形 栄養失調[不良]の(→ undernourished)
màl·nutrítion 名 Ⓤ 栄養不良，栄養失調
màl·occlúsion 名 Ⓤ〘歯科〙不正咬合(こうごう)
màl·ódorous 形 悪臭を放つ
màl·práctice /,-ˊ--/ 名 Ⓤ Ⓒ ❶ 不正行為；〘法〙背任行為 ❷ 不正治療，医療過誤(medical malpractice)
malt /mɔ(ː)lt/ 名 Ⓤ ❶ (醸造用)モルト，麦芽，麦モヤシ ❷《米》= malt liquor；《主に英》= malt whisky ❸《米》= malted milk ──動 他〔穀物〕をモルトにする；…に麦芽を加える ──自 (穀物が)モルトになる
▸▸ **～ed mílk** 名 Ⓤ Ⓒ 麦芽乳《粉乳・麦芽などを混ぜて作った飲料》 **～ èxtract** 名 Ⓤ Ⓒ 麦芽エキス **～ líquor** 名 Ⓤ 麦芽酒《ビール・エールなど》 **～ whìsky** 名 Ⓤ Ⓒ モルトウイスキー
***Mal·ta** /mɔ́ːltə/ 名 マルタ《シチリア島の南方，地中海上の島々からなる英連邦内の共和国．公式名 the Republic of Malta．首都 Val(l)etta》
malt·ase /mɔ́ːlteɪs/ 名 Ⓤ〘生化〙マルターゼ《麦芽糖をブドウ糖に分解する酵素》
***Mal·tese** /mɔ̀ːltíːz/ ⊲ 形 マルタ(島)の，マルタ人[語]の ──名 (複 ～) ❶ Ⓒ マルタ人；Ⓤ マルタ語 ❷ (= ～ dóg) Ⓒ マルチーズ《マルタ島原産の小型の愛玩(あいがん)犬》
▸▸ **～ cróss** 名 Ⓒ マルタ十字架《4本の腕木の長さが等しく，それぞれの先端がV字形に広がっている》(⇨ CROSS 図)
Mal·thus /mǽlθəs/ 名 **Thomas Robert ～** マルサス(1766–1834)《英国の経済学者》
Mal·thu·sian /mælθjúːʒən | -ziən/ 形 マルサス(Malthus)の，マルサス学説[人口論]の ──名 Ⓒ マルサス学説信奉者 **～·ìsm** 名 Ⓤ マルサス学説[人口論]
malt·ose /mɔ́(ː)ltous/ 名 Ⓤ〘化〙マルトース，麦芽糖
màl·tréat 動 他 …を虐待する，酷使する **～·ment** 名
mal·ware /mǽlwèər/ 名 Ⓤ 💻 マルウェア《スパイウェア・ウイルスなど有害なソフトやプログラム》(♦ *mal*(icious) + (soft)*ware* より)
mam /mæm/ 名 Ⓒ《主に英口》お母ちゃん；《主に米口》お母様(♥ 女性に対する丁寧な呼びかけ．ma'am から)
ma·ma /mɑ́ːmə | məmɑ́ː/ 名 = mamma
▸▸ **～'s bòy** 名 Ⓒ《米》母親べったりの男の子，マザコン男(《英》mother's boy)
mam·ba /mɑ́ːmbə | mǽm-/ 名 Ⓒ〘動〙マンバ《アフリカ産

の毒蛇》

mam·bo /mɑ́ːmboʊ | mǽm-/ 名 (複 **~s** /-z/) C マンボ《ラテンアメリカのダンス；その音楽》 ―動 自 マンボを踊る

Mam·e·luke /mǽməlùːk/ 名 (エジプトの) マムルーク朝 (1250–1517)の王[一員]

Ma·mie /méɪmi/ 名 メーミー《Mary, Margaret などの愛称》

***mam·ma** /mɑ́ːmə | məmɑ́ː/ 名 C《口》❶《米》《英では旧》ママ, お母ちゃん (mama) (→ papa) (♥ 小児語) ❷《米俗》妻, 恋人, (成熟した)女性

▸▸ **~'s boy** 名 C《米口》=mama's boy

‡mam·mal /mǽməl/ 《発音注意》

―名 (複 **~s** /-z/) C **哺乳**(ほにゅう) **動物** ‖ Whales look like fish, but are actually ~*s*. 鯨は魚のようだが実際は哺乳動物だ

mam·ma·li·an /məméɪliən/ 形 哺乳類の

mam·ma·ry /mǽməri/ 形《限定》〖解〗乳房の, 乳腺(にゅうせん)の；乳房状の ‖ the ~ gland 乳腺

―名 (複 **-ries** /-z/) C《口》乳房

mam·ma·tus /məméɪṭəs, mæ-/ 形〖気象〗(雲が) 下側が乳房状になった

mam·mil·la /məmɪ́lə/ 名 (複 **-lae** /-liː/) C〖解〗乳首；乳頭状突起[器官] **mám·mil·làr·y** /–́–––/ 形

mam·mo·gram /mǽməgræ̀m/, **-graph** /-græf/ 名 C 乳房X線写真《mammography で撮影したもの》

mam·mog·ra·phy /mæmɑ́(ː)grəfi | -mɔ́g-/ 名 U〖医〗乳房X線造影(法), マンモグラフィ《乳癌(がん)検査用》

Mam·mon /mǽmən/ 名《しばしば m-》U〖聖〗(悪の源としての)富 **~·ìsm** 名 U 拝金主義 **~·ist** 名

***mam·moth** /mǽməθ/ 《発音注意》名 C ❶〖古生〗マンモス《絶滅した象の一種》 ❷ 巨大なもの ―形《通例限定》巨大な, マンモス… ‖ a ~ project 巨大プロジェクト

▸▸ **Màmmoth Càve Nàtional Párk** 名 マンモスケーブ国立公園《米国ケンタッキー州中部にある国立公園. 巨大な鍾乳(しょうにゅう)洞がある》

mam·my /mǽmi/ 名 (複 **-mies** /-z/) C ❶《口》マミー, お母ちゃん ❷ ⊗《蔑》《旧》(白人の子供を世話する)黒人のばあや ▸▸ **~'s bòy** 名 C《米口》=mama's boy

‡man /mæn/ 名 動 間

名 男❶ 人間❷ 人❸ 部下❼

―名 (複 **men** /men/) C ❶ **男**, 男性の大人, 成人男子；(↔ woman)；U《無冠詞単数形で総称的に》(女に対して)男(というもの), 男性；《形容詞的に》男の, 男である (⇨ CHILD 類語P) ‖ a middle-aged ~ 中年の男 / a ~'s [OR *men's*] watch 男物の腕時計 / *men's* wear メンズウエア, 男性用衣料品 / clothes for *men* 男性用衣服 / a ~ cosmetician 男性美容師 / a ~ driver 男性ドライバー (♦ 複数形は men drivers となる) / ~ and woman 男と女 (♦ 無冠詞で常にこの語順)

Behind the Scenes **girlie men** 女々しい奴ら；弱気な男
ハリウッド俳優としても有名な Arnold Schwarzenegger がカリフォルニア州知事当時, 州議会でなかなか予算案を可決しない民主党議員を批判して使った表現. 大統領選の応援演説でもたびたび用いた. 差別的な表現であると同性愛論者や男女同権主義団体の批判を受けた. 元は米国の人気バラエティー番組 *Saturday Night Live* でうけたボディービルダー兄弟のコントで使われた表現. 兄弟は Schwarzenegger のいとこであるという設定 (♥ 優柔不断な男性に対する軽蔑的表現)

❷《しばしば M-》U《無冠詞単数形で総称的に》人類, **人間**；(動物に対して)人, 人間；(動物分類学上の)ヒト, 人類 ‖ *Man* is mortal. 人は死すべきものである / the dignity of ~ 人間の尊厳 / the rights of ~ 人権 (human rights) / the origin of ~ 人類の起源 / *Man* is not as completely social as ants and bees. 人間はアリやミツバチほど完全に社会的な存在ではない / *Man proposes, God disposes.* 《諺》人が計画し神が采配する；計画は人にあり, 成敗は天にあり / modern ~ 近代人 / Neanderthal ~ ネアンデルタール人

❸ (性別を問わず一般に) **人** (person, one) (♦ しばしば any, every, no, all, few, some などの限定詞を伴う)；《a ~》《不定代名詞的に》人 ‖ Every ~ has his price. だれにもその人なりの値段がある；金額次第でだれでも買収できるものだ / All *men* are created equal. すべての人は生まれながらにして平等である《米国独立宣言文の一節》/ A ~ will betray others to save himself. 人は自分が助かるためには他人を裏切ることがあるものだ / In marathon races it's every ~ for himself. マラソンでは他人のことなど構っていられない

語法 ☆☆ ❷, ❸ のように「(性別を問わず) 人類, 人間, 人」の意味で man を使うことは, 現在では性差別として避ける傾向にある. 「人類」なら humanity, the human race, human beings など, 「(一般の) 人」なら a person, people などを用いる方がよいとされる.

❹《出生[居住]地・職業・好みなどを表す名詞・形容詞を伴って》(…の)男, 人(♦ 性別を意識しないで用いることが多い) ‖ a New England ~ ニューイングランド人 / a Cambridge ~ ケンブリッジ大学の学生 [出身者] / a jazz ~ ジャズ愛好者 (→ jazzman) / a gambling ~ ギャンブル好き / an advertising ~ 広告マン

❺《a ~》〈特定の性格・特性・職業の〉人, 〈…〉家〈**of**〉‖ a ~ *of* genius 天才 / a ~ *of* action 活動家 / a ~ *of* (many) parts 多才な人, マルチ人間 / a ~ *of* few words 口数の少ない人 / a ~ *of* his word 約束を守る人 / a ~ *of* mark 《旧》重要人物 / a ~ *of* science 科学者 / a ~ *of* God [OR the cloth] 聖職者, 牧師

❻《単数形で》男らしい男；一人前[ひとかど]の男；《形容詞的に》男らしい ‖ He is a (real) ~. 彼は男らしい男だ / Be a ~! 男らしくしろ；勇気を出せ / Are you a ~ or a mouse? おまえは男かネズミか；勇気を出せ / I hope I'm ~ enough to fill his shoes. 自分が彼の跡を継げるほど立派な男であればと思う

❼《通例複数形 men で》**部下**；(男子)従業員, 使用人, 作業員, 労働者；(将校に対して)兵士, 兵卒；水兵；航空兵；(チームの)男子選手[メンバー]；《旧》(男の)召使, 下男；〖史〗(封建社会の) 家臣, 家来 (vassal) ‖ He has several *men* under him. 彼には部下が数人いる / management and *men* 労使 / a ~ from the phone company (修理などで訪問する) 電話会社の人 / officers and *men* 将兵

❽ 夫；愛人, 恋人 ‖ She has a ~. 彼女には男がいる / I now pronounce you ~ and wife. ここに2人を夫婦と宣する

❾《口》君, おまえ (♥ 親しい呼びかけ. 男女を問わず用いる) ‖ You said it, ~! そのとおりだよ, 君

❿《one's ~, the ~》《口》うってつけの人[もの]；《one's ~》(警察などが)追っている男, ホシ；《the ~》《口》いやな[いけ好かない] やつ ‖ the ~ for the job その仕事にうってつけの人 / If you want to sell the video camera, I'm your ~. そのビデオカメラを売るんなら僕が買った ⓫《the ~, the M-》《口》《旧》ボス, 親分；警察(官)；〖黒人俗〗(支配階級としての)白人(社会) ⓬ (チェス・チェッカーの)こま

a* [OR *the*] *màn about tówn 高級クラブ・劇場に出入りする男性；社交界の名士

a màn of stráw ⇨ STRAW MAN

a màn of the péople 一般大衆の味方 (♦ 特に政治家について いう)

a màn of the wórld 世間慣れした男性

A màn's gòt to dó whàt a màn's gòt to dó. 《戯》男はやらなきゃならないことはやらなくちゃならないんだ

a màn's mán (女性よりも)男性に人気のある男

as ... as the nèxt màn [OR ***wòman***] だれにも負けず劣らず[人並に]…で

M

as òne mán 一斉に，そろって，満場一致で（中立 unanimously, without exception）
be one's òwn mán [OR ***wóman***] 自分の思うとおりにする，（他人の拘束を受けず）一本立ちしている
(gò) to sèe a mán about a dóg 《戯》ちょっと席を外す（♥ 手洗いに行くときなどに言う）‖ I'm just *going to see a ～ about a dog*. ちょっと失礼します
lòw mán on the tótem pòle 《米》いちばん下っ端
màke a mán (òut) of a pérson 〔未熟者〕を一人前の男にする
màn and bóy 子供のころからずっと，生涯
màn to mán 男と男として，腹を割って；1対1で，個人対個人として（⇨ MAN-TO-MAN）（中立 person to person）
màn's bèst fríend 人間の最良の友（♦ 犬のこと）
mèn in (grày) súits 陰の有力者たち，黒幕たち
mèn in whìte cóats 《戯》精神科医たち
my mán 《口》友達（♥ 男性が友人への呼びかけに使う）
nò góod [OR ***úse***] ***to màn or béast*** 《戯》何の役にも立たない
sèparate [OR ***sòrt òut***] ***the mèn from the bóys*** 《口》力［勇気など］のある者とない者を分ける
****the màn on*** [《英》***in***] ***the stréet*** ふつうの人，一般市民，市井（しせい）の人（中立 average [OR ordinary] person）
the màn of the hóuse 家長，（一家の）大黒柱
the màn of the mátch 最優秀［最高殊勲］選手（中立 the player of the match）
the màn of the móment 時の人（中立 the center of attention）
the màn on the Clàpham ómnibus 《英》ふつうの人，平均的な意見の持ち主（♦「路線バスの乗客」といった意味. Clapham /klǽpəm/ は London 南西部の住宅地）
to a mán ; ***to the làst mán*** 1人残らず，みな，例外なく（中立 without exception, unanimously）
You càn't kèep a gòod màn dówn. 強い決意と才能のある人は（どんな逆境にあっても）必ず成功する
―動 (**～s** /-z/ ; **manned** /-d/ ; **man·ning**)
―他 ❶（勤務・防御などのため）…に人員を配置する ‖ The editorial department is not sufficiently *manned*. 編集部門は人員が不足している ❷ …の配置［部署］に就く ‖ *Man* the pumps! ポンプにつけ ❸《～ oneself で》《古》元気を出す，勇気を奮い起こす
―自《次の成句で》
màn úp 《口》男らしく行動する，自分の責任を果たす
―間《主に米口》おや，まあ，何だって（♥ 驚き・いら立ちなどを表す）‖ Go on, ～! 何だって；ばか言え
▶▶ **～ bàg** 名 C 男性用（ショルダー）バッグ **Màn Bóoker Prìze** (↓) **～ Fríday** 名 C ⇨ FRIDAY **～ of létters** 名（複 **men of l-**）C 文筆家，学者

Man /mæn/ 名 **the Ìsle of ～** マン島（大ブリテン島とアイルランドとの間にある英国領の島）(→ Manx)

man. 略 manual

Man. 略 Manila ; Manitoba

-man /-mən, -mæn/ 連結形（複 **-men** /-mən, -men/）（♦ 女性形は -woman，中性形は -person）❶「…国人」「…の住民」の意 ‖ French*man*, country*man* ❷《職業・身分などを表す》‖ clergy*man*, post*man* ❸「…船」の意 ‖ merchant*man*

ma·na /mɑ́ːnə/ 名 U 《ニュージ》マナ（ポリネシア・メラネシアの土俗信仰で人や物に内在するとされる超自然力）

man·a·cle /mǽnəkl/ 名 C 《通例 ～s》手かせ，手錠；拘束 ―動 他 …に手かせ［手錠］をかける；…を束縛する

⁑man·age /mǽnɪdʒ/ 《発音・アクセント注意》

中心義 **(手を尽くして)…を(うまく)扱う**

> 動 他 何とかやり遂げる❶ 経営する❷
> うまく取り扱う❸ うまく処理する❹

―動 (**-ag·es** /-ɪz/ ; **～d** /-d/ ; **-ag·ing**)
―他 ❶ **a** 《**+to do**》〔困難・無理なこと〕を（苦労して）**何とかやり遂げる**，どうにか［うまく］…する；《口》《戯》〔困るようなこと〕をしでかす，やってくれる ‖ I'll somehow ～ *to* find your house. 何とかしてお宅を訪ねて行きます / How do you ～ *to* earn your living? どうやって暮らしを立てているのですか / Corey ～*d to* pass [fail] the audition. コーリーはオーディションに首尾よく受かった［見事に落ちた］/ The child ～*d to* spill milk all over the table. その子は（困ったことに）テーブル一面にわざわざミルクをこぼしてくれた
b 《+目》〔困難なこと〕をやってのける；（その気がないのに）…を無理にする ‖ ～ a smile for the camera カメラに向かって作り笑いをして見せる
❷〔組織・事業・集団など〕を**経営する**，管理［運営］する；〔チーム・選手など〕を指揮［監督］する；〔芸能人・公演など〕のマネージャーを務める ‖ The company is badly ～*d*. その会社は管理がずさんだ / Who is supposed to ～ the new team? 新チームの指揮はだれが執ることになるのですか
❸《しばしば can, could を伴って》…を**うまく取り扱う**［操縦する］；〔人・動物など〕をうまく操る，手なずける；〔機械・道具など〕を使いこなす ‖ Ms. Foster knows how to ～ difficult children. フォスターさんは問題児の扱い方を心得ている / ～ various types of computers without difficulty どんなコンピューターでも難なく使いこなす
❹《しばしば can, could を伴って》…を**うまく処理する**，…にうまく対処する；〔時間・金・資源など〕をうまく［有効に］使う；〔金・時間〕の都合を何とかつける；〔飲食物〕を平らげる；〔庭など〕をきちんと手入れしておく；…に何とか耐えられる ‖ Can you ～ another sandwich? もう1つサンドイッチを食べられますか / I can't ～ so many bags at a time. そんなに何袋も1度に運べないよ / Can you ～ dinner tonight? 今晩夕食をご一緒できますか / Janet is good at *managing* money. ジャネットは金のやりくりがうまい
―自 ❶《しばしば can, could を伴って》何とか［うまく］やっていく［生活していく］（✎ get on [OR along]），事を処理する；間に合わせる〈**on, with** …で；**without** …なしで〉‖ I'll ～ *on* 「my own [my salary, $300 a week]. 独力［自分の給料，週300ドル］で何とかやっていくつもりだ / We'll have to ～ *without* a car. 車なしで何とかやっていくしかないだろう / She could ～ **well** *without* your help. 彼女ならあなたの助けがなくてもうまくやれるでしょう
❷ 経営［運営］する

COMMUNICATIVE EXPRESSIONS
1 **Nó, réally, I can mánage(, thánks).** いえ，何とかなりますので（ありがとうございます）（♥ 助けを申し出てくれた人に向かって用いる断りの表現）
2 **(Sórry,) càn't mànage (to** wríte ùp thìs repórt by nóon). （悪いね，正午までにこの報告書を書き上げることは）できないよ（♥ 能力や可能性がないことを述べるだけた表現で，誘いなどを断る表現としても用いる）

▶▶ **～d cáre** 名 U 《米》管理医療（医療費負担抑制のための保健機関による管理システム）‖ ～*d care* industry [(health) plan] 管理医療産業［（保健）計画］/ a ～*d care* provider 《米》管理医療提供者（この管理システムで医療を提供する医師や病院）**～d cúrrency** 名 C 《経》管理通貨 **～d fúnd** 名 C 《投資》管理投資資金

man·age·a·ble /mǽnɪdʒəbl/ 形 扱いやすい；御しやすい；処理しやすい；簡単にできる；管理できる
màn·age·a·bíl·i·ty, ～·ness 名 **-bly** 副

⁑man·age·ment /mǽnɪdʒmənt/ 《アクセント注意》
―名（複 **～s** /-s/）❶ U **経営**，運営，**管理**；世話；操縦；処理，**取り扱い** ‖ The company's failure was caused by bad ～. 会社が倒産したのは経営が悪かったのが原因だ / business ～ 事業経営 / personnel ～ 人事管理 / ～ of a crisis＝crisis ～ 危機管理 / dominate the ～ of a firm 会社の経営（権）を握る
❷ C U 《集合的に》《単数・複数扱い》**経営者**，**管理者**；

《the ～》経営陣 (management team), 経営者側 (♦《米》では通例単数扱い,《英》では全体を一つの集団と見る場合は単数扱い, 個々の成員に重点を置く場合は複数扱い) ‖ The ～ has [OR have] offered us a 2% pay increase. 経営者側は我々に2%の賃上げを提示してきた / under new ～ 新しい経営者の(管理)下で / the relations between labor and ～ 労使関係 / middle ～ 中間管理職
❸ U 経営手腕, 管理[運営, 操縦, 処理]能力 ; 扱い[使い]方(のこつ) ‖ weak ～ 劣った管理能力 ❹ U 〘医〙〈病気・けが・患者の〉治療, 介護, 処置〈**of**〉 ‖ long-term ～ *of* patients with diabetes 糖尿病患者の長期治療
▸▸**～ accòunting** 名 U 〘経営〙管理会計 ; (特に)原価計算 **～ bùyout** 名 C 自社株買い占め《買収などに対する経営権防衛策》 **～ còmpany** 名 C 管理会社《投資信託などグループの資産の管理運用を行う》 **～ informátion sỳstem** 名 U 💻 経営情報システム《略 MIS》

***man·ag·er** /mǽnɪdʒər/ 《発音・アクセント注意》
── 名 (～s /-z/) C ❶ **管理者, 経営者**, 支配人 ; 幹事 ; 部[局]長 ; (スポーツチームなどの)監督 (♦《米》では野球チームにのみ使い, ほかのスポーツでは coach を使う), (芸能人・学生チームなどの)マネージャー ; 興行主, 座主 ‖ a general ～ 総支配人 / a departmental ～ 部長 / a sales ～ 販売部長 / a plant ～ 工場長 / a branch ～ 支店長 / a business ～ 営業部長 / a senior [middle, junior] ～ 上級[中間, 下級]管理者 / the ～ of the New York Yankees ニューヨークヤンキースの監督 / a stage ～ 舞台監督
❷ 《通例形容詞を伴って》家事[家計など]を預かる[やりくりする]人 ‖ a good [bad] ～ of money お金のやりくりが上手[下手]な人《(特に)主婦》 ❸ 《修飾語を伴って》💻 (周辺機器や処理を管理する)システム, 管理プログラム
～·shìp 名 U 支配人[幹事, 監督]の地位[職, 任期]

man·ag·er·ess /mǽnɪdʒərəs | mæ̀nɪdʒərés, ´－－－/ 名 C 《英》(商店・レストラン・ホテルなどの)女性管理者[経営者], 女店主 (♦ 現在は manager が一般的)

***man·a·ge·ri·al** /mæ̀nədʒíəriəl/ <シ 形 《限定》経営(上)の, 管理(上)の ; 経営者の

***man·ag·ing** /mǽnɪdʒɪŋ/ 形 《限定》《主に英》経営[管理]する ; 取り締まりの, 管理権限を持つ ‖ a ～ editor 編集長

***mànaging diréctor** 名 C 《主に英》専務取締役《略 MD》

Ma·na·gua /mənɑ́ːgwə | mæ-/ 名 マナグア《中央アメリカ, ニカラグアの首都》

Ma·na·ma /mənǽmə | -nɑ́ː-/ 名 マナーマ《バーレーンの首都》

ma·ña·na /mənjɑ́ːnə | mæ-/ 副 《スペイン》(=tomorrow)明日 ; いつかそのうちに

màn-at-árms 名 (複 **mèn-** /mèn-/) C 《古》兵士 (soldier) ; (特に)重騎兵

man·a·tee /mǽnətìː | ＿－´/ 名 C 〘動〙マナティー, カイギュウ(海牛)《フロリダ・カリブ海・熱帯アメリカ・西アフリカなどの沿岸海域にすむ草食の海生哺乳(ほにゅう)動物》

Màn Bóoker Prìze (for Fìction) 名 C マン=ブッカー賞《英国で1年間に発表された最も優れた長編小説に与えられる文学賞. 2005年に, 2年に1度の国際賞 (the Man Booker International Prize)も加えられた》

Man·ches·ter /mǽntʃɪstər/ 名 マンチェスター《イングランド北西部の繊維工業都市》
▸▸**～ térrier** 名 C 〘動〙マンチェスターテリア

Man·chu /mæ̀ntʃúː/ <シ 名 (複 **～** OR **～s** /-z/) C 満州族(の人) ; U 満州語 ── 形 満州の, 満州族[語]の

Man·chu·ri·a /mæntʃúəriə/ 名 満州《中国北東部の旧称》 **-ri·an** 形 名 C 満州の(人)

Man·cu·ni·an /mæŋkjúːniən/ 形 マンチェスター(Manchester)の ── 名 C マンチェスター人

M&Á 略 *m*ergers *a*nd *a*cquisitions

man·da·la /mǽndələ/ 名 C (ヒンドゥー教・仏教の)曼荼羅(まんだら) **man·dál·ic** 形

man·da·mus /mændéɪməs/ 名 U 〘法〙職務執行令状

man·da·rin /mǽndərɪn/ 名 ❶ C (中国帝政時代の)(高級)官吏[役人] ❷ C 役人, (高級)官僚 ; (政界・文壇などの)長老, 大御所 ‖ Whitehall ～*s* ホワイトホールの役人たち, 英国官僚 ❸ 《M-》 U 北京官話, 標準中国語 ❹ C (中国服の)首振り人形 ; U マンダリン磁器 ❺ (=～ **órange**) C マンダリン(オレンジ)(の木)《中国原産. 日本のミカンと同種》 ❻ U だいだい色
▸▸**～ cóllar** 名 C マンダリンカラー ; 詰め襟 **～ dúck** 名 C 〘鳥〙オシドリ《東アジア産》

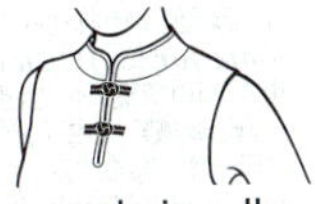
mandarin collar

***man·date** /mǽndeɪt/ 《アクセント注意》(→ 動) 名 C ❶ (選挙民などから議会などに負託された)権限, 行使権, 与えられた使命, 民意〈**to do** …する / **for** …のための〉; (権限の)行使期間, 任期 ‖ seek a clear ～ from the people *for* tax reforms 税制改革を行う明確な権限を国民に対して求める / the presidential ～ 大統領の任期 ❷ 〘法〙命令(書), 指令(書) ; (上級裁判所・上級官吏からの)職務執行令状 ❸ (かつての国際連盟当時の)委任統治 ; 委任統治領 ❹ 〘法〙(無償)委任契約, 委任状
── 動 /mǽndeɪt | －´/ 他 ❶ 《+目+**to do**》〔人〕に…する権限を与える, …するように命じる[指示する] (♦ しばしば受身形で用いる) ❷ …を義務づける ; 〈…ということを〉義務化する〈**that** 節〉 ❸ (国際連盟当時に)〔植民地など〕の統治を〈…に〉委任する〈**to**〉; …を委任統治領にする ‖ a ～*d* territory 委任統治領

***man·da·to·ry** /mǽndətɔ̀ːri | -təri/ 形 ❶ 命令[指令]の ; 強制的な, 義務的な (↔ optional) ‖ ～ retirement age 強制退職年齢 ❷ (統治を)委任された ‖ ～ administration [OR rule] 委任統治 ── 名 (複 **-ries** /-z/) C ❶ 〘法〙受任者 ❷ 委任統治受任国

Man·del·a /mændélə/ 名 **Nelson Rolihlahla ～** マンデラ (1918–2013)《南アフリカ共和国の反アパルトヘイト運動家. 同国初の黒人大統領 (1994–99). ノーベル平和賞受賞 (1993)》

man·di·ble /mǽndɪbl/ 名 C 〘解〙〘動〙下顎(かがく)骨 ; (節足動物の)大あご ; (鳥の)下[上]くちばし
man·díb·u·lar 形

man·do·lin /mæ̀ndəlín/ 名 C 〘楽〙マンドリン
màn·do·lín·ist 名 C マンドリン奏者

man·dor·la /mændɔ́ːrlə/ 名 C (キリストなどの)全身を覆う後光

man·drag·o·ra /mændrǽgərə/ 名 =mandrake

man·drake /mǽndreɪk/ 名 C ❶ 〘植〙マンドレイク, マンドラゴラ《地中海地方産の麻酔性の有毒植物. 二またに分かれた根が人体に似ているところから, 魔力を持つと考えられた》 ❷ =May apple

man·drel, -dril /mǽndrəl/ 名 C ❶ 〘機〙(旋盤の)主軸 ; 心棒 ❷ (鋳造用の)心金(しんがね) ❸ 《英》つるはし(pick)

man·drill /mǽndrɪl/ 名 C 〘動〙マンドリル《西アフリカ産の大型ヒヒ》

Man·dy /mǽndi/ 名 マンディー《Amanda, Miranda の愛称》

***mane** /meɪn/ (♦ 同音語 main) 名 C ❶ (馬・ライオンなどの)たてがみ ❷ 《口または文》(人の)長いふさふさした髪
～d 形 たてがみのある
▸▸**～d wólf [dóg]** 名 C 〘動〙タテガミオオカミ《南米の草原や湿地に生息する大型の野生イヌ》

mán-èater 名 C ❶ 人食い人(cannibal) ; (サメ・トラなど)人を食う動物 ❷ ⊗《口》《蔑》(好色で)男を破滅させる女, 男殺し **-èating** 形 人を食う

ma·nège, -nege /mænéɪʒ/ 名 U ❶ 調馬術, (乗)馬術 ❷ 調教した馬の歩調 ❸ C 乗馬学校, 調教場

ma·nes /mɑ́ːneɪz/ 名 ❶ 《しばしば M-》《複数扱い》(古代

ローマの宗教で)死者[祖先]の霊 ❷《単数扱い》死者の霊

Ma·net /mænéɪ | ⌐⌐/ 名 **Édouard** ～ マネ(1832–83)《フランス印象派の画家》

***ma·neu·ver,** 《英》 **-noeu·vre** /mənúːvər/ 《発音注意》 名 ❶ C (軍隊・艦隊などの)戦術的展開, 作戦行動;《～s》大演習, 機動演習 ‖ hold ～*s* 機動演習を行う / on ～*s* 機動演習中で ❷ C U 巧妙な手段[処置], 策略, 工作 ‖ business ～*s* 経営戦略 / political ～*s* 政治工作 ❸ C (乗り物・船などの)巧みな操縦[方向転換]

「***ròom for*** [OR ***frèedom of***] ***manéuver*** 計画[判断, 方策など]の変更の余地[機会]

—動 他 ❶《+目+副句》〔特に重い・大きいものなど〕を巧みに動かす[操縦する, さばく](♦ 副句 は方向を表す) ‖ ～ one's car slowly into a garage 自動車をゆっくりとうまく車庫に入れる ❷〔人・状況など〕を巧みに操る, (策を用いて)…にうまく〈…〉させる〈**into**〉;…を〈…に〉追い込む〈**into**〉;〈…から〉追い出す〈**out of**〉‖ He was ～*ed into* signing the contract. 彼は(策略に乗せられて)契約書に署名させられた ❸〔軍隊・戦艦など〕に作戦行動をとらせ(て移動させ)る, 軍事演習をさせる

—自 ❶《+副句》巧みに動き[方向]を変えながら進む ❷ 策略を巡らす, 工作[策動]する ❸ 作戦行動をとる, 演習する

ma·nèu·ver·a·bíl·i·ty 名 U 操縦性 **～·a·ble** 形 (車・飛行機などが)うまく操縦できる **～·er** 名

man·ful /mǽnfəl/ 形 男らしい, 勇気のある, 断固とした(♦ manly の方が一般的) **～·ly** 副 **～·ness** 名

man·ga /mǽŋgə/ 名 C U (日本の)漫画(♦ 日本語より)

man·ga·bey /mǽŋgəbèɪ, -bìː/ 名 C 【動】マンガベー《西アフリカ産のオナガザル類の総称》

man·ga·nese /mǽŋgənìːz/ 名 U 【化】マンガン《金属元素. 元素記号 Mn》

mange /meɪndʒ/ 名 U (主に家畜の)疥癬(かいせん)

mán·gel(-wùr·zel) /mǽŋgəl(-wɜ̀ːrzəl)/ 名 C ビート(beet)の一種《飼料用》

man·ger /méɪndʒər/ 名 C 飼い葉おけ

mange·tout /mɑ̀ːndʒtúː | mɒ̀ndʒ-/ 名 C《通例複数形で》《英》【植】サヤエンドウ(《米》snow pea)(♦ フランス語で eat all の意)

man·gle[1] /mǽŋgl/ 動 他《通例受身形で》❶ 原型をとどめないほどずたずたに切られる, めちゃめちゃにされる ❷ (引用文・原典などが)台無しにされる **～d** 形

man·gle[2] /mǽŋgl/ 名 C (洗濯物の)絞り機(《米》wringer);《米》圧延ローラー《大型のアイロンをかける機械》

—動 他 …を絞り機[圧延ローラー]にかける

man·go /mǽŋgoʊ/ 名 (複 **～s, ～es** /-z/) C 【植】マンゴー(の木)

man·go·nel /mǽŋgənèl/ 名 C 投石機《中世の兵器》

man·go·steen /mǽŋgəstìːn/ 名 C 【植】マンゴスチン(の木)《東南アジア産の果樹》

man·grove /mǽŋgroʊv/ 名 C 【植】マングローブ, 紅樹《主に熱帯の海岸湿地に密生》

mang·y /méɪndʒi/ 形 ❶ 疥癬にかかった ❷《口》(毛が抜けて)汚らしい;みすぼらしい

máng·i·ly 副 **máng·i·ness** 名

mán·hàndle 動 他 ❶ …を人力で動かす[運ぶ] ❷ …を手荒く扱う

Man·hat·tan /mænhǽtən/ 《アクセント注意》 名 ❶ マンハッタン(島)《ニューヨーク市の中心部をなす島. 島全体がマンハッタン区を形成する》‖ lower [midtown, upper] ～ マンハッタン島南端部[中央部, 北部] ❷《しばしば m-》U C マンハッタン《ウイスキー・ベルモットなどで作るカクテル》

-ite /-àɪt/ 名 C マンハッタン住民

▸▸ **～ Pròject** 名《the ～》マンハッタン計画《1942年に始まった米国政府の原爆開発計画》

mán·hòle 名 C マンホール

***man·hood** /mǽnhʊ̀d/ 名 U ❶ (成年の)男子であること, (男の)成人;大人(の時期)(→ boyhood, womanhood) ‖ reach [OR arrive at, come to] ～ 成人[大人]になる / the time of his young ～ 彼が(大人でもまだ)若かったころ ❷ 男らしさ《体力・勇気・決断力など》(courage, strength, vigor) ‖ prove one's ～ 男らしさを証明する ❸ C《a ～, one's ～》《口》《戯》男性器 ❹《集合的に》(特定の国の)全(成人)男子 ❺《古》人間であること

▸▸ **～ súffrage** 名 U 成年男子選挙[参政]権

mán-hòur 名 C 人時(にんじ)《1人1時間分の仕事量》(中立 work(er) hour)

mán·hùnt 名 C (組織的な)犯人捜査(中立 chase, dragnet) **～·er** 名

***ma·ni·a** /méɪniə/ 《発音注意》 名 ❶ U/C《単数形で》〈…に対する〉熱狂, 異常な熱中(ぶり), …熱, 大流行〈**for**〉(❗ 日本語の「…マニア」のように「愛好者」を表す英語は maniac だが, この語は「異常なほどの熱狂者」という強い意味なので,「彼はゴルフマニアだ」なら He is crazy [OR mad] about golf. / He is really into golf. のようにいう) ‖ He has a ～ *for* gambling [sports]. 彼はギャンブル[スポーツ]狂だ / A ～ *for* video games is sweeping over the country. テレビゲーム熱が全国に蔓延(まんえん)している ❷ U 【医】躁(そう)病

-mania 連結形 ❶「(一種の)狂気」の意 ‖ klepto*mania* (病的盗癖) ❷「…に対する熱狂, …熱」の意 ‖ biblio*mania* (蔵書癖) / Anglo*mania* (英国熱)

***ma·ni·ac** /méɪniæk/ 《発音注意》 名 C ❶ 狂人;《口》乱暴な人 ‖ a raving ～ 狂乱者 / drive like a ～ 乱暴な運転をする ❷《修飾語を伴って》熱狂者, …狂(の人)(❗ 日本語の「マニアック」より強い意味で異常性を表す. → mania) ‖ a sex ～ セックス狂 / a fishing ～ 熱狂的釣り好き ❸《古》【医】躁(そう)病患者 —形《限定》狂気の, 狂乱の(maniacal) ‖ a ～ fan 熱狂的なファン

-maniac 連結形 (-mania に対応) ❶「狂気にとらわれた(人)」の意 ❷「…に熱狂した(人), …マニア(の)」の意

ma·ni·a·cal /mənáɪəkəl/ 形 狂気の;熱狂した **～·ly** 副

man·ic /mǽnɪk/ 形 ❶【医】躁病の[にかかった] ❷《口》非常に興奮した

mànic(-)depréssion 名 U 【医】躁うつ病(♦ 現在は bipolar disorder(双極性障害)が使われる)

mànic-depréssive 〈シ〉【医】形 躁うつ病の —名 C 躁うつ病患者

ma·ni·cot·ti /mænɪkɑ́(ː)ti | -kɒ́ti/ 名 (複 ～) C U 【料理】マニコッティ《筒状の太打ちパスタ》

man·i·cure /mǽnɪkjʊ̀ər/ 《アクセント注意》 名 U C 手とつめの手入れ, 美爪(びそう)術(→ pedicure) ‖ get a ～ 手[つめ]の手入れをしてもらう / a ～ set マニキュアセット

—動 他 ❶〔手・つめ〕の手入れをする, …にマニキュアを施す ❷〔芝生・庭・生垣など〕を入念に刈り込む

語源 *mani-* hand + *-cure* care:手(のつめ)の手入れ

man·i·cur·ist /mǽnɪkjʊ̀ərəst | -ɪst/ 名 C マニキュア師

***man·i·fest** /mǽnɪfèst/ 《アクセント注意》 形 (**more ～; most ～**) 〈…に〉(見て)明らかな, よくわかる, 明白な〈**to**〉(⇨ CLEAR 類語) ‖ a ～ error of his memory [judgment] 彼の明白な記憶違い[判断ミス] / Her confidence was ～「*to* all of us [in her behavior]. 彼女の自信のほどは我々みんなの目に明らかだった[態度にはっきりと表れていた]

—動 他 ❶ …をはっきりと示す, 明らかにする;(物が)…を証明[立証]する(↔ conceal) ‖ ～ the truth of a statement 陳述が真実であることを証明する ❷〔感情・態度・性格など〕を〈…に〉表す, 示す;《～ oneself で》〈…に〉表れる〈**in**〉(⇨ SHOW 類語) ‖ Her talent as an artist ～*ed* itself *in* embroidery. 彼女の芸術的才能は刺繍(ししゅう)の作品に表れた ❸ …を積荷目録[乗客名簿]に記載する

—自 (幽霊が)現れる, 出る

—名 C (船舶・列車などの)積荷目録[送り状];(飛行機などの)乗客名簿

～·ly 副 明白に, 明らかに, はっきりと

▸▸ **～ déstiny** 名《しばしば M- D-》U 明白な運命(説)《アメリカ合衆国は北米大陸全土を支配すべき運命にあるとした19世紀の思想》

M

*man·i·fes·ta·tion /mæ̀nɪfestéɪʃən/ 名 ❶ Ⓤ はっきりと示す[明白になる]こと, 明示, 表示；顕示；Ⓒ 表示する[明白になる]もの；表れ, あかし, しるし ‖ the ～ of anxiety over exams 試験に対する不安を表に出すこと / The baby's smile is a ～ of joy. 赤ちゃんが笑っているのは喜んでいる証拠だ / a characteristic ～ of a disease 病気に特有の兆候 ❷ Ⓒ (政府・党などによる) 政策表明, 政見発表；(政治的)示威運動 ❸ Ⓒ (神・霊などの) 出現, 顕現, 権化；心霊現象；(思想・観念などを)具現化(したもの)

*man·i·fes·to /mæ̀nɪféstoʊ/ 《発音注意》 名 (複 ～s, ～es /-z/) Ⓒ (政府・政党などの)宣言(書), 声明(書), マニフェスト ‖ issue a ～ 声明を出す / an election ～ 選挙公約

man·i·fold /mǽnɪfòʊld/ 形 《堅》《文》 ❶ 多くの, 雑多な, 種々の ‖ a ～ villain 全くの悪党 ❷ 多面的な；多目的の ❸ (器具などが) 複合の ──名 Ⓒ ❶ 多面的なもの；複合体；複写物, コピー ❷ 《機》多岐管, マニホルド；《数》集合(体) (set) ──動 他 ❶ …の複写をとる ❷ …を多様にする ～·ly 副 ～·ness 名

man·i·kin, man·ni- /mǽnɪkɪn/ 名 Ⓒ ❶ 人体解剖模型 ❷ ⊗《蔑》小人(こびと), 一寸法師 ❸ =mannequin

Ma·nil·a, -nil·la /mənílə/ 《アクセント注意》 名 ❶ マニラ《フィリピンの首都》 ❷ (=～ hémp) Ⓤ マニラ麻 ❸ (=～ páper) Ⓤ マニラ紙 ‖ a ～ envelope マニラ(紙製)封筒

man·i·oc /mǽniɑ̀ːk/ 名 Ⓒ Ⓤ =cassava

ma·nip·u·la·ble /mənípjuləbl/ 形 操作[操縦]できる

*ma·nip·u·late /mənípjulèɪt/ 《アクセント注意》 動 他 ❶ 《けなして》〔人・世論・情報など〕を(不正に)操る；うまく操って〈…〉させる〈into〉；〔帳簿・株価・統計資料など〕を(不正に) 操作する, 改ざんする, …に勝手に手を加える ‖ ～ an election [voters] 選挙[投票者]を操る / ～ one's colleagues *into* agreeing to help 同僚を操って手伝わせる / ～ statistics to suit oneself 統計資料を自分に都合のいいように操作する ❷ 〔機械・道具など〕を巧みに扱う, 操る ‖ ～ the controls of an airplane 飛行機の操縦装置を巧みに操作する ❸ 《医》〔体の部位〕を手で触って(脱臼(だっきゅう)・捻挫(ねんざ)などの) 診察[治療]をする ❹ 💻〔データ・テキスト〕を編集する, 加工[処理]する

-là·tive /mənípjəlèɪtɪv | -lə-/ 形 ① 《けなして》(人が) 人使いが上手な, 人を巧みに操る ② 物を巧みに扱う, 操作的な ③ 整体の -là·tor 名 Ⓒ 操縦装置, マジックハンド；(不正に)操作する人, 改ざん者

*ma·nip·u·la·tion /mənɪ̀pjuléɪʃən/ 名 Ⓤ Ⓒ ❶ (世論などを)操ること, (帳簿などの)(不正な)操作, 改ざん ‖ media [stock] ～ (不正な)メディア[株]操作 ❷ (巧みな)操作[操縦] ❸ 《医》(捻挫などの)触診, 触手治療

Man·i·to·ba /mæ̀nɪtóʊbə/ 名 マニトバ《カナダ中南部の州. 州都 Winnipeg. 略 Man.》

man·i·tou, -tu /mǽnɪtùː/, -to /-tòʊ/ 名 Ⓒ マニトウ《北米先住民の信仰する精霊》

*màn·kínd 《アクセント注意》 (→❷) 名 Ⓤ 《集合的に》《通例単数・複数扱い》 ❶ 人類, 人間 (♥ 性差別を避けて現在では humanity, humankind, human beings, the human race などの方が好まれる) ‖ the future of ～ 人類の未来 / all ～ 全人類 / *Mankind* has acquired vast knowledge of science. 人類は広範な科学知識を身につけてきた ❷ /ㄧㄧ/ 《旧》男性, 男 (↔ womankind)

man·like /mǽnlàɪk/ 形 ❶ (よい意味でも悪い意味でも) 男らしい；(女が)男のような ❷ (生物などが)人に似た

*man·ly /mǽnli/ 形 ❶ 男らしい, 雄々しい, 強い, 勇敢な；(女が) 男勝りの (⇨ MALE 類語) ‖ It's not ～ to cry in front of other people. 人前で泣くなんて男らしくない / in a deep ～ voice 低い男らしい声で ❷ 男にふさわしい, 男性的な ‖ ～ sports 男性的なスポーツ ──副 男らしく, 雄々しく -li·ness 名

*màn·máde <シ> 形 人造の, 人工の(中立 artificial)；(物質などが)合成の(中立 synthetic) ‖ a ～ lake 人造湖

Mann /mæn/ 名 **Thomas ～** トーマス＝マン (1875–1955)《ドイツの小説家. ノーベル文学賞受賞(1929)》

man·na /mǽnə/ 名 Ⓤ ❶ 《聖》マナ《イスラエル人が荒野をさまよっているとき神から与えられた食べ物》 ❷ 思いがけぬ恵み；天与の糧(かて), 甘美な食べ物 ❸ マンナ《マンナトネリコなどから採取する甘い樹液. 下剤に用いる》

(*like*) ***mànna from héaven*** 天の恵み(のように[な])

▸▸ ～ **àsh** 名 Ⓒ 《植》マンナトネリコ《南ヨーロッパ・南西アジア原産. 香りのよい白い花が咲き, 甘い樹液を出す》

manned /mænd/ 形 (宇宙船などが) 有人の, 人間を乗せた ‖ a ～ spacecraft 有人宇宙船

man·ne·quin /mǽnɪkɪn/ 名 Ⓒ ❶ マネキン人形, マヌカン ❷ (芸術家が使う)可動人体模型, モデル人形 ❸ ファッションモデル(model)

⁝man·ner /mǽnər/ (♦ 同音語 manor)

中心義 (行動や見た目の)あり方

──名 (複 ～s /-z/) Ⓒ ❶ 《単数形で》**方法**, (…の)仕方, やり方 (⇨ METHOD 類語) ‖ Jim has his own ～ of doing things. ジムにはジムなりのもののやり方がある / This is the ～ in which he speaks. これが彼の話し方だ / She sized up the newcomer **in** her customary ～. 彼女はいつものように新入社員の品定めをした

❷ 《単数形で》**態度**, 様子, 振る舞い, (独特の)身振り, 物腰 (→ behavior) ‖ I don't like her ～. 彼女の態度が気に食わない / The actor had ⌈a cool [an arrogant] ～. その俳優は無愛想 [横柄] な態度をとった / Alice is reserved **in** her ～. アリスの態度は控えめだ / bow in a gracious [polite] ～ 優雅[丁寧]な物腰でおじぎをする

❸ 《～s》**行儀**, 作法；(よい)しつけ；礼儀作法(→ CE 2) ‖ My parents are very strict about ～*s*. 私の両親はしつけにはとてもうるさい / He has good [bad, no] ～*s*. 彼は行儀がよい [が悪い, を知らない] (♦ manners には good をつけなくても通例「望ましい行儀(作法)」の意味がある) / table ～*s* テーブルマナー

❹ 《～s》(特定の地域・時代などの)暮らし方, 生活様式；**風俗習慣** ‖ Victorian ～*s* ビクトリア朝 (時代) の風習 / Our contemporary ～*s* and customs largely date from the Edo period. 我々の現代の風俗習慣は大部分江戸時代に始まる / a comedy of ～*s* 風俗喜劇

❺ 《通例単数形で》(独特の)**形式**, 形体, 様式, 流儀, 作風, …風[流, 調] ‖ a painting **in** the ～ of ukiyoe 浮き世絵風の絵画 / She was dressed **in** the early American ～. 彼女はアメリカの開拓時代風の服装をしていた

*__*àll mánner of ...*__ あらゆる種類の… ‖ *all* ～ *of* people [things] さまざまな人々[物事]

(*as* [OR *as if*]) ***to the mànner bórn*** 生まれながら (のような[に])；ごく自然に, 楽々と ‖ She has taken to the piano *as* (*if*) *to the* ～ *born*. 彼女は生まれながらにわかっているかのように(自然に)ピアノをやり出した

by no (***manner of***) ***means*** ; ***not ... by any*** (***manner of***) ***means*** ⇨ MEANS(成句)

in a mànner (***of spéaking***) ある意味では (in a way)；いわば(so to speak)

whàt mánner of ... 《堅》どのような (種類の) … ‖ What ～ *of* man is the new teacher? 今度の先生はいかなる人物かね

COMMUNICATIVE EXPRESSIONS

1 **It's gòod mánners to** sày "pléase" when you hàve a requést. 何か依頼があるときには「お願いします」と言うのが礼儀です(♥ 子供などに対するしつけ)

2 **Remèmber** [OR **Mìnd**] **your mánners.** お行儀よくなさい(♥ しつけ. =Where are your manners?)

▸▸ ～ **àdverb** 名 Ⓒ 《文法》様態の副詞《how, so, thus, quickly などの方法を示す副詞》

man·nered /mǽnərd/ 形 ❶ 《通例複合語で》行儀が…な ‖ well-[ill-]～ 行儀のよい[悪い] ❷ (文体・振る舞いなどが)気取った, もったいぶった

M

man·ner·ism /mǽnərìzm/ 名 ❶ U マンネリズム《芸術・文学などの様式やスタイルが型にはまっていること》(❗日本語の「マンネリ, マンネリズム」は be stereotyped [OR stereotypical],「be in [OR get into] a rut などと表す. また「研修制度がマンネリ化してきた」なら routine を使って Our training program has become a mere routine practice. ということもできる) ❷ C U (言葉遣い・動作などの) 癖 ; 作風 [芸風] ‖ speech ~*s* 言葉の癖 ❸《M-》U〖美〗マニエリスム《ルネサンス後期, 16世紀中ごろにイタリアで興った美術の様式》 **-ist** 名 C 型にはまった作家 ; 癖のある人 ;《M-》〖美〗マニエリスム様式の芸術家
màn·ner·ís·tic 形 マンネリズムの ; 癖のある

mán·ner·less /-ləs/ 形 無作法な, 礼儀知らずの

mán·ner·ly /-li/ 形 副 (♦ 副 は《古》) 行儀よい[よく], 礼儀正しい[正しく], 丁重な[に] **-li·ness** 名

man·ni·kin /mǽnɪkɪn/ 名 =manikin

man·nish /mǽnɪʃ/ 形 ❶《通例けなして》(女が) 男のような, 男っぽい ; (服装などが) 男性風の (⇨ MALE 類語) ❷ 男特有の, 男らしい, 男性的な **~·ly** 副 **~·ness** 名

man·ny /mǽni:/ 名 (複 **-nies** /-z/) C 男性ベビーシッター (♦ *man*+nan*ny* より)

ma·no a ma·no /mɑ̀:nou ɑ: mɑ́:nou | mæ̀nou ɑ: mǽnou/ 名 (複 **manos a manos**)《スペイン》C (= hand to hand) (直接) 対決 ── 副 形 対決して(の)

***ma·noeu·vre** /mənú:vər/ 名 動《英》=maneuver

màn-of-wár 名 (複 **men-** /mèn-/) C ❶ (昔の) 軍艦 (warship) ❷ =Portuguese man-of-war

ma·nom·e·ter /mənɑ́(:)mətər | -nɔ́mɪtə/ 名 C (気体・液体) 圧力計 ; 血圧計
màn·o·mét·ric 形 流体圧力計の[による]

***man·or** /mǽnər/ (♦ 同音語 manner) 名 ❶ =manor house ❷ C (中世の) 貴族所有地, 領(有)地, 荘園 ‖ the lord of a ~ 荘園領主 ❸《通例 one's ~》《英俗》(警察署の) 管轄区域, 管内 ; (一般に) 担当[受持]区域 ❹ C〖米国史〗(独立前の) 領主[貴族領] 植民地《植民地時代本国の国王から特許を得た貴族やその会社によって経営・統治された恒久的植民地. 王領[直轄]植民地に対する》
ma·nó·ri·al 形《限定》荘園の, 領地の
▸▸ **~ hòuse** 名 C 領主[地主]の邸宅 ; 屋敷内の主邸宅

***mán·pòwer** 名 U 人的労働力 (中立 human power) ; 動員可能な人員[兵力], 人手 (中立 workforce, human resources) ‖ The nation has been suffering from a serious shortage of ~. その国は深刻な人手不足に悩まされてきた / trained ~ (よく) 訓練された労働力

man·qué /mɑ:ŋkéɪ | mɔ́ŋkeɪ/ 形 (♦ 女性形 manquée)《フランス》(=failed)《名詞の後に置いて》なろうとしてなり損ねた ; …志望の ; …のつもりの (would-be) ‖ a poet ~ 詩人のなり損ない

man·sard /mǽnsɑ:rd/ 名 (= **~ ròof**) C マンサード[二重勾配(こうばい)] 屋根

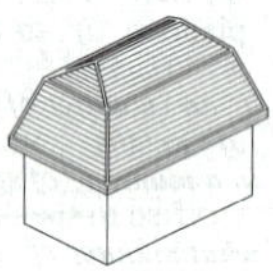

mansard

manse /mæns/ 名 C (特にスコットランド長老教会の) 牧師館

mán·sèrvant 名 (複 **men·servants**) C 下男, 従者

-manship /-mənʃɪp/ 接尾《名詞語尾》「技能」「腕」の意 ‖ pen*manship* (書道, 書法)

***man·sion** /mǽnʃən/ 名 C ❶ 豪邸, 大邸宅 (❗日本語の「マンション」は apartment や《米》condominium,《英》flat に当たる) ‖ a governor's ~ 知事公邸 ❷《M-s》《複数扱い》《英》高級アパート, …マンション (♦ 固有名詞の一部としてのみ用いる) ‖ 12 Victoria *Mansions* ビクトリアマンション12号 ❸〖天〗宿(しゅく)《月の運行の28宿の1つ》
▸▸ **~ hóuse** /, ⌐⌐⌐/ 名《英》① C (領主・地主の) 邸宅 (mansion) ②《the M- H-》ロンドン市長公邸

mán-sìze(d) 形《限定》❶ (ふつうより) 大きな, 大規模な (中立 large-size(d)) ; 大人向きの ❷ 大人でなければできない ‖ a ~ job 大人でなければできない仕事

mán·slàughter 名 U 殺人 ;〖法〗故殺, 過失致死 (→ homicide, murder)

man·ta /mǽnṭə/ 名 (= **~ rày**) C〖魚〗オニイトマキエイ, マンタ《熱帯産の大型のエイ》

man·tel /mǽnṭəl/ 名 =mantelpiece

man·tel·et /mǽnṭəlet/ 名 C ❶ (移動式の) 弾(たま)よけ ❷ (昔の) 短いマント

mántel·pìece 名 C ❶ マントルピース《暖炉の前飾り》(⇨ FIREPLACE 図) ❷ =mantelshelf ❶

mántel·shèlf 名 C ❶ 炉棚《炉上の飾り棚》❷〖登山〗岩棚(登り) ── 動 自〖登山〗岩棚登りをする

man·tid /mǽntɪd/ 名 C =mantis

man·til·la /mæntílə/ 名 C マンティーラ《主にスペインの女性が頭から肩にかけるスカーフ》

man·tis /mǽnṭəs | -tɪs/ 名 (複 **~·es** /-ɪz/ OR **-tes** /-ti:z/) C〖虫〗カマキリ (praying mantis)
▸▸ **~ shrìmp** 名 C〖動〗シャコ

man·tis·sa /mæntísə/ 名 U〖数〗(対数の) 仮数 ; 💻 (浮動小数点表示における) 仮数

***man·tle** /mǽnṭəl/ 名 C ❶《通例単数形で》《堅》(引き継がれる) 職務, 職責 ‖「take on [OR assume, inherit] the ~ of the presidency 大統領の職務を引き継ぐ ❷《文》覆う[包む]もの, 覆い, 覆う層, 遮蔽(しゃへい)物 ‖ in [OR with] a thick [soft] ~ of snow 厚い[柔らかい]雪に覆われて / in a ~ of darkness [peace] 闇(やみ)[静けさ]に包まれて ❸ (昔の) マント, (ゆったりした昔の) そでなしの外套(がいとう) ❹ (ガス灯・ランプなどの) マントル《熱せられて白熱光を放つ網状の炎覆い》‖ a gas ~ ガス光源 ❺〖動〗(軟体動物などの) 外套(膜) ;〖解〗大脳皮質 ;〖鳥〗襟[背]羽 ❻《通例単数形で》〖地〗マントル《地球や惑星の地殻 (crust) と中心部 (core) との中間部分》❼ =mantel
── 動 他《文》…を〈物で〉覆う[包む], 隠す〈**with, in**〉‖ the mountaintop ~*d with* clouds 雲に覆われた山頂
── 自 (顔が) 赤らむ, 紅潮する (flush)

mántle·pìece 名 =mantelpiece

màn-to-mán ⟨シ⟩ 副 形《限定》❶ (議論などが) 腹を割って(の), 率直に[な] (中立 person-to-person) ‖ a ~ talk 腹を割っての話し合い ❷〖スポーツ〗マンツーマン[1対1]で[の] ‖ ~ defense マンツーマンディフェンス (❗「マンツーマンでの (授業)」などの場合は, one-on-one, one-to-one を使うのがふつう)

man·tra /mǽntrə/ 名 C (ヒンドゥー教・仏教の) 密呪(みつじゅ), 真言(しんごん) ; スローガン

mán·tràp 名 C ❶ (不法侵入者を捕まえる) わな (中立 booby trap) ❷《俗》(男を魅惑する) 危ない女

‡man·u·al /mǽnjuəl/《アクセント注意》
── 形《比較なし》❶ **手の**, 手で[を使って]する, 手細工の ; (機械・動力でなく) 人が操作[運転]する, **手動(式)の** ‖ ~ dexterity 手先の器用さ / a job requiring ~ skills 手わざを必要とする仕事 / a four-speed ~ transmission [OR gearbox] 4速の手動変速装置
❷ 肉体的労力[努力]を要する, 体(力)を使う
── 名 (複 **~s** /-z/) C ❶ **説明[解説]書**, 案内[手引]書, 指導書, 教本, マニュアル ; 小冊子 (→ handbook) ‖ I need another ~ to decipher this computer ~. このコンピューターの説明書を解読するにはもう1つ別の説明書が必要だ / an instruction ~ 使用説明書 / a teacher's ~ 教師用指導書
❷ (オルガンの) 手鍵盤(けんばん) (→ pedal)
❸ (ライフルなどの) 銃器(類) 取り扱い訓練[手順]
❹ 手動の機械 ; マニュアル[手動変速]車
語源 *manu-* hand+*-al* (形容詞語尾)
on manual 手動の[で] ‖ The machine is *on* ~. その機械は手動(式)だ
~·ly 副 手で, 手細工で
▸▸ **~ álphabet** 名 C (聾唖(ろうあ)者用の) 指話文字 ⌐

lábor (↓) ～ týpewriter 名 C 手動式タイプライター(↔ electric typewriter) ～ wórker 名 C 肉体[筋肉]労働者

màn·ual lábor 名 U 肉体[筋肉]労働(manual work), 手仕事 **mànual láborer** 名 C 肉体労働者

manuf. 略 manufacture, manufactured, manufacturer, manufacturing

man·u·fac·to·ry /mæ̀njufǽktəri/ 名 (複 **-ries** /-z/) C《古》製造所, 工場(factory)

:man·u·fac·ture /mæ̀njufǽktʃər/ (発音注意)
—動 (~s /-z/; -tured /-d/; -tur·ing)
—他 ❶ …を(大量に)**生産[製造]する**, 作る;〔原料〕を〈製品に〉仕上げる, 加工する〈**into**〉(⇨ 類語) ‖ Two thousand cars are being ～*d* every day. 毎日2,000台の車が生産されている / ～ wool *into* cloth 羊毛を布地に加工する / ～*d* goods 工業製品, 加工品
❷ …を機械的に[やたらに多く]作る;〔作品など〕を乱作する
❸〔話・口実など〕を捏造(ねつぞう)する, でっち上げる ‖ ～ an 「elaborate story [excuse for being late] 手の込んだ話[遅刻の言い訳]をでっち上げる
❹〘生化〙(人体が)〔特定の物質〕を分泌する, 作り出す
—名 (複 ~s /-z/) ❶ U **製造**, (大量)生産;**製造業**;製造過程 ‖ the ～ of toys おもちゃの製造 / the ～ of body cells 体細胞の増殖 / car ～ 自動車製造業
❷ C《通例 ～s》製品 ‖ the share of ～*s* 製品のシェア
語源 *manu-* hand+*-fact-* make+*-ture* (名詞語尾):手で作ること

類語 《他 ❶》 **manufacture** 機械を用いて(ふつう大量に)製造する. 〈例〉*manufacture* goods in a factory 工場で製品を作る
assemble 機械などの部品を組み立てて完成品にする. 〈例〉*assemble* automobiles 自動車を組み立てる

:man·u·fac·tur·er /mæ̀njufǽktʃərər/
—名 (複 ~s /-z/) C《しばしば ～s》(大規模な) **製造業者**[会社, 工場], メーカー;(個人の)製造[生産]者 ‖ 「an automobile [a clothing] ～ 自動車[被服]製造業者 / the world's largest ～*s* of semiconductors 世界最大級の半導体メーカー / follow the ～'s instructions メーカーの取扱説明書に従う

***man·u·fac·tur·ing** /mæ̀njufǽktʃərɪŋ/ 名 U 製造(業), 工業, 製造過程;《形容詞的に》製造業の, 工業の ‖ the future of ～ in Japan 日本の製造業の将来 / the ～ industry 製造業 / ～ technology 工業技術 / ～ costs 製造コスト

man·u·mis·sion /mæ̀njəmíʃən | -ju-/ 名 U《堅》奴隷[農奴]の解放

man·u·mit /mæ̀njumít/ 動 (-mit·ted /-ɪd/; -mit·ting) 他《堅》〔奴隷・農奴〕を解放する ～·ter 名

***ma·nure** /mənjúər/ (アクセント注意) 名 U (家畜の糞(ふん)などから作る) 肥やし, 肥料 ‖ use horse ～ as fertilizer 肥料に馬の肥やしを使う / spread ～ on a field 畑に肥料をまく / organic [artificial] ～ 有機[人工]肥料 (→ fertilizer, compost) —動 他 …に肥料を施す

***man·u·script** /mǽnjuskrìpt/ 名 C ❶ (手書きの) 原稿[文書, 譜面など] (♦ 印刷に回す前のワープロ原稿なども含まれる);(作家の)肉筆原稿 ‖ Let me read your new novel in ～. 新しい小説を原稿の段階で読ませてください / a handwritten [typewritten] ～ 手書き[タイプ]原稿 / submit [OR send, hand in] a ～ to 「a publisher [an editor] 出版社[編集者]に原稿を渡す ❷ (印刷術発明以前の)写本, 手書き本
—形《通例限定》手書きの, タイプで打った;手写した ‖ a ～ version of the original text 原典の手写版
▸▸ ～ pàper 名 U 五線紙

Manx /mæŋks/ 形 マン島(the Isle of Man)の, マン島人の, マン島語の —名 U マン島語《ケルト系の言語で, 今はほとんど使われない》;《the ～》《集合的に》《複数扱い》マン島人(全体) ▸▸ ～ cát, m- c- 名 C〘動〙マンクス《マン島原産の無尾または短尾の猫》

Mánx·man /-mən/ 名 (複 **-men** /-mən/) C マン島人 **-wòman** 名

:man·y /méni/ 形 代
—形 (**more**; **most**)
たくさんの, 多数の(↔ few)(♦ 可算名詞の複数形について数の多さを表す. 不可算名詞につくのは much) ‖ We've just moved into this town so we haven't got so ～ friends here yet. 私たちはこの町に引っ越してきたばかりなのでここにはまだそれほど友達がいない / There are too ～ mistakes in his paper. 彼の論文にはあまりにも多くの間違いがある / How ～ prefectures are there in Japan? 日本には県はいくつありますか / *Many* people agreed with the plan. 多くの人々がその計画に同意した / *So ～ men, so ～ minds.* 《諺》十人十色;人それぞれ / Not ～ people were at the wedding ceremony. その結婚式にはあまり人が来ていなかった (♦ Few people were at the wedding ceremony. とほぼ同じ意味だが, より《口》. ⇨ FEW) / There were ～ more cars than usual on the road. その通りにはいつもよりずっとたくさんの車が走っていた(♦ many は「ずっと, はるかに」の意味で副詞的に使われているとみなしてよい. 可算名詞の前なので much ではなく many になる)

語法 ☆☆ (1)《口》では主に疑問文・否定文に用い, 肯定文では a lot of, lots of, plenty of, a large number of などがよく使われる. ただし, many が so, too, as, how などに続く場合や主語を修飾する場合には, 肯定文でもふつうに用いられる.
(2) His faults were many. (彼の欠点は数多くあった)のような補語としての用法はまれだが, 《堅》では使われる.
(3) 定冠詞や所有格とともにも用いる. 〈例〉their *many* children 彼らの数多くの子供たち
(4) Not many people came. が「来た人は少なかった」を表すのに対し, Many people did not come. は「来ない人が多かった」を表すので「来た人も多かった」可能性があることになる. ただし, many の後に否定語がくる形は避けるのがふつう.

—代《不定代名詞》《複数扱い》❶ **多数の人[もの]** ‖ The changes in the income tax laws will not affect ～ of us. 所得税法の変更で我々の多くが影響を受けることはないだろう(→ 語法) / How ～ will be needed? いくつ必要だろうか / There were ～ who didn't notice her presence. 彼女の存在に気づかない人がたくさんいた / "Did you find any shells?" "Not ～." 「貝は見つけましたか」「いいえ, あまりたくさんは」/ For ～, the bankruptcy must have been a bitter experience. 多くの人にとって, 倒産は苦い経験となったに違いない

語法 ☆☆ many of の後には the, these, those, 所有格などを伴った複数名詞, 人称代名詞の目的格, 代名詞としての these, those などが置かれる. 〈例〉*many of* the [these, those, my] photos その[この, あの, 私の]写真のうちの多く(♦ ×many of photos は不可. many photos は可能. → 形)

❷《the ～》多数者(the majority);大衆, 庶民(↔ the few)

***a gòod [OR grèat] mány** ① かなりたくさんの, 多くの ‖ *a great* ～ years 長年 ② 〈…の〉多数〈**of**〉‖ *a good* ～ *of* us 私たちの多く

as mány (先行する数と) 同数の ‖ I found ten mistakes in *as* ～ lines. 10行の中で10箇所の間違いを見つけた

as many again (as ...) ⇨ AGAIN(成句)

as mány as ... ① …だけ全部, …と同じ数 ‖ You can have *as* ～ *as* you need. 必要なだけあげます ② …もの(♦ 数詞とともに用い, 数の多さを強調する) ‖ *As* ～ *as* five million people watched the game. 500万人もの

M

人々がその試合を見た

as mány A as B Bと同じ数のA, BだけのA ‖ There are「*as* ～ [three times *as* ～] girls *as* boys in this class. このクラスには男子と同じだけの[男子の3倍の]数の女子がいる

màny a [OR ***an***] ... 《単数扱い》《堅》多くの(many)(♦「many+複数名詞」より強意的で, 多数の中での一つ一つを意識した形) ‖ *Many a* young man has made the same mistake. 多くの青年が同じ間違いをしてきた / I've been in Scotland ～ *a* time. スコットランドへは何度も行ったことがある

màny anóther 多くの(ほかの) ‖ Like ～ *another* young painter, he studied in France. 大勢の若い画家たちと同じように, 彼もフランスで学んだ

Màny's [OR ***Màny is***] ***the tíme*** [***day, hour,*** etc.] **....** 何度[何日, 何時間など]も…したことがある ‖ *Many's the time* I've found her crying. 彼女が泣いているのを何度も目にしたことがある

òne tòo mány ① 1つ多すぎて, 余分で ‖ There is *one too* ～. 1つだけ余分だ ② 《have の後で》《口》(少々)酒を飲みすぎる ‖ He had *one too* ～ bourbons. 彼はバーボンをいささか飲みすぎた

só màny ① それほど多くの ② 同数の, それだけ(の); 一群の ‖ The street lamps shed their light like *so* ～ stars. 街灯はそれだけの数の星のように光を投げかけていた ③ ある数(の), いくらか(some) ‖ We work for *so* ～ hours for so much money. 私たちはなにがしかの金をもらって何時間か働く

màny-síded 〈シ〉 形 ❶ (図形が)多辺の ❷ 多方面にわたる; 多趣味の, 多芸[多才]の **～·ness** 名

man·za·nil·la /mæ̀nzəníːlə/ 名 U マンサニージャ《スペイン産の辛口のシェリー酒》

Mao /maʊ/ 形《限定》(衣服が)中国風の ‖ a ～ jacket 人民服(♦ Mao Zedong より)

Mao·ism /máʊɪzm/ 名 U 毛沢東主義 **-ist** 名 形

Mao·ri /máʊəri/ 名 (複 ～ OR ～s /-z/) C マオリ人《ニュージーランドの先住民族》; U マオリ語 ── 形 マオリ人[語]の

mao-tai /màʊtáɪ/ 名 U マオタイ(茅台)酒《中国産の強い蒸留酒》

Mao Ze·dong /màʊ dzədʊ́ŋ/ 名 毛沢東(もうたくとう)(1893-1976)《中国革命の指導者. 中国共産党主席(1945-76). Mao Tse-tung /màʊ tsɪtʊ́ŋ/ ともいう》

⋮map /mæp/ 名 動

── 名 (複 ～s /-s/) C ❶ (1枚の) **地図** (→ atlas, chart, plan) (⇨ 類語P) ‖ We went on walking「with the help of [OR by following] a ～. 我々は地図を頼りに歩き続けた / Draw me a ～ of how to get to the station. 駅へ行く道順を描いてください / Consulting [OR Studying] a ～ beforehand spoils the adventure of traveling. 前もって地図で調べてしまうと旅のスリルがなくなる / read a ～ 地図(の情報)を読む / locate [find] a hotel **on** a ～ 地図上でホテルの場所を探し出す[見つける] / a ～ of Japan 日本地図 / a road [street, subway route] ～ 道路[市街, 地下鉄路線]地図

❷ (星の位置・月面などを示す) **天体図** ‖ a「～ of the heavens [OR celestial ～] 天体図, 星図

❸ (地図に似た)図解, …(地)図 ‖ a weather ～ on TV テレビの天気図 / a language ～ of Africa アフリカの言語地図 / a distribution ～ 分布図

❹ 〖数〗写像(mapping); 関数

❺ 〖生〗遺伝子配列(地)図 ❻ 《旧》《俗》顔, 面(つら)

off the máp 人里離れた, へんぴな(remote)

pút ... on the máp …を有名にする ‖ The casino will *put* our town back *on the* ～. カジノのおかげで私たちの町は再び脚光を浴びるだろう

wípe [OR ***blòw, bòmb***] ***... òff the máp*** …を(爆撃などで)消滅[全滅]させる, 地図から抹消する

COMMUNICATIVE EXPRESSIONS

1 **Do I hàve to dràw a máp?** 一から十まで説明しなきゃわからないの; もう十分説明したよ(♥いら立ちを表す.「説明するのに図までかかなければならないのか」の意)

── 動 (**～s** /-s/; **mapped** /-t/; **map·ping**)

── 他 ❶ …の地図[天体図]を作る, …を地図に載せる; (地図を作るために)…を測量[調査]する ‖ ～ the surface of the moon 月面図を作る

❷ …(の形状・分布など)を詳細に描写する

❸ …の細かい計画を立てる《*out*》‖ ～ *out* a route ルートを決める ❹ …を(一定の法則によって)〈…と〉対応させる, 関連づける〈**on, onto**〉; 〖数〗…を〈…に〉写像する, 関数対応させる〈**into, to, onto**〉 ❺ 〖生〗〔遺伝子〕を染色体に位置づける[置く]

── 自 〈…と〉関連づけられる, 連結する〈**to, onto**〉

地図	**map**	1枚の地図
	atlas	地図帳(map や chart の集まり)
	chart	海図・白地図

♦「日本地図の3ページを開けなさい」の日本地図は地図帳のことなので, Open your *atlas* of Japan to page 3. となる.

***ma·ple** /méɪpl/ 名 ❶ (= **～ trèe**) C カエデ, モミジ, メープル(♦ 特にカナダ・北米産のサトウカエデ(sugar maple)を指す. ほかに European maple, Japanese maple がある); U カエデ材《家具・床材用》 ❷ U (サトウ)カエデの香味料, メープルフレーバー

▸▸ **～ lèaf** 名 C カエデの葉《カナダの標章》; 《M- L-》カナダ国旗 **～ súgar** 名 U 《米・カナダ》カエデ糖 **～ sýrup** 名 U メープルシロップ, カエデ糖蜜(とうみつ)

map·ping /mǽpɪŋ/ 名 ❶ U 地図製作 ❷ C 〖数〗写像; 関数 ❸ U 🖳 マッピング《コンピューターネットワーク上でのユーザー別のドライブ名やプログラムの配置位置》

máp-rèading 名 U 地図の読み取り

máp-rèader 名 C 地図を読める人, 地図がわかる人

Ma·pu·to /məpúːtoʊ/ 名 マプート《モザンビークの首都》

ma·quette /mækét/ 名 C (彫刻・建築用の)ひな型

ma·qui·la·do·ra /mɑːkìːlədɔ́ːrə/ 名 C マキラドーラ《メキシコ国内にある外国籍工場》(♦ maquila ともいう)

ma·quil·lage /mækiɑ́ːʒ/ 名 U 化粧(♦ フランス語より)

Ma·quis /mækíː/ 名 (複 ～) 《the ～》マキ団《第2次大戦中ドイツ軍に抵抗したフランスの地下組織》; マキ団員

***mar** /mɑːr/ 動 (**marred** /-d/; **mar·ring**) 他 …(の表面)を傷つける, 傷物にする; 〔楽しみ・美しさなど〕をぶち壊す, 損なう, 台無しにする(♦ しばしば受身形で用いる) ‖ Our long-awaited trip was *marred* by the rain. 待望の旅行も雨で台無しになった ── 名 C 傷, 欠点

mar. 略 maritime; married

***Mar.** 略 March

mar·a·bou /mǽrəbùː/ 名 ❶ (= **～ stòrk**) C 〖鳥〗ハゲコウ《アフリカ・インド産》 ❷ U ハゲコウの羽毛《女性用の帽子などの飾りにする》; C その羽毛をつけた帽子[衣服]

mar·a·bout /mǽrəbùː/ 名 ❶ C (北アフリカの)イスラム教の隠者[修道士]; その霊廟(れいびょう) ❷ =marabou

ma·ra·ca /mərɑ́ːkə | -rǽkə/ 名 C 《通例 ～s》マラカス《ヒョウタンの実にビーズなどを入れたリズム楽器》

mar·a·schi·no /mæ̀rəskíːnoʊ/ 〈シ〉 名 (複 **～s** /-z/) ❶ U マラスキノ酒《リキュールの一種》 ❷ (= **～ chérry**) C マラスキノ酒で味つけをしたサクランボ

***mar·a·thon** /mǽrəθɑ̀(ː)n | -θən/ 《アクセント注意》 名 C ❶ マラソン(競走); 長距離[長時間, 耐久]レース[競技] ‖ run [OR do] a [OR the] ～ マラソン(競走)をする[に参加する] / finish [OR come in] third in the ～ マラソンで3着に入る / the Boston ～ ボストンマラソン(大会) / a dance ～ ダンスマラソン(大会) ❷ 長時間の作業[行事], 大仕事 ‖ The election broadcast was a twelve-hour ～. 選挙報道は12時間に及ぶ大変な作業だった

―形《限定》マラソン(競技)の；長距離[時間]の，耐久力を要する ‖ a ～ runner [course] マラソンランナー[コース] / a ～ (session of) discussion 長時間の討論
語源 ギリシャの古戦場の名 Marathon から．紀元前490年にペルシャ軍を破ったアテネの兵士が，勝利を伝えにこの地からアテネまで約42キロを走ったという故事に由来する．

ma·raud /mərɔ́:d/ 動 自 他 (…を)略奪する，(略奪のため)襲撃する ‖ ～*ing* armies 略奪軍 **～·er** 名

*__mar·ble__ /mɑ́:rbl/ 名 ❶ U 大理石；《文》(硬さ・冷たさ・滑らかさ・白さなどで)大理石を思わせるもの，大理石模様 ‖ as white as ～ 大理石のように白い / He has a heart of ～. 彼は(心の)冷たい人だ ❷ C 《通例 ～s》大理石の彫刻 ‖ a collection of ancient Greek ～*s* 古代ギリシャの大理石彫刻のコレクション ❸ 《形容詞的に》大理石の，大理石のように硬い[冷たい，滑らかな，白い] ‖ a ～ statue [column] 大理石の像[柱] / her ～ forehead 彼女の白いつややかな額 ❹ C ビー玉，色ガラス玉；《～s》《単数扱い》ビー玉遊び ‖ play (at) ～*s* ビー玉遊びをする ❺ C 《～s》《口》知恵，正気，理性，常識 ‖ lose one's ～*s* 正気を失う，変になる / have all one's ～*s* 気は確かである
pick ùp one's márbles (***and gò hóme***) 《米》(会議などで)怒って席を立つ，引き上げる
―動 他 〔本の小口など〕に大理石模様をつける
-bly 形 大理石のような
▸▸ **～ càke** 名 C U マーブルケーキ

mar·bled /mɑ́:rbld/ 形 大理石製の；(紙・本の小口などが)大理石模様の；(肉が)霜降りの

mar·ble·ized /mɑ́:rblàɪzd/ 形 =marbled

mar·bling /mɑ́:rblɪŋ/ 名 U ❶ 大理石模様 ❷ (肉の)霜降り

Már·burg disèase /mɑ́:rbə:rg-/ 名 U 《医》マールブルグ病《西アフリカ産のミドリザルが媒介するウイルス性伝染病》(♦最初に症例が確認されたドイツの都市名より)

marc /mɑ:rk/ 名 U (ブドウなどの)搾りかす；それから造ったブランデー

mar·ca·site /mɑ́:rkəsàɪt/ 名 U 《鉱》白鉄鉱；C その装身具

mar·ca·to /mɑ:rkɑ́:toʊ/ 副 形 《イタリア》《楽》マルカートに[の]，強調して[た](♦イタリア語より)

mar·cel /mɑ:rsél/ 名 (=～ **wàve**) C マルセル式ウエーブ《パーマの一種》

‡**march¹** /mɑ:rtʃ/
―動 (～·es /-ɪz/；～ed /-t/；～·ing)
―自 ❶ **a** (軍隊などが)**行進する**，行軍する；(軍事行動で)進軍する，進撃する(♦通例方向を表す 副句 を伴う) ‖ ～ along [OR through] the streets 通りを行進する / ～ on the fortress とりでに向かって進撃する **b** 《+副句》(ある距離を)行進[行軍]する，進む(♦ march の後に距離を表す語句が前置詞なしで用いられる) ‖ The soldiers ～*ed* 20 miles a day. 兵士たちは1日20マイル行進した ❷ 《+副句》(意を決して[怒って])足早に[さっさと，断固とした歩調で]歩く(♦ 副句 は方向を表す) ‖ He slammed the door, and ～*ed* off [OR away]. 彼はドアをバタンと閉め足早に去った / get [OR be given] ～*ing* orders 《英口》(場所・仕事などから)離れるよう命じられる
❸ デモ行進する〈**on** …に向かって；**for** …を求めて；**against** …に反対して〉 ‖ The demonstrators are ～*ing on* the capital 「*for* disarmament [*against* nuclear weapons]. デモ参加者は軍縮を求めて[核兵器に反対して]首都を目指しデモ行進中だ ❹ (物事が)着実に進行する，進展する；(時間などが)容赦なく進む《*on*》
―他 《+目+副句》…を(…へ)行進[進軍]させる；〔人〕を(…へ)(強制的に)連れて行く，追い立てる ‖ The police ～*ed* onlookers 「out of the building [off to the streets]. 警察は見物人を建物から[通りへ]退去させた
―名 (複 ～·es /-ɪz/) C ❶ **行進**，進軍；行程，行進距離 ‖ do a (long [short]) ～ (長い[短い])行進をする / It's a week's ～ away (north of here). そこまでは(ここから北へ)歩行で1週間の行程だ
❷ U 行進[行軍]の歩調，歩速 ‖ quick [slow] ～ 早い[ゆっくりした]歩調
❸ デモ(行進)，抗議[示威]運動(→ demonstration) ‖ 「go on [OR join, take part in] a ～ デモ(行進)に参加する / a peace [protest] ～ 平和行進[抗議運動]
❹ 《通例 the ～》〈…の〉進展，前進，進歩〈**of**〉 ‖ the dramatic ～ *of* technology 技術の目覚ましい進歩 / the ～ *of* time [history] 時[歴史]の流れ
❺ 《楽》**マーチ**，行進曲 ‖ a wedding [military, funeral] ～ 結婚[軍隊，葬送]行進曲
on the márch ① 行進[行軍]中で ② 進展中で
stèal a márch on ... (有利になるために)〔人〕を(こっそり)出し抜く，〔人〕の機先を制する ‖ She *stole a* ～ *on* her rival. 彼女はライバルを出し抜いた
▸▸ **～ing bànd** 名 C マーチングバンド **～ing òrder** (↓) **Màrch of Dímes** 名 《the ～》マーチ=オブ=ダイム(ズ)《ポリオ撲滅のための非営利団体》

march² /mɑ:rtʃ/ 名 C 《通例 ～es》国境，境界(♦ boundary, border の方が一般的)；(特に問題となっている)国境地帯，辺境 ―動 自 (国・領地が)境を接する

*__March__ /mɑ:rtʃ/ 名 C U 《通例無冠詞単数形で》3月《略 Mar.》(⇨ JANUARY 用例) ‖ Friday, 「～ 6th [《英》(the) 6th (of) ～], 1987 1987年3月6日金曜日 / ～ winds 3月の(冷たい)風 / *March comes in like a lion and goes out like a lamb.* 《諺》3月はライオンのようにやって来て小羊のように去っていく
語源 「軍神 Mars の(月)」の意のラテン語 *Martium* (*mensis*) から．
▸▸ **～ háre** (↓)

márch·er /-ər/ 名 C ❶ 行進者，デモ参加者 ‖ a peace ～ 平和行進者 ❷ (主に昔の)国境地帯の住民

Màrch háre 名 C 《口》3月ウサギ《繁殖期の(興奮した)野ウサギ》
(***as***) ***mad as a March hare*** ⇨ HARE(成句)

márching òrder 名 C ❶ 《軍》行進用隊形；行進用装備；《～s》進軍命令，進発令 ❷ 《～s》《口》解雇通知 (marching [《米》walking] papers)，退却[退場]命令
「***gèt one's*** [***gìve a pèrson his/her***] ***márching òrders*** 首になる[〔人〕を首にする]

mar·chion·ess /mɑ́:rʃənəs | mɑ̀:ʃənés/ 名 C (英国の)侯爵夫人[未亡人]；女侯爵(→ marquise ❶)

márch·pàst 名 C 《軍》分列行進

Mar·co·ni /mɑ:rkóʊni/ 名 **Guglielmo ～** マルコーニ(1874–1937)《イタリアの電気技師．無線電信機を発明》

Mar·co Po·lo /mɑ̀:rkoʊ póʊloʊ/ 名 ⇨ POLO

Mar·di Gras /mɑ́:rdi grɑ̀: | ⌐―⌐―/ 名 ざんげ火曜日(のお祭り騒ぎ) (Shrove Tuesday)《四旬節(Lent)の始まる前日．ニューオーリンズのパレードは特に有名》；謝肉祭の最高潮に達する日(♦フランス語より)

*__mare¹__ /meər/ 名 C (成長した[4歳を超えた])雌馬，馬類[ロバなど]の雌(→ stallion)；⊗《英口》《蔑》女性(⇨ HORSE 類語P)
▸▸ **～'s nèst** 名 C 《a ～》① 見掛けだけの(つまらない)大発見 ② 混乱状態，乱雑な場所

ma·re² /mɑ́:reɪ/ 名 (複 **-ri·a** /-riə/) 《通例 M-》C 《天》(月や火星の)海(♦ラテン語より) ▸▸ **～ clau·sum** /mɑ̀:reɪ kláʊsʊm, -səm, klɔ́:-/ 名 (複 **ma·ri·a clau·sa** /mɑ̀:rɪə kláʊsə/) 《ラテン》(=closed sea) C 領海 **～ li·be·rum** /mɑ̀:reɪ lí:bərʊm, -rəm/ 名 (複 **ma·ri·a li·be·ra** /mɑ̀:rɪə lí:bərə/) 《ラテン》(=free sea) C 公海

máre's·tàil 名 (複 **～s**, **mares'-tails** /-z/) C ❶ 《植》スギナモ《水草の一種》 ❷ 《～s》馬尾雲《巻雲の一種》

Már·fan's sỳndrome /mɑ́:rfænz-/ 名 U 《医》マルファン症候群《四肢や指の異常伸長を特徴とする遺伝性疾患》(♦フランスの小児科医 Antonin Bernard Marfan (1858–1942)の名より)

*__mar·ga·rine__ /mɑ́:rdʒərən | mɑ̀:dʒərí:n/ 《発音注意》

M

名 U マーガリン

mar·ga·ri·ta /mɑ̀ːrɡəríːṭə/ 名 U C マルガリータ《テキーラとレモン果汁のカクテル》

mar·gay /mɑ́ːrɡeɪ/ 名 C 〘動〙マーゲイ《中南米産の小型のヤマネコ》

marge /mɑːrdʒ/ 名 ❶ C《文》縁, へり(margin) ❷《英口》=margarine

‡mar·gin /mɑ́ːrdʒɪn/ 中心義 境からの幅

—名 (複 **~s** /-z/) C ❶ (ページなどの)**余白**, 欄外；(ページの左[右]側に余白を作る)縦線[縦罫(けい)] ‖ I've written my comments for you **in** the ~. 参考までに欄外[余白]に私の所見を書いておきました / leave a ~ 余白を残す / draw a ~ (余白をとって)縦罫を引く

❷ (勝敗を決する)差, 開き ‖ **by** a wide [narrow] ~ 大差[小差]で / win a seat **by** a ~ of five votes 5票差で議席を勝ち取る / **by** a 40-to-25 ~ 40対25の差で

❸ **利ざや**, 利益, マージン(profit margin)；〘金融〙(信用取引上の)証拠金, 保証金；〘経〙限界収益点 ‖ The firm is operating on tight ~*s*. 会社はもうけの薄い商売をしている ❹ 縁, へり；《しばしば ~s》(中心から)遠く離れた所, 外れ；(量・額・程度などの)限界, 極限 ‖ He lives **on** the ~*s* of society [poverty]. 彼は社会の片隅で[貧困でぎりぎりの状態で]生活している / at the ~ of the forests 森の外れに ❺《通例単数形で》余裕, 余地, ゆとり, 幅 ‖ Leave some ~ of [OR for] error. 多少の誤差の許容範囲を残しておきなさい / a wide ~ of freedom in the choice of a career 職業を自由に選べる大きな余地

—動 (**~s** /-z/；**~ed** /-d/；**~·ing**) 他 ❶ …に〈…で〉縁[へり]をつける〈**with**〉‖ The cloth was *~ed with* green. 布は緑色で縁取られていた

❷ 〘金融〙(ブローカーに)…の証拠金[保証金]を払う

▸▸ **~ càll** 名 C 〘株〙追加証拠金, マージンコール **~ relèase** 名 C (タイプライターの)マージンリリース

***mar·gin·al** /mɑ́ːrdʒɪnəl/ 形 ❶ あまり重要でない, (中心から外れた)周辺的な；ごく小さい, わずかな ‖ The money is a ~ concern. 金のことなど大して問題ではない / He is not a major politician, just a ~ one. 彼は一流というほどの政治家ではない, ほんの小物だ / a ~ decision [difference] 微妙な判断[相違] / a ~ group 非主流派 / a ~ improvement わずかな改善 ❷ 最低限(度)の, 限界(ぎりぎり)の, 不十分な；〘経〙(利潤を生じるかどうか)限界の, 限界収益(点)の；〘農〙耕作[地力]が限界の ‖ ~ standards of living 最低限度の生活水準 / ~ profit(s) [farmland] 限界利潤[耕地] ❸《限定》余白に書かれた, 欄外の ‖ ~ notes 欄外のメモ / make ~ corrections to one's writing 余白を使って作文を訂正する ❹ 縁[へり]の(近くの), (隣り合わせに)接した；境界地域に住む；辺境の；〘心〙意識と無意識の境界(上)の, 識閾(しきいき)の ‖ the ~ area of a city 都市の外れの地域 / ~ aquatics 水辺の水生動物[植物] ❺《英》(選挙区・議席などが)わずかの得票差で勝敗が決まる

—名 C ❶《主に英》わずかの得票差で得た議席 ❷ 水辺の植物 **màr·gin·ál·i·ty** 名

▸▸ **~ cóst** 名 C 〘経〙限界原価 **~ révenue** 名 U 〘経〙限界収入《1製品を売った場合の総収入の増加額》**~ séat [constítuency]** 名 C《英》僅差(きんさ)で当落が左右される選挙区(↔ safe seat [constituency]) **~ (tàx) ráte** 名 C 〘経〙限界税率《所得の増加分に対して課せられる税率》

mar·gi·na·li·a /mɑ̀ːrdʒɪnéɪliə/ 名 複 傍注, 欄外の書き込み

mar·gin·al·ize /mɑ́ːrdʒɪnəlàɪz/ 動 他 …を主流から外す **màr·gin·al·i·zá·tion** 名

***mar·gin·al·ly** /mɑ́ːrdʒənəli/ 副 欄外に；縁に；ぎりぎりに, 辛うじて；いくらか

mar·go·sa /mɑ̀ːrɡóʊsə/ 名 C U 〘植〙インドセンダン, ニーム(neem)《東インド原産の半常緑高木. 殺虫剤などに利用される》

mar·gue·rite /mɑ̀ːrɡəríːt/ 名 C 〘植〙❶ ヒナギク(daisy) ❷ マーガレット

ma·ri·a /mɑ́ːriə/ 名 mare²の複数

ma·ri·a·chi /mɑ̀ːriɑ́ːtʃi | mæ̀-/ 名 C マリアッチ《メキシコの街頭の楽団(員), またその奏する民族音楽》

Mar·i·an /méəriən/ 形 ❶ 聖母マリアの ❷ (イングランド女王)メアリー1世の；メアリー＝スチュアート(Mary Stuart)の —名 C 聖母マリアの崇拝者

Ma·ri·àn·a Íslands /mæ̀riǽnə- | -ɑ́ːnə-/ 名《the ~》マリアナ諸島《フィリピンの東方, 西太平洋にあるグアム島・サイパン島などを含む群島》

Mariàna Trénch 名《the ~》マリアナ海溝《マリアナ諸島南東部の海溝. 最深部約11,000m》

Ma·ri·a The·re·sa /mərìːə təréɪsə/ 名 マリア＝テレジア(1717–80)《オーストリア大公, ハンガリー・ボヘミア女王(1740–80). Marie Antoinetteの母》

Ma·rie An·toi·nette /mərìː æ̀ntwənét | mæ̀ri-/ 名 マリー＝アントワネット(1755–93)《フランス王ルイ16世の王妃. フランス革命の際に処刑された》

mar·i·gold /mǽrəɡòʊld | mǽri-/ 名 C 〘植〙マリーゴールド《センジュギク・キンセンカの類》

***ma·ri·jua·na, -hua-** /mæ̀rɪhwɑ́ːnə/《発音注意》名 U マリファナ《麻薬の一種》；インド大麻(hemp) ‖ grow [smoke] ~ マリファナを栽培する[吸う]

ma·rim·ba /mərímbə/ 名 C マリンバ《木琴の一種》

ma·ri·na /məríːnə/ 名 C マリーナ《ヨットなどを係船する小港》

mar·i·nade /mæ̀rɪnéɪd/ 名 U C マリネ《油・ワイン・酢・香料などを混ぜたつけ汁. また, この汁につけた魚や肉》

—動 =marinate

ma·ri·na·ra /mɑ̀ːrɪnɑ́ːrə, mæ̀rɪnǽrə/ 名 U 〘料理〙マリナラ(ソース)《トマトとニンニクをベースにしたイタリアの辛いソース》—形 マリナラの[をかけた]

mar·i·nate /mǽrɪnèɪt/ 動 他 〔肉・魚・野菜など〕をマリネ(marinade)につける **màr·i·ná·tion** 名

‡ma·rine /məríːn/《アクセント注意》

—形《比較なし》《限定》❶ **海の**, 海洋の；海にすむ, 海産の ‖ ~ animals [plants] 海洋動物[植物] / ~ pollution 海洋汚染 / ~ products 海産物

❷ 船舶(用)の, 航海(上)の；海事の, 海運の ‖ a ~ chart 海図 / ~ transportation 海運

❸ (兵士が)海上[艦上]勤務の, 海兵隊の

—名 (複 **~s** /-z/) C ❶《しばしば M-》**海兵隊(員)** ‖ the US [Royal] *Marines* 米国[英国]海兵隊 / join the ~*s* 海兵隊に入隊する

❷ U《集合的に》(一国の)全船舶, 船隊[艦隊](員)(→ merchant marine) ❸ 海景画[写真]

Tèll it* [OR *thàt*] *to the Marínes!*；*Gò to the Marínes! 《口》そんなことあるものか, 信じられない

▸▸ **~ biólogy** (↓) **Maríne Còrps** 名《the ~》米国海兵隊(the Marines) **~ lífe** 名 C 海洋生物

marìne biólogy 名 U 海洋生物学 **-gist** 名

mar·i·ner /mǽrɪənər | mǽrɪ-/ 名 ❶ C 船員, 水夫(⇨ SAILOR 類語) ‖ a ~'s compass 羅針盤 ❷《M-》マリナー《米国で1962–77に打ち上げられた火星・金星・水星探査用の一連の宇宙船》

mar·i·o·nette /mæ̀riənét/ 名 C マリオネット, 操り人形

***mar·i·tal** /mǽrəṭəl | mǽrɪ-/ 形《限定》結婚の, 婚姻の；夫婦(間)の；《堅》夫の ‖ live in ~ bliss《戯》最高に幸せな結婚生活を送る / ~ fidelity [infidelity] 夫婦間の貞節[不貞] / ~ vows 結婚の誓い

~·ly 副 婚姻上；夫婦として

▸▸ **~ státus** 名 U 婚姻状況《独身, 既婚, 別居, 離婚などの状況を尋ねる役所用語》

***mar·i·time** /mǽrɪtàɪm/ 形《比較なし》《限定》❶ 海の, 海洋の；海事の, 航海の；海にすむ, 海上(勤務)の ‖ a ~ museum 海洋博物館 / ~ law 海事法 / ~ insurance 海上保険 / ~ mammals 海生哺乳(ほにゅう)動物 ❷ 沿岸

[沿海]の, 沿岸に住む; 海運の, 船舶[商船隊, 艦隊]を持つ ‖ the ～ areas of Malaysia マレーシアの沿岸地域 / a ～ power [nation] 海軍力[国] ❸〘気象〙海洋性の ‖ ～ climate 海洋性気候

▶▶**Màritime Próvinces** 名 (the ～) (カナダの)沿海州(the Maritimes) (大西洋に臨むニューブランズウィック・ノバスコシア・プリンスエドワード島の総称)

mar·jo·ram /mɑ́ːrdʒərəm/ 名 U 〘植〙マジョラム, ハナハッカ (葉は料理用)

***mark[1] /mɑːrk/ 動 名

中心義 印(をつける)

> 動 他 印をつける❶ 印[記号]で表す❷ しるし[兆候]である❹ 採点する❼
> 名 跡❶ 印❷ 記号❷ 特色❸ 点(数)❹

—動 (～s /-s/; ～ed /-t/; ～·ing)

—他 ❶ a (+目) …に**印をつける**; …に〈名前・値札・記号などを〉つける〈**with**〉; 〔印など〕を〈…に〉つける〈**on**〉 ‖ *Mark* the one you want in the list. リストで欲しいものに印をつけなさい / ～ one's clothes *with* one's name＝～ one's name *on* one's clothes 服に名前を入れる

b (+目+補) …に…(である)と印をつける ‖ The teacher ～*ed* her absent [present]. 先生は彼女に欠席[出席]の印をつけた

❷〔位置・場所〕を**印[記号]で表す**, 示す, …にマークをつける; (印・事物などが)…の位置[場所]を示す ‖ She ～*ed* a route in red on the map. 彼女は地図に赤で道順を印した / ～ an accent アクセントを記号で示す / ～ one's place 本にしおり(など)を挟む

❸ …に〈…の〉汚れ[傷(跡)]をつける〈**with**〉 ‖ The dog's muddy paws ～*ed* the floor. 犬の泥だらけの足跡が床についた / his face ～*ed with* suffering 苦しみの跡が刻まれた彼の顔

❹〔変化など〕の**しるし[兆候]である**, …を示す ‖ The maestro's death ～*ed* the **end** of an era. その巨匠の死は一時代の終わりを告げた

❺ a (+目) …の特徴である, …を特徴づける (♦ しばしば受身形で用いる) ‖ Her style is ～*ed* by terseness. 彼女の文体は簡潔さが特徴だ b (+目+as 名) 〔人など〕を…と特徴づける, みなす, ラベルをはる(label) ‖ ～ him *as* an enemy of society 彼に社会の敵のラベルをはる

❻〔行事など〕を〈…で〉祝う, 記念する〈**with**〉; (年・月などが)〔…の記念日〕に当たる ‖ This year ～*s* the 20th **anniversary** of the founding of this company. 今年は当社の創立20周年に当たる

❼〘主に英〙 a (+目) 〔答案など〕を**採点する**, …に点(数)をつける; 〔試合の得点〕を記録する, つける ‖ ～ exam papers 答案を採点する b (+目+補〈形〉) 〔答案〕を…と採点[判定]する ‖ Why did you ～ this answer wrong? なぜこの答えを間違いとしたのですか ❽ …に注目[注意]する ‖ *Mark* what I say. 私の言うことをよく聞きなさい ❾〘サッカーなど〙〔相手選手〕をマークする

—自 ❶ (表面に)傷跡[汚れなど]がつく ❷ 採点する; 得点を記録する

*__*màrk dówn ...*__ / __*màrk ... dówn*__ 〈他〉 ① …を書き留める, 記録する ② 〔人〕を〈…と〉判断する, みなす〈**as**〉; 〔物〕を〈…に〉適切だと判断する〈**for**〉 ③ …を値下げする(reduce) (↔ *mark up*) ‖ *marked-down* items 値下げ(商)品 ④〘主に英〙〔人〕に〈誤りなどのために〉低い点をつける, …の得点を〈…で〉マイナスする〈**for**〉

__*màrk ín ...*__ / __*màrk ... ín*__ 〈他〉 (地図などに)…を書き込む; (記入欄などに)〔印〕をつける

__*màrk óff ...*__ / __*màrk ... óff*__ 〈他〉 ① (線・境界などで)…を仕切る, 区切る; …を〈…と〉区別する(distinguish)〈**from**〉 ② 〔日付・項目など〕に済みの印[×印など]をつける[つけて消す]

__*màrk óut ...*__ / __*màrk ... óut*__ 〈他〉 ① (線などで)…を区画する ② …を計画する ③〘通例受身形で〙〘英〙〈…のために〉選ばれる, 〈…になるように〉予定される〈**for**〉 ‖ be ～*ed out for* promotion 昇進が約束されている ④ (特質などが)…を区別する, 目立たせる(distinguish)〈**from** …から; **as** …として〉 ⑤ ＝*mark off* ②

*__*màrk úp ...*__ / __*màrk ... úp*__ 〈他〉 ① …の全面に印[マーク, 汚れ]をつける ‖ Who ～*ed* this book *up*? この本に印をいっぱいつけたのはだれだ ② …を値上げする (↔ *mark down*); (諸経費を計算して)〔値段〕を決定する ‖ ～ *up* a price by 20% 20%値上げする ③ …に甘い点をつける, 下駄(げた)を履かせる ④〔原稿など〕に(印刷所に渡す前に)手を入れる, 組み指定をする; 〔楽曲〕に手を加える (♦ しばしば受身形で用いる) ⑤〔数など〕を記録する, 数える

__*màrk yóu*__ 〘主に英〙いいかね(mind you) (♥ 強調や相手の注意を促すときに)

—名 (複 **～s** /-s/) C ❶ (表面についた)**跡**; 汚れ, しみ; (体の)あざ, ほくろ, 斑点(はんてん); 傷(跡) ‖ The cup **left** ～*s* on the desk. 机の上にカップの跡がついた / The dog is white with black ～*s*. その犬は白に黒のぶちだ / little ～*s* on his face 彼の顔の小さなしみ / There are scratch ～*s* on the door. ドアに引っかき傷がある / skid ～*s* 車のタイヤのスリップ跡 / a bite ～ かみ傷(の跡)

❷ (線・点などの)**印**, マーク; (筆記・印刷上の)**記号**, 符号; (製造元・所有者・品質などを示す)記号, 札, ラベル, 刻印, 商標; 標識 ‖ Kurt made a ～ on the map to show the route. カートは地図に印をつけてルートを示してくれた / punctuation [quotation] ～*s* 句読点[引用符] / 「a question [an exclamation] ～ 疑問[感嘆]符 / the halfway ～ 中間地点 / a price ～ 値札 / a laundry ～ クリーニング店のマーク / a ～ of rank 階級章

❸ (特徴を示す)印, **特色**, 特徴, 指標; (感情などの)しるし, 現れ ‖ It is the ～ of a civilized society to integrate its handicapped members. 障害者を差別しないのが文明社会の指標である / a man with no distinguishing ～*s* これといった(身体的)特徴のない男 / as a ～ of respect for the dead 死者に対する敬意のしるしとして

❹〘主に英〙(成績・試験・行状などの)**点(数)**, 評点; 評価 (〘米〙 grade) ‖ **get** [give] a good [bad] ～ よい[悪い]点をとる[つける] / **get** 80 ～*s* out of 100 for geography 地理で100点満点の80点をとる / the pass ～ 合格点 / **get** high [low] ～*s* for honesty 誠実さで評判が高い[悪い] / a black ～ 罰点

❺ (通例 the ～)水準, 標準; (到達)段階, レベル ‖ above [below] the ～ 標準以上[以下]で / Our sales last week reached [OR hit] the ten million yen ～. 我が社の先週の売り上げは1千万円台に達した

❻ ×印, 十字記号 (字の書けない人が署名代わりに書く)

❼ 影響, 感化 ❽ 的(まと); 目標, 目的 ‖ fall short of the ～ (矢・弾丸などが)的に届かない; (活動などが)目標に達しない ❾ (攻撃・批判の)的(となる人); 〘俗〙お人よし, かも ‖ 「a soft [OR an easy] ～ だまされやすい人, いいかも ❿ (しばしば M-) (数字を伴って) (車・機械・武器などの)…型[式], マーク… ⓫ (M-) U 〘英〙ガスオーブンの温度目盛 ⓬〘スポーツ〙スタートライン, 出発点; (～s) (セパレートコースなどの)スタートライン; 〘ボウリング〙マーク (スペアかストライク); 〘ローンボウリング〙的球, ジャック(jack); 〘ボクシング〙みぞおち; 〘ラグビー〙マーク (自陣22メートルライン内でのフェアキャッチの際「マーク」と叫んでかかとで地面につける印. 間投詞としても用いる) ‖ On your ～(*s*), get set, go! 位置について, 用意, ドン ⓭〘海〙測標, 測深マーク ⓮ 💻 標識, マーク

__*first*__ [OR __*quìckest*__] __*òff the márk*__ だれよりも早く

__*gèt òff the márk*__ 〘主に英〙 ① (競技で)初めて得点する[勝つ] ② (物事を)始める, 着手する

__*hìt*__ [__*mìss*__] __*the márk*__ 的を射る[外す], 成功[失敗]する

__*lèave*__ [OR __*màke*__] __*one's*__ [OR __*a*__] __*márk*__ ① (事・物が) 〈…に〉(悪い)影響を与える, 〈…を〉感化する〈**on**〉 ② (人が)功をなす, 名声を得る〈**on, in** …で / **as** …として〉 ‖ He

M

made his ~ *in* baseball. 彼は野球で名を残した

「**nèar** (**to**) [OR **clòse to**] **the márk** ほとんど正確で，核心に近く

òff the márk 的を外れて；見当違いで，間違って ‖ Your comments are way *off the* ~. 君のコメントは全く見当外れだ

òn the márk 正確で，適切で，的を射た

overshòot the márk 行きすぎる，度を超す

overstèp the márk 不適切な振る舞いをする

quìck [***slòw***] ***òff the márk*** 《口》出足が早い[遅い]；チャンスをつかむのが早い[遅い]，理解[反応]が早い[遅い]

tòe the márk =*toe* [OR *tow*] *the* LINE¹

ùp to the márk ① 標準[水準]に達して，文句なしで ‖ His work is scarcely *up to the* ~. 彼の仕事はとても水準には達していない ②《否定文で》体の調子[気分]が悪くて ‖ I haven't been feeling *up to the* ~ lately. 最近どうも調子がよくない

wìde of the márk =*off the mark*(↑)

mark² /mɑːrk/ 名 C ❶ マルク《euro 導入以前のドイツの通貨単位》(→ Deutschemark) ❷ (昔のヨーロッパの)金銀の重量単位《8オンスに相当》

Mark /mɑːrk/ 名 《聖》マルコ《福音史家．マルコ伝の著者とされる》；マルコによる福音書，マルコ伝《新約聖書中の一書》

márk·dòwn 名 C 値下げ(幅)，値下がり(幅)

***marked** /mɑːrkt/ 形 (**more** ~；**most** ~) (♦❶ 以外比較なし)《限定》 ❶ 目立つ，顕著な，明白な(↔ imperceptible) ‖ There's been a ~ improvement in your work. 君の仕事には著しい進歩が見られる / in ~ contrast to ... …とは好対照に / a ~ difference 明白な相違 ❷ 印[記号]をつけた；(いかさまなどの目的で)(トランプのカードが)印のつけられた；《複合語で》(…の)印[マーク]のある ‖ a computer-~ multiple-choice exam マークシート式の多肢選択試験 ❸ 《言》有標の(⇨ UNMARKED)

márk·ed·ly /-ɪd-/ 副 著しく，目立って **márk·ed·ness** /-ɪd-/ 名 U 《言》有標性

▶▶ ~ **mán** [**wóman**] 名 C マークされている人物，注意人物

***mark·er** /mάːrkər/ 名 C ❶ 目印，標識；(本の)しおり(bookmark)；墓標，記念標；里程標 ❷ (= ~ **pèn**)マーカー(ペン) ❸ (答案の)採点者；(ゲームの)得点記録[スコア]係[装置]；(トランプの)数取り ❹ 標準[基準]となるもの ❺ 《スポーツ》特定の敵をマークする選手 ❻ 《言》標識(⇨ UNMARKED) ❼ 《米俗》約束手形 ❽ 《遺伝》マーカー

⁝**mar·ket** /mάːrkət | -kɪt/ 名 動

—名 (複 **~s** /-s/) C ❶ (食料品・家畜類などの)**市**(いち)，市場(いちば)；市の開かれる場所[広場](marketplace)；《集合的に》(売買のための)人の集まり，市に集まった人々 ‖ There's a ~ here on Saturday mornings. 毎週土曜の朝ここに市が立つ / She has a clothes stall in the ~. 彼女は市場に衣類の店を出している / Did you get these flowers at the ~? この花は市場で買ったの？/ a flower [vegetable] ~ 花[青物]市 / a flea ~ のみの市，古物市 / a street ~ 露店(街) / farmers going to (the) ~ in town 町の市場へ(買い物や農作物を売りに)行く農民(♦「売買に行く」の意味ではしばしば無冠詞)

❷ 《米》(日用品などを売る)店，食料品店；(小売店が集まっている)マーケット，常設市場 ‖ go to a ~ for cheese and milk 店へチーズと牛乳を買いに行く

❸ **市場**(しじょう)；販路，(商品の)売れ口；(地域・期間の)総売上高；《通例単数形で》〈商品の〉需要，需要地域[者層]〈**for**〉‖ China is a promising ~. 中国は将来有望な市場だ / the foreign [domestic] ~ 外国[国内]市場 / a buyer's [seller's] ~ 買い手[売り手]市場 / the youth ~ 若者市場 / There isn't much of a ~ *for* large cars recently. 最近は大型車の需要があまりない / an expanding ~ *for* health foods 伸びている健康食品の需要 / seek [find] a new ~ 新しい販路を探す[見つける] / corner the ~ in ... …の分野で市場を独占する

❹ 《通例 the ~》(特定の商品の)売買，取り引き，取引高[市場]；株式市場 ‖ the stock [labor, coffee] ~ 株式[労働，コーヒー]市場

❺ 市場原理[システム]；業界 ‖ ~ forces (政府不介入の)自由市場原理[方式] ❻ 市況，市価，相場；(外国)為替相場[レート] ‖ The property ~ is rising [flat, falling]. 不動産市況は上昇している[横ばいだ，下落している] /「an active [a lively, a dull] ~ in automobiles 活発な[動きのある，動きの鈍い]自動車市況 ❼ 売買の機会，商機 ‖ lose one's ~ 商機を逃す

in the márket for ... …を買い求めようとして

on the márket 売りに出されて(♦この意味では ˣin the market とはいわない) ‖ The building came *on the* ~. そのビルが売りに出された / put the secondhand houses *on the* ~ 中古住宅を売りに出す

on the òpen márket 公然と売られて，自由に買える

plày the márket (株の)投機をやる，相場に手を出す

price ... out of the market ⇨ PRICE(成句)

—動 (**~s** /-s/；**~·ed** /-ɪd/；**~·ing**)

—他 (促進計画を立てて)〔商品〕を市場に売り出す，〈…として〉販売(促進)する〈**as**〉‖ The company ~*s* its new **products** [cosmetics] internationally. その会社は新しい製品[化粧品]を国際的に売り出す

—自 市場で売買する；(食料品などの)買い物をする ‖ go ~*ing* (市場へ)買い物に行く

▶▶ ~ **bàsket** 名 《通例 the ~》《経》マーケットバスケット(方式)《特定の消費財やサービスに対する支出額の変動により生活費の動向を査定する方式》 ~ **dày** 名 C 《主に英》市日(いちび)，定期市の立つ日 ~ **ecónomy** 名 C 市場経済 ~ **fórces** 名 複 自由市場方式 ~ **gàrden** (↓) ~ **léader** 名 C マーケットリーダー《特定製品の分野で市場占有率が最大の企業[製品]》 ~ **màker** 名 C 《株》マーケットメーカー《特定の銘柄について，その売買値を設定することによりその売買を自己勘定で行う業者》 ~ **prìce** /英 ∸∸∸/ 名 C U 市場価格，時価，相場 ~ **resèarch** (↓) ~ **shàre** (↓) ~ **tòwn** 名 C (英国で)市の立つ町 ~ **válue** /, ∸∸∸∸/ 名 U/C 《単数形で》市場価値(↔ book [par] value)

már·ket·a·ble /-əbl/ 形 ❶ 売買できる，市場向きの，売れ口のある ❷ 《限定》売買の，市場の ‖ ~ value 市場価値 **màr·ket·a·bíl·i·ty** 名 U 市場性

márket-drìven 形 市場主導[中心]の

mar·ket·eer /mὰːrkətíər | -kɪt-/ 名 C 市場取引者；市場活動の専門家

márket gàrden /英 ∸∸∸∸/ 名 C 《主に英》市場向けの野菜園(《米》truck farm)

márket gàrdener 名 C 市場向けの野菜農家(《米》truck farmer) **márket gàrdening** 名 U 《主に英》市場向け野菜栽培(業)(《米》truck farming)

***már·ket·ing** /-ɪŋ/ 名 U ❶ マーケティング《価格設定・梱包(こんぽう)・宣伝・販売戦略策定まで含む生産から販売までの業務活動》‖ major in ~ マーケティングを専攻する / the ~ department マーケティング部 / ~ strategies マーケティング戦略 / a ~ campaign マーケティング活動 ❷ 《米》(日常の食料品・雑貨類の)買い物，ショッピング ‖ I do the ~ for my family once a week. 週に1度家族分の買い物をする[に行く]

márket-lèd 形 =market-driven

***márket·plàce** 名 C ❶ 市場，市の立つ広場(market square) ❷ 《the ~》取り引きの場，商売の世界 ❸ (アイデアなどの)提言[討論]の場

márket resèarch /英 ∸∸∸∸, ∸∸∸∸/ 名 U 市場調査，マーケットリサーチ

márket resèarcher 名 C 市場調査員

***márket shàre** 名 C 《通例単数形で》マーケットシェア，市場占有率 ‖ have a 13% ~ 13%のシェアを占める / gain [lose] ~ シェアを拡大する[失う]

mark·ing /máːrkɪŋ/ 名 ❶ Ⓒ《通例 ～s》(航空機などの)認識マーク;(道路上の)標識;(動植物の特徴となる)斑紋(はんもん),模様 ❷ Ⓤ 印[マーク]をつけること;(答案の)採点
▶▶ ～ **ink** 名 Ⓤ マーキングインキ《布地などに用いる洗っても消えないインキ》

mark·ka /máːrkɑː/ 名 (複 **-kaa** /-kɑː/) Ⓒ マルッカ《euro 導入以前のフィンランドの貨幣単位. 100 pennia に相当》

marks·man /máːrksmən/ 名 (複 **-men** /-mən/) Ⓒ 射手, 狙撃(そげき)兵;《口》(フットボールで)得点の名手(♦ 女性形は markswoman)(中立 sharpshooter)
～·shìp 名 Ⓤ 射撃術;射撃の腕前(中立 shooting skill)

Màrk Twáin /-twéɪn/ 名 ⇨ TWAIN

márk·ùp 名 Ⓤ Ⓒ ❶ 値上げ(幅);利幅 ❷【印】組み指定 ❸ Ⓤ 💻(属性情報の)記述, マークアップ《HTML などでのリンク装飾などの情報の書き込みを行う部分》

marl /mɑːrl/ 名 Ⓤ マール, 泥灰土《肥料用》
—動 他…にマールをまく **～·y** 形

mar·lin[1] /máːrlɪn/ 名 (複 ～ OR ～s /-z/) Ⓒ【魚】マカジキの類

mar·line, -lin[2] /máːrlɪn/ 名 Ⓤ【海】2つよりの細綱《太綱に巻いて擦り切れを防ぐ》

mar·lin(e)·spike /máːrlɪnspàɪk/ 名 Ⓒ【海】綱通し針《ロープのよりをほぐすのに用いる》

***mar·ma·lade** /máːrməlèɪd/ 名 Ⓤ マーマレード ‖ put [OR spread] orange ～ on toast for breakfast 朝食のトーストにオレンジマーマレードを塗る
▶▶ ～ **càt** 名 Ⓒ レッドタビー《茶色のトラ猫》

mar·mite /máːrmaɪt/ 名 ❶ Ⓒ (陶製の)ふた付きスープなべ ❷《M-》Ⓤ《英》《商標》マーマイト《イースト菌などから作り, パンに塗ったりするイギリス特有の食品》

mar·mor·e·al /mɑːrmɔ́ːriəl, -móʊr-/ 形《文》大理石でできた, 大理石に似た

mar·mo·set /máːrməzèt/ 名 Ⓒ【動】マーモセット, キヌザル, ポケットモンキー《中南米産の小型の猿》

mar·mot /máːrmət/ 名 Ⓒ【動】マーモット《齧歯(げっし)動物. モルモット(guinea pig)とは別種》

ma·roon[1] /mərúːn/ 名 ❶ Ⓤ くり色, えび茶色 ❷ Ⓒ《主に英》(主に海上での非常信号用の)流星弾 —形 くり色[えび茶色]の(♦ フランス語 marron(クリ)から)

ma·roon[2] /mərúːn/ 名《しばしば M-》Ⓒ ❶ 西インド諸島などの黒人《脱走奴隷の子孫》❷ 孤島に捨てられた人
—動 他《通例受身形で》(人が)孤島に置き去りにされる, 島流しにされる;(洪水などで)孤立する;見捨てられる

Marq. 略 Marquess, Marquis

marque[1] /mɑːrk/ 名 Ⓒ (車などの)型, 銘柄, ブランド

marque[2] /mɑːrk/ 名 Ⓤ Ⓒ (昔の)他国商船拿捕(だほ)免許状(letter(s) of marque);その免許を持った船

mar·quee /mɑːrkíː/ 名 Ⓒ ❶《米・カナダ》(劇場・ホテルなどの)入口のひさし(の看板) ❷ (野外パーティーなどの)大テント —形 観客動員力のある

mar·quess /máːrkwəs/ 名 Ⓒ (英国の)侯爵《duke(公爵)と earl(伯爵)の間》
～·ate 名 Ⓤ 侯爵の地位[身分];Ⓒ 侯爵領

mar·que·try, -te·rie /máːrkɪtri/ 名 Ⓤ (木・象牙(ぞうげ)などの)寄木[象眼]細工

***mar·quis** /máːrkwəs/ 名 Ⓒ ❶ (英国以外のヨーロッパ諸国の)侯爵《count(伯爵)の上》❷ =marquess
～·ate 名 Ⓤ 侯爵の地位[身分];Ⓒ 侯爵領

mar·quise /mɑːrkíːz/ 名 Ⓒ ❶ (英国以外の)侯爵夫人[未亡人];女侯爵(→ marchioness) ❷ (とがった卵形に仕上げた)マーキーズ型の宝石(の指輪)

mar·qui·sette /màːrkwɪzét/ 名 Ⓤ マーキゼット《カーテン・かやなどに用いる網目状の織物》

mar·ram /mǽrəm/ 名 (= ～ **gràss**) Ⓒ【植】ハマヨシ《砂浜に生える雑草. 砂をよく押さえる》

*****mar·riage** /mǽrɪdʒ/《発音注意》
—名〔◁ marry[1] 動〕(複 **-riag·es** /-ɪz/) ❶ Ⓒ Ⓤ 〈…との〉**結婚**, 婚姻〈**to**〉(⇨ 類語) ‖ *Marriage* is not a goal; it's a start. 結婚はゴールではなくスタートだ / One out of every two ～*s* ends in divorce in that country. その国では結婚した2組に1組が離婚する / She was torn between ～ and a career. 彼女は結婚と仕事のどちらを選ぶかで悩んでいた / Her **first** ～ broke up. 彼女の最初の結婚は破綻(はたん)した / They think love ～*s* are ideal and arranged ～*s* are old-fashioned. 彼らは恋愛結婚が理想的で見合い結婚は時代遅れと考えている / a happy ～ 幸せな結婚 / propose ～ to Nicol's sister ニコルの妹に結婚を申し込む / one's uncle by ～ 義理のおじ
❷ Ⓤ Ⓒ 結婚している状態, 結婚生活 ‖ They enjoyed a long and happy ～. 2人は長く幸せな結婚生活を送った / celebrate 25 years of ～ 25年間の結婚生活を祝う
❸ Ⓒ 結婚式, 婚礼の儀式(♦ wedding の方が一般的) ‖ Their ～「took place [OR was held] at Gretna Green in June 1998. 2人の結婚式はグレトナグリーンで1998年6月に行われた / celebrate a ～ 結婚式を挙げる
❹ Ⓤ Ⓒ (人・物事の)密接な結合, 融合, 合体 ‖ a ～ of jazz and classical music ジャズとクラシック音楽の融合
❺ Ⓒ【トランプ】同じ組のキングとクイーンのそろい, マリッジ

類語《❶》**marriage**「結婚」の意の最もふつうの語.
wedding 結婚式と式後のお祝いを指す.〈例〉We were invited to their *wedding*. 私たちは彼らの結婚式に招待された(♦「結婚式」をはっきり表すときは a *marriage* [OR *wedding*] ceremony のようにいう. wedding にはふつう ceremony(式)の部分とそれに続く reception(披露宴)が含まれる)

▶▶ ～ **bròker** 名 Ⓒ 結婚仲介業者 ～ **bùreau** 名 Ⓒ《英》《旧》結婚相談所(dating agency) ～ **certìficate** 名 Ⓒ《英》結婚証明書(《米》marriage license) ～ **cóunseling** [《英》**guìdance**] 名 Ⓤ 結婚生活指導 ～ **lìcense** 名 Ⓒ 結婚許可証;《米》結婚証明書(《英》marriage certificate) ～ **lìnes** 名 複《主に英口》= marriage certificate ～ **of convénience** 名 Ⓒ 政略結婚 ～ **pòrtion** 名 Ⓒ【法】(結婚の際の)持参金 ～ **sèttlement** 名 Ⓒ《英》結婚時の財産設定《妻に有利なようになされる》 ～ **vòws** 名 複 夫婦の誓い

már·riage·a·ble /-əbl/ 形 婚期に達した;結婚に適した ‖ a girl of ～ age 結婚適齢期の女性
màr·riage·a·bíl·i·ty 名

***mar·ried** /mǽrid/ 形《比較なし》❶ 結婚した, 夫[妻]のある, 既婚の ‖ They went on their honeymoon in a car with "Just *Married*" written on the window. 彼らは窓に「新婚ほやほや」と書いた車に乗って新婚旅行に出かけた / My parents have stayed ～ for 35 years. 両親は結婚して35年になる / a ～ man [woman] with two children 2人の子供がいる既婚男性[女性] / a newly ～ couple 新婚夫婦 / her ～ name 彼女の結婚後の姓(↔ maiden name)
❷《限定》結婚の, 夫婦の ‖ ～ bliss 結婚の至福 / ～ love 夫婦愛 ❸《叙述》〈…に〉専念した〈**to**〉‖ He's ～ *to* his studies [job]. 彼は研究[仕事]に没頭している ❹ 〈…に〉密接に結びついた〈**to**〉
—名 (複 ～s /-z/) Ⓒ《通例 ～s》夫婦, 結婚している人 ‖ young [old] ～*s* 若い[年配の]夫婦

mar·rons gla·cés /mərɔ̀ʊn glɑːséɪ | mǽrən glǽseɪ/ 名 複《フランス》(=iced chestnuts)マロングラッセ

***mar·row**[1] /mǽroʊ/ 名 ❶ Ⓤ (骨の)髄, 骨髄(bone marrow) ‖ have a bone ～ transplant 骨髄移植を受ける / ～ donation [donors] 骨髄提供[提供者] ❷ Ⓒ《英》=vegetable marrow ❸《the ～》《物事の》中心[最重要]部, 精髄, 核心〈**of**〉‖ the ～ *of* the discussion 議論の核心部

to the màrrow (***of one's bónes***) 骨の髄まで, 徹底的に ‖ be chilled [OR frozen] *to the* ～ 骨の髄まで冷えきる

M

~·y 形 髄の(ような), 髄の多い
mar·row² /mǽroʊ/ 名U C《英》〖植〗ナタウリ(vegetable marrow)
márrow·bòne 名C 髄入りの骨《料理用》
márrow·fàt 名(=~ **pèa**) C (大粒の)エンドウ(豆)
***mar·ry**[1] /mǽri, +米 méri/
━動〔▶ marriage 名〕(**-ries** /-z/ ; **-ried** /-d/ ; **~·ing**)
━他 ❶ …と**結婚する**;《受身形で》〈…と〉結婚している[する]〈**to**〉‖ Kevin asked me to ~ him. ケビンは私に結婚してくれと言った(♦ ˣmarry to [OR with] him とはいわない) / Jake and Jane **got** [OR were] *married* last June. ジェークとジェーンは去る6月に結婚した(♦(1)「結婚した」には自動詞用法の Jake and Jane married. も可能だが get married の方がふつう. married は形容詞とも考えられる. → married (2) Jake got married to [ˣwith] Jane last June. も可能) / My sister has been *married to* a fisherman for five years. 姉は漁師と結婚して5年になる / Allen is *married* with two children. アレンは結婚して2人の子供がいる
❷〔娘・息子など〕を〈…と〉結婚させる〈**to**〉;(聖職者などが)〔2人〕の結婚式を行う ‖ The parents *married* their daughter *to* a dentist. 両親は娘を歯科医と結婚させた / The couple was *married* by a priest. 2人は司祭に結婚式を挙げてもらった
❸ …を〈…と〉密接に結合させる, うまく融合させる〈**with, to**〉‖ The writer tried to ~ a modern lifestyle and [OR *with*] the traditional in his book. 作家は作品中で現代の生活様式と伝統とを融合させようと試みた
❹ (金持ちなどと)結婚して〔物・金など〕を手に入れる,〔物・富・権力など〕と結婚する ‖ He *married* money. 彼は金持ち(の娘)と結婚した;彼は金と結婚した[金以外に興味・関心がない] ❺〖海〗〔綱〕(の両端)をより合わせてつなぐ
━自 ❶ **結婚する**(♦ときに形容詞補語を伴う)‖ ~ well (精神的・物質的に)幸せな結婚をする / ~ for love [money] 愛ゆえに[金が目当てで]結婚する / ~ above [beneath] oneself 自分より身分が上[下]の人と結婚する / ~ young 若くして結婚する / *Marry in haste and repent at leisure.*《諺》慌てて結婚, ゆっくり後悔
❷〈…と〉調和[融合]する, 合う〈**with**〉‖ French fries ~ well *with* beer. フライドポテトはビールによく合う
màrry ínto ... 〈他〉結婚して…の一員になる;結婚して…を手に入れる ‖ ~ *into* a large family 大家族に嫁ぐ / ~ *into* money 金持ちと結婚する
màrry óff ... 〈他〉〔娘・息子〕を〈…と〉結婚させる,〔娘〕を〈…に〉嫁がせる〈**to**〉
màrry óut 〈自〉《英》《旧》〈自分の宗教[社会]的背景と〉異なる人と結婚する〈**of**〉
màrry úp 〈自〉〈…と〉合致[調和]する, うまく結びつく〈**with**〉‖ That guy's story doesn't ~ *up with* his partners'. あいつの説明は仲間連中のと一致しない ━〈他〉(*màrry úp ...* / *màrry ... úp*)…を〈…と〉合致[調和]させる〈**with**〉
mar·ry² /mǽri/ 間《古》おや, まあ;全く(♥驚きや怒り, ときに強調などを表す)
már·ry·ing /-ɪŋ/ 形《限定》結婚しそうな, 結婚に適した
***Mars** /mɑːrz/《発音注意》名 ❶〖天〗火星 ❷〖ロ神〗マルス(軍神.〖ギ神〗の Ares に相当)
▶▶~ **Scìence Láboratory** 名 マーズ=サイエンス=ラボラトリー《NASAが打ち上げた火星探査用宇宙船》
Mar·sa·la /mɑːrsɑ́ːlə/ 名 ❶ マルサラ《シチリア島西岸の港町》❷U マルサラワイン《シチリア島原産の白ワイン》
Mar·seil·laise /mɑ̀ːrseɪéɪz/ 名《La ~》ラ=マルセイエーズ《フランス国歌》
Mar·seilles /mɑːrséɪ/ 名 マルセイユ《フランス南東部, 地中海に面する港湾都市》
***marsh** /mɑːrʃ/ 名C U 湿地, 沼地;水はけの悪い土地;潮干沼沢地《潮の干満によって現れる湿地や沼地》(→ salt marsh)
▶▶~ **fèver** 名U マラリア(malaria) ~ **gàs** 名U 沼気, メタン(methane) ~ **hàwk** 名C《米》〖鳥〗ハイイロチュウヒ ~ **màllow** 名C =marshmallow ❷ ~ **màrigold** 名C〖植〗リュウキンカ・エンコンソウの類
***mar·shal** /mɑ́ːrʃəl/(♦同音語 martial) 名C ❶ (軍の)高官, 最高司令官;元帥(→ air chief marshal, air marshal, air vice-marshal, provost marshal, field marshal) ❷ (パレード・式典・スポーツ競技会などの)進行係, 運営委員, 総括;《米》(パレードで)先導者の栄誉を受けた人 ‖ the ~ of a car race 自動車レースの進行係, マーシャル ❸《米》連邦裁判所の司法[執行]官《郡保安官(county sheriff)とほぼ同じ任務》;市の司法官 ‖ the city ~'*s* office 市司法官事務所 ❹《米》(市・郡・州の)警察局[署]長, 警察官;消防局[署]長 ‖ a fire ~ 消防局[署]長 ❺《英》(巡回裁判所判事を補佐する)司法事務官, 判事補佐官 ❻《英》国・王室の高官(→ Earl Marshal)
━動 (**-shaled**,《英》**-shalled** /-d/ ; **-shal·ing**,《英》**-shal·ling**) 他 ❶〔考えなど〕を整理する, まとめる ‖ He remained silent as if ~*ing* his thoughts. 彼は考えを整理しているかのように押し黙っていた ❷〔人・兵士など〕を所定の位置に就ける, 配備する, 整列させる;〔大勢の人々・力など〕を結集する, 組織(化)する ‖ ~ one's supporters 支持者を(集めて)組織化する / ~ one's strength to endure the climb to the summit 力を振り絞って登頂するまで辛抱する ❸〔人〕を〈…へ〉(かしこまって)案内する, 先導する〈**to, into**〉
━自 ❶ (きちんと)整理される;整列する, 所定の位置に就く ❷ (式典・行事などの)進行(係)を務める **~·cy** 名 **~·er** 名 **~·shìp** 名U marshal の職[地位]
▶▶**márshalling yàrd** 名C《英》〖鉄道〗(貨物列車などの)操車場(《米》switchyard) **Màrshal of the Ròyal Áir Fòrce** 名 英国空軍元帥(《米》general of the Air Force)
***Màrshall Íslands** 名《the ~》マーシャル諸島《西太平洋ミクロネシアの島嶼(とうしょ)国. 公式名 the Republic of the Marshall Islands. 首都 Majuro》
Márshall Plàn 名《the ~》マーシャルプラン《第2次世界大戦後に米国が行った欧州復興計画》
mársh·lànd 名U/C《~s》湿地帯
marsh·mal·low /mɑ́ːrʃmèloʊ, -mæ̀l- | mɑ̀ːʃmǽl-/ 名 ❶U マシュマロ《菓子》❷C〖植〗タチアオイの類, アメリカフヨウ(marsh mallow)
marsh·y /mɑ́ːrʃi/ 形 沼地[湿地]の;じめじめした
mar·su·pi·al /mɑːrsúːpiəl/〖動〗形 有袋(ゆうたい)類の;袋(状)の ━名C 有袋動物《カンガルー・コアラなど》
mar·su·pi·um /mɑːrsúːpiəm/ 名(複 **-pi·a** /-piə/) C (有袋動物の)袋, 育児嚢(のう)
mart /mɑːrt/ 名C 市場(いちば)(market);取引場所
Mar·tel·lo /mɑːrtéloʊ/ 名(=~ **tòwer**) C (ナポレオン戦争当時イングランド南東岸に造った)円形堡塁(ほうるい)
mar·ten /mɑ́ːrtən | -tɪn/ 名(複 ~ OR ~**s** /-z/) C〖動〗テン;U テンの毛皮
***mar·tial** /mɑ́ːrʃəl/(♦同音語 marshal) 形《限定》❶ 戦争の, 戦争に適した;軍人の, 軍隊の ‖ a ~ regime 戦時体制 ❷ 軍人らしい, 勇敢な;好戦的な ‖ ~ bravery (軍人らしい)勇猛果敢さ / a ~ nation 好戦的な国家
~·ìsm 名U 軍人らしさ, 武勇 **~·ist** 名 **~·ly** 副
▶▶~ **ártist** 名C 武道家 ~ **árts** 名複 (東洋の)格闘技, マーシャルアーツ(空手・柔道など) ~ **láw** 名U 戒厳令 ‖ declare [lift] ~ *law* 戒厳令を布告する[解除する] / be under ~ *law* 戒厳令が敷かれている
Mar·tian /mɑ́ːrʃən/ 形 火星(Mars)(人)の
━名C (想像上の)火星人
mar·tin /mɑ́ːrtən | -tɪn/ 名C〖鳥〗イワツバメの類
mar·ti·net /mɑ̀ːrtənét | -tɪ-/ 名C (特に軍隊で)規律の厳しい人(♦仏軍人 J. Martinet から)
mar·tin·gale /mɑ́ːrtəngèɪl | -tɪn-/ 名C ❶ (馬の)むな

がい ❷〖海〗第2斜檣(しゃしょう)(jib boom)の下方支索 ❸ U 倍賭(が)け

mar·ti·ni /mɑːrtíːni/ 名 U C マティーニ(の1杯)《ジンとベルモットのカクテル》‖ dry ~ ドライマティーニ

Màrtin Lùther Kìng Dáy 名 U キング牧師誕生日《米国の法定休日. 1月の第3月曜日. → King》

***mar·tyr** /máːrtər/《発音注意》名 C ❶ 殉教者;(主義·主張などのために)殉ずる人;受難者, 犠牲者 ‖ a Christian ~ キリスト教の殉教者 / a ~ for human rights 人権のために殉ずる人 / die a ~ to one's principles 主義に殉じる / a ~ to duty 殉職者 / make ~*s* of ... …を犠牲にする ❷(同情を買おうと)苦しみをひけらかす人;犠牲者を装う人 ‖「play the [OR act like a] ~ = make a ~ of oneself 殉教者ぶる, 犠牲になる ❸〈病気などに〉絶えず苦しむ人〈**to**〉‖ a ~ *to* rheumatism [one's sense of responsibility] いつもリューマチに苦しんで[責任感に悩んで]いる人 ── 動 他《通例受身形で》❶ 殉教[犠牲]者として殺される[死ぬ] ❷ 苦しめられる

már·tyr·dom /-dəm/ 名 U ❶ 殉教, 殉死;殉教の身 ❷(同情·賞賛を得るためのわざとらしい)苦しみ, 苦難

mar·tyr·ol·o·gy /mὰːrtərɑ́(ː)lədʒi | -ɔ́l-/ 名(複 **-gies** /-z/) U 殉教史(学);C 殉教者列伝

***mar·vel** /máːrvəl/ 名〔▶ marvelous 形〕C ❶ 驚くべき[不思議な]こと[もの], 驚異, 不思議 ‖ This medicine is really a ~. この薬は驚異的だ / the ~*s* of modern science 現代科学の驚異 ❷ 素晴らしい[驚くべき]人 ‖ She's a ~ at producing delicious meals. 彼女のおいしい食事を作る腕前は素晴らしい / a ~ of patience [beauty] 驚くほど忍耐強い人[絶世の美人]
── 動(**~ed**,《英》**~led** /-d/; **~·ing**,《英》**~·ling**) 自〈…に〉驚く, 驚嘆する〈**at**〉‖ The whole world ~*ed at* the destructive power of the atomic bomb. 全世界が原爆の破壊力に驚いた ── 他 **a**《**+that** 節》…ということに驚く ‖ We never cease to ~ *that* we escaped unhurt. 無傷で逃れられたことに驚く / "What a beautiful lake!" he ~*ed*.「何て美しい湖だ」と彼は驚嘆した **b**《**+wh** 節》…かを不思議に思う ‖ I ~ *why* she should marry such a man. 彼女がなぜそんな男と結婚したのか不思議でならない

***mar·vel·ous,**《英》**-vel·lous** /máːrvələs/ 形〔◁ marvel 名〕(**more ~; most ~**) ❶ 驚くべき, 不思議な, 信じ難い ‖ He has a ~ memory for faces. 彼は人の顔を驚くほどよく覚えている / a ~ technological innovation 驚くべき技術革新 ❷ とてもよい[優れた, 楽しい], **素晴らしい**;見事な(↔ terrible) ‖ It's ~ to spend a day off with you. 君と休日を過ごせるなんて素敵だ / a ~ idea 素晴らしい考え / a ~ ability to play the violin バイオリン演奏の見事な技量 / a ~ view of the Alps アルプスの絶景 **~·ness** 名

mar·vel·ous·ly /máːrvələsli/ 副 驚くほど;素晴らしく

Marx /mɑːrks/《発音注意》名 **Karl ~** マルクス(1818–83)《ドイツの哲学者·経済学者. 科学的社会主義の祖》

Marx·i·an /máːrksiən/ 形 マルクス(Karl Marx)の, マルクス主義の ── 名 C マルクス主義者(Marxist)

Marx·ism /máːrksìzm/ 名 U マルクス主義

Màrxism-Léninism 名 U マルクス=レーニン主義

***Marx·ist** /máːrksɪst/《発音注意》名 C マルクス主義者 ── 形 マルクス主義(者)の

Mar·y /méəri/ 名 ❶〖聖〗(聖母)マリア《イエス=キリストの母》❷(= **~ Mág·da·lene**)〖聖〗マグダラのマリア《イエス=キリストによって悪霊からいやされ, 忠実な弟子となった女性》❸ **~ I** メアリー1世(1516–58)《イングランド女王(1553–58). プロテスタントに対する苛酷(かこく)な迫害を行い, Bloody Mary と呼ばれた》❹ **~ II** メアリー2世(1662–94)《ウィリアム3世の王妃. 名誉革命によって英国に迎えられ, 夫と英国を共同統治した(1689–94)》❺ **~ Stuart** メアリー=スチュアート(1542–87)《スコットランド女王(1542–67). 後にエリザベス1世により処刑された》

▸▸ **~ Celéste** /-sɪlést/ 名 メアリー=セレステ号《1872年に北大西洋上に乗り捨てられて漂流しているところを発見された米国の船》;C《単数形で》理由もなく人がいなくなった船[建物·場所] **~ Jáne** 名 C ①《口》マリファナ(marijuana) ②《商標》メリージェーン《ストラップ付きで先が丸い女性用靴》

Mar·y·land /mérələnd | méərɪ-/ 名 メリーランド《米国東部, 大西洋に面する州. 州都 Annapolis. 略 Md.,〖郵〗MD》

mar·zi·pan /máːrzɪpæn/ 名 U マジパン《ペースト状にしたアーモンド》;C それで作った菓子

Ma·sai /máːsaɪ/ 名(複 **~** OR **~s** /-z/) ❶ C マサイ族の人 ❷ U マサイ語

ma·sa·la /məsáːlə/ 名 U マサラ《インド料理で用いる混合スパイス》;マサラで作った料理

masc. 略 masculine

mas·car·a /mæskǽrə | -káː-/《アクセント注意》名 U マスカラ ── 動 他 …にマスカラをつける
語源 スペイン語 *mascara*(仮面)から. mask と同語源.

mas·car·po·ne /mɑ̀ːskɑːrpóuneɪ | mæskɑːpóuni/ 名 U マスカルポーネ《イタリア産のクリームチーズ》

mas·cot /mǽskɑ(ː)t | -kət/ 名 C マスコット《幸運をもたらすと考えられるもの·動物·人》

***mas·cu·line** /mǽskjulən | -lɪn/《アクセント注意》形 ❶ 男らしい, 男性的な, 雄々しい(↔ feminine)(⇨ MALE 類語) ‖ He needs something more ~. 彼にはもっと男らしいところが欲しい / a handsome, ~ face 端整な男らしい顔 ❷(女性の外見·声などが)男のような, 男勝りの ‖ Her voice sounded ~ to me. 彼女の声は私には男っぽく聞こえた / a ~ hairstyle 男のようなヘアスタイル ❸〖文法〗(性(gender)が)男性の(→ feminine, neuter);(言葉が)男性[雄]を表す, 男性形の ‖ "Waiter" is ~ and "waitress" is feminine. ウエーターは男性形でウエートレスは女性形(の語)だ ❹〖楽〗強勢のあるリズムで終わる ‖ a ~ cadence 男性韻律 ── 名《the ~》〖文法〗男性;C 男性形(の語) **~·ly** 副 **~·ness** 名
▸▸ **~ énding** 名 C〖韻〗男性行末《詩の行末が強音節で終わるもの》(↔ feminine ending) **~ rhýme** 名 C〖韻〗男性韻《行末の強勢のある音節だけで押韻するもの.〈例〉collect と direct》(↔ feminine rhyme)

mas·cu·lin·ist /mǽskjulɪnɪst/ 名 C 男権主義者 ── 形 男権主義(者)の

mas·cu·lin·i·ty /mæ̀skjulínəti/ 名 U 男らしさ

mas·cu·lin·ize /mǽskjələnàɪz | -kjulɪn-/ 動 他 …を男性的にする

mas·cu·list /mǽskjulɪst/ 名 形 = masculinist

ma·ser /méɪzər/ 名 C〖電〗メーザー《マイクロ波などの電磁波増幅器》(♦ *m*icrowave *a*mplification by *s*timulated *e*mission of *r*adiation の略)

Mas·e·ru /mǽzərùː | məsíə-/ 名 マセル《南アフリカ, レソトの首都》

***mash** /mæʃ/ 名 ❶ U(家畜用)飼料《穀粒·ふすまなどを温湯でどろどろに溶いたもの》❷ C U《通例単数形で》(すりつぶして湯などを加え)どろどろの状態にしたもの ‖ a ~ of mixed vegetables さまざまな野菜をすりつぶして混ぜたもの ❸ U《英口》マッシュポテト(mashed potatoes) ❹ U 麦芽[モルト]汁《ビール·ウイスキーなどの醸造原料》
── 動 他 ❶ …を押しつぶす, すりつぶす;…を押しつぶしてぐにゃぐにゃ[どろどろ]にする《*up*》‖ ~ (*up*) strawberries with a fork フォークでイチゴを押しつぶす ❷《米口》…をぎゅっと押す, ぺしゃんこにする, 粉々に壊す ‖ ~ one's thumb under a hammer 金づちで親指をつぶす ❸(醸造·飼料用に)〔麦芽·穀粒など〕を湯に浸してどろどろにする ❹《北イング》〔茶〕を(湯を注いで)入れる ❺《俗》《旧》〔人〕と(戯れに)肉体関係を結ぶ,〔女〕をもてあそぶ

MASH /mæʃ/ 名 ❶ C 陸軍移動野戦病院 ❷《M*A*S*H で》マッシュ《野戦病院を舞台にした米国の映画(1970). またそのテレビシリーズ(1972–92)》(♦ *m*obile *a*rmy

M

surgical hospital の略)

mashed /mæʃt/ 形 ❶すりつぶした ❷《叙述》《英口》酔いつぶれた, (麻薬に)いかれた

▸▸**~ potáto(es)** 名Ⓤマッシュポテト(《英口》mash)

másh·er /-ər/ 名Ⓒ ❶ (ジャガイモなどの) つぶし器 ❷《米俗》《旧》女の尻(しり)を追う男, 女たらし

másh-ùp, másh·ùp 名Ⓒ マッシュアップ《異なるコンテンツや曲の複合合成》 ―形 マッシュアップした

‡mask /mæsk | mɑːsk/

―名 (複 **~s** /-s/) Ⓒ ❶**仮面, 覆面**; 面; マスク; ガスマスク(gas mask) ‖「put on [take off] a ~ マスクをつける[外す] / **wear** a ~ 覆面をかぶっている / a surgical ~ 外科(医)用マスク / a catcher's ~ キャッチャーマスク

❷《通例単数形で》《比喩的に》仮面; **仮装, 偽装**; 正体を隠すもの ‖ Her politeness is a ~ for disappointment. 彼女の丁重さは落胆を覆い隠している / His ~ slipped and we saw what he really was. 仮面がはがれて彼の正体を見た / under the ~ of cheerfulness [friendship] 陽気さ[友情]の仮面をかぶって[を装って] / throw off one's ~ 仮面をぬぐ[正体を現す]

❸(美容用の)パック(face pack) ❹(石膏(せっこう)などでとった) 面型 ‖ a death ~ デスマスク ❺〖電子〗〖写〗マスク, マスキング; 💻削除処理パターン, マスク《ビット列から表示や出力の不要な部分を取り除くビットパターン》 ❻〖動〗(キツネなどの)顔面(の模様); (狩猟の記念品としての)(動物の)頭 ❼〖軍〗(砲台などを隠す)遮蔽(しゃへい)物 ❽(古代ギリシャ・ローマの劇の)仮面 ❾〖虫〗(ヤゴの)下唇(かしん)

―動 他 ❶〔顔など〕を**面[マスク]で覆う[隠す]**; 〔物〕を覆い隠す, 視線から遮る ‖ The terrorists *~ed* themselves to avoid being identified. テロリストたちは正体を見破られないように覆面をしていた / The cloud *~ed* the sun. 雲が太陽を覆った

❷〔感情・真実・本性など〕を隠す, 偽る ‖ The governor is being accused of *~ing* the truth. 知事は真実を隠しているとして糾弾されている

❸〔音・におい・味など〕を(より強い刺激で)消す ‖ The sauce *~ed* the flavor of the meat. ソースのせいで肉の風味が消されてしまった

❹〔写真の一部〕を(感光しないよう)マスクする《***out***》; (塗料を吹きつけるときなど)…(の不要な部分)にマスキングをする《***off***》 ❺〔化学物質〕の化学反応を防ぐ, …をマスキングする ❻💻…をマスクする

―自 面[マスク]をつける, 仮装[変装]する

語源 イタリア語 *maschera*(仮面, 変装)から. mascara と同語源.

masked /mæskt | mɑːskt/ 形 ❶仮面[覆面]をかぶっ(て変装し)た ‖ a ~ burglar 覆面をした強盗 ❷隠された, 覆われた ‖ ~ guns 隠蔽(いんぺい)砲列 ❸〖動〗面形模様のある; 〖医〗潜伏性の ▸▸**~ báll** 名Ⓒ 仮面舞踏会

mask·er /mǽskər | mɑ́ːskə/ 名Ⓒ ❶遮蔽物 ❷仮面劇役者; 仮面舞踏者

másk·ing 名Ⓤ💻マスキング, 削除処理

▸▸**~ àgent** 名Ⓒ マスキング剤《ドーピング検査を逃れるための薬剤》 **~ tàpe** 名Ⓤ マスキングテープ《塗装の際などにほかの部分を保護するためにはる粘着テープ》

mas·och·ism /mǽsəkɪ̀zm, mǽz-/ 名Ⓤ マゾヒズム, 被虐愛(↔ sadism)

-ist 名Ⓒ マゾヒスト **màs·och·ís·tic** 形

***ma·son** /méɪsən/ 名Ⓒ ❶石工, れんが職人 ❷《しばしば M-》フリーメーソン(Freemason) ―動 他 …を石[れんが]で建てる[補修する, 補強する]; 〔石〕を切る, 加工する

▸▸**~ bèe** 名Ⓒ〖虫〗ハナバチの一種《空洞に土や砂で巣を作る》 **~ wàsp** 名Ⓒ〖虫〗ドロバチ《泥で巣を作る》

Mà·son-Díx·on lìne /mèɪsəndíksən-/ 名《the ~》メーソン＝ディクソン線《米国メリーランド州とペンシルベニア州との間の境界線. 南北戦争前は南部奴隷州と北部奴隷解放州を区別》(♦ 18世紀中ごろこの地を踏査した2人の英国人測量技師の名前より)

Ma·son·ic /məsɑ́(ː)nɪk | -sɔ́n-/ 形 フリーメーソン(Freemason)の; 《m-》石工の, 石細工の ‖ a ~ lodge フリーメーソン支部

Ma·son·ite /méɪsənàɪt/ 名《商標》メゾナイト《厚質の合板材》

Máson jàr 名Ⓒ《米》密閉式の広口瓶《果実・野菜などの貯蔵用》

ma·son·ry /méɪsənri/ 名 (複 **-ries** /-z/) ❶ⓊⒸ石[れんが]細工, 石造物, 石造建築 ❷Ⓤ石工術, 石工職 ❸《M-》＝Freemasonry

masque /mæsk | mɑːsk/ 名Ⓒ ❶(16–17世紀の英国で流行した)仮面劇; 仮面劇の脚本 ❷＝masquerade ❶

***mas·quer·ade** /mæ̀skəréɪd, ＋英 mɑ̀ːs-/ 《アクセント注意》名 ❶Ⓒ仮面[仮装]舞踏会; 仮装パーティー[行列] ❷Ⓒ見せかけ, 偽り; 仮装, 変装; Ⓤそのような行為 ‖ in the ~ of a refugee [millionaire] 難民[富豪]を装って

―動 自〈…に〉変装[仮装]する, 〈…の〉ふりをする〈**as**〉‖ The undercover police officer *~d as* a drug dealer. 秘密捜査の警官は麻薬密売人を装った

‡mass¹ /mæs/ 中心義 大きなかたまり

名 かたまり❶ 大量❷ 大部分❹ 一般大衆❺

―名 (複 **~·es** /-ɪz/) Ⓒ ❶(不定形の大きな) **かたまり**; (多数の人・物のしばしば乱雑な)集まり, 集団 ‖ a ~ of iron 鉄塊 / a ~ of fibers 繊維のかたまり / A solid ~ of protesters blocked the road. 結束した抗議者の一団が道路をふさいだ / in a ~ ひとかたまり[一団]となって

❷《a ~, ~es》**大量**, たくさん(♦ 数にも量にも用いる) ‖ collect a ~ **of** facts [data] 多くの事実[データ]を集める

❸《~es》《口》多量, 多数(♦ 量に用いるのは《主に英》) ‖ eat (*~es* and) *~es* of food 食べ物をたらふく食べる

❹《the ~》**大部分**, 大多数 ‖ The (great) ~ **of** the population is illiterate. その住民の大半は読み書きができない(♦ 動詞はふつう of の後ろの名詞の数に一致)

❺《the ~es》(特に政治的指導者から見た)**一般大衆**, 庶民(♥ ときに無教養の意味を含むことがある) ‖ the working *~es* 勤労者大衆

❻Ⓤかさ, 大きさ ‖ An elephant has great ~. 象は非常に(体が)大きい ❼Ⓤ〖理〗質量 ‖ the Earth's ~ 地球の質量 / the center of ~ 質量の中心 ❽(色・光・影などの)広がり; 〖美〗マッス《1つのかたまりとして知覚される色調・陰影などの広がり》

be a máss of ... …でいっぱいである; …で覆われている ‖ He *was a ~ of* bruises. 彼は全身あざだらけだった

in the máss 全体として(は), 総体的に ‖ humanity *in the ~* 人類一般

―形《比較なし》《限定》多数[多量]の; 大規模な; 大衆(向け)の ‖ ~ unemployment 大量失業者 / a ~ magazine 大衆誌 / a weapon of ~ destruction 大量破壊兵器 / a ~ exodus of refugees 大量の難民移住

―動 (**~·es** /-ɪz/; **~ed** /-t/; **~·ing**)

―自 ひとかたまりになる, 集合する, 集結する ―他 …をひとかたまりにする, 集合させる; 〔軍隊〕を集結させる

~ed 形 密集した ‖ ~ shrubs こんもりした茂み **~·less** /-ləs/ 形〖理〗質量のない

▸▸**~ communicátion** 名ⓊⒸ マスコミ, 大衆伝達(❗日本語の「マスコミ」は新聞, テレビなどの大衆伝達の媒体を指すことが多く, その意味では mass media を使う) **~ dèfect** 名ⒸⓊ〖理〗(原子の)質量差, 質量欠損 **~ émail** (↓) **~ énergy** 名Ⓤ〖理〗質量エネルギー **~ extínction** 名Ⓤ〖生〗(ある動物相の)世界的規模での絶滅 **~ kílling** 名ⓊⒸ 大量殺人(mass murder) **~ máiling** 名ⓊⒸ(主にEメールでの)ダイレクトメールによる情報(の発送) **~ márket** (↓) **~ média** 名《the ~》《単数・複数扱い》マスメディア, 大衆伝達媒体《新聞・雑誌・ラジオ・テレビなど》 **~ múrder** 名ⓊⒸ 大量殺人(事件) **~ múrderer** 名Ⓒ 大量殺人犯 **~ nòun**

名 C 〘文法〙質量名詞《不可算の物質名詞と抽象名詞の総称》 ～ **nùmber** 名 C 〘理〙質量数 ～ **observátion** 名 U C 《英》(昔の)世論調査 ～ **prodúction** 名 U 大量生産, マスプロ(→ mass-produce) ～ **socíety** 名 U 大衆社会 ～ **spéctrograph** 名 C 〘理〙質量分析器 ～ **spectrómeter** 名 C 〘理〙質量分析計 ～ **spéctrum** 名 U 質量スペクトル ～ **stórage** 名 C U 大容量記憶(装置) ～ **tórt** 名 C 〘法〙(企業による)大規模不法行為 ～ **tránsit** 名 U (都市の)大量人数輸送のための交通機関

***Mass, mass**[2] /mæs/ 名 ❶ U 《ときに the ～》ミサ, ミサ聖祭(♦イエス=キリストの最後の晩餐(ばんさん)(Last Supper)をしのぶことに由来する. 特にカトリックのものを指すことが多い); C ミサの儀式 ‖ High *Mass* 荘厳ミサ / 「go to [hear, say, celebrate] *Mass* ミサに行く[を拝聴する, をささげる, を執り行う] / There are two *Masses* every day. 日に2度ミサを挙げる ❷ C ミサ曲 ‖ Bach's *Mass* in B minor バッハのロ短調ミサ曲

Mass. 略 Massachusetts

Mas·sa·chu·setts /mæ̀sətʃúːsɪts, +米 -zɪts/ 《アクセント注意》 名 マサチューセッツ《米国北東岸の州. 州都 Boston. 略 Mass., 〘郵〙MA》

***mas·sa·cre** /mǽsəkər/ 《発音注意》 名 ❶ U C (特に無防備の人間・動物の)大虐殺, (無差別の)大量殺戮(さつりく)(⇨ KILL 類語P) ‖ the *Massacre* of the Innocents 〘聖〙ヘロデ王による幼児大虐殺 ❷ C 《口》完敗 ‖ We lost in a complete ～. 私たちは全くの完敗だった

—動 他 ❶〔多数の人・動物〕を殺戮する, 大虐殺する ❷《口》…を完敗させる ❸《口》…のひどい演奏[上演]をする

***mas·sage** /məsɑ́ːʒ | mǽsɑːʒ/ 《発音注意》 名 U C ❶ マッサージ, もみ療治 ‖ give [have] a ～ マッサージを施す[受ける] ❷ (データなどの)操作, 改ざん

—動 他 ❶ …にマッサージをする, マッサージをして治療する ❷〔クリーム・油など〕を〈肌・髪に〉すり込む〈**in, into, onto**〉 ❸〔統計・証拠など〕を不正に[巧妙に]操作する, 改ざんする

massàge a pèrson's égo (人の)自尊心をくすぐる, ご機嫌をとる, (人を)おだてる

▸▸ ～ **pàrlor** 名 C マッサージ店; 《婉曲的》売春宿

mas·sé /mæséɪ | mǽsi/ 名 (= ～ **shòt**) C 〘ビリヤード〙マッセ, 立てキュー

màss émail 名 C U =mass mailing

—動 他 …に(Eメールの)ダイレクトメールを送る

mas·seur /mæsɔ́ːr | -sɔ́ː/ 名 (♦女性形 -seuse /-súːz, -sɔ́ːz/) C (男性の)マッサージ師(♦フランス語より)

mas·sif /mæsíːf | ニー/ 名 C 山塊; 断層塊

***mas·sive** /mǽsɪv/ 形 (**more** ～; **most** ～) ❶ 大きくて重い, どっしりした; 巨大な, 堂々たる ‖ a ～ rock 巨大な岩 / a ～ cathedral 堂々たる大聖堂 ❷ (体格・顔立ちなどが)がっしりした, 大きい ‖ ～ shoulders がっしりした肩 ❸ 非常に多い, 大量の, 膨大な, 大幅な, 非常に広い, 大規模な; 強力な ‖ collect ～ amounts of data 大量のデータを集める / a ～ rise in unemployment 失業率の大幅な増加 / economic aid on a ～ scale 大規模の経済援助 ❹ 《英口》(人が)大成功を遂げた, 有力な ❺ 《比較なし》《限定》〘医〙(身体組織の)広範囲にわたる; (病気が)重度の ‖ die from ～ brain damage 広範囲の頭部損傷で死ぬ / a ～ heart attack 激しい心臓発作 ❻ 〘鉱〙塊状の; 〘地〙(岩石・岩盤の構造が)等質の **～·ly** 副 極めて, 非常に; どっしりと, がっしりと ‖ a ～ successful cable broadcast 大成功のケーブル放送 **～·ness** 名

màss-márket 形 大衆市場の, 大量販売用の

—動 他〔製品〕を大量に市場に出す **～·ing** 名

màss márket 名 C 大衆市場 **～·er** 名 C 量販店

***màss-prodúce** 〈シ〉 動 他 …を大量生産する

***màss-prodúced** 形 (製品が)大量生産された

***mast**[1] /mæst | mɑːst/ 名 C ❶ マスト, 帆柱 ❷ 旗ざお ❸ (テレビ・ラジオのアンテナ用)鉄塔 ❹ 〘米海軍〙艦長が行う審理[裁判](captain's mast)

before the mást 〘海〙平(ひら)の船員として

mast[2] /mæst | mɑːst/ 名 U ブナ・カシなどの実《豚の飼料》

mást cèll 名 C 〘生〙マスト細胞《結合組織中に存在し好塩基性顆粒(かりゅう)を含む》

mas·tec·to·my /mæstéktəmi/ 名 (複 **-mies** /-z/) C 〘外科〙乳房切除

mast·ed /mǽstɪd | mɑ́ːst-/ 形 《通例複合語で》…本マストの ‖ a three-～ sailer 3本マストの帆船

*****mas·ter** /mǽstər | mɑ́ːstə/ 名 形 動

中心義 意のままにできる人

名 主人❶ 精通者❷ 名人❸	
形 もとの❹	動 他 精通する❶ 抑える❷

—名 (複 **～s** /-z/) C ❶ 《旧》(使用人に対する)(男の)**主人**, 雇い主(中立 chief, employer); 主君(↔ servant); (犬・馬などの)所有者, 飼い主(中立 owner)(↔ mistress); (狩猟の)責任者; 支配者(中立 ruler) ‖ ～ and man 主人と召使(♦この対句では無冠詞) / a dog's ～ 犬の飼い主(❗日本語では喫茶店の主人などを指して「マスター」というが, 英語では manager [OR proprietor] (of a coffee shop)のようにいう)

❷ 〈…の〉**精通者**, 熟達者(↔ amateur)〈**of, at, in**〉; 《しばしば無冠詞で》〈…を〉意のままに支配[駆使]できる人〈**of**〉 ‖ Snoopy is a ～ *of* disguise. スヌーピーは変装の名人だ / We cannot be ～ *of* our fate. 自分の運命はどうにもならない / be ～ *of* oneself 自制する

❸ (芸術上の)**名人**, 大家, 有名画家; その作品, 名画(→ old master) ‖ a woman haiku ～ 有名女流俳人

❹ 《旧》(一家の)主(あるじ), 家長(↔ mistress) ‖ the ～ of the house 世帯主, 家長

❺ (商[客]船の)船長(captain)(→master mariner)

❻ 熟練した職人, (職人の)親方; 《M-》(称号として)(同業組合などの)会長, 議長

❼ 《英》(特にパブリックスクールの)男性教師, 先生(♦今は teacher の方がふつう)(↔ mistress); 《通例 M-》(オックスフォード・ケンブリッジ両大学の)学寮長; (哲学・宗教・政治の)師, 精神的な指導者(⇨ TEACHER 類語)

❽ (チェス・スポーツなどの)名人, 名手, マスター(→ grand master, Master's Tournament) ❾ (競争・勝負で)より優れた人, 上手(うわて)の人 ‖ We will see which of us is ～. どっちが上手か試してみよう ❿ 《通例 M-》修士; 《～'s (degree)》修士号《大学院修了者に与えられる学位の1つ. → doctor, bachelor》 ‖ She has a ～'s (degree). 彼女は修士号を持っている / take [OR get] a *Master*'s [×Master] (degree) in economics 経済学修士の学位をとる / a ～'s thesis 修士論文 ⓫ (レコード・テープ・フィルム・書類などの)マスター, 原板, 原盤; 原本, オリジナル ⓬ 《M-》坊ちゃま(♥ Mister と呼ぶには若すぎる少年に対し, 使用人などが用いる敬称); (スコットランドの)子爵と男爵の長子の称号 ‖ Hello, *Master* Charles. チャールズ坊ちゃま, こんにちは ⓭ 《英》〘法〙最高法院(the Supreme Court of Judicature)主事; 《米》裁判所主事《判事を助けて口述書や報告書などを作成する; ときに退職した判事である場合もある》 ⓮ 〘機〙親装置, 主制動装置

be one's òwn máster 人の世話にならない; 自分のことは自分で始末ができる; 自立している

sèrve twò másters 二君に仕える; 相反することを同時にかなえようとする(♦しばしば cannot を伴う否定文で用いる)

—形 《比較なし》《限定》 ❶ 名人(芸)の, 優れた, 見事な ‖ a ～ chef 料理の達人 / a ～ touch (物事を処理する際の)見事な手際

❷ (職人の)親方の ‖ a ～ carpenter 大工の棟梁(とうりょう)

❸ 主な, 主要な ‖ a ～ bedroom 主寝室

❹ (機器などの)もとになる, 親の; (コピーを作る)**もとの**, 原板の, 原盤の ‖ a ～ tape マスターテープ

—動 〔▸ mastery 名〕 (**～s** /-z/; **～ed** /-d/; **～·ing**) 他

M

❶ …に**精通する**，習熟する，…をマスターする ‖ It takes time to ～ a musical instrument. 楽器に熟達するには時間がかかる / ～ the art of making soufflés スフレの作り方を自分のものにする
❷ …を支配する，征服する；〔恐怖・弱さ・困難など〕に打ち勝つ(↔ *give in to*)；〔感情など〕を**抑える**；〔動物など〕をならす ‖ People have ～*ed* nature. 人々は自然を征服してきた / ～ one's temper 怒りを抑える
❸ …のマスターテープ[原盤]を作る
▸▸ **～ chìef pètty ófficer** 名 C (米海軍の)上級上等兵曹 **～ clàss** 名 C マスタークラス《一流音楽家・舞踏家による専門家養成クラス》 **～ córporal** 名 C (カナダ軍の)下士官 **～ gúnnery sèrgeant** 名 C (米海兵隊の)上級曹長 **～ hánd** 名 C ① 〈…の〉名手，名人〈**at**〉 ② 名人芸，熟練 **～ kèy** /, ＿＿/ 名 C 親鍵(おやかぎ)，マスターキー **～ máriner** 名 C (商船の)船長《正式の呼称》 **～ máson** 名 C ① 《M- M-》フリーメーソン団 (Freemason) の第3級会員 ② 石工の熟練工[親方] **Màster of Árts** 名 C 文学修士(号) 《略 MA, AM》 **～ of céremonies** 名 (複 **～s of c-**) C (公式行事・宴会・ショー番組の)司会者，進行係《略 MC》(♦ MC, emcee は両性に使える) **Màster of Scíence** 名 C 理学修士(号) 《略 MS, MSc》 **～ plán** 名 C 《単数形で》マスタープラン，総合的基本計画 **～'s degrèe** 名 C 修士号(→master ❿) **～ sérgeant** 名 C ◁シ 《米軍》曹長 **Másters Tòurnament** 名 《the ～》マスターズ＝ゴルフトーナメント《米国で毎年行われ，有力選手が参加するゴルフ大会. the (US) Master's ともいう》 **～ swítch** 名 C 《電》親スイッチ **～ wárrant òfficer** 名 C (カナダ軍の)中級准尉

màster-at-árms 名 (複 **masters-**) C 《海軍》先任警衛海曹《軍艦で警備担当の下士官》

más·ter·ful /-fəl/ 形 ❶ 権威的な，指導者的な；横柄な ❷ =masterly **～·ly** 副 **～·ness** 名

más·ter·ly /-li/ 形 名人[大家]にふさわしい，名人芸の，練達した **-li·ness** 名

máster·mìnd 名 C ❶ 《単数形で》高度な計画の立案者；画策者，首謀者 ❷ 優れた知性の持ち主
━━動 他 〔高度な計画など〕を立案する；…を画策する

***mas·ter·piece** /mǽstərpìːs | máːs-/ 名 C ❶ 傑作，名作，代表作 ❷ (ある芸術家の)最高傑作 ❸ 〈…の〉絶好の[立派な]例，よい見本〈**of**〉(♥ よい意味でも悪い意味でも使う) ‖ His articles are ～*s of* concise but evocative description. 彼の記事は簡明で生き生きとした表現のよい見本だ ❹ (ヨーロッパ中世の職人の)腕だめし作品《親方の資格を得るためにギルド[職人組合]に提出する》

máster·shìp 名 U ❶ master(特に学校教師)の職[地位] ❷ 支配，優越 ❸ 熟練，精通

máster·stròke 名 C (特に政治・外交上などでの)素晴らしい[見事な]腕前，妙策

máster·wòrk 名 =masterpiece

***mas·ter·y** /mǽstəri | máːs-/ 名 〔◁ master 動〕(複 **-ter·ies** /-z/) U ❶ 〈…の〉支配，統御，征服〈**of, over**〉‖ achieve ～ *over* hurricanes ハリケーンをうまく切り抜ける / a perfect ～ *of* inflation インフレの完全な克服 ❷ U/C 《a ～》〈…の〉精通，熟達，熟練；修得〈**of**〉‖ He shows complete ～ *of* the saxophone. 彼がサクソフォンを完全に自分のものにしていることがわかる

mást·hèad 名 C ❶ (新聞第1面の)新聞紙名，(雑誌表紙の)雑誌名；《主に米》(新聞・雑誌の)マストヘッド，発行人欄 ❷ 《海》マストの先端，檣頭(しょうとう)

mas·tic /mǽstɪk/ 名 U ❶ マスチック，乳香(樹脂)《ニス・ガム・香料用》；乳香酒，マスチック酒 ❷ (=**～ trèe**) C 《植》コショウボク，乳香樹 ❸ 漆喰(しっくい)の一種

mas·ti·cate /mǽstɪkèɪt/ 動 他 …をかむ，かみ砕く，咀嚼(そしゃく)する(chew) **-cà·tor** 名 C 粉砕器

mas·ti·ca·to·ry /mǽstɪkətɔ̀ːri | -kətə-/ 形 咀嚼の，咀嚼用の **━━**名 (複 **-ries** /-z/) C 唾液(だえき)を増すためにかむもの《チューインガムなど》

mas·tiff /mǽstɪf/ 名 C 《動》マスチフ《大型犬》

mas·ti·tis /mæstáɪṭəs | -tɪs/ 名 U 《医》乳腺(にゅうせん)炎

mas·to·don /mǽstədɑ̀(ː)n | -dɔn/ 名 C 《古生》マストドン《絶滅した象の一種》 **màs·to·dón·ic** 形

mas·toid /mǽstɔɪd/ 形 《解》乳頭状の
━━名 (=**～ prócess**) C (耳孔の後ろの)乳様突起

mas·tur·bate /mǽstərbèɪt/ 動 自 手淫(しゅいん)[自慰]をする
━━他 〔人〕の性器を手で刺激する **màs·tur·bá·tion** 名 U 手淫，自慰，オナニー **más·tur·ba·tò·ry** 形

***mat**¹ /mæt/ 名 C ❶ マット，(玄関先の)ドアマット；(ふろ場の)バスマット；(車の)フロアマット ‖ a welcome ～ ドアマット ❷ むしろ，ござ，畳 ‖ a six-～ room 6畳の部屋 / a beach ～ ビーチマット ❸ (花瓶・皿・グラスなどの布[木]製)下敷き，敷物，テーブルマット，…敷き ❹ (コンピューターの)マウスパッド(mouse mat) ❺ (体操・レスリングなどの)マット ‖ ～ exercises マット運動 ❻ (髪・毛・草などの)もつれ，もじゃもじゃ ‖ a ～ of hair もつれ髪
gò to the mát 《口》(人・信条などのために)断固闘う，激しく論争する〈**for** …のために；**with** 人と；**over** …のことで〉
on the mát ① マットの上で；マットに沈められて[負けて] ② 《口》罰せられて，譴責(けんせき)されて
━━動 (**mat·ted** /-ɪd/；**mat·ting**) 他 ❶ …にマットを敷く，…をマットで覆う ❷ 〔髪など〕をもつれさせる(♦ しばしば受身形で用いる) ‖ *matted* hair もつれ髪
━━自 もつれる，絡まる，もじゃもじゃになる

mat², matt, matte /mæt/ 形 (つや・色の)鈍い，つや消しの **━━**名 ❶ U (めっきなどの)つや消し面[仕上げ] ❷ C (額の縁と絵の間の)台紙，マット **━━**動 (**mat·ted** /-ɪd/；**mat·ting**) 他 ❶ 〔金属・ガラス〕をつや消しにする ❷ 〔額の絵〕に台紙の縁をつける

mat³ /mæt/ 名 =matrix ❷

***mat·a·dor** /mǽṭədɔ̀ːr/ 名 (♦ スペイン語より) C ❶ マタドール《牛に剣でとどめを刺す闘牛士》(→ picador, toreador) ❷ 《トランプ》(skat のようなゲームでの)切り札の一種 ❸ U マタドール《ドミノゲームの1つ》

Ma·ta Ha·ri /mɑ̀ːṭə háːri/ 名 マタ＝ハリ (1876–1917) 《オランダ生まれでパリで活躍した女性ダンサー. 第1次世界大戦中ドイツのスパイとして活動. その後フランス当局に逮捕され処刑された》；C 美しい魅惑的な女スパイ

match¹ /mætʃ/ 名 C ❶ マッチ ‖ a box of ～*es* マッチ1箱 / strike a ～ マッチをする / put [OR set] a ～ to ... …に(マッチで)火をつける ❷ (火縄銃の)火縄，導火線

*****match**² /mætʃ/ 動 名

中心義 …と釣り合う(もの[人])

> 動 他 **似合う❶ 釣り合わせる❷ 一致する❸**
> **匹敵する❹ 競争させる❺**
> 自 **調和する❶**
> 名 **試合❶ 競争相手❷ よく合うもの[人]❸**

━━動 (**～·es** /-ɪz/；**～ed** /-t/；**～·ing**)
━━他 ❶ 《受身形不可》(色などが)…と調和する，**似合う**，よく合う (⇨ FIT¹ 類語) ‖ This jacket doesn't ～ these pants. この上着はこのズボンと合わない (♦ ×match to [with] these pants とはいわない) / a coat and a hat to ～ コートとそれによく合う帽子
❷ 《+目+**to** [**with**] 名》…を〈…と〉**釣り合わせる**，…を〈…に〉調和[適合]させる，一致させる；…を〈…と〉組み合わせる；〔2つのもの[人]〕を組み合わせる ‖ Most Italian white wines are well ～*ed to* lightly flavored fish. イタリア産白ワインの大半はあっさりと味つけした魚とよく合う / ～ one's shoes *to* one's coat 靴をコートに合わせる / *Match* the words in column A *with* the words in column B. A欄の語とB欄の語を結びつけなさい / ～ one's actions *to* one's beliefs 行動を信念に一致させる / an ill-～*ed* couple 不釣り合いなカップル[夫婦]

❸ (報告・情報などの一方が)〔他方〕と**一致する**, 合致する, (ほとんど) 同じである ‖ His fingerprints ～ those on file. 彼の指紋はファイルされている指紋と一致する
❹ 〈スピード・大きさ・質などの点で〉…に**匹敵する**, …と対等[互角]である〈**in, for**〉‖ No one can ～ him *in* shooting. 射撃で彼にかなう者はいない / two evenly ～*ed* teams 実力互角の両チーム
❺ …を〈…と〉**競争**[対戦]**させる**〈**against, with**〉; 〔性能など〕を〈…と〉競い合わせる〈**against**〉(♦ しばしば受身形で用いる) ‖ Our team was ～*ed against* theirs. 我がチームは彼らとぶつかることになった
❻ 〈…と〉〔調和する[釣り合う]もの〕を見つける〈**to, with**〉
❼ …に匹敵する資金を供給する; 〔必要・要求など〕に相応する[見合う]ものを与える ❽ (賭(か)け事などで)〔コイン〕をトスする ❾ 〖電〗〔回路〕を整合する ❿ 《古》…を〈…と〉結婚させる〈**with**〉 ⓫ 💻〔データなど〕を照合する
—⾃ ❶ 〈…と〉**調和する**, 釣り合う, マッチする (tone in)〈**with**〉‖ The curtains don't [poorly] ～ *with* the wallpaper. カーテンと壁紙の調和がとれていない [よくない] ❷ 〈…と〉一致する, 合致する〈**with**〉; 似かよう ‖ Your socks don't ～. 君の靴下は左右が合ってないよ
màtch À agàinst B̀ 〈他〉 ① ⇨ ⑩ ❺ ② *A*を*B*と同じかどうか見比べる(♦ しばしば受身形で用いる)
****màtch úp*** 〈他〉《***màtch úp ...*** / ***màtch ... úp***》 ① …にふさわしい〈…を〉見つける, …を〈釣り合う相手と〉結びつける, 合致させる〈**with**〉 ② …を〈…と〉調和させる, 組み合わせる〈**with**〉‖ She has ～*ed* the patterns *up* very well. 彼女は模様をとても上手に組み合わせた ③ …を〈…と〉対戦させる〈**with**〉‖ We will ～ him *up with* John. 彼をジョンと対戦させよう **—**〈自〉 ① 〈…と〉一致する, 合致する〈**with**〉 ② 〈…と〉うまく調和する, ぴったり合う〈**with, to**〉 ③ 基準などに達する; 〈…と〉同じくらいよい〈**to**〉
****màtch úp to ...*** 〈他〉 ① ⇨ *match up* 〈自〉②, ③(↑) ② 〔期待・希望・理想など〕に十分応える[かなう]; 〔仕事など〕によく耐えられる ‖ Mike never felt he had ～*ed up to* his mother's expectations. マイクは母親の期待に十分応えたと思ったことがなかった
—名 (⑱ **～·es** /-ɪz/) Ⓒ ❶ (2人・2チームで争う)〈…との〉**試合**, 勝負; いさかい〈**against, with**〉(♦ 《米》では, 球技などには game を使うことが多い. → game¹) ‖ get into a shouting [《主に英口》slanging] ～ *with* ... …とののしり[どなり]合いになる

連語 【名/形+～】 a World Cup final ～ ワールドカップ決勝 / a championship ～ 選手権試合 / a football [tennis, boxing] ～ フットボール [テニス, ボクシング] の試合 / a chess ～ チェスの試合 / a test ～ 《英》(クリケット・ラグビーなどの) 国際試合 / an opening ～ 開幕戦 / a league ～ リーグ戦
【動+～(+前)】 win [lose] a ～ 試合に勝つ [負ける] / watch a ～ 試合を見る / have a ～ with ... …と試合をする / play a ～ against ... …と対戦する

❷ 《a ～, one's ～》同等[対等]の人[もの]; **競争相手**, 好敵手〈**for** …と, **at** …にかけては〉‖ He was a [more than a] ～ *for* me *at* tennis. 彼はテニスで僕の好敵手[僕より上手(うわ)]だった / We shall never see her ～. 彼女のような (優れた) 人物はもう現れないだろう / I'm no ～ *for* you. 私は到底君の相手ではない
❸ 《単数形で》〈…と〉**よく合うもの[人]**, 似合いのもの[人]; 対になるもの[人]の一方; 好一対〈**for**〉; 〈…と〉よく似たもの[人]〈**of**〉‖ Find the ～ *for* this glove. この手袋のもう一方を見つけてほしい / Your purse and shoes are a good ～. = Your purse is a good ～ *for* your shoes. ハンドバッグと靴がよく合ってますよ
❹ 《通例 a ～》(地位・財産などの点から)〈…と〉似合いの結婚相手〈**for**〉‖ Angie would be a perfect ～ *for* Jamie. アンジーはジェイミーにぴったりの結婚相手でしょう
❺ 《通例単数形で》結婚, 縁組み ❻ 💻 (データなどの) 照合
mèet [OR ***find***] ***one's mátch*** 〈…という〉好敵手を得る, 手ごわい相手に会う〈**in**〉‖ *find one's* ～ *in* him 彼という好敵手を見つける[に出会う]
▶▶ **～ plày** 名 Ⓤ 〖ゴルフ〗マッチプレー《勝ったホール数によって勝敗を決める》(→ stroke play) **～ pòint** /英 ⌒⌒/ 名 Ⓤ Ⓒ ① (テニスなどで) マッチポイント (の状態) 《勝つために必要な最後の1点》 ② 〖トランプ〗(ブリッジの) 得点単位

mátch·bòard 名 Ⓤ (床や腰板の) さねはぎ板
mátch·bòok 名 Ⓒ 《米》 ブックマッチ (book of matches) 《はぎ取り式紙マッチ》
mátch·bòx 名 Ⓒ マッチ箱; 小さな家[部屋, アパート]
match·ing /mǽtʃɪŋ/ 形 《限定》調和する, マッチする
mátch·less /-ləs/ 形 無比の, 無類の **～·ly** 副
mátch·lòck 名 Ⓒ (昔の) 火縄銃; 火縄式発火装置
mátch·màker 名 Ⓒ ❶ 結婚の取り持ちの好きな人; 仲人 ❷ 商取引の仲介人[者] **-màking** 名
mátch·stìck 名 Ⓒ ❶ マッチの軸 ❷ 細長いもの, (野菜などの) 細切り **—**形 ❶ 細長い ❷ 《英》 棒線で描いた ‖ a ～ figure 棒線の人物画 (《米》 stick figure)
mátch·wòod 名 Ⓤ ❶ マッチの軸木 (用の木片) ❷ こっぱ, 細片 ‖ smashed to ～ こっぱみじんに砕けて
***mate¹** /meɪt/ 名 Ⓒ ❶ 《英口》友達, 仲間, 同僚; 兄貴, おまえ (♥ 男性間での親しみを込めた呼びかけ. しばしば class*mate*, play*mate* などの複合語を作る) ‖ We're best ～*s*. 僕らは親友だ / Got a light, ～? おい兄貴, (たばこの) 火はあるかい ❷ (鳥・動物などの) つがいの片方 ❸ 〈対になっているものの〉 片方 〈**to, of**〉‖ I've lost the ～ *to* this earring. このイヤリングの片方をなくしてしまった ❹ 《通例単数形で》《口》配偶者, 連れ合い, 夫, 妻 ❺ 〖海〗(商船の) 航海士; 〖米海軍〗 下士官 (petty officer) ‖ the chief [OR first] ～ 一等航海士 ❻ 《主に英》 (職人などの) 助手, 見習い ‖ a cook's ～ コック助手
—動 (**～s** /-s/; **～·ed** /-ɪd/; **mat·ing**) ⾃ (鳥・動物などが)〈…と〉つがう; 《口》《戯》 (人が)〈…と〉結婚する, 連れ添う; 〖機〗〈…と〉うまく合う, つながる〈**with**〉‖ the *mating* season 交尾期 **—**他 ❶ 〔鳥・動物など〕を〈…と〉つがわせる; 《口》《戯》…を〈…と〉結婚させる, 連れ添わせる〈**with, to**〉 ❷ 〖機〗…を〈…と〉つなぐ, 連結する〈**to**〉
mate² /meɪt/ 名 動 =checkmate
ma·té, ma·te³ /mɑ́ːteɪ | mǽ-/ 名 ❶ (=**～ tèa**) Ⓤ マテ茶 《南米産》 ❷ Ⓒ 〖植〗マテ茶の木; Ⓤ その葉
ma·ter /méɪţər/ 名 Ⓒ 《しばしば the ～》《英口》《旧》《戯》 おふくろ (→ pater)

***ma·te·ri·al /mətíəriəl/ 名 形

中心義 物質を構成する(もの)

> 名 材料❶ 原料❶ 生地❷ 資料❹
> 形 物質の❶ 物質的な❷

—名 (⑱ **～s** /-z/) ❶ Ⓤ Ⓒ **材料**; **原料**; 素材, 成分; 資材 ‖ Paper is the ～ that can be most easily recycled. 紙はいちばんリサイクルしやすい素材だ / raw ～(*s*) 原料 / building ～(*s*) 建築資材
❷ Ⓤ Ⓒ 織物, **生地**, 反物 ‖ What ～ is this dress? このドレスの生地は何ですか / curtain ～ カーテン生地 / a blouse of white ～ 白い生地のブラウス
❸ Ⓤ/Ⓒ 《通例 ～s》用具, 道具; (チェスの) こま (pieces) ‖ writing [sewing] ～*s* 筆記[裁縫]用具
❹ Ⓤ Ⓒ 〈…の〉**資料**, データ, (収集した) 情報, アイデア; 題材〈**for**〉‖ gather ～ *for* a history of the province 郷土史の資料を集める / look for biographical ～ on one's favorite poet 自分の好きな詩人についての伝記的資料を探す / reading ～ 読み物 / secret [OR confidential] ～ 機密資料 / reference ～*s* 参考資料 / teaching ～s 教材
❺ Ⓤ 演目, (バンドなどの) レパートリー ‖ the band's new ～ そのバンドの新レパートリー
❻ Ⓤ 《修飾語を伴って》人材, 逸材, 適格者 ‖ He's great

M

at skiing. He's Olympic ～. 彼はスキーが実にうまい. オリンピック選手になれる / ideal husband [executive] ～ 理想的な夫[重役]になれる素質

━形〔◁matter 名〕(**more ～**; **most ～**) (♦❹❺以外比較なし)

❶《限定》**物質の** (↔ spiritual), 物質に関する, 物質で構成された; 実体的な; 有形の ‖ the ～ world [OR universe] 物質界, 有形世界 / a ～ object 有形物 / ～ force(s) 物質力 / one's ～ possessions 有形財産 / a ～ noun 〘文法〙物質名詞

❷《限定》**物質的な** (↔ immaterial); 世俗的な (materialistic) ‖ ～ prosperity 物質的繁栄 / ～ comforts 物質的安楽をもたらすもの

❸ 身体[肉体]上の, 肉体的な; 感覚的な, 官能的な ‖ ～ pleasures 官能[肉体]的快楽 / ～ needs 生理的欲求《食べたり飲んだりすること》

❹〈…にとって〉重要な; 本質的な, 必須の; 〈…と〉関連のある〈**to**〉‖ facts ～ *to* the investigation 調査に重要な事実 ❺〘法〙(証拠などが)〈…の〉裁決に影響のある〈**to**〉, 重要な ‖ a ～ witness 重要証人 / ～ evidence 重大な証拠 ❻〘哲〙質料的な, 実質的な (↔ formal)

▸▸ **～ gírl** 名 C マテリアルガール, 物質的欲望の強い女, ブランド志向の娘《米国の歌手 Madonna の歌より》

***ma·te·ri·al·ism** /mətíəriəlìzm/ 名 U ❶〘哲〙唯物論[主義] (↔ idealism) (→ dialectical materialism, historical materialism) ❷ 物質[実利]主義

matérial·ist 名 C 唯物論者; 物質[実利]主義者

━形 唯物論(者)の; 物質[実利]主義(者)の

***ma·te·ri·al·is·tic** /mətìəriəlístɪk/ 形 ❶〘哲〙唯物論(者)の ❷ 物質[実利]主義(者)の **-ti·cal·ly** 副

ma·te·ri·al·i·ty /mətìəriǽləṭi/ 名 (複 **-ties** /-z/) ❶ U 物質性 ❷ C 有形物, 実体

***ma·te·ri·al·ize** /mətíəriəlàɪz/ 動 自 ❶《通例否定文で》(計画・希望・予期したことなどが)現実に起こる, 現実となる; 具体化する ‖ I expected a pay raise, but it didn't ～. 昇給を期待したが, 実現しなかった ❷ (人・物が)突然[思いがけなく]現れる; (人・電車などが)来る, (待っているところへ)現れる ‖ The cottage ～*d* out of the fog. 霧の中からその小屋が姿を現した ❸ (幽霊・霊魂などが)形となって現れる, 見えるようになる, 出る ━他 ❶ …を有形化する; …を実現[具体化]する ‖ ～ an ambition 野望を実現させる ❷〔霊・幽霊〕を体現させる, 呼び出す

ma·tè·ri·al·i·zá·tion 名 U 具体化, 実現

***ma·te·ri·al·ly** /mətíəriəli/ 副 ❶ 物質的に, 物質的な面では; 肉体的に ❷ 実質的に, 本質的に; 大いに, 相当

ma·te·ri·el /mətìəriél/ 名 U 軍備品; 資材, 設備 (↔ personnel)

***ma·ter·nal** /mətə́ːrnəl/ 形 (↔ paternal) ❶ 母の; 母らしい; 母親らしく優しい ‖ ～ love [instinct(s)] 母性愛[本能] ❷《限定》母方の; 母から受け継いだ ‖ my ～ uncle 私の母方のおじ ❸《限定》妊婦の; 陣痛[出産]時の ‖ ～ mortality 出産時の死亡率

～·ly 副 母親らしく, 母親として

語源 *matern-* mother＋*-al*(形容詞語尾)

ma·ter·ni·ty /mətə́ːrnəṭi/ 名 (複 **-ties** /-z/) ❶ U 母であること, 母性, 母らしさ (↔ paternity) ❷ C (病院の)産科病棟, 産院 ❸《形容詞的に》妊産婦(用)の ‖ ～ wear [OR dresses, clothes] マタニティーウエア, 妊婦服 / a ～ hospital [ward] 産科病院[病棟] / a ～ nurse 助産師 ▸▸ **～ allòwance** 名 C U《英》産休手当《maternity pay を受け取る資格のない女性に政府が支払う手当》 **～ bènefits** 名 複 =maternity allowance **～ lèave** 名 U 出産休暇, 産休 **～ pày** 名 U《英》出産手当 (Statutory Maternity Pay)《6か月以上働いた後, 産休をとった女性に事業主が支払う手当》

mate·y /méɪṭi/《英口》形〈…と〉付き合いのよい, 親しい〈**with**〉

━名 C 相棒; そこの人 (♥知らない人への呼びかけ)

⁑**math** /mæθ/

━名 U《米口》**数学** (mathematics, 《英口》maths) ‖ a ～ teacher 数学の教師 / **do** the ～ 計算する; 《口》(計算して)事の真意を探る

▸▸ **～(s) abùse** 名 U C 数学の誤用《数学のルールの無視》

math. 略 mathematical, mathematician, mathematics

***math·e·mat·i·cal** /mæ̀θəmǽṭɪkəl/ ◁ 形 ❶《限定》数学上の, 数学[数理]的な ‖ a ～ formula 数学の公式 / ～ tables 数表 / ～ instruments 製図器具《定規・分度器・コンパスなど》/ ～ induction 数学的帰納法 / a ～ chance (数字上)ごくわずかな見込み ❷《通例限定》数学が得意な, 数理に明るい, 計算に強い ‖ He's got a ～ mind. 彼は数理に明るい; 数学が得意だ (＝He is mathematically minded.) ❸《限定》極めて正確な ‖ a ～ certainty that ... …という確実に起こる[あり得る]こと / a ～ chance of ... …が起こる極めて低い確率 / with ～ precision 極めて正確[精密]に

～·ly 副 数学的に; 非常に正確に, 数字上

***math·e·ma·ti·cian** /mæ̀θəmətíʃən/ 名 C 数学者

⁑**math·e·mat·ics** /mæ̀θəmǽṭɪks/《発音注意》

━名 ❶ U **数学** ‖ *Mathematics* makes [×make] me dizzy. 数学をやっていると頭痛がする / applied [pure] ～ 応用[純正]数学

❷《通例 one's ～》《単数・複数扱い》数学的処理, 演算, 運算, 計算 ‖ My ～ is [OR are] weak. 私は計算に弱い

***maths** /mæθs/ 名《英口》＝math

mat·i·nee /mæ̀tənéɪ | mǽtɪnèɪ/ 名 C マチネー《映画・演劇・音楽などの午後[昼間]の興行》(→ soiree) (♦フランス語より) ▸▸ **～ còat [jàcket]** 名 C《英》小児用の半コート (《米》baby cardigan) **～ ìdol** 名 C《旧》《口》女性客に受ける男優

mat·ins, M- /mǽtənz | -ɪnz/ 名 U〘カト〙朝課; (英国国教会の)早禱(そうとう), 朝の祈り; 《文》鳥の朝のさえずり

Ma·tisse /mætíːs/ 名 **Henri ～** マチス (1869–1954)《フランスの画家》

ma·tri·arch /méɪtriàːrk/ 名 C 女家長[部族長] (↔ patriarch) **mà·tri·ár·chal** 形

ma·tri·ar·chy /méɪtriàːrki/ 名 (複 **-chies** /-z/) U C 女家長[部族長]制(社会) (↔ patriarchy)

ma·tri·ces /méɪtrɪsìːz/ 名 matrix の複数の1つ

mat·ri·cide /mǽtrɪsàɪd | méɪt-/ 名 U C 母親殺し(の犯人) (↔ patricide) **màt·ri·cí·dal** 形

ma·tric·u·late /mətríkjulèɪt/ 動 自 大学に入学する

━他 …に大学入学を許可する, 入学させる

ma·trìc·u·lá·tion 名 U 大学入学許可

mat·ri·lin·e·al /mæ̀trɪlíniəl/ ◁ 形 母系の, 女系の (↔ patrilineal)

mat·ri·mo·ni·al /mæ̀trɪmóuniəl/ ◁ 形 結婚の, 婚姻の, 夫婦の **～·ly** 副

mat·ri·mo·ny /mǽtrəmòuni | -rɪmə-/ 名 U 結婚, 婚姻; 夫婦であること; 結婚生活 ‖ unite the couple in holy ～ そのカップルを正式に結婚させる

***ma·trix** /méɪtrɪks/ 名 (複 **～·es** /-ɪz/ OR **-tri·ces** /-trɪsìːz/) C ❶ (物事の)母体, 母組織; 基盤 ❷ 鋳型, 刻印機; 〘印〙字母, 母型; 紙型; (レコードの)原盤 ❸〘地〙母岩; 〘生〙細胞間質, 基質 ❹〘数〙マトリックス, 行列 ❺ 💻 項目を行と列に並べた配列, 行列; マトリックス《回路網の一種》‖ a ～ printer マトリックス[ドット]プリンター ❻ (線・道路などが交差してできた)網目状の体系 ‖ a ～ of roads 複雑に入り組んだ道路

ma·tron /méɪtrən/ 名 C ❶ 寮母, 女性舎監; (公共施設の)女性監督; 《米》女性看守 ❷《英》《旧》看護師長 (♦現在は senior nursing officer というのがふつう) ❸ (年配の落ち着きのある)既婚女性 ▸▸ **～ of hónor** 名 (複 **～s of h-**) C 花嫁介添え役の既婚女性

má·tron·ly /-li/ 形 ❶ (年配の)既婚女性らしい; 落ち着

いた, 品位のある ❷ (中年女性が)太り気味の

mat·ro·nym·ic /mæ̀trəníːmɪk/ 名形 =metronymic

matt, matte /mæt/ 形名動 =mat²

Matt¹ /mæt/ 名 マット《Matthew の愛称》

Matt² 略 〖聖〗Matthew

mat·ted /mǽṭɪd/ 形 ❶ (毛が) 密生した, もつれた ‖ ~ hair もつれた髪 ❷ マット[むしろ, ござ]を敷いた

mat·ter /mǽṭər/ 名 動

中心義 (影響力のある)物事

名 事❶ 事柄❶ 問題❶ 事態❷ 困難❸ 物質❻
動 自 重要である❶

— 名 (▶ material 形) (複 **~s** /-z/) ❶ C (漠然と) **事, 事柄**; 事件, **問題** ‖ I have a heap of ~*s* to resolve. 解決すべきことが山ほどある / Well, that's a ~ for further consideration. そうだな, それはもっと考えるべき問題だ / The police let the ~ drop [OR rest]. 警察はその件をそのままほうっておいた / "I haven't taken a day off for weeks." "That's「a different [OR another] ~." 「この何週間か1日も休みをとっていない」「それは別問題だ」/ Finding this job was no easy ~. この仕事を見つけるのは容易なことではなかった / That's the end of the ~. この件はこれで終わり / Some critical ~*s* **arose** at the last stage of the project. プロジェクトの最終段階で重大な問題が生じた / There's the small [OR little] ~ of your debts. 君の借金のことでささいな問題があるんだ (♥ 相手に重大さをわからせようとして皮肉を込めていう) / It's just [OR only] a ~ of time before the wicked stalker is arrested. その悪質なストーカーが捕まるのは単に時間の問題だ / It's a ~ of asking him to do it. 彼にそれをするよう頼めば済むことだ / the ~ in [OR at] hand 当面の問題 / go [OR get] to the heart of a ~ 事件[問題]の核心に触れる / as a practical ~ 実際問題として / a ~ of taste 好みの問題

連語 【動+~】「deal with [take up] a ~ 問題を取り扱う [取り上げる] / discuss a ~ 問題を論じ合う / raise a ~ with a person 〔人〕に問題を提起する
【形/名+~】 a serious ~ 重大事 / a complicated ~ 複雑な問題 / an important ~ 重要な問題 / a simple ~ 単純な問題

❷ C 《~s》**事態**, 事情(♦ 漠然とした状態を指し, 冠詞・修飾語句を伴わない) ‖ The mayor's attempt to explain his insensitive remarks only made ~*s* worse. 無神経な発言について釈明しようとする市長の試みは事態をさらに悪化させた / improve [change] ~*s* 事態を改善する[変える]

❸ 《the ~》〈…についての〉**困難**; 事故, 故障〈**with**〉(♦ 形容詞 wrong の意味に近い. この意味では the matter が主語になることはない) ‖ What's the ~ (with you)? どうしたの (=What's wrong?) / Is anything the ~ (with you)? どうかしたの (=Is anything wrong?) (♥ with you をつけると強意的になり, しばしば皮肉・驚きなどの意味が加わる) / See if you can find out what is the ~ *with* it. どこが具合悪いのか見てみて (♦ 間接疑問文中でもふつう what the matter is ... の語順にはならない) / 「There's something [OR Something's] the ~ *with* my car. 車はどこか故障している / 「There's nothing [OR Nothing's] the ~ with me. 僕は何でもないよ

❹ 《通例 no matter の形で》 U 重大なこと; 重要性 (→ CE 2) ‖ I wanted to see her before she left, but it's no ~ (to me). 彼女が出発する前に会いたかったんだが, 大したことじゃない / (It is) no ~ that he has left us. 彼が私たちのもとを去ったけどどうということはない

❺ C 〈…の〉原因, 理由〈**for, of**〉‖ The extinction of that species is a ~ *for* regret. その種が絶滅するのは残念なことだ

❻ U (mind, spirit などに対し)**物質**; (特定の)…物, …体, …質, …素; 要素, 成分 ‖ solid [liquid, gaseous] ~ 固体[液体, 気体] / animal [mineral, vegetable] ~ 動物[鉱物, 植物] 質 / organic ~ 有機物 / coloring ~ 色素

❼ U (本・講演などの) 内容, 題材 (♦ style, manner, form と区別される) ‖ His speech contained very little ~. 彼の演説にはほとんど内容がなかった / the **subject** ~ of a book 本の主題[テーマ]

❽ U (筆記・印刷された)もの; 郵便物; 〖印〗原稿; 組版 ‖ printed ~ 印刷物 / reading ~ 読み物 / postal ~ 郵便物 / typewritten ~ タイプ[ワープロ]で打った原稿

❾ U (体内からの) 排出物; (はれ物の) 膿(うみ) (pus); 目やに ‖ waste ~ (体から出る) 老廃物 ❿ U 〖哲〗 質料, 物質 (↔ form); 〖論〗命題の本質[内容]

* ***a màtter of ...*** ① …の問題(→ 名 ❶) ② およそ, 約; たったの…, わずか… ‖ *a* ~ *of* 10 miles 約10マイル / in *a* ~ *of* weeks 数週間のうちに; わずか数週間で

a màtter of cóurse 当然[当たり前]のこと

* ***a màtter of life and*** [OR ***or***] ***déath*** 死活問題

a màtter of récord 記録に載っている事実, 確かなこと

as a màtter of cóurse 当然, もちろん (⇨ *of* COURSE) ‖ We will, *as a* ~ *of course*, tell her not to mention this meeting to her husband. もちろん彼女にはこの会合のことを彼女の夫に言わないように言います

* ***as a màtter of fáct*** **実のところは**, 実際は (♥ 新しい情報を付け加えたり, 相手の誤りを正したりするときに用いる) (⇨ INDEED 類語) ‖ "Would you like some cheesecake?" "No, I'm on a diet, *as a* ~ *of fact*." 「チーズケーキはいかがですか」「いいえ, 実はダイエット中なんです」(♦ 《口》では as a を省略することもある. 〈例〉 *Matter of fact*, I don't like it. 実を言うと, それは好きではない)

for thát màtter NAVI (♥ 前に述べたことを受けて, 強調したいことを追加する表現) ① それについては, そのことなら(…もまた同様で) ‖ He is quite arrogant, as is his brother *for that* ~. 彼はとても傲慢(ごうまん)だ, いやそういえば彼の弟もそうだ ② ついでに言うと ‖ I don't like carrots, or any vegetables *for that* ~. ニンジンは嫌いだ. ついでに言うと, 野菜はどれも好きではない

in 「***the mátter*** [OR ***mátters***] ***of ...*** …の点では, …に関しては

* ***nò màtter whàt*** [***whò, whèn, whère, hòw***] ***...*** **たとえ何が[だれが, いつ, どこで, いかに]…でも** (♦ whatever, whoever などより《口》) ‖ I intend to finish my work today *no* ~ *what* they (may) say. 彼らが何と言おうと今日中に仕事を終わらせるつもりだ(♦ may を使うのは堅い表現) / *No* ~ *how* many times I see this movie, I still cry at the last scene. この映画は何度見ても, いまだにラストシーンで泣けてくる

語法 ☆☆ (1) 動詞が省略されることがある. 〈例〉 He can win *no matter what*. 何があっても彼は勝てる (♦ what の後に happens などを補って解釈する)
(2) *no matter* の後に疑問詞でなく名詞句を伴う表現もある. 〈例〉 Pi is the same *no matter* the size of the circle. 円の大きさにかかわらず円周率は同じだ

nò màtter whèther [OR ***if***] ***...*** …か…かにかかわらず, …であろうと…であろうと (♦ 後に or ... を伴う) ‖ Your application will be accepted *no* ~ *whether* [OR *if*] it is written in English or in Japanese. 申込書は英語で書かれていても日本語で書かれていても受け付けてもらえる

nòt mínce màtters = WORD (CE 5)

tàke màtters into one's òwn hánds (他人の失敗の後を受けて)物事を自分で処理する

to màke màtters wórse 《独立不定詞》さらに悪いことに(は)

COMMUNICATIVE EXPRESSIONS

1 It's **nò làughing mátter.** 笑い事じゃないよ

2 **Nò mátter.** 構わない, 大したことじゃないよ

M

[3] Jùst crỳing òver your fáilure will **nòt hèlp máttẹrs.** 失敗を嘆いているだけでは事態は変わりませんよ
[4] **On an entìrely dìfferent mátter, nòw,** lèt's consìder drúg abùse. NAVI 話題はがらりと変わりますが，次に薬の乱用について考えてみましょう (♥ 会議などで用いる形式ばった表現. ↘To change the subject, let's ....)
[5] **Thàt's a màtter of opínion.** ⇨ OPINION (CE 9)

— 動 (~s /-z/; ~ed /-d/; ~·ing) 自 ❶《通例進行形不可》 **a** (物・事が)〈…にとって〉**重要である**, 重大である, 問題となる〈**to**〉; (人が) 重要(な人)である, 影響力がある (♦しばしば疑問文・否定文で用いる) ‖ Money doesn't 「really ~ [~ **much**] *to* me. 僕にとって金は実は[あまり]問題ではない / "I've made another mistake." "It doesn't ~." 「また間違えたよ」「どうってことないさ」/ "What do you want, Rick?" "Tea, coffee, it doesn't ~." 「リック, 何が飲みたい」「紅茶でもコーヒーでも何でも構わないよ」/ The income of one's parents is ~*ing* more and more in education these days. 昨今の教育では親の収入がますます問題になってきている (♦ less and less や more and more を伴って経過を表す場合は進行形可)
b 《It ~ (to 名) +that 節 /wh 節 で》 (…にとって) …ということ[…かどうか]は重要である (♦主に否定文・疑問文で用いる) ‖ It doesn't ~ *to* me 「*where* you go [*what* you say]. 君がどこへ行こうと[何を言おうと]僕は構わない / It ~*ed* a great deal *to* her *that* she failed her exam. 試験に落ちたことは彼女にとって大問題だった / It ~*s* little *if* we are late. 遅れても大したことじゃない
❷ 《医》(傷が)うむ, 化膿(かのう)する (suppurate)

COMMUNICATIVE EXPRESSIONS
[6] **It còuldn't màtter léss.** ちっとも構わない; 問題ない
[7] "I'll look up his name." "Sùre, **nòt that it máttẹrs.**" 「彼の名前を調べておくよ」「そうか, 別にいいけどね」(♥あまり関心がないことを表す)
[8] **Whàt does it mátter?** それがどうだというんだ; 構うものか (♦ what は副詞的に使われている)

Mat·ter·horn /mǽṭərhɔ̀ːrn/ 名 《the ~》 マッターホルン 《アルプス山脈中の高峰. 4,478m》

màtter-of-cóurse ⊲シ 形 ❶ 当然の, 当たり前の, 必然の ❷ (人・態度が) 平然とした, 素っ気ない

màtter-of-fáct ⊲シ 形 (人・態度などが) 事務的な; 無味乾燥な; 事実に即した, 淡々とした **~·ly** 副

Mat·thew /mǽθjuː/ 名 《聖》 マタイ 《キリストの12使徒の1人. 福音史家》; マタイによる福音書, マタイ伝 《新約聖書中の一書. 略 Matt》

mat·ting /mǽṭɪŋ/ 名 U ❶ 《集合的に》 マット, 敷物; マットの材料 ❷ (マットなどを)編むこと

mat·tins, M- /mǽtənz | -ɪnz/ 名 複 《主に英》=matins

mat·tock /mǽṭək/ 名 C 根掘りぐわ

***mat·tress** /mǽtrəs/ 名 C ❶ (ベッドの) マットレス; 空気[水] 入りクッション 《ベッド代わりやプールで用いる》 ❷ 《工》 編みそだ, 沈床(ちんしょう), コンクリート層 《道路・建物の基礎工事, 護岸用に使われる》

mat·u·rate /mǽtʃurèɪt/ 動 自 ❶ 化膿(かのう)する, うむ ❷ 成熟する

mat·u·ra·tion /mæ̀tʃuréɪʃən/ 名 U ❶ 成熟, 円熟; 成熟期 ❷ 化膿

ma·tur·a·tive /mətʃúərəṭɪv/ 形 化膿[成熟]を促す

***ma·ture** /mətúər | -tʃúə/ 《発音注意》 形 (▶ maturity 名) (**-tur·er**; **-tur·est**) ❶ (精神的・肉体的に) 十分発達[成長]した, 成熟した, 大人になった, 思慮分別のある (↔ immature) ‖ You're not ~ enough to look after yourself. あなたはまだ自分で自分の面倒が見られるほど大人じゃないわ ❷ 《限定》 (映画などが) 成人向けの; 大人によって構成される ‖ a ~ audience 大人の観客 ❸ (動植物が) 成長しきった (↔ immature) ❹ (果物・チーズ・ワインなどが) 熟(成)した, 飲み[食べ]ごろの ‖ Although only two years old, this wine is already ~ enough to drink. このワインはまだ2年ものだが, もう熟成していて飲みごろだ ❺ 《婉曲的》 (人が) 熟年の, 中高年の; 分別盛りの, 円熟した ‖ people of ~ years [OR age] 熟年の人々 ❻ (文学作品・絵画などが) 円熟した; (技量が) 熟達した ❼ 《限定》 (決心・計画などが) 熟慮した, 十分に練った, 慎重な, 入念な ‖ make a ~ decision 英断する / after ~ consideration [OR reflection] 十分熟慮した後に, 慎重審議の末 ❽ 《商》 (手形・債券などが) 満期の (due) ❾ (企業・市場・製品などが) これ以上の拡大[発展, 開発]は望めない ‖ a ~ industry 成熟産業 ❿ 《地》 (地形的に) 壮年期の
— 動 他 …を熟させる, 成熟させる; 〔ワインなど〕を熟成させる; 〔計画など〕を完成する, 練り上げる ‖ a ~*d* plan よく練り上げた計画 — 自 ❶ 熟す, 成熟[円熟]する, 成長する; (ワインなどが) 熟成する; 完成する; 成長して〈…に〉なる (↘grow up) 〈**into**〉 ‖ She has ~*d into* a handsome career woman. 彼女は成長してきりっとした顔立ちのキャリアウーマンになった ❷ 《商》 (手形などが) 満期になる
~·ly 副 思慮深く
▶▶ ~ **stúdent** 名 C 《英》 成人大学生 (《米》 adult student) 《高等学校卒業数年後に大学に入学した学生》

***ma·tu·ri·ty** /mətúərəṭi | -tʃúə-/ 名 〔◁ mature 形〕 (複 **-ties** /-z/) ❶ U 成熟(期); 円熟(期) (↔ immaturity) ‖ ~ of judgment 分別盛り / 「come to [OR reach] ~ 成熟[円熟]する ❷ U (手形などの) 満期

ma·tu·ti·nal /mæ̀tʃutáɪnəl | -tju-/ ⊲シ 形 《堅》 朝の, 早朝の; 早い

mat·zo /mɑ́(ː)tsə, -tsou | mɔ́t-/ 名 (複 **~s** /-z/ OR **-zoth** /-sòut/) U C マツォー 《ユダヤ人が過ぎ越しの祭りに食べるパン種を入れないパン》 ▶▶ ~ **bàll** 名 C マツォーボール 《matzo meal で作った団子. スープに入れて食べる》 ~ **mèal** 名 U 粉状にしたマツォー

maud·lin /mɔ́ːdlɪn/ 形 (酔って) 涙もろい; いやに感傷的な

Maugham /mɔːm/ 名 (**William**) **Somerset** ~ モーム (1874–1965) 《英国の作家》

Mau·i /máui/ 名 マウイ島 《ハワイ諸島中部の島》

maul /mɔːl/ (♦同音語 mall) 動 他 (動物が) …を襲って傷つける, めった打ち[切り]にする; …に手荒なことをする; …を酷評する; …をやっつける — 名 C ❶ 大(木)づち, 掛矢(かけや) ❷ 《ラグビー》 モール 《ボールを持った選手を中心にした密集》 (→ ruck[1]) **~·ing** 名

mául·stìck 名 C (画家が絵筆を持つ手を支える) 腕づえ, モールスティック (mahlstick)

Mau·na Ke·a /màunə kéɪə/ 名 マウナケア 《ハワイ島の火山. 4,205m. 山頂付近には国際的な天文観測施設がある》

Màuna Ló·a /-lóuə/ 名 マウナロア 《ハワイ島の火山. 4,170m》

maun·der /mɔ́ːndər/ 動 自 とりとめもなく話す, だらだら話す; だらだら動く, ぶらぶら歩き回る

Maun·dy /mɔ́ːndi/ 名 U 洗足式 《(英国の) 女王が貧しい人に救済金を賜る洗足木曜日に行われる》 ▶▶ ~ **mòney** 名 《また m-》 C 洗足記念下賜金 《英国王室が貧民救済のため特別に造った銀貨》 ~ **Thúrsday** 名 洗足木曜日, 聖木曜日 《復活祭直前の木曜日. 最後の晩餐(ばんさん)の折にキリストが弟子たちの足を洗ったことを記念する》

Mau·pas·sant /móupəsɑ̀ːnt | -sɔ̃n/ 名 **Guy de** ~ モーパッサン (1850–93) 《フランスの小説家》

Mau·ri·ac /mɔ̀ːriɑ́ːk | mɔ́ːriæk/ 名 **François** ~ モーリヤック (1885–1970) 《フランスの小説家. ノーベル文学賞受賞 (1952)》

***Mau·ri·ta·ni·a** /mɔ̀(ː)rəténiə | -rɪ-/ 名 モーリタニア 《アフリカ北西部の共和国. 公式名 the Islamic Republic of Mauritania. 首都 Nouakchott /nùːɑːkʃɑ́(ː)t | -ækʃɔ́t/》 **-ni·an** 形 名 C モーリタニアの(人)

***Mau·ri·ti·us** /mɔːríʃəs | mə-/ 名 モーリシャス 《マダガスカル島東方のインド洋上の島国. 公式名 the Republic of Mauritius. 首都 Port Louis》

mau·so·le·um /mɔ̀ːsəlíːəm/ 名 (複 **~s** /-z/ OR **-le·a**

/-liːə/) Ⓒ ❶ 壮大な墓, 霊廟(れいびょう), 陵 ❷《the M-》小アジアの Caria 王 Mausolus の霊廟《古代世界の七不思議の1つ》❸ 陰気で大きな建物[部屋]

mauve /moʊv/ 形 藤色の
―名 Ⓤ ❶ 藤色 ❷ 藤色のアニリン染料

ma·ven, -vin /méɪvən/ 名 Ⓒ《米口》玄人, 通(つう)

mav·er·ick /mǽvərɪk/ 名 Ⓒ ❶《米》焼印のない子牛 ❷(党やグループの)異端者, 一匹狼(おおかみ)
―形《限定》異端者の, 一匹狼の
語源 自分の牛に焼印を押さずに野放しにしていたテキサスの牧場主 Samuel A. Maverick(1803–70)の名から.

ma·vis /méɪvɪs/ 名《文》=song thrush

maw /mɔː/ 名 Ⓒ ❶(肉食動物の)口, のど, あご ❷《口》(強欲な人の)口, 胃 ❸ 何もかも飲み込む穴, 奈落(ならく)

mawk·ish /mɔ́ːkɪʃ/ 形 いやに感傷的な, 涙もろい
~·ly 副 **~·ness** 名

max /mæks/ 名 形《口》=maximum
to the máx 最大限に(=to the maximum)
―副《口》最高で, 最大で ‖ It'll cost ¥10,000 ~. 最高で1万円かかるだろう(♦ 数字の後で用いることが多い)
―動 自《米口》限界[最高点]に達する《**out**》
màx óut 《米口》〈他〉《***màx óut*** ... / ***màx*** ... ***óut***》〔クレジットカードなど〕を(最高限度まで)使い切る ―〈自〉① ⇨ 自 ② 全力を注ぐ;〈…を〉やりすぎる〈**on**〉

max. 略 maximum

max·i /mǽksi/ 名 Ⓒ マキシスカート, マキシコート《足首までの長いもの》 ―形 とても大きい[長い](↔ mini)

maxi- /mæksɪ-/ 連結形《名詞につけて》「マキシの」「非常に大きい[長い]」の意(↔ mini-) ‖ *maxi*-problem (大問題)

max·il·la /mæksílə/ 名 (複 **-lae** /-liː/) Ⓒ《解》上あご(の骨), 上顎(じょうがく);(節足動物の)下あご, 小顎(しょうがく)
máx·il·làr·y /英 ―́―――/ 形

***max·im** /mǽksɪm/《発音注意》名 Ⓒ 格言, 金言;処世訓

max·i·ma /mǽksɪmə/ 名 maximum の複数の1つ

max·i·mal /mǽksɪməl/ 形 最高の, 最大(限)の(↔ minimal) **~·ly** 副

máximal·ist 名 Ⓒ 形 最大限の要求を主張して妥協しようとしない人(の)(↔ minimalist), 過激主義者(の)

Máx·im gùn /mǽksɪm-/ 名 Ⓒ マキシム式速射機関銃

***max·i·mize** /mǽksɪmàɪz/ 動 他 ❶〔利益・収入など〕を最大限に増やす;〔時間・機会など〕を最大限に活用する(↔ minimize) ‖ ~ profits 利益を最大にする / ~ one's time 時間をフルに活用する ❷《数》〔関数〕の最大値を求める ❸ 🖳〔ウィンドウ〕を画面いっぱいに拡大[最大化]する
màx·i·mi·zá·tion 名

***max·i·mum** /mǽksɪməm/《発音注意》名 (複 **~s** /-z/ OR **-ma** /-mə/) Ⓒ ❶《通例単数形で》最大限, 極限;最大量[値], 最高点(↔ minimum)《略 max, max.》‖ increase the speed to the ~ スピードを極限まで上げる / reduce pay by a ~ of 10 percent 賃金を最高10%削減する ❷《天》変光星の光度の最大期(の光度) ❸《数》最大, 極大
―形《比較なし》《限定》最大(限)の, 最高の, 極限の ‖ a ~ speed of 100 miles per hour 時速100マイルの最高速度 / record the ~ temperature 最高温度を記録する / for ~ effect 効果を最もあげるために
―副 最大で(at the maximum)

máximum-sècurity príson 名 Ⓒ (凶悪犯罪者用の)最厳重警備刑務所

max·well /mǽkswel/ 名 Ⓒ《電》マックスウェル《磁束の cgs 電磁単位. 略 Mx》

⁝may /meɪ/

中心義 **妨げがなく現実として可**

―助 (♦ 否定形は may not. 短縮形 mayn't /meɪnt/ はまれ. 過去形は might /maɪt/. → might¹ 助)

❶ **a** 《可能性・推量》…**(する)かもしれない**, (あるいは)…(する)だろう;…(すること)もあり得る(⇨ CAN¹ ❹ 語法);《疑問詞を伴う節で》(一体)…だろうか ‖ It ~ rain tonight. 今夜は雨が降るかもしれない / That ~ or ~ not be true. それは真実かもしれないしそうではないかもしれない / You ~ think it is a good idea. 君はあるいはそれがよい考えだと思うかもしれない / It ~ be that he got caught in a traffic jam. 彼は交通渋滞に巻き込まれたのかもしれない / He ~ well be right. おそらく彼の言うことは正しい(♦ may の直後に well を伴うと可能性が高くなる. → well¹(成句)) / And who ~ you be? ところであなたはだれかしら(♥ Who are you? よりもやわらかい言い方) / I wonder how old he ~ be. 彼は一体何歳なんだろう

語法 ☆☆ (1) 可能性・推量を表す may は通例疑問文では用いない. 〈例〉Can [OR Might, ×May] it be true? それは本当だろうか(→ can¹)
(2) 可能性がないことを表す場合には cannot あるいは can't を用い, may not や might not は用いない. したがって,「本当であるはずがない」と真実である可能性(be true)を否定する場合は It can't be true. となり,「本当ではないかもしれない」と真実ではない可能性(not be true)を示す場合は It may not be true. となる.

b 《過去の事柄の推量》《may have＋過去分詞》…**だったかもしれない**(⇨ MIGHT¹ Ⅱ ❺b 語法) ‖ She ~ have gone to the movies. 彼女は映画を見に行ったかもしれない / He ~ have arrived a little earlier. 彼は少し早く着いたかもしれない

❷ **a** 《許可》《堅》…**してもよい**(be allowed to);(法令・証文などで)…すべし ‖ You ~ go home now. もう帰ってもいいですよ(♥ ときには命令に近い意味になる. ⇨ 語法(1)) / No alcoholic liquors ~ be sold. 酒類販売すべからず / You ~ not smoke in here. 《掲示》ここではたばこは吸えません

語法 ☆☆ (1) 許可を表す You may .... と不許可を表す You may not .... はやや高圧的な表現であり, 子供や目下の人に対しては使うが, それ以外ではまれ.
(2)《口》では許可を表す may の代わりに can, 不許可を表す may not の代わりに cannot を使うのがふつう(⇨ CAN¹ 助 ❸ 語法).
(3) may not や cannot よりも強い禁止を表す場合, must not を用いる.
(4) 許可の意味の may では通例後に動作を表す述語が続く. 状態を表す述語が続くと may は ❶ の可能性・推量の意味になるのがふつう.

b 《May I ...?》…**してもよろしいですか**(♥ 許可の要請);…いたしましょうか(♥ 申し出) ‖ *May* I go now? もう行ってもいいですか / *May* I have your attention, please? お知らせいたします(♥ 場内放送などで) / *May* I help you? お手伝いしましょうか;何を差し上げましょうか(♥ 店員が客に. How *may* [OR can] I help you? ともいう)

語法 ☆☆ (1) May I ...? に対する答えは, 許可するときは Sure. / Certainly. / Yes, please do. / Why not? など. 許可しないときは I'm sorry. / I'm afraid you can't. / I'd rather you didn't. などを使う. Yes, you may. や No, you may not. は子供や目下の人以外には使わない方がよい.
(2) 許可を求める場合, May I ...? の方が丁寧だが《口》では Can I ...? をよく用いる. 《英堅》の Might I ...? は May I ...? よりも丁寧だが, あまり使われない.

❸《容認・可能》《しばしば条件節で用いて》…**できる(かもしれない)**, …しても差し支えない, …してもよかろう(♦ この意味の否定は cannot) ‖ We ~ now consider the case as settled. その事件はもう解決したと考えてよかろう / It ~ be said that this is the best novel he has ever written. これが彼がこれまでに書いた小説の中で最高の作品だと言ってもよい / And how much did you pay him, if I ~ ask? ところで, 伺うのもなんですが, 彼にはいくら払ったんですか / This is, I ~ add, the most important discovery of the 20th century. 付け加えれば,

これは20世紀で最も重要な発見だ / I would like to close the window, if I ～. よろしければ窓を閉めたいのですが / If I ～ interrupt for a moment, may I ask a question? お話し中のところ(中断して)恐縮ですが，1つ質問させていただいてよろしいでしょうか(♥ 途中で話を遮るときに使う形式的で丁寧な言い方)

❹《譲歩》 **a** 《may ... but ...》**…だろうが**(しかし…)，…かもしれないが (しかし…) ‖ He ～ be a genius, but he doesn't understand how people feel. 彼は天才なのだろうが，人の気持ちがわからない

b 《副詞節で》**たとえ…でも** ‖ Whatever you ～ say, he won't change his mind. 君が何と言おうと，彼は考えを変えないだろう(♦《口》では may を用いず Whatever you say .... ということも多い) / However expensive the latest model ～ be, I will buy it. いくら高くても，僕は最新型を買うつもりだ

❺《目的》《so [OR in order] that ... may ...》《堅》**…する[できる]ように** (→ so[1], order) (♦ can を使う方が《口》) ‖ Let's agree on this so that we ～ move on to the next subject. 次の問題に移れるようにこの点について同意しておきましょう

❻《祈願》《May＋主語》**…しますように** ‖ *May* he rest in peace! 彼の御霊(みたま)の安らかに眠らんことを / *May* God bless and keep you always! 神様がいつもあなたを祝福し，お守りくださいますように ❼《願望・不安》《名詞節で》《文》…するように，…しないかと ‖ It is feared that we ～ lose our jobs. 我々は職を失う恐れがある / I hope you ～ arrive safely. 無事の到着を望んでいます

be that as it may ⇨ THAT(成句)

may* (*just*) *as well do ⇨ WELL[1] 副 (成句)

may well do ⇨ WELL[1] 副 (成句)

COMMUNICATIVE EXPRESSIONS

[1] **Thàt may be só, but** lèt's nòt forgét that he's néw at thìs. 確かにそうかもしれないが，彼はまだ新米であることを忘れてはいけません (♥ 相手の言い分を一応認めた上で反論や別の観点を紹介する導入表現)

***May** /meɪ/ 名 ❶ Ⓒ Ⓤ 《通例無冠詞単数形で》5月 (⇨ JANUARY 用例) ❷《通例 one's ～》《文》人生の春，青春，(若い)盛り(prime) ❸《m-》Ⓒ〖植〗サンザシ(hawthorn)；Ⓤ《集合的に》サンザシの花

▸▸**～ àpple** 名 Ⓒ〖植〗ポドヒルム(の実)《米国東部産のメギ科の多年草．黄色の卵形の実は食用》 **～ bèetle** [**bùg**] 名 Ⓒ〖虫〗コフキコガネ(cockchafer) **～ Dày** 名 Ⓤ Ⓒ ① 5月祭《古くから5月1日に行う春の祭り》 ② メーデー，労働祭(→ Labor Day) **～ quèen** 名《the ～》5月の女王《5月祭の女王に選ばれた少女》

ma·ya /máɪə, mɑ́ːjə/ 名〖ヒンドゥー教〗Ⓤ 幻影を生み出す(神などの)力，魔力；幻影，虚妄

Ma·ya /máɪə, mɑ́ːjə/ 名 (複 ～ OR **～s** /-z/) Ⓒ マヤ人《中央アメリカの先住民》；《the ～(s)》マヤ族；Ⓤ マヤ語

―形 マヤ人[語]の ‖ the ～ civilization マヤ文明

Ma·yan /máɪən, mɑ́ːjən/ 形 マヤ人[語]の

―名 Ⓒ マヤ人[族]；Ⓤ マヤ語

may·be /méɪbi/ 《アクセント注意》副 名

―副《比較なし》《文修飾》

❶《通例文頭で》**もしかすると…かもしれない**，ひょっとすると(♦ perhaps より《口》) (♥ 断言を避けて発言を和らげる) (⇨ PROBABLY 類語) ‖ *Maybe* she is right. 彼女の言うとおりかもしれない / *Maybe* you'll feel better tomorrow. 明日には気分がよくなるかもしれない / I will call you back soon — ～ tonight. 早めにこちらからまたお電話します，今晩にでも / *Maybe* he will like it; *maybe* not. 彼はそれを気に入るかもしれないし，気に入らないかもしれない

❷《提案・忠告の表現を伴って》**ことによると**，もしよければ(♥ 語調を和らげる) ‖ **I think** ～ we should talk to Justin about this. ことによるとジャスティンにこのことを話した方がいいかもしれない / *Maybe* you could help her. よかったら彼女を手伝ってあげたら

❸《語修飾》《数詞を伴って》**およそ**，だいたい ‖ I think I can finish the work in ～ two weeks. その仕事ならだいたい2週間ぐらいで終えられると思います

❹《応答》どうだろうね，そうですねえ，そうかもしれない (♥ yes，no の答えを避けて用いる．婉曲的な否定であることも多い) ‖ "Do you think he will win?" "*Maybe*." 「彼が勝つと思いますか」「どうかな」/ "He wouldn't tell the police." "*Maybe* not." 「彼は警察に言わないだろう」「まあそうかな」/ "I think he should resign." "*Maybe*." 「彼は辞職すべきだと思うよ」「どうでしょうね」

COMMUNICATIVE EXPRESSIONS

[1] **I dòn't mèan máybe.** 私は本気で命令しているんだ；いい加減なことを言っているんじゃない

―名 Ⓒ はっきりしないこと [事態]，不確かなこと ‖ There are many ～*s* in her plan. 彼女の計画にははっきりしない点がたくさんある

COMMUNICATIVE EXPRESSIONS

[2] **Thàt's a máybe.** 《英》もしかしたらね (♥ 明答を避ける)

Máy·dày, m- 名 Ⓒ メーデー《船舶・航空機の国際遭難救助信号》(♦ フランス語 (*venez*) *m'aider* (＝(come and) help me)より)

may·est /méɪɪst/ 助《古》＝mayst

Máy·fàir 名 メイフェア《ロンドン西部の高級住宅街》

máy·flòwer 名 ❶《また M-》Ⓒ 5月に花の咲く植物《《米》では特にイワナシやアネモネの類；《英》ではサンザシ・キバナノクリンサクラなど》 ❷《the M-》メイフラワー号《1620年 Pilgrim Fathers が英国から米国に渡った船》

máy·flỳ 名 Ⓒ ❶〖虫〗カゲロウ ❷ 毛鉤(ばり)の一種

máy·hèm 名 Ⓤ ❶《口》(故意の) 暴力沙汰(ざた)，破壊行為；大混乱，大騒動 ❷《古》〖法〗身体傷害罪

may·ing, M- /méɪɪŋ/ 名 Ⓤ《古》5月祭の祝い

mayn't /meɪnt/ 《まれ》＝may not

may·o /méɪoʊ/ 名《口》＝mayonnaise

may·on·naise /méɪənèɪz | ⌐⌐⌐/ 〈ジ〉 名 Ⓤ マヨネーズ

may·or /méɪər | méə/

―名 (複 **～s** /-z/) Ⓒ **市長**，町長，区長(→ Lord Mayor)

～·al 形《限定》市[町]長の ‖ ～ duties 市[町]長の任務

語源 「より大きい」の意のラテン語 *majorem* から．major と同語源．

may·or·al·ty /méɪərəlti | méər-/ 名 Ⓤ 市[町，村]長の職[任期]

may·or·ess /méɪərəs | mèərés/ 名 (複 **-ess·es** /-ɪz/) Ⓒ ❶《旧》女性の市[町]長(lady [OR female] mayor) ❷《英》市[町]長夫人(→ Lady Mayoress)

máy·pòle 名 Ⓒ メイポール，5月柱《5月祭に立てる花などで飾った柱．先端部にくくられた長いリボンを持って回りながら踊る》

maypole

mayst /meɪst/ 助《古》may の二人称単数現在形

***maze** /meɪz/ 名 Ⓒ《通例単数形で》❶ (高い生け垣などで作った)迷路，迷宮；《米》(図で描いた)迷路(遊び) ❷ 複雑に込み入ったもの，紛糾 ‖ a ～ of regulations 複雑な規則

―動 他《受身形で》《方》《古》〈…で〉目が回る；ぼうっとする；困惑する；びっくりする〈**with**〉

ma·zel·tov /mɑ̀ːzəltɔ́ːv/ 間 おめでとう，よかったね (♥ 主にユダヤ人同士で言う)

ma·zur·ka /məzə́ːrkə/ 名 Ⓒ マズルカ《ポーランドの3拍子の急速な民族舞踏と伴奏曲》

maz·y /méɪzi/ 形 迷路のような，込み入った

Mb 略 ▭ megabyte(メガバイト)

M̀B, M̀.B. 略《ラテン》*Medicinae Baccalaureus* (=Bachelor of Medicine)(医学士); Manitoba; megabyte(s)

M̀BÁ 略 *M*aster of *B*usiness *A*dministration (経営学修士)

Mba·ba·ne /èmbɑːbáːneɪ | əmbɑː-/ 名 ムババーネ《南アフリカ, スワジランドの首都》

mba·qan·ga /èmbɑːkáːŋgə | əmbɑː-/ 名 U ムバカンガ《南アフリカのポピュラー音楽》

m̀bd 略 *m*illion *b*arrels per [OR a] *d*ay

M̀BÉ 略 *M*ember of the Order of the *B*ritish *E*mpire(大英帝国第5級勲爵士)

mbi·ra /embíərə | əmbíə-/ 名 C ムビラ《アフリカの打楽器》

M̀bpś 略 *m*ega*b*its *p*er *s*econd

Mc 略 megacycle(s)

M̀Ć[1] /èm síː/ 名 C 司会者 (♦ *M*aster of *C*eremonies の略)

M̀Ć[2] 略《米》*M*arine *C*orps; *M*edical *C*orps(軍医部); *M*ember of *C*ongress((米国の)国会議員); *M*ilitary *C*ross((英国の)戦功十字勲章)

Mc- /mæk-, mək-, mə-/ 接頭 =Mac-

M̀CÀT 略《米》*M*edical *C*ollege *A*dmission *T*est (医科大学入学試験)

M̀CĆ 略 *M*arylebone *C*ricket *C*lub (メアリールボーンクリケットクラブ)《英国のクリケット連盟本部》

Mc·Car·thy·ism /məkáːrθiìzm/ 名 U マッカーシー旋風《極端な反共運動》(♦ 米国上院議員 J. McCarthy (1909–57)の名から)

Mc·Cart·ney /məkáːrtni/ 名 **Sir Paul ～** マッカートニー(1942–)《英国のミュージシャン. the Beatles のもとメンバー》

Mc·Coy /məkɔ́ɪ/ 名 C《the real ～ で》《口》本物, 本人

Mc·Don·ald's, -alds /məkdá(ː)nəldz | -dɔ́n-/ 名《商標》マクドナルド《世界最大のハンバーガー店チェーン》

Mc·Kin·ley /məkínli/ 名 ❶ **William ～** マッキンリー(1843–1901)《米国第25代大統領 (1897–1901)》 ❷ **Mount ～** マッキンリー山《米国アラスカ州中南部の山. 北米大陸の最高峰. 6,194m. Denali の別称》

Mc·Man·sion /məkmǽnʃən/ 名 C《米俗》《しばしばけなして》(周囲の景観にそぐわない)巨大で華美な邸宅

ḿ-còmmerce /ém-/ 名 C 携帯商業《インターネットに接続したノートパソコンや携帯電話を通じての物品の売買. *m*obile *commerce* の短縮形》

M̀CṔ 略《口》*m*ale *c*hauvinist *p*ig

M̀CPÓ 略【米海軍】*M*aster *C*hief *P*etty *O*fficer

Md 記号【化】mendelevium(メンデレビウム)

M̀D́ 略《英》*M*anaging *D*irector;【郵】Maryland;《ラテン》*Medicinae Doctor* (=Doctor of Medicine) (医学博士); *m*entally *d*eficient; *m*uscular *d*ystrophy; *m*usical *d*irector

Md. 略 Maryland

m̀/d́, M̀/D́ 略【商】*m*onths after *d*ate (日付後…か月後の同日払い)

M̀D̀F́ 略 *m*edium *d*ensity *f*iberboard(中密度繊維板)

M̀D̀Ǵs 略 *M*illennium *D*evelopment *G*oals

M̀D̀M̀Á 略 *m*ethylene *d*ioxy*m*eth*a*mphetamine(覚醒(かくせい)剤の一種)

mdse. 略 merchandise

M̀D̀T́ 略 *M*ountain *D*aylight *T*ime ((米国の)山岳夏時間)

***me**[1] /弱 mi; 強 miː/

—代 (I の目的格) ❶ **a**《動詞・前置詞の目的語として》**私を[に]** ‖ Can you hear ～? 私の言うことが聞こえますか / Show ～ the letter. 手紙を私に見せなさい
b《動名詞句の意味上の主語として》《口》私が[は] ‖ Did you hear about ～ [《堅》my] getting promoted? 私が昇進することを聞きましたか
❷《主格の I の代わりに》《主に口》**私** (→ I[3] 代) **a**《be の後で》‖ Open the door. It's ～. ドアを開けて. 私ですよ **b**《接続詞の as や than の後で》‖ He is much younger than ～ [OR I am]. 彼は私よりずっと若い (♦ be, as, than の後では I より me の方がよく使われる. 正式な書き言葉では I を用いるが, 話し言葉で I を用いると堅苦しい印象を与えることがある. ただし as や than の後で動詞が省略されていない場合には I を用いる. ⇨ PB 77)
c《等位接続された主語の一方として》‖ Ann and ～ are leaving. アンと私は帰るわ
d《独立用法》‖ *Me*, a liar? おれがうそつきだって / "I want this CD." "*Me*, too." 「このCDが欲しい」「私も」(♦ 否定文に対しては Me, either [OR neither] となる. 慣用的用法であり, I は使わない)
❸《米口》私自身に[のために] ‖ I've got ～ a bike. (自分用に) 自転車を手に入れた (♦ ふつうの言い方は I've got a bike for myself.)
❹《間投詞的に》(♥ 軽い失望や驚きを表す) ‖ Ah ～! ああ / Dear ～, how awful! まあ, 何てひどいこと / Poor ～! 情けない

mè and míne 私の親族

COMMUNICATIVE EXPRESSIONS

1 **I'm mé.** (ほかの人はともかく)私は私だ
2 **Mé, mé, mé!** 自分のことばかり考えてるね (♥ 自己中心的な人に向かってあきれた感じで用いるくだけた表現)

▸▸ **～ generàtion** 名《the ～》《しばしば M-》《単数・複数扱い》(特に1970年代から80年代の)自己中心世代

me[2] /miː/ 名 =mi

M̀É 略【郵】Maine; *M*echanical *E*ngineer; *m*edical *e*xaminer; *M*iddle *E*nglish; *M*ining *E*ngineer; *m*yalgic *e*ncephalomyelitis(筋痛性脳脊髄炎)

Me. 略 Maine

me·a cul·pa /mèɪə kʊ́lpə/ 間 名 C《堅》《戯》(過失を認めて)私の過ち(♦ through my fault の意のラテン語より)

mead /miːd/ 名 U ハチミツ酒

Mead /miːd/ 名 **Lake ～** ミード湖《米国西部, ネバダ・アリゾナ両州にまたがる世界最大の人造湖》

***mead·ow** /médoʊ/《発音注意》名 C U ❶《しばしば ～s》(干し草・放牧用の)牧草地, 草地, 草原(→ pasture) ❷ (川の近くの)低湿地 **～·y** 形 牧草地のような
▸▸ **～ fèscue** 名 C【植】ヒロハノウシノケグサ(広葉の牛の毛草)《牧草用に栽培》 **～ gràss** 名 C【植】イチゴツナギ(牧草) **～ mòuse** [vòle] 名 C【動】ハタネズミ **～ mùshroom** 名 C【植】ハラタケ **～ rùe** 名 C【植】キンポウゲ科の植物 **～ sàffron** 名 C【植】イヌサフラン

méadow·lànd 名 U 牧草地

méadow·làrk 名 C【鳥】マキバドリ(米国産)

méadow·swèet 名 C【植】シモツケソウの類

***mea·ger,** 《英》**-gre** /míːgər/ 形 ❶ (収入・食事などが)乏しい, 貧弱な, 少なすぎる;(考えや書いたものなどが)内容の乏しい, 不十分な ‖ a ～ meal 粗末な食事 / a ～ salary 薄給 / ～ in experience 経験に乏しい ❷ (人・動物などが)(栄養不足や病気で)やせた, やせこけた ❸ (土壌が)やせた, 不毛の **～·ly** 副 **～·ness** 名

***meal**[1] /miːl/

—名 (複 **～s** /-z/) C ❶ **食事(時)** ‖ Take two pills after each ～. 毎食後2錠飲みなさい / at ～*s* 食事時に / **Having** [OR **Eating**] three well-balanced ～*s* a day is the key to good health. 1日に3回バランスのとれた食事をすることが健康の秘訣だ / eat between ～*s* 間食する / have a ～ out =《主に英》go (out) for a ～ 外食する / **school** ～*s* 学校給食
❷ (1回分の)食事, 1食(分) ‖ **have** [OR **eat**] a good ～ たらふく食べる / **prepare** [OR **cook**] a ～ 食事を作る / miss a ～ 1食抜かす / a square ～ ちゃんとした食事 / **serve light** ～*s* (店などが)軽い食事を出す / a heavy ～

M

腹ごたえのある食事 / a five-course ～ 5品料理の食事 / an **evening** ～ 夕食

màke a méal* (*òut*) *of ... ① 食事に…を食べる ② 《英口》〔仕事など〕に時間[労力]をかけすぎる；…をさもたいそうなことのように言う，大げさに扱う[やる]

COMMUNICATIVE EXPRESSIONS

1 **I dòn't knów where my nèxt mèal is cóming fròm.** 生活に困っている；お金がない(♥「次の食事もままならない」の意)

語源 「定まった時間」の意の古英語 *mǣl* から.「定時に食事をとること」から「食事」へと転化した.

▶▶ **～ bèetle** 名 C 〔虫〕コメノゴミムシダマシ《穀類を食害する小型の甲虫. ⇨ MEALWORM》 **～s on whéels** 名 複 (高齢者・病人などへの) 宅配弁当サービス **～ tìcket** 名 C ① 食券 ② 《口》生活のための手段《仕事・技術など》；養ってくれる人，収入源

meal² /mi:l/ 名 U ❶ (小麦以外の穀物・豆類の) ひき割り粉；《米》ひき割りトウモロコシ(cornmeal)；《スコット》ひき割りオーツ麦(oatmeal) ❷ 粗びきした粉

***méal·tìme** 名 U/C 《通例 ～s》 食事時間 ‖ at ～*s* (いつもの) 食事時間に

méal·wòrm 名 C ミールワーム《コメノゴミムシダマシ(meal beetle)の幼虫. 魚や鳥の餌(え)》

meal·y /mí:li/ 形 ❶ (野菜などが) 粉っぽい，ひからびた ❷ ひき割り粉を含んだ；(ひき割り) 粉で覆われた ❸ (馬が) 斑点(はんてん)のある；(色などに) むらのある ❹ (顔色が) 青白い

▶▶ **～ bùg** 名 C 〔虫〕コナカイガラムシ《柑橘(かんきつ)類の害虫》

mèaly-móuthed 〈シ〉 形 《けなして》遠回しに言う，はっきり言おうとしない，口先のうまい

⁝mean¹ /mi:n/

中心義 (…の)意味を持つ

動 他 意味する❶ 指して言う❷ つもりである❸ 結果をもたらす❺ 重要性を持つ❻

―動 〔▶ meaning 名〕 (**～s** /-z/ ; **meant** /ment/ ; **～·ing**) (♦ ❸ 以外は進行形不可)

―他 ❶ **a** 《+目》(言葉・記号などが)…を**意味する**，…の意を表す (⇨ HINT 類語) ‖ "What does 'red tape' ～?" "It ～*s* bureaucratic hassles and delays."「『お役所仕事』とはどういう意味ですか」「官僚的で手続きが煩雑で対応が遅いということです」/ The French word "oui" ～*s* "yes" in English. フランス語の"oui"は英語の"yes"の意味だ / A red light ～*s* "stop." 赤信号は「止まれ」を意味する / No ～*s* no. 駄目だと言ったら駄目だ

b 《+ (**that**) 節》…ということを意味する ‖ The sign ～*s* (*that*) cars are not permitted to enter. その標識は車両の進入禁止を意味する

❷ **a** 《+目》…のことを言う，…を**指して言う**；…を〈…の〉つもりで言う〈**as**〉；〈…によって〉…の意図を表す〈**by**〉；…を本気で言う ‖ "Cut it out over there!" "You ～ me?"「そこうるさいぞ」「僕のことを言っているの」/ When he speaks, he ～*s* (every word of) it. 彼が話をするときは(一言一言が)本気だ / He has friends in high places, if you know what I ～. 彼には地位の高い友達が何人かいるんですよ，ほら，おわかりでしょう / I *meant* it *as* praise. 僕は褒め言葉のつもりでそう言ったんだよ / What do you ～ *by* "think about it"? 君の言う「考えておく」とはどういう意味ですか

b 《+ (**that**) 節》…ということを言っている ‖ I ～ you're too critical. 君は人のあら探しをしすぎると言ってるんだよ

❸ **つもりである** **a** 《+**to do**》…するつもりである，…しようと考えている ‖ Do you ～ *to* say you've left her? 彼女と別れたと言っているのか / Yes, I did break the vase, but I didn't ～ *to*. ええ，確かにその花瓶を壊したけれど，わざとじゃなかった / She had *meant to* cut back on sweets. = She *meant to* have cut .... 彼女は甘いものを控えるつもりだった(がやめられなかった) (♥ 実現しなかった過去の意図を表す. 《口》では She meant to cut back on sweets, but she couldn't. とするのがふつう) / I've been ～*ing to* speak with you. ずっとあなたとお話ししたいと思っていました

b 《+ (**for**) 目+**to do**》…に…させるつもりである，…を…するようにさせるつもりである (♦ 《主に米口》ではしばしば for が入る) ‖ I didn't ～ (*for*) you *to* come. 君に来てもらうつもりはなかったんだ **c** 《+**that** 節》《受身形不可》《堅》…ということを意図する (♦ この意味でこの構文は比較的まれ) ‖ I didn't ～ *that* you should wait so long. あなたをそんなに待たせるつもりはなかったんです

❹ …を〈人・目的などに〉当てる，向ける，予定する〈**for**〉；…を〈…になるよう〉運命づける〈**for** / **to be**〉 (♦ しばしば受身形で用いる) ‖ The building is *meant for* tourist accommodation. その建物は旅行者用の宿泊設備だ / He was never *meant to be* a teacher. 彼はまるきり教師には向いていなかった / We are *meant for* each other. 我々は互いに結ばれる運命にある

❺ **結果をもたらす** **a** 《+目》(物事が)…の前兆である，(結果として)…をもたらす，…ということになる ‖ Dark clouds often ～ a storm. 黒雲はしばしば嵐(あらし)の前兆である / I know what it ～*s* to be poor. 貧乏がどういうことかわかっています **b** 《(+目) +*doing*》…ということ [結果] になる，…しなければならなくなる；(…を)…させるような結果になる ‖ Balancing the budget *meant* increasing [ˣto increase] tax rates. その均衡予算は税率の引き上げという結果を招いた **c** 《+ (**that**) 節》…ということになる，…することの前触れである ‖ I can't believe you forgot your passport. That ～*s* you can't get on the plane! パスポートを忘れたなんて信じられない. 君はその飛行機に乗れないということになる

❻ 《受身形不可》〈…にとって〉…という**重要性**[意味，価値など] **を持つ** 〈**to**〉 ‖ You ～ [a lot [everything] *to* me. あなたは私にとってとても大事 [すべて] だ / Wealth *meant* nothing *to* him. 富は彼には取るに足りないものだった / Does the name "Kursk" ～ anything *to* you?「クルスク」という名前に何か聞き覚えがありますか

❼ 〈…に対して〉〔悪意など〕を抱く，〔面倒など〕を起こす気がある〈**to**〉 (♦ ときに間接目的語を伴う) ‖ He ～*s* (you) no harm. = He ～*s* no harm (*to* you). 彼は君に悪意など持っていないよ / That woman ～*s* trouble. あの女は面倒を起こす気だ

be mèant to dó ① …すること [規則] になっている ‖ You *are meant to* take your shoes off here. ここでは靴を脱がなければいけません ② 《英》…だとされている ‖ It's *meant to* be the best restaurant in town. それは町で一番のレストランとされている

méan wèll 好意[善意]のつもりである，悪気はない

méan wèll by [OR ***to,*** 《英》 ***towards***] ***...*** …に親切にする，…の役に立とうとする

COMMUNICATIVE EXPRESSIONS

1 **Àll I méan is** that we shòuldn't be bóthered by how she reacts. 私が言わんとしていることはただ，彼女がどう反応しようが気にすることはないということです (♥ 意図・主旨などを明確にする際の前置き)

2 **(Do) you mèan to sày** you're quítting your jób? 仕事を辞めるって言っているんですか (♥ 自分の解釈を述べ，相手に内容を訂正する余地を与える. しばしば「何だって」「とんでもない」と非難や不満を表す意味にもなる)

3 **Does thát mèan** we have to fíre him? それはつまり彼を首にしなければならないということですか

4 **I dìdn't méan it thàt wày.** そんなつもりじゃなかったんです；そういう意味じゃないんです

5 **I knéw there was sòmething I mèant to tèll you.** NAVI あなたに言おうと思っていたことがあったんですよ；(それはそうと) そうそう… (♥ 用件を思い出したときや会話の途中で話題を変えるときに)

6 **I knòw what you méan.** おっしゃることはわかります(♥ 同調. ときに同情を表す)
7 She's a stéwardess, **I mèan**, a flíght attèndant. 彼女はスチュワーデス, いや客室乗務員です(♥ 前言の訂正. ほかに言いよどんだときに間を埋めたりする)
8 Ìsn't thàt crúel? **I mèan**, whàt about the ìnnocent chíldren? それは残酷じゃないですか. だって罪のない子供たちはどうなるんですか(♥ 前言の説明や補足)
9 **I méan it.** 私は本気で言っているんです
10 **I mèan to sáy.** ① つまり (♥ 前言の補足) ② 何だって;とんでもない(♥ 非難・不満を表す)
11 **I mèant it for the bést.** よかれと思ってやったのですが(♥ 意図した結果にはならなかった際の弁明)
12 **I mèant to** submít thìs by the déadline, but I còuldn't find enòugh tíme to wórk on it. これを締め切りまでに提出するつもりでいたのですが, 取り組む時間が十分にとれなかったのです(♥ 弁明・釈明を表す)
13 **Nów I sèe what you mèan.** ああ, これであなたが何を言いたいのかわかりました (♥ 当初理解できなかった相手の真意がようやく理解できたときに)
14 **Thát mèans** our tèam wíns(, ríght)? ということは私たちのチームの勝ちっていうことですよね(, そうでしょ) (♥ 理解を確認するくだけた表現. ↗So am I right in saying ...?/↗《堅》Would I be correct in saying ...?)
15 **Thàt's nòt what I méan.** そういうことではありません(♥ 相手の誤解を指摘する. =I don't mean that.)
16 **Whàt do you méan (by** thàt)? 一体どういうことですか;(それで)何が言いたい[したい]んですか(♥ 相手の不合理な発言[行動]に反発を示し, 説明を迫る. =How do you mean?)
17 **Whàt I méan (exàctly) is that** we should bòycott the evént. 私が言おうとしているのは (はっきり言うと) 我々がその催しをボイコットすべきだということです (♥ 説明不足な発言をした後で, 要点を述べ直す)
18 **You càn't méan thàt, súrely.** まさかそんなこと本気で言っているんじゃないでしょうね (♥ 疑いと驚きの混じった確認表現. 相手の考えを変えようとして用いるくだけた説得表現にもなる. ↗Do you really think so?)
19 **(You) knòw what I méan.** わかるでしょ, 私が言わんとしていることは(♥ うまい表現が見つからなかったり, 明言を避けたいときに. =(You) know what I am saying.)
20 **You mèan** I can gó now? もう行っていいということですね(♥ 相手の真意を確認する. 文末にも用いる)

*__mean__[2] /miːn/ 形 (**~·er** ; **~·est**) ❶ (人が)〈…に〉意地の悪い, 不親切な, 冷たい(↔ kind[2]) ;〈…の〉感情を傷つける〈**to**〉‖ Don't be ~ *to* your little sister. 妹に意地悪しては駄目ですよ ❷ (人・行為などが)卑劣な, 浅ましい, さもしい, 心の狭い (↔ honorable) ‖ It is ~ of you to spread gossip about your friends. 友人のゴシップをふれて回るなんて君もひどいね / a ~ motive 下劣な動機 ❸ 《主に英》〈…のことで〉けちな, 金に汚い (《米》stingy, cheap) (↔ generous) 〈**with, about**〉‖ Don't be ~ *with* the tip. チップはけちらないこと ❹ 《限定》(品質・能力・理解力などが)劣った;《否定文で》平凡な, 並みの, わずかな (→ *no mean* (↓)) ‖ a person of ~ intelligence 知性に乏しい人 ❺ 《主に米口》(馬・犬などが)癖の悪い, 暴れやすい ❻ 《口》巧みな, 見事な, 素晴らしい ‖ play a ~ saxophone サックスを見事に吹く ❼ 《限定》(身なり・場所などが)みすぼらしい, 粗末な, 貧相な ‖ ~ streets みすぼらしい通り ❽ 《口》〈…のことで〉恥ずかしい, 肩身が狭い〈**for**〉‖ I feel ~ *for* what I have done. 自分のしたことが恥ずかしい ❾ 《米口》気分がすぐれない, 体の調子が悪い ‖ I feel ~ today. 今日は気分がさえない ❿ (気候などが)非常に不愉快な, とてもいやな ⓫ 《限定》《旧》(地位などが)低い, 卑しい

nò méan ... 《限定》① 素晴らしい, なかなか立派な ‖ He's *no* ~ cook. 彼は (どうして) なかなかのコックだ ② (金額などが) かなりの, 少なからぬ ‖ He paid *no* ~ sum (of money). 彼は少なからぬ[かなりの]金額を払った

mean[3] /miːn/ 形 《限定》平均の(average) ; 中間の ; 中庸の ‖ the ~ temperature 平均気温[温度]

—名 C ❶ (両極端の) 中間 ; 中道, 中庸 ‖ the golden [OR happy] ~ 黄金の中庸 ❷ 《しばしば the ~》〘数〙平均 (値) ; (比の) 中項 ‖ the arithmetic ~ 相加平均 / the geometric ~ 相乗平均 ❸〘論〙(三段論法の) 中名辞 ❹ 《~s》⇨ MEANS

▸▸ **~ séa lèvel** 名 U 平均海面高度 **~ sòlar dáy** 名 U C〘天〙平均太陽日《地球が1自転する平均時間. 24時間》**~ sún** 名 C〘天〙平均太陽 **~ tìme** 名 U〘天〙標準時(→ Greenwich Mean Time)

*__me·an·der__ /miǽndər/ 《発音注意》動 自 ❶ (+副句) (川・道などが)うねる, 曲がりくねる ; (人が)当てもなくぶらぶらさまよう, 歩き回る(♦ 副句 は方向を表す) ‖ The river ~*ed* along. 川はうねって流れた ❷ (+副句) とりとめもなく [だらだらと]話す ; (会話・議論などが)だらだらと続く《***on***》

—名 C ❶ 《通例 ~s》(川・道の)曲がりくねり ; 曲がりくねった道 ❷ 《単数形で》そぞろ歩き ; 回り道の旅 ❸ 雷文(らいもん), 卍(まんじ)つなぎ(模様)

~·ing 形 曲がりくねった, 蛇行する **~·ing·ly** 副

mean·ie, mean·y /míːni/ 名 (複 **mean·ies** /-z/) C 《口》意地悪な人, 心の狭い人 ; 《英口》けちんぼ

***__mean·ing__** /míːnɪŋ/ 名 形

—名 〔◁ mean[1] 動〕 (複 **~s** /-z/) U C ❶ 〈…の〉**意味**, 趣旨 〈**of**〉 (⇨ 類語) ‖ Words change their ~*s* according to context. 文脈によって言葉の意味は変わる / The English word "banzai" has a different ~ from the original Japanese. 英語の"banzai"という語は本来の日本語とは異なった意味を持っている / a literal [figurative] ~ 文字どおりの[比喩(ゆ)的な]意味 / the different shades of ~ さまざまな微妙な意味の違い
❷ **意義** ; 価値, 目的 ; 重要な意味 ‖ the ~ of life 人生の意義 / The film has a political ~. その映画には政治的意味がある / I can find no ~ in those rituals. そういう儀式には何の重要性も見いだせない
❸ 真意, 言わんとすること ‖ I couldn't grasp the ~ *of* his remark. 彼の言わんとすることがつかめなかった / I don't understand the ~ *of* his behavior. 彼の振る舞いの真意がわからない / He gave me a wink with ~. 彼は私に意味ありげにウインクした

nòt know the mèaning of the wórd 《口》その言葉の意味を知らないような行動をとる ‖ He does*n't know the ~ of the word* "polite." 彼は「礼儀正しい」という言葉の意味を知らない : 実に粗雑極まる男だ

COMMUNICATIVE EXPRESSIONS

1 **I dìdn't quìte gèt** [OR **càtch**] **your méaning.** あなたのおっしゃる意味がよくわかりませんでした
2 The schóol prògram should be revíewed, **if you fòllow** [OR **understànd**] **my méaning.** 学校のカリキュラムを見直すべきです. 私の言わんとしていること, おわかりになりますよね (♥ 聞き手が真意を理解しているかを確認する形式ばった表現. if you .... の前にくる内容は話者の意見や考え. ↘If you see what I mean./↘《口》Know what I'm getting at?)
3 **Só, if I tàke your mèaning ríghtly**, you're sàying that the wórking hòurs should be exténded. そちらの言わんとしていることを私が正しく理解しているならば, つまり労働時間が延長されるべきだということですね (♥ やや形式ばった表現. ↘So, do you mean that the working hours ...?)
4 **Whàt's the méaning of thìs?** こんなことをしてどういうつもりなのだ(♥ 相手のしたことに対する怒り)

—形 《比較なし》❶ 《限定》意味ありげな, 意味深長な ‖ a ~ look [smile] 意味深長な眼差(まなざ)し[微笑] ❷ 《複合語で》…するつもりの ‖ well-~ 善意の

~·ly 副

M

類語《名 ❶》**meaning**「意味」を表す一般語. 言葉・行動などで表そうと意図されたこと, または実際に表されたこと.〈例〉the *meaning* of「a sentence [her smile] 文[彼女のほほ笑み]の意味
sense ある語句の(特定の)意味.〈例〉in the strict *sense* of the word その語の厳密な意味において
significance 外よりもむしろ内に含まれる(しばしば気づかれにくい)重要な意味.〈例〉the real *significance* of the event その事件の真の意味

***mean·ing·ful** /míːnɪŋfəl/ 形 (**more ～**; **most ～**) ❶ 意味のある, 意味深長な; 意義のある; 意味ありげな ‖ a ～ life 有意義な人生 / a ～ smile 意味ありげな笑み ❷ 意味が理解しやすい **～·ly** 副 意味ありげに **～·ness** 名

***mean·ing·less** /míːnɪŋləs/ 形 ❶ 意味のない, 無意味な; 価値[目標]のない; 重要と考えられない ‖ The right to vote is ～ without the public right to know. 公的な知る権利なしでは選挙権も意味がない ❷ 意味が理解しにくい **～·ly** 副 **～·ness** 名

mean·ness /míːnnəs/ 名 U 卑劣さ; けち; 貧弱さ

:means /miːnz/
— 名 ❶《単数・複数扱い》〈…の〉**手段**, 方法〈**of**〉‖ Language is [**provides**] a ～ *of* communication. 言葉は伝達の手段である[を提供する] / ～ *of* transportation [《英》transport] 交通機関 / seek a settlement through political ～ 政治的手段によって解決を求める
❷《複数扱い》**資力**, 資金; 財産, 収入; 富 (⇨ POSSESSION 類語) ‖ a person of ～ 資産家 / a student without ～ 金のない学生 / have large private ～ 巨万の個人的資産を持っている / according to one's ～ 自分の資力に応じて / live within [beyond, below] one's ～ 収入に見合った[以上の, 以下の]生活をする
a mèans to an énd 目的達成のための手段 (♥「それ自体は面白くも重要でもないが」という意味を含む)
****by áll mèans*** (♦ by any means(↓)とは意味・用法が異なる) ① **いいですとも**, もちろんですとも (certainly, of course) (♥ 丁寧な承諾・同意の返事) ‖ "May I sit down?" "*By all* ～." 「座ってもよろしいですか」「もちろんですとも」 ② 《主に命令文で》**必ず**, ぜひ, …するとよい (♦ しばしば文頭に用いる. 後ろに but を伴って譲歩的な意味になることがある) ‖ If you have a radio, *by all* ～ take it along. ラジオがあるならぜひ持って行きなさい / *By all* ～ make plans for an overseas trip, but don't make too tight a schedule. 海外旅行の計画を立てるのはいいが, あまりに過密なスケジュールにならないようにしなさい
by ány mèans ①《肯定文で》いかなる手段を用いても (♦ by whatever means (are available) ともいえる) ‖ They are forced to cut staff *by any* ～. 彼らはいかなる手段を用いても社員を削減せざるを得ない ②《疑問文で》どうにかして
by fàir mèans or fóul (よかろうと悪かろうと) あらゆる手段を用いて, 手段を選ばず
****by méans of ...*** …を用いて, …**によって**, …の助けで ‖ represent numbers *by* ～ *of* fingers 指を使って数を表す / minimize waste *by* ～ *of* recycling リサイクルでごみを最小限にとどめる
****by nó (mànner of) mèans*** ; ***nòt ... by ány (mànner of) mèans*** ① **決して…ない** (not at all) ‖ This is *by no* ～ easy.=This is *not by any* ～ easy.=This is *not* easy *by any* ～. これは決して易しくはない ② とんでもない, もちろん違う (♥ 不同意を表す) ‖ "Is he always that shy?" "*By no* ～." 「彼はいつもあんなに引っ込み思案なの」「とんでもない」
the mèans of gráce 〖宗〗神の恵みが与えられる方法 (祈り・礼拝など)
▸▸ **～ tèst** (↓)

mèan-spírited 形 卑劣な, さもしい; 心の狭い

méans-tèst 動 他 〔生活保護を受ける者〕の財産調査をする;《～ed で形容詞として》財産調査に基づく

méans tèst 名 C (生活保護を受ける者の)財産調査

:meant /ment/ 《発音注意》 動 mean¹ の過去・過去分詞

***mean·time** /míːntàɪm/ 《アクセント注意》 名《the ～》その間
for the méantime その時まで, しばらく(は)
****in the méantime*** ① **その間に**, とかくするうちに; それまでの間 ‖ *In the* ～ he got over his illness. そうこうするうちに彼の病気も治った ② NAVI Ⓦ 話変わって, 一方 ‖ It will take her a while to finish that report. *In the* ～, tell me about your vacation last week. 彼女がレポートを終えるにはもう少し時間がかかるだろう. ところで先週の休暇の話を聞かせてよ
— 副《文修飾》その間に, とかくするうちに (♦ 副詞としては meanwhile の方がふつう)

:mean·while /míːnhwàɪl/ 《アクセント注意》
— 副《比較なし》《文修飾》❶ **その間(に)**, とかくするうちに ❷ **それまでの間** ‖ She is starting college in April. *Meanwhile*, she's going to driving school to get her license. 彼女は4月から大学に通う. それまでの間彼女は運転免許をとるために自動車教習所に通うつもりだ
❸ 同じころ(他方では), 同時に; NAVI Ⓦ 一方 (♥ 前に言った状況と異なる面や全く反対の状況を紹介するときに用いる) ‖ He was planning their vacation, and ～ his wife was thinking of a divorce. 彼が休暇の計画を立てていたその時に彼の妻は離婚のことを考えていた / Sales in Europe have dramatically increased in recent years. *Meanwhile*, sales in the U.S. have fallen by 40%. ここ数年ヨーロッパでの売り上げは劇的に増えた. 一方, アメリカでの売り上げは40%下落した
— 名《the ～》**その間**
in the méanwhile NAVI =*in the* MEANTIME

meas. 略 measure, measurement

***mea·sles** /míːzlz/ 《発音注意》 名 U《しばしば the ～》❶ はしか, 麻疹(ましん) (→ German measles) ‖ be vaccinated against ～ はしかの予防接種をする / catch [OR get] the ～ はしかにかかる ❷〖獣医〗嚢虫(のうちゅう)症 (サナダムシの幼虫による牛・豚の病気)

mea·sly /míːzli/ 形 ❶《限定》《口》ほんのわずかの; つまらぬ, ひどくお粗末な ❷ はしかの[にかかった]

meas·ur·a·ble /méʒərəbl/ 形 ❶ 測定できる(ほどの) ❷《通例限定》目につく(ほどの), はっきりとわかる; 重要な **-bly** 副 測定できるほどに; いくぶん

:meas·ure /méʒər, ＋米 méɪʒər/ 《発音注意》 動 名

中心義 …を測る(ための手段)

動 他 測る❶
名 措置❶ 程度❷ 基準❸ 計量の単位❺ 計量器具❻

— 動 (**～s** /-z/; **～d** /-d/; **-ur·ing**)
— 他 ❶ **a** (＋目)〔大きさ・長さ・量など〕**を測る**;〔人〕の〈ドレスなどの〉寸法をとる〈**for**〉‖ Abilities cannot be fully ～*d*. 能力を完全に測定することはできない / ～ the length of a stick 棒の長さを測る / ～ speed [time] 速度[時間]を測る / He was ～*d for* a new suit. 彼は新しいスーツの寸法をとってもらった
b (＋wh 節) …かを測る ‖ ～ *how* much water is left in a tank タンクにどのくらい水が残っているか測る
❷〔重要性・性質・効果など〕を(比較して)評価する, 判断する ‖ Our characters are ～*d* by our actions. 我々の性格は行動によって判断される
❸ (器具などが) …を測定する ‖ A clock ～*s* time. 時計は時間を測る ❹〔人〕を(どんな人物かと)じろじろ見る《*up*》
❺《古》〔ある距離・場所〕を行く, 旅する
— 自 ❶ (＋補〈名〉)《進行形不可》(物・人が)…の寸法[大きさ, 広さなど]がある ‖ He ～*s* 176cm in height. 彼は身長が176センチある / What does the room ～? その

部屋の寸法はどのくらいですか ❷ 測定する, 寸法をとる
mèasure À agàinst B́ 〈他〉AをBと比較する[競わせる]《**up**》‖ My car was much smaller when ~*d against* his. 僕の車は彼のと比べるとずっと小さかった / ~ oneself *against* another 人と力量[優劣]を競う
mèasure óff ... / mèasure ... óff 〈他〉〔ある寸法分〕を測って切り取る[分ける] ‖ ~ *off* a dress-length from the roll 反物からドレス1着分だけ切り取る
mèasure óut ... / mèasure ... óut 〈他〉〔ある分量〕を量りとる[分ける]
****mèasure úp*** 〈自〉① (何かをセットしたり, 敷くためなどに)寸法をとる, 測る ② 有能である, 資格が十分にある; (物が)優れている (→ *measure up to ...* (↓)) ー〈他〉《***mèasure úp ... / mèasure ... úp***》① (何かをセットするためなどに)〔スペースなど〕の寸法をとる, 測る ② ⇨ 他 ❹
****mèasure úp to ...*** 〈他〉〔期待・標準など〕にかなう, 添う, 達する; 〔職責など〕に対応できる, …をこなせる(♦ しばしば否定文・疑問文で用いる) (match up to) ‖ I'm afraid I didn't ~ *up to* their expectations. 私は彼らの期待に添えなかったのではないかと思う
—名 (複 **~s** /-z/) Ⓒ ❶《しばしば ~s》**措置**, 方策, 手段〈**against** …に対する / **to** *do* …する〉‖ The government has decided to **take** stronger ~*s* [*against* smuggling [*to* control air pollution]. 政府は密輸に対する[大気汚染を抑制する]いっそう強硬な措置を採ることに決定した / as a ~ of protection 防護策として
連語 【形/名+~】 safety [OR security] ~*s* 安全対策 / a precautionary [preventive] ~ 予防[防止]策 / a cost-cutting ~ 経費削減策 / drastic [OR radical] ~*s* 思いきった対策 / emergency ~*s* 緊急措置
❷ Ⓤ/Ⓒ《a ~》〈…の〉**程度**, 度合〈**of**〉‖ There was a considerable ~ *of* truth in the accusation. その非難にはかなりの(程度の)真実があった / achieve a ~ *of* success ある程度の成功を収める / in no small ~ 少なからず / in full ~ 十分に / in large [some] ~ 大いに[ある程度]
❸《単数形で》〈評価・判断などの〉**基準**, 尺度, 物差し; 〈感情などの〉表れ, しるし; 証拠〈**of**〉(⇨ STANDARD **類語**) ‖ The President's attendance at the funeral was a ~ *of* the importance of the deceased. 大統領の葬儀への参列は故人が有力者だったことを示すものだ / a ~ *of* anger 怒りの表れ
❹ Ⓤ 限度, 限界; 適度(の量) ‖ His desire for power knows no ~. 彼の権力欲にはきりがない / drink without ~ 過度に飲酒する
❺ **計量の単位**[基準]; (慣習的な)一定量; (アルコール飲料の) 1杯分の標準量 ‖ An inch is a ~ of length. インチは長さの単位である / weights and ~*s* 度量衡 / a ~ of wheat 小麦1袋《1 bushel に相当》/ a ~ of whisky ウイスキー1杯(の量)
❻ **計量器具**; (一定量の)ます; 物差し, 巻き尺 ‖ a tape ~ 巻き尺 ❼ Ⓤ (計測した)寸法, 大きさ, 広さ; 量目 ‖ take the ~ of a room 部屋の寸法を測る / give full [short] ~ (店員などが) 適正な量よりも多め[少なめ]に物を量る ❽ Ⓤ 計測, 測定, 計量; 度量法 ‖ dry [liquid] ~ 乾[液]量 / metric ~ メートル法 ❾ 法案, 議案; 法令, 制定法 ‖ The ~ was passed by a 58-40 vote. その法案は58票対40票で可決された ❿ 〖数〗約数 ‖ the greatest common ~ 最大公約数(略 GCM) ⓫ Ⓤ〖韻〗(詩の)リズム, 拍子; 詩脚, 韻脚 ⓬《米》〖楽〗小節(bar); Ⓤ リズム, 拍子 ⓭《古》(テンポの遅い荘重な)踊り ⓮《~s》〖地〗岩層, 地層 ‖ coal ~*s* 石炭層
beyond méasure とても, 非常に
****for gòod méasure*** おまけに[として], 余分に, 念のために ‖ I'll add a bit more sugar *for good* ~. おまけにもう少し砂糖を入れよう
gèt [OR ***hàve, tàke***] ***the méasure of a pèrson*** 〔人〕(の性格・能力など)を正しく判断[評価]する
màde to méasure (服が)寸法に合わせた, 注文仕立ての; ぴったりした, おあつらえ向きで(⇨ MADE-TO-MEASURE)

meas·ured /méʒərd/ 形《限定》❶ (言葉などが) 慎重で控えめな, 慎重に考慮された ❷ (動作が)規則的な, 一定のリズムを持った ❸ 測定した, 測った **~·ly** 副

meas·ure·less /méʒərləs/ 形《文》計り知れない

***meas·ure·ment** /méʒərmənt/ 名 ❶ Ⓤ 測定, 計測 ‖ body [OR physical] ~ 身体測定 / accurate ~ 正確な測定 ❷ Ⓒ《通例 ~s》測定[測量, 計測]値, 寸法; (計測した)大きさ, 量, 高さ, 面積(など) ‖ a chest [waist] ~ 胸囲[ウエスト, 胴回り] / the ~*s* of a room 部屋の大きさ / take [OR make] ~*s* 測量[測定, 計測]する, 寸法を測る, 面積を測る ❸ Ⓒ 計測の単位[方式]; 度量法

méasuring cùp 名 Ⓒ《米》計量カップ(《英》measuring jug)

méasuring spòon 名 Ⓒ 計量スプーン

méasuring tàpe 名 Ⓒ 巻き尺(tape measure)

méasuring wòrm 名 Ⓒ シャクトリムシ《ガの幼虫》

*****meat** /miːt/ (♦ 同音語 meet, mete)
—名 Ⓤ ❶ (♦ 種類をいうときは Ⓒ) (食用の)**肉**(♦ 通例獣肉を指すが, ときに家禽(かきん)の肉(poultry, fowl)を含むこともある. 魚肉(fish)は含まない. ⇨ **類語P**) (→ flesh); 《戯》(人体の) 肉 ‖ I like ~ better than fish. 私は魚より肉の方が好きだ / a piece [OR slice] of ~ 肉1切れ / a pound of ~ 1ポンドの肉 / the price of ~*s* 肉類の価格 / the ~ course (コース料理の) 肉料理 / a ~ shop 肉屋 / roast [《米》broil, 《英》grill] the ~ well 肉をよく焼く(♦ roast は天火で焼く; broil, grill は直(じか)焼きする. ⇨ BAKE **類語P**) / *One man's ~ is another man's poison.* 《諺》人の好みはさまざま; 蓼(たで)食う虫も好き好き
連語 【形+~】 fatty ~ 脂身 / lean ~ 脂肪のない肉 / red ~ 赤肉《牛肉・羊肉など》/ white ~ 白身の肉《鶏肉・子牛の肉・豚肉など》/ raw ~ 生肉 / cold ~*s* 冷肉, コールドミート《ハム・サラミなどの加工肉》
❷《主に米》(木の実・果実・卵・カニなどの)食用部分, (中)身 ‖ crab ~ カニの身 / the ~ of a nut 木の実の果肉
❸ 〈…の〉(肝心な)内容, 中身, 実質; 要旨; 重要な[興味深い] 情報〈**of**〉‖ the ~ *of* a story 物語の要旨 / Where is the ~? 《米》肝心な中身はどこにあるのかね[ないのではないか](♥ 主に政治家が政策に関する質問で用いる)
❹《one's ~》《米俗》好きな[得意な]こと ‖ Golf is my ~. ゴルフは僕の楽しみだ ❺《古》(飲み物に対して)食べ物

肉	食用の	獣肉	**meat**	**pork**	豚肉
				beef	牛肉
				veal	子牛の肉
				mutton	羊肉
				lamb	子羊の肉
				venison	シカの肉
		魚肉	**fish**		
		鳥肉	**fowl poultry**	**chicken**	鶏肉
				duck	カモ・アヒル肉
				turkey	シチメンチョウ肉
	生体の	**flesh**			

♦ 動物とその肉の名は, lamb, chicken, duck, turkey などは同じだが, 次のものは異なる. 〈例〉*pork* – pig (豚), *beef* – cow, bull, ox (牛), *veal* – calf (子牛), *mutton* – sheep (羊), *venison* – deer (シカ)

be mèat and drínk to a pèrson ①〔人〕にとって大きな楽しみ[心の糧]である ②〔人〕にとっては朝飯前のことである

M

be the mèat in the sándwich 《英口》(争いなどの)板挟みになっている
èasy méat 《主に英口》〈…には〉格好の餌食(ˢ), いいかも；だまされやすい人；傷つけられやすい人〈**for**〉
mèat and twò vég 《英口》2種類の野菜付きの温かい肉料理《英国の典型的な伝統料理》；日常[標準]的な食事
nèed sòme (mòre) méat on one's bònes 《米口》やせすぎである
not hàve mùch méat on òne 《英口》=*need some (more) meat on one's bones*(↑)
▶▶ **~ and potátoes** (↓) **~ grìnder** 名 C 《米》ひき肉機 (《英》mincer) **~ lòaf** /英 ーー/ 名 C U ミートローフ《ひき肉をパンの形にして焼いた料理》 **~ màrket** 名 C ① 食肉市場 ② 《俗》セクシーな女たちのいる[セックスの相手を探す]所《バー・クラブなど》 ③ 《主に米》運動能力のある人を発見する場《オーディションなど》 **~ sàfe** 名 C 《英》《旧》(肉などをしまっておく)はえ帳《戸棚の一種》

mèat and potátoes 名 《the ~》《単数・複数扱い》《主に米口》基本(的なもの), 基礎, 要点 **mèat-and-potátoes** 形 《限定》基本的な；日常的な；好みの質素な

méat·bàll 名 C ❶ 肉団子, ミートボール ❷ ⊗《米俗》《蔑》退屈な人, 間抜け

méat·hèad 名 C ⊗《俗》《蔑》ばか, あほう

meat·less /míːtləs/ 形 肉のない

méat·pàcking 名 U 《米》(畜殺・加工・卸売りなどをする)食肉加工業 **-pàcker** 名 C 食肉加工業者

méat·spàce 名 U 《口》現実空間[世界] (↔ cyberspace)

me·a·tus /miéɪṭəs/ 名 (複 ~ OR **~·es** /-ɪz/) C 『解』(耳や鼻などの)管, 導管

meat·y /míːṭi/ 形 ❶ 肉の(ような) ❷ 肉の多い；(おいしそうな)肉のにおいのする ❸ 内容の充実した ❹ 肉付きのよい

Mec·ca /mékə/ 名 ❶ メッカ《サウジアラビアの都市. Muhammad 生誕の地でイスラム教の聖地》 ❷ 《しばしば m-》 C 《通例単数形で》メッカ, あこがれの地；発祥地 ‖ a ~ for hippies ヒッピーのメッカ

mech. 略 mechanical, mechanics, mechanism

***me·chan·ic** /mɪkǽnɪk/ 《アクセント注意》 名 C ❶ 整備士, 機械(修理)工 ‖ 「a car [OR a garage, a motor, an auto] ~ 自動車修理工 ❷ 《古》職人, 職工

⁑**me·chan·i·cal** /mɪkǽnɪkəl/
—形 〔◁ machine 名〕(**more ~**；**most ~**)
❶ 《比較なし》**機械の**；機械で動く(↔ manual)；機械製の；機械の組み立て[操作, 設計]にかかわる ‖ a ~ clock 機械式時計 / ~ defects 機械の欠陥 / ~ skill 機械操作の技術 / ~ products 機械製品
❷ (人・行動などが)**機械的な**, 自動的な；自発性[個性]のない；無意識の, 無表情な(↔ conscious) ‖ ~ memorization 機械的な暗記 / in a ~ way 機械的に
❸ 《比較なし》機械学[力学]の, 物理的な力による ‖ ~ energy 機械エネルギー ❹ (人が)機械に強い ‖ I don't have a ~ mind.=I'm not ~. 私は機械に弱い ❺ 『哲』機械論的な, 唯物論的な
—名 C ❶ 《~s》(車などの)駆動部分
❷ 『印』はり込み台紙
▶▶ **~ advántage** 名 U C 『機』力比《機械の入力と出力の比. 略 MA》 **~ dráwing** 名 U C 機械製図 **~ engineér** 名 C 機械技師 **~ engineéring** 名 U 機械工学 **~ péncil** 名 C 《米》シャープペンシル(《英》propelling pencil)(❗「シャープペンシル」は和製語)

me·chan·i·cal·ly /mɪkǽnɪkəli/ 副 ❶ 機械によって；機械的に, 無感情で ❷ 機械に関して(は)；機械学[力学]的に ▶▶ **~ mínded** 形 機械に通じた[詳しい]

mech·a·ni·cian /mèkəníʃən/ 名 C 機械技師

me·chan·ics /mɪkǽnɪks/ 《アクセント注意》 名 ❶ U 力学；機械工学 ❷ 《the ~》《単数・複数扱い》決まりきった手順；技術(的な面), 技巧 ‖ the ~ of writing 作文の技巧 ❸ 《the ~》《複数扱い》機構, 仕組み

***mech·a·nism** /mékənɪzm/ 《アクセント注意》 名 C ❶ 機械部品[装置]；(体制・組織などの)仕組み, 機構；構造, メカニズム ‖ the steering ~ 操縦装置 / the price ~ 価格の仕組み / the governmental ~ 統治の仕組み / the ~ of the universe [human body] 宇宙[人体]の仕組み ❷ 〈目的を達するための〉方式, 方法, 手段, 手順, 手続き〈**for**〉 ❸ 『心』心理過程, 機制(→ defense mechanism) ❹ U 『哲』機械論(↔ vitalism)

mech·a·nist /mékənɪst/ 名 C 『哲』機械論者

mech·a·nis·tic /mèkənístɪk/ 〈ジ〉 形 ❶ 機械論的な ❷ 機械学[力学]的な **-ti·cal·ly** 副

mech·a·ni·za·tion /mèkənəzéɪʃən | -naɪ-/ 名 U 機械化, 自動化

mech·a·nize /mékənàɪz/ 動 〔◁ machine 名〕 他 ❶ 《通例受身形で》機械化される；機械的[自動的]に行われる ❷ 『軍』〔軍備など〕を機動[機甲]化する ‖ ~*d* forces 機甲部隊 ❸ …を機械的[自動的]にする

mech·a·no·re·cep·tor /mèkənouriséptər/ 名 C 『生』機械的受容器《圧力・振動などに反応する器官》

mech·a·tron·ics /mèkətrá(ː)nɪks | -trɔ́n-/ 名 U メカトロニクス, 機械電子工学

MEcon 略 *M*aster of *Econ*omics

med /med/ 形 《主に米口》=medical ‖ a ~ student [school] 医学生[医科大学]

Med /med/ 名 《the ~》《主に英口》=Mediterranean Sea

MEd 略 *M*aster of *Ed*ucation

med. 略 medical；medicine；medieval；medium

mé·dail·lon /mèɪdɑːjɔ́ːn/ 名 (複 **~**) C メダイヨン《円形に切った肉》(♦ フランス語より)

⁑**med·al** /médəl/ (♦ 同音語 meddle)
—名 (複 **~s** /-z/) C **メダル**, 記章, 勲章 ‖ **award** a ~ for bravery 勇敢な行為に報いてメダルを贈る / **win** a **gold** ~ in the 100 meter dash 100メートル走で金メダルを獲得する / **receive** a silver ~ 銀メダルを授かる
desèrve a médal (for ...) 《口》(勇敢な行動などで)賞賛に値する
—動 (**-aled**, 《英》**-alled** /-d/；**-al·ing**, 《英》**-al·ling**)
—自 〈…の競技で〉メダルを獲得する〈**in**〉 **—他** 《~ed で形容詞として》メダルを贈られた, 栄誉を与えられた
語源「金鉱, 金属」の意のラテン語 *metallum* にさかのぼる. metal と同語源.
▶▶ **Mèdal of Fréedom** 名 《the ~》自由勲章《優れた功績を残した米国市民に授与される》 **Mèdal of Hónor** 名 《the ~》名誉章《功績のあった米国軍人に与えられる国家最高の勲章》 **~ plày** 名 U 『ゴルフ』打数競技(stroke play)

med·al·ist, 《英》**-al·list** /médəlɪst/ 名 C ❶ メダリスト ‖ a gold ~ 金メダリスト ❷ メダル彫刻師[デザイナー]

me·dal·lion /mədǽljən | -iən/ 名 C ❶ メダリヨン, メダル型の首飾り ❷ (肖像などの)円形浮き彫り；(織物などの)円形模様 ❸ =médaillon

méd bàll 名 《口》=medicine ball

***med·dle** /médl/ (♦ 同音語 medal) 動 自 ❶ 〈…に〉干渉する, おせっかいを焼く〈**in, with**〉 ‖ Don't ~ *in* my affairs. 私のことにくちばしを挟むな ❷ 〈他人のものなどを〉勝手にいじくり回す〈**with**〉 ‖ Don't ~ *with* those papers. その書類をいじるな
-dler 名 C おせっかい屋(busybody) **-dling** 名

méd·dle·some /-səm/ 形 おせっかいな, 干渉好きな(interfering)

Me·de·a /mədíːə | -díə/ 名 『ギ神』メデイア《Jason を助け, 「金の羊毛」を手に入れさせた女魔法使い》

med·e·vac /médɪvæ̀k/ 名 (=~ **helicòpter**) 《米》 C 負傷者救出用ヘリコプター；U 救急搬送 **—動** 他 …を救急搬送する(♦ *med*ical+*evac*uation より)

med·fly /médflàɪ/ 名 (複 **-flies** /-z/) C 《主に米口》『虫』チチュウカイミバエ(Mediterranean fruit fly)

:me·di·a¹ /míːdiə/ 《発音注意》
―名 (⇨ MEDIUM BYB) ❶ medium の複数
❷ 《the ～》《集合的に》《単数・複数扱い》**マスメディア, マスコミ** (mass media) (♦ 複数形を medias とするのは誤用) ‖ The case was reported **in** the national ～. その事件はマスメディアで全国に報道された
▸▸ **～ càrd** 名 C 💻メディア [メモリー] カード (memory card) **～ cóverage** 名 U マスコミによる報道 **～ evènt** 名 C マスコミ報道をねらったイベント **～ mìx** 名 U C メディアミックス 《各種媒体による広告などの営利活動(体)》 **～ stùdies** 《通例単数扱い》名 U (大学の教科としての)マスメディア研究

me·di·a² /míːdiə/ 名 (複 **-ae** /-iː/) C 〖解〗中膜 《血管またはリンパ管の中央筋肉層》

Me·di·a /míːdiə/ 名 メディア 《カスピ海南西部にあった古代王国. 現在のイラン北西部》

***me·di·ae·val** /mìdiíːvəl | mè-/ 〈シ〉 形 =medieval

me·di·a·gen·ic /mìːdiədʒénɪk/ 形 《主に米》マスメディア向きの, マスコミ受けする

me·di·al /míːdiəl/ 形 ❶ 中央の, 中間に位置する; (体の)正中線寄りの ❷ 平均の, 並の **～·ly** 副

me·di·an /míːdiən/ 《発音注意》形 《限定》中央の, 中央に位置する ―名 C ❶ (= **～ strip**)《米・豪》(高速道路などの)中央分離帯 (《英》central reservation) ❷ 〖数〗(三角形の)中線 ❸ 〖統計〗メジアン, 中央値 ❹ 〖解〗正中神経[動脈, 静脈]

***me·di·ate** /míːdièɪt/ 《発音注意》(→ 形) 動 自 ❶ 仲裁する, 調停する; 仲介役を務める 〈**between** …の間の; **in** …を〉 ‖ He ～*d between* the boy and the accused bully. 彼はその男の子といじめっ子との仲裁に入った / ～ *in* a dispute 紛争を調停する ❷ (思想・時代など2つの段階の)中間に位置する, 間をつなぐ ―他 ❶ (仲介して)〔協定・和解など〕を成立させる; 〔紛争・争議〕を調停する ‖ ～ a peace settlement 和平を仲裁成立させる / ～ a strike ストライキの調停をする ❷ …の仲介役となる; 〔贈り物・伝言など〕を取り次ぐ, 伝達する ❸ (媒体として)…をもたらす, …に影響を与える (♦ しばしば受身形で用いる)
―形 /míːdiət/ 間接の; 仲介の, 仲介による (↔ immediate) ‖ a ～ copy また写し **～·ly** 副
語源 *medi-* middle + *-ate* (動詞語尾): 間に入る

me·di·a·tion /mìːdiéɪʃən/ 名 U 調停, 仲裁

me·di·a·tor /míːdièɪṭər/ 名 C 仲裁人, 調停者

med·ic¹ /médɪk/ 名 C ❶ 《口》医学生 ❷ 《口》医者 ❸ 《米》衛生兵

med·ic² /médɪk/ 名 =medick

med·i·ca·ble /médɪkəbl/ 形 治療できる

Med·ic·aid, m- /médɪkèɪd/ 名 U (米国の)低所得者医療扶助(制度) (♦ *medical* + *aid* より)

:med·i·cal /médɪkəl/ 形 名
―形 〔◁ medicine 名〕《比較なし》《通例限定》
❶ **医学の**, 医術の, 医療の ‖ Longevity reflects the nation's ～ level. 長寿は国家の医療水準(の高さ)を示している / ～ **care** 医療 / ～ practice 医療(行為) / a ～ student [department] 医学生[医学部] / a ～ record カルテ / under ～ treatment 治療中で / ～ bills 医療費
❷ **内科の**; 内科治療を要する (→ surgical) ‖ a ～ ward 内科病棟 / a ～ disease 内科治療を要する病気
―名 (複 **～s** /-z/) C 健康診断; 診察 **～·ly** 副
語源 *medic-* doctor + *-al* (形容詞語尾): 医者の
▸▸ **～ certíficate** 名 C 診断書 **～ examinátion** 名 U 健康診断 (physical examination) **～ exáminer** 名 C (生命保険加入申込者などの)診察医; 《米》検死官 **～ jurisprúdence** 名 U =forensic medicine **～ liabìlity** 名 U 医療責任 **～ malpráctice** 名 C U 医療ミス **～ òfficer** 名 C 《英》(地方公共団体などの)医療担当者; 軍医(将校) **～ practítioner** 名 C 《英》開業医 **～ résidency** 名 U 《米》研修医の研修期間 《インターン期間を含むこともそれに続くこともある》 **～ résident** 名 C 《米》研修医 **～ schòol** 名 C 医科大学; 医学部 **～ tóurism** 名 U 医療のための旅行 《治療費の安い外国で受診すること》

med·i·cal·ize /médɪkəlàɪz/ 動 他 …に病名をつける; …に医学的方法を適用する

me·dic·a·ment /mədíkəmənt/ 名 C 薬剤, 医薬

Med·i·care, m- /médɪkèər/ 名 U (米国の)老人医療保険(制度); (カナダ・オーストラリアの)国民健康保険
語源 medic(al) + care

med·i·cate /médɪkèɪt/ 動 他 ❶ …を薬で治療する, …に投薬する ❷ …に薬を添加する ‖ ～*d* soap 薬用石けん
-cà·tive /英 -kə-/ 形 薬効のある

***med·i·ca·tion** /mèdɪkéɪʃən/ 名 ❶ U 薬物治療, 投薬 ‖ be on ～ 薬を飲んで治療中である ❷ C U 医薬品, 薬剤 (medicament)

Med·i·ci /médɪtʃiː/ 名 《the ～》メディチ家 《15-16世紀イタリアのフローレンス[フィレンツェ]で栄えた財閥. ローマ教皇やフランス王妃が輩出し, 多くの芸術家を保護した》

med·i·cide /médɪsàɪd/ 名 U C 医師による自殺幇助(ほうじょ) (♦ *medic*ine-assisted sui*cide* より)

***me·dic·i·nal** /mədísənəl/ 形 〔◁ medicine 名〕薬の, 医薬の; 薬効のある, 治療力のある; (薬特有の)苦みのある ‖ ～ properties 薬効成分 / for ～ purposes 薬用として (♥ しばしば酒飲みの言い訳) **～·ly** 副

:med·i·cine /médsən/
―名 〔▶ medical 形, medicinal 形〕 (複 **～s** /-z/) ❶ U C **医薬**, (内服)**薬** (⇨ 類語P) ‖ a dose of ～ 薬1服 / **take** [OR have, ×drink] a ～ 薬を服用する / a good ～ for a cough [cold] せき[風邪]に効く薬 / over-the-counter [OR patent] ～ 売薬 / a ～ for 「external application [internal use] 外用[内服]薬 / the virtue of ～ 薬の効能 / prescribe ～ 処方箋(せん)を書く
❷ U **医学**, 医術; (特に)内科(学), 内科医療 (→ surgery) ‖ preventive ～ 予防医学 / clinical ～ 臨床医学 / practice ～ 医院を開業する / study ～ and surgery 内科と外科を学ぶ / alternative ～ 代替医療
❸ U (北米先住民が病気・悪霊などを追い払うと信じる)まじない, 魔法; 魔よけ

gèt a tàste of one's òwn médicine 同じ手口で仕返しされる

gìve a pèrson a dòse [OR ***tàste***] ***of his/her òwn médicine*** 〔人〕にやられたのと同じやり方で仕返しする

tàke one's médicine (***like a mán***) (自ら招いた)罰を受ける, (罰として)いやなことを我慢する

the bèst médicine 最良の薬 ‖ *Laughter is the best* ～. 《諺》笑いは百薬の長

薬	medicine	錠剤	**tablet**
		丸薬	**pill**
		粉薬	**powder**
		水薬	**liquid medicine**
		カプセル	**capsule**
	外用薬	軟膏(なんこう)	**ointment**
		座薬	**suppository**
		湿布薬	**poultice**

♦ medicine を「外用薬」の意で使うのはまれ.
♦「薬」一般をいうのに medicine のほかに drug がある. 〈例〉The doctor gave the patient a new *drug*. 医者は患者に新しい薬を与えた
語源 *medic-* doctor + *-ine* (名詞語尾): 医術
▸▸ **～ bàll** 名 C U メジシンボール 《革製の大きな重いボール. 健康器具》 **～ chèst** [**càbinet**] 名 C 薬箱 **～ màn** 名 C (北米先住民などの)まじない師, シャーマン (♦

女性形 medicine woman)(中立 shaman, healer, magician) ～ **whèel** 名C《米》(北米先住民の)祈禱(きとう)の輪

med·ick /médɪk/ 名C〘植〙ウマゴヤシ

med·i·co /médɪkou/ 名(複 **~s** /-z/)C《口》医者;医学生

***me·di·e·val, -ae·val** /mì:dií:vəl | mè-/《アクセント注意》<ジ 形(**more ~**; **most ~**)《通例限定》❶ 中世(風)の, 中世的な(→ ancient, modern) ‖ ～ architecture 中世建築 ❷《口》非常に古い, 古ぼけた, 時代遅れの, 古臭い **~·ly** 副 ▸▸ **～ hístory** 名U 中世史《5–15世紀》

me·di·e·val·ism /mì:dií:vəlɪ̀zm | mè-/ 名U ❶ 中世の精神[慣習]; 中世的思想[慣習] ❷ 中世趣味[崇拝]

me·di·e·val·ist /mì:dií:vəlɪst | mè-/ 名C ❶ 中世史[文学]家 ❷ 中世賛美者

Med·i·gap /médɪgæp/ 名U《米》メディギャップ《拡大した医療サービスを受けられるよう Medicaid などの受給者が入る保険》

Me·di·na /medí:nə/ 名 メジナ《サウジアラビア西部の都市. Muhammad の墓がありイスラム教の聖地》

***me·di·o·cre** /mì:dióukər/ <ジ 形 並の, 平凡な; 二流の

me·di·oc·ri·ty /mì:diá(:)krəṭi | -ɔ́k-/ 名(複 **-ties** /-z/) ❶U 並み, 平凡; 凡才 ❷C 凡人, 凡才

Medit. 略 Mediterranean

***med·i·tate** /médɪtèɪt/ 動 自〈…について〉熟考[熟慮]する, 思いを凝らす; 瞑想(めいそう)する〈**on, upon**〉‖ ～ *upon* the greatness of God 神の偉大さについて瞑想する
— 他 …を企てる, もくろむ, 計画する ‖ ～ revenge 復讐(ふくしゅう)を図る **-tà·tor** 名C 瞑想[黙想]する人

***med·i·ta·tion** /mèdɪtéɪʃən/ 名 ❶U (宗教的)瞑想, 黙想 ‖ be deep [OR buried] in ～ 黙想[瞑想]にふけっている ❷C《通例 ～s》〈…についての〉熟慮, 熟考〈**on**〉‖ ～*s on* death and loss 死や消滅についての熟考 ❸C《しばしば ～s》瞑想録

med·i·ta·tive /médətèɪṭɪv | -ɪtə-/ 形 瞑想にふける, 思索好きな; 瞑想的な **~·ly** 副

***Med·i·ter·ra·ne·an** /mèdɪtəréɪniən/《発音・アクセント注意》<ジ 形《限定》❶ 地中海(沿岸地域)の ‖ a ～ climate 地中海性気候 ❷ 地中海沿岸住民の

> Boost Your Brain!
>
> **medium と media**
>
> 「洋服のMサイズ」とか「肉をミディアムで焼く」のMやミディアムは英語の medium から来ている. medium の語源はラテン語の medius「中間にあるもの」であり, Mサイズやミディアムは「(洋服の大きさや肉の焼き具合が)中程度の」を意味する.
>
> 中間にあるもの, すなわち「(情報などの)送り手と受け手との仲立ちをするもの, 媒体」が medium の一般的な意味である. 言葉や音や映像などの「情報」を記録・伝達するための「媒体」である手紙やメモ, CDやDVDやメモリーカード, テレビや電話, ケーブルや光ファイバーなどが幅広く medium である.
>
> また, medium of exchange (交換手段)とは売り手と買い手の中間にあるものを意味し, 具体的には通貨(currency)や小切手(《米》check,《英》cheque)などを指す. また, この世とあの世をつなぐ仲立ちをする存在である「霊媒, 巫女(みこ)」も medium である.
>
> medium の複数形は media. mass media とは一般的には「新聞, 出版, テレビ, 映画など, ニュースや情報を大衆に伝える媒体, マスコミ」を指すが, インターネットや携帯電話も mass media に含む場合もあり,「7つのマスメディア」(seven mass media)とは, 印刷物, 録音物, 映画, ラジオ, テレビ, インターネット, 携帯電話を指す. media という語は相互的な情報伝達のための媒体の含意もあることに注意したい. media literacy は「インターネットを含むメディアの情報を把握・分析し, 活用する能力, 情報を発信する能力」を意味する.

— 名 ❶ (= ～ **Séa**)(the ～) 地中海 ❷《the ～》地中海沿岸地域 ❸C 地中海沿岸の住民
語源 ラテン語 *medius*(中に)+*terra*(地)から.「陸の中心にある」の意. 昔は地中海が世界の中心と思われていた.
▸▸ **～ frúit flỳ** 名C〘虫〙チチュウカイミバエ(medfly)

***me·di·um** /mí:diəm/《発音注意》名(複 **~s** /-z/ OR **-di·a** /-diə/)(♦ 語義番号の後に複数形表示があるものを除き, 両方の複数形が可能) C(⇨ BYB) ❶ (情報伝達・コミュニケーションの)媒体, メディア(⇨ MEDIA[1]) ‖ Painting entire buses with ads for various products created a new advertising ～. バスの車体一面にさまざまな商品の宣伝を描くことが新しい広告媒体になった / E-mail is now our main ～ *of* communication. Eメールは今日の主たる通信手段である
❷ 手段, 方法; (思想などの)表現手段 ‖ the ～ for job creation 雇用創出の方法 / the ～ of instruction 教授言語 ❸ 伝達物質, 媒介(物) ‖ Sound travels through [OR by] the ～ of air. 音は空気を媒体として伝わる / the ～ of exchange 交換手段, (特に)通貨(currency) ❹ (芸術上の)表現手段, 技法; 材料, 素材 ‖ Each art has its own ～. それぞれの芸術には独自の表現手段がある ❺ 中間, 中庸; 中間物 ❻ (複 **-dia**)生活環境[条件] ‖ Deserts are a natural ～ for camels. ラクダにとって砂漠は自然な生活環境である ❼ (複 **-dia**) 💻(記憶)媒体, メディア ❽ (複 **-dia**)〘生〙培養基, 培土; (標本の)保存液 ❾ (絵の具の顔料の)媒材, 展色材, メジューム《絵の具を溶く油や水など》❿ (複 **~s**)霊媒, 巫女(みこ)
a [OR *the*] ***hàppy médium*** 中庸, バランス(golden mean) ‖ strike [OR achieve, hit] *a happy* ～ 中庸を得る, 妥協点を見いだす
— 形《比較なし》《通例限定》❶ 中間の, 中くらいの, ふつうの, 平均の(↔ extraordinary)(略 M)(♦ 統計上の「平均の」の意味には average を用いる) ‖ a person of ～ build 中肉中背の人 / ～-sized ふつうの大きさの, Mサイズの / ～ quality 中級の品質 / bake in a ～ oven for 30 minutes 中くらいの温度のオーブンで30分焼く / ～ brown 濃くも薄くもない茶色 ❷ (肉の焼き加減が)ミディアムの, ふつうの(→ rare[2], well-done) ‖ I'd like my steak ～. 私のステーキはミディアムにしてください ❸ やや辛口の
▸▸ **～ fréquency** 名C 中(周)波《300kHz–3MHz. 略 MF》 **～ térm** (↓) **～ wáve** 名C《主に英》中波(medium frequency); U 中波放送《略 MW》

mèdium-drý 形 (ワイン・シェリーが)中辛の

médium-sìzed 形 中型の, Mサイズの

mèdium térm 名C《単数形で》中期 ‖ in the ～ 中期的に[の] **mèdium-térm** 形 中期の

med·i·vac /médɪvæk/ 名 動 =medevac

med·lar /médlər/ 名C〘植〙メドラ, セイヨウカリン(の実)

med·ley /médli/ 名C ❶〘楽〙メドレー, 混成曲 ❷ (物・人などの)寄せ集め, 混合, 混成 ❸ (競泳の)メドレー
▸▸ **～ rèlay** 名C (競泳・陸上競走の)メドレーリレー

Mé·doc /meɪdá(:)k | médɔk/ 名 メドック ❶ フランス南西部のブドウ栽培地域 ❷U メドック産赤ワイン

me·dul·la /medʌ́lə/ 名(複 **~s** /-z/ OR **-lae** /-li:/) C ❶〘解〙骨髄; (腎臓(じんぞう)などの)髄質部 ❷〘植〙髄
méd·ul·làr·y /英 ─́──/ 形
▸▸ **～ òb·lon·gá·ta** /-ɑ̀:blɔ:ŋgá:ṭə | -ɔ̀blɔŋ-/ 名(複 **~s** /-z/ OR **medùllae òb·lon·gá·tae** /-gá:ṭi/) C〘解〙延髄

Me·du·sa /mədjú:sə | -zə/ 名〘ギ神〙メドゥーサ《3人姉妹の怪物 Gorgons の1人. Perseus に殺された》

***meek** /mi:k/ 形 ❶ おとなしい, 温和な, 温順な, 従順な(⇨ GENTLE 類語) ‖ (as) ～ as a lamb 極めて温和な ❷ 従順すぎる, 意気地がない, 屈従的な ❸《the ～ で集合名詞的に》従順な人々 **~·ly** 副 **~·ness** 名

meer·kat /míərkæt/ 名C〘動〙ミーアキャット《南アフリカ産の小型のマングースの仲間. しばしば直立姿勢をとる》

meer·schaum /míərʃəm/ 名 ❶U 海泡石, メアシャウム ❷C 海泡石の(喫煙用)パイプ

***meet** /miːt/(♦ 同音語 meat, mete) 動 名

中心義 Aに会う(★Aは「人」に限らず,「物」や「状況」なども含む)

> 動 他 会う❶❷ 知り合いになる❷ 出迎える❸ 対戦する❹ 触れる❺ 交わる❺ 満たす❻
> 自 会う❶
> 名 スポーツ競技会❶

—動 (~s /-s/; **met** /met/; ~·ing)

—他 ❶《受身形不可》(偶然)〔人など〕に**会う**, 出会う(♦ この意味では meet with ... とはふつういわない) ‖ At the party I *met* somebody who knew my friend from kindergarten. そのパーティーで幼稚園のときからの友人を知っている人と出会った / You'll never guess who I *met* in the supermarket! スーパーでだれに会ったと思う?

❷《受身形不可》(約束して)〔人〕と**会う**, 落ち合う;〔人〕と会見[会談]する(→ *meet with* ... (↓));〔人〕と**知り合いになる**, 初めて会う;〔人〕に紹介される, (紹介されて) 会う ‖ *Meet* me ⌈in the park [at seven]. 公園で[7時に] 落ち合おう / ~ reporters 記者団と会見する / Brad, come and ~ my friend Marcus. ブラッド, 友達のマーカスを紹介しよう / I want you to ~ my parents. あなたを両親に紹介したいの / Jack, have you *met* Susan? ジャック, スーザンに会ったことはあるんだっけ (♥ 人を紹介する際の前置き)

❸〔人・乗り物など〕を**出迎える**;〔人〕〈が…で到着するの〉を出迎える〈**off**〉;(乗り物が)…に連絡[接続]する ‖ I *met* my little cousin at the station. 幼いいとこを駅に出迎えた / He's ~*ing* his son *off* this train. 彼は息子がこの列車で到着するのを迎えに来ている / A train ~*s* every ferry. フェリーが到着するたびに列車の接続がある

❹《受身形不可》…と**対戦する**, 競う;〔敵〕と戦う, 交戦する ‖ She *met* Venus Williams twice this season. 彼女は今シーズン, ビーナス=ウィリアムズと2度対戦した / ~ one's match 好敵手と対戦する

❺《受身形不可》(物が)…に**触れる**, ぶつかる, 接する;(線・道路・川などが)…に**交わる**, 合流する ‖ My lips *met* his. 私の唇が彼の唇に触れた / Wilbur Street ~*s* Potter Avenue at this point. ウィルバー通りはここでポッター通りと交わっている

❻〔要求・条件など〕を**満たす**;〔人の希望など〕に添う, 応じる, …をかなえる;…に同意する;〔目的など〕を達成する(⇨ ANSWER 類語P) ‖ I'll do my best to ~ your wishes. ご希望に添えるようベストを尽くします / ~ a demand 要求を満たす / His terms were not *met*. 彼の条件は受け入れられなかった / ~ him on the price 価格面で彼と折り合う

❼(物が)〔目・耳など〕に入る, とまる;〔人の視線〕を見つめる ‖ A clear blue lake *met* his eye(s). 青く澄んだ湖が彼の目に入った ❽〔反対・難局など〕をうまく処理する ‖ ~ each problem as it arises 問題が起こるたびにそれに対処する ❾〔費用・勘定など〕を支払う ‖ I've got my bills to ~. 支払わないといけない勘定がある ❿ …に遭遇する, …を経験する(♦ 通例災難などいやなことについて用いる. この意味では meet with ... (↓) を用いることが多い) ‖ ~ resistance [prejudice] 抵抗[偏見]に遭う / ~ one's death [OR end] (事故などで)死ぬ, 死を遂げる

—自 ❶(人が)**会う**, 出会う;落ち合う;知り合いになる ‖ My parents *met* at a party. 両親はあるパーティーで知り合った[初めて出会った] / Why not ~ for a drink on Monday? 月曜日に会って一杯やろうじゃないか

❷ 会合する;《集合名詞を主語として》(会が) 開かれる ‖ The committee ~*s* every two weeks. 委員会は1週間おきに開かれる

❸(物が)触れる, 接する;(目などが)合う;(線・道路などが)交わる;(乗り物同士が)すれ違う;(土地などが)接する;(衣服などの両端が) 一緒になる ‖ Their eyes *met* across the table. テーブル越しに彼らの視線が合った / Parallel lines never ~. 平行線は決して交わらない

❹ 対戦する, 競う ‖ The two players will ~ tomorrow in the semifinal. 両選手は明日準決勝で対戦する

❺(いろいろな性質が)〈同一人物に〉兼ね備わっている〈**in**〉‖ Intelligence and sensitivity ~ *in* him. 彼には聡明(そうめい)さと豊かな感受性が兼ね備わっている

mèet a pèrson halfwáy 〔人〕に歩み寄る, 妥協する

mèet úp 〈自〉《口》① (一緒に何かをするために)〈人と〉会う;〈人に〉(偶然)出会う〈**with**〉 ② (道路などが)〈ほかの道路と〉合流する〈**with**〉

****méet with*** 〈他〉Ⅰ《***méet with*** ...》①〔人〕と**会見**[会談, 面談]**する** ②〔事故・災害など〕に遭遇する, …を**経験する** ‖ ~ *with* an accident 事故に遭う ③〔賞賛・歓迎・非難など〕を受ける;〔反対など〕に遭う;…という結果に終わる ‖ ~ *with* a warm reception 温かい歓迎を受ける / Our proposal *met with* strong opposition. 我々の提案は強力な反対に遭った Ⅱ《***méet A with B***》《通例受身形で》*A*(提案など)が*B*(特定の受け入れ方で)迎えられる, 遇される

There's more to ... than meets the eye. ⇨ EYE(成句)

COMMUNICATIVE EXPRESSIONS

1 **Excúse me. I dòn't thìnk we've mét befòre.** すみません, まだお目にかかったことがないと思うのですが (♥ 自己紹介をしたいときに相手にかける言葉)

2 **Hàven't we mèt befóre?** どこかでお会いしませんでしたか (♥ 見かけたことのある人に自己紹介するとき, あるいは人と知り合いになりたいときかける言葉. 異性を誘う場合にも用いる)

3 **I would lìke you to méet sòmeone.** 会っていただきたい人がいます(♥ 人を紹介する際の前置き)

4 **I'm (àwfully) sórry, but I'm méeting sòmeone** in five mínutes. (大変)申し訳ないのですが, あと5分でほかの方と会わなければならないんですよ (♥ 会話を切り上げる際に用いる口実)

5 ⌈**It was** [OR **It's**] **nìce méeting you.** お会いできてよかったです (♥ 初対面の別れ際のあいさつ. ✐(It's) nice to have met you.)

6 **(It's) nìce to méet you.** 初めまして (♥ 初対面のあいさつ. 2度目からは see を用いる. ✐(I'm) glad [OR pleased] to meet you.)

7 **Só we fìnally mèet fàce-to-fáce.** ようやくじかに会えましたね(♥ 電話や手紙, Eメールなどでの通信しかしたことがなかった人同士が初めて会ったときに用いる)

8 **Till** [OR **Until**] **we mèet agáin.** またお会いするときまで (♥ 別れのあいさつ. しばしばテレビやラジオ番組の司会者が番組の終わりに用いる)

—名 (複 ~s /-s/) Ⓒ ❶《主に米》**スポーツ競技会** (《英》meeting) (⇨ MEETING 類語) ‖ a track ~ 陸上競技大会 ❷《英》(キツネ狩りのための騎乗した狩猟者と猟犬の)勢ぞろい

mèet and gréet, mèet-and-gréet 名 Ⓒ ❶(有名人を)囲む会 ❷(空港への)出迎えサービス ❸(学校での)PTAの集まり(♦ meet-'n'-greet, m and g などともいう) —形《限定》(会合が)有名人を囲んでの

***meet·ing** /míːtɪŋ/

—名 (複 ~s /-z/) Ⓒ ❶ **会合**, 集会, **会議**(⇨ 類語);(クエーカー教徒などの) 礼拝集会;《英》(スポーツや動物の) 競技会 (《米》meet) ‖ an academic ~ 学会の会合 / an **annual** ~ 年次集会[大会] / a committee ~ 委員会 / a race ~ 《英》競馬会 / discuss a matter **at** a ~ 会議で問題を議論する / I'm in [OR at] a ~ right now. Call me back later. 今(ちょうど)会議中です. 後でお電話ください / an athletic ~ 《英》運動競技会

M

連語 【動+～】 call [break up] a ～ 会を招集する[閉じる] / attend a ～ 会に出席する / hold [OR have] a ～ 会を開催する / arrange a ～ 会合を準備する，会の日時を決める / chair a ～ 会の議長を務める / schedule a ～ 会の日時を決める / address a ～ 会合で演説[講演]をする

❷《通例単数形で》会うこと，〈…との〉**出会い**〈with〉；集合 ‖ He fell in love with her at their first ～. 彼は初めて会ったときから彼女に恋してしまった / a chance ～ 偶然の出会い / on my last ～ *with* him 彼にこの前会ったとき ❸《the ～》《集合的に》会の参加者，会衆

a mèeting of mínds 意見の一致

COMMUNICATIVE EXPRESSIONS

1 **Lèt me clòse this méeting by** thánking èverybody for participating. NAVI 皆さんにご参加いただけたことにお礼を申し上げて，この会合を終えたいと思います（♥会議などを終了に導く．結論ではなく，最後の補足や締めくくりのあいさつなどを述べる際に用いる）

類語 《❶》 **meeting** 目的や規模に関係なく公私の「集まり」に用いられる最も一般的な語．
meet 《主に米》運動競技会．〈例〉a swimming *meet* 水泳大会
gathering 非公式な打ち解けた集まり．〈例〉a social *gathering* 社交的な集まり
conference 特別な問題について討議が行われる集まり，会議，会談．
assembly 大勢の人が特別な目的を持って集まる集会．
convention 政治・教育団体などの定期的な会議．
rally （主に政治的な問題についての）支持や抗議の大衆集会．〈例〉an antiwar *rally* 反戦集会

▶▶ ～ **gròund** 名 C （意見・関心などの）共通点 ～ **plàce** 名 C 会場，集会所

méeting·hòuse 名 C （クエーカー教徒の）礼拝堂

méet·ùp 名 C 《主に米》 ❶ （形式ばらない）集まり ❷《商標》《M-》ミートアップ《インターネット上のソーシャルネットワーキングサイト》

meg /meg/ 名《口》=megabyte

Meg /meg/ 名 メグ《Margaret の愛称》

meg·a /méɡə/ 《俗》 形《通例限定》とてもすごい[大きい]；素晴らしい ━副 飛び切り

mega- /meɡə-/ 連結形 （♦ 母音の前では meg- を用いる） ❶《口》「ずば抜けて大きな，卓越した」の意 ‖ *mega*phone, *mega*merger（超大合併） ❷「100万の」の意 ‖ *mega*ton ❸ 💻「2^{20}（約100万）の」の意

méga·bànk 名 C メガバンク，巨大銀行

méga·bìt 名 C 💻メガビット《2^{20}（約100万）bits》

méga·bùck 名 C 《米・カナダ俗》100万ドル；《～s》大金

méga·bỳte 名 C 💻メガバイト《2^{20}（約100万）bytes》

méga·chùrch 名 C メガチャーチ《北米のプロテスタント会派が建設する大教会堂を中心とした複合施設》

méga·dèath 名 U C 100万の死者《核戦争を想定した場合の死者算定の単位》

méga·dòse 名 C （ビタミン剤やサプリメントの）大量服用

mèga·fáuna 名 U （特定の地域・時代の）大型哺乳（ほにゅう）動物；肉眼で見られる大きさの動物

méga·flòp 名 C 💻メガフロップス《数値計算能力を示す単位》

méga·hèrtz 名 （複 ～） C メガヘルツ《100万ヘルツ．主に電波の周波数．略 MHz》

méga·hìt 名 C （映画などの）超ヒット作品

meg·a·lith /méɡəlɪθ/ 名 C 〖考古〗（有史以前の）巨石
mèg·a·líth·ic 形 巨石(時代)の

megalo- 連結形 「大きい，卓越した」の意（♦ 母音の前では megal- を用いる）‖ *megalo*mania

meg·a·lo·ma·ni·a /mèɡələméɪniə, -loʊ-/ 名 U 〖医〗誇大妄想(狂) **-àc** 名 C 誇大妄想(患)者

meg·a·lop·o·lis /mèɡəlɑ́(ː)pəlɪs | -lɔ́p-/ 名 C メガロポリス，巨大都市(圏)

meg·a·lo·pol·i·tan /mèɡələpɑ́(ː)lətən | -pɔ́lɪ-/ 形 巨大都市圏の ━名 C 巨大都市圏に住む人

meg·a·lo·saur /méɡələsɔ̀ːr, ˌ‒‒‒/ 名 C 〖古生〗メガロサウルス《ジュラ紀の大型肉食恐竜》

méga·mèrger 名 C 大規模[大型]合併

Mèg·an's láw /mèɪɡənz-, mèɡ-, mìːɡ-/ 名 U 〖米法〗ミーガン法《性犯罪の前科者が居住する地方公共団体は，その者の住所を公表しなければならないとする法律》

méga·phòne 名 C メガホン，拡声器
━動 他 自 (…を[が])メガホンで話す[伝える]

mèga·píxel 名 C メガピクセル《100万画素》‖ a 7.3 ～ digital camera 730万画素デジカメ

méga·plàne 名 C 超大型航空機《Airbus 社の A380 など》

méga·plèx 名 C （15以上のスクリーンを持つ）巨大複合型映画館(→ multiplex)

mèga·scóp·ic /-skɑ́(ː)pɪk | -skɔ́p-/ 形 肉眼で見える(macroscopic)(↔ microscopic)

méga·stàr 名 C 《口》（歌手・俳優などの）スーパースター

méga·stòre 名 C 超大型店舗

méga·strùcture 名 C ❶ 巨大高層ビル ❷ 巨大機構

méga·tòn 名 C ❶ 100万トン ❷ メガトン《TNT火薬100万トンに相当する核兵器の爆発力の単位．略 MT》

mèga·vítamin 形 名 U ビタミンを多量使用する(こと)

méga·vòlt 名 C 〖電〗100万ボルト

méga·wàtt 名 C 〖電〗100万ワット，メガワット

me·gil·lah /məɡílə/ 名 ❶《the whole ～》《米口》（持って回った）長たらしい話[説明] ❷《M-》C〖聖〗（特にエステル書を収めた）ヘブライ語の聖書の巻物

meg·ohm /méɡòʊm/ 名 C 〖電〗メグオーム《抵抗の単位．100万オーム》

mei·o·sis /maɪóʊsɪs/ 名 （複 **-ses** /-siːz/） C ❶〖生〗減数分裂 ❷〖修〗緩叙法 **-ót·ic** 形

-meister /-maɪstər/ 接尾 《名詞語尾》《口》「…の名人，達人」の意（♦ ドイツ語より）

Meis·ter·sing·er /máɪstərsɪ̀ŋər/ 名 （複 ～） C マイスタージンガー《14-16世紀ドイツのギルドに組織された吟遊詩人・音楽家たち》（♦ ドイツ語より）

meit·ner·i·um /màɪtnɪ́əriəm, máɪtnəriəm/ 名 U 〖化〗マイトネリウム《原子番号109の人工放射性元素．元素記号 Mt》

Me·kong /mèɪkɔ́(ː)ŋ | mìː-/ ⟨ジ⟩ 名《the ～》メコン川《チベット高原に発しベトナム南部で南シナ海に注ぐ川》

me·la·leu·ca /mèləlúːkə/ 名 C 〖植〗メラレウカ，コバノブラシノキ《豪州原産の低木》

mel·a·mine /méləmìːn/ 名 U 〖化〗 ❶ メラミン《白色結晶状の化合物》 ❷ (= ～ **rèsin**)メラミン樹脂

mel·an·cho·li·a /mèlənkóʊliə/ 名 U 〖医〗うつ病(♦ 現在は depression の方がふつう)

mel·an·chol·ic /mèlənkɑ́(ː)lɪk | -kɔ́l-/ ⟨ジ⟩ 形 憂うつな；《古》うつ病の

***mel·an·chol·y** /mélənkɑ̀(ː)li | -kəli/ 《アクセント注意》 名 U ❶（習慣的な）憂うつ，(理由のない)ふさぎ込み ‖ sink into a mood of deep ～ 憂うつな気分に陥る ❷ うつ病 ❸《古》黒胆汁質(black bile)
━形 ❶ 憂うつな，ふさぎ込んだ，沈んだ ❷ 心を沈ませる；物悲しい(⇨ SAD 類語) ‖ ～ news 気のめいる知らせ
語源 ギリシャ語 *melas*(黒い) + *cholē*(胆汁)から．中世には「憂うつ」は黒い胆汁が多いことが原因だと考えられた(→ humor(体液))．

Mel·a·ne·sia /mèlənìːʒə, -ʃə | -ziə, -ʒə/ 名 メラネシア《太平洋南西部，オーストラリアの北東側の島々の総称》(→ Micronesia, Polynesia) **-sian** 形 名

mé·lange, me- /meɪlɑ́ːnʒ/ 名 C 《通例単数形で》《堅・文》寄せ集め，ごた混ぜ(♦ フランス語より)

mel·a·nin /mélənɪn/ 名 U 〖生〗メラニン，黒色素

mel·a·nism /mélənɪ̀zm/ 名 U 〖医〗メラニン沈着(症)

***mel·a·no·ma** /mèlənóʊmə/ 名 （複 **～s** /-z/ OR **～·ta**

/-ṭə/) Ⓒ〘医〙メラノーマ, 黒色腫(しゅ)《黒色の悪性腫瘍(しゅよう)》
mel·a·to·nin /mèlətóunɪn/ 名 Ⓤ〘生化〙メラトニン《松果腺(せん)ホルモン. 日周リズムを調整する》
Mél·ba tòast /mélbə-/ 名 Ⓤ メルバトースト《かりかりに焼いた薄切りトースト》
Mel·bourne /mélbərn/ 名 メルボルン《オーストラリア南東部ビクトリア州の州都. 海港》
meld¹ /meld/ 動 他 …を混合させる, 結合させる —自 混合[結合]する —名 Ⓒ 結合(物), 融合(物)
meld² /meld/ 〘トランプ〙動 他 自 (手札の)得点を宣言する —名 Ⓒ 得点宣言; 得点になる札の組み合わせ
me·lee, mê·lée /méɪleɪ/ 名 Ⓒ《通例単数形で》乱闘, 押し合い; 混戦; 雑踏, 混乱, ごった返し
me·li·o·rate /míːliərèɪt/ 動《堅》他 …を改善[改良]する —自 改善[改良]される
mè·li·o·rá·tion 名 **-rà·tive** /英 -rə-/ 形 改善の
me·li·o·rism /míːliərɪzm/ 名 Ⓤ〘哲〙改善説《社会は人間の努力によって改善することができるとする説》
mel·lif·lu·ous /məlɪ́fluəs/, **-lu·ent** /-luənt/ 形 (言葉・声・音楽が)蜜(みつ)のように甘い, 甘美な, 滑らかな
*__mel·low__ /mélou/ 形 ❶ (音・光・色などが)柔らかで豊かな[美しい], 豊潤な ‖ a ~ tune 豊潤な音色 / the ~, golden light of early morning 早朝の柔らかなまばゆい日差し ❷ (ワイン・チーズが) 芳醇(ほうじゅん)な, まろやかな ❸ (性格が) 円熟した, 角のとれた ‖ ~ judgment 穏健な判断 ❹《口》(酒などで)上機嫌の, くつろいだ; 打ち解けた ❺ (土壌が)よく肥えた, 豊かな
—動 他 〔果物・酒など〕を熟させる; 〔音・色など〕を柔らかにする; 〔人〕を円熟させる ‖ The years have ~*ed* him. 年月が彼を丸くした —自 熟す; 柔らかになる; 円熟する
mèllow óut 《口》〈他〉《***mèllow óut ... / mèllow ... óut***》〔人〕をリラックスさせる, 気分を落ち着かせる —〈自〉リラックスする; 気分が落ち着く
~·ly 副 **~·ness** 名
me·lo·de·on, -di- /məlóudiən/ 名 Ⓒ〘楽〙❶ 小型足踏みオルガン ❷ メロディオン《アコーディオンの一種》
me·lod·ic /məlɑ́(ː)dɪk | -lɔ́d-/ 形《限定》❶〘楽〙旋律(上)の ❷ =melodious
me·lod·i·ca /məlɑ́(ː)dɪkə | -lɔ́d-/ 名 Ⓒ《商標》メロディカ《鍵盤ハーモニカの一種》
me·lo·di·ous /məlóudiəs/ 形 〔◁ melody 名〕旋律の美しい, 音楽的な, 美しい音色の **~·ly** 副 **~·ness** 名
mel·o·dra·ma /mélədrɑ̀ːmə/ 名 Ⓤ Ⓒ ❶ メロドラマ ❷ メロドラマめいた事件[言動] ❸ (昔の) 音楽を伴う通俗劇 **mèl·o·drám·a·tist** 名 Ⓒ メロドラマ作者
mel·o·dra·mat·ic /mèlədrəmǽṭɪk/ 〈ジ〉形 メロドラマ的な, 感傷的で大げさな **-i·cal·ly** 副
mel·o·dra·mat·ics /mèlədrəmǽṭɪks/ 名《単数・複数扱い》メロドラマ的な言動[作品]
*__mel·o·dy__ /mélədi/ 名 〔▶ melodious 形〕(複 **-dies** /-z/) ❶ Ⓤ Ⓒ〘楽〙メロディー, (主)旋律 ❷ Ⓤ 美しい調べ, 諧調(かいちょう); (言葉の)音楽的な抑揚, 音調; 歌うのに適した詩 ❸ Ⓒ 曲, 歌; 楽曲
*__mel·on__ /mélən/ 名 ❶ Ⓒ メロン; Ⓤ メロンの果肉 ‖ a slice of ~ メロン1切れ ❷ Ⓒ《米口》(株主への) 特別配当 ‖ cut a ~ 特別配当金を出す ❸ Ⓒ《通例 ~s》《口》女性の胸 ▸▸ **~ bàller** 名 Ⓒ フルーツ用くり抜き器
*__melt__ /melt/ 動 自 ❶ (熱で)溶ける, 融解する; (固体が)液体(状)になる (⇨ 類語) ‖ The snow has ~*ed*. 雪が溶けた / The sugar in my coffee didn't ~. コーヒーの砂糖が溶けなかった ❷ (感情などが)なごむ, 和らぐ; (勇気などが) くじける ‖ Her heart ~*ed* at his tenderness. 彼の優しさに彼女の心はなごんだ ❸《口》(人が) 暑さでうだる ‖ I'm simply ~*ing*. 全く溶けそうに暑い ❹ **a** 徐々に消えうせる, 薄らぐ; 姿を消す《***away***》‖「The fog [Her suspicion] ~*ed away*. 霧[彼女の疑念]は次第に晴れていった / The angry mob had ~*ed away* before the police arrived. 怒った暴徒たちは警察が到着する前に姿を消していた **b** 《+**into** 名》溶けて…になる, 徐々に…に移り変わる; …の中に溶け込んで見分けがつかなくなる ‖ In the rainbow the green ~*s into* blue, the blue *into* violet. 虹(にじ)(の色)は緑は青に, 青は紫にと少しずつ変わっていく / ~ *into* the crowd 雑踏の中へ消える
—他 ❶ …を溶かす, 融解する, 溶解する ‖ Great heat ~*s* copper. 高熱は銅を溶かす ❷ …を徐々に消失させる, 散らす《***away***》; …を〈…に〉徐々に溶け込ませる[変化させる]〈**into**〉❸〔人(の気持ち)〕をなごませる, 和らげる ‖ Such a look will ~ the hardest heart. あんな顔をされたらどんな堅物(かたぶつ)も気持ちが和らぐだろう
*__*mèlt awáy*__ 〈他〉《***mèlt awáy ... / mèlt ... awáy***》① …を溶かして消し去る ② ⇨ 他 ❷ —〈自〉① 溶けてなくなる ② ⇨ 自 ❹ **a**
mèlt dówn [OR ***úp***]〈他〉《***mèlt dówn ... / mèlt ... dówn***》(再利用などのため)〔金属製品など〕を溶かす, 鋳(い)つぶす —〈自〉溶解[融解]する
*__*mèlt in* 「*a pèrson's* [OR *the*] *móuth*__ (食べ物が) (人の) 口の中でとろける(ほど柔らかい[おいしい])
—名 ❶ Ⓤ Ⓒ 溶解; 溶解物; (1回の) 溶解量 ❷ Ⓒ 溶けたチーズのかかったサンドイッチ ❸ Ⓤ 雪解け(期)

> **類語**《自 ❶》**melt** 熱で固体がゆっくりと液体状になる. 〈例〉Butter *melts*. バターは溶ける
> **thaw** 凍っているものが液状に戻る. 〈例〉Ice *thaws*. 氷は溶ける
> **dissolve** 固体が液体の中で溶ける. 〈例〉Sugar *dissolves* in water. 砂糖は水に溶ける

mélt·dòwn 名 Ⓤ ❶ (原子炉の) 炉心溶融 ❷《口》(株価の)大暴落, (金融・経済の)急激な落ち込み; (組織・制度の)完全崩壊 ❸《口》錯乱状態
melt·ing /méltɪŋ/ 形《通例限定》❶ 溶ける ❷ 優しい, ほろりとさせる, 感傷的な **~·ly** 副
▸▸ **~ pòint** 名 Ⓒ《単数形で》〘理〙融(解)点 **~ pòt** 名 Ⓒ ① (金属を溶かす)るつぼ ②《通例単数形で》(人種・文化の)るつぼ ③《通例単数形で》《主に英》流動的状態 ‖ in the ~ *pot* (計画などが)流動的な, 決定していない
mel·ton /méltən/ 名 Ⓤ メルトン《コート用のラシャ地》
mélt·wàter 名 Ⓤ/Ⓒ《~s》(特に氷河の)雪解け水
Mel·ville /mélvɪl/ 名 **Herman ~** メルビル (1819–91)《米国の小説家. 主著 *Moby Dick*》
mem. 略 member; memoir; memorandum; memorial

***__mem·ber__ /mémbər/
—名 (複 **~s** /-z/) Ⓒ ❶〈集団・組織の〉**一員**, 構成員, メンバー, 会員; 〈動植物などの〉仲間〈**of**〉‖ **become** a new ~ *of* a team チームの新メンバーになる / This club is for ~*s* only. 当クラブは会員制です / a board [crew, party] ~ 理事[乗組員, 党員] / a **family** ~=a ~ *of* the family 家族(の1人) / the ~*s of* the Cabinet 閣僚 / an 18-~ army medical team 18人からなる軍の医療班 (♦ 数詞とともに複合語を作る) / ~ **countries** [OR **states**] of the United Nations 国連の加盟国 / a ~ *of* the dog family イヌ科の動物
❷《M-》国会議員, (特に)下院議員
❸《古》身体の一部[器官]; (特に)手足(limb) ❹《婉曲的》陰茎 ❺ (建造物・構造体の)構成要素《梁(はり)・壁など》; (政党の)支部 ❻〘文法〙文中の一単位《節・句など》; 〘数〙(方程式の)辺, 項; (集合の)元; 〘論〙(三段論法の)命題
▸▸ **Mèmber of Cóngress** 名 Ⓒ (米国の) 下院議員《略 MC》 **Mèmber of Párliament** 名 Ⓒ (英国の)下院議員《略 MP》
*__mem·ber·ship__ /mémbərʃɪp/《アクセント注意》名 ❶ Ⓤ〈…の〉メンバー[一員]であること, メンバー[会員]の地位[資格]〈《米》**in**, 《英》**of**〉‖ seek ~ *in* a club クラブの会員になろうとする / a ~ card [fee] 会員証[会費] / lose one's ~ 会員の資格を失う ❷ Ⓤ/Ⓒ《集合的に》《単数・複数扱い》メンバー(全員), 会員 ‖ The ~ is [OR

M

are] against the proposal. 会員はその提案に反対している ❸ Ⓤ/Ⓒ《単数形で》会員数 ‖ Our ~ has grown by 100 in the past 6 months. 過去6か月で会員が100人増えた / an organization with a「large ~ [~ of ten thousand] 多くの[1万人の]会員を持つ組織

mémbers-ònly 形《限定》メンバー[会員]専用の

***mem·brane** /mémbreɪn/ 《アクセント注意》 名 Ⓒ Ⓤ ❶〖解〗薄膜,(細胞)膜(組織);〖化〗浸透膜 ‖ the mucous ~ 粘膜 ❷(防水・防湿用の)膜状物質;(古文書の)羊皮紙 **-bra·nous** 形〖解〗膜状の;薄膜を生じる

meme /miːm/ 名 Ⓒ ❶ ミーム,文化的遺伝子《gene からの類推で,文化の共有に関する概念.文化的要素は架空の文化的遺伝子を通じて人の脳から脳に伝達するとされる》(♦英国の生物学者 Richard Dawkins (1941-) の造語) ❷(インターネットを通じて拡散される)情報,ネタ《種々の変更を加えられながら広まっていく流行表現や動画など》

me·mé·tic 形

me·men·to /məméntoʊ/ 名 (複 **~s**, **~es** /-z/) Ⓒ 思い出となるもの,記念品,形見 ▸▸ **~ mó·ri** /-mɔ́(ː)ri/ 名 (複 **~ m-**)《ラテン》(=remember that you must die) Ⓒ 死を連想させるもの《どくろなど》

***mem·o** /mémoʊ/ 《発音注意》 名 (複 **~s** /-z/) Ⓒ ❶ = memorandum ❷ ❷《主に英》=memorandum ❶

▸▸ **~ pàd** 名 Ⓒ (はぎ取り式)メモ帳

***mem·oir** /mémwɑːr/ 《アクセント注意》 名 Ⓒ ❶《~s》回顧録,回想録,自叙伝 ❷ 伝記,言行録 ❸ 研究論文;《~s》(学会の)会報,紀要,研究論文集(♦フランス語より)

mem·o·ra·bil·i·a /mèmərəbíliə/ 名 複 (有名人などにまつわる)記念品,記憶[記録]に値する事柄

***mem·o·ra·ble** /mémərəbl/ 形 〔◁ memory 名〕(**more ~**; **most ~**) 記憶すべき,忘れられぬ,注目すべき;覚え[記憶し]やすい

mèm·o·ra·bíl·i·ty 名 **-bly** 副 記憶に残るほど

***mem·o·ran·dum** /mèmərǽndəm/ 名 (複 **~s** /-z/ OR **-da** /-də/) Ⓒ ❶ 覚書,備忘録,記録(memo) ‖ an internal ~ (組織内の)回覧 / make a ~ of ... …をメモする ❷(社内などの)回覧[報],事務連絡(memo) ❸(外交上の)覚書(非公式の文書) ❹〖法〗覚書契約書;(会社などの)定款(ていかん);〖商〗覚書付き送り状

⁑me·mo·ri·al /məmɔ́ːriəl/ 《アクセント注意》

— 名 (複 **~s** /-z/) Ⓒ ❶〈…の〉**記念(物)**,記念館[碑]〈**to**〉;記念祭[式典] ‖ The arch was erected as a ~ *to* the victory. そのアーチは戦勝を記念して建てられた / a war ~ 戦争[戦没者]記念碑[館] ❷《通例 ~s》年代記;記録,回顧録 ❸(外交上の)覚書;(政府などへの)請願書,陳情書,建白書 ❹《単数形で》〈人・物を〉長く思い起こさせるもの〈**to**〉

— 形 〔◁ memory 名〕《限定》 ❶ 記念の,形見の;追悼の ‖ a ~ **service** [stone] 追悼式[記念碑] ❷ 記憶(上)の

▸▸ **Memórial Dày** 名 Ⓤ (米国の) 戦没将兵追悼記念日《もと5月30日であったが,現在は多くの州で5月の最終月曜日.かつて Decoration Day ともいった》 **~ párk** 名 Ⓒ《米》共同墓地(cemetery)

me·mo·ri·al·ist /məmɔ́ːriəlɪst/ 名 Ⓒ ❶ 請願[建白]書起草者 ❷ 回想[回顧]録の作者

me·mo·ri·al·ize /məmɔ́ːriəlàɪz/ 動 他 ❶ …を記念する ❷ …に請願書を出す

***mem·o·rize** /méməràɪz/ 《アクセント注意》 動 〔◁ memory 名〕 他 …を記憶[暗記]する(learn by heart)(♦機械的に暗記することを指し,「思い出として記憶にとどめる」という意味はない) ‖ ~ his phone number 彼の電話番号を記憶する **mèm·o·ri·zá·tion** 名 Ⓤ 記憶,暗記 **-rìz·er** 名 Ⓒ 暗記[記憶]する人

⁑mem·o·ry /méməri/

— 名 〔▶ memorable 形, memorial 形, memorize 動〕(複 **-ries** /-z/) ❶ Ⓤ **記憶**;Ⓒ Ⓤ〈…に対する〉**記憶力**〈**for**〉 ‖ President Kennedy lives **in** the people's ~. ケネディ大統領は人々の記憶の中に生きている / I sketched this from ~. これは記憶を頼りにスケッチしました / come to one's ~ ふと思い浮かぶ / worthy of ~ 記憶にとどめておくべき / search one's ~ 記憶を探る / His ~ was playing tricks on him. 彼の記憶は間違っていた / loss of ~ 記憶喪失 / have a good [poor, bad] ~ *for* names 人の名前に関して記憶力がよい[悪い] / Mom has a terribly long ~. ママは物覚えがすごくよい / *Public ~ is short.* 《諺》世間の人はすぐ忘れる;人のうわさも75日 / have a short ~ すぐに忘れる / My ~ is failing. 物覚えが悪くなっている

❷ Ⓒ **思い出**,記憶に残っている人[もの,こと] ‖ This song brings back *memories* of my high-school days. この歌を聴くと高校時代を思い出す / New York is a place full of *memories* for us. ニューヨークは私たちにとって思い出の多い所です / Her ~ lives on. 人々は彼女のことを今でも覚えている / a distant ~ 遠い思い出 / refresh one's ~ 記憶をよみがえらせる[新たにする] / This book is dedicated to the ~ of my father. 亡き父(の霊)にこの本をささげる(♦著者の献辞)

❸ Ⓤ (時間的な)記憶の範囲 ‖ beyond [within] the ~ of human beings 人類の記憶にない[ある];有史以前[以降]の / This is the worst recession in [OR within] living ~. 記憶にある限り今度のは最悪の不景気だ / in recent ~ 近い過去に,近年

❹ Ⓤ 死後の名声;記念 ‖ the late queen of blessed [OR happy] ~ (頌徳(しょうとく)の)亡き女王 / a man of notorious ~ 死後悪評の高い人

❺ Ⓒ Ⓤ 💻 **メモリー**,記憶装置;記憶容量

❻ Ⓒ Ⓤ (金属・プラスチックなどの)形状記憶力,復元力

commit ... to mémory …を記憶[暗記]する

***hàve a mèmory like*「*an élephant* [*a síeve*]** とても記憶力がよい[物覚えが悪い]

if* (*my*) *mèmory sèrves me ríght [OR ***wéll, corréctly***] 私の記憶が正しければ,記憶に間違いがなければ

in mémory of ... …の記念に[として] ‖ They erected a monument *in ~ of* President Washington. ワシントン大統領をしのんで記念碑を建てた

jòg a pèrson's mémory (人の)記憶を揺り起こす

tàke a wàlk [OR ***trip***] ***down mèmory láne*** 過去を懐しく思い出す,昔の思い出をたどる

to the bèst of my mémory 記憶している限りでは

COMMUNICATIVE EXPRESSIONS

1 **Spèaking from mémory,** I believe he's from Califórnia. 私の記憶によれば彼はカリフォルニア出身だと思います

▸▸ **~ bànk** 名 Ⓒ ① (国家・組織などの) 全記録 ② 💻 =memory ❺ ③ 💻 =data bank **~ càrd** 名 Ⓒ メモリーカード **~ chìp** 名 Ⓒ 💻 メモリーチップ **~ hòg** 名 Ⓒ《口》💻 メモリーホッグ《大量のメモリーが必要なプログラム(を使う人)》 **Mémory Stìck** 名 Ⓒ《商標》メモリースティック《デジタル機器用メモリーカードの一種》 **~ tràce** 名 Ⓒ =engram

Mem·phis /mémfɪs/ 名 メンフィス ❶ カイロの南方,ナイル川に面したエジプトの古都 ❷ 米国テネシー州南西部,ミシシッピ川に面した港湾都市

⁑men /men/ 名 man の複数

▸▸ **~'s móvement** [《口》 **líb**] 名 Ⓤ 男性解放運動《伝統的観念や社会的役割から男性を解放しようとする》 **~'s ròom** 名 Ⓒ《主に米》男子用公衆便所(《英》gents) **~'s wèar** (↓)

***men·ace** /ménəs/ 《発音・アクセント注意》 名 ❶ Ⓤ Ⓒ《通例単数形で》〈…に対する〉脅迫,脅し,威嚇;おびやかすもの,脅威〈**to**〉 ‖ I felt a sense of ~ in his eyes. 彼の目つきは脅すような感じだった / the ~ of drugs 薬物の脅威 / a ~ *to* peace 平和に対する脅威 ❷ Ⓒ《通例単数形で》〈…に対する〉危険人物〈**to**〉;《口》困り者,やっかい者 ‖ a ~ *to* society 社会にとっての危険人物[脅威] ❸ Ⓒ

《~s》《英》脅迫(的な言動) ‖ demand money with ~s 脅迫して金を要求する
—— 動 他 …を脅す, 威嚇する; …に脅威を与える (⇨ THREATEN 類語)

men·ac·ing /ménəsɪŋ/ 形 威嚇的な **~·ly** 副

men·a·di·one /mènədáɪoun/ 名 U 〖薬〗メナジオン《ビタミンK欠乏症の治療に用いる》

mé·nage /meɪnɑ́:ʒ/ 名 《堅》❶ C 《通例単数形で》家庭, 世帯 ❷ U 家事, 家政(♦フランス語より)
▶▶ **~ à trois** /-ɑ: trwɑ́:/ 名 (複 **~ à trois**)《フランス》(=household of three) C (夫婦といずれかの恋人の) 3人の共同世帯

me·nag·er·ie /mənǽdʒəri/ 名 C ❶《集合的に》(見世物用の) 野生動物 (の集まり) ❷ (見世物用の動物を集めた) 動物園 ❸《集合的に》変わり者の集団

men·ar·che /menɑ́:rki/ 名 U 初潮, 初経

Men·ci·us /ménʃiəs/ 名 孟子 (もうし) (372?–289? B.C.) 《中国の思想家》

***mend** /mend/ 動 他 ❶ …を直す, 修理 [修繕] する (⇨ 類語P); 〔骨折など〕を治す ‖ ~ a chair いすを修復する / ~ the rip in a jacket 上着のほころびを縫う ❷ …を改善[改良]する, 〔行い〕をよくする; 〔遅延など〕の埋め合わせをする; 〔関係など〕を改善する ‖ This will ~ matters. このことで事態が好転するだろう / ~ one's ways [manners] 行い [態度] を改める ❸ 〔火〕に燃料を足す —— 自 (事態が) よくなる, 好転する, (病人が) 快方に向かう; (骨折・傷などが) 治る, (欠点が) 改まる; 改心する ‖ *It is never too late to ~.* 《諺》改心するのに遅すぎるということはない
—— 名 ❶ U 修理, 修繕, 改善, 快方 ❷ C 修理箇所
**be on the ménd* (病気が) 快方に向かっている; (事態が) 好転している
~·a·ble 形 修復可能の, 直せる **~·er** 名 C 《しばしば複合語で》修理する人 ‖ a road-*mender* 道路補修者

直す	fix	repair	補修工事をする	道路・橋・建物など
			構造の複雑な物を	自動車・船・電気製品・時計など
		mend	構造の単純な物を	衣服・靴・家具・時計など

♦《英》では mend を機械類の修理にも用いるが, 《米》では用いない.

men·da·cious /mendéɪʃəs/ 形 虚偽の, 偽りの; うそをつく (癖のある) **~·ly** 副 **~·ness** 名

men·dac·i·ty /mendǽsəṭi/ 名 (複 **-ties** /-z/) C ❶ うそをつくこと [癖] ❷ 虚偽, 偽り; うそ

Men·del /méndəl/ 名 **Gregor Johann ~** メンデル (1822–84) 《オーストリアの遺伝学者》
▶▶ **~'s Láws** 名 複 メンデルの法則

men·de·le·vi·um /mèndəlí:viəm/ 名 C 〖化〗メンデレビウム《101番目の人工放射性元素. 元素記号 Md》

Men·de·li·an /mendí:liən/ 形 〖生〗メンデル (G. J. Mendel) の; メンデルの法則の —— 名 C メンデル学派の人
~·ism 名 =Mendelism

Men·del·ism /méndəlɪzm/ 名 U メンデル学説

Men·dels·sohn /méndəlsən/ 名 **Felix ~** メンデルスゾーン (1809–47) 《ドイツの作曲家》

men·di·cant /méndɪkənt/ 形 物ごいする, 托鉢 (たくはつ) する; 托鉢修道会の ‖ ~ friars 托鉢修道士
—— 名 C ❶《堅》乞食 (こじき) (beggar) ❷ 托鉢僧, 托鉢修道士 **-can·cy, men·díc·i·ty** 名 U 托鉢 [乞食] (生活)

mend·ing /méndɪŋ/ 名 ❶ C 《集合的に》繕い物 ❷ U 修理, 修繕, 繕い

Men·e·la·us /mènɪléɪəs/ 名 〖ギ神〗メネラオス《スパルタ王. トロイへ連れ去られた Helen の夫》

men·folk /ménfòuk/, + 《米》**-folks** /-fòuks/ 名 複 (家族・村落などの) 男たち, 男衆, 男連中

Meng·tzu /mʌ̀ŋdzú: | mèŋtsú:/ 名 ⇨ MENCIUS

men·ha·den /menhéɪdən/ 名 (複 **~** OR **~s** /-z/) C 〖魚〗ニシンの類《肥料・魚油用》

men·hir /ménhɪər/ 名 C 〖考古〗メンヒル《有史以前の巨石記念物》

***me·ni·al** /mí:niəl/ 形 技術[知識]不要の, 単純で退屈な
—— 名 C 《旧》使用人, 奉公人 **~·ly** 副

Mé·nière's disèase [sỳndrome] /mənjéərz- | ménieəz-/ 名 U 〖医〗メニエール病[症候群]《内耳の障害により激しいめまい・耳鳴り・吐き気を伴う》

me·nin·ges /menɪ́ndʒi:z/ 名 複 (♦単数形は -ninx /mí:nɪŋks/) 〖解〗髄膜《脳・脊髄 (せきずい) を包む膜》 **-ge·al** 形

men·in·gi·tis /mènɪndʒáɪṭəs | -tɪs/ 名 U 〖医〗髄膜炎

me·nin·go·coc·cus /mənɪ̀ndʒəkɑ́(:)kəs | -kɔ́k-/ 名 (複 **-coc·ci** /-saɪ/) C 〖医〗髄膜炎菌 **-cóc·cal** 形

me·nis·cus /mənɪ́skəs/ 名 (複 **-ci** /-saɪ/) C ❶〖理〗メニスカス《液体の表面張力による凸[凹]面》❷ 凸凹[凹凸]レンズ ❸〖解〗半月板 ❹ 三日月形のもの

Men·non·ite /ménənàɪt/ 名 メノー派《16世紀にオランダで興ったプロテスタントの一派. 幼児洗礼などを拒否》

men·o·pause /ménəpɔ̀:z/ 名 U 《しばしば the ~》〖生理〗月経閉止; 更年期 **mèn·o·páus·al** 形 閉経 [更年] 期の ‖ a ~ mother [OR mom] 高齢出産者

me·no·rah /mənɔ́:rə/ 名 C (ユダヤ教の) 7枝燭台 (しょくだい)

mensch /menʃ/ 名 (複 **~·es** /-ɪz/ OR **~·en** /-ən/) C 《米口》立派な人間; 男性的な人 (♦イディッシュ語より)

men·ses /ménsi:z/ 名《単数・複数扱い》〖生理〗月経 (の期間), 生理

Men·she·vik /ménʃəvɪk/ 名 (複 **~s** /-s/ OR **-vi·ki** /mènʃəvíki/) C メンシェビキ党員《ロシア社会民主党内の少数穏健派》(→ Bolshevik)

mens rea /mènz rí:ə/ 名 U 〖法〗犯意; 故意過失 (♦ criminal intent の意のラテン語より)

men·stru·al /ménstruəl/ 形 月経の, 生理の ‖ ~ cramps [OR pains] 生理痛 / ~ irregularity 生理不順 ▶▶ **~ cỳcle** 名 C 月経周期 **~ pèriod** 名 C 月経期間 (♥ 直接的な表現. 単に period ともいう)

men·stru·ate /ménstruèɪt/ 動 自 月経[生理]がある (♥ 婉曲的には have one's period という)

men·stru·a·tion /mènstruéɪʃən/ 名 U 月経, 生理; 月経期間

men·stru·ous /ménstruəs/ 形 月経[生理]の (ある)

men·stru·um /ménstruəm/ 名 (複 **~s** /-z/ OR **-stru·a** /-struə/) ❶ C 《古》溶媒, 溶剤 ❷ =menses

men·sur·a·ble /ménʃərəbl/ 形 ❶ 測定できる (ほどの) ❷ =mensural ❷

men·su·ral /ménʃərəl/ 形 ❶ 度量の, 測量[測定]の ❷ 〖楽〗(音符の長さが) 定量の

méns·wèar, mén's wèar 名 C メンズウエア, 男性用衣料品, 紳士服

-ment /-mənt/ 接尾《名詞語尾》「結果・手段・行為・状態」などの意 ‖ develop*ment*, adorn*ment*, measure*ment*, disappoint*ment*; merri*ment*

****men·tal** /ménṭəl/
—— 形 〔▶ mentality 名〕《比較なし》❶《通例限定》**心の**, 精神の, 内心の; **知能[知性]の**; 頭脳の (↔ physical) / ~ conflict 心の葛藤 (かっとう) / a child's ~ development 子供の精神的な発達 / ~ powers [OR abilities] 知能
連語【~+名】 a ~ state 精神状態 / ~ health 心の健康 (状態) / a ~ illness 精神病 / ~ disorder(s) 精神の錯乱 / ~ retardation 精神遅滞
❷《通例限定》頭の中[そら]でする ‖ a ~ picture [image] 頭の中に描く像[心象] / make a ~ note of ... …を覚えておく / ~ arithmetic 暗算
❸《通例限定》精神病の; 精神病患者用の ‖ a ~ patient [specialist] 精神病患者[精神科医]
❹《通例叙述》《口》頭がおかしい, 狂った ‖ go ~ 頭がおかしくなる; ひどく怒る

M

―名 C《口》精神病(患者)
語源 *ment-* mind＋*-al*(形容詞語尾)：心の
▶▶～ **áge** <シ 名 C〘心〙精神年齢，知能年齢 ～ **blóck** 名 C 精神的ブロック《思考・記憶の一時的遮断》‖ have [or get] a ～ *block* 理解できない，覚えられない ～ **crúelty** 名 U 精神的虐待 ～ **hándicap** 名 U C ⊗《蔑》精神発達障害(♥ 現在は learning difficulties を用いる) ～ **hòspital** 名 C 精神科病院 (mental institution) (♥ 現在は psychiatric hospital を用いる) ～ **reservátion** 名 U〘法〙心裡(しんり)留保《陳述や証言において不利となる賛否の表明をしないこと》

men·tal·ism /méntəlìzm/ 名 U〘哲〙唯心論；〘心〙心理主義
-ist 名 C 唯心論者；心理主義者 **mèn·tal·ís·tic** 形

*__men·tal·i·ty__ /mentǽləti/ 名〔◁ mental 形〕(複 **-ties** /-z/) ❶ C《通例単数形で》ものの考え方，心的傾向，性格 ‖ a siege ～ 強迫観念 / understand the ～ of young people 若い人達の考え方を理解する ❷ U 知能，知性；精神力，心性

:**men·tal·ly** /méntəli/
―副《比較なし》精神に関して，**精神的に**；《文修飾》心理的な面からいえば；知的に
▶▶～ **hándicapped** 形《旧》精神発達障害のある (♥ 現在では have learning difficulties や have a developmental disability などというのがふつう)

men·thol /ménθɔ(ː)l/ 名 U〘化〙メントール，ハッカ脳
men·tho·lat·ed /ménθəlèitɪd/ 形 メントールを含んだ

:men·tion /ménʃən/ 動 名

―動 (～s /-z/；～ed /-d/；～·ing) 他 ❶ **言及する a**《＋目》…(のこと)に軽くふれる，…(のこと)を話に出す，〈人に〉…のことを言う[書く]，言及する〈to〉‖ "I have the feeling he's been stalking me." "Did you ～ it *to* the police?"「彼は私にずっとストーカー行為をしてきているようなの」「そのことを警察に言ったのかい」/ Even the serious papers ～*ed* their divorce. 堅い新聞までもが彼らの離婚のことにふれた (♦ 他動詞なので ˣmention about ... は不可) / as ～*ed* **above** [**earlier**] 上記[前述]のとおり (→ above-mentioned) / I worked years for that grumpy woman but she didn't ～ me in her will. あの気難しい女性のために何年にもわたって働いてきたが彼女は遺言の中で私を相続人(の1人)として指定しなかった
b《(＋to 名)＋that 節 / wh 節》(…に)…である[…である か]と言う，述べる ‖ He ～*ed* (*to* me) *that* he was on the point of quitting his job. 彼はすぐにでも仕事をやめようと思っているところだと(私に)言った / I should ～ I'm flat broke. (実を言うと) 私は全くの一文無しだ / My teacher ～*ed how* precious time was. 先生は時間がいかに貴重であるかを話した
c《＋*doing*》…すると言う ‖ She ～*ed* having [ˣto have] been out of work for two months. 彼女はここ2か月間失業中だと言った
❷〈…として〉…の名前を挙げる〈as〉(♦ しばしば受身形で用いる) ‖ He was ～*ed as* a good source of information. 信頼できる情報源として彼の名が挙げられた
•*nòt to méntion ...*；*without méntioning ...* …はさておき，…のほかに，**…は言うまでもなく** ‖ He's supposed to be a great teacher, *not to* ～ being really handsome. 彼は実にハンサムなことは言うまでもなく，優れた教師と思われている

COMMUNICATIVE EXPRESSIONS
1 **Could I jùst méntion that** she wòn the cóntest làst yéar? 彼女が去年そのコンテストで優勝したことを申し添えさせてください (♥ 情報の補足・追加)
2 **Dòn't méntion it.** どういたしまして (♥ 感謝・謝罪に対する返答)
3 **I hópe you dòn't mìnd my méntioning thìs, but** thát nécktie dòesn't màtch your súit vèry wèll. こう申し上げては失礼かもしれませんが，そのネクタイはスーツにあまり合っていないと思いますよ (♥ 言いにくいことを切り出す際に．＝I hate to mention this, but ....)
4 **I'm glàd you méntioned** thàt. そのことにふれていただいてよかったです(♥ 相手に重要な点を指摘された際に)
5 **Lèt me mèntion in pássing that** she is àlso a grèat áthlete. NAVI ついでに言わせていただくと彼女は素晴らしい運動選手でもあります (♥ 追加・補足情報を述べる．⇨ NAVI表現 11)
6 **Nòw (that) you méntion it,** I dó remèmber it. そう言われてみると，覚えているなあ

―名 (複 ～s /-z/) ❶ U 話題に出すこと，**言及**，記載；C《通例単数形で》言及[記載]の事例；寸評，批評 ‖ **at the** ～ of this word この言葉が出ると[を言えば] / There is no [or not a single] ～ of how the man was killed. その男がどのように殺されたかは一言もふれられていない / That musical hardly got a ～ in the paper. そのミュージカルは新聞にはほとんど紹介されなかった
❷ C《通例単数形で》(業績などをたたえての) 公式の特記，表彰(→ honorable mention)
màke méntion of ... …にふれる，言及する ‖ They *made* no [special] ～ *of* the need. その必要性について全くふれなかった[特別に言及した] (♦ 受身形は No [Special] ～ was made of the need.)

men·tor /méntɔːr/ 名 C よき指導者[助言者]；教師
―動 他 (指導者として)…に助言を与える ～**·ing** 名

Men·tor /méntɔːr/ 名〘ギ神〙メントール《Odysseus の忠実な助言者でその子の教育を託された》

:**me·nu** /ménjuː/
―名 (複 ～s /-z/) C ❶ (レストランなどの) **メニュー**，献立表；《比喩的に》メニュー，一覧(表) ‖ What's **on** the ～ today? 今日のメニューは何ですか / a ～ of TV programs テレビ番組の一覧
❷ (出された)料理
❸ 💻 メニュー《作業時に利用可能なコマンドをまとめたもの》
語源 ラテン語 *minutus* (詳細な) の名詞用法「詳細なリスト」が転じたフランス語から．minute² と同語源．
▶▶～ **bàr** 名 C 💻 メニューバー

ménu-drìven 形 💻 メニュー(選択)方式の

me·ow /miáu/ 名 C にゃあ《猫の鳴き声》
―動 自 にゃあと鳴く

MEP 略 *M*ember of the *E*uropean *P*arliament

Meph·i·stoph·e·les /mèfɪstɑ́(ː)fəlìːz | -stɔ́f-/ 名 メフィストフェレス《Faust 伝説中の Faust が魂を売り渡した悪魔》；C 悪魔的な人
-sto·phé·le·an, -sto·phé·li·an 形

mer. 略 meridian

mer·can·tile /mə́ːrkəntìːl | -tàɪl/ 形《限定》❶ 商業の，商人の，商業に従事する ❷〘経〙重商主義の
▶▶～ **exchànge** 名 C 商品取引所 ～ **maríne** 名《通例 the ～》＝merchant marine

mer·can·til·ism /mə́ːrkəntiːlìzm | -tɪl-/ 名 U ❶〘経〙重商主義 ❷ 商業主義
-ist 名 C 形 重商主義者(の)

Mer·cà·tor projéction /mə(ː)rkèɪtər-/ 名《ときに M- P-》U メルカトル(投影)図法

Mercator projection

*__mer·ce·nar·y__ /mə́ːrsənèri | -nəri/ 名 (複 **-nar·ies** /-z/) C ❶ (外国軍隊の) 傭兵(ようへい)，雇われ人 ❷ 金のためなら何でもする人
―形 ❶ 金銭[欲得]ずくの ❷ (外国軍隊に)雇われた
-nar·i·ness 名

語源 *mercen-* payment（支払い）, reward（報酬）+ *-ary*（形容詞語尾）：報酬目当ての

mer·cer /mə́ːrsər/ 名 C《英》（高級織物の）呉服［反物］商

mer·cer·ize /mə́ːrsəràɪz/《発音注意》動 他〔綿糸・綿織物〕を苛性（かせい）処理する《強度・光沢を増す》
▸▸ **~d cótton** 名 U つや出し木綿

mer·cer·y /mə́ːrsəri/ 名（複 **-cer·ies** /-z/）《英》U 反物；C 反物店［業］

*****mer·chan·dise** 名 /mə́ːrtʃəndàɪz, -dàɪs/（→ 動）U《集合的に》❶ 商品 ‖ No ～ can be returned. 返品お断り / a wide variety of ～ 多彩な商品 ❷ 販売促進用品
── 動（♦ merchandize ともつづる）/mə́ːrtʃəndàɪz/ 他 ❶ …を売買する ❷（宣伝などで）…の販売を促進する；〔考えなど〕を売り込む

mer·chan·dis·ing /mə́ːrtʃəndàɪzɪŋ/ 名 U 販売促進；（人気キャラクターなどの）商品化計画

*****mer·chant** /mə́ːrtʃənt/
── 名（複 **~s** /-s/）C ❶ **商人**，卸売商；貿易商人；《主に米》小売り商，商店主
❷ ⊗《口》《蔑》…狂，マニア ‖ a speed ～ スピード狂
── 形《限定》商業の，貿易［商船］の；商人の ‖ a ～ ship 商船 / a ～ guild 商人組合
▸▸ **～ bánk** 名 C《主に英》マーチャントバンク《為替手形引受・社債発行が主業務の金融機関》 **～ bánker** 名 C マーチャントバンクの行員 **～ bánking** 名 U マーチャントバンクの経営 **～ maríne** 名《the ～》《集合的に》《主に米》（1国の）全商船；全商船船員 **～ návy** 名《the ～》《主に英》=merchant marine **～ of déath** 名 C 死の商人《武器でもうける商人》 **～ prínce** 名 C（特にルネサンス期イタリアの）豪商

mer·chant·a·ble /mə́ːrtʃəntəbl/ 形 =marketable

mér·chant·man /-mən/ 名（複 **-men** /-mən/）C 商船（中立 merchant [commercial] ship）

mer·ci·ful /mə́ːrsɪfəl/ 形〔◁ mercy 名〕❶ 慈悲深い，哀れみ深い ❷ 平安［安楽］をもたらす **~·ness** 名

mer·ci·ful·ly /mə́ːrsɪfəli/ 副 ❶ 慈悲深く；寛大に ❷《文修飾》幸いなことに（は）(fortunately, luckily)

*****mer·ci·less** /mə́ːrsɪləs/ 形 無慈悲な，無情な，残酷な（↔ merciful）‖ ～ conduct [criticism] 無慈悲な行為［情け容赦のない批評］ **~·ly** 副 **~·ness** 名

mer·cu·ri·al /mə(ː)rkjʊ́əriəl/ 形 ❶ 変わりやすい，移り気の ❷ 快活［陽気］な，雄弁な，機転のきく ❸ 水銀の，水銀を含んだ［による］‖ ～ poisoning 水銀中毒 ❹《M-》〘天〙水星の；〘ロ神〙マーキュリー［メルクリウス］の
── 名 C《通例 ～s》水銀剤 **~·ly** 副

mer·cu·ric /mə(ː)rkjʊ́ərɪk/ 形〘化〙第2水銀の［を含む］（→ mercurous）
▸▸ **～ chlóride** 名 U〘化〙塩化第2水銀，昇汞（しょうこう）

Mer·cu·ro·chrome /mə(ː)rkjʊ́ərəkròʊm/ 名 U《米》《商標》マーキュロクローム，赤チン

mer·cu·rous /mə́ːrkjuərəs/ 形〘化〙第1水銀の［を含む］（→ mercuric）

*****mer·cu·ry** /mə́ːrkjuəri/ 名（複 **-ries** /-z/）❶ U〘化〙水銀（quicksilver）《金属元素. 元素記号 Hg》‖ ～ pollution [poisoning] 水銀汚染［中毒］❷《the ～》（温度計・気圧計の）水銀柱，気温 ‖ The ～ dropped below zero. 水銀柱［温度］は零下まで下がった ❸《M-》〘ロ神〙マーキュリー，メルクリウス《商業・盗賊・雄弁などの神で，神々の使者.〘ギ神〙のヘルメス（Hermes）に相当》❹《M-》C（新聞・雑誌名として）…報知 ❺《M-》〘天〙水星 ❻ C〘植〙ヤマアイ（山藍）の類 ❼《M-》マーキュリー《米国の1人乗りの宇宙船》

mércury-vàpor làmp 名 C 水銀灯

*****mer·cy** /mə́ːrsi/ 名〔▶ merciful 形〕（複 **-cies** /-z/）❶ U〈…に対する〉慈悲，寛大；哀れみ，情け，慈悲深さ〈**to**〉（↔ cruelty）‖ The judge had [OR took] ～ on [OR upon] the down-and-out shoplifter.=The judge showed ～ *to* the down-and-out shoplifter. 裁判官は食い詰めた万引きを哀れんだ / beg [OR plead] for ～ 慈悲を求める ❷ C《通例 a ～》ありがたいこと，幸運 ‖ It's a ～ (that) no one was hurt. だれもけがをしなかったのは幸いだ / Be thankful [OR grateful] for small *mercies.* ささやかな幸運にも感謝しなさい；ほどほどでよしとしなさい

*****at the mércy of ...*** …のなすがままで ‖ The boat was *at the ～ of* the waves. 船は波に翻弄（ほんろう）された

for mércy's sàke お願いだから，後生だから

lèave À to the (tènder) mércies [OR mércy] of B̀ ; ***lèave À to B̀'s (tènder) mércies*** AをBのなすがままにさせる［Bの手でひどい目に遭わせる］‖ He was *left to the tender mercies of* the creditors. 彼は債権者たちにいいようにされた

thrὸw onesèlf ⌈***on a pèrson's mércy*** [OR ***on the mèrcy of a pérson***]（人の）情けにすがる

語源 親切な行いをした人に対して，天国で授けられる「報酬」という意味のラテン語 *merces* から.
▸▸ **～ kìlling** 名 C U 安楽死（euthanasia）（♥「安楽死させる」は婉曲的には put ... to sleep という） **～ rùle** 名《the ～》（野球などの）コールドゲーム（制）（♦ the slaughter rule ともいう）

merde /meərd/《俗》名 C 糞（ふん）（♦ フランス語より）
── 間 ちぇっ，くそっ（♥いまいましさ，いら立ちなどを表す）

*****mere**[1] /mɪər/《発音注意》
── 形《通例比較なし》（♦ 強意で最上級の merest を用いることがある）《限定》**ほんの，単なる**；全く…にすぎない ‖ The ～ sight of a cockroach made me sick. ゴキブリを見ただけで気持ち悪くなった / *Mere* height is not enough to make a good basketball player. 単に背が高いだけでは優れたバスケットボール選手にはなれない / a ～ child ほんの子供 / for a ～ half hour ほんの30分間 / by his ～ presence 彼がいるだけで / the ～*st* hint of risk ほんのわずかな危険の兆し

mere[2] /mɪər/ 名 C《古》《文》湖，池（♦ しばしば地名に用いられた）〈例〉Winder*mere*

Mer·e·dith /mérədɪθ/ 名 **George ～** メレディス（1828–1909）《英国の小説家・詩人》

*****mere·ly** /míərli/《発音注意》
── 副《比較なし》《a＋名詞の前で》単なる，**ただの**；《動詞などの前で》**単に**（…にすぎない），…のみ（♦《口》では only の方がふつう）‖ She is ～ a child. 彼女はほんの子供にすぎない（=She is a mere child. / ↘ She is only a child.）/ I ～ wanted to make clear what I meant to say. 私は単に言いたいことをはっきりさせたいだけだった / You shouldn't be interested in him ～ because he drives a cool car. かっこいい車に乗っているという理由だけで彼に興味を持ってはいけない
not merely A but (also) B ⇨ NOT（成句）

me·ren·gue /məréŋgeɪ/ 名 U メレンゲ（♦ meringue ともつづる）《ハイチ・ドミニカの踊り. またその曲》

mer·e·tri·cious /mèrətrɪ́ʃəs/ ⊲シ 形《堅》けばけばしい，俗悪な；見掛け倒しの **~·ly** 副 **~·ness** 名

mer·gan·ser /mə(ː)rgǽnsər/ 名 C〘鳥〙アイサ《ウミガモの一種》

*****merge** /məːrdʒ/ 動 他 ❶〔会社など〕を合併する《***together***》（↔ separate）〈**with** …と；**into** …に〉‖ ～ a company *with* another ある会社を別の会社と合併する / The two political parties were ～*d into* a new one. 2つの政党が合併して新政党になった ❷（個々の区別がなくなるよう）…を〈…に〉融合させる，同化させる（↔ separate）；〔ある感情など〕を〈別の感情などに〉溶け込ませる〈**in, into**〉（⇨ MIX 類語）
── 自 ❶（2つの会社などが）合併する；〈別の会社などと〉合併する〈**with**〉❷ 融合する，同化する，結合する；（道路・川などが）合流する《***together***》〈**into** …に；**with** …と〉‖ ～ into the crowd 人込みに溶け込む / The two streams ～ *into* a river near the town. その2つの小川は町の

M

近くで合流して川になる
mèrge in 〈自〉〈周囲(の色彩・外見)に〉溶け込む〈**with**〉
mèrge into the báckground 目立たないよう行動する

*__merg·er__ /mə́ːrdʒər/ 名 U C (会社などの)合併, 合同, 併合〈**between** …間の; **with** …との〉‖ a ～ *between* two corporations 2社の合併 / ～*s* and acquisitions 合併買収(略 M&A)

me·rid·i·an /mərídiən/ 《アクセント注意》 名 C ❶【地】子午線, 経線;【天】(天球の)子午線 ❷《文》(権力・人生などの)絶頂, 最盛期 ❸(鍼(はり)療法の)経絡 ── 形《限定》❶子午線の, 経線の ❷正午の ❸絶頂の, 最盛期の

me·rid·i·o·nal /məríd iənəl/ 形《限定》❶南方の; 南欧(人)の ❷子午線の
── 名 C 南方の人; 南欧人, (特に)南フランス人

me·ringue /məræ̃ŋ/ 名 U メレンゲ《泡立てた卵白に砂糖を加え軽焼きにしたもの》; C メレンゲ菓子

me·ri·no /məríːnou/ 名(複 **～s** /-z/) ❶ C メリノ種(の羊)《スペイン原産》❷ U メリノ羊毛[毛糸, 毛織物]

*__mer·it__ /mérət|-ɪt/ 名 ❶ U 賞賛[評価]に値すること; 優秀さ; 価値 ‖ In our company, promotion is based on ～, not seniority. 我が社では昇進は年功ではなく業績によって決まる / a writer of ～ 優れた作家 / have considerable ～=be of considerable ～ かなりの価値がある ❷ C 長所, とりえ;《通例 ～s》功績, 手柄;【宗】功徳(くどく);《しばしば ～s》当然の評価, 真価 ‖ Before deciding, we have to consider both the ～*s* and weak points of the proposal. 決定する前にその提案の長所と短所を十分検討しなければならない / raise his wages according to his ～*s* 業績に応じて彼の賃金を上げる / judge a proposal on its (own) ～*s* (私情を挟まず) 提案をその真価で判断する ❸ C《英》(試験成績の)良 ❹ C《～s》(訴訟事件本来の)理非
màke a mérit of ... …を自慢する
── 動 他《進行形不可》〔賞・罰など〕に値する;〈…する〉に値する〈*doing*〉‖ ～ reward 賞に値する
▸▸ **～ sýstem** 名《the ～》《米》実力本位制度《試験による公務員の任官・昇進制度》

mer·i·toc·ra·cy /mèrɪtá(ː)krəsi|-tɔ́k-/ 名(複 **-cies** /-z/) ❶ U C 実力主義(社会) ❷《the ～》《集合的に》エリート階級 **-to·crát·ic** 形

mer·i·to·ri·ous /mèrɪtɔ́ːriəs/ ⊲ 形 賞賛に値する, 価値のある **～·ly** 副 **～·ness** 名

merle, merl /məːrl/ 名 C《スコットまたは古》【鳥】(ヨーロッパ産の)クロウタドリ(blackbird)《ツグミ科》

mer·lin /mə́ːrlɪn/ 名 C【鳥】コチョウゲンボウ(pigeon hawk)《ハヤブサ科》

Mer·lin /mə́ːrlɪn/ 名【アーサー王伝説】マーリン《アーサー王を補佐した魔術師》

mer·lon /mə́ːrlən/ 名 C (胸壁の)凸壁部

mer·lot /mərlóu|mə́ːlou/ 名《ときに M-》U メルロー《ボルドー地方原産のブドウ, またそれを原料とした赤ワイン》

mer·maid /mə́ːrmèɪd/ 名 C (女の)人魚

mer·man /mə́ːrmæ̀n/ 名(複 **-men** /-mèn/) C (男の)人魚

mer·ri·ly /mérɪli/ 副 ❶陽気に ❷素早く, 勢いよく ‖ A fire burned ～ in the hearth. 暖炉の中で火が勢いよく燃えた ❸何も考えずに, 気楽に

mer·ri·ment /mérimənt/ 名 U 陽気な騒ぎ, 歓楽

*__mer·ry__ /méri/ 形 ❶(人・行動などが)陽気な, 愉快な;(時・季節などが)浮き浮きした, お祭り気分の ‖ (as) ～ as a cricket ひどく陽気な / I wish you a ～ Christmas.=(A) *Merry* Christmas (to you)! クリスマスおめでとう(◆あいさつでは a を省くことが多い) ❷《通例叙述》《主に英口》ほろ酔いの ❸《古》楽しい ‖ *Merry* England 楽しきイングランド《古くからの俗称》/ the ～ month of May 楽しき5月 ❹《米》素早い
gò òn one's mérry wày 《口》向こう見ずに行動する
màke mérry 浮かれ騒ぐ, 楽しく遊ぶ

COMMUNICATIVE EXPRESSIONS
1 **I'm as mèrry as the dày is lóng.** 私はとてもうれしいです; こんなに楽しいことはありません
2 **The mòre, the mérrier.** 人が多いほど楽しい(♥集まりなどに人を誘うときの決まり文句)

-ri·ness 名
▸▸ **～ mén** 名 複 ①騎士や義賊(特に Robin Hood)の手下, 郎党 ②《戯》(一般に)部下

*__mérry-go-ròund__ 名 C ❶メリーゴーラウンド, 回転木馬 ❷目まぐるしい出来事の連続 ❸(遊園地の)回転遊戯台

mérry·màking 名 U 浮かれ騒ぎ, お祭り騒ぎ; 酒宴
-màker 名 C 浮かれ騒ぐ人

me·sa /méɪsə/ 名 C【地】メサ《米国南西部に多い周囲が絶壁となった卓状の岩層台地》
▸▸ **Me·sa Ver·de** /mèɪsə vɔ́ːrdi/ 名 メサバード《米国コロラド州南西部の高原. 先史時代の岩窟(がんくつ)住居の遺跡で有名. 多くが国立公園になっている》

mé·sal·li·ance /meɪzæ̀liəns/ 名 C 身分不相応の人との結婚(◆フランス語より)

mes·cal /meskǽl|⌐⌐/ 名 ❶ C【植】ウバタマ(烏羽玉)《幻覚成分を含むサボテンの一種》❷ C【植】(メスカル酒の原料となる)リュウゼツラン(竜舌蘭) ❸ U メスカル酒

mes·ca·lin(e) /méskəlɪn/ 名 U【薬】メスカリン《ウバタマ(mescal)に含まれる幻覚成分》

mes·dames /meɪdɑ́ːm|méɪdæm/ 名 madam, madame の複数(略 Mmes.)

mes·de·moi·selles /mèɪdəmwəzél/ 名 mademoiselle の複数(略 Mlles.)

mes·en·ceph·a·lon /mèsenséfəlɑ(ː)n|-kéfəlɒn/ 名 C【解】中脳(midbrain)

*__mesh__ /meʃ/ 名 ❶ C U 網目, メッシュ ‖ ～ shoes メッシュの靴 / a ～ fence 金網(のフェンス) ❷ C《～es》網糸; 網; 網状のもの, メッシュ, 網細工;【生理】網状組織;【コンピュータ】メッシュ《地形などを分析するために細分化した区分単位》; メッシュ=ネットワーク《機器同士を網の目状に接続して作るネットワーク》❸ C《～es》《比喩的に》網, わな ‖ He was caught in the ～*es* of the law. 彼は法の網にかかった ❹ U【機】歯車のかみ合い ❺ C《通例単数形で》(状況・組織などの)複雑な絡み合い
in mésh (歯車が)かみ合って
── 動 自 ❶(歯車が)〈…と〉かみ合う;〈…と〉うまくかみ合う《*together*》〈**with**〉❷(網状のものと)絡む, 絡み合う
── 他 ❶〔歯車〕をかみ合わせる; …をうまくかみ合わせる《*together*》❷…を(網状のものに)絡ませる ❸【コンピュータ】〔地形など〕をメッシュ単位で表示する

mes·ic[1] /mézɪk, míːzɪk/ 形【生態】中湿性の
mes·ic[2] /mézɪk, míːzɪk/ 形【理】中間子の

mes·mer·ic /mezmérɪk/ 形《通例限定》催眠術の[による]; 抗し難い; うっとりさせる

mes·mer·ism /mézmərìzm/ 名 U ❶催眠術(hypnotism) ❷抗し難い魅力(◆オーストリアの医師 F. A. Mesmer(1733-1815)の名より) **-ist** 名 C 催眠術師

mes·mer·ize /mézməràɪz/ 動 他《通例受身形で》魅了される;《古》催眠術をかけられる **-ìz·ing** 形

meso- /mesə-, mesou-/ 連結形「中央, 中間」の意(◆母音の前では mes- を用いる) ‖ *meso*morph

Mèso·amé rica 名【考古】(コロンブス到達以前の)中央アメリカ **-can** 形

méso·dèrm 名 C【生】中胚葉(はいよう)
mèso·dérmal, -dérmic 形

mes·o·lect /mésəlèkt, méz-/ 名 C U【言語】中間[標準]語法《スピーチレベルで標準的言い回し》(→ acrolect, basilect)

Mes·o·lith·ic /mèsəlíθɪk/, **m-** ⊲ 名 形 中石器時代(の)(→ Paleolithic, Neolithic)

mes·o·morph /mésoumɔ̀ːrf/ 名 C【心】中胚葉型の人; 筋肉型の人

mès·o·mór·phic 形 中胚葉型の；がっしりした体格の

me·son /mí:zɑ(:)n | -ɔn/ 名 C 〖理〗中間子 (→ kaon, pion)

méso·pàuse 名 《the ～》〖気象〗中間圏界面《中間圏(mesosphere)と熱圏(thermosphere)との境界》

Mes·o·po·ta·mi·a /mèsəpətéɪmiə/ 名 メソポタミア《西アジア, チグリス川とユーフラテス川の間の古代文明の発祥地. 現在のイラクの一部》 **-an** 形 名 C メソポタミアの(人)

méso·sphère 名 《the ～》〖気象〗中間圏《成層圏と熱圏の中間領域》

mes·o·the·li·o·ma /mèsəθì:lióʊmə, mez-/ 名 (複 **～s** /-z/ OR **～·ta** /-tə/) C 〖医〗中皮腫 ‖ asbestos-related ～ アスベスト関連の中皮腫

Mes·o·zo·ic /mèsəzóʊɪk, mèsoʊ-/ ⟨シ⟩ 形 〖地〗中生代の ‖ the ～ Era 中生代

—名 《the ～》中生代；中生代岩石

mes·quite /meskí:t/ 名 C 〖植〗メスキート《メキシコ・米南西部産のマメ科の低木》

⁑mess /mes/

—名 (複 **～·es** /-ɪz/) ❶ U/C 《通例単数形で》**散らかった[乱れた]状態**, ひどいありさま；**散らかしたもの**, ごみ, 汚物；(赤ん坊・動物の)排泄(はいせつ)物 ‖ What a terrible ～! 何というひどいありさまだ / Wait a moment. My room is (**in**) a ～. ちょっと待って. 部屋が散らかっているんだ / Why don't you clean up the ～ in your room? 部屋の中のごみを片づけたらどうだい / My cat made a ～ on Dad's computer keyboard. 私の猫がパパのコンピューターのキーボードにそそうした

❷ C 《通例単数形で》混乱状態, 窮境, 面倒(⇨ CONFUSION 類語) ‖ His daughter is **in** a real ～. 彼の娘は窮地に陥っている

❸ C 《単数形で》《口》汚らしくしている人；(生活などが)まともでない人 ❹ C (軍隊などでの)食事仲間；U C 会食；C 食堂 (mess hall) ‖ the officers' ～ 将校食堂 / at ～ 食事中で ❺ U/C 《単数形で》(1皿[1食]分の)食べ物[流動食]；ひどい食べ物 ‖ a ～ of pottage 〖聖〗1皿のあつもの；高い代償を払って得る目先の利益 ❻ C 《a ～ of ...で》《米口》大量[多数]の… ‖ a ～ *of* fish 大量の魚

**màke a méss of ...* …をめちゃくちゃにする, 台無しにする；…でへまをする ‖ The accident *made a* ～ *of* my plans. その事故で計画はめちゃくちゃになった

COMMUNICATIVE EXPRESSIONS

1 **「This is [OR That's, There's] anóther fine mèss you've gòtten us ìnto.** またえらいトラブルに私たちを巻き込んでくれたな(♥ よく問題を起こす相手に)

2 **What kind of méss did you gèt yoursèlf ínto?** 一体どうしたの；どんな問題を起こしたの

Behind the Scenes **Well, here's another nice [OR fine] mess you've gotten me into!** またお前のせいでとんだことになってしまったじゃないか；またえらいトラブルに巻き込んでくれたものだな 1920-40年代に一世を風靡(ふうび)したコメディアンのコンビ Stan Laurel と Oliver Hardy が主演した一連の喜劇映画 (*Sons of the Desert* など) で Oliver が繰り返し使ったせりふ. 英国人で細身の Stan がボケ, 米国人で太っている Oliver がツッコミの役回りで, Stan が事態を引っかき回してしまったときに Oliver が言う

—動 (**～·es** /-ɪz/ ; **～ed** /-t/ ; **～·ing**)

—他 ❶ …を汚す, 乱雑にする, 散らかす；〔髪など〕をくしゃくしゃにする《*up*》‖ The railway schedule was all ～*ed up* by the heavy rain. 大雨のため列車のダイヤはめちゃめちゃになった ❷ そそうをして…を汚す

—自 ❶ (特に軍隊で)〈仲間と〉一緒に食事をする《*together*》〈**with**〉 ❷ 《口》取り散らかす；へまをする ❸ (犬・猫などが)そそうする

**mèss aróund* [OR *abóut*] 《口》〈他〉《*mèss a pèrson aróund* [OR *abóut*]》(いい加減な態度で)〔人〕に迷惑をかける, 〔人〕を困らせる, ばかにする ‖ I won't let you ～ my daughter *about*. 娘に変な手出しはさせないぞ —〈自〉 ❶ つまらないことをして時間を無駄にする (↘ fart around [OR about]), ふざけ回る ❷ ぶらぶらと(楽しく)時間を過ごす

**mèss aróund* [OR *abóut*] *with ...* 〈他〉《口》 ❶ 〔物〕をいじくり回す, いじって台無しにする ‖ Stop ～*ing around with* my computer. 僕のコンピューターをいじくり回すのはやめろ ❷ …と不倫をする ❸ =*mess with* ❷ (↓) ❹ 《米口》=*mess a person around* (↑)

méss in ... 〈他〉《米口》〔他人のこと〕に口出しする

**mèss úp* 〈他〉《*mèss úp ...* / *mèss ... úp*》《口》 ❶ ⇨ 他 ❶ ❷ 〔計画など〕を台無しにする；…でへまをする, …をしくじる (foul [《俗》screw] up) ❸ 〔人〕を(精神的・感情的に)傷つける ❹ 《主に米》〔人〕を痛い目に遭わせる；〔人の顔〕を殴る —〈自〉《口》へまをする, しくじる

**méss with ...* 〈他〉《口》 ❶ (よくわからないのに)…をいじくり回す, もてあそぶ ❷ 〔危険な人・事柄など〕にかかわる, 手を出す, …とかかわり合いになる ❸ =*mess in* (↑)

mèss with a pèrson's héad 《米口》(人を)困惑させる

nò méssing 《口》楽々と；冗談じゃなく(本当に)

▸▸ **～ hàll** 名 C 《主に米》(軍隊などの)大食堂 **～ jàcket** 名 C メスジャケット《軍の準礼装用の短い上着. ボーイなどの制服にも用いられる》 **～ kìt** 名 C (兵士などの)携帯用食器セット；《英》(将校の)会食用正装

⁑mes·sage /mésɪdʒ/ 《発音注意》 名 動

—名 (複 **-sag·es** /-ɪz/) C ❶ **伝言**, ことづて, メッセージ〈**for, to** …への；**from** …からの/ **to do** …するという/ **that** 節 …という〉‖ There was a ～ at the hotel *for* me *from* my wife. 妻からの私あてのメッセージがホテルに届いていた / May I take a ～? (電話で) 伝言を承りましょうか / Can I **leave** a ～ (with you)? (あなたに) 伝言をお願いできますか / We **got** [OR **received**] a ～「*to* return [OR *that* we were to return] at once. 我々は直ちに戻るようにとのメッセージを受け取った / Helen had **left** a ～「*for* her husband *to* be [OR *that* her husband should be] sent to her room. ヘレンは夫を自分の部屋まで寄こしてくれということづてを残していた / **send** a congratulatory ～ by mail メール[郵便]で祝辞を送る

❷ 《単数形で》(本・演説などの)要点, 主題；教訓 ‖ The ～ of the movie is clear. その映画の主題ははっきりしている / a song with a strong political ～ 政治的なメッセージの強い歌

❸ (公式の) **メッセージ**；《米》(大統領などの) 教書 ‖ the President's ～ to Congress 大統領教書

❹ 警告；お告げ, 託宣 ‖ He was sending a ～. 彼は警告を送りつけてきた ❺ 政党の公式見解 ‖ keep to the ～ (政治家が) 自分の政党の公式見解に沿った言動をする ❻ 《米》コマーシャル ❼ 💻 (エラーなどの)表示, メッセージ；(メールなどの) メッセージ；本文 ‖ an error ～ エラーメッセージ ❽ (脳と体の各部との) 信号 ❾ 《旧》用向き, 使い；《～s》《主にスコット》買い物, ショッピング

**gèt the méssage* 《口》真意[言外の意味]を理解する

gèt the méssage acróss 〈人に〉考えをわからせる〈**to**〉

off méssage 公式見解から外れて(↔ *on message*)

on méssage 公式見解に沿って(↔ *off message*)

sènd a méssage (間接的にまたは行動などで) わからせる, ほのめかす

—動 (**-sag·es** /-ɪz/ ; **～d** /-d/ ; **-sag·ing**)

—他 …をメッセージで送る, 伝える, 伝達する；〔人〕にメッセージを送る —自 メッセージを送る

-sag·ing 名 U 💻 メッセージの送受信

語源 *mess-* sent (送られた) + *-age* (名詞語尾)：送られたもの

▸▸ **～ bòard** 名 C ❶ 伝言板 ❷ 💻 電子掲示板 (electronic bulletin board)

mèssed-úp 形 《口》(精神的に)混乱した, 殴られた

Mes·sei·gneurs /mèɪseɪnjɜ́:rz/ 名 Monseigneur の複数

***mes·sen·ger** /mésəndʒər/ 《アクセント注意》 名 C ❶ 使者, (伝言・小包などの)配達人, 運搬人; 伝達者; 使いの者, 使い走り; (公文書の) 送達吏 ‖ send a document by ～ 使いの者を使って書類を届ける / send a ～ 使いを送る ❷ 〖海〗いかり綱の引き綱, 補助索 ❸ 〖遺伝〗メッセンジャー《遺伝情報を伝える物質》 ❹ 《M-》メッセンジャー《2004年にNASAが打ち上げた水星探査機》

shòot [OR *kìll, blàme*] *the méssenger* 悪いニュースを伝える人を責める; 間違いを指摘した人に怒る

── 動 他 《主に米》〔文書・小包など〕を人を使って届ける

▸▸ ～ **ŔNÁ** 名 U 〖生化〗伝令リボ核酸(mRNA)

Mes·si·ah /məsáɪə/ 《発音注意》 名 ❶ 《the ～》(ユダヤ民族の)救世主, メシア; (キリスト教徒にとっての)イエス＝キリスト ❷ 《m-》 C (一般に)救世主, 救済者

Mes·si·an·ic, m- /mèsiǽnɪk/ 〈≤〉 形 救世主[メシア]の; 救世主(の到来)を信じる; 救世主的な, 改革に熱心な

Mes·sieurs /meɪsjɜ́ːrz/ 名 Monsieur の複数

méss·màte 名 C (軍隊, 特に海軍の)食事仲間

Messrs., Messrs /mésərz/ 名 Mr., Mr の複数 (♦ Messieurs の略で, 特に複数の男性の名前,《英》では人名のついた会社名の前に用いる) ‖ *Messrs* Jones and Robinson ジョーンズおよびロビンソン氏 / *Messrs* Smith and Brown Ltd. スミス＝ブラウン有限会社御中

mes·suage /méswɪdʒ/ 名 C 〖法〗(付属建物・土地を含む)家屋敷

***mess·y** /mési/ 形 (**mess·i·er, mess·i·est**) ❶ 散らかった, 汚い(↔ tidy) ❷ 解決の難しい, やっかいな, 面倒な ❸ (仕事などが)服[手]を汚す ❹ 不注意な

méss·i·ly 副 **méss·i·ness** 名

mes·ti·zo /mestíːzoʊ/ 名 (複 **～s, ～es** /-z/) (♦ 女性形 mestiza /-zə/) C メスティーソ《特にスペイン・ポルトガル人とインディオの混血児(の子孫)》

:met /met/ 動 meet の過去・過去分詞

Met /met/ 名 《the ～》《口》 ❶ (ニューヨーク市の)メトロポリタン歌劇場 (the Metropolitan Opera); メトロポリタン美術館 (the Metropolitan Museum of Art) ❷ (英国の)気象庁(the Meteorological Office)

met. 略 metaphor; metaphysics; meteorology; metropolitan

meta- /meṭə-/ 接頭 (♦ 母音の前では met-) ❶「…の後の(after, behind, beyond)」の意 ‖ *meta*physics, *meta*carpus ❷「超…(transcending)」の意 ‖ *meta*-psychology ❸「変化, 交代(change)」の意 ‖ *meta*-morphosis ❹ 〖化〗「メタ…(水和の程度の最も少ない化合物)」の意 ‖ *meta*phosphoric acid メタ燐酸(りんさん)

mèta-análysis 名 C U メタ分析, メタアナリシス

met·a·bol·ic /mèṭəbɑ́(ː)lɪk | -bɔ́l-/ 〈≤〉 形 〖生化〗新陳代謝の, 代謝作用の ‖ a ～ disorder 代謝異常

▸▸ ～ **ráte** 名 C 代謝速度[率] ～ **sýndrome** 名 C メタボリックシンドローム, 代謝症候群《肥満, 高血圧, 高血糖, 高中性脂肪血症などが重なった状態》

me·tab·o·lism /mətǽbəlɪ̀zm/ 名 U 〖生化〗新陳代謝, 代謝作用(→ anabolism, catabolism)

me·tab·o·lite /mətǽbəlàɪt/ 名 C 〖生化〗代謝産物

me·tab·o·lize /mətǽbəlàɪz/ 動 他 …を新陳代謝させる, 代謝作用で変化させる ── 自 代謝作用で変化する

mèta·cárpus 名 (複 **-carpi** /-paɪ/) C 〖解〗掌(しょう)部《手首と指の間の部分》; 掌骨, 中手骨 **-cárpal** 形

méta·cènter 名 C 〖理〗(浮体の)傾きの中心, 傾心

mèta·céntric 形 傾心の, 傾心に近い

méta·dàta 名 U 💻 メタデータ《データの意味などを説明するデータ》

méta·fìction 名 U メタフィクション《作品の中でその作品の技法や文学性に言及する小説》

mèta·gálaxy 名 C 〖天〗全宇宙

:met·al /méṭəl/(♦ 同音語 mettle)

── 名 (複 **～s** /-z/) ❶ U **金属**, 金属元素, 合金(♦ 種類をいう場合は C) ‖ This door is made of ～ and is fire-resistant. この扉は金属製で耐火性にもなっている / **precious** [OR valuable] ～*s* 貴金属 / heavy [light] ～*s* 重金属[軽金属] / pieces [lumps] of ～ 金属片[塊] / work in ～*s* 金属細工をする / a ～ bar 金属の棒 ❷ C 《～s》《英》(鉄道の)レール, 線路 ❸ U (道路建設用の)砂利 ❹ U 〖印〗活字用合金 ❺ U 溶融ガラス ❻ U 《口》〖楽〗ヘビーメタルロック ❼ U 〖紋章〗金[銀]色

── 動 (**～s** /-z/; **～ed**, 《英》**-alled** /-d/; **～·ing**, 《英》**-al·ling**) 他 ❶ …に金属をかぶせる, …を金属でコートする ❷ 《英》〔道路など〕を砂利で補修する, 作る

▸▸ ～ **detèctor** 名 C 金属探知器 ～ **fàtigue** 名 U 金属疲労

metal., metall. 略 metallurgical, metallurgy

méta·lànguage 名 U C 〖言〗メタ言語《言語を分析・記述するのに用いる言語》

mèta·linguístics 名 U 〖言〗メタ言語学

***me·tal·lic** /metǽlɪk/ 形 《通例限定》 ❶ (音・声・光沢・味などが)金属的な ‖ a ～ voice きんきん声 / a ～ taste 舌を刺すような味 ❷ 金属の(性質を持った), 金属製の, 金属色の ❸ 金属を含んだ ‖ a ～ mineral 金属鉱物

── 名 C ❶ 《通例 ～s》金属でできたもの; 金属繊維 ❷ メタリックカラー **-li·cal·ly** 副

met·al·lif·er·ous /mèṭəlɪ́fərəs/ 〈≤〉 形 金属を含む, 金属を産出する

met·al·lize /méṭəlàɪz/ 動 他 …に金属をかぶせる[含ませる]; …を金属的にする

Boost Your Brain!

metaphor と metonymy

He was as brave as a lion in fight. や Your ears are like snails. のように, like や as などを用いて, 比喩であることを明示する表現技法を simile「直喩」と呼ぶ. 一方, Life is a journey. や He is a fox. のように, 比喩であることを明示せずに, A is B. といった形で, Bの属性を使って直接的にAを説明する比喩表現を metaphor「隠喩」という. metaphor はある事物を表現する時に, イメージを喚起する別の言葉を使うことで, 読み手の想像力をかきたてる働きをする. 例えば, Your ears are like snails.「君の耳はカタツムリみたいだ.」という simile は, 耳とカタツムリとの形の上での類似を指摘しているにすぎないが,「私の耳は貝の殻 海の響きをなつかしむ(堀口大學訳)」という metaphor を用いたジャン＝コクトーの詩は, 耳と巻貝の形の類似だけではなく, 海に郷愁を覚える自分と, 耳にあてると潮騒に似た音が鳴る貝とを同一視することで, 読み手の想像力を刺激し鮮やかなイメージを伝えてくれる.

"Metaphor makes us attend to some likeness, often a novel or surprising likeness, between two or more things." (Mark de Bretton Platts—英国の哲学者)「隠喩は2つ以上のものの間にある何らかの類似性, しばしば斬新で驚くべき類似性に私たちが注意を向けるように仕向ける.」

一方, あるものを表すのに, それの一部やそれから連想できるもので置き換える比喩的技巧を metonymy「換喩」と呼ぶ. 例えば「白いヨット」を「白い帆」,「(キツネの好物と言われている)油揚の入ったうどん」を「きつねうどん」と呼ぶのは metonymy の例である. metaphor が類似性に基づく比喩であるのに対して, metonymy は隣接性に基づく比喩である. 雪のように白い肌の少女を「白雪」と呼ぶのは metaphor, 赤いずきんをかぶっている少女を「あかずきん」と呼ぶのは metonymy による命名であると言える.

このような比喩を用いた rhetoric(修辞法)は単なる表現技法ではなく, 人間の世界観や世界像の形成に極めて大きな役割を果たしている.

met·al·log·ra·phy /mètəlά(:)grəfi | -lɔ́g-/ 名 U 金相学, 金属組織学

met·àl·lo·gráph·ic 形 **-ló·graph·ist, -pher** 名

met·al·loid /métəlɔ̀ɪd/ 名 U 半金属(semimetal)

met·al·lur·gi·cal /mètələ́:rdʒɪkəl/ 〈ジ〉, **-gic** /-dʒɪk/ 形 冶金(やきん)(学)の **-gi·cal·ly** 副

met·al·lur·gy /métələ̀:rdʒi | metǽlə-/ 名 U 冶金(学[術]) **-gist** 名 C 冶金家, 冶金学者

métal·wàre 名 U 金物(かなもの)《特に台所用品》

métal·wòrk 名 U 金属細工; 金属製品 **~·er** 名 C 金工, 金属細工師 **~·ing** 名 U 金属細工, 金工(術)

mèta·méssage 名 C (しばしば表面上の言葉と異なる)非言語的に伝えられる意味

met·a·mor·phic /mètəmɔ́:rfɪk/ 〈ジ〉 形 ❶ 変容の, 変化の, 変形の; 変態の; 変性の ❷ 〖地〗変成の ‖ ~ rocks 変成岩 **-phi·cal·ly** 副

met·a·mor·phism /mètəmɔ́:rfɪzm/ 名 U 〖地〗変成(作用)

met·a·mor·phose /mètəmɔ́:rfouz/ 動 他 …を変容[変形]させる; 変質させる; 〖地〗…を変成させる〈**from** …から; **into** …に〉

— 自 変容[変形]する; 変質する〈**from** …から; **into** …へ〉

met·a·mor·pho·sis /mètəmɔ́:rfəsɪs/ 名 (複 **-ses** /-sì:z/) U C ❶ (事物の明らかな)変容, 変化; 変化した形[姿] ❷ (性格・外観・状況などの)顕著な変化 ❸ 〖動〗変態; 〖医〗(組織の)変性 ❹ (魔法による)変身

méta·phàse 名 C 〖生〗(有糸核分裂の)中期

‡met·a·phor /métəfɔ̀(:)r, -fər/

— 名 (複 **~s** /-z/) C U ❶ 〖修〗**隠喩**(いんゆ), 暗喩(あんゆ)《like, as などを用いない比喩(ひゆ)表現. 〈例〉She's an angel. 彼女は天使だ》(→ mixed metaphor, simile) (⇨ BYB)

❷ 《一般に》〈…の〉**比喩**, 象徴〈**for**〉‖ A melting pot was used as a ~ *for* American society. アメリカ社会の比喩として「るつぼ」が使われた

met·a·phor·i·cal, -ic /mètəfɔ́(:)rɪk(əl)/ 〈ジ〉 形 隠喩の, 比喩的な **-i·cal·ly** 副

mèta·phýsic 名 =metaphysics

***met·a·phys·i·cal** /mètəfízɪkəl/ 〈ジ〉 形 ❶ 形而(けいじ)上学の, 形而上学的な ❷ 抽象的な, 微妙で理解が難しい, 難解な ❸ 超自然的な ❹ 《しばしば M-》(17世紀英国の)形而上派(詩人)の ‖ ~ poets 形而上派詩人たち

— 名 《the M-s》形而上派詩人たち **~·ly** 副

mèta·physícian 名 C 形而上学者

mèta·phýsics 名 U ❶ 形而上学; 《一般に》思弁哲学 ❷ 抽象論, 机上の空論

mèta·psychólogy 名 U 超心理学

me·tas·ta·sis /metǽstəsɪs/ 名 (複 **-ses** /-sì:z/) U C 〖医〗(癌(がん)などの)転移; 転移による腫瘍(しゅよう)

mèt·a·stát·ic 形

me·tas·ta·size /metǽstəsàɪz/ 動 自 〖医〗転移する

met·a·tar·sus /mètətά:rsəs/ 名 (複 **-si** /-saɪ/) C 〖解〗中足《足のかかとと指の間の部分》; 中足骨 **-sal** 形

mèta·théory 名 C 超理論, メタ理論《ある理論をさらに高い観点から解明するための理論》

me·tath·e·sis /metǽθəsɪs/ 名 (複 **-ses** /-sì:z/) U C ❶ 音位[字位]転換《語中の文字・音が入れ替わること. 〈例〉古英語 b*ri*d>近代英語 b*ir*d》 ❷ 〖化〗複分解

Met·a·zo·a /mètəzóuə/ 名 複 〖動〗後生動物(↔ Protozoa) **-zó·an** 名 C 形 後生動物(の)

mete /mi:t/ (♦ 同音語 meat, meet) 動 他 〔罰など〕を割り当てる, 与える《*out*》(↘ deal out)

me·tem·psy·cho·sis /mètəmsaɪkóusəs | -temsaɪkóusɪs/ 名 (複 **-ses** /-si:z/) U C 輪廻(りんね), 転生

***me·te·or** /mí:tiər/ 《発音注意》 名 C 流星 (shooting star, falling star); 隕石(いんせき)

▸▸ **~ shòwer** 名 C 〖天〗流星雨

me·te·or·ic /mì:tiɔ́(:)rɪk/ 〈ジ〉 形 ❶ 流星のような; (成功などが)一時的に華々しい, 急速な ❷ 流星の ‖ a ~ stone 隕石(いんせき)

***me·te·or·ite** /mí:tiəràɪt/ 《発音注意》 名 C 隕石

me·te·or·oid /mí:tiərɔ̀ɪd/ 名 U 〖天〗流星体

meteorol. 略 meteorological, meteorology

***me·te·or·o·log·i·cal** /mì:tiərəlά(:)dʒɪkəl | -lɔ́dʒ-/ 〈ジ〉 形 気象の, 気象学の ‖ a ~ observatory 気象台 / a ~ satellite 気象衛星 / ~ conditions 気象条件 / the *Meteorological* Agency (日本の)気象庁 / the *Meteorological* Office (英国の)気象庁

me·te·or·ol·o·gy /mì:tiərά(:)lədʒi | -ɔ́l-/ 名 U ❶ 気象学 ❷ (一地方の)気象 **-gist** 名 C 気象学者

‡me·ter[1], 《英》**-tre** /mí:tər/ 《発音注意》

— 名 〔▶ metric 形〕 (複 **~s** /-z/) C **メートル**, メーター《長さの単位. 略 m》‖ The wall is three ~*s* high. 壁の高さは3メートルだ

me·ter[2] /mí:tər/ 《発音注意》 名 ❶ U (詩の)格調, 韻律; C … (歩) 格 (→ pentameter, tetrameter, trimeter) ❷ C U 〖楽〗拍子 ‖ 4/4 ~ 4分の4拍子

***me·ter**[3] /mí:tər/ 《発音注意》 名 C ❶ (電気・ガス・タクシー料金などの)計量器, メーター ‖ an electric ~ 電気メーター / come to read the gas ~ ガスメーターの検針に来る ❷ =parking meter

The mèter is rúnning. 経費がかさんでいる

— 動 他 ❶ 〔ガス・水道・電気など〕を計器を使って測る; …を定量で供給する ❷ 〔郵便物〕を郵便計測器で処理する

▸▸ **~ màid** 名 C 《旧》《口》駐車違反取り締まりの女性警官

-meter 連結形 「…計(器)」「…メートル」「…歩格」の意 ‖ bar*ometer*, speed*ometer*; hexa*meter*

mèter-kìlogram-sécond 形 メートル=キログラム=秒単位の《略 mks》‖ the ~ system MKS単位系

meth /meθ/ 名 《口》=methamphetamine

meth·a·done /méθədòun/ 名 U 〖薬〗メタドン《鎮痛剤・ヘロイン中毒治療薬》

meth·am·phet·a·mine /mèθæmfétəmì:n/ 名 U 〖薬〗メタンフェタミン《覚醒(かくせい)剤》

meth·ane /méθeɪn | mí:-/ 名 U 〖化〗メタン ▸▸ **~ hý·drate** 名 U メタンハイドレイト《海底天然ガスの一種》

meth·a·nol /méθənɔ̀(:)l/ 名 U 〖化〗メタノール, メチルアルコール(methyl alcohol)

Meth·e·drine /méθədrì:n/ 名 U 《商標》メセドリン (♦ methamphetamine の《英》での商標名)

meth·i·cil·lin /mèθəsílɪn/ 名 U 〖薬〗メチシリン《抗生物質の一種》

me·thinks /miθíŋks/ 動 (**-thought** /-θɔ́:t/) 自 《非人称動詞》《古》《戯》(私には)…と思われる(it seems to me) (♦ 現代では副詞的に使われる)

me·thi·o·nine /meθáɪənì:n/ 名 U 〖生化〗メチオニン《必須アミノ酸の一種》

⁂meth·od /méθəd/

— 名 (複 **~s** /-z/) ❶ C 〈研究・調査などの〉**方法**, 方式, 手順, 手法〈**of, for**〉(⇨ 類語) ‖ a systematic ~ *of* [OR *for*] analyzing genetic variation 遺伝的差異による変種を分析する組織的方法 (♦ of [OR for] *doing* がふつうだが, to *do* の形もときに使われる) / an effective ~ *of* birth control 産児制限の効果的な方法 / adopt [×take] a new [scientific] ~ *of* data analysis データ分析の新たな[科学的な]手法を採用する

❷ U 筋道, 体系; 秩序; 順序正しさ, きちょうめんさ ‖ There is no ~ to your work. 君の仕事には方法論が欠けている / without ~ でたらめに / lack ~ 計画性がない / *There is ~ in his madness.* 彼は気が狂ってはいるがそれなりに筋は通っている[Shak *HAM.* 2:2]

❸ 《the M-》〖劇〗スタニスラフスキー方式《俳優の内面を重視した演技方法》 ❹ U 💻 メソッド《オブジェクト指向プログラムでオブジェクトが実行する手続き》

M

類語《❶》**method** 理論的・体系的な「方法」.
way「方法・やり方・習慣的な方式」などを意味する最も一般的な語.
manner 個人的な，または特色ある「やり方」.〈例〉her *manner* of folding shirts 彼女独特のシャツの畳み方
fashion way と同様に漠然と「方法」をいう格式的な語で，通例 in や after とともに句を作る.〈例〉behave in a strange *fashion* [OR *way, manner*] 変わった振る舞いをする（♦ in a ... *way* [OR *manner, fashion*]（... は形容詞）は，その形容詞を副詞にした1語（~ly）で言い換えられる.〈例〉*in a* careful *way* [OR *manner, fashion*] = careful*ly* すなわち「注意深いやり方で」は「注意深く」と訳してよい）

***me·thod·i·cal** /məθá(:)dɪkəl | -θɔ́d-/ 形 ❶ 手順を踏んだ，秩序立った，組織的な ❷（人が）きちんとした，きちょうめんな ‖ She was ~ in her research. 彼女はきちんと入念に調査をした　**~·ly** 副

Meth·od·ism /méθədɪ̀zm/ 名 U メソジスト派；メソジスト派の教義・礼拝方式

***Meth·od·ist** /méθədɪst/ 名 C メソジスト（派）信者
── 形 メソジスト派［信者］の

meth·od·ize /méθədàɪz/ 動 他 …を方式化する；…を系統［組織，順序］立てる

***meth·od·ol·o·gy** /mèθədá(:)lədʒi | -ɔ́l-/ 名（複 **-gies** /-z/）C U（芸術・科学などでの）方法論；研究方法
-o·lóg·i·cal 形　**-o·lóg·i·cal·ly** 副　**-gist** 名

me·thought /miθɔ́:t/ 動 methinks の過去

meths /meθs/ 名 U《英口》変性アルコール

Me·thu·se·lah /məθjú:zələ/ 名 ❶【聖】メトセラ（969歳まで生きたというユダヤの族長でノアの祖父）；《しばしば戯》非常な高齢者 ‖ feel as old as ~ ひどく老け込んだ気分になる ❷《しばしば m-》C 大型のワインボトル（標準のボトルの8本分の大きさ）

meth·yl /méθəl/ 名 U【化】メチル（基）
▶▶ ~ **álcohol** 名 U【化】メチルアルコール，木精

meth·yl·ate /méθəlèɪt/ 動 他 …にメチルアルコールを混ぜる；【化】…にメチル基を混入する
▶▶ **~d spírit [spírits]** 名 U【化】変性アルコール

meth·yl·ene /méθəlì:n/ 名 U【化】メチレン

me·tic·u·lous /mətíkjuləs/ 形 細かいことに気を遣う，きちょうめんな；非常に綿密［正確］な　**~·ly** 副　**~·ness** 名

mé·tier /méɪtjeɪ | métieɪ/ 名 C ❶ 商売，職業 ❷《通例単数形で》得意の仕事［分野］，得手（♦ フランス語より）

Me·tòn·ic cýcle /metà(:)nɪk- | -tɔ̀n-/ 名 C【天】メトン周期（同月同日が同一月齢になる周期. 約19年）

met·o·nym /métənɪm/ 名 C 換喩(かんゆ)語，転喩語

me·ton·y·my /metá(:)nəmi | -tɔ́n-/ 名 U【修】換喩，転喩（意味するものをそれを象徴するもので表す方法. crown で king を意味するなど）（⇨ METAPHOR **BYB**）
mèt·o·ným·ic(al) 形

mè-tóo 形《限定》《口》他に追従する ‖ a ~ product 模倣製品　**~·ìsm** 名 U《口》模倣主義　**~·er** 名 C 模倣者

met·o·pe /métəpi | -oup/ 名 U【建】小間壁（ドーリア式建築のフリーズ（frieze）の四角い壁面）

***me·tre** /mí:tər/ 名《英》= meter[1,2]

met·ric /métrɪk/ 形〔◁ meter[1,2] 名〕❶ メートル（法）の ‖ go ~ メートル法を採用する ❷ 韻律（上）の，韻文の（metrical）── 名 C 測定法［基準］；メートル法
▶▶ ~ **húndredweight** 名 C メトリック=ハンドレッドウエート（重量単位. 50kg）~ **sỳstem** 名《the ~》メートル法　~ **tón** 名 C メートルトン（1,000kg）

-metric, -metrical 連結形《-meter, -metry に相当する形容詞語尾》‖ galvano*metric*（検流計測定の），chrono*metric*（クロノメーターの）

met·ri·cal /métrɪkəl/ 形 ❶ 韻律（上）の，韻文の，韻律の整った ❷ 測量［計量］の，測定の［による］　**~·ly** 副

met·ri·ca·tion /mètrɪkéɪʃən/ 名 U（旧来の度量衡からのメートル法への切り替え

met·ri·cize /métrɪsàɪz/ 動 他 …をメートル法に変える，メートル法で表す

met·rics /métrɪks/ 名 U 韻律学，作詩法

me·tri·tis /mɪtráɪtɪs/ 名 U【医】子宮炎

met·ro, M- /métrou/ 名（複 **~s** /-z/）《通例 the ~, the M-》（特にパリの）地下鉄，メトロ
── 形《m-》《米口》= metropolitan

me·trol·o·gy /mɪtrá(:)lədʒi | -trɔ́l-/ 名（複 **-gies** /-z/）C 度量衡；U 度量衡学　**mèt·ro·lóg·i·cal** 形

met·ro·nome /métrənòum/（アクセント注意）名 C【楽】メトロノーム　**mèt·ro·nóm·ic** 形

me·tro·nym·ic /mì:trənímɪk | mè-/ 〈シ〉（↔ patronymic）形 母親［女性の祖先］の名に由来する
── 名 C 母親［女性の祖先］から由来した名

***me·trop·o·lis** /mətrá(:)pəlɪs | -trɔ́p-/（アクセント注意）名〔▶ metropolitan 形〕C ❶（国・州・一地方の）主要都市；大都会；首都，首都圏 ❷（文化・産業の）中心都市 ‖ a great cultural ~ 文化の大中心地 ❸【宗】首都大主教［司教］管区
語源 ギリシャ語 *mētēr*（母）+ *polis*（市）から.

***met·ro·pol·i·tan** /mètrəpá(:)lətən | -pɔ́lɪ-/ 〈シ〉 形〔◁ metropolis 名〕《限定》❶ 主要都市の，大都市の，首都の，首都圏の；都会的な（《米口》metro）‖ a ~ area 大都市［首都］圏 / ~ newspapers（地方紙に対する）中央紙 / a ~ outlook 都会的な外観 ❷（植民地に対し）本国の，母国の ❸【宗】首都大主教［司教］管区の
── 名 C ❶ 都会人，大都市住民 ❷（= ~ **bíshop**）【宗】首都大主教，首都大司教
▶▶ ~ **cóunty** 名 C（イングランドの）大都市圏州（1974年にマンチェスターやリバプールなどの都市を中心に作られた6つの行政区画. その州議会は1986年廃止）**Metro-pòlitan Políce** 名《(the) ~》《単数・複数扱い》ロンドン警視庁（→ Scotland Yard）

met·ro·sex·u·al /mètrəsékʃuəl, -rou-/ 名 C メトロセクシュアル（身づくろいに時間と金を惜しまない都会派男性）

-metry 連結形「測定法［術］」の意 ‖ geo*metry*，chrono*metry*（時間測定）

met·tle /métəl/（♦ 同音語 metal）名 U ❶ 元気，勇気，気骨 ‖ show one's ~ 根性を示す ❷ 気性，気質
be on [OR ***upon***] ***one's méttle*** 発奮［奮起］している
pùt a pèrson on [OR ***upon***] ***his/her méttle***〔人〕を発奮させる，（最善を尽くすように）奮起させる

met·tle·some /métəlsəm/ 形 元気［気概］のある

meu·nière /mʌnjéər | mə:niéə/ 形【料理】ムニエルの（♦ フランス語より）

MeV 略 *m*ega-*e*lectron *v*olts（100万電子ボルト）

mew[1] /mju:/ 名 C【鳥】カモメ（sea gull）

mew[2] /mju:/ 名 動 = meow

mew[3] /mju:/ 名 C ❶ タカかご（羽毛が抜け換わるときに入れる）❷ 隠れ場所　── 動 他〔タカ〕をかごに入れる；…を閉じ込める《*up*》── 自（タカの）羽毛が抜け換わる

mewl /mju:l/ 動 自（赤ん坊が）か細く泣く，力なく泣く；（猫が）にゃあと鳴く

mews /mju:z/（♦ 同音語 muse）名《単数・複数扱い》《英》住宅街，アパートの並ぶ路地（♦ 昔の馬小屋を改造したものが原型）▶▶ ~ **hòuse** 名 C《英》mews 街の家（の1軒）

Mex. 略 Mexican, Mexico

***Mex·i·can** /méksɪkən/（発音注意）形 メキシコの，メキシコ人の，メキシコ風の ‖ ~ cuisine メキシコ料理　── 名（複 **~s** /-z/）❶ C メキシコ人 ❷ U メキシコのスペイン語
▶▶ ~ **háirless** 名 C【動】メキシカンヘアレス（メキシコ産の無毛犬）~ **Wár** 名《the ~》メキシコ戦争，米墨戦争（米国とメキシコとの戦争（1846-48））~ **wáve** 名 C《英》（スポーツの観客などによる）ウエーブ（《米》wave）（♦ 1986年のサッカーワールドカップメキシコ大会での応援から）

***Mex·i·co** /méksɪkòu/（発音注意）名 メキシコ（北米大陸南部の連邦共和国. 公式名 the United Mexican

States. 首都 Mexico City》‖ the Gulf of ～ メキシコ湾 ▸▸～ Cíty 名 メキシコシティ《メキシコの首都》
me·ze /méɪzeɪ/ 名 (複 ～ OR ～s /-z/) C U《ギリシャ・近東料理の》前菜, オードブル
me·zu·zah /məzúzə/ 名 (複 ～s /-z/ OR -zu·zot /-zout/ OR -zu·zoth /-zouθ/) C 〘ユダヤ教〙メズザー《申命記の一部を書いた羊皮紙. 筒に入れて戸口にかけておく》
mez·za·nine /mézənìːn, +英 métsə-/ 名 C ❶ 中階, 中2階 ❷《米》(劇場の)2階正面席;《英》舞台下
▸▸～ dèbt 名 C メザニン型負債《最初の負債より後に支払うが, 他社からの負債よりは先に返済する負債》
mez·za vo·ce /mètsə vóutʃeɪ/ 形 副 〘楽〙半分の声の[で], 声を落とした[て](♦ イタリア語より)(=half voice)
mez·zo /métsou/ 形 副 〘楽〙中くらいの[に], 適度の[に]
――名 (複 ～s /-z/) =mezzo-soprano
▸▸～ fórte 副 形 〘楽〙メゾフォルテ, やや強く[強い] ～ piáno 副 形 〘楽〙メゾピアノ, やや弱く[弱い]
mèzzo-sopráno 名 〘楽〙 ❶ U メゾソプラノ, 次高音(部) ❷ C メゾソプラノ歌手
mézzo·tìnt 名 U メゾティント彫法《銅[鋼]版上に明暗を表す彫法》; C メゾティント版(の版画)
mf 略 〘楽〙*mezzo forte*(やや強く)
MF 略 〘放送〙*m*edium *f*requency; *M*iddle *F*rench
MFA, M.F.A. 略 *M*aster of *F*ine *A*rts(美術学修士)
mfd. 略 manufactured, microfarad
mfg. 略 manufacturing
MFH 略 *M*aster of *F*ox*h*ounds((英国の)キツネ狩りに使うフォックスハウンド犬の統率者)
mfr. 略 manufacture, manufacturer
***mg** 略 milligram(s)
Mg 記号 〘化〙magnesium(マグネシウム)
MG 略 *m*achine *g*un; *M*ajor *G*eneral; *m*ilitary *g*overnment
Mgr. 略 Manager; Monseigneur; Monsignor
mgt. 略 management
MH 略 《米》*M*edal of *H*onor(名誉章)
mho /mou/ 名 (複 ～s /-z/) C 〘電〙モー《電気伝導度の旧単位. ohm の逆数. 現在は siemens を用いる》
MHR, M.H.R. 略 *M*ember of the *H*ouse of *R*epresentatives((米国・オーストラリアの)下院議員)
MHz 略 megahertz
mi /miː/ 名 U C 〘楽〙ミ(全音階の第3音)
MI 略 〘郵〙Michigan; *M*ilitary *I*ntelligence((もと英国の)軍事諜報(ちょうほう)部)
mi. 略 mile(s); mill(s)
MIA 略 《米》〘軍〙*m*issing *i*n *a*ction(戦闘中行方不明兵)
Mi·am·i /maɪǽmi/ 《アクセント注意》 名 マイアミ《米国フロリダ州南東部の海岸保養都市》
mi·aow, mi·aou /miáu/ 名 動 《英》=meow
mi·as·ma /miǽzmə, maɪ-/ 名 (複 ～s /-z/ OR -ma·ta /-ṭə/) C 《通例単数形で》 ❶《文》毒気《沼地などに発生し, 病気を起こすと考えられた》 ❷ 不健康な雰囲気, 悪影響
-mal 形 **mì·as·mát·ic** 形
mic /maɪk/ 名 C 《口》=microphone
Mic. 略 〘聖〙Micah
mi·ca /máɪkə/ 名 U 〘鉱〙雲母(うんも)
Mi·cah /máɪkə/ 名 ❶ 〘聖〙ミカ《紀元前8世紀のユダヤの預言者》 ❷ 〘聖〙ミカ書《旧約聖書中の預言書》
Mi·caw·ber /məkɔ́ːbər/ 名 C ミコーバー, 愛すべき楽天家(♦ Dickens の小説 *David Copperfield* 中の登場人物の名より) **～·ìsm** 名 U 楽天主義
mice /maɪs/ 名 mouse の複数
Mich. 略 Michaelmas; Michigan
Mi·chael /máɪkəl/ 名 〘聖〙大天使ミカエル
Mich·ael·mas /míkəlməs/ 名 大天使ミカエル祭《9月29日. 英国では秋季支払日》
▸▸～ dáisy 名 C 〘植〙(Michaelmas のころに咲く)アスター(aster) ～ tèrm 名 C 《英》(大学の)第1学期, 秋学期《10月初めからクリスマスまで》
Mi·chel·an·ge·lo /màɪkəlǽndʒəlòu/ 名 ～ Buonarroti ミケランジェロ(1475-1564)《イタリアルネサンス期の彫刻家・画家・建築家》
Mich·e·lin /mítʃəlɪn/ 名 ミシュラン(兄弟)《フランスの資本家. ミシュランタイヤ会社を設立. 兄 André(1853-1931), 弟 Édouard(1859-1940)》 ▸▸～ Gùide 名 C 《商標》ミシュランガイド《ミシュランタイヤ会社が年1回発行する国別の旅行ガイドブック. 各国のホテル・レストランを星の数で格付けしている》 ～ Màn 名 《商標》ミシュランマン《ミシュランタイヤ会社のキャラクター》; 肥満した[着ぶくれた]男
Mich·i·gan /míʃɪgən/ 名 ❶ ミシガン(州)《米国中北部の州. 州都 Lansing. 略 Mich., 〘郵〙MI》 ❷ Lake ～ ミシガン湖《米国五大湖の1つ》
Mìch·i·gán·der, ～·ite 名 C ミシガン州の人
Mick, mick /mɪk/ 名 C ⊗《口》《蔑》アイルランド人;《主に豪》ローマカトリック教徒
mick·ey /míki/ 名 U 《口》 ❶《カナダ》ウイスキーの小瓶 ❷ =Mickey Finn
tàke the míckey (*òut of a pèrson*) 《主に英口》(人を)笑い者にする, からかう
Mick·ey /míki/ 名 ミッキー《Michael の愛称》
▸▸Mìckey Fínn 名 C 《口》ミッキーフィン《睡眠薬[下剤]入りの酒》
Mìckey Móuse 名 ミッキーマウス《Walt Disney の漫画の主人公のネズミ》 ――形 《口》 ❶ (計画などが)ちゃちな, 子供だましの ❷ (仕事などが)簡単すぎる ‖ ～ course 楽勝科目 ❸ (音楽などが)感傷的で深みのない
mick·le /míkl/ 《スコット》《古》 形 豊富な, とても大きい
――名 C 多量
MICR 略 *m*agnetic *i*nk *c*haracter *r*ecognition
mi·cro /máɪkrou/ 名 (複 ～s /-z/) C 《口》マイクロコンピューター[プロセッサー]; 電子レンジ ――形 《限定》極小の
micro- /maɪkrou-, -krə-/ 《発音注意》 連結形 (♦ 母音の前では micr-) ❶「小さい(small)」「細かい(minute)」「異常に小さい」の意(↔ macro-) ‖ *micro*circuit ❷「拡大する(enlarging)」「増幅する(amplifying)」の意 ‖ *micro*scope, *micro*phone ❸「顕微鏡による(microscopic)」の意 ‖ *micro*graph ❹「100万分の1」の意(記号 μ) ‖ *micro*gram
mìcro·análysis 名 U C 〘化〙微量分析
mi·crobe /máɪkroub/ 名 C 微生物; 細菌, 病原菌
mi·cró·bi·al, mi·cró·bic 形
mìcro·biólogy 名 U 微生物学, 細菌学
-biológical 形 **-gist** 名 C 微生物[細菌]学者
mícro·blòg 名 C 💻 ミニ[マイクロ]ブログ
――動 自 ミニ[マイクロ]ブログを投稿する **～·ger** 名
mícro·brèw 名 C 《主に米》(小規模醸造所製の)地ビール **～·er** 名 **～·ing** 名
mìcro·brèwery 名 C 《主に米》小規模醸造所
mícro·bùrst 名 C 〘気象〙マイクロバースト《雷雲・積乱雲のそばで起こる局地的な強い下降気流》
mícro·bùs 名 C マイクロバス
mícro·càpsule 名 C (薬品などの)マイクロカプセル
mìcro·chémistry 名 U 微量化学
mícro·chìp 名 C 〘電子〙マイクロチップ《集積回路の半導体基盤》
――動 他 〔動物など〕に(識別のため)マイクロチップを埋め込む
mìcro·círcuit 名 C 〘電子〙超小型回路; 集積回路
mícro·clìmate 名 C 微気候《ごく狭い場所の気象》
mícro·compùter 名 C マイクロコンピューター, 超小型コンピューター, マイコン(micro)
mícro·còpy 名 C マイクロコピー, 縮小複写《印刷物などを microfilm で複写したもの》
mi·cro·cosm /máɪkrəkà(ː)zm, -krou-|-kɔ̀zm/ 名 C ❶ 小宇宙, 小世界(↔ macrocosm) ❷ (特に世界[宇宙]の縮図としての)人間(社会); (一般に)縮図 ‖ The US is the world in ～. 合衆国は世界の縮図である

M

mi·cro·cos·mic /màɪkrəkɑ́(:)zmɪk | -kɔ́z-/ 形 小宇宙の ▶▶**~ sált** 名 U 〘化〙燐酸(りんさん)アンモニウムナトリウム, 燐塩《人間の尿から得られる無色無臭の結晶》
mìcro·crédit 名 U 微少額貸付
mícro·dòt 名 C ❶ 極小写真, マイクロドット《点の大きさにまで縮小した写真. 文書保存用など》 ❷《口》1回服用分のLSD(幻覚剤)の顆粒(かりゅう)
mìcro·económics 名 U ミクロ[微視的]経済学
mìcro·electrónics 名 U マイクロエレクトロニクス, 微小電子工学 **-electrónic** 形
mìcro·encápsulate 動 他 〔薬品など〕をマイクロカプセルに封入する **-encàpsulátion** 名
mìcro·engineéring 名 U ミクロエンジニアリング, ミクロ工業《微小なものを設計・製作する》 **-engineér** 名
mìcro·evolútion 名 U 〘生〙小進化《特に短い期間に見られる進化上の変化》
mícro·fàrad 名 C 〘電〙マイクロファラッド《電気容量の実用単位. 100万分の1ファラッド. 記号 μF. 略 mfd.》
mícro·fìber 名 U C マイクロファイバー《極細の合成繊維》
mícro·fìche 名 (複 ~ OR ~s /-ɪz/) C U マイクロフィッシュ《印刷物などを何ページ分も収めたシート状フィルム》
mìcro·fílament 名 C 〘生〙(細胞内の)微小繊維
mícro·fìlm 名 U C マイクロフィルム, 縮小写真フィルム
——動 他 …をマイクロフィルムに写す
mìcro·fínance 名 U ミクロファイナンス, 少額貸付(制度)《貧困国を対象に小企業の起業をねらう》
mícro·fòrm 名 U マイクロフォーム, 縮小写真印刷
mícro·fòssil 名 C 微(小)化石《顕微鏡によってのみ研究できる細菌の化石など》
mícro·gèneration 名 U (太陽光・風力などを使った)小規模発電 **-gènerator** 名 C 小型[マイクロ]発電機
mi·crog·li·al /maɪkrɑ́(:)gliəl | -krɔ́-/ 形 〘解〙小(神経)膠(こう)の ‖ a ~ cell 小(神経)膠細胞《中枢神経系の中にある2つの非神経細胞の1つ》
mícro·gràm, 《英》**-gràmme** 名 C マイクログラム《100万分の1グラム》
mícro·gràph 名 C ❶ 顕微鏡写真[図] ❷ 細書用具
mícro·gròove 名 C (LPレコードの)音溝
mìcro·hábitat 名 C 〘生態〙ミクロハビタット, 微小生息域《草の茂みなど微小な生物の生息域》
mícro·lìght 名 C 《主に英》超小型軽飛行機
mìcro·mánage 動 他 《米》…を細部に至るまで管理する **-ag·er** 名 **~·ment** 名
mícro·mèsh 名 U マイクロメッシュ《ストッキング用などの極細の網目の生地》
mi·crom·e·ter /maɪkrɑ́(:)mətər | -krɔ́mɪ-/ 名 C ❶ マイクロメーター《微細な長さ・厚さ・角度を測る精密器具》 ❷ マイクロメーター《100万分の1メートル. 記号 μm》
mìcro·miniaturizátion 名 U 超小型電子部品製造
mi·cron /máɪkrɑ(:)n | -krɔn/ 名 C ミクロン《100万分の1メートル. 記号 μ》
*__Mi·cro·ne·sia__ /màɪkrəní:ʒə, -ʃə | -ziə, -ʒə/ 名 ❶ ミクロネシア《西太平洋に散在する島々の総称. カロリン・マリアナ・マーシャルの諸群島を含む》(→ Melanesia, Polynesia) ❷ ミクロネシア連邦《カロリン諸島の600以上の島々からなる国. 公式名 the Federated States of Micronesia. 首都 Palikir》
Mi·cro·ne·sian /màɪkrəní:ʒən, -ʃən | -ziən, -ʒən, -siən, -ʃən/ ⊲ジ 形 ミクロネシアの; ミクロネシア人[語]の
——名 ❶ C ミクロネシア人 ❷ U ミクロネシア語
mìcro·nútrient 名 C 〘生〙微量栄養元素
mìcro·órganism 名 C 微生物《細菌・ウイルスなど》
mi·cro·phage /máɪkrəfèɪdʒ/ 名 U 〘生〙(血液中の)小食細胞
*__mi·cro·phone__ /máɪkrəfòʊn/ 《アクセント注意》 名 C マイクロホン, マイク(《口》mic, mike) ‖ speak [sing] into a ~ マイクに向かって話す[歌う]
語源 *micro-*(小さい) + *phone*(音): もとは耳の不自由な人が耳に当てて聞くらっぱ形補聴器を指した.
mìcro·phótograph 名 C 縮小写真; 顕微鏡写真
mìcro·phýsics 名 U 微小体物理学, 微視的物理学《特に分子・原子・素粒子などを扱う》
mícro·prìnt 名 C マイクロプリント, 縮小写真印画
mìcro·pròcessor 名 C 💻 マイクロプロセッサー《マイクロコンピューターの中央処理装置》
mìcro·prógram 💻 名 C マイクロプログラム
——動 他 …にマイクロプログラムを組み込む
mícro·rèader 名 C マイクロリーダー《マイクロフィルムなどの像をスクリーンに拡大投影する装置》
mìcro·scóoter 名 C マイクロスクーター《片足を乗せて片足でけって進む. 主に子供および娯楽用》
*__mi·cro·scope__ /máɪkrəskòʊp/ 《アクセント注意》 名 C 顕微鏡 ‖ an electron ~ 電子顕微鏡 / examine samples under a ~ サンプルを顕微鏡で調べる
pùt ... under the mícroscope 〔状況など〕を詳しく調べる
語源 *micro-*(小さい) + *scope*(見る機械)
*__mi·cro·scop·ic, -i·cal__ /màɪkrəskɑ́(:)pɪk(əl) | -skɔ́p-/ ⊲ジ 形 ❶ 《通例限定》顕微鏡でしか見えない, 小さな, 極微の ‖ ~ fibers of protein タンパク質の極微の繊維 ❷《限定》顕微鏡の, 顕微鏡を使っての ‖ a ~ analysis [examination] 顕微鏡分析[観察] ❸ 微細にわたる ‖ with ~ care 極めて注意深く **-i·cal·ly** 副
mi·cros·co·py /maɪkrɑ́(:)skəpi | -krɔ́s-/ 名 U 顕微鏡使用; 顕微鏡検査 **-pist** 名
mícro·sècond 名 C マイクロ秒《100万分の1秒. 記号 μs》
mícro·sìevert 名 C 〘理〙マイクロシーベルト《放射線量を測る単位. 100万分の1シーベルト. 記号 μSv》
mícro·skìrt 名 C 超ミニスカート
micro·some /máɪkrəsòʊm/ 名 C 〘生〙ミクロソーム《細胞原形質中の微粒子》
mícro·stàte 名 C 新興小独立国家
mícro·strùcture 名 U 微構造《顕微鏡で見られる金属・合金などの構造》
mìcro·súrgery 名 U 〘医〙顕微(鏡)手術
mícro·tòme 名 C ミクロトーム《顕微鏡検査用の組織の切片を作る器械》
*__mi·cro·wave__ /máɪkrəwèɪv/ 名 C ❶ =microwave oven ❷ 極超短波(周波数), マイクロウエーブ ——動 他 …を電子レンジにかける, 電子レンジで加熱[調理]する
-wàv(e)·a·ble 形 電子レンジで調理[加熱]できる
▶▶**~ óven** 名 C 電子レンジ ‖ Put it in the ~ *oven* and defrost it. 電子レンジに入れて解凍しなさい
mid¹ /mɪd/ 形 ❶ 中央の, 中部の, 中間の(♦しばしば mid- の形で用いる. → mid-) ‖ in ~-May 5月中ごろに / in the ~-to-late 1990s 1990年代の中ごろから終わりごろに ❷ 〘音声〙中母音の
mid², **'mid** /mɪd/ 前 《文》=amid
MID 略 💻 *m*obile *I*nternet *d*evice
mid. 略 middle
*__mid-__ /mɪd-/ 連結形 「中間, …の中央部」の意 ‖ *mid*field, *mid*-Victorian / the *mid*-single digits 1桁台の中ほど
mìd·afternóon 名 U 午後の中ごろ, 昼下がり
*__mìd·áir__ ⊲ジ 名 U 形 空中(の), 中空(の)
Mi·das /máɪdəs/ 名 〘ギ神〙ミダス《Phrygia の王. 手に触れるものすべてを金に変える力を与えられた》
▶▶**~ tòuch** 名 《the ~》金もうけの才能
mìd-Atlántic ⊲ジ 形 《限定》❶ (米国の)中部大西洋(岸)の ❷ (用語・発音が)英米共通[混合]の ❸ 大西洋の中の ▶▶**Mìd-Atlántic Rìdge** 名 〘地〙大西洋中央海嶺(かいれい)《北極から南極まで大西洋を南北に貫く海嶺》
míd·bràin 名 C 〘解〙中脳
mìd-campáign 名 C 形 副 中間選挙運動(の[に])
mìd-cáp 名 C U 形 中型株[資本](の)(→ small-cap, large-cap)
mìd-caréer 形 キャリア中途の; (地位が)中堅の

mìd·cóurse 形 中央［中道］の ‖ make a ～ correction 中道へ路線変更する

***mid·day** /mìddéɪ/ ⟨シ⟩ 名 U 真昼, 正午 (↔ midnight) ‖ at ～ 昼の12時に

—形 正午の, 真昼の ‖ a ～ news broadcast お昼のニュース番組 / a ～ meal 昼食 / the ～ sun 真昼の太陽

mid·den /mídən/ 名 C ❶ 肥やしの山, 堆肥(たいひ); くず［ごみ］の山 ❷〚考古〛貝塚(kitchen midden)

mid·dle /mídl/ 名 形 動

—名 (複 **～s** /-z/) C ❶《通例 the ～》〈位置・時間などの〉**中間**, 中間地点, 真ん中, 中央部; 半ば, 中ごろ;〈行為の〉最中〈**of**〉(♦ 身長・体重・色などについていうときは medium を用いる) (⇨ 類語P) ‖ The paper was torn **in** the ～. その書類は真ん中で引き裂かれていた / right **in** the ～ *of* Tokyo 東京のど真ん中に / **in** the ～ *of* November 11月半ばに / **in** the ～ *of* the 18th century 18世紀の中ごろに / She's **in** the ～ *of* an interview. 彼女は面接中だ / Don't interrupt me **in** the ～ *of* watching the TV. テレビを見ているときに邪魔しないでくれ

❷《通例単数形で》《口》(人体の)腰部, 腰; 《婉曲的》腹 ‖ He was big around the ～. 彼は腹が出ていた

❸ 中庸, 偏りのないこと

❹〚野球〛二遊間 ❺〚論〛=middle term

divìde [OR ***splìt***] ***... down the míddle*** …を2等分にする ‖ *divide* the class *down the* ～ クラスを半分に分ける

in the míddle of ... ① …の中間に (→ ❶) ② …の最中で, …で忙しくて / I'm *in the* ～ *of* a heavy traffic jam. ひどい渋滞に巻き込まれているんだ (♥ 遅刻など好ましくないことの言い訳) (→ CE 1)

the mìddle of nówhere 《口》辺ぴな場所

COMMUNICATIVE EXPRESSIONS

1 **I'm in the míddle of sòmething (now).** 今ちょっと手が離せないんだ; 取り込み中だ (♥ 声をかけられたときなどに「忙しい」と言って遠回しに断る表現)

—形《比較なし》《限定》❶ **中央の**, 中央部分［付近］の, 真ん中の; (時間的に) 半ばの, 中間の ‖ the ～ part of the room 部屋の中央部分 / the ～ button of a uniform ユニホームの真ん中のボタン / my ～ son 真ん中の息子 / He is in his ～ teens. 彼は10代の半ばだ

❷ (程度などが) 中庸の, ふつうの, 並の ‖ take [OR steer] a [OR the] ～ course [OR way] 中庸の道をとる / a man under ～ size 並以下の背丈の男性

❸ 《M-》(言語史で) 中期の

—動 (**～s** /-z/; **～d** /-d/; **-dl·ing**) 他 ❶《英》〚スポーツ〛〔ボールなど〕をバット［ラケット］の中央で打つ, 芯(しん)でとらえる ❷ …を真ん中に置く ❸〔帆〕を真ん中から2つに折る

中心	**the middle**	中央部	両端から等距離に位置する場所
	(the) center		円状・球状のものの中心(点)
	(the) heart	中心部	機能や重要性から見て核心部分

♦ middle や heart は上表のような条件を満たす「地域」「一帯」を意味するのに対し, center は上表のような「点」を意味し, 細長いものには用いない. 物事を線状に考える場合, また時間的にいう場合には middle を用いる. 〈例〉 the *center* of a circle 円の中心 / the *middle* of the forest [road, night] 森の真ん中［道路の中央, 真夜中］/ the *heart* of the matter 問題の核心

▸▸ **～ áge** 名 U 中年, 初老《およそ40–60歳》 **Mìddle Áges** 名 複《the ～》中世《ヨーロッパ史でだいたい5世紀末–15世紀末》 **Mìddle América** (↓) **～ C** /-síː/ 名 U〚楽〛中央ハ **～ cláss** (↓) **～ dístance** (↓) **～ éar** 名《the ～》〚解〛中耳 **Mìddle Éast** (↓) **Mìddle Éngland** 名 U (郊外や田舎に住む) 英国の中流階級 **Mìddle Énglish** 名 U 中(期)英語《12–16世紀ごろの英語. 略 ME》 **～ fínger** 名 C 中指 (⇨ HAND 図) (♥ 中指を1本だけ立てることは軽蔑, あるいは卑猥(ひわい)さを示す) **～ gròund** 名《通例 the ～》① (特に政治的に) 中間［中立］の立場［見方］ ② =middle distance **～ inítial** 名 C ミドルネームの頭文字, 頭文字だけのミドルネーム **Mìddle Kíngdom** 名《the ～》① (古代エジプトの) 中期王国《およそ2000–1800 B.C.》 ② 中華帝国《世界の中心と考えられたことによる》 **～ lífe** 名 U =middle age **～ mánagement** 名 U (企業の) 中間管理職層 **～ mánager** 名 C 中間管理職 **～ márket** 名 U C 中流どころをねらった市場 **～ náme** 名 ① C ミドルネーム《first name と surname の間の名. 〈例〉 John Fitzgerald Kennedy の Fitzgerald》 ② 《one's ～》《英口》(性格上の) 特徴, お家芸, そのことで有名な点 ‖ Modesty is his ～ *name*. 謙虚さが彼の長所だ **～ schòol** 名 C ミドルスクール, 中等学校《(米国・カナダの一部で) elementary school と high school の間の5–8学年校, (英国の一部で) first school と upper school の間の通例8–12歳または9–13歳の児童の公立学校》 **～ térm** 名 C〚論〛(三段論法の) 中名辞 **～ wátch** 名《the ～》〚海〛夜半当直《午前0時から4時までの当直》 **Mìddle Wést** (↓)

***mid·dle-aged** /mìdléɪdʒd/ ⟨シ⟩ 形 ❶ 中年の (♦ 40歳から60歳辺りの年齢を指す) ‖ late-～ men 中年後期の男たち ❷ (考え方・態度などが) 古臭い, 活気のない, くたびれた ‖ a ～ outlook on life 古臭い人生観 ❸《the ～ で集合名詞的に》中年(の人々)

▸▸ **～ spréad** 名 U《戯》(腰の周りに肉がつく) 中年太り

Mìddle América 名 ❶ 中部アメリカ, 中米《メキシコ・中央アメリカ, ときに西インド諸島も含む》 ❷ U (政治的中道・穏健派とされる) アメリカの中間層 ❸ アメリカの中西部 (Midwest) **Mìddle Américan** 形 名

míddle·brow 《口》《しばしばけなして》 名 C 中ぐらいの教養・知性を持った人 —形《通例限定》(文学・芸術について) 面白いが深みのない, 月並みの

***mìddle-cláss** ⟨シ⟩ 形 ❶ 中産階級の, 中流層の; (社会的地位が) 中間層の ❷ 中産階級的な, 保守的な

***mìddle cláss** ⟨シ⟩ 名《the ～, the ～es》(社会的・経済的に) 中産階級, 中流層(の人), 中間層(の人)

mìddle dístance 名《the ～》❶ (絵画・写真の) 中景 ❷ 中距離(走)

míddle-dìstance 形《限定》中距離(走)の

***Mìddle Éast** 名《the ～》中東(地域)《エジプトからイランまでの地域》(→ Far East, Near East)

Mìddle Éastern 形 中東の **～·ern·er** 名

míddle·màn /-mæ̀n/ 名 (複 **-mèn** /-mèn/) C ❶〚商〛仲買人, 中間商人 (中立 agent, broker) ‖ cut out the ～ 直接取引する ❷ 仲介者, 仲人 (中立 go-between)

míddle·mòst 形 =midmost

mìddle-of-the-róad ⟨シ⟩ 形《通例限定》❶ 中道の, 中庸の ❷ (音楽などが) 万人受けのする **～·er** 名

mìddle-ránking 形《限定》中程の地位の

mid·dle·scent /mɪdlésənt/ 名 C 形 若い気分の中年(の) (♦ *middle*+ado*lescent* より) **-scence** 名

mìddle-sízed ⟨シ⟩ 形 中くらいの大きさの, 中型の

míddle·wàre 名 U 💻 ミドルウェア《基本ソフトとアプリケーションの中間に位置するデータベース管理などのソフト》

míddle·wèight 名 U ミドル級; C ミドル級選手

Mìddle Wést 名《the ～》《米》(米国の) 中西部 (Midwest)《ロッキー山脈とオハイオ川の間の地域》

Mìddle Wéstern 形 中西部の **～·ern·er** 名

mid·dling /mídlɪŋ/ 形《通例限定》❶ (大きさ・質・程度などが) 中くらいの, 中等の, 並の; 二流の ‖ ～ grades 中［並］級 ❷《叙述》まあまあ健康で —副《旧》《口》まあまあ, ほどほどに, 相当に —名 C《通例 ～s》〚商〛中級品, 二流品; (特に) 二級品の小麦粉

M

mid·dy /mídi/ 名 (複 **-dies** /-z/) C ❶《口》=midshipman ❷ (=～ **blòuse**) ミディブラウス《セーラーカラーの女性・子供用ブラウス》

Mìd·éast 名《米》=Middle East **～·ern** 形

*__mid·fìeld__ 名 U (サッカーなどの競技場の) フィールド中央部;《集合的に》=midfielder

míd·fìelder 名 C 〚サッカー〛ミッドフィールダー《フォワードとディフェンダーの中間でプレーする選手》

midge /mɪdʒ/ 名 C ❶〚虫〛ユスリカ;羽のある小虫《ブヨなどの類》❷《口》背の低い人, ちび

midg·et /mídʒɪt/ 名 C ❶ ⊗《蔑》小人 ❷ 極小型のもの
—形《限定》非常に小さい, 超小型の

mid·gut /mídɡʌ̀t/ 名 C〚動〛中腸

mid·i /mídi/ 名 C ミディ《ひざ下ふくらはぎまでの長さのスカート・ドレスなど》

MIDI /mídi/ 名 U ミディ《デジタル方式の電子楽器とコンピューターを接続する統一規格》(♦ *M*usical *I*nstrument *D*igital *I*nterface の略)

míd·ìron 名 C〚ゴルフ〛ミッドアイアン《4-6番ぐらい》

*__mid·land__ /mídlənd/ 名 ❶《通例 the ～》中部地方, 内陸部 ❷《M-》C アメリカ中部英語 ❸《the M-s》《単数・複数扱い》イングランド中部地方
—形《限定》❶ 中部地方の, 内陸部の ❷《M-》アメリカ中部の;イングランド中部地方の

mìd·lífe ⟨シ⟩ 名 C 中年 —形 中年の ▸▸**～ crísis** 名 C 中年の危機《40-50歳ぐらいで経験する精神的・肉体的危機感》 **～ spréad** 名 U =middle-aged spread

mìd-márket 形《限定》中流どころをねらった(→ down-market, upmarket)

mìd·mórning 名 U 午前の中ごろ

míd·mòst 形 副《限定》《文》まん真ん中の[に]

**__mid·night__ /mídnàɪt/《アクセント注意》
—名 U ❶ **午前零時**, 夜中の12時(↔ midday);深夜, 真夜中 ‖ **at ～** 夜中の零時に(♦ midnight は「午前零時」という時刻の1点を指す用法が一般的で「夜遅く, 深夜に」の意味では in the middle of the night という. ˣin the midnight は不可) / **after ～** 深夜零時を過ぎて
❷《文》真っ暗闇(くらやみ) ❸《主に米》=midnight blue
—形《限定》真夜中の, 夜中の零時の ‖ a ～ express 深夜急行
▸▸**～ blúe** 名 U (黒に近い) ダークブルー **～ féast** 名 C (特に子供が) 深夜に内緒で食べる夜食 **～ sún** 名《the ～》(極地地方で夏に見られる) 真夜中の太陽

mìd·óff 名 U C〚クリケット〛ミッドオフ《ボウラー[投手]の左側の野手(の位置)》

mìd·ón 名 U C〚クリケット〛ミッドオン《ボウラー[投手]の右側の野手(の位置)》

míd·pòint 名《通例 the ～》中間点

míd-rànge, míd·rànge 名 U 形《限定》中程度(の), 中規模(の)

míd·rìb 名 U〚植〛(葉の)中肋(ちゅうろく), 主脈

mid·riff /mídrɪf/ 名 C ❶ 上腹部, 胴の中央部《胸と腹の中間》❷ 婦人服の胴の中央部 ❸《旧》横隔膜 (diaphragm) —形 (衣服が)胴の中央部が露出する

míd·rìse 形 (建物が) 中層の《ふつう5-10階建ての建物についていう》 —名 C 中層建築

míd·sèction 名 C 中間部, 中央部

míd·shìp 名 C 船の中央部 —形 船の中央部にある

mid·ship·man /mídʃɪpmən/ 名 (複 **-men** /-mən/) C ❶《米》海軍兵学校生徒 ❷《英》海軍士官候補生 ❸〚魚〛イサリビガマアンコウ《腹部に発光器官がある》

míd·shìps 副 =amidships

míd·sìze(d) 形《主に米》(自動車が)中型の

*__midst__ /mɪdst/ 名 U 中心部, 真ん中;最中 ‖ in our [your, their] ～ 我々[あなた方, 彼ら]の中に[の]
*__*in the midst of ...*__ …の真ん中に[で];…の最中に ‖ He's *in the ～ of* entering data into a computer. 彼は今コンピューターにデータを打ち込んでいる最中だ / *in the ～ of* a forest 森の真ん中に / *in the ～ of* a long conversation 長い会話の最中に
—前《古》=amidst

mìd·stréam ⟨シ⟩ 名 U 流れの中ほど, 中流;(物事の)中途 ‖ change the topic in ～ 話題を途中で変える

mìd·súmmer ⟨シ⟩ 名 U ❶ 真夏, 盛夏 ❷ 夏至(げし)のころ —形 真夏の
▸▸**～ mádness** 名 U《英》狂気の沙汰(さた), とんでもない愚行 **Mìdsùmmer('s) Dáy** 名 U 聖ヨハネ祭《洗礼者ヨハネの祝日(6月24日). 英国では夏季支払日》

míd·tèrm ⟨シ⟩ 名 U (学期・任期などの)中間;C《しばしば ～s》《米・カナダ》中間試験 —形《限定》(学期・任期などの)中間の ‖ a ～ election 中間選挙

míd·tòwn 名 U《米》市の中央部《downtown と uptown の中間部分》 —形 副 市の中央部の[に]

mìd-Victórian 形 中期ビクトリア朝の;(文化・芸術などが)中期ビクトリア朝的な
—名 C 中期ビクトリア朝の(考えを持った)人

míd·wàter 名 U C 形 (水の) 中層 (の)《水深を3分しその中間の層》‖ a ～ fish 中層魚

*__mid·way__ /mìdwéɪ/《アクセント注意》⟨シ⟩(→ 名) 副 (位置的・時間的に) 途中で[に], 中間地点で[に] ‖ The hall is ～ between the two subway stations. そのホールは地下鉄の2つの駅の中間に位置する / ～ through the race 競技の途中で —形《限定》途中の, 中間点の ‖ the ～ point of the project 計画の中間点 —名 /mídwèɪ/ C《米・カナダ》(博覧会・カーニバルなどの)催事場

Mìdway Íslands 名《the ～》ミッドウェー諸島《中部太平洋ハワイ北西の米国領の諸島》

mìd·wéek ⟨シ⟩ 名 U 週の半ば《ふつう火曜から木曜》;《M-》C 水曜日《クエーカー教徒が用いる》
—形 副 週半ばの[に]

Mìd·wést 名 =Middle West **～·ern** 形

mìd·wícket 名 C U《英》〚クリケット〛ミッドウィケット《ボウラー[投手]の右手前の野手(の守備位置)》

míd·wìfe 名 C ❶ 助産師 ❷ (何か新しいことを生み出すために)助力を与える人[もの]

mìd·wífe·ry /-wífəri/ 名 U 助産術, 産科学

mìd·wínter ⟨シ⟩ 名 U ❶ 真冬 ❷ 冬至(とうじ)のころ
—形 真冬の

míd·yèar 名 U 1年[1学年] の中ごろ;C《しばしば ～s》《米口》(学年の中ごろの)中間試験
—形 1年[1学年]の途中の

mien /miːn/ 名 C《単数形で》《堅》態度, 物腰, 様子, 表情

miff /mɪf/《口》動 他《通例受身形で》むっとする, 機嫌を損ねる —名 C《英では古》不機嫌;つまらないけんか

miff·y /mífi/ 形《口》《けなして》怒りっぽい

MI5 略 *M*ilitary *I*ntelligence, section *five* (英国の) 軍情報部5部《国内・英連邦の諜報活動を担当. → MI6》

MIG, MiG /mɪɡ/ 名 C ミグ《ロシア[ソ連]の戦闘機》

***__might__[1] /maɪt/
—助《may の過去》(♦ 否定形 might not;短縮形 mightn't /máɪtnt/)
Ⅰ【直説法】(♦ 時制の一致により, 間接話法および複文の従属節において may の過去形として用いる) ❶《可能性・推量》…(する)**かもしれない**;…(する)だろう(→ may ❶) ‖ He said he ～ come to the reunion. 彼は同窓会に出席するかもしれないと言った(=He said, "I may come to the reunion.") / She thought that the office ～ have called her. 彼女は会社から電話があったかもしれないと思った / I wondered who that man ～ be. あの男は一体だれだろうと思った
❷《許可・容認・可能》…**してもよい**;…**できる**(→ may ❷, ❸) ‖ The manager told me that I ～ go home. 帰ってもよいと支配人が言った(=The manager said to me, "You may go home.") / He asked me if he ～ come in. 彼は入ってもよいかと聞いた(=He said to

me, "May I come in?") / I thought I ~ express my own views. 私は自分の意見を述べることができると思った

❸《譲歩・目的》…**だろうが**；…**するために**(→ may ❹, ❺) ‖ Difficult as it ~ seem, we knew we could win. たとえ困難なように思えても，私たちには勝てるとわかっていた / He stepped aside so that I ~ go in. 私が中に入れるよう彼はわきに寄ってくれた

❹《祈願・願望・不安》…するように，…しないかと(→ may ❻, ❼) ‖ We prayed that the war ~ be over soon. 私たちは戦争がすぐに終わるよう祈った / We worried that the speaker ~ not come. 私たちは講師が来ないのではないかと心配した

Ⅱ【仮定法とそれに由来する用法】(♥ may と共通の語義が多いが，より低い可能性や控えめさを表す) ❺《可能性・推量》 **a** (もしかすると) …**かもしれない**；…だろう (♦ may より低い可能性を表すことが多い) (→ may ❶**a**) ‖ The store ~ be closed today. その店は今日は休みかもしれない / He ~ well be right. 彼はおそらく正しい (♦ might の直後に well を伴うと可能性が高くなる. → well¹ 成句) / Who ~ you be? 一体どなた様でしょうか (♥ 通例おどけ・皮肉を表す) / You ~ lose weight if you tried a little harder. もう少し頑張れば減量できるかもしれませんよ (♦ 仮定法過去の帰結節で現在の仮定を表す) / She is doing very well, as you ~ expect. 当然のことと思われるでしょうが，彼女はとてもうまくやっています

b 《might have＋過去分詞》…**だったかもしれない** (→ may ❶**b**) ‖ She ~ have witnessed the murder. 彼女は殺人現場を目撃したのかもしれない / You ~ have been killed in the accident if you had not taken her advice. 彼女の助言を聞いていなかったら君は事故で死んでいたかもしれない (♦ 過去の事実と反対のことを述べる仮定法過去完了の帰結節で)

語法 ★★ 「might have＋過去分詞」は「may have＋過去分詞」と異なり，上のような仮定法の帰結節で用いる以外でも，現時点で実現の可能性がなくなっている場合に用いる．したがって，He might have been killed.(彼はひょっとしたら[場合によっては]死んでいたかもしれない) は彼が実際には死ななかったことになるが，He may have been killed.(彼は死んだかもしれない) では，彼が死んだ可能性がまだ存在していることになる．しかし，前者が後者の意味で用いられることもある．

❻ **a** 《許可を求めて》…**してもよいでしょうか** (→ may ❷**b**) ‖ *Might* I come in? 《英》入ってもよろしいでしょうか(♥ May I ...? よりも《堅》で丁寧な言い方だが，丁寧すぎると感じられることも多く Could I ...? の方がよく用いられる. ⇨ MAY ❷**b** 語法, CAN¹ ❸ 語法) / And why didn't you say so, ~ I ask? それではお尋ねしますが，どうしてそう言わなかったんですか (♥ 意図的に丁寧な表現を用いて相手を非難する言い方)

語法 ☆☆ 相手に許可を与える場合には might は用いず，*may* あるいは can を用いる(→ may ❷**a**). 〈例〉You may [OR can, ˣmight] come in. 入ってもいいですよ

b 《容認・可能》…してもよい，…できる(かもしれない)，…してよかろう(→ may ❸) ‖ I wonder if I ~ have another cup of tea. お茶をもう1杯頂けませんか / The man ~ be described as a rascal. その男なら悪党と言ってもよい / I'd like to help you, if I ~. もしよろしければお役に立ちたいのですが / It wasn't a great surprise to me, I ~ say. それほど驚きはしませんでしたよ

❼《might ... but ...》《譲歩》…**だろうが**(しかし…)，…かもしれないが (しかし…) (→ may ❹**a**) ‖ He ~ be a professor, but he doesn't know how to teach. 彼は教授かもしれないが教え方を知らない

❽《依頼・提案》…**してください**(ませんか)；…**したらどうでしょう**(→ could) ‖ You ~ come in tomorrow. 明日来ていただけませんか / You ~ mail this letter for me if you would. この手紙を出してくれないか (♥ 親しい間柄で相手に簡単なことを穏やかに依頼する表現)

❾《非難・抗議・遺憾》 **a** …**してもよさそうなものだ** (→ could) ‖ You ~ at least offer to help her. せめて彼女に手を貸そうと申し出てもいいのでは **b** 《might have＋過去分詞》**してもよかったのに**，…することもできたのに ‖ You ~ have told me. 私に話してくれたらよかったのに

❿《達成困難な願望》…であるなら(いいのに) ‖ I wish our efforts ~ be successful. 私たちの努力がうまくいくといいのだが

might have knówn [OR ***guéssed***] ***...*** …なのは[だったのは]驚くことではない(→ CE 1)

might (just) as well do ⇨ well¹(成句)

might well do ⇨ WELL¹(成句)

COMMUNICATIVE EXPRESSIONS

1 "Súe forgòt to càll agàin." "**I mìght have knówn** [OR **guéssed**]." 「スーがまた電話するのを忘れたんだ」「やっぱり；そんなことだろうと思った」(♥ よくない出来事に対して驚いていないことを示すあきれの表現)

2 "Hòw's it góing?" "**Mìght be bétter.**" 「どう，調子は」「あんまり」(♥「元気か」などと聞かれたときの返答. 「もっとよいといいのだが」つまり「さほど調子がよくない」の意)

3 **You might wànt to** revise your presentátion scrìpt a bìt. 発表用の原稿を少し修正したらどうでしょうか(♥ 何かをするようやんわりと勧める丁寧な命令)

***might²** /maɪt/ 名〔▶ mighty 形〕U ❶ (肉体・精神の)強い力，強さ，強靭(きょうじん)さ，腕力；能力，実力；勢力，権力(⇨ POWER 類語) ‖ military ~ 軍事力 / beyond one's ~ 手に負えない / by ~ 力ずくで / *Might is* [OR *makes*] *right.* 《諺》力は正義なり；勝てば官軍 ❷ 効力，威力 ‖ the ~ of the ballot box 投票箱[選挙]の効力

****with àll one's might*** ; ***with mìght and máin*** 全力を使って；全力を尽くして

mìght-hàve-béen 名 C 《通例 ~s》過去に実現していればよかったのにと願うこと

mightn't /máɪtnt/ might not の短縮形

might've /máɪtəv/ 《口》might have の短縮形

***might·y** /máɪti/ 形〔◁ might² 名〕(**might·i·er** ; **might·i·est**) ❶ 力の強い，強力な，強大な(↔ weak) ‖ ~ force 強い力 / the world's *mightiest* nation 世界最強国 / a ~ blow 強烈な1発 ❷ 巨大な，広大な (tiny) ‖ the ~ Mississippi River ミシシッピ川の堂々とした流れ / the ~ ocean 大海 ❸《口》(程度・数量・重要度などが)並外れた，非常な ‖ a ~ hit 大当たり

── 副《形容詞・副詞を修飾して》《主に米口》非常に，とても，ひどく ‖ You'll be ~ sorry. 大いに後悔するだろうよ

míght·i·ly 副 **míght·i·ness** 名

mi·gnon·ette /mìnjənét/ 名 C 【植】モクセイソウ

mi·graine /máɪgreɪn | míː-, máɪ-/ 名 U C 偏頭痛

***mi·grant** /máɪgrənt/ 名 C ❶ 移住者；出稼ぎ[季節]労働者 ‖ an economic ~ 生活条件のよい他国へ移住する人 ❷ 渡り鳥，回遊魚，周期的に移動する動物

── 形《限定》移住性の ‖ ~ workers 出稼ぎ労働者 / ~ birds 渡り鳥

***mi·grate** /máɪgreɪt | ─́─/ 動〔▶ migration 名, migratory 形〕自 ❶ (人が)移住する，移民する，移動する〈**from** …から ; **to** …へ〉(⇨ 類語) ‖ ~ *from* Africa *to* Spain アフリカからスペインへ移住する ❷ (鳥などが) 周期的に移動する，渡る(⇨ 類語) ‖ Swallows ~ south in winter. ツバメは冬になると南へ渡る ❸ (癌(がん)細胞などが)転移する ❹ 💻 (プログラムなどが) 別のシステムに移植される；(ユーザーが)別のシステムに乗り換える

── 他 💻〔プログラムなど〕を別のシステム用に移植する；〔ユーザー〕を別のシステムに乗り換えさせる

mí·gra·tor /英 ─́─/ 名 C 移住者；渡り鳥

類語 《自 ❶, ❷》 **migrate** 人がある地域からほかの地域へ移住する；鳥・魚などが季節によって移動する．不定着性を暗示する．

emigrate 人が母国を出て他国に移住する.
immigrate 他国から永住するつもりで移住して来る.
3語とも通例 from, to またはその一方だけを伴う形で用いる.

⁝mi·gra·tion /maɪɡréɪʃən/
—名〔◁ migrate 動〕Ⓒ Ⓤ ❶ **移住**;(鳥・魚などの)移動, **渡り**, 回遊〈**of** …の;**from** …からの;**to** …への〉‖ the ~ *of* Japanese *to* Brazil 日本人のブラジルへの移住 / fish ~*s* 魚の回遊
❷《集合的に》移住者の集団, 移住動物の群れ ❸〖化〗(原子の)移動, 泳動 ❹💻別のシステムへの移植[乗り換え]

mi·gra·to·ry /máɪɡrətɔ̀ːri | -tə-/ 形〔◁ migrate 動〕❶ 移住する, 移動性の ‖ ~ birds 渡り鳥 / a ~ worker 季節労働者 ❷ 放浪性の

mih·rab /míːrəb/ 名 Ⓒ ミフラーブ《イスラム寺院でメッカの方向を示す壁面のへこみ》

mi·ka·do, M- /mɪkáːdoʊ/ 名 (複 **~s** /-z/) Ⓒ 帝(ﾐｶﾄﾞ), (日本の)天皇(♦日本語より)

***mike¹** /maɪk/《口》名 Ⓒ マイクロホン(microphone) ‖ I took my turn at the ~. 私は自分の番でマイクの前に立った —動 他〔人・器具など〕にマイクをつける[セットする]《*up*》 ▸▸~ **stànd** 名 Ⓒ マイクスタンド

mike² /maɪk/《英口》《旧》名 Ⓤ 怠けること ‖ on the ~ 怠けて —動 自 怠ける, ぶらぶら過ごす

Mike /maɪk/ 名 マイク《Michael の愛称》

mik·veh /míkvə/ 名 Ⓒ Ⓤ〖ユダヤ教〗ミクバー《宗教儀式としての沐浴(場)》(♦ mikvah, mikve ともつづる)

mil /mɪl/ 名 Ⓒ ❶ ミル《長さの単位. 1,000分の1インチ. 電線の直径測定の単位》❷ =milliliter ❸〖軍〗ミル《射撃角度測定の単位》❹ 100万ドル

mil. 略 military;militia

mi·la·dy /mɪléɪdi/ 名 (複 **-dies** /-z/) Ⓒ《古》《戯》(英国の)貴婦人;(貴婦人への呼びかけで)奥方, 奥様

mil·age /máɪlɪdʒ/ 名 =mileage

Mi·lan /mɪlǽn/ 名 ミラノ(イタリア語名 Milano)《イタリア北西部の中心都市》

Mil·a·nese /mìləníːz/ ◁ 名 (複 **~**) ❶ Ⓒ ミラノの人 ❷ Ⓤ ミラノ方言
—形 ミラノの, ミラノ人の;ミラノ方言の;ミラノ風の

milch /mɪltʃ/ 形 (家畜が)乳を出す, 搾乳用の
▸▸~ **còw** 名 Ⓒ ①《旧》乳牛 ②《口》金のなる木, ドル箱

***mild** /maɪld/ 形 (**~·er**;**~·est**) ❶ (程度・症状などが) 軽い, 適度な ‖ Always start with ~ exercise. 必ず軽い運動から始めなさい / a ~ punishment 軽い罰 / ~ surprise 軽い驚き / a ~ fever 微熱 / a ~ symptom 軽い症状 ❷ (人・性質・行動などが)温和な, 穏やかな, 柔和な, 優しい(↔ harsh)(⇨ GENTLE 類語) ‖ Carol has a ~ nature. キャロルは性質が穏やかだ / a ~ disposition 穏やかな気質 / meek and ~ おとなしくて優しい / in a ~ tone 穏やかな口調で ❸ (気候が)穏やかな, 温暖な(↔ severe, cold)(⇨ WARM 類語) ‖ a ~ winter 暖冬 / ~ weather 穏やかな天気 ❹ (味が)まろやかな, 甘口の;(酒・たばこ・コーヒーなどが)刺激が強くない, 軽い, マイルドな(↔ strong);(ビールなどが) 苦みの少ない (↔ bitter) ‖ a ~ cheese 癖のないチーズ / a ~ beer 苦味のないビール ❺ (効き目が) 穏やかな, 軽い ‖ a ~ drug 穏やかな効き目の薬 / ~ soap 刺激性の少ない[肌に優しい]石けん
—名 Ⓤ《英》苦みの少ないビール **~·ness** 名
▸▸~ **stéel** 名 Ⓤ〖冶〗軟鋼(低炭素鋼)

mil·dew /míldjùː/ 名 Ⓤ ❶ *(湿気のために皮・紙などに生じる)白カビ* ❷ (植物の)うどん粉病, べと病
—動 他 …に白カビを生やす;…をべと病にかからせる
—自 白カビが生える;べと病にかかる **~·y** 形

***mild·ly** /máɪldli/ 副 ❶ 穏やかに, 優しく, 温和に ❷ ほどよく;いくぶん, やや
to pùt it míldly NAVI 控えめに言うと[言っても] ‖ *To put it* ~, Japan should reform its educational system if it intends to stay competitive internationally. 控えめに言っても, 日本が国際的な競争力を保とうとするのであれば, 教育制度を見直さなければなるまい

mìld-mánnered 形 優しく穏やかな

⁝mile /maɪl/
—名 (複 **~s** /-z/) Ⓒ ❶ **マイル**《長さ・距離の単位. 約1,609メートル. 略 mi, mi.》‖ His house is only a few ~*s* from here. 彼の家はここからほんの数マイルの所にある / a quarter of a ~ 4分の1マイル / walk (**for**) two ~*s* 2マイル歩く
❷ 海里《海での距離の単位. 約1,852メートル》
❸《~s, a ~》《口》長い距離, 広範な地域;《~s》《副詞的に》非常に, かなり ‖ You know her ~*s* better than I do. 君の方が私よりずっとよく彼女を知っている / Your guess is ~*s* off [《英》out]. 君の推量はひどい的外れだ
❹《the ~》1マイル競走
be míles awày ① 遠く離れている ②《口》ほかのことを考えている, 物思いにふけっている
by a míle 大差で, 大幅に, はるかに
gò the èxtra míle (***for …***) (…のために)もうひと頑張りする
mìles from ánywhere [OR ***nówhere***]《口》離れた所で
rùn a míle《口》〈…から〉逃げる, 〈…を〉避けようとする〈**from**〉
sèe [OR ***tèll, spòt***] ***… a míle òff*** [OR ***awày***]《口》…がはっきりわかる
stànd [OR ***stìck***] ***òut a míle***《口》目立つ, よく目に留まる
tàlk a mile a mínute《口》早口で[一気に]まくし立てる

***mile·age, + 《米》mil·age** /máɪlɪdʒ/《発音注意》名 Ⓤ/Ⓒ《通例単数形で》❶ 総マイル数 ‖ the ~ of one's trip 旅行の総移動距離 / a car with a low ~ 走行距離の少ない車 ❷ (一定の燃料での) 走行距離, 燃費 ‖ This car's ~ is about 20 miles per gallon. この車の燃費はガロン当たり20マイルだ ❸ Ⓤ《口》有用なもの, 役立つもの, 利益, 恩恵 ‖ The press got a lot of ~ out of his scandal. マスコミは彼のスキャンダルを大いに利用した ❹ (=~ **allòwance**)(マイル単位で計算した)支給旅費;自家用車使用手当 ❺ Ⓤ (旅費・運賃の) マイル当たり単価[料金]

milepost ❶

mile·om·e·ter /maɪlá(ː)mətər | -ɔ́mɪ-/ 名《英》=milometer

míle·pòst 名 Ⓒ ❶《主に米・豪》(道路の)マイル標, 里程標
❷ (ゴール前1マイルを示す) マイル標識 ❸ (人生・物事の進展の) 重大な時期

mil·er /máɪlər/ 名 Ⓒ《口》マイラー《1マイル競走専門の選手[競走馬]》

***mile·stone** /máɪlstòʊn/ 名 Ⓒ ❶〈歴史・人生などにおける〉画期的な出来事, 重要事件, 大切な事柄〈**in**〉❷ (1マイルごとの) 道標, マイル標石

milestone ❷

mil·foil /mílfɔɪl/ 名 Ⓒ Ⓤ〖植〗セイヨウノコギリソウ;フサモ属

mi·lieu /miːljúː | míːljəː/ 名 (複 **~s, ~x** /-z/) Ⓒ《通例単数形で》環境, 周囲 ▸▸~ **thèrapy** 名 Ⓒ Ⓤ 環境療法《患者の環境に変化をつける神経科の療法の1つ》

***mil·i·tant** /mílɪtənt/ 形 (**more ~**;**most ~**) ❶ 攻撃的な, 戦闘的な, 好戦的な;積極果敢な ‖ ~ reformers 過激な改革者 ❷ 交戦中の, 戦闘中の
—名 Ⓒ 戦闘的な人;積極果敢な人;(政治運動などの) 闘士 **-tan·cy** 名 Ⓤ 闘争性, 好戦性;交戦[戦闘]状態 **~·ly** 副

mil·i·tar·i·a /mìlɪtéəriə/ 名 複 (歴史的価値のある) 軍事品コレクション

M

mil·i·tar·i·ly /mìlətérəli | mílɪtər-/ 副 ❶ 軍事的に，軍隊式に ❷ 軍事上(は)

mil·i·ta·rism /mílɪtərìzm/ 名 U ⊗《主に蔑》軍国主義，軍備拡張政策

mil·i·ta·rist /mílɪtərɪst/ 名 C ❶ 軍国主義者 ❷ 軍事専門[研究]家

mil·i·ta·ris·tic /mìlɪtərístɪk/ <シ 形 軍国主義の，軍国主義的な **-ti·cal·ly** 副

mil·i·ta·rize /mílɪtəràɪz/ 動 他 ❶ …に軍隊を派遣する，軍隊化する(♦しばしば受身形で用いる) ❷ …に軍国主義を鼓吹する **mìl·i·ta·ri·zá·tion** 名

mil·i·tar·y /mílətèri | mílɪtəri/ 形 名

―形 (**more** ～; **most** ～) (♦❶, ❷ は比較なし)

❶《限定》**軍の**，軍人の，軍隊による；軍事上の，軍用の，戦争のための ‖ send ～ personnel to the region その地域に兵士を送り込む

連語 【～+名】the ～ forces 軍隊 / ～ force 軍事力 / ～ training 軍事教練 / ～ and civilian officers 武官と文官 / (a) ～ government 軍事政権 / a ～ coup [intervention] 軍事クーデター[介入] / a ～ action [campaign] 軍事行動[一連の軍事行動] / ～ operations 軍事行動 / ～ intelligence 軍事情報 / a ～ base 軍事基地 / ～ aid 軍事援助 / ～ equipment 軍用装備 / a ～ uniform 軍服

❷《限定》陸軍の，地上部隊の ❸ 軍人らしい ‖ His bearing is very ～. 彼の物腰はとても軍人らしい

―名 (⊛ **-tar·ies** /-z/)《集合的に》《単数・複数扱い》❶《the ～》軍，軍部，陸軍 ‖ serve in the ～ 兵役を務める ❷ C 軍人たち；(特に)陸軍将校

▸▸ **～ acàdemy** 名 C 陸軍士官学校；《米》軍隊的教育を行う私立学校 **～ attaché** /ㅡㅡㅡㅡㅡㅡㅡ | ㅡㅡㅡㅡㅡㅡㅡㅡ/ 名 C 大使館付き武官 **～ bánd** 名 C 軍楽隊 **Mìlitary Cróss** 名 C (英国の) 戦功十字章《略 MC》 **～ hónours** 名 複《英》(士官が埋葬されるときなどに行われる) 軍葬の礼 **～ políce** 名《(the) ～》《複数扱い》憲兵隊《略 MP, M.P.》 **～ políceman** 名 C 憲兵 (中立 military police (officer)) **～ sérvice** 名 U 兵役，軍務

mìlitary-indùstrial cómplex 名 C 軍産複合体

mil·i·tate /mílɪtèɪt/ 動 自 (事実・行動などが)〈…に不利に〉作用[影響]する，〈…を〉妨げる〈**against**〉

***mi·li·tia** /məlíʃə/ 名《the ～》《集合的に》《単数・複数扱い》(正規軍に対し)市民軍，民兵；予備軍；《米》国民軍《18–45歳の正規の軍人以外からなる》

milítia·man /-mən/ 名 (⊛ **-men** /-mən/) C 民兵(の1人)

milk /mɪlk/ 名 動

―名 [▸ milky 形] U ❶ **ミルク**，牛乳；(羊・ヤギなどの)乳 ‖ Do you take ～ in your coffee? コーヒーにミルクを入れますか / **Drink** a glass of ～ a day. 1日にコップ1杯の牛乳を飲みなさい / ～ fresh from a cow 搾りたての牛乳

連語 【形+～】condensed ～ 加糖練乳，コンデンスミルク / skimmed ～ 脱脂乳，スキムミルク / dried [OR powdered,《米》dry] ～ 粉ミルク / evaporated ～ 濃縮牛乳，エバミルク

❷ 母乳，乳汁 (breast milk) ‖ a baby fed on its mother's ～ 母乳で育った赤ちゃん

❸ (白い)樹液 ‖ coconut ～ ココナッツミルク ❹ 乳剤

cry over spilt [《米》*spilled*] *milk* こぼれたミルクを嘆く；過ぎたことを悔やむ ‖ *It's no use crying over spilt* ～.《諺》こぼれたミルクを嘆いても無駄だ；覆水(ふくすい)盆に返らず

in milk (特に牛が)乳の出る状態で[の]

milk and honey 豊かさ，繁栄；幸せ ‖ the land of ～ *and honey* 豊かで幸せいっぱいの土地

milk and water 水で割った牛乳；中身[効果]が薄いもの；弱気(な人)(→ milk-and-water)

the milk of human kindness (他人の悩みへの) 親切な人情

―動 (**～s** /-s/; **～ed** /-t/; **～·ing**)

―他 ❶ [牛など]の乳を搾る ❷《口》[金・情報など]を〈人から〉搾り取る，手に入れる〈**from, out of**〉；[人]から〈金・情報などを〉搾り取る〈**for, of**〉；…を利用して〈…を〉手に入れる，…から〈欲しいものを〉引き出す〈**for**〉‖ ～ laughs *from* an audience 聴衆から笑いを引き出す / ～ her *of* all her savings＝～ all her savings *from* her 彼女から蓄えをすべて搾り取る / ～ an occasion *for* all it's worth その機会を最大限に利用する ❸ [蛇] の毒を抜く；[木]から樹液を採る ―自 (牛などが)乳を出す

milk ... dry 〈他〉…を吸い尽くす，利用し尽くす

▸▸ **～ bàr** 名 C《英》ミルクバー《ミルク飲料・サンドイッチなどの売店》 **～ chócolate** 名 U ミルクチョコレート **～ còw** 名 C《旧》=milch cow **～ fèver** 名 U (分娩(ぶんべん)後の牛などの) 乳熱；(産婦の) 授乳熱 **～ flòat** 名 C《英》牛乳配達用小型(電気)自動車 **～ glàss** 名 U 乳白ガラス **～ing machìne** 名 C 搾乳器 **～ing pàrlor** 名 C 搾乳所 **～ lèg** 名 U《医》(出産後の)白股腫(はっこしゅ) **～ lòaf** 名 C《英》ミルクパン **Mìlk of Magnésia** 名 U《英》《商標》マグネシア乳剤《制酸剤・緩下剤》 **～ pòwder** 名 U 粉ミルク，ドライミルク **～ pròducts** 名 複 乳製品 **～ púdding** 名 U C《英》ミルクプディング《米・小麦粉・タピオカなどを混ぜ，ミルクを加えて焼いたもの》 **～ ròund** 名 C《英》牛乳配達地域；《しばしば the ～》(企業の担当者が大学を回って行う) 就職説明会 **～ rùn** 名 C《口》決まりきった毎日の飛行機での通い；途中経由地[停車駅]の多い定期飛行[運行] **～ shàke** 名 C U ミルクシェイク **～ snàke** 名 C《動》ミルクヘビ《米国北東部産の大型で無毒の蛇》 **～ sùgar** 名 U 乳糖，ラクトーゼ **～ tòoth** 名 C 乳歯 (↔ permanent tooth) **～ vètch** 名 C《植》(ヨーロッパ産の)レンゲの類

mìlk-and-wáter /-ənd-/ 形《限定》中味の薄い，気の抜けた；やる気のない

milk·er /mílkər/ 名 C ❶ 乳搾りの人，搾乳者；搾乳器 ❷ 乳牛，乳を出す家畜 ‖ a good [bad] ～ 乳の出のよい[悪い]家畜

mílk·màid 名 C《主に古》乳搾りの女性，搾乳婦

milk·man /mílkmən/ 名 (⊛ **-men** /-mən/) C 牛乳配達人，牛乳屋(中立 milk deliverer)；乳搾りの男性(中立 dairy worker)

mílk·sòp 名 C ⊗《旧》《蔑》意気地なしの男，弱虫

mílk·wèed 名 C U《植》トウワタ (唐綿) の類《乳液を分泌する》

mìlk-whíte 形 乳白色の

milk·y /mílki/ 形 (◁ milk 名) ❶ 牛乳のような，乳状の；乳白色の；白濁した ❷ 牛乳から作られる，ミルク入りの ❸《旧》《口》おとなしい，意気地のない **mílk·i·ness** 名

▸▸ **Mìlky Wáy** 名《the ～》《天》天の川，銀河(Galaxy)

***mill**[1] /mɪl/ 名 C ❶ 製粉所，粉ひき場 ❷《しばしば合成語で》(鉄鋼・繊維などの) **製造工場**，製造所 (⇨ FACTORY 類語P) ‖ a cotton [paper] ～ 紡績[製紙]工場 / a steel ～ 製鉄工場 ❸《しばしば合成語で》豆[穀物]ひき機，…ミル，果汁搾り機 ‖ a coffee ～ コーヒーミル / a cider ～ リンゴ搾り機 / a pepper ～ こしょうひき機 ❹ (貨幣の) 打ち出し機；研磨機 ❺ 機械的に物事をさばく所[人] ‖ a diploma ～ マスプロ大学，卒業証書製造所《簡単に卒業できる大学などを皮肉っていう》❻《俗》(自動車・ボートの)エンジン ❼《旧》《俗》ボクシングの試合；殴り合い

go through the mill《口》〈…という〉つらい体験を経る〈**with**〉

put a person through the mill《口》(難しい質問などで)[人]を試す；[人]につらい経験をさせる

―動 (**～s** /-z/; **～ed** /-d/; **～·ing**) 他 ❶ …を粉にする ‖ ～ wheat into flour 小麦をひいて粉にする(♦しばしば受身形で用いる) ❷ [金属など]を研磨機[切断機，圧延機]に

M

かける ❸〔コインなど〕の縁にギザギザをつける ❹〔チョコレートなど〕をかき混ぜて泡立てる
—自 (混乱して)目的もなく〈…を〉動き回る,〈…に〉ひしめく《*around, about*》〈**around, about**〉‖ The crowd was ~*ing around* the scene of the accident. 群衆は事故現場の辺りにひしめいていた
▸▸~ **whèel** 名 C 水車(の車輪)

mill² /mɪl/ 名 C 《米》ミル《貨幣計算単位. 1,000分の1ドル》

Mill /mɪl/ 名 **John Stuart** ~ ミル (1806–73)《英国の哲学者・経済学者》

mill·age /mílɪdʒ/ 名 U 《米》ドル当たりミル数《財産に対する税率. 1ドル当たり1,000分の1の課税》

míll·bòard 名 U ミルボード《本の表紙用の厚い板紙》

míll·dàm 名 C 水車用の堰(せき); 水車用の池

mille·feuille /mìːlfə́ːjə | -fɔ́ɪ/ 名 U C ミルフィーユ《パイ菓子の一種》(♦ フランス語より)

mil·le·nar·i·an /mɪ̀lənéəriən/ 〈シ〉 形 1,000年の; 至福千年の —名 C 至福千年(説)を信じる人
~·ìsm 名 U 至福千年説

mil·le·nar·y /mɪ́lənèri | mɪlénəri/ 形 ❶ 1,000年の; 1,000年記念の ❷ 至福千年の
—名 (複 **-nar·ies** /-z/) C ❶ 1,000年間 ❷ 《the ~》至福千年 ❸ 至福千年信仰者

Mil·len·ni·al, mil- /mɪléniəl/ 名 C 新世紀人, 21世紀人《1980年代以降生まれの人》

***mil·len·ni·um** /mɪléniəm/ 名 (複 **~s** /-z/ OR **-ni·a** /-niə/) C ❶ (西暦元年から数えて)1,000年(間); 千年祭 ‖ the third ~ 紀元2001年以降の1,000年 ❷ 《the ~》(新たな)千年紀の始まり ❸ 《the ~》〚聖〛至福千年《キリストが再臨して世の中を統治するという1,000年間》❹ 《the ~》(遠い未来の)平和で幸福な時代
-ni·al 形 **-ni·al·ly** 副
語源 ラテン語 *mille*(千)+*annus*(年)から.

mil·le·pede /mɪ́lɪpìːd/ 名 =millipede

mill·er /mɪ́lər/ 名 C ❶ 製粉業者, 水車[風車]屋 ❷ =milling machine ❸ 鱗粉(りんぷん)の多いガ(蛾)
▸▸~**'s thúmb** 名 C 〚魚〛カジカ(鰍)の類《淡水魚》

Mil·ler /mɪ́lər/ 名 ミラー ❶ **Arthur** ~ (1915–2005)《米国の劇作家》❷ **Henry** ~ (1891–1980)《米国の小説家》

mil·les·i·mal /mɪlésəməl | -lésɪ-/ 形 1,000分の1の; 1,000分の1単位からなる —名 C 1,000分の1

mil·let /mɪ́lɪt/ 名 U 〚植〛キビ(の類); (キビ・アワなどの)雑穀

Mil·let /miːjéɪ | ⌐–/ 名 **Jean François** ~ ミレー (1814–75)《フランスの画家》

míll·hànd 名 C 製粉工; 工員; 紡績工

milli- /mɪli-/ 連結形 ❶ (メートル法の単位系で)「1,000分の1」の意 ‖ *milli*gram, *milli*liter ❷「1,000」の意 ‖ *millipede*

mìlli·ámpere 名 C 〚電〛ミリアンペア《略 mA》

mil·liard /mɪ́liɑ̀ːrd/ 名 C 《英》《旧》10億(《米》billion)(♦《英》でも最近は billion が優勢)

mílli·bàr 名 C ミリバール《気圧の単位. 1,000分の1バール. 現在は hecto pascal を用いる》

***mílli·gràm,** + 《英》**-gràmme** 名 C ミリグラム《略 mg》

mílli·lìter, 《英》**-lìtre** 名 C ミリリットル《略 ml》

***mil·li·me·ter,** 《英》**-me·tre** /mɪ́ləmìːtər | -lɪ-/ 名 C ミリメートル《略 mm》

mil·li·ner /mɪ́lɪnər/ 名 C 女性用帽子販売[製造]者

mil·li·ner·y /mɪ́lənèri | mɪ́lɪnəri/ 名 U ❶ 《集合的に》女性用帽子類(♦ 主に商業用語)❷ 女性用帽子製造[販売]業

mill·ing /mɪ́lɪŋ/ 名 U ❶ 臼(うす)でひくこと, 製粉 ❷ 研磨機[打ち出し機, 切削機]にかけること ❸ (貨幣の縁の)ぎざぎざ(をつけること) —形 《限定》❶ 研磨用の ❷ (群衆が)右往左往している ‖ a ~ crowd さまよっている群衆
▸▸~ **cùtter** 名 C 〚機〛フライス盤の刃 ~ **machìne** 名 C 〚機〛フライス盤

***mil·lion** /mɪ́ljən/ 名 (複 ~ OR **~s** /-z/) C ❶ 100万 (♦ 数詞の後でも単数形がふつう) ‖ two and a half ~ = two ~ and a half 250万 / a quarter of a ~ 25万 / ten ~ 1千万 / a few ~ 数百万 / by the ~ 100万単位で ❷《単位を省略して》100万ドル[ポンド, 円など] ‖ The car cost two ~. 車は200万(円)だった / pay ~*s* 何百万ドル[ポンド, 円など]も支払う ❸《~s》数百万もの人[もの]; 《a ~, ~s》《口》たくさん ‖ ~*s* of people たくさんの人々
in a míllion 数ある中で特別な, 最高の ‖ a wife *in a* ~ かけがえのない妻 / a friend *in a* ~ 唯一無二の友
—形 《限定》❶ 100万の (♦ 数詞の後でも millions とはしない) ‖ one ~ dollars 100万ドル / a ~ times 100万回 / three ~ refugees 300万人の避難民 / several ~ yen 数百万円 ❷ 多数の, 無数の ‖ a ~ times more difficult 100万倍も[はるかに]より難しい
fèel like a mìllion dóllars [OR ***búcks***] 《口》とてもいい気分である, 元気いっぱいの感じだ
lòok like a million dóllars [OR ***búcks***] 《口》とても元気そうに見える; (女性が)とても魅力的に見える

COMMUNICATIVE EXPRESSIONS
[1] "Hòw about invìting Stéve?" "**Nòt** [OR **Nèver**] **in a mìllion yéars!**" 「スティーブを呼んでみれば」「いやなこった」(♥「百万年に1回でもお断り」の意. ぶしつけな断りの表現)

***mil·lion·aire** /mɪ̀ljənéər/ 〈シ〉 名 C 大金持ち, 百万長者, 大富豪(→ billionaire)

***mil·lionth** /mɪ́ljənθ/ 名 ❶ 《the ~》100万番目(の数字, のもの[人]) ❷ C 100万分の1(のもの) —形 ❶ 《the ~》100万番目の ‖ the ~ visitor to the park その公園への100万人目の入場者 ❷ 100万分の1の

mil·li·pede /mɪ́lɪpìːd/ 名 C 〚動〛ヤスデ《節足動物》

mílli·sècond 名 C ミリセカンド, ミリ秒《1,000分の1秒. 略 msec》

mílli·vòlt 名 C 〚電〛ミリボルト《略 mV》

míll·pònd 名 C 水車用貯水池

míll·ràce 名 C 水車用の流水(路)

míll·stòne 名 C ❶ 石臼(うす)《上下で1組のうちの一方》; 石臼用の石材 ❷ 重荷
a mìllstone around [OR ***round***] ***one's néck*** 重荷, やっかいなもの(♦ 聖書の言葉)

míll·strèam 名 C 水車用の流れ

míll·wòrk 名 U 木工場の製品《ドア・窓枠など》

míll·wrìght 名 C ❶ 水車[風車]大工 ❷ (工場の)機械整備工

Milne /mɪln/ 名 **A(lan) A(lexander)** ~ ミルン (1882–1956)《英国の児童文学者》

mi·lom·e·ter /maɪlɑ́(ː)mətər | -ɔ́mɪ-/ 名 C 《英》(自動車の)走行マイル計

mi·lord /mɪlɔ́ːrd/ 名 C 《戯》(ヨーロッパで)英国紳士[貴族](↔ milady); 《呼びかけで》御前, だんな様

milque·toast /mɪ́lktòust/ 名 C 《しばしば M-》《主に米》《旧》気の弱い人, 小心者 (♦ 漫画の主人公 Caspar Milquetoast から)

milt /mɪlt/ 名 ❶ U (雄魚の)魚精, 白子(しらこ) ❷ C (魚精の詰まった)生殖器官

Mil·ton /mɪ́ltən/ 名 **John** ~ ミルトン (1608–74)《英国の詩人. 主著 *Paradise Lost*(1667)》

Mil·ton·ic /mɪltɑ́(ː)nɪk | -tɔ́n-/, **-to·ni·an** /mɪltóuniən/ 形 ❶ ミルトン(の著作)の ❷ ミルトン流[風]の; 荘重な(文体の), 格調高い

Mil·wau·kee /mɪlwɔ́ːki/ 名 ミルウォーキー《米国ウィスコンシン州南東部, ミシガン湖畔の港湾都市》

mime /maɪm/ 名 ❶ U パントマイム, 身振りによる表現; C パントマイムを用いた芝居; (古代ギリシャ・ローマの)無言の道化芝居 ‖ in ~ 身振りによる表現で ❷ C パントマイムの俳

優, 道化役者[師] ━動他…を身振り[パントマイム]で演じる；…をまねる ━自 パントマイムを演じる；〈録音済みの曲に合わせて〉歌う[演奏する]ふりをする〈**to**〉

MIME /maɪm/ 略 *M*ultipurpose *I*nternet *M*ail *E*xtensions《インターネットでさまざまなデータをEメールで送信するための拡張仕様》

mim·e·o /mímiòu/ 名動 =mimeograph

mim·e·o·graph /mímiəgræ̀f | -grɑ̀ːf/ 名 C ❶ 謄写版, 孔版, ガリ版 ❷ 謄写版印刷物
━動他…を謄写版[複写器]で印刷する(♦商標より)

mi·me·sis /mɪmíːsɪs/ 名 U《堅》❶ (現実世界の)模倣《芸術表現として》❷〔社〕模倣《別の社会集団の行動をまねること》❸〔生〕複写行動；擬態 ❹〔医〕模擬《ある病気がほかの病気の症状を示すこと》

mi·met·ic /mɪmét̬ɪk/ 形《堅》❶ (よく)まねをする, 模倣の ❷〔生〕擬態の **-i·cal·ly** 副

mim·ic /mímɪk/ 動 (**-icked**; **-ick·ing**) 他 ❶ (冷やかし, 笑わせるために)〔人・態度・話し方など〕をまねる (↘ take off) (⇨ IMITATE 類語) ❷ (物が)…によく似(てい)る, 擬する；〔生〕(動植物が)(保護色などで)…に擬態する
━名 C 模倣がうまい人[動物] ━形《限定》❶ 模倣[模造, 模擬]の；《文》まねのうまい ‖ ～ tears そら涙 / a ～ battle 模擬戦 ❷〔生〕擬態の ‖ ～ coloring 保護色

mim·ic·ry /mímɪkri/ 名 (複 **-ries** /-z/) U ❶ (しばしばコミカルな)模倣 ❷〔生〕擬態

mi·mo·sa /mɪmóusə, -zə/ 名 ❶ C〔植〕オジギソウ, ネムリグサ《マメ科の多年草. 羽状の葉は刺激を受けると閉じる》; ミモザ, フサアカシア《春先に黄色い花をふさ状につけるマメ科の高木》; ネムノキ《マメ科の小高木》❷ U C《米》ミモザ《シャンパンとオレンジジュースで作るカクテル》

min. 略 minim；minimum；《米》minister；minor；minute(s)

Min. 略 Minister, Ministry

min·a·ret /mìnərét/ 名 C ミナレット, 光塔《イスラム教寺院の尖塔(せんとう). そのバルコニーから祈りの時を告げる》

min·a·to·ry /mínətɔ̀ːri | -tə-, máɪn-/ 形《堅》脅しの, 威嚇の

***mince** /mɪns/《発音注意》動他 ❶〔肉・タマネギなど〕を細切れにする, 細かく切り刻む(⇨ CUT 類語P) ‖ ～*d* beef 牛のひき肉 ❷〔土地・財産など〕を小分け(にして台無し)にする ━自《+副句》小またで気取って歩く(♦副句は方向を表す) ‖ ～ across the room 気取って部屋を横切る
not mince (*one's*) *words* ⇨ WORD(CE 5)
━名 U《主に英》ひき肉, ミンチ肉
▶▶**～ píe** 名 C《主に英》ミンスパイ《クリスマスにつきものの mincemeat 入りのパイ》

mínce·mèat 名 U ミンスミート《干しブドウなどの乾燥果物に砂糖・香辛料・ラム酒などを混ぜた mince pie の中身》
màke míncemeat (***out***) ***of …***《口》(けんか・議論などで)…を完全にやっつける；〔議論など〕を論破する

minc·er /mínsər/ 名 C 細かく刻む人[もの]；ひき肉器

minc·ing /mínsɪŋ/ 形 (人・話し方・態度などが)気取った, 上品ぶった, きざな **～·ly** 副

*****mind** /maɪnd/ 名動

中心義 心(を向ける)

> 名 心❶ 精神❶ 知性❷
> 動他 気にする❶ 気をつける❷ 自 気にする❶

━名 (複 **～s** /-z/) U C ❶ (思考・意志・感情のありかとしての) **心**, **精神** (⇨ 類語) ‖ My ～ is full of vacation plans. 私の心は休暇の計画でいっぱいだ / She kept repeating his name **in** her ～. 彼女は心の中で彼の名を繰り返した / peace of ～ 心の平安 / a delicate balance between ～ and body 心身の微妙なバランス / be of sound ～ 精神が正常である；責任能力がある
❷ (意志・感情に対し)**知性**, 知力, 頭脳, 知能(⇨ 類語) ‖ I don't have a logical ～. 私は論理的にものを考えることができない / have a good ～ for numbers 数字にとても強い
❸ C (知性の優れた) 人, 賢者 ‖ the best ～*s* of today 今日(こんにち)の知的巨人たち / Great ～*s* think alike. 賢い人の考えることは同じだ(♥互いの意見が合ったときにおどけて使う)
❹ 気質, 性向；考え方 ‖ My husband has a very suspicious ～. 夫は非常に疑い深い性格だ / a frame [OR state] of ～ 心構え, 気持ち, 気分
❺ 健全な精神状態, 正気 ‖ His ～ boggled at the idea. その考えに彼は信じられない思いだった / lose one's ～=go out of one's ～ 気が狂う；取り乱す / presence [absence] of ～ 平常心[放心状態]
❻ 意向, 意図, 願望, 考え, 意見；注意, 考慮 ‖ I have no ～ to condemn his mistake. 彼の過失を責める気はありません / I am of your ～ in the matter. その件では君と同意見です / read his ～ 彼の心を読む；彼の考えていることを知る / open [close] one's ～ to … …に心を開く[閉ざす] / pay no ～ to … …に関心を払わない / Joey's ～ just doesn't seem to be on his work. ジョーイは仕事に身が入っていないようだ ❼ C《通例単数形で》記憶, 回想 ‖ My wife's birthday had slipped (from) my ～. 私は妻の誕生日をつい忘れてしまっていた

メタファーの森 mind 心

mind* ⇨ *container (心⇨容器)

「心」は「容器」に見立てられ, 容器の中身が「心の中」を表す. 容器のふたを開くことは「心を開くこと」, 閉じることは「心を閉ざすこと」を表す. 感情は液体に見立てられることが多いが(→ ANGER メタファーの森), その液体は「心」という容器に入っていると考えることができる.

- It is important to look at things **with an open mind.** 偏見を持たずに物事を見ることは重要だ(♦ open は心という容器が開いた状態を指し, 物事を偏りなく受け入れることを表す)
- I couldn't **open** (**up**) **my mind** [OR **heart**] **to** my roommate. 私はルームメイトに心を開くことができなかった
- Don't **close your mind to** learning from others. 他人から学ぶということに対して心を閉じてはいけない
- I should **keep** [OR **bear**] my father's advice **in mind.** 父の助言を心に留めておかないといけない(♦ keep [OR bear] in mind that … は「…ということを心に留めておく」の意)
- That thought quickly **went out of my mind.** その考えはすぐに心から消えた(♦心という容器から出ていくことは忘れることを意味する)
- Try to **empty your mind** before a game. 試合の前は心の中をからっぽにするように努めなさい
- My mind **was filled with** anger. 私の心は怒りに満ちていた(♦類似の表現として be filled with joy [sorrow](喜び[悲しみ]で満たされる)などもある)
- I could hardly **contain** my pleasure at his message. 私は彼のメッセージに喜びを抑えることがほとんどできなかった(♦「喜びの感情が心という容器からあふれ出るのを抑えられなかった」の意)

M

/ My ～ went blank. 頭の中が真っ白になった
a mèeting of (the) mínds 意見の一致, 合意
be àll in the [OR ***a person's***] ***mind*** (不安などが)(人の)気のせいである
be of òne [OR ***like***] ***mind*** (2人以上の人が)〈…について〉同意見である〈**about**〉
be of the sàme mind ① =*be of one mind*(↑) ② (1人の人が)考え[意見]が変わらない
be of [《英》 ***in***] ***twò minds*** 〈…について〉心を決めかねている, 迷っている〈**about**〉
*****bèar ... in mind*** **…を心に留める**, 覚えておく; …を念頭に置く(♦目的語が that 節 の場合は bear in mind that ... となる) ‖ *Bear in* ～ *that* some places are dangerous for women traveling alone. 一人旅の女性にとって危険な場所もあるということを覚えておきなさい
blòw a pèrson's mínd 《口》(人を)ひどく興奮させる; (麻薬などが)(人に)幻覚症状を起こさせる
bòggle the [OR ***a pèrson's***] ***mínd*** (あまりに途方もなくて)(人を)唖然(あぜん)とさせる
brìng [OR ***càll***] ***... to mínd*** (物・事が)…を思い出させる; (人が)…を思い出す
càst one's mínd bàck 昔のことを思い起こす
****chànge one's mínd*** 〈…に関して〉**気が変わる**, 考えを変える〈**about, on**〉(→ CE 1)
****còme*** [OR ***sprìng***] ***to mínd***; ***cròss*** [OR ***ènter***] ***one's mínd*** 心に浮かぶ, 思いつく, 思い出される(→ CE 3)
gìve a pèrson a pìece of one's mínd 《口》〔人〕に思っていることをずけずけ[遠慮なく]言う, 直言する; 〔人〕を厳しくしかりつける, たしなめる
hàve 「***a*** (***gòod***) [OR ***hàlf a***] ***mìnd to dó*** …してみたい気がする, いっそ…したいくらいだ
hàve a mìnd like a stèel tráp 非常に頭が切れる
hàve a mìnd of one's ówn ① 自分なりの考えを持っている ② 《戯》(機械などが)思うように作動しない
hàve ... in mínd ① …を考慮している, 計画している (→ *in mind*(↓)) ‖ The car wasn't what I *had in* ～. その車は私が考えていたのとは違った / *have* it *in* ～ to *do* ... …するつもりである ② =*bear ... in mind*(↑)
hàve one's mínd on ... =*keep one's mind on ...*(↓)
in mínd 心に抱いて, 念頭に置いて, 覚えて ‖ The book was written with children *in* ～. この本は子供たちを念頭に置いて書かれた
in one's mìnd's éye 想像の中の[で], 記憶の中の[で]
in mý mìnd =*to my mind*(↓)
in one's rìght mínd 正気で, 健全な精神状態で
****kèep ... in mínd*** =*bear ... in mind*(↑)
kèep one's mínd on ... …のことばかり考え続ける, ひたすら…に注意を傾ける
knòw one's òwn mínd はっきりした考えを持っている, 決心[意見]がぐらつかない
****màke ùp one's mínd***; ***màke one's mìnd úp*** **決心する**, 腹を決める; 判断を下す, 決め込む〈**about, on** …について / **wh** 節; **wh to *do*** …だろうかと / **that** 節 …ということに / **to *do*** …しようと〉(⇨ DECIDE 類語) ‖ He *made up* his ～「*to* tell the truth [OR *that* he would tell the truth]. 彼は真実を告げようと決心した / I haven't *made up* my ～ *where* to go yet. どこに行くかまだ決めていないんだ / It's no use trying to persuade me to go to college — my ～*'s made up*. 僕を説得して大学へ行かせようとしても無駄だ — 気持ちはもう決まっているんだから
mìnd over mátter 物質的問題の精神による克服
on a pèrson's mínd (人の)気にかかって; (人の)心から去らないで(♦ ˣon mind とはしない) ‖ Is there anything *on* your ～? 何か気がかりなことがあるのですか / weigh *on* his ～ 彼の心の重荷になる
****out of one's mínd*** 《口》 ① 気が狂って; 〈心配・悲しみなどで〉気が狂ったように; ひどく〈**with**〉 ‖ drive him *out of* his ～ 彼の気を狂わせる / be bored *out of* one's ～ ひどく退屈している ② 忘れて ‖ try to put a rumor *out of* one's ～ そのうわさを忘れようとする
pùt a pèrson in mínd of ... 〔人〕に…を思い出させる
pùt [OR ***sèt***] ***a pèrson's mínd at èase*** [OR ***rèst***] (人を)安心させる
pùt [OR ***sèt, give***] ***one's mínd to ...***; ***sèt one's mínd on ...*** …に心を傾ける, 注意を向ける
****slìp a pèrson's mínd*** (物事が)(人に)忘れられる ‖ It completely *slipped* my ～ that we'd invited them to dinner. 彼らを夕食に呼んでいたことを完全に忘れていた
spèak one's mínd (聞き手に不愉快でも)自分の思っていることをはっきり言う
stìck in the [OR ***a pèrson's***] ***mínd*** (人の)脳裏に焼きつく
tàke a pèrson's mínd off ... 〔いやなことなど〕から(人の)気持ち[注意]をほかに向ける[向けさせる]
to mý mìnd 私の意見[考え]では
「***tùrn òver ...*** [OR ***tùrn ... òver***] ***in one's mínd*** …をよく考える, 熟慮する

COMMUNICATIVE EXPRESSIONS

1 **((Have) you) chànged your mínd?** 気が変わっちゃいましたか(♥ 決心が揺らいでいないか確認する)
2 **Have you lòst** [OR **gòne óut of**] **your mínd?** 気でも狂ったのか (♥ 信じ難いことをやった人に対する驚き・怒り・あきれ)
3 **It nèver cròssed my mínd that** she would be sò shócked. 彼女がそんなにショックを受けるなんて思いもよらなかった (♥ しばしば自分の無知や不注意のために予想外の結果になった場面で自分のうかつさを認めるときに)
4 **Lèt me knów if you chànge your mínd.** 気が変わったらお知らせください(♥ 再考を促す)
5 **My mìnd's at éase.** 気がかりなことが何もない; 満足している; 気が済んだ
6 **Nóthing could be fàrther from my mínd** (**than** embárrassing you). (あなたに恥をかかせようだなんて) そんなこと少しも思っていません (♥「自分の考えからこれほど遠いものはない」の意. ↗I have no intention (whatsoever) (of embarrassing you). / ↘It never entered my head (to embarrass you).)
7 (**Óh,**) **thát's a lòad** [OR **wèight**] **off my mínd.** (やれやれ)それは気が楽になった(♥ 安堵(あんど)を表すくだけた表現. ↗(Oh,) that's [OR what] a relief.[!])
8 **Whát's on your mínd?** 何考えてるの (♥ 相手の思っていることを問うくだけた表現. ↗I wonder what you're thinking about.)
9 **With your** sáfety **in mìnd**, we have hèightened the secúrity of the entíre búilding. そちら様の安全を考慮に入れまして, 建物全体の保安体制を強化いたしました(♥ しばしば相手の要求に対して「ご要望のとおりにいたしました」と応える場合に用いる形式ばった表現)

—動 (**～s** /-z/; **～·ed** /-ɪd/; **～·ing**)
—他 ❶《進行形不可》《通例否定文・疑問文で》**気にする**
a 《+目》…を気にする, 構う; …をいやだと思う, …に反対する ‖ She doesn't ～ the cold. 彼女は寒さを気にしない / I don't ～ a joke, but this is going too far. 私は冗談は気にしないが, これは行きすぎだ
b 《+*doing*》…するのを気にする, いやがる(→ *Would* [OR *Do*] *you mind doing?* (↓), *Would* [OR *Do*] *you mind my doing?* (↓)) ‖ Sam doesn't ～ working [ˣto work] at night. サムは夜の仕事をいやがらない / "Don't you ～ being hated?" "Not at all." 「憎まれても構わないのか」「少しも」
c 《+目+*doing*》〔人〕が…するのをいやがる [迷惑だと思う] ‖ I hope you don't ～ me [OR my] saying this. 私がこう言っても気を悪くしないでもらいたいのですが (♥ 言いにくいアドバイスなどを言う際に他意はないことを伝える. me の方が《口》)

d 《+wh 節》…(であるか)を気にする ‖ I don't ～ *where* you go. 君がどこへ行こうと私の知ったことじゃない
e 《+that 節》…ということを気にする ‖ My wife doesn't ～ *that* I play golf every Sunday. 妻は私が毎週日曜日にゴルフに行くのを気にしない
❷《通例命令文で》《主に英》**気をつける**(♦《米》では通例 watch を用いる) a 《+目》…に気をつける, 注意を払う, 用心する;…を重視する ‖ *Mind* 「your head [that car]! 頭[あの車]に気をつけて / *Mind* your manners [language]. 行儀[言葉遣い]に気をつけなさい / *Mind* the gap. (プラットホームと車両の間の)隙間(すき)に注意(♥駅でのアナウンス・表示)
b (+(that) 節)きっと[忘れずに]…する, …するよう心がける ‖ *Mind* you drink it while it's hot. 熱いうちに飲むようにしなさい
c 《+wh 節》…ということに注意を払う ‖ You had better ～ *what* you say. 言葉に気をつけた方がいいよ
❸《米・アイル》…の言うことをよく聞く, …に従う ‖ Now ～ what I tell you. 私の言うことをよく聞きなさい
❹(一時的に)…の世話[番, 見張り]をする;…に専念する ‖ *Mind* the baby while we are away. 私たちが出かけている間, 赤ちゃんの面倒を見ていてね
❺《米方・スコット》…を覚えている;…を思い出させる
—自 ❶《通例進行形不可》《通例否定文・疑問文で》**気にする**, いやがる, 反対する;〈…のことが〉心配[気がかり]である〈**about**〉‖ "Would [OR Do] you ～ if I call you by your first name?" "No, not at all." 「あなたのことを名前で呼んでもいいですか」「ええ, どうぞ」(♦(1) 答え方については⇨ 語法. (2) Would [OR Do] you を省略することもある. 〈例〉*Mind* if I sit here? ここに座ってもいいですか) / "Would you like tea or coffee?" "I don't ～ (either)." 「お茶にしますか, それともコーヒーにしますか」「どちらでも構いません」/ Never ～ *about* that. そのことは気に[心配]するな
❷ 気をつける, 用心する;《主に米》言うことをよく聞く ‖ *Mind*, there's a car coming. 気をつけて, 車が来るから
Mìnd óut. 《英口》① (危ないから)〈…を〉気をつけて〈**for**〉(= Watch out.) ② 通してください, どいてください
mind one's own business ⇨ BUSINESS(成句)
****nèver mínd*** 〈他〉《***nèver mínd*** ...》① …のことは気にしない, …は後回しだ ② まして…ない(much less), …はもちろんのこと(let alone) ‖ I can't get out of bed, *never* ～ go to work. 起きられないし, ましてや仕事に行くなど問題外だ —〈自〉① 気にしない;構わない(→ CE 18)
Would [OR ***Do***] ***you mìnd dóing?*** …していただけませんか(♥ Would [OR Will] you please ...? よりさらに丁寧な依頼表現) (⇨ 語法) ‖ *Would you* ～ taking off your hat, please? 帽子をとっていただけませんか
Would [OR ***Do***] ***you mìnd my dóing?*** 私が…してもよろしいですか(⇨ 語法) ‖ "*Do you* ～ *my* sitting here?" (=Do you ～ if I sit here?)" "Of course not. Go right ahead." 「ここに座っても構いませんか」「ええどうぞ」

語法 ☆☆ **Would** [OR **Do**] **you mind ...?**
(1) Would の方が Do よりも丁寧. ×Could [Don't, Will] you mind とはいわない.
(2)「いいとも」「よろしい」と答えるときには Not at all., Of course not., Certainly not. など否定形でいうが, 実際には Sure. や Certainly. とすることもある.
(3) 丁寧に断るときには I'm sorry, but ... などのように理由を述べるのがよい. 強く断る言い方は Yes, I do (mind). など.
(4) Would [OR Do] you mind 「my *doing* [OR if I *do*]? に対して丁寧に断るときには If you don't mind, I'd rather you didn't. などという.

COMMUNICATIVE EXPRESSIONS
10 **Do you mind?** やめてくれませんか;いい加減にしてよ(♥ 困惑やいら立ちを表す)
11 **Dón't mìnd mé.** 私のことはご心配なく;私のことは構わないで(お仕事などを続けてください)(♥ 構ってくれなかったことに対する皮肉として用いることもある)
12 **(I) dón't mìnd (if I dó).** 賛成です(♥ 承諾・同意などを表す);(提案や飲食物などの勧めに対して)そうしましょう;いただきます
13 **I wóuldn't** [OR **shóuldn't**] **mìnd** (**if I had** [OR **hàve**]) a drínk. 1杯飲みたいものだ(♥ 遠回しな依頼)
14 Jùst wáit thère, **if you dòn't** [OR **wòn't, wòuldn't**] **mínd.** よかったら[悪いけど]ちょっとそこで待っていていただけますか(♥ 丁寧な依頼または許可を求める表現. 文頭・文末で用いる)
15 **If you dòn't mìnd my sáying sò,** that tìe dòesn't rèally súit you. 率直に言って, そのネクタイ, 君にはあまり合ってないよ(♥ 忠告・意見などの導入表現)
16 **Mìnd how you gó.** 《英》お気をつけて(♥ 別れのあいさつ)
17 **Mínd (you).** ① いいかね, よくお聞き(♥ 相手の注意を促したり, 念を押す場合に用いる) ② でもね, もっとも…だが(♥ 前言と反対のことを加える)
18 **Néver mìnd.** ① 気にしないで, 心配しないで(♥ 謝罪に対する返答. 相手のしたことは気になるが許してやろうというニュアンスがある. お礼への返答にも用いる. → all right CE 9 ②)(❗日本語では「気にするな」の意味で「ドンマイ」というが, 英語では Never [×Don't] mind! という) ② いや, 何でもない, 忘れていいよ(♥ 言いかけたことを取り消す. あきらめを表すこともある) ③ お構いなく(♥ 相手の質問をはぐらかす)
19 **Nèver you mínd!** 《英》君には関係ないよ;そんなことはいいから(♥「どうやってそれがわかったんだ」といった質問に対して明答を避け, 手の内を明かすのを拒否する返答)

類語 《名 ❶, ❷》**mind**「心」「精神」「知能」. 特に知能や「考える」働きを指すことが多い. 〈例〉have a weak *mind* 知能が低い
heart「心」の情の部分, すなわち「感じる」働きを指す. 〈例〉have a kind *heart* 心が優しい
soul「心」「魂」「霊魂」. 肉体に宿るが, 肉体を離れても存在し, 死後も生き続けると考えられる. 〈例〉the immortal *soul* 不滅の霊魂
spirit「心」「精神」. しばしば「肉体」「物質」との対比的な意味を含む(♦ちょうど spiritual (精神的な) が, bodily, physical (肉体的な) や material (物質的な) と対立するととらえられるように). 〈例〉an independent *spirit* 自立的な精神

▸▸ ～ **gàme** 名 C 神経戦, 腹の探り合い ～ **rèader** 名 C 読心術者 ～ **rèading** 名 U 読心術 ～**'s éye** 名 《one's ～, the ～》心の眼, 心眼, 想像力, 記憶

mínd-bènding 形 《口》❶ (特に麻薬が)精神に変調を与えるような ❷ 圧倒的な **-bènder** 名
mínd-blòwing 形 《口》❶ 精神的[感情]に刺激を与える, ひどく興奮させる ❷ (薬などが)幻覚を起こす
mínd-bòggling 形 《口》度肝を抜くような, 理解し難い
***mind·ed** /máɪndɪd/ 形 ❶ 《通例複合語で》…の気質[心]の;…に興味[熱意]を持った ‖ narrow-～ 心の狭い / green-～ consumers 環境問題を意識した消費者 / export-～ nations 輸出に力を入れている国々 ❷ 《叙述》〈…したい〉気がある〈**to** *do*〉
mind·er /máɪndər/ 名 C 《主に英》❶ 《口》ボディガード, 護衛, 用心棒 ❷ =childminder
mínd-expànding 形 意識を拡大する;幻覚症状を起こさせる
***mind·ful** /máɪndfəl/ 形 《叙述》心を留めて, 注意して, 気をつけて〈**of** …に / **that** 節 …ということを〉;《堅》〈…する〉気持ちがある〈**to** *do*〉‖ She is ～ *of* her need to quit smoking. 彼女は禁煙しなければと思っている
mind·less /máɪndləs/ 形 ❶ 思慮のない, 愚かな ❷ (仕事など)頭を使わない, 機械的な ❸ 《叙述》〈…を〉無視して, 忘れて〈**of**〉 **～·ly** 副 **～·ness** 名
mínd-nùmbing 形 死ぬほど退屈な

mínd·sèt 名 U/C《通例単数形で》(身についていて変えづらい)考え方, 意見, 態度

mínd·shàre 名 U マインドシェア, 知名度シェア《ブランドや企業に対する人々の認知度》

⁞mine[1] /maɪn/

―代 (I の所有代名詞・《古》所有格) ❶《所有代名詞》 **a** 《単数・複数扱い》**私のもの** ‖ Hey wait, your umbrella is brown, remember? That black one is ～. ちょっと待って, あなたの傘は茶色じゃないですか. その黒いのは私のです / Your gloves are warmer than ～ are. あなたの手袋は私のより暖かいですね (♦ 指すものが単数なら単数扱い, 複数なら複数扱い) / This game is ～. この勝負は私の勝ちだ

b 《名+of ～ で》私の… (♦ 冠詞や this, that, some, any, no などが my とともに使えないのでこの言い方をする. ほかの所有代名詞についても同様) ‖ a friend of ～ 私の友人 (⇨ 語法) / this [that] book of ～ 私のこの[あの]本(♦ ×this my book, ×my this book は不可) / That's no business of ～. それは私の知ったことではない

語法 ☆☆ a friend of mine は one of my friends に近い意味になる. my friend は文脈や状況から聞き手にわかっている特定の友人を指す(⇨ OF ❶**b**)

❷《所有格》《古》私の(my) (♦ 母音または h で始まる語の前で用いる) ‖ ～ eyes 我が目

COMMUNICATIVE EXPRESSIONS

1 **Bé mìne (álways).** (ずっと)私のものでいて(♥ バレンタインカードなどに書く愛の告白)

2 **Excúse me, thàt's míne.** すみません, それ私のものですが(♥ 他人が自分の所有物を勝手に触ったりしたときに)

3 **Màke mìne** bláck. 私の (コーヒー) はブラックにしてください(♥ 食べ物や飲み物などを注文する際に)

⁞mine[2] /maɪn/

―名 (複 **～s** /-z/) C ❶ **鉱山**, 鉱山施設, 採鉱所;鉱脈, 鉱床 ‖ coal ～*s* 炭鉱

❷ **地雷**, 機雷, 水雷;(敵陣地爆破などのための) 坑道 ‖ Every year many people lose legs to ～*s*. 毎年多くの人が地雷のせいで脚を失っている / detect ～*s* 地雷を探知する / remove [OR clear] ～*s* 地雷を除去する / a floating ～ 浮遊機雷 ❸《a ～》〈…に関する〉(知識・ゴシップなどの)宝庫〈**on, about**〉‖ a ～ of information *on* [OR *about*] kabuki 歌舞伎に関する知識の宝庫

―動 (**～s** /-z/; **～d** /-d/; **min·ing**)

―他 ❶〔鉱物など〕を**採掘する**;〈…を求めて〉〔地面など〕を掘る〈**for**〉‖ ～ silver 銀を採掘する / ～ the area *for* gold 金を求めてその地域を掘る ❷ …に地雷を設置する, 機雷を敷設する (♦ しばしば受身形で用いる);…を地雷[機雷]で爆破する ‖ The road has been heavily ～*d*. その道にはびっしり地雷が埋められている ❸ (爆破などの目的で)〔敵陣地など〕に坑道を掘る ❹〔情報の宝庫など〕を発掘する ‖ ～ a rich seam of ... …を大いに利用する

―自 ❶〈…を〉採掘する, 鉱脈を求めて掘る〈**for**〉❷ 地雷[機雷]を敷設する

▸▸ ～ **clèarance** 名 U 地雷[機雷]除去 ～ **detéc·tor** 名 C 地雷[機雷]探知機 ～ **dispósal** 名 U 地雷[機雷]処理

míne·fìeld 名 C ❶ 地雷[機雷]敷設区域, 地雷原 ❷《通例単数形で》非常な危険をはらんだもの

míne·làyer 名 C 機雷敷設艦[航空機], 地雷敷設車

⁞min·er /máɪnər/(♦ 同音語 minor)

―名 (複 **～s** /-z/) C ❶ **鉱山労働者**, 炭鉱労働者 ‖ a coal ～ 炭鉱労働者 ❷〖軍〗地雷工兵

⁞min·er·al /mínərəl/

―名 (複 **～s** /-z/) C U ❶ **鉱物** (→ animal, vegetable);鉱石;無機(化合物) ‖ be rich in ～*s* 鉱物が豊富である ❷ (栄養としての) **ミネラル** ❸ C《～s》《英》炭酸飲料水(《主に米》soda)

―形《限定》鉱物の性質を持った, 鉱物質の;ミネラルを含んだ ‖ a ～ vein 鉱脈 / ～ deposits 鉱床 / ～ salts 無機塩類 / ～ resources 鉱物資源

▸▸ ～ **òil** 名 U 鉱油;石油(petroleum) ～ **wàter** 名 U C 鉱泉水, ミネラルウォーター;炭酸入り清涼飲料;C ミネラルウォーター1瓶[1杯] ～ **wòol** 名 U 鉱物綿《断熱・防音・フィルター用》

min·er·al·ize /mínərəlàɪz/ 動 他 ❶〔有機物〕を無機物にする, 石化する ❷〔水など〕に鉱物質[無機質]を含ませる ―自 (物が)鉱化する **mìn·er·al·i·zá·tion** 名

min·er·al·o·gy /mìnərǽlədʒi/ 名 U 鉱物学
-a·lóg·i·cal /-əlάːdʒɪkəl/ 形 **-gist** 名 C 鉱物学者

Mi·ner·va /mɪnə́ːrvə/ 名〖ロ神〗ミネルバ《知恵・工芸の女神. 〖ギ神〗の Athena に相当》

míne·shàft 名 C (換気用などの)縦坑[坑道]

min·e·stro·ne /mìnəstróʊni/ 名 U ミネストローネ《野菜・パスタなどを入れた濃いイタリア風スープ》

míne·swèeper 名 C 掃海艇《機雷を処理する》
-swèeping 名 U 掃海作業;地雷撤去作業

míne·wòrker 名 C 鉱山[炭鉱]労働者(miner)

Ming /mɪŋ/ 名 ❶ 明(みん), 明朝《中国の漢民族の王朝(1368-1644)》❷《形容詞的に》明朝の(磁器の)
▸▸ **míng trèe** /mɪ́ŋ/ 名 C 盆栽(の木)

ming·ing /míŋɪŋ/ 形《英俗》ひどく汚い[醜い]

***min·gle** /míŋgl/ 動 自 ❶ (音・香り・感情などが)〈…と〉混ざる, 入り混じる《**together**》〈**with**〉(⇨ MIX 類語) ‖ The flavors don't ～ well. その風味はうまく混じり合わない / Their shouts of panic ～*d with* the roar of the storm. 彼らの恐怖の叫びは嵐(あらし)の轟音(ごうおん)に混ざりかき消された ❷〈…の〉仲間に入る[解け込む];〈…と〉付き合う《**together**》〈**with**〉‖ Go and ～ *with* the guests. 行ってお客様と打ち解けるようにしなさい

―他 …を〈…と〉混ぜる, 混合する《**together**》〈**with**〉‖ ～ truth *with* falsehood 真実とうそを取り混ぜる

min·gy /míndʒi/ 形《口》けちな;卑小な

***min·i** /míni/ 形《限定》(ふつうより)小型の, 短い
―名 C ミニ(スカート);小型のもの;＝minicomputer
▸▸ ～ **róundabout** 名 C《英》ミニ[簡易]環状交差路

mini- /mɪni-/ 連結形《名詞につけて》「ミニの」「(ふつうより)小型の(miniature)」の意(↔ maxi-)

***min·i·a·ture** /míniətʃər/ 《発音・アクセント注意》名 C ❶ ミニチュア, 小型の模型, 縮小したもの ‖ a ～ of the Statue of Liberty 自由の女神像のミニチュア ❷ 細密画, 小画像;U 細密画法 ❸ (アルコール飲料の)ミニチュアボトル ❹ (中世の写本の)彩飾画, 彩飾文字

******in miniature*** 大きさを縮小して[た], 小規模の[に] ‖ The model showed the planned development *in* ～. その模型は開発計画を縮小して示していた

―形《限定》縮小[小型化]した (↔ giant) ‖ He looks like a ～ version of his big brother. 彼は見たところ兄の小型版だ / a ～ locomotive ミニチュアの機関車
▸▸ ～ **gólf** 名 U《米》ミニチュアゴルフ, パターゴルフ

min·i·a·tur·ist /míniətʃərəst | -ɪst/ 名 C 細密画家;彩飾画家

min·i·a·tur·ize /míniətʃəràɪz/ 動 他 …を小型化する
mìn·i·a·tur·i·zá·tion 名 **～d** 形

míni·bàr 名 C (ホテルの客室に備えつけの) 小型冷蔵庫《アルコール飲料・ソフトドリンク入り》

***min·i·bus** /mínibʌ̀s/ 名 C (近距離用で10-15人乗りの)小型バス, ミニバス, マイクロバス

míni·càb 名 C《英》(電話で呼び出す)小型タクシー

míni·càm 名 C 携帯用ビデオカメラ

míni·càmp 名 C U〖スポーツ〗ミニキャンプ《公式戦開始前の短期トレーニング》

míni·càr 名 C 超小型車, サブコンパクトカー

míni·compùter /ˊ-ˋ-ˋ--/ 名 C ミニコンピューター(中型汎用コンピューター)

Míni·Dìsc 名 C《商標》ミニディスク, MD

min·im /mínɪm/ 名 C ❶《主に英》〖楽〗2分音符(《米》

half note) ❷ ミニム《液量の最小単位. 1/60ドラム(dram)》 ❸ (ペンで書くとき)上から下へ書き下ろす一筆
min·i·ma /mínɪmə/ 名 minimum の複数の1つ
***min·i·mal** /mínɪməl/ 形 (more ~; most ~) ❶ 最小の, 最小限度の; 極小の, 極めてわずかの(↔ maximal) ‖ at ~ cost 最小限の出費で / The damage the typhoon caused to the town was ~. その町の台風被害は最小限で済んだ ❷《しばしば M-》ミニマリズムの
~·ly 副
▶▶ **~ árt** 名 U ミニマルアート《最小限の造形手段で制作された絵画や彫刻. 1960年代に始まった》
min·i·mal·ism /mínɪməlìzm/ 名 ミニマリズム ❶ = minimal art ❷ U 〖楽〗単純なリズムとメロディーの繰り返しが主体の音楽様式
min·i·mal·ist /mínɪməlɪst/ 名 C ❶ (政治権力などを)最低限に抑制しようとする人, 穏健主義者 (↔ maximalist) ❷ ミニマリズムの作家 ―形 ミニマリズムによる
míni·màrt 名 C《米》コンビニエンスストア
míni·màx 名 C ミニマックス《予想される最大限の損失を最小限に抑える戦術》 ―形 ミニマックスの
***min·i·mize** /mínɪmàɪz/ 動 他 ❶ 〔望ましくないもの〕を最小限度にする(↔ maximize) ‖ ~ disasters 災害をできるだけ少なくする ❷ …を最小限に評価する, 過小評価する ❸ 💻〔ウィンドウ〕を最小化する
mìn·i·mi·zá·tion 名 **-mìz·er** 名
***min·i·mum** /mínɪməm/ 形《比較なし》《限定》最小(限度)の, 最低の(↔ maximum)《略 min.》‖ provide ~ protection 最低限の保護を与える / with ~ trouble できるだけ迷惑をかけないで / the ~ temperature 最低気温 / a ~ charge 最低料金
―名 (複 **~s** /-z/ OR **-ma** /-mə/) C《通例単数形で》〈…の〉最小の量[数, 程度], 最小限度, 最低限, 最低点, 最低料金(↔ maximum)《略 min.》〈**of**〉‖ with a [OR the] ~ *of* waste できるだけ無駄を少なくして / at a [OR the] ~ 最低[最小]でも / need a ~ *of* two weeks 最低2週間を必要とする / reduce [keep] expenses to 「an absolute [OR a bare] ~ 費用をぎりぎりの最小限に切り詰める[保つ] ―副 少なくとも, 最低で
▶▶ **~ secúrity prìson** 名 C《米》開放的刑務所(《英》open prison)《通常の刑務所ほど囚人の自由を制限しない刑務所》 **~ wáge** 名 C《通例単数形で》(法や協定で決められた)最低賃金
***min·ing** /máɪnɪŋ/ 名 U ❶ 採鉱, 採掘(業), 鉱業 ‖ uranium ~ ウラン採掘 / a ~ engineer 鉱山技師 / a ~ claim 採掘権(を有する鉱区) ❷ 地雷[機雷]敷設
min·ion /mínjən/ 名 C 手先; 下級職員 ‖ the ~*s* of the law 法律の手先《看守・警官など》
míni·pìll 名 C 〖薬〗小粒の経口避妊用ピル
míni·sèries 名 (複 ~) C (数日から数週間にわたるテレビドラマなどの)短期連続番組
míni·skìrt 名 C ミニスカート
‡**min·is·ter** /mínɪstər/
―名 (複 **~s** /-z/) C ❶《しばしば M-》(ヨーロッパ諸国や日本などの) **大臣** (→ secretary) ‖ the Prime *Minister* 総理大臣 / the Foreign *Minister* 外務大臣 / the *Minister* of [OR for] Education 文部大臣 / Cabinet *Ministers* 閣僚
❷ 公使《ambassador(大使)の次位》 ❸ (= **~ of relígion**)(プロテスタント系・非英国国教会系の)聖職者; (カトリックの)聖役者《聖務を執行する司祭など》; (= **~ géneral**)修道会会長 ❹《堅》代理執行者, 代理人(agent)
―動 (**~s** /-z/; **~ed** /-d/; **~·ing**)
―自 ❶ (+to 名)《堅》〔人・物〕に力を貸す, 奉仕する, …の世話をする; …に貢献[寄与]する ‖ ~ *to* the sick 病人の世話をする ❷ 聖職者として務める
―他〔聖礼典〕を執行する
▶▶ **~ing ángel** 名 C《しばしば戯》救いの天使《親身になって看護してくれる女性など》 **Mìnister of Státe** 名 C (英国の) 担当[副]大臣《各省の大臣の次位で内閣に属さない》 **Mìnister of the Crówn** 名 C (英国の) 閣僚 **~ plenipoténtiary** 名 (複 **~s p-**) C 全権公使 **Mìnister without Portfólio** 名 C (英国の) 無任所大臣
***min·is·te·ri·al** /mìnɪstíəriəl/ 形 ❶ 大臣の; 内閣の, 政府の; 与党の; 行政上の ‖ the ~ benches 政府与党席 / ~ changes 内閣改造 / hold ~ office 大臣の役職に就いている / at ~ level 閣僚級の[で] ❷ 聖職(者)の ❸《堅》〈…に〉助けとなる, 役立つ〈**to**〉 ❹〖法〗個人の裁量を認めない **~·ly** 副
min·is·tra·tion /mìnɪstréɪʃən/ 名 U/C《通例 ~s》《主に堅》《戯》❶ 奉仕, 世話, 看護, 援助 ❷ 聖職者[牧師]の職務, 宗教的な奉仕
míni·stròke 名 C 〖病理〗一過性脳虚血発作
‡**min·is·try** /mínɪstri/
―名 (複 **-tries** /-z/) ❶《通例 M-》C (ヨーロッパ諸国や日本などの) **省**; 省の建物 ‖ the *Ministry* of Finance 財務省 / the Foreign *Ministry* 外務省
❷ C《しばしば the M-》**内閣**; 《集合的に》全閣僚
❸《the ~》大臣[内閣]の地位[職務, 任期]
❹《the M-》聖職; 《集合的に》聖職者; C《通例単数形で》聖職者の地位[職務, 任期] ‖ enter the ~ 聖職に入る
❺ U 奉仕, 貢献, 援助; 働き
míni·tòwer 名 C 💻ミニタワー型のパソコン
míni·vàn 名 C ミニバン, 小型乗用バン
min·i·ver /mínɪvər/ 名 U 白い毛皮《貴族などの礼装の装飾用》
***mink** /mɪŋk/ 名 (複 ~ OR **~s** /-s/) ❶ C 〖動〗ミンク ❷ U ミンクの毛皮 ❸ C ミンク製品《ミンクのコート・ストールなど》‖ wear a ~ (coat) ミンクのコートを着ている
mìn·ke whále /mɪ́ŋkə- | -ki/ 名 C 〖動〗ミンククジラ
Minn. 略 Minnesota
Min·ne·ap·o·lis /mìniǽpəlɪs/ 名 ミネアポリス《米国ミネソタ州南東部の都市》
min·ne·o·la /mìnióʊlə/ 名 C 〖植〗ミネオラ(オレンジ)《tangerine と grapefruit の交配種》
min·ne·sing·er /mínɪsɪ̀ŋər/ 名《ときに M-》C (12–14世紀のドイツの)吟遊詩人, ミンネジンガー
Min·ne·so·ta /mìnɪsóʊṭə/ 名 ミネソタ《米国中北部の州. 州都 St. Paul. 略 Minn., 〖郵〗MN》
-tan 形 名 C ミネソタ(州)の(人)
min·now /mínoʊ/ 名 C ❶〖魚〗淡水産の種々の小魚《釣りの餌(え)にもなる》; コイ科の小魚 ❷ 取るに足りない人[会社, スポーツチーム]
Mi·no·an /mɪnóʊən/ 形 ミノア文明の《紀元前約3000–1100年クレタ島に栄えた青銅器時代の文明》; ミノア人[語]の ―名 C ミノア人; U ミノア語
‡**mi·nor** /máɪnər/ (♦ 同音語 miner)
―形 〔▶ minority 名〕《比較なし》《通例限定》(↔ major) ❶ (ほかと比べて) **小さい**, 少ない; **重要でない**, 大したことのない; (病気などが)軽い; (手術などが)命にかかわることのない; 二流の ‖ A ~ error can result in a major problem. 小さなミスが重大な問題を引き起こすことがある / a ~ offense 微罪 / ~ changes わずかな変更 / a ~ illness [injury] 軽い病気[けが] / a ~ writer 二流作家 / workers with ~ positions 地位の低い働き手たち
❷〖楽〗短調の; 短音階の; 短音程の ‖ the ~ key 短調 / the ~ scale 短音階 / a symphony in D ~ ニ短調の交響曲 (♦ 音調記号の後につける) ❸《米》(科目・課程が)副専攻の ❹《英》《旧》(パブリックスクールで2人の同姓者のうち) 年少の (♦ 姓の後に置く) ‖ Jones ~ 年下の方のジョーンズ ❺〖法〗未成年の ❻〖論〗小前提の; 小名辞の
in a mìnor kéy ① 〖楽〗短調で[の] ② 陰うつな[悲しい]気分で[の]; (特に文学作品で)控えめな
―名 (複 **~s** /-z/) C ❶〖法〗未成年者(⇨ CHILD 類語P) ‖ No *Minors*. 《掲示》未成年者お断り ❷《米》副専攻科目[分野]; …副専攻学生 ❸〖楽〗短調; 短音階; 短音程

M

❹【論】小前提；小名辞 ❺《the ～s》《米》=minor league ❻【ブリッジ】=minor suit
—動 自《+in 名》《米》(学生が)…を副専攻する(→ major)
語源 ラテン語で「より小さい」(比較級)の意.
▸▸～ cánon 名 C 聖堂准参事会員 ～ léague (↓) ～ órder 名 C《通例 ～s》【カト・ギ正教】下級聖職 ～ plánet 名 C【天】小惑星《太陽系の小天体のうち彗星以外の天体. → asteroid》 Mìnor Próphets ⇨ PROPHET ～ súit 名 C【ブリッジ】(弱い手である)ダイヤ[クラブ]の組札(→ suit)

Mi·nor·ite /máɪnəràɪt/ 名 C フランシスコ修道会の修道士(Franciscan)

*__mi·nor·i·ty__ /mənɔ́ːrəṭi, maɪ- | maɪnɔ́r-/ 名 〔◁ minor 形〕(複 -ties /-z/) (↔ majority) ❶ C《通例 a ～》《集合的に》《単数・複数扱い》(全体の)半数未満, 少数(部分)；少数派；《単数扱い》少数得票[投票] ‖ in a ～ of cases 数少ない場合に / Only a tiny [OR small] ～ of the world's languages are written from right to left. 世界の諸言語のうちごく少数のものだけが右から左へと書かれる ❷ C《通例 -ties》(人種・言語・宗教・文化などの異なる)少数民族；《米》少数民族に属する人(♥ しばしば軽蔑的に) ‖ ethnic *minorities* 少数民族 ❸《one's ～》【法】未成年(期)《18歳未満》‖ He is in his ～. 彼は未成年だ
*__*be in a* [OR *the*] *minórity*__ 少数派である
__*be in a minòrity of óne*__ 《しばしば戯》1人だけ意見が違う
—形《限定》少数派の；非白人系の ‖ a ～ group [opinion] 少数民族[意見]
▸▸～ góvernment 名 C U 少数与党の政府 (↔ majority government) ～ lèader 名 C《米》少数党の院内総務 ～ repórt 名 C (委員会などの) 少数意見報告 ～ sháreholder 名 C 少数株保有者《50%以下の株式の保有者》(↔ majority shareholder)

mìnor léague, Mìnor Léague 名《the ～s》《米》(野球・アメフトの)マイナーリーグ
mínor-lèague 形《限定》マイナーリーグの；二流の, 下位の **mìnor-léaguer** 名 C マイナーリーグ所属選手

Mi·nos /máɪnəs | -nɒs/ 名【ギ神】ミノス《Zeus と Europa の息子でクレタの王》

Min·o·taur /mínətɔ̀ːr, máɪn-/ 名《the ～》【ギ神】ミノタウロス《Minos によって迷宮に閉じ込められた牛頭人身の怪物》

Minsk /mɪnsk/ 名 ミンスク《ベラルーシの首都》

min·ster /mínstər/ 名 C (もと修道院付属の聖堂であった)大教会堂, 大聖堂《York Minster など》

min·strel /mínstrəl/ 名 C ❶ (中世の) 吟遊詩人 ❷ ミンストレルショーの芸人 ▸▸～ shòw 名 C U ミンストレルショー《黒人に扮(ふん)した芸人が歌い, 踊り, 冗談を飛ばすバラエティーショー. 19世紀に米国で流行》

min·strel·sy /mínstrəlsi/ 名 U ❶ 吟遊詩人の吟唱[弾奏]；《集合的に》吟遊詩人詩歌集 ❷《集合的に》吟遊詩人たち

*__mint__[1] /mɪnt/ 名 ❶ U【植】ハッカ, ミント；(香料に使う)ハッカの葉 ❷ C ハッカ[ミント]入りの菓子
▸▸～ júlep 名 U C ミントジュレップ《バーボンウイスキーに砂糖を入れ, かき氷に混ぜてハッカの葉を加えたカクテル》
～ sàuce /英 ―́―/ 名 U《英》ミントソース《ハッカの葉・砂糖・ビネガーで作られる羊肉料理用ソース》

*__mint__[2] /mɪnt/ 名 ❶《通例 the ～》造幣局[所] ❷ C《a ～》《口》(金銭などの)巨額, 莫大(ばく)な量, 無尽蔵 ‖ make a ～ 大金をもうける
—形《限定》(切手・貨幣・書物などが)発行したての, 真新しい, 未使用の；新品同然の ‖ in ～ condition 真新しい状態で[の]
—動 他 ❶〔貨幣・メダル〕を鋳造する ❷〔新語など〕を作り出す(coin) ❸《通例受身形で》新たに作り出される
語源「貨幣鋳造所, 貨幣」の意のラテン語 *moneta* から. money と同語源.

mint·age /mínṭɪdʒ/ 名 U ❶ 貨幣の鋳造, 造幣；《集合的に》(一定時期に造られた)鋳造貨幣 ❷ 貨幣の鋳造費

mint·y /mínṭi/ 形 ハッカ[ミント](風味)の

min·u·end /mínjuènd/ 名 C【数】被減数

min·u·et /mìnjuét/ 名 C メヌエット《フランス起源の3拍子のゆったりした優雅な舞踏》；その舞曲
—動 自 メヌエットを踊る

*__mi·nus__ /máɪnəs/《アクセント注意》前 ❶ …を引いて, 引くと (↔ plus) ‖ Five ～ two is [OR leaves, equals] three. 5引く2は3 ❷《口》…のない, …をなくして ‖ He came back ～ his hat. 彼は帽子なしで戻って来た
—形《限定》❶ マイナスの；引き算の；不利な, 損失のある；【数】負の ‖ a ～ factor マイナスの要因 / a ～ point マイナス点 / a ～ quantity 負量, 負数 / on the ～ side 不利な面としては ❷ (温度が) 0度以下の, 氷点下の ‖ a temperature of ～ 10 degrees 氷点下10度の気温 ❸ (成績評価が) いくらか劣る, 以下の (♦ 評価点の後に置く) ‖ a grade of A ～ Aマイナス[Aの下(げ)]の成績
—名 (複 ～·es, ～·ses /-ɪz/) C ❶ (=～ sìgn) マイナス記号, 負号(－) ❷ 損失, 欠損；不利(な点) ‖ consider the pluses and ～*es* of ... …のプラス面とマイナス面を考える ❸ 負量, 負数
語源 ラテン語 *minor*(より小さい)の変化形.

mi·nus·cule /mínəskjùːl/ 形 非常に小さい, 微小の；小文字の, 小文字で書かれた(↔ majuscule)
—名 C 小文字；(中世の)小文字筆写体

min·ute[1] /mínət | -ɪt/《発音注意》名 動 形
—名 (複 ～s /-s/) C ❶ (時間の)分《略 min.》(→ hour, second[2])；(角度の)分(minute of arc)《記号 ′》‖ It's ten (～*s*) to eight. 8時10分前です / It's twelve ～*s* past [《米》after] seven. 7時12分過ぎだ (♦ 5分, 10分, 20分, 25分以外のときは minutes は省略できない) / It **took** forty ～*s* to go there. そこへ行くのに40分かかった / have a few ～*s'* chat 数分おしゃべりをする / thirty degrees ten ～*s* 30度10分《30°10′》
❷ (歩いて)…分の距離 ‖ My parents' apartment is a few ～*s* from where I live. 両親のマンションは私の住んでいる所から(歩いて)数分の所にある
❸《通例 a ～》《口》**瞬間**, 一瞬, ちょっとの間；この[その]時, 今(⇨ MOMENT 類語) ‖ I haven't a ～ to spare. 時間の余裕が全くない / Would you mind coming upstairs (**for**) a ～? ちょっと2階に来てくださいませんか / I'll just go and get my umbrella. I won't be a ～. ちょっと行って傘を取って来ます, すぐ戻ります / Grandma is enjoying every ～ of life. おばあちゃんは人生を思う存分に楽しんでいる / I don't feel like going there right this ～. 今現在はそこへ行く気になれない / He's had his 15 ～*s* of fame. 彼は束の間の名声を得た (♦ 米国の前衛芸術家 Andy Warhol の言葉より) / within [OR **in**] ～*s*=**in** a ～ すぐに / at the ～ そのとき(は), 今(は)
❹ 覚書, メモ；《通例 the ～s》会議録, 議事録 ‖ make a ～ of ... …をメモする / take the ～*s* 議事録を記す
*__(*at*) *àny mínute*__；__*àny mínute* (*nów*)__ **今すぐにも**, いつ何どき
*__*at the làst mínute*__ 土壇場[間際]になって
__*by the mínute*__；__*mìnute by mínute*__ 刻一刻と
__*èvery mìnute cóunts*__ 一刻を争う
__*not a mínute too sóon*__ あまりにも遅く
__*not for a* [OR *one*] *mínute*__ 決して…ない(never)
__*òne mínute*__ ① 一時は…なのに ‖ *One* ～ she was there, and the next minute she wasn't. 彼女ならついさっきまでいたのにいなくなっちゃった；いたと思ったら消えちゃった ② ちょっと待って
*__*the mínute* (*that*) ...__ 《接続詞的に》…**するとすぐに** (as soon as) ‖ I recognized him *the* ～ I saw him. 見た瞬間に彼だとわかった
__*thìs* (*very*) *mínute*__ 《口》すぐに；たった今 ‖ You come back here *this* ～! すぐ戻って来なさい

to the mínute (1分とたがわず)正確に, ぴったりに, 時間を厳守して
ùp to the mínute 時代[流行]の先端をいく, 最新の

COMMUNICATIVE EXPRESSIONS

1 「**Have you gòt** [OR **Do you hàve**] **a mínute?**」 ちょっといいですか(♥時間をとってもらえるか尋ねる)
2 **I nèed a còuple** [OR **fèw**] **mòre mínutes (to decíde).** (注文を)決めるのにもう少し時間が必要です(♥レストランなどで客が注文を取りに来た店員に向かって)
3 **It'll be jùst a fèw mínutes.** もう少しお待ちください；間もなくお席にご案内いたしますので(♥レストランなどで店員が待たせている客に向かって用いる)
4 **Jùst** [OR **Wàit, Hòld òn, Hàng òn**] **a mínute.** ①(電話口などで)少しお待ちを ②ちょっと待って(♥反論したいときや何かを思い出したときに使う)
5 **When you gèt a mínute,** could you lòok thròugh this mánuscript? お時間があれば, この原稿を見ていただけますか(♥「チャンスがあればお願いしたい」の意)

— 動 (~s /-s/ ; **-ut·ed** /-ɪd/ ; **-ut·ing**) 他 ❶ …をメモする, 控える, 記録する；…を議事録に記入する
❷〔人〕に覚書を送る
— 形《限定》急ごしらえの, すぐにできる
▶▶ **~ gùn** 名 C 分時砲《葬儀など哀悼の意を表して1分間隔で鳴らす》 **~ hànd** 名 C《通例単数形で》(時計の)長針, 分針 **~ stèak** 名 C U ミニッツステーキ《短時間で焼けるよう薄く切ったステーキ》

***mi·nute²** /maɪnjú:t/ 《発音・アクセント注意》 形 (**-nut·er** ; **-nut·est**) ❶ 非常に小さい, 微小な (↔ huge) (⇨ LITTLE 類語) ‖ ~*st* pieces of china とても小さな瀬戸物のかけら / The hotel room was ~. そのホテルの部屋はとても狭かった ❷ 厳密な, 細心の注意を払った；詳細な (↔ imprecise) ‖ The doctor made a ~ study of the illness. 医者は病状を詳細に調べた / a ~ examination 厳密な検査 / ~ care 細心の注意 / in ~ detail=in the ~*st* detail(s) 詳細に(♦比較級はない) ❸ ささいな, 取るに足りない ‖ ~ daily problems 日常のささいな問題 **~·ness** 名

mi·nute·ly /maɪnjú:tli/ 副 厳密に, 細心の注意を払って；事細かに

min·ute·man /mínɪtmæ̀n/ 名 (複 **-men** /-mèn/) C ❶〔米国史〕(独立戦争の際に即時召集に応じるため待機した)民兵 ❷《M-》ミニットマン《米国の大陸間弾道弾》

mi·nu·ti·ae /maɪnjú:ʃiì:/ 名 複 (♦単数形 **-ti·a** /-ʃiə/) ささいな点；細目, 詳細

minx /mɪŋks/ 名 C《単数形で》《戯》《蔑》生意気な娘

min·yan /mínjən/ 名 (複 **~s** /-z/ OR **-ya·nim** /mìnjəní:m/) C〔宗〕ミニヨン《ユダヤ教の公式の礼拝の構成人員. 成人男性10人以上が必要とされる》

Mi·o·cene /máɪəsì:n/ 形 名《the ~》〔地〕中新世(の)

MIPS /mɪps/ 名 C 💻 ミップス《毎秒100万回の指令に等しい演算速度の単位》(♦ *m*illion *i*nstructions *p*er *s*econd の略)

mi·ra·bi·le dic·tu /mɪrà:bɪleɪ díktu:/ 副《ラテン》語るも不思議なことながら

***mir·a·cle** /mírəkl/ 名〔▶ miraculous 形〕C ❶ 奇跡 ‖ work [OR perform] a ~ 奇跡を行う；(奇跡のように)素晴らしい結果を出す ❷《単数形で》奇跡的なこと, 驚くべきこと[もの], 驚異的な実例 ‖ It was a ~ that he escaped the fire. 彼がその火災を免れたのは奇跡だった / The new medicine is a ~. その新薬は驚くべきものだ / a ~ of technology 驚異的な技術 ❸《形容詞的に》奇跡的な ‖ a ~ cure 驚異的治療(法)；驚異的な解決策 / a ~ drug 妙薬, 特効薬
語源「驚く」の意のラテン語 *mirari* から. mirror と同語源.
▶▶ **~ plày** 名 C (中世の聖書・聖人に基づいた)奇跡劇

***mi·rac·u·lous** /mərǽkjuləs/ 《アクセント注意》 形〔◁ miracle 名〕❶ 奇跡的な；超自然的な ❷ 驚異的な, 素晴らしい ‖ a ~ memory 驚くべき記憶力 / ~ Asian growth アジアの驚異的成長 ❸ 奇跡を起こす(ことのできる), 超能力の **~·ly** 副 **~·ness** 名

***mi·rage** /mərá:ʒ | míra:ʒ/ 《発音注意》 名 C ❶ 蜃気楼(しんきろう) ❷ 妄想, 幻影

Mi·ran·da¹ /mərǽndə/ 名〔天〕ミランダ《1948年に発見された天王星の内側から11番目の衛星》

Mi·ran·da² /mərǽndə/ 形〔米法〕ミランダ法の《法の執行吏(警官など)があらかじめ容疑者に弁護士と相談する権利・黙秘権を有することを伝えることを義務づけた, 最高裁の決定. *Miranda* rights [rule, card] などの形で用いる》

mire /maɪər/ 名 U 沼地；ぬかるみ；窮地
drag ... through the mire ⇨ DRAG(成句)
— 動 他 ❶《通例受身形で》〈ぬかるみに〉はまる；〈窮地に〉陥る《*down*》〈*in*〉 ❷ …を泥で汚す — 自 ぬかるみにはまる

mire·poix /mìərpwá:/ 名 U〔料理〕ミルポワ《いろいろな野菜を刻んで軽くいためたもの. ソースや煮込み用》

mirk /mə:rk/ 名 形 =murk

:mir·ror /mírər/
— 名 (複 **~s** /-z/) C ❶ **鏡**《割ると縁起が悪いといわれる》；姿見 ‖ She looked at herself **in** the ~. 彼女は鏡に自分の姿を映して見た / a full-length ~ 等身大の姿見
❷《a ~》〈…の〉忠実な反映, 鏡〈**of**〉‖ Prisons are the ~ *of* society. 刑務所は社会を映す鏡である
❸ =mirror site
— 動 (**~s** /-z/ ; **~ed** /-d/ ; **~·ing**) 他 ❶ (鏡(のよう)に)…を映し出す, 反射する ‖ The moon was ~*ed* in the lake. 月が湖面に映っていた
❷〔事象〕を反映する；(鏡の像のように)…と同一である, 類似する ‖ His solitary life is ~*ed* in his verse. 彼の孤独な生活はその詩に反映されている
❸ 💻〔あるサイト〕を別のサイトに複製しておく；〔データ〕を別の記憶装置に複製しておく, ミラーリングする
~ed 形《限定》鏡ばりの；鏡のように反射する
▶▶ **~ bàll** 名 C ミラーボール **~ ímage** /ˌ—ˈ—/ 名 C (左右逆の)鏡像；よく似ているもの[人] **~ sìte** 名 C 💻 ミラーサイト《データ消失やアクセス集中を避けるために作られた, 内容の全く同じインターネット上のコピーサイト》 **~ wrìting** 名 U C 鏡映書き, 逆書き, 鏡文字

mirth /mə:rθ/ 名 U 陽気, 上機嫌；(楽しい)笑い

mírth·ful /-fəl/ 形 陽気な, 上機嫌の；楽しい
~·ly 副 **~·ness** 名

mírth·less /-ləs/ 形 (笑いなどに)楽しさがない；皮肉っぽい
~·ly 副 **~·ness** 名

mir·y /máɪəri/ 形 ぬかるんだ；泥だらけの；汚い

MIS 略 💻 *m*anagement *i*nformation *s*ystem

mis- /mɪs-/ 接頭《動詞およびその派生語, 形容詞・名詞につけて》「誤って[た]」「悪く[い]」「不利に[な]」などの意

mìs·advénture 名 ❶ C U 不運, 災難 ❷ U〔法〕偶発事故による致死

mìs·a·lígned /-əláɪnd/ 形 きちんと一列[一直線]になっていない；(取り付け)位置不良の

mìs·allíance 名 C 不適当な結びつき；不釣り合いな結婚[縁組]

mis·an·thrope /mísənθròup, míz-/ 名 C 人間[交際]嫌いの人(misanthropist)
mìs·an·thróp·ic(al) 形 人間嫌いの **-i·cal·ly** 副

mis·an·thro·py /mɪsǽnθrəpi, mɪz-/ 名 U 人間嫌い[不信]

mìs·applý 動 (**-applies** /-z/ ; **-applied** /-d/ ; **~·ing**) 他《通例受身形で》(基金などが)不正使用[悪用]される；誤用される **-applicátion** 名

mìs·apprehénd 動 他 …を誤解する

mìs·apprehénsion 名 U C 誤解, 思い違い

mìs·appróp riate 動 他 …を横領[着服]する；…を不法に使用する **-appropriátion** 名

mìs·begótten 〈ジ〉 形 ❶《限定》(考え・計画などが)いい加減な ❷ 見下げ果てた, お粗末な ❸ 不正に手に入れた ❹ (人が)愚鈍な ❺《古》庶子の

M

*mìs·beháve 動 自 行儀悪く振る舞う；《口》(機器などが)正常に作動しない ―他《～ oneself で》行儀が悪い；不品行を働く -behávior 名 U 無作法, 不品行
mìs·beháved 形《口》行儀の悪い, 無作法な
mìs·belíef 名 (複 ～s /-s/) U C 誤った信念[信仰, 意見]；異教信仰 -belíever 名 C 誤信者；異端信奉者
misc. 略 miscellaneous, miscellany
mìs·cálculate 動 他 …の計算を間違う；…を誤って判断する ―自 計算[判断]を誤る -calculátion 名
mìs·cáll 動 他 …を誤った名で呼ぶ
*mis·car·riage /mìskǽrɪdʒ | ⌐⌐⌐/ ⊲ 名 U C ❶ 流産 ‖ have a ～ 流産する ❷《堅》(計画などの)失敗, 不首尾 ▸▸～ of jústice 名 U C 《法》誤審
mìs·cárry 動 (-carries /-z/；-carried /-d/；～·ing) 自 ❶ (妊婦が)流産する ❷《堅》(事業・計画などが)失敗する ❸《旧》(手紙・荷物が)届かない ―他 …を流産する
mìs·cást 動 (-cast；～·ing) 他 ❶《通例受身形で》(俳優が)〈…という〉不適当な役をあてがわれる〈as〉 ❷〔役柄・劇・映画など〕に不適当な俳優を選ぶ
mis·ce·ge·na·tion /mìsɪdʒənéɪʃən/ 名 U ⊗《しばしば堅》《蔑》❶ (肌の色の異なる人間の)性的関係(による出産) ❷ 異種族結婚
mis·cel·la·ne·a /mìsəléɪniə/ 名 複《しばしば単数扱い》(特に文学作品の)論集, 雑録；寄せ集め
*mis·cel·la·ne·ous /mìsəléɪniəs/ ⊲《発音注意》形《通例限定》❶ 種々さまざまな, 雑多な, 多様な；取り混ぜた ‖ ～ ingredients 雑多な要素[成分] / a ～ assortment of candies キャンディーの詰め合わせ ❷ (人が)多才な, 多面的な ～·ly 副 ～·ness 名
mis·cel·la·ny /mísəlèɪni | mɪséləni/ 名 (複 -nies /-z/) C (さまざまな著者からなる)論集, 雑録；雑多な集合体
mìs·chánce 名 U 不運, 災難；C 不運な出来事
*mis·chief /místʃɪf, -tʃiːf/《アクセント注意》名 (複 ～s /-s/) U ❶ (特に子供の)いたずら, 悪ふざけ ‖ See that the boy does not get into ～. あの子がいたずらしないようによく見ていて / This fence will keep the dog out of ～. このさくは犬のいたずらを防止する / That bunch of rascals is up to some ～ again. あの悪がき連中はまた何かよからぬことをたくらんでいる / Oh, come on! We did it just for ～. そんなに怒らないで. ほんのいたずらのつもりだったんだから ❷ ちゃめっ気, いたずら心 ‖ eyes full of ～ ちゃめっ気たっぷりの目つき ❸ (何らかの原因による)害, 傷害；災い(のもと)；迷惑；悪影響 ‖ The typhoon did a lot of ～ to the crops. 台風は作物に多大の損害を与えた ❹ C《旧》いたずらっ子
dò「a pèrson [onesèlf] a míschief《主に英口》〔人[自分]〕を傷つける
màke míschief ① いたずらをする (→ ❶) ②〈…の間に〉不和を生じさせる〈between〉；(故意に)人を困らせる
míschief-màker 名 C 悶着(もんちゃく)を起こす人, トラブルメーカー -màking 名 U 悶着を起こすこと
*mis·chie·vous /místʃɪvəs, mɪstʃíː-/ 形 ❶ (人・行動が)いたずら(好き)な；ちゃめっ気のある ‖ a ～ child [grin] いたずらっ子[いたずらっぽいにやにや笑い] ❷《堅》(行為・言説が) 害を及ぼす, 悪意のある ‖ a ～ remark 悪意のある論評 / ～ gossip 中傷のゴシップ
～·ly 副 ～·ness 名
mis·ci·ble /mísəbl/ 形《化》(液体が)〈…と〉混合し得る〈with〉 mìs·ci·bíl·i·ty 名 U 混和性
mìs·communicátion 名 U (思想・意思などの) 伝達の失敗；不明確な伝達
mìs·concéive 動 他 ❶ …を誤解する ❷《～d で形容詞として》誤った判断[理解]に基づく, 見当外れの
*mis·con·cep·tion /mìskənsépʃən/ 名 C U 誤った考え[概念]；誤解, 誤認〈about …についての / that 節 …という〉‖ It is a popular [OR common] ～ *that* .... …というのはよくある誤解だ
mis·con·duct /mìská(ː)ndʌkt | -kɔ́n-/ (→ 動) 名 U ❶ (特に被雇用者や専門職の)不法行為；職権乱用 ❷ 監理不行届き ―動 /mìskəndʌ́kt/ 他 ❶ …の管理[処置]を誤る ❷《～ oneself で》不正を働く；姦通する
mìs·confígure 動 他 🖳 …に誤った環境設定をする
-configurátion 名
mìs·constrúction 名 U C 不正確な解釈；誤解；《文法》誤った構文
mìs·construe 動 他〔言葉・行動など〕を誤って解釈する；〔人〕の意図を取り違える
mis·count /mìskáunt/ (→ 名) 動 他 自 (…を) 数え違いする, 誤算する ―名 /mískàunt/ C 数え違い, 誤算
mis·cre·ant /mískriənt/ 名 C《文》悪漢, 犯罪者；⊗《古》《蔑》異教徒 ―形 邪悪な；《古》異教徒の
mìs·cúe 名 C《ビリヤード》突き損ない；《スポーツ》エラー；(一般に) 過ち ―動 自《ビリヤード》突き損なう；《スポーツ》エラーする；(役者が)キュー[指示]を取り違える
mìs·dáte 動 他〔手紙や書類〕に誤った日付をつける；〔歴史上の事件など〕の日時[年代]を間違える
mìs·déed 名 C《通例 ～s》非行；不法行為；犯罪行為
mis·de·mean·or /mìsdɪmíːnər/ 名 U C ❶ 非行, 不行跡 ❷《法》軽犯罪(→ felony)
mìs·diagnóse 動 他 …を誤診する (♦ しばしば受身形で用いる) -diagnósis 名 (複 -ses /-siːz/) U C 誤診
mis·di·al /mìsdáɪəl/ (→ 名) 動 自 他 (電話の) ダイヤルを回し間違う ―名 /mísdàɪəl/ C 電話のかけ間違い
mìs·diréct 動 他 ❶《通例受身形で》(能力・努力などが)誤って使われる ❷〔手紙〕のあて名を間違える ❸〔打撃・パンチなど〕のねらいを損なう ❹〔人〕に間違った方向[道順など]を教える ❺ (判事が)〔陪審員〕に誤った指示を与える
-diréction 名 U C ねらい損ない, 誤用, 悪用；誤った指示；あて名違い
mìs·dóing 名 C《通例 ～s》非行, 悪事
mìs·dóubt 動 他《古》《方》…の真実性[存在]を疑う；…をあやしむ
mise en scène /mìːz ɑːn séɪn | -ɔn-/ 名 C《通例単数形で》舞台装置；周囲の状況(♦ フランス語より)
*mi·ser /máɪzər/《発音注意》名〔▶ misery 名〕C 守銭奴；けちん坊
語源 ラテン語で「惨めな」の意. お金をためたい一心でけちけち生活することから. miserable と同語源.
‡mis·er·a·ble /mízərəbl/
―形〔◁ misery 名〕(more ～；most ～)
❶ **惨めな, ひどく不幸な[不快な]**(⇨ SAD 類語) ‖ You've made life ～ for me. あなたのせいで私の生活はひどいものだ / feel ～ 惨めな気持ちになる, 情けなくなる / (as) ～ as sin 非常に惨めな
❷《通例限定》(物事が)人を惨めな気持ちにさせる, **悲惨な**, 痛ましい ‖ ～ weather ひどい天気 / have a ～ cold ひどい風邪をひいている / a ～ situation 悲惨な状況
❸《限定》(収入などが)わずかな；(食事などが)粗末な；下手な；(敗北などが)嘆かわしい ‖ a ～ performance お粗末な演技[演奏] / a ～ meal 粗末な食事 / a ～ failure 惨めな失敗
❹ 恥ずべき, 見下げ果てた, 浅ましい (↔ respectable) ‖ You ～ coward! この見下げ果てたおく病者め / play a ～ trick 浅ましい手を使う ❺《豪・ニュージ・スコット》けちな ❻《限定》(人が)常に不機嫌な
mis·er·a·bly /mízərəbli/ 副 ❶ 惨めに, 悲惨のうちに ‖ die ～ 惨めな死に方をする ❷ 惨めなほどに；貧弱に ❸ ひどく (♥ 形容詞の悪い意味を強調する) ‖ ～ defective ひどい欠陥のある
Mis·e·re·re /mìzəréəri/ 名 ❶《旧約》ミゼレレ《神の慈悲を請う詩編の章. またその曲》❷《m-》C 哀願 ❸《m-》=misericord ❶
mi·ser·i·cord /mɪzérɪkɔ̀ːrd/ 名 C ❶ ミセリコルディア《教会の聖歌隊席の畳み込みいすの裏につけた持ち送り. 起立すると身体の支えになる》❷ (修道院の) 特免室 ❸ (負傷した敵にとどめを刺す)短剣

mi·ser·ly /máɪzərli/ 形 けちな；極端に小さい[少ない]
-li·ness 名

*__mis·er·y__ /mízəri/ 《発音注意》 名〔◁ miser 名|▶ miserable 形〕(複 **-er·ies** /-z/) ❶ U C 惨めさ，悲惨さ；非常な不幸[苦悩](↔ happiness)；貧困，貧窮(↔ luxury) ‖ the ～ of poverty 貧乏の惨めさ / live in ～ 惨めな生活をする / Their life was a ～. 彼らの生活は悲惨なものだった / make「her life a ～ [OR life a ～ for her] 彼女の暮らしをひどく不幸にする ❷ C 《通例 -ies》つらい出来事，苦難；悲惨な状況 ‖ the *miseries* of life in the ghetto 貧民街での生活の種々の苦難 ❸ C 《英口》いつも不平たらたらの人
pùt ... òut of his/her/its misery ①〔動物・人など〕を殺して苦痛から解放してやる ②〔人〕を(知りたがっていることを教えて)安心させる，気を楽にしてやる
▶▶ **～ ìndex** 名 C 〖経〗窮状[悲惨]指数《物価上昇率と失業率の絶対値を足した指数》

mìs·féasance 名 U C 〖法〗不法行為；(特に)職権乱用

mìs·fíle 動 他〔書類など〕を間違った所にファイルする

mìs·fíre 動 自 ❶ (計画が) 意図した結果を生まない ❷ (銃・ミサイルが)不発に終わる；(エンジンなどが)点火しない
―名 C ❶ 失敗 ❷ 不発；(内燃機関の)点火不良

mís·fit 名 C ❶ 環境[仕事]にうまく適応できない人，不適格者 ❷《古》合わない服[もの]

*__mis·for·tune__ /mɪsfɔ́ːrtʃən/ 名 (♦ 形容詞は unfortunate) ❶ U 不幸，不運，逆境，苦難 ‖ In his thirties he had [OR suffered] the ～ to lose his sight. 30代に彼は不幸にも失明した / by ～ 不幸[不運]にも ❷ C 不幸な出来事 ‖ The fire was a great ～ to them. 火事は彼らにとって非常な災難だった / *Misfortunes never come singly.* 《諺》災難は続くもの；弱り目にたたり目
語源 *mis-* bad(悪い)＋fortune(運命)

mis·give /mɪsgív/ 動 (**-gave**；**-giv·en**；**-giv·ing**) 他《文》(心などが)〔人〕に疑い[懸念]を起こさせる

*__mis·giv·ing__ /mɪsgívɪŋ/ 名 U/C (通例 ～s)〈…に関する〉疑念，疑惑；懸念，不安，気がかり；不信の念〈**about**〉‖ I have deep [OR serious, grave] ～*s about* recommending him for promotion. 彼の昇進を推薦することについては大いに不安を感じている / view ... with ～*s* …を疑惑の目で見る

mìs·góvern 動 他〔国家など〕を治める[統治する]のを誤る
～·ment 名 U 失政

mis·guide /mɪsgáɪd/ 動 他 …を誤った方向へ導く

mis·guid·ed /mɪsgáɪdɪd/ 形 誤った考えに導かれた，惑わされた，心得違いの **～·ly** 副

mìs·hándle 動 他 …を手荒に扱う；…を虐待する；…の扱い[管理]を誤る **-hánd·ling** 名

mis·hap /míshæp/ 名 C 不幸な出来事，災難；U《堅》不運 ‖ without ～ 無事に

mìs·héar 動 (**-heard**；**～·ing**) 他 自 (…を)聞き違える

mis·hit /mɪshít/ (→ 名) 動 (**-hit**；**～·ting**) 他〔ボール〕をまずい方向に打つ[ける]，打ち[けり]損なう
―名 /míshɪt/ C (ボールの)まずい一打，当たり損ね

mish·mash /míʃmɑːʃ | -mæʃ/ 名 C (a ～)ごた混ぜ，寄せ集め

mìs·infórm 動 他 …に誤った情報を伝える (♦ しばしば受身形で用いる) **-informátion** 名 U (意図的な)誤報

mìs·intérpret 動 他〔人(の言葉・考えなど)〕を誤って解釈[説明，理解]する **-interpretátion** 名

MI6 略 *M*ilitary *I*ntelligence, section *six* (英国の) 軍情報部6部《国外の諜報活動を担当. → MI5》

mìs·júdge 動 他 自 (…に) 誤った判断をする；(…に) 不当な評価をする
-júdg(e)·ment 名 U C 誤った判断；不当評価

mis·lay /mɪsléɪ/ 動 (**-laid**；**～·ing**) 他〔物〕を置き忘れる，置き違える

*__mis·lead__ /mɪslíːd/ 動 (**～s** /-z/；**mis·led** /-léd/；**～·ing**) 他 ❶〔人〕に誤った考えを持たせる；〈…について〉〔人〕を欺く，誤解させる〈**about**〉；〔人〕をだまして〈…〉させる〈**into**〉‖ Don't be *misled* by the pandas' appearance. They can be fierce. パンダの見た目にだまされてはいけない. 獰猛(どうもう)になることもある / I was *misled into* buying a fake Picasso. 私はだまされてにせ物のピカソを買わされた ❷〔人〕を間違った方向に導く，道に迷わせる

*__mis·lead·ing__ /mɪslíːdɪŋ/ 形 (**more ～**；**most ～**) 人の判断を誤らせる，誤解させる，紛らわしい ‖ a ～ expression 紛らわしい表現 **～·ly** 副

mìs·mánage 動 他 …の管理[処置]を誤る
～·ment 名 U 誤った管理[処置]，やり損ない

mis·match /mɪsmǽtʃ/ (→ 名) 動 他 《通例受身形で》不釣り合いな組み合わせをされる
―名 /mísmæ̀tʃ/ C 不(適)当な組み合わせ；不釣り合いな結婚；〈…間の〉不一致〈**between**〉

mìs·náme 動 他 《通例受身形で》間違った名で呼ばれる

mis·no·mer /mɪ̀snóʊmər/ 名 C 間違った名前 [名称]；名前[呼称]の誤り

mi·so /míːsoʊ/ 名 U 味噌(みそ)(♦ 日本語より)

mi·sog·a·my /mɪsɑ́(ː)gəmi | -sɔ́g-/ 名 U 結婚嫌い
-mist 名 C 結婚嫌いな人

mi·sog·y·ny /məsɑ́(ː)dʒəni | -sɔ́dʒ-/ 名 U 女嫌い (↔ philogyny) **-nist** 名 C 女嫌いな人 **mi·sòg·i·nís·tic** /-nístɪk/ 形

*__mìs·pláce__ 動 他 ❶《通例受身形で》…を置き忘れられる；…が違う所に置かれる ❷《～d で形容詞として》誤った [不適当な]対象に向けられた；(状況に照らして)不適切な
～·ment 名 C 置き違い；置き忘れ

mis·play /mɪspléɪ/ 名 C ミス，エラー；反則
―動 他 …をミスする；…を規則に反してプレーする

mis·print /mísprɪ̀nt/ (→ 動) 名 C ミスプリント，誤植
―動 /mɪ̀sprínt/ 他 …を誤植する

mis·pri·sion /mɪsprízən/ 名 U 〖法〗❶ 犯罪の隠匿 ‖ ～ of felony [treason] (直接関与しなかった者の) 重罪[反逆]隠匿罪 ❷《米》(公務員の)職務違反[怠慢]

mìs·príze 動 他《堅》…を軽視する，見くびる

mìs·pronóunce 動 他 …の発音を間違える
-pronunciátion 名 C U 誤った発音

mìs·quóte 動 他 …を間違って引用する
-quotátion 名 C U 間違った引用(語句)

mis·read /mɪsríːd/ 動 (**-read** /-réd/；**～·ing**) 他 ❶ …を読み誤る ❷ …を誤って解釈する，誤解する

mìs·remémber 動 他 …を間違って記憶する

mìs·repórt 動 他 …を間違って[偽って]報告する
―名 U C 誤報，虚報

mìs·represént 動 他 ❶ …を偽って伝える ❷ …を正しく代表していない **-representátion** 名 C U 虚報；〖法〗不実表示；代表資格不十分

mìs·rúle 名 U ❶ 失政，悪政 ❷ 無秩序，無法状態
―動 他 …の統治を誤る，悪政を行う

***__miss__[1] /mɪs/ 動 名

中心義 **Aをとらえ損なう**(★Aは「物」「人」「機会」など多様)

動 他 **外す❶ し損なう❷ 寂しく思う❸ 乗り遅れる❹**

―動 (**～·es** /-ɪz/；**～ed** /-t/；**～·ing**)
―他 ❶〔的など〕を**外す**，ねらい損なう，…に当て損なう；…をとらえ損なう，つかみ[取り]損なう；…に届かない ‖ He shot at the robber but ～*ed* him. 彼は強盗をねらって撃ったが当たらなかった / ～ a ball ボールを取り損なう (「間違う，失敗する」の意味で「ミスする」というのは和製語. make「a mistake [OR an error]という)
❷ **a** (＋目) …を**し損なう**，…に出席し[行き]損なう，…を食べ損なう，見[聞き]損なう，見落とす；…を理解し損なう；…に会い損なう ‖ ～ a week of school 学校を1週間欠席する / ～ a party パーティーを欠席する / ～ breakfast

M

朝食を食べ損なう[抜かす] / You can't ～ the hotel — it's right by the station. そのホテルを見落とすことはないよ — 駅のすぐそばだから(♥ 道を尋ねられたときの返答によく用いる) / Don't ～ a word, I warn you. いいかい, 一言も聞き漏らしてはいけないよ / The film is too good to ～. その映画は絶対見逃せない / His performance is not to be ～*ed*. 彼の演技[演奏]は見[聞き]逃すべきでない / You're ～*ing* my point. 僕の言っている主旨がわかっていないね / ～ the joke その冗談がわからない / Sorry I ～*ed* you at the airport. 空港で(会うつもりだったのに)会えなくて悪かった

b 《+***doing***》…し損なう ‖ I ～*ed* getting the rare book by a hairbreadth. 間一髪の差でその稀覯(きこう)本を手に入れ損なった

❸ **寂しく思う** **a** 《+目》〔人〕がいないのを寂しく思う;〔物〕がなくて困る, 〔物〕を懐かしく思う ‖ We'll ～ you when you're away. あなたがいなくなるとみんな寂しくなります / I ～ my hometown. 故郷が恋しい[懐かしい]

b 《+***doing***》…できないのを寂しく[残念に]思う ‖ I really ～ seeing my friends. 友達と会えなくてとても寂しい

c 《+目+***doing***》〔人〕が…したことを懐かしく思う ‖ I ～ my granddaughter coming to see me every morning. 孫娘が毎朝会いに来てくれたのが懐かしい

❹〔乗り物〕に**乗り遅れる**(↔ catch);…に遅れる, 間に合わない ‖ I ～*ed* the last train. 最終列車に乗り遅れた / Because of the traffic jam, we ～*ed* the beginning of the game. 交通渋滞のせいで, 私たちは試合の開始に間に合わなかった

❺〔機会〕を逃す ‖ ～ an opportunity to travel 旅行の機会を逃す

❻〔人・物〕がいない[ない]のに気づく ‖ When did you ～ your keys? キーがないのに気づいたのはいつですか

❼ **a** 《+目》〔難〕を免れる, 逃れる;…を避ける ‖ ～ an accident 事故を免れる / ～ the「rush hour [crowd] ラッシュアワー[人込み]を避ける

b 《+***doing***》…するのを免れる(♦ 通例 just, barely, narrowly とともに用いる) ‖ I just ～*ed* stepping on the frog. もう少しでカエルを踏んづけるところだった

❽〔入るべきもの〕を抜かす;(女性が)〔月のもの〕がない

— 自 ❶ 的を外す, とらえ損なう;やり損なう, 〈…に〉失敗する〈in〉 ❷ (エンジンが)うまく点火しない

*・**miss óut** 〈自〉〈機会・好機を〉逸する;〈…を〉取り損なう〈**on**〉 ‖ I'm afraid I ～*ed out on* a great opportunity. 残念ながら絶好のチャンスを逃したようだ — 〈他〉 《***miss óut*** ... / ***miss*** ... ***óut***》《英》〔入れる[含まれる]べき事柄・人など〕を抜かす, 落とす(leave out)

nòt miss múch 大事なこと[機会など]を見逃さない;(機会を逃したが)大したことはない

COMMUNICATIVE EXPRESSIONS

1 **I wòuldn't mìss it for the wórld.** それを(見)逃す手はないよ;絶対に見て[やって]みたい

2 **I'm sórry. I míssed thàt.** すみません, ちょっとよくわからなかったんですが(♥ 聞き逃したことや理解できなかったことをもう一度繰り返してもらいたいときに)

— 名 (複 **～·es** /-ɪz/) Ⓒ ❶ 的外れ;やり損ない, 失敗;(映画などの)失敗作 ‖ *A ～ is as good as a mile.* 《諺》少しでも外れは外れ;(いかに成功に近くても)失敗は失敗だ

❷ ない[いない]と困る[寂しい]もの[人]

give ... a miss 《英口》…しないで済ませる;…に欠席する ‖ I'll give my class a ～. 授業を欠席します

*・**miss**² /mɪs/ 名 Ⓒ ❶ 《M-》《未婚女性の姓・姓名につけて》…**嬢**, …さん ‖ *Miss* Brown ブラウン嬢 / *Miss* Amelia Evans アメリア=エバンス嬢 / the *Misses* Brown and Evans ブラウン嬢とエバンス嬢

語法 ☆☆ (1) 年齢に関係なく未婚女性の姓または姓名の前につける. 名だけの前につけるのは誤り.
(2) Lady, Dr. など高位の敬称を持たない一般の未婚女性に用いる. 女優などでは既婚女性にも使われる.
(3) 現在は未婚・既婚を問わず Ms(.) を使うことが多い(⇨ Ms. 語法).
(4) 姉妹を一緒にいうときは the *Miss* Browns と, the *Misses* Brown の2通りがあるが, 後者は《旧》.
(5) 特に《英》では, 姓のみにつく場合は特に長女であることを意味し, 次女以下については名を入れる.
(6) 電話・手紙・自己紹介などでは, 必要な場合, 自分の名でも Miss をつけて Mrs. と区別することがある.
(7) Mistress の短縮形だが, 略語ではないのでピリオドはつけない.

❷ 《M-》(美人コンテストなどの)ミス… ‖ *Miss* America ミスアメリカ ❸ 《しばしば M-》《口》お嬢さん(♥ 名前のわからない若い女性への呼びかけ);《英口》先生(♥ 生徒が女性教師に用いる);お嬢さま(♥ 使用人からの呼びかけ. 《米》では ma'am がふつう) ❹ 女の子, 娘っ子 ‖ a saucy ～ 生意気な女の子

Miss. 略 Mississippi

mis·sal /mísəl/ 名 《ときに M-》Ⓒ (ローマカトリックの)ミサ典書;(一般に)祈禱(きとう)書

mis·shape /mìsʃéɪp/ (→ 名) 動 他 《古》…の形を悪く[出来損ないに]する — 名 /mísʃèɪp/ Ⓒ 《英》出来損ないの菓子

mis·shap·en /mìsʃéɪpən/ 形 不格好な, 奇形の

*・**mis·sile** /mísəl | -aɪl/ 《アクセント注意》 名 Ⓒ ❶ ミサイル ‖ a ballistic [cruise] ～ 弾道[巡航]ミサイル / a nuclear ～ 核ミサイル ❷ 飛び道具《銃弾・投石・火炎瓶など》

mís·sile·ry /-ri/ 名 Ⓤ ❶ ミサイル工学 ❷ 《集合的に》ミサイル

*・**miss·ing** /mísɪŋ/ 形 〈…から〉失われた, 欠けている;欠席の, いない〈**from**〉;行方不明の ‖ Two pages are ～ *from* this book. この本は2ページ脱落している / Her father has been ～ since the end of last month. 彼女の父親は先月末以来行方不明だ / Our dog is ～. We've put up bills everywhere to find him. 飼い犬がいなくなり, 私たちは捜そうとあちこちにはり紙をしてきた / go ～ 《英》(特に不意に)行方不明になる / ～ in action 戦闘中に行方不明になって

▶▶ **～ línk** 名 Ⓒ 系列の完成に欠けているもの[人];《the ～》〖生〗失われた環《ヒトと類人猿の中間に存在すべき仮説上の生物》 **～ pérson** 名 Ⓒ 行方不明者

:mis·sion /míʃən/

— 名 〔▶ missionary 形〕(複 **～s** /-z/) Ⓒ ❶ 《単数・複数扱い》(外国政府などへの)(外交)**使節(団)**, 代表(団), 派遣(団) ‖ a goodwill ～ 親善使節団 / send a Japanese trade ～ **to** China 中国へ日本の通商使節団を送る

❷ (派遣される人の)**使命**, 任務;(組織の)目標[最重要目的] ‖ go **on** a special ～ to Washington 特命を帯びてワシントンに赴く / carry out one's ～ 使命を達成する

❸ 在外公館 ❹ (軍の)作戦;〖空〗特務飛行;(宇宙船などの)任務飛行 ‖ a bombing ～ 爆撃任務飛行 / a ～ to the moon 月への飛行ミッション ❺ 天職 ‖ His ～ in life is helping old people. 老人の手助けが彼の天職だ ❻ Ⓒ Ⓤ 伝道, 布教;伝道[布教]団, 宣教師団;伝道[布教]活動;伝道[布教]区 ‖ Foreign [Home] *Missions* 海外[国内]伝道団 / a Christian ～ キリスト教の伝道 ❼ 伝道所, 教会 ❽ (貧しい人々のための)救済施設, セツルメント ❾ 《英口》困難な使命[仕事, 行程]

mìssion accómplished 任務完了

— 動 他 ❶〔人〕を派遣する ❷〔地域・人〕に布教する

▶▶ **～ còntrol (cènter)** 名 Ⓒ (宇宙船の)地上管制センター **～ crèep** 名 Ⓤ 目標漸変《当初の目標が徐々に予想外の方向に発展していくこと》 **～ stàtement** 名 Ⓒ (会社や組織などの目的を示す)綱領

*・**mis·sion·ar·y** /míʃənèri | -əri/ 名 (複 **-ar·ies** /-z/) Ⓒ ❶ 宣教師, 伝道者 ❷ 〈主義などの〉宣伝者〈**of, for**〉

— 形 《限定》伝道の, 布教の;宣教師の

▶▶ **～ posìtion** 名 《the ～》《口》(性交時の)正常位

mis·sis /mísɪz/ 名 = missus

Mis·sis·sip·pi /mìsɪsípi/ 《アクセント注意》 名 ❶ ミシシ

ッピ(州)《米国中南部の州. 州都 Jackson. 略 Miss.,〚郵〛MS》❷《the ～》ミシシッピ(川)《米国中部を流れメキシコ湾に注ぐ》

Mis·sis·sip·pi·an /mìsɪsípiən/ 形 ❶ミシシッピ州[川]の ❷〚地〛ミシシッピ紀の ―名 ❶Ⓒミシシッピ州民 ❷《the ～》〚地〛ミシシッピ紀《石炭紀の前半》

mis·sive /mísɪv/ 名Ⓒ(公式の)手紙, 書簡;《戯》長い[深刻な]手紙 ‖ a harshly worded ～ 厳しい文面の手紙

Mis·sour·i /mɪzʊ́əri/ 名 ❶ミズーリ(州)《米国中部の州. 州都 Jefferson City. 略 Mo.,〚郵〛MO》❷《the ～》ミズーリ(川)《ミシシッピ川の支流》

be [OR ***come***] ***from Missóuri*** (人が)疑い深い

～·an 形名Ⓒミズーリ州の(人)

mis·spell /mìsspél/ 動 (**～ed** /-d/ OR **-spelt** /-spélt/; **～·ing**) 他…のつづりを間違える

～·ing 名Ⓒ間違ったつづり;ⒸⓊ間違った語のつづり方

mis·spend /mìsspénd/ 動 (**-spent**; **～·ing**) 他《通例受身形で》誤った使い方をされる, 浪費[空費]される ‖ a *misspent* youth 無駄に過ごした青春

mis·state /mìsstéɪt/ 動 他…について誤って[不正確に]述べる **～·ment** 名ⓊⒸ誤った[虚偽の]陳述

mis·step /mìsstép/ 名Ⓒ踏み誤り;失策, 失敗

mis·sus /mísəz | -ɪz/ 名 ❶《the ～, one's ～》⊗《口》《戯・ときに蔑》細君, 家内, 女房(♦標準的でない用法とされる) ❷Ⓒ《口》(名前を知らない女性への呼びかけで)奥様

miss·y /mísi/ 名 (複 **miss·ies** /-z/) Ⓒ⊗《口》《ときに蔑》お嬢さん, ねえちゃん(♥愛情・叱責(しっせき)を込めた呼びかけ)

:mist /mɪst/

―名 (▶ misty 形) (複 **～s** /-s/) ❶ⓊⒸ**かすみ**, **もや**, **霧** (fog より薄いもの) (⇨ FOG[1] 類語) ‖ There was a heavy [OR thick, dense] ～ over the lake. 湖には濃いもやがかかっていた / The castle still had ～ rising around it. その城の周りにはまだ霧が立ち込めていた / the mountaintop covered **in** ～ 霧に包まれた山頂 ❷Ⓤ/Ⓒ《単数形で》(ガラス表面などの)曇り;(目の)かすみ ‖ through a ～ of tears 涙でかすんだ目で ❸Ⓒ《単数形で》(ほこり・煙・香水などの)霧状に立ち込めたもの ‖ a ～ of perfume 香水の霧 ❹《the ～s》(理解・記憶などを)ぼんやりさせるもの, もやもや ‖ emerge from the ～*s* of the past ぼんやりとした過去の中から現れる / lost in the ～*s* of time 昔のことで思い出せない

―動 他〔場所〕をかすみで覆う;〔目〕を(涙で)かすませる;〔窓など〕を曇らせる《*up*》;〔植物など〕に(霧状の)水を吹きかける ‖ The steam coming up from my bowl of Chinese noodles ～*ed* my eyeglasses. ラーメンのどんぶりから立ち上る湯気で私の眼鏡は曇った

―自 (場所が)かすみで覆われる, かすむ;(窓ガラスなどが)曇る;(目が)(涙で)かすむ《*over, up*》

mis·tak·a·ble, -take·a·ble /mɪstéɪkəbl/ 形 誤り[間違い]やすい;誤解されやすい

:mis·take /mɪstéɪk/ 名 動

―名 (複 **～s** /-s/) Ⓒ**誤り**, **間違い**;誤解, 勘違い;失敗 (⇨ 類語) ‖ We **made** a ～ in choosing him for the student council. 我々は彼を学生自治委員会に選出するという過ちを犯した / My! I've **made** [×done] a **big** [bad] ～. あれ, 大変な[ひどい]間違いをしちゃったよ / There must be some ～! きっと何かの間違いだ / a ～ of fact 事実誤認 / It was a ～ to buy that car. It guzzles gas. あの車を買ったのは間違いだった. 燃料を食いすぎる / There's no ～ about it. それは全く確かだ[何ら疑う余地はない] / The student's paper was full of spelling ～*s*. その学生のレポートにはつづりの間違いがたくさんあった / **make** the ～ of leaving one's bag on the train 電車の中にかばんを忘れるという失敗を犯す / learn from one's ～*s* 失敗を教訓にして学ぶ

and nò mistáke 《口》(前の言葉を強めて)間違いなく ‖ It's going to be a hot day, *and no* ～. 日中は暑くなりますよ, きっと

by mistáke **誤って**, 間違って(↔ deliberately) ‖ I took someone else's umbrella *by* ～. 間違ってだれかの傘を持って来てしまった

in mistáke for ... …と間違えて, …だと思って

COMMUNICATIVE EXPRESSIONS

1 **Màke nò mistáke about it.** The boss is sérious. いいか, ボスは本気だぞ(♥強調・警告するときに)

2 **(Thàt was) my mistáke.** 私の間違いです;私の責任です(♥自分の非を認める)

3 **We àll màke mistákes.** だれにだって間違いはあるんだから(♥自分のしたことについて用いると言い訳の意味に, 人に対して用いると慰めの意味になる)

―動 (**～s** /-s/; **-took** /-tʊ́k/; **-tak·en** /-téɪkən/; **-tak·ing**) 他 ❶ **a** (+目)…を**間違える**, 誤る;…を〈…だと〉誤解する〈**as**〉‖ You can't ～ his house. It's huge. 彼の家を間違えることはないよ. 大きいから / ～ one's way [vocation] 道[職業]を間違える / I understand Nick has *mistaken* my advice *as* a threat. ニックはどうも私の忠告を脅しと誤解したらしい

b (+wh 節)…かを誤解する ‖ There was no *mistaking what* he had come for. 彼がなぜ来たのかは明白だった

❷ (+目+**for** 名)…を…と間違える, 取り違える ‖ Sorry. I've *mistaken* you *for* Mrs. Kato. 失礼, あなたを加藤さんの奥さんと間違えてしまいました / ～ silence *for* consent 黙っているのを承諾と勘違いする

COMMUNICATIVE EXPRESSIONS

4 **Dòn't mistáke me.** どうか誤解しないでください

類語 《名》 **mistake** 「間違い, 誤り」を表す最も一般的な語. たいていの場合 error と交換可能. 〈例〉a spelling *mistake* [OR *error*] つづりの間違い

error mistake より改まった語. 道徳的な「誤ち」の意にも用いる. 〈例〉the *errors* of his youth 彼が若いころに犯した誤ち / an *error* of judgment 判断の誤り(♦これは固定表現で mistake はふつう用いない)

blunder 不注意によるしくじり, へま.

fault 「落ち度」で, 誤りの責任を含む. 〈例〉It is not your *fault*. それは君のせいではない

語源 古代北欧語 *mis-*(誤まって)+*taka*(とる)から.

:mis·tak·en /mɪstéɪkən/

―動 mistake の過去分詞

―形 ❶《叙述》(人が)**誤った**, 誤解[勘違い]した〈**about** …のことで;**in** …の点で〉‖ I was completely ～ *about* her age. 彼女の年をすっかり勘違いしていた / I was ～ *in* believing that the 21st century began in 2000. 私は間違って21世紀は2000年から始まるものと思っていた ❷《通例限定》(考え・行動・判断などが)間違った, 正しくない ‖ have a ～ opinion [impression] 間違った意見[印象]を持つ / a ～ kindness ありがた迷惑 / in the ～ **belief** that ... 間違って…だと思い込んで

COMMUNICATIVE EXPRESSIONS

1 **If I'm nòt mistáken,** we've mét befòre. 私の間違いでなければ, 以前にお会いしたことがありますよね

2 **You're complètely mistáken!** あなたは完全に間違っている;全然違います(♥誤りを指摘し, 反論する)

～·ly 副 誤って, 間違って

▶▶ **～ idéntity** 名Ⓤ《a case of ～で》誤認, 人違い

***mis·ter** /místər/ 名 ❶《M-》=Mr.(♥男性の姓(名)・官職名などにつける敬称で, ふつう Mr., Mr と略記する) ❷《口》おじさん, あんた(sir)(♥知らない人への呼びかけ.《英》ではときに標準的でない用法とされる) ‖ Could you give me a ride, ～? ねえおじさん, 車に乗せてくれる ❸《the ～, one's ～》《口》亭主, 夫(husband)

語源 master の強勢のない弱形.

mìs·tíme 動 他…のタイミングを間違える, 悪い[まずい]ときに…をする[言う] ‖ The shortstop ～*d* his jump. ショートはジャンプのタイミングを間違えた **-tím·ing** 名

M

mís·tle thrùsh /mísl-/ 名 C 〖鳥〗(ヨーロッパ産の) ヤドリギツグミ《ヤドリギの実を食べる》

mis·tle·toe /mísltòʊ/ 名 C 〖植〗ヤドリギ《クリスマスに枝を飾り, その下にいる人にキスしてよいという習慣がある》

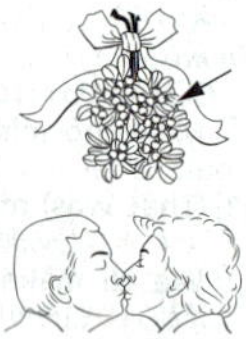
mistletoe

‡mis·took /mɪstʊ́k/ 動 mistake の過去

mis·tral /místrəl, mɪstrɑ́:l/ 名 《the ～》ミストラル《フランスの地中海沿岸地方に吹く冷たい北西風》

mìs·transláte 動 他…を誤訳する

-translátion 名 U C 誤訳

mìs·tréat 動 他…を虐待する；…を手荒に扱う

～·ment 名 U C 虐待；手荒な扱い

＊mis·tress /místrəs/ 名 C ❶ 愛人, 不倫相手 (の女性) (lover) ‖ keep a ～ 愛人を囲う ❷ 監督 [裁量] 権を持つ女性, 女性支配者, 腕の立つ女性；《古》女性の家長, 女性の飼い [雇い] 主 (♦ しばしば無冠詞) ‖ England was *Mistress* of the seas. 英国は海の支配者だった / the ～ of the night 夜の女王《月のこと》/ She is ～ of the situation. 彼女は局面を支配するのがうまい / be one's own ～ (女性が) 何物にも束縛されない, 自立している ❸ 〈…に〉精通した女性 〈**of**〉, 女流の大家 (中立 expert, specialist) ‖ She is a complete ～ *of* the art of cookery. 彼女は料理の腕にかけてはまさに大家だ ❹ 《英》(特に私立校の) 女性教師 (中立 schoolteacher)；女性の校長[学寮長] (中立 principal, head) (→ master) ‖ a music ～ 女性の音楽教師 ❺ 《M-》《方》《古》…夫人, 令夫人(Mrs.) (♥ 敬称) ❻ 《古》《文》恋人

mis·tri·al /mìstráɪəl, ∸∸∸/ 名 C 〖法〗❶ 無効審理《訴訟手続上の過誤による》❷ 《米》(陪審員の評決不一致による) 無評決審理

＊mis·trust /mìstrʌ́st/ 名 U/C 《a ～》〈…に対する〉不信；嫌疑；疑惑 〈**of**〉 ‖ have a strong ～ *of* politicians 政治家に強い不信の念を抱く

— 動 他…を信用しない；…を疑う ‖ ～ strangers 知らない人を信用しない / ～ oneself 自分(の能力)を疑う

mìs·trústful 形 (人が) 〈…を〉信用しない；〈…に〉疑いを持つ 〈**of**〉 **～·ly** 副 **～·ness** 名

＊mist·y /místi/ 形 〔◁ mist 名〕❶ かすみ[霧]の(かかった), かすみ[霧]に隠れた；(目が) (涙で) かすんだ；(形の) ぼんやりした ‖ a ～ mountain [morning] 霧の深い山 [朝] / ～ rain 霧雨 / eyes ～ with tears 涙にかすんだ目 ❷ 不明瞭(ふめいりょう)な, あいまいな ‖ a ～ recollection [idea] おぼろげな記憶[考え] **mist·i·ly** 副 霧深く, 霧状に；ぼんやりと **mist·i·ness** 名

mìsty-éyed 形 涙で目のかすんだ；涙もろい, 感傷的な

＊mis·un·der·stand /mìsʌ̀ndərstǽnd/ 動 (**～s** /-z/；**-stood** /-stʊ́d/；**～·ing**) 他〔言葉・人など〕を誤解する (♦ 目的語には wh 節 も可能) ‖ She felt herself (to be) terribly *misunderstood*. 彼女は自分がひどく誤解されているのを感じた **—** 自 誤解する

COMMUNICATIVE EXPRESSIONS

1 **Jùst a móment. You misunderstóod** [OR **misunderstánd**] **me.** ちょっと待ってください, あなたは私(の言ったこと)を誤解していますよ

2 **Perhàps I misunderstóod, but are you quìte súre** he desìgned thìs dréss? もしかしたら私の誤解かもしれませんが, 彼がこのドレスをデザインしたというのは確かですか (♥ 疑いを持って確認する形式ばった表現. ↘Are you sure [OR certain] that he ...?/↘He designed this dress? Positive?)

3 **(Plèase) dòn't misunderstánd me.** どうか勘違いしないでください(♥ しばしば真意の説明や釈明などが続く)

＊mis·un·der·stand·ing /mìsʌ̀ndərstǽndɪŋ/ 《アクセント注意》名 ❶ U C 誤解 〈**about, of** …についての；**between** …間の〉 ‖ I will speak frankly so (that) there will be no ～. 誤解のないように率直にお話しします / cause ～ 誤解を生じる / clear up a ～ 誤解を晴らす ❷ C 意見の相違, ちょっとした口論[仲たがい]

mis·us·age /mìsjú:sɪdʒ, -jú:z-/ 名 U ❶ (言葉などの) 誤用；悪用, 乱用 ❷ 《古》酷使, 虐待

＊mis·use /mìsjú:s/ 《発音注意》(→ 動) 名 U C 誤用；悪用, 乱用 ‖ The copier was damaged by ～. 使い方が悪くてコピー機が壊れた / the ～ of power 権力の乱用

— 動 /mìsjú:z/ 他 ❶ …を誤用 [悪用] する ‖ ～ a great deal of government money for one's private purposes 多額の公金を個人的目的に悪用する ❷ …を酷使[虐待]する

MIT 〈ジ〉略 *M*assachusetts *I*nstitute of *T*echnology (マサチューセッツ工科大学)

Mitch·ell /mítʃəl/ 名 **Margaret ～** ミッチェル (1900–49)《米国の女流小説家》

mite[1] /maɪt/ (♦ 同音語 might) 名 C 〖動物〗ダニ

mite[2] /maɪt/ (♦ 同音語 might) 名 C ❶ (特に同情の対象としての) 小さい子供；小動物 ❷ 《a ～ of で》少量 [微量] の… ❸ 《古》ごく小額の硬貨, (特にフランドルの) 小銭 (の銅貨) (→ widow's mite) ❹ 《a ～》《副詞的に》少し, いくらか ‖ He doesn't care a ～. 彼はてんで気にしない

mi·ter /máɪţər/ 名 C ❶ 司教冠, ミトラ (bishop が儀式で用いる冠) ❷ (＝ **～ jòint**) 斜め [留め] 継ぎ **—** 動 他…を斜め [留め] 継ぎで継ぐ ▶▶ **～ bòx** 名 C 〖木工〗留仕口(とめしぐち) 用定規《切り口の角度をそろえるための道具》

miter ❶

＊mit·i·gate /míţəgèɪt | míti-/ 動 他〔怒り・苦痛・寒暑など〕を減少させる, 和らげる, 静める；〔罰〕を軽減する ‖ ～ his anger 彼の怒りを静める / ～ the effects of global warming 地球温暖化の影響を減ずる

mìtigating círcumstances 名 複 〖法〗情状酌量(しゃくりょう), 軽減事由 (♦ mitigating factors ともいう)

mit·i·ga·tion /mìţəgéɪʃən | mìtɪ-/ 名 U 緩和, 軽減 ‖ in ～ (罪などを) 軽くしようとして

mi·to·chon·dri·on /màɪţəkɑ́(:)ndriən, -ţou- | -kɔ́n-/ 名 (複 **-dri·a** /-driə/) C 〖生〗ミトコンドリア, 糸粒体《細胞質内の糸状小体》 **-dri·al** 形

mi·to·sis /maɪtóusəs | -sɪs/ 名 (複 **-ses** /-si:z/) U C 〖生〗(細胞の) 有糸分裂, 間接核分裂 **-tót·ic** 形

mí·tral vàlve /máɪtrəl-/ 名 《the ～》〖解〗僧帽弁

mi·tre /máɪţər/ 名 動 《英》＝miter

＊mitt /mɪt/ 名 C ❶ 《口》＝mitten ❶ ❷ (野球用の) ミット ‖ a catcher's ～ キャッチャーミット ❸ 《通例複数形で》《俗》(人の) 手, こぶし ❹ (詰め物をした) 保護手袋 ‖ an oven ～ オーブンミット ❺ 女性用長手袋《レースや絹製. 指先が露出し前腕まで覆う》

gèt one's mitts on ... 《口》…をつかむ, 所有する

mit·ten /mítən/ 名 C 《通例 ～s》❶ ミトン《親指だけ分かれている手袋》；《口》(ボクシング) グローブ ❷ ＝mitt ❷

‡mix /mɪks/

— 動 〔▶ mixture 名〕(**～·es** /-ɪz/；**～ed** /-t/；**～·ing**)

— 他 ❶ 〔2つ以上のもの〕を**混ぜる**, 混合する；…を〈…と〉混ぜる 〈**with**〉；…を〈…に〉入れて[加えて]混ぜる《***together***》〈**into**〉 (⇨ 類語) ‖ If you ～ yellow and [OR *with*] blue, you get green. 黄色と青を混ぜると緑になる / ～ several liquids *together* 数種の液体を混ぜ合わせる / ～ an egg *into* the batter 生地に卵を加える

❷ 〔別々の活動・考え・グループなど〕を1つ[一緒]にする, 結合する, 調和させる；…を〈…と〉一緒にする, 混ぜ合わせる, 結合する《***together***》〈**with**〉 ‖ ～ boys *with* girls in the same group 男子と女子を同じグループに入れる

❸ **a** 《＋目》…を調合する；〔飲食物〕を混ぜて作る, ミックスする；…を混ぜ (合わせ) て 〈…に〉 する 〈**to, into**〉 ‖ ～ a

drink 飲み物をミックスする / add soda water and ～ a highball ソーダ水を注いでハイボールを作る
b 《+目 *A*+目 *B*⇄+目 *B*+**for** 目 *A*》*A*（人）に*B*（飲食物）を（調合して）作ってやる ‖ Will you ～ me a martini?＝Will you ～ a martini *for* me? 私にマティーニを作ってくれませんか
❹〔いろいろな酒など〕をちゃんぽんに飲む[やる]
❺〔音声〕をミキシングする；（ミキシングして）〔映画のサウンドトラックなど〕を制作する ❻〔動植物〕を異種交配させる
―自 ❶〈…と〉**混ざる**, **混じり合う**《*together*》〈**with**〉（⇨類語）‖ Oil and water will not ～.＝Oil will not ～ *with* water. 油と水は[油は水と]混ざらない
❷ **a**（人が）〈…と〉交わる, 交際する, うまくやっていく〈**with**〉‖ He doesn't ～ much. 彼はあまり人と付き合わない / Miss Sakata ～*es* well *with* our clients. 阪田さんはお得意さんと付き合うのが上手だ **b**〈…に〉加わる, 巻き込まれる〈**in**〉‖ ～ *in* politics 政治に首を突っ込む
❸《否定文で》（物事が）両立する, なじむ ‖ Children and cigarette lighters do not ～. 子供にライターは危険だ
❹（動植物が）異種交配される[する]
mix and mátch（服装などの）異なったものを組み合わせる
mix dówn ... / mix ...dówn〈他〉〔いくつかの音源〕を1つにミックスして最終的なものに仕上げる
mìx ín〈他〉**I**《***mìx ín ... / mìx ... ín***》…を中に入れて〈…と〉かき混ぜる〈**with**〉**II**《***mìx in ...***》〔社交界など〕によく顔を出す, …と交際をする ―〈自〉（パーティーなどで）〈人と〉打ち解ける, 解け込む〈**with**〉
mìx it úp with ...《米口》①〔人〕と言い争う,（殴り合いの）けんかをする ②〔目上の人など〕と打ち解ける, 交わる
míx it (***with ...***)《英口》① =*mix it up with ...* ①（↑）;（…と）試合をする, 競う ②（不愉快な人・扱い難い人を相手に）自信を持って振る舞う
****mìx úp ... / mìx ... úp***〈他〉①…をよく混ぜる ②〔整理されていたものなど〕を〈…と〉ごっちゃにする〈**with**〉‖ ～ *up* documents 書類をごっちゃにする ③〔別々の人・もの〕を〈…と〉混同する, 取り違える〈**with**〉‖ ～ *up* their names [purple *with* blue] 彼らの名前を[紫を青と]混同する ④《通例受身形で》（頭が）混乱する, まごつく（confuse）‖ Her thoughts were all ～*ed up* after the accident. その事件後彼女の頭はすっかりこんがらがってしまった ⑤《受身形で》〈犯罪などに〉巻き込まれる, 加わる〈**in**〉;〈よくない連中などと〉かかわり合いになる〈**with**〉‖ I don't want to be [OR get] ～*ed up in* this affair. この問題にかかわり合うのはごめんだ
―名（複 **～·es** /-ɪz/）❶ C《通例単数形で》〈異なる人・ものの〉混合（物）; 混合比[率]; 寄せ集め〈**of**〉‖ give ... a good ～ …をよく混ぜる
❷ U C（水や熱を加えれば出来上がる）…の素[ミックス] ‖ cake ～ ケーキミックス ❸ C〖放送〗（音声の）ミキシング

類語《他 ❶, 自 ❶》**mix**「混ぜる, 混ざる」を意味する一般的な語.
blend 色・味・香りなどの違うものをほどよく混合して新しいよい色・味・香りを作る.〈例〉*blended* coffee ブレンドコーヒー
stir かき回して混ぜる.〈例〉*stir* sugar into the tea 紅茶に砂糖を入れてかき混ぜる
merge（一方がほかに吸収されるか, 各部分が融合するかして）1つのものに完全に同化する.〈例〉*merge* three businesses into a large one 3社を合併して大会社を作る
mingle（しばしば各要素の性質は残したまま）混じり合った状態にする.〈例〉*mingled* feelings of joy and sorrow 喜びと悲しみが混じり合った気持ち

▶▶ **～ing bòwl** 名 C（サラダなどの）混ぜ鉢

***mixed** /mɪkst/ 形《限定》❶ 混じり合った, 混成の, 混合の, さまざまな, 雑多な（↔ homogeneous）‖ ～ candies キャンディーの詰め合わせ / ～ reviews 賛否両論の批評 / a ～ reaction 複雑な反応 ❷ 異人種間の, 異宗教間の ‖ a ～ society（人種・宗教などの点で）複雑な社会 ❸ 男女混合の, 共学の ‖ Don't tell that sort of joke in ～ company. 男女同席の場でそういう冗談はよせ（♥「女性のいる前で」の意味合いで使われることが多い）/ a ～ chorus 混成合唱（団）/ a ～ school 共学の学校 ❹ 異種交配の, 交配種の
▶▶ **～ bág** 名 C《単数形で》寄せ集め, ごた混ぜ **～ bléssing** 名 C《通例単数形で》よいものだが多少欠点もあるもの[こと]; 功罪相半ばするもの[こと] **～ dóubles** 名 U〖テニスなど〗混合ダブルス **～ drínk** 名 U C《米》（カクテルなどの）ミックス酒 **～ ecónomy** 名 C〖経〗（私企業と国営企業からなる）混合経済 **～ fárming** 名 U（作物育成と畜産の）混合農業 **～ féelings** 名 複 複雑な思い, 悲喜交々(こもごも)の思い **～ gríll** 名 C《英》〖料理〗（ベーコン・ソーセージ・トマト・キノコなどからなる）ミックスグリル **～ márriage** 名 C U 異種族[宗教]間の結婚 **～ màrtial árts** 名 複 総合格闘技《略 MMA》**～ média**（↓）**～ métaphor** 名 U C〖修〗混喩(こんゆ)《相互に矛盾し滑稽(こっけい)さを伴う metaphor の組み合わせ》**～ númber** 名 C〖数〗混数（帯分数・帯小数）

mìxed-abílity 形《通例限定》（学級編成・教育制度などが）能力混成方式の

mìxed média 名《単数扱い》マルチメディア（multimedia）《映像・文字・音などを組み合わせた媒体》
mìxed-média 形

mìxed-úp ＜シ 形《口》頭が混乱した; 情緒不安定の ‖ get ～ 混乱する

***mix·er** /míksər/《発音注意》名 C ❶ 混合する人; 混合機, ミキサー; 攪拌(かくはん)器, 泡立て器（❗野菜・果物などの調理用「ミキサー」は blender,《英》liquidizer という）‖ a concrete ～ コンクリートミキサー ❷ ミキサー《カクテルを作るためにウイスキー・ジンなどに混ぜる飲料. フルーツジュース・ソーダ水・ジンジャーエールなど》❸《形容詞を冠して》人付き合いが…の人 ‖ a good [bad] ～ 人付き合いの上手[下手]な人, 社交家[下手] ❹〖放送・映画〗音量調整装置[技術者], ミキサー;（音声の）ミキシング装置 ❺《米》親睦(しんぼく)会 ‖ a singles ～《主に米》独身者親睦会 ❻ U《英》（乾燥した）ペットフード《ほかの缶詰の餌(え)と混ぜる》

Míx·màster 名《米》《商標》ミックスマスター《料理用攪拌機》

mix·ol·o·gist /mɪksá(ː)lədʒɪst | -sɔ́l-/ 名 C《口》カクテル作りのうまい人, バーテンダー

****mix·ture** /míkstʃər/
―名〔◁ mix 動〕（複 **～s** /-z/）❶ C U（攪拌したり, 振ったりしてできる）**混合物**, 調合物; 調合薬, 水薬; 混紡生地, 混色織り; 混合ガス;〖化〗混合物 ‖ a ～ **of** water and alcohol 水とアルコールの混合物 / pour the cake ～ into the mold 混ぜ合わせたケーキの生地を型に流し込む / a cough ～ せき止め（混合）薬
❷ C《通例単数形で》（感情・スタイル・新旧などの）**入り混じったもの** ‖ **with** a ～ of surprise and joy 驚きと喜びの混ざった気持ちで / His new work is a ～ of jazz and classical music. 彼の新作にはジャズとクラシック音楽が入り混じっている / a ～ of fact and fiction 事実と虚構の交錯 ❸（＝**～ stòp**）C オルガンの音管列《1つの鍵(けん)で高さの違う複数の音を出せる》❹ U 混合, 調合

míx-ùp 名 C《口》混乱, ごたごた, 手違い

miz·zen, miz·en /mízən/ 名 C〖海〗❶ ミズンマスト, 後檣(こうしょう)《帆船のメインマストの後ろのマスト. mizzenmast ともいう》❷ ミズンスル《ミズンマストの縦帆. mizzensail ともいう》

miz·zle /mízl/《主に方》名 U 霧雨
―動 自《it を主語として》霧雨が降る（drizzle）

Mk 略 mark²;〖聖〗Mark

mk. 略 mark¹

MKS 略〖理〗*m*eter-*k*ilogram-*s*econd (system)（メートル＝キログラム＝秒単位系）

mkt. 略 market, marketing

M

ml 略 mile(s); milliliter(s)
MLB 略 *M*ajor *L*eague *B*aseball (米国メジャーリーグ野球)
MLitt /èmlít/ 略 《英》Master of Letters
Mlle. 略 Mademoiselle
Mlles. 略 Mesdemoiselles
mm 略 millimeter(s)
Mme. 略 Madame
Mmes. 略 Mesdames
MMÓ 略 *M*assive *M*ultiplayer *O*nline(game) (大規模多人数オンラインゲーム)
MMR 略 *m*easles, *m*umps and *r*ubella (vaccination)《はしか・おたふく風邪・風疹(ふうしん)三種混合ワクチン》
Mn 記号 〘化〙manganese(マンガン)
MN 略 〘郵〙Minnesota; 《英》*M*erchant *N*avy
mne·mon·ic /nɪmá(ː)nɪk | -mɔ́n-/ 《発音注意》 名 C 記憶を助ける工夫《語・文・句など》 ― 形 《限定》記憶を助ける; 記憶(術)の **-i·cal·ly** 副
mne·món·ics /-s/ 名 U 記憶術
mo /moʊ/ (♦同音語 mow) 名 C 《a ～》《口》瞬間, ちょっとの間(moment)
Mo 記号 〘化〙molybdenum(モリブデン)
MÓ¹ 略 *m*agneto-*o*ptical(光磁気の); 〘郵〙Missouri
MÓ², M.O. 略 *m*ail *o*rder; *M*edical *O*fficer; *mo*dus *o*perandi; *m*oney *o*rder
mo. 略 (複 ～ OR **mos.**) 《米》month
Mo. 略 Missouri
mo·a /móʊə/ 名 C 〘鳥〙モア《ダチョウに似たニュージーランド産の絶滅した走鳥》
Mo·ai /móʊàɪ/ 名 (複 ～) C モアイ(像)《南太平洋のチリ領イースター島にある祭礼用人物像》
***moan** /moʊn/ 《発音注意》 名 ❶ C (苦痛・悲しみ・快感などの)うめき(声), うーん(という声) (⇨ GROAN 類語) ‖ give [OR emit, let out] a ～ of pain 苦痛のうめき声を上げる ❷ C 《口》泣き言, 不平 ‖ have a ～ about work 仕事のことで不平を言う ❸ 《the ～》(風などの)うなり
― 動 自 ❶ 〈苦痛・悲しみ・快感などで〉うめく, うめき声を上げる〈**in, with**〉; (風などが)うなる (⇨ CRY 類語) ‖ ～ *in* [OR *with*] pain 苦痛のあまりうめく ❷ 《口》不平を言う, 泣き言を言う, 嘆く《*on*》〈**at, to** …に; **about** …のことで〉‖ Stop ～*ing at* me *about* misfortunes. 私に身の不幸を嘆くのはやめてくれ
― 他 ❶ 《+**that** 節》《口》…だと不平を言う ❷ 《主に直接話法で》うめきながら…と言う ‖ "Oh God," he ～*ed*. 「おお神よ」と彼はうめいた ❸ 《文》…を悼(いた)む, 嘆く
～·er 名
moat /moʊt/ 《発音注意》 名 C (要塞(ようさい)・城などの)堀
～·ed 形 堀に囲まれた
***mob** /mɑ(ː)b | mɔb/ 名 C ❶ 《集合的に》《単数・複数扱い》暴徒, 暴民; やじ馬; (暴徒の)群集(♦《米》では通例単数扱い. 《英》では全体を一つの集団と見る場合単数扱い, 個々の成員に重点を置く場合複数扱い) (⇨ CROWD 類語) ‖ The angry ～ gathering in front of the police station seemed about to riot. 警察署前に押しかけた怒った群集は今にも暴動を起こしそうだった / a ～ of demonstrators 暴徒化したデモ隊 / ～ rule 暴徒支配 / ～ psychology 群集心理(学) ❷ 《英口》(人の)群れ, 集団 ‖ a ～ of teenagers 10代の若者たちの群れ ❸ 《口》(犯罪者などの)一団, 集団; 《the M-》《米》マフィア(Mafia) ❹ 《the ～》一般大衆, 民衆 ❺ 《豪・ニュージ》(動物の)大きな群れ
― 動 (**mobbed** /-d/; **mob·bing**) 他 《通例受身形で》❶ (ファン・怒った群集などに)取り囲まれる ‖ The rock band was *mobbed* by teenaged fans. そのロックバンドは10代のファンに取り囲まれた ❷ (建物が)人でいっぱいになる ❸ (動物などが)囲まれて攻撃される
mób càp 名 C モブキャップ《18-19世紀に流行した, 頭部全体を覆う女性用帽子》
***mo·bile** /móʊbəl, -biːl, -bàɪl | -bàɪl/ 《発音注意》 形 (**more ～**; **most ～**) ❶ 《叙述》(人が)容易に動き回れる, (特に車などの)足[移動手段]がある ‖ She sprained her ankle and is not ～ now. 彼女は足首をくじいたので今はあまり動き回れない / I'm much more ～ now that I have a car. 車があるのでずっと動き回りやすい ❷ 《通例限定》可動[移動]式の, 動かせる ‖ a ～ library [clinic] 《英》移動図書館[診療所] ❸ (社会やその住民・職業が)流動性のある ❹ (顔などが)表情の豊かな; 臨機応変の; (心などが)変わりやすい, 移り気な ‖ ～ features＝a ～ face 豊かな表情 / a ～ sensibility 柔軟な感受性 ❺ (軍隊・警察などが) 機動力のある ‖ ～ troops 機動部隊 ❻ 《比較なし》(IT関連機器・サービスなどが)モバイルの
― 名 C ❶ 〘美〙モビール, 動く彫刻, (風などで動く)モビール細工 ❷ (＝～ **phóne**) 《英》携帯電話
ùpwardly [*dòwnwardly*] *móbile* (人が) 社会的な地位が上がって[下がって](収入が増えて[減って])いる
▸▸ ～ **devíce** 名 C 🖳モバイルデバイス《スマートフォンやPDAなどを含む小型のコンピューター類》 ～ **hòme** /英 ⌐-⌐/ 名 C 移動住宅; 定住式トレーラーハウス《外観は通常の住居だが車の牽引(けんいん)で移動できる》(《米》trailer; 《英》caravan) ～ **phóne** [**télephone**] 名 C 《英》＝cellular phone
***mo·bil·i·ty** /moʊbíləṭi/ 名 U ❶ 可動[移動]性; 機動性; 社会的流動性 ‖ ～ impaired (人が)移動に制限のある(♥ crippled などの婉曲的表現) ❷ 移り気; (表情の)豊かさ; 柔軟性
mo·bi·li·za·tion /mòʊbələzéɪʃən | -laɪ-/ 名 U C 動員; 流動, 流通
***mo·bi·lize** /móʊbəlàɪz/ 動 他 ❶ 〔支持(者)・資金など〕を結集する, 駆り集める, 動員する ‖ ～ resources for the campaign そのキャンペーンのために必要な資金を調達する ❷ 〔軍隊など〕を動員する, 戦時体制にする ❸ …を動ける[使える, 運べる]ようにする ― 自 (軍隊・人などが)(戦争などのために)動員される **-lì·zer** 名
Mö·bi·us strip [**band**] /móʊbiəs ⌐ | məːbiəs ⌐-/ 名 C 〘数〙メビウスの帯《長方形の紙片を180度ねじって両端をつなぎ合わせた曲面》
mob·log /má(ː)blɑ̀(ː)g | mɔ́blɔ̀g/ 名 C 🖳モブログ《携帯電話から更新を行うブログ》
mob·oc·ra·cy /mɑ(ː)bá(ː)krəsi | mɔbɔ́k-/ 名 U 《けなして》暴民[衆愚]政治
mob·ster /má(ː)bstər | mɔ́b-/ 名 C 《口》ギャング[組織的犯罪]の一員(gangster)
moc·ca·sin /má(ː)kəsɪn | mɔ́k-/ 名 C ❶ 《～s》モカシン《もと北米先住民の履いたかかとのないしなやかな靴》; モカシンに似せた靴 ❷ 〘動〙(北米産の) 毒蛇の一種 (water moccasin)

moccasin ❶

mo·cha /móʊkə | mɔ́-/ 名 U ❶ (アラビア原産の) モカコーヒー; (上等な)コーヒー ❷ モカ香料 ❸ モカ革《手袋用の上等なスエード》 ❹ チョコレート色, 暗褐色
語源 アラビアの港 Mocha (イエメン南西部)から積み出されたことに由来する.
mo·chac·ci·no /mòʊkətʃíːnoʊ, 英+ mɔ̀kə-/ 名 C U モカチーノ《チョコレート風味のカプチーノ》(♦ mocha＋cappuccino より)
***mock** /mɑ(ː)k, mɔːk | mɔk/ 動 他 ❶ …をあざける, ばかにする (↷ make fun of) (↔ respect); …のまねをしてからかう[あざける]; …をまねる (⇨ IMITATE 類語) ‖ ～ his way of walking 彼の歩き方をまねしてからかう ❷ 〔努力など〕を無視する, 無駄[無効]にする; …をものともしない ‖ The storm ～*ed* the ship's attempt to get back to the harbor. 嵐(あらし)をついて船は港へ戻ろうとしたが無駄だった ― 自 〈…を〉あざける, ばかにする〈**at**〉
mòck úp ... / *mòck* ... *úp* 〈他〉 …の実物大模型

(mock-up)を作る
―形《限定》にせの, まがいの, 模擬の；装った, うわべだけの(↔ genuine) ‖ a ～ battle 模擬戦 / ～ modesty 見せかけのつつましさ / in ～ surprise [horror]（うわべは）驚いた[怖がっている]ようなふりをして / ～ Tudor チューダー朝(の様式)をまねた
―名Ⓒ ❶《～s》《主に英口》模擬試験(practice exam) ❷《旧》嘲笑(ちょうしょう)の的(まと), 笑いもの ❸まがい物, にせ物 ❹ⓊⒸあざけり, 嘲笑 ‖ make (a) ～ of ... …を嘲笑する, ばかにする / in ～ あざけって
～·ing·ly 副 あざけって, からかって
▸▸**～ móon** 名Ⓒ〖天〗幻月(げんげつ)(paraselene) **～ órange** 名Ⓒ〖植〗バイカウツギ(梅花空木)の類の低木 **～ sún** 名Ⓒ〖天〗幻日(げんじつ)(parhelion) **～ túrtle-neck** 名Ⓒ《米》ハイネックのシャツ[セーター] **～ tùrtle sóup** 名Ⓤ まがい物のウミガメスープ《子牛の頭で作る. ビクトリア時代に人気があった》

móck·er /-ər/ 名Ⓒ あざける人；まねる人
pùt the móckers on ... 《英口》…を駄目にする, …の邪魔をする

***mock·er·y** /má(:)kəri, mɔ́:k- | mɔ́k-/ 名(複 **-er·ies** /-z/) ❶Ⓤ あざけり, 愚弄(ぐろう), 侮蔑(ぶべつ)；Ⓒ 嘲笑的な言葉[行為] ❷Ⓒ《単数形で》嘲笑の的, 笑いもの ❸Ⓒ《単数形で》にせ物, まがい物；ごまかし, 茶番；無駄なこと ‖ The trial was a ～ of justice. その裁判は茶番劇だった
hòld ... ùp to móckery …を笑いものにする, あざける
****màke a móckery of ...*** ① …をあざ笑う, ばかにする ②〔計画・制度など〕を台無しにする, …が偽りであることを示す；…を徒労に終わらせる ‖ That law *makes a ～ of* press freedom. その法律は出版の自由を踏みにじるものだ

móck·ing·bìrd 名Ⓒ〖鳥〗マネシツグミの類《北米南部産. ほかの鳥の鳴き声を巧みにまねる》

móck-ùp 名Ⓒ ❶(実物大)模型；複製品 ❷印刷物のレイアウト[割付]

mod /mɑ(:)d | mɔd/ 名《しばしば M-》Ⓒ《英》モッズ《1960年代の英国で, 伝統に反抗して大胆な服装や長髪で, スクーターを乗り回した若者》 ―形《口》モダンな, 現代的な(modern)；《しばしば M-》モッズ風の
▸▸**～ cóns** /-ká(:)nz | -kɔ́nz/ 名 複《英口》最新の住宅諸設備(modern conveniences)

MOD 〈ジ〉 略 *M*inistry *o*f *D*efence(英国防省)

mod. 略 moderate；moderato；modern

mod·al /móudəl/ 形 方式[様式](mode)の；〖文法〗法(mood)の, 法を示す；〖論〗様相の；〖哲〗様態[状態]の；〖楽〗旋法の；〖統計〗最頻度の；〖法〗(契約・遺産などが)処理方法の規定のある ―名(＝**～ vérb [auxíliary]**)Ⓒ〖文法〗法助動詞《話者の叙述に対する心的態度を表す助動詞. can, may, must など》 **～·ly** 副

mo·dal·i·ty /moudǽləṭi/ 名(複 **-ties** /-z/)ⓊⒸ ❶様式性；形式, 形態 ❷《-ties》〖政〗(規定された)方式, 手順 ❸〖論〗様相, 様態 ❹〖文法〗法性 ❺物理療法

***mode** /moud/ 名Ⓒ ❶方法, やり方, 様式 ‖ a ～ of thought [OR thinking] 1つの考え方 / a new ～ of life [OR living] 新しい生活様式 / environment-friendly ～*s* of transport 環境に優しい交通手段 ❷(存在・行動などの)表れ方；ⒸⓊ(機械などの動く)形態, モード ‖ Heat is a ～ of motion. 熱は運動の1つの形態である / Switch your cellphone to silent ～. 携帯電話を消音モードに切り替えなさい ❸Ⓤ《口》気分, 心の状態 ‖ be in work [holiday] ～ 働く気になっている[休みの気分である] ❹Ⓤ《ときに the ～》(服装などの)流行, はやり(→ à la mode)；(礼儀作法・生活様式などの)慣習, 習わし ‖ Short skirts were the latest ～ in those days. 当時はショートスカートが最新流行だった / in [out of] ～ 流行して[流行遅れで] ❺〖楽〗旋法；音階 ‖ the major [minor] ～ 長[短]音階 ❻💻モード ❼〖理〗モード《系統立った振動の中の振動パターン》 ❽〖論〗様式；(三段論法の)論式；〖哲〗様態 ❾〖文法〗法(mood) ❿〖統計〗モード, 最頻値 ⓫〖地〗モード《火成岩の鉱物成分》

*****mod·el** /má(:)dəl | mɔ́d-/ 名 形 動

中心義 (基準となる)型

名 模型❶ ファッションモデル❷ 模範❸ 型(式)❹
形 模型の❶ 模範的な❷ 動 他 作る❸

―名(複 **～s** /-z/) Ⓒ ❶〈…の〉**模型**, ひな形, 原型, 見本〈**of, for**〉；(数学・科学の)モデル理論 ‖ a plastic ～ *of* an airplane 飛行機のプラモデル / a working ～ *of* a fire engine 消防自動車の実動模型 / a 1:100 scale ～ of a building 建物の100分の1縮尺模型 / a clay [wax] ～ *for* a statue 粘土[ろう]でできた彫像の原型 / a ～ *of* the universe 宇宙(について説明するため)の模型
❷**ファッションモデル**；(絵・彫刻・写真などの)モデル；(小説などの)モデル ‖ a male ～ 男性ファッションモデル
❸〈…の〉**模範**, 手本；基準〈**of, for**〉‖ He is a ～ *of* courtesy. 彼は礼儀正しさの鑑(かがみ)だ / She was my daughter's role ～. 彼女は私の娘の格好のお手本だった / a ～ *of* efficient management 能率的経営[管理]の手本 / on the American ～ アメリカにならって[を手本として] / make a ～ *of* ... …を模範とする
❹(特に自動車・服などの)(独特の)デザイン, **型式**, …**型**, …タイプ ‖ This car is the latest ～. この車は最新の型だ / a 2012 ～ Cadillac 2012年型キャデラック
❺《英》(有名デザイナーによる)婦人服
❻《英方》よく似た人[もの], 生まれ変わり ‖ a perfect ～ of her mother 母親にそっくりの娘
―形《比較なし》《限定》❶**模型の**, 模型となる ‖ a ～ train 模型列車
❷**模範的な**, 手本となる, 完璧(かんぺき)な(↔ imperfect) ‖ a ～ wife 理想的な妻 / a ～ farm 模範農園
―動(**～s** /-z/；**～ed** /-d/, 《英》**-elled** /-d/；**～·ing**, 《英》**-el·ling**)
―他 ❶(ファッションモデルとして)〔洋服〕を着て見せる
❷〔人・行為など〕を〈…の〉模範に合わせる, 〈…を〉〔人・行動など〕の手本にする〈**on, upon, after**〉(♦しばしば受身形で用いる) ‖ *Model* yourself [OR your behavior] *on* her. 彼女(の行い)を見習いなさい / a new security system ～*ed on* the German system ドイツのシステムにならった新しい防犯システム
❸…の模型[原型]を作る；…を〈…をもとにして[にならって]〉**作る**〈**on, upon, after**〉‖ The new tower will be ～*ed after* the Eiffel Tower. その新しい塔はエッフェル塔をモデルにして造られます
❹〈粘土・ろうなどで〉…を作る〈**out of, in**〉；〔粘土・ろうなど〕を〈…に〉形作る〈**into**〉‖ ～ an animal 「*out of* [OR *in*] clay＝～ clay *into* an animal 粘土で動物を作る
❺〖美〗(絵画などで)…に立体感を与える
❻〔システム・現象など〕を論理的にモデル化する
―自 ❶〈絵画などの〉モデルになる〈**for**〉；ファッションモデルをする ❷〈…で〉模型[原型]を作る〈**in**〉
-el·(l)er 名Ⓒ 模型作家, モデラー
▸▸**～ hòme** 名Ⓒ《米》(住宅展示場の)モデルハウス(《英》show house)

mód·el·ing /-ɪŋ/ 名Ⓤ ❶模型製作(術)；造形(術) ❷(陰影による)立体感表現 ❸モデルとしての仕事

mo·dem /móudem/ 💻 名Ⓒ モデム, 変復調装置
―動 他〔データ〕をモデムで送[受]信する(♦*mo*dulator＋*dem*odulator より)

***mod·er·ate** /má(:)dərət | mɔ́d-/ 《発音・アクセント注意》(→ 動) 形(**more ～**；**most ～**) ❶(大きさ・量・程度などが)適度な, 中くらいの；大したことのない(↔ excessive) ‖ a garden of ～ size＝a ～-sized garden ころ合いの大きさの庭 / at a ～ speed 適度の速度で / a ～ price 手ごろな値段 / have a ～ effect 大した影響は及ぼさない ❷(人・行動などが)〈…の点で〉節度を守る, 穏やかな〈**in**〉；

M

(思想などが) 穏健派 [主義] の (↔ extreme) ‖ He is ～ *in* drinking. 彼は飲んでも度を越さない / a ～ demand 穏当な要求 / ～ *in* temper 気質の穏やかな / ～ politicians 穏健派の政治家 ❸《比較なし》まあまあの, 並の(♥婉曲的に並以下のものをいうこともある) ‖ a ～ income まずまずの収入 / a child of ～ ability 出来がよいとは言えない子 ❹ (気候などが) 厳しくない, 温和な(↔ severe)

―名 Ⓒ 穏健派(の人)

―動 /má(ː)dərèɪt | mɔ́d-/ 他 ❶ …を和らげる, 加減する (✎ tone down) (↔ intensify) ‖ ～ one's demands 要求を控えめにする / ～ inflation インフレを緩和する ❷ 〔会など〕の議長[調停役]を務める, 司会をする ❸《英》(採点基準を一定に保つため) 〔審査の結果・候補者〕を再吟味する, 再審査する ❹〖理〗〔中性子〕を減速する

―自 ❶ (嵐(ᵃʳ)・怒りなどが) 和らぐ, 静まる ❷ 司会する

～·ness 名

▶▶ ～ bréeze 名 Ⓒ〖気象〗和風《秒速5.5–7.9m》 ～ gále 名 Ⓒ〖気象〗強風《秒速13.9–17.1m》

*mod·er·ate·ly /má(ː)dərətli | mɔ́d-/ 副 適度に; 穏やかに, 控えめに ‖ use [OR exercise] ～ 節度を保つ

*mod·er·a·tion /mà(ː)dəréɪʃən | mɔ̀d-/ 名 Ⓤ ❶ 適度, ほどよさ ‖ in ～ 適度に ❷ 節度; 穏健; 冷静 ❸《英》試験採点方式の標準化; 《M-s》(オックスフォード大学の文学士の) 公開第1次学士試験 ❹〖理〗中性子の減速

mod·e·ra·to /mɔ̀(ː)dərá:ṭoʊ | mɔ̀d-/ 副 形〖楽〗モデラート, ほどよい速度に[の]《略 mod.》

mod·er·a·tor /má(ː)dərèɪṭər | mɔ́d-/ 名 Ⓒ ❶ 仲裁者, 調停者; 調整器 ❷ (会議などの) 議長, 司会者; (長老教会の) 議長 ❸《英》(Moderations の) 試験官 ❹〖理〗(原子炉の) (中性子) 減速体

***mod·ern /má(ː)dərn | mɔ́d-/《アクセント注意》形 名

―形 〔▶ modernity 名, modernize 動〕(more ～; most ～)

❶《比較なし》《限定》**現代の, 近代の**, 近世の; 現代で使われる (⇨ 類語, BYB) ‖ in the ～ world 現代世界における / in ～ times 現代では / ～ city life 現代の都市生活 / ～ nations 近代国家 / ～ science 近代科学

❷ 最新(式)の, 近代的な, 現代的な, モダンな (↔ old-fashioned) ‖ ～ technology 最新の科学技術

❸ (行動・考え方などが) 進歩的な ‖ He is very ～ in his approach to using the new technology. 新技術の使用を試みることに関して彼は非常に進歩的だ

❹《限定》(芸術などが) 現代(風)の ‖ ～ art モダンアート

―名 (複 ～s /-z/) Ⓒ ❶《通例 ～s》現代人, 現代的な人 ❷〖印〗モダン体活字《縦線が太く横線が細い》

～·ly 副 近代的に; 最新式に ～·ness 名 Ⓤ 近代性

類語 《形 ❶》 **modern** 現代と, 現代に近い過去とを含む期間を表す.

contemporary 現代を表すが,「自分たちと同時代の」という原意を感じさせる. 〈例〉*contemporary* music 現代音楽

present-day 文字どおり「現代の時代」を表す. contemporary よりも時間の幅は狭い. 〈例〉the *present-day* problems of society 今日(ᵏʸᵒᵘ)の社会問題

current 現在の時点において存在することを強調し, 過去においては今と異なり, 未来においても異なったものになるかもしれないという含みを持つことがある. 〈例〉*current* fashions 目下の流行

▶▶ ～ dánce 名 Ⓤ モダンダンス Mòdern Énglish ㊂ 名《ときに m- E-》Ⓤ 近代英語(New English)《1500年ごろ以降の英語. 略 Mod E》 Mòdern Hébrew 名《ときに m- H-》Ⓤ 現代ヘブライ語《1948年から使用のイスラエルの公用語. 古代ヘブライ語の復活》 ～ hístory 名 Ⓤ 近代史《通例ルネサンス以降》 ～ jázz 名 Ⓤ〖楽〗モダンジャズ《1940年代に発達したビーバップ (bebop) 以降のジャズ》 ～ lánguages 名 複 (ギリシャ語・ラテン語などの古典語に対し) 現代語《特に研究の一部門としてのヨーロッパの諸言語》 ～ pentáthlon 名《the ～》近代5種競技《クロスカントリー競走・障害馬術・競泳・ピストル射撃・フェンシングからなる》(→ pentathlon)

módern-dày 形《限定》現代の, 今日の

mod·ern·ism /má(ː)dərnìzm | mɔ́d-/ 名 Ⓤ ❶ (芸術上の) 現代[近代]性[主義], モダニズム ❷ 現代的な表現 ❸《しばしば M-》〖宗〗現代主義 **-ist** 名 Ⓒ 形《限定》現代[近代]主義者(の); ＝modernistic

mod·er·nis·tic /mà(ː)dərnístɪk | mɔ̀d-/ ㊂ 形 ❶ 現代[近代]主義(者)の ❷ (芸術的に) モダンな, 現代的な

mo·der·ni·ty /mɑ(ː)dɔ́ːrnəṭi | mɔ-/ 名 〔◁ modern 形〕(複 -ties /-z/) Ⓤ 現代[近代]性; 当世風; Ⓒ 現代[近代]的[風]なもの(⇨ MODERN BYB)

mod·ern·i·za·tion /mà(ː)dərnəzéɪʃən | mɔ̀dənaɪ-/ 名 Ⓤ 近代[現代]化, 最新式化

*mod·ern·ize /má(ː)dərnàɪz | mɔ́d-/ 動 〔◁ modern 形〕 他 …を近代[現代]化する, 最新式にする

―自 現代的[最新式]になる

*mod·est /má(ː)dəst | mɔ́dɪst/ 形 (more ～; most ～) ❶ 謙虚な, 遠慮がちな, 控えめな〈**about** …に関して; **in** …の点で〉; 内気な, 恥ずかしがりの(⇨ HUMBLE, SHY[1] 類語) ‖ You're too ～, aren't you? ずいぶん謙遜(ᵏᵉⁿˢᵒⁿ)[遠慮]なさるんですね / He's ～ *about* his success. 彼は自分の成功を鼻にかけない / be ～ *in* one's demands 要求が控えめである ❷ (大きさ・量などが) あまり大きく[多く]ない; 適度な; 質素な ‖ get a ～ amount of money そこそこの金を手に入れる / ～ comfort ささやかな楽しみ / a ～ living つつましい暮らし / my ～ home 拙宅 ❸ (女性の服装・態度が) 慎み深い, しとやかな(↔ immodest) ‖ a ～ walk [dress] 目立たない歩き方[地味な服装]

mód·est·ly /-li/ 副 謙遜して, 控えめに; 程よく, 適度に; つつましく, しとやかに, 上品に

*mod·es·ty /má(ː)dəsti | mɔ́d-/ 名 Ⓤ ❶ 謙虚, 謙遜; 慎み深さ, 控えめ; しとやかさ, 上品 ‖ *Modesty* keeps him from talking about his achievements. 慎み深いので彼は自分の業績については話したがらない / false ～ うわべだけの謙遜 ❷ (異性の目を) 恥ずかしがること, はにかみ, 内気 ❸ 簡素, 質素 ❹ ほどのよさ, 適度

in àll módesty 自慢ではないけれど

mod·i·cum /má(ː)dɪkəm | mɔ́d-/ 名 Ⓒ《通例 a ～ of …で》《堅》(特に望ましい[価値ある]ものが) 少量[わずか]の…

*mod·i·fi·ca·tion /mà(ː)dɪfɪkéɪʃən | mɔ̀d-/ 名 Ⓤ Ⓒ ❶ 修正 (した結果), (部分的) 変更 ‖ His plan was approved with some ～*s*. 彼の計画はいくらか修正した上で認められた ❷ 緩和, 軽減 ❸〖文法〗限定, 修飾;〖言〗音声変容 ❹〖生〗一時変異

mod·i·fi·er /má(ː)dɪfàɪər | mɔ́d-/ 名 Ⓒ ❶ (部分的に) 修正する人[もの] ❷〖文法〗修飾語(句), 限定語(句) ❸〖生〗変更遺伝子

*mod·i·fy /má(ː)dɪfàɪ | mɔ́d-/ 動 (-fies /-z/; -fied /-d/; ～·ing) 他 ❶ …を (部分的に) 修正する, 変更する (⇨ CHANGE 類語) ‖ ～ a scheme [contract] 計画[契約]を修正する ❷ …を(いくぶん)和らげる, 緩和する ‖ ～ one's demands 要求を加減する ❸〖文法〗〔単語〕を限定する, 修飾する;〖言〗〔母音〕をウムラウト(umlaut)によって変化させる ―自 修正される, 変化する

mod·ish /móʊdɪʃ/ 形《しばしばけなして》流行の, 流行を追った; 当世風の ～·ly 副 ～·ness 名

Mods /mɑ(ː)dz | mɔdz/ 名《英口》＝moderation ❸

mod·u·lar /má(ː)dʒələr | mɔ́dju-/ 形 ❶《英》(大学の履修課程が) モジュール[選択方式]の ❷ 基準寸法による; (機械・家具・建物などの) 組み立てユニット式の

▶▶ ～ jáck 名 Ⓒ (電話線の) モジュラー＝ジャック

mod·u·late /má(ː)dʒəlèɪt | mɔ́dju-/ 動 他 ❶ …を調節[調整]する; 加減する; 〔声〕の調子[高さ]を変える ❷〖無線〗〔音波〕を変調する ❸〖楽〗…を転調する

―自〖楽〗転調する

mod·u·la·tion /mà(ː)dʒəléɪʃən | mɔ̀dju-/ 名 Ⓤ Ⓒ ❶

調節, 調整; 抑揚, 音調 ❷〘無線〙変調 ❸〘楽〙転調

mod·u·la·tor /mɑ́(ː)dʒəlèɪtər | mɔ́dju-/ 名 Ⓒ 調節者; 〘無線〙変調器, モジュレーター; 〘コンピュータ〙変調器 《デジタル信号をアナログ信号に変換する装置》

:mod·ule /mɑ́(ː)dʒuːl | mɔ́djuːl, -dʒuːl/ 《アクセント注意》
—名 (複 **~s** /-z/) Ⓒ ❶ (機械・家具・建築物などの規格化された) **組み立てユニット**
❷ モジュール 《主に英国の大学の教科課程の単位. いくつかのモジュールが集まって1つの教科課程となる》
❸ (宇宙船の) モジュール 《それぞれが独自の機能を果たす宇宙船の構成単位で, 本体への着脱が可能》‖ a lunar [command] ~ 月着陸[指令]船
❹〘コンピュータ〙モジュール基板; モジュールプログラム
❺〘建〙測定基準[単位]; 基準寸法, モジュール

mod·u·lo /mɑ́(ː)dʒəlou | mɔ́dju-/ 前〘数〙(整数論で) …を法として(用いて)

mod·u·lus /mɑ́(ː)dʒələs | mɔ́dju-/ 名 (複 **-li** /-làɪ/) ❶ Ⓒ〘数〙(複素数の)絶対値(absolute value); (整数論の)法; 対数係数 ❷ (the ~)〘理〙…係数, …率

mo·dus op·e·ran·di /mòudəs ɑ̀(ː)pərǽndiː | -ɔpə-/ 名 (複 **mò·di òperándi** /mòudiː-/) Ⓒ 《通例単数形で》《堅》仕事の仕方, (犯罪の)手口; (物の)動き方 《略 m.o., M.O.》(♦ mode of operating の意のラテン語より)

mò·dus vi·vén·di /-vɪvéndiː/ 名 (複 **mo·di vivéndi** /mòudiː-/) Ⓒ 《通例単数形で》❶ 〈…との〉暫定協定〈**with**〉 ❷ 生き方(♦ mode of living の意のラテン語より)

Mo·ga·di·shu /mɑ̀(ː)gədíʃuː | mɔ̀-/, **-scio** /-ʃou/ 名 モガディシュ 《ソマリアの首都》

mog·gie, -gy /mɑ́(ː)gi | mɔ́gi/ 名 (複 **-gies** /-z/) Ⓒ 《英口》猫, にゃんこ(cat)

mo·gul /móugəl/ 名 Ⓒ (スキーの斜面の)堅い雪の隆起, こぶ; 〘スキー〙モーグル 《フリースタイル種目の1つ》

Mo·gul /móugəl/ 名 Ⓒ ❶ ムガール人; 《しばしば the Great ~》ムガール帝国皇帝; (一般に)モンゴル人 ❷ (m-) 《口》(映画・マスコミ界の)重要人物, 大立者
—形 ムガール帝国の, ムガール人の; モンゴル人の

MOH 略 *M*edical *O*fficer of *H*ealth (保健医); *Min*istry *o*f *H*ealth

mo·hair /móuhèər/ 名 Ⓤ モヘア 《アンゴラヤギの毛》; モヘアの毛糸, モヘア織

Mo·ham·med /mouhǽmɪd/ 名 = Muhammad

Mo·hawk /móuhɔːk/ 名 (複 **~** OR **~s** /-s/) ❶ Ⓒ モホーク族 (の人) 《北米先住民の一部族》 ❷ Ⓤ モホーク語 ❸ 《ときに m-》Ⓒ 《主に米》モヒカン刈り

Mo·he·gan /mouhíːgən/ 名 (複 **~** OR **~s** /-z/) ❶ Ⓒ モヒガン族(の人) 《北米先住民の一部族》 ❷ Ⓤ モヒガン語

Mo·hi·can /mouhíːkən/ 《発音・アクセント注意》名 ❶ Ⓒ モヒカン刈り ❷ 《旧》= Mahican —形 モヒカン刈りの

Móhs' scàle /móuz-/ 名 Ⓒ モース硬度 《鉱物の硬度の測定基準. 滑石を1, ダイヤモンドを10とする》

moi /mwɑː/ 代 《口》《戯》= me[1], myself (♦ "me"の意のフランス語より)

moi·e·ty /mɔ́ɪəṭi/ 名 (複 **-ties** /-z/) Ⓒ 《堅》〘法〙半分; 一部分; 〘人類〙半族 《社会が族外婚からなるその一方》

moil /mɔɪl/ 動 自 《英では方・古》あくせく働く
—名 Ⓤ 《古》骨折り仕事; 混乱

moi·ré /mwɑːréɪ | ⌐⌐/ 名 Ⓤ ❶ 波紋模様 ❷ モアレ 《絹・レーヨンなどの波紋織り》 —形 (絹地・金属の表面などが) 波紋模様のある(♦ フランス語より)

***moist** /mɔɪst/ 形 ❶ (ほどよく)湿った, ぬれた(⇨ WET 類語) ‖ Keep the soil of the flowerpot ~. 植木鉢の土に湿り気を持たせておきなさい / ~ air 湿った空気 / ~ cake しっとりしたケーキ ❷ 涙ぐんだ, 〈涙で〉ぬれた〈**with**〉‖ His eyes were ~ *with* tears. 彼の目は涙にぬれていた ❸ (天気・季節が)じめじめした, 雨の多い ❹〘医〙分泌物の多い **~·ly** 副 **~·ness** 名

moist·en /mɔ́ɪsən/ 《発音注意》動 他 …を湿らせる, 潤す, 少しぬらす —自 湿る, 潤む, 少しぬれる

***mois·ture** /mɔ́ɪstʃər/ 名 Ⓤ 湿気, (水)蒸気; 水分 ‖ My skin is rough and needs ~. 私の肌は荒れていて水分を必要としている **~·less** 形 湿気のない

mois·tur·ize /mɔ́ɪstʃəràɪz/ 動 他 …を湿らせる; 〔肌〕をしっとりさせる **-iz·er** 名 Ⓤ Ⓒ 保湿化粧品

Mo·ja·ve /məhɑ́ːvi, mou-/ 名 ❶ Ⓒ モハーベ族 (の人) ❷ Ⓤ モハーベ語 ▸▸ **~ Désert** 名 (the ~) モハーベ砂漠 《北米南西部の砂漠》

mo·jo /móudʒou, -hou/ 名 (複 **~s, ~es** /-z/) Ⓒ 魔力, まじない, お守り

mol /moul/ 名 = mole[4]

mol. 略 molecular, molecule

mo·la /móulə/ 名 (複 **~** OR **~s** /-z/) Ⓒ〘魚〙マンボウ (sunfish)

mo·lar /móulər/ 名 (= **~ tòoth**) Ⓒ 臼歯(きゅうし)
—形 臼歯の; かみ砕くことができる

mo·las·ses /məlǽsɪz/ 名 Ⓤ ❶ 《米》糖蜜(とうみつ), 粗糖液 (《英》treacle) ❷ 《英》糖汁 《精製過程で生じる》

***mold**[1], 《英》**mould**[1] /mould/ 名 Ⓒ ❶ 鋳型, (菓子などの)流し型; (石工・れんが工の)型枠, 型版 ‖ a jelly ~ ゼリー型 ❷ 《単数形で》(人の)タイプ, やり方; 特性, 性質, 性格 ‖ Ms. Bennet doesn't quite fit into the ~ of a school teacher. ベネットさんはあまり学校の先生らしくない ❸ 型に入れて作ったもの ❹ 《古》(人間や動物の)姿, 形

Boost Your Brain!

modern と postmodern

modern「現代の, 近代の」と postmodern「現代の次の, ポストモダン(の)」は明確に区切りのある特定の時代を指す言葉ではなく, modern は「旧来の秩序や体制が崩れた大きな歴史的出来事から今日までの一つのまとまりとしての時代」を示し, postmodern は現実に現れ始めている未来への予兆を示す言葉である.

もっとも広義な modern history「近代史」は, 文化的にはルネサンス以降, 政治的には1648年のウェストファリア条約 (the Peace of Westphalia) によるヨーロッパにおける主権国家の成立以降の時代を指す. ルネサンスからフランス革命までを the early modern period「近世」, それ以降の時代を the late modern period「近代」と分けて呼ぶこともある.

modernity「現代性, 現代」といった場合, 多くは第2次世界大戦を区切りとしてそれ以降の時代のありようを指す. 欧米諸国では科学の発達と社会の進歩が当然なものと見なされ, 政治的には福祉国家と民主主義が理想とされ, 宗教的な価値観よりも世俗主義的なものの考え方が尊重され, 先進国と発展途上国との間に大きな経済格差のあった時代の姿が modernity である.

postmodern「ポストモダン(の)」という言葉は, 1970年代以降, 建築やデザインの分野で, 機能性や合理性を追い求めてきたモダニズム建築を批判し, 多様性や装飾性を重視する立場の表明として使われ始め, やがてフランス思想を通して哲学, 文学, 政治などのさまざまな分野に広く浸透していった. modernity において理想とされていた価値観への懐疑が生まれ, 情報化社会, 脱産業化社会, 脱国家的なネットワークへ向かう未来を肯定的に語る言葉であった.

今世紀に入ってから postmodern という言葉は, やや異なった意味を帯び始めている. 世界は, インターネットなどの情報テクノロジーの発達, 経済や金融のグローバル化, ナショナリズムの勃興などにより, 20世紀において予告されていた姿とは別の未来像を見せ始めている. 今日 postmodern という語は, 先の見えない未来の悲観的な側面を暗示した形で用いられることが多い.

M

❺〘建〙刳形(くりがた)(molding)

be càst in*「*the sàme* [*a dìfferent*] *móld (性格などが)似ている[異なっている] ‖ Ann *is cast in the same* ~ as her mother — kind but stubborn. アンの性格は母親そっくりだ — 親切だが頑固なところが

brèak the móld 〈…の〉旧来の型を破る, 〈今までの…とは〉全く違うやり方をする〈**of**〉

They bròke the móld when they màde …. …は比類のないものだ ‖ There'll never be a teacher as creative as Mrs. Thomson. *They broke the* ~ *when they made* her. トムソン先生ほど創造的な先生はいないだろう. 彼女は他に比類がない

—動 他 ❶…を型に入れて〈…を〉作る〈**into**〉; …を〈…から[で]〉作る〈**out of, from, in**〉‖ ~ a figure「*out of* [OR *from, in*] wax ろうから[で]人形を作る / ~ clay *into* a figure 粘土を型に入れて人形を作る ❷〔人物・性格など〕を〈…(の姿・形)に〉形成する〈**into**〉; …を〈…を手本にして〉育て上げる〈**on, upon**〉; …(の形成)に大きな影響力を及ぼす ‖ My parents try to ~ me *into* their idea of a woman. 両親は私を自分たちの理想とする女性に育て上げようとしている / Anna was ~*ed on* [OR *upon*] her mother. アンナは母親を手本にして育てられた / Mass communication ~*s* public opinion. マスコミは世論(の形成)に大きな影響を及ぼす ❸…を〈…(の輪郭[形])に〉ぴったり合わせる, フィットさせる〈**to, around**〉 ❹〘建〙…を刳形で作る ❺…の鋳型を作る —自〈…の輪郭[形]に〉ぴったり合う〈**to, around**〉‖ Her clothes ~*ed to* her body. 彼女の服は体にぴったりフィットしていた

***mold²**, 《英》**mould²** /mould/ 名 U カビ; 糸状菌 ‖ The bread gathered ~. = *Mold* formed on the bread. パンにカビが生えた —動 自 カビが生える, かびる

mold³, 《英》**mould³** /mould/ 名 U 《主に英》耕土; 沃土(よくど), 腐植土《特に有機質に富む》

móld·bòard 名 C〘農〙すき板; (ブルドーザーの)土工板; (コンクリート用)枠板

mold·er¹ /móuldər/ 名 C (鋳)型工

mold·er² /móuldər/ 動 自 朽ちる, 崩壊する《**away**》

mold·ing /móuldɪŋ/ 名 ❶ U 型入れ, 鋳造, 塑造(そぞう); 《比喩的に》形成 ❷ C 鋳造[塑造]物 ❸ C《しばしば ~s》〘建〙刳形, 蛇腹(じゃばら); 刳形材

***Mol·do·va** /mɑ(ː)ldóuvə | mɔl-/ 名 モルドバ《東ヨーロッパの共和国. 公式名 the Republic of Moldova. 首都は Kishinev》 **-van** 名 C 形 モルドバ人(の)

mold·y /móuldi/ 形 ❶カビの生えた; かび臭い ❷《口》古臭い ❸《主に英口》ひどい, 惨めな; けちくさい

móld·i·ness 名

***mole¹** /moul/ 名 C ほくろ; あざ

***mole²** /moul/ 名 C ❶モグラ ❷(組織内に潜む)スパイ

▶▶ **~ crìcket** 名 C〘虫〙ケラ, オケラ **~ ràt** 名 C〘動〙ハダカデバネズミ《アフリカ産の地下で集団生活を営む目の退化した齧歯(げっし)類》 **~ sàlamander** 名 C〘動〙トラフサンショウウオ《北米産》

mole³ /moul/ 名 C 防波堤, 突堤; 人工港

mole⁴ /moul/ 名 C〘化〙モル, グラム分子 (gram molecule)《分子量をグラムで換算したもの. mol ともつづる》

***mo·lec·u·lar** /məlékjulər/ 《発音注意》 形《限定》〘化〙分子の, 分子からなる[による] ‖ a ~ structure 分子構造

mo·lèc·u·lár·i·ty 名 U 分子性 **~·ly** 副

▶▶ **~ biólogy** 名 U 分子生物学 **~ electrónics** 名 U 分子電子工学, モレクトロニクス **~ wéight** 名 U〘化〙分子量《略 mol wt》

⁑mol·e·cule /mɑ́(ː)lɪkjùːl | mɔ́l-/ 《発音・アクセント注意》

—名 (複 **~s** /-z/) C ❶〘化〙**分子** ❷(一般に)微粒子

móle·hìll 名 C モグラ塚

make a mountain out of a molehill ⇨ MOUNTAIN (成句)

móle·skìn 名 U ❶モグラの毛皮 ❷モールスキン《丈夫なあや織り綿布》; C《~s》モールスキンのズボン[衣服]

***mo·lest** /məlést/ 《アクセント注意》 動 他 ❶《旧》〔人・動物など〕を悩ます, 苦しめる ❷《けなして》〔女性・子供〕にみだらなことを言う, (性的)いたずらをする(interfere with)

mò·les·tá·tion 名 U 悩ますこと, (性的)いたずら

~·er 名 C 痴漢

mo·le·tron·ics /mɑ̀(ː)lɪtrɑ́(ː)nɪks | mɔ̀lɪtrɔ́n-/ 名 = molecular electronics **-tron·ic** 形

Mo·lière /mouljéər | mɔ́lieə/ 名 モリエール (1622–73)《フランスの喜劇作家》

moll /mɑ(ː)l | mɔl/ 名 C《俗》❶(ギャングの)愛人(gun moll) ❷売春婦

mol·li·fy /mɑ́(ː)lɪfàɪ | mɔ́l-/ 動 (**-fies** /-z/; **-fied** /-d/; **~·ing**) 他〔人・怒りなど〕をなだめる, 和らげる

mòl·li·fi·cá·tion 名 U なだめ, 鎮静

mol·lusk, 《英》**-lusc** /mɑ́(ː)ləsk | mɔ́l-/ 名 C 軟体動物 **mol·lús·kan**, 《英》**mol·lús·can** 名 C 形 軟体動物(の)

Mol·ly /mɑ́(ː)li | mɔ́li/ 名 モリー《Mary の愛称》

mólly·còddle 動 他〔人〕を甘やかす, 過保護にする

—名 C めめしい男, 意気地なし

Mo·loch /móulɑ(ː)k | -lɔk/ 名 ❶〘聖〙モロク《セム族の神. 子供のいけにえをこの神にささげた》; 《単数形で》恐ろしい犠牲を要求するもの ❷ C〘動〙モロクトカゲ《オーストラリアの砂漠産》

Mò·lo·tov cócktail /mɑ̀(ː)lətɔ(ː)f- | mɔ̀-/ 名 C 火炎瓶, (対戦車用の)手榴弾(しゅりゅうだん)

molt /moult/ 動 自 (爬虫(はちゅう)類などが)脱皮する, (鳥が)羽毛が生え変わる —他〔殻・羽毛など〕を脱ぐ

—名 U C 脱皮, 羽毛の生え変わり(の時期); (脱皮の)殻

***mol·ten** /móultən/ 動 melt の過去分詞の1つ

—形《通例限定》❶(金属・岩・ガラスなどが高熱で)溶融[融解]した, 溶解した, 溶けた; 溶融して鋳造した ‖ ~ metal 溶融金属 ❷(高熱のため)光り輝いて, 熱く燃えて

mol·to /móultou | mɔ́l-/ 副《イタリア》〘楽〙モルト, 非常に

mo·lyb·de·num /məlíbdənəm/ 名 U〘化〙モリブデン《金属元素. 元素記号 Mo》

⁑mom /mɑ(ː)m | mɔm/

—名 (複 **~s** /-z/) C《米口》**お母さん**, ママ (♥最初の m を大文字で書き, 呼びかけに用いることも多い. 小さい子供は《米口》mamma, mommy, 《英口》mum, mummy ともいう) (↔ dad) ‖ as American as ~ and apple pie いかにもアメリカ的な (♦ mom and apple pie は「典型的にアメリカ的なもの」の意の定型表現)

mòm-and-póp, mà-and-pá 形《限定》《米口》夫婦[家族]で経営する; 零細な; 打ち解けた ‖ a ~ store (零細な)家族経営店

⁑mo·ment /móumənt/

—名〔▶ momentary 形, momentous 形〕(複 **~s** /-s/) ❶ C (特定の)**時点**, **時期** ‖ **At** that ~ Edna came in. (ちょうど)そのときエドナが入って来た(♦ at that moment は過去の特定の時点, at this moment は実際に出来事が起こりつつある今の時点を強調するのに用いる. 〈例〉Edna's coming in *at this moment.* エドナが(ちょうど)今入って来るところだ) / **at** the (present) ~ 今, 現在 / just this ~ たった今 / **at** the same [right] ~ 同時に[適当なときに] / **at** crucial ~*s* 重大なときに

❷ C **瞬間**, 一瞬; 少しの間 (⇨ 類語) ‖ One ~. = Half [OR Wait] a ~. ちょっと待って (♦ a moment は副詞的用法) (→ CE 1) / **For** the ~, I couldn't think of anything else to say. その瞬間私はほかに何と言ったらいいか思いつかなかった / It **took** some ~*s* for me to regain my composure. 落ち着きを取り戻すまでには少し時間がかかった / A ~ [OR few ~*s*] later, the bus was full. たちまちのうちにバスは満員になった / have a ~ of panic 一瞬ぎょっとする / After a ~*'s* hesitation, he said "OK." ちょっとためらった後に彼は「オーケー」と

言った

❸ Ⓒ《通例単数形で》**好機**, 機会, 場合〈to do …する / for …の〉‖ This is the ~ *to* end all nuclear tests. 今こそすべての核実験を停止すべき時だ / We've caught him at a bad ~. 我々は彼の不都合なときに会った / choose [OR pick] its [OR one's] ~ ふさわしい機会[時期]を選ぶ ❹ Ⓤ《堅》重要(性)(⇨ IMPORTANCE 類語) ‖ This is a discovery of great ~. これはとても重要な発見だ / issues of little ~ 大して重要でない問題 ❺ Ⓤ〘理〙モーメント, 能率 ‖ ~ of force 力のモーメント ❻ Ⓤ〘統計〙積率

*(*at*) *àny mόment* ; *àny mόment nόw* **今にも**, いつ何どき(でも), じきに ‖ If you keep driving that way, you could be involved in an accident *at any* ~. そんな運転を続けていたらいつ事故を起こしてもおかしくない

(*at*) *èvery mόment* 刻々, 今か今かと

at the làst mόment 土壇場で

at the (*vèry*) *mόment* 《過去形で》(ちょうど)そのときに;《現在形で》(ちょうど)今, 今のところ

for the mόment* ① ⇨ ❷ ② (後のことはともかく)当座は**, さしあたり(は) ‖ *For the* ~, we don't hear any firing. 目下のところは, 銃声は聞こえない

hàve one's [OR *its*] *mόments* (短期間だが)ときには(もっと)よい[面白い]ときもある;好調[快調]である

**in a mόment* すぐに, 即座に, 一瞬のうちに ‖ I'll be back *in a* ~. すぐに戻ります

in a wèak mόment 気力が弱っているときに

lìve for the mόment (将来を考えず)今を生きる

nèver a dùll mόment (次々といろんなことがあって)退屈している暇などない

nòt a mòment tòo sόon 土壇場で;時すでに遅く

nòt ... for a [OR *òne*] *mόment* 決して…しない(never) ‖ He did*n't* take the rumor seriously *for a* ~. 彼はそんなうわさは全く真(ま)に受けなかった

of the mόment (人・仕事・問題などが)目下話題になっている, 有名な;重要な ‖ the man *of the* ~ 時の人

the* (*vèry*) *mόment* (*that*) ... …するとすぐ**(as soon as) ‖ *The* ~ I got into bed, I fell into a deep sleep. ベッドに入るとすぐ私は深い眠りに落ちた

thìs (*vèry*) *mόment* 今すぐに

COMMUNICATIVE EXPRESSIONS

1 **Jùst òne mόment, plèase** [OR **if you dòn't mìnd**]. ちょっと待ってください;最後まで続けさせてください(♥ 発言への割り込みを突っぱねる)

2 **This is nόt the bèst mόment to** brìng thàt úp. その話題を持ち出すにはあまりいいタイミングではありません(♥依頼・提案などを取り上げずに避ける)

3 **This is the bìg mόment.** さあ, いよいよだ(♥ 真価を示す一世一代の機会が控えているときに用いる.「やるぞ」という緊張とやる気が混ざった掛け声のような表現)

類語 《❷》**moment, minute, second**「瞬間」を表し, ほぼ同義に用いられるが, この順序で「瞬間性」は強くなり, second がいちばん強い.

moment 特定の時を表してその時点の重要性を強調することがある.〈例〉Wait a *moment* [OR *minute, second*]. ちょっと待ってください / the finest *moment* of her life 彼女の人生で最も素晴らしい瞬間

instant 瞬時・即時・緊急・つかの間といった意味がいっそう強められることが多い.〈例〉Come this *instant*. 今来なさい

▸▸ **~ of inértia** 名《the ~》〘理〙慣性モーメント《回転運動における慣性の大きさを表す量》 **~ of trúth** 名《the ~》① 正念場, 試練の時;決定的瞬間 ② 闘牛士が最後のとどめを刺す瞬間

***mo·men·tar·i·ly** /mòuməntérəli | móuməntər-/ 《アクセント注意》副 ❶ 瞬間的に, 一瞬 ‖ She was ~ at a loss for words. 彼女は一瞬言葉に詰まった ❷《米・カナダ》すぐに, 直ちに ‖ We shall be taking off ~. 間もなく離陸します ❸ 時々刻々, 今か今かと, 今にも

***mo·men·tar·y** /móuməntèri | -təri/ 《発音・アクセント注意》形〔◁ moment 名〕❶ 瞬時の, つかの間の;はかない(↔ lasting);《文》(生物が)短命の ‖ a ~ loss of memory 瞬間的な記憶喪失 ❷《限定》今にも起こりそうな ‖ in fear of ~ exposure 今にも暴露されるのではないかと恐れて ❸《限定》絶えざる, 不断の ‖ in ~ fear of bankruptcy 破産しないかと絶えず恐れて

-tàr·i·ness 名

mo·ment·ly /móuməntli/ 副《古》《文》❶ 刻々と, 絶えず ❷ 今にも ❸ ちょっとの間

***mo·men·tous** /mouméntəs/ 形〔◁ moment 名〕(出来事・決定・変化などが)極めて重要[重大]な, ゆゆしい

~·ly 副 **~·ness** 名

***mo·men·tum** /mouméntəm/ 《アクセント注意》名 (複 **-ta** /-tə/ OR **~s** /-z/) ❶ Ⓤ (物を)動かす力, 起動力;速力;勢い, 弾み ‖ The new fashion gathered [OR gained] ~ rapidly. 新しい流行は急速に弾みをつけた / lose ~ 勢いを失う / reach full ~ (列車・船などが)全速力を出す ❷ Ⓤ Ⓒ〘理〙運動量 ❸ Ⓤ〘哲〙モメント, 契機

***mom·ma** /má(:)mə | mɔ́mə/ 名 Ⓒ《米口》=mamma

‡**mom·my** /má(:)mi, mɔ́mi/

—名 (複 **-mies** /-z/) Ⓒ《米口》**ママ**, おかあちゃん(《英》mummy)

▸▸ **~ tràck** 名 Ⓒ《米口》ママの進路《子育てのために母親が選択する変則的勤務状況》

Mon. 略 Monday

mon- /mɑ(:)n- | mɔn-/ 連結形 ⇨ MONO-

***Mon·a·co** /má(:)nəkòu | mɔ́n-/ 名 モナコ《ヨーロッパ南部でフランスに接し, 地中海に面する公国. 公式名 the Principality of Monaco. およびその首都》

mon·ad /móunæd | mɔ́-/ 名 Ⓒ ❶ 単一体, 単位(unit) ❷〘化〙1価元素 ❸〘哲〙モナド, 単子 ❹《旧》〘生〙単細胞生物, (特に)モナス《鞭毛(べんもう)虫類の原生動物》

mo·nád·ic 形

Mo·na Li·sa /mòunə líːsə, -zə/ 名《the ~》モナリザ《Leonardo da Vinci 作の女性の肖像画. La Gioconda /lɑ̀ː dʒìːəká(:)ndə | -kɔndə/ ともいう》

mo·nan·dry /mənǽndri | mɔ-/ 名 (複 **-dries** /-z/) ❶ Ⓤ 一夫一婦制(↔ polyandry) ❷ Ⓒ〘植〙単雄ずい

-drous 形

***mon·arch** /má(:)nərk | mɔ́n-/ 《発音注意》名 Ⓒ ❶ 君主, 世襲的(立憲)君主(♦ 王・女王など男女いずれにも用いる);主権者(⇨ KING 類語) ‖ an absolute ~ 専制君主 ❷ (特定の分野における)第一人者, 大立者;他を寄せつけない人[もの] ‖ The lion is the ~ of the jungle. ライオンは密林の王者である ❸ (=~ bùtterfly)〘虫〙オオカバマダラ《北米産の渡りをするチョウ》

語源 *mon*(*o*)- single, sole (唯一の) + *-arch* chief (首長), ruler(支配者):ひとりで統治する人

mo·nar·chal /mənɑ́ːrkəl/, **-chi·al** /-kiəl/ 形 君主の[らしい]

mo·nar·chic /mənɑ́ːrkɪk/, **-chi·cal** /-kəl/ 形 君主(制)の, 君主政体支持の

mon·ar·chism /má(:)nərkìzm | mɔ́n-/ 名 Ⓤ 君主制;君主制主義

-chist 名 Ⓒ 形 君主制主義者(の);君主制(の)

***mon·ar·chy** /má(:)nərki | mɔ́n-/ 名 (複 **-chies** /-z/) ❶《the ~》君主制, 君主政治 ❷ Ⓒ 君主国 ‖ Britain is a constitutional [OR limited] ~. イギリスは立憲君主国である ❸《the ~》君主(とその一族)

***mon·as·ter·y** /má(:)nəstèri | mɔ́nəstəri/ 名 (複 **-ter·ies** /-z/) Ⓒ (主に男子の)修道院, 僧院;修道士たち(→ convent, nunnery)

mo·nas·tic /mənǽstɪk/ 形 修道院[僧院]の;修道士[尼]の;禁欲的な, 厳しい ‖ ~ vows 修道誓願《清貧・童貞・服従(poverty, chastity, obedience)の誓い》

—名 Ⓒ 修道士(monk) **-ti·cal·ly** 副

M

mo·nás·ti·cìsm /-tɪsìzm/ 名 U 修道院制度；修道(院)生活

mon·a·tom·ic /mɑ̀(:)nətɑ́(:)mɪk | mɔ̀nətɔ́m-/ ＜シ 形 〘化〙(分子が)1原子からなる；(原子が)1価の

mon·au·ral /mɑ̀(:)nɔ́:rəl | mɔ̀n-/ ＜シ 形 (レコードなどが)モノラルの(↔ stereophonic)；片耳(用)の

:Mon·day /mʌ́ndeɪ, -di/

—名 ❶ U/C《しばしば無冠詞単数形で》月曜日《略 Mon.》(→ week)(♦ 一般に《英》では月曜日を週の第1日とするのに対し,《米》では日曜日を第1日とする. 用法・用例については ⇨ SUNDAY)

❷《形容詞的に》月曜日の ‖ on ～ morning 月曜日の朝に

—副《主に米口》月曜日に；《～s》月曜日ごとに, 毎週月曜日に

▸▸ ～ mòrning quárterback (↓)

Mònday mòrning quárterback 名 C《米口》後から(結果論で)とやかく言う人

—動 自 後から(結果論で)とやかく言う

Mònday mòrning quárterbacking 名

Mo·net /mounéɪ | mɔ́neɪ/ 名 **Claude ～** モネ(1840–1926)《フランス印象派の画家》

mon·e·tar·ism /mɑ́(:)nətərìzm | mʌ́nɪ-/ 名 U 〘経〙貨幣数量説, マネタリズム《経済の安定は通貨量を抑えることであるとする理論》 **-ist** 名 C 形 マネタリスト(の)

***mon·e·tar·y** /mɑ́(:)nətèri | mʌ́nɪtəri/ 形〔◁ money 名〕《限定》貨幣の, 通貨の；金銭の, 金融の, 財政上の ‖ the ～ system 貨幣制度 / a ～ unit 貨幣単位 / ～ ease 金融緩和 / ～ policy 金融政策 **-tàr·i·ly** 副

mon·e·tize /mɑ́(:)nətàɪz | mʌ́nɪ-/ 動 他 ❶ …を法貨にする, 通貨とする ❷〔金属〕を貨幣に鋳造する

mòn·e·ti·zá·tion 名 U 貨幣鋳造；貨幣制定

:mon·ey /mʌ́ni/

—名〔▸ monetary 形〕(複 **～s** /-z/ ❺ではときに **monies**) U ❶ **金**(かね), 金銭；通貨, 貨幣；〘経〙(通貨価値の基準となる)正貨《金(きん)など》；U C 貨幣の役目をするもの ‖ It cost me a lot of ～ to have this dress altered. このドレスを仕立て直してもらうのにずいぶんお金がかかった / "Will you lend me some ～?" "I have no ～ on [OR with] me."「少し金を貸してくれないか」「金の持ち合わせがない」/ *Money* is tight [OR short]. あまり金の余裕がない / *Money talks.*《諺》金がものを言う / *Money makes the mare to go.*《諺》金は雌馬をも行かせる；地獄の沙汰(さた)も金次第

連語【動+～】save ～ 節約する / spend ～ 金を使う / borrow ～ 金を借りる / raise ～ 金を調達する / put ～ into ... 〔事業など〕に金をつぎ込む / pay ～ 金を払う / lose ～ 金を失う / waste ～ on ... …に金を無駄に使う / earn ～ 金を稼ぐ
【形+～】good ～ 大金；いい稼ぎ；苦労して稼いだ金 / prize ～ 賞金 / public ～ 公金 / extra ～ 余分な金；追加の金 / pocket ～ ポケットマネー；《英》(子供の)小遣い / big ～ 大金

❷ (特定の(国の))通貨 ‖ change Chinese ～ into Japanese 中国の金を日本の金[円]に両替する

❸ (金銭的に見た)(全)財産, 資産；(金銭的)利益, もうけ ‖ marry for ～ 財産目当てに結婚する / lose one's ～ 財産を失う / earn [OR make] ～ もうける

❹ 賃金, 給料 ❺ C《～s または monies》《堅》〘法〙金額；資金 ❻《集合的に》金持ち(の人々)

be in the móney《口》① 金持ちである[になる]；(商売などが)繁盛している[する], 金回りがいい ② (競馬などで)(3等までに)入賞する[している]

be (rìght) on the móney《米口》完璧(かんぺき)[的確]である, 当たっている

be rólling (in mòney [OR it])《口》金が有り余っている, 大金持ちである

coin money ⇨ COIN(成句)

for love nor [OR or] money ⇨ LOVE(成句)

for mý mòney《口》私の考えでは(♥ 特に確信を持って意見を述べるときに)；私の好みでは

fúnny mòney にせ金

****gèt one's móney's wòrth*** ① 払った金額相応のものを得る, もとをとる ② …から最高の満足[楽しさ]を得る

hàve mòney to búrn 有り余るほど金がある(♦ with money to burn の形でも使う)

màrry (into) móney 金持ちと結婚する, 玉の輿(こし)に乗る

mìnt móney [OR it] 金をどんどんもうける

mòney for jám [OR òld rópe]《英口》ぼろもうけ；あぶく銭

mòney of accóunt 計算貨幣《米国のミル(mill)や英国のギニー(guinea)などのように, 計算上だけの貨幣単位》

my [OR smàrt] móney is on ...《口》おそらく…が勝つ[手に入れる, 成功する]だろう

pùt (one's) móney on ...《口》①〔競(走)馬など〕に賭(か)ける ‖ *put one's ～ on* a scratched horse 勝ち目のないものに賭ける ② …の成功[真実]を確信する

****pùt one's móney where one's móuth is***《口》《しばしば戯》口先ばかりでなく(金を出すなど)実際の行動で示す

There is móney (to be màde) in ...《口》…はもうかる, 金になる ‖ *There's* a lot of ～ *in* this job. この仕事はいい金になる

thròw gòod mòney àfter bád《けなして》(改善の見込みがないのに無駄に)金を出し続ける, 損に損を重ねる

thròw one's móney abòut [OR aròund]《口》(見えを張って)金をばらまく

thròw móney at ...《けなして》〔問題など〕を金で解決を図る, 金を使って〔事態〕を収拾する

COMMUNICATIVE EXPRESSIONS

1 Dòn't hàndle it sò róughly. **I pàid gòod móney for** it. そんなに手荒に扱わないで. 無理して買ったんだから

2 **I'm nòt màde of móney.** (それが払える[人に貸す]ほど)金の余裕はありません

3 **Mòney dòesn't gròw on trées.** 金のなる木はないよ；金は簡単には手に入らない(♥ 無駄遣いを戒める)

4 **Mòney is nò óbject.** 金は問題ではない；金に糸目はつけません

5 **You hàve nó bùsiness thròwing mòney awày lìke thàt.** そんなふうにお金をどんどん使う[無駄遣いをす]べきではありません(♥ 浪費している人に)

6 **You pàys your móney and you tàkes your chánces [OR chóice].** 自分(の責任)で決めることだ；どちらがよいかわからない(♥「運を天に任すしかない」の意で, 動詞はあえて三人称単数現在形)

7 **You spènd móney as if it were gòing òut of stýle.** ずいぶん無駄遣いをしていますね；金払いがずいぶんいいですね(♥「お金をまるで流行遅れでいらないもののようにどんどん使っている」の意)

語源「貨幣鋳造所, 貨幣」の意のラテン語 *moneta* から. mint と同語源.

▸▸ **～ bàll** 名 C《米口》〘野球〙(ホームランを打ってくださいと言わんばかりの)絶好球 **～ làundering** 名 U 資金洗浄《不正に取得した金銭を金融機関の口座などに入金し, 合法的な金銭にすること》 **～ màrket** 名 C (短期)金融市場 **～ òrder** 名 C (銀行・郵便)為替(《英》postal order)《略 M.O.》 **～ pìt** 名 C 金ばかりかかる役立たずの事業, 金食い虫 **～ pólitics** 名 U 金権政治 **～ supplỳ** 名《the ～》〘経〙マネーサプライ, 通貨供給高

móney-bàck 形《限定》(商品に満足できない場合には)返金可能な ▸▸ **～ guarantée** 名 U 返金保証

móney·bàg 名 C ❶ 金袋, 財布 ❷《～s》《単数扱い》《口》大金持ち

móney·bòx 名 C《主に英》献金[貯金]箱

móney·chànger 名 C ❶ 両替商 ❷ 両替機

mon·eyed /mʌ́nid/ 形《限定》❶ 金持ちの, 裕福な ❷ 金銭の, (援助などが)金銭による

móney·grùbber 名 C《口》《けなして》貪欲(どんよく)に金を

ため込む人
-grùbbing 形《限定》《口》《けなして》蓄財熱心な
móney·lènder 名 C 金貸し, 高利貸し；質屋
móney·màker 名 C ❶ 蓄財家；金もうけのうまい人 ❷ 金もうけになる仕事, ドル箱
móney·màking 名 U 形 金もうけ(になる)
móney·màn 名 (複 -mèn /-mèn/) C《口》投資家, 財政家(中立 financier)
móney-sàving 形《限定》節約する, 倹約する
móney-spìnner 名 C《主に英口》利益[金]をもたらす仕事[もの] -spìnning 名 形
mon·ger /má(ː)ŋɡər | mʌ́ŋ-/ 名 C《通例複合語で》❶ …商人, …屋(dealer) ‖ a fish*monger* 魚屋 ❷《比喩的に》…屋 ‖ a war*monger* 戦争屋
Mon·gol /má(ː)ŋɡəl | mɔ́ŋ-/ 形 モンゴル人[語]の
—名 C ❶ モンゴル人, 蒙古(もうこ)人 ❷ U モンゴル語 ❸《m-》⊗《旧》《蔑》ダウン症患者
*__Mon·go·li·a__ /mɑ(ː)ŋɡóuliə | mɔŋ-/ 名 ❶ モンゴル, 蒙古《内陸アジア北東部の地域名. 内モンゴル[内蒙](Inner Mongolia. 現在の中国内モンゴル自治区)と外モンゴル[外蒙](Outer Mongolia. 現在のモンゴル国)に2分される》 ❷ モンゴル《内陸アジアの国. 首都 Ulan Bator》
Mon·go·li·an /mɑ(ː)ŋɡóuliən | mɔŋ-/ 形 ❶ モンゴル(Mongolia)の, モンゴル人の ❷ =Mongoloid ❸ モンゴル語(系)の —名 ❶ C モンゴル人, 蒙古人 ❷ = Mongoloid ❸ U モンゴル語
Mon·gol·ic /mɑ(ː)ŋɡá(ː)lɪk | mɔŋɡɔ́l-/ 形 =Mongoloid —名 U モンゴル語, 蒙古語
mon·go·lism /má(ː)ŋɡəlìzm | mɔ́ŋ-/ 名 U ⊗《旧》《蔑》ダウン症《ダウン症候群(Down's syndrome)の旧称》
Mon·gol·oid /má(ː)ŋɡəlɔ̀ɪd | mɔ́ŋ-/ 形 ❶【人類】モンゴル[蒙古]人種の ❷《しばしば m-》⊗《旧》《蔑》ダウン症の
—名 C ❶【人類】モンゴル人種, 黄色人種, モンゴロイド ❷《しばしば m-》⊗《蔑》ダウン症患者
mon·goose /má(ː)ŋɡuːs | mɔ́ŋ-/ 名 C【動】マングース《アフリカ・南アジア産. 毒蛇の天敵》
mon·grel /mʌ́ŋɡrəl/ 名 C (動植物の)雑種；雑種犬；⊗《蔑》混血児 —形《限定》混血の ~·ism 名 U 雑種
mon·ied /mʌ́nid/ 形 =moneyed
mon·ies /mʌ́niz/ 名 money の複数の1つ
mon·i·ker, -ick·er /má(ː)nɪkər | mɔ́n-/ 名 C《戯》名前(name), ニックネーム ~ed 形
mo·nism /móunìzm | mɔ́n-/ 名 U【哲】一元論(→ dualism, pluralism) -nist 名 **mo·nís·tic** 形
mo·ni·tion /mounɪ́ʃən/ 名 U C ❶ 警告；勧告 ❷【法】出頭命令 ❸ (司教などからの)戒告
‡**mon·i·tor** /má(ː)nətər | mɔ́nɪtə/
—動 (~s /-z/; ~ed /-d/; ~·ing) 他 ❶ (一定期間)…を**監視する**, 注意深く調べる, チェックする, モニターする ‖ The elevator is ~*ed* for security reasons. このエレベーターは安全上の理由から監視されている / **closely** [**carefully**] ~ the **progress** of the project プロジェクトの進展をしっかり[注意深く]監視する
❷〔外国放送〕を傍受[聴取]する；〔電話〕を盗聴する ❸〔送信[機械の運転]状態など〕をモニターする, チェックする
—名 (複 ~s /-z/) C ❶ **監視テレビ**；(コンピューターの)データ表示装置(VDU)(の画面)；テレビ受像機(の画面)；(テレビ・ラジオの)**モニター**(装置)《送信の内容・状態をチェックする》；(機械などの)モニター, 監視装置 ‖ a heart ~ 心臓モニター / a radiation ~ 放射能監視装置
❷ (外国放送の)傍受者, モニター；(政策・協定などの)監視(委)員；💻(起動しているプログラムなどの)動作監視プログラム, モニタープログラム ‖ UN ~*s* 国連監視団
❸ (学校の)学級委員, …係 ‖ a library ~ 図書委員
❹ (=~ **lízard**)【動】モニタートカゲ《熱帯産のオオトカゲ類の総称》
❺ (昔の)低舷(げん)甲鉄軍艦；モニター艦
~·shìp 名 U モニターの役目[任期]
語源 *moni-* warn(警告する)+*-tor* -or(「人」を表す名詞語尾)：警告する人
▸▸ ~ing stàtion 名 C 監視所
mon·i·to·ri·al /mɑ̀(ː)nətɔ́ːriəl | mɔ̀nɪ-/ 形 ❶ 学級委員[風紀係]の ❷ =monitory
mon·i·to·ry /má(ː)nətɔ̀ːri | mɔ́nɪtə-/ 形 勧告の, 戒告の —名 (複 -ries /-z/) C (司教の発する)戒告書
*__monk__ /mʌŋk/《発音注意》名 C 修道士, 修士；僧(→ friar, nun) ▸▸ ~'s clòth 名 U バスケット織りの厚手の綿織物《カーテンなどに用いる》
‡**mon·key** /mʌ́ŋki/《発音注意》
—名 (複 ~s /-z/) C ❶ **猿**；(特に ape に対して)小型の有尾の猿
❷《口》人；(特に)いたずら小僧, 悪がき；言いなりの人；ばかにされる人 ‖ What are you doing, you young ~? おい小僧, 何してるんだ
❸《英口》(競馬などに賭(か)けた)500ドル, 500ポンド
❹ (=~ **èngine**)(くい打ち用の)落としづち

Behind the Scenes **Dance, monkey, dance!** 踊れ猿, 踊るんだ Claire Trevor 主演のスパイ映画 *The Cape Town Affair* で, 猿回しの猿に向かって少女が言ったせりふ. その後, 米国のバラエティー番組 *Saturday Night Live* のコントで使われ, 嘲笑的な意味合いが加わった(♥ 相手を見下して「何か芸でもしろよ」とからかう際に用いる侮蔑的な表現)

a mònkey on one's báck《口》やっかいな問題；麻薬中毒 ‖ have *a* ~ *on one's back* やっかいな問題を抱えている[麻薬中毒にかかっている]
(***as***) ***àrtful*** [OR ***clèver***] ***as a wàgonload*** [OR ***càrtload***] ***of mónkeys***《英口》非常に賢い；いたずら好きな

メタファーの森 money お金

money ⇨ *fluid* (お金⇨液体)

「お金」は「液体」に見立てられて表現される. これはお金の流動性が液体として概念化されていると考えることができる. 日本語でも「お金の流れ」,「大金を注ぐ」,「借金に溺れる」などの表現があり, お金は「液体」として表現される.

- The company has **poured money into** clean energy enterprises. その企業はクリーンエネルギー事業にお金をつぎ込んできた
- The salesperson showed that the online ordering system improves **cash flow.** セールスマンはオンライン注文システムがキャッシュフローを改善することを示した(♦ cash flow は「現金の流れ」の意で, 企業内の資金の動きを指す)
- More and more companies are **drowning in debt** due to the recent recession. 近年の不況でますます多くの企業が借金まみれになっている
- My money is already **dried up.** もうすっからかんだ
- Some economists pointed out that the government should **freeze the price** of gasoline. 政府はガソリンの価格を凍結する必要があると指摘した経済学者もいた
- George **spent money like water** after he won the lottery. ジョージは宝くじに当たってから湯水のようにお金を使った(♦ water は「ありふれたもの」の例えで, お金を惜しみなく使うことを表す)

M

gèt the mònkey off one's báck 《主に米口》やっかいな問題[麻薬中毒]から解放される
I'll be a mònkey's úncle 《口》とても驚いた
màke a mónkey (òut) of a pérson 〔人〕をばかにする，笑いものにする
nòt give a mónkey's 《英俗》全く気にしない
— 動 自 《口》 ❶ いたずらをする，ふざける，ぶらぶらする ⟪***around, about***⟫ ❷ 〈…を〉いじくる ⟪***about, around***⟫ 〈**with**〉 ‖ He cut himself by ～*ing about with* a sharp knife. 彼はよく切れるナイフをいじっていてけがをした
➡～ **bàrs** 名 複 《the ～》《米》ジャングルジム (jungle gym)；うんてい(《英》climbing frame) ～ **bùsiness** 名 U 《口》いたずら；いんちき，ごまかし ～ **flòwer** 名 C 〘植〙ミゾホオズキ ～ **jàcket** 名 C (昔水夫の着た)短いぴったりとした上着 ～ **nùt** 名 C 《英口》(殻のついた)落花生 (peanut) ～ **sùit** 名 C 《口》タキシード；制服 ～ **trìcks** 名 複 《米俗》=monkeyshines ～ **wrènch** 名 C モンキー(スパナ)，自在スパナ；《米口》障害物

mónkey-pùzzle (trèe) 名 C 〘植〙チリマツ《葉がとげ状で猿も登れないというチリ原産の松》

mónkey·shìnes 名 複 《米俗》いたずら，悪ふざけ

mónk·fìsh 名 (複 ～ OR ～**·es** /-ɪz/) C 〘魚〙アンコウ (angler)

monk·ish /mʌ́ŋkɪʃ/ 形 修道士の；修道士らしい；禁欲的な ～**·ly** 副

monks·hood /mʌ́ŋkshʊ̀d/ 名 =aconite ❶

mon·o /mɑ́(ː)noʊ | mɔ́n-/ 形 ❶ モノラルの (monaural) ❷ モノクロの (monochrome) — 名 (複 ～**s** /-z/) ❶ C モノラルレコード；U モノラル再生[録音] ❷ C U モノクロ，白黒写真 ❸ =mononucleosis

mono- /mɑ(ː)nə-, mɑ(ː)noʊ- | mɔn-/ 連結形 (♦ 母音の前では mon- を用いる) ❶「一…，単一…(one, single)」の意，(→ di-¹) ‖ *mono*rail ❷ 〘化〙「1原子を含む；1分子の」の意 ‖ *mono*xide

mòno·a·míne /-əmíːn/ 名 U 〘化〙モノアミン《1つのアミノ基を持つ》

móno·bròw, móno bròw 名 C 一文字まゆ毛《左右が真ん中でつながって見えるまゆ毛》

móno·chòrd 名 C 一弦琴，モノコード《今日では音程測定に用いる》

mòno·chromátic 形 単彩の，モノクロの；〘理〙(光などが)単一波長[周波数]の；変化に乏しい，単調な

móno·chròme 名 C 単彩画，白黒写真；U 単彩画法 — 形 単色の，単彩の，白黒の，モノクロの；白黒画像の

mon·o·cle /mɑ́(ː)nɪkl | mɔ́nə-/ 名 C 片眼鏡，モノクル ～**d** 形 片眼鏡をかけた

mòn·o·clò·nal ántibody /mɑ̀(ː)nəklòʊnəl- | mɔ̀n-/ 名 C 〘生〙単クローン抗体

móno·còt 名 《口》=monocotyledon

mòno·còtylédon 名 C 〘植〙単子葉植物 ～**·ous** 形

mo·noc·ra·cy /mɑ(ː)nɑ́(ː)krəsi | mɔnɔ́k-/ 名 (複 **-cies** /-z/) U 独裁政治，単独政治 (autocracy)；C 独裁国

mo·noc·u·lar /mɑ(ː)nɑ́(ː)kjʊlər | mɔnɔ́k-/ 形 単眼(用)の

móno·cùlture 名 U ❶ 〘農〙単作，一毛作，単式農法 ❷ 単一文化

móno·cỳcle 名 C 一輪車

móno·dràma 名 C 独り芝居

mon·o·dy /mɑ́(ː)nədi | mɔ́n-/ 名 (複 **-dies** /-z/) ❶ C (ギリシャ悲劇の)独唱歌 ❷ C 哀(悼)歌，挽歌 ❸ U 〘楽〙単旋律曲 **mo·nód·ic** 形 **mó·nod·ist** 名

mo·nog·a·my /mənɑ́(ː)gəmi | -nɔ́g-/ 名 U 一夫一婦(制) (↔ polygamy)；〘動〙一雄一雌の習性 **-mist** 名 C 一夫一婦主義者 **-mous** 形

mòno·génic 形 〘遺伝〙単一遺伝子の[による]

mon·o·glot /mɑ́(ː)nəglɑ̀(ː)t | mɔ́nəglɔ̀t/ 形 =monolingual — 名 C 1言語だけを使用する人 (↔ polyglot)

móno·gràm 名 C モノグラム，組み合わせ文字《名前の頭文字などを組み合わせて図案化したもの》 ‖ in ～ モノグラムで

monogram

～**med** 形 モノグラム付きの **mòn·o·gram·mát·ic** 形

móno·gràph 名 C (通例小冊子の)専攻論文，モノグラフ《特定分野の論文》 — 動 他 …についてモノグラフを書く **mo·nóg·ra·pher** 名 **mòn·o·gráph·ic** 形

móno·làyer 名 C 〘化〙単層；単分子層[膜] (molecular film)；〘生〙細胞の培養膜《単細胞の厚さ》

mòno·língual 〈シ〉 形 1か国語を用いる[話す] (→ bilingual) — 名 C 1か国語しか話さない人

mon·o·lith /mɑ́(ː)nəlɪθ | mɔ́n-/ 名 C ❶ モノリス《特に古代人が製作した巨大な一枚岩の碑(ひ)や方尖塔(せんとう)など》 ❷ 《しばしばけなして》(一枚岩的な)変革の難しい組織

mon·o·lith·ic /mɑ̀(ː)nəlíθɪk | mɔ̀n-/ 〈シ〉 形 一本石の，一枚岩(製)の；強固に統一[統制]された

mon·o·logue /mɑ́(ː)nəlɔ̀(ː)g | mɔ́n-/ 《アクセント注意》 名 C ❶ 独白；独白形式の作品[詩文]；独り芝居，独白劇 ❷ (会話を独占する)長話，長談義 **-lògu·ist, mo·nól·o·gist** 名 C 独白者；話を独占する人

mòno·mánia 名 U 偏執狂 **-mániàc** 名 C 偏執狂者 **-maníacal** 形

mon·o·mer /mɑ́(ː)nəmər | mɔ́n-/ 名 C 〘化〙モノマー，単量体 (→ polymer) **mòn·o·mér·ic** 形

mòno·metállic 形 ❶ 単一金属の；単一金属のみを使用する ❷ (貨幣が)単本位(制)の **-métallìsm** 名 U 〘経〙(貨幣の)単本位制 **-métallist** 名 形

mo·no·mi·al /mɑ(ː)nóʊmiəl | mɔ-/ 形 ❶ 〘数〙単項(式)の ❷ 〘生〙(名称が)1語からなる — 名 C 〘数〙単項式；〘生〙一語名称

mòno·núclear 形 ❶ 〘生〙(細胞が)単核の ❷ 〘化〙単環の (monocyclic)

mòno·nu·cle·ó·sis /-njùːklióʊsɪs/ 名 U 〘医〙(伝染性)単球増加症(《米口》mono)

mòno·phónic 〈シ〉 形 ❶ モノラルの (monaural) ❷ 〘楽〙単旋律の (homophonic)

mon·oph·thong /mɑ́(ː)nəfθɔ̀ːŋ | mɔ́nəfθɔ̀ŋ/ 名 C 〘音声〙単母音 (→ diphthong)

móno·plàne 名 C 単葉(飛行)機 (→ biplane)

mo·nop·o·list /mənɑ́(ː)pəlɪst | -nɔ́p-/ 名 C 独占[専売]者；独占企業；独占論者 **mo·nòp·o·lís·tic** 形

mo·nop·o·lize /mənɑ́(ː)pəlàɪz | -nɔ́p-/ 《アクセント注意》 動 他 ❶ …の独占[専売]権を得る ‖ ～ the production of cigarettes たばこの製造を独占する ❷ 〔注目・会話など〕を独占する **mo·nòp·o·li·zá·tion** 名 U 独占，専売

***mo·nop·o·ly** /mənɑ́(ː)pəli | -nɔ́p-/ 名 (複 **-lies** /-z/) C ❶ 〈商品・事業などの〉独占(権)，専売(権) 〈**in, of**；《米》**on**〉 ‖ have [OR make] a ～ *on* [OR *of*] the mining of uranium ウラニウム採掘(権)を独占する ❷ U/C 《単数形で》(一般に)〈…の〉独占，専有，独り占め〈**in, of, on**〉 ‖ You don't have [OR hold] a ～ *on* hard luck. 君1人だけが運が悪いわけではない / the president's ～ *of* power 大統領による権力の独占 ❸ 専売品；専売[独占]事業，専売会社，独占企業 ❹ 《M-》《商標》モノポリー《盤を使って不動産売買などを行うゲームの一種》
語源 *mono-* alone, single (ひとりで) +*-poly* sell (売る)：ひとりで売ること

móno·ràil 名 U モノレール；C モノレールの列車

móno·skì 名 C モノスキー，スノーボード ～**·ing** 名 U スノーボードで滑ること ～**·er** 名 C スノーボーダー

mòn·o·sò·di·um glú·ta·màte /mɑ̀(ː)nəsòʊdiəm glúːṭəmèɪt | mɔ̀n-/ 名 U 〘化〙グルタミン酸ナトリウム (sodium glutamate)《化学調味料》

mòno·syllábic 〈シ〉 形 ❶ 単音節の[からなる] ❷ 単音節語を使って話す，素っ気ない **-syllábically** 副

móno·sỳllable 名 Ⓒ 単音節語 (→ disyllable, polysyllable) ‖ in ～*s* 素っ気なく；ぶっきらぼうに

móno·theìsm 名 Ⓤ 一神教(信仰)(→ polytheism)
-thèist 名 Ⓒ 一神教信者 **mòn·o·the·ís·tic** 形

móno·tìnt 名 Ⓒ 単彩(画)(monochrome)

móno·tòne 名 Ⓒ ❶《単数形で》(話し方・文体などの)単調 ‖ in a ～ 一本調子で ❷〖楽〗単音旋律, 単調(音) ❸ 音痴 ──形 =monotonous

***mo·not·o·nous** /mənɑ́(:)tənəs | -nɔ́t-/《発音・アクセント注意》形 単調な, 一本調子の；変化のない；退屈な (↔ animated) ‖ a ～ speaking style 一本調子の話し方 / with ～ regularity 型にはまったような規則正しさで
～·ly 副 **～·ness** 名

mo·not·o·ny /mənɑ́(:)təni | -nɔ́t-/ 名 Ⓤ 単調さ, 一本調子；無変化；退屈

móno·tỳpe 名 Ⓒ ❶〖生〗単型《1つの属が単一種で構成されている種》❷《M-》《商標》〖印〗モノタイプ, 自動鋳植機(→ linotype) ❸〖美〗モノタイプ《ガラスなどに絵の具で描いた図を紙に写す版画》

mòno·unsáturated 形 単[一価]不飽和の ‖ ～ fatty acid(s) 単不飽和脂肪酸

mòn·o·vá·lent /mɑ̀(:)nouvéilənt | mɔ̀nə-/ 形 ❶〖化〗1価の(univalent) ❷〖細菌〗特定の病菌に抵抗できる, 1価の ‖ ～ antibody 1価抗体 **-lence, -len·cy** 名

mon·ox·ide /mənɑ́(:)ksaɪd | -ɔ́ks-/ 名 Ⓤ Ⓒ〖化〗一酸化物 ‖ carbon ～ 一酸化炭素

mon·o·zy·got·ic /mɑ̀(:)nəzaɪgɑ́(:)ṭɪk | mɔ̀nəzaɪgɔ́t-/ 形〖医〗(双生児が)一卵性の

Mon·roe /mənróu/ 名 モンロー ❶ **James ～** (1758–1831)《米国第5代大統領(1817–25)》❷ **Marilyn ～** (1926–62)《米国の女優》 ▶▶**～ Dóctrine** 名《the ～》モンロー主義《1823年, 米国大統領 James Monroe が議会で示した不干渉主義の外交方針》

Mon·ro·vi·a /mənróuviə/ 名 モンロビア《アフリカ西部リベリアの首都・海港》

Mons. 略 Monsieur

Mon·sei·gneur /mɑ̀(:)nsənjə́:r | mɔ̀nse-/ 名 (複 **Mes·sei·gneurs** /mèseɪnjə́:r/) Ⓒ 閣下, 殿下, 猊下(げいか)《王族・枢機卿(けい)・(大) 司教などに対する尊称. 略 Mgr., Monsig.》(♦ フランス語より)

Mon·sieur /məsjú: | -sjə́:/ 名 (複 **Mes·sieurs** /meɪsjə́:rz/) Ⓒ …さん, …君, …氏, …様《英語の Mr., Sir に当たるフランス語の敬称. 略 M., Mons.；複 MM., Messrs》

Mon·si·gnor /mɑ(:)nsí:njər | mɔn-/ 名 (複 **～s** /-z/ OR **Mon·si·gno·ri** /-sì:njɔ́:ri/) Ⓒ モンシニョール《ローマカトリック教会の高位聖職者の称号. 略 Mgr., Monsig.》；この称号を持つ人(♦ イタリア語より)

***mon·soon** /mɑ̀(:)nsú:n | mɔ̀n-/ ⟨シ⟩ 名 ❶《the ～》モンスーン《インド洋および南アジアの季節風. 4月から10月は南西から, その他の月は北東から吹く》；(一般に)季節風 ‖ the dry [wet] ～ 冬[夏]モンスーン ❷ Ⓒ《口》豪雨 ❸《the ～》(南アジアの)雨期 **～·al** /-əl/ 形

***mon·ster** /mɑ́(:)nstər | mɔ́n-/
──名 (複 **～s** /-z/) Ⓒ ❶ (想像上の) **怪物**, 化け物《centaur, griffin など》(→ green-eyed monster)
❷ 極悪非道の人, 非常によこしまな人 ‖ a ～ of egotism 異常なほど利己的な人 ❸《戯》行儀の悪い子 ❹ 異常に巨大なもの[動物, 人] ❺ (危険で)脅威となるもの
──形《比較なし》《限定》《口》巨大な ‖ a ～ potato お化けジャガイモ
▶▶**～ trùck** 名 Ⓒ モンスタートラック《ダートレース用の大きいタイヤを装着した改造トラック》

mon·stros·i·ty /mɑ(:)nstrɑ́(:)səṭi | mɔnstrɔ́s-/ 名 (複 **-ties** /-z/) ❶ Ⓒ 奇怪な動[植]物；醜く巨大なもの[建物]；途方もないこと ❷ Ⓤ 怪異, 奇怪さ；奇形

***mon·strous** /mɑ́(:)nstrəs | mɔ́n-/ 形 ❶ 恐ろしい, ぞっとするような, 忌まわしい；極悪非道の；途方もない, 全くばかげた, あきれ果てた ‖ ～ crimes 恐るべき犯罪 / a ～ sum of money 途方もない金額 ❷ 怪物のような, 巨大な ❸ 奇怪な；奇形の **～·ly** 副 **～·ness** 名

Mont. 略 Montana

mon·tage /mɑ(:)ntɑ́:ʒ | mɔn-/ 名 Ⓤ (映画・写真・美術などの)モンタージュ[合成]法；Ⓒ モンタージュ写真

Mon·taigne /mɑ(:)ntéɪn | mɔn-/ 名 **Michel Eyquem de ～** モンテーニュ(1533–92)《フランスの随筆家》

Mon·tan·a /mɑ(:)ntǽnə | mɔn-/ 名 モンタナ《米国北西部の州. 州都 Helena. 略 Mont.,〖郵〗MT》
-an 形 名 Ⓒ モンタナ州の(人)

mon·tane /mɑ(:)ntéɪn | mɔ́nteɪn/ 形《限定》山岳の, 山地に住む[生える]

Mont Blanc /mɔ̀:n blɑ́:ŋ/ 名 モンブラン《フランス・イタリア国境にある, アルプス山系の最高峰. 4,807m》

mon·te /mɑ́(:)nṭi | mɔ́n-/ 名 Ⓤ モンテ《スペイン・中南米のトランプ賭博(とばく)》

Mon·te Car·lo /mɑ̀(:)nṭi kɑ́:rlou | mɔ̀n-/ 名 モンテカルロ《モナコ公国の保養地. 賭博場で有名》
▶▶**Mònte Cárlo mèthod** 名《the ～》〖統計〗モンテカルロ法《コンピューターで乱数を使い, 偶然的要素の中に確率的要素を求める方法》

Mon·te·ne·gro /mɑ̀(:)nṭəní:grou | mɔ̀ntɪ-/ 名 モンテネグロ《バルカン半島の共和国. 2006年にセルビア=モンテネグロから独立. 公式名 Montenegro. 首都 Podgorica》
-grin 形 モンテネグロ(人)の ──名 Ⓒ モンテネグロ人

Mon·tes·quieu /mɑ̀(:)nṭəskjú: | mɔ̀nteskjə́:/ 名 モンテスキュー(1689–1755)《フランスの啓蒙(けいもう)思想家》

Mon·tes·só·ri sỳstem [mèthod] /mɑ̀(:)nṭəsɔ́:ri | mɔ̀n-/ 名 Ⓒ モンテッソーリ(教育)法《1907年にイタリアの教育家・医師 Maria Montessori の考案した教育法. 厳しい規則よりも自然のままの活動を重んじる》

Mon·te·vi·de·o /mɑ̀(:)nṭəvədéɪou | mɔ̀ntɪvɪ-/ 名 モンテビデオ《ウルグアイの港市で首都》

Mont·gom·er·y /məntgʌ́məri, -gɑ́(:)m- | -gʌ́m-, -gɔ́m-/ 名 モン(ト)ゴメリー ❶ **Lucy Maud ～** (1887–1976)《カナダの小説家. *Anne of Green Gables* の作者》❷ 米国アラバマ州の州都

*****month** /mʌnθ/《発音注意》
──名 [▶ monthly 形] (複 **～s** /-s/) Ⓒ ❶ (暦の上の) **月** (♦ 単数形は m., mo. 複数形は mos. と略す) ‖ Dad sends me $1,000 a ～ but it's not enough. 父は私に月に1,000ドルずつ仕送りをしてくれるが十分ではない / Have you read this ～*'s Nature*? 今月の「ネイチャー」(誌) を読みましたか / the calendar [lunar, solar] ～ 暦[太陰, 太陽]月 / **this** [**last, next**] ～ 今[先, 来]月(♦ 前置詞を伴わずに this, last, next, every などとともに副詞句を作る) / the ～ 「before last [after next] 先々[再来]月 / every ～ 毎月 / every other ～ 隔月(に) / in the ～ of April《やや堅》4月に (=in April) / rent a parking space by the ～ 月ぎめで駐車場を借りる
❷ **ひと月**, 1か月 (間) ‖ He visits our house once or twice a ～. 彼は月に1, 2度我が家を訪れる / I lived on campus during the first six ～*s* of my stay in England. 英国滞在中最初の6か月間は大学構内で暮らした / She is five ～*s* pregnant. 彼女は妊娠5か月だ / a baby of three ～*s*=a three-～-old baby 生後3か月の赤ん坊(♦ ハイフンを用いて形容詞化する場合 months ではなく month とすることに注意. 次の用例も同じ) / a six ～*s'* contract=a six-～ contract 6か月契約 / a few ～*s* ago [later] 数か月前に[たって]
❸《～s》(かなり)**長い間**, しばらくの間, 何か月もの間(♥「予想した以上に長い」という意味合いで使われることが多い) ‖ I haven't heard from her **for** ～*s*. もう長いこと彼女から便りがない / It will be ～*s* before we finish it. それが仕上がるのは何か月も先でしょう
a mònth of Súndays 《通例否定文で》《口》長い間 ‖ I

haven't seen her in *a ~ of Sundays*. 彼女にずっと会っていない

mònth after mónth ; ***mònth ín, mònth óut*** 来る月も来る月も，毎月毎月(every month)

mònth by mónth 月ごとに

*__month·ly__ /mʌ́nθli/ 形〔◁ month 名〕《比較なし》《限定》月1回の，月例の，毎月の，月々の，月の，1か月続く[有効の] ‖ a ~ magazine 月刊雑誌 / a ~ meeting 月例会 / the ~ housing loan payment 月々の住宅ローン返済(金) / a regular ~ income 毎月の定収入 / average ~ rainfall 平均月間降雨[水]量 / a ~ ticket 1か月(有効の)定期券

―副《比較なし》月に1度，毎月 ‖ pay ~ 月々支払う

―名(複 **-lies** /-z/) Ⓒ ❶ 月刊刊行物，月刊誌 ❷《-lies》《口》月のもの，月経(menses)

Mont·pe·lier /mɑ(:)ntpí:liər | mɔnt-/ 名 モントピリア《米国バーモント州の州都》

Mont·re·al /mɑ̀(:)ntriɔ́:l | mɔ̀n-/ ⊲ジ 名 モントリオール《カナダ南東部，ケベック州の同国最大の港市》

mon·ty /mɑ́(:)nţi | mɔ́n-/ 名《次の成句で》

the fùll mónty 《英》何から何まで，一切合切

Mònty Pýthon 名 モンティ＝パイソン(Monty Python's Flying Circus)《ナンセンスで超現実的なギャグに満ちた英国の連続テレビコメディー(1969‒74)》

⁑**mon·u·ment** /mɑ́(:)njumənt | mɔ́n-/

―名〔▶ monumental 形〕(複 **~s** /-s/) Ⓒ ❶〈人・事件などの〉**記念碑[塔]**，記念建造物〈to〉‖ the *Monument to* the Atomic Bombed Children 原爆被爆児の碑 ❷ **遺跡**，史跡，記念物；《米》＝national monument ‖ ancient *~s* 史跡

❸ 不朽の業績[著作]，金字塔；〈…の〉顕著な例，典型〈**of, to**〉‖ This composition is a ~ *to* Mozart's genius for music. この曲はモーツァルトの音楽的才能が顕著に表れた名作だ / ~ *of* learning 学問の金字塔

❹《米》(地所の境界を示す)境界標 ❺ 墓石

*__mon·u·men·tal__ /mɑ̀(:)njuménţəl | mɔ̀n-/ ⊲ジ 形〔◁ monument 名〕❶《通例限定》不朽[不滅]の；重要な，影響力のある ‖ You've made a ~ contribution to our town. あなたは我が町に貴重な貢献をしました / a ~ achievement 不朽の業績 ❷《限定》(建物・芸術作品などが)非常に大きい；壮大な，堂々とした ❸《限定》途方もない，極端な，ひどい ‖ ~ ignorance あきれるほどの無知 ❹《限定》記念碑の[となる] ❺ 墓石の

~·ly 副 非常に，途方もなく；記念碑として，記念に

▶▶ **~ máson** 名 Ⓒ《英》(墓石などの)石工(いしく)

mon·u·men·tal·ize /mɑ̀(:)njuménţəlàɪz | mɔ̀n-/ 動 他 (記念碑などで)…を記念する，後世に残す

moo /mu:/ 動 自 (牛が)もーと鳴く ―名 (複 **~s** /-z/) Ⓒ ❶ もー《牛の鳴き声》❷《英口》いらつく[嫌われ]女

mooch /mu:tʃ/ 動 自《英俗》うろつく(loiter)，ぶらつく《***about, around***》―他《米口》〔食事・金など〕を〈人に〉ねだる，たかる；…を盗む〈**off**〉 ―名 Ⓒ ❶《単数形で》《英》うろつくこと ❷《米》たかり(屋) **mooch·er** 名

⁑**mood**[1] /mu:d/《発音注意》

―名〔▶ moody 形〕(複 **~s** /-z/) Ⓒ ❶ (快・不快などの一時的な)**気分**，気[心]持ち；**機嫌**；気分，気乗り〈**for** …の / **to** *do*, **for** *doing* …する〉‖ get into the holiday ~ 休日の気分になる / **in** a foul [OR filthy] ~ かっかとして / put him **in** a good [bad] ~ 彼をご機嫌[ご機嫌斜め]にさせる / I'm not **in** the ~「*for* seeing [OR *to* see] anyone today. 今日はだれとも会う気分になれない / ~ swings 激しい気分の変化

❷《単数形で》風潮，傾向，好み；気持ち，意向 ‖ The ~ of the people is pessimistic. 世間の風潮は悲観的だ ❸ (ある場所・集団・作品などのかもし出す)雰囲気，空気，ムード ‖ break [create, foster] a ~ 雰囲気を壊す[盛り上げる] (❗特定の場の雰囲気の意味の「ムード」は atmosphere あるいは ambience を使う.〈例〉This restaurant has a nice *atmosphere* [OR *ambience*]. このレストランはいいムードだ) ❹《しばしば ~s》不機嫌，いら立ち；むら気 ‖ The boss is in a ~ this morning. 今朝のボスは不機嫌だ / Mom is in one of her *~s*. 母のいらいらがまた始まった / a man of *~s* 気難し屋[気まぐれ者]

▶▶ **~ mùsic** 名 Ⓤ ムードミュージック《特定の雰囲気をかもし出す効果音楽》

mood[2] /mu:d/ 名 Ⓒ ❶〖文法〗法，叙法《ある事柄に対する話者の心的態度を表す動詞の語形変化》‖ the indicative [imperative, subjunctive] ~ 直説[命令，仮定]法 ❷〖論〗(三段論法の)式(mode)

*__mood·y__ /mú:di/ 形〔◁ mood[1] 名〕❶ 不機嫌な，ふさぎ込んだ ❷ むら気な，気分屋の ‖ a ~ person お天気屋 (❗日本語の「ムーディー(雰囲気，情緒のある)」の意味は英語にはない) ❸ (映画・音楽などが)独特の雰囲気の，悲しげな **mood·i·ly** 副 **mood·i·ness** 名

moo·la, -lah /mú:lə/ 名 Ⓤ《俗》金(かね)

moo·li /mú:li/ 名 Ⓒ《英》〖料理〗ダイコン(daikon)

⁑**moon** /mu:n/

―名(複 **~s** /-z/) ❶《通例 the ~ または the M-》月(♦(1)関連する形容詞は lunar. (2)代名詞で受けるとき，《古》や詩では she を使うことがあるが，現代では it を用いる) ‖ The ~ waxes [wanes]. 月が満ちる[欠ける] / Armstrong became the first man to set foot on the ~. アームストロングは月面を踏んだ最初の人間となった / The ~ has come out. 月が出た[昇った] / land on the ~ 月面に着陸する / the age of the ~ 月齢 /「a new [an old] ~ 新月[欠けていく月] / a **full** [half, crescent] ~ 満[半，三日]月 / a waxing [waning] ~ 上弦[下弦]の月(♦特定の時期の月の形相を表す場合は the でなく a [an] がつく．また「今夜は月が出ている[いない]」は There is a [no] moon tonight. という) / the man in the ~ 月の人《満月のとき人の形に見える月面の斑点(はんてん)．日本ではウサギだが西洋では人の顔や姿に見立てることが多い》(→ harvest moon, hunter's moon)

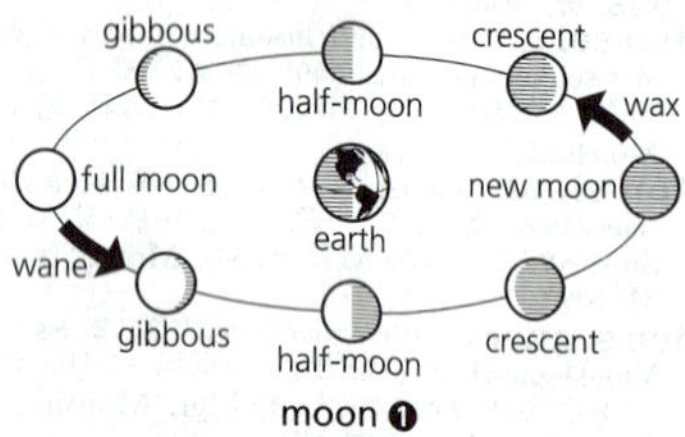

moon ❶

❷《通例 the ~》月光(moonlight)

❸ Ⓒ 月[三日月]形のもの；《俗》尻(しり) ‖ the ~ on the finger つめの半月 ❹ Ⓒ (惑星の)衛星(satellite) ‖「an artificial [OR a man-made] ~ 人工衛星 / a ~ of Jupiter 木星の衛星 ❺ Ⓒ《文》1か月(month) ❻《the ~》(人の)欲しがるもの

crỳ [OR ***àsk***] ***for the móon*** 《通例進行形で》得られないものを欲しがる ‖ You want to interview Bill Gates? That's *crying for the ~*. ビル＝ゲイツにインタビューしたいんだって，そりゃとても無理な相談だよ

hòwl [OR ***bày, bàrk***] ***at the móon*** ① 月に向かってほえる ② 無駄な時間[エネルギー]を費やす

màny móons agò 《文》ずいぶん前に(a long time ago)(♦《口》では《戯》として使うことがある)

*__*ònce in a blùe móon*__* 《口》ごくまれに(rarely)

over the móon 《主に英口》有頂天になって(♦「マザーグース」より) ‖ He is *over the ~* about his newborn baby. 彼は赤ん坊が生まれたのがうれしくて有頂天になっている

pròmise (a pèrson) the móon 《口》(人に)できそうにな

いことを約束する
rèach for the móon 難しいことに一生懸命挑戦する
shòot the móon ①《米口》(ふざけたり人をばかにして) 裸の尻を突き出す ②《英俗》夜逃げをする
thròw a móon 《英》=*shoot the moon* ①
― 動 (~s /-z/; ~ed /-d/; ~·ing)
― 自 ❶《口》ぼんやりと時を過ごす；〈…を〉ふらふらとさまよう，うろつく《*around, about*》〈around, about〉‖ I ~*ed about* most of this weekend. この週末をほとんどぶらぶらして過ごした
❷《口》(人を侮辱したり面白がらせるために) 尻を見せる
― 他 ❶《口》ぼんやりと［時］を過ごす《*away*》
❷《口》［人］に尻を見せる
móon over ... 〈他〉《口》…にあこがれて上の空でいる
▶▶ ~ **blìndness** 名 U 【獣医】(馬の) 月盲症；夜盲症
~ **ròver** [**bùggy**] 名 C 月面車

móon·bèam 名 C (一条の) 月光
móon·càlf 名 (複 **-calves**) C《古》愚か者
móon-fàced 形 丸顔の
móon·flòwer 名 C 【植】ヨルガオ《熱帯アメリカ産》
moon·ie /múːni/ 名《次の成句で》
do a móonie 《英口》公衆の面前で尻を露出する
Moon·ie /múːni/ 名 C《けなして》統一教会信者
móon·less /-ləs/ 形 月の(出ていない)ない
*__móon·lìght__ 名 U 月光，月明かり；《形容詞的に》月夜の，月に照らされた ‖ in the ~ 月明かりの中で / by ~ 月の光で / a ~ walk 月夜の散歩 / a ~ raid 夜襲
dò a mòonlight flít 《英口》夜逃げをする
― 動 自《口》(内緒で特に夜間) 副業［アルバイト］をする
móon·lìghter 名 C《口》(夜間の) アルバイトをする人
móon·lìt 形 月光に照らされた
móon·quàke 名 C 月震，月面地震
móon·rìse 名 U C 月の出；その時刻
móon·ròof 名 C ムーンルーフ《スモークガラスで太陽熱をカットする自動車の開閉屋根の一種》(→ sunroof)
móon·scàpe 名 C 月面の風景［眺め］
móon·sèt 名 U C 月の入り；その時刻
móon·shìne 名 U ❶《主に米口》密造［密輸入］酒 ❷《口》作り事，たわごと ❸ 月光
móon·shìner 名 C《主に米口》酒類密造［密輸入］者
móon·shòt 名 C 月ロケットの打ち上げ
móon·stòne 名 U C 月長石，ムーンストーン
móon·strùck 形 (恋のため) 頭がぼうっとした；気のふれた
語源「月に打たれた」の意. 中世には月の光で気が狂うと考えられた(→ lunatic).

móon·wàlk 名 C (宇宙飛行士による) 月面歩行；ムーンウォーク《床に足を着けたままスライドさせて移動する》
― 動 自 月面を歩く；ムーンウォークをする
moon·y /múːni/ 形 ❶《口》夢見心地の，ぼんやりした ❷ 月の(ような)；三日月［満月］形の
*__moor__[1] /muər/ 名 U C ❶《通例 ~s》(主に英国のヒースの生い茂った) 荒野，荒れ地，原野 ‖ on the ~*s* of Yorkshire ヨークシャーの荒野で ❷ 狩猟地［場］ ❸《英では方》湿地，湿原地，沼地
moor[2] /muər/ 動 他 〔船など〕を〈…に〉つなぐ，係留する(≒ tie up)，停泊させる〈**to**〉‖ ~ a boat *to* a buoy ボートをブイにつなぐ ― 自 船を係留する；(船などが) 停泊する
Moor /muər/ 名 C ムーア人《アフリカ北西部に居住したベルベル人とアラブ人の混血のイスラム教徒. 8世紀にスペインを占領した》 **~·ish** 形 ムーア人［様式］の
moor·age /múərɪdʒ/ 名 ❶ U 停泊，係留 ❷ C 係留［係船］所 ❸ U C 係留［係船］料金
Moore /muər/ 名 **Henry ~** ムーア (1898–1986)《英国の彫刻家》
moor·ing /múərɪŋ/ 名 ❶ U 停泊，係留 ❷ C《通例 ~s》係船具；《~s》係船所 ❸ C《~s》心のよりどころ
móor·lànd 名 =moor[1]
moose /muːs/ (♦ 同音語 mousse) 名 (複 ~) ❶ C《米》【動】ムース《北米産のヘラジカ》 ❷ =elk ❶
moot /muːt/ 形 ❶ 議論の余地のある，未解決の ‖ a ~ point [OR question] 論争点 ❷《米》実際的には意味を持たない ― 動 他《通例受身形で》(問題が) 議題にのる；討論される ― 名 C ❶【英国史】(アングロ=サクソン時代の) 会合，集会 ❷【法】(法学院の学生などの) 模擬討論
▶▶ ~ **cóurt** 名 C《主に米》(法学生のための) 模擬法廷
*__mop__ /mɑ(ː)p | mɔp/ 名 C ❶ (床や皿を拭くための) モップ；柄付きぞうきん ❷ モップに似たもの《皿洗い用の柄付きたわしなど》 ❸《通例単数形で》〈髪の毛の〉もじゃもじゃした束〈**of**〉‖ a ~ *of* hair もじゃもじゃの髪の毛

COMMUNICATIVE EXPRESSIONS
1 **That's the wày the mop flòps.** (世の中なんて) そんなものさ；人生うまくいかないものだ

― 動 (**mopped** /-t/; **mop·ping**) 他 ❶ …をモップで拭く，掃除する ‖ ~ the floors 床をモップで掃除する ❷ 〔涙・汗など〕を〈…から〉ぬぐう〈**from**〉；〔顔など〕(の汗) を拭く ‖ ~ tears *from* one's eyes 涙を拭く / ~ one's brow with a blue handkerchief 青いハンカチで額(の汗)をぬぐう ― 自 モップで掃除する；ぬぐいとる《*up*》
mop the floor (**up**) **with a person** ⇨ FLOOR(成句)
*__mòp úp__ 〈他〉《**mòp úp ...** / **mòp ... úp**》①〔こぼれた水

メタファーの森 mood 気分

mood ⇨ weather (気分⇨天気)

「気分」は「天気」として表現される.「天気がよいこと」は「気分がよいこと」を表し,「天気が悪いこと」は「気分が悪いこと」を表す.

➤ His mood is **as changeable as the weather**. 彼の気分は天気のように変わりやすい (♦「お天気屋 (気分屋)」の意)
➤ I'm **feeling under the weather** today. 今日は体調がすぐれない (♦ weather は荒天を指す)
➤ My sister has been **under a cloud** since this morning, but I don't know why. 姉は今朝からふさぎ込んでいるがなぜかは分からない (♦ cloud (雲) は天気が悪いことを象徴し，気分が晴れないことを表す)
➤ On hearing the news, her face became **clouded with worry**. 知らせを聞くなり彼女の表情は心配で曇った
➤ I'm sorry to **rain on your parade**, but you're not allowed to smoke here. 気分を害して申し訳ありませんが，ここは禁煙です (♦ rain on one's parade で「(人の) 気を腐らせる」の意. be a wet blanket ともいう)
➤ I'm happy to hear that my ex-girlfriend got married, but there is certainly a **hazy feeling** in my head as well. 昔の恋人が結婚したと聞いてうれしいが，すっきりしない気持ちも同時にある (♦ hazy は「もやのかかった，もやもやした」状態を表し，ここでは「素直に喜べない」の意)
➤ My host family welcomed me with **sunny smiles**. ホストファミリーは私をにこやかな笑顔で迎えてくれた
➤ I got **frosty looks** from the people around me when my cellphone rang during the concert. コンサート中に携帯が鳴って周りの人から冷たい視線を浴びた (♦ frosty は文字どおりには「霜でおおわれた，非常に寒い」の意)

M

など〕を(モップなどで)拭きとる ②《口》〔仕事など〕をし終える, 片づける(☞ finish up);〔問題など〕を片づける;…を使い切る, 完全になくす ③〔利益など〕を吸い上げる ④…を徹底的にやっつける;〖軍〗〔ある地区・残敵など〕を掃討する ⑤〔皿に残ったソースなど〕を(パンなどで)拭きとるようにして食べる ―〈自〉①⇨自 ②仕事[問題]などを片づける

mope /moʊp/ 動 自 ふさぎ込む, 意気消沈する;当てもなく歩き回る《*about, around, round*》 ―名 C《口》❶ふさぎ込んでいる人 ❷《~s》《旧》憂うつ, 意気消沈

mo·ped /móʊpèd/ 名 C モペッド《ペダルと低出力の原動機付き自転車》(♦ *mo*tor+*ped*al より)

mop·pet /mɑ́(:)pɪt | mɔ́p-/ 名 C《口》おちびちゃん(♥子供に対する愛情を込めた呼び方)

mo·quette /moʊkét | mɔ-/ 名 U モケット《じゅうたん・いす張り用のけば立った織物》

MOR 略 *m*iddle-*o*f-the-*r*oad

mo·raine /məréɪn/ 名 C〖地〗(氷)堆石(たいせき), モレーン《氷河に運ばれた堆積物の作る地形》

:mor·al /mɔ́(:)rəl/

―形〔▶ morality 名, moralize 動〕(**more ~**; **most ~**)(♦❷❻以外は比較なし)

❶《限定》**道徳(上)の**, 倫理的な ‖ a decline in ~ standards 道徳基準の低下 / a ~ issue [dilemma] 道徳上の問題[ジレンマ]

❷ **道徳的な**, 道徳にかなった, 行いの正しい;(特に異性との関係で)身持ちのよい(↔ immoral)(→ amoral)(⇨類語)‖ live a ~ life (道徳的に)正しい生き方をする

❸《限定》善悪をわきまえることのできる ‖ a ~ agent 道徳的行為者, 人間

❹《限定》(法律などでなく)道徳にのっとった, 道義的な ‖ a ~ responsibility to help the starving people 飢えに苦しむ人々を助ける道義的責任 / strong ~ fiber 堅固な道徳心 ❺《限定》**精神的な**, 心理的な ‖ ~ strength 精神力, 気力 / ~ victory 精神的勝利 / give ~ support 精神的支援を与える ❻(寓話などを使って)善悪を教える, 教訓的な ‖ a ~ lesson 教訓

―名(複 **~s** /-z/) C ❶(物語などの)教訓, 寓意(ぐうい);金言 ‖ The ~ to be drawn is love doesn't conquer all. くみ取るべき教訓は愛はすべてに打ち勝つわけではないということである / There is a ~ to the story. その話には教えられるところがある

❷《~s》道徳, 倫理, 善行, 道徳心, 素行, 品行;(特に男女間の)身持ち ‖ My father is very strict on good ~*s* and manners. 父は品行や礼儀については非常に厳しい / public ~*s* 風紀 / the code of ~*s* 道徳律 / a person of loose ~*s* 身持ちの悪い人

類語《形 ❷》**moral, ethical** moral は「道徳的な」, ethical は「倫理的な」で, 両方とも「善悪の基準」に関する語で意味が重なり, 同じように用いられることも多い.

moral ethical よりも一般的な語で, 個人的な行為に関して, やや宗教的な意味で用いることが多い.〈例〉He refused to join the army on *moral* grounds. 彼は道義的な理由で入隊を拒否した

ethical 哲学的・法律的意味を帯びることがあり, より客観的に規定された(例えば特定の職業に適用される)公的規範について多く用いる.〈例〉the doctor's *ethical* committee 医師の倫理委員会

▶▶ **~ cóurage** 名 C《通例単数形で》(正義を守る)精神的勇気 **~ fíber** 名 U 精神的たくましさ **~ házard** 名 U〖経〗道徳的危険《被保険者の不注意・故意などによって生じる保険会社が負担する危険》 **~ láw** 名 U 道徳律 **~ majórity** 名《the ~》《集合的に》《単数・複数扱い》(伝統的な)道徳的基準の支持多数派 **~ philósophy** 名 U 道徳哲学, 倫理学(ethics) **Mòral Reármament** 名 道徳再武装運動《米国の Frank Buchman (1878–1961)が主唱》 **~ scíence** 名 U《旧》= moral philosophy **~s clàuse** 名 C(企業などの)倫理条項[綱領] **~ sénse** 名 U 道徳観念, 道義心 **~ suppórt** 名 U 精神的援助 **~ theólogy** 名 U 道徳神学 **~ víctory** 名 C 精神的勝利《敗れても倫理・道徳上の正しさを証明する実質上の勝利》

***mo·rale** /məræ̀l | -rɑ́:l/《アクセント注意》名 U(軍隊・組織などの)士気, モラール;風紀 ‖ The ~ in the team was high [low]. チームの士気は高かった[低かった] / keep up ~ 士気を維持する / boost [OR raise, improve] the public ~ 民衆の士気を高める

mor·al·ism /mɔ́(:)rəlɪzm/ 名 U ❶《旧》《堅》説教, 説法 ❷金言, 道徳訓 ❸(宗教と区別した)道徳的実践

mor·al·ist /mɔ́(:)rəlɪst/ 名 C 道徳(実践)家, 倫理を説く人;道徳主義者;道学者

mor·al·is·tic /mɔ̀(:)rəlístɪk/ <シ 形 かたくなな, 教訓的な, 説教好きの, 道学者風の **-ti·cal·ly** 副

***mo·ral·i·ty** /mərǽləṭi/ 名〔◁ moral 形〕(複 **-ties** /-z/) ❶ U 倫理, 道徳, 道義 ‖ public [private] ~ 公衆[個人]道徳 / offend against ~ 道徳に反する ❷ U C(特定の集団・社会などの)道徳[倫理]体系;《-ties》道徳律[規範];道徳[倫理]学 ‖ Christian ~ キリスト教の倫理 ❸ U〈…の〉道徳[倫理]性, 道義的価値, 善悪〈**of**〉‖ the ~ *of* abortion 中絶の倫理性 ❹ U(個人の)徳行, 品行(方正), 身持ちのよさ ❺ C 教訓, 説教 ❻(= **~ plày**) C(15–16世紀に流行した)道徳劇, 寓意(ぐうい)劇

mor·al·ize /mɔ́(:)rəlàɪz/ 動〔◁ moral 形〕自《通例けなして》〈…について〉(ひとくさり)説教する〈**about, on**〉‖ ~ *on* juvenile delinquency 少年犯罪について説教する ―他 ❶…を道徳的な観点から説明する;…から教訓をくみ取る ❷…の風紀[道徳]を正す, …を教化する **mòr·al·i·zá·tion** 名 **-ìz·er** 名 C 道学者

mor·al·ly /mɔ́(:)rəli/ 副 ❶道徳上, 道義上 ❷道徳にかなって ❸精神的に ❹ほぼ間違いなく

mo·rass /məræ̀s/ 名 C《単数形で》❶沼地, 沼沢地 ❷(脱出し難い)窮地, 苦境 ❸雑多の山

***mor·a·to·ri·um** /mɔ̀(:)rətɔ́:riəm/ 名(複 **~s** /-z/ OR **-ri·a** /-riə/) C(非常時などの法による)支払猶予(期間), モラトリアム;〈活動・使用・製造などの〉一時停止〈**on**〉

mo·ray /mɔ́(:)reɪ/ 名(= **~ èel**) C〖魚〗ウツボ

mor·bid /mɔ́:rbɪd/ 形 ❶不健全な, 病的な;憂うつな ‖ a ~ interest in murder 殺人に対する病的な興味 ❷恐ろしい, ぞっとするような ❸〖医〗病気の[に起因する], 病理の;病気にかかった ‖ a ~ growth 病的増殖《癌(がん)や腫瘍(しゅよう)》 **~·ly** 副 **~·ness** 名

mor·bid·i·ty /mɔ:rbídəṭi/ 名 ❶ U C 病的なこと, 不健全 ❷ U/C《単数形で》(地域などの)疾病率

mor·dant /mɔ́:rdənt/ 形 ❶辛辣(しんらつ)な, 痛烈な ❷腐食性の ❸〖染色〗媒染性の ―名 C ❶〖染色〗媒染剤, 色留め料 ❷(エッチングの)腐食剤;(金箔(きんぱく)の)粘着剤 ―動 他…を媒染剤につける;…を腐食剤で処理する **-dan·cy** 名 U 辛辣, 痛烈 **~·ly** 副

mor·dent /mɔ́:rdənt/ 名 C〖楽〗モルデント《装飾音の一種》

:more /mɔ:r/ 形 代 副

中心義 **より多い[多く]**

―形《much, many の比較級》❶《much の比較級》**もっと多量の**, もっと多くの(↔ less);《many の比較級》**もっと多数の**(↔ fewer) ‖ The baby wanted ~ milk. 赤ん坊はミルクをもっと欲しがった / He spent **much** [OR **even, far, still**] ~ time practicing than usual. 彼はいつもよりずっと多くの時間を練習に費やした / The ER always has ~ patients than it can handle. その救命救急センターはいつも手に負えないほど(多数の)患者を抱えている / *More* people want to live downtown than in the suburbs. 郊外より都心に住みたいと思っている人の方が多い

❷《通例数詞, some, any, no などとともに》**それ以上の**, 余分の ‖ Would you like some ~ coffee? コーヒーをもう少しいかがですか / The policeman asked no ~

questions. 警官はそれ以上質問しなかった / Just give me one ~ chance. もう一度だけチャンスを下さい / There were many ~ cars than usual on the road. 通りにはいつもよりずっと多くの車が見られた (♦ many more は one more, two more, three more などの延長線上にあり複数名詞を伴う. 後ろが不可算名詞の場合は much more となる) / You'll need much [《口》a lot] ~ money than I. あなたは私よりずっとたくさんお金が必要でしょう / Get back to work before you waste any ~ time. これ以上時間を無駄にしないうちに仕事に戻りなさい / after a few ~ months もう数か月してから (♦ a few more は後ろが不可算名詞の場合は a little more となる)

―代 ❶ **もっと多くのもの[こと, 人]**, それ以上のもの[こと, 人] ‖ I'd like some ~, please. もう少し頂けますか / There is ~ to him than that. 彼にはそれ以外にもっとほかの面がある / There is little ~ that I can do about it. 私がそのことでできることはもうほとんどない / *More* will attend next time. 次回はもっと多くの人が参加するだろう / Let's see ~ of each other. もっと頻繁に会いましょうよ / I don't think any ~ of the committee members will agree. 委員たちのうちこれ以上はだれも賛同しないだろうと思う / Won't you have some ~ of the steak? もう少しステーキを召し上がりますか (♦ 代 の more を用いた場合 ˣsome more of steak のように the をつけない形は不可. some more steak とするが, この more は 形) / *The ~, the merrier.* 《諺》人が多ければ多いほど楽しい

❷ 《~ of a ...》〈…より〉むしろ…で〈**than**〉‖ He's ~ of a film star *than* a singer. 彼は歌手というより映画スターだ (=He's a film star rather than a singer.) (♦ He's more a film star than a singer. のように of をつけない形も可能. その場合は → 副 ❸)

―副 《比較なし》❶ 《動詞を修飾》〈…より〉**もっと**, さらに多く, いっそう〈**than**〉‖ I dislike cockroaches ~ *than* any other creatures on earth. 私はどの生き物よりもゴキブリが大嫌いだ / You need to practice ~. 君はもっと練習する必要がある / I couldn't agree ~. 全く賛成です (♦「これ以上 (賛成) できないくらい賛成だ」の意) / After ten years of marriage I loved her **even** ~. 結婚後10年経てなおいっそう彼女が好きになった

❷ 《形容詞・副詞を修飾して比較級を作って》〈…より〉**もっと**…, いっそう…〈**than**〉‖ Prevention is ~ important *than* cure. 予防は治療よりもっと大切だ / She turned the pages ~ quickly. 彼女はさらに手早くページをめくった / Phil is the ~ stingy of the two. 2人のうちではフィルの方がけちだ (♦ 2者間の比較では the をつける)

語法 ☆☆ more, most による形容詞・副詞の比較変化

語尾変化 -er, -est によらず, more, most による比較変化は原則として次の場合に見られる.

(1) 2音節以上の語. ただし, 2音節語の中には -er, -est の型をとる語, 両方の型をとる語もある (⇨ PB 15). 〈例〉*more* beautiful (ˣbeautifuler) / *more* famous (ˣfamouser) / *more* clever (♦ clever*er* も可. 両方可能なのはほかに common, polite など. これらの語では more, most の型が優勢になりつつある) / easi*er* (ˣmore easy) (♦ -y, -ble, -tle などで終わる2音節語は -er, -est の型をとる. ほかに early, happy, noble など)

(2) 分詞, -ly の副詞. 〈例〉Her face was *more* tanned than his. 彼女の顔は彼よりもっと日焼けしていた

(3) ふつうは比較変化をしない形容詞. 〈例〉Your English is *more* English than mine. あなたの英語は私のより英語らしい

(4) 合成形容詞, 形容詞句. 〈例〉*more* well-to-do もっと裕福な

(5) 形容詞並列の場合. ただし -er 形が用いられる場合も多い. 〈例〉*more* rich and (*more*) cultured もっと金持ちで教養がある

(6) 同一事物の2つの (時期の) 性質・状態を比較する場合. ただし high, long, tall, wide などでは -er 形を用いることもある. 〈例〉She was *more* clever [ˣclever-er] than intellectual. 彼女は知性的というよりもむしろ頭の回転が速い

(7) 比較の意味を強調する場合.

❸ 〈…より〉むしろ (rather) 〈**than**〉‖ It is ~ my wife's will *than* mine. それは私のというよりむしろ妻の意志です / He's ~ lazy *than* stupid. 彼は頭が悪いというよりむしろ怠け者だ (=He's lazy rather than stupid.) (♦ rather than の方がふつう. また ˣHe's lazier than stupid. は不可. ⇨ 語法 (6)) / She was ~ frightened *than* hurt. 彼女は驚いたほどには大したけがはなかった / It was ~ summer *than* spring. 春というよりむしろ夏らしかった

❹ さらに, その上 (→*no more*) ‖ I took a few minutes ~ to finish the bottle of wine. そのワインのボトルを空けるにはもう数分間あれば十分だった / Once ~, please. もう一度お願いします / twice ~ さらに2回

❺ その上 (besides), なおまた (moreover) ‖ I was late for the garbage truck, and ~, (I) missed my

NAVI 表現 6. 追加を表す

先行する文に新たな情報をつけ加える場合, **additionally**, **in addition**, **furthermore**, **more importantly**, **moreover**, **what is more** などの追加を表す表現が用いられる. これらの表現は理由を挙げて論拠を補強する場合にも用いられるため, 論の展開を追う手がかりにもなる.

■ 情報を追加する

‖ The computer suddenly crashed on me. *What is more*, all my files were lost. コンピューターが突然クラッシュしてしまった. おまけにファイルがすべて消えてしまった (♦ what is more は定型句なので時制の一致は受けない) / The introduction of nursing care insurance will have a positive effect on many of the medical institutions which have a limited number of beds and rooms. *More importantly*, it will provide a new lifestyle for elderly people. 介護保険制度の導入はベッドと病室数が限られている多くの医療機関によい影響をもたらすだろう. より重要なことには, 介護保険制度が高齢者に新しいライフスタイルを提供するということである (♥ 前文よりも重要な情報を追加する)

■ 論拠を補強する

‖ The travel package seems to be really attractive. The hotel is near the airport, so we can enjoy our vacation until the last possible moment. *In addition*, the price includes breakfast every morning and even a one-day ticket for the metro. その旅行パックはとても魅力的だ. ホテルが空港から近いので, 最後の最後まで休暇を楽しむことができる. さらに, 代金には朝食代と地下鉄の一日乗車券まで含まれている (♥ どのように魅力的なのかについての証拠を補強する) / You should stop smoking. Smoking is bad for your health and it can even cause lung cancer. *Moreover*, the tobacco smoke has a harmful effect on the people around you. たばこはやめた方がよい. 体に悪いし, 肺癌(がん)の原因にだってなり得る. その上, たばこの煙は周りにいる人たちにも悪影響を与える (♥ なぜ禁煙すべきかについての理由を補強する)

▶ 文形式の表現

It should also be added that ... (…もつけ加えておくべきことである)

boy's school bus. ごみ収集車には出し遅れるし, おまけに子供をスクールバスにも乗せ損なった
àll the móre 《理由を示す語句を伴って》それだけ(いっそう), なおさら ‖ I like him *all the* ～ for his reticence. 彼は寡黙(かもく)なのでなおさら好きだ
(*and*) ***whàt is móre NAVI **さらに**, その上(⇨ NAVI表現 6) ‖ This book is written in easy English. *What is* ～, a list of words that beginners may find difficult is also included. この本は簡単な英語で書かれている. さらに, 初学者には難しいと思われる語の一覧がついている
any more =anymore
little more than ... ⇨ LITTLE(成句)
*****mòre and móre*** ますます(多くの), 次第に ‖ *More and* ～ people are becoming environmentally conscious. 人々はますます環境問題について意識するようになっている / I felt ～ *and* ～ angry listening to her excuses. 彼女の言い訳を聞いているうちにだんだん腹が立ってきた(♦ ×angry more and more とはふつういわない)
*****mòre or léss*** ① 多少とも, いくぶん(♥ しばしば直接的な表現を和らげるために使う) ‖ Most people are ～ *or less* egoistic. たいていの人は多少なりとも利己的だ ② だいたい;…も同然 ‖ He ～ *or less* admitted he'd been asleep. 彼は眠っていたことを認めたも同然だ ③ およそ;ほとんど, ほぼ ‖ The distance is ten miles, ～ *or less*. その距離はおよそ10マイルです / a ～ *or less* automatic act ほとんど自動的に行われる行動
móre than ... ①《数詞を修飾して》…以上, …を上回る ‖ *More than* half the students heard his lecture. 半数以上の学生が彼の講義を聞いた / ～ *than* five years ago 5年よりもっと前に(♦ more than five は5を含まず, それ以上の数を表すので, 日本語では「6以上」になる. five を使って「5以上」を表すには five or more とする) / *More than* one person is involved in it. それには複数の人が関係している(♦ 意味的には複数であるが one person を受けて動詞は単数扱い) ②《名詞・形容詞・副詞・節を修飾して副詞的に》大いに, 非常に, …以上(のもの) ‖ The people ～ *than* despised the dictator. 国民はその独裁者を心から憎んだ / He's ～ *than* happy to hear that. 彼はそれを聞いてすっかり舞い上がっている / It's ～ *than* I can stand. それはとても耐えられないことだ
mòre than a líttle 《形容詞の前で》少なからず ‖ I'm ～ *than a little* concerned about your health. 私はとても君の健康が気がかりだ
mùch [OR ***stìll***] ***móre*** 《肯定文に付加して》まして…は(いっそう)そうだ(⇨ *much* LESS) ‖ He enjoyed teaching the noisy little boys, *much* ～ their pretty older sisters. 彼は騒がしい男の子たちを教えるのが楽しかったし, 彼らのかわいらしい姉たちを教えるのはもっと楽しかった(♦ まれな用法. ふつうは ..., and teaching their pretty older sisters even more. のようにいう)
nèither móre nor léss than ... ちょうど…;…にほかならない
nò móre ①もはや…(し)ない(not any more)(♦ 主に量・程度について用い, 時間的な意味ではふつう no longer, not any longer を用いる) ‖ There is *no* ～ wine. もうワインはない ②もはやない[いない](dead) ‖ He is *no* ～. 彼はもうこの世にない ③《否定文の直後で》…も…(し)ない(neither, nor)(♦ ふつう倒置を伴う) ‖ He couldn't eat fish and *no* ～ could I. 彼は魚が食べられなかったし私もそうだった
*****nò móre than ...*** ①《数詞の前で》**わずか**…, たった…(only) ‖ *No* ～ *than* five people came to the party. パーティーにはわずか5人しか来なかった ②(全く)…でしかない, …にすぎない(only) ‖ He was *no* ～ *than* mildly interested in the offer. 彼はその申し出にわずかな関心を抱いていただけだった
*****nò mòre À than B̀ B***(でないの)**と同様にAでない**;Bと同じ数量のAしかない(♦ Aでないことを強調して, A・Bとも否定するか, もしくは程度が低いことを強調する) ‖ He is *no* ～ a saint *than* you are. 彼は君(がそうでないの)と同じように決して聖人君子ではない / I can *no* ～ swim *than* fly. 私は飛ぶことができないように泳ぐこともできない / He has *no* ～ money [books] *than* you have. 彼はあなたと同じ額の金[数の本]しか持っていない
nòt móre than ... …より多くない, せいぜい…(at most) ‖ Her house is *not* ～ *than* ten minutes from the station. 彼女の家は駅からせいぜい10分だ
*****nòt mòre À than B̀*** BよりAというわけではない ‖ She is *not* ～ experienced *than* Susan. 彼女の方がスーザンより経験豊富だというわけではない
nòthing móre than ... …にすぎない ‖ It's *nothing* ～ *than* a fairy tale. それはただのおとぎ話にすぎない
once more ⇨ ONCE(成句)
the móre =*all the more*(↑)
the mòre Á, the mòre [***lèss***] ***B́*** Aすればするほど(ますます)Bする[しなくなる] ‖ *The* ～ I got to know him, *the* ～ I liked him. 彼のことを知れば知るほど, 彼が好きになった(⇨ THE 副 ❶)

COMMUNICATIVE EXPRESSIONS

1 **But isn't it mòre** 「**to dò with** [OR **a màtter of, a quèstion of**] their áttitude? しかしそれはどちらかというと彼らの態度の問題じゃありませんか(♥「そういう問題ではなく…の問題だ」と反論する)
2 **(I) còuldn't àsk for móre.** 最高だよ;これ以上望むものはないよ(♥「調子はどうか」などと聞かれたときに)
3 **I dón't knòw why you càn't** àct **mòre** matúre. あなたがなぜもっと大人らしく振る舞えないのか私には理解できない(♥ もっとできるはずの相手に対する不満)
4 **Is thère any mòre of thís?** これのお代わりありますか(♥ 食べ物や飲み物のお代わりを求める)
5 **Jùst óne mòre.** もう1回だけ(やってごらん)(♥ 励まし)
6 I was disappòinted with the resúlt **mòre than you('ll èver) knów.** あなたが思っている以上に私はその結果にがっかりしたんです
7 **Nèed I sày móre?** ⇨ SAY(CE 42)
8 "Whàt are you dóing?" "**Nò mòre than I háve to.**"「何してるの」「別に」
9 **Thàt's mòre líke it.** その方がいい;それらしくなった(♥ 期待外れのものを示された後, 別のものを示され, それが期待に添う場合に)

More /mɔːr/ 名 **Sir Thomas** ～ モア(1478–1535)《英国の政治家・人文主義者》
more·ish /mɔ́ːrɪʃ/ 形《英口》もっと食べたくなるほどおいしい(♦ morish, more-ish ともいう)
mo·rel /mərél/ 名 C 〖菌〗アミガサタケ《食用キノコの一種》
***more·over** /mɔːróʊvər/《発音・アクセント注意》
— 副《比較なし》NAVI Ⓦ 加えて, なお, さらに, **その上**(♦ 文末では用いない. (and) also, besides の方が《口》)(⇨ NAVI表現 6) ‖ It's dark, cold and ～ it's raining. 暗くて寒いし, その上雨が降っている
mo·res /mɔ́ːreɪz/《発音注意》名 複〖社〗モーレス, (一集団の基本的道徳観を示す)良俗[慣習]
Mo·resque /mɔːrésk/ 形 (様式・装飾などが)ムーア(Moor)式の — 名 C ムーア式装飾
Mor·gan[1] /mɔ́ːrgən/ 名 **J**(**ohn**) **P**(**ierpont**) ～ モーガン(1837–1913)《アメリカの金融資本家. 美術品の収集家としても知られニューヨーク市の Morgan Library で有名》
Mor·gan[2] /mɔ́ːrgən/ 名 C モルガン種(の馬)《力・スピード・持久力に優れる》
mor·ga·nat·ic /mɔ̀ːrgənǽtɪk/ ⟨シ⟩ 形 貴賤(きせん)相婚の《王族・貴族の男性と平民女性との結婚で, 妻子には財産や称号の継承権がない》
morgue /mɔːrg/ 名 C ❶(身元不明の)死体公示所 ❷《口》(新聞社の)資料(室) ❸《口》陰気な場所
mor·i·bund /mɔ́(ː)rɪbʌ̀nd/ 形 (人が)瀕死(ひんし)の, 死にかけている;(産業・制度などが)消滅寸前の;沈滞している

M

Mor·mon /mɔ́ːrmən/ 名 C モルモン教徒《1830年米国で Joseph Smith の始めたキリスト教の一派. 公式名称は the Church of Jesus Christ of Latter-Day Saints》
— 形 モルモン教(徒)の **~·ism** 名 U モルモン教

morn /mɔːrn/ (♦ 同音語 mourn) 名 C 《通例単数形で》《文》朝(morning); 暁

Mor·nay, m- /mɔːrnéɪ | ´‐‐/ 名 (= ~ **sàuce**) U モルネーソース《チーズ風味のホワイトソース》
— 形 モルネーソースをかけた

***morn·ing** /mɔ́ːrnɪŋ/ (♦ 同音語 mourning)
— 名 (複 **~s** /-z/) ❶ C U 《通例無冠詞単数形または the ~ で》**朝**《夜明けから昼まで》; 午前《真夜中から正午まで》‖ *Morning* came. 朝が来た / You work really hard from ~ till [OR to] night. 朝から晩までよく仕事に精が出ますね / I never fail to clean my teeth ~ and night. 私は朝晩必ず歯を磨く / Good ~. (✎ *Morning*.) 《あいさつ》おはよう (⇨ GOOD MORNING) / **in** [OR during] the ~ 朝のうちに, 午前(中)に / early [late] **in the** ~ (✎ **in** the early [late] ~) 朝早く[遅く] / on Tuesday ~ 火曜日の朝に / on Saturday ~*s* 毎週土曜日の午前中に / on the ~ of 「the wedding [June 1st] 結婚式の日[6月1日]の朝に(♦ 特定の日の「午前中に」は前置詞は on を用いる. ただし時刻を明示するときは in を用いるのがふつう. 〈例〉 at 8 in the *morning* of September 1 9月1日の朝8時に) / toward ~ 明け方近くに / all ~ (long) 午前中ずっと / every [tomorrow, this] ~ 毎朝[翌朝, 今朝] / yesterday [×last] ~ 昨日の朝 / the **next** ~ 次の朝 / one snowy [brilliant fall] ~ ある雪[晴れ渡った秋]の朝(♦ every, tomorrow, this, one などの語を伴って前置詞なしで副詞句を作る)
❷ 《the ~》初期 ‖ the ~ of life 人生の初期, 青年時代
❸ U 夜明け, 暁 ‖ as ~ broke 夜が明けるにつれて
❹ C 《~s》《副詞的に》《口》いつも[毎回]午前中 ‖ Liz works ~*s* [four ~*s* a week] at the nursery school. リズはいつも[週4日]午前中保育園で働いている
❺ 《形容詞的に》**朝の**, 朝に現れる[行われる], 午前の ‖ crisp ~ air さわやかな朝の空気 / a ~ walk 朝の散歩 / a ~ coffee break 午前のコーヒーブレーク《10–11時ごろ》/ a ~ flight 朝の(飛行)便 / the ~ haze 朝もや(❗喫茶店などの「モーニングサービス」は日本独特のもので和製語. reduced-price service in the morning hours などと説明する. 英語の morning service は「教会での朝の礼拝」.「モーニングコール」も和製語で,《米》wake-up call, 《英》early morning call service のようにいう)

*__*in the mórning*__ ① 午前(中)に;《時刻とともに》午前…時に ‖ at about 3 (o'clock) *in the* ~ 午前[夜中の]3時ごろに ② 朝は, 朝のうちに ③ 明日の朝 (tomorrow morning); 翌日の朝(♦ 明朝か翌朝かは文脈による) ‖ I'll do it first thing *in the* ~. 明朝一番でそれをやります

mòrning, nòon, and níght 1日中, しょっちゅう

the mòrning áfter (***the nìght befóre***) 《戯》二日酔い

語源 中英語 *morn*(朝)に even*ing* にならって-ing を加えたもの.

▸▸ **~ còat** 名 C 《英》モーニングコート (morning dress の上着) **~ drèss** 名 U モーニング(スーツ)《昼間の男子用礼服. モーニングコートにしまズボンなど》 **~ glòry** 名 C 〘植〙アサガオ, (特に)マルバアサガオ(丸葉朝顔) **~ pàper** 名 C 朝刊 **~ pèrson** 名 C 朝型の人 (↔ night owl) **~ práyer** 名 《また M- P-》 C 《通例 ~s》〘英国国教会〙朝の礼拝, 早禱(そうとう) **~ ròom** 名 C 《英》《旧》(特に大邸宅の) 午前中家族の使う居間 **~ sìckness** 名 U (妊娠初期の)(朝の)つわり **~ stár** 名 《the ~》明けの明星《特に金星》(↔ evening star) **~ sùit** 名 C =morning dress

mòrning-áfter 〈ジ〉 形 《限定》 ❶ (重大な出来事の) 翌朝の ‖ a ~ pill 事後用(避妊)ピル ❷ 二日酔いの

mórn·ings /-z/ 副 《口》午前中; 朝には(いつも)

***Mo·roc·can** /mərɑ́(ː)kən | -rɔ́k-/ 形 モロッコ (Morocco)の, モロッコ人の — 名 C モロッコ人

***Mo·roc·co** /mərɑ́(ː)koʊ | -rɔ́k-/ 《発音・アクセント注意》
名 ❶ モロッコ《アフリカ北西部の王国. 公式名 the Kingdom of Morocco. 首都 Rabat》/rəbɑ́ːt/ ❷ (= ~ **léather**)《m-》 U モロッコ革《ヤギのなめし革; 手袋・靴・本の装丁用》; モロッコ革のまがい物

***mo·ron** /mɔ́ːrɑ(ː)n | -rɔn/ 名 C ❶ 《口》ばか, 間抜け ❷ 〘心〙軽度知的障害者《知能が8–12歳程度の成人》
mo·rón·ic 形 ばかばかしい

Mo·ro·ni /məróuni/ 名 モロニ《コモロの首都》

mo·rose /məróus/ 形 不機嫌な, むっつりした, 気難しい
~·ly 副 **~·ness** 名

morph /mɔːrf/ 名 C ❶ 〘言〙形態 ❷ 〘生〙変異型 ❸ 💻モーフィングで変形処理された画像 — 動 他 💻〔画像など〕を徐々に変形させ別の像にさせる; (一般に)…を〈…に〉変質[変身]させる〈**into**〉 — 自 💻(画像が)徐々に変形して別の像になる; 〈…に〉変質[変形]する〈**into**〉

mor·pheme /mɔ́ːrfiːm/ 名 C 〘言〙形態素《意味を持つ最小の言語単位》 **mor·phém·ic** 形

Mor·pheus /mɔ́ːrfjuːs/ 名 〘ギ神〙モルフェウス《夢と眠りの神》‖ in the arms of ~ 眠って

mor·phi·a /mɔ́ːrfiə/ 名 《旧》=morphine

mor·phine /mɔ́ːrfiːn/ 名 U モルヒネ《アヘン中のアルカロイド. 麻酔・鎮痛剤》
語源 〘ギ神〙の夢の神 *Morpheus* から. この薬が眠りをもたらすとされた.

morph·ing /mɔ́ːrfɪŋ/ 名 U 💻画像の変形処理, モーフィング《徐々に別の像に変化させる処理》

mor·phin·ism /mɔ́ːrfiːnìzm/ 名 U 〘医〙モルヒネ中毒

mor·phol·o·gy /mɔːrfɑ́(ː)lədʒi | -fɔ́l-/ 名 (複 **-gies** /-z/) U ❶ 〘生〙形態学 ❷ 〘言〙形態論, 語形論; 形態構造 ❸ 〘地〙地形学 ❹ U C (一般に)形態, 組織(の研究)
-pho·lóg·i·cal 形 **-gist** 名 C 形態学者

Mor·ris /mɔ́(ː)rɪs/ 名 **William** ~ モリス (1834–96)《英国の詩人・工芸美術家》 ▸▸ **~ chàir** 名 C モリス式安楽いす《背もたれの角度を調節できるいす》

mór·ris dànce /mɔ́(ː)rɪs-/ 名 U モリスダンス《英国の古い舞踊. 伝説中の人物などに扮(ふん)し, 特に May Day に行う》 **mórris dàncer** 名, **mórris dàncing** 名

mor·row /mɔ́(ː)rou/ 名 《the ~》《古》《文》翌日; 〈事件などの〉直後〈**of**〉

Morse /mɔːrs/ 名 ❶ **Samuel F**(**inley**) **B**(**reese**) ~ モース (1791–1872)《米国の電信機とモールス符号の発明家》 ❷ (= ~ **códe**) U モールス符号《dots(・)と dashes (—)で alphabet を表す》
— 動 他 …をモールス符号で打つ[送信する]

mor·sel /mɔ́ːrsəl/ 名 C ❶ (食物などの)1口, 1片 ‖ beg for ~*s* of bread パンを少しくれるよう物ごいする ❷ (情報などの)少量, わずか ❸ ごちそう

***mor·tal** /mɔ́ːrtəl/ 形 〔▶ mortality 名〕 ❶ 死すべき(運命の) (↔ immortal), 死を免れない ‖ Young people do not realize that they too are ~. 若者は自分たちもいずれは死ぬのだということを自覚していない ❷ 《限定》(神に対比して)人間の, この世の ‖ ~ limitations 人間の限界 / this ~ life この世, 現世 ❸ 《限定》死の, 死に関する, 臨終の ‖ ~ agony 断末魔の苦しみ / the ~ hour 臨終(の時) ❹ 《しばしば限定》生命の危険につながる, 命取りの, 致命的な(♦ fatal の方が《口》); 取り返しのつかない ‖ In those days, pneumonia was a ~ disease. 当時, 肺炎は命取りにもなる病気だった / give a ~ wound [blow] 致命傷[致命的な一撃]を与える(♦ 比喩(ゆ)的にも用いる) ❺ 《限定》死ぬまで続く, 死を賭(と)した ‖ ~ combat 死闘 ❻ 《限定》(敵などが)生かしてはおけない(存在の), 容赦できない ‖ a ~ enemy [OR foe] 不倶戴天(ふぐたいてん)の敵 ❼ 《限定》(痛み・恐怖などが)激しい, ひどい, 恐ろしい ‖ in ~ terror ひどく恐れて ❽ 《限定》《口》非常な, 大変な; 《旧》長くて退屈な ‖ for three ~ hours 長たら

しく3時間もの間 / in a ～ hurry 大急ぎで ❾《no, every を強調して》可能な，考えられる ‖ It is of no ～ good to anyone. それはどう考えてもだれのためにもならない / every ～ thing 考えられるあらゆるもの

― 名 C《通例 ～s》死すべきもの，人間；《戯》人，凡人 ‖ All ～*s* must die sometime. 人はみないつかは死ぬ運命にある / ordinary [OR lesser, mere] ～*s* 凡人

▶▶～ **sín** 名 C U 〖カト〗大罪（↔ venial sin）《その罪を犯した者の魂は神の恩寵(おんちょう)を失う》

*****mor·tal·i·ty** /mɔːrtǽləṭi/ 名〔◁ mortal 形〕U ❶ 死すべき運命[性質] ❷（人・動物の）大量死 ❸（＝～ **ràte**）死亡率；死亡者数；損失[失敗]数[率] ‖ the ～ among the children 子供の死亡率

▶▶～ **tàble** 名 C 〖保険〗死亡率表

mor·tal·ly /mɔ́ːrṭəli/ 副 ❶ 致命的に，死ぬほど（♦ fatally, deadly の方が《口》. 比喩(ひゆ)的にも用いる）‖ be ～ wounded 致命傷を受ける ❷ 非常に

mor·tar[1] /mɔ́ːrṭər/ 名 C ❶（薬草などを砕く）乳鉢，すり鉢 ❷ 粉砕機；〖鉱〗（鉱石を砕く）（鋳物製の）臼(うす) ❸〖軍〗迫撃砲，臼砲(きゅうほう)；花火の打ち上げ筒；（救命綱を撃ち出す）救命用臼砲 ― 動 他 …を迫撃砲で攻撃する

mor·tar[2] /mɔ́ːrṭər/ 名 U モルタル，漆喰(しっくい)

― 動 他 …にモルタルを塗る，…をモルタルでつなぐ

mórtar·bòard 名 C ❶（モルタルをのせて運ぶ）こて板 ❷（大学の）角帽

mortarboard ❷

*****mort·gage** /mɔ́ːrgɪdʒ/《発音注意》名（複 **-gag·es** /-ɪz/）U C 〖法〗抵当(権)，抵当証書；（抵当を入れて）借りた金；住宅ローン ‖ lend [borrow] money on ～ 抵当をとって[入れて]金を貸す[借りる] / hold a ～ on the land 土地を抵当にとっている / take out a ～ on ... …に抵当権を設定する / pay off a ～ 抵当を入れて借りた金[住宅ローン]を完済する / a 30-year ～ 30年返済の住宅ローン / ～ rates 住宅ローン金利（❗「住宅ローン」は house [OR housing,《口》home] loan といえるが，家を抵当に入れてローンを組むことから mortgage を住宅ローンの意味で使うことが多い）

― 動（**-gag·es** /-ɪz/；**～d** /-d/；**-gag·ing**）他 ❶〖法〗…を抵当に入れる〈**to** …に対して；**for** …と引き換えに〉‖ I ～*d* my house *to* the bank *for* ten million yen. 家を担保に銀行から1千万円を借りた / be ～*d*（up）to the hilt 限度いっぱいまでの抵当に入っている ❷ …を〈…に〉保証[犠牲]として差し出す〈**to**〉；（目先の利益を追う行為などが）…（の将来）を危険にさらす[犠牲にする]

mort·ga·gee /mɔ̀ːrgɪdʒíː/ 名 C 抵当権者，債権者

mort·ga·gor /mɔ̀ːrgədʒɔ́ːr | -gɪ-/, **mórt·gag·er** 名 C 抵当権設定者

mor·tice /mɔ́ːrṭəs | -tɪs/ 名 動 ＝mortise

mor·ti·cian /mɔːrtíʃən/ 名 C《主に米》葬儀屋

mor·ti·fi·ca·tion /mɔ̀ːrṭəfɪkéɪʃən | -tɪ-/ 名 U ❶ 屈辱，悔しさ：C 無念の種 ❷ 禁欲，苦行 ❸ 壊疽(えそ)

mor·ti·fy /mɔ́ːrṭəfàɪ | -tɪ-/ 動（**-fied** /-d/；**～·ing**）他 ❶《通例受身形で》（人が）屈辱を感じる，…を悔しがる，（感情が）傷つく ‖ feel *mortified* at ... …を悔しがる ❷（苦行・禁欲によって）〔情欲など〕を制する，克服する

― 自〖医〗（四肢などが）壊疽にかかる **～·ing** 形

mor·tise /mɔ́ːrṭəs | -tɪs/ 名 C〖建〗ほぞ穴（→ tenon）‖ a ～-and-tenon joint ほぞ穴接合(箇所)

― 動 他 …をほぞ継ぎにする《***together***》；…にほぞ穴を切り込む，…をしっかり結合する

▶▶～ **lòck** 名 C《英》彫り込み錠，箱錠

mort·main /mɔ́ːrtmèɪn/ 名 U〖法〗死手譲渡(地)《不動産などがほかに譲渡できないように教会などの手にあること》；過去の影響が現在を支配していること

mor·tu·ar·y /mɔ́ːrtʃuèri | -əri/ 名（複 **-ar·ies** /-z/）C（埋葬[身元確認]前の）死体仮置場，遺体安置所；《米》葬儀場 ― 形《限定》埋葬の；死に関する

MOS /mɑ(ː)s | mɔs/ 略 💻 *m*etal *o*xide *s*emiconductor（金属酸化膜半導体）

mos. 略 months

*****mo·sa·ic** /moʊzéɪɪk/《発音注意》名 ❶ U モザイク《色のついた石・ガラス・タイルなどの小片の組み合わせ》，寄せ木細工；C モザイク作品[画，編み(物)，模様，装飾] ‖ a design in ～ モザイク模様 ❷ C《通例 a ～》（モザイク風の）寄せ集め（のもの）‖ His speech was no more than a ～ of phrases from different sources. 彼の演説はいろいろなもの[原典]から引用した文句の寄せ集めにすぎなかった / a cultural ～ 異なる文化の寄せ集め / a ～ of autumn colors 色とりどりの紅葉の色[もみじの錦] ❸ C〖空〗モザイク地図《航空写真による合成地図》❹ C〖遺伝〗モザイク《遺伝子の異なる細胞を持っている（動物の）一個体》❺（＝～ **disèase**）C〖植〗モザイク病 ❻ C〖放送〗（テレビカメラの受光部の）モザイク板

― 形《限定》モザイク(状[風])の，寄せ集めの

― 動（**-icked** /-t/；**-ick·ing**）他 …をモザイクで飾る；…をモザイク(状[風])にする

Mo·sa·ic /moʊzéɪɪk/《発音注意》形 モーセ（Moses）の

▶▶～ **Láw** 名 U《しばしば the ～》（旧約聖書のモーセ5書（Pentateuch）中の）モーセの律法

:Mos·cow /mɑ́(ː)skaʊ | mɔ́skoʊ/

― 名 モスクワ《ロシア連邦の首都. ロシア語名 Moskva》；ロシア政府

Mo·selle, -sel /moʊzél/ 名 ❶《ときに m-》U モーゼルワイン《ドイツのモーゼル川流域で造られる白ワイン》❷《the ～》モーゼル(川)《フランス北東部からドイツ西部を経てライン川に合流する. ドイツ語名 Mosel》

Mo·ses /móʊzɪz/ 名 ❶〖聖〗モーセ《イスラエル人をエジプトから導き出し，十戒（the Ten Commandments）を神から授かったヘブライの立法者》❷ C（一般に）指導者，立法者 ▶▶～ **bàsket** 名 C《英》モーセのかご《小枝・わらなどで編んだもの. 幼児を寝かせて持ち運びできる》

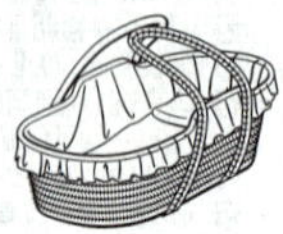

Moses basket

mo·sey /móʊzi/《口》動 自 ❶ ぶらつく《***about, around***》❷ 立ち去る《***along***》― 名 C《主に英》散歩

mosh /mɑ(ː)ʃ | mɔʃ/ 動 自《口》（ロックコンサートで）激しくもみ合って踊る **～·ing** 名 C もみ合って踊ること

▶▶～ **pìt** 名 C モッシュピット《ロックコンサートのステージ前のスペース. 観客が激しくもみ合って踊る》

mo·shav /moʊʃɑ́ːv/ 名（複 **-sha·vim** /mòʊʃəvíːm/）C モシャーブ《イスラエルの協同組合的な農村》（→ kibbutz）

Mos·lem /mɑ́(ː)zləm | mɔ́z-/ 名 形 ⊗《旧》《蔑》＝Muslim

*****mosque** /mɑ(ː)sk | mɔsk/ 名 C モスク《イスラム教寺院》

*****mos·qui·to** /məskíːṭoʊ/《アクセント注意》名（複 **～s, ～es** /-z/）C〖虫〗蚊 ‖ I was bitten by a ～ last night. ゆうべ蚊に食われた / ～ bites 蚊に食われた跡

語源 スペイン語で「小さなハエ」の意.

▶▶～ **fìsh** 名 C〖魚〗カダヤシ《米国南東部原産のメダカに似た胎生魚. 蚊の天敵とされる》～ **nèt** 名 C 蚊帳(かや)

*****moss** /mɔ(ː)s/ 名〔▶ mossy 形〕❶ U C〖植〗こけ《蘚苔(せんたい)類の総称》；コケ植物に似た植物《一部の藻類・地衣類など. → Spanish moss》‖ a rock covered with [OR in] ～ ＝a ～-covered rock こけに覆われた岩 ❷ C《スコット・北イング》泥炭沼 ― 動 他 …をこけで覆う

▶▶～ **àgate** 名 U〖鉱〗こけめのう ～ **róse** 名 C〖植〗モスローズ《がくにこけのような細毛が密生するバラ》

móss·bàck 名 C ⊗《米口》《蔑》こけの生えた人，時代遅れの人，極端な保守家

móss-gròwn 形 ❶ こけの生えた，こけむした ❷ 古風な

moss·y /mɔ́(ː)si/ 形〔◁ moss 名〕❶ こけの生えた ❷ こけのような ❸《米口》時代遅れの **móss·i·ness** 名

⁑most /moʊst/ 《発音注意》 形 名 副

中心義 最も多い

— 形 《限定》 ❶《many, much の最上級》《通例 the ～》**最も多い**, 最も多数の；(量・程度が)最も大きい[多量の] ‖ The person who gets the ～ points wins the prize. 最多得点をあげた人がその賞を獲得する / Who got the ～ money? 最も多額の金を手に入れたのはだれですか / He's had the ～ success. 彼が最も成功した[うまくいった]
❷《通例無冠詞》**たいていの**, 大部分の, ほとんどの ‖ She has been to ～ European countries. 彼女はたいていのヨーロッパの国へ行ったことがある (♦ 限定詞 (the, my, this など)は伴わない. ˣthe most European countries は不可. most of the European countries は可能. → 名 ❶) / *Most* **people** think so. たいていの人はそう考える / I don't like ～ modern furniture. たいていの現代家具は好きではない / ～ experienced businessmen たいていの経験豊かな実業家たち (♦ この most を副 ❸ として「とても経験豊かな実業家たち」と解することもできる. 話し言葉では 形 の場合 most に強勢があるのに対し, 副 では強勢がないことによって区別される) / in ～ cases ほとんどの場合

— 名 ❶ U《無冠詞で》〈…の〉**大部分**, 大多数, ほとんど〈**of**〉‖ "All my friends have their own set of golf clubs." "All?" "Well, ～ *of* them (do)." 「友人たちは全員自分のゴルフクラブセットを持っているよ」「一人残らずなの」「まあ, ほぼ全員がね」/ *Most of* the damage was caused by carelessness. 損害の大部分は不注意によって生じた / I slept ～ *of* the day. 僕はその日ほとんど寝ていた(♦ 前置詞をつけずに副詞的に用いる)

語法 ★★ (1) most of に続く名詞には限定詞 (the, this, that, these, those, 名詞・代名詞の所有格など)がつかなければならない.
(2) most of ... が主語の場合, 動詞の形は of に続く(代)名詞が単数か複数かによって決まる.
(3) most が単独で主語となる場合はその内容により単数扱いにも複数扱いにもなる. 〈例〉 *Most* were surprised at the news. ほとんどの人がそのニュースに驚いた(♦ この場合 most people を表すので複数扱い)

❷《通例 the ～》最大数[量], 最大限 ‖ This is the ～ I can do. これが私にできる精いっぱいのことです
❸《通例 the ～》最高のもの[人] ‖ This movie is the ～. こいつは究極の映画だ

— 副《much の最上級》(↔ least) ❶《動詞を修飾》**最も**, 最も多く ‖ What is ～ wanted now is firm action. 現在最も必要とされているのは断固たる行動だ / I trusted Brian ～. 私はブライアンを最も信頼していた
❷《形容詞・副詞を修飾して最上級を作って》**最も**, いちばん (♦ ふつう2音節以上の形容詞・副詞, -ly の副詞を修飾. most による比較変化については ⇨ MORE 副 ❷ 語法) ‖ This is one of the ～ fashionable restaurants in the city. ここは町中で最もおしゃれなレストランの1つだ / Which do you think is (the) ～ **important**? どれがいちばん重要だと思いますか / Of the three dentists, she is the ～ experienced. 3人の歯科医のうち, 彼女が一番のベテランだ / He sketches ～ skillfully in the class. 彼はクラスで最も上手にスケッチを描く / ～ **importantly** 最も重要なことに(は)

語法 ☆☆ 最上級と the
(1) 限定用法の形容詞は必ず the (または所有格) をつける. 〈例〉 She is *the* youngest child. 彼女がいちばん幼い子供です
(2) 副詞および補語としての用法の形容詞の場合, 特に《口》では the をつけないことも多い. 〈例〉 He drives (*the*) *most* carefully of us all. 彼は我々の中でいちばん注意深い運転をする / She is (*the*) youngest of all. 彼女がみんなの中でいちばん若い
(3) 同一の人[もの]を異なった状況間で比較する場合, ふつう the はつけない. 〈例〉 I am happiest when I'm with you. 僕は君といるときがいちばん幸せだ

❸《the をつけずに形容詞・副詞を修飾》《堅》**非常に**, とても (very), はなはだ(♦ 話者の感情や判断を表す形容詞・副詞とともに用いる. ほかの用法と異なり most には強勢を置かない. → 形 ❷) ‖ He is a ～ pleasant person. 彼はとても感じのよい人だ (♦ the most pleasant person は「最も感じのよい人」) / That's ～ kind of you. どうもありがとうございます / He behaved ～ oddly. 彼の挙動はとてもおかしかった / That's ～ certainly wrong. それはきっと間違いだ
❹《米・カナダ口》ほとんど (nearly) (♦ any, every, all, always などを修飾する) ‖ ～ any time ほとんどいつも / to ～ everybody ほとんどすべての人に

***at (the) móst** 《程度[数量]について》**最高**[最大]**でも**, せいぜい ‖ It will cost $100, *at* ～. 費用はせいぜい100ドルだろう / in two months, three *at the* ～ 2か月, 遅くても3か月後に

***màke the móst of ...** ① **…をできるだけ利用する**, 最大限に活用する (⇨ *make the* BEST *of ...*) ‖ *make the* ～ *of* available space 使えるスペースを最大限に活用する ② …をできるだけ立派に見せる, 最高の状態の…を見せる

mòst of áll とりわけ, 何[だれ]にも(まして) ‖ I want ～ *of all* to be fair. 私は何にもまず公平でありたい

▸▸ **～ fàvored nátion** (↓) **～-vísited** 形《限定》最も多く人が訪れる **～-wánted** 形《限定》(商品などが)最も人気のある；最重要指名手配の ‖ the ～-*wanted* list 最重要指名手配者リスト

-most /-moʊst/ 接尾 《形容詞語尾》最上級の意を表す ‖ fore*most*, inner*most*, upper*most*

mòst fàvored nátion 名 C 〔政〕最恵国
mòst-fàvored-nátion 形《限定》最恵国の ‖ ～ treatment 最恵国待遇

⁑most·ly /móʊstli/
— 副 《比較なし》**主として**, 大部分は；ほとんど, たいてい, ふつうは ‖ We sell ～ imported goods. 私たちは主として輸入品を売っている / Our customers are ～ teenagers. うちの顧客の大部分は10代だ / *Mostly* I don't drink. ふつう酒は飲まない (♦ all や every などとともには用いず, その場合は代わりに almost や nearly を用いる. 〈例〉 She is late for our dates *almost* [ˣmostly] every time. 彼女はほとんど毎回デートに遅れて来る)

mot /moʊ/ 名 (複 **～s** /-z/) C 気のきいた言葉, 名言 (bon mot) (♦ フランス語より)

MOT /èm oʊ tíː/ 名 (= **～ tèst**) C (英国の) 車検；(= **～ certificate**) U C 車検合格(証) (♦ *M*inistry *o*f *T*ransport の略)

mote /moʊt/ 名 C ちり, 微塵(みじん) ‖ a ～ in one's eye 人の目の中のほこり《自分の欠点を忘れて人の中に見る欠点》(♦ 聖書の言葉より)

***mo·tel** /moʊtél/ 《アクセント注意》 名 C モーテル《自動車旅行者用の簡易ホテル》(→ motor hotel [lodge]) (♦ *mo*tor(自動車)+ho*tel*(ホテル))

mo·tet /moʊtét/ 名 C 〔楽〕モテット《ふつう無伴奏の多声楽曲. 主に教会の典礼用》

***moth** /mɔ(ː)θ/ 名 (複 **～s** /-ðz, -θs｜-θs/) C ❶〔虫〕ガ(蛾) ❷ イガ(衣蛾) (clothes moth)
***like* [*a mòth* 〔OR *mòths*〕] [*to the* 〔OR *aròund a*〕] *fláme* 〔OR *cándle*〕** 灯に集まるガのように《魅力的な人やものに引き寄せられる様子》

móth·bàll 名 C 《通例 ～s》モスボール, 虫よけボール《ナフタリンなどの小さな玉》
in móthballs 長い間しまい込んで；棚上げにして
out of móthballs (しまい込んでいたものを)取り出して
— 動 他 …をしまい込む；(無期)延期[棚上げ]する；〔工場など〕を当分使わないことにする

móth-èaten 形 ❶ 虫の食った ❷《口》老朽化した；古臭い, 時代遅れの

M

‡moth·er /mʌ́ðər/ 名 動

—名〔▶ motherhood 名, motherly 形〕(複 **~s** /-z/) C ❶**母, 母親**；養母, 義母, 継母；母親同然の人[存在]；(動物の)雌親；《しばしば M-》(自分の)お母さん(♦家庭内などで自分の母親を示す場合はしばしば無冠詞・大文字で固有名詞的に扱う. 呼びかけにも用いるが, その場合は my などをつけない. 幼児語である《米》Mom, Mamma, Mommy, 《英》Mum, Mummy を大人が用いることもある. 子供のいる家庭で夫が妻を呼ぶ場合もある. → father) ‖ You don't simply become a ~; you need to learn to become one. 人は母親にひとりでになるのではない. 母親になることを学ぶ必要がある / a ~ of [OR with] five children 5人の子の母親 / the ~ of twins 双子の母親 / Ms. Sullivan was (like) a ~ to me. サリバン先生は私にとって母親も同然だった / I wonder what *Mother* would say. 母は何と言うかしら / Are you listening, *Mother*? お母さん(たら), 聞いてるの / a **single** ~ 未婚の[母子家庭の]母親
❷《しばしば M-》女子修道院長(mother superior)
❸《the ~》〈…を〉生み出すもの；〈…の〉源, 根源〈**of**〉‖ *Necessity is the ~ of invention.* 《諺》必要は発明の母；窮すれば通ずる ❹《the ~》母性愛 ❺《形容詞的に》母の, 母としての；母国の；出所[源泉]となる ‖ a ~ bird 母鳥 / ~ love 母性愛 / ~ church 母教会 ❻《俗》非常に大きくて立派なもの ‖ a real ~ of a car どでかい高級車 ❼ ⊗《主に米俗・卑》=motherfucker ❽《M-》《古》(年配の女性に対する呼びかけ・愛称で)おばさん, おばあさん ‖ Watch your steps, *Mother*. おばさん, 足下に気をつけて / *Mother* Finch フィンチおばさん[ばあさん] ❾(ひな鳥の)人工飼育器

at one's mòther's knée 子供のころに
èvery mòther's són 《旧》だれも彼も, 皆, 一人残らず(♥ everyman の強調表現)
the móther of àll ... とてつもない…, 大変大きな…(♥後ろに従える名詞の大きさ・重要さ・不快さなどの強調表現) ‖ *the ~ of all* earthquakes とてつもない大地震
the Mòther of Gód 聖母マリア

—動 他 ❶母として…を養育[世話]する；…を子供みたいに大事に扱う[甘やかす] ‖ Eric felt he was being *~ed* by his aunt. エリックはおばに母親さながらに世話になっているのを感じた ❷…を生み出す；…の源となる ‖ Necessity *~ed* the invention of printing. 必要から印刷術が発明された ❸《旧》…の母となる, …を産む

▸▸**Mòther Càrey's chícken** /-kèəriz/ 名 C《旧》〖鳥〗ヒメウミツバメ(stormy petrel) **~ cóuntry** 名 C《(the) ~》① 母国(motherland) ②(植民地に対し)本国 **Mòther Éarth** 名 U (すべての生物・無生物の源である)大地, 母なる大地 **~ fígure** 名 C 母親に対するような感情を抱かせる女性, 理想の母親像 **Mòther Góose** 名 マザーグース《ロンドンで1760年ごろ出版されたわらべ歌集の伝説的作者》‖ *Mother Goose* rhyme 《米》マザーグースの歌《わらべ歌》(nursery rhyme) **~ hén** 名 C 人の面倒を見る人, 過保護の人 **Mòther Húb·bard** /-hʌ́bərd/ 名 U C《主に米》(女性用の)すそが長くて緩いガウン **~ lòde** 名 C《通例単数形で》〖採〗主鉱脈；豊かな供給源 **Mòther Náture** 名 U (母なる)自然 **~'s bòy** 名 C《英口》お母さん子, マザコン男(《米》mama's boy) **~'s Dày** 名 U C ①《米》母の日《5月の第2日曜日》②《英》=Mothering Sunday **~'s hélper** 名 C 子守り, お手伝い **~ shìp** 名 C 母艦；母船；(宇宙船などの)母機 **~'s mílk** 名 U 必要なもの **~'s rúin** 名 U《英》《旧》《戯》ジン(酒)(gin) **Mòther Supérior** 名 C《通例単数形で》女子修道院長 **Mòther Terésa** 名 マザー＝テレサ(1910-97)《ユーゴスラビア(現在のマケドニア)生まれで, インドの貧民救済に献身したローマカトリック教会の修道女. ノーベル平和賞受賞(1979)》 **~ tóngue** /, ⌐-⌐/ 名 C ① 母語, 自国語(中立 native tongue) ② 祖語(中立 original language) **~ wít** 名 U 生来の知恵；常識

móther·bòard 名 C 💻 (CPUなどの半導体がのっている)基板, マザーボード
móther·fùcker 名 C ⊗《主に米俗》《卑》いやなやつ；野郎
móther·hòod 名〔◁ mother 名〕U 母であること, 母性
moth·er·ing /mʌ́ðərɪŋ/ 名 U 育児
▸▸**Móthering Sùnday** 名 C U =Mother's Day
móther-in-làw 名 (複 **mothers-**) C 義母, しゅうとめ
▸▸**~ apàrtment** 名 C《米》=granny flat
móther·lànd 名《通例 the ~》母国, 祖国(♦最近は homeland, home country, native land などが一般的)
móther·less /-ləs/ 形 母親のない
***móther·ly** /-li/ 形〔◁ mother 名〕母親(として)の；母親らしい **-li·ness** 名
mòther-of-péarl ⟨シ⟩ 名 U (真珠貝などの)真珠層
mòther-to-bé 名 (複 **mothers-**) C 妊婦
móth·pròof 形 防虫加工した
—動 他 …に防虫加工する
moth·y /mɔ́(ː)θi/ 形 虫のついた；ガ(蛾)が多い
***mo·tif** /moutíːf/ 《発音注意》名 (複 **~s** /-s/) C ❶(文学・芸術作品などの)主題, テーマ, モチーフ；中心思想 ❷(デザイン・建築などの)基調(色), (装飾・編み物などに用いる)模様(の構成単位), デザイン, 図案, 図[絵]柄, モチーフ；(服に縫いつけた)飾り模様 ‖ decorate a building with a ~ of flowers 花をモチーフにして建物の装飾をする ❸〖楽〗動機；主題, モチーフ；音型《その音楽型式を構成する旋律の最小単位》
mo·tile /móuṭəl | -taɪl/ 形〖生〗自動[運動]できる；〖心〗(視聴覚ではなく)体運動の **mo·tíl·i·ty** 名
‡mo·tion /móuʃən/

> 名 **運動❶ 動作❷ 動議❸**
> 動 自 **身振りで合図する**

—名〔◁ move 動〕(複 **~s** /-z/) ❶ U/C《単数形で》**運動**, 運行(⇨ 類語) ‖ the jolting ~ of the car 車の揺れ / the ~ of the planets 惑星の運行 / **in slow** ~ スローモーションで
❷ C **動作**, 動き, 身振り手振り, しぐさ(gesture)；足取り ‖ Laura hurried forward through the long grass with a wading ~. ローラは深い草むらを水の中を歩くような足取りで進んで行った / with a ~ of one's hand 手振りで
❸ C (議会の)**動議**, (正式の)提案〈**of** …の / **to do** …する / **that** 節 …という〉；〖法〗申請, 申し立て ‖ The ~ *of* no confidence was carried [OR passed]. 不信任の動議は可決された / Our party will propose [OR put forward] a ~ *that* new rules (should) be made immediately. 我が党は新しい規則を速やかに制定するようにとの動議を提出する所存である / second [adopt, reject] a ~ 動議を支持[採択, 否決]する / on the ~ of the chair 議長の動議により / make a ~ *to* adjourn 休会の動議を出す / *Motion* denied. 申請(を)却下(する)《法廷での裁判官の決まり文句》
❹ C《英》便通, 通じ(movement)；《通例 ~s》便 ‖ have a ~ 便通がある / loose ~*s* 下痢
❺ U (機械装置の)部品 ❻ U〖楽〗旋律の動き

gò through the mótions 〈…を〉お義理で[形式的に]する[言う], 体裁を繕う〈**of**〉‖ *go through the ~s of* welcoming the guests 型どおりに客を歓迎する
in mótion 動いている, 運転[活動, 移動]中の[で] ‖ when a car is *in* ~ 車が動いているときに / the propaganda *in* ~ (目下)展開中の宣伝活動
sèt* [OR *pùt*] *... in mótion …の運動[運転]を始める；…を実行に移す ‖ *set* the divorce proceedings *in* ~ 離婚手続きを始める

M

—動 (~s /-z/ ; ~ed /-d/ ; ~·ing)
—自 a 〈人に〉身振りで合図する〈to〉‖ Mrs. Morris ~*ed to* the bellboy with her hand. モリス夫人はボーイに手で合図した b 《+to [for] 名+to *do*》〔人〕に…するように身振りで合図する ‖ The teacher ~*ed to* us *to* be quiet. 先生は私たちに静かにするよう身振りで合図した / The chief ~*ed for* us *to* leave the room. 課長は我々に退室するよう合図した
—他 a 《+目+副句》〔人〕に身振り[合図]で(意向などを)伝える (♦ 副句 は方向を表す) ‖ I ~*ed* my boy in [out, away]. うちの息子に入る[出て行く, あっちへ行く]よう手で合図した / He ~*ed* Anna to a seat. 彼はアンナに席に着くよう手で合図した b 《+目+to *do*》〔人〕に…するように合図する ‖ The police officer is ~*ing* us *to* stop. 警官が停車の合図をしているよ
~·al 形 運動の, 運動によって起こる

類語 《名 ❶》**motion** movement と同じように用いることもあるが「運動・移動」を概念的・抽象的に表すときには motion を用いることが多い. 〈例〉the laws of *motion* 運動の法則
movement 主として方向・速度・目的などを持つ特定のものの具体的な「運動・移動」. 〈例〉the *movements* of a baby's head 赤ん坊の頭の動き

▸▸ **~ cápture** 名 U 🖳モーションキャプチャー《本物の人間の動作をコンピューターに取り込むアニメーションやCGの手法》 **~ pícture** (↓) **~ sìckness** (↓)

***mo·tion·less** /móuʃənləs/ 形 動かない, 静止した ‖ lie [sit] ~ 動かずにじっと横になって[座って]いる

mòtion pícture ⊲シ 名 C 《主に米・カナダ堅》映画 (movie, film) ; 《~s》映画産業(⇨ PICTURE 類語)
mòtion-pícture 形 《限定》映画(用)の

mótion sìckness 名 U 乗り物酔い
mótion-sìck 形 副 乗り物酔いの[で]

***mo·ti·vate** /móuṭəvèɪt | -tɪ-/ 《発音注意》 動 他 a 《+目》…に動機を与える ; …の動機付け[理由]となる ; 〔人〕に意欲[やる気]を起こさせる (♦ しばしば受身形で用いる) ‖ Her career as an inventor was ~*d* by small inconveniences in her everyday life as a housewife. 彼女が発明家になったのは主婦としての日常生活における小さな不便さがきっかけだった / Professor Bennett is good at *motivating* his students. ベネット教授は学生に意欲を起こさせるのがうまい b 《+目+to *do*》〔人〕を刺激して[励まして]…させる ‖ She ~*d* the children *to* learn lots of new words. 彼女は子供たちを励まして新しい単語をたくさん覚えさせた **-vàt·ed** 形

***mo·ti·va·tion** /mòuṭəvéɪʃən | -tɪ-/ 《発音注意》 名 U 動機付け, モチベーション ; U C 動機, 刺激, 誘因〈for …への / to *do* …する〉‖ He had a strong ~ *to* succeed. 彼には成功しようとする強い動機があった / one's ~ *for* becoming a doctor 医者になりたいという動機
~·al 形 動機となる **-tor** 名

***mo·tive** /móuṭɪv/ 《発音・アクセント注意》 名 ❶ C 〈…の〉動機, 誘因 ; 目的〈for〉‖ Some students had special ~*s for* studying English. 中には英語を勉強する特別の動機を持った学生もいた / a crime with no apparent ~ 動機のはっきりしない犯罪 / from base ~*s* 卑劣な動機から / the profit ~ 金銭的動機 ❷ =motif
—形 《限定》❶ 原動力となる, 起動の ‖ ~ force [OR power] 原動力 ❷ 運動の —動 他 =motivate
~·less 形

語源 *mot-* move+*-ive*(「傾向・性質」を表す形容詞語尾) : 動かす力となる

▸▸ **~ pówer** 名 U (蒸気・電気などの)動力, 原動力, 起動力 ; 動力源

mot·ley /má(:)tli | mɔ́t-/ 形 ❶ 雑多な, 寄せ集めの ❷ 雑色の, まだらの —名 (複 **~s, -lies** /-z/) ❶ C 《通例単数形で》寄せ集め ❷ U (道化師の)まだらの服

mo·to·cross /móuṭoukrɔ̀(:)s, -ṭə-/ 名 U モトクロス《オートバイで山林原野を走るレース》(♦ *motor*+*cross* より)
~·er 名

‡mo·tor /móuṭər/
—名 (複 **~s** /-z/) C ❶ モーター, 発動機, 小型エンジン, 内燃機関 ‖ an electric ~ 電動モーター / start a ~ モーターを始動させる
❷ 《英口》自動車 ❸ 原動力, 動因 ‖ Ambition was the ~ that drove him into the wrong path. 野心に駆られ彼は誤った道に足を踏み入れてしまった
—形 《比較なし》《限定》❶ 《主に英》モーターで動く ❷ 自動車(用)の, 自動車運転者用の ‖ the ~ industry 自動車産業 / a ~ trip 自動車旅行 / a ~ road 自動車道路 ❸ 〘生理〙運動筋[神経]の ❹ 起動させる, 原動の
—動 (~s /-z/ ; ~ed /-d/ ; ~·ing)
—自 ❶ 《+副句》《主に英》自動車[モーターボート]で行く (♦ 副句 は場所・方向を表す) ❷ 《俗》迅速に動く ; (仕事などの)調子が出る —他 《+目+副句》《主に英》…を自動車[モーターボート]で送る[運ぶ] (♦ 副句 は方向を表す)
~·ing 名

▸▸ **~ càr** 名 C 《主に英》=motorcar (↓) **~ còrtex** 名 C 〘解〙運動皮質, 運動中枢 **~ drìve** 名 C 電動機構 ; (カメラの)モータードライブ **~ hòme** 名 C 《主に米》モーターホーム (camper) 《宿泊設備付き自動車》 **~ hotèl [ìnn, lòdge]** 名 C =motel **~ nèrve** 名 C 〘解〙運動神経 **~ nèuron** 名 C 〘生理〙運動ニューロン **~ néuron disèase** 名 U 運動ニューロン疾患《進行性筋萎縮(いしゅく)症など》 **~ pàrk** 名 C 《南ア》バス[タクシー]乗降場 **~ pòol** 名 C 《米》モータープール《軍・官庁などで必要に備えて待機させてある自動車》 **~ ràcing** 名 U カーレース **~ scòoter** 名 C スクーター **~ skìll** 名 U C 運動能力 ‖ ~-*skill* problems 運動能力上の問題 **~ vèhicle** 名 C 動力車《軌道上ではなくふつうの道路上を走行する自動車・トラック・バスなど》 **~ vòter (làw)** 名 U 《米口》選挙人登録法《運転免許を発行する場所で選挙登録も可能にした1993年制定の法律》

***mótor·bìke** 名 C ❶ 《米》小型オートバイ ; 電動自転車 ❷ 《英》=motorcycle

mótor·bòat 名 C モーターボート

mótor·càde /-kèɪd/ 名 C 自動車行列, 自動車のパレード(♦ *motor*+caval*cade* より)

***mó·tor·càr, mótor càr** 名 C ❶ 《堅》自動車 (automobile) (⇨ CAR 類語P) ❷ 《米》(鉄道作業員・貨物・乗客などを運ぶ)電動車

mótor·còach 名 C 《旧》バス(coach)

***mo·tor·cy·cle** /móuṭərsàɪkl/ 名 C オートバイ, 自動2輪車, 単車(♦ 比較的大型のものを指すことが多い. 《英》では motorbike ともいう) —動 自 オートバイに乗る, オートバイで行く **-cycl·ing** 名 U オートバイによるツーリング **-clist** 名 C オートバイ乗り

***mo·tor·ist** /móuṭərɪst/ 名 C 自動車運転[旅行]者 (↔ pedestrian)

mo·tor·ize /móuṭəràɪz/ 動 他 ❶ …にモーターを備えつける, 〔鉄道など〕を電(動)化する ❷ 〔軍隊など〕に自動車を配備する, …を自動車化する **mò·tor·i·zá·tion** 名

mo·tor·ized /móuṭəràɪzd/ 形 《限定》❶ エンジン[モーター]付きの ❷ (軍隊などが)車両を備えた ‖ ~ forces [OR divisions] 車両部隊

mó·tor·man /-mən/ 名 (複 **-men** /-mən/) C 電車[地下鉄]の運転士(中立 motor operator)

mótor·mòuth 名 C 《俗》おしゃべりな人

***mo·tor·way** /móuṭərwèɪ/ 名 C 《英》高速道路 (《米》freeway, expressway)(略 M)(⇨ ROAD 類語P)

Mo·town /móutàun/ 名 モータウン ❶ 米国デトロイト市の俗称 (♦ *motor*+*town* より) ❷ 〘楽〙モータウン(サウンド)《1960年代にデトロイトで興ったアップビートのソウル音楽》(♦ 1959年デトロイト市で設立された米国初の黒人所有のレコード会社 Tamla Motown より)

motte /mɑ(:)t | mɔt/ 名 C 〘史〙築山

M

mòtte-and-bàiley cástle 名 C モット=アンド=ベイリー型城塞(じょうさい)《11世紀初めから13世紀中ごろにかけてノルマン人によって造られた要塞(ようさい). プリン型の築山と, 濠(ほり)と木のさくからなる》

mot·tle /má(:)ṭl | mɔ́tl/ 動 他《主に受身形で》まだらになる
―名 C 斑点(はんてん), ぶち, まだら(模様)
~d 形 まだらの, 雑多な色[形]の

***mot·to** /má(:)ṭoʊ | mɔ́t-/ 《発音注意》 名 (複 **~s**, **~es** /-z/) C ❶ 標語, 座右の銘, モットー;金言, 格言, 処世訓(maxim);(盾・紋章の)銘 ‖ I make it my ~ to take compliments literally. 私は褒め言葉は文字どおりに受け取ることをモットーにしている / coin a ~ 標語を作る / the Olympic ~ オリンピックのモットー / a family ~ 家訓(♦米国ではよくこれを壁に掲げたりする) ❷ (書物の巻頭・章頭に記して主題を示唆する)題辞, 引用句 ❸〘楽〙= motif ❹ (パーティー用のクラッカーに入っている)格言

moue /mu:/ 名 (複 **~s** /mu:z/) C ふくれっ面, しかめっ面(pouting grimace) ‖ make a ~ ふくれっ面をする, 顔をしかめる(♦フランス語より)

mould /moʊld/ 名 動 《英》=mold[1,2,3]
mould·er /móʊldər/ 名 動 《英》=molder[1,2]
móuld·ing /-ɪŋ/ 名 《英》=molding
mould·y /móʊldi/ 形 《英》=moldy
moult /moʊlt/ 動 名 《英》=molt

***mound** /maʊnd/ 《発音注意》 名 C ❶ (土砂・石などの)山;(要塞(ようさい)用の)土手, 堤;(墓などの)土まんじゅう, 塚 ❷ 小高い丘, 小山 ❸〈…の〉積み重ねたもの, 山;大量〈**of**〉‖ a ~ *of* papers 紙の山 ❹〘野球〙(ピッチャーの)マウンド ‖ take the ~ (ピッチャーが)マウンドに上がる / charge the ~ (打者がデッドボールなどの後で)ピッチャーに詰め寄る
―動 他 …を(小山のように)盛り上げる《*up*》

***mount**[1] /maʊnt/ 《発音注意》 動 他 ❶〔計画・運動など〕に着手する, …を開始する;〈…を相手に〉〔訴訟など〕を起こす〈**against**〉;〘軍〙〔攻撃〕を仕掛ける ❷〔山・台など〕に登る,〔階段など〕を上る(↔ descend) ‖ The taxi ~*ed* the sidewalk and stopped. タクシーは歩道に乗り上げて止まった / ~ a platform 登壇する / ~ the throne 王位に就く ❸〔馬・自転車など〕に乗る(↔ *get off*);〔人〕を(馬・自転車などに)乗せる;〔人〕に(馬などを)与える ‖ The father ~*ed* his son on his shoulders. 父親は息子を肩車した / be well [poorly] ~*ed* よい[悪い]馬に乗っている ❹〔物〕を〈適当な場所に〉据えつける, 置く, 載せる, かける〈**on**〉;〔銃など〕を構える;〔大砲〕を据える;〔宝石など〕を〈…に〉はめ込む,〔写真・絵〕を〈額に〉入れる〈**in**〉;〔絵・写真〕を〈台紙に〉はる;〔検視標本〕を〈スライドグラスに〉載せる〈**on**〉‖ ~ a statue *on* a pedestal 像を台に載せる / ~ jewels *in* gold 宝石を金(の台座)にはめ込む / ~ pictures *on* the wall 写真を壁にかける ❺〘動〙(雄が)〔雌〕にマウンティングする《交尾のために雌の背部に乗る》❻ 💻 (OSで)〔ディスクなど〕をシステムに認識させる, マウントする ❼〔動物〕を剥製にする;〔植物〕を標本にする ‖ a ~*ed* head of a deer 剥製にしたシカの首 ❽〔劇〕を上演する,〔劇〕の上演準備をする;〔展覧会・展示会など〕を開催する ‖ ~ an exhibition of art by Spanish painters スペインの画家の絵画展を開く ❾〔見張り〕を立てる
―自 ❶ かなり増える, かさむ(↔ decrease);(数量・程度などが)次第に大きくなる, 激しくなる《*up*》‖ His debts are beginning to ~ *up*. 彼の借金はかさみ始めている / I felt anger ~*ing up* within me. 心の中に怒りが込み上げてくるのを感じた ❷ 馬[自転車など]に乗る ❸ 登る, 上がる;(血が)上る
―名 C ❶ (絵・写真などの)台紙, マウント;(宝石などの)台;(金属の)装飾部分;(顕微鏡の)スライドグラス;(大砲などの)砲架, 砲座;(切手収集用の)ヒンジ(hinge) ❷ 馬;自転車 ❸ 騎乗の機会

mount[2] /maʊnt/ 名 C ❶ 山, 丘(mountain)(♦現在では固有名詞とともにのみ用いられる. 略 Mt. 〈例〉*Mount* [*Mt.*] Everest) ❷〘手相〙宮《手のひらの隆起》

*****moun·tain** /máʊntən | -tɪn/ 《発音注意》
―名〔▶ mountainous 形〕(複 **~s** /-z/) C ❶ **山**, 山岳;《the ~s》**山脈**, 山地(♦ふつう周囲の土地から300m以上(610m以上とする意見もある)隆起し, 頂上部に岩石が露出したものをいう)(→ **hill**);《形容詞的に》山の, 山にある, 山のような ‖ The ~ rises (to) 3,333 meters above sea level. その山は海抜3,333メートルの高さがある / a volcanic ~ 火山 / the Appalachian Mountains アパラチア山脈(♦ mountain は mount と違って固有名詞の前では用いない) / a range [OR chain] of ~*s* 連山, 山脈 / **climb** [OR go up] a **high** ~ 高い山に登る / descend [OR go down] a ~ 山を降りる[下る] / enjoy 「walking in the ~*s* [the ~ air] 山歩きを楽しむ[山の空気を吸う] / a ~ village 山村 / ~ roads 山道 / *The ~s have brought forth a mouse.* 《諺》山が1匹のネズミを生んだ;大山鳴動してネズミ1匹
❷《a ~ of ... または ~s of ... で》(山のように)大きい, (山ほどの)多数[大量], …の山 ‖ I've got a ~ *of* washing to do. 山のような洗濯物を片づけなければならない / a ~ *of* debt 借金の山 / a ~ *of* garbage 生ごみの山
❸《通例単数形で》(商品, 特に値下がりを防止するための食料の)大量貯蔵[ストック], 余剰在庫 ‖ a grain ~ (特にEUの)調整用穀物在庫

a mòuntain to clímb 《主に英》とても困難なこと ‖ have *a ~ to climb* 困難が待ち受けている
màke a mòuntain òut of a mólehill モグラの塚を山のように言う;針小棒大に言う
mòve móuntains ① 目覚ましい成果をあげる ② あらゆる手を尽くす

▸▸ ~ **àsh** 名 C〘植〙ナナカマドの類;《豪》ユーカリ ~ **àvens** 名 C〘植〙チョウノスケソウ ~ **bèaver** 名 C〘動〙ヤマビーバー《北米産の齧歯(げっし)類》 ~ **bìke** 名 C マウンテンバイク ~ **bìking** 名 U マウンテンバイクでの走行 ~ **bòard** 名 C マウンテンボード《山の傾斜を下るための4輪付きの木製またはプラスチックの細長い板片》 ~ **chàin** [**rànge**] 名 C 山脈, 連山 **Mòuntain Dáylight Tìme** 名 (米国のロッキー山脈周辺の)山地夏時間 ~ **déw** 名 U《口》(不法醸造の)ウイスキー ~ **gòat** 名 C〘動〙シロイワヤギ;(一般に)野生のヤギ ~ **làurel** 名 C〘植〙カルミヤ, アメリカシャクナゲ ~ **lìon** 名 C〘動〙ピューマ(puma) ~ **màn** 名 C《米》(山の中を歩き回る)猟師 ~ **shèep** 名 C =bighorn;(一般に)野生の羊 ~ **sìckness** 名 U 高山病 **Móuntain** (**Stándard**) **Tìme** 名 (米国のロッキー山脈周辺の)山地標準時《略 MST》

moun·tain·eer /màʊntənɪ́ər | -tɪn-/ 《アクセント注意》 名 C ❶ 登山家 ❷《古》山の住人 **―**動 自 登山する

***mòun·tain·éer·ing** /-ɪŋ/ 名 U 登山(mountain climbing)

***moun·tain·ous** /máʊntənəs | -tɪn-/ 《発音・アクセント注意》 形〔◁ mountain 名〕❶ 山の多い, 山地の ‖ a ~ region 山岳地帯 ❷《限定》(山のように)巨大な, 多数[大量]の ‖ ~ waves 山のような大波 / ~ debt 巨額の負債

móuntain·sìde 名 C 山腹
***móuntain·tòp** 名 C 山頂

moun·te·bank /máʊnṭɪbæ̀ŋk/ 名 C ❶ いかさま師 ❷ (昔の)大道のいんちき薬売り

***mount·ed** /máʊnṭɪd/ 形 ❶《限定》(軍人・警官などが)馬に乗った ‖ the ~ police 騎馬警官隊 ❷《限定》台に取りつけた, 据えつけた;《複合語で》…に取りつけた

Mount·ie /máʊnṭi/ 名 C《口》(カナダの)騎馬警官隊員《the Royal Canadian Mounted Police の一員》

móunt·ing /-ɪŋ/ 形《限定》増えている, 悪化している
―名 =mount[1] 名 ❶

***mourn** /mɔːrn/ 動 自 ❶〈死者を〉悼む, 弔う, 〈(人の)死を〉嘆き悲しむ〈**for**〉;〈不幸・損失などを〉嘆く〈**for, over**〉‖ She ~*ed for* her lost son. 彼女は亡くした息子を悼ん

だ / ～ *over* one's misfortunes 身の不運を嘆き悲しむ ❷ (一定の期間)喪に服する
—他〔人の死・損失など〕を悲しむ, 嘆く

mourn·er /mɔ́ːrnər/ 名C 哀悼者；会葬者；(昔の葬式に雇われた)泣き役の人

móurn·ful /-fəl/ 形 嘆き悲しむ, 悲しみに沈んだ；悲しそうな；哀れを誘う **~·ly** 副 **~·ness** 名

***mourn·ing** /mɔ́ːrnɪŋ/ (♦ 同音語 morning) 名U ❶ 悲しみ, 嘆き, 悲嘆 ❷ 哀悼, 喪, 服喪；喪服, 喪章 (→ deep mourning) ‖ go into ～ 喪に服する, 喪服を着る / in ～ for ... …のために喪に服して / out of ～ 喪が明けて ▸▸ ～ **bànd** 名C (そでに巻く)喪章 ～ **dòve** 名C 〖鳥〗ナゲキバト《北米・中米産》

‡mouse /maʊs/ (→ 動)

—名 (複 **mice** /maɪs/) (→ ❷) C ❶ 〖動〗(ハツカ)ネズミ, マウス (⇨ RAT 類語) (♦ 鳴き声は squeak) ‖ a house [field] ～ 家[野]ネズミ / *When the cat is away, the mice will play.* 《諺》猫がいないときにネズミたちが遊ぶ；鬼のいぬ間に洗濯

❷ (複 **mice** OR **mous·es** /-ɪz/) 💻 (コンピューター入力用の) マウス ‖ Use the ～ to move the cursor. マウスを使ってカーソルを動かしなさい

❸ 《通例単数形で》⊗《蔑》引っ込み思案の人, おく病な人

❹ 《俗》(殴られてできた)目の周りの黒あざ ❺ U ねずみ色

(*as*) ***pòor as a chùrch móuse*** 非常に貧しい

(*as*) ***quìet as a móuse*** (人・動物が)非常に静かな[おとなしい]

—動 /maʊz/ 自 ❶ (猫・フクロウが)ネズミを探す[捕まえる] ❷ (何かを探して) こそこそうろつく, あさり回る《***around, about***》 ❸ 《口》💻マウスを操作する —他 (～ one's way で)《口》💻マウスを(目的の所へ)動かす

▸▸ ～ **màt** [**pàd**] 名C 💻マウス操作用マット, マウスパッド ～ **pòinter** [**cùrsor**] 名C 💻 (画面上の) マウスポインター《マウスの動きと連動する矢印形などの図形》 ～ **potàto** 名C 《口》マウスポテト《長時間をコンピューターゲームで過ごす人. couch potato からの連想》

mous·er /máʊzər/ 名C ネズミを捕る動物《特に猫》

móuse·tràp 名C ネズミ捕り(器)

—動 他 《米口》…を陥れる；💻〔インターネットユーザー〕を特定のサイトから出させないようにする

mous·sa·ka /musáːkə/ 名U ムサカ《ギリシャ料理の一種. ひき肉とナスを層状にしてチーズをのせて焼いたもの》

mousse /muːs/ 名 ❶ UC ムース《泡立てたクリーム・卵・ゼラチンに香料・砂糖を加えて冷やしたデザート；肉または魚のすり身を泡立てたクリームなどで固めた料理》 ❷ U ムース《泡状整髪剤》 —動 他〔髪〕にムースをつける

mous·tache /mʌ́stæʃ | məstáːʃ/ 名 《主に英》＝mustache

mous·ta·chi·o /məstáːʃiou/ 形 ＝mustachio

mous·y, -ey /máʊsi/ 形 《通例限定》❶ (髪が) くすんだ茶色の ❷ おく病な；こそこそした；生彩のない ❸ ネズミの多い ❹ ネズミのような **móus·i·ness** 名

‡mouth /maʊθ/ 《発音注意》(→ 動) 名 動

—名 (複 **～s** /maʊðz/) C ❶ 口 (⇨ FACE 図)；口腔(こうこう)；口元, 唇；(味覚器官としての)口；(はみなどで制御される)馬の口 ‖ Don't speak with your ～ full. 口いっぱいに物をほおばったまま話してはいけない / **Open** your ～ wide. 口を大きく開けて (みて) / She put her hand over her ～ but could not suppress a smile. 彼女は口に手を当てたが笑いをこらえられなかった / with a cigarette **in** one's ～ 口にたばこをくわえて / with a smile on one's ～ 口元に微笑を浮かべて

❷ (発声器官としての)口；言葉, 発音 ‖ words coming out of his ～ 彼の口をついて出る言葉 / have a foul ～ 口汚い / with one's full ～ 大声で

❸ 養い口, 扶養しなければならない人《家族, 特に子供》‖ have too many ～*s* to feed 扶養家族が多すぎる

❹ 開口部；河口；(洞窟(どうくつ)・トンネルなどの)口；噴火口；(瓶など容器の)口；銃(砲)口, (万力の)口；〖楽〗(オルガンパイプの) 横の穴；(フルートの) 歌口 ‖ at the ～ of the Mississippi ミシシッピ川の河口で

❺ 《口》高慢な言いぐさ；大ぼら；生意気な口答え, 図々しさ

be àll móuth ; 《英》***be àll móuth and*** (***nò***) ***tróusers*** 《口》大ぶろしきを広げる, 口先だけである, 虚勢を張る

dòwn in the móuth 《口》がっかりして, 気落ちして, 悲しんで ‖ Why are you so *down in the* ～? なぜそんなにしょげているんだい

foam at the mouth ⇨ FOAM(成句)

gìve móuth (犬などが)ほえる[うなる]

hàve a bìg móuth 《口》① 大声で話す, (秘密・無分別なことなどを)べらべらしゃべる ② 大口をたたく

kèep one's móuth shùt 《口》〈…について〉口を閉ざす, 秘密を漏らさない, 人に迷惑をかけるので黙っている〈**about**〉

màke a pèrson's móuth wàter (よだれが出るほど) (人の)食欲[欲望]をそそる

mèlt in the [OR ***one's***] ***móuth*** (食べ物が)(口の中で溶けるくらい)柔らかい, おいしい

nòt òpen one's móuth 黙っている, 秘密を漏らさない, 気持ちを抑える ‖ He *never opened* his ～ about his family. 彼は決して自分の家族のことを口にしなかった

rùn òff at the móuth 《米口》べらべらしゃべる

shòot one's móuth òff 〈…について〉自慢する, うかつにしゃべってしまう〈**about**〉

stòp a pèrson's móuth (人に)口止めする

Wàsh your mòuth óut. 《旧》(特に口汚い言葉を使った相手に)そんなことを言っちゃいけません

COMMUNICATIVE EXPRESSIONS

1 **Mè and my bìg móuth.** (言っては) いけないことを言ってしまった；言ったのはまずかった

2 **Òut of the mòuths of bábes (and súcklings).** 子供はよく見てるね (♥ 幼い子供の思いがけない鋭い発言に対して言う)(♦ 聖書の言葉より)

3 **Shùt your móuth!** 黙れ(♥ ぶしつけな表現)

4 **Wàtch your móuth.** 口に気をつけなさい, 口を慎みなさい(♥ 口汚い[生意気な]言葉を使った相手に)

—動 /maʊð/ (**～s** /maʊðz/ ; **～ed** /-d/ ; **～·ing**)

—他 ❶〔格好のいいスローガン・教訓など〕を口先だけで並べたてる, 訳もわからずに口にする；〔(気持ちのこもらない) 言葉〕を言う (♦ 直接話法にも用いる) ‖ Those politicians are just ～*ing* empty promises for the campaign. こうした政治家は選挙運動向けの心にもない公約を口先で並べたてているだけだ

❷〔言葉〕を話しているかのように (声を出さずに) 口だけ動かす(♦ 直接話法にも用いる) ❸ …を口に入れる, しゃぶる；…に口で触れる ❹〔馬〕をはみに慣らす —自 ❶ 口先だけの格好のいいことを言う ❷ 〈…に〉顔をしかめる〈**at**〉

mòuth óff 〈自〉《口》①〈…について〉(意見・批判・不平などを)激しい口調で言う〈**about, at**〉②〈…について〉物知り顔に話す, 偉そうにものを言う〈**about**〉③〈…に〉口答えする, 生意気[乱暴]な口をきく〈**to**〉

mòuth plátitudes 退屈な[独創的でない]ことを口にする

▸▸ ～ **òrgan** 名C ハーモニカ ～ **ùlcer** 名U 《英》口内炎(《米》canker sore)

mouthed /maʊðd/ 形 《通例複合語で》❶ (…の) 口のある ‖ a wide-～ jar 広口瓶 ❷ 声[言葉遣い]が…の ‖ foul-～ 口汚い

móuth·fèel, móuth-fèel 名CU 口当たり

***mouth·ful** /máʊθfʊ̀l/ 名C ❶ 口いっぱい (の量)；一口分 ‖ take a ～ of food 食べ物を一口食べる / enjoy every ～ 一口一口味わって食べる ❷ 〈飲食物などの〉少量〈**of**〉 ❸ 《単数形で》長くて発音しにくい語(句)

gìve a pèrson a móuthful 《英口》〔人〕に悪態をつく, 〔人〕を非難する

sày a móuthful 《口》重要な[もっともな]ことを言う ‖ You *said a* ～! ごもっともです, そのとおりです

móuth·gùard 名 C 《米》マウスガード，マウスピース

móuth·pàrt 名 C 《通例 ～s》〔動〕(節足動物の)口器

*__móuth·pìece__ 名 C ❶ (管楽器の)マウスピース；(パイプの)口；(電話の)送話口；(くつわの)はみ；(運動選手などが口に入れる)マウスピース(mouthguard) ❷ 《通例単数形で》《ときにけなして》〈…の〉代弁者；代弁機関《新聞・雑誌など》(spokesman)〈**of, for**〉；《俗》弁護士

mòuth-to-móuth ⊲シ 形 口移し式の
— 名 (＝～ **resuscitátion**) U 口移し式人工呼吸法

móuth·wàsh 名 U 口内洗浄剤，うがい薬

móuth·wàtering 形 よだれの出そうな，おいしそうな

mouth·y /máuði/ 形 《口》おしゃべりな；大口をたたく

mou·ton /mú:tɑ(:)n | -tɔn/ 名 U ムートン《アザラシやビーバーの毛皮に似せて加工した羊の毛皮》

*__mov·a·ble__ /mú:vəbl/ 形 ❶ 動かせる ❷〔法〕動産の(↔ real[1]) ❸ (祭日などが) 年によって日の変わる **—** 名 C 《通例 ～s》(作りつけでなく)移動できる家具[家財](↔ fixture)；〔法〕動産 **mòv·a·bíl·i·ty** 名 U 可動性
▸▸ **～ féast** 名 C ① (年によって日の変わる) 移動祝祭日《Easter など》 ② 不定期的に行われる行事

⁝move /mu:v/ 《発音注意》 動 名

中心義 **Aが動く，Aを動かす** (★Aは「人」に限らず，「事態」や「心」など多様)

動 自 **動く❶ 引っ越す❷** 他 **動かす❶ 感動させる❸** 名 **動き❶**

— 動 (▶ motion 名, movement 名) (**～s** /-z/；**～d** /-d/；**mov·ing**)

— 自 ❶ **動く**，移動する；体を動かす；《口》(車が)速く走る(♦「自動車が走る」の意味では run よりも move を用いる(⇨ PB 61). しばしば方向を表す 副句 を伴う) (⇨ 類語P) ‖ Don't ～ so I can tie your tie. じっとしていて，ネクタイを結んであげるから / Please ～ out of my way. どいてください / We ～*d* toward the exit. 我々は出口の方へ移動した / The earth ～*s* around the sun. 地球は太陽の周りを回っている / *Move* right down! (車掌が)もっと奥へ入ってください / The train began to ～. 列車は動きだした / You can hardly ～ in [OR on] the train during the rush hours. ラッシュアワーの時間帯は電車の中でほとんど身動きできない / This car can really ～. この車は実に速い

❷ **引っ越す**；移住する；異動[転勤]する；転職する，転校する，クラスを変わる〈**to, into** …へ；**from** …から〉‖ We've just ～*d into* this town. 我々はこの町に移って来たところだ / The young man has just ～*d from* the foreign department. その青年は海外担当部から異動になったばかりだ / ～ *to* Alaska アラスカに移住する

❸ (人などが)立場[見解，話題]を変える，(ある状態・活動からほかの状態・活動に) 変わる，移る〈**to, toward** …に；(**away**) **from** …から；**on** …の件で〉‖ Well, let's ～ *to* other topics. では，ほかの話題に移りましょう / He suddenly ～*d from* optimism *to* pessimism. 彼は突然楽観主義から悲観主義に変わった / ～ *to* a free economy 自由経済に移行する / ～ with the times 時代とともに変わる，時流についていく

❹ (事態・交渉などが)進展する，はかどる；(物語などが)展開する；発展する；〈時が〉過ぎる〈**on**〉‖ The situation is not *moving* as we expected. 局面は我々が期待したほど進展していない

❺ 〈特定の社会・分野で〉活躍する；〈…に〉出入りする〈**in, within, among**〉‖ ～ *in* an artistic set 芸術家仲間の間で活躍する / ～ *in* society 社交界に出入りする

❻ 行動する，方策を講ずる〈**on** …に対して/ **to** *do* …するよう〉(♦ 新聞で多く用いる) ‖ The junta ～*d* rapidly *to* consolidate its rule. 軍事政府は支配強化のため敏速に行動した ❼ 〈…を〉(正式に)提案する，申し立てる〈**for**〉‖ ～ *for* an amendment to a bill 法案の修正を提案する ❽〔商〕(商品が) 売れる，さばける ‖ The new products are *moving* well. その新製品はよく売れている ❾ (腸が) 通じがつく，便通がある ❿《口》去る，出発する ⓫〔チェス〕こまを動かす；こまが動く

— 他 ❶ **…を動かす**，移動させる(♦ しばしば方向を表す 副句 を伴う)(⇨ 類語P)；〔手・足〕を動かす；〔機械〕を作動させる；〔行事の日時・話題など〕を変える〈**to** …に；**from** …から〉‖ This button can ～ the whole mechanism. このボタンで機械全体が動かせる / They ～*d* me *to* the stretcher. 彼らは私を担架へ運んだ / do not ～ a muscle じっとしている / Can't we ～ the meeting *to* Monday? 会議を月曜日に変更できませんか

❷〔住居・事務所など〕を移る，引っ越す；〔人〕を転居[移動]させる；…を異動[転勤]させる；…を転職[転校]させる，…にクラスを変わらせる〈**to, into** …へ；**from** …から〉‖ ～ house [OR home] 《英》転居する / ～ a student *to* an advanced class 学生を上級クラスに進級させる / ～ oneself *to* the left 左へ動く

❸ **a** 《＋目》〔人〕を**感動させる**，ほろりとさせる；〔人〕に〈悲しみ・同情などを〉起こさせる〈**to**〉(♦ しばしば受身形で用いる) ‖ I was「deeply ～*d* [～*d to* tears] by his story. 彼の話に深く感動した [感動して泣いてしまった] **b** 《＋目＋**to** *do*》〔人〕の気持ちを動かして…させる，…する気にさせる；〔人〕を促して…させる ‖ Curiosity ～*d* me *to* visit the old temple. 好奇心に駆られその古寺へ行ってみた

❹〔人〕の意見[態度など]を変えさせる(♦ しばしば受身形で用いる) ‖ No matter what you say, I won't be ～*d*. 君が何と言おうと僕は決して意見を変えるつもりはない

❺ **a** 《＋目》〔動議など〕を (正式に) 提出する，提案する；〔法廷など〕に〈…を〉申請する〈**for**〉‖ ～ a resolution 決議案を提出する **b** 《＋(**that**) 節》…ということを動議として提出する ‖ He ～*d that* the meeting be [《主に英》should be] adjourned. 彼は会議の休会動議を出した

❻〔チェス〕〔こま〕を動かす

❼〔腸〕に通じをつける ❽〔商〕〔商品〕を売りさばく

gèt móving 《口》《しばしば命令形で》(できるだけ)急ぐ，急いで去る；さっさとやる ‖ It's time we *got moving*. もうおいとましなければなりません

gèt ... móving 《口》〔事態〕を進展させる ‖ Let's *get* things *moving*. 事態を進展させよう

mòve ahéad 〈自〉前進する(proceed)；進歩[向上]する；〈計画などを〉進行させる，推進する〈**with**〉；〈…より〉先に進む，先行する，上位にいる〈**of**〉

mòve alóng 〈他〉《***mòve ... alóng***》①《主に英》…を(公共の場所などから) 立ち去らせる，追い立てる ②〔仕事・物語など〕を進行させる **—**〈自〉①《しばしば命令形で》先に進む；移動する ‖ Now, ～ *along*, please. さあ，(立ち止まらないで)先に進んでください；中へお詰め願います ② (仕事などが)はかどる；(物語などが)どんどん進む

mòve aróund [OR ***abóut***] 〈他〉 **I** 《***mòve aróund*** [OR ***abóut***] ***...***》…を動き回る **II** 《***mòve ... aróund*** [OR ***abóut***]》…をあちこち動かす；〔人〕を転居[転勤]させる **—**〈自〉① 動き回る ② たびたび転居[転勤]する

mòve awáy 〈他〉《***mòve ... awáy***》…を〈…から〉引き離す，遠ざける〈**from**〉‖ ～ oneself *away from* ... …から遠ざかる **—**〈自〉〈…から〉離れる，遠ざかる，引っ越す；〈…を〉やめる〈**from**〉

mòve dówn (↔ *move up*) 〈自〉① 席 (など) を詰める[空ける] ② 地位 [レベル・価格など] が下がる **—**〈他〉《***mòve ... dówn*** / ***mòve dówn ...***》…の地位 [レベルなど] を下げる，〔人〕を格下げする

mòve fórward with ... 〈他〉〔計画など〕を推進する

*___mòve ín___ (↔ *move out*) 〈自〉① 新居[店舗など]に引っ越す，移る ②〈…と〉同居を始める《***together***》〈**with**〉；〈人の所に〉転がり込む〈**on**〉‖ They ～*d* back *in together*. 彼らはまた同居を始めた ③ 新しい仕事に就く[乗り出す]

④(攻撃などのために)〈…に〉近づく，接近する〈**on**〉⑤(企業・組織などが)〈…に〉進出する，影響力を持ち始める；(力ずくで)〈…の〉支配権を奪う；〈…に〉介入[干渉]する〈**on**〉―〈他〉《*mòve ín* ... / *mòve* ... *ín*》①〔人〕に引っ越して来させる；…を運び込む ②〔人〕を任務[新しい仕事]に就かせる；…を投入する

mòve ínto ... 〈他〉①…に引っ越す(→ 自 ❷) ②〔…の分野〕に進出する，乗り出す ③〔新しい時代・次の段階〕に入る ④(軍隊・警察などが)…に乗り込む

móve it 《命令形で》《口》急げ，さっさとやれ

mòve óff 〈自〉立ち去る，出発する

mòve ón 〈自〉①(ある期間滞在した所から次の場所へ)出発する，移動する ② =*move along* 〈自〉①(↑) ③もっとよい仕事(など)に就く，〈…に〉転職する；〈…に〉進級する(progress)〈**to**〉‖ ～ *on to* higher [OR better] things 出世する ④〈次の話題などに〉移る，進む〈**to**〉⑤《英口》(時が)たつ，過ぎる ‖ Time is *moving on.* もう時間が来てしまいました ⑥成長[進歩]する，複雑になる ―〈他〉《*mòve ón* ... / *mòve* ... *ón*》…を先へ進ませる，立ち去らせる

mòve óut* (↔ *move in*) 〈自〉①〈…から〉引っ越して行く，立ち退く〈of**〉；(軍隊が)移動する ②去る，出発する ③〈事業から〉手を引く〈**of**〉④(車が)(追い越しなどのために)右または左へ出る ―〈他〉《*mòve óut* ... / *mòve* ... *óut*》〔人〕を〈…から〉立ち退かせる；〔物〕を〈…から〉移動させる，どかす〈**of**〉

mòve óver* 〈自〉①席などを詰める；わきに寄る，どく(move aside) ②〈…に〉地位[職など]を譲る〈to**〉③(同レベル[種類]の職の間で)転職する；(同じ会社の中で)異動する〈**from** …から；**to** …へ〉④制度などを転換する，移行する〈**from** …から；**to** …へ〉

móve toward ... 〈他〉〔新しいやり方など〕へ移行する，進む；〔合意など〕の方向へ動く

mòve úp (↔ *move down*) 〈他〉Ⅰ《*mòve úp* ... / *mòve* ... *úp*》①…を〈…に〉昇進[進級]させる〈**to**〉②〔警官など〕を出動させる；〔軍隊〕を前線に出す Ⅱ《*mòve úp* ...》③〔階級など〕を上る ‖ ～ *up* the ladder いい地位を得る ④〔時期など〕を前倒しする，早める ‖ ～ *up* one's planned trip 予定した旅行の時期を早める ―〈自〉①席などを詰める ②〈…に〉昇進する，進級する〈**to**〉‖ ～ *up* in the world 出世する ③(価格・率などが)上がる ④(警官などが)出動する；(軍隊が)前線に出る

―名 (複 **～s** /-z/) C ❶ U/C《単数形で》動くこと，**動き**，運動(movement) ‖ He **made** no ～ to leave the room. 彼は部屋から出て行く動きを見せなかった / The cop followed [OR watched] the suspect's every ～. 警官は容疑者の一挙手一投足を追っていた

❷移転，引っ越し；移動；転勤，異動；(状態・意見などの)進展，変化〈**from** …からの；**to, into** …への〉

❸《通例単数形で》措置，方策，手段；行動〈**toward** …に対する / **to do** …する〉‖ The U.S. **made** no ～ *to* recognize the new government. 米国はその新政権承認の措置をとらなかった / **make** the first ～ *toward* reconciliation 和解に向けて最初に行動を起こす / a smart [OR wise] ～ 賢明な措置

❹《チェス》こまを動かすこと[番]；指し手 ‖ a clever ～ うまい指し手 / It's your ～. 君の番だ

❺(スポーツ選手などの)素早い動き；(柔道などの)手，技

**gèt a móve òn* 《しばしば命令形で》《口》急ぐ(hurry)；始める

màke a móve* ①〈…の方へ〉動く，移動する〈toward, for**〉②《英》場所を離れる，立ち去る；出発する ③〈…しようと〉行動を起こす，手段を講じる〈**to do**〉④《口》〈人を〉口説く，モーションをかける〈**on**〉

màke the first móve (議論を終わらせるため，あるいは(恋愛)関係を始めるため)最初の行動に出る

on the móve ①移動中で[の]；非常に忙しくして ②進歩[発展]して(in progress)

pùt the móves on ... =*make a move* ④(↑)

動く・動かす	move	位置を変え得るもの	人・動物・地球・バス・自動車	移動する
	run			
	work	一定の場所に置かれたもの	エンジン・ポンプ・時計・機械	機能する

♦次の例の意味の違いに注意.
The door *moves* well.(開閉の動きがよい)
The door *works* well.(ドアの機能をよく果たしている)
move a machine(機械を動かす＝移動させる)
run [OR *work*] a machine(機械を動かす＝操作する)

move·a·ble /múːvəbl/ 形 名 =movable

móve-ìn 名 U C 入居(すること)；C《口》入居者

***move·ment /múːvmənt/

―名〔◁ move 動〕(複 **～s** /-s/) ❶ U C **動き**，**運動**，移動；(動物・民族などの)移動，移住；引っ越し，移転；(人口の)動き，動態(⇨ MOTION 類語) ‖ The room was full of ～. 部屋の中はひどくざわついていた / Sensors detect ～*s* in the fault zone. センサーが断層帯の動きを探知する / the ～ of the heavenly bodies 天体の運行 / the Germanic ～ ゲルマン民族の移動

❷ C (体の)動き，身動き，**動作**，身振り；《～s》立ち居振る舞い，物腰，態度 ‖ What is most difficult in the hula is the hand ～. フラダンスは手の動きがいちばん難しい / The dancer's graceful ～*s* fascinated the spectators. 踊り手の優美な身のこなしは観客を魅了した / He is brisk [slow] in his ～. 彼は動作が活発[緩慢]だ / make a sudden [swift] ～ 急に[素早く]動く / a spontaneous ～ 無意識の動作 / rude in ～*s* 態度の無作法な

❸ C (政治的・社会的)運動 ‖ start a ～ for [against] independence 独立支援[反対]運動を起こす / a ～ to declare war on drugs 麻薬撲滅運動(推進団体) / the political ～ 政治運動 / the peace ～ 平和運動

❹ C《通例 ～s》(ある時間帯の個人の)全行動経路 ‖ Give us an account of your ～*s* last night. ゆうべはどこで何をしていたのか言いなさい / watch his ～*s* closely 彼の動きを厳しく監視する

❺ C (人々の考え・行為などの)一般的傾向，動向，趨勢(すうせい) ‖ the ～ of the age 時代の動向 / a ～ toward [away from] peace 和平に向かう[から遠ざかる]傾向

❻ C U (事件・事態の)進展，成り行き，変化，急転；波乱；(思想の)展開 ‖ the ～ of ideas 思想の展開

❼ C 〘軍〙(軍隊・艦隊の)移動，配置；作戦(行動)；(空港での)飛行機の発着状況 ❽ U C 〘商〙〈株式市場での価格の〉変動，値動き〈**in**〉；(市況の)活気，活況 ‖ an upward ～ *in* stock prices 株価の上向き[騰貴]傾向 ❾ C 便通；排泄(はいせつ)物 ‖ have a bowel ～ 便通がある ❿ C (特に時計の)機械装置，ムーブメント ⓫ 〘楽〙 C (ソナタ形式の楽曲の)楽章 ⓬ U 〘韻〙律動性 ⓭ U 〘美〙ムーブマン，動的効果，(作品の)動き，勢い

móve-òut 名 C U 転出(者)

mov·er /múːvər/ 名 C ❶動かす[動く]人[もの]；《主に米》(引っ越し荷物の)運送業者 ❷動議提出者，発案者 ❸〘株〙株価の変動差が大きい会社

the prime móver 原動力，原動機；発起人

▶▶～ **and shàker** 名 (複 **～s and shakers**) C (政財界の)有力者，実力者

***mov·ie /múːvi/

―名 (複 **～s** /-z/) C《主に米》❶**映画**(motion picture,《主に英》film)；《the ～s》《集合的に》(娯楽としての)映画(⇨ PICTURE 類語) ‖ There's a Mel Gibson ～ on [OR playing] downtown. 街でメル＝ギブソンの映画をやってるよ / The new ～ opens tomorrow. その新し

い映画は明日封切りだ / **Watching** that ～ on TV was fun, but seeing it on a big screen in the ～ theater was much more exciting. その映画はテレビで見ても面白かったが，映画館の大きなスクリーンで見たら迫力が違った / **make** [OR shoot, do] a ～ 映画を撮る / go to **see** a ～ 映画を見に行く / be in a ～ 映画に出演している / a ～ fan 映画ファン / a ～ director 映画監督 ❷《the ～s》映画館(《英》cinema) ‖ go to the ～*s* 映画に行く ❸《the ～s》映画の仕事；映画産業，映画界 ‖ work [make a fortune] in the ～*s* 映画の仕事をする[で財をなす]

語源 *mov*ing picture(動くように見える絵)の短縮形.

▶▶ **～ hòuse** 名 C《米》映画館(《英》cinema) **～ sèt** 名 C 映画セット **～ stàr** 名 C《主に米》映画スター **～ thèater** 名 C《米》=movie house **～ tràiler** 名 C 映画の予告編(trailer)

móvie·gòer 名 C《主に米》映画ファン(《英》filmgoer)

móvie·gòing 名 U 映画鑑賞 ━形 映画によく行く

móvie·màker 名 C《主に米》映画制作者(filmmaker) **-màking** 形 名

***mov·ing** /múːvɪŋ/ 形 (**more ～**; **most ～**) (♦ ❶ 以外比較なし) ❶ 感動させる，ほろりとさせる(⇨ 類語) ‖ Kennedy's speech was ～. ケネディの演説は感動的だった / a ～ account of a traffic accident 交通事故の悲しい話 ❷《限定》動く；変動する；動かす；可動の(↔ stationary) ‖ a ～ world 変動する世界 / a ～ target 動く標的 ❸《限定》促進する，駆り立てる ‖ the ～ spirit behind the company その会社の中心人物 ❹《限定》引っ越し用の

～·ly 副 感動的に

類語 《❶》 **moving** 心を動かす，強い感情を引き起こす.〈例〉a *moving* scene 感動的な場面
touching 心に触れる，同情を引き起こす.〈例〉a *touching* story ほろりとさせられる物語
impressive 心に刻む，強い印象を与える.〈例〉an *impressive* sight 印象に残る光景

▶▶ **～ áverage** 名 C〘統計・金融〙移動平均《相場の長・中期的動向を予想するため算出する一定期間の平均値の連続》 **～ párt** 名 C (機械の)可動部分 **～ pícture** 名 C《旧》=movie **～ sídewalk** [《英》**pávement**] 名 C 動く歩道 **～ stáircase** [**stáirway**] 名 C《英》=escalator **～ vàn** 名 C《米》引っ越し用トラック(《英》removal van)(♦ a mòving ván「動いているトラック」とふつう区別される)

mow¹ /moʊ/ 動 (**～ed** /-d/; **～ed** /-d/ OR **mown** /moʊn/; **～·ing**) 他〔草・芝・作物〕を刈る；〔畑など〕の作物を刈り取る ━自 刈る

mòw dówn 〈他〉〔人〕を(大量に)殺戮(さつりく)する，なぎ倒す

mow² /maʊ/ 名 C《米》《英方》❶ (干し草・穀物の)山 ❷ (納屋の中の)干し草[穀物]置き場

mow·er /móʊər/ 名 C 刈り取り機；芝刈り機(lawn mower)；(芝)刈りをする人

mown /moʊn/ 動 mow¹ の過去分詞の1つ

mox·a /mɑ́(ː)ksə | mɔ́ksə/ 名 U もぐさ(♦ 日本語より)

mox·ie /mɑ́(ː)ksi | mɔ́ksi/ 名 U《米口》活力，元気，勇気；能力(♦ 清涼飲料の商標 Moxie より)

***Mo·zam·bique** /mòʊzəmbíːk/ 名 モザンビーク《アフリカ南東岸の共和国. 公式名 the Republic of Mozambique. 首都 Maputo》

-bí·can 名 C 形 モザンビーク人(の)

Mo·zart /móʊtsɑːrt/ 名 **Wolfgang Amadeus ～** モーツァルト(1756–91)《オーストリアの作曲家》

Mo·zár·te·an, Mo·zár·ti·an 形 モーツァルト(風)の

moz·za·rel·la /mɑ̀(ː)tsərélə | mɔ̀tsə-/ 〈シ 名 U モッツァレラ《柔らかく軽い味のイタリア産白チーズ》

moz·zie /mɑ́(ː)zi, mɔːzi | mɔ́zi/ 名 C《口》=mosquito

mp 略〘楽〙*m*ezzo *p*iano

MP, M.P. 略 *M*ilitary *P*olice(憲兵隊)；*M*ilitary *P*oliceman(憲兵)；*M*ember of *P*arliament(《英国の》下院議員)；*m*ounted *p*olice(騎馬警察)；*M*etropolitan *P*olice(警視庁)

m.p. 略 *m*elting *p*oint

MPEG /émpeg/ 略 💻 *m*oving [*m*otion] *p*icture *ex*perts *g*roup《高圧縮の動画データ用の規格》

mpg, m.p.g. 略 *m*iles *p*er *g*allon (ガロン当たり走行マイル)

mph 略 *m*iles *p*er *h*our(時速…マイル)

MPhil, M.Phil. /èmfíl/ 略 *M*aster of *Phil*osophy (哲学修士)

MP3 /-θríː/ 略 💻 エムピースリー《mpeg 1 audio layer 3 の略で，高音質の圧縮音声ファイル形式》

▶▶ **～3 plàyer** 名 C エムピースリープレーヤー《MP 3の再生が可能な音楽プレーヤーまたはソフトウェア》

MPV /èm piː víː/ 名 C 多目的車(ミニバン) (♦ *m*ulti*p*ur*p*ose *v*ehicle の略)

***Mr., Mr** /místər/ 名 (複 **Messrs.**, **Messrs** /mésərz/) (→ mister) ❶《男性の姓・姓名につけて》…さん，…氏，…様，…殿，…君，…先生 ‖ *Mr.* (Kevin) Brown (ケビン=)ブラウン氏 / *Mr.* and Mrs. (Kevin) Brown (ケビン=)ブラウン夫妻 (→ Mrs.) / "Good afternoon, *Mr.* ..." "Larry Baker." 「こんにちは，えーと」「ラリー=ベイカーです」(♥ 名前を知らないもしくは思い出せないときの表現. Mr. の後は /əːr/ と読む)

語法 ☆☆ (1) 男性の姓または姓名の前につける. *Mr. Kevin のように名だけの前につけるのは誤り.
(2) Lord, Sir, Dr. など肩書きのない一般男性に用いる.
(3) 友人・知人の名前の前に Mr. をつけると，かえってよそよそしい感じを与えることがある.
(4) 子供には用いない.
(5) 政治家・作家・スポーツ選手など著名人には用いない. Miss, Mrs., Ms. についても同じ.〈例〉Obama's foreign policy オバマの外交政策
(6) 電話・手紙・自己紹介などでは，自分を指すときも Mr. をつけることがある.〈例〉This is *Mr.* Jones speaking. こちらジョーンズです
(7) 元来は Mister の略だが，《英》ではふつうピリオドをつけない.

❷《男性の官職名の前につけて呼びかけで》‖ *Mr.* President 大統領閣下 / *Mr.* Chairman! 議長(→ madam) ❸《地域名・スポーツ名・職業名・性質などにつけて》ミスター…，典型的な…の男性(♦ Mr. の後にくる名詞や形容詞は大文字で始める) ‖ *Mr.* America [Baseball] ミスターアメリカ[ベースボール] / I'm not *Mr.* Nice Guy any more. 僕はもう「いい人」(であること)はやめた(→ miss², Mrs.) ❹《外科医の姓につけて》《英》…先生 ❺〘軍〙准尉，士官候補生(♦ 下級士官に対する称号)

Mr. Bíg 《口》大物，(特に犯罪組織の)ボス

Mr. Chárlie 《米俗》《けなして》白人(♦ アフリカ系アメリカ人が用いる)

Mr. Cléan 《口》高潔[清廉]な人

Mr. Fíxit 《口》(面倒事を)うまくさばく人

Mr. Ríght 《口》(結婚・恋愛の相手として)理想の男性

MRÁ 略 *M*oral *R*earm*a*ment(道徳再武装)

MRBM 略 *m*edium-*r*ange *b*allistic *m*issile (中距離弾道ミサイル)

MRÉ 略《米》〘軍〙*m*eal *r*eady to *e*at(野戦食)

MRÍ 略 *m*agnetic *r*esonance *i*maging

mRNA 略 *m*essenger *RNA*

***Mrs., Mrs** /mísɪz/ 名 (複 **Mes·dames**, **Mmes.**, **Mmes** /meɪdɑ́ːm | méɪdæm/) (→ mistress) ❶《既婚女性の姓・姓名につけて》…さん，…様，…夫人，…の奥様，…未亡人，…先生 (→ Ms.) ‖ *Mrs.* Brown ブラウン夫人 / *Mrs.* Kate Brown ケート=ブラウン夫人

語法 ☆☆ (1) 既婚女性に対する敬称. ふつうは Mrs. Brown のように既婚女性の姓の前につける. かつては Mrs. John Brown のように夫の姓名の前につける用法が正式であったが，これは性差別的と感じられること

があり現在では極めてまれ. ×Mrs. Kate のように名だけの前につけるのは誤り. 本人の姓名の前につける用法は,《英》では法律・商業文で未亡人または離婚者の場合に限られていたが, 近年では《米》《英》共に一般的になってきている.
(2) Lady, Dame, Dr. などの肩書きのない一般の既婚女性に敬称として用いる.
(3) 現在は未婚・既婚を問わず Ms(.) を使うことが多い(⇨ Ms. 語法).
(4) 電話・手紙・自己紹介などでは自分を指すときも Mrs. をつけることがある.
(5) 元来は Mistress の略であるが,《英》ではふつうピリオドをつけない.

❷《地域名・スポーツ名・職業名などにつけて》ミセス…, 典型的…の既婚女性 (♦ Mrs. の後にくる名詞や形容詞は大文字で始める) ‖ *Mrs.* Mop(p)《英》掃除のおばさん / *Mrs.* Sarcasm 皮肉屋の奥さん ❸《the ～》自分の妻

Mrs. Right《口》(結婚・恋愛の相手として)理想の女性

MRSA 略 *m*ethicillin-*r*esistant *s*taphylococcus *au*reus(メチシリン耐性黄色ブドウ球菌)

MS[1] 略 *M*aster of *S*cience;〖郵〗Mississippi; *m*otor *s*hip(発動機船);〖医〗*m*ultiple *s*clerosis

MS[2], **MS., ms, ms.** 略 *m*anu*s*cript

*__Ms., Ms__ /mɪz/ 名 (複 **Mses, Ms's** /mízɪz/) ❶《女性の姓・姓名・官職名などにつけて》…さん, …様, …先生 ‖ *Ms.* (Kate) Brown (ケート=)ブラウンさん

語法 ☆☆ (1) Miss と Mrs. を合わせたもので, 未婚・既婚に関係なく, 女性に対する敬称. 女性が未婚か既婚か不明のとき, また未婚・既婚の区別をしたくないときに女性の姓・姓名の前につける. ×Ms. Kate のように名だけの前につけるのは誤り.
(2)《英》ではふつうピリオドをつけない.

❷《地域名・スポーツ名・職業名などにつけて》ミズ…, 典型的…の女性 (♦ Ms. の後にくる名詞や形容詞は大文字で始める) ‖ She's *Ms.* Perfect. 彼女は完璧(かんぺき)な女性だ

MSc, M.Sc. 略 *M*aster of *Sc*ience

MS-DOS /èmèsdɔ́(ː)s/ 名 U《商標》エムエスドス《IBM AT互換機用のCUI型の基本ソフトウェア》(♦ *M*icro*s*oft *d*isk *o*perating *s*ystem の略)

msec 略 millisecond(s)

MSG 略 *m*ono*s*odium *g*lutamate

msgr. 略《米》Monseigneur; Monsignor

MSGT, M.Sgt. 略〖米軍〗*M*aster *S*ergeant

MSP 略 *M*ember of *S*cottish *P*arliament(スコットランド国会議員)

MSS, MSS., mss, mss. 略 manuscripts

MST 略 (北アメリカの)*M*ountain *S*tandard *T*ime

*__Mt, Mt.__ 略 mount, mountain

MT 略 *m*achine *t*ranslation; megaton(s);〖郵〗Montana; *M*ountain *T*ime

m.t. 略 *m*etric *t*on

mtg. 略 meeting; mortgage

mtge. 略 mortgage

mtn. 略《米》mountain

MTV 略《商標》*M*usic *T*ele*v*ision《音楽専門の有線テレビ》

mu /mjuː/ 名 C ❶ ミュー《ギリシャ語アルファベットの第12字. M, μ. 英語の M, m に相当》❷〖理〗ミュー《記号 μ. 100万分の1の意》(→ micro-)

***much /mʌtʃ/ 形 代 副

—形 (**more; most**)
多くの, 多量の, たくさんの, 多額の(↔ little) ‖ We don't have ～ **time** [**money**]. 我々にはあまり時間[金]がない / He said so without ～ expression. 彼はあまり表情に出さずにそう言った / I never saw **so** [**that**] ～ blood in my life. 生まれてこのかたこれほど[あれほど]多量の血を見たことはなかった / Did you get ～ sleep last night? 昨夜はよく眠れましたか / So ～ smoking will affect your baby. そんなにたばこを吸うと赤ちゃんのためによくないですよ

語法 ★★ (1) 数えられない名詞について用い, 量の多さ・程度の高さを表す. 数えられる名詞につくのは many.
(2)《口》では主に疑問文・否定文に用い, 肯定文では a lot of, lots of, plenty of, a great deal of などが使われることが多い. この制限は many の場合よりも顕著 (⇨ PB 48). ただし much が so, too, as, how などに続く場合や主語を修飾する場合には肯定文でもふつうに用いられる.

—代《不定代名詞》《単数扱い》❶ **たくさん, 多量**, 多額(♦用法については ⇨ 形 語法) ‖ How ～ do you know about the plot? そのたくらみについて君はどのくらい知っているのか / He drinks a little too ～. 彼は少し飲みすぎだ / *Much* remains to be said about it. それについて言うべきことはまだたくさんある (♦ 主語として単独で使われることもある. ⇨ PB 48) / I couldn't understand ～ of what he was saying. 彼の言っていることがあまり理解できなかった / She hasn't seen ～ of Ross lately. 彼女は最近ロスにあまり会っていない / *Much* of the time he kept silent. その間ほとんど彼は黙っていた / Was there ～ that interested you at the motor show? モーターショーで興味を引いたものはたくさんありましたか
❷ 大したもの, 重要なこと ‖ The rain isn't ～. 雨は大したことない / He is not ～ to look at. 彼は見た目はぱっとしない

—副 (**more; most**)
❶《動詞を修飾》**大いに, とても**, たいそう, 非常に(↔ hardly) ‖ I don't like Jill (very) ～. ジルのことはあまり好きではない / His hairstyle had not changed ～. 彼の髪型はあまり変わっていなかった / Do you see Sue ～? スーにはよく会いますか / Thank you very ～. どうもありがとう / She talks too ～. 彼女はしゃべりすぎる

語法 ☆☆ (1) very [so, too] much の形で用いるのがふつう. 疑問文・否定文では much 単独で用いることもある. 肯定文に much を単独で用いるのは《堅》.《口》では a lot, a great deal などが使われることが多い.
(2) admire, appreciate, enjoy, improve, increase, prefer などの動詞は肯定文でも much を単独で用いるが, その場合は必ず動詞の前にくる. 〈例〉We *much* appreciate your invitation. ご招待いただいてとてもありがたく思っています

❷《過去分詞を修飾》とても, 大いに ‖ I was ～ distressed by what I saw. 目撃したことに大いに心を痛めた / The scandal is still ～ discussed. そのスキャンダルはいまだに大いに議論されている / He can't be ～ blamed for it. そのことで彼をあまり責めることはできない

語法 ☆☆ (1) 過去分詞が明らかに受身の動詞句をなす場合には (very) much を用いるが, 特に心的状態を表す過去分詞(interested, pleased など)はしばしば形容詞的に扱われ,《口》では very を用いることが多い. 〈例〉He was *very* surprised at the result. 彼はその結果にとても驚いていた(⇨ VERY 副 語法)
(2) 限定用法として用いられた過去分詞は very で修飾するのがふつう. 〈例〉with a *very* worried look とても心配した顔で

❸《形容詞を修飾》とても, 大いに ‖ In some ways you and I are (very) ～ alike. いくつかの点であなたと私はとてもよく似ている / They are very ～ aware of the danger. 彼らはその危険をよく承知している / This is not ～ different from what I expected. これはぼくの期待していたものと大して変わらない

語法 ☆☆ 大部分の形容詞は very で強調される. much で強調される形容詞は a- で始まる afraid, alike, aware や比較の意味合いを含む superior, inferior, different など. ただし前者については《口》では very を使う傾向にある.

M

❹《形容詞·副詞の比較級·最上級, too などを修飾》**ずっと** (⇨ FAR 副 ❹) ‖ Her performance was ~ **better** than mine. 彼女の演技は私のよりずっと上手だった (= Her performance was far [《口》 a lot] better than mine.) / Light travels ~ faster than sound. 光は音よりずっと速く進む / He was ~ the tallest of the three. 3人の中では彼がずば抜けて背が高かった (=He was by far the tallest ....) / Their discrepancies are ~ too great. 彼らの(意見の)違いはあまりにも大きすぎる

❺《前置詞句を修飾》大いに, とても ‖ She married ~ against her will. 彼女は全く自分の意志に反して結婚した / *Much* to my surprise, he returned the money. とても驚いたことに, 彼はその金を返してよこした / so ~ in fashion とてもはやっていて

❻《「同じ」を表す語句を修飾》ほとんど; ほぼ (almost) ‖ His response was ~ as before. 彼の返答はほぼ前のとおりだった / in ~ the same way だいたい同じようにして / be ~ of「an age [a size] ほぼ同じ年齢[大きさ]で

❼ しばしば; 長い間 ‖ Nobody went there ~. だれもそこへはあまり行かなかった ❽《過去分詞との複合語で》大いに, とても, 非常に ‖ their ~-disputed rights 大いに論争の的になっている彼らの権利 / a ~-needed reorganization 大いに必要とされている組織の再編成 / ~-awaited 大いに待たれていた / ~-feared 大いに恐れられていた / ~-hyped 大騒ぎされた / ~-touted 大いに宣伝された

as múch 《先行の数詞·文の内容などを受けて》① 同量の(もの), 同じだけの(もの) ② 同じこと, そのようなこと ‖ "He was arrested for drunken driving." "I thought [OR guessed] *as* ~." 「彼は飲酒運転で逮捕されたよ」「そんなことだろうと思った」(♥ 悪いことについていう)

as múch agàin さらに同じだけの量; 2倍の量

****as múch* (...) *as* ...** ① …と同じくらいに, …と同様に; …するだけで; …もの ‖ Bill, *as* ~ *as* his brother, was responsible for it. 兄[弟]同様ビルにもその責任があった / Confrontation must be avoided *as* ~ *as* possible. 対決はできるだけ避けねばならない / She went into town *as* ~ *as* she wanted. 彼女は好きなだけ町へ出かけていった / It was *as* ~ *as* I could do to finish the job. その仕事を終えるだけで精いっぱいだった / She saved *as* ~ *as* one million yen. 彼女は100万円もためた (=She saved no less than one million yen.) (♦ 数詞とともに用いると量の多さが強調される) ② …と同じくらいの(もの) ‖ They can spend only *as* ~ money *as* they earn. 彼らに使えるのは稼いでくるだけの金だ / three times *as* ~ money *as* ... …の3倍のお金 ③ ⇨ AS 接 ❽ a ④ 事実上…で, …も同然で ‖ He *as* ~ *as* admitted that he stole the money. 彼は金を盗んだと認めたも同然だ

be tòo* [OR *a bìt*] *múch 〈…にとって〉耐えられない, ひどすぎる, (難しくて)手に負えない, どうにもならない〈**for**〉‖ The harsh memory of the past *was too* ~ *for* him. 過去のつらい思い出が彼には耐えられなかった / That's *a bit* ~ *for* me. そいつはちょっとひどいよ

hòw múch ① どれくらいの(→ 形, 代 ❶) ② (値段が)いくら ‖ I'll take this one. *How* ~ is it? これを頂きます. おいくらですか

****màke múch of ...*** ① …を大事にする, **重要視する** ‖ The prefecture *makes* ~ *of* its natural beauty. その県は自然の美しさを強調している ② …を大げさに扱う, ちやほやする ‖ She wanted to be *made* ~ *of*. 彼女はちやほやされたかった ③《否定文で》…をよく理解する ‖ I didn't *make* ~ *of* his explanation. 私は彼の説明をよく理解できなかった

múch as ... ① ⇨ 副 ❻ ② ⇨ AS 接 ❽ a

much less ... ⇨ LESS 形 (成句)

much more ⇨ MORE (成句)

****múch of a ...*** 《否定文で》**大した**…, 立派な…, すごい… ‖ She's not ~ *of a* writer. 彼女は大した作家ではない / He hasn't had ~ *of a* chance. 彼にはチャンスらしいチャンスはなかった

nòt múch 《口》① とんでもない, 無論そうじゃない ②《皮肉で》もちろんさ, そうとも

nòt múch in it 大した違い[差]はない

****nòt sò mùch À as* [OR *but*] *B*** **AというよりはむしろB** (*B* rather than *A*) (♦ *A*と*B*には同じ種類の語句が入る. *not A so much as* [OR *but*] *B* の語順も可) ‖ He looked *not so* ~ hostile *as* [OR *but*] puzzled. 彼は敵対的というより当惑しているように見えた

nòt úp to mùch 《英》(品質などが)あまりよくない

nòthing* [OR *nòt ànything*] *múch 取るに足りないもの[こと] ‖ "What are you writing at the moment?" "Oh, *nothing* ~." 「今は何を書いているのですか」「いや, 大したものじゃありませんよ」

sò múch ①《the+比較級に先行して》それだけ, なおさら ‖ *So* ~ the better for us. (それなら)我々にはますます結構だ ② ある量の(もの) ‖ Every week each family was given *so* ~ bread and *so* ~ sugar. 各家庭には毎週いくらかのパンと砂糖が配給になった ③ 同じだけの量の(もの); 全くの ‖ His three weeks in Cambridge had been *so* ~ wasted time. 彼のケンブリッジでの3週間はまるで時間の浪費だった

sò múch as ... ①《否定文·疑問文·条件節で》…(で)さえ (even), …すら ‖ She didn't *so* ~ *as* mention it. 彼女はそのことにふれることさえしなかった / without *so* ~ *as* saying goodbye さよならも言わずに ② 事実…も同然で

****sò múch for ...*** ① NAVI …**はこれで終わりにする**, これだけにする ‖ *So* ~ *for* worrying about the past. 過ぎたことについて思い悩むのはもうよそう / *So* ~ *for* today. 今日はこれまで ② …なんてその程度のものさ

thís* [*thát*] *mùch これ[それ]だけの(もの)

without sò múch as =*so much as* ... ①(↑)

PLANET BOARD 48

much を疑問文·否定文以外で用いるか.

問題設定 much という語は, very や so などの修飾語がつかない形ではあまり肯定平叙文に現れないとされている. 実際の使用率を2つの場合について調査した.

Q 次の表現を使いますか.

(a) There is **much** snow here in January.
(b) **Much** has been said about his works.

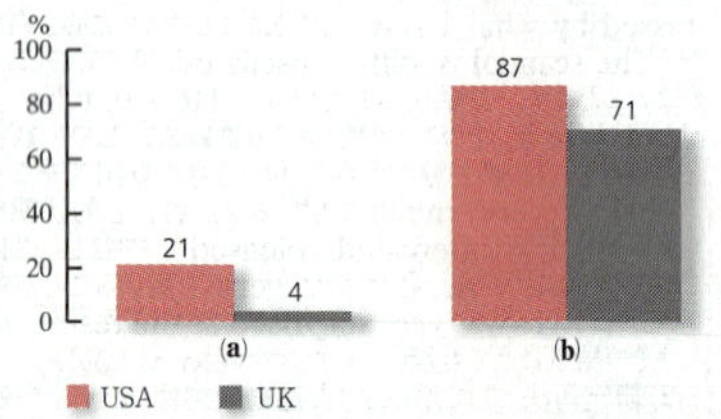

(a) を使うと答えた人は全体の13%だけだが, (b) を使うとした人は8割近かった. (a) は非常に堅いか古めかしい言い方で, 圧倒的多数の人は代わりの表現に There is *a lot of* snow ... をあげた. 他に, It snows a lot ... を使うとした人もいた. Much を主語にした (b) の場合は, 多くの人が「堅い言い方だが, 書き言葉では使う」と答えた. 代わりの言い方としては, *A lot* has been ... が多くあげられた. なお, (a)(b) とも《米》の方が《英》より使用率が高かった.

学習者への指針 量の多さを表す much は, 肯定の平叙文ではあまり使わず, その代わりに a lot (of) を用いるのが一般的だが, 主語の位置では《堅》ではあるもののかなり使われる.

COMMUNICATIVE EXPRESSIONS

1 **It's tóo mùch to ásk of me.** ⇨ ASK(CE 9)
2 **It's tóo mùch to sày** that she is ignorant. ⇨ SAY(CE 38)
3 **You're tòo múch!** ① おかしなやつだ；大した人だ(♥面白い[気がきく]人に対して「愉快な人だ」の意) ② 全く手に負えない；困ったやつだ(♥あきれ・怒り・いら立ちを表す)

mùch-héralded ㋛ 形《限定》前々から話題の
mùch-malígned ㋛ 形《限定》いろいろと批判[非難]されてはいるがよいところもある
múch·ness /-nəs/ 名 C《単数形で》たくさん；(程度の)はなはだしさ ‖ much of a ～ 《口》似たり寄ったり
mùch-tráveled ㋛ 形《限定》(外国を)よく[たくさん]旅行している
mùch-váunted ㋛ 形《限定》大げさに称賛されている
mu·ci·lage /mjúːsɪlɪdʒ/ 名 U ❶ (植物の)粘液 ❷《米》ゴムのり
muck /mʌk/ 名 U ❶ 肥やし, 堆肥(たいひ)(manure)；(動物の)糞(ふん) ❷《口》ごみ, かす；《主に英口》くだらないもの, がらくた；(本・番組・食べ物などの)ひどいもの ❸ (鉱山の)廃石
 (as) còmmon as múck [OR *dírt*] 《英口》粗野な, 下品な, 下層階級の
 màke a múck of ... 《英口》…を台無しにする
 ━動 他 ❶《口》…を台無しにする；しくじる《*up*》❷ …に肥やしをやる ❸《口》…を汚す《*up*》
 ━自 ❶ 《主に英口》ぶらぶらする《*about, around*》❷ 〈機械などを〉下手にいじり回す《*about, around*》〈**with**〉
 mùck ín (*with ...*) 《英口》(…と)(仕事・住居などを)共にする；協力する, (…に)力を貸す
 mùck óut ... / mùck ... óut 〈他〉〔家畜小屋〕を掃除する
 mùck úp ... / mùck ... úp 〈他〉《英口》① …をしくじる ②〔計画など〕を台無しにする, 駄目にする ③ …を汚す
 ▶▶ ～ **swèat** 名 C《口》ひどい汗 ‖ in a ～ *sweat* 大汗をかいて
muck·a·muck /mʌ́kəmʌ̀k/ 名 C《米口》お偉方, 高官(high-muck-a-muck)
muck·er /mʌ́kər/ 名 C ❶《米口》《旧》粗野な人 ❷《英俗》友達 ❸ (鉱山の)泥落とし係
 còme a múcker 《英口》《旧》どしんと倒れる；ひどい目に遭う
múck·ràke 動 自 汚職[醜聞]を暴く **-ràker** 名
 múck-ràking 名 U 有名人のゴシップを書き立てること
muck·y /mʌ́ki/ 形《口》❶ 汚い, 泥だらけの ❷ (性的・金銭的に)堕落した, 不正の
mu·cous /mjúːkəs/ 形 粘液(質)の；粘液を分泌する ‖ a ～ cough 痰(たん)の出るせき **mu·cós·i·ty** 名 U 粘性
 ▶▶ ～ **mémbrane** 名 C〘解〙粘膜
mu·cus /mjúːkəs/ 名 U (動植物の分泌する)粘液
***mud** /mʌd/ 名 (▶ muddy 形) U ❶ 泥, ぬかるみ ‖ The bus got stuck in the ～ and the passengers had to push it out. バスがぬかるみにはまったので乗客が押して脱出させねばならなかった / shoes covered with ～ 泥だらけの靴 ❷ 中傷, 誹謗(ひぼう)
 (as) clèar as múd (何のことか)まるでわからない, 全く不明瞭(ふめいりょう)で
 drag ... through the mud ⇨ DRAG(成句)
 Here's mùd in your éye! 乾杯
 Mùd stícks. 《主に英》汚名はついて回る[消えない]
 slìng [OR *thròw, flìng*] *múd* (*at ...*) (…の)顔に泥を塗る；(…を)中傷する, けなす
 ▶▶ ～ **dàuber** [**wàsp**] 名 C〘虫〙ジガバチ ～ **flàp** 名 C (自動車の)泥よけフラップ(splash guard) ～ **pàck** 名 C (美顔用の)泥パック ～ **píe** 名 C (泥んこ遊びの)泥まんじゅう ～ **pùppy** 名 C〘動〙(北米産の)イモリ, サンショウウオ ～ **skìpper** (↓) ～ **tùrtle** 名 C〘動〙(北米産の)ドロガメ；(アフリカ産の)ハコヨコクビガメ；(アジア産の)スッポン
MUD /mʌd/ 名 C 💻 マッド《複数の人間によってプレーされるオンラインのコンピューターゲーム》(♦ *M*ulti-*U*ser *D*ungeon [OR *D*imension, *D*omain] の略)
múd·bàth 名 C ❶ (治療・美容用の)泥ぶろ, 泥浴 ❷《a ～》泥沼(状態), ぬかるみ ❸ 泥んこ遊び
***mud·dle** /mʌ́dl/ 動 他 ❶〔人〕を混乱させる, まごつかせる；(飲酒などで)〔頭脳・精神〕をもうろうとさせる《*up*》‖ You've got me all ～*d up*. 君のおかげですっかり混乱してしまったよ ❷ …をごた混ぜにする；〔名前・物など〕を〈…と〉混同する《*up*》(mix up)〈**with**〉‖ The teacher always gets the twins ～*d up*. 先生はしょっちゅうその双子を間違える / ～ *up* the cards トランプを混ぜる / ～ (*up*) their names 名前をごっちゃにする[取り違える] ❸《米》〔飲料〕をミックスする, かき混ぜる ❹〔事〕をやり損なう, 台無しにする ❺《米》《英ではまれ》〔水など〕を濁らせる, 泥水にする ━自 あたふたする, まごまごする
 mùddle alóng [OR *ón*] 〈自〉行き当たりばったりでやっていく
 mùddle thróugh 〈他〉《*mùddle thróugh ...*》…を何とか切り抜ける ━〈自〉手探りで何とか切り抜ける
 ━名 C《通例 a ～》〈…の〉混乱(状態)；乱雑；ごたごた；当惑〈**about, over**〉(⇨ CONFUSION 類語) ‖ There has been a ～ *over* the flight reservation. 飛行機便の予約に混乱が生じている / make a ～ of ... …をやり損なう, 台無しにする / in a ～ 混乱して；乱雑に；当惑して
mud·dled /mʌ́dld/ 形 混乱した, 錯綜(さくそう)した
mùddle·héaded ㋛ 形 間抜けな, (頭が)混乱した
 ～·ness 名
mud·dler /mʌ́dlər/ 名 C ❶ でたらめなやり方をする人 ❷《米》(飲み物の)攪拌(かくはん)棒, マドラー
mud·dling /mʌ́dlɪŋ/ 形 混乱させる **～·ly** 副
***mud·dy** /mʌ́di/ 形 (◁ mud 名) (**-di·er** ; **-di·est**) ❶ ぬかるみの；泥だらけの ‖ The frozen road became ～ around noon. 凍っていた道は昼ごろぬかるんできた / ～ boots 泥だらけの長靴 ❷ (液体が)濁った；(光などが)鈍い；(顔色などが)さえない；(色が)くすんだ；(音声が)不明瞭な ‖ ～ coffee どろどろのコーヒー / a ～ blue くすんだ青色 ❸ 混乱した, (頭が)はっきりしない；(思考・文体などが)あいまいな
 ━動 (**-dies** /-z/ ; **-died** /-d/ ; **～·ing**) 他 ❶ …を泥だらけにする ❷ …を混乱させる, 不明確にする ❸ …を濁らせる；…をくすませる
 mùddy the wáters [OR *íssue*] (状況・議論に)無用の混乱を招く, (物事を)いっそう複雑にする
 -di·ly 副 **-di·ness** 名
múd·flàt 名 C《通例 ～s》干潟(ひがた)
múd·guàrd 名 C《英》(自動車などの)泥よけ(《米》fender)
múd·làrk 名 C 泥地でごみをあさる人；《古》浮浪児
múd·ròom 名 C マッドルーム《家屋に入る前に汚れた衣服などを脱ぐ所[部屋]》
múd·skìp·per, múd skìpper 名 C〘魚〙トビハゼ
múd·slìde 名 C 泥流, 土石流
múd·slìnging 名 U《口》(政治運動上の)泥仕合, 中傷合戦 **-slìnger** 名
múd·stòne 名 U 泥岩
Múd·vìlle 名《米口》野球界(♦ 米国の作家・詩人 Ernest L. Thayer (1863–1940) の詩 Casey at the Bat で描かれる架空の町の名より)
mues·li /mjúːzli/ 名 U《主に英》ミューズリ(《米》granola)《穀物・木の実・干した果物などを混ぜた朝食用の食べ物. 牛乳をかけて食べる》
mu·ez·zin /muézɪn/ 名 C (イスラム教寺院の)祈禱(きとう)時報係
muff[1] /mʌf/ 名 C マフ《両端から手を入れる毛皮などの筒状の防寒具》(→ earmuffs)；(ある種の鳥の)羽のふさ
muff[2] /mʌf/ 動 他《口》〔球〕を取り損なう；〔役など〕をしくじる ━名 C ❶〘野球・クリケット〙落球；(一般に)やり損ない, へま ❷《主に英》《旧》不器用者, 間抜け

M

*__muf·fin__ /mʌ́fɪn/ 名 C マフィン《《主に英》ではパンの一種(English muffin). 《主に米》ではカップケーキ》

muffin

▸▸ ～ **tòp** 名 C 《口》マフィントップ《ジーンズなどのウエストの上にはみ出した贅肉(ぜいにく)》

*__muf·fle__ /mʌ́fl/ 動 他 ❶ (保温・保護のため)…を覆う, 〈…に〉くるむ《*up*》〈**in**〉(♦ しばしば受身形で用いる) ‖ I was ～*d up* well *in* a coat against the cold. 寒いのでしっかりコートにくるまった ❷ (声・音を立てない[小さくする]ように)〔人(の口)・太鼓など〕を包む, …に覆いをする;(布などで覆うようにして)〔音〕を消す, 低く[よく聞こえないように]する ‖ ～*d* voices (口を覆っているような)こもった声 / ～ the alarm clock with a pillow 枕(まくら)を当てて目覚まし時計の音を殺す —名 C ❶ (陶器焼きがまなどの)マッフル, 間接加熱器 ❷ 包むもの, 覆い

muf·fler /mʌ́flər/ 名 C ❶ 《旧》マフラー, 襟巻(scarf) ❷ (ピアノなどの)弱音器, マフラー ❸ 《米》(自動車の)マフラー, 消音装置(《英》silencer)

muf·ti[1] /mʌ́fti/ 名 C イスラム法典解説官, 法律顧問

muf·ti[2] /mʌ́fti/ 名 U 《旧》(制服着用義務がある人の)私服, 平服

*__mug__[1] /mʌɡ/ 名 C ❶ ジョッキ, マグ, (取っ手付きの)筒型コップ(❗「マグカップ(mugcup)」は和製語);ジョッキ[マグ]1杯(の量) ‖ a beer ～ ビールのジョッキ / empty a ～ (ジョッキ1杯のビールなどを)飲み干す / a ～ of cocoa マグ1杯のココア ❷ 《俗》顔;口 ❸ 《主に英口》間抜け, かも ‖ He is no ～. 彼は(すぐだまされるような)間抜けじゃない ❹ 《米口》暴漢, ならず者

__a múg's gàme__ 《主に英口》割に合わないこと, 無駄なこと ‖ Dieting is *a* ～*'s game.* ダイエットなんかやっても無駄だ

—動 (**mugged** /-d/; **mug·ging**) 他 ❶ 《口》(公然と)〔人〕を襲って強奪する(♦ しばしば受身形で用いる) ‖ He was *mugged* in broad daylight. 彼は昼日中強盗に遭った ❷ 《米》〔人〕の(手配用の)写真を撮る, 撮影する —自 〈聴衆・カメラなどに向かって〉顔をしかめ(てみせ)る, 大げさ[滑稽(こっけい)]な表情をする〈**for**〉

▸▸ ～ **shòt** 名 C 《口》(容疑者などの)顔写真

mug[2] /mʌɡ/ 動 (**mugged** /-d/; **mug·ging**) 他 自 《英口》(…を)がり勉する, (一夜漬けして)〈…について〉詰め込む《*up*》(swot up; revise)〈**on**〉

mug·ger /mʌ́ɡər/ 名 C ❶ 強盗, ひったくり(⇨ THIEF 類語) ❷ 大げさな表情をする人

mug·ging /mʌ́ɡɪŋ/ 名 C U (路上での)強盗(行為)(⇨ ROBBERY 類語)

mug·gins /mʌ́ɡɪnz/ 名 (複 ～ OR ～**·es** /-ɪz/) C 《英口》《戯》間抜け;やすやすとだまされる人, お人よし(♦ しばしば自分自身を指して無冠詞単数形で用いる)

mug·gle /mʌ́ɡəl/ 名 ❶ U C 《米俗》マリファナ(たばこ);《～s》(乾燥させた)マリファナの葉 ❷ C 《口》物知らず(な人), (ある分野に関して)無知な人

mug·gy /mʌ́ɡi/ 形 (天候などが)蒸し暑い **-gi·ness** 名

Mu·ghal /múːɡəl, -ɡɑːl/ 名 =Mogul

mug·wump /mʌ́ɡwʌmp/ 名 C 《米》❶ (党内で)独自の行動をとる人 ❷ 《しばしば M-》(1884年の)離党共和党員 **～·ery** 名 **～·ish** 形

Mu·ham·mad /muhǽmɪd/ 名 マホメット, ムハンマド(570?–632)《アラブの預言者. イスラム教の開祖》

Mu·ham·mad·an /muhǽmɪdən/ 形 マホメット[ムハンマド](Muhammad)の;イスラム教(徒)の —名 C イスラム教徒(Muslim) **～·ìsm** 名 U イスラム教(♦ 主に非イスラム教徒の用語)

mu·ja·he·din, -hed·din, -hi·deen /mùːdʒəhedíːn/ 名 複 《ときに M-》ムジャヒディン《イスラム教(原理主義)ゲリラ》

muk·luk /mʌ́klʌk/ 名 C 《通例 ～s》《米》マクラク《イヌイットの履く, アザラシやトナカイの皮製の長靴》

mu·lat·to /məlɑ́(ː)t̬oʊ | mjulǽtoʊ/ 名 (複 ～**s**, ～**es** /-z/) C ⊗《旧》《蔑》ムラート《白人と黒人の(第1代)混血児》

mul·ber·ry /mʌ́lbèri | -bəri/ 名 (複 **-ries** /-z/) ❶ C 〖植〗クワ(の実) ❷ U 暗赤紫色

mulch /mʌltʃ/ 名 U C 根覆い(敷きわらなど) —動 他 …に根覆い[マルチング]をする

mulct /mʌlkt/ 《堅》動 他 ❶〔人〕に〈…の〉罰金を科する〈**in**〉‖ ～ him (*in*) £5 彼に5ポンドの罰金を科する ❷〔金など〕をだまし[ゆすり]とる ‖ ～ money of [OR from] him 彼から金をだまし取る —名 C 罰金, 科料

*__mule__[1] /mjuːl/ 名 C ❶ ラバ《雄ロバと雌馬との子. 強情の象徴》(→ hinny);(俗に)ロバと馬の雑種の総称;(動植物の)雑種 ‖ a ～ canary 雑種のカナリア ❷ 《口》強情っぱり, 頑固者 ❸ 《俗》麻薬の運び屋 ❹ ミュール精紡機

(*as*) ***stùbborn*** [OR ***òbstinate***] ***as a múle*** とても頑固な

▸▸ ～ **dèer** 名 C 〖動〗ミュールジカ《北米西部産の耳の大きな中型のシカ》

mule[2] /mjuːl/ 名 C 《通例 ～s》ミュール, つっかけ

mu·le·ta /mjuléɪt̬ə, -le-/ 名 C ムレータ《闘牛士が最後の場面で使う棒につけた赤い布》

mu·le·teer /mjùːlətíər/ 名 C ラバ追い

mul·ish /mjúːlɪʃ/ 形 (ラバのように)強情な

mull[1] /mʌl/ 動 自 〈…について〉じっくり考える, 熟考する〈**over**〉—他 …をじっくり考える, 熟考する《*over*》(turn over; ↷ chew over) ‖ He ～*ed* the idea *over* in his mind. 彼はその考えについて心の中で思案した

mull[2] /mʌl/ 動 他〔ビール・ワインなど〕を(砂糖・香料などを入れて)熱い飲み物にする ▸▸ ～**ed wíne** 名 U マルドワイン《赤ワインに砂糖・香料などを混ぜた飲み物》

mul·la(h) /mʌ́lə, mʊ́lə/ 名 C 《敬称》イスラム教の神学者

mul·let /mʌ́lɪt/ 名 (複 ～ OR ～**s** /-s/) C ❶ 〖魚〗ボラの類(gray mullet);ヒメジの類(red mullet) ❷ (=～ **hàircut** [**hàirstyle**])《英》マレット《前面・側面と頂上を短く, 後頭部を長くした1980年代に流行した髪型》

mul·li·gan /mʌ́lɪɡən/ 名 U C 《主に米口》❶ (=～ **stéw**)ごった煮 ❷ 〖ゴルフ〗マリガン《非公式戦でペナルティーなしで許されるティーショットのやり直し》

mul·li·ga·taw·ny /mʌ̀lɪɡətɔ́ːni/ ⟨⟩ 名 U マリガトーニ(スープ)《カレー味の辛いスープ》

mul·lion /mʌ́ljən | -iən/ 名 C 〖建〗中方立(なかほうだて), (窓の)縦仕切り **～ed** 形 縦仕切りのついた

multi- /mʌ̀ltɪ-, +米 -taɪ-/ 連結形「多数の…;3つ[2つ]以上の…;何倍もの…」の意

mùlti·áccess 名 U 形 マルチアクセス(の)

mùlti·ágency 形 多くの(政府)機関による

múlti·bùy 名 U 形 《英》まとめ買い割引(の)

múlti·càst 動 他〔同じデータ〕をマルチキャストする, 複数の相手に送信する —名 /ニニ/ C U マルチキャスト

mùlti·céllular, -célled 形 〖生〗多細胞の;多くの区割に分かれた

mùlti·chánnel 形 多重チャンネルの

mùlti·cólor, -cólored 形 多色(刷り)の

*__mùlti·cúltural__ ⟨⟩ 形 多文化の

mùlti·cúlturalism 名 U 多文化共存;多文化主義

mùlti·diménsional 形 多次元の

mùlti·diréctional 形 多方向の[に関する];多方向で機能[作動]する

mùlti·dísciplinary 形 多くの専門分野からなる

mùlti·éthnic ⟨⟩ 形 多民族(用)の

mùlti·fác·et·ed /-fǽsɪt̬ɪd/ 形 広範囲の, 多面体の

mùlti·factórial 形 多要因を含む[に依存する]

mùlti·fáith 形 《限定》多宗教の;多宗教に対応する

mùlti·fámily 形 《米》(住宅などが)多家族用の

mul·ti·far·i·ous /mʌ̀ltɪféəriəs/ ⟨⟩ 形 さまざまな, 雑多な;多くの要素からなる ‖ ～ activities 多方面での活動 **～·ly** 副 **～·ness** 名

múlti·fòrm 形 多様な, 多くの形態を持つ(↔ uniform)

M

mùl·ti·fór·mi·ty 名 U 多様性
mùlti·fúnction, -fúnctional 形 《限定》多機能の
mùlti·generátional 形 多世代の[にわたる]
múlti·gràde 名 U ❶ (=～ **òil**) マルチグレード(エンジン)オイル《粘度指数が大きく多くの種類のエンジンに適合するオイル》 ❷ 《米》《商標》マルチグレード印画紙《感色性の異なる2種類の感光乳剤が塗ってある》
múlti·gràin 形 (パンが)2種類以上の穀物で作った
múlti·gỳm /-dʒɪm/ 名 C マルチジム《(体の全筋肉を鍛える目的の)多機能機器;種々のトレーニング機器を備えた運動部屋》
mùlti·láteral ⟨シ⟩ 形 ❶ 多国間の ‖ a ～ treaty 多国間条約 / ～ trade 多角的貿易 ❷ 多辺の
～·ìsm 名 **～·ist** 形 名
mùlti·língual ⟨シ⟩ 形 ❶ 数か国語で書かれた[表現された] ❷ 多言語を話す **～·ìsm** 名 U 多言語使用(能力)
*__mùlti·média__ 名 U 形 (教育・芸術・広告などにおける)多数伝達媒体使用(の);マルチメディア対応機器[ソフト](の)
mùlti·méter 名 C マルチメーター《電流・電圧・抵抗を同時に計測する》
mùlti·millionáire 名 C 億万長者, 大富豪
*__mùlti·nátional__ ⟨シ⟩ 形 多国籍の;多国間の;数か国の国籍を持つ;多民族からなる ‖ a ～ corporation 多国籍企業 / a ～ peacekeeping force 多国籍平和維持軍
—— 名 C 多国籍企業
múlti·pàck 名 C 複数の品をまとめた(お買い得)パック
mul·tip·a·rous /mʌltípərəs/ 形 一度に多くの子を産む;(人が)2回以上出産経験のある
mùlti·párty 形 《限定》複数政党の, 多党の
mùlti·plátform 形 💻 異なるハードウェア上で動作する
múlti·plàyer 名 U C 💻 マルチプレーヤー《複数のプレーヤーが同時に遊べるテレビゲームなどのモード》
—— 形 /ニニ/ マルチプレーヤー(モード)の
*__mul·ti·ple__ /mʌ́ltɪpl/ 形 《限定》 ❶ 多くの部分[要素]からなる, 多数の(もの・人などを含む), 多様な, 複雑な;《複数名詞とともに》種々雑多な, さまざまな ‖ a ～ crash 多重衝突 / ～ injuries (体のあちこちにできた)種々雑多な傷 ❷ 大勢で分担する ‖ ～ responsibility 連帯責任 / a cottage in ～ ownership [OR occupation] (何人かの)共有の別荘 ❸ 〚植〛集合[複合]の
—— 名 C ❶ 〚数〛倍数 ‖ 28 is a ～ of 7. 28は7の倍数である ❷ =multiple store **-ply** 副 さまざまに
▶▶ **～ bírth** 名 U 多胎出産《triplets(三つ子), quadruplets(四つ子)など》 **～ frúit** 名 C 〚植〛多花果, 集合果《パイナップルなど》 **～ sclerósis** 名 U 〚医〛多発性硬化症《略 MS》 **～ stár** 名 C 〚天〛多重星《3個またはそれ以上の星が天球上で接近して見えるもの》 **～ stóre [shóp]** 名 C 《英》チェーンストア(chain store)
mùltiple-chóice 形 (テストなどが)多肢選択式の ‖ a ～ question 多項目選択問題
mùltiple-personálity (disòrder) 名 U 〚心〛多重人格障害(dissociative disorder)
mul·ti·plex /mʌ́ltɪplèks/ 形 ❶ 多くの部分からなる, 多様な ❷ 多重通信の —— 名 C ❶ 複合映画館, シネマコンプレックス ❷ 多重送信方式 —— 動 他 〔通信など〕を多重送信する **～·er** 名 **～·ing** 名
mul·ti·pli·cand /mʌ̀ltɪplɪkǽnd/ 名 C 〚数〛被乗数(↔ multiplier)
mul·ti·pli·ca·tion /mʌ̀ltɪplɪkéɪʃən/ 名 U ❶ 〚数〛乗算, かけ算(↔ division) ❷ 増加, 増大;増殖, 繁殖
▶▶ **～ sìgn** 名 C 乗法[かけ算]記号《×》 **～ tàble** 名 C かけ算表, 九九(くく)(の表)《ふつう 12×12=144 まで》
mul·ti·pli·ca·tive /mʌ̀ltɪplíkətɪv/ 形 増加する, 増殖力のある;乗法の
mul·ti·plic·i·ty /mʌ̀ltɪplísəti/ 名 U/C 《単数形で》多様性;多数
mul·ti·pli·er /mʌ́ltɪplàɪər/ 名 C ❶ 〚数〛乗数(↔ multiplicand) ❷ 〚理〛倍率器 ❸ 増加[増殖]させる人[もの]

*__mul·ti·ply__ /mʌ́ltɪplàɪ/ 《発音注意》 動 (**-plies** /-z/; **-plied** /-d/; **～·ing**) 他 ❶ 〚数〛〔2つの数〕をかける, 乗じる《**together**》;〔数〕に〈別の数を〉かける(↔ divide)〈**by**〉‖ *Multiply* 「three *by* two [OR three and two *together*] and (you) get six. 3に2をかけると6 / Three *multiplied by* two is [OR equals, makes] six. 3かける2は6(=Three times two is six.) ❷ …を増やす(↔ decrease);〔動植物〕を繁殖させる(⇨ INCREASE 類語) ‖ Ultraviolet rays ～ the risk of skin cancer. 紫外線は皮膚癌(がん)の危険性を増大させる
—— 自 ❶ 〚数〛かけ(算をす)る ‖ learn to ～ and divide かけ算と割り算を習う ❷ 増殖する;繁殖する ‖ Rats ～ very rapidly. ネズミは繁殖が極めて早い
語源 *multi-* many+*-ply* fold(折り重ねる):幾重にもする
mùlti·pólar 形 多極(性)の
mùlti·prócessing 名 U 💻 =multitasking ❶;(複数の演算処理装置による)同時処理
mùlti·prócessor 名 C 💻 マルチプロセッサー《複数の演算処理装置を持つコンピューター》
mùlti·prónged 形 いくつもに枝分かれした, 多方面にわたる
mùlti·púrpose ⟨シ⟩ 形 多目的の
mùlti·rácial ⟨シ⟩ 形 多民族の[からなる]
mùlti·séssion 名 U 💻 マルチセッション《CD-Rのデータ記録形式の1つで, 複数回追記したもの》
múlti-skìlling 名 U 〚経営〛(従業員の)多技能訓練
múlti·stàge 形 《限定》多段階の;(ロケット・ミサイルが)多段式の
mùlti·stóry, 《英》**-stórey** ⟨シ⟩ 形 (建物が)多層の, 高層の —— 名 (=～ **cár pàrk**) C 《英口》立体駐車場
mùlti·tásk 動 自 複数の仕事をする **～·er** 名
múlti·tàsking 名 U ❶ 💻 マルチタスク, (複数プログラムの)同時処理 ❷ (人が)(時間差を利用して, または同時に)複数の仕事を行うこと
mùlti·thréad 名 U 💻 マルチスレッド, 同時複線処理
～·ing 形 **～·ed** 形
*__mul·ti·tude__ /mʌ́ltɪtjùːd/ 名 C ❶ 多数;《a ～ of ... で》多数の… ‖ a ～ *of* questions [conjectures, possibilities] 多くの疑問[憶測, 可能性] / A great ～ *of* worshippers assembled to welcome the Pope. おびただしい数の礼拝者がローマ教皇を歓迎しようと集まった ❷ 《the ～(s)》《集合的に》《単数・複数扱い》《ときにけなして》大衆, 庶民, 群衆(⇨ CROWD 類語) ‖ appeal to the ～ 大衆に訴える
còver [OR ***hìde***] ***a múltitude of síns*** 欠点[問題点]をぼやかす, 悪事を覆い隠す(♦ 聖書の言葉より)
語源 *multi-* many+*-tude*(名詞語尾):多いこと
mul·ti·tu·di·nous /mʌ̀ltɪtjúːdənəs | -dɪ-/ ⟨シ⟩ 形 ❶ 多数の, おびただしい数の ❷ 多くの部分からなる
～·ly 副 **～·ness** 名
mùlti·úser 形 💻 マルチユーザーの《1台のコンピューターシステムを複数のユーザーで共有できること》
▶▶ **～ sỳstem** 名 C 💻 マルチユーザーシステム
mùlti·válent 形 ❶ (原子・遺伝子・抗体が)多価の ❷ 多様な意味[価値]を持つ **-válence** 名 U 〚化〛多価
mùlti·véndor 名 U 💻 マルチベンダー《1つのシステム内で異なる複数のメーカーの製品が使われること》
múlti·vèrse 名 C 多元宇宙(♦ universe からの造語)
mul·ti·ver·si·ty /mʌ̀ltɪvə́ːrsəti/ 名 (複 **-ties** /-z/) C 《米》多元大学, マンモス大学
mùlti·vítamin 形 《限定》多ビタミンの
—— 名 《米》U C 総合ビタミン剤
mùlti·vólumed 形 何巻もからなる
mùlti-wórd 形 《限定》複合語の, 2語以上からなる
mul·tum in par·vo /mʊ̀ltʊm ɪn pɑ́ːrvoʊ/ 名 U 小にして大を含むこと(♦ much in little の意味のラテン語より)
*__mum__[1] /mʌm/ 名 C 《英口》ママ, お母さん(《米》mom)

M

mum² /mʌm/ 形《叙述》《口》ものを言わない, 黙っている ‖ keep [OR stay] ～ 黙っている
Mùm's the wórd! 《口》他言するな, 内緒だよ
── 間 黙れ, しっ
mum³ /mʌm/ 動 (**mummed** /-d/ ; **mum·ming**) 自 (特にクリスマスに)仮装して無言劇を演じる
mum⁴ /mʌm/ 名《米口》=chrysanthemum
*__mum·ble__ /mʌ́mbl/ 動 自 ❶ ぶつぶつ言う, (ぼそぼそ)つぶやく〈**to** 人に; **about** …について〉(⇨ MURMUR 類語) ‖ ～ to oneself ぶつぶつ独り言を言う ❷ (歯がないために食べ物を)もぐもぐかむ ── 他 ❶ **a** 《+目》…をぶつぶつ言う, つぶやく ‖ ～ an apology 謝罪の言葉をつぶやくように言う **b** 《+**that** 節》…とつぶやく ‖ He ～*d that* he was tired. 彼は疲れたとつぶやいた / "Sorry," Edna ～*d.* 「ごめんなさい」とエドナはつぶやくように言った ❷〔食べ物〕を(歯がないために)もぐもぐかむ
── 名 C《通例 a ～》ぶつぶつ言う声, つぶやき **-bler** 名
mum·ble·ty-peg /mʌ́mbltipèg/ 名 U《主に米》ナイフ投げ遊び
mum·bo jum·bo /mʌ̀mbou dʒʌ́mbou/ 名 (複 **～s** /-z/) U C ❶《口》訳のわからない言葉 ❷ ⊗《ときに蔑》(意味のない)手の込んだ(宗教的)儀式; まやかし
mum·mer /mʌ́mər/ 名 C (クリスマスなどに) 仮装する人; (仮装)無言劇の役者; 《古》《けなして・戯》俳優
mum·mer·y /mʌ́məri/ 名 (複 **-mer·ies** /-z/) ❶ C 仮装無言劇 ❷ U ⊗《古》《蔑》ばかげた(宗教)儀式
mum·mi·fy /mʌ́mɪfàɪ/ 動 (**-fied** /-d/ ; **～·ing**) 他 《通例受身形で》❶ (死体が)ミイラになる ❷ (繊維などが) 干からびる **mùm·mi·fi·cá·tion** 名
*__mum·my¹__ /mʌ́mi/ 名 (複 **-mies** /-z/) C《英口》ママ, お母さん(《米》mommy, momma)
▸▸ **～'s bòy** 名 C《英口》マザコン男 (mother's boy, 《米》mama's boy)
mum·my² /mʌ́mi/ 名 (複 **-mies** /-z/) C ❶ ミイラ ❷ (ミイラのように)干からびたもの
mumps /mʌmps/ 名 U《しばしば the ～》おたふく風邪, 流行性耳下腺(じかせん)炎
mum·sy /mʌ́mzi/《英口》形 やぼったい, 古めかしい
── 名 C《主に戯》母親, おふくろ
mùm-to-bé 名《英口》=mother-to-be
munch /mʌntʃ/ 動 他 …をむしゃむしゃ食べる
── 自〈…を〉むしゃむしゃ食べる〈**on, at**〉
Mun·chau·sen /mʌ́ntʃauzən/ 名 C (とてつもない) 大ぼら吹き(♦ 18世紀ドイツの貴族で冒険物語の主人公のモデルとなった Baron Munchausen の名より)
▸▸ **～'s sỳndrome** 名 U〘精神医〙ミュンヒハウゼン症候群《病気を装ったり, 自らを傷つけて重篤な身体症状を訴え, 周囲の関心や同情を引こうとする精神疾患》
munch·ies /mʌ́ntʃiz/ 名 複 ❶《俗》(パーティー会場で出るような)軽食, おつまみ《ポテトチップスやクッキーなど》❷《the ～》《口》食欲, 空腹感 ‖ have the ～ 空腹を感じる
munch·kin /mʌ́ntʃkɪn/ 名 C 小さい人; 《米口》子供; 雑用係
mun·dane /mʌ̀ndéɪn/ 形 ❶ 現世の; 世俗的な ❷ 日常の, ありきたりの **～·ly** 副 **～·ness** 名
mung /mʌŋ/ 名 C ❶ (=～ **bèan**) リョクトウ (緑豆) 《モヤシの原料》❷〘植〙リョクトウ, ヤエナリ《❶を産出するマメ科の一年草》
mu·ni /mjúːni/ 《口》名 C《通例 ～s》市[州]債 (municipal bond(s)) ── 形《米》市[町]営の(municipal)
Mu·nich /mjúːnɪk/ 名 ミュンヘン《ドイツ南部の都市. バイエルン州の州都》
*__mu·nic·i·pal__ /mjunísɪpəl/ 《アクセント注意》形《通例限定》地方自治(体)の, 都市[町]の; 市[町]営の ‖ ～ government 地方自治体の行政, 市政 / ～ undertakings 公営事業 / a ～ election 市政選挙 / a ～ library 市立図書館
── 名 (=～ **bónd**) C《通例 ～s》地方債《市などの地方政府が発行する債券》
～·ly 副 市政上では, 地方自治[体]としては
*__mu·nic·i·pal·i·ty__ /mjunìsɪpǽləṭi/ 名 (複 **-ties** /-z/) C ❶ 自治体; 地方自治体, 市, 町 ❷ 市[町]当局
mu·nic·i·pal·ize /mjunísɪpəlàɪz/ 動 他 ❶ …を地方自治体の管轄下に置く, 市営[市有]にする ❷ …に地方自治制[市制]を敷く
mu·nif·i·cence /mjunífɪsəns/ 名 U 気前のよさ
mu·nif·i·cent /mjunífɪsənt/ 形 気前のよい, 鷹揚(おうよう)な; (贈り物などが)豪勢な **～·ly** 副
mu·ni·ment /mjúːnɪmənt/ 名 C《通例 ～s》〘法〙(権利)証書
mu·ni·tion /mjuníʃən/ 形《限定》軍需(品)の
── 動 他 …に軍需品[武器弾薬]を供給する
mu·ni·tions /mjuníʃənz/ 名 複 軍需品; 武器弾薬
Mun·ster /mʌ́nstər/ 名 マンスター《アイルランド共和国の南西部地方》
mu·on /mjúːɑ(ː)n | -ɔn/ 名 C〘理〙ミューオン, ミュー[μ]粒子《電子の約207倍の静止質量を持つ》
Mup·pet /mʌ́pɪt/ 名 C ❶ マペット《米国の人形師ジム=ヘンソンが作った, 中に手を入れて操る人形. テレビ番組のキャラクターなどとして知られる》❷《m-》《英口》ばか, とんま
mu·ral /mjúərəl/ 名 C 壁画; 壁画装飾
── 形 壁の(ような); 壁上の **～·ist** 名 C 壁画家

***__mur·der__ /mə́ːrdər/ 《発音注意》名 動
── 名〔▶ murderous 形〕(複 **～s** /-z/) ❶ U **殺人**; 〘法〙謀殺 (→ homicide, manslaughter); C 殺人 (事件); 《形容詞的に》殺人の ‖ Is it a suicide or a 「～ **case** [OR case of ～]? それは自殺なのかそれとも他殺なのか / mass [OR multiple] ～ 大量殺人 / **commit** (a) ～ 殺人を犯す / He was 「charged with [arrested for] **attempted** ～. 彼は殺人未遂の容疑で告発[逮捕]された / the cold-blooded ～ 冷酷な殺人 / a ～ **charge** 殺人罪[容疑] / the ～ **weapon** 凶器 / a ～ mystery なぞの多い殺人事件 / ～ in the first [second] degree 《米口》第1[2]級謀殺 (♦ 罪の度合いで分けられる. first [second]-degree murder または略して murder one [two] ともいう) / *Murder will out.* 《諺》殺人は必ず露見する; 悪事千里を走る
❷ U《口》〈…にとって〉ひどく困難[危険]なこと, いやな[やっかいな, 殺人的な]こと[もの]; 〈…に〉ひどい苦痛を与えるもの〈**on**〉‖ It's ～ finding a large apartment with low rent in central Tokyo. 都心で広くて家賃の安いマンションを見つけるのはとても難しい / It was ～ in the train. 電車の中は殺人的な込みようだった
*__*gèt away with* (*blùe*) *múrder*__ 《口》悪事が見つからずに[処罰されずに]済む; 好き勝手なことをする
scrèam [OR ***yèll, crỳ***] ***blòody*** [《英》***blùe***] ***múrder*** 《口》抗議[不快感]を訴えて激しく騒ぎ立てる
── 動 (**～s** /-z/ ; **～ed** /-d/ ; **～·ing**)
── 他 ❶〔人〕を**殺害する**(↘ bump off); 〘法〙…を謀殺する; …を虐殺する (♦ 人が他人を不法な殺意を抱いて殺す場合に用いる. kill と異なり, 物が主語になることはない. 〈例〉×A bullet murdered him.) (⇨ KILL 類語P) ‖ He was accused of ～*ing* his wife. 彼は妻を殺した容疑で訴えられた
❷《俗》〔曲・役など〕をぶち壊す, 台無しにする; 〔機会など〕をつぶす ‖ ～ a song (下手な歌い方で) 歌をぶち壊す / ～ the English language ひどい英語を話す
❸《口》…に激怒する, …をひどくしかる ‖ Do it again and your dad'll ～ you! またやってみろ, お父さんが怖いぞ
❹《俗》(競技で)〔相手〕を完全に打ち負かす
── 自 殺人を犯す
I could mùrder a ... 《主に英口》…を食べ[飲み]たくて仕方がない ‖ *I could* ～ *a* plate of sushi. 寿司(すし)が食べたくてたまらない
*__mur·der·er__ /mə́ːrdərər/ 《アクセント注意》名 C 人殺し,

殺人者[犯]（♦女性形は murderess だが，男女共に murderer が一般的）‖ a mass ～ 大量殺人犯

mur·der·ess /mə́ːrdərəs | -dəres, ーーˊ/ 名 C 《旧》女の人殺し，女の殺人者[犯]（→ murderer）

*__mur·der·ous__ /mə́ːrdərəs/ 形 〔◁ murder 名〕❶ 殺意のある；凶悪な，残虐な；命をおびやかすような ‖ a ～ weapon 凶器 ❷ 《口》ひどい，殺人的な ‖ a ～ schedule 殺人的スケジュール / give a ～ look 恐ろしい目でにらむ **～·ly** 副

murk /məːrk/ 名 《the ～》暗黒，暗がり

murk·y /mə́ːrki/ 形 ❶ 暗い，陰気な；(闇(やみ)が)漆黒の ❷ 霧[煙]の立ち込めた；(霧・煙などが)もうもうたる；(水などが)濁った ❸ わかりにくい，あいまいな；不正な，いかがわしい **múrk·i·ly** 副 **múrk·i·ness** 名

:mur·mur /mə́ːrmər/ 《発音注意》

—名 《複 **～s** /-z/》 C ❶ **つぶやき，ささやき**，(よく聞き取れない)かすかな声 ‖ "I don't know," Ruth replied in a faint ～. 「知りません」とルースはか細い声でささやくように答えた / a ～ of voices [conversation] ささやき声[ひそひそ話] / speak in a ～ ささやく
❷ 《a ～》それとない意思表示，素振り；(不平で)ぶつぶつ言うこと；愚痴，文句，小言 ‖ She made a ～ at [OR against] the treatment she had received. 彼女は自分の扱われ方に苦情を言った / obey him without a ～ 愚痴ひとつこぼさず彼の言うとおりにする
❸ 《単数形で》(遠くから(継続的に)聞こえてくる)かすかな[低い]音；(小川・風・木の葉などの)ざわめき(murmuring) ‖ the ～ of「a stream [the sea] 小川のせせらぎ[潮騒(しおさい)] ❹ 《通例単数形で》〖医〗心雑音

—動 《～s /-z/；～ed /-d/；～·ing》

—自 ❶ **ささやく，つぶやく**，小声で話す(⇨ 類語)；(川・木の葉などが) **さらさらいう**，ざわめく ‖ the leaves ～*ing* in the breeze そよ風にさらさらと鳴る木の葉 ❷ (陰で)ぶつぶつ不平をこぼす〈**about** …について；**against** …に(対して)〉

—他 **a** 《+目》…を小声でつぶやく ‖ He ～*ed* his excuse for leaving early. 彼は早退の言い訳をぶつぶつ言った **b** 《+**that** 節》…だと小声で言う，つぶやく ‖ Ed ～*ed that* he was hungry. エドはおなかがすいたと小声で言った / "What was that?" she ～*ed* **to herself**. 「あれは何だったのかしら」と彼女はひとりでつぶやいた

類語 《自 ❶》 **murmur** はっきり聞き取れないような低い声で言う (whisper (ささやく) の方が murmur (つぶやく) より声は小さい). 〈例〉 *murmur* a prayer つぶやくように祈りを唱える
mumble ちゃんと口を開けずに不明瞭(ふめいりょう)に言う. 〈例〉 Don't *mumble* your words. 口の中でもぐもぐ言うな
mutter (ときに相手に聞き取られることを望まないかのように) 低い声で言う. ふつう抑えられた怒りや不満をほのめかす. 〈例〉 *mutter* complaints ぶつぶつ不平を漏らす

Múrphy bèd /mə́ːrfi-/ 名 C 《米》マーフィーベッド《使用しないときは壁面などに収納できるベッド》

Múrphy's Làw /, ーーˊ/ 名 C マーフィーの法則《「うまくいかない可能性のあることはうまくいかない」というような経験に基づくユーモラスな格言》

mur·ram /mʌ́rəm/ 名 U (アフリカで道路の舗装に用いる)紅土(laterite)

mus. 略 museum；music, musical, musician

MusB, Mus.B. 略 《ラテン》*Musicae Baccalaureus* (=Bachelor of Music)(音楽学士)

Mus·ca·det /mʌ́skədèɪ, mʊ́sk-, ーーˊ/ 名 U C ミュスカデ《フランスのロワール地方産辛口白ワイン》

mus·ca·dine /mʌ́skədàɪn/ 名 C マスカディン《メキシコおよび米国南部産のブドウ》

mus·cat /mʌ́skət/ 名 C ❶ マスカット《ヨーロッパ産のブドウ》 ❷ =muscatel ❶

Mus·cat /mʌ́skæt/ 名 マスカット《アラビア半島南東端，オマーンの首都》

mus·ca·tel /mʌ̀skətél/ 名 ❶ U マスカットワイン ❷ C マスカット(の干し)ブドウ

:mus·cle /mʌ́sl/ 《発音注意》

—名 〔▶ muscular 形〕《複 **～s** /-z/》 ❶ U C **筋(肉)**；筋肉組織 ‖ I work every day to develop my ～*s*. 筋肉を鍛えるために毎日運動している / large ～*s* たくましい筋肉 / pull [OR strain] a ～ 筋肉を痛める / have a torn ～ 肉離れを起こす
❷ U 筋力，腕力；《俗》(力自慢の人たちを指して)戦力；用心棒 ‖ have ～ but no brains 腕力はあるが知力がない
❸ U 力，威力，圧力，影響力 ‖ financial [military] ～ 経済[軍事]力 / have the ～ to *do* …する力がある

flèx one's múscle(s) 実力のほどを見せる
nòt mòve a múscle 微動だにしない
Pùt some múscle into it! もっと力を入れろ[努力しろ]

—動 《**～s** /-z/；**～d** /-d/；**-cling**》

—自 《口》 **a** 《+**in**》〈他者の領域などに〉強引に割り込む〈**on**〉 ‖ ～ *in on* the act 人がすでに活躍している領域に強引に割り込む **b** 《+**into** 名》…に強引に割り込む ‖ I ～*d into* the crowd of bargain hunters. 私はバーゲンセールの人込みの中に強引に割り込んだ

—他 《主に米口》 ❶ 《+目+副句》〔物〕を力で動かす，移動させる；強制的に〔物事〕をある方向へ持っていく ‖ ～ one's way into ... 強引に…に入り込む ❷ 《+目+**out**》〔人など〕を〈…から〉強制的に追い出す〈**of**〉 ‖ He was ～*d out of* the committee. 彼は圧力によって委員会を追われた

語源 「小さなネズミ」の意のラテン語 *musculus* より. 伸縮する様子や形がネズミに似ていることから.

▶▶ **～ dysmòrphia** 名 U 〖精神医〗筋肉不全恐怖症《肉体が劣っていると思い込み健全な身体にあこがれる精神障害》 **～ flèxing** 名 U 力の誇示 **～ relàxant** 名 C 〖薬〗筋弛緩剤

múscle-bòund 形 (過度の運動で)筋肉が硬直した；柔軟性を失った

mus·cled /mʌ́sld/ 形 筋肉が(よく)ついた

múscle·màn 名 《複 **-mèn** /-mèn/》 C ❶ 筋骨隆々の男 ❷ (暴力団などの)ボディーガード，用心棒

mus·cly /mʌ́sli/ 形 《口》=muscular ❷

mus·co·va·do /mʌ̀skəvɑ́ːdou, -véɪ-/ 名 U (精製していない)黒砂糖

mus·co·vite /mʌ́skəvàɪt/ 名 U 〖鉱〗白雲母

Mus·co·vite /mʌ́skəvàɪt/ 形 名 C モスクワの(住民)

Mus·co·vy /mʌ́skəvi/ 名 モスクワ大公国《中世モスクワを中心に建設された封建国家》

▶▶ **～ dùck** 名 C =musk duck

*__mus·cu·lar__ /mʌ́skjulər/ 形 〔◁ muscle 名〕 ❶ 筋肉の ‖ ～ strength 腕力 ❷ 筋肉の盛り上がった；たくましい，力強い；強引な ‖ a ～ documentary 迫力のあるドキュメンタリー **～·ly** 副 **mùs·cu·lár·i·ty** 名 U 筋骨隆々，たくましさ

▶▶ **～ dýstrophy** 名 U 〖医〗筋ジストロフィー

mus·cu·la·ture /mʌ́skjulətʃər/ 名 U 筋肉組織

*__muse__ /mjuːz/ 動 自 ❶ 〈…について〉瞑想(めいそう)する，物思いにふける〈**on, upon, over, about**〉 ‖ ～ *on* pleasant memories 楽しい思い出に考えを巡らす ❷ 〈…を〉(感慨深げに)つくづくと眺める〈**on, upon**〉

—他 《+**that** 節》…と自問自答する，考えながら独り言を言う ‖ He ～*d that* it might be quicker to go by train. 電車で行った方が早いかなと彼は独り言を言った / "I wonder why she didn't come," ～*d* Owen. 「なぜ彼女は来なかったのだろう」とオーエンは独りつぶやいた

—名 U C 《文》瞑想，黙想；放心(状態)

mús·ing·ly 副 物思いにふけって

Muse /mjuːz/ 名 ❶ 《the ～s》〖ギ・ロ神〗ミューズ《文学・芸術・科学をつかさどる9人の姉妹神》 ❷ 《m-》 C (芸術家にとって)創作意欲をかき立てる人[もの]

mu·se·ol·o·gy /mjùːziɑ́(ː)lədʒi | -ɔ́l-/ 名 U 博物館[美術館]学 **-o·lóg·i·cal** 形 **-gist** 名

M

mu·sette /mjuzét/ 名 C ❶ ミュゼット《17–18世紀にフランスの宮廷で流行した小さなバグパイプ；(ミュゼットで奏するような) 牧歌的な舞曲, またそれに合わせた踊り》 ❷ (=～ **bàg**)《米》(兵士の)小雑嚢(ざつのう)

‡mu·se·um /mjuzí:əm/《アクセント注意》
—名 (複 ~s /-z/) C **博物館**, 美術館(art museum)(→ gallery) ‖ **visit** the British *Museum* 大英博物館に行く / a science ～ 科学博物館
語源「学問・芸術をつかさどる女神ミューズ (Muses) の神殿」の意のギリシャ語 *mouseion* から.
▸▸～ **pìece** 名 C 博物館もの (の重要美術品), 逸品；《口》古臭い人[もの]

mush[1] /mʌʃ/ 名 ❶ U《米》マッシュ《トウモロコシの粉のかゆ》 ❷ U/C《単数形で》どろどろしたもの ❸ U 感傷, 涙もろさ —動 他〔食物など〕をどろどろにする

mush[2] /mʌʃ/ 名 C《米・カナダ》(雪上の)犬ぞりでの旅
—動 自 犬ぞりで旅をする —間 行け, 進め《そり引き犬に対する命令》 **～·er** 名 C 犬ぞり使い

***mush·room** /mʌ́ʃru:m | -rʊm/《アクセント注意》名 C
❶ キノコ；(特に)マッシュルーム(→ toadstool) ‖「an edible [a poisonous] ～ 食用[毒]キノコ / Discount stores are sprouting like ～*s*. 安売店が雨後の竹の子のように次々にオープンしている ❷ キノコ状のもの ❸ 急成長する人[こと, もの](♥ 長続きしないことを含意) ‖ a show biz ～ ショービジネス界の急成長株 ❹《形容詞的に》キノコの(ような), キノコ形の；成長の速い, 成り上がりの；淡い茶色の ‖ ～ soup キノコのスープ；《俗》混沌としたもの / the ～ growth 急成長
—動 自 ❶ (キノコのように) 急速に生じる[成長する, 広がる]；急速に成長して〈…に〉なる〈**into, to**〉‖ The parents' concern ～*ed into* worry. 両親の気がかりは高じて心配に変わった ❷ (爆発で生じた煙・雲が) キノコ形になる；(弾丸などが物に当たって) (キノコのかさのように) 先端が平べったくなる ❸ キノコ狩りをする ‖ go ～*ing* キノコ狩りに行く
▸▸～ **clòud** 名 C キノコ雲《核爆発によってできる雲》

mush·y /mʌ́ʃi/ 形 ❶ どろどろした, かゆ状の；(ブレーキが) 不調の ❷《口》過度に感傷的な, 涙もろい
▸▸～ **péas** 名 複《英》ゆでてつぶしたエンドウ豆

‡‡‡mu·sic /mjú:zɪk/

—名〔▶ musical 形〕U ❶ **音楽**；(特定の)音楽(♦ 種類を表すときは C)；《形容詞的に》音楽の ‖ I prefer **classical** ～ to **popular** [OR **pop**] ～. ポピュラー音楽よりクラシック (音楽) の方が好きだ / **dance to** ～ 音楽に合わせて踊る / hear ～ 音楽を聞く / a ～ lesson [teacher] 音楽のレッスン [先生] / the ～ **business** [OR **industry**] 音楽業界[産業]
❷ 楽曲 ‖ Paul wrote the ～ and John wrote the words. ポールが作曲してジョンが作詞をした / a piece of ～ 1つの曲 / guitar ～ ギターの曲 / Wagner's ～ ワグナーの曲 / compose ～ 作曲する / set [OR put] a poem to ～ 曲に詩をつける / **play** [OR perform] ～ 音楽を演奏する / **make** ～ 曲を演奏する [歌う] / put on some ～ (ラジオ・CDなどの)音楽をかける
❸ 楽譜, 譜面；《集合的に》楽譜集 ‖ read ～ 楽譜を読む / play a piano concerto without the ～ ピアノ協奏曲を楽譜なしで弾く / a ～ stand 譜面台
❹ 妙なる調べ[音]；(…のかもし出す)音楽(性), 音楽の息吹 ‖ the ～ of birds [a brook] 快い小鳥 [小川] の調べ / the ～ of the haiku その俳句の持つ律動的な響き ❺ 音楽鑑賞力, 音感 ‖ He has no ～ in him. 彼は音痴だ
fàce the músic (失敗などの) 責任をとる, 進んで難局に当たる
mùsic to a person's éars (意見などが) 耳に心地よい ‖ His words of admiration were ～ *to* Cathy's *ears.* 彼の賛辞はキャシーの耳に心地よく響いた
the mùsic of the sphéres 天上の音楽《ピタゴラスなどによって考えられた天体の運行につれて起こるとされる音楽》

COMMUNICATIVE EXPRESSIONS
1 **Stòp the músic.** やめろ；動くな(♥ music はここでは「その場で起こっていること, やっていること」程度の意)
語源「学問・芸術をつかさどる女神ミューズ(Muses)」の意のギリシャ語 *mousa* から. museum と同語源.
▸▸～ **bòx** 名 C《米》オルゴール(《英》musical box) (❗「オルゴール」は和製語) ～ **cèntre** 名 C《英》(一そろいになった)オーディオコンポ ～ **dirèctor** 名 C =musical director ～ **dràma** 名 C〘楽〙楽劇《ドイツの作曲家 Richard Wagner(1813–83)が創始した, 物語の流れを重視するオペラ》 ～ **hàll** 名 C ① 音楽会場 [ホール] ②《英》演芸；寄席(よせ), 演芸場(《米》vaudeville (theater)) ～ **stànd** 名 C 譜面台

‡mu·si·cal /mjú:zɪkəl/
—形〔◁ music 名〕(**more** ～；**most** ～)
❶《比較なし》《通例限定》**音楽の**, 奏楽の；音楽を伴う ‖ a ～ performance 演奏
❷ 音楽好きな；音楽の才能のある ‖ I'm not at all ～. 私は音楽は全く駄目だ
❸ 音楽的な, 快く響く, 妙なる調べの (↔ discordant) ‖ have a ～ voice 音楽向きのいい声をしている
—名 (複 ~s /-z/) (=～ **cómedy**) C ミュージカル
▸▸～ **bòx** 名 C《英》=music box ～ **búmps** 名 U《英》musical chairs に似た遊び《いすを使わずに床に座る》 ～ **cháirs** 名 U いす取りゲーム(the game of musical)；役職などがころころ変わること ‖ play ～ *chairs* (職などを) 次々と変える ～ **dirèctor** 名 C 音楽監督[指揮者] ～ **ínstrument** 名 C 楽器 ～ **sáw** 名 C ミュージカルソー《両ひざで固定し, バイオリンの弓でひいて音を出す小型ののこぎり》

mu·si·cale /mjù:zɪkǽl | -kɑ́:l/ 名 C《米》(社交上の) 音楽パーティー

mu·si·cal·i·ty /mjù:zɪkǽləṭi/ 名 U 音楽的なこと；音楽的感受性[才能]

mu·si·cal·ly /mjú:zɪkəli/ 副 音楽的に, 妙なる調べに乗せて；音楽的には

‡mu·si·cian /mjuzíʃən/《アクセント注意》
—名 (複 ~s /-z/) C **音楽家**《作曲家・指揮者・演奏家を含む》；音楽の上手な人
～·ly 形 音楽家らしい **～·ship** 名 U 演奏[作曲]技術

mu·si·col·o·gy /mjù:zɪkɑ́(:)lədʒi | -kɔ́l-/ 名 U 音楽学
-co·lóg·i·cal 形 **-gist** 名 C 音楽学者

mus·ing /mjú:zɪŋ/ 名 C U 沈思, 黙想

mu·sique con·crète /mjuzì:k kouŋkrét | -kɔŋ-/ 名《フランス》(=concrete music) U〘楽〙ミュージックコンクレート, 具体音楽《録音した楽音・自然音を電子的に変形させて構成した音楽》

musk /mʌsk/ 名 ❶ U じゃこう (麝香) (の香り) ❷ (=～ **plànt**) C じゃこうの香りを発する植物の総称
▸▸～ **càt** 名 C〘動〙ジャコウネコ《主にアジア南部・アフリカに分布》 ～ **dèer** 名 C〘動〙ジャコウジカ《中部アジア産. 雄はじゃこうを分泌する》 ～ **dùck** 名 C〘鳥〙① ノバリケン (Muscovy duck)《中南米産》 ② ニオイガモ《オーストラリア産》 ～ **òx** 名 C〘動〙ジャコウウシ《グリーンランド・北米極地帯産》 ～ **ròse** 名 C〘植〙マスクローズ, ジャコウバラ《地中海地方原産》 ～ **tùrtle** 名 C〘動〙ニオイガメ《北米淡水産》

mus·keg /mʌ́skeg/ 名 U C《米・カナダ》沼, 湿地

mus·kel·lunge /mʌ́skəlʌ̀ndʒ/ 名 (複 ～ OR ~s /-ɪz/) C〘魚〙マスケランジ, マスキー(パイク)《カワカマスに似た北米産の大型淡水魚》

mus·ket /mʌ́skɪt/ 名 C マスケット銃《旋条のない旧式の歩兵銃》

mus·ket·eer /mʌ̀skətíər/ 名 C マスケット銃兵

músk·mèlon 名 C〘植〙マスクメロン

músk·ràt 名 (複 ～ OR ~s /-s/) C〘動〙マスクラット《北米原産の齧歯(げっし)類》；U その毛皮

musk·y /mʌ́ski/ 形 じゃこうの(香りのする)

*__Mus·lim__ /múzlɪm, mʌ́z-, mʊ́s-, -ləm, ＋米 múːs-, múːz-/ 名 (複 ~ OR ~s /-z/) C ❶ イスラム教徒 ❷ =Black Muslim ——形 イスラム教(徒)の

__mus·lin__ /mʌ́zlɪn/ 名 U 綿モスリン，新モス《主にシーツ・カーテン用》

__mu·so__ /mjúːzoʊ/ 名 (複 ~s /-z/) C《英口》ポピュラー音楽の演奏者；ポピュラー音楽に詳しい人

__mus·quash__ /mʌ́skwɑ(ː)ʃ, -kwɔːʃ | -kwɒʃ/ 名 =musk-rat

__muss__ /mʌs/ 《主に米口》動 他 …をめちゃめちゃ［くしゃくしゃ］にする，取り散らかす《*up*》
——名 U/C《通例単数形で》混乱，乱雑(mess)

__mus·sel__ /mʌ́səl/ 名 C ❶【貝】イガイ(貽貝)の類；(特に)ムラサキイガイ，ムール貝《食用二枚貝》❷【貝】ドブガイ(土負貝)の類《淡水産二枚貝．真珠が採れる》

__Mus·so·li·ni__ /mʊ̀səlíːni/ 名 __Benito ~__ ムッソリーニ(1883-1945)《イタリアの独裁者．首相(1922-43)》

***__must__[1] /弱 məst；強 mʌst/ 助 名

中心義 強制的に現実とする[なる]

——助 (♦否定形は must not, mustn't /mʌ́snt/)

❶ __a__《強制・義務・必要》**…しなければならない；…すべきだ**(♦この意味での否定は「…する必要がない」を意味する do not have to, need not を用いる) ‖ I ~ call him first thing in the morning. 朝一番に彼に電話をしなくては / We ~ stay here, *mustn't* we? ここにいなければいけないんですね / I ~ be going now. もう行かねばなりません / He said (that) we ~ keep the secret.=He said, "You ~ keep the secret." 秘密を守らねばならない，と彼は言った(♦過去形はなく，時制の一致ではそのままの形を用いる)

__b__《禁止》《否定文で》**…してはいけない**(♦may not より強い) ‖ You ~ not tell it to anyone. そのことはだれにも話してはいけない / Cars ~ not be parked here. ここは駐車禁止です

語法 ☆☆ **must と have to**
(1) must には過去形・不定詞・分詞がないので，代わりに have to を用いる．未来形には will have to を用いる．〈例〉I［*had to* [*will have to*] obey his orders. 彼の命令に従わなければならなかった［ならないだろう］
(2) must と have to は共に「強制」を表し，しばしば同じように使われるが，must の方は話し手（疑問文では聞き手）の主観的強制を，have to は状況などによる客観的強制を表し，区別されることもある．このため日常のくだけた会話では，have to の方がやわらかく聞こえて好まれる傾向にある．ただし明らかに相手の利益となる申し出には must を使う方が逆に相手に対する配慮を表すこともある（→❷a）．
(3) 疑問文では，《米》では have to を使うことが多い．〈例〉*Must* I leave now? (=《米》Do I *have to* leave now?) もうおいとましなければなりませんか (⇨PB 49)
(4) must, have to が共に基本的には「強制」を表すのに対し，ought to, should は個人的に感じる「義務・責任」を表す．したがって must, have to では強制された行為が現実に行われることが前提とされるが，ought to, should では義務が履行されないこともある．〈例〉He［*ought to* [×must] do it, but he won't. 彼はそれをする方がいいが，しないだろうな

❷ __a__《勧誘》《you を主語にして》**(ぜひ)…しなさい**［してください］‖ You ~ come to the party. ぜひパーティーにいらしてください(♥聞き手の遠慮に配慮して強く勧める表現．親しい間柄の相手に対して用いる)

__b__《願望》《I, we を主語にして》**(ぜひ)…したい** ‖ We ~ come over and try out your homemade beer. お宅の自家製ビールを頂きにぜひ伺いたいものです

❸《固執・決意》**…するといってきかない，…せずにはおかない［いられない］**(♦must に強勢が置かれる) ‖ He ~ always have his own way. 彼はいつも自分の思いどおりにしないと気が済まない / *Must* you keep repeating the same question? 何回も同じことを聞かなきゃ気が済まないの？(♥疑問文でしばしばいら立ちを表し「やめたらどうだ」という意味を含む)

❹《確信のある推量》__a__ **…に違いない，きっと…のはずだ** ‖ You ~ be tired after your journey. ご旅行の後でさぞお疲れでしょう / He ~ be mad going out in this weather. この天候の中を出かけるなんて彼はどうかしているよ / We thought he ~ be kidding. 彼はきっと冗談を言っているんだと私たちは思った

語法 ☆☆ (1) この意味の must は否定文・疑問文にはふつう使わず，代わりに can を用いる．〈例〉It *must* be true.（それはきっと事実だ）→It *can't* be true.（それが事実のはずがない）→*Can* it be true?（それが事実のわけがあろうか）ただし《主に米》では「…のはずがない」の意味で must not [mustn't] が使われることもある．〈例〉Then he *mustn't* be at home.《主に米》それじゃ彼は家にいないに違いない［いるはずがない］
(2) 否定疑問文や付加疑問文では，《英》でも mustn't が使われる．〈例〉She *must* be a genius, *mustn't* she? 彼女は天才に違いないですよね
(3) 通例 must に続く述語が動作を表す意味を持つ場合は❶の強制・義務・必要を，状態を表す意味を持つ場合は❹の推量を表す．例えば He *must* be tall. は be tall が状態を表すので「彼は背が高いに違いない」を意味するのに対して，He *must* be careful. は be careful が状態・動作いずれにも解釈できるので，「慎重であるに違いない / 慎重でなければならない」の両義が可能．ただし，文脈によっては動作動詞でも❹の推量の意味になることがある．〈例〉His conduct *must* lead to great confusion. 彼の行いは大混乱をもたらすに違いない

__b__《must have＋過去分詞》《過去についての確信のある推量》**…であったに違いない，きっと…だったはずだ** ‖ These houses ~ have been beautiful when they were new. これらの家は新築当時は美しかったに違いない

語法 ☆☆「must have＋過去分詞」は，まれに「…してしまっていなければならない」を表すことがある．〈例〉You *must* have been born British to get a job in MI5. 英国軍事情報部第5部の仕事に就くには英国人に生まれていなければならない

❺《必然》必ず…する ‖ All humans ~ die. 人は必ず死ぬものだ

❻《過去の皮肉な巡り合わせなど》いまいましくも［あいにく］…した ‖ Just when I was busiest, he ~ come and waste three hours. よりによっていちばん忙しいときに彼がやって来て3時間も無駄にしてしまった

COMMUNICATIVE EXPRESSIONS

1 **Excúse me, I must jùst gò** and chèck the óven. ⇨ GO[1] (CE 3)
2 **I múst have** your ànswer by nèxt wéek. 来週までにぜひお返事を頂きたい(♥強い要求)
3 **If you múst.** どうしてもというならば；仕方がないですね(♥何かを「したい，しなければ」と言った相手に対して「まあ，いいでしょう」と許したり認めたりする際に)

——名 ❶ C《a ~》《口》絶対に必要なもの，必ずすべき［見るべき，聞くべき］もの［こと］‖ A computer is a ~ **for** a modern life. コンピューターは現代生活に欠かせない
❷《形容詞的に》絶対に必要な；《動詞とともに複合語を構成して》必ず…するべき(もの) ‖ a ~ book 必読書 / a *must*-do 必ずするべきこと

__must__[2] /mʌst/ 名 U (発酵前または発酵中の)ブドウ汁

*__mus·tache,__ 《英》__mous-__ /mʌ́stæʃ | məstáːʃ/《発音注意》名 (複 __-tach·es__ /-ɪz/) C ❶ 口ひげ；《ときに ~s》長い口ひげ (⇨ BEARD 図) ‖ a man with a ~ 口ひげを生やした人 / grow [wear, have] a ~ 口ひげを生やす［生

やしている〕❷（動物の口の辺りの）ひげ

mus·ta·chi·o /məstáːʃiòʊ/ 名（複 **~s** /-z/）Ⓒ《通例 ~s》（大きな）口ひげ　**~ed** 形 大きな口ひげをたくわえた

mus·tang /mʌ́stæŋ/ 名 Ⓒ ムスタング《米国南西部・メキシコ地方の半野生馬》

＊**mus·tard** /mʌ́stərd/ 名 Ⓤ ❶（西洋）からし，マスタード ‖ French [English] ～《英》フレンチ[イングリッシュ]マスタード《酢[水]で溶いたからし》/ a grain of ～ seed 1粒のからし種《大発展の可能性のある小さなもの》（♦ 聖書の言葉より） ❷【植】カラシナ，からし ‖ ～ and cress《英》白カラシナとオランダガラシの若葉のサラダ ❸ からし色，暗黄褐色 ❹《米口》Ⓤ 熱意；Ⓒ 熱意を与える人[もの]

(*as*) ***kèen as mústard***《英口》非常に熱心な；明敏な

cùt the mústard《通例否定文で》《口》期待[要求]に沿う，基準を満たす ‖ He did not *cut the* ～ as a pitcher. 彼はピッチャーとして期待していたほどではなかった

── 形 からし色の

▸▸ **～ gàs** 名 Ⓤ マスタードガス，イペリット《びらん性毒ガス》 **～ plàster** 名 Ⓒ Ⓤ からし泥（ᵈᵒʳᵒ）《湿布用》 **～ pòwder** 名 Ⓤ マスタードパウダー，からし粉

＊**mus·ter** /mʌ́stər/ 動 他 ❶〔勇気・力など〕を奮い起こす；〔支持など〕を集める《*up*》‖ ～ (*up*) the courage to do ... …するための勇気を奮い起こす / ～ financial support 経済的援助を集める / with all the strength one can ～ あらん限りの力を奮い起こして ❷（検閲・点呼などのために）〔兵士・船員など〕を召集する，集合させる；…を点呼する；〔人員〕を集める

── 自（兵士などが）集合する（♦ 通例場所を表す 副句 を伴う）

mùster ín [***óut***] ... / ***mùster*** ... ***ín*** [***óut***]〈他〉《米》〔兵士〕を入隊[除隊]させる

── 名 Ⓒ ❶（兵士などの）召集，集合；集合総数 ‖ call the ～ 点呼する / a ～ point [OR station]（緊急時の）集合場所 ❷（人・物などの）集合，集まり

pàss múster（資格）十分と認められる

▸▸ **～ ròll** 名 Ⓒ（軍隊・乗組員などの）総員名簿

mùst-háve 〈シ〉 形 名 Ⓒ《口》必須[必携]の（もの）

＊**mustn't** /mʌ́snt/《発音注意》《口》must not の短縮形 ‖ You ～ talk in class. 授業中に話をしてはいけません

múst-rèad /-riːd/ 形 名 Ⓒ《口》必読の（本）

múst-sèe 形 名 Ⓒ《口》必見の（もの）

must've /mʌ́stv/《口》＝must have

múst-wìn 形 名 Ⓒ《口》どうしても勝ちたい（試合）

mus·ty /mʌ́sti/ 形（部屋などが）（空気がよどんで）かび臭い；古臭い（moldy）；活気のない；（酒などが）気の抜けた

-ti·ly 副　**-ti·ness** 名

mu·ta·ble /mjúːţəbl/ 形 変えられる；変わりやすい

mù·ta·bíl·i·ty 名 Ⓤ 変わりやすさ

mu·ta·gen /mjúːţədʒən/ 名 Ⓒ【生】突然変異誘発物

mù·ta·gén·ic 形　**mù·ta·ge·níc·i·ty** 名

mu·tant /mjúːtənt/ 名 Ⓒ【生】突然変異体；《口》ミュータント《SF小説に登場する奇怪な生物》；（同種の中の）変わり種　── 形 突然変異による；風変わりな

mu·tate /mjú(ː)teɪt | -́-/ 動 自 他（…が[を]）変化する[させる]；【生】（…が[を]）突然変異を起こす[起こさせる]

＊**mu·ta·tion** /mjutéɪʃən/ 名 Ⓤ Ⓒ ❶【生】突然変異（体[種]） ❷ 変化，変形，変質 ❸【言】母音変異（→ umlaut）；ケルト語の子音変化

mu·ta·tis mu·tan·dis /mutὰːţɪs mutǽndɪs/ 副《ラテン》（=necessary changes having been made）（種々の事例を比較して）必要な変更を加えて

＊**mute** /mjuːt/ 形 ❶ 無言の，沈黙した；音を立てない ‖ (as) ～ as a fish 黙りこくって ❷《旧》（先天的な障害や病気・心理的要因から）口がきけない（♥ 差別的でない表現として speech-impaired を用いる）（⇨ DUMB 類語） ❸（文字が）発音されない，黙字の ‖ a ～ letter 黙字《dumb の b など》 ❹【音声】（子音が）閉鎖音の（plosive） ❺（猟犬が）ほえない

── 名 Ⓒ ❶《旧》口のきけない人（♥ mute, deaf-mute は，共に差別表現になるので注意．→ 形 ❷） ❷【楽】（楽器につける）ミュート，弱音器 ❸ 黙字；【音声】閉鎖音

── 動 他 ❶〔物〕の音を弱める，〔音〕を和らげる；〔楽器〕の音を（消音器で）消す ‖ The heavy drapes ～ the noise from outside. 厚地のカーテンは外からの（騒）音を防ぐ ❷〔色彩など〕の調子を落とす，和らげる ❸〔感情・意見など〕を静める，〔活動など〕を抑える

～·ly 副 無言で，黙って　**～·ness** 名

▸▸ **～ bùtton** 名 Ⓒ（テレビなどの）消音ボタン **～ swán** 名 Ⓒ【鳥】コブハクチョウ（瘤白鳥）

mut·ed /mjúːţɪd/ 形 ❶（音・色などが）弱められた，柔らかい ‖ in ～ voices 低い声で / ～ color くすんだ色 ❷（感情表現などが）抑制された ❸【楽】消音器をつけた

mu·ti /múːti/ 名 Ⓤ《南ア》❶（動植物などから作る）まじない用の薬物，お守り ❷《口》（一般の）薬

mu·ti·late /mjúːţəlèɪt | -tɪ-/ 動 他 ❶〔人（の手足など）〕を切断する，不自由にする（♦ しばしば受身形で用いる） ❷ …を損傷する；（重要な部分を削除して）…を台無し[骨抜き]にする　**mù·ti·lá·tion** 名　**-là·tor** 名

mu·ti·neer /mjùːtəníər | -tɪ-/ 名 Ⓒ 暴動者，暴徒；【軍】（上官への）反抗者，抗命者

mu·ti·nous /mjúːtənəs | -tɪ-/ 形 ❶ 暴動の；暴動[反乱]に参加する ❷ 反抗的な　**～·ly** 副

＊**mu·ti·ny** /mjúːtəni/ 名（複 **-nies** /-z/）Ⓤ Ⓒ（特に船長・軍の長官などに対する）反乱，暴動，反抗

── 動（**-nies** /-z/；**-nied** /-d/；**～·ing**）自〈…に対して〉暴動[反乱]を起こす；反抗する〈**against**〉

mut·ism /mjúːţìzm/ 名 Ⓤ ❶【心】無言症，緘黙（ᵏᵃⁿᵐᵒᵏᵘ）症 ❷ 口のきけないこと

PLANET BOARD 49

「…しなければなりませんか」は Must I ...? か Do I have to ...? か.

問題設定 Must I ...? と Do I have to ...? のどちらがより一般的か，また米英差があるかを調査した．

Q 次の表現のどちらを使いますか．

(a) **Must I** pay now?
(b) **Do I have to** pay now?
(c) 両方
(d) どちらも使わない

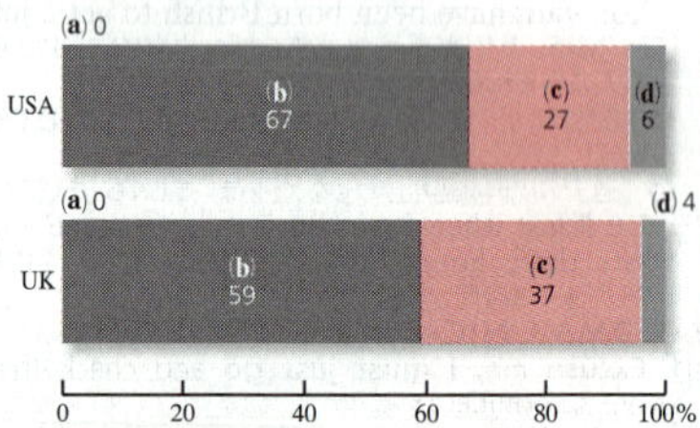

(b) の Do I have to ...? のみを使うと答えた人が全体の約6割で最も多く，次いで両方使うと答えた人が約3割だった．両方使うと答えた人は《米》で27%，《英》で37%と，(a) も使う人が《英》に多かった．(b) のみ使うとした人の中では，「(a) (b) ともに文法的には正しいが，(a) の Must I ...? は《堅》または《旧》」と答えた人が多かった．また，「(a) が『できることならば今は支払いたくない』という話し手の気持ちを含んだ表現であるのに対して，(b) はいつ支払えばよいかを単純にたずねる表現である」という意味の違いを指摘するコメントも多かった．どちらも使わないと答えた人のほとんどは，「*Should* I pay now? を使う」と答えた．

学習者への指針「…しなければなりませんか」は Do I have to ...? の方が一般的である．Must I ...? も誤りではないが，《堅》または《旧》ととらえる人が多い．

mutt /mʌt/ 名 C《俗》❶ (のら)犬, 雑種犬 ❷ ⊗《蔑》あほう, ばか, 間抜け

*__mut·ter__ /mʌ́ṭər/ 動 自 ❶ つぶやく, ささやく⟨**about** …に ついて; **to** …に⟩(⇨ MURMUR 類語) ‖ ~ *to* oneself つぶやくように独り言を言う
❷ ⟨…について⟩ぶつぶつ不平を言う⟨**about**⟩ ‖ Judy ~*ed about* having to take care of her little brother. ジュディは弟の世話をさせられることで愚痴を言った ❸ ⟨…について⟩うわさをする⟨**about**⟩
— 他 **a** 《(+目)》…を小声で言う, つぶやく, そっと言う ‖ He ~*ed* something under his breath. 彼は小声で何かつぶやいた **b** 《(+**to** 名)+**that** 節》《[人]に》…であると小声で言う[不平を漏らす] ‖ Agnes ~*ed* (*to* me) *that* she didn't like the food. アグネスは(私に)その食事は好きじゃないと小声で言った / "Change the manager," the players ~*ed* behind his back. 「監督を替えろよ」と選手たちは陰で不満を漏らした
— 名 C《通例単数形で》ささやき, つぶやき; 愚痴; 低い響き

mut·ter·ing /mʌ́ṭərɪŋ/ 名 U ❶《ときに ~s》ぼやき, 不満の声 ❷ つぶやき

mut·ton /mʌ́tən/ 《発音注意》 名 U 羊肉, マトン《成羊の肉》(→ lamb, ⇨ MEAT 類語P)
(*as*) ***dèad as mútton*** 完全に死んで
mùtton drèssed (ùp) as lámb ⊗《英口》《蔑》若作りの中年女性
~·y 形 羊肉の(ような)

mútton·chòps 名 複 マトンチョップス《羊肉片の形の頬(ほお)ひげ》(muttonchop whiskers)

mútton·hèad 名 C ⊗《俗》《蔑》ばか

***__mu·tu·al__** /mjúːtʃuəl/
— 形《比較なし》❶ **相互の**, 相互的な; 相互にある関係を持つ(⇨ 類語) ‖ ~ understanding [trust, aid] 相互理解[信頼, 扶助] / "I don't like her." "Well, the feeling's ~." 「あの(女の)子嫌いよ」「そう, 私も(同じ)」/ be ~ enemies 敵同士である
❷《限定》共通の, 共有の ‖ a ~ friend 共通の友 / ~ interests 共通の利益 ❸ 相互保険制度の
— 名 (= **~ fùnd**) C《米》オープンエンド型投資信託(会社), ミューチュアルファンド(《英》unit trust)
mù·tu·ál·i·ty 名 U 相互関係, 相互依存; 親密さ

類語《形 ❶》**mutual** 互いに相手に対して持ち合っている. 〈例〉*mutual* affection [respect] お互いに抱き合う愛情[敬意]
reciprocal お互いに相手から受けたものと同じもの(またはそれに相当するもの)を与え合うことを強調する. 〈例〉*reciprocal* promises 相互に交わす約束
common お互いに共有する, 共通の. 〈例〉a *common* objective 共通の目的(♦ mutual を common の意味で用いる例外的な表現に our *mutual* friend (我々の共通の友 = our *common* friend, our friend *in common*)がある)

▸▸ **~ indúctance** 名 C〔理〕相互誘導係数 **~ indúction** 名 U〔理〕相互誘導 **~ insúrance** 名 C 相互保険 ‖ a ~ *insurance* company 相互保険会社

mu·tu·al·ism /mjúːtʃuəlɪzm/ 名 U〔生〕(別種の生物間の)相利共生 **mù·tu·al·ís·tic** 形

*__mu·tu·al·ly__ /mjúːtʃuəli/ 副 相互に ‖ ~ exclusive 互いに相いれない

muu·muu /múːmùː/ 名 C ムームー《ゆったりした女性用ワンピース. ハワイで正装とされる》

Mu·zak /mjúːzæk/ 名 U《商標》ミューザック《レストラン・商店・工場などに流されるバックグラウンドミュージック》

*__muz·zle__ /mʌ́zl/ 名 C ❶ (犬・馬などの)鼻口部, 鼻面 ❷ 銃[砲]口, マズル ❸ (特に犬などがかまないようにする)口輪 ❹ 言論の自由の妨げ
— 動 他 (♦ しばしば受身形で用いる) ❶〔動物〕に口輪をはめる ❷〔人・新聞など〕の言論を抑圧する ‖ ~ the press 報道を封じる

múzzle·lòader 名 C 先込め銃[砲], 口装銃[砲]

muz·zy /mʌ́zi/ 形 ❶ (飲酒・病気などで)頭がぼうっとした ❷ ぼやけた, 鮮明でない **-zi·ly** 副 **-zi·ness** 名

mV 略 millivolt(s)

MV 略 megavolt(s); *m*otor *v*essel(発動機船); *m*uzzle *v*elocity((弾丸の)初速)

MVP 略 *m*ost *v*aluable *p*layer ((米国の)最高殊勲選手)

mW 略 milliwatts

MW 略 *m*edium *w*ave; megawatt(s)(100万ワット)

MWA 略 *M*ember of the *W*elsh *A*ssembly (ウェールズ議会議員)

mwah, mwa /mwɑː/ 間 チュッ《頬(ほお)にキスする音》

:**my** /maɪ/ 代 間
— 代 (I の所有格) ❶ **a 私の** (♦ 冠詞や this, that などとともには用いない. ⇨ MINE[1]) ‖ ~ photo 私の(持っている)[私を写した, 私が撮った]写真 / ~ best friend 私の親友 / ~ success 私の(収めた)成功 / ~ station 私の利用している駅
b 《動名詞句の意味上の主語として》私が[は] ‖ He was surprised at ~ asking for money. 私が金をねだると彼は驚いた(♦《口》では my の代わりに me を用いる) (「マイ」を用いた次の言葉は和製語.「マイカー」は one's own car, a private [OR family] car.「マイホーム」は one's own home [OR house],「マイペース」は one's own pace [OR way] のようにいう)
❷《呼びかけ語に添えて》《口》(♥ 愛情・親しみ・庇護(ひご)・丁寧さ・滑稽(こっけい)さなどを表す) ‖ ~ dear [OR darling, love] ねえおまえ[あなた] / ~ boy [OR friend] ねえ君 / ~ poor little baby いとしい赤ちゃん / ~ Lord /mɪlɔ́ːrd/ 閣下 / ~ lady /mɪléɪdi/ 奥様 / ~ dear Leo 親愛なるレオ(♦ 手紙の書き出しでも用いる)
❸《特定の名詞に先行し, 間投表現を作って》(♥ 衝撃・驚き・怒り・失望などを表す) ‖ *My* God [OR goodness, word], what a surprise! ああ, びっくりした
— 間 おや, まあ, あら(♥ 驚き・喜び・失望などを表す. 強勢を置いて発音する) ‖ *My*(, *my*)! What a busy day! ああ, 何て忙しい日なのかしら

my·al·gi·a /maɪǽldʒiə/ 名 U〔医〕筋肉痛, 筋痛症

my·àl·gic encephalomyelítis /maɪǽldʒɪk-/ 名 U 慢性疲労症候群 (chronic fatigue syndrome), 筋痛性脳脊髄(せきずい)炎《略 ME》

*__Myan·mar__ /míːənmɑ̀ːr/ 名 ミャンマー《旧称ビルマ. 公式名 the Union of Myanmar. 首都 Yangon》

Myan·ma·rese /mìːənmərí:z/ 名 C 形 ミャンマー人(の); ミャンマーの

my·as·the·ni·a /màɪəsθíːniə/ 名 U〔医〕筋無力症

my·ce·li·um /maɪsíːliəm/ 名 (複 **-li·a** /-liə/) C〔植〕菌糸(体)

My·ce·nae /maɪsíːni/ 名 ミケーネ, ミュケナイ《古代ギリシャの都市》

My·ce·nae·an /màɪsəníːən/ 〔考古〕形 ミケーネ(文明)の — 名 C ミケーネ人

my·col·o·gy /maɪkɑ́(ː)lədʒi | -kɔ́l-/ 名 U 菌類学 **-gist** 名

my·co·sis /maɪkóʊsəs | -sɪs/ 名 (複 **-ses** /-siːz/) C〔医〕糸状菌病 **my·cót·ic** 形 糸状菌病の

my·e·lin /máɪəlɪn/ 名 U〔解〕ミエリン《神経繊維の髄鞘(ずいしょう)を構成する物質》

my·e·li·tis /màɪəláɪṭəs | -tɪs/ 名 U〔医〕脊髄炎; 骨髄炎

my·e·lo·ma /màɪəlóʊmə/ 名 (複 **~s** /-z/ OR **~·ta** /-ṭə/) C〔医〕骨髄腫(こつずいしゅ) ‖ a multiple ~ 多発(性)骨髄腫

My·lar /máɪlɑːr/ 名 U《商標》マイラー《丈夫で薄いポリエステルフィルム. 録音テープ・絶縁材などに用いる》

my·nah, my·na /máɪnə/ 名 (= **~ bìrd**) C〔鳥〕(東南アジアなどの)ムクドリの類

MYOB 略《口》*M*ind *Y*our *O*wn *B*usiness

M

my·o·car·di·al /màɪəkáːrdiəl/ 〈◁〉 形 〚解〛心筋の
▸▸ ~ **infárction** 名 U 心筋梗塞(こうそく)
my·o·fi·bril /màɪəfáɪbrɪl/ 名 C 〚生〛筋原繊維
my·ope /máɪoʊp/ 名 C 近視の人
my·o·pi·a /maɪóʊpiə/ 名 U ❶ 近視 (↔ hyperopia) ❷ 近視眼的なこと, 先見の明のなさ
my·op·ic /maɪɑ́(ː)pɪk | -ɔ́p-/ 形 ❶ 近視の ❷《けなして》近視眼的な **-i·cal·ly** 副
myr·i·ad /míriəd/ 名 C ❶ 無数 ‖ ~*s* of insects 数知れない虫 ❷《古》1万
—形《限定》無数の ; 多様な
myr·i·a·pod /míriəpɑ̀(ː)d | -pɔ̀d/ 名 C 〚動〛多足類《ムカデ・ヤスデなどの総称》
myr·mi·don /mə́ːrmədɑ̀(ː)n | -mɪdən/ 名 C (どんな命令にも従う)手先 ; 用心棒
myrrh /məːr/ 名 U ミルラ, 没薬(もつやく)《香料・薬剤用の樹脂》
myr·tle /mə́ːrtl/ 名 C 〚植〛ミルテ, ギンバイカ(銀梅花)の類 ;《米》ツルニチニチソウ(periwinkle)の類

⁑my·self /maɪsélf/《アクセント注意》
—代 (複 **ourselves**) (I の再帰代名詞. 成句については ⇨ ONESELF) ❶《再帰用法》**私自身を[に]** (♦動詞・前置詞の目的語として用いる) ‖ I cut ~ with a razor. かみそりでけがをしてしまった / I poured ~ another cup of coffee. 私は自分のためにコーヒーをもう1杯入れた (♦ myself は間接目的語) / I was unable to look after ~. 私は自分の面倒が見られなかった (♦ 場所を表す前置詞とともに用いる場合は myself の意味で me が用いられる. ほかの再帰代名詞についても同じ. 〈例〉I looked about me. 私は辺りを見回した)
❷《強調用法》**私自身**, 私自ら (♦ I, me と同格で用いる. 強勢を置いて発音する) ‖ I paid for it ~.=I ~ paid for it. 私は自分でそれを支払った / He blamed me ~ for negligence. 彼はほかならぬ私を怠慢だと非難した / *Myself* a working mother, I understand your concern. 私自身も仕事を持つ母親なので, ご心配はわかります
❸《I, me の代わりに》私 (♦ and, than, like, as などの後での強調的用法.《文》では単独で I の代わりにも使う) ‖ My husband and ~ will be glad to come. 夫と私が喜んで参ります (♦ ˣMyself and my husband .... とはいわない) / No one knew this better than ~. 私以上にこのことを知っている人はいなかった / a beginner like ~ 私のような初心者
❹ 私本来の状態, いつもの私 ‖ I'm not quite ~ today. 今日はあまり具合[調子]がよくない
for mysélf ① 私個人としては ‖ *For* ~, I am against your plan. 私としては君の計画に反対だ ② ⇨ *for* ONESELF

⁑mys·te·ri·ous /mɪstíəriəs/《発音注意》
—形 [◁ mystery 名] (**more ~** ; **most ~**)
❶ **神秘的な**, 不可思議な ; 不可解な, なぞめいた (↔ clear) ‖ Mona Lisa's ~ smile モナリザの神秘的な微笑 / die of a ~ illness 不可解な病気で死ぬ / The police are investigating the ~ disappearance of his son. 警察は彼の息子のなぞの失踪(しっそう)を調査中である
❷ (人が)興味[関心]を呼ぶ, (奇)妙な, 変な ‖ A ~ couple lives next door. 変わった夫婦が隣に住んでいる
❸ (人が)〈…について〉多くを語らない, 隠し立てをする, 秘密の〈**about**〉 ‖ Noel's being very ~ *about* her birthplace. ノエルは出身地について多くを語っていない
~·ly 副 **~·ness** 名

⁑mys·ter·y /místəri/
—名 [▶ mysterious 形] (複 **-ter·ies** /-z/) C ❶ **説明のつかないこと, 神秘, なぞ**, 秘密 ; 不思議な出来事 ; 正体不明の人[もの] ;《形容詞的に》不思議な, 怪しげな ; 正体不明の ‖ His murder **remains** an unsolved ~. 彼の殺害事件は依然として未解決のなぞである / It was a ~ how the burglars got in. 強盗がどうやって侵入したかはなぞだった / the ~ of life 生命の神秘 / There is no ~ about why she fell in love with Jason. 彼女がジェーソンを好きになった理由には何の不思議もない / **solve** a ~ なぞを解く / a ~「phone call [package] 不思議な[怪しげな]電話[包み]
❷ U **神秘**(性), 不可思議, 不可解 ‖ have an air of ~ なぞめいた雰囲気がある / be shrouded [OR veiled] in ~ 神秘[なぞ]に包まれている
連語 ❶❷ 【形+~】 (a) great ~ 大きななぞ[不思議] / (a) complete ~ 全くのなぞ[不思議] / (an) unsolved ~ 未解明のなぞ
❸ 推理小説, ミステリー
❹《しばしば -teries》(古代ギリシャ・ローマの) 秘密の宗教儀式
❺ (神の啓示による)奥義, 玄義 ; 秘義《(キリストの生涯における)神秘的事件[奇跡]》; 聖餐(せいさん), 聖餐式 ; 聖体
❻《しばしば -teries》奥義, 秘訣(ひけつ), 不思議 ‖ the *mysteries* of antique-collecting 骨董(こっとう)収集の秘訣
❼ =mystery play
màke a mýstery of ... …を(もったいつけて)秘密にする
▸▸ **~ plày** 名 C (中世の) 神秘劇《聖書に基づき, 特にキリストの生と死を題材とする》 **~ shópper** 名 C (顧客満足度を調べる)覆面調査員 **~ tòur** 名 C《英》ミステリーツアー《行先の伏せられた行楽旅行》

mys·tic /místɪk/ 形 =mystical
—名 C 神秘主義者, 神秘家 **~·ly** 副
mys·ti·cal /místɪkəl/ 形 ❶ 神秘的な, 不可思議な, 霊的な ❷ 神秘主義的な **~·ly** 副
mys·ti·cism /místɪsìzm/ 名 U ❶ 神秘主義 ❷ あいまいな信念, 不合理な考え
mys·ti·fy /místɪfàɪ/ 動 (**-fies** /-z/ ; **-fied** /-d/ ; **~·ing**) 他 ❶ …を惑わす, けむに巻く ❷ …を神秘化する
mỳs·ti·fi·cá·tion 名 U 神秘化 ; 韜晦(とうかい) **~·ing** 形
mys·tique /mɪstíːk/ 名 U 神秘的雰囲気

⁑myth /mɪθ/
—名 (複 **~s** /-z/) ❶ C **神話** ; U《集合的に》神話(全体) ‖ the Greek ~*s* ギリシャ神話 / (The) ~ has it that ... 神話によると…だということだ
❷ C 〈…という〉(根拠のない)通説, 俗説(popular myth), 神話〈**of/that** 節〉 (→ urban myth) ‖ the ~ *of* male superiority 男性優位という神話 / Rhoda exploded [OR dispelled] the ~ *that* men are better racing car drivers than women. ローダは男性の方が女性より優れたカーレーサーだという通説を打ち壊した

myth. 略 mythological, mythology
myth·i·cal /míθɪkəl/, **myth·ic** /míθɪk/ 形《通例限定》❶ 神話の(ような) ; 神話中の ❷ 架空の, 想像上の **~·ly** 副
myth·i·cize /míθɪsàɪz/ 動 他 …を神話化する, 神話として取り扱う, 神話的に解釈する
myth·o·log·i·cal /mìθəlɑ́(ː)dʒɪkəl | -lɔ́dʒ-/ 〈◁〉 形 ❶ 神話の ; 神話学(上)の ❷ 想像上の, 架空の **~·ly** 副
***my·thol·o·gy** /mɪθɑ́(ː)lədʒi | -θɔ́l-/ 名 (複 **-gies** /-z/) ❶ U《集合的に》神話 ; C 神話集, 神話体系 ‖ Japanese ~ 日本神話 ❷ C (根拠の薄い)通説, 俗説 ❸ U 神話学
-gist 名 C 神話学者 ; 神話編纂(へんさん)家
myth·o·ma·ni·a /mìθəméɪniə/ 名 U 虚言癖[症]
-mániàc 形 名
myth·os /míθɑ(ː)s, máɪθ- | -ɔs/ 名 (複 **myth·oi** /-θɔɪ/) C ❶ 神話(myth), 神話体系(mythology) ❷ 〚社〛ミュトス《特定の集団や社会を特徴づける信仰や価値観》
myx·o·ma·to·sis /mìksəmətóʊsəs | -sɪs/ 名 U 〚獣医〛粘液腫症《ウサギの致命的伝染病》
myx·o·vir·us /míksəvàɪrəs/ 名 C ミクソウイルス《RNA を持つウイルス, インフルエンザウイルスなど》

N

Taking a **new** step, uttering a **new** word, is what people fear most. 新たな一歩を踏み出すこと, 新たな一語を口にすること — 世の人々が最も恐れているのはこれだ (⇨ DOSTOEVSKI)

n

N

n¹, N¹ /en/ 名 (複 **n's**, **ns** /-z/ ; **N's**, **Ns** /-z/) C ❶ エヌ《英語アルファベットの第14字》❷ n [N] の表す音 ❸ (活字などの) n [N] 字 ❹ N字形(のもの) ❺ (連続するものの) 14番目のもの

n² /en/ 記号 〘数〙不定数(→ nth)

N² 記号 〘化〙nitrogen

N³ 略 north, northern

n. 略 net ; 〘文法〙neuter ; 〘文法〙nominative ; noon ; northern ; note ; noun ; number

N. 略 〘チェス〙knight ; New ; 〘理〙newton(s) ; noon ; 〘化〙Normal ; Norse ; north, northern ; November

n', 'n' /-ən/ 接 =and

na /nɑː/ 《スコット》 副 ❶ =no¹ ❷ =not (♦通例助動詞とともに wouldna のように用いる) ━接 =nor

Na 記号 〘化〙sodium (ソジウム, ナトリウム) (♦近代ラテン語 *natrium* より)

NA, N.A.¹ 略 *North America*

n/a, N/A, N.A.² 略 〘商〙*no account* (取り引きなし) ; *not applicable* (該当せず) ; *not available* (入手不能)

NAACP 略 *National Association for the Advancement of Colored People*

NAAFI /nǽfi/ 略 *Navy, Army and Air Force Institutes* (英国の)陸海空三軍協会(経営の売店, 酒保)

naan /nɑːn/ 名 =nan²

naart·jie /nɑ́ːrtʃə/ 名 (複 **~s** /-z/) C 《南ア》 (アフリカ南部の)タンジェリンオレンジ

nab¹ /næb/ 動 (**nabbed** /-d/ ; **nab·bing**) 他 ❶ 《口》〔犯人〕を挙げる ; (現行犯で)…を取り押さえる ❷ …を不意につかむ, ひったくる, かっさらう

nab² /næb/ 名 U ノンアルコールビール, アルコール抜きのビール (♦*no-alcohol beer* より)

Nab·a·t(a)e·an /næ̀bətíːən/ 〈シ〉 名 C 形 ナバテア人(の)《ヘレニズム・ローマ時代に繁栄》; U ナバテア語(の)

na·bob /néɪbɑ(ː)b | -bɔb/ 名 C ❶ (ムガル帝国治下のインドの) 太守 ❷ (昔のインド帰りの) 富豪 ❸ 《口》大金持ち, 成金

Na·bo·kov /nəbɔ́ːkəf | nəbóʊkɔf/ 名 **Vladimir Vladimirovich ~** ナボコフ(1899–1977)《ロシア生まれの米国の作家. 主著 *Lolita*(1955)》

na·celle /nəsél/ 名 C ❶ (飛行機の) エンジン搭載部 ❷ (飛行船の)船室

na·cho /nɑ́ːtʃoʊ/ 名 (複 **~s** /-z/) C 《しばしば ~s》ナチョ《チーズをのせたトルティーヤの一種》(♦スペイン語より)

na·cre /néɪkər/ 名 U 真珠層 ; C 真珠層のある貝

na·cre·ous /néɪkriəs/ 形 真珠層の(ような) ; 真珠層の光沢のある

NAD 略 〘生化〙*nicotinamide adenine dinucleotide* (ニコチンアミド=アデニン=ジヌクレオチド)《補酵素の一種》

na·da /nɑ́ːdə/ 名 U 無 (nothing), ゼロ, 何もないこと (♦「無」の意味のスペイン語より)

Na·De·ne /nɑ̀ːdéɪni/ 名 U 形 ナデネ大語族(の)《北米先住民の Athabaskan, Tlingit などの諸語からなる》

***na·dir** /néɪdɪər/ 名 ❶ C 《通例単数形で》最悪の時期, どん底 ‖ at the ~ of misery 悲惨の極みにあって / The market has hit [OR reached] its ~. 市場が底をついた ❷ 《the ~》〘天〙天底(↔ zenith)

nae /neɪ/ 《スコット》 形 =no¹ ━副 =not

nae·vus /níːvəs/ 名 《英》=nevus

naff /næf/ 《英口》 形 趣味の悪い, センスのない ; 判断力に欠ける, ばかげた, 無価値の
━動 自 《次の成句で》

Naff off! うせろ

NAFTA /nǽftə/ 名 北米自由貿易協定(♦*North American Free Trade Agreement* の略)

***nag¹** /næg/ 動 (**nagged** /-d/ ; **nag·ging**) 自 ❶ **a** しつこく小言を言って悩ます〈**at** 人に ; **about** …のことで〉‖ Stop *nagging at* me! いちいち口うるさいぞ / ~ *about* the smallest things ささいなことでうるさく文句を言う **b** 《+**at** 名+**to** *do*》〔人〕に…せよとしつこく言う ‖ She *nagged at* her children *to* clean up the mess. 彼女は子供たちに散らかしたものを片づけなさいとうるさく言った
❷ (痛み・悩みなどが)〈人に〉しつこくつきまとう《***away***》〈**at**〉‖ The past keeps *nagging at* him. 過去のことが彼の頭から離れない
━他 ❶ **a** 《+目》〔人〕にがみがみ言って悩ます〈**about** …のことを ; **for** …をせがんで〉‖ She's always *nagging* her husband *about* his low salary. 彼女は給料が安いと夫にいつも文句ばかり言っている **b** 《+目+**into** *doing* / 目+**to** *do*》〔人〕に…するようしつこく言う ‖ The kid is *nagging* his mother 「*into* buying [OR *to* buy] the toy. その子は母親におもちゃを買ってくれとしつこく言っている ❷ (痛み・悩みなどが)〔人〕をしつこく悩ます ‖ A headache *nagged* me all night. 一晩中頭痛で苦しんだ
━名 C 《口》口うるさい人 ; 悩みの種 **~·ger** 名

nag² /næg/ 名 C 《口》馬, 老馬 ; ⊗《しばしば蔑》乗用馬

na·ga·na /nəgɑ́ːnə/ 名 U 〘医〙ナガナ病《アフリカの一部でツェツェバエの媒介により発生する家畜の熱病》

nag·ging /nǽgɪŋ/ 形 《限定》(疑念・痛みなどが)絶えずつきまとう, しつこい ; 始終がみがみ言う ; 口やかましい ‖ a ~ doubt つきまとう疑いの念 **~·ly** 副

nag·ware /nǽgwèər/ 名 U 《口》 ナグウェア《試用または無料使用を許す代わりに使用者に購入をしつこく求めるソフト》(♦*nag*+soft*ware* より)

nah /næː/ 副 =no¹

Nah. 略 〘聖〙Nahum

Na·hua·tl /nɑ́ːwɑːtl/ 名 (複 **~** OR **~s** /-z/) ❶ C ナワトル族 ❷ U ナワトル語族《アステカ (Aztec) 族を含むメキシコ南部から中米の一部にわたる Uto-Aztecan 語族》; ナワトル語 ━形 ナワトル族の, ナワトル語(族)の
-tlan 形 名

Na·hum /néɪhəm/ 名 〘聖〙ナホム《ヘブライの預言者》; ナホム書《旧約聖書中の預言書》

nai·ad /náɪæd/ 名 (複 **~s** /-z/ OR **~es** /-ədìːz/) C 〘ギ神〙ナイアス《水の精》

na·if, na·ïf /naɪíːf/ 形 =naive
━名 C 純真[うぶ]な人

***nail** /neɪl/ 名 C ❶ くぎ ; びょう ‖ You're not allowed to hammer any ~*s* into the walls of this apartment. このアパートでは壁にくぎを打ち込んではいけません / drive [remove] a ~ くぎを打ち込む[引き抜く] ❷ つめ (⇨ HAND 図) ; (動物の) 平づめ, 蹴(け)づめ (⇨ 類語P) ‖ cut [OR pare, trim] one's ~*s* つめを切る / file (at) one's ~*s* つめをやすりで磨く / put lacquer on one's ~*s* つめにマニキュアを塗る / pick one's ~*s* つめ (あか) をほじる ❸ ネール《かつて布地に用いられた長さの単位. 2¼ inches = 5.715cm》

a nàil in a pèrson's cóffin (人の) 命取りになる[破滅を早める]もの

(as) hàrd [OR *tòugh*] *as náils* ① ものに動じない, 非情な, 冷酷な ② 非常に堅い, (体が)頑健な

bìte one's náils (癖で)つめをかむ ; いらいらする

drive [OR *hàmmer*] *a náil into a pèrson's cóffin*

N

(人の)命取りになる, (人を)破滅に導く
hìt the nàil on the héad (問題などの)核心を突く, (発言などが)的を射る
on the náil 《英口》(支払いが)遅滞なく, 即金で；直ちに

COMMUNICATIVE EXPRESSIONS

1 **I was chèwing náils.** 私は怒り心頭だった (♥ 怒り・いら立ち・悔しさなどで「つめをかむ思いだった」の意)

—動 他 ❶ **a** 《+目》…を〈…に〉くぎ付けにする《**on**》〈**on, onto, to**〉‖ The birdhouse was ~*ed to* the tree in the garden. 鳥の巣箱が庭の木にくぎづけされていた / ~ a notice *on* [OR *onto, to*] the wall 壁にビラをくぎで留める / ~ a lid *on* ふたをくぎ付けにする **b** 《+目+補〈形〉》…をくぎで打ちつけて…にする ‖ ~ a door shut [OR closed] ドアを閉めてくぎ付けにする
❷〔視線・人など〕を〈…に〉くぎ付けにする, 動けなくする〈**to, on**〉‖ ~ one's eyes *on* a scene 場面に見入る
❸《口》〔うそなど〕を暴く ❹《口》〔犯人〕を〈…の罪で〉捕まえる；〔人〕が (…しているところを) 見つける〈**for, in**〉‖ The police ~*ed* him *for* robbery. 警察は彼を強盗の罪で捕まえた / She ~*ed* him with another girl. 彼女は彼が別の女の子といるところを見つけた ❺ …を確実にやってのける, …に確実に成功する ❻《口》(スポーツで)〔スマッシュ・シュートなど〕を決める；〔ボール〕をうまく打つ；〘野球〙(野手が)〔走者〕をアウトにする, 刺す；《主に米》〔相手選手〕を出し抜く；(選手が)〔勝利〕を手にする
nàil báck ... / nàil ... báck 〈他〉〔戸など〕を元に戻してくぎで留める
nàil dówn ... / nàil ... dówn* 〈他〉①〔じゅうたん・ふたなど〕をしっかりとくぎで留める ②〔協定・日取りなど〕を最終的なものにする, 確定する；〔同意など〕を得る ‖ ~ *down* his consent 最終的に彼の了承を取りつける ③〔人〕に〈意向などを〉はっきり言わせる〈to, on**〉；〔問題・性質など〕をはっきりさせる ‖ I ~*ed* him *down to* his promise. 彼にはっきりと約束させた / ~ *down* the cause of the pain 痛みの原因を突き止める
nàil úp ... / nàil ... úp 〈他〉① …を(高い所に)くぎで留める ‖ ~ *up* a notice on the pole 柱に掲示板をくぎ付けする ②〔戸・窓など〕を(しっかり)くぎ付けする
~·er 名 C くぎ作り職人

つめ	nail	人の	fingernail	手指の
			toenail	足指の
	claw	猫・鳥などの		
	talon	(ワシ・タカなど)猛鳥の		
	hoof	(馬・牛などの)ひづめ		

▶▶ ~ **àrt** 名 U ネイルアート《つめへの装飾》 ~ **àrtist** 名 C ネイルアーティスト ~ **bàr** 名 C =nail salon ~ **bòmb** 名 C くぎ爆弾 ~ **brùsh** 名 C =nailbrush ~ **clìppers** 名 複 つめ切り ~ **fìle** 名 C つめやすり ~ **pòlish** [**ènamel,** 《英》 **vàrnish**] 名 U マニキュア液 ‖ wear blue ~ *polish* ブルーのマニキュアをつけている ~ **pùnch** [**sèt**] 名 C くぎ締め《大工道具の1つ》 ~ **sàlon** 名 C ネイルサロン《つめの手入れ専門店》 ~ **scìssors** 名 複 つめ切りばさみ

náil-bìter 名 C はらはら[どきどき]させるもの[こと]
náil-bìting 形 つめをかむ；はらはらさせる
náil·brùsh 名 C つめブラシ
náil·hèad 名 C くぎの頭；〘建〙くぎの頭に似せた飾り
nain·sook /néɪnsʊk/ 名 U 薄手の軽い綿布《肌着・幼児服用》
nai·ra /náɪərə/ 名 C ナイラ《ナイジェリアの貨幣単位》
Nai·ro·bi /naɪróʊbi/ 名 ナイロビ《ケニアの首都》
***na·ive, -ïve** /naɪíːv/《発音注意》形 (**more ~ ; most ~**) (❗ 現在は ❶ の意味で用いることが多い. 日本語の「ナイーブ」は「素直, 純真」の意味では unspoiled, innocent など, 「感じやすい」の意味では sensitive を用いるとよい)
❶ すぐに信じ込む, 愚直な, 単純(無知)な；(未熟で)世慣れない ‖ He signed the contract without reading it? How can he be so ~? 彼はその契約を読まずにサインしたって？ どこまでおめでたいやつなんだ / It is ~ of you to believe his story. 彼の話を信じるなんて君も甘いよ
❷ 純朴な, 飾らない, 純真な ❸ (動物などが) 特定の実験[投薬] を受けたことがない；特定の麻薬をやったことがない
❹ (子供の絵のように)大胆[単純, 素朴]な手法の；〘美〙ナイーブ[素朴]派の **~·ly** 副
na·ive·té, -ïve- /naɪíːvəteɪ/ 名 U ナイーブさ, 純朴さ, 単純さ；C 単純[純真]な言行
na·ive·ty, -ïve- /naɪíːvəṭi/ 名 (複 **-ties** /-z/) 《主に英》=naiveté
NAK /næk/ 略 💻 *n*egative *ack*nowledgement ((ASCIIコントロールコードで)否定応答)
***na·ked** /néɪkɪd/《発音注意》形 (**more ~ ; most ~**) (♦ ❶ 以外比較なし) ❶ 裸の, 裸体の；《通例限定》(体の一部が) むき出しの, 露出した；裸眼の (⇨ BARE 類語) ‖ The model posed stark ~ for the artist. モデルは画家のため全裸でポーズをとった / half ~ 半裸の / ~ to the waist 上半身裸の / strip oneself ~ 裸になる / a ~ chest あらわな胸 / fight with ~ fists 素手で戦う / as ~ as the day one was born 生まれたままの姿で / with [OR by] the ~ eye 裸眼で ❷《通例限定》覆い[カバー]のない；(部屋などが)家具類のない, 装飾品のない；草木の生えない；(岩石が)露出した；《叙述》〈…が〉ない〈**of**〉‖ a ~ sword 抜き身の剣 / a ~ light bulb 裸電球 / a ~ wall 何の飾りもない壁 / a ~ desert 草木一本生えない砂漠 / a ~ tree 裸の木 / The room is ~ *of* furniture. その部屋には家具がない ❸《限定》隠されていない, あからさまの, 赤裸々の ‖ the ~ truth 紛れもない真実 / the ~ hatred むき出しの憎悪 / the ~ pursuit of power あからさまな権力追求 ❹ 〈…に〉無防備の〈**to**〉‖ The city was left ~ *to* the enemies. その都市は敵に対して無防備のままだった ❺〘植〙葉[花冠, 子房]のない；〘動〙毛[うろこ, 殻]のない ❻〘法〙補強証拠のない；無効な；〘経〙(オプション取引で)裸の, 原証券による裏書きのない ‖ a ~ contract 物的裏付けのない契約
~·ly 副 **~·ness** 名
nal·ox·one /næláː(ː)ksoʊn | -ɔ́k-/ 名 U 〘薬〙ナロキソン《麻薬の拮抗(きっこう)剤》
nal·trex·one /næltréksoʊn/ 名 U 〘薬〙ナルトレキソン《麻薬の拮抗剤》
N.Am., N.AM. 略 *N*orth *Am*erica；*N*orth *Am*erican
nam·a·ble, -ea- /néɪməbl/ 形 ❶ 名前を言える[言って差し支えない] ❷ 名前を挙げるにふさわしい, 著名な
nam·as·kar /nʌ̀mʌskáːr, ˌ-ˌ-ˊ-/ 名 U 《インド》ナマスカ《インドの伝統的なあいさつ. 手のひらを合わせ, おじぎをする》
nam·as·te /nʌ́məstèɪ, ˌ-ˌ-ˊ/ 間 《インド》ナマステ《namaskar をするときに発する言葉》 —名 =namaskar
nam·by-pam·by /næ̀mbipǽmbi/ 〈シ ⊗《口》《蔑》形 (人・話などが)いやに感傷的な[気取った]；弱々しい, 優柔不断な —名 (複 **-bies** /-z/) C 感傷的な人[話, 書物]
~·ìsm 名 **~·ish** 形

⁝name /neɪm/ 名 動

名 名前❶ 評判❸ 有名人❹
動 他 命名する❶ 名前を言う❷ 指名する❸

—名 (複 **~s** /-z/) C ❶ **名前**, 名, 姓名；名称 (title) ‖ Could [OR May] I have [OR ask] your ~(, please)? お名前は何とおっしゃいますか (♥ 丁寧に名前を尋ねる表現. What is your name, please? は直接的すぎるため避けられる) / Could you spell [repeat] your ~? お名前を書いて [もう一度言って] いただけますか / Am I pronouncing your ~ correctly? お名前はこの発音でよろ

しいですか(♥ 上の2例は一度で相手の名前が聞き取れなかったときに聞き返す表現) / What ～ shall I say? 失礼ですがお名前は[を](♥ 人を取り次ぐときなどの表現) / There's no one of [OR by] that ～ in our office. 私どもの社にそういう名前の者はおりません / Please write your「full ～ [OR ～ in full] here. こちらにあなたの氏名を略さずに書いてください / What's your dog's ～? お宅の犬の名は何というのですか / her maiden ～ 彼女の結婚前の姓[旧姓] / his real ～ 彼の本名 / **give** a ～ to a project 企画に名前をつける / Poinsettia gets its ～ from Poinsett, American diplomat. ポインセチアの名はアメリカの外交官ポインセットからきている

語法☆☆ (1) 姓名, 例えば Franklin Delano Roosevelt では, 全体を full name といい, 最初から順に first [《米》 given] name, middle name, 《主に米》 last name [family name, 《英》 surname] と呼ぶ. first name はまた《主に英》 Christian name, 《堅》 forename ともいう. 《米》では Franklin D. Roosevelt のように middle name を略し, 《英》では F. D. Roosevelt のように略すことが多い.
(2) 英米ではふつう呼びかけに full name は用いない. ただし, 親が自分の子をしかるときなどに, わざと full name で呼びかけて心理的距離感を出すことがある.
(3) 結婚した女性は以前は夫の姓 (last name) を名乗ったが, 最近は結婚前の姓をそのまま使うことが多くなっている. 《米》では結婚前の姓の後に夫の姓を置くこともある.
(4) 日本人の名前は米英にならって名–姓の順でいうことが多いが, 近年では日本式に姓–名の順を使うことが増えている.

→英語の真相→
米英では性別に関係なく, 同年代であれば, たとえ初対面でもファーストネームで呼び合うのが一般的なため, May I call you Joe? (ジョーと呼んでもいい?) のように許可を求めると「堅苦しい」「古めかしい」「よそよそしい」さらには「失礼」と感じられることもある. 相手から Please call me Julie. (ジュリーと呼んでください) のように言われた場合も, Thank you. などと礼を言うと「皮肉的」「機嫌をとっている」と感じられることが多く, OK., Sure. などと返答するか, 何も言わずにファーストネームに切り替えるのが一般的である.

❷ 〈…の〉呼称, 通称, 俗称, 別称, 別名, あだ名(epithet) 〈**for**〉 ‖ The golden anniversary is the ～ *for* a 50th wedding anniversary. 金婚式とは50年目の結婚記念日の呼称である / The Aloha State is a ～ *for* Hawaii. アロハステートはハワイ州の別称である
❸ 《通例単数形で》**評判**, 世評 ; 名声, 高名〈**for** …という ; **as** …としての〉; 《形容詞的に》《しばしば複合語で》名の通った, 有名な(❗「ネームバリュー」は和製語. 「ネームバリューのある作家」は a famous [OR well-known] author) ‖ The school has gained a ～ *for* excellence. その学校は優秀だという評判を得ている / have a (good) [bad] ～ 評判がよい [悪い] / get a good [bad] ～ 評判[悪評]を得る / a top-[《主に米》 big-]～ performer [company] 一流の演奏家[会社]
❹ 名士, **有名**[著名]**人**, スター ; 有名[一流]会社 ‖ She is a big [OR famous] ～ in fashion. 彼女はファッション界の有名人だ ❺ 《通例単数形で》名ばかりのもの, 表向き (の名前), 名目 ; 名義 ‖ a mere ～ 単に名ばかり (のもの) / Honor has become only a ～. 名誉はただ名ばかりのものになっている / lend one's ～ to a project 計画に名義を貸す ❻ 《通例 ～s》侮辱(的な言葉) ; 悪口, 悪態 ❼ 《英》(ロンドンの)ロイズ保険業者協会の会員

a nàme to cónjure with 《主に英》 ① 重要人物の名前 ② 《戯》覚える[発音する]のが難しい長い名前
by náme ① 名前を…という ‖ a fisherman, Taro *by* ～ 太郎という名の漁師 ②名指しで, 名前を言って ‖ mention [call] him *by* ～ 彼の名前を口に出す [を名前で呼ぶ] ③ 名前によって ‖ know him only *by* ～ 彼の名前だけは(聞いて)知っている
by the náme of ... …という名の, 通称…で[の] (called) ‖ The gentleman went *by the* ～ *of* Baxter. その紳士はバクスターという名前で通っていた
**càll a pèrson námes* 〔人〕の悪口を言う ; 〔人〕をののしる ‖ She *called* me all the ～*s*「she could think of [under the sun]. 彼女は私に思いつく限りの[ありとあらゆる]悪態をついた(→ name-calling)
clèar one's náme 汚名をそそぐ, 疑いを晴らす, 身の潔白を証明する
dròp námes =name-drop
ènter one's náme for ... =*put one's name down for ...*(↓)
give one's náme to ... 〔発明・発見・設立したもの〕がその人の名で呼ばれるようになる
hàve a pèrson's náme on it ① (人に) ぴったりである, 運命づけられている ② (飲食物などが)(人の)大好物である
in àll [OR ***èverything***] ***but náme*** (名目上は別として) 事実上(の), 実質的に
in a pèrson's náme (人の)名義で
in náme ònly [OR ***alòne***] 名目上 (の), 名ばかり ‖ He was the captain of the team *in* ～ *only*. 彼はチームの主将とはいっても名ばかりだった
**in the náme of ...* ① …の名において, …の権威によって ; …という名を借りて ‖ Many people were killed *in the* ～ *of* justice. 正義という名の下に多くの人々が殺された ② …の名義で(の) ‖ All the money and property are *in the* ～ *of* your son. (=... in your son's ～.) 金や財産はすべてあなたの息子さんの名義になっています ③ …のために (for the sake of) ‖ I did everything I could *in the* ～ *of* friendship. 私は友情のためにできる限りのことをした / *in the* ～ *of* national security 国家の安全のために ④ 《疑問詞を強めて》一体全体(♦ Christ, heaven などとともに用いる) ‖ Why *in the* ～ *of* God did you go there? 一体なぜそこへ行ったのか
lènd one's náme to ... …に名を貸す ; 支持を表明する
màke a náme for onesèlf* ; ***màke one's náme* 名をなす, 有名になる ‖ He *made a* ～ *for* himself as a writer. 彼は作家として有名になった
A pèrson's nàme is múd. 《口》(人の)評判が悪い
nàme námes (悪事に関与した人などの) 名を挙げる [明かす]
of the náme of ... =*by the name of ...*(↑)
pùt a náme to ... …の名前を思い出す (♦ 通例 cannot を伴う) ‖ I've visited the temple, but can't *put a* ～ *to* it. その寺に行ったことはあるが名前が思い出せない
pùt one's náme dòwn for ... 〔講座・競技など〕に参加[入会]を申し込む, 応募[参加]者として記名する
tàke a pèrson's [***Gòd's***] ***nàme in váin*** (人[神]の) 名をみだりに口にする ; 《戯》(人を)陰で悪く言う
the nàme of the gáme 《口》重要なこと, 事の根本[目的] ‖ *The* ～ *of the game* is to win. 重要なのは勝つことだ
to one's náme 《通例否定文で》自分の所有[もの]として ‖ He hasn't got a cent [OR penny] *to* his ～. 彼には自分の金など一銭もない
under the náme of ... …という(実名と違う)名で

COMMUNICATIVE EXPRESSIONS
[1] **I'm sórry, whàt was your nàme again?** すみません, お名前何でしたっけ (♥ 紹介された人の名前を忘れたり聞き損ねたときに聞き直す. =I didn't catch your name. / =I'm terrible at names.)
[2] **What's in a náme?** 名前が何だっていうんだ ; 大切なのは中身だ

―**動** (**～s** /-z/ ; **～d** /-d/ ; **～·ing**)
―**他** ❶ **a** 《+目》…に名前をつける, …を**命名する** (♦ name は「正式に命名する」の意で, 本・映画・車・店の名称

N

などにはふつう用いない.〈例〉I watched a film called [×named] *Star Wars*.(私は「スターウォーズ」という題名の映画を見た)) ‖ "Have you ～*d* the baby?" "No, we still disagree."「赤ちゃんの名前は決まりましたか」「いいえ, まだ意見が一致していません」/ a school ～*d* in honor of the hero その英雄を記念して命名された学校

b ((+目+補〈名〉))…に…という名前をつける, …を…と命名する[呼ぶ] ‖ They ～*d* their son Franklin. 彼らは息子をフランクリンと名づけた / He ～*d* us all cowards. 彼は私たち全員をおく病者呼ばわりした

❷ **a** ((+目))…の**名前を言う**; …を名指しで言う[非難する, 訴える] ‖ Can you ～ all the seven seas? 7つの大洋の名前をすべて言えますか / One of the victims of the train accident has yet to be ～*d*. 列車事故の犠牲者の1人はまだ身元が確認されていない

b ((+目+**as** 名))…の身元[名]を…だと確認[明らかに]する ‖ She ～*d* Mack *as* the thief. 彼女はマックが泥棒だと名指しした

❸ **a** ((+目+**to** [**for**] 名))〔人〕を(役職・地位・仕事などに)**指名**[任命]**する**, 選ぶ ‖ The president ～*d* him *to* the job. 社長は彼をその仕事に指名した / ～ him *for* bishop [the position] 彼を司教[その地位]に任命する

b ((+目+ (**to be**) 補〈名〉/ 目+**as** 名))〔人〕を…として[…に]指名[任命]する ‖ His will ～*d* his dog (*as* [OR *to be*]) the beneficiary. 彼は遺言書で彼の犬を遺産受取人に指名していた / She was ～*d* (*as* the) winner of the speech contest. 彼女が弁論大会の優勝者に決まった (♦ 1人しかいない役職・地位が補語となるときは通例無冠詞)

❹〔日時・場所・価格など〕を指定する, 決める, はっきり決めて言う, 具体的に挙げる ‖ *Name* your price. 言い値を教えてくれ / Just ～ your terms and I'll comply with them. 条件を言ってくれれば何とかしましょう / ～ the day (特に女性が) 結婚式の日時を決める / Women have succeeded in any job you care to ～. どんな職業を挙げても女性が活躍していないものはない

❺ ((主に英)) (下院で) (議長が)〔命令に従わない議員〕を名指しで非難[譴責(けんせき)]する

náme À àfter [((米)) ***for***] ***B̀*** *A*(人)に*B*の名をとって命名する[名づける]

nàme and sháme ((英))…を(公然と)名指しで非難する

to nàme (***but*** [OR ***only***]) ***a féw*** (ほんの) いくつか例を挙げれば

you náme it ((口)) ① (望みのものを) 何でも言ってごらん ‖ *You* ～ *it*, we('ve) got it. 何でも言ってくれ, (私たちの所に)何でもあるから ② ((列挙した後で))その他何でも

▶▶～ **brànd** 名Ⓒ 名の通ったブランド[商標], ブランド商品 ～ **dày** 名Ⓒ 聖名祝日 (当人と同名の聖人の祝日) (→ saint's day); 命名日 ～ **tàg** 名Ⓒ 名札 ～ **tàpe** 名Ⓒ 名札テープ

náme-càlling 名Ⓤ ののしり, 罵倒(ばとう)

náme·chèck 名Ⓒ (感謝の意を込めて)名前を挙げること ──動 他 …の名前を挙げる

náme-dròp 動 自 他 (さも親しげに)有名人の名前を持ち出す **-dròpper** 名

name-drop·ping /néɪmdrɑ̀(ː)pɪŋ | -drɔ̀p-/ 名Ⓤ (さも親しげに)有名人の名前を持ち出すこと

náme·less /-ləs/ 形 ❶ ((通例限定))名の(ついて)ない, 名の知れない ‖ a ～ grave だれのものとも知れない墓 ❷ 匿名の, 名を明かせない ‖ A certain person, who shall remain ～, leaked the information. 名前は伏せておくが, ある人物がその情報を漏らしたのだ ❸ ((通例限定)) 名状し難い; 言語道断な ‖ ～ vices あまりにもひどい悪事

***name·ly** /néɪmli/ 副 ((挿入的に)) すなわち (that is (to say)), 具体的に言えば (to be specific) ‖ Only one member was here, ～ Alison. メンバーは1人しか, つまりアリソンしか来なかった / We have what we need; ～, land, wealth, and technology. 我々は必要なもの, すなわち土地, 富, 技術を持っている (♦ しばしば **viz.** と略記し namely と読む. 前の語句をより具体的な語句で言い換える場合に用いる. that is (to say) とは異なり文頭には用いず, 言い換える語句の前にのみ置かれる)

***náme·plàte** 名Ⓒ 名札; 表札; 製品, (特に自動車の)車種

náme·sàke 名 ((通例 one's ～)) 同じ名の人 [もの] ‖ his ～ 彼と同名の人

náme·tàg 名 =name tag(↑)

***Na·mib·i·a** /nəmíbiə/ 名 ナミビア ((アフリカ南西部, 大西洋に面する共和国. 公式名 the Republic of Namibia. 首都 Windhoek)) **-i·an** 名Ⓒ形 ナミビア人(の)

nan¹ /næn/ 名 ((英口)) =nanny ❷

nan², **naan** /nɑːn/ 名 (=～ **brèad**) Ⓤ ナン ((インドの薄焼きパン))

na·na¹ /nɑ́ːnə/ 名Ⓒ ((英口)) ばか

na·na² /nǽnə/ 名Ⓒ ((口)) おばあちゃん

nance /næns/ 名 =nancy

Nan·chang /nɑ̀ːntʃɑ́ːŋ | næ̀ntʃǽŋ/ 〈シ〉 名 南昌(ナンチャン) ((中国江西(チャンシー)省の省都))

nan·cy /nǽnsi/ 名Ⓒ ⊗((俗))((蔑)) 女っぽい男; 同性愛の男性

NAND /nænd/ 名Ⓒ 🖳 否定論理積, ナンド ((Not と And の結合論理)) ▶▶～ **circuit** [**gàte**] 名Ⓒ ナンド回路 ((入力信号の中に1つでもゼロがある場合出力信号を出すような回路. AND回路の逆))

Nan·jing /nændʒíŋ/ 名 南京(ナンキン) ((中国東部, 揚子江に臨む都市. 江蘇(チャンスー)省の省都))

nan·keen /nænkíːn/ 〈シ〉 名Ⓤ 南京木綿; ((～s)) 南京木綿のズボン

Nan·king /nænkíŋ/ 〈シ〉 名 =Nanjing

nan·ny /nǽni/ 名 (複 **-nies** /-z/) Ⓒ ❶ 乳母 (家庭に雇われて子供の世話をする. ときにベビーシッター的存在のものもある) ❷ ((英)) おばあちゃん (♥ 主に幼児が自分の祖母への呼びかけに用いる) ▶▶～ **gòat** 名Ⓒ 雌ヤギ (↔ billy goat) ～ **stàte** 名 ((the ～))((英)) 過保護国家

nan·ny·ing /nǽniɪŋ/ 名Ⓤ ❶ 育児, 子供の世話 ❷ ((英)) 過保護

nan·o /nǽnoʊ, -nə/ 名Ⓤ ((口)) =nanotechnology (♦ 形容詞的にも用いる.〈例〉～ industries (ナノ産業))

nano- /nænə-, -noʊ-/ 連結形 (♦ 母音の前では nan- を用いる) ❶「10億分の1, 分子的微小」の意 ‖ *nano*second, *nano*meter ❷「ナノ技術による[の]」の意 ‖ *nano*tube

nan·o·bot /nǽnəbɑ̀(ː)t | -bɔ̀t/ 名Ⓒ ナノボット ((ナノサイズのロボット)) (♦ *nano* + (ro)*bot* より)

náno·mèter 名Ⓒ ナノメートル ((10億分の1メートル. 略 nm))

náno·pàrticle 名Ⓒ 〖理〗 ナノ粒子

nàno·plánkton, nànno- 名Ⓤ 〖生〗 微小プランクトン

náno·scàle 形 ナノスケール[サイズ]の

náno·sècond 名Ⓒ 10億分の1[10^{-9}]秒; 🖳 ナノ秒 ((10億分の1秒. コンピューター内でのメモリーアクセスなどの処理時間を表す単位))

náno·strùcture 名ⒸⓊ ナノ構造(体)

nàno·technólogy 名Ⓤ ナノテクノロジー, 微細製造技術 **-technológical** 形 **-technólogist** 名

náno·tùbe 名Ⓒ ナノチューブ

náno·wìre 名ⓊⒸ ナノワイヤー ((ナノメートル規模の半導体. ナノテクノロジーの基礎的素材と考えられる))

Na·o·mi /neɪóʊmi, néɪə-/ 名 〖聖〗 ナオミ (Ruth の義母)

***nap**¹ /næp/ 名Ⓒ うたた寝, まどろみ, 昼寝 ‖ A fifteen-minute ～ in the afternoon does wonders for me. 午後に15分間うたた寝をすると私には驚くほどよく効く / take [OR have] a ～ うたた寝する, 昼寝する

──動 (**napped** /-t/; **nap·ping**) 自 ❶ うたた寝[昼寝]する ❷ 油断する

càtch a pèrson nápping ((口))〔人〕の油断しているところを襲う, (寝ている)すきを突く ‖ He was *caught napping* by his competitor. 彼は競争相手にすきを突かれた

nap[2] /næp/ 名 C 《単数形で》(ラシャなどの)けば
—動 (**napped** /-t/ ; **nap·ping**) 他〔布〕にけばを立てる
～·less 形 けばのない, すり切れた

nap[3] /næp/ 名 =napoleon ❷, ❸ ▶▶**～ hánd** 名 C 《口》(スポーツやゲームでの)5得点, 5連勝

nap·a /nǽpə/ 名=nappa

na·palm /néɪpɑːm/ 名 U ナパーム《ガソリンと金属塩のゼリー状混合物》‖ a ～ bomb ナパーム弾《油脂焼夷(しょうい)弾》 —動 他 …をナパーム弾で攻撃する[焼き払う]

nape /neɪp/ 名 C 《単数形で》うなじ, 首筋 ‖ the ～ of the [OR one's] neck うなじ (♦ one's nape とはいわない)(⇨ FACE 図)

na·per·y /néɪpəri/ 名 U 家庭[食卓]用リンネル類《テーブルクロス・ナプキンなど》

naph·tha /nǽfθə/ 名 U ナフサ《石油・コールタールなどを蒸留して得られる低沸点の油》

naph·tha·lene /nǽfθəliːn/ 名 U 〘化〙ナフタリン

naph·thene /nǽfθiːn/ 名 U 〘化〙ナフテン《原油中のシクロパラフィン炭化水素の総称》

naph·thol /nǽfθɔ(ː)l/ 名 U 〘化〙ナフトール《防腐剤・染料の原料》

Na·pìer·i·an lógarithm /nəpìəriən-/ 名 C 〘数〙ネイピアの対数, 自然対数

Nà·pi·er's bónes /nèɪpiərz-/ 名 複 〘数〙ネイピアの計算棒《スコットランドの数学者 John Napier (1550–1617) が発明した計算器. かけ算・割り算に用いられた》

***nap·kin** /nǽpkɪn/ 名 C ❶ ナプキン (table napkin) ‖ Don't shove the tip of your ～ into your collar. ナプキンの端を襟に突っ込んではいけない / write ... on「a ～ [OR ～s]」(思いつきなどを)手近の何かに書きつける ❷ 《英》《旧》おむつ(《英》nappy) ❸ 《主に米》生理用ナプキン (sanitary napkin) ❹ 小さなタオル

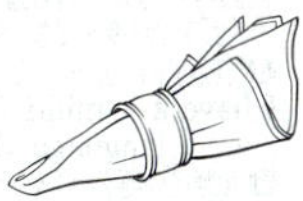

napkin ring

▶▶**～ ring** 名 C ナプキンリング

Na·ples /néɪplz/ 名 ナポリ (イタリア語名 Napoli)《イタリア南西部の港湾都市. 風光明媚(めいび)》(♦形容詞は Neapolitan) ‖ *See ～ and die.* 《諺》ナポリを見て死ね

na·po·le·on /nəpóuliən/ 名 C ❶ 《米》ミルフィーユ《菓子の一種》 ❷ ナポレオン《トランプゲームの一種》 ❸ ナポレオン金貨《昔のフランスの20フラン金貨》

Na·po·le·on /nəpóuliən/ 名 ❶ **～ Bonaparte** ナポレオン1世 (1769–1821)《フランスの皇帝 (1804–15)》 ❷ **Louis ～** ナポレオン3世 (1808–73)《フランスの皇帝 (1852–70). ❶の甥(おい)》

Na·po·le·on·ic /nəpòuliá(ː)nɪk | -ɔ́n-/ ＜ジ 形 ナポレオン(1世)の(ような); 独裁的な ▶▶**～ Wárs** 名 複《the ～》ナポレオン戦争 (1800–15)《ナポレオン1世統治下のフランスとヨーロッパ諸国との間の戦争》

nap·pa /nǽpə/ 名 U ナッパ《羊・ヤギの柔らかい革》

nap·pe /næp/ 名 C 〘地〙ナッペ, デッケ《断層などを覆う巨大な岩石》

***nap·py** /nǽpi/ 名 (複 **-pies** /-z/) C 《英》おむつ(《米》diaper) ‖ change the baby's ～ 赤ん坊のおむつを替える / a disposable ～ 使い捨ておむつ
▶▶**～ ràsh** 名 C 《英》おむつかぶれ(《米》diaper rash)

narc /nɑːrk/ 名 C 《主に米俗》麻薬捜査官 (narcotics agent) —動 自 《俗》〈…のことを〉垂れ込む〈**on**〉

nar·cis·sism /nɑ́ːrsəsìzm, nɑːrsís-/ 名 U 自己愛, 自己陶酔症, 自己中心性, うぬぼれ; 〘心〙ナルシシズム
-sist 名 **nàr·cis·sís·tic** 形

nar·cis·sus /nɑːrsísəs/ 名 (複 **～** OR **～·es** /-ɪz/ OR **-si** /-saɪ/) C 〘植〙スイセン(水仙)

Nar·cis·sus /nɑːrsísəs/ 名 〘ギ神〙ナルキッソス, ナルシス《泉に映る自分の姿を恋い慕うあまりにやつれ果て, スイセンの花と化した美青年》

narco- /nɑ́ːrkou-, -kə-/ 連結形「麻酔の」,「麻薬の」の意 ‖ *narco*analysis ; *narco*dollars (麻薬ドル)《麻薬売買で得た利益》; *narco*-state (麻薬国家)

nárco·lèp·sy /-lèpsi/ 名 U 〘医〙ナルコレプシー, 発作性睡眠, 居眠り病
nàrco·lép·tic 形 名 C ナルコレプシーの(患者)

nar·co·sis /nɑːrkóusəs | -sɪs/ 名 U 麻酔[昏睡(こんすい)]状態

nàrco·térrorism 名 U 麻薬テロ《麻薬組織が取締当局などに対して行うテロ》 **-térrorist** 名

***nar·cot·ic** /nɑːrkɑ́(ː)ṭɪk | -kɔ́t-/ 形 ❶ 麻酔(性)の; 催眠性の; 眠くなるような ‖ That movie had a ～ effect. あの映画を見ていたら眠くなった ❷ 《限定》麻薬(中毒)の ‖ ～ addiction 麻薬中毒
—名 C 《しばしば ～s》(医療用の)麻酔薬, 催眠薬; (非合法の)麻薬; 眠くなるような[麻痺(まひ)させる]もの ‖ a ～*s* agent [OR officer] 麻薬捜査官 **-i·cal·ly** 副

nar·co·tize /nɑ́ːrkətàɪz/ 動 他 …に麻酔をかける, …を麻痺[鎮静]させる

nar·ghi·le, -gi·le, -gi·leh /nɑ́ːrgəlèɪ/ 名 C 水ギセル (→ hookah)

nark /nɑːrk/ 名 C 《俗》❶ 《主に英》(警察の)手先, スパイ, 犬, 密告者 ❷ 《主に米》=narc ❸ 《豪・ニュージ》煩わしい人[もの] —動 自 ❶ 《俗》〈…に〉密告する〈**on**〉 ❷ 《英口》不平を言う —他 《主に英口》《通例受身形で》悩む, 頭にくる ‖ get ～*ed* 怒る, 頭にくる

nar·ky /nɑ́ːrki/ 形 《英口》気短な, 怒りっぽい

Nar·ra·gan·sett /nærəgǽnsɪt/ ＜ジ 名 C ナラガンセット族《北米先住民の一種族》; U ナラガンセット語

nar·rate /nǽreɪt | nəréɪt/ 動 〔▶ narrative 名〕 他 ❶ 〔話など〕を語る, 述べる ❷ 〔映画など〕のナレーターを務める

nar·ra·tion /nəréɪʃən | nə-/ 名 U ❶ 語り, 叙述, ナレーション ❷ C 物語, 話 ❸ 〘文法〙話法

***nar·ra·tive** /nǽrəṭɪv/ 《発音注意》 名 〔◁ narrate 動〕 ❶ C 物語; (実際の出来事についての)話; U (小説の)叙述部 (↔ dialogue) (⇨ STORY[1] 類語) ‖ a circumstantial ～ of the tragic incident その悲劇的な事件についての詳しい話 / oral ～ 口伝えの説話 / prose ～ 散文体の物語文学 ❷ U 話法, 話術 (narration)
—形 《通例限定》物語(体[風])の; 話術の ‖ a ～ poem 物語詩 / ～ skills (物語や出来事の)語り口のうまさ

nar·ra·tor /nǽreɪṭər | nəréɪtə/ 名 C 語り手, ナレーター

‡**nar·row** /nǽrou/

中心義 **(幅が)狭い** (★具体的な「場所」に限らず,「意味」「心」など抽象的なものについても用いる)

形 狭い❶ 限られた❷ 心の狭い❸ やっとの❹

—形 (**～·er, more ～ ; ～·est, most ～**)
❶ (幅が)**狭い**, 細い; (織物が)小幅の (↔ broad, wide) ‖ The path is too ～ for a car to go through. その道は狭くて自動車は通り抜けられない / a ～ **street** [road] 幅の狭い通り[道] / a ～ room 細長い部屋 (♦「(面積が)狭い部屋」という場合は a *small* room. ⇨ 類語P) / a ～ face 面長の顔 / a ～ waist 細いウエスト
❷ (範囲・意味が)**限られた** (↔ wide) ‖ There is a ～ limit to the reserves of fossil fuel. 化石燃料の資源には限りがある / a ～ circle of friends 狭い交友範囲 / ～ interests 興味の幅が狭いこと
❸ **心の狭い**, 狭量な, 偏屈な (narrow-minded) ‖ He was rather ～. 彼はかなり心が狭かった / His view of religion is a very ～ one. 彼の宗教に対する考え方はずいぶんと偏屈なものだ
❹ 《通例限定》**やっとの**, 辛うじての, 余裕[ゆとり]のない ‖ We had a ～ win [defeat]. 私たちはどうにかこうにか勝った[惜敗した] / a ～ majority 辛うじての過半数 / by a ～ margin 僅差(きんさ)で ❺ 厳密な, 綿密な ‖ a ～ inspection [OR examination] 厳密な検査 / ～ definition

[interpretation] 厳密な定義[解釈] / in its ~*est* sense 最も狭義で ❻〘音声〙(母音が)狭窄(きょうさく)音の, 緊張音の(tense) ‖ ~ vowels 狭母音《/iː/, /uː/ など》
—名 (複 **~s** /-z/) Ⓒ《~s》《単数・複数扱い》道幅の狭い所, (海・川などの)狭部, 山あい, 谷あい, 海峡(strait);《the N-s》ナローズ水道《ニューヨーク港に通じる海峡》
—動 (**~s** /-z/ ; **~ed** /-d/ ; **~·ing**)
—他 …を狭くする, 狭める;〔範囲など〕を制限する《*down*》‖ ~ the **gap** 間隔[隔たり]を狭める / We must ~ *down* the list to ten nominees. 一覧表を10人の被指名[任命, 推薦]者に絞り込まなければならない / She ~*ed* her **eyes** in anger. 彼女は腹立たしげな目つきをした(♥ narrow one's eyes は怒りや疑いを持って見ることをいう)
—自 狭くなる, 狭まる;(範囲などが)制限される《*down*》‖ His **eyes** ~*ed*. 彼の目が細くなった(♥ 怒り・疑いの気持ちの表れ) / The river ~*s* to a mere ten meters. 川幅がほんの10メートルまでに狭まる / Income differences have ~*ed* in this country. この国では収入格差が小さくなった
~·ness 名 Ⓤ 狭さ;偏狭;窮乏

狭い		道路	川	橋	入口	家	部屋	土地	範囲
	narrow	○	○	○	○				○
	small				○	○	○	○	○

♦ narrow は「幅が小さい」, small は「面積が小さい」の意. したがって a *narrow* room は「細長い部屋」の意.
♦ a *narrow* river (川幅の「狭い」(↔ broad, wide 広い)川」)に対して a *small* river は長さも幅も含めて「小さい(↔ big, large 大きい)川」である.
▸▸ **~ bòat** 名 Ⓒ《英》(運河用の)細長い船 **~(-)bòdy pláne** 名 Ⓒ〘空〙ナローボディー機《内部通路が1本の旅客機》(↔ wide(-)body plane) **~ escápe** 名 Ⓒ 危機一髪 ‖ have a ~ *escape* 九死に一生を得る **~ gáuge** (↓) **~ séas** 名 複《the ~》《英》《古》狭い海峡《英仏海峡およびアイルランド海》 **~ wáy** 名《the ~》〘聖〙細い道《正義のこと》

nárrow·bànd 形〘通信〙狭い帯域の(↔ broadband)
nárrow·bòat 名 Ⓒ《英》=narrow boat(↑)
nárrow·càst 動 (**-cast** OR **~·ed** /-ɪd/ ; **~·ing**) 他 自 (…を)狭い地域に放送する, 有線放送する
~·er 名 Ⓒ 有線放送局 **~·ing** 名 Ⓤ 有線放送
nàrrow gáuge /ˌ--ˈ-/ ⟨シ⟩ 名 Ⓤ (鉄道の)狭軌 (↔ broad gauge)《英米共に軌間 1.435m 以下のもの》
nàrrow-gáuge ⟨シ⟩ 形
*__nar·row·ly__ /nǽroʊli/ 副 ❶ 辛うじて, やっと ‖ He ~ escaped death in the explosion. その爆発事故で彼は辛うじて死を免れた ❷ 綿密に, 注意して;猛烈に ‖ watch her ~ 彼女をじっと見守る ❸ 狭く;限定されて;狭量に ‖ ~ interpreted 狭義に解釈された
nàrrow-mínded ⟨シ⟩ 形 心の狭い, 狭量な
~·ly 副 **~·ness** 名
nar·thex /nɑ́ːrθeks/ 名 Ⓒ ナルテックス《教会堂の柱廊玄関》
nar·whal /nɑ́ːrhwɑ̀ːl | -wəl/, **-whale** /-hwèɪl/ 名 Ⓒ〘動〙イッカク(一角)《北極海にすむクジラ目の動物》
nar·y /néəri/ 形《通例 ~ a》《口》いささかの…もない (♦ ne'er a より) ‖ with ~ a doubt 少しの疑いも(なく)
ŃAŚ 略 *N*ational *A*cademy of *S*ciences ((米国の) 全国科学アカデミー); *N*aval *A*ir *S*tation(海軍航空基地)
NASA /nǽsə/ 略 *N*ational *A*eronautics and *S*pace *A*dministration(米国航空宇宙局, ナサ)
na·sal /néɪzəl/ 《発音注意》 形 ❶ 鼻の ‖ the ~ cavity 鼻腔(びこう) ❷ 鼻声の;〘音声〙鼻音の ‖ ~ sounds 鼻音《/m/, /n/, /ŋ/ など》/ ~ vowels 鼻母音《/ɑ̃/, /ɔ̃/ など》
—名 Ⓒ〘音声〙鼻音;鼻音字
na·sál·i·ty 名 Ⓤ〘音声〙鼻音性 **~·ly** 副
na·sal·ize /néɪzəlàɪz/ 動 他 自 (…を) 鼻にかかった声で言う[話す], 鼻音化する
nas·cent /nǽsənt/ 形《限定》発生[誕生, 成長]しかけている, 初期の;〘化〙発生期の
NASDAQ /nǽzdæk, nǽs-/ 名 ナスダック《全米証券業協会相場情報システム》(♦ *N*ational *A*ssociation of *S*ecurities *D*ealers *A*utomated *Q*uotations の略) ‖ on the ~ exchange ナスダック市場で
Nash·ville /nǽʃvɪl/ 名 ナッシュビル《米国テネシー州の州都》
naso- /neɪzoʊ-, -zə-/ 連結形「鼻の」の意 (♦ 母音の前では nas- を用いる)
nàso·gástric 形〘医〙鼻から胃に(管などを)通した
náso·phàrynx 名〘解〙鼻咽頭(いんとう)
nàso·phàryngéal 形
Nas·sau /nǽsɔː/ 名 ナッソー《バハマの首都》
Nas·ser /nǽsər/ 名 **Gamal Abdel ~** ナセル (1918–70)《エジプトの軍人・政治家. 大統領(1956–70)》
nas·tur·tium /næstə́ːrʃəm | nəs-/ 名 Ⓒ〘植〙キンレンカ, ノウゼンハレン, ナスターチウム
‡**nas·ty** /nǽsti | nɑ́ːs-/ 中心義 **人を不快にさせるような**
—形 (**-ti·er** ; **-ti·est**)
❶ **不快な**, 迷惑な(↔ pleasant);不潔な, むかつく ‖ This milk tastes ~. このミルクはいやな味がする / a ~ sight [smell] いやな光景[におい] / cheap and ~ 粗悪な / have a ~ feeling いやな気分になる
❷ **意地悪な**, 威嚇的な, たちの悪い(↔ nice) ‖ Don't be so ~ to me. そんなに意地悪しないでよ / It is ~ of you not to have told me the truth. 本当のことを言ってくれなかったなんて君も意地が悪い / get [OR turn] ~ 威圧するような態度をとる, 怒る / a ~ temper 意地悪な性格
❸ (道徳的に)いやらしい, みだらな, 卑猥(ひわい)な(↔ clean) ‖ have a ~ mind 品性がない / a ~ joke みだらなジョーク / ~ language 卑猥な言葉
❹ 危険な;難しい;やっかいな;(病気などが)重い(↔ slight);(天候などが) 荒れ模様の ‖ a ~ corner 見通しのきかない[危険な] 曲がり角 / a ~ puzzle 難しいパズル / I had a ~ bump [cut] on my forehead. おでこにひどいこぶ[切り傷]ができた / ~ weather 不順な天候
a nàsty pìece [OR ***bìt***] ***of wórk*** 《主に英口》いやなやつ, 信頼できない人
—名 (複 **-ties** /-z/) Ⓒ《口》いやな人[もの], 好ましくない人[もの];ホラー映画 ‖ a video ~ 暴力[ホラー, ポルノ]もののビデオ / do the ~ 《米俗》セックスをする
-ti·ly 副 **-ti·ness** 名
ŃAŤ 略 💻 *n*etwork *a*ddress *t*ranslation《LAN上の複数のコンピューターで1つのIPアドレスを共有する仕組み》
nat. 略 national, nationalist;native;natural
na·tal /néɪtəl/ 形《限定》出生[誕生]の[にまつわる]
na·tal·i·ty /neɪtǽləti/ 名 Ⓤ 出生率(birthrate)
na·ta·to·ri·al /nèɪtətɔ́ːriəl/ 形《堅》泳ぎの;泳ぎに適した;泳ぐ習性のある
na·ta·to·ri·um /nèɪtətɔ́ːriəm/ 名 (**~s**/-z/ OR **-ri·a** /-riə/) Ⓒ《米》(主に屋内の)水泳プール
natch /nætʃ/ 副《口》当然, もちろん(naturally)
na·tes /néɪtiːz/ 名 複〘解〙臀部(でんぶ)(buttocks)

‡**na·tion** /néɪʃən/
—名 〔▶ national 形〕(複 **~s** /-z/) Ⓒ (⇨ BYB) ❶ **国家**, 国 (⇨ 類語) ‖ a friendly ~ 友好国 / an oil-producing ~ 産油国 / Spanish-speaking ~*s* スペイン語圏の国々 / across the ~ 全国で / build [OR establish] a ~ 建国する / bind a ~ together 国を1つにまとめる
連語 【形+~】 European ~*s* ヨーロッパ諸国 / leading ~*s* 他国をリードする国 / major ~*s* 主要国 / developed ~*s* 先進国 / developing ~*s* 発展途上国 / industrial ~*s* 工業国
❷《the ~》《単数・複数扱い》**国民** ‖ the Japanese ~

日本国民 / The whole ~ is [OR are] rejoicing over the royal wedding. 王室の結婚式を全国民が喜んでいる / the ~'s heart 国民の心
❸ 民族 ‖ the Jewish ~ ユダヤ民族
❹ 北米先住民の部族(連合)；北米先住民の領地
~·hòod 名 U 国民であること, 国民の身分；独立国の地位

類語 《❶》 **nation** 国民の集合体としての国.
state 主権に基づく政治的統一体としての国家.〈例〉 a nation *state* 国民国家
country 国民が住む領土としての国.〈例〉 invade a *country* ある国を侵略する
land 「国土」のニュアンスを持ち, やや文語的に国を表す語.〈例〉 Ireland, my native *land* 我が故国アイルランド

▶▶**Nàtion of Íslam** 名 《the ~》イスラム民族《アメリカの黒人イスラム教団体, またその運動. 1930年設立. 厳密な黒人のみの国家建設を唱える》 **~ státe** /, ˊ--ˋ-/ 名 C =nation-state

na·tion·al /nǽʃənəl/ 《発音注意》 形 名
— 形 〔◁ nation 名〕《比較なし》《通例限定》 ❶ **全国的な** (↔ local) ‖ The next ~ news is at 6:00 p.m. 次の全国ニュースは午後6時です / a ~ newspaper 全国紙 / a ~ survey 全国調査
❷ **国家の**, 国家的な；**国民の**, 国民的な；一国を象徴する ‖ The medalists on the platform looked up at their ~ flags. 表彰台のメダリストたちは自分たちの国旗を見上げた / ~ affairs 国務, 国事 / ~ interests 国益 / Sumo is「the ~ sport of Japan [OR Japan's ~ sport]. 相撲は日本の国技です / a living ~ treasure (日本の) 人間国宝 / a ~ asset 国有財産 / ~ characteristic 国民性
❸ **国立の**, 国有の；《米》連邦政府の ‖ a ~ theater 国立劇場
— 名 (複 **~s** /-z/) C ❶ (特定の)国民, 市民；(特に外国に住む)同胞, 同国人 ‖ **foreign** ~*s* living in Japan 在日外国人 / a German ~ ドイツ人 (♦「ドイツ国籍を持つ人」の意) ❷ 《通例 ~s》全国競技大会
▶▶ **~ ánthem** 名 C 国歌 **Nàtional Assémbly** 名 《the ~》(フランス革命当時の) 国民議会 (1789-91) **Nàtional Assèmbly for Wáles** 名 《the ~》ウェールズ議会 **Nàtional Assístance** 名 《また n- a-》U (英国の)国家扶助(料)《1948年に始まり, 65年に supplementary benefit と改称された社会保障制度. 現在は income support という》 **Nàtional Associàtion for the Advàncement of Cólored Pèople** 名 《the ~》(米国の) 全国有色人種向上協会 (略 NAACP) **~ bánk** 名 C ① 国立銀行 ② 《米》ナショナルバンク《連邦政府が認可した Federal Reserve System に加入の銀行》 **Nàtional Bàsketball Association** 名 《the ~》全米プロバスケットボール協会 (略 NBA) **~ convéntion** 名 《the ~》 ① 《米》(4年ごとに行われる, 政党の大統領候補を指名する) 全国大会 ② 《N- C-》【フランス史】国民議会, 国民公会(1792-95) **~ cóstume** 名 C U 民族衣装 **Nàtional Currículum** 名 《the ~》(英国の)国民カリキュラム《5-16歳の子供が受けなければならないカリキュラム. 1988年制定》 **~ débt** 名 C 国債 **Nàtional Educátion Associàtion** 名 (米国の) 全国教育連合会 (AFT とともに米国の2大教員組合) **Nàtional Endòwment for the Humánities** 名 《the ~》(米国の)国立人文基金 **Nàtional Fòotball Léague** 名 《the ~》全米フットボール連盟 (略NFL) **~ fórest** 名 C 《米》国有林 **Nàtional Frónt** 名 《the ~》(英国の) 国民戦線《1966年結成の極右政党. 略 NF》 **Nàtional Gállery** 名 《the ~》(ロンドンの) ナショナルギャラリー《国立絵画館》 **~ góvernment** 名 《the ~》(マクドナルド首相下の) 挙国一致内閣 (1931-35)；中央政府 **~ gríd** 名 C 《英》 ① (主要発電所間の) 送電[配電]線網 ② (陸地測量部 (the Ordnance Survey) で用いる) 国内地図用方眼 **Nàtional Guárd** 名 《the ~》州兵《緊急時に米国大統領の指令により, 陸・空軍に編入される》 **Nàtional Héalth Sèrvice** 名 《the ~》(英国の) 国民健康保険(制度)(略 NHS) **~ íncome** 名 U 国民所得 **Nàtional Ínstitute of Hèalth** 名 《the ~》(米国の)国立衛生研究所《保健福祉省内の一部署》 **Nàtional Insúrance** 名 U (英国の)国民保険(制度)《労働年齢に達したすべての国民が加入する. 加入者は国民保険番号(the National Insurance number)が与えられる. 略 NI》 **Nàtional Léague** 名 《the ~》ナショナルリーグ《米国プロ野球の2大リーグの1つ》 **Nátional Máll** 名 《the ~》《米》ナショナルモール, モール地区《米国の首都ワシントンD.C. の中心部にある公園》 **~ mónument** 名 C (政府指定の)国定記念物 **Nàtional Mótto** 名 アメリカ合衆国の公式標語 (In God we trust) **~ párk** 名 C 国立公園 **Nàtional Párk Sèrvice** 名 《the ~》(米国) 国立公園局《米国内務省の一部局で, 国立公園のほか国有記念物, 史跡などの管理運営に当たる》 **Nàtional Rífle Associàtion** 名 《the ~》全米ライフル協会《米国内の銃規制に反対する圧力団体の1つ. 略 NRA》 **~ séashore** 名 C 《米》国定海岸 **~ secúrity** 名 U 国家安全保障 **Nàtional Secúrity Cóuncil** 名 《the ~》(米国の) 国家安全保障会議 (略 NSC) **~ sérvice** 名 U 国民兵役 (制度) (《米》 draft, selective service) 《英国では1963年に廃止》 **Nàtional Sócialism** 名 U 国家社会主義, ナチズム **~ tráil** 名 C 国定遊歩道 **Nàtional Trúst** 名 《the ~》(英国の)ナショナルトラスト

Boost Your Brain!

nation と nationalism

"The nation is an imagined political community." (Benedict Anderson—米国の政治学者)「ネーションとは心に描かれた想像上の政治的共同体のことである.」

nation「国家, 国民, ネーション」と nationalism「国家主義, 民族主義, 国粋主義, ナショナリズム」は, 近代において生じた国家と国家, 国家と国民との間の複雑な関係を知る手がかりとなる重要な概念である.

people(民族), country(国, 郷土), patriotism(愛国心, 郷土愛)が, 共通の文化や伝統を持つ人々が何世代にもわたって暮らしを営む過程で, ほぼ自然発生的に生まれる意識であるのに対して, nation(国民)を主体とする考え方である nationalism は, フランス革命がその端緒となったと言われている. 絶対王政や封建主義と闘った人々は, 自分たちがフランス国民であるという自覚を持ち, 国民として団結して国を運営し, 革命に対する諸外国の干渉を退けようとした. これが nation (国民) としての意識の目覚めであり, nationalism の誕生である.

このように, 人々が自分たちはほかの人々とは異なる共通の歴史的記憶や言語・領土・伝統を持っている nation (国民) であると自覚し, 他の民族とは国土を共有しない自分たちだけの独立した統治機構で nation-state (国民国家) を持ちたいと欲する意識や行動を nationalism と言う. nationalism とは,「自分たちの独立した国民国家を求める思想や行動(民族主義)」のことであり, また「自分たちの国民国家から異質な存在を排除しようとする思想や行動 (国粋主義)」のことでもある.

"Nationalism is primarily a political principle, which holds that the political and the national unit should be congruent." (Ernest Gellner—英国の哲学者)「ナショナリズムとは, そもそもは政治的な単位と民族的な単位とが一致しなければならないと考える一つの政治原理である.」

《史跡や自然美の保護団体》**Nàtional Wéather Sèrvice** 名《the ～》米国気象局《略 NWS》

*__na·tion·al·ism__ /nǽʃənəlìzm/ 名 U (⇨ BYB 前ページ) ❶ 国家主義, 国粋主義, ナショナリズム；狂信的愛国主義；愛国心 (♥ patriotism よりマイナスイメージが強い) ‖ *Nationalism* is on the rise in Europe. ヨーロッパでナショナリズムが台頭している ❷ (植民地などの) 民族自決 [独立]主義

*__na·tion·al·ist__ /nǽʃənəlɪst/ 名 C ❶ 国家 [国粋] 主義者, ナショナリスト；狂信的愛国主義者 ❷ 民族(独立)主義者, 民族自決主義者 ━形《限定》国家[国粋]主義(者)の；民族(独立)主義(者)の

na·tion·al·is·tic /nӕʃənəlístɪk/ 〈シ 形 国家 [国粋] 主義の；民族自決主義の；愛国的な **-ti·cal·ly** 副

*__na·tion·al·i·ty__ /nӕʃənǽləṭi/ 名 (複 **-ties** /-z/) ❶ U C 国籍 ‖ She has [OR holds] Thai ～. 彼女はタイ国籍だ / What ～ are you? = What is your ～? 国籍はどこですか (♦ この問いには (I'm) Japanese [British, German]. のように形容詞で答える. 出入国カードなどに記入する場合も同様に形容詞を用いる) / Some people dislike being mistaken for someone of another ～. ほかの国籍の人と間違えられるのを嫌う人たちもいる / apply for US ～ 合衆国の国籍を申請する / dual ～ 二重国籍 ❷ C 国民, 民族, 部族 ‖ That country's population consists of several *nationalities*. その国の住民はいくつかの民族からなっている ❸ U 国家的独立 ‖ The colony attained ～. その植民地は独立国となった ❹ U 国民性, 国民感情 ❺ U 愛国心

na·tion·al·i·za·tion /nӕʃənələzéɪʃən | -əlaɪ-/ 名 U ❶ 国営 [国有] 化 (↔ privatization) ‖ the ～ of the railways 鉄道の国有化 ❷ 全国化；独立国家化

*__na·tion·al·ize__ /nǽʃənəlàɪz/ 動 他 ❶ 〔事業など〕を国営にする, 国有化する；…を全国的なものにする ‖ ～ the railway 鉄道を国有化する ❷ …に国家的性質を帯びさせる ❸ …を単独の国家にする ❹ 〔外国人〕を帰化させる (naturalize)

*__na·tion·al·ly__ /nǽʃənəli/ 副 国家 [国民] として；《文修飾》全国的に (見て) ‖ televise the game ～ その試合を全国放映する

nátion-stàte /英 ⌐ ⌐/ 名 C (近代の)(民族)国家

nàtion·wíde 〈シ 形 副 全国的な[に], 全国規模の[で] ‖ a ～ search [survey] 全国捜査 [調査] / go ～ 全国規模になる / The program was broadcast ～. その番組は全国ネットで放送された

:na·tive /néɪṭɪv/

━形 〔▶ nativity 名〕《比較なし》❶《限定》**生まれた土地の**, 出生(地)の；自国の；その土地[国]に生まれた[育った] ‖ one's ～ land [OR country] 生まれた国, 故国 / one's ～ language [OR tongue] 母語 / I thought you were a ～ **speaker** of English. あなたは英語のネイティブだと思っていた / a ～ Tokyoite 東京生まれの人

❷ **その土地 [国] 固有の**, 〈…〉原産の 〈**to**〉 ‖ ～ plants [birds] その土地固有の植物 [鳥] / Potatoes are ～ *to* South America. ジャガイモは南米原産である

❸ 生まれながらの, 生得の ‖ ～ intelligence 持って生まれた知能 / a disorder ～ to him 彼の先天的な病気

❹ ⊗《ときに蔑》(特に白人の立場から見て)先住(民)の(中立 indigenous) ‖ ～ customs 先住民の習慣

❺ (鉱物などが)自然に産する；自然のままの, 天然の, 自生の ‖ ～ copper 自然銅 ❻ 特定のシステム用の

__gò nátive__ 《しばしば戯》旅行[移住]先で現地人と同じ生活[振る舞い]をする

━名 (複 **～s** /-z/) C ❶ その土地 [国] に生まれた人；その土地の住民 ‖ a ～ of Yorkshire ヨークシャー生まれの人 / a sixteen-year-old London ～ 16歳のロンドンっ子 / speak Chinese like a ～ ネイティブスピーカーのように中国語を話す

❷ ⊗《旧》《蔑》(白人から見た)先住民

❸ ある土地に固有の動 [植] 物 ‖ The koala is a ～ of Australia. コアラはオーストラリア特有の動物だ

❹《英》(特に養殖の)国産のカキ

～·ly 副 生まれながらにして, 生来 **～·ness** 名

▶▶**Nàtive Américan** 名 C 形 米国先住民(の)(♥ 米国では American Indian より好ましい表現とされるが, これを嫌う人もいる) **Nàtive Canádian** 名 C 《カナダ》カナダ先住民 **～ códe** 名 C (CPUが直接理解できる)機械語のコード **～ spéaker** 名 C ネイティブスピーカー, 母語話者

nàtive-bórn 〈シ 形 その土地[国]生まれの, 生粋の；生え抜きの

na·tiv·ism /néɪṭɪvìzm/ 名 U ❶ 【哲】生得論 ❷ 固有文化の復興[保存] ❸《主に米》排外主義；先住民保護主義[政策] **-ist** 名 形

na·tiv·i·ty /nətívəṭi/ 名 〔◁ native 形〕 ❶ U C (特に場所・状況などに関連する)出生, 誕生 ‖ of Welsh ～ ウェールズ生まれの ❷《通例 the N-》キリスト降誕；キリスト降誕祭, クリスマス；聖母マリア[ヨハネ]誕生(祭)；キリスト降誕の図 ❸ C《旧》【占星】(人の出生時の)天宮図(horoscope)

▶▶**～ plày** 名 (ときに N- p-) C《英》キリスト降誕劇

natl. 略 national

NATO, Nato /néɪṭou/ 《発音注意》略 *N*orth *A*tlantic *T*reaty *O*rganization(北大西洋条約機構, ナトー)

na·tri·u·re·sis /nèɪtrijurí:sɪs/ 名 U 【生理】ナトリウム尿排泄亢進(はいせつこうしん) **nà·tri·u·rét·ic** 形

nat·ter /nǽṭər/ 《口》動 自 おしゃべりする；ぶつぶつ言う《*away, on*》 ━名 C《単数形で》おしゃべり

nat·ty /nǽṭi/ 形《口》(外観・服装などが)さっぱりした, 小ぎれいな, 小意気な **-ti·ly** 副 **-ti·ness** 名

⁝nat·u·ral /nǽtʃərəl/ 形 名

中心義 本来あるままの

形 自然(界)の❶ 天然の❷ 当然の❸ 生まれつきの❹

━形 〔◁ nature 名〕(**more ～ ; most ～**)

❶《比較なし》《限定》**自然(界)の**, 自然界に存在する[起こる], 自然に関する (↔ supernatural) ‖ ～ wonders 自然の不思議 / ～ phenomena 自然現象の数々 / ～ forces (雨・雷・風・水力などの) 自然の力 / ～ disasters 天災

❷《比較なし》**天然の**, 自然のままの；未加工の(↔ artificial, processed) ‖ ～ ingredients 自然素材 / ～ blonde (染めていない) 本来のブロンド / live a ～ life 自然のままの生活をする

❸ **a 当然の**, 当たり前の, 無理のない；自然の摂理による ‖ the ～ result [reaction] 当然の結果 [反応] / a ～ increase in the world population 世界人口の自然増 / die of ～ causes 自然死する

b 《It is ～ for *A* to *do*/It is ～ that *A* (should) *do* で》*A* (人) が…するのは当然である ‖ It is ～ *for* him *to* get cross with you. = It is ～ (*that*) he gets [《主に英》should get] cross with you. 彼があなたのことで機嫌を悪くするのは当然だ / It's only ～ *for* children *to* miss their mothers. 子供が母親がいないのをさみしがるのはごく当然なことだ

❹《通例限定》(性質・資質などが)**生まれつき**[生得]**の**, 天性の ‖ a ～ linguist 生まれついての語学の達人 / ～ immunity 自然免疫 / Our ～ inner rhythms do not correspond to clock time. 我々が生来持っている体内リズムは時計の時間とは一致しない

❺ ふつうの(↔ abnormal)；気取らない, 飾り気のない(↔ affected) ‖ She is ～ in her manner. 彼女は振る舞いが自然だ

❻《限定》(法律などが) 人間の本性に基づく, 自然の ‖ ～ rights 自然権 ❼《比較なし》《限定》実の, 血のつながっている；《主に古》私生の, 庶出の ‖ one's ～ parents (養父

母に対して) 実の両親 / a ～ child 実子；非嫡出子 ❽《比較なし》〖楽〗本位の，ナチュラルの (→ sharp, flat¹) ‖ sing C ～ 本位ハ音で歌う / a ～ sign 本位記号 (♮)
—名〔▶ naturalize 動〕(複 **～s** /-z/) Ⓒ ❶《通例単数形で》〈…に〉生まれつき向いている人；すぐ成功しそうなもの，うまくいきそうなもの〈**for**〉‖ He is a ～ *for* the job. 彼はその仕事に生まれつき向いている
❷〖楽〗ナチュラル，本位記号 (♮)
❸ (トランプで)すぐ勝ちとなる2枚の札の組み合わせ；(クラップ賭博(とばく)で)7または11の勝ちの目 ❹ Ⓤ 淡黄褐色
～·ness 名
▶▶ **～ chíldbirth** 名 Ⓤ 自然分娩(ぶんべん)(法) **～ classificátion** 名 Ⓤ 自然分類 **～ fóod** 名 Ⓤ Ⓒ (防腐剤などを加えない) 自然食品 ‖ a *natural-foods* section of a supermarket スーパーの自然食品売場 **～ gás** 名 Ⓤ 天然ガス **～ hístory** (↓) **～ kíller cèll** 名 Ⓒ〖医〗ナチュラルキラー細胞《ウイルスや異物[腫瘍(しゅよう)]を破壊するのに重要なリンパ球. NK細胞ともいう》 **～ lánguage** 名 Ⓤ 自然言語《人工言語などに対して》 **～ lánguage pròcessing** 名 Ⓤ 自然言語処理《人工知能による自然言語の処理法》 **～ láw** 名 Ⓤ ①〖法〗自然法 (↔ positive law) ② 自然律 **～ lífe** 名 Ⓒ ① 寿命，天寿 ② ⇨ 形 ❷ **～ lógarithm** 名 Ⓒ〖数〗自然対数 (Napierian logarithm) **～ númber** 名 Ⓒ〖数〗自然数 **～ philósophy** 名 Ⓤ《古》自然科学，物理学 **～ relígion** 名 Ⓤ Ⓒ 自然宗教《啓示でなく理性と自然に基づく》(↔ revealed religion) **～ resóurces** 名 複 天然資源 **～ scíence** 名 Ⓒ Ⓤ 自然科学 **～ scíentist** 名 Ⓒ 自然科学者 **～ seléction** 名 Ⓤ〖生〗自然淘汰(とうた)，自然選択 **～ theólogy** 名 Ⓤ Ⓒ 自然神学 **～ vírtues** 名 複〖哲〗(スコラ哲学の) 自然徳 (cardinal virtues) **～ wástage** 名 Ⓤ《英》(転退職による) 労働力の自然減 (attrition)

nátural-bòrn 形《限定》(性質・能力が)生まれつきの，根っからの

nàtural hístory 名 Ⓤ Ⓒ 博物学；(病気・生体などの一定期間内の)自然な展開[生長]
nàtural histórian 名 Ⓒ 博物学者

nát·u·ral·ìsm /-ìzm/ 名 Ⓤ ❶〖文学〗自然主義 ❷〖哲〗自然主義

***nát·u·ral·ist** /-ɪst/ 名 Ⓒ ❶ 自然研究家，博物学者，動[植]物学者 ❷ 自然主義者 —形 =naturalistic

nat·u·ral·is·tic /nӕtʃərəlístɪk/ ◁ 形 ❶ 自然主義の[的な] ❷ 自然を模した ❸ 博物学の **-ti·cal·ly** 副

nat·u·ral·ize /nǽtʃərəlàɪz/ 動〔◁ natural 形〕他 ❶《通例受身形で》市民権を得る，帰化する ‖ a ～*d* American born in Germany ドイツ生まれの帰化アメリカ人 ❷《通例受身形で》(動植物が)帰化する；(外国の習慣・言語などが) 取り入れられる，移入される ‖ ～*d* plants 帰化植物 ❸ …を自然の法則で説明する，…の神秘性を取り去る ❹ …のわざとらしさをなくす，…を自然にする —自 ❶ 帰化する；(動植物が)順応[順化]する ❷ 博物学を研究する
nàt·u·ral·i·zá·tion 名

:nat·u·ral·ly /nǽtʃərəli/
—副 (**more ～ ; most ～**) (♦❺以外比較なし)
❶《文修飾》**当然** (のことながら)，もちろん ‖ *Naturally*, I refused such an offer. もちろんそんな申し出は断った
❷《返事として》もちろん(of course) (♥ yes の返事を期待している質問に対して使う) ‖ "Did you leave him a tip?" "*Naturally*."「彼にチップを置いてきた？」「もちろんだよ」
❸ 自然 [天然] に，自然の力で ‖ die ～ 天寿を全うする / Cypress grows ～ in the southeastern U.S. イトスギは米国南東部に自生する / her ～ wavy hair 彼女の天然ウエーブのかかった髪 / ～ **occurring** effect 自然発生的な効果
❹ 生まれつき，生来(by nature) ‖ He is ～ optimistic. 彼は生来楽天家だ(=He is a natural-born optimist.)
❺ 気取らずに，自然な態度で ‖ behave ～ 自然に振る舞う
❻ 本物そっくりに，写実的に
còme náturally to ... …にとって簡単だ，お手のものである ‖ The job *comes* ～ *to* him. その仕事は彼にはたやすい

:na·ture /néɪtʃər/
—名〔▶ natural 形〕(複 **～s** /-z/) Ⓤ (⇨ BYB) ❶《しばしば N-》**自然**；物質世界，自然界，自然現象；自然の力[法則]，自然の女神 (→ Mother Nature) ‖ the beauties [wonders] of ～ 自然の美しさ[驚異] (♦ nature に the はつけない) / the world of ～ 自然界 / the laws [forces] of ～ 自然の法則 [脅威] / explore ～ 自然を探索する / love [preserve] ～ 自然を愛する [保護する] / live in harmony with ～ 自然と調和して暮らす / ～ **conservation** 自然保護
❷ 自然のままの姿，実物そのまま，迫真性；未開[自然]状態；田舎；(人間以外の) 野生生物のすみか ‖ draw [OR paint] from ～ 写生する / true to ～ 真に迫った；実物[本物]どおりに / go back [OR return] to ～ (文明社会を去って)自然に帰る
❸ Ⓤ Ⓒ (人・物の)**性質**，本性，性格(⇨ QUALITY 類語) ‖ **human** ～ 人間性，人間の本性 / She has an inquisitive ～.=She is inquisitive in ～. 彼女は詮索(せんさく)好きな性格だ / "Did you tell the manager, dear?" "No, it's not in my ～ to complain about such a small thing."「責任者に話してくれたの，あなた」「いいや，そんなささいなことで文句を言うのは私の性に合わないよ」/ Eating quickly has become second ～ to him. 彼

Boost Your Brain!

nature

"Nature is perhaps the most complex word in the language." (Raymond Williams—英国の哲学者)「nature は英語の中でおそらく最も複雑な語である.」

nature には大きな意味領域が2つある. ひとつは歴史的により古い語義で「(人や物などの) 性質，本質」を表す. この意味のとき，the nature of our democracy (現代の民主主義の本質)，human nature(人間性，人間の本質)のように,「the nature of ...」や「形容詞 ＋ nature」の形で用いられるのがふつうである.

もうひとつは「自然」の意味で，通例，冠詞や形容詞(句)を伴わない.「美しい自然」は beautiful nature ではなく the beauties of nature. また「日本の自然」は nature in Japan ではなく natural scenery in Japan がより一般的である. 自然を意味する nature の意味領域は非常に広く,「自然環境，自然界そのもの」だけではなく，the forces of nature (自然の脅威) のように,「自然の背後にある人智を超越した力」といった抽象的な意味も持つ.

より具体的に自然環境を指す場合は nature ではなく the environment などが用いられる. 例えば「自然環境を守る」は protect nature ではなく protect the environment と言う.

culture「人間の手が加わった文化」との対比から，nature は「人間の手がいっさい加えられていない自然状態」を指すと考えられやすいが，実際にはひなびた田園や里山の風景なども nature に含まれる.

"Nothing is rich but the inexhaustible wealth of nature. She shows us only surfaces, but she is a million fathoms deep." (Ralph Waldo Emerson—米国の思想家)「自然の汲(く)めど尽きせぬ富ほど豊かなものはない. 自然は私たちに表面の姿しか見せてはくれない. しかし自然には計り知れない深さがあるのだ.」

は早食いが習慣になってしまった ❹ (物事の)本質 ‖ the ~ of love 恋の本質 ❺ C 《単数形で》《of ... nature の形で》種類, タイプ ‖ questions of this ~ この種の問題 ❻ 〖神〗自然《人間がまだ神の恩寵(おんちょう)に浴していない状態》(→ grace)

against náture 自然に反して, 人間性に反して

appéal to a pèrson's bètter náture 〔人〕の良心に訴えかける

by náture 生まれつき, 生来 ; 元来, 本質的に ‖ Which of the sexes is *by* ~ better fitted for creative work? 生来男女どちらの方がクリエイティブな仕事に向いているだろうか

in a stàte of náture ① 未開の状態で ; 自然[野生]のままに ② 裸で ③ 〖神〗(人間が)(まだ神の恩寵に浴さない)自然の状態で

in náture ① 本質的に(は) ; 現実に ②《最上級・否定の強調》全く, 少しも ; 《疑問詞の強調》一体全体

in the náture of ... …の性質を持つ, …に似た

in the náture of thìngs 物事の道理上, 当然

lèt nature tàke its cóurse ; ***allòw nàture to tàke its cóurse*** 自然の成り行きに任せる

the call of nature ⇨ CALL(成句)

the nàture of the béast 《口》避けられない[扱いにくい]本性

▶▶ ~ **resèrve** [**presèrve**] 名 C 自然保護区 ~ **strìp** 名 C 《豪》道路沿いの植え込み, 草木, 芝生 ~ **stùdy** 名 U (初等教育の)理科 ; 自然観察 ~ **tràil** 名 C 自然遊歩道 ~ **wòrship** 名 U 自然崇拝

-ná·tured /-d/ 形 性質が…な ‖ sweet-*natured* 気立ての優しい

na·tur·ism /néɪtʃərìzm/ 名 U ❶ ヌーディズム (nudism) ❷ 自然崇拝 **-ist** 名 形

na·tur·o·path /néɪtʃərəpæθ/ 名 C 自然療法医

na·tur·op·a·thy /nèɪtʃərá(ː)pəθi | -ɔ́p-/ 名 U 自然療法(nature cure) **nà·tur·o·páth·ic** 形

Nau·ga·hyde /nɔ́ːgəhàɪd/ 名 U 《商標》ノーガハイド《人工皮革》

naught /nɔːt/ 名 ❶ U 《古》無 (nothing), 非存在 ‖ care ~ for ... …を少しも構わない[好きではない] ❷ C U 《米》ゼロ, 零(zero, 《英》nought)

brìng ... to náught 《古》…を無[駄目]にする

còme to náught ; ***gò for náught*** 無駄に終わる, 水泡に帰す

sèt ... at náught 《古》…を無視する ; …をばかにする

*__naugh·ty__ /nɔ́ːṭi/ 《発音注意》 形 ❶ (子供(の行い)が)いたずらな, 行儀の悪い, 言うことを聞かない(↔ good, well-behaved) (♥ おどけて大人(の行為)に対して用いることもある) ‖ a ~ boy いたずらっ子 / You're being ~ again. またいたずらしてるのね(♦ 進行形が可能) / 「It's ~ of him [OR He is ~] to draw on the wall. 壁に落書きするとは彼もしようのないやつだ ❷ 《口》下品な, いかがわしい, みだらな(↔ clean) ‖ ~ jokes 下品な冗談

-ti·ly 副 **-ti·ness** 名

nau·pli·us /nɔ́ːpliəs/ 名 (複 **-pli·i** /-pliàɪ/) C 〖生〗ノープリウス《甲殻類の最初の段階の幼生》

*__Na·u·ru__ /nɑːúːruː, nərúː/ 名 ナウル《南太平洋上の共和国. 公式名 the Republic of Nauru. 首都 Yaren /jɑ́ːrən/》

~·an 形 名 C ナウル人(の)

nau·se·a /nɔ́ːziə | -siə/ 名 U ❶ 吐き気, むかつき ‖ A wave of ~ hit me. 吐き気がぐっと込み上げてきた ❷ 《文》激しい嫌悪感

語源 ギリシャ語で ship (船) を意味する *naus* から. noise と同語源.

nau·se·ate /nɔ́ːzièɪt | -si-/ 動 他 ❶ …に吐き気を催させる, …を気持ち悪くさせる ❷ …に不快な感じを与える

— 自 吐き気を催す (♥ feel sick の方が婉曲的) ; 〈…を〉ひどく嫌う〈**at**〉

-àt·ed 形 吐き気を催した, 気分が悪くなった **-àt·ing** 形 吐き気を催させる ; 不愉快な, いやな **-àt·ing·ly** 副

nau·seous /nɔ́ːʃəs, -ziəs | siəs/ 形 ❶ 吐き気を催させる ; ひどくいやな ❷ 《叙述》吐き気のする, 気分が悪い

~·ly 副 **~·ness** 名

naut. 略 nautical

nautch, nauch /nɔːtʃ/ 名 C (インドで) 舞子の踊り ‖ a ~ girl 舞子, 踊り子

nau·ti·cal /nɔ́ːṭɪkəl/ 形 船舶の, 船員の, 航海の, 海事の ‖ ~ terms 海事用語 / the ~ almanac 航海暦

~·ly 副 海事に関して

▶▶ ~ **míle** 名 C 海里 (sea mile) 《航海・航空用の距離の単位. 国際単位では1,852m》

nau·ti·lus /nɔ́ːṭələs | -tɪ-/ 名 (複 **~·es** /-ɪz/ OR **nau·ti·li** /-làɪ/) C ❶ 〖動〗オウムガイ ❷ = paper nautilus

nav. 略 naval ; navigable, navigation

Nav·a·jo /nǽvəhòʊ/ (♦ Navaho ともつづる) 名 (複 ~ OR **~es**, **~s** /-z/) C ナバホ族《ニューメキシコ・アリゾナ州の北米先住民》; U ナバホ語 — 形 ナバホ族の, ナバホ語の

*__na·val__ /néɪvəl/ (♦ 同音語 navel) 形 (◁ navy 名) 《限定》海軍の, 軍艦の[による] ‖ a ~ base [station] 海軍基地[補給地] / a ~ battle 海戦 / a ~ officer 海軍士官 / a ~ power 海軍大国 / a ~ museum 軍艦博物館

▶▶ ~ **árchitect** 名 C 造船技師 ~ **stòres** 名 複 (塗料などの)船舶用品

nave[1] /neɪv/ 名 C (教会堂の)身廊(しんろう), ネーブ(⇨ CHURCH 図)

nave[2] /neɪv/ 名 C (車輪の)こしき(hub)

na·vel /néɪvəl/ (♦ 同音語 naval) 名 C ❶ へそ(→ body 図) ❷ 中心(点), 中央

cóntemplate [OR ***gàze at***] ***one's nável*** 《戯》瞑想(めいそう)にふける

▶▶ ~ **òrange** 名 C ネーブル (オレンジ) ~ **rìng** 名 C へそ用リング《へそにつける装身具》

nável-gàzing 名 U (行動が必要なときの)無意味な自省

nav·i·ga·ble /nǽvɪgəbl/ 形 ❶ (川・海などが) 航行できる, 航海に適する ❷ (船舶・航空機などが)航行可能な ; (気球などが)操縦可能な

nàv·i·ga·bíl·i·ty 名 U 航行可能性 ; 耐航性

*__nav·i·gate__ /nǽvɪgèɪt/ 動 自 ❶ 船舶 [航空機] を操舵(そうだ)する, 操縦する ; (自動車の同乗者などが)ドライバーを誘導する ❷ (困難を克服して) 前進する ; 《口》進む, 歩く ❸ 航海する ‖ ~ by the stars 星を頼りに航海する

— 他 ❶ 〔船舶〕を操舵する ; 〔船舶・航空機・自動車など〕を(地図などを頼りに) 進路に乗せる, 操縦する ❷ 〔困難な状況など〕を克服して進む ❸ (船舶で)…を航行する, 渡る

*__nav·i·ga·tion__ /næ̀vɪgéɪʃən/ 名 U ❶ 航行, 航海, 飛行 ; 運行, 運航 ‖ a ~ chart 海図, 空路図 / ~ by satellite 衛星による航海 [飛行] / ~ equipment 飛行[航海]機器 ❷ 航海術, 飛行術, 航法 **~·al** 形

▶▶ ~ **light** 名 C 《通例 ~s》航空灯, 航海灯

*__nav·i·ga·tor__ /nǽvɪgèɪṭər/ 《アクセント注意》 名 C ❶ 航海者, 航空士 ; 〖史〗海洋探検家 ❷ 車に同乗して走路指示をする人 ‖ Hey, pay attention! You're supposed to be the ~. ねえ, ぼうっとしてないで. あなたはナビゲーターなんだから ❸ ナビゲーター《航空機・ミサイルの進路の自動調整装置》 ❹ 💻 ナビゲーター《WWWなどのデータにアクセスするためのプログラムによく使われる呼称》

nav·vy /nǽvi/ 《英》《旧》 名 (複 **-vies** /-z/) C (道路・運河・鉄道工事などの)建設労働者

na·vy /néɪvi/

— 名 [▶ naval 形] (複 **-vies** /-z/) ❶ C 《しばしば the N-》《単数・複数扱い》**海軍**, 海軍力(♦ 陸軍は army, 海兵隊は marine, 空軍は air force) ‖ The ~ was [OR were] asked to enforce the embargo. 海軍は出入港禁止の強化を求められた / join the ~ 海軍に入隊する / be [OR serve] **in the** ~ 海軍に所属する / the Royal *Navy* 英国海軍 / the United States *Navy* 米国海軍

N

❷ (=～ blúe) Ⓤ 濃紺色, ネービーブルー《英国海軍制服の色》 ❸《the ～, the N-》《集合的に》全海軍艦船；《文》(商)船隊, 艦隊 ‖ merchant ～ 商船隊
語源「船」の意のラテン語 *navis* から. navigate と同語源.
▶▶～ bèan 名Ⓒ《主に米》〘植〙シロインゲンマメ (haricot) ～ exchánge 名Ⓒ《米》海軍基地内の売店 (→ post exchange) Nàvy Líst 名《the ～》(英国の) 海軍要覧《英国海軍および海兵隊士官の公式名簿》 Nàvy SÉALs 名〘米海軍〙ネイビーシールズ《米海軍の特殊部隊. 隊員1人は Navy SEAL》 ～ yàrd 名Ⓒ《米》海軍工廠(こうしょう), 造船所

naw /nɔː/ 間《スコット·北イング·米》《口》=no[1]

na·wab /nəwάːb/ 名Ⓒ ❶ ナワーブ《(ムガール帝国時代の)インドの太守·貴族の尊称；パキスタンの優れたイスラム教徒の称号》 ❷ =nabob

nay /neɪ/ (♦ 同音語 neigh) 名ⓊⒸ 否(という語)；反対投票(者)(↔ aye[1])；拒絶 ‖ The ～*s* have it! (議会で)反対多数 ―副 ❶ それどころか, むしろ ‖ happy, ～, ecstatic 幸福どころか有頂天の ❷ いや, いいえ, 否(no) (♦ 公式の投票などで用いる以外は《方または古》)

náy·sày 動 (-said /-sèd/；～·ing) 他《主に米》…を拒否する, 反対する, 批判する ～·er 名Ⓒ 反対する人

Naz·a·rene /nӕzəríːn/ 名Ⓒ ❶ ナザレ人；《the N-》《文》イエス=キリスト ❷ ナザレ教徒《初期のユダヤ人キリスト教徒, または20世紀におけるプロテスタントの一派の信者》 ❸ (イスラム教徒·ユダヤ人からみて)キリスト教徒
―形 ナザレ(人)の

Naz·a·reth /nǽzərəθ/ 名 ナザレ《イスラエル北部, ガリラヤ地方の町. キリストが少年時代を過ごした所》

Nàz·ca Línes /nάːskə-｜nǽz-/ 名 複 ナスカの地上絵《ペルー南部, ナスカの砂漠に描かれた巨大な地上絵》

Na·zi /nάːtsi/ 名Ⓒ ナチ党員；《しばしば n-》ナチ主義者；⊗《蔑》ファシスト；人種差別主義者 ‖ The shadow of the ～*s* still seems to darken this place. ナチ党員たちの影が今なおこの場所を暗くしているようだ
―形 ナチスの, ナチズムの

Na·zi·fy /nάːtsɪfàɪ/ 動 (-fied /-d/；～·ing) 他 …をナチ化する

Na·zism /nάːtsìzm/ 名Ⓤ ナチズム, ドイツ国家社会主義

Nb 記号〘化〙niobium(ニオブ)

NB[1] 略 *N*ew *B*runswick

NB[2], **N.B., n.b.** 略 (よく) 注意 (せよ) (♦ ラテン語 *nota bene*(=note well)の略)

NBA 略 *N*ational *B*asketball *A*ssociation (全米プロバスケットボール協会)；*N*ational *B*oxing *A*ssociation (全米ボクシング協会)；*N*et *B*ook *A*greement ((英国の)書籍再販制度協定)

NBC 略 *N*ational *B*roadcasting *C*ompany ((米国の) NBC放送)

NBG 略《口》*n*o *b*loody *g*ood(全然駄目)(→ NG, n.g.)

NC 略 *n*etwork *c*omputer；〘郵〙*N*orth *C*arolina；*n*umerical *c*ontrol(数値制御)

N.C. 略 *N*orth *C*arolina

NCO 略 *N*oncommissioned *O*fficer

NC-17 /-sevəntíːn/ 記号〘映画〙*n*o *c*hildren under *17* ((米国の)17歳未満お断りの準成人映画)

NCT 略 *N*ational *C*urriculum *T*est ((英国の) 全国カリキュラムテスト)《旧称 SAT=Standard Assessment Task. 7歳, 11歳, 14歳で受験する》

Nd 記号〘化〙neodymium(ネオジム)

ND 略〘郵〙*N*orth *D*akota

n.d. 略 *n*o *d*ate(日付なし)

N.D. 略 *N*orth *D*akota

N.Dak. 略 *N*orth *Dak*ota

NDEA 略 *N*ational *D*efense *E*ducation *A*ct ((米国の)国防教育法)

N'Dja·me·na /əndʒɑːméɪnə｜əndʒӕ-/ 名 ンジャメナ《中北アフリカ, チャドの首都》

Ndu·gu /əndúːgu, endúː-/ 名《東アフリカ》…さん, …氏, …様《タンザニアで男女の姓名につける敬称》

né /neɪ/ 形 (出生時の) 旧姓名では (→ née) ‖ Lord Beaconsfield, ～ Benjamin Disraeli ビーコンズフィールド卿(きょう), 旧姓ベンジャミン=ディズレーリ

Ne 記号〘化〙neon

NE 略〘郵〙Nebraska；*N*ew *E*ngland；northeast, northeastern

NEA 略 *N*ational *E*ducation *A*ssociation (全米教育協会)

Ne·an·der·thal /niǽndərθɔːl｜-tɑːl/ 名Ⓒ ❶ (=～ màn)〘人類〙ネアンデルタール人 ❷《しばしば n-》⊗《蔑》無知で粗野な人；超保守的な人 ―形 ネアンデルタール人の；⊗《蔑》無教養で粗野な, 超保守的な

neap /niːp/ 形 小潮の ―名 (=～ tìde) Ⓒ 小潮

Ne·a·pol·i·tan /nìːəpά(ː)lətən｜nɪəpɔ́lɪ-/ 〈シ〉 形 ナポリ (Naples)の；ナポリ風の
―名Ⓒ ❶ ナポリ人 ❷ (=～ íce crèam) ナポリ風アイスクリーム《チョコレート·バニラ·ストロベリーの層からなる》

near /nɪər/ 前 副 形 動
―前 (～·er；～·est) (♦ 前置詞であるが比較級·最上級の形でも用いる)
❶《距離·時間》…**の近くに**(→ by 前 ❼ 語法) ‖ Is there a bus stop ～ here? この近くにバス停がありますか / I moved to be ～*er* my work. 私は勤め先にもっと近くなるように引っ越した / Who is the man standing ～*est* the window? 窓にいちばん近い所に立っている人はだれですか / I'll remind you ～*er* the time of the meeting. 会議の時間が近づきましたらまた声をおかけします

語法 ☆☆ by と near
by は隣接しているか, near よりもさらに近くであることを表す. 例えば I live by the river. は通例, 川岸か川が見える場所に住んでいることを表すが, I live near the river. は必ずしもそうではなく, より離れた場所に住んでいる場合にも使う. また, 地名の前では by ではなく near を用いる. 〈例〉I lived in a small town near [×by] London. 私はロンドンの近くの小さな町に住んでいた

❷《数量》…に近い ‖ His time was ～ the world record. 彼のタイムは世界記録に近かった / a profit ～ a million yen 100万円に近い利益
❸ (状態·ありさまなどが)…しそうで, …に近い；…に似ている ‖ There are a lot of children ～ starvation in the world. 世界には餓死寸前の子供たちがたくさんいる / It was a feeling ～ hatred. それは憎悪に似た感情だった
―副 (～·er；～·est)
❶《距離·時間》**近くに**, 近くへ(↔ far) ‖ The school is quite ～. 学校はとても近い所にある / Don't come any ～*er*. それ以上近寄らないで / I **drew** a little ～*er* to the elephant. 象の方に少し近寄った(♦ to ... を伴うのは通例比較級·最上級の場合) / The day of departure **drew** ～*er*. 出発の日がますます近づいた
❷《状態》…しそうで, もう少しで…するところで ‖ My girlfriend sounded as if she were ～ to tears. 僕の彼女は今にも泣きそうな声を上げた
❸《程度》ほとんど (♦ この意味では形容詞との複合語以外は nearly がふつう) ‖ ～-perfect ほぼ完璧(かんぺき)な / his ～-fatal accident 彼の危うく致命的となる事故

as nèar as a pèrson can dó (人が)…する限りでは
(as) near as 「***damn it*** [OR ***dammit***] ⇨ DAMN(成句)
còme néar to dóing もう少しで…するところである ‖ I *came* ～ *to* being invited onto the stage by the magician. 手品師に誘われてもう少しで舞台に上がるところだった
nèar and fár = FAR *and near*
nèar bý =nearby 副
nèar enóugh ほとんど, ほぼ

N

nòwhere [OR *nòt* (*ànywhere*)] *néar ...* ① …とだいぶ離れている ‖ His house was *nowhere* ～ the station. 彼の家は駅からだいぶ離れていた ② 少しも…でない ‖ I'm *nowhere* ～ finishing the job. 仕事が終わりそうだなんてとんでもない

COMMUNICATIVE EXPRESSIONS

1 **Só nèar and yèt sò fár.** 惜しい；もう少しだ

―形 (～·er；～·est)
❶《距離・時間》**近い**；近い方の(↔ far)(→ close²) ‖ the ～*est* station 最寄りの駅 / Could you tell me the ～*est* route to the airport? 空港への一番の近道を教えていただけますか(♦ 距離が「近い」という意味で名詞を修飾する場合は nearby を用いる. ただし上の例のように最上級 nearest は可.〈例〉a nearby [× near] airport 近くの空港) / in the ～ **future** 近い将来に
❷《限定》本物に近い，よく似ている；ほとんど差のない ‖ a ～ resemblance 酷似 / a ～ guess 当たらずとも遠からずの推測 / one's ～*est* rival 競り合っているライバル
❸《比較なし》《限定》もう少しで…の，辛うじての ‖ We had a ～ escape. 我々は九死に一生を得た / a ～ accident もう少しで事故になる出来事
❹《限定》近親の(↔ distant) ‖ a ～ relative [OR relation] 近親者 ❺《限定》歩道の縁石に近い方の，左側の(nearside)(↔ off) ‖ the ～ front tire 左前のタイヤ ❻《古》けちな，しみったれた

a nèar thíng きわどい状況，ぎりぎりの成功 ‖ It was *a* ～ *thing*, but we won first prize. きわどいところだったが，私たちは1等を勝ち取った

a pèrson's nèarest and déarest 《口》親しい人たち《家族・親戚(しんせき)・友人など》

to the néarest ... …の単位で；おおよそ，約 ‖ *to the* ～*est* 100th of a second 100分の1秒単位で

―動 他 …に近づく ‖ The building was ～*ing* **completion.** 建物は完成に近づいていた / ～ the **end** of the journey 旅の終わりに近づく

―自 近づく ‖ The deadline ～*ed*. 締切が近づいた

▸▸ **～ béer** 名 U《米》ニアビール《ビールに似ているがアルコール分が0.5%以下と少ない》 **～ cásh** 名 U ＝near money **Nèar Éast** 名《the ～》《旧》近東 **Nèar Éastern** 形 近東の **～ gále** 名 C〘気象〙強風《ビューフォート風力階級で風力7. 28–33ノット＝時速51–62キロ》 **～ gó** 名 C《英》《旧》＝near miss **～ míss** 名 C ①〘軍〙至近弾 ②(航空機などの)異常接近，ニアミス ③《口》もう1歩のところ，惜しい失敗，危ういところ **～ móney** 名 U 準通貨，ニアマネー《ポイント券などすぐ現金化できるもの》

‡near·by /nɪ̀ərbáɪ/《アクセント注意》<シ

―形《比較なし》《通例限定》**すぐ近くの** ‖ a ～ river 近くの川(♦ a river nearby も同じ意味だがこの場合の nearby は副詞)

―副《比較なし》すぐ近くに[で] ‖ Is there a cafe ～? 近くに喫茶店がありますか

Ne·arc·tic /nìːɑ́ːrktɪk/ <シ 形〘動〙新北亜区の

nèar-déath expèrience 名 C 臨死体験(略 NDE)

‡near·ly /níərli/

―副《比較なし》❶ **ほとんど**，ほぼ；**もう少しで**(…するところで)(♦ almost とほぼ同じ意味. 両者の比較については ⇨ ALMOST 語法) ‖ "She's in her sixties, ～ seventy." "Never!" 「彼女は60代で70歳に近いんだ」「まさか」/ I've ～ **finished** the book. その本はほぼ読み終えた / I very ～ married him, but decided to wait a while. もう少しで彼と結婚するところだったがしばらく待つことに決めた / *Nearly* all of us were poor in those days. 当時は我々のほぼ全員が貧しかった / He's ～ as tall as his father. 彼は父親とほぼ同じくらいの背丈だ
❷ 密接に，親密に；綿密に ‖ ～ related 密接な関係の

nòt néarly 到底…ではない，全く…でない ‖ There is*n't* ～ enough money to buy it. それを買うための金が十分あるとはとてもいえない

néar·ness /-nəs/ 名 U 近いこと

néar·sìde 名 C 形《the ～》《主に英》(車などの)歩道に近い側(の)，左側(の)(↔ offside) ‖ the ～ front wheel 左側の前輪(→ near 形 ❺)

nèar·síghted <シ 形《主に米》近視(眼)の(《英》short-sighted)；先見の明のない(↔ farsighted)
～·ly 副 近視眼的に；先見の明なく **～·ness** 名

nèar-térm 形 近々の；(妊婦・胎児が)出産間近の

‡neat¹ /niːt/

―形 (～·er；～·est)
❶ (部屋・場所などが)**きちんとした**，きれいにしてある；(人が)きれい好きな(↔ untidy)(⇨ 類語) ‖ "Your room is ～ and tidy." "It was a mess until a minute ago." 「あなたの部屋はきれいに整頓(せいとん)されていますね」「ちょっと前までは散らかっていたのよ」/ a ～ garden きれいに手入れしてある庭 / She is always ～ and clean. 彼女はいつもきれいで清潔にしている / I put my clothes in a ～ pile. 私は服をきれいに積み重ねた
❷ (体が)均整のとれた，(外観・デザインなどが)品のよい，すっきりした，格好のよい；(服装・身だしなみなどが)(簡素で)こざっぱりした，小ぎれいな ‖ her ～ figure 彼女の均整のとれた体 / ～ furniture (ごてごてしていないで)趣味のよい家具 / a ～ dress こざっぱりした服
❸ (やり方などが)巧みな，鮮やかな，手際のよい(↔ clumsy, inefficient)；(文体・表現が)適切な，気のきいた ‖ a ～ solution 鮮やかな解決 / The vase broke, but he did a ～ job putting it together. 花瓶が壊れたが，彼が見事に修復した / Your speech was really ～. 君の演説は実に見事だった / *Neat* work! よくできました
❹《主に米口》かっこいい，素敵な(↔ terrible) ‖ "Why don't we go to the rock concert?" "Sounds ～." 「ロックコンサートに行こうよ」「いいね」/ a ～ guy [bike] 素敵な人[自転車] ❺《比較なし》《英》(酒が)割って[薄めて]いない，ストレートの(《米》straight) ‖ He drank his whiskey ～. 彼はウイスキーをストレートで飲んだ ❻ 正味の(net) ‖ ～ profit 純益

～·ness 名

類語《❶》**neat** 清潔で余分なものがなくさっぱりした.〈例〉a *neat* room こざっぱりした部屋
tidy (清潔さよりもむしろ)きちんと整理・整頓された状態を強調する.〈例〉a *tidy* room きちんと整頓の行き届いた部屋
trim neat, tidy の意に加えて外観がスマートであることを意味する.〈例〉a *trim* garden 小ぎれいで形の整った庭
orderly 整然としていて管理が行き届き，能率的に機能することをうかがわせる.〈例〉an *orderly* kitchen 整然とした台所

▸▸ **～ frèak** 名 C《米口》極度の潔癖家[きれい好き]

neat² /niːt/ 名 (複 ～ OR **～s** /-s/) C《古》牛，畜牛

neat·en /níːtən/ 動 他 …をきちんと整える，小ぎれいにする《*up*》

neath, 'neath /niːθ/ 前《主に文》＝beneath

***neat·ly** /níːtli/ 副 きれいに，きちんと；小ぎれいに；巧妙に

néat's-fòot òil 名 U 牛脚油《牛の脚やすねの骨を煮て得る油. 革を柔らかくする》

neb /neb/ 名 C《スコット・北イング》《口》❶ (鳥の)くちばし(beak, bill) ❷ (動物の)鼻面；(人間の)鼻 ❸ とがった先端(tip)

NEB 略 *N*ew *E*nglish *B*ible

Neb., Nebr. 略 Nebraska

neb·bish, -bich /nébɪʃ/ 名 C《主に米口》おく病な人，気の弱い人，駄目な人(♦ イディッシュ語より)

Ne·bras·ka /nəbrǽskə/ 名 ネブラスカ《米国中西部の州. 州都 Lincoln. 略 Neb., Nebr.,〘郵〙NE》
-kan 形 名 C ネブラスカ州の(人)

Neb·u·chad·nez·zar /nèbəkədnézər | nèbju-/ 名 ❶ ~ II ネブカドネザル2世《バビロニアの王 (604?–562? B.C.)；エルサレムを征服し，ユダヤ人を捕虜とした》(♦ Nebuchadrezzar ともつづる) ❷ C 20クオート(18.9リットル)入りのワイン瓶

neb·u·la /nébjulə/ 名 (複 ~s /-z/ OR -lae /-liː/) C ❶【天】星雲 ❷【医】角膜混濁；尿の白濁 ❸ 噴霧薬液

neb·u·lar /nébjulər/ 形【天】星雲(状)の ‖ the ~ theory [OR hypothesis] 星雲説《太陽系発生についての一説》

neb·u·lize /nébjulàɪz/ 動 他 …を霧状にする **nèb·u·li·zá·tion** 名 **-lìz·er** 名 C【医】噴霧器，霧吹き

neb·u·los·i·ty /nèbjulá(ː)səti | -lɔ́s-/ 名 (複 -ties /-z/) ❶ U あいまいさ，漠然 ❷ C U 星雲(状物質)

neb·u·lous /nébjuləs/ 形 ❶ あいまいな，漠然とした；曇った，濁った ❷【天】星雲(状)の

NEC 略 National Executive Committee《(英国の)労働党全国執行委員会》；National Exhibition Centre《(英国の)国立展示センター》

‡nec·es·sar·i·ly /nèsəsérəli, nésəsər-/《アクセント注意》
— 副《比較なし》❶《否定文で》**必ずしも**(…ではない)(♦ 部分否定) ‖ That doesn't ~ **mean** we have no chance to win. だからと言って必ずしも私たちに勝機がないわけではない / Multifunctional devices are not ~ easy to use. 多機能な道具が必ずしも使いやすいとは限らない / "Will our coach have to resign if we lose the tournament?" "Not ~." 「トーナメントで負けたらうちのコーチは辞めなきゃいけないのかな」「そうとは限らないさ」
❷ **必然的に**(of necessity)，必ず，どうしても，やむを得ず ‖ Every passenger must ~ pass a security check. 乗客はだれでも必ずセキュリティーチェックを通過しなくてはならない

‡nec·es·sar·y /nésəsèri, -əri/《アクセント注意》
— 形〔▶ necessity 名〕(**more ~；most ~**)
❶ (↔ unnecessary) **a 必要な**；〈…に〉なくてはならない，必須の〈**for, to**〉(⇨ 類語) ‖ ~ tools [skills] 必要な道具[技術] / I can pick you up, if ~. もし必要なら迎えに行きますよ / **absolutely** ~ 絶対に必要な / Enough sleep is ~ *for* life. 生きていくには十分な睡眠が必要だ
b 《It is ~ (for *A*) to *do* / It is ~ that *A* (should) *do* で》(*A*(人)が)…することが必要である ‖ It was ~ *for* him *to* decide what to do.=It was ~ *that* he decide [《主に英》should decide] what to do. 彼は何をすべきかを決める必要があった(♦ 人を主語にして ×He was necessary to decide .... とするのは不可. He needed to decide .... のようにいう) / Was it really ~ *to* call me at three o'clock in the morning? どうしても夜中の3時に電話をかけてくる必要があったのかい
❷《限定》**必然の**，必至の，不可避の；(理論上)必然的な (↔ avoidable) ‖ There is no ~ connection between the two. 両者の間に必然的な関連はない / a ~ result 必然的な結果

COMMUNICATIVE EXPRESSIONS
1 **It's** [OR **That's**] **rèally nòt nécessary.** そんなことは本当に必要ないんですよ；どうぞそんなことは気にしないで(♥ 親切な申し出などに対する断り)

— 名 (複 **-sar·ies** /-z/) ❶ C《-saries》必要なもの，必要品 ‖ a few *necessaries* for the journey 旅行に必要ないくつかのもの ❷《the ~》《口》必要な行動；《英口》必要な金 ‖ do the ~ 必要な措置をとる[金を提供する]

類語《形 ❶》**necessary**「必要な」の意を表す一般語.
essential, vital あるものの本質や必須の要素を成し，それがなくてはそのものの存在・機能が失われる「肝要な」.〈例〉Good health is *essential* for a happy life. 健康は幸福な生活にとって絶対に必要だ
indispensable なくてはならない「不可欠の」.〈例〉Some knowledge of English is *indispensable* to the job. ある程度の英語の知識がその仕事には欠かせない
requisite 外部的事情から求められる「必須の」.〈例〉A certain qualification is *requisite* for a teaching job. 教職にはある資格が必要だ

▸▸ **~ condítion** 名 C【論】必要条件；(一般に)必要条件(→ sufficient condition) **~ évil** 名 C 必要悪

ne·ces·si·tar·i·an /nəsèsɪtéəriən/ 名 C 形 必然論者(の)，決定論者(の)(↔ libertarian)
~·ism 名 U 必然論，決定論

***ne·ces·si·tate** /nəsésɪtèɪt/《アクセント注意》動 他 ❶ 必要とする **a**《+目》(物事が)…を必要とする ‖ A disastrous grain harvest would ~ huge purchases abroad. 穀物の収穫があまりひどければ海外からの大量購入が必要となるだろう **b**《+*doing*》…することを余儀なくさせる ‖ The strong sunlight ~*s* wearing sunglasses. 日差しが強いのでサングラスをかける必要がある **c**《+*one's doing* / 目+*doing*》〔人〕に…することを余儀なくさせる ‖ Roadwork ~*s* our [OR us] making a detour. 道路工事のために回り道をしなければならない ❷《+目+*to do*》《通例受身形で》《主に米》《堅》…せざるを得ない ‖ I was ~*d to* agree. 同意せざるを得なかった

ne·ces·si·tous /nəsésətəs | -sɪ-/ 形 ❶《文》非常に貧しい，困窮している(needy) ❷《堅》必要欠くべからざる；差し迫った

‡ne·ces·si·ty /nəsésəti | -sɪ-/《アクセント注意》
— 名〔◁ necessary 形〕(**-ties** /-z/) ❶ U **必要**，**必要性**，必要なこと〈**for, of** …の / **to do** …する〉‖ If the ~ arises, I can use my savings. その必要が起これば自分の預金を使うことができる / from [OR out of] ~ 必要に迫られて / We realized the ~ *for* a quick decision. 早急に決断を下さねばならないことを悟った / People turn to dietary supplements, ignoring the ~ *of* eating enough fruits and vegetables. 果物と野菜を十分にとる必要性を無視して，人々は栄養補助食品に頼る / There is no ~ (for you) *to* hurry. (あなたが)急ぐ必要はない
❷ C **必要なもの**，**必需品**(♦ necessaries よりも「欠くことのできない」の意が強い) ‖ Water is an absolute ~. 水は絶対なくてはならないものだ / The basic human *necessities* are food, clothing and shelter. 人間に基本的に必要なものは衣食住である / economic *necessities* 経済的に必要なもの / daily *necessities* 日用品 / the bare *necessities* of life 最低限度の生活必需品
❸ U/C《単数形で》必然(性)，不可避(性)，必然的な事柄 ‖ the ~ of death 死の必然性 / a diplomatic ~ 外交的に必然的なこと / logical ~ 論理的必然性
❹ U 困窮，貧困 ‖ be in great ~ ひどく困窮している
of necéssity 必然的に(necessarily)，やむを得ず

‡neck /nek/
— 名 (複 **~s** /-s/) C ❶ **首**(→ body 図)；首の骨；U C (特に牛・羊の)首肉 ‖ I craned my ~ to see what was happening. 何が起こっているのか見ようと首を伸ばした / He wrapped a white scarf around her ~. 彼は彼女の首に白いマフラーを巻いてやった / She took her gold medal off her ~ and held it up high to acknowledge the cheers. 彼女は金メダルを首から外して高く持ち上げ観客の歓呼に応えた / a long ~ 細長い首 / have a stiff ~ 首筋が凝る / crick one's ~ 首の筋を違える / ~ of mutton 羊の首肉
❷ (衣服の)首，首回り，襟，襟元 ‖ This sweater is a little tight in the ~. このセーターは首回りが少しきつい
❸ (瓶などの)首(→ bottleneck)(❗「差し障り」の意の「ネック」は和製語. bottleneck や obstacle を用いる)；(弦楽器の)棹(さお)，ネック；地峡，海峡；【解】(器官の)頸部(けいぶ)，子宮頸部 ‖ the ~ of a bottle 瓶の首 / the ~ of a guitar ギターのネック / a ~ of land 地峡
❹ (競走馬などの)首(の差) ‖ win [lose] by a ~ 首の差で勝つ[負ける]，辛勝[惜敗]する ❺【建】(柱頭下の)首部

❻〘地〙火山岩頸, 岩栓 ❼〘動〙水管
around [OR *round*] *a pèrson's néck* =*hanging round* [OR *around*] *a person's neck* (↓)
be ùp to one's néck in ... 《口》〔仕事・借金など〕にどっぷりつかっている；…で身動きがとれない ‖ She *is up to* her ～ *in* debt. 彼女は借金で首が回らない
brèak one's néck ① 首の骨を折る［折って死ぬ］(→ 名 ❶) ② 《口》精いっぱい努力する
brèathe dòwn a pèrson's néck 《口》(競争で)(人の)すぐ後についている；(人に)絶えずつきまとう, (人の)すぐそばにぴったりついて監視する
dèad from the nèck úp 《口》ばかな, 頭の鈍い［固い］
gèt [OR *càtch*] *it in the néck* 《英口》ひどい目に遭う, ひどく罰せられる, 悪く言われる
hànging round [OR *around*] *a pèrson's néck* (失敗などの責任が)(人に)のしかかって
hàve the néck to dó 《口》図々しくも…する
nèck and néck* 〈…と〉接戦で, 首を並べて, 互角に〈with**〉 ‖ The polls show this candidate is ～ *and* ～ *with* his rival. 集計ではこの候補者はライバルと得票を競り合っている
nèck of the wóods 《口》近隣, 近所；地方, 地域 ‖ I never expected to see him in this ～ *of the woods*. この辺りで彼を見かけるとは思いもよらなかった
pùt [OR *lày*] *one's nèck on the* (*chòpping*) *blóck* = *put* [OR *lay*] *one's* HEAD *on the* (*chopping*) *block*
pùt one's nèck on the líne (名声などを)危険にさらす
rìsk one's néck 首［命］を賭(か)ける, 危険を冒す
sàve a pèrson's néck (人を)危険から救う
stìck one's néck òut 《口》(批難・怒りを招くようなことを)あえて言う［する］
wrìng [OR *brèak*] *a pèrson's néck* 《口》(人の)首をひねって［折って］やる(♥ 脅し文句)
—動 自 ❶ 《通例進行形で》《口》〈…と〉抱き合って濃厚なキスをする〈**with**〉 ❷ 部分的に狭くなる, すぼまる《**down**》
—他 《英口》〔飲み物〕を一息に飲み干す

néck·bànd 名 C (ワイシャツなどの) 襟, 台襟《カラーをつける部分》；(装飾のための)首ひも
néck·brèaking 形 異常な速さの；危険極まりない
néck·clòth 名 《英》=cravat ❶
necked /nekt/ 形 《複合語で》…の首［襟元］の ‖ long-～ 首の長い / V-～ Vネックの
neck·er·chief /nékərtʃɪf, -tʃìːf/ 名 (複 **～s** /-s/ OR **-chieves** /-tʃìːvz/) C ネッカチーフ
neck·ing /nékɪŋ/ 名 ❶ U ネッキング《男女が首を抱き合っていちゃつくこと》 ❷ C 〘建〙柱頭部近くの刳形(くりかた)
***neck·lace** /nékləs/ 《発音注意》 名 C ❶ 首飾り, ネックレス ‖ a pearl ～ 真珠のネックレス ❷ 《主に南ア》ネックレスリンチ《ガソリンに浸したタイヤを人の首にかけて, 火をつける》
—動 他 《主に南ア》〔人〕をネックレスリンチで殺す
néck·let /-lət/ 名 C 《英》(首回りにぴったりした)短いネックレス
néck·lìne 名 C (服の)ネックライン, 襟ぐりの線 ‖ a dress with a low ～ 襟ぐりの深いドレス
néck·snàpping 形 =neckbreaking
***néck·tìe** 名 C 《英では旧》ネクタイ(tie)
▸▸ ～ **pàrty** 名 C 《米口》(特にリンチによる)絞首刑
néck·wèar 名 U 〘商〙ネクタイ・スカーフの類
necro- 連結形 「死体(corpse)」の意(♦ 母音の前では necr-)
ne·crol·o·gy /nekrá(ː)lədʒi | -krɔ́l-/ 名 (複 **-gies** /-z/) C 《堅》❶ (新聞に掲載されるような) 死者名簿 ❷ 死亡通知［記事］(♦ obituary が一般的)
nec·ro·man·cy /nékrəmæ̀nsi, -roʊ-/ 名 U ❶ 降霊術, 口寄せ ❷ 《文》(一般に)魔法, 魔術(magic)(♦ 特に悪意を持ったものをいう)
-cer 名 C 降霊術者；魔術師 **nèc·ro·mán·tic** 形
nec·ro·phil·i·a /nèkrəfíliə/, **ne·croph·i·lism** /nekrá(ː)fɪlìzm | -rɔ́-/ 名 U 〘医〙死体姦(かん)症
-àc 名 C 形 死体姦症者(の)
ne·crop·o·lis /nekrá(ː)pəlɪs | -krɔ́p-/ 名 C (特に古代都市の)埋葬地, 共同墓地(cemetery)
nec·rop·sy /nékrɑ(ː)psi | -rɔp-/ 名 (複 **-sies** /-z/) C 〘医〙死体解剖, 検死(♦ autopsy が一般的)
ne·cro·sis /nekróʊsɪs/ 名 U 〘医〙壊死(えし) **-crót·ic** 形
nec·ro·tiz·ing /nékrətàɪzɪŋ/ 形 壊死性の
▸▸ ～ **fasciítis** 名 U 〘医〙壊死性筋膜炎
***nec·tar** /néktər/ 名 U ❶ (植物の)蜜(みつ) ❷ 〘ギ神〙ネクタル, 神酒(→ ambrosia) ❸ おいしい飲み物, 甘露
nec·tar·ine /nèktəríːn/ 名 C 〘植〙ネクタリン
nec·ta·ry /néktəri/ 名 (複 **-ries** /-z/) C 〘植〙(花の) 蜜腺(みっせん)
Ned /ned/ 名 ネッド《Edgar, Edmond, Edward, Edwin の愛称》
née, + 《米》 **nee** /neɪ/ 形 旧姓では (♦ 既婚女性の旧姓の前につける) (→ né) ‖ Mrs. Nancy Jones, ～ Smith ナンシー＝ジョーンズ夫人, 旧姓スミス(♦ フランス語より)

*****need** /niːd/ (♦ 同音語 knead) 動 助 名
—動 (**～s** /-z/；**～·ed** /-ɪd/；**～·ing**)
—他 《通例進行形不可》 ❶ …を**必要とする** (⇨ 類語) ‖ I ～ your help, Mom. I can't finish my homework. 助けてよママ. 宿題が終わらないよ / What you ～ is a little rest. あなたに必要なのはちょっとした休養だよ / We ～ the information for our presentation. プレゼンテーション用にその情報が必要だ / She will be ～*ing* two tickets. 彼女は切符が2枚必要になるだろう(♦ will を伴って進行形になることもある)

Behind the Scenes **Your country needs you.** 国は君を必要としている 第1次大戦時, 英国陸軍募兵用のポスターで使われたキャッチコピー. 当時の国務大臣 Lord Kitchener が, 正面を向いて見る人に対して指を突き出している斬新なポスターのデザインは, 米国・ロシア・ブラジルなどで模倣された. Your King And Country Need You. / For King and Country. といったバリエーションも(♥ country は可変. 国・会社・チームなどの組織, あるいは何らかの運動に参加する人を募集するときなどに, 協力を呼びかけるスローガン)

❷ **必要がある a** 《＋**to** *do*》…する必要がある ‖ You ～ *to* think about this more carefully. 君はこのことをもっと注意深く考える必要がある / We didn't ～ *to* ask him. 彼に聞いてみる必要はなかった(⇨ 助 ❷ 語法) / There ～*s* to be a new rule to deal with the situation. この状況に対処するには新しい法律が必要だ
b 《＋目＋**to** *do*》〔人〕に…してもらう必要がある ‖ I ～ you *to* check these figures. この数字が合っているかどうか確かめてほしい / I don't ～ you all *to* be around here now. 今, 全員がここにいる必要はないよ (♥ 否定文で控えめな禁止を表すことがある)
c 《＋目＋(**to be**) *done*》…を…してもらう必要がある ‖ I ～ the waist of my pants (*to be*) widened. ズボンのウエストを広げてもらわなきゃ / He ～*s* his head examined. 彼は正気か
d 《＋目＋補〈形〉》…には…であって［…でいて］もらう必要がある ‖ I ～ you polite and elegant tonight. 今夜はあなたに礼儀正しく上品でいてもらわなくてはならない
❸ **a** 《＋*doing* / **to be** *done*》…**される必要がある** ‖ My car ～*s* overhauling. = My car ～*s to be* overhauled. 私の車はオーバーホールが必要だ / The kittens ～ looking after. 子猫には目をかけてやらないといけない
b 《＋目》…を必要とする(♦ 目 は動作を表す名詞) ‖ These shirts ～ a wash. (=These shirts ～ washing [OR to be washed].) このワイシャツはみな洗濯が必要だ / His explanation ～*s* correction. 彼の説明は訂正の必要がある
—自 《古》❶ 困窮している ‖ those who ～ 困っている人々 ❷ 必要である

N

COMMUNICATIVE EXPRESSIONS

[1] **If there's ànything you néed, dòn't hèsitate to ásk.** もし何か必要なものがあれば遠慮なくおっしゃってください(♥ 客などに対する丁寧な申し出)

[2] **(It's** [OR **That's]) jùst what** you **néed.** もういい加減たくさんだ；大変なことになった(♥「そんなものちっとも必要じゃない」または「悪いことばかりそろいもそろった」といういら立ちを表す皮肉. =That's all you need.)

[3] **What I néed is** a cùrtain that màtches the còlor of the wáll. 壁の色に合うカーテンが必要なんです(♥ 欲求・要望を述べる. =I'd like a curtain ....)

[4] **You**「**dòn't néed to** [OR **néedn't**]. そんな必要はありませんよ(♥ 字義どおりの意味のほかに，申し出などをやわらかく断るときや許可を与える際に)

— 助 (否定形 **need not**, **needn't** /níːdənt/) ❶ (必要) …する**必要がある** **a** 《否定文で》‖ You ~*n't* call an ambulance. 救急車を呼ぶことはない / You ~*n't* call him an idiot. 彼をばか呼ばわりすることはない(♥ 強い非難を表す) / You ~ only see her. 彼女に会いさえすればいいのだ(♦ only に否定的な意味内容が含まれる) / That is all that ~ be said. 言いたいのはそれだけだ(♦「ほかのことは言う必要がない」という否定的な内容を含む)

b 《疑問文で》‖ *Need* I tell you everything? すべてお話しする必要があるでしょうか(=Do I need to tell you everything? ⇨ 語法 (2)) / I wonder if I ~ call you. お電話すべきでしょうか

語法 ☆☆ (1) 助動詞の need は主に否定文・疑問文および否定的文脈で用いるが堅い表現であり，動詞用法の方が一般的.
(2) need を助動詞として使った疑問文には「…する必要はないのではないか」という含みがあるが，動詞として使った場合には，このような含みはなく通常の疑問文であることが多い.
(3) 過去形・不定詞・分詞はないので，動詞形を用いるか，have to を代用する.
(4) 時制の一致を受けても need の形は変わらない. 〈例〉I didn't think you *need* ask him. 君が彼に尋ねる必要はないと思った

❷ (過去の必要)《「~ have+過去分詞」を否定文・疑問文で用いて》…する**必要があった** ‖ You ~*n't* have put away the futon. 布団を片づける必要はなかったのに(してしまった) / *Need* you have left so early? そんなに早く出発する必要があったのですか

語法 ★★ need not have *done* は「必要はなかったのにしてしまった」ことを表す. これに対し did not need to *do* を用いると，実際にした場合も，しなかった場合もあり得る. 〈例〉He *didn't need to* speak up. 彼は発言する必要がなかった

❸ (必然)《否定文で》《堅》…である必然性がある ‖ It may be true, but it ~*n't* be. それは真実かもしれないが，そうとは限らない

— 名 (複 **~s** /-z/) ❶ Ⓤ/Ⓒ《単数形で》**必要 (性)**, **需要** 〈**for** …の / **to do** …する〉‖ We **felt** the ~ *for* a more efficient approach. 我々はより効果的に取り組む必要性を感じた / There is a pressing ~ *for* a gun control measure. 銃規制法案が緊急に求められている / I see no ~ *for* such an idea. そんな意見の必要性は認めない / There's no ~ *to* shout. がなることはない(♥ 不必要なことなどをやめさせる言い方) / I don't think there's any ~ for all of us *to* be there. 我々みんながそこへ行くことはないと思う

❷ Ⓒ《通例 ~s》**必要なもの**，入り用の品，**要求** ‖ They don't have enough money to **meet** their basic ~*s*. 彼らには必需品をそろえるだけの金がない / We serve the ~*s* of our customers. 我々はお客様の要求にお応えします / people with **special** ~*s* 特別な配慮を必要とする人々《介護が必要な身体障害者など》

❸ Ⓤ **貧困**，窮乏(状態)(→ needy)；**困った状態**；まさかのとき ‖ They provided food for those in ~. 彼らは貧困に苦しむ人々に食糧を提供した / I helped you in your time [OR hour] of ~. 私は君が困っているときに助けてやった

hàve néed 《堅》① 〈…を〉必要とする〈**of**〉‖ I *have* no ~ *of* your help. 君の助けは必要ない ② 〈…する〉必要がある〈**to do**〉

if néed be 必要があれば(if necessary)

**in néed of ...* …を必要として ‖ The house is *in* (desperate) ~ *of* renovation. その家は(早急に)修復する必要がある / He is badly *in* ~ *of* a job. 彼は大変仕事を必要としている

類語 《他 ❶》**need**「必要とする」の意の基本語.
require need より正式な語. 同じように用いられることが多いが，次のような違いを区別. 〈例〉We *need* you to be present. あなたに出席してもらう必要がある(例えば，あなたの助言や同意が必要なので) / We *require* you to be present. 我々はあなたの出席を求める(「命令・要求」を表す)

néed-blìnd 形 (家族の)収入を無視した，経済力でなく学力だけでの《米国の大学が入学合否を判断する方針》

need·ful /níːdfəl/ 形 ❶ 《堅》必要とされている；必要な，不可欠の ❷ 《旧》貧しい — 名 《the ~》必要なもの；(ある目的に)必要な金[行動] ‖ do the ~ 必要な金を提供する[措置をとる] **~·ness** 名

‡nee·dle /níːdl/

— 名 (複 **~s** /-z/) Ⓒ ❶ **針**，縫い針；編み針，かぎ針 ‖ Please thread this ~ for me. この針に糸を通してください / the eye of a ~ 針の穴 / a ~ and thread 糸を通した針 / a fine ~ 細い針
❷ 〔医〕注射針，縫合針，鍼(はり)
❸ (計器の)針，指針；磁針(♦ 時計の針は hand) ‖ The ~ showed [reached] 60m.p.h. 針は時速60マイルを示した[に達した] / a speedometer ~ 速度計の針 / a compass ~ 磁針
❹ 〔植〕(松・モミなどの)針葉；〔鉱〕針状結晶体，とがった岩；〔動〕針骨；(ウニの)針，とげ
❺ (レコードの)針(stylus) ❻ 尖塔(せんとう)，オベリスク(obelisk) ‖ Cleopatra's *Needle* クレオパトラの針《古代エジプトにあった2つのオベリスクの名. 現在はロンドンとニューヨークにある》 ❼ エッチング針 ❽ 《the ~》《口》敵意，いやがらせ，いびり，怒らすこと，じらすこと，怒り ‖ get the ~ いらいらする ❾ 〔建〕突っ張り留め，支柱

(as) shàrp as a néedle =(as) SHARP *as a tack*

(lòok for) a nèedle in a háystack 見込みのない捜し物(をする)，無駄骨(を折る)

— 動 (**~s** /-z/；**~d** /-d/；**-dling**) 他 ❶ 《口》〈…のことで〉〔人〕をいびる，からかう〈**about**〉；…をせっついて[からかって]〈…〉させる〈**into**〉‖ Don't ~ others *about* their accent. なまりのことで他人をからかってはいけない / I ~*d* him *into* meeting my parents. 彼をせっついて両親に会わせた ❷ …を針で縫う，…に針(のようなもの)を刺す；〔道〕を縫うように進む ‖ ~ one's way through the crowd 人込みの間を縫うように進む

▶▶ **~ exchànge [bànk]** 名 Ⓒ 注射針交換所《エイズなどの伝染病を防ぐため，使用済みの針と交換に新しいものをもらえる》 **~ mátch [gáme]** 名 Ⓒ 《英口》熱戦，激戦；遺恨試合(《米》grudge match)；激しい論戦 **~ time** 名 Ⓒ 《英》ラジオ音楽の放送(許容)時間 **~ vàlve** 名 Ⓒ 〔機〕ニードル弁，針弁

néedle·còrd 名 Ⓤ 《英》ニードルコード《上等のコール天》

néedle·cràft 名 Ⓤ 針仕事(の腕)

néedle·pòint 名 ❶ Ⓒ 針先 ❷ Ⓤ 針編みレース，ニードルポイントレース ‖ a ~ pillow 針編み刺繍(ししゅう)のある枕

***need·less** /níːdləs/ 形 不必要な，無駄な；いわれのない
nèedless to sáy 言うまでもなく
~·ly 副 **~·ness** 名

néedle·wòman 名 (複 **-wòmen**) Ⓒ 針仕事をする女

性；お針子(seamstress)(中立 needleworker)

néedle·wòrk 名 U 針仕事

need·n't /ní:dnt/ need not の短縮形(⇨ NEED 助)

needs /ni:dz/ 副《古》必然的に，必ず，どうしても ‖ *Needs must when the devil drives.* 《諺》必要に迫られるとどうしてもしなければならない；背に腹は替えられない

mùst nèeds dó ; ***nèeds mùst dó*** どうしても…しなければならない[ならなかった]；愚かにも…すると言ってきかない[きかなかった]

nèed-to-knów 形 知る必要に応じての ‖ on a ～ basis 知る必要に応じての方式で

need·y /ní:di/ 形 ❶ 非常に貧しい，衣食にも事欠く；《the ～で集合名詞的に》《複数扱い》貧しい人々(⇨ POOR 類語) ‖ help the ～ 貧しい人々を助ける ❷ 愛に飢えた，精神的支えの必要な；求めてやまぬ **néed·i·ness** 名

neep /ni:p/ 名 C《スコット・北イング》〖植〗カブ(turnip)

ne'er /neər/ 副 =never

né'er-do-wèll 名 C 形 ろくでなし(の)，役立たず(の)

ne·far·i·ous /nɪféəriəs/ 形 極悪の，ふらち極まる **～·ly** 副 **～·ness** 名

neg. 略 negative

nega- 接頭「負の，否定の」などの意

ne·gate /nɪgéɪt/ 動 他《堅》❶ …を否定[否認]する，打ち消す；…の存在を否定する ❷ …(の効果)を無効にする

ne·ga·tion /nɪgéɪʃən/ 名 ❶ U C 否定(すること)，打ち消し，否認；否定的陳述[考え]；正反対，逆；〖文法〗否定 ❷ U 欠如；実在しないこと

‡neg·a·tive /négətɪv/

> 形 否定の❶ 消極的な❷ 陰性の❹
> 名 否定❶

—形 (more ～ ; most ～)

❶ **否定の**(↔ affirmative)，反対の，拒否の，否認の ‖ a ～ answer 否定の返事 / a ～ sentence 否定文

❷ **消極的な**(↔ positive)，悲観的な(↔ optimistic)，好ましくない，有害な；(気分・経験などが)不愉快な ‖ You're too ～ about everything. It won't hurt to ask her her cellphone number! 君はどんなことにも消極的すぎるね．彼女の携帯電話の番号を聞くぐらいどうってことないのに / have a ～ **effect** on the economy 経済に悪影響を与える / ～ attitudes 消極的な態度 / a ～ view 悲観的な見方 / ～ side effects of a drug 薬の有害な副作用 / ～ feelings toward one's colleagues 同僚たちのことを嫌う気持ち

❸《比較なし》〖数〗負の，マイナスの ‖ a ～ number 負の数 / a ～ sign 負の符号

❹《比較なし》《叙述的に，または名詞の後に用いて》〖医〗(検査結果が)〈…に対して〉**陰性の**〈**for**〉(略 neg.)；(血液型が) Rhマイナスの ‖ HIV ～ HIV陰性 / test ～ for steroids ステロイドの検査で陰性と出る / Type B ～ blood B型Rhマイナスの血液

❺《比較なし》〖電〗陰電気の ‖ ～ current マイナスの電流

❻《比較なし》〖写〗陰画の，ネガの ❼〖論〗(主辞を)否定する

—名 (複 **～s** /-z/) C ❶ 否定的な言葉[答え，態度など]，否定表現；拒否，**否定**(↔ affirmative)，反対；〖文法〗否定を表す語[句，接辞，文] ‖ They answered in the ～. 彼らは否[ノー]と答えた / That's a ～. 答えはノーだ

❷〖写〗陰画，ネガ(↔ positive)

❸〖数〗負(数) ❹ 否定的要素，障害 ❺〖電〗陰電気 ❻〖医〗陰性 ‖ false ～*s* 偽陰性

—動 (**～s** /-z/ ; **～d** /-d/ ; **-tiv·ing**) 他 ❶ …を拒否する，…に反対する；…を否定する ❷〔仮説など〕を反証[論駁(ばく)]する ❸〔効果など〕を打ち消す，相殺する

～·ly 副 **～·ness** 名

▶▶ **～ équity** 名 U〖経〗負の資産《不動産の価値がローンの残額以下になること》 **～ externálity** 名 U〖経済〗外部不経済(性)《直接関係ない第三者がこうむる経済的不利益》 **～ féedback** ⇨ FEEDBACK ❸ **～ póle** 名《the ～》(磁石・電気の)陰極(↔ positive pole)

neg·a·tiv·ism /négətɪvìzm/ 名 U ❶ 否定論，消極的思考傾向 ❷〖心〗拒絶症 **-ist** 名 形

neg·a·tiv·i·ty /nègətívəṭi/ 名 U 否定性，消極性

ne·ga·tor, -gat·er /nɪgéɪṭər/ 名 C〖文法〗否定辞《特に not》；否定する人；💻否定素子

***ne·glect** /nɪglékt/ 《アクセント注意》動〔▶ negligence 名, negligent 形, negligible 形〕他 ❶ …を怠る，構わないでおく，おろそかにする；…を軽視する，無視する(↔ heed)(♥「怠け心あるいは不注意から何かをし忘れる，意図的にやらない」というニュアンスを持つことが多いので，他人の行動に対して用いると，責めるような調子になることもある)(⇨類語, IDLE 類語P) ‖ ～ one's studies 勉強をおろそかにする / Many developing nations continue to ～ the environment due to financial pressures. 多くの発展途上国は財政難のため環境を軽視し続けている ❷《＋to *do*》…するのを怠る，忘れる，…しないでおく(↔ remember)(♥ forget と違い，❶と同じニュアンスがある) ‖ Don't ～ *to* answer your e-mails right away, otherwise you'll soon be snowed under. Eメールにすぐ答えるのを怠ってはいけない，さもないと山のようなメールにじきに押しつぶされてしまうだろう

—名 U 放置，構わないこと，怠慢，手抜き；〈…の〉無視，軽視(↔ care)〈**of**〉 ‖ ～ *of* one's duties [home] 職務怠慢[家庭をないがしろにすること] / fall into ～ ないがしろにされる / complete [OR total] ～ 完全無視 / willful ～ 故意の手抜き / child ～ 育児放棄

語源 *neg-* not＋*-lect* choose：よく選択しない

類語《他 ❶》**neglect** (うっかり，あるいはわざと)必要なことや予想されたことをしない．〈例〉*neglect* one's duty 義務を怠る

disregard (ふつう故意に)注意を払わない，無視する．〈例〉*disregard* [my friend's advice [one's own interest] 友人の忠告[自分の利害]を無視する

ignore はっきりと意図的に無視する(ときに事実を認めることをあくまで拒否して)．〈例〉*ignore* a hazard warning 危険信号を無視する

overlook 不注意などのため気づかない，寛大に気づかないふりをする．〈例〉*overlook* errors 間違いを見落とす[大目に見る]

neg·léct·ed /-ɪd/ 形 無視された，構われない

ne·gléct·ful /-fəl/ 形〈…に〉(手を抜いて)十分な注意を払わない，不注意な，怠慢な〈**of**〉 ‖ ～ *of* one's children 子供をほったらかしにして **～·ly** 副 **～·ness** 名

neg·li·gee, -gé /nèglәʒéɪ | néglɪdʒèɪ/ 名 U C ❶ (女性用の)部屋着，化粧着(📎 通常パジャマなどの上に着るもので，日本でいう「ネグリジェ」とは異なる) ❷《旧》《堅》普段着，平服，略服(♦ フランス語より)

***neg·li·gence** /néglɪdʒəns/ 《アクセント注意》名〔◁ neglect 動〕U ❶ 手抜かり，手抜き，怠慢 ‖ He was punished for ～ in monitoring the radar screen. 彼はレーダー画面の監視怠慢のかどで罰せられた / Be careful not to cause a fire by ～. 不注意で火事を出さないように気をつけなさい / an accident due to ～ 過失による事故 / the result of ～ 手抜きの結果 ❷〖法〗ネグリジェンス，過失 ‖ gross [OR extreme] ～ 重過失

***neg·li·gent** /néglɪdʒənt/ 形〔◁ neglect 動〕❶〈…に〉不注意な，怠慢な〈**of, in, about**〉；〖法〗過失がある ‖ a ～ driver 不注意な運転者 / He was ～ *of* [OR *in* attending to] his duties. 彼は職務をおろそかにしていた ❷《文》(動作・着こなしなどが)さりげない，無造作な，気取らない **～·ly** 副

***neg·li·gi·ble** /néglɪdʒəbl/ 形〔◁ neglect 動〕(無視できるほど)ごくわずかの，取るに足りない ‖ A ～ amount of rain falls around here. この辺りでは雨がほとんど降らない / a ～ effect ごくわずかな効果 / ～ knowledge [difference] 取るに足りない知識[差異]

N

ne·go·ti·a·ble /nɪɡóuʃiəbl/ 形 ❶ 交渉(によって変更)の余地のある ‖ The price is ~. 値段については交渉の余地がある ❷ (約束手形・小切手などが)流通性のある, 譲渡[換金]できる ❸ (道路・河川などが)通行可能な; 処理[解決]できる, 何とかなる

***ne·go·ti·ate** /nɪɡóuʃièɪt/ 《発音注意》 動 (▶ negotiation 名) (~s /-s/; -at·ed /-ɪd/; -at·ing) 自 交渉する, 折衝する〈with 人と; for, about …について〉‖ Our guide helped me to ~ *with* the shopkeeper *about* the price of the carpet. 私たちのガイドは店の主人とじゅうたんの値段を交渉するのを手助けしてくれた / ~ *for* a loan 借金の交渉をする

—他 ❶ **a** 交渉して…を取り決める ‖ A restaurant owner is reportedly *negotiating* to buy the hotel. 伝えられるところでは, あるレストランのオーナーがそのホテルを買収する交渉をしているそうだ / ~ 「an agreement [a contract] with a buyer バイヤーと交渉して合意に達する[契約を結ぶ] / ~ a deal 取り引きを交渉して決める **b** 《+to *do*》交渉して…することを取り決める
❷ (手形・証券など)を流通させる, 譲り渡す, 換金する
❸ …をうまく通り抜ける; (困難なこと)をやり遂げる ‖ I ~*d* my way out of the traffic jam. 交通渋滞から何とか抜け出した / ~ the corner 角をうまく通り抜ける

COMMUNICATIVE EXPRESSIONS

1 **Are you willing to negótiate?** (値段の)交渉の余地はありますか(♥ 値札より安くしてもらえるか尋ねる表現で, しばしば車の購入の際などに用いる)

negótiating tàble 名 《the ~》交渉のテーブル[席] ‖ sit down at the ~ 交渉の席に着く

***ne·go·ti·a·tion** /nɪɡòuʃiéɪʃən/ 名 (◁ negotiate 動) (複 ~s /-z/) ❶ U/C 《しばしば ~s》交渉, 折衝, 話し合い ‖ I am in ~ with the boss on working overtime. 上司と残業について交渉中だ / pay ~*s* 賃金交渉 / peace ~*s* 和平交渉 / ~ of selling prices 売値の交渉 / through ~ 交渉により / a treaty under ~ 交渉中の条約 / ~*s* between labor and management 労使間交渉 / have ~*s* 交渉する / 「enter into [break off] ~*s* 交渉に入る[を打ち切る]
❷ U うまく通り抜けること; (困難なことを)やり遂げること
❸ U (手形・証券などの)流通, 譲渡

***ne·go·ti·a·tor** /nɪɡóuʃièɪṭər/ 《発音注意》 名 C 交渉者, 協議者 ‖ a skilled [tough] ~ 有能な[粘り強い]交渉者

Ne·gress /ní:ɡres/ 名 C ⊗《旧》《蔑》黒人女性(♥ 現在では black [OR African-American] woman が好まれる)

Ne·gril·lo /nɪɡrílou/ 名 (複 ~s, ~es /-z/) C 〖人類〗ネグリロ《中央および南アフリカに住む小柄な黒人種》

Ne·gri·to /nɪɡrí:ṭou/ 名 (複 ~s, ~es /-z/) C 〖人類〗ネグリト《南太平洋地域の小柄な黒人種》

ne·gri·tude /néɡrɪtjù:d/ 名 《また N-》U 黒人であること(の自覚と誇り)

***Ne·gro** /ní:ɡrou/ 名 (複 ~es /-z/) C 《旧》 ❶ ⊗ 《しばしば蔑》黒人; (特に米国に住む)黒人, アフリカ系アメリカ人(♥ 現在では black や African-American などが好まれる) (⇨ BLACK 類語) ❷ (総体的に)黒色人種(Negroid)
—形 《限定》黒人の, 黒人に関する
▶▶ ~ **spíritual** 名 C 黒人霊歌

Ne·groid /ní:ɡrɔɪd/ 名 C 形 ⊗《蔑》〖人類〗黒色人種(の), ネグロイド(の) (→ Caucasoid, Mongoloid)

ne·gus /ní:ɡəs/ 名 U ニーガス《ワインに砂糖・レモン果汁・湯などを加えた飲み物》

Neh. 略 〖聖〗Nehemiah

Ne·he·mi·ah /nì:həmáɪə/ 名 〖聖〗ネヘミヤ《紀元前5世紀のユダヤの指導者》; ネヘミヤ記《旧約聖書の一書. 略 Neh.》

Neh·ru /néru: | néə-/ 名 **Jawaharlal** ~ ネルー(1889–1964)《インド独立運動の指導者. 初代首相(1947–64)》

neigh /neɪ/ 《発音注意》(♦ 同音語 nay) 動 自 (馬が)いななく —名 C いななき

:neigh·bor, 《英》**-bour** /néɪbər/
—名 (▶ neighborhood 名, neighborly 形) (複 ~s /-z/) C ❶ **近所の人**, 隣に住む人; 近隣地域, 隣国(の人) ‖ Your dog is a nuisance to the ~*s*. お宅の犬は近所迷惑です / a good [bad] ~ 近所付き合いのよい[悪い]人 / my next-door ~*s* うちの隣の一家 / Thailand and its ~*s* タイおよびその近隣諸国
❷ 隣席者, 近く[隣]の(同種の)もの ‖ We were ~*s* at dinner. 我々は食事のとき隣り合わせだった / The falling tree brought down its ~*s*. その木が倒れて近くの木をなぎ倒した
❸ 《文》(広い意味で)仲間, 同胞, 隣人
❹ 《形容詞的に》近くの, 隣の(neighboring) ‖ a ~ country 隣国
—動 他 …に隣接する, …の近くにある[住む] —自 〈…の〉近く[隣]にある[住む]; 〈…と〉隣り合う〈on, upon〉
語源 *neigh-* near+*-bour* peasant (農民), dweller (住人): 近くに住む人

:neigh·bor·hood, 《英》**-bour-** /néɪbərhʊ̀d/
—名 (◁ neighbor 名) (複 ~s /-z/) ❶ U **近所**, 近隣, 周辺 ‖ The whole ~ is talking about you. 近所の人がみんなあなたのうわさをしているわよ / Barbeques are common **in** our ~. うちの近くではよくバーベキューをやっている / Where can I find a drugstore **in** this ~? この近くではどこに薬局がありますか
❷ C (市内の)(ある特徴を持った)**地域**, 土地 ‖ Our house is situated in a quiet ~ of Boston. 我が家はボストンの閑静な所にある / an old ~ 旧市街地
❸ C 《集合的に》《単数・複数扱い》**近所の人々**; (ある特定の)地域の人々 ‖ The old man was loved by the whole ~. その老人は近所の皆に好かれていた / a friendly ~ 心の温かい近所の人たち
❹ 《形容詞的に》近くの, 近所の
❺ C 〖数〗(小数点を含む)近傍(きんぼう)
❻ U 近所付き合い; 近隣のよしみ
❼ 《the ~》近いこと, 近接
**in the néighborhood of ...* ① …の近くに (→ ❶) ② およそ…(approximately), 約…
▶▶ ~ **wátch** 名 U (犯罪防止のための住民による)監視(組織)

***neigh·bor·ing,** 《英》**-bour-** /néɪbərɪŋ/ 形 《限定》近くの, 隣の, 近隣の(↔ remote) ‖ ~ countries 近隣諸国

neigh·bor·ly, 《英》**-bour-** /néɪbərli/ 形 (◁ neighbor 名) 隣人の(ような); 親切な, ねんごろな(friendly)
-li·ness 名

:nei·ther /ní:ðər | náɪ-/ (→ both) 形 代 副
—形 《比較なし》(2つにつき)**どちらの…も…ない**(♦ 単数の可算名詞とともに用い, ほかの限定詞(the, this, his など)を伴わない) ‖ *Neither* **side** was satisfied with the agreement. 両側ともその合意に満足していなかった / *Neither* one of us believes it. 私たちのいずれもそんなことは信じていない / In ~ case was there any hard evidence. どちらの場合にも確たる証拠はなかった(♦ neither を含む副詞句が文頭にある場合倒置する) / I like ~ car. どちらの車も好きではない(✎I don't like either car.)
—代 **どちら(の人[もの])も…ない** ‖ *Neither* of them has [《口》 have] replied. 彼らのうちどちらも答えなかった(♦ of の後は複数形の代名詞または the, these, 所有格などのついた複数名詞. 単数扱いが原則だが, 《口》では複数扱いも可能) / I like ~ of them. 私はそのどちらも好きではない(✎I don't like either of them.) / I have two computers in my office, but *neither* has a scanner. 職場に2台コンピューターを持っているが, どちらにもスキャナーがない(♦ 後に of を伴わないときは単数扱い) / "What day is it today — the 15th or 16th?" "*Neither*. It's the 17th." 「今日は何日 — 15日それとも16日?」「どちらでもない. 17日ですよ」

N

語法☆☆ neither は原則として2つ[人]について用いる. 3つ[人]以上については none がふつう.〈例〉*None* of the three brothers heard the call.（3人の兄弟のうちその叫び声を聞いた者は一人もいなかった）

━副《比較なし》《否定文の後で》❶…もまた…ない（♦文頭に用い, 倒置語順となる）‖ He doesn't like reading and ～ do I. 彼は読書が好きでないし, 私もそうだ / "I can't swim." "*Neither* can I."（"Me ～."）「泳げないんです」「私も」（"Me either."）(→ nor ❸)

❷《方》《俗》…もまた…ない（♦文末に用いる. either とするのが正しいとされる）‖ If she won't go, I won't ～. 彼女が行かないのなら私も行かない

❸《neither *A* nor *B* で》*A*でも*B*でもない ‖ He speaks ～ English nor German. 彼は英語も話さなければドイツ語も話さない（=He doesn't speak either English or German.）/ A musical actress? But you can ～ sing nor dance! ミュージカル女優ですって. でも歌うことも踊ることもできないじゃない / *Neither* my husband nor I am [《口》are] very well. 夫も私もあまり健康がすぐれない / look ～ right nor left 右も左も見ない

語法★☆ (1) neither *A* nor *B* が主語の場合, 動詞は*B*に一致させるのが原則. ただし,《口》では複数扱いにすることが多い.〈例〉*Neither* he *nor* his wife has [《口》have] arrived. 彼も彼の奥さんもまだ着いていない

(2) ふつう*A*と*B*には同じ文法的機能を持つ語句がくるが,《口》では特に前置詞句などで省略が行われ, *A*と*B*が対等にならないこともある.〈例〉*neither* in speech *nor* dress 口のきき方においても服装においても…ない（♦ dress の前の in が省略）

(3) 3つ[人]以上について, neither *A*, (nor) *B*, nor *C* のようにいうこともある.〈例〉*neither* in America, (*nor*) in Russia, *nor* yet in Britain 米国でも, ロシアでも, はたまた英国でも…ない

COMMUNICATIVE EXPRESSIONS

1 **It's** [OR **That's**] **nèither hère nòr thére.** そんなこと全然関係ないですよ（♥何かが「関連がない, 重要ではない」ことをやや強く言うくだけた表現で, 状況によってはぶしつけに響く. It [OR That] doesn't matter. / It [OR That] shouldn't concern us (at this point).）

nek·ton /néktɑ(:)n | -tɔn/ 名 U【生】遊泳動物(→ plankton)

Nel·ly, -lie /néli/ 名 ❶ネリー《男子名 Nelson の愛称; 女子名 Eleanor, Helen の愛称》❷《n-》C ⊗《蔑》女性的なやつ; 同性愛者;《口》ばか

Nòt on your nélly! 《英口》とんでもない, 決して(そうでは)ない

nel·son /nélsən/ 名 C【レスリング】ネルソン, 首攻め ‖ a full ～ フルネルソン(→ half nelson)

Nel·son /nélsən/ 名 **Horatio ～** ネルソン（1758-1805）《英国の提督. 1805年トラファルガーの海戦でフランス艦隊を破った》

nem·a·to·cyst /némət̬əsìst/ 名 C【動】(刺胞動物の)刺胞(stinging cell)

nem·a·tode /némətòud/ 名 C 線虫《十二指腸虫・ぎょう虫など》

Nem·bu·tal /némbjutɔ̀:l | -tæl/ 名 U《商標》ネンビュタール《鎮静剤》

nem.con. 略《ラテン》*nemine contradicente*(=(with) no one contradicting)（1人の反対者もなく, 満場一致で）

Nem·e·sis /néməsɪs/ 名 (複 **-ses** /-si:z/) ❶【ギ神】ネメシス《因果応報・復讐(ふくしゅう)の女神》❷《n-》U/C《単数形で》《文》天罰(を科す人[もの]), 因果応報(による凋落(ちょうらく)); (勝ち目がない)強敵

neo- /ni:ə-, ni:ou-/《発音注意》連結形《名詞・形容詞・副詞につけて》「新…(new), 復活…, 近代…(modern), 後期…」の意

nèo·clássical, -clássic 形 新古典派[主義]の **-clássicism** 名 U 新古典派[主義]

nèo·colónialism 名 U 新植民地主義

ne·o·con /nì:oukɑ́(:)n | -kɔ́n/ 名 U《米》(1970年代後半からの)新保守主義 ━形 =neoconservative

nèo·consérvative 形 新保守主義の(neo-con) ━名 C 新保守主義者 **-consérvatism** 名 U 新保守主義(neo-con)

nèo·córtex 名 (複 **-cortices** /-tɪsi:z/) C【解】(大脳の)新皮質, ネオコルテックス **-córtical** 形

Nèo-Dárwinism 名 U【生】新ダーウィン説, ネオダーウィニズム **-Dárwinian** 形 新ダーウィン説の **-Dárwinist** 名 C 新ダーウィン説支持者

ne·o·dym·i·um /nì:oudímiəm/ 名 U【化】ネオジム《希土類金属元素. 元素記号 Nd》

nèo·fáscism 名 U ネオファシズム **-fáscist** 名 形

nèo-Góthic 形【建】新ゴシック式の

nèo·impréssionism 名 U【美】新印象主義 **-impréssionist** 名 形

nèo·líberalism 名 U ネオリベラリズム《1960年代米国で始まった》 **-líberal** 形 名 **-líberalist** 名

ne·o·lith /ní:əlɪθ/ 名 C (新石器時代の)石器

Ne·o·lith·ic /nì:əlíθɪk/ 形《ときに n-》【考古】新石器時代の(→ Paleolithic) ━名《the ～》新石器時代

ne·ol·o·gism /niɑ́(:)lədʒìzm | -ɔ́l-/ 名 ❶ C 新語(句); 新語義 ❷ U 新語使用 **-gist** 名 C 新語句を作る[使用する]人 **ne·òl·o·gís·tic** 形 **ne·ól·o·gìze** 動 自 新語を作る[使用する]

ne·ol·o·gy /niɑ́(:)lədʒi | -ɔ́l-/ 名 =neologism

Nèo-Melanésian 名 U 新メラネシア語《太平洋南西の諸島で用いられる, 英語をもとにしたクレオール言語. Tok Pisin の別称》

ne·o·my·cin /nì:oumáɪsɪn/ 名 U【薬】ネオマイシン《抗生物質の一種》

***ne·on** /ní:ɑ(:)n | -ɔn/《発音注意》名 ❶ U【化】ネオン《希ガス元素. 元素記号 Ne》❷ (=～ **làmp** [**lìght**]) C ネオン灯 ❸ (=～ **sìgn**) C ネオンサイン ❹ =neon tetra ❺ U 蛍光色 ━形 蛍光色の

▸▸ ～ **tétra** 名 C【魚】ネオンテトラ《南米原産の熱帯魚の一種》

ne·o·na·tal /nì:ounéɪt̬əl | -təl/ 形 新生児の ‖ a ～ intensive care unit 新生児集中治療室[病棟]

ne·o·nate /ní:ənèɪt/ 名 C【医】(1か月未満の)新生児

ne·o·na·tol·o·gy /nì:ouneɪtɑ́(:)lədʒi | -nətɔ́l-/ 名 U 新生児学 **-to·lóg·i·cal** 形 **-gist** 名

nèo-Názi 名 C ネオナチ主義者 **-Názism** 名 U ネオナチ, 新ナチ主義

ne·o·phyte /ní:əfàɪt/ 名 C ❶(特に古代キリスト教会の)新改宗者, 新受洗者 ❷初心者, 新参者

néo·plàsm 名 C【医】新生物, (特に)腫瘍(しゅよう)

Nèo·plátonism 名 U【哲】新プラトン主義

ne·o·prene /ní:əprì:n/ 名 U【化】ネオプレン《耐油・耐熱性の優れた合成ゴム》

nèo·réalism 名 U【哲】ネオリアリズム, 新写実主義;【政】新現実主義, 構造的現実主義

ne·ot·e·ny /niɑ́(:)təni | -ɔ́t-/ 名 U【動】幼形成熟, ネオテニー

ne·o·ter·ic /nì:ətérɪk/ 形 現代の, 新しい

Nèo·trópical, -trópic 形【動】新熱帯区の《西インド諸島および北米・中南米の熱帯地域についていう》

***Ne·pal** /nəpɔ́:l | nɪ-/ 名 ネパール《ヒマラヤ山脈中の連邦民主共和国. 公式名 Federal Democratic Republic of Nepal. 首都 Katmandu》

Nep·a·lese /nèpəlí:z/ 形 名 =Nepali

***Ne·pal·i** /nəpɔ́:li | nɪ-/ 形 ネパール(Nepal)の; ネパール人[語]の ━名 (複 ～) C ネパール人; U ネパール語

ne·pen·the /nɪpénθi/ 名 ❶ U《文》悲しみを忘れさせてくれる薬[もの] ❷ C《～s》【植】ウツボカズラ《食虫植物》 **-the·an** 形

ne·per /néɪpər/ 名 C 〖理〗ネーパー《減衰比率を表す定数. 通信回路などで用いる》

neph·e·lom·e·ter /nèfəlá(:)məṭər | -lɔ́mɪtə/ 名 C 〖化〗比濁計

*__neph·ew__ /néfjuː, ＋英 név-/ 《発音・アクセント注意》 名 C 甥(おい)(→ niece)

ne·phol·o·gy /nefá(:)lədʒi | -fɔ́l-/ 名 U 《まれ》雲学

neph·rite /néfraɪt/ 名 U 〖鉱〗軟玉《玉(jade)の一種. かつて腎臓(じんぞう)病に効くとされた》

ne·phrit·ic /nɪfríṭɪk/ 形 腎臓の(renal)；腎炎(じんえん)の

ne·phri·tis /nɪfráɪṭəs | -tɪs/ 名 U 〖医〗腎炎

neph·rol·o·gy /nɪfrá(:)lədʒi | -rɔ́l-/ 名 U 〖医〗腎臓(病)学

neph·ron /néfrɑ(:)n | -rɔn/ 名 C 〖解〗ネフロン, 腎(じん)単位

ne·phro·sis /nɪfróusɪs/ 名 U 〖医〗ネフローゼ

ne plus ul·tra /nèɪ plus últrɑː/ 名 《ラテン》(＝not further beyond)《the ～》頂点, 極致

nep·o·tism /népəṭìzm/ 名 U (人材登用などの際の) 身内びいき, 親族登用 **nèp·o·tís·tic** 形 **-tist** 名

Nep·tune /néptjuːn/ 名 ❶ 〖ロ神〗ネプチューン《海神. 〖ギ神〗のポセイドン(Poseidon)に相当》 ❷ 〖天〗海王星

nep·tu·ni·um /neptjúːniəm/ 名 U 〖化〗ネプツニウム《人工放射性元素. 元素記号 Np》

NERC 略 *N*atural *E*nvironmental *R*esearch *C*ouncil《(英国の)自然環境調査局》

*__nerd__ /nəːrd/ 名 C ⊗《俗》《蔑》つまらないやつ, さえないやつ；(社会性のない)専門ばか, マニア；💻(特にコンピューターの)おたく(geek), 熱中する人 ‖ a computer ～ パソコンマニア **nérd·ish** 形

nerd·y /nə́ːrdi/ 形 マニア的な, 妙な ‖ a ～ hacker マニア的ハッカー

Ne·re·id /níəriɪd/ 名 ❶ 〖ギ神〗ネレイス《海の精》 ❷ 〖天〗海王星の衛星の1つ ❸ C 《n-》〖動〗ゴカイ

Nerf /nəːrf/ 名 C 《商標》ナーフ《フォームラバーなどで作ったおもちゃ》‖ a ～ gun ナーフの鉄砲

Ne·ro /níːrou | níə-/ 名 ネロ (37–68)《ローマ皇帝 (54–68). キリスト教徒を迫害し, 暴君の典型とされる》

nér·o·li òil /nérəli- | níər-/ 名 U ネロリ油, 橙花(とうか)油《香水の原料》

‡**nerve** /nəːrv/ 《発音注意》

—名 (▶ nervous 形, nerveless 形, nervy 形)(複 **～s** /-z/) ❶ C **神経**；神経繊維(nerve fiber)；歯髄, 歯の神経 ‖ He injured [OR damaged] a ～ in his arm playing basketball. 彼はバスケットボールで腕の神経を傷めた / optic ～*s* 視神経

❷ C 《～s》**神経過敏**；(発作的な)神経の高ぶり, ヒステリー状態 ‖ be in a state of ～*s* 神経が高ぶっている / calm [OR steady, soothe] one's ～*s* 神経を落ち着かせる / suffer from ～*s* 神経過敏である；すぐに興奮する / have a fit of ～*s* ヒステリーを起こす / be all ～*s* 神経がひどく高ぶっている / a war [OR battle] of ～*s* 神経戦

❸ U 勇気, 大胆さ, **度胸**, 気力〈**for** …の / **to do**…する〉‖ It takes a lot of ～ *to* do skydiving. スカイダイビングをするには大変な勇気がいる / a person of ～ 剛毅(ごうき)な人 / keep one's ～ 気力を持ち続ける / lose one's ～ 気後れする, おじけづく / I got up the ～ *to* ask the boss for a raise. 彼は勇気を奮い起こして上司に昇給を願い出た / He wouldn't have the ～「*for* a fight [*to* ask me out]. 彼にはけんかをする [私をデートに誘う] 度胸はないだろう

❹ U / C 《単数形で》《口》〈…する〉厚かましさ, 図々しさ〈**to do**〉‖「He has [OR He's got] a [OR the] ～ *to* ask for more. もっとくれなんて彼は図々しいやつだ

❺ C 〖植〗葉脈；〖虫〗翅脈(しみゃく)

a bag of nerves ⇨ BAG(成句)

a bundle of nerves ⇨ BUNDLE(成句)

*__*gèt* [OR *gràte*] *on a pèrson's nérves*__ 《口》(人を)**いらいらさせる** ‖ Stop scraping the violin! It *gets on* my ～*s*. バイオリンをきいきい鳴らすのはやめてくれ, 神経に障ってかなわない

hàve nèrves of stéel 神経が図太い, (危険・困難な状況において)冷静沈着である

lìve on one's nérves [OR ***nérve ènds***] 《英》いつもびくびくしている

stràin èvery nérve 〈…するために〉全力を尽くす〈**to do**〉

*__*tòuch* [OR *hìt, strìke*] *a* (*ràw* [OR *sènsitive*]) *nérve*__ 痛いところ[弱点]に触る[を突く], 人の気にする話題にふれる (♦ touch a deep ～ は「深く心[心の琴線]に触れる」の意)

COMMUNICATIVE EXPRESSIONS

1 **Of àll the nérve!** よくもそんな図々しいことを, 何て失礼な (＝What a nerve! / ＝The nerve (of you)! / ＝You have a lot of nerve!)

—動 他 《～ oneself で》勇気を出す, 奮起する〈**for** …に / **to do** …するのに〉‖ She ～*d* herself *for* tomorrow's interview. 彼女は明日の面接のために勇気を奮い起こした

▸▸ **～ blòck** 名 C 《通例単数形で》〖医〗(麻酔による) 神経遮断 **～ cèll** 名 C 〖解〗神経細胞 (neuron) **～ cènter** 名 C ① 〖解〗神経中枢 ② (組織・活動などの) 中枢, 中心 **～ ènding** 名 C 〖解〗神経終末 **～ fìber** 名 C 〖解〗神経繊維 **～ gàs** 名 U 神経ガス《神経組織を侵す毒ガス》 **～ ìmpulse** 名 C 〖生理〗神経衝撃 **～ nèt** 名 C 〖動〗神経網

nérve·less /-ləs/ 形 (◁ nerve 名) ❶ 活力 [元気] のない, 弱々しい；勇気[意気地]のない ❷ (文体が) 締まりのない ❸ 冷静な, 沈着な, 豪気な, ものに動じない ❹ 〖解〗神経のない；〖生〗葉脈[翅脈]のない **～·ly** 副 **～·ness** 名

nérve-ràcking, -wràck- 形 神経にこたえる, 癇(かん)に障る, いらいらさせる

‡**nerv·ous** /nə́ːrvəs/

—形 (◁ nerve 名)(**more ～**；**most ～**)

❶ 《通例叙述》〈…について〉**心配して**, 恐れて, 怖がって〈**about, of**〉；**おく病な**, びくびくする(♥ 自分についての心配や関心を表すことが多い. → concern 動 ❸a) ‖ I was getting ～ *about* missing the last train. 最終列車に乗り遅れるのではないかと気がかりになっていた / She was ～ *about* staying home alone. 彼女は家にひとりでいるのを怖がっていた / We were ～ *of* being interviewed. 私たちは面接が心配だった

❷ **神経質な**, 神経過敏な, すぐにいらいら[そわそわ]する；非常に緊張[興奮]している, あがっている ‖ a ～ laugh 神経質な笑い / become ～ under stress 緊張のため神経が高ぶる / She began to feel ～ as the curtain began to rise. 幕が上がり始めるにつれ彼女はどきどきし始めた

❸ 《限定》神経の；神経からなる；神経に作用する；神経障害の ‖ a ～ disorder 神経障害 / ～ exhaustion 神経の疲労

～·ly 副 神経質に；緊張 [興奮] して；びくびくしながら

～·ness 名 U 神経過敏；緊張, 興奮；おく病

▸▸ **～ bréakdown** 名 C 神経衰弱, ノイローゼ **～ sỳstem** 名 《the ～》〖解〗神経系 (統) **～ wréck** 名 C 《口》神経消耗者

ner·vure /nə́ːrvjuər/ 名 C ❶ 〖植〗葉脈 ❷ 〖虫〗翅脈(しみゃく)(nerve, vein)

nerv·y /nə́ːrvi/ 形 (◁ nerve 名) ❶ 《米口》厚かましい, 図々しい；勇気のある ❷ 《主に英口》神経質な, 神経過敏な；不安な **nérv·i·ness** 名

nes·ci·ence /néʃəns | -əns/ 名 U 《文》無知

ness /nes/ 名 C 岬 (promontory) (♦ 現在は主に地名の一部として残っている. 〈例〉 Inver*ness*)

Ness /nes/ 名 **Loch ～** ネス湖《スコットランド北西部の湖. 怪物 (Loch Ness Monster) が生息するといわれる》(→ Nessie)

-ness /-nəs/ 接尾 《名詞語尾》形容詞・分詞から「状態・性質」を表す抽象名詞を作る ‖ mean*ness*, happi*ness*, up-to-date*ness* (♦ 具体例を表す場合は普通名詞扱いとなる. 〈例〉 He has done me many kind*nesses*.)

Nes·sie /nési/ 名《口》ネッシー《ネス湖に生息するといわれる怪物(Loch Ness Monster)》

‡nest /nest/
—名〔▶ nestle 動〕(複 **~s** /-s/) Ⓒ ❶ (鳥の) **巣**；(魚・ハチなどの)産卵場所，巣(♦ハチの巣は honeycomb，クモの巣は web)；(鳥の巣状の) わんの形をしたもの ‖ A swallow has **built** [OR made] a ~ under the eaves. ツバメが軒下に巣を作った ❷《単数形で》家庭，安息の場所，憩いの場；避難所，隠れ場所 ❸《単数形で》(悪者の)巣窟(そうくつ)；(悪などの)温床 ‖ a ~ of vice 悪の温床 ❹ (巣の中の)鳥・虫などの群れ《一かえりのひななど》；(巣窟内の)一味 ‖ a ~ of criminals 犯罪者の一味 ❺ (入れ子式の)一そろい，一組 ‖ a ~ of tables ネストテーブル ❻ 💻入れ子，ネスト《大きなルーチンやデータブロックに別のルーチンを組み入れること》

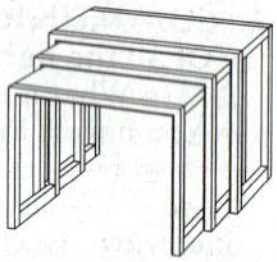
a nest of tables

fèather one's (òwn) nést (地位・特権などを利用して)金をため込む，懐を温める
flỳ [OR ***lèave***] ***the nést*** 巣立つ；親から独立する
fòul one's (òwn) nést 自分の家［味方，祖国］の名誉を汚す［悪口を言う］
—動 (**~s** /-s/；**~·ed** /-ɪd/；**~·ing**)
—自 ❶ 巣を作る；巣ごもる ‖ A bird has ~*ed* in the bush. 鳥がやぶに巣を作った ❷ (卵をとろうと) 巣を捜す ‖ go ~*ing* (鳥の)巣を捜しに行く ❸ (入れ子式に) ぴったりはまり込む ❹《口》心地よい居場所を作って落ち着く
—他 ❶ …を巣(のような所)に入れる［置く］；…を(入れ子式に) ぴったりはめ込む (♦しばしば受身形で用いる) ❷💻〔データなど〕を階層レベルの下位に入れ込む，入れ子［ネスト］にする ❸【言】〔節・句など〕を文の中にはめ込む
▶▶ **~ bòx** 名Ⓒ《英》巣箱(《米》bird house) **~ ègg** 名Ⓒ ① 抱き卵 ② (不時の出費などに備える)蓄え；元手，資金 **~ing bòx** 名Ⓒ《英》=nest box **~ing gròund** 名ⓊⒸ (動物の)繁殖地

nes·tle** /nésl/《発音注意》動〔◁ nest 名〕自《+副句》❶〈心地よい場所に〉気持ちよく［ぬくぬくと］横たわる［身を落ち着ける］《down***》〈**in, among, etc.**〉‖ ~ *down in* bed ベッドに気持ちよく身を横たえる ❷ (愛情を込めて)〈…に〉寄り添う，すり寄る《***up***》〈**to, against, etc.**〉‖ The girl ~*d up to* her mother. 少女は母親に身をすり寄せた / ~ *up* close together 互いにぴったりと身を寄せ合う ❸ (家などが)〈木々の間などに〉(一部)隠れて存在する，抱かれている〈**in, among, etc.**〉‖ the small village *nestling in* [OR *among*] the green hills 緑の山ふところに抱かれた小さな村 —他《+目+副句》❶ (愛情を込めて)〔頭・肩など〕を〈…に〉もたせかける〈**on, against**〉；〔子供など〕を〈…に〉かき抱く〈**in**〉❷《通例受身形で》(家などが)〈木々の間などに〉囲まれている，抱かれている〈**in, among, etc.**〉‖ farms ~*d in* the folds of the mountains 山ふところに抱かれた農場 ❸〔壊れ物など〕を(緩衝物の中に)そっと置く
-tler 名Ⓒ (巣立ち前の)ひな；幼児

nest·ling /néstlɪŋ/ 名Ⓒ (巣立ち前の)ひな

Nes·tor /néstər, -tɔːr/ 名 ❶【ギ神】ネストル《トロイ戦争時のギリシャ軍の賢い老将》❷《また n-》Ⓒ賢い老人，長老

‡net¹ /net/
—名 (複 **~s** /-s/) Ⓒ ❶ **網，ネット** ‖ a fishing ~ 漁網 / a tennis ~ テニスコートのネット / the goal ~ (サッカーなどの) ゴールネット / a mosquito ~ 蚊帳(かや) / a hair ~ (女性用) ヘアネット / cast [OR throw] a ~ 網を打つ (❗バレーボールの反則の「ネットタッチ」あるいは「タッチネット」は和製語. 「ネットに触れる」は touch the net だが，反則の「ネットタッチ」は net foul という)
❷ ⓊⒸ 網状のもの《クモの巣，(血管などの) 網状組織など》；Ⓤ 網［レース］状の織物；《形容詞的に》網［レース］状の；《~s》《英口》レースのカーテン ‖ silk ~ 絹のレース(織物) / ~ curtains レースのカーテン
❸ (捜査・法などの)網；わな，落とし穴 ‖ a police ~ 警察の捜査網 / He was caught in the ~ of fate. 彼は運命の仕組んだわなから逃れられなかった
❹ (テレビ・ラジオの)放送網 ‖ on a national ~ 全国ネットで ❺ Ⓤ 💻 (通信・コンピューター上の)ネットワーク；《the ~, the N-》インターネット(Internet) ‖ surf the *Net* インターネット(上のサイト)を見て回る ❻【テニスなど】ネットボール《ボールがネットに当たること，またそのボール》(❗「ネットボール」が相手側コートに入ることを「ネットイン」というのは和製語. テニスの場合は net cord という) ❼《the ~》【サッカーなど】ゴール；【テニスなど】ネット ‖ shoot the ball into the ~ ボールをシュートしてゴールに入れる
càst [OR ***sprèad***] ***one's nèt wíde*** [OR ***wíder***] 網を広く打つ；(情報などを)あらゆる方面から収集する
slìp [OR ***fàll***] ***through the nét*** ① 網の目をくぐる［逃れる］ ② システムの網の目からこぼれる，見落とされる
—動 (**~s** /-s/；**net·ted** /-ɪd/；**net·ting**)
—他 ❶ …を網で捕らえる；〔川〕に網を張って魚を捕る ❷ …に網をかける，…を網で覆う ❸〔犯人など〕をわなにかけ(て捕まえ)る；(手腕・計略で)…を手に入れる，獲得する ‖ ~ a criminal 犯罪者を捕まえる / ~ a good husband いい亭主を捕まえる ❹【テニスなど】〔ボール〕をネットに打ち当てる ❺【サッカーなど】〔ボール〕をゴールに入れて得点する，〔ゴール〕を決める(score) ❻ …を網にする，編む
—自 ❶ 網を作る
❷【テニスなど】ネットさせる；【サッカーなど】ゴールを決める
▶▶ **~ bùsiness** 名ⓊⒸ 💻ネットビジネス(E-business)《インターネットを利用した商取引》 **~ mètering** 名Ⓤ ネットメータリング《自家発電の余剰電力を電力会社に売ることで省エネルギーを促進する制度》

***net²** /net/ 形《通例限定》❶ (利益・重量などが) 正味の；(値段が) 掛け値なしの；【ゴルフ】ネットの(↔ gross) ‖ ~ income (諸経費を差し引いた)実収入 / ~ weight (風袋(ふうたい)を別にした) 正味重量 / a ~ price 正価 / The price is $500 ~. 値段は掛け値なしで500ドルだ (♦このように数詞の後に置いて用いることもある) ❷ 結局の，最終的な ‖ the ~ result 最終的な結果 / ~ loss 最終的損失
—動 (**net·ted** /-ɪd/；**net·ting**) 他 **a** 《+目》…の純益をあげる；〔利益〕をもたらす ‖ They ~ more than $200,000 a year. 彼らは年間20万ドル以上の純益をあげる **b** 《+目 *A*+目 *B*⇄+目 *B*+**for** 目 *A*》*A* (人・会社)に*B* (ある金額)の純益をもたらす ‖ The job *netted* us some $200,000. = The job *netted* some $200,000 *for* us. その仕事で我々は約20万ドルの純益を得た
—名Ⓒ ❶ 正味，純量；実収入，純益；正価 ❷【ゴルフ】ネット《グロスからハンディを差し引いた数》
▶▶ **~ àsset válue** 名Ⓒ【証券】純資産価額《会社の株式1株当たりの正味資産価額. 略 NAV》 **~ nàtional próduct** 名Ⓒ【経】国民純生産《略 NNP》 **~ prófit** 名Ⓒ 純利益 **~ tón** 名Ⓒ ①【海】純トン，登録トン数 ② =short ton

nét·bàll 名Ⓤ《英》ネットボール《バスケットボールに似た競技》

nét·bòok 名Ⓒ 💻ネットブック《インターネット利用を主な用途とした安価な小型ノートパソコン》

Neth. 略 Netherlands

nét·hèad 名Ⓒ ❶ インターネットに熱中する人 ❷ インターネットでデータ作成や送信に携わる人

neth·er /néðər/ 形《限定》地下の，地獄の；下の(lower)
—名Ⓒ《~s》=nether regions
▶▶ **~ règions** 名 複 ①《the ~, one's ~》《婉曲的》下半身，性器(nether parts) ②《the ~》下部

***Neth·er·lands** /néðərləndz/ 名《the ~》《通例単数扱い》ネーデルラント，オランダ(Holland)《公式名 the Kingdom of the Netherlands. 首都 Amsterdam. 行政の中心地は The Hague》
-lànd·er 名Ⓒ オランダ人(→ Dutch)

▸▸∼ Antílles 名《the ∼》オランダ領アンチル諸島《ベネズエラ北西岸のキュラソーなどを含む西インド諸島のオランダ植民地》
néther·mòst 形 最も下の, 最下部の
néther·wòrld 名《the ∼》地獄, 冥土(めいど);暗黒術
net·i·quette /nétɪkət | -kèt/ 名《また N-》U《口》ネチケット《インターネット上でユーザーが留意すべきマナー》(♦ *net*+eti*quette* より)
net·i·zen /nétəzən | nétɪ-/ 名《また N-》C《口》ネチズン, インターネット市民《インターネットを1つの社会ととらえ, そのユーザーを市民となぞらえた表現》(♦ *net*+*citizen* より)
nét·ròots 名 形《the ∼》《単数・複数扱い》ネットルーツ(の)《特に選挙時のインターネットを利用した活動家》(♦ *net*+grass*roots* より)
nét·shòpping 名 U ネットショッピング《インターネットを利用した買い物》
nét·spèak 名 U ネット語《インターネット上で使われる独特の表現や用語》
ne·tsu·ke /nétsuki, -keɪ/ 名(複 ∼ OR ∼s /-z/) C 根付《木や象牙に細かい彫り物をした日本の小さい細工物》(♦日本語より)
nét·sùrf 動 自 ネットサーフする, インターネット上のサイトをあれこれ見て回る **∼·er** 名 C ネットサーフィンをする人 **∼·ing** 名 C ネットサーフィン
nett /net/ 形 動 名《英》=net²
net·ting /nétɪŋ/ 名 U 網細工, 網地
net·tle /nétl/ 名 C《植》イラクサの類
gràsp [OR *sèize*] *the néttle*《英》大胆に困難[危険]に立ち向かう
—動 他 ❶《口》…をいらいらさせる, 悩ます(♦しばしば受身形で用いる) ❷…を(イラクサで)刺す
▸▸∼ **ràsh** 名 U =urticaria
net·tle·some /nétlsəm/ 形《主に米》いらいらさせる
‡nét·wòrk
—名(複 **∼s** /-s/) C ❶(血管・鉄道・組織などの)**網状組織** ‖ The ∼ of our hotels is worldwide. 私どものホテル網は世界中に広がっています / a ∼ of veins 網状の静脈組織 / a railway [communications] ∼ (網の目のように張り巡らされた)鉄道[通信]網
❷ 放送網, ネットワーク(のキー局) ‖ a radio [TV] ∼ ラジオ[テレビ]のネットワーク
❸ ネットワーク(→ LAN);《電》回路網 ❹(共通の目的・興味の下に活動する)連絡網, ネットワーク;(個人的利益をもたらす)ネットワーク, 人脈 ❺ U 網細工;網織物
—動(**∼s** /-s/; **∼ed** /-t/; **∼·ing**)
—他 ❶〔番組〕をネットワークを通じて放送する
❷〔コンピューター〕をネットワークに接続する ❸ …を網目状につなげる —自 ❶(複数のコンピューターが)ネットワークを形成する ❷(人脈・情報入手の)ネットワークを作り維持する;〈人と〉人脈でつながる〈**with**〉
∼·er 名 C ネットワークにかかわる仕事をする人
▸▸∼ **ànchor** 名 C まとめ役のニュースキャスター ∼ **compùter** 名 C ネットワークコンピューター《Oracle社が提唱した最小限のハードウェアからなるインターネット端末》∼ **mànagement** 名 U C ネットワーク管理 ∼ **wòrm** 名 C ワーム(worm)《ネットワークに接続されているコンピューターを伝わって自己複製・増殖するコンピューターウイルス》
nét·wòrked 形 ネットワーク[インターネット]接続のある ‖ a ∼ house [life] ネットワーク[インターネット]接続のある家[生活]
nét·wòrking 名 U ❶(複数のコンピューターの)ネットワーク接続, ネットワーク設定;コンピューターネットワークを活用した業務処理 ❷ 友好関係を結ぶこと
Neu·man /nɔ́ɪmən, njú:mən/ 名 **John von ∼** ノイマン(1903-57)《ハンガリー生まれの米国の数学者. ゲーム理論・コンピューターの動作原理の考案者》
neume, neum /nju:m/ 名 C《楽》ネウマ, ニューム《中世教会音楽の記譜に使われた符号》
neur- /njʊər-/ 連結形 =neuro-
neu·ral /njʊ́ərəl/ 形《解》神経(系)の
▸▸∼ **árch** 名 C《解》神経弓(しんけいきゅう) ∼ **compúter** 名 C ニューラルコンピューター《ニューラルネットワークなどを基礎として構築されたコンピューター》∼ **nét(wòrk)** 名 C 神経回路網, ニューラルネットワーク《生体の脳神経をモデルにしたコンピューターシステム》∼ **scìence** 名 U = neuroscience ∼ **túbe** 名 C《解》神経管
neu·ral·gia /njuərǽldʒə/ 名 U《医》(顔面)神経痛
-gic 形
neu·ras·the·ni·a /njʊ̀ərəsθí:niə/ 名 U《旧》《医》神経衰弱(症) **-thén·ic** 形 名 C 神経衰弱の(人)
neu·ri·tis /njuəráɪtəs | -tɪs/ 名 U《医》神経炎
neuro- /njʊəroʊ-/ 連結形「神経(系)」の意(♦母音の前では neur- を用いる)
nèuro·anátomy 名 U 神経解剖学
-anátomist 名 **-anatómic(al)** 形
nèuro·biólogy 名 U 神経生物学 **-biólogist** 名
néuro·blàst 名 U(脊椎(せきつい)動物の)神経芽細胞
nèuro·chémical 形 神経化学の
—名 C 神経化学物質
nèuro·chémistry 名 U 神経化学 **-chémist** 名
nèuro·degénerative 形 神経(組織)変性の ‖ a ∼ disease 神経変性疾患
nèuro·génesis 名(複 **-ses** /-si:z/) C U 神経組織発生
nèuro·hórmone 名 C《生理》神経ホルモン
nèuro·ìnformátics 名 U 神経情報学
nèuro·linguístics 名 U 神経言語学
neu·rol·o·gy /njuərɑ́(:)lədʒi | -rɔ́l-/ 名 U 神経(病)学
-gist 名 C 神経学者;神経科医 **-ro·lóg·i·cal** 形
nèuro·múscular 形《解》神経と筋肉の[に関する], 神経筋の
neu·ron /njʊ́ərɑ(:)n | -rɔn/, **-rone** /-roʊn/ 名 C《解》ノイロン, ニューロン《神経細胞とその突起の総称》
nèuro·pathólogy 名 U 神経病理学
-pathólogist 名
neu·rop·a·thy /njuərɑ́(:)pəθi | -rɔ́p-/ 名 U《医》神経病 **-ro·páth·ic** 形 神経病の[にかかっている]
nèuro·physiólogy 名 U 神経生理学
nèuro·psychíatry 名 U 神経精神病学
-psychiátric 形 **-psychíatrist** 名
nèuro·scíence 名 U 神経科学 **-scíentist** 名
***neu·ro·sis** /njuəróʊsɪs/《アクセント注意》名(複 **-ses** /-si:z/) U C ❶《医》神経症, ノイローゼ ❷ 過度の心配, 恐怖, 妄想
nèuro·súrgery 名 U 神経外科学
-súrgeon 名 **-súrgical** 形
neu·rot·ic /njuərɑ́(:)tɪk | -rɔ́t-/ 形 名 C《医》神経症の(患者);《口》ノイローゼ気味の(人) **-i·cal·ly** 副
nèuro·tóxin 名 C《医》神経毒 **-tóxic** 形
nèuro·transmítter 名 C《生理》神経伝達物質
nèuro·trópic 形《医》神経向性の, 神経親和性の
neut. 略 neuter
neu·ter /njú:tər/ 形 ❶《文法》(名詞・形容詞などが)中性の(→ masculine, feminine);(動詞が)自動の ❷《生》中性の, 無性の ❸《古》中立の(neutral) ‖ stand ∼ 中立の立場をとる —名 C ❶《文法》中性, 中性名詞[代名詞, 形容詞];自動詞 ❷《生》中性の昆虫《性的に十分発達していないハチ・アリなどの雌》❸ 去勢動物 ❹ 中立の人(♦まれにしか用いない) —動 他 ❶〔動物〕を去勢する ❷《けなして》…を無力化する
‡neu·tral /njú:trəl/
—形〔▶ neutrality 名, neutralize 動〕(**more ∼; most ∼**)
❶(戦争・議論などで)**中立の**, 不偏不党の, 公平な;中立国の ‖ a ∼ nation 中立国 / ∼ territory 中立地帯 / **remain** ∼ 中立のままでいる / on ∼ ground 中立的立場で

N

❷ 特徴のない, はっきりしない, どっちつかずの ‖ speak with a ～ accent (どこの出身かわからないような)特徴のないなまりで話す
❸ 中間色の, くすんだ ‖ ～ tints [OR hues] 中間色
❹ 〖化〗中性の《酸性でもアルカリ性でもない》; 〖理〗中性の《陽性でも陰性でもない》; 〖電〗中性の《電気も磁気も帯びていない. 略 N》
❺ 〖音声〗弛(ゆる)み唇音の, あいまい音の《/ə/ など》‖ a ～ vowel あいまい母音
❻ =neuter ❷ ❼ 〖機〗(ギアが)ニュートラルの
—名 ❶ Ⓒ 中立の人; 中立国(の国民); 偏見を持たない人
❷ Ⓒ 中間色, くすんだ色《グレー・ベージュなど》
❸ Ⓤ〖機〗(ギアの)ニュートラル, 空転位置 ‖ in ～ ギアをニュートラルにして; 動きのとれない状態で ❹ Ⓒ〖電〗中性
～·ly 副
▸▸ ～ córner 名 Ⓒ〖ボクシング〗ニュートラルコーナー《選手の休憩用でない2つのコーナーの1つ》 ～ zòne 名 Ⓒ 中立地帯; 〖スポーツ〗(アイスホッケーなどの)ニュートラルゾーン

néu·tral·ìsm /-ìzm/ 名 Ⓤ 中立主義(政策) **-ist** 名 Ⓒ 中立主義者 **nèu·tral·ís·tic** 形 中立主義(者)の

neu·tral·i·ty /njutræləti/ 名 〔◁ neutral 形〕 Ⓤ ❶ (局外)中立(政策); (戦時中の港湾などの)中立状態 ‖ armed ～ 武装中立 ❷ 中性, 中間状態

***neu·tral·ize** /njúːtrəlàɪz/ 動 〔◁ neutral 形〕 他 ❶ (逆の作用を持つものなどによって)…の効果をなくす, 相殺する ‖ ～ a poison 毒を効かなくする ❷ 〔国·地帯〕を中立にする, …の中立を宣言する ❸ 〖化〗…を中和する; 〖電〗…を中性にする ‖ An alkali ～s an acid. アルカリは酸を中和する **nèu·tral·i·zá·tion** 名 **-ìz·er** 名 Ⓤ 中和剤

neu·tri·no /njutríːnoʊ/ 名 (複 ～s /-z/) Ⓒ〖理〗中性微子, ニュートリノ

neu·tron /njúːtrɑ(ː)n | -trɒn/ 名 Ⓒ〖理〗中性子
▸▸ ～ bòmb 名 Ⓒ 中性子爆弾 ～ stàr 名 Ⓒ〖天〗中性子星《超新星爆発後に形成される天体の一種. 主に中性子からなる》

neu·tro·phil /njúːtrəfɪl, -troʊ-/, **-phile** /-fàɪl/ 名 Ⓤ〖生理〗好中球《脊椎(せきつい)動物では最も一般的な白血球》
—形 好中性の **nèu·tro·phíl·ic** 形

Nev. 略 Nevada

Ne·va·da /nɪvǽdə | -vɑ́ː-/ 名 ネバダ《米国西部の州. 州都 Carson City. 略 Nev., 〖郵〗NV》
-dan 形 名 Ⓒ ネバダ州の(人)

né·vé /neɪvéɪ | néveɪ/ 名 ❶ Ⓤ (氷河の上層部にある)粒状氷雪(firn), 万年雪 ❷ Ⓒ 粒状氷原

⁝nev·er /névər/

—副《比較なし》❶《経験·習慣を表して》**(これまでに)一度も…(し)ない**; いかなるときにも…(し)ない, 決して…(し)ない (not (...) ever) (↔ always) (⇨ SOMETIMES 類語P) ‖ I've ～ bungee jumped. バンジージャンプを一度もしたことがない / I ～ **before** dreamed of marrying her. 彼女と結婚するとはこれまで思ってもみなかった / He ～ takes his sunglasses off, even on stage. 彼は舞台でもサングラスを外すことがない / She's promised ～ to do it again. 彼女は二度とそんなことはしないと約束した(♦ not と同様, 不定詞の to の前に置かれる)

語法 ☆☆ ❶の用法は always, usually, often, sometimes, seldom などが属する頻度副詞の1つであり, always と反対でその出来事が一度も起こらないことを表す. ただし, 完了形の文以外では❷の意味と区別がはっきりしないこともある.

❷《not の強調用法》**絶対に[全く]…(し)ない**, いかにしても…(し)ない (not ... at all) ‖ You will ～ catch the train tonight. 今夜は絶対その列車に間に合わないだろうよ / "I'll ask him to lend you some money." "That will ～ do." 「君にいくらか金を貸すよう彼に頼んでみるよ」「そんなことしたって駄目だ[どうにもならない]」/ He ～ so much as said a simple thank-you. 彼はありがとうの一言さえ言わなかった / *Never* speak to me like that again. 私に二度とそんな口のきき方はするな(♦ 命令文では文頭に置かれる) / I will ～ 「do it **again** [OR **again** do it]. もう決してしません

語法 ★☆ **never の位置**
(1) never はふつう動詞の前, be動詞·助動詞があるときはその後にくる(❶, ❷の用例参照). ただし, 否定の意を強調する場合は, be動詞·助動詞の前に置くこともある. 〈例〉If they had listened to me, it *never* would have happened. 彼らが私の言うことを聞いていたら, そんなことは絶対に起こらなかっただろう
(2)《堅》では never が強調のため文頭に出ることがあり, その場合は助動詞[be動詞]と主語の間で倒置が生じる. 〈例〉*Never* (in all my life) have I seen such a beautiful thing. こんな美しいものを(生まれてから)見たことがない
(3) 会話での応答などで本動詞を省くとき, never は助動詞の前に置く. 〈例〉"Have you ever seen kabuki?" "No, I *never* have." [×"No, I have never."] 「歌舞伎(かぶき)を見たことありますか」「いや, 一度もないです」

❸《口》まさか(…ではあるまい)(♥ 驚きや不信を表す)(→ CE 5 ②)) ‖ "He is well over sixty." "*Never!*" 「彼はとうに60歳を超えているよ」「まさか」
❹《複合語を構成して》‖ *never*-to-be-forgotten 絶対に忘れることのできない

as* [OR *like*] *nèver befóre かつてなかったほどに
never ever ⇨ EVER(成句)
nèver sày néver 「絶対にない」とすべて(を)否定しない
nèver the ... 《比較級を伴って》《堅》少しも…でない ‖ He was ～ *the* wiser for all his experience. 彼はあれだけ経験を積んだにもかかわらず少しも賢くなかった

COMMUNICATIVE EXPRESSIONS
1 **I'd néver** dò it **èven if** sòmebody páid me to. たとえお金を支払われても決してやりません(♥ どんな条件でも決してしないという強い拒否を表す)
2 **Jùst nèver (you) mínd.** まあ, 気にしないで; そんなことはいいから(♥「どうやってそれがわかったんだ」といった質問に対して明答を避け, 手の内を明かすのを拒否する返答)
3 "Wòn't you sìng a sóng for us?" "**Nèver in a mìllion** [OR **hùndred, thòusand**] **yéars.**" 「歌ってよ」「絶対いや」(♥ 強い拒絶·拒否)
4 **Nó, I néver!** そんなこと絶対やってないよ(♥ いたずらや粗相を問いただされた子供が言う)
5 **(Wèll,) I néver (díd)!** ① そんな, ひどいよ; あんまりだ(♥ 侮辱などを受けてあきれたり怒ったりした際に) ② まさか

nèver-énding 〈シ〉 形 果てしない, 永久の
nèver·móre 副《文》二度と[再び]…(し)ない
nèver-néver 名 ❶《通例 the ～》《英口》分割払い方式(《米》installment plan) ‖ on the ～ 分割払いで
❷ Ⓒ 辺地, 不毛の地
▸▸ ～ lànd 名 Ⓒ《単数形で》架空の理想郷, おとぎの国(♦ J. M. Barrie 作 *Peter Pan* (1904)より)

⁝nev·er·the·less /nèvərðəlés/《アクセント注意》
—副《比較なし》NAVI **それにもかかわらず**, それでもやはり (nonetheless) (⇨ NAVI表現 5) ‖ I can't go. *Nevertheless*, I appreciate your kindness. 私は行けません. でもご親切はうれしく思います

ne·vus /níːvəs/ 名 (複 **ne·vi** /-vaɪ/) Ⓒ〖医〗母斑(ぼはん) (birthmark) **-void** 形

⁝new /njuː/ (♦ 同音語 knew) 形 副

—形 (～·er; ～·est) (↔ old)
❶ **新しい**, 最近できた[手に入れた]; 《比較なし》新品の, 使い古していない (↔ secondhand); 最新の (↔ old-fashioned); とれたての, 新鮮な; はしりの, 初物の(⇨ 類語) ‖ a ～ product 新製品 / an **entirely** ～ design 全く新しいデザイン / the ～*est* fashion(s) 最新の流行 /

make a ～ friend 新しい友人を作る / ～ milk 搾りたての牛乳 / ～ potatoes 新ジャガイモ / brand-～ 真新しい
❷ **初めての**, 今までにはなかった［知られなかった］; 新発見の;《叙述》〈人にとって〉なじみのない, 耳新しい〈**to**〉‖ a ～ comet 新発見の彗星(すいせい) / learn a ～ language 新しい言語を学ぶ / a ～ experience 初めての経験 / This was a ～ thought *to* her. これは彼女には耳新しい考えだ / That's **completely** ～ *to* me. それは僕にとってはまるきり初めて見聞き［体験］するものです
❸《通例限定》新たに始まる; 新たな, 新規の, 別の; いっそうの, 余分の ‖ start a ～ life 新しい生活を始める / a ～ era in opera オペラの新時代 / He was faced with a ～ worry. 彼は新たな心配事に出くわした / a ～ generation 新しい世代 / a ～ situation 新たな状況 / begin a ～ game もう1試合やる / make a ～ start 新たに開始する, 新しいスタートを切る / with ～ courage 新たな勇気を奮い起こして / have a ～ job 新しい職に就く
❹《比較なし》《限定》新しく来た, **新任の**, 今度の(↔ present) ‖ ～ members of a club クラブの新会員 / the ～ kid on the block《口》新参者(《英》《戯》the ～ boy [OR girl])
❺《叙述》〈仕事などに〉経験のない, 不慣れの, 新米の〈**at, on, to**〉‖ I'm ～ *on* the job. 私はその仕事は初めてです / The young man was ～ *to* many things. その若者はいろいろなことに不慣れだった
❻《限定》(肉体的・精神的に)一新した, 更生した; (キリスト教に) 改宗した ‖ The holiday made a ～ man of him. 休暇をとって彼は気分一新した / feel like a ～ man [OR woman] 生まれ変わったような (新鮮な) 気分である / put on the ～ man 改宗する
❼《the ～》現代風の; 革新的な, 新(方)式の; 新興の(♥軽蔑的にも用いられる)(→new math, new rich)
❽《N-》〖言〗近世［近代］の(Modern)
❾《the ～》《集合名詞的に》新しいもの
(as) ***gòod as néw***; ***like néw*** 新品同様で
be a néw òne on a pérson《口》〔人〕にとって初耳である ‖ That'*s a* ～ *one on* me. そいつは初耳だ

COMMUNICATIVE EXPRESSIONS

1 **Ànything néw down your wáy?** そちらでは何か目新しい［変わった］ことでもありましたか (♥相手の調子・近況を尋ねる打ち解けた田舎風の表現)
2 "Thát polítician was arrèsted for bríbery." "**(Só) whàt élse is nèw?**" 「あの政治家, 収賄(しゅうわい)で逮捕されたんだ」「(それは) 改めて言うほどのことじゃないよ」(♥「言われたことは目新しくない」の意)
3 **Thát's nòthing néw.** そんなの何も目新しくないよ; いつものことだ(♥「今に始まったことではない」と不快感・落胆を表す)
4 "**Whàt's néw?**" "Nót mùch." 「どう, その後」「いや, 別に取り立てて何も」
5 **Whàt's nèw with yóu?** で, 君の方はその後どう(♥What's new? と言われた人が, 相手に同じことを問い返す表現. you に強勢を置く)

―副《主に過去分詞とともに複合語を構成して》新しく, 最近; 新たに, 再び (newly) ‖ ～-come 新着［新任］の / her ～ found friends 彼女の新しくできた友人たち

類語《形 ❶》**new**「新しい」を意味する最も一般的な語.
fresh 新鮮な新しさを表し, 古くなったり傷んだりしていない状態を強調する. 〈例〉*fresh* flowers 摘んだばかりの花
novel 新しくて珍しい, 今までにない独創的な新しさを表す. 〈例〉a *novel* idea 目新しい考え［斬新な着想］
latest 最も新しい, 最近の. 〈例〉the *latest* news 最新のニュース

▶**Nèw Áge** (↓) **Nèw Ámsterdam** 名 ニューアムステルダム《ニューヨーク市の旧称》 **～ blóod** 名 U (集団などに) 新しい思想や活力を与える人々, 新しい血 ‖ infuse [OR inject] ～ *blood* 新しい血を注ぐ **Nèw Brítain** 名 ニューブリテン ① 米国コネティカット州中央部の都市 ② 南太平洋のビスマーク諸島中の最大の島 **～ bróom** 名 C《英》改革に熱心な新任者 **Nèw Brúnswick** 名 ニューブランズウィック《カナダ南東部の州. 州都 Fredericton /frédrɪktən/. 略 N.B.》 **Nèw Caledónia** 名 ニューカレドニア《オーストラリアの東方にある島. フランス領植民地》 **Nèw Chìna Néws Àgency** 名 (中国の) 新華社通信 (Xinhua)《略 NCNA》 **Nèw Críticism** 名《the ～》〖文学〗(20世紀中葉の) 新批評 **Nèw Déal** (↓) **Nèw Délhi** 名 ニューデリー《インドの首都》 **～ ecónomy** 名《ときに N- E-》《the ～》ニューエコノミー, 新経済《地球化・インターネット網などの新要素の下に1990年代に始まった経済環境》 **Nèw Éngland** 名 ニューイングランド《米国北東部の地方. コネティカット・メイン・マサチューセッツ・ニューハンプシャー・ロードアイランド・バーモントの6州からなる》 **Nèw Énglander** 名 C ニューイングランド地方の人 **Nèw Ènglish Bíble** 名《the ～》新英訳聖書《英国で出版された聖書. 新約は1961年, 旧約は1970年に刊行》 **～ fáce** 名 C 新顔, 新人, ニューフェース **～ guárd** 名《ときに N- G-》《the ～》《米》専門分野［政界, 実業界］で頭角を現した人々 **Nèw Guínea** 名 ニューギニア島《オーストラリア北方の, グリーンランドに次ぐ世界第2位の大きさの島》(→ Papua New Guinea) **Nèw Hámpshire** 名 ニューハンプシャー《米国北東部の州. 州都 Concord. 略 N.H.,〖郵〗NH》 **～ jàck swíng** 名 U〖楽〗ニュージャックスイング《1980年代後半米国で人気を得た新スイング音楽》 **Nèw Jérsey** 名 ニュージャージー《米国東部の州. 州都 Trenton. 略 N.J.,〖郵〗NJ》 **Nèw Jér·sey·an** /-dʒə́ːrziən/ 名 C ニュージャージー州の人 **Nèw Jér·sey·ite** /-dʒə́ːrzaɪt/ 形 名 C ニュージャージー州の(人) **Nèw Jerúsalem** 名《the ～》〖聖〗天の都, 聖都, 神と聖徒の住居(Heavenly City, Celestial City) **Nèw Látin** 名 U 近世ラテン語《中世後期以降, 特に科学用語に用いられるラテン語》(Neo-Latin) **Nèw Léft** 名《the ～》(1960年代の) 新左翼, ニューレフト **Nèw Lóok** (↓) **～ mán** 名《通例 N- M-》C 新男性《男女の新しい関係に理解を示し, 家事などを進んで行う男性》 **～ máth** [《英》**máths**] 名《the ～》新しい数学《集合理論から発展させて教える1970年代初期から始まった基礎教育段階の数学》 **Nèw México** 名 ニューメキシコ《米国南西部の州. 州都 Santa Fe. 略 N.M., N.Mex.,〖郵〗NM》 **Nèw Méxican** 形 名 C ニューメキシコ州の (人) **～ móney** 名 U《米》成金 (new rich, nouveau riche) (↔ old money) **～ móon** 名 C 新月［三日月］(の時) **Nèw Ór·le·ans** /-ɔ́ːrlənz, -ɔːrlíːnz | -ɔ́ːliənz, -ɔːlíːnz/ 名 ニューオーリンズ《米国ルイジアナ州南東部, ミシシッピ川河口近くの港湾都市. ジャズ発祥の地としても有名》 **～ rích** 名《the ～》《主に米》(社会変動などによる) にわか成金 (連中) (の) **Nèw Ríght** 名《the ～》(1960年代の) 新右翼, ニューライト **Nèw Sòuth Wáles** 名 ニューサウスウェールズ《オーストラリア南東部, 太平洋に面する州. 州都 Sydney. 略 N.S.W.》 **Nèw Stýle** 名《the ～》(1582年以来使用の) 新暦, グレゴリオ暦《略 N.S.》(→ Old Style) **Nèw Térritories** 名《the ～》新界《1997年に英国より中国に返還された香港の大部分を占める地帯》 **Nèw Téstament** 名《the ～》新約聖書《略 NT》(→ Old Testament) **～ tòwn** 名 C ニュータウン《第2次大戦後の英国で都市計画に基づき自足性を図った小都市》 **～ vàriant ĆJD** 名 U〖病理〗新型ヤコブ病《狂牛病にかかった牛肉が原因とされる》 **～ wáve** 名《the ～》① (文学・芸術上の) 新傾向の推進者たち, ヌーベルバーグ ② ニューウエーブ《1970‐80年代に流行したロック音楽の一種》 **Nèw Wórld** (↓) **～ yéar** (↓) **Nèw Yórk** (↓) **Nèw Zéaland** (↓)

Nèw Áge ⟨ジ⟩ 名 U ❶ ニューエイジ(運動)《神秘思想への傾倒, 自然との共生などを特徴とする文化的風潮》❷ ニューエイジ音楽 ―形 ニューエイジ(運動)の

N

Nèw Áger 名 C ニューエイジ音楽の演奏家・愛好家
▸▸Nèw Àge tráveller 名 C 《しばしば ~s》《英》ニューエイジの旅人《ふつうの価値観を否定し, トレーラーハウスなどに住みながら転々と移動する人》

Néw·bery Mèdal /njúːberi-|-bəri-/ 名 《the ~》ニューベリーメダル[賞]《全米図書館協会が年1回優れた児童書に授与する文学賞》

new·bie /njúːbi/ 名 C 《口》(コンピューターオンライン・インターネットなどの)初心者

***néw·bòrn** 形 《通例限定》 ❶ 生まれたばかりの, 新生の ❷ 生まれ変わった, 復活した(reborn)
── 名 (複 ~ OR ~s /-z/) C 新生児

New·cas·tle(-upon-Tyne) /njúːkæsl (əpɑ̀(ː)ntáɪn)|-kɑ̀ːsl(əpɔ̀n-)/ 名 ニューカッスル(アポンタイン)《イングランド北東部, タイン川に臨む都市. もと石炭の積み出し港として知られる》
carry [OR *take*] *coals to Newcastle* ⇨ COAL(成句)

***néw·còm·er** 名 C 〈…に〉来たばかりの人〈**to**〉, 新顔; 初心者; 新しく登場した[導入された]もの

Nèw Déal 名 《the ~》ニューディール(政策)《F. D. Roosevelt 大統領が1933年に始めた米国の経済復興と社会福祉増進のための新政策》
~·er 名 C ニューディール支持者

new·el /njúːəl/ 名 C 《建》(らせん階段の) 親柱; (= ~ pòst)(階段の)欄干柱, 親柱
▸▸~ stàirs [stàircase] 名 C らせん階段

nèw·fán·gled /-fǽŋɡld/ ⊲ 形 ⊗《蔑》新奇な, 当世風の; 新奇を好む, 新しがりやの **~·ness** 名

nèw-fáshioned 形 《口》最新流行の; 新式[新型]の, 斬新な

nèw·fóund ⊲ 形 新発見の

New·found·land /njúːfəndlənd/ 名 ❶ ニューファンドランド(島)《カナダ南東岸沖の島. 周辺は豊かな漁場》 ❷ ニューファンドランド(州)《❶とラブラドル半島東部からなるカナダの州. 州都 St. John's. 略 NF., Nf(l)d.》 ❸ C ニューファンドランド(犬)《黒毛の大型犬》
~·er 名 C ニューファンドランド島[州]民

new·ish /njúːɪʃ/ 形 やや新しい, 新しめの

nèw-láid ⊲ 形 (卵が)産みたての

Nèw Lóok 名 ❶ ニュールック《1947年発表の C. Dior による婦人服のデザイン》 ❷ 《n- l-》 C (スタイル・デザインなどの)変革, 革新 **nèw-lóok** 形 革新的な

‡new·ly /njúːli/
── 副 (more ~; most ~)《通例過去分詞や形容詞を伴って》
❶ 《比較なし》**最近** ‖ the ~ **formed** government 作られたばかりの政府 / a ~ **created** post 新設の職 / a ~ published book 新刊本
❷ 再び, **新たに** ‖ The door was ~ painted. ドアは新たにペンキを塗り直された
❸ 新式[型]に, 前とは違ったふうに ‖ ~ arranged furniture 新しく配置し直した家具

néwly·wèd 名 C 結婚したての人; 《~s》新婚夫婦
── 形 新婚の

Néw·màrket 名 ❶ ニューマーケット《イングランド南東部, サフォーク州西部の町. 競馬で有名》 ❷ U 《英》《ゲーム》ニューマーケット(《米》Michigan)《3-8人で行うトランプゲーム》

nèw-mówn ⊲ 形 《限定》(草などが)刈りたての

néw·ness 名 U 新しいこと, 新奇; 新任, 不慣れ

‡news /njuːz/ 《発音注意》

中心義 新しく知らされること

── 名 〔▶ newsy 形〕 U ❶ **知らせ**, 情報, **便り**, 音信, 消息〈**about, of, on** …についての / **that** 節…という〉; 《口》〈…にとって〉新しい情報, 変わった出来事〈**to**〉(♦ 数えるときには「a piece [OR a bit, an item] of news, two pieces [OR bits, items] of news のように表す) ‖ I've got some ~ **for** you. 君に知らせがあるんだ / We have just received the ~ *of* his arrival. 彼が到着したという知らせをちょうど受けたところだ / Have you heard the ~ *that* he's been promoted? 彼が昇進したという知らせを聞いたかい / Here is an interesting piece of ~. 面白いニュースが1つある / *No ~ is good ~.* 《諺》便りのないのはよい便り(♥ 知らせるべきことを知らせなかったことの言い訳にも使われる) / *Bad ~ travels fast.* 《諺》悪いニュースは早く伝わる; 悪事千里を走る / That's ~ *to* me. それは初耳だ / That's no ~ *to* me. そんなことはとっくに知っているよ / sad ~ 悲しい知らせ
❷ (新聞・放送の)**ニュース**, **報道**〈**of, about** …についての / **that** 節…という〉; 《the ~》ニュース番組 ‖ His case was very much **in** the ~. 彼の事件は大いに報道された / The ~ *about* the earthquake was reported on TV. その地震のニュースはテレビで報道された / **hear** [**watch**] the 7 o'clock ~ 7時のニュースを聞く[見る] / Here is the 9 o'clock ~. (アナウンスで) 9時のニュースをお伝えします / I heard it **on** the ~ this morning. そのことは今朝ニュースで聞いた

連語 【形/名+~】 big ~ 大きなニュース / front-page ~ (新聞の)一面のトップ記事 / the latest ~ 最新のニュース / local [national] ~ 地元の[全国の]ニュース / television [radio] ~ テレビ[ラジオ]のニュース

❸ ニュース種(になる人[もの, 事柄]) ‖ The baseball player is the hottest ~ now. その野球選手は今いちばん話題になっている
❹ 《N-》《新聞名で》…新聞 ‖ *The New York Daily News* ニューヨーク=デイリーニューズ紙

be bàd néws ① ⇨ ❶ ② 〈…にとって〉困ったこと[やっかい者]である〈**for**〉‖ She'*s bad* ~ *for* everyone. 彼女はみんなの鼻つまみ者だ

be gòod néws ① ⇨ ❶ ② 役に立つ人[もの]である, 有意義なことである

brèak the néws to ... 〔人〕に(悪い)知らせを最初に伝える

màke (the) néws ニュース種[新聞種]になる ‖ I hope the boss's accident doesn't *make the* ~. ボスの事故が新聞沙汰(ざた)にならないことを願うよ

The gòod [bàd] néws is that ... (新しい情報などの) よい[悪い]点は…である

COMMUNICATIVE EXPRESSIONS

1 **I'm afràid it ìsn't vèry gòod néws, but** your cóntract has been cáncelled. 残念ながらあまりよくない知らせなんですが, あなたの契約は破棄されました

2 **Thàt's the bést nèws I've hèard** 「**for a lòng tíme** [OR **in yéars**]. それは久しぶりに聞くとてもいい知らせだ(=(Oh,) that's good news.)

▸▸~ àgency 名 C 通信社 **~ ànalyst** 名 C (テレビ・ラジオの)ニュース解説者(commentator) **~ blàckout** 名 C 報道管制 **~ bùlletin** 名 C ① 《英》(放送の)短いニュース番組 ② 《米》(別の番組中の)短いニュース, ニュース速報 **~ cònference** 名 C =press conference **~ dèsk** 名 《the ~》ニュースデスク《新聞などのメディアの最新ニュースなどの編集部署》 **~ flàsh** 名 C ニュース速報 **~ mèdia** 名 《ときに単数扱い》マスメディア **~ pèg** 名 C (出来事の)ニュースバリューのある側面 **~ relèase** 名 C =press release **~ sèrvice** 名 C 通信社(news agency) **~ stòry** 名 C ニュース記事

néws·àgent 名 《英》=newsdealer

néws·bòy 名 C 新聞配達[販売]少年[員] (中立 newspaper carrier [vendor])

néws·brèak 名 C 《米》報道価値のある[記事になる]事件[事柄]

néws·càst 名 C 《主に米》(放送の)ニュース(番組)
~·ing 名 U ニュース放送

néws·càster 名 C ニュース放送[解説]者, ニュースキャスター(✎ 日本語では単に「キャスター」ということがあるが, これは和製語. また, 総合司会的な「キャスター」は anchor (person), anchorman, anchorwoman という)

N

néws·dèaler 名 C ❶《米》新聞［雑誌］販売人（《英》newsagent）❷新聞［雑誌］販売店（《英》newsagent('s), paper shop）

néws·gròup 名 C 🖳ニュースグループ《インターネット上で同好の士が意見を交換し合う場》

néws·hòund 名 C《口》（ネタ探しに熱心な）新聞記者

news·i·ness /njúːzɪnəs/ 名 U《口》ニュースが多いこと；話題が豊富なこと；おしゃべりなこと

***néws·lètter** 名 C（団体の）会報，通信

néws·magazìne 名 C《米》❶（週刊の）報道雑誌 ❷ =magazine ❷

néws·màker 名 C《米》ニュースになる人［出来事］，時の人

néws·màn /-mæn/ 名（複 **-mèn** /-mèn/）C 新聞［報道］記者，通信員，ニュース解説者（中立 newsperson, newspeople） **-wòman** 名（複 **-wòmen**）

néws·mònger 名 C うわさ話の好きな人

nèws-on-demánd 名 U ニュース＝オン＝デマンド《利用者からの注文に応じてケーブルテレビなどを通じて送られるニュース》

⁑news·pa·per /njúːzpèɪpər, njúːs-/

—名（複 **~s** /-z/）❶ C **新聞**（♦単に paper ともいう）‖ I read about the accident **in** yesterday's ～. その事故のことはきのうの新聞で読んだ / It says **in** the ～ that it's going to be rainy today.=The ～ says that it's .... =According to the ～, it's .... 今日は雨だと新聞に出ている / a daily [weekly] ～ 日刊［週刊］紙 / a **local** [national] ～ 地方［全国］紙 / a quality ～ 高級紙 / a ～ **article** 新聞記事 / take [subscribe to] a ～ 新聞をとる［定期購読する］

❷ U 新聞（用）紙（newsprint）‖ wrap the glasses in ～ グラスを新聞紙で包む

❸ C 新聞社

▶▶ ～ **bòx** 名 C 新聞受け ～ **ìnsert** 名 C 新聞折込（広告） ～ **stànd** 名 C =newsstand

***néws·pàper·màn** /-mæn/ 名（複 **-mèn** /-mèn/）C ❶新聞人，新聞記者 ❷新聞経営者 **-wòman** 名（複 **-wòmen**）

néw·spèak 名 U 新言語《為政者などが民衆を導く手段として用いる，わざとあいまいで人を惑わすような言語》（♦ G. Orwell 作 *1984* 中の全体主義国の公用語より）

néws·pèrson 名（複 **~s** /-z/ OR **-people**）C ニュースを報道する人，新聞［報道］記者

néws·prìnt 名 U 新聞印刷用紙，新聞記事；（新聞・雑誌の）印刷用インク

néws·rèader 名 C《英》=newscaster

néws·rèel 名 C（昔映画館で上映された）ニュース映画

néws·ròom 名 C（新聞社・放送局の）ニュース編集室

néws·shèet 名 C《英》（1枚の）簡単な新聞；=newsletter

***néws·stànd** 名 C 新聞［雑誌］売店

néws·vèndor 名 C《英・カナダ》（街頭などの）新聞売り

néws·wòrthy 形 報道価値のある，ニュースになる

news·y /njúːzi/ 形〔◁news 名〕《口》（手紙などが）ニュースの多い，話題の豊富な，（あまり重要でない）ニュースでいっぱいの ‖ a ～ letter いろいろなことが書いてある手紙

newt /njuːt/ 名 C〖動〗イモリ

(*as*) ***pissed as a néwt***《英》泥酔して

new·ton /njúːtən/ 名 C〖理〗ニュートン《力の単位．1kg の物体に 1m/sec² の加速度を生じさせる力》

New·ton /njúːtən/ 名 **Sir Isaac ～** ニュートン（1642–1727）《英国の数学者・物理学者．古典物理学の大成者》

New·to·ni·an /njutóuniən/ 形 ニュートン（Newton）の，ニュートン理論［学説］の ‖ ～ dynamics ニュートン［古典］力学 —名 C ニュートン学説の信奉者

Nèw Wórld 名《the ～》新世界《コロンブスによる発見後の南北米大陸》（→ Old World） **nèw-wórld** 形

***nèw yéar** ⊲ 名 ❶《通例 the ～》新年 ‖ in the ～ 新年の初め（の2，3週間）に ❷《N- Y-》C 元日，正月《元日とそれに続く数日》‖ I wish you a Happy *New Year.*=Happy *New Year*! 新年おめでとう，よいお年をお迎えください（♦年末にも年始にも用いる）/ ring [OR usher] in the *New Year* 新年を迎える［祝う］/ see the ～ in 大晦日（おおみそか）の夜寝ないで新年の始まりを祝う / *New Year*'s Day=《米》*New Year*'s 元日 / *New Year*'s Eve 大晦日（の夜）/ a *New Year*'s resolution 新年の誓い［決意］

⁑New York /njùː jɔ́ːrk/ ⊲

—名 ❶（=～ **Cíty**）**ニューヨーク**（市）《米国ニューヨーク州南東部にある同国最大の都市．5つの boroughs（マンハッタン・ブロンクス・クイーンズ・ブルックリン・スタテン島）と多くの島々からなる．愛称は Big Apple．略 NYC》

❷（=～ **Státe**）ニューヨーク（州）《米国北東部の州．州都 Albany．略 NY, N.Y.,〖郵〗NY》

Nèw Yórker 名 C ニューヨーク市民

⁑New Zea·land /njùː zíːlənd/ 名 形

—名 **ニュージーランド**《南太平洋にある英連邦内の独立国．南北2つの島（ノースアイランド・サウスアイランド）からなる．首都 Wellington．略 N.Z.》

—形 ニュージーランドの

～·er 名 C ニュージーランド人

⁑next /nekst/ 形 副 名 前

—形《比較なし》❶《場所》《通例 the ～》**隣の**；次の ‖ We heard my parents arguing in the ～ room. 両親が隣の部屋で言い争っているのが聞こえた / Go straight and take the ～ turning on the left. 真っすぐ行って次の角を左に曲がりなさい / the boy in the ～ chair 隣のいすに座っている少年

❷《時間》**次の**，今度の，来…（→ last¹）‖ See you ～ **week.** また来週 / I'm getting married ～ **month** [summer, **year**]. 来月［来夏，来年］結婚する予定です（♦発話時から見て「次の…」というときは next の前に the をつけず，on, in などの前置詞も使わない．ただし，decade, century の場合は in [OR during] the ～ decade「次の10年間に」のようにする）/ Work hard for the ～ couple of months.（今から）向こう2か月間頑張りたまえ / The ～ **year** will be a difficult one. 今からの1年間は大変な1年になるだろう（♦発話時から数えて次に続く期間を表す場合は the をつける．the next year は今からの12か月間を指し，「来年」を表す next year とは意味が異なる）/ within the ～ few **days** ここ数日の間に / He said that he'd come back the ～ afternoon. 彼は次の日の午後戻ると言った（=He said, "I'll come back tomorrow afternoon."）（♦過去または未来のある時点から見て「その次の…」というときは通例 the をつける．前置詞は伴わない）/ Maybe there won't be a ～ **time.** 次の機会なんてないかもしれない / *Next* **time** I'm in Boston, I'll try some clam chowder. 今度ボストンに行ったらクラムチャウダーを試してみよう（♦ next time が従位接続詞のように使われている．the next time ... となることもある）

> **語法** ☆☆ **(1)** next Friday は，発話時が Friday に近いかどうかによって，同じ週の（今度の）金曜日を指すこともあれば，次の週の金曜日を指すこともある．誤解を避けるためには，今週の金曜日は on Friday, this Friday, this coming Friday, (on) Friday (of) this week などとし，次の週の金曜日は on Friday week, a week (on) Friday, (on) Friday (of) next week とする．
> **(2)**《英》では「前置詞＋曜日名」の後に置かれることもある．〈例〉I'll be seventeen years old on Wednesday *next.* 私は今度の水曜日に17歳になります

N

(3) 今日から見た次の日である明日については tomorrow を用い，the next [OR following] day は過去・未来のある時点から見て翌日という意味で用いる．物語などでは特に文頭で the を省略し Next day I felt better.(次の日は気分がよくなった)のようにすることもある．同様に明朝は tomorrow morning，翌朝は the next [OR following] morning となり，明日の午後[夕方，夜]を表す tomorrow afternoon [evening, night] に対して，翌日の午後[夕方，夜]を表すのには the next [OR following] afternoon [evening, night] を用いる．

❸《順序・価値》《通例 the ～》次の ‖ Who will be the ～ president? 次の社長になるのはだれだい / Excuse me. It's my turn. I was ～. すみませんが，私の番です．私が次だったんです / Cost is ～ in importance. 費用は次に重要な問題だ / the ～ train 次の列車 / on the ～ page 次のページに / Yokohama is the ～ city to Tokyo in population. 横浜は東京に次いで人口が多い

as ... as the néxt màn [OR ***pèrson, fèllow, òne***] 人並みに…で，ほかのだれにも劣らず… ‖ He liked luxury *as* much *as the* ～ *man*. 彼は世間並みにぜいたくを好んだ

****nèxt dóor*** ⇨NEXT DOOR

****nèxt dóor to ...*** ① ⇨NEXT DOOR ② ほとんど…で ‖ He was ～ *door to* death. 彼は瀕死(ひんし)の状態だった

****néxt to ...*** ① …の隣に ‖ I sat down ～ *to* Mark on the sofa. 私はソファーでマークの横に座った ② …に次いで ‖ Skiing is my favorite sport ～ *to* tennis. スキーはテニスの次に好きなスポーツだ / The cheetah is ～ *to* none in speed. チーターは足の速さの点で一番だ ③ …と比べると ‖ *Next to* him, I felt like an idiot. 彼と比べると自分がばかに思えた ④《否定的な意味を表す語の前で》ほとんど…で(almost) ‖ Swimming across that river was ～ *to* impossible. あの川を泳いで渡るのは不可能に近かった / I bought the shoes for ～ *to* nothing. その靴はほとんどただ同然で買った

the néxt ... but óne 1つ[1人]おいて次の，次の次の ‖ *the* ～ day *but one* その翌々日 / *the* ～ room *but one* 1つおいて隣の部屋

(the) néxt thìng a pèrson knòws (突然のことで驚いて)気づいてみると，いつの間にか

(the) nèxt to (the) lást 最後から2番目の ‖ *the* ～ *to last* train 最終の1本前の電車

COMMUNICATIVE EXPRESSIONS

1 **Néxt quèstion.** NAVI では次の質問をどうぞ(♥ 別の問題に移る．これ以上論じたくないことについて「はい，これでおしまい．次は」といったニュアンスで用いることもある)

2 **There is álways (a) néxt tìme.** またこの次があるさ(♥ 失敗した人への励まし)

3 **Untìl** [OR **Tìll**] **néxt tìme.** じゃあ，また今度；それではまたお会いしましょう(♥ ラジオやテレビの司会者が番組の終わりにしばしば用いる．=Good-bye for now.)

―副《比較なし》❶《時間》次に，すぐ後に；今度は，その次は ‖ We never know what will happen ～. 次に何が起こるか全くわからない / First, boil four cups of water. *Next*, add two spoons of salt. NAVI まず，カップ4杯の水を沸かします．次に塩を小さじ2杯分加えてください / We ～ met at Becky's house. 私たちはその次にはベッキーの家で会った / When ～ we meet! また今度ね

❷《順序》〈…に次いで〉次に，2番目に〈**after, to**〉(♦ 最上級とともに用いる)；NAVI 第2に (⇨ NAVI表現 3) ‖ I like this best and that ～. これがいちばん好きで次はあれ / the ～ highest mountain *to* Mt. Fuji 富士山に次いで2番目に高い山 / as the ～ best thing 次善の策として

❸《場所》すぐ近くに，隣に(→ *next to* ... ①(↑))

COMMUNICATIVE EXPRESSIONS

4 You're lòoking for ÙFÓs? **Whàt** [OR **Whàtever**] **néxt?** UFOを探しているんだって？ 次は何を始めるんだい(♥ 驚き・困惑の表現)

―名《通例 the ～》次のもの[人] ‖ Did he take this turn or the ～? 彼はここで曲がったのか，それとも次で曲がったのか / I finished one mystery and immediately started the ～. 推理ものを1冊読み終えるとすぐに次のに取りかかった / The disease has been passed on from one generation to the ～. その病気は1つの世代から次の世代へと遺伝している / both this year and ～ 今年も来年も / the Sunday [week] after ～ 次の次の日曜日[週]

COMMUNICATIVE EXPRESSIONS

5 **Néxt**(, plèase). (待っている人に) 次の方どうぞ；次の質問をどうぞ

―前《口》…の隣に，…の次に (next to) ‖ a seat ～ the window 窓際の席

▸▸ **～ dóor** (↓) **～ of kín** 名 U 近親者，最も近い親戚(しんせき) **～ wórld** 名《the ～》来世，あの世

nèxt-bést 形《限定》次に最もよい，次善の

***nèxt-dóor** ◁ 形《限定》隣の，隣家の；(広く) 近隣の ‖ ～ neighbors 隣家の人

***nèxt dóor** ◁ 副 ❶〈…の〉隣に[の]〈to〉‖ A loud noise came from the room ～ *door*. 隣の部屋からうるさい音が聞こえてきた / Kate lives ～ *door to* us. ケートはうちの隣に住んでいる ❷ ⇨ NEXT *door to* ... ②

the bóy [gírl] nèxt dòor ふつうの男の子[女の子]

―名 U《集合的に》《単数・複数扱い》《英口》隣人，隣家；近隣

nex·us /néksəs/ 名 (複 ～ OR ～**·es** /-ɪz/) C ❶ 関係，つながり，きずな；一連[一団]の関連のあるもの ❷〖文法〗ネクサス《Jespersen の用語で文の構成要素間の主語・述語の統語関係》(→ junction)

Nez Per·cé /nèz pɑ́ːrs/ 名 C ネズパース族《北米先住民の一部族》；U ネズパース語

NF 略〖銀行〗*n*o *f*unds(預金なし)；*N*orman *F*rench

NF, Nfld. 略 Newfoundland

NFC 略 *N*ational *F*ootball *C*onference ((米国の) ナショナルフットボールカンファレンス)；*N*ear *F*ield *C*ommunication(近距離無線通信規格)

NFL 略 *N*ational *F*ootball *L*eague (全米フットボール連盟)

NFS 略 *n*etwork *f*ile *s*ystem《ネットワークを通じて別のコンピューターのファイルを操作できる分散ファイルシステム》

NFU 略 *N*ational *F*armers' *U*nion ((英国の) 全国農業者協会)

NG, N.G., n.g. 略〖映〗*n*o *g*ood(エヌジー)

N.G. 略 *N*ational *G*uard；*N*ew *G*uinea

ngai·o /náɪoʊ/ 名 (複 **～s** /-z/) C《英》〖植〗ナイオー《ニュージーランド産の低木．実は食用》

NGO 略 *n*on*g*overnmental *o*rganization(非政府組織)

NH 略〖郵〗*N*ew *H*ampshire

N.H. 略 *N*ew *H*ampshire

NHS 略 *N*ational *H*ealth *S*ervice

Ni 記号〖化〗nickel(ニッケル)

NI 略 *N*ational *I*nsurance；*N*orth *I*reland (ニュージーランドの2主島の1つ)；*N*orthern *I*reland

ni·a·cin /náɪəsɪn/ 名 =nicotinic acid

Ni·ag·a·ra /naɪǽɡərə/ 名《通例 the ～》ナイアガラ川《Niagara River》《米国とカナダとの国境沿いの川》

▸▸ **～ Fálls** 名 複《《英》では通例 the ～》ナイアガラの滝《米国とカナダ国境の大瀑布(ばくふ)．これを挟んで米国側にもカナダ側にもそれぞれ同名の都市がある》(♦ 通例単数扱いだが個々の滝を区別する場合は複数扱い)

Nia·mey /niɑ́ːmeɪ/ 名 ニアメー《中西アフリカ，ニジェールの首都》

nib /nɪb/ 名 C ❶ (ペン軸にさす) ペン先 (pen point)；鵞(が)ペンの先 ❷ (道具などの) とがった先端 ❸《～s》殻をとったコーヒー[カカオ]豆

nib·ble /níbl/ 動 自 ❶ (魚・ネズミなどが)〈…を〉少しずつ[そっと]かじる[つつく]〈**at, on**〉❷〈…に〉気のある素振りをする

〈**at**〉‖ ～ *at* his offer 彼の申し出に乗り気の素振りをする
―⊕〔食べ物〕を少しずつ[そっと]かじる[つつく]《*off*》
nìbble awáy at 〈他〉…を徐々に減らす[食いつぶす]
―名 C ❶ 少しずつ[そっと]かじること；気のありそうな素振り，(特に)(魚が)餌(えさ)をつつくこと，あたり ❷《口》ごくわずかの食料，一かじり；(～s)《口》軽い食事 ❸ ニブル(½バイト)

Ni·be·lung·en·lied /ní:bəlʊ̀ŋənli:d, -li:t/ 名《the ～》ニーベルンゲンの歌《13世紀前半にドイツの伝説をもとにまとめられた叙事詩》

nibs /nɪbz/ 名《his [her] ～》《単数扱い》《口》お偉いさん，御仁，うぬぼれ屋 ‖ Her ～ says we have to work this weekend. あのお偉いさんときたら週末も働けだとさ

NIC 略《英》*N*ational *I*nsurance *C*ontribution；*n*ewly-*i*ndustrializing [OR -*i*ndustrialized] *c*ountry (新興工業国)(→ NIES)；Nicaragua

ni·cad /náɪkæd/ 名 (= ～ **bàttery**)(ときに N-) C ニッカド電池(♦ *ni*ckel+*cad*mium より)

Ni·cae·a /naɪsí:ə/ 名 ニカイア《小アジアの古代都市》
-an 名 C ニカイア人[の住民] **―**形 =Nicene

Ni·cam, NICAM /náɪkæm/ 名 U《商標》ナイカム《テレビ放送のためのデジタルシステム》

***Nic·a·ra·gua** /nɪ̀kərá:gwə | -rǽgjuə/ 名 ニカラグア《中米の共和国. 公式名 the Republic of Nicaragua. 首都 Managua》 **-guan** 形 名 C ニカラグアの(人)

******nice** /naɪs/

中心義 (こだわる人でも好むくらい)よい
―形〔▶ nicety 名〕(**nic·er**；**nic·est**)
❶ **よい**，素晴らしい；**楽しい**；感じのよい(↔ unpleasant)；素敵な，美しい，かわいい；ちゃんとした，立派な；結構な，おいしい(♥ 広い意味での賞賛の言葉.《堅》では beautiful, delicious などそれぞれの場合に特定の形容詞を使う方がよい. また何か感想を尋ねられたときに単に nice とだけ言うと「可もなく不可もなく」の意にとられやすい) ‖ ～ weather よい天気 / What a ～ car! 何ていい車だろう / You look ～ in your jacket. ジャケット，似合ってるよ / I asked him in the *nicest* possible way to drive me home. 車で家まで送ってほしいとできるだけ丁寧に彼に頼んだ / *Nice* to meet you. はじめまして / (It's) ～ to see you again. またお会いできてうれしい(♦ 初対面でないときは meet でなく see を使う) / It will be much *nicer* for the kids to spend more days outdoors. もっと何日も野外で過ごせれば子供たちにもいいだろうに / It is ～ to know that they respect my opinion. 彼らが私の意見を尊重してくれていると知ってうれしい / It's ～ (that) you two can get together. 君たち2人が一緒になれるとは素晴らしい / It would be ～ if you would come. あなたにおいでいただけるとうれしいのですが / have a ～ time at a party パーティーで楽しい時を過ごす / "What is Nancy like?" "She's very ～." 「ナンシーってどんな人」「とてもいい人よ」(♦ この場合 good は不可. She's very good. は「彼女は(仕事などが)基準に達していて満足できる」の意)

❷ **a** 思いやりのある，**親切な**(↔ unkind)〈**to** …に；**about** …について〉‖ He was very ～ *to* me. 彼は私にとても優しくしてくれた
b《It is ～ of *A* to *do* / *A* is ～ to *do* で》…するとは*A*(人)は親切だ，親切にも…してくれる ‖ It's ～ *of* [×for] you *to* remember my birthday. 私の誕生日を覚えていてくれてありがとう

❸ 精密[正確]さを要する；微妙な，微細な；(感覚などが)鋭敏な；巧妙な，周到な；きちょうめんな ‖ a ～ negotiation 慎重を要する交渉 / a ～ experiment 精密実験 / a ～ distinction [problem] 微妙な違い[問題] / a ～ shade of meaning 微妙な意味のあや / a ～ inquiry 周到な究明
❹ (態度・言葉遣いなどが)洗練された，上品な，高尚な(↔ vulgar) ❺《口》《反語的に》いやな，やっかいな，困った ‖ Here is a ～ mess. やっかいなことになった ❻ 気難しい，好みのうるさい ‖ He is much too ～ in his eating. 彼は食べ物にあまりにもうるさすぎる

(*as*) *nice as pie* ⇨ PIE(成句)
nìce and ... /náɪsn-/《好ましい状態を表す形容詞・副詞を伴って》十分に[よい具合に，とても]…(⇨ GOOD *and* ...) ‖ It's ～ *and* warm in this room. この部屋はほどよい暖かさだ(♦ ×a nice and warm room のように名詞の前には置けない. and を省いて a nice warm room なら可能)

COMMUNICATIVE EXPRESSIONS

1 **Hàve a nìce flíght [tríp, dáy, yéar,** etc.**]!** どうぞよいフライト[旅，1日，お年]を(♥ 別れのあいさつ表現)
2 **Hów nìce of you (to cóme)!** なんてご親切に；よくおいでくださいました(♥ 相手の親切やうれしい行為に対する感謝. =It's (so) nice of you (to come). / = Thank you (for coming).)
3 **Nìce góing** [OR **jób, wórk**]**.** よい出来だ；その調子だ(♥ 字義どおり褒める意味と皮肉の意味とがある)
4 **Níce òne!** いいぞ；やったね
5 **Nìce wórk if you can gét it!** うまくやったね(♥ 人の幸運などをうらやんでいう)
6 "Hòw about stòpping at a cóffee hòuse for a whìle?" "**Thàt would be vèry níce.**" 「ちょっと喫茶店に寄って行きませんか」「ああ，いいですね」(♥ 誘いや申し出に対する肯定的な返答. =With pleasure. / What a splendid idea. / Great.)
7 **Thàt's a nìce** swéater **you**'re wèaring. 素敵なセーターを着てますね(♥ 褒め言葉. =That sweater suits you (very well).)
8 **You lòok (vèry) níce.** 素敵ですね(♥ 容姿・装いを褒める表現. May I say how enchanting you look? 気取った表現で，主に女性に対して用いる / You're looking good!)

～·ness 名 U よさ；親切さ

Nice /ni:s/《発音注意》名 ニース《フランス南東岸の保養地》

***nìce-lóoking** 形 素敵な，きれいな，かわいい；見たところよさそうな，立派な

***nice·ly** /náɪsli/ 副 (**more ～**；**most ～**) ❶ 上手に，うまく，見事に；素敵に，きれいに；感じよく(↔ unpleasantly)；立派に；楽しく；親切に，好意的に；申し分なく，順調に ‖ He drove very ～. 彼はとても上手に運転した / ～ dressed 立派な身なりをした / That will do ～. それで十分に間に合う / I'm getting on ～. 順調にやってます / "How are you?" "We're doing ～, thank you." 「調子はどう」「おかげさまで順調です」 ❷《堅》正確に，精密に；入念に，周到に；微妙に；気難しく

Ni·cene /naɪsí:n/ 〈シ〉 形 (小アジアの古都)ニカイア(Nicaea)の；ニカイア公会議[信条]の ‖ the first [second] ～ Council 第1[2]回ニカイア公会議《325年，778年》
▶▶ **～ Créed** 名《the ～》ニカイア信条

ni·ce·ty /náɪsəṭi/ 名〔◁ nice 形〕(複 **-ties** /-z/) ❶ U (問題などの)微妙さ，十分な注意[正確さ]を要すること；C《通例 -ties》微妙な差違；細かい点，細目 ‖ a question of considerable ～ かなり微妙な問題 / the *niceties* of etiquette 礼儀上の細かい点 ❷ U 正確さ，精密さ；(好みなどの)気難しさ；きちょうめんさ ❸ C《通例 -ties》上品[優雅]なもの，楽しさ ‖ enjoy the *niceties* of life 優雅な生活を楽しむ
to a nicety 正確に，寸分たがわず；細目に至るまで

niche /nɪtʃ | ni:ʃ/《発音注意》名 ❶《one's ～》(人・物に)ふさわしい場所[職業]，適所 ❷ C《商》市場の隙間(すきま)，ニッチ《従来満たされていなかったニーズに対応した，小規模だが収益性の高い分野》 ❸ C 壁がん《花瓶・彫像などを置く壁のアーチ形くぼみ》 ❹ C〖生態〗生存に適する環境；生態的地位，ニッチ

niche ❸

N

N

càrve a níche (for onesèlf) (仕事で) 安定した地位を得る；認められるようになる

— 動 他 ❶《通例受身形で》壁がんに収まる ❷《主に受身形または ～ oneself で》奥まった場所[隅]に落ち着く

▸▸ **～ ìndustry** 名 C U 隙間 [ニッチ] 産業 **～ màrket** (↓) **～ pròduct** 名 C 隙間商品

níche màrket 名 C 隙間 [ニッチ] 市場《特定の少数の顧客をねらった市場》 **níche màrketing** 名 U 隙間市場をねらった販売計画；ニッチ市場販売

Nich·o·las /níkələs/ 名 **Saint ～** 聖ニコラス《4世紀ごろの小アジアの大司教. ロシアの守護聖人. Santa Claus はこの名前から》

Ni·chrome /náɪkroum/ 名 U《商標》ニクロム《ニッケル・クローム・鉄の合金. 電気抵抗が大きい》

***nick** /nɪk/ 名 C ❶ (特に目印などになる)刻み目, 切り込み；(陶器の縁などの) 欠け, ひび；(肌の) 切り傷, かすり傷 ‖ a bullet ～ 弾丸による欠落部分 ❷《印》ネッキ《活字の軸側のくぼみ》 ❸《the ～》《英俗》(刑) 務所, 拘置所；警察(署) ❹ (スカッシュなどのコートで)床と壁が接合する部分

in gòod [bàd, pòor] níck 《英口》よい[悪い, ひどい]状態で；健康で[を害して]

**in the nìck of tíme* 《口》何とか間に合って ‖ We got to the station *in the ～ of time.* 我々は時間ぎりぎりで駅に着いた

— 動 他 ❶…に刻み目[傷]をつける ‖ ～ oneself (while) shaving ひげをそっているときに切り傷を作る ❷《米俗》〔人〕をだまして〈余分な料金などを〉払わせる〈**for**〉 ❸《英俗》〈…のかどで〉…を捕まえる〈**for**〉 ❹《英俗》…を盗む (knock [OR rip] off) ❺ (馬の尾を高く上げさせるため)〔尾の付け根の腱(けん)〕に切り込みを入れる

— 自《豪・ニュージ口》素早く[こっそり]立ち去る《*off, away*》

Nick /nɪk/ 名 ニック《Nicholas の愛称》‖ old ～ ⇨ OLD NICK

***nick·el** /níkəl/ 名 ❶ U《化》ニッケル《金属元素. 元素記号 Ni》 ❷ C《口》(米国・カナダの) 5セント白銅貨(→ dime)；わずかな金額 ‖ a wooden [OR plug(ged)] ～ 《米》にせ5セントコイン；価値のないもの

nòt hàve twò níckels to rúb togèther 《米》非常に貧しい, 一文なしである

— 動 (-eled /-d/, 《英》 -elled /-d/；-el·ing, 《英》 -el·ling) 他…にニッケルめっきする

語源 ドイツ語 Kupfer*nickel* (悪魔の銅, 銅に外見は似ていても銅を含まない)の短縮形から. Kupfer は「銅」, nickel は「いたずらな悪魔」の意.

▸▸ **～ pláte** (↓) **～ sílver** 名 U ＝German silver **～ stéel** 名 U ニッケル鋼

nìckel-and-díme 形《限定》《米口》安い, 二束三文の；大して価値のない, 取るに足りない, ささやかな

— 動 他《米口》…に少しずつ被害を与える；こまごまとしたことで…を悩ます；…をけちる

nìckel-cádmium bàttery 名 C ニッケルカドミウム[ニッカド]電池(nicad)

nick·el·o·de·on /nìkəlóudiən/ 名 C《米》❶ 5セント劇場《入場料が5セントだった初期の映画館》 ❷《旧》《口》5セントジュークボックス《5セント貨を入れて動かした》

nìckel pláte 名 U ニッケルめっき

nìckel-pláte 動 他

nick·er[1] /níkər/ 動 自 (馬が) 軽くいななく (whinny, neigh)

nick·er[2] /níkər/ 名 (複 ～) C《英俗》ニッカー《1ポンド貨幣》

nick·nack /níknæk/ 名 ＝knickknack

***nick·name** /níknèɪm/ 《アクセント注意》名 C ❶ (人・場所・物の) あだ名, ニックネーム ‖ She earned the ～ "Carrot" because her hair was red. 彼女は髪が赤いために「ニンジン」というあだ名をつけられた ❷ (短縮・変形された)略称, 愛称《Margaret に対する Peggy など》

— 動 他《＋目＋補〈名〉》…に…とあだ名をつける, …を…という愛称で呼ぶ (♦ しばしば受身形で用いる) ‖ He is ～*d* "Mister." 彼は「ミスター」という愛称で呼ばれている

-nàm·er 名

Nic·o·si·a /nìkəsí:ə/ 名 ニコシア《キプロスの首都》

nic·o·tin·a·mide ad·e·nine di·nu·cle·o·tide /nɪkətínəmaɪd ǽdəni:n daɪnjú:kliətaɪd/ 名 U ⇨ NAD

nic·o·tine /níkəti:n/ 《発音・アクセント注意》名 U《化》ニコチン ▸▸ **～ gùm** 名 U ニコチンガム《禁煙用ガム》 **～ pàtch** 名 C ニコチンパッチ《禁煙用はり薬》

nic·o·tin·ic /nìkətínɪk/ 形《化》ニコチンの

▸▸ **～ ácid** 名 U《生化》ニコチン酸

níc·o·tìn·ìsm /-ìzm/ 名 U ニコチン中毒

nìc·ti·tat·ing mémbrane /nìktɪteɪṭɪŋ-/ 名 C《動》瞬膜(third eyelid)

***niece** /ni:s/ 名 C 姪(めい) (→ nephew) ‖ a ～ to Mr. Smith スミスさんの姪

ni·el·lo /niélou/ 名 (複 -el·li /-éli/) U ❶ ニエロ, 黒金《硫黄と銀・鉛・銅などとの合金. 暗黒色. 金属品の象眼に用いる》 ❷ ニエロ象眼；C ニエロ象眼細工品

— 動 他…をニエロで象眼する

niels·bohr·i·um /nì:lzbɔ́:riəm/ 名 U《化》ニールズボーリウム《原子番号107の人工放射性元素の旧称. 現 bohrium》(♦ デンマークの物理学者の名 Niels Bohr にちなむ)

Níel·sen ràting /ní:lsən-/ 名《the ～s》《米》《商標》ニールセン視聴率 (the Nielsens)《モニターによるテレビ番組の視聴率》

NIES, NIEs /ni:z/ 略 *N*ewly *I*ndustrializing *E*conomie*s* (新興工業経済地域)《1988年 NICS より改称》

Nie·tzsche /ní:tʃə/ 名 **Friedrich Wilhelm ～** ニーチェ(1844–1900)《ドイツの哲学者》

～·an 形 名 C ニーチェ(哲学)の(信奉者)

ni·fed·i·pine /nɪfédəpi:n/ 名 U《薬》ニフェジピン《狭心症の治療に用いる》

niff /nɪf/ 名 U 動 自《英俗》悪臭(がする)

níff·y 形 悪臭のする, 臭い

nif·ty /nífti/ 《口》形 かっこいい, ぱりっとした；素晴らしい；利口な；巧みな, 気のきいた

— 名 (複 -ties /-z/) C 素敵な[気のきいた]もの[言葉]

***Ni·ger** /náɪdʒər/ (→❷) 名 ❶《the ～》ニジェール(川)《アフリカ西部を流れギニア湾に注ぐ川》 ❷ /英 ni:ʒéə/ ニジェール《アフリカ中西部の共和国. 公式名 the Republic of Niger. 首都 Niamey》

-gé·ri·en /ni:ʒéəriən/ 形 名 C ニジェールの(人)

Nìger-Cóngo 〈シ〉 名 U 形 ニジェール＝コンゴ語族 (の)《Bantu, Mande などサハラ以南の人々の言語の大部分が含まれる》

***Ni·ger·i·a** /naɪdʒíəriə/ 名 ナイジェリア《アフリカ西部, ギニア湾に面する英連邦内の共和国. 公式名 the Federal Republic of Nigeria. 首都 Abuja》

-i·an 形 名 C ナイジェリアの(人)

nig·gard /nígərd/ 名 C けちん坊, しみったれ (♥ 発音が nigger を連想させるので使用には注意が必要. 次の niggardly も同様)

nig·gard·ly /nígərdli/ 形 ❶けちな, しみったれた ❷ (金額などが) わずかな, 乏しい — 副《古》けちくさく, しみったれて **-li·ness** 名

nig·ger /nígər/ 名 C ⊗《蔑》黒ん坊, 黒人, ニグロ (Negro) (⇨ BLACK 類語)

nig·gle /nígl/ 動 自 ❶〈つまらないことに〉こだわる, 文句を言う〈**about, over**〉；つまらないことであら探しをする〈**at** 人を；**for** …のことで〉 ❷〈人を〉悩ます〈**at**〉 — 他 (細かいことでしつこく)…を悩ます — 名 C《主に英》❶ 難癖；あら探し ❷ 小さな不安・疑問 (などの感情) ❸ かすかな体の痛み **-gler** 名

nig·gling /níglɪŋ/ 形《限定》❶ささいな, 取るに足りない ❷ (不安・痛みなどが) なかなか消えない

— 名 U つまらないこと, 取るに足りない仕事

nigh /naɪ/ 《古》副 ❶〈…の〉近くに(near)〈**on**〉 ❷《～ on

または well ～で》《旧》ほとんど(nearly) (→ well-nigh)
—前…の近くに(near) —形 近い(near)

:night /naɪt/(♦同音語 knight) 名 形
—名 (複 **～s** /-s/) ❶ C U **夜**, 夜間, 晩《日没から日の出まで, 特に暗い間》;(就寝前の)宵, 夕べ, 晩(evening);(就寝後の)夜中(↔ day) (⇨ 類語) ‖ a「cold winter [hot summer] ～ 寒い冬[暑い夏]の夜 / **on** Friday ～=**on** the ～ of Friday 金曜日の晩に / on week ～*s* 平日の夜に / Where were you **on** the ～ of July 14? 7月14日の夜はどこにいましたか (♦特定の日の夜を指す場合には前置詞は on) / in [OR during] the ～ 夜中[夜間]に / 「all through [OR throughout] the ～ 一晩中 / at this time [OR hour] of ～ 夜のこんな(遅い)時間に / work far into the ～ 夜遅くまで働く / I'll call you again tomorrow ～. 明日の夜また電話します / **last** [one, every] ～ 昨晩[ある夜, 毎晩](♦前置詞を伴わずに last, one, tomorrow, every などとともに副詞句を作る.「今夜」は tonight がふつう) / I **spent** the ～ at the opera. その晩はオペラを見に行った / I'll stay here another two ～*s*. もう2晩ここに滞在します / A room costs $70 a ～. 1部屋一泊70ドルかかる
❷ U (夜の)**闇**(やみ), 暗闇, 夜陰;暗黒 ‖ *Night* is falling. 暗くなって[日が暮れて]きた / drive through the thickening ～ 深まり行く夜の闇の中を車で行く / under the cover of ～ 夜(陰)に乗じて / (as) black [dark] as ～ 真っ黒[暗]で
❸ U 日暮れ, 夕暮れ, 夕方, 日没時(nightfall) ‖ He got there before ～. 彼は日没前にそこに着いた / work from dawn [OR morning] till [OR to] ～ 朝から晩まで働く ❹ C (特別の活動・行事・公演などのために用意された)夜(の時間), 夕(べ);(祝祭日などの)夜 ‖ **on** the ～ of the party パーティーの夜に / the opening [OR first] ～ of a play 劇の初日[初演]の晩 / Christmas ～ クリスマスの夜 ❺ U 心の闇《無知・悲嘆・絶望・陰うつ・邪悪・不運などの状態》;暗い時代;失意の時;死 ‖ the ～ of barbarism 野蛮な暗黒時代

*__*a nìght óut*__* 外出して過ごす楽しい晩 ‖ Let's have *a* ～ *out* together on Friday. 金曜日は外で1晩楽しく過ごそうよ
àll night (lóng) 一晩中, 終夜
(as) dìfferent as nìght and dáy 全く異なって
at níght 夜に, 夜間;日暮れに《午後6時以降真夜中まで》 ‖ till late *at* ～ 夜遅く[深夜]まで
by níght ① 夜間は, 夜分は (↔ *by day*) ‖ I work by day and go to school *by* ～. 昼間働いて夜は学校へ行く / Tokyo *by* ～ 夜の東京 ② 夜陰に乗じて
Good night! ⇨ GOOD NIGHT
hàve a gòod [bàd] níght 夜よく眠(ね)る[眠れない]
hàve a nìght on the tíles 街へ繰り出して楽しく夜を過ごす
hàve「an èarly [a làte] níght 早寝[夜更かし]する
làst thìng at nìght 寝しなに, 寝がけに(↔ first thing in the morning) ‖ Don't eat any heavy food *last thing at* ～. 夜寝る直前に胃にもたれるものを食べないこと
màke a night of it にぎやかに夜を過ごす, 夜を遊び[飲み, 踊り]明かす
nìght after níght 来る夜も来る夜も, 夜ごと夜ごと
nìght and dáy = DAY *and night*
tùrn night into dáy 昼間すべきことを夜する;夜と昼を間違える

COMMUNICATIVE EXPRESSIONS
1 **Níght!** おやすみ(♥Good night! の簡略形)
2 **Níght** [OR **Nìghty**] **níght!** おやすみ(♥小児語)
3 **This is your bìg níght.** いよいよ今夜ですね(♥一世一代のことが控えている相手に対して)
4 **Tìme to càll it a níght.** 今夜はここまでで切り上げるとしよう;今夜はこれでお開きにしましょう(⇨ *call it a* DAY)

—形《限定》《比較なし》夜の;夜間用の;夜間に行われる;夜間に活動する ‖ ～ air 夜気 / a ～ lamp 常夜灯 / a ～ train [flight] 夜行列車[(航空)便] / a ～ prowler 夜盗 / a ～ nurse 夜勤の看護師 / do ～ work 夜業をする

類語《名❶》**night** 夜の暗い間. 日没ごろから日の出まで.
evening 日没時から就寝時まで. ふつう時刻は特定されないが, およそ午後6時ごろから場合により午前0時近くに及ぶことがあり, 日本語の「夕方」とは一致しない.

▸▸ **～ cràwler** 名 C《主に米》〖動〗大ミミズ《夜になると地表に出てくる. 釣りの餌(えさ)用》 **～ depòsitory** 名 C《米》(銀行の)夜間金庫(《英》night safe) **～ dùty** 名 U 夜勤 **～ gàme** 名 C ナイター, 夜間試合(❗「ナイター」は和製語) **～ hèron** 名 C〖鳥〗ゴイサギ **～ làtch** 名 C 夜間錠《内側からはノブで開閉できるが外側からはキーがないと開かない》 **～ lètter** 名 C《米》(低料金の)夜間取扱電報《配達は翌朝》 **～ lìght** 名 C =nightlight **～ òwl** 名 C =nighthawk ❷ **～ pòrter** 名 C (ホテルの)夜間フロント係 **～ rìder** (↓) **～ sàfe** 名 C《英》=night depository **～ schòol** 名 U C 夜学校 ‖ learn at [OR in] ～ *school* 夜学で勉強する **～ shìft** 名 C ⇨ SHIFT ❷ **～ sòil** 名 U 下肥(しもごえ)(♦夜間にくみ出すことから) **～ swèats** 名 複 (体調異常による)寝汗 **～ tàble** 名 C《米・カナダ》ナイトテーブル(《英》bedside table)《ベッドわきの小卓》 **～ tèrrors** 名 複〖医〗夜驚症 **～ vìsion** 名 U 夜間視力, 暗視視力 **～ wàtch** 名 C U 夜警(時間);《the ～》《集合的に》《単数・複数扱い》夜警番 **～ wàtchman** 名 C 夜警員(中立 night guard [watch])

níght·bìrd =nighthawk ❷
níght-blìndness 名 U 鳥目, 夜盲症(nyctalopia)
níght-blìnd 形 鳥目の, 夜盲症の
níght·càp 名 C ❶ 寝酒, ナイトキャップ ❷《旧》ナイトキャップ《就寝中にかぶる帽子》 ❸《米》1日最後の試合《特に野球のダブルヘッダーの第2試合》
níght·clòthes 名 複 寝巻
níght·clùb 名 C ナイトクラブ **-clùbber** 名 C ナイトクラブへ行く人, ナイトクラブの常連 **-clùbbing** 名
níght·drèss 名 ❶ =nightclothes ❷《旧》=nightgown
níght·fàll 名 U《無冠詞で》日暮れ, 日没時 (dusk) ‖ at ～ 日暮れに
níght·gòwn 名 C ナイトガウン《女性や子供用のゆったりした寝巻》
níght·hàwk 名 C ❶〖鳥〗アメリカヨタカ(夜鷹) ❷《米》夜になると活動する[元気の出る]人, 宵っ張り
night·ie /náɪṭi/ 名《口》=nightgown
night·in·gale /náɪtəŋɡèɪl | -ɪŋ-/ 名 C〖鳥〗ナイチンゲール, サヨナキドリ《ツグミ科の小型の鳥で, 雄は夜美しい声で鳴く》
Night·in·gale /náɪtəŋɡèɪl | -ɪŋ-/ 名 **Florence ～** ナイチンゲール(1820–1910)《英国の看護師. 看護師養成制度の創設者》
níght·jàr 名 C〖鳥〗ヨタカ(夜鷹)《ヨーロッパ産》
níght·life 名 U (ナイトクラブなどでの)夜の歓楽
níght·lìght 名 C (廊下・病室などの)常夜灯
níght·lòng ⊲シ 副 形《限定》終夜(の), 夜通し(の), 徹夜で(の)
***night·ly** /náɪtli/ 形 夜ごとの, 毎夜の;夜行われる[起こる];夜の, 夜らしい ‖ a ～ TV talk show 毎晩のテレビのトークショー / ～ rounds (警備員の)夜回り
—副 夜ごとに, 毎晩;夜に, 夜間に

:night·mare /náɪtmèər/
—名 (複 **～s** /-z/) C ❶ **悪夢**, うなされること ‖ **have a ～** 悪夢にうなされる
❷ (悪夢のような)恐ろしい経験[出来事, 状態];不安感, 恐怖感 ‖ To forget one's lines is every actor's ～. 自分のせりふを忘れてしまうのはどんな俳優にとっても悪夢のような経験だ / the ～ of cancer [warfare] 癌(がん)にかかる[戦争が起こる]のではないかという不安感

❸ 夢魔《睡眠中の人を窒息させるとされた悪霊》
❹ 扱う[相手にする]のがやっかいな人[もの, 状態]

níght·màr·ish /-mèərɪʃ/ 形 悪夢のような **-ly** 副

níght·rìder, níght rìder 名 C 騎馬暴力団員《特に南北戦争後に夜間テロ行為を働いた南部の白人》

nights /naɪts/ 副《主に米口》(ほぼ)毎晩, 毎夜, 夜な夜な；夜間に

níght·scàpe 名 C 夜景

níght·shàde 名 U C 〖植〗イヌホオズキ, ナス属の植物《ナス・ジャガイモ・ホオズキなどを含む》‖ black ～ イヌホオズキ / deadly ～ ベラドンナ(belladonna)

níght·shìrt 名 C (寝巻として使う長めの)シャツ

níght·spòt 名《口》=nightclub

níght·stànd 名《米》=night table(↑)

níght·stìck 名 C《米》(警官の)警棒(truncheon)

***níght·tìme** 名 U 夜間；《形容詞的に》夜間の (↔ daytime) ‖「in the [at] ～ 夜間に / by ～ 夜までに(は)

níght-vìsion 形 (赤外線利用などによる)暗視可能な[装置の] ‖ ～ binoculars [goggles, telescope, sensor] 暗視双眼鏡[ゴーグル, 望遠鏡, センサー]

níght·wàtchman 名 =night watchman(↑)

níght·wèar 名 U 寝巻

night·y /náɪṭi/ 名 =nightie

nìghty-níght 間《米口》おやすみなさい

ni·gres·cent /naɪgrésənt/ 形《まれ》やや黒い, 黒ずんだ, 黒みがかった(blackish) **-cence** 名

nig·ri·tude /nígrɪtjùːd/ 名 U 真っ暗, 暗黒

NIH 略《米》*N*ational *I*nstitute of *H*ealth

ni·hil·ism /náɪhɪlìzm, níː-/《発音注意》名 U ❶〖哲〗ニヒリズム, 虚無主義 ❷《しばしば N-》(19世紀ロシアの)虚無主義 **ní·hil·ist** 名 C 形 虚無主義者(の), ニヒリスト(の) **nì·hil·ís·tic** 形 虚無主義(的)の, ニヒルな(❗ニヒルを「冷酷, 無情」の意で用いるのは和製語. cool, cold, aloof などを用いる)

語源「無」の意のラテン語 *nihil* から. ドイツの哲学者 F. H. ヤコビー(1743-1819)の造語.

ni·hil·i·ty /naɪhíləṭi, nɪ-/ 名 U 無, 空(くう), 虚無

ni·hil ob·stat /nàɪhɪl á(ː)bstæt, nìː- | -ɔ́b-/ 名《ラテン》(=nothing hinders) C〖カト〗(書物の)無言証明；(一般に芸術作品などの)公認

NII 略 💻 *n*ational *i*nformation *i*nfrastructure (全米情報インフラ)

-nik /-nɪk/ 接尾《名詞語尾》「(特定のことを行う)人」の意 ‖ beat*nik*, peace*nik*(平和運動家)

Ni·ke /náɪki/ 名 ❶〖ギ神〗ニケ《勝利の女神》❷《商標》ナイキ《米国のスポーツ用品メーカー. スニーカーで有名》；C ナイキ製品 ❸ C ナイキ《米陸軍の地対空ミサイル》

Nìk·kei áverage [índex] /nìkeɪ-/ 名《the ～》〖株〗日経平均株価指数

***nil** /nɪl/ 名 U 無, 皆無；《英》(サッカー・ラグビーの試合で)ゼロ(《米口》zip) ‖ three (goals to) ～ 3対0

―形 皆無の, 存在しない ‖ His chances of survival are practically ～. 彼が生き残る可能性は事実上ゼロだ

▸▸ **～ desperándum** 決して絶望するなかれ(◆ no need to despair の意のラテン語より)

Nile /naɪl/ 名《the ～》ナイル川《アフリカ東部の大河. ビクトリア湖に発する白ナイル(the White Nile)と, エチオピアに発する青ナイル(the Blue Nile)がスーダンで合流し, エジプトを貫流して地中海に注ぐ》 ▸▸ **～ blúe** 名 U 薄い緑がかった青色 **～ gréen** 名 U 薄い青緑色

nil·gai /nílgaɪ/ 名 (複 ～ OR ～s /-z/) C〖動〗ニルガイ《インド産の大型のレイヨウ》

nil·ghau /nílgɔː/ 名 (複 ～ OR ～s /-z/) =nilgai

Ni·lot·ic /naɪlá(ː)ṭɪk | -lɔ́t-/ 形 ナイル川(the Nile)の；ナイル地方の(住民の)

nim /nɪm/ 名 U〖ゲーム〗ニム《コインなどの山から交互に取り, 最後の1枚をどちらが取るかで勝負するゲーム》

nim·ble /nímbl/ 形 (動作・頭の回転が)速い, 敏捷(びんしょう)な ‖ ～ of foot [hand] 足[手先]の素早い

～·ness 名 **-bly** 副

nìmble-fíngered 形 指先の器用な

nim·bo·stra·tus /nìmboustréɪṭəs/ 名 U〖気象〗乱層雲

nim·bus /nímbəs/ 名 (複 **～·es** /-ɪz/ OR **-bi** /-baɪ/) ❶ U/C《通例単数形で》〖気象〗雨雲 ❷ C《通例単数形で》〖美〗(聖者などの)後光, 光輪 ❸ C (人・物に漂う風格のある)雰囲気

NIMBY, nim·by /nímbi/ 名 (複 **～s** /-z/) C《口》ニンビー《ごみ処理場・高速道路などの建設には賛成だが自宅の近くに作ることには反対する人》；ニンビー的態度 (◆ *n*ot *i*n *m*y *b*ack*y*ard の略)

～·ìsm 名 U ニンビー主義, 地域住民エゴ

NIMH 略 *ni*ckel *m*etal *h*ydride《nicad と同様, 充電のきく電池》

nim·i·ny-pim·i·ny /nìmənipíməni/ ⟨シ⟩ 形《英》気取った, きざな(miminy-piminy)

Nim·rod /nímrɑ(ː)d | -rɔd/ 名 ❶〖聖〗ニムロデ《狩猟の名人》❷《n-》C《文》狩猟の名人

nin·com·poop /níŋkəmpùːp/ 名 C ⊗《口》《蔑》ばか, 間抜け **～·ery** 名 **～·ish** 形

‡**nine** /naɪn/

―形《限定》9の, 9つの, 9人[個]の；《叙述》9歳で (⇨ FIVE 用例) ‖ ～ tenths 10分の9, ほとんど(すべて)

hàve nìne líves 危険を切り抜けられる

「***nìne tìmes*** [***in nìne càses***] ***out of tén*** 十中八九, たいてい

―名 (❶, ❷, ❸ ⇨ FIVE 用例) ❶ U C《通例無冠詞で》9；C 9の数字《9, ix, IX など》❷《複数扱い》9つ, 9人[個] ❸ U 9時[分]；9歳 ❹ 9人[個]1組のもの；《米》野球の1チーム, ナイン；《the N-》〖ギ神〗(9人の)ミューズ(the Muses) ❺ U C〖ゴルフ〗(18ホール中の) 9ホール ‖ the front [back] ～ 前半[後半]の9ホール ❻ C 9番目のもの；(トランプなどの)9；9号サイズ(のもの)；《～s》9号サイズの靴

drèssed (ùp) to the nínes 入念に着飾って, 盛装して

nìne to fíve 9時から5時の勤務時間(⇨ NINE-TO-FIVE)

▸▸ **～ dàys' [dày] wónder** 名 C《単数形で》一時は大騒ぎされるがすぐに忘れ去られるもの[人, 事件]；人のうわさも75日 **～ eléven** 名 C U 9.11 (の同時多発テロ)《2001年9月11日に米国内で起きた同時多発テロ. 9-11, 9/11などとも書く》

níne·fòld 形 副 9重の[に], 9倍の[に]

900 number /nàɪnhʌ́ndrəd ―/ 名 C《米》〖電話〗900番号《有料の情報提供サービス》

nìne-nìne-níne, 999 名 U《英》999番《消防署・警察などへの緊急電話番号. 日本の110番, 119番に相当する》‖ dial ～ 999番する

nìne-òne-óne, 911 名 U《米》911番《消防署・警察などへの緊急電話番号》

níne·pìns 名《通例単数扱い》九柱戯《9本のピンを使うボウリング》

gò dòwn [OR ***fàll, dròp***] ***like nínepins***《主に英口》がらがらと倒れる, 次々と病気にかかる

***nine·teen** /nàɪntíːn/ ⟨シ⟩ (⇨ -TEEN) 形《限定》19の, 19人[個]の；《叙述》19歳で(⇨ FIVE 用例)

―名 (❶, ❷, ❸ ⇨ FIVE 用例) ❶ U C《通例無冠詞で》19；19の数字《19, xix, XIX など》❷《複数扱い》19人[個] ❸ U (24時間制の)19時；19分；19歳 ❹ C 19人[個]1組(のもの) ❺ C 19番目のもの；19号サイズ(のもの)

talk nineteen to the dozen《英口》⇨ DOZEN(成句)

Nìneteen Èighty-Fóur, 1984 名「1984年」《G. Orwell の未来小説. 言論統制に基づく全体主義国家体制を批判的に描く》(→ big brother)

***nine·teenth** /nàɪntíːnθ/ ⟨シ⟩ (略 19th) 形 名 ❶《通例 the ～》第19(番目)の(人[もの])；(月の)19日(の) ‖ the ～ hole《口》《戯》19番ホール《ゴルフを終えた人々が集まるクラブのバーなど》❷ C 19分の1(の)

*__nine·ti·eth__ /náɪnţiəθ/ 《略 90th》形 名 ❶《通例 the ～》第90(番目)の(人[もの]) ❷ Ⓒ 90分の1(の)
__nìne-to-fíve__ 形《限定》《口》(勤務時間が) 9時から5時の, 定時勤務の __-fíver__ 名 Ⓒ《口》サラリーマン
*__nine·ty__ /náɪnţi/ 形《限定》90の, 90人[個]の;《叙述》90歳で
—名 (複 __-ties__ /-z/) ❶ Ⓤ Ⓒ 90;90の数字《90, xc, XC など》❷《複数扱い》90人[個] ❸ Ⓤ 90分;90歳 ❹ Ⓒ 90人[個]1組のもの ❺ Ⓤ/Ⓒ《-ties》(数の) 90台《90–99》, (温度の)90度台;時速90マイル;《the -ties》(世紀の)90年代;《one's -ties》90歳代
__Nin·e·veh__ /nínɪvə/ 名 ニネベ《古代アッシリアの首都》
__nin·ja__ /níndʒə/ 名 (複 ～ OR ～__s__ /-z/) Ⓒ 忍者 (♦日本語より)
__nin·ny__ /níni/ 名 (複 __-nies__ /-z/) Ⓒ ⊗《口》《蔑》とんま, 間抜け(ninny-hammer)
__ni·non__ /ní:nɑ(:)n | -nɔn/ 名 Ⓤ ニノン《ドレスなどに使われる薄手の絹地》
*__ninth__ /naɪnθ/ 《略 9th》形 ❶《通例 the ～》第9の, 9番目の ❷ 9分の1の
—名 ❶《通例 the ～》9番目の人[もの];(月の)9日 ❷ Ⓒ 9分の1 ❸《the ～》【楽】9度(音程)
__Ni·o·be__ /náɪəbi(:)/ 名【ギ神】ニオベ《7男7女の子を殺されて嘆き悲しみ, 石と化しても泣きやまなかった女》
__ni·o·bi·um__ /naɪóʊbiəm/ 名 Ⓤ【化】ニオブ《金属元素. 元素記号 Nb》
*__nip__[1] /nɪp/ 動 (__nipped__ /-t/; __nip·ping__) 他 ❶ …を(ぎゅっと)挟む, つまむ;…を(軽く)かむ ‖ A crab *nipped* my toe with its claw. カニがはさみで私の足の指を挟んだ / Ouch, I've *nipped* my finger in the door. いたっ, ドアに指を挟んじゃった / My girlfriend *nipped* me on the arm. 彼女は僕の腕をつねった ❷ …を摘み取る, 切り取る《*off*》‖ ～ *off* the side shoots わき芽を摘み取る ❸ …の成長[発展]を妨げる[くじく];(比喩的に)…の芽を摘む ❹ 寒さで…を傷める[害する] ‖ Frost *nipped* the plants. 霜で植物が傷んだ ❺《米口》…をひったくる, 盗む
—自 ❶ 〈…を〉挟む, つまむ, かむ〈at〉 ❷《+副句》《英口》素早く動く, 急いでちょっと行く[出かける] ‖ ～ along 急いで行く / ～ away [OR off] 急いで立ち去る ❸ (寒気などが)〈体(の一部)に〉しみる, こたえる〈at〉
nip ... in the bud ⇨ BUD[1](成句)
—名 Ⓒ《通例 a ～》❶ 挟む[つまむ, かむ]こと ‖ The dog gave me a ～ on the leg. 私はその犬に足をかまれた ❷《口》(身を切るような)寒さ, 冷たさ;霜害 ‖ There's a ～ in the air this morning. 今朝は身を切られるような寒さだ ❸ (切り取られた)小片, 1切れ ❹《米・スコット》(チーズなどの)強いにおい[味]
▸▸ ～ __and túck__ 副 形 五分五分で[の], 互角で[の] (neck and neck) —名 Ⓒ《口》美容整形手術
__nip__[2] /nɪp/ 名 Ⓒ (気分を晴らすためなどに飲む)1口(の酒), 一飲み ‖ take a ～ of whiskey ウイスキーを1口飲む
__nip·per__ /nípər/ 名 Ⓒ ❶《英口》子供, 少年 ❷《通例 ～s》(カニなどの)はさみ ❸《～s》挟む[つまむ]道具(やっとこ・くぎ抜き・鉗子(かんし)など)
*__nip·ple__ /nípl/ 名 Ⓒ ❶ (特に女性の)乳頭, 乳首(→ body 図) ❷《米》(哺乳(ほにゅう)瓶の)乳首(teat) ❸ 乳頭状突起;液体[油]注入口;ニップル《パイプの継ぎ手》
__Nip·pon__ /nípɑ(:)n | -ɔn/ 名 日本(♦ Japan がふつう)
__Nìp·pon·ése__ 形 名 =Japanese
__nip·py__ /nípi/ 形《口》❶ (風・寒さなどが)身を切るような, 冷たい;(食べ物が)味の強い ❷《英》敏捷(びんしょう)な, すばしこい ❸ (犬などが)すぐにかみつく __-pi·ness__ 名
__ni·qab__ /nɪkɑ́:b/ 名 (複 ～ OR ～__s__ /-z/) Ⓒ ニカブ《イスラム女性が着用するベール. → hijab, burka》
__NI·REX__ /náɪəreks/ 名 ナイレックス《英国の核廃棄物処理の監督団体》(♦ *N*uclear *I*ndustry *R*adioactive Waste *Ex*ecutive の略)
__nir·va·na__ /nɪərvɑ́:nə/ 名 Ⓤ ❶《ときに N-》【仏教】涅槃(ねはん) ❷ 法悦[恍惚(こうこつ)]状態 ❸ 理想郷
__ni·sei__ /ní:seɪ/ 名 (複 ～ OR ～__s__ /-z/)《また N-》Ⓒ《米》2世《米国・カナダで生まれ育った日系移民の2代目》
__ni·si__ /náɪsaɪ/ 形《ラテン》(=unless)《名詞の後に置いて》【法】一定期間内に変更のない場合に効力を発する, 仮… ‖ a decree ～ 離婚仮判決
__Nís·sen hùt__ /nísən-/ 名 Ⓒ《主に英》かまぼこ型兵舎(→ Quonset hut) (♦ 発明者の英国人技師 P. N. Nissen (1871–1930)の名より)
__nit__ /nɪt/ 名 Ⓒ《口》❶ (シラミなどの)卵 ❷《英》=nitwit ‖ pick ～*s*=nitpick
__ni·ter__ /náɪţər/ 名 Ⓤ【化】硝酸カリウム(potassium nitrate);硝酸ナトリウム[ソーダ](sodium nitrate), チリ硝石(Chile saltpeter)
__nít·pìck__ 動 自 細かなことを気にする[問題にする], あら探しをする —他 …のあら探しをする __～·er__ 名
__nít-pìcking__ 形 名 Ⓤ《口》つまらないことにこだわる(こと), ささいなことを詮索(せんさく)する(こと)
*__ni·trate__ /náɪtreɪt/ 【化】名 Ⓤ Ⓒ ❶ 硝酸塩, 硝酸エステル ❷ 硝酸肥料《硝酸カリ・硝酸ソーダ》 —動 他 …を硝酸(塩)で処理する, ニトロ化する __ni·trá·tion__ 名
__ni·tre__ /náɪţər/ 名《英》=niter
__ni·tric__ /náɪtrɪk/ 形【化】窒素の[を含む]
▸▸ ～ __ácid__ 名 Ⓤ【化】硝酸 ～ __óxide__ 名 Ⓤ【化】酸化窒素(nitrogen monoxide)
__ni·tride__ /náɪtraɪd/ 名 Ⓤ【化】窒化物, ニトリド
__ni·tri·fy__ /náɪtrɪfàɪ/ 動 (__-fies__ /-z/; __-fied__ /-d/; __～·ing__) 他【化】…を硝化する, 窒素と化合させる;〔土〕に硝酸塩をしみ込ませる __nì·tri·fi·cá·tion__ 名
__ni·trite__ /náɪtraɪt/ 名 Ⓤ【化】亜硝酸塩[エステル]
__nitro-__ /naɪtroʊ-/ 連結形「硝酸…;窒素…」の意
__nìtro·bénzene__ 名 Ⓤ【化】ニトロベンゼン
__nìtro·céllulose__ 名 Ⓤ【化】ニトロセルロース, 硝化綿
__Nítro·chàlk__ 名《また n-》Ⓤ《商標》ニトロチョーク《化学肥料. 炭酸カルシウムと硝酸アンモニウムよりなる》
*__ni·tro·gen__ /náɪtrədʒən/ 《発音・アクセント注意》名 Ⓤ【化】窒素《無色・無臭の気体元素. 元素記号 N》
▸▸ ～ __cýcle__ 名 Ⓤ【生態】窒素循環 ～ __dióxide__ 名 Ⓤ【化】二酸化窒素 ～ __fixàtion__ 名 Ⓤ【生】窒素固定《空気中の窒素を化学的方法あるいは地中のバクテリアなどによってアンモニアなどに変換すること》 ～ __óxide__ 名 Ⓤ【化】窒素酸化物
__nítrogen-fìxer__ 名 Ⓒ【化】窒素固定菌《根粒菌など》
__ni·trog·e·nous__ /naɪtrɑ́(:)dʒənəs | -trɔ́dʒ-/ 形【化】窒素の[を含む]
__nìtro·glýcerin, -glýcerine__ 名 Ⓤ【化】ニトログリセリン《爆発性の液体》
__nìtro·méthane__ 名 Ⓤ【化】ニトロメタン
__ni·trós·a·mìne__ /-tróusəmì:n | -tróuzə-/ 名 Ⓤ【化】ニトロソアミン《化合物のいくつかは発癌(はつがん)物質》
__ni·trous__ /náɪtrəs/ 形 ❶ 硝石の[を含む] ❷ (3価の)窒素の[を含む]
▸▸ ～ __ácid__ 名 Ⓤ【化】亜硝酸 ～ __bactéria__ 名 Ⓤ 亜硝酸菌 ～ __óxide__ 名 Ⓤ【化】亜酸化窒素, 笑気ガス(laughing gas)《麻酔剤. 温室効果を高める気体の1つ》
__nit·ty-grit·ty__ /nìţigríţi/ 《口》名《通例 the ～》現実, 基本的事実, 核心 ‖ get down [OR come] to the ～ 現実[核心]に触れる[迫る] —形 本質的な, 肝心な
__nít·wìt__ 名 Ⓒ《口》ばか, 間抜け __～·ted__ 形
__ni·va·tion__ /naɪvéɪʃən/ 名 Ⓤ【地】雪食
__nix__[1] /nɪks/ 名 Ⓒ (♦ 女性形 nixie /-i/)(ゲルマン伝説で)水の精(water sprite)
__nix__[2] /nɪks/ 《俗》副 いいえ(no) —名 Ⓤ 無, 拒否
—動 他《主に米》…を拒否[拒絶]する, 禁止する
__Nix·on__ /níksən/ 名 __Richard M(ilhous)__ ～ ニクソン (1913–94)《米国第37代大統領(1969–74)》
__ŅĴ__ 略【郵】*New Jersey*
__N.J.__ 略 *New Jersey*

NL, N.L. 略〘野球〙National League ; New Latin
n.l. 略〘印〙new line
NLCS 略 National League Championship Series (ナショナルリーグ優勝決定シリーズ)
NLDS 略 National League Division Series (ナショナルリーグ地区シリーズ)
NLP 略 Natural Language Processing ; neurolinguistic programming
NLRB, N.L.R.B. 略 National Labor Relations Board((米国の)全国労働関係委員会)
nm 略 nanometer ; nautical mile ; nuclear magneton
NM 略 nautical mile ;〘郵〙New Mexico
N.M., N.Mex. 略 New Mexico
NMR 略 nuclear magnetic resonance(核磁気共鳴)
NMSQT 略 National Merit Scholarship Qualifying Test((米国の)全国功労奨学金資格試験)
NNE 略 north-northeast
NNP 略 net national product(国民純生産)
NNW 略 north-northwest

no[1] /noʊ/(♦ 同音語 know) 副 形 名

―副《比較なし》❶《肯定の問いに対して》**いいえ**, いや ;《否定の問いに対して》**はい**, ええ(↔ yes) (♦ 問いの文が肯定か否定かにかかわらず, 答えの内容が肯定ならば yes, 否定ならば no を用いる. → yes) ‖ "Have you ever met a celebrity?" "*No*, I haven't." 「有名人に会ったことはありますか」「いいえ, ありません」/ "Didn't you go to school?" "*No*, I didn't." 「学校に行かなかったのか」「はい, 行きませんでした」(♦ 否定疑問文に対する答えでは日本語の「はい」「いいえ」と逆になる. 「いいえ, 行きました」なら Yes, I did. となる) / "Perhaps we'd better leave now." "*No*, ~, it's all right." 「どうやらもう失礼した方がよさそうですね」「いえいえ, 構いませんよ」(♦ 疑問文への答え以外にも用いられることがある)
❷ **まさか**, なんだって(♥ 強い驚き・疑い・失望などを表す) ‖ "This book cost me $100." "*No*!" 「この本は100ドルでした」「まさか」

Behind the Scenes **Nooooooo! そんなはずはない！; うそだ！** SF映画 *Star Wars* で, 銀河系の悪であるシスの暗黒卿 Darth Vader が自分の実の父親であると知らされた主人公の Luke が, 絶望して叫んだせりふ (♥ ふざけて「そんなことはいやだ ; うそに決まっている」と言いたいときに, Luke のように"o"の部分を長く伸ばして絶望的な表情で叫ぶ)

❸《no, nor [not] ... の形で否定の意味を強めて》それどころか ‖ A man could not lift it, ~, nor [OR not] half a dozen. 1人ではとても持ち上げられなかった, いや6人だって駄目だった
❹《叙述形容詞を限定して》少しも…ない (not in the least)(♦ not を用いるより強意的で, しばしば感情的要素を含む) ‖ He is ~ wiser than he was. 彼は昔と比べて少しも賢くなっていない / I feel ~ better after that treatment. その治療を受けた後も全然よくなりません / He said ~ more. 彼はそれ以上何も言わなかった / We took ~ **further** action. 私たちはそれ以上手を打たなかった / She's ~ different from anyone else. 彼女はほかのだれとも少しも違わない / I'm ~ good at math. 私は数学がまるで駄目だ

語法 ☆☆「no + 比較級 + than」は反対の意味の形容詞を用いた「as + 原級 + as」にほぼ相当する. 〈例〉*no* better than = as bad as / *no* worse than = as good as / *no* bigger than = as small as / *no* less than = as much [many] as

❺《... or no の形で》《譲歩節で》…であろうとなかろうと ‖ We have to go to work, rain *or* ~. 雨が降ろうと降るまいと我々は仕事に行かねばならない

COMMUNICATIVE EXPRESSIONS
1 **Nò can dó.** いやだよ ; 駄目(♥ 否定・拒否の "No" を意味するくだけた表現. = Nope. / = No way (, José). / = No siree (, Bob). 相手の名前や性別に関係なく使う)
2 "Will you hèlp me with thís?" "**Nò, I wón't.**" 「これ手伝ってくれませんか」「いいえ, いやです」
3 **Óh, hèll, nó.** 絶対違うね : まっぴらごめんだ (♥ 不快感や怒りを表すくだけた感嘆表現. ☞ Oh no!)

―形《比較なし》❶ **少しも…ない**(not any) ; **一つ[一人]も…ない** (not a) ‖ *No* mayo, please. マヨネーズ抜きでお願いします / They have ~ children [friends]. 彼らには子供[友人]がいない(♦ They don't have any children [friends]. より否定の意味が強い) / She made ~ reply. 彼女は何の返答もしなかった / *No* dogs are permitted here. ここに犬を入れてはいけません / *No* two persons think alike. どの2人をとっても同じように考える人はいない / He had ~ other place to go. 彼はほかにどこも行く所がなかった / There is ~ such thing as absolute freedom. 絶対的な自由などは存在しない (❗「…がない」「…しない」という意味で「ノー…」という表現の多くは和製語. 「ノーアイロンのシャツ」は no-iron, non-iron よりも a drip-dry [OR wash-and-wear, permanent press] shirt がふつう. 「ノースリーブのブラウス」は a sleeveless blouse, 「ノーカットの映画」は an uncut movie, 「ノーチェック」は without checking, not checked [OR examined] のようになる. 「ノータッチ」は「話題にふれない」の意味では I did not touch on the subject. 「かかわりたくない」の意味では I do not want to have anything to do with it. / I will stay away from it. のようにいう)

語法 ☆☆ (1) 数詞やほかの形容詞より前につく. ほかの限定詞(a, the, my, this など)とは併用しない.
(2) 可算名詞にも不可算名詞にもつく.
(3) 可算名詞につく場合, 一般的には複数形が多いが, 本来1つしかないようなものは単数形とする. 〈例〉The child has *no* mother. (= The child does *not* have *a* mother.) その子供には母親がいない
(4) 所有の have の文や there is ... の存在文では not a [OR any] より「no + 名詞」を使うことが多い.
(5) 主語には not any は使えず「no + 名詞」を用いる. 〈例〉「*No* strawberries [×Not any strawberries] were available in the market. 市場でイチゴを手に入れることが全然できなかった
(6) *No* book has been written about it. / *No* books have been written about it. (それに関する本は1冊も書かれていない)では後者の方がふつうであるが, 「ただの1冊も…ない」と強調するときは前者の単数形になる. 次例ではさらに強調されている. 〈例〉*Not* a (single) book has been written about it. (♦「not + a + 単数名詞」は主語としても使える. ⇨NOT (成句))

❷《語句を否定して》…がない (♦ 否定される範囲が文全体には及ばず, その語句内に限定される) ‖ She will be here in ~ time. 彼女はすぐ来るでしょう / He may change his mind with ~ warning. 彼は前触れなしに考えを変えるかもしれない (♦ with no ... と without ... については ⇨ WITHOUT 語法) / *No* answer is also an answer. 返事のないのも返事のうち (♦「どの答えも答えではない」の意ではない) / *No* work, ~ pay. 働かなければ賃金もない / a matter of ~ consequence 全く取るに足りない問題
❸ **決して…でない**, …どころではない (♦ 補語の (形容詞 +) 名詞とともに用いる) ‖ She's ~ fool. 彼女は間抜けどころかとても賢い (♦ She is not [OR isn't] a fool. よりも強い否定. ⇨ 語法) / He is ~ stranger to me. 彼は私にとって見ず知らずの人どころではない / It was ~ surprise. それは何ら驚くに当たらなかった / It's ~ easy task to persuade him. 彼を説得するのは決して生易しくはない / He showed ~ small skill. 彼は大いに腕を振るった / a question of ~ great importance 大して重要でない問題 (♦ 最後の3例は形容詞を修飾する副詞ともとれる)

語法 ★★ ❸ の no は単なる否定でなく「全く逆である」という意味を表して，話し手の強い感情を伴うことがある. He isn't a friend of mine. がふつうの否定であるのに対し，He is no friend of mine. では「(あんな態度をとるなんて)彼は友達なんかじゃない」という気持ちが含まれる. したがって「鯨は魚ではない」のような客観的な内容の文では A whale is not a fish. であり，×A whale is no fish. とはふつういわない.

Behind the Scenes **Senator, you're no Jack Kennedy.** **あなたはケネディのような器ではない** 1988年の米国副大統領討論の際に，民主党候補の Lloyd Bentsen 議員が，共和党候補の Dan Quayle 議員に言った言葉. 非常に効果的であったため，その後スローガンなどでも使われた. Quayle はその若さと経験値や学業成績の低さ，また州兵になったことでベトナム戦争への派遣を逃れたとの批判等により，大統領に万が一のことがあった際にリーダーシップを取れないのではと危惧(きぐ)されていた(♥ Senator と Jack Kennedy は可変. 「君はそんな大物じゃない」と相手をたしなめる際に)

❹《there is no *doing* の形で》…(すること)はできない ‖ There is ～ knowing what he will do. 彼が何をしでかすつもりか知りようがない(＝It is impossible to know what he will do.)

❺《省略文で》…禁止，…反対，…お断り(♦ *doing* または名詞(可算名詞なら複数形)を伴う. 主に掲示や標語などで用いる) ‖ *No* Smoking 禁煙 / *No* Parking 駐車禁止 / *No* Entry 入場禁止 / *No* Thoroughfare 通行禁止 / *No* Bills [OR Notes]. 紙幣お断り

COMMUNICATIVE EXPRESSIONS

4 **Nò próblem.** ⇨ PROBLEM(CE 3)

―名 (複 **no(e)s** /nouz/) C U ❶「いいえ」という返答，否定，拒否(↔ consent) ‖ with a definite ～ はっきりと否定[拒否]して / say ～ to ... …にノーと言う / Two ～*es* make a yes. 否定2つ[二重否定]は肯定になる

Behind the Scenes **Just say no.** **ただノーと言いなさい** 米国で使われた反薬物乱用キャンペーンのスローガン. この運動を主催した団体の名誉代表者は小学生で，子供たちが仲間集団の圧力に屈することなく「きっぱり断る」勇気を持つよう呼びかけた(♥「はっきりいやだと言う」よう促す表現. Just say yes. は，「ぜひ(引き)受けてほしい」と促す表現)

❷《通例 ～(e)s》反対投票(者) ‖ The ～*es* have it. 反対(投票者)多数(♦ 議会用語)

COMMUNICATIVE EXPRESSIONS

5 **I wòn't tàke nó for an ánswer.** 「いいえ」という返答は受け入れません；いやとは言わせません

▸▸～ **cómment** ノーコメント，言うことは何もない ～ **cóntest** 名 U ①〖法〗不抗争の答弁(nolo contendere) ‖ plead ～ *contest* 抗弁をしない《被告人が自認はしないが検事の主張に反対はしない旨の答弁をすること》②〖ボクシング〗無勝負《試合の不成立》③一方的試合《実力差がありすぎる試合》 ～ **màn's lànd** 名 U/C《単数形で》①所有者のない土地《ふつう荒地》②両交戦部隊に挟まれた中間地帯 ③不定領域，不分明な[あいまいな]領域 ～ **òne**(↓) ～ **plàce** 副 名 U《主に米口》＝nowhere ～ **síde** 名 C《単数形で》〖ラグビー〗ノーサイド，試合終了(の宣言) ～ **trúmp** 形 名 C ＝no-trump

no², No¹ /nou/ (♦ 同音語 know) 名 U 能，能楽(noh, Noh)

No² 記号〖化〗nobelium(ノーベリウム)

no.¹, No.¹ /nʌ́mbər/ 名 (複 **nos.**, **Nos.** /-z/) C《無冠詞で》…番，第…号 ‖ Room *No.* 5 5号室(♦ 数字の前に置く. 記号は#)

語源 ラテン語 *numero*(数については)の短縮形.

▸▸**No. 1** 名 U 形 ＝number one

no.², No.² 略 north, northern

nò-accóunt ⟨シ⟩《主に米口》形《限定》名 C 価値のない(人)，つまらない(人)

No·a·chi·an /nouéɪkiən/, **No·ach·ic** /-éɪkɪk/ 形 ノア(Noah)の；ノアの時代の；古(いにしえ)の

No·ah /nóuə/ 名〖聖〗ノア《ヘブライの敬虔(けいけん)な家長. 神に命じられて方舟(はこぶね)を作り，大洪水を生き延びて人類の祖となった》 ▸▸～**'s árk** 名 U〖聖〗ノアの方舟

nob¹ /nɑ(ː)b | nɔb/ 名 C《俗》頭

nob² /nɑ(ː)b | nɔb/ 名 C《英口》上流人，貴人，金持ち

nò-báll 名 C《英》〖クリケット〗反則投球

nob·ble /nɑ́(ː)bl | nɔ́bl/ 動 他《英口》❶(勝たせないように)〔競走馬〕に薬をもる ❷〔人〕を(不正手段で)抱き込む，丸め込もうとする；〔金〕を不正入手する ❸〔犯人など〕を捕まえる **-bling** 名

nob·bler /nɑ́(ː)blər | nɔ́b-/ 名 C《主に英口》不正手段を使う人

nob·by /nɑ́(ː)bi | nɔ́bi/ 形《口》粋な，しゃれた；《英》上流人(向け)の

No·bel /noubél/ 名 **Alfred Bernhard ～** ノーベル(1833-96)《スウェーデンの化学者. ダイナマイトを発明. その遺産でノーベル賞基金が設立された》

▸▸～ **láureate** /nòubel-, noubèl-/ 名 C ノーベル賞受賞者 ～ **Príze** /nòubel-, noubèl-/ 名 C ノーベル賞《A. Nobel の遺言により物理学・化学・生理医学・文学・経済学・平和の6分野で貢献した人に毎年贈られる賞》

No·bel·ist /noubélɪst/ 名 C《主に米》ノーベル賞受賞者(Nobel laureate)

no·bel·i·um /noubíːliəm/ 名 U〖化〗ノーベリウム《人工放射性元素. 元素記号 No》

nò-bíd 形《限定》競争入札なしの

***no·bil·i·ty** /noubɪ́ləti/ 名〔◁ noble 形〕❶《the ～》《集合的に》《単数・複数扱い》貴族(階級)(the aristocracy) ‖ the ～ of England 英国の貴族たち ❷ U 高潔さ，気高さ ❸ U 高貴な生まれ[身分]

***no·ble** /nóubl/ 形〔▶ nobility 名〕(**no·bler**; **no·blest**)

❶ 高潔な，気高い，高尚な ‖ How ～ of him to volunteer for the dangerous mission! 危険な任務に志願するとは彼は実に立派な男だ / a man of ～ mind 高潔な(精神の)人 / a ～ deed 気高い行い ❷ 堂々とした，壮大な；優れた，素晴らしい ‖ a ～ sight 雄大な眺め ❸ 高貴な，貴族の，身分の高い ‖ a man of ～ birth 高貴な生まれの人 ❹《比較なし》〖化〗(金属が)腐食しない，貴…(→ base²)；(気体が)不活性の，希の

―名 C ❶《通例 ～s》貴族(nobleman) ❷〖英国史〗ノーブル金貨《中世のイングランドの金貨》 **～·ness** 名

語源「有名な，生まれの高貴な」の意のラテン語(*nobilis*)から.

▸▸～ **fír** 名 C ノーブルモミ《米国北西部産の常緑高木》 ～ **gás** 名 U〖化〗不活性ガス(inert gas) ～ **métal** 名 C〖化〗貴金属(↔ base metal) ～ **rót** 名 U 貴菌；貴腐菌 ～ **sávage** 名《the ～》高潔な未開人《ロマン主義文学における理想の原始人像》

nó·ble·man /-mən/ 名 (複 **-men** /-mən/) C 貴族(peer)(中立 member of the nobility)

-wòman 名 (複 **-wòmen**) C 貴族の女性(peeress)

nòble-mínded ⟨シ⟩ 形 気高い，高潔な，度量のある

no·blesse /noublés/ 名 U ❶ ＝nobility ❷(特にフランスの)貴族 ▸▸～ **o·blíge** /-əblíːʒ/ 名 U 高貴の身分に伴う義務[責任](♦ フランス語より)

no·bly /nóubli/ 副 ❶ 気高く；堂々と，立派に ❷ 貴族として，高い身分にふさわしく ‖ be ～ born 貴族の家に生まれる

*****no·bod·y** /nóubədi/《アクセント注意》代 名

―代《単数扱い》**だれも…ない**，だれ一人…ない(not anybody)(♦ no one よりやや《口》) ‖ *Nobody* thinks [×think] it's your fault. だれも君のせいだとは思っていない(♦ ×Not anybody thinks ... は不可) / *Nobody* else understands me as well as you do. あなたほど私を理解してくれる人はほかにいない / *Nobody* was hurt, were they? だれもけがはしなかったね(⇨ 語法 (1)) / *No-*

body tells me anything. 私にだれも何も言ってくれない / It was ～'s fault. それはだれのせいでもなかった

語法 ☆☆ (1) 代名詞で受ける場合は they がふつう. 《堅》では he, she, he or she や he/she も用いる.
(2) nobody は否定語なので, 通例ほかの否定を表す要素とともには使わない. 〈例〉*Nobody* knew [*did not know] me. だれも私のことを知らなかった

━名 (複 **-bod·ies** /-z/) Ⓒ 取るに足りない人, 何の影響力もない人(↔ celebrity) ‖ I hate being a ～. ただの人でいるのはいやだ

nò-bráiner /-bréɪnər/ 名Ⓒ《米俗》頭を使わない容易なこと, 簡単なこと

nó-brànd 形 商標なしの, ノーブランドの

no·ci·cep·tive /nòʊsɪséptɪv/ 形 痛みを与えるような ; 痛みの刺激に反応する

nock /nɑ(:)k | nɒk/ 名Ⓒ 弓筈(ゆはず) ; 矢筈

nò-cláim(s) bònus [dìscount] /,ニ二ニ/ 名Ⓒ《英》無事故割引《主に自動車傷害保険で一定期間保険金請求をしなかった場合の保険料割引》

nò-cónfidence 名Ⓤ 不信任 (nonconfidence) ‖ a 「vote of ～ [OR ～ vote] 不信任投票

nò-cóunt, nò-'cóunt 形名《米口》=no-account

noc·tam·bu·lism /nɑ(:)ktǽmbjulɪzm | nɒk-/ 名Ⓤ 夢遊病, 夢中歩行(noctambulation) **-list** 名

noc·ti·lu·ca /nɑ̀(:)ktəlúːkə | nɒ̀ktɪ-/ 名 (複 **-cae** /-siː/) Ⓒ〖動〗ヤコウチュウ(夜光虫)

noc·ti·lu·cent /nɑ̀(:)ktəlúːsənt | nɒ̀ktɪ-/ 形 夜光る ;〖気象〗夜光の

noc·tur·nal /nɑ(:)ktə́ːrnəl | nɒk-/ 形 ❶ 夜の, 夜間の ❷〖動〗夜行性の ;〖植〗夜咲きの(↔ diurnal) **～·ly** 副

noc·turne /nɑ́(:)ktəːrn | nɒ́k-/ 名Ⓒ ❶〖楽〗夜想曲, ノクターン ❷〖美〗夜景画

noc·u·ous /nɑ́(:)kjuəs | nɒ́k-/ 形《文》有害な ; 有毒な(↔ innocuous) **～·ly** 副 **～·ness** 名

***nod** /nɑ(:)d | nɒd/ 動 名

━動 (**～s** /-z/ ; **nod·ded** /-ɪd/ ; **nod·ding**)

━自 ❶ **うなずく a** (あいさつ・承諾・命令などの意を表して)〈人などに〉うなずく, (軽く) 会釈する〈**to, at**〉‖ A girl *nodded to* me as she passed. 女の子が通りすがりに私に会釈をしていった / 「His head [OR He] *nodded* in assent [OR agreement]. 彼は同意してうなずいた

b 《+副句》〈…を〉あごでしゃくって示す〈**at, to, toward, etc.**〉‖ The janitor growled, "Get out!" *nodding toward* the door. 管理人はドアの方をあごでしゃくって「出て行け」とうなるような声で言った

c 《+**at** [**to**] 名+**to** *do*》〔人〕に…するようにあごで示す ‖ He *nodded at* me *to* go ahead. 彼は私に「やれ」とあごで合図した

❷ **うとうとする**, 居眠りする, 船をこぐ ; うっかりする, しくじる ‖ ～ over one's homework 宿題をしながらうとうとする / *Even Homer sometimes* ～*s.* 《諺》(詩聖) ホーマーもときどき居眠りする[つまらない詩句を書く] ; 弘法も筆の誤り

❸ (植物・羽毛などが) 揺らぐ, なびく ‖ flowers *nodding* in the wind 風に揺れている花

━他 ❶〔頭〕**を軽く下げる** ‖ nod one's head (承諾などを示して) 首を縦に振る, うなずく(↔ shake one's head)

❷ **a** 《+目》〔承諾・同意・あいさつなど〕をうなずいて示す ‖ He *nodded* goodbye to me. 彼は私に軽く頭を下げて別れを告げた / ～ one's approval うなずいて同意する

b 《+**that** 節》うなずいて…ということを示す ‖ He *nodded that* he understood. 彼はわかったとうなずいた

❸ 《+目+副句》〔人〕にうなずいて[あごでしゃくって] (ある方向へ) 行かせる ‖ He *nodded* them out (of the room). 彼はあごでしゃくって彼らを (部屋から) 立ち去らせた ❹〖サッカー〗〔ボール〕を軽くヘディングする

have a nòdding acquáintance with ... 〔人〕と会えば会釈し合う間柄である ; 〔物事〕を少し知っている

nòd óff 〈自〉《口》うとうとして眠り込む

nòd thróugh ... / nòd ... thróugh 〈他〉《口》(討論せず) …を承認する

━名 (複 **～s** /-z/) Ⓒ ❶ 《通例単数形で》うなずき, 軽い会釈 ; 承諾, 同意 ‖ give 「a ～ of approval [OR an approving ～] うなずいて同意する / greet us **with** a ～ 我々に会釈する / a ～ and a wink 《英》目くばせでの了解 ❷ 居眠り, うたた寝

A nòd is as gòod as a wínk (to a blìnd hórse). 《英》言葉にしなくてもわかる

gèt the nód ①《口》承認される, 選ばれる ; 〈…の〉賛同を得る〈**from**〉 ② 合図を受ける

gìve ... the nód / gìve the nód to ... ① …を承認する, …に同意する ; …を選ぶ ② …に合図する

on the nód 《英口》① (議論もせず) 承諾して ; 暗黙の了解で ②《旧》信用で

nod·dle /nɑ́(:)dl | nɒ́dl/ 名Ⓒ《旧》《口》頭, 頭脳

nod·dy /nɑ́(:)di | nɒ́di/ 名 (複 **-dies** /-z/) Ⓒ ❶〖鳥〗アジサシの類《熱帯産の海鳥》; オオハシウミガラス《大西洋北部沿岸産》❷《旧》ばか, とんま

***node** /noʊd/ 名Ⓒ ❶〖植〗(根・枝の) こぶ, 節くれ ; (茎の) 節 ;〖解〗結節 ‖ a lymph ～ リンパ節[腺(せん)] ❷〖数〗(曲線の) 結節点 ❸〖理〗(振動の) 節, 結節 ❹〖天〗交点 ❺ (一般に) 集合点, 中心点 ❻ 💻 ノード《ネットワークで接続されている各コンピューターやプリンターなどの機器》

nód·al 形

nod·ule /nɑ́(:)dʒuːl | nɒ́djuːl/ 名Ⓒ 小さいこぶ ;〖植〗(特にマメ科植物の根の) 小結節, 根粒(こんりゅう) (root nodule) ;〖解〗小結節 ;〖鉱〗小塊, 団塊 **-u·lar** 形

No·el /noʊél/ 名ⒸⓊ クリスマス (Christmas) (♦ フランス語より. 特にクリスマスキャロル中で用いる語) ; (**n-**) クリスマス祝歌

no·e·sis /noʊíːsɪs/ 名Ⓤ〖哲〗ノエシス《フッサール現象学の用語で, 意識の持つ作用的側面をいう》

no·et·ic /noʊéṭɪk/ 形《堅》知性の, 知的な, 知性に基づく

nò-fáil 形《口》失敗しない, だれでも安全に使える

nó-fàult ⦅シ⦆ 形《限定》❶〖保険〗無過失の ‖ ～ insurance 無過失責任保険《事故の責任者が決定されなくても一定額の保険金が支払われる》❷ (離婚が) 当事者責任を問われない

nò-flý 形《限定》搭乗禁止の ‖ the government's ～ list 政府による搭乗禁止者名簿

nò-flý zòne /,ニ二ニ/ 名Ⓒ 飛行禁止区域

nò-frílls ⦅シ⦆ 形《限定》《口》余分な設備[サービス]抜きの, 実質本位の ‖ ～ air fares (食事などを含まない) 実質本位の航空運賃

nog /nɑ(:)g | nɒg/ 名Ⓤ ❶《英》《古》ノッグ《アルコール度数の高い地ビールの一種》❷ =eggnog

nog·gin /nɑ́(:)gɪn | nɒ́g-/ 名Ⓒ《旧》❶ 小ジョッキ, 小カップ ❷《口》少量 ; 1ギン《液量単位で, ふつう¼パイント》❸《口》頭

nog·ging /nɑ́(:)gɪŋ | nɒ́g-/ 名Ⓤ (木骨の) れんが積み ; (木造の主壁の間に埋める) 詰め木材

nò-gó ⦅シ⦆《口》形 不調の ; 禁止の ; 中止の ━名Ⓒ 不発, 不調 (状況) ▶▶ **～ àrea** /,ニ二ニ二/ 名Ⓒ《英》立ち入り危険[禁止]区域 ; 持ち出してはならぬ話題

nò-góod ⦅シ⦆ 名Ⓒ 形《限定》《口》役立たず(の), 能なし(の)

nó-gròwth 形 ゼロ成長の

noh, Noh /noʊ/ 名 =no²

nó-hìt 形《米》(野球で) ノーヒットの

nò-hítter 名Ⓒ《米》(野球で) ノーヒットゲーム(❗「ノーヒットノーラン」は no-hitter がふつう. no-hit game ともいう) ‖ a combined ～ 複数の投手によるノーヒットゲーム

nò-hòlds-bárred ⦅シ⦆ 形《口》制限なしの, 何でもありの

nò-hóper 名Ⓒ《英口》成功する[勝つ]見込みのない者

nó-hòw 副《米》決して…ない (in no way) (♦ 非標準とされる)

noil /nɔɪl/ 名Ⓤ/Ⓒ《通例 ～s》(羊毛などの紡糸前の) 短毛

noir /nwɑːr/ 名C ❶〘ルーレット〙黒の数字 ❷暗黒小説；犯罪映画(film noir)(♦フランス語より)

nó-ìron 形 アイロンがけの不要な, ノーアイロンの(→NO[1] 形❶)

‡noise /nɔɪz/ 名 動

—名〔▶ noisy 形〕(複 **nois·es** /-ɪz/) ❶UC **騒音**, 物音, (うるさい)声；(都会などの)喧騒(けんそう)；(一般に)音(sound) (↔ silence) ‖ The ~ of the traffic kept me awake last night. 車の騒音でゆうべは眠れなかった / **make** a loud [OR big] ~ 大きな音を立てる / I heard a ~ downstairs. 下の階で何か物音が聞こえたわ / away from city ~*s* 都会の喧騒を離れて

❷U (ラジオ・テレビ・電話などの)雑音, ノイズ；💻ノイズ, 無意味なデータ

a bìg nóise 《口》大物, 有力者

*****màke (a) nóise*** ①⇨❶ ②騒ぎ立てる；〈…について〉不平を言う〈**about**〉‖ My kid is *making a ~ about* wanting a bike. うちの子は自転車が欲しいとわめいている ③評判になる, 人の口に上る ‖ *make a ~* in the world 世間の評判になる

màke nóises ①〈…を〉遠回しに言う, ほのめかす〈**about**〉②〈…のことを〉騒ぎ立てる〈**about**〉③《形容詞を伴って》(…と聞こえる)意見を述べる ‖ He's *making* reassuring ~*s about* his company. 彼は自分の会社は大丈夫そうなことを言っている / *make* (all) the right ~*s* もっともらしいことを言う

—動 (**nois·es** /-ɪz/；**~d** /-d/；**nois·ing**)

—他 《通例受身形で》言いふらされる, うわさされる《***abroad, about, around***》‖ The affair was quickly ~*d about*. その事件はたちまち評判になった / It is ~*d abroad* that they are getting married. 彼らは結婚するだろうと取り沙汰(ざた)されている

—自 《旧》騒々しくする；しゃべりまくる

▸▸ **~ pollùtion** 名U 騒音公害

nóise·less /-ləs/ 形 音のしない[小さい]；雑音のない；静かな(⇨ CALM 類語)　**~·ly** 副　**~·ness** 名

nóise·màker 名C 音を立てる人[もの]《特に祝祭のときのがらがら・角笛など》

noi·some /nɔ́ɪsəm/ 形《文》❶いやな, 不快な；悪臭のする ❷健康に悪い, 有害な　**~·ly** 副　**~·ness** 名

‡nois·y /nɔ́ɪzi/

—形〔◁ noise 名〕(**-i·er**；**-i·est**)

❶**騒々しい**, やかましい；ざわついた (↔ quiet) ‖ Don't be so ~! 騒ぐな；静かにしろ

❷(色・服装などが)けばけばしい, 派手な

nóis·i·ly 副　**nóis·i·ness** 名

nó-kìll, nó kìll 名UC ノーキル《動物を殺処分しないという理念・運動》‖ a ~ shelter 動物保護センター

nó-knòck 形《限定》《米》(警察の捜査が)通告なしの ‖ a ~ raid 強制立ち入り捜索

no·lens vo·lens /nòʊlenz vóʊlenz/ 副《ラテン》(=unwilling willing) いや応なしに

no·li me tan·ge·re /nòʊli mèɪ tǽŋɡəri/ 名《ラテン》(=do not touch me) C ❶手を触れてはならない人[もの]；触れるなという警告 ❷〘美〙ノリメタンゲレ《復活後マグダラのマリアの前に姿を現したイエスを描いた絵画. そのときのイエスの「我に触れるな」という言葉に由来》❸〘植〙ホウセンカ(touch-me-not)

nol·le pros·e·qui /nɑ̀(ː)li prɑ́(ː)sɪkwàɪ | nɔ̀li prɔ́s-/ 名《ラテン》(=be unwilling to pursue) C〘法〙訴訟取下げ；起訴猶予《略 nol. pros.》

nò-lóad 形 (投資信託などが)手数料なしの

no·lo con·ten·de·re /nòʊloʊ kənténdəri/ 名《ラテン》(=I do not wish to contend) U《米》〘法〙不抗争の答弁(no contest)《有罪は認めないが争わないという答弁》

nò-lóse 形《米口》(状況・計画などが)必ず成功する, 失敗しようのない

nol-pros /nɑ̀(ː)lprɑ́(ː)s | nɔ̀lprɔ́s/ 動 (**-prossed** /-t/；**-pros·sing**) 他《米》〘法〙〔訴え〕を取り下げる

nom. 略 nominal, nominative

no·mad /nóʊmæd/ 名C 遊牧民；流浪の民, 放浪者

~·ìsm 名U 遊牧生活；放浪生活

no·mad·ic /noʊmǽdɪk/ 形 遊牧(民)の；流浪の, 放浪の ‖ ~ tribes 遊牧民　**-i·cal·ly** 副

nó-màn's-lànd 名 =no man's land(↑)

nom de guerre /nɑ̀(ː)m də ɡéər | nɔ̀m-/ (複 **noms-** /nɑ̀(ː)m- | nɔ̀m-/) 名C 偽名, 仮名(pseudonym) (♦フランス語より)(=name of war)

nom de plume /nɑ̀(ː)m də plúːm | nɔ̀m-/ (複 **noms-** /nɑ̀(ː)m- | nɔ̀m-/) 名C ペンネーム, 筆名 (pseudonym, pen name)(♦フランス語より)(=name of feather)

no·men /nóʊmən/ 名 (複 **nom·i·na** /nɑ́(ː)mənə | nɔ́mɪ-/) C〘ローマ史〙(古代ローマ人の)第2名, 族名《例》Marcus Tullius Cicero の Tullius》

no·men·cla·ture /nóʊmənklèɪtʃər | noʊméŋklə-/ 名UC ❶(分類学的な)命名(法) ❷学術名(体系), 術語, 名称

no·men·kla·tu·ra /nòʊmənklɑːtúərə/ 名 ❶C (旧共産圏で党の承認により任命される)ポスト一覧表；《単数扱い》ポスト任命制度 ❷《the ~》《複数扱い》ノーメンクラツーラ《旧共産国の特権階級》

-nomics /-nɑ(ː)mɪks | -nɔm-/ 連結形 (特定人の)経済政策 ‖ Clinton*omics* (クリントン大統領の経済政策)

*****nom·i·nal** /nɑ́(ː)mənəl | nɔ́mɪ-/ 形 ❶名目上の；名ばかりの, その名に値しない (↔ real[1]) ‖ a ~ leader 名ばかりのリーダー ❷ごくわずかの, 言うに足りない ‖ Casualties were ~. 死傷者はごくわずかだった / a ~ sum ほんのしるしばかりの金額 ❸名前[名称]の；名を示す, 名前の載った；(株券などが)記名の ‖ a ~ list 名簿 ❹《限定》〘文法〙名詞の, 名詞的な ‖ a ~ clause [phrase] 名詞節[句] ❺《口》(主に宇宙飛行が)予定どおりの, まずまずの

—名C〘文法〙名詞相当語句

▸▸ **~ accóunt** 名C〘経〙名目勘定　**~ cápital** 名U〘経〙名目資本, 公称資本　**~ gróup** 名C =noun group　**~ válue** 名UC (株券などの)額面価格　**~ wáges** 名複 名目賃金(↔ real wages)

nom·i·nal·ism /nɑ́(ː)mənəlìzm | nɔ́mɪ-/ 名U〘哲〙唯名論, 名目論(↔ realism)

-ist 名C 唯名論者　**nòm·i·nal·ís·tic** 形

nom·i·nal·ize /nɑ́(ː)mənəlàɪz | nɔ́mɪ-/ 動 他〘文法〙…を名詞化する

nom·i·nal·ly /nɑ́(ː)mənəli | nɔ́mɪ-/ 副 ❶名目上(は), 名前だけ(=in name only)(↔ really) ❷名指しで, 名前で(by name)

*****nom·i·nate** /nɑ́(ː)mɪnèɪt | nɔ́m-/ 《アクセント注意》動 他 ❶ **a** 《+目》〔人・作品〕を指名[推薦]する, ノミネートする(🔗 put forward)〈**for** 公職・賞などに；**as** 候補として〉‖ The party ~*d* her [*for* the Presidency [OR *for* President, *as* President]. 党は彼女を大統領候補に指名した **b** 《+目+**to do**》…するよう〔人〕を指名する ‖ He was ~*d to* run for the local council. 彼は市議会選挙に立候補するよう指名された ❷任命する **a** 《+目》…を〈委員会などに〉送る〈**to**〉 **b** 《+目+ (**to be**) 補〈名〉/目+**as** 名》〔人〕を…に任命する ‖ He was ~*d* (*as* [OR *to be*]) Secretary of the Treasury. 彼は財務長官に任命された **c** 《+目+**to do**》〔人〕を…する役に任ずる ❸〔日時・場所など〕を指定する ❹〘競馬〙〔馬〕の出走登録をする

-nà·tor 名C 指名[任命]する人

語源「名前をつける」の意のラテン語 *nominare* から. name (ラテン語で *nomen*)と同語源.

*****nom·i·na·tion** /nɑ̀(ː)mɪnéɪʃən | nɔ̀m-/ 名 ❶UC 指名[推薦]する[される]こと；任命する[される]こと〈**for** …に；**to** 地位へ；**as** …として〉‖ win the ~ *for* President 大統領候補者指名を勝ち取る / receive an Academy Award ~ アカデミー賞にノミネートされる / put [OR place] her name in ~ 彼女を(候補者として)指名する

❷ Ⓤ 任命権；指名[推薦]権 ❸ =nominee ❶
nom·i·na·tive /ná(:)mənəṭɪv | nɔ́m-/ (→ 形 ❷, ❸) 形 ❶〘文法〙主格の ‖ the ~ case 主格 ❷ /+-nèɪ-/ 指名[推薦，任命]された[による] ❸ /+-nèɪ-/(株券などが)記名(式)の ‖ ~ shares 記名株券
—名《the ~》〘文法〙主格；主格形の語
▸▸~ **ábsolute** 名《the ~》〘文法〙絶対［独立］主格《〈例〉*This* being so, I did nothing.》
*__nom·i·nee__ /nà(:)mɪníː | nɔ̀m-/ 《アクセント注意》名 Ⓒ ❶〈…に〉指名[推薦，任命]された人；候補者〈**for**〉❷(株券などの)名義人
no·mo·gram /ná(:)məgræ̀m | nɔ́-/, **-graph** /-græ̀f | -grɑ̀ːf/ 名 Ⓒ 計算図表，ノモグラム
nò·mo·gráph·ic 形
*__non-__ /nɑ(:)n- | nɔn-/ 接頭「…(し)ない，不…，非…(not)；…(の性格)を欠いた(absence of)，無…」などの意 ‖《名詞》*non*compliance, *non*payment ; *non*violence ; *non*member /《形容詞・名詞》*non*resident /《形容詞》*non*moral /《副詞》*non*contentiously /《名詞→限定形容詞》*non*union /《動詞→形容詞》*non*skid (♦ non- はふつう単なる否定を表し，否定の強調や非難など特別の意味の加わる in-, un- と異なる．ただし nonevent のような例外もある)(❗「ノン」を用いた「ノンオイル」,「ノンシュガー」は和製語．それぞれ oil-free, sugar-free という)
nòn-addíctive, -addícting 形 (麻薬などが) 非習慣性の，非中毒性の
non·age /nóunɪdʒ/ 名 Ⓤ ❶《堅》〘法〙未成年 ❷ 未成熟(期)；幼稚
non·a·ge·nar·i·an /nòunədʒənéəriən/ 〈ジ 形 名 Ⓒ 90歳台の(人)
nòn·aggréssion 名 Ⓤ 不侵略 ‖ a ~ pact [OR treaty] 不可侵条約
non·a·gon /ná(:)nəgɑ̀(:)n | nɔ́nəgən/ 名 Ⓒ 九角形，九辺形
nòn·agréement 名 Ⓤ 不同意，不承諾
nòn·alcohólic 〈ジ 形 アルコール(分)を含まない，非アルコール(性)の ‖ ~ beverages 非アルコール性飲料
nòn·alígned 〈ジ 形 非同盟の，中立の ‖ ~ voters 無党派層 **-alígnment** 名 Ⓤ 非同盟，中立
nó-nàme 形 名 Ⓒ《主に米》無商標の(商品)，ノーブランドの(商品)
nòn·appéarance 名 Ⓤ〘法〙(法定などへの) 不出頭，不出廷
nòn-atténdance 名 Ⓤ 不参加，欠席
nòn·bánk 名 Ⓒ 形《限定》ノンバンク(の)《非銀行系金融機関》
nòn·belíever, nòn- 名 Ⓒ 無信心な人 **-belíeving** 名 Ⓤ 無信心
nòn·bellígerent 名 Ⓒ 形 非交戦国(の)；交戦不参加者(の)
nòn·bínding 形 拘束力のない
nòn·cárbonàted 形 (飲み物が)炭酸抜きの
nonce /nɑ(:)ns | nɔns/ 名《次の成句で》
__for the nónce__ 当座［目下］のところ，さしあたり (for the time being)
—形《限定》その場限りの
▸▸~ **wòrd** 名 Ⓒ〘文法〙(その場限りの)臨時語
non·cha·lance /nɑ̀(:)nʃəlɑ́ːns | nɔ́nʃələns/《発音注意》名 Ⓤ 無関心，無頓着(むとんちゃく)；熱意のなさ，冷淡 ‖ with ~ 淡々と，何気ないふうに
non·cha·lant /nɑ̀(:)nʃəlɑ́ːnt | nɔ́nʃələnt/ 〈ジ 形 無関心な，無頓着な；冷淡な **~·ly** 副
nòn-Chrístian 名 Ⓤ Ⓒ 形 非キリスト教(徒)(の)
nòn-cítizen 名 Ⓒ《米》外国人
nòn·collégiate 形 カレッジ制でない；(大学内の)カレッジに属していない
non·com /ná(:)nkɑ̀(:)m | nɔ́nkɔ̀m/ 名《口》=noncommissioned officer
non·com·bat·ant /nɑ̀(:)nkəmbǽṭənt | nɔ̀nkɔ́mbətənt/ 名 Ⓒ 非戦闘員；(戦時中の)一般民，文民(civilian)
nòn·commíssioned 〈ジ 形〘軍〙委任状のない，任命されていない ▸▸~ **ófficer** 名 Ⓒ〘軍〙下士官《略 NCO》(→ commissioned officer, petty officer)
nòn·commíttal 〈ジ 形 どっちつかずの，あいまいな；性格のはっきりしない ‖ give a ~ answer どっちつかずの返事をする **~·ly** 副
nòn·compétitive 形 競争のない；競争力[心]のない
nòn·complíance 名 Ⓤ〈命令などへの〉不服従；不承諾〈**with**〉
non com·pos men·tis /nɑ̀(:)n kɑ̀(:)mpəs ménṭəs | nɔ̀n kɔ̀mpəs méntɪs/ 形《ラテン》(=not of sound mind)《叙述》心神喪失の；頭が混乱した
nòn·condúcting 形 不導体の，不伝導の
nòn·condúctor 名 Ⓒ Ⓤ (熱・電気・音の)不導[絶縁]体
nòn·cónfidence 名 Ⓤ 不信任 (no-confidence) ‖ a vote of ~ 不信任投票 / a ~ motion 不信任動議
nòn·confórmist 〈ジ 名 Ⓒ 形 ❶《しばしば N-》(英国の)非国教徒(の) ❷ 慣習などに従わない人(の)，非同調者(の)
nòn·confórmity 名 Ⓤ ❶《N-》英国国教に従わないこと，非国教主義；《集合的に》非国教徒 ❷ (慣習などに)従わないこと，非遵奉 ❸ (言動などの)不一致，不調和
nòn·conténtious 形 争いを好まない **~·ly** 副
nòn·contríbutory 〈ジ 形《限定》(年金制度が) 雇用者負担の，非拠出制の
nòn-controvérsial 形 議論の余地がない，論争にならない(♦ uncontroversial の方がふつう)
nòn·cooperátion 名 Ⓤ 非協力，協力拒否；(政府に対する抗議としての)非協力《税金不払い運動など》
-coóperative 形
nón·còre 形 非中核的な，重要でない
nòn-custódial 形《限定》〘法〙❶ (刑罰が) 拘留することのない，留置しない ❷ (親が)(子供の)監護権を持たない
nòn·dáiry 形《限定》乳(製品)を含まない ‖ a ~ creamer (コーヒーなどに入れる)クリームの代用品
nòn·denominátional 形 宗派に関係のない
nòn·de·scrípt /英 ⌐⌐-/ 〈ジ 形 名 Ⓒ (目立った) 特徴のない(人[もの])
nòn·disclósure 名 Ⓤ (情報などの) 非開示 ‖ a ~ agreement 秘密保持契約

⁑**none** /nʌn/《発音注意》(♦ 同音語 nun) 代 副
—代 ❶《no+既出の名詞(句)の代わりに》《単数・複数扱い》**少しも[だれも，何も]…ない** ‖ "Any interesting news today?" "*None* 「at all [OR what(so)ever]." 「今日は何か面白いニュースあるかい」「何もないよ」/ Susan looked for her friends at the party but found ~. スーザンはパーティー会場で友達を探したが一人も見つからなかった
❷《~ of+複数(代)名詞で》《単数・複数扱い》…のうちの**だれも[何も，少しも]…ない**(♦(1)複数名詞には必ず the, these, 所有格などがつく．(2)動詞との一致は単数・複数両方可能だが，《口》では複数扱いが多い) ‖ *None* of these printers work [OR works]. ここにあるプリンターはどれも動かない / Almost ~ of the bicycles had headlights. ほとんどの自転車にはヘッドライトがついていなかった (♦ almost none of ... は複数扱い)
❸《~ of+単数(代)名詞》《単数扱い》…のうちの何も[少しも]…ない(♦ 単数名詞には必ず the, this, 所有格などがつく) ‖ *None* of this money is yours. この金は一銭たりともおまえにはやらない / It's ~ of your business. 君の知ったことではない；余計なお世話だ
語法☆☆ (1) 通例ほかの否定語とともには使わない．〈例〉*None* of them came [ˣdidn't come] in time. 彼らはだれ一人時間に間に合わなかった / He didn't read any [ˣnone] of it. 彼はそれを全然読まなかった

(2) 可算名詞を受ける none (of) は3つ[人]以上のものからなるグループに関して使い, 2つ[人]の場合は neither を用いる. 〈例〉 I know *neither* [×none] *of* the twins. その双子のどちらも知らない
(3) 主語以外の位置では none よりも not ... any を用いることが多い. 〈例〉 We did*n't* go to *any* of the art galleries. 私たちはどの美術館へも行かなかった (= We went to *none* of the art galleries.)

❹ 《単数・複数扱い》だれも[一人も]…ない(♦ of を伴わず, 単独で人を表す用法. no one より《堅》. 複数扱いの方が多い) ‖ There are [OR is] ～ like her. 彼女のような人は一人もいない

be sècond to nóne だれ[何物]にも劣らない, 最高である ‖ She *is second to* ～ in gymnastics. 彼女は体育ではだれにも負けない

hàve nóne of ... ① …を少しも持っていない ② …を全く許さ[受け入れ]ない ‖ I'll *have* ～ *of* your excuses! 言い訳は聞きません

nóne but ... 《堅》…だけ, …のみ(only) ‖ *None but* her close friends believe [×believes] her. 親友たちだけが彼女を信じている(♦ 後に複数形の名詞(句)がくる場合は複数扱い)

nòne óther than ... ほかならぬ…, まさに… ‖ The visitor was ～ *other than* the mayor himself. 訪ねて来たのは紛れもなく市長その人だった

wànt nóne of ... =*have none of ...* ②(↑)

―副 《比較なし》 ❶ 《～+the+比較級で》少しも[全然]…ではない(not at all)(♦ しばしば後ろに for を伴い, 「…だからといってそれ[その分]だけ…ではない」の意味を表す) ‖ She was ～ the wiser for his long explanation. 彼の長い説明を聞かされても彼女にはいっこうに納得がいかなかった / He has no clothes sense and his room is a pigsty, but I love him ～ the less. 彼には服装のセンスがなく, 部屋も汚くしているが, それでも私は彼のことが好きです(♦ nonetheless と1語につづることもある)
❷ 《～+too+形容詞[副詞]で》あまり…ではない(not very); 少しも…ではない ‖ The weather was ～ too good. 天気はあまり[全然]よくなかった

nòne the wórse for ... …にもかかわらず同じ状態で, …に悪い影響を受けずに ‖ He seems ～ *the worse for* his failure. 彼は失敗しても元気そうだ

non·éntity 名 (複 **-entities** /-z/) ❶ C 取るに足りない人[もの] ❷ C 実在[存在]しないもの; 想像の産物 ❸ U 非実在, 非存在

nones /nounz/ 名 複 ❶ (古代ローマ暦で)ides からさかのぼって9日目(3・5・7・10月の第7日, その他の月の第5日) ❷ 〚教〛第9時(の日課)《日の出後9時間目(午後3時ごろ)(の祈り)》

nòn·esséntial 形 《限定》重要でない, 必要でない
―名 C 《通例 ～s》重要でないもの[人], 必要でないこと[もの]

nóne·sùch 名 C 《古》無比の人[もの]; 絶品, 模範

no·net /nounét, nɔnét/ 《アクセント注意》 名 C 《単数・複数扱い》 ❶ 9人[個]1組 ❷ 〚楽〛9重奏[唱]団; 9重奏[唱]曲

***none·the·less, none the less** /nʌ̀nðəlés/ 《アクセント注意》 <シ 副 NAVI それにもかかわらず, それでもなお(nevertheless)(⇨ NONE 副 ❶, NAVI表現 5)

nòn-Euclíde·an 形 〚数〛非ユークリッドの ‖ ～ geometry 非ユークリッド幾何学

nòn·evént 名 C 期待外れの行事; 起こらなかったこと

nòn-exécutive 形 《限定》《英》〚経営〛顧問の, 非常勤取締役の, 非執行の ▸▸ **～ diréctor** 名 C 非常勤取締役

nòn·exístence 名 C 存在[実在]しないもの; U 非存在, 非実在 **-exístent** 形 存在[実在]しない

***nòn·fát** <シ 形 《限定》(食品が)脂肪分のない, 脱脂した

nòn·féa·sance /-fí:zəns/ 名 U 〚法〛不作為, 義務不履行

nòn·férrous 形 非鉄(金属)の

nòn·fíction 名 U ノンフィクション《事実に基づく散文文学. 歴史・伝記・記録など》 **～·al** 形

nòn·fínite <シ 形 《通例限定》限定のない; 〚文法〛(動詞が)非定形の(↔ finite)《人称・数などを表さない》

nòn·flámmable <シ 形 不燃性の(↔ inflammable)

nòn·fóod 形 《限定》(スーパーの商品が)非食料品の

nòn·governméntal 形 《限定》非政府の, 民間の ‖ a ～ organization 非政府組織《略 NGO》

nòn·héro 名 =antihero

nòn-Hódgkin's lymphòma 名 U 〚医〛非ホジキンリンパ腫(しゅ)《ホジキン病以外の悪性リンパ腫の総称》

nòn·húman 形 《限定》人間でない, 人間以外の

nòn·interférence 名 =nonintervention

nòn·ínterlaced 形 💻 (画面表示が)一括表示の, ノンインターレースの

nòn·intervéntion 名 U (特に他国に対する)不干渉[不介入](政策) **～·al** 形 **-intervéntionism** 名 **-intervéntionist** 名

nòn·invásive 形 〚医〛 ❶ 非侵襲性の《体をなるべく傷つけない治療》 ❷ (癌(がん)が)非進行性の

nòn-íron <シ 形 《英》アイロンがけの不要な(→ no¹ 形 ❶)

non·ism /ná(:)nìzm | nɔ́n-/ 名 U 超回避主義《身体・精神に悪いことや食べ物はすべて避けようとする》

nòn·judgméntal 形 偏った判断をしない

nòn·júror 名 C (臣従などの)宣誓を拒む人; 《N-》〚英国史〛臣従宣誓拒否牧師《1689年, 国王に従う誓いを拒んだ英国国教会の牧師》 **-júr·ing** 形

nòn·línear <シ 形 ❶ 非線形の, 直線的でない ❷ 非連続的な, 単純でない ❸ 〚数〛非1次の

nòn·matérial 形 非物質的な, 無形の; 精神的な

nòn·mémber 名 C 非会員, 非構成員

nòn·métal 名 C U 〚化〛非金属 **-metállic** 形

nòn·móral 形 道徳[倫理]とは無関係な; 道徳[倫理]観念のない(→ immoral, amoral)

nòn·nátive 形 その土地生まれでない; (動植物が)外来種の ‖ a ～ speaker (ある言語を)母語としない話者
―名 C その土地生まれでない人

nòn·negótiable 形 ❶ 交渉[話し合い]の余地のない ❷ 〚商〛(小切手が)譲渡できない

nòn·nét 形 (量などが)正味でない, グロスの

nòn·núclear 形 《限定》核兵器を保有[使用]しない ‖ a ～ country 非核保有国

nó-nò 名 (複 **～s, ～es, ～'s** /-z/) C 《口》してはならないこと, 禁止事項

nòn·objéctive 形 ❶ 非客観的な ❷ =nonrepresentational

nòn·obsérvance 名 U (宗教的慣習などの)不遵守 **-obsérvant** 形

nò-nónsense <シ 形 《限定》現実的な, 実際的な(↔ nonsense)

nòn·paréil /-pərél/ <シ 形 比類のない
―名 C ❶ 比類のない人[もの] ❷ 《米》色付き砂糖粒; ノンパレル《砂糖粒をまぶした円盤状のチョコレート菓子》 ❸ U 《旧》〚印〛ノンパレル《6ポイント活字》

nòn·pártisan 形 《通例限定》名 C 無[超]党派の(人) **～·shìp** 名

nòn·párty 形 《限定》政党から独立した, 無党派の

nòn·páyment <シ 名 U 〈…の〉不払い, 未納, 滞納〈**of**〉

nòn·perfórming 形 適切に作動[遂行]しない; 〚財〛利息が支払われない ‖ a ～ loan 不良債権[融資](bad loan)

nòn·pérson 名 C (社会的に)存在を無視された人, 忘れられた人; 弱者

nòn·pláying <シ 形 (選手などが)プレーしない, 選手兼任でない

nòn·plús 動 (～·es, 《英》～·ses /-ɪz/; **～ed**, 《英》**～sed** /-t/; **～·ing**, 《英》**～·sing**) 他 《通例受身形で》当惑[困惑]する, 途方に暮れる ―名 (複 **～·es**, 《英》**～·ses** /-ɪz/)

N

Ⓒ《旧》当惑, 困惑 ‖ stand at a ～ 途方に暮れている
nòn·prescríption 形《限定》(医薬品が) 処方箋(せん)なしで買える(over-the-counter)
nòn·prodúctive 形 ❶ 非生産的な(unproductive); 生産に携わらない ❷〘医〙(せきが)痰(たん)を伴わない
nòn·proféssional 名 Ⓒ 形 ノンプロ(の), 非専門家(の)
nòn·prófit 形《限定》《米》非営利的な(↔ forprofit) ‖ a ～ organization 非営利団体《略 NPO》
—名 Ⓒ 非営利団体
nònprófit·màking 形《英》=nonprofit
nòn-progréssive 形 進行[進歩]しない; 累進的でない
nòn·proliferátion 名 Ⓤ 形 (特に核兵器の) 拡散防止(の) ‖ a (nuclear) ～ treaty 核拡散防止条約《略 NPT》
nòn·rácial 形 人種差別をしない, 人種に無関係な
nòn·réader 名 Ⓒ 本を読まない[読めない]人, 読書障害者, (特に)なかなか本を読めない児童
nòn-refúndable, nòn-retúrnable 形 (内金・チケットなどが)返金不可の
nòn-renéwable 形 (天然資源が) 再生不可能な; (契約などが)更新不可能な
nòn·representátional 形〘美〙非具象[抽象]的な
nòn·résident ⟨シ⟩ 名 Ⓒ 非居住者; (ホテルの)非宿泊者
—形 ❶ (任地などに) 居住しない, 一時滞在の ❷ (ホテルに)宿泊していない ❸ 💻 (プログラムなどが) システムメモリー上に常駐しない
-résidence 名 Ⓤ 非居住 (者の身分)
nòn-residéntial 形 ❶ (地域などが居住ではなく)商業に適した ❷ 居住[滞在]不要の
nòn·resístance 名 Ⓤ (権力などへの)無抵抗(主義)
nòn·resístant 形 ❶ (権力などに)無抵抗(主義)の, 服従的な ❷ (病原菌などに)抵抗力のない
nòn·restríctive ⟨シ⟩ 形〘文法〙(語・句・節が)非制限的な (↔ restrictive) ‖ a ～ relative clause 非制限的関係 (詞) 節《〈例〉His explanation, *which we read yesterday*, is not satisfactory.》
nòn·retúrnable ⟨シ⟩ 形 (空き瓶などが) (再利用のために)回収[返却]不能の
nòn·rígid 形 堅くない; (飛行船が)軟式の
nòn·schéduled 形 (航空便などが)不定期の
nòn-scientífic 形 非科学的な
nòn-scíentist 名 Ⓒ (科学に関する)素人
nòn·sectárian 形 宗派[会派]に属さない[限定しない]
‡non·sense /ná(ː)nsens | nɔ́nsəns/
—名 ❶ Ⓤ/Ⓒ《a ～》ばかげたもの[話, 考え, 信念], **たわごと**; 非常識な言動, 愚行 ‖ It's ～ to wait till the hospital opens tomorrow morning. 明日の朝病院が開くまで待つのはばかげている / What (a) ～! 何てばかな(ことを) / I won't stand any ～ from them. 彼らのたわごとを聞き捨てにはしない / Now, no ～! さあ, ばかなこと言って[して]ないで / a woman with no ～ about her うわついたところのない女性(→ no-nonsense)
❷ Ⓤ 無意味な言葉, 意味不明の話 (↔ sense) ‖ The translation was complete ～. その訳は全く意味が通じなかった
màke (a) nónsense of ... …を無意味な[価値のない]ものにする, 台無しにする

COMMUNICATIVE EXPRESSIONS
1 Thèse flíght tìckets are tòo expénsive, **or am I tàlking nónsense?** この航空券は高すぎますよね, そう思いませんか(♥ 賛同を求める. =Don't you agree?)
2 **Thàt's nónsense(, I'm afràid).** (残念ながら) そんなのばかげてますね (♥ 強い否定・反論. =(I'm afraid) that's completely wrong.)

—形《比較なし》《限定》(音節や語が)無意味な ‖ a ～ word 意味のない語 / a ～ book ナンセンス本《ばかばかしさで楽しませるもの》/ ～ verses 戯詩《造語などを含む滑稽(こっけい)詩》
—間 ばかばかしい, そんなばかな
non·sén·si·cal /-sénsɪkəl/ 形 無意味な; ばかげた
～·ly 副
non se·qui·tur /nà(ː)n sékwəṭər | nɔ̀n sékwɪ-/ 名《ラテン》(=it does not follow) Ⓤ〘論〙(前提と関連のない) 不合理な推論[結論]《略 non seq.》; (前に述べたことと)無関係な意見
nòn·shrínk 形 (衣類が)縮まない, 防縮加工の
nòn·skéd /-skéd/ 名 Ⓒ《米口》不定期航空便[路線] (♦ nonscheduled の短縮)
nòn·skíd ⟨シ⟩ 形 (タイヤが)スリップしない
nòn-slíp ⟨シ⟩ 形 滑り止め加工した
***nòn·smóker** 名 Ⓒ ❶ 非喫煙者 ❷ 禁煙席[車両]
***nòn·smóking** ⟨シ⟩ 形《通例限定》(座席などが)禁煙の; (人が)たばこを吸わない —名 Ⓤ 禁煙
nòn-specífic ⟨シ⟩ 形《通例限定》特異でない, 一般的な; 〘医〙非特異性の
nòn·stándard ⟨シ⟩ 形 ❶ (特に言語用法などが)非標準的な(→ substandard) ❷ 平均的でない, ふつうでない
nòn·stárter 名 Ⓒ《通例単数形で》❶《口》成功の見込みのない人[計画, 考え] ❷ 出走取り消しの選手[《英》馬]
nòn·stíck ⟨シ⟩ 形《限定》(フライパンなどが)焦げつかない
***nòn·stóp** ⟨シ⟩ 形《限定》ノンストップの, 直行の; 絶え間なく続く; 途中で休みの入らない —副 ノンストップで, 直行で; 絶え間なく; 途中の休みなしに ‖ fly ～ from Tokyo to Paris 東京からパリまで直行便で行く
nòn·súit 名 Ⓒ Ⓤ〘法〙(原告の)訴えの棄却
—動 他 [原告]の訴えを棄却する
nòn·suppórt 名 Ⓤ 不支持; 〘法〙(妻子などの)扶養義務不履行
nòn·tradítional 形 非伝統的な, 通例と違う
nòn·trívial 形 ささいでない, 重要[重大]な
nòn tróp·po /-trá(ː)poʊ | -trɔ́p-/ 形 副〘楽〙ノントロッポの[で], はなはだしくない[なく](♦ イタリア語より)(=not too much)
nòn-Ú ⟨シ⟩ 形《主に英口》(言葉遣いなどが) 上流階級らしくない(↔ U³)
nòn·únion ⟨シ⟩ 形《通例限定》労働組合に非加入の; 労働組合を認めない
nòn·úse 名 Ⓤ 不使用, 放棄 **-úser** 名 Ⓤ 権利不行使[放棄]者; (アルコール・麻薬の)非使用者
nòn·vérbal ⟨シ⟩ 形《通例限定》言語[言葉]を用いない ‖ ～ communication (身振り・手振りなどによる) 非言語的コミュニケーション
nòn·víolence 名 Ⓤ 非暴力(主義)
-víolent 形 非暴力(主義)の; 暴力を伴わない
nòn·vólatile 形 不揮発性の; 💻 (メモリが) 不揮発性の《電源が切れてもデータが消去しない》
nòn·vóting 形 投票しない, 投票権のない; 〘経〙(株が)議決権を持たない
nòn·whíte ⟨シ⟩ 名 Ⓒ 形 非白人(の)
***noo·dle¹** /núːdl/ 名 Ⓒ《通例 ～s》ヌードル, 麺類(めんるい)
noo·dle² /núːdl/ 名 Ⓒ ❶《俗》頭 ‖ use one's ～ 頭を使う ❷《旧》《口》愚か者, ばか者(fool)
noo·dle³ /núːdl/ 動 自《口》楽器をもてあそぶ[ぽろぽろ弾く]《*on, around*》; 思いを巡らす《*out, up*》
—他《米口》…を改ざんする, 操作する
nook /nʊk/ 名 Ⓒ ❶ (部屋などの)隅; 奥まった所 ❷ 隠棲(いんせい)地; 避難場所
èvery nòok and cránny [OR *córner*] 隅々, あらゆる所
nook·y, nook·ie /nʊ́ki/ 名 Ⓤ ⊗《俗》《ときに蔑》性交, セックス
***noon** /nuːn/ 名 Ⓤ ❶《無冠詞で》正午, 真昼 (midday) (→ high noon) ‖ The train leaves at [ˣin the] ～. 列車は正午に出ます / at (twelve) ～ 昼の12時に(♦「夜の12時に」は at midnight) ❷《the ～》《文》絶頂(期), 全盛 (期), 最高点 ‖ the ～ of one's career 人生の絶頂期

語源 古代ローマで日の出（午前6時）から数えて「9番目の（時間）」の意のラテン語 *nona* (*hora*) から. もとは午後3時を指した. nine と同語源.

nóon·dày 名《文》=noon ❶
—形《文》《限定》正午の, 真昼の

:nó òne, +《英》**nó-òne, no·one**
—代《単数扱い》**だれも…ない**（♦ nobody の方がやや《口》）‖ There was ~ in sight. 辺りにはだれ一人見当たらなかった / *No one* has tried anything [×something] yet. まだだれも何も試してはいない
語法☆☆ (1) none と違って of ... をとらない.〈例〉none [×no one] of my friends 私の友人はだれも…ない
(2) 代名詞で受ける場合は《堅》以外では they がふつう（→ nobody 語法 (1)).〈例〉*No one* has finished their [《堅》his] work. だれも自分の仕事を終えていない

nóon·tìde 名《文》=noon ❶
nóon·tìme 名 =noon ❶
noose /nuːs/ 名 C ❶（ロープなどの先端の）輪縄《引くと締まる》❷《単数形で》制裁, くびき(になるもの) ❸（首つり用の）縄;《the ~》絞首刑 ❹ わな
—動 他…を輪縄で捕まえる;…をわなにかける

nó-pàr 形【経】(株などが)額面価格のない ‖ ~ stocks 無額面株（♦ no-par-value ともいう）
***nope** /noup/ 副《俗》=no¹（↔ yep）

:nor /弱 nər; 強 nɔːr/
—接 ❶《neither *A* nor *B* で》**AでもBでもない**（→ neither 副 ❸）‖ Neither he ~ his wife has [OR have] arrived. 彼も彼の妻も到着していない（♦ 動詞との一致については ⇨ NEITHER 副 語法 (1)）/ My husband has neither love, (~) care, ~ thought for me. 夫は私に対し愛情も気配りも思いやりもない（♦ 3つ以上の語句を nor で並べることもある）
❷《no, not, never などの後で》…もまた…でない ‖ I didn't take the bus, ~ the train. バスにも電車にも乗らなかった（♦ I didn't take the bus or train. のように or を用いても「両方しない」の意味になるが, nor を使う方が2つ目を否定する意味が強くなる）
❸《通例否定語または否定的な意味をもつ語を含む節の後で》**また…ない**, そして…もない（♦(1) nor の後は「助動詞[be 動詞]＋主語」の倒置語順となる. (2) nor の前に and [but] を伴うことがあるが, 特に《米》では誤りとする人も多い. → neither 副 ❶）‖ He didn't want to go, ~ did I. 彼は行きたがらなかったし, 私もそうだった / "I've never been to Scotland." "*Nor* have I."「スコットランドには行ったことがありません」「私もです」（♦ Neither have I. ともいう）/ She hates me, ~ does she hide it. 彼女は私を嫌っていて, それを隠しもしない（♦ 肯定文の後で用いるのは《旧》または《堅》）

Nor. 略 Norway, Norwegian
nor'- /nɔːr-/ 接頭「北(north)」の意 ‖ *nor'*wester
No·ra /nɔ́ːrə/ 名 ノーラ（Eleanor, Honora, Leonora などの愛称）
NO·RAD /nɔ́ːræd/ 略 *Nor*th *A*merican Air *D*efense Command（北米大陸防空総司令部）《米国・カナダ共同の防空司令組織》
nòr·adrénaline, -adrénalin /nɔ̀ːr-/ 名 U《英》【生】ノルアドレナリン《神経伝達物質の1つ》
Nor·dic /nɔ́ːrdɪk/ 形 ❶ 北欧の《スカンディナビア半島・フィンランド・アイスランドを含む》; 北欧人(種)の ❷【スキー】ノルディックの
—名 C 北欧人(種)
▸▸ ~ **skìing** 名 U ノルディックスキー ~ (**skìing**) **combíned** 名 U ノルディック複合
nòr·epinéphrine /nɔ̀ːr-/ 名 U《米》【生】ノルエピネフリン《神経の伝達物質で副腎髄質中にあるホルモン》

Nor·folk /nɔ́ːrfək/ 名 ❶ ノーフォーク《米国バージニア州の南東部の海港都市》❷ ノーフォーク州《イングランド東部の州. 州都 Norwich. 略 Norf.》
▸▸ ~ (**Ìsland**) **píne** 名 C【植】シマナンヨウスギ《ノーフォーク島およびオーストラリア産の針葉樹》 ~ **jácket** 名 C ノーフォークジャケット《箱ひだ・ベルト付きの上着》 ~ **térrier** 名 C【動】ノーフォークテリア《耳の折れた英国原産のテリア》

Norfolk jacket

***norm** /nɔːrm/ 名 C ❶《しばしば ~s》規範, 模範,（行動様式などの）典型 ‖ social ~*s* 社会規範 ❷《the ~》標準, 基準 ‖ Families of four are the ~ in this country. この国では4人家族が標準だ ❸（知能発達・達成度などの）平均;（労働の）基準[標準]量, ノルマ ‖ set the workers a ~ 労働者にノルマを課す ❹【数】ノルム

:nor·mal /nɔ́ːrməl/ 形 名
—形〔▶ normality 名, normalize 動〕(**more** ~ ; **most** ~)
❶ **標準の**, 平均の, 正規の, 典型的な; ふつうの, 平常の, 自然な（↔ abnormal, unusual）‖ ~ working hours 正規の勤務時間 / in the ~ course of events 事の自然な成り行きで / It's **quite** ~ 「for employees to [that the employees should] demand equal pay for equal work. 従業員が同一労働に同一賃金を要求するのはごく当然なことだ / in the ~ way 標準的な方法で, ふつうに
❷（精神状態が）正常な;（知能・性格などが）標準[平均]的な ‖ a ~ child of 10 years 10歳の平均的な子供 / a **perfectly** ~ and healthy boy 全く正常で健康な少年
❸《比較なし》《旧》【化】(溶液が)規定の
❹《比較なし》【数】垂直な; 直交する; 法線の
❺【生】自然発生的な ‖ ~ immunity 自然免疫
—名（複 **~s** /-z/）U ❶ 常態, 平常; 標準; 平均 ‖ Life in the capital was returning to ~. 首都の生活は平常に戻りつつあった / above [below] ~ 標準[平均]以上[以下]で ❷ C【数】垂線; 法線

COMMUNICATIVE EXPRESSIONS
1 **I'm gètting bàck to nórmal.** だいぶ元気になりました; ずいぶん回復しました（♥ 病気やけがの後などで状態を尋ねられた際の返答）

~·cy 名 =normality
▸▸ ~ **distribútion** 名 U【統計】正規分布 ~ **hìll** 名 U【スキー】ノーマルヒル《K点が通例90mのスキージャンプ競技》(→ large hill) ~ **schòol** 名 C【教育】(特にフランスや, もと英・米・カナダなどの)師範学校

nor·mal·i·ty /nɔːrmǽləṭi/ 名〔◁ normal 形〕U 平常; 正常
nor·mal·ize /nɔ́ːrməlàɪz/ 動〔◁ normal 形〕他 自 ❶（[国際関係など]を）正常化する ❷（…を）標準[規格]化する **nòr·mal·i·zá·tion** 名

:nor·mal·ly /nɔ́ːrməli/
—副 (**more** ~ ; **most** ~)
❶ 通常は, ふつうは;《文修飾》ふつうならば ‖ The ~ talkative governor spoke only briefly. いつもはおしゃべりな知事がほんのわずかしか話さなかった / We ~ go to bed at ten. 我々はふだん10時に寝る / *Normally*, it takes three hours to get to the airport. ふつうなら空港に行くのに3時間かかる
❷ 正常に, 順当に ‖ The machine is working ~. 機械は順調に作動している

COMMUNICATIVE EXPRESSIONS
1 **Nórmally I would** àsk you to revìse the repòrt agàin, **but I can** [OR **will**] **accèpt it** 「**thìs tìme** [OR **thìs ónce**]. ふつうだったらもう1回報告書の手直しを頼む

ところですが，今回はこれで受理しましょう

Nor·man /nɔ́ːrmən/ 名 C ❶ ノルマン人《スカンディナビア半島を原住地とし，10世紀初頭にノルマンディーを，11世紀には英国を征服した》 ❷ ノルマンディー人 ❸ =Norman French ❶ ━形 ❶ ノルマン人の；ノルマンディー人の ❷〖建〗ノルマン風[様式]の，ロマネスク風建築の
語源 原義は古期北欧語 *Norðmaðr*（北の人々）に由来し，中英語期に古フランス語 *Normans*（複数形）から Norman として借用.
▶▶ **〜 Cónquest** 名《the 〜》ノルマン征服，ノルマンコンクェスト《1066年 William the Conqueror の率いるノルマン人による英国の征服》 **〜 Frénch** 名 U ① ノルマンフランス語《ノルマン人によって英国内で用いられたフランス語. 後，法律用語として残った》 ②（現代フランス語の）ノルマンディー方言

Nor·man·dy /nɔ́ːrməndi/ 名 ノルマンディー《フランス北西部，英仏海峡に面した地方》

norm·a·tive /nɔ́ːrmətɪv/ 形《堅》標準の，規範的な ‖ 〜 grammar 規範文法

nórm-rèferenced 形（テストなどが）相対評価の

Nor·o·vi·rus /nɔ́(ː)ərəvàɪərəs/ 名 C ノロウイルス《食中毒・感染性胃腸炎を引き起こす. 旧称 Norwalk virus》

Norse /nɔːrs/ 名 ❶《the 〜》《集合的に》《複数扱い》（古代）ノルウェー[スカンジナビア]人(全体) ❷ U（古代）ノルウェー[スカンジナビア]語(→ Old Norse)
━形（古代）ノルウェー[スカンジナビア]の；ノルウェー[スカンジナビア]人[語]の

Norse·man /nɔ́ːrsmən/ 名（複 **-men** /-mən/）C 古代スカンジナビア人（♦特に Viking を指す）

⁑north /nɔːrθ/ 名 形 副

━名 ❶《しばしば N-》《通例 the 〜》**北**，北方；北部《略 n, n., N, N.》（↔ south）‖ The points of the compass are *North*, South, East and West. コンパスの方位は東西南北である（♦「東西南北」は英語ではこの順序がふつう）/ The wind is blowing from the 〜.＝The wind is from [or out of] the 〜. 風は北から吹いている / Fukuoka is **in** the 〜 of Kyushu. 福岡は九州の北部にある / The United States is bounded on the 〜 by Canada. 合衆国は北部でカナダと国境を接している / The town is 50 miles (to the) 〜 of New York. その町はニューヨークの北50マイルの所にある（♦ to the はしばしば省略される）
❷《the N-》北部(地方)，北方地域；北極圏[地方]
❸《the N-》《米》北部《メーソン＝ディクソン線およびオハイオ川以北》；（特に南北戦争時の）北部諸州；《英》イングランド北部《ハンバー川以北》 ❹《the N-》北側先進国
━形《比較なし》《限定》❶ 北(方)の，北部[北側]の，北向きの；（風が）北からの ‖ the 〜 side of a mountain 山の北側 ❷《N-》（大陸などについて）北…
━副《比較なし》**北(方)に[へ]**，北部に ‖ The town is five miles 〜 of the river. その町は川の5マイル北方にある / head 〜 北に向かう / face 〜 北に面する / lie 〜 and south 南北に横たわる
gò nórth ① 北へ向かう[進む] ②《口》（株価などが）上昇する(↔ *go south*)
nórth of ... 《口》① …より北方に ② …より多い（more than）
ùp nórth 《口》北部に[へ]
語源 もとをたどれば「左」の意にさかのぼる. 東[日の出]を向いて祈るとき，左方向が北になることから.
▶▶ **Nòrth África** (↓) **Nòrth América** (↓) **Nòrth Atlàntic Dríft** 名《the 〜》北大西洋海流 **Nòrth Atlàntic Tréaty Organizàtion** 名《the 〜》北大西洋条約機構《略 NATO》 **Nòrth Carolína** (↓) **Nòrth Cóuntry** 名《the 〜》《英》北英，イングランド北部（♦ハンバー川以北） **Nòrth Dakóta** (↓) **Nòrth Ísland** 名《the 〜》北島《ニュージーランドの2大島の1つ》(→ South Island) **Nòrth Koréa** (↓) **Nòrth Póle** 名 ①《the 〜》〖地〗北極(圏)；〖天〗(天球の)北極 ②《the n- p-》(磁石の)北極，N極 **Nòrth Séa** 名《the 〜》北海 **Nòrth Slópe** 名 ノーススロープ《米国アラスカ州の北極海沿岸地域，油田地帯》 **Nòrth Stár** 名《the 〜》〖天〗北極星(Polaris) **Nòrth Yórkshire** 名 ノースヨークシャー《イングランド北部の州，州都 Northallerton /nɔːrθǽlərtən/》

Nòrth África 名 北アフリカ《特にサハラ砂漠の北，スエズ運河以西》
Nòrth Áfrican 形 名 C 北アフリカの(人)

Nòrth América 名 北アメリカ，北米(大陸)
Nòrth Américan 形 名 C 北米の(人)

North·amp·ton·shire /nɔːrθǽmptənʃər/ 名 ノーサンプトンシャー《イングランド中部の州. 州都 Northampton. 略 Northants.》

North·ants /nɔ́ːrθænts/ 略 Northamptonshire

nórth·bòund 形 北行きの

Nòrth Carolína 名 ノースカロライナ《米国南東部，大西洋に面する州. 州都 Raleigh. 略 N.C.,〖郵〗NC》
Nòrth Carolínian 形 名 C ノースカロライナ州の(人)

nòrth-cóuntry·man /-mən/ 名（複 **-men** /-mən/）C 北英人，イングランド北部の住民

Nòrth Dakóta 名 ノースダコタ《米国中北部の州. 州都 Bismarck. 略 N. Dak., N.D.,〖郵〗ND》
Nòrth Dakótan 形 名 C ノースダコタ州の(人)

∗north·east, north-east /nɔ̀ːrθíːst,〖海〗nɔ̀ːríːst/《アクセント注意》<ジ 名 ❶《通例 the 〜》北東《略 NE, N.E.》 ❷《the 〜》北東地方，北東部；《the N-》《米》《特に》ニューイングランド(New England)《ときにニューヨーク市とその周辺地域を含む》 ━形《限定》北東の，北東に面した；（風が）北東からの ━副 北東に[へ]，北東から
▶▶ **Nòrtheast Pássage** 名《the 〜》北東航路《北極海を通り大西洋と太平洋を結ぶ航路. the Northern Sea Route とも呼ばれる》

nòrth·éast·er 名 C 北東の(強)風

nòrth·éast·er·ly /-li/ 副 形《限定》北東へ[の]；（風が）北東から[の]

nòrth·éastern 形《限定》❶ 北東(へ)の，北東に向いた；（風が）北東からの ❷ 北東地方[部]の

nòrth·éast·ward /-wərd/ 副 形 北東へ[の]
━名《the 〜》北東方向[地方]

nòrth·éast·wards /-wərdz/ 副 =northeastward

north·er /nɔ́ːrðər/ 名 C《米》（米国南西部・メキシコ湾岸の）強い北風

nórth·er·ly /-li/ 形《限定》北の，北方にある，北方への；（風が）北からの ━副 北へ[に]；北から ━名（複 **-lies** /-z/）C《しばしば -lies》北風

⁑north·ern /nɔ́ːrðərn/《発音注意》
━形《比較なし》《限定》❶ **北の**，北方の，北向きの，北へ向かう；（風が）北からの ‖ I am now living in the 〜 part of France. 私は現在フランスの北部に住んでいる（＝...「in the north of France [ˣin north France].）
❷《N-》北部(地方)の ‖ *Northern* Europe 北ヨーロッパ，北欧 ❸《N-》北部方言の
▶▶ **Nòrthern Allíance** 名《the 〜》（アフガニスタンの）北部同盟 **〜 hémisphere** 名《また N- H-》《the 〜》北半球 **Nòrthern Íreland** 名 北アイルランド《英国に属するアイルランド島北東部地方. 首都 Belfast》 **〜 líghts** 名《the 〜》《複数扱い》オーロラ，北極光(aurora borealis) **Nòrthern Térritory** 名《the 〜》ノーザンテリトリー《オーストラリア中北部の準州. 州都 Darwin. 略 N.T.》

north·ern·er /nɔ́ːrðərnər/ 名 C 北部人，北国人；《N-》（米国の）北部諸州人

nórthern·mòst 形《限定》最北の，極北の

north·ing /nɔ́ːrθɪŋ, -ðɪŋ/ 名 U ❶〖海〗北上，北進 ❷〖海〗北距《最終測量地点とそこから北寄りに進んで達した

地点との緯度差) ❸ Ⓒ〖地図〗緯度線

*Nòrth Koréa 名 北朝鮮《公式名 the Democratic People's Republic of Korea (朝鮮民主主義人民共和国). 首都 Pyongyang(平壌)》(→ Korea)
Nòrth Koréan 形 名 Ⓒ 北朝鮮の(人)

North·man /nɔ́ːrθmən/ 名 (複 **-men** /-mən/) = Norseman

nòrth-nòrth·éast 名《the ～》北北東《略 NNE》
――副 形 北北東に(ある), 北北東へ(の); (風が)北北東から(の) **～·er·ly** 形 副

nòrth-nòrth·wést 名《the ～》北北西《略 NNW》
――副 形 北北西に(ある), 北北西へ(の); (風が)北北西から(の) **～·er·ly** 形 副

North·um·ber·land /nɔːrθʌ́mbərlənd/ 名 ノーサンバーランド《イングランド北端の州. 州都 Morpeth. 略 Northd.》

North·um·bri·a /nɔːrθʌ́mbriə/ 名 ノーサンブリア《アングロサクソンの古王国》

North·um·bri·an /nɔːrθʌ́mbriən/ 名 Ⓒ 形 ❶ ノーサンバーランド(の), ノーサンバーランド人[方言](の) ❷ ノーサンブリア(の), ノーサンブリア人[方言](の)

nórth·ward /-wərd/ 形 副 北方の[に], 北に向いた[向かって] ――名《the ～》北方, 北部(地方)

nórth·wards /-wərdz/ 副 =northward

***north·west, north-west** /nɔ̀ːrθwést,〖海〗nɔ̀ːrwést/《アクセント注意》<ジ 名 ❶《通例 the ～》北西《略 NW, N.W.》❷《the ～》北西地方, 北西部 ❸《the N-》《米》北西諸州《ワシントン・オレゴン・アイダホ州》;《米》オハイオ州以北, ミシシッピ川以東の地域; カナダ北西部
――形《限定》北西の, 北西に面した; (風が)北西からの
――副 北西へ[に]; (風が)北西から
▶▶**Nòrthwest Pássage** 名《the ～》北西航路《カナダの北岸を通って大西洋と太平洋を結ぶ》 **Nòrthwest Térritories** 名《the ～》《単数扱い》ノースウェストテリトリーズ《カナダ北部の広大な準州. 州都 Yellowknife. 略 NWT》

nòrth·wést·er 名 Ⓒ 北西の(強)風

nòrth·wést·er·ly /-li/ 副 形《限定》北西へ[の]; (風が)北西から[の]

***nòrth·wéstern** 形《限定》❶ 北西(へ)の, 北西に向いた; (風が)北西からの ❷ 北西部の

nòrth·wést·ward /-wərd/ 副 形 北西へ[の]
――名《the ～》北西方向[地方]

nòrth·wést·wards /-wərdz/ 副 =northwestward

Norw. 略 Norway, Norwegian

Nórwalk vìrus 名 Ⓒ ノーウォークウイルス《ノロウイルスの旧称. → Norovirus》

***Nor·way** /nɔ́ːrweɪ/《発音注意》名 ノルウェー《北ヨーロッパ, スカンディナビア半島西半の王国. 公式名 the Kingdom of Norway. 首都 Oslo》 ▶▶**～ máple** 名 Ⓒ〖植〗ノルウェーカエデ《欧州種の黄色のカエデ》 **～ rát** 名 Ⓒ〖動〗ドブネズミ **～ sprúce** 名 Ⓒ〖植〗ドイツトウヒ

Nor·we·gian /nɔːrwíːdʒən/ 形 ノルウェー(系)の; ノルウェー人[語]の ――名 Ⓒ ノルウェー人; Ⓤ ノルウェー語

nor'west·er /nɔ̀ːrwéstər/ 名 ❶ =northwester ❷ =sou'wester ❶

Nor·wich /nɔ́(ː)rɪdʒ/ 名 ノリッジ《英国ノーフォーク州の州都》 ▶▶**～ térrier** 名 Ⓒ〖動〗ノリッジテリア《短足小型の英国原産のテリア犬》

nos, Nos 略 numbers

‡nose /noʊz/
――名 [▶ nosy 形] (複 **nos·es** /-ɪz/) Ⓒ ❶ (人の) **鼻** (⇨ FACE 図); (動物の)鼻, 鼻面(snout, muzzle)(♥ 日本人は「自分」を指すときに, 人差し指で自分の鼻を指すことが多いが, 米・英では通常自分の胸を指し, 鼻を指すしぐさは英語圏では子供っぽく見えることがある) ‖ I've got a runny ～.=My ～ is running. 鼻水が出て止まらない / She was bleeding at the ～.=Her ～ was bleeding. 彼女は鼻血を出していた / My ～ is「stuffed up [OR congested, clogged] by a cold. 風邪で鼻が詰まっている / a big [small] ～ 大きな[小さな]鼻 / a long ～ 高い鼻 (♥ 米英では鼻の高さに言及することがあまりなく, このように言っても褒めたことにはならない) / a short, flat ～ 短くて低い[ぺちゃんこの]鼻(♦ 英語には日本語の「高い[低い]鼻」に合致する表現はない) / that man **with**「a snub [an aquiline, a bulbous] ～ あのしし[わし, 団子]鼻の男性 / hit him on the ～ 彼の鼻面を殴る

連語【動+～】blow *one's* ～ 鼻をかむ / pick *one's* ～ 鼻をほじる / hold *one's* ～ (悪臭のため) 鼻をつまむ / rub [OR scratch] *one's* ～ 鼻(のわき)をこする (♥ 不信・当惑を示す動作) / wipe *one's* ～ (with a tissue) (ちり紙で) 鼻をぬぐう[拭く] / wrinkle *one's* ～ 鼻にしわを寄せる(♥ 不快・嫌悪の表情)

❷《単数形で》(特に犬の)**嗅覚**(きゅうかく); (においをかぎつける)鼻 ‖ Hunting dogs have a keen [OR good] ～. 猟犬は嗅覚が鋭い

❸《単数形で》〈秘密などを〉かぎつける能力, 発見能力, 勘〈**for**〉‖ A good reporter has a good ～ *for* scoops. 優れた記者には特種をかぎつける鼻[勘]がある

❹ (外観・機能が) 鼻状のもの; (乗り物などの)突出[先端]部, 頭部《船首・機首など》, (筒・銃などの)先, 口 ❺《単数形で》(干し草・ワイン・茶などの独特の)香り, におい ❻ のぞき趣味, 詮索(せんさく)好き ❼《俗》(警察の)スパイ, 密告者, 犬

(as) plàin as the nòse on a pèrson's fáce 《口》明らかな[に]

by a nóse (競馬などで)鼻の差で; 辛うじて

còunt nóses (出席者・賛成者などの)人数を数える

cùt òff** one's **nóse to spìte** one's **fáce 短気を起こして損をする

fòllow** one's **nóse ① 本能のままに[直観的に]行動する ② 真っすぐに(進んで)行く

gèt ùp** a **pèrson's nóse 《主に英口》(人を)ひどくいらいらさせる

give** a person **a bloody nose ⇨ BLOODY(成句)

hàve a nòse (róund) 《英口》場所を見回す, 見て回る

hàve** one's **nòse in ... 《口》〔本・雑誌など〕に夢中になる

kèep** one's **nóse clèan 《口》面倒なことに巻き込まれないようにする, 悪い[違法な]ことをしない(→ CE 1)

kèep** one's **nóse òut (of ...) (…に)口を挟まない, 干渉しない

kèep** [OR **hàve**] one's **nòse to the gríndstone ぶっ続けに働く

lèad** a **pèrson (aròund) by the nóse 《口》〔人〕を(あごで)こき使う, 牛耳る

lòok dòwn** one's **nóse at ... …を見下す, 軽蔑の目で見る

nòse to táil (車が)数珠つなぎで(bumper to bumper)

nòt sèe beyond** [OR **fùrther than, pàst**] **(the ènd of)** one's **nóse 《通例 can を伴って》目先のことしか考えない, 先を見通すことができない

on the nóse ①《主に米口》(数量・金額・時間などが)正確に[で], ぴったりに[で]; (ぴったり)目標地点に(exactly) ②《口》(競馬で) 単勝式の[で] ③ (人の) 臭覚に ‖ Ammonia is pungent *on the* ～. アンモニアは鼻につんとくる ④《豪口》不快な; いやなにおいのある

pày through the nóse 《口》〈…に対して〉途方もない代金を払う〈**for**〉

****pòke** [OR **stìck, thrùst**] one's **nóse*** 《口》〈…に〉口を出す, おせっかいを焼く〈**into**〉

pòwder** one's **nóse 《婉曲的》(女性が)トイレに行く, 化粧直しに行く

pùt** a **pèrson's nóse òut of jóint 《口》① (人を)いらいらさせる ② (人の)鼻柱をへし折る, 計画[希望]を駄目にする ③ (人の)人気をさらう

(rìght) under** a **pèrson's (vèry) nóse (人の)鼻先[目の前]で, (人の)前で公然と(♥「気づかないで」の意を含む)

***rùb** a **pèrson's nóse in it** [OR **the dírt**]* 《口》(人の) 失

N

敗を思い出させる
spèak through one's nóse 鼻にかかった話し方をする
thùmb one's nóse at ... …に向かって鼻先に親指を当てほかの4本の指を広げて動かしてみせる(♥侮辱・反抗のしぐさ. ⇨ SNOOK 図);…をばかにする
****tùrn ùp one's nóse at ...*** ; ***tùrn one's nóse ùp at ...*** 《口》…をばかにする, 鼻先であしらう
with one's nòse in the áir つんとして, 偉そうに, 横柄な態度で(haughtily)

COMMUNICATIVE EXPRESSIONS

1 **Been kèeping my nóse clèan.** 問題ないよ;うまくいってるよ(♥「どう, その後の調子は」などの問いに対するくだけた返答)
2 **Dòn't gèt your nóse òut of jòint.** 気を悪くしないで;そんなつもりじゃなかったんだ(♥くだけた表現)

— 動 (**nos·es** /-ɪz/; **~d** /-d/; **nos·ing**)
— 他 ❶《+目+副句》〔乗り物など〕をゆっくり動かす;(乗り物・乗り手が)用心して〔進路〕をとる(♦ 副句 は方向を表す) ‖ I carefully *~d* my van forward through the traffic. 車の流れの中を注意しながらゆっくりバンを走らせた ❷…のにおいをかぐ;〔情報など〕をかぎつける ❸…を鼻で触る[動かす];…に鼻をこすり[押し]つける
— 自 ❶〈…の〉においをかぐ;〈…に〉鼻をこすりつける《*around*》〈**at**〉‖ The dog *~d at* the garbage. 犬は生ごみに鼻を突っ込んだ ❷〈…を〉こっそり探る[捜す]〈**after, for**〉;〈…を〉詮索する〈**into**〉;《口》〈…の辺りを〉かぎ[捜し, 聞き]回る《*about, around*》〈**about, around**〉‖ The detective was *nosing around* for information. 探偵は情報をかぎ回っていた / I hate her always *nosing into* my private life. 彼女がいつも私の私生活に立ち入ってくるのがいやだ ❸《+副句》(乗り物・運転手が)注意深く前進する(♦ 副句 は方向を表す) ‖ The car *~d* along cautiously in the fog. 車は霧の中を用心深く進んだ ❹(競技者が)(小差で)首位[優位]に立つ, リードする
nòse óut ... / ***nòse ... óut*** 〈他〉①〔獲物〕をかぎ出す;〔秘密・情報など〕を探り出す, かぎ出す, 暴く(uncover) ②(競技などで)〔相手〕に僅差(きんさ)で勝つ
nòse pást ... 〈他〉= *nose out* ... ②(↑)
nòse one's wáy ゆっくり進む, 注意深く前進する ‖ The yacht *~d* its *way* toward the harbor. ヨットは港の方へゆっくり進んだ

⏩ **~ còne** 名 C ノーズコーン《ロケットなどの円錐(えんすい)形をした頭部》 **~ flùte** 名 C (フィジー諸島などの)鼻笛 **~ jòb** 名 C 《口》鼻の美容整形 **~ reshàping** 名 U 鼻の美容整形, 隆鼻術 **~ rìng** 名 C (牛などの)鼻輪;(人の)鼻飾り, 鼻輪 **~ whèel** (↓)

nóse·bàg 名 C (馬の頭からつるす)飼い葉袋(《米》feed bag)

nosebag

nóse·bànd 名 C 鼻革《馬具の一部》(⇨ HARNESS 図)
nóse·blèed 名 C 鼻血 ‖ have a ~ 鼻血が出る
nóse-còne 名 = nose cone(↑)
nosed /nouzd/ 形《通例複合語で》…の鼻の ‖ long-*nosed* 鼻の高い
nóse·dìve 名 C ❶(飛行機の)急降下 ❷(価格などの)急落, 暴落 ‖ take a ~ 急落する / go into a ~ 急落する **nóse-dìve** 動 自 (飛行機が)急降下する;(価格などが)急落する
no-see-um /nòusíːəm/ 名 C 《米》〖虫〗ヌカカ(糠蚊)
nóse·gày 名 C 《文》(甘い香りの)小さな花束
nóse·pìece 名 C ❶(かぶとなどの)鼻当て ❷《主に米》= noseband ❸(顕微鏡の)対物レンズ台 ❹(眼鏡の)鼻当て
nóse·thùmbing 名 U 〈…への〉軽蔑〈**at**〉(⇨ *thumb one's* NOSE *at*)
nóse·whèel, nóse whèel 名 C (飛行機の)前輪 ‖ a ~ well 前輪収納部

nos·ey /nóuzi/ 形 = nosy
⏩ **~ párker, N- P-** 名 C = nosy parker
nosh /nɑ(ː)ʃ | nɔʃ/ 《口》動 自 他 (…を)間食する, つまむ;(…を)もりもり食べる — 名 U/C 《単数形で》軽食, おやつ;《英》食べ物 **~·ery** 名 C 《口》《軽》食堂
nó-shòw 名 C (予約しながら)現れない客
nósh-ùp 名 C 《英口》豪華な食事, ごちそう
nò-smóking 形 = nonsmoking
***nos·tal·gia** /nɑ(ː)stǽldʒiə | nɔs-/ 名 U 〈…に対する〉ノスタルジア, 郷愁〈**for**〉;ホームシック ‖ with ~ 郷愁の思いを込めて
nos·tal·gic /nɑ(ː)stǽldʒɪk | nɔs-/ 形 ノスタルジアの, 郷愁にふける;ホームシックの[にかかった] ‖ be [OR feel] ~ for [OR about]... …に郷愁を感じる
— 名 C 郷愁を感じる人 **-gi·cal·ly** 副
Nos·tra·da·mus /nɑ̀(ː)strədɑ́ːməs | nɔ̀s-/ 名 ノストラダムス(1503–66)《フランスの占星家》
***nos·tril** /nɑ́(ː)strəl | nɔ́s-/ 名 C 鼻孔(⇨ FACE 図);鼻翼, 小鼻
stìnk in the nóstrils of ... …に不快感を与える, 嫌われる
nos·trum /nɑ́(ː)strəm | nɔ́s-/ 名 C 《けなして》❶ いんちき薬 ❷(改革などへのまやかし的)特効薬[解決策]
nos·y /nóuzi/ 形 〔◁ nose 名〕《口》詮索好きな, おせっかいな **nós·i·ly** 副 **nós·i·ness** 名 ⏩ **~ párker** 名 C 《英口》おせっかい者, 詮索好きな人(nosey parker)

⁝not /nɑ(ː)t | nɔt/(♦ 同音語 knot)

— 副 《比較なし》(♦ 特に《口》ではしばしば -n't /-nt/ の形で be動詞, have, 助動詞との短縮形を作る) ❶《文の否定》…しない, …(で)ない ‖ I'm *not* a baby anymore. 僕はもう赤ん坊じゃないんだ(♦ not は be 動詞の後にくる. ただし, 命令文では Don't be ... となる) / Ilsa wo*n't* [OR will ~] come. イルザは来ないだろう(♦ not は助動詞の後にくる) / I have*n't* a watch. 《英堅》私は時計を持っていない(♦ 所有を表す have の後にくる. ふつう短縮形にする. 《米》では I don't have ... を用い, 《英》でも I haven't got ... の方が一般的. → have, get, ⇨ PB 32) / My boss 「does ~ [OR does*n't*] know anything about it. 上司はそれについて何も知らない(♦ 一般動詞を not で否定する場合には do [does, did] を用いる. I know not. (= I don't know.) のような用法は《古》) / Why did*n't* you do it yesterday? どうして昨日それをやらなかったのか(⇨ 語法 (1)) / You can speak Japanese, ca*n't* you? 君は日本語が話せますね(♦ 付加疑問ではふつう短縮形になる. ⇨ 語法 (2)) / Do*n't* open the package! Call the police! その包みを開けるな. 警察を呼べ

語法 ☆☆ **(1) 否定疑問文**
(a) 否定疑問文ではふつう not は n't に短縮した形で用いる. 《堅》では短縮しない形もあるが, 語順に注意. 〈例〉Does*n't* he understand this? = Does he *not* [×Does not he] understand this? 彼はこれがわからないのですか
(b) 否定疑問文はしばしば驚き・失望などの感情を含む. 〈例〉Do*n't* you have any more comments? もっとほかにコメントはないのか また否定疑問文を下降調で言うと強い肯定の意味を持ち, 感嘆文に近くなることが多い. 〈例〉Has*n't* she grown! (↘) あの娘も大きくなったね
(c) 否定疑問文への答え方については ⇨ NO[1], YES
(2) 付加疑問文
(a) 付加疑問文は文の末尾に「助動詞(助動詞がない文では do (の変化形), 動詞が be なら be の変化形) + 主語の代名詞形」を置くものであるが, 文が肯定文なら付加疑問は否定, 否定文なら肯定になる. 上昇調で発音すれば実質的な質問であるが, 下降調で発音すれば確認あるいは同意を求める文になる.
(b) 命令文の付加疑問には will you?, won't you? を用いる(⇨ WILL[1] ❻).

(c) 肯定文に肯定の付加疑問を加えることも, 比較的少ないがある. この場合はふつう上昇調で発音され, 驚き・不信・皮肉を表す. 否定文に否定の付加疑問を加えて同様の意味を表すこともあるがまれ. 〈例〉 Oh, she thinks she's going to be an actress, *does* she? おや, 彼女は女優になろうなんて思っているんですか

❷《従属節の not が主節に繰り上がる場合》‖ I do*n't* think you've paid for it yet. まだその代金をお支払いでないと思います(♦ I think you haven't paid for it yet. としても意味は変わらないが, ふつう I don't think ... を使う. 「思考・推測」を表すほかの動詞(believe, expect, fancy, imagine, suppose, etc.) の場合も同じ (ただし hope は例外). ⇨ PB 82)

語法 ☆☆ 否定の範囲
❶, ❷ の not が否定する範囲は not の後からその節の末尾までがふつうだが, 2通りの可能性があって文脈から判断しなければならない場合もある. I did*n't* leave home because I was afraid of my father. は「父が怖いので家出しなかった(♦ not は home までを否定)」の意を表す場合と,「父が怖いから家出したのではない(家出をした理由は別にある)(♦ not は文末までを否定)」の意を表す場合がある. ふつう前者では because の前にポーズを置いて文末のイントネーションが下降調になり, 後者では because の前にポーズを置かず文末のイントネーションが下降上昇調になる. because の前にコンマがあれば前者の意味だけになる.

❸《not を含む節・文の省略形》‖ "Are you ill?" "*Not* at all." (=I am ～ ill at all.) 「病気なの」「とんでもない」 / "Is he going with us?" "I'm afraid ～." (=I'm afraid he is ～ going with us.) 「彼は一緒に行くだろうか」「行かないと思うよ」 / "Will it rain today?" "I hope ～." (=I hope it will ～ rain today.) 「今日は雨が降るだろうか」「降らないでほしいね」(♦ 動詞の後の that 節が not により代用されている. これが可能な動詞は appear, believe, expect, fear, guess, imagine, say, seem, suppose, think, understand など. ⇨ so[1] 語法) / I'm not sure whether he passed or ～. 彼が合格したのかどうかよくわからない

語法 ☆☆ I think not. よりも I don't think so. の方が《口》. しかし I hope not. に対して ×I don't hope so. とはいわない. また I'm afraid not. に対して ×I'm not afraid so. ともいわない.

❹《不定詞・動名詞・分詞の否定》(♦ not は不定詞・動名詞・分詞の直前にくる) ‖ I tried ～ to laugh. 笑うまいとした (♦ I didn't try to laugh. は文の否定で「笑おうとしなかった」の意味) / Ask him ～ to come. 彼に来ないように頼みなさい / You were wrong in ～ making a protest. 君が抗議しなかったのは間違いだった / *Not* knowing what to say, he remained silent. 何と言ったらいいかわからなくて彼は黙っていた

❺《語句の否定》‖ I'm a boy, ～ a girl. 僕は男だ, 女の子じゃない / *Not* five men survived. 生き延びた人は5人もいなかった (♦ Not は five (men) のみを否定. Five men did *not* survive. (5人が生き延びなかった) では not は文全体を否定) / *Not* surprisingly, he failed the exam. 驚くには当たらないが, 彼は試験に落ちた / "Do you want to go?" "*Not* me!" (=No, I do*n't*.) 「行きたいですか」「私はごめんだ」/ He won't agree, ～ he. 彼は賛成しないよ, 彼に限っては

語法 ☆☆ (1) 次のような場合には, 否定が遠回しに強調を表している. 〈例〉 *Not* a few people believe it. 《堅》かなりの数の人がそれを信じている / *not* a little 少なからず, 大いに / *not* seldom しばしば / *not* too [OR so] well あまりよくない, かなり悪い
(2) not が文頭にきて後ろが倒置語順になる文では, not は語句ではなく文全体を否定する. 〈例〉 *Not* until yesterday did he change his mind. (= He did*n't* change his mind until yesterday.) 彼は昨日までは決心を変えなかった

❻《部分否定》…**とは限らない, 必ずしも…ではない** ‖ *Not* everyone likes butterscotch ice cream. みんながバタースコッチアイスクリームを好きなわけではない / *Not* all people are wise. すべての人が聡明(ⓢⓘ)なわけではない / It is ～ necessarily wrong. それは必ずしも間違ってはいない

語法 ☆☆ (1) 部分否定と全体否定
(a) all, both, each, every ; altogether, always, completely, necessarily などが否定された場合にはふつう部分否定になる(上例参照).
(b) not を all などの前に置くと部分否定となるのに対し, not を後に置くと今日では全体否定にとられるのがふつう. 〈例〉 All of them did *not* remember. 彼らは皆覚えていなかった(全体否定)(⇨ ALL 語法)
(2) 二重否定
(a) 1つの文の中に2つの否定語が現れると, 打ち消し合って肯定とほぼ同じ意味になる. 〈例〉 There is *nothing* he does *not* know. 彼の知らないことは何もない / a *not un*known writer なかなかよく知られた作家
(b) 複数の否定が1回の否定と同じ意味になる場合が一部の方言には見られるが, 標準的な用法ではない. 〈例〉 I did*n't* see *nobody nowhere*. どこでもだれにも会わなかった (♦ I did*n't* see anybody anywhere. が標準的な言い方)

❼《前文を否定して》《口》今言ったのは冗談[うそ], なんちゃって ‖ I'll marry her. *Not*! 僕は彼女と結婚する — というのはうそだよ

Behind the Scenes　Not!　な～んてね ; うそだよ～ん
1990年代に米国ではやった文末否定表現. 英文では肯定か否定かが, 文の比較的前の方でわかるが, あえて肯定文を言って相手に期待を持たせてから, Not. という否定をつけ加えることで, 相手をがっかりさせたり驚かせたりする(♥ 嫌味・皮肉な表現. You've won the lottery! Not! 宝くじが当たったよ, な～んてうそ！)

be nòt ón (行動・発言などが)正しくない, 受け入れ難い

nòt a [OR ***one***] *..*. ただの一人[一つ]も…ない (♦ 主語の位置でも使われる. 「no+名詞」よりさらに強い否定を表す. ⇨ NO[1] 形 語法 (6)) ‖ *Not a* (single) person helped me. だれ一人として私を助けてはくれなかった

nòt À but B́ *A*ではなく*B* ‖ It's ～ tea *but* coffee that I ordered. 私が注文したのは紅茶ではなくてコーヒーです (=It's coffee, not tea, that ....) / I did ～ go *but* stayed at home. 私は行かずに家にいた

nòt ònly [OR ***jùst, mèrely, sìmply***] ***À but*** (***àlso***) ***B́*** *A*だけでなく*B*も ‖ He ～ *only* took me home *but* (*also*) called me the next day. 彼は私を家まで送ってくれただけでなく, 翌日電話までしてくれた

語法 ★☆ (1) 主語に用いた場合, 動詞は*B*に一致する. 〈例〉 *Not only* he *but* (*also*) I *am* invited. 彼だけでなく私も招待されている
(2) (1) の場合を除き, not only が文頭にくると倒置が起こる. 〈例〉 *Not only* did he protest, (*but*) he *also* refused to follow the order. 彼は抗議しただけでなく命令に従うのも拒否した
(3) 比較的堅い表現. 《口》では上の用例の代わりに He did*n't* only [OR just] take me home. He called me the next day, too. のような言い方もする.

nót that ... ① …というわけではない ‖ It's ～ *that* I have forgotten his kindness. 彼の親切を忘れたわけではありません ② (だからといって)…というわけではない ‖ He didn't keep his promises at all ; ～ *that* I care. 彼は約束を全然守らなかった, もっとも私は気にしていないが

COMMUNICATIVE EXPRESSIONS
1 **It's nòt like thàt at áll.** 全然そんなんじゃありませんよ(♥ 相手の説明や描写などを強く否定する)

no·ta be·ne /nòuṭə béni/ 副 《ラテン》(=note well) 《堅》(よく)注意(せよ)《略 NB, N.B.》

no·ta·bil·i·ty /nòuṭəbíləṭi/ 名 (複 **-ties** /-z/) ❶ Ⓤ 顕

著；有名, 著名 ❷ Ⓒ 有名[著名]人

***no·ta·ble** /nóuṭəbl/ 形〔◁ note 動〕(**more** ～；**most** ～)〈…で〉注目に値する；優れた, 際立った, 著名な(↔ unknown)〈**for**〉‖ Bordeaux is ～ *for* its wine. ボルドーはワインで有名だ / a ～ exception 顕著な例外 / ～ scientists 著名な科学者たち

—— 名 Ⓒ《通例 ～s》著名人, 名士

***no·ta·bly** /nóuṭəbli/ 副 (**more** ～；**most** ～) とりわけ；著しく, 際立って

no·tar·i·al /noutéəriəl/ 形 公証人の[による] **～·ly** 副

no·ta·rize /nóuṭəràiz/ 動 他 (公証人が)〔書類など〕を証明する, 公証する ‖ ～ a deed 証書[土地権利証書]を証明する **nò·ta·ri·zá·tion** 名

no·ta·ry /nóuṭəri/ 名 (複 **-ries** /-z/) (＝～ **públic**) Ⓒ 公証人

***no·ta·tion** /noutéiʃən/ 名 ❶ Ⓤ (記号・符号などによる)表記(法), 記号法[表示]; 記数法, 記譜法；Ⓒ (数学・音楽などで用いる) 記号 (体系), 符号 ‖ musical ～ 記譜法 / phonetic ～ 音声表記法, 表音法 ❷ Ⓒ Ⓤ 覚書(note), メモ；注釈

nó·tate /, −⌐/ 動 他 …を記録する[書き留める]

***notch** /nɑ(ː)tʃ | nɒtʃ/ 名 Ⓒ ❶ (物の表面の) (V字形の) 切れ込み；(記録のため棒などに記す) 刻み目 ‖ make [OR cut] a ～ in the bark of the tree 木の皮に切れ込みを入れる ❷《しばしば副詞的に》程度, 段階, 等級(step) ‖ His voice went up a ～ higher. 彼の声は一段高くなった / Mrs. Arnold is several ～*es* above the other music teachers. アーノルド先生はほかの音楽の先生たちより数段上だ / let out one's belt a ～ ベルトを一段緩める ❸《米》狭い谷, 山あいの隘路(あいろ)

tàke a pèrson dówn a nòtch (*or twò*) ＝take [OR bring] a person down a PEG (*or two*)

—— 動 他 …に(V字形の)切れ込みを入れる, 刻み目をつける；(刻み目をつけて)…を記録する；〔勝利・得点など〕を達成する《*up*》‖ ～ 10 strikeouts 10奪三振を記録する

～ed 形 切れ込み[刻み目]のある

nótch·bàck 名 Ⓒ ノッチバック車《屋根とトランクリッドに段差があるふつうの乗用車》

***note** /nout/ 名 動

中心義 知らせるために記されたもの

名 覚書❶ 短い手紙❷ 注釈❸ 音符❹ 調子❺ 紙幣❼
動 他 注意する❶ 注目する❶ 書き留める❷

—— 名 (複 **～s** /-s/) Ⓒ ❶ **覚書**, メモ；《しばしば ～s》(講義などの)筆記録；手記；原稿, 文案(❗ note は「覚書」そのもので, 帳面の意味の「ノート」は notebook) ‖ I made a mental ～ of the phone number. その電話番号を暗記していた / **take** ～*s* at [during] a lecture 講義で[の間に]ノートをとる / speak without [from] ～*s* メモを見ずに[見ながら] しゃべる / **make** ～*s* for one's speech 演説の草稿を作る

❷ (略式の) **短い手紙**, 短信, 通知 ‖ "He sent a ～ of apology by e-mail!" "What's wrong with that?" 「彼ったらEメールでわび状を送ってきたよ」「それのどこがいけないの」/ get a ～ from her 彼女から通知を受け取る / write a「thank-you ～ [OR ～ of thanks] 礼状を書く / drop [OR send] him a ～ 彼に簡単な手紙を書き送る

❸ **注釈**, 注(記), 注解, 脚注；《通例 ～s》(楽曲や演者などに関する)情報, 解説 ‖ See ～ 3, page 10. 10ページの注3を参照せよ / a usage ～ (辞書などの)語法解説

❹【楽】**音符**, (音符の表す)音；(ピアノなどの)鍵(けん), キー(key)；《古》メロディー, 調べ, 歌 ‖ remember a tune ～ by ～ 曲を音符一つ一つに至るまで記憶している / hit [strike] the high ～*s* 高音を出す[の鍵をたたく] / the black [white] ～*s* (ピアノなどの) 黒[白] 鍵 / a whole [half, quarter] ～ 全[2分, 4分]音符

❺《単数形で》(音声・言葉などの)**調子**, 音色, 響き；話し方, 語調, 口調；雰囲気, 状況, 気分；印象, 感じ ‖ There was a ～ of impatience in her voice. 彼女の声にはいら立ちの響きがあった / a ～ of concern 心配そうな口ぶり / The conference ended on an optimistic ～. 会議は楽観的な雰囲気で終わった

❻ 公(式)文書, 通達, 覚書；証明書 ‖ exchange diplomatic ～*s* 外交文書を取り交わす / a protest ～ 抗議文書[通知] / a (sick [OR medical]) ～ from a doctor 医師の診断書

❼《英》**紙幣**, 札 (bank note,《米》bill)；(約束)手形 ‖ pound ～*s* ポンド紙幣 / a promissory ～＝a ～ of hand 約束手形 / issue [clear, discount] a ～ 手形を振り出す[支払う, 割り引く]

❽ Ⓤ 著名, 有名, 名声, 評判；重要性；注目, 注視, 注意, 観察 ‖ worthy [OR deserving] of ～ 注目に値する

❾ (鳥の) さえずり, 鳴き声

còmpare nótes* 意見[情報]を交換する〈with** …と；**on, about** …について〉

hìt [OR *strike*] *the rìght* [*wròng*] *nóte* (その場に) 適切な[ふさわしくない]ことをする[言う]

**of nóte* ① 有名な；周知の ‖ a man *of* ～ 著名人 ② 重要な, 興味[関心]を引く ‖ a matter *of* ～ 重大事

strike [OR *sòund*] *a nóte* 〈…について〉意見を表明する[述べる]；《形容詞を伴って》〈…の〉印象を与える〈**of**〉‖ *sound a* ～ *of* caution in a speech 注意の必要性を説く / *strike a* false ～ 不適切なことを言う

tàke nóte* 注意[注目]する, 心に留める；気づく〈of** …に / **that** 節 …ということに〉‖ The world started to *take* ～ *of* the country. 世界がその国に注目し始めた

—— 動〔▶ notable 形〕(**～s** /-s/；**not·ed** /-ɪd/；**not·ing**) 他

❶《通例進行形不可》**注意する, 注目する**(⇨ NOTICE 類語)

a《+目》…に注意する, 気づく ‖ Please ～ my words. 私の言うことに注意してください / ～ anger in his expression 彼の表情に怒りを感知する

b《+(**that**) 節》…ということに注目する, 気をつける, 気づく ‖ You must ～ *that* taking photos is prohibited in the showroom. 展示室内での写真撮影は禁じられていることをお忘れなく / It should be ～*d* *that* public opinion is against it. 世論はそれに反対しているということに注目しなくてはいけない

c《+**wh** 節 / **wh to** *do*》…であるかに注目する ‖ *Note* well *how* she does it. 彼女のやり方をよく見ておきなさい

❷ …を**書き留める**[記す]《*down*》‖ I ～*d* (*down*) her telephone number on a piece of paper. 彼女の電話番号を紙切れに書き留めた

❸ **a**《+目》…に言及する, …を話に出す ‖ I ～*d* her service to our firm. 私は彼女の我が社に対する功労に言及した / as ～*d* **above** [**earlier**] (本などで) 上で[前に]述べたように

b《+**that** 節》…ということに言及する, …ということを指摘する ‖ The document ～*d* *that* unemployment problems were a threat to social stability. その文書は失業問題は社会の安定にとって脅威であると指摘した

語源 ラテン語 *nota*(mark(印)の意)から. connote, denote と同系.

▸▸ ～ **càrd** 名 Ⓒ ＝notelet；《主に米》メモカード

***note·book** /nóutbʊ̀k/ 名 Ⓒ ❶ ノート, 手帳, メモ帳 ‖ write down her phone number in a ～ 手帳に彼女の電話番号を書き留める ❷ (＝～ **compúter**) ノート型パソコン ❸《米》＝exercise book

nóte·càrd 名 ＝note card(↑)

nóte·càse 名 Ⓒ《英》《旧》札入れ(《米》billfold)

***not·ed** /nóuṭɪd/ 形 有名な, よく知られた〈**for** …で；**as** …として〉(⇨ FAMOUS 類語) ‖ He is ～ *for* his bravery. 彼はその勇敢さで評判が高い / Torquay is ～ *as* a health resort. トーキーは保養地として名高い **～·ly** 副

N

nóte·hòlder 名 C 《米》(約束[商業])手形保有者
nóte·let /-lət/ 名 C 《英》書簡箋(せん)《二つ折りで表にデザインの入ったカード》
nóte·pàd 名 C メモ帳《1枚ずつちぎって使う》; 小型ラップトップコンピューター
nóte·pàper 名 U 便箋(びんせん); メモ用紙
nóte·wòrthy 形 (事物などが)注目に値する, 顕著な, 傑出した **-wòrthily** 副
nòt-for-prófit 名 =nonprofit
—形 《米》=nonprofit
'noth·er /nʌ́ðər/ 形 《次の成句で》
a whòle 'nóther ... 《口》全く別の…

***noth·ing** /nʌ́θɪŋ/ 《発音注意》代 名 副 形

—代 《単数扱い》**何も[何事も]…ない**, 全然…ない (not anything) (⇨ ANYTHING 語法) ‖ The box had ~ in it. 箱には何も入っていなかった (=The box didn't have anything in it.) / *Nothing* he says is true. 彼の言うことはすべてうそだ / You've done ~ wrong. 君は何も悪いことはしていない (♦ 形容詞は後に置かれる) / The movie was ~ special [new]. その映画は特別どうということは[目新しくは]なかった / *Nothing* is more valuable than time.=There is ~ more valuable than time. 時間ほど大切なものはない / I learned ~「at all [OR what(so)ever] from him. 彼からは全く何一つ学ばなかった / There's ~ better than a glass of beer after work. 仕事の後の1杯のビールは格別だ / The poor children had ~ to eat. かわいそうに子供たちは何も食べるものがなかった / There was ~ else [OR more] to add to his comment. 彼の意見にはさらに付け加えるべき点はなかった

—名 ❶ C U **取るに足りないこと[人]**, つまらないこと[人] ‖ "What's wrong?" "It's ~." 「どうしたの」「何でもありません」/ He is ~ without his money. 金がなければ彼は何のとりえもない / There's ~ on TV tonight. 今夜のテレビは面白い番組が全然ない / sweet ~*s* (恋人同士の)甘いささやき, 睦言(むつごと)
❷ U 無, ゼロ; (スポーツで)零点(《英》nil) ‖ Everything faded away to ~. すべてが消えてなくなった / She's five foot ~. 彼女は(身長が)ちょうど5フィートです / That's better than ~. それでも何もないよりはましだ / The Red Sox beat the Yankees three to ~. レッドソックスはヤンキースに3-0で勝った

be nóthing to ... ① …にとって何でもない[興味, 関心のないものである] ‖ The accident *is* ~ *to* me any more. もうあの事故のことなんか気にしていない ② …とは比べものにならない ‖ My trouble *is* ~ *to* yours. 私の苦労など君のと比べれば問題ではない
còme to nóthing 失敗[徒労]に終わる, 無駄になる
dò nóthing but dó …してばかりいる, ただ…するだけだ
*** for nóthing*** ① **無料で**, ただで ‖ He fixed my bike *for* ~. 彼は自転車をただで修理してくれた ② **無駄に** ‖ We have taken all this trouble *for* ~. この苦労もすべて無駄になってしまった / go *for* ~ 無駄になる ③ 理由なく, 当てもなく ‖ They kept talking *for* ~. 彼らはただ何となく話し続けた(→ *not for nothing*(↓))
*「***have*** (***got***) [OR ***be***] ***nothing to do with ...*** ⇨ DO[1](成句)
hàve nòthing ón ① 何も予定がない, (時間が)空いている ‖ I *have* ~ (going) *on* on Friday afternoon. 金曜日の午後は空いています ② 何も着ていない
hàve nóthing on ... 《口》① …にはかなわない, …の比ではない ‖ When it comes to ping-pong, he *has* ~ *on* me. 卓球では彼は私にはとてもかなわない ② 〔人〕を有罪にする証拠を持たない ‖ The police *have* ~ *on* him. 警察は彼を逮捕する決め手をつかんでいない
if nòthing élse 少なくとも
like nothing on earth ⇨ EARTH(成句)
màke nóthing of ... ① 《通例 can とともに》…を理解できない ‖ I could *make* ~ *of* what he said. 彼が何を言っているのかさっぱりわからなかった ② …を軽く見る, 何とも思わない ‖ He *makes* ~ *of* walking 5 miles. 彼は5マイル歩くことくらいものともしない
nò nóthing 《口》《否定語を列挙して最後に》何もかもない ‖ I had no money, no food, *no* ~. 私には金も食べ物も何もかもなかった
nòt for nóthing もっともな理由があって ‖ *Not for* ~ does he study Chinese. (=It is *not for* ~ that he studies Chinese.) 彼が中国語を勉強しているにはそれなりの理由がある
*** nóthing but ...*** **ただ…だけ** (only) ‖ He is ~ *but* an amateur. 彼は単なる素人でしかない
nòthing dóing 《口》① 駄目だ, いやだ(♥ 拒絶するときの表現) ② 《there is の後で》何も起こっていない
nóthing if nòt ... 《形容詞の直前で》大変[何ものにも増して]…だ ‖ She's ~ *if not* elegant. 彼女はとても優雅だ
nothing less than ... ⇨ LESS(成句)
nothing like ... ⇨ LIKE[1](成句)
nothing more than ... ⇨ MORE(成句)
nothing much ⇨ MUCH(成句)
nothing short of ... ⇨ SHORT(成句)
stòp [《英》***stìck***] ***at nóthing*** 〈…するためならば〉どんなことでもする, 躊躇(ちゅうちょ)しない〈**to do**〉(♦ 通例 will, would を伴う) ‖ He'll *stop at* ~ *to* get promoted. 彼は昇進のためなら何でもする
There is nòthing (***élse***) ***fór it but to dó*** …するよりほか仕方がない
There is nóthing in [OR ***to***] ***...*** 〔うわさなど〕は正しくない ‖ I heard a rumor that he was going to resign, but *there was* ~ *in* it. 彼が辞任するといううわさを聞いたが, 本当ではなかった
There is nóthing like ... …に及ぶものはない, …がいちばんよい
(***there's***) ***nòthing tó it*** 難しいことは何もない, 簡単である
think nothing of ... ⇨ THINK(成句)
to sày nóthing of ... …は言うまでもなく
wànt for nóthing 何の不自由もない
wànt nòthing to dó with ... …とかかわりを持ちたくない

COMMUNICATIVE EXPRESSIONS

1 **Hère góes nóthing.** 《米》うまくいったらお慰み(♥ 困難な[未経験の]ことを始めるに当たって自信のないときなどに用いる)
2 **It was nóthing.** いえ, どういたしまして(♥ 感謝された際の返答. =Think nothing of it. / =No problem.)
3 **It's** [OR **There's**] **nòthing to**「**get excíted** [OR **make a sóng** (**and dánce**), **màke a grèat fúss, wríte hóme**] **about.** それは大騒ぎするほどのことではない; 大したことではない
4 **Nòthing for mé, thánks.** 私は結構です, ありがとう(♥ 飲み物などを勧められたときの断り)
5 **Nòthing to compláin about.** 文句を言うようなことは何もないよ; うまくいってるよ(♥「元気か」に対する返事)
6 "Plèase hélp us!" "**There's nòthing I can dó** (「**to hélp you** [OR **about it**])." 「お願い, 助けてください」「私が助けてあげられることは何もありませんよ」
7 **There's nòthing you can dó about it.** 仕方ないですよ; どうすることもできませんよ

—副 《比較なし》❶ 全然[少しも]…ない (not at all) ‖ He cares ~ for us. 彼は私たちのことなどまるで気にしていない / You look ~ like your sister. あなたはお姉さんにちっとも似ていませんね ❷ 《後置修飾》《口》…なんてとんでもない ‖ "Did you wait for him?" "Wait, ~!" 「彼を待ったのかい」「待つなんて, とんでもない」
—形 《比較なし》《限定》《口》価値のない, つまらない; 見込みのない ‖ It's a ~ job, but it pays the rent. つまらない仕事だが, それで家賃が払える

nóth·ing·ness /-nəs/ 名 U ❶ 無，存在しないこと[もの]；意識のないこと，死 ❷ 空虚，無価値(なもの)

:no·tice /nóuṭəs | -tɪs/ 動 名

中心義 気づく(ようにさせるもの)

動 他 気づく❶
名 注意❶ 通知❷ 提示❸

— 動 〔▶ noticeable 形〕(**-tic·es** /-ɪz/ ; **~d** /-t/ ; **-tic·ing**)《通例進行形不可》

— 他 ❶ 気づく(↔ overlook)(⇨ 類語) **a** …に気づく，目を留める；…に注意[注目]する ‖ Did you ~ a diamond ring on her finger? 彼女の指のダイヤの指輪に気づきましたか / *Notice* the **difference** of meaning between the two sentences. 2つの文の意味の違いに注意せよ

b《+(**that**) 節》…ということに気づく；…ということを(改めて)知る，見つける ‖ I ~*d* (*that*) my passport was missing. パスポートがなくなっているのに気づいた / "He looked rather cross with us." "So I ~*d*."「彼はどうも我々にへそを曲げているようだ」「僕も気づいたよ」(♦ so は that 節 の代用)

c《+**wh** 節》…かに気づく，…かがわかる ‖ Did you ~ *when* they left? 彼らがいつ立ち去ったか気づきましたか

d《+目+**do** / **doing**》…が…する[している]のに気づく ‖ No one ~*d* them arrive. だれも彼らが到着するのに気づかなかった(♦ 受身形では to 不定詞を用いるとされるが，実際にはまれで *doing* 形を代用する．⇨ PB 95) / She ~*d* the man staring at her. 彼女はその男が自分をじっと見つめているのに気づいた

❷《通例受身形で》丁重に[知り合いとして]接してもらえる；(人に)目をかけられる；認められる ‖ The young actor hoped to be [OR get himself] ~*d* by the critics. その若い俳優は批評家に認められることを願った

❸〔本・劇など〕を批評[紹介]する；…に言及する，ふれる(refer to) ❹《堅》〔人〕に〈…ということを〉通知する〈**that** 節〉；…だと通達する

— 自 気づく，注意[注目]する(♦ 進行形はまれ) ‖ She spilled the wine a bit but didn't seem to ~. 彼女はワインを少しこぼしたが気づかないようだった / I was too tired to ~. 私は疲れて前後不覚となった

— 名 (複 **-tic·es** /-ɪz/) ❶ U **注意**，注目(↔ oversight) ‖ Its significance seems to have escaped your ~. その重要性に君は気づかなかったようだ / His fastballs came to the ~ of some scouts. 彼の速球は一部のスカウトの目に留まった / bring ... to her ~ 彼女に…を気づかせる[知らせる] / beneath (one's) ~ 無視[黙殺]すべき / attract (his) ~ (彼の)注意を引く，人目につく

❷ U **通知**，知らせ；(退職・退去などの)通達，通告 ‖ at [OR on] ten minutes' ~ 知らされてから10分後に(用意を整えて) / without ~ 予告なしに，無断で / He is under ~ to move out. 彼は立ち退くよう通告を受けている / **give** ~ of one's intentions 自分の意図を知らせる / A month's ~ must be given to cancel the contract. その契約を解除するに当たっては1か月の猶予をおいて通告しなくてはならない / He **gave** ~ that there would be no further payments. 彼は今後支払いは停止すると通告した / The player received ~ to leave. その選手は解雇通告を受けた

❸ C **掲示**，告示；張り紙[札]，立て札；(新聞などの)公告(記事)；(礼拝の前後の)短い告知 ‖ There was a large ~ at the gate「which said [OR saying] "No Trespassing."」門の所に「立入禁止」の大きな掲示があった /「put up [OR post] a ~ on a wall 壁に掲示を出す[張り紙をする] / obituary ~*s* (新聞の)死亡記事

❹ C《しばしば ~s》(書物・演劇などの)批評，紹介，記事 ‖ The film got mixed ~*s* in the newspapers. その映画の新聞紙上での評は賛否まちまちだった

at a mòment's nótice : ***at*** [《米》***on***] ***shòrt nótice*** 知らされてからすぐに，直ちに

gìve one's nótice 辞職願いを出す

pùt a pèrson on nótice ; ***sèrve nótice*** (***on a pérson***) 〔人〕に警告[通告]する〈**for** …のことで / **that** 節 …だと〉 ‖ The authorities *put* several companies *on* ~ *for* polluting the soil. 当局はいくつかの企業に土壌汚染に対する警告をした

sìt ùp and tàke nótice (急に)関心[興味]を持つ

tàke nótice ① 注意[注目]する，気づく；気にかける〈**of** …に / **that** 節 …ということに〉 ‖ She came in so quietly that I didn't *take* ~. 彼女があまりにも静かに入って来たので私は気づかなかった / People *took* little ~ *of* his warnings. 人々は彼の警告にほとんど耳を傾けなかった ②(赤ん坊が)物がわかるようになる

till [OR ***until***] ***fùrther nótice*** 追って通知があるまで

類語《他 ❶》**notice** 注意を引かれて気づく．〈例〉*notice* his accent 彼のなまりに気づく
note 頭の中に刻むように注意・注目する，心に留める．〈例〉*note* a strange fact 不思議な事実に注目する
observe 注意して綿密に物[事柄，人]を見る．〈例〉*observe* his behavior 彼の行動を観察する
perceive より格式的な語で，「知覚する」の意．目で見て「気づく」場合にも，頭で「わかる」場合にも用いる．〈例〉*perceive* the situation 事態を見てとる

***no·tice·a·ble** /nóuṭəsəbl | -tɪs-/《発音注意》形〔◁ notice 動〕(**more ~** ; **most ~**) 目立つ，人目を引く，顕著な；注目すべき〈**in** …で / **that** 節 …ということが〉 ‖ The stain was barely ~. 汚れはほとんどわからないほどだった / There has been a ~ improvement in her pronunciation. 彼女の発音はめきめき上達している / The change of the four seasons is clearly ~ in Japan. 日本では四季の移り変わりがはっきりしている / It was ~ that a lot of students were involved in the relief work. 大勢の学生が救援活動にかかわっていたのが人目を引いた **-bly** 副 目立って，顕著に

nótice·bòard 名 C《主に英》掲示板，立て札(《米》bulletin board)

no·ti·fi·a·ble /nóuṭɪfàɪəbl/ 形《通例限定》(伝染病などが)届け出るべき，届け出義務のある

***no·ti·fi·ca·tion** /nòuṭɪfɪkéɪʃən/ 名〔◁ notify 動〕U C 通知(書)，通報[報告]すること，届け出(書) ‖ Advance ~ is essential. 前もって届け出ることが必須だ

***no·ti·fy** /nóuṭəfàɪ | -tɪ-/ 動〔▶ notification 名〕(**-fies** /-z/ ; **-fied** /-d/ ; **~·ing**) 他 通知する **a** …に〈…を〉(正式に)知らせる，通報[報告]する，届け出る〈**of, about**〉；《主に英》…を〈…に〉届け出る，知らせる；…を発表する〈**to**〉‖ ~ the police *of* a theft =《英》~ a theft *to* the police 警察に窃盗を通報する **b**《+目+**that** 節》…に…ということを知らせる ‖ The letter *notified* me *that* I was a month overdue with my videos. その手紙で私が借りたビデオの貸出期限が1か月前に切れていたことを知らされた **c**《+目+**to do**》…に…するように通知する ‖ He *notified* his attorney *to* be prepared to contest any divorce action. 彼は弁護士にいかなる離婚訴訟に対しても法廷で争う用意を調えておくよう通知した

:no·tion /nóuʃən/

— 名 (複 **~s** /-z/) ❶ C U **概念**，観念，考え；(漠然とした)見解，意見；理解〈**of** …の / **that** 節 …という〉(⇨ THOUGHT[1] 類語) ‖ You have no ~ *of* economy. 君には経済観念がない / under the ~ *of* democracy 民主主義の概念の下に / I had an odd ~ *that* I was being watched. 私は監視されているような奇妙な感じがした / He had little ~ *of* what lay ahead. 彼は何が待ち受けているかほとんど知らなかった

❷ C 意向；意志；〈…したい〉気持ち〈**of doing** / **to do**〉；気まぐれ；(突然の)ばかげた考え ‖ have no ~ *of* going there そこへ行く気はない / have half a ～ *to* leave Japan 日本を離れたい気がする / a ～ *of* becoming an actor 役者になろうという気まぐれ / He had a sudden ～ *to* leave. 彼は急に立ち去りたくなった / take a ～ (急に)思い立つ ❸ Ⓒ《～s》《主に米》(針・糸などのような)小間物, 小型の日用品, 雑貨

COMMUNICATIVE EXPRESSIONS

[1] **You can lày that nòtion to rést.** その考えは捨てた方がいいですね；あなたの考えは間違っています

no·tion·al /nóuʃənəl/ 形 ❶ 抽象的な, 理論的な；想像上の, 非現実的な ❷ 概念[観念]的な, 概念[観念]上の ❸『文法』(単語が)辞書的意味を持つ；『言』(言語形式が表す)意味上の **～·ly** 副

no·to·chord /nóuṭəkɔ̀ːrd/ 名 Ⓒ『解』脊索(せきさく)

no·to·ri·e·ty /nòuṭəráɪəṭi/ 名 Ⓤ/Ⓒ《単数形で》悪評, 悪名(⇨ FAME 類語)

*__no·to·ri·ous__ /noutɔ́ːriəs/ 《アクセント注意》 形 (**more** ～；**most** ～) (悪いことで)有名な, 悪名高い〈**for** …で；**as** …として〉 (⇨ FAMOUS 類語) ‖ Nero is ～ *for* his cruelty. ネロは残虐なことでよく知られている / ～ *as* a hotbed of crime 犯罪の温床として知られた
～·ly 副 **～·ness** 名

No·tre Dame /nòuṭər dáːm | nɔ̀trə-/ ⊲ 名 ❶ 聖母マリア ❷ (＝～ **de Páris**) (パリの) ノートルダム寺院 (♦ フランス語より) (＝our lady)

nò-trúmp ⊲ 形 名 Ⓒ『トランプ』切り札なしの(勝負手)

Not·ting·ham /ná(ː)ṭɪŋəm | nɔ́t-/ 名 ノッティンガム ❶ イングランド中央部ノッティンガムシャーの州都 ❷ ＝Nottinghamshire

Not·ting·ham·shire /ná(ː)ṭɪŋəmʃər | nɔ́t-/ 名 ノッティンガムシャー《イングランド中央部の州. 州都 Nottingham. 略 Notts /nɑts | nɔts/》

Notts /nɑ(ː)ts | nɔts/ 略 Nottinghamshire

*__not·with·stand·ing__ /nɑ̀(ː)twɪðstǽndɪŋ | nɔ̀t-/ 《アクセント注意》 ⊲ 前 …にもかかわらず (in spite of) ‖ *Notwithstanding* his objections, the committee decided to go ahead with the plan. 彼の反対にもかかわらず, 委員会は計画を進めることを決めた / The doctor's advice ～, he continued overworking. 医者の忠告にもかかわらず, 彼は過重労働を続けた (♦ ときに名詞の後に置くこともある)
── 副《比較なし》それにもかかわらず, それでもやはり(nevertheless) ‖ *Notwithstanding*, the case must be prosecuted. それでもその件は起訴しなければならない / He recommended her for the post ～. それでも彼は彼女をそのポストに推薦した
── 接《しばしば that 節 を伴って》…だけれども(although)

Nou·ak·chott /nùːɑːkʃɑ́ːt | -ækʃɔ́t/ 名 ヌアクショット《西アフリカ, モーリタニアの首都》

nou·gat /núːgət | -gɑː/ 名 Ⓤ ヌガー《ナッツ類の入った柔らかいキャラメル》

nought /nɔːt/ 名《英》＝naught
▶▶ **～s and crósses** 名《単数扱い》《英》三目並べ《五目並べに似た遊び》(《米》 tick-tack-toe)

nou·me·non /núːmənɑ̀(ː)n | -nən/ 名 (複 **-me·na** /-nə/) Ⓒ『哲』本体, 物自体(→ phenomenon) **-nal** 形

*__noun__ /naun/ 名 (複 **～s** /-z/) Ⓒ『文法』❶ 名詞 ‖ a common [proper, material, collective] ～ 普通[固有, 物質, 集合]名詞 ❷ 名詞相当語句
語源 「名前」の意のラテン語 *nomen* から. name, nominate と同語源.
▶▶ **～ gròup** 名 Ⓒ『文法』名詞群 (nominal group) **～ phràse** 名 Ⓒ『文法』名詞句

*__nour·ish__ /nɔ́ːrɪʃ | nʌ́r-/ 動 他 ❶〔人・動物など〕に滋養物を与える；〔動植物〕を養い育てる；〔土地〕を肥やす ‖ *Nourish* yourself on [OR with] healthy foods. 健康によい食べ物をとりなさい ❷〔態度・習慣など〕を育成する, 助長[助成]する ❸〔感情など〕を抱く, はぐくむ ‖ ～ a deep affection for her 彼女に深い愛情を抱く

nour·ish·ing /nɔ́ːrɪʃɪŋ | nʌ́r-/ 形 栄養のある, 滋養分の多い(nutritious) ‖ ～ food 栄養のある食物

*__nour·ish·ment__ /nɔ́ːrɪʃmənt | nʌ́r-/ 名 Ⓤ ❶ 栄養, 食物 ‖ get good ～ 十分な栄養をとる ❷ 養育, 育成

nous /naus/ 名 Ⓤ ❶『哲』理性(reason), 知性, 精神 ❷《英口》常識, 才知

nou·veau riche /nùːvou ríːʃ/ 名 (複 **～s** /nùːvou ríːʃ/) Ⓒ にわか成金, 新富裕層 (♦ フランス語より) (＝new rich)
nouveau-riche 形

nou·velle cui·sine /nùːvel kwɪzíːn/ 名 Ⓤ ヌーベルキュイジーヌ《1980年代から流行したあっさり味のフランス料理》(♦ フランス語より) (＝new cuisine)

nou·velle vague /nùːvel vάːg/ 名 (複 **nou·velles vagues** /nùːvel vάːg/) Ⓒ ヌーベルバーグ《1950年代後半から60年代初期のフランス映画の前衛的傾向》(♦ フランス語より) (＝new wave)

Nov. 略 November

no·va /nóuvə/ 名 (複 **～s** /-z/ OR **-vae** /-viː/) Ⓒ『天』新星 (→ supernova)

No·va Sco·tia /nòuvə skóuʃə/ 名 ノバスコシア《カナダ南東端の州. 州都 Halifax. 略 NS》
-tian 形 名 Ⓒ ノバスコシア州の(人)

no·va·tion /nouvéɪʃən/ 名 Ⓤ『法』(債務・契約などの)更新, 更改

‡**nov·el**[1] /ná(ː)vəl | nɔ́v-/
── 名 (複 **～s** /-z/) Ⓒ (長編)**小説** (♦「短編小説」は short story) ; 《the ～》(文学形式としての) 小説 (⇨ STORY[1] 類語) ‖ **read** [**write**] a historical ～ 歴史小説を読む[書く]
語源 イタリア語で「新しい種類の(*novella*)物語(*storia*)」から.

*__nov·el__[2] /ná(ː)vəl | nɔ́v-/ 形 〔▶ novelty 名〕 (**more** ～；**most** ～) 目新しい, 斬新(ざんしん)な(↔ ordinary, traditional) (⇨ NEW 類語) ‖ A health farm for pets is ～. ペットのための健康施設とは斬新だ

nov·el·ette /nɑ̀(ː)vəlét | nɔ̀v-/ 名 Ⓒ ⊗《主に蔑》(感傷的な)短編[中編]小説 **-ét·tish** 形

*__nov·el·ist__ /ná(ː)vəlɪst | nɔ́v-/ 名 Ⓒ 小説家

nov·el·is·tic /nɑ̀(ː)vəlístɪk | nɔ̀v-/ ⊲ 形 小説の[的な]

nov·el·ize /ná(ː)vəlàɪz | nɔ́v-/ 動 他〔映画など〕を小説化する **nòv·el·i·zá·tion** 名

no·vel·la /nouvélə/ 名 (複 **～s** /-z/ OR **-le** /-liː/) Ⓒ 中編小説；(道徳を説く)短編物語

*__nov·el·ty__ /ná(ː)vəlti | nɔ́v-/ 名 〔◁ novel[2] 形〕 (複 **-ties** /-z/) ❶ Ⓤ (目)新しさ, (物)珍しさ, 斬新(ざんしん)さ ‖ The ～ of these apps will wear off soon. これらのアプリの目新しさもじきなくなるだろう / of absolute ～ 実に斬新な ❷ Ⓒ 目新しいもの, 風変わりなもの[こと] ‖ Personal computers were still something of a ～ then. 当時パソコンはまだ珍しかった ❸ Ⓒ《-ties》(装飾・おもちゃなどの)目新しい小物商品 ── 形《限定》目新しい, 物珍しい

*__No·vem·ber__ /nouvémbər/ 名 Ⓒ Ⓤ《通例無冠詞単数形で》11月《略 Nov.》(⇨ JANUARY 用例)
語源 「9番目の (月)」の意のラテン語 *novembris* (*mensis*) から.

no·ve·na /nouvíːnə/ 名 (複 **～s** /-z/ OR **-nae** /-niː/) Ⓒ (カトリックで)9日間の祈り[修行]

*__nov·ice__ /ná(ː)vəs | nɔ́vɪs/ 名 (複 **-ic·es** /-ɪz/) Ⓒ ❶ 初心者, 未熟者, 未経験者 ‖ I'm a ～ at [OR in] skiing.＝I'm a ～ skier. 私はスキーは初心者だ / She's a complete ～ in diplomacy. 彼女は外交については全く経験が浅い ❷《英》未勝利馬 ❸ 見習い僧[尼], 修練士[女]；新改宗者

no·vi·ti·ate, ＋《英》**-ci-** /nouvíʃiət/ 名 ❶ Ⓤ 見習い僧[尼]の身分[修練期間]；(一般に) 見習い期間 ❷ Ⓒ 修練士の宿舎 ❸ ＝novice ❶

N

No·vo·cain /nóuvəkèɪn/ 名 C 《商標》ノボカイン《歯科などで使用する局部麻酔薬. procaine ともいう》

***now** /nau/ 副 名 接 形

—副《比較なし》❶ **今**, 現在, 今では ‖ "Are you busy ～?" "No, I'm just surfing the Net."「今忙しいの」「いや, ネットサーフィンしているだけだよ」/ How do you feel ～? 今は気分はどうですか

❷ **今すぐに**, さっさと, 直ちに(→ *right now* (↓)) ‖ Do it ～! すぐにそれをやりなさい / I'll put him through to you ～. すぐに(彼からの電話)をおつなぎします

❸ (これで)もう, やっと ‖ Having heard the whole story, I ～ understand why she got angry. 話をすべて聞いて, なぜ彼女が怒ったのかがやっとわかった

❹ 今までのところ, これまで ‖ It's [OR It has been, It's been] ～ ten years since we first met. 私たちが初めて会ってからもう10年になる / His latest book has ～ sold hundreds of thousands of copies. 彼の最新刊はこれまでに何十万部も売れている

❺ そのとき, 今や, それから(♦ 物語の中などで用いられる) ‖ *Now* I was in trouble. そこで私は困ったことになった

❻ 今度は (♥ 困惑を表す) (→ CE 5) ‖ What do you want me to do ～? 今度は何をしろと言うんだい / What's the matter ～? 今度はどうしたんだ

❼《間投詞的に》 **a** NAVI **ところで**, さて(♥ 話の切り出し・話題の転換など. ⇨ NAVI表現 1) ‖ *Now*, let us turn to the second point. さて, 2つ目のポイントに移りましょう / *Now*, here is the weather for Tokyo today. さて, 今日の東京のお天気です

b ええと (♥ 次に述べることを考えながら) ‖ "Anything else?" "Well ～, let's see, oh yes — I want you to buy milk."「ほかに何かある」「ええと, そうだ, 牛乳を買ってきてほしいんだけど」

c 《仮定的な陳述の前で》でも ‖ *Now*, if I had been there, I wouldn't have let them go out in the rain. でもね, もし私がそこにいたらあの人たちに雨の中を行かせなかったでしょうね

d さあ, まあ(まあ) (♥ 人をなだめて) (→ CE 4) ‖ *Now*, stop crying. さあ, 泣くのはおやめ

e さあ, ほら(♥ 命令・忠告などとともに) ‖ *Now*, listen to me. さあ, 私の言うことを聞きなさい / Be careful, ～. ほら, 気をつけて

f 《文末で》まさか(♥ 驚きなどを表す) ‖ You don't mean it, ～? まさか本気じゃないだろうね

and nòw さて次は

àny dày [OR ***mòment, tìme, mìnute, sècond***] ***nów*** すぐに, 間もなく; いつ何時

cóme nòw まあまあ, さあさあ, これこれ(♥慰め・激励・非難などを表す)

even now ⇨ EVEN[1](成句)

(***èvery***) ***nòw and thén*** [OR ***agáin***] ときどき (⇨ SOMETIMES 類語P)

just now ⇨ JUST(成句)

nów for ... NAVI さて今度は…について (♥ 話題を変えるときに用いられる. ⇨ NAVI表現 11) ‖ *Now for* a quick look at the stock market in Tokyo. さて今度は東京の株式市場を簡単に見てみましょう

nów ..., nów [OR ***thén***] ***...*** ときには…, ときには… ‖ She was ～ happy, ～ sad. 彼女は陽気になったかと思うと, またふさぎ込んだ

nów thèn ① まあ落ち着いて(→ CE 4) ② さて, ところで

rìght nów ① 現時点で[は] ② 今すぐ(right away)

COMMUNICATIVE EXPRESSIONS

1 **(It's) nòw or néver.** 今こそ絶好のときだ; このチャンスを逃すな

2 **Jùst cóffee for nòw.** とりあえずコーヒーを下さい

3 **Nów I knòw.** そうかわかった; なるほど

4 **Nów, nòw,** tàke it éasy. まあまあ, 落ち着いて(♥ 相手をなだめたり慰めたりする際に用いるくだけた表現)

5 **Nów whàt?** ① 今度は何; この上まだどんな問題があるというんだ (♥ 文句を繰り返し言っている人や散々問題が起きてきた状況などに対して「次は何なのか」という苛立ちや嘆きの気持ちを込めて用いる. =What is it now?) ② さて, どうしよう(♥ 次にとるべき行動に迷いがあるときに)

6 **Nów you tèll me!** 今ごろそんなこと言われてもね

7 **Nów you're** [OR **we're**] **tàlking.** ⇨ TALK(CE 12)

8 **Wèll, nów you're àsking.** 今さら聞かれても (何も言う気はないよ) (♥ 意見を言うのを避ける際に用いるくだけた表現. ✍I'd rather not say anything about it.)

—名 U **今**, 現在(♦ 前置詞を伴い成句として用いられることが多い) ‖ Tracy ought to have been back by ～. トレイシーは今ごろはもう戻っているはずだ / *Now*'s the time to buy a condominium. 今こそマンションの買いどきだ / ten years from ～ 今から10年後 / till [OR up to] ～ 今まで(ずっと) / as of ～ 現在のところ

****for nów*** **今のところは**, さしあたって

****from nòw ón*** これからは, 今後は

—接 《now that で》**今はもう…だから**, …である以上は (♦ that は省略可能) ‖ *Now* (that) we are all here, we will begin. さあみんな集まったので始めよう

—形 《比較なし》《口》流行の, 最新の ‖ Seventies fashion is very ～ again. 70年代のファッションが再びとてもはやっている / the ～ taste 最新流行の味

NOW /nau/ 略 *N*ational *O*rganization for *W*omen 《(米国の)全国女性連盟》

‡now·a·days /náuədèɪz/

—副 《比較なし》(過去と比較して) **今日では**, 近ごろは ‖ *Nowadays* everyone's got a cellphone in their pocket. 近ごろはだれもがポケットに携帯電話を入れている / the kitchens of ～ 最近の (進んだ) キッチン (♦ 名詞的用法)

nó·wày, -wàys 副 《英では主に古》=no WAY[1]

‡no·where /nóuhwèər/

—副 《比較なし》**どこにも [どこへも] …ない** (not anywhere) ‖ "Where are you going?" "*Nowhere* in particular."「どこへ行くの」「別に当てはないよ」/ They were ～「to be found [to be seen, in sight]. 彼らはどこにも見つからなかった[姿が見えなかった] / *Nowhere* is traffic congestion more serious than in Bangkok. バンコクほど交通渋滞が深刻な所はない(♦ nowhere が文頭にきた場合, 後ろは倒置)

—名 U どの場所も…ない (no place) ‖ There was ～ **else** for us to go [sit]. =We had ～ **else** to go [sit]. 私たちの行く[座る]場所はほかになかった

gèt a pèrson nówhere 〔人〕にとって成果がない ‖ Being angry will *get* you ～. 腹を立てても無駄だよ

****gèt*** [OR ***gò***] ***nówhere*** (***fást***) 成果が出ない, うまくいかない ‖ I *got* ～ with my repeated requests. 繰り返し頼んでみたがどうにもならなかった

nowhere near ... ⇨ NEAR(成句)

「***òut of*** [OR ***from***] ***nówhere*** ① どこからともなく, 突然思いがけなく ② 無名の状態から(急に)

no·wheres·ville /nóuhweərzvɪ̀l/ 名 C U 《口》つまらないどこかの場所[こと]

***nò-wín** 〈シ〉 形 《限定》《口》(状況などが)うまくいきそうもない, 八方ふさがりの ‖ a ～ situation 絶望的状況

nowt /naut/ 代 副 《北イング》=nothing

NOx /èn ou éks, nɑ(:)ks | nɔks/ 名 U 各種の酸化窒素 (nitrogen oxide(s))

nox·ious /nɑ́(:)kʃəs | nɔ́k-/ 形 ❶ (体に)有害な, 有毒な ❷ (思想などが)(道徳的に)不健全な, 有害な ❸ 非常に不快な **～·ly** 副 **～·ness** 名

no·yau /nwɑːjóu/ 名 (複 **～x** /-z/) U C ヌワヨー《ブランデーを果実の仁(じん)で香り付けしたリキュール》

***noz·zle** /nɑ́(:)zl | nɔ́zl/ 名 C ❶ (ホース・パイプなどの) 筒先, ノズル, 噴射[出]口 ❷ 《俗》鼻(nose)

Np 記号 〖化〗neptunium(ネプツニウム)
ǸṔ 略 *n*ational *p*ark(国立公園); neuropsychiatry(神経精神病学); *n*otary *p*ublic; 〖文法〗 *n*oun *p*hrase(名詞句); *n*urse *p*ractitioner
n.p. 略 〖印〗 *n*ew *p*aragraph (パラグラフを新しく); *no* *p*lace of publication(発行地名をつけずに)
ǸPŃ 略 〖化〗 *n*on*p*rotein *n*itrogen
ǸPÓ 略 *n*on*p*rofit *o*rganization(非営利組織[団体])
ǸPT́ 略 (Nuclear) *N*on-*p*roliferation *T*reaty ((核)非拡散条約)
nr 略 near
ǸRÁ 略 *N*ational *R*ecovery *A*dministration ((米国の)全国産業復興局); *N*ational *R*ifle *A*ssociation(全米ライフル協会)
ǸRĆ 略 *N*uclear *R*egulatory *C*ommission ((米国の)原子力規制委員会)
ns 略 nanosecond(s); *n*ot *s*pecified(明記されずに)
ǸŚ 略 *N*ew *S*tyle; *N*ova *S*cotia; *n*uclear *s*hip(原子力船)
ǸSÁ 略 *N*ational *S*ecurity *A*gency((米国の)国家安全保障局)
NSAID /énsèd, -sèɪd/ 名 C 非ステロイド抗炎症薬《アスピリンなど》(♦ *n*on*s*teroid *a*nti-*i*nflammatory *d*rug の略)
ǸSB́ 略 *N*ational *S*avings *B*ank ((英国の) 郵便貯金銀行)
ǸSĆ 略 *N*ational *S*ecurity *C*ouncil ((米国の) 国家安全保障会議)
ǸSF́ 略 *N*ational *S*cience *F*oundation (全米科学財団); 《また n.s.f., N/S/F》*n*ot *s*ufficient *f*unds(預金残高不足)
ǸSP̀CÁ 略 *N*ational *S*ociety for the *P*revention of *C*ruelty to *A*nimals ((英国の) 全国動物虐待防止協会)《現在は RSPCA》
ǸSP̀C̀Ć 略 *N*ational *S*ociety for the *P*revention of *C*ruelty to *C*hildren ((英国の) 全国児童虐待防止協会)
ǸSÚ 略 〖医〗 *n*on-*s*pecific *u*rethritis(非特異性尿道炎)
ǸSẂ 略 *N*ew *S*outh *W*ales
ǸT́ 略 *N*ational *T*rust; *N*ew *T*estament; *N*orthern *T*erritory; *n*o *t*rump(s)
-n't /-nt/ not の短縮形(⇨ NOT) ‖ did*n't*, ca*n't*
nth /enθ/ 形 ❶ 《限定》《口》 (何度も繰り返されたうちの) 最新の ‖ for the ～ time 何度も何度も, 数えきれない程 ❷ 〖数〗n番目の, n倍の, n次の
to the nth degree ⇨ DEGREE(成句)
ǸT́P 略 〖化〗 *n*ormal *t*emperature and *p*ressure (常温常圧. 0℃, 760mm)
ǸT̀SB́ 略 *N*ational *T*ransportation *S*afety *B*oard ((米国の)国家輸送安全委員会)
ǸT̀SĆ 略 *N*ational *T*elevision *S*tandard *C*ommittee((米国の)テレビ放送規格審議会; NTSC方式)《日本・アメリカ大陸などで採用しているテレビ放送規格. → PAL》
nt.wt. 略 *n*e*t* *w*eigh*t*(正味重量)
nu /nju:/ 名 C ニュー《ギリシャ語アルファベットの第13字. N, ν. 英語の N, n に相当》
*__nu·ance__ /njú:ɑ:ns/ 名 C U (意味・意見・色などの) 微妙な差異, ニュアンス ‖ verbal ～*s* 言葉のあや / catch all the ～*s* 微妙な違いをすべてとらえる ―動 他 《通例受身形で》ニュアンスの差が出る, 微妙に色付けされる
nú·anced 形 微妙な違いのある
nub /nʌb/ 名 ❶ 《the ～》 (物語・事件などの) 要点, 核心 ❷ C (特に石炭の)小塊 ❸ C 小さな突起物, こぶ
nub·bin /nʌ́bɪn/ 名 C (果物・野菜などの) 発育不良品, (特にトウモロコシの)未熟穂; 小塊
nub·ble /nʌ́bl/ 名 C 小塊, 小さなこぶ **-bly** 形 小塊の
Nu·bi·a /njú:biə/ 名 ヌビア《アフリカ北東部にある地方. 古代の王国》 **-an** 名 U C 形 ヌビア(人[語])(の)

nu·bile /njú:bəl | -baɪl/ 形 《旧》 (女性が) 結婚適齢期の; 《口》セクシーな, 若々しい(♦ ラテン語 *nubo* より)(=to become wife) **nu·bíl·i·ty** 名
nu·buck /njú:bʌk/ 名 U ヌバック《牛革の表面をけば立たせてスエードの感触を出したもの》
nu·cel·lus /njuséləs/ 名 (複 **-cel·li** /-laɪ/) C 〖植〗 胚珠心
‡**nu·cle·ar** /njú:kliər/
―形 〔◁ nucleus 名〕《比較なし》《通例限定》 ❶ **核エネルギーの**, 原子力利用の; 核兵器の; 核兵器を保有する ‖ a ～ ship 原子力船 / a ～ device 核爆弾 (♥ nuclear bomb の婉曲的表現) / ～ warfare 核戦争 / go ～ 核武装する
❷ 〖生〗核の; 〖理・化〗(原子)核の
❸ 核心をなす, 中核的な
▸▸ **～ bómb** 名 C 核爆弾 **～ disármament** 名 U 核軍縮 **～ énergy** 名 U 核エネルギー, 原子力 **～ fámily** 名 C 〖社〗 核家族 (↔ extended family) **～ físsion** 名 U 〖理〗 (原子) 核分裂 **～ fúel** 名 C 核燃料 ‖ a ～ *fuel* rod 核燃料棒 **～ fúsion** 名 U 〖理〗(原子) 核融合 **～ magnètic résonance** 名 U 〖理〗 核磁気共鳴《分子構造の解析や細胞組織の画像作成などに用いられる. 略 NMR》 **～ médicine** 名 U 核医学, 放射線医療 **～ mémbrane [énvelope]** 名 C 〖生〗 核膜《細胞核を取り囲む2層構造の細胞膜》 **Nùclear Nonproliferátion Trèaty** 名 核不拡散条約 **～ phýsics** (↓) **～ pówer** 名 ① U 原子力 ‖ a ～ *power* station [OR plant] 原子力発電所 ② C 核保有国 **～ reáction** 名 C 核反応 **～ reáctor** 名 C 原子炉 **～ reprócessing** 名 U 核燃料再処理 ‖ a ～ *reprocessing* plant 核燃料再処理工場 **～ umbréllа** 名 C 核の傘《核兵器保有国と同盟を組むことで自国の安全が守られること》 **～ wárhead** 名 C 核弾頭 **～ wáste** 名 U 核廃棄物 **～ wéapon** 名 C 核兵器 **～ wínter** 名 C 核の冬《核戦争の塵で日光が遮られ, 地球全体が暗い冬のようになる状態》
nùclear-frée ⟨ㇱ⟩ 形 《通例限定》 (地域などが) 核兵器[原子力]使用禁止の ‖ a ～ zone 非核地帯
nùclear phýsics 名 U 原子核物理学
nùclear phýsicist 名 C 原子物理学者
nùclear-pówered 形 原子力の[で作動する]
nùclear-típped 形 核弾頭装備の
nu·cle·ase /njú:klièɪs/ 名 C 〖生化〗 ヌクレアーゼ《核酸に作用する酵素》
nu·cle·ate /njú:kliət/(→ 動) 形 〖生〗核のある, 核を持つ
―動 /njú:klièɪt/ 他 …を核にする, …の核になる
―自 核をなす
nu·cle·i /njú:kliàɪ/ 名 nucleus の複数
nu·clè·ic ácid /njuklì:ɪk-/ 名 U 〖生化〗 ヌクレイン酸, 核酸《特にDNAとRNA》
nucleo- /nju:kliə-, -kliou-/ 連結形 「核の, 核酸の」 の意 ‖ *nucleo*plasm, *nucleo*protein
nu·cle·o·lus /njuklí:ələs/ 名 (複 **-li** /-laɪ/) C 〖生〗 (細胞核内の)仁(じん), 核小体
nu·cle·on /njú:kliɑ̀(:)n | -ɔ̀n/ 名 C 〖理〗 核子《陽子・中性子の総称》 ▸▸ **～ nùmber** 名 U 〖理〗 質量数(mass number)《原子核内の陽子・中性子の総数》
nu·cle·on·ics /njù:kliɑ́(:)nɪks | -ɔ́n-/ 名 U (原子) 核工学
núcleo·plàsm 名 U 〖生〗(細胞の)核質
nùcleo·prótein 名 C U 〖生化〗核タンパク質
nu·cle·o·side /njú:kliəsàɪd/ 名 C 〖生化〗 ヌクレオシド《塩基と糖が結合した物質》
nùcleo·sýnthesis 名 U 〖天〗(宇宙形成時の)核合成
nu·cle·o·tide /njú:kliətàɪd/ 名 C 〖生化〗 ヌクレオチド《核酸の構成成分》
*__nu·cle·us__ /njú:kliəs/ 名 〔▶ nuclear 形〕 (複 **～·es** /-ɪz/ OR **-cle·i** /-kliàɪ/) ❶ 《the ～》中心(部分), 核(心); (増

N

殖・発展の)もと, 母体, 基盤 ‖ You're expected to be the ～ of the project team. 君はそのプロジェクトチームの核になるよう期待されている ❷ Ⓒ 〘理・化〙(原子)核 ; 〘生〙(細胞)核 ; 〘解〙(神経)核 ; 〘天〙彗星(すい)の核
語源「木の実」の意のラテン語 *nux* から. nut と同語源.

***nude** /nju:d/ 形 ❶ 裸の, 裸体の ; ヌードの人の[による](⇨ BARE 類語) ‖ I never do ～ scenes. 私はヌードシーンはやりません / a ～ statue 裸体像 ❷ 肌色の ❸ むき出しの ❹ 〘法〙(契約が)無償の, 法的効力のない
━名 ❶ Ⓒ 裸体画, 裸像, ヌード写真 ; (通例女性の)裸体の人 ❷ 《the ～》裸体[むき出し]状態
in the núde 裸体で[の]

***nudge** /nʌdʒ/ 動 他 ❶ a 《+目》(注意を引くために)…をひじで突く, 小突く ; …に軽く触れる, …を軽く押す ‖ He ～*d* me in the ribs. 彼は私のわき腹をひじでつついた b 《+目+副句》〔人・物〕を押して(…の方へ)動かす ; 〔道〕を押し分けて進む ‖ He ～*d* me out of the way. 彼は私を押しのけた / ～ the glass toward him グラスを彼の方へ押して動かす / a ship *nudging* its way through the ice 氷を押し分けて進む船 ❷ a 《+目+**into** [**toward**] 名》〔人〕を説得して[励まして]…をさせる(♦ into の目的語はしばしば *doing*) ‖ ～ the parties *toward* a compromise 両者を説得して歩み寄らせる / ～ them *into* accepting the deal その取り引きを受け入れるよう彼らを説得する b 《+目+**to** *do*》〔人〕を促して[説得して]…させる ‖ He ～*d* her *to* sit down. 彼は彼女を促して座らせた ❸ 《通例進行形で》〔ある数量〕に近づく ‖ He was *nudging* fifty. 彼は50歳に届こうとしていた
━自 (押し分けるようにして)ゆっくり進む[動く]
━名 Ⓒ (ひじでの)小突き, 軽い一突き ‖ give her a ～ 彼女をひじでつつく
a nùdge and a wínk* ; *nùdge núdge, wìnk wínk ほらあれ, ナニ(♥ 性についての話題をほのめかすときに用いる)

nu·di·branch /njú:dɪbræŋk/ 名 Ⓒ 〘動〙裸鰓(らさい)目の軟体動物《ウミウシなど》

nud·ie /njú:di/ 形 ヌードの, 裸体の
━名 Ⓒ ヌードもの, ポルノ(映画)

nud·ism /njú:dɪzm/ 名 Ⓤ 裸体主義, ヌーディズム

nud·ist /njú:dəst | -ɪst/ 名 Ⓒ 裸体主義者, ヌーディスト ‖ a ～ camp [OR colony] ヌーディスト村

nu·di·ty /njú:dəṭi/ 名 Ⓤ 裸体[むき出し]状態

nud·nik /nʊ́dnɪk/ 名 Ⓒ ⊗《米俗》《蔑》うるさい[退屈な]男

nu·ga·to·ry /njú:gətɔ̀:ri | -tə-/ 形 ❶ 取るに足りない, ささいな ; 価値のない ❷ 無効の

nug·get /nʌ́gɪt/ 名 Ⓒ ❶ (天然の)金塊 ; かたまり ; 価値あるもの, 貴重品 ‖ ～*s* of information 貴重な情報 ❷ ナゲット《小さく切り分けた鶏肉などの揚げ物》

***nui·sance** /njú:səns/ 《発音注意》名 ❶ Ⓒ 《通例単数形で》迷惑な人[行為, もの], やっかい, 小うるさいもの ; 妨害, 邪魔もの (↔ benefit) ‖「My cough is [Cockroaches are] a great ～. 私のせき[ゴキブリ]はとても困りものだ / What a ～! いやになっちゃうね ; いやだね / Commit no ～. 《掲示》小便お断り ; ごみを捨てるな / It's a ～ working on a Sunday. 日曜日に働くなんていやなことだ / It's a ～ that we have to walk all the way. ずっと歩いて行かなければならないなんて煩わしい ❷ Ⓒ Ⓤ 〘法〙不法妨害 ‖ a public ～ 公的不法妨害《公の場での迷惑行為》; 《口》(世間の)鼻つまみ者
màke a núisance of onesèlf 人に迷惑をかける, やっかい者になる
▸▸ **～ tàx** 名 Ⓒ Ⓤ 《米》小額消費税 **～ vàlue** 名 Ⓤ Ⓒ いやがらせ効果, 抑制価値[効果]

ǸUJ 略 *N*ational *U*nion of *J*ournalists ((英国の) 全国ジャーナリスト組合)

nuke /nju:k/ 《口》名 Ⓒ 核兵器 ; 原子力発電所
━動 他 …を核攻撃する, 核兵器で破壊する ; 《主に米》(電子レンジで)…を加熱する

Nu·ku'·a·lo·fa /nù:ku:əlɔ́:fə/ 名 ヌクアロファ《南太平洋トンガの首都》

null /nʌl/ 形 ❶ 存在しない, 無の ❷ 〘数〙ゼロの ‖ a ～ set 空集合《要素を持たない集合》❸ 《叙述》無効の ❹ 無価値の ; 特徴[表情]のない
nùll and vóid 〘法〙無効の ‖ declare the treaty ～ *and void* その条約を無効と宣言する
━名 Ⓒ 《文》ゼロ

nul·li·fi·ca·tion /nʌ̀lɪfɪkéɪʃən/ 名 Ⓤ 無効 ; 取り消し ; 《米》〘法〙(州内での)連邦法実施拒否

nul·li·fy /nʌ́lɪfàɪ/ 動 (**-fied** /-d/ ; **～·ing**) 他 ❶ (特に法律上)…を無効にする ❷ …を無価値にする ; …を取り消す, 破棄する

nul·li·ty /nʌ́ləṭi/ 名 (複 **-ties** /-z/) 〘法〙❶ Ⓤ 無効 ‖ a ～ suit 婚姻無効の訴訟 ❷ Ⓒ 無効な文書[行為]

Num 略 〘聖〙Numbers

NUM 略 *N*ational *U*nion of *M*ineworkers ((英国の) 全国炭鉱労働組合)

num. 略 numeral(s)

***numb** /nʌm/ 《発音注意》形 〈寒さなどで〉麻痺(ひ)した, 無感覚な, しびれた〈**with**〉; 〈…に〉無関心な〈**to**〉‖ My toes were ～ *with* the cold. 寒さで足の指がかじかんでいた / The sight made him ～. それを見て彼は身がすくんだ / go ～ 麻痺する / a mind ～ *to* grief 悲しみを感じない心
━動 他 …を無感覚にする, …の感覚[思考力など]を麻痺させる ; 〔人〕をぼう然とさせる ; 〔痛み・感覚など〕を鈍らせる ‖ The anesthetic ～*ed* my body from the waist down. 麻酔で下半身の感覚がなくなった / We are all ～*ed* by grief. 我々は全員悲しみでぼう然自失の状態だった
～·ly 副 **～·ness** 名

***num·ber** /nʌ́mbər/ 名 動

━名 (複 **～s** /-z/) Ⓒ ❶ **数** ; 数字, 数詞 ‖ Thirteen is often considered an unlucky ～. 13はよく縁起の悪い数だとされる /「a cardinal [an ordinal] ～ 基[序]数 / an even [odd] ～ 偶[奇]数 /「a real [an imaginary] ～ 実[虚]数 / a fractional [whole] ～ 分[整]数 / a high [low] ～ 大きい[小さい]数(字) / a round ～ 端数なしの数(字)
❷ (電話・住所・通帳などの)**番号**, **番地** ; (自動車の)ナンバー ; (数詞を伴って) 第…番(の人[もの]) 《略 No., no., n., num (複数形 Nos., nos.) ; 記号《米》#》‖ I'm afraid you have the wrong ～. (電話で) 番号をお間違えですよ / The ～'s engaged. 《英》お話し中です(=《米》The line's busy.) / a house [(tele)phone, registration] ～ 家屋[電話, 登録]番号 / an account ～ 口座番号 / a flight ～ (飛行機の) 便(名) / Room [Seat] *No.* 15 15号室[席] / take the *No.* 17 bus to the stadium 17番バスに乗ってスタジアムへ行く / give him my home ～ 彼に自宅の(電話)番号を教える / What ～ President was Lincoln? リンカーンは何代目の大統領でしたか
❸ Ⓒ Ⓤ 〈人・物の〉**数**, 人[個]数, 総数〈**of**〉‖ The ～ *of* divorces has [×have] been increasing. = Divorces have been increasing in ～. 離婚の数が増えてきている(♦「the number of 複数名詞」に続く動詞は number に一致して単数扱い. → *a number of* (↓)) / The increasing ～ *of* tourists swarming over the little island is ruining the atmosphere. その小島に群れをなして押し寄せる旅行者の数がますます増えて土地の雰囲気を壊している / an increase in the ～ *of* drunk driving accidents 飲酒運転による事故の増加 / the total ～ 合計 / the greatest happiness of the greatest ～ 最大多数の最大幸福
❹ 《a ～》〈…の〉**いくつか**(several, some)〈**of**〉; 《～s》〈…の〉多数〈**of**〉; 多数の人[もの] ; (出席者などの)人数 ; 《～s》数的優位, 多数の力 (♦ a number of, numbers of は共に複数名詞につき, 動詞は複数で受ける. a number of はふつう「いくつかの」の意味であるが, 意味を明確にしたい場合には large, great, good, small などをつける) ‖ There

are a ~ *of* difficulties to be overcome. 克服すべき困難がいくらか［いくつも］ある / Only a **small** ~ *of* students passed the test. 少数の学生しかその試験に合格しなかった / for a ~ *of* reasons いろいろな理由で / quite a ~ *of* books 非常にたくさんの本 / *Numbers* escaped, but a few were caught in the avalanche. 多くの人は逃れたが，何人かがその雪崩(なだれ)にのみ込まれた / travel in **large** [**small**] ~*s* 大［小］人数で旅をする / win [OR defeat] by (force [OR weight] of) ~*s* 数にものを言わせて勝つ
❺ (長い演奏・アルバムの中の)1曲，曲[演]目，(詩・歌などの)1編，出し物(の1つ) ‖ a musical ~ ミュージカルナンバー / a romantic ~ ロマンチックな曲
❻ (新聞・雑誌・シリーズ本などの)号，巻，分冊 ‖ the current [January, autumn] ~ of *Fashion*「ファッション」誌の今月[1月，秋季]号
❼ 《~s》《旧》算術 ‖ be good [no good] with ~*s* 算術が得意である[ない]
❽ 《単数形で》《集合的に》人の集まり，グループ，仲間，連中 ‖ There are few who can speak Korean among their (own) ~. 彼らの仲間内で韓国語を話せる者はほとんどいない / be of our ~ 我々の仲間である
❾ 《単数形で》《通例修飾語を伴って》《口》(特に格好のよい)衣服，ドレス；(印象的な)人，もの；(一般的に)(…な)人，もの，こと；商品；かっこいい車；⊗《ときに蔑》いい女 ‖ an elegant ~ 上品なドレス / a crafty ~ 悪賢いやつ / a cushy ~ 楽な仕事，たやすいこと
❿ Ⓤ Ⓒ 〖文法〗数；(単・複) 数を示す語形 ‖ The verb agrees in ~ with the subject. 動詞は数が主語に一致する / the singular [dual, plural] ~ 単［両，複］数(形)
⓫ 《the ~s》《単数・複数扱い》《米》=numbers game ①(↓)

a númber of ... いくらかの(several, some)(→ 名 ❹)
àny númber of ... 多くの…(=*a number of ...*(↑))(♦複数扱い) ‖ *any* ~ *of* times 何度も
beyond númber =*without number*(↓)
by (《米》***the***) ***númbers*** 指示どおりに，機械的に
dò a númber on ... 《米口》〔人〕をからかう，〔人〕をいじめる；…に悪さ[むごいこと]をする
hàve (***gòt***) ***a pèrson's númber*** 《口》(人の)正体[本心]を見抜く[見抜いている] ‖ She'll never fool me — I'*ve got* her ~. 彼女には絶対だまされないよ—腹の中はわかってるからね
in númber 数は(といえば)，数の上では ‖ We are sixteen *in* ~. 我々は全部で16人です
in númbers 多数で
in ròund númbers 概算で，だいたいの数で(→ 名 ❶)
a pèrson's númber cònes ùp (人に)運が回ってくる
a pèrson's númber is [OR ***has còme***] ***úp*** 《口》寿命[運]が尽きる ‖ When the boat began to sink, I thought my ~ *was up*. 船が沈み始めたときはもう駄目だと思った
númbers of ... 多数の…(→ 名 ❹)
to the númber of ... …に達するほどの，…(まで)もの(as many as)
without númber 数えきれないほど多くの，無数の

—動 (~**s** /-z/ ; ~**ed** /-d/ ; ~**·ing**)
—他 ❶ …に**番号をつける**，ページをつける(♦ときに数字[番号]を補語として伴う) ‖ The papers were ~*ed* consecutively and filed away. 書類は通し番号をつけてとじ込みにされた / ~ the cards from 1 to 500 カードに1から500まで番号をつける / the door ~*ed* 35 35の番号のついたドア
❷ …を〈グループなどの中に〉数え入れる，含める〈**among**〉‖ He is ~*ed among* my closest friends. 彼は私の親友の中に入る
❸ (総計)…になる，達する；(総数として)…を有する ‖ The group ~*ed* approximately fifty. グループはおよそ50人になった / an extensive collection ~*ing* thousands of specimens 何千もの標本を集めた膨大なコレクション
❹ …の数を確かめる，…を数える，数え上げる；〔数量・大きさ〕を推定する ‖ The police ~*ed* the audience at ten thousand. 警察は観客を1万人と踏んだ
❺ 《受身形で》数が定められる[限られる] ‖ His days are ~*ed*. 彼の寿命[時代，地位]はそう長くない
—自 ❶ 数える；列挙する ‖ ~ from one to ten 1から10まで数える
❷ (総計)〈…に〉なる〈**in**〉‖ The crowd ~*ed in* the thousands. 群衆の数は数千に上った
❸ 〈…に〉含まれる〈**among**〉‖ He ~*s among* the best of our contemporary pianists. 彼は現代の最も優れたピアニストの1人だ
nùmber óff 〈他〉《***nùmber óff ...*** / ***nùmber ... óff***》〔集団〕の一人一人に番号をつける —〈自〉《英》〖軍〗(兵士が)(点呼で)番号を言う(《米》count off)

▸▸ ~ **crùncher** 名 Ⓒ 《俗》① 大型コンピューター ② 《しばしばけなして》大量の数値データを扱う人，(特に) 統計学者，会計係 ~ **crùnching** 名 Ⓤ 《俗》(コンピューターによる)高速計算；数値演算 ~ **óne** (↓) ~ **plàte** 名 Ⓒ 《英》(自動車の)ナンバープレート(《米》license plate, 《豪・ニュージ》registration plate) ~**s gàme** 名 Ⓒ ① 《米》数当て賭博(とばく)(numbers pool [racket])(❗日本の宝くじの一種の「ナンバーズ」と異なり違法行為) ② 《しばしばけなして》(特に自説補強のための)数値[統計]の操作；(ほかを軽視して)数字だけで判断すること **Nùmber Tén** ⓈⒾ名 《単数・複数扱い》英国首相官邸(♦ロンドンの Downing Street 10番地にあることから. 略 No. 10) ~ **twó** 名 ① Ⓤ 2番目の実力者；補佐役 ② Ⓒ 《単数形で》うんち(♥主に小児語) ‖ do a ~ *two* うんちをする

núm·ber·less /-ləs/ 形 数えきれない，無数の(⇨ NUMEROUS 類語)
nùmber óne 《口》名 Ⓤ ❶ 自分(の利害) ‖ look after [OR out for] ~ 自分のこと(だけ)を考える ❷ 最も重要な人[もの]；リーダー ❸ Ⓤ Ⓒ 最もよく売れた曲[本など] ❹ Ⓒ 《単数形で》おしっこ(♥主に小児語) ‖ do a ~ おしっこする(→ number two ②) ❺ 1厘刈り《いちばん短い髪型》 —形 最高の，一流の
Num·bers /nʌ́mbərz/ 名 《the ~》《単数扱い》〖聖〗民数記《旧約聖書の一書. 略 Num》
númb·skùll 名 =numskull
nu·men /njúːmən/ 名 (複 **-mi·na** /-mɪnə/) Ⓒ (物に宿る)精霊
nu·mer·a·ble /njúːmərəbl/ 形 数えられる
nu·mer·al /njúːmərəl/ 名 Ⓒ 数字；〖文法〗数詞(→ Arabic numeral, Roman numeral)
—形 数の；数を表す
nu·mer·ate[1] /njúːmərət/ 形 数学ができる；計算能力がある **-a·cy** 名
nu·mer·ate[2] /njúːmərèɪt/ 動 =enumerate
nu·mer·a·tion /njùːməréɪʃən/ 名 ❶ Ⓤ 数えること，計算，勘定 ❷ Ⓒ 計算法；命数法
nu·mer·a·tor /njúːmərèɪṭər/ 名 Ⓒ 〖数〗分子(↔ denominator)
*__nu·mer·i·cal__ /njuːmérɪkəl/, **-mer·ic** /-mérɪk/ 形 数の；数字(上)の，数字で表した ‖ ~ ability 計算能力 / in ~ order 番号順に / ~ superiority 数的優位
~·ly 副 数値的には
▸▸ ~ **análysis** 名 Ⓤ 数値解析《誤差の範囲を考慮に入れて問題を数値的に解くことを目的とした数学の一部門》 ~ **ánalyst** 名 Ⓒ 数値解析者 ~ **contról** 名 Ⓤ (工作機械などの)数値制御《略 NC》
numèric képad 名 Ⓒ 🖳テンキーパッド
nu·mer·ol·o·gy /njùːmərɑ́(ː)lədʒi | -ɔ́l-/ 名 Ⓤ 数霊術《誕生日の数字などで運命を占う》

N

-o·lóg·i·cal 形 -gist 名
nu·me·ro u·no /njù:mərou ú:nou/ 名 (複 ~s /-z/) C《口》《戯》最高の[最も重要な]人[もの]；自分(♦イタリア語より)(=number one)
:nu·mer·ous /njú:mərəs/
━形 (more ~；most ~)《やや堅》
❶《複数名詞とともに》**非常に数の多い**, たくさんの(↔ few)(⇨ 類語) ‖ ~ visitors [data, factors] おびただしい数の訪問客[データ, 要因]
❷《集合名詞とともに》多数からなる ‖ a ~ family [army] 大家族[大軍]
類語《❶》**numerous** 非常に多くの.
innumerable あまりに数が多くて数えられない.〈例〉*innumerable* stars 無数の星(♦「無数の」の意を表す語はほかに **countless, numberless** がある)
nu·mi·nous /njú:mɪnəs/ 形《堅》❶ 精霊の；超自然的な, 神聖な ❷ 崇高な, 荘厳な
nu·mis·mat·ic /njù:məzmǽṭɪk | -mɪz-/ 〈シ 形 貨幣[古銭]の；貨幣[古銭]学の **-i·cal·ly** 副
nù·mis·mát·ics /-s/ 名 U 貨幣[古銭]学[収集]《コイン・紙幣・メダルなどを含む》
nu·mís·ma·tist 名 C 貨幣[古銭]学者[収集家]
núm lòck (kèy) 名 C 💻 (パソコンのキーボード上の)ナムロックキー《オンにするとテンキーなどで数字入力が可能になる》
num·skull /nʌ́mskʌ̀l/ 名 C ⊗《蔑》ばか, あほう
***nun** /nʌn/ (♦同音語 none) 名 C ❶ 修道女(↔ monk), 尼(あま), 尼僧 ❷〚鳥〛ドバト[イエバト]の一品種《首から頭にかけて羽毛が修道服のフードのように伸びる》；アイサ(smew)；エボシガラ《ヨーロッパ産》
nun·cha·ku /nʌ̀ntʃɑ́:ku:/ 名 (複 ~ OR ~s /-z/) C ヌンチャク《2本の棒を鎖やひもで連結した武器》(♦日本語(沖縄方言)より)
nun·ci·a·ture /nʌ́nsiətjʊ̀ər/ 名 U ローマ教皇大使[使節]の職[任期]
nun·ci·o /nʌ́nsiòu/ 名 (複 ~s /-z/) C ローマ教皇大使[使節]
nun·cu·pa·tive /nʌ́ŋkjupèɪṭɪv | nʌŋkjú:pə-/ 形〚法〛(遺言などが)口頭[口述]での
nun·ner·y /nʌ́nəri/ 名 (複 -ner·ies /-z/) C 女子修道院, 尼僧院(♦現在は convent を用いる)
nup·tial /nʌ́pʃəl/ 形《限定》結婚の, 婚姻の；結婚式の
━名 C《通例 ~s》結婚式, 婚礼(wedding)
nurd /nə:rd/ 名 =nerd
Nu·rem·berg /njʊ́ərəmbə̀:rg/ 名 ニュルンベルク(ドイツ語名 Nürnberg)《ドイツのバイエルン州北部の都市. 第2次世界大戦後, ナチ戦犯の国際軍事裁判が行われた》
:nurse /nə:rs/ (発音注意) 名 動
━名 (複 **nurs·es** /-ɪz/) C ❶ **看護師**, 看護婦[士], 看護人(→ sister) ‖ a registered [practical] ~《米》正[準]看護師 / a visiting ~ (各家庭を回る)巡回看護師 / a student ~ 見習い看護師 / a male ~ (特に重度精神病患者を世話する)男性の看護師 / *Nurse* Johnson ジョンソン看護師《呼称として》/ Come quickly, *Nurse*. (呼びかけとして)看護師さん, 早く来てください
❷《旧》**子守り**(nursemaid), 保育士, 保母(→ dry nurse, nanny)；《古》乳母《母親に代わって授乳する》(→ wet nurse)(♦自分の家の乳母を指す場合は固有名詞的に用いる. → father)
❸ (…を)はぐくむもの[人]；温床 ‖ England, the ~ of liberty 自由の育ての親, 英国
❹〚植〛《しばしば名詞を修飾して》(幼樹保護のために植える)保護樹；〚虫〛保母虫《幼虫を育てる働きバチ・アリなど》
━動 (**nurs·es** /-ɪz/；**~d** /-t/；**nurs·ing**)
━他 ❶〔病人〕**を看病する**, 看護する, 介護する ‖ My husband ~*d* me back to health. 夫の看病のおかげで私は健康を回復した / He worked in the hospice *nursing* terminal patients. 彼はホスピスで働いて末期患者の介護をした
❷《受身形不可》〔病気・けが〕の治療[療養]に努める, 養生する；〔体の痛む部位など〕をかばう ‖ Yesterday I was at home, *nursing* a cold. 昨日は家で風邪の養生をしていました / ~ an injured leg けがをしている足をかばう
❸〔赤ん坊〕に**乳を飲ませる**, 授乳する；《受身形で》《旧》育つ
❹〔子供など〕を優しく抱く, 愛撫(あいぶ)する；〔物〕を大事に抱える ‖ The child ~*d* a puppy in his arms. 子供は子犬を腕の中に抱きかかえた / ~ one's knees ひざを抱える / ~ the fire 火に当たる, 暖をとる
❺《受身形不可》〔感情・思想など〕を心に抱く ‖ ~ an ambition 野望を抱く / ~ bitterness 恨み[敵意]を抱く
❻〔物〕を**大事に育てる**, 育成する；(困難な状況で)…の面倒を見る(⇨ GROW 類語P) ‖ ~ plants 植物を丹精込めて育てる / She ~*d* her business through the recession. 彼女は不況にめげず事業を発展させた
❼ …を大切に扱う, …に細心の注意を払う ‖ ~ one's savings 貯金を管理する
❽〔酒など〕を味わって飲む
❾〚ビリヤード〛(続けて打てるよう)〔玉〕を寄せておく[ナースにする]
━自 ❶ (赤ん坊が)母乳を飲む；(母親が)授乳する
❷ 看護師として勤務する；看病する
語源「育てる, 食べ物を与える」の意のラテン語 *nutrire* から. nourish と同語源.
▸▸ **~ practítioner** 名 C 臨床看護師《一定の医療活動を行う資格を持った登録看護師》 **~'s áide** 名 (複 **nurses' aides**) C《米》補助看護師；看護助手《正規の研修を必要としないベッド・入浴などの世話をする》
núrse·màid 名 C《旧》子守女(中立 babysitter)
:nurs·er·y /nə́:rsəri/ (発音注意)
━名 (複 **-er·ies** /-z/) C ❶ **託児所**(→ day nursery)；託児室[コーナー]；保育園(→nursery school)；育児室, 子供部屋
❷ 苗床, 養樹(販売)園；養殖[養魚]場 ‖ a ~ garden 苗木畑
❸《文》育成環境[場所]；(悪の)温床
❹《名詞を修飾して》2歳馬の ‖ ~ stakes 2歳馬のレース
▸▸ **~ educàtion** 名 U 幼児教育 **~ nùrse** 名 C《英》(保育園の)保母[父], 保育士 **~ rhỳme** 名 C わらべ歌, 童謡 **~ schòol** 名 C 保育園 **~ slòpes** 名 複《英》(スキーの)初心者向きスロープ
núrs·er·y·man /-mən/ 名 (複 **-men** /-mən/) C 苗木[植木]屋
:nurs·ing /nə́:rsɪŋ/
━名 U (職業としての)**看護**, 看病；介護；保育 ‖ go into ~ 看護の仕事に就く / home ~ 在宅看護[介護]
▸▸ **~ bòttle** 名 C《米》哺乳(ほにゅう)瓶(《英》feeding bottle) **~ hòme** 名 C (老人・病人の)療養所, 老人ホーム；(小規模の)私立医院 **~ móther** 名 C 授乳期間中の母親
nurs·ling, nurse- /nə́:rslɪŋ/ 名 C《文》(特に乳母の育てる)乳飲み子, 幼児
***nur·ture** /nə́:rtʃər/ 動 他 ❶ …を養育する, 育てる；…に栄養を与える ❷ …を教育[養成]する；〔計画・考えなど〕を抱く, 促進する
━名 U 養育；(しつけ・教育などの)環境 ‖ nature and ~ 生まれと育ち
NUS 略 *N*ational *U*nion of *S*eamen ((英国の) 全国海員組合)；*N*ational *U*nion of *S*tudents((英国の)全国学生同盟)
:nut /nʌt/
━名〔▸ nutty 形〕(複 **~s** /-s/) C ❶ **木の実**, ナッツ(♦ナッツの種類：cashew(nut)(カシューナッツ), chestnut(クリ), coconut(ココナッツ), ginkgo nut(ギンナン), hazel nut(ヘーゼルナッツ), peanut(ピーナッツ)など)；堅果(の仁(じん)) ‖ crack a ~ 木の実を割る
❷〚機〛ナット, 留めねじ

❸《口》変わり者；精神障害者(《英》nutter)；〈…の〉熱狂的愛好家〈**about**〉，《名詞の後に置いて》(熱狂的)…ファン(buff) ‖ a movie ～ 映画ファン
❹《口》頭 ‖ Use your ～! 頭を働かせろ
❺《米俗》(事業の)設立資金，(演劇などの)制作費
❻(弦楽器の)糸枕(いとまくら)，糸受け，上駒(うわごま)；(弦楽器の弓の)毛留め，ナット
❼《～s》《俗》睾丸(こうがん)(testicles)
❽《通例 ～s》(バター・石炭などの)小塊
a hàrd [OR ***tòugh***] ***nùt to cráck*** 《口》困難な問題[状況]；扱いにくい人，強敵
dò one's nút 《英口》怒る
for núts 《通例 can't とともに》《英口》さっぱり，全然 ‖ He can't swim *for ～s.* 彼は全く泳げない
òff one's nút 《口》気がふれた，頭が変になった
the nùts and bólts 《口》〈…の〉土台，根本；〈機械などの〉仕組み〈**of**〉 ‖ *the ～s and bolts of* running a business 事業経営のこつ / *nuts-and-bolts* advice 基本的で具体的な助言
―動 (**～s** /-s/；**nut·ted** /-ɪd/；**nut·ting**)
―自 木の実を拾う ‖ go *nutting* 木の実拾いに行く
―他《英口》〔人〕に頭突きをする
nùt óut ... / ***nùt ... óut*** 〈他〉《豪・ニュージ》…を計算する，…を解く；…の答えを出す
▶▶**～ òil** 名Ⓤ 堅果油
ǸUT́ 略 *N*ational *U*nion of *T*eachers ((英国の)全国教員連盟)
nùt-brówn <シ 形 くり色の，暗褐色の
nút-bùtter 名Ⓤ《英》ナッツバター《ピーナッツバターなど》
nút·càse 名Ⓒ⊗《口》《蔑》頭のおかしい人，奇人
nút·cràcker 名Ⓒ ❶ クルミ割り器(♦《英》ではしばしば nut crackers で複数扱い) ❷【鳥】ホシガラス
nút·gàll 名Ⓒ 節(ふし)，没食子(もっしょくし)《特にオーク(oak)にできる虫こぶ．染料用》
nút·hàtch 名Ⓒ【鳥】ゴジュウカラ
nút·hòuse 名Ⓒ《口》❶ 混乱と無秩序の場 ❷ ⊗《蔑》《旧》精神科病院

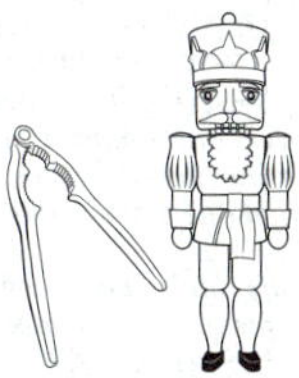
nutcracker ❶

nút·mèat 名Ⓤ (クルミなどの)木の実の仁(じん)
nut·meg /nʌ́tmèg/ 名 ❶Ⓤ ナツメグ《ニクズクの種子．スパイス用》；【植】Ⓒ ニクズク(の木) ❷Ⓒ【サッカー】また抜き
nút·pìck 名Ⓒ《米》ナットピック《クルミなどの実をほじり出す用具》
nu·tra·ceu·ti·cal /njù:trəsjú:tɪkəl/ 名ⒸⓊ 機能性食品(functional food)(♦ *nutr*ition＋pharm*aceutical* より)
Nu·tra·Sweet /njú:trəswì:t/ 名Ⓤ《商標》ニュートラスイート《低カロリーの人工甘味料》
nu·tri·a /njú:triə/ 名Ⓒ【動】ヌートリア《南米原産の水生の齧歯(げっし)目の動物》；Ⓤ ヌートリアの(毛)皮
***nu·tri·ent** /njú:triənt/ 名Ⓒ 栄養分[素]，滋養分 ‖ full of ～*s* 栄養たっぷりの
―形 栄養分に富む
nu·tri·ge·no·mics /njù:trədʒɪnóumɪks, -ná(:)-|-nɔ́-/ 名Ⓤ 栄養遺伝子(科)学《栄養と遺伝子の関係についての研究》
nu·tri·ment /njú:trɪmənt/ 名ⒸⓊ 滋養物，(栄養のある)食物(food)；滋養，糧(かて)
***nu·tri·tion** /njutríʃən/ 名Ⓤ ❶ 栄養補給[摂取] ❷ 栄養(物)，食べ物；(食品パッケージに表示される)栄養成分 ❸ 栄養学
～·al 形 栄養上の ‖ the ～ value of sugar 砂糖の栄養価 **～·al·ly** 副
nu·tri·tion·ist /njutríʃənɪst/ 名Ⓒ 栄養士
nu·tri·tious /njutríʃəs/ 形 滋養分の多い，栄養になる
～·ly 副 **～·ness** 名
nu·tri·tive /njú:trəṭɪv/ 形 ❶ 栄養のある，滋養分の多い ❷ 栄養(上)の ‖ ～ value 栄養価
nuts /nʌts/ 《俗》形《叙述》❶ ⊗《蔑》気の狂った，頭のいかれた ❷ 〈…に〉夢中な，熱中している〈**about, over**〉

COMMUNICATIVE EXPRESSIONS
1 **I'm gòing núts.** 気が狂いそうだ；くたくたでまいっちゃいそうだ(♥ ストレスや心配事などで頭がおかしくなりそうな状態を表す俗な表現)
2 **You're núts.** あんた，いかれてるよ；頭おかしいんじゃないの(♥ 理解し難い行動を取る相手などに対して用いるくだけた表現)

―間 ちぇっ，くそっ，ばかな

COMMUNICATIVE EXPRESSIONS
3 **Núts to you.** ふん；くたばっちまえ(♥ うっとうしい[無礼な]相手に対して不快感・怒り・拒絶などを示すやや野卑な表現)

nút·shèll 名Ⓒ クルミの殻
in a nútshell NAVI 一言で[簡潔に](言えば) ‖ to put it *in a ～* それを手短に言えば，早い話が
nut·so /nʌ́tsou/ 形名Ⓒ《米俗》頭のいかれた(やつ)
nut·ter /nʌ́ṭər/ 名Ⓒ《英口》変わり者；精神障害者
nut·ty /nʌ́ṭi/ 形〔◁ nut 名〕❶ 木の実の香りのする，ふくいくたる香りの ❷ ⊗《俗》《蔑》気の狂った，ばかげた ❸《俗》《叙述》夢中な，熱中している
(***as***) ***nutty as a fruitcake*** ⇨ FRUITCAKE(成句)
nux vom·i·ca /nʌ̀ks vá(:)mɪkə|-vɔ́m-/ 名(複 ～)Ⓒ【植】マチン(馬銭)《インド原産の高木》；マチンの種子，馬銭子《ストリキニーネを含む．薬用》
nuz·zle /nʌ́zl/ 動 自《＋副句》(好意を示すため)鼻をすり寄せる；すり寄る
―他 …に鼻をすり寄せる，…にすり寄る
ǸV́ 略【郵】Nevada；《オランダ》*Naamloze Vennootschap*(＝Nameless Partnership)有限(責任)会社
ǸVQ́ 略 *N*ational *V*ocational *Q*ualification ((英国の)全国職業資格)
ǸẂ 略 northwest, northwestern
ǸẀT́ 略 *N*orth*w*est *T*erritories
ǸÝ 略【郵】*N*ew *Y*ork
Ǹ.Ý. 略 *N*ew *Y*ork
nya·la /njá:lə/ 名(複 ～ OR ～s /-z/)Ⓒ【動】ニアラ《南アフリカ産の大型のレイヨウ》
ǸYĆ, Ǹ.Y.Ć. 略 *N*ew *Y*ork *C*ity
nyc·ta·lo·pi·a /nɪ̀ktəlóupiə/ 名Ⓤ【医】夜盲症，鳥目(night blindness) **-lóp·ic** 形
nyc·to·pho·bi·a /nɪ̀ktəfóubiə/ 名Ⓤ【医】暗所恐怖症
***ny·lon** /náɪlɑ(:)n|-lɔn/ 名 ❶Ⓤ ナイロン(繊維) ❷Ⓒ《～s》ナイロンストッキング[タイツ]
語源 この製品を作ったデュポン社による命名．vi*nyl*＋ray*on* からとする説もあるが不詳．
***nymph** /nɪmf/ 名Ⓒ ❶【ギ神・ロ神】ニンフ《山・川などにすむ美少女の姿をした精霊・妖精(ようせい)》 ❷《主に文》美少女 ❸【虫】(不完全変態する昆虫の)幼虫 ❹【釣】ニンフ《擬餌針(ぎじばり)》
nym·phet /nímfɪt/ 名Ⓒ (特に10代前半の)小悪魔のような娘
nym·pho /nímfou/ 名《口》＝nymphomaniac
nym·pho·ma·ni·a /nɪ̀mfəméɪniə/ 名Ⓤ【医】女子色情(症)(→ satyriasis)
-àc 形名Ⓒ 女子色情症の(患者)
ǸYPD́ 略 *N*ew *Y*ork *P*olice *D*epartment
ǸYSÉ 略 *N*ew *Y*ork *S*tock *E*xchange (ニューヨーク証券取引所)
nys·ta·tin /nístətɪn/ 名Ⓤ【薬】ナイスタチン《抗真菌抗生物質の1つ》
ǸŹ, Ǹ.Zéal. <シ 略 *N*ew *Z*ealand

O

The **only** good is knowledge, and the **only** evil is ignorance. 唯一の善は知識であり，唯一の悪は無知である

(⇨ SOCRATES)

o

o, O[1] /oʊ/ 名 (複 **o's, os** /-z/ ; **O's, Os** /-z/) Ⓒ ❶ オー《英語アルファベットの第15字》 ❷ o[O]の表す音 ❸ (活字などの) o [O] 字 ; O字形(のもの) ‖ make an *O* sign with thumb and forefinger 親指と人差し指でO字形を作る[オーケーの合図をする] ❹ Ⓤ (血液の)O型 ❺ (連続するものの)第15番目 ❻《口》(電話番号などの)ゼロ, 零 ‖ seven o six four 7064

▸▸**Ó gràde** 名 Ⓒ《スコット》普通級試験 (ordinary grade), その合格者 **Ó lèvel** 名 Ⓒ Ⓤ〘教育〙(1988年以前の英国の一般教育資格試験(GCE)での) 普通レベル (ordinary level) (→ A level)

O[2] /oʊ/ 間 (♦ 常に大文字で書き, 直後にコンマ・ピリオド・感嘆符は置かない. oh の方がふつう. → oh[1]) ❶《呼びかけ》《古》おお, ああ ‖ *O* Lord, help me! おお主よ, 我を助けたまえ ❷《文》おお, ああ, おや (♥ 願望・懇請・驚き・恐怖・苦痛などを表す) ‖ *O* for another glimpse of it! 今ひとたび垣間(かいま)見ることができたらなあ / *O* that I might see him! 彼に会えればなあ ❸《肯定・否定語などを強めて》‖ *O* yes. そうだとも

O[3] 略〘電〙ohm ; 〘言〙Old ; 〘数〙order ; 〘印〙octavo ; 〘野球〙out(s) ; 〘クリケット〙over(s) ; 🖳over(♦ Eメール用語)

O[4] 記号〘化〙oxygen(酸素)

O. 略 Ocean ; October ; Ohio ; Ontario

o' /ə/ 前 ❶ =of ‖ *o*'clock / jack-*o*'-lantern / 《口》a cup *o*' tea ❷《文》=on ‖ *o*'nights

O' /oʊ, ə/ 接頭《アイルランド系氏族の名につけて姓を表す》‖ *O*'Connor, *O*'Brien (→ Mac-)

-o 接尾《口語・俗語での変化形》‖ kidd*o*, win*o*

-o- 接尾 ❶《(ギリシャ語源の) 複合語につけて限定・同格関係を表す》‖ speed*o*meter / techn*o*cracy / seri*o*comic / Franc*o*-German (♦ 母音の前ではしばしば省略される) ❷《連結形の構成要素》‖ soci*o*-

ÒÁ 略 *o*ffice *a*utomation ; 〘医〙osteoarthritis

oaf /oʊf/ 名 Ⓒ ⊗《蔑》無骨者 ; ばか, 間抜け ‖ You big ～! このどあほう **～·ish** 形 無骨な ; ばかな, 間抜けな

O·a·hu /oʊáːhuː/ 名 オアフ(島)《ハワイ諸島中の主島. ハワイ州の州都 Honolulu がある》

‡oak /oʊk/

—名 (複 **～** OR **～s** /-s/) ❶ (= **～ trèe**) Ⓒ **オーク**《ナラ・カシワ・カシなど, ブナ科コナラ属の樹木の総称 ; 実は acorn》; オークに似た木《poison oak など》‖ *Great ～s from little acorns grow.* 《諺》大きなオークの木も小さいドングリから育つ

❷ Ⓤ オーク材《堅牢で家具・建築材に用いる》; オーク材製品 ; 《形容詞的に》オーク材[製]の ‖ an ～ desk オーク製の机 ❸ 《the O-s》オークス(競馬)《エプソムで行われる重賞レースで英国5大 classic races の1つ》

spòrt the [OR ***one's***] ***óak*** 《英》(大学生が) (オークの扉を閉めて) 面会を謝絶する

▸▸**～ àpple** 名 Ⓒ オークの没食子(もっしょくし)《タマバチなどの幼虫が作る虫こぶ》

oaked /oʊkt/ 形 (ワインが)オーク風味の

oak·en /óʊkən/ 形《限定》《文》オーク材[製]の

Oak·land /óʊklənd/ 名 オークランド《米国カリフォルニア州西部サンフランシスコ湾に臨む都市》

oa·kum /óʊkəm/ 名 Ⓤ 槇肌(まいはだ)《古縄などをほぐしたもの. 船の漏水を防ぐために板の間に詰める》

ÒÁP 略《英》*o*ld-*a*ge *p*ension(er)(老齢年金(受給者))

OAPEC /ouéɪpek/ 略 *O*rganization of *A*rab *P*etroleum *E*xporting *C*ountries(アラブ石油輸出国機構)

***oar** /ɔːr/ (♦ 同音語 ore) 名 Ⓒ ❶ オール, かい, 櫓(ろ) ‖ a pair of ～*s* (左右) 1対のオール / 「pull on [×row] the ～*s* オールをこぐ / toss the ～*s* オールを直立させる (♦ 敬礼の形) ❷ こぎ手 ; ボート選手 (oarsman) ‖ a good [practiced] ～ うまい[慣れた]こぎ手

gèt [OR ***pòke, pùt, stìck***] ***one's óar ìn*** 《主に英口》(人の話などに)口を挟む, 干渉する

rèst [OR ***lèan,*** 《米》***lày***] ***on one's óars*** こぐのを中断する ; 一休みする ; 努力をやめる

—動 他 〔ボートなど〕をオールでこぐ ; …をこいで進む

—自 オール[ボート]をこぐ

óar·lòck 名 Ⓒ《米》オール受け(《英》rowlock)

oars·man /ɔ́ːrzmən/ 名 (複 **-men** /-mən/) (♦ 女性形は oarswoman) Ⓒ こぎ手 (中立 rower, paddler)

～·shìp 名 Ⓤ こぎ手としての技量[腕前]

ÒÁS 略 *O*rganization of *A*merican *S*tates(米州機構)

OASDHÍ 略 *O*ld *A*ge, *S*urvivors, *D*isability, and *H*ealth *I*nsurance (高齢者・遺族・障害者年金および健康保険(制度))《米政府による年金保険制度》

o·a·sis /ouéɪsɪs/ 《発音注意》名 (複 **-ses** /-siːz/) Ⓒ オアシス《砂漠の中の水の出る緑地》; くつろぎの場 ; 慰安を与えてくれるもの

oast /oʊst/ 名 Ⓒ (ホップなどの)乾燥がま

óast·hòuse 名 Ⓒ (ホップなどの)乾燥所

***oat** /oʊt/ 名 Ⓒ ❶ (植物の) オートムギ, カラスムギ, エンバク(燕麦) ; 《～s》《単数・複数扱い》《穀物の》オーツ麦, カラス麦, エンバク (→ wild oat) ; 《形容詞的に》オーツ麦(製)の ❷ 《～s》《単数扱い》=oatmeal

fèel one's óats ①《口》生き生きしている, 元気いっぱいである ②《米口》偉ぶる, うぬぼれる

gèt one's óats 《通例進行形で》《英口》(日常的に)セックスをする

òff one's óats 食欲がなくて

sow one's wild oats ⇨ WILD OAT(成句)

▸▸**～ gràss** 名 Ⓒ =wild oat

óat·càke 名 Ⓒ オーツケーキ《オーツ麦製堅焼きビスケット》

oat·en /óʊtən/ 形 オーツ麦(製)の ; オートミール(製)の

oat·er /óʊṭər/ 名 Ⓒ《主に米口》西部劇

***oath** /oʊθ/ 名 (複 **～s** /oʊðz, oʊθs/) ❶ Ⓒ Ⓤ 誓い ; (法廷における)宣誓 ; (宣誓後の)誓約〈**to do** …する / **that** 節…という〉‖ The President will take the ～ of office tomorrow. 大統領は明日就任の宣誓をする / He took an ～ *to* [OR *that* he would] serve the queen for as long as he lived. 彼は生きている限り女王に仕えると誓った / an ～ of allegiance 忠誠の誓い / take the ～ (法廷で)宣誓する ❷ Ⓒ ののしり ; 呪(のろ)い(の言葉)《怒りや驚きのために Jesus (Christ)! などと神の名を用いること》‖ mutter an ～ ののしりの言葉をつぶやく

my óath 《豪・ニュージ》もちろん, そのとおり

on [OR ***upon***] ***one's óath*** 誓って ‖ I promise you *on* my sacred ～ that .... 神に誓って…だと請け合います

****on*** [OR ***under***] ***óath*** 〘法〙宣誓して ‖ put a defendant *on* ～ 被告に宣誓させる / give evidence *under* ～ 宣誓の上で証言する

óat·mèal 名 Ⓤ ❶ オートミール《ひき割りオーツ麦に水や牛乳を加えて作ったかゆ. 朝食用》; ひき割りオーツ麦 ❷ 灰色がかった黄色 —形 オートミールの ; 灰色がかった黄色の

ÒAÚ 略 *O*rganization of *A*frican *U*nity(アフリカ統一機構)

ob, ob. 略《ラテン》*obiit*(=he [she] died) ; 《ラテン》*obiter*(=incidentally) ; 〘楽〙oboe

ÒB 略〘医〙obstetrician, obstetrics ; off-*B*roadway ;

Old Boy;《英》outside broadcast
ob- 接頭(♦c, f, p の前ではそれぞれ oc-, of-, op-) ❶《さらされた状態》‖ *ob*ject, *ob*noxious ❷《直面》‖ *ob*vious, *oc*casion, *oc*cur, *of*fend, *op*portune ❸《方向》‖ *ob*long, *of*fer ❹《同意》‖ *ob*ey ❺《敵対・抵抗》‖ *ob*stinate, *op*ponent, *op*press ❻《障害・隠蔽(いんぺい)》‖ *ob*stacle, *oc*cult ❼《完全性》‖ *ob*solete ❽《反対・逆》‖ *ob*cordate /ɑ(ː)bkɔ́ːrdeɪt | ɔb-/ 《《植》(葉が)倒心(臓)形の》
Obad 略〖聖〗Obadiah
O·ba·di·ah /òubədáɪə/ 名〖聖〗オバデア書《旧約聖書中の預言書. 略 Obad》
O·ba·ma /oubɑ́ːmə/ 名 **Barack Hussein ~** オバマ(1961–)《米国第44代大統領(2009–)》
ob·bli·ga·to /ɑ̀(ː)bləgɑ́ːṭou | ɔ̀blɪ-/ 〖楽〗形 欠くことのできない, 必須の ―名(複 **~s** /-z/ OR **-ti** /-tiː/) Ⓒ 必須伴奏部[声部], オブリガート(♦《米》では obligato ともつづる)
ob·du·rate /ɑ́(ː)bdjurət | ɔ́b-/ 形 情[説得]にほだされない;(悔い)改めようとしない;頑固な, かたくなな
-ra·cy 名 Ⓤ 頑固, 強情 **~·ly** 副 **~·ness** 名
OBE 略 *O*fficer of the (Order of the) *B*ritish *E*mpire(大英帝国4等勲爵士)
*o·be·di·ence /oubíːdiəns, ə-/ 名〔◁ obey 動〕Ⓤ〈…への〉服従, 従順;〈法・命令などに対する〉遵守〈**to**〉(↔ disobedience) ‖ The captain demanded absolute ~ from the members of his team. 主将は部員に絶対服従を求めた / passive [blind] ~ *to* custom 慣習に対する黙従[盲従] / act in ~ *to* the law 法律に従って行動する
*o·be·di·ent /oubíːdiənt, ə-/ 形〔◁ obey 動〕〈目上・法・権威に対して〉従順な, 素直な;〈…の〉言うことをよく聞く〈**to**〉‖ My cousin is ~ *to* her parents. いとこは両親の言うことをよく聞く / a ~ child 素直な子供 / Your ~ servant 《旧》敬具《公文書などの結句》
~·ly 副 服従して, 従順に
o·bei·sance /oubéɪsəns, ə-/ 名 Ⓒ Ⓤ ❶《堅》(敬意・服従の意を表す)うやうやしいしぐさ, おじぎ;敬意 ❷ 丁寧なおじぎ, 敬礼 ‖ make an ~ = do [OR pay] ~ 深々と頭を下げる **-sant** 形 敬意[恭順の意]を表する
ob·e·lisk /ɑ́(ː)bəlɪsk | ɔ́b-/ 名 Ⓒ ❶ オベリスク, 方尖(ほうせん)塔 ❷〖印〗=dagger ❷ ❸ =obelus ❶

obelisk ❶

ob·e·lus /ɑ́(ː)bələs | ɔ́b-/ 名(複 **-li** /-làɪ/) Ⓒ ❶(古写本の疑わしい部分を示す)疑句標(−, ÷) ❷〖印〗=dagger ❷
O·ber·on /óubərɑ̀(ː)n | -rən, -rɔ̀n/ 名 オベロン ❶(中世伝説の)妖精(ようせい)の王 ❷〖天〗天王星の第4衛星
o·bese /oubíːs/ 形 ❶(病的に)肥満した(⇨ FAT 類語) ❷《口》太りすぎの
o·be·si·ty /oubíːsəṭi/ 名 Ⓤ(病的な)肥満 ‖ Humanity suffers from either ~ or starvation. 人類は肥満と飢餓のどちらかに悩まされている
⁑o·bey /oubéɪ, ə-/《アクセント注意》
―動〔▶ obedience 名, obedient 形〕(**~s** /-z/; **~ed** /-d/; **~·ing**)
―他 ❶〔命令・規則など〕に**従う**, …を遵守する;〔人〕の言うとおりにする, …に服従する(↔ disobey)(⇨ FOLLOW 類語P) ‖ ~ **rules** [the **law**, **orders**] 規則[法律, 命令]に従う / The child didn't ~ his teacher. その子は先生の言うことを聞かなかった
❷〔法則・原理など〕に従って行動する;〔力・衝動など〕のままに動く, …に支配される ‖ *Obey* your conscience. 良心に従いなさい / The lever ~*ed* the pilot's slightest touch. レバーはパイロットが軽く触れただけで思いどおりに動いた ―自 言うことを聞く, 従う, 服従する **~·er** 名
ob·fus·cate /ɑ́(ː)bfʌskèɪt | ɔ́b-/ 動 他 ❶〔頭・判断など〕を曇らせる, 鈍らせる, …をわかりにくくする ❷ …を混乱[当惑]させる **òb·fus·cá·tion** 名 **ob·fús·ca·tò·ry** 形
ob-gyn /òubiːdʒiːwaɪén/ 名《米口》❶ Ⓤ 産婦人科 ❷ Ⓒ 産婦人科医(♦*ob*stetrics+*gyn*ecology より)
o·bi /óubi/ 名 Ⓒ 帯(♦日本語より)
o·bit /óubɪt/ 名《口》=obituary
o·bi·ter dic·tum /òubəṭər díktəm | ɔ̀bɪ-/ 名(複 **òbiter díc·ta** /-díktə/)《ラテン》(=incidental word(s)) Ⓒ ❶〖法〗(判決中での判事の)付随的意見, 傍論 ❷ 折に触れての見解, 付言
*o·bit·u·ar·y /əbítʃuèri | -əri/ 名(複 **-ar·ies** /-z/) Ⓒ(新聞などの)死亡記事 ―形 死亡の, 人の死に関する[を記録する] ‖ ~ notices 死亡広告
obj. 略〖文法〗object, objective;objection
⁂ob·ject /ɑ́(ː)bdʒekt, -dʒɪkt | ɔ́b-/《アクセント注意》(→ 動) 名 動

中心義 **(Aを)投げかける対象となる(もの)**(★Aは「視線」「行為」「意見」など多様)

> 名 **物❶ 対象❷ 目的❸ 目的語❹**
> 動 自 **反対する**

―名(複 **~s** /-s/) Ⓒ(⇨ SUBJECT BYB) ❶(見たり触れたりできる)**物**, 物体 ‖ What is that strange ~ flying in the sky? 空を飛んでいるあの奇妙な物体は何ですか / a hard [beautiful] ~ 固い[きれいな]もの
❷〈感情・動作などの〉**対象**, 的(まと)〈**of**〉‖ He is the ~ *of* universal envy. 彼は万人の羨望(せんぼう)の的だ / The exchange student was an ~ *of* interest for the whole town. その交換学生は町中の興味の対象だった / an ~ *of* pity [contempt] 哀れみ[軽蔑]の対象
❸《通例単数形で》〈行為の〉**目的**, 目標, 意図〈**of**〉(⇨ 類語, PURPOSE 類語) ‖ Our ultimate ~ is to completely eliminate harmful exhaust emission. 私たちの究極の目標は有害な排気ガスの放出をゼロにすることだ / with the ~ *of* studying dialects 方言研究の目的で / His ~ in coming late was to avoid meeting Lisa. 彼が遅れて来たのはリサに会うのを避けるためだった
❹〖文法〗(他動詞・前置詞の)**目的語** ‖「a direct [an indirect] ~ 直接[間接]目的語《Give me the book. では, the book が直接目的語, me が間接目的語》
❺〖哲〗客体, 客観(↔ subject)
❻ 💻 オブジェクト《プログラミングにおける操作対象部品》
(*be*) ***nò óbject*** …は問題[重要]でない, 問わない(♦しばしば「…を買いたい」という趣旨の広告文で金額などを主語にして強意的に用いる) ‖ Seeking Picasso painting. Price *is no* ~. ピカソの絵を探しています. 値段は問いません
―動 /əbdʒékt/〔▶ objection 名〕(**~s** /-s/; **~·ed** /-ɪd/; **~·ing**)
―自〈…に〉**反対する**, 異議を唱える;〈…を〉いやがる, 不服に思う〈**to**〉(⇨ OPPOSE 類語) ‖ Our organization ~*s* strongly *to* whaling [the death penalty]. 我が団体は捕鯨[死刑]に強く反対している / "Do you ~ *to* my [OR me] smoking?" "No, not at all." 「たばこを吸ってもいいですか」「ええ, どうぞ」/ If nobody ~*s*, we'll move on to the next item on the agenda. もし異論がなければ次の議題に移ります / Mr. Chairman, I ~. 《堅》議長, 異議あり
―他(+**that** 節)…と言って反対する, …という反対意見を述べる(♦「that 節 の内容に反対する」の意ではない. 直接話法にも用いる) ‖ They ~*ed that* the plan would be much too costly. 彼らはその計画はあまりに費用がかかりすぎると言って反対した / "I'm not a liar," the child ~*ed*. 「僕はうそつきなんかじゃない」とその子は食ってかかった

> **類語**《名 ❸》**object, objective** 両方とも「目的」の意で同じように用いることが多いが, objective は政治・ビジネスの分野で多く使われる. 特に「すでに取り組んでいる目標」を表す場合には object よりも objective が好まれる.

語源 ラテン語 *ob-*（…に対して）+*jacere*（投げる）：…に対して投げつける

▸▸ ～ bàll 名 C 〖ビリヤード〗的球（㊐）　～ còde 名 U 💻目的コード《コンピューターが直接読めるコード》　～ glàss 名 C〖光〗（顕微鏡・望遠鏡などの）対物レンズ　～ làngua**ge** 名 U ①〖言〗対象言語《言語研究の対象としての言語》（→ metalanguage）② 💻コンパイル対象言語《コンパイル後の言語》　～ lèsson 名 C《通例単数形で》実物教育；よい教訓となる具体例　～ pèrmanence 名 U〖心〗対象の永続性《対象が視界から消えても存在し続けると認識する概念. 生後8か月ごろに発達するとされる》　～ prògram 名 =object code

ob·jec·ti·fy /əbdʒéktɪfàɪ/ 動 (**-fied** /-d/；**～·ing**) 他 …を対象化する；…を客観化する, 具体化する

*＊***ob·jec·tion** /əbdʒékʃən/ 名〔◁ object 動〕❶ C U〈…に対する〉反対；反対意見, 異議；不服〈**to**〉‖ Everyone raised [OR voiced] an ～ *to* the new dress code. だれもが新しい服装規定に異議を唱えた / If you have no ～, we will proceed with this project. ご異存がなければ, 本事業を継続して行います / I no longer have any ～ *to* your [OR you] chairing the meeting. あなたがその会の司会を務めることにもう異議はありません / "*Objection*!" "(*Objection*) sustained [overruled]." （主に法廷で）「異議を申し立てます」「異議を認めます［認めません］」❷ C〈…に対する〉反対の理由［根拠］；欠点, 難点；差し障り〈**to, against**〉‖ Our biggest ～ *to* [OR *against*] the road construction was that it would damage the environment. 我々が道路建設に反対した最大の理由は自然環境を破壊するということだった

COMMUNICATIVE EXPRESSIONS

1 (Are there) **àny objéctions?** 反対意見はありますか（♥ 意見の一致を確認する）

ob·jec·tion·a·ble /əbdʒékʃənəbl/ 形 ❶ 好ましくない, 不快な, 気に障る ‖ an ～ manner 好ましからざる態度 ❷ 異議の余地のある, 問題のある　**-bly** 副

*＊***ob·jec·tive** /əbdʒéktɪv/《アクセント注意》形 (**more** ～；**most** ～)（♦ ❶ 以外比較なし）❶ 客観的な, 事実に基づく, 感情に左右されない, 公平な ‖ You should always be ～ in judging others' abilities. 他人の能力を判断するときは常に客観的であるべきだ / take an ～ view [test] 公平な見方をする［客観テストを受ける］❷〖哲〗（認識と無関係に存在する）外界の, 客観的な（↔ subjective）❸ 実在する, 物体の ❹〖文法〗目的格の ‖ the ～ case 目的格 ❺（症状が）他覚性の《患者以外の人にもわかる》

── 名（複 **～s** /-z/）C ❶ 目標, 目的（goal）；（軍隊の）目標地点（⇨ OBJECT, PURPOSE 類語）‖ My ～ is to win the speech contest. 私の目標はその弁論大会で優勝することです / achieve [OR attain, meet] an ～ 目標を達成する ❷（= ～ lèns）〖光〗対物レンズ（object glass）❸〖文法〗目的格, 目的（格の）語

ob·jéc·tive·ly /-li/ 副 客観的に；客観的に見て［言って］

ob·jéc·tiv·ìsm /-ìzm/ 名 U 客観主義　**-ist** 名

ob·jec·tiv·i·ty /à(ː)bdʒektívəṭi | ɔ̀b-/ 名 U ❶ 客観性 ❷ 客観的［外的］現実

ob·jec·tor /əbdʒéktər/ 名 C 反対者（→ conscientious objector）

òbject-óriented 形 💻（プログラミング言語が）オブジェクト指向の

ob·jet d'art /ɔ̀(ː)bʒeɪ dáːr/（複 **-jets d'-**）名 C（小）美術品（♦ フランス語より）（=object of art）

ob·jet trou·vé /ㄧ─truːvéɪ | -trúːveɪ/ 名（複 **-jets t-**）C〖美〗オブジェトルベ《美術品でないもので美的価値を持つと認められたもの》（♦ フランス語より）（=found object）

ob·jur·gate /á(ː)bdʒərgèɪt | ɔ́b-/ 動 他《まれ》…を厳しく叱責（㊐）［非難］する　**òb·jur·gá·tion** 名　**ob·júr·ga·tò·ry** 形 叱責［非難］する

obl. 略 oblique；oblong

ob·late[1] /á(ː)bleɪt | ɔ́b-/ 形〖数〗扁球（㊐）の（↔ prolate）‖ an ～ spheroid 扁球面

ob·late[2] /á(ː)bleɪt | ɔ́b-/ 名 C（教会の）助修士

ob·la·tion /əbléɪʃən/ 名 ❶ U（神への）奉献；C 奉献物《パンとぶどう酒》；聖体（奉献）❷ U（教会などへの）寄付, 寄進　**～·al** 形

ob·li·gate /á(ː)blɪgèɪt | ɔ́b-/（→ 形）動 他《通例受身形で》（法律上・道徳上）〈…する〉義務を負う〈**to** *do*〉（⇨ OBLIGE 類語）‖ be [feel] ～*d to* answer 答える義務がある［と思う］　── 形 /á(ː)blɪgət | ɔ́b-/〖生〗（生物が）ある特定の環境のみに生息できる；真正の, 絶対の

*＊***ob·li·ga·tion** /à(ː)blɪgéɪʃən | ɔ̀b-/ 名〔◁ oblige 動〕❶ U/C《通例単数形で》（法・道徳・社会上の）義務, 責務, 責任（duty）〈**to** …に対する / **to** *do* …する〉；C（法・契約・約束などの）拘束力 ‖ I have an ～「*to* my family [*to* take care of the child]. 私には家族に対する［その子供の世話をする］義務がある / You are under no ～ *to* follow my advice. 私の忠告に従う義務はありませんよ / Please don't feel under any ～ *to* come. 無理をしておいでになるには及びません / You can try our new product without ～. （広告などで）ご自由に［無料で, 購入の義務なしに］当社の新製品をお試しいただけます / a sense of ～ 義務感 / a moral [legal] ～ 道徳［法律］上の義務 / the ～ of conscience （義務を果たさなければという）良心の拘束

❷ C〈…への〉恩義, 感謝；義理〈**to**〉‖ place him under an ～ 彼に恩義を与える / repay an ～ 恩義に報いる

❸ C（法的拘束力のある）協約, 契約；債務証書；債券（bond）；債務（額）‖ meet one's ～ 負債を支払う

ob·li·gato /à(ː)bləgáːṭoʊ/ 名 C 形《米》=obbligato

ob·lig·a·to·ry /əblígətɔ̀ːri, á(ː)blɪg- | -tə-/ 形〔◁ oblige 動〕❶〈…に〉義務として負わされる, 義務的な, 強制的な〈**for**〉；（科目などが）必須の ‖ It is ～ *for* you to first pass a written test. まず筆記試験に合格することが義務づけられています ❷《しばしば戯》お決まりの, 毎度おなじみの ‖ shed an ～ tear お約束の涙を流す

*＊***o·blige** /əbláɪdʒ/ 動〔▸ obligation 名, obligatory 形〕他 ❶ **a**（be ～d to *do* で）やむを得ず［余儀なく］…する, …せざるを得ない；…するよう義務づけられている（⇨ 類語, FORCE 類語）‖ I am ～*d to* send you written notice of our decision within 30 days. 30日以内に我々の決定を文書であなたに通知する義務がある　**b**（+目+**to** *do*）（法律・規則・慣習などが）〔人〕に…するよう義務づける［求める］‖ The law ～*s* drivers *to* wear seat belts. ドライバーはシートベルト着用を法律で義務づけられている ❷ …の要望に応える, …の願いをかなえてやる；…に恩恵を施す〈**with** …で；**by** *doing* …して〉（♥ 丁寧な表現）‖ The singer ～*d* her fans *with* another song. 歌手はファンの要望に応えてもう1曲歌った / Would you ～ me *by* parking your car elsewhere? どこかほかに車を止めていただけませんか ❸《受身形で》感謝している〈**to** 人に；**for** 親切・援助などに〉‖ I'd be ～*d* if you'd take part in the meeting. その会合にご参加いただければ大変ありがたく存じます（♥ 正式な手紙などで使う表現）/ I'm much ～*d*「*for* your kindness [OR *to* you *for* the kindness]. 《旧》ご親切誠にありがたく存じます（♥ 非常に丁寧な表現. 単に Much obliged. ともいう）

── 自〈…で〉要望に応える；恩恵を施す〈**with**〉‖ If you need my help, I'd be glad to ～. 私の力が必要なら喜んでお役に立ちますよ

COMMUNICATIVE EXPRESSIONS

1 **I fèel oblìged**「**to** tèll [**nót to** tèll] them about the dètails of the cóntract. 彼らには契約の詳細については話した［話さない］方がいいと思っています（✎I should [shouldn't] tell them ....）

2 **If you** cannòt fòllow the rúles, **I shall be oblìged to** púnish you. もし規則に従えないなら, 罰せざるを得ません（♥ 強迫・警告を表す形式ばった表現. ✎Unless you follow the rules, I will punish you.）

③ **You are nòt oblìged to** stày until the ènd of the méeting. 会議の最後までいなくてもいいですよ（♥ 許可を与えたり相手の判断に任せることを告げる形式ばった表現. ↘It's up to you to ....）

類語 《他 ❶》**oblige, obligate** 共に「…することを余儀なくさせる」の意だが, oblige が日常語なのに対し, obligate は法律的・道徳的な義務感が強められる. 〈例〉A doctor is *obligated* to help every patient. 医者にはすべての患者を助ける義務がある

ob·li·gee /ɑ̀(ː)blɪdʒíː | ɔ̀b-/ 名 C ❶〖法〗債権者（↔ obligor）❷ 恩義を負う人（↔ obliger）

o·blig·er /əbláɪdʒər/ 名 C 恩義を施す人, 世話をする人（↔ obligee）

o·blig·ing /əbláɪdʒɪŋ/ 形 親身になって助けてくれる, 親切な, よく人の世話をする ‖ a very ～ person とても世話好きの人 **～·ly** 副

ob·li·gor /ɑ̀(ː)bləgɔ́ːr | ɔ̀blɪ-/ 名 C〖法〗債務者（↔ obligee）

ob·lique /əblíːk/ 形 ❶ 間接の, 遠回しの；(目標から)外れた, それた ‖ an ～ accusation 遠回しの非難 ❷〖数〗(線・面・角度・立体が)斜めの；(角度が)直角でない, 斜角の ‖ an ～ angle 斜角 / an ～ cone 斜円錐(えんすい) ❸〖解〗(筋肉が)斜めの ‖ an ～ muscle 斜筋 ❹〖植〗(葉が)左右不等辺の ❺〖文法〗斜格の ‖ the ～ case 斜格の総称（主格・呼格以外の格）

―名 C 斜めのもの；斜線（/）；斜角；斜筋；〖海〗90度以下[鋭角]に進路を変えること

―動 自 傾斜する, 斜めになる；〖軍〗(45度角に)斜行する

～·ly 副 **～·ness** 名

ob·liq·ui·ty /əblíkwət̬i/ 名（複 **-ties** /-z/）U ❶ 傾斜；傾斜度 ❷ C 遠回し（の言動）❸ 不道徳, 不正 ❹〖天〗黄道傾角

***ob·lit·er·ate** /əblít̬ərèɪt/ 動 他 ❶ …を消滅させる；…の跡形をなくす ‖ The tornado ～*d* the village. 竜巻が村を壊滅させた ❷ …を完全に覆い隠す；〔文字など〕を消す；〔記憶など〕をぬぐい去る；〔切手〕に消印を押す

ob·lìt·er·á·tion 名 U 削除, 抹消；壊滅

ob·liv·i·on /əblíviən/ 名 U ❶（世間などから）忘れられている状態 ‖ fall [OR sink] into ～ 忘れ去られる ❷ 忘れること, 忘却；忘れっぽさ ❸〖法〗(昔の)大赦, 恩赦 ‖ the act [OR bill] of ～ 大赦令

ob·liv·i·ous /əblíviəs/ 形《通例叙述》忘れっぽい；〈…を〉気にしない, 〈…に〉気づかない〈**of, to**〉‖ be ～ *of* [OR *to*] the danger 危険に気づいていない

～·ly 副 **～·ness** 名

ob·long /ɑ́(ː)blɔ(ː)ŋ | ɔ́b-/ 形 長方形の, 横長の；楕円(だえん)[長円]形の ―名 C 長方形[楕円]形(のもの)

ob·lo·quy /ɑ́(ː)bləkwi | ɔ́b-/ 名 U《堅》《文》❶（激しい）悪口, ののしり, 非難, 罵倒(ばとう) ❷ 汚名, 不名誉

ob·nox·ious /ɑ(ː)bnɑ́(ː)kʃəs | əbnɔ́k-/ 形 とてもいやな, 非常に不快な, いとわしい ‖ an ～ smell [personality] とてもいやなにおい[性格] **～·ly** 副 **～·ness** 名

ÒBÓ, obo 略《米》*or best offer*《値段交渉可》

o·boe /óʊboʊ/ 名 C〖楽〗❶ オーボエ《木管楽器》❷（オルガンの）オーボエ音栓 **ó·bo·ist** 名 C オーボエ奏者

▸▸**～ d'amó·re** /-dəmɔ́ːri, dɑː-, -reɪ/ 名（複 **òboi d'-** OR **～s**）C〖楽〗オーボエダモーレ《オーボエより短3度低い木管楽器》(♦ イタリア語より)

obs. 略 observation, observatory；obsolete

***ob·scene** /əbsíːn/ 形 ❶ みだらな, 卑猥(ひわい)な, 猥褻(わいせつ)な ‖ I've been harassed with ～ phone calls.（卑猥な）いたずら電話に悩まされている / ～ language [jokes] 卑猥な言葉[猥談(わいだん)] / access an ～ web site 卑猥なウェブサイトにアクセスする / an ～ gesture みだらなしぐさ ❷ 公序良俗に反する；不道徳な；不愉快な；忌まわしい ❸ 醜悪な, 胸の悪くなるような ❹（数・量が)あきれるほど多い, 法外な **～·ly** 副 下品[みだら]に；極度に

***ob·scen·i·ty** /əbsénət̬i/ 名（複 **-ties** /-z/）❶ U 猥褻, 卑猥, みだら ❷ C《通例 -ties》卑猥な言葉[行為] ‖ utter an ～ under one's breath 小声で卑猥なことを言う

ob·scu·rant /əbskjʊ́ərənt/ 名 C ❶ 反啓蒙(けいもう)主義者 ❷ あいまいにものを言う人

―形 ❶ 反啓蒙主義(者)の ❷ あいまいにする

ob·scu·rant·ism /əbskjʊ́ərəntɪ̀zm | ɔ̀bskjuərǽnt-/ 名 U ❶ 反啓蒙主義, 隠蔽(いんぺい)主義 ❷（故意に）あいまいにすること **-ist** 名 形

***ob·scure** /əbskjʊ́ər/《アクセント注意》形〔▶ obscurity 名〕(**more ～ ; most ～**) ❶ 世に[よく]知られていない, 無名の（↔ famous）；人目につかない, へんぴな ‖ The origin of that idiom remains ～. その慣用句の起源はよくわかっていない / an ～ poet 無名の詩人 / an ～ village 人里離れた村 ❷（意味などが）不明瞭(めいりょう)な, あいまいな；理解しにくい（↔ clear）(⇨ AMBIGUOUS **類語**) ‖ What you're trying to say is still ～. 君の言おうとしていることがいまだによくわからない / an ～ explanation あいまいな説明 / for some ～ reason はっきりしない理由で, どういう訳か ❸ はっきり見えない[聞こえない]；ぼんやりした, 薄暗い；(色が)くすんだ；(傷などが)かすかな（↔ clear）‖ an ～ figure [sound] かすかな人影[物音] ❹〖音声〗(母音が)あいまいな ‖ an ～ vowel あいまい母音（/ə/）

―動 他 ❶ …をあいまいにする, わかりにくくする, 不明瞭にする ‖ The senator's resignation shouldn't be allowed to ～ these issues. 上院議員の辞職でこれらの問題があいまいにされてはならない ❷ …をよく見えなく[聞こえなく]する, 覆い隠す（↘ block [OR blot] out, cover over）（↔ expose）‖ Clouds ～*d* the moon from view. 雲に隠れて月は見えなくなった ❸ …を(薄)暗くする；ぼんやりさせる ❹〖音声〗〔母音〕をあいまい母音化する

～·ly 副 不明瞭に, ぼんやりと；人に知られず

***ob·scu·ri·ty** /əbskjʊ́ərət̬i/ 名〔◁ obscure 形〕（複 **-ties** /-z/）❶ U 世に知られていないこと[状態],（世間から）忘れられた状態[存在]；C 無名の人 ‖ She was plucked from ～ to stardom overnight. 無名だった彼女は一夜にしてスターの座にのし上がった / live in ～ ひっそりと暮らす ❷ U（意味などの）不明瞭；あいまいさ, 難解；C《通例 -ties》難解なもの[箇所] ‖ a poem full of *obscurities* 難解な点の多い詩 ❸ U（薄）暗さ

ob·se·quies /ɑ́(ː)bsəkwiz | ɔ́b-/ 名 複 葬式

ob·se·qui·ous /əbsíːkwiəs/ 形 こびへつらう, 追従的な

～·ly 副 **～·ness** 名

ob·serv·a·ble /əbzə́ːrvəbl/ 形 ❶ 目に見える, 観察できる；目につく ❷ 注目に値する **-bly** 副

***ob·serv·ance** /əbzə́ːrvəns/ 名〔◁ observe 動〕（複 **-anc·es** /-ɪz/）❶ U（法律・規則などを）守ること, 遵守,（慣習などに）従うこと ‖ the ～ of the speed limits 制限速度の遵守 ❷ U（祝祭日を）祝うこと；C《しばしば ～s》（宗教上の）儀式, 祭典, 式典 ❸ C 慣習, しきたり；行事 ❹ C〖宗〗(修道会の)規律 ❺ U 観察, 観測

ob·serv·ant /əbzə́ːrvənt/ 形 ❶ すぐに気づく, 鋭敏な；注意深い ‖ How ～ of you! まあよく気づいたねえ ❷（法律・規則などを）遵守[厳守]する ‖ ～ Muslims 戒律を厳守するイスラム教徒 **～·ly** 副

‡**ob·ser·va·tion** /ɑ̀(ː)bzərvéɪʃən | ɔ̀b-/

―名〔◁ observe 動〕（複 **～s** /-z/）❶ U C **観察；観測**；〖海〗天測, 天測示度；U 観察力 ‖ He was admitted to the hospital for ～. 彼は検査のために入院した / a long-term ～ of the chimpanzees' behavior チンパンジーの行動についての長期にわたる観察 / **make** a meteorological ～ 気象観測をする / take an ～ 天体（の位置）を観測[天測]する / have good powers of ～ 観察力が優れている / a person of keen [narrow] ～ 観察力の鋭い[乏しい]人

❷ U **気づく[気づかれる]こと**, 察知；監視, 注視 ‖ The fugitive escaped ～ in the darkness. 逃亡者は暗闇の中で気づかれずに済んだ / fall *under* his ～ 彼の目につく / an ～ tower 監視塔

❸ Ⓒ (観察に基づく)**意見**, 所見, 批評〈**on, about** …について の / **that** 節…という〉‖ **make an ～ *on*** [OR *about*] ... …について意見を述べる
❹ Ⓒ《通例 ～s》観察[観測]結果；観察記録；情報 ‖ ～*s* on bird life 鳥類の生態に関する観察記録
❺ Ⓤ (法律などの)遵守

**under observátion* (容疑者・患者などが) 監視[看護]されて ‖ keep a suspect *under* ～ (警察が) 容疑者を監視下に置いておく

⏩～ **càr** 名Ⓒ 展望車 ～ **pòst** 名Ⓒ〖軍〗監視所

ob·ser·va·tion·al /à(ː)bzərvéɪʃənəl | ɔ̀b-/ 形 観察の；(実験よりは)観察[観測]による **～·ly** 副

***ob·serv·a·to·ry** /əbzə́ːrvətɔ̀ːri | -tə-/ 名 (複 **-ries** /-z/) Ⓒ ❶ 観測所, 天文台, 気象台, 測候所 ❷ 展望台, 見晴らしのきく場所[建物]

‡**ob·serve** /əbzə́ːrv/ 中心義 **…を注意して見守る**

動 他 気づく❶ 観察する❷ 述べる❸ 守る❹

一動 〔▶ 他 ❶❷❸ 自 observation 名, 他 ❹❺ observance 名〕(**～s** /-z/；**～d** /-d/；**-serv·ing**)

一他 ❶《進行形不可》**気づく**, 見る **a** 《+目+*do* / *doing*》人が…する[している]のに気づく, …が…する[している]のを見る (⇨ NOTICE 類語) ‖ The receptionist ～*d* a young man run out of the door. 受付係は1人の若者が出入口から駆け出して行くのを目撃した (♦ 受身形には A young man was observed to run out of the door by the receptionist. のように to 不定詞を用いる) / She ～*d* one of her co-workers stalking her. 仕事仲間の1人にストーカー行為をされているのに彼女は気づいた **b** 《+**that** 節》…ということに気づく ‖ The doctor ～*d that* the patient's speech was impaired. 医師は患者の話し方が正常でないことに気づいた **c** 《+目》…に気づく, …を知るようになる ‖ ～ the change of seasons 季節の変化に気づく
❷ **a** 《+目》…を**観察する**, 観測する, 見守る；…を監視する ‖ ～ human behavior closely 人間の行動を詳しく観察する / ～ a class 授業を見学する **b** 《+**wh** 節》…かを観察[観測]する, 注意して見る[見守る] ‖ It is interesting to ～ *how* children learn to talk. 子供がどうやって話せるようになるのか観察するのは興味深い
❸ 《+**that** 節》(観察の結果として)…と**述べる**, 言う ‖ He ～*d that* the plan ought to have been put into practice long ago. 彼はその計画はずっと前に実行されているべきだったと述べた / "He is temperamental," she ～*d* to me. 「彼は気難しいの」と彼女は私に言った
❹〔法律・習慣など〕を**守る**, 遵守する；〔態度など〕をとり続ける (⇨ FOLLOW 類語P) ‖ ～ a principle 原則を守る / ～ a moment's [OR minute's] silence ちょっとの間沈黙を守る ❺〔祝日など〕を(慣習に従って)祝う；〔儀式〕を(慣例に従って)執り行う, 挙行する, …に出席する ‖ ～ an anniversary 記念日を祝う

一自 ❶ 観察する；気づく ‖ He ～*s* keenly. 彼は観察(力) が鋭い ❷ 〈…について〉所見を述べる〈**on, upon**〉 ❸ (会議などに)オブザーバーとして参加する, 立ち会う

語源 *ob-* to+*-serve* keep：…を守る

***ob·serv·er** /əbzə́ːrvər/ 名Ⓒ ❶ 観察者, 観測者, 監視者；(特定領域を関心を持って)見守る人, 評者；〖軍〗偵察員；機上偵察員；砲撃観測員 ‖ a political ～ 政治評論家 / UN ～*s* (紛争地域などに派遣される) 国連監視団員 ❷ (会議などの) オブザーバー, 傍聴者；立会人 ❸ (慣習・法律を)守る人, 遵奉者 ❹《the O-》オブザーバー《英国で最も歴史のある高級日曜新聞. 1791年創刊》

***ob·sess** /əbsés/ 動 他《受身形で》〈妄想・固定観念などに〉取りつかれる, 悩まされる, 〈…で〉頭がいっぱいになる〈**with, by**〉‖ She was ～*ed with* [OR *by*] the fear of being watched. = The fear of being watched ～*ed* her. 彼女はだれかに見られているという恐怖感に取りつかれていた / Dan is ～*ed with* his new girlfriend. ダンは新しいガールフレンドのことで頭がいっぱいだ

一自 (必要以上に) 気にする, くよくよ心配する[考える]〈**about, on, over** …を / **that** 節…ということを〉(♦ しばしば進行形で用いる) ‖ You shouldn't ～ *about* [OR *over*] your weight. そんなに体重を気にすることはないよ

***ob·ses·sion** /əbséʃən/ 名Ⓒ いつも頭を離れないこと [もの, 人]；妄想；〖心〗強迫観念；Ⓤ〈妄想・欲望などに〉取りつかれること〈**with, about**〉‖ Staying young and healthy is an American ～. (いつまでも) 若くて健康でありたいということがアメリカ人の頭から離れない / suffer from an ～ *with* death 死の強迫観念にさいなまれる

ob·ses·sion·al /əbséʃənəl/ 形 (人が) 妄想 [強迫観念] に取りつかれた **～·ly** 副

ob·ses·sive /əbsésɪv/ 形 いつも頭から離れない, 妄想[強迫観念]を引き起こす；考えすぎの, 異常なほどの
一名Ⓒ 妄想狂 **～·ly** 副

obsèssive-compúlsive 〖精神医〗形 強迫 [不安] 神経症の(ような) **一名**Ⓒ 強迫神経症患者
⏩～ **disórder** 名Ⓤ〖精神医〗強迫神経症 (略 OCD)

ob·sid·i·an /əbsídiən/ 名Ⓤ〖鉱〗黒曜石

ob·so·les·cence /à(ː)bsəlésəns | ɔ̀b-/ 名Ⓤ 廃れかけていること；〖生〗廃退, 退行

ob·so·les·cent /à(ː)bsəlésənt | ɔ̀b-/ 〈ジ〉形 ❶ 廃れかけている, (語などが) 使われなくなりつつある ‖ an ～ skill 廃れかけている技術 ❷〖生〗(器官が)退行性の **～·ly** 副

***ob·so·lete** /à(ː)bsəlíːt | ɔ́bsəlìːt/ 〈ジ〉形 ❶ 廃れた, (語などが) 使われなくなった, 古くなった ‖ an ～ word 廃語 / become [render ...] ～ 廃れる[…を廃れさせる] ❷〖生〗退化した, 痕跡(こんせき)化した **～·ness** 名

***ob·sta·cle** /á(ː)bstəkl | ɔ́b-/ 名Ⓒ ❶ 〈…に対する〉障害(物), 邪魔(物)〈**to**〉‖ He put [OR placed] as many ～*s* in the way of my promotion as he could. 彼は私の昇進のことでありとあらゆる邪魔をした / a major ～ *to* progress 進歩にとっての重大な妨げ / hit [overcome] an ～ 障害にぶつかる [を乗り越える] ❷〖馬術〗障害競走用のさく
⏩～ **còurse** 名Ⓒ 障害物競走路；困難な道 ～ **ràce** 名Ⓒ 障害物競争

obstet. 略 obstetric, obstetrics

ob·stet·ric /əbstétrɪk/, **-ri·cal** /-rɪkəl/ 形 産科の

ob·ste·tri·cian /à(ː)bstətríʃən | ɔ̀b-/ 名Ⓒ 産科医

ob·stét·rics /-s/ 名Ⓤ 産科学

ob·sti·na·cy /á(ː)bstɪnəsi | ɔ́b-/ 名 (複 **-cies** /-z/) ❶ Ⓤ 頑固, 強情；執拗(しつよう) ❷ Ⓒ 頑固な行動 [態度] ❸ Ⓤ (病気の)難治

***ob·sti·nate** /á(ː)bstɪnət | ɔ́b-/ 形 ❶ 頑固な, 強情な；執拗な, 頑強な (⇨ STUBBORN 類語) ‖ (as) ～ as a mule とても頑固な ❷ (病気が) 治りにくい, 難治の；(汚れなどが) 落ちにくい **～·ly** 副

ob·strep·er·ous /əbstrépərəs/ 形 (子供などが) 騒々しい, やかましい, 手に負えない **～·ly** 副 **～·ness** 名

***ob·struct** /əbstrʌ́kt/ 動 他 ❶〔道路・交通など〕を遮断する, ふさぐ, 通れなくする(↘ block [OR close, seal] off)；〔眺め〕を遮る ‖ An accident was ～*ing* the traffic on the highway. 事故のためハイウェイは通れなくなっていた ❷ …を妨げる, 妨害する；〔官憲(の職務執行)など〕を妨害する；(スポーツで)〔相手選手〕を妨害する

ob·struc·tion /əbstrʌ́kʃən/ 名 ❶ Ⓤ 遮断する [される] こと, 妨害, 邪魔；議事妨害 ‖ arrest him for ～ of justice 公務執行妨害で彼を逮捕する ❷ Ⓒ 障害物, 邪魔物 ‖ ～*s* in the road 路上の障害物 / an ～ to progress 進歩の妨げになるもの ❸ Ⓤ〖医〗閉塞(へいそく) ‖ intestinal ～ 腸閉塞 **～·ism** 名Ⓤ (議事) 妨害 **～·ist** 名Ⓒ 形 (議事)妨害者(の)

ob·struc·tive /əbstrʌ́ktɪv/ 形 妨害する(つもりでの), 邪魔になる, 妨げとなる **一名**Ⓒ 妨害者, 障害物
～·ly 副 **～·ness** 名

:ob·tain /əbtéɪn/
—動 (**~s** /-z/ ; **~ed** /-d/ ; **~·ing**)
—他 (努力して)…を**得る**, 手に入れる, 獲得する〈**from** …から ; **by** …によって〉(⇨ GET 類語) ‖ I tried to call the box office dozens of times and finally *~ed* a ticket for the concert. 切符売り場に何十回も電話をした挙げ句やっとコンサートの切符を1枚手に入れた / Knowledge can be *~ed* through learning or experience. 知識は学習あるいは体験によって得られる / ~ a driver's license 運転免許証を取得する / ~ **information** [permission] *from* her 彼女から情報[許可]を得る / ~ the best **results** 最良の結果を得る
—自 《進行形不可》《堅》(制度・慣習などが)(一般に)行われている, 通用する ‖ The moral standards of our grandparents no longer ~ today. 祖父母の時代の道徳的規範は今日ではもはや通用しない
~·ment 名
語源 *ob-*(強意)+*-tain* hold : しっかりと手に持っている

ob·tain·a·ble /əbtéɪnəbl/ 形 手に入れることのできる

ob·trude /əbtrú:d/ 動 他 ❶ …を〈人に〉押しつける, 強要する〈**upon, on**〉‖ Some advice columnists ~ their opinions *upon* their readers. 自分の意見を読者に押しつける身の上相談欄の回答者もいる ❷ …を突き出す, 押し出す —自〈…に〉出しゃばる, 割り込む〈**upon, on**〉
ob·trú·sion 名 U 強要, 無理強い, 出しゃばり
語源 *ob-* toward+*-trude* thrust, push : …の方へ押す

ob·tru·sive /əbtrú:sɪv/ 形 押しつけがましい, 出しゃばりの
~·ly 副 **~·ness** 名

ob·tuse /əbtjú:s/ 形 ❶〔数〕(角度が)鈍角の(↔ acute) ❷ 愚鈍な, 鈍感な ; (痛みが)鈍い ❸ とがっていない, 角ばっていない **~·ly** 副 **~·ness** 名
▸▸ **~ ángle** 名 C 鈍角(⇨ ANGLE[1] 図)

ob·verse /ɑ́(:)bvə:rs | ɔ́b-/ (→ 形) 名《the ~》❶ (メダル・貨幣などの)表面(↔ reverse) ; (一般に物の)表, 前面 ‖ the ~ side 表面, 前面 ❷ (事実などの)反面, 相対するもの —形 /ɑ(:)bvə́:rs, ⌐⌐ | ɔ́bvə:s/ ❶ (葉などが)先広がりの ❷ 相対する, 対応する **~·ly** 副

ob·vert /ɑ(:)bvə́:rt | əb-/ 動 他 ❶ …をひっくり返す ❷〔論〕〔命題〕を換質する

ob·vi·ate /ɑ́(:)bvièɪt | ɔ́b-/ 動 他 ❶《堅》…を不必要にする ❷〔危険・不便など〕を取り除く, 未然に防ぐ ‖ ~ the risk of ... …の危険を回避する **òb·vi·á·tion** 名

:ob·vi·ous /ɑ́(:)bviəs | ɔ́b-/《発音注意》
—形 (**more ~ ; most ~**)
❶ **a** 〈人にとって〉**明らかな**, (見て)すぐそれとわかる, 理解しやすい〈**to**〉(⇨ CLEAR 類語) ‖ The woman's pregnancy was ~ *to* everyone. その女性が妊娠していることはだれの目にも明らかだった / Steve was the girls' ~ favorite at the party. スティーブはパーティーで明らかに女の子たちの人気者だった / the ~ thing to do なすべき最良のこと / for ~ **reasons** 自明の理由で
b 《It is ~ (to *A*) (that ...) で》(*A*にとって)…ということは明らかである ‖ It was ~ (*to* me) *that* he was lying. 彼がうそをついていることは(私には)明らかだった
❷ ⊗《蔑》わかりきった, 言わずもがなの ; 露骨な, 見えすいた ‖ an ~ remark 露骨な批評
stàte the óbvious わかりきったことを言う

COMMUNICATIVE EXPRESSIONS
1 **(Súrely) thàt's óbvious(, ísn't it?).** (だって)そんなことは明らかでしょう

~·ness 名

:ob·vi·ous·ly /ɑ́(:)bviəsli | ɔ́b-/
—副 (**more~ ; most~**)
❶《比較なし》《文修飾》**言うまでもなく**, 明白に, もちろん ‖ *Obviously*, we didn't want to waste our time. 当然我々は時間を無駄にしたくなかった(=It was obvious that we didn't ....)
❷ 明らかに, 目に見えて ‖ She ~ didn't know what was going on. 彼女は明らかに何が起きているのかわかっていなかった / He was ~ upset. 彼は明らかに動転していた ❸《比較なし》《返答で》もちろんです

OC 略〔軍〕*O*fficer *C*ommanding

oc- 接頭《c の前で》=ob-

oc·a·ri·na /ɑ̀(:)kəri:nə | ɔ̀k-/ 名 C〔楽〕オカリナ

Oc·cam, Ock·ham /ɑ́(:)kəm | ɔ́k-/ 名 オッカム **William of ~** (1285-1349)《イングランド生まれの神学者・スコラ哲学者》
▸▸ **~'s rázor** 名 C《単数形で》オッカムのかみそり《物事を説明するための仮説は必要最小限にすべしという原理》

:oc·ca·sion /əkéɪʒən/ 中心義▶ **物事が起こる時機[理由]**

名 時❶ 場合❶ 行事❷ 機会❸ 理由❹

—名〔▶ occasional 形〕(複 **~s** /-z/) ❶ C (特定の)**時**, **場合**, 折(♦ on を前に置くことが多い) ‖ I've met the novelist **on** two separate *~s*. 私はその小説家に別々のときに2度会ったことがある / This is not an ~ for laughter [rejoicing]. 今は笑って[喜んで]いる場合ではない / have a sense of ~ 時と場合をわきまえている / **on** one [OR an] ~ ある時, かつて / **on** several *~s* 何度も / **on** the ~ of her marriage 彼女の結婚の折に
❷ C (特別の)**行事**, 催し(物), 出来事 ; 儀式, 祝典, 式日 ‖ Lisa's birthday party was quite an ~. リサの誕生パーティーは盛大なものだった / **on** this annual ~ この毎年の祝典に / for a special ~ 特別な日[行事]のために / celebrate [OR mark] the ~ その(めでたい)日を祝う / a historic ~ 歴史的な出来事
❸ U/C《単数形で》**機会**, 好機〈**to *do*** …する / **for** (***doing***) … (する)ための〉‖ He had never had ~ *to* see the Queen that close before. 彼はそれまでそんなに近くで女王を見たことはなかった / She took the ~ *to* thank all the guests. 彼女はその機会をとらえて来客全員にお礼を述べた / Christmas is an ~ 「*for* being [OR when you can be] with your family. クリスマスは家族と一緒に過ごすよい機会だ / I'd like to visit Turkey if [OR when] the ~ arises. 機会があったらトルコに行ってみたい / on the first ~ 機会があり次第
❹ U/C《単数形で》《堅》**理由**, 根拠, 原因 ; きっかけ ; (周囲の状況から生じる)必要(性)〈**for, of** …の / **to *do*** …する〉‖ There is no ~ *to* be angry. 腹を立てる理由は何もない / What was the ~ *of* [OR *for*] the riot? その暴動の原因は何だったのか / I've never had ~ *to* go to the dentist. これまで歯医者に行く必要は一度もなかった
on occásion(s) ときどき(occasionally, from time to time), 時折(now and then), 折に触れて
rìse to the occásion 困難な状況にうまく対処する, 危機に手腕を発揮する

COMMUNICATIVE EXPRESSIONS
1 **This is nòt an appròpriate occásion to discùss [OR tàlk about] our pèrsonal préferences.** 今は我々の個人的な好みについて話し合うのにふさわしいときではありません(♥ 持ち上がった話題を避ける)
2 **We can [OR may] discùss the ìssue on anòther occásion.** NAVI その問題については別の機会に議論しましょう(♥ 議論を先に延ばすことを提案する. ⇨ NAVI表現 11)

—動 (**~s** /-z/ ; **~ed** /-d/ ; **~·ing**) 他《堅》 **a** 《+目》(人・物・事がきっかけとなって)…を引き起こす, …の原因となる ‖ Their divorce *~ed* much gossip and speculation. 彼らの離婚は多くのゴシップや憶測を呼んだ
b 《+目 *A*+目 *B*》*A*(人)に*B*(問題・悩みなど)を引き起こさせる, もたらす ‖ His behavior *~ed* us a good deal of anxiety. 彼の行動は我々を大変心配させた

·oc·ca·sion·al /əkéɪʒənəl/ 形〔◁ occasion 名〕《比較なし》《通例限定》❶ 時折起こる, ときどきの, 時たまの(↔ constant) ‖ She takes an ~ shopping trip to

O

Hong Kong. 彼女はときどき香港へ買い物旅行に行く / It will be cloudy with ～ showers today. 今日は曇りでときどきにわか雨があるでしょう(♥天気予報で使う表現) / an ～ headache ときどき起こる頭痛 / an ～ drinker たまに酒をたしなむ人 ❷《堅》特別な場合のための ‖ an ～ poem 特別な場合のために作った詩 ❸ 臨時の, 予備の ‖ an ～ table 予備のテーブル, 簡易テーブル

O

:oc·ca·sion·al·ly /əkéɪʒənəli/
— 副《比較なし》**ときどき**, たまに, 時折(↔ constantly)(♦文頭・文中・文末のいずれにも用いる)(⇨ SOMETIMES 類語P) ‖ I very [OR only] ～ visit my aunt in Kobe. 神戸のおばをごく時たま訪ねる / *Occasionally*, lightning appeared between the clouds in the distance. 時折遠くの雲間で稲光がした

Oc·ci·dent /ɑ́(ː)ksɪdənt | ɔ́k-/ 名《the ～》《堅》《文》西洋, 欧米；(欧州の中で)西欧(↔ Orient)
語源 *oc-* at＋*-cid-* fall＋*-dent*(名詞語尾)：日の落ちるところ, 西の方

oc·ci·den·tal /ɑ̀(ː)ksədéntəl | ɔ̀ksɪ-/ ⊲ 形《堅》西洋(文明)の, 西洋諸国の；西方の(western)(↔ oriental)
— 名《通例 O-》Ⓒ 西洋人

occidéntal·ìze 動 他《また O-》…を西洋化する

oc·cip·i·tal /ɑ(ː)ksípətəl | ɔksípɪ-/ 《解》形 後頭骨の, 後頭部の — 名 (＝～ bòne) Ⓒ 後頭骨；Ⓤ 後頭部
▸▸ ～ lòbe 名 Ⓒ Ⓤ 後頭葉

Oc·ci·tan /ɑ́(ː)ksɪtæ̀n | ɔ́ksɪtən/ 名 Ⓤ オック語, ラングドック《南フランスで使われているロマンス語派の言語》

oc·clude /əklúːd/ 《堅》動 他 ❶〔通路・穴など〕をふさぐ, 閉じる ❷《化》〔気体など〕を吸収する, 吸収して蓄える
— 自《医》(上下の歯が)かみ合わせがよい
▸▸ ～d frónt 名 Ⓒ《気象》閉塞(へいそく)前線

oc·clu·sion /əklúːʒən/ 名 Ⓤ ❶ 閉塞, 閉鎖, 遮断 ❷《医》咬合(こうごう), かみ合わせ ❸ Ⓒ《気象》＝occluded front ❹《音声》(声門)閉鎖 **-sive** 形

oc·cult /əkʌ́lt | ɔ́kʌlt/ (→ 動) 名《the ～》オカルト現象《超自然的な力の作用によるとみなされる現象》；秘術, 秘教
— 形 ❶ 人知の及ばない, 神秘的な, 不思議な ❷ 超自然的な, オカルト現象の ❸ 隠された；秘密の；秘教的な ❹《医》肉眼では見えない — 動 /əkʌ́lt/ 他 …を隠す；《天》(天体が)〔小さな天体〕を掩蔽(えんぺい)する

oc·cul·ta·tion /ɑ̀(ː)kʌltéɪʃən | ɔ̀k-/ 名 Ⓤ 隠れて見えなくなること；《天》掩蔽

oc·cult·ism /əkʌ́ltìzm | ɔ́kʌlt-/ 名 Ⓤ オカルト信仰, 神秘学 **-ist** 名 Ⓒ 秘術者, 秘教信仰者

oc·cu·pan·cy /ɑ́(ː)kjʊpənsi | ɔ́k-/ 名 Ⓤ (土地・家屋などの)占有, 占拠, 居住(状態)；占有期間

***oc·cu·pant** /ɑ́(ː)kjupənt | ɔ́k-/ 名 Ⓒ ❶ (土地・家屋などの)占有者, 居住者；(職務などの)保持者；《法》占拠者 ‖ the previous ～ of the house その家の前の住人 ❷ (乗り物などに)乗っている人, 客

:oc·cu·pa·tion /ɑ̀(ː)kjupéɪʃən | ɔ̀k-/
— 名 〔◁ occupy 動 | ▸ occupational 形〕(複 **～s** /-z/)
❶ Ⓤ Ⓒ **職業**, 職, 仕事(♦人が規則的に従事したり, そのための訓練を受けた「職業」の意で, employment のような「雇用関係」の意は必ずしも含まない)(⇨ JOB 類語P) ‖ "What is his ～?" "He is a teacher by ～.＝His ～ is teaching." 「彼の職業は何ですか」「教師です」/ have an ～ 定職に就いている / look for an ～ 職を探す
❷ Ⓤ (領土などの) **占領** ‖ France came under Nazi ～ in World War II. フランスは第2次世界大戦中ナチスに占領された / an ～ army 占領軍
❸ Ⓒ (何かに)従事すること, 活動；暇つぶし, 娯楽 ‖ Reading mysteries is my favorite ～. 推理小説を読むのが私の大好きな余暇の過ごし方だ
❹ Ⓤ (土地・建物などの)**占有**, 占拠, 居住；(職務・地位などの)保有, 在職 ‖ This house will be ready for ～ in a week. この家は1週間したら入居できるだろう / an ～ road [bridge] (専用)私道[私設橋]

***oc·cu·pa·tion·al** /ɑ̀(ː)kjupéɪʃənəl | ɔ̀k-/ ⊲ 形 〔◁ occupation 名〕《限定》❶ 職業(上)の, 職業による[関連する], 職業から起こる ‖ ～ training 職業訓練 ❷ 占領の ‖ ～ troops 占領軍 **～·ly** 副
▸▸ ～ diséase 名 Ⓒ 職業病 ～ házard 名 Ⓒ 職業上の危険《炭鉱の爆発など》 ～ psychólogy 名 Ⓤ 職業心理学 ～ thérapist 名 Ⓒ 作業療法士 ～ thérapy 名 Ⓤ 作業療法

oc·cu·pi·er /ɑ́(ː)kjupàɪər | ɔ́k-/ 名 Ⓒ ❶《英》(一時的な)居住者 ❷《通例 ～s》(国の)占領者[国, 集団]

:oc·cu·py /ɑ́(ː)kjupàɪ | ɔ́k-/ 《アクセント注意》
中心義 **Aを占める**(★Aは「場所」「時間」「心」など多様)
— 動 〔▸ occupation 名〕(**-pies** /-z/；**-pied** /-d/；**～·ing**)
— 他 ❶ (所有者・賃借人として) …に**住む**, 居住する (↷ live in)；…を占有する (⇨ HAVE 類語) ‖ The current resident has *occupied* the house for three years. 現在の居住者はその家に3年間住んでいる / The room has not been *occupied* for years. その部屋にはもう何年も人が住んでいない
❷〔空間・時間〕を**占める**(↷ take up), とる, ふさぐ ‖ "Is this seat *occupied*?" "No, it's free." 「この席はふさがっていますか」「いいえ, 空いています」/ The bathroom is *occupied*. トイレは使用中だ(♦「空いている」は vacant) / The company *occupies* the entire floor. その会社はフロア全体を占めている
❸〔国・町など〕を**占領する**；(示威運動として)〔建物など〕を占拠する (↷ take over) ‖ US forces *occupied* Japan between 1945 and 1952. 米軍は1945年から1952年まで日本を占領した / an ～*ing* army 占領軍 / the *occupied* territories 占領地域
❹〔注意・関心など〕を引きつける, 〔心〕を占める；〔才能・精力など〕を駆使する, 使う ‖ My children *occupied* my mind. 私は子供たちのことで頭がいっぱいだった
❺《通例受身形または ～ oneself で》〈…に〉従事する, 専念[没頭]する, 忙殺される〈**with, in**〉‖ I am fully *occupied with* my daily work. 毎日の仕事で手がいっぱいだ / While you're working, I can ～ myself *in* cleaning up the kitchen. あなたが仕事をしている間, 私は台所の片づけに専念できる / Playing computer games kept the kids *occupied* for hours. 子供たちはパソコンゲームに何時間もの間夢中になっていた ❻〔地位・職務など〕を占める, …に就いている ‖ ～ an important position in the company 会社内の重要な地位を占める

:oc·cur /əkə́ːr/ 《発音・アクセント注意》
— 動 〔▸ occurrence 名〕(**～s** /-z/；**-curred** /-d/；**-cur·ring**) 自 ❶ (予期しない出来事が)**起こる**, 生ずる, 発生する(♦時間・場所を表す 副句 を伴う)(⇨ HAPPEN 類語) ‖ The nuclear accident *occurred* at about 5:30 p.m. その原子力事故は午後5時半ごろに起こった / Nothing unexpected ever *occurred* around here — until you appeared! この辺りでは思いがけないことは起こらなかった — 君が現れるまではね
❷《進行形不可》**a** (考えなどが)〈人の〉**心に浮かぶ**〈**to**〉‖ An idea *occurred to* me [×my mind]. ある考えが心に浮かんだ
b《It ～ (to 名) ＋to *do* / (that) 節 で》…する[…という]考えが(人の心に)浮かぶ ‖ It didn't ～ *to* Judy *to* seek professional advice. プロの助言を求めるという考えはジュディには思い浮かばなかった / It *occurred to* me (*that*) I might be wrong. 自分が間違っているかもしれないという考えがふと心に浮かんだ
❸《＋副句》《進行形不可》(ある場所に)存在する, 現れる, 見いだされる；(動植物が)生息[生育]する ‖ Auroras ～ in the polar regions. オーロラは極地に現れる / Oil ～*s* under the North Sea. 北海では石油を産出する
語源 *oc-* toward＋*-cur* run：…の方に走る, …に浮かぶ

***oc·cur·rence** /əkə́ːrəns | əkʌ́r-/ 《発音・アクセント注意》

名〔◁ occur 動〕❶ C 出来事，事件(⇨ EVENT 類語) ‖ Murder is becoming an everyday ～. 殺人が日常茶飯事になりつつある / Flooding is practically an annual ～ in parts of Asia. 洪水はアジアのところどころでほとんど毎年のように起こる / a common [rare] ～ よく起こる[めったにない]こと / an unexpected ～ 意外な出来事 ❷ U (事件などが)起こること，発生，出現；(資源などの)存在 ‖ That's of frequent ～. それはしばしば起こることだ / the ～ of heart disease 心臓病の発症

ÒCD 略 *o*bsessive-*c*ompulsive *d*isorder

:o·cean /óuʃən/
―名 (複 **～s** /-z/) ❶《通例 the ～》**大洋**，海洋；《the ... O-》(5大洋の)…洋 ‖ the Pacific [Atlantic, Indian] *Ocean* 太平[大西，インド]洋(♦ Ocean は省略されることもある)
❷《通例 the ～》《主に米》海(《主に英》sea) ‖ go swimming **in** [×to] the ～ 海水浴に行く / the ～ floor 海底 ❸ C《「an ～ [《主に英》～s] of ...で」》《口》膨大な量の… ‖ an ～ *of* money [time] 莫大(ばくだい)な金[時間] / ～*s of* trouble 多くの困難
語源 ギリシャ語 *Okeanos* から. 原義は「(円盤状の)大地を取り巻く大河」.
▸▸ **～ làne** 名 C 遠洋(定期)航路，遠洋漁業圏 **～ trénch** 名 C〖海洋〗海溝

o·cea·nar·i·um /òuʃənéəriəm/ 名 (複 **～s** /-z/ OR **-nar·i·a** /-néəriə/) C 海洋水族館

ócean·frònt 名 U ❶ 臨海地 ❷ 寒流と暖流との接点[接線] ―形 海辺の ‖ an ～ hotel 海辺のホテル

ócean·gòing 形 (船が)外洋航行の

O·ce·an·i·a /òuʃiǽniə | -siá:niə, -ʃi-/《発音注意》名 オセアニア，大洋州《ミクロネシア・メラネシア・ポリネシアおよびしばしばオーストラリア・ニュージーランドを含む太平洋中・南部の地域》 **-i·an** 形 名 C オセアニアの(人)

o·ce·an·ic /òuʃiǽnɪk/ ◁ 形 ❶ 大洋の；遠洋の；大洋[遠洋]産の ❷ (気候が)大洋性の ❸ 広大な(vast) ❹《O-》オセアニアの(Oceanian)

O·ce·a·nid /ousí:ənɪd/ 名 (複 **～s** /-z/ OR **-an·i·des** /òusɪǽnədì:z/) C〖ギ神〗オケアニス《Oceanus の娘の1人で大洋のニンフ》

o·ce·an·o·graph·ic /òuʃənəgrǽfɪk/ 形 海洋学の

o·cean·og·ra·phy /òuʃənɑ́(:)grəfi | -ɔ́g-/ 名 U 海洋学 **-pher** 名 C 海洋学者

o·cean·ol·o·gy /òuʃənɑ́(:)lədʒi | -ɔ́l-/ 名 U 海洋工学；海洋学(oceanography)

O·ce·a·nus /ousí:ənəs/ 名〖ギ神〗オケアノス《Titans の一員で水の神》

o·ce·lot /ɑ́(:)səlɑ̀(:)t | ɔ́sələt/ 名 C〖動〗オセロット《中南米産の大型のヤマネコ》；U その毛皮

och /ɑ:k | ɔx/ 間《スコット・アイル》ああ，おお(♥ 驚き・遺憾などを表す)

o·cher,《英》**o·chre** /óukər/ 名 U 黄土《黄色の顔料になる》；黄土色，オーカー **～·ous** /-kərəs/ 形

och·loc·ra·cy /ɑ(:)klɑ́(:)krəsi | ɔklɔ́-/ 名 U 暴民政治；衆愚政治

och·lo·crat·ic /ɑ̀(:)kləkrǽṭɪk | ɔ̀k-/, **-i·cal** /-ɪkəl/ 形 暴民政治の **-i·cal·ly** 副

ock·er /ɑ́(:)kər | ɔ́k-/ 名 C《豪口》オッカー《粗野でけんか好きな(典型的)オーストラリア男性》

Ock·ham /ɑ́(:)kəm | ɔ́k-/ 名 =Occam

:o'clock /əklɑ́(:)k | əklɔ́k/《アクセント注意》
―副 ❶ (ちょうど)…**時** ‖ "What time is it?" "It's two ～." 「何時ですか」「2時です」/ My wife will be leaving on the five ～ flight. 妻は5時の便でたちます / at ten ～ sharp 10時きっかりに / at [before, after] ten ～ in the morning 午前10時に[前に，過ぎに] / from six until twelve ～ 6時から12時まで / the eight ～ train 8時の電車(♦ 1から12までの数字の後で用いる. ×eight o'clock ten のように「…時…分」を示す場合には用いない. また a.m., p.m. とは併用しない)
❷ (飛行機などの位置・方角を示す)…時の位置 ‖ a fighter approaching at 3 ～ 3時の方角[右，真横]から接近している戦闘機
語源 of the clock の短縮形.

o·co·til·lo /òukətí:jou/ 名 (複 **～s** /-z/) C〖植〗オコティーヨ，ニセハナキリン《北米西南部の乾燥地帯に分布する低木》

ÒCR 略 💻 *o*ptical *c*haracter *r*ecognition [*r*eader] (光学式文字読み取り認識[装置])

-ocracy 接尾 ⇨ -CRACY

-ocrat 接尾 ⇨ -CRAT

oct. 略 octavo

Oct. 略 October

oct- /ɑ(:)kt- | ɔkt-/ 連結形《母音の前で》=octa-, octo-

octa- /ɑ(:)ktə- | ɔktə-/ 連結形 "eight" の意

oc·tad /ɑ́(:)ktæd | ɔ́k-/ 名 C ❶ 8個1組 ❷〖化〗8価元素

oc·ta·gon /ɑ́(:)ktəgɑ̀(:)n | ɔ́ktəgən/ 名 C ❶ 八角[辺]形 ❷ 八角[辺]形のもの[建築物]
oc·tág·o·nal 形 八角[辺]形の

oc·ta·he·dron /ɑ̀(:)ktəhí:drən | ɔ̀k-/ 名 (複 **～s** /-z/ OR **-dra** /-drə/) C 八面体(のもの) ‖ a regular ～ 正八面体
-dral 形

oc·tal /ɑ́(:)ktəl | ɔ́k-/ 形〖数〗8進法の；💻 8進法で記号化された ‖ ～ notation 8進法(記号法)

oc·tam·e·ter /ɑ(:)ktǽməṭər | ɔktǽmɪ-/〖韻〗形 8つの詩脚(foot)からなる ―名 C 8詩脚詩

oc·tane /ɑ́(:)kteɪn | ɔ́k-/ 名 U〖化〗オクタン《パラフィン系炭化水素》(→ high-octane)
▸▸ **～ nùmber [ràting]** 名 U オクタン価

oc·tant /ɑ́(:)ktənt | ɔ́k-/ 名 C 八分円；八分儀

oc·tave /ɑ́(:)ktɪv, -teɪv | ɔ́k-/ 名 C ❶〖楽〗オクターブ，8度(音程)；第8音 ❷ 8行連(句)《特にソネットの最初の8行》❸ 教会祭日を含めて8日目，その8日間 ❹〖フェンシング〗第8の構え[受け流し]

oc·ta·vo /ɑ(:)ktéɪvou | ɔk-/ 名 (複 **～s** /-z/) C 八つ折判(の本)《通例 6×9インチ，16×23cm. 略 8vo, 8°》

oc·tet, oc·tette /ɑ(:)ktét | ɔk-/ 名 C ❶〖楽〗八重唱[奏]曲；八重唱[奏]団 ❷ 8個1組；ソネットの最初の8行(octave) ❸〖化〗オクテット《原子の核をなす8電子群》

octo- /ɑ(:)ktə-, -tou- | ɔk-/ 連結形 =octa-

***Oc·to·ber** /ɑ(:)któubər | ɔk-/ 名 (複 **～s** /-z/) C U《通例無冠詞単数形で》10月《略 Oct.》(⇨ JANUARY 用例) ‖ He was born on「～ the tenth [OR the tenth of ～,《主に米》～ tenth] in 1990. 彼は1990年10月10日に生まれた
語源「8番目の(月)」の意のラテン語 *october* (*mensis*) から. octopus, octave と同系.
▸▸ **～ Revolútion** 名《the ～》10月革命《1917年11月(ロシア暦10月)，ソビエト政府が樹立された》 **～ surpríse** 名 U C《米》〖政〗10月の奇襲《11月の大統領選挙に大きな影響を与える出来事》

oc·to·dec·i·mo /ɑ̀(:)ktoudésəmòu | ɔ̀ktoudésɪ-/〖製本〗名 (複 **～s** /-z/) C 18折；18折本《略 18mo, 18°》
―形 18折(本)の

oc·to·ge·nar·i·an /ɑ̀(:)ktədʒənéəriən | ɔ̀ktou-/ ◁ 形 名 C 80歳代の(人)

oc·to·pus /ɑ́(:)ktəpəs | ɔ́k-/ 名 (複 **～·es** /-ɪz/ OR **-pi** /-paɪ/) ❶ C〖動〗タコ；U (食用の)タコの肉 ❷ C (反社会的な)広範囲に勢力を持つ組織
語源 ギリシャ語 *octō*(8) + *pous*(足)：8本足

oc·to·roon /ɑ̀(:)ktərú:n | ɔ̀k-/ 名 C ⊗《古》《蔑》8分の1の黒人の血を有する人《白人と quadroon との混血》

òcto·syllábic ◁ 形 名 C 8音節の(詩行)

ócto·sỳllable 名 C 8音節の語[詩行]

oc·troi /ɑ́(:)ktrɔɪ, ɑ̀(:)ktrwɑ́: | ɔ́ktrwɑ:/ 名 C《英》(ヨーロッパの国々の)物品入市税；物品入市税納入所；《集合的に》物品入市税徴収員(♦ フランス語より)

oc·tu·ple /ɑ́(:)ktjupl | ɔ́k-/ 形 ❶ 8重の，8倍の ❷ 8要

素からなる ―動 他…を8倍にする

oc·u·lar /á(:)kjulər | ɔ́k-/ 形 目[視覚]の(ための); 目[視覚]による ‖ ～ proof [OR demonstration] 目に見える証拠 ―名 C 接眼鏡[レンズ] **～·ly** 副

oc·u·list /á(:)kjuləst | ɔ́kjulɪst/ 名 C《旧》眼科医

oc·u·lo·mo·tor /à(:)kjuloumóutər | ɔ̀k-/ 形《解》眼球を動かす ‖ an ～ nerve 動眼神経

ocx 略 OLE custom control (Windows のソフトウェアコンポーネントの1つ)(♦拡張子が .ocx であることから)

o.d. 略 *o*utside [*o*uter] *d*iameter

OD¹《俗》名 (複 **OD's**, **ODs** /-z/) C (麻薬の)飲みすぎ(overdose) ―動 (**OD'd**, **ODed** /-d/; **OD'ing**, **ODing**) 自 麻薬を飲みすぎる, 飲みすぎて死ぬ

ÒD², **Ò.D́.** 略 *D*octor of *O*ptometry; *o*fficer of the *d*ay (当直将校); *O*ld *D*utch; 《米陸軍》*o*live *d*rab; *o*rdnance *d*atum; *o*verdraft; *o*verdrawn

ÒDÁ 略 *o*fficial *d*evelopment *a*ssistance (政府開発援助); *O*verseas *D*evelopment *A*dministration ((英国の)海外開発局)

o·da·lisque /óudəlìsk/ 名 C オダリスク《イスラム教国の女奴隷[側女(そばめ)]》;《美》オダリスク画

ÒDB 略 *o*bject *d*ata*b*ase (オブジェクトデータベース)

:odd /ɑ(:)d | ɔd/ 中心義 **Aをはみ出した** (★Aは「普通」「2や10で割り切れる数」「対」など多様)

―形 (**～·er**; **～·est**) (♦❶❻以外比較なし)

❶ **a 変な**, 変わった, 奇妙な, おかしな, 風変わりな, 異常な;《複合語で》変な[奇妙な]…の (⇨ STRANGE 類語) ‖ There's something ～ about his story. 彼の話にはどこかおかしいところがある / The ～ thing was (that) she didn't recognize me. 奇妙なことに彼女は私がだれかわからなかった / ～ behavior 奇妙な振る舞い / an ～ person 変人 / an ～ coincidence 奇妙な巡り合わせ, 偶然の一致 / an ～-looking building 奇妙な形の建物 **b** 《It is ～ (that) ...》…ということは変だ[変わっている] ‖ It's ～ (that) you like him. 君が彼を好きだとは変わっている / It was **rather** ～ of [OR for] her to send me a box of chocolates. 彼女が僕に箱詰めチョコレートを送ってよこすなんてかなり妙なことだった

❷ (数が)**奇数の**(↔ even²); (数のつくものが)奇数(番)の ‖ ～ numbers 奇数 / the ～ months [pages] 奇数月[ページ] / ～ and [OR or] even 丁半遊び

❸《限定》残りの, 余りの, はしたの;《10で割り切れる数詞とともに》…余りの(♦しばしば数詞とハイフンで結んで用いる) ‖ ～ change 釣り銭 / a few ～ coins 数枚のコイン / 200 pounds ～ 200ポンド余り / twenty-～ years 20有余年 / sixty-～ thousand 6万何千

❹《限定》(対のうちの)片方の, (セットなどで)不ぞろいの, 半端な ‖ an ～ glove 手袋の片方 / wear ～ socks 左右ちぐはぐのソックスをはいている / an ～ item of furniture 半端物の家具 / three ～ volumes of an encyclopedia 百科事典の半端物の3巻

❺《限定》《the ～》臨時の, 時折の; 偶発の ‖ have *the* ～ drink たまに酒を飲む ❻《限定》予備の; 利用[使用]できる ❼《限定》(場所などが)離れた, へんぴな, 人目につかない

―名 (複 **～s** /-z/) C ❶ 半端なもの, 残り物 ❷《ゴルフ》オッド《1ホールで相手より多い1打;《英》《まれ》では1ホールにつき1打のハンディ》

～·ness 名

▶▶ **～ jòb** 名 C《通例 ～s》臨時の仕事, 半端仕事, 雑役 **～ lót** (↓) **～ màn** [**òne**] **óut** 名 (複 **～ mèn o-** /-mèn-/, **～ ònes o-**) ① U 残り鬼《コインを投げたりしてグループの中から1人除外する方法》; C 残り鬼で除外された人 ② 《the ～》(周囲から)孤立している人, 仲間外れ(の人)

***ódd·bàll** 名 C 形 ⊗《口》《蔑》変わり者(の), 変人(の)

Ódd·fèllow 名 C《通例 ～s》オッドフェロー《18世紀に英国で作られた秘密相互扶助団体(の一員)》

odd·i·ty /á(:)dəṭi | ɔ́d-/ 名 (複 **-ties** /-z/) ❶ U 風変わり, 奇妙, 奇異, 異常 ❷ C 奇人, 変人; 妙な癖, 特異な性格; 奇妙なもの[事件]

òdd-jób màn 名 C 半端仕事[雑役]をする人, 臨時雇い(中立 odd jobber)

òdd lót 名 C 半端物;《米》《株》端株(はかぶ)

òdd-lótter 名 C 端株投資家

***odd·ly** /á(:)dli | ɔ́d-/ 副 (**more ～**; **most ～**) ❶《文修飾》奇妙なことに, 不思議にも ‖ *Oddly* (enough), a similar thing happened to me. 不思議なことに同じようなことが私の身に起こった ❷ 奇妙に, 奇異に ‖ behave ～ 奇妙な振る舞いをする

odd·ment /á(:)dmənt | ɔ́d-/ 名 C《通例 ～s》半端物, 残り物; くず, がらくた

:odds /ɑ(:)dz | ɔdz/

―名 複 ❶《通例 the ～》可能性, **見込み**, 公算, 確率 ‖ The ～ of winning this season are very small [OR poor, low, remote]. 今シーズン優勝する可能性は非常に低い / The ～ are that he will come soon. たぶん彼はもうすぐ来るだろう (=It is likely that ....) / The ～ are two-to-one [high] that we will win the game. 我々が試合に勝つ見込みは2対1だ[高い] / What are the ～ that they will reach the summit of Mt. Everest? 彼らがエベレスト登頂に成功する可能性はどの程度あるだろうか / shorten [lengthen] the ～ (on ...) (…の)可能性を高める[低くする]

> **Behind the Scenes** **Never tell me the odds.** 余計な口出しはするな SF映画 *Star Wars* で, Han Solo が敵の攻撃から逃れて宇宙船で小惑星群の中へ突っ込んだ際に, アンドロイドの C-3PO に「衝突せずに済む確率は約3720分の1です」と指摘されて返したせりふ.「俺にオッズのことは言うな」. うまくいく可能性が低くともほかに選択肢がないのだから, ということ(♥ 歩が悪いことを指摘する相手に対して,「いいからやるしかないんだ」といなす. 例えば,「君が彼女にアプローチしても相手にされる可能性は低いね」という周囲の声に言い返すようなときに男性が用いる)

❷ (優劣などの)差, 差異, 違い; 形勢, 勝ち目; 優勢; (弱い者への)ハンディ(キャップ) ‖ The ～ are ⌐in favor of [against] us. 形勢は我々に有利[不利]だ / even ～ 五分五分の勝ち目 / make ～ even 互角にする / fight against staggering ～ 圧倒的な優勢に抗して戦う / win against longer [OR fearful] ～ 強敵に勝つ / The ～ are (stacked) against ... …にとって非常に困難な状況にある ❸ 賭(か)け率, オッズ ‖ I offered [OR laid] him ～ of 5 to 1. 彼に5対1の賭け率を申し出た

******agàinst àll* (*the*) *ódds* 非常に不利な条件[大きな困難]にもかかわらず, 見込みがほとんどないのに

******at ódds* ① 争って, 不和で, 反目し合って〈**with** 人と; **on**, **over** …のことで〉 ② 〈…と〉食い違って〈**with**〉 ‖ His report is *at* ～ *with* her explanation. 彼の報告には彼女の説明と食い違いがある

by àll ódds 《米》間違いなく; はるかに(by far)

lày [OR ***gìve, òffer***] ***ódds*** …に賭ける; (相手に)有利な条件[ハンディ]を与える; 確信している〈**on** …を / **that** 節…であると〉

màke nò ódds 《主に英口》何の違い[問題]もない ‖ It *makes no* ～ (to me) whether you go or stay. 君が行こうがとどまろうが(私には)同じことだ

pày over the ódds 《英》ふつう[必要]以上の額を払う, 法外に支払う

shòrt [***lòng***] ***ódds*** 起こりそうな[起こりそうもない]こと, 勝てそうな[勝てそうもない]こと ‖ It's *long* ～ against Angela coming back home this year. アンジェラが今年帰郷する可能性はまずない

tàke [OR ***recèive***] ***ódds*** (自分に)有利な条件[ハンディ]をつけてもらう

COMMUNICATIVE EXPRESSIONS

1 **What's** [OR **What're**] **the ódds?** それがどうした, どうでもいいじゃないか(=What does it matter?)

▶▶～ and énds 名複 半端物, がらくた; 雑用 ～ and sóds 名複《英口》① =odds and ends ② 烏合(うごう)の衆

ódds·màker 名C (競馬や選挙の)予想屋, オッズメーカー

òdds-ón ⟨ジ⟩ 形《口》五分以上の勝ち目[可能性]がある ‖ an ～ favorite 有力な勝利者候補, 固い本命 / an ～ gold-medal winner 金メダルのとれそうな選手

ode /oud/ 名C ❶ オード, 頌(しょう), 賦(ふ)《人や物に寄せて作った叙情詩》‖ *Ode to a Nightingale*『ナイチンゲールに寄する頌詩』《Keats 作》❷ 歌うために書かれた古詩 ‖ a choral ～ (ギリシャ劇などの)合唱歌

-ode 接尾《名詞語尾》❶「…の性質のもの」の意 ‖ ge*ode* ❷〖電〗「…(電)極」の意 ‖ cath*ode*, di*ode*

o·de·um /oudíːəm/ 名(複 **-de·a** /oudíːə/) C (古代ギリシャ・ローマの)奏楽堂; (一般に)音楽堂, 劇場(odeon)

O·din /óudɪn/ 名〖北欧神話〗オーディン《ゲルマン民族の最高神. ゲルマン神話の Woden と同一視される》

o·di·ous /óudiəs/ 形 憎らしい; いやな, 不快な
～**·ly** 副 ～**·ness** 名

o·di·um /óudiəm/ 名U (世間の人が抱く)憎しみ, 憎悪; 汚名 ‖ expose him to ～ 彼を世の非難にさらす

ÒDM 略 *o*riginal *d*esign *m*anufacture(r) (設計製造一貫会社)(→ OEM)

o·dom·e·ter /oudá(:)məṭər | -dɔ́mɪ-/ 名C (自動車の)走行距離計, オドメーター ‖ roll back an ～ 走行距離計を(不法に)逆戻りさせる

o·don·tol·o·gy /òudɑ(:)ntá(:)lədʒi | ɔ̀dɔntɔ́l-/ 名U 歯科学 **ò·don·to·lóg·i·cal** 形 **-gist** 名

***o·dor,** 《英》**o·dour** /óudər/《発音注意》名 ❶CU におい, 臭気, 悪臭; 香気, 香り, 芳香(♦香気・臭気両方に用いるが主に不快臭を指す. → body odor) (⇨ SMELL 類語P) ‖ Onions have a pungent ～. タマネギは刺激性の強いにおいがする / notice a foul ～ 悪臭に気づく ❷U/C《an ～》⟨…の⟩気味, 気配,《比喩的に》におい(♥通例悪い意味で)⟨**of**⟩ ‖ There is no ～ *of* suspicion around him. 彼には怪しい気配はない / an ～ *of* trickery 謀略のにおい ❸C《～s》《古》香水, 香料

be in bàd [gòod] ódor with a pérson 《口》《やや旧》〔人〕に評判[受け]が悪い[よい]

òdor of sánctity 《the ～》聖者の誉れ, 神聖士

▶▶～ **prìnt** 名C 臭紋《各人固有の体臭》(♦ fingerprint からの連想)

o·dor·if·er·ous /òudərífərəs/ ⟨ジ⟩ 形 芳香[悪臭]のする; 道徳的に芳しくない ～**·ly** 副

o·dor·less /óudərləs/ 形 無臭の

o·dor·ous /óudərəs/ 形 =odoriferous ～**·ly** 副

***o·dour** /óudər/ 名《英》=odor

ODP 略 💻 *o*ver*d*rive *p*rocessor《自社のCPUをグレードアップする Intel 社の装置》

O·dys·se·us /oudísiəs | ədísju:s/ 名〖ギ神〗オデュッセウス《Homer の叙事詩 *Odyssey* の主人公. トロイ戦争でのギリシャの将軍の1人》

Od·ys·sey /á(:)dəsi | ɔ́d-/ 名 ❶《the ～》オデュッセイア《Homer の作とされる古代ギリシャの叙事詩》❷《しばしば o-》C 長い放浪[冒険]の旅 **Òd·ys·sé·an** 形 オデュッセイアの;《しばしば o-》長い放浪の

Oe 略 oersted(s)

OE 略 *O*ld *E*nglish

OECD 略 *O*rganization for *E*conomic *C*ooperation and *D*evelopment(経済協力開発機構)

OED 略 *O*xford *E*nglish *D*ictionary

oe·de·ma /ɪdíːmə/ 名《英》=edema

oed·i·pal /édəpəl | íːdɪ-/ 形《しばしば O-》エディプスコンプレックスの[による, を持った]

Oed·i·pus /édəpəs | íːdɪ-/ 名〖ギ神〗オイディプス, エディプス《Thebes の王 Laius と Jocasta の子. 知らずに父を殺し, 母を妻としたが, 後にそれを知り自らの目をつぶした》

▶▶～ **còmplex** 名《the ～》〖精神分析〗エディプスコンプレックス《異性の親, 特に息子の母親に対する思慕》(→ Electra complex)

ÒEM 略 *o*riginal *e*quipment *m*anufacturer (相手先ブランドによる製造会社)(→ ODM)

oe·nol·o·gy /iːná(:)lədʒi | -nɔ́l-/ 名U ワイン(醸造)研究 (《米》enology)

oe·no·phile /íːnəfàɪl/ 名C ワイン愛好家, ワイン通

o'er /ɔːr/ 前副《文》=over

oer·sted /ɔ́ːrstəd | -stɪd/ 名C〖理〗エルステッド《磁力の C.G.S.単位. 略 Oe》

oe·soph·a·gus /ɪsá(:)fəgəs | iːsɔ́f-/ 名《英》=esophagus

oes·tro·gen /éstrədʒən | íːs-/ 名《英》=estrogen

oes·trus /éstrəs | íːstrəs/, **-trum** /-trəm/ 名《英》=estrus

oeu·vre /ɔ́ːvrə | ɜ́ː-/ 名(複 ～**s** /ɔ́ːvrə | ɜ́ː-/)《フランス》(=work) C (作家・画家などの)(全)作品

*****of** /弱 əv, ə,(無声音の前)əf, ə; 強 ʌv | ɔv/

中心義 …から分離しながらも関連を保っている(★関連の仕方は「所属」「性質」「因果関係」など多様)

—前 ❶《所有・所属》**a** …の, …の所有する, …に属する ‖ the legs ～ a chair いすの脚 / the pride ～ the police 警察の誇り / a thing ～ the past 過去のこと / the day ～ the murder その殺人が起こった日

語法☆☆ 所有・所属を表す of と 's

(1) 所有・所属の意味の場合, 人間およびそれに準ずるもの(高等動物など)は 's 形, 無生物は of をとるのが原則. したがって, Hal's cap (ハルの帽子), my mother's name (私の母の名前) が正しく, ×the cap of Hal, ×the name of my mother とはしない (ただし, of の後に独立所有格がくる場合はこの限りではない. → ❶b). 逆に, the foot of the mountain(その山のふもと)に対し, ×the mountain's foot とはふつういわない.
(2) 無生物でも次の場合は 's 形が用いられる. 地名・国名, 天体・地域・施設, 時・距離・価格, 人間活動と密接な関係を持つ表現など. 特に新聞英語や《米》では 's 形が多用される傾向がある. 〈例〉*Japan's* population 日本の人口 / the *school's* history その学校の歴史 / a *dollar's* worth 1ドルの価値
(3) 親類関係や身体の一部分を表す名詞などについては, of を人を指す名詞句とともに用いる傾向がある. 〈例〉the son *of* my friend 友人の息子
(4) 所有者を指す名詞句が長い場合 of を用いる傾向が強い. 〈例〉the daughter *of* a very famous artist 非常に有名な芸術家の娘

b《of+独立所有格》…の ‖ a friend ～ Tim's ティムの友人 (♦「ティムの友人のうちの1人」(=one of Tim's friends) の意味になることが多い) / that old car ～ mine 私のあの[例の]古ぼけた車 (♦ that はしばしば賞賛・不快などの感情を表す)

語法☆☆ of+独立所有格

(1) 独立所有格とは, 人称代名詞については mine, yours, his, hers, theirs など「所有代名詞」のことであり, 一般の名詞(句)については 's のついた形, つまり所有格と同じ形である.
(2)「of+独立所有格」はふつう the とともには用いない. したがって, ×the friend of Tim's [mine] とはいわない. ただし, 関係節等で限定されている場合は可. 〈例〉the friend *of* Tim's [mine] that I mentioned 前に言ったティムの[私の]友達
(3)「of+独立所有格」に含まれる名詞は特定の人間を指すものに限られる. したがって, 以下の例は不可. 〈例〉×an engine of the car's その車のエンジン (♦人間でない) / ×a song of a composer's ある作曲家の歌 (♦特定でない)

❷《部分》…(のうち)の ‖ February is the shortest ～ all the months. 2月はすべての月の中で最も短い / some

O

O

～ them 彼らのうちの数人 / the Book ～ Books 本の中の本, 聖書 / here ～ all places よりによってここで / in the softest ～ voices とても穏やかな声で

❸《数量・種類》…(の分量[年齢, 種類])の ‖ three kilos ～ apples 3キロのリンゴ / a cup ～ tea 1杯のお茶 / a piece [OR sheet] ～ paper 1枚の紙 / hundreds [dozens] ～ people 数百[数十]人の人々 / a girl ～ ten 10歳の少女 / a sort [OR kind] ～ accident 一種の事故(♦「事故の種類」の意ではないことに注意)

❹《性質・特徴》…のある, …(の性質)を持つ(♦「of+名詞」で形容詞と同等の意味をなす) ‖ This old clock may be ～ use to us someday. この古い時計はいつか我々の役に立つかもしれない / a man ～ courage 勇気のある男性(=a courageous man) / when I was (～) your age 私があなたの年ごろだったとき(♦ age, color, shape, size などの名詞が「of+名詞」の形で叙述的に用いられるとき, of が省略されることがある) / tomatoes ～ our own growing 我が家で栽培したトマト

❺《同格》 **a** …という ‖ the city ～ Yokohama 横浜市 / the name ～ Jeff ジェフという名 / the habit ～ getting up early 早起きをする習慣 / the three ～ us 我々3人(全員) (=we three) (♦ three of us なら❷の意味となり, 「私たち(4人以上)のうち3人」を表す)

b …のような(♦「A of B」で「A のような B」を表す) ‖ an angel ～ a girl 天使のような少女 / that idiot [OR fool] ～ a candidate あのばかみたいな候補者

❻《目的格関係》…**の**, …を(♦「A of B」で「B に対して A すること」と考える) ‖ his love ～ nature 彼の自然への愛 / the examination ～ the patient その患者の診察 / the driver ～ the car その車の運転手 / be aware ～ the fact その事実に気づいている

❼《主格関係》 **a** …**の**, …が(♦「A of B」で「B が A すること」と考える) ‖ the works ～ Hemingway ヘミングウェイの(書いた)作品(=Hemingway's works) / the resignation ～ the President 大統領の辞職 / the death ～ his father 彼の父の死

b《通例 It is *A* of *B* to *do* で》*B*(人)が…するのは*A*だ(♦ *A*は good, clever, foolish, kind, nice, careless, rude など人の性質を表す形容詞. → for) ‖ It's kind [OR nice] ～ you *to* come. 来てくれてありがとう / It was careless ～ you *to* leave the door unlocked. ドアに鍵(かぎ)をかけ忘れるとはうかつだったね

語法 ☆☆ 主格・目的格を表す of と 's

(1) 動詞から派生した名詞あるいはそれに準じた名詞(picture など)についた場合, 's 形はふつう主格・所有関係, of は目的格関係を示すことが多い. したがって, Bob's picture は通例「ボブが持っている写真」,「ボブが撮った写真」のいずれかを表し, 文脈によってどちらの意味になるかを判断する. 「ボブを写した写真」はふつう a picture of Bob となる. Bob's picture of Meg は「ボブが持っているメグを写した写真」または「ボブがメグを撮った写真」を表す.

(2) of が主格関係を示すのは, ふつう名詞のもとになる動詞が自動詞の場合である. 〈例〉 the arrival *of* the train 列車の到着(— The train has arrived.)

(3) 他動詞から派生した名詞の場合も, of が主格関係を示すことがあるが, 文脈から明らかな場合に限られる. 〈例〉 the love *of* God 神の(人間に対する)愛(— God loves (humanity).)

(4) 文脈などから明らかな場合は 's で目的格関係を示すこともできるが, of を用いるのがふつうである. 〈例〉 the mayor's murder 市長の殺害(— The mayor was murdered.) / the payment *of* the debt その負債の支払い(♦ ×the debt's payment は不可)

(5)「of+独立所有格」は主格・所有関係のみを表す. 〈例〉 a picture *of* Ed's エドが持っている[写した]写真

❽《材料・内容》…**で作った**, …からなる ‖ The dress is ～ silk. そのドレスは絹製です / a box (made) ～ wood 木製の箱(→ make) / a family ～ eight 8人家族 / a collection ～ pictures 絵のコレクション

❾ **a**《関連》…**について(の)**, …に関して(の) (about) ‖ I'm not sure ～ his address. 彼の住所はよく知らない / stories ～ his travels 彼の旅行の話 / speak [OR talk] ～ health 健康について話す

b《限定》…の点において ‖ slow ～ speech 話し方がゆっくりな / hard ～ hearing 難聴で / at thirty years ～ age 30歳で(♦ これらの定型表現以外はまれ)

❿《出所・起源》…から, …に ‖ a man ～ Ohio オハイオ出身の男 / be born ～ a wealthy family 資産家の家に生まれる / I did not expect heroism ～ him. 彼に英雄的行為は期待していなかった

⓫《原因・理由》…で, …のため, …から ‖ die ～ hunger 飢えで死ぬ / be tired ～ her excuses 彼女の言い訳にうんざりする / ～ one's own free will 自分から進んで

⓬《除去・剥奪》…を ‖ They robbed me ～ all my savings. 彼らは私の貯金すべてを奪った / clear a table ～ plates テーブルから皿を片づける(♦ rob [clear] A of B では「A から B を」の意味になる. ほかに cure, deprive, rid, strip などの動詞でも同様) / empty ～ meaning 意味のない / free ～ charge 無料の

⓭《距離》…から ‖ wide ～ the mark 的外れで / within a mile ～ here ここから1マイル以内に / five miles (to the) west ～ London ロンドンから5マイル西の所に

⓮《時》 **a**《米》…前(to) ‖ It's (a) quarter ～ two. 2時15分前です

b《「of+名詞」で時の副詞を作って》《口》…などに ‖ ～ an evening 夕方には(=in the evenings)

OF 略 *O*ld *F*rench;《米》〖野球〗outfield(er)

of- 接頭《f の前で》=ob-

o·fay /óʊfeɪ/ 名 C ⊗《米俗》《蔑》(黒人からみた)白人

⁝**off** /ɔ(ː)f/ 副 前 形 名 動

中心義 **A から離れて**(★Aは「場所」に限らず,「時」「物」「動き」など多様)

—副《比較なし》(♦「be動詞+off」の場合, 形容詞とみなすこともできる) ❶ (あちらへ) **去って**, 出発して ‖ He went ～. 彼は去った / drive ～ 車で去る / I'm ～ to Majorca for a vacation. 休暇でマジョルカへ出かけてきます / send ～ a letter=send a letter ～ 手紙を発送する

❷ (空間的・時間的に) **離れて**, 隔たって; 降りて; 沖に ‖ The station is far [about a mile] ～. 駅は遠く[1マイルほど]離れている / take ～ 離陸する / get ～ at the next stop 次の停留所で降りる / Christmas is only three weeks ～. クリスマスまであと3週間しかない

❸ **外れて**, とれて, 落ちて, 降りて, 脱いで(↔ on) ‖ The handle came ～. 取っ手が外れた / I shook his hand ～. 私は彼の手を振り払った / take one's hat ～ 帽子を脱ぐ(↔ put one's hat on)

❹ (機械・設備などの動きが) 止まって, (スイッチが) 切れて, (電気・水道・ガスなどが) 止まって(↔ on); (予定が) 中止されて, 打ち切られて;《英口》(メニューの) 料理を切らして ‖ Will you turn ～ the radio? ラジオを消してくれませんか / The gas has been ～ for two hours. ガスは2時間止まったままだ / The overseas tour is ～. 海外旅行は取りやめになった / The game was rained ～. 試合は雨のため中止になった / break ～ 中断する

❺ (仕事などを) 休んで, 休暇にして ‖ He took a [the next] day ～. 彼は1日[翌日]休暇をとった / He is ～ every Wednesday. =He has every Wednesday ～. 彼は毎週水曜日が休みだ / need some time ～ しばらくの間休む必要がある

❻ 割り引きして; 減少して, 低下して ‖ take 10 percent ～ 10パーセント値引きする / The entries [sales] fell ～. 参加者[売上高]は減少した

❼ 仕切って, 切り離して, 分離して ‖ This area has been marked ～ for athletic training. この区域は運動の

練習用に区切られている / fence ～ the area その区域をさくで仕切る ❽ 意識を失って, 正体をなくして ‖ doze ～ 居眠りする ❾《強調》すっかり, 最後まで ‖ She finished a report ～. 彼女は報告書を書き終えた / pay ～ one's debt 借金を全額返済する / burn ～ calories（体内の）カロリーを（運動などで）消費する ❿（食べ物の）鮮度が落ちて, 悪くなって ‖ This milk has gone ～. このミルクは腐っている ⓫〖劇〗舞台裏で(offstage)

be better* [*worse*] *off ⇨ BETTER¹(成句), WORSE(成句)

be wéll* [*bádly*] *òff ① 暮らし向きがよい[よくない], 恵まれている[いない] ②〈…が〉十分にある[不足している]〈**for**〉‖ She *is well off for* designer clothes. 彼女はブランド物の服をたくさん持っている（♦ How are you off for ...? などの形でも用いられる）

òff agàin, ón agàin*；*òn agàin, óff agàin ① なかなか決められない, 優柔不断な ② 断続的な, 不連続の

****òff and ón*；*òn and óff*** 時折, 断続的に ‖ It rained ～ *and on*. 雨が降ったりやんだりした

óff of ... 《主に米口》…から ‖ Take your hand ～ *of* me. 手を離してください（♦ of がないのがふつう. → 前 ❷）

óff with ... …を脱ぐ, とる；去る（♦ 通例文頭に用いて命令を表す）‖ *Off with* your coat! コートを脱ぎなさい / *Off with* you! あっちへ行け

COMMUNICATIVE EXPRESSIONS

1 **I'm óff.** じゃあね；もう行くよ（♥ 別れ・出発などの立ち去り際に用いるくだけた表現）

2 **I'm òff to béd nòw.** もう寝るよ（♥ くだけた表現）

3 **Òff to béd nòw.** さあ, もう寝なさい（♥ 子供に対して）

4 **We're òff and rúnning.** さあ, 始まった；(もう)始まっています（♥ 新しい仕事や計画などが始動したことを告げる. 行動を始めた本人が「いよいよだ」というニュアンスの掛け声として用いる場合と, 状況をよく知らない人に対して漠然と進行状況を説明する場合がある）

5 **You're òff on a tángent.** 話がそれたよ；それは別の話でしょ（＝You're running off at tangents. / ＝You're getting off the subject.）

―前 ❶ …**から離れて**；…の沖に ‖ Keep ～ the grass. 《掲示》芝生立入禁止 / He got ～ the train at the station. 彼はその駅で列車を降りた / The boat was ten miles ～ the coast. 船は10マイル沖合いにいた ❷ …**から外れて**, はがれて, とれて, 脱げて ‖ The train ran ～ the tracks. 列車が脱線した / The cover has come ～ my book. 本の表紙がとれてしまった / fall ～ a ladder はしごから落ちる ❸〔基準・主題など〕からそれて, 離れて ‖ go [OR get, keep] ～ the subject [point] 主題[要点]からそれる / He is ～ his game. 《主に米》彼はいつものプレーができていない ❹ …から外れた所にある, …を入った所に ‖ His house is ～ the main street. 彼の家は大通りから外れた所にある / The kitchen is a narrow room ～ the living room. 台所は居間を出た所の狭い部屋です ❺ 割り引いて ‖ sell at 30 percent ～ the regular price 通常価格の30パーセント引きで売る ❻〔仕事など〕を休んで ‖ ～ duty 非番で / ～ work 仕事を休んで ❼《口》〔薬・有害なこと〕をやめて, 控えて；…を必要としない ‖ He's been ～ drugs for a year. 彼は1年前から麻薬を断っている / be ～ liquor 酒を控える / be ～ one's food 食欲がない ❽《口》〔人〕から(from) ‖ I borrowed it ～ him. それを彼から借りた（♦ ふつう from を用いる）❾ …を食べて；…に頼って ‖ dine ～ oysters カキを食べる / live ～ an inheritance 遺産で暮らす

―形《比較なし》❶《叙述》(食べ物が)鮮度が落ちた, 腐った ‖ smell ～ 腐ったにおいがする ❷（計算などが）間違った ‖ His figures are ～. 彼の数字は間違っている ❸ 調子が悪い, 不作の, 不況の；季節外れの ‖ Even the greatest players have ～ days. どんな大選手でも調子の悪い日はある / Production was ～ last year. 昨年, 生産は低調だった（♦ 叙述用法は《主に米》）/ an ～ week [month] 不調な週[月] / the ～ season シーズンオフ ❹《叙述》《英口》〈人に〉ぶしつけな, よそよそしい, 失礼な, 容認できない〈**with**〉‖ She was a bit ～ *with* everyone this morning. 彼女は今朝ちょっとみんなによそよそしかった ❺《限定》休みの, 非番の ‖ an ～ day 休日 / one's ～ hours 休憩[暇な]時間 ❻《限定》遠い方の, 向こう側の；(馬車・車などの)右側の, 道路の端から遠い側の(↔ near) ‖ the ～ side of the wall 壁の向こう側 / the ～ horse 右側の馬

COMMUNICATIVE EXPRESSIONS

6 **You're óff.** 君は（考えが）完全にずれているよ；それは全然違うよ（♥ 強い反対の意を表す）

―名 ❶《the ～》〖競馬〗出走, スタート ❷《通例 the ～》(旅行などの)出発 ❸(＝～ **síde**) Ⓒ〖クリケット〗(打者の)右前方

―動（～**s** /-s/；～**ed** /-t/；～**·ing**）

―他《主に米俗》…を殺す, 消す

―自 去る（♦ 主に命令形で用いる）

▸～ **chànce** 名《the ～》＝off-chance ～ **dày** 名 Ⓒ 非番の日, 休日 ～ **yèar**（↓）

off. 略 office, officer, official

off- /ɔ(ː)f, ɑ(ː)f | ɔ(ː)f/ 接頭《名詞・形容詞・動詞・副詞につけて》「…に接して[乗って]いない, …から離れて」の意 ‖ *off*-season; *off*-stage

óff-agàin, ón-agàin 形 ＝on-again, off-again

òff-áir ⟨シ⟩ 形 副 ❶（録音[録画]したが）放送をやめた[て] ❷ 放送から直接録音[録画]した[て]

of·fal /ɔ́(ː)fəl/ 名 Ⓤ ❶（畜殺した動物の）内臓, もつ《食用》❷ くず；かす, 残滓(ざんし)；腐肉(ふにく)

òff-bálance 形 ❶ バランスを崩した ‖ throw him ～ 彼のバランスを崩させる ❷ 気が動転した ‖ catch him all ～ 彼をすっかり動転させる

òff-báse 形 ❶（軍事）基地外の ❷《米口》(人・考えなどが)完全に間違った, とんちんかんな

òff-béam 副 間違って, 不正確で

off·beat /ɔ̀(ː)fbíːt/ ⟨シ⟩(→ 名) 形 ❶《口》風変わりな；型にはまらない ❷〖ジャズ〗オフビートの ―名 /ɔ́(ː)fbìːt/ Ⓒ〖楽〗オフビート, 弱拍部《強勢をつけない拍》

òff-bóard 形〖証券〗❶ 店頭取引の(over-the-counter)《証券取引所外での取り引きを指す》❷ 💻 マザーボード[主要回路基板]外部の, 本体外の

óff-brànd 形《主に米》無名ブランドの；安物の

òff-Bróadway 名 Ⓤ《集合的に》オフブロードウェイ演劇《ニューヨーク市のブロードウェイを外れた小劇場で上演される実験的演劇》(→ off-off-Broadway)

―形 副 オフブロードウェイ(風)の[に]

òff-cénter 形 中心から外れた；一風変わった

óff-chànce 名《the ～》万に一つの見込み

on the óff-chànce ひょっとすると…かもしれないと思って〈**that** 節 /**of**〉‖ *on the* ～ *that* you might be able to come 君があるいは来られるかと思って

òff-cólor ⟨シ⟩ 形 ❶ 色が悪い ❷《口》下品な, きわどい ‖ an ～ joke きわどい冗談 ❸《英》気分がすぐれない ‖ feel rather ～ どうも気分がすぐれない

òff-cóurse 形《英》＝off-track

óff·cùt 名 Ⓒ（紙・材木などの）端切れ, 断ち落とし(くず)

òff-dúty 形 非番の, 休みの

***of·fence** /əféns/ 名《英》＝offense

***of·fend** /əfénd/ 動〔▸ offense 名, offensive 形〕他 ❶ …の感情を害する, 気分を損なう；…を怒らせる；《受身形で》気分を害する, 腹を立てる, 怒る〈**at, by, with** …で[に] / **that** 節 …ということで〉‖ The noisy boys' behavior ～*ed* me. 騒々しい少年たちの行動に腹が立った / I'm sorry if I've said something to ～ you. お気に障るようなことを言ったのならおわびします / I was ～*ed by* [OR *at*] his words. 彼の言葉には腹が立った / Jeff was ～*ed that* I refused his invitation. ジェフは私が招待を断っ

たので気を悪くした ❷〔感覚など〕に障る, …に不快な感じを与える ‖ ~ the ear [eye] 耳[目]障りである / ~ his sense of justice 彼の正義感を逆なでする ❸〔法律・規範など〕に違反する ❹ …に罪を犯させる
—自 ❶ (物が)人の気に障る ❷ 罪[過ち]を犯す, (道徳的に)つまずく; 〈法律・慣習などに〉違反する, 背く〈**against**〉‖ ~ *against* good manners 作法に反する
語源 *of-* against+*-fend* strike: …を打つ

*__of·fend·er__ /əféndər/ 名 C ❶ 犯罪者, 違反者 ‖「an old [OR a habitual] ~ 常習犯 / sex ~*s* 性犯罪者 ❷ 人の感情を害する人[もの], 無礼な人, 不快なもの

of·fend·ing /-ɪŋ/ 形 《the ~》《限定》❶ 人の気を悪くする, 人を立腹させる; 不愉快な, 腹立たしい ❷ 罪を犯した, 有罪の

*__of·fense__, 《英》**-fence** /əféns/ (→ ❸) 名 〔◁ offend 動〕(複 **-fens·es**, 《英》**-fenc·es** /-ɪz/) ❶ C 〈法律に対する〉違反, 反則; 違法行為, (軽微な)犯罪; 罪〈**against**〉(⇨ CRIME 類語) ‖ commit an ~ *against* the law 法律違反をする / a first [previous] ~ 初犯[前科] / a petty ~ 軽犯罪 / a capital ~ 死刑に値する犯罪 / a criminal [civil] ~ 刑事[民事]犯罪 / sexual ~*s* 性犯罪 ❷ U (人の)感情を害すること, 侮蔑(ぶ); 気分を損ねること, 立腹; C 〈…の〉気に障るもの[こと], 〈…に〉不愉快なもの〈**to**〉‖ Changing people's habits cannot be done without creating ~. 気を悪くさせずに人の習慣を改めさせることはできない / an ~ *to* the eye [ear] 目[耳]障りなもの / His speech caused [OR gave] great ~ *to* the audience. 彼の演説は聴衆を大変憤慨させた ❸ /米 ɑ́(ː)fens, ɔ́ːfens/ U 攻撃(↔ defense); 《通例 the ~》《米》攻撃側のチーム; オフェンスの選手 ‖ *Offense is the best defense.* 《諺》攻撃は最大の防御

*__*tàke offénse*__ 〈…に〉腹を立てる, 気を悪くする〈**at**〉‖ He *takes* ~ *at* the slightest insult. 彼はほんのちょっと侮辱されただけで腹を立てる

COMMUNICATIVE EXPRESSIONS

1 **(I mèan [mèant]) nò offénse.** 悪気はない[なかった]んだ; すまん, すまん

*__of·fen·sive__ /əfénsɪv/ 《アクセント注意》(→ ❸) 形 〔◁ offend 動〕(**more ~**; **most ~**) ❶ 〈…に〉不快な, いやな〈**to**〉(↔ inoffensive) ‖ an ~ smell [OR odor] いやなにおい / a noise ~ *to* the ear 耳障りな音 ❷ 人を怒らせる, 侮辱的な, 無礼な ‖ make ~ remarks 失礼なことを言う / ~ behavior 無礼な振る舞い ❸ /+米 ɔ́ːfen-, ɑ́f-/ 《比較なし》《限定》攻撃的な, 攻撃(用)の; 《主に米》攻撃側の(↔ defensive) ‖ ~ weapons 攻撃用武器
—名 C 攻撃; 攻勢; 攻撃的態度(↔ defensive) ‖ move onto the ~ 攻勢に転じる / a peace [sales, PR] ~ 平和[販売, 宣伝]攻勢

be on the offénsive 攻勢に出ている

tàke [OR ***gò òn*** (***to***)] ***the offénsive*** 〈…に対して〉攻撃に出る, 先制する〈**against**〉

~·ly 副 **~·ness** 名

⁑of·fer /ɔ́(ː)fər/ 《アクセント注意》動 名

中心義 **Aを差し出す** (★Aは「申し出」「売り物」「手」など多様)

—動 (**~s** /-z/; **~ed** /-d/; **~·ing**)
—他 ❶ **申し出る a** 《+目》…を申し出る; …を差し出す, 提供する; …を提案する; (物が)…を示す, 表す ‖ He ~*ed* 「help out of kindness [his services as a guide]. 彼は親切心から援助[案内役としての奉仕]を申し出た / Several airlines now ~ direct flights to Prague. 現在では数社の航空会社がプラハへの直行便を運行している / We believed the compensation ~*ed* to be too small. 我々は提示された賠償額は少なすぎると思った / We're ~*ing* a 30 percent discount on this model. この型については30%の割り引きをしております
b 《+目 *A*+目 *B* ⇄ +目 *B*+**to** 目 *A*》*A* (人)に*B* (物など)を申し出る, 差し出す, 供給する, 与える ‖ Pat ~*ed* me some coffee.=Pat ~*ed* some coffee *to* me. パットは私にコーヒーを勧めてくれた (♦受身形は I was offered some coffee. と Some coffee was offered (to) me. の両方が可能) / One of the passengers ~*ed* me a seat on the crowded train. Do I look that old? 込んだ電車の中で乗客の1人が私に席を譲ってくれた. そんなに老けて見えるのだろうか / She was ~*ed* a job in Manila. 彼女はマニラでの仕事を与えられた / He ~*ed* himself *to* her. 彼は彼女に求婚した
c 《+**to** ***do***》…しようと申し出る, (進んで)…してもいいと言う ‖ His brother ~*ed to* lend me a pair of skis. 彼の兄がスキーを貸してくれると言った
d 《直接話法で》…と申し出る, (申し出として)…と言う ‖ "I'll bring it," she ~*ed*.「私が持って来るわ」と彼女は申し出た
❷ **a** 《+目 *A*+目 *B*+**for** [**at**] 名》*A* (人)に*B* (物)を(いくら)で**売りに出す** (♦目 *A*はしばしば省略される) ‖ They ~*ed* (us) the car *for* 3,000 dollars. 彼らはその車を(我々に)3,000ドルで売ろうと言った
b 《+目 *A*+目 *B*+**for** 名》*A* (人)に〔物〕に対して*B* (いくら)を払うと言う; 〔物〕に*B* (いくら)の値段をつける[提示する] (♦ 目 *A*はしばしば省略される) ‖ He ~*ed* us £10,000 *for* the picture. 彼は我々にその絵に1万ポンド払うと言った / What are you ~*ing for* the netsuke? その根付にいくらの買値をつけますか
❸〔説明・意見など〕を述べる, 提案する ‖ Phoebe ~*ed* no explanations for her strange behavior. フィービーは自分の奇妙な行動について一切説明しなかった / ~ an opinion [apology] 意見[謝罪]を申し述べる
❹〔祈り・いけにえなど〕をささげる《***up***》〈**to** 神などに; **for** …を求めて〉‖ ~ (*up*) a prayer 「*to* God [*for* their safe return] 神に[彼らの無事帰還を願って]祈りをささげる
❺ (握手のため)〔手〕を〈…に〉差し出す〈**to**〉‖ ~ one's hand *to* him 彼に手を差し出す
❻ **a** 《+目》〔抵抗・攻撃など〕の構えを見せる, 企てる; 《古》〔戦い〕を(敵に)仕掛ける ‖ The enemy ~*ed* strong resistance to our attack. 敵は我々の攻撃に対し頑強に抵抗した **b** 《+**to** ***do***》…しようと試みる; …すると脅す ‖ He did not ~ *to* step aside. 彼はわきへどこうとはしなかった ❼ (物・事が)…を示す, 表す; 〔劇など〕を上演する; …を展示する ‖ The two symphonies ~ striking parallels. その2つの交響曲は驚くほど類似している
—自 ❶ 申し出る ❷ (好機などが)現れる, 起こる ‖ when the opportunity ~*s* その好機が到来したときには ❸ 供物をする, ささげ物をする ❹ 求婚する

hàve ... to óffer 役に立つ[魅力となる]…がある (♦ have の目的語には something, anything, nothing, much, a lot, (a) little などがくることが多い) ‖ Everyone *has* something *to* ~ — some ability, talent, and so on. だれでも何かしらとりえがある — 何かの能力とか才能といったような

óffer itsèlf 《堅》(好機などが)訪れる; 現れる

COMMUNICATIVE EXPRESSIONS

1 **Could I òffer you** sòmething to drínk? 何かお飲み物はいかがですか (♥ 何かを勧めたり申し出る際に用いる丁寧な表現. =Would you care for something ...? / Won't you have something ...?)

2 "Would you lìke a lìft?" "**Thànk you for óffering, but** I'm méeting sòmeone.「送りましょうか」「ありがとう, でも人と約束があるので」(♥ 助けなどの申し出に対して丁寧に断る)

—名 (複 **~s** /-z/) C ❶ **申し出**, 申し入れ, 提案, 提供〈**of** …の / **to do** …しようという〉‖ an ~ 「*of* help [OR *to* help] 援助の申し出 / an ~ *of* marriage 結婚の申し込み / **make** him an ~ *of* employment 彼に働き口を提供する / refuse [OR reject, decline, turn down] an ~ 申し出を断る / **accept** an ~ 申し出を受ける

❷ (買い手の)〈…に対する〉**付け値** (bid), オファー〈**for**〉; (売り物としての) 提供; 売り物 ‖ I **made** [OR put in] an ~ of $80 *for* his bicycle. 私は彼の自転車に80ドルの値をつけた / be open to ~*s* 付け値に応じる用意がある / put up one's house for ~*s* 家を売りに出す
❸ 割り引き, 値引 ‖ a **special** ~ 特価提供
❹ 試み, 努力 ❺ 結婚の申し込み, 求愛
on óffer ① 《主に英》バーゲン(セール)で, 安売りで ‖ Eggs are *on* (special) ~ at 50 pence a dozen. 卵は1ダース50ペンスで安売りされている ② 利用できる
under óffer 《英》(家屋などが)買い手がついている

COMMUNICATIVE EXPRESSIONS

③「**I'll màke you a** [OR **This is my**] **fínal òffer.** これが私の最後の提案です (♥ 最終案を提示する. これで相手が承知しなければ交渉は決裂することを示唆)

語源 *of-* to + *-fer* bring : …へ持って来る

***of·fer·ing** /ɔ́(:)fərɪŋ/ 名 ❶ U 提供, 申し出; C (最近) 提供されたもの《本・劇・音楽作品など》; 売り物, 目玉[お勧めの]商品; (特別売り出しの) 株券, 証券 ‖ the latest ~ from John Irving ジョン=アービングの最新作 / an ~ price (株の)売出価格 ❷ C (神などへの)ささげ物, 供物(くもつ); (一般に)贈り物, 進物; (教会への) 献金 ‖ make a peace [birthday] ~ 和解[誕生日]の贈り物をする / an Easter ~ 復活祭の献金

of·fer·to·ry /ɔ́(:)fərtɔ̀:ri | -tə-/ 名 (複 **-ries** /-z/) C 〘宗〙 ❶ 《しばしば O-》(ミサ聖祭中の)奉献《パンとぶどう酒を神にささげる儀式》; (その際に歌われる)奉献唱 ❷ (その最中に献金の集められる)献金式; その献金

óff-glìde 名 C 〘音声〙出わたり, オフグライド(↔ on-glide)
òff-gríd 形 副 =off-the-grid
òff-guárd 形 《叙述》不覚で ‖ catch [OR take] him ~ 彼の不意を突く
òff·hánd ⟨シ⟩ 副 形 即座[即席]に[の]; 無造作に[な], ぶっきらぼうに[な] **~·ed** 形 =offhand **~·ed·ly** 副
òff-hóurs /, ニニ/ 名 複 《米口》勤務時間外の時間; (ラッシュアワー以外の) すいている時間 ‖ during ~ 込んでいない[すいている]時間(帯)に

*****of·fice** /ɑ́(:)fəs, ɔ́:f- | ɔ́fɪs/

中心義 **仕事を行う場所**

—名 (▶ official 形) (複 **-fic·es** /-ɪz/) C ❶ **事務所, オフィス**, 営業所 (♦ 工場と区別して主にデスクワークが行われる所を指す), **会社**; 事務[執務]室, 仕事場, 職場; (特殊業務の)取扱所; 《米》診療所[室], 医院(《英》surgery); (大学教員の) 研究室; 《形容詞的に》会社 [事務所] の ‖「a lawyer's [an architect's] ~ 法律[建築]事務所 / an accountant's ~ 会計事務所 / the head [OR main, home] ~ (of a company) (ある会社の) 本社 / a branch ~ 支社 [支店] / Charles has been transferred to our Bristol ~. チャールズは我が社のブリストル営業所に転任した / My husband is still at the ~. 夫はまだ会社にいます / work in [OR at] an ~ 会社に勤める / go to the [OR one's] ~ 出勤する / move to new ~*s* 新しい事務所へ移転する (♦ 《英》ではしばしば複数形を用いる) / an executive ~ 重役室 / the manager's ~ 支配人室 / a box ~ (劇場などの)切符売場 / a **post** ~ 郵便局 / an information ~ 案内所 / a tourist ~ 観光案内所 / a professor's ~ 教授の研究室 / ~ equipment 事務所の備品
❷ **役所**, 官庁; 《通例 O-》《米》(省の下位機構としての)局, 部; 《英》省, 庁, 課 ‖ the *Office* of the United States Trade Representative 米国通商代表部 / the *Office* of Homeland Security (米国の) 国土安全保障局《2001年9月11日の同時多発テロ事件後に設立された》/ the Foreign [Home] *Office* (英国の)外務[内務]省 / the Meteorological *Office* (英国の)気象庁
❸ U C 責任[権威]ある地位, 役職; **官職**, 公職(⇨ POST[3] 類語) ‖ He **held** ~ as Attorney General for three years. 彼は3年間司法長官の職に就いていた(♦ 1人しかいない役職名は無冠詞) / have a high ~ in the government 政府の要職に就いている / the ~ of President 大統領職 / seek [OR run for] ~ 官職を求めて奔走する / be in [out of] ~ 要職に就いて[を離れて]いる; (政党が) 政権を担当している [いない] / **take** [OR assume, enter upon] ~ 公職 [政権] に就く / leave [OR resign, go out of] ~ 辞職[下野]する, 政権を離れる / fill various ~*s* satisfactorily いろいろな公職を立派に務める
❹ U C 職務, 任務, 役目; 仕事; 機能 ‖ the ~ of chairman 議長の職務 / A teacher's ~ is teaching. 教師の仕事は教えることだ / act in the ~ of adviser アドバイザー役を務める (♦ of の後の役職を示す名詞は通例無冠詞単数) / the ~ of the brain 脳の働き
❺ 《~s》口きき, 尽力, 世話, 好意 ‖ through [OR by]「the UN's good [our teacher's kind] ~*s* 国連の援助[先生の好意]で / ill ~*s* つれない仕打ち
❻ 《the ~》《集合的に》《単数扱い》(会社などの) **全職員**, 全従業員 ‖ The whole ~ was present at the emergency meeting. 従業員全員が緊急集会に出席していた
❼ 《ときに O-》〘宗〙儀式(♦ 特に葬式を指す); 礼拝, 典礼 [聖餐(せいさん)式, 洗礼式, 葬式]の祈り; 聖務日課(divine office); (英国国教会の)朝禱(ちょうとう)と晩禱(ばんとう) ‖ say one's ~ 日課の祈りを唱える / perform the last ~ to ... …の葬式を行う ❽ 《~s》《英》《旧》家事室《台所・洗濯室など》; 納屋 ❾ 《~s》《英》《婉曲的》トイレ (usual offices)
❿ 《the ~》《俗》ヒント, 示唆, 暗示, 合図 ‖ give [take] the ~ ヒント[合図]を与える[受ける]

COMMUNICATIVE EXPRESSIONS

① **Could I sèe you in my óffice?** 私のオフィスに来てください, 話があります(♥ 個人的な話をするために相手を呼び出す. 上司や先生などが部下・同僚や生徒に対して用いる場合が多い)

▶▶ ~ **automátion** 名 U オフィスオートメーション《略 OA》 ~ **blòck** 名 C 《英》オフィス用の大きなビル (《米》office building) ~ **bòy** 名 C 《旧》(事務所の)雑用係, 給仕 (中立 office assistant [helper]) ~ **bùilding** 名 C オフィスビル ~ **gìrl** 名 C 《旧》(事務所の)雑用係の女性[少女](中立 office assistant [helper]) ~ **hòurs** /, ニニニ/ 名 複 営業[勤務, 《米》診療]時間; (教員の)研究室在室時間 ~ **pàper** 名 U 商業通信用紙 ~ **pàrk** 名 C オフィスパーク, オフィスビル地区 ~ **pàrty** 名 C (クリスマス前の)職場のパーティー ~ **stàff** 名 C 《通例単数形で》《集合的に》《単数・複数扱い》(事務所の)職員(全員) ~ **supplìes** 名 複 事務用品 ‖ an ~ *supplies* chain 事務用品販売チェーン店(office supply) ~ **tòwer** 名 C 《米》オフィスビル ~ **wèar** 名 U オフィスウエア, 事務服 ~ **wòrk** 名 U 事務, オフィスワーク ~ **wòrker** 名 C 事務(職)員, 会社員(♦ 性別を問わず用いる. 一般事務員は office worker でよいが, 職務が決まっている場合は secretary, receptionist のように職務名でいうのがふつう)

óffice-bèarer 名 =officeholder
óffice·hòlder 名 C 公務員, 官吏; 役職者

*****of·fic·er** /ɑ́(:)fəsər, ɔ́:f- | ɔ́fɪsə/ 名 動

—名 (複 **~s** /-z/) C ❶ **将校**, 士官 ‖ military [naval, air force] ~*s* 陸[海, 空]軍将校 / a commanding ~ 指揮官 / commissioned [noncommissioned] ~*s* 士官[下士官] / general [field, company] ~*s* 将[佐, 尉] 官 / ~*s* and men 将兵 / the ~ of the day 当直将校
❷ **警官**, 巡査(♥ 呼びかけにも用いる); 《O-》《米》…巡査(♦ 通例名前の前につけて敬称として用いる) ‖ a **police** ~ 警官 / What happened, ~? 何があったんですか, おまわりさん / *Officer* Frost フロスト巡査 ❸ (地位の高い) **役人**, 公務員; (法の) 執行吏 ‖ public ~*s* 公務員 / executive [clerical] ~*s* 行政 [事務] 官 /「a customs [an immigration] ~ 税関吏 [入国管理官] ❹ (商船など

の) 高級船員, 船長 ‖ a first [second] ～ 1等[2等]航海士 ❺ (会社・団体の)役員, 幹事 ‖ a chief executive ～ 最高経営責任者《略 CEO》/ a chief financial ～ 最高財務責任者《略 CFO》 ❻《英》4等勲爵士

an òfficer of árms 〖紋章〗紋章(院属)官

―動 他 ❶ …に将校[高級船員など]を配属する ❷ …を指揮[統率]する

O

*****of·fi·cial** /əfíʃəl/《アクセント注意》形 名

―形 [◁ office 名]《比較なし》《通例限定》 ❶ **公式の**, 正式の；公認の, 公用の；表向きの(♥「事実は違う」の意味を含むことがある) ‖ The news is not yet ～. そのニュースはまだ公式に発表されたものではない / What are the ～ languages of the European Union? 欧州連合の公用語は何ですか / ～ documents 公文書 / an ～ manifesto 公式声明 / an ～ record (国会の議事録などの)公式記録 / an ～ event 公式行事 / the ～ (web) **site** of ... …の公式ウェブサイト / an ～ reason for his resignation 彼が辞任した表向きの理由

❷ **職務[公職](上)の**, 公の(↔ unofficial)；役職[官職]に就いている ‖ ～ duties 公務 / an ～ position [business] 公職[公用] / an ～ residence 官邸 / an ～ uniform (警官などの)制服 / in one's ～ capacity 公的な資格で

❸ 役所[役人](風)の ‖ ～ red tape お役所(風)の形式主義 / in an ～ manner 形式ばって ❹〖薬〗薬局方による ‖ ～ preparations 薬局方による調剤

―名 (複 **～s** /-z/) C ❶ **公務員**, 役人；(会社・団体などの)役員, **職員** ‖ public [government] ～*s* 公務員[政府職員] / **senior** ～*s* 上級公務員, 高級官僚 / company ～*s* 会社役員 / a bank ～ 銀行の役員

❷《米》〖スポーツ〗審判員

▶▶**～ devèlopment assístance** 名 U C 政府開発援助《略 ODA》 **～ recéiver** 名《the ～》《英》(官選の)破産管財人 **～ sécret** 名 C U《英》公務上知り得る秘密, 国家機密 **Offìcial Sécret Àct** 名《the ～》《英》国家機密法《国家機密の漏洩(ろうえい)を禁止したもの》

of·fi·cial·dom /-dəm/ 名 U ❶《集合的に》公務員, 官僚, 役人 ❷ 官界, 公務員[役人]の地位

of·fi·cial·ese /əfìʃəlíːz/ 名 U (複雑難解な)お役所言葉

of·fí·cial·ìsm /-ìzm/ 名 U ❶ 官僚主義, お役所風 ❷《集合的に》=officialdom ❶

***of·fi·cial·ly** /əfíʃəli/《アクセント注意》副 ❶ 公式に, 正式に；職務[公務]上 ‖ declare ～ that ... 公式に…と表明する ❷《文修飾》公式には；表向きは ‖ *Officially*, he is in charge, but really his secretary does all the work. 表向きは彼の担当だが, 実際にはその仕事は秘書が全部やっている

of·fi·ci·ate /əfíʃièɪt/ 動 自 ❶ 役目を務める, 職務を遂行する ❷ (聖職者が)〈式・礼拝を〉つかさどる〈at〉 ‖ ～ *at*「a wedding [the service] 結婚式[礼拝]を執り行う ❸ (スポーツの)審判を務める **of·fi·ci·á·tion** 名

of·fi·cious /əfíʃəs/ 形 ❶ おせっかいな, 差し出がましい ❷ (政治・外交で)非公式の(↔ official) ‖ an ～ talk 非公式会議 **～·ly** 副 **～·ness** 名

off·ing /ɔ́(ː)fɪŋ/ 名 C 沖, 沖合い ‖ gain [keep] an ～ 沖へ出る[沖合いを航行する]

in the óffing ① 沖合いに ② (…が)遠からず起こりそうな；近いうちに

off·ish /ɔ́(ː)fɪʃ/ 形《口》よそよそしい, つんとした **～·ness** 名

òff-kéy ◁シ 形 副 調子外れの[に]

òff-kílter 形 ❶ 傾いた, 少しずれた ❷ 風変わりな, 奇抜な

òff-lábel 形 副《米》(薬品が)未公認の[で]《米国食品医薬局(FDA)に認可されていないものについていう》

óff-lìcence /,ーーー/ 名 U C《英》(店内での飲酒不可)酒類販売免許(店)(《米》liquor store)(↔ on-licence)

***òff-límits** 形 ❶〈…に〉立入禁止の〈to〉 ‖ This area is ～ *to* the public. この区域は一般には立入禁止です ❷ (話題が)ふれてはならない

òff-líne 形 副 💻 オフライン(式)の[で](↔ on-line)《インターネットに接続されていない状態の[で]；コンピューター同士がネットワーク接続されていない(で)》；(イベントなどが)インターネット上でない, 人が直接集まる

òff-lóad, òff-lóad 動 他 ❶〔不要なものなど〕を処分する；〔株など〕を〈…に〉売り払う〈**on, onto**〉 ❷〔悩みなど〕をぶちまける ❸〔積み荷など〕を降ろす ❹ 💻〔データ〕を移動する

òff-méssage 形 副 (政治家が)党の方針から逸脱した[て](↔ on-message) ‖ go ～ 党の方針から逸脱する

òff-òff-Bróadway 名 U《集合的に》オフオフブロードウェイ演劇《off-Broadway よりさらに前衛的な実験演劇》 ―形 副 オフオフブロードウェイ(風)の[に]

òff-péak ◁シ 形《限定》副 (電力消費量・交通量などが)ピークを過ぎた[て], 閑散時[期]の[に]

òff-píste ◁シ 形 副〖スキー〗滑降コースから外れた[て], コース外の[に]

óff·prìnt 名 C (雑誌論文などの)抜き刷り

óff-pùtting 形 人に不快感を与える, 人を困惑させる **～·ly** 副

óff-ràmp 名 C《米》高速道路から出口に向かう道路, 出口ランプ(《英》slip road)(↔ on-ramp)(♦ 正式には exit ramp という)

òff-róad ◁シ 形 道路を外れた；(自動車などが)一般道路以外で使われる, オフロード用の(off-the-road)

▶▶**～ vèhicle** 名 C オフロード用自動車(off-roader)

òff-róader 名 C ❶ =off-road vehicle ❷ オフロード車を運転する人

òff-róading 名 U オフロードレース

óff-sàle 名 U《英》アルコール飲料の持ち帰り販売

óff·scòur·ings /-skàʊərɪŋz/ 名 複 くず, かす；(社会からの)のけ者

òff-scréen ◁シ 形 副 画面に出ない(で)；スクリーン外の[で], 私生活の[で] ‖ an ～ lover 実際の恋人

óff-sèason 名《通例 the ～》❶ 閑散期, シーズンオフ(❗「シーズンオフ」は和製語) ❷《米》(スポーツの試合が行われない)夏の時期 ―形 副 シーズンオフの[で], 閑散期の[で] ‖ an ～ special シーズンオフのお買得品

***off·set** /ɔ̀(ː)fsét/《アクセント注意》(→ 名, 形) 動 (**～s** /-s/；**-set** /-sét/；**-set·ting**) 他 ❶ …を相殺する, 埋め合わせる, 補う〈**by** …で；**against** …に対して, …と〉(♦ しばしば受身形で用いる) ‖ Imports should be ～ *by* exports to keep a country's economy healthy. 国の経済を健全に維持するためには輸入高は輸出高で相殺されるべきだ / ～ travel expenses *against* tax 旅費を経費として課税額から差し引く ❷ …を引き立たせる ❸〖印〗…をオフセット印刷にする ―自 ❶〖印〗オフセット印刷をする ❷ (印刷インク・印刷ページが)裏移りする

―名 /ɔ́(ː)fsèt/ C ❶ 相殺するもの, 埋め合わせ ‖ an ～ to [OR against] a loss 損失の埋め合わせ(となるもの) ❷〖印〗オフセット印刷物；(インクの)裏移り；U オフセット印刷(法) ❸ 分かれ出たもの, 分派；分家；(山の)支脈；〖植〗= offshoot ❶ ❹〖建〗(上部を後退させて作った)壁面の棚, 壁段 ❺〖機〗(管などの)心(しん)の片寄り, 心違い

―形 /ɔ́(ː)fsèt/《限定》〖印〗オフセットの ‖ ～ printing [OR lithography] オフセット印刷

óff·shòot 名 C ❶〖植〗分枝, 横枝, 側枝 ❷ (一般に)派生物；分家, 傍系子孫；支流, 支脈

***off·shore** /ɔ̀(ː)fʃɔ́ːr/ ◁シ 形《通例限定》❶ 沖の, 沖にある；沖合で操業している ‖ ～ fishery 沖合漁業 ❷ (風が)沖へ向かう(↔ inshore) ‖ an ～ breeze 沖へ向かって吹く風 ❸ 海外の[でなされた], 域外の, オフショアの《規制や税制などの面で有利な国外に拠点を置くこと》 ‖ ～ manufacture 海外生産 / ～ investments 国外投資 / ～ funds 海外投資信託, オフショアファンド

―副 ❶ 沖に[で]；沖に向かって ‖ two miles ～ 沖合2

マイルの所に ❷ 海外で ―動 他…を海外の拠点に移す

òff·shór·ing /-ɪŋ/ 名 U 海外への委託業務

òff·síde ◁ 形 副 ❶《フットボールなど》オフサイドの[で], 反則の位置の[で](↔ onside) ❷《英》(車などの)右側の[で] ―名 ❶《the ~》《英》(車などの)道路の中心に近い側(《英》では走行車の右側)(↔ nearside) ‖ the ~ front wheel 右側の前輪 ❷ U/C《通例 ~s》(フットボールなどの)オフサイド

òff·síder 名 C《豪・ニュージ口》助手, 協力者

òff·sídes 形 副《米》=offside ❶

òff-síte, òff·síte 形 副 敷地外の[で], 現場外の[で], 職場外の[で]

òff-spéed 形 スピードを落とした ‖ Here's another ~ pitch. (野球の解説で)また緩い球です

***off·spring** /ɔ́(:)fsprìŋ/《アクセント注意》名 (複 ~) C ❶《集合的に》(人・動物の)子, 子孫(↔ parent)(♦単数でも不定冠詞は用いない) ‖ The cat had only two ~. その猫は子供を2匹しか産まなかった / Abraham had many ~. アブラハムは多くの子孫を残した ❷ 結果, 所産, 成果 ‖ the ~ of effort 努力のたまもの

òff·stáge ◁ 形 副 舞台を離れた[て], 舞台裏の[で]; 私生活の[で](↔ onstage)

òff-stréet ◁ 形《限定》(本) 通りを外れた(ところの) ‖ ~ parking 本通りを外れたところの駐車(場)

òff-the-bóoks 形《簿記》帳簿外の

òff-the-clóck 形 副 勤務時間以外の[に], サービス残業の[で] ‖ work ~ サービス残業する

òff-the-cúff ◁ 形 副 即座の[に], 即席の[で], ぶっつけ本番の[で]

òff-the-gríd 形 送電線によらない, 電力会社からの電気を使わない

òff-the-pég ◁ 形 副《英》=off-the-rack

òff-the-ráck 形 副《米》(服が)既製の[で], つるしの[で]

òff-the-récord ◁ 形 副 オフレコの[で], 記録にとどめない[ずに], 非公式の[に], 非公開[秘密]の[で](♦ 副 では off the record ともいう)

òff-the-shélf ◁ 形 副 (商品が手直しせずに)そのまますぐに使える[て], 特別あつらえでない[く]; 在庫品としてすぐ手に入る[入れて]

òff-the-wáll ◁ 形《限定》《口》非常に変わった, 奇抜な(♦叙述用法では off the wall を用いる)

óff-tòpic 形《口》(インターネット掲示板への書き込みなどが)テーマから外れた, スレッド違いの

òff-tráck 形《米》競馬場外の(《英》off-course); 進路を外れた, 常軌を逸した

òff-whíte ◁ 名 U 形 オフホワイト(の), くすんだ白(の); 標準的でない

óff yèar 名 C《通例単数形で》❶《米》(大統領選挙などの)大きな選挙のない年 ❷ (活動・生産などの)不振[不作]の年 ‖ have an ~ (会社などが)不況の年である

óff-yèar 形 大統領選挙のない年に行われる ‖ the ~ election 中間選挙

Of·sted /ɑ́(:)fsted, ɔ́:f- | ɔ́f-/ 名 U (英国の) 教育監督省(♦ *Of*fice for *St*andards in *Ed*ucation の略)

oft /ɔ(:)ft/ 副《古》《文》=often ‖ many a time and ~ たびたび / an ~-repeated claim たびたび繰り返される要求 / the ~-recurring problem しょっちゅう起こるその問題(♦複合語では現在も用いられる)

*****of·ten** /ɔ́(:)ftən/

―副 (通例 **more ~**; **most ~**)

しばしば, よく, たびたび, 何度も; …のことが多い(⇨類語, SOMETIMES 類語P) ‖ I ~ fell ill when I was small. 私は小さいときよく病気になった / I ~ surf the Net till dawn. 夜明けまでネットサーフィンをすることがよくある / We come to the park **quite** ~ on Sundays. 私たちは日曜日によくこの公園に来る / Such a thing doesn't happen very ~. そんなことはめったに起こらない / We are lucky if we can laugh more ~ than we weep. 泣くより笑う方が多くなれば幸せだ / The trains are ~ late. 列車はしょっちゅう遅れる / The trains aren't ~ late. 列車は頻繁に遅れるわけではない(♦ often が not に否定される) / The trains ~ aren't early. 列車は早く来ないことがしばしばある(♦ often は not に否定されない) / It's not ~ that we have guests. そうたびたび家に客が来るわけではない(♦強調構文. ⇨ IT ❻)

語法 ☆☆ ある場面で立て続けに起こることについては a lot of times, several times, frequently などを用い, often は用いない. したがって「彼は今日スピーチをしているとき何度もせきをした」は ×He often coughed today when he was making a speech. とはいわず, He coughed several times ... あるいは He kept coughing ... などとする

語法 ☆☆ **often の位置**

(1) 一般動詞の前, be動詞・助動詞の後ろに置くのがふつう. これは always, sometimes, never などほかの頻度の副詞も同じ.

(2) 強調・対照のために文頭・文末に置くこともある. この場合は more, very, quite, fairly などがつくことが多い. 〈例〉Sometimes John is late, but very *often* he doesn't come at all. ジョンはときどき遅刻するが, 全然来ないことが非常に多い / It rains there very *often*. そこでは雨になることがとても多い / Please come and see us more *often*. もっとたびたび遊びに来てください

(3) be動詞・助動詞そのものを強調するときはその前に置く. 〈例〉He *often* was late. 彼は遅刻することがよくあった(♦この場合 was は強勢を伴う)

àll tòo óften あまりにも頻繁に(♥望ましくないことが何度も起きる場合に用いる)

(***as***) ***òften as nót*** =*more often than not*(↓)

èvery sò óften ときどき

hòw óften 何回, 何度(♦より具体的に回数を尋ねるときは How many times ...? を使う) ‖ *How* ~ have you been to Hawaii? 君はハワイへ何回行ったの / *How* ~ a week do you play tennis? 週に何回ぐらいテニスをしますか

mòre òften than nót ふつうは, たいていは(usually)

類語 **often** 回数の多さを強調する語.

frequently 短い間隔で何度も繰り返し起こることを強調する語.

óften·tìmes, óft·tìmes 副《米》《英では古・文》=often

o·gee /óudʒi:/ 名 C 反曲線, 葱花(そうか)線《S字形の曲線》;《建》(縦断面が)S字形の刳形(くりかた)

▸▸ **~ árch** 名 C《建》オジーアーチ, 葱花迫持(せりもち)

og·ham, og·am /ɑ́(:)gəm, óu- | ɔ́g-, óug-/ 名 U オガム文字《5–10世紀のブリテン島・アイルランドでケルト人が用いた文字》

o·give /óudʒaɪv/ 名 C ❶《建》(丸天井の)筋交い骨; 尖頭(せんとう)アーチ ❷《統計》累積度数(分布)曲線

o·gle /óugl, +米 ɑ́(:)-, +英 ɔ́-/ 動 他 自 (…に) 色目を使う, 秋波を送る(↷ eye up) ―名 C 色目, 秋波

ó·gler 名 C 色目を使う人

o·gre /óugər/ 名 C (童話などの)人食い鬼; (鬼のように)恐ろしい人, 残酷な人 **ó·gre·ish, ó·grish** 形 鬼のような

o·gress /óugrəs | -grɪs, -grəs, -gres/ 名 C (女性の) 人食い鬼; (鬼のように)恐ろしい女性, 残酷な女性

*****oh**[1] /ou/(♦同音語 owe)

―間 (♦通例直後にコンマか感嘆符を置く) ❶《発話に対する反応》**ああ**, うん(♥相手の言ったことに対して言葉を探して少し間をとったり, 驚きや関心の強さを示す) ‖ "When are you leaving for Jakarta?" "*Oh*, I haven't decided yet." 「いつジャカルタへたつの」「うん, まだ決めてないんだ」/ *Oh*, I see. ああ, なるほど / *Oh*, yes! まさにその

とおり / *Oh*, no! とんでもない / *Oh*, really? えっ, 本当 / *Oh*, yeah? へえ, そうかな(♥不信を表す) / There were about, ~, fifty or sixty people on the floor then. そのときそのフロアには, そう, 50人か60人くらいがいました
❷《注意を引く》**おい**, ねえ ‖ *Oh*, Miss! ちょっと, お嬢さん / *Oh*, Pat, can you come and help me with this? ねえパット, ちょっとこれ手伝ってくれないか / *Oh*, listen! ほら, 聞いて
❸《感情》**おお**, ああ, おやまあ, あら(♥驚き・恐怖・苦痛・失望・怒り・悲しみ・喜びなど強い感情を表したり, 自分の思いを強調する) ‖ *Oh*, how terrible! まあ, 何と恐ろしい / *Oh*, isn't that pretty! まあ, 何てきれいなのかしら / *Oh*, dear (me)! おやまあ(♥失望・驚きなど) / *Oh*, (my) God! ああ何てことだろう(♥驚き・苦痛など) / *Oh*, boy! おやまあ(♥驚き・興奮など) / *Oh*, well. やれやれ(♥あきらめ) / *Oh-oh*! あらら；おっといけない(♥軽い落胆)
❹《想起・喚起》あっ(♥何かを急に思いついたり, 思い出したりした場合) ‖ *Oh*, and don't forget to bring your camera. ああそれから, カメラを持って来るのを忘れないでね
❺《祈願》おお, ああ(♥願望または神などへの呼びかけ. O とも書くが, oh がふつう) ‖ *Oh* for wings! ああ, 翼があればなあ / *Oh* to be free! ああ, 自由の素晴らしさよ

oh² /oʊ/(♦同音語 owe) 名 =o ❻

OH 略 〘郵〙Ohio

O. Hen·ry /òu hénri/ 名 オー＝ヘンリー(1862-1910)《米国の短編作家. 本名 William Sydney Porter》

O·hi·o /ouháɪou/ 名 ❶オハイオ(州)《米国北東部の州. 州都 Columbus. 略 O., 〘郵〙OH》 ❷《the ~》オハイオ(川)《米国中東部を流れるミシシッピ川の支流》
~·an 形 名 C オハイオ州の(人)

ohm /oʊm/ 名 C 〘電〙オーム《電気抵抗の単位》(♦ドイツの物理学者 G. S. Ohm(1789-1854)の名より)
~·ic 形 オームの；オームで測った
▶▶**Òhm's láw** 名 U 〘電〙オームの法則

ohm·me·ter /óʊmmìːṭər/ 名 C 〘電〙オーム計, 抵抗計

OHMS 略 《英》*O*n *H*er [*H*is] *M*ajesty's *S*ervice(公用)(♦公用文書への表示)

óh·no·sècond 名 C 《口》💻オーノーセカンド《キーの押し間違いで必要なデータを消去したと気づく瞬間》

o·ho /ouhóu/ 間 おほう, わあ, やあい(♥驚き・嘲笑(ちょうしょう)・喜びなどを表す)

Óh-òh 間 =uh-oh

OHP /òu eɪtʃ píː/ 名 C オーエイチピー, オーバーヘッドプロジェクター(♦*o*ver*h*ead *p*rojector の略)

óh-sò 副 《口》すごく(extremely) ‖ ~-cozily とてもくつろいで

ÒHT 略 *o*ver*h*ead *t*ransparency(オーバーヘッド(プロジェクター)用透明シート, トラペン(シート))

oi /ɔɪ/ 間 《英口》おい, ほら(♥注意・警告などを示す)

ÒIC 略 💻 *O*h, *I* see(♦Eメールなどで使われる)

-oid /-ɔɪd/ 接尾 《名詞・形容詞語尾》「…のような(もの), …状の(もの)」の意 ‖ alkal*oid*, crystall*oid*

oik, oick /ɔɪk/ 名 U 《英俗》ならず者, 不良；ばか

⁑oil /ɔɪl/ 名 動

―名 (複 **~s** /-z/) ❶ U (♦種類を表すときは C)(各種の)**油**；油性[状]物, …オイル ‖ vegetable ~(*s*) 植物油 / an essential ~ (植物性)精油 / volatile [fixed] ~ 揮発油[不揮発油] / lubricating ~ 潤滑油 / engine ~ エンジンオイル / **olive** [salad] ~ オリーブ[サラダ]油 / suntan ~ 日焼け用オイル / bath ~ 浴用オイル / change the ~ in one's car 車のオイルを交換する
❷ U **石油**(petroleum)；石油産業；《英》灯油；《形容詞的に》石油(関連)の；石油を使う[で作られた] ‖ crude ~ 原油 / heavy [light] ~ 重[軽]油 / drill for ~ 石油を掘る / refine ~ 石油を精製する / an ~ **company** [producer] 石油会社[産油国] / ~ **prices** 石油価格 / an ~ heater オイルヒーター；石油ストーブ / the ~ **industry** 石油産業
❸ C 《しばしば ~s》油絵の具(oil color)；《口》油絵 ‖ paint a landscape in ~*s* 油絵の風景画を描く
❹ C 《通例 ~s》=oilskin ❺ U 《口》おべっか, お世辞
❻ U 《豪・ニュージ俗》情報；事実

bùrn the mìdnight óil 夜遅くまで勉強[仕事]をする
òil and wáter 水と油 ‖ They're like ~ *and water*, they don't mix. 彼らは水と油だ. 相性が悪い
pòur òil on the fláme(s) 火に油を注ぐ；情熱[怒りなど]をいっそうかき立てる
pòur òil on tròubled wáters 口論[怒りなど]をなだめる, 鎮める(♦「荒れた海に油を注ぐ」から；油膜が波を静める働きをする)
strike óil 油脈を掘り当てる；ひと山当てる

―動 他 ❶ …に油を塗る[差す]；…を油で処理する, 油につける；《受身形で》(場所が)油で汚染される ‖ ~ a hinge ちょうつがいに油を差す ❷ …に重油燃料を補給する
―自 ❶ (脂肪・バターが)溶ける ❷ (船が)重油燃料を積む

oil a person's palm [OR ***hand***] ⇨ PALM(成句)

▶▶ **~ bàrrier** 名 C オイルフェンス, 流出石油拡散防止フェンス(❗oil fence より一般的な言い方) **~ càke** 名 U C 油かす《肥料・飼料用》 **~ còlor** 名 C 《通例 ~s》油絵の具 **~ drùm** 名 C ドラム缶 **~ fìeld** 名 C 油田 **~ pàint** 名 C U ① =oil color ② 油性塗料[ペンキ] **~ pàinting** (↓) **~ pàlm** 名 C 〘植〙アブラヤシ《アフリカ産. 実からヤシ油を採る》 **~ pàn** 名 C 《米》(機関の)油受け(《英》sump) **~ pàtch** 名 《口》① C 油田地帯 ② 《the ~》石油産業 **~ plàtform** 名 C =oil rig **~ rìg** 名 C 石油掘削装置 **~ sànd** 名 C U 油砂, オイルサンド(tar sand) **~ shàle** 名 U 〘鉱〙オイルシェール, 油母(ゆぼ)頁岩(けつがん) **~ shòck** 名 C オイルショック《原油価格の高騰》 **~ slìck** 名 C (水面の)油膜 **~ spìll** 名 C オイル漏れ(事故) **~ tànker** 名 C タンカー **~ wèll** 名 C 油井

óil-bèaring 形 (地層などが)石油を含有する

óil·càn 名 C 油の缶, (特に)油差し

óil·clòth 名 U C オイルクロス, 油布《テーブル・棚などのカバー用》

oiled /ɔɪld/ 形 ❶《俗》酔った ‖ well-~ ぐでんぐでんの ❷ 油を差した；油で処理[防水]した；油漬けにした ‖ ~ silk 絹油布《油で防水した絹地. レインコート用など》

oil·er /ɔ́ɪlər/ 名 C ❶給[注]油係；油差し(oilcan) ❷タンカー ❸《米口》油井 ❹《~s》《米口》=oilskins

óil-fìred 形 石油を燃料とする

óil·màn /-mæ̀n/ 名 (複 **-mèn** /-mèn/) C 石油(販売)業者(中立 oil retailer)；油井労働者(中立 oil field worker)

óil pàinting 名 C 油絵；U 油絵画法
be nò óil pàinting 《英口》(人が)全然美しくない

òil-rích 形 《限定》石油資源の豊富な

òil·seed rápe 名 C 〘植〙ナタネの類

óil·skìn 名 U オイルスキン《油で被覆した防水布》；《~s》(上下の)オイルスキンの防水服

óil·stòne 名 C 油砥石(といし)

***oil·y** /ɔ́ɪli/ 形 ❶油(状)の, 油性の；油っこい；油だらけの；油を被覆した[しみ込ませた]；(皮膚が)脂性(あぶらしょう)の ❷《けなして》(態度・話し方などが)へらへらした, 口先のうまい
óil·i·ly 副 **óil·i·ness** 名

oink /ɔɪŋk/ 動 自 名 C (豚が)ぶうぶう鳴く(声)

***oint·ment** /ɔ́ɪntmənt/ 名 U C 軟膏(なんこう), 膏薬, 塗り薬(⇨ MEDICINE 類語P) ‖ (a) burn ~ やけど用の軟膏
a [OR ***the***] ***fly in the ointment*** ⇨ FLY²(成句)

OJ /óu dʒèɪ, ⁻⁻/ 名 U 《米口》=orange juice

O·jib·wa, -way /oudʒíbweɪ/ 名 (複 **~** OR **~s** /-z/) ❶ C オジブウェー族(の人)《米国最大の先住民族の1つ》 ❷ U オジブウェー語 **―形** オジブウェー族[語]の

⁂OK¹, O.K. /oukéɪ/ 《発音注意》 形 副 間 名 動
(♦okay ともつづる. OK はどちらかというと《口》なので, 改

まった場面では避ける方がよい)

—形《比較なし》《口》❶《叙述》(人が) **健康な**, 無事な ‖ Look out! Are you ~, Jen? 気をつけて, 大丈夫かい, ジェン / He sounded ~ when I met him yesterday. 昨日僕が会ったときは彼は元気そうだった

❷ **大丈夫な**, 十分な, 差し支えのない, 適当な (↔ unacceptable) ‖ "I'm sorry I forgot to ring you up last night." "That's ~." 「昨夜電話するのを忘れてしまってごめんね」「(気にしなくて)いいよ」(♥ That's all right. と同じく, 謝罪や感謝に対する返答に用いる) / It's ~ with [OR by] me if we work late. 私は残業しても構いません / I'll see you at seven, ~? 7時に会うということでいいよね / Is it ~ if I call you tonight? 今夜電話してもいい? (♥ くだけた依頼の表現. 丁寧な言い方は Could I *do* [ask you to *do*]? や Would you mind if I *did* [asked you to *do*]? など) / Mom said it was ~ for Fred to go to the movies, but not me. ママはフレッドは映画に行ってもいいけれど私は駄目だと言った / Everything turned out ~. 何もかもがうまくいった / an ~ meal 満足のいく[悪くない]食事

❸《叙述》**まあまあの**, まずまずの (↔ unsatisfactory) (♥ 何か感想を尋ねられて単に OK とだけいうと「可もなく不可もなく」の意にとられやすい) ‖ This jacket is ~, but I prefer that one. このジャケットはまあまあだけど, あっちの方が好きだな

❹《主に米》感じのよい, 好ましい, 役に立つ, 正直な ‖ Ross's ~. ロスはいいやつだ[好きだ]

—副《比較なし》問題なく, うまく ‖ He's doing ~ at school. 彼は学校でちゃんとやっている

—間 ❶ NAVI さて, それでは (♥ 別の話題や行動を始めるとき) ‖ ~, let's go on to the next page. では次のページに進みましょう

❷ よろしい, よし, わかった (♥ 納得・許可・了解を示す. 特別フォーマルな場合でなければ目上の相手にも用いられる) ‖ "Hang on, please." "~." (電話で)「切らずに待ってて」「いいよ」/ ~. I'll do that. わかりました. そうします

❸ はいはい (♥ とりあえず相手の言い分を認めるとき) ‖ ~, ~, I wasn't very precise about that. はいはい (おっしゃるとおり), それについてはあまりきちんと言ってありませんでした ❹ …じゃないか(そうだろう), …なのだからね (♥ 周囲の反応が理にかなっていないと思ったとき) ‖ I'm doing what I think is good for you, ~? 君のためになると思うことをやっているんだからね

語法 ☆☆ 形 ❶, ❷の叙述用法, ❸, 副, 間 では all right に置き換えられる. all right の方がやや丁寧な言い方.

—名 (複 **OK's**, **O.K.'s** /-z/) Ⓒ 同意, 許可, 承認 ‖ I've got the ~ to leave early. 早退の許可はとってある / give him the ~ 彼にオーケーを出す

—動 (**OK's**, **O.K.'s** /-z/; **OK'd**, **O.K.'d** /-d/; **OK'ing**, **O.K.'ing**) 他 …を承認[認可]する, オーケーする, …に同意する ‖ The bank ~'*d* my request for a loan. 銀行は私にお金を貸してくれることになった

COMMUNICATIVE EXPRESSIONS

1 **Are you dòing ÒḰ?** 調子はどう; うまくいっているのか (♥ 近況を尋ねる. =How are things (going) with you?)

2 **(Are you) sùre you're OḰ?** ほんとに大丈夫か (♥ 不安そうにしている相手に対して大丈夫かと確認するくだけた表現. ↗Are you alright?)

3 "Would you like sòme móre?" "**I'm ÒḰ.**" 「もっといかがですか」「いえ, 結構です」(♥ 断りの表現)

4 **(Is) èverything OḰ?** 万事うまくいってますか; (お食事は)いかがですか (♥ 特にレストランの店員などが食事の途中で客に対して用いることが多い)

5 "Can I gò óut with my frìends toníght?" "**(It's) OḰ if** [OR **as lòng as, pròvided that**] you còme hòme by 10 pḿ." 「今夜友達と出かけていい?」「午後10時前に帰るならいいよ」(♥ 条件付きの許可や承諾を表すくだけた表現)

6 "I bèt they'll fìre at lèast 100 employées nèxt yèar." "**OḰ, but** màybe the ecònomy will impróve by thèn." 「来年はきっと少なくとも100人の従業員の首を切ってくるよ」「まあね, でもそのころまでには景気が回復しているかもしれないし」(♥ 相手の意見を一部認めながらほかの可能性や見解を述べる. ↗Granted, but ....)

7 **OḰ if I** càll you toníght? 今夜電話していいかな (♥ 許可を求めるくだけた表現.) (↗May I call ...?)

8 "Sórry for bèing sò láte." "**Thát's ÒḰ.**" 「こんなに遅くなってごめん」「(気にしなくて)いいよ」(♥ 謝罪・感謝に対する返答. =That's all right.)

語源 all correct の発音どおりのつづり *o*ll *k*orrect からとする説などがあるが, 1840年米国大統領候補となった Martin Van Buren の支持団体がその出身地 Old Kinderhook の頭文字をとって O.K. Club と呼ばれるようになって一般化した.

ÒK[2] 略 〖郵〗Oklahoma

o·ka·pi /oukáːpi/ 名 (複 ~ OR ~**s** /-z/) Ⓒ〖動〗オカピ《アフリカ産. キリンの近縁種》

o·kay /oukéɪ/ 形 副 間 名 動 《口》=OK[1]

O'Keeffe /oukíːf/ 名 **Georgia** ~ オキーフ(1887–1986)《米国の画家》

o·key-doke, -do·key /òukidóuk(i)/ 形 副 《口》= OK[1]

O·khotsk /oukáː(:)tsk | -kɔ́tsk/ 名 **the Sea of** ~ オホーツク海《シベリア・カムチャツカ半島・千島列島に囲まれた北太平洋の一部の海》

Okla. 略 Oklahoma

O·kla·ho·ma /òukləhóumə/ ◁ 名 オクラホマ《米国中南部の州. 州都 Oklahoma City. 略 Okla., 〖郵〗OK》

-man 形 名 Ⓒ オクラホマ州の(人)

o·kra /óukrə/ 名 ❶〖植〗Ⓒ オクラ; Ⓤ オクラのさや ❷ Ⓤ オクラ料理(gumbo)

-ol 接尾《名詞語尾》〖化〗"alcohol, phenol; oil" の意 ‖ glycer*ol*, menth*ol*

-olatry 接尾 ⇨ -LATRY

old /ould/《発音注意》形 名

中心義 **年月を重ねた**

形 …歳の❶ 年老いた❷ 古い❸ 年上の❹ 昔なじみの❺ 以前の❻

—形 (**old·er** OR **eld·er**; **old·est** OR **eld·est**) (♦ elder, eldest は《英》で家族の長幼の関係を示す場合に限定用法で用いる)

❶《通例数詞とともに》(年齢が) …**歳の**; (年月が) …たった; (人が) …の年ごろの ‖ "How ~ is your son?" "He's seven (years ~)." 「息子さんは何歳ですか」「7歳です」(♥ 年齢についての質問は英語圏では子供に対して以外は非常に失礼ととられることが多い) / a boy five years ~ = a five-year-~ boy 5歳の男の子 (♦ ×a five-year*s*-old boy とはしない. → 名 ❸) / This castle is more than 500 years ~. この城は建てられてから500年以上になる / two-day-~ milk 2日たった牛乳 / He is ~ enough to「be independent [know better]. 彼はもう独立しても[もっと分別があって] いい年だ / I'm too ~ to stay out partying all night any more. もう一晩中パーティーをして家に帰らないような年ごろではない

❷ (人・動植物が) **年老いた**, 年とった, 老けた; 年のいった (↔ young) (⇨ 類語); (時について) 遅くなった, (夜が) 更けた ‖ Don't treat me like an ~ woman! 私をおばあさん扱いしないで / Be kind to ~ people. 老人を大切に (→ senior) / Tony looks ~「at twenty [for his age]. トニーは20歳にしては [年齢の割に] 老けて見える / **get** [OR grow, become] ~(*er*) 年をとる / a woman grown ~ before her time 年齢より老けて見える女性 / an ~ cherry tree 桜の老木 / as the day [night] grew ~*er* その日も時間がたつ[夜も更ける]につれて

❸ **古い**, 古びた, 古臭い, (できてから)長いことたつ(↔ new, up-to-date); 使い古した; (色が) あせた ‖ That house looks very ~. あの家はずいぶん古そうだ / keep ~ clothes [newspapers, furniture] 古着[古新聞, 古道具]をとっておく / 「give up [stick to] ~ ideas [customs] 古い考え[習慣]を捨てる[守る] / ~ wine 年代もののワイン / open (up) ~ wounds 古傷を暴く / in the ~ fashion 昔風に / an ~ practice 古くからの慣行

❹ **年上の** ‖ He is ten years ~*er* than 「I (am) [《口》 me]. = He is ~*er* than 「I (am) [《口》 me] by ten years. 彼は私より10歳年上だ (♦ 前者の方がふつう) / She is the ~*est* among [OR of] us all. 彼女は我々みんなのうちでいちばん年上だ / He is as ~ as his wife. 彼は奥さんと同い年だ / an ~*er* brother 兄 (《英》 elder brother)

❺ 《限定》**昔なじみの**; 昔からの, 年来の; いつもの, 月並みな ‖ an ~ friend [customer] 昔からの友人[客] / make an ~ joke 月並みな冗談を言う / bring up the same ~ argument 例の聞き飽きた議論を持ち出す / an ~ name [family] 由緒ある名[旧家] / get the ~ fountain pen out いつもの万年筆を取り出す

❻ 《比較なし》《限定》**以前の**, 元の(former); 過去の, 往時の, 古代の; (同種のものを比較して)旧… ‖ I'm glad you look like your ~ self again. また以前の[いつもの]君らしくなってうれしいよ / one's ~ teacher [student] (昔の) 恩師[教え子] / an ~ Oxonian オックスフォード大学の卒業生 / in the ~ days [OR times] 昔は / look back on the good ~ days 古きよき時代をしのぶ / ~ civilizations 古代文明 / an ~ edition 旧版

❼ 《比較なし》《限定》《口》《しばしば呼びかけで》親しい; 懐かしい (♥ 人を表す語の前につけて親愛・気遣い・同情などを表す. まれに軽蔑の意を含むこともある) ‖ Good ~ Ben! ベンのやつ / ~ boy [OR chap, fellow, man] おい君 / ~ folks 皆さん / You ~ silly [OR rascal]! このおばかさん; こいつ(め) / You're a funny ~ thing! おまえったら変な子だねえ

❽ 《比較なし》《限定》 素敵な (♦ 前の形容詞を強める) ‖ have a fine [OR good, high] ~ time とても楽しい時を過ごす

❾ 〈…の点で〉経験豊かな, 熟練した; 分別のある, 大人びた 〈**in**〉 ‖ She was young in age, but ~ *in* experience. 彼女は年は若いが, 経験は豊富だ / be ~ beyond one's years 同年齢の者より分別がある[ませている]

ány òld 《口》どんな…でも ‖ at *any* ~ time いつでも

any old how [OR ***way***] 《口》無造作に, 乱雑に

(***as***) ***old as Adam*** ⇨ ADAM(成句)

(***as***) ***old as the hills*** ⇨ HILL(成句)

óld enòugh to be a pèrson's móther [OR ***fáther***] 《口》(恋人などが)…の親と言ってもいいほどの年齢で

―名 ❶ 《the ~》《集合的に》《複数扱い》老人たち (the aged) (⇨ 類語) ‖ respect the ~ 年寄りを敬う ❷ 《the ~》古いもの ❸ Ⓒ 《複合語で》…歳児[馬] ‖ a class for five-year-~*s* 5歳児向けのクラス ❹ Ⓤ 昔 (♦ 通例次の成句で用いる)

of óld ① 昔の ② (昔から) 長い間 ‖ in days *of* ~ 昔(は) / I know him *of* ~. 彼のことは昔から知っている

~·ness 名

類語 《形 ❷》 **old** young に対して「年とった」の意味を表す最も一般的な語. ただし,「高齢者」をいう場合は露骨に「老い」を表すことになるので, elderly がふつう.

aged 格式ばった語で非常に高齢の人に用い, 衰えを暗示する.

elderly 「年配の, 初老の」の意. middle age と old age の間を指すが, old の代わりに幅広く用いられる. an *elderly* lady は an *old* lady の婉曲的な言い方.

senior 一般には「年上の」の意であるが, a *senior* citizen は特に60歳ぐらい以上の人や退職した人について an *old* person の代わりに好んで用いられる.

▸▸ **~ áge** (↓) **Òld Báiley** 名 《the ~》 中央刑事裁判所 《London の Old Bailey 街にある》 **~ bát** 名 Ⓒ 《英口》いやな年寄り, おしゃべりばばあ **Òld Bíll** 名 《the ~》《英俗》警察 **~ boy** 名 Ⓒ ① /⌐⌐/ 《英》(特に public school の)卒業生, 同窓生; (スポーツチーム・会社などの)古い仲間, オービー ② /⌐⌐/ 《英口》年輩の男; 《戯》男, やっこさん; 《口》(仲間や子への呼びかけで)君, おまえ ‖ a queer ~ *boy* 変わったやつ **~ búffer** 名 Ⓒ = buffer[3] **~ cóuntry** 名 ① 《the ~》(移住者の) 故国, 母国 (♦ 《米》ではヨーロッパ諸国を指す) ② Ⓒ 歴史の古い国 **~ déar** 名 Ⓒ 《英口》年配の女性 **Óld Ecònomy** 名 《the ~》 (インターネット・グローバル化を中心としての the New Economy に対して) 旧経済, 従来型経済 **Òld Énglish** 名 Ⓤ 古 (期) 英語 《700-1100年ごろの英語. 略 OE. 旧称 Anglo-Saxon》 **Òld Ènglish shéepdog** 名 Ⓒ 【動】オールドイングリッシュシープドッグ 《大型牧羊犬》 **Òld Fáithful** 名 オールドフェースフル 《米国イエローストーン国立公園の間欠泉》 **~ fláme** 名 Ⓒ 昔の恋人 **~ fóg(e)y** 名 Ⓒ 時代遅れの人, (考えの) 旧弊な人 **~ fòlk** 名 Ⓒ 《通例 ~s》お年寄り **~ fólks' hòme** 名 Ⓒ 《口》老人ホーム (old people's home) **~ girl** 名 ① /⌐⌐/ Ⓒ 《英》(特に私立校の)女子卒業生; (スポーツチーム・会社などの)古い仲間 ② /⌐⌐/ Ⓒ 《英口》老婆; (年齢に無関係に)女性, おばさん; 《口》おまえ, 君 (♥ 親愛感のある呼びかけ) ③ /⌐⌐/ 《one's ~, the ~》《英口》女房; おふくろ **Òld Glóry** 名 《the ~》《米》米国国旗, 星条旗 **~ góld** 名 Ⓤ 古金色 《くすんだ赤黄色》 **~ guárd** /, ⌐⌐/ 名 《ときに O- G-》《the ~》《集合的に》(政党などの) 生え抜き, 保守派 **~ hánd** 名 Ⓒ 〈…の〉 老練家, 熟練家, ベテラン 〈**at**〉 ‖ He is an ~ *hand at* making computer software. 彼はコンピューターのソフト製作のベテランだ **Òld Hárry** 名 = Old Nick **~ hát** 形 名 Ⓤ 《口》古臭い [旧式な] (もの); 陳腐な (もの) **Òld Hìgh Gérman** 名 Ⓤ 【言】古高地ドイツ語 《1100年以前の南部ドイツ語》 **~ lády** (↓) **~ lág** 名 Ⓒ 《英口》常習犯 **~ máid** (↓) **~ mán** 名 ① Ⓒ 老人 ② 《one's ~, the ~》⊗《俗》(ときに蔑)おやじ, 父親; 亭主, 宿六(やどろく); (年輩の)男友達, 愛人 ③ 《しばしば O- M-》《the ~》《口》(雇い主・監督・校長・船長・指揮官など)おやじ, 親方, 御大(おんたい), 大将 ④ Ⓒ 《英口》君, おまえ (♥ 男性への親しい呼びかけ) ⑤ Ⓒ 【植】ニガヨモギの一種 **~ màn's béard** 名 Ⓒ 【植】 ① ヒトツバタゴ属の低木 (fringe tree) ② サルオガセ属の地衣植物 ③ クレマチス属の野生のつる植物 **~ máster** 名 Ⓒ (16-18世紀のヨーロッパ絵画の) 巨匠 (の作品) **~ móney** 名 Ⓒ 昔からの金持ち, 素封家 (↔ new money); 昔の通貨 **Òld Níck** 名 《旧》《俗》悪魔 (the Devil) **Òld Nórse** 名 Ⓤ 【言】古ノルド語, 古期北欧語 《アイスランド・ノルウェー・スウェーデン・デンマークで14世紀ごろまで用いられた北ゲルマン語》 **Òld Páls Àct** 名 《the ~》《英口》《戯》親友条例 《友人はできる限り助け合うべきだという主張》 **~ péople's hòme** 名 Ⓒ 《英》老人ホーム **~ róse** 名 ① Ⓒ 【植】オールドローズ 《初夏に香りのよい花をつける古くからあるバラ》 ② Ⓤ 灰色がかったバラ色 **~ sált** 名 Ⓒ 《旧》経験豊かな船乗り **~ schòol** ⓈⒾ (↓) **~ schòol tíe** 名 《主に英》 ① Ⓒ (特に public school の) 出身校を示す柄のネクタイ ② 《one's ~, the ~》同窓生意識, 学閥 (意識); 保守 [守旧] 性 **~ sóldier** (↓) **~ stáger** 名 Ⓒ 《英》経験豊富な人, 老練家 **Òld Stóne Àge** 名 《the ~》【考古】旧石器時代 **Óld Stýle** 名 《the ~》 ① 旧暦, ユリウス暦 《略 OS》 ② 《o- s-》【印】旧体活字 **~ swéat** 名 Ⓒ 《英口》古参兵, 老兵 **Òld Téstament** 名 《the ~》旧約聖書 《略 OT》 (→ New Testament) **Òld Víc** /-vík/ 名 《the ~》 オールドビック (座) 《ロンドンにある the Royal Victoria Theatre の通称. もと Shakespeare 劇の上演

で有名》 ～ **wíves' tàle** 名 Ⓒ (今は信じられていない)古い迷信 ～ **wóman** (↓) **Òld Wórld** (↓)

òld-áge ◁ 形 《限定》老齢(用)の
▸▸ ～ **pénsion** 名 Ⓤ Ⓒ 《英》老齢年金(略 OAP) ～ **pénsioner** 名 Ⓒ 《英》老齢年金受給者(略 OAP)

*__òld áge__ ◁ 名 Ⓤ 老年(期), 老齢 ‖ in one's ～ 年とって, 老年になって ▸▸ **òld àge secúrity** 名 Ⓤ 《カナダ》年齢所得保障, 基礎年金(略 OAS)

òld-bóy nètwork /ˌ ́ ́ ̀ ̀/ 名 《the ～》オールドボーイ＝ネットワーク《大学などの同窓生たちによる私的な互助システム》(♦ときに old boys' network ともいう)

old·en /óʊldən/ 形 《限定》《古》昔の, 古代の

óld-estàblished 形 古い歴史のある, 昔からの

ol·de worl·de /òʊldi wə́ːrldi/ ◁ 形 《英口》(場所・雰囲気が)わざと古い様式に見せかけた

òld·fán·gled /-fǽŋgld/ ◁ 形 《口》時代遅れの(↔ new-fangled)

*__òld-fáshioned__ ◁ 形 ❶ 流行遅れの(↔ up-to-date); (人・考えなどが)古風な, 古臭い, 旧式な, 保守的な ‖ an ～ dress 流行遅れの服 / What a lovely, ～ vase! わあ古風で素敵な花瓶ね(♥ 肯定的に用いられることもある) / an ～ word 古臭い言葉 / My boyfriend is ～ about marriage. 私の恋人は結婚については保守的な考えを持っている ❷ 《限定》(表情が)とがめるような ‖ give him an ～ look 彼をとがめるような目つきで見る
──名 《しばしば O- F-》Ⓤ Ⓒ 《米》オールドファッションド《ウイスキーベースのカクテルの一種》

òld-grówth 形 【生態】在来種樹林[生活相]の ‖ ～ forests [trees] 在来種樹林[樹木]《昔からその地域の植物相を構成している樹林[樹木]》

old·ie /óʊldi/ 名 Ⓒ 《口》昔はやった音楽[映画など], なつメロ, オールディーズ(golden oldie); 古風な人

old·ish /óʊldɪʃ/ 形 やや老いた; 古めかしい

òld lády 名 ❶ Ⓒ 老婦人 ❷ 《one's ～, the ～》《口》おふくろ; 古女房, 老妻; (年配の)女友達, 愛人 ❸ Ⓒ 【虫】ヨーロッパガ(蛾)《羽に灰色の斑紋(はんもん)がある》
▸▸ **Òld Làdy of Thréadneedle Strèet** 名 《the ～》スレッドニードル街の老婦人《イングランド銀行の愛称》

òld-líne ◁ 形 《米》❶ 伝統に従う, 保守的な ❷ 歴史の古い, 由緒(ゆいしょ)のある

òld máid 名 Ⓒ ❶ ⊗《蔑》年とった未婚の女性, オールドミス(❗「オールドミス」は和製語) ❷ 古風できちょうめんな[小うるさい]人 ❸ Ⓤ 【トランプ】ばば抜き
òld-máid·ish 形 オールドミスのような, 小うるさい

òld-schóol 形 在来型の, 保守的な

óld schòol ◁ 名 《the ～》保守派, 保守的な人たち
of the óld schòol (人が)古い考え方の, 保守的な

òld sóldier 名 Ⓒ 古参兵, 老兵
còme* [OR *plày*] *the òld sóldier 《口》(経験にものを言わせて)〈人に〉先輩風を吹かせる〈**over**〉

old·ster /óʊldstər/ 名 Ⓒ 《主に米口》年寄り, 老人, 年配の人(→ youngster)

*__òld-stýle__ 形 《限定》旧式の, 一昔前の

òld-tíme ◁ 形 《限定》昔の, 過去の; 昔風の; 昔からの

òld-tímer 名 Ⓒ 《口》古顔, 古株; 《米》老人

òld wóman 名 ❶ Ⓒ 老婦人, 老婆 ❷ 《one's ～, the ～》《口》おふくろ; 古女房 ❸ Ⓒ ⊗《蔑》つまらないことで騒ぎ立てる男 **òld-wómanish** 形

Òld Wórld ◁ 名 《the ～》旧世界《ヨーロッパ・アジア・アフリカ》; 《主に米》ヨーロッパ大陸(→ New World)
òld-wórld 形 《限定》旧世界の; 古風な

ole /oʊl/ 形 《米口》＝old

o·lé /oʊléɪ/ 間 オーレ, いいぞ《闘牛やフラメンコの掛け声》(♦スペイン語より)

ÒLÉ 略 💻 *o*bject *l*inking and *e*mbedding《アプリケーション間で画像・音声などをやりとりするための仕組み》

o·le·ag·i·nous /òʊliǽdʒɪnəs/ 形 ❶ 脂性の, 油っこい ❷ 口先[お世辞]のうまい

o·le·an·der /óʊliæ̀ndər | ˌ ́ ́ ̀/ 名 Ⓒ 【植】セイヨウキョウチクトウ(有毒)

o·le·as·ter /óʊliæ̀stər | ˌ ́ ́ ̀/ 名 Ⓒ 【植】グミの類

o·lè·ic ácid /oʊlìːɪk-/ 名 Ⓤ 【化】オレイン酸

o·le·o·graph /óʊliəgræ̀f | -grɑ̀ːf/ 名 Ⓒ 油絵風の石版画
ò·le·o·gráph·ic 形

o·le·o·mar·ga·rine /òʊlioʊmɑ́ːrdʒərən | -mɑ̀ːdʒəríːn/ 名 Ⓤ (動物性脂肪を原料とする)人造バター

òleo·résin 名 Ⓤ 【化】オレオレジン, 含油樹脂

O·les·tra /oʊléstrə/ 名 Ⓤ 《商標》オレストラ《合成食用油. 体内で消化吸収されない》

o·le·um /óʊliəm/ 名 Ⓤ 【薬】油; 【化】発煙硫酸

ol·fac·tion /ɑ(ː)lfǽkʃən | ɔl-/ 名 Ⓤ 嗅覚(作用)

ol·fac·to·ry /ɑ(ː)lfǽktəri | ɔl-/ 形 《限定》嗅覚の ‖ an ～ organ 嗅覚器官 / the ～ nerves 嗅神経 / an ～ tract 嗅神経, 嗅索

ol·i·garch /ɑ́(ː)ləgɑ̀ːrk | ɔ́lɪ-/ 名 Ⓒ ❶ 寡頭(かとう)政治の支配者 ❷ (ロシアで政治に影響力を持つ)超富裕ビジネスマン

ol·i·gar·chy /ɑ́(ː)ləgɑ̀ːrki | ɔ́lɪ-/ 名 (複 **-chies** /-z/) ❶ Ⓤ 寡頭[少数独裁]政治; Ⓒ 《通例単数形で》寡頭独裁国 ❷ Ⓒ 《集合的に》《単数・複数扱い》寡頭政治支配者, 少数の独裁者たち **òl·i·gár·chic(al)** 形

Ol·i·go·cene /ɑ́(ː)lɪgousìːn | ɔ́l-/ 【地】形 漸新世(ぜんしんせい)の ──名 《the ～》漸新世

ol·i·gop·o·ly /ɑ̀(ː)ləgɑ́(ː)pəli | ɔ̀lɪgɔ́p-/ 名 (複 **-lies** /-z/) Ⓤ Ⓒ 【経】(市場の)寡占(かせん)(状態) **-lís·tic** 形

ol·i·go·sper·mia /ɑ̀(ː)lɪgouspə́ːrmiə | ɔ̀l-/ 名 Ⓤ 【医】精子過少症

o·li·o /óʊliòʊ/ 名 (複 **～s** /-z/) Ⓒ Ⓤ ❶ (スペイン・ポルトガルの)肉と野菜の煮込み料理, ごった煮 ❷ ごた混ぜ; (文学・音楽などの)種々雑多な作品集; バラエティーショー

*__ol·ive__ /ɑ́(ː)lɪv | ɔ́l-/ 《アクセント注意》名 ❶ (＝～ **trèe**) Ⓒ 【植】オリーブ(の木) ❷ Ⓒ オリーブの実; Ⓤ オリーブ材 ❸ (＝～ **gréen**) Ⓤ オリーブ色, 黄緑色; 《形容詞的に》オリーブ色の; (肌が)小麦色の
▸▸ ～ **brànch** (↓) ～ **dráb** 名 Ⓤ 濃い黄緑色(の布)《米陸軍の制服用》; Ⓒ《～s》米陸軍の制服 ～ **óil** /ˌ ́ ́ ̀/ 名 Ⓤ オリーブ油《食用・医薬用》

ólive brànch 名 Ⓒ 《通例単数形で》オリーブの枝《平和の象徴》; 和議[和解]の申し入れ
「***hòld òut*** [OR ***òffer, extènd***] ***an*** [OR ***the***] ***ólive brànch*** 〈…に〉和議[和解]を申し出る〈**to**〉

Ol·ives /ɑ́(ː)lɪvz | ɔ́l-/ 名 **the Mount of ～** オリーブ山, 橄欖(かんらん)山《エルサレム東方の丘. キリスト昇天の地》

ol·i·vine /ɑ́(ː)ləvìːn | ɔ́lɪ-/ 名 Ⓤ 【鉱】橄欖石

ol·la /ɑ́(ː)lə | ɔ́lə/ 名 ❶ Ⓒ (スペインなどで用いる広口の)土製水がめ, (シチュー用の)土なべ ❷ (＝～ **podrída**) Ⓤ Ⓒ (スペイン風の)シチュー; ごた混ぜ(♦スペイン語より)

Ol·mec /ɑ́(ː)lmèk | ɔ́l-/ 名 (複 **～** OR **～s** /-s/) ❶ Ⓤ オルメカ文明《Maya 文明より前にメキシコの Veracruz, Tabasco 州を中心に栄えた中央アメリカ先住民の古代文明》 ❷ Ⓒ オルメカ人[族]

ol·o·gy /ɑ́(ː)lədʒi | ɔ́l-/ 名 (複 **-gies** /-z/) Ⓒ 《口》《戯》学問, 科学(→ ism)

-ology /-ɑ(ː)lədʒi | -ɔl-/ 接尾 ⇨ -LOGY
-ológical, -gist 接尾

O·lym·pi·a /əlímpiə/ 名 オリンピア ❶ ギリシャ南部にある古代ギリシャ人の聖地《古代オリンピア競技が開かれた》 ❷ 米国ワシントン州の州都

O·lym·pi·ad /əlímpiæ̀d/ 名 Ⓒ ❶ オリンピック大会 ❷ (チェスなどの)(定期的な)国際大会 ❸ オリンピア紀《古代ギリシャのオリンピア競技から次の競技までの4年間》

O·lym·pi·an /əlímpiən/ 形 ❶ オリンポス(山)(Olympus)の, 天界の ❷ (オリンポスの神々のように)崇高な ❸ 《限定》オリンピック大会[オリンピア競技]の ──名 Ⓒ ❶ 【ギ神】オリンポスの神(12神の1人) ❷ 神と見まがうばかりの人 ❸ オリンピック大会[オリンピア競技]出場者

*__O·lym·pic__ /əlímpɪk/ 形 《限定》(近代の)オリンピック大会

の；(古代ギリシャの)オリンピア競技の ‖ the ～ flame オリンピック(開催中)の聖火 / an ～ gold medalist オリンピックの金メダリスト
━名《the ～s》《複数扱い》=Olympic Games
▶▶ ～ **cá(u)ldron** 名 C オリンピック聖火台 ‖ light the ～ *ca(u)ldron* 聖火台に点火する ～ **Gámes** (↓) ～ **ríngs** 名 複《the ～》オリンピックの五輪

O

***Olỳmpic Gámes** 名《the ～》《複数扱い》❶(近代の)国際オリンピック大会 ‖ The 2012 Summer ～ were held in London. 2012年の夏季オリンピック大会はロンドンで開かれた ❷(古代ギリシャの)オリンピア競技

O·lym·pus /əlímpəs/ 名 ❶ **Mòunt** ～ オリンポス山《ギリシャ北部の山. ギリシャ神話の神々が住んだという》❷ U (神々の住む)天(国)

ÒḾ 略 *O*rder of *M*erit((英国の)大勲功章)

***O·man** /oumá:n/ 名 オマーン《アラビア半島南東端のイスラム王国. 公式名 the Sultanate of Oman. 首都 Muscat》
-ma·ni 形 名 C オマーンの(人)

ÒMB́ 略 *O*ffice of *M*anagement and *B*udget ((米国の)行政管理予算局)

om·buds·man /á(:)mbudzmən | ɔ́m-/ 名 (複 **-men** /-mən/) (♦ 女性形は -woman, 中性形は -person) C オンブズマン《市民の苦情を調査する公務員》;《the O-》《英口》国会行政監察官(♦ スウェーデン語より)

o·me·ga /ouméigə | óumɪ-/《発音注意》名 ❶ C オメガ《ギリシャ語アルファベットの最後の字. Ω, ω. 英語の O, o の長音に相当》❷《the ～》《文》(一続きのものの)最後(のもの), 終わり

òmega-3 fàtty ácid 名 C U 〖生化〗オメガ3脂肪酸《魚油などに多く含まれる不飽和脂肪酸の一種》

***om·e·let, -lette** /á(:)mələt | ɔ́m-/ 名 C オムレツ ‖ a plain ～ (卵だけの)プレーンオムレツ / *You can't make an ～ without breaking eggs.* 《諺》卵を割らずにオムレツは作れない；痛みを伴わずに事を成すことはできない
▶▶ ～ **pàn** 名 C オムレツ用フライパン

o·men /óumən | -men/ 名 C U 前兆, 前触れ；〈…にとって〉兆し(となるもの[出来事])〈**for**〉‖ regard ... as a good [bad] ～ *for* success …を成功へのよい[悪い]前兆と見る / believe in ～*s* 縁起をかつぐ
━動 他 …の前兆となる, …を予告する ‖ Fog ～*s* good weather. 霧が出るといい天気になる

O·mer /óumər/ 名 (ユダヤ教の)オメル《過越(すぎこし)の祝い(Passover)の2日目に供える大麦の束. また Passover の2日目から Pentecost までの49日間》

o·mer·tà /ouméərtə | -mɑ́:-/ 名《イタリア》U (マフィアの)沈黙のおきて

ÒMǴ 略 *O*h *m*y *G*od!(⇨ GOD ❻)

om·i·cron /á(:)məkrà(:)n | oumáɪkrɔ̀n/ 名 C オミクロン《ギリシャ語アルファベットの第15字. Ο, ο. 英語の O, o の短音に相当》

***om·i·nous** /á(:)mɪnəs | ɔ́m-, óum-/ 形 不吉な, 縁起の悪い；険悪な, 不穏な；前兆となる ‖ an ～ silence 不気味な沈黙 / A mermaid's appearance is ～ of storms. 人魚の出現は嵐(あらし)の前兆である **～·ly** 副 **～·ness** 名

o·mis·si·ble /oumísəbl, ə-/ 形 省略できる

***o·mis·sion** /oumíʃən, ə-/ 名〔◁ omit 動〕❶ U 省略, 除外, 脱落；手抜かり, (職務)怠慢；〖法〗不作為 ‖ the ～ of a letter from a word 単語からの文字の脱落 / a glaring ～ ひどい手抜かり / sins of ～ 怠慢の罪 ❷ C 省略された[脱落した]もの ‖ There were several ～*s* from the party's guest list. パーティーの招待客リストに脱落がいくつかあった / Errors and *Omissions* Excepted. 誤謬(ごびゅう)脱漏はこの限りにあらず(♦ 免責のために送り状などの末尾に添える文句. 略 E. & O.E.)

***o·mit** /oumít, ə-/《アクセント注意》動〔▶ omission 名〕(**-mit·ted** /-ɪd/；**-mit·ting**) 他 ❶ …を〈…から〉省略する, 脱落させる, 抜かす, 落とす(↔ include)〈**from**〉(♦「うっかり落とす」場合にも「わざと省く」場合にも用いる) ‖ ～ his name *from* a list 彼の名前をリストから落とす[消す] / This section may be *omitted*. この部分は省略してもよい ❷《+**to** *do*》…するのを忘れる, 怠る, …しないでほうっておく ‖ Don't ～ *to* inform the post office when you move. 引っ越すときは郵便局に連絡するのを忘れないように

omni- /ɑ(:)mnɪ- | ɔm-/ 連結形「全…, 総…, 遍…(all, everywhere)」の意 ‖ *omni*potent

om·ni·bus /á(:)mnɪbəs | ɔ́m-/ 名 C ❶ (1冊物の)大選集《同一作家または類似したテーマの作品をまとめて1冊にした通常廉価版の作品集》‖ a Saul Bellow ～ ソール=ベロー作品選 ❷《主に英》(テレビ・ラジオの)オムニバス番組 ❸《旧》乗合バス
━形《限定》多数のものを扱う[含む], 総括的な, 多目的の ‖ an ～ bill 一括法案 / an ～ box 追い込み桟敷
語源 ラテン語で「すべての人のための(乗り物)」の意.

òmni·diréctional 形〖電〗全方向性の《すべての方向へ[から]発信[受信]する》；(外交などが)全方位の ‖ ～ diplomacy 全方位外交

om·nip·o·tence /ɑ(:)mnípətəns | ɔm-/ 名 U ❶ 全能；絶対的権力 ❷ 全能の力, 《O-》(全能の)神(God)

om·nip·o·tent /ɑ(:)mnípətənt | ɔm-/ 形 全能の, 無限の力を持つ；絶対的権力[影響力]を持つ ━名《the O-》(全能の)神(God) **～·ly** 副

om·ni·pres·ent /à(:)mnɪprézənt | ɔ̀m-/ ⟨シ 形《堅》同時にあらゆる場所に存在する, 遍在する；どこにでもある[目につく] **-ence** 名 U 遍在

ómni·rànge 名 C 〖空〗(航空機のための)全方向式無線標識(VOR), オムニレンジ

om·nis·cient /ɑ(:)mníʃənt | ɔmnísiənt/ 形 全知の；博識の **-cience** 名 U 全知；博識 **～·ly** 副

om·ni·um-gath·er·um /à(:)mniəmgǽðərəm | ɔ̀m-/ 名 C《戯》(物・人の)寄せ集め, ごた混ぜ

om·ni·vore /á(:)mnɪvɔ̀:r | ɔ́m-/ 名 C 雑食動物；何でも食べる人

om·niv·o·rous /ɑ(:)mnívərəs | ɔm-/ 形 ❶ 何でも食べる；雑食性の(→ carnivorous, herbivorous) ❷ (知識などを)手当たり次第に摂取する；むさぼり読む ‖ an ～ reader 乱読家 **～·ly** 副 **～·ness** 名

⁑**on** /ɑ(:)n, ɔ:n | ɔn/ 前 副 名

中心義 …に接して(★物理的なものに限らず,「時」「関係」「活動」などについても用いる)

━前 (→ upon) ❶《接触》**…の上に**, …に[で] ‖ a book ～ the table テーブルの上の本 / sit ～ a sofa ソファーに座る / His office is ～ the third floor. 彼のオフィスは3階にある / We met her ～ [《英》in] the street. 私たちは通りで彼女に出会った / He grew up ～ a farm. 彼は農場で育った / You'll find the answer ～ page 12. 答えは12ページにあります / His name is ～ the list of applicants. 彼の名前が応募者名簿に載っている / Johnny hit me ～ the [× my] head. ジョニーが僕の頭を殴った

❷《付着・支点》**…について**, …に；…を軸[支え]にして, …で ‖ Pictures hang ～ the wall. 壁に絵がかかっている / There is a lamp ～ the ceiling. 天井には照明がついている / He has a scar ～ his face. 彼は顔に傷跡がある / How did you get this lipstick stain ～ your shirt? あなたのワイシャツのこの口紅のしみ, どうしたの / Tell me what's ～ your mind. 何が気がかりなのか言いなさい / Keep the dogs ～ their leads. 犬をひもにつないでおきなさい / stand ～「one foot [tiptoe] 片足[つま先]で立つ / turn ～ a pivot 軸で回転する

語法 ☆☆ **「…の上に[で]」を表す前置詞**
(1) **on** は「表面に接触して」を表すので, ❷の第1例, 第2例のように「側面」や「下面」のこともある.
(2) **upon** は on と同じ意味だが, 一部の決まった表現を除いてふつうは使われない.

(**3**) **above** は「…の上の方に」を表し, 接触している場合は用いない.
(**4**) **over** は above 同様「接触せず上の方に」も表すが, 「…を覆って」を表すときは接触している場合も含む(→ over 前 ❶❷, above 語法).
(**5**) **up** は「…を伝わり上へ」を表す.

❸《所持・着用》《代名詞を伴って》**…の身につけて** ‖ I have no cash ～ me. 現金の持ち合わせはない (♦ この例では on の代わりに with も可能) / She wears a ring ～ her third finger. 彼女は薬指に指輪をしている

❹《近接》**…に接して**, …に面して ‖ They live ～ Walnut Street. 彼らはウォルナット通りに住んでいる / The city stands ～ the border. その都市は国境に接している / The bedroom looks out ～ the garden. 寝室は庭に面している

❺《方向・対象》**…の方に**, …に向けて, …に対して ‖ Take the first street ～ your right. 最初の通りを右へ曲がりなさい / The army marched ～ the capital. 軍隊は首都に向けて進撃した / The government has imposed a new tax ～ cigarettes. 政府はたばこに新税を課した / She has made a very good impression ～ us. 彼女は我々にとてもよい印象を与えた / He's too hard ～ his kids. 彼は子供たちに厳しすぎる

❻《主題・関連》**…について(の)**, …に関して(→ about) ‖ I'm writing ～ Shakespeare. 私はシェークスピアについて書いている(♥ about よりも学術的, 科学的というニュアンスがある) / His comments ～ my presentation proved to be quite helpful. 私の発表に対する彼の意見はとても役に立った / Do you have any questions ～ this matter? この件について何か質問がありますか / test the students ～ their English 生徒の英語をテストする / low ～ natural resources 天然資源が底を尽きかけて / heavy ～ the butter バターがたっぷりで / light ～ experience 経験が不足して

❼《日時・機会》**…に** (→ at, in) ‖ I'll see you ～ Monday. 月曜日に会いましょう (♦《口》では on が省略されることがある) / A weather forecast is aired every hour ～ the hour. 毎正時に天気予報がある / The stock fell over 10% ～ the year. その株は1年で10%以上下がった / ～ Mondays 月曜日ごとに / ～ July (the) fifth 7月5日に / ～ his birthday 彼の誕生日に

語法 ★☆ (**1**) morning, evening などは一般的表現では in を用いるが, 特定の日の場合には on を用いる. 〈例〉*in* the morning 午前中に / *on* the morning of July 5 7月5日の午前中に しかし early, late などの形容詞を伴うときは in を用いる. 〈例〉*in* the early morning of July 5 7月5日の早朝に (ただし early *on* the morning of July 5 ともいう)
(**2**)《米》では一般的な時を表すのに「on＋複数形」を用いることがある. 〈例〉in the evening(s) =《米》*on* evenings (いつも) 晩に / at the weekend(s), at weekends =《米》*on* weekends(いつも)週末に

❽《手段・道具・方法》**…に乗って**, …を使って, …で ‖ I'll go ～ the first train. 始発列車で行きます / He's ～ the phone. 彼は電話に出ています / play a tune ～ the guitar ギターで曲を弾く / The book is available ～ CD-ROM. その本はCD-ROMで入手できる / The game will be broadcast live ～ Channel 6. その試合は6チャンネルで生中継されます / She cut her finger ～ the glass. 彼女はガラスで指を切った / Call me ～ [OR at] 111-1234 during the daytime. 日中は111-1234に電話してください

❾《依存》**…に頼って**, …に依存して, …で ‖ I'm depending ～ you to achieve the goal. 目標を達成するのに君を頼りにしています / We don't just live ～ rice. 私たちは米だけを常食にしているわけではない / Cars run ～ unleaded gas these days. 最近の車は無鉛ガソリンで走る / I've been ～ medication for a few days. ここ数日薬物治療を受けている

❿《根拠・理由・条件》**…に基づいて**; …の理由で, …によって ‖ This story is based ～ a true incident. この物語は実際の出来事に基づいている / He was arrested ～ a charge of murder. 彼は殺人の容疑で逮捕された / They held meetings ～ a regular basis. 彼らは定期的に会議を開いた / We bought a computer ～ credit. クレジットでコンピューターを買った

⓫《行動の途中・従事・目的》…の目的で; …の途中で, …に携わって, 取り組んで ‖ Let's go ～ a trip. 旅行に出かけましょう / go ～ an errand 使いに行く / She will go to Europe ～ business [a holiday]. 彼女は仕事[休暇]でヨーロッパに出かける予定だ / He's working ～ a thesis. 彼は論文に取り組んでいる

⓬《状態・活動》**…の状態で**, …中で ‖ The hotel was ～ fire. ホテルは炎上していた / Used CDs will go ～ sale this weekend. この週末中古CDが売りに出されます / Juvenile crime is ～ the increase. 青少年犯罪が増加している(=... is increasing.) / ～ the cheap《口》安く / ～ the quiet《口》秘密に, こっそりと

⓭《動名詞や動詞的な意味を持つ名詞を伴って》**…するとすぐに**, …する際に ‖ *On* hearing the news, she turned pale. その知らせを聞いたとたんに, 彼女は青ざめた / Passengers must go through Customs and Immigration ～ arrival. 到着の際, 旅客は税関と入国審査を通過しなければならない

⓮《所属》**…の一員で**, …に属して ‖ I'm ～ the committee. 私は委員の1人だ / Which side are you ～? 君はどちらの味方だ ⓯《比較》…と比べて ‖ Sales of cars are up ～ last year. 車の売り上げは昨年を上回っている ⓰《勘定》…のおごりで, 費用で ‖ The dinner is ～ me. 夕食は僕のおごりだ / All the drinks are ～ the house. 飲み物はすべて当店のサービスとなっております ⓱《不利益・被害》…に迷惑をかけて, …を困らせる結果となって ‖ He died ～ me. 彼に死なれてしまった / Suddenly the car broke down ～ me. 突然車が故障したのにはまいった / He slammed the door ～ her. 彼は彼女の鼻先でドアをばたんと閉めた ⓲《累加》《しばしば無冠詞の名詞を重ねて》《堅》…に加えて ‖ The team suffered defeat ～ defeat. チームは敗北に敗北を重ねた ⓳《得点》《英・豪》(チームなどが) 点をとって ‖ The team is ～ four points, one point behind their opponent. チームの得点は4点で, 相手に1点差で迫っている

ón it 《豪口》ひどく酒を飲んで

―― 副《比較なし》(♦「be動詞＋on」の場合, 形容詞とみなすこともできる) ❶《継続》**続けて**, どんどん, ずっと ‖ Read ～ and tell me what you think. ずっと読んで, あなたの考えを聞かせてください / **Go** ～ with your story. 話を続けてください / He has decided to stay ～. 彼は続けてとどまることに決めた

❷ (距離的・時間的に) 向かって, 先へ, 進んで ‖ Let's move ～. 先に進みましょう / You'll find the entrance a little **further** ～. もう少し先へ行くと入口があります / Can you send it ～ to his new address? 彼の新しい住所に転送してくれませんか / **early** ～ もっと以前に / from now [then] ～ 今後[そのとき以降] / Even now, 20 years ～, he is still going very strong. 20年たった今でも彼は依然とても元気だ

❸《着用》(衣類を)**身につけて**, 着て(↔ off) ‖ Put your jacket ～. ジャケットを着なさい / She had nothing ～. 彼女は何も着ていなかった

❹《付着》(物の一部が)ちゃんとついて, 離れず, 上に載せて ‖ The lid isn't ～ properly. ふたがきちんと締まっていない / hold ～ しっかりつかまっている / sew a button ～ ボタンを縫いつける

❺《接触》上に; (乗り物に) 乗って ‖ Put the kettle ～. やかんを火にかけなさい / Please wait until everybody gets ～. 全員乗るまでお待ちください

❻ (機械などが)作動して，(明かりなどが)ついて，(ガス・水道などが) 出て (↔ off) ‖ **Turn** the light ～. 明かりをつけなさい / Don't leave the tap ～. 蛇口を開けっ放しにしておかないで / Is the water ～? 水は出ていますか
❼ (番組などが)放送されて，(映画が)上映されて ‖ What's ～ tonight? 今晩はどんな番組があるの
❽ (出来事が)進行中で，予定されて ‖ The concert was already ～ when we arrived. 会場に着いたときコンサートはすでに始まっていた / The strike is still ～. ストはまだ続いている / I have nothing ～ for tomorrow. 明日は何も予定がありません
❾ (俳優が)登場して；(従業員が)当直で(↔ off) ‖ I'm ～ in two minutes. あと2分で僕の出番だ / She's ～ at eight tonight. 彼女は今夜8時から勤務だ
❿ 《米》(演技者などの) 調子がいい ‖ She's really ～ tonight. 彼女は今夜はとてもいい出来だ
⓫ 《主に否定文で》《英口》実行可能な，受け入れられる，許される (→ CE 1) ⓬ …を前面に ‖ The two trucks crashed head ～. 2台のトラックが正面衝突した / broadside ～ (船の)舷側(げん)から ⓭ 〖野球〗塁上に

be ón about ... 《英口》① …のことをくどくど話す(→ CE 2) (♦ be の代わりに go, keep も用いる) ② …について言おうとする

be [OR ***gò, kèep***] ***ón at a pèrson*** 《英口》〔人〕に〈…するよう〉うるさくせがむ，がみがみ小言を言う〈**to do**〉‖ Mother *is* ～ *at* me again *to* study. 母がまた口うるさく勉強しろと言っている

be ón for ... 《口》…に参加する準備ができている

be ón to ... 《口》…の重大な情報を握っている，〔計略・隠し事・悪事など〕に気づいている

on again, off again ; ***off again, on again*** ⇨ OFF (成句)

*＊**on and off*** ; ***off and on*** ⇨ OFF(成句)

òn and ón どんどん，延々と ‖ She kept talking ～ *and* ～. 彼女はいつまでも話し続けた

COMMUNICATIVE EXPRESSIONS

1 **It isn't ón.** それは受け入れられない[駄目だ]
2 **Whàt are you ón about?** 何をいらいらして［ぶつぶつ言って］いるのだ(♥ 奇妙な振る舞いを不審に思って)
3 **You're ón.** ① (賭(か)け・取り引きなどで)その話，乗った ② はい，(カメラ)回ってます；映ってますよ

―名 (＝～ sìde) C 〖クリケット〗(打者の)左前方

ÒŃ 略 *O*ld *N*orse；〖カナダ郵〗Ontario

-on /-ɑ(ː)n, -ən | -ɔn, -ən/ 接尾 《名詞語尾》〖理・化〗❶ 素粒子名につける ‖ neutr*on*, nucle*on* ❷ 単位名につける ‖ phot*on* ❸ 不活性気体名につける ‖ rad*on* ❹ ケトン(ketone)以外の化合物名につける ‖ parathi*on*

òn-agàin, óff-agàin ＜シ 形 《限定》《米口》変わりやすい，一時的な ‖ an ～ affair 不安定な事柄

on·a·ger /ɑ́(ː)nɪdʒər | ɔ́nə-/ 名 C 〖動〗(北部イラン産の)野生ロバ

òn-áir ＜シ 形 副 《限定》放送(中)の[に]

o·nan·ism /óunənɪ̀zm/ 名 U 《堅》❶ ＝masturbation ❷ ＝coitus interruptus

òn-báse 形 〖野球〗出塁して

ón-bòard 形 《限定》❶ 船[飛行機，自動車，列車]に乗っている[搭載された] ❷ 🖳 マザーボード上に装着されている
▸▸ **～ mémory** 名 C 🖳 マザーボード上に装着されたメモリー

ÒNC 略 *O*rdinary *N*ational *C*ertificate 《英国で以前行われた，普通2級技術検定》

òn-cáll 形 (医師などが)すぐ呼び出しに応じる，待機中の

òn-cámera 形 副 カメラに写っているところの[で] ‖ be interviewed ～ 撮影しながらのインタビューを受ける

⁝**once** /wʌns/ 《発音注意》副 接 名 形

―副 《比較なし》❶ **1度**，1回 (だけ) (one time) ‖ My parents only met ～ and decided to get married! うちの両親は1度会っただけで結婚を決意したんだ / I've met him ～ **before.** 以前に1度彼に会ったことがある / We eat out ～ a week. 週に1度は外食する / ～ every two weeks 2週間に1度
❷ **かつて**，以前；(過去の出来事について)あるときに ‖ Larry ～ lived in Mexico. ラリーはかつてメキシコに住んでいた / *Once* I was stopped by a policeman on the street. あるとき路上で警官に呼び止められた

語法 ☆☆ (1) この意味では，主に肯定文で過去形の動詞とともに用いる．疑問文・条件文での「かつて」の意味は ever で表す．〈例〉Have you *ever* seen a panda? パンダを見たことがありますか
(2) この意味では be動詞の場合を除いて，通例動詞の前または文頭に置き無強勢で発音される．動詞より後に置かれると「1度」「1回」の意味になることが多い．〈例〉I saw it *once*. それを1度見たことがある
(3) 動詞が be の場合は通例 be の直後または文末に置かれる．〈例〉I was *once* a heavy smoker.＝I was a heavy smoker *once*. 以前はヘビースモーカーでした ただし，後が省略された節では be の前にもくる．〈例〉I am not as healthy as I 「*once* was [OR was *once*]. 以前ほど健康ではない

❸ 《否定文で》**一度も**(…ない)；《条件節で》**いったん**(…すれば) (ever, at all) ‖ He has **never** ～ finished his work in time. 彼は一度も期限内に仕事を終わらせたことがない / If ～ you make a decision, you shouldn't change it. 一度決心したら，変えてはいけない(♦ if を省いて *Once* you make ..., ... とすれば once は接続詞．→ 接)
❹ 1倍 ‖ *Once* three is three. 3の1倍[3かける1]は3
❺ (等級・親等などが)1段階 ‖ a cousin ～ removed またいとこ(second cousin)

*＊(**èvery**) **ònce in a whíle*** **ときどき**，時折(⇨ SOMETIMES 類語P) ‖ She writes to me ～ *in a while.* 彼女はときどき便りをくれる

ònce agáin [OR ***móre***] もう一度，再び(one more time) (♥ 相手の言ったことを聞き返すときに "Once again." と言うと高圧的な印象を与える．ふつうは "Pardon me?", "I beg your pardon?", 《主に英》"Sorry?" などの表現を使う) ‖ Try it ～ *again.* もう1回やってみて

*＊**ònce*** (***and***) ***for áll*** **これを最後に**，きっぱりと；《英口》これを最後に言うが ‖ We need to settle the matter ～ *and for all.* その件ははっきりと決着させる必要がある / *Once and for all*, will you please stop that noise? 言うのはこれを最後にしておくが，その騒音を止めてくれないか / a ～*-and-for-all* solution 最終的解決策 (♦ 複合語の形容詞として用いることもある)

ònce or twíce 1，2度，数回

ònce too óften (失態・悪事などが)度を越して，やりすぎて(とうとう) ‖ She stole ～ *too often* and was caught. 彼女は盗みを繰り返してとうとう捕まった

*＊**ònce upon a tíme*** **昔々**，ある時(♦ 昔話の出だし)

―接 **いったん…すると**，…するとすぐに ‖ *Once* you read the manual, it's easy to use. 説明書を読めば，使うのは簡単です / You'll see what I mean ～ you get there. そこに行けば私の言う意味がわかります / *Once* (it is) published, this book will be very popular. ひとたび刊行されればこの本は大変な評判になるだろう

ònce a ..., álways a ... ひとたび…になるとずっと…だ (♦「人の性格はなかなか変えられない」という意味の表現．…には同じ名詞がくる) ‖ *Once a* liar, *always a* liar. 1度うそをついたら二度とやめられない

―名 U 1度，1回 ‖ *Once* is enough for me. 私には1度で十分だ / I've only been there the ～. そこには1度しか行ったことがない

*＊**àll at ónce*** ① (何の前触れもなしに)**突然**(suddenly) ② 一斉に，同時に

*＊**at ónce*** ① **すぐに**，直ちに (immediately) ‖ He came *at* ～. 彼はすぐやって来た ② **同時に**，一度に ‖ Don't do

two things *at* ～. 一度に2つのことをするな ③《at ～ A and B で》《文》AでもありBでもある(both A and B)(♦ A, B は通例形容詞または名詞) ‖ The movie is *at* ～ amusing and instructive. その映画は面白い上に教育的だ

(***jùst***) ***for*** (***this*** [OR ***the***]) ***ónce*** ; ***jùst this ónce*** 《口》今度ばかりは, 今回に限って ‖ *Just for* ～ I'd like you to help us. 今回だけは手伝ってほしい / I will forgive you *just this* ～. 今度だけは君を許そう

—形《比較なし》《限定》以前の, かつての(former) ‖ my ～ friend 旧友

ónce-òver 名 C《通例単数形で》《口》❶ ざっと目を通すこと, 一瞥(いちべつ), 一見, 一読 ‖ The officer gave me [my passport] the ～. 係官は私[私のパスポート]を一瞥した ❷ さっと掃除すること ‖ give the room a quick ～ 部屋を手早く掃除する

on·co·gene /ɑ́(ː)ŋkoʊdʒìːn | ɔ́ŋ-/ 名 C 〘医〙発癌(はつがん)遺伝子 **òn·co·gén·ic** 形 腫瘍(しゅよう)を起こす

on·col·o·gy /ɑ(ː)ŋkɑ́(ː)lədʒi | ɔŋkɔ́l-/ 名 U 腫瘍学 **òn·co·lóg·i·cal** 形 **-gist** 名

ón·còm·ing /-ɪŋ/ 形《限定》近づいてくる;現れてくる;将来の ‖ ～ old age 寄る年波 / ～ cars [traffic] 対向車[対面交通] —名 U 接近;到来

ÒND 略 *O*rdinary *N*ational *D*iploma《英国で以前行われた, 普通1級技術検定》

òn-dèck círcle 名 C 〘野球〙ネクストバッターズサークル(❗日本語の表現は和製語)

òn-demánd 形 💻《複合語で》オンデマンドの《利用者の要求に応じてサービスを提供する》‖ video-～ ビデオ=オンデマンド《映画などの動画をインターネットなどを通じて配信するシステム》

***one** /wʌn/(♦ 同音語 won) 形 名 代

—形《比較なし》❶《通例限定》**1の, 1つの**, 1個の, 1人の;《叙述》1歳で ‖ "How long would you like to stay, sir?" "Just ～ night." 「ご滞在は何日間でしょうか」「一晩だけです」/ We have two boys and ～ girl. 私たちには息子が2人と娘が1人います / No ～ man could do it. だれ一人としてそれができないだろう / ～-third 3分の1 / The baby will be ～ this Saturday. 赤ん坊はこの土曜日で満1歳になる

語法 ☆☆ (1)「1個・1人」を強調するとき以外は, ふつう a, an を用いる.
(2) hundred, thousand, million の前では a, one のいずれでもよいが, one の方が《堅》. ただし, 次の場合は a は使えない. two thousand one [×a] hundred (2,100).
(3) one thousand, five hundred and three (1,503)のように thousand が 100 の単位の数を伴うときは a よりも one の方がふつう.
(4)「1年半」「150万」など端数を表すには a year and a half, a million and a half と one and a half years, one and a half million の2つの言い方があるが, 後者の方がふつう.

❷《the ～, one's ～》**ただ1つ[1人]の**, 唯一の, ほんの1つの ‖ This is the ～ thing I need. 私が必要としているのはこれだけです / That is her ～ aim in life. それこそが彼女の人生の唯一の目的なのだ

❸《時を表す語とともに用いて》(未来または過去の)**ある**, いつか ‖ I saw him ～ sunny **day** last week. 彼とは先週のある晴れた日に会った / *One* **day** you will see what I mean. いつか私の言うことがわかるだろう / *One* summer evening, we went out for a swim in the lake. ある夏の夕方, 私たちは湖へ泳ぎに行った(♦ one で始まる副詞句には前置詞は不要. 前置詞を使えば On *a* summer evening, we went out ....となる)

❹〈…と〉**同一の**(the same)〈**with**〉‖ They all ran away in ～ direction. 彼らはみんな同じ方向へ走って逃げた / You and I are of ～ mind on this matter.=I am of ～ *with* you on this matter. あなたと私はこの問題については同じ意見だ

❺《人名の前に用いて》…という ‖ I met ～ Timothy Dalton the other day. 先日ティモシー=ダルトンという人に会った(♦ a の方がふつうだが, その場合は a Mr. Timothy Dalton のように Mr. や Mrs. などの敬称がつく. → a² ⓫)

❻《後に続く another, the other などに対応して》一方の, 片方の(♦ one ... the other は2者について, one ... another は3者以上について用いる) ‖ *One* boy is handsome but mean while the other is chubby and kind. 少年の1人はハンサムだがいやなやつで, もう1人は丸々太っていて親切だ / I can't tell ～ boy from another. 私は少年たちの区別がつかない(♦ 第1例では少年は2人, 第2例では少年は3人以上) / He was changing from ～ lane to another. 彼は次々に車線を変更していた / I tried to prove it in ～ way and another. 私はいくつかの方法でそれを証明しようとした

❼《主に米口》実に…な, 非常に…な(♥ 強調) ‖ That's ～ smart guy! 頭のいいやつだなあ / It was ～ hell of a movie. 何ともひどい映画だったよ

àll óne 〈…にとって〉全く同じ, 大差がない〈**to**〉

òne and ónly ① 唯一の ‖ our ～ *and only* chance to get the contract 我々にとって契約をとるまたとないチャンス ② 正真正銘の;かの有名な(♥ 著名人を紹介するときに名前の前につける)

òne and the sáme 全く同じ(♦ one の強調表現)

òne ... or anóther 何らかの ‖ for ～ reason *or another* どういう訳か / (in) ～ way *or another* 何らかの方法で

òne or twó 《口》いくつかの(a few) ‖ I've got ～ *or two* things to do this morning. 今朝しなければならないことがいくつかある

(*A is*) ***óne thìng,*** (***and*** [OR ***but***]) (*B is*) ***anóther*** *A* とBは別のものだ ‖ Liking sports *is* ～ *thing*, but becoming a professional athlete *is another*. スポーツが好きであることとプロの選手になることは全く別だ

—名(複 **～s** /-z/) ❶ U C《通例無冠詞で》**1**; C 1の数字[記号] ‖ Book [Chapter, Lesson] *One* 第1巻[章, 課] / This character is ～, not l. この文字は1で, エルではない / *One* and four is [OR are, equal(s)] five. 1足す4は5 / He wrote down four ～*s* in his notebook. 彼は自分のノートに1の数字を4つ書きつけた

❷ U C **1つ**, 1個, 1人 ‖ Of all the members, only ～ came. 全会員のうち, 1人だけが来た / *One* of my friends is a policeman. 私の友達の1人は警官だ(♦「友達の何人かは」というときは Some of my friends are policemen. となる) / *One* out of five people on the planet speaks English. 地球上の5人に1人は英語を話す / This is ～ of the best films that have [OR has] been produced this year. これは今年製作された最もよい映画のうちの1つだ(♦「one of+複数名詞+関係節」では, 関係節の中の動詞は単数・複数の両方が可能)

❸ U 1歳, 1時, 1分; C 1ドル紙幣, 1ポンド硬貨, (さいころの)1の目, (服などの)1号サイズ ‖ See you at ～. 1時に会おう / Could you give me five ～*s* for this five dollar bill? この5ドル紙幣を1ドル札5枚に替えてくださいませんか / wear a ～ 1号(サイズの服)を着る

❹ C 〈…についての〉話, 冗談, 質問〈**about**〉(→ CE 3) ‖ He told us a good ～ *about* politicians. 彼は政治家にまつわる面白い冗談を言った / That's a difficult ～ to answer. それには答えにくいなあ

❺ C《口》一撃, 一発;(酒などの)1杯 ‖ Fetch [OR Land, Sock] him ～ on the nose. 彼の鼻面に一発かましてやれ / a quick ～ 酒の軽い1杯

❻ C《a ～》《主に英》《旧》あきれた[おかしな, 変わった]やつ(♥ 人の振る舞いに対し, 驚き・嘲笑(ちょうしょう)・非難を込めて言うときに用いる) ‖ Oh, you are a ～. よくやるよ

O

(*a*) ***óne for ...*** …〈すること〉が好きな人；…〈すること〉が上手な人〈*doing*〉‖ I'm not much of *a* ~ *for* golf. ゴルフはそれほど好きではない / be *a* great ~ *for* ... …が大好きである / *a* ~ *for* figures 計算の得意な人

*(***àll***) ***in óne*** 1人[1つ]で全部兼ねて ‖ She is lawyer, wife, and mother (*all*) *in* ~. 彼女は弁護士, 妻, 母親の3役を兼ねている / an *all-in-*~ shampoo and conditioner リンス入りシャンプー

as óne 一斉に；(意見などが)一致して ‖ They stood up *as* ~. 彼らは一斉に立ち上がった / We are *as* ~ on that point. 我々はその点では一致している

at óne 〈…と〉一体になって, 〈…に〉溶け込んで〈**with**〉；(意見などが)一致して ‖ feel *at* ~ *with* the surroundings 環境に順応する / We are *at* ~ on that point. 我々はその点については一致している

be [***gèt***] ***òne úp on a pèrson*** 〔人〕より優位に立っている[立つ], 一歩先んじている[先んじる]

for óne ①《I の後に挿入的に用いて》(少なくとも)私としては(♥「(ほかの人も同様だろうが)私も」の意味でも用いる) ‖ I *for* ~ cannot agree. 私としては同意できない (♦ I, for one, とコンマが入ることもある) ② NAVI 1つには (for one thing), 1例として, 例えば

gèt ... in óne ; ***gèt it in óne*** 《英口》…を即座に理解する, よくわかる ‖ Now I *got it in* ~. You really want to leave me, don't you? ええ, わかりましたよ. どうしても私と別れたいんでしょう

gèt [OR ***pùt***] ***òne óver*** (***on***) ***...*** 《口》(…より)優位に立つ, …に勝る

in [OR ***by***] ***ònes and twós*** 1人2人と, ぽつりぽつりと

It tákes òne to knów òne. 自分のことを棚に上げて人を悪く言う

òne and áll みんな ‖ Happy New Year to ~ *and all*! 皆さん新年おめでとう

òne and ónly 《one's ~》《口》だれよりも大切な人, 恋人

òne at a tíme =*one by one*(↓)

****òne by óne*** **1つ[1人]ずつ**, 順番に ‖ call the names ~ *by* ~ 1人ずつ名前を呼ぶ

one for the road ⇨ ROAD(成句)

òne on óne 1対1で, 差しで ‖ go ~ *on* ~ 1対1でやる

one too many ⇨ MANY(成句)

tàken [OR ***tàking***] ***òne with anóther*** あれこれ考え合わせると, 概して言えば

COMMUNICATIVE EXPRESSIONS

1 **Àll for óne and one for áll.** 一致団結しよう (♥団結を呼びかける掛け声で, 陳腐な表現)

2 **Hàve a góod one.** ⇨ GOOD(CE 6)

3 **Have you hèard the óne about** Tèd and his mónkey? テッドと彼の猿のジョークって知ってる? (♥one はジョーク, 話, エピソードなどを指す)

4 **Màke it a cóld òne.** 冷たいビールを(1杯)くれ

5 **Thàt's a néw òne (on me)!** それは初耳だ

6 Thát gùy nèver fàils to compláin. **Wèll, thère's álways òne.** 《英》あいつは必ず文句を言うんだ. まあ, そういうのが決まって1人くらいいるもんだよね(♥「1人のことが原因で思いどおりにいかないことがよくあるものだ」の意のユーモラスな表現)

―代 ❶《前に出た名詞を受けて》 **a** 《修飾語がつかない場合》1つ(♦「a＋単数名詞」に相当する) ‖ If you need a pen, here's ~. ペンが必要ならここに1本あるよ / I have lost my wallet and have to buy ~. 札入れをなくしたので1つ買わなければならない (♦ この用法では複数形の ones は用いられない. 〈例〉"Do you like peaches?" "Yes, I like them [ˣones]." (「桃は好きですか」「はい, 好きです」))

b 《修飾語がつく場合》(…な)もの, やつ ‖ Do you want a large dictionary or a small ~? 欲しいのは大きい辞書ですか, それとも小さいのですか(♦ **a** の場合と異なり, 冠詞がついて「a＋形容詞＋one」となる) / I prefer Japanese cars to imported ~*s*. 外車より日本車の方が好きだ(♦ この用法では複数形にもなる) / Of the two ties, I like the first ~ you showed me. 2本のネクタイのうち最初に見せてくれた方がいい / Look at the vase — the ~ with flowers in it. ほらあの花瓶を見て — 花の生けてある方 / His proposal was the ~ that everyone approved. 彼の提案はみんなが認めたものだった

語法 ★☆ (1) one, ones を加えることによって単数, 複数の区別をはっきりさせることができる. 〈例〉Here are some dictionaries. Which do you want? (何冊か不明) / Which *one* do you want? (1冊) / Which *ones* do you want? (2冊以上)
(2) one は数えられる名詞を受け, 数えられない名詞のときは同じ名詞を繰り返すか, 名詞を省く. 〈例〉He prefers white wine to ｢red (wine) [ˣred one]. 彼は赤ワインより白ワインを好む
(3) 不定量の数えられない名詞を受けるには通例 some を用いる. 〈例〉He looked everywhere for water before he found *some*. 方々水を探した挙げ句彼はやっと見つけた
(4) one は話題に上った名詞と同じ「種類」の, 不特定のものを指すのに対し, it は話題に上ったもの自体を指す. 〈例〉If you have more than one pen, please lend me *one* (＝a pen). ペンを何本か持っていたら1本貸してください / She had a nice pen and lent *it* (＝the nice pen) to me. 彼女は素敵なペンを持っていて, それを貸してくれた
(5) one はふつう《口》で使い, 改まった文体では名詞を反復するか, one を省略することが多い. 〈例〉American and British universities / 《口》American universities and British *ones* アメリカとイギリスの大学
(6) one は人称代名詞や名詞の所有格, 基数詞の後では用いない. 〈例〉Your dog is older than mine [ˣmy one]. 君の犬は私のより年をとっている / ... than Bill's [ˣBill's one] 君の犬はビルのより…

❷《修飾語を伴って》人, 物 ‖ the little [OR young] ~*s* 《旧》子供たち / one's loved ~*s* 愛する人たち / He behaved like ~ possessed. 彼はものに取りつかれたように振る舞った / He is the ~ who painted the picture. 彼がその絵を描いた人だ / He is not ~ to speak ill of others. 彼は他人の悪口を言うような人物ではない / I feel like ~ of the family. 私は家族の一員になったような気がする

❸《any, every, some, no などを伴って》人, 物 ‖ No ~ knows where he was born. だれも彼がどこで生まれたかを知らない

❹《後に続く another, the other と対比して》一方の人[物], 片方 ‖ I don't like this ~. Show me another. これは気に入りません. ほかのを見せてください / *One* laughed, and the other cried. 1人は笑い, もう1人は泣いた (♦ one ... the other ... は2者について, one ... another ... は3者以上について用いる)

❺《総称的に》《堅》(一般に)人(というものは) ‖ *One* should keep ~*'s* promise. 人は約束を守るべきである

語法 ☆☆ (1) 総称で one を用いるのは《堅》で, 《口》では状況に応じて we, you, a person, people などを用いる.
(2) one は話し手を含むときで, 含まないときは people, they を用いる. 〈例〉In Japan we celebrate Christmas in winter, but in Australia *they* [OR *people*] celebrate it in summer. 日本では冬にクリスマスを祝うが, オーストラリアでは夏に祝う(♦ ˣ... in Australia one celebrates ... とはしない)
(3) 総称の one を同じ文の中で受けるとき, 《英》では one, one's, oneself を使うが, 《米》では he, his, himself ; she, her, herself ; they, their, themselves も用いる.

(4) one は他人を含まず話し手のみを表すこともあるが，堅苦しさや気取った感じを表す.〈例〉*One* doesn't (=I don't) like this sort of news. こういうニュースは好きではない

òne (...) after anóther [OR ***the óther***] 1つずつ，次々と ‖ He opened all the windows ~ *after another*. 彼はすべての窓を次々に開けた / face *one* problem *after another* 次々と問題に直面する

òne anóther お互い(⇨ EACH *other* 語法)(♦ 目的語として用いられ，主語としては用いられない) ‖ They love ~ *another*. 彼らはお互いに愛し合っている / We talked to ~ *another* about the game. その試合について互いに話し合った / They exchanged visits to ~ *another's* homes. 彼らはそれぞれの家を訪問し合った (♦ 所有格にもなる)

▸▸**~ shòt** (↓)

òne-ármed 形 片腕(用)の，1本腕の
▸▸**~ bándit** 名 C《口》スロットマシン (♦ bandit (盗賊)のように金を吸い上げるところから)

òne-bágger 名《米口》=one-base hit

òne-bàse hít 名 C《米》〖野球〗シングルヒット

òne-diménsional 形 ❶ 一次元の ❷ 深み[奥行き]のない

òne-dówn 形《口》(競争・ゲームなどで)相手に一歩リードされて，心理的に不利で(↔ one-up)

òne-éyed ◁ 形 ❶ 1つ目の，片目の ❷《英俗》取るに足りない，ちっぽけな(petty)

òne-hánded 形 片手の；片手で使う[する]

òne-hìt wónder 名 C《口》1曲[1作]だけで消えた歌手[作家]，一発屋

òne-hópper 名 C《米》〖野球〗ワンバウンドのゴロ

òne-hórse ◁ 形《限定》❶ 1頭立ての；ほかに強い相手のいない ‖ a ~ race 一人勝ちのレース ❷ 取るに足りない，ちっぽけな ‖ a ~ town《口》(娯楽施設などのない)ちっぽけな町

O·nei·da /ounáidə/ 名 (複 ~ OR ~s /-z/) C オナイダ族(の人)《もとニューヨーク州オナイダ湖付近に居住した北米先住民》；U オナイダ語

O'Neill /ouní:l/ 名 **Eugene** (**Gladstone**) ~ オニール(1888-1953)《米国の劇作家. ノーベル文学賞受賞(1936)》

òne-íssue 形 (選挙で)単一問題を取り上げた

òne-lég·ged /-légɪd/《発音注意》◁ 形 1本足の，片足の；(見解などが)片寄った，不公平な

òne-líner 名 C《口》短い気のきいた文句[冗談] ‖ crack a ~ ジョークを飛ばす

òne-mán《アクセント注意》◁ 形 (♦ 中性形は one-person)《限定》ワンマンの，ひとりだけの[で行う](→ one-woman) ‖ a ~ show ワンマンショー；(絵などの)個展(❗独裁者の意味の「ワンマン」は和製語. 英語では dictator, autocrat, tyrant)
▸▸**~ bánd** 名 C ① ワンマンバンド《街頭で種々の楽器をひとりで演奏する》② ひとりだけでやっている会社[団体]

one·ness /wʌ́nnəs/ 名 U ❶ 単一性；統一性；同一性；一体性 ❷ (思想・感情などの)一致，調和

òne-nìght stánd 名 C ❶ 一晩興行《ある土地で1回だけ行う興行》❷《口》一晩限りの情事(の相手)

òne-of-a-kínd 形 (その種では)唯一の，比類のない

òne-óff ◁ 形 名 (複 ~s /-s/) C《主に英口》一度限りの(もの)，ユニークな(もの)；まれにしかない[優れた](人物)

òne-on-óne 形《限定》副《主に米》1対1の[で]；マンツーマンの[で](《英》one-to-one) ‖ meet ~ with ... …と1対1で会う ── 名 C 1対1の対決[試合]

òne-pàrent fámily 名 C 一人親家庭

òne-pérson 形 ひとりだけの[で行う](→ one-man) ‖ a ~ household 単身世帯

òne-píece ◁ 形《限定》(水着などが)ワンピースの(♦ 日本語の「ワンピース」に相当するものは dress) ‖ a ~ bathing suit ワンピースの水着 ── 名 C ワンピース(の服)

on·er·ous /óunərəs/ 形 ❶ やっかいな，煩わしい；骨の折れる ❷〖法〗有償の，負担付きの **~·ly** 副 **~·ness** 名

òne-rún 形〖野球〗1点(差)の ‖ It's a ~ baseball now. 1点差の試合になりました

***one's**[1] /wʌnz/ 代 (不定代名詞 one の所有格)《堅》人の，人々の；自分の，その人の(♦ 辞書の表記では人称代名詞の所有格(my, his など)の代表として用いる) ‖ One should do ~ duty. 人は自分の義務を果たさなければならない (⇨ ONE 代 ❺)

one's[2] /wʌnz/ one is [has] の短縮形

***one·self** /wʌnsélf/ 代 (one の再帰代名詞) ❶《再帰用法》自分自身を[に] (♦ (1) 辞書の表記では再帰代名詞(myself, themselves など)の代表として用いる. (2) ふつう動詞の目的語や前置詞の目的語として用いる. (3) 強勢を置かずに発音する. ⇨ PB 50) ‖ One needs to acquire the ability to defend ~. 人は自分自身を守る能力を身につける必要がある / Voting for ~ is unethical. 自分に1票を投じることは倫理にもとる (♦ 以上の2例は one 代 ❺ の再帰形. 第2例のように one が文中に明示されていなくても意味的に主語として理解されれば oneself を使うことが可能) ❷《強調用法》自分で，自ら(♦ 強勢を置いて発音する) ‖ There are things one must do ~. 自分でやらなければならないことがある ❸ 本来の自分，いつもの自分

語法 ☆☆ (1) one や oneself は《堅》であり，《口》では you, yourself や people, themselves などが用いられることが多い.
(2)《米》では one を受ける再帰代名詞として himself を使うこともある.〈例〉There are things one must do *himself*.

(all) by oneself ① ひとりきりで (alone) ‖ I don't want you *by yourself* right now. 今は君をひとりにしたくない / travel *by* ~ ひとりで旅行する ② 独力で ‖ He did it *all by himself*. 彼はそれを自分ひとりでやった

PLANET BOARD 50

oneself が主語以外をさすか.

問題設定 再帰代名詞がその文の主語と目的語のどちらをさすか調査した.

Q 次の文で，himself はだれをさしますか.

Bob talked to Jeff about **himself**.
(a) Bob
(b) Jeff
(c) 両方可能

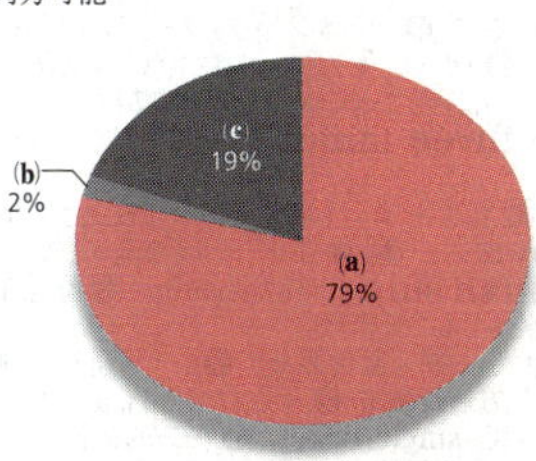

8割近くの人が，「himself は主語の Bob をさす」と答えている. 両方可能とした人が2割近くいたが，そのうち8割は「どちらかといえば Bob の方がふつう」と答えている.「文脈やアクセントの置き方によって，どちらをさすかが変わる」というコメントもあった.

himself が明確に Bob をさす代替表現として Bob talked about himself to Jeff. が，明確に Jeff をさす文として Bob talked to Jeff about the latter's problem. などがあげられている.

学習者への指針 Bob talked to Jeff about himself. のような文では himself は主語の Bob をさすのが一般的である.

(*all*) *to oneself* ① 自分だけ(が使うの)に ‖ He had the kitchen *to himself*. 彼が台所を占有していた ② 自分自身に, 心の中に[で] ‖ I kept these doubts *to myself*. これらの疑念を自分の胸にしまっておいた / I smiled *to myself*. ひとりほくそ笑んだ

be onesélf ①⇨❸ ② 自然に振る舞う

beside onesélf 〈…で〉我を忘れて〈**with**〉‖ be *beside* ~ *with* rage [joy] 怒り[喜び]で我を忘れる

for onesélf ① 自分で ‖ Think and decide *for yourself*. 自分で考えて決めなさい ② 自分のために

in onesélf それ自体は, 本来は ‖ Mathematics is not a difficult subject *in itself*. 数学は本来は難しい科目ではない (♦ 通例 in itself または in themselves の形で用いる)

óne shòt 名 C 《主に米口》❶ 1回しか発行されない本[雑誌] ❷ (映画・ラジオなどの)1回だけの公演[出演]

óne-shòt 形 1回限り(有効)の; 単発の ‖ a ~ deal 単発の取り引き

òne-síded ⌫ 形 ❶ 片側だけの ‖ a ~ street 片側だけ家の並んだ通り ❷ 片寄った, 不公平な(partial) ‖ a ~ view 一面的なものの見方 ❸ (勝負などが)一方的な **~·ly** 副 **~·ness** 名

one·sies /wʌ́nziːz/ 名 《通例複数扱い》《米》《商標》ワンジーズ, 赤ちゃん用ロンパース《上半身からまたの部分までつながった肌着》(♦ 本来は商標名だが, 現在では一般名詞のように使われ onesie という単数形になることもある)

òne-sìze-fìts-áll 形 《限定》《口》(衣服などが)フリーサイズの; だれにも合う; 平凡な; 1種類しかない

òne-stár ⌫ 形 《通例限定》1つ星の, 低級の

óne-stèp 名 C ワンステップ(の音楽) 《2/4拍子のクイックステップのダンス(音楽)》

óne-stòp 形 (店などが)何でもそろっている; (買い物などが)1度で済ませられる ‖ a ~ shop 何でも置いてある店

óne-tìme 形 《限定》❶ かつての, 以前の(former) ❷ 1度だけの ‖ a ~ pad 1度しか使わない暗号表

òne-to-óne ⌫ 形 《通例限定》副 《英》(異なる集団間で)1対1(対応)の[で](♦ 副 では one to one ともつづる)

òne-tráck ⌫ 形 《限定》❶ 1つのことしか考えない ‖ a ~ mind 1つのことしか考えられない心; いつもセックスのことばかり考えている心 ❷ (鉄道が)単線の

òne-trìck póny 名 C 1つの側面だけが優れた人[もの]; 1回だけ成功した人[もの]

òne-twó 名 C ❶ 【ボクシング】ワンツー(パンチ)(one-two punch) ❷ 【サッカー】ワンツー(パス) 《いったん味方に短いパスを出し前に行って返しのパスを受け取る技》

òne-twò-thrée ìnning 名 C 【野球】三者凡退のイニング

òne-úp 形 《口》〈…より〉1歩先んじた, 1枚上手の〈**on**〉(↔ one-down) ──動 他 《口》…より1歩先んじる

one-up·man·ship /wʌ̀nʌ́pmənʃɪp/ 名 U 《口》相手より1歩先んじること[術(すべ)]

òne-wáy ⌫ 形 《通例限定》❶ 一方通行の ‖ a ~ street 一方通行道路 ❷ 片道(だけ)の ‖ a ~ ticket 片道切符 (《英》single ticket) ❸ 一方的な ‖ a ~ argument 一方的な議論

▸▸ **~ mírror** 名 C マジックミラー

óne-wòman 形 《限定》ひとりの女性による, 女性ひとりだけの(→ one-man)

òne-wórld 形 (国際協調による)1つの世界の **~·er** 名 C 1つの世界主義者 **~·ism** 名 U 1つの世界主義

òn-fíeld 形 競技場内の, フィールド上(で)の

*__ón·gòing__ /英 ⌐⌐-/ ⌫ 形 《通例限定》継続している, 進行中の ‖ an ~ negotiation 継続中の交渉

:on·ion /ʌ́njən/ 《発音注意》

──名 (複 **~s** /-z/) C **タマネギ** (♦ 食品としては U) ‖ Chopping ~*s* makes me cry. タマネギを切っていると涙が出る / ~ soup オニオンスープ

knòw one's ónions 《口》(自分の仕事などに)精通している

~·y 形 タマネギのような, タマネギ臭い

▸▸ **~ dòme** 名 C (東方教会の)ネギ坊主型の丸屋根 **~ rìng** 名 C 《通例 ~s》【料理】オニオンリング

ónion·skìn 名 U ❶ タマネギの薄皮 ❷ (=~ **páper**) オニオンスキン 《半透明の薄紙, カーボンコピー用紙などに使う》

ón·lày (→ 動) 名 U C ❶ 上張り, 上敷き ❷ 【医】移植した皮膚片 ❸ 【歯】(歯の咬合(こう)面などにはめ込む)充填(じゅうてん)材 ──動 /⌐⌐/ (**-lays** /-z/; **-laid** /-d/; **~·ing**) 他 …を上張り[上敷き]として敷く

ón-lìcence 名 U C 《英》店内酒類販売免許(店) (↔ off-licence)

*__òn·líne, òn-líne__ ⌫ 形 副 💻 ❶ オンラインの[で] (↔ off-line) 《ネットワークに接続されている状態の[で]》‖ go ~ ネットワークにつながる, オンライン化される / an ~ auction ネットオークション ❷ 作動[稼動]中の[で]

▸▸ **~ bánking** 名 U 💻 ネットバンキング **~ hélp** 名 C U 💻 画面表示ヘルプメッセージ, オンラインヘルプ **~ sérvice** 名 C 💻 インターネット上のサービス, パソコン通信 **~ shòpping** 名 U 💻 オンラインショッピング 《インターネットを介しての商品購入》 **~ sìgn-up** 名 U C 💻 ネットワークを介してのサインアップ **~ sóftware** 名 C 💻 オンラインソフト《インターネットなどの公開されたコンピューターネットワークを介して流通するソフトウェア》

ón·lòoker 名 C 見物人, 傍観者 ‖ *The ~ sees most of the game.* 《諺》傍観者には勝敗の行方がよくわかる; 傍目(おかめ)八目

:on·ly /óʊnli/ 《発音注意》 副 形 接

──副 《比較なし》❶ **ただ…だけ**, …しか, …のみ; …にしかすぎない, 単に ‖ I have ~ ten dollars. 10ドルしか持っていない / Midori was ~ fifteen when she made her debut as a violinist. みどりがバイオリン奏者としてデビューしたのはわずか15歳のときだった / *Only* a genius can do it. 天才のみがそれをなし得る / He ~ listens to jazz. 彼はジャズしか聞かない / I can ~ guess. 推測するしかない / You might win, but ~ if you do your best. 君は勝つかもしれないが, それは最善を尽くした上での話だ(→ *only* IF) / Ladies *Only* 《掲示》女性専用(♦ 掲示では名詞の後に置く) / ~ **once** ただ1度だけ

語法 ☆☆ **only の位置と解釈**

(1) only は主語を修飾する場合はその前か後, 動詞を修飾する場合は通例助動詞・be動詞の後, 助動詞がなければ本動詞の前, 句・節などを修飾する場合はその直前がふつう. 〈例〉*Only* Bill did it. ビルだけがそうした / I will *only* speak to her. 彼女にしか話さない / I *only* spoke to her. 彼女にだけ話した / She is *only* a child. 彼女はほんの子供だ (♦ an only child と区別. → 形 ❶b) / He smokes *only* at home. 彼は家でしかたばこを吸わない

(2) 修飾する語句の直後に only を置く場合もある. 〈例〉He reads comic books *only*. 彼は漫画しか読まない

(3) only が修飾する語句によって2通り以上の解釈が可能になる場合があり, ふつう音調によって区別される. 例えば, I will *only* greet Mary at school. という文では, only が動詞を修飾する解釈(学校でメアリーにあいさつだけする), Mary を修飾する解釈(学校でメアリーにだけあいさつをする), at school を修飾する解釈(学校でだけメアリーにあいさつをする)が可能となるが, それぞれ greet, Mary, school を強く発音する.

❷ 《時の副詞(句)とともに》つい, ほんの, たった ‖ He left Seattle ~ yesterday. 彼はつい昨日シアトルをたったばかりだ / It was ~ then that she started telling the truth. = *Only* then did she start telling the truth. そのときになってやっと彼女は真実を話し始めた (♦ 《堅》では only が文頭に出て倒置が起こることがある)

❸ 《only+to *do* で》 **a** (でも)**結局(は)**(…するだけだ)(♦ 不定詞は結果を表す副詞的用法. → to² ❺b)(♥ 失望・遺憾・驚きを表す) ‖ I ran to the station, ~ *to* find that the train had already left. 駅まで走ったが, 列車はすでに発車していた / He opened the envelope ~ *to* be disappointed. 彼はその封筒を開けたが, がっかりしただけだった **b** ただ…するために(♦目的の副詞句)

❹《助動詞を伴って》(好ましくない事柄などについて)結局…だけだ ‖ Things will ~ get worse if you don't do it now. 今それをしなければ事態は悪くなる一方だ

❺ 全く, 本当に, 至極(♦fair, natural, right, reasonable などの形容詞を強める) ‖ It is ~ fair [OR right] to point out that conditions were bad for them. 彼らにとって条件が悪かったことを指摘するのは全く正当だ

be only too pleased [OR ***glad, happy***] ***to do*** ⇨ PLEASED(成句)

if only ⇨ IF(成句)

**not only A but* (*also*) *B* ⇨ NOT(成句)

only if ⇨ IF(成句)

**only júst* ① たった今, ちょうど今 ‖ She's ~ *just* arrived. 彼女は今到着したところだ ② 辛うじて (barely) ‖ I ~ *just* caught the bus. 何とかバスに間に合った / The house survived the hurricane, but ~ *just*. その家はハリケーンを何とかしのいだ

ònly so múch 限られたこと[もの] ‖ There is ~ *so much* that you can do to save the earth. 地球を守るためにできることはそう多くはない

ònly tóo (残念ながら)とても ‖ Nothing lasts forever, as we know ~ *too* well. 我々にはよくわかっているように, 永遠に続くものなどないのだ

COMMUNICATIVE EXPRESSIONS

[1] **I ónly hòpe** she wòn't dò ànything rásh. 彼女が早まったことさえしなきゃいいんだけど (♥ 悪い状況下で「せめて…だといいのに」と切望する)

—形《比較なし》《限定》❶ **a** 《the ~, one's ~》**唯一の**, ただ1つ[1人]の, …だけ, …しかない(♦複数名詞にもつく) (⇨ 類語) ‖ You're the ~ person who opposes the plan. その案に反対しているのはあなただけだ / We were the ~ people at the party. パーティーには我々しかいなかった / Her ~ answer was a shrug. 彼女の返事はただ肩をすくめただけだった / The ~ **thing** is that he's not very motivated. ただ1つ問題なのは彼があまりやる気がないことです / the ~ **way** to get out of this situation この状況から抜け出す唯一の方法

b (親子関係で)ただ1人の ‖ He is an ~ child. 彼は一人っ子だ / an [her] ~ daughter 一人娘[彼女の一人娘](♦ほかに息子がいることも考えられる)

❷《the ~》**最適の**, 最上の ‖ He is the ~ person for the job. 彼がその仕事の最適任者だ

Behind the Scenes **the one and only xxx 唯一無二の** 有名な英国のストリッパー Phyllis Dixey や, コメディアン Dan Leno, Max Miller などを紹介する際に使われた決まり文句 (♥ さまざまな物や人の宣伝の際に広く使われる. Let's welcome the one and only Shigeo Nagashima! さあ, ほかでもない長嶋茂雄さんにご登場いただきましょう)

COMMUNICATIVE EXPRESSIONS

[2] **Thàt's nòt the ònly próblem** [OR **concérn, íssue, tróuble, quéstion**, etc.]. それだけが問題ではない(♥ ほかに考慮すべき論点があることを指摘する)

—接《口》❶ **だがしかし**, ただ残念ながら, ただし(♦but より意味が弱い) ‖ I'd really like to come, ~ I'm too busy right now. 本当にお伺いしたいのですが, 今のところあまりにも忙しすぎて / You may go, ~ come back early. 行ってもいいが, ただし早く帰って来なさい

❷ …ということさえなければ (♦ only that の形でも用いるが, 《口》では that が省略される) ‖ He is a nice fellow, ~ (that) he gets angry sometimes. 時折怒ったりしなければ彼はいいやつなのに

類語 《形 ❶》 **only** 名詞の前に用いて「ある条件に合う唯一の」を意味する(♦複数にも用いる).

alone 「…だけ」の意では名詞の後に置いて用いる(♦複数にも用いる). 〈例〉 You *alone* can do it. 君だけがそれをすることができる (= You are the *only* person who can do it.)

sole 「単独の, ただ1つの (one and only)」の意味で, only より意味が強く格式ばった語. 〈例〉 the *sole* heir 唯一の相続人

òn-méssage 形《叙述》(政治家が) 党の方針に従った (↔ off-message)

o.n.o. 略《英》or *n*earest *o*ffer (またはそれに近い値で) 《広告に使う》

ón-òff 形《限定》❶ オンオフ切り替え式の (♦ on/off ともつづる) ‖ an ~ switch オンオフ切り替えスイッチ ❷《英》(関係などが)時折の

on·o·mas·tic /à(:)nəmǽstɪk, -oʊ- | ɔ̀n-/ 形 固有名詞(語源)研究の

on·o·mas·tics /à(:)nəmǽstɪks, -oʊ- | ɔ̀n-/ 名 U 固有名詞研究[学] ; (特定の分野の)専門用語の形成・使用の体系的方法

on·o·mat·o·poe·ia /à(:)nəmæ̀t̬əpí:ə | ɔ̀noʊ-/ 《発音・アクセント注意》 名 U 擬声(ぎせい) ; C 擬声語《cock-a-doodle-doo, hiss など, 自然の音声を模した語》

-póe·ic, -po·ét·ic 形

ón-ràmp 名 C 《米》高速道路の進入路 (↔ off-ramp) (♦ 正式には entrance ramp という)

ón·rùsh 名 C 《単数形で》突撃, 突進 ; 奔流, ほとばしり ; 突発, 連発 **~·ing** 形 突進する ; ほとばしる

òn-scréen ⊲シ 形《限定》副 ❶ (映画・テレビ・コンピューターなどの)スクリーン上の[で] ❷ 役柄上の[で]

ón·sèt 名《the ~》❶ (特に望ましくないことの) 始まり, 開始, 着手 ; (病気などの) 兆候, 発病 ‖ at the ~ of a disease 発病時に ❷《古》攻撃, 襲撃

òn·shóre ⊲シ 形《通例限定》❶ (風などが) 陸 [岸] に向かう ❷ 陸上(で)の —副 陸[岸]に向かって

òn·síde ⊲シ 形 副 (フットボールなどで)オンサイドの[に], プレーできる位置の[に](↔ offside)

ón-sìte 形 副 その場の[で], 現場の[で]

on·slaught /á(:)nslɔ̀:t, ɔ́:n- | ɔ́n-/ 名 C 〈…への〉猛攻撃, 強襲〈**on, against**〉; (人・注文などの)殺到

òn·stáge 形 副 舞台上の[で](↔ offstage)

òn-stréam /, ⌐⌐/ 形 製造中の, 流れる ; 稼動中の —副 製造中で, 流れて ; 稼動して

Ont. 略 Ontario

On·tar·i·o /ɑ(:)ntéəriòʊ | ɔn-/ 名 ❶ オンタリオ (州)《カナダ中南部の州. 州都 Toronto. 略 Ont., 〖郵〗 ON》❷ **Lake ~** オンタリオ湖《オンタリオ州と米国ニューヨーク州の間にある五大湖中最小の湖》

-i·an 形 名 C オンタリオ州の(人)

òn-the-jób 形《限定》(訓練などが) 働きながら身につけられる[学べる] ; 就業中の ▸▸ **~ tráining** 名 U 働きながら身につける訓練 (略 OJT)

òn-the-récord 形 公開の, 記録にとどめた(↔ off-the-record) ‖ an ~ interview (オフレコでない) 公開インタビュー

òn-the-spót 形《限定》(研究・調査などが)現場での, 実地の ; 即座の ‖ make an ~ decision 即断する

***on·to**, +《主に英》**on to** /(子音の前で)á(:)ntə, ɔ́:n- | ɔ́n-, (その他の位置で)á(:)ntu, ɔ́:n- | ɔ́n-/

—前 ❶ **…の上へ**, …に (→ on) (♦ 動きに重点がある場合は onto, 動いた後の場所に重点がある場合は on を用いる. into と in の区別と同じ) ‖ jump ~ a train 列車に飛び乗る / put a book ~ the shelf 本を棚に置く

❷ …の方へ ‖ The house looks ~ a lake. その家は湖に面している / move ~ the next item 次の項目へ移る

❸《口》〔人〕の悪事に気づいて, 〔悪事・情報など〕に気づいて ‖ The police are ~ him about the kidnapping. その誘拐の件で警察は彼をあやしんでいる

O

❹《英口》…と話をして，連絡をとって ❺ …のチャンスを見いだして ‖ be ～ a good thing 成功のチャンスを手にする

on·tog·e·ny /ɑ(:)ntá(:)dʒəni | ɔntɔ́dʒ-/ 名 U 〖生〗個体発生(論)(↔ phylogeny) **-to·ge·nét·ic** 形

on·tol·o·gy /ɑ(:)ntá(:)lədʒi | ɔntɔ́l-/ 名 U 〖哲〗存在論，本体論 **òn·to·lóg·i·cal** 形 **-gist** 名

o·nus /óunəs/ 名《the ～》負担；義務，責任

***on·ward** /á(:)nwərd, ɔ́:n- | ɔ́n-/《アクセント注意》副 前へ[に]，前方へ[に]，先へ[に]；前進的に(♦《英》では onwards がよく使われる) ‖ from now ～ 今後 / ～ and upward よい方向へ[に]，成功続きで

── 形《限定》前方への，前進的な

ón·wards /-wərdz/ 副《英》=onward

on·yx /á(:)nɪks | ɔ́n-/ 名 U 〖鉱〗しまめのう，オニキス

oo- 連結形「卵」の意 ‖ *oo*logy

o·o·cyte /óuəsàɪt/ 名 C 〖生〗卵母細胞

oo·dles /ú:dlz/ 名《ときに単数扱い》《口》どっさり，たくさん ‖ ～ of money たくさんの金

oof /u:f/ 間《口》うっ，うーっ，うぉー(♥ 驚き・喜びなどのうめき声)

ooh /u:/ 間《口》ほう，おお(♥ 驚き・喜び・苦痛などを表す)

⏩ **～ la lá** 間 あらまあ，わぁー，すごい

o·o·lite /óuəlàɪt/ 名 U 〖地〗魚卵岩 **ò·o·lít·ic** 形

o·ol·o·gy /ouá(:)lədʒi | -ɔ́l-/ 名 U 鳥卵学 **ò·o·lóg·i·cal** 形 **-gist** 名

oo·long /ú:lɔ̀(:)ŋ/ 名 U ウーロン茶(oolong tea)

oom·pah /ú:mpɑ̀:/, **oom·pah-pah** /ú:mpɑ:pɑ̀:/ 名 U《口》ぶかぶか，うんぱっぱ《楽隊のチューバなどの音》

oomph /ʊmf/ 名 U《口》❶ 活力，精力 ❷ 性的魅力

***oops** /wʊps/ 間《口》おっと，いやはや，しまった(♥ 失敗や間違いをしたときなどの軽い狼狽(ろうばい)・謝罪の表現)

oops-a-dai·sy /wʊ́psədèɪzi | ⌐−⌐−/ 間《主に英口》ほらしっかり(♥ 転んだ子供が立ち上がるのを助けるときや抱き上げるときの掛け声)(upsy-daisy)

Óort clòud /ɔ́:rt-/ 名 〖天〗オールトの雲《太陽系の外側にある微小惑星群》

***ooze**[1] /u:z/ 動 自 ❶ (液体などが)〈…から〉にじみ出る，じくじく流れ出る *《out》*〈**from, out of**〉‖ Blood ～*d from* the cut on my finger. 指の傷口から血がにじみ出た ❷ (物が)〈水分を出して〉じくじくする〈**with**〉‖ My back ～*d with* sweat. 背中が汗だくになった ❸〈魅力・自信などを〉発散する〈**with**〉‖ ～ *with* charm 魅力を発散する ❹ (秘密などが)漏れる*《out》*；(勇気などが)うせる*《away》* ❺ じわじわ進む ── 他 ❶〔水分〕をにじみ出させる，じくじく出す ❷〔魅力・自信など〕を発散する ‖ ～ confidence [talent] 自信[才能]にあふれている ── 名 U ❶ にじみ出ること，浸出，分泌(物) ❷ (皮なめし用の)タンニン液

ooze[2] /u:z/ 名 U (池・川・海などの底の)軟泥，ヘドロ

ooz·y /ú:zi/ 形 ❶ 軟泥[ヘドロ]のような[でいっぱいの] ❷ じくじくにじむ[にじみ出る]；じくじくした **-zi·ly** 副 **-zi·ness** 名

op[1] /ɑ(:)p | ɔp/ 名 (= **～ árt**) U オプアート，光学的美術

op[2] /ɑ(:)p | ɔp/ 名《口》=operation

OP[1] 略 〖軍〗*o*bservation *p*ost；〖劇〗*o*pposite *p*rompt；*O*rder of *P*reachers(ドミニコ修道会)

ÒP[2], **ò.p.** 略 *o*ut of *p*rint；overproof

Op., op. 略 〖楽〗opus

op- 接頭《p の前で》=ob-

o·pac·i·ty /oupǽsəṭi/ 名 U ❶ 不透明；不透明度 ❷ (意味の)あいまいさ，不明瞭(めいりょう)

o·pal /óupəl/ 名 U C 〖鉱〗オパール，蛋白(たんぱく)石

⏩ **～ glàss** 名 U 乳白ガラス

o·pal·es·cent /òupəlésənt/ 形 (微妙に変化する)乳白光を発する **-cence** 名 U (微妙に変化する)乳白光

o·pal·ine /óupəlàɪn, -lì:n/ 形 =opalescent

***o·paque** /oupéɪk/《発音注意》形 ❶ 光を通さない，不透明な ‖ ～ glass 不透明ガラス ❷ 理解できない，(意味などが)不明瞭な ❸ 光沢のない，くすんだ ❹ 〖理〗(放射線などに対し)不伝導性の ── 名 C 不透明体；U 〖写〗不透明液

～·ly 副 ～·ness 名

op. cit. /ɑ̀(:)psít | ɔ̀p-/ 略《ラテン》*opere citato*(=in the work cited)(前掲書中に)

op·code /á(:)pkòud | ɔ́p-/ 名 C =operation code

ope /oup/ 形 動《古》《文》=open

OPEC /óupek/ 略 *O*rganization of *P*etroleum *Ex*porting *C*ountries(石油輸出国機構)

Op-Ed, op-ed /ɑ̀(:)péd | ɔ̀p-/ 形 名 C《米》(新聞の)社説の向かい側の(ページ)《署名記事などが載る》(♦ *op*posite *ed*itorial より)

⁝o·pen /óupən/ 形 動 名

中心義 遮るものがない

> 形 開いている❶❷ 公開の❸ 広々とした❹ 覆いのない❺ 率直な❻ 受けやすい❼ 広げられた❽
> 動 他 開ける❶❷ 始める❸
> 自 開く❶ 始まる❷

── 形 (通例 **more ～；most ～**)

❶ (ドア・家屋・目などが)**開いている**，開いた；(容器などが)ふたのしていない(↔ closed, shut)；(手紙などが)封をしていない，包装していない(↔ unopened) ‖ The window was **wide** ～. 窓は大きく開いていた(♦ ×... was wide opened とはいわない．動詞の open は「開く」という動作に重点があり，「開いている」という状態を表すときには形容詞の open を用いる) / His shirt was ～ at the neck. 彼のシャツは首のところが(ボタンをかけずに)開いていた / The door swung ～. ドアがぱっと開いた / He threw 「the door ～ [OR ～ the door]. 彼はドアを急に[ばたんと]開けた / He broke the door ～. 彼はドアをこじ開けた / keep one's eyes [ears] ～ 注意深く見守る[聞き耳を立てる] / an ～ box [bottle] ふたの開いている箱[栓を抜いた瓶](♦ ×an opened box [bottle] とはいわない) / an ～ lock 下ろしていない錠

❷《比較なし》《通例叙述》(商店・劇場などが)**開いている**，営業[開催]している；(用済みではなく)使われている ‖ The store is ～ from 10 to 6. その店は10時から6時まで営業している / keep one's bank account ～ 銀行の口座を開いておく / The microphone is ～. マイクは入っている

❸ **公開の**；(会合・競技会などが)参加自由の，プロでもアマでも参加できる；《叙述》〈…に〉開かれている，利用できる(↔ restricted)〈**to**〉‖ an ～ discussion 公開討論会 / an ～ game for any players だれでも参加できる競技会(⚠ プロ野球の「オープン戦」は exhibition game という) / an ～ golf tournament オープンゴルフトーナメント / an ～ scholarship 公募の奨学金 / be ～ *to* the public 一般公開されている / Public buildings were thrown ～ *to* the evacuees. 公共建造物が避難民に開放された

❹《限定》**広々とした**；(空間・道路などが)遮るもののない，囲われていない(↔ enclosed)；(川・港などが)結氷しない；(気候・冬が)雪・霜の少ない，温和な ‖ ～ country 広大な土地 / an ～ view 広大な眺め / ～ water 開けた水域；《カナダ》結氷しない[していない]航行水域

❺《比較なし》**覆いのない**，屋根のない；(ボートが)甲板のない；保護するもののない；無防備の ‖ an ～ car オープンカー / an ～ wound むき出しの傷口

❻〈…に対して〉**率直な**，腹蔵のない，あけっぴろげな〈**with**〉；《限定》包み隠しのない，公然の，周知の，露骨な(↔ hidden) ‖ I will be very ～ *with* you about it. それについて率直にお話しします / an ～ manner 率直な態度 / an ～ scandal 周知のスキャンダル / ～ hostility あからさまな敵意 / show ～ defiance 反抗を露骨に示す

❼《比較なし》《叙述》〈批判・疑い・誤解などを〉**受けやすい**，招きやすい，〈…に〉陥りやすい；〈提案などを〉喜んで受け入れる，動かされやすい〈**to**〉‖ Your conduct is ～ *to* criticism. 君の行動は批判を招きやすい / be ～ *to* question [debate]

疑問[議論]の余地がある / be ～ *to* temptation 誘惑に陥りやすい / If you have a suggestion, I'm ～ *to* it. 君に提案があれば, 聞こう
❽ 《比較なし》(本・ファイル・傘などが)**広げられた**, 開いた(↔ closed, shut) ; (花が)咲いた ‖ The textbook lay ～ at a page of formulae. テキストは公式のページが広げられていた / an ～ umbrella 開いた傘
❾ 《比較なし》《叙述》〈仕事・地位などに〉欠員[空き]のある〈**for**〉; (人・時間などが)約束[用事]のない, 空いた ‖ The job is still ～. その仕事はまだ空きがある / Wednesday and Friday are both ～ for me next week. 来週は水曜日でも金曜日でもどちらでもいいよ
❿ 《比較なし》(問題などが)未解決の, 未決定の ; (検討・可能性などの) 余地が残されている (→ CE 2) ‖ keep [OR have] an ～ mind about [OR on] ... …について結論を出さないでおく
⓫ 法的規制のない, 解禁の ‖ ～ housing (人種) 差別のない住宅供給 ⓬ (織物などが)目の粗い, すきのある, まばらな ; 〖印〗行間[字間]を十分にとった ‖ cloth of ～ weave 目の粗い布地 ⓭ 寛大な, 気前のよい ⓮ 《比較なし》(切符が)日時[期日]の指定のない, オープンの ⓯ 《比較なし》《英》(小切手が) 持参人払いの ⓰ (都市が) 国際法で敵の攻撃を受けない, 非武装の ; 〖スポーツ〗(ゴールなどが)無防備の, がら空きの ⓱ (腸が) 便通のある ⓲ 〖音声〗(母音が) 開口音の (↔ close) ; (音節が) 開音節の (母音で終わる) ⓳ 〖楽〗(音符が) 開放音の ; 開放弦の ⓴ 〖数〗(集合が) 開集合の ㉑ 〖スポーツ〗(足の構えが)オープンの(↔ closed)

lèave [OR ***lày***] ***onesèlf*** (***wìde***) ***ópen*** 〈批判・疑いなどを〉受けるようなことをする, 自ら招く〈**to**〉‖ By refusing to cooperate, you *leave* yourself ～ *to* suspicion. 協力を断ったことで君は疑いを招いている

òpen and abóveboard 何の隠し立てもしない, 全くやましいところのない

COMMUNICATIVE EXPRESSIONS

1 **Lèt's be ópen hère.** 腹を割って話をしましょう
2 **Let's lèave** [OR **kèep**] **it ópen** (**until** we knòw mòre about the situátion). NAVI (状況がもっとよくわかるまで)まだ結論は出さずにおきましょう(♥ 結論の保留)

—動 (～**s** /-z/ ; ～**ed** /-d/ ; ～**·ing**)
—他 ❶〔ドア・窓・箱・瓶・包み・目など〕を**開ける** ; …のふたをとる (↔ close, shut) ‖ I ～*ed* the **door** for him to get in. ドアを開けて彼を中に入れてあげた / Will you please ～ the **window**? 窓を開けてくれませんか / *Open* your **eyes**. 目を開けてごらん / ～ one's mouth (何か言おうとして) 口を開く / I ～*ed* the fridge to see if we had enough milk. 冷蔵庫を開けてミルクが十分あるかどうか確かめた / The key ～*ed* the drawer. その鍵(かぎ)で引き出しが開いた
❷ (開店時間などに)〔店など〕を開く, **開ける** ; 〔店・商売など〕を始める, 開店する ; 〔口座〕を開く ‖ The store is ～*ed* at 10 a.m. and stays open until 7 p.m. その店は午前10時に開店して午後7時まで開いている / He plans to ～ a new restaurant. 彼は新しくレストランを開くつもりだ / ～ a bank account 銀行口座を開く
❸〔会議・活動など〕を〈…で〉**始める** (↔ end) 〈**with** / **by** *doing*〉; (弁護士が)〔訴訟〕の冒頭陳述をする ‖ He ～*ed* his speech *with* [OR *by* making] a joke. 彼はまず冗談を言ってから演説を始めた / ～ fire (on ...) (…に向かって)射撃を始める / ～ the bidding 入札を開始する / ～ the case 裁判の冒頭陳述をする
❹〔本・手など〕を広げる, 開く ; 〔傘・パラシュートなど〕を開く ; 〔列〕の間隔を開く, …を散開させる ‖ *Open* your textbooks to [《英》at] page 35. 教科書の35ページを開けなさい / ～ one's legs 両脚を広げる
❺〔道など〕を通れるようにする, 開通させる(↔ block) ; 〔機会・可能性など〕を切り開く ; 〔土地〕を開拓する ‖ ～ a border 国境を通れるようにする / ～ a path through the woods 森を切り開いて道を造る / The book ～*ed* the way to modern thinking. その本は近代思想への道を開いた
❻ …を〈…に〉開放する, 公開する〈**to**〉; …の開通式[開館式]を行う ‖ Japan ～*ed* her ports *to* Western trade. 日本は西洋との通商に門戸を開いた / Membership in the European Union will be ～*ed to* other countries. 欧州連合の構成員資格はほかの国々にも開かれるだろう ❼〔心など〕を〈…に〉開く, 啓発する〈**to**〉‖ ～ one's mind *to* ... …に心を開く ❽ …を明るみに出す, 暴露する ; 〔自分の考えなど〕を〈…に〉打ち明ける〈**to**〉‖ ～ one's heart *to* her 彼女に心の内を明かす ❾ 〖海〗…の見える所に来る ❿ 💻〔ファイル〕を開く ⓫〔(電気) 回路〕を開く, 切る ⓬〔腸〕の通じをつける
—自 ❶ (ドア・窓・目などが)**開く** (↔ close) ; 広がる ‖ The **door** doesn't ～ in wet weather. じめじめした天候のときはそのドアは開かない / The old wound ～*ed*. 古傷が口を開けた / Her eyes ～*ed* **wide**. 彼女の目が大きく開いた / The heavens ～*ed*. 雨が突然激しく降り出した
❷ (会議・催し物などが) 〈…で〉**始まる**, 開かれる (↔ end) 〈**with**〉; (映画が) 公開される ; (店などが) 開く, 開店する, 開館する ; (建物などが)〈…に〉公開される〈**to**〉; (道などが) 開通する ‖ The meeting ～*ed with* a lecture. 会議は講演で始まった / The opera season ～*ed* in November. オペラのシーズンは11月に始まった / School ～*s* soon. じきに学校が始まる / The library ～*ed to* the public in 1999. その図書館は1999年に一般公開された
❸ (本を)開く ; (花が)開く, 咲く ; (傘などが)開く ‖ I ～*ed* to [《英》at] page 20. 私は20ページを開いた / The bud will ～ into a white flower. つぼみは開いて白い花が咲くだろう ❹ (ドア・部屋などが)〈…に〉通じる, 面している〈**into, onto, to**〉‖ The door ～*s into* [OR *onto*] the backyard. そのドアは裏庭に通じている ❺ (景色などが) 開けてくる ; (物・事が) 見えてくる, わかってくる ‖ The plain ～*ed* before us. 平野が我々の眼前に開けた / A wholly different world will be ～*ing* to us. 全く別の世界が我々に開かれるだろう ❻ (心が) 開かれる ; 心を開く ‖ His mind ～*ed* wide to new ideas. 彼の精神は新しい考えに大きく開かれた ❼ 〖株〗寄り付く ‖ Oil ～*ed* high. 石油株は高値で寄り付いた / The dollar ～*ed* at ¥120. 1ドル120円で取り引きが始まった

òpen óff ... 〈他〉(部屋・場所が)…に通じている, …から直接入れる

òpen óut 〈自〉① (花などが) 開く, 咲く ② (川・道路などが)広くなる, 開けて〈…に〉通じる〈**into**〉; (景色などが) 開ける ③ 《英》打ち解ける, 堅苦しさがとれる ; 〈…に〉心を開く〈**to**〉④ (話題などが)〈…に〉広がる〈**into**〉—〈他〉《***òpen óut ...*** / ***òpen ... óut***》① …を広げる ‖ ～ *out* a map [tablecloth] 地図[テーブルクロス]を広げる ②〔話題など〕を広げる

****òpen úp*** 〈他〉《***òpen úp ...*** / ***òpen ... úp***》①〔道など〕を(切り)開く, 開拓する ‖ ～ *up* a new area for housing 宅地用に新たな地域を開拓する ②〔見通し・機会・新天地など〕を開く ‖ The story ～*ed up* a new world to him. その物語は彼に新しい世界を開いた ③ (開店時間などに)〔店など〕を開く, 開ける(↔ *close up*) ; 〔商売など〕を始める(↔ *close down*) ④〔箱・包み・本など〕を開ける, 開く ⑤ …を明らかにする ⑥ (手術で)〔患者(の体)〕を切開する ⑦ …を使える[利用できる]ようにする ‖ ～ *up* the e-mail program メーラーを開く ⑧〔亀裂(きれつ)・割れ目・不和など〕を深める, 広げる ⑨ (競技で)〔点差など〕を広げる ; 〔競技〕を白熱させる ⑩〔車〕のエンジンをふかす, …をスピードアップする ⑪〔人〕を〈非難・批判などに〉さらす〈**to**〉(♦ 目的語はしばしば oneself) —〈自〉① (花などが) 開く, 咲く ② (見晴らし・見通し・機会などが)開ける ; (新しい局面・新天地などが)開ける ③ (店が)(新規に)開店する ; (開店時間に)(店などが) 開く (↔ *close up*) ④ 〈…に〉砲撃[銃撃]を始める〈**on**〉⑤ 戸を開ける(♦ しばしば命令形で用いる) ⑥ 〈…と〉打ち解ける ; (罪などを)〈…に〉自白する〈**to**〉⑦ (割れ目・不和などが)できる, 深まる ⑧ (試合などが)白熱する ⑨ 車の

O

エンジンをふかす，スピードアップする

—名 ❶《the ～》野外，戸外；開けた所，空き地；広々とした水面 ‖ hold a party (out) **in** the ～ 野外でパーティーを開く ❷《the ～》周知，公表 ‖ act **in** the ～ 公然と振る舞う / bring [OR get] the facts (out) **in** [OR **into**] the ～ その事実を明るみに出す / come (out) **in** the ～ 明るみに出る；自分の考えを明らかにする / be (out) **in** the ～ 周知のことである ❸《O-》Ⓤ(プロ・アマの区別なくだれでも参加できる)オープン選手権試合，オープン競技会

▶▶ ～ **admíssions** 名《単数・複数扱い》《米》(無試験の)大学全入制 ～ **áir** (↓) ～ **bár** 名Ⓒ(パーティーなどの)無料バー ～ **bóok** 名Ⓒよく知られているもの［こと］；容易に理解できること［人］；気持ちを率直に表す人 ‖ I can read you like an ～ *book.* あなたの気持ちはよくわかります ～ **cháin** 名Ⓒ〖化〗開鎖《環状になっていない原子の鎖状結合》 ～ **círcuit** 名Ⓒ〖電〗開回路(↔ closed circuit) ～ **cíty** 名Ⓒ無防備都市，非軍備化宣言都市 ～ **clássroom** 名Ⓒ《米》〖教育〗(間仕切りを少なくした)オープン教室 ～ **cóurt** (↓) ～ **dáting** 名Ⓒ《米》食品鮮度保証期間の表示 ～ **dày** 名Ⓒ《英》(学校などの)一般公開日，参観日(《米》open house) ～ **dóor** (↓) ～ **enróllment** 名Ⓤ ① =open admissions ②《米》〖保険〗オープンエンロールメント《被保険者が自らの意志に基づいて種類の変更・加入の辞退を行える期間》 ～ **hóuse** (↓) ～ **invitátion** 名Ⓒ《単数形で》① 日時を指定していない招待 ② 悪いことをしてくれと言わんばかりの情況［誘い水］ ～ **léarning** 名Ⓤ独学，独習；通信教育 ～ **létter** 名Ⓒ公開状 ～ **líne** (↓) ～ **márket** 名Ⓒ =free market ～ **márriage** 名Ⓒ開放結婚《互いに婚外交渉を認める結婚形態》 ～ **míke** (↓) ～ **pìt míning** 名Ⓤ露天採鉱 ～ **prímary** 名Ⓒ《米》政党の開放予備選挙 ～ **príson** 名Ⓒ《英》開放的な監獄《模範囚用の拘束の少ない監獄》 ～ **quéstion** 名Ⓒ未決の問題［案件］，議論の余地のある問題 ～ **sándwich** 名Ⓒ《英》オープンサンド(→ open-faced sandwich) ～ **séa** 名《通例 the ～》外洋，外海；公海 ～ **sèason** 名Ⓤ/Ⓒ《単数形で》① (狩猟・釣りなどの)解禁期間(↔ close(d) season) ② 厳しい批判にさらされる期間 ～ **sécret** 名Ⓒ公然の秘密 ～ **sésame** 名Ⓒ《単数形で》容易に［労せずして］〈…への〉成果をあげる手段〈**to**〉(♦ *The Arabian Nights* 中の「アリババと40人の盗賊」で，盗賊が洞窟(どうくつ)を開くときに唱える呪文) ～ **shóp** 名Ⓒオープンショップ《組合員であることが雇用の条件にならない事業場》(→ closed shop, union shop) ～ **socíety** 名Ⓒ開かれた社会《思想・信教の自由，情報の公開など，柔軟な社会構造を持つ》 ～ **sóurce** 名Ⓤ💻オープンソース，ソフトのソースコードの公開《改変・再配布を許容した上で，作成したプログラムのソースコードを公開すること》 ～ **stóck** 名Ⓒ《米》(補充用に)単品購入もできるセット商品《皿類など》 ～ **sỳllable** 名Ⓒ〖音声〗開音節《母音で終わる音節》(↔ closed syllable) ～ **sýstem** 名Ⓒ ①💻オープンシステム《他社の製品と自由に接続できるコンピューター》 ②〖経〗開放体制 **Òpen Univérsity** 名《the ～》(英国の)放送大学《略 OU》 ～ **vérdict** 名Ⓒ《英》〖法〗死因不明の評決《検死陪審が死者の死因は不明と認定した評決》

*__òpen-áir__ <シ 形《限定》野外の，戸外の(outdoor)；野外を好む ‖ an ～ theater 野外劇場

òpen áir 名《the ～》野外，戸外(outdoors) ‖ in the ～ 野外［戸外］で

òpen-and-shút <シ 形 一目でわかる，すぐに解決できる，簡単な ‖ an ～ case 単純明快な事件［こと］

ópen·càst 形《英》露天掘りの(《米》open-pit)

òpen-chést 形 胸部切開の

òpen cóurt 名ⒸⓊ公開法廷

in òpen cóurt 公開の裁判で(↔ in camera)

òpen dóor <シ 名《the ～》(通商・移民上の)門戸開放，機会均等(政策) **òpen-dóor** <シ 形《限定》門戸開放の ‖ an ～ policy 門戸開放政策

òpen-énd 形 ❶ =open-ended ❶ ❷《米》追加借入を認める ▶▶ ～ **wrénch** 名Ⓒオープン型スパナ

òpen-énded <シ 形 ❶ (期間・数量などの点で)あらかじめ何の制限もつけない，自由な ‖ an ～ discussion 何の制約もない討論 / an ～ question (選択肢回答ではない)自由回答式質問 ❷ (発展に応じて)変更を認める

*__o·pen·er__ /óupənər/ 名Ⓒ ❶《通例複合語で》開く人；開ける道具；缶切り，栓抜き ‖ a can ～ 缶切り / a bottle ～ 栓抜き ❷ 開幕［第1］試合；(演芸などの)最初の出し物 ‖ the ～ of a double-header ダブルヘッダーの第1試合 / the season ～ (野球)シーズンの開幕試合 ❸《～s》〖トランプ〗オープナー《オープンするのに必要な最低限度の役》 ❹〖クリケット〗先頭打者

for ópeners 《口》初めに，第1に

òpen-éyed <シ 形 ❶ 目を見開いた；用心深い；(驚きで)目を見張った ❷ (事情を)十分に承知の上での

òpen-fáced 形 ❶ 正直そうな顔つきの ❷ (特に懐中時計が)ふたのない

▶▶ ～ **sándwich** 名Ⓒ《米》オープンサンド(《英》open sandwich)(1枚のパンの上に具をのせたもの)

òpen-hánded <シ 形 ❶ 気前のよい，物惜しみしない ❷ 手を広げた，平手の ～**·ly** 副 ～**·ness** 名

òpen-héarted <シ 形 率直な，腹蔵のない；親切な；気前のよい ～**·ly** 副 ～**·ness** 名

òpen-héarth <シ 形《限定》平炉法の［による］

òpen-hèart súrgery 名Ⓤ心臓切開手術

òpen hóuse 名 ❶Ⓤいつでも客を歓迎する状態；Ⓒだれでも［いつでも］参加できるパーティー ❷Ⓒ《米》(学校などの)一般公開日，参観日(《英》open day) ❸Ⓒ《米・豪・ニュージ》(家屋・アパートなど発売前の)一般公開日(に展示する家［部屋］)

kèep òpen hóuse いつでも客を歓迎する

*__o·pen·ing__ /óupənɪŋ/ 名Ⓒ ❶ 開始，始まり(↔ ending)；開場，開会(式)，開放；(演劇の)初演；(映画の)初公開 ‖ the ～ of a new university 新設大学の開校 / the ～ of the opera season オペラシーズンの開幕 / declare the ～ of the World Cup ワールドカップの開会を宣言する ❷〈…の〉穴，隙間(すき)，割れ目〈**in**〉；(スカートなどの)切り込み；開口部；通路 ‖ an ～ *in* a wall [fence] 壁の穴［さくの破れ目］ ❸《単数形で》最初の部分，冒頭；序盤；〖法〗冒頭陳述 ‖ at the ～ of the story その物語の冒頭で ❹ 好機，機会〈**for** …の / **to do** …する〉 ‖ an ～ *for* trade 交易の好機 / I have waited for an ～ *to* say what I think. 自分の考えていることを話す機会をずっと待っていた ❺ (就職口の)空き，欠員，就職口〈**for** 人員の；**at, in** 職場の〉 ‖ Sorry, there are no ～*s for* clerks right now. 申し訳ありません，ただ今事務員の空きはありません ❻《米》林間の空き地 ❼Ⓤ 開くこと，開けること ‖ the ～ of a subway 地下鉄の開通

—形《限定》開始の，始めの ‖ an ～ game [OR match] 開幕戦 / an ～ ceremony 開会［開通］式 / an ～ address [OR speech] 開会の辞 / the ～ number of a musical comedy ミュージカルコメディーの最初の曲目

▶▶ ～ **crèdits** 名 複 (映画・テレビドラマなどの)最初に出る出演者・制作スタッフ一覧 ～ **hòurs** 名 複 開店［営業］時間 ～ **níght** 名Ⓒ《通例単数形で》(映画・演劇などの)初演の夕べ ～ **ròund** 名Ⓒ〖スポーツ〗(ボクシングなどラウンド制競技の)第1ラウンド；(トーナメント戦の)1回戦(first round) ～ **tìme** 名Ⓤ開店［始業］時刻；《英》パブの開店時刻 ～ **úp** 名Ⓤ ① (雇用拡大などのための)規制緩和 ② 開会，開店，開通

ópen-jàw 形〖航空〗オープンジョーの《往復旅行で行きの到着地と帰りの搭乗地が，または行きの搭乗地と帰りの到着地が異なる》 ▶▶ ～ **fàre** 名Ⓒオープンジョーの往復料金

òpen líne 名Ⓒ ❶ (盗聴・通話妨害に対して)無防備な電話回線 ❷ 自由に［簡単に］使える通信手段

òpen-líne 形《限定》(番組が)視聴者が電話で参加できる

o·pen·ly /óupənli/ 副 (**more ～ ; most ～**) 公然と (↔ privately) ; 露骨に(↔ secretly) ; 率直に, あからさまに ‖ Her son ～ admitted cutting classes. 彼女の息子は学校をサボったことを率直に認めた

òpen míke 名 U (ナイトクラブなどの)だれでもマイクの前で歌を歌ったり寸劇をしてもよいステージ **òpen-míke** 形

òpen-mínded 形 (新しい思想などに) 心を開いた, 偏見のない **～·ly** 副 **～·ness** 名

òpen-móuthed 形 ❶ 口を開いた ; (驚いて) 口をぽかんと開けた ❷ 強欲な, うるさく要求する

òpen-nécked 形 《限定》(シャツなどが)開襟(かいきん)の

o·pen·ness /óupənnəs/ 名 U ❶ 開放 ❷ 率直 ; 寛大

ópen-pìt 形 《米》露天掘りの(《英》open cast)

òpen-plán 形 《限定》【建】オープンプラン (方式) の 《間仕切りの壁が少ない》

òpen-tóe, òpen-tóed 形 (靴・サンダルが)指先が出るように作られた

ópen·wòrk 名 U 透かし細工[彫り, 編み]

op·er·a[1] /á(:)pərə | ɔ́p-/ 名 C ❶ オペラ, 歌劇 ; U (音楽の1ジャンルとしての) オペラ ‖ a grand ～ グランドオペラ, 正歌劇 / a light ～ 軽歌劇 ❷ 歌劇場, オペラ劇場 ; 歌劇団 ‖ go to the ～ オペラを見に行く ❸ オペラの総譜[台本]

語源 「仕事, 作品」という意味のラテン語から. operate と同語源.

▸▸ **～ búffa** /-bú:fə/ 名 C オペラブッファ 《主にイタリアの喜歌劇》(♦ イタリア語より) **～ clòak** 名 C 《イブニングドレスなどの上に着る》女性用の丈の長いコート **～ glàsses** 名 複 オペラグラス 《観劇用の小型双眼鏡》 **～ hàt** 名 C (折り畳める) シルクハット **～ hòuse** 名 C 歌劇場, オペラ劇場 **～ sé·ri·a** /-síəriə/ 名 C オペラセリア, 正歌劇(♦ イタリア語より) **～ wìn·dow** 名 C オペラウインドー 《乗用車の後部サイドウインドー後方の開閉できない小窓》

opera hat

o·pe·ra[2] /óupərə/ 名 opus の複数

op·er·a·ble /á(:)pərəbl | ɔ́p-/ 形 ❶ 実用になる, 実用的な ❷ 手術(で治療)できる

o·pé·ra bouffe /à(:)pərə bú:f | ɔ̀p-/ 名 (複 **o·pé·ras bouffes** /à(:)pərə bú:f | ɔ̀p-/) 《フランス》C (フランスの) 喜歌劇

op·é·ra co·mique /à(:)pərə kɑ(:)mí:k | ɔ̀pərə kɔ-/ 名 (複 **o·pé·ras co·miques** /à(:)pərə kɑ(:)mí:k | ɔ̀pərə kɔ-/) 《フランス》C オペラコミック 《対話を含むフランスの歌劇. 悲劇もある》(→ comic opera)

ópera·gòer 名 C (歌劇場によく行く)オペラ愛好家

op·er·and /á(:)pərænd | ɔ́p-/ 名 C 💻 演算数, 被演算子

op·er·ant /á(:)pərənt | ɔ́p-/ 形 ❶ 作用する ; 効力のある ❷ 【心】自発的な ―名 C 操作者[物] ; 【心】オペラント

:op·er·ate /á(:)pərèɪt | ɔ́p-/ 《アクセント注意》

中心義 効果をもたらす働きをする

―動 [▶ operation 名, operative 形] (**～s** /-s/ ; **-at·ed** /-ɪd/ ; **-at·ing**)

―自 ❶ (機械などが)〈…で〉**動く**, 働く, 作動する(↔ *break down*)〈**on**〉‖ This robot ～*s* without human supervision. このロボットは人間の指令なしで動く / ～ *on* electricity 電気で動く

❷ 機能する, **作用する**, 影響を及ぼす〈**on, upon** …に ; **against** …に不利に〉; (薬などが)効く ‖ A new timetable has begun to ～. 新しい時刻表になった / The drug ～*d* quickly. その薬はすぐに効いた / Several factors ～*d* to bring about the border dispute. いくつかの要因が働いて国境紛争を引き起こした / Books ～ powerfully *upon* the soul both for good and evil. 書物はよかれあしかれ精神に強い影響を及ぼす / National monopolies ～ *against* the principles of free trade. 国家による独占は自由貿易の原理に不利に作用する

❸ **手術をする**〈**on** 人・体の部分を ; **for** 病気の〉‖ He was ～*d on for* lung cancer. 彼は肺癌(がん)の手術を受けた (♦ operate on を他動詞的に扱い受身形にすることが可能)

❹ (会社などが)事業を行う, 経営[運営]されている ; (航空会社が) 運行する ; (人が) (あるやり方で) 仕事を処理する ‖ The company ～*s* in many countries. その会社は多くの国で事業を行っている / ～ on a commercial basis 商業ベースで運営される ❺ 〈…に対して〉作戦 [軍事] 行動をとる〈**against**〉 ❻ 株[相場]の(大口)取引をする

―他 ❶ [機械・システムなど]を**動かす**, **運転[操縦]する** ‖ How do you ～ this machine? この機械はどうやって動かすのですか / electrically-[manually-]～*d* machines 電動[手動]で動く機械

❷ [事業など] を運営 [経営] する, 管理する ‖ The company ～*s* factories in foreign countries. その会社は諸外国に工場を持っている

❸ […のやり方] を取り入れる ‖ ～ a system of divide and rule [OR conquer] 分断統治策をとる

op·er·at·ic /à(:)pərǽṭɪk | ɔ̀p-/ 形 オペラ(風)の, オペラ向きの ; 大げさな ―名 C 《～s》《単数・複数扱い》オペラ演出(法) ; (オペラ風の)大げさな身振り **-i·cal·ly** 副

op·er·at·ing /á(:)pərèɪṭɪŋ | ɔ́p-/ 形 ❶ 経営[運営]上の ; 操作[作業]上の ❷ 手術(用)の

▸▸ **～ íncome** 名 U C 【商】営業収入 **～ lòss** 名 C U 【経営】営業損失 **～ pròfit** 名 U C 【商】営業利益 **～ (pròfit) màrgin** 名 C 【経営】営業利益率 《収入と生産コストとの差益》 **～ ròom** 名 C 《米》手術室 (《英》(operating) theatre) **～ sỳstem** 名 C 💻 オペレーティングシステム 《各種プログラムの実行を管理・支援するための基本ソフト. 略 OS》 **～ tàble** 名 C 手術台 **～ thèa·tre** 名 C 《英》手術室(《米》operating room)

:op·er·a·tion /à(:)pəréɪʃən | ɔ̀p-/

―名 [◁ operate 動] (複 **～s** /-z/) C ❶ **手術**〈**for** 病気の ; **on** 人・体の部位の〉‖ undergo [OR have] an ～ *for* (a) hernia ヘルニアの手術を受ける / perform an ～ *on* his knee 彼のひざの手術を行う

❷ **活動**, 作業 ‖ launch [carry out] a rescue ～ 救助活動を開始 [遂行] する / a massive police ～ against the drug cartels 麻薬カルテル撲滅の大規模な警察活動 / the tricky ～ of removing a huge rock 巨大な岩石を取り除くやっかいな作業

❸ (機械などの)**働き**, 運転, 操作 ; (器官などの)作用, 働き ‖ The ～ of this machine is quite easy. この機械の操作は極めて易しい / How many ski lifts are in ～? スキーリフトは何台動いていますか / in full ～ フル稼動[操業]して / The tunnel is scheduled to go into ～ next year. そのトンネルは来年開通する予定だ

❹ C U 事業(活動), 商売, 営業 ; 経営 ; 商取引, 思惑買い ; C 会社, 企業 ‖ the company's overseas ～*s* その社の海外での事業 (活動) / the ～ of a railroad 鉄道の経営

❺ U (法令などの)施行, 実施 ; (薬などの)影響, 効き目 ‖ The new law comes into ～ in April. 新しい法律は4月に施行される / put a plan into ～ 計画を実行に移す / the ～ of alcohol on the brain アルコールが脳に及ぼす影響 ❻ 《～s》【軍】軍事行動 ; 作戦本部 ; (空港の) 管制室 ; 《O-》(特定の軍事行動・経営企画などの暗号名で) …作戦 ‖ peacekeeping ～*s* 平和維持活動 / military ～*s* 軍事行動 ❼ C U 【数】演算, 運算 ; 💻 演算 ‖ the four fundamental ～*s* in arithmetic 算数の四則計算 ❽ 非合法活動 ; 悪どい商売

▸▸ **～ còde** 名 C 💻 演算コード **～s resèarch** 名 U オペレーションズリサーチ 《定量的なモデルにより最も適当な解答を求める手法. 略 OR》 **～s ròom** 名 C 【軍】作戦本部[指令]室

op·er·a·tion·al /à(:)pəréɪʃənəl | ɔ̀p-/ 形 ❶ 《通例叙述》(乗り物・装置などが)使用できる(状態の) ‖ How soon

O

will my car be ～? 私の車はいつ乗れるようになりますか ❷《通例限定》運転[操作](上)の ‖ ～ costs 運転コスト / an ～ manual 取扱説明書 ❸《限定》〘軍〙作戦(上)の, 実戦配備の **～·ly** 副

▸▸ **～ reséarch** 名 U =operations research

*__op·er·a·tive__ /á(ː)pərəṭɪv, -ərèɪ- | ɔ́p-/ 《アクセント注意》 形 〔◁ operate 動〕 ❶《通例叙述》(システムやサービスなどが)運転中の, 働いている, 機能[作用]している ‖ The on-line system is now ～. オンラインシステムが働いている ❷ 効力のある, (薬などが)効き目のある；影響を及ぼす ‖ The Constitution of Japan became ～ on May 3, 1947. 日本国憲法は1947年5月3日に発効した ❸ (語句などが)最も適切な, 最適の, 重要な ‖ The boss is relatively smart — the ～ word being "relatively." 上司は割に気がきくんだ —「割に」ってところがポイントなんだけど ❹《限定》手術の ‖ ～ treatment 手術療法 ❺ 作業の, 仕事の, 生産に関する

— 名 C ❶ (熟練)工員, 機械工 ❷《主に米》諜報(ちょうほう)員, スパイ, 刑事, 探偵 **～·ly** 副 **～·ness** 名

‡**op·er·a·tor** /á(ː)pərèɪṭər | ɔ́p-/ 《発音・アクセント注意》

— 名 (複 **～s** /-z/) C ❶ **電話交換手**；(機械などの) 運転者, 技手, **オペレーター** ‖ *Operator*, put me through to the police. 交換手さん, 警察につないでください / a cinema ～ 映写技師 / a computer ～ コンピューターのオペレーター

❷ 経営[運営]者；会社 ‖ **a tour** ～《英》旅行会社

❸《口》(商売・異性関係などでの)やり手, すご腕

❹〘株〙投機家, 相場師 ❺〘数〙演算子

o·per·cu·lum /oupə́ːrkjuləm/ 名 (複 **-la** /-lə/ OR **～s** /-z/) C 〘動〙(魚の)えらぶた；(巻き貝の)貝ぶた；〘植〙ふた **-lar** 形 ふた状器官の **-late** /-lət, -lèɪt/ 形 ふた状器官のある

op·er·et·ta /à(ː)pəréṭə | ɔ̀p-/ 名 C オペレッタ, 喜歌劇, 軽歌劇

O·phe·lia /oufíːliə | ə-/ 名 オフィーリア《Shakespeare 作 *Hamlet* 中の Hamlet の恋人》

oph·thal·mi·a /ɑ(ː)fθǽlmiə | ɔf-/, **-mi·tis** /à(ː)fθælmáɪṭɪs | ɔ̀f-/ 名 U 〘医〙眼炎；(特に)結膜炎

oph·thal·mic /ɑ(ː)fθǽlmɪk | ɔf-/ 形《限定》目の；眼科の；眼炎にかかった；眼病によい

▸▸ **～ optícian** 名 C《英》検眼眼鏡士

oph·thal·mol·o·gy /à(ː)fθælmá(ː)lədʒi | ɔ̀fθælmɔ́l-/ 名 U 眼科学 **-gist** 名 C 眼科医 **-mo·lóg·i·cal** 形

oph·thal·mo·scope /ɑ(ː)fθǽlməskòup | ɔf-/ 名 C 検眼鏡 **oph·thàl·mo·scóp·ic** 形

o·pi·ate /óupiət/ (→ 動) 形 アヘン(阿片)(opium)を含む；麻酔[催眠]作用のある — 名 C ❶ アヘン剤；麻酔[催眠]剤；(一般に)鎮静剤 ❷《比喩的》麻痺(まひ)させるもの, 不安を除くもの, 麻薬 — 動 /óupièɪt/ 他 …にアヘンを混ぜる；…の感覚を鈍らせる, …を麻痺させる

o·pine /oupáɪn/ 動 他《堅》〈…ということ〉を意見として述べる, 〈…と〉考える〈**that** 節〉

‡**o·pin·ion** /əpínjən/

— 名 (複 **～s** /-z/) C ❶《しばしば one's ～》**意見**, 見解, 考え〈**about, on** …についての / **that** 節…という〉‖ **Give** me your honest ～. 君の率直な意見を聞かせてくれないか / Can I ask your ～ *about* something? あなたの意見を伺いたいことがあるのですが / Who asked your ～? 君の意見などだれが聞いたかね / **express** an ～ 意見を述べる / My ～ is that whaling should be allowed. 捕鯨は許されるべきだというのが私の考えだ / **In** my ～, early summer is the best season. 私の考えでは, 初夏がいちばんいい季節だ (♥自分の考えであることを強調して断定を避ける. ˣaccording to my opinion とはいわない)

❷ U **世論**, (世間)一般の見解 ‖ *Opinion* is shifting in favor of the opposition parties. 世論は野党に有利に傾きつつある / a general consensus of ～ 大方の世論の一致 / in accordance with current ～ 現在の世論に従って / control **public** ～ 世論を操作する / contrary to popular ～ 一般に考えられているのと逆に

❸ (医者・弁護士など) 専門家の意見 (→ second opinion)；(公式の) 裁判官の見解 ‖ get a medical [legal] ～ 医者[法律家]の意見を聞く / You had better have a second ～ before you decide to have that operation. その手術を受けることを決める前に別の医師の意見を聞いた方がいい

❹《単数形で》〈人・物についての〉評価, 判定〈**of**〉‖ What's your ～ *of* that movie? あの映画をどう思いますか / Give me your honest ～ *of* my novel. 私の小説について率直なご意見を頂きたい / have a high ～ *of* ... …を高く評価する；…をよく思う / have a low [OR poor, bad] ～ *of* ... …をよく思わない / have a grand ～ *of* oneself 自分を買いかぶる

be of the opínion 〈…だと〉思う, 考える〈**that** 節〉(→ CE 4) ‖ I *am of the* ～ *that* smoking should be banned. 喫煙は禁止されるべきだと思う

COMMUNICATIVE EXPRESSIONS

1 **Do you hàve any opínion** (**on** this íssue)? (この問題について) 何かご意見はありますか (♥ 形式ばった表現. ✎What do you think (about ...)?)

2 **I have a dìfferent opínion.** 私の考えは違います；賛成できません(♥ 不賛成を表す)

3 **(I'll thánk you to) kèep your opìnion to yoursélf!** どうぞ私見は自分の中に収めておいてください；余計な口出しはしないでいただければありがたい (♥ 話に割り込んできた人などに対して)

4 **I'm of exàctly the sàme opínion.** 全く同感です；あなたの意見に大賛成です (=I agree with your opinion.)

5 **In my hùmble opínion**, I've màde quìte a remàrkable discóvery. 私のつたない意見を申しますと, 私の発見はかなりの偉業であったと言えます (♥ 実際には謙遜する気持ちはない場合でも, 自分の意見を強調する丁寧な表現. e-mail では IMHO と略す)

6 **It's dìfficult to gìve an opínion** ⌈**rìght nòw** [OR **at the mòment**]. 今すぐに意見を言うのは難しいですね(✎I'd have to think about it.)

7 **Lèt me give** [OR **vòice**] **my opínion.** 私の意見を申し上げましょう(♥ やや大げさで形式ばった前置き)

8 **My** (**òwn**) **pèrsonal opínion** [OR **víew**] **is that** he should have resìgned éarlier. 彼はもっと早く辞めるべきだったというのが私 (自身) の見解です (♥ 私見を述べる. =In my opinion, he ....)

9 **Thàt's a màtter of opínion.** それは見解の相違です；そうとは言いきれないんじゃないでしょうか(♥ 相手を突き放すようなニュアンスで用いる反論の表現)

10 **Wèll, my ówn opìnion, for what it's wórth, is that** the stóre hòurs should be exténded. そうですね, 私の意見はといいますと, まあどうかわかりませんが, 営業時間を延長するべきじゃないでしょうか (♥ 控えめに意見を述べる)

11 **When I wànt your opínion, I'll ásk (for) it.** あなたの意見が聞きたいときは尋ねますから；余計な口出しはしないでください(♥ 話に割り込んできた人などに)

▸▸ **～ màkers** 名 複 世論形成者 **～ pòll** 名 C 世論調査

o·pin·ion·at·ed /əpínjənèɪṭɪd/ 形 自説に固執する, 意固地な；独善的な；わがままな **～·ness** 名

o·pi·um /óupiəm/ 名 U ❶ アヘン(阿片) ❷ 精神を麻痺(まひ)させるもの, 麻薬

the òpium of the péople [OR ***másses***] 人民のアヘン, 大衆を惑わして偽りの満足感を与えるもの

語源「野菜汁」の意のギリシャ語の指小形 *opeon*(ケシの実から抽出した汁)から.

▸▸ **～ dèn** 名 C アヘン窟(くつ) **～ pòppy** 名 C 〘植〙ケシ

《アヘンを採取する》**Òpium Wárs** 名《the ～》アヘン戦争《清(しん)国のアヘン取り締まりに対して英国が起こした侵略戦争. 1839-42, 1856-60の2回にわたる》

o·pos·sum /əpá(:)səm | əpɔ́s-/ 名 C〖動〗❶ オポッサム, フクロネズミ《夜行性の有袋動物. 米大陸産》(《米口》possum) ❷ =phalanger

opp. 略 opposite

:op·po·nent /əpóunənt/ (《発音·アクセント注意》)

—名 (複 **～s** /-s/) C ❶ (試合·論争などの) **相手**, 敵 (↔ ally) (♥ 感情的な要素を含まない語) ‖ his ～ in the game 彼の試合の対戦相手 / He is a worthy ～. 彼は相手にとって不足はない / her **political** ～*s* 彼女の政敵

❷〈…の〉反対 [敵対] 者 (↔ supporter)〈**of**〉‖ ～*s of* the spread of nuclear weapons 核兵器拡散に反対する人たち

—形 反対の ; 対立する, 敵対する

op·por·tune /à(:)pərtjú:n | ɔ́pətju:n/ <シ 形 ❶ (時間が) 最適な, ちょうどよい ❷ (行為などが) 時宜を得た, タイミングのよい ‖ an ～ visit 時宜を得た訪問

～·ly 副 **～·ness** 名

op·por·tun·ism /à(:)pərtjú:nìzm/ 名 U 日和見主義, 御都合主義 **-ist** 名 C 形《限定》日和見主義者(的な)

op·por·tun·is·tic /à(:)pərtju:nístɪk | ɔ̀p-/ <シ 形 日和見的な, 御都合主義的な **-ti·cal·ly** 副

:::op·por·tu·ni·ty /à(:)pərtjú:nəṭi | ɔ̀p-/

—名 (複 **-ties** /-z/) ❶ U C 適当な時機 [状況], **機会**, 好機〈**for** …の / **to** *do* …する / **of** [**for**] *doing* …するための〉(⇨ 類語) ‖ at every ～ 機会あるごとに / at the first [OR earliest] ～ 機会があり次第 ; 最も早い機会に / equality of ～=**equal** ～ 機会均等 / a job ～ 就職の機会 / I rarely **have** an ～ *for* travel. 旅行する機会はめったにない / I'd like to **take** this ～ *to* express my gratitude to the editor. この機会を利用して編集者への感謝の意を表したいと思います / Try to **take** every ～ *to* speak English. あらゆる機会をとらえて英語を話すようにしなさい / We **took** the ～ *of* visiting Broadway. その機会を利用してブロードウェイを訪れた

❷ C 向上 [昇進] の見込み [機会] ‖ career *opportunities* for women 女性の昇進の見込み

連語【動+～】❶❷ give [OR offer] (a person) an ～ (〔人〕に) 機会を与える / get [seize] an ～ 機会を得る [とらえる] / create *opportunities* 機会を作る / miss an ～ 機会を逃す

❸ (O-) オポチュニティ《NASAの無人火星探査機》

類語 《❶》 **opportunity**「機会」を意味する最もふつうの語 ; 特に希望·目的などを遂げるための「好機」.

chance opportunity と同じように用いられるが, 偶然または運がもたらす機会について多く用いられる. 〈例〉I had the *opportunity* [OR *chance*] to visit the Louvre this summer. この夏ルーブル美術館を訪れる機会に恵まれた (♦ chance の場合はふつう「たまたま」のニュアンスが加わる)

▸▸ **～ còst** 名 C〖経〗機会原価 [費用] **～ shòp** 名 C《豪·ニュージ》=thrift shop

op·pos·a·ble /əpóuzəbl/ 形 ❶〖動〗(手の指などが) 向かい合わせにできる, 対向性のある ‖ an ～ thumb (ほかの4本の指と向かい合わせにできる) 親指 ❷ 反対 [抵抗] され得る [できる] **op·pòs·a·bíl·i·ty** 名

:op·pose /əpóuz/

—動 (▶ opposite 形, opposition 名) (**-pos·es** /-ɪz/ ; **～d** /-d/ ; **-pos·ing**)

—他 ❶ **a** (+目) …に**反対する**, 抵抗する ; …を妨害 [阻止] する (↔ support) (⇨ 類語) ‖ **strongly** ～ a plan [motion] 計画 [動議] に強く反対する (♦ ×oppose to ... とはしない) / ～ change 変革に反対する / ～ the enemy forces 敵軍に抵抗する **b** (+*doing*) …するのに反対する ‖ ～ building a dam ダムの建設に反対する

❷ 〔人〕に対抗 [対立] する ; …を〈…に〉対抗させる, 対置 [対比] させる ; …を妨害物として置く〈**to, against, with**〉; …を向かい合わせる ‖ The mayor was ～*d* by two other candidates in the election. その市長には選挙で2人の対立候補が出た / Not a few people ～*d* themselves *to* the consumption tax. 多くの人々が消費税に反対した

—自 反対する, 対抗する ‖ *opposing* views [tendencies] 相対立する見解 [傾向]

COMMUNICATIVE EXPRESSIONS

1 **I can sèe nó rèason to oppóse.** 反対する理由はありません (♥ 賛同·許可を表す形式ばった表現)

-pós·ing 形 ① 敵対 [対立] する ② 反対の, 逆の

語源 *op-* against+*-pose* put, place : …に逆らって置く

類語 《他 ❶》 **oppose**「…に反対する (行動をとる)」. しばしば対抗して阻止しようとする強い敵対的·攻撃的な行動を暗示する. 〈例〉*oppose* his nomination 彼が指名されることに反対する

object 自動詞で to を伴い,「…に反対する (意見を述べる)」. 〈例〉*object* to a plan 計画に異議を唱える

op·posed /əpóuzd/ 形 ❶《叙述》〈…に〉反対で, 逆で, 相対して, 対照的で〈**to**〉‖ Many people are ～ *to* the death penalty [use of pesticides]. 多くの人が死刑制度 [殺虫剤の使用] に反対している / be diametrically ～ 真っ向から対立している ❷ 対立する, 敵対する

as oppósed to ... …に対して, …とは対照的に ; …ではなく

メタファーの森 opportunity 機会, チャンス

opportunity ⇨ *object* (機会⇨物体)

「機会」(チャンス) は「物体」に例えられ, 手でとらえることができるものとして表現される.

- If we fail to **seize** [OR **grab**] this opportunity, we will have to wait another year. もしこの機会をつかみ損ねたら, もう1年待たなければならない
- You shouldn't let the opportunity **slip through your fingers.** この好機を逃がしてはならない (♦ 文字どおりには「指の間から滑り落ちる」の意)
- John regrets that he **threw away** the opportunity to see his old friend. ジョンは旧友と会う機会をみすみす逃してしまったことを後悔している (♦ throw away … は文字どおりには「…を捨てる」の意)
- **I was robbed of** the chance to make a suggestion. 提案をする機会を奪われてしまった

opportunity ⇨ *path* (機会⇨道)

「機会」は「道」として表現され, 経路にある「ドア」や「壁」などが, 機会を左右するものとして表現される.

- There is a **way** to break into the market in south-eastern Asia. 東南アジア市場に入り込む方法はある (♦ 道の存在が機会の有無を表す)
- Although my proposal was not accepted by some members on the committee, I believe **the door is** still **open** for further discussion. 私の提案は委員の何名かに受け入れてもらえなかったが, さらなる議論の余地はまだあると思う (♦「ドアが開いていること」は「可能性があること」を表す)
- Age is not a **barrier** to start something new. 新しいことを始めるのに年齢は障害にはならない

‖ The court supported the citizens *as* ～ *to* the government. 裁判所は政府ではなく市民を支持した

COMMUNICATIVE EXPRESSIONS

1 **I take it you are nòt oppòsed to** our decision? 我々の結論にご賛同いただけますよね(♥ 同意・許可を期待しつつ, 確認をとる形式ばった表現. You would be in favor of our decision, wouldn't you?)

O

:op·po·site /á(:)pəzɪt, -sɪt | ɔ́p-, -sɪt/ 《アクセント注意》

―形〔◁ oppose 動〕《比較なし》 ❶ (位置・方向が)〈…と〉**反対側の**〈**to, from**〉; 《名詞の後に置いて》向かい側の ‖ The tourist information office is on the ～ **side** of the street. 観光案内所は通りの向こう側にあります / go in the ～ **direction** 逆[反対]の方向に行く / They live at ～ **ends** of the town. 彼らはそれぞれ町の反対側に住んでいる / a house ～ (*to*) ours 我々の家の真向かいの家 (♦ to を用いず ... opposite ours とすることも可能. その場合 opposite は前置詞とみなす) / the shop ～ 向かい側の店

❷ (性質・意味などが)〈…と〉**(正)反対の**, 逆の〈**to, from**〉(⇨ 類語) ‖ the ～ effect 逆効果 / an ～ view 反対意見 / The final result was ～ *to* [OR *from*] our expectations. 最終結果は私たちの予想とは正反対だった

❸ 〘植〙(葉が)対生の(↔ alternate)

―名 (複 **～s** /-s/) Ⓒ 《通例 the ～》〈…と〉(正)反対のもの[こと, 人, 語]〈**of**〉‖ I thought quite the ～. 私は全く逆のことを考えた / "Subjective" and "objective" are ～*s*.＝The ～ *of* "subjective" is "objective." 「主観的」と「客観的」は反対語です / *Opposites* attract (each other). 正反対のもの同士は引き合う / do the **exact** ～ *of* what was expected 予想されていたのと正反対のことをする

―副 《比較なし》反対側に, 〈…と〉向かい合って〈**to**〉‖ He sat ～. 彼は反対側に座った / live ～ 向かいに住む

―前 ❶ **…の向かい(側)に** ‖ You can buy it at the shop ～ the bank. それは銀行の向かいの店で買えますよ

❷ (映画・芝居で)…の相手役で ‖ Kate Winslet played ～ Leonardo DiCaprio in *Titanic*. 「タイタニック」でケイト＝ウィンスレットはレオナルド＝ディカプリオと共演した

類語 《形 ❷》 **opposite** 位置・方向・行動・性質などが対照的に正反対の. 〈例〉the *opposite* page 反対側のページ

contrary opposite である上に, 対立の関係を意味することが多い. 〈例〉*contrary* views 相対立する見解

contradictory 一方を肯定すれば他方は否定しなければならない, 両立できない. 〈例〉*contradictory* statements 互いに相いれない言説

reverse 逆の, 裏の 〈例〉the *reverse* side of the paper 紙の裏側 / the *reverse* page 裏のページ

▸▸ ～ **númber** 名 《one's ～》(ほかの組織などの)対応する[同じ立場の]人 ～ **prómpt** 名 《the ～》《英》〘劇〙(観客に向かって)俳優の右手側(の舞台裏)(略 O.P.) ～ **séx** 名 《the ～》異性(♦ 人を指す場合は a member of the opposite sex のようにいう)

:op·po·si·tion /à(:)pəzíʃən | ɔ̀p-/

―名〔◁ oppose 動〕(複 **～s** /-z/) ❶ Ⓤ 〈…に対する〉**反対**, 対立, 敵対; 反対された状態, 抵抗, 反抗 (↔ support) 〈**to**〉‖ The government's new tax plan met with fierce ～. 政府の新税制案は激しい反対に遭った / His ～ *to* our plan surprised us. 彼が我々の計画に反対したことに驚いた

❷ 《the ～》《集合的に》《単数・複数扱い》反対者, 対戦相手[チーム]; 敵, 《the O-》野党, 反対党(opposition party) ‖ the leader of the *Opposition* 野党の党首

❸ Ⓤ Ⓒ 対置, 対比; (指の)対向; 対照, 正反対

❹ Ⓤ 〘天・占星〙衝(しょう)《外惑星が地球から見て太陽と正反対の位置に来る現象》(↔ conjunction)

❺ Ⓤ 〘論〙対当(関係)

in opposition (政党が)野党の立場にあって, 在野で[の]

in opposition to ... ① …に反対[敵対]して ‖ The labor unions are *in* ～ *to* the layoff. 労働組合は一時解雇に反対している ② …に対して, …と対照的に ‖ high *in* ～ *to* low 低いに対して高い

～·al 形 反対の **～·ist** 名 Ⓒ 野党の一員

op·press /əprés/ 《アクセント注意》 動 他 ❶ …を抑圧する (keep down); 圧迫する, 虐げる ❷ 〔人(の心)〕に重くのしかかる, 打ちひしぐ, 悩ませる(♦ しばしば受身形で用いる) ‖ be ～*ed* with the heat 暑さにまいっている

***op·pres·sion** /əpréʃən/ 名 Ⓤ ❶ 抑圧, 圧迫, 圧制; 虐待; 苦痛 ‖ fight against ～ 圧制に抗して戦う / under ～ 抑圧されて ❷ 憂うつな気分, 意気消沈, 重苦しい感じ ‖ a feeling of ～ 圧迫感

***op·pres·sive** /əprésɪv/ 形 ❶ (人が)抑圧する, 圧制的な; (税・法律などが)苛酷(かこく)な ‖ ～ laws [taxes] 苛酷な法律[税金] ❷ (天候が)うだるような ‖ ～ heat うだるような暑さ ❸ 心に重くのしかかる, 気をめいらせる, 憂うつな

～·ly 副 **～·ness** 名

op·pres·sor /əprésər/ 名 Ⓒ 抑圧者, 圧制者

op·pro·bri·ous /əpróubriəs/ 形 (言葉などが)非難[軽蔑]を表す, 口汚ない **～·ly** 副

op·pro·bri·um /əpróubriəm/ 名 Ⓤ ❶ 不面目, 汚名, 恥辱 ❷ 厳しい非難, 軽蔑

ops /ɑ(:)ps | ɔps/ 名 複 《口》(軍事)作戦(operations)

***opt** /ɑ(:)pt | ɔpt/ 動 自 選ぶ, 決める〈**for** …の方を; **against** …しない方を / **to do** …する方を〉‖ I ～*ed for* silence.＝I ～*ed to* keep silent. 黙っていることにした

òpt ín 〈自〉〈団体・活動などに〉参加する〈**to**〉

******òpt óut*** 〈自〉① 〈…から〉手を引く, 〈…に〉参加[加担]しないことにする, 〈…を〉しないことにする〈**of**〉 ② 《英》(学校・病院などが)地方自治体の管理から抜ける

opt. 略 optical, optician, optics; optional

op·ta·tive /á(:)ptəṭɪv | ɔ́p-/ 〘文法〙 形 願望を表す ‖ the ～ mood (ギリシャ語などの)願望法

―名 《the ～》願望法; Ⓒ 願望法の動詞

op·tic /á(:)ptɪk | ɔ́p-/ 形 《通例限定》〘解〙目の; 視覚の

―名 Ⓒ ❶ 光学機器(の部品)《レンズ・反射鏡など》 ❷ 《通例 ～s》《古》《戯》目(eye) ❸ 《英》《商標》(逆さにした瓶の口につける)酒計量器(パブなどで用いる)

▸▸ ～ **áxis** 名 Ⓒ 〘理〙光軸 ～ **chiásma** 名 Ⓒ 〘解〙視神経交差 ～ **lóbe** 名 Ⓒ 〘解〙視葉 ～ **nérve** 名 Ⓒ 〘解〙視神経

***op·ti·cal** /á(:)ptɪkəl | ɔ́p-/ 形 《通例限定》 ❶ 光学(上)の, 光線を利用する ‖ an ～ microscope 光学顕微鏡 ❷ 視覚(上)の; 視覚を助ける ‖ an ～ illusion 目の錯覚 ❸ データの読み取り[記録, 通信]に光を用いる, 光学式の

～·ly 副 視覚的に; 光学的に

▸▸ ～ **actívity** 名 Ⓤ 〘化〙光学活性 ～ **árt** 名 Ⓤ ＝op art ～ **cháracter rèader** 名 Ⓒ 光学式文字読み取り装置(略 OCR) ～ **cháracter recognìtion** 名 Ⓤ 光学式文字認識(略 OCR) ～ **compúter** 名 Ⓒ 光コンピューター ～ **dísk** 名 Ⓒ 光ディスク(レーザーディスク, DVDなど) ～ **fíber** 名 Ⓒ Ⓤ 光ファイバー ～ **gláss** 名 Ⓤ 光学ガラス(レンズなど光学機器用) ～ **illúsion** 名 Ⓒ 目の錯覚, 錯視 ～ **scánner** 名 Ⓒ 光学スキャナー(画像の読み取り装置)

op·ti·cian /ɑ(:)ptíʃən | ɔp-/ 名 Ⓒ ❶ 《英》＝optometrist ❷ 《米》眼鏡・コンタクトレンズの製造[販売]業者

op·tics /á(:)ptɪks | ɔ́p-/ 名 Ⓤ 光学

op·ti·mal /á(:)ptɪməl | ɔ́p-/ 形 ＝optimum

***op·ti·mism** /á(:)ptɪmìzm | ɔ́p-/ 《アクセント注意》 名 Ⓤ 楽観[楽天]主義, 楽観的傾向, のんきな性格(↔ pessimism); 〘哲〙楽観論, 最善説 ‖ There was a note of ～ in her voice. 彼女の声には楽観的な調子があった

-mist 名 Ⓒ 楽観論者, 楽天主義者

***op·ti·mis·tic** /à(:)ptɪmístɪk | ɔ̀p-/ 形 (**more** ～; **most** ～) 楽観[楽天]的な, のんきな(↔ pessimistic) 〈**about** …について / **that** 節 …ということに〉‖ an ～

forecast 楽観的な予想 / be ～ *about* the future 未来について楽観的である / I'm ～ *that* he'll be promoted this year. 私は彼が今年昇進するだろうと楽観している **-ti·cal·ly** 副

op·ti·mize /ɑ́(ː)ptɪmàɪz | ɔ́p-/ 動 他〔地位・資財・機会〕を最大限に活用する；…の効果を最大限にする；〔プログラムなど〕を最適化する **òp·ti·mi·zá·tion** 名

op·ti·mum /ɑ́(ː)ptɪməm | ɔ́p-/ 名 (複 **-ma** /-mə/ OR **～s** /-z/) 《通例 the ～》最適条件[環境]；最善
── 形《限定》最適な，最善の ‖ the ～ age for foreign language learning 外国語学習の最適年齢

ópt-ìn 名 C 形 (契約などへの)新規登録(の)；受け取り[入会]承諾(の) ‖ an ～ e-mail オプトインメール《前もって受け取りを承諾していたメール》

＊**op·tion** /ɑ́(ː)pʃən | ɔ́p-/ 名 ❶ U C 選択，取捨；選択権，〈…する〉選択の自由，選択の余地〈**of** *doing* / **to** *do*〉‖ Students have the ～ *of* living on campus or off. 学生は学内に住むか通学するかを選択できる / You have the ～ *to* go to college or find a job. 進学するか就職するかは君の自由だ / I had no ～ but *to* work. 私は働かざるを得なかった ❷ C 選択可能なもの，選択肢；選択科目；(自動車などの)オプション，(追加)付属部品 ‖ You have only two ～*s* ― either you quit or you are transferred to the subsidiary. 君には2つの選択しかない ― 辞めるか子会社に移るかだ / take an easy ～ 楽な方法[道]をとる ❸ C 《商》オプション，選択権《一定の期間内に，ある物件を一定価格で売買・賃貸したり，契約の調印・更改ができる権利》〈**on** …の / **to** *do* …する〉‖ take an ～ *on* the house その家屋をオプションする / the first ～ 優先選択権 ❹ C 《アメフト》オプション(プレー)《攻撃側はボールをパスするか持ったまま走るか選択できる》 ❺ C オプション《自由に選択できる機能，またその選択肢》

kèep [OR *lèave*] *one's óptions òpen* 選択をしないでおく，態度を保留する

COMMUNICATIVE EXPRESSIONS

1 **You have nò òther óption.** ほかに選択の余地はありません (♥ 決断を迫るような状況で．＝You have no other choice.)

── 動 他 …の選択権[オプション]を得る[与える]

op·tion·aire /ɑ̀(ː)pʃənéər | ɔ̀p-/ 名 C オプショネア《自社株の所有・運用で巨万の富を得た人》

＊**op·tion·al** /ɑ́(ː)pʃənəl | ɔ́p-/ 形 選択できる，強制的でない，任意[随意]の (↔ compulsory, obligatory) ‖ an ～ extra (商品やサービスに追加される)オプション / an ～ tour to Hollywood ハリウッドへのオプショナルツアー / Contributions are ～. 寄付は任意です **～·ly** 副

op·to·elec·tron·ics /ɑ̀(ː)ptouɪlèktrɑ́(ː)nɪks | ɔ̀ptouɪlèktrɔ́n-/ 名 U 光電子工学，オプトエレクトロニクス《光学技術を応用する電子工学》 **-trón·ic** 形

op·to·ge·net·ics /ɑ̀(ː)ptoudʒənéṭɪks | ɔ̀ptou-/ 名 U 光遺伝学《光学と遺伝学を融合した研究分野．神経機構の解明を目指す》

op·tom·e·ter /ɑ(ː)ptɑ́(ː)məṭər | ɔptɔ́mɪ-/ 名 C 検眼器，視力測定装置

op·tom·e·trist /ɑ(ː)ptɑ́(ː)mətrɪst | ɔptɔ́m-/ 名 C 《主に米》検眼士，視力検査医

op·tom·e·try /ɑ(ː)ptɑ́(ː)mətri | ɔptɔ́m-/ 名 U 検眼，視力測定；(眼鏡の処方をする)検眼業

ópt-òut 名 C 形 ❶ (英国の)(学校・病院の)自主管理への移行(の) ❷ 契約条項の忌避(の) ‖ an ～ clause 契約忌避条項 ❸ 自らの意志による脱退[退会](の)

op·u·lent /ɑ́(ː)pjulənt | ɔ́p-/ 形 非常に裕福な，ぜいたくな；豊富な；豪勢な **-lence** 名 U 裕福；豊富 **～·ly** 副

o·pus /óupəs/ 名 (複 **～·es** /-ɪz/ OR **o·per·a** /óupərə/) C ❶《通例単数形で》《楽》(特に発表順に番号のついた)音楽作品(略 op.) ‖ Beethoven, *op.* 47 ベートーベンの作品47 ❷ 芸術作品；力作，傑作(→ magnum opus)(♦ ラテン語より)

Òpus Dé·i /-déɪiː/ 名 ❶《キリスト教》聖務日課 ❷ オプス＝デイ《ローマカトリック教会の国際的な組織の1つ》

＊＊＊**or**[1] /弱 ər；強 ɔːr/

── 接 ❶ …かまたは，…か…か；…であろうと…であろうと(♦ 語と語，句と句，節と節を対等に結ぶ等位接続詞) ‖ Which do you like better, tea (↗) ～ coffee (↘)? 紅茶とコーヒーではどちらがお好きですか / Will you come with me(↗)～ stay at home(↘)? 一緒に来ますか，それとも家にいますか (♦ 以上2例は選択疑問文．yes，no では答えない．発音については → 語法 (1)) / Are you coming ～ not? あなたは来るんですか，来ないんですか(♥ 肯定の疑問文の後に or not と続けると，白黒をはっきりさせろという脅しのように聞こえることがある) / He ～ I am to make the presentation. 彼か私が発表をしなければならない(♦ 主語が A or B の形の場合，動詞の人称・数は動詞に近い B に一致するのが原則．ただし，この場合は Either he is to make the presentation, or I am. とすることが多い) / There were five ～ six tables in the café. その喫茶店には5つか6つのテーブル席があった / I don't know whether I should buy it ～ not. それを買うべきかどうか決断がつかない / You must do it whether you like it ～ not [OR dislike it]. 好き嫌いにかかわらず君はそれをしなければならない / We have to go to work, rain ～ no rain. 雨が降ろうと降るまいと我々は仕事に行かねばならない

語法 ☆☆ (1) A or B でどちらか一方を選択するときは，A (↗) or /ɔːr/ B (↘) というイントネーションで発音する．〈例〉Give me liberty (↗), *or* give me death (↘). 我に自由を与えよ，しからずんば死を与えよ
(2) A or B で選択の意味が弱いときは or は /ər/ と発音され，イントネーションも (1) の場合と異なる．〈例〉Would you like tea (↗) *or* coffee (↗)? お茶かコーヒーでも飲みますか この場合は選択疑問文ではないので yes か no で答える．答えは Yes, I'd like green tea. (はい，飲みます．緑茶を下さい)のようにほかのものでもよい．
(3) 3者以上から選ぶ場合にも or を用いる．ふつうは A (↗), B (↗), *or* C (↘) のようになるが，《口》では A (↗) *or* B (↗) *or* C (↘) となることもある．

❷《否定語の後で》…もまた(…ない) ‖ I don't have a computer ～ a cellphone. 私はコンピューターも携帯電話も持っていない / Privacy does not mean isolation ～ loneliness. プライバシーとは孤立のことでも孤独のことでもない (♦ not *A* or *B* の形で *A* と *B* の両方を否定する．or の代わりに nor を用いると *B* の否定が強調される．⇨ NOR)
❸《命令文などの後で》さもないと，そうでないと，そうしないと (→ *or else* ① (↓)) ‖ Hurry up, ～ we'll miss the plane. 急ごう，さもないと飛行機に乗り遅れる (＝If we don't hurry up, we'll miss ....)
❹ そうでなければ (♥ 前言の根拠を示す) ‖ She can't be ill, ～ (else) she wouldn't have come. 彼女は病気のはずがないよ，病気だったら来なかっただろう
❺ つまり，すなわち (♥ ほかの語句による言い換え) ‖ She studies botany, ～ the science of plants. 彼女は植物学，つまり植物に関する学問を研究している
❻ いや，あるいは(むしろ)(♥ 訂正やより正確な言い直し．or rather とすることもある) ‖ I think ― ～ feel ― that it is wrong. それは間違っていると思う ― というか，そんな気がする / It's the most sensible thing to do；～ is it? それがいちばん賢明だね，そうじゃないかな

＊*or élse* ① さもないと(♦ 通例命令文または must, have to などを含む文の後で用い，or 1語よりも強意．→ otherwise 副 ❶) ‖ Run, ～ *else* you'll be late. 走らないと遅れますよ / Do as I tell you ～ *else*. 言うとおりにしろ，さもないとひどい目に遭うぞ(♥《口》では or else の後を省略すると脅迫・警告の意味になる) ② そうでなければ(→ ❹)

or rather ⇨ RATHER(成句)

... or só …かそこら ‖ a minute ～ *so* 1分かそこら
... or sómebody [***sómething, sómewhere***] …かだれか[何か，どこか] ‖ Would you like to go out for dinner ～ *something*? 夕食にでも出かけませんか

COMMUNICATIVE EXPRESSIONS

1 Is it còld **or whát?** 何て寒いんだ(♥Yes/No 疑問文の強調表現で，相手の同意を求める「…だよね，全く」の意)

O

or² /ɔːr/ 名 U 〖紋章〗金色，黄色
OR 略 *o*perations *r*esearch；〖郵〗Oregon；〖商〗*o*wner's *r*isk；《米》*o*perating *r*oom
-or /-ər/ 接尾 《名詞語尾》 ❶ 《動作主名詞》 ‖ act*or*, emper*or*, tail*or*, sail*or* (⇨ -EE) ❷ 《性質・状態》(《英》では -our とつづる語がある) ‖ err*or*, horr*or*, demean*or* (《英》demeanour)
o·ra /ɔ́ːrə/ 名 《ラテン》os²の複数
or·a·cle /ɔ́(ː)rəkl/ 名 C ❶ (古代ギリシャなどの)神託，託宣；神託を伝える人，祭司，巫女(みこ)；神託所(の神殿) ‖ consult the ～ 神託を求める ❷ (ユダヤ教・キリスト教などで)神のお告げ，啓示 ❸ 《通例単数形で》賢人，一大権威者，予言者；知恵[権威]ある言葉，ご託宣
Or·a·cle /ɔ́(ː)rəkl/ 名 《英》《商標》オラクル《ITV(独立テレビ)のテレビ画面と電話線を介して情報を提供する(文字多重放送)サービス》
o·rac·u·lar /ɔ(ː)rǽkjulər/ 形 神託の(ような)；神秘的な，あいまいな
***o·ral** /ɔ́ːrəl/ 《発音注意》(♦同音語 aural) 形 ❶ 《通例限定》口頭(で)の，話し言葉による(↔ written) ‖ the ～ method (外国語の)口頭教授法，オーラルメソッド / an ～ tradition 口碑，言い伝え ❷ 《限定》口で行う；経口の，内服の ❸ 《限定》口の，口部[口腔(こう)]の ‖ the ～ cavity 口腔 ❹ 〖音声〗(音が鼻にかからない)口腔音の(→ nasal) ❺ 〖精神分析〗口唇期の；口唇愛的な
——名 C 《しばしば ～s》口頭試問，口述試験
～·ly 副 口頭で；経口で ‖ not to be taken ～ 内服すべからず《薬の注意書き》
語源 *or-* mouth＋*-al*(形容詞語尾)：口の
▸▸**～ cáre** 名 U ＝～ hygiene **～ contracéptive** 名 C 経口避妊薬 **～ exám** [**examinátion**] 名 C 口述試験 **～ héalth** 名 U ＝oral hygiene **～ hístory** 名 U (体験[目撃]者とのインタビューをテープなどに録音した)口伝歴史資料，口述資料 **～ hygíene** 名 U 口腔(歯科)衛生 **～ séx** 名 U オーラルセックス，口腔性交 **～ socíety** 名 C 文字を持たない未開社会 **～ súrgeon** 名 C ① 口腔外科医 ② 《米》歯科医
o·rang /ərǽŋ | ɔ(ː)-/ 名 ＝orangutan
:or·ange /ɔ́(ː)rɪndʒ/ 《発音・アクセント注意》
——名 (複 **-ang·es** /-ɪz/) ❶ C **オレンジ**；柑橘(かんきつ)類；オレンジの木(orange tree) ‖ a bitter [OR Seville] ～ ダイダイ / squeeze an ～ オレンジを搾る；甘い汁を吸う / peel an ～ オレンジの皮をむく / *The ～ that is too hard squeezed yields a bitter juice.* 《諺》オレンジをあまり強く搾ると苦いジュースができる；すぎたるは及ばざるがごとし
❷ U C (オレンジ風味の)飲み物；オレンジジュース
❸ U オレンジ色，だいだい色
——形 ❶ オレンジ色の，だいだい色の ❷ オレンジ味の
▸▸**～ blòssom** 名 U オレンジの(白い)花《結婚式で花嫁の髪飾りに用いる》 **～ pékoe** 名 U オレンジペコ《インド・スリランカ産の若葉だけを用いた上等紅茶》 **Órange Revolùtion** 名 《the ～》オレンジ革命《2004年ウクライナ大統領選挙の際に起きた政治運動》 **～ squásh** 名 U C 《英》オレンジスカッシュ **～ stìck** 名 C オレンジスティック《マニキュア用の細い棒》
Or·ange /ɔ́(ː)rɪndʒ/ 形 オレンジ党(員)の
▸▸**～ Order** 名 《the ～》オレンジ党《アイルランド，特に北アイルランドのプロテスタント急進派》
or·ange·ade /ɔ̀(ː)rɪndʒéɪd/ 名 U C 《英》オレンジエード《清涼飲料》
Órange·man /-mən/ 名 (複 **-men** /-mən/) C オレンジ党(the Orange Order)の党員
or·ange·ry /ɔ́(ː)rɪndʒəri/ 名 (複 **-ries** /-z/) C オレンジ栽培用の温室
o·rang·u·tan, -ou·tang /ərǽŋətæ̀n | ɔ(ː)-/ 名 C 〖動〗オランウータン，ショウジョウ(猩々)
語源 マレー語で「森の人」の意．
or·ang·y, -ey /ɔ́(ː)rɪndʒi/ 形 オレンジっぽい(色の)
o·rate /ɔ(ː)réɪt/ 動 自 ❶ 《堅》(儀式などで)公式のスピーチをする ❷ 演説をする，演説口調でまくし立てる
o·ra·tion /əréɪʃən/ 名 C (正式の)演説，式辞；大げさで派手な演説；U 雄弁術 ‖ a funeral ～ 弔辞 / deliver an ～ 演説をする
or·a·tor /ɔ́(ː)rət̬ər/ 名 C 演説者；雄弁家 ‖ the public ～ (大学などの行事の際の)代表演説者
or·a·tor·i·cal /ɔ̀(ː)rətɔ́(ː)rɪkəl/ ⟨シ⟩ 形 雄弁術[家]の；演説口調の，美辞麗句を並べた ‖ an ～ contest 弁論大会 **～·ly** 副
or·a·to·ri·o /ɔ̀(ː)rətɔ́ːriòu/ 名 (複 **～s** /-z/) C 〖楽〗オラトリオ，聖譚(たん)曲《宗教的楽劇》
or·a·to·ry¹ /ɔ́(ː)rətɔ̀ːri | -tə-/ 名 (複 **-ries** /-z/) C ❶ (個人祈禱(とう)用の)小礼拝堂，祈禱室 ❷ 《O-》オラトリオ(修道)会
Òr·a·tó·ri·an 形 名 C オラトリオ会の(修道士)
or·a·to·ry² /ɔ́(ː)rətɔ̀ːri | -tə-/ 名 U 雄弁[弁論]術；修辞，美辞麗句を連ねた[大げさな]表現

orb ❶

orb /ɔːrb/ 名 C ❶ (頂に王権を示す十字架のついた)宝珠 ❷ 《文》天体《特に太陽・月》 ❸ 球，球体 ❹ (興味・影響・活動の及ぶ)範囲 ❺ 《通例 ～s》《文》目，眼球(eyeball)
——動 他 《文》…を丸く囲む；…を球形にする
or·bic·u·lar /ɔːrbíkjulər/ 形 《堅》球状の，球形の；円形の，環状の
～·ly 副 **or·bìc·u·lár·i·ty** 名 U 球状，円形，環状
***or·bit** /ɔ́ːrbət | -bɪt/ 《アクセント注意》 名 C U ❶ (惑星・宇宙船などの)軌道 ‖ Yuri Gagarin made the first ～ around the earth in 1961. ユーリ＝ガガーリンは1961年に地球を回る軌道を最初に飛んだ / put a manned satellite in [OR into] ～ 有人衛星を軌道に乗せる ❷ C 《単数形で》(活動・勢力などの)範囲；(人生の)行路，軌跡 ‖ Consumer service fell [OR came] within the ～ of their department. 顧客サービス(業務)は彼らの部署の管轄になった ❸ 〖解〗眼窩(か)，眼球孔；〖動〗眼縁部 ❹ 〖理〗電子軌道
gò in [OR ***into***] ***órbit*** ① 軌道に乗る ② 《俗》有頂天になる，舞い上がる；かっとなる
——動 他 ❶ …の周りを(軌道を描いて)回る ‖ launch a satellite to ～ the earth 地球の軌道を回る人工衛星を打ち上げる ❷ (宇宙船など)を軌道に乗せる
——自 (宇宙船などが)軌道上を飛行する；(飛行機などが)旋回する
or·bit·al /ɔ́ːrbət̬əl | -bɪ-/ 形 《限定》 ❶ 軌道の ❷ 《英》(道路などが)都市周辺部を環状に走る ❸ 〖解〗眼窩の
——名 C ❶ 《英》環状道路 ❷ 〖理〗軌道関数《原子・分子内の電子の波動》
or·bit·er /ɔ́ːrbət̬ər | -bɪtə/ 名 C 人工衛星，軌道衛星
or·ca /ɔ́ːrkə/ 名 C 〖動〗シャチ(killer whale)
Or·ca·di·an /ɔːrkéɪdiən/ 形 名 C オークニー諸島(Orkney Islands)の(住民)
orch. 略 orchestra, orchestral, orchestrated by
***or·chard** /ɔ́ːrtʃərd/ 名 ❶ C 果樹園(♦柑橘(かんきつ)類の果樹園には grove を用いる) ‖ an apple ～ リンゴ園 ❷ 《the ～》《集合的に》(果樹園の)全果樹 ▸▸**～ gràss** 名 C 〖植〗カモガヤ《北米原産. よく牧草にする》
ór·chard·ist /-ɪst/ 名 C 果樹栽培家，果樹園主
:or·ches·tra /ɔ́ːrkɪstrə/ 《発音・アクセント注意》

—名 (複 **~s** /-z/) C ❶《集合的に》《単数・複数扱い》**オーケストラ**, 管弦楽団 ‖ The ~ was [OR were] playing familiar tunes. オーケストラはおなじみの曲を演奏していた (♦ 特に《英》では個々の楽団員に重点があれば複数扱い) / a **symphony** ~ 交響楽団 / conduct the school ~ 学校のオーケストラを指揮する
❷ (= ~ **pìt**) (劇場の舞台前方の)オーケストラピット, オーケストラボックス(pit) (❗「オーケストラボックス」は和製語)
❸ (= ~ **sèats** [《英》 **stàlls**]) 《通例 the ~》《米》(劇場の)1階前方の上席
❹ (古代ギリシャの劇場で舞台前方の半円形の)合唱隊席
語源 ギリシャ語 *orcheisthai* (踊る)より.

or·ches·tral /ɔːrkéstrəl/ 形 オーケストラの(ための) ‖ ~ music 管弦楽 **~·ly** 副

or·ches·trate /ɔ́ːrkɪstrèɪt/ 動 他 ❶ …をオーケストラ用に作曲[編曲]する ❷ (最大の効果をあげるよう)…をうまくまとめ上げる[調整する]; …を仕組む

or·ches·tra·tion /ɔ̀ːrkɪstréɪʃən/ 名 U ❶ オーケストレーション, 管弦楽法; C オーケストラ用に編曲した曲 ❷ 調整

or·chid /ɔ́ːrkəd | -kɪd/ 《発音注意》 名 ❶ C 〖植〗(特に栽培している)ラン(の花) ❷ U 薄紫色

or·chil /ɔ́ːrkɪl/ 名 U ❶ オルキル《薄紫色の染料》 ❷ 〖植〗オルキルをとる地衣類

ord. 略 order; ordinary; ordnance

or·dain /ɔːrdéɪn/ 動 他 ❶ 〖宗〗〔人〕を〈聖職などに〉任命する, 叙任する〈**as**〉 ❷ (神・運命などが)…を運命づける, 定める; (法などが)…を規定する, …と命じる

***or·deal** /ɔːrdíːl/ 《アクセント注意》 名 ❶ C 《通例単数形で》厳しい試練, 苦難, つらい体験 (↔ pleasure) ‖ I find it an ~ to speak in public. 僕は人前で話すのは苦痛だ / go through the ~ of failing in business 事業に失敗するという試練を経験する ❷ U 神判, 神明裁判《古代ゲルマン民族の裁判. 肉体的苦痛を与え, それに耐えられるのは神意として無罪とした》

*****or·der** /ɔ́ːrdər/ 名 動

中心義 **しかるべき状態にするためのもの**

> 名 **順序❶** **整然❷** **秩序❸** **命令❹** **注文❺**
> 動 他 **命じる❶** **注文する❷**

—名 (複 **~s** /-z/) ❶ U C **順序**, 順番, 続き具合 ‖ arrange the cards **in** alphabetical ~ カードをアルファベット順に並べる / **in** chronological ~ 年代順に / **in** ~ of date 日付順に / The tasks were listed **in** ascending ~ of importance. 仕事は重要度の低いものから高い順に挙げられていた / follow the ~ of events 事の成り行きを追う / Japanese has (a) relatively flexible word ~. 日本語の語順は比較的に緩やかだ
❷ U **整然**, 整頓(せいとん), 整理; 〖軍〗隊形 ‖ We need to put [OR set] this confusion **in** [OR into] some kind of ~. この混乱を何とか鎮める必要がある / bring ~ into one's life 生活をきちんとしたものにする
❸ U **秩序**, 規律, 治安 (↔ chaos); C 《通例単数形で》(社会などの)体制, 制度 ‖ keep [OR maintain] ~ 秩序[治安]を維持する / create a new world ~ 新しい世界秩序を作り出す / restore law and ~ 法と秩序を回復する / public ~ 社会秩序 / the established ~ 既存の体制 / the capitalist ~ 資本主義体制
❹ C 《しばしば ~s》〈…せよという〉**命令**〈**to** *do* / **that** 節〉; (裁判所・判事などの)指図[指示](書); 支払[財産引渡]命令書 ‖ He **gave** ~*s* 「for the temple *to* be rebuilt [OR *that* the temple be rebuilt]. 彼は神殿の再建を命じた[神殿を再建せよという命令を下した] / under government ~*s* 政府の命令を受けて / a court ~ 裁判所の命令 / an ~ to view 《英》不動産業者による家屋下見依頼 / *Orders* are ~*s*. 命令は命令だ(不服でも従わねばならない)

連語 【動+~(+前)】 issue an ~ 命令をする / take ~*s* from ... …から命令を受ける, …の言うことを聞く / obey [OR follow] ~*s* 命令に従う / receive an ~ 命令を受ける

❺ C 〈…の〉**注文**, (料理の)オーダー〈**for**〉; 注文品, オーダーした料理 (❗「オーダーメード」は和製語. 「このスーツはオーダーメードだ」は This suit is 「made to order [OR custom-made].) ‖ **make** [OR place] an ~ *for* a TV set on the Internet インターネットでテレビを注文する / receive an ~ *for* some laptops ラップトップ型コンピューターの注文を受ける / cancel an ~ 注文を取り消す / Can I take your ~ now? ご注文はもうお決まりですか / collect one's ~ 注文品を取りに行く / Your ~ is coming. ご注文の料理は間もなく参ります / Your ~ will be filled in a week. ご注文の品は1週間で出来上がります / **mail** ~ 通信販売
❻ U 申し分ない[使える]状態; 健康な[正常な]状態; (一般に)状態, 具合, 調子 ‖ The machine is **in** (good) working [OR running] ~. 機械は調子よく動いている
❼ U/C 《通例単数形で》(政治・経済・社会などの)情勢, 状況, 様相 ‖ the present economic ~ 現在の経済情勢 / the ~ of the day 時代の風潮
❽ U (議会・委員会・法廷などの)議事(進行上の)規則[規定]; 慣例, 慣行 ‖ rise to ~ (議員が)起立して議事進行の違反を抗議する / *Order! Order!* 議事規則違反だ; 静粛に
❾ U (自然の)理(法), 摂理; 道理, 事理 ‖ the (natural) ~ of things 世の習い[定め]
❿ C 種類, 部類; 等級, 水準; (社会的)地位, 身分, 階級, 階層; 同じ地位[階層]の人々 ‖ talents of a high ~ 優れた才能の持ち主たち / a statesman of the first ~ 一級の政治家 / the higher [lower] ~*s* 上流[下層]階級 (♦ 現在では戯言的に使われることが多い)
⓫ C 聖職位階, 聖品《特に bishop, priest, deacon の地位》; 《~s》聖職 ‖ take [be in] holy ~*s* 聖職に就く[就いている] / minor ~*s* (カトリックの)下級位階, 下級聖品《acolyte, exorcist, reader, doorkeeper》
⓬ C 〖神〗天使の位階, 階級《天使の9階級のそれぞれを指す. 上位より seraph, cherubim, thrones, dominations, principalities, powers, virtues, archangels, angels. principalities と virtues を入れ替えた序列もある》
⓭ C 宗教的儀式; 《通例 ~s》叙階式, 聖職叙任式 ‖ the ~ of confirmation 堅信礼
⓮ C 《単数・複数扱い》(職業的)集団, 社会, 結社; 《the ~》修道会, 宗教会; (中世の)騎士団 ‖ the clerical [military] ~ 聖職者[軍人]社会 / a fraternal ~ 友愛会 / the Franciscan ~ フランシスコ修道会 ⓯ C 《しばしば the O-》勲章, 勲位; 叙勲者, 受章者 ‖ the *Order* of the British Empire 大英帝国勲位 / the *Order* of the Garter ガーター勲章 ⓰ C 為替, 為替手形 ‖ a postal money ~ 郵便為替 ⓱ C 〖建〗様式, 柱式 ‖ the five (classical) ~*s* 5大(古典)様式《ギリシャの Doric ~, Ionic ~, Corinthian ~, ローマの Tuscan ~, Composite ~》 ⓲ C 〖生〗目(もく)《動植物分類上の綱(こう)(class)と科(family)の間の単位》 ⓳ U 〖軍〗装備, 軍装; 《the ~》立て銃(つつ)の姿勢 ⓴ C 〖数〗次数; 位数; (微分方程式・行列などの)階数 ‖ an equation of the first ~ 1次方程式 ㉑ C 《米》💻待ち行列(《英》queue)

by órder 〈…の〉命令によって〈**of**〉

càll ... to órder ① (議長が)〔議員・議場など〕に静粛にする[議事規則を守る]よう命じる ② (議長が)〔議会・法廷など〕の開会を宣言する

****in órder*** (↔ *out of order*) ① 順序正しく, 順番どおりに ‖ Tell me the events *in* ~. 出来事を順を追って話しなさい ② 整理[整頓]されて; (書類などが)きちんと(して); 申し分ない状態で, 万全で, 有効な ‖ keep one's room *in* ~ 部屋を整頓しておく / Everything [My passport] is *in* ~. すべて[私のパスポート]は万全[有効]だ / put [OR

O

set] one's affairs [emotions] *in* ～ 身辺［気持ち］を整理する ③ (体・機械などが) 順調で，調子よく ‖ be *in* bad ～=be not *in* ～ 調子が悪い ④ 議事規則にかなった；望ましい ‖ Is it *in* ～ for me to put an amendment at this point? 私がここで修正案を出していいですか / An apology is *in* ～. 一言謝ってしかるべきだ

in órder that ... 《堅》…する目的で，…するために (♦ so that ... の方が《口》. that 節 内には通例 will, would, may, might, can, could などの助動詞が用いられる) ‖ The decision was made *in* ～ *that* peace would [could] be maintained. 平和が維持される［できる］ようにその決定がなされた

*__*in òrder to dó*__* …するために(は)，…する目的で，…するように，…するには (⇨ SAKE¹ 類語P) ‖ I decided to watch TV programs for children *in* ～ *to* learn English. 英語を学ぶため子供向けのテレビ番組を見ることにした / *In* ～ *to* save money, I don't eat out. お金を節約するために外食はしない / *in* ～ not *to* leave any fingerprints 指紋を一切残さないように

語法 ★★ (1) 単なる to 不定詞よりも目的の意味を明確に表す.
(2) to 不定詞の意味上の主語を表す場合 in order for ... to *do* の形になる. 〈例〉in *order* for the measures to succeed 政策が成功するためには
(3)「…しないために(は)」は in order not to *do*.〈例〉Calm down in *order* not to make any mistakes. 間違えないように落ち着きなさい

ìn shòrt órder 即座に，手っとり早く；迅速に

in [OR ***of***] ***the órder of ...*** 《主に英》 ① 約…の，ほぼ…の ‖ a population *in the* ～ *of* 100,000 およそ10万の人口 ② 《数》…の大きさの，…単位の ‖ errors *of the* ～ *of* one in a million 100万分の1の誤差

on órder 注文してある (がまだ受け取っていない) ‖ have the book *on* ～ その本を注文してある

on the órder of ... 《主に米》 ① =*in the order of ...* ① (↑) ② …流の，…流派の，…に似た ‖ violinists *on the* ～ *of* Stern スターン流のバイオリニスト

*__*òut of órder*__* (↔ *in order*) ① 順序が狂って ② 乱れて，乱雑で ‖ I found some of the documents *out of* ～. 私は書類が一部そろっていないことに気づいた ③ (公共の機械・身体器官などが)調子が悪くて，不調で，**故障して** ‖ My stomach is *out of* ～. 胃の調子がよくない ④ 議事規則に反した［反して］；《英口》(人・行動などが)望ましくない，ふさわしくない(♦《米》では主に out of line を用いる)

to órder 注文どおりに(→ made-to-order) ‖ My computer was built *to* ～. 私のコンピューターは特注だ

COMMUNICATIVE EXPRESSIONS

1 **「I'm jùst [I was ònly] fòllowing órders.** (上の) 命令に従ってやっている［やった］だけだ (♥ 自分のとった行動などが「自分自身による判断ではない」と弁明する)

2 **(Yes,) thàt's quìte in órder.** (はい，) 結構です (♥ 許可を与える形式ばった表現. =I can't see any objection. / ↘Yes, that's fine. / ↘Go ahead.)

―動 (**~s** /-z/；**~ed** /-d/；**~·ing**)

―他 ❶ **命じる** (⇨ 類語) **a** 《+目》…を命じる，命令［指令］する (↔ forbid, ban) ‖ ～「an attack [a retreat] 攻撃［退却］を命じる / ～ layoffs [pay cuts] 一時解雇［賃金引き下げ］を命じる

b 《+目+副句》〔人〕に…へ行く［来る，する］ように命じる［勧める］ (♦ 副句 は方向を表す) ‖ My boss ～*ed* me away [out of the room]. 上司は私に立ち去るよう［部屋から出て行くよう］命じた / He ～*ed* the men「to attention [into battle position]. 彼は部下に気をつけを［戦闘隊形をとるように］命じた

c 《+that 節》…するように命じる，命令する ‖ He ～*ed that* dinner be [《主に英》should be] served. 彼は夕食を出すよう命じた / "Get a copy of this," she ～*ed* (him). 「このコピーを1枚とって」と彼女は(彼に)命じた

d 《+目+*done*》…が…されるように命じる ‖ He ～*ed* the door *closed*. (=He ～*ed* that the door be closed.) 彼はドアを閉めるように命じた

e 《+目+**to** *do*》〔人〕に…するように命じる ‖ The policeman ～*ed* him *to* put up his hands. 警官は彼に手を上げろと命令した

f 《+目 *A*+目 *B*⇄+目 *B*+**for** 目 *A*》(医者が) *A* (患者) に *B* を指示する ‖ The doctor ～*ed* me complete rest. 医者は私に完全休養を勧めた

❷ **a** 《+目》…を〈…に〉**注文する**，発注する〈**from**〉；〔料理など〕をオーダー［注文］する ‖ Ray ～*ed* some clothes *from* [*to] the store. レイはその店に服を注文した / Shall I ～ some meat for dinner? 夕食には肉を頼みましょうか

b 《+目 *A*+目 *B*⇄+目 *B*+**for** 目 *A*》*A*(人)に *B*(物)を注文する ‖ He ～*ed* us all a little brandy.=He ～*ed* a little brandy *for* us all. 彼は私たち全員にブランデーを少し注文してくれた / ～ oneself a new suit スーツを新調する

❸ …を整頓［整理］する(↔ disarrange)；〔物事〕をきちんと処理する，順序よくまとめる ‖ I ～*ed* the books on my shelves. 棚の上に本をきちんと並べた / ～ one's affairs 身辺を整理する

―自 命令する；注文する ‖ Are you ready to ～? (料理の)ご注文はお決まりでしょうか

*__*òrder a pèrson aróund*__* [OR ***abóut***] 〈他〉〔人〕にあれこれ命令する［言いつける］，〔人〕をあれこれこき使う

òrder in ... / òrder ... ín 〈他〉 ① …に中に入るように命じる ② 《主に米》〔食べ物〕を出前注文する

òrder a pèrson óff (the field) 〈他〉(スポーツで)〔選手〕に退場を命じる(♦ しばしば受身形で用いる)

òrder óut 〈他〉(***òrder óut ... / òrder ... óut***) ① …に〈…の〉外に出るよう命じる〈**of**〉(→ 他 ❶**b**) ② 〔機動隊・軍隊など〕に出動を命じる ―〈自〉《米》〈…の〉出前を頼む〈**for**〉

òrder úp ... / òrder ... úp 〈他〉 ① 〔軍隊など〕に前線への移動を命じる ② …をルームサービスで注文する

類語 《他 ❶》 **order** 「命令する」の意の最もふつうの語.
command 権限のある者が正式に命令し服従を求める.
direct 業務上の指示を与える場合に用い，order や command よりも命令の意味が弱い.
instruct 細部について具体的に指示する. 〈例〉*instruct* one's secretary to arrange an interview 秘書に面接の準備を指示する
bid 口頭で命令する意の文語的な語. 〈例〉*bid* the class (to) keep silence クラスの者に静粛を命じる
tell 口語的で命令の意味の最も弱い語.「言いつける」.

▸▸ **～ bòok** 名 C 《主に英》(商店などの) 注文控え帳；(年金・福祉手当などを支払う) 控え帳 ‖ have full ～ *books* 注文が大量にある **～ fòrm** 名 C 注文伝票 **～ of búsiness** 名 C (処理すべき) 問題，仕事 **～ of mágnitude** 名 C ある数値から10倍までの範囲，桁(けた) ‖ two ～*s of magnitude* greater 100倍［2桁］大きい **～ of the dáy** 名 《the ～》 ① (議事・仕事などの)日程 ② (当節の) 流行，風潮 ③必要［最も適切］なもの ‖ Deregulation is the ～ *of the day*. 規制緩和が今，必要とされている **Órder Pàper** 名 《the ～》《英・カナダ》(特に下院の)議事日程表

or·dered /ɔ́ːrdərd/ 形 整然とした，きちんと整った，規則正しい

***or·der·ly** /ɔ́ːrdərli/ 形 ❶ きちんとした，整頓(せいとん)された；整然とした，秩序立った，系統的な (⇨ NEAT¹ 類語) ‖ keep one's room ～ 自分の部屋をきちんと整頓しておく / a man with an ～ mind 物事を系統立てて考える人 ❷ 規律正しい，秩序を守る，おとなしい ‖ an ～ society [crowd] 整然とした社会［群集］ / march in an ～ fashion 整然と(した歩調で)行進する ❸ 《限定》《軍》命令の；命令伝達［執行］の ‖ the ～ officer 《英》当番［日直］将校 (officer of the day) / an ～ room 中隊事務室

—名 (複 -lies /-z/) C ❶ (病院の)用務員, 看護助手 ❷ 〘軍〙(将校付きの)当番兵 **-li·ness** 名

or·di·nal /ɔ́ːrdənəl | -dɪ-/ 形 ❶ 順序を表す, 序数の ❷ 〘生〙(分類上の)目(もく) (order) の —名 C ❶ (=～ **númber**) 序数 (↔ cardinal (number)) 《first, second, third など》 ❷ (教会の)聖職叙任式次第(書)

*****or·di·nance** /ɔ́ːrdənəns | -dɪ-/ 名 C U 《堅》 ❶ 法令, 布告; (地方自治体の)条例(⇨ LAW 類語) ‖ a city ～ 市条例 / ～*s* against smoking in public places 公共の場での喫煙を禁じる条例 ❷ 慣行; (教会などの)儀式

or·di·nand /ɔ́ːrdənænd | -dɪ-/ 名 C 聖職叙任候補者

*****or·di·nar·i·ly** /ɔ̀ːrdənérəli | ɔ́ːdənərəli/ 《アクセント注意》 副 ❶ 《文修飾》ふつうは, たいてい ‖ *Ordinarily*, I go to school by train. たいてい学校へは電車で行っている ❷ ふつうに, (ごく)当たり前に, 人並に

:or·di·nar·y /ɔ́ːrdənèri | ɔ́ːdənəri, -nèri/ 《アクセント注意》 形 名

—形 (**more** ～; **most** ～)

❶ 《通例限定》**ふつうの**, いつもの, 通常の, 正常の; (職員などが)正規の, 常勤の(⇨ COMMON 類語) ‖ ～ **people** ふつうの人々, 一般庶民 / in ～ life ふだんの生活で / in ～ dress 平服で / an ～ procedure 通常の手続き / go to an ～ school ふつうの学校に通う / an ～ employee 平(ひら)社員 / the ～ police force 正規の警官隊

❷ 並の, 平凡な, ありふれた; やや劣った, 見劣りのする(↔ extraordinary) ‖ a man of ～ ability 並の才能の男 / The meal was very ～. 食事は大したことがなかった

❸ (特に判事や聖職者が)直轄権を持つ

❹ 〘数〙常微分方程式の

in the òrdinary wáy 《主に英》ふつうなら, ふだんと何も変わったことがなければ

—名 (複 **-nar·ies** /-z/) C ❶ ふつうのもの[こと, 人], ふつうの状態 ‖ ability above the ～ ふつう以上の能力 ❷ 直轄権を持つ聖職者[判事]; 《the O-》(教区の管轄権を持つ)(大)司教 ❸ 《しばしば O-》〘カト〙礼拝式次第, 典礼書, ミサ通常式文 ❹ (前輪が大きく後輪の小さい)初期の自転車 ❺ 〘紋章〙基本的な模様

in órdinary 《英》(医師などが)常任の ‖ a physician *in* ～ to Her Majesty 女王陛下の侍医

**òut of the órdinary* ふつうでない, 異常な ‖ It is nothing *out of the* ～. それは何も変わったことではない

-na·ri·ness 名

語源 「規則正しい」の意のラテン語 *ordinarius* から. order と同語源.

▸▸ ～ **gràde** 名 C =O grade ～ **lèvel** 名 C U = O level ～ **séaman** 名 C (商船などの)2等水夫 《able-bodied seaman の次位》; 〘英海軍〙3等水兵 《able seaman の次位》 ～ **sháre** 名 C 《英》〘株〙普通株(↔ preference share)

or·di·nate /ɔ́ːrdənət/ 名 C 〘数〙縦座標, 縦軸 (↔ abscissa)

or·di·na·tion /ɔ̀ːrdənéɪʃən | -dɪ-/ 名 U C ❶ 聖職叙任(式), 叙階 ‖ women's ～ 女性の聖職叙任 ❷ (主に生態学で)配置, 配列

ord·nance /ɔ́ːrdnəns/ 名 ❶ U 《集合的に》大砲, 砲; 兵器, 軍需品 ❷ 《the ～》兵站(へいたん)部

▸▸ ～ **dàtum** 名 《the ～》《英》(Ordnance Survey の基準となる)平均海面 **Òrdnance Súrvey** 名 《the ～》(英国の)陸地測量部; 陸地測量部による測量; 《集合的に》陸地測量部作成の地図(Ordnance Survey map)

Or·do·vi·cian /ɔ̀ːrdəvíʃən | -douvíʃiən/ 〈ジ〉 〘地〙 形 オルドビス紀の —名 《the ～》オルドビス紀[系] 《約5億1千万年から4億4千万年前まで》

or·dure /ɔ́ːrdʒər | -djuə/ 名 U 《堅》糞(ふん), 排泄(はいせつ)物; 《文》(道徳的に)堕落したもの[こと]

*****ore** /ɔːr/ (♦ 同音語 oar) 名 U C 鉱石 (♦ 種類を表す場合は C) ‖ iron [copper] ～ 鉄[銅]鉱石 / refine ～ 鉱石を精練する / mine ～ 鉱石を採掘する

Ore., Oreg. 略 Oregon

o·reg·a·no /ərégənòu | ɔ̀rɪgáːnou/ 名 C 〘植〙オレガノ 《ハッカの類のハーブ》; U オレガノの葉を乾燥した香辛料

Or·e·gon /ɔ́(ː)rɪgən/ 名 オレゴン 《米国北西部の州. 州都 Salem. 略 Ore(g)., 〘郵〙OR》 **Òr·e·gó·ni·an** 形 名 C オレゴン州の(人)

▸▸ ～ **Tráil** 名 《the ～》オレゴン街道 《米国中央部を横断する西部開拓のルート. ミズーリ州西部からオレゴン州北部までおよそ3,220km》

O·res·tes /əréstiːz | ɔ(ː)-/ 名 〘ギ神〙オレステス 《Agamemnon と Clytemnestra の子. 姉 Electra とともに, 母とその愛人を殺して父のあだを討った》

org. 略 organic; organization, organized

:or·gan /ɔ́ːrgən/ 《発音注意》

—名 (複 ～**s** /-z/) C ❶ (動植物の) **器官**, 臓器; 《婉曲的》陰茎 ‖ the ～ of speech [digestion, perception] 発声[消化, 知覚]器官 / the nasal ～ 鼻 / internal ～*s* 内臓 / The patient's body rejected the transplanted ～. 患者の体は移植された臓器に拒絶反応を示した / an ～ donor 臓器提供者 / multiple ～ failure 多臓器不全 (略 MOF)

❷ **パイプオルガン**(pipe organ); (各種の)オルガン ‖ play the ～ オルガンを弾く / a reed ～ リードオルガン / an electric ～ 電子オルガン / a barrel ～ 手回しオルガン

❸ 《堅》(政府などの)組織, **機関** ‖ The Diet is the chief ～ of government. 国会は主要統治機関である

❹ 《しばしば ～s》《堅》報道機関; (政党などの)機関紙[誌] ‖ ～*s* of public opinion 公共報道機関 《新聞・放送など》 / the official ～ of the Chinese Communist Party 中国共産党の公式機関紙

語源 ギリシャ語 *organon* (道具)から.

▸▸ ～ **bànk** 名 C 臓器バンク ～ **grìnder** 名 C (街頭の)手回しオルガン弾き ～ **of Córti** /-kɔ́ːrṭi/ 名 C 〘解〙コルチ器官 《内耳のコクリア管(cochlea)内にある》 ～ **trànsplant** 名 C 臓器移植

or·gan·dy, 《英》**-die** /ɔ́ːrgəndi/ 名 U オーガンジー 《綿系の張りのある薄手の生地. 主に夏の婦人服用》

or·gan·elle /ɔ̀ːrgənél/ 名 C 〘生〙細胞器官

*****or·gan·ic** /ɔːrgǽnɪk/ 《アクセント注意》 形 (**more** ～; **most** ～) (♦ ❺❻❼以外比較なし) 《通例限定》 ❶ 〘化〙(化合物などが)有機の (↔ inorganic) ‖ an ～ compound 有機化合物 / ～ chemicals 有機化学物質 ❷ 有機体の, 生物の[から生じる] ‖ ～ matter 有機物 / ～ evolution 生物進化 ❸ 有機農法[飼育]による, (化学肥料などを使わず)自然の, オーガニックの ‖ ～ farming [vegetables] 有機農業[野菜] / ～ foods 自然食品 ❹ 臓器の, 器官の; 〘医〙(病気などが)器質的な(↔ functional) ‖ an ～ disease 器質性疾患 ❺ 有機的な, 系統的な, 組織的な ‖ an ～ society 有機的社会 / an ～ whole 有機的統一体 ❻ (変化・発達などが)自然な, 自然発生的な ❼ 基本構造上の, 基本的な, 本質的な ‖ an ～ part 構造上の基本部分

—名 C 有機化合物, (特に)有機肥料[殺虫剤]

▸▸ ～ **chémistry** 名 U 有機化学(↔ inorganic chemistry) ～ **electrónics** 名 U 有機エレクトロニクス ～ **láw** 名 U (国家の)基本法, 憲法

*****or·gan·i·cal·ly** /ɔːrgǽnɪkəli/ 副 ❶ 有機的に, 組織的に ❷ 有機農法によって, 自然に ❸ 器官によって ❹ 構造上; 基本的に, 根本的に

or·gan·i·cism /ɔːrgǽnəsɪzm | -gǽnɪ-/ 名 U ❶ 〘哲〙有機体説 ❷ 〘医〙臓器病説 **-cist** 名

:or·gan·ism /ɔ́ːrgənɪzm/

—名 (複 ～**s** /-z/) C (⇨ 次ページ BYB) ❶ **有機体**, 生物; 生体組織 ‖ Corals are **living** ～*s*. サンゴは(生命を持った)生き物である / a microscopic ～ 微生物 (→ microorganism)

❷ 有機的組織体 ‖ the social ～ 有機的な社会組織

or·gan·ist /ɔ́ːrgənɪst/ 名 C オルガン奏者

:or·ga·ni·za·tion, +《英》**-sa-** /ɔ̀ːrgənəzéɪʃən | -naɪ-/

―名〔◁ organize 動〕(複 ~s /-z/) ❶Ⓒ **組織, 団体,** 機構 ‖ form an ~ 団体を組織［設立］する / an international ~ 国際組織 / a political ~ 政治団体 / a charitable ~ 慈善団体 / a voluntary ~ ボランティア団体 / a non-profit ~ 非営利組織
❷Ⓤ 組織すること, 組織された状態；構成, 編成, 組織の仕方；準備［手はず］を整えること ‖ a group with a high degree of ~ 高度に組織化された集団 / Your essay is hard to read because it lacks ~. 君のレポートは構成力が欠如しているので読みにくい / the ~ of conferences 会議の準備
❸Ⓒ (政党などの) 役員会, (事業団体などの) 経営［管理］部門；《集合的に》役員, 経営陣 ❹Ⓤ 有機体
~·al 形《限定》組織(体)の, 構成上の；有機体の
▸▸ **~ chàrt** 名Ⓒ =organogram **~ màn** 名(♦女性形 -woman) Ⓒ ⊗《蔑》組織人《組織を個人よりも優先させる人》

:or·ga·nize, +《英》**-nise** /ɔ́ːrɡənàɪz/
―動〔▶ organization 名〕(**-niz·es** /-ɪz/；**~d** /-d/；**-niz·ing**)
―他 ❶〔会議・パーティー・活動など〕を**準備［計画］する,** 主催する；《英》〔必要なものなど〕を手配する, 調達する ‖ ~ a meeting [trip] 会議を開く［旅行を計画する］/ He ~*d* a car to take the students back to their hotel. 彼は学生たちをホテルまで送って行くため車を手配した
❷ …を系統立てる, まとめる, 整理［整頓(せいとん)］する ‖ ~ one's thoughts 考えをまとめる / ~ one's time 時間を計画的に使う / ~ books on the shelves according to their size 大きさによって本棚に本を整理する
❸〔団体など〕を**組織する,** 編成する, 設立する ‖ ~ a corporation 会社を設立する / ~ the students into six groups 学生を6班に分ける / The party is ~*d* along democratic lines. その政党は民主的な方針に従って組織されている ❹〔従業員など〕を組織化する, 労働組合に加入させる, オルグする；〔職場など〕に労働組合を結成する ❺ **a** 《~ oneself で》(きちんと効率よく行動できるよう) 心構えをする **b** 《+目》〔人〕にきちんと効率よく行動させる
―自 団体を組織する；団結する；組織［労働組合］に加入する, 労働組合を結成する；組織化する

Boost Your Brain!

organism

organism「生物, 有機体」とは, 形態的機能的に分化している organ「器官, 臓器」が集まり, 単なる寄せ集めではなく, 分割できないひとつの統一体をなしている状態のことを言う. living things, life, living creatures などで言い換えることもある. 機械は分割し, そして組み立てなおしてもその性質は変わらない. 目覚まし時計をばらばらに分解し, 再び正しく組み立てなおせば, 当初のように動くはずである. しかし, 生物は分割すると統一体ではなくなり, 生存できない.

生物は自らの機能を自己回復させる能力を持つ. 外部からの刺激や環境の変化があっても, それに反応して一定の安定した状態を保とうとする. 例えば哺乳(ほにゅう)動物は, 体温が上昇すると発汗などで下げようとし, 体温が下がった場合はふるえなどで上げようとする. そうした性質は homeostasis「ホメオスタシス, 恒常性」と呼ばれ, 生物の持つ特徴のひとつとされている.

生物の個体だけではなく, 個々の構成要素が集まり自立した統一体を形成しているものを幅広く organism「有機的組織体」と呼ぶこともある. 生態系(ecosystem)は, 様々な動植物が共存し, 部分には還元できない大きな全体を形成している organism であると言えるし, 官僚機構 (bureaucracy)は, 役人の個人的能力や考えを超えて社会的システムとして機能している organism であるととらえることもできる. さらには, 地球全体を, 生物がお互いに関係し合ってひとつの環境を作り上げている巨大な生命体とみなす Gaia hypothesis「ガイア仮説」という考え方もある.

*or·ga·nized,** +《英》**-nised** /ɔ́ːrɡənàɪzd/ 形 (**more ~；most ~**) ❶《比較なし》《通例限定》組織的な；(労働組合などとして) 組織化された；整理された ‖ highly ~ 高度に組織された / ~ labor 組織労働者 ❷ (人が)しゃんとした, 有能な, てきぱきとした ‖ get ~ 気を引き締める
▸▸ **~ críme** 名Ⓤ 組織犯罪

***or·ga·niz·er,** +《英》**-nis-** /ɔ́ːrɡənàɪzər/ 名Ⓒ ❶主催者, まとめ役, 幹事；組織［設立］者；(労働組合の)オルグ ❷〖生〗オルガナイザー, 形成体 ❸整理箱, 整理ファイル《システム手帳・電子手帳など》❹💻(予定・連絡先などの) 個人情報管理用プログラム

organo- /ɔːrɡǽnoʊ-, -nə-/ 連結形「機関, 有機体」の意

orgáno·gràm 名Ⓒ〖経営〗組織図, 組織チャート《1企業体内の異なる部局の活動などを示す》

òrgano·metállic 形〖化〗有機金属化合物の

òrgano·thérapy 名Ⓤ〖医〗臓器療法
-thèrapéutic 形

órgan-pìpe càctus 名Ⓒ〖植〗オルガンパイプサボテン《米国南西部・メキシコに産する柱サボテン》

or·ga·nza /ɔːrɡǽnzə/ 名Ⓤ オーガンザ《絹・合成繊維などの薄手の布地. 服地用》

or·gan·zine /ɔ́ːrɡənzìːn/ 名Ⓤ より糸《上質絹織物用の縦糸》

or·gasm /ɔ́ːrɡæzm/ 名ⓊⒸ (性交時の) 絶頂感, オルガスム；極度の興奮 ―動 自 オルガスムを得る
or·gás·mic 形《限定》オルガスムの；(人が) オルガスムを得られる；《俗》わくわくさせる, とても楽しい **or·gás·tic** 形

órg chàrt 名《口》=organization chart

or·gi·as·tic /ɔ̀ːrdʒiǽstɪk/ ◁ 形《通例限定》飲めや歌えの

or·gy /ɔ́ːrdʒi/ 名 (複 **-gies** /-z/) Ⓒ ❶飲めや歌えのお祭り騒ぎ, 乱痴気騒ぎ；乱交パーティー ❷《an ~》(…の)やりすぎ, 耽溺(たんでき)〈**of**〉‖ an ~ *of* eating 食べすぎ / an ~ *of* murder 殺戮(さつりく)にふけること ❸《通例 -gies》秘密酒神祭《古代ギリシャ・ローマで Bacchus, Dionysus やほかの神々を祭るもの. 踊り・飲み・歌う秘儀》

or·i·bi /ɔ́ːrəbi | ɔ́rɪ-/ 名 (複 ~ OR ~**s** /-z/) Ⓒ〖動〗オリビ《アフリカ産の小型のレイヨウ》

or·i·el /ɔ́ːriəl/ 名Ⓒ〖建〗❶(部屋の) 張り出し ❷ (= ~ **wìndow**) (2階以上の壁面から突き出した) 張り出し窓, 出窓

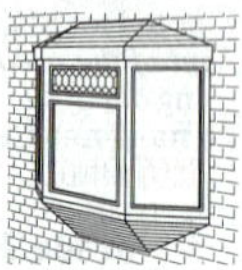
oriel ❷

***o·ri·ent** /ɔ́ːriènt/ (→名形) 動 他
❶ **a** 《+目》〔人〕を〈新しい環境など に〉なじませる, 適応させる, 向ける〈**to**〉‖ ~ high school students *to* science 高校生を科学に興味を持つように仕向ける **b** 《受身形で》(関心などが)〈…に〉向いている；〈…〉向けである〈**to, toward**〉；〈…が〉中心である〈**around**〉(→ oriented) ‖ I wish our young people were more politically ~*ed.* 若者たちがもっと政治に関心を持ってくれるといいのに / magazines ~*ed to* the business community 実業界向けの雑誌
❷ (方位に合わせて) …の位置を確定する ‖ ~ one's position on the map 地図で自分のいる位置を確かめる
❸《+目+副句》〔建物など〕を(一定の方向に)向ける［向けて建てる］‖ ~ a runway north and south 滑走路を南北の向きに合わせて造る ❹〔建物など〕を東向きにする；〔教会〕を主祭壇が東側に来るように建てる
órient onesèlf ① 自分の位置を知る；自分の立場がわかる, 自分を位置づける ②〈…に〉慣れる, 順応する〈**to, toward**〉‖ try to ~ *oneself to* college life 大学生活になじむようにする
―名 /ɔ́ːriənt/ ❶《the O-》《文》東洋(the East)；アジア諸国(↔ the Occident)(♦特に中国・日本など東アジア地域を指すことが多い) ❷Ⓤ 上質の真珠の光沢 ❸Ⓒ (光沢のある) 上質の真珠
―形 /ɔ́ːriənt/ ❶《O-》《文》東の, 東洋の ❷ (宝石・真珠

などが)光沢のある ❸《古》《文》(太陽などが)昇る
語源「太陽が昇る方向, 東」の意のラテン語 *oriens* から.

***o·ri·en·tal** /ɔ̀ːriénṭəl/ ⊲シ 形 ❶《しばしば O-》東洋の, 東洋風の, 東洋人[文明]の(↔ Occidental);(特に中国や日本を指して)東の, 東方の ❷《O-》〖動〗東洋区の ❸(真珠などが)光沢のある;上質の ━名《通例 O-》Ⓒ⊗《しばしば蔑》東洋人, (東)アジア人(♥ 主に中国人や日本人を指すが, 軽蔑的な表現とされる場合が多く, 現在では (East) Asian と言うか, Chinese, Japanese のように具体的な国名を表す語を用いるのが望ましいとされる) ▸▸**Orièn·tal rúg** 名Ⓒ(東洋産の)手織りじゅうたん, 段通(だんつう)

Ò·ri·én·tal·ìsm /-ɪ̀zm/ 名Ⓤ ❶ 東洋的特徴[特性] ❷ 東洋学 **-ist** 名Ⓒ 東洋学者

o·ri·en·tate /ɔ́ːriəntèɪt/ 動 他《英》=orient

***o·ri·en·ta·tion** /ɔ̀ːriəntéɪʃən/ 名ⓊⒸ ❶(活動・政策などの)方針, 目標, 〈…への〉志向〈**to, toward**〉❷(人の)志向, 信条 ‖ political ～ 政治的信条 / sexual ～ 性的志向《異性愛者か同性愛者か両性愛者かということ》❸(新情勢・環境への)適応;〖教育〗オリエンテーション, 進路指導 ‖ give [OR offer] students (an) ～ to a college curriculum 学生に大学のカリキュラムについてオリエンテーションを行う / receive [OR get, go through] (an) ～ オリエンテーションを受ける / an ～ course オリエンテーション講座 ❹(外界に対しての)自己の位置づけ, 方向づけ ❺(方位に対する)(相対的)位置;(建物などの)向き, 方向 ‖ the ～ of a rocket in space 宇宙におけるロケットの位置 ❻〖動〗(ミツバチなどの)帰巣本能 ❼〖心〗定位, 見当識 **～·al** 形

o·ri·ent·ed /ɔ́ːrienṭɪd/ 形《複合語で》…に適合された, …に方向づけられた, …志向の, …本位の ‖ export-～ economies 輸出志向[中心]の経済体制 / consumer-～ 消費者志向[本位]の / diploma-～ 学歴志向の / profit-～ 利潤志向[利益本位]の

o·ri·en·teer·ing /ɔ̀ːriəntíərɪŋ/《発音注意》名Ⓤ オリエンテーリング《地図と磁石を頼りに, 指定地点を通過して目的地に着く速さを競うスポーツ》

or·i·fice /ɔ́(ː)rəfəs | -fɪs/ 名Ⓒ(洞窟(どうくつ)・管などの)口, 穴, 開口部

orig. 略 origin, original(ly)

o·ri·ga·mi /ɔ̀ːrəgáːmi | ɔ̀rɪ-/ 名Ⓤ 折り紙(の技術)(♦日本語より) ‖ fold ～ 折り紙を折る

:or·i·gin /ɔ́(ː)rɪdʒɪn/《アクセント注意》
━名〔▸ original 形, originate 動〕(複 **～s** /-z/) ❶Ⓤ 発生, **起源**, 始まり, 発端;Ⓒ《しばしば ～s》**源**(となるもの), 源泉, 根源, 出所, 原因(⇨ 類語) ‖ The current economic problems had their ～*s* in the high-growth era of the 1970s. 現在の経済問題は1970年代の高度成長期に端を発していた / The sauna is Finnish in ～. サウナの起源はフィンランドだ / The research is of fairly recent ～. その研究はかなり最近始まったものだ / the ～ of life [the universe] 生命[宇宙]の起源 / a word of Latin ～ ラテン語起源の語 / the ～ of a rumor [fire] うわさの出所[火元]
❷Ⓤ/Ⓒ《しばしば ～s》(人の)**生まれ**, 素性, 血統 ‖ He is **of** Irish ～. 彼はアイルランドの出身だ / one's country of ～ 生まれた国, 祖国 / an American of Chinese ～ 中国系アメリカ人 ❸ⓊⒸ 原産(地) ‖ a label of ～ on imported bananas 輸入バナナにつけられた原産地表示ラベル ❹ⓊⒸ〖解〗(筋肉・神経などの)起始部 ❺ⓊⒸ〖数〗(座標の)原点

類語《❶》**origin** あるものの発生源, 「起源」. 〈例〉a word of unknown *origin* 語源不明の語
beginning あることの開始, 「発端」. 〈例〉the *beginning* of a war 戦争の始まり
source あるものの発生の出所となるもの, 「源」. 〈例〉the *source* of energy 活力源
root 深い所にあって根本的な原因となるもの, 「根源」. 〈例〉the *root* of all evils 諸悪の根源

:o·rig·i·nal /ərídʒənəl/《アクセント注意》形 名
━形〔◁ origin 名〕(**more ～**; **most ～**)(♦❶❸ は比較なし)
❶《限定》**最初の**, 初めから存在する, 起源となる(↔ final);本来の, もとの ‖ the land of the ～ Industrial Revolution 産業革命発祥の地 / the ～ source of all myth すべての神話の源 / the ～ sense of a word 単語の本来の意味 / Put the ladder back in its ～ place. はしごをもとの場所に戻しておいて
❷ **創造[独創]的な**;新しい, 斬新(ざんしん)な, 独自の, 新奇な ‖ an ～ idea 独創的なアイデア / have an ～ mind 創造的精神の持ち主である / an ～ thinker 物事を独創的に考える人
❸《通例限定》(複製でなく)**もとの**, オリジナルの, 原文[原作]の, 現物の ‖ an ～ picture 原画 / This is an ～ Picasso. これは本物のピカソです / a text in the ～ Arabic 原文どおりのアラビア語のテキスト
━名(複 **～s** /-z/) Ⓒ ❶ **原物**, 原型, 原作, 原画, 原図, 原曲, 原本, オリジナル;オリジナル商品(↔ copy) ‖ It's difficult to tell the copy from the ～. コピー商品を本物と区別するのは難しい
❷《the ～》原語, 原文, 原書 ‖ read Cervantes in the ～ セルバンテスを原語で読む / a translation faithful to the ～ 原文に忠実な翻訳
❸《the ～》〈文学作品などの〉モデルとなった人[場所]〈**of**〉
❹ 変わり者, 奇人 ❺ 創造[独創]的な人
▸▸**～ sín** 名Ⓤ〖宗〗原罪

oríginal·ìsm 名Ⓤ〖米法〗原意主義《憲法は起草時の意図に従って解釈すべきとする保守的学説》 **-ist** 形 名

***o·rig·i·nal·i·ty** /ərìdʒənǽləṭi/ 名(複 **-ties** /-z/) Ⓤ ❶ 独創性, 独創[創造]力 ‖ a novelist of great ～ 非常に独創力に富む小説家 ❷ 斬新さ, 新味;新奇性, 奇抜さ;風変わり ‖ show [OR display] ～ in one's work 作品に斬新さを表す ❸Ⓒ 創意に富んだもの《アイデア・発言など》❹ 原物[本物]であること

:o·rig·i·nal·ly /ərídʒənəli/
━副(**more ～**; **most ～**)(♦❶❷ は比較なし)
❶《ときに文修飾》初めに, **最初(は)**, 本来(は) ‖ as ～ planned 最初の計画どおり / *Originally* this play was going to be longer. 当初この劇はもっと長くなる予定だった / The meeting was ～ **scheduled** for September. 会議は本来9月に予定されていた / The hotel was ～ **intended** to accommodate a thousand people. そのホテルはもともと1,000人を収容できるはずだった
❷ 発生[起源, 生まれ]は ‖ He is ～ Italian. 彼は生まれはイタリア人だ ❸ 独創的に;奇抜に

***o·rig·i·nate** /ərídʒənèɪt/《アクセント注意》動〔◁ origin 名〕自 ❶《進行形不可》生じる, 起こる, 始まる, 由来する(↔ end)〈**from** 起源・原因から;**in** 場所・状況・時代などに;**with** 創始者に;**as** …として〉‖ Their break-up ～*d from* [OR *in*] a quarrel over money. 彼らの仲たがいは金銭問題の争いから始まった / The idea ～*d with* a Japanese scholar. その考えは日本人の学者に始まった
❷(列車・バスなどが)〈ある地点から〉始発する(↔ terminate)〈**at, in**〉‖ The flight ～*d in* Honolulu. その(飛行機)便はホノルル始発だった ━他 …を作り出す, 発明する;…を創始する, 生じさせる ‖ ～ an idea ある考えを生み出す **-nà·tor** 名Ⓒ 創始者

o·rig·i·na·tion /ərìdʒənéɪʃən/ 名Ⓤ 発生, 起源;創出
▸▸**～ fèe** 名Ⓒ〖商〗貸付手数料

o·rig·i·na·tive /ərídʒənèɪṭɪv/ 形 独創[創造]的な, 発明の才のある

Or·i·mul·sion /ɑ̀(ː)rɪmʌ́lʃən | ɔ̀-/ 名Ⓤ《商標》オリマルション《水中の瀝青(れきせい)から造られる乳液状の人工燃料. 環境面で問題ありとされる》

Ó-rìng 名Ⓒ O型リング《気体・液体の漏れを防止するプラスチックやゴム製の輪[パッキング]》

O

O

o·ri·ole /ɔ́ːriòul/ 名 C 〘鳥〙 ❶ コウライウグイス《ヨーロッパ·アジア産》 ❷ アメリカムクドリモドキ《北米·中米産》
O·ri·on /əráiən/ 《発音注意》 名 ❶ 〘ギ神〙オリオン《巨人の猟師》 ❷ 〘天〙オリオン座
▸▸ **〜's Bélt** 名 〘天〙オリオン座の3つ星
O·ris·sa /ourísə | ɔ-/ 名 オリッサ《インド東部ベンガル湾沿いの州. 州都 Bhubaneswar》
O·ri·ya /ɔ(ː)ríːə/ 名 (複 〜 OR 〜s /-z/) C オリッサ人；U オリヤー語《オリッサ州で話される言語》
── 形 オリッサ(人)の；オリヤー語の
Or·lan·do /ɔːrlǽndou/ 名 オーランド《米国フロリダ州中部の都市. Walt Disney World がある》
Or·lé·ans /ɔ́ːrliənz | ɔːlíː-/ 名 オルレアン《フランス中北部, ロワール川に臨む都市》(⇨ JOAN OF ARC)
Or·lon /ɔ́ːrlɑ(ː)n | -lɔn/ 名 U 《商標》オーロン《軽くて保温性に富むアクリル系の合成繊維》
or·mo·lu /ɔ́ːrməlùː/ 名 U オルモル《真ちゅうの一種からなる装飾品用模造金》
***or·na·ment** /ɔ́ːrnəmənt/ (→ 動) 名 C ❶ 装飾品, 装身具, 飾り；U 装飾 ‖ Christmas tree 〜*s*＝〜*s* for a Christmas tree クリスマスツリーの飾り / a china 〜 陶磁の飾り物 / This lantern is more for 〜 than for use. このランタンは実用というよりは飾り用だ ❷ 〈…に〉光彩を与える人[もの]〈**to**〉‖ He was an 〜 *to* his age. 彼は時代に花を添えた ❸ 《〜s》〘楽〙装飾音《トリルなど》
── 動 /ɔ́ːrnəmènt/ 他 …を〈…で〉飾る〈**with**〉(♦ しばしば受身形で用いる) ‖ The hall was 〜*ed with* banners. ホールはいろいろな旗で飾られていた
語源 *orn-* furnish, adorn (飾る) ＋*-ment* (名詞語尾)：飾るもの
***or·na·men·tal** /ɔ̀ːrnəménṭəl/ <シ 形 装飾的な, 装飾用の；飾りだけの ‖ an 〜 plant 観賞用植物
── 名 C 観賞用植物 **〜·ly** 副
or·na·men·ta·tion /ɔ̀ːrnəmentéiʃən/ 名 U ❶ 装飾, 飾りつけ ❷ 《集合的に》装飾品, 飾り
or·nate /ɔːrnéit/ 形 (けばけばしく) 飾り立てた；(文体などが)華麗な, 凝った **〜·ly** 副 **〜·ness** 名
or·ner·y /ɔ́ːrnəri/ 形 《米口》 ❶ 怒りっぽい, 短気な；気難しい ❷ 平凡な, ふつうの **-ner·i·ness** 名
ornith. 略 ornithology；ornithological
or·nith·is·chi·an /ɔ̀ːrnəθískiən | -nɪθ-/ 名 C 〘古生〙鳥盤類の恐竜 ── 形 鳥盤類の
or·ni·thol·o·gy /ɔ̀ːrnəθɑ́(ː)lədʒi | -nɪθɔ́l-/ 名 U 鳥類学 **-tho·lóg·i·cal** 形 **-gist** 名 C 鳥類学者
or·ni·thop·ter /ɔ́ːrnɪθɑ̀(ː)ptər | -θɔp/ 名 C 羽ばたき飛行機, オーニソプター(♦ orthopter ともいう)
o·rog·e·ny /ɔːrɑ́(ː)dʒəni | ɔrɔ́dʒ-/ 名 U 〘地〙造山運動
ò·ro·gén·ic 形
o·rog·ra·phy /ɔːrɑ́(ː)grəfi | ɔrɔ́g-/ 名 U 山岳学, 山岳誌 **òr·o·gráph·ic** 形 山地の, 山岳地帯特有の
o·ro·tund /ɔ́ːrətʌ̀nd | ɔ́rou-/ 形 《堅》 ❶ (声が)よく通る, 朗々たる, 堂々たる, 威厳のある ❷ (文体·言葉遣いなどが)大げさな, 気取った **ò·ro·tún·di·ty** 名
***or·phan** /ɔ́ːrfən/ 名 C ❶ 孤児 ‖ a war 〜 戦争孤児 ❷ 母親を亡くした動物の子 ❸ 保護[支援, 頼りなど]を失った人[もの] ❹ 〘印〙離れ行《ページや段などの最終行に置かれた, 段落の最初の1行》 ── 形 孤児の；孤児用の；見捨てられた ‖ an 〜 home 児童養護施設 ── 動 他 《通例受身形で》孤児になる ‖ children 〜*ed* by war 戦争孤児 **〜·hòod** 名 U 孤児の身(の上)
▸▸ **〜 drúg** 名 C 希少疾病用医薬品, 希用薬《極めてまれな疾患に使用される薬剤》 **〜 sìte** 名 C オーファン＝サイト《汚染者も所有者も汚染を除去しない土地》
or·phan·age /ɔ́ːrfənɪdʒ/ 名 ❶ C 児童養護施設 ❷ U 《古》孤児の身の上
Or·phe·an /ɔːrfíːən/ 形 オルフェウスの；《文》(音楽が)オルフェウスの奏でるような, たえなる, うっとりする
Or·phe·us /ɔ́ːrfjuːs/ 名 〘ギ神〙オルフェウス《竪琴(たてごと)の名手. 亡き妻を連れ戻そうと冥界(めいかい)にまで赴いた》
Or·phic /ɔ́ːrfɪk/ 形 ❶ オルフェウスの；オルフェウス教の ❷ 《しばしば o-》《文》秘教的な, 神秘的な；(音楽が)たえなる, 心を魅する
Or·phism /ɔ́ːrfìzm/ 名 U ❶ オルフェウス教《オルフェウスを始祖とする古代ギリシャの密儀宗教》 ❷ 《しばしば o-》〘美〙オルフィズム《20世紀初頭のキュービズム系絵画の運動》
Or·ping·ton /ɔ́ːrpɪŋtən/ 名 C 《英》オーピントン《英国原産の大型の食肉·卵用鶏》
or·rer·y /ɔ́(ː)rəri/ 名 (複 **-rer·ies** /-z/) C オーラリ, 太陽系儀《惑星の運行を示す天球儀》
or·ris /ɔ́(ː)rɪs/ 名 C 〘植〙ニオイイリス；U ＝orrisroot
órris·ròot 名 U ニオイイリスの根《粉末を香料にする》
ortho- 連結形 ❶「正…, 直…」の意 ‖ *ortho*dontics, *ortho*graphy ❷ 〘化〙「オルト…」の意 ‖ *ortho*hydrogen (オルト水素)
or·tho·chro·mat·ic /ɔ̀ːrθəkroumǽṭɪk, -θou-/ <シ 形 〘写〙整色性の
or·tho·don·tics /ɔ̀ːrθədɑ́(ː)nṭɪks, -θou- | -dɔ́n-/, **-don·ti·a** /-dɑ́(ː)nʃɪə | -dɔ́n-/ 名 U 歯列矯正(術) **-tic** 形 **-tist** 名 C 歯列矯正医
***or·tho·dox** /ɔ́ːrθədɑ̀(ː)ks | -dɔks/ 《アクセント注意》 形 (**more** 〜；**most** 〜) (♦ ❷ 以外比較なし) ❶ (学説などが)正統の, 正しいと認められた；(特に宗教上)正説の, 正統派の(↔ heterodox) ‖ He is very 〜 in his religious beliefs. 彼は信仰の点では極めて正統派だ / 〜 ideas 正統的な考え ❷ (人·考え·方法などが)因習的な, 伝統的な, 月並みな, 型どおりの, 独創的でない(↔ unorthodox) ❸ 《O-》正統派ユダヤ教の ❹ 《O-》東方正教会の, ギリシャ正教会の ── 名 (複 〜 OR 〜**es** /-ɪz/) C ❶ 正統派の人 ❷ 《O-》東方正教会の信徒 **〜·ly** 副
語源 ギリシャ語 *orthos*(正しい)＋*doxa*(意見)から.
▸▸ **Òrthodox Chúrch** 名 《the 〜》東方教会, ギリシャ正教会 **Òrthodox Júdaism** 名 U 正統派ユダヤ教
or·tho·dox·y /ɔ́ːrθədɑ̀(ː)ksi | -dɔksi/ 名 (複 **-dox·ies** /-z/) ❶ U 正統派(の考え方)；C 正統派的信仰[学説] (↔ heterodoxy) ❷ 《O-》U 東方教会のキリスト教；正統派ユダヤ教
or·tho·e·py /ɔ́ːrθouèpi/ 名 U ❶ 正音学《標準的発音の研究》 ❷ 正しい発音
òr·tho·ép·ic 形 **-è·pist** 名 C 正音学者
or·tho·gen·e·sis /ɔ̀ːrθoudʒénəsɪs/ 名 U ❶ 〘生〙定向進化 ❷ 〘社〙系統発生説 **-ge·nét·ic** 形
or·thog·o·nal /ɔːrθɑ́(ː)gənəl | -θɔ́g-/ 形 〘数〙直角の, 直交する
or·tho·graph·ic /ɔ̀ːrθəgrǽfɪk/ <シ 形 ❶ 正字[正書]法の；つづり字の正しい ❷ 〘数〙直角の, 垂直の
-i·cal·ly 副
▸▸ **〜 projéction** 名 U C 〘工〙正射影, 正射投影(図)
or·thog·ra·phy /ɔːrθɑ́(ː)grəfi | -θɔ́g-/ 名 (複 **-phies** /-z/) U C ❶ 正字法, 正書法；綴字(ていじ)法 ❷ ＝orthographic projection
or·tho·pe·dics, -pae- /ɔ̀ːrθəpíːdɪks/ 名 U 整形外科, 整形術 **-dic** 形 **-dist** 名 C 整形外科医
or·tho·psy·chi·a·try /ɔ̀ːrθousaɪkáɪətri/ 名 U (特に青少年を対象とする)矯正精神医学
-psỳ·chi·át·ric 形 **-trist** 名
or·thop·ter·an /ɔːrθɑ́(ː)ptərən | -θɔ́p-/ 〘虫〙 名 C 直翅(ちょくし)類の昆虫(♦ orthopteron ともつづる)
── 形 直翅類の
or·thop·tics /ɔːrθɑ́(ː)ptɪks | -θɔ́p-/ 名 U 視覚矯正学
-tic 形 **-tist** 名 C 視覚矯正医
or·tho·rex·i·a /ɔ̀ːrθəréksiə/ 名 U 健康食品愛好；(＝〜 **ner·vò·sa** /-nərvóusə/)〘医〙(病的な)健康食品信奉, オーソレクシア《摂食障害を伴う》
or·thot·ics /ɔːrθɑ́(ː)ṭɪks | -θɔ́t-/ 名 U 補助具による関節·四肢機能回復術[訓練法]
or·to·lan /ɔ́ːrṭələn/ 名 C 〘鳥〙キノドアオジ《ユーラシア産》

Or·well /ɔ́ːrwel/ 名 **George** ～ オーウェル(1903–50)《英国の作家. 本名 Eric Arthur Blair. 主著*1984*(1949)》
Or·wéll·i·an 形 オーウェル(流)の

-ory /-ɔːri, -əri | -əri/ 接尾 ❶《形容詞語尾》「…的な；…用の」の意 ‖ compuls*ory*, perfunct*ory* ❷《名詞語尾》「…用の場所・もの」の意 ‖ dormit*ory*, laborat*ory*

o·ryx /ɔ́(ː)rɪks/ 名 (複 ～ OR ～**·es** /-ɪz/) Ⓒ 〖動〗オリックス《アフリカ産の大型のレイヨウ》

or·zo /ɔ́ːrzoʊ/ 名 (複 ～**s** /-z/) Ⓤ Ⓒ オルゾー《米粒状のスープ用パスタ》

os[1] /ɑ(ː)s | ɔs/ 名 (複 **os·sa** /ɑ́(ː)sə | ɔ́sə/) 《ラテン》 Ⓒ 〖解〗骨(bone)

os[2] /ɑ(ː)s | ɔs/ 名 (複 **o·ra** /ɔ́ːrə/) 《ラテン》 Ⓒ 〖解〗口(mouth), 穴

Os 記号 〖化〗osmium(オスミウム)

OS 略 *O*ld *S*axon；*O*ld *S*chool；*o*ld *s*eries；💻 *o*perating *s*ystem；*o*rdinary *s*eaman；(英国の) *O*rdnance *S*urvey；〖商〗*o*ut of *s*tock；*o*ut*s*ize

o/s 略 *o*ut of *s*tock

O·sage /oʊséɪdʒ/ 名 (複 ～ OR **-sag·es** /-ɪz/) ❶ Ⓒ Ⓤ オーセージ族《もと米国ミズーリ州西部に住んでいた北米先住民の一種族》 ❷ Ⓤ オーセージ族語 ▸▸～ **órange** 名 Ⓤ 〖植〗オーセージオレンジ《米国産のクワ科の植物》

Os·car /ɑ́(ː)skər | ɔ́s-/ 名 Ⓒ《商標》オスカー《(米国の)アカデミー賞 (Academy Award) 受賞者に与えられる小型の黄金像》‖ an ～ winner アカデミー賞受賞者[映画] / win an ～ for best actress アカデミー最優秀女優賞を受賞する

OSCE 略 *O*rganization for *S*ecurity and *C*o-operation in *E*urope(欧州安全保障協力機構)

os·cil·late /ɑ́(ː)sɪlèɪt | ɔ́s-/ 動 自 ❶(振り子のように)(前後に)揺れる；〈2点間を〉往復する〈**between**〉；(相場などが)一定幅で小刻みに揺れ動く(⇨ SWING 自 類語P) ❷(考えなどが)〈…の間で〉動揺する, ぐらつく〈**between**〉 ❸〖電〗(電流が)振動する —他 …を(前後に)揺らす, 振動させる
-la·to·ry 形 揺れる

os·cil·la·tion /ɑ̀(ː)sɪléɪʃən | ɔ̀s-/ 名 Ⓤ Ⓒ ❶揺れ, 振動；動揺, 変動 ❷〖電〗振動(の1回の変動) ❸心の動揺, ぐらつき

os·cil·la·tor /ɑ́(ː)səlèɪtər | ɔ́sɪl-/ 名 Ⓒ 〖理〗発振器

os·cil·lo·gram /əsɪ́ləgræ̀m/ 名 Ⓒ 〖電〗オシログラム《オシログラフで記録された図》

os·cil·lo·graph /əsɪ́ləgræ̀f | -grɑ̀ːf/ 名 Ⓒ オシログラフ《電流・電圧などの変化を波形として表示・記録する装置》

os·cil·lo·scope /əsɪ́ləskòʊp/ 名 Ⓒ オシロスコープ《オシログラフの一種. 波形をブラウン管に表示する》

os·cu·late /ɑ́(ː)skjəlèɪt | ɔ́s-/ 動 自 他 ❶〖数〗(曲線・面が)(…に)接触する ❷《堅または戯》(…に)キスする
òs·cu·lá·tion 名

-ose[1] 接尾《名詞語尾》〖化〗「炭水化物」の意 ‖ cellul*ose*

-ose[2] 接尾《形容詞語尾》「…性の, …的な」の意 ‖ bellic*ose*, joc*ose*

OSF, O.S.F. 略 *O*rder of *S*t. *F*rancis

OSHA /óʊʃə/ 略 *O*ccupational *S*afety and *H*ealth *A*dministration((米国労働省の)職業安全衛生局)

o·sier /óʊʒər | -ziə/ 名 Ⓒ 〖植〗コリヤナギの類；その枝《細工用》

O·si·ris /oʊsáɪrɪs, ə-/ 名 〖エジプト神話〗オシリス《古代エジプトの冥界(めいかい)と死の神. Isis の夫で Horus の父》

-osis 接尾 (複 **-oses** /-oʊsiːz/)《名詞語尾》「…(化)作用, …状態(condition)」, 特に「病的な状態」の意 ‖ metamorph*osis*；acid*osis*, neur*osis*

-osity 接尾《名詞語尾》《-ose[2], -ous で終わる形容詞につけて》‖ joc*osity*, lumin*osity*

Os·lo /ɑ́(ː)zloʊ | ɔ́z-/ 名 オスロ《ノルウェーの首都》

Os·man·li /ɑ(ː)zmǽnli | ɔz-/ 形 名 ＝Ottoman

os·mi·um /ɑ́(ː)zmiəm | ɔ́z-/ 名 Ⓤ 〖化〗オスミウム《金属元素. 元素記号 Os》

os·mo·sis /ɑ(ː)zmóʊsəs | ɔzmóʊsɪs/ 名 (複 **-ses** /-siːz/) Ⓤ ❶〖化〗(液体の)浸透(性) ❷(知識などの)無意識の吸収[浸透]

os·mot·ic /ɑ(ː)zmɑ́(ː)ṭɪk | ɔzmɔ́t-/ 形 〖化〗浸透の, 浸透性の ▸▸～ **préssure** 名 Ⓤ 〖化〗浸透圧

os·mun·da /ɑ(ː)zmʌ́ndə | ɔz-/ 名 (複 ～ OR ～**s** /-z/) Ⓒ 〖植〗ゼンマイ

os·prey /ɑ́(ː)spri | ɔ́s-/ 名 Ⓒ ❶〖鳥〗ミサゴ ❷(女性用帽子の)羽飾り

OSR 略 💻 *O*EM *s*ervice *r*elease《OEM向けのソフトのマイナーアップグレード版》

OSS 略 *O*ffice of *S*trategic *S*ervices((米国の)戦略事務局)《第2次世界大戦中の情報局で CIA の前身》

os·se·ous /ɑ́(ː)siəs | ɔ́s-/ 形 〖動〗骨の(ような)；骨からなる；(硬)骨化した ‖ ～ fishes 硬骨魚類

os·si·cle /ɑ́(ː)sɪkl | ɔ́s-/ 名 Ⓒ 〖解〗小骨；(特に中耳の)耳小骨《つち骨・きぬた骨・あぶみ骨》

Os·sie /ɑ́(ː)zi | ɔ́zi/ 名 形 《英口》＝Aussie

os·si·fy /ɑ́(ː)sɪfàɪ | ɔ́s-/ 動 (**-fied** /-d/；～**·ing**) 自 ❶骨化する, (骨のように)硬化する ❷硬直する, 固定化する —他 ❶…を骨化[硬化]させる ❷…を硬直させる
òs·si·fi·cá·tion 名

os·so bu·co [**buc·co**] /òʊsoʊ búːkoʊ | ɔ̀soʊ bʊ́-/ 名 (複 ～**s** /-z/)《イタリア》Ⓤ Ⓒ 〖料理〗オッソブーコ《子牛のすね肉と野菜をワインで煮込んだイタリア料理》

os·su·ar·y /ɑ́(ː)sjuèri | ɔ́sjuəri/ 名 (複 **-ar·ies** /-z/) Ⓒ《堅》❶納骨堂 ❷骨つぼ ❸(古代の)人骨が発掘される洞窟(どうくつ)

os·te·i·tis /ɑ̀(ː)stiáɪṭəs | ɔ̀stiáɪtɪs/ 名 Ⓤ 〖医〗骨炎

os·ten·si·ble /ɑ(ː)sténsəbl | ɔs-/ 形 《限定》表向きの, 見せかけの **-bly** 副 表向きは, 表面上は ‖ He resigned, ～ from ill health. 彼は表向きは健康上の理由で辞職した

os·ten·sive /ɑ(ː)sténsɪv | ɔs-/ 形 はっきり指し示す, 直接に示す **～·ly** 副

os·ten·ta·tion /ɑ̀(ː)stentéɪʃən | ɔ̀s-/ 名 Ⓤ (富や知識などを)見せびらかすこと, 誇示

os·ten·ta·tious /ɑ̀(ː)stentéɪʃəs | ɔ̀s-/ <⊴ 形 これ見よがしの, 誇示する(ような) **～·ly** 副

osteo- 連結形「骨」の意(♦母音の前では通例 oste- を用いる) ‖ *osteo*logy

os·te·o·ar·thri·tis /ɑ̀(ː)stiouɑːrθráɪṭəs | ɔ̀stiouɑːθráɪtɪs/ 名 Ⓤ 〖医〗(軟骨の老化による)骨関節炎 **-thrít·ic** 形

os·te·o·log·i·cal /ɑ̀(ː)stiəlɑ́(ː)dʒɪkəl | ɔ̀stiəlɔ́dʒ-/ 形 骨学の **～·ly** 副 **-ól·o·gist** 名

os·te·ol·o·gy /ɑ̀(ː)stiɑ́(ː)lədʒi | ɔ̀stiɔ́l-/ 名 Ⓤ 骨学

os·te·o·ma·la·cia /ɑ̀(ː)stioʊməléɪʃɪə | ɔ̀s-/ 名 Ⓤ 〖医〗骨軟化症

os·te·o·my·e·li·tis /ɑ̀(ː)stioʊmàɪəláɪṭəs | ɔ̀stioumàɪəláɪtɪs/ 名 Ⓤ 〖医〗骨髄炎

os·te·o·path /ɑ́(ː)stiəpæ̀θ | ɔ́s-/ 名 Ⓒ 整骨医

os·te·op·a·thy /ɑ̀(ː)stiɑ́(ː)pəθi | ɔ̀stiɔ́p-/ 名 Ⓤ 整骨療法, オステオパシー **-o·páth·ic** 形

os·te·o·po·ro·sis /ɑ̀(ː)stioupəróʊsəs | ɔ̀stioupɔːróʊsɪs/ 名 Ⓤ 〖医〗骨粗鬆(こつそしょう)症 **-rót·ic** 形

ost·ler /ɑ́(ː)slər | ɔ́s-/ 名 ＝hostler

os·tra·cism /ɑ́(ː)strəsɪ̀zm | ɔ́s-/ 名 Ⓤ (社会・集団からの)追放, 村八分；(古代ギリシャの)オストラシズム, 陶片追放
語源 この投票に使った「陶片, 貝」の意のギリシャ語 *ostracon* から. oyster と同語源.

os·tra·cize /ɑ́(ː)strəsàɪz | ɔ́s-/ 動 他 ❶…を排斥する, 仲間外れにする, 村八分にする ❷(古代ギリシャで陶片投票で)…を追放する

*__os·trich__ /ɑ́(ː)strɪtʃ, ɔ́ːs- | ɔ́s-/ 名 (複 ～ OR **-trich·es** /-ɪz/) Ⓒ ❶〖鳥〗ダチョウ(駝鳥) ‖ bury one's head in the sand like an ～ 現実を直視しない《ダチョウは危険が迫ると頭を砂の中に突っ込むという俗信による》 ❷《口》現実を直視しようとしない人

Os·tro·goth /ɑ́(ː)strəgɑ̀(ː)θ | ɔ́strougɔ̀θ/ 名 Ⓒ 東ゴート

人《5世紀にイタリアに侵入して東ゴート王国を建てた》(→ Goth[1], Visigoth) **Òs·tro·góth·ic** 形

Os·wè·go téa /ɑ(:)swì:goʊ-|ɔs-/ 名 C 〖植〗ベルガモット=ハッカ《北米産ハッカの類》

ÒT, Ò.T. 略 *O*ld *T*estament；overtime；*o*ccupational *t*herapy

o.t. 略 overtime

ÒTB 略 *o*ff-*t*rack *b*etting(《米国の》場外馬券投票方式)

ÒTC 略 *O*fficers' *T*raining *C*amp, *O*fficers' *T*raining *C*orps(《英国の》将校訓練隊)；*O*rganization for *T*rade *C*ooperation(貿易協力機構)；*o*ver-*t*he-*c*ounter

ÒTÉ 略《英》*o*n-*t*arget *e*arnings(基本給と歩合給を総合した実収入)

O·thel·lo /əθéloʊ, oʊ-/ 名 オセロ《Shakespeare 作の悲劇, およびその主人公》

:oth·er /ʌ́ðər/(→ another) 形 代 副

中心義 ほかの(もの)

— 形《比較なし》❶《the ～, one's ～》(2つのうちの)**もう一方の**, ほかの；(3つ以上のうちで) **残りの** ‖ Here's one glove, but where's the ～ one? ここに手袋の片方はあるが, もう一方はどこだろう / He opened the door with his ～ hand. 彼はもう一方の手でドアを開けた / I have four sisters. Two are already married but the ～ two want to remain single. 私には4人の姉妹がいる. 2人はすでに結婚しているが, 後の2人は独身のままでいたいと思っている(♦語順については→ 語法)

❷ **ほかの**, 別の(♦しばしば複数名詞をとるが, some, any, no, one などを伴って単数名詞を修飾することもある) ‖ Do you have any ～ questions? ほかに質問がありますか / There are many ～ examples of similar kind. 同じような種類の例がほかにもたくさんある / There is no ～ way of treating this disease. この病気を治療するのにほかの方法はない / Mt. Fuji is higher than any ～ mountain in Japan.＝No (～) mountain in Japan is 「higher than [OR as high as] Mt. Fuji. 富士山は日本のほかのどの山よりも高い(♦(1)前者の文で other を省略することも実際にはあるが, 省略しない方が論理的. (2)比較するものが同一範疇(はんちゅう)のものでない場合は other はつけない.〈例〉No building in the world is higher than Mt. Fuji. 世界に富士山より高い建物などない) / Please come again some ～ time. いつか別のときにまたおいでください

語法 ☆☆ (1)ほかの形容詞を伴う場合, other はそれに先行する.〈例〉*other* young men ほかの若い男性
(2)数詞・数量詞を伴う場合, other はそれに後続する. ただし the を伴う❶では数詞に先行する.〈例〉He has three *other* sisters. 彼はほかにも姉妹が3人いる / The *other* four members of the group are all lawyers. グループの残り4人のメンバーは皆弁護士だ

❸《the ～》向こう側の, 反対の ‖ on the ～ **side** of the river 川の向こう側に / in the ～ direction 反対方向に / a woman on the ～ end of the phone 向こうの電話口の女性

❹《other than ... で》…とは異なった, …以外の ‖ I don't want him ～ than he is. 彼には今の彼でなくなってもらいたくない / I have no income ～ than wages. 私には給料以外の収入はない ❺ 最近の, この前の(→ *the other* DAY) ‖ the ～ week [morning, evening] つい先だっての週[朝, 晩] ❻ (gay に対して)同性愛でない；(heterosexual に対して)異性愛でない

***every other ...** ⇨ EVERY(成句)

COMMUNICATIVE EXPRESSIONS

1 **Lèt me jùst** àsk **òne òther** quéstion. もう1つだけ質問させてください(♥何かが終わろうとしている状況で,「もう1つだけ」とせまる)

— 代 (複 **～s**) ❶《the ～》(2つのうちの)**もう一方**, 他方；(3つ以上のうちで)その他のもの[人], 残りのもの[人] ‖ This is cheaper than the ～. こちらの方がもう一方より安い / Each of them loved the ～. 彼らは互いに愛し合っていた / One or the ～ of the teachers will join us. 2人の先生のうちどちらかが加わってくださる / from one end of the room to the ～ 部屋の一方の端から他方の端まで / Some of the flowers are red, and the ～*s* are white. 赤い花がいくつかあり, それ以外は白だ

❷ **ほかのもの[人]**, 別のもの[人](♦しばしば複数形で用いるが, some, any, one, no などを伴って単数形で使うこともある) ‖ Give me 「one ～ [some ～*s*]. ほかのをもう1つ[もう少し]下さい / Some students came by bus, and ～*s* came on foot. バスで来た生徒もいれば, 徒歩で来たのもいた(♦しばしば some と others を対比させて用いる) / Cancer is the disease people fear more than any ～. 癌(がん)はほかのどんな病気よりも人々が恐れる病気だ / This is a moment like no ～. これほどの好機はない / Time seems to pass so quickly at times, and so slowly at ～*s*. 時間の経過はとても速く思えるときもあれば, とてもゆっくりに思えるときもある / *Others* may have different opinions on the matter. ほかの人たちはその件について違う考え方をしているかもしれない(♦対比なしで用いた others は「他人(＝自分以外の人)」の意)

語法 ☆☆ **another, other, others**
I don't like this room.(この部屋は気に入らない)に続く次の4つの文の違いに注意.
(1) Show me another (＝another room).
(2) Show me some others (＝other rooms).
(3) Show me the other (＝the other room).
(4) Show me the others (＝the other rooms).
(1)は「どれでもよいから別の部屋を1つ見せてくれ」
(2)は「(任意の数の)別の部屋をいくつか…」
(3)は「(2部屋のうち)もう一方の部屋を…」
(4)は「(その部屋を除いた)残りの部屋全部を…」の意.

among others [OR ***other things***] ⇨ AMONG(成句)

of àll óthers とりわけ, 特に

or óther 何らか[だれか]の(♦「some＋名詞」または some の複合語の後で用いる) ‖ for some reason *or* ～ 何らかの理由で / Probably he is staying with some friend *or* ～. おそらく彼はだれか友達の所に泊まっているのだろう / I'll get there somehow *or* ～. 何とかそこへたどり着きます / something *or* ～ 何らか, 何かしら

this, that, and the other ⇨ THIS(成句)

COMMUNICATIVE EXPRESSIONS

2 **Wèll, I thìnk óthers might sày that** chànging our stràtegy nów is tòo rísky. さあ, どうでしょう, 今戦略を変更するのはリスクが大きすぎるという意見もあるのではないかと思いますが(♥やんわりとほかの見解や可能性を述べることで説得を試みる形式ばった表現)

— 副《比較なし》《other than ... で》《通例否定文で》…よりほかに, …とは違うように ‖ She cannot do ～ *than* accept the invitation. 彼女は招待を承諾するより仕方がない / In the remaining time, it's impossible to reply to questions ～ *than* very briefly. 残った時間ではごく簡単にしか質問に答えることができない

▸▸ **～ hálf** 名《one's～》《口》伴侶, 連れ合い, 妻[夫] (better half) **～ wóman** 名《the ～》(既婚の男性の)愛人

òther-diréctted 形〖心〗外部指向型の《主体的価値観より他人や社会に影響される》(↔ inner-directed)
～·ness 名

oth·er·ness /ʌ́ðərnəs/ 名 U ほかと異なっていること, 異質性

:oth·er·wise /ʌ́ðərwàɪz/

— 副《比較なし》❶《接続詞的に》**そうでなければ** (or else) (♦ふつう文頭で用いるが, 文末または助動詞の後に置かれることもある) ‖ Write the address down. *Otherwise* you'll forget it. 住所を書き留めておきなさい. そうしないと忘れてしまいますよ / We practiced till sunset every day; ~ we would have lost in the first round. 私たちは毎日日没まで練習した，そうでもなければ1回戦で敗退していただろう（=If we had not practiced till sunset every day, we would ....）/ The investigation revealed some facts that might ~ have been overlooked. その調査はひょっとすると見過ごされていたかもしれないいくつかの事実を明らかにした

❷ **その他の点［面］では，** その点を除けば ‖ The shirt is slightly stained but ~ in good condition. そのシャツにはわずかにしみがついているが，その他の点ではよい状態だ / I have a cold, but ~ I'm fine. 風邪をひいていますが，それを除けば元気です / an ~ happy life その他の面では幸福な生活

❸ **違ったふうに，** 別のやり方［形］で，そのようでなく；〈…とは〉異なったことで，〈…〉以外に〈**than**〉‖ BSE, ~ known as mad cow disease 牛海綿状脳症，別名狂牛病 / do ~ 別のやり方をする / The staff was ~ engaged. 職員たちはほかのことで忙しかった / They believe that he is the culprit, but the evidence suggests ~. 彼は犯人だと思われているが，証拠からすると違うようにも思える / These articles should not be copied ~ *than* for the purpose of research. 研究［調査］目的以外にこれらの記事［論文］をコピーしてはならない

or* [*and*] *ótherwise あるいは［および］その逆；またはそのほか ‖ the success *or* ~ of the project そのプロジェクトの成功か失敗

—形《比較なし》《叙述》ほかの，別の，違っている ‖ The truth was quite ~. 真相は全く異なっていた / How can it be ~? そうならざるを得ないだろう；どうしようもないだろう / *Some are wise, but some are* ~. 《諺》賢い者もいるし，そうでない者もいる

òther·wórld 名《the ~》あの世；非現実世界

òther·wórldly 〈シ〉形 ❶ 超俗的な，現実離れのした；精神的な ❷ あの世の，来世の **-wórld·li·ness** 名

o·tic /óuṭɪk/ 形《解》耳の，耳に関する

-otic 接尾《形容詞語尾》《-osis で終わる名詞に対して》「…の病気にかかった」「…（の効果）を生じる」の意 ‖ neur*otic*; narc*otic*

o·ti·ose /óuʃiòus | -ti-/《発音注意》形 ❶ 何の役にも立たない，無益な（unnecessary）❷《古》暇な；怠惰な

~·ly 副 **~·ness** 名

o·ti·tis /outáɪṭəs | -tɪs/ 名 U《医》耳炎 ‖ ~ externa 外耳炎 / ~ interna 内耳炎 / ~ media 中耳炎

oto- 連結形「耳（ear）」の意

OTOH 略 *on the other hand*（♦ Eメールなどで）

o·to·lar·yn·gol·o·gy /òuṭoulæ̀rɪŋgɑ́(:)lədʒi | -gɔ́l-/ 名 U 耳鼻咽喉(いんこう)科医学 **-gist** 名

o·to·lith /óuṭəlɪθ/ 名 C《解》耳石，平衡石

o·tol·o·gy /outɑ́(:)lədʒi | -tɔ́l-/ 名 U 耳科医学

ò·to·lóg·i·cal 形 **-gist** 名

o·to·rhi·no·lar·yn·gol·o·gy /òuṭəràɪnoulæ̀rɪŋgɑ́(:)lədʒi | -gɔ́l-/ 名 =otolaryngology

o·to·scope /óuṭəskòup/ 名 C《医》（検）耳鏡

OTS 略 *o*fficers' *t*raining *s*chool

OTT 形《英口》けばけばしい，派手すぎる，大胆な（♦ *o*ver *t*he *t*op より）

ot·ta·va ri·ma /outɑ̀:və rí:mə/ 名 U《韻》オターバ=リーマ，8行連《abababcc の韻を踏む》（♦ イタリア語より）

Ot·ta·wa /ɑ́(:)ṭəwə | ɔ́t-/ 名 ❶ オタワ《カナダの首都》❷（複 ~ OR ~s /-z/）C オタワ族（の人）《オンタリオ湖周辺の北米先住民》；U オタワ語

***ot·ter** /ɑ́(:)ṭər | ɔ́tə/ 名（複 ~ OR ~s /-z/）C ❶《動》カワウソ（→ sea otter）❷ U カワウソの毛皮 ❸ オッター《餌(え)を取りつけた淡水用釣り板》

ot·to /ɑ́(:)ṭou | ɔ́t-/ 名 =attar

Ot·to /ɑ́(:)ṭou | ɔ́t-/ 名 **~ I** オットー1世（912–73）《ドイツ国王（936–73），神聖ローマ帝国初代皇帝（962–73）．大王（the Great）と呼ばれる》

ot·to·man /ɑ́(:)ṭəmən | ɔ́t-/ 名 オットマン ❶ C 背なしのクッション付き（長）いす《しばしば収納箱になる》；クッション付きスツール ❷ U 絹などのどっしりとした畝織りの布

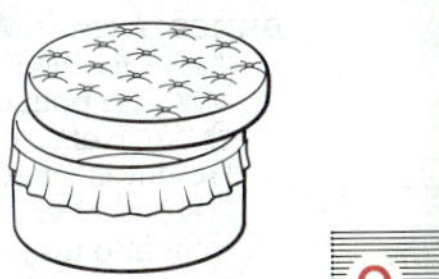

ottoman ❶

Ot·to·man /ɑ́(:)ṭəmən | ɔ́t-/ 形 オスマン=トルコ（帝国）の，オスマン王朝の；トルコの（Turkish）

—名 C オスマン族のトルコ人

▶▶ **~ Émpire** 名《the ~》オスマン=トルコ帝国

ÒÚ 略《英》*O*pen *U*niversity

Oua·ga·dou·gou /wɑ̀:gədú:gu:/ 名 ワガドゥーグー《西アフリカ，ブルキナファソの首都》

ou·bli·ette /ù:bliét/ 名 C 秘密地下牢(ろう)

ouch /autʃ/ 間 痛いっ；熱いっ

oud /u:d/ 名 C《楽》ウード《アラブ諸国で使われるリュートに似た弦楽器》

***ought**[1] /ɔ:t/《発音注意》

中心義 **当然…すべき［するはず］である**

語法 ☆☆ (1) 三人称・単数・現在形でも語尾に -s をつけない．
(2) 否定形は ought not to ...，短縮形は oughtn't /ɔ:tnt/ to ...，疑問形は Ought you to ...?，否定疑問形は Ought you not to ...? / Oughtn't you to ...? となる．《米》では否定文・疑問文で to を省くこともある．しかし ought to の否定文・疑問文は《堅》であり，《口》では should で代用したり，I don't think we ought to ... や Do you think we ought to ...? の形を使ったりして上のような形は避けるのがふつう（⇨ PB 51）．
(3) 過去形はない．時制の一致が要求される場合も ought をそのまま用いる．〈例〉He *said* he *ought* to go. 彼は行かなくてはならないと言った
(4) 一般的には ought to より should を使う方が多い．ought to の意味は should とほとんど変わらないが should よりもやや強く，must ほど強くない．

—助 ❶《勧告・助言》**a**《~ *to do* で》**…する方がいい，ぜひ…すべきだ** ‖ You ~ *to* see the movie. ぜひその映画をご覧なさい / We ~n't *to* be arguing like this. こんなふうに議論しているべきではない / "[*Ought* you not OR *Ought*n't you] *to* see a counselor?" "Yes, I think I ~ (*to*)."「カウンセラーに相談したらいいんじゃないですか」「はい，その方がいいですね」**b**《~ *to have done* で》**…した方がよかった（のに）**（♥ 実際にはそうしなかったことを表す）‖ I think you ~ *to* have called the police first. まず警察に電話するべきだったと思います

❷《義務・責任》**a**《~ *to do* で》**…すべきだ，…するのが当然だ［正しい］** ‖ He ~ *to* be punished. 彼は罰せられて当然だ / You always ~ *to* obey the rules. 規則には常に従うべきだ / He said I ~ *to* drive more slowly.（=He said, "You ~ *to* drive more slowly."）彼は私にもっとゆっくりと運転すべきだと言った / She ~n't *to* tell a lie, ~ she? 彼女はうそをついてはいけませんよね（♦ 付加疑問では should を代用して ..., should she? のようにすることがある）**b**《~ *to have done* で》**…すべきであった（のに）**（♥ 非難・後悔の気持ちを表す）‖ He ~ *to* have apologized. 彼は謝罪すべきだったのだ

❸《見込み・推定》**a**《~ *to do* で》**当然…するはずだ** ‖ He ~ *to* be in his office by now. 彼はもう会社に着いているはずだ / You've been training hard, so you ~ *to* defend the title. 懸命にトレーニングしてきたんだから君はタイトルを防衛するはずだ **b**《~ *to have done* で》**当然…したはずだ** ‖ She ~ *to* have got to the station some time ago. 彼女は少し前に駅に着いたはずです

ought[2] /ɔ:t/ 名 C《古》零，ゼロ（nought）

oughtn't /ɔ́:tnt/ =ought not（⇨ OUGHT[1]）

Oui·ja /wí:dʒə/ 名（=~ bòard）C《商標》ウィジャ盤《占い用の文字・記号を記した板》

·ounce[1] /auns/ 《発音注意》 名 (複 **ounc·es** /-ɪz/) Ⓒ ❶ オンス《重さの単位. 常衡で 1/16 pound(28.35g), 金衡・薬局衡で 1/12 pound (31.104g). 略 oz.》; =fluid ounce ❷《an ～ of ... で》《通例否定文で》少量［わずか］の… ‖ He doesn't have an ～ *of* common sense. 彼には常識などこれっぽっちもない / Every ～ *of* his energy went into his job. 彼はありったけの精力を仕事に注ぎ込んだ / *An ～ of prevention is worth a pound of cure.* 《諺》《主に米》わずかな予防は多くの治療に匹敵する；転ばぬ先のつえ(《主に英》*Prevention is better than cure.*)

語源「12分の1」の意のラテン語 *uncia* から. inch と同語源.

ounce[2] /auns/ 名 =snow leopard

:our /弱 ɑːr ; 強 áuər/(♦同音語 hour)

—代 (一人称・複数の人称代名詞 we の所有格) ❶ **a** 《名詞の前で》**私たちの, 我々の**(♦冠詞や this, that などとともには用いない) ‖ ～ house 私たちの家 / ～ family 私たち一家 / ～ accomplishments 私たちの (成し遂げた) 業績 / ～ train 私たちの (乗っている［乗るはずの］) 列車 / ～ team 我がチーム

b 《動名詞の意味上の主語として》私たちが ‖ He's angry because of ～ being late. 《堅》彼は私たちが遅れたので怒っているのだ(↘... because we are late.)

❷ 我々(一般)の, 人々の, 人類の；《O-》(神などへの呼びかけで) 我が ‖ We should think about the future of ～ planet. 我々の惑星の未来について考えるべきです / the best writer of ～ time 当代［現代］最高の作家 / problems of ～ society この社会が抱える問題点

❸《話者の家族・親戚・親友・同僚などの名前につけて》《主に北イングロ》うちの ‖ ～ Brian うちのブライアン

❹《同じ会社・組織に属している人・物について》我が (組織の) ‖ ～ Baghdad correspondent 我が社のバグダッド特派員 / ～ Mr. Jones 当社のジョーンズ氏

❺《論説などの筆者が my の代わりに用いて》筆者の, 我々の(♦新聞の社説・書物などで用いる) ‖ in ～ opinion (社説などで)当方［筆者］の考えでは

❻《子供や患者に対して your の代わりに用いて》あなたの, 君の(♥相手との一体感を表すために用いる)

❼《国王・君主が my の代わりに用いて》朕(ちん)の, 余の ‖ ～ subjects 余の臣民

▸▸**Òur Fáther** 名 (キリスト教の)神；《the ～》〘聖〙主の祈り(Lord's Prayer) **Òur Lády** 名 聖母マリア **Òur Lórd** 名 主なる神, イエス=キリスト

-our /-ər/ 接尾 ⇨ -OR

:ours /弱 ɑːrz ; 強 áuərz/

—代 (一人称・複数の所有代名詞) **a** 《単数・複数扱い》**私たちのもの**, 我々のもの ‖ Which car is ～? 私たちの車はどれですか / These seats are ～. これらの席は私たちのだ(♦指すものが単数なら単数扱い, 複数なら複数扱い) / It's your problem, not ～. それは君 (たち) の問題であって私たちの問題ではない / *Ours* is a large family. うちは大家族だ

b 《名+of ～ で》私たちの… ‖ a niece *of* ～ 私たちの姪(めい) / this car *of* ～ 我々のこの車(⇨ MINE[1] 語法)

our·self /弱 ɑːrsélf ; 強 àuər-/ 代 《myself の代わりに用いて》《論説などの筆者が》筆者自身；《古》《国王・君主が》朕［余］自ら(を［に］)(→ we ❻)

:our·selves /弱 ɑːrsélvz ; 強 àuər-/

—代 (we の再帰代名詞. 成句については ⇨ ONESELF)

❶《再帰用法》私たち自身を［に］；(一般に)自分を［に］(♦動詞や前置詞の目的語として用いる) ‖ We started to enjoy ～. 楽しい時間が始まった / We must not deceive ～. 我々は自分を欺いてはいけない / Science helps us learn more about ～. 科学のおかげで私たちはもっと自分のことがわかるようになる

❷《強調用法》**私たち自身**, 我々自ら(♦強勢を置いて発音する) **a** 《we, us と同格で》‖ We built that hut ～. 私たちは自力であの小屋を建てた / We ～ realize we need to reconsider our plans. 計画を考え直す必要があることは私たち自身気づいている

b 《we, us の代わりに》(♦and, than, like, as などの後での強調. 《堅》では単独でも用いる) ‖ No one can do it better than ～. 我々以上にそれをうまくできる者はいない (= ... than we.) / The only people in the room were ～. 部屋にいたのは私たちだけだった(↘... were us.)

❸ 我々本来の状態, いつもの私たち ‖ We haven't been ～ since the accident. その事故以来私たちは調子が狂ってしまった(→ *be* ONESELF)

between ourselves ⇨ BETWEEN(成句)

-ous 接尾 《形容詞語尾》❶「…に富む, …性の, …の特徴を有する」の意 ‖ clamor*ous*, danger*ous*, griev*ous*(⇨ -EOUS, -FEROUS, -IOUS) ❷〘化〙「亜…」の意 ‖ sulfur*ous* acid

·oust /aust/ 動 他 ❶ …を〈場所・地位などから〉追い出す, 駆逐する〈**from**〉；…に取って代わる；《受身形で》〈…としての〉地位を追われる〈**as**〉‖ ～ him *from* his position 彼をその地位から追い出す / He was ～*ed as* chairman. 彼は議長の地位を追われた ❷〘法〙〔人〕から〈財産・権利などを〉取り上げる〈**of, from**〉

oust·er /áustər/ 名 Ⓤ Ⓒ ❶《主に米》駆逐, 放逐 ❷〘法〙占有権剥奪

:out /aut/ 副 形 前 名 動

中心義 **Aの外に［で］**(★Aは具体的な「場所」に限らず「機能」や「地位」など抽象的なものも含む. 「最後まで」の意味は外に出尽くすところから)

PLANET BOARD 51

ought to の疑問文・否定文を使うか.

問題設定 ought to の疑問文 Ought I to ...? と否定文 You oughtn't to ... のそれぞれの使用率を調査した.

Q 次の表現のどちらを使いますか.

(1) (a) **Ought I to** go away?
(b) **Should I** go away?
(c) 両方
(d) どちらも使わない

(2) (a) You **oughtn't to** go away.
(b) You **shouldn't** go away.
(c) 両方
(d) どちらも使わない

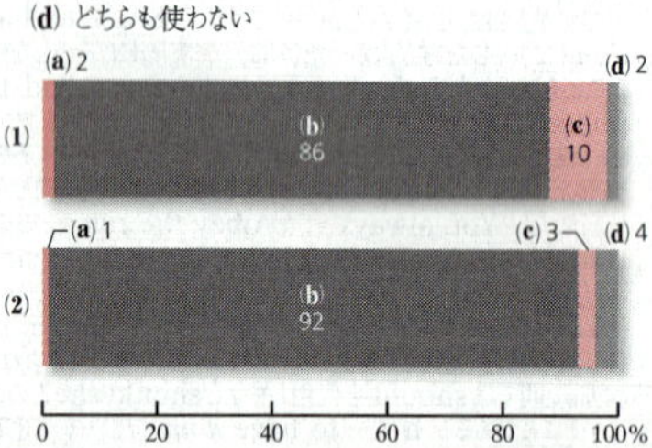

(1)(2) ともに, ほとんどの人が (a) の ought to は使わず (b) の should のみを使うと答えている.

(1)(2) ともに, (a) は「古い」「非常に気取った表現」「間違い」「日常表現としては使わない」などという意見が多く, この点で米英差はあまりなかった. (2) については,「oughtn't という短縮形はない」とのコメントもあった.「疑問文・否定文に限らず ought という語を全く使わない」という回答も多かった. なお,「to を省いた Ought I go away? や You oughtn't go away. なら《堅》で使う」と述べた人もいた.

学習者への指針 ought to は疑問文・否定文ではふつう用いず, should を使うのがよいだろう.

—副《比較なし》(♦「be 動詞＋out」の場合，形容詞とみなすこともできる)(↔ in) ❶ (内部・中心から)**外へ[に，で]；屋外へ[で]**；(中心から)離れて，(家・職場などから)外出して；国外へ[で]；沖合へ[で](⇨ OUTSIDE **類語**)；(時間的に)これから先に，今後 ‖ He ripped open the envelope and took ～ the letter. 彼は封筒を破いて開け手紙を取り出した / **Get** ～！＝*Out* (you go)! 出て行け / He **went** ～ into the garden. 彼は庭に出た (♦ out の後により明確な場所や方向を表す語句がくることが多い) / Way *Out* 《掲示》出口 / They live ～ in the country. 彼らは町を離れて田舎に住んでいる / Mother is ～ shopping. 母は買い物に出かけています / The tide is ～. 潮は引いている / Four years ～, the company's sales will hit a billion dollars, an expert predicts. その会社の売り上げは4年後には10億ドルに達するだろうとある専門家は予測している

❷ **最後まで**，徹底的に，完全に ‖ Hear me ～. 私の言うことを最後まで聞きなさい / I'm tired ～. もうくたくただ / Let her「have her cry [OR cry herself] ～. 彼女を心ゆくまで泣かせてやれ

❸ (機械などが)**機能しなくなって**，停止して ‖ The elevator is ～ again. エレベーターはまた故障している

❹ **消えて**；消滅して，なくなって，尽きて；品切れで；(期限などが)切れて，すっかり終わって；敗退して ‖ All the lights were ～. すべての明かりが消えていた / Cross the absentees' names ～. 欠席者の名前を(線を引いて)消しなさい / I think I can finish it before the month is ～. 今月中に終えられると思う / School is ～. 学校は終わった

❺ (地位を)失墜して，在野で；(仕事などから)外されて，失業して；(チーム・グループから)外されて，欠場して，出場停止になって ‖ The Labour Party was ～. 労働党は野に下っ(てい)た / vote him ～ 彼を投票で追い出す / He was ～ for several weeks. 彼は数週間欠場した

❻ (外に)**現れて**，出て；(花が)咲いて；(秘密などが)露見して；出版[発表]されて；同性愛者であることを公にして ‖ The moon came ～. 月が出た / The flowers are ～. 花が咲いている / You can't hide it any longer — the secret is ～. それを隠すのはもう無理だ — 秘密はばれた / His new book is ～. 彼の新しい本が出た

❼ **大声で**；(声に出して)はっきりと，腹蔵なく(→ *out* LOUD) ‖ She cried ～ in pain. 彼女は痛さのあまり大声を上げた / Speak ～. はっきり言え

❽ 貸し出し中で；(利子をとって)貸し付けて；分配して ‖ I tried to find the book in the library, but it was ～. その本を図書館で探したが貸し出されていた / serve ～ food 料理を分ける

❾ 選び出して，取り出して；除外して ‖ Can you pick her ～ in this crowd? この人込みで彼女が見つかりますか / Count me ～. 私は(頭数から)外しておいてくれ

❿ 受け入れられない，問題外で；不可能で ‖ Their proposals are definitely ～. 彼らの提案は全く論外だ / Swimming is ～ until it gets warmer. 暖かくなるまで水泳は禁止です

⓫ 突き出して，張り出して，広がって，のびて ‖ The forest stretches ～ in all directions. 森は四方に延々と広がっている / reach ～ one's hand 手を伸ばす

⓬ (本来の場所から)外れて，抜けて；(調子が)狂って；〈…の点で〉間違って〈**in**〉 ‖ put one's shoulder ～ at football フットボールで肩を脱臼(だっきゅう)する / The figures were way ～. その数字は全く間違っている / I was ～ *in* my calculations. 計算で間違いをした

⓭ 混乱[当惑]して；意識を失って，もうろうとして；熟睡して；〖ボクシング〗ノックアウトで ‖ feel put ～ 困ったと思う；まごつく / My mother passes ～ at the sight of blood. 母は血を見ると失神してしまう

⓮ 〖野球・クリケット〗アウトで；〖テニスなど〗(ボールが)アウトで

⓯ 《口》廃れて，流行遅れで ‖ Long skirts are ～. ロングスカートは流行遅れだ

⓰ 《英》ストライキ中で ‖ They are ～ (on strike). 彼らはストライキ中だ

àll óut 《しばしば go all ～ で》全力を挙げて〈**for** …のために / **to do** …するために〉；全速力で ‖ He went *all* ～ *for* [OR *to* get] the job. 彼はその職に就こうと全力を尽くした

****be óut for ...*** ; ***be òut to dó*** …をねらっている，…しようと(努力)している ‖ He's only ～ *for* the publicity. 彼はただ有名になりたがっているだけだ / They *were* ～ *to* make money. 彼らは金もうけをしようと躍起になっていた

òut and abóut 《叙述》(病後)出歩けるようになって，元気になって；(社会活動などで)動き回って

òut and awáy 《最上級を強調して》はるかに

òut and óut 全く，徹底して(→ out-and-out)

òut from únder (難局を)切り抜けて，困難を処理して

****òut of ...*** ①《運動》…の中から外へ(↔ into) (→ **前** ❶) ‖ He walked ～ *of* the room. 彼は部屋から出て行った / Take your hands ～ *of* your pockets. ポケットから手を出しなさい ②《位置》…から離れて ‖ He's ～ *of* town this week. 彼は今週町を離れている / We live a few

PLANET BOARD 52

go out ... / go out of ... のどちらを使うか．

問題設定「…の[から]外に出る」の表現には go out of ... と go out ... がある．それぞれの使用率を調査した．

Q 次の表現のどちらを使いますか．

(1) (a) He went **out** the house.
(b) He went **out of** the house.
(c) 両方
(d) どちらも使わない

(2) (a) He went **out** the door.
(b) He went **out of** the door.
(c) 両方
(d) どちらも使わない

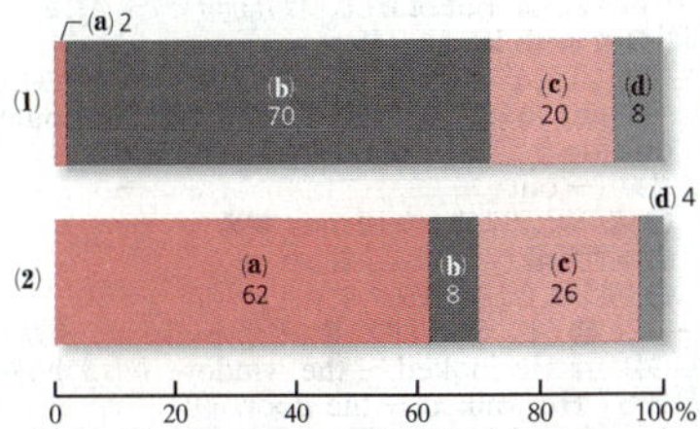

(1)「家から出る」では (a) の go out を使うという人は少なく，(b) の go out of のみを使うという人が圧倒的多数を占めた．逆に (2)「ドアから出る」では go out のみを使うという人が半数以上と多く，go out of を使うという人は少なかった．また，《米》に限れば (1) (a) 0%, (b) 88%, (c) 6%, (d) 6%, (2) (a) 78%, (b) 4%, (c) 14%, (d) 4%であり，(1) では go out of, (2) では go out という区別が《英》よりはっきりしている．

両方使うと答えた人の多くは「2つの間に意味の違いはない」としたが，「(b) の方が《堅》で，(a) は of を省略した言い方」という意見もあった．また，(2) (b) については，「『ドアそのものの中に入っていた彼が出て行った』という奇妙な意味になる」と述べた人もいた．どちらも使わないと答えた人は代替表現として，(1) では He left the house., (2) では He exited [OR went out] through the door. などをあげた．

参考 (a) He went **in** the house. と (b) He went **into** the house. についても同様の調査をしたが，この場合は (a) 6%, (b) 27%, (c) 両方 67%, (d) どちらも使わない 0%だった．

学習者への指針「家から出る」は go out of the house が一般的で，「ドアから出る」は特に《米》では go out the door を使うことが多い．

miles ～ *of* Bristol. 我々はブリストルから数マイルの所に住んでいる ③《選択・比率》…の中から；…のうちの(→ in 前 ⑫) ‖ Choose any one ～ *of* these five. この5つの中からどれでも1つを選べ / in nine cases ～ *of* ten 10のうち9つの場合に, 十中八九 ④《起源・出所》…から, …出身の；((純血種の) 動物が) …から生まれた ‖ He paid for the car ～ *of* his savings. 彼は車の代金を貯金から払った / get a confession ～ *of* him 彼から告白を引き出す / drink ～ *of* a glass [bottle] コップ[瓶]から飲む / a yacht ～ *of* Boston ボストンから来たヨット ⑤《理由・動機》…から ‖ I only asked ～ *of* curiosity. 私はただ好奇心から尋ねただけです / They helped us ～ *of* kindness. 彼らは親切心で我々を助けてくれた / ～ *of* necessity 必要に迫られて / ～ *of* pity 同情心から ⑥《材料》…から, …で ‖ a chair made ～ *of* a tree trunk 木の幹から作られたいす ⑦《範囲・領域》…の範囲外で[に] (↔ within) (⇨ *out of* SIGHT) ‖ ～ *of* reach 手の届かない(所に) / ～ *of* memory 忘れられて / ～ *of* the ordinary ふつうでない ⑧《逸脱・離脱・除去》…を外れて, …を離れて, …でなくなって ‖ Long skirts were ～ *of* fashion. ロングスカートは流行遅れだった / The patient is ～ *of* danger. 患者は危機を脱している / get the stains ～ *of* a blanket 毛布のしみをとる ⑨《欠如》…を失って, …が尽きて, 不足して ‖ ～ *of* work [OR a job] 失業して / ～ *of* breath 息切れして ⑩《奪取》(結果として) …を奪われて；…させないように ‖ He was cheated [OR swindled] ～ *of* his money. 彼は金をだまし取られた / Her parents talked her ～ *of* studying abroad. 彼女の両親は彼女を説得して留学をやめさせた

****óut of it*** 《口》 ① 仲間外れにされて, 疎外されて ② (疲れや酒・麻薬で)意識もうろうとして, 何も考えられなくて

òut thére ① 外のあそこに ② 世間には, 世の中には

COMMUNICATIVE EXPRESSIONS

1 **I'm óut of hère.** あばよ；じゃあ行くね(♥ 立ち去る際に用いる俗語. out of はしばしば /áuṭə/ と発音される)

2 **Óut with it!** 言え, 話せ

―形《比較なし》《限定》❶ 外の, 外側の, 外向けの ‖ an ～ flight 出発便 (♦「外側の」の意味では, ふつう outer, outside などを用い, out は複合語の第1要素をなすことが多い)(→ out-)

❷ 遠く離れた ‖ the ～ islands 離島

❸ 同性愛者であることを公言した

❹《英》(試合が)遠征先での

―前 ❶《主に米口》〔ドア・窓など〕**から**(外へ), …を通って(外に) ‖ He looked ～ the window. 彼は窓から外を見た / He walked ～ the door. 彼はドアから歩いて出た(♦《英》ではこの out は誤りで, out of を使うべきだとする人もいる. 《米》でもこの用法は「…を通って(through)」がふつうで,「…から離れて(away from)」の意味では out of の方がよいとする人もいる. したがって上の2用例のように「ドアや窓から出る」場合には out でも自然だが,「家から出る」ような場合には go out of the house を用いる方が望ましい. → *out of*(↑), ⇨ PB 52)

❷〔道路など〕を通って(外へ), …の先の方に ‖ I drove ～ the wooded road to his house. 私は彼の家まで木立のうっそうとした道を車で行った

❸ …の外側に(outside) ‖ *Out* this door is the yard. このドアの外に庭がある

―名 C ❶ 外側, 外部

❷《the ～s》権力[地位など]のない人々；野党(の人々)

❸《口》口実, 言い訳 ❹〖野球・テニスなど〗アウト

on the óuts ; ***at óuts*** 《口》〈…と〉仲が悪くて〈**with**〉

―動 自 人に知られる, 公になる(♦ will out の形で用いる) ‖ The truth will ～. 真実は明らかになるものだ

―他 ❶《通例受身形で》《口》(公人などが)同性愛者であると暴露される；(秘密にしてきたことが)公にされる

❷《旧》《口》…を追い出す, 仲間外れにする

❸《主に英》…をノックアウトする

▸▸ **～ bòx** 名 C =outbox ❶ **～ of dáte** 形 =out-of-date **～ trày** 名 C《英》=outbox ❶

out- /aut-/ 接頭 ❶《動詞につけて》「…以上に, …より勝って」などの意 ‖ *out*grow, *out*live ❷《名詞・形容詞につけて》「外側の；中心・本体から離れた」の意 ‖ *out*line ❸《名詞・形容詞につけて》「…から離れて」の意 ‖ *out*bound

out·age /áuṭɪdʒ/ 名 C ❶ (機械などの)停止(期間)；停電(期間) ❷ (輸送中・保管中に生じる)減量, 目減り

òut-and-óut /àutən-/ <シ 形《限定》全くの；ひどい

óut·bàck 名《the ～》(特にオーストラリアの)奥地

òut·bálance 動 他 …より重い；…より勝る, 重要である, …をしのぐ

òut·bíd 動 (**-bid**；**-bid·ding**) 他 (競売で)〔他者〕より高値をつける

óut·bòard 形 副 船外の[に], 機(体)外の[に]

―名 C ❶ (=**～ mótor** [**éngine**]) (ボート用の) 船外エンジン ❷ 船外エンジン付きボート

óut·bòund 形 外国行きの, 出て行く(↔ inbound) ‖ an ～ train (都心から郊外に向かう)下り列車

óut·bòx 名 C ❶《米》既決書類入れ(《英》out tray) (↔ inbox,《英》in tray) ❷ (Eメールの) 送信トレイ[箱]
(↔ inbox)

***óut·brèak** 名 C (戦争・病気・怒りなどの)突発, 勃発(ぼっぱつ), 爆発, 発生 ‖ an ～ of war [fever, anger] 戦争の勃発[熱病の発生, 怒りの爆発]

óut·brèed 動 (**-bred** /-brèd/；**～·ing**) 他〖生〗…を異系交配させる；…より速く繁殖する **～·ing** 名

óut·bùilding 名 C 母家の付属建物, 離れ《納屋・ガレージ・馬小屋など》

***óut·bùrst** 名 C (火山・激情などの)爆発, 噴出, 突発 ‖ an ～ of anger [laughter] 怒りの爆発[どっと笑うこと] / an angry ～ 怒りの爆発 / a spontaneous ～ of cheers and applause 自然に沸き起こった拍手と喝采(かっさい)

óut·càll 名 C (医者の)往診；(専門家・娼婦(しょうふ)の)顧客訪問

óut·càst 名 C 見捨てられた人；宿なし

―形 見捨てられた, 排斥された；宿なしの, 寄る辺のない

óut·càste 名 C (インドで) 自分の属する階級から追放された人；(4階級のどれにも属さない)賎民(せんみん)

òut·cláss 動 他 (階級・質などで)…よりはるかに優れている, …に断然勝る(♦ しばしば受身形で用いる)

⁑**out·come** /áutkʌ̀m/ 《アクセント注意》

―名 C《通例単数形で》**結果**, 成果；余波 (⇨ EFFECT 類語) ‖ affect the ～ of an election 選挙の結果に影響を与える / a successful ～ 好結果

óut·cròp 名 C ❶〖地〗(地層・鉱脈の)露出(部), 露頭 ❷ (はっきり) 現れること, 発生 ―動 (**-cropped** /-t/；**-crop·ping**) 自 (鉱脈が)露出する；(表面に)出る

óut·cròss 〖生〗動 他 (異系交配で)〔雑種〕を作る

―名 ❶ C (動植物の)雑種 ❷ U 異系交配

～·ing 名 U (動植物の)異系交配

***óut·crỳ** 名 (複 **-cries** /-z/) ❶ C 叫び[わめき]声, 怒号；騒ぎ ‖ an ～ of "Fire!" 「火事だ」という叫び声 ❷ U C 〈…に対する〉激しい抗議〈**at, over, against**〉‖ raise an ～ *against* a new tax 新税に抗議する / a public ～ 大衆抗議 / an international ～ 国際的な抗議

***òut·dáted** <シ 形 =out-of-date

-dáte 動 他 …を流行遅れにする

òut·dístance 動 他 (競技などで) …をはるかに引き離す；…よりはるかに勝る, …をしのぐ

***òut·dó** 動 (**-does** /-dʌ́z/；**-did** /-dɪ́d/；**-done** /-dʌ́n/；**～·ing**) 他 〈…の点で〉…に勝る, …をしのぐ〈**in**〉‖ The French couple *outdid* the others *in* grace and speed. フランスのペアは優雅さとスピードでほかのすべてのペアに勝っていた

nòt to be outdóne (人に)負けてたまるかと, 向こうを張って

outdó onesèlf 今までになく[予想以上に]うまくやる, 今までの自分を上回る；最善の努力を尽くす

***out·door** /àutdɔ́ːr/ 《アクセント注意》<シ 形《限定》屋外

(で)の, 野外(で)の(↔ indoor);野外(活動)の好きな ‖ an ～ swimming pool 屋外プール / ～ activities 野外[アウトドア]活動 / the ～ type アウトドア派(の人)
▶▶ **～ gríll** 名 C 野外用グリル (barbecue grill) **～ wéar** 名 U 野外着, アウトドアウエア

*__out·doors__ /àutdɔ́:rz/ 《アクセント注意》 副 屋外[野外]で[に] (↔ indoors) ‖ go ～ 外に出る / eat ～ 屋外で食事をする ―名《the ～》《単数扱い》屋外, 野外;人里離れた所 ‖ He loves to be in the ～. 彼は野外にいるのが大好きだ / the great ～ 大自然
(*as*) ***bìg as àll outdóors*** 途方もなく大きい

òutdóors·man /-mən/ 名 (複 **-men** /-mən/) (♦ 女性形は -woman, 中性形は -person) C 野外生活を好む人, アウトドア派の人

out·doors·y /àutdɔ́:rzi/ 形《口》屋外[野外]の[らしい], 屋外向きの;野外(活動)の好きな

òut·dráw 動 (**-drew** /-drú:/; **-drawn** /-drɔ́:n/; **～·ing**) 他 ❶ …より多く(人を)引きつける, …より人気がある ❷ (ピストルを)〔人〕より早く抜く

òut·éarn 動 他 …より多く稼ぐ

:out·er /áuṭər/
―形《比較なし》《限定》❶ **外の**, 外側の(↔ inner);(中心から)離れた(↔ central) ‖ ～ garments 上着, コート / the ～ limits of the universe 宇宙の外側の限界 / the ～ regions 辺境 / ～ London (市の中心部から離れた)ロンドンの周辺部[郊外] / the ～ ear 外耳
❷ (人間の内面に対して)外的な, 客観的な, 物質的な
―名 (複 **～s** /-z/) C ❶《英》(アーチェリーの)標的のいちばん外側の円;そこに当たった一撃
❷《豪・ニュージ》(競技場・競馬場の)屋根のない観覧席
❸《英》上着, コート
❹《英》(輸送・展示用)コンテナ
▶▶ **～ bèlt** 名 C《米》環状道路, バイパス(《英》ring road) **～ cíty** 名 C 都市の周辺部, 郊外(↔ inner city) **Òuter Mongólia** 名 外モンゴル **～ plánet** 名 C 外惑星《小惑星帯の外側に軌道を持つ惑星. 木星や土星など》 **～ spáce** 名 C (地球の大気圏外の)宇宙(空間)

óuter·mòst 形《限定》いちばん外側の, 最も遠く離れた(↔ innermost)

óuter·wèar 名 U《集合的に》コート類

òut·fáce 動 他 ❶〔人〕をじろじろ見て[にらみつけて]たじろがせる ❷ …をものともしない, …に勇猛に挑む

óut·fàll 名 C 河口, (下水などの)排水口, 落ち口

óut·fìeld 名 C ❶【野球・クリケット】外野;外野の守備位置;《集合的に》《単数・複数扱い》外野手(↔ infield) ❷ 農場外れの畑 **～·er** 名 C 外野手

òut·fíght 動 (**-fought** /-fɔ́:t/; **～·ing**) 他 戦いで…に勝る, 勝つ

*__óut·fit__ 名 C ❶ 装備一式, (商売)道具一式;衣装一そろい《装身具・靴なども含む》‖ a diving ～ 潜水用具一式 / a carpenter's ～ 大工道具一式 / a bride's ～ 花嫁衣装一そろい ❷《集合的に》《単数・複数扱い》《口》(同じ活動に携わる)一団の人々, グループ, チーム;(軍の)部隊;(小規模の)組織, 企業, 会社 ‖ a television ～ テレビ会社

COMMUNICATIVE EXPRESSIONS
[1] **I lìke your óutfit.** 素敵な装いですね;その服, いいね (♥ しばしばよく知っている人との会話のきっかけを作る)

―動 (**-fit·ted** /-ɪd/; **-fit·ting**) 他 …に必要な装備を施す, 支度[準備]してやる;…に〈着るもの・装備などを〉供給する, 与える〈**with**〉(♦ しばしば受身形で用いる)

óut·fit·ter /-ər/ 名 C ❶《米》アウトドア用具店 ❷《英》《旧》(男子用の)洋品店, 洋服屋

òut·flánk 動 他 ❶〔敵〕の側面に回る, 側面を迂回(うかい)する ❷ …を出し抜く

óut·flòw 名 ❶ U C 流出;(感情・言葉などの)ほとばしり ‖ the ～ of gold from the country 金の国外流出 ❷ C 流出量[物] ‖ an ～ of water [sympathy] 流れ出る水[ほとばしり出る同情]

òut·fóx 動《口》=outwit

òut·gás 動 他 (加熱・減圧で)…からガスを抜く ―自 ガスが抜ける

òut·géneral 動 (+《英》**-generalled** /-d/; **-general·ling**) 他 …に戦術[策略, 統率力]で勝る

óut·gò (→ 動) 名 (複 **～es** /-z/) U C ❶ 出て行くもの;出費, 支出 ❷ 出て行くこと ―動 /ˌ-ˊ/ (**-went** /-wént/; **-gone** /-gɔ́(:)n/; **～·ing**) 他 …に勝る, …をしのぐ, 越える

*__òut·góing__ ⟨シ⟩ (→ 名) 形 (↔ incoming) ❶ 社交的な, 外向的な ‖ an ～ personality 社交的な性格 ❷《限定》出て行く, 出発する;発信用の ‖ an ～ ship 出船 / the ～ tide 引き潮 ❸《限定》退陣[引退]する ‖ the ～ Prime Minister 退陣する首相 ―名 /ˊ-ˌ-/ ❶ C《～s》《主に英》支出, 出費, 経費 ❷ U 出て行くこと, 出発

òut·gróss 動 他 …より総収入[総利益]が多い

óut-gròup 名 C【社】外集団(↔ in-group)

*__òut·grów__ 動 (**-grew** /-grú:/; **-grown** /-gróun/; **～·ing**) 他 ❶ …には大きくなりすぎる, (成長しすぎて)〔衣服など〕が合わなくなる ‖ ～ one's clothes 大きくなって服が合わなくなる / ～ one's strength《英》体ばかり大きくなって体力が伴わない ❷〔人〕より(成長して)背が高くなる;…より早く成長[増加]する ‖ ～ one's father 父親より背が高くなる / The population is ～*ing* food supplies. 人口の増加に食糧供給が追いつかない ❸ 成長して…を脱する (↷ grow out of);〔興味など〕を失う ‖ She *outgrew* her fear of the dark. 彼女は成長して暗闇(くらやみ)を怖がらなくなった / We never ～ ice cream. 私たちはいくつになってもアイスクリームをやめられない

*__óut·gròwth__ 名 ❶ U 発達, 成長;C (発達・成長の)産物《樹木の若枝など》❷ C 結果, 自然の成り行き ‖ Crime is often an ～ of poverty. 犯罪はしばしば貧困の結果として起こる

òut·guéss 動 他〔人〕の意図をうまく見抜く, …を出し抜く

òut·gún 動 他 (♦ しばしば受身形で用いる) ❶ …より軍事力に勝る ❷《口》…を負かす, 圧倒する

òut-Hér·od /-hérəd/ 動 他《次の成句で》
òut-Hèrod Héród 暴虐さにかけてはヘロデ王をも[だれをも]しのぐ[Shak *HAM* 3:2]

òut·hít 動 (**-hit** /-hít/; **-hit·ting**) 他 …よりヒット数が多い

óut·hòuse 名 C ❶ =outbuilding ❷《主に米》屋外便所

*__out·ing__ /áuṭɪŋ/ 名 C ❶〈…への〉遠足, 行楽;休みの日の遠出[外出]〈**to**〉‖ go on an ～ *to* the seaside 海辺に行楽に行く ❷《口》(スポーツ試合への)出場;(映画などへの)出演 ❸ U C 他人が同性愛者であることを公表[暴露]すること

òut·jóckey 動 他《旧》…を出し抜く, …に一杯食わせる

out·land·ish /àutlǽndɪʃ/ 形 ❶ 妙な, 奇抜な, 異様な ❷《古》外国[異国]の **～·ly** 副 **～·ness** 名

òut·lást 動 他 …より長続き[長持ち]する;…より長生きする

*__óut·làw__ 名 C ❶ 無法者, ならず者, 不逞(ふてい)のやから;常習犯;お尋ね者 ❷ (昔の)法律上の保護[権利]を奪われた人;社会ののけ者 ❸ 手に負えない動物, (特に)暴れ馬
―動 他 ❶ …を不法とする, 非合法化する;…を禁止する ❷ (昔の社会制度で)…から法律上の保護[権利]を奪う;…を社会から葬る ―形《限定》無法者の;非合法な

óut·làw·ry /-ri/ 名 (複 **-ries** /-z/) U C ❶ 法律無視 ❷ 法律上の保護[権利]を奪う[奪われる]こと;社会的追放 ❸ 非合法化;禁止

óut·lày (→ 動) 名 U〈…への〉支出, 消費;C 出費, 経費〈**on**〉 ―動 /ˌ-ˊ/ (**-laid** /-léɪd/; **～·ing**) 他〔金〕を〈…に〉支出する, 費やす〈**on**〉

*__out·let__ /áutlèt/ 《アクセント注意》 名 C ❶ (液体・気体などの)出口, はけ口(↔ inlet);放水路;河口 ‖ a sewage ～ 下水排水口 ❷〈感情などの〉はけ口〈**for**〉‖ an ～ *for* one's emotions [energy] 感情[エネルギー]のはけ口 ❸ 市場;販路;系列販売店, 販売代理店;(工場などの)直売店, (正規の流通経路によらない)アウトレット(店);《主に米》

(特定商品の) 特売店 ‖ a clothing ～ 衣料品アウトレット / a factory ～ 工場直販店 / a retail ～ 小売店 ❹《米》(電気の) 差し込み口, コンセント (《英》socket, power point)(❗この意味での「コンセント」は和製語)(⇨ PLUG 図) ‖ an electrical wall ～ 壁に取りつけたコンセント ❺ (湖・池から)流れ出る川, 流れ

⏩～ màll 名C《米》アウトレットモール《きず物・サンプル品などを安価で販売する店舗が集まったショッピングセンター》

óut·lì·er /-làɪər/ 名C ❶ 職場から遠い所に住む人；遠距離通勤者 ❷ 部[局]外者；本体から離れている部分 ❸〖地〗外座層 ❹〖統計〗異常値

:out·line /áutlàɪn/《アクセント注意》

―名(複 **~s** /-z/) C ❶ **輪郭**, 外形, アウトライン；略図 (⇨ FORM 類語) ‖ the ～ of the mountains against the evening sky 夕暮れの空をバックにした山々の輪郭 / an ～ map 輪郭地図

❷ **概略**, あらまし, アウトライン；草稿 ‖ a broad [OR rough] ～ 概略, だいたいのところ / An *Outline* of World History 世界史概説 / **give** an ～ of ... …の概略を述べる / make an ～ for a report 報告書の草稿を作る

❸《～s》要点, 大要, 骨子 ‖ sketch out the ～*s* of one's plan 計画の要点を略記する

❹ 線描(画) ❺ 速記文字

in óutline 線描で；輪郭[概略]だけで；ざっと ‖ present one's idea *in* ～ 自分の大まかな考えを示す

―動 (**~s** /-z/；**~d** /-d/；**-lin·ing**) 他 ❶ …の**輪郭を描く**；…の略図を書く；…の輪郭を目立たせる ‖ I saw her little shape ～*d* against the moonlight. 彼女の小柄な姿が月光に浮かび上がったのを見た

❷ …の**要点を述べる**, 略述する (⤷ sketch out) ‖ Our lawyer ～*d* his strategy briefly. 我々の弁護士は自分の戦略をかいつまんで述べた / the issues ～*d* **above** [**below**] 上で概略を述べた[下で概略を述べる]問題

⏩～ fònt 名C 💻アウトラインフォント《文字の輪郭が拡大してもぎざぎざにならず滑らかな線になる書体》

óut·lìner 名C 💻アウトラインプロセッサー《文書の構成を作成しながら文章を編集するためのプログラム》

òut·líve 動他 ❶〔ほかの人〕より長生きする；…より長続き[長持ち]する ‖ He ～*d* most of his contemporaries. 彼はほとんどの同時代人より長生きした ❷〔ある時代〕を生き延びる；…より後まで残る(→ survive)

***out·look** /áutlùk/《アクセント注意》名C《通例単数形で》❶〈…についての〉見地, 見解；…観；態度；視野〈**on**〉‖ my ～ *on* life 私の人生観 / a positive [negative] ～ 楽観的[悲観的]な態度 ❷〈…の〉前途, 見通し, 見込み〈**for**〉‖ have a very promising ～ 非常に前途有望である / The weather ～ *for* tomorrow is not good. 明日の空模様は芳しくない ❸ (ある場所からの)眺め, 景色, 光景；見晴らし ‖ The room has a pleasant ～ over the lake. その部屋からは湖の素晴らしい眺めが見渡せる ❹ 見張り, 警戒；見張り所, 望楼

óut·lỳing 形《限定》(中心から)離れた, へんぴな

òut·maneúver, 《英》**-manóeuvre** /-mənúː-vər/ 動他 …に策略で勝つ；…を出し抜く

òut·mátch 動他 …より勝る

òut·móded ⊲シ 形 流行遅れの；廃れた

óut·mòst 形 =outermost

òut·múscle 動他《口》…を力で打ち負かす, 武力で圧倒する

***òut·númber** 動他 …より数で勝る, 多い ‖ Girl students ～ boy students (by) two to one. 女子生徒の方が男子生徒より2対1の割合で多い

òut-of-bódy 形 体外離脱の ‖ an ～ experience 体外離脱体験

óut-of-bòunds 形〖スポーツ〗(フィールド・コースの)外の, プレー区域[境界線]外の ―副 制限区域外で[に, へ]

òut-of-cóurt 形《限定》法廷外の[で解決される], 示談の ‖ an ～ settlement 示談による和解

***òut-of-dáte** ⊲シ 形 ❶ 流行[時代]遅れの, 旧式の (↔ up-to-date) ❷ 期限切れの

òut-of-dóor ⊲シ 形 =outdoor

òut-of-dóors 副名 =outdoors

òut-of-nówhere 形 ❶ (選挙などで)無名の人物の[による] ❷ 出所不明の

òut-of-pócket ⊲シ 形《限定》❶ 現金払いでの ‖ ～ expenses 現金払い経費 ❷ (出費がかさんで) 文無しの, 所持金のない

òut-of-síght 形《俗》抜群の；(金額が)途方もない

òut-of-státe ⊲シ 形《米》他州の, 他州から来た

-stat·er 名C 他州からの旅行者；他州に一時的に滞在する人

òut-of-the-wáy ⊲シ 形 ❶ 人里離れた, へんぴな ❷ 風変わりな, 珍しい

òut-of-tówn 形 町の外の, 郊外の；ほかの町から来た ‖ an ～ hypermarket 郊外の大型スーパー

～·er 名C ほかの町から来た人

òut-of-wórk 形《限定》失業中の

òut·páce 動他 …より(足が)速い；…に勝る, …をしのぐ

óut·pàtient 名C (病院の)外来患者(↔ inpatient)

***òut·perfórm** 動他 (機械などが) …より性能が優れている；(人が)…より技量が上である **-perfórmance** 名

óut·plàcement 名U(企業が行う)再就職斡旋(あっせん)

òut·pláy 動他 …より試合運びがうまい, …に勝つ

òut·póint 動他 ❶ (特にボクシングで) …より多く点をとる ❷〔ほかの船〕より風上に帆走する

òut·póll 動他 …より多く得票する

óut·pòst 名C ❶〖軍〗前哨(ぜんしょう), 前進地点[基地]；前哨部隊 ❷ 辺境の植民地[開拓地]

óut·pòuring 名C 流出(物)；《通例 ～s》感情のほとばしり(出た言葉)

òut·púnch 動他 …よりパンチで上回る

***out·put** 名 (複 **~s** /-s/) U/C《通例単数形で》❶ (一定期間中の)生産高, (炭坑などの)産出量；生産物, 製品；(文芸) 作品 (数)；生産, 産出 ‖ the average daily ～ of cars 自動車の1日当たりの平均生産数 / ～ per person 1人当たりの生産高 / the ～ of a mine [factory] 鉱山の採掘量 [工場の生産高] /「step up [cut back] ～ 生産を増加[削減]する ❷〖電〗出力；💻出力, アウトプット(↔ input) ‖ the ～ of an engine [speaker] エンジン[スピーカー] の出力 ❸ (力などを) 出すこと ‖ a sudden ～ of energy 急に精を出すこと ❹ 出力点[装置]

―動 (**~s** /-s/；**-put** OR **-put·ted** /-ɪd/；**-put·ting**) 他 …を生産[産出]する；💻〔データ〕を出力する, アウトプットする

òut·ráce 動他 …に(速さや量で)勝つ, …を上回る

***out·rage** /áutrèɪdʒ/《アクセント注意》名 (▶ outrageous 形) (複 **-rag·es** /-ɪz/) ❶ U (不正・侮辱に対する) 激怒, 立腹 ‖ feel ～ at ... …に激怒する / a sense of ～ 立腹感 ❷ C〈…に対する〉暴力[残虐]行為, 乱暴 (♦ rape の婉曲語としても用いられる)〈**against**〉；(法・秩序などの) 侵害, 蹂躙(じゅうりん)；ひどい侮辱 ‖ Pol Pot's faction committed many ～*s against* the Cambodian people. ポル=ポト派はカンボジアの人々に数々の非道を働いた / an ～ on [OR upon] decency [common sense] 品位[常識]を踏みにじる行為

―動他 ❶《通例受身形で》〈…に〉憤慨する, 激怒する〈**at, by**〉‖ I was ～*d by* his shameless behavior. 私は彼の破廉恥な行為に憤慨した ❷ …に暴行を加える；〔女性〕を暴行する ❸〔法・秩序など〕を侵害する

***out·ra·geous** /autréɪdʒəs/《アクセント注意》形〔⊲ outrage 名〕❶ 無法な, 非道な；残虐な；無礼な, けしからぬ ‖ It is ～ that such behavior is allowed. そのような振る舞いが許されるとはけしからぬことだ / ～ language [behavior] 無礼な口のきき方[態度] ❷ 途方もない, 法外な；とっぴな ‖ an ～ price べらぼうな値段 ❸ 乱暴な, 狂暴な ❹《米口》素敵な, 素晴らしい **～·ly** 副 **～·ness** 名

òut·ránge 動他 (ミサイルなどが) …より射程距離が長い

òut·ránk 動 他…より位が上である；…より重要である

ou·tré /u:tréɪ|ニーー/ 形 奇抜な, 一風変わった；常軌を逸した(♦フランス語より)

òut·réach (→ 名 形) 動 他 ❶…よりも先まで達する［届く］ ❷…を上回る, …に勝る ‖ The demand ~*es* the supply. 需要が供給を上回っている 一自《文》腕を伸ばす
一名 /ニーー/ U ❶(手を)差し伸べること；他者への思いやり；(地域社会への)奉仕［福祉］活動 ‖ do community ~ 地域社会への奉仕活動をする ❷(物事の)伸び広がり, 到達範囲 一形 /ニーー/ 奉仕［福祉］活動の ‖ an ~ program (地域社会への)奉仕活動運動

òut·ríde 動 (**-rode** /-róʊd/；**-rid·den** /-rídən/；**-rid·ing**) 他 ❶…より上手に［速く, 遠くまで］乗って行く ❷《古》(船が)〔嵐(あらし)など〕を乗りきる

óut·rìder 名 C ❶(乗り物の前や横を)護衛する(オートバイや馬に乗った)警備官 ❷《米》牛を見張る(馬上の)カウボーイ ❸《米》(競馬の)先行者, 先導者

óut·rìg·ger /-rìgər/ 名 C ❶〔海〕アウトリガー《(転覆防止用の)舷外(げんがい)浮材(付きのカヌー)；(帆を張るための)舷外円材；舷側クラッチ受け(のあるボート)》 ❷〔空〕(尾翼やヘリコプターの回転翼の)支柱 ❸〔建〕突き出し梁(はり)

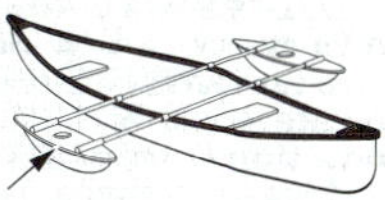
outrigger ❶

***out·right** /àʊtráɪt, ニーー/ (→ 形) 副 ❶率直に, 腹蔵なく；公然と, おおっぴらに ‖ I told him the story ~. 私は彼にその話を包み隠さず伝えた / laugh ~ 辺り構わずに笑う ❷すっかり；即座に, その場で ‖ I paid for the bicycle ~. 私は自転車の代金を即金で支払った / be killed ~ 即死する
一形 /áʊtràɪt/ 《限定》❶率直な, 腹蔵のない ‖ an ~ refusal あからさまな拒絶 ❷全くの；明らかな；無条件の ‖ an ~ lie 真っ赤なうそ / the ~ winner 紛れもない勝者 / an ~ gift 無条件の贈り物 **~·ly** 副 **~·ness** 名

òut·rún 動 (**-ran** /-rǽn/；**-run**；**-run·ning**) 他 ❶…より速く［遠くまで］走る；〔追っ手〕から(走って)逃れる ❷…を上回る, 越える

òut·séll 動 (**-sold** /-sóʊld/；**~·ing**) 他 (品物が)…より多く［よく］売れる；(セールスマンなどが)〔人〕より多く売る

***óut·sèt** 名《the ~》最初, 初め；(事業などへの)着手
****at*** [***from***] ***the óutset*** NAVI 最初に［から］ ‖ *At the* ~, it should be noted that this book is not about how to teach English. 初めに断っておくが, この本は英語の教え方に関するものではない

òut·shíne 動 (**-shone** /-ʃóʊn|-ʃɔ́n/；**-shin·ing**) 他…より明るく輝く［光る］；(美しさ・優秀さなどで)…に勝る

òut·shóot (→ 名) 動 (**-shot** /-ʃɑ́(:)t|-ʃɔ́t/；**~·ing**) 他 ❶…より射撃がうまい ❷…より多くゴール［シュート, 得点］する 一名 /ニーー/ C 突起物, 突き出た枝［芽など］

*****out·side** /àʊtsáɪd/ ⊲シ (↔ inside) 前 副 形 名

中心義 …の外側に［で］

一前 (♦《主に米》では, outside of も用いる)
❶〔建物・国など〕**の外(側)に［で, へ］**；…の外部に ‖ Didn't you just hear something ~ the door? ドアの外で何か音がしなかったか / They live in a town just ~ Seattle. 彼らはシアトル郊外の町に住んでいる / call from ~ the Tokyo area 東京の市外地域から電話する
❷…の限界［範囲］を越えて(↔ within) ‖ It is ~ my experience. そんなことは経験したことがない / ~ office hours 勤務時間外に
❸…以外に, …を除いて(except) ‖ He has no interests ~ his work. 彼は仕事以外に何の興味もない
一副《比較なし》**外に［で］**, 屋外に［で］；**外側に［へ, は］**；外部で［に］(⇨ 類語) ‖ It was quite dark ~. 外はかなり暗かった / go ~ (ちょっと)外に出る / Come ~! 表へ出ろ(♥挑戦するとき) / paint a house green ~ 家の外側を緑色に塗る
gèt outside of ... 《口》…を食う, 飲む
一形《比較なし》《限定》❶**外側の**, 外寄りの；外への, 外部に通じる；外［屋外］での ‖ ~ stairs 外階段 / an ~ line 電話の外線
❷外部(から)の, 部外(者)からの ‖ ~ interference [influences] 外部からの干渉［影響］
❸自分の本業以外の, 正規(の仕事［授業］)外の ‖ have a lot of ~ interests 仕事以外の多くのことに興味がある
❹最大限度の ‖ an ~ estimate (これ以上は考えられない)最大限の見積もり
❺(可能性などが)わずかの, あるかなしかの ‖ an ~ chance [possibility] of winning 勝つわずかなチャンス［可能性］
❻〔野球〕(投球が)アウトサイドの, 外角の；〔サッカー・ホッケーなど〕サイドライン際の位置の
一名《通例 the ~》❶**外側**, 外面 ‖ the ~ of a house 家の外側 / a coat with fur on the ~ 外側が毛皮のコート
❷外, 屋外 ‖ There was a shout from the ~. 外から叫び声が聞こえた
❸**外観**, 見掛け；皮相, 上っ面 ‖ On the ~, she seemed very kind. 一見したところ彼女はとても優しそうだった
❹(歩道の)車道側；《米》(中央分離帯から最も離れた)外側車線, 《英》(最も中央分離帯寄りの)追越車線；(カーブの)外側, 外周；〔スポーツ〕(陸上競技のトラックの)外側のレーン；(フィールドの)センターから離れた場所
❺《~s》紙の束の外側の2枚
at the (***vèry***) ***outside*** どれだけ多く見積もっても, せいぜい, 最大限(at most) ‖ three days perhaps, or five *at the* ~ おそらく3日, 最高でも5日
on the outside ① ⇨ 名 ❶, ❸ ② (刑務所を)出所して, しゃばで(の)；(病院などを)退院して, 病院の外で(の) ③ (集団などに)所属していない, 部外の ‖ The custom seems strange to those *on the* ~. その習慣は部外者には変わったものに思えるだろう ④《英》追越車線を使って
òutside in 裏返しに(inside out)

類語 《副》**outside, out** どちらも建物や部屋から出た「外」を表すが go outside では外へ出てすぐの場所を表し, 離れた場所を含める場合には go out を用いる.
〈例〉Go *outside* if you want to smoke. たばこを吸いたいのなら外へ出なさい / Let's go *out* for a drive. ドライブに出かけよう

▶▶ **~ bróadcast** 名 C《英》〔放送〕スタジオの外からの放送(《米》remote (broadcast)) **~ diréctor** 名 C〔商〕社外重役 **~ jób** 名 C《口》部外者による犯行 **~ láne** 名 C《英》(中央分離帯寄りの)追越車線；《米》(中央分離帯から最も離れた, 路傍に近い)外側車線, 〔競馬〕外側のコース **~ wórld** 名《the ~》(日常の生活圏とかかわりない)外の世界

***out·sid·er** /àʊtsáɪdər/ 名 C ❶(団体などの)部外者, 局外者, アウトサイダー(↔ insider)；門外漢, 素人；のけ者；育ちの悪い人 ❷(競馬・競技などで)勝てそうもない馬［人, チーム］ ‖ a rank ~ 全く勝ち目のない人［馬］

òut·síze ⊲シ 形《限定》特大の, ばかでかい(outsized)
一名 C (衣類など)特大サイズ(の品)

***out·skirts** /áʊtskə̀ːrts/ 名 複《the ~》(町などの)外れ, 郊外；周辺, 外辺(⇨ SUBURB 類語) ‖ on the ~ of Paris パリ郊外に

òut·slíck 動 他…を(巧妙な手口で)出し抜く

òut·smárt 動 他…よりずるく［うまく］立ち回る, …の上手をいく, …を出し抜く
outsmárt onesèlf ずるく［うまく］立ち回ったつもりで結局自分の不利を招く

òut·sóld 動 outsell の過去・過去分詞

óut·sòurce 動 他〔仕事〕を外注［業務委託］する；〔部品など〕を外部調達する 一自 業務委託する；外部調達する

O

-sòurc·ing 名 U (部品などの)外部調達，(業務の)外部委託，アウトソーシング ‖ through ～ 外部調達で

òut·spénd 動 (-spent /-spént/；～·ing) 他…の限界以上に費やす；〔他人〕以上に金を使う

*__òut·spóken__ 形 (人が)率直に[遠慮なく]ものを言う；(意見などが)率直な，腹蔵[遠慮]のない ‖ He was ～ in his criticism. 彼の批判には遠慮がなかった

～·ly 副 ～·ness 名

òut·spréad ㋛(→名) 形 広がった，伸びた ‖ with ～ arms 両腕を広げて ──動 (-spread；～·ing) 他《文》…を広げる ──名 /ˊ⌒ˋ/ U 広げる[広がる]こと；広がり

*__out·stand·ing__ /àutstǽndɪŋ/ (→❹) 形 (more ～；most ～) (♦❶以外比較なし) ❶《通例限定》目立つ，際立った，顕著な；優れた；重要な ‖ You deserve a gold medal for your ～ performance. あなたのずば抜けた演技は金メダルに値する / The National Trust is an organization for preserving areas of ～ natural beauty. ナショナルトラストは際立った自然美のある地域を保護する団体である ❷未払いの；未解決の，未決定の ‖ There is fifty pounds ～, I believe. 確か50ポンドの借りがあるね / have an ～ debt まだ未払いの借金がある / a long ～ problem 長いこと未解決の問題 ❸(株券・国債などが)発行済みの ❹ /ˊ⌒ˋ/ 突き出ている

～·ly 副 目立って，著しく

òut·stáre 動 他…をにらみ倒す，にらんでおじけさせる

óut·stàtion 名 C (大都会から遠い)辺地の出張所[支店]，(本隊[本部]から遠く離れた)駐屯所[地]

òut·stáy 動 他 ❶〔人〕より長居する ❷…の時間が過ぎても居座る

òut·strétched ㋛ 形 (腕などを)広げた，伸ばした ‖ lie ～ on the ground 地面に大の字に横たわる

òut·stríp 動 (-stripped /-t/；-strip·ping) 他 ❶…に勝る，…を上回る ‖ Demand for oil is likely to ～ the supply. 石油に対する需要が供給を上回りそうだ ❷(競走で)…を追い越す，…より速く走る

out·ta /áuṭə/ 前 =out of

óut·tàke 名 C (編集で)カットされた部分《フィルム・場面など》；(レコードなどの)最終盤に使われなかった部分

òut·tálk 動 他…を言い負かす

òut-thére 形《米口》(人・考えが)とても変わっている

óut·trày 名《英》=outbox

óut·tùrn 名 U (ある期間の)生産高，産出額

òut·vóte 動 他…より多くの票を得る，…に投票で勝つ

òut·wáit 動 他…よりも長い間待つ

*__out·ward__ /áutwərd/ 《アクセント注意》(↔ inward) 形《限定》❶外に現れた，外見(上)の；外面だけの，見せかけの ‖ the ～ appearance of a building 建物の外観 / his ～ calm 彼の見せかけの平静さ / to all ～ appearances 見たところでは，見掛け上は ❷外へ向かう，外へ出て行く ‖ an ～ journey 往路 (↔ a return journey) / an ～ voyage 往航 / ～ investment 海外投資

──副 外に向かって；外国[海外]へ ‖ The gate opens ～. その扉は外側に開く ──名 C 外観，外見，外面

▸▸**Òutward Bòund Trúst** 名《the ～》青少年野外活動推進協会

òutward-bóund 形 外に向かう；外国行きの

óut·ward·ly /-li/ 副《しばしば文修飾》❶外見上は，表面的には，うわべは ❷外側に，表面に；外に向かって

*__out·wards__ /áutwərdz/ 副 =outward

óut·wàsh 名 U アウトウォッシュ《氷河が溶けた水によって運ばれた堆積(たいせき)物》

òut·wéar 動 (-wore /-wɔ́ːr/；-worn /-wɔ́ːrn/；～·ing) 他 (物が)…より長持ちする

*__òut·wéigh__ 動 他 ❶…より重い ❷…より価値がある，重要である ‖ The benefits of exercise far ～ the risks. 運動(すること)の恩恵は危険を補って余りある

òut·wít 動 (-wit·ted /-ɪd/；-wit·ting) 他…の裏をかく，…を出し抜く，…の上手をいく

óut·wòrk (→動) 名 ❶ U《英》店[工場]外でする仕事，出張作業；自宅でする仕事 ❷ C 外塁《とりで・陣地の外の防御施設》 ──動 /ˊ⌒ˋ/ 他…より速くしっかりと働く

～·er 名 C 店[工場]の外で仕事する人

òut·wórn ㋛ 形《通例限定》❶時代遅れの，廃れた ❷着古した，使い古した

óut-yèar, óut·yèar 名 C 後続年度《現年度以降の会計年度》

ou·zel /úːzəl/ 名 C〘鳥〙カワガラス(dipper)

ou·zo /úːzou/ 名 (複 ～s /-z/) U C ウーゾ《アニスで味つけしたギリシャ産の酒》

o·va /óuvə/ 名 ovum の複数

*__o·val__ /óuvəl/ 形 卵形の；楕円(だえん)形の ‖ an ～ face 卵形の顔 ──名 ❶ C 卵形(のもの)，楕円形 ❷ C 楕円形のスタジアム《競技場・競走路など》；《the O-》《英》オーバル《London 南東部にある Surrey County Cricket Club の競技場》 **o·vál·i·ty** 名 ～·ly 副 ～·ness 名

▸▸**Òval Óffice** 名《the ～》(ホワイトハウス内の) 米国大統領執務室；米国大統領の地位[権威]

o·va·ry /óuvəri/ 名 (複 -ries /-z/) C〘解〙卵巣；〘植〙子房

o·vár·i·an 形《限定》〘解〙卵巣の；〘植〙子房の

o·vate /óuveɪt/ 形〘主に植〙(葉などが)卵形(らんけい)の

o·va·tion /ouvéɪʃən/ 名 C ❶大喝采(かっさい)，熱狂的歓迎 ‖ get [OR receive] a standing ～ スタンディングオベーション[総立ちの拍手喝采]を浴びる ❷(古代ローマの)小凱旋(がいせん)式(→ triumph)

:ov·en /ʌ́vən/ 《発音注意》

──名 (複 ～s /-z/) C ❶**オーブン**，天火；かまど，炉 ‖ a microwave ～ 電子レンジ / roast a turkey **in** an ～ オーブンでシチメンチョウを焼く / a pie fresh [OR hot] from the ～ 焼きたてのパイ

❷(ナチの強制収容所内の)火葬室

like an óven (部屋などが)非常に暑い，蒸しぶろのような

▸▸**～ mìtt** [《英》**glòve**] 名 C オーブンミトン《熱いなべなどをつかむ厚手の手袋》

óven·pròof 形 (食器が)オーブンの熱に耐える，耐熱性の

òven·réady ㋛ 形 (食品が)オーブン[電子レンジ]で温めるだけで食べられる

óven·wàre 名 U《集合的に》オーブン用皿[なべ]

⁝o·ver /óuvər/ 前 副 形 名

中心義 …の(上方)全体に広がって[を越えて]

──前 ❶《位置》…**の上に[で，の]**(♦接触していないときに用いる. above で代用可能な場合もある. ⇨ ABOVE 語法，ON 語法) ‖ The lamp hung ～ the table. 明かりはテーブルの上に下がっていた / A helicopter circled ～ the park. ヘリコプターが1機公園の上を旋回した / a bridge ～ the river 川にかかった橋 / The water came up ～ our knees. 水は我々のひざの上まで達した

❷…**を覆って**，…にかぶさって(↔ under) (♦接触している場合にもそうでない場合にも用いられる. ⇨ ABOVE 語法) ‖ I put a blanket ～ the sleeping baby. 私は寝ている赤ん坊に毛布をかけた / Leaves lay thick ～ the ground. 地面一面に落ち葉が深々と積もっていた / She was wearing a coat ～ a sweater. 彼女はセーターの上にコートを着ていた / a sign ～ the door ドアの張り紙

❸…**を越えて**，…越しに，…の向こう側に (→ across) ‖ She was chatting with her neighbor ～ the fence. 彼女は垣根越しに隣の人とおしゃべりしていた / She gave him an angry glance ～ her shoulder. 彼女は肩越しに彼に怒りの視線を向けた / fall ～ the cliff 崖(がけ)から落ちる / There is a village ～ the mountain. 山の向こうに村がある / He lives ～ the river from my house. 彼は私の家から川を隔てた所に住んでいる

❹…**の至る所に**，あちこちに[へ]；一面に ‖ travel (all) ～ Europe ヨーロッパ中を(くまなく)旅する / (all) ～ the world [country] 世界[国]中で / This observatory has a wonderful view ～ Florence. この展望台からは

フィレンツェの素晴らしい眺めが一望できる / throw beans (all) ～ the floor 床(一面)に豆をばらまく
❺〔困難など〕を乗り越えて；〔病気など〕から回復して ‖ Japan seems to be ～ the worst of the recession. 日本はこの不況のどん底を抜けそうだ / get ～ one's financial difficulties 財政難を克服する / be ～ one's cold 風邪が治る
❻《超過》**より上で**，**より多く**，…を超えて (↔ under) ‖ There were ～ one hundred people. 100人を越える人たちがいた / children ～ twelve 12歳より上の子供たち (♦「12歳以上」というときは children of twelve and over となる. → 副 ❻) / the ～ 60s 60歳以上の人
❼《支配・優越》…**を支配して**，…に勝って，…の上位に(↔ under) ‖ The queen ruled ～ the country. その女王が国を治めた / He is the person directly ～ me. 彼は私の直属の上司だ / a big improvement ～ last year's numbers 去年の数字に比べて大幅の改善
❽《期間》…**の間**，…の終わりまで ‖ She wrote the book ～ ten years. 彼女はその本を10年間にわたって書いた / I'll stay here ～ the weekend. 週末はずっとここに滞在するつもりです
❾《従事》…**をしながら** ‖ Let's chat ～ a cup of tea. お茶を飲みながらお話をしましょう / I fell asleep ～ my work. 私は仕事をしながら寝入ってしまった
❿《手段》〔機械など〕**を通じて**，…によって ‖ We heard the news ～ the radio. 我々はそのニュースをラジオで聞いた (♦ over の代わりに on も使える) / announce ～ the P.A. system 拡声装置で告げる
⓫《関連》…**に関して**，…について ‖ They quarreled ～ money. 彼らは金のことでけんかをした (♦ about とほぼ同義であるが，over の方がより持続的な行為を表すこともある)
⓬〖数〗…分の，割る ‖ 23 ～ 32 32分の23，23割る32
⓭ (音が)…より［ひときわ］高く ‖ A bell was heard ～ the noise. 騒音にも消されずに鐘の音が聞こえた (⇨ ABOVE 前 ❻)
****àll óver ...*** ① …**の至る所に**，一面に (→ 前 ❹) ②《口》〔人〕にいちゃついて，触ろうとして，まとわりついて ③〔人〕をちやほやして ④…を徹底的に責めて［攻撃して］
òver and abóve ... …のほかに，…に加えて

COMMUNICATIVE EXPRESSIONS
1 **I'm complètely óver it.** 完全に回復しました；もうすっかり元気です (♥ 健康上の問題や失恋などの精神的な痛手から立ち直ったことを告げる)

―副《比較なし》(♦「be動詞＋over」の場合は形容詞とみなすこともできる) ❶ **上方に**，真上に(above)；覆うように；突き出て ‖ An airplane is flying ～. 飛行機が上空を飛んでいる / The eaves hang ～. ひさしが突き出ている
❷ **倒れて**，逆さまに，ひっくり返して，折れて，折れ返って；(目玉焼きで) ひっくり返して焼いて ‖ The kitten knocked the vase ～. 子猫が花瓶を倒した / *Over* 《米》裏面に続く (《英》PTO＝Please turn over.) / He was knocked [run] ～ by a car. 彼は車にはねられた［ひかれた］/ turn ～ in bed 床の中で寝返りを打つ / The newspaper was folded ～. 新聞は折り畳んであった
❸ **越えて**，向こうへ，(話者から離れて) あちらへ；こちらへ，(話者の) 所［家］へ ‖ She **went** ～ to Indonesia. 彼女はインドネシアに行った［渡った］/ I led an old man ～ to the other side of the street. 老人を通りの向こう側まで連れて行った / My uncle's family is ～ in America. おじの一家はアメリカへ行っている / I'll **come** ～ to you. 君のところへ行くよ / Come ～ and see me next week. 来週遊びにおいで / We'll have her ～ for dinner. 彼女を夕食に家に招こう
❹ (相手へ)渡して，譲って ‖ I handed the paper ～ to him. 私は彼に書類を渡した / He went ～ to the enemy. 彼は敵側に回った / *Over* (to you). (無線で) 応答どうぞ
❺ **一面に**，至る所 ‖ The pond is frozen ～. 池は一面に凍っている / He traveled the whole world ～. 彼は世界中を旅した / paint a door ～ ドア一面にペンキを塗る
❻ (数量を) 超えて，以上 (↔ under) ‖ people of 20 and ～ 20歳以上の人々
❼ 余分に，残って ‖ I've paid all my debts and have $25 left ～. 借金を全部払って25ドル残っている / There was not much food left ～ in the fridge. 冷蔵庫には大して食べ物は残っていなかった / 6 into 31 goes 5 with 1 ～. 31割る6は5で1余り ❽ **終わりまで**，すっかり；じっくり ‖ Think it ～ before you answer. よく考えて答えを出しなさい ❾ **繰り返して**，《主に米》もう一度 (again) ‖ I saw the video three times ～. 僕はそのビデオを3回繰り返して見たよ / You should do this work ～. この仕事はやり直すべきだ ❿ 過度に，あまりに (❗日本語では「大げさ，誇張」の意味で「オーバー」という表現をよく使うが，英語の over の用法とは一致しないことが多い.「オーバーな表現」は an exaggeration という) ‖ Don't be ～ polite. ばか丁寧に振る舞ってはいけない / He didn't do it ～ well. 彼のした結果は少々まずかった
****àll óver*** ① **一面に**，至る所に ②《口》どう見ても，いかにも…らしい，全く ‖ That's Maggie *all* ～. それはいかにもマギーらしい
(***àll***) ***over agáin*** もう一度，改めて ‖ My computer crashed suddenly, and I had to write the e-mail message *all* ～ *again*. パソコンが突然クラッシュしてメールを初めから書き直さなければならなかった (♥ 煩わしさ・退屈・不快な気持ちをほのめかすこともある) / start [OR do it] (*all*) ～ *again* 初めからやり直す
óver against …に対して，…と対照的に；…に隣接して
****óver and òver*** (***agáin***) **何度も**，繰り返して
òver thére [***hére***] あそこ［ここ］で，向こう［こちら］に，あの［この］国で
òver to a pérson 次は〔人〕の番で
Thàt's a pèrson àll óver. ＝*all over* ②(↑)

COMMUNICATIVE EXPRESSIONS
2 **It's nòt óver until it's óver.** ① まだ終わってないよ (♥ まだ何とかなるので辛抱して頑張るよう励ます) ② 終わるまでは終わりじゃない；そうしたものだ(♥「当然のことだ」という意味の陳腐な表現)
3 「**We've been mèaning** [OR We **wànted**] **to hàve you óver.** 以前からおいでいただきたかったんです (♥ 来客を招き入れた後に用いる歓迎の表現)

―形《比較なし》《叙述》終わって，済んで ‖ The meeting is ～. 会議は終わった / My life is ～. 私の人生はおしまいだ
****àll óver*** **すっかり終わって**，完了して (♦《米口》ではときに目的語のない with を伴う)；《it を主語にして》〈…にとって〉もうおしまいで〈**with**〉‖ The confusion is *all* ～ (*with*). 混乱はすっかり鎮まった / It's *all* ～ *with* the president. 大統領はもう駄目だ
óver (***and dóne***) ***with*** 《しばしば get ... over with で》(いやなことが) すっかり終わって［片づいて］‖ The quarrel is ～ (*and done*) *with*. けんかはすっかり片がついている
―名 Ⓒ〖クリケット〗投手交代までの投球数《ふつう6球》
▸▸ **～ éasy** 形《米》(目玉焼きが) 片面焼けたところでひっくり返してその面も軽く焼いた ‖ I ordered two eggs ～ *easy* and bacon. ベーコン付きの両面焼きで卵2個を注文した

over- /oʊvər-/ 接頭 ❶《副詞・形容詞的に動詞・形容詞・副詞・名詞につけて》「あまりにも(too much)，あまりの」の意 (↔ under-) ‖ *over*do, *over*sleep, *over*anxious(ly), *over*population ❷《形容詞・前置詞的に名詞につけて》「上の，表の(outer)，高度の，余分の(extra)」などの意 ‖ *over*coat, *over*lord, *over*all ❸《副詞的に動詞につけて》「上に(above)，覆って，上から(下へ)」などの意 ‖ *over*flow, *over*shadow ❹《前置詞的に動詞につけて》動詞＋over ...の関係を表す ‖ *over*hang (＝hang over ...), *over*lie(＝lie over ...)

òver·achíeve 動 自 能力[期待]以上によい成績をあげる (↔ underachieve) **~·ment** 名

òver·achíever 名 C 期待以上の成績をあげる[あげようとする]人；標準よりよい成績をあげる人

òver·áct 動 他 自 (演技などを)大げさに演じる，(感情などを)大げさに表現しすぎる **-áction** 名

òver·áctive <シ> 形 活動しすぎる，活発すぎる

òver·áge[1] <シ> 形 年をとりすぎた，適齢を越えた

o·ver·age[2] /óuvərɪdʒ/ 名 U C 〖商〗(商品・金銭などの)(供給)過剰

*__o·ver·all__ /òuvərɔ́:l/ 《アクセント注意》<シ> (→ 名) 形 《比較なし》《限定》 ❶ 端から端までの ‖ the ~ length of a bridge 橋の全長 ❷ 一切を含む；総合的な；全般[全体]的な ‖ the ~ cost of a project 事業の総経費
—副 《比較なし》 ❶ 《文修飾》 NAVI 全般的に言えば ‖ The lecture was a bit dull, but ~ it was useful to me. 講義はちょっと退屈だったが，全体的には役に立った ❷ 全部[全体]にわたって，総合で ❸ 端から端まで
—名 /ˊ⌐ˋ/ (複 **~s** /-z/) C ❶ (~s) 《米》オーバーオール，胸当て付き作業ズボン(《英》dungarees)；《主に英》上下つなぎの作業着(《米》coveralls) ❷ 《英》(医師・子供などの)上っ張り，仕事着(smock)
▸▸ **~ majórity** 名 C 〖政〗 ① (選挙で)絶対多数の得票 ② 《英》絶対多数の政党と他政党全体の得票の差

òver·ambítious 形 ❶ (人が)野心過剰な，権勢欲が強すぎる ❷ (計画などが)(労力・費用・時間がかかりすぎて)成功の見込みがない

òver·ánxious <シ> 形 心配しすぎる
-anxíety 名 U C 過度の心配

òver·árch 動 他 …の上にアーチをかける，…の上にアーチ状にまたがる

òver·árching 形 《限定》 ❶ すべてを包含する；支配的な，何よりも重要な ❷ …の上にアーチ状をなす

óver·àrm 形 副 《主に英》=overhand ❶

òver·áwe 動 他 …を威圧する，脅しつける

òver·bálance (→ 名) 動 他 ❶ …より重量[価値]が勝る ❷ 《主に英》…の平衡を失わせる，…をひっくり返す
—自 《主に英》平衡を失う，ひっくり返る
—名 /ˊ⌐ˋ⌐/ U 《古》重量[価値]の過多[超過]

òver·béar 動 (**-bore** /-bɔ́:r/；**-borne** /-bɔ́:rn/；**~·ing**) 他 (重量・力で)…を押しつぶす；(権力などで)…を抑圧する，抑えつける；…を圧倒する

òver·béar·ing /-ɪŋ/ 形 高圧的な，横柄な，いばった(⇨ PROUD 類語) **~·ly** 副

òver·bíd (→ 名) 動 (**over·bid**；**-bid·ding**) 他 (競売で)〔物〕に高すぎる値をつける；〔人〕より高値をつける；〖ブリッジ〗〔相手・自分の手〕以上に高く競る —自 (競売で)高値をつける；〖ブリッジ〗高く競る —名 /ˊ⌐ˋ/ C 高値

òver·bíll 動 他 …に過大な請求をする；…に払いすぎる

óver·bìte 名 U 〖歯科〗被蓋咬合(ひがいこうごう)，過蓋咬合《上前歯が下前歯を隠すほどかみ合わせが深い状態》

óver·blòuse 名 C オーバーブラウス

òver·blówn 形 (花が)開きすぎた；誇張した，大げさな；もったいぶった，仰々しい；度がすぎた

*__óver·bòard__ 副 船外へ，(船から)水中へ ‖ Three men on the deck were washed ~. 甲板にいた3人が船から波にさらわれた / Man ~! 人が海に落ちたぞ
*__gò óverboard__ 〈自〉 極端に走る，〈…を〉やりすぎる〈**on, with**〉；〈…に〉夢中になる，入れ揚げる〈**for, about**〉
thròw ... óverboard 〈他〉〔考えなど〕を捨て去る，放棄する；〔人〕を見捨てる，お払い箱にする

òver·bóld 形 大胆すぎる；無謀な

òver·bóok 動 他 自 (飛行機・ホテルなどに)定員以上の予約を受け付ける

óver·brìdge 名 C 跨線橋

òver·brím 動 (**-brimmed** /-d/；**-brim·ming**) 自 (液体などが)あふれる —他 …からあふれさせる **~·ming** 形

òver·búild 動 (**-built** /-bílt/；**~·ing**) 他 ❶ …の上に建てる ❷ 〔ある地域〕に家を建てすぎる；〔建物〕を(たくさん)建てすぎる ❸ …にとって大き[ぜいたく]すぎる家を建てる；〔建物〕をぜいたくに建てすぎる ‖ ~ oneself 分不相応な家を建てる —自 建物を建てすぎる

òver·búrden (→ 名) 動 他 《通例受身形で》負担になりすぎる，重荷がかかりすぎる ‖ ~*ed* with stress ストレス過剰で —名 /ˊ⌐ˋ⌐/ ❶ C 過重な荷物 ❷ U 鉱脈を覆っている岩や土

òver·búy 動 (**-bought** /-bɔ́:t/；**~·ing**) 他 …を多く買いすぎる —自 支払能力を考えずに買い込む

òver·cáll (→ 名) 〖ブリッジ〗 動 他 自 (相手・自分の手以上に)高く競る —名 /ˊ⌐ˋ/ C 競り上げ

òver·cáme 動 overcome の過去

òver·capácity 名 U 過剰(生産)能力

òver·cápitalize 動 他 〔会社〕に経営状態に比して過大な資本を持たせる，過剰に資本を投下する；〔会社〕の資本を過大に評価する **-capitalizátion** 名

òver·cást <シ> (→ 名) 形 ❶ 一面に曇った ‖ an ~ day [sky] どんより曇った日[空] ❷ 〖裁縫〗(ほつれ止めに)へりをかがった —動 (**-cast**) 他 ❶ (雲などが)…を覆い隠す，陰らせる ❷ …をかがる，かがり合わせる —自 曇る，暗くなる —名 /ˊ⌐ˋ/ U 空を覆う雲
▸▸ **~ stítch** 名 U C 裁ち目かがり

òver·cáutious 形 用心深すぎる **-cáution** 名

òver·chárge (→ 名) 動 他 ❶ 〔人〕に〈…の対価として〉法外な代金を請求する〈**for**〉 ❷ …に詰め込みすぎる；…に過充電する；〔文章・芸術作品〕に題材を詰め込みすぎる，の表現を凝りすぎる —自 法外な代金を請求する
—名 /ˊ⌐ˋ/ C ❶ 法外な値段 ❷ 詰め込みすぎ；過充電

òver·clóud 動 他 …をすっかり雲で覆う；…を暗く[陰気に]する —自 雲で覆われる，暗くなる

*__óver·còat__ 名 C ❶ オーバー(コート)，外套(がいとう) ❷ (ペンキなどの)上塗り

‡**o·ver·come** /òuvərkʌ́m/ 《アクセント注意》
—動 (**~s** /-z/；**-came** /-kéɪm/；**-come** /-kʌ́m/；**-com·ing**)
—他 ❶ …を**克服する**，乗り越える(⤷ get over, break through) ‖ ~ [a **problem** [difficulties] 問題を乗り越える[困難に打ち勝つ]
❷ …に**打ち勝つ**，…を打ち負かす，征服する(⤷ beat, defeat, break down) ‖ ~ one's enemy 敵に打ち勝つ
❸ 《通例受身形で》(精神的・肉体的に)〈…で〉まいる；〈ある感情などに〉とらわれる，圧倒される；〈煙・有毒ガスなどに〉やられる〈**by, with**〉 ‖ be ~ *by* [OR *with*] hunger [lack of sleep] 空腹[寝不足]でまいる / be ~ *by* [OR *with*] fear 恐怖にとらわれる
—自 打ち勝つ，征服する；克服する(⇨ CONQUER 類語) ‖ We shall ~. 我々は勝つ；「勝利を我等に」

òver·commít 動 (**-commit·ted** /-ɪd/；**-commit·ting**) 他 …に能力以上の(返済などの)義務[責任]を負わせる —自 能力以上の義務[責任]を負う

òver·compensátion 名 U 〖心〗過補償，代償過度
-cómpensate 動 他 自

òver·cónfidence 名 U 自信過剰，うぬぼれ

òver·cónfident 形 自信過剰の，うぬぼれの強い
~·ly 副

òver·cóok 動 他 …を煮[焼き]すぎる

òver·crítical 形 批判的すぎる

òver·cróp 動 (**-cropped** /-t/；**-crop·ping**) 他 〔土地〕を多作[連作]しすぎてやせさせる

òver·crówd 動 他 …に詰め込みすぎる，…を超満員にする
~·ed 形 超満員の，満杯の **~·ing** 名

òver·devélop 動 他 ❶ …を過度に発達[開発]させる ❷ 〖写〗…を現像しすぎる **~ed** 形 **~·ment** 名

*__òver·dó__ 動 (**-does** /-dʌ́z/；**-did** /-dɪ́d/；**-done** /-dʌ́n/；**~·ing**) 他 ❶ …をやりすぎる；…を使いすぎる；…を誇張しすぎる ‖ ~ the diet ダイエットをやりすぎる ❷ …を煮[焼き]すぎる；(《-done で形容詞として》)煮[焼き]すぎた ‖ an

overdone steak 焼きすぎのステーキ ❸〔人〕を疲れさせる ‖ ～ oneself 無理をする ―自 やりすぎる；無理をする
overdó it；*overdò thíngs* やりすぎる；無理をする

óver·dòg 名 C《口》圧倒的に優位の人, 強者(↔ underdog)

***óver·dòse** (→ 動) 名 C 薬の盛り［飲み］すぎ ‖ an ～ of sleeping pills 睡眠薬の飲みすぎ ―動 /ˌ---ˊ/ 他 …に薬を過剰に飲ませる ―自 薬を飲みすぎる
òver·dósage 名

óver·dràft 名 C 当座貸越し［借越し］(高)
⏩～ **facílity** 名 C《英》〖商〗借越協約

òver·dráw 動 (**-drew** /-drúː/；**-drawn** /-drɔ́ːn/；～**·ing**) 他 ❶《通例受身形で》(人が)預金額以上に借りる［引き出す］, 借り越す, 過振りする；(口座が)借り越しになる ❷ …を誇張する ―自 超過引き出しする

òver·dréss (→ 名) 動 自 着飾りすぎる ―他《受身形で》着飾りすぎる ―名 /ˊ-ˌ-/ C オーバードレス《ドレスやスカートの上にさらに重ねて着るもの》

óver·drìve (→ 動) 名 ❶ (＝～ **gèar**) C (自動車の) オーバードライブ(ギア) ❷ U《口》精力的に動き回ること；フル回転, 過熱(状態), やりすぎ ‖ She is in ～ to finish her degree. 彼女は学位をとろうと必死になっている
gò [OR *mòve, shìft*] *into óverdrive* 猛烈に活動し始める ―動 /ˌ---ˊ/ (**-drove** /-dróuv/；**-driv·en** /-drívən/；**-driv·ing**) 他 …を酷使する

òver·dúb (→ 名) 動 (**-dubbed** /-d/；**-dub·bing**) 他 (すでに録音したものに)〔別の音〕を重ね録音する ―名 /ˊ-ˌ-/ C 多重録音 ‖ a guitar ～ ギター演奏の重ね録音

òver·dúe ⟨シ⟩ 形 ❶ 支払期限を過ぎた；(予定の日時より)遅れた；(出産が)予定日を過ぎた；(乗り物が)延着した；(図書館の本などが) 返却期限を過ぎている ‖ an ～ bill 支払期限の過ぎた請求書 / The plane is twenty minutes ～. 飛行機は20分遅れている / Your DVD is ～.＝You're ～ with your DVD. あなたがお借りになったDVDは返却期限が過ぎています ❷ 延び延びになった ‖ long ～ reforms ずっと先送りされている改革

òver·éager 形 熱心すぎる, 熱中しすぎる ～**·ly** 副

òver·éat 動 (**-ate** /-éɪt/；**-eat·en** /-íːtən/；～**·ing**) 自 食べすぎる ～**·ing** 名

òver-égg 動《次の成句で》
òver-egg the púdding《主に英》やりすぎる

òver·émphasis 名 U 〈…の〉過度の強調〈**on**〉

***òver·émphasize** 動 他 …を強調しすぎる ‖ The importance of computer literacy cannot be ～*d*. コンピューターリテラシーの大切さはいくら強調してもしすぎることはない

òver·éstimate (→ 名) 動 他 …を過大に評価する［見積もる］, 買いかぶる ―名 /ˌ-ˊ---/ U 過大評価
-estimátion 名

òver·excíted 形 興奮しすぎた

òver·exért 動 他《～ oneself で》無理な努力をする
-exértion 名

òver·expóse 動 他 ❶〖写〗〔フィルムなど〕を露出オーバーにする ❷ …を〈日光・風雨などに〉さらしすぎる〈**to**〉‖ Don't ～ yourself *to* the sun. あまり日光に当たりすぎないようにしなさい ❸《通例受身形で》(タレントなどが) マスメディアへの露出過多で飽きられる
-expósure 名 U〖写〗露出過度［オーバー］；(日光・風雨・人目などに)さらしすぎること

òver·exténd 動 他 ❶ …を拡大し［伸ばし］すぎる ❷ …に無理をかけすぎる ‖ ～ oneself 無理をしすぎる
～**·ed** 形 **-exténsion** 名

òver·féed 動 (**-fed** /-féd/；～**·ing**) 他 …に食物を与えすぎる ―自 食べすぎる **-féd** 形

òver·fíll 動 他 …をいっぱいにする, あふれさせる ―自 あふれ出るほどいっぱいになる

òver·físh 動 他〔川など〕の魚を乱獲する ～**·ing** 名

óver·flìght 名 U C〖空〗上空通過, 領空侵犯

***o·ver·flow** /òuvərflóu/ (→ 名) 動 自 ❶ (川などが) 氾濫(はんらん)する ❷〈…が〉ふんだんにある, 〈…で〉いっぱいである〈**with**〉‖ Our living room ～*ed with* guests. 我が家の居間は客であふれんばかりだった / He [OR His heart] is ～*ing with* kindness. 彼にはあふれんばかりの優しさがある ❸ (容器などから)あふれる, こぼれる(➡ run over)；(入りきらずに)〈…に〉あふれ出す〈**into**〉‖ The bath is ～*ing*. ふろがあふれている / The crowd ～*ed into* the street. 群衆が通りにあふれ出した / full [OR filled] to ～*ing* あふれんばかりにいっぱいで
―他 ❶ (川などが) …に氾濫する ❷ …(の縁・堤防)からあふれる, こぼれる ‖ The water ～*ed* the glass. 水がコップからあふれた ❸〔部屋など〕から(入りきらずに)あふれ出す
―名 /óuvərflòu/ ❶ U/C《単数形で》あふれること, 氾濫, 洪水 ❷ U/C《単数形で》あふれ出るもの；過多, 過剰 ‖ an ～ of people from the cities 町からあふれ出した人々 / an ～ crowd あふれんばかりの群集 ❸ (＝～ **pìpe**) C オーバーフロー管, 溢水(いっすい)管《タンクなどの水位が想定以上に上がったときに水があふれるのを防ぐ排水管》 ❹ C《通例単数形で》💻 オーバーフロー《演算処理・結果が扱える容量の限界を超えてしまうこと》
⏩～ **mèeting** 名 C (本会場からあふれた人々の) 第2会場での会合

òver·flý ⟨シ⟩ 動 (**-flew** /-flúː/；**-flown** /-flóun/；～**·ing**) 他 …の上空を飛ぶ；…を越えて飛ぶ

òver·fónd 形 〈…を〉過度に好む, 溺愛する〈**of**〉

òver·fúll 形 あふれんばかりの, 超満員の

òver·fúnd 動 他 …に必要以上の資金を提供する

óver·gàrment 名 C 上着, 外衣

òver·géneralize 動 他 …を一般化しすぎる

òver·génerous 形 気前がよすぎる, 寛大すぎる

óver·glàze (→ 動) 名 U (陶磁器の)上釉(うわぐすり)
―形《限定》(絵などを)上釉面に描いた［施した］
―動 /ˌ--ˊ/ 他 …に上釉をかける, 重ね塗りをする

òver·gráze 動 他〔牧草地など〕に放牧しすぎる

óver·gròund 形 副 地上の［に］(↔ underground)

òver·grów 動 (**-grew** /-grúː/；**-grown** /-gróun/；～**·ing**) 他 ❶ …の一面に生える, …にはびこる ❷ …よりもよく成長する, 大きくなる ‖ ～ one's coat 発育して上着が着られなくなる
―自 ❶ 大きくなりすぎる ❷ (雑草などが)はびこる

òver·grówn ⟨シ⟩ 形 ❶ 〈草木が〉一面に生い茂った〈**with**〉 ❷《通例限定》⊗《蔑》成長しすぎた, 大きくなりすぎた ‖ behave like an ～ child おとなのなりをして子供のように振る舞う

óver·gròwth 名 ❶ U 育ちすぎ, 大きくなりすぎ；繁茂 ❷ C 一面に生い茂るもの

óver·hànd 形 副 ❶《主に米》〖スポーツ〗オーバーハンドの［で］, 上手投げの［で］(↔ underhand)；〖水泳〗抜き手の［で］(《英》overarm)；〖ボクシング〗(パンチが) 上から打ち下ろしの［で］‖ ～ pitching オーバースロー (→ overthrow 名 ❷) ❷ (握り方などが) 手を上から当てた［て］ ❸〖裁縫〗かがり縫いの［で］

òver·háng (→ 名) 動 (**-hung** /-hʌ́ŋ/；～**·ing**) 他 ❶ …の上に張り出す［突き出る］(hang over) ‖ The cliff ～*s* the stream. 絶壁が流れの上に張り出している ❷ (危険・事件などが) …に差し迫る, …をおびやかす ‖ The threat of war *overhung* us. 戦争の脅威が我々に差し迫っていた ―自 上に張り出す［突き出る］
―名 /ˊ-ˌ-/ C ❶ 張り出し(度), 突き出し；突出部分；〖建〗(屋根・2階などの)張り出し；〖海〗(船首などの)突出部 ❷《主に米》(商品などの)過剰；過剰商品

òver·hárvest 動 他 …を乱獲する

òver·hásty 形 気が早すぎる, 性急すぎる

***o·ver·haul** /òuvərhɔ́ːl/ (→ 名) 動 他 ❶ …を分解修理［整備］する, オーバーホールする；〔システムなど〕を総点検する；〔人〕を精密検査する ❷ …を追い抜く ❸〖海〗〔索具〕を緩める

O

―名 /óʊvərhɔ̀ːl/ C 分解修理[整備], オーバーホール；総点検；健康診断 **~·er** 名

*o·ver·head /òʊvərhéd/ ⦅シ⦆(→ 形 名) 副 頭上に；空高く；階上で ‖ the twinkling stars ~ 頭上にきらめく星

―形 /ˊ ˌ ˌ/ ❶ 頭上の, 上空の；高くした ‖ ~ cables [OR wires] 高架線 ❷《限定》〖商〗一般経費の, 間接費の ‖ ~ charges [OR expenses] 一般経費, 間接費 ❸〖機〗(駆動装置が)オーバーヘッド方式の

―名 /ˊ ˌ ˌ/ ❶ U/C《英では通例 ~s》《集合的に》〖商〗一般経費, 間接費 ❷ C〖テニス・バドミントン〗スマッシュ ❸ C オーバーヘッドプロジェクター用フィルム ❹ C〖海〗(特に船の個室の)天井 ❺ C 頭上の照明具

▶▶ ~ **projéctor** 名 C オーバーヘッドプロジェクター《略 OHP》

*o·ver·hear /òʊvərhíər/ 動 (**-heard** /-hə́ːrd/；**~·ing**) 他 **a** (+目)…を偶然耳にする(♦「立ち聞きする」は eavesdrop (on)) ‖ I *overheard* a rumor about you. 君に関するうわさを耳にしたよ / ~ their conversation 彼らの会話を偶然耳にする **b** (+目+*do* / *doing*) …が…する[している]のを偶然耳にする ‖ Jane *overheard* her colleagues talking about her. ジェーンは同僚が自分のことを口にしているのを(たまたま)耳にした ―自 偶然耳にする

òver·héat 動 他 …を過熱する；…を過度に刺激[扇動]する ‖ ~ the economy 経済を過熱させる ―自 過熱する；(需要の急増で)インフレになる **~·ing** 名

òver·hýpe (→ 名) 動 他 …を誇大に宣伝[主張]する

―名 /ˊ ˌ ˌ/ U 誇大宣伝[広告]

òver·indúlge 動 他 ❶ …を甘やかしすぎる ‖ ~ oneself わがまま勝手をする ❷ …にふけりすぎる

―自 思いどおりにする；食べ[飲み]すぎる

òver·indúlgence 名 U 甘やかしすぎ；耽溺(たんでき)

òver·indúlgent 形 甘やかしすぎの；勝手気ままの

òver·infláted 形 ❶ (値段が) 高すぎる ❷ 誇張された ❸ (空気で)ふくらみすぎた

*òver·jóyed ⦅シ⦆ 形《叙述》大喜びで〈**at** …に / **to** *do* …して / **that** 節 …ということに〉‖ He was ~ *at* his success. 彼は成功に有頂天だった

óver·kìll (→ 動) 名 U ❶ (核兵器による) 過剰殺戮(さつりく)[破壊]力 ❷ 過剰, 行きすぎ；経済政策の行きすぎ, 過剰引き締め ‖ a propaganda ~ 宣伝過剰

―動 /ˊ ˌ ˌ/ 他 …を過剰殺戮する

òver·láden ⦅シ⦆ 形 荷を積みすぎた；負担が重すぎる

*óver·lànd (→ 副) 形 陸路の ‖ an ~ route 陸路

―副 /+英 ˊ ˌ ˌ/ 陸路で

*o·ver·lap /òʊvərlǽp/ (→ 名) 動 (**-lapped** /-t/；**-lap·ping**) 他 ❶ …の一部を覆う, …と部分的に重なり合う, 重複[共通]する；…を部分的に重なり合わせる ‖ Shingles are laid so that they ~ each other. 屋根板はそれぞれ重なり合うようにふいてある ❷ …を(覆ってさらに)はみ出る

―自〈…と〉部分的に重複[共通]する, (時間などが)一部かち合う, オーバーラップする〈**with**〉‖ My wife's free time didn't ~ *with* mine. 妻の暇な時間と私の暇な時間とが合わなかった

―名 /óʊvərlæ̀p/ U C 部分的重複[一致]；重複部分；重複の度合い；〖映〗(画面の)オーバーラップ

òver·láy (→ 名) 動 (**-laid** /-léɪd/；**~·ing**) 他 (♦しばしば受身形で用いる) ❶ …の表面を〈…で〉覆う[飾る]；…を〈…で〉上張り[上塗り]する〈**with**〉‖ fingernails *overlaid with* silver 銀色のマニキュアをしたつめ ❷ …を (…の上に) 置く[広げる]；…の上に重なる ❸ …に〈効果・印象などを〉付与する〈**with**〉

―名 /ˊ ˌ ˌ/ U C ❶ 覆い；(装飾用の)上張り, 上塗り, 上敷き ❷ C (地図などに重ね合わせる) 透明シート《付加的な情報が印刷されている》 ❸ 💻 画像の同時複数表示；オーバーレイ《大きなプログラムを実行するためのメモリーの使用方法の1つ》；オーバーレイされたコードやデータ

óver·lèaf /英 ˊ ˌ ˌ/ 副 裏面に, 次ページに

òver·léap 動 (**-leaped** /-líːpt- | -lépt/ OR **-leapt** /-lépt/；**~·ing**) 他 ❶ …を跳び越す；(~ oneself で)やりすぎて失敗する ❷ …を見落とす, 省く；…を無視する

òver·líe 動 (**-lay** /-léɪ/；**-lain** /-léɪn/；**-ly·ing**) 他 ❶ …の上に横たわる ❷〔赤ん坊〕に添い寝して窒息死させる

*òver·lóad (→ 名) 動 他 …に〈荷物などを〉積み[載せ]すぎる〈**with**〉；…に負担をかけすぎる；…に過充電する

―名 /ˊ ˌ ˌ/ C《単数形で》積みすぎ；過充電, 過負荷(の度合い) ‖ an ~ of stress 過重なストレス

òver·lóng ⦅シ⦆ 形 長すぎる ―副 あまりに長く

*o·ver·look /òʊvərlʊ́k/ (→ 名) 動 他 ❶ …を見落とす, …に気づかない；…を無視する；…を〈昇進・選抜などの〉候補から外す, 除外する〈**for**〉(⇨ NEGLECT 類語) ‖ You have ~*ed* a couple of important matters. あなたは肝心なことを2, 3見落としています / We can't ~ our economic problems. 我々は経済問題を無視することはできない / be ~*ed for* promotion 昇進の機会を外される ❷ …を大目に見る, 見逃してやる ‖ I'll ~ your lateness this time, but don't be late again. 今回は遅れたことを大目に見よう, でも二度と遅れないように ❸ (場所・建物が) …の見晴らしのきく位置にある, …の上にそびえ立つ；(人が) …を見下ろす, 見渡す ‖ The hotel ~*s* the sea. そのホテルからは海が見渡せる ❹《古》…を監視する

―名 /óʊvərlʊ̀k/ C《主に米》見晴らしのいい場所

óver·lòrd 名 C (封建時代の) 大君主；大立者 ‖ an ~ of the financial world 財界の大立者 **~·shìp** 名

*o·ver·ly /óʊvərli/ 副《しばしば否定文で》あまりに, 過度に；とても (♦形容詞を修飾する) ‖ He's neither ~ fat nor skinny. 彼は太りすぎでもやせすぎでもない

òver·mán (→ 名) 動 (**-manned** /-d/；**-man·ning**) 他 …に人員を過剰に配置する(中立 overstaff)

―名 /ˊ ˌ ˌ/ C ❶ 職長, 監督者 (中立 supervisor) ❷〖哲〗超人

-manned 形 人員過剰の **-mán·ning** 名

óver·màntel 名 C (マントルピースの上の)飾り棚

òver·máster 動 他《文》…を圧倒する, 支配する(overpower) **~·ing** 形 圧倒的な, 支配的な

òver·mátch (→ 名) 動 他《主に米》…に勝る, …をしのぐ, …を圧倒的な差で打ち破る；…を強敵と対戦させる

―名 /ˊ ˌ ˌ/ C 一方的な試合

òver·múch ⦅シ⦆ 形 過度[過分]の

―副《通例否定文で》過度[過分]に ‖ I didn't worry ~ about the exam. 試験のことはそんなに気にしなかった

*o·ver·night /òʊvərnáɪt/ ⦅シ⦆ (→ 動 名) 副 ❶ 夜間に, 夜通し, 一晩 (中) ‖ stay ~ at a friend's house 友達の家で一泊する

❷ 一夜のうちに, 突如として, 突然 ‖ become famous ~ 一夜にして有名になる ❸ 前夜のうちに ‖ make preparations ~ 前夜のうちに準備をする

―形《限定》❶ 夜間の, 夜通しの ‖ an ~ trip 夜を徹しての旅 / an ~ train 夜行列車 ❷ 突然の, にわかの ‖ become an ~ celebrity 一躍有名人になる ❸ 一泊(用)の；小旅行(用)の ‖ an ~ guest 一夜の客 ❹ 翌日配達の ‖ ~ mail 翌日配達郵便 / (an) ~ delivery (service) 翌日配達(便[業務])

―動 /óʊvərnàɪt/ 自 (+副句)(ある場所に)一泊する

―他《米》…を翌日配達郵便で送る

―名 /óʊvərnàɪt/ C 一晩の滞在, 一泊旅行

▶▶ ~ **bàg** 名 C 小旅行用のかばん ~ **lénding ràte** 名 C〖金融〗オーバーナイト金利《銀行間の超短期の金利》

òver·níghter 名 C ❶ 一泊する人 ❷ =overnight bag ❸《米》一泊旅行

òver-optimístic 形 ❶ あまりに楽天的な ❷ (結果が) 期待したほどよくはない

òver·páck 動 他〔容器〕に詰め込みすぎる

―自 (容器内の) 物品に保護用資材を付加する

óver·pàss (→ 動) 名 C (道路・線路などにかかる) 陸橋, 歩道橋, 跨線(こせん)橋, 高架道路 (《英》 flyover) ‖ a pedestrian ~ 歩道橋

—動 /⌐⌐⌐/ 他…を越す, 越える；…より勝る
òver·páy 動 (**-paid** /-péɪd/；**~·ing**) 他〔人〕に余分に払いすぎる；〔代金など〕を払いすぎる —自 余分に払いすぎる
~·ment 名
òver·pláy 動 他 ❶〔役〕を大げさに演じすぎる ❷…を過大評価する ‖ ~ one's hand 自分を過信して失敗する
óver·plùs 名 U《旧》過剰, 過多(surplus)
òver·pópulate 動 他〔地域〕を人口過剰にする —自 (動物が)急速に繁殖する
òver·populátion 名 U 人口過剰
***òver·pówer** 動 他 ❶ (感情的に)…を圧倒する；(強い影響力などで)…をまいらせる ‖ I was ~*ed* by「her beauty [the smoke]. 彼女の美しさ[その煙]に圧倒された ❷…を圧倒的な力で打ち破る, 圧する；…を取り押さえる, 押さえ込む；(味・色などが)強すぎて〔ほかの味・色など〕を殺す, …の影を薄くする ‖ It took three policemen to ~ the drunken man. 警官は3人がかりでその酔っ払いを押さえつけた ❸〔機械〕に強すぎる動力をつける
~·ing 形 圧倒的な, 抗し難い **~·ing·ly** 副
òver·prescríbe 動 他〔薬〕を過剰処方する
-prescríption 名
òver·príce 動 他…に高い値をつけすぎる (♦ しばしば ~d で形容詞として用いる)
òver·prínt (→ 名) 動 他《印》〔すでに印刷してあるもの〕に〈…を〉重ね刷りする〈**with**〉；…を〈…に〉重ね刷りする〈**on**〉
—名 /⌐⌐⌐/ C 加刷(された郵便切手)；U 重ね刷り
òver·prodúce 動 他…を過剰生産する
-prodúction 名 U 過剰生産
òver·próof 形 標準量以上のアルコールを含んだ
òver·protéct 動 他〔子供など〕を過保護にする
-protéction 名 U 過保護 **-protéctive** 形
òver·quálified ⟨シ⟩ 形 (ある仕事などに)必要以上の経験[学歴]がある
òver·ráte 動 他《通例受身形で》過大評価される
òver·réach 動 他 ❶…を出し抜く, だます ❷…より先まで届く, はみ出す ❸〔目標など〕を行きすぎる, 通り越す
—自 ❶ 体を無理に伸ばす ❷ (馬が)後足で前足をける
overréach onesèlf やりすぎて[無理しすぎて]失敗する
òver·reáct 動 自〈…に〉過剰反応する〈**to**〉
-reáction 名 U/C《単数形で》過剰反応
òver·refíne 動 他…を緻密(ちみつ)にしすぎる
òver·régulate 動 他…を規制しすぎる
òver·represént 動 他…の中で不均衡なほど多数を占める **-representátion** 名
òver·ríde (→ 名) 動 (**-rode** /-róʊd/；**-rid·den** /-rídən/；**-rid·ing**) 他 ❶…を無効にする, 覆す ‖ The President's veto was *overridden* by Congress. 大統領の拒否権は議会で覆された ❷…より優位に立つ, …に優先する ‖ Fear *overrode* all other considerations. 恐怖のためにほかに何も考えられなかった ❸〔自動制御装置〕を手動に切り替える ❹…に(部分的に)重なる
—名 /⌐⌐⌐/ ❶ C 無効にすること ❷ C U (自動制御装置の)補助手動装置(の使用) ❸ C 歩合
óver·rìder 名 C《英》オーバーライダー《自動車のバンパーの両サイドに縦に取りつけた食い込み防止金具》
òver·ríding 形《限定》最も重要な, 最優先の
òver·rípe 形 熟しすぎた, 旬(しゅん)を過ぎた
òver·rúle 動 他 ❶ (地位の上の人などが)〔ほかの人(の決定・提案など)〕を覆す, 却下する ‖ ~ a previous decision 前の決定を覆す / (Objection) ~*d*. 異議は認めません (♥ 法廷での裁判官の言葉)(↔ (Objection) sustained. (異議を認めます)) ❷《文》…を支配する
***o·ver·run** /òʊvərrʌ́n/ (→ 名) 動 (**-ran** /-rǽn/；**-run**；**-run·ning**) 他 ❶〔敵国など〕を侵略する, 占領する ‖ Hitler's army *overran* Poland in 1939. ヒトラーの軍隊は1939年にポーランドを侵略した ❷(雑草などが)…にはびこる；(望ましくないものが)…に群がる；…を蹂躙(じゅうりん)する(♦ しばしば受身形で用いる) ‖ a garden *overrun* with [OR by] weeds 雑草の生い茂った庭 ❸〔限度・予算など〕を超える；…より行きすぎる；《野球》〔塁〕をオーバーランする ‖ His speech *overran* the time limit. 彼のスピーチは制限時間を超えた / The plane *overran* the runway. 飛行機は滑走路を行きすぎた / Costs *overran* the budget by 10%. 経費は予算を10%超えた ❹(川などが)…に氾濫(はんらん)する, …からあふれる ❺《印》…を余分に刷る；(行などが)…をオーバーする；〔行・段など〕の一部を次の行[段など]に送る —自 ❶ (制限時間・予定額などを)超過する ❷ 氾濫する, あふれる
—名 /óʊvərʌ̀n/ C ❶ 行きすぎ, オーバーラン ❷ 超過；《通例 an ~》超過量[額, 時間] ❸ 過剰生産量；《印》余分に刷ったもの ❹ 滑走路の補助スペース ❺ U (機械などの)過回転, オーバーラン
‡o·ver·seas /òʊvərsíːz/, +《英》**-sea** /-síː/ ⟨シ⟩
—形《比較なし》《限定》**海外の**, 外国(で)の, 海外[外国]への[からの]；海外向け[行き]の ‖ ~ markets 海外市場 / ~ trade 外国貿易 / ~ travel 海外旅行 / an ~ student 外国からの留学生 / an ~ broadcast 海外向け放送
—副《比較なし》**海外へ**[に, で](abroad) ‖ go [travel] ~ 海外へ出かける[旅行する] / work [live] ~ 海外で働く[に住む] / students ~ 海外で学んでいる学生
—名《単数扱い》海外, 外国 ‖ from ~ 海外から
***o·ver·see** /òʊvərsíː/ 動 (**-saw** /-sɔ́ː/；**-seen** /-síːn/；**~·ing**) 他 ❶〔従業員・仕事・活動など〕を監督する, 取り締まる ❷…を概観する
óver·sèer /-sìər/ 名 C ❶ (現場)監督 ❷ 監視者, 監視機関
òver·séll 動 (**-sold** /-sóʊld/；**~·ing**) 他 ❶ (在庫・生産量以上に)…を売りすぎる, 空売りする ❷…を誇大に宣伝する, 売り込みがすぎる
òver·sénsitive 形 (人や計器などが)敏感[鋭敏]すぎる, あまりにも感じやすい
òver·sét 動 (**-set**；**-set·ting**) 他 ❶ (精神的・肉体的に)…を動転させる ❷ (一定のスペースに)〔活字〕を詰め込みすぎる —自 活字が組みすぎになる, 紙面が窮屈になる
óver·sèw /-sòʊ/ 動 (**-sewed** /-d/；**-sewed** OR **-sewn** /-sòʊn/；**~·ing**) 他〔縁〕をかがる；…をかがり合わせる
òver·séxed ⟨シ⟩ 形 セックス[性欲]過剰の
òver·shádow 動 他 ❶…に影を投げかける；…を暗く[陰うつに]する ❷ (比較によって)…を見劣りさせる, …の影を薄くさせる(♦ しばしば受身形で用いる)
òver·shíne 動 他…に輝きが勝る(outshine)；…を照らす
óver·shìrt 名 C オーバーシャツ《ほかの衣類の上から着る》
óver·shòe 名 C《通例 ~s》(靴の上から履く)オーバーシューズ
òver·shóot (→ 名) 動 (**-shot** /-ʃɑ́(ː)t | ʃɔ́t/；**~·ing**) 他 ❶〔的など〕を射越(して外)す ❷…より行きすぎる；(飛行機が)(離着陸の際に)〔滑走路〕を行きすぎる ❸〔資金など〕の限度を越える —自 的を外れる, 遠くに飛びすぎる；度を越す —名 /⌐⌐⌐/ C 射すぎ；行きすぎ
óvershot whèel 名 C 上射式の水車
óver·sìght 名 ❶ U C 見落とし, 手落ち, 不注意 ‖ through an ~ うっかりして ❷ U《堅》監視, 監督
òver·símplify 動 (**-fied** /-d/；**~·ing**) 他 自 (…を)単純化しすぎる **-simplificátion** 名
óver·síze, òver·sízed ⟨シ⟩ 形 特大の(outsize)；大きすぎる
óver·skìrt 名 C オーバースカート《スカートやドレスに重ね着する短めのスカート》
òver·sléep 動 (**-slept** /-slépt/；**~·ing**) 自 寝坊する, 寝過ごす —他〔約束の時間など〕を寝過ごす
òver·spénd (→ 名) 動 (**-spent** /-spént/；**~·ing**) 他 ❶〔収入など〕より以上に金を使いすぎる ❷…を消耗させる
—自〈…に〉金を使いすぎる〈**on**〉
—名 /⌐⌐⌐/ C《単数形で》《英》金の使いすぎ
-spént 形 **~·er** 名

óver·spìll (→ 動) 名 U ❶ あふれること；あふれたもの ❷《英》(特に都市から郊外へ移動する)余剰人口
―― 動 /⸗⸗⸗/ (**-spilled** /-d/ OR **-spilt** /-spìlt/；**~·ing**) 自 あふれ出る，こぼれる

òver·spréad 動 (**-spread**；**~·ing**) 他 …を一面に覆う；…の一面に広がる ‖ mountains ~ with trees 一面樹木に覆われた山々

òver·stáff 動 他 …に必要以上の従業員を配置する

o·ver·staffed /òʊvərstǽft | -stɑ́:ft/ 形 人員過剰の

òver·státe 動 他 …を大げさに話す，誇張する (exaggerate) **~·ment** 名 C U 誇張

òver·stáy 動 他 …に〔限度〕以上に長居する［長く滞在する］‖ ~ one's visa ビザが切れた後も滞在する

óver·stèer (→ 動) 名 U (自動車の) オーバーステア《カーブを曲がるときハンドルを切った角度以上に車体が切れ込むこと》，ステアリングのききすぎ(↔ understeer)
―― 動 自 /⸗⸗⸗/ ステアリングがききすぎる

òver·stép 動 (**-stepped** /-t/；**-step·ping**) 他〔境界・限度〕を(踏み)越える

òver·stóck (→ 名) 動 他 …を仕入れ［買い込み］すぎる；〔店など〕に〈商品などを〉過剰に在庫する〈**with**〉；〔農場〕に家畜を入れすぎる ―― 名 /⸗⸗⸗/ U 供給過多；C 過剰在庫

òver·stráin (→ 名) 動 他 …を緊張させすぎる；〔体力・能力〕を無理に使いすぎる ―― 自 無理をする，緊張しすぎる
―― 名 /⸗⸗⸗/ U 過度の緊張，頑張りすぎ

òver·stréss 動 他 ❶ …を強調しすぎる ❷ …を過度の緊張［重圧］にさらす ❸〔金属〕に変形点まで圧力を加える
―― 名 /⸗⸗⸗/ U 過度の緊張［重圧］

òver·strétch 動 他 ❶ …を伸ばしすぎる；…に無理をさせる ‖ ~ oneself (自分の限度以上に) 無理しすぎる ❷ …の上に伸びる ―― 自 体などを伸ばしすぎる **~ed** 形

òver·strúng ◁シ 形 ❶《旧》(人(の神経)などが) 緊張しすぎた ❷ (弓などが)あまりにも張り詰めた；(ピアノの弦を)ほかの弦の上に斜めに交差して張った

òver·stúff 動 他 ❶ …に詰め込みすぎる ❷〔いすなど〕に厚い詰め物をして上張りする **~ed** 形

òver·subscríbed 形 (株などが) 募集額以上に申し込みのある，(講座・チケットなどが) 予定以上に申し込みのある ‖ be three times ~ 予定の3倍の申し込みがある

óver·supplỳ /英 ⸗⸗⸗⸗/(→ 動) 名 U C 供給過剰
―― 動 /⸗⸗⸗⸗/ 他《通例受身形で》供給過剰になる

o·vert /oʊvə́:rt/ 形 公然の，明白な；公開の(↔ covert) ‖ ~ hostility 公然の敵意 / an ~ act 〖法〗犯罪を意図していたことが明白な行為 **~·ly** 副

***o·ver·take** /òʊvərtéɪk/ 動 (**-took** /-tʊ́k/；**-tak·en** /-téɪkən/；**-tak·ing**) 他 ❶ (数量・程度・強さなどで)〔他者〕を追い抜く，上回る ‖ Exports have already *overtaken* last year's figure. 輸出額はすでに昨年の数字を上回った / ~ all other countries in semiconductor production 半導体の生産でほかのすべての国を上回る ❷ …に追いつく(catch up with)；《主に英》(追いついて)…を追い越す，追い抜く(《米》pass，pull ahead of) ‖ The cyclist *overtook* us on the mountain road. 自転車に乗った人が山道で我々を追い越して行った ❸ (災難・不幸・強い感情などが)…を不意に襲う(♦しばしば受身形で用いる) ‖ The boater was *overtaken* by a storm. ボートに乗っていた人は嵐(あらし)に襲われた / be *overtaken* by events (計画・理論が)現実に追い越される
―― 自《主に英》車で追い越しをする ‖ No *Overtaking* 《英》《掲示》追い越し禁止(《米》No Passing)

òver·táx 動 他 …に重税をかける；…に無理を強いる ‖ ~ one's strength 無理をしすぎる **-taxátion** 名

òver-the-cóunter ◁シ 形《限定》❶〖株〗(非上場株などが)店頭取引の ❷ (薬が)(医師の処方箋(せん)なしで)店頭で買える ‖ ~ drugs [OR pharmaceuticals] 店頭販売薬(↔ prescription drugs [OR pharmaceuticals])
▸▸ **~ márket** 名 C〖株〗店頭市場 **~ tráding** 名 U〖株〗店頭取引(《英》over-the-counter dealing)

òver-the-tóp ◁シ 形《英口》行きすぎた，度を越した

***o·ver·throw** /òʊvərθróʊ/ ◁シ (→ 名) 動 (**~s** /-z/；**-threw** /-θrú:/；**-thrown** /-θróʊn/；**~·ing**) 他 ❶〔考え方・基準など〕を覆す；〔政府・体制など〕を打倒する，転覆する，廃する ‖ ~ the government [dictator] 政府［独裁者］を打倒する / ~ traditional beliefs 伝統的な考えを覆す ❷〔ボール〕をねらった所より遠くに投げる；〖野球〗〔投げる相手・塁〕に暴投する
―― 名 /óʊvərθròʊ/ C《通例単数形で》❶ 打倒，転覆，破壊 ❷〖野球など〗高投，暴投；暴投による得点(❗日本でいうピッチャーの「オーバースロー」は overhand pitch という)
~·er 名

***o·ver·time** /óʊvərtàɪm/ (→ 動) 名 U ❶ 時間外労働，超過勤務(時間)，残業 ‖ be on ~ 残業している / do ~ 残業する ❷ 超過勤務手当 ‖ earn [OR be paid, get paid] ~ 超過勤務手当をもらう ❸《米》(ロスタイム・同点のための)試合延長時間(《英》extra time)
―― 副 (規定)時間外に ‖ work ~ 超過勤務をする，残業する(⇨ WORK *overtime*)
―― 形《限定》時間外の，超過勤務の ‖ ~ pay 超過勤務手当 / ~ work 時間外勤務
―― 動 /òʊvərtáɪm/ 他〖写〗〔露出〕に時間をかけすぎる

òver·tíre ◁シ 動 他 …を疲れ果てさせる

óver·tòne 名 C ❶〖楽〗上音，倍音 ❷《しばしば ~s》含み，ニュアンス ‖ a reply full of ~*s* 含みのある返答

òver·tóp 動 (**-topped** /-t/；**-top·ping**) 他 … (の上) にそびえる，…よりはるかに高い；《古》…に勝る

òver·tráde 動 自 資金力以上の取り引きをする

òver·tráin 動 自 (スポーツ選手が)過度に練習する

óver·trìck 名 C〖ブリッジ〗オーバートリック《宣言した数以上のトリック》

òver·trúmp 動 他 自〖トランプ〗(相手より) 上の切り札を出す

***o·ver·ture** /óʊvərtʃʊ̀ər, -tʃər | -tjʊ̀ə, -tʃʊ̀ə/ 名 C ❶〖楽〗〈オペラなどの〉序曲，前奏曲〈**to**〉；演奏会用序曲(concert overture) ‖ Mozart's *Overture to The Magic Flute* モーツァルトの「魔笛」序曲 ❷《通例 ~s》〈…への〉(交渉などの)申し入れ，提案；交渉の開始，予備交渉；〈異性への〉口説き，アタック〈**to**〉‖ make ~*s* of peace *to* the enemy country 敵国に講和の申し入れをする / Sean made romantic ~*s to* Emily. ショーンはエミリーを口説き始めた ❸ (詩などの)序章；〈…の〉始まり〈**to**〉

***o·ver·turn** /òʊvərtə́:rn/(→ 名) 動 他 ❶〔物〕をひっくり返す，転覆［横転］させる(↷turn over) ‖ ~ a chair いすをひっくり返す ❷〔判決・決定・既定の事実など〕を覆す(set aside)；〔政府・体制など〕を打倒する；〔計画など〕をくじく ‖ ~ the government 政府を倒す ―― 自 (特に事故などで)ひっくり返る，転覆［横転］する ―― 名 /óʊvərtə̀:rn/ U C 転覆，横転；打倒，破壊；瓦解(がかい)，滅亡

***over·use** /òʊvərjú:s/(→ 動) 名 U 使いすぎ
―― 動 /òʊvərjú:z/ 他 …を使いすぎる

òver·válue 動 他 …を過大評価する，買いかぶる；…に高すぎる値をつける **-valuátion** 名

***óver·vìew** 名 C 概観；要約 ‖ an ~ of the novel その小説の概要

òver·wéar 動 他 …を着(使い)古す

ò·ver·wéen·ing /-wí:nɪŋ/ ◁シ 形 ❶ 横柄な，生意気な；うぬぼれた ❷ 過度の，行きすぎた

òver·wéigh 動 他 ❶ …より重い；…より重要である ❷ …を圧迫する，…の負担になる

***o·ver·weight** /óʊvərwèɪt/(→ 形 動) 名 U ❶ (荷物などの) 超過重量，余分の目方，過重 ❷ 太りすぎ(の人) ❸ (重さ・力などでの) 優勢，優位
―― 形 /òʊvərwéɪt/ ◁シ (規定) 重量超過の (↔ underweight)；太りすぎの ‖ I'm 10 kilos ~.＝I'm ~ by 10 kilos. 私は10キロ太りすぎだ / an ~ child 肥満児
―― 動 /òʊvərwéɪt/ 他 ◁シ ❶ …に荷を積みすぎる，負担［重量］をかけすぎる ❷ …を重視しすぎる，…を強調しすぎる

*o·ver·whelm /òʊvərhwélm/《アクセント注意》動 他 ❶(精神的・感情的に)…を〈…で〉打ちのめす, まいらせる,〔人(の気分など)〕を圧倒する;〈扱いきれないほどの仕事・任務で〉…を閉口させる, 困惑させる〈by, with〉(♦ しばしば受身形で用いる) ‖ be ~ed by [OR with] grief [excitement] 悲しみに打ちひしがれる[興奮で心が躍る] / be ~ed with family problems 家庭問題でまいっている ❷(優勢な力・数が)…を圧倒する, 破壊する;…に完勝する ‖ Our basketball team was ~ed by the superior passing ability of the visitors. 我がバスケットボールチームは遠征チームの優勢なパス能力に圧倒された ❸(波・洪水などが)…を飲み込む, 覆い尽くす ❹(色・味などが)〔ほかの色・味など〕に比べて強すぎる, …を損なう, 弱める

*o·ver·whelm·ing /òʊvərhwélmɪŋ/ 形 (more ~; most ~)圧倒的な, 抑えきれないほど激しい, 抗し難い ‖ an ~ majority 圧倒的多数 / an ~ temptation [urge, desire] 抗し難い誘惑[衝動, 欲望]　~·ly 副

òver·wínd /-wáɪnd/ 動 (-wound /-wáʊnd/; ~·ing) 他〔時計などのねじ〕を巻きすぎる

òver·wínter 動 自 (動植物が)越冬する;(人が)冬を過ごす ‖ ~ in Hawaii ハワイで冬を過ごす
— 他〔動植物〕に冬を越させる

òver·wórk(→ 名) 動 他 ❶…を過度に働かせる;…を過重な仕事で疲れ[うんざり]させる ‖ ~ oneself 働きすぎる ❷〔同じ言葉・表現など〕を使いすぎる ‖ an ~ed phrase 使われすぎの文句, 手あかのついた表現　— 自 働きすぎる
— 名 /ˊ--ˋ-/ U 過度の労働, 働きすぎ

òver·wríte 動 (-wrote /-róʊt/; -writ·ten /-rítən/; -writ·ing) 他 ❶ 💻(更新保存のために)〔ファイル・データ〕を上書きする ❷…の上に書く ❸…を念入りに書きすぎる, 凝りすぎた文体で書く　— 自 書きすぎる

òver·wróught ⟨ジ⟩ 形 ❶極度に興奮した, 神経が高ぶりすぎた ❷念を入れすぎた;一面に装飾を施した

òver·zéalous ⟨ジ⟩ 形 あまりに熱心すぎる

ovi- /oʊvə-, -vi-/ 連結形「卵(egg, ovum)」の意

Ov·id /á(:)vɪd | ɔ́v-/ 名 オウィディウス(43 B.C. – A.D. 17?)《ローマの詩人. 主著 *Metamorphoses*》

ovi·duct /óʊvədʌ̀kt | -vi-/ 名 C 〖解〗輸卵管

óvi·fòrm 形 卵形の(egg-shaped)

o·vine /óʊvaɪn/ 形 羊の, 羊に関する

o·vip·a·rous /oʊvípərəs/ 形〖動〗卵生の(→ viviparous)

o·vi·pos·i·tor /òʊvəpá(:)zəṭər | -vipɔ́zɪ-/ 名 C〖動〗(昆虫・魚の)産卵管, 放卵管

o·void /óʊvɔɪd/ 形 名 C 卵形の(もの)

o·vo·vi·vip·a·rous /òʊvoʊvɪvípərəs, -vaɪvíp- | -vaɪvíp-/ 形〖動〗卵胎生の

ov·u·late /á(:)vjulèɪt | ɔ́-/ 動 自〖生〗排卵する
òv·u·lá·tion 名 U 排卵 ‖ ~ cycles 排卵周期

ov·ule /á(:)vjuːl | ɔ́-/ 名 C〖植〗胚珠;〖生〗未成熟卵
óv·u·lar 形

o·vum /óʊvəm/ 名 (複 o·va /óʊvə/) C〖生〗卵(らん), 卵子;(魚・昆虫などの)卵(たまご)

ow /aʊ/ 間 痛いっ, あいたっ(♥ 急な痛みを感じた際に)

**owe /oʊ/ 中心義 (返すべきものを)負っている
— 動 (~s /-z/; ~d /-d/; ow·ing)
— 他《通例進行形不可》❶ a《+目 A+目 B ⇄ +目 B+to 目 A》A(人など)にB(金など)を**借りている**, Aに〈…の代金として〉Bを支払う義務がある〈for〉(♦ A, B いずれを主語にした受身も可能) ‖ How much do I ~ you? あなたにいくら借りがありますか;(買い物をした後で)代金は全部でいくらですか / I ~ my friend 2,000 yen (*for* a CD). = I ~ 2,000 yen *to* my friend (*for* a CD). 友人に(CDの代金として)2,000円借りがある / I ~ you $5. 5ドル借用しました(♦ IOU $5. と書いて署名すれば略式の借用証となる)
b《+目》〔金など〕を〈…の代金として〉借りている〈for, on〉;〔人〕に借りがある,〈…の代金を〉支払う義務がある〈for, on〉‖ I still ~ a thousand dollars *on* [OR *for*] my new car. 新車にまだ1,000ドルの支払いが残っている / I ~ you *for* last night's drink. 君に昨夜の飲み代の借りがある / The sum ~*d* was $1,250. 借金の総額は1,250ドルだった
❷ a《+目 A+to 名 B》A(物・事)にB(物・事・人)の**恩恵をこうむっている**, AはBのおかげである ‖ I ~ my success *to* 「my wife [good luck]. 私が成功したのは妻[幸運]のおかげだ / He ~*s* what he is *to* his parents. 彼が今日あるのは両親のおかげだ / I ~ it *to* you that I made so many friends. 私がこんなにたくさんの友達を作れたのはあなたのおかげです / We ~ **much** [OR a lot] *to* you. 私たちはあなたに多くを負っている
b《+目 A+目 B ⇄ +目 B+to 目 A》〈…について〉A(人など)にB(物・事)を負っている〈for〉‖ I ~ her my life. 私の命があるのは彼女のおかげだ / I ~ him an enormous amount *for* giving me a chance. 機会を与えてくれたことで彼にはものすごく大きい恩を負っている
❸ a《+目 A+目 B ⇄ +目 B+to 目 A》〈…について〉A(人)にB(義務など)を**負っている**, AにBを返す義務がある〈for〉(♦ この意味では A を主語にした受身のみが可能) ‖ I ~ him 「an apology [explanation]. 私は彼に一言わびを言わなくては[弁明しなくては]ならない / We ~ allegiance [OR loyalty] *to* him. 我々は彼に忠誠を尽くす義務がある / I ~ you my thanks. あなたにお礼を言わなければならない / Don't think that the world ~*s* you a living. だれかがおまえの面倒を見るのは当たり前だなどと思うなよ / We ~ it *to* our students to tell the truth. 我々は学生に真実を伝える義務がある / ~ a **duty** to the government to report the details 政府に対して詳細を報告する義務がある
b《+目+for 名》〔人〕に…を感謝すべきである ‖ I ~ my secretary *for* her services. 私は秘書の尽力に感謝しています
— 自〈…の〉借りがある〈for, on〉‖ He ~*s for* his house. 彼には家の借金がある
òwe a pèrson a grúdge*; *òwe a grúdge against a pérson 〔人〕に恨みがある

COMMUNICATIVE EXPRESSIONS
1 **I òwe you bíg (tìme).** ありがとう;助かったよ(♥ くだけた感謝の表現. ✍Thank you.)
2 "I'll cóver for you." "Thánks, **I ówe you òne.**"「代わりにやっておくよ」「ありがとう, ひとつ借りができたね」
3 **To whát do I òwe thìs vísit?** ご来訪いただいてうれしい限りです, よくおいでくださいました(♥ 突然の来客を迎えるやや形式ばった歓迎の表現. ✍To what do I owe the pleasure of this unexpected visit? / ✍What a nice surprise!)

Ow·en /óʊən | -ɪn/ 名 Robert ~ オーエン(1771–1858)《英国産業革命期の社会主義運動家》

*ow·ing /óʊɪŋ/ 形《叙述》借りている, 未払いの ‖ How much is ~ to you? 君にいくら借りがありますか
*ów*ing to ...*《前置詞として》…**のために**, …の理由で(because of)(⇨ SAKE[1] 類語P)(♦ due to とほぼ同義であるが, due to と違って be 動詞の後に用いるのは一般的ではない) ‖ The school was closed for a week, ~ *to* an outbreak of flu. インフルエンザの発生のため学校は1週間閉鎖された

*owl /aʊl/《発音注意》名 C ❶〖鳥〗フクロウ, ミミズク(♦ 鳴き声は hoot. 知恵の女神アテナ(Athena)の象徴で, 昔から賢い鳥と考えられている) ❷〖鳥〗(頭がフクロウに似た)イエバトの一種 ❸(とりすまして, 賢そうで)フクロウのような人 ❹《口》夜行性の人(↔ lark) ‖ Our kid is a night ~. うちの子は夜型だ
(as) wise as an ówl とても賢い, 利口な
— 形 夜間[終夜]営業の ‖ an ~ train《米》夜行列車

owl·et /áʊlət/ 名 C ❶フクロウのひな ❷〖鳥〗スズメフクロウ

owl·ish /áʊlɪʃ/ 形 フクロウのような;とりすました, 眼鏡をかけて学者風の　~·ly 副

O

ˑˑˑown /oʊn/ 形 動

中心義 自分のものとしている

—形《比較なし》(♦所有格の後に用いる) ❶《所有》**自分自身の**, それ自身の(♦所有格の意味を強調する) ‖ I saw the UFO with my ~ eyes. 私は紛れもなくこの目でUFOを見たのです / My daughter wants to have her (very) ~ car. 娘は自分専用の車を持ちたがっている (♦強調には very を用いる) / This is entirely my ~ affair. これはひとえに私自身の問題だ(君の知ったことではない) / He didn't want to betray his ~ flesh and blood. 彼は自分の肉親を裏切りたくはなかった / the King's ~ two children 国王自身の2人の子供 (♦数詞は own の後に置く)

❷《独自の活動》(人の助けを借りずに)**自分で行う**, 独力の, 独自の ‖ Is this your ~ idea? これはあなたが自分で考えたアイデアなの / You should「make your ~ decisions [OR make up your ~ mind]. 自分で決断を下すべきだ / be one's ~ man [woman] 自立している

❸《特異性》**特有の**, 独特の ‖ I have my ~ way of doing it. 私には私のやり方がある / Each country has its ~ customs. どこの国にもそれぞれ特有の風習がある / We want to do business with you on our ~ terms. 我々は我々のやり方であなたと取り引きをしたい / The painting had a quality all its ~. その絵には独特の特徴があった (♦all one's own の形で名詞の後に置かれることがある)

❹《名詞的に》自分のもの, 独特のもの, 自分の家族 ‖ "Is this your brother's guitar?" "No, it's my ~."「これはお兄さんのギター?」「いいや, 僕のだよ」/ My time [life] is my ~. 私の時間 [人生] は私のものだ / I have nothing to call my ~. 私には自分のものと言えるものは何もない / He painted in a style that was very much his ~. 彼はまさに彼特有のスタイルで絵を描いた / I need to take care of my ~. 私は家族を養っていかなければならない

語法 ☆☆ (1) own は冠詞や some, any, no などの直後には現れない. これらとともに用いる場合は *of one's own* (↓) を使う. 〈例〉A child often wants to have「his or her [×an, ×the] *own* room. 子供は自分の部屋を持ちたがるものだ
(2) myself などの再帰代名詞は所有格を持たないので, one's own で代用する. 〈例〉He will do it himself, and he'll do it in「his *own* [×himself's] way. 彼は自分でしかも自分独自のやり方でそれをするだろう

*(*àll*) ***on one's ówn*** ① ひとりで (alone) ‖ I think he is (all) *on* his ~ today. 今日は彼ひとりきりだと思う ② 独力で, 自分の責任で, 独立して ‖ Now (that) you are grown up, you have to decide *on* your ~. もう大人なんだから自分で決めなくては

còme into one's ówn その能力 [真価] を発揮する, 価値が認められる

hòld one's ówn (議論などで) 自説を曲げない, 譲らない ; (病人が) 頑張る, 屈しない 〈**against** …に対して ; **in** …で〉

****of one's ówn*** ① **自分自身の** ‖ That's her problem ; we've got enough *of* our ~. それは彼女の問題で, 我々は自分たちの問題で手いっぱいだ / It occurred through no fault *of* his ~. それは彼自身の過失で起こったのではない / a house *of* my ~ 自分(だけ)の家, 持ち家 ② 特有の, 独自の (♦前に all を伴って all of one's own となる場合は強意形. of を省略して all one's own ということもある. → ❸) ‖ It has a beauty all (*of*) its ~. それには独特の美しさがある / They live apart for reasons *of* their ~. 彼らは彼らなりの理由で別居している

one's ówn màn [***wòman, pèrson***] 自主独立の人, 自分の信念を持っている人 ‖ Taro is very much his ~ *man*. 太郎は自主独立の人だ

「***to each*** [OR ***each to***] ***his/her own*** ⇨ EACH(成句)

—動 (**~s** /-z/ ; **~ed** /-d/ ; **~·ing**)

—他《進行形不可》❶ …を**所有している**, 持っている, 保有する(⇨ HAVE 類語) ;《受身形の複合語で形容詞的に》…所有の ‖ Many people now ~ a home computer. 今では多くの人々が家庭用パソコンを持っている / You think you ~ me. 私のことを自分のものだと思っているのね / Thirty percent of the stock is ~*ed* by the French firm. 株の30%はそのフランスの会社が保有 [出資] している / a **privately** ~*ed* jet aircraft 個人所有のジェット機 / foreign-~*ed* companies 外資系企業 / state-~*ed* 国有の

❷《堅》 **a** 《+目》〔事実·罪など〕を**認める** ;《古》…を(自分のものとして) 認める, 認知する (⇨ ADMIT 類語) ‖ ~ one's mistakes [guilt] 自分の誤り [罪] を認める / refuse to ~ the child [authorship of the book] その子を認知する[その本の著者であると認める]のを拒む

b 《+ (**that**) 節》…ということを認める, 告白する ‖ I ~ *that* I judged him by his appearance at first. 彼のことを最初は外見で判断したことを認めるよ

—自《+**to** 名》《堅》…を白状する, 認める ‖ He ~*s to*「a feeling of anxiety [being at fault]. 彼は不安感 (のあること)[自分が間違っていること]を認めている

****òwn úp*** 〈自〉〈悪事·過ちなどを〉潔く白状する, すっかり認める (confess) 〈**to**〉‖ He ~*ed up to*「the crime [having robbed the bank]. 彼はその罪 [銀行を襲ったこと] をすっかり白状した

▸▸**~ bránd** [**lábel**] (↓) **~ góal** 名 C《通例単数形で》①【スポーツ】(サッカーなどの) オウンゴール, 自殺点 ② 《英》自分の首を絞めるような言動, 自殺行為

òwn bránd [**lábel**] 名 C《英》(販売店の)自社ブランド (《米》store brand) **òwn-bránd**[**-lábel**] 形《英》自社ブランドの(《米》store-brand)

ˑˑˑown·er /óʊnər/ (発音注意)

—名 (複 **~s** /-z/) C ❶ **持ち主**, 所有(権)者, オーナー ‖ We're the proud ~*s* of a Hawaiian beachfront condo. いいでしょ, うちではハワイの海辺に分譲マンションを持っているの / a part ~ of the store 店の共同所有者の1人 / the lawful [OR rightful] ~ 正当な所有者 / a car ~ 車の所有者 / a dog ~ 犬の飼い主

❷《俗》船長, 艦長 ; 機長(captain)

▸▸**~'s mánual** 名 C《米》(道具類の) 使用説明書

ówn·er·less /-ləs/ 形 持ち主のない

òwner-óccupied ⊲シ 形 持ち家の[に住む]

òwner-óccupier 名 C《英》持ち家に住んでいる人

***own·er·ship** /óʊnərʃɪp/ 名 U 所有者であること, 所有 ; 所有権 ‖ state ~ of industry 産業の国家所有 / This forest is under private ~. この森は私有されている

owt /aʊt, oʊt/ 代《北イング》=anything

***ox** /ɑ(ː)ks | ɔks/ 名 (複 **ox·en** /ɑ́(ː)ksən | ɔ́k-/) (→ ❸) C ❶ (特に労役用·食用の去勢した)雄牛(⇨ 類語P) (→ bull[1], bullock, cow[1]) ; (一般に)牛 (♦鳴き声は low, moo) ❷ ウシ科の動物《スイギュウ·ヤギュウなど》; 牛に似た動物《ジャコウウシ (musk ox) など》 ❸ (複 **ox·es** /-ɪz/ OR **ox·en**) ⊗《口》《蔑》牛に似た人, 無学で不器用な大男

(*as*) ***stròng as an óx*** とても力が強い

	総称			成長した	若い	子牛
牛	cattle	雄	去勢した	**ox**	**steer**	**calf**
			去勢しない	**bull**		
		雌		**cow**	**heifer**	

ox- /ɑ(ː)ks- | ɔks-/ 連結形 =oxy-

ox·àl·ic ácid /ɑ(ː)ksælɪk- | ɔks-/ 名 U【化】蓚酸(しゅうさん)

óx·blòod 名 U くすんだ深紅色, 血の色

óx·bòw /-bòʊ/ 名 Ⓒ ❶ (牛の)U字形のくびき ❷ (川の)U字形湾曲部; U字形湾曲によってできた土地[湖]
▸▸ **～ láke** 名 Ⓒ 三日月湖《川のU字形湾曲部からできた湖》
Ox·bridge /á(:)ksbrìdʒ | ɔ́ks-/ 名 Ⓤ《英》オックスブリッジ《伝統ある名門大学としてのオックスフォード大学とケンブリッジ大学の総称》(→ redbrick) (◆ *Ox*ford + Cam*bridge* より)
óx·càrt 名 Ⓒ 牛車
ox·en /á(:)ksən | ɔ́ks-/ 名 ox の複数
óx·èye 名 Ⓒ〖植〗フランスギクの類; ヘリオプシスの類
▸▸ **～ dáisy** 名 Ⓒ〖植〗フランスギク
óx·èyed 形 (牛のように)大きな丸い目をした
Oxf. 略 Oxford
Ox·fam /á(:)ksfæm | ɔ́ks-/ 名 オックスファム《1942年に英国に発足した貧窮国の人々の救済機関》(◆ *Ox*ford Committee for *Fam*ine Relief より)
Ox·ford /á(:)ksfərd | ɔ́ks-/ 名 ❶ オックスフォード《イングランド中南部の学園都市. オックスフォード大学の所在地》❷ (＝～ **shóe**)《ときに o-》Ⓒ オックスフォードシューズ《ひもで結ぶ浅い短靴》❸ (＝～ **clóth**)《ときに o-》Ⓤ オックスフォード《ワイシャツ用の厚手の綿布》
▸▸ **～ áccent** 名 Ⓤ (オックスフォード大学の人々が話すといわれている)気取った発音 **～ blúe** 名 Ⓤ《英》① 濃紺色 (→ Cambridge blue) ② オックスフォード大学代表選手 **～ fráme** 名 Ⓒ 井桁(いげた)形の額縁《交差した枠が外へはみ出している》 **～ Gròup** 名《the ～》オックスフォードグループ《1921年にオックスフォードで結成されたキリスト教を根本とする道徳改革運動のグループ》 **～ Mòvement** 名《また O- m-》《the ～》オックスフォード運動《1833年にオックスフォード大学で起こった高教会派の国教会再建運動》 **～ Univèrsity** 名 オックスフォード大学《12世紀に創立された英国最古の大学》
Ox·ford·shire /á(:)ksfərdʃər | ɔ́ks-/ 名 オックスフォードシャー《イングランド中南部の州. 州都 Oxford. 略 Oxon.》
ox·i·dant /á(:)ksɪdənt | ɔ́ks-/ 名 Ⓒ〖化〗オキシダント《強酸化性物質の総称》
ox·i·dase /á(:)ksɪdèɪz | ɔ́ks-/ 名 Ⓒ〖生化〗オキシダーゼ; 酸化酵素
ox·i·da·tion /à(:)ksɪdéɪʃən | ɔ̀ks-/ 名 Ⓤ〖化〗酸化
óx·i·dà·tive 形 酸化(性)の
ox·ide /á(:)ksaɪd | ɔ́ks-/ 名 Ⓒ〖化〗酸化物
ox·i·di·za·tion /à(:)ksədəzéɪʃən | ɔ̀ksɪdaɪ-/ 名 ＝oxidation
ox·i·dize /á(:)ksədàɪz | ɔ́ksɪ-/ 動〖化〗他 …を酸化させる; …をさびさせる 一自 酸化する, さびる
-dìz·a·ble 形 **-dìz·er** 名 Ⓒ (特にロケット推進薬の)酸化剤
óxidizing àgent 名 Ⓒ〖化〗酸化剤(oxidant)
Oxon. 略 /á(:)ksɑ(:)n | ɔ́ksɒn/《ラテン》*Oxonia* (＝Oxfordshire);《ラテン》*Oxoniensis* (＝of Oxford (University))
Ox·o·ni·an /ɑ(:)ksóuniən | ɒks-/ 形 オックスフォード(大学)の 一名 Ⓒ オックスフォード大学生[出身者]; オックスフォード市民
óx·tàil 名 Ⓒ Ⓤ オックステール, 牛の尾《スープ・料理用》
ox·ter /á(:)kstər | ɔ́ks-/ 名《スコット・北イング》わきの下
óx·tòngue 名 ❶ Ⓒ Ⓤ 牛タン, 牛の舌(の肉) ❷ Ⓒ〖植〗コウゾリナ(髪剃菜)《キク科の植物》
oxy- /ɑ(:)ksi- | ɒksi-/ 連結形〖化〗「酸素(oxygen)」の意
òxy·acétylene 〈シ〉 形《限定》〖化〗酸素アセチレンの
ox·y·gen /á(:)ksɪdʒən | ɔ́ks-/ 一名 Ⓤ〖化〗酸素《元素記号 O》‖ die from lack of ～ 酸欠で死ぬ
òx·y·gén·ic, ox·ýg·e·nous 形 酸素の[を含む]
語源 ギリシャ語 *oxys*(酸)＋ラテン語 *gignere*(生む)からのラボアジェの造語 *oxygine*(酸を生じる)に由来. 酸素がすべての酸に存在すると考えられたことから.
▸▸ **～ bàr** 名 Ⓒ 酸素バー《(さわやかな香り付きの)酸素を有料で提供するバー》 **～ màsk** 名 Ⓒ 酸素マスク **～ tènt** 名 Ⓒ〖医〗酸素テント
ox·y·gen·ate /á(:)ksɪdʒənèɪt | ɔ́ks-/ 動 他〖化〗…に酸素を含有させる;〔血液〕に酸素を供給する(↔ deoxygenate)
òx·y·gen·á·tion 名
oxy·gen·ator /á(:)ksɪdʒənèɪṭər | ɔ́ksɪ-/ 名 Ⓒ ❶〖医〗酸素供給器 ❷ 酸素供給水生植物
òxy·hémoglobin,《英》**-háemoglobin** 名 Ⓤ〖生化〗酸化ヘモグロビン
òxy·hýdrogen 形〖化〗酸水素の
ox·y·mo·ron /à(:)ksimɔ́:rɑ(:)n | ɔ̀ksimɔ́:rɒn/ 名 (複 **-mo·ra** /-mɔ́:rə/) Ⓒ〖修〗撞着(どうちゃく)[矛盾]語法《矛盾した語句を結合してかえって強い効果をあげようとする表現法. 〈例〉thunderous silence》
ox·y·to·cin /à(:)ksitóusən | ɔ̀ksitóusɪn/ 名 Ⓤ〖生化〗オキシトシン《子宮収縮と母乳分泌を促進するホルモン》
oy /ɔi/ 間 ＝oi
ò·yer and tér·mi·ner /ɔ̀ɪər ənd tə́:rmɪnər/ 名 Ⓒ《米》高等刑事裁判所;《英》(昔の)巡回裁判令書
o·yez, o·yes /oujéz/ 間 静かに, 謹聴《法廷で廷吏が宣告などの前にふつう3回繰り返す》
*__oys·ter__ /ɔ́ɪstər/ 名 Ⓒ ❶〖貝〗カキ; カキに似た二枚貝 (→ pearl oyster) ‖ *Oysters* are out of season when there's no "r" in the month. 月の名前に"r"のない月(5–8月)はカキは時季外れだ / (as) close as an ～ 非常に口が固い, とても無口な ❷ チキンオイスター《ニワトリ・シチメンチョウなどの足の付け根にある美味な肉》❸ Ⓤ 灰色がかった白(oyster white) ❹《口》無口な人
The world is a person's oyster. ⇨ WORLD(CE 7)
一動 自 カキを養殖[採取]する
▸▸ **～ bàr** 名 Ⓒ (カウンター式の)カキ料理店 **～ bèd [bànk, pàrk]** 名 Ⓒ カキ養殖床 **～ fàrm** 名 Ⓒ カキ養殖場 **～ mùshroom** 名 Ⓒ〖菌〗ヒラタケ **～ plànt** 名 Ⓒ〖植〗バラモンジン **～ sàuce** 名 Ⓤ オイスターソース
óyster·càtcher 名 Ⓒ〖鳥〗ミヤコドリ(都鳥)
oy vey /ɔɪ véɪ/ 間 (失望・悲しみを表して)おお, ああ(◆ 主にイディッシュ語の話者が用いる)
oz 略 ounce(s)(◆ イタリア語 onza より)
Oz /ɑ(:)z | ɒz/ 名《豪・ニュージ口》＝Australia
*__o·zone__ /óuzoun/ 名 Ⓤ ❶〖化〗オゾン ❷《口》(海辺などの)新鮮でさわやかな空気 **o·zó·nic** 形 オゾンの[を含む]
▸▸ **～ deplèter** 名 Ⓒ オゾン層破壊物 **～ deplètion** 名 Ⓤ オゾン層破壊; オゾン減少 **～ hòle** 名 Ⓒ〖気象〗オゾンホール《オゾン層中オゾンの量が著しく減少している部分》 **～ làyer** 名《the ～》〖気象〗オゾン層《成層圏にあって太陽光線中の紫外線を吸収する》
òzone-fríendly 形〖化〗オゾン層にダメージを与える物質を含まない, オゾン層を破壊しない (↔ ozone-unfriendly)
o·zon·ize /óuzounàɪz/ 動 他〖化〗〔酸素〕をオゾンに変化させる; …をオゾンで処理する
-ìz·er 名 Ⓒ〖化〗オゾン発生器
o·zo·no·sphere /ouzóunəsfɪər/ 名 ＝ozone layer
Oz·zie /á(:)zi | ɔ́zi/ 名 形 ＝Aussie

O

P p

Government of the **people**, by the **people**, for the **people**, shall not perish from the earth. 人民の, 人民による, 人民のための政治を, この地上から消滅させてはならない (⇨ LINCOLN)

P

p[1], P[1] /piː/ 名 (複 **p's, ps** /-z/ ; **P's, Ps** /-z/) C ❶ ピー《英語アルファベットの第16字》❷ p [P] の表す音 ❸ (活字などの) p [P] 字 ❹ (連続するものの) 16番目のもの ❺ p [P] 字形(のもの)
mìnd [OR *wàtch*] *one's p̀'s and q́'s* 自分の言動に気をつける《子供がpとqの文字を混同しやすいことから》

p[2], p. 略 page ; (♦ 複数ページは pp. 4-6 のように書く) ; part ; 〖文法〗participle ; past ; 《英》penny, pence ; per ; 〖楽〗piano ; pico- ; pint ; pipe ; population ; president ; 〖理〗proton ; purl

P[2] 記号 〖化〗phosphorus (燐(りん))

P[3] 略 〖理〗parity ; park(ing) ; 〖チェス〗pawn ; 〖スポーツ〗played ; 〖理〗power ; pressure ; priest

pa /pɑː/ 名 C 《口》(お)父ちゃん (papa)

Pa 記号 〖化〗protactinium (プロトアクチニウム)

PÀ 略 〖郵〗Pennsylvania ; 《英》*p*ersonal *a*ssistant (高級秘書) ; 〖法〗*p*ower of *a*ttorney ; *p*ress *a*gent ; *P*ress *A*ssociation (報道協会) ; 〖法〗*p*rosecuting *a*ttorney ; *p*ublic-*a*ddress (system) (拡声装置)

Pa. 略 Pennsylvania

p.a. 略 *per annum*

pab·lum /pǽbləm/ 名 U ❶ (P-) 《商標》パブラム《乳幼児用食品》❷ =pabulum

pab·u·lum /pǽbjʊləm/ 名 U ❶ 食物 (food), 養分 ❷ 《文》知的内容の乏しいもの ; 退屈な演目 [催し物]

PÀBX 略 〖通信〗*P*rivate *A*utomatic *B*ranch *Ex*change (自動構内交換装置)

PAC /pæk/ 略 《米》*P*olitical *A*ction *C*ommittee (政治活動委員会)

Pac. 略 Pacific

pa·ca /pɑ́ːkə/ 名 C 〖動〗パカ《中南米産の大型齧歯(げっし)類》

:pace[1] /peɪs/
—名 (複 **pac·es** /-ɪz/) ❶ U/C (単数形で) **歩く [走る] 速度**, 歩調 ; (発展・生活・運動などの) 速さ, **ペース**, テンポ ‖ The reform is progressing **at** a snail's ~. 改革は (カタツムリのように) ゆっくりしたペースで進んでいる / gather ~ 速度を上げる / quicken [slacken] one's ~ 歩調を速める [緩める] / run [go] **at** [×in, ×by] a good ~ 相当のスピードで走る [進む] / **at** (a) walking ~ 歩く速度で / Learn **at** your own ~. 自分のペースで学びなさい (❗「マイペース」は和製語) / You can't keep working **at** this ~. このペースで仕事を続けるのは無理だよ / The ~ of change in the banking world is slow. 銀行業界における変革のスピードは遅い / change the ~ ペースを変える / pick up the ~ ペースを上げる / a **slow** ~ 遅い [ゆっくりした] ペース / the ~ of modern life 現代生活のテンポ
❷ C **1歩**, 歩 ; (距離の単位としての) 歩幅《30インチ (約76cm)》, ひとまたぎ ‖ take a ~ backward [forward] 1歩後ろに下がる [前に出る] / eight ~*s* away 8歩離れて / lengthen one's ~ 歩幅を広げる
❸ C 歩き [走り] 方, 足取り (gait) ; (馬の) 足並, (特に) 側対歩《馬が同じ側の前後の脚を同時に動かす歩き方》, だく足(あし) (amble) (→ canter, trot, gallop)
fòrce the páce (ほかの走者を疲れさせるために) ペースを上げる ; (物事をふつうより) 早めに進める ; 無理して急ぐ
gò through [OR *shòw*] *one's páces* 力量を示す, 腕前を見せる
・kèep páce 〈…と〉**同じ速度を保つ** ; 〈…と〉歩調を合わせる 〈**with**〉 ‖ I can't *keep* ~ *with* the new governor. 新しい知事にはついていけない
pùt ... through a pèrson's [OR *its*] *páces* 〔人・動物・機械など〕の能力 [腕前] を試す
sèt [OR *màke*] *the páce* ① (競走などで) ペースを設定する ② 〈後続者の〉努力目標を設定する, 模範を示す〈**for**〉
stànd [OR *stày*] *the páce* 目まぐるしい状況に遅れない ; 他者と伍(ご)していける, 落伍(らくご)しない
—動 (**pac·es** /-ɪz/ ; **~d** /-t/ ; **pac·ing**)
—自 ❶ (一定の歩調で) ゆっくり歩く ; (特に) (落ち着かずに) 行き来する (♦ 通例方向を表す 副句 を伴う) ‖ He ~*d* ⌐up and down [OR back and forth, to and fro] in front of the delivery room. 彼は分娩(ぶんべん)室の前で行きつ戻りつした / Stop *pacing* around [OR about]. 歩き回るのはやめなさい ❷ (馬が) だく足 [側対歩] で歩く
—他 ❶ …をゆっくり歩く [行き来する] ‖ ~ the floor [room] 床 [部屋] を歩き回る
❷ 〔走者・馬など〕のペースを設定する ; 〔ほかの走者・レース〕を引っ張る速度で走る ; (得点を稼いだりして) 〔自分のチーム〕を引っ張る ❸ 〔物事〕を一定の速度で進める
pàce óff [OR *óut*] ... / *pàce ... óff* [OR *óut*] 〈他〉…を歩測する (♦ off は部分または特定の距離を, out は全体を歩測する) ‖ ~ *off* ten meters 10メートルを歩測する / ~ *out* the room その部屋の大きさを歩測する
páce onesèlf ① (レースで) ペースをつかむ, 自分に合ったペースで走る ② (仕事などで) 自分に合ったペースをつかむ
⏩ **~ bòwler** 名 C 《英》〖クリケット〗速球投手 **~ càr** 名 C 〖カーレース・マラソン〗ペースカー, 先導車 **~ làp** 名 C 〖カーレース〗ペースラップ《スタート前に全車がペースカーに先導されてコースを1周すること》

pa·ce[2] /péɪsi/ 前 《ラテン》…には失礼ながら (♥ 人の意見に反対するときに使う丁寧な表現) ‖ ~ Ms. Bates ベイツさんには失礼ですが

páce·màker 名 C ❶ 〖医〗(人工) ペースメーカー《脈拍調整装置》‖ Cellphones must be kept away from ~*s*. 携帯電話はペースメーカーから離しておかねばならない ❷ 〖生〗ペースメーカー, 歩調取り《動物の生理的活動の歩調を定める律動中枢》; 〖解〗心臓の歩調取りとなる部位《洞房結節など》❸ 〖スポーツ〗ペースメーカー《競走で先頭に立って速度を調整する選手・馬・自動車など》❹ 首位の選手 [チーム] ; 先導的な人 [企業] **-màking** 名 形

pac·er /péɪsər/ 名 C ❶ =pacemaker ❷ ❷ 《主に米》側対歩で走る馬

páce·sètter 名 =pacemaker ❸, ❹

pac·ey, pac·y /péɪsi/ 形 ❶ (小説・映画などが) 展開の速い ; (特にスポーツで) 速い ❷ 脚が速い (fast)

pa·cha /pɑ́ːʃə/ 名 =pasha

pa·chin·ko /pətʃíŋkoʊ/ 名 U パチンコ (♦ 日本語より)

pa·chi·si /pətʃíːzi, pæ-, -tʃíːsi/ 名 C パチージ《4人で遊ぶすごろくに似たインドのゲーム》(♦ Parcheesi ともいう)

pach·y·derm /pǽkɪdə̀ːrm/ 名 C 〖動〗厚皮動物《昔の動物分類法で象・サイ・カバなどの総称》

pach·y·der·ma·tous /pæ̀kɪdə́ːrmətəs/ ⟨シ 形 ❶ 厚皮動物の ❷ 《文》《戯》鈍感な, 無神経な

pa·cif·ic /pəsífɪk/ 形 《通例限定》平和的な, 平和を好む ; 穏やかな, 平穏な ‖ a ~ gesture 和解の意思表示
-i·cal·ly 副

・Pa·cif·ic /pəsífɪk/ 形 《通例限定》太平洋 (沿岸) の《略 Pac.》(→ Atlantic) ‖ the ~ coast 太平洋岸
—名 ❶ 《the ~》太平洋 (Pacific Ocean) ❷ 《口》= Pacific Time
語源 ポルトガルの航海家マゼランが, たまたま太平洋が穏やかだったので (*mare*) *Pacificum* (ラテン語で「穏やかな海」

の意)と命名したことに由来.
⏩～ **Dáylight Tìme** 名 U (米国の) 太平洋夏時間 《略 PDT》 ～ **Rím** 名 《the ～》環太平洋諸国 ～ **(Stándard) Tìme** 名 U (米国の) 太平洋標準時《略 P(S)T》

pac·i·fi·ca·tion /pæ̀sɪfɪkéɪʃən/ 名 ❶ U 講和, 和解；(軍事的)鎮圧 ❷《しばしば P-》C 平和条約

pac·i·fi·er /pǽsɪfàɪər/ 名 C ❶《米》(乳児の) おしゃぶり(《英》dummy) ❷ なだめる人[もの]；調停者

pac·i·fism /pǽsɪfìzm/ 名 U 平和主義(政策), 戦争反対, 不戦論 **-fist** 名 C 形《通例限定》平和主義者(の)

***pac·i·fy** /pǽsɪfàɪ/ 動 〔◁ peace 名〕(**-fies** /-z/；**-fied** /-d/；**～·ing**) 他 ❶〔人・怒りなど〕をなだめる, 静める ‖ ～ a crying baby 泣く赤ん坊をなだめる ❷〔国など〕に平和をもたらす；〔争乱など〕を平定[鎮圧]する **-fi·a·ble** 形

‡pack[1] /pæk/ 中心義 詰める

> 動 他 荷造りする❶ 詰め込む❷
> 　自 荷造りする❶ 群がる❷
> 名 包み❶ 1箱❷ リュックサック❸ 群れ❹

—動 (**～s** /-s/；**～ed** /-t/；**～·ing**)
—他 ❶ **a** 《+目》〔物〕を**荷造りする**, 詰める；…を包装する《*up*》；〔物〕を〈容器に〉詰め込む〈**into, in**〉；〔容器〕に〈物を〉詰める〈**with**〉‖ Are you going to ～ all these clothes for a two-day trip? 2日間の旅行にこの服を全部詰めていくの / ～ *up* the merchandise 商品を梱包(こんぽう)する / ～ a **bag** かばんに荷物を詰める / He ～*ed* a suitcase *with* clothes. = He ～*ed* clothes *into* a suitcase. 彼はスーツケースに衣服を詰め込んだ
b 《+目 *A*+目 *B*⇄+目 *B*+**for** 目 *A*》*A*(人)に*B*(物)を詰めてやる ‖ I ～*ed* my son a lunch. = I ～*ed* a lunch *for* my son. 息子に弁当を詰めてやった
❷ **a** 《+目》(人・物が) …をぎっしり埋める, …に詰めかける；〔人・予定など〕を〈…に〉**詰め込む**〈**into, in**〉‖ His fans ～*ed* the square. 彼のファンが広場を埋め尽くした / ～ ⌈the house [houses]⌉ (出し物が) 劇場を満員にする / We were ～*ed into* the train. 我々は列車に押し込まれた / ～ a lot of work *into* one day 1日の中に仕事(の予定)をたっぷりと詰め込む
b 《受身形で》(建物・場所などが)〈…で〉満員である；(物が)〈…で〉いっぱいである〈**with**〉‖ The church was ～*ed with* Sunday worshippers. 教会は日曜日の礼拝者でいっぱいだった / be ～*ed* (in) like sardines すし詰めである / This textbook is ～*ed with* pictures. この教科書には写真がいっぱい載っている
❸ (保護のために) …を〈…で〉覆う, しっかり包む〈**in**〉；…を〈詰め物で〉ふさぐ〈**with**〉；〔新聞紙など〕を〈…の周りに〉巻く, 当てがう〈**around**〉‖ We ～*ed* the dishes *in* tissue paper. 皿を薄葉紙でくるんだ
❹ (保存するために)〔食品〕を〈氷・オイルに〉漬ける〈**in**〉；…を缶詰めにする；(貯蔵や販売のため)〔食料・商品〕を容器に詰める, パック詰めする ‖ ～ fish *in* ice 魚を氷詰めにする
❺ …を(小さく)まとめる, 押し固める《*down*》；(風が)〔土・雪など〕を (吹き寄せて) 固める ❻〖医〗…を湿布する ❼《口》〔銃など〕をいつも持ち歩く；〔破壊的なもの〕を伴っている
—自 ❶ **荷造りする**《*up*》‖ I must ～ in a hurry. 急いで荷造りをしなくてはならない / ～ *up* and leave 荷物をまとめて出て行く
❷ (人などが)〈…に〉**群がる**, 詰めかける〈**into, in**〉‖ More than 10,000 teens ～*ed into* the theater. 1万人を超える10代の若者たちが劇場に詰めかけた
❸ (容器に)収まる, 畳まれる, 小さくなる(♦通例様態を表す副詞を伴う) ‖ This suit ～*s* well. このスーツはとても小さく畳める ❹ 固まる ❺〖ラグビー〗スクラムを組む《*down*》

pàck awáy 〈他〉《***pàck awáy ...*** / ***pàck ... awáy***》① …をしまい込む, しまう ② …を(大量に)さっさと食べる —〈自〉畳み込める

pack one's bags ⇨ BAG(成句)

****pàck ín ...*** / ***pàck ... ín*** 〈他〉①〔たくさんのこと〕を短期間にやる；〔予定など〕を詰め込む ②《口》〔仕事など〕をやめる ③《英口》〔人〕との(愛人)関係を絶つ ④《受身形不可》(映画・演劇・歌手などが)〔客〕を引きつける

pàck it ín 《口》(活動・仕事などを)やめる；《命令形で》いい加減にしなさい

****pàck óff ...*** / ***pàck ... óff*** 〈他〉《口》〔人〕を急いで〈…へ〉送り出す[追い払う]〈**to**〉(♦しばしば受身形で用いる) ‖ The children were ～*ed off to* school [bed]. 子供たちはさっさと学校[ベッド]に追い立てられた

pàck óut ... / ***pàck ... óut*** 〈他〉〔劇場・入れ物など〕をぎっしりいっぱいにする (⇨ PACKED OUT) (♦しばしば受身形で用いる)

****pàck úp*** 〈自〉① ⇨ 自 ❶ ② (仕事などが終わって) 持ち物をまとめる[しまう]；仕事をやめる ③《英口》(機械などが) 故障する, 止まる(conk out；↗ break down) —〈他〉《***pàck úp ...*** / ***pàck ... úp***》① ⇨ 他 ❶ **a** ② (仕事などが終わって)〔持ち物など〕をまとめる[しまう]；《口》〔仕事など〕をやめる, 終わりにする

sènd a pèrson pácking 《口》〔人〕を追い出す；首にする

—名 (複 **～s** /-s/) C ❶ (持ちやすくした)**包み**, 束；(特定の用途の)用品一式, 資料一式, パック(⇨ BUNDLE 類語) ‖ Toilet paper is sold in a four-roll ～. トイレットペーパーは4個1パックで売られている / a free information ～ 無料の資料一式 / a promotional ～ 拡販用品一式
❷《主に米》(同種類の品物を収めたふつう紙製の)**1箱**, 1包み(《英》packet) (♦牛乳などの紙容器は carton) ‖ a ～ of matches [cigarettes] マッチ[たばこ] 1箱 / a six-～ of beer ビール6本詰めケース
❸ (ハイカーなどの)**リュックサック**, バックパック(backpack) ‖ Don't put valuables in your ～. 貴重品をバックパックに入れるな
❹《集合的に》《単数・複数扱い》(オオカミなどの)**群れ**；(猟犬の)一隊；《主にけなして》(人の)群れ, グループ；(泥棒などの)一味[団]；(軍の航空機・潜水艦などの)一隊, 一群；《通例 P-》(ボーイ[ガール] スカウトなどの年少団員の) 一隊 (⇨ FLOCK[1] 類語P) ‖ a ～ of wolves オオカミの群れ
❺《集合的に》《単数・複数扱い》(レースなどでトップの後ろを一団となって走る)集団；(競争相手も含めた)同業者集団
❻《a ～》《主にけなして》〈同種のものの〉多数, 山〈**of**〉‖ a ～ *of* lies [troubles] うそ八百[多くの困難]
❼《英》(トランプの)1組(《米》deck)
❽ 湿布；氷嚢(ひょうのう)(ice pack)；美顔パック(face pack) ‖ put an ice ～ on my ankle 足首に氷嚢をのせる / I applied a mud ～ to my face. 顔に泥パックをした
❾《しばしば the ～》(食品の1シーズンの)出荷量
❿《集合的に》〖ラグビー〗フォワード ⓫ =pack ice

ahèad of the páck ライバルに先んじて, 成功して
⏩～ **ànimal** 名 C ① 荷物運びの動物《ロバなど》② 群れをなして生きる動物 ～ **drìll** (↓) ～ **ìce** 名 U 叢氷(そうひょう)《風・潮流で浮氷が寄せ固まってできた氷丘》 ～ **ràt** 名 C ①〖動〗モリネズミ《北米産. 巣に物を蓄える》② ⊗《米口》《蔑》つまらないものを集める[とっておく]人 ～ **tràin** 名 C 物資運搬の動物の行列 ～ **trìp** 名 C《米》馬による田舎への旅行(《英》pony-trekking)

pack[2] /pæk/ 動 他〔陪審員など〕を自分に都合のいいように選ぶ, 自派で固める

‡pack·age /pǽkɪdʒ/《発音注意》
—名 (複 **-ag·es** /-ɪz/) C ❶《主に米》(小型の) 荷物, **包み**, 小包(《英》parcel)(⇨ BUNDLE 類語)；《米》包装した商品 ‖ Mom sends me a ～ of food every month. 母は毎月食料品の小包を送ってくれる / *Good things come in small* ～*s.* 《諺》よいものは小さな包みに入って届く；山椒(さんしょう)は小粒でぴりりと辛い / make a ～ out of dried fruits ドライフルーツを小包にする / unwrap [wrap] a ～ 荷物を開ける[包む]
❷ (商品の)**紙容器**, ケース, **パッケージ**；(パッケージなどの)

中身 (→ pack, packet) ‖ an empty ～ of cigarettes たばこの空き箱 / cookies in colorful ～*s* カラフルなパッケージ入りクッキー
❸ 一括品目, 一括取引 [契約], 一括提案 ; 一まとめの事物 ;《口》パッケージツアー ‖ a ～ of economic measures 経済対策一括提案 ❹ (あらかじめ組み立てた) ユニット完成品 ❺《形容詞的に》一括しての, パッケージの, 一まとめの ‖ a ～ proposal 一括提案 ❻ 💻パッケージソフト, 市販ソフト, 関連機能を有するプログラム群(software package) ‖ a new word-processing ～ 新しいワープロソフト
──動 (**-ag·es** /-ɪz/ ; **-aged** /-d/ ; **-ag·ing**) 他 (♦ しばしば受身形で用いる) ❶ …を包装する, 荷造りする《*up*》;〔商品〕を (特製の) パッケージに入れる ‖ Our products are ～*d* in recycled paper containers. 我が社の商品は再生紙の容器に入っている ❷〔異なる商品〕を一括して販売する ;〔本・番組など〕を一括委託で制作する ❸ …を魅力的に見せて売り込む, …を〈…として〉売り込む〈**as**〉
▶▶ ～ **dèal** 名 C 一括取引 ～ **hóliday** 名 C《英》= package tour ～ **sòftware** 名 U 💻パッケージソフト (♦ software package の方がふつう) ～ **stòre** 名 C《米》酒類小売店 (《英》off-licence)《酒を瓶詰めのまま販売し, その場では飲ませない》 ～ **tòur** /, ╌╌╌/ 名 C パックツアー《旅行会社の斡旋(あっせん)する運賃・宿泊費込みの団体旅行》(❗「パックツアー」は和製語)

***pack·ag·ing** /pǽkɪdʒɪŋ/ 名 U ❶ (商品の) 容器 [パッケージ](製作), 包装 ❷ (提案・立候補者などを) 上手に紹介[説明]すること

páck drìll 名 C《軍》行軍用重装備で歩かせる罰
nò námes, nò pàck dríll 名前さえ明かさなければだれも懲罰なし《人をかばうときなどに用いる》

packed /pækt/ 形 ❶ (劇場などが) 満員の, 混雑した ‖ play to a ～ house 満員で上演する ❷《複合語で》…を詰め込んだ ‖ violence-～ cartoons 暴力満載の漫画 ❸ (小さく) 固めた ‖ ～ snow (スキー場などの) 固めた雪 ❹《叙述》(人が)(旅の) 荷造りを済ませた
pàcked to the ráfters [OR ***róof, gílls***] 超満員で(の)
▶▶ ～ **lúnch** 名 C《英》弁当 (《米》box lunch) ～ **óut** 形《叙述》《英口》(劇場などが) 超満員で

***pack·er** /pǽkər/ 名 C ❶ 荷造り人 ; 梱包 [包装] 機械 ❷ (肉・生鮮食品などの) 加工包装業者

****pack·et** /pǽkət | -ɪt/
──名 (複 **～s** /-s/) C ❶《主に英》(主に紙製の) **小型容器**, 小箱 ; (たばこなどの)1箱, 1包み(《米》pack) (⇨ BUNDLE 類語) ; (1箱・1包みの) 中身 ; (小型の) **荷物**, 小包 ‖ a ～ of letters 手紙の束 / a ～ of cigarettes たばこ1箱 / a surprise ～《英口》福袋 ; 驚きの種 / a pay ～《英》給料袋 ; 給料, 俸給
❷ (a ～)《主に英口》多額の金 ; (賭博(とばく)・投機などでの) ぼろもうけ, 大損 ‖ make a ～ 一もうけする / cost a ～ ずいぶんと金がかかる ❸ (=～ **bòat**)《旧》定期郵便船 ❹ 💻パケット《パケット交換方式でデータ転送を行う際のデータの単位》 ❺《米》書類一式 ❻《米》=sachet
──動 他 …を小包[小荷物]にする
▶▶ ～ **snìffer** 名 C 💻パケットスニッファー《パケット内を調べるプログラム》 ～ **swìtching** 名 U 💻パケット交換《データをパケットというデータ単位に分割して転送する仕様》

páck·et·ìze /-àɪz/ 動 他 💻〔データ〕をパケットに分割する

páck·hòrse 名 C 荷馬(にうま), 駄馬

***pack·ing** /pǽkɪŋ/ 名 U ❶ 荷造り, 包装(料) ; (特に肉の) 加工包装 ‖ do one's ～ 荷造りする ❷ 詰め物, 包装材, パッキング ▶▶ ～ **càse** 名 C 荷箱, 包装箱 ～ **dènsity** 名 C 💻記録密度

pácking·hòuse 名 C《米》(肉などの) 加工包装会社

páck·sàck 名 C《米》(肩にかける) リュックサック

páck·sàddle 名 C《主に米》(馬などの) 荷鞍(にぐら)

páck·thrèad 名 U 荷造り用のひも

Pac(-)Man /pǽkmæ̀n/ 名 C《商標》パックマン《コンピューターゲームの1つ》

***pact** /pækt/ 名 C (主に国際間の) 条約, 協定 (treaty) (♦ 主に新聞用語) ; (個人・組織間の) 約束, 契約〈**to do** …する / **that** 節 …という〉‖ the U.S.-Japan Security *Pact* 日米安全保障条約 / sign a ～ 条約に署名する / denounce a ～ 条約の終結を通告する / make a ～ *to* help one another 相互に助け合う約束を結ぶ

***pad**[1] /pæd/ 名 C ❶ (摩擦・衝撃などを防ぐ) 当て物, クッション ; (型を整えるための) 詰め物, (衣類の) パッド ;《通例 ～s》(球技用の) すね[肩, 胸]当て ‖ a seat ～ いすのクッション / a shoulder ～ (衣類の) 肩当て, 肩パッド ; (フットボール選手などの) 肩当て / a knee ～ ひざ当て / a scouring ～ たわし(scourer) ❷ (吸収用・傷口用の) 当て布 ; 生理用ナプキン ; 洗浄用パッド ❸ スタンプ台(stamp [ink, inking] pad) ❹ (紙などの) 一つづり, はぎ取り用紙 ‖ a memo ～ (はぎ取り式の) メモ帳 / a sketch ～ スケッチ帳 / a writing ～ 便箋(びんせん) ❺《解》(人間の指先の) 指球 ;《動》(犬・猫などの) 指球, 肉球 ; (オオカミ・キツネなどの) 足 ❻《植》(スイレンなどの) 浮き葉 ‖ a lily ～ スイレンの浮き葉 ❼ (ロケットの) 発射台(launch pad) ; (ヘリコプターの) 発着場(helicopter pad) ❽《俗》寝床, ベッド ;《通例単数形で》《口》(自分の住む) ねぐら, 部屋, アパート, 家 ❾《電》パッド, 信号灯制御装置
──動 (**pad·ded** /-ɪd/ ; **pad·ding**) 他 ❶ …に〈…の〉当て物[詰め物]をする, パッドを入れる《*out*》〈**with**〉(♦ しばしば受身形で用いる) ‖ ～ *out* the shoulders of a dress ドレスに肩パッドを入れる ❷〔演説・書き物など〕を〈不必要な内容で〉ふくらませる《*out*》〈**with**〉‖ a speech *padded out with* clichés 陳腐な決まり文句でふくらませたスピーチ / ～ one's résumé 経歴をよく見せる ❸《主に米》〔費用など〕を水増し請求する ❹ (試合で)〔リード〕を広げる
▶▶ **pàdded céll** 名 C (精神科病院で自傷を防ぐための) 壁にクッションを取りつけた部屋

pad[2] /pæd/ 動 (**pad·ded** /-ɪd/ ; **pad·ding**) 自 他 (…を) 足音を忍ばせて行く (♦ 自 では方向を表す 副句 を伴う)
──名 C《単数形で》(忍び歩きの) 足音

pad·ding /pǽdɪŋ/ 名 U ❶ 詰め物 [パッド] 類 ❷ 水増しした内容, 埋め草

pad·dle[1] /pǽdl/ 名 C ❶ (カヌー用の短い幅広の) 櫂(かい), パドル ;《単数形で》カヌーを櫂でこぐこと ‖ a double ～ 両端にかき板のある櫂 ❷ 櫂状の道具 ; (物をかき混ぜるための) へら ;《米口》(体罰用の) へら状の棒 ;《米》(卓球などの) ラケット ❸ (外輪船や水車の) 水かき(板), 翼 ❹《動》ひれ足
──動 自 カヌーを櫂でこぐ
──他 ❶〔カヌー〕を櫂でこぐ ❷《主に米口》〔生徒など〕を棒(など)でたたいて罰する ❸ …をへらでかき混ぜる
paddle one's own canoe《口》⇨ CANOE(成句)
▶▶ ～ **stèamer** 名 C《英》=paddle wheeler ～ **tènnis** 名 U パドルテニス《大型のパドルでスポンジのボールを打ち合うテニスに似た球技》 ～ **whèel** 名 C (外輪船の) 外輪 ～ **whèeler** 名 C《米》外輪船

pad·dle[2] /pǽdl/ 動 自 ❶ (浅瀬で手足を) ぱちゃぱちゃする ;《英》浅瀬をはだしで歩き回る ❷ (小児が) よちよち歩く
──名 C (a ～)《主に英》浅瀬をはだしで歩き回ること

páddle·bàll 名 U C パドルボール(のボール)《ボールをラケットでコートの壁面に交互に打つ球技》

páddle·bòat 名 C 外輪船 ; 足踏みボート

paddleboat

páddle·fìsh 名 (複 ～ OR ～**·es** /-ɪz/) C《魚》ヘラチョウザメ《米国ミシシッピ川にすむ》

páddling pòol 名 C《英》(水遊び用の) 浅いプール

pad·dock /pǽdək/ 名 C ❶ パドック《レース前に馬やレースカーが準備をする囲い地》 ❷ (馬小屋近くの) (運動用) 小牧場 ❸《豪・ニュージ》(フェンスに囲まれた) 農地, 土地

━ 動 他〔馬など〕を小牧場に閉じ込める

pad·dy[1] /pǽdi/ 名 (複 **-dies** /-z/) ❶ (= ~ **field**) Ⓒ 水田(rice paddy) ❷ Ⓤ 米, 稲;(特に)籾(もみ)

▸▸ ~ **wàgon** 名 Ⓒ《米·豪·ニュージ口》=patrol wagon

pad·dy[2] /pǽdi/ 名 (複 **-dies** /-z/) Ⓒ《通例単数形で》《英口》かんしゃく ‖ in a ~ かんしゃくを起こして

Pad·dy /pǽdi/ 名 ❶ パディー(Patrick の愛称) ❷ (複 **-dies** /-z/) Ⓒ ⊗《俗》《主に蔑》アイルランド人

pad·lock /pǽdlɑ̀(:)k | -lɔ̀k/ 名 Ⓒ 南京(なんきん)錠

━ 動 他 …に南京錠をかける

pa·dre /pɑ́:dri/ 名 ❶ Ⓤ 神父, 司祭(♥ スペイン語·イタリア語·ポルトガル語が話されるカトリック教会での神父[司祭]に対する呼びかけ) ❷ Ⓒ《口》従軍神父[司祭]

pa·dro·ne /pədróuni/ 名 (複 **~s** /-z/ OR **-ni** /-ni:/) Ⓒ ❶ (レストラン·喫茶店などの)イタリア人の主人;(イタリアの)宿屋の主人 ❷《米口》イタリア移民の雇用者

pae·an /pí:ən/ 名 Ⓒ 感謝の歌, 賛歌, 勝利の歌

paed·e·rast /pédəræ̀st/ 名《英》=pederast

pae·di·a·tri·cian /pì:diətrí∫ən/ 名《英》=pediatrician

pae·di·at·rics /pì:diǽtrɪks/ 名《英》=pediatrics **-ric** 形

paedo- 連結形《英》=pedo-

pa·el·la /pɑ:éɪljə | paɪélə/ 名 Ⓤ〘料理〙パエリア《スペインの米料理》

*__pa·gan__ /péɪgən/《発音注意》名 Ⓒ ❶ (特にキリスト教·イスラム教·ユダヤ教から見た)異教徒;《旧》(特にローマ時代にキリスト教から見てまだ教化されていない)未信者, 非キリスト教徒;(古代ギリシャ·ローマ時代の)多神教崇拝者 ❷《けなして》無宗教の人, 不信心者;快楽主義者 ━ 形《通例限定》異教(徒)の;未信者の;無宗教の;原始宗教の ‖ a ~ ritual 異教(徒)の儀式 **~·ish** 形 異教徒的な

pá·gan·ìsm /-ìzm/ 名 Ⓤ 異教;異教徒であること

pá·gan·ìze /-àɪz/ 動 他 自 (…を)異教徒化する

***page**[1] /peɪdʒ/ 名 動

━ 名 (複 **pag·es** /-ɪz/) Ⓒ ❶ (本·新聞·手紙などの)ページ(♦ 略記は p., 複数の略記は pp.;1枚の紙の片面を指す場合も両面を指す場合もある;2ページ目から7ページ目は pp. 2–7 と記す);面;1葉《2ページ》;ページの印刷内容 ‖ His article was **on** [×in, ×at] ~ 34 of *the New York Times*. 彼の記事はニューヨークタイムズの34面に出ていた / Open the textbook to [《英》at] ~ 20. 教科書の20ページを開きなさい / A ~ had been torn from her diary. 彼女の日記から1ページが破り取られていた / The newspaper was open to the sports ~. その新聞はスポーツ面のところが広げてあった / in the first ~*s* of the book その本の最初の数ページに / turn a ~ (over) ページをめくる / the **front** ~ (新聞の)第1面;(本の)扉 / a blank ~ 白紙のページ / the opposite [OR facing] ~ 対向ページ

❷ (歴史の1ページを埋めるような)画期的な出来事, 事件, ひとこま;逸話 ‖ one of the brightest ~*s* in his life 彼の人生の最も輝かしい1ページ

❸ 💻 (記憶装置上の)ページ《データを記憶するために記憶装置上に割り振られたアドレス番号のブロックの単位》

❹ 💻 (インターネットのサイトの)画面, ページ(web page);(ディスプレーの画面に)1度に表示されるテキスト[グラフィックス];1ページ分としてプリントアウトされるデータ

be [gèt] on the sàme páge 《口》同じものを目指している[目指す];〈…しようと〉同意している[同意する]〈**to do**〉

tàke a pàge from [OR ***òut of***]「***a pèrson's*** [OR ***its***] ***(pláy)book*** (人の)まねをする, 例に従う, 模倣する

tùrn the páge (困難などの後に)改めて出直す

━ 動 (**pag·es** /-ɪz/; **~d** /-d/; **pag·ing**)

━ 他〔本など〕にページ数[ノンブル]をつける

━ 自 ❶ (+**through** 名)〔本〕のページを(ぱらぱら)めくる, …に目を通す

❷ 💻 ページングする《データをRAMから外部記憶媒体に, またはその逆に移動すること》

▸▸ ~ **prìnter** 名 Ⓒ 💻 ページプリンター《ページ単位で印刷ができる》 ~ **tràffic** 名 Ⓤ (新聞·雑誌などの)ページ単位読者数 ~ **tùrner** (↓) ~ **vìew** 名 Ⓒ 💻 ページビュー《ウェブページ1ページ単位の延べアクセス数》

page[2] /peɪdʒ/ 名 Ⓒ ❶ (ホテルなどの)ボーイ;(結婚式で)花嫁に付き添う少年;(米国の)国会議員の雑用担当者 ❷〘史〙騎士見習い;(宮廷などの)小姓(こしょう), 従者

━ 動 他 ❶ (名前を場内放送などで繰り返し呼んで)…を呼び出す[捜す] ❷ …をポケットベルで呼び出す

*__pag·eant__ /pǽdʒənt/《発音注意》名 Ⓒ ❶《米》美人コンテスト ‖ the Miss America beauty ~ ミスアメリカコンテスト ❷ (その土地の歴史などを扱った)野外劇, ページェント ‖「put on [OR stage] a ~ 野外劇を上演する ❸ 豪華な見世物;華麗な行列, (祭りの)仮装行列;(祭りの)山車(だし)(float);華やかな連続的展開 ‖ the ~ of history 華やかな歴史の展開 / life's rich ~《文》人生の一連の出来事

pág·eant·ry /-ri/ 名 Ⓤ 華やかな見世物, 壮観

páge·bòy 名 Ⓤ Ⓒ ❶ =page[2] ❶ ❷ ページボーイ《毛先を内巻きにした女性の髪型》(bob)

pag·er /péɪdʒər/ 名 Ⓒ ポケットベル(bleeper,《米》beeper) ‖ by ~ ポケベルで

Pág·et's disèase /pǽdʒɪts-/ 名 Ⓤ〘医〙❶ 変形性骨炎 ❷ 乳房ページェット病

páge-tùrner, páge tùrner 名 Ⓒ《口》(冒険小説·推理小説など)読みだしたらやめられない面白い本

pag·i·nate /pǽdʒɪnèɪt/ 動 他 =page[1]

pag·i·na·tion /pæ̀dʒɪnéɪ∫ən/ 名 Ⓤ Ⓒ ❶ ページ付け, 丁付け ❷ (ページを示す)数字;(1冊の)ページ数

pag·ing /péɪdʒɪŋ/ 名 Ⓤ ❶ 💻 記憶装置上へのアドレス番号の割り振り, ページング(→ page[1]) ❷ ポケットベルで人を呼び出すこと, ページング(→ page[2])

pa·go·da /pəgóudə/ 名 Ⓒ (ヒンドゥー教や仏教の)塔, パゴダ(風の建造物)

pah /pɑ:/ 間 ふうん, ちえっ(軽蔑·嫌悪などを表す)

PAH 略 *p*oly*c*yclic *a*romatic *h*ydrocarbon (多環芳香族炭化水素)《排気ガスなどに含まれる汚染物質. 発癌(はつがん)性を有するものもあり, 国際的に規制対象になっている》

***paid** /peɪd/

━ 動 pay の過去·過去分詞

━ 形《比較なし》《通例限定》❶ **有給の** ‖ ~ holidays 有給休暇 / low-~ **jobs** 給料の安い仕事 / ~ **employment** [**work**] 有給の職[仕事]

❷ (給料をもらって)雇われた ‖ ~ workers 有給労働者 / a poorly [OR badly] ~ bus driver 薄給のバス運転手

pùt páid to ... 《主に英·豪口》〔希望·計画など〕をくじく, 終わらせる, 片をつける ‖ That scandal *put* ~ *to* his career. そのスキャンダルで彼は職を失った

pàid-úp ⌫ 形《限定》❶ 会費を(全額)払い込み済みの(→ PAY[1] *up*) ❷ 献身的な

pail /peɪl/ (♦ 同音語 pale) 名 Ⓒ ❶ 手おけ, バケツ ❷ 手おけ1杯(の量) **~·ful** 名 =pail ❷

pail·lasse /pæljǽs | pǽliæs/ 名 =palliasse

pail·lette /paɪjét | pæljét/ 名 Ⓒ (婦人服などの装飾用の)ぴかぴかする小片, スパンコール(spangle)(♦ フランス語より)

***pain** /peɪn/(♦ 同音語 pane) 名 動

━ 名 (複 **~s** /-z/) ❶ Ⓤ (肉体的な)**苦痛**, 痛み《特に急激な鋭い痛み》(→ ache);Ⓒ〈…の〉(局部的な)痛み〈**in**〉(⇨ 類語) ‖ The boxer's face was distorted with ~. ボクサーの顔は痛みでゆがんでいた / She couldn't sleep for (the) ~. 彼女は痛みで眠れなかった / Will the surgery **cause** me any ~? 手術は痛いだろうか / The patient was **in** (great) ~. 患者は痛みが(とても)ひどかった / The ~ *in* [×of] my chest increased [disappeared, went away]. 胸の痛みはひどくなった[消えた] / a cry of ~ 苦痛の叫び / scream [OR cry out] **with**

[OR in] ～ 苦痛のあまりに悲鳴を上げる / a ～ *in* one's knee ひざの痛み / aches and ～*s* (全身の) 痛み / ～ relief 痛みの緩和

連語 **【動+～(+前)】** have ～ 痛みがある / bear [OR endure, stand] ～ 痛みに耐える / feel [OR suffer, experience] ～ 痛みを感じる / relieve [OR kill, stop] ～ 痛みを止める / ease ～ 痛みを和らげる / inflict ～ on ... …に痛みを与える
【形/名+～】「an acute [OR a severe] ～ 激痛 / a terrible ～ ひどい痛み / a chronic ～ 慢性的な痛み / a sharp [dull] ～ 鋭い痛み [鈍痛] /「a back [an abdominal, a stomach] ～ 背中の痛み [腹痛] / physical ～ 身体の痛み / menstrual [OR period] ～ 生理痛 / growing ～(*s*) 成長期神経痛;(新事業などの) 産みの苦しみ

❷ Ⓤ (精神的な)**苦悩**, 心痛, 悲嘆 ‖ She is **in** great ～ over the death of her husband. 彼女は夫の死で悲嘆に暮れている / Can't you understand the ～ of your mother? 君にはお母さんの心の痛みがわからないのか / It gave me great ～ to fire him. 彼を解雇するのは私にはとてもつらかった / You need a friend who can share your ～ now. 今あなたには心の痛みを分かち合える友が必要だ / the ～ of divorce 離婚による心痛
❸ Ⓒ 《～s》**骨折り**, 苦労, 努力(♦ 複数扱いだが, ˣmany pains とはいわず, much pains とする. ただし強調するときは great pains を用いるのがふつう) ‖ I will spare no ～*s* to make you happy. あなたを幸せにするためには労をいといません / ～*s* and pleasures of parenthood 親としての苦楽 / with great ～*s* 非常に骨折って[苦労して]
❹ Ⓒ 《～s》陣痛(labor pains)
❺ Ⓒ 《a ～》《口》いらいら[うんざり]させる人[もの], 頭痛の種 ‖ You [Your bad manners] give me a ～! 君[君の行儀の悪いの] にはうんざりだ / This old computer is a real ～. この古いコンピューターには全くうんざりだ

a pàin in the néck** [OR ***báckside, 《米》***áss, bútt,*** ⊗《英卑》***árse***] 《口》うんざりさせる人[もの, こと]
be at páins =*take pains*; *go to pains*(↓)
fèel nò páin 《俗》酔っている
for one's páins 《口》苦労の挙げ句に(♥ 苦労と引き換えにがっかりするような報酬しか得られない場合に用いる) ‖ These days teachers gain little gratitude *for* their ～*s*. 最近では教師は苦労した挙げ句にほとんど感謝されない
nò páin, nò gáin 苦労なくして成功なし
on [OR ***under***] ***páin of ...*** (従わなければ) …の罰を加えられるという条件で ‖ *on* ～ *of* death 従わなければ殺すと言われて / *under* ～ *of* being suspended from school 停学にするぞと言われて
****tàke páins*; *gò to páins*** **骨折る**, 苦心する〈**with, over** …に / **to do** …しようと〉 ‖ *Take* more ～*s with* your appearance. もっと身なりに気をつけなさい / She didn't *go to* any ～*s to* stop her baby from crying. 彼女は自分の赤ん坊が泣いているのにあやそうともしなかった

─動 (**～s** /-z/; **～ed** /-d/; **～·ing**)
─他 《進行形不可》❶ …に (精神的に) 苦痛を与える ‖ My daughter's misconduct ～*ed* me. 娘の非行が私にはこたえた / It ～*s* me to see street children. ホームレスの子供たちを見ると胸が痛む
❷ 《受身形不可》(体の一部が)〔人〕に苦痛を与える
─自 《主に米》(体の一部が)痛む

類語 **《名 ❶》pain**「痛み」を意味する最も広義の語. けがや病気などに伴ういろいろな種類・程度の痛みに用いる.
ache ふつう継続的な鈍い痛みで, 特定の器官や身体の部分が感じる痛み. 〈例〉 a stomach*ache* 腹痛 /「an *ache* [OR a *pain*] in the shoulder 肩の痛み
pang 突然の, 短い, 差し込むような強い痛み, 激痛.
throe 通例複数形で用い, 陣痛のような発作的に繰り返す激しい痛み. 〈例〉 *throes* of labor 陣痛
agony 継続的な耐え難いほど大きな(精神的・肉体的) 苦痛. 〈例〉 moan in *agony* 痛みに耐えかねてうめく
anguish agony に似た極度の苦痛. 主として精神的苦悩に用いる語. 〈例〉 the *anguish* of bereavement 死別の苦悩

語源「刑罰」の意のラテン語 *poena* から. 中世では, 罪に対する罰としての「苦しみ」を意味した.

▶▶ **～ bàrrier** 名 Ⓒ 《通例単数形で》苦痛が最大の状態

Paine /peɪn/ 名 **Thomas ～** ペイン (1737–1809)《米国独立革命時の政治理論家・著述家》

pained /peɪnd/ 形 苦痛 [苦悩] を表す; 感情を傷つけられた, 怒った ‖ a ～ look 苦悩の表情

***pain·ful** /péɪnfəl/
─形 (**more ～; most ～**)
❶ **苦悩させる**, つらい, 苦痛な(↔ painless) ‖ It is ～ to admit that one is to blame. 自分が悪いと認めるのはつらいことだ / It is too ～ for her to break up with him. 彼女にとって彼と別れるのはつらすぎる / ～ memories 痛ましい記憶 / ～ childhood experiences つらい子供時代の経験(♦ painful は人を主語にとらない.「私は苦痛を感じる」は ˣI feel painful. ではなく I feel pain.)
❷ (体の一部が) **痛む**; (病気・手術などが) 痛みを伴う ‖ Is your finger still ～? 指はまだ痛みますか / a ～ injury [burn] 痛む傷 [やけど] ❸ 困難な, **骨の折れる** ‖ a ～ task つらい仕事 / ～ progress 骨の折れるゆっくりとした進展 / a ～ decision 困難な決断 ❹ うんざりさせる, 退屈な ❺ 《口》とてもひどい[悪い]
～·ness 名

***pain·ful·ly** /péɪnfəli/ 副 ❶ 痛そうに; 苦しんで ❷ 痛(ましい)ほどに, ひどく ‖ His body was ～ thin. 彼の体は痛々しいほどやせこけていた ❸ 苦労して, 骨折って

***páin·kìller** 名 Ⓒ 鎮痛剤, 痛み止め
-kìlling 形 鎮痛の

páin·less /-ləs/ 形 ❶ 苦痛をもたらさない, 無痛の ‖ a ～ death 安楽死 ❷ 簡単な, 手間のかからない, 気楽な
～·ly 副 **～·ness** 名

páins·tàking 形 《通例限定》労を惜しまない, 勤勉な; 丹精込めた ‖ a ～ work 苦心の作 **～·ly** 副

*****paint** /peɪnt/ 名 動
─名 (複 **～s** /-s/) ❶ Ⓤ (♦ 種類を示すときは Ⓒ) **ペンキ**, 塗料; **絵の具**; 着色剤 ‖ a splash [speck] of ～ ペンキのはね [しみ] / a fresh coat of ～ 塗りたてのペンキ / apply a second coat of ～ 再度ペンキを塗る / Wet *Paint* 《掲示》ペンキ塗りたて / gloss ～ つや出し塗料 / acrylic ～ アクリル絵の具 / oil ～ 油絵の具, 油性塗料 / mix ～*s* 絵の具を混ぜる / spray ～ on ... …にペンキをスプレーする
❷ Ⓒ 《～s》絵の具セット ‖ tubes of ～*s* 絵の具のチューブ / a box of ～*s* 1箱の絵の具 ❸ 《the ～》塗って乾いたペンキ, (表面の) ペンキ塗装 ‖ The ～ on the fender was peeling. バンパーの塗装がはげかけていた ❹ Ⓤ 《口》化粧品; 口紅(lipstick), 紅, ルージュ ❺ 《米》=pinto
(*as*) *frèsh as páint* =(*as*) *fresh as a* DAISY
wàtch páint drỳ 極めて退屈である, 退屈に過ごす(♦「ペンキが乾くのを見つめる」から)
─動 (**～s** /-s/; **～·ed** /-ɪd/; **～·ing**)
─他 ❶ **a** 《+目》…に**ペンキを塗る**, 塗装をする; ペンキで〔線・標識など〕を〈…に〉描く〈**on, along, etc.**〉 ‖ ～ a wall 壁にペンキを塗る / ～ a slogan *on* a wall 壁にスローガンをかく
b 《+目+補》…を…色に塗る ‖ We ～*ed* the house blue [a bright color]. 我々は家をペンキで青く [明るい色に] 塗った
❷ **a** 《+目》…を**(絵の具などで)描く**; …の絵を描く(♦ 鉛筆・クレヨン・ペンなどによる場合は draw)(⇨ WRITE **類語P**) ‖ ～ a **picture with** a brush 筆で絵を描く / ～ a landscape [pretty woman] 景色 [美しい女性] を描く

/ birds ～*ed* **in** oils [watercolors] 油絵[水彩]で描かれた鳥
b 《+目 *A*+目 *B*⇄+目 *B*+**for** 目 *A*》*A*(人)に*B*(肖像画など)を描く(♦《+目 *A*+目 *B*》の文型は比較的まれ)‖ He ～*ed* a beautiful portrait *for* the Queen. 彼は王妃のために美しい肖像画を描いた
❸ (言葉で)…を(絵のように)表現[描写]する；…を〈…と〉評する〈**as**〉‖ The prime minister always ～*s* a rosy [gloomy] picture of our economy. 首相は我が国の経済についていつも楽観的[悲観的]に述べている / His essay ～*ed* Japan *as* a paradise. 彼のエッセイは日本を地上の楽園として描いていた
❹ **a** 《+目》〔顔・唇・つめなど〕に化粧品[(口)紅，マニキュア]を塗る，化粧する ‖ She ～*ed* her face thickly. 彼女は顔に厚化粧した **b** 《+目+補》〔顔・唇・つめなど〕を(化粧品で)…色に塗る ‖ The actress ～*ed* her fingernails bright red. その女優はつめを真っ赤に塗った
❺〔薬など〕を〈傷口などに〉塗布する〈**on, onto**〉；〔傷口など〕に〈薬などを〉塗布する〈**with**〉‖ ～ iodine *on* a cut 傷口にヨードチンキを塗る ❻💻 (ペイントソフト[プログラム]を用いて)〔グラフィックなど〕を作る，描く
—自 ペンキを塗る；(絵の具で)絵を描く ‖ She ～*s* well. 彼女は絵がうまい / ～ in oils 油絵を描く / ～ on a wall 壁に絵を描く
pàint ín ... / pàint ... ín 〈他〉(絵に)…を描き加える
pàint ón ... / pàint ... ón 〈他〉(表面に)…を描き加える
pàint óut ... / pàint ... óut 〈他〉〔消したい部分〕を(ペンキ・絵の具で)塗りつぶす ‖ ～ *out* graffiti 落書きをペンキで塗りつぶす
pàint óver ... / pàint ... óver 〈他〉…を塗り隠す
pàint úp ... …をきれいに塗り上げる[化粧する]
pàint ... with a bròad brúsh …を大まかに述べる
～·a·ble 形
▶▶**～ strìpper** 名 U ペンキ剝離剤

páint·bàll 名 U ペイントボール《塗料入り弾丸を用いる模擬戦争ゲーム》；C ペイントボール用の塗料入り弾丸

páint·bòx 名 C 絵の具箱

páint·brùsh 名 C (画家の)絵筆；(ペンキの)はけ

pàint-by-númber(s) 形《限定》(塗り絵などを)番号順に描く；規格品の，創意工夫に欠けた

paint·ed /péɪntɪd/ 形 ❶ 描いた；彩色した，彩色の ❷ ペンキを塗った ❸ 見せかけの；虚飾的な ❹ 厚化粧をした ❺《複合語で》派手な彩色の；多色の，異色の
▶▶**～ lády** 名 C〖虫〗ヒメアカタテハ《白と黒の斑点(はんてん)のあるオレンジ色のチョウ》

⁑paint·er[1] /péɪntər/
—名 (複 **～s** /-z/) C ❶ **画家** ‖ a portrait [landscape] ～ 肖像[風景]画家 ❷ ペンキ屋，塗装工 ‖ a house [sign] ～ 家屋塗装業者[看板屋]
～·ly 形 画家(特有)の；(描線よりも)色や筆致を重視した

paint·er[2] /péɪntər/ 名 C〖海〗もやい綱

⁑paint·ing /péɪntɪŋ/

—名 (複 **～s** /-z/) ❶ C (絵の具で描いた1枚の) **絵**，絵画，彩色画(♦ 鉛筆・ペン・クレヨンなどによるものは drawing) ‖ an abstract ～ 抽象画 / an original ～ 原画 / a ～ in oils [watercolors] =「an oil [a watercolor] ～ 油絵[水彩画] / a ～ of my sister 姉を描いた絵(♦ a painting of my sister's (姉が描いた絵；姉が所有する絵)，a painting by my sister (姉が描いた絵) と区別する. my sister's painting は以上3通りのいずれの意味にもなる. ⇨ OF ❼ 語法)
❷ U **絵を描くこと**；(芸術・職業としての)絵画；画術，画法 ‖ do ～ 絵を描く
❸ U (ペンキ)塗装；(顔に)紅をつけること；着色

páint·wòrk 名 U《主に英》(車・家の壁などの)塗装

⁑pair /peər/ 《発音注意》(♦ 同音語 pare, pear) 名 動

中心義 対をなすもの
—名 (複 **～s** /-z/) C ❶ (一緒に使われる同種2つのもの，または体の部分など相対応するものの)**1組，1対**(⇨ 類語) ‖ These two socks are not a ～. この2つのソックスは対になっていない /「a ～ [two ～*s*] of earrings 1組[2組]のイヤリング(→ 語法) / a light ～ of shoes 1足の軽い靴(♦ 形容詞は of の次の名詞を修飾する) / have a ～ of brown eyes 茶色の目をしている
❷ (同じ2つの部分からなる切り離せないものについて)**1個，1丁** ‖ a ～ of pants [OR trousers] ズボン1本 / a ～ of jeans ジーンズ1着 / two ～*s* of scissors はさみ2丁(→ 語法) / a ～ of glasses 眼鏡1つ

語法 ☆☆ ❶❷
(1) a pair of ... を受ける動詞は通例単数扱いだが，後に続く関係節の中ではしばしば複数扱いになる.〈例〉A new *pair* of gloves is what I need. 新しい手袋が私には必要だ / I must find a new *pair* of gloves which match a gray coat. グレーのコートに似合う新しい手袋を探さなくては
(2) a pair of ... を受ける代名詞は通例複数形.〈例〉I like this *pair* of socks. How much are they? このソックスが気に入りました. いくらですか
(3) 数詞を伴う場合，two [three, etc.] pair of shoes のように2以上でも単数形 pair を使うことがあるが，一般的には pairs を用いる

❸《単数形で》《単数・複数扱い》(夫婦・婚約者・恋人同士など)**1組の男女**(→ couple)；(密接な関係があるか共通点のある)2人1組；(スケート・ダンス・ブリッジなどの)2人の1組，ペア；(動物の)1つがい(→ brace, yoke)；(同じ馬具につながれた)2頭立ての馬 ‖ a married ～ 夫婦 / the happy ～ 新郎新婦(♦ 夫婦を表す単独の語としては couple を用いる) / a ～ of robbers 2人組の強盗 / a ～ of canaries 1つがいのカナリア / a carriage and ～ 2頭立ての馬車
❹〖トランプ〗ペア《同じ点数の2枚の札》；《～s または P-s》神経衰弱(《米》concentration,《英》Pelmanism) ‖ 3 of a kind beats 2 ～(s). スリーカードはツーペアより強い
❺〈1組[1対]になったものの〉片方〈**to**〉‖ Where is the ～ *to* this glove? この手袋のもう一方はどこにあるの
❻〖政〗(ある問題について互いに棄権することを申し合わせた)反対両派の2人の議員(の一方)；その申し合わせ
a pàir of hánds 人手，参加者，人材 ‖ *a* safe ～ *of hands* ミスを犯さない信頼できる人材 /「*an* extra [OR another] ～ *of hands* 追加の人手
⁎***in páirs*** 2つ[2人，2匹]1組になって[た]，組[対]になって，ペアを組んで ‖ Shoes are sold *in* ～*s*. 靴は1足単位で売られる
show (*a person*) ***a clean pair of heels*** ⇨ HEEL[1] (成句)

COMMUNICATIVE EXPRESSIONS
[1] **I've ònly (gòt) òne pàir of hánds.** 手は2本しかないよ；忙しくてそんなに手に負えないよ

—動 (**～s** /-z/；**～ed** /-d/；**～·ing**)
—他 ❶〔人・物など〕を組[ペア，対]にする，〈…と〉組み合わせる〈**with**〉(♦ しばしば受身形で用いる) ‖ ～ students 生徒を2人ずつ組ませる / New teachers will be ～*ed with* experienced teachers at this school. 当校では新任の先生は経験豊かな先生と組んでいただきます
❷〔動物〕をつがいにする
❸〖政〗〔議員〕を反対党議員とペアにして投票を棄権させる
—自 組[ペア]になる；(動物が)つがう
⁎***pàir óff*** 〈他〉《***pàir óff ... / pàir ... óff***》① 〔人・物〕を組[ペア]にして分ける ② 〔男女〕を〈…と〉ペアにする〈**with**〉‖ The instructor ～*ed off* each dancer *with* a partner. インストラクターは各ダンサーをパートナーとペアにした —〈自〉① 組[ペア]に分かれる ② 〈…と〉組[ペア]になる；(男女が)〈…と〉仲よくなる〈**with**〉
⁎***pàir úp*** 〈自〉(仕事・スポーツなどで)〈…と〉2人1組になる，ペアになる〈**with**〉‖ ～ *up with* him to work on the

lesson 彼とペアでそのレッスンに取り組む ―〈他〉《**pàir úp ... / pàir ... úp**》(仕事・スポーツなどで)…を(…と)2人1組にする, ペアにする〈**with**〉

類語 《名 ❶》 **pair** 2個または2つの部分が一緒になって完全な組をなすもの.〈例〉a *pair* of earrings 1対のイヤリング

couple pair ほど密接な関係のない同種の2つ. 単に(about) two の意(ときには a few や several の意味にもなる).〈例〉I found a *couple* of socks in the bedroom, but they don't make a *pair*. 寝室に靴下が2つあったが, 対の1足ではない / Can you lend me a *couple* of dollars? 2, 3ドル貸してくれませんか

▸▸ ~ **prodùction** 名 U 〘理〙対(つい)生成

pai·sa /páɪsɑ:/ 名 (複 **-se**/-seɪ/ OR ~) C パイサ《インド・パキスタン・ネパールの rupee やバングラデシュの taka の補助通貨単位で基本通貨の100分の1に当たる》; 1パイサ貨

pai·sa·no /paɪsá:noʊ/ 名 (複 **~s** /-z/) 《スペイン》 C 《米》仲間, 友達; 同胞; (小作)農民, 田舎者

pais·ley /péɪzli/ 名 U 形 ペイズリー地[模様](の)《鮮やかな色の曲線模様の羊毛地》

paisley

Pai·ute /pàɪjú:t/ 名 (複 ~ OR **~s** /-s/) C パイウーテ族《米国ユタ・アリゾナ・ネバダ・カリフォルニアなどの州のショショーニ族先住民》; U その言語

***pa·ja·mas,** 《英》 **py-** /pədʒá:məz/ 《アクセント注意》 名 複 ❶ パジャマ(《口》jamas, jams, pj's) ‖ a pair of ~ パジャマ1着 / in ~ パジャマ(姿)で (♦形容詞的に使われる場合は単数形.〈例〉a *pajama* top [OR jacket] パジャマの上衣 / *pajama* bottoms [OR trousers] パジャマのズボン) ❷ (インド・トルコなどの男女がはく)緩いズボン

語源 ペルシャ語 *pay*(足)+*jama*(着物): 中近東の民族衣装の緩いズボンをヨーロッパ人が寝巻に用いた.

▸▸ ~ **pàrty** 名 C パジャマパーティー (slumber party) 《特に10代の若者が友人宅に集まり泊まりがけで遊ぶ会》

PAK, Pak. 略 Pakistan, Pakistani

pak choi /pà:k tʃɔ́ɪ | pæk-/ 名 C 〘植〙パクチョイ, 体菜(たいさい)(bok choi)

Pa·ke·ha /pá:kihà:/ 名 (複 ~ OR **~s** /z/) C 《ニュージ》マオリでない人, (ヨーロッパに祖先を持つ)白人

Pak·i /pǽki, pá:ki/ 名 C 《蔑》パキスタン[南アジア]からの移民(の家系の人)

***Pa·ki·stan** /pǽkɪstæ̀n | pà:kɪstá:n/ 〈シ〉 名 パキスタン《インド北西にあるイスラム共和国. 公式名 the Islamic Republic of Pakistan. 首都 Islamabad》

***Pa·ki·stan·i** /pæ̀kɪstǽni | pà:kɪstá:ni/ 形 パキスタン(人)の ―名 (複 ~ OR **~s** /-z/) C パキスタン人

pa·ko·ra /pəkɔ́:rə/ 名 U C 《英》〘料理〙パコラ(pakhora)《香辛料で味つけした野菜に衣をつけて揚げたインド料理》

***pal** /pæl/ 《口》 名 〔▸ pally 形〕 C ❶ (特に男の)親友, 仲よし, 仲間(→ pen pal); 相棒; 共犯者(⇨ FRIEND 類語) ❷ おい, 君(♥怒り・攻撃的態度を表す呼びかけ)

―動 (**palled** /-d/; **pal·ling**) 自 《次の成句で》

pàl aróund (*with ...*) 〈自〉《口》(…と)友達として交際する

pàl úp (*with ...*) 〈自〉《主に英口》(…と)仲よしになる

PAL /pæl/ 名 パル《ヨーロッパで広く採用されているテレビ放送規格》(♦ *P*hase *A*lternating *L*ine の略)

:pal·ace /pǽləs/ 《発音・アクセント注意》

―名 〔▸ palatial 形〕 (複 **-ac·es** /-ɪz/) C ❶ 《しばしば P-》 **宮殿**, 王宮; (主教・高官の)公[官]邸 ‖ Buckingham *Palace* バッキンガム宮殿 / the Imperial *Palace* 皇居 / the presidential ~ 大統領官邸 / a royal ~ 王宮 ❷ 《口》大邸宅, 館(やかた) ❸ 《口》(娯楽・展覧用の)大きくて豪華な建物 ‖ a movie ~ 大映画館 ❹ 《しばしば the P-》《集合的に》《英》宮廷の人たち, (特に)英国王室の人々

語源 初代ローマ帝国皇帝アウグストゥスの館が建てられたローマの丘の名 Palatium から.

▸▸ ~ **cóup** [**revolútion**] 名 C 宮廷革命《有力な側近による政権や王位の交代》 ~ **guárd** 名 C 近衛兵; (高官の)側近

pal·a·din /pǽlədɪn/ 名 C ❶ パラディン《Charlemagne 大帝の12勇将の1人》 ❷ 英雄的な騎士 ❸ (主義主張の)擁護者

palaeo- /peɪliə-, -lioʊ- | pæ-/ 連結形 《英》=paleo-

pal·an·quin, -keen /pæ̀lənkí:n/ 名 C (東アジア諸国の1人乗りの)かつぎかご(♦日本の「かご」も含む)

pal·at·a·ble /pǽləṭəbl/ 形 ❶ 口に合う, おいしい ❷ 〈…の〉心にかなう, 〈…にとって〉好ましい〈**to**〉

pàl·at·a·bíl·i·ty 名 **-bly** 副

pal·a·tal /pǽləṭəl/ 形 〘解〙口蓋(こうがい)の; 〘音声〙口蓋音の

―名 C 〘音声〙口蓋音 (/ʃ/, /j/ など)

pal·a·tal·ize /pǽləṭəlàɪz/ 動 他 〘音声〙…を口蓋音化する (nature の t が /tʃ/ となるなど)

pàl·a·tal·i·zá·tion 名 U 〘音声〙口蓋音化

pal·ate /pǽlət/ 名 C ❶ 〘解〙口蓋 ‖ the hard [soft] ~ 硬[軟]口蓋 (→ cleft palate) ❷ 《通例単数形で》味覚, 味; (知的な)好み ‖ cleanse the ~ 口直しをする

pa·la·tial /pəléɪʃəl/ 形 〔◁ palace 名〕《通例限定》宮殿の(ような), 宮殿にふさわしい; 豪華な, 壮大な **~·ly** 副

pa·lat·i·nate /pəlǽṭənət | -lǽtɪ-/ 名 C パラティン伯 (Count Palatine) 領

pal·a·tine[1] /pǽlətàɪn/ 形 〘解〙口蓋の

pal·a·tine[2] /pǽlətàɪn/ 形 《限定》⇨ COUNT PALATINE, COUNTY PALATINE

***Pa·lau** /pəláu/ 名 パラオ《北太平洋南西部の共和国. 公式名 the Republic of Palau. 首都 Melekeok》

pa·lav·er /pəlá:vər/ 名 ❶ U/C 《単数形で》おしゃべり, 無駄話; 無駄な活動 ❷ C (長引いた)協議, 話し合い

―動 自 (長々と)おしゃべりする

pa·laz·zo /pəlá:tsoʊ | -lǽtsoʊ/ 名 (複 **~s** /-z/ OR **-zi** /-tsi:/) 《イタリア》(=palace) C (イタリアの)宮殿(のような建造物) ▸▸ ~ **pánts** 名 複 パラッツォパンツ《極度にゆったりした女性用のパンタロン》

:pale[1] /peɪl/ (♦同音語 pail)

―形 (**pal·er**; **pal·est**)

❶ (人・顔色などが) **青白い**, **青ざめた**, 血の気を失った ‖ The bride's face went [OR turned] ~. 花嫁の顔は青ざめた / You **look** rather ~. Are you all right? 顔色が少し青いよ, 大丈夫かい / He was ~ **with** fatigue. 彼は疲労で青ざめていた / (as) ~ as death [OR a ghost] すっかり青ざめた[血の気を失った]

❷ (色が) **淡い**, **薄い**; 淡い色の, 色彩の乏しい; (光などが)弱い, ぼんやりした ‖ a ~ blue 淡青色 / ~-gray eyes 淡いグレーの目 / ~ moonlight 淡い月の光

❸ 質の劣る, 印象の薄い ‖ a ~ imitation of a Beatles song ビートルズの歌のまがい物

―動 (**~s** /-z/; **~d** /-d/; **pal·ing**)

―自 ❶ 〈…と比べて〉顔色を失う, 比較にならない〈**beside, next to, etc.**〉 ‖ Their problems ~ *beside* [OR before, compared with] our difficulties. 彼らの問題は我々の窮状に比べれば影が薄い / ~ **into insignificance** 色あせる, 重要性を失う

❷ 青ざめる, 血の気を失う〈**at** …(が原因)で; **with** 恐怖などで〉; (色・光などが)淡くなる ‖ The child ~*d at* the mention of an injection. 注射と聞いてその子は青くなった / The sky ~*d* in the east. 東の空がほの明るくなった

―他 〔人・顔色など〕を青ざめさせる; …を淡くする

pale in [OR *by*] *comparison* ⇨ COMPARISON (成句)

~·ly 副 **~·ness** 名

pale[2] /peɪl/ (♦同音語 pail) 名 C ❶ (さく用の)杭(くい); 杭のさく ❷ 境界, 限界, 範囲 ‖ outside the ~ of the law 法律の範囲外で ❸ 《古》(境界内の)領土 ❹ 《the

(English) P-》ペール《アイルランド内の英国支配地》❺〖紋章〗(盾の)中央の縦筋
beyond [OR *outside*] *the pále* (人・行動などが)社会的に受け入れられない, 穏当を欠いた, 常識から外れた
Pa·le·arc·tic /pèɪliáːrktɪk | pæ-/ ⟨シ〗〖動〗形 旧北亜区の ━名《the ～》旧北亜区
pále·fàce 名C ⊗《蔑》白人《もと北米先住民が使ったといわれる》
paleo- /peɪliə-, -liou- | pæ-/ 連結形「古い, 古代の (ancient)」の意(♦ 母音の前では pale-,《英》palae- となる) ‖ *paleo*climatology (古気候学) / *paleo*biologist (古生物学者) / *paleo*pathology (古生物病理学)
pa·le·o·an·thro·pol·o·gy /pèɪliəænθrəpá(ː)ləʤi | pæliəænθrəpɔ́l-/ 名U 古人類学
-po·lóg·ic(al) 形 **-gist** 名C 古人類学者
pa·le·o·bot·a·ny /pèɪlioubá(ː)təni | pælioubɔ́t-/ 名U 古植物学 **-bo·tán·i·cal** 形 **-nist** 名
Pa·le·o·cene /péɪliəsìːn | pǽ-/〖地〗形 暁(ぎょう)新世の ━名《the ～》暁新世
pàleo·consérvative 名C 超保守主義者
pa·le·o·e·col·o·gy /pèɪliəɪká(ː)ləʤi | pæliəɪkɔ́l-/ 名U 古生態学 **-èc·o·lóg·i·cal** 形 **-gist** 名
pa·le·o·ge·og·ra·phy /pèɪliəʤiá(ː)grəfi | pæliəʤiɔ́g-/ 名U 古地理学
-pher 名C 古地理学者 **-gè·o·gráph·ic(al)** 形
pa·le·og·ra·phy /pèɪliá(ː)grəfi | pæliɔ́g-/ 名U 古文書学 **-pher** 名C 古文書学者 **-o·gráph·ic** 形
Pa·le·o·lith·ic /pèɪliəlíθɪk | pæ-/ ⟨シ〗形《しばしば p-》旧石器時代の ━名《the ～》旧石器時代
pa·le·o·mag·net·ism /pèɪlioumǽgnətɪzm | pæliou-/ 名U 古地磁気学; 古代岩石に残留している磁気
-mag·nét·ic 形
pa·le·on·tol·o·gy /pèɪliɑ(ː)ntá(ː)ləʤi | pæliɔntɔ́l-/ 名U 古生物学
-òn·to·lóg·i·cal 形 **-gist** 名C 古生物学者
Pa·le·o·zo·ic /pèɪliəzóuɪk | pæ-/ ⟨シ〗〖地〗形 古生代の ━名《the ～》古生代
Pal·es·tine /pǽləstàɪn/ 名 パレスチナ《西アジア, 地中海東岸の地方. イスラエルとヨルダンが大部分を占める》
Pàl·es·tín·i·an /-tíniən/ 形名C パレスチナの(住民)
***pal·ette** /pǽlət/ 名C ❶ (画家の用いる) パレット, 調色板; その上のひとそろいの絵の具 ❷《通例単数形で》(ある画家・絵画の)独特の色彩[色調] ❸💻パレット《画面上に表示できる色の範囲》❹ (音楽・文学などの)作風[音色]
▶▶ **～ knìfe** 名C (画家の)パレットナイフ;《英》調理用ナイフ
pal·frey /pɔ́(ː)lfri/ 名C《古》(特に女性用の) (鞍(くら)をつけた)乗用馬
Pa·li /pɑ́ːli/ 名U形 パーリ語 (の)《仏典に使用されたインドの言語》
pal·i·mo·ny /pǽləmòuni | pǽlɪmə-/ 名U《主に米口》別居手当《内縁関係の解消後に相手へ支払う慰謝料》
pal·imp·sest /pǽlɪm*p*sèst/ 名C 再生羊皮紙[写本]《1度書いたものを消してその上にまた書いたもの》; 多くの重なり合った意味を持つもの
pal·in·drome /pǽlɪndròum/ 名C 回文《前後どちらから読んでも同じ語句や数字. level, madam, Was it a cat I saw? など》 **pàl·in·dróm·ic** 形
pal·ing /péɪlɪŋ/ 名 ❶U/C《通例 ～s》杭(くい)(のさく) ❷U 杭を巡らすこと
pal·in·gen·e·sis /pælɪnʤénəsɪs/ 名U ❶〖生〗原形[反復]発生(↔ cenogenesis) ❷〖宗〗再生; 輪廻(りんね)
pal·i·sade /pælɪséɪd/ 名C ❶ (杭の) さく, 矢来 ‖ a ～ of stakes 杭のさく ❷《～s》《米》(川沿いに連なる) 断崖(だんがい) ━動 他 …にさくを巡らす, …をさくで防備を固める
pal·ish /péɪlɪʃ/ 形 やや青ざめた, 少し青白い
pall¹ /pɔːl/ 名C ❶《a ～》覆い, とばり, 幕; (周囲を覆う)陰うつな空気 ❷ ひつぎ[墓] 覆い; (死体の入った) ひつぎ ❸〖宗〗聖杯覆い
càst a páll on [OR *over*] *...* …を台無しにする, …の興をそぐ
pall² /pɔːl/ 動 自《進行形不可》〈…にとって〉つまらなくなる, 味気ないものになる〈**on**〉‖ The lengthy lecture ～*ed on* him. 長たらしい講演に彼はうんざりしてしまった
Pal·la·di·an /pəléɪdiən/ 形〖建〗パラディオ様式の《新古典的様式》(♦ イタリアの建築家 Andrea Palladio (1508–80)より)
pal·la·di·um¹ /pəléɪdiəm/ 名U〖化〗パラジウム《金属元素. 元素記号 Pd》
pal·la·di·um² /pəléɪdiəm/ 名 (複 **-di·a** /-diə/) C《古》守護するもの
Pal·las /pǽləs/ 名 ❶〖ギ神〗パラス《Athena の異称》❷〖天〗パラス小惑星
páll·bèarer 名C (葬式で)ひつぎをかつぐ[に付き添う]人
pal·let¹ /pǽlət/ 名C ❶ パレット, 移動式荷台 ❷ (陶工の)へら; (金箔(きんぱく)塗布用の)平たいへら ❸ (機械の)歯どめ ❹ (オルガンの)調節弁 ❺ (画家の)パレット
pal·let² /pǽlət/ 名C わら布団; (一時しのぎの)硬いベッド
pal·liasse /pæljǽs | pǽliæs/ 名C わら布団
pal·li·ate /pǽlièɪt/ 動 他 ❶〔病気・不安など〕を一時的に和らげる ❷ (弁解などで)〔犯罪など〕を軽く見せようとする, 言い繕う **pàl·li·á·tion** 名UC 釈明, 弁明; 一時的緩和; =palliative
pal·li·a·tive /pǽlièɪtɪv | -liə-/ 形《通例限定》(薬などが) 一時しのぎの; 弁明の, 言い繕いの
━名UC 一時しのぎの薬; 弁明, 言い訳
▶▶ **～ cáre ùnit** 名C 緩和ケア病棟《略 PCU》
pal·lid /pǽlɪd/ 形 ❶ (顔・肌などが) 青白い, 青ざめた (♦ pale より意味が強く,「病気などで血の気のうせた」の意) ❷《けなして》つまらない, 生彩のない ❸ (色が) 淡い; (輝きが) 弱い **～·ly** 副 **～·ness** 名
pal·li·um /pǽliəm/ 名 (複 **～s** /-z/ OR **-li·a** /-liə/) C ❶ (古代のギリシャ・ローマ人が着た) 大きな長方形のマント ❷〖宗〗パリウム《教皇や大司教の羊毛の肩かけ》❸〖解〗脳外套(がいとう) ❹〖動〗(軟体動物の)外套膜
pall-mall /pèlmél, pælmǽl/ 名U ペルメル球戯《17世紀に流行した木球を木づちで打つ球戯》; C その球戯場
pal·lor /pǽlər/ 名U/C《単数形で》青白さ, 蒼白(そうはく)
pal·ly /pǽli/ 形〔◁ pal 名〕《叙述》《口》〈…と〉親しい, 仲のよい〈**with**〉
****palm¹** /pɑːlm/《発音注意》
━名 (複 **～s** /-z/) C ❶ **手のひら** (⇨ HAND 図); (動物の前足の) 手のひらに当たる部分 ‖ The fortune-teller read my ～ and said I'd have a long life. 占い師は私の手相を見て長生きするだろうと言った / She put a coin **in** my palm. 彼女は私の手のひらにコインを置いた / slap ～*s* with ... …と手のひらを合わせる, ハイタッチをする ❷ (手袋の)手のひらの部分
❸ 手のひら状のもの; (柄の先などの)偏平な部分; (ヘラジカの枝角などの)偏平部 ❹ 掌尺(しょうしゃく)《手の幅約 10cm, 長さ約 20cm をもとにした単位》❺〖海〗(オールの)偏平部; (いかりの)つめ ❻ たなごころ革 (sailmaker's palm)《帆布を縫う針を押し通すときに指ぬきの代用として使う》
cròss a pèrson's pálm (*with sílver*)《しばしば戯》(人に)チップをやる, 心付けをする (♦ 占い師の手のひらに (銀貨で)十字を切って金を払ったことから)
grèase [OR *òil*] *a pèrson's pálm*; *grèase* [OR *òil*] *the pálm of a pèrson*《口》(人に)賄賂(わいろ)を贈る
hàve an ìtchy [OR *ìtching*] *pálm* 貪欲(どんよく)に金[賄賂]を欲しがる (♦ 手のひらがむずむずすると金が手に入るといわれた俗信より)
hàve [OR *hòld*] *a pèrson in the pàlm of one's hánd*; *hàve a pèrson èating òut of the pàlm of one's hánd* 〔人〕をすっかり掌中に収めている, 思いどおりに支配する
knòw ... like the pàlm of one's hánd =*know ... like the* BACK *of one's hand*

P

── 動 他 ❶ (手品で)…を手のひらに隠す ❷ …をこっそり拾う[かすめとる] ❸ …を手のひらで触る[なでる] ❹ 〘スポーツ〙(バスケットボールでドリブルのとき)〔ボール〕をつかむ；(ゴールキーパーが)〔ボール〕を手のひらでかわす

pàlm óff ... / pàlm ... óff 〈他〉《口》① (だまして)〔にせ物・欲しくないものなど〕をつかませる，売りつける〈**on, onto** 人に；**with** 物を；**as** …として〉‖ The real estate agent ～*ed* an old house *off on* me. 不動産屋に古い住宅を売りつけられた ②〔人〕に〈言い訳などを〉信じ込ませる〈**with**〉

▸▸～ **bàll** 名 C 〘野球〙パームボール《変化球の一種》 ～ **rèader** 名 C ＝palmist ～ **rèading** 名 U ＝palmistry ～ **scànner** 名 C パームスキャナー《手のひらの静脈のパターンで個人の識別を行う読み取り装置》

***palm²** /pɑːlm/ 名 C ❶ (＝～ **trèe**) 〘植〙ヤシ《ヤシ科の植物の総称》；(特に)シュロ ❷ シュロの葉[枝](♦勝利・栄誉・喜びの象徴) ❸ 《the ～》勝利，戦勝；栄誉 ‖ bear the ～ 勝利を収める，栄冠を勝ち取る

▸▸**Pàlm Béach** 名 パームビーチ《米国フロリダ州南東部，大西洋に面した保養地》 ～ **òil** 名 U ヤシ油 **Pàlm Súnday** 名 U C シュロの聖日《復活祭直前の日曜日. キリストがエルサレムに入ったとき信者が路上にシュロの枝をまいたことにちなむ》

pal·mate /pǽlmeɪt/, **-mat·ed** /-meɪṭɪd/ 形 ❶ 手のひら状の ❷ 〘植〙(葉が)掌状の ❸ 〘動〙水かきのある

palm·cord·er /pάːlmkɔ̀ːrdər/ 名 C 手のひらサイズのビデオカメラ(♦ *palm*＋cam*corder* より)

palm·er /pάːlmər/ 名 C (中世の) 聖地巡礼者《シュロの葉を記念として持ち帰った》

pal·met·to /pælméṭoʊ/ 名 (複 **～s, ～es** /-z/) C 〘植〙パルメット《扇形の葉を持つヤシの総称. 米国南東岸に多い》

palm·ist /pάːlmɪst/ 名 C 手相見

palm·ist·ry /pάːlməstri | -ɪst-/ 名 U 手相占い

pálm·tòp 名 C 形 🖳パームトップ(サイズの)《手のひらサイズの軽量小型コンピューター》(→ laptop, desktop)

palm·y /pάːlmi/ 形 ❶ ヤシの茂った；ヤシの(ような) ❷ 繁栄した，輝かしい ‖ ～ days 全盛時代

pal·o·mi·no /pæ̀ləmíːnoʊ/ 名 (複 **～s** /-z/) C パロミノ種の馬《米国南西部で改良された淡い栗毛(くりげ)の馬》

pa·loo·ka /pəlúːkə/ 名 C 《米俗》❶ 無骨者，がさつなやつ ❷ 《旧》弱い選手《特にボクサー》，二流の選手

Pa·loo·ka·ville /pəlúːkəvɪ̀l/ 名 《米口》❶ C 貧困者地区 ❷ U 社会に忘れられた状態

palp /pælp/ 名 (複 **～s** OR **pal·pi** /pǽlpaɪ/) C 〘生〙(昆虫などの口辺にある)触鬚(しょくしゅ)，ひげ(palpus)

pal·pa·ble /pǽlpəbl/ 形 ❶ 触知できる；たやすく知覚できる ❷ 明白な **pàl·pa·bíl·i·ty** 名 **-bly** 副

pal·pate /pǽlpeɪt | -ˊ-/ 動 他 〘医〙…を触診する **pal·pá·tion** 名 U 触診

pal·pi·tate /pǽlpɪtèɪt/ 動 自 ❶ (心臓が) どきどきする ❷ 〈恐怖・喜びなどで〉震える，おののく，どきどきする〈**with**〉 **-tant, -tàt·ing** 形 動悸(どうき)がする；震えている

pal·pi·ta·tion /pæ̀lpɪtéɪʃən/ 名 U/C 《通例 ～s》(心臓の)動悸，胸の高鳴り；〘医〙心悸亢進(しんきこうしん)

pal·sy /pɔ́ːlzi/ 名 (複 **-sies** /-z/) U C ❶ 《旧》(特に震えを伴う)麻痺(まひ)，しびれ，中風；麻痺状態 ❷ 《古》無(気)力(状態)，無能 ── 動 他 (**-sies** /-z/；**-sied** /-d/；**～·ing**) 《通例受身形で》…が麻痺する，しびれる **-sied** 形

pal·sy-wal·sy /pæ̀lziwǽlzi/ ⊲ 形 《俗》ごく親しい

pal·ter /pɔ́ːltər/ 動 自 《古》❶ あいまいなことを言う；(人を)いい加減にあしらう ❷ 値切る，駆け引きする

pal·try /pɔ́ːltri/ 形 《通例限定》(金額などが) ごくわずかの；無価値の，ささいな **-tri·ness** 名

pal·y·nol·o·gy /pæ̀lɪnά(ː)lədʒi | -nɔ́l-/ 名 U 花粉 [胞子]学 **-no·lóg·i·cal** 形 **-gist** 名

Pam /pæm/ 名 パム《Pamela の愛称》

Pa·mirs /pəmɪ́ərz/ 名 《the ～》パミール高原《中央アジアの高原.「世界の屋根」と呼ばれる》

pam·pas /pǽmpəs, -pəz/ 名 《the ～》《単数・複数扱い》パンパス《南米，特にアルゼンチンの大草原》 ▸▸～ **gràss** 名 U 〘植〙パンパスグラス《南米原産の観賞用植物》

pam·per /pǽmpər/ 動 他 〔子供など〕を甘やかす，好き勝手にさせる；〔欲望など〕を思う存分満たす

***pam·phlet** /pǽmflət/ 名 C パンフレット，(仮とじの)小冊子；(特に時事問題に関する)小論文，論説(→ brochure) ‖「pass out [OR distribute] ～*s* パンフレットを配布する

pam·phlet·eer /pæ̀mflətɪ́ər/ 名 C (特に政治問題の)パンフレットの筆者[発行人]
── 動 自 パンフレットを書く[発行する]

:pan¹ /pæn/
── 名 (複 **～s** /-z/) C ❶ (浅い) **平なべ** (⇨ POT 類語) ‖ a **frying** ～ フライパン / a washing ～ 洗いおけ ❷ 平なべ1杯(の量) ‖ a ～ of water 平なべ1杯分の水 ❸ (ケーキなどの)焼き型；焼き型の中身

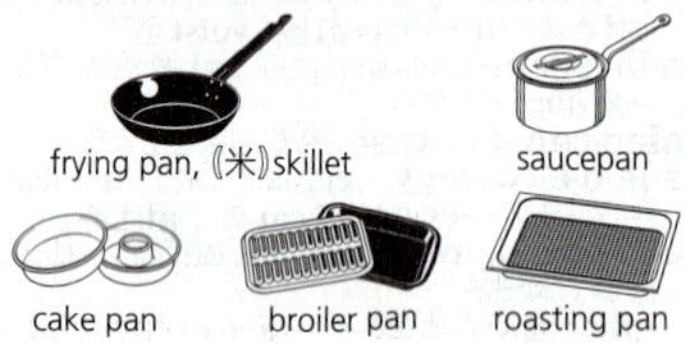

pan¹ ❶,❸

❹ 平なべ状のもの[部分]；《米》〘機〙油受け；〘鉱〙(金の)選鉱なべ；(天秤(てんびん)ばかりの)皿；蒸発皿；《英》(水洗便所の)便器(《米》bowl) ❺ (通例，水や泥のたまった皿状の)くぼ地；塩田；硬盤，硬質地層(hardpan) ❻ (火縄銃の)火皿 ❼ 〘楽〙(スチールバンドの) スチールドラム (steel drum) ❽ 《口》(芝居などの)酷評

down the pán 《英口》＝*down the* DRAIN

── 動 (**～s** /-z/；**panned** /-d/；**pan·ning**)
── 他 ❶ 《口》(批評などで)…を酷評する，こき下ろす(♦しばしば受身形で用いる) ‖ The critics *panned* his new movie. 批評家たちは彼の新作映画をこき下ろした ❷ 〘鉱〙〔金など〕を選鉱なべで洗ってより分ける《*off, out*》
── 自 〈砂金を求めて〉砂利 (など) を選鉱なべで洗う〈**for**〉‖ ～ *for* gold 金を見つけようと選鉱する

pàn óut 〈自〉① (砂利・鉱山・川などが)金を産する ② 《通例否定文・疑問文で》《口》成功する ‖ Our investment didn't ～ *out*. 我々の投資ははかばかしくなかった ③ (結局…に) 終わる (turn out) ‖ Luckily, things *panned out* as we had hoped. 運よく事態は望んでいたとおりになった ─〈他〉(*pàn óut ... / pàn ... óut*) ⇨ 他 ❷

pan² /pæn/ 動 (**panned** /-d/；**pan·ning**) 〘映〙自 (カメラが) パンする ─ 他 〔カメラ〕をパンさせる《パノラマ的効果をねらって，左右(上下)にカメラを回しながら撮影する》
── 名 C (カメラの)パン
語源 (カメラの動きについての)*pan*orama の省略形.

Pan /pæn/ 名 〘ギ神〙パン《山野と牧羊の神》

Pan. 略 Panama

pan- /pæn-/ 連結形 ❶「全…，総…(all)」の意 ‖ *pan*chromatic (すべての色に感光する) ❷ 《ときに Pan-》(特に大陸・民族・宗教などについて) 「汎(はん)…」の意 ‖ *Pan*-Islamism (汎イスラム主義)

pan·a·ce·a /pæ̀nəsíːə | -síə/ 名 C 〈…の〉万能薬〈**for**〉；すべての問題の解決策

pa·nache /pənǽʃ/ 名 ❶ U 華麗さ，派手さ；誇示 ❷ C (かぶと・帽子の)羽飾り，前立て

pa·na·da /pənάːdə/ 名 U C パンがゆ

Pàn-Áfrican, pàn- ⊲ 形 ❶ 全アフリカ (大陸) の ❷ 全アフリカ(政治統一)主義の，汎(はん)アフリカ主義の
～·ìsm 名 U 全アフリカ(政治統一)主義，汎アフリカ主義

***Pan·a·ma** /pǽnəmὰː/ 名 ❶ パナマ《中米南部の共和国. 公式名 the Republic of Panama. 首都 Panama

City) ❷ the Isthmus of ～ パナマ地峡
Pàn·a·má·ni·an 形 名 C パナマの(人)
▶▶**～ Canál** 名 《the ～》パナマ運河《パナマ地峡を貫き太平洋と大西洋を結ぶ運河. 1914年開通》 **～ Cíty** 名 パナマシティ《パナマの首都》

pàn·a·ma (hát) 名 C パナマ帽

panama (hat)

Pàn-Américan, pàn- 形 全米[汎米(はんべい)]の, 汎米主義の
～·ìsm 名 U 汎米主義

pan·a·tel·la, -tel·a /pæ̀nətélə/ 名 C 長い細巻きの葉巻

pán·càke 名 ❶ C パンケーキ《フライパンで焼いた薄く平べったいケーキ》 ❷ (= **～ mákeup**) U C (特に舞台俳優の)厚い化粧, 白塗り
(*as*) ***flàt as a páncake*** 全く平べったい；つまらない；(景気が)よくない
―動 自 他 〖空〗平落ち[失速]着陸する[させる]；平らになる[する]；…をぺちゃんこにする
▶▶**Páncake Dày** 名 C U =Shrove Tuesday **～ lánding** 名 C 〖空〗平落ち[失速]着陸 **～ ràce** 名 C パンケーキレース《フライパンの中のパンケーキを投げ上げながら走るレース. 英国で Pancake Day に行われる》 **Pàncake Túesday** 名 C U =Shrove Tuesday

pan·cet·ta /pæntʃéṭə/ 名 U 〖料理〗パンチェッタ《イタリア料理の生ベーコン》

pan·chro·mat·ic /pæ̀nkroumǽṭɪk/ ⊲シ 形 〖写〗(フィルムが)すべての色に感光する, パンクロの

pan·cre·as /pǽŋkriəs/ 名 C 〖解〗膵臓(すいぞう)

pan·cre·at·ic /pæ̀ŋkriǽṭɪk/ ⊲シ 形 《限定》膵臓の
▶▶**～ júice** 名 U 〖生化〗膵液(すいえき)

pan·cre·a·ti·tis /pæ̀ŋkriətáɪṭəs | -tɪs/ 名 U 〖医〗膵臓炎

***pan·da** /pǽndə/ 名 C 〖動〗❶ (ジャイアント) パンダ (giant panda) ❷ レッサーパンダ(red [lesser] panda)
▶▶**～ càr** 名 C 《英口》パトカー《もとは表面に太い白のしまがあった》

pan·dect /pǽndekt/ 名 ❶ C 《～s》法典, 法令全書 ❷ C 総覧, 要覧 ❸ 《the P-s》ローマ[ユスチニアヌス]法典《6世紀に編纂(へんさん)された50巻のローマ民法総覧》

pan·dem·ic /pændémɪk/ 形 (疫病が) 全国 [世界] に広がる ―名 C 全国[世界]的流行病

pan·de·mo·ni·um /pæ̀ndəmóuniəm/ 名 ❶ U 大混沌(こんとん), 無秩序 ❷ C 修羅(しゅら)場

pan·der /pǽndər/ 名 C 《古》売春の斡旋(あっせん)人；《けなして》人の弱味につけ込む人間 ―動 自 〈…に〉迎合する；〈人の弱みなどに〉つけ込む〈**to**〉；売春の仲介をする

p. and h., p. & h. 略 《米》〖郵〗*p*ostage *and h*andling ((通信販売などで) 荷造り料込みの郵送料, p.p.) (《英》p. and p., p.p.)

pan·dit /pǽndɪt/ 名 C ❶ (インドの) バラモン ❷ 《インド》大家, 権威 ❸ 《インド》高い技術を持つ音楽家(♦ 敬称や呼びかけに用いる)

P&L 略 〖簿〗*p*rofit *and l*oss(損益)

Pan·do·ra /pændɔ́:rə/ 名 〖ギ神〗パンドラ《Zeus が下界に下した人類最初の女》 ▶▶**～'s bóx** (↓)

Pandòra's bóx 名 U/C 《a ～》〖ギ神〗パンドラの箱《Zeus が Pandora に託した箱. 彼女は開けることを禁じられていたが, 好奇心からふたを開くと, 中からあらゆる害悪が出て世に広まり, 中に希望だけが残った》；(いらざる口出しをした結果)複雑な問題[混乱]を生じさせる状況
òpen (***a***) ***Pandòra's bóx*** いらざる災厄を引き起こす

pan·dow·dy /pændáudi/ 名 (複 **-dies** /-z/) C U 《米》パンダウディ《上部だけがパイ皮状のアップルパイ》

p.& p. 略 《英》〖郵〗*p*ostage *and p*acking

***pane** /peɪn/ (♦ 同音語 pain) 名 C ❶ 窓 [ドア] ガラス (1枚)；(ガラス1枚分の) 窓枠 ‖ a ～ of glass 窓ガラス1枚 ❷ (窓・戸などの格子模様の)区画, 仕切り；💻 ペイン《ウィンドウを複数の領域に区分したうちの1つ》 ❸ (ナット・ボルトの頭などの)1面 ❹ (郵便局で切って売る)切手シート；切手帳の1ページ分 **～d** 形 窓ガラスをはめた

pan·e·gyr·ic /pæ̀nədʒírɪk/ 名 C 〈…に対する〉賛辞, 賞賛の演説[文]〈**on, upon**〉

pan·e·gyr·i·cal /pæ̀nədʒírɪkəl/ 形 賞賛する

pan·e·gyr·ist /pæ̀nədʒírɪst/ 名 C 賛辞を述べる [書く] 人, 賞賛する人

pan·e·gy·rize /pǽnədʒəràɪz/ 動 他 《古》…の賛辞を述べる[書く]

***pan·el** /pǽnəl/
―名 (複 **～s** /-z/) C ❶ 《集合的に》《単数・複数扱い》(専門家の)**一団**, 委員団；(コンテストなどの)審査員一同；(パネルディスカッションの) 討論者一同；(クイズ番組・ゲームなどの) 解答者一同 (♦ 《米》では通例単数扱い. 《英》では全体を一つの集団と見る場合単数扱い, 個々の成員に重点を置く場合複数扱い) ‖ a ～ of legal experts 法律専門家の一団 / an advisory ～ to ... …への顧問団 / a ～ member 委員, 討論者のうちの1人
❷ (壁・天井などの四角い枠の)区画, **仕切り**；(ドアや壁の腰板などの)鏡板, 羽目板；(さく・垣などの2本の柱の間の)1区画 ❸ (車の外枠の)金属板の1区画；(飛行機の翼の)外板の1区画 ❹ **計器盤**, 配電盤, 制御盤 ‖ an instrument ～ (飛行機・自動車・船舶などの) 計器盤 / a control ～ 制御盤 ❺ 〖洋裁〗パネル《スカートなどに縦に入れる切り替え布》 ❻ (油絵用の)画板, パネル；パネル画；漫画の1こま ❼ 《主に米》〖法〗陪審員 (名簿), 《集合的に》陪審員一同 (jury panel)
―動 (**～s** /-z/；**-eled**, 《英》**-elled** /-d/；**-el·ing**, 《英》**-el·ling**) 他 ❶ 《通例受身形で》(ドア・壁などが) 〈鏡板 [羽目板] で〉 張られる 〈**with, in**〉 ‖ The walls are *～ed with* mirrors. 壁は鏡張りである / a *～ed* ceiling パネル張りの天井
❷ 〖法〗…を陪審名簿に載せる；〔陪審員〕を名簿から選ぶ
▶▶**～ bèater** 名 C 《英》(自動車の)板金工 **～ discùssion** 名 C 《米》パネルディスカッション《対立した意見を持つ代表者数名が聴衆の前で行う討論会》 **～ gàme** 名 C 《英》パネルゲーム《出場者一同 (panel) によって行われるクイズ番組など》 **～ pìn** 名 C 《英》パネルピン《合板・ハードボード用の細く頭の小さいくぎ》 **～ trùck** 名 C 《米》パネルトラック《小型ライトバン》

pan·el·ing, 《英》**-el·ling** /pǽnəlɪŋ/ 名 U 《集合的に》鏡板, 羽目板

pan·el·ist, 《英》**-el·list** /pǽnəlɪst/ 名 C パネリスト《討論会・クイズ番組などの討論者・解答者など》

pan·et·to·ne /pæ̀nətóuni/ 名 (複 **～s** /-z/ OR **-to·ni** /-tóuni:/) C パネトーネ《レーズンやドライフルーツの入ったイタリアの菓子パン》

pán-frỳ 動 他 …をフライパンで揚げる[いためる] **-frìed** 形

***pang** /pæŋ/ 名 C 《しばしば ～s》 ❶ 突然の心の痛手, 痛恨 ‖ feel the ～*s* of conscience 良心の呵責(かしゃく)を覚える ❷ 突然の激痛, 差し込み (⇨ PAIN 類語) ‖ hunger ～*s* = ～*s* of hunger 空腹の激痛

Pan·gae·a, -ge·a /pændʒí:ə/ 名 〖地〗パンゲア《約2億年前に実在したとされる仮想の大陸. 後に Gondwana と Laurasia に分離》

pan·go·lin /pǽŋɡələn | pæŋɡóulɪn/ 名 C 〖動〗センザンコウ(穿山甲)《体毛が変化した硬いうろこで覆われた哺乳(ほにゅう)類. アフリカ・熱帯アジア産》

pán·hàndle[1] 名 U C 《米》(他州などへ) 細長く突き出している地方
the Pànhandle Státe パンハンドル州《米国ウェストバージニア州の俗称》

pán·hàndle[2] 動 他 自 《米口》(路上で)(…に)物ごいする
-hàndler 名 C 《米口》物ごいする人

***pan·ic** /pǽnɪk/
―名 (複 **～s** /-s/) ❶ U/C 《単数形で》(周囲に広がる)突然の恐怖, 恐慌(状態), **パニック**(状態)；(恐怖に駆られて

の)狼狽(ろうばい)(⇨ FEAR 類語) ‖ The fire **caused** (a) ～ in the neighborhood. その火事で近隣はパニックになった / **in** (a) ～ パニックになって / get [OR be thrown] into (a) ～ 恐慌状態に陥る

❷ U/C《単数形で》《口》(土壇場の)大慌て ‖ I'm in a (last-minute) ～ because I have to finish my paper by tomorrow. 明日までにレポートを仕上げなければならないので(土壇場になって)大慌てだ

❸ U C【経】**恐慌**, パニック ‖ There was (a) ～ on the exchange. 相場はパニック状態だった

P

―形《比較なし》《限定》(恐怖などが)いわれのない；非常な；(恐怖に駆られて)慌てふためいた；パニックの；緊急[非常]用の ‖ a ～ reaction 訳のわからない反応 / ～ buying [selling] パニック買い[売り] / have a ～ attack 恐怖感[不安発作]に襲われる / ～ measures 緊急措置

―動 (**～s** /-s/; **-icked** /-t/; **-ick·ing**)

―他…をパニックに陥れる；…をいわれのない恐怖に陥れて〈…〉させる〈**into**〉 ‖ The accident *panicked* her. その事故で彼女はパニックになった / They were *panicked into* taking rash measures. 彼らは慌てて性急な措置を講じた ―自 恐慌状態に陥る, 〈…で〉うろたえる〈**about, at, over**〉 ‖ Don't ～. うろたえるな / He *panicked at* the sight of blood. 彼は血を見てうろたえた

語源「Pan の」の意のギリシャ語 *panikos* から. Pan が夜ごと大音響をとどろかせて, 人を怖がらせたと考えられたことに由来する.

▶▶ ～ **bùtton** (↓) ～ **ròom** 名 C =safe room ～ **stàtions** 名 複《英口》大慌て ‖ be at ～ *stations* 大慌てしている

pánic bùtton 名 C 非常ボタン
pùsh [OR ***hìt, prèss***] ***the pánic bùtton*** 《口》(火急の際に)慌てふためく, パニックに陥る

pan·ick·y /pǽnɪki/ 形《口》恐怖に駆られ(慌てふためい)た

pan·i·cle /pǽnɪkl/ 名 C【植】円錐(えんすい)花序

pánic-strìcken, -strùck 形 恐怖に駆られた

pa·ni·no /pəníːnoʊ/ 名 (複 **-ni** /-niː/) C パニーノ《イタリア式サンドイッチ》(♦《米》では本来複数形の panini を単数名称として用いることがある)

Pan·ja·bi /pʌndʒɑ́ːbi/ 名 =Punjabi

pan·jan·drum /pændʒǽndrəm/ 名 U C 御大(おんたい)《うぬぼれの強い人や偉ぶった人, 特に官吏(に対する呼称)》

pánne (vèlvet) /pǽn-/ 名 U パン《光沢のあるビロード状の柔らかい布地》

pan·nier /pǽniər/ 名 C ❶ 荷かご《馬などの背や自転車・オートバイの荷台の両わきにつけるかご》; 背負いかご ❷ パニエ《昔, 女性がスカートの腰の部分を広げるのに用いた鯨のひげなどの枠》; パニエでふくらませたスカート

pannier ❶

pan·ni·kin /pǽnɪkɪn/ 名 C 《英》小型の金属製の杯

pan·o·ply /pǽnəpli/ 名 (複 **-plies** /-z/) U/C《単数形で》❶ (人・物の)華やかな勢ぞろい ‖ a ～ of colorful flags ずらりと並んだ色鮮やかな旗 ❷ 完璧(かんぺき)な[立派な]装い ❸《文》甲冑(かっちゅう)ひとそろい
-plied 形 甲冑に身を固めた; 立派に装った

pan·op·tic /pænɑ́(ː)ptɪk | -ɔ́p-/, **-ti·cal** /-kəl/ 形 一目で全部を見渡せる；パノラマ的な

***pan·o·ra·ma** /pæ̀nərǽmə | -rɑ́ː-/ 名 C ❶ 全景, パノラマ ‖ The villa offers a splendid ～ of Florence. その別荘からはフィレンツェの素晴らしい全景が望める ❷ (絵画の)パノラマ；パノラマ写真 ❸ 連続して移り変わる光景；(事件などの)展開 ‖ the ～ of city life (次々に移り変わる)都会生活のパノラマ ❹ (主題・問題などの)概観, 大観 ‖ a ～ of the world's history 世界史大観

***pan·o·ram·ic** /pæ̀nərǽmɪk/ 形《通例限定》パノラマの(ような), 概観的な, パノラマ式の **-i·cal·ly** 副

pán·pìpes 名 複【楽】パンパイプ《長短の管を長さの順に並べて作った原始的な吹奏楽器》

pàn·séxual 形 汎(はん)性欲的な, 性表現が豊かな
-sexuálity 名 U 汎性欲主義

pan·sy /pǽnzi/ 名 (複 **-sies** /-z/) C ❶【植】パンジー, サンシキスミレ ❷ ⊗《旧》《口》《蔑》ゲイ；めめしい男

***pant**[1] /pænt/ 動 自《通例進行形で》❶ **a** あえぐ, 息を切らす ‖ He was ～*ing* from a long run. 彼は長い間走って息を切らしていた / ～ for breath あえいで息をする **b** 《+副句》あえぎながら進む[走る]；(機関車などが)(あえぐように)煙[蒸気]を吐きながら進む ‖ ～ up the long stairs 長い階段を息を切らして上る ❷《文》(心臓が)激しく動悸(どうき)を打つ ❸《通例進行形で》〈…を〉渇望する〈**for, after**〉 ‖ After that you'll be ～*ing for* a cool drink. その後では冷たい飲み物がとても欲しくなるだろう

―他…をあえぎながら言う《***out***》(♦ 直接話法にも用いる) ‖ She ～*ed out* her message. 彼女はあえぎながら伝言を伝えた / The boy ～*ed*, "I can't walk anymore." 「もう歩けない」と少年はあえいで言った

―名 C ❶《通例 ～s》あえぎ, 息切れ ❷《文》動悸 ❸ (蒸気機関などの)あえぐような音, ぽっぽっ(という音)(puff)；(あえぐときの)はーはー(という声)
～·ing·ly 副 あえぎながら

pant[2] /pænt/ 名 pants の単数

pan·ta·loon /pæ̀nṭəlúːn/ 名 C ❶ (～s)《口》パンタロン《19世紀の男性用の細いズボン. 現在は女性用》❷ (パントマイムの)道化の相手役の老いぼれ

語源 イタリア喜劇に登場する道化 *Pantalone* が身につけていたズボンから.

pan·tech·ni·con /pæntéknɪkən/ 名 C《英》引っ越し荷物運搬車

pan·the·ism /pǽnθiìzm/ 名 U 汎神(はんしん)論《宇宙の万物に神が存在するという考え；多く[すべて]の神を信じること》 **-ist** 名 C 汎神論者 **pàn·the·ís·tic(al)** 形

語源 *pan-* all+*-the(o)-* god+*-ism*：すべては神であるという考え

***pan·the·on** /pǽnθiɑ̀(ː)n | pǽnθiən/ 名 U C ❶《集合的に》(国民・宗教・神話の)すべての神々 ❷ (特定のジャンルで)英雄視[重要視]される人物たち ❸ 万神殿, パンテオン；《the P-》(ローマの)パンテオン《125年ごろに完成した世界最大の石造ドームを持つ建造物. 7世紀以降はキリスト教会》❹《the P-》パンテオン《1国の偉人たちを祭る建造物》

語源 ギリシャ語 *pan* (すべての) +*theion* (神の)：すべての神のための(神殿)

***pan·ther** /pǽnθər/ 名 (複 ～ OR **～s** /-z/) C ❶ ヒョウ(leopard), (特に)黒ヒョウ ❷《米》アメリカライオン(puma, cougar, mountain lion), ジャガー(jaguar)

pant·ies /pǽnṭiz/ 名 複《口》(女性用の)パンティー；(女児用の)パンツ(♦ 形容詞的に用いるときは panty, pantie を用いる)

pan·ti·hose /pǽnṭihòʊz/ 名 =pantyhose

pan·tile /pǽntàɪl/ 名 C (S字型の)桟瓦(さんがわら)；丸瓦

pan·to /pǽntoʊ/ 名《英口》=pantomime ❸

pan·to·graph /pǽnṭəgræ̀f | -grɑ̀ːf/ 名 C ❶ パントグラフ, 写図器 ❷ (電車の)パンタグラフ

***pan·to·mime** /pǽnṭəmàɪm/ 名 ❶ U/C《単数形で》パントマイム, 無言劇；無言劇俳優 ❷ U/C《単数形で》(無言の)身振り, 手まね ‖ express oneself in ～ 身振りで自分の意思を表す ❸ C U《英》(クリスマス時期の)おとぎ芝居(《口》panto)《おとぎ話にちなんだ題材を音楽や踊り交じりで演じる子供向けの余興》❹ U C (古代ローマの)パントミムス《1人の仮面舞踊家が合唱隊の語りに合わせて踊る芸能》; C その俳優 ❺ C《通例単数形で》《主に英》茶番劇 ‖ What a ～! 何という茶番だ

―動 他 [事物・話など]を身振りで表現する

pàn·to·mím·ic 形 無言劇の(ような)；身振りを用いる
-mìm·ist 名 C 無言劇俳優；無言劇作者

▶▶ ～ **dàme** 名 C《英》パントマイムのおばさん《滑稽(こっけい)

な女形》

pan·try /pǽntri/ 名 (複 **-tries** /-z/) C (家庭の) 食料品[食器]貯蔵室[戸棚], パントリー

*__pants__ /pænts/ 名 複 (♦ pantaloons の短縮形) ❶ (主に米)ズボン(trousers), スラックス, パンツ(♦ 形容詞的にはふつう単数形を用いる. 〈例〉a *pant* leg (ズボンの片方の脚の部分)) ‖ a pair of ～ ズボン1本 ❷ (英) (男性用下着としての) パンツ (underpants) ❸ (英) (女性・子供用の) パンティー, パンツ (panties) ❹ (英俗)低俗なもの, 出来のよくないもの; (形容詞的に)低俗な, 出来のよくない

be in shòrt pánts (英口)(人が)成熟していない, 子供である

càtch a pèrson with his/her pánts dòwn (口)〔人〕の不意を突く

gèt in [OR ***into***] ***a person's pánts*** (米俗) (人を) (性的に)誘惑する; (人と)肉体関係を持つ

pùt one's pánts on òne lég at a tíme (米俗) (有名人が)ほかの人と何ら変わるところはない

the pánts òff ... (口) すっかり, 大いに ‖ bore [charm, beat] *the* ～ *off* her 彼女をすっかりうんざりさせる [魅了する, 打ち負かす]

wèar the pánts (米口)(妻が)家で主導権を握る

wèt one's pánts お漏らしする

COMMUNICATIVE EXPRESSIONS

1 **Kèep your pánts òn.** ちょっと待って; まあ落ち着いて(♥ 慌てている人などをなだめるくだけた表現)

▸▸ **～ sùit** 名 C =pantsuit

pánt·sùit 名 C (主に米) パンツスーツ《女性用の上着とスラックスのスーツ》

pan·ty /pǽnṭi/ 名 ⇨ PANTIES

▸▸ **～ [pántie] gìrdle** 名 C パンティー型ガードル

pánty·hòse 名 複 (米)パンティーストッキング

pánty·lìner 名 C パンティーライナー《下着に接着して使う生理用ナプキン》

pánty·wàist 名 C ❶ ⊗(米俗) (蔑) 意気地なしの[にやけた]男 ❷ (シャツとパンツをボタン留めにした)幼児用衣服

pan·zer /pǽnzər/ 形 (限定) 機甲の ‖ a ～ division 機甲師団 ── 名 C (ドイツの) 戦車, 装甲車

pap /pæp/ 名 U ❶ くだらない番組[本, 雑誌] ❷ (病人・幼児などの)流動食 ❸ (南ア)トウモロコシ粉で作ったかゆ

*__pa·pa__ /pɑ́ːpə | pəpɑ́ː/ 名 C ❶ パパ, お父ちゃん(pa, pop, poppa) (♦ dad, daddy がふつう. (英) では (旧)) (→ mamma) ❷ (P-)パパ《文字Pを表す通信コード用語》

pa·pa·cy /péɪpəsi/ 名 (複 **-cies** /-z/) ❶ (the ～) 教皇職[位], 教皇権 ❷ C (通例単数形で)教皇の任期 ❸ (また P-) U 教皇制度

pa·pa·in /pəpéɪɪn/ 名 U ❶ 〖化〗パパイン《パパイアの果実に含まれるタンパク質分解酵素》 ❷ 〖薬〗 (❶ から作った) 消化剤

*__pa·pal__ /péɪpəl/ 形 (◁ pope 名) (限定) 教皇の, 教皇職[権]の ▸▸ **Pàpal Státes** 名 (the ～) 教皇領《ローマ教皇が統治したイタリア中部の地域》

pa·pa·raz·zo /pɑ̀ːpərɑ́ːtsou | pæ̀pərǽtsou/ 名 (複 **-zi** /-tsi/) C (通例 -zi) パパラッチ《隠し撮りするために有名人を追い回すフリーのカメラマン》(♦ イタリア語より)

語源 フェリーニ監督のイタリア映画 *La Dolce Vita* (「甘い生活」)の登場人物の名から.

pa·paw /pɔ́ːpɔː/ 名 C 〖植〗 ❶ =papaya ❷ ポポー (の実)《北米産の樹木》

pa·pa·ya /pəpáɪə/ 名 C 〖植〗パパイア(の木[実])

Pa·pee·te /pɑ̀ːpiéɪteɪ | -ti/ 名 パペーテ《フランス領ポリネシアのタヒチ島北西部の港市. 同国の首都》

***__pa·per__** /péɪpər/ 名 形 動

> 名 紙❶ 新聞❷ 書類❸ 論文❹
> 形 紙の❶ 動 他 紙をはる❶

── 名 (複 **～s** /-z/) ❶ U **紙**, 用紙; 紙状のもの《パピルスなど》; C 1枚の紙 ‖ a piece of ～ 紙切れ1枚 / a sheet of ～ (定型の)紙1枚 / a slip of ～ 1枚の細長い紙片 / wrapping ～ 包装紙 / recycled ～ 再生紙 / thin [thick] ～ 薄い[厚い]紙 / lined ～ 罫紙 / A3 ～ A3版の紙 / scrap ～ 古紙 / a chocolate covered with silver ～ 銀紙で包まれたチョコレート / commit his comments to ～ 彼のコメントを紙に書き留める

❷ C **新聞** (newspaper) ‖「a morning [an evening] ～ 朝刊[夕刊] / a national [local] ～ 全国[地方]紙 / today's ～ 今日の新聞 / make the ～*s* 新聞に載って知れ渡る / put an ad in a ～ 新聞に広告を出す

❸ C (～s) **書類**, 文書; 私文書《個人の手紙・日記など》; 公文書, 身分証明書《passport, ID card など》(→ white paper) ‖ I left my ～*s* on the rack of the train. 列車の網棚に書類を置き忘れた / May I see your ～*s*? 身分証明書を拝見できますか / private ～*s* 私文書

❹ C 〈…に関する〉(研究)**論文**, 論説〈**on, about**〉 ‖ a research ～ 研究論文 / a working ～ (公的な)提言書 / write a ～ 論文を書く / give [OR read] a ～ 論文を発表する

❺ C (米) (宿題の)レポート, 課題; 〈…についての〉小論文〈**on, about**〉(♦ この意味で report は使わない); (英)筆記試験の問題 (の答案) ‖ I wrote a ～ *on* global warming. 地球温暖化について小論文を書いた

❻ C 紙の容器, 紙袋, 包装紙; (厚紙の)折り畳み台紙 ‖ a ～ of pins 1枚の台紙に刺したピン ❼ C 商業手形 (commercial paper); 紙幣(paper money) ❽ U C 壁紙(wallpaper) ❾ U (俗) (劇場の) 無料入場券; (集合的に)無料入場者 ❿ U 紙巻きたばこ用の紙

nòt wòrth the páper 「***it is*** [OR ***they are***] ***written*** [OR ***prínted***] ***on*** 何の価値もない, 紙くず同然の ‖ The certificate is *not worth the* ～ *it is printed on.* その証明書は紙くず同然だ

*__*on páper*__* ① (口頭ではなく) 紙に書いて, 印刷して ‖ get [OR put] an idea down *on* ～ 考えを書き留めておく ② (事実はともかく) 理論上は, 机上では (↔ *in reality*) ‖ The plan looks good *on* ～. その計画は理論的にはよさそうだ(♥ 現実的には疑問が残るという含みがある)

── 形 (比較なし)(限定) ❶ **紙の**, 紙製の; (紙幣などが)印刷された, 紙に書かれた ‖ a ～ **bag** [plate] 紙袋[紙皿] ❷ 紙のような, 薄い, もろい ‖ a ～-thin wall 紙のように薄い壁 ❸ 文書による; 事務上の; 紙の上だけの, 名目上の, 非現実的な ‖ a ～ war 筆戦, 論戦 / a ～ plan 机上の計画 / ～ qualifications 役に立たない資格 (❗「ペーパーテスト」は a written test [OR exam(ination)],「ペーパーカンパニー」は a dummy company (created for tax purposes).「ペーパードライバー」は a driver with a license but no driving experience と定義できるが, I have a [OR my] driver's license, but I don't drive. などというのがふつう)

── 動 (**～s** /-z/; **～ed** /-d/; **～·ing**) 他 ❶ **a** (＋目)〔壁など〕に〈…色の〉**紙[壁紙]をはる**〈**in, with**〉(♦ しばしば受身形で用いる) ‖ I want the walls of my room to be ～*ed in* light blue. 自分の部屋の壁に淡い青の壁紙をはりたい

b (＋目＋補〈形〉)〔壁〕を…色にする ‖ ～ a wall white 壁を白色にする

❷ (俗)〖劇〗〔劇場〕を無料入場券の客でいっぱいにする

pàper óver ... 〈他〉 ①〔穴・汚れなど〕を壁紙で隠す ②〔欠陥・意見の相違など〕を一時しのぎに取り繕う, …の隠蔽(いんぺい)を図る ‖ ～ *over* the cracks in the educational system 教育体制の問題点を取り繕う

～·er 名 C 経師(きょうじ)屋, 紙はり職人

語源 ラテン語 *papyrus* (パピルス)から(→ papyrus).

▸▸ **～ bìrch** 名 C 〖植〗アメリカシラカンバ《北米産》 **～ chàse** 名 C ① (英) ペーパーチェース《先行の者がまいた紙切れをたどって後続の者が後を追いかける野外レース》 ② (口)(事務手続き・研究などのための)書類の山を処理すること

～ clìp 名C (ゼム)クリップ, 紙ばさみ ～ cùtter 名C 紙裁断機 ;《米》=paperknife ～ dóll 名C 紙人形 ～ fàstener 名C《英》(書類をとじる) かい折れくぎ (《米》brad) ～ mòney 名U 紙幣 (bill), 銀行券 (banknote) ～ múlberry 名C〖植〗カジノキ《コウゾの類》 ～ náutilus 名C〖動〗アオイガイ(葵貝), タコブネ (argonaut) ～ prófit 名CU 紙上[架空]利益《有価証券などの値上がりによる未実現利益》 ～ ròute [《英》ròund] 名C 新聞配達(区域) ～ shòp 名C《英》新聞販売店 ～ tíger 名C 張り子の虎, こけおどし; 虚勢を張る人[国] ～ tówel 名C 紙タオル ; (台所用) ペーパータオル ～ tràil 名C《主に米口》(特に個人の過去を探る手がかりとなる) 書面による記録 ～ wàsp 名C〖虫〗アシナガバチ《紙質の巣を作る》

P

*páper·bàck 名UC ペーパーバック (版), 紙表紙本 (→hardback) ‖ be available in ～ ペーパーバック版で入手できる ―形《限定》ペーパーバック(版)の, 紙表紙本の ‖ a ～ edition ペーパーバック版

páper·bòard 名U ボール紙, 板紙

páper·bòy 名C 新聞配達 [売り] の少年 (中立 (news) paper carrier [vendor])

páper·gìrl 名C 新聞配達 [売り] の少女 (中立 (news) paper carrier [vendor])

páper·hànger 名C ❶ 壁紙はり職人 ❷《俗》不渡り小切手を出す人 -hànging 名U 壁紙はり

páper·knìfe 名C ペーパーナイフ, 紙切りナイフ

pa·per·less /péɪpərləs/ 形 ペーパーレスの《情報伝達などを紙を使わずに行う》‖ the ～ office ペーパーレスオフィス《紙を使用しない事務処理システム》

páper-pùsher 名C《口》事務屋 ; 官僚
páper-pùshing 名U ペーパーワーク, 事務処理 ‖ Computers have reduced ～. コンピューターのおかげで事務処理が減った

pàper-thín 形 紙のように薄い, 薄っぺらな

páper·wèight 名C 文鎮, 紙押さえ

páper·wòrk 名U ❶ ペーパーワーク, 書類事務 ❷ (必要) 書類

pa·per·y /péɪpəri/ 形 (厚さ・触感などが) 紙のような, 紙のように薄い[かさついた]

pa·pier-mâ·ché /pèɪpərməʃéɪ | pæ̀pieɪmǽʃeɪ/ 名U 張り子材料(♦フランス語より)

pa·pil·la /pəpílə/ 名 (複 -lae /-liː/) C〖解〗乳頭 ;〖植〗乳頭突起 páp·il·làte /, ––́–/ 形 乳頭(突起)のある

pap·il·lar·y /pǽpəlèri | pəpíləri/ 形 乳頭 (突起) の (ような)

pap·il·lo·ma /pæ̀pɪlóumə/ 名 (複 ～s /-z/ OR -ma·ta /-mət̬ə/) C〖医〗乳頭腫(しゅ), いぼ, 魚の目

pap·il·lon /pǽpɪlɑ̀(ː)n | pǽpɪlɔ̀n/ 名C〖動〗パピヨン《チョウ(蝶)の羽根に似た耳を持つ小型愛玩(がん)犬》(♦「チョウ」の意のフランス語より)

pa·pist /péɪpɪst/ ⊗《主に蔑》名C ローマカトリック教徒 ―形 ローマカトリック(教徒)の

pa·pist·ry /péɪpɪstri/ 名 =papist

pa·poose /pæpúːs | pə-/ 名C ❶ 赤ん坊を背負う袋 ❷ ⊗《主に蔑》北米先住民の幼児

pap·py /pǽpi/ 名《米では方》《旧》=papa

pa·pri·ka /pəpríːkə | pǽprɪ-/ 名U パプリカ《赤ピーマンを乾燥して粉末にした香辛料》; パプリカ色

Páp smèar [《英》tèst] /pǽp-/ 名C《米》パップテスト《(子宮)癌(がん)の早期検査法》

Pap·u·a /pǽpuə/ 名 パプア《ニューギニア島の南東部》
-an 形 名UC パプアの, パプア人[語](の)

*Pàpua Nèw Guínea 名 パプアニューギニア《ニューギニア島東部および隣接諸島を含む独立国. 公式名 the Independent State of Papua New Guinea. 首都 Port Moresby》

pap·ule /pǽpjuːl/, pap·u·la /pǽpjʊlə/ 名 (複 ～s /-z/ OR pap·u·lae /-jʊliː/) C〖病理〗丘疹(きゅうしん)《皮膚から隆起した発疹》

pap·y·rol·o·gy /pæ̀pərɑ́(ː)lədʒi | -rɔ́l-/ 名U パピルス学 -gist 名C パピルス学者

pa·py·rus /pəpáɪərəs/ 名 (複 ～·es /-ɪz/ OR -py·ri /-aɪ/) ❶U〖植〗パピルス, カミガヤツリ《古代エジプトで製紙原料としたナイル川流域の水生植物》❷UC パピルス紙 ❸C パピルス紙の写本[古文書]

*par[1] /pɑːr/ 名 ❶C《単数形で》同等, 同水準, 対等 ❷U 標準, ふつう ; いつもの調子[健康状態] ❸U〖ゴルフ〗パー, 基準打数 ‖ He went around the course in four under [over] ～. 彼は4アンダー[オーバー]でコースを回った / shoot ～ パーで上がる ❹U〖商〗(株式・債券などの) 額面 (par value) ‖ sell at [above, below] ～ 額面[以上, 以下]で売る ❺U〖経〗(為替) 平価 (par of exchange)《2国通貨間の交換比率》❻《形容詞的に》標準の, ふつうの ;〖商〗額面の

*below [OR under] pár ① ⇨ 名❹ ② いつもの [期待どおりの] 調子でなく[い] ; 体調が悪く[い] ‖ World economic growth has been *below* ～ this year. 今年, 世界の経済成長は予想を下回っている

*on (a) pár with ... …と同等 [対等] で [の] ‖ That country will soon be *on (a)* ～ *with* European industrial states. あの国はじきにヨーロッパの工業諸国と肩を並べるだろう

pàr for the cóurse《口》(ふつう悪い意味で) 当然のことで, 予想されることで ‖ That's about ～ *for the course.* それはまあ当然予想されることだ

ùp to pár ① 標準に達して[た] ② 元気で[な] ‖ I'm not feeling quite *up to* ～ this morning. 今朝はいつもほど調子がよくない

―動 (parred /-d/ ; par·ring) 他〖ゴルフ〗〔ホール・コース〕をパーで回る ‖ She *parred* the last hole. 彼女は最終ホールをパーで上がった

▸▸ ～ válue 名U 額面価格 (↔ market value)

par[2] /pɑːr/ 名《口》=paragraph

par. 略 paragraph ; parallel ; parenthesis ; parish

par·a /pǽrə/ 名《口》=paragraph ; paratrooper

para-[1] /pærə-/ 接頭《母音と h の前では par-》❶「…のそばの, …の近くの (beside)」の意 ‖ *para*bola, *para*site ❷「…を超えた (beyond)」の意 ‖ *para*dox, *para*normal ❸「副次的な」の意 ‖ *para*legal, *para*professional ❹〖化〗「異性体の」の意 ;「パラの, ベンゼン核の1, 4位に置換基を持つ」の意 ‖ *par*aldehyde ❺〖医〗「欠陥のある」の意 ;「…に類似した」の意 ‖ *par*esthesia

para-[2] /pærə-/ 連結形 ❶「…に対する防備」の意 ‖ *para*chute, *para*sol ❷「パラシュート(降下者)」の意 ‖ *para*trooper

pa·ra·bi·o·sis /pæ̀rəbaɪóusɪs/ 名U〖生〗並体癒合 (ゆごう)《2つの動物個体を体液的に結合させる実験》

*par·a·ble /pǽrəbl/ 名C (道徳的・宗教的教訓を含んだ) たとえ話, 寓話(ぐうわ) (⇨ FABLE 類語) ‖ scriptural ～*s* 聖書の寓話

pa·rab·o·la /pərǽbələ/ 名C〖数〗放物線

par·a·bol·ic[1] /pæ̀rəbɑ́(ː)lɪk | -bɔ́l-/ 形 たとえ話の, 寓話形式の -i·cal·ly 副

par·a·bol·ic[2] /pæ̀rəbɑ́(ː)lɪk | -bɔ́l-/ 形 放物線(状)の -i·cal·ly 副

pa·rab·o·loid /pərǽbəlɔɪd/ 名C〖数〗放物面

*par·a·chute /pǽrəʃùːt/ 名C ❶ パラシュート, 落下傘 (《口》chute) ‖ His ～ failed to open, but he survived. 彼のパラシュートは開かなかったが彼は助かった / drop supplies by ～ パラシュートで物資を投下する ❷〖動〗(ムササビなどの) 飛膜 ❸《形容詞的に》パラシュートで投下する ‖ a ～ flare パラシュート付き照明弾

―動 他 ❶ …を〈…に〉パラシュートで降下させる[投下する]〈to, into〉❷ …を (緊急時に[外部から])〈…に〉任命する, 天下りさせる〈into〉 ―自 ❶ パラシュートで〈…に〉降下する《*in*》〈into, onto〉‖ ～ behind enemy lines 敵の背

後にパラシュートで降下する ❷ (外部から)天下りする

par·a·chut·ist /pǽrəʃùːtɪst/ 名 C パラシュートで降下する人

Par·a·clete /pǽrəklìːt/ 名《the ～》(慰安者・仲裁者としての)聖霊(the Holy Spirit)

*__pa·rade__ /pəréɪd/ 名 C ❶ パレード,(示威)行進(の行列);パレードへの参加者 ‖ march in a ～ 列を作って行進する / a victory ～ 勝利パレード / a Labor Day ～ (米国・カナダの)労働の日のパレード《9月の第1月曜日》 ❷ U C 閲兵(式),観兵;閲兵[観兵]式場(parade ground) ‖ hold a military ～ 観兵式を行う ❸ (人・物の)列(→ identification parade);人目を引くような一続き(のもの) ‖ a ～ of witnesses [bestsellers] ずらりと並んだ証人たち[一連のベストセラー] / the ～ of Sunday strollers 日曜日に散歩する人たちの波 ❹《英》遊歩道,プロムナード;(公共の)広場;立ち並ぶ店,商店街;《P-》…街,通り ❺《単数形で》見せびらかし,誇示 ‖ make a ～ of one's wealth 富を見せびらかす ❻〚フェンシング〛受け流し,パラード

on paráde ① パレード[行列]をして ② (部隊が)閲兵を受けて(分列行進して) ③ (俳優などが)総出演で,オンパレードで ④ 展示されて,人前に出て

ràin on a pèrson's paráde 《主に米口》(人の)重要な計画を台無しにする;(人の)気を腐らせる(⇨ MOOD メタファーの森) ‖ You're always trying to *rain on* my ～. あなたはいつも私の楽しみに水を差そうとするのね

── 動 他 ❶ …を行進させる;〔部隊〕を閲兵のため整列(行進)させる(♦ 通例場所・方向を表す 副句 を伴う) ❷ …を行進する,練り歩く ❸〔旗・トロフィーなど〕を掲げて練り歩く;〔罪人など〕を公衆の面前に引き回す;(誇らしげに)…を見せびらかす,ひけらかす ‖ ～ one's knowledge 知識をひけらかす ❹ …を〈立派なもの[人]のように〉見せつける;《受身形で》〈…のように〉見られる〈as〉(♥「実際はそれほどでもないにもかかわらず」という含みがある) ‖ He was ～*d as* a hero. 彼は英雄視されていた ── 自 ❶ 行列を作って行進する;閲兵のため整列(行進)する;(見せびらかしながら)練り歩く(♦ 通例場所・方向を表す 副句 を伴う) ❷〈立派なもの[人]のように〉見られる,〈…として〉まかり通る〈as〉

pa·rád·er 名 C 行進者,練り歩く人

▸▸ ～ **gròund** 名 C 閲兵場,練兵場

par·a·did·dle /pǽrədɪ̀dl/ 名 C ドラムの連打

par·a·digm /pǽrədàɪm/ 名 C (⇨ BYB) ❶ 例,典型,模範 ❷〚論〛パラダイム,理論的枠組 ❸〚文法〛語形変化(表) **par·a·dig·mat·ic** /pæ̀rədɪɡmǽtɪk/ 形

▸▸ ～ **shìft** 名 C パラダイムシフト《研究手法または基本的仮説・行動形式などの抜本的変革.例えば16-18世紀のヨーロッパにおける天動説から地動説への転換など》

par·a·dis·al /pæ̀rədáɪsəl/ <シ 形 =paradisiacal

*__par·a·dise__ /pǽrədàɪs/ 《アクセント注意》 名 (複 **-dis·es** /-ɪz/) ❶ C 《単数形で》至福の地,楽園,天国;〈…にとって〉絶好の場所,絶景の地〈for〉;U 至福,安楽 ‖ an earthly ～ 地上の楽園 / a shoppers' ～ 買い物天国 / It's sheer ～ to relax at the beach. 浜辺でくつろぐのは至福の極みだ ❷《通例 P-》U《無冠詞で》(宗教上の)天国,極楽(Heaven);《P-》エデンの園(the Garden of Eden)

語源「壁に囲まれた」の意の古代ペルシャ語 *pairidaēza* から.最古のギリシャ語訳聖書で「エデンの園」の訳として用いられた.

▸▸ ～ **fìsh** 名 C〚魚〛パラダイスフィッシュ《キノボリウオ科の東南アジア産淡水魚.観賞用》

par·a·di·si·a·cal /pæ̀rədɪsáɪəkəl/, **-dis·i·ac** /-dízɪæk/ <シ 形 天国の(ような),至福の

pa·ra·dor /pɑ̀ːrɑːdɔ́ːr | pǽrədɔ̀ːr/ 名 (複 **～s** /-z/ OR **-do·res** /-res/) C パラドール《スペインの国営ホテル》

par·a·dos /pǽrədɑ̀(ː)s | -dɔ̀s/ 名 C (塹壕(ざんごう)の後ろに築く)背土

*__par·a·dox__ /pǽrədɑ̀(ː)ks | -dɔ̀ks/ 《アクセント注意》 名 C (⇨ BYB 次ページ) ❶ 逆説,パラドックス《一見矛盾に見えるが実際は正しい説;一見成り立ちそうだが,矛盾を含み論理的に成り立たない説》;U 逆説の使用 ‖ "Make haste slowly" is a kind of ～.「ゆっくり急げ」は一種のパラドックスだ ❷ 矛盾した説;U 矛盾 ❸ 矛盾した(ところのある)人物,つじつまの合わぬ事柄

par·a·dox·i·cal /pæ̀rədɑ́(ː)ksɪkəl | -dɔ́k-/ <シ 形 逆説的な;逆説を好む **～·ly** 副 逆説的に;逆説的なことに ‖ ～ enough 全く逆説的なことながら

par·af·fin /pǽrəfɪn/ 名 U ❶ (=～ **wàx**) (固形)パラフィン,石ろう ❷ (=～ **òil**)《英》灯油(《米》kerosene) ❸ C〚化〛パラフィン《メタン系炭化水素類の総称》

*__par·a·glid·ing__ /pǽrəɡlàɪdɪŋ/ 名 U パラグライディング《翼形のパラシュートを装着して山や飛行機から飛び降り空中を滑走するスポーツ》 **-glid·er** 名 C パラグライダー《パラグライディング用パラシュート》

par·a·gon /pǽrəɡɑ̀(ː)n | -ɡən/ 名 C ❶ 模範,手本 ❷ (100カラット以上の)完全なダイヤモンド

‡**par·a·graph** /pǽrəɡræ̀f | -ɡrɑ̀ːf/

── 名 (複 **～s** /-s/) C (略 par., para.) ❶ (文章の)節,**段落,パラグラフ** ‖ Don't forget to indent your ～*s*. 段落は字下げして始めることを忘れないように / **in** the last ～ 最後の段落で

❷ (新聞・雑誌の)小記事,小論説,短評 ‖ miscellaneous ～*s* 雑報

── 動 他 ❶〔文章〕を節[段落,パラグラフ]に分ける

❷ …について小記事を書く

pàr·a·gráph·ic 形

*__Par·a·guay__ /pǽrəɡwàɪ/ 名 パラグアイ《南米中部の共和国.公式名 the Republic of Paraguay.首都 Asunción》

Pàr·a·guáy·an 形 名 C パラグアイの(人)

par·a·keet /pǽrəkìːt/ 名 C〚鳥〛インコ

par·a·lan·guage /pǽrəlæ̀ŋɡwɪdʒ/ 名 U C パラ言語《声の抑揚や大きさ・身振り・表情など話す内容にニュアンスを与える言葉以外の要素》

par·al·de·hyde /pərǽldɪhàɪd/ 名 U〚薬〛パラアルデヒド《鎮痛・催眠剤》

pàra·légal <シ 名 C 形《主に米》弁護士補助員(の)

par·al·lax /pǽrəlæ̀ks/ 名 U C〚光・天〛視差

pàr·al·lác·tic 形

‡**par·al·lel** /pǽrəlèl/

── 形《比較なし》❶〈…と〉**平行の,並行の**〈to, with〉‖ ～ lines [surfaces] 平行線[面] / The railroad track and the road are ～ *to* each other. 鉄道の線路と道路は並行している

Boost Your Brain!

paradigm

paradigm「パラダイム」とは,米国の科学史家クーン(Thomas Kuhn 1922－96)が用いた用語で,天動説や地動説に見られるような「ある時代においてほとんどすべての科学者の間で共有されている規範的な認識の枠組み」を意味する.クーンは科学を累積的な進歩ではなく,認識の枠組みの非連続的な交代であるという新しい科学史観を示した.「天動説から地動説へ」「ニュートン力学から量子力学へ」などの科学革命(scientific revolution)によるパラダイムの交代は paradigm shift「パラダイムシフト,パラダイムの転換」と呼ばれる.

今日,paradigm という用語は,クーンの本来の意図を超えて,思想,経済,産業などさまざまな分野で「ある時代に支配的な考え方,認識の枠組み,常識」といった意味で用いられている.テクノロジーの発達や地球規模のビジネス環境の変化などにより,人々の価値観や市場のルールなどが劇的に変わりつつあるが,「無限の経済成長社会から持続可能社会へ」「情報伝達の流れが一方通行型から双方向型へ」のような,それまでの秩序や価値観を変える劇的な枠組みの交代を説明するときに paradigm shift という言葉が用いられる.

❷〈…と〉同方向の；同事進行の；**同じような**，類似した；〈…に〉対応［匹敵］する〈**to**〉‖ ～ results 同様の結果 / ～ customs in different countries さまざまな国の同じような習慣 / There is nothing ～ *to* this eruption in our country's history. 我が国の歴史上これに比類する噴火はない ❸（節・句などが）並立の ❹〘電〙並列の；並列に接続した；💻同時並行的な ‖ a ～ circuit 並列回路 / a massively ～ system 大規模並列処理システム ❺〘楽〙並進行の；並行調の

── 副《比較なし》〈…と〉平行に，並行して〈**to, with**〉‖ The road **runs** ～ *to* [OR *with*] the river. その道は川と並行している

── 名（複 **～s** /-z/）❶ Ⓒ Ⓤ **対応［匹敵］するもの［人］**（↔ opposite）；《通例 ～s》類似物，類似（点）（↔ difference）；対応 ‖ The revolution has no ～ in history. その革命は歴史上類を見ない（→ *without* (*a*) *parallel*(↓)）
❷ Ⓒ（類似性を示すための）〈…との間の〉比較，対比〈**between**〉‖ **draw** a ～ *between* the two cultures 2つの文化を比較して似ていることを明らかにする
❸ Ⓒ〈…との〉**平行線**(parallel line)，**平行面**(parallel surface)，平行物；Ⓤ〈…との〉平行(状態)〈**to, with**〉(❗英語の parallel には「対応関係，類似性」の意味合いがあるので「交わらない」という意味の「平行線をたどる」の比喩(ゆ)としては用いることができない)
❹ Ⓒ〘地〙(地図上の) **緯線**，緯度線 (parallel of latitude) ‖ the 38th ～（朝鮮半島を南北に2分する）38度線 ❺ Ⓒ《～s》〘印〙パラレル（‖. 参照記号）❻ Ⓤ〘電〙並列(↔ series)

in párallel ①〈…と〉平行して，同時に〈**with, to**〉②〘電〙並列式で

without (***a***) ***párallel*** 類を見ない ‖ Einstein's achievements are *without* ～. アインシュタインの偉業に比類するものはない

── 動（**～s** /-z/；**～ed**，《英》**-lelled** /-d/；**～·ing**，《英》**-lel·ling**）

── 他 ❶ …に平行［並行］している ‖ The road ～*s* the river. その道は川と並行している ❷ …を同時進行で行う ❸ …に対応［匹敵，類似］する，…と対比をなす ‖ Your study closely ～*s* mine. 君の研究（内容）は私のとよく似ている / The invention has never been ～*ed*. その発明はこれまでに類を見ない ❹（類似性を示すため）…を〈…と〉比較する〈**with**〉❺ …を平行［並行］にする

Boost Your Brain!

paradox

語源的にはギリシャ語の para-「反対の，超えた」と -doxa「思い込み，通念」の合成に由来する語．「逆説，背理，逆理，パラドックス」などと訳される．「もっともだと思われる前提から，適切だと思われる推論に基づいて，受け入れがたい結論に達すること」を指す．paradox には「直感的には受け入れがたいが，実際は正しい推論や事実である場合」と，「一見矛盾がないような前提や推論が実は間違っているため，奇妙な結論となっている場合」とがある．狭義の paradox は後者を指す．

前者の例には，「何人が集まれば誕生日が同じ人がいるか」という誕生日のパラドックス (birthday paradox) がある．ある集団で同じ誕生日の人が一組いる確率が50%を超えるには，計算上はたった23人でよいという，直感と大きくずれた答えが出る．

後者の例には，「アキレスは亀に追いつけない」「飛んでいる矢は止まっている」というゼノンのパラドックスや，「この文は偽である」「『クレタ人はいつも嘘をつく』とクレタ人が言った」という自己言及的な文に発生するパラドックス (self-referential paradox) がある．これらの paradox についての考察は，古代ギリシャ以来，哲学的な思索や新たな科学的洞察，集合論や数学基礎論の確立に大きな貢献をしてきた．

▶▶ **～ bárs** 名 複〘体操〙平行棒 **～ cóusin** 名 Ⓒ〘社会〙パラレルカズン《父同士が兄弟あるいは母同士が姉妹のいとこ》**～ ímport** 名 Ⓤ 並行輸入《正規のルートを通さず直接輸入すること》；《～s》並行輸入品 **～ pórt** 名 Ⓒ 💻パラレルポート《プリンター用の接続端子などパラレル信号を扱うポート》**～ prócessing** 名 Ⓤ 💻並列処理

par·al·lel·e·pi·ped /pæ̀rəlèləpáɪped/ 名 Ⓒ〘数〙平行六面体

par·al·lel·ism /pǽrəlelìzm/ 名 ❶ Ⓤ Ⓒ 平行（関係）；類似，対応；比較 ❷〘修〙対句法，平行法 ❸ Ⓤ〘哲〙並行論 ❹ Ⓤ パラレルプロセッシングの使用

par·al·lel·o·gram /pæ̀rəléləgræ̀m/ 名 Ⓒ〘数〙平行四辺形 ‖ the ～ of forces〘理〙(力学上の)力の平行四辺形

pa·ral·o·gism /pərǽlədʒɪ̀zm/ 名 Ⓒ ❶〘論〙(論者自身の気づかない)偽(ぎ)推理；背理 ❷ 誤った推理［結論］

Par·a·lym·pics /pæ̀rəlímpɪks/ 名《the ～》《複数扱い》パラリンピック《身体障害者の国際競技大会》(♦ Paralympic Games ともいう)

par·a·lyse /pǽrəlàɪz/ 動《英》＝paralyze

***pa·ral·y·sis** /pərǽləsɪs/ 名（複 **-ses** /-sìːz/）❶ Ⓤ Ⓒ〘医〙麻痺(ひ)(症)，完全麻痺 ‖ cerebral ～ 脳性麻痺(症) / infantile ～ 小児麻痺 ❷ Ⓤ《比喩的に》麻痺状態，停滞 ‖ the ～ of traffic 交通麻痺

par·a·lyt·ic /pæ̀rəlɪ́t̬ɪk/ <シ 形 ❶《通例限定》麻痺性の；麻痺にかかった；《比喩的に》麻痺した ❷《叙述》《主に英口》泥酔した ── 名 Ⓒ ⊗《蔑》麻痺患者

***par·a·lyze** /pǽrəlàɪz/《アクセント注意》動 他 (♦ しばしば受身形で用いる) ❶〔人・筋肉など〕を麻痺させる ‖ The worker is ～*d* from the waist down. その労働者は下半身が麻痺している ❷〈…で〉…をぼう然とさせる；《比喩的に》…を麻痺させる，停止させる〈**by, with**〉‖ be ～*d with* [OR *by*] fear 恐怖で身動きできない / The capital was ～*d by* a snowstorm. 首都は吹雪で麻痺した
-lỳzed 形 麻痺した

pàra·magnétic <シ 形〘理〙常磁性の

par·a·mat·ta /pæ̀rəmǽt̬ə/ 名 Ⓤ パラマッタ《絹・綿の縦糸と毛の横糸で織った軽く柔らかい洋服地》

par·a·me·ci·um /pæ̀rəmíːsiəm/ 名（複 **～s** /-z/ OR **-ci·a** /-siə/）Ⓒ〘動〙ゾウリムシ《原生動物》

par·a·med·ic /pæ̀rəmédɪk/ 名 Ⓒ 医療に補助的に従事する人《看護助手・救護員など》

par·a·med·i·cal /pæ̀rəmédɪkəl/ <シ 形《通例限定》医療に補助的に従事する

***pa·ram·e·ter** /pərǽmət̬ər | -ɪtə/《発音注意》名 Ⓒ ❶《通例 ～s》限界，範囲 ❷（測定可能な）特徴（的な要素），要因 ❸〘数〙パラメーター，助［媒介］変数；💻引数，パラメーター《プログラム処理時に設定する特定の値》；〘統計〙母数

pàr·a·mét·ric 形 パラメーターの
▶▶ **～ èqualizer** 名 Ⓒ パラメトリック＝イコライザー《周波数帯中の特定部分を変更するための音響装置》

par·a·mil·i·tar·y /pæ̀rəmɪ́lətèri | -ɪtəri/ <シ 形《通例限定》(軍事組織が)非合法の，私兵の；軍隊をまねた；軍の補助的な ── 名（複 **-ies** /-z/）Ⓒ《通例 -ies》非合法軍事組織の兵士，私兵；軍の補助員

par·am·ne·sia /pæ̀ræmníːʒə | -ziə/ 名 Ⓤ〘心〙記憶錯誤《誤記憶・既視体験(déjà vu)など》

par·a·mount /pǽrəmàʊnt/《アクセント注意》形 ❶〈…において〉卓越した，秀でた；主要な，最も重要な〈**to, over**〉❷《限定》最高の権力［権威］を持つ ‖ a ～ chief 最高権力者 **～·cy** 名 **～·ly** 副

par·a·mour /pǽrəmɔ̀ːr | -mʊ̀ə/ 名 Ⓒ《古》愛人，恋人

par·a·noi·a /pæ̀rənɔ́ɪə/ 名 Ⓤ〘精神医〙偏執病，パラノイア；被害妄想；（一般に）病的な疑ぐり深さ

par·a·noi·ac /pæ̀rənɔ́ɪæk/ <シ 形 名 ＝paranoid

par·a·noid /pǽrənɔ̀ɪd/ 形 名 Ⓒ 偏執病の（患者）；病的なほど疑ぐり深い（人）

par·a·nor·mal /pæ̀rənɔ́ːrməl/ <シ 形 科学的に説明できない，超自然現象の ── 名《the ～》超常現象

par·a·pet /pǽrəpɪt/ 名 C ❶ (屋根・橋などの) 手すり壁, 欄干 ❷ 〔軍〕胸壁, 塁壁

par·aph /pǽræf/ 名 C 署名の後につける飾り書き

par·a·pher·na·lia /pæ̀rəfərnéɪliə/ 名 U 《単数・複数扱い》装備, 装置, 道具(一式)

par·a·phrase /pǽrəfrèɪz/ 名 C (別の言葉での) 言い替え, パラフレーズ

—動 他 自 (…を)言い替える, パラフレーズする

par·a·ple·gi·a /pæ̀rəplíːdʒiə/ 名 U 〔医〕対麻痺(ついまひ)《両脚の麻痺》 **-plé·gic** 形 名 C 対麻痺の(患者)

pàra·proféssional 形 名 C 《主に米》専門家を補助する(人); (医師・教師の)助手の(人)

pàra·psychólogy 名 U 超心理学《催眠術・テレパシーなどの研究》

par·a·quat /pǽrəkwɑ̀(ː)t | -kwɔ̀t/ 名 U 《英》《商標》パラコート《除草剤の一種》

pára·sàil 動 自 パラセーリングをする《パラシュートをつけた状態でモーターボートに引かせて飛行する》

~·ing 名 U パラセーリング

pára·scènd 動 自 パラセンディングをする《パラシュートをつけ自動車などに引かせて空中に上がる》 **~·ing** 名

*__par·a·site__ /pǽrəsàɪt/ 名 C ❶ 寄生虫《flea (ノミ), louse (シラミ) など》, 寄生動物; 寄生植物, ヤドリギ (→ host[1] ❸) ❷ ⊗《蔑》やっかい者, 居候, 寄生虫的存在 ‖ ~*s* of society 世間のやっかい者たち

語源 ギリシャ語 *para*(…のそばで)+*sitos*(食べ物):「人の傍らで食べる人」の意から「お世辞を言って食べ物にありつく人」に転じた.

par·a·sit·ic /pæ̀rəsɪ́tɪk/ 〈シ〉 形 ❶〈…に〉寄生する〈**on**〉; 寄生虫の(ような) ❷ (病気が) 寄生虫による ❸ (他人に) 寄生する; へつらう **-i·cal·ly** 副

par·a·sit·ism /pǽrəsàɪtɪzm/ 名 U ❶〔生〕寄生 ❷ 寄生生活, 寄食 ❸〔医〕寄生虫感染

par·a·sit·ize /pǽrəsɪtàɪz, -saɪ-/ 動 他 …に寄生する

par·a·si·tol·o·gy /pæ̀rəsaɪtɑ́(ː)lədʒi | -tɔ́l-/ 名 U 寄生虫学 **-gist** 名

par·a·sol /pǽrəsɔ̀(ː)l/ 名 C 日傘, パラソル

語源 イタリア語 *para*(防護)+*sole*(太陽): 日を遮るもの

par·a·sta·tal /pæ̀rəstéɪtəl/ 形 (企業・団体が) (準)国営の, 政府が運営する

—名 C (主にアフリカ諸国の)国有企業[団体]

par·a·sym·pa·thet·ic /pæ̀rəsɪ̀mpəθétɪk/ 〈シ〉 形 〔生理〕副交感神経の

pàra·sýnthesis 名 U 〔文法〕並置総合《句や合成語に接尾辞を添えて派生語を作ること. 〈例〉kind-hearted<'kind heart'+ed》 **-synthétic** 形

par·a·tax·is /pæ̀rətǽksɪs/ 名 U 〔文法〕並列《接続詞なしに文・節・句などを並べること. 〈例〉Look up, the stars are twinkling.》(→ hypotaxis)

par·a·thi·on /pæ̀rəθáɪɑ(ː)n | -ɔn/ 名 U 〔化〕パラチオン《農業用殺虫剤》

par·a·thy·roid /pæ̀rəθáɪərɔɪd/ 〈シ〉 名 (= ~ glànd /, ニーニーニ/) U 〔解〕副甲状腺(せん)

pára·tròop 名 C《~s》落下傘部隊, 空挺部隊

—形《限定》落下傘[空挺]部隊の

-tròoper 名 C 落下傘部隊[空挺部隊]員

pàra·týphoid (fèver) 名 U 〔医〕パラチフス

par a·vion /pɑ̀ːr ævjɔ́ːŋ/ 副《フランス》(=by airplane) 航空便で(♦航空郵便物の標記)

par·boil /pɑ́ːrbɔ̀ɪl/ 動 他 (下ごしらえに)〔肉・野菜など〕を半ゆでにする

par·buck·le /pɑ́ːrbʌ̀kl/ 名 C (たる・丸太のような重く丸いものを上下する)掛け縄; 巻揚機

—動 他 …を丸太がけの縄で上げる[下げる]《*up, down*》

*__par·cel__ /pɑ́ːrsəl/ 名 C ❶《主に英》小包, 小荷物(《主に米》package) (⇨ BUNDLE 類語) ‖ a ~ of clothes 衣類の包み / send [get, receive] a ~ 小包を送る[受け取る] / wrap [unwrap] a ~ 小荷物を包む[開ける]

❷ (広い土地の) 一区画; 一部分 ‖ a ~ of land 一区画の土地 ❸ (商品の) 一包み, 一口; 〔商〕1回の取引高 ❹《単数形で》〈人・物の〉一群, 一団(pack)〈**of**〉‖ a ~ *of* fools ばかの集まり / a ~ *of* lies うそ八百

pàss the párcel パス=ザ=パーセル《音楽に合わせて包みを渡していき, 音楽が止まったとき包みを開けるゲーム》

—動 (**~ed**, 《英》**-celled** /-d/; **-cel·ing**, 《英》**-cel·ling**) 他 ❶《主に英》…を小包にする; …をひとまとめにする《*up*》 ❷〔海〕〔ロープ〕を(保護のため)カンバスでくるむ

pàrcel óff ... / pàrcel ... óff 〈他〉…を切り売りする, 区分けする

pàrcel óut ... / pàrcel ... óut 〈他〉…を〈…に〉分け与える, 分配する〈**to**〉; …を〈…に〉小分けする〈**into, in**〉‖ He ~*ed out* the work *to* [OR among] us. 彼はその仕事を私たちに振り分けた

pàrcel úp ... / pàrcel ... úp 〈他〉① ⇨ 他 ❶ ② 〔土地・会社など〕を分割する

▸▸ **~ bòmb** 名 C (テロなどの) 小包爆弾 **~ pòst** 名 U 小包郵便

parch /pɑːrtʃ/ 動 他 ❶ (太陽などが)…を乾ききらす, 干上がらせる ❷〔豆など〕をいる —自 からからに乾く, 干上がる

parched /pɑːrtʃt/ 形 乾ききった; いった, あぶった; 《口》のどがひどく渇いた

Par·chee·si /pɑːrtʃíːzi, -tʃíːsi/ 名《商標》=pachisi

parch·ment /pɑ́ːrtʃmənt/ 名 U ❶ (羊)皮紙, パーチメント《羊・ヤギなどの皮で作る》 ❷ 模造羊皮紙 ❸ C 羊皮紙の写本; 《口》卒業証書, 免許証

pard /pɑːrd/, **pard·ner** /pɑ́ːrdnər/ 名 C 《米俗》仲間, 相棒(partner)

‡**par·don** /pɑ́ːrdən/

—名 (複 **~s** /-z/) ❶ C 〔法〕赦免(free pardon); 赦免状 ‖ a general ~ 大赦 / grant [OR give] a criminal a ~ 犯罪者を赦免する

❷ U 〈過ち・無作法などに対する〉**容赦**, 勘弁〈**for**〉; (罪の)許し(forgiveness) ‖ ask [OR seek, beg] (his) ~ *for* an offense (彼に) 罪の許しを請う / I **begged** her ~ *for* being late. 僕は彼女に遅刻を許してくれと頼んだ

❸ C 〔カト〕免罪符(indulgence)

*__*I bèg your párdon.__* 《丁寧な表現》① 失礼しました, ごめんなさい(♥ 人にぶつかったとき・不快な音を立てたときなど. 強調して I do beg your pardon. ともいう) ‖ *I beg your* ~ (↘). I do hope I haven't hurt you. すみません, おけがはなかったでしょうね ② 失礼ですが(♥ 相手に異議を唱えるとき) (→ BEG *to differ* [OR *disagree*]) ‖ *I beg your* ~ (↗); what you say is not correct. 失礼ですが, あなたのおっしゃることは正しくありません ③ 何ですって(♥ 驚きや不快感を表す) ‖ *I beg your* ~ (↗), are you serious? 何ですって, 本気で言ってるの ④《I beg your ~? で》何とおっしゃいましたか, すみませんがもう一度おっしゃってください(=《米》Pardon me?) (♥ 相手の言ったことを丁寧に聞き返す表現. 文末を上昇調で発音. Beg your pardon?, Pardon? ともいう)

COMMUNICATIVE EXPRESSIONS

1 **Bègging** [OR **I beg**] **your párdon, but** could I àsk jùst òne quéstion? すみませんが, ひとつだけ質問していいですか(♥ 口を挟む際の丁寧で形式ばった前置き)

—動 (**~s** /-z/; **~ed** /-d/; **~·ing**) 他 ❶《進行形はまれ》**許す a** 《+目》〔人(の過ち・無作法など)〕を大目に見る, 容赦する (⇨ EXCUSE 類語) ‖ ~ a fault 過ちを大目に見る / *Pardon* my rudeness, but may I go with you? ぶしつけながら, ご一緒させていただいてもよろしいでしょうか / Will you ~ a few more questions? もう1つ2つ質問してもよろしいですか

b 《+目+**for** 名》〔人〕の…を許す, 〔人〕が…するのを許す (♦ 名 はしばしば *doing*) ‖ ~ him *for* his mistake 彼の過ちを許してやる / *Pardon* me *for* interrupting your conversation. (=*Pardon* my interrupting ....) お話の邪魔をして申し訳ありません

c 《+目 *A*+目 *B* / *A's doing*》*A*（人）の*B*（行為など）を許す ‖ We must ～ him his little faults. 彼のささいな欠点は許してやらなければいけない / *Pardon* my asking, but do you speak Japanese? 失礼な質問ですが，日本語を話されますか

❷ a 《+目》〔人(の罪など)〕を**許す**（↔ punish）；〖法〗…を赦免する ‖ ～「a criminal [an offense] 罪人を赦免する[罪を許す] b 《+目 *A*+目 *B*》*A*（人）の*B*（刑期・罪）を赦免する（♦ しばしば受身形で用いる）‖ The king ～*ed* him his offense. 王は彼の罪を許した

Pàrdon mé. ①（見知らぬ人に問いかけるときなど）すみませんが（Excuse me.）‖ *Pardon me*（↘），but could you tell me the way to the station? すみませんが，駅へ行く道を教えていただけますか ②（道を空けてもらうときなど）すみません，ちょっと失礼します（♥ 文末は下降調）③ =*I beg your pardon.*（↑）

COMMUNICATIVE EXPRESSIONS

[2] His ròom was a pígsty, **if you'll pàrdon the expréssion**. 彼の部屋は失礼ながら，そう言ってよければ豚小屋のようでした

[3] **Párdon me for bréathing** [OR **líving, exísting**]! 悪うございましたね（♥ 怒っている相手にむっとして言い返す）

[4] **Pàrdon my Frénch**. 下品な言葉を使って失礼しました

par·don·a·ble /pá:rdənəbl/ 形（罪・過ちなどが）許せる，無理もない **-bly** 副 無理もないことながら

pár·don·er /-ər/ 名 C ❶ 許す人 ❷（中世の）免罪符売り

pare /peər/（♦ 同音語 pair, pear）動 他 ❶〔果物など〕の皮をむく；〔皮〕をむく；〔つめなど〕を切り整える（⇨ PEEL 類語）❷〔費用など〕を徐々に切り詰める《*back, down*》‖ ～ (*down*) expenses 経費を切り詰める ❸（ナイフなどで）〔出っ張った端など〕を切り[削り]取る《*down, off, away*》

pare ... to the bone ⇨ BONE（成句）

pár·er 名 C 皮むきナイフ

páred-dòwn 形 切り[削り]取った；切り詰めた

pa·ren·chy·ma /pəréŋkɪmə/ 名 U ❶〖生〗柔組織 ❷〖解〗実質（組織）

‡par·ent /péərənt/ 名 動

──名〔▶ parental 形〕（複 **～s** /-s/）C ❶ **親**《父または母》；養い親《養父または養母》；《～s》**両親** ‖ Would Bobby's ～*s* please come to the service desk? ボビー君のご両親様，サービスデスクまでお越しください（♦ 迷子の店内アナウンス）/ Few ～*s* attended the meeting. その会合に出席した親はほとんどいなかった（♦ この場合は「両親」と解さないのがふつう．→ 語法）/ As your child grows, you grow as a ～. 人は子供が成長するとともに親として成長する / a biological ～ 産みの親 / a foster ～ 育ての親 / a single [OR one, lone] ～ family 一人親の家庭 / obey one's ～*s* 両親に従う

語法 ☆☆ 文脈により複数形が「両親」を表す場合と父または母のどちらかの複数形の場合がある．〈例〉my [your（単数）, his, her] *parents* は「両親」になるが，our [your（複数）, their] *parents* は「両親」になるとは限らず，「父[母]親たち」になることもある．

❷（動植物の）親，母体 ❸（=～ **còmpany**）親会社（♦「子会社」は a subsidiary company）❹《通例 ～s》《古》祖先（ancestor）‖ our first ～*s* 人類の始祖《Adam and Eve を指す》❺ 守護者，保護者；後見人 ❻ 根源，もと，源；原因；原型 ❼《形容詞的に》（組織などの）親の，母体の；（生物学的に）親の；〖理〗（原子・分子・イオン・粒子の形状が）初期の，もとの ‖ a ～ dog 親犬 / a ～ substitute 親代わり / ～ molecules 親分子

──動 他 …の親である，親として振る舞う

～·hòod 名 U 親であること；親の地位[立場]

par·ent·age /péərənṭɪdʒ/ 名 U ❶ 生まれ，家柄，血統（lineage）‖ an American of Canadian ～ カナダ人を親に持つアメリカ人 ❷ 由来，起源

***pa·ren·tal** /pəréntəl/《発音・アクセント注意》形〔◁ parent 名〕❶《限定》親の；親としての，親らしい ❷〖遺伝〗親の **～·ly** 副 ▸▸ **～ léave** 名 U 育児休暇（family [OR child-care] leave）

pa·ren·the·sis /pərénθəsɪs/ 名（複 **-ses** /-sì:z/）C ❶《通例 -ses》〖印〗丸かっこ，パーレン《( )》（→ bracket）❷〖文法〗挿入語句《両端をコンマ・かっこ・ダッシュなどで区切る》❸ 余談；合い間

in paréntheses [《英》***parénthesis***] ちなみに，ついでに（言えば）

pa·ren·the·size /pərénθəsàɪz/ 動 他 ❶〔語句〕を挿入句として入れる；…をかっこに入れる ❷ …に〈余談(など)〉を差し挟む〈**with**〉‖ ～ a talk *with* jokes 話の合い間に冗談を言う

par·en·thet·ic /pæ̀rənθéṭɪk/ 〈シ〉, **-i·cal** /-ɪkəl/ 形《通例限定》挿入句の；（説明などとして）挿入された **-i·cal·ly** 副

par·ent·ing /péərənṭɪŋ/ 名 U 子育て ‖ ～ skills 育児法

párents-in-làw 名 複 配偶者の両親，義父母

pàrent-téacher associàtion 名 C ピーティーエー（略 PTA）

par·es·the·si·a,（英）**par·aes-** /pæ̀rɪsθí:ʒə | -ziə/ 名 U〖医〗知覚異常，感覚異常 **-thé·tic** 形

par ex·cel·lence /pà:r èksəlá:ns | -éksəlà:ns/ 形《名詞の後に置いて》《フランス》（=by excellence）（同種のほかのものに比べて）抜群の，（とりわけ）優れた ‖ a musician ～ 特に優れた音楽家 ──副 抜群に

par·fait /pa:rféɪ/《発音注意》名 U C パフェ《アイスクリーム・果物・シロップなどの上にホイップクリームをかけたデザート；ホイップクリーム・卵・果物などで作る凍ったデザート》

par·fleche /pá:rfleʃ/ 名 C《米・カナダ》（野牛などの）生皮（で作ったもの）《毛をとって乾燥したもの．その箱・袋など》

par·get /pá:rdʒət | -dʒɪt/ 動（**-get·ed**, **-get·ted** /-ɪd/；**-get·ing**, **-get·ting**）他〔壁〕に（飾り塗りの）漆喰(しっくい)を塗る ──名 U 漆喰（の飾り塗り）

par·he·li·on /pa:rhí:liən/ 名（複 **-li·a** /-liə/）C〖気象〗幻日《氷の結晶からなる薄い雲がかかっているときに，太陽の左右に見られる光の点》（sun dog）

pa·ri·ah /pəráɪə/ 名 C（社会の）のけ者；〖史〗パリア《南インドとミャンマーの最下層民》▸▸ **～ dòg** 名 C =pye-dog

pa·ri·e·tal /pəráɪəṭəl/ 形 ❶〖解〗体壁の；〖植〗側膜の ❷《米》大学構内の居住に関する ──名 C ❶〖解〗体壁；〖植〗側膜 ❷《～s》《米》異性訪問者に関する大学寮の規則 ▸▸ **～ bòne** 名 C〖解〗頭頂骨 **～ còrtex** 名 C〖解〗頭頂皮質 **～ lòbe** 名 C〖解〗頭頂葉

par·i·mu·tu·el /pæ̀rɪmjú:tʃuəl/ 名 U C ❶ パリミュチュエル《全賭(か)け金の合計から一定額を控除した残りを配当として還元する方法》❷（競馬などの）オッズ計算器

par·ing /péərɪŋ/ 名 C《通例 ～s》むいた皮，切り[削り]くず ▸▸ **～ knífe** 名 C（皮をむくための小さな）果物ナイフ

pa·ri pas·su /pà:ri pǽsu:/ 副《ラテン》（=with equal pace）❶ 同じ速度で；一様に，むらなく ❷ 不公平なく

‡Par·is[1] /pǽrɪs/

──名 パリ《フランスの首都》

Behind the Scenes **We'll always have Paris.** 私たちにはいつだってパリがある；二人には決して忘れることのない大切な思い出がある 映画 *Casablanca* で，主人公の Rick が愛する Ilsa と別れる場面で言ったせりふ．「パリで二人で過ごした日々の思い出は永遠に私たちの記憶の中に残るだろう」の意．SFドラマ *Star Trek* で，船長の Picard が昔の恋人に再会するエピソードほか，歌や小説のタイトルなどでも使われている．「パリ」は可変（♥ 共有する素敵な思い出があることに言及する際に）

▸▸ **～ gréen** 名 U〖化〗パリスグリーン，花緑青(はなろくしょう)《防腐剤・顔料・殺虫剤》

Par·is[2] /pǽrɪs/ 名〖ギ神〗パリス《トロイの王子．スパルタの王妃 Helen を誘拐し，トロイ戦争の原因を作った》

*par·ish /pǽrɪʃ/ 名 〔▶ parochial 形〕 C ❶ (カトリック・英国国教会の)教区, 教会区《教区教会(parish church)とその司祭(parish priest)を持つ教会行政区域》; (プロテスタントの)地元教会区; 地域[地元]教会; 《形容詞的に》教区の ‖ a ～ church 教区教会 ❷ (英国の) 行政教区 (civil parish) 《州の下部単位の行政区分. もとは救貧法施行のために設けられた》 ❸ 《the ～》《集合的に》《単数・複数扱い》 教会区[行政教区] 民; 《米》一教会の全信者 ❹ 《米》(Louisiana 州の)郡(→ county)

gò on the párish 〖英国史〗教会教区の援助を受ける

▸▸～ **chúrch** 名 C 教区教会 ～ **clérk** 名 C 教区教会の庶務係 ～ **cóuncil** 名 C 《英》教区会《行政教区の地方自治組織》 ～ **régister** 名 C 《英》教区台帳《教区民の出生・洗礼・結婚・埋葬などの記録》

pa·rish·ion·er /pərɪ́ʃənər/ 名 C 教区民

pàrish-púmp 形 《限定》《英》地方的関心の, 井戸端会議的な

Pa·ri·sian /pərɪ́ʒən | -ziən/ 形 パリ(Paris)の, パリの住民の ── 名 C パリジャン, パリっ子, パリの住民

par·i·ty /pǽrəṭi/ 名 U ❶ (特に地位・賃金などの点での) 同等, 対等 ‖ strike for ～ of pay with government employees 公務員と同等の賃金を要求してストライキをする / hit ～ with ... (為替の価値が) …と同じになる ❷ (= ～ **of exchánge**) 〖経〗(為替) 平価; (種々の鋳貨の) 比価 ❸ 類似 ‖ ～ of reasoning 類推 ❹ 〖数〗奇数[偶数]同士 ❺ 〖理〗パリティ, 偶奇性《波動関数の対称性を表す量》 ❻ 💻 パリティ, 奇偶性《転送データと受信データの等価性》

▸▸～ **bìt** 名 C 💻 パリティビット《データ転送が正しく行われたかどうかを確認できるようにデータに付加されるビット》

***park** /pɑːrk/ (♦ perk と区別) 名 動

中心義▶ 何らかの目的を持って囲まれた土地(に物を置く)

── 名 (複 **～s** /-s/) C ❶ **公園**; 自然公園; サファリパーク (wildlife park); 《形容詞的に》公園の (♦ 固有名詞の場合は通例無冠詞. 〈例〉 Central *Park* セントラルパーク; 通り(street) の名前のこともある) ‖ In some cities it is dangerous to walk **in** the ～. 都市によっては公園を散歩するのは危険だ / a **national** ～ 国立公園 / sit on a ～ bench 公園のベンチに腰かける

❷ 《米》野球場(ballpark, baseball park); 競技場; 運動場; 《通例 the ～》《英口》サッカー競技場 (football pitch), ラグビー競技場 (♦ 報道用語)

❸ 《修飾語を伴って》 (特定の目的に供される) 場所 ‖ an amusement ～ 遊園地 / a **theme** ～ テーマパーク / a science ～ サイエンスパーク / 「a business [OR an office] ～ オフィス地域 / an industrial ～ 工業団地

❹ U (自動車の自動変速機のポジションで) パーキング《略 P》 ‖ I put my car in ～. 車のギアをパーキングに入れた

❺ 《英》(地方の貴族の館(やかた)の)大庭園

❻ 《主に英》 駐車場 (car park, 《主に米》 parking lot)

❼ 〖軍〗軍用車[軍需品]置き場

── 動 (**～s** /-s/; **～ed** /-t/; **～·ing**)

── 他 ❶ 〔自動車〕を(一時)**駐車する**, 駐車場に入れる; 《受身形で》 (人が) 自分の車を (ある場所に) 駐車させてある ‖ I ～*ed* my **car** illegally. = My car was illegally ～*ed*. = I was illegally ～*ed*. 違法駐車した / a ～*ed* car 駐車中の車

❷ 《+目+副句》《口》(ある場所に)〔物〕を置く[預ける]; 〔子供・動物など〕を預ける; 《～ oneself で》(ある場所に)座る, 立つ(♥ しばしば迷惑を示唆する) ‖ Phil ～*ed* some books on the table. フィルは数冊の本をテーブルの上に置いた / We ～*ed* our children with their grandparents. 子供たちを祖父母のところに預かってもらった / A man ～*ed* himself on the sofa and began to read a magazine. 男がソファーに座り雑誌を読み出した ❸ 《口》〔案など〕を保留する ❹ 〔宇宙船・人工衛星〕を(臨時の)軌道に乗せる ❺ 〖軍〗〔車両・装置など〕を軍需品置き場に集める

── 自 ❶ 駐車する ‖ Don't ～ here. Can't you see the "No Parking" sign over there? ここに駐車しないで. あそこの「駐車禁止」の看板が見えないの ❷ 《米俗》(駐車中の車内で)キス[愛撫]をする

▸▸**Pàrk Ávenue** 名 パークアベニュー《米国ニューヨーク市の繁華街. 流行の中心》 ～ **kèeper** 名 C 《英》公園管理人 ～ **rànger** 名 C 《米》公園[森林]監視人

par·ka /pάːrkə/ 名 C ❶ パーカ, アノラック《フード付き防寒服》 ❷ パーカ《イヌイットの着るフード付き毛皮コート》

park·ade /pɑːrkéɪd/ 名 C 立体駐車場

pàrk-and-ríde 名 C 形 パークアンドライド(方式)(の)《郊外の駐車場に車を置いて市の中心部では公共輸送機関を利用する方式》

*park·ing /pάːrkɪŋ/ 名 U ❶ 駐車; 駐車できる場所 ‖ No *Parking* 《掲示》駐車禁止 / allow [ban] ～ 駐車を許可[禁止]する / illegal ～ 違法駐車 / find a ～ space 駐車できる所を見つける ❷ 《米俗》(駐車中の) 車内でのキス[愛撫] ❸ 《米中西部》(車道と歩道の間の) 緑地帯

▸▸～ **bràke** 名 C 《主に米》(車の) サイドブレーキ(《米》emergency brake, 《英》hand brake)《駐車・緊急用》 ～ **garàge** 名 C 《米》(多階層式の) 駐車場(《英》(multi-storey) car park) ～ **lìght** 名 C (車の) 駐車灯, 側灯 (sidelight) ～ **lòt** 名 C ① 《主に米》駐車場 (《英》car park) ‖ an aboveground [underground] ～ *lot* 地上[地下]駐車場 ② 《米俗》交通渋滞 ～ **mèter** 名 C パーキングメーター《路側駐車用》 ～ **òrbit** 名 C 〖宇宙〗待機軌道, 暫定軌道《人工衛星をさらに遠くの軌道に乗せる前の地球周囲の軌道》 ～ **tìcket** 名 C 駐車違反のステッカー

Pár·kin·son's disèase /pάːrkɪnsənz-/ 名 U 〖医〗パーキンソン病《神経変性疾患の1つ. 手足の震えや筋の硬直などの症状がある》

Párkinson's làw 名 U パーキンソンの法則《「仕事はそれに割り当てられた時間いっぱい続く」など, 官僚組織の内包する非合理性を風刺的に指摘した法則》

párk·lànd 名 U (自然公園に適した)広大な草原

par·kour /pɑ̀ːrkúːr/ 名 U パルクール《道具を使わずに障害物を乗り越えて市街地を走破するスポーツ》(♦「コース」の意のフランス語 parcours より)

párk·wày 名 C 《米》パークウェイ《両側や中央分離帯に芝生や植え込みのある大通り》

par·ky /pάːrki/ 形 《英口》ひんやりする(chilly)

Parl. 略 《英》Parliament, Parliamentary

par·lance /pάːrləns/ 名 ❶ U 話し方, 言い回し, (用)語法 ‖ in legal ～ 法律用語で / in common ～ ふつうに言えば ❷ C 会話; 討議

par·lan·do /pɑːrlάːndoʊ | -lǽn-/ 〖楽〗形 (歌唱が) 語るような, 語りの ── 副 語るように ── 名 U (歌唱中の)語りの部分

par·lay /pάːrleɪ | -li/ 《米・カナダ》 動 他 〔賭(か)けで勝った金〕を〈…に〉さらにつぎ込む〈**into**〉; 〔技術など〕を上手に活用する ── 名 U 勝った金をさらにつぎ込んで賭けること

par·ley /pάːrli/ 名 C (特に敵などとの)話し合い, 協議; 停戦協議, 和平交渉

── 動 自 〈特に敵と〉協議する, 停戦協議をする〈**with**〉

***par·lia·ment** /pάːrləmənt/ 《発音注意》

── 名 〔▶ parliamentary 形〕 (複 **～s** /-s/) ❶ 《P-》 U 《無冠詞で》《単数・複数扱い》 (英国) **議会** 《上院 (the House of Lords) と下院 (the House of Commons) の2院からなる》(→ congress); (特にその) 下院; (英国自治領などの) 議会; C U (議会の) 会期, (会期中の) 議会 ‖ *Parliament* is in session. 議会が会期中である / win a seat in *Parliament* 議会に議席を得る / enter [OR go into] *Parliament* 下院議員になる / convene *Parliament* 議会を召集する / dissolve *Parliament* 議会を解散する / the Houses of *Parliament* 上下両院; 国会議事堂 / a Member of *Parliament* 国会議員, (特に) 下院議員《略 M.P.》 / open *Parliament* 《英》(国王[女王]が) 議会の開会を宣言する

P

❷ Ⓒ《単数形で》《集合的に》《単数・複数扱い》(任期中の)(英国)**国会議員**(団)
❸《ときに P-》Ⓤ Ⓒ (英国以外の)国会, **議会** ‖ the Russian [European] ～ ロシア[欧州]議会
語源「話す」の意のフランス語 *parler* から. parlor と同語源.

par·lia·men·tar·i·an /pὰːrləmentéəriən/ 名 Ⓒ ❶ 議会通, 議会の規則・運営手続きなどに精通した人[議員] ❷《P-》=Roundhead

***par·lia·men·ta·ry** /pὰːrləménṭəri/ ＜シ 形 〔◁ parliament 名〕《通例限定》❶ 議会の；議会で制定された；議員の ‖ a ～ candidate 議員候補者 / ～ procedures 議会運営手続 ❷ 議会制の ‖ ～ democracy 議会制民主主義 ❸ (言葉が)議会で使用の許された
▸▸ ～ **prívilege** 名 Ⓤ《英》議員特権《議会での発言については免責される》 ～ **sécretary** 名 Ⓒ《英》政務次官《主務大臣が Minister》 ～ **undersécretary** 名 Ⓒ《英》政務次官《主務大臣が Secretary of State》

par·lor, 《英》**-lour** /páːrlər/ 名 Ⓒ ❶《主に米》(元来客間風の調度を施した)店, …パーラー ‖ a beauty [massage] ～ 美容[マッサージ]院 / an ice-cream ～ アイスクリームパーラー / a funeral ～ 葬儀場 ❷《旧》(僧院・市役所などの)応接室；《旧》(個人の家の)客間, 居間
▸▸ ～ **càr** 名 Ⓒ《米》特別客車 (《英》saloon (car)) ～ **gàme** 名 Ⓒ《英》(クイズなどの)室内ゲーム ～ **trìck** 名 Ⓒ 座興, 隠し芸

par·lous /páːrləs/ 形《古》《戯》危険な(perilous)；《古》驚くほど抜け目のない, ずる賢い ──副《古》非常に

Par·me·san /páːrməzὰːn | pὰːmɪzǽn/ ＜シ 名 Ⓤ パルメザンチーズ《イタリア産の硬質のチーズで, おろしてパスタなどにかける》

Par·nas·sus /pɑːrnǽsəs/ 名 **Mount** ～ パルナッソス山《ギリシャ中部の山. アポロとミューズの霊山》

pa·ro·chi·al /pəróukiəl/ 形《通例限定》〔◁ parish 名〕❶ 教区の ❷ (範囲の)狭い, 偏狭な **～·ly** 副
▸▸ ～ **schòol** 名 Ⓒ《米》教区学校《教団によって運営される初等・中等の私立学校》

pa·ró·chi·al·ìsm /-ìzm/ 名 Ⓤ 偏狭, 狭量

par·o·dist /pǽrədɪst/ 名 Ⓒ パロディー作者

***par·o·dy** /pǽrədi/ 名 (複 **-dies** /-z/) ❶ Ⓤ Ⓒ 〈…の〉パロディー《芸術作品の一形式. 有名な作品を風刺的または滑稽(こっけい)にまねたもの》；〈…の〉替え歌, もじり歌〈**of, on**〉‖ a ～ *of* a famous love story 有名な恋愛小説のパロディー ❷ Ⓒ 〈…の〉お粗末な模倣〈**of**〉‖ a ～ *of* justice 正義のまねごと ──動 (**-dies** /-z/；**-died** /-d/；**～·ing**) 他 ❶ …をもじる；…のパロディーを作る ❷ …を面白おかしくまねる
pa·ród·ic(al) 形

par·ol /pǽrəl/ 名 Ⓒ〖法〗口頭の申告[証拠] ‖ by ～ 口頭で ──形 口頭の[による]

pa·role /pəróul/ 名 Ⓤ ❶ 仮釈放, 仮出獄(期間) ❷ 誓言, 誓約；(特に)捕虜の宣誓《捕虜が解放の条件として一定期間戦闘に加わらないことなどを誓うもの》❸〖言〗パロール, 運用言語(→ langue)
on paróle 仮釈放されて
──動 他《通例受身形で》(囚人が)仮釈放される

pa·ro·lee /pəròulíː/ 名 Ⓒ 仮釈放者, 仮出獄犯

par·o·no·ma·si·a /pæ̀rənouméɪʒə | -nəméɪziə/ 名 Ⓤ〖修〗(同音語・類似音語による)しゃれ, 語呂(ごろ)合わせ(pun), 地口

par·o·nym /pǽrənɪ̀m/ 名 Ⓒ〖文法〗同語源語

pa·ron·y·mous /pərá(ː)nɪməs | -rɔ́n-/ 形 同語源の

pa·rót·id (glànd) /pərá(ː)ṭəd- | -rɔ́tɪd-/ 名 Ⓒ〖解〗耳下腺(じかせん)

par·o·ti·tis /pæ̀rətáɪṭəs | -tɪs/, **pa·rot·i·di·tis** /pərὰ(ː)ṭədáɪṭəs | -rɔ̀tɪdáɪtɪs/ 名 Ⓤ〖医〗耳下腺炎；おたふく風邪

par·ox·ysm /pǽrəksɪ̀zm/ 名 Ⓒ ❶ (感情などの)爆発 ‖ in a ～ of rage 激怒して, かっとなって ❷〖医〗発病；発作(fit) **pàr·ox·ýs·mal** 形

par·quet /pɑːrkéɪ | ㇼ–/《発音注意》名 ❶ Ⓤ (床張りの)寄せ木細工 ‖ a ～ floor 寄せ木細工の床 ❷ Ⓒ《米》(劇場の)1階席, (特に)1階前方の上席(orchestra)

par·quet·ry /páːrkɪtri/ 名 Ⓤ 寄せ木細工[張り]

parr /pɑːr/ 名 (複 ～ or **～s** /-z/) Ⓒ ❶ (海に下る前の)サケの幼魚 ❷ タラなどの幼魚

par·ri·cide /pǽrɪsàɪd/ 名 Ⓤ Ⓒ 親[近親]殺し(の犯人)(→ patricide, matricide) **pàr·ri·cíd·al** 形

***par·rot** /pǽrət/ 名 Ⓒ ❶〖鳥〗オウム(→ cockatoo) ❷ (意味もわからずに)他人の言行をまねて繰り返す人
(*as*) *sick as a párrot*《英口》非常に落胆して
──動 他〔他人の言葉〕を(意味もわからず)機械的に繰り返す, おうむ返しに言う **～·er** 名
▸▸ ～ **fèver** 名 Ⓤ =psittacosis

párrot-fàshion 副《英》おうむ返しに, 機械的に ‖ repeat lessons ～ レッスンを機械的に繰り返す

párrot·fìsh 名 (複 ～ or **～·es** /-ɪz/) Ⓒ〖魚〗❶ ブダイの類 ❷《豪・ニュージ》ベラの類

par·ry /pǽri/ 動 (**-ries** /-z/；**-ried** /-d/；**～·ing**) 他 ❶ 〔打撃など〕をかわす ❷ 〔質問など〕を受け流す ──自 (打撃・質問などを)かわす ──名 (複 **-ries** /-z/) Ⓒ (フェンシングなどで)受け流し, かわし, パリー；はぐらかし, 逃げ口上

parse /pɑːrs | pɑːz/ 動 他〖文法〗〔文〕を構成要素に分解する, 文法的に説明する, 構文解析する；💻〔入力テキスト〕を要素に分解[構文解析]する ──自 (文が)構成要素に解剖できる ──名 Ⓤ 💻 構文解析すること
párs·er 名 Ⓒ 💻 構文分析プログラム《入力テキストを文法的に分析し解釈の単位にするためのプログラム》

par·sec /páːrsèk/ 名 Ⓒ パーセク《天体の距離の単位. 3.26光年》

Par·see, Par·si /páːrsiː, –ㇼ/ 名 Ⓒ パルシー《7–8世紀にインドへ移り住んだペルシャ人ゾロアスター教徒の子孫》

par·si·mo·ni·ous /pὰːrsəmóuniəs | -sɪ-/ ＜シ 形 (極度に)倹約家の；(非常に)けちな **～·ly** 副 **～·ness** 名

par·si·mo·ny /páːrsəmòuni | -sɪməni/《アクセント注意》名 Ⓤ (極端な)倹約；(非常な)けち

pars·ley /páːrsli/ 名 Ⓤ〖植〗パセリ, オランダゼリ

pars·nip /páːrsnɪp/ 名 Ⓒ〖植〗パースニップ, アメリカボウフウ(の根)《食用》

par·son /páːrsən/ (♦ person と区別) 名 Ⓒ 教区司祭；《口》(特にプロテスタントの)聖職者, 牧師(clergyman)
▸▸ ～**'s nóse** 名 Ⓒ《口》料理した鶏の尻肉(しりにく)(《米》pope's nose)

par·son·age /páːrsənɪdʒ/ 名 Ⓒ (教区)司祭館；牧師館

******part** /pɑːrt/ (♦ pert と区別) 名 動 副 形

中心義 **(Aの)部分** (★Aは「機械」「務め」「国」など多様)

> 名 **部分❶ 一部分❷ 部品❸ 役目❹ 地域❺**
> 動 他 **分ける❶** 自 **分かれる❶**
> 副 **いくぶん**

──名 〔▸ partial 形〕(複 **～s** /-s/) Ⓒ ❶ (全体を構成する)**部分** (↔ whole) (⇨ 類語) ‖ This play is composed of three ～*s*. この劇は3部から成り立っている / I've done the greater [or larger] ～ of this work by myself. この仕事の大部分を私ひとりでやった / Underline the ～*s* that interest you. 興味ある部分に下線を引きなさい / This book is good in ～*s*. この本はところどころよい / the upper [lower] ～ of a wall 壁の上部[下部] / the front [rear] ～ of a car 車の前部[後部] / the main ～ of the thesis 論文の主要部分 / the early [latter] ～ of one's life 人生の初期[晩年]
❷ Ⓤ/Ⓒ《a ～》〈…の〉**一部分**, (重要な構成要素をなす)部分, 要素, 一員〈**of**〉(→ 語法) ‖ *Part of* the crew is missing. 乗組員の一部が行方不明だ / I walked ～ *of* the way home, then got a taxi. 家に帰るのに途中まで歩いて, あとはタクシーに乗った / The pressure may

have been ~ *of* the reason for my defeat. プレッシャーは私が負けた一因だったかもしれない / All the dogs will be treated as a ~ *of* our family. すべての犬は私たちの家族の一員として扱います / **form** ~ of the law 法体系の一部分を成す

語法☆☆ (a) part of＋名詞句
(1) part に big, good, great, important, large, major, minor, small など形容詞が伴うときには通例 a をつける. 形容詞を伴わない場合には a をつけないのがふつうだが, リズムの関係などでつけることもある. 〈例〉 A large *part* of his money was spent on books. 彼のお金の大部分は本に費やされた / That was (a) *part* of their duty. それは彼らの義務の一部だった
(2) (a) part of の後にくる名詞が単数のときは全体を単数扱い, 複数のときは複数扱いにするのが原則. 〈例〉 Only a *part* of his works are read nowadays. 今日では彼の作品のほんの一部しか読まれない ただし複数名詞がくるときは (a) part of ... ではなく some of ... を使う方がふつう.
(3) (a) part of の後に一人称や二人称の代名詞が来ても全体は三人称扱いとなる. 〈例〉 *Part* of me wants to marry her. 彼女と結婚したいという気持ちもある

❸ 《通例 ~s》(機械などの)**部品**, パーツ；(人間・動植物の体の)部位, 器官；《~s》《口》陰部(private parts) ‖ car ~*s* 車の部品 / spare ~*s* (for bicycles) (自転車の)予備の部品 / Which ~ of your leg hurts? 足のどこが痛いの

❹ Ⓤ/Ⓒ《単数形で》**役目**, 役割, 務め；(俳優の)役(role)；せりふ, 台本；(仕事などでの)関与, 関係；分担分, 割り当て ‖ Everyone did their ~ to help the injured. だれもが負傷者を助けるため自分の務めを果たした / play [OR take] the ~ of ... …の役を演じる / a leading [supporting, small] ~ 主役[わき役, 端役] / play a double ~ 一人二役を演じる / live the ~ 役にすっかりはまっている / have [want] no ~ in illegal business 非合法の仕事にかかわらない[かかわりたくない]

❺ (国・地方の)一地域；《~s》《口》(漠然と)**地域**, 地方, 場所 ‖ Which ~ of India are you from? インドはどちらのご出身ですか / I'm a stranger in [OR around] these ~*s*. この辺りは不案内だ

❻ (全体を均等分した)部分, …分の1；(成分などの)割合《略 pt, pts》‖ A second is a sixtieth ~ of a minute. 1秒は1分の60分の1だ / cut a cake into four ~*s* ケーキを4等分する / mix one ~ (of) flour with three ~*s* (of) water 水3に粉1の割合で混ぜる (♦ of はしばしば省略される)

❼ (書物・テレビの連続番組などの)部, 編；(全集の)分冊《略 pt》‖ This series on art is being issued in monthly ~*s*. この美術シリーズは毎月分冊で発行されている / *Part* IV of the novel その小説の第4部 / a twelve-~ serial 12回連載もの **❽** Ⓤ (論争・協定などでの)一方の側, 味方 ‖ I took ~ with the workers. 私は労働者の側に立った (→*take a person's part* (↓)) **❾** 《米》(頭髪の)分け目(《英》parting) **❿** 〖楽〗音[声]部, パート；パート譜 ‖ the soprano ~ ソプラノパート / sing in three ~*s* 3部合唱する **⓫** 《~s》《文》才能, 資質 ‖ a person of (many) ~*s* 多才な人

for one's (ówn) pàrt …としては, …に関する限り ‖ *For* my ~, I have no objection. 私としては異論ありません

****for the móst pàrt*** **大部分は**, たいてい(mostly)；ほとんどいつも ‖ The English sky is *for the most* ~ overcast. 英国の空はたいていどんより曇っている

hàve a pàrt to pláy 果たすべき役割[責任]がある

in làrge [OR ***gòod***] ***párt*** 大部分は(mostly)

****in párt*** **幾分かは** (partly) ‖ His failure is due *in* ~ to his own carelessness. 彼の失敗は幾分かは彼自身の不注意によるものだ

lòok the párt ① (外見・服装などが)(その仕事や役割に合って)それらしく[ふさわしく]見える(♦ dress the part ともいう) ② 《主に英》(スポーツで)活躍する；(人・物が)目覚ましい, 印象に残る

****on the párt of a pèrson*** ; ***on a pérson's pàrt*** ① 〔人〕**の側の**；〔人〕の側による ‖ Preventing crime takes constant vigilance *on the* ~ *of* the residents. 犯罪の防止には居住者側の不断の用心が必要だ / a desire *on* their ~ to work in America 米国で働きたいという彼らの側の願い ② …に関する限り, …としては (→ *for one's (own) part* (↑))

pàrt and párcel 〈…の〉最重要部分〈**of**〉, (切り離せない)要素 ‖ Some inconveniences are ~ *and parcel of* travel. 多少の不便は旅にはつきものだ

****plày*** [OR ***hàve***] ***a párt*** ① **役割を果たす**；〈…に〉関与している〈**in**〉‖ The sun *plays an* important ~ *in* the growth of plants. 太陽は植物の生長に重要な役割を果たす ② 芝居をする；(人を欺いて)見せかけをする

tàke ... in gòod párt 〔冗談・非難など〕を善意に受け取る, 腹を立てない ‖ She *took* his criticism *in good* ~. 彼女は彼の批判を善意にとった

tàke a pèrson's párt ; ***tàke the pàrt of a pérson*** (人の)味方をする

****tàke párt (in ...)*** (…に)**参加する**(join；participate in)；…に貢献する ‖ He *took* an active ~ *in* the reform of the system. 彼はその制度の改革に積極的に貢献した / *take* ~ *in* a「boat race [debate] ボートレース[討論]に参加する

****the bètter*** [OR ***bèst***] ***párt of ...*** (時間・量などの) 大部分[ほとんど] の… ‖ for *the better* ~ *of* a week 1週間の間ほとんど

—動 (**~s** /-s/；**~·ed** /-ɪd/；**~·ing**)

—他 **❶** …を**分ける**, 分割する, …の間を開く[切る] (⇨ SEPARATE, SHARE[1] 類語) ‖ The police ~*ed* the crowd. 警官は群衆をかき分けた / She hardly ~*s* her lips as she speaks. 彼女は話すときほとんど口を開けない / ~ the curtains a little カーテンを少し開ける

❷ …を別れさせる, 〈…から〉引き離す〈**from**〉(♦ しばしば受身形で用いる) ‖ I can't stand to be ~*ed from* him again. また彼と別れるのは耐え難い

❸ 〔髪〕を分ける ‖ *Part* my hair「on the right [in the middle], please. 分け目は右[真ん中]にしてください

—自 **❶ 分かれる**, 切れる, 開く；分岐する(↔ join) ‖ His lips ~*ed* in shock. 彼はショックで口が開いた / The road [river] ~*s* here. 道[川]はここで分かれている / The elevator doors ~*ed*. エレベーターのドアが開いた

❷ 〈…と〉別れる, 関係が切れる(↔ meet)〈**from**〉(♦ ときに 補〈(as) 名〉を伴う. ⇨ *part* COMPANY) ‖ Let's ~ (*as*) friends. 仲よく(友人として)別れよう / I feel sad when I ~ *from* a friend. 友との別れは悲しい

****párt with ...*** 〈他〉(しぶしぶ)〔物〕を**手放す** ‖ I had no choice but to ~ *with* my diamond ring. 仕方なくダイヤの指輪を手放した

—副 **いくぶん**(partly), 部分的に(♦ 通例 part ..., part ... の句で. ... は単数無冠詞の名詞・形容詞・分詞など) ‖ A mermaid is ~ woman, ~ fish. 人魚は一部は人間の女性, 一部は魚である

—形 一部分の, 不完全の, 共同の

類語《名 ❶》part 「部分」を意味する一般的な語.
portion ある人や目的に割り当てられた部分. 〈例〉 This is your *portion* of the cake. これが君の分のケーキだ
piece 全体から切り離された, しばしばそれだけで独立した単位とみなされる部分. 〈例〉 a *piece* of cake ケーキ1個
section 切ったり分けたりした部分. 書物・集団・地域などに用いる. 〈例〉 the east *section* of the town 町の東部

▸▸ ～ exchánge (↓)　～ of spéech 名 C 〘文法〙品詞

part. 略 particle ; participle ; particular

par·take /pɑːrtéɪk/ 《アクセント注意》 動 (-took /-tʊ́k/ ; -tak·en /-téɪkən/ ; -tak·ing) 自 《堅》 ❶ 〈…に〉加わる, あずかる ; 〈苦楽などを〉共にする〈in〉 ❷ 〈分け前を〉受ける ; (人の相伴(しょうばん)をして)〈供されたものを〉少し飲み食いする〈of〉 ❸ いくらか〈…の〉性質[気味]がある〈of〉 ‖ His style ～s *of* informality. 彼の文体にはいくぶん砕けたところがある　**-ták·er** 名 C 分担者, 相伴者, 関係者

par·terre /pɑːrtéər/ 名 C ❶ 花壇をいろいろな形に配置した庭園 ❷ 《主に米》(劇場の)1階後方の席

pàrt exchánge 名 U 《英》(商品の)下取り
　pàrt-exchánge 動 他 …を下取りに出す, 下取りする

par·the·no·gen·e·sis /pɑ̀ːrθənoudʒénəsɪs/ 名 U 〘生〙単為[処女]生殖　**-ge·nét·ic** 形

Par·the·non /pɑ́ːrθənɑ̀(ː)n | -θənən/ 名 《the ～》パルテノン神殿 《ギリシャのアテネの Acropolis の丘の上にある女神 Athena をまつった神殿》

Pàr·thi·an shót /pɑ̀ːrθiən-/ 名 C 別れ際の捨てぜりふ (parting shot) (♦ 古代国家パルティア(Parthia)の騎馬兵は退却時に後ろ向きに矢を射たといわれることから)

*__par·tial__ /pɑ́ːrʃəl/ 《発音注意》 形 〔◁ part 名 | ▶ partiality 名〕 (more ～ ; most ～) (♦ ❸ 以外比較なし) ❶ 一部分の, 部分的な ; 不完全な (↔ complete) ‖ a ～ success 部分的な成功 / make a ～ recovery 少し快方に向かう ❷ 《叙述》《旧》〈…が〉特に好きな, 〈…に〉目がない〈to〉 ‖ She is ～ *to* vanilla ice cream. 彼女はバニラアイスクリームに目がない ❸ 《通例叙述》不公平な ; 〈…に〉片寄った (↔ impartial) 〈to, toward〉 ‖ The umpire was ～ *to* our opponents. アンパイアは相手チームに甘かった　── 名 C ❶ 〘楽〙部分音 ❷ 〘数〙偏導関数
　～·ness 名
　▸▸ ～**-bírth abòrtion** 名 U C 部分分娩中絶 (♦ 妊娠後期の中絶方法の1つ. dilation and extraction を指して, 主に中絶反対派が用いる語)　～ **derívative** 名 C 〘数〙偏導関数　～ **differèntial equátion** 名 C 〘数〙偏微分方程式　～ **eclípse** 名 C 〘天〙部分食　～ **fráction** 名 C 〘数〙部分分数

par·ti·al·i·ty /pɑ̀ːrʃiǽləṭi/ 名 〔◁ partial 形〕 ❶ U 不公平, えこひいき ❷ C 《a ～》〈…が〉特に好きなこと, 〈…に対する〉偏愛〈for〉 ‖ have a ～ *for* driving ドライブが大好きである

*__par·tial·ly__ /pɑ́ːrʃəli/ 副 ❶ 部分的に, 一部分(partly) ; ある程度, いくぶん (♦ 物理的・身体的状態に関して用いる. 特に理由を示す句・節を修飾する場合は partly がふつう) ‖ ～ transparent 一部透明の ❷ 不公平に, えこひいきして ; 片寄って

par·ti·ble /pɑ́ːrṭəbl | -tɪ-/ 形 分割[分裂]できる

*__par·tic·i·pant__ /pərtísɪpənt | pɑː-/ 《アクセント注意》 名 C 〈…の〉参加者, 出場者 ; 関係者 (↔ spectator) 〈in〉 ‖ a ～ *in* the 100-meter dash 100メートル競走の出場者 / an active ～ 積極的な参加者
　── 形 〈…に〉関係する, 関与する〈in〉 ; 共にする ‖ ～ sports 自分が行う[参加する]スポーツ (↔ spectator sports)

‡par·tic·i·pate /pɑːrtísɪpèɪt/ 《発音・アクセント注意》
　── 動 (～s /-s/ ; -pat·ed /-ɪd/ ; -pat·ing) 自 ❶ 〈…に〉**参加する**, 加わる (take part) ; 〈…を〉共にする, 〈…に〉あずかる, 関与する (share) 〈in〉 (↔ refrain from) (♦ in の目的語を主語にした受身文は不可) ‖ He ～*d in* [*to] a recording project with musicians from different traditions. 彼は異なった流儀の音楽家たちとともに録音計画に加わった / ～ *in* an affair 事件に関係する / ～ *in* profits 利益にあずかる
　❷ 《古》(特質などを)幾分か有する, 気味がある〈of〉
　-pà·tive 形
　語源 *parti-* part + *-cipate* take : (…に)加わる, 関係する

*__par·tic·i·pa·tion__ /pɑːrtìsɪpéɪʃən/ 名 U 〈…への〉参加, 参与 ; 関与〈in〉 ‖ voluntary ～ 自発的な参加 / audience ～ 聴衆の参加 / ～ *in* [*to] politics 政治への参与 / the suspicion of his direct ～ *in* [*to] the affair 彼がその事件に直接関係しているという疑い

par·tic·i·pa·tor /pɑːrtísəpèɪṭər | -tísɪ-/ 名 = participant

par·tic·i·pa·to·ry /pɑːrtísəpətɔ̀ːri | -tìsɪpéɪtəri/ ⊲ 形 (個々人の)参加による ‖ ～ democracy (直接)参加民主主義

par·ti·cip·i·al /pɑ̀ːrṭəsípiəl | -tɪ-/ ⊲ 形 〘文法〙分詞(participle)の ‖ a ～ construction 分詞構文

par·ti·ci·ple /pɑ́ːrṭəsɪpl | -tɪ-/ 名 C 〘文法〙分詞 ‖ a present [past] ～ 現在[過去]分詞 (略 prp.[pp.])

*__par·ti·cle__ /pɑ́ːrṭɪkl/ 名 (複 ～s /-z/) C ❶ 微粒子, 小片 ; 〈…の〉極少量, ほんのわずか〈of〉 ‖ ～s *of* dust = dust ～s 細かなちり / There is not a ～ *of* truth in your statements. 君の供述にはひとかけらの真実もない ❷ 〘理〙粒子 ; 質点 ‖ an elementary ～ 素粒子 ❸ 〘文法〙不変化詞, 小辞, 小詞 《冠詞・前置詞・接続詞・間投詞・副詞の一部など, 語尾変化のないもの》 ‖ an adverbial ～ 副詞小辞 《She called me up. の up など》
　語源 *parti-* part + *-cle*(指小辞) : 小さな部分
　▸▸ ～ **accèlerator** 名 C 〘理〙粒子加速器　～ **bèam** 名 C 〘理〙粒子ビーム[線]　～ **phỳsics** 名 U (素)粒子物理学

párticle·bòard 名 U C パーチクルボード 《木片を接着剤で固めた合板》

par·ti·col·ored /pɑ̀ːrṭikʌ́lərd/ ⊲ 形 色とりどりの

‡par·tic·u·lar /pərtíkjulər/ 《アクセント注意》 形 名

中心義 ≫ 個々に関する(こと)

> 形 特定の❶　特別の❷　詳細な❸　気難しい❹
> 名 項目❶　詳細❷

── 形 〔▶ particularity 名, particularize 動〕 (more ～ ; most ～) (♦ ❸ ❹ 以外は比較なし)
❶ 《限定》(ある)**特定の**, 特殊の ; 《指示形容詞の後で》特にこの[その] ; 《通例 one's ～》個々の, 各自の ; 独自の (unique) (↔ general) (⇨ 類語) ‖ We are discussing this ～ problem, not the general case. 我々は一般論ではなく(ほかならぬ)この問題について話し合っているのだ / a ～ kind of dog ある特定の種類の犬 / in this ～ case 特にこの場合 / at that ～ time 特にその時に(限って) / in one's ～ way 独自のやり方で
❷ 《限定》**特別の**, 格別の ; 注目に値する (⇨ 類語) ‖ I have nothing ～ to do today. 今日は特に何もすることがない / for no ～ reason 特にこれといった理由もなしに / a matter of ～ interest [importance] 特に興味深い[重要な]事柄 / pay ～ attention to spelling スペルに特に注意を払う
❸ 《限定》**詳細な** ; 念入りな ‖ give a full and ～ account [OR description] of the day's events その日の出来事を細大漏らさず詳しく話す[記述する]
❹ 《通例叙述》〈…について〉**気難しい**, やかましい, 注文が多い〈about, over, as to〉 ; 《否定文で》《口》〈…であろうと〉気にしない〈wh 節〉 ‖ He is ～ *about* his food. 彼は食べ物にやかましい / be ～ *over* one's clothes 着るものにうるさい / I'm not ～ (about) *what* you do. 君が何をしようとうるさくは言わない ❺ 〘論〙特称的な, 特殊な (↔ universal) ‖ a ～ proposition 特称命題
── 名 (複 ～s /-z/) C ❶ 個々の点, **項目**, 事項, 細目 ‖ That's not true in 「every ～ [OR all ～*s*]. それはあらゆる点で正しいわけではない / in the smallest ～ 全くささいな点に至るまで
❷ 《～s》**詳細**, 顛末(てんまつ) ‖ give the ～*s* of an event 事件の顛末を語る / go [OR enter] into ～*s* 詳細に及ぶ / take down his ～*s* (住所・氏名など) 彼の詳細を書き留める ❸ 《しばしば ～s》(個々の)事例 ❹ 〘論〙特殊, 特称

in partícular NAVI 特に (especially), とりわけ (⇨ NAVI表現 2); 詳細に (↔ *in general*) (♦ 修飾する語句の直後に置く) ‖ His last remark, *in* ~, was impressive. 特に彼の最後の言葉が印象的だった / "What are you doing next Sunday?" "Well, nothing *in* ~." 「今度の日曜日の予定は?」「いや, 特に何も」/ There is no one *in* ~ who I want to contact. 連絡をとりたい人は特にだれもいない

語源 *particul-* particle (小片, ごく少量) + *-ar* (形容詞語尾): 細かい

類語 《形 ❶, ❷》 **particular** ほかのものではなく, 「特定の」そのものを指す (ただし, そのまま「特定の」とはふつう訳さない). 〈例〉 on that *particular* day (ほかの日ではなく) その日に (限って) また particular は「特別な」(= special) の意味でも用いる. 〈例〉 a matter of *particular* importance 特別に重要な問題 「特定の」と「特別の」の意味を正しく区別しなければならない.
special 特別にふつう以上の扱いや考慮を受ける (に値する), 「特別な」. 〈例〉 a *special* friend of mine 特別の友人
especial special より改まった語で強意的に用いる. 〈例〉 a matter of *especial* interest 格別に興味深い問題
specific ある特定の具体的なものを指すのに用いる. 〈例〉 a *specific* amount of money (いくらと具体的に示した) ある一定の金額
peculiar ほかのものにない性質を持つ. 〈例〉 a *peculiar* way of talking 独特の話しぶり

par·tic·u·lar·ism /pərtíkjulərìzm/ 名 U ❶ 自己 [自党, 自国] の利益にのみ専念すること, 党派心, 排他主義 ❷ 《米》州権独立主義 ❸ 《神》特定説 《神の恩恵は選ばれた少数者にのみ与えられるとする説》
-ist 名 **par·tìc·u·lar·ís·tic** 形

par·tic·u·lar·i·ty /pərtìkjulǽrəṭi/ 名 〔◁ particular 形〕(複 **-ties** /-z/) 《堅》 ❶ U 特殊(性); 独自性 ❷ U 詳細; 細心; 気難しさ ❸ C 《-ties》特徴; 詳細な事項

par·tic·u·lar·ize /pərtíkjuləràɪz/ 動 〔◁ particular 形〕 他 自 《堅》(…を) 詳細に述べる, 一つ一つ挙げる, 特筆する **par·tìc·u·lar·i·zá·tion** 名

***par·tic·u·lar·ly /pərtíkjulərli/ 《アクセント注意》

—副 (**more ~ ; most ~**)
❶ **特に**, 特別に, 格別に, 著しく ‖ I ~ don't **like** raw fish. 私は特に生魚が嫌いだ (♦ I don't particularly like raw fish. とすると「私は生魚が特に好きというわけではない」の意) / I am ~ grateful to you. とりわけ君には感謝している / She was not ~ **interested** in cooking. 彼女は料理に特別興味があったわけではなかった / "Did you enjoy it?" "No, not ~." 「楽しめた?」「いえ, それほど」(♥ 控えめな否定を表す) / in Asia, ~ in Thailand アジアで, 特にタイで / ~ **important** 特に重要な
❷ 詳しく, 詳細に (in detail)

par·tic·u·late /pɑːrtíkjulət/ 形 微粒子からなる
—名 C 《~s》微粒子 ▶▶ ~ **màtter** 名 U 粒子状物質 《大気汚染の原因となる. 略 PM》

***part·ing** /pɑ́ːrṭɪŋ/ 名 ❶ U C 別れ, 別離; 出発, いとまごい ‖ at [OR on] ~ 別れに臨んで / the agony of ~ 別離の苦しみ ❷ U C 分離, 分割 ❸ C 《英》(髪の) 分け目 (《米》part) ‖ He's got a centre [side] ~. 彼は頭の真ん中 [わき] に分け目を入れている

a [OR *the*] *pàrting of the wáys* 別離の時; (選択を迫られる) 岐路, 分かれ目 ‖ stand at *the* ~ *of the ways* 岐路に立つ

—形 《限定》 ❶ 別れの, 別れに際しての ‖ a ~ kiss 別れのキス / a ~ gift [OR present] 餞別(せんべつ) ❷ 去っていく; 暮れていく ‖ a ~ ship 去り行く船 / a ~ day 去り行く日; 夕暮れ ❸ 分離する, 分ける

▶▶ ~ **shót** 名 C 別れ際の捨てぜりふ ‖ deliver a ~ *shot* at him 彼に別れ際に捨てぜりふを言う (→ Parthian shot)

***par·ti·san, -zan** /pɑ́ːrṭəzən | pɑ̀ːtɪzǽn/ 〈シ〉 名 C ❶ (党・主義主張の, しばしば盲目的に) 熱心な支持者, 党派心の強い者; 同志, 一味 ❷ 《軍》(解放運動・抵抗運動の) ゲリラ隊員, パルチザン —形 ❶ 党派心の強い; (特定の信条などを) 盲目的に信奉する; 偏向した ‖ in a ~ spirit 党派心で, 派閥根性で / Newspapers have been ~ recently. 新聞は最近偏向してきている ❷ 《軍》パルチザンの, ゲリラの ‖ ~ troops パルチザンの部隊
~·shìp 名 U 党派心, 党派根性

par·ti·ta /pɑːrtíːṭə/ 名 (複 **~s** /-z/ OR **-te** /-teɪ/) C 《楽》パルティータ 《(特にバロック音楽における) 一連の組曲や変奏曲》(♦ イタリア語より)

par·tite /pɑ́ːrtaɪt/ 形 ❶ 《通例複合語で》…部分に分かれた, …部からなる ❷ 《植》(葉が) 深裂した

***par·ti·tion** /pɑːrtíʃən/ 名 C ❶ 仕切り, 仕切り壁 ‖ a glass ~ ガラスの仕切り ❷ (分割した) 一部, 部分 ❸ U 分割, 区分; 《法》共有物分割; 《政》(国家の) 分割 ❹ 💻 (データ保存装置内の) 管理上の区分, パーティション
—動 他 …を分割する; 〔部屋など〕を (…に) 区分する, 仕切る 〈**into**〉(♦ しばしば受身形で用いる) ‖ The Korean Peninsula was ~*ed* in 1945. 朝鮮半島は1945年に分断された / ~ a house *into* rooms 家をいくつかの部屋に仕切る

partìtion óff ... / *partìtion ... óff* 〈他〉〔部屋の一部など〕を (ほかの部分から) 仕切る (♦ しばしば受身形で用いる) ‖ ~ *off* part of the living room to make a study 居間の一部を仕切って書斎を作る
~·er 名 **~·ist** 名 **~·ment** 名

par·ti·tive /pɑ́ːrṭəṭɪv/ 《文法》 形 (語・格・構文が) 部分を示す ‖ the ~ genitive 部分属格 《物の一部分を表す属格. 現在の英語では of の句を用いて表す. 〈例〉 one *of* my friends》 —名 C 部分を示す語 [格, 構文], 部分詞 (some, any など) **~·ly** 副

par·ti·zan /pɑ́ːrṭəzən | pɑ̀ːtɪzǽn/ 名 形 = partisan

:part·ly /pɑ́ːrtli/
—副 《比較なし》**一部分(は)**, 部分的に; ある程度, いくぶん (↔ wholly) (♦ 節の終わりでは to some [OR a certain] extent などで代用する) ‖ I feel ~ **responsible** for that matter. その件に関しては私もいくぶん責任を感じている / This phenomenon is **only** ~ **explained** by their findings. 彼らの発見はこの現象の部分的な説明にしかなっていない / We chose the hotel ~ **because** of its location. 私たちは1つには立地を理由にそのホテルを選んだ / ~ cloudy [rainy] 所によって曇り [雨]

:part·ner /pɑ́ːrtnər/
—名 (複 **~s** /-z/) C ❶ **配偶者** (spouse) 《夫または妻》; (未婚の) **パートナー** 《既婚か未婚かをはっきりさせないためにしばしば使われる》; 恋人, 愛人, 情夫 (lover)
❷ 《法》共同出資 [経営] 者 ‖ an active ~ 業務執行社員 《経営・業務にも参加する共同出資者》 / a silent [《英》sleeping] ~ 業務に関与しない共同出資者 / a senior [junior] ~ 代表社員 [下級社員] (♦ ここでの社員は合資会社における出資者を指す)
❸ (ダンス・ゲーム・スポーツなどでの) 〈…の〉**パートナー** 〈**with**〉 ‖ I want to be ~*s with* her at badminton. バドミントンで彼女と組みたい (♦ 私と彼女の2人がかかわるので複数形を用いる) / dancing ~*s* ダンスのパートナー
❹ (共同事業などの) **仲間**, **同僚**, 提携者; 味方, 盟友; 同盟国, 協力国 〈**with** …の; **in** …での〉 ‖ We were ~*s with* him *in* a garage. 私たちは自動車修理工場で彼と同僚だった / Japan's trading ~*s* 日本の貿易相手国
❺ 《主に米》《旧》男友達; 《呼びかけで》相棒
❻ 《~s》《海》(マストなどを支える) 木枠

a person's pàrtner in críme 《戯》(いたずら・悪事の) 相棒, 共犯者

P

—動 (~s /-z/; ~ed /-d/; ~·ing)
—他 ❶ …のパートナーとなる[である], …と組む ❷〔人〕を(パートナーとして)〈…と〉組ませる《*off, up*》〈**with**〉‖ She ~*ed* her daughter *up* [OR *off*] *with* a rich young man for the next dance. 彼女は娘を次のダンスで若い金持ちの男性と組ませた
—自 〈…と〉組む《*off, up*》〈**with**〉

***part·ner·ship** /pɑ́ːrtnərʃìp/ 《アクセント注意》 名 ❶ U 〈…との〉提携, 協力, 共同〈**with**〉‖ ~ between the two countries 2国間の提携 / enter [OR go] into ~ (*with* ...) (…と)提携する / in ~ (*with* ...) (…と)提携して ❷ C 共同経営事業, 組合, 合名[合資]会社 ‖「a limited [an unlimited] ~ 有限[無限]責任会社 ❸ U C 〖法〗組合契約, パートナーシップ ‖「break up [OR dissolve] a ~ パートナーシップを解消する ❹ 《the ~》《集合的に》組合員, 社員

par·took /pɑːrtʊ́k/ 動 partake の過去

párt-òwn 〈シ〉 動 他 …を共同所有する **~·er** 名

par·tridge /pɑ́ːrtrɪdʒ/ 名 (複 ~ OR **-tridg·es** /-ɪz/) C 〖鳥〗ヤマウズラ·イワシャコの類《猟鳥》; U その肉

párt-sòng 名 C 〖楽〗(ふつう無伴奏の)合唱曲

***pàrt-tíme** 〈シ〉 形 パート(タイム)の(♦「終日は働かない」と「毎日は働かない」の2つの意味がある), 非常勤の, 定時制の《略 PT》(❗英語では「パート(part)」のような省略した言い方はない) (→ full-time) ‖ He is ~. 彼はパート(タイマー)だ / a ~ teacher 非常勤講師 / a ~ job パート(タイム)の仕事, アルバイト —副 パート(タイム)で, 非常勤で, 定時制学校の生徒で ‖ work ~ パート(タイム)で働く

pàrt-tímer 名 C パートタイマー, 非常勤の人

par·tu·ri·ent /pɑːrtjʊ́əriənt/ 形 出産(直前)の, 分娩(ぶんべん)の; 《文》(思想などを)生み出そうとしている

par·tu·ri·tion /pɑ̀ːrtəríʃən|-tjuə-/ 名 U 《堅》出産, 分娩

pàrt·wáy 〈シ〉 副 ❶ 途中まで; 途中に[で]; ある程度(まで) ❷ 部分的に, 不完全に

párt-wòrk 名 C 《英》分冊刊行の出版物

⁑par·ty /pɑ́ːrṭi/ 名 形 動

中心義 (ある目的を持った)人の集まり

名 パーティー❶ 政党❷ 一行❸ 当事者❹

—名 (複 **-ties** /-z/) C ❶ パーティー, 社交的な集まり, …会; 《形容詞的に》パーティー(用)の, パーティーのような ‖ We all got pretty wild at the year-end ~. 忘年会で皆かなり羽目を外した / Several Hollywood celebrities were invited to the garden ~. ハリウッドの名士の何人かが園遊会に招待されていた / a farewell ~ 送別会 / a birthday [cocktail] ~ バースデー[カクテル]パーティー / at a dinner ~ 晩餐(ばんさん)会で / give [OR have, hold, throw, ×celebrate] a ~ パーティーを開く[主催する] / a ~ dress [hat] パーティー用のドレス[帽子] / a ~ school 《米口》パーティーばかりやっているような大学
❷ 《集合的に》《単数·複数扱い》党, 党派; 政党(♦《米》では通例単数扱い, 《英》では全体を一つの集団と見る場合単数扱い, 個々の成員に重点を置く場合複数扱い. ❸も同じ); 《形容詞的に》政党の, 党派の ‖ a political ~ 政党 / the ~ faithful 党の支持者 / the government [OR ruling] ~ 与党 / an opposition ~ 野党 / the Democratic [Republican] *Party* (米国の) 民主[共和]党 / the Conservative [Labour] *Party* (英国の)保守[労働]党 / the Communist *Party* 共産党 / a ~ leader 党首
❸ 《集合的に》《単数·複数扱い》(一緒に行動する)一行, 一団; 仲間, 連中; 〖軍〗分遣隊, 部隊 ‖ A ~ of sailors were [OR was] walking in a long line. 船員[水兵]の一行が長い列を作って歩いていた / "How many are there in your ~?" "Four people."「全員で何名ですか」「4名です」/ a search [rescue] ~ 捜索[救助]隊 / a mountain-climbing ~ 登山者の一行
❹ 関係者, 一味; 〖法〗(訴訟などの)当事者(→ third party) ‖ interested *parties* 利害関係者 / the *parties* (concerned) 当事者たち / the injured ~ 被害者側 / the guilty ~ 被告, 加害者
❺ 《口》(特定の特徴を持った) 人(person) ‖ Who is that ~ with the red bandanna around his neck? あの赤いバンダナを首に巻いた人はだれだ
❻ 電話の相手; (電話の) 共同線の加入者 ‖ Your ~ is on the line.＝Here's your ~. 先方がお出になりました(♦電話交換手の言葉) ❼ 《米俗》性行為; どんちゃん騒ぎ
be* (*a*) *párty to ... 〔悪事など〕に加わる, 加担する
brìng ... to the párty …で状況の改善に貢献する

COMMUNICATIVE EXPRESSIONS
1 **The pàrty's óver.** お楽しみはこれまで

—形 〖紋章〗(紋地が)分割されている
—動 (**-ties** /-z/; **-tied** /-d/; **~·ing**) 自 《口》パーティーで楽しむ, 浮かれ騒ぐ, どんちゃん騒ぎをする《*down*》‖ We *partied* all night. 我々は一晩中浮かれ騒いだ
~·er, -ti·er 名

▸▸ **~ ànimal** 名 C 《口》パーティー好きの人 **~ cràsher** 名 C ＝gate-crasher **~ fávors** 名 複 《米》ちょっとした贈り物《パーティーで子供たちに配る安価なおもちゃなど》(♦単に favors ともいう) **~ line** 名 ① /⁻⁻⁻/ 《the ~》政党の路線[方針] ② /⁻⁻⁻/ C 共同加入電話(線), 親子電話 **~ lìst** 名 C (比例代表制での) 投票制度; (この制度での) 党の立候補者名簿 **~ pìece** 名 《one's ~》《英》パーティーの余興での得意芸《冗談·歌など》, 十八番, おはこ **~ polítical** 形 《限定》《主に英》政党本位の, 党利党略の **~ pólitics** 名 《単数·複数扱い》党利党略(政治) **~ pòop·er** /-pùːpər/ 名 C 《口》(パーティーの)興をそぐ人, 社交嫌いの人 **~ pòpper** 名 C 爆竹 **~ wáll** 名 C (隣接する建物や地所を分ける) (共同の) 境界壁, 仕切り壁

párty·gòer 名 C パーティーに(よく)行く人

par·ve·nu /pɑ́ːrvənjùː/ 名 C 形 ⊗《しばしば蔑》成り上がり者(の), 成金(らしい)(upstart)

pas /pɑː/ 名 (複 ~ /-z/) C (バレエの)ステップ
▸▸ **~ de déux** /pɑ̀ː də dɜ́ː/ 名 (複 **pàs de déux**) C 〖バレエ〗パドドゥ《2人の舞踏》(♦フランス語より)

Pas·cal /pæskǽl/ 名 **Blaise ~** パスカル(1623–62)《フランスの数学者·哲学者》

PASCAL, Pas·cal /pæskǽl/ 名 U 💻パスカル《プログラム設計やアルゴリズムに適したコンピューター言語》

pas·chal /pǽskəl/ 形 《堅》❶ 過ぎ越しの祝い(Passover)の ❷ 復活祭(Easter)の
▸▸ **~ lámb** 名 C (古代ユダヤで)過ぎ越しの祝いに食べた小羊; 《the P- L-》キリスト

pa·sha /pɑ́ːʃə/ 名 U パシャ《トルコの軍司令官·州知事など高官の尊称》

pashm /pʌ́ʃəm/ 名 U パシム《チベットのヤギや羊の細い下毛, カシミヤ織物の原材料となる》

pash·mi·na /pæʃmíːnə/ 名 U パシュミナ《ヤギの毛で織った高級生地》; C パシュミナのショール[ストール]

Pash·to, Push·tu /pʌ́ʃtou/ 名 U パシュト語《インド＝ヨーロッパ語族に属するアフガニスタンの公用語》

⁑pass[1] /pæs|pɑːs/ (♦path, pus と区別) 動 名

中心義 ある基準を越えて通り過ぎる (★物理的な通過に限らず,「時」や「状態」などについても用いる. 文脈によって「基準を越える」側面, もしくは「通り過ぎる」側面のどちらかに重きが置かれた意味になる)

動 自 通り過ぎる❶ 動く❷ たつ❹ 経過する❹ 合格する❺ パスする❽
他 通り過ぎる❶ 過ごす❸ 合格する❹ 手渡す❺ パスする❼
名 通行証❶ 合格❷ パス❸

―動〔▶ passage 名〕(~·es /-ɪz/; ~ed /-t/; ~·ing)

―自 ❶ **通り過ぎる**, 通り抜ける(get by), 通過する, 《主に米》追い越す(《英》overtake) ‖ He stood aside to let the children ~. 彼は子供たちを通すためわきに立った / They ~*ed* on the stairs. 彼らは階段ですれ違った / The guard allowed no one to ~. 守衛はだれも通さなかった

Behind the Scenes **You shall not pass. この先には一歩たりとも行かせない** 映画 *The Lord of the Rings* で, 魔法使い Gandalf が巨大な怪物と戦う場面で言ったせりふ(♥ 権力のある人やいじめっ子などに「そっちの思い通りにはさせないぞ」と頑張ってたてつくときなどに. あるいは試験を受けようとしている友人などにふざけて「お前は合格しない」の意味で使う)

❷ 《+副句》(ある方向へ)**動く**, 進む, 行く, 通る, 渡る ‖ We were just ~*ing* through. ただ通りかかっただけです / *Pass* right along inside, please! (バスの車掌が) 中へお進みください / A momentary look of surprise ~*ed* across her face. 一瞬驚きの表情が彼女の顔に浮かんだ / I knew what was ~*ing* through his mind. 彼の脳裏をよぎっていたものが何か私にはわかっていた / ~ along a corridor 廊下を行く / ~ in and out of the door ドアを出たり入ったりする

❸ 《+副句》(道・川などが)通っている, (鉄道などが)通じている(♦ 副句 は方向を表す) ‖ The road ~*ed* through the campus. 道はキャンパスの中を通っていた

❹ (時が)**たつ**, 過ぎる, **経過する** ‖ Time ~*es* swiftly. 時のたつのは速いものだ / Three years have ~*ed* since we broke up. 私たちが別れて3年たつ / Not a day ~*es* without my thinking about you. あなたのことを思わない日は1日たりとてありません

❺ (試験などに)**合格する**, パスする(↔ fail); (法案などが)通過する, 可決される; 何とか通用する[用が足りる, 間に合う] ‖ I ~*ed* in the written test. 私はその筆記試験にパスした / The bill ~*ed*. その法案は可決された

❻ (財産などが) 人手に渡る, 譲渡される; (物が) 渡される〈**from** …から; **to, into** …に〉 ‖ His business ~*ed* *into* the hands of his son. 彼の会社は息子に引き継がれた

❼ (状態などが) 変わる, (次第に) なる〈**from** …から; **to, into** …へ〉 ‖ When heated, the substance ~*es* *from* solid *to* liquid. その物質は熱せられると固体から液体に変わる / ~ *into* a trance 恍惚(こうこつ)状態になる

❽ 〖スポーツ〗ボール(など)を投げて[打って, けって]〈…へ〉**パスする**〈**to**〉

❾ 〈…として〉通る, 〈…と〉みなされる〈**for, as**〉; ⊗《蔑》(黒人が) 白人として通る, (同性愛者が) 異性愛者として通る ‖ Superstition sometimes ~*es* *as* fact. 迷信はときに事実として通っていることがある / Even with his fluent English, he won't ~ *for* a native speaker. いくら英語が流暢(りゅうちょう)でも, 彼はネイティブスピーカーとしては通らないだろう / Is this kind of talk what ~*es* *for* humor with you? このような話が君にはユーモアとして通るのかい

❿ 大目に見られる, 見過ごされる, 不問に付される(♦ ときに unnoticed などの補語を伴う) ‖ I won't let that rude comment ~. その無礼な発言を見過ごすわけにはいかない / This fact has ~*ed* **unnoticed** for many years. この事実は長年見過ごされてきた

⓫ (言葉・表情などが)〈…の間で〉交わされる, やりとりされる〈**between**〉; (うわさなどが) 広まる ‖ Harsh words ~*ed* *between* them. 彼らは互いにきつい言葉を交わした / The rumor ~*ed* through the town within hours. そのうわさは数時間のうちに町中に広がった

⓬ (嵐(あらし)・症状などが)終わる, 消える, やむ, なくなる; (人が)死ぬ《*away, on, over*》 ‖ This crisis will ~ in no time. この危機はすぐに過ぎ去るだろう / The fever ~*ed*. 熱はなくなった ⓭(事が)起こる ‖ What ~*ed* during the night? 夜の間に何が起こったのか ⓮(裁判官などが)〈…を〉審理する, 〈…に〉判決を下す〈**on, upon**〉; (判決が)下される〈**for** …に有利に; **against** …に不利に〉 ⓯ (クイズなどで)〈質問などに〉答えられない, 知らないという; 〈申し出・誘いなどを〉辞退する〈**on**〉 ‖ "What's the capital of Brazil?" "*Pass*."「ブラジルの首都は」「わかりません」/ I'll ~ *on* the cake this time. 今回ケーキは遠慮するわ(→ CE 1)

⓰ 〖トランプ〗パスする

―他 ❶ …(のそば)を**通り過ぎる**, 通り越す; 《主に米》…を追い越す(《英》overtake); …を横切る; (道などが)…のそばを通る ‖ We ~ the park on our way to school. 私たちは学校へ行く途中で公園のそばを通る / A truck ~*ed* our car at a breakneck speed. 1台のトラックがものすごいスピードで私たちの車を追い越して行った / ~ a gate 門を通る

❷ 《+目+副句》(ある方向に)…を動かす, 進める, 運ぶ, 通す ‖ ~ one's hand over one's brow 額に手をやる / ~ one's eye over ... …にざっと目を通す / ~ a rope around a branch 枝に縄を巻きつける / ~ a thread through the eye of a needle 針の穴に糸を通す

❸ 〔時〕を**過ごす**, 送る(→ pastime) ‖ We started playing cards to ~ the time. 我々は時間つぶしにトランプをやり始めた / ~ the time (in) watching TV テレビを見て時間を過ごす(♦「クリスマス[休暇]をパリで過ごす」などでは spend を用いる. spend [×pass] Christmas [one's holidays] in Paris)

❹ 〔試験など〕に**合格する**(↔ fail); 〔人・製品など〕を合格させる; …をふさわしい[申し分のない]ものと判断する(♦ ときに形容詞補語を伴う); (議会などが)〔法案など〕を通過させる, 可決する; (法案などが)〔議会など〕を通過する ‖ She ~*ed* the bar examination. 彼女は司法試験に受かった / He was ~*ed* fit to play for the World Cup. 彼はワールドカップの試合に出る資格があると認められた / The Senate ~*ed* the bill. = The bill ~*ed* the Senate. 上院は法案を可決した

❺ **a** 《+目》(人から人へ)…を**手渡す**, 回す; 〔財産・権利など〕を譲渡する ‖ Buckets of water were ~*ed* from hand to hand. バケツの水が次から次に手渡しされた
b 《+目 *A*+目 *B* ⇄ +目 *B*+to 目 *A*》 *A* (人) に *B* (物) を手渡す ‖ Please ~ me the salt. 塩を取ってください / ~ property *to* one's child 財産を自分の子供に譲る

❻ 〔情報など〕を〈…に〉伝える, 知らせる〈**to**〉; 〔うわさなど〕を流布させる, 広める ‖ ~ vital information *to* ... …に重要な情報を伝える

❼ 〖スポーツ〗〔ボール〕を投げて[打って, けって]〈…に〉**パスする**〈**to**〉; 〖テニス〗〔相手〕にパッシングショットを打つ; 〖野球〗〔打者〕を四球で出塁させる ‖ ~ the ball forward ボールを前方へパスする

❽ 〈…について〉〔言葉・意見など〕を発する, 口にする; 〔判決など〕を〈…に〉下す〈**on**〉 ‖ ~ remarks 批判する / ~ comment *on* a matter ある件について意見を述べる / ~ the time of day あいさつを交わす / ~ sentence *on* the accused 被告に判決を下す

❾ 〔水準・段階・能力など〕を超える, 過ぎる, 上回る ‖ Contributions have ~*ed* the $3 million mark. 寄付金は3百万ドルを越えた / It ~*es* belief that she could say such a thing. 彼女がそんなことを言うとは信じられない / These instant noodles have ~*ed* their use-by date. これらのインスタントめんは賞味期限を過ぎている / ~ his expectations 彼の期待を上回る

❿ 〔にせ金・不渡り小切手など〕を使う, 流通させる, つかませる ‖ ~ a bad check 不渡り小切手を流す ⓫ …を無視する, 見逃す; (会社が)〔配当〕を出さない ‖ *Pass* the preface and go on to the text. 序文は飛ばして本文に進みなさい ⓬ (体内から) …を排泄(はいせつ)する, 出す ‖ ~ urine [OR water] 小便をする / ~ stools 大便をする

bring ... to pass ⇨ 名 (成句)(↓)
come to pass ⇨ 名 (成句)(↓)

P

P

pàss alóng 〈他〉=*pass on* Ⅰ(↓) ―〈自〉(乗り物の中を)奥へ進む

pàss aróund [OR *róund*] ... / *pàss* ... *aróund* [OR *róund*] 〈他〉…を順送りに回す，一人一人に与える[回す] ‖ I'll ~ this *around* so that all of you can take a look. 皆さんがご覧になれるようこれを回覧します

•pàss awáy 〈自〉① **死ぬ**，亡くなる(→ 自 ⑫) (⇨ DIE[1] 類語P) ②(徐々に)消える，(時が)過ぎ去る ―〈他〉《*pàss awáy* ... / *pàss* ... *awáy*》〔時〕を過ごす

•pàss bý 〈他〉Ⅰ《*pàss* ... *bý*》…を素通りする，避けて通る；…を無視する ‖ I feel that life is ~*ing* me *by*. 人生がむなしく過ぎていくような気がする / ~ him *by* for promotion 彼を昇進の対象から外す Ⅱ《*pàss by* ...》…の**そばを通る**，…を素通りする ―〈自〉①そばを通る，通過する；素通りする(go by) ②(時が)過ぎる

•pàss dówn ... / *pàss* ... *dówn* 〈他〉…を〈後世へ〉伝える〈**to**〉(♦ しばしば受身形で用いる) ‖ These tales were ~*ed down* from generation to generation. このような話は代々語り継がれた

•páss for [OR *as*] ... 〈他〉…で**通る**，…とみなされる(→ 自 ❾)

•pàss óff 〈自〉①(感情・状態などが)だんだんに消える，静まる ‖ The effects of the drug will ~ *off* soon. 薬の影響は間もなく消えるでしょう(♦ wear off の方が一般的) ②(物事が)運ぶ，進行する，(会などが)行われる，(無事に)終わる(♦ 通例様態を表す 副句 を伴う) ‖ The meeting ~*ed off* without a hitch. 会は滞りなく終わった ―〈他〉《*pàss óff* ... / *pàss* ... *óff*》①…を〈…だと〉偽る〈**as**〉；〔にせ物〕を〈人に〉つかませる〈**on**〉；《~ oneself off で》自分を〈…と〉偽って通す〈**as**〉‖ He tried to ~ himself *off as* an adult. 彼は成人で通そうとした ②…を軽く受け流す，さりげなく人の関心からそらす

•pàss ón 〈他〉Ⅰ《*pàss ón* ... / *pàss* ... *ón*》〔物・情報・病気・利益など〕を〈…に〉**渡す**，伝える(transmit)，回す〈**to**〉‖ The disease may be ~*ed on to* humans. その病気は人間にうつるかもしれない / They should ~ the profit *on to* the consumer. 利益は消費者に還元すべきである Ⅱ《*pàss* ... *ón*》〔相談に来た人など〕を〈担当者・専門家などに〉回す，紹介する〈**to**〉 ―〈自〉①=*pass away* ①(↑) ②〈新しい話題などに〉移る(move on)〈**to**〉

•pàss óut 〈自〉①《口》**気絶する**，意識を失う(black out；faint)；酔いつぶれる ②《英》(特に士官学校・警察学校を)卒業する ―〈他〉《*pàss óut* ... / *pàss* ... *óut*》…を〈…に〉**配る**，配布する〈**to**〉

pàss óver 〈他〉Ⅰ《*pàss óver* ...》…について言及[考慮]しない，…を見落とす，見過ごす；…を無視する(ignore)，大目に見る ‖ ~ *over* the details 細かい点を飛ばす / ~ *over* the rude remark その無礼な言葉を大目に見る Ⅱ《*pàss óver* ... / *pàss* ... *óver*》《通例受身形で》〈昇進・任命の〉対象から外される〈**for**〉‖ He was ~*ed over for* promotion twice. 彼は2度昇進の対象から外された(♥ 代わりにより若い[序列が下の，経験の浅い]人が選ばれたことを示唆) ―〈自〉《旧》=*pass away* ①(↑)

pàss thróugh 〈自〉通過する，通り抜ける，通りがかりに立ち寄る(→ 自 ❷) ―〈他〉《*pàss thróugh* ...》…を通り抜ける；〔ある段階〕を経る；…を経験する

•pàss úp ... / *pàss* ... *úp* 〈他〉〔機会など〕を逃す(♦ しばしば否定文で用いる) ‖ This chance is too good to ~ *up*. この機会を逃す手はない

COMMUNICATIVE EXPRESSIONS

1 "Hów about sòme cóffee?" "(I thìnk) **I'll páss**." 「コーヒーはどう？」「いいです」(♥ 誘いなどに対する断り. I think で始めるとより丁寧)

―名 (複 **~·es** /-ɪz/) Ⓒ ❶〈…への〉**通行証**；無料入場[乗車]券；定期券；通過，通行〈**to, for**〉‖ I've lost my train ~. 電車の定期をなくしてしまった / a boarding ~ 搭乗券 / a press ~ 記者通行証 / obtain a free ~ *to* [OR *for*] a theater 劇場の無料入場券を手に入れる
❷(試験の)**合格**，及第；合格者；《英》(大学での優等ではない)普通及第 ‖ get [OR receive] a ~ in English 英語で及第する / 10 ~*es* and 2 fails 合格者10人と落第者2名 / an A-level ~ 《英》Aレベル科目の合格 / a ~ degree 《英》普通卒業学位
❸〘スポーツ〙(ボールなどの)**パス**，送球；〘野球〙四球での出塁(walk)；〘フェンシング〙突き(thrust) ‖ make [OR throw] a forward [lateral] ~ 前方[サイド]へパスする
❹《a ~》(困った)事態[状況](→*come to (a) pretty pass* (↓)) ❺試し，試み，段階 ❻(手品などでの)手さばき，(催眠術師の)手の動き ❼(質問などに)答えないこと，パス；〘トランプ〙パス《自分の番を棄権すること》 ❽(ある地点・目標上空の)飛行，通過 ‖ The next satellite ~ is in thirty minutes. 次に衛星が通過するのは30分後である ❾〘機〙(機械による作業の)一工程；💻1回の走査

brìng ... *to páss* 《主に文》…を引き起こす；…を成就する(♦ pass はしばしば動詞と解されるが本来は名詞)

còme to 「(*a*) *prètty* [OR *sùch a*] *páss* 困ったことになる ‖ Things have *come to a pretty* ~. 大変困った事態になった

còme to páss 《主に文》起こる(happen)，実現する(♦ pass はしばしば動詞と解されるが本来は名詞) ‖ if the worst *comes to* ~ もし最悪の事態になれば(♦《口》では if worse [OR (the) worst] comes to (the) worst という) / It *came to* ~ that ... …ということになった

màke a páss at a pérson 《口》〔異性〕に言い寄る，モーションをかける

sèll the páss 《英》主義[友人]を裏切る

tàke a páss (*on* ...) (…を)遠慮する[控える]；(…を)パスする，見送る

▸▸ **~ed bàll** 名 Ⓒ〘野球〙パスボール，捕逸

*•**pass**[2] /pæs | pɑːs/ 名 Ⓒ ❶山道，峠，…越え〈**between** …の間の；**over** …越えの；**through** …を通る〉‖ a ~ *over* the mountain 山越えの道 / a mountain ~ 山道 / the Brenner *Pass* ブレンナー峠 / clear [block] a ~ 山道を通れるようにする[ふさぐ] ❷(河口の)水路，水道；(魚梁(やな)の上の)魚道

pass. 略 passage；passenger；passive

pass·a·ble /pǽsəbl | pɑ́ːs-/ 形 ❶(道などが)通行できる，渡れる；(貨幣が)通用する；(法案などが)可決できる ❷何とか満足できる，まずまずの **-bly** 副 まずまず，何とか

pas·sa·ca·glia /pɑ̀ːsəkɑ́ːliə | pæ̀sə-/ 名 Ⓒ〘楽〙パッサカリア《器楽変奏曲の一種》(♦ イタリア語より)

:**pas·sage** /pǽsɪdʒ/ 《発音注意》
―名 〔◁ pass[1] 動〕(複 **-sag·es** /-ɪz/) ❶Ⓒ **通路**，(細い)通り道，路地；出入口の広間，ロビー；廊下，(屋外の)渡り廊下(passageway)；水路(⇨ WAY[1] 類語) ‖ force a ~ through the crowd 群集をかき分けて進む
❷Ⓒ(書物・演説などの)**一節**，一段落，一句，くだり；(絵画の)一部，細部；〘楽〙楽節，楽句，パッセージ ‖ a ~ from *Faust* 「ファウスト」からの一節
❸Ⓤ/Ⓒ《単数形で》**通行**，通過；(議案)の通過；《the ~》(時の)経過；移り変わり，推移；(事態の)進展；〘生〙(微生物などの)増殖過程 ‖ guarantee a traveler safe ~ 旅人に通行の安全を保証する / No ~ this way. この道通行禁止 / ~ through parliament 議案の議会通過 / with the ~ of time 時がたつにつれて / the ~ to Phase II 第2段階への移行
❹Ⓒ(体内の)導管 ‖ the back [front] ~ 《婉曲的》直腸[膣(ちつ)] / the nasal ~*s* 鼻孔
❺Ⓒ旅行，(特に)船旅，空の旅；Ⓤ〘鳥〙(渡り鳥の)最終目的地への移動，渡り ‖ make a ~ to India インドへ航行する / have a rough ~ 荒れた航海をする
❻Ⓤ通行許可，通行権；Ⓒ《単数形で》乗船券，航空券 ‖ book one's ~ 乗船[航空]券を予約する / pay one's ~ 運賃を払う / work one's ~ 船上で働いて船賃を稼いで渡航する ❼Ⓒ《~s》《堅》(2人の間の)打ち合い；議論；話し合い，交流；(情報などの)交換 ‖ a ~ of [OR at] arms 打ち合い，言い合い ❽Ⓤ〘医〙便通，排便

―動 他〖生〗〔微生物など〕を培養する
pássage·wày 名 C （建物内部の）廊下
páss·alòng 名 U C 《米》〖経〗（価格への）転嫁
páss·bòok 名 C ❶ 預金通帳 ❷（掛け売りの）通帳 ❸（南アフリカのアパルトヘイト時代の）黒人用通行証
pas·sé /pæséɪ | pɑ́:seɪ/ 形 ❶《通例叙述》時代[流行]遅れの ❷《古》（特に女性が）盛りを過ぎた（♦ フランス語より）
pas·sel /pǽsəl/ 名 C 《主に米口・方》大勢, 多数
‡pas·sen·ger /pǽsɪndʒər/ 《アクセント注意》
―名（複 ~s /-z/）C ❶（列車・汽船・飛行機などの）**乗客**, 旅客, 船客（♦ 乗務員は crew）（⇨ VISITOR 類語P）‖ *Passengers* for BA flight 105, please proceed to gate 8. 英国航空105便にご搭乗のお客様は8番ゲートまでお進みください / **carry** fifty ~*s* 50人の乗客を乗せ（てい）る / 「pick up [OR take on] ~*s* 乗客を乗せる / 「drop (off) [OR let off] ~*s* 乗客を降ろす / a transit ~ 乗り継ぎ客 / a ~ car 乗用車, 客車 / a ~ train 旅客列車《貨物列車と区別》
❷《口》足手まとい,（チーム内の）お客さん, お荷物
▶▶ ~ **pìgeon** 名 C〖鳥〗リョコウバト《北米産の絶滅種》 ~ **sèat** 名 C（車の）助手席
passe-par·tout /pæ̀spɑ:rtú:/ 名 ❶ U C 挟み額縁《縁の周りをテープで張り合わせた2枚のガラスからなる額縁》; それに使う接着テープ ❷《古》=master key
***pass·er·by, pass·er-by** /pæ̀sərbáɪ | pɑ̀:s-/ 《発音・アクセント注意》名（複 **pass·ers-** /-ərz-/）C 通行人, 通りすがりの人
pas·ser·ine /pǽsəràɪn/ 形 名 C スズメ目(もく)の(鳥)
Páss·fàce 名 C《商標》パスフェース《パスワードの代わりに顔写真を用いてログインする認証システム》
pàss-fáil 形《米》（成績が段階評価でなく）合否評価の
pas·sim /pǽsɪm/ 副《ラテン》（=here and there）（句などが）（引用書物の）至る所に, 方々に
***pass·ing** /pǽsɪŋ | pɑ́:s-/ 形《限定》❶ 通過する, 通りすがりの;（時が）経過する, 過ぎ行く ‖ a ~ car 通り過ぎる車 / with each [OR every] ~ day [OR week, year] 月日が過ぎるとともに / with every ~ hour 1時間たつごとに ❷ つかの間の, 一時の; ふとした, 何気ない ‖ catch a ~ view [OR glance] of ...（通りすがりに）…をちらっと見る / bear more than a ~ resemblance to him 彼に非常によく似ている / a ~ whim [OR fancy] 一時の気まぐれ / a ~ remark [OR reference] ふとした一言 / have a ~ acquaintance with ... …をちょっと知っている ❸ 現代の, 目下の ❹ 合格の ‖ get a ~ mark [OR grade] 合格点をとる
―名 U ❶（時間などの）経過 ❷（法案の）通過;（試合の）合格 ❸〖スポーツ〗パス, 送球 ❹ 消滅,《婉曲的》死去
**in pássing* ① ついでに ② 何気なく, 通りすがりに
▶▶ ~ **bèll** 名 C 死を報ずる鐘, 弔いの鐘 ~ **nòte** [**tòne**] 名 C〖楽〗経過音 ~ **shòt** 名 C〖テニス〗パッシングショット《相手のわきを抜けていく強烈な打球》
‡pas·sion /pǽʃən/
―名〔▶ passionate 形〕（複 ~s /-z/）❶ U C **激しい感情**, 熱情, 情熱（⇨ FEELING[1] 類語）‖ His ~*s* overcame his reason. 彼の情熱が理性に打ち勝った / a crime of ~ 激情の末の犯罪 / a person of ~*s* 情熱家 / **with great** ~ 情熱を込めて / religious ~ 宗教的情熱
❷ C《単数形で》激情の発作; **激怒**, かんしゃく ‖ in a ~ 激怒して, かっとなって / fly into a ~ 激怒する, かっとなる ❸ C《単数形で》〈…への〉**熱中**, 熱望（↔ indifference）〈**for**〉; C 熱中[熱望]の対象（⇨ ZEAL 類語）‖ He has a ~ *for* golf. 彼はゴルフが大好きだ / a consuming ~ *for* baseball 野球に対する熱烈な愛着 / an abiding ~ 変わることのない情熱 ❹ U（男女間の）愛情, 恋情;〈…への〉愛欲, 情欲〈**for**〉; C 恋情[情欲]の対象 ‖ conceive a ~ *for* ... …に恋情を抱く ❺《the P-》キリストの受難; C（福音書中の）キリスト受難の物語;〖楽〗キリスト受難曲 ‖ St. Matthew *Passion* マタイ受難曲
▶▶ ~ **frùit** 名 C U パッションフルーツ《トケイソウの実. 食用》 **Pássion plày** 名 C キリスト受難劇 **Pàssion Súnday** 名 U 受難の主日《復活祭の前々週の日曜日》 **Pàssion Wéek** 名 U 受難週（Passion Sunday）で始まる週《Palm Sunday まで》
***pas·sion·ate** /pǽʃənət/ 《発音注意》形〔◁ passion 名〕（**more** ~; **most** ~）❶ 情欲に駆られた, 官能的な ‖ a ~ kiss 情熱的なキス ❷ 情熱的な, 熱烈な, 熱のこもった,〈…に〉熱心な〈**about**〉;（感情が）激しい;〈…を〉強く望む〈**for**〉‖ She was ~ in defense of him. 彼女は彼を熱心に弁護した / be ~ *about* football フットボールに情熱を燃やす / a ~ supporter of ... …の熱烈な支持者 / a ~ speech 熱弁 / a ~ plea *for* mercy ひたすら温情を懇願すること ❸ 激しやすい, 怒りっぽい, 短気な
~**·ly** 副 ~**·ness** 名
pássion·flòwer 名 C〖植〗トケイソウ(時計草)
pás·sion·less /-ləs/ 形 感情的でない; 冷静な; 公平な
‡pas·sive /pǽsɪv/
―形〔▶ passivity 名〕（**more** ~; **most** ~）
❶ **受動的な**, 受身の; 消極的な ‖ ~ support 消極的援助
❷ **不活発な**, 活動的でない
❸ 無抵抗の, 服従的な ‖ ~ obedience 無抵抗の服従
❹〖文法〗受動(態)の, 受身の（↔ active）‖ the ~ voice 受動態 ❺〖商〗無利息の ❻〖化〗不活性の; 腐食しない ❼ 外的影響を受ける; 外因による;〖空〗発動機を持たない ❽（宇宙船などの装置が）受動型の, 反射用の ❾ 太陽熱利用の; 環境に負荷の軽い ‖ a ~ house（省エネ効率が高い）パッシブ住宅 ❿〖電子〗（回路が）受動の ⓫〖心〗受身の
―名《the ~》〖文法〗受動態, 受身形; C 受動態の動詞
~**·ly** 副 ~**·ness** 名
▶▶ ~ **resístance** 名 U 消極的抵抗《暴力を使わず, 非協力や断食・デモなどによる反政府運動》 ~ **smóking** 名 U 間接[受動]喫煙（secondhand smoke）
pas·siv·i·ty /pæsívəṭi/ 名〔◁ passive 形〕U 受動性; 消極性; 無抵抗
pas·siv·ize /pǽsɪvàɪz/ 動 他 自〖文法〗受動態[受身]にする[なる] **pàs·siv·i·zá·tion** 名
páss·kèy 名 C ❶ 合鍵(あいかぎ) ❷ =master key
Pass·o·ver /pǽsòuvər | pɑ́:s-/ 名 ❶《(the) ~》過ぎ越しの祝い《古代エジプトの隷属からの脱出を記念して祝うユダヤ人の祭り》❷《p-》=paschal lamb
***pass·port** /pǽspɔ̀:rt | pɑ́:s-/ 名 C ❶ 旅券, パスポート ‖ renew [falsify] a ~ 旅券を更新する[偽造する] ❷《単数形で》〈目的を達するための〉手段, 手立て〈**to**〉‖ a ~ *to* success [fame] 成功[名声]を得るための手段 ❸（通行）許可証; 入場券;（特に戦時に中立国の船舶に与えられる）通航証
▶▶ ~ **contròl** 名 U《主に英》出入国管理（所）（→ immigration）
páss-thròugh 名 C《米》❶（部屋と部屋の間の壁にあけた）通し窓《食事などを渡す》❷〖経〗=passalong
páss·wòrd 名 C 合言葉; 🖳 パスワード
‡past /pæst | pɑ:st/ 形 名 前 副
―形《比較なし》❶《限定》**過去の**, 以前の;《叙述》過ぎ（去っ）た, 終わった ‖ I knew from ~ **experience** that the climb would be difficult. これまでの経験からその登山が困難なものになるだろうとわかっていた / Let's not talk about it. It's all ~ history. その話はやめよう, すべて終わったことなんだから / some ~ exam papers 過去の試験問題（用紙）/ in ~ days =《堅》in days ~ 以前 / in times ~ 過去に / memories of one's ~ life 過ぎ去った日々の思い出 / Summer is ~. 夏は終わった / be **long** ~ とっくに終わった
❷《通例限定》**過ぎたばかりの**, この（前の）, 最近の（♦ 完了形とともに用いることが多い）‖ I've seen little of him in the ~ few months. この2, 3か月間彼をほとんど見か

P

けない / It has been raining for the ～ three days. この3日間雨が降り続いている / for the ～ **year** [**decade**] ここ1年[10年] (♦ for the past ten years とはいえるが, ˣfor the past one year [decade] は不可)
❸ 以前の(ago) ‖ ten years ～ 10年前
❹ 《限定》任期を終えた, 元の, 前の ‖ ～ presidents 歴代の社長 ❺ 《限定》〚文法〛(動詞の形が)過去形の; (単純)過去形の 《略 p., pt.》
— 名 (複 **～s** /-s/) ❶ 《the ～》**過去**; 過去の出来事 ‖ Don't look back on the ～. 過去を振り返るな / I've been there many times **in** the ～. 私はかつて何度もそこへ行ったことがある (♦ in the past は現在完了形の文でも用いられる) / a thing of the ～ 過去の遺物, 廃れたもの[人] / the **recent** [**distant**] ～ 近い[遠い]過去
❷ Ⓒ 《通例 a ～, one's ～》履歴, (国家・組織などの) 歴史, 来歴; いかがわしい経歴 ‖ England's recent ～ 英国の最近の歴史 / a woman with a ～ いわく付きの女
❸ 《the ～》〚文法〛(動詞の) 過去形; 過去時制 《略 p., pt.》
lìve in the pást 過去の思い出に浸って生きる, 昔ながらの考えややり方に固執する
— 前 ❶ 《時間》(時刻が) **…を過ぎて** (♦ (1) 時刻を表すとき《米》では after も用いる. (2) 大ざっぱな時間を表すときは用いない. 「5時ちょっと過ぎ」は ˣa little past five ではなく just [OR shortly] after five などとするのがふつう) ‖ It's twenty-five (minutes) ～ [《米》after] three. 3時25分です (♦ このとき three の後に o'clock はつけない. また分を表す数詞の後の minutes はときに省略される) / It's half [a quarter] ～ five. 5時半[15分]です (♦ …時半の場合は half after ... は《米》でもあまり使わず, ふつう past を用いる) / There's a train at five minutes ～ the hour. 毎時5分に列車があります / until ～ midnight 夜半過ぎまで
❷ 《場所》…を通り過ぎた先に, **…を通り過ぎて** [越して] ‖ My house is just ～ the post office. 私の家は郵便局のすぐ先です / I almost walked right ～ Sam. もう少しでサムを追い越して行くところだった / She looked ～ me at the picture. 彼女は私の後ろの絵を見た
❸ 《数量・年齢・程度・能力》**…を越えて**, …以上の; …の限界を越えた, もう…できない ‖ Our child cannot count ～ 10. うちの子は10までしか数を数えられない / He is ～ sixty. 彼は60歳を越えている / I am ～ caring whether you do it or not. 今となっては君がそれをしようがしまいが私は気にしない / He is ～ praying for. 彼はもうどうにもならない[心を入れ替える見込みはない] / ～ hope of recovery 治る見込みのない / ～ belief 信じられない
be (gètting) pást it [OR ***one's bést***] 《主に英口》老いぼれている, 盛りを過ぎている, 役立たずである
I wòuldn't pùt it pást a pèrson 《口》〔人〕なら〈…をする〉くらいはやりかねないと思う〈**to do**〉
— 副 《比較なし》通り過ぎて; (時間が)過ぎて, 過ぎに ‖ He waved as he ran ～. 彼は手を振って走り過ぎた
▸▸ **～ máster** (↓) **～ párticiple** 名 Ⓒ〚文法〛過去分詞 **～ pérfect** 名 《the ～》〚文法〛過去完了; (動詞の)過去完了形 **～ ténse** 名 《the ～》〚文法〛過去時制

***pas·ta** /pɑ́ːstə | pǽs-/ 名 Ⓤ Ⓒ パスタ(料理) 《スパゲッティやマカロニなど小麦粉の練り物から作る食品の総称》(♦ イタリア語より)

***paste** /peɪst/ 《発音注意》名 Ⓤ Ⓒ ❶ のり(glue); のり状のもの (→ toothpaste) ‖ scissors and ～ のりとはさみ《ほかの本からの寄せ集めの編集》 ❷ 練り粉, (ペーストリーなどの)生地; パスタ(pasta) ❸ 練り物, ペースト《食品をすりつぶしたもの》; (果物の)ゼリー ‖ almond ～ アーモンドペースト / fish ～ 魚肉のペースト ❹ (製陶用の)こね土, パテ ❺ (人造宝石を作る)鉛ガラス; 人造宝石
— 動 他 ❶ …を〈…に〉のりではる《***up, down, together***》〈**on, onto, over, etc.**〉; …に〈…を〉のり付けする〈**with**〉‖ ～ ***up*** a poster ポスターをはる / ～ the edges ***down*** 両端をのり付けしてはる / ～ a wall ***with*** posters＝～ posters ***on*** a wall 壁にポスターをはる ❷ 💻〔文字など〕を別の場所にはりつける (→ cut and paste) ❸〚印〛〔イラストなど〕を校了紙にはり込む《***up***》 ❹ 《口》…を殴る; …をこてんぱんにやっつける
— 自 💻 (文字などを)別の場所にはりつける
語源 「大麦のかゆ」の意のギリシャ語 *pastē* から.

páste·bòard 名 ❶ Ⓤ 板紙, 厚紙, ボール紙 ❷ Ⓒ 《俗》トランプ, 名刺, 切符, 入場券
— 形 板紙[厚紙]製の; 実質のない, 見掛けだけの

***pas·tel** /pæstél | pǽstəl/ 名 ❶ Ⓒ Ⓤ パステル(用の顔料); Ⓒ パステル画; Ⓤ パステル画法 ❷ Ⓒ 《通例 ～s》淡い色合い — 形 《限定》(絵が)パステル(画)の; (色合いが)パステル調の, 淡い ‖ ～ shades 淡い色合い / ～ colors パステルカラー **～·(l)ist** 名 Ⓒ パステル画家

pas·tern /pǽstərn/ 名 Ⓒ〚解〛繋(けい), つなぎ《馬などの有蹄(ゆうてい)類のひづめとくるぶしの間》

páste·ùp 名 Ⓒ Ⓤ〚印〛はり込み原稿(の作成)

Pas·teur /pæstə́ːr/ 名 **Louis ～** パスツール (1822–95) 《フランスの化学者・細菌学者》

***pas·teur·ize** /pǽstʃəràɪz | pɑ́ːs-/ 動 他 …を加熱殺菌する ‖ ～*d* milk 加熱殺菌した牛乳
pàs·teur·i·zá·tion 名

pas·tiche /pæstíːʃ/ 名 Ⓒ ❶ 混成作品, 混成曲, 混成画 ❷ (有名作家の)文体模倣作品

pas·tille /pǽstəl/ 名 Ⓒ ❶ 《主に英》錠剤, トローチ ❷ 練香, 円錐香

***pas·time** /pǽstàɪm | pɑ́ːs-/ 《アクセント注意》名 Ⓒ 気晴らし; 娯楽, 遊戯(⇨ HOBBY 類語) ‖ the national ～ 国民的な娯楽

past·ing /péɪstɪŋ/ 名 Ⓒ 《単数形で》《口》(スポーツ競技などの)惨敗

pàst máster 名 Ⓒ ❶ 〈…の〉達人, 名人, 大家〈**at, in, of**〉(♥《口》ではしばしば皮肉に) (♦ 女性形は past mistress だが, 男女共に (acknowledged) expert を用いる) ❷ (クラブ・秘密結社などの)前会長

***pas·tor** /pǽstər | pɑ́ːs-/ 名 Ⓒ ❶ (特にプロテスタントの)聖職者, 牧師 ❷ 精神的指導者 ❸〚鳥〛バライロムクドリ ❹ 《米方》羊飼い, 牧者
— 動 他 〔教会〕の牧師を務める — 自 牧師を務める
～·ship 名 Ⓤ Ⓒ 牧師の職[地位, 任務, 任期]

pas·to·ral /pǽstərəl | pɑ́ːs-/ 形 ❶ 田園の; 田園生活を描いた; 牧歌的な, のどかな(⇨ RURAL 類語) ❷ 羊飼いの ❸ (土地が)牧場用の ❹ 《通例限定》牧師(の職務)の; 指導の ‖ ～ care (牧師による)助言; (教師からの)アドバイス
— 名 Ⓒ 田園詩, 牧歌, 田園画[曲] **～·ly** 副

pas·to·rale /pæ̀stərɑ́ːl/ 名 (複 **～s** /-z/ OR **-ra·li** /-rɑ́ːli/) Ⓒ〚楽〛パストラル, 田園曲, 牧歌

pas·to·ral·ism /pǽstərəlɪ̀zm | pɑ́ːs-, pǽs-/ 名 Ⓤ 牧畜(生活); 田園趣味, 牧歌調[形式]
-ist 名 Ⓒ 田園生活者; 《古》田園詩人

pas·tor·ate /pǽstərət | pɑ́ːs-/ 名 ❶ Ⓤ Ⓒ 牧師の職 [地位, 任務, 任期] ❷ Ⓤ 《集合的に》牧師たち

pas·tra·mi /pəstrɑ́ːmi/ 名 Ⓤ パストラミ《香料をきかせた牛(肩)肉の燻製(くんせい)》

***pas·try** /péɪstri/ 名 (複 **-tries** /-z/) ❶ Ⓒ ペーストリー, パン菓子《パイ・タルトなど》; Ⓤ 《集合的に》ペーストリー類 ‖ freshly baked *pastries* 焼きたてのペーストリー ❷ Ⓤ (ペーストリー用の)生地
▸▸ **～ còok** [**chèf**] 名 Ⓒ ペーストリー職人, パティシエ

pas·tur·age /pǽstʃərɪdʒ | pɑ́ːs-/ 名 Ⓤ ❶ 牧草(地) ❷ 牧畜業[権]

***pas·ture** /pǽstʃər | pɑ́ːs-/ 名 ❶ Ⓤ Ⓒ 牧草地, (一区画の)牧場, 放牧場 ‖ the cows out in the ～ 牧場に放牧されている牛の群れ ❷ Ⓤ 牧草 ❸ Ⓤ 放牧
grèener pástures 今より快適な仕事[場所, 状況]
nèw [OR ***frèsh***] ***pástures***; 《英》***pàstures néw*** 新しい場所[活動], 新天地

pùt ... óut to pásture 《米》=《口》*put ... out to* GRASS
—動 他 ❶〔家畜〕を放牧する；〔家畜〕に牧草を食わせる ‖ ～ one's cattle on the fields 野原で家畜に草を食わせる ❷（家畜が）〔牧草〕を食う ❸〔土地〕を牧場として用いる
—自（家畜が）牧草を食う

pásture·lànd 名 U 牧草地，牧場

past·y[1] /péɪsti/ 形 ❶のりの(ような) ❷(顔色の)青ざめた

pas·ty[2] /pǽsti/ 名（複 **-ties** /-z/）C《主に英》(肉・野菜入りの)パイ

pásty-fàced /, ⌐⌐⌐/ 形 =pasty[1] ❷

PÁ sỳstem 名 =public-address system

*__pat__[1] /pæt/（♦ putt と区別）動（**pat·ted** /-ɪd/；**pat·ting**）
他 ❶(手のひら・平たいものなどで)…を軽くたたく[なでる] ‖ He *patted* her on the shoulder.=He *patted* her shoulder. 彼は彼女の肩をぽんとたたいた / I *patted* the chair to sit him down. いすをたたいて(合図して)彼を座らせた / ～ back a yawn (口を軽くたたいて)あくびをこらえる ❷…を軽くたたいて平たくする，〈…の形に〉作る《*down*》〈**into**〉‖ ～ *down* one's hair 髪を軽くたたいて押さえる / ～ the dough *into* a flat cake 練り粉をたたいて平たいかたまりにする ❸《+目+補〈形〉》…を軽くたたいて…(の状態)にする ‖ ～ one's face dry with a soft towel 顔を柔らかいタオルで軽くたたいて水気をとる

pàt dòwn a pérson / *pàt a pèrson dówn* 《米》〔人〕をボディーチェックする

pàt a pèrson on the báck 〈…のことで〉〔人〕を褒める[励ます]〈**for**〉‖ ～ oneself *on the back* 自画自賛する

—名（複 **～s** /-s/）C ❶(手のひら・平たいものなどで)軽くたたく[なでる]こと[音]，軽打；軽い足音；《通例 pat, pat の形で》ぱたぱた(という音) ❷(たたき固めた)小さなかたまり ‖ a ～ of butter 小さくて平たいバターのかたまり

__a pàt on the báck__ 《口》〈…への〉賛辞，激励(の言葉)〈**for**〉‖ give him *a* ～ *on the back* 彼を褒める[激励する]

pat[2] /pæt/ 形 おざなりな，通り一遍の ‖ ～ answers 通り一遍の答え —副 折よく，適切に，ぴったりで

hàve [OR *knòw*] *... dòwn* [《英》*òff*] *pát* …を完全に知っている[覚えている]

stànd pát 《主に米》〈…について〉既定の決心[方針]を変え(ようとし)ない〈**on**〉；〔ポーカー〕初めに配られた手を変えない

Pat /pæt/ 名 パット《Patrick, Patricia の愛称》

pat. 略 patent(ed)

Pat·a·go·ni·a /pæ̀təgóuniə/ 名 パタゴニア《南米最南端，アンデス山脈東部の地方》

‡**patch** /pætʃ/
—名（複 **～·es** /-ɪz/）C ❶**継ぎ**，継ぎ切れ，当て金[板] ‖ a jacket with ～*es* on the elbows ひじに継ぎのある上着 / put a ～ on a flat tire パンクしたタイヤに継ぎ当てをする
❷(傷口に当てる)膏薬(こうやく)，はり薬(→ nicotine patch)，ばんそうこう；眼帯(eye patch)；つけぼくろ《17-18世紀に女性が飾りに顔にはりつけた黒絹などの小片》
❸(パッチワーク用)布切れ
❹(色などで)周囲と異なる表面[広がり]，斑点(はんてん)；《主に英口》(前後と異なる，特に困難な)一時期 ‖ The shower had left the runway damp **in** ～*es*. にわか雨が去った後滑走路はところどころぬれていた / a ～ of darker paint ペンキが濃くなっている箇所 / interesting [boring] **in** ～*es* ところどころ(部分的に)面白い[退屈である] / ～*es* of fog [ice] 霧のかかった[氷の張った]部分 / cheerful ～*es* of my life 私の生涯の楽しい時期
❺小区画の土地[菜園](に生えた植物)；《主に英口》(警官などの)担当区域，持ち場 ‖ a pumpkin [cabbage] ～ カボチャ[キャベツ]畑 / a ～ of violets スミレが固まって生えている所
❻小片，くず，砕片；文の一節 ❼《主に米》(上着につける)記章，バッジ(《英》badge) ‖ an infantry division ～ 歩兵師団のそで章 ❽〔電〕(特に電話回線などの)一時的接続 ❾💻パッチ，修正プログラム《完成後に発見されたバグや不具合などを修正するための追加プログラム》

nòt a pátch on ... 《英口》…と比べものにならない，…にほど遠い[はるかに劣る] ‖ Memory is*n't a* ～ *on* reality. 思い出は現実にはほど遠い

strìke [OR *gò through, hìt, hàve*] *a bàd* [OR *stìcky, ròugh, dìfficult*] *pátch* 《口》不運な目に遭う，難儀する

—動（**～·es** /-ɪz/；**～ed** /-t/；**～·ing**）
—他 ❶**…に継ぎを当てる**；(急いで)…に継ぎを当てて繕う《*up*》‖ ～ *up* a carpet カーペットに継ぎを当てて繕う ❷継ぎはぎして…を作る，…を(急いで)継ぎ合わせる《*together*》‖ ～ a quilt (布を)継ぎはぎして[パッチワークで]上がけを作る ❸《通例受身形で》斑点がついている，まだらになっている ❹〔電〕〔(電話)回路〕を一時的に〈…に〉接続する《*through*》〈**to**〉❺〔医〕(弱視の目の機能を強化・補正するために)〔よい方の目〕に眼帯をする ❻💻(パッチを当てて)〔プログラム〕を修正する
—自〔電〕(回路が)一時的に接続される

pàtch togéther ... / *pàtch ... togéther* 〈他〉①⇨他❷ ②(間に合わせのものを取り混ぜて)…を急ごしらえする，急編成する；〔計画・契約など〕を急いで取りまとめる

__pàtch úp ...__ / *__pàtch ... úp__* 〈他〉①⇨他❶ ②…を急いで[一時的に]修繕する ③《口》〔けんか・事件など〕を(ひとまず)収拾する，取り収める；〔関係など〕を修復する ‖ ～ things [a quarrel] *up* 事態[けんか]を収拾する ④〔意見など〕を調整する，取りまとめる ‖ ～ *up* a hasty peace 急いで和平を取りまとめる[仲直りする] ⑤《口》〔けが〕の応急手当てをする(treat)

～·er 名

▸▸**～ còrd** 名 C〔電〕パッチコード《両端に差し込みのついた臨時的な接続コード》 **～ pócket** 名 C 縫い[はり]つけポケット **～ tèst** 名 C〔医〕貼布(ちょうふ)試験，パッチテスト《皮膚のアレルギー反応を調べる試験》

pátch·bòard 名 C 💻パッチボード《回路を接続する配線が変更可能な配線盤》

patch·ou·li /pǽtʃuli/ 名 U〔植〕パチュリ《東インド産のハッカの類》；パチュリ油《香油》

pátch·wòrk 名 ❶U パッチワーク，継ぎはぎ細工 ‖ a ～ quilt パッチワークの掛け布団 ❷C《単数形で》寄せ集め

patch·y /pǽtʃi/ 形 ❶局地的な，部分的な ❷断片的な，不完全な，一様でない
pátch·i·ly 副 **pátch·i·ness** 名

pate /peɪt/ 名 C《古または戯》(特にはげた)頭頂部

pâ·té /pɑːtéɪ | pǽteɪ/ 名 ❶U〔料理〕パテ《肉・魚などに香料をきかせて練り物状にした食品》❷U C(ミート)パイ(♦フランス語より)
▸▸**pâté de foie gras** /-də fwɑː grɑ́ː/ 名 U〔料理〕フォアグラのパテ《肥育したアヒルの肝臓を練り物状にした食品》(♦フランス語より)

pa·tel·la /pətélə/ 名（複 **～s** /-z/ OR **-lae** /-liː/）C〔解〕膝蓋(しつがい)骨，ひざ頭(kneecap) **-lar** 形

pat·en /pǽtən/ 名 C パテナ《聖餐(せいさん)式(Eucharist)でパンを置く浅い金または銀の皿》；(金属製の)丸い平皿

pa·ten·cy /péɪtənsi/ 名 U 明白；〔医〕開放(性)

*__pat·ent__ /pǽtənt | péɪt-/《発音・アクセント注意》(→ 形 ❸，❹) 名 C ❶〈…の〉(専売)特許，パテント；特許権〈**on, for**〉‖ grant [OR issue] a ～ 特許を認可する / apply for a ～ 特許を申請する / hold a ～ 特許権を持つ / ⌐take out [OR obtain] a ～ *on* [OR *for*] ... …の特許を受ける / protected by ～ 特許権によって守られた ❷(専売)特許証(→ letters patent) ❸(専売)特許品，特許を受けた発明；特許製法；独占的なもの，特権；特徴 ❹《米》公有地払い下げ認可(証書)(による公有地)
—形 ❶《限定》(専売)特許(上)の；特許権を持つ；(医薬品・食品などの)製造販売上の独占権を持つ ‖ *Patent* pending. 特許出願中 / a ～ lawyer 特許弁護士，弁理士 ❷《限定》独占権を持つ，独占的な；斬新な ‖ a ～ method of my own 私一流のやり方 ❸(♦通例 /péɪt-/)明らかな，明白な(♥ clear の強調語．特に否定的なことについて用いる)

P

Boost Your Brain!

paternalism

語源はラテン語の「父」を意味する pater.「子どもを保護するが，自分で決定する権利を与えない父親の態度」にたとえて，「権力や知識を持つ側が持たない側に対して，相手の利益になるようにと生活や行動などに干渉することは，たとえ当人の意志に反していても，正当化されるという考え方」のことを言う．日本語では「家父長的温情主義，父権主義，パターナリズム」などと訳される．pattern とは無関係で「パターン化，マンネリ化」という意味ではない．

国家が国民を守るためであるとして，有害図書の規制や車のシートベルトの着用を法制化したり，医者が患者の意向を無視して，患者に望ましいと思われる治療を施したりすることが paternalism であるとされる．個人の自己決定権（right of self-determination）の確保と弱者保護のバランスをどのように保つべきかについて，様々な議論がなされている．

医療の現場では近年，paternalism は医者が患者の自主性（autonomy）と自己決定権を侵害するものとして批判を浴び，医者は患者に対して適切なインフォームド＝コンセント（informed consent）を行う必要があるとされている．

‖ It is ～ to all that she dislikes him. 彼女が彼を嫌っていることはだれにも明らかだ / a ～ lie 明らかなうそ ❹（♦ 通例 /péɪt-/）〚医〛（導管などが）開いている，閉まらない ❺〚植〛開出の ❻（薬が）薬局で処方箋(せん)なしで買える ❼（法的書類などが）一般公開されている

―動 他 ❶ …の（専売）特許を得る ‖ ～ an invention 発明品の特許を受ける ❷《米》〔公有地〕の譲渡権を得る

～·a·ble 形

▶▶ **～ léather** 名 U パテントレザー，エナメル革 **～ médicine** 名 U 特許医薬品，（処方箋のいらない）売薬 **～ òffice** 名 C 特許局

pat·ent·ee /pæ̀təntíː | pèɪt-/《アクセント注意》名 C 特許権所有者

pa·tent·ly /péɪtəntli/ 副 明白に（obviously）

pa·ter /péɪtər/ 名 C《しばしば the ～》《英俗》《旧》《戯》おやじ（father）（→ mater）

pa·ter·fa·mil·i·as /pɑ̀ːtərfəmíːliəs | pèɪtəfəmíliæs/ 名（複 **pa·tres·fa·mil·i·as** /pèɪtriːz-/）C 家長

***pa·ter·nal** /pətə́ːrnəl/《アクセント注意》形 ❶ 父の，父親らしい（fatherly）（↔ maternal）❷《限定》父方の；父方から受け継いだ ‖ one's ～ grandfather 父方の祖父

～·ly 副

pa·tér·nal·ìsm /-ìzm/ 名 U（支配者側のとる）温情［家族］主義（的政策），パターナリズム《保護はするが自由や責任は与えない》（⇨ BYB）　**-ist** 名 形

pa·ter·nal·is·tic /pətə̀ːrnəlístɪk/ ⊲シ 形 温情［家族］主義的な　**-ti·cal·ly** 副

pa·ter·ni·ty /pətə́ːrnəṭi/ 名 U ❶ 父であること，父性（↔ maternity）；父系 ❷《文》起源，出所

▶▶ **～ lèave** 名 U 父親がとる育児休暇 **～ sùit** 名 C《主に米》父親認知訴訟 **～ tèst** 名 C 実父確定検査

pa·ter·nos·ter /pɑ̀ːtərnɑ́(ː)stər | pætənɔ́s-/ ⊲シ 名 C ❶《または P-》〚宗〛（ラテン語の）主の祈り（を唱えること）❷（主の祈りの詠唱に使う）ロザリオの大きな珠(たま) ❸ 祈りの言葉，呪文(じゅもん) ❹（= **～ lift**）（一連の扉なしの）エレベーター

*****path** /pæθ | pɑːθ/（♦ pass と区別）

―名（複 **～s** /-ðz/）C ❶（歩いて踏み固めた）**小道**，細道；《英》=footpath ❷（⇨ ROAD 類語P，WAY¹ 類語）‖ **follow** [OR **take**] a gravel ～ (**leading**) **to** her house 彼女の家に続く砂利道をたどる / a ～ through a forest 森の中の小道

❷（公園内の）（遊）歩道；（馬・自転車などの）競走路 ‖ a garden ～ 庭園の小道

❸ **進路**，コース，軌道，通過線 ‖ the ～ of a typhoon 台風の進路 / the ～ of a comet 彗星(すいせい)の軌道

❹（行動・考えなどの）たどる道，方向，進路，方針；（人生の）行路 ‖ pursue a routine ～ 型にはまった道をたどる / stand in his ～ 彼の前に立ちはだかる，彼の邪魔をする / the ～ **to** ruin 破滅への道 ❺ 🖵 パス《オペレーティングシステムで用いられるルートディレクトリーから特定のファイルやディレクトリーまでの経路の概念》

bèat a páth to a pèrson's dóor （人の）所にわっと押しかける

cròss a pèrson's páth （人に）偶然出会う

lead a person down [《英》 ***up***] ***the garden path*** ⇨ GARDEN（成句）

off the bèaten páth = ***off the beaten*** TRACK

pèople's pàths cróss （複数の人が）偶然出会う ‖ Our ～*s* seem to *cross* a lot recently. 最近よくお会いしますね

the path of least resistance ⇨ RESISTANCE（成句）

path. 略 pathological, pathology

Pa·than /pətɑ́ːn/ 名 C パターン族《パキスタン北西部とアフガニスタン南西部に住む．大半がイスラム教徒》

páth·brèaking 形 道を切り開く，開拓者的な

***pa·thet·ic** /pəθéṭɪk/, **-i·cal** /-ɪkəl/《アクセント注意》形〔⊲ pathos 名〕❶ 哀れを誘う，痛ましい，悲しい（↔ funny）‖ a ～ sight 見るも哀れな光景 ❷《口》（哀れなほど）惨めな；全く不十分な，取るに足りない；目も当てられない ‖ "You struck out?" "*Pathetic*." 「三振したのか」「情けないよ」/ ～ ignorance 哀れなまでの無知 ❸《古》感傷的な，感情による　**-i·cal·ly** 副

▶▶ **～ fállacy** 名《the ～》感情的虚偽《（特に文学や芸術において）無生物に人間と同様の感情があるかのように表現すること．〈例〉the angry sea, a cruel storm》

páth·fìnder 名 C ❶（未踏の地の）探検者 ❷（新手法などの）発見者，開拓者

páth·less /-ləs/ 形 道のない，人跡未踏の

patho- 連結形「病気（disease）」の意

path·o·gen /pǽθədʒən/ 名 C〚医〛病原体［菌］

path·o·gen·ic /pæ̀θədʒénɪk/ ⊲シ 形〚生・医〛病原となる

***path·o·log·i·cal** /pæ̀θəlɑ́(ː)dʒɪkəl | -lɔ́dʒ-/ ⊲シ, **-ic** /-ɪk/ 形 ❶《口》病的な，異常な ‖ a ～ dislike of dogs 病的な犬嫌い / a ～ liar 病的なうそつき ❷ 病気に起因する ❸ 病理学（上）の；病理上の　**-i·cal·ly** 副

pa·thol·o·gist /pəθɑ́(ː)lədʒɪst | -θɔ́l-/ 名 C 病理学者

***pa·thol·o·gy** /pəθɑ́(ː)lədʒi | -θɔ́l-/ 名（複 **-gies** /-z/）❶ U 病理学 ❷ U C〚医〛異常，病理，病状；病変

pa·thos /péɪθɑ(ː)s | -θɔs/ 名〔▶ pathetic 形〕U（文学作品などの持つ）哀れを催させる力；哀感，ペーソス

páth·wày 名 ❶ =path ❷ C〚生理〛生体反応の連鎖，経路

-pathy 連結形 ❶「…療法」の意 ‖ hydro*pathy* ❷「病気」の意 ‖ neuro*pathy* ❸「感情」の意 ‖ anti*pathy*

***pa·tience** /péɪʃəns/《発音注意》名〔▶ patient 形〕U ❶ 忍耐，辛抱，我慢；忍耐力，辛抱強さ，根気（強さ）（↔ impatience）〈**with** …に対する / **to do** …する（だけの）〉（⇨ 類語）‖ Fishing demands ～. 釣りには忍耐が必要だ / Have ～, and all will be well. 辛抱しなさい，そうすれば万事うまくいきますよ / I don't know how you have the ～ *to* listen to her complaints. どうして君が辛抱強く彼女の愚痴を聞いていられるのかわからない / work with superhuman ～ 超人的な根気強さで働く / take [OR require] a great deal of ～ 大変な努力を必要とする / wait in ～ 辛抱して待つ ❷《主に英》ペイシェンス（《米》solitaire）《1人でするトランプゲーム》

be [OR ***rùn***] ***òut of pátience*** (***with …***)；***hàve nò pátience*** (***with …***) （…に）辛抱［我慢］できない

hàve the pàtience of Jób [OR ***a sáint***] （ヨブ［聖者］のように）並外れて忍耐強い

lòse (***one's***) ***pátience*** (***with …***) （…が）我慢しきれなくなる，（…に）腹を立てる

trỳ a pèrson's pátience (人を)いらいらさせる

COMMUNICATIVE EXPRESSIONS

1 **Pàtience is a vírtue.** 忍耐あるのみ；耐えることは美徳だ

類語 《❶》 **patience** 「忍耐」を表す一般的な語.
endurance くじけず持ちこたえ, 耐え続けること.
fortitude 苦難をものともせず勇気と不屈の意志で耐えること.
perseverance 長い間にたゆまず努力をすること.

語源「苦しむ」の意のラテン語 *pati* から. passion と同語源.

***pa·tient** /péɪʃənt/ 《発音注意》 名 形
—名 (複 **~s** /-s/) C ❶ (医者から見ての)**患者**, 病人(→ inpatient, outpatient) ‖ a neurological ~ 神経症患者 / a ~ of Dr. Stephen スティーブン先生の患者 / **treat** a ~ 患者を治療する
❷〘言〙受動者, 被動作主(↔ agent)
—形 〔◁ patience 名〕(**more ~ ; most ~**)
❶ 〈…に〉**忍耐強い**, 我慢[辛抱]強い(↔ impatient), 根気のある〈**with**〉; (顔・表情などが)辛抱強そうな ‖ I'm not ~ enough to listen to his political speeches. 私は彼の政治演説を聞くほど辛抱強くない / be ~ *with* others 他人に寛容である / be ~ in adversity 逆境の中でよく耐える / (as) ~ as Job [OR an ox] 非常に辛抱強い
❷ 勤勉な, 黙々と働く ‖ a ~ worker 黙々と働く人

***pa·tient·ly** /péɪʃəntli/ 副 辛抱強く, 根気よく, 気長に ‖ I waited ~, but my date never did show up. 辛抱強く待ったが, デートの相手はいっこうに現れなかった

pa·ti·na /pətíːnə | pǽtɪ-/ 名 U/C 《単数形で》 ❶ 緑青(ろくしょう), 青さび ❷ (家具などの)古色, つや；風格, 趣

***pat·i·o** /pǽtiou/ 名 (複 **~s** /-z/) C ❶ (スペイン風の建物の)中庭, パティオ ❷ (戸外での食事などに使われる)テラス
▸▸ **~ dòors** 名 複 パティオ[中庭, バルコニー]に出る大きなガラス戸

pa·tis·se·rie /pətíːsəri/ 名 ❶ C パティスリー(の店)《フランス風のケーキ・パイの類(を売る店)》 ❷ U 《集合的に》フランス風のケーキ[パイ]類(♦ フランス語より)

pat·ois /pǽtwɑː/ 名 (複 ~ /pǽtwɑːz/) C ❶ 地方なまり ❷ =jargon[1] ❶(♦ フランス語より)

pat. pend. 略 *pat*ent *pend*ing(特許出願中)

pa·tri·al /péɪtriəl, pǽtri-/ 名 C 《英》 (両親の片方が英国内で生まれたなどの理由で)英国に居住権を持つ人

pa·tri·arch /péɪtriàːrk/ 《発音注意》 名 C ❶ 家長, 族長《聖書中では Abraham, Isaac, Jacob および彼らの祖先；Jacob の12人の子たち》 ❷ (初期キリスト教会の)総大司教；(東方教会の)総主教；(ローマカトリック教会の)総大司教；(モルモン教の)教長 ❸ (事業・伝統などの)開祖, 創始者；(社会・団体などの)長老, 古老
pà·tri·ár·chal 形

pa·tri·ar·chate /péɪtriàːrkət/ 名 U C 総大司教(など)の地位[管区, 任期, 住居]

pá·tri·àr·chy /-ki/ 名 (複 **-chies** /-z/) U C 家父長制(社会)；男性支配制度(社会)

pa·tri·cian /pətríʃən/ 名 C ❶ (古代ローマの) 貴族 ❷ (一般に)貴族；上流社会の人
—形 貴族の；貴族的な, 高貴な；上流社会の

pat·ri·cide /pǽtrɪsàɪd, péɪt-/ 名 U C 父親殺し(の罪[犯人])(→ parricide, matricide) **pàt·ri·cíd·al** 形

Pat·rick /pǽtrɪk/ 名 **St. ~** 聖パトリック(389?–461?)《アイルランドの守護聖人》

pat·ri·lin·e·al /pæ̀trəlíniəl/ ⊲シ 形 父系の, 男系の (↔ matrilineal)

pat·ri·mo·ny /pǽtrəmòuni | pǽtrɪmə-/ 名 (複 **-nies** /-z/) U C ❶ (父系の) 世襲[相続]財産；家伝のもの, 親譲りの特徴, 伝承 ❷ (国の)文化遺産, (教会などの)財産
pàt·ri·mó·ni·al 形

***pa·tri·ot** /péɪtriət | pǽ-, péɪ-/ 《アクセント注意》 名 C ❶ 愛国者, 愛国の士 ‖ 「an ardent [a staunch] ~ 熱烈な[揺るぎない] 愛国者 ❷ 《P-》 パトリオット《米国の地対空ミサイル》

***pa·tri·ot·ic** /pèɪtriɑ́(ː)tɪk | pæ̀triɔ́t-, pèɪ-/ 《アクセント注意》 ⊲シ 形 愛国的な, 愛国心の強い ‖ ~ fever 愛国熱
-i·cal·ly 副

***pa·tri·ot·ism** /péɪtriətɪ̀zm | pǽtri-, péɪ-/ 《アクセント注意》 名 U 愛国心 ‖ display [OR show] ~ 愛国心を示す / a wave of euphoric ~ 高揚する愛国心の波

pa·tris·tic /pətrístɪk/, **-ti·cal** /-tɪkəl/ 形 (初期キリスト教会の)教父の(著作に関する)
-tics 名 U 教父の著作[生活, 教義]研究

***pa·trol** /pətróul/ 《発音・アクセント注意》 動 (**-trolled** /-d/ ; **-trol·ling**) 他 ❶ (警備・点検のため) …を巡回[巡視]する, パトロールする ‖ Police ~ the downtown area every night. 警察は毎夜町の繁華街を巡回する / ~ the coast 沿岸を巡回(警備)する ❷ (脅すように)〔街頭など〕を行進する, 練り歩く
—自 巡回[巡視]する, パトロールする；練り歩く
—名 ❶ U 巡回, 巡視；(警察の) パトロール；巡回時間 ‖ The vice squad is out on ~. 風俗犯罪取締班が巡回[パトロール]中だ ❷ C 《集合的に》巡視人, 巡察隊, パトロール隊；〘軍〙偵察隊；巡視艇[巡察機]部隊 ‖ the highway ~ ハイウェイパトロール / the shore ~ 沿岸警備隊 ❸ C (ボーイスカウトなどの) 小人数の班 ❹ C 《英》 (子供が利用する横断歩道の)交通指導員 **~·ler** 名
語源 「泥の中を歩き回る」の意のフランス語 *patrouiller* から.
▸▸ **~ càr** 名 C パトカー (squad car) **~ wàgon** 名 C 《米・豪・ニュージ》囚人護送車(paddy wagon)

***patról·man** /-mən/ 名 (複 **-men** /-mən/) C ❶ 《米》 パトロールの警官 (中立 patrol [law enforcement] officer) ❷ 《英》道路パトロール員

patról·wòman 名 (複 **-wòmen**) C ❶ 《米》パトロールの女性警官 (中立 patrol [law enforcement] officer) ❷ 《英》女性の道路パトロール員

***pa·tron** /péɪtrən/ 《発音・アクセント注意》 名 〔▶ patronize 動〕 C (♦ 女性形は patroness だが, 男女共に patron が一般的) ❶ (芸術(家)などの)保護者, 後援者, パトロン, ひいき筋, 支持者(❗「女性に援助をする特定の男性」の意味はない) ‖ a ~ of the arts 芸術の後援者 ❷ (店などの)お得意客, 常連；(図書館などの)利用者 ‖ a regular [OR steady] ~ 常連客 ❸ (慈善団体などで) 名誉職にある著名人 ❹ 〘英国国教会〙禄(ろく) 付き聖職授与権保有者 ❺ 〘ローマ史〙平民保護貴族；(解放された奴隷の保護者としての) 旧主人 ❻ =patron saint ❼ (フランス・スペインのレストランなどの)オーナー
~·al 形 守護聖人の；後援者の **~·ly** 形
語源 ラテン語 *pater*(父)から派生した *patronus*(保護者)に由来し, 中英語期にフランス語 *patron* から *patroun* として借用. pattern と同語源.
▸▸ **~ sáint** 名 C 守護聖人, 守護神 《イングランドの St. George, アイルランドの St. Patrick など》

***pat·ron·age** /pǽtrənɪdʒ/ 《発音注意》 名 U ❶ (芸術・事業などへの)後援, 保護, 奨励 ‖ under the ~ of ... …の援助を受けて / enjoy the ~ of ... …の後援を得ている ❷ (商売上の) ひいき, 愛顧, 引き立て；商売, 取り引き ‖ Thank you for your ~. お引き立てありがとうございます ❸ 《a ~》《集合的に》ひいき筋, 常連 ‖ have a heavy ~ 得意客がたくさんついている ❹ (特別の引き立てなどによる) 官職の任命(権), 役職の分配 ❺ 恩着せがましい[見下すような] 態度 ‖ a mixed feeling of kindness and ~ 親切と恩着せがましさの混じった感情

***pat·ron·ize,** + 《英》 **-ise** /péɪtrənàɪz, pǽt- | pǽt-/ 動 〔◁ patron 名〕 他 ❶ …に見下した態度で親切ぶる (↘ talk down to), …に恩着せがましい態度をとる ❷ 《堅》〔店など〕のお得意である, …をひいきする ❸ …を後援する, 保護する(↘ take up), 奨励する
-ìz·er 名 **pàt·ron·i·zá·tion** 名

pát·ron·ìz·ing /-ɪŋ/ 形 人を見下した, 人を小ばかにした
~·ly 副

pat·ro·nym·ic /pætrənímɪk/ ◁シ 形 名 C 父祖の名をとった(名前)《Stevenson (son of Steven), McDonald (son of Donald) など》

pat·sy /pǽtsi/ 名 (複 **-sies** /-z/) C ⊗《主に米口》《蔑》だまされやすい人, お人よし

pat·ten /pǽtən/ 名 C 【史】(昔, 泥よけなどのためかかとを高くした)靴, 木靴

P

pat·ter¹ /pǽṭər/ 動 自 ぱらぱら[ぱたぱた]音を立てる;(軽快に)ぱたぱたと走る
—名 C《単数形で》ぱらぱら[ぱたぱた]いう(足)音
the pàtter of tìny féet 《戯》赤ん坊のぱたぱた歩く音;(待望の)赤ちゃん, 子供 ‖ We can't wait to hear *the ~ of tiny feet.* 赤ちゃんの誕生が待ちきれない

pat·ter² /pǽṭər/ 名 U ❶ (ある階級やグループの) 符丁(ふちょう), 隠語 ❷ (歌に挿入される)早口の言葉;(コメディアンなどの)早口の口上;(滑稽(こっけい)な歌の)文句 ❸ つまらないおしゃべり —動 他 自 (祈りなどを)早口に唱える

⁑pat·tern /pǽṭərn/《アクセント注意》名 動

—名 (複 **~s** /-z/) C ❶ (行動などの)**型**, **様式**, パターン ‖ **follow** the ~ of American life アメリカ的生活様式に従う / the behavior ~*s* of Japanese monkeys ニホンザルの行動様式 / sentence ~*s* 文型
❷ **模様**, **柄**, 図案, デザイン;(書物などの)構成 ‖ geometrical ~*s* 幾何学模様 / a blouse with a flower ~ 花柄のブラウス / frost ~*s* on the windowpanes 窓ガラスにできた霜の模様 / stones arranged **in** mosaic ~*s* モザイク模様に並べられた石
❸ 《通例単数形で》**模範**, 鑑(かがみ);《形容詞的に》模範的な ‖ He is a ~ of honesty. 彼は正直のお手本だ / set a ~ for children 子供たちのお手本となる / a ~ wife 模範的な妻
❹ (原)型, モデル, ひな型;(洋服の)型紙;(鋳物の)金型 ‖ a dress ~ 洋服の型紙 ❺ (布地などの) 見本, サンプル ❻ (飛行機の)着陸パターン(→ holding pattern) ❼ (テレビの)テストパターン ❽ 【軍】(標的上の)弾痕(だんこん)の模様;射弾散布(パターン) ❾《米》1着分の服地
—動 (**~s** /-z/; **~ed** /-d/; **~·ing**) 他 ❶ (+目 *A*+**on** [**after**] 名 *B*) *B*を手本[見本]にして*A*を作り上げる, *A*の模範を*B*に置く(♦ しばしば受身形で用いる) ‖ He tried to ~ ⌈his life [OR himself] *after* his teacher. 彼は先生の生き方を手本にしようとした / a dress ~*ed on* a Parisian style パリモードに合わせて作ったドレス ❷ …に〈…の〉模様をつける〈**with**〉 ❸ …をパターン[様式]化する
~ed 形 模様のついた, 柄のある
語源 「保護者, 手本」の意のフランス語 *patron* から. 音位転換によって語義が「保護者」と「手本」の2つに区別されるようになった. patron と同語源.

pat·ty /pǽṭi/ 名 (複 **-ties** /-z/) C ❶ パティ《ひき肉や魚のすり身などを小さい円盤状に丸めたもの》 ❷ 小さなパイ

PAU 略 *P*an *A*merican *U*nion(全米連盟)

pau·ci·ty /pɔ́ːsəṭi/ 名 C《単数形で》少数[量];〈…の〉不足〈**of**〉‖ a ~ of information 情報不足

Paul /pɔːl/ 名 **Saint ~** 聖パウロ《原始キリスト教の伝道者. 新約聖書中の書簡の筆者》
rob Peter to pay Paul ⇨ PETER(成句)

Paul·ine /pɔ́ːlaɪn/ 形 聖パウロ(Paul)の ‖ the ~ Epistles (新約聖書の)パウロの書簡

paunch /pɔːntʃ/ 名 C ❶ 腹;太鼓腹 ❷ 【動】こぶ胃《反芻(はんすう)動物の第1胃》 ❸《英》《古》【海】当てむしろ
—動 他 【動】…のはらわた[内臓]を取り出す(disembowel) **~·y** 形 太鼓腹の

pau·per /pɔ́ːpər/ 名 C 貧乏人;(生活保護下の)貧困者

páu·per·ìsm /-ìzm/ 名 U 貧困(状態)

pau·per·ize /pɔ́ːpəràɪz/ 動 他 …を貧しくする
pàu·per·i·zá·tion 名

⁑pause /pɔːz/《発音注意》(♦ pose と区別)
—名 (複 **paus·es** /-ɪz/) C ❶ (一時的な)〈…の〉**中止**, **休止**;途切れ, 合い間, 息継ぎ〈**in**〉‖ He talked excitedly about his day at school without a ~. 彼はその日の学校での出来事を息もつかず夢中で話した / **after a ~** 少ししてから, やや間があってから / make a ~ *in* the conversation 会話で間(ま)をとる / come to a ~ 小休止する / a pregnant ~ 意味ありげな話の中断[沈黙] / There was a **long** ~. (小説などで)長い沈黙があった
❷ 躊躇(ちゅうちょ), ためらい(の理由);遅滞 ‖ in [OR at] ~ 躊躇して;中止[休止]して
❸ 句読, 句切り;句読点 ‖ ~*s* and stresses 句読と強勢
❹ 【楽】フェルマータ《延音記号:𝄐》;【韻】=caesura ❺ (=~ **bùtton**)ポーズ[一時停止]ボタン(pause button)
gìve a pèrson páuse (***for thóught***);***give páuse to a pérson*** 〔人〕を躊躇させる, 〔人〕にちょっと考えさせる ‖ The problems *gave* us ~ in our attempts to change our policy. 難事に直面したため, 私たちは方針変更をためらった
—動 (**paus·es** /-ɪz/; **~d** /-d/; **paus·ing**)
—自 ❶ (一時的に)**中止[休止]する**;(一瞬)立ち止まる(↔ continue)〈**for** …のために / **to** *do* するために〉(⇨ STOP 類語) ‖ He ~*d* to take a drink from his glass. 彼は話を一時止めてグラスの酒を飲んだ / ~ *for* a cup of tea 一息入れてお茶を1杯飲む ❷ 躊躇する, ためらう
—他 (ポーズボタンを押して)〔CDなど〕を一時停止させる
páus·er 名 **páus·ing** 名 形

pa·vane /pəvάːn, -vǽn/, **pav·an** /pǽvən/ 名 U C パバーヌ(の曲)《スペイン起源の宮廷舞踏》

***pave** /peɪv/ 動 〔▶ pavement 名〕 他《通例受身形で》(道路などが)〈…で〉舗装されている;〈…で〉覆われている〈**with**〉‖ a road ~*d with* concrete=a concrete-~*d* road コンクリートで舗装された道路 / The coffin was ~*d with* flowers. ひつぎは花で覆われていた / a ~*d* street 舗装道路 / *The road to hell is ~d with good intentions.* 《諺》地獄への道は善意で敷き詰められている;善意だけ持っていても実際にそれをなさなければ意味がない
be pàved with góld 金で舗装されている;金もうけがしやすい(ところである)
pave the way for [OR ***to***] ... ⇨ WAY¹(成句)
páv·er 名 C 舗装工[機械];舗装材料

⁑pave·ment /péɪvmənt/《発音注意》
—名 〔◁ pave 動〕 (複 **~s** /-s/) ❶ C《米》**舗装道路**;《英》(舗装された)**歩道**(《米》sidewalk);《米》(舗装された)車道(⇨ ROAD 類語P) ‖ mount the ~ (車が)歩道に乗り上げる / lie **on** the ~ 歩道に横たわる
❷ U《米》舗装(面);舗床;舗装材料
❸ C 【地】(岩石などの)舗装状の水平な広がり
pòund the pávement 《口》(街を歩き回って)職を探す

COMMUNICATIVE EXPRESSIONS
1 **Hìt the pávement!** 伏せろ(♥ 警告表現)

▸▸ **~ àrtist** 名 C ①《英》舗道画家《舗道に色チョークで絵を描いて通行人から金をもらう人》 ②《米》大道画家《路上で絵を描いたり展示・販売する人》

pa·vil·ion /pəvíljən | -víliən/ 名 C ❶ (博覧会などの)展示館, パビリオン;(庭園の)あずまや, 亭(ちん) ❷《英》((クリケット)競技場の)付属建物《選手席及び観覧席用》 ❸ (先のとがった)大型テント《園遊会などに使う》;(大建築物から張り出した)装飾的構造物 ❹ (病院・療養所などの)別館
語源 ラテン語の原義は「チョウ(蝶)」. テントがチョウが羽を広げた形に似ているため.

pav·ing /péɪvɪŋ/ 名 U ❶ 舗装材料, 敷石 ❷ 舗装面[道路]
▸▸ **~ stòne** 名 C《英》(舗装用の)敷石

Pav·lov /pǽvlɑ(ː)v | -lɔv/ 名 **Ivan Petrovich ~** パブロフ(1849-1936)《ロシアの生理学者. ノーベル生理・医学賞受賞(1904)》

pav·lo·va /pɑːvlóʊvə | pæv-/ 名 C パブロバ《果物とホイップクリーム入りのメレンゲケーキ》

*__paw__ /pɔː/ 《発音注意》 名 C ❶ (かぎづめ(claw)や平づめ(nail)のある四つ足動物の)足(→ hoof); (一般に)動物の足 ‖ *Paw!* (犬に向かって)お手 ❷《口》(人間の)(不器用な)手 ―動 他 ❶ (動物が)…を足[ひづめ]で触る[打つ, 引っかく] ❷《口》(人が)…を不器用に[手荒く]いじくる; 〔女性など〕にいやらしく触る ―自 ❶ (動物が)〈…を〉足[ひづめ]で触る[打つ, 引っかく]〈at〉 ❷《口》(人が)〈…を〉不器用[手荒]にいじくる, 〈女性などに〉触る〈at〉

__paw·ky__ /pɔ́ːki/ 形《主にスコット・北イング》(無愛想だが)機知に富んだ; 抜け目のない **-ki·ly** 副 **-ki·ness** 名

__pawl__ /pɔːl/ 名 C (つめ車(ratchet wheel)の後戻りを防ぐ)歯止め, つめ

__pawn__[1] /pɔːn/ 名 ❶ U 質(しち)入れ, 入質 ‖ put a watch in ～ 時計を質に入れる ❷ C 質に入れたもの, 質ぐさ; 抵当, 担保 ❸ C 人質 ―動 他 ❶〔物〕を質に入れる ❷〔生命〕を賭(か)ける, 〔名誉〕にかけて誓う ‖ ～ one's honor [life] 自分の名誉[命]を賭ける

▸▸～ **tìcket** 名 C 質札(しちふだ)

__pawn__[2] /pɔːn/ 名 C ❶〖チェス〗ポーン, 歩(ふ) (⇨ CHESS 図) ❷ 他人の手先

__páwn·bròker__ 名 C 質屋 **-bròking** 名

__páwn·shòp__ 名 C 質店

__paw·paw__ /pɔ́ːpɔː/ 名 =papaw

__Pax Ro·ma·na__ /pæks roumáːnə/ 名 U〖史〗パックス＝ロマーナ, ローマの(支配下にある)平和; (一般に)征服国が被征服国に押しつける平和(♦この句に準じて作られた句が数多くある. 〈例〉Pax Americana, Pax Britannica, etc.)

***__pay__[1] /peɪ/ 動 名

中心義▶ Aを(相応のものとして)払う(★Aは「金」「注意」「敬意」など多様)

> 動 他 支払う❶ 利益となる❷ (注意などを)払う❸
> 自 支払う❶ 割に合う❷ 償いをする❸
> 名 給料❶

―動 (▶ payment 名)(～s /-z/; **paid** /peɪd/; ～·ing)

―他 ❶ **支払う** **a** 《＋目》〈…の代金として〉〔金〕を支払う; 〔人〕に支払う, 支給する〈**for**〉; 〔借金・税金など〕を払う ‖ She *paid* three thousand yen *for* that book. 彼女は本の代金3,000円を支払った / I'll fix your bike, but you'll have to ～ me *for* my time. 自転車を修理してやるよ, でもかかった時間には金を払ってもらうよ / He is highly *paid*. 彼は高給を得ている / ～ wages 給料を払う / ～ one's debts [rent, taxes, bills, tuition, fine] 借金[家賃, 税金, 勘定, 授業料, 罰金]を払う

b 《＋目 *A*＋目 *B* ⇄＋目 *B*＋to 目 *A*》*A*(人)に*B*(金)を払う(♦受身形は*A*を主語にする方がふつう) ‖ *Pay* us the membership fee. = *Pay* the membership fee *to* us. 当方に会費をお支払いただきます / I'm *paid* a decent salary. 私はそれなりの給料をもらっている

c 《＋目 *A*(＋目 *B*)＋to *do*》*A*(人)に(*B*(いくら))金を払って…させる[してもらう] ‖ I *paid* them (ten dollars) *to* take the used TV away. 彼らに金を(10ドル)払って中古のテレビを持って行ってもらった

❷ **利益となる** **a** 《＋目》(物・事が)〔人〕にとって利益[もうけ]となる, 割が合う, (報酬として)…をもたらす ‖ Agreement will ～ you better. 同意する方が君のためになるだろう

b 《＋目 *A*＋目 *B*》(物・事が)*A*(人)に*B*(利益)を与える[もたらす] ‖ The investment did not ～ me anything. その投資はもうけにならなかった / The deal *paid* him 10,000 dollars. その取り引きで彼は1万ドルの利益を得た

c 《It ～＋目＋to *do* で》…するのは〔人〕のため[利益]になる, 割が合う ‖ It will ～ you in the long run *to* take this job. この仕事を引き受けるのは長い目で見れば君のためになるだろう

❸ 《＋目 *A*＋目 *B* ⇄＋目 *B*＋to 目 *A*》*A*(人)に*B*(注意・尊敬など)を**払う**; 〔訪問〕をする ‖ The children *paid* no **attention** *to* their teacher [teacher's words]. 生徒たちは先生[先生の言葉]にまるで注意を払わなかった(⇨ *pay* ATTENTION *to* ...) / *Pay* more heed *to* others' remarks. 他人の発言にもっと留意しなさい / He seldom ～*s* her any compliments. 彼は彼女にめったにお世辞を言わない / I'll ～ you a call next time I'm in Akita. = I'll ～ a call on [×to] you next .... 今度秋田に行ったらお訪ねします(♦人を訪ねるときは on を用いる) / ～ a short visit *to* Europe ヨーロッパを短期訪問する

❹〔罰・報いなど〕を〈…に対して〉受ける〈**for**〉 ‖ Happiness has to be *paid for*. 幸福(を得るため)には代償を支払う必要がある / They're now ～*ing* the penalty *for* not working hard in their school days. 彼らには学生時代に勉強しなかったつけが今回ってきているのだ

❺〔仕事・苦労など〕に報いる, 報酬を支払う, 償う ‖ His trouble was well *paid* in the end. 結局彼の苦労は十分に報われた

―自 ❶ **支払う**, 〈…のために〉金を出す〈**for**〉 ‖ I'll cook, you ～. 私が料理するから(材料費は)あなたが払って / You have to ～ *for* gas and electricity yourself. ガスと電気代は自分で払わなければならない / My parents *paid for* me to go to college. 両親は私が大学に行く金を出してくれた / *You get what you ～ for.* 《諺》人は支払いに見合ったものを得る; 安物買いの銭失い / ～「by credit card [(in) cash]」クレジットカード[現金]で支払う

❷ 《進行形不可》 **a** 利益になる, ペイする; **割に合う**, 引き合う ‖ This business ～*s* well, but teaching ～*s* poorly. この商売は実入りがいいが, 教師は割に合わない / Crime [War] never ～*s*. 犯罪[戦争]は絶対に引き合わない

b 《It ～ to *do* で》…するのは割に合う[得になる] ‖ It doesn't ～ *to* argue with the police. 警察と議論したって何の得にもならない

❸〈…の〉**償いをする**, 〈…のために〉罰[報い]を受ける〈**for**〉 ‖ He *paid* dearly [OR heavily] *for* his foolish behavior [mistakes]. 彼は愚かな行い[過ち]のため大変な報いを受けた / ～ with one's life 死をもって償う

pày as you gó 《米》(つけにせずに)その都度現金払いにする[即金で払う]; 実際の収入を超えずに出費する

****pày báck ...* / *pày ... báck*** 〈他〉①〔借金〕を返済する(repay), 〔人〕に金を返す(♦pay *A* back *B*(*A*(人)に*B*(金)を返す)の形でも用いる) ‖ He *paid back* his debt completely. 彼は借金をすっかり返済した / I'm going to ～ him *back*. 彼に金を返すつもりだ ②〔人〕に〈…に対して〉報復する〈**for**〉(get back at)

pày dówn ...* / *pày ... dówn 〈他〉〈…の〉〔月賦などの頭金〕を払う〈**on**〉; (定期的な支払いで)〔負債額〕を減らす ‖ I *paid* 15% *down on* the new car. 新車の頭金として15%払った

pày for itsélf 十分もとがとれる, 投資以上の利益を出す

pày ín ...* / *pày ... ín 〈他〉〔金〕を払い込む, 振り込む, 預金する(put in; deposit)

pày À ínto B́ *A*(金)を*B*(口座など)に振り込む, 払い込む(deposit)

**pày óff* 〈他〉《*pày óff ...* / *pày ... óff*》①〔借金など〕を全部払う(repay); 〔債権者〕に借金を完済する ‖ It will take me twenty years to ～ *off* the loan. ローンを返済し終えるのに20年かかる ②〔人〕を給料を全部支払って解雇する ‖ The factory workers were all *paid off*. その工場労働者たちは皆給料の支払いを受けて解雇された ③《口》(口止めなどのため)〔人〕を買収する(buy off) ④…に復讐(ふくしゅう)する ―〈自〉《口》(計画・事業などが)うまくいく, (努力などの)成果があがる

**pày óut* 〈他〉《*pày óut ...* / *pày ... óut*》①〔多額の金〕を支払う; (資金の中から)…を支払う, 分配する ②〖海〗〔ロー

プなど]をたぐり出す，緩める(♦この意味では，過去・過去分詞形に payed も用いる) ③《口》〈…に対して〉…に復讐する〈for〉 ―〈自〉(積み立てた金額・保険金などを)支払う

pày óver ... / pày ... óver 〈他〉…を正式に支払う

*__*pày úp*__* 〈自〉(借金などをしぶしぶ)完済する，全額支払う ―〈他〉《***pày úp ... / pày ... úp***》[借金など]を(しぶしぶ)全額払う

COMMUNICATIVE EXPRESSIONS

1 **Hòw 「would you lìke [OR do you wànt] to páy for thìs?** お支払いはどのようになさいますか(♥店員が客に対し支払い方法(現金・カード・小切手)を尋ねる)

2 **If you bréak it, you páy for it.** 壊したら弁償だよ；触らないで(♥自分の所有物などに触らぬよう警告する)

―名 U ❶ **給料**，賃金(⇨ SALARY 類語) ‖ The ～ is good [bad, low] at that company. あの会社は給料がよい[悪い，低い] / He has taken a 25% ～ cut. 彼は25%の賃金カットを受けた / No work, no ～. ノーワークノーペイ；働かなければ賃金は支払われない / a holiday with ～ 有給休暇 / **low** ～ 低賃金

❷《形容詞的に》有料の；硬貨を入れて使用する ‖ a ～ toilet 有料トイレ / a ～ phone 公衆電話(♦ payphone ともつづる)

❸ 支払い，支出

❹〈…への〉報い，償い，報復〈for〉

in the páy of ... 〔好ましくない人〕に(ひそかに)雇われて，使われて

▸▸ ～ **bèd** 名 C《英》(病院の)有料ベッド ～ **cáble** 名 U《米》有料ケーブルテレビ ～ **dìrt** (↓) ～ **ènvelope** 名 C《米》給料袋；給料 ～ **pàcket** 名 C《英》=pay envelope ～ **ràise** [**ìncrease**,《英》**rìse**] 名 C 賃上げ ～ **sèttlement** 名 U (経営側と組合側の)賃金協定[妥結] ～ **stàtion** 名 C《米》公衆電話(payphone) ～ **TV̀** [**tèlevision**] 名 U 有料テレビ

pay² /peɪ/ 動 (**payed** /-d/；**～·ing**) 他《海》…に(防水用の)タールを塗る

__pay·a·ble__ /péɪəbl/ 形《叙述》〈…に〉支払い得る；支払うべき〈to〉

pày-as-you-éarn 名 U《主に英》源泉課税(方式)《略 PAYE》

pày-as-you-gó 名 U 形 現金払い(主義)(の)

páy·bàck 名 U 形 ❶ 払い戻し(の)；元金[資本]回収(の) ❷《口》復讐(ふくしゅう)(の)；仕返し(の)

páy·chèck,《英》**-chèque** 名 C 給料支払小切手；《米》給料，収入 ‖ live (from) ～ to ～ 給料でどうにか食いつなぐ

páy·dày 名 U C 給料日，支払日

páy dìrt 名 U《主に米》(砂金などが多く採れる)採算の合う土壌[鉱石]；掘り出し物

hìt [OR ***strìke***] ***páy dìrt*** 《口》金づる[成功への道]を見つける

P̀AYÉ 略《主に英》*pay-as-you-earn*

pay·ee /pèɪíː/ 《アクセント注意》名 C (金銭・小切手などの)受取人，被支払人

pay·er /péɪər/ 名 C 支払人；(手形・証書などの)払渡人

pay·ing /péɪɪŋ/ 形 ❶ (金を)支払う ❷ 金のもうかる，有利な ❸ 支払いの ‖ a ～ cashier 支払係

▸▸ ～ **guèst** 名 C《英》(短期の)下宿人

pàying-ín bòok 名 C《英》(銀行の)預金通帳

pàying-ín slìp 名 C《英》(銀行の)預入伝票(《米》deposit slip)

páy·lòad 名 U C ❶ (航空機などの)収益荷重《乗客や積み荷など》 ❷ ペイロード《ロケット・宇宙船の乗員および装置・器具など，航行目的に直結する荷重》 ❸ (ミサイル・ロケットの)弾頭；その爆発力

páy·màster 名 C 給料支払係，会計係(中立 treasurer, payroll supervisor)；《軍》主計官；《通例けなして》(悪事の)黒幕 ▸▸ ～ **géneral** 名 (複 ～s g-, ～-als)《通例 P- G-》C《英》財務省主計局長

*__*pay·ment*__* /péɪmənt/ ―名 〔◁ pay 動〕(複 **～s** /-s/) ❶ U **支払い**，払い込み，納入〈**of** 金額の，費目の；**for** …に対する〉‖ the demand for ～ *of* damages 損害賠償の支払要求 / ～ by cash = a cash ～ 現金払い / ～ by installment(s) 分割払い / ～ in advance [part] 前[内金]払い / ～ in kind 現物払い，物納 / ～ in full 全額払い / stop ～ *of* a check 小切手の支払いを止める

❷ C 支払金額，支払物〈**of** 金額の，費目の；**to** …への〉‖ a down ～ 頭金 / **make** a ～ 支払いをする / **receive** a ～ 支払金を受け取る ❸ U/C《単数形で》〈…に対する〉報酬；〈悪事などの〉報い，罰，償い〈**for**〉‖ in ～ *for* her hospitality 彼女がもてなしてくれたお礼に

páy·òff 名 U C《口》❶ (給料・借金などの)支払い；支払期日 ❷ 清算，決算 ❸ 報酬；報い，罰 ❹ 賄賂(わいろ)(bribe) ❺ (思いがけない)結末，クライマックス，やま

▸▸ ～ **pìtch** 名《the ～》《野球》フルカウントからの投球

pay·o·la /peɪóulə/ 名 U C《主に米》(地位などを利用しての製品売り込みに対する)贈収賄(の賄賂)

páy·òut 名 U C 多額の支払(金額)；支払い

pày-pèr-víew 名 U 形《限定》有料視聴制[ペイパービュー](の)

páy·phòne 名 C 公衆電話(pay station)

páy·ròll 名 U C (給料一覧付き)従業員名簿；《通例単数形で》給料支払総額 ‖ on [off] the ～ 雇われて[解雇されて] ▸▸ ～ **tàx** 名 C U《米》給与税《給与から差し引かれる源泉徴収の所得税や社会保険料》

páy·slìp 名 C《主に英》給料明細書

payt. 略 payment

páy·wàll 名 C 💻 ペイウォール《対価を支払ったユーザーのみをウェブ上のコンテンツにアクセスさせる方式》

Pb 記号《化》lead(鉛)(♦ラテン語 *plumbum* より)

p-book, p·book /píːbʊ̀k/ 名 C (電子本(e-book)に対する)紙の本(♦ *paper book* より)

P̀BŚ 略《米》*Public Broadcasting Service*(公共放送番組提供協会)

P̀BX́ 略 💻 *private branch exchange*(構内電話交換機)《構内の複数の電話回線間での接続を制御する交換機》

__P̀Ć__ ◁シ 略 *Peace Corps*；*personal computer*《本来，個人が利用するコンピューターの意味だが，この略号で用いられる場合は通例IBM-PC/AT互換機を指す》；*Police Constable*；*political correctness*；*politically correct*；*Post Commander*；*printed circuit*；*Privy Counsellor*

▸▸ ～ **càrd** 名 C 💻 PCカード《パソコンの機能拡張用カード》 ～ **Plód** 名 C《英口》警官，巡査

p.c. 略 percent

PCB /pìː siː bíː/ 名 ❶ U《化》ピーシービー《ポリ塩化ビフェニール(*p*oly*c*hlorinated *b*iphenyl)のこと．有機塩化化合物の1つで，耐熱性・耐薬品性・絶縁性などに優れているが，環境汚染源となる》 ❷ C 💻 プリント回路基板(*p*rinted *c*ircuit *b*oard)

P̀CÍ 略 💻 *p*eripheral *c*omponent *i*nterconnect《パソコン内の各回路間を結ぶバス[データ伝送路]の規格》

p̀cḿ 略《英》*per calendar month*(1か月につき)(♦家賃などの支払条件に記載する) ‖ Flat for rent, £300 ～ 貸アパート，1か月300ポンド

P̀CM̀CÌÁ 略 💻 *p*ersonal *c*omputer *m*emory *c*ard *i*nternational *a*ssociation《カード型デバイス接続用のバス拡張規格を定めた組織，またその規格》

P̀CṔ 略 *p*hen*c*yclidine *p*ill(幻覚剤の一種)

P̀CŚ 略 *p*ersonal *c*ommunications *s*ervice(携帯電話事業)

pct. 略《米》percent

pd 略 paid

Pd 記号《化》palladium(パラジウム)

P̀D́ 略《米》*Police Department*；*postal district*

p̀.d.́, P.D. 略 *per diem*；*potential difference*

P̀DÁ 略 💻 *p*ersonal *d*igital [*d*ata] *a*ssistant (携帯情報端末)
P̀DD́ 略 *p*ervasive *d*evelopmental *d*isorders (広汎性発達障害)《自閉症などの発達障害の総称》
P̀DF́ 略 💻 *p*ortable *d*ocument *f*ormat
P̀DĹ 略 💻 *p*age *d*escription *l*anguage (ページ記述言語)
p̀.d.q́. 略《口》*p*retty *d*amn *q*uick(ly) (直ちに)
P̀DSÁ 略 *P*eople's *D*ispensary for *S*ick *A*nimals ((英国の)傷病動物援護会)
P̀DT́ 略 *P*acific *D*aylight *T*ime (太平洋夏時間)
P̀É[1] 名 U 体育(♦ *p*hysical *e*ducation の略)
P̀É[2] 略 *P*rince *E*dward *I*sland
***pea** /piː/ 名 C 〘植〙エンドウ(豆);エンドウに似たマメ科の植物(の実) ‖ green ～*s* グリーンピース / split ～ (スープ用に)干して2つに割ったエンドウ豆 / like shelling ～*s* 豆の皮をむくように(たやすい)
(*as*) ***lìke as twò péas*** (***in a pód***);***lìke*** (***twò***) ***péas*** (***in a pód***) 《口》うり二つで
▶▶ **～ bèan** 名 C 〘植〙白インゲン豆 (navy bean) **～ còat** [**jàcket**] ピーコート《厚地ウールの短いダブルのコート. もと船乗りが着た》 **～ gréen** 名 U 青豆色, 黄緑色 **～ sòup** 名 U ① (干した)エンドウ豆のスープ ② ＝pea-souper

⁑peace /piːs/ (♦ 同音語 piece)
―名 (▶ pacify 動, peaceful 形) ❶ U **平和**, 泰平;C《単数形で》平和な時期, 平時 (↔ war) ‖ The demonstrators chanted, "Give ～ a chance." デモの参加者たちは「平和にチャンスを与えよ」と繰り返した / long for ～ 平和を切望する / threaten world ～ 世界平和をおびやかす / ～ and plenty 平和と繁栄 / in time of ～ 平時に / in ～ and war 平時にも戦時にも / a ～ movement 平和運動
❷ U/C《単数形で》**講和**, 和睦(ぼく);《しばしば P-》講和条約 ‖ the San Francisco *Peace* Treaty サンフランシスコ講和条約 / ～ with honor 名誉ある講和 / ～ **talks** [OR negotiations] 和平交渉 / a ～ agreement [conference] 和平の合意[講和会議]
❸《通例 the ～》**治安**, 安寧, 秩序 ‖ a breach of the ～ 治安妨害 / break [keep] the ～ 治安を乱す[守る]
❹ U 親睦, 親交, 協調 ❺ U (心の)**安らぎ**, 安心, 平安;**平穏**, 無事 ‖ ～ of mind 心の平静 / I need ～ and quiet to work. 仕事をするのに平穏と静けさが必要だ / *Peace* be with you. どうぞ御無事で
at péace ① 平和に;〈…と〉仲よく(↔ *at war*)〈**with**〉 ② (心)安らかに ③ 死んで(dead)
hòld [OR ***kèep***] ***one's péace*** 黙っている, 沈黙を守る
****in péace*** ① (心)安らかに, 邪魔されずに ‖ leave him *in* ～ 彼をそっとしておく ② 仲よく, 平和に ‖ live *in* ～ 平和に暮らす
màke péace 〈…と〉和睦する, 講和する〈**with**〉
màke one's péace 〈…と〉仲直りする〈**with**〉
nò pèace for the wícked ⇨ REST[1] (CE 2)
rèst in péace (死者・霊魂が)安らかに眠る ‖ May he *rest in* ～! 彼が安らかに眠らんことを

COMMUNICATIVE EXPRESSIONS
1 **Peace!** ① 静かに, 黙りなさい ② ご機嫌よう (♥ あいさつ)

語源 「平和」の意のラテン語 *pax* から.
▶▶ **～ càmp** 名 C (軍備増強反対の)平和のキャンプ《軍施設の近くに設営する》 **Péace Còrps** 名《the ～》平和部隊《発展途上国の開発援助などのために米国政府から派遣される青年部隊》 **～ dìvidend** 名 C《通例単数形で》平和の配当《冷戦終結後, 軍事費の転用により得られると期待された経済的利益》 **～ òffering** 名 C 和解の贈り物;(神への)感謝の供物 **～ òfficer** 名 C《主に米》治安取締官《警官など》 **～ pìpe** 名 C 平和のパイプ (calumet)《北米先住民族が講和のしるしとして互いに吸い合う》 **～ pròcess** 名 C《通例単数形で》(交戦状態からの)和平交渉 **～ sìgn** 名 C ピースサイン《Vサイン》

peace·a·ble /píːsəbl/ 形 ❶ (人が)平和を好む, 穏やかな ❷ 平和な, 太平の(peaceful) **～·ness** 名 **-bly** 副

⁑peace·ful /píːsfəl/
―形 (◁ peace 名) (**more ～; most ～**)
❶ **平和な**, 平穏な, 穏やかな, 静かな ‖ a ～ death 安らかな死 / a ～ evening 静かな晩
❷ 平時の, **平和的な**, 平和のための ‖ ～ coexistence 平和的共存 / ～ uses of atomic energy 原子力の平和利用 ❸ (人が)温和な, 争いを好まない
～·ly 副 **～·ness** 名

péace·kèeper 名 C ❶ 和平[休戦]監視者[兵] ❷ 仲裁者
***peace·keep·ing** /píːskìːpɪŋ/ 名 U 平和維持《特に交戦国間の停戦の国際的監視》
―形《限定》平和維持のための ‖ a UN ～ force 国連平和維持軍 / ～ operations 平和維持活動《略 PKO》
péace-lòving 形 平和を愛好する, 平和[友好]的な
péace·màker 名 C 調停者 **-màking** 名 形
peace·nik /píːsnɪk/ 名 C ⊗《口》《しばしば蔑》平和[反戦]活動家
***péace·tìme** 名 U 形 平時(の), 平和な時期(の) (↔ wartime) ‖ Even in ～, an army life is hard. 平時でも軍隊生活はつらい / ～ industries 平和産業
***peach**[1] /piːtʃ/ 名 ❶ C 〘植〙モモ(桃)(の実);桃の木 ❷ U 桃色《黄味がかったピンク色》 ❸ C《通例 a ～》《口》素晴らしい人[もの], かわいい娘 ‖ What a ～ of a room! 何て素敵な部屋でしょう
pèaches and créam (顔色などが)ピンク色ですべすべした
―形 桃色の
▶▶ **～ Mélba** 名 U C ピーチメルバ《シロップ煮にした桃にアイスクリームをのせ, リキュールなどをかけたデザート》
peach[2] /piːtʃ/ 動 自 他《旧》《口》(…を)密告する
pea·chick /píːtʃɪk/ 名 C クジャクのひな
peach·y /píːtʃi/ 形 ❶ (色つやなどが)桃のような, 桃色の ❷《主に米口》素晴らしい, 見事な
***pea·cock** /píːkɑ(ː)k | -kɒk/ 名 C ❶ 〘鳥〙(雄の)クジャク (→ peahen) ‖ (as) proud [vain] as a ～ うぬぼれの強い[見えっ張りの] ❷ 見えっ張り, 虚栄家
―動 自 見えを張る;気取って歩く
▶▶ **～ blúe** 名 C ピーコックブルー《光沢のある緑色がかった青》
pea·fowl /píːfàʊl/ 名 (複 ～ OR ～**s** /-z/) C 〘鳥〙クジャク《総称》(→ peacock, peahen)
pea·hen /píːhèn/ 名 C 〘鳥〙雌のクジャク

⁑peak[1] /piːk/ (♦ 同音語 peek, pique)
―名 (複 **～s** /-s/) C ❶《通例単数形で》**絶頂**, 頂点;最大値[量] ‖ His popularity **reached** its ～ in the mid 1990s. 彼の人気は1990年代半ばに頂点に達した / At her ～ in the 1950s, she starred in many films. 1950年代の全盛時に彼女は多くの映画に主演した / **at** the ～ of the Renaissance ルネサンスの最盛期に
❷ (とがった)**山頂**, 峰;とがった山頂のある山 ‖ steep ～*s* 険峰
❸ とがった先;ひげの先端;富士額(ひたい)(widow's peak)
❹《英》(帽子の)前びさし(《米》bill, visor)
❺ (曲線・波などの)頂点;〘電〙ピーク《一定時間内の最大値》
❻ 〘海〙(船首・船尾の)狭先部;(縦帆の)上部後端;斜行の上外端
―動 (**～s** /-s/; **～ed** /-t/; **～·ing**) 自 ❶ (＋副句)頂点[ピーク]に達する〈**at** …の値で;**in, before,** etc. …(のとき)に〉 ‖ Sales ～*ed at* $500,000 *in* May. 売り上げは5月に50万ドルでピークに達した ❷ とがる;そびえる
―形《比較なし》《限定》最大の, 頂点の, ピークの ‖ ～ efficiency 最大効率 / ～ viewing time (テレビの)最高視聴率時間 / at ～ times ピーク時に

▶▶～ **lòad** 名C〘電・機〙(消費電力量などの) 最大負荷(ふか), ピーク荷重, 最大輸送量 ～ **ráte** 名U 最も需要の多い時間 ～ **tíme** ⟨シ⟩ 名U ピークタイム (《米》 prime time)《テレビ・ラジオの最も視聴者の多い時間》

peak[2] /pi:k/(♦ 同音語 peek, pique) 動 自《古》やつれる
pèak and píne (悲しみのあまり) げっそりやつれる [Shak *MAC* 1:3]

peaked[1] /pi:kt/ 形 先のとがった;(帽子が)ひさしのある

peak·ed[2] /pí:kəd | pi:kt/ 形《叙述》やつれた, 顔色の青ざめた

peak·y /pí:ki/ 形《英》=peaked[2]

peal /pi:l/(♦ 同音語 peel) 名C ❶(鐘・雷鳴・笑い声などの)とどろき, 響き ‖ a ～ of thunder 雷鳴 ❷(調音した)1組の鐘, カリヨン(carillon);鐘楽(しょうがく)
—動 自 (鐘が) 鳴り渡る, (声などが) とどろく《*out*》(resound) —他〔鐘など〕を鳴り渡らせる, とどろかせる《*out*》

pe·an /pí:ən/ 名《米》=paean

***pea·nut** /pí:nʌt/ 名C ❶〘植〙ラッカセイ (落花生) (《英》groundnut);《通例 ～s》落花生の実, ピーナッツ ❷U/C《～s》《口》つまらないもの;(特に)わずかな金額, はした金 ❸⊗《口》《蔑》背の低い人;つまらない人
If you pày péanuts, you gèt mónkeys. はした金で働くのは役立たずだけだ
—形《口》取るに足りない, つまらない
▶▶～ **bùtter** 名U ピーナッツバター ～ **gàllery** 名C《米口》(劇場の) 最上階最後部の最も安い席 ～ **òil** 名U 落花生油, ピーナッツオイル

***pear** /peər/《発音注意》(♦ 同音語 pair, pare) 名C〘植〙セイヨウナシ, 洋梨;(=～ **trèe**)セイヨウナシの木

***pearl**[1] /pəːrl/《発音注意》名C ❶ 真珠, パール;模造真珠;《～s》真珠の首飾り ‖ You can wear ～*s* on any occasion. 真珠はどんなときに身につけてもよい / a ～ necklace 真珠のネックレス / cast [OR throw] ～*s* before swine 豚に真珠を投げ与える;価値のわからない者に貴重なものを与える ❷U (貝の内側の) 真珠層 (mother-of-pearl) ‖ ～ buttons 真珠貝のボタン (のまがい物) ❸(形・色・美しさで)真珠のようなもの, 玉《露のしずく・玉のような涙など》‖ ～*s* of dew 露のしずく ❹ 貴重なもの [人], 精華 ‖ a ～ among women 女性の鑑(かがみ) ❺U 真珠色, 青灰色
a pèarl of wísdom ありがたい助言 (♥ しばしば反語的に用いる)
—動 自 ❶ 真珠を採取する ❷《文》玉のようになる
—他 ❶ …を真珠 (状のもの) で飾る ❷ …を真珠色 [形] にする, 玉状にする
▶▶～ **àsh** 名U《古》真珠灰《粗製炭酸カリ》 ～ **bàrley** 名U 精白した小粒の丸い麦《スープ用》 ～ **dìver** 名C 真珠貝採りの潜水夫 **Pèarl Hárbor** 名 パールハーバー, 真珠湾《米国ハワイ州, オアフ島南岸にある軍港. 1941年12月7日 (日本時間8日), 日本海軍の奇襲により始まった太平洋戦争の開戦地》 ～ **míllet** 名U〘植〙パールミレット《インド原産のヒエの一種》 ～ **ónion** 名C U 小タマネギ《ピクルス用》 ～ **òyster** 名C 真珠貝《アコヤガイなど》

pearl[2] /pəːrl/ 名《英》=picot

pearl·es·cent /pə̀ːrlésənt/ 形 真珠光沢のある

pearl·y /pə́ːrli/ 形 (色・光沢などが) 真珠のような, 真珠(層)で飾った ‖ ～ white teeth 真珠のような白い歯
—名 (複 **pearl·ies** /-z/) C《英》❶ =pearly king [queen] ❷《-ies で》真珠貝のボタンのたくさんついた服;真珠貝のボタン
▶▶**Pèarly Gátes** 名《the ～》《口》天国の門 ～ **kíng [quéen]** 名C《英》パーリーキング [クイーン]《祝祭などに多数の真珠貝のボタンをちりばめた衣装 (pearlies) を着た昔のロンドンの呼び売りの男性 [女性]. 現在ではこの衣装を着てチャリティー募金を集める》 ～ **náutilus** 名C = nautilus ❶

pear·main /péərmeɪn/ 名C〘植〙ペアメイン《リンゴの1品種. 形がセイヨウナシに似てやや長い》

péar-shàped 形 ❶ セイヨウナシの形をした;(人が)上半身に比べて下半身が出っ張った ❷(声が)朗々とした
gò péar-shàped《英口》失敗する, うまくいかない

***peas·ant** /pézənt/《発音注意》名C ❶(発展途上国などの)小作人, 貧農(⇨ 類語) ❷《口》田舎者, 無骨(ぶこつ)者

類語《❶》peasant 主に昔の, または発展途上国などの小作農民を意味し, 現在の米国・英国などのように farmer によって農場経営が行われている国では用いられない.
farmer 農場経営者. farm で雇われて働く人は farmhand, farm worker という.

peas·ant·ry /pézəntri/ 名《the ～》《集合的に》《単数・複数扱い》小作農;小作農階級

pease /pi:z/ 名《古》pea の複数の1つ
▶▶～ **púdding** 名U《主に英》ピーズプディング《ゆでた豆を裏ごしして卵と混ぜて作る. 肉料理に添える》

péa·shòoter 名C 豆鉄砲;《米俗》ピストル

pea·souper /pì:sú:pər/ 名U《英口》黄色がかった濃霧《往時のロンドン名物. 現在では煤煙(ばいえん)規制が厳しくほとんど見られない》

peat /pi:t/ 名U ピート, 泥炭(塊)《燃料用》
～**·y** 形 ピート(状)の;ピートの豊富な
▶▶～ **bòg** 名C U 泥炭沼[地] ～ **mòss** 名U C〘植〙ピートモス, 泥炭ごけ, (特に)ミズゴケ《泥炭の主成分》;(前記堆積(たいせき)物を加工した)ピートモス《園芸用土》

***peb·ble** /pébl/ 名 ❶C (水の流れの作用で丸くなった) 小石, 玉石(⇨ STONE 類語P) ❷U 水晶;C 水晶製のレンズ ❸U (皮革・紙の)石目
nòt the ónly pèbble on the bèach《主に英》多数の中の1人[1つ]にすぎない;ほかにも代わりになる人はいる
—動 他 ❶ …を小石で舗装する [覆う];…に小石を投げつける ❷〔皮・紙など〕に石目をつける
—形《口》(眼鏡のレンズが)分厚い

pébble-dàsh 名U《主に英》〘建〙(外壁の)小石入りモルタルの化粧仕上げ(《米》rock dash)

peb·bly /pébli/ 形 小石の多い[ような];石目のついた

pec /pek/ 名C《通例 ～s》《口》胸筋(pectoral muscle)

pe·can /pɪká:n | -kǽn/ 名C〘植〙ペカン(の実)《ミシシッピ川流域地方原産のクルミの一種. テキサス州の州木》

pec·ca·ble /pékəbl/ 形《堅》罪 [過ち] を犯しやすい [犯し得る](↔ impeccable) **pèc·ca·bíl·i·ty** 名

pec·ca·dil·lo /pèkədílou/ 名 (複 **～s, ～es** /-z/) C ささいな罪, ちょっとした過ち

pec·cant /pékənt/ 形 ❶《堅》罪深い;規則に反する, 誤った ❷《古》病的な;病気を引き起こす **-can·cy** 名

pec·ca·ry /pékəri/ 名 (複 **-ries** /-z/) C〘動〙ペッカリー, ヘソイノシシ《テキサス以南の中南米産》

***peck**[1] /pek/ 動 他 ❶ (鳥が) …を (くちばしで) つつく;〔餌(えさ)〕をついばむ ❷〔穴〕をつついて作る ‖ ～ a hole in a tree 木をつついて穴をあける ❸〔人・頬(ほお)〕に軽くキスする;〔人〕の〈…に〉軽くキスする〈**on**〉‖ ～ him *on* the cheek =～ his cheek 彼の頬に軽くキスする
—自 ❶〈…を〉くちばしでつつく, ついばむ〈**at**〉‖ pigeons ～*ing* (away) *at* crumbs パンくずをつついているハト ❷(+**at** 名)《口》食べ物を (いやいや) つつく, 少しだけ食べる ‖ ～ *at* one's breakfast いやいや朝食をとる ❸(+**at** 名)《口》…のあらを探す, …を小突き回す
pèck óut ... / pèck ... óut 〈他〉…をつついてえぐり出す
—名C ❶ つつくこと, つつき ❷ つついた跡, つついてあけた穴 ❸〈…への〉軽いキス〈**on**〉‖ He gave me a ～ *on* the cheek. 彼は私の頬に軽くキスした
▶▶～**ing òrder** 名C《単数形で》(鳥の) つつき順位《鳥の社会で強者が弱者をつつく序列》;(人間社会の)序列(hierarchy)

peck[2] /pek/ 名C ❶ ペック《乾量単位. =8 quarts.《米》で約8.8リットル,《英》で約9リットル. 略 **pk.**》;1ペックます ❷《単数形で》《口》多量, たくさん

peck·er /pékər/ 名 C ❶ ⊗《米卑》陰茎(penis) ❷ つつく鳥, (特に)キツツキ(→ woodpecker)
kèep one's pécker ùp 《英口》元気を出す, 気落ちしない

peck·ish /pékɪʃ/ 形《叙述》❶《主に英口》少し腹の減った, 空腹気味の ❷《米口》不機嫌な, いら立った

pe·co·ri·no /pèkəríːnou/ 名 (複 **~s** /-z/) U C ペコリーノ《羊乳から作るイタリアのチーズ》

pec·tin /péktɪn/ 名 U【生化】ペクチン《果実に多く含まれる》 **-tic** 形 ペクチンの

pec·to·ral /péktərəl/ 形 ❶ 胸の, 胸部にある；胸につける[飾る] ❷【医】胸部疾患の[に効く] ━名 C ❶【解】胸部；《~s》胸筋(《口》pecs)；【魚】=pectoral fin ❷ 胸当て；(特にユダヤ高僧の)胸飾り ❸【医】胸部疾患用の薬
▸▸ **~ cróss** 名 C (司教の) 胸につける十字架 **~ fín** 名 C (魚の) 胸びれ **~ gírdle** 名 C【解】上肢帯, 肩帯 **~ múscle** 名 C U【解】胸筋

pec·u·late /pékjulèɪt/ 動 他 自《堅》(委託された公金を)横領する, 使い込む **pèc·u·lá·tion** 名 **-là·tor** 名

***pe·cu·liar** /pɪkjúːljər | -liə/ 《アクセント注意》形〔▶ peculiarity 名〕(**more ~；most ~**) ❶ 一風変わった, 変な；ふつうでない, 異常な, 珍しい(↔ ordinary)(♥ 話者の不快感を示唆する)(⇨ STRANGE 類語) ‖ Other people's habits seem very ~. 他人の習慣はとても変わって見える / It is ~ that he does not answer his phone. 彼が電話に出ないのは変だ / a ~ smell 妙なにおい
❷《叙述》〈…に〉特有の, 固有の, 独特の〈**to**〉；《所有格の語を伴って》独自の, 個性的な (↔ common) ‖ Unemployment is not ~ *to* European countries. 失業問題はヨーロッパ諸国に特有のものではない / Every nation has its own ~ character. どのような国家にも独自の国民性がある
❸《叙述》《英口》気分がすぐれない, 具合が悪い(ill)；少し頭のおかしい ‖ feel ~ (少し)気分が悪い
❹《限定》特別の, 格別の (⇨ PARTICULAR 類語) ‖ a matter of ~ interest 特に関心を呼ぶ問題
━名 C ❶《主に英》【宗】(他管区の監督下にある) 特別教会[教区] ❷《古》私有財産, 特権

pe·cu·li·ar·i·ty /pɪkjùːliǽrəṭi/ 名〔◁ peculiar 形〕(複 **-ties** /-z/) ❶ C 奇妙な点, 奇行；特徴, 特色 ❷ U 奇妙, 風変わり, 異様；特有性, 特異性, 独自性(⇨ FEATURE 類語)

***pe·cu·liar·ly** /pɪkjúːljərli | -liə-/ 副 ❶ 特に, 格別に ‖ a ~ Japanese attitude 日本人独特の態度 ❷ 奇妙に, 異様に ‖ behave ~ 風変わりな行動をする ❸ 極端に

pe·cu·ni·ar·y /pɪkjúːnièri | -əri/ 形《通例限定》《堅》金銭(上)の, 財政的な, 金銭による；【法】(罪が)罰金に相当する **-ar·i·ly** 副

ped- 連結形 ⇨ PEDO-

ped·a·gog·ic, -i·cal /pèdəgá(ː)dʒɪk(əl) | -gɔ́dʒ-/ <シ 形 教育(上)の；教育者[教師]の[らしい]；教育学の, 教授法の；学者ぶった
-i·cal·ly 副 教育学上, 教育法上；教師として

ped·a·gogue /pédəgɑ̀(ː)g | -gɔ̀g/ 名 C《堅または戯》教師；教え好きな人, 学者ぶった人

ped·a·go·gy /pédəgòudʒi | -gɔ̀dʒi/ 《アクセント注意》名 U 教育学, 教授法

***ped·al** /pédəl/ (♦ 同音語 peddle) 名 C ❶ (自転車・自動車・ミシンなどの) ペダル, 踏み板 ‖ a ~ boat ペダル[足踏み]ボート / the brake [accelerator] ~ ブレーキ[アクセル] ペダル ❷ (ピアノ・オルガンなどの) ペダル ‖ a loud [soft] ~ (ピアノの) ダンパー [ソフト] ペダル ❸ =pedal point
pùt [OR ***prèss, pùsh***] ***the pèdal to the métal*** 《米口》① 全速力で車を運転する ② (特に試合に勝てるよう) スパートをかける
━動 (**-aled**, +《英》**-alled** /-d/；**-al·ing**, +《英》**-al·ling**) 自 ❶ (自転車の) ペダルを踏む；自転車に乗って行く(♦ 通例方向を表す 副句 を伴う) ‖ He ~*ed* away. 彼は自転車に乗って走り去った / ~ on one's bicycle 自転車のペダルをこぐ ❷ (オルガン・ピアノの) ペダルを踏んで演奏する
━他〔自転車など〕のペダルを踏む
語源「足の」の意のラテン語 *pedalis* から. pedicure, centipede と同系.
▸▸ **~ bìn** 名 C《英》(ペダルを踏むとふたが開く) ごみ入れ **~ pòint** 名 C【楽】(通例低音の) 持続音 **~ pùshers** 名 複 ペダルプッシャー《6分丈で裾口を細めたパンツ. 元来はサイクリング用》 **~ stéel (guitàr)** 名 C【楽】ペダルスチールギター《4本の脚がつきペダルでピッチを変えて演奏できる10弦のスチールギター》

ped·a·lo /pédəlou/ 名 (複 **~es, ~s** /-z/) C《英》足踏み式ボート

ped·ant /pédənt/ 名 C 知識をひけらかす人, 衒学(げんがく)者；独断的な人；空論家；教条主義者

pe·dan·tic /pɪdǽnṭɪk/ 形 枝葉末節を気にかける；衒学的な, 杓子(しゃくし)定規の
-ti·cal·ly 副 枝葉末節にこだわって

ped·ant·ry /pédəntri/ 名 (複 **-ries** /-z/) U C 知識をひけらかすこと, 衒学；杓子定規

ped·dle /pédəl/ (♦ 同音語 pedal) 動 自 ❶ 行商する, 物を売り歩く ❷ つまらぬことにあくせくする[とらわれる] ━他 ❶ …を行商する, 売り歩く；《旧》〔麻薬〕を売る ❷〔情報・うわさ話など〕を切り売りする；…を吹聴(ふいちょう)する, まき散らす

ped·dler /pédlər/ 名 C ❶《米》行商人 (《英》pedlar) ❷ (麻薬などの) 売人 ❸ (うわさなどを)吹聴する人

ped·er·ast /pédəræst/ 名 C《堅》(少年を対象とする) 男色者

ped·er·as·ty /pédəræsti/ 名 U《堅》(特に少年との) 男色, 稚児(ちご)道

ped·es·tal /pédɪstəl/ 名 C ❶ (柱・彫像などの) 台, 台座, 柱脚；(両そで机の) 支脚, 支柱 ❷ 基盤, よりどころ；重要な[尊敬される]地位 ‖ a ~ of power 権力の基盤
knòck a pèrson òff his/her pédestal 〔人〕を尊敬されている地位から引きずり下ろす, 〔人〕の化けの皮をはぐ
pùt [OR ***sèt, plàce***] ***a pèrson on a pédestal*** 〔人〕をあがめる, 理想化する, 偶像視する
━動 (**~ed**, 《英》**~led** /-d/；**~·ing**, 《英》**~·ling**) 他 …を台(座)に載せる；台(座)で支える

***pe·des·tri·an** /pədéstriən/ 《アクセント注意》名 C 歩行者 (walker) ‖ In America ~*s* have the right-of-way. アメリカでは歩行者に(交通上の)優先権がある
━形 (**more ~；most ~**) ❶《比較なし》《限定》徒歩の, 歩行の；歩行者(用)の ‖ a ~ bridge 歩道橋 ❷ 平凡な, 単調な ‖ a ~ speech つまらない演説
語源 *pedestri-* on foot (徒歩で) + *-an* (形容詞・名詞語尾)：徒歩の(人)
▸▸ **~ cróssing** 名 C《英》横断歩道 (《米》crosswalk) **~ máll [précinct]** 名 C 歩行者天国, 車両規制商店街

pe·dés·tri·an·ìsm 名 U ❶ 徒歩；徒歩主義, 歩け歩け運動 ❷ 単調, 平凡, 陳腐

pe·des·tri·an·ize /pədéstriənàɪz/ 動 他 (車両を規制して)〔道路〕を歩行者専用にする
pe·dès·tri·an·i·zá·tion 名

pe·di·at·ric /pìːdiǽtrɪk/ <シ 形 小児科の

pe·di·a·tri·cian /pìːdiətríʃən/, **-at·rist** /-ǽtrɪst/ 名 C 小児科医

pe·di·at·rics /pìːdiǽtrɪks/ 名 U 小児科(学)

ped·i·cab /pédikæ̀b/ 名 C (東南アジアなどで見られる) 輪タク《客を乗せて運ぶ三輪自転車》

ped·i·cure /pédɪkjùər/ 《アクセント注意》名 ❶ C U ペディキュア《足のつめの手入れ・化粧》；(魚の目などの) 足の治療 (→ manicure) ❷ C 足治療の専門医 ━動 他〔足〕を治療する, …にペディキュアを施す **-cùr·ist** 名

***ped·i·gree** /pédɪgrìː/ 名 ❶ U 家系, 血筋；優れた家系, 古い家柄；(純血種の動物の) 血統 ‖ come from a family of ~ 名門の出である ❷ C (人の) 経歴, 背景；(物の) 歴史 ‖ a professor with a distinguished academic

P

〜 優れた学問的経歴を持つ教授 ❸ Ⓒ 系譜，系図，家系図；血統書(付きの動物)
—形《限定》血統書付きの，純血種の(pedigreed) ‖ a 〜 greyhound 純血種のグレーハウンド
語源「ツルの足」の意のフランス語 *pied de grue* から．系図の形がツルの足に似ているとされた．

ped·i·ment /pédɪmənt/ 名 Ⓒ 〘建〙ペディメント《ギリシャ建築の低い三角形の切妻(きりづま)壁》；(戸口や暖炉の)ペディメント型装飾；〘地〙山麓(さんろく)緩斜面
pèd·i·mén·tal 形 **〜·ed** 形 ペディメント付きの

P

ped·lar /pédlər/ 名《英》=peddler ❶

pedo- 連結形「小児，幼児 (child)」の意 (♦ 母音の前では ped-)

pe·dol·o·gy /pɪdɑ́(:)lədʒi | -dɔ́l-/ 名 Ⓤ ❶ 児童学，育児学 ❷ 〘医〙小児科(pediatrics)
pèd·o·lóg·ic(al) 形 児童学の；小児科の

pe·dom·e·ter /pɪdɑ́(:)məṭər | -dɔ́mɪ-/ 名 Ⓒ 歩数計

pe·do·phile /pí:dəfàɪl/ 名 Ⓒ 形 小児愛者(の)

pe·do·phil·i·a /pì:doufíliə/ 名 Ⓤ 〘精神医〙ペドフィリア，小児愛《小児に性欲を感じる大人の性的倒錯》
-phíl·i·àc 名 形 =pedophile

pe·dun·cle /pɪdʌ́ŋkl/ 名 Ⓒ 〘植〙花柄(かへい)，花梗(かこう)；〘動〙肉茎，肉柄 **-cu·lar** 形 **-cu·làte** 形 花柄[肉柄]のある；花柄[肉柄]に生じる

pee /pi:/ 《口》 動 自 おしっこする(urinate)
—名 Ⓤ/Ⓒ 《単数形で》おしっこ(urine)，小便(すること) ‖ have [OR take, go for] a 〜 おしっこする

peek /pi:k/ (♦ 同音語 peak, pique) 動 自 のぞく，のぞき見する；ちらっと見る《*in, out*》〈**at** …を，**over** …越しに，**through** …を通して〉(⇨ LOOK 類語P, PEEP¹ 類語)
—名 Ⓒ 《単数形で》のぞき見；ちらっと見ること

peek·a·boo /pì:kəbú:/ 名 Ⓤ いないいないばあ(《英》peep-bo) —形 (ブラウスなどが)薄地の，すけすけの，肌の垣間見える —間 いないいないばあ

***peel** /pi:l/ (♦ 同音語 peal) 動 他 ❶ (⇨ 類語) **a** 《+目》〔果物・樹木など〕の皮をむく；〔皮〕をはぐ，むく《*off, away*》‖ 〜 an orange オレンジの皮をむく / 〜 the bark *off* (a tree) (木の)皮をはぐ **b** 《+目 *A*+目 *B* ⇄ +目 *B*+**for** 目 *A*》*A* (人)に *B* (果物など)の皮をむいてやる ‖ Let me 〜 you an apple.=Let me 〜 an apple *for* you. リンゴの皮をむいてあげよう ❷〔外装など〕を〈…から〉はぐ，落とす《*away, back, off*》〈**from, off**〉‖ 〜 *off* a label ラベルをはがす / 〜 paint *from* a car 自動車の塗装をはがす
—自 ❶ (樹木・果物などの)皮がむける；(体・顔などの)皮膚がむける，(皮・皮膚などが)むける ‖ Mandarin oranges 〜 easily. ミカンは皮がむきやすい / My face 〜*ed* after I got sunburned. 日焼けして顔の皮がむけた ❷ (壁紙・ペンキなどが)〈…から〉はがれる，はげる《*off, away*》〈**from, off**〉；(壁などが)はがれる，はげる ‖ The paint was 〜*ing off* (the walls). (壁の)ペンキがはげかかっていた
****pèel óff*** 〈他〉《***pèel óff ... / pèel ... óff***》① ⇨ 他 ❶,❷ ②〔服〕を脱ぐ ③ (持っている札束の中から)〔数枚〕を抜き取る —〈自〉① ⇨ 自 ❷ ② 服を脱ぐ ③ 隊列を離れる；別の方に行く；(飛行機が)編隊を離れる
pèel óut 〈自〉《米口》素早く立ち去る；車を急発進させる
—名 Ⓤ Ⓒ (果物・野菜などの)皮(♦ 特に食べる前にむいたもの)(⇨ SKIN 類語P) ‖ (a) banana 〜 バナナの皮

類語 《他 ❶》**peel** 手で皮をむくことをいうが，道具を用いても peel ということも多い．
pare 刃物を用いるなどして皮をむく．〈例〉*pare* an apple リンゴの皮をむく
skin 方法のいかんを問わず動植物の皮をはぐ[むく]．〈例〉*skin* a bear 熊の皮をはぐ

peel·er /pí:lər/ 名 Ⓒ ❶ 皮をむく人；《複合語で》皮むき器 ❷ 《俗》ストリッパー ❸ 《英》《古》警官

peel·ings /pí:lɪŋz/ 名 複 (ジャガイモなどの)むいた皮

peen /pi:n/ 名 Ⓒ 金づちの頭《くぎを打つ方の反対側》

***peep¹** /pi:p/ 動 自 ❶ のぞき見する，盗み見する《*in, out*》〈**at** …を；**through** …から〉(⇨ 類語，LOOK 類語P) ‖ I 〜*ed through* the keyhole to see what was going on. 何が起こっているのかと鍵穴(かぎあな)からのぞいてみた / 〜 *in* [*out*] 中[外]をのぞく ❷ 少しずつ見え始める，姿を現す；(光が)漏れる《*out*》〈**from** …から；**through** …を通して〉‖ The sun 〜*ed out through* a gap in the clouds. 雲の切れ間から太陽がのぞいた
—他 …を少し現す，ちょっと出す
—名 Ⓒ ❶ 《a 〜》ちらっと見ること；のぞき見，盗み見〈**at** …への；**through** …越しの〉‖ have [OR take] a 〜 *through* a hole in the fence 塀の穴からのぞき見する ❷ (太陽などの) 見え始め ‖ at the 〜 of dawn [OR day] 夜明けに

類語 《自 ❶》**peep** 好奇心やいたずら心で小さな穴・隙間(すき)などからこっそりのぞく．〈例〉*peep* through a hole 穴からのぞく
peek peep とほぼ同義だが，子供じみた行為といった語感はふつう peep より強い．
peer (何かをはっきり見ようと)目を凝らして見つめる．

▶▶**Pèeping Tóm** 名 ① のぞき見トム (♦ 英国の伝承で，住民を重税から救う代償として裸で馬を乗り回すことを命じられた Godiva 夫人をのぞき見して盲目になったといわれる仕立屋 Tom の話から)(→ Godiva) ② 《また p- T-》Ⓒ のぞき見する人，出歯亀(でばがめ) 〜 **shòw** 名 Ⓒ ピープショー，のぞきからくり《小さな穴を通して見せる見世物》 〜 **sìght** 名 Ⓒ (銃の)穴照門

peep² /pi:p/ 名 Ⓒ ❶ (小鳥・ネズミなどの)ぴーぴー[ちゅーちゅー] (鳴く声)；《英》(車の)警笛，ぷーぷー(♥ 幼児語) ❷ 《通例否定文で》小声；物音；(不平などの)ぼそぼそいう声；話し声；便り
not hèar a péep out of a pèrson 〔人〕が一言も発しない；物音一つ立てない
—動 自 ❶ ぴーぴー[ちゅーちゅー]鳴く ❷ 小声で話す

peep-bo /pí:pbou/ 名 Ⓤ 《英》いないいないばあ (peekaboo)

pée-pèe 名 Ⓤ =pee
▶▶〜 **pàd** 名 Ⓒ (ペット用の)おしっこ吸収パッド

peep·er /pí:pər/ 名 Ⓒ ❶ 《〜s》《旧》《俗》目 (eyes) ❷ のぞき見する人

péep·hòle 名 Ⓒ (ドア・壁などの)のぞき穴，ふし穴

***peer¹** /pɪər/ 《発音注意》(♦ 同音語 pier) 名 Ⓒ ❶ 《通例 〜s》(地位・能力・年齢などが)同等[対等]の者，匹敵する者；仲間，同僚 ‖ It would be hard to find his 〜. 彼に匹敵する人物を探すのは困難だろう / win the respect of one's 〜*s* 同僚の尊敬を勝ち取る ❷ (英国の) 貴族 《duke, marquis, earl, viscount, baron のいずれか》；(英国の) 上院議員 (♦ 女性形は peeress だが，男女共に peer が一般的) ‖ a life 〜 一代貴族 / a hereditary 〜 世襲貴族
without (a) péer 無比の，並ぶ者のない
▶▶〜 **gròup** 名 Ⓒ 〘社〙仲間[同輩]集団 〜 **prèssure** 名 Ⓤ 仲間[同僚]の圧力《仲間集団からの社会的圧力》 〜 **revìew** 名 Ⓤ (学会などの) 同僚による評価[査読] ‖ a *peer-reviewed* journal 論文審査制刊行誌

***peer²** /pɪər/ (♦ 同音語 pier) 動 自 ❶ 目を凝らす，〈…を〉じっと見る，凝視する〈**at, into**〉(⇨ LOOK 類語P, PEEP¹ 類語) ‖ He 〜*ed at* me through his glasses. 彼は眼鏡越しにじっと私を見つめた / 〜 out じっと外をうかがう / 〜 *into* the distance 遠くをじっと見る ❷ かすか[わずか]に見える ‖ The moon 〜*ed* over the mountain. 山の上に月が顔をのぞかせた

peer·age /píərɪdʒ/ 名 ❶ 《the 〜》《集合的に》貴族，貴族階級 ❷ Ⓒ 貴族の身分[地位]，爵位 ❸ Ⓒ (名前と家系を記した)貴族名鑑

peer·ess /píərəs | pɪərés/ 名 Ⓒ 貴族夫人；爵位を持つ女性；女性の上院議員

peer·less /píərləs/ 形 無比の，比類のない

pèer-to-péer 形 🖳ピアツーピアの《サーバーが不在の対等関係で接続されたコンピューターネットワークの構成仕様》

peeve /piːv/ 名 C 《口》いら立ち, 不機嫌; いらいらの種 ‖ his pet ～ 《主に米》彼のしゃくの種
—動 他 《通例受身形で》〔人〕がいらいらする, 不機嫌である

peeved /piːvd/ 形 《口》〈…に〉いらいらした〈**about**〉

pee·vish /píːvɪʃ/ 形 いら立った, 不機嫌な
～·ly 副 いら立って, 不機嫌に **～·ness** 名

pee·wee /píːwìː/ 名 C ❶ 並外れて小さい人[動物, もの], ちび ❷ 《米》=pewee —形 ちっちゃな

pee·wit /píːwɪt/ 名 《英》=lapwing

***peg** /peg/ 名 C ❶ (コートや帽子の)かけくぎ; (テント綱を張る)くい (tent peg); (土地の境界の)くい ‖ a hat ～ 帽子かけ(のくぎ) ❷ (金属製・木製の)くぎ, ピン; (たるの)栓; 《英》洗濯ばさみ (《米》clothespin) ❸ 〖楽〗(弦楽器の)糸巻き (tuning peg) ❹ (評価の)段階, 等級 ❺ きっかけ, 口実, 理由 ❻ 《主にインド》(特に強い酒の)1杯 ❼ 《口》(人の)脚 ❽ 〖野球〗(強い)送球

a pèg to háng ... òn 〔議論など〕を始める格好のきっかけ[口実]

a squàre pég in a ròund hóle 不適任者 (♦「丸い穴に四角いくぎ」から)

òff the pég 《英》(洋服などが)既製で, つるしで

tàke [OR *brìng, knòck*] *a pèrson dówn a pèg* (*or twò*) 〔人〕をやり込める, 〔人〕に思い知らせる

—動 (**pegged** /-d/; **peg·ging**) 他 ❶ …にくぎ[くい]を打つ; …をくぎ[くい]で留める《*down*》; 《英》〔洗濯物〕を洗濯ばさみで留める《*out*》‖ ～ *down* a tent テントをくいで(地面に)留める ❷ 〔格・賃金など〕を抑える, 固定する《*down*》〈**at** …で; **to** …に対して〉(♦しばしば受身形で用いる) ‖ ～ *down* wage increases *at* 5 percent above the 2000 level 賃金上昇を2000年レベルの5%増しに抑える ❸ 《主に米口》…を〈…と〉みなす, 決めつける, 見抜く〈**as**〉‖ ～ him *as* a man of action 彼を行動家と見定める ❹ 〔境界など〕をくいで示す《*out*》‖ ～ *out* a mining claim 採鉱権を持つ区域をくいを打って示す ❺ 《米口》〈…に〉〔ボール〕を低目に強く投げる〈**to**〉

pèg awáy 〈自〉《主に英口》〈…で〉こつこつ働く, 〈…を〉辛抱強くやる〈**at**〉

pèg báck ... / pèg ... báck 〈他〉(競走・試合で)〔相手〕との差を縮める, 〔相手〕より優位に立つ (♦主に新聞用語)

pèg óut 〈自〉① 《主に英口》死ぬ; 疲れて倒れる; (エンジン・車などが)止まる ② (クロッケーで)目標のくいに当てて勝利する ③ 〖トランプ〗(クリベッジで)得点して勝つ —〈他〉《*pèg óut ... / pèg ... óut*》⇨ 他 ❶, ❹

⏩**～ lèg** 名 C 《口》(木製の)義足(をつけた人) **～ tòp** 名 C (金(かな)くぎのついた)セイヨウナシ形のこま

Peg /peg/ 名 ペグ (Margaret の愛称)

Peg·a·sus /pégəsəs/ 名 ❶ 〖ギ神〗ペガサス (Medusa が死ぬときにその血から生まれた翼のある馬. 詩神たち(Muses)はこれに乗って霊感を得た) ❷ 〖天〗ペガサス座 ❸ U 詩的霊感, 詩才

pég·bòard 名 C (ゲームの点数計算用の)くぎさし盤; (商品などを飾る)かけくぎのついた板, ハンガーボード

peg·ma·tite /pégmətàɪt/ 名 U C 〖岩〗ペグマタイト, 巨晶花崗(かこう)岩

PEI 略 *P*rince *E*dward *I*sland

pei·gnoir /peɪnwɑ́ːr | ―́―/ 名 C ペニョワール (女性用のゆったりした部屋着)

pe·jo·ra·tive /pɪdʒɔ́(ː)rəṭɪv/ 形 《堅》(語句が)非難の意味を表す, 軽蔑的な, 悪口の
—名 C 〖言〗軽蔑的な語句[接尾辞] (♦ small に対する puny, poet に対する poetaster など) **～·ly** 副

pek·an /pékən/ 名 C 《米》〖動〗フィッシャー (fisher) (北米産の大型のテン); U その毛皮

Pe·king /piːkíŋ/ ⊲ジ 名 ⇨ BEIJING ⏩**～ dúck** 名 U 〖料理〗ペキンダック **～ mán** 名 U 〖人類〗北京原人

Pe·king·ese, Pe·kin·ese /pìːkɪníːz/ 名 (複 ～) C ❶ 〖動〗ペキニーズ (中国原産の毛の長い小型愛玩(あいがん)犬) ❷ ペキン市民; U 《旧》ペキン官話, ペキン語[方言]

pe·koe /píːkoʊ/ 名 U ペコー (若い葉だけで作る上質の紅茶) (→ orange pekoe)

pel·age /pélɪdʒ/ 名 U 毛皮; (哺乳(ほにゅう)類の)毛

pe·lag·ic /pəlǽdʒɪk/ 形 外洋(で)の, 遠洋(で)の; (海洋生物が)外洋の海面近くに住んでいる

pel·ar·go·ni·um /pèlɑːrɡóʊniəm | pèlə-/ 名 C 〖植〗テンジクアオイ(天竺葵)の類, ペラルゴニウム

pelf /pelf/ 名 U 《古》あぶく銭, 不浄の富, 悪銭

pel·i·can /pélɪkən/ 名 C 〖鳥〗ペリカン
⏩**～ cróssing** 名 C (英国の)押しボタン式横断歩道 (→ zebra crossing) (♦ *pe*destrian *li*ght *con*trolled *crossing* より. 鳥名になぞらえて con を can に変えたもの)

pe·lisse /pəlíːs/ 名 C ❶ (手が出せるように切り口のついた)女性用マント; 毛皮の裏打ち[縁取り]をした女性・子供用のマント ❷ (竜騎兵の)毛皮の縁取りをした外套(がいとう)

pel·la·gra /pəlǽɡrə/ 名 U 〖医〗ペラグラ (皮膚疾患・神経機能障害を伴う全身病) **-grous** 形

pel·let /pélət | -ɪt/ 名 C ❶ (粘土・紙・食べ物などの)小球; 小丸薬; ペリット (肉食鳥の吐き出す不消化物のかたまり) ❷ (空気銃の)小弾丸; (散弾銃の)ばら弾; (投石器の)石つぶて —動 他 …を小球にする; …に小球をぶつける

Pèll gránt /pèl-/ 名 (また P- G-) (the ～) 《米》ペル奨学金 (連邦政府による低所得者用の給付型奨学金) (♦提唱者の名より)

pel·li·cle /pélɪkl/ 名 C 薄膜, 皮膜; 〖生〗(原生動物の)薄皮(はくひ) **pel·líc·u·lar** 形

pell-mell /pèlmél/ ⊲ジ 副 形 《限定》❶ 慌てふためいて[た], あたふたと(した), 向こう見ずに[な] ❷ ごちゃごちゃに[の], 乱雑に[な] —名 U/C 《単数形で》混乱; 乱雑, ごちゃまぜ; 大慌て, てんやわんや

pel·lu·cid /pəlúːsɪd/ 形 ❶ 《文》(水などが)澄んだ, 透明な ❷ 《堅》(表現などが)すっきりした, 明快な
pèl·lu·cíd·i·ty 名 **～·ly** 副

pel·met /pélmɪt/ 名 C 《英》(カーテンの上部の)金具隠し (《米》valance)

Pel·o·pon·ne·sus /pèləpəníːsəs/, **-nese** /-níːz | -níːs/ 名 (the ～) ペロポネソス半島 (ギリシャ南部の半島. スパルタなど古代都市があった) **-né·sian** 名 C 形 ペロポネソス半島(の); ペロポネソス人(の) ‖ the ～ War ペロポネソス戦争 (431–404 B.C.) (アテネとスパルタの戦争)

pe·lo·ta /pəlóʊṭə | -lɔ́-/ 名 =jai alai

pelt[1] /pelt/ 動 他 ❶ 〔人に〕(続けざまに)〈石などを〉投げつける〈**with**〉; 〔石など〕を〈…に〉投げつける〈**at**〉; 〔人〕に〈質問・叱責(しっせき)などを〉浴びせかける〈**with**〉‖ ～ him *with* snowballs = ～ snowballs *at* him 彼に雪つぶてを投げる / ～ her *with* questions 彼女を質問攻めにする ❷ (雨・風などが)…を立て続けに激しく打つ[たたく] ‖ Hail ～*ed* the roof. ひょうが激しく屋根をたたいた
—自 ❶ (雨などが)激しくたたきつける《*down*》‖ The rain was ～*ing down.* = It was ～*ing* with rain. 雨がたたきつけるように激しく降っていた ❷ 《口》急ぐ, 疾走する
—名 C 一撃; 強打; どしゃ降り
(*at*) *fùll pélt* = (*at*) *full* TILT

pelt[2] /pelt/ 名 C ❶ (羊・ヤギの)毛皮; (毛をむしった)生皮 (⇨ SKIN 類語P) ❷ 《口》(人間の)皮膚, 肌 ‖ in one's ～ 裸で —動 他 〔動物の皮〕をはぐ

pel·vic /pélvɪk/ 形 〖解〗骨盤(近く)の ⏩**～ fín** 名 C (魚の)腹びれ **～ flóor** 名 C 〖解〗骨盤底

pel·vis /pélvɪs/ 名 (複 **～·es** /-ɪz/ OR **pel·ves** /-viːz/) C 〖解〗骨盤; 骨盤腔

pem·mi·can, pem·i·can /pémɪkən/ 名 U ペミカン (北米先住民の携帯用食品. 干し肉に果物や脂肪を混ぜて固形化した保存食品)

***pen**[1] /pen/
—名 (複 **～s** /-z/) C ❶ ペン, 万年筆 (fountain pen); ボールペン (ball-point pen) ‖ write 「**with** a [OR **in**] ～

ペンで書く(♦ in pen では無冠詞. → pencil ❶) / a felt-tip [*felt] ～ フェルトペン
❷《the ～, one's ～》(著述の手段としての)ペン, 筆 ; 文筆業[活動] ; 作家, 著者 ; 文体 ‖ a slip of the ～ 書き間違い / an article from the ～ of a famous scientist 有名な科学者の筆になる論文 / make a living with one's ～ 文筆で生計を立てる / a translation by a distinguished ～ 優れた書き手による翻訳 / a witty ～ 機知に富んだ文体 ❸ (入力用の)ペン, PDA操作に使われるペン(stylus) ❹〖動〗(イカの)甲

pùt [OR ***sèt***] ***pèn to páper*** ; ***tàke ùp one's pén*** 筆をとる, 書き始める

――動 (**penned** /-d/ ; **pen·ning**) 他〔手紙・作品など〕を書く

語源 「羽」の意のラテン語 *penna* から. 昔, 鳥の羽軸を削ってペンとして使っていた.

▸▸ ～ **nàme** 名 C ペンネーム, 筆名, 雅号 ～ **pàl** 名 C 《主に米》=penfriend ～ **pòint** 名 C 《米》ペン先

***pen²** /pen/ 名 C ❶ (家畜の)おり, 囲い ; (おりの中の)家畜 ❷ 小さな囲い ❸ 潜水艦修理ドック ――動 (**penned** /-d/ ; **pen·ning**) 他《通例受身形で》おりに入れられている ; 閉じ込められている, 監禁されている《*in, up*》

pen³ /pen/ 名《米・カナダ俗》=penitentiary ❶

pen⁴ /pen/ 名 C 雌のハクチョウ(↔ cob)

PEN /pen/ 略 International Association of *P*oets, *P*laywrights, *E*ditors, *E*ssayists, and *N*ovelists (国際ペンクラブ)

Pen. 略 Peninsula

***pe·nal** /píːnəl/ 《発音注意》 形《通例限定》❶ 刑罰の ; 刑法の ‖ ～ law 刑法 / ～ detention 勾留(こうりゅう) / the ～ system 量刑制度 ❷ 刑罰に処せられる, 罰すべき ‖ a ～ offense 刑事犯罪 ❸ (税金などが)苛酷(かこく)な ▸▸ ～ **còde** 名《the ～》〖法〗刑法(典) ～ **còlony** 名 C 〖史〗犯罪者植民地《かつて犯罪者を送り出して植民地を作った》 ～ **sérvitude** 名 U 《英》(重労働を伴う)懲役刑

***pe·nal·ize** /píːnəlàɪz/ 動 他 ❶ 〈…のかどで〉…を罰する〈**for**〉; …に有罪を宣告する ‖ be ～*d for* not doing one's homework 宿題をやらなかったことで罰を受ける ❷〖スポーツ〗〔反則者〕にペナルティを科す ; 〔行為〕を処罰すべきものとする ; (一般に)(物事が)…を不利な立場に置く, 困らせる(♦ しばしば受身形で用いる) **pè·nal·i·zá·tion** 名

***pen·al·ty** /pénəlti/ 《アクセント注意》 名 (複 **-ties** /-z/) ❶ U 〈罪などに対する〉処罰 ; C (具体的な)罰, 刑罰〈**for**〉 ‖ The maximum ～ *for* this crime is five years' imprisonment. この犯罪の最高刑は懲役5年だ / impose a ～ 刑罰を科す / the death ～ 死刑
❷ C 〈…に対する〉罰金(fine), 違約金〈**for**〉 ‖ a ～ *for* illegal parking 違法駐車の罰金
❸ C 《しばしば the ～》〈ある状態・行動などに伴う〉不利益, 困った点, 報い〈**of**〉 ‖ the *penalties of* old age 老齢に伴ういろいろなハンディキャップ ❹ C 〖スポーツ〗ペナルティー《反則に対する罰》; (サッカー・ラグビーなどの)ペナルティーキック ; ペナルティーゴール ; 《-ties》(サッカーの)PK戦

pày the pénalty 〈…の〉罰金を払う ; 〈過ちなどの〉罰[報い]を受ける〈**for**〉

under [OR ***on***] ***pénalty of ...*** (違反すれば)…の罰を加えるという条件で

▸▸ ～ **àrea** 名 C 〖サッカー〗ペナルティーエリア ～ **bòx** 名 C 〖アイスホッケー〗ペナルティーボックス《反則者が入るリンクわきの席》; 〖サッカー〗=penalty area ～ **clàuse** 名 C (契約書中の)違反罰則条項 ～ **kìck** 名 C 〖サッカー〗ペナルティーキック ～ **pòint** 名 C (英国で運転者への)交通違反点数 ～ **shóot-òut** 名 C 〖サッカー〗(同点の勝敗を決めるための)一連のペナルティーキック, PK戦 ～ **spòt** 名 C 〖サッカー・ホッケー〗ペナルティースポット

pen·ance /pénəns/ 名 U/C 《通例単数形で》❶ 〈…に対する〉回心 ; 罪のあがない, 罪滅ぼし, 贖罪(しょくざい)(の苦行)〈**for**〉 ❷ (ローマカトリック・東方教会の)回心の秘跡, 告解(こっかい) ――動 他《古》…に罪のあがないをさせる

pèn-and-ínk /pèn ən-/ 〈ジ〉 形《限定》ペン書きの

pe·na·tes /penéɪtiːz | -nάːteɪz/ 名 複《しばしば P-》〖ロ神〗ペナテス《家庭の守護神》

lares and penates ⇨ LARES(成句)

***pence** /pens/ 名 penny の複数《略 p》(♦ 金額をいう場合に用いる. → penny)

pen·chant /péntʃənt | pɔ́nʃɔn/ 名 C 《通例単数形で》〈…に対する〉(強い)好み, 趣味 ; 傾向〈**for**〉

‡pen·cil /pénsəl/
――名 (複 **～s** /-z/) C ❶ **鉛筆** ; U 鉛筆の芯(しん) ‖ a colored ～ 色鉛筆 / a letter written 「**with** a [OR **in**] ～ 鉛筆書きの手紙(♦ in pencil では無冠詞. → pen¹ ❶) / a mechanical ～ シャープペンシル / sharpen a ～ 鉛筆を削る
❷〖光〗光束 ‖ a ～ of light 一条の光 ; 〖数〗線[面]束
❸ 鉛筆状のもの ; 棒状の化粧品[薬品] ‖ an eyebrow ～ 棒状のまゆ墨 / a styptic ～ 止血棒 ❹ 画風, 画法
――動 (**～s** /-z/ ; **～ed**, 《英》 **-cilled** /-d/ ; **～·ing**, 《英》 **-cil·ling**) 他 …を鉛筆で書く[描く], 記入する, (鉛筆で)印をつける ; (まゆ墨で)〔まゆ〕を引く ‖ I ～*ed* a sketch of him on the cover. 本の表紙に彼のスケッチを鉛筆で描いた / ～*ed* eyebrows まゆ墨を引いたまゆ

pèncil ín ... / ***pèncil ... ín*** 〈他〉 ① とりあえず〔会合・日程など〕を〈…の日取りで〉予定表に加えておく ; 〔人〕の〈行動・日程を〉とりあえず決めておく〈**for**〉; …をとりあえず書き留める ‖ ～ *in* the meeting *for* tomorrow afternoon とりあえず明日の午後を会議に予定しておく ② (書いてあるものに)鉛筆で…を書き加える

語源 「絵筆」の意のラテン語 *penicillum* から. penicillin (ペニシリン)と同語源.

▸▸ ～ **càse** 名 C 鉛筆入れ, 筆箱 ～ **pùsher** 名 C 《米俗》=pen-pusher ～ **shàrpener** 名 C 鉛筆削り ～ **skìrt** 名 C 《英》ペンシルスカート《腰からすそまで細長く真っすぐなスカート》

pèncil·thín 形 とても細い, 極細の

pen·dant /péndənt/ 名 C ❶ ペンダント, 下げ飾り(ネックレス・イヤリングなど) ; (ペンダントについた)垂れ飾り ; シャンデリア ; (丸天井からの)つり飾り ; (ランプの)引きひも ; (懐中時計の)つり輪 ❷ (対の)片方, 片割れ ; 付属物, 付録
――形 =pendent

語源 *pend-* hang (ぶら下がる) + *-ant* (形容詞・名詞語尾) : ぶら下がっているもの

pen·den·cy /péndənsi/ 名 U 懸垂(状態) ; 未解決(状態), 未定(状態)

pen·dent /péndənt/ 形 ❶《堅》《文》垂れ下がった, ぶら下がった ❷《堅》《文》突き出した, 張り出した ❸《堅》《文》未解決の, ペンディングの(pending) ❹〖文法〗不完全構文の, (分詞が)懸垂的な ――名 =pendant

***pend·ing** /péndɪŋ/ 形 ❶ 未解決の, 懸案中の ; 係争中の ‖ a ～ case 係争中の訴訟 / Patent ～. 特許出願中 ❷ 差し迫った, 今にも起こりそうな
――前 ❶〖主に法〗…を待つ間, …まで(until) ‖ ～ the outcome of an investigation 捜査の結果がはっきりするまで ❷ …の間(ずっと)(during)

pen·du·lous /péndʒələs | -dju-/ 形 だらりとぶら下がった, 垂れ下がった ; 揺れ動く **～·ly** 副 **～·ness** 名

***pen·du·lum** /péndʒələm | -djʊ-/ 名 ❶ C (時計などの)振り子 ❷《通例 the ～》(世論・流行などの)変動, 盛衰 ‖ the ～ of public opinion 世論の揺れ

Pe·nel·o·pe /pənéləpi/ 名 ❶〖ギ神〗ペネロペ《夫 Odysseus の不在中20年間貞節を守った妻》 ❷ C 貞淑な妻

pe·ne·plain /píːnɪplèɪn/ 名 C 〖地〗準平原

pen·e·tra·ble /pénətrəbl/ 形 突き通せる ; 入り込める ; 浸透[貫通]できる ; 看破[理解]できる(↔ impenetrable)

pen·e·tra·li·a /pènətréɪliə/ 名 複《堅》❶ (社寺などの)奥の院, 内陣 ; 奥(の間) ❷ 心の内, 秘密の事柄

***pen·e·trate** /pénətrèɪt/ 動〔▶ penetration 名, penetrative 形〕他 ❶ …を貫く, 突き通す ; (目が)…を見通す

‖ The bullet ～*d* the wall. 銃弾が壁を貫いた / Our eyes could not ～ the darkness. 我々の目には闇(やみ)は見通せなかった ❷ …の内部に入る；〔ほかの組織など〕に潜入する；〔市場〕に進出する ‖ ～ a forest 森の中に入って行く / ～ overseas markets 海外市場に進出する ❸ …の内部にしみ通る, 浸透する；…に普及する ‖ The water ～*d* our basement wall little by little. 水が少しずつ我が家の地下室の壁にしみ込んできた ❹〔真理・意味など〕をつかむ, 理解する；…を洞察する；…を見抜く, 見破る ❺ (男性が)…の膣(ちつ)[肛門(こうもん)]にペニスを挿入する

―自 ❶ 貫く, 突き通す；しみ込む, 浸透する；進出する；潜入する 〈**in, into** …の中へ；**to** …まで；**through** …を〉‖ The knife ～*d to* the bone. ナイフは骨まで突き刺さった / The idea ～*d* slowly *in* this country. その考えはゆっくりとこの国に浸透した ❷ (人が) 見抜く；理解する ❸ (物事が)理解される, 腑(ふ)に落ちる, ぴんとくる

pén·e·tràt·ing /-ɪŋ/ 形 ❶ (眼力の)鋭い, 洞察力のある ❷ (音声が)よく通る；(傷などが)貫通する；(寒さなどが)刺すような **～·ly** 副 **～·ness** 名

pen·e·tra·tion /pènətréɪʃən/ 名 〔◁ penetrate 動〕 U ❶ 貫通(力)；侵入；浸透(力) ❷ (弱小国に対する)勢力浸透；(市場への)進出 ❸ 眼識, 洞察力 ‖ a man of ～ 眼識のある人 ❹ (軍隊の)侵攻 ❺ ペニスの挿入

pen·e·tra·tive /pénətrèɪtɪv | -trə-/ 形 〔◁ penetrate 動〕 ❶ 突き通る；侵入する；しみ通る ❷ 鋭い, 鋭敏な ‖ ～ observation 鋭い観察 **～·ly** 副

pén·frìend 名 C 《英》ペンフレンド(《主に米》pen pal)

***pen·guin** /péŋgwɪn/ 《発音注意》 名 C 〖鳥〗ペンギン

▸▸ **～ sùit** 名 C 《英口》(男子用)夜会服

pen·i·cil·lin /pènəsílɪn/ 名 U 〖薬〗ペニシリン

語源 「絵筆」の意のラテン語 *penicillum* から. ペニシリンの発見者フレミングによる命名. 採取したアオカビに筆状の構造があったことから. pencil と同語源.

pe·nile /pí:naɪl/ 形 ペニス[陰茎]の ‖ ～ dysfunction 陰茎勃起障害 / ～ cancer 陰茎癌(がん)

***pen·in·su·la** /pənínsələ | -sju-/ 《アクセント注意》 名 C 半島 (略 pen.) ‖ the Korean *Peninsula* 朝鮮半島

語源 ラテン語 *pen-*(ほとんど)＋ *-insula*(島)から.

pen·in·su·lar /pənínsələr | -sju-/ 形 半島の, 半島状の

pe·nis /pí:nɪs/ 《発音注意》 名 (複 **～·es** /-ɪz/ OR **pe·nes** /-ni:z/) C ペニス, 陰茎, 男根

▸▸ **～ ènvy** 名 U 〖心〗ペニス羨望(せんぼう) 《ペニスのないことを自覚した女子が男子に対して無意識裏に抱く羨望》

pen·i·tence /pénətəns | pénɪ-/ 名 U 悔悟(かいご), 後悔

pen·i·tent /pénətənt | pénɪ-/ 形 〈罪を〉悔悟[後悔]している〈**for**〉 ―名 C 悔悟者, 罪を悔いている人；〖カト〗回心の秘跡を受ける人, 告解者 **～·ly** 副

pen·i·ten·tial /pènɪténʃəl/ 〈シ〉 形 悔悟の, 改悛(かいしゅん)の；贖罪(しょくざい)の；贖罪的苦行の **～·ly** 副

pen·i·ten·tia·ry /pènɪténʃəri/ 名 (複 **-ries** /-z/) C ❶ 《米・カナダ》州[連邦]刑務所；《英》感化院 ❷ 〖宗〗(ローマ教皇庁の)聖庁裁判所；贖免(しょくめん)局；聴罪師

―形 ❶ 贖罪の(ための)；更生のための；懲戒の, 懲罰の ❷ 《米》(罪が)刑務所入りに相当する

pén·knìfe 名 (複 **-knives** /-nàɪvz/) C ペンナイフ 《小型のポケットナイフ. もと鵞(が)ペン(quill pen)削りに用いた》

pen·light, pen·lite /pénlàɪt/ 名 C ペンライト 《万年筆型の懐中電灯》

pen·man /pénmən/ 名 (複 **-men** /-mən/) C ❶ (昔の)筆記者, 書記(scribe) ❷ 著者, 作者；文士, 作家 ❸ 書家, 能筆家(calligrapher)；字の上手な人

pén·man·shìp /-ʃɪp/ 名 U ❶ (ペン) 習字, 書道 (→ calligraphy) ❷ 書法, 書体, 筆跡(handwriting)

Penn /pen/ 名 **William ～** ペン (1644–1718) 《英国のクエーカー(Quaker)教徒の指導者. 米国ペンシルベニア州の建設者》

Penn., Penna. 略 Pennsylvania

***pen·nant** /pénənt/ 名 C ❶ (学校・チームの)三角旗, ペナント ❷ 《the ～》《米・カナダ・豪》(特に野球の)優勝旗, ペナント；優勝 ❸ 〖海〗(通例三角形の細長い)標識旗, 信号旗 ❹ 〖海〗短索

pen·ne /pénei/ 名 複 〖料理〗ペンネ 《筒状でペン先型のパスタの一種》(♦ イタリア語より)

***pen·ni·less** /pénɪləs/ 形 無一文の, 極貧の (⇨ POOR 類語)

Pen·nines /pénaɪnz/, **Pènnine Hílls [Cháin]** 名 複 《the ～》ペニン山脈 《英国, イングランド北部を南北に走る丘陵地帯》

pen·non /pénən/ 名 C (騎士の) 槍旗(そうき) 《三角形または燕尾(えんび)形の細長い旗》；〖海軍〗(艦船の) 信号旗 (pennant)；(一般に)旗；《文》(鳥の)翼

pen·n'orth /pénərθ/ 名 《英》＝pennyworth

Penn·syl·va·ni·a /pènsəlvéɪnjə | -niə/ 〈シ〉 名 ペンシルベニア 《米国北東部の州. 州都 Harrisburg. 略 Pa., Penn., Penna., 〖郵〗PA》

語源 この植民地の建設者 William Penn の名に由来する. Penn＋*sylvania*(ラテン語で「森」の意).

▸▸ **～ Dútch [Gérman]** 名 ① 《the ～》《複数扱い》ドイツ系ペンシルベニア人 《17–18世紀にドイツ語圏からペンシルベニア州東部に移住した人々の子孫》 ② U ペンシルベニアドイツ語 《ドイツ系ペンシルベニア人の英語交じりのドイツ語方言》

Penn·syl·va·ni·an /pènsəlvéɪnjən | -ni-/ 〈シ〉 形 ❶ ペンシルベニア州[人]の ❷ 〖地〗ペンシルベニア紀[系]の

―名 ❶ C ペンシルベニア州の人 ❷ U ペンシルベニア紀[系] 《古生代の一時期》

‡pen·ny /péni/

―名 (複 **pence** /pens/ (♦ 金額)；**pen·nies** /-z/ (♦ 貨幣の枚数)) C ❶ **ペニー**, ペンス 《英国の貨幣単位. $\frac{1}{100}$ pound. 略 p.；1971年1月までの旧単位では $\frac{1}{12}$ shilling, $\frac{1}{240}$ pound. 略 d.》；**1ペニー** (青銅) **貨** ‖ search one's pockets for *pennies* ペニー貨がないかポケットを探す / **pay** fifty *pence* 50ペンス (50p, £0.50) 払う / two pounds ten *pence* 2ポンド10ペンス (£2.10) / cost a few *pence* 2, 3ペンスかかる / *In for a* ～, *in for a pound.* 《諺》ペニーを得ることにしたならばポンドも得よ；毒を食らわば皿まで / *A* ～ *saved is a* ～ *earned* [OR *gained*]. 《諺》節約した1ペニーは稼いだ1ペニー

❷ 《米・カナダ口》セント(cent)；**1セント貨**；(一般に)低額のコイン (♦ 複数形は pennies) ‖ 70 dollars and some *pennies* 70ドルと数セント

❸ 《a ～》《通例否定文で》わずかな金額 ‖ I'm afraid I don't have *a* ～ on me. 残念ながら文無しでね

❹ 《-ies》少額の金, 小銭

a prètty pénny かなりの大金

be twò [OR ***tèn***] ***a pénny*** 《主に英口》安く[簡単に]手に入る(♥「価値がない」の意)(《米口》be a dime a dozen)

èvery pénny 全額 ‖ He is worth *every* ～ they pay him. 彼は金に見合うだけの価値がある

nòt hàve a pénny to one's náme 全くの無一文である

nòt hàve [***twò pénnies*** [OR ***hàlf pénnies***] ***to rúb togèther*** 《英口》金欠状態である

pènnies from héaven (特に金銭的な)思いもかけぬ幸運

pìnch [OR ***còunt, wàtch***] (***the*** [OR ***one's***]) ***pénnies*** 倹約するように心がける

spènd a pénny 《英口》《婉曲的》トイレへ行く(♦ 有料トイレの1ペニー用コイン錠から)

tùrn [OR ***èarn***] ***an hònest pénny*** 正直に働いて稼ぐ

tùrn ùp like a bàd pénny (人が)(にせ金のように)望まれもしないのにいつも姿を現す, しつこくやって来る

COMMUNICATIVE EXPRESSIONS

1 **A pènny for your thóughts.** (黙っている人に向かって)何を考えているの(＝A penny for them.)

2 **The pènny (has) drópped.** 《主に英》やっと (意味が)通じた, やっとわかってもらえた

▸▸ **～ ánte** 名 C 《主に米》① 賭(か)け金が1セントのポー

P

カー ❷《口》取るに足りない企て **～ arcáde** 名C《主に米》ゲームセンター(《英》amusement arcade)《コインでゲームを楽しめる》 **～ bláck** 名C《英》ペニーブラック, ブラックペニー《1840年に英国で発行された世界最初の切手. 1ペニーで, 黒地にビクトリア女王の横顔が描かれている》 **～ càndy** 名C ペニーキャンディー《機械に1セントを入れて買える菓子》 **～ dréadful** 名C(犯罪・暴力を扱った)三文小説(→ dime novel) **～ pìncher** 名C《口》けちん坊, しみったれ **～ whístle** 名C(6つ穴の)安物の横笛(tin whistle)

P

Pen·ny /péni/ 名 ペニー《女子の名 Penelope の愛称》

-penny /-pəni, -peni/ 連結形《英》「(価格が)…ペニー[ペンス]の」の意 ‖ a six*penny* stamp 6ペンスの切手

pènny-fárthing 名C(英国で作られた19世紀後半の)だるま型自転車《前輪が非常に大きく後輪が小さい》

pénny-pìnching 形名C《口》非常にけちな(こと)

pen·ny·roy·al /pènirɔ́ɪəl/ 名C〔植〕メグサハッカ, ペニーロイヤルミント《薬用植物》

pénny·wèight 名UC ペニーウエート《金衡の単位. 24 grains, 1/20 ounce. 約1.555g. 略 dwt., pwt.》

pénny-wìse ⊲シ 形 細かい出費にうるさい；小さなことにこだわる ‖ *Penny-wise and pound-foolish.*《諺》一文惜しみの百失い；安物買いの銭失い

pénny·wòrt 名C〔植〕丸い葉を持つ数種の植物の総称《チドメグサ・ルリソウなど》

pen·ny·worth /péniwə̀ːrθ | pénəθ, péniwə̀ːθ/ 名C《主に英》1ペニー分, 1ペニーで買える量；《否定文で》少量, 少し ‖ not have a ～ *of* common sense 全く常識がない
pùt* [OR *have*] *in one's twò pénnyworth 《英》(頼まれもしないのに)口を挟む, 口を出す(⇨ CENT(成句))

pe·nol·o·gy /piːnɑ́(ː)lədʒi | -nɔ́l-/ 名U 刑罰学, 行刑学；刑務所管理学 **pè·no·lóg·i·cal** 形 **-gist** 名

pén-pùsher 名C《英口》書記, 事務屋

pen·sile /pénsaɪl/ 形 ぶら下がった, 垂れ下がった；揺れる；(鳥が)垂れ下がった巣を作る

***pen·sion**¹ /pénʃən/ 名(複 **～s** /-z/)C ❶ 年金, 恩給 ‖ an old-age ～ 老齢年金 / a company ～ 企業年金 / a disability ～ 傷害(者)年金 / live on one's ～ 年金で生活する / draw one's ～ 年金を受ける / retire on a ～ 恩給をもらって退職する ❷(芸術家・学者への)助成金, 奨励金
── 動(**～s** /-z/；**～ed** /-d/；**～·ing**)他…に年金を支給する
pènsion óff ... / pènsion ... óff 〈他〉《通例受身形で》年金を与えられて退職する；(老朽化した機械などが)お払い箱になる ‖ He was *～ed off* at 55. 彼は55歳で年金と引き換えに退職した
▸▸ **～ fùnd** 名C 年金基金 **～ plàn** [《英》**schème**] 名C 年金制度

pen·sion² /pɑːnsjóʊn | pɔ́nsjɔn/《発音注意》名C ペンション《ヨーロッパ諸国のまかない付き下宿屋・小ホテル》(◆フランス語より)

pén·sion·a·ble /-əbl/ 形 年金[恩給]を受ける資格のある；(職業などが)年金[恩給]のつく

pen·sion·ar·y /pénʃənèri | -əri/ 名(複 **-ar·ies** /-z/)C 年金[恩給]受給者(pensioner)
── 形 年金[恩給]の[を受けている]

***pen·sion·er** /pénʃənər/ 名C(老齢)年金[恩給]受給者, 年金生活者

pen·sive /pénsɪv/ 形 物思いに沈んだ；物悲しい, 哀愁を帯びた **～·ly** 副 **～·ness** 名

pen·stock /pénstɑ̀(ː)k | -stɔ̀k/ 名C ❶(水車へ水を導く)導水管, 水路；(ダムから発電所までの)導水路 ❷ 水門

pent /pent/ 動《古》pen² の過去・過去分詞の1つ
── 形《主に文》閉じ込められた(→ pent-up)

penta-, pent- 連結形「5 (five)」の意(◆ 母音の前では pent-) ‖ *penta*gon, *pent*oxide

pen·ta·cle /pénţəkl/ 名C 星形の五角形(☆. 昔, 神秘の象徴として魔よけに用いられた)

pen·tad /péntæd/ 名C 5；5個1組；〔気象〕5日間；〔化〕5価元素

pen·ta·gon /pénţəgɑ̀(ː)n | -gən/ 名 ❶C 五角形, 五辺形 ❷《the P-》米国国防総省(の建物), ペンタゴン《建物が五角形であることから》；米国の軍指導部
pen·tág·o·nal 形

pen·ta·gram /pénţəgræ̀m/ 名 =pentacle

pen·ta·he·dron /pènţəhíːdrən/ 名(複 **～s** /-z/ OR **-dra** /-drə/)C 五面体 **-dral** 形

pen·tam·e·ter /pentǽməţər | -tǽmɪ-/ 名C〔韻〕5歩格；5歩格の詩[詩行](→ meter²) **──** 形 5歩格の

Pen·ta·teuch /pénţətjùːk/ 名《the ～》〔聖〕モーセの5書《旧約聖書の最初の5書》

pen·tath·lete /pentǽθliːt/ 名C(近代)5種競技選手

pen·tath·lon /pentǽθlən/ 名C(近代)5種競技 ‖ the modern ～ 近代5種競技《陸上・馬術・水泳・フェンシング・射撃》(→ decathlon, triathlon)
語源 ギリシャ語 *pente*-(5)＋*-athon*(競技)から.

pen·ta·ton·ic /pènţətɑ́(ː)nɪk | -tɔ́n-/ ⊲シ 形〔楽〕5音の, 5音音階の ‖ the ～ scale 5音音階

Pen·te·cost /pénţɪkɔ̀(ː)st/ 名 ❶〔宗〕五旬(じゅん)節, 聖霊降臨祭, ペンテコステ(Whitsunday)《復活祭(Easter)後の第7日曜日》 ❷(ユダヤ教の)ペンテコステ《過ぎ越しの祝い(Passover)の後50日目の収穫祭》
Pèn·te·cós·tal 形名 **Pèn·te·cós·tal·ism** 名

pent·house /pénthàʊs/ 名C ❶ ペントハウス《ビルの最上階の超高級マンション, またはビルの屋上の庭付きマンション》 ❷《古》差しかけ小屋[屋根]；塔屋《ビルの屋上のエレベーター機械室. 空調装置などがある》

Pen·ti·um /pénţiəm/ 名UC 💻《商標》ペンティアムプロセッサー《Intel 社のCPU》

pènt-úp ⊲シ 形(感情・力などが)押さえつけられた, 抑圧された；閉じ込められた

pe·nult /píːnʌlt | pənʌ́lt/ 名C 最後から2番目のもの；〔言〕(特に語の)語尾から2番目の音節

pe·nul·ti·mate /pənʌ́ltɪmət/ 形《限定》最後から2番目の(音節の) **──** 名 =penult

pe·num·bra /pənʌ́mbrə/ 名(複 **～s** /-z/ OR **-brae** /-briː/)C ❶〔天〕(月食・日食の)半影；(太陽黒点周辺の)半影部；〔美・写〕明暗・濃淡の境目の部分 ❷(どっちつかずの)あいまいな部分；二つが混在しているところ, 境界領域, 周辺部 **-bral** 形

pe·nu·ri·ous /pənjʊ́əriəs/ 形《堅》❶ 極貧の, 赤貧の ❷ けちな, 物惜しみする **～·ly** 副 **～·ness** 名

pen·u·ry /pénjəri/ 名U 極貧, 赤貧；不足, 欠乏

pe·on /píːən/(→ ❸)名C ❶(中南米の)(日雇い)労働者；(メキシコ・米国南西部で)(借金返済のため)奴隷のように働かされる人 ❷《米》(単調な仕事を)あくせくする人 ❸ /＋英 pjúːn/(インド・スリランカの)下僕；歩兵

pe·on·age /píːənɪdʒ/ 名U ❶ 日雇い労働者の身分 ❷(メキシコ・米国南西部での)(借金返済のための)労働者の酷使；その制度[慣習]

pe·o·ny /píːəni/ 名(複 **-nies** /-z/)C〔植〕シャクヤク；ボタン(tree peony)

⁝peo·ple /píːpl/《発音注意》名 動

中心義》(一般の)人々

── 名〔▶ popular 形〕(複 **～s** /-z/)《集合的に》❶U《複数扱い》(2人以上の)**人々**(persons)(◆ person の複数には通例 people を用いる. persons は《堅》で主に法律・公文書などで用いる) ‖ More than three hundred ～ [×peoples] gathered to pray for peace. 300人以上の人が平和を祈念するために集まった / Nine ～ were killed in the fire. その火事で9人が亡くなった(◆ ×Nine peoples .... は不可. → ❺) / Some ～ may think that's a coincidence. それは偶然の一致だと考える人もいるかもしれない
❷U《複数扱い》**世間の人々**, 世人(◆ 冠詞や修飾語なしで

不定代名詞的に用いる) ‖ I don't care what ～ say. 世間の人が何と言おうと気にしない / *People* think Mom and I are sisters, and she doesn't deny it! 世間は母と私を姉妹だと思っているのだが, 母はそれを否定しない
❸《the ～ または修飾語句を伴って》《複数扱い》(一地方の)**住民**; (ある集団・階級・職業などに属する)人々; (会社などの)同僚, 仲間 ‖ the village ～ 村民 / the young ～ of today 今日の若者 / working-class ～ 労働者階級の人々 / media ～ マスコミ関係者
❹《the ～》《複数扱い》**国民大衆**, 民衆, 庶民; 選挙民 ‖ the nobles and the ～ 貴族と庶民 / the voice of the ～ 人民の声 / lose the support of the ～ 民衆の支持を失う / government of the ～, by the ～, for the ～ 人民の, 人民による, 人民のための政治(♦ アメリカのリンカーン大統領の言葉)
❺ Ⓒ **国民**, 民族 ‖ The British are generally a tolerant ～. 英国人は概して寛大な国民である / Asia is the home of many ～*s*. アジアには多くの民族がいる
❻ Ⓤ《しばしば one's ～》《複数扱い》臣下; 召使, 従者; 部下; 支持者 ❼《one's ～》《複数扱い》《旧》家族, 近い親戚(しんせき), 両親; 祖先 ‖ The young man took his fiancée to meet his ～. 若者は家族に会わせるために婚約者を連れて行った ❽《the ～》《複数扱い》《米》(裁判における)検察側 ❾《複数扱い》《英口》(招待)客, 友人
gò to the péople (政治家が)(選挙・国民投票などで)国民に訴える
of áll pèople (よりによって)人もあろうに ‖ The boss put her, *of all* ～, in charge of the reception. 上司はよりによって彼女を歓迎会の幹事にした
──動 他《通例受身形で》❶ (地域に)〈人・動物などが〉住んでいる, 居住している〈**by**〉‖ a thickly ～*d* district 人口密度の高い地域
❷ (場所・物などが)〈特定の人々・動物・物で〉満たされている〈**with, by**〉‖ The treetops were ～*d with* birds and squirrels. 梢(こずえ)には鳥やリスが住みついていた
▸▸ ～ **càrrier** 名 Ⓒ《英》(8人乗り)バン(《米》minivan) ～ **mòver** 名 Ⓒ《口》(動く歩道・自動モノレールなどのように比較的近距離の)大量旅客輸送手段(♦《英》では people carrier (ミニバン) の意もある) ～ **pèrson** 名 Ⓒ《口》人付き合いの上手な人

Pe·or·i·a /pióːriːə/ 名 ピオリア《米国イリノイ州最古の都市で, 平均的なアメリカ人が住んでいると考えられている》

pep /pep/《口》名 Ⓤ 元気, 活気, 気力 (→ peppy, pep talk) ──動 (**pepped** /-t/; **pep·ping**) 他 …を元気[活気]づける《**up**》
▸▸ ～ **pìll** 名 Ⓒ《旧》《口》覚醒剤《アンフェタミンなど》 ～ **rally** 名 Ⓒ《米口》(学校対抗試合前などの) 気勢を上げるための集会, 決起集会 ～ **tàlk** (↓)

PEP /pep/ 略《英》*P*ersonal *E*quity *P*lan (個人株式投資プラン); *P*olitical and *E*conomic *P*lanning

:pep·per /pépər/
──名 (複 **～s** /-z/) ❶ Ⓤ **こしょう**; (一般に)香辛料《cayenne pepper など》; Ⓒ【植】コショウ(胡椒) ‖ A pinch of ～ will improve the soup. こしょうを一つまみ入れるとスープの味がよくなる / black [white] ～ 黒[白]こしょう
❷ Ⓒ 唐辛子(の実) (red pepper); 《英》ピーマン (green pepper, 《米》bell pepper)
❸ (= ～ **gàme**) Ⓒ【野球】トスバッティング
──動 (**～s** /-z/; **～ed** /-d/; **～·ing**)
──他 ❶ …にこしょうを振りかける, …をこしょうで味つけする
❷《通例受身形で》一面に〈…を〉振りかけられている, ばらまかれている〈**with**〉‖ The ground was ～*ed with* seed. 地面に種が一面にまかれていた
❸《通例受身形で》〈小石・こぶしなどで〉立て続けに打たれる[殴られる]; 〈質問・弾丸などを〉浴びせられる〈**with**〉‖ a roof ～*ed with* hailstones あられのたたきつける屋根
❹〔演説など〕を〈…で〉いっぱいにする, 生き生きとさせる〈**with**〉(♦ しばしば受身形で用いる) ‖ His speech was ～*ed with* amusing episodes. 彼のスピーチには面白い挿話がたくさん入っていた
▸▸ ～ **mìll** 名 Ⓒ こしょうひき ～ **pòt** 名 Ⓒ《英》= peppershaker ～ **sprày** (↓) ～ **trèe** 名 Ⓒ【植】① ペッパーツリー, コショウボク(胡椒木)《南米原産のウルシ科の植物》② カワカワ (kawa-kawa)《ニュージーランド原産のコショウ科の植物》

pèpper-and-sált ⟨シ⟩ /pèpərən-/ 形 (服地が) 霜降りの; (髪などが) ごま塩の (♦「霜降りの牛肉」は marbled steak という)

pépper·bòx 名 Ⓒ ❶ =peppershaker ❷ ペッパーボックス《18世紀後半使用の拳銃》

pépper·còrn 名 Ⓒ (乾燥させた) 黒コショウの実; つまらぬもの ▸▸ ～ **rént** 名 Ⓒ《英》名ばかりの地代[賃貸料]

pep·per·mint /pépərmìnt/ 名 ❶ Ⓤ【植】セイヨウハッカ, ペパーミント ❷ Ⓤ ペパーミントの味 ❸ Ⓒ ハッカ入りドロップ; ハッカ錠剤 ❹ (= ～ **òil**) Ⓤ ハッカ油

pep·per·o·ni /pèpəróuni/ 名 Ⓒ Ⓤ ペパローニ (pepperoni)《香辛料のきいたイタリアソーセージ》

pépper·shàker 名 Ⓒ《米》(上部に小さな穴のあいた)こしょう入れ

pépper sprày 名 Ⓒ Ⓤ ペッパースプレー《唐辛子の成分から作られた護身用の催涙スプレー》
pépper-sprày 動 他〔人〕にペッパースプレーを吹きかける

メタファーの森 people, person 人々, 人

people [*crowd*] ⇨ *fluid* (人間⇨液体)

「人々」は「液体」に例えられ, 特に大勢の人が集まった状態を表す.

- On the opening day, thousands of people **flooded** into the shopping mall. 開店の日に何千人もの人々がショッピングモールに押し寄せた (♦ flood は文字どおりには「(川が)氾濫(はんらん)する」の意)
- Some of the **overflow** audience sat on the ground. あふれた観客の一部は地面に座っていた
- I lost sight of my brother in a **sea** of people. 人の海の中で弟の姿を見失ってしまった (♦ sea は単数形で用いられ「膨大な数」を表す)

person [*human*] ⇨ *plant* (人間⇨植物)

特に成長や発達に関して述べる場合, 「人間」は「植物」に例えられる.

- He's a **budding** author. 彼は駆け出しの作家だ (♦ budding は「芽を出し始めた」の意で, 「新進(気鋭)の」などと訳されることもある)
- The actor is a **late bloomer**; he made his debut on TV in his thirties. その俳優は遅咲きだ. テレビでデビューしたのは30代のころだった (♦ bloomer は「(特定の時期に)開花する植物」の意)
- Her songs sold very well in the 1980s. At that time, she was **in full bloom**. 1980年代, 彼女の曲はよく売れた. 当時, 彼女は全盛期だったのだ (♦ in full bloom は文字どおりには「花盛りで, 満開で」の意)
- When my father retired from his job, he visibly **withered**. 父は退職してから目に見えて元気がなくなった (♦ wither は文字どおりには「枯れる」の意)

pep·per·y /pépəri/ 形 ❶こしょうの(ような), こしょうのきいた ❷怒って辛辣(しんらつ)な; 気の短い, 怒りっぽい

pep·py /pépi/ 形 《主に米口》元気いっぱいの, 精力的な

pep·sin /pépsɪn/ 名 U 〖生化〗ペプシン《胃液中のタンパク質分解酵素》; U C ペプシン剤, 消化剤

pép tàlk 名 C 《口》(競技のコーチなどの)激励の言葉, 発破 ‖ He gave the team a ~. 彼はチームに発破をかけた **pép·tàlk** 動 自 他 (…に)発破をかける

pep·tic /péptɪk/ 形 消化の; 消化促進の; 消化液の働きによる; 〖生化〗ペプシンの ―名 U 消化剤 ▸▸ **~ úlcer** 名 C 〖医〗消化性潰瘍(かいよう)《胃潰瘍・十二指腸潰瘍など》

pep·tide /péptaɪd/ 名 U C 〖生化〗ペプチド《アミノ酸結合物》 **pep·tí·dic** 形

pep·tone /péptoun/ 名 U 〖生化〗ペプトン《タンパク質がペプシンによって加水分解したもの》

⁑per /弱 pər; 強 pəːr/ 前 副

―前 ❶…につき, …ごとに(♦主に商業英語で用い, 日常語では a を使うのがふつう ⇨ a² ❹. 後の名詞は無冠詞単数形) ‖ The linear motor train will run at 500 kilometers ~ hour. リニアモーター列車は時速500キロで走るだろう (♦ 500 kph と略す) / five pounds ~ person [OR head] 1人当たり5ポンド / 100 miles ~ gallon 1ガロン当たり100マイル(の走行距離)

❷ …に従って, …どおりに (according to) ‖ ~ your request あなたの要望どおりに

❸《古》…によって, …で, … (の手) を通して ‖ ~ parcel post 小包便で / ~ bearer 人に持参させて

às per ... …によって, …どおりに ‖ The work was carried out *as* ~ instructions. 作業は指示どおり行われた

as per úsual [OR ***nórmal***] いつものように, 通常どおりに(♥ときによくないことに用いる)

―副 《比較なし》《口》1つにつき, 1個当たり ‖ sell the ice candies for one dollar ~ アイスキャンディーを1個1ドルで売る

▸▸ **~ án·num** /-ǽnəm/ 副 1年につき, 1年ごとに, 年間 (annually) 《略 p.a.》 **~ cápita** (↓) **~ cént** (↓) **~ cón·tra** /pə̀ːr kɑ́(ː)ntrə | -kɔ́n-/ 副 《堅》他方では (on the other hand); これに反して (on the contrary); 対照的に **~ díem** (↓) **~ sé** /pə̀ːr séɪ/ 副 それ自体は [で]; 本質的に (♦ ラテン語で *in itself* (それ自体で)の意)

PER 略 〖株〗*P*rice-*E*arnings *R*atio(株価収益率)

per. 略 period; person

per- 接頭 ❶「すっかり, あまねく」の意 ‖ *per*forate, *per*vade ❷「完全に, 非常に」の意 ‖ *per*suade ❸〖化〗「過…」の意 ‖ *per*oxide

per·am·bu·late /pərǽmbjulèɪt/ 《堅》《戯》 動 他 ❶〔田園・通りなど〕を歩き回る, 踏破する, ぶらつく ❷〔領土・境界など〕を巡視[巡察]する, 踏査する; 〖英国史〗〔教区など〕を巡視して境界を正式に定める ―自 歩き回る; 巡視する **per·àm·bu·lá·tion** 名

per·am·bu·la·tor /pərǽmbjulèɪṭər/ 名 C ❶ 乳母車 (《英》 pram, 《米》 baby carriage) ❷ (測量技師が使う)車輪付き距離測定機, 車程計

per·cale /pərkéɪl/ 名 U パーケル《キャラコに似た綿布》

per cap·i·ta /pər kǽpəṭə | -kǽpɪ-/ 副 形 《限定》1人当たり(の), 頭割りで(の)(♦ラテン語より) ‖ ~ income 1人当たりの収入 / electricity used ~ 1人当たりの電力使用量

⁑per·ceive /pərsíːv/

―動 (▶ perception 名, perceptible 形, perceptive 形, perceptual 形) (~s /-z/; ~d /-d/; -ceiv·ing)

―他 《進行形不可》❶ (五感により) **気づく** (⇨ NOTICE, RECOGNIZE 類語) **a** 《+目》…に気づく, …を知覚する, 目にする, 見てわかる ‖ I ~*d* a change in my girlfriend's attitude. ガールフレンドの態度が変化したのに気づいた

b 《+**that** 節》…ということに気づく ‖ We ~*d that* there was something wrong with our son. 我々は息子の様子がどこか変なことに気づいた

c 《+**wh** 節》…かということに気づく ‖ I easily ~*d how* she had changed. 彼女がどう変わったかすぐ気づいた

d 《+目+**to** ***do***》…が…するのに気づく(♦ 通例受身形で用い, be perceived to *do* の形になる) ‖ He was ~*d to* be in poor health. 彼の健康がすぐれないのが見てとれた

e 《+目+***doing***》…が…しているのに気づく ‖ We ~*d* a policeman coming toward us. 警官が我々の方にやって来るのに気づいた

❷ **理解する** **a** 《+目》…を理解する ‖ I ~*d* the importance of common sense. 常識の大切さがわかった

b 《+目+**as** 名・形》…を…と理解する[受け取る] ‖ I ~*d* your comment *as* sarcasm. 君のコメントを皮肉だと受け取った

c 《+目+**to be** 補》…が…であるとわかる ‖ I ~*d* him *to be* an honest man. 彼が誠実な人物であるとわかった

d 《+**that** 節》…であることがわかる ‖ He quickly ~*d that* they couldn't understand his Japanese. 彼には相手がこちらの日本語を理解できないことがすぐわかった

e 《+**wh** 節》…かがわかる ‖ We couldn't ~ *where* the real problem lay. 私たちは真の問題点がどこにあるのか理解できなかった

⁂per·cent, + 《英》**per cent** /pərsént/

―名 (複 **per·cent**, **per cent**) C ❶ **パーセント**(♦記号は %; p.c., pct., per ct. と略す) ‖ The prices of vegetables have risen **by** twenty ~. 野菜の値段が20%上がった / Seventy-five ~ **of** the fund's assets are deployed in Britain. その基金の資産の75%は英国で運用されている / Twenty ~ **of** the population is illiterate. 住民の20%は読み書きができない (♦ percent of ... に呼応する動詞は, 後続の名詞が複数形なら複数扱い, 単数形なら単数扱い. ただし《英》では, 集合名詞の場合複数扱いにすることもある) ❷ =percentage

―形 《比較なし》《限定》…パーセントの ‖ If you buy this, I will give you a fifteen ~ discount. これを買えば15%値引きしますよ / an 8 ~ **increase** 8%の増加

―副 《比較なし》…パーセント(だけ) (♦ 数詞と結びついて副詞句を作る) ‖ US exports declined 15 ~. 米国の輸出品は15%下落した / You're one hundred ~ correct. 君(の言うこと)は100%[全面的に]正しい

語源 ラテン語 *per-*(…につき)+*centum*(100)から.

⁑per·cent·age /pərsénṭɪdʒ/ 《発音・アクセント注意》

―名 (複 **-ag·es** /-ɪz/) C ❶ 《通例単数形で》**百分率**[比], パーセンテージ ‖ What ~ of high school students go on to college in Japan? 日本では高校生の何パーセントが大学に進学しますか / Our interest rates are two ~ **points** higher than that bank. 当行の利率はあの銀行よりも2パーセント=ポイント高い (♦ 例えば3%に対しては3.06%ではなく5%) / a ~ of five 5パーセント

❷《通例単数形で》(広く) 割合, 率 ‖ Only a **small** [OR low] ~ **of** websites are worth viewing. ウェブサイトのうち見るに値するのはごくわずかだ(♦ a percentage of ... に呼応する動詞は, 後続の名詞が複数形なら複数扱い, 単数形なら単数扱い. ただし the percentage of ... は常に単数扱い. 〈例〉The *percentage* of married women in this office *is* small. このオフィスでの既婚女性の割合は低い) / a **high** [OR **large**] ~ **of** young people 若者の多く

❸《通例単数形で》(百分率で表した利益・税金などの) 額; 分け前; 手数料, 口銭(こうせん) ‖ get a ~ for every car sold 車が売れるごとに手数料をもらう ❹ U 《通例否定文で》《口》益になること; うまくいく確率 ‖ There is no ~ in rushing him. 彼をせかせても始まらない

plày the percéntages 《口》手堅くやる, 確実性を優先して行動する

per·cen·tile /pərséntaɪl/ 名 C 《通例単数形で》 形 〘統計〙百分位数(の)

per·cept /pə́ːrsept/ 名 U 〘哲〙心的表象；C 知覚対象

per·cep·ti·ble /pərséptəbl/ 形 〔◁ perceive 動〕 知覚[認知]できる；気がつく程度の，それとわかるぐらいの；目立つ，かなりの **per·cèp·ti·bíl·i·ty** 名 **-bly** 副 それとわかるぐらいに，目立って

‡per·cep·tion /pərsépʃən/
— 名 〔◁ perceive 動〕 U (⇨ BYB) ❶ **知覚**，認識，知覚力 ‖ Your [**Public**] ~ of war is distinctly different from mine. 戦争に対するあなたの[世間の]認識は私のとははっきり違っている
❷ 直観的認識，洞察
❸ C 知覚による認識の結果；知覚対象(percept)，概念
~·al 形

***per·cep·tive** /pərséptɪv/ 形 〔◁ perceive 動〕 ❶ 直観の鋭い，鋭敏な，洞察力の優れた ‖ How ~ of you to notice my disbelief! 私が信じていないことに気づくなんて何て鋭い人なの ❷ 知覚力のある；知覚の
~·ly 副 **~·ness, pèr·cep·tív·i·ty** 名 (♦ perceptiveness の方がふつう)

per·cep·tron /pərséptrɑ̀(ː)n | -trɔ̀n/ 名 C 💻 パーセプトロン《パターンを識別する仕組み》

per·cep·tu·al /pərséptʃuəl/ 形 〔◁ perceptive 形〕 《限定》知覚(作用)の，知覚による，知覚力のある **~·ly** 副

***perch**[1] /pəːrtʃ/ 《発音注意》 名 C ❶ (鳥かごなどの)とまり木；(鳥のとまる)小枝，電線(など)；(人の)休む場所；座席；見晴らしのよい場所 ❷ 高い地位，安定した地位 ❸ パーチ《長さの単位．5½ヤード，5.03メートル；面積の単位．30¼平方ヤード，25.3平方メートル》；パーチ《石材の体積単位．24¾立方フィート》
fàll òff one's pérch 《英》《旧》《戯》死ぬ；破滅する
knòck a pèrson òff his/her pérch 《英口》〔人〕をやっつける，負かす，(高い[有力な]地位から)引きずり下ろす
— 動 自 《副詞句を伴って》(鳥が)〈…に〉とまる〈**in, on**〉；〈高い所・縁などに〉(人が)座る，腰を下ろす；(物・建物などが)据えられる〈**on, upon**〉 ‖ ~ *on* a stool スツールに腰を下ろす — 他 〔人・物など〕を〈高い所に〉据える〈**on, upon**〉(♦ しばしば受身形または perch oneself で用いる) ‖ a castle ~*ed on* a hill 丘の上に建てられた城

perch[2] /pəːrtʃ/ 名 (複 ~ OR ~·es /-ɪz/) C 〘魚〙パーチ《ヨーロッパ産のスズキの類の淡水魚》

per·chance /pərtʃǽns | -tʃɑ́ːns/ 副 《古》《文》偶然に；ことによると(possibly)，たぶん，おそらく(perhaps)

per·cip·i·ence /pərsípiəns/ 名 U 知覚(力)，感知(能力)

per·cip·i·ent /pərsípiənt/ 形 知覚力のある；知覚力の鋭敏な，炯眼(けいがん)の
— 名 C 知覚する人；テレパシーのきく人，超能力者

per·co·late /pə́ːrkəlèɪt/ (→ 名) 動 他 ❶〔コーヒー〕をパーコレーター(percolator)で入れる ❷〔液体・粉末〕をろ過する，こす(filter) ❸ …にしみ込む，浸透する；…からしみ出る — 自 ❶ (液体が)しみ込む；しみ出る；(考え・感情などが)(徐々に)広まる，伝わる，浸透する ❷ (コーヒーが)パーコレーターで入れられる
— 名 /pə́ːrkələt, -lət/ U ろ過液；〘薬〙浸出液

per·co·la·tion /pə̀ːrkəléɪʃən/ 名 U C ろ過；浸透，浸出；伝播(でんぱ)；パーコレーター法

per·co·la·tor /pə́ːrkəlèɪtər/ 名 C パーコレーター《ろ過装置付きのコーヒー沸かし》；ろ過器

percolator

***per·cus·sion** /pərkʌ́ʃən/ 名 U ❶ 《集合的に》〘楽〙打楽器，パーカッション；《the ~》《単数・複数扱い》(オーケストラの)打楽器部 ❷ (物体間の)衝突，激突；(衝突による)衝撃，振動；(音波による)鼓膜の振動 ❸ 〘医〙打診 ▸▸ **~ càp** 名 C 雷管 **~ drìll** 名 C 《英》=hammer drill **~ ìnstrument** 名 C 〘楽〙打楽器

per·cús·sion·ist /-ɪst/ 名 C 〘楽〙打楽器奏者

per·cus·sive /pərkʌ́sɪv/ 形 衝撃の，衝撃による

per·cu·ta·ne·ous /pə̀ːrkjutéɪniəs/ 形 〘医〙経皮の，(吸収などが)皮膚を通しての

per di·em /pər díːem/ 副 形 1日当たり(の)，日割りで[の] — 名 C (旅費などの)1日の割り当て；日当(♦ ラテン語より)

per·di·tion /pərdíʃən/ 名 U 〘宗〙永遠の破滅，地獄落ち(damnation)；地獄

per·dur·a·ble /pə(ː)rdjúərəbl/ 形 《堅》非常に長持ちする，永続的な；永遠の **-bly** 副

per·e·gri·nate /pérəgrɪnèɪt/ 動 自 他 《古》《戯》(…を)(徒歩で)旅行する；遍歴する **-nà·tor** 名

per·e·gri·na·tion /pèrəgrɪnéɪʃən/ 名 U/C 《しばしば ~s》《文》《戯》(徒歩)旅行；遍歴，漫遊

per·e·grine /pérəgrɪn/ 名 (= ~ **fálcon**) C 〘鳥〙ハヤブサ — 形 《古》渡り歩く，放浪癖のある；外来の

per·emp·to·ry /pərémptəri/ 形 ❶ (人・態度などが)独断的な，問答無用の ‖ He answered with a ~ "No." 彼は断固として「ノー」と答えた ❷ (命令などが)有無を言わさぬ，絶対的な ❸ 〘法〙最終的な，強制的な；専断的な ‖ a ~ challenge (被告による)専断的陪審忌避(きひ)《理由を示すことを要しない特定の陪審員の忌避．刑事被告人の権利》 **-ri·ly** 副 独断的に；有無を言わせず **-ri·ness** 名

***per·en·ni·al** /pəréniəl/ 形 ❶ 〘植〙多年生の(→ annual, biennial)；(昆虫が)1年以上生きる ‖ a ~ plant 多年生草本 ❷ 永続的な，永遠の；絶え間ない；繰り返し現れる[起こる] ‖ ~ youth 永遠の若さ / a ~ problem ずっと続く問題 ❸ (川・泉などが)1年中枯れることのない
— 名 C ❶ 多年草，宿根草 ❷ 再発するもの；(長年)続くもの **~·ly** 副 絶えず；多年にわたって，毎年
語源 *per-* through (…を通して) + *-enni-* year + *-al* (形容詞語尾)

pe·re·stroi·ka /pèrəstrɔ́ɪkə/ 名 U ペレストロイカ，再編，改革《社会主義国の経済・政治制度の根本的改革》(♦ ロシア語より)

Boost Your Brain!

perception

perception「知覚，(直感的)認識」とは，視覚や聴覚などの感覚器官(receptor)を通して外界からの刺激(stimulus)を感じ取り把握するはたらきを言う．外的な刺激を受けとめるだけの単なる sensation「感覚」とは区別されるし，知的な思考や推理とも異なる．

perception を元にして，記憶や判断力，言語などを用いて対象を知ることを cognition「認識，認知」と言う．例えば突然道に飛び出してきた黒いかたまりを目にして，「黒いかたまり」を感じ取ることが perception であり，「あっ，あれは黒い猫だ」と意味づけをすることが cognition である．

人間の知性を情報処理システムとして説明しようとする研究分野を cognitive science「認知科学」と呼ぶ．認知科学は心理学(psychology)，言語学(linguistics)，人工知能工学(AI，artificial intelligence)，哲学(philosophy)，神経科学(neuroscience)などの分野が関わる学際的研究(interdisciplinary study)である．

perception「知覚」は sensation「感覚」の上に成り立っているが，実際には感覚していない情報を補って知覚は行われている．コップは上から見た場合と横から見た場合とではまったく別の物体に見えるが，それを同一のコップであると人は認識する．遠くの車が近づいてくると大きく見えるが，車そのものが大きくなったとは認識しない．こうした働きは perceptual constancy「知覚の恒常性」と呼ばれる．知覚の恒常性は生来のものではなく学習により獲得されるものであることがわかっているが，どのように獲得されるのかのプロセスはいまだよくわかっていない．

P

perf. 略 perfect ; perforated

per·fect /pə́ːrfɪkt/《アクセント注意》(→ 動) 形 名 動

— 形 (通例 more ~ ; most ~ ⇨ 語法)(♦ ❶ ❷ ❸ 以外比較なし)

❶ **完全な** (↔ imperfect, deficient), 完璧(かんぺき)な ; 理想的な ; 欠けるもののない ; きず [欠点] のない (⇨ COMPLETE 類語) ‖ He is ~ in his manners to the point of affectation. 彼の礼儀作法はきざったらしいほどに非の打ち所がない / the ~ crime 完全犯罪 / in ~ condition 完璧な状態で / a ~ marriage 理想的な夫婦 (関係) / have a ~ set of teeth (1本も欠けずに) 歯がそろっている / have a ~ mastery of the piano ピアノを完全にマスターしている / speak ~ English 完璧な英語を話す / have a ~ right 権利が十分にある

語法 ☆☆ perfect は本来比較級・最上級はなく, very などで強調されることもないとされることがあるが, 実際にはしばしばこれらの形が用いられる. 〈例〉 *more perfect* social cohesion より完全な社会的結合

Behind the Scenes **Well, nobody's perfect.** まあ, **完璧な [欠点のない] 人なんていないよ** コメディー映画 *Some Like It Hot* (邦題「お熱いのがお好き」) より. マフィアに追われている2人のジャズ奏者 Joe と Jerry が女装して女性楽団に紛れ込み, Marilyn Monroe 演じる Sugar に恋をする. ところが Jerry は大金持ちの Osgood に見初められて求婚される. 映画の最後に Jerry は, 何を言っても求愛してくる Osgood にかつらをとって自分が男であることを明かすと, Osgood がめげずにこのせりふを言う (♥ 自分の欠点を嘆いている人や何らかの失敗をしてしまった人などに対する励まし)

❷ 〈…に〉ぴったりの, うってつけの〈**for**〉 ‖ This is a ~ day *for* a picnic. 今日はピクニックにはもってこいの日だ / The apartment was ~ *for* her needs. そのマンションは彼女の要求にまさにぴったりだった

❸ 《通例限定》**正確な**, 寸分の違いもない, 一字一句たがわぬ ‖ The picture was a ~ likeness of my father. その絵は全く父そっくりだった / a ~ copy 一字一句の間違いもない写し

❹ 《限定》**全くの**, 純然たる ; 絶対的な ; 徹底した, はなはだしい, 根っからの ‖ a ~ fool [stranger] 全くの愚か者 [見ず知らずの人] / ~ nonsense 全くのたわごと

❺ 〖文法〗完了 (時制) の ‖ the ~ tense 完了時制

❻ 《旧》〈…に〉熟達した〈**in**〉 ‖ *Practice makes* ~. 《諺》練習をすれば完全になる ; 習うより慣れろ ❼ 〖植〗両性花の, 雌雄両ずいを備えた ; (菌類が) 有性胞子を生じる ❽ 〖楽〗(音程が) 完全な ‖ a ~ interval 完全音程

— 名 (the ~)〖文法〗完了時制 ; Ⓒ 完了時制の動詞

— 動 /pərfékt/ [▶ perfection 名] (~s /-s/ ; ~·ed /-ɪd/ ; ~·ing) 他 ❶ …を**完全にする** ; …を完成する, 仕上げる ; …を改良 [改善] する ❷ 〖印刷〗[印刷済用紙] の裏面を印刷して仕上げる

~·ness 名

語源 *per-* thoroughly (徹底的に) + *-fect* make (なす)

▶▶ **~ gáme** 名 Ⓒ 〖野球〗完全試合, パーフェクトゲーム ; 〖ボウリング〗パーフェクト (12投連続ストライク) **~ gás** 名 Ⓤ 〖理〗完全 [理想] 気体 (ideal gas) **~ númber** 名 Ⓒ 〖数〗完全数 《その数そのものを除く約数の和がその数自体に等しい自然数. 6, 28など》 **~ párticiple** 名 Ⓒ 〖文法〗完了分詞 《過去分詞の別名》 **~ pítch** 名 Ⓤ 〖楽〗絶対音感 (absolute pitch) **~ squáre** 名 Ⓒ 〖数〗完全平方 (整数の2乗になっている数. 1, 4, 9, 16…など) **~ stórm** 名 Ⓒ 最悪の状況

per·fect·i·ble /pərféktəbl/ 形 完全になり [なし] 得る ; 完成できる ; 改良できる **per·fèct·i·bíl·i·ty** 名

***per·fec·tion** /pərfékʃən/ 名 [◁ perfect 動] Ⓤ ❶ 完全, 完璧(かんぺき) ; 極致 ‖ bring ... to ~ …を完璧なものにする ❷ 完全なもの [人], 典型 ‖ It is the very ~ of beauty. それこそまさに美の極致だ ❸ 完成, 仕上げ

***to perféction** 完全に, 申し分なく (♦ ふつう動詞句の最後に置く)

per·féc·tion·ìsm /-ìzm/ 名 Ⓤ (宗教・道徳上の) 完全主義 ; 〖哲〗完全論 《人間は精神的・道徳的に完全になり得るという考え》

per·féc·tion·ist /-ɪst/ 名 Ⓒ 完全主義者 ; 完全論者

— 形 完全主義的な ; 完全論的な

per·fec·tive /pərféktɪv/ 形 ❶ 完全にする [なる], 完成に向かう ❷ 〖文法〗完了相の, 動作の完了を表す

— 名 Ⓒ 〖文法〗完了相の動詞 ; (the ~) 完了相

per·fect·ly /pə́ːrfɪktli/

— 副 (more ~ ; most ~)

❶ 《形容詞・副詞などを強調して》**全く**, すっかり, 本当に ‖ You're ~ right. 全く君の言うとおりだ / ~ absurd 全くばかげた / I **know** ~ **well** that we have to leave at 5:00. 5時に出なければならないことはよくわかっているよ (♥ いら立ち・不快感を表すことがある) / His life is not ~ happy. 彼の人生は結構ずくめというわけではない (♦ 部分否定)

❷ **完璧(かんぺき)に**, 申し分なく (↔ imperfectly) ‖ The hat fits you ~. その帽子は君にぴったり合っている

per·fec·to /pərféktou/ 名 (複 ~s /-z/) Ⓒ (両端が細くなった) 葉巻

per·fer·vid /pə(ː)rfə́ːrvɪd/ 形 《文》熱狂的な, 非常に熱心な

per·fid·i·ous /pərfídiəs/ 形 《文》人を裏切る, 不実な, 二心のある **~·ly** 副

per·fi·dy /pə́ːrfədi/ 名 (複 -dies /-z/) 《文》Ⓒ 裏切り行為 ; Ⓤ 背信, 不実

per·fo·rate /pə́ːrfərèɪt/ (→ 形) 動 他 ❶ …に穴をあける, 穿孔(せんこう)する ; …にミシン目を入れる ‖ a ~*d* sheet of stamps ミシン目の入った切手シート ❷ …を突き通す, 貫通する ; 〖医〗[腸壁など] に穿孔を生じさせる — 自 穴をあける ; 貫通する — 形 /pə́ːrfərət/ 穿孔した ; ミシン目を入れた (perforated) ‖ a ~ ulcer 穿孔性潰瘍(かいよう)

-ràt·ed 形

per·fo·ra·tion /pə̀ːrfəréɪʃən/ 名 ❶ Ⓤ 穴をあけること, 穿孔, 貫通 ❷ Ⓒ (しばしば ~s) (切手などの) ミシン目, 目打ち ❸ Ⓒ 〖医〗(腸壁などの) 穿孔

per·fo·ra·tor /pə́ːrfərèɪṭər/ 名 Ⓒ 穿孔器, 打ち抜き器 ; 切符切りばさみ ; 穴をあける人

per·force /pərfɔ́ːrs/ 副 《堅》必然的に, いや応なしに

per·form /pərfɔ́ːrm/

— 動 [▶ performance 名] (~s /-z/ ; ~ed /-d/ ; ~·ing)

— 他 ❶ …を**行う**, する ; [約束・命令など] を**実行する**, 果たす ; [儀式] を挙行する ‖ Computers ~ complex calculations instantaneously. コンピューターは複雑な計算を一瞬のうちにやってのける / ~ an operation 手術を行う / ~ a **function** [**task**] 機能 [任務] を果たす / ~ a duty 義務を果たす / ~ a ceremony 儀式を挙行する

❷ [劇など] を**上演する**, [役] を**演じる**, [音楽] を**演奏する** ‖ ~ a play 劇を上演する

— 自 ❶ 〈…を〉**演じる**, **演奏する**〈**on**〉; (訓練された動物が) 芸当をする ‖ ~ *on* the guitar ギターを弾く / a ~*ing* elephant 芸をする象

❷ (+副) (機械などが) **作動する** ; (人が) やり遂げる, やる (♦ 副 は様態を表す) ‖ This car ~*s* **well** even on snowy roads. この車は雪道でも操作性がよい / I ~*ed* **well** enough. 私は十分よくやった / The team ~*ed* well [badly, poorly] in the match. そのチームの試合は見事だった [ひどかった] ❸ (事業・製品などが) 収益をあげる

~·a·ble 形

▶▶ **~ing árts** (↓)

per·form·ance /pərfɔ́ːrməns/

— 名 [◁ perform 動] (複 -anc·es /-ɪz/) ❶ Ⓒ (演劇・音楽などの) 公演, **上演**, 興行, 催し ; 演技, **演奏** ‖ There

are two ~*s* a day. 1日2回の上演だ / Next ~ at 8 p.m. 次回の上演は午後8時 / He could get a great ~ out of even an average orchestra. 彼なら並の管弦楽団からでも優れた演奏を引き出せるだろう / **give** an impressive ~ 感動的な公演[演技, 演奏]を行う
❷ Ⓤ **実行**, 遂行;(命令などの)完遂, 達成 ‖ His administration was a period of much promise and little ~. 彼の在任期間は約束ばかりでほとんど実行が伴わなかった / the ~ of one's duties 義務の遂行
❸ Ⓤ (機械などの)**性能**, 機能;(人間の)仕事ぶり, 出来栄え, 働き, 成果;(事業・製品などがもたらす)収益 ‖ their high academic ~ 彼らの学問上での目覚ましい実績 / his good [poor] school ~ 彼の学校での好[不]成績 / **improve** ~ 性能[成果]をあげる
❹ Ⓒ 行為, 行動:目覚ましい行為 ❺ Ⓒ 《a ~》《口》ばかげたまね, ひどい振る舞い;面倒なこと, ひと苦労 ‖ What a ~! 何というばかなことを(するんだ) ❻ Ⓤ 〖言〗言語運用(linguistic performance)(→ competence)
▸▸ **~ àrt** 名 Ⓤ 〖芸術〗パフォーマンスアート《踊り・演技などの肉体的動きと, 音楽・映像・写真などの芸術を1つのものにしようとする1970年代に始まった新しい試み》 **~ àrtist** 名 Ⓒ パフォーマンス芸術家 **~ pòetry** 名 Ⓤ 演じる詩歌《演じることを意図して作った詩歌》

perfòrmance-enhàncing drúg 名 Ⓒ (運動選手などの)機能[筋肉]増強剤(performance enhancer)

perfórmance-relàted pày 名 Ⓤ 能力給

per·for·ma·tive /pərfɔ́ːrmətɪv/ 形 〖文法〗(発話が)行為遂行的な《"I apologize."のように発話そのものが当の行為を遂行することになる発話》

***per·form·er** /pərfɔ́ːrmər/ 名 Ⓒ ❶ 役者, 芸人, 演奏家, 歌い手 ‖ a street ~ 大道芸人 ❷ (…な)腕前の人, (…な)働きをするもの ‖ a good [poor] ~ on the baseball field 野球の名手[下手な人] / the star [OR top] ~ of the high-technology industry ハイテク産業トップの会社 ❸ 履行者, 遂行者

perfòrming árts 名 複 公演[舞台]芸術

***per·fume** /pə́ːrfjuːm/(→ 動) 名 Ⓤ Ⓒ ❶ 香水, 香料 ‖ wear ~ 香水をつけている / oil-based ~*s* 油脂ベースの香水 ❷ 芳香, 香り(⇨ SMELL 類語P) ‖ the ~ of the roses バラの花の香り ―動 /pərfjúːm | pə́ːfjuːm/ 他 …に香水をかける[つける];…を⟨…の⟩芳香で満たす⟨**with**⟩(♦ しばしば受身形で用いる) ‖ The room was ~*d with* the scent of flowers. その部屋は花のよい香りがした / ~*d* soap 香料入りの石けん **~d** 形

per·fum·er /pərfjúːmər/ 名 Ⓒ 香水メーカー[商]

per·fum·er·y /pərfjúːməri/ 名 (複 **-er·ies** /-z/) ❶ Ⓤ 香水製造(術, 業);香水販売業 ❷ Ⓒ 香水製造[販売]所 ❸ Ⓤ 《集合的に》香水類, 香料

per·func·to·ry /pərfʌ́ŋktəri/ 形 おざなりの, いい加減な;(人が)熱意[やる気]のない
-ri·ly 副 **-ri·ness** 名

per·fuse /pərfjúːz/ 動 他 ❶ 〔液体・色など〕を振りかける, 一面に注ぐ ❷ 〖医〗〔器官〕に⟨液を⟩灌流(かんりゅう)させる⟨**with**⟩
per·fú·sion 名

per·go·la /pə́ːrgələ/ 名 Ⓒ パーゴラ《屋根や周囲にツルなどをはわせたあずまや[通路]》

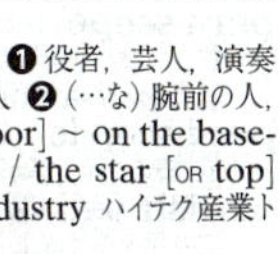
pergola

*****per·haps** /pərhǽps,《口》præps/
―副《比較なし》(♥ 話し手の確信度は probably より低く, maybe と同じ. ただし maybe の方がくだけた語. ⇨ PROBABLY 類語) ❶ 《文修飾》**もしかすると**, ことによると ‖ *Perhaps* you are right. もしかすると君の言うとおりかもしれない / He is ~ the best cellist of the 20th century. 彼はあるいは20世紀最高のチェロ奏者かもしれない(♥ 最上級による断定を避けつつ自分の意見を述べる)
❷ 《数詞を伴って》およそ, だいたい ‖ I stood there for a while, ~ five minutes or so. 確か5分くらいだと思うが, しばらくそこに立っていた(♦ およその数値を表す)
❸ そうかもしれない, おそらく(♥ 断定を避けた返答として) ‖ "Do you think she is coming?" "*Perhaps* **not**." 「彼女は来るでしょうかね」「来ないかもしれないね」(♥ 否定の調子を弱める)
❹ もしよければ(♥ 丁寧な提案・依頼などを表す) ‖ Would you like some beer ~? よろしければビールでもいかがですか / *Perhaps* you could mail this letter for me. できればこの手紙を投函(とうかん)していただけますか

COMMUNICATIVE EXPRESSIONS
1 **Perhàps a lìttle láter.** 少し後でならいいかもしれません(♥ 質問・依頼・誘いなどを受けた際, とりあえず断る返答)

peri- 接頭 ❶「周囲の, 周りを囲む」の意 ‖ *peri*scope ❷ 〖天〗「最も近い」の意 ‖ *peri*gee

per·i·anth /périænθ/ 名 Ⓒ 〖植〗花被(かひ)《雄しべ・雌しべを囲んで保護している部分》

per·i·carp /pérəkɑ̀ːrp | péri-/ 名 Ⓒ 〖植〗果皮

Per·i·cles /pérɪkliːz/ 名 ペリクレス(495?–429 B.C.)《古代アテネの全盛期を築いた政治家》

per·i·dot /pérədɑ̀(ː)t | pérɪdɒt/ 名 Ⓒ ペリドット《緑色半透明の橄欖(かんらん)石. 8月の誕生石》(→ birthstone)

per·i·gee /pérɪdʒiː/ 名 Ⓒ 〖天〗近地点(↔ apogee)《月・惑星や人工衛星がその軌道上で地球に最も近づく点》
pèr·i·gé·an 形

per·i·he·li·on /pèrəhíːliən | pèri-/ 名 (複 **-li·a** /-liə/) Ⓒ 〖天〗近日(きんじつ)点(↔ aphelion)《惑星・彗星(すいせい)・人工衛星がその軌道上で太陽に最も近づく点》

***per·il** /pérəl/ 名 Ⓤ (差し迫った重大な)危険, 危難;Ⓒ 《通例 ~s》危険のもと, 危険物(⇨ DANGER 類語) ‖ face [avert] a ~ 危険に直面する[を避ける] / Typhoons are a major meteorological ~ for the Ryukyus. 台風は琉球諸島に気象上重大な危難をもたらすものである / the ~*s* of drug abuse 薬物乱用の危険
at one's* (*òwn*) *péril 危険を覚悟で, 責任を負うつもりで ‖ Tell it to him *at* your ~. それを彼に話すなら話してみろ(ただでは済まないぞ)
****in* [OR *at*] *péril* (*of* ...)** (…を)危うくして, (…が)危険にさらされて ‖ I was *in* ~ *of* my life. =My life was *in* ~. 私の生命は危険にさらされていた
―動 (**~ed**, 《英》**-illed** /-d/;**~·ing**, 《英》**-il·ling**) 他 《古》…を危険にさらす, 危うくする(imperil)

***per·il·ous** /pérələs/ 形 とても危険な, 冒険的な;破滅[消滅]の危険にさらされた ‖ a ~ journey 極めて危険な旅
~·ly 副 **~·ness** 名

pe·rim·e·ter /pərímət̬ər | -rímɪ-/ 名 Ⓒ ❶ (平面図形などの)周囲;(飛行場・軍事基地などの)周辺(地域);周囲の長さ(circumference) ❷ 〖眼科〗視野計《視野の範囲を測定する器具》 ❸ 〖軍〗(陣地周辺の)防御線

per·i·na·tal /pèrɪnéɪt̬əl/ ⟨シ⟩ 形 〖医〗出産周辺期の, 周産期の《妊娠第28週から生後7日ぐらいまでをいう》

per·i·ne·um /pèrɪníːəm/ 名 (複 **-ne·a** /-níːə/) Ⓒ 〖解〗会陰(えいん) **-né·al** 形

*****pe·ri·od** /píəriəd/ 名 形 間
―名 〔▶ periodic 形, periodical 形〕 (複 **~s** /-z/) Ⓒ
❶ (ある事柄・現象の続いている)**期間**, 時期(⇨ 類語) ‖ This area was conquered by five different nations over a ~ of two centuries. この地域は2世紀の間に5つの異なる国に征服された / a **long** [short] ~ of time 長[短]期間 / the rainy ~ in India インドの雨期 / a trial ~ 試行期間 / **during** a certain **time** ~ 一定期間内に / She went through a very difficult ~ after her husband died. 夫の死後彼女は実に苦しい一時期を経験した / We are living **in** a transitional ~. 我々は過渡期に生きている
❷ (ある特徴によって区別される)**時代**(⇨ 類語);《the ~》

当該の時代；(特に)現代 ‖ the Baroque ～ バロック時代 / a ～ of prosperity 繁栄の時代 / the Jurassic ～ ジュラ紀 / a Picasso of the blue ～ 青の時代のピカソの作品
❸ 授業時間, 時限 ‖ We have a double ～ of Art on Friday afternoons. 毎週金曜日の午後には美術の時間が2時限ある
❹〘スポーツ〙ピリオド《アイスホッケーなどの試合の一区切り》
❺ 月経(周期)(menstrual period) ‖ My ～ is late this month. 今月はまだ生理が来ない
❻《主に米》ピリオド, 終止符, 省略点(.)(《英》full stop)；(文末での)休止；終結, 終止(stop)
❼〘地〙紀《代(era)の下位区分》
❽〘修〙(均整のとれた)文章；〘修〙掉尾(ちょうび)文《多くの節を含み文尾に至って初めて文意が完成する文》(periodic sentence)；《～s》美辞麗句 ❾〘数〙周期；(循環小数の)循環節；(大きな数字を読みやすく区切った)節 ❿〘楽〙楽節 ⓫〘理〙周期 ⓬〘天〙周期 ⓭〘化〙(元素の)周期

pùt a períod to ... 《旧》…に終止符を打つ, …を終わりにする

── 形《比較なし》《限定》(服・家具などが)ある時代の, 時代物の ‖ ～ furniture [costumes] 時代物の家具[衣装]

── 間《文末に独立的に付加して》《主に米口》(言いたいことは)それだけだ, 以上(♥ 前言を強調する) ‖ We don't need it, ～! それは必要がない, そういうことなのだ

類語《名 ❶, ❷》**period** 長短に関係なくある区切られた「期間・時期・時代」を表す.〈例〉the postwar *period* 戦後の時期[時代]
age ふつう長期の「時代」を指し, 支配的な人物・勢力・制度・特色などと関連する.〈例〉the Stone *Age* 石器時代
era 歴史上の変化や新しい事象で特徴づけられる時代.〈例〉the *era* of atomic energy 原子力時代
epoch 過去と区切りをつけるような重要な出来事によって区別される時代. era と epoch は似ているが, epoch の方が「歴史に一時期を画する時代」といった意味が強く, 概して era の方が長い期間を表す.〈例〉The bombing of Hiroshima marked an *epoch* in human history. 広島の原爆投下は人類の歴史に一時代を画した

▸▸ **～ pìece** 名 C (芸術作品・家具などの)時代物；ある時代の特徴を表すもの[作品]

***pe·ri·od·ic** /pìəriɑ́(:)dɪk | -ɔ́d-/《アクセント注意》〈シ〉形〔◁ period 名〕《通例限定》❶ 周期的な；定期的な ‖ the ～ motion of the planets 惑星の周期運動 ❷ 断続的な, 間欠的な(♥ かなりの頻度で規則的に起こることを示唆) ❸ 美辞麗句を並べた, 美文の

▸▸ **～ ácid** 名 U〘化〙過ヨウ素酸 **～ fúnction** 名 C〘数〙周期関数 **～ láw** 名《the ～》〘化〙周期律 **～ táble** 名《the ～》〘化〙周期(律)表

***pe·ri·od·i·cal** /pìəriɑ́(:)dɪkəl | -ɔ́d-/〈シ〉形〔◁ period 名〕❶ ＝periodic ❶ ❷ 定期刊行の, 定期刊行物の
── 名 C 定期刊行物, 雑誌

pe·ri·od·i·cal·ly /pìəriɑ́(:)dɪkəli | -ɔ́d-/ 副 ❶ 周期的に；定期的に ❷ 時折, 断続的に；繰り返し

pe·ri·o·dic·i·ty /pìəriədísəṭi/ 名 U 周期性；定期性；〘化〙(元素の)周期性；〘電〙周波(数)

per·i·o·don·tal /pèrioudɑ́(:)nṭəl | -dɔ́n-/〈シ〉形〘医〙歯の周囲の

per·i·o·don·tics /pèrioudɑ́(:)nṭɪks | -dɔ́n-/, **-ti·a** /-ʃiə/ 名 U〘医〙歯周病学, 歯周治療学 **-tist** 名

per·i·o·don·ti·tis /pèrioudɑ̀(:)ntáɪṭəs | -dɔ̀ntáɪtɪs/ 名 U〘医〙歯周病[炎], 歯根膜炎

per·i·pa·tet·ic /pèrɪpətéṭɪk/〈シ〉形 ❶ 歩き回る；(仕事で)渡り歩く, 巡回する；(教師が)2つ以上の学校を掛け持つ ❷《P-》〘哲〙逍遥(しょうよう)学派の, アリストテレス学派の《アリストテレスが Lyceum の園を逍遥しながら弟子を教えたという故事に由来》

── 名 C ❶ 渡り歩く人, 掛け持ち教師 ❷《P-》〘哲〙逍遥学派の人, アリストテレスの弟子 **-i·cal·ly** 副

***pe·riph·er·al** /pərífərəl/ 形 (**more ～**；**most ～**)(♦❷以外比較なし) ❶ 周囲の, 周辺の, 周縁の；周辺にある, 外側の ‖ the ～ areas of Japan 日本の周辺地域 ❷〈…にとって〉あまり重要でない；末梢(まっしょう)的な, 付随的な〈**to**〉❸〘解〙末梢の ‖ a ～ nerve 末梢神経 ❹《限定》💻周辺(機器)の
── 名 C 💻周辺機器《コンピューター本体に接続して使うプリンター・スキャナーなど》 **～·ly** 副

▸▸ **～ nérvous sýstem** 名 C〘解〙末梢神経系 **～ vísion** 名 U 周辺視力[視野]

***pe·riph·er·y** /pərífəri/ 名 (複 **-er·ies** /-z/) ❶ C《通例単数形で》周囲, 周縁, (特に)円周；外面, 表面 ❷《通例 the ～》(ある地域・領域の)周辺部 ‖ on the ～ of the town 町の周辺で ❸《通例 the ～》(あるグループ・活動の)周辺層；あまり重要でない部分 ❹ C〘解〙末梢(まっしょう)

pe·riph·ra·sis /pərífrəsɪs/ 名 (複 **-ses** /-sì:z/) U C〘文法〙迂言(うげん)法；回りくどい表現

per·i·phras·tic /pèrɪfræ̀stɪk/〈シ〉形 回りくどい(roundabout)；〘文法〙迂言的な ‖ ～ comparison 迂言的比較変化《原級の前に more, most を添えて比較級・最上級を作る》/ ～ conjugation 迂言的活用《助動詞の助けを借りて行う. sang を did sing というなど》/ the ～ genitive 迂言的属格《前置詞の助けを借りて行う. Caesar's を of Caesar というなど》 **-ti·cal·ly** 副

pe·rique /pərí:k/ 名 U ペリック葉《米国ルイジアナ州産の香りの強い黒色のたばこ》

per·i·scope /pérɪskòup/ 名 C (潜水艦の)潜望鏡；(塹壕(ざんごう)などの)展望鏡
語源 *peri-* around＋*-scope*(見る機器)

per·i·scop·ic /pèrɪskɑ́(:)pɪk | -skɔ́p-/〈シ〉形 潜望[展望]鏡の；(レンズが)四方に展望のきく

***per·ish** /pérɪʃ/ 動 自 ❶《文》(複数の人・動物が)死ぬ, 非業の死を遂げる ‖ Many people ～*ed* 「in the earthquake [at the hands of the terrorists]. 多くの人がその地震で[テロリストの手にかかって]死んだ(♦しばしばジャーナリズム用語) / I'm ～*ing* from hunger! おなかがすいて死にそうだ ❷《堅》消え去る, 滅びる；壊滅する ❸《英》腐食する, 傷む, 腐る；(ゴムが)弾性を失う
── 他 ❶《英》〔物〕を駄目にする ❷《通例受身形で》《英口》(人が)〈寒さ・飢えなどで〉弱っている, まいっている〈**with**〉‖ We were ～*ed with* cold [hunger]. 我々は寒さ[飢え]でまいっていた

Perish the thought! ⇨ THOUGHT[1] (CE 7)

per·ish·a·ble /pérɪʃəbl/ 形 (食物が)腐り[傷み]やすい, 足が早い；(植物が)枯れやすい；(物が)壊れやすい；滅びる運命にある ── 名 C《～s》傷みやすい食品, 生鮮食料品
～·ness, pèr·ish·a·bíl·i·ty 名

per·ish·er /pérɪʃər/ 名 C《英口》やっかいな[うるさい]やつ, 手のかかる子供, 困った人

per·ish·ing /pérɪʃɪŋ/《英口》形 ❶《叙述》(天候・人が)非常に寒い ‖ I was ～ (with cold). 私は寒さで凍えそうだった ❷《限定》《旧》いまいましい, 全くひどい(♥ よくないことの強意語として) ‖ a ～ bore ひどく退屈な人
── 副 ひどく, べらぼうに

pe·ris·so·dac·tyl /pərìsədǽktɪl | -sou-/ 形 名 C〘動〙奇蹄(きてい)目の(動物)《サイ・馬など》

per·i·stal·sis /pèrɪstɔ́:lsəs | -stǽlsɪs/ 名 (複 **-ses** /-si:z/) C〘生理〙(腸などの)蠕動(ぜんどう)(運動) **-stál·tic** 形

per·i·style /pérɪstàɪl/ 名 C〘建〙柱廊, 柱列(で囲まれた中庭)

per·i·to·ne·um /pèrəṭəní:əm | pèrɪtou-/ 名 (複 **～s** /-z/ OR **-ne·a** /-ni:ə/) C〘解〙腹膜 **-né·al** 形

per·i·to·ni·tis /pèrəṭənáɪṭəs | pèrɪtounáɪtɪs/ 名 U〘医〙腹膜炎

per·i·wig /périwɪg/ 名 C かつら(wig)《17-18 世紀に流行した白い装飾用のもの》

per·i·win·kle /périwìŋkl/ 名 ❶ C 〘植〙ツルニチニチソウ；U 明るい紫がかった青 ❷ C 〘貝〙タマキビ(玉黍)《食用の小さな巻き貝》
per·jure /pə́ːrdʒər/ 動 他《〜 oneself で》(特に法廷で)偽証[偽誓]する **pér·jur·er** 名 C 偽証者
pér·jured /-d/ 形 偽証を犯した；偽証の
per·ju·ry /pə́ːrdʒəri/ 名 (複 **-ries** /-z/) U C 〘法〙(特に法廷での)偽証(罪)；偽誓；破約
perk[1] /pəːrk/ 動 自 ❶ 元気になる, 快活になる, 自信を取り戻す；(景気などが)持ち直す《***up***》‖ He 〜*ed up* quickly after his illness. 病後彼は急速に元気を取り戻した ❷ (耳・尾などが) ぴんと立つ《***up***》 ❸さっそうと［元気よく］振る舞う ―他 ❶ …を元気づける, 活気づける《***up***》(✍ brighten [OR liven] up) ❷〔頭〕をさっともたげる,〔耳〕をそばだてる《***up***》 ❸ …をさっそうとさせる, 身なりを整えさせる；…を引き立たせる《***up, out***》‖ 〜 oneself *up* before going out 外出の前にめかし込む
perk[2] /pəːrk/ 名《口》=perquisite
perk[3] /pəːrk/ 動《口》=percolate 他 ❶, 自 ❷
perk·y /pə́ːrki/ 形 元気のよい, 活発な；自信たっぷりな, 生意気な, 気取った **pérk·i·ly** 副 **pérk·i·ness** 名
per·lo·cu·tion /pəːrləkjúːʃən, -lou-/ 名 U C 〘言〙発語媒介行為 **〜·ary** 形
perm[1] /pəːrm/ 名 C パーマ(permanent wave)
―動 他〔髪〕にパーマをかける(♦ しばしば受身形で用いる)‖ have one's hair 〜*ed* 髪にパーマをかける
***perm**[2] /pəːrm/ 《英口》名 C (サッカー賭博(とばく)での)チームの組み合わせ(♦ *perm*utation より)
―動 他 (サッカー賭博で)〔チーム〕を選んで組み合わせる
per·ma·cul·ture /pə́ːrməkʌ̀ltʃər/ 名 U《英》パーマカルチャー《自給自足と環境保全を目指す農業》(♦ *perma*nent+agri*culture* より)
per·ma·frost /pə́ːrməfrɔ̀(ː)st/ 名 U (極地などの) 永久凍土
per·ma·lanc·er /pə́ːrməlæ̀nsər/ 名 C 長期フリーター, 非正規社員(♦ *perma*nent+(free)*lancer* より)
***per·ma·nence** /pə́ːrmənəns/ 名 U 永久不変(性)；永続(性)；耐久性
per·ma·nen·cy /pə́ːrmənənsi/ 名 (複 **-cies** /-z/) ❶ =permanence ❷ C 永久不変の物事[人]；永続的な仕事[地位]
****per·ma·nent** /pə́ːrmənənt/
―形 (**more 〜 ; most 〜**)
❶ **永久不変の**, 永遠の；永続的な；終身の；長持ちする(↔ temporary) (⇨ ETERNAL 類語) ‖ Great literature remains 〜. 偉大な文学は時代を超えて残る / Trauma we suffer as children has 〜 effects. 子供時代に負った精神的外傷は永続的な影響を及ぼす / I'm looking for a 〜 job but times are hard. 本雇いの仕事を探しているのだが時節が厳しい / one's 〜 address (連絡用の)定住所(♦ 長期不在中でも郵便が届く住所. 長期滞在先の仮住所は current [OR temporary] address) / 〜 employment 終身雇用
❷ 常設[常置]の, 常任の(↔ temporary) ‖ a 〜 committee 常任委員会
―名 (複 **〜s** /-s/) C (髪の)パーマ(perm)
▸▸**〜 mágnet** 名 C 永久磁石 **Pèrmanent Résident Càrd** 名 C (カナダの) 永住者カード, PRカード **Pèrmanent Sécretary [Undersécretary]** 名 C 《英》事務次官 **〜 tóoth** 名 C 永久歯(↔ milk tooth) **〜 wáve** 名 C パーマ(ネント) (perm) **〜 wáy** 名 C 《英》(鉄道の)軌道, 線路
***per·ma·nent·ly** /pə́ːrmənəntli/ 副 永久不変に, 永遠に；永続的に；常設[常任]で；四六時中, いつも(↔ temporarily)
pèrmanent-préss 形《限定》(アイロンがけの不要な) 耐久プレス加工の
per·man·ga·nate /pərmǽŋgənèɪt/ 名 U 〘化〙過マンガン酸塩
per·ma·temp /pə́ːrmətèmp/ 名 =permalancer
per·me·a·bil·i·ty /pə̀ːrmiəbíləṭi/ 名 U 浸透性, 透過性；〘理〙導磁性；透磁率
per·me·a·ble /pə́ːrmiəbl/ 形 浸透性のある, 透過性の **-bly** 副
***per·me·ate** /pə́ːrmièɪt/ 動 他 ❶ (液体・気体などが)…にしみ込む, 浸透する；(におい・気体などが)…に充満する ‖ A lovely smell 〜*d* the room. 素敵な香りが部屋中に広がった ❷ (思想・主義などが) …に普及する, 浸透する ‖ His report was 〜*d* with cynicism. 彼の報告は皮肉に満ちていた ―自〈…に〉しみ込む, 浸透する；充満[普及]する〈**through, into, among**〉 **pèr·me·á·tion** 名
Per·mi·an /pə́ːrmiən/ 〘地〙形 ペルム紀の, 二畳紀の
―名《the 〜》ペルム紀, 二畳紀(the Permian period)《古生代の最後の紀》
per·mis·si·ble /pərmísəbl/ 形〔◁ permit 動〕許される, 差し支えない **per·mìs·si·bíl·i·ty** 名 U 許され得ること **-bly** 副 許される程度に, 差し支えなく
****per·mis·sion** /pərmíʃən/
―名〔◁ permit 動〕❶ U (正式の)**許可**, 認可, 承認, 免許 (↔ prohibition)〈**for** …に対する / **to *do*** …する〉‖ The two phone companies **asked** (for) 〜 from the government *to* merge into one. 電話会社2社は政府に合併の認可を申請した / I'll go home **with** your 〜. よろしければ帰宅させていただきます / **without** 〜 許可なく, 無断で / win 〜 *for* our citizens *to* stay 6 months without visas 我が国民が査証なしで6か月間滞在する承認を得る / planning 〜 《英》建築許可
連語【**動+〜**】give [OR grant] 〜 許可を与える / obtain [OR get] 〜 許可を得る / have 〜 許可を得ている / refuse 〜 許可しない
❷ C《通例 〜s》許可証

COMMUNICATIVE EXPRESSIONS
1 **May I hàve your permìssion to** apply for the posítion? その職に応募する許可を頂けるでしょうか(♥ 許可を求める堅い表現. ✍May [OR Can] I apply ...?)

per·mis·sive /pərmísɪv/ 形〔◁ permit 動〕❶ (特に性的問題などに関して)寛大な, 自由な；あまりにも自由放任の ❷ 許可[認可]する, 許可を示す；〘法〙任意の(↔ compulsory) **〜·ly** 副 **〜·ness** 名
▸▸**〜 socíety** 名《the 〜》《しばしばけなして》寛容社会, 綱紀の乱れた社会《フリーセックスやドラッグの乱用を大目に見る風潮の社会》
****per·mit** /pərmít/(→ 名)《アクセント注意》
―動〔▶ permission 名, permissible 形, permissive 形〕(**〜s** /-s/ ; **-mit·ted** /-ɪd/ ; **-mit·ting**)
―他 ❶ (権限などにより正式に)**許す**(⇨ ALLOW 類語) **a** 《+目》…を許す, 許可する (↔ forbid, prohibit) ‖ Is taking photos *permitted* here? ここで写真を撮れますか / Smoking is only *permitted* outside the building. 喫煙は建物の外でのみ可
b 《+目+副句》〔人〕に入る[出る, 通る]のを許す(♦ 副句 は場所・方向を表す) ‖ He wouldn't 〜 me into the room. 彼は私を部屋の中に入れようとしなかった
c 《+ (***a person***(**'s**)) ***doing***》(人が) …することを許す ‖ Circumstances won't 〜 my quitting the job. 仕事を辞められる状況ではない
d 《+目+**to *do***》〔人〕に…するのを許す[させておく] ‖ My father did not 〜 me *to* go to the prom. 父は私をダンスパーティーに行かせてくれなかった / *Permit* me *to* make a suggestion. 《堅》1つ提案をさせてください
e 《+目 ***A***+目 ***B***》*A* (人)に*B* (物・事)を許す ‖ He *permitted* me the use of his office. 彼は私に自分の事務室を使うことを許してくれた / She *permitted* herself a smile. 彼女は気を許してほほ笑みを漏らした / I was *permitted* access to his database. 私は彼のデータベースにアクセスするのを許された

❷ a《+目》(物・事が)…を可能にする ‖ The optical fiber connection will ~ faster access to websites. 光ファイバー接続でウェブサイトへのより高速なアクセスが可能になる
b《+目+to do》(物・事が)…に…するのを可能にする ‖ The new road ~s traffic *to* flow again. 新しい道路ができて再び交通の流れがよくなった / Grandma's health has improved enough to ~ her *to* resume ballroom dancing. おばあちゃんの健康は社交ダンスを再開できるほど回復した

P

─自 ❶ **可能にする, 許す** ‖ I will play tennis tomorrow, weather [time] *permitting*. 天候[時間]が許せば, 明日テニスをするつもりだ(♦ 慣用表現なので weather [time] は無冠詞)
❷《+of 名》《通例否定文で》…の余地がある ‖ The situation does not ~ *of* an easy solution. 事態は簡単な解決を許さない
─名 /pə́ːrmɪt/ Ⓒ 許可証, 免許証, 鑑札 ‖ He didn't have a ~ **for** [OR **to** carry] the gun. 彼は銃の免許を持っていなかった /「an entry [a construction, a work] ~ 入場[建築, (外国での)就労]許可証 / a driver's [OR learner's] ~《米》運転仮免許(《英》a provisional licence)
語源 *per-* through+*-mit* send, pass：通過させる

per·mu·ta·tion /pə̀ːrmjutéɪʃən/ 名 ❶ Ⓤ Ⓒ 〘数〙順列；(一般に)並べ換え, 置換, 変更, 交換 ‖ ~*s* and combinations 順列と組み合わせ ❷ Ⓒ《英》(サッカーくじで)チームの組み合わせ(《口》perm²)

per·mute /pərmjúːt/ 動 他 …の順序を換える, 並べ換える；〘数〙〘数〙を置換する

per·ni·cious /pərníʃəs/ 形 〈…に〉非常に有害な, 有毒な, 破壊的な, 致命的な〈to〉 **~·ly** 副 **~·ness** 名
▸▸ **~ anémia** 名 Ⓒ 〘医〙悪性貧血

per·nick·et·y /pərníkəṭi/ 形《英口》=persnickety

per·o·rate /pérərèɪt/ 動 自《堅》❶ (要約して)演説を結ぶ ❷ 熱弁を振るう **-rà·tor** 名 Ⓒ 熱弁家

per·o·ra·tion /pèrəréɪʃən/ 名 Ⓒ ❶ (演説の)結論, 結び(特に要点をまとめて述べる部分) ❷《けなして》(面白くない)長ったらしい演説

per·ox·ide /pərɑ́(ː)ksàɪd | -ɔ́ks-/ 名 Ⓤ 〘化〙過酸化物；(特に)過酸化水素(hydrogen peroxide), オキシドール
─動 他〔髪など〕をオキシドールで漂白する

perp /pəːrp/ 名 Ⓒ《米俗》犯人, ほし(♦ perpetrator より)
▸▸ **~ wàlk** 名 Ⓒ Ⓤ《米俗》容疑者の(テレビカメラなどの前の)引き回し

per·pen·dic·u·lar /pə̀ːrpəndíkjulər/ ⦅シ⦆ 形 ❶ 垂直の；〘数〙〈…と〉直角をなす〈to〉 ❷ 直立した；(崖(がけ)などが)切り立った ❸《P-》〘建〙垂直様式の(英国ゴシック様式の一種) ─名 ❶ Ⓒ 垂線(面) ❷ Ⓤ《(the) ~》垂直；直立の姿勢 ‖ out of (the) ~ 傾いて ❸ Ⓒ 錘重(すいじゅう), 重り **pèr·pen·dìc·u·lár·i·ty** 名 **~·ly** 副

per·pe·trate /pə́ːrpətrèɪt/ 動 他〔犯罪・過失など〕を犯す ‖ ~ a blunder へまをする
pèr·pe·trá·tion 名 **-trà·tor** 名

*__per·pet·u·al__ /pərpétʃuəl | -pétju-, -pétʃu-/ 形《通例限定》❶ 永遠の, 永久的な；永続的な(⇨ CONTINUAL 類語) ‖ ~ peace 恒久平和 / ~ snow 万年雪 ❷ しつこく繰り返す, のべつ幕なしの ‖ ~ nagging のべつ幕なしの小言 ❸ (地位・身分などが)終身の ‖ ~ punishment 終身刑 ❹〘園芸〙四季咲きの **~·ly** 副 永久に；絶え間なく
▸▸ **~ cálendar** 名 Ⓒ 万年暦 **~ chéck** 名 Ⓤ〘チェス〙パペチュアルチェック, 千日手(王手の連続, 引き分け) **~ mótion** 名 Ⓤ〘理〙永久運動

per·pet·u·ate /pərpétʃuèɪt | -pétju-, -pétʃu-/ 動 他 …を永続させる, 固定化する；…を不朽[不滅]にする
per·pèt·u·á·tion 名 **-à·tor** 名

per·pe·tu·i·ty /pə̀ːrpətjúːəṭi/ 名 (複 **-ties** /-z/) ❶ Ⓤ 永遠；永遠[永続]性, 不朽 ❷ Ⓒ 永続するもの, 不滅のもの；終身年金；永代所有権
in [OR *for*] *perpetúity* 永遠に(forever)

*__per·plex__ /pərpléks/《アクセント注意》動 他 ❶〔人〕を混乱[当惑]させる, まごつかせる；…を悩ませる, 苦しめる(→ puzzle)(♦ しばしば受身形で用いる) ‖ I was ~*ed* with [OR at, by] the problem. 私はその問題に面食らった ❷《旧》〔問題・事態など〕を複雑にする, 込み入らせる
語源 ラテン語 *per-* thoroughly+*-plex* twist：すっかりねじ曲げる, 訳をわからなくする

*__per·plexed__ /pərplékst/ 形 (頭が)混乱した, 当惑した；複雑な, 込み入った, 面倒な
per·plex·ed·ly /-pléksɪdli/ 副 困って, まごついて

per·plex·ing /-ɪŋ/ 形 (頭を)混乱させる, ややこしい, 訳のわからない **~·ly** 副

per·plex·i·ty /pərpléksəṭi/ 名 (複 **-ties** /-z/) ❶ Ⓤ 混乱, 当惑；複雑, 面倒 ‖ in ~ 当惑して / to one's ~ 困ったことに ❷ Ⓒ《通例 -ties》面倒なこと, 困ったこと, 難事

per pro. /pəːr próu/ ⦅シ⦆ 略 (本人でなく)代理を立てて(by proxy)(♦ 今日では通例 PP, P.P. と略す. ラテン語 *per procurationem* より)

per·qui·site /pə́ːrkwɪzɪt/ 名 Ⓒ《しばしば ~s》《堅》❶ (地位に伴う)役得；特権(《口》perk) ‖ the ~*s* of youth 若さの特権 ❷ (定収入外の)臨時収入；チップ ❸〘史〙(使用人などがもらう)お下がりの品

per·ry /péri/ 名 Ⓤ Ⓒ ナシ酒, ペリー

Per·ry /péri/ 名 **Matthew Calbraith ~** ペリー(1794–1858)(米国の提督. 1853年に浦賀へ来航し, 日本に開国を求めた)

pers. 略 person, personal；perspective

Pers. 略 Persia, Persian

*__per·se·cute__ /pə́ːrsɪkjùːt/ 動 他 ❶《通例受身形で》〈宗教・政治・人種の違いなどのため〉迫害を受ける〈for〉 ‖ The early Christians were ~*d for* their religion. 初期のキリスト教徒は宗教上の迫害を受けた ❷〔人〕をしつこく悩ます, 苦しめる, 困らせる ‖ The actress has been ~*d* with interviews ever since she got divorced. その女優は離婚して以来しつこい取材に悩まされている

*__per·se·cu·tion__ /pə̀ːrsɪkjúːʃən/ 名 Ⓤ Ⓒ 迫害(する[される]こと), 虐待；しつこく悩ます[される]こと, 責め立てること ‖ religious ~ 宗教迫害 / the ~ of Christians by the Romans ローマ人によるキリスト教徒の迫害
▸▸ **~ còmplex** 名 Ⓒ〘心〙被害妄想

per·se·cu·tor /pə́ːrsɪkjùːṭər/ 名 Ⓒ 迫害者, 虐待者；悩ますもの

Per·seph·o·ne /pərséfəni/ 名〘ギ神〙ペルセポネ(冥界(めいかい)の女王.〘ロ神〙の Proserpina に相当)

Per·seus /pə́ːrsiəs | -sjuːs/ 名 ❶〘ギ神〙ペルセウス(Zeus と Danae の子. Medusa を殺し, Andromeda を海の怪物から救って彼女と結婚) ❷〘天〙ペルセウス座

*__per·se·ver·ance__ /pə̀ːrsəvíərəns | -sɪ-/ 名 Ⓤ ❶ 忍耐, 辛抱；不屈の精神(⇨ PATIENCE 類語) ❷〘宗〙堅忍, 究極の救い(臨終まで神の恩寵(おんちょう)に浴し, 永遠の救いに至ること)

per·se·vere /pə̀ːrsəvíər | -sɪ-/《発音注意》動 自〈…を〉根気よくやり通す, 最後まで頑張る〈in, with, at〉；目的を貫く(↝ keep [OR stick] at) ‖ ~ *with* [OR *at*] one's task たゆまず仕事に励む

per·se·ver·ing /pə̀ːrsəvíərɪŋ | -sɪ-/ 形《通例限定》辛抱強い, 忍耐強い, 不撓(ふとう)不屈の **~·ly** 副

Per·sia /pə́ːrʒə | -ʃə/ 名 ❶ ペルシャ(イランの旧称) ❷ ペルシャ帝国(西南アジアの古代帝国)

Per·sian /pə́ːrʒən | -ʃən/ 形 ペルシャ(Persia)の；ペルシャ人[語]の ─名 ❶ Ⓒ ペルシャ人；Ⓤ ペルシャ語, イラン語 ❷ (=~ cát) Ⓒ ペルシャネコ ❸ Ⓒ ペルシャじゅうたん
▸▸ **~ cárpet** [**rúg**] 名 Ⓒ ペルシャじゅうたん **~ Gúlf** 名《the ~》ペルシャ湾(イランとアラビア半島に囲まれた湾) **~ lámb** 名 Ⓒ カラクル種の子羊, ペルシャ子羊；その毛皮(→ karakul)

per·si·flage /pə́ːrsɪflɑ̀ːʒ/ 名 U 《堅》軽口, 冷やかし, 冗談

per·sim·mon /pərsímən/ 名 C 〖植〗カキ(の木)

*__per·sist__ /pərsíst/ 動 〔▶ persistence 名, persistent 形〕 自 ❶ 〈…に〉固執する, (困難・障害に屈せず)〈…を〉あくまでやり通す, 頑張り通す〈**in, with**〉; 〈質問・要求などを〉しつこく繰り返す, 言い張る〈**with**〉(♦ in の目的語はしばしば *doing*. また直接話法にも用いる) ‖ The policeman *~ed in* the chase. 警官は追跡の手を緩めなかった / My mother *~ed in* asking me where I had been. 私がどこへ行っていたのか母はしつこく尋ねた / The environmentalists *~ed with* charges against the manufacturers. 環境保全主義者たちはメーカーに対する告発をいつまでもやめなかった / She *~ed*, "Do you really think he was with Laura?" 「彼がローラと一緒だったと本当に思うの」と彼女はしつこく聞いた
❷ (いつまでも)存続[持続]する, しつこく生き残る; (雨が)いつまでも続く (⇨ CONTINUE 類語) ‖ You should see a doctor if that cough *~s*. そのせきがいつまでも続くようなら医者に診てもらった方がいいよ
語源 *per-* through + *-sist* stand : 立ち続ける

*__per·sist·ence__ /pərsístəns/ 名 〔◁ persist 動〕 U ❶ 固執, 堅持; 粘り強さ, しつこさ ‖ He had the ~ to call me five times a day. 彼は1日に5回も電話してくるほどしつこかった / with ~ 執拗(しつよう)に, 粘り強く ❷ (効果などの)持続 ‖ ~ of vision 残像

per·sist·en·cy /pərsístənsi/ 名 = persistence ❶

*__per·sist·ent__ /pərsístənt/ 形 〔◁ persist 動〕 (**more ~ ; most ~**) ❶ 固執する, 執拗な, 粘り強い, 根気強い ❷ 持続する, 持続性の; 間断のない, 絶えず繰り返される ‖ a ~ skin disease なかなか治らない皮膚病 / a ~ offender 常習犯 ❸ 〖動〗(角などが)脱落しない; 〖植〗(葉などが)落葉しない ❹ 〖化〗(有害化学物質・放射能が)分解しにくい, 残留しやすい **~·ly** 副
▶▶ **~ vègetative státe** 名 C 〖医〗永続的植物状態

per·snick·e·ty /pərsníkəṭi/ 形 《米》 ❶ 小うるさい, 口やかましい ❷ (物事が)細心の注意[正確さ]を要する

⁂per·son /pə́ːrsən/ 《発音注意》

中心義 人

— 名 〔▶ personal 形〕 (複 **~s** /-z/) (♦ 複数形としてはふつう people を使う. persons は people よりかなり堅い語で, 主に法律・公的文書・掲示などで用いる. → people) C
❶ (一般に)**人**, 人間; (独自の個性・感情を持った)人物, 個人, 者 (⇨ PEOPLE メタファーの森) ‖ He is a very important ~. 彼は重要人物だ(→ VIP) / Who was that ~ you were talking to? 君が話しかけていたあの人はだれだったの(♥ 特定されない人物について軽蔑的な意味を込めて使う場合もある) / I'm not a ~ to run away without paying. 私は金を払わずに逃げるような人間ではない / Any ~ trespassing on this property will be prosecuted. 《堅》この土地に立ち入る者は何人たりとも告訴されます(♦ any person より anyone の方が一般的) / If a ~ has talent, it will show in his [OR their] work. もし才能があるならば, 仕事に表れるものだ(♥ a person は性差に言及しないように複数で受けることがある. 〈例〉 If you're going to use a *person*, you have to make the best of *them*. 人を使うのなら最大限に活用しなくてはいけない) / a kind ~ 親切な人 / an organization of 1,000 *~s* 1,000人からなる組織
❷ 《複合語で》(男女を問わずに)…に従事する人(♥ 最近の傾向として, 性差に言及しないように, しばしば -man や -woman の代わりに用いられる. 複数形は -people あるいは -persons) (→ chairperson) ‖ a sales*person* 販売員 / a spokes*person* 代弁者, 広報担当官 / a towns*person* 町民, 市民 / a 15-*person* staff 15人からなるスタッフ (♦ ×15-persons staff や ×15-people staff とはいわない)
❸ 《単数形で》《口》…が好きなタイプ ‖ She is a book ~. 彼女は読書好きだ / I'm a cat [coffee, night] ~. 私は猫派[コーヒー党, 夜型]です
❹ その人自身; 個性, 人柄 ‖ I like her as a ~, but she is not right for this job. 人間としては好きだが, 彼女はこの仕事には向いていない
❺ 〖文法〗人称 ‖ the first [second, third] ~ 一[二, 三]人称 / "Does" is the third ~ singular of the verb "do". "does"は動詞"do"の三人称単数である
❻ 人体, 体; 《堅》容姿, 風采(ふうさい); 《旧》〖法〗性器 ‖ He has a fine ~. 彼は立派な風采をしている
❼ (劇・物語などの)登場人物, 役(role) ❽ 〖法〗(権利と義務を持つ主体としての)人 ‖ the artificial [OR juristic] ~ 法人 / the natural ~ 自然人 ❾ 《しばしば P-》〖神〗位格, ペルソナ ‖ the three *~s* of the Godhead 神の三位格 (the First ~ 父(Father), the Second ~ 子(Son), the Third ~ 聖霊(Holy Spirit))

about [OR ***on***] ***one's pérson*** 身につけて, 携帯して ‖ The criminal had a small knife concealed *on* his ~. 犯人は小型ナイフを隠し持っていた

be one's òwn pérson = *be one's own* MAN

*__*in pérson*__* (代理・手紙・電話などではなく)自身で, **自ら**, じかに ‖ I will hand her the letter *in* ~. 私が自分で彼女にこの手紙を渡します

in the pérson of ... …という(人として) ‖ He found a perfect friend *in the ~ of* Dr. Watson. 彼は医師のワトソンという理想的な友を得た

COMMUNICATIVE EXPRESSIONS
1 **I fèel like a nèw pérson.** とても元気になりました; 生まれ変わったような気分です(♥ 体調が回復したときに)

~·hòod 名 U 個人であること, 個性
語源 ラテン語 *persōna* の原義「(役者の)仮面」から, 「役者」→「人」に転じた.

per·so·na /pərsóunə/ 名 (複 **~s** /-z/ OR **-nae** /-niː/) C 〖心〗ペルソナ, 仮面《人が他人に見せるうわべの人格》; (劇などの)登場人物
▶▶ **~ grá·ta** /pərsòunə grɑ́ːṭə/ 名 (複 **per·sò·nae grá·tae** /pərsòuniː grɑ́ːtiː, -taɪ/) 《ラテン》 (= person that is well liked) C (特に受け入れ国にとっての外交官として)好ましい人物 **~ nòn grá·ta** /pərsòunə nɑ̀(ː)n grɑ́ːṭə | -nòun-/ 名 (複 **per·sò·nae nòn grá·tae** /pərsòuniː nɑ̀(ː)n grɑ́ːtiː, -taɪ | -nòun-/) 《ラテン》 (= person that is not well liked) C (特に受け入れ国にとっての外交官として)好ましくない人物

per·son·a·ble /pə́ːrsənəbl/ 形 (特に男性が)容姿の端整な, 風采(ふうさい)の立派な; 感じのよい, 魅力的な

per·son·age /pə́ːrsənɪdʒ/ 名 C 《堅》 ❶ 名士, 著名人, 有名人 ❷ (小説・戯曲などの)(登場)人物

⁂per·son·al /pə́ːrsənəl/ 形 名

— 形 〔◁ person 名 | ▶ personality 名〕 (**more ~ ; most ~**) (♦ ❷ 以外比較なし)
❶ 《限定》**個人の**, 私的な(private) (↔ public), 一身上の ‖ It's a matter of ~ taste. それは個人的な好みの問題だ / He quit the company for ~ reasons. 彼は一身上の理由で会社を辞めた / ~ belongings 私物 / ~ details (名前・年齢などの)個人データ / for one's ~ use 個人用に / ~ history 履歴
❷ **個人に関する**, 個人に向けた; 個人的なことにふれ(たが)る; (悪意から)個人(の人格[外観])に当てつけた ‖ Do you mind if I ask a ~ question? 個人的なことをお尋ねしてよろしいでしょうか / an envelope marked "personal" 「親展」と記された封筒 / ~ abuse 人身攻撃 / ~ remarks 個人に向けた[当てつけた]言葉 / get ~ in an argument 議論で個人攻撃をする / (It's) nothing ~. 悪く思わないでください(♥「個人的なことではなく客観的なことを述べている」の意)
❸ 《限定》**本人自らの**, 直接の ‖ The king made a ~ appearance at the ceremony. 国王は儀式に自ら親し

P

くお出ましになった / a ～ interview 個人面談
❹《限定》(物と区別して)人の, 人間の；人間性を持った, 人格としての ‖ ～ relationships 人間関係 / a ～ God 人格神
❺《限定》身体の, 容姿の, 風采の ‖ ～ hygiene 身体の衛生 / one's ～ appearance 容姿, 風采 / ～ beauty 容姿の美しさ ❻《限定》〖文法〗人称の ❼《限定》〖法〗(財産などが)人に属する, 可動の(↔ real¹) ‖ ～ estate 動産
━名《the ～s》《米》=personal column
▸▸ **～ áction** 名 C U《英》〖法〗人的訴訟《不法行為などに対する損害賠償請求訴訟》 **～ àd** 名 C《口》交際相手募集広告 **～ allówance** 名 C《英》(所得税の)基礎控除(額)(《米》exemption) **～ assístant** 名 C 個人秘書《secretary 以上の働きをする. 略 PA》 **～ bést** 名 C (スポーツ記録などの)自己ベスト **～ cáre** 名 U ① (ヘルパーによる)在宅介護 ② 美容, 化粧 ‖ ～ *care* products 化粧品 **～ cólumn** 名 C (新聞などの)個人広告[消息]欄(《米》personal) **～ compúter** 名 C パソコン《略 PC》 **～ dìgital assístant** 名《ときに P- D- A-》C 🖳携帯情報端末《電子手帳を含む多機能を併せ持つ小型コンピューター. 略 PDA》 **～ efféCts** 名 複 身の回り品, 所持品 **～ équity plàn** 名 C (英国の)個人投資優遇プラン《個人が英国の株式会社に投資する場合一定額までの税金を免除するもの. 略 PEP》 **～ exémption** 名 C《米》=personal allowance **～ fóul** 名 C (スポーツにおける)妨害, 体が触れた反則 **～ identificátion nùmber** 名 C 個人照合番号《略 PIN》 **～ informátion mànager** 名 C 🖳個人情報管理ソフトウェア《住所録やスケジュール, メモなどの個人的な情報を管理する. 略 PIM》 **～ ínjury** 名 U〖法〗人身被害, 身体への被害 **～ órganizer** 名 C (個人用)システム手帳, 電子手帳 **～ prónoun** 名 C〖文法〗人称代名詞 **～ própertý** 名 U〖法〗動産, 人的財産(→ real property) **～ shópper** 名 C 買い物ヘルパー《個人的に雇われて買い物の手伝い[代行]をする人》 **～ spáce** 名 U 個人空間《他人との間におきたい好ましい距離》; (ほかに邪魔されない)自由な空間 **～ stéreo** 名 C 携帯用[ヘッドホン]ステレオ **～ tráiner** 名 C 個人トレーナー《個人的に雇われた運動の指導者》

:per·son·al·i·ty /pə̀ːrsənǽləṭi/
━名 [◁ personal 形] (複 **-ties** /-z/) ❶ U C **個性, 性格**, 人柄 (⇨ CHARACTER 類語) ‖ Even twins differ in ～. 双子といえども性格は異なる / He has a friendly ～. 彼は性格的に優しい / The trio disbanded due to ～ clash [OR conflict]. そのトリオは性格上の軋轢(あつれき)が原因で解散した / a person with little ～ 個性に乏しい人
❷ C (ある方面での) 著名人 ‖ a TV ～ テレビタレント (❗ ×TV talent とはいわない)
❸ U C〖心〗人格, パーソナリティ
❹ U/C《通例単数形で》(場所・事物などの)雰囲気, 独特の味 ‖ Colorful wallpaper gives a room ～. カラフルな壁紙を使うと部屋に個性が出る ❺ C《-ies》人身攻撃, 誹謗(ひぼう) ‖ indulge in *personalities* 人を誹謗する
❻ U C《古》人であること；人間としての存在
▸▸ **～ cùlt** 名 C (独裁者などへの) 個人崇拝 **～ disòrder** 名 U〖精神分析〗パーソナリティ[人格]障害

·per·son·al·ize /pə́ːrsənəlàɪz/ 動 他 ❶ …に自分の名前[頭文字など]を印刷[記入]する ‖ ～*d* stationery 自分の名を刷り込んだ便箋(びんせん) ❷ …を特定の個人のニーズに合うようにする ‖ Our products can be ～*d* to your taste. 私どもの製品はお好みに合わせて変えられます ❸ …を個人的な問題にすり替える, [発言など]を個人[自分]に向けられたものと受け取る ❹ =personify **～d** 形
▸▸ **～d lícensed** [《英》**númber**] **plàte** 名 C 所有者選定によるナンバープレート

:per·son·al·ly /pə́ːrsənəli/
━副 ❶《文修飾》**自分としては**, 個人的に(は)；《強調して》自分自身は ‖ *Personally*, I think the meeting is a waste of time. 個人的には, その会議は時間の無駄だと思う(♥ 主張を和らげる効果があり, 特に相手が賛成してくれなそうな場合によく用いられる) / I ～ do not experience any difficulty in doing so. 私自身はそうすることに何の困難も感じていない
❷ 自ら, 自分で, 直接, 直々に(in person) ‖ Parents should be ～ **responsible** for their children's behavior. 親は子供の行動に直接責任を持つべきだ / The prince thanked me ～. 王子は私に直接礼を言ってくれた
❸ (特定の)個人に向けられたかのように, (自分への)個人攻撃として ‖ He always takes my remarks ～. 彼は私の言うことをいつも自分への当てつけととる
❹ (1人の)人間として, 人柄として ‖ I don't like her ～. 彼女は人間的に好きではない
❺ 個人的に, 親しく ‖ I don't **know** him ～, but I'm fond of his work. 彼を個人的には知らないが, 彼の作品は好きだ

per·son·al·ty /pə́ːrsənəlti/ 名 =personal property (↔ realty)

per·son·ate /pə́ːrsənèɪt/ 動 他 ❶《堅》(劇中で)…の役を演ずる, …に扮(ふん)する ❷〖法〗(詐欺などのため)[他人]のふりをする **pèr·son·á·tion** 名 U 役を演ずること；人名詐称 **-à·tor** 名

per·son·i·fi·ca·tion /pərsɑ̀(ː)nɪfɪkéɪʃən | -sɔ̀n-/ 名 ❶《the ～》〈…の〉化身, 権化〈**of**〉‖ Cupid is the ～ *of* love. キューピッドは愛の化身である ❷ U C 擬人化, 人格化；体現, 具現；〖修〗擬人法

per·son·i·fy /pərsɑ́(ː)nɪfàɪ | -sɔ́n-/ 動 他 (**-fied** /-d/; **～·ing**) ❶ (人が)…の化身[権化]である, …を具現[体現]する ‖ She is graciousness *personified*. (=She *personifies* graciousness.) 彼女は優雅そのものだ ❷ …を擬人化する, 人格化する；(美術などで)[抽象概念]を(人間の姿で)象徴化する

·per·son·nel /pə̀ːrsənél/ 名 ❶《集合的に》《通例複数扱い》(企業・官庁・軍隊などの)人員, 職員, 隊員 ‖ military ～ 軍人 / police and fire ～ 警察および消防署員
語法 ☆☆ ふつう複数扱いされるが, personnel を全体として考える場合は単数扱いになる.〈例〉The *personnel* in this company *are* given a month's vacation a year. この会社の社員は年に1か月の休暇を与えられる / Our *personnel is* made up solely of white-collar workers. うちの社員はホワイトカラーだけで構成されている また ふつう数詞とともに用いることはないが,《米》〖軍〗では two personnel のように使うことがある.
❷ U《単数・複数扱い》(会社などの)人事課
━形《比較なし》《限定》職員の, 人事の ‖ a ～ department 人事課[部] / a ～ manager 人事担当の重役
▸▸ **～ càrrier** 名 C〖軍〗装甲兵員輸送車

pèrson-to-pérson ⊲シ 副 形《通例限定》❶ (米国の) (長距離電話の)指名通話で[の] ‖ a ～ call 指名通話 ❷ 直接に接して (の), 面と向かって (の), ひざ詰めで (の) (tête-à-tête)

:per·spec·tive /pərspéktɪv/
━名 (複 **～s** /-z/) ❶ C〈…についての〉**観点**, 見方, 考え方〈**on**〉: **見通し** ‖ This book **provides a different** ～ *on* the problem. この本はその問題に対する異なった見解を与えてくれる / from a global ～ 世界的視野に立って
❷ U (特定の観点から見た)全体像, 大局観, (物事の)釣り合いのとれた見方 ‖ a sense of ～ 全体像をとらえる力
❸ U **遠近画法**, 透視図法；C 遠近画, 透視図 ‖ linear ～ 線透視図法
❹ C 遠景, 眺め ❺ U (相対的な距離・位置によって決まる[立体視による])ものの見え方
·*in* [OR *into*] *perspéctive* ① 遠近法に従って [かなって] ② 全体像において正しく, 正しい相関関係で ‖ A good boss sees things *in* their right ～. 優れた上司は物事をその全体像において正しくとらえるものだ / put a problem *into* ～ 問題を全体像においてとらえる

out of perspéctive ① 遠近法を外れて［無視して］② 不釣り合いで

COMMUNICATIVE EXPRESSIONS
1 **From mý perspèctive,** his assèssment is ináccurate. 私の見地からすれば，彼の査定は不正確です

── 形《比較なし》《限定》遠近法に従った；透視（画法）の ‖ a ～ drawing 透視図，遠近画

～·ly 副

語源 *per-* through＋*-spect-* look＋*-ive*（形容詞語尾）：見透かす

Per·spex /pə́ːrspeks/ 名 U《英》《商標》パースペクス（《米》Lucite）《硬質透明の風防用アクリル樹脂．ガラスよりずっと軽い．航空機などに用いられる》

per·spi·ca·cious /pə̀ːrspɪkéɪʃəs/ ◁ 形 洞察力のある，明敏な，先見の明のある **～·ly** 副

per·spi·cac·i·ty /pə̀ːrspəkǽsəṭi | -spɪ-/ 名 U 明敏，聡明，洞察力

per·spi·cu·i·ty /pə̀ːrspəkjúːəṭi | -spɪ-/ 名 U《堅》（表現などの）明快さ，わかりやすさ

per·spic·u·ous /pərspíkjuəs/ 形《堅》（表現などが）明快な，わかりやすい **～·ly** 副

per·spi·ra·tion /pə̀ːrspəréɪʃən/ 名 U 汗（♥ sweat より上品な語）；発汗（作用）

per·spire /pərspáɪər/ 動 自 汗をかく，発汗する（♥ sweat より上品な語）（⇨ SWEAT 類語）

語源 *per-* through＋*-spire* breathe：…を通して呼吸する

per·suad·a·ble /pərswéɪdəbl/ 形〔◁ persuade 動〕説得できる

per·suade /pərswéɪd/《発音注意》

── 動〔▶ persuadable 形, persuasive 形, persuasion 名〕（**～s** /-z/；**-suad·ed** /-ɪd/；**-suad·ing**）

── 他 ❶ **説得する**（↔ dissuade） **a**《＋目 / 目＋副》〔人〕を説得する ‖ He ～*d* his wife, without convincing her. 彼は妻を説得したが，納得はさせられなかった

b《＋目＋**to** *do*》〔人〕を…するように説得する，説得して…させる ‖ I tried to ～ my brother not *to* leave home. 私は弟に家を出ないように説得してみた（♦ persuade は説得が成功して行動に移させるところまで含意するので，説得された人がそのとおり行動したかどうかわからないときは try to persuade という）/ He was ～*d to* see a counselor. 彼はカウンセラーに会うように説得された / Nothing would ～ him *to* quit his job. どうやっても仕事を辞めるよう彼を説得することはできないだろう

c《＋目＋**into** [**out of**] 名》〔人〕を…する［しない］ように説得する ‖ I ～*d* her *into* accepting his offer. 彼の申し出を受けるように彼女を説得した / I managed to ～ him *out of* his plan. 何とか彼を説き伏せて計画をやめさせた

❷《＋目＋**of** 名 / 目＋（**that**）節》〔人〕に…を［…ということを］**確信［納得］させる** ‖ He managed to ～ her ⌈*of* its truth [OR *that* it was true]. 彼はそれが真実であることを何とか彼女に納得させた / I am thoroughly ～*d* ⌈*of* his innocence [OR *that* he is innocent]. 私は彼の無実をすっかり確信している

COMMUNICATIVE EXPRESSIONS
1 **Hòw can I persuáde you to** chànge your mínd? どうしたら気を変えていただけるでしょうか（♥ 形式ばった説得表現．↘Won't you please change ...?）

語源 *per-* thoroughly＋*-suade* urge（しきりに勧める）：よく説いて聞かせる

per·suad·er /pərswéɪdər/ 名 C 説得者；《俗》（有無を言わさぬ）強制手段（ピストル・罰など）

***per·sua·sion** /pərswéɪʒən/ 名〔◁ persuade 動〕❶ U 説得；説得力 ‖ It took a lot of ～ to convince Bob to remain in London. ボブをロンドンに留まらせるにはかなりの説得が必要だった / gentle ～ 静かな説得 ❷ C 信仰，宗教，信条；宗派，教派 ‖ people of all religious [political] ～*s* あらゆる教派［政治的信条］の人々 ❸ C《通例 of the ... ～ の形で》《戯》種類；階級；性別 ‖ an architect *of the* modern ～ 現代建築家 / the female ～ 女性 ❹ C《単数形で》強い信念，確信

***per·sua·sive** /pərswéɪsɪv/ 形〔◁ persuade 動〕説得力のある，納得のいく ‖ Your way of talking is always ～. 君はいつも説得力のある話し方をする / a ～ argument 説得力のある議論 **～·ly** 副 **～·ness** 名

pert /pəːrt/ 形 ❶ 活発な，元気のよい ❷（衣服などが）粋な，しゃれた；（身体の部分が）小さくきりりとした ❸ 図々しい，（若い娘が）おてんばの **～·ly** 副 **～·ness** 名

PERT /pəːrt/ 名 C パート《計画管理方式の1つ》（♦ *pro*gram *e*valuation and *r*eview *t*echnique の略）

***per·tain** /pərtéɪn/ 動 自 ❶〈…に〉関係がある，関する〈**to**〉‖ information ～*ing to* a problem 問題に関する情報 ❷〈…に〉属する，付属する；つきものである〈**to**〉‖ Your remark does not ～ *to* the question. 君の発言はその問題と関係がない / lands ～*ing to* an estate 屋敷に付属する土地 ❸〈…に〉ふさわしい，適する〈**to**〉‖ tenderness ～*ing to* a mother 母親にふさわしい優しさ

語源 *per-* thoroughly＋*-tain* hold：しっかり持っている

Per·tex /pə́ːrtèks/ 名 U《英》《商標》パーテックス《撥水性に優れたアウトドア・スポーツ用衣料素材》

Perth /pəːrθ/ 名 パース《オーストラリア南西部，西オーストラリア州の州都》

per·ti·na·cious /pə̀ːrtənéɪʃəs | -tɪ-/ ◁ 形《堅》粘り強い，不屈の，頑固な；なかなか抜けない［とれない］，しつこい ‖ a ～ cough しつこいせき **～·ly** 副 **～·ness** 名

per·ti·nac·i·ty /pə̀ːrtənǽsəṭi | -tɪ-/ 名 U《堅》粘り強さ，不屈，頑固；執拗（しつよう），しつこさ

per·ti·nence /pə́ːrtənəns | -tɪ-/, **-nen·cy** /-nənsi/ 名 U 関連性；適切さ，妥当性

***per·ti·nent** /pə́ːrtənənt | -tɪ-/ 形〈…に〉関する；適切な，妥当な〈**to**〉‖ The witness's comments were not ～ *to* this case. 証人の意見はこの事件には関係がなかった / a ～ question [comment] 関連する質問［適切な批評］ **～·ly** 副

per·turb /pərtə́ːrb/ 動 他 ❶〈…で〉…の心をかき乱す，…を狼狽（ろうばい）させる〈**at, about**〉（♦ しばしば受身形で用いる）❷〘天〙〔天体〕に摂動（せつどう）を起こさせる

～ed 形 動揺した

per·tur·ba·tion /pə̀ːrtərbéɪʃən/ 名 ❶ U（心の）動揺，（気の）転倒，狼狽，不安 ❷ C 不安［動揺］の原因，心配の種 ❸ U C〘天〙摂動《ほかの天体の影響による惑星の軌道運動の乱れ》

***Pe·ru** /pərúː/《アクセント注意》名 ペルー《南米西部の共和国．公式名 the Republic of Peru．首都 Lima》

pe·rus·al /pərúːzəl/ 名 U/C《単数形で》《堅》熟読，精読；精査

pe·ruse /pərúːz/ 動 他《堅》❶ …を精読する，熟読する；…を（ざっと）読む ❷ …を詳細に調べる

***Pe·ru·vi·an** /pərúːviən/ 形 ペルー（Peru）の；ペルー人の
── 名 C ペルー人 ▸▸ **～ bárk** 名 U キナ皮

perv, perve /pəːrv/ 名 C ❶ 性的倒錯者 ❷《豪・ニュージ》みだらな目つき

***per·vade** /pərvéɪd/ 動 他（におい・気分などが）…の隅々に広がる；…に充満する，浸透［普及］する（↘ run through）‖ The smell of incense ～*d* the whole house. 家中に香（こう）のにおいが立ち込めていた

語源 *per-* through＋*-vade* go：行き渡る

per·va·sion /pərvéɪʒən/ 名 U 浸透，普及；充満

***per·va·sive** /pərvéɪsɪv/ 形 隅々に広がった；浸透する；充満する **～·ly** 副 **～·ness** 名

***per·verse** /pərvə́ːrs/ 形 ❶（人・行動などが）（故意に）道理から外れた，誤った；（性的に）倒錯した（perverted）；邪悪な；ひねくれた ‖ take a ～ delight（他人の不幸を聞いて喜ぶなど）ふつうではない喜び方をする / ～ sex 倒錯した性 ❷（人・行動などが）間違いを押し通す，非を認めない，強情な

~·ly 副 ~·ness 名

per·ver·sion /pərvə́ːrʒən | -ʃən/ 名 U C ❶ 堕落, 悪化, (正道からの)逸脱; 悪用, 誤用; 曲解, こじつけ, 歪曲(わいきょく) ❷ 異常形態, 変態, (特に)性的倒錯

per·ver·si·ty /pərvə́ːrsəṭi/ 名 (複 **-ties** /-z/) U 邪悪; つむじ曲がり; 強情; C ひねくれた行為, 倒錯行為

per·vert /pərvə́ːrt/ (→ 名) 動 他 ❶ …を邪道に陥らせる, 誤らせる, 堕落させる ❷ …を悪用[誤用]する ❸ …を曲解する, (意味を)ゆがめる ❹ …を性的に倒錯させる

—名 /pə́ːrvəːrt/ C ⊗《蔑》堕落者, 邪道に陥った人; (特に)性的倒錯者

per·vert·ed /pərvə́ːrṭɪd/ 形 誤った; 誤用された; 曲解された; 《けなして》性的に倒錯した ~·ly 副

per·vi·ous /pə́ːrviəs/ 形 (光・水などを)通す, 浸透[透過]させる; (道理・議論などを)すぐに理解する, 素直に受け入れる; (影響などを) 受けやすい ‖ He is ~ to reason. 彼は道理のわかる人だ ~·ness 名

Pe·sach /péɪsɑːk/ 名 =Passover

pes·ca·tar·i·an, -ce- /peskətéərɪən/ 名 C 形 ペスクタリアン(の)《魚介も食べる菜食主義》 **-tár·i·an·ism** 名

pe·se·ta /pəséɪṭə/ 名 C ペセタ《euro 導入前のスペインの貨幣単位》; ペセタ貨幣 (略 p., pta)

Pe·sha·war /pəʃɑ́ːwər/ 名 ペシャーワル《パキスタン北部, アフガニスタンとの国境に近い都市》

pes·ky /péski/ 形《口》《限定》うるさい, やっかいな **-ki·ness** 名

pe·so /péɪsoʊ/ 名 (複 **~s** /-z/) C ペソ《中南米諸国およびフィリピンなどの貨幣単位》; ペソ貨幣 (略 p.)

pes·sa·ry /pésəri/ 名 (複 **-ries** /-z/) C 〘医〙ペッサリー, 子宮栓《避妊用の器具》; 子宮圧定器《子宮転位を矯正する器具》; 膣内(ちつない)挿入座薬

***pes·si·mism** /pésəmɪ̀zm/ 名 U 〈…に関する〉悲観(主義)〈**about, over**〉; 厭世(えんせい)(観), ペシミズム(↔ optimism)

pes·si·mist /pésəmɪst/ 名 C 悲観的な人, 悲観論者, 厭世家(↔ optimist)

***pes·si·mis·tic** /pèsəmístɪk/ <シ 形 〈…について〉悲観的な〈**about**〉; 厭世的な, ペシミズムの (↔ optimistic) ‖ The doctor is ~ *about* her chances of recovery. 医師は彼女の回復の見込みについて悲観的だ / take a ~ view of life 人生を悲観的に見る **-ti·cal·ly** 副

***pest** /pest/ 名 C ❶ (穀物や食糧を食い荒らす) 害虫[小動物]《アブラムシ・ネズミなど》‖ ~ control 害虫の蔓延(まんえん)防止[駆除] ❷《口》(特に子供など)迷惑をかける者, やっかい者 ‖ ~*s* of society 社会のやっかい者 ❸《古》U C 疫病, ペスト(plague)

Pes·ta·loz·zi /pèstəlɑ́(ː)tsi | -lɔ́tsi/ 名 **Johann Heinrich ~** ペスタロッチ(1746–1827)《スイスの教育家》

pes·ter /péstər/ 動 他 〈ささいなことで〉…を苦しめる, 悩ます, 困らせる〈**with**〉; …にしつこくせがむ〈**for** …を / **to** *do* …してくれと〉 (⇨ BOTHER 類語) ▸▸ **~ pòwer** 名 U《口》駄々, ねだり力《子供が親にねだって物を買わせる力》

***pes·ti·cide** /péstɪsàɪd/ 名 C U 殺虫剤, 除草剤 ‖ crops sprayed with ~(*s*) 農薬が散布された穀物

pes·tif·er·ous /pestífərəs/ 形 ❶《文》(道徳的・社会的に)有害な, 危険な ❷《口》やっかいな, うるさい

pes·ti·lence /péstɪləns/ 名 U C《古》❶ 疫病, 伝染病; (特に)腺(せん)ペスト ❷ 害悪, 害毒

pes·ti·lent /péstɪlənt/ 形 ❶ 致命的な; 《古》有害な, 危険な ❷《限定》《旧》《口》うるさい, やっかいな **~·ly** 副

pes·ti·len·tial /pèstɪlénʃəl/ <シ 形 =pestilent

pes·tle /pésl/ 名 C 乳棒; すりこぎ, きね

—動 他 自 (…を)する, つく, こねる

pes·to /péstoʊ/ 名 U 〘料理〙ペスト《イタリア料理, 特にパスタにかけるバジル・オリーブ油などで作るソース》

‡**pet**[1] /pet/

—名 (複 **~s** /-s/) C ❶ ペット, 愛玩(あいがん)動物 (→ companion animal) ‖ We're not allowed to have [OR keep] ~*s* in this apartment building. このマンションではペットを飼うことは禁止されている

❷《通例けなして》(特にえこひいきに見える)**お気に入り**, 寵児(ちょうじ) ‖ the teacher's ~ 先生のお気に入り / make a ~ of ... …をかわいがる

❸《口》親切な人; かわいい子, 君, おまえ(♥ 特に若い女性や子供に対する呼びかけ) ‖ That's very kind of you, ~. どうもありがとうね

—動 (**~s** /-s/; **pet·ted** /-ɪd/; **pet·ting**)

—他 〔子供・動物など〕を優しくなでる[たたく]; …をかわいがる, 甘やかす —自 ペッティングする

—形《比較なし》《限定》❶ ペットの, ペット用の ‖ a ~ dog ペットの犬 / ~ food ペットフード / a ~ **shop** ペットショップ

❷ お気に入りの; 特に興味のある, おはこの, 得意な; 愛情を込めた ‖ his ~ subject [theory] 彼の得意な話題[持論]

▸▸ **~ háte** 名《one's ~》《主に英》=pet peeve **~ nàme** /ˌ-ˊ-/ 名 C 愛称, ペットネーム **~ péeve** 名《one's ~》《主に米》(常に心に抱いている)いら立ち[不平, 不満](のもと); 大嫌いなもの **~ sitter** 名 C ペットシッター《留守宅でペットの世話を代行する人》

pet[2] /pet/ 名 C《単数形で》(つまらないことで)すねること, ふくれること ‖ be in a ~ すねている

—動 (**pet·ted** /-ɪd/; **pet·ting**) 自 すねる, むずかる

Pet 略 〘聖〙Peter

PET /pet/ 略 *p*ositron *e*mission *t*omography (陽電子放射断層撮影法); *p*oly*e*thylene *t*erephthalate (ポリエチレンテレフタレート)《ペットボトルの材料》

pet. 略 petroleum

PETA /píːtə/ 略 *P*eople for the *E*thical *T*reatment of *A*nimals (動物の倫理的扱いを求める人々の会)《米国で1980年に創設された国際的な動物愛護団体》

peta- /petə-/ 連結形「10^{15}倍」の意 ‖ *peta*byte ペタバイト(2^{50}バイト)

***pet·al** /péṭəl/ 名 C 花弁, 花びら

pét·al(l)ed /-d/ 形《通例複合語で》(…の) 花弁のある ‖ a five-~ flower 5弁の花

pé·tanque /pèɪtɑ́ːŋk | -tɔ́ŋk/ 名 U ペタンク《木製の目標球に向けて金属球を投げ, その近さを競う南フランス発祥の球技. boules ともいう》

pe·tard /petɑ́ːrd/ 名 C (城壁や城門などを壊すために用いた)爆破用火具; 爆竹の一種

hóist by [OR ***with***] ***one's òwn petárd*** 自分で仕掛けたわなに落ちる, 自縄自縛に陥る[Shak *HAM* 3:4]

pet·cock /pétkɑ̀(ː)k | -kɔ̀k/ 名 C 〘機〙(ボイラーなどの余分の水や空気を抜く)豆コック

Pete /piːt/ 名 ピート《男子の名 Peter の愛称》

for Pete's sake ⇨ SAKE[1](成句)

pe·ter[1] /píːṭər/ 動 自 (川・鉱脈・望みなどが)次第に細くなってなくなる; だんだん消滅する《***out***》

pe·ter[2] /píːṭər/ 名 C《俗》❶ ペニス ❷ 金庫 ❸《豪・ニュージ》独房

Pe·ter /píːṭər/ 名 ❶ ピーター《男子の名. 愛称 Pete》❷ 〘聖〙ペテロ《キリストの12使徒の1人. ペテロ書の作者といわれる》; ペテロ書《新約聖書中の書. 前書および後書よりなる. 略 Pet》❸ **~ I** ピョートル1世(1672–1725)《ロシア皇帝(1682–1725). 大帝(the Great)と呼ばれる》

ròb Pèter to pày Pául 甲から奪って乙に与える; 借金をして借金を返す

▸▸ **~ Pán** (↓) **~ Prìnciple** 名《the ~》ピーターの原理《階層社会で各構成員はそれぞれの能力を超えた地位まで祭り上げられる傾向があるとする法則》 **~'s péence** 名 複 ① 聖ペテロ聖座への献金《カトリック教徒が自発的に行う教皇庁への献金》② 〘英国史〙もと各世帯主が毎年ローマ教皇庁へ納めた税金 **~s projéction** 名 U ピーターズ図法《面積比がすべての地域で正確で東西南北の方位・距離が正確に読み取れる世界地図の図法》

Pèter Pán 名 ピーターパン《J. M. Barrie(1860–1937)作の同名の劇の主人公. いつまでも子供のままでいる》; C

《単数形で》《口》いつまでも若々しい人, 永遠の少年
▸▸**～ cóllar** 名 Ⓒ ピーターパンカラー, 丸襟

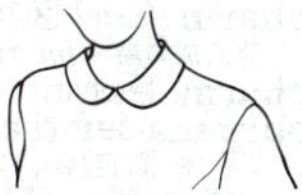

Peter Pan collar

pet·i·ole /péṭiòʊl/ 名 Ⓒ 〖植〗葉柄;〖動〗(昆虫などの)腹柄, 肉茎

pet·it /péṭi/ 形 〖法〗(罪が)小さな, ささいな
▸▸**～ bóurgeois** (↓) **～ fóur** /-fɔ́ː/ 名 (複 **pè·tit(s) fóurs** /-z/) Ⓒ プチフール(糖衣をかけた小型ケーキ)(♦フランス語より) **～ júry** 名 Ⓒ 《集合的に》《米》=petty jury **～ lárceny** 名 Ⓤ =petty larceny **～ mál** /-mɑ́ːl | -mǽl/ 名 Ⓤ 〖医〗(てんかんの)小発作 **～ póint** 名 Ⓤ プチポワン(による刺繍(ししゅう))《斜めの短いステッチ》; Ⓒ その作品 **～s póis** /-pwɑ́ː/ 名 複 小粒のグリーンピース(♦フランス語より)

pètit bóurgeois 名 (複 **petits b-**) Ⓒ プチブル, 小市民階級; 物欲の強い人(♦フランス語より)
pètit-bóurgeois 形

pe·tite /pətíːt/ 形 (女性が)小柄で整った
▸▸**～ bourgeoisíe** 名 Ⓒ 《単数形で》《単数・複数扱い》プチブル[小市民]階級(♦フランス語より)

*__pe·ti·tion__ /pətíʃən/ 名 Ⓒ ❶ (特に, 多くの人の署名からなる正式な)嘆願(書), 請願(書), 陳情(書), 申請(書)〈**for** …を求める; **against** …に反対する〉‖ draw up [present, sign] a ～ 嘆願書を作る[提出する, に署名する] / grant [reject] a ～ 請願を認める[却下する] / a ～ *for* aid 援助の申請 / a ～ *against* experiments on animals 動物実験反対の嘆願書 ❷〖法〗(裁判所への)申し立て(書), 請求 ‖ file a ～ for retrial [divorce] 再審[離婚]請求を行う ❸ (神・国王などへの)祈願, 嘆願
the Petition of Right 〖英国史〗権利の請願《1628年に議会がチャールズ1世に承認させた国民の権利と自由の請願》
━動 他 **a** 《+目》…を(正式に)請願[嘆願]する ‖ Congress ～*ed* the removal of the President. 連邦議会は大統領の解任を請願した
b 《+目+**for** 名 / 目+**to** *do* / 目+**that** 節》〔人・当局など〕に…を求めて[…するように, …ということを]請願[要請]する ‖ She ～*ed* the king *for* the release of her uncle.=She ～*ed* the king *to* release her uncle. 彼女は王におじを釈放するように願い出た
━自 請願[嘆願]する, 嘆願書を提出する〈**for** …を求めて; **about** …について; **against** …に反対して/(**for …**) **to** *do* (…が)…するように〉‖ ～ *against* building a new dam 新しいダム建設に反対の請願をする / ～ *to* be allowed to go 行ってよいか許しを求める

pe·ti·tion·er /pətíʃənər/ 名 Ⓒ 請願者, 嘆願者;《米》民事訴訟の原告, 《英》〖法〗離婚訴訟の原告

pet·rel /pétrəl/ 名 Ⓒ 〖鳥〗ミズナギドリの類; =stormy petrel

Pé·tri dìsh /píːtri-/ 名 (また **p-**) Ⓒ ペトリ皿, シャーレ《細菌培養用のふた付きの浅い皿》(♦ドイツの細菌学者 J. R. Petri(1852–1921)の名より)

pet·ri·fac·tion /pètrɪfǽkʃən/, **-fi·ca·tion** /-fɪkéɪʃən/ 名 ❶ Ⓤ 石化(作用); Ⓒ 石化物 ❷ Ⓤ ぼう然自失

pet·ri·fy /pétrɪfàɪ/ 動 (**-fied** /-d/; **～·ing**) 他 ❶ …を石化する, 石質に変える ❷ …を硬直化させる ❸ (驚き・恐怖などで)…を(立ち)すくませる;《受身形で》〈…を〉怖がる〈**of**〉
━自 石化する; (立ち)すくむ

petro- /petrə-, -troʊ-/ 連結形 (♦母音の前では petr-) ❶「石, 岩(stone, rock)」の意 ‖ *petro*logy ❷「石油(petroleum)」の意 ‖ *petro*chemistry

pètro·chémical ⊲シ 名 Ⓒ 《通例 ～s》石油化学製品
━形 石油化学(製品)の

pètro·chémistry 名 Ⓤ 石油化学

pétro·dòllars 名 複 〖経〗オイルダラー, 石油ドル《産油国が保有している余剰ドル》

‡**pet·rol** /pétrəl/ 《発音・アクセント注意》
━名 Ⓤ 《英》ガソリン(《米》gasoline, gas) ‖ unleaded [leaded] ～ 無鉛[有鉛]ガソリン
▸▸**～ bòmb** (↓) **～ stàtion** 名 Ⓒ 《英》ガソリンスタンド(filling station, 《米》gas station)

pet·ro·la·tum /pètrəléɪṭəm/ 名 《米》=petroleum jelly

pétrol bòmb 名 Ⓒ 《英》火炎瓶(Molotov cocktail)

*__pe·tro·le·um__ /pətróʊliəm/ 名 Ⓤ 石油 ‖ refine crude [OR raw] ～ 原油を精製する / ～ products 石油製品
語源 ラテン語 *petra*(岩石)+*oleum*(油): 石の油
▸▸**～ jélly** 名 Ⓤ 〖化〗ワセリン(Vaseline)

pet·ro·log·ic, -i·cal /pètrəlɑ́(ː)dʒɪk(əl) | -lɔ́dʒ-/ ⊲シ 形 岩石学の

pe·trol·o·gy /pətrɑ́(ː)lədʒi | -trɔ́l-/ 名 Ⓤ 岩石学
-gist 名

pet·ti·coat /péṭikòʊt/ 名 Ⓒ ❶ ペチコート《スカートの下にはく女性・子供の下着》;《～s》《集合的に》スカート類 ❷ ペチコート状のもの《垂れ幕など》 ❸ ⊗《旧》《蔑》女; 少女;《～s》女性(社会) ━形 《限定》⊗《旧》《口》《蔑》女性の[による] ‖ ～ government 女性支配, かかあ天下
～·ed 形 ペチコートをつけた

pet·ti·fog /péṭifɑ̀(ː)g/ 動 (**-fogged** /-d/; **-fog·ging**) 自 《古》ささいなことに屁(へ)理屈をこねる; いんちきな弁護をする

pét·ti·fòg·ger /-ər/ 名 Ⓒ 《古》いんちき弁護士; 屁理屈をこねる人

pét·ti·fòg·ger·y /-əri/ 名 Ⓤ Ⓒ いんちきな弁護; 言い抜け, ごまかし; 屁理屈をこねること

pét·ti·fòg·ging /-ɪŋ/ 形 《限定》いんちき弁護の;《けなして》つまらないことにこだわる; 取るに足りない, くだらない

pétting zòo 名 Ⓒ 《米》触れ合い動物園《動物に触ったり餌(えさ)をやったりできる動物園の1区画》

pet·tish /péṭɪʃ/ 形 すぐにへそを曲げる, すねた, むくれた;(行為が)腹を立てての **～·ly** 副 **～·ness** 名

*__pet·ty__ /péṭi/ 形 (**-ti·er, more ～; -ti·est, most ～**) ❶ 《通例限定》(規則・問題などが)ささいで重要ではない, 取るに足りない, つまらない(↔ important) ‖ ～ rules つまらない規則 ❷ (行動などが)卑劣な, 心の狭い ‖ It's ～ of you to talk like that.=You are ～ to talk like that. そんなふうに言うとは狭量だ / ～ revenge けちな仕返し ❸ 《限定》低級の, 下位の; 二流の; 小規模の ‖ a ～ official 小役人 / a ～ crime [criminal] 軽犯罪[軽犯罪者] / a ～ shopkeeper 小さな店の主人
-ti·ly 副 **-ti·ness** 名
▸▸**～ bóurgeois** 名 Ⓒ 《単数形で》=petit bourgeois **～ cásh** 名 Ⓤ 小口の現金, 小銭 **～ júry** 名 Ⓒ 《集合的に》《米》〖法〗小陪審(→ jury[1]) **～ lárceny** 名 Ⓤ 〖法〗軽窃盗罪 **～ ófficer** ⊲シ 名 Ⓒ 〖米海軍〗下士官《陸軍・空軍の noncommissioned officer に相当. 略 PO》;〖英海軍〗2等兵曹(へいそう) **～ sèssions** 名 複 (英国の)小治安裁判所《2名以上の判事により陪審なしで軽犯罪を扱う》

pet·u·lant /pétʃələnt | pétjʊ-/ 形 (つまらぬことに)怒りっぽい, 気難しい **-lance** 名 Ⓤ 気難しさ **～·ly** 副

pe·tu·nia /pɪtúːnjə | pətjúːniə/ 名 Ⓒ 〖植〗ペチュニア, ツクバネアサガオ ━形 暗紫色の

pew /pjuː/ 名 Ⓒ ❶ (教会の背もたれのあるベンチ風の)座席(⇨ CHURCH 図) ❷《英口》《戯》(一般に)座席(seat)

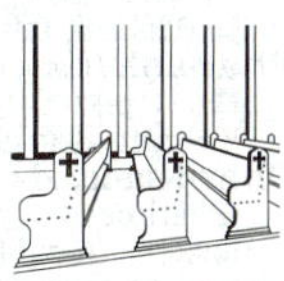

pew ❶

pe·wee /píːwiː/ 名 Ⓒ 〖鳥〗アメリカヒタキ《北米産》

pe·wit /píːwɪt/ 名 =lapwing

pew·ter /pjúːṭər/ 名 Ⓤ 白目(しろめ)《すずと鉛などの合金》;《集合的に》白目製器物

pe·yo·te /peɪóʊṭi/ 名 ❶ Ⓒ 〖植〗ウバタマ《とげのない球形のサボテン》 ❷ Ⓤ 〖薬〗ペヨーテ《ウバタマから採れる幻覚剤》

pf., pfd. 略 〖株〗preferred(優先の)

P

PFC 略 〚米陸軍〛 *P*rivate *F*irst *C*lass (上等兵)
pfen·nig /fénɪɡ/ 名 (複 ~ OR **~s** /-z/ OR **-ni·ge** /-nɪɡə/) C ペニッヒ《euro 導入前のドイツの貨幣単位. 100分の1マルク》
PG 略 〚映〛 *P*arental *G*uidance (親の同伴付き(映画)) ; *p*aying *g*uest ; postgraduate
pg. 略 page
PGA 略 *P*rofessional *G*olfers' *A*ssociation (of America) ((米国)プロゴルフ選手協会)
PGP 略 *p*retty *g*ood *p*rivacy 💻ピージーピー《プライバシー保守の目的でデータを暗号化・復号化するソフトウェア》
PG-13 /-θə:rtí:n/ 記号 《米》〚映〛 *p*arental *g*uidance suggested for children under *13* (13歳未満の子供には保護者同伴指定(の))
pH /pì:éɪtʃ/ 名 C 〚化〛 ペーハー, ピーエイチ《水素イオン指数を示す記号》
Pha·ë·thon /féɪəθən/ 名 〚ギ神〛 パエトン《太陽神 Helios の息子. 父の太陽の馬車を駆り, 誤って地球を火の海にしかけて, Zeus 神に雷電でたたき落とされた》
pha·e·ton /féɪətən/ 名 C (ふつう2頭立ての) 軽四輪馬車 ; 《米》=touring car
phage /feɪdʒ/ 名 =bacteriophage
phag·o·cyte /fǽɡəsàɪt/ 名 C 〚生理〛 食細胞《白血球など》 **phàg·o·cýt·ic** 形
phal·ange /féɪlændʒ | fǽl-/ 名 =phalanx ❸
pha·lan·ger /fəlǽndʒər/ 名 C 〚動〛 クスクス, ユビムスビ《オーストラリア産の有袋小動物》(opossum)
pha·lanx /féɪlæŋks | fǽ-/ (→ ❸) 名 C ❶ (古代ギリシャの歩兵による) (密集) 方陣《盾とやりとで歩兵が作る戦闘隊形》 ❷ (人・動物などが敵に対してとる)密集, 集結 ; 結社, 同志の集まり ❸ (複 **-lan·ges** /fəlǽndʒi:z/) 〚解〛 指骨, 趾骨(しこつ) (phalange)
pha·la·rope /fǽləròʊp/ 名 C 〚鳥〛 ヒレアシシギ
phal·lic /fǽlɪk/ 形 ❶ 男根の ; 男根像の(ような) ❷ 〚心〛 性器期の ; 性器性欲の(→ genital)
phal·lo·cen·tric /fæ̀lousέntrɪk, -lə-/ 形 男根崇拝の ; 男性中心(主義)の **-trism** 名 U 男性中心主義
phal·lus /fǽləs/ 名 (複 **~·es** /-ɪz/ OR **-li** /-laɪ/) C ❶ 男根像《生殖力の象徴》 ❷ (勃起(ぼっき)した) 陰茎
phan·er·o·gam /fǽnərəɡæ̀m, -əroʊ-/ 名 C 〚植〛 顕花植物(↔ cryptogam)
phàn·er·o·gám·ic, phàn·er·óg·a·mous 形
phan·tasm /fǽntæzm/ 名 C ❶ 《文》 空想の産物 ; 幻影, 幻 ; 幽霊, 亡霊 ❷ 〚哲〛 (実在するものの) 心像, 幻像
phan·tas·ma·go·ri·a /fæntæ̀zməɡɔ́(:)riə | ------/ 名 C 走馬灯 ; (走馬灯のように) 目まぐるしく移り変わる光景[幻影] **-gór·ic(al)** 形 目まぐるしく移り変わる
phan·ta·sy /fǽnṭəsi/ 名 =fantasy
phan·tom /fǽnṭəm/ 名 C ❶ 幽霊, お化け ❷ 幻影, 幻想, 妄想 ❸ 有名無実のもの[人], 見掛けだけのもの[人] ‖ a ~ of a leader 名ばかりの指導者 —形 幻影の, 幻想の ; 幽霊の(ような) ; 有名無実の ; 正体不明の
▸▸ **~ límb pàin** 名 C U 〚医〛 幻(想)肢痛, 幻覚肢痛《手足切断後, 手足の部分または胸部などに痛みなどが残っているような感じのある現象》 **~ prégnancy** 名 U C 〚医〛 想像妊娠(false pregnancy)
Phar·aoh /féəroʊ/ 名 C ファラオ, パロ《古代エジプト王の称号》 ; 《p-》暴君(tyrant)
▸▸ **~ ànt** 名 C 〚虫〛 イエヒメアリ《家庭の害虫》
Phar·i·sa·ic, -i·cal /fæ̀rɪséɪɪk(əl)/ <ジ 形 パリサイ人 (Pharisees) の ; 《p-》《けなして》形式主義的な ; 独善的な ; 偽善的な **-i·cal·ly** 副
Phar·i·sa·ism /fǽrɪseɪɪzm/ 名 U パリサイ人の信仰・教義・慣習など ; 《p-》《けなして》形式主義 ; 独善 ; 偽善
Phar·i·see /fǽrɪsì:/ 名 C ❶ パリサイ人《古代ユダヤ教の有力な一派. 宗教的儀式や伝統を厳格に守るあまりその精神を忘れたといわれる》 ❷ 《p-》《けなして》 (宗教的) 形式主義者 ; 独善的な人 ; 偽善者

pharm /fɑ:rm/ 名 C (製薬のための) 遺伝子組み換え動植物育成農場(♦ *phar*maceutical+far*m* より)
pharm. 略 pharmaceutical, pharmacist, pharmacy
***phar·ma·ceu·ti·cal** /fɑ̀:rməsú:ṭɪkəl/, **-tic** /-tɪk/ <ジ 形 《限定》製薬の ; 薬剤師の ; 薬剤の[による] ; 薬学の —名 C 《通例 ~s》薬品, 薬剤 **~·ly** 副
phar·ma·ceu·tics /fɑ̀:rməsú:ṭɪks/ 名 =pharmacy ❷
phar·ma·cist /fɑ́:rməsɪst/ 名 C 薬剤師 ; 薬屋
phar·ma·co·ge·net·ics /fɑ̀:rməkoudʒənéṭɪks/ 名 U 薬理遺伝学
phar·ma·co·ge·nom·ics /fɑ̀:rməkoudʒi:nóʊmɪks, 米+-nɑ́(:)m-, 英+-nɔ́m-/ 名 U 薬理ゲノム学
phar·ma·col·o·gy /fɑ̀:rməkɑ́(:)lədʒi | -kɔ́l-/ 名 U 薬理学, 薬学 **-co·lóg·i·cal** 形 **-gist** 名
phar·ma·co·poe·ia, + 《英》 **-pe·ia** /fɑ̀:rməkəpí:ə/ 名 ❶ C 薬局方(ほう) ‖ the Japanese ~ 日本薬局方 ❷ U 薬種, 薬物類 **-póe·ial** 形
***phar·ma·cy** /fɑ́:rməsi/ 名 (複 **-cies** /-z/) ❶ C 薬屋 (《米》drugstore), (病院の中の) 薬局 (dispensary) ❷ U 薬学 ; 調剤[製薬](術) ; 調剤[製薬]業
pha·ros /féərɑ(:)s | -rɔs/ 名 C 灯台, 航路標識 ; 《the P-》ファロスの灯台《昔, エジプト北部のアレクサンドリア湾のファロス島にあった大灯台. 世界七不思議の1つ》
pha·ryn·ge·al /fərǽndʒi:əl/, **-ryn·gal** /fərɪ́ŋɡəl/ 形 〚解〛 咽頭(いんとう)(周辺)の
phar·yn·gi·tis /fæ̀rəndʒáɪṭəs | -tɪs/ 名 U 〚医〛 咽頭炎
phar·ynx /fǽrɪŋks/ 名 (複 **~·es** /-ɪz/ OR **pha·ryn·ges** /fərɪ́ndʒi:z/) C 〚解〛 咽頭
:phase /feɪz/ 《発音注意》
—名 (複 **phas·es** /-ɪz/) C ❶ (変化・発展などの過程の) **段階, 局面** ‖ in the first [final] ~ of a project 計画の第1[最終]段階で(は) / **enter** (upon) a new ~ 新しい局面に入る / pass through a prosperity [depression] ~ of the business cycle 景気循環の隆盛[不況]期を通り抜ける
❷ (事態・問題などの) **面**, 相 ‖ a problem with two distinct ~*s* 2つの別個な面を持つ問題
❸ 〚天〛 (月・惑星の)相, 位相《地球から見たときの一定の変化の1つ》 ❹ 〚生〛 (動物の体色の季節・環境などによる) 変異期 ; (生活史の中の) …期 ; (細胞分裂の) 期 ‖ Ermine refers to the white ~ of a stoat. アーミンはオコジョの白毛期を指す ❺ 〚化〛 相, 状相 ; 〚理〛 (電波などの) 位相, フェーズ ❻ 〚言〛 位相
in [*òut of*] *pháse* 〈…と〉相を同じくして[異にして], 同調して[せずに] 〈**with**〉
—動 (**phas·es** /-ɪz/ ; **~d** /-d/ ; **phas·ing**) 他 ❶ 《通例受身形で》(計画的に)徐々に[段階的に]実行される
❷ …を〈…と〉同時に行う, 同調させる〈**with**〉
**phàse ín ... / phàse ... ín* 〈他〉〔新しい規則・システムなど〕を徐々に[段階的に] 導入する (↔ *phase out*) ‖ ~ *in* the metric system メートル法を徐々に導入する
**phàse óut ... / phàse ... óut* 〈他〉…を段階的に廃止[排除]する (↔ *phase in*) ‖ ~ *out* an incentive wage system 報奨賃金制度を段階的に廃止する
▸▸ **~ modulàtion** 名 U 〚電子〛 位相変調
pháse·òut 名 C 段階的廃止[排除]
phat /fæt/ 形 《米俗》かっこいい, 流行の
phat·ic /fǽṭɪk/ 形 〚言〛 交感的な, 交際言語的な《あいさつなどのような伝達内容のない言語使用についていう》
PhD, Ph.D. /pì: eɪtʃ dí:/ 名 C 博士(号) (♦ *D*octor of *Ph*ilosophy の略)
***pheas·ant** /féz*ə*nt/ 《発音注意》 名 (複 ~ OR **~s** /-s/) C 〚鳥〛 キジ ; ヤマドリ ; U キジの肉
phe·nac·e·tin /fənǽsətɪn/ 名 U 〚薬〛 フェナセチン《解熱・鎮痛剤》
phe·no·bar·bi·tal /fì:noubɑ́:rbətɔ:l | -bɪtəl/ 名 U 《米》〚薬〛 フェノバルビタール《麻酔・鎮痛剤》

phè·no·bár·bi·tòne /-tòun/ 名 《英》=phenobarbital
phe·nol /fíːnoul | -nɔl/ 名 U 〘化〙フェノール, 石炭酸
phe·no·lic /fɪnóulɪk | -nɔ́l-/ 形 フェノールの
phe·nol·o·gy /fɪnɑ́(ː)lədʒi | -nɔ́l-/ 名 U 生物気候学
-gist 名
phe·nol·phthal·ein /fìːnəlθǽliən | -nɔlθéɪliːn/ 名 U 〘化〙フェノールフタレイン《白色の結晶粉末. 下剤》
phe·nom /fíːnɑ(ː)m | fɪnɔ́m/ 名 C 《米口》驚異的な人[もの], (特に)(スポーツの)天才(♦ phenomenon より)
phe·nom·e·na /fənɑ́(ː)mɪnə | -nɔ́m-/ 名 phenomenon の複数
phe·nom·e·nal /fənɑ́(ː)mɪnəl | -nɔ́m-/ 形 ❶ 驚異的な, 並外れた ❷ 〘哲〙(思考や直覚でなく)感覚で認知できる ❸ 自然現象の；自然現象に関する
~·ly 副 驚異的に；現象的に
phe·nóm·e·nal·ìsm /-ìzm/ 名 U 〘哲〙現象論；実証[経験]主義 **phe·nòm·e·nal·ís·tic** 形
phe·nom·e·nol·o·gy /fənɑ̀(ː)mənɑ́(ː)lədʒi | -nɔ̀mɪnɔ́l-/ 名 U 〘哲〙現象学 **-no·lóg·i·cal** 形
‡**phe·nom·e·non** /fənɑ́(ː)mənɑ̀(ː)n | -nɔ́mɪnən/
—名 (複 **-na** /-nə/) (→❷) C ❶ **現象**, 事象 ‖ a natural ~=a ~ of nature 自然現象 / a common ~ in an economic recession 不況時にふつうに見られる事象 / **explain** this social ~ この社会現象を説明する
❷ 驚異的な出来事, 並外れたもの；非凡な人, 天才(prodigy) (♦ 《米》ではこの語義で複数形に phenomenons も使われる)
語源 「見せる」の意のギリシャ語 *phainein* にさかのぼる. fantasy, phantom と同語源.
phe·no·type /fíːnətàɪp/ 名 C 〘生〙表現型《目に見える生物の形質》
phen·yl /fénəl | fíːnaɪl/ 名 C 〘化〙フェニル基
phe·nyl·a·la·nine /fènəlǽlənìːn | fìːnɪl-/ 名 U 〘生化〙フェニルアラニン《必須アミノ酸の1つ》
pher·o·mone /férəmòun/ 名 C 〘生〙フェロモン《生体内のある特定の器官から分泌され, 同種族間のコミュニケーションに作用する物質》
phew /fjuː/ 間 《口》へえ, ちえっ, ふう(♥ 驚き・いや気・安堵(あんど)・息切れなどを表す)
phi /faɪ/ 名 U C ファイ《ギリシャ語アルファベットの第21字. Φ, φ. 英語の ph に相当》
▸▸ **Phì Bèta Káppa** 名 《the ~》(米国の)ファイ=ベータ=カッパ=クラブ(の会員)《全米の成績優秀な大学生および卒業生からなる組織. 1776年創立. 会のギリシャ語のモットー *philosophia biou kybernetes* (philosophy the guide of life)の頭文字に由来》
phi·al /fáɪəl/ 名 C 小瓶, 小さい水薬瓶(vial)
Phil /fɪl/ 名 フィル《Phil(l)ip の愛称》
phil. 略 philological, philology；philosophical, philosophy
Phil. 略 Philippines；Philharmonic
phil- 連結形 (♦ 母音, h の前で)=philo-
-phil, -phile 連結形 「…を好む(者)」の意(↔ -phobe) ‖ biblio*phile*, Franco*phil(e)*
Phil·a·del·phi·a /fìlədélfiə/ 名 フィラデルフィア《米国ペンシルベニア州南東部の都市. 独立宣言が行われた場所. 俗称 Philly》 **-an** 形 名 C フィラデルフィアの(市民)
▸▸ **~ láwyer** 名 C 《口》やり手[抜け目ない敏腕]弁護士
phil·a·del·phus /fìlədélfəs/ 名 =mock orange
phi·lan·der /fɪlǽndər/ 動 自 《けなして》(男が)戯れに恋をする **~·er** 名 C 女たらし **~·ing** 名 U 形 《限定》恋あさり(の)
phil·an·throp·ic /fìlənθrɑ́(ː)pɪk | -θrɔ́p-/ 〈シ〉 形 博愛の, 情け深い；慈善の；慈善事業の **-i·cal·ly** 副
phi·lan·thro·pist /fɪlǽnθrəpɪst/ 名 C 博愛主義者, 博愛家, 慈善家；慈善事業家
phi·lan·thro·py /fɪlǽnθrəpi/ 名 (複 **-pies** /-z/) U C 博愛；《米》博愛行為, 慈善；《米》慈善団体[事業]
phil·a·tel·ic /fìlətélɪk/ 〈シ〉 形 切手収集[研究]の
phi·lat·e·ly /fəlǽtəli | fɪ-/ 名 U 切手収集；切手研究
-list 名 C 切手収集[研究]家
-phile 連結形 =-phil
Philem 略 〘聖〙Philemon
Phi·le·mon /fɪlíːmən | -mɔn/ 名 〘聖〙ピレモンへの書《新約聖書中の一書. 略 Philem》
phil·har·mon·ic /fìlhɑːrmɑ́(ː)nɪk | -mɔ́n-/ 〈シ〉 形 音楽愛好の；交響楽団の；音楽協会(主催)の(♦ しばしば交響楽団・音楽協会などの名称に用いる) ‖ a ~ orchestra [society] 交響楽団[音楽協会] / the Berlin *Philharmonic* Orchestra ベルリン=フィルハーモニー管弦楽団
—名 C 音楽協会；交響楽団(の演奏会) ‖ the Los Angeles *Philharmonic* ロサンゼルス=フィル
phil·hel·lene /fìlhéliːn/ 形 名 C ギリシャ(人)びいきの(人)；ギリシャ独立運動支持の(人) **-hel·lén·ic** 形
-philia 連結形 ❶「…傾向」の意 ‖ hemo*philia* ❷「…愛好, …嗜好(しこう)癖」の意 ‖ alcoholo*philia*
Phil·ip /fílɪp/ 名 〘聖〙ピリポ《キリスト12使徒の1人》
Phi·lip·pi·ans /fɪlípiənz/ 名 〘聖〙ピリピ人への手紙, ピリピ書《新約聖書中の一書. 略 Phil》
phi·lip·pic /fɪlípɪk/ 名 C 《文》激しい攻撃演説, 痛罵
***Phil·ip·pine** /fíləpìːn/ 形 フィリピン(諸島)の；フィリピン人の(Filipino)
▸▸ **~ Íslands** 名 《the ~》フィリピン諸島
***Phil·ip·pines** /fíləpìːnz/ 名 《the ~》 ❶ 《単数扱い》フィリピン《東南アジアの共和国. 公式名 the Republic of the Philippines. 首都 Manila》 ❷ 《複数扱い》フィリピン諸島(the Philippine Islands)
語源 スペイン王 フィリップ2世(Philip II) (1527-98)にちなむ.
Phil·is·tine /fílɪstìːn | -tàɪn/ 名 C ❶ ペリシテ人《古代パレスチナの好戦的な民族. ユダヤ人の敵》 ❷ 《しばしば p-》《けなして》(知的なことに無関心な)俗物, 無教養な人, 実利主義者
—形 ❶ ペリシテ人の ❷ 《しばしば p-》俗物の, 教養のない
phíl·is·tin·ìsm /-ìzm/ 名 U 俗物根性, 無教養
philo- 連結形「愛好」の意(♦ 母音, h の前では phil-) ‖ *philosophy*, *phil*anthropy
phil·o·den·dron /fìlədéndrən/ 名 (複 **~s** /-z/ OR **-dra** /-drə/) C 〘植〙フィロデンドロン《熱帯アメリカ産の観葉つる植物》
phi·log·y·ny /fɪlɑ́(ː)dʒəni | -lɔ́dʒ-/ 名 U 《堅》女好き(↔ misogyny) **-nist** 名 C 女好きの人
phil·o·log·i·cal /fìləlɑ́(ː)dʒɪkəl | -lɔ́dʒ-/ 〈シ〉 形 文献学(上)の；言語学(上)の **~·ly** 副
phi·lol·o·gy /fɪlɑ́(ː)lədʒi | -lɔ́l-/ 名 U ❶ 文献学 ❷ 言語学, (特に)歴史[比較]言語学(♦ 最近では文献学を philology, 言語学を linguistics と呼ぶ傾向が強い)
-gist 名 C 文献学[言語学]者
phil·o·pro·gen·i·tive /fìləproudʒénətɪv/ 〈シ〉 形 ❶ 《堅》多産の ❷ 子供好きの, 子煩悩の
philos. 略 philosopher, philosophical, philosophy
‡**phi·los·o·pher** /fəlɑ́(ː)səfər | -lɔ́s-/
—名 (複 **~s** /-z/) C ❶ **哲学者**；哲学を研究する人
❷ 物事を深く考える人, 哲人, 賢人；冷静[沈着]な人
▸▸ **~s' [philòsopher's] stóne** 名 《the ~》賢者の石《中世の錬金術で卑金属を金・銀に変える力があると信じられた想像上の物質》(→ elixir)
***phil·o·soph·i·cal** /fìləsɑ́(ː)fɪkəl | -sɔ́f-/, **-ic** /-ɪk/ 〈シ〉 形 ❶ 哲学(上)の, 哲学者の；哲学を研究する, 哲学に詳しい；哲学者らしい ❷ 〈…について〉冷静[沈着]な, 理性的な 〈**about**〉 ‖ He was remarkably ~ *about* his failure. 彼は自分の失敗に異常なほど冷静だった
~·ly 副 哲学的に；冷静に
phi·los·o·phize /fəlɑ́(ː)səfàɪz | -lɔ́s-/ 動 自 ❶ 〈…について〉哲学的に思索する[説く]〈**about, on**〉 ❷ 哲学者ぶ

P

る, お説教する ━他…を哲学的に考察[説明]する
-phìz·er 名

phi·los·o·phy /fəlá(:)səfi | -lɔ́s-/
━名 (複 -phies /-z/) ❶ U 哲学 ‖ modern ～ 現代哲学(→ moral philosophy, natural philosophy)
❷ C 哲学体系；(ある学問の)基本理論, 原理 ‖ the Aristotelian [Kantian] ～ アリストテレス[カント]哲学 / the ～ of education [grammar] 教育[文法]原理
❸ C (個人の生活・行動の指針となる)人生観, ものの考え方, 処世術 ‖ Don't expect anything from anyone; that's my ～ of [《英》on] life. だれにも何も期待しない, それが私の人生観である / his political ～ 彼の政治哲学
❹ U 冷静；達観, 悟り
語源 ギリシャ語 *philo*(…を愛する)+*sophy*(知恵)から.

P

phil·ter, 《英》**-tre** /fíltər/ (♦同音語 filter) 名 C ❶ ほれ薬, 媚薬(びやく)(love potion) ❷ (万能の)魔法薬

phish /fɪʃ/ 動 他 自 (…に)フィッシング詐欺を働く
~·ing 名 U フィッシング詐欺

phiz /fɪz/, **phiz·og** /fízɑ(:)g | -zɔg/ 名 C 《英口》顔(face)；顔つき(♦ *phy*siognomy より)

phle·bi·tis /flɪbáɪtəs | -tɪs/ 名 U 〖医〗静脈炎

phle·bot·o·my /flɪbá(:)təmi | -bɔ́t-/ 名 U C (複 -mies /-z/) 〖医〗静脈切開, 刺絡(しらく), 瀉血(しゃけつ), 放血

phlegm /flem/ 《発音注意》 名 U ❶ 痰(たん) ❷ 粘液 (中世生理学での4体液(four cardinal humors)の1つ. これが多いと不活発とされた) ❸ 不活発；無感動；冷静, 沈着

phleg·mat·ic, -i·cal /flegmǽtɪk(əl)/ 形 無気力な, 無感動の；冷静な -i·cal·ly 副

phlo·gis·ton /floudʒístən | flɔ-/ 名 U フロギストン, 燃素《昔, 物を燃焼させると想像された物質》

phlox /flɑ(:)ks | flɔks/ 名 (複 ～ OR ～·es/-ɪz/) C 〖植〗フロックス《主に北米原産のハナシノブ科フロックス属植物の総称》

Phnom Penh /pnɑ̀(:)m pén | pnɔ̀m-/ 名 プノンペン《カンボジアの首都》

-phobe 連結形「…を恐れる[嫌う](人)」の意(↔ -phil(e)) ‖ Franco*phobe*

pho·bi·a /fóubiə/ 名 U C 〈…に対する〉恐怖症, 病的恐怖[嫌悪]〈about〉 -bic 形 名 C 恐怖症の(人)

-phobi·a /-foubiə/ 連結形「…恐怖(症), …嫌悪(症)」の意 ‖ claustro*phobia*, Franco*phobia*

-phobic /-foubɪk/ 連結形「…恐怖症の(人)」の意 ‖ acro*phobic*

Pho·bos /fóubɑ(:)s | -bɔs/ 名 〖天〗フォボス《火星の2つの衛星のうち大きい方》(→ Deimos)

phoe·be /fí:bi/ 名 C 〖鳥〗タイランチョウ, ヒタキ類《米国産》

Phoe·be /fí:bi/ 名 〖ギ神〗ポイベ《月の女神としてのアルテミス(Artemis)の名》；《文》(擬人化して)月

Phoe·bus /fí:bəs/ 名 〖ギ神〗ポイボス《太陽の神アポロ(Apollo)の呼び名》；《文》(擬人化して)太陽

Phoe·ni·cia /fəníʃə/ 名 フェニキア《地中海東岸の古代の国》

Phoe·ni·cian /fɪníʃən/ 形 フェニキアの, フェニキア人[語]の ━名 C フェニキア人；U フェニキア語

phoe·nix /fí:nɪks/ 《発音注意》 名 ❶ C (古代神話の)フェニックス, 不死鳥《アラビアの砂漠に住み, 500〜600年に一度, 自らつけた火に入って焼かれた後, 灰の中から幼鳥となってよみがえるという美しい鳥. 不滅・復活の象徴》；(不死鳥のように)再生力を持つ人[もの] ❷ C 《文》唯一無二の人[もの], 逸品, 絶世の美女 ❸ 《the P-》〖天〗鳳凰(ほうおう)座
rise like a phòenix from the áshes (災害・破滅の淵から)不死鳥のようによみがえる, 打撃から立ち直る
▸▸**Phóenix mìssion** 名 《the ～》フェニックスミッション《NASAの火星探査計画》

Phoe·nix /fí:nɪks/ 名 フェニックス《米国アリゾナ州の州都》

phon /fɑ(:)n | fɔn/ 名 C 〖理〗ホン, フォン《音の強さの単位》

phon- 連結形 (♦母音の前で)=phono-

pho·na·tion /founéɪʃən/ 名 U 〖音声〗発声

phone[1] /foun/ 名 動
━名 (複 ～s /-z/) ❶ U C 電話 (♦ telephone の短縮語) ‖ You are wanted **on** the ～. 電話ですよ / The ～'s busy now. 今電話は話し中だ / The ～ **rang**, but no one answered it. 電話が鳴ったがだれも出なかった / hang up the ～ 電話を切る / **answer** a ～ 電話に出る / get him **on** the ～ 彼を電話に呼び出す / make arrangements by ～ 電話で手はずを整える / discuss a matter **on** [OR over] the ～ 電話であることを話し合う / a **cell(ular)** [《主に英》**mobile**] ～ 携帯電話 (cellphone, 《英》mobile)
❷ C 電話機, 受話器 (receiver) ‖ May I use your phone? 電話をお借りしてもいいですか / 「**pick up** [**put down**] the ～ 受話器を取る[置く]
❸ C 《～s》《口》イヤホン(earphones), ヘッドホン(headphones)
be on the phóne ① 電話に出ている ② 《英》(家・仕事場に)電話を引いてある
Hòld the phóne. 《米俗》ちょっと待って
━動 (～s /-z/；～d /-d/；**phon·ing**)
━他 **a** 《+目》…に**電話をする[かける]** (call) 《*up*》 ‖ I ～*d* her (*up*) for a chat. おしゃべりをするために彼女に電話をした / Father ～*d* us to say he'd be a little late for dinner. 父から夕食には少し遅れると電話があった / ～ the **police** 警察に電話する
b 《+目 *A*+目 *B* ⇄ +目 *B*+to 目 *A*》 *A* (人)に *B* (事)を電話で知らせる ‖ I ～*d* him the news.=I ～*d* the news *to* him. そのニュースを彼に電話で伝えた
━自 〈…に〉電話をする〈**to**〉；〈医者・タクシーなどを〉電話で呼ぶ；〈…を求めて〉電話する《*up*》〈**for**〉 ‖ She ～*d up* to say she had just arrived at Heathrow. 彼女はヒースロー空港に今着いたと電話してきた / ～ *for* a taxi [doctor] タクシー[医者]を電話で呼ぶ / ～ home 家に電話する
phòne aróund [OR ***róund***] 〈自〉あちこちに電話をかける
phòne báck 〈他〉(***phòne ... báck***)〔人〕にまた電話をする；〔人〕に折り返し電話する ━〈自〉(同じ人に)電話をまたかける；折り返し電話をする
phòne ín 〈自〉(仕事場・放送局などに)電話を入れる(call in) ‖ He ～*d in* ill [OR sick]. 彼は仕事場に病気だと電話を入れた / A lot of viewers ～*d in* during the program. たくさんの視聴者が番組の間に電話で意見を寄せてきた ━〈他〉(***phòne in ...*** / ***phòne ... ín***)電話を入れて…を伝える；(テレビ・ラジオ番組などに)〔質問・意見など〕を電話で寄せる
▸▸ ～ **bànk** 名 C 《米》(世論調査などで使う)一連の電話機(の列) ～ **bòok** 名 C 電話帳 (telephone book) ～ **bòoth** 名 C 《米》(公衆)電話ボックス ～ **bòx** 名 C 《英》=phone booth ～ **càll** 名 C 電話をかける[がかかってくる]こと ‖ I **got** four ～ *calls* this morning. 今朝4度電話があった / **make** a ～ *call* 電話をかける ～ **càrd** (↓) ～ **nùmber** 名 C 電話番号 (telephone number) ～ **phrèak** 名 C 《俗》(電子機器を悪用して)無料長距離電話を楽しむ人 ～ **sèx** 名 U テレホンセックス ～ **trèe** 名 C 《口》電話連絡網

phone[2] /foun/ 名 C 〖音声〗単音, 素音

-phone 連結形 ❶「音を出す[伝える]装置」の意 ‖ xylo*phone*, mega*phone* ❷「電話(telephone)」の意 ‖ inter*phone* ❸「特定言語を話す人」の意 ‖ Franco*phone*

phone·cam /fóunkæm/ 名 C カメラ機能付き携帯電話

phóne·càrd, phóne càrd 名 C テレホンカード

phóne-ìn 名 《英》=《米》call-in

pho·neme /fóuni:m/ 名 C 〖音声〗音素《個々の言語において意味を区別する働きをする音声上の最小単位》

pho·ne·mic /fəní:mɪk/ 形 〖音声〗音素の；音素論の
-mi·cal·ly 副

pho·ne·mics /fəníːmɪks/ 名 ❶ U 〖音声〗音素論 ❷《複数扱い》音素体系
phóne-tàpping 名 U (電話の)盗聴
pho·net·ic /fənéṭɪk/ 形 音声(上)の；音声学の；音声を表す；発音に即した ‖ ～ signs [OR symbols] 発音記号 / ～ spelling 表音式つづり字法 **-i·cal·ly** 副
pho·ne·ti·cian /fòunətíʃən/ 名 C 音声学者
pho·net·ics /fənéṭɪks/ 名 ❶ U 音声学 ❷《複数扱い》(ある言語の)音声体系
pho·ne·tist /fóunəṭɪst | -nɪ-/ 名 C《旧》音声学者；表音式つづり字法論者
pho·ney /fóuni/ 形 名 =phony
phon·ic /fá(ː)nɪk | fɔ́n-/ 形 音声の；有声の；音響の
phón·ics /-s/ 名 U ❶ フォニックス《初心者を対象につづり字と発音の関係を教える教授法》❷《古》音響学
phono- 連結形「音, 音声(sound, speech)」の意(♦母音の前では phon-) ‖ *phono*graph
pho·no·car·dio·gram /fòunəkáːrdiəgræ̀m/ 名 C 〖医〗心音図 **-gràph** 名 C 心音計
pho·no·gram /fóunəgræ̀m/ 名 C 音標文字, 表音文字(→ ideogram, pictograph)
pho·no·graph /fóunəgræ̀f | -grɑ̀ːf/ 名 C《英》《旧式の》蓄音機；《米》レコードプレーヤー(《英》gramophone)
pho·no·graph·ic /fòunəgrǽfɪk/ ⊲ 形《米》蓄音機の[による]
pho·no·log·i·cal /fòunəlá(ː)dʒɪkəl | -lɔ́dʒ-/ ⊲ 形 〖言〗音韻論の, 音韻上の **～·ly** 副
pho·nol·o·gy /fəná(ː)lədʒi | -nɔ́l-/ 名 U 〖言〗音韻論, (ある言語の)音韻体系 **-gist** 名
pho·ny /fóuni/ 形 にせの, いかさまの；(人が)誠実でない
—名 (複 **-nies** /-z/) C ❶ にせ物 ❷ ぺてん師, 詐欺師
—動 他 …を偽造する, でっち上げる《*up*》 **-ni·ness** 名
▸▸ **～ wár** 名 C《単数形で》見掛けの戦争期《公式には戦争状態にあるが実際の戦闘は行われていない期間. 歴史的には 1939年9月のドイツによるポーランド侵攻から1940年4月のノルウェー侵攻まで》
phoo·ey /fúːi/《口》間 へー, (そんな)ばかな(♥軽蔑・不信・失望・拒絶を表す) —名 U くだらないこと
-phore /-fɔːr/ 連結形「…を支える[運ぶ]もの(bearer)」の意 ‖ sema*phore* (腕木信号機)
phos·gene /fá(ː)zdʒiːn | fɔ́z-/ 名 U 〖化〗ホスゲン《酸化クロール炭素. 無色有毒ガス. 第1次世界大戦では毒ガスに用いられた》
phos·phate /fá(ː)sfeɪt | fɔ́s-/ 名 C U ❶ 〖化〗燐酸(りんさん)塩, 燐酸エステル ❷《通例 ～s》燐酸肥料 ❸ (シロップと燐酸塩を少量たらした)炭酸飲料
phos·phat·ic /fɑ(ː)sfǽṭɪk | fɔsfǽt-/ 形 〖化〗燐酸(塩)の[を含む]
phos·phide /fá(ː)sfaɪd | fɔ́s-/ 名 U C 〖化〗燐化(りんか)物 ‖ hydrogen ～ 燐化水素
phos·phite /fá(ː)sfaɪt | fɔ́s-/ 名 U 〖化〗亜燐酸塩
phos·phor /fá(ː)sfər | fɔ́s-/ 名 C 燐光(りんこう)性のある物質, 燐光[蛍光]体；《P-》《文》明けの明星
▸▸ **～ brónze** 名 U 燐青銅《機械用の合金》
phos·pho·resce /fɑ̀(ː)sfərés | fɔ̀s-/ 動 自 燐光を発する
phos·pho·res·cence /fɑ̀(ː)sfərésəns | fɔ̀s-/ 名 U ❶ 燐光性 ❷ 燐光, 冷光, ルミネセンス；青光り
phos·pho·res·cent /fɑ̀(ː)sfərésənt | fɔ̀s-/ ⊲ 形 燐光を発する, 青光りする, 燐光性の
phos·phor·ic /fɑ(ː)sfɔ́(ː)rɪk | fɔs-/ 形 〖化〗燐の[を含む]；(特に5価の)燐の[を含む] ▸▸ **～ ácid** 名 U 〖化〗燐酸
phos·pho·rous /fá(ː)sfərəs | fɔ́s-/ 形 〖化〗燐の[を含む]；(特に3価の)燐の[を含む]
▸▸ **～ ácid** 名 U 〖化〗亜燐酸
phos·pho·rus /fá(ː)sfərəs | fɔ́s-/ 名 U 〖化〗燐《非金属元素. 元素記号 P》
phot /fɑ(ː)t | fɔt/ 名 C 〖光〗フォト《照明の単位, 1 cm^2 につき 1 lumen の明るさ. 1万ルクスに相当. 記号 ph》
pho·tic /fóuṭɪk/ 形 〖理〗光の, 光に関する；〖環境〗(水深が)太陽光線が届く深さの ‖ the ～ zone 有光層
pho·to /fóuṭou/《発音注意》
—名 (複 **～s** /-z/) C **写真** (♦ photograph の短縮語) ‖ The ～*s* came out well. 写真はよく撮れていた / take a ～ of one's family 家族の写真を撮る (♦《米》では take a picture の方がふつう)
—動 他 自《口》(…の)写真を撮る
▸▸ **～ bòoth** 名 C 写真撮影ボックス **～ CD́** 名 C フォトCD《静止画像を記憶しそれをディスプレーに再生するCD》 **～ fínish** 名 C《通例単数形で》写真判定；(写真判定を要する)大接戦 ‖ a *photo-finish* victory 大接戦での勝利 **～ òp** 名 C《通例単数形で》《主に米口》=photo opportunity **～ opportùnity** 名 C (政治家などのメディアに対する)写真撮影の機会[割り当て時間] (《英》photocall) **～ sèssion** [**shòot**] 名 C (有名人・ファッションモデルなどの)写真撮影会
photo- /fouṭou-, -ṭə-/ 連結形 ❶「光」の意 ‖ *photo*-chemistry ❷「写真(術)(photograph(y))」の意 ‖ *photo*telegraphy
phòto·biólogy 名 U 〖生〗光(ひかり)生物学《光などの放射エネルギーが生物に及ぼす影響の研究》
-biológic(al) 形 **-biólogist** 名
phóto·càll 名《英》=photo opportunity
phóto·cèll 名 =photoelectric cell
phòto·chémical ⊲ 形 光化学の ‖ ～ smog 光化学スモッグ
phòto·chémistry 名 U 光化学
phòto·compóser 名 C 〖印〗写真植字機
phòto·composítion 名 U 〖印〗写真植字
phòto·condúctive 形 光伝導[光導電]性の
-conductívity 名 U 光伝導[光導電]性
phóto·còpy 名 (複 **-copies** /-z/) C 写真複写, コピー
—動 (**-copies** /-z/；**-copied** /-d/；**～·ing**) 他〔文書など〕を写真複写[コピー]する —自 写真複写[コピー]する
-còpier 名 C 写真複写機, コピー機
phòto·dynámic 形 光(ひかり)力学の[的な]
-dynámically 副
phòto·dynámics 名 U 光力学《生組織に与える光線の影響を調べる》
phòto·eléctric ⊲ 形 〖理〗光電子の
▸▸ **～ céll** 名 C 〖理〗光電池；光電管
phòto·engráving 名 U 写真製版(術)；C 写真製版印刷物；写真凸版画
phóto·èssay 名 C フォトエッセイ《写真を中心とした記事・ルポルタージュなど》 **～·ist** 名
phóto·fìt 名 C《英》(容疑者などの)モンタージュ写真
phóto·flàsh 名 U フラッシュ；C 写真用閃光(せんこう)球, フラッシュバルブ(flashbulb)
phóto·flòod 名 C 〖写〗フラッドランプ, 溢光(いっこう)灯
pho·tog /fətá(ː)g | -tɔ́g/ 名《米口》=photographer
pho·to·gen·ic /fòuṭədʒénɪk/ ⊲ 形 ❶ (人・顔などが)写真写りのよい, 写真向きの(→ telegenic) ❷ 〖生〗(生体・組織が)光を発する, 発光性の **-i·cal·ly** 副
pho·to·gram /fóuṭəgræ̀m/ 名 C 〖写〗フォトグラム, 影絵写真《感光紙の上に物体を置きレンズを用いずに作るシルエット写真》

pho·to·graph /fóuṭəgræ̀f | -grɑ̀ːf/《アクセント注意》名 動
—名 (複 **～s** /-s/) C **写真** (《口》photo) ‖ This ～ of Mt. Fuji has come out really well. この富士山の写真は実によく撮れている / **take** a ～ of him 彼の写真を撮る (♦《米》では take a picture の方がふつう) / have [OR get] one's ～ taken 写真を撮ってもらう / develop [enlarge, print] a ～ 写真を現像する[引き伸ばす, 焼き付ける] / the man **in** my ～ 私の持っている[写っている, 撮った]写真に写っている男性 / aerial ～*s* 航空写真

―動 (~s /-s/ ; ~ed /-t/ ; ~·ing)
―他 ❶ …の写真を撮る ‖ ~ flowers 花の写真を撮る / a beautifully ~*ed* book 見事な写真が掲載された本
❷ ((+目+補〈形〉/ *doing*)) …が…の状態の[…している]ところを写真に撮る ‖ be ~*ed* picking berries イチゴを摘んでいるところを写される
―自 ❶ 写真を撮る
❷ ((+副)) 写真に写る(♦ 副 は様態を表す) ‖ She ~*s* well [badly]. 彼女は写真写りがよい[悪い]
語源 *photo-* light + *-graph* record : 光線(による像)を記録したもの

P

‡pho·tog·ra·pher /fətá(ː)grəfər | -tɔ́g-/
―名 (複 ~s /-z/) C **写真家**, カメラマン (→ cameraman)

***pho·to·graph·ic** /fòuṭəgrǽfɪk/ 〈シ〉 形 ❶ 写真の ; 写真で用いる ; 写真による ‖ a ~ record of one's voyage 写真による航海の記録 ❷ (写真のように)正確な[鮮明な]
-i·cal·ly 副 ▸▸ **~ mémory** 名 C ((通例単数形で)) 細部まで鮮明に記憶する能力

***pho·tog·ra·phy** /fətá(ː)grəfi | -tɔ́g-/ ((アクセント注意)) 名 U 写真術 ; 写真撮影 ‖ do fashion [advertising] ~ ファッション[広告]写真を撮る

phòto·gravúre 名 C グラビア写真 ; U グラビア印刷

phòto·jóurnalism 名 U 写真報道, フォトジャーナリズム ((写真が主体の新聞·雑誌報道)) **-jóurnalist** 名 C

phòto·lithógraphy 名 U 写真平版術 ; 〖電子〗光(ひかり)食刻法

pho·tol·y·sis /foutá(ː)ləsɪs | -tɔ́l-/ 名 U 〖化〗光(ひかり)分解 ((光の作用によって起こる物質の光化学分解))

phóto·màp 名 C (空中撮影による)写真地図

phòto·mechánical 形 〖印〗写真製版法の

pho·tom·e·ter /foutá(ː)məṭər | -tɔ́mɪtə/ 名 C 光度計 ; 〖写〗露出計

pho·to·met·ric /fòuṭəmétrɪk/ 形 光度計の ; 光度測定の

pho·tom·e·try /foutá(ː)mətri | -tɔ́mɪ-/ 名 U 光度測定[法] ; 測光学

phòto·mícrograph 名 C 顕微鏡写真 ; マイクロ写真

phòto·montáge 名 C モンタージュ写真, 合成写真 ; U その製作法

phòto·múltiplier 名 (= ~ **tùbe**) C 〖理〗光電子増倍管

pho·to·mur·al /fóuṭəmjʊ̀ərəl, ⌐-⌐-/ 名 C (展示·装飾用の)壁面写真, 写真壁画

pho·ton /fóutɑ(ː)n | -tɔn/ 名 C 〖理〗光子 ((光のエネルギー単位))

phóto·nòvel 名 C フォトノベル

phòto-óff·sèt 〖印〗 名 U 写真オフセット印刷 ―動 (**-set** ; **-set·ting**) 他 自 (…を)写真オフセットで印刷する

phòto·phóbia 名 U 〖医〗光線恐怖症, 光恐怖症, まぶしがり症 **-phóbic** 形

phóto·phòre 名 C 〖動〗(魚などの)発光器

phóto·plày 名 C ((主に米)) 活動写真, 劇映画 ((motion picture の初期の名称))

phòto·recéptor 名 C 〖生〗光受容器[体], 視覚器 ((光の刺激を受ける器官))

phòto·sénsitive 〈シ〉 形 感光性の

phòto·sénsitize 動 他 〔生体·組織·物質など〕を感光性にする, …に感光性を与える

Phóto·shòp 名 フォトショップ ((米国の Adobe Systems 社開発の画像加工用ソフト))
―動 他 〔画像など〕をフォトショップで加工する

phóto·sphère 名 ((the ~)) 〖天〗光球 ((太陽·恒星の強い白熱光を放つ部分))

pho·to·stat /fóuṭəstæ̀t/ 名 ((P-)) C ((商標)) フォトスタット, 直接複写写真機 ((現在は製造されていない)) ; (フォトスタットの)複写写真 ―動 (**-stat·ted** /-ɪd/ ; **-stat·ting**) 他 自 (フォトスタットで)複写写真を撮る

phò·to·stát·ic 形

phòto·sýnthesis /-sínθəsɪs/ 名 U 〖生〗光合成 **-synthétic** 形

phòto·sýnthesize 動 自 他 〖生〗(…を)光合成する

pho·to·tax·is /fòuṭətǽksɪs/ 名 U 〖生〗走光性 (heliotaxis) **-tác·tic** 形

phòto·thérapy 名 U 〖医〗光線療法

phòto·transístor 名 C 〖電子〗フォトトランジスター ((光電変換素子の一種))

phòto·týpesetting 名 U 〖印〗写真植字 (photocomposition) **-týpesetter** 名 C 写真植字機

phòto·voltáic 形 光起電の ‖ a ~ cell 光電池

phòto·voltáics 名 U 光起電法 ; 光起電力学 ; C ((複数扱い)) 光起電装置

phr. 略 phrase

phras·al /fréɪzəl/ 形 〖文法〗句の, 句からなる
▸▸ **~ vérb** 名 C 〖文法〗句動詞 ((動詞と副詞または前置詞が結合した動詞句. break down, put up with など))

‡phrase /freɪz/
―名 (複 **phras·es** /-ɪz/) C ❶ **成句**, 慣用句 ; 名文句, 警句 ‖ **use** a set ~ 成句[決まり文句]を使う / He paused to find a ~ for his feelings. 彼は自分の気持ちを表す適切な文句を探して一時思案した
❷ U C 言い回し, 言葉遣い, 独特な表現法 ‖ **in a** ~ 一言で言えば / **in** Lawrentian ~ ローレンス流に言えば / turn a (neat) ~ 適切な言い回しをする / a turn of ~ 言い回し
❸ 〖文法〗**句** (↔ clause) ‖ a noun ~ 名詞句 ❹ 〖楽〗楽句, フレーズ ❺ 〖ダンス〗(舞踏の型を構成する)一連の動き
to còin a phráse 新しい言い方をすれば(♥ しばしば陳腐な言い回しにも反語的に使われる)
―動 (**phras·es** /-ɪz/ ; **phrased** /-d/ ; **phras·ing**)
―他 ❶ ((+目+副)) …を(ある)言葉で述べる[言い表す](♦ 副 は様態を表す) ‖ ~ one's excuse carefully [politely] 慎重に[丁寧に]言い訳の言葉を述べる
❷ 〖楽〗〔曲〕を楽句に分けて演奏する
―自 (曲を)楽句に分けて演奏する
▸▸ **~ bòok** 名 C (旅行者用)外国語常用会話表現集

phra·se·o·log·i·cal /frèɪziəlá(ː)dʒɪkəl | -lɔ́dʒ-/ 形 言葉遣いの, 表現上の **~·ly** 副

phra·se·ol·o·gy /frèɪziá(ː)lədʒi | -ɔ́l-/ 名 U 言い回し, 言葉遣い, 表現法 ; 文体 ; (個人·特殊社会の) 用語 ‖ in smug ~ 気取った言い回しで

phras·ing /fréɪzɪŋ/ 名 U ❶ 言い回し, 言葉遣い ❷ 〖楽〗フレージング ((旋律を楽句に区切ること))

phreak /friːk/ 動 自 ((主に米口)) ❶ 💻 (ネットワークなどに)不法に侵入する ❷ 電話回線を不正使用する
―名 =phone phreak **~·er** 名

phren·ic /frénɪk/ 形 ((限定)) ❶ 〖解〗横隔膜(diaphragm)の ❷ 〖生理〗心の, 精神の, 心的な, 精神活動の

phre·nol·o·gy /frəná(ː)lədʒi | -nɔ́l-/ 名 U (頭蓋(とうがい))骨相学 **phrèn·o·lóg·i·cal** 形 **-gist** 名

Phryg·i·a /frídʒiə/ 名 〖史〗フリギア, プリュギア ((小アジア中西部の古代王国))

PHS 略 *P*ublic *H*ealth *S*ervice ((米国の)公衆衛生局) ; *P*ersonal *H*andyphone *S*ystem (日本で作られた携帯電話規格, またその電話機)

phthal·ate /θǽleɪt/ 名 U C 〖化〗フタラート, フタル酸塩 ((環境ホルモンの1つとされる))

phthi·sis /θáɪsɪs/ 名 U ((古)) 〖医〗消耗性疾患 ; (特に)肺結核 **phthís·i·cal** 形 肺結核の[にかかった]

phut /fʌt/ ((英口)) 名 C ((単数形で)) ぽん, ぱん, ばん ((物のはじける音))
―副 ぽん[ぱん, ばん]と
gò phút ((英口)) (計画などが)つぶれる, 失敗する ; 駄目になる ; (機械などが)故障する

phy·la /fáɪlə/ 名 phylum の複数

phy·lac·ter·y /fɪlǽktəri/ 名 (複 **-ter·ies** /-z/) C ❶

〖ユダヤ教〗聖句入れ《聖書の文句を記した羊皮紙を入れる2つの革製小箱の1つ. ユダヤ教徒が週日の朝の祈りのときに身につける》❷ 思い出される人[もの];お守り, 護符

phy·let·ic /faɪlétɪk/ 形〖動〗門(phylum)の;種(species)の;〖生〗系統発生的な;種族の

phyl·lo /fíːloʊ/ 名 U C〖料理〗フィロ(filo)《ギリシャ料理で用いられる薄いパイ皮を重ねたパン生地》

phy·log·e·ny /faɪlɑ́(ː)dʒəni | -lɔ́dʒ-/ 名 U〖生〗(動植物の)系統発生(学);種族史(↔ ontogeny)

phỳ·lo·ge·nét·ic, phỳ·lo·gén·ic 形

phy·lum /fáɪləm/《発音注意》名(複 **-la** /-lə/) C ❶〖生〗(分類上の)門《動植物分類上の最も大きな区分》❷〖言〗語族

phys. 略 physical;physician;physicist;physics;physiological;physiology ▸▸**~ ed.** [**phys ed**] /fíz éd/ 名 U =physical education

phys·ic /fízɪk/《古》名 U ❶ 薬;(特に)下剤(cathartic) ❷ 医術, 医学;医業

— 動 (**-icked** /-t/;**-ick·ing**) 他 …に薬[下剤]を服用させる

phys·i·cal /fízɪkəl/ 形 名

— 形《比較なし》❶《通例限定》(精神に対し)**身体の**, 肉体の(↔ mental) ‖ ~ appearance 外見 / ~ beauty 肉体美 / ~ exercises 体操 / ~ contact スキンシップ(❗「スキンシップ」は和製語) / ~ fitness 体力 / ~ work 肉体労働 / have ~ disabilities 身体に障害がある

❷《限定》(実際に見たり, 触れたりできる)**物質的な**(material)(↔ spiritual);現実の, 実在の ‖ one's ~ environment 人の物質的な環境 / the ~ world 物質界 / ~ evidence 物的証拠

❸《限定》(科学が)**自然の法則の[による]**, 物理学[化学]の ‖ ~ phenomena 物理的現象 / a ~ impossibility 物理的に不可能なこと / ~ properties 物理的特性

❹ 体が触れ合う;暴力的な, 荒っぽい(♥ violent, rough の婉曲語) ‖ American football is a very ~ sport. アメフトはとても激しいスポーツだ

❺ 性的な ‖ have a ~ relationship 肉体関係を持つ

❻《口》(人が)やたらと体に触れたがる(♥ 単なる愛情表現も含まれる) ‖ ~ intimacy 愛情を表す身体接触

gèt physical《口》暴力的になる;性的に親しくなる

— 名(複 **~s** /-z/) C =physical examination

▸▸**~ anthropólogy** 名 U 自然人類学(→ cultural anthropology) **~ chémistry** 名 U 物理化学 **~ educátion** 名 U (教科としての)体育(略 phys ed., PE) **~ examinátion** 名 C 身体検査, 健康診断(medical examination) ‖ get [OR have, take] a ~ *examination* 身体検査を受ける **~ geógraphy** 名 U 自然地理学, 地文(ちもん)学 **~ jérks** 名 複《英口》体操《腕立て伏せ・ひざの屈伸など》 **~ science** 名 U《または the ~s》(生物学を除く)自然科学 **~ thèater** 名 ① U (ダンス・パントマイムなどを中心とした)身体表現舞台芸術 ② C 身体表現芸術劇場 **~ thérapist** 名 C《米》=physiotherapist **~ thérapy** 名 U《米》=physiotherapy **~ tráining** 名 U (主に軍隊での)体育実習(略 PT)

phys·i·cal·ly /fízɪkəli/

— 副《比較なし》❶ **身体[肉体]的に**(↔ mentally) ‖ I wasn't ~ hurt, but I sure was shaken. 体に傷こそ負わなかったが, ひどいショックを受けたのは確かだ / be ~ and mentally sound 心身とも健全である / mentally and ~ **disabled** [OR impaired] 心身に障害のある

❷ 自然の法則上, **物理的に**;《否定表現とともに》全く ‖ ~ impossible 物理的に[全く]不可能な

▸▸**~ chállenged** 形《主に米》身体に障害のある(♥ physically handicapped の婉曲表現)

phy·si·cian /fɪzíʃən/ 名 C ❶ 内科医, 医師(→ surgeon)(♦《英》では《旧》. 《英・豪》ではふつう doctor または GP という) ❷ (精神・社会の病などを)いやす人

physìcian-assìsted súicide 名 C 医者の介助による自殺, 安楽死

phys·i·cist /fízɪsɪst/ 名 C 物理学者

phys·i·co·chem·i·cal /fìzɪkoʊkémɪkəl/ 形 物理化学の(→ physical chemistry);物理化学的な

phys·ics /fízɪks/《発音注意》

— 名 U **物理学** ‖ particle [nuclear] ~ 素粒子[核]物理学

phys·i·o /fíziou/ 名(複 **~s** /-z/)《英口》C 物理療法士(physiotherapist);U 物理療法(physiotherapy)

physio- 連結形「自然, 身体, 物質, 物理, 生理学」の意(♦ 母音の前では physi-) ‖ *physio*gnomy

phys·i·og·no·my /fìziɑ́(ː)gnəmi | -ɔ́g-/ 名(複 **-mies** /-z/) ❶ U 人相学, 観相術 ❷ C 人相, 顔つき ❸ C (事物の)外観, 外面;地勢, 地相

-og·nóm·ic, -i·cal 形 **-mist** 名 C 人相見, 観相家

phys·i·og·ra·phy /fìziɑ́(ː)grəfi | -ɔ́g-/ 名 U =physical geography

-pher 名 **-o·gráph·ic, -i·cal** 形

physiol. 略 physiological, physiologist, physiology

phys·i·o·log·ic /fìziəlɑ́(ː)dʒɪk | -lɔ́dʒ-/, **-i·cal** /-kəl/ <シ> 形 生理学(上)の;生理的な **-i·cal·ly** 副

phys·i·ol·o·gy /fìziɑ́(ː)lədʒi | -ɔ́l-/ 名 U ❶ 生理学 ❷ 生理機能[現象] ‖ the digestive [vocal] ~ of ... …の消化[発声]生理機能 **-gist** 名 C 生理学者

phys·i·o·ther·a·py /fìzioʊθérəpi/ 名 U 物理療法, 理学療法 **-pist** 名 C 物理療法士 ‖ a club ~ チームトレーナー[整調師]

phy·sique /fɪzíːk/ 名 U C (特に男性の)体格, 体型(♦ フランス語より)

phyto- /faɪtoʊ-, -tə-/ 連結形「植物, 植物相, 草本」の意(♦ 母音の前では phyt-) ‖ *phyto*geography

phỳto·chémistry 名 U 植物化学

-chémical 形 名 **-chémically** 副 **-chémist** 名

phýto·chròme 名 U〖生化〗フィトクロム, 植物色素タンパク質《光の吸収に関係し, 開花や生長の調節をする》

phỳto·geógraphy 名 U 植物地理学

phỳto·pathólogy 名 U 植物病理学

phỳto·plánkton 名 U〖生〗植物プランクトン

phỳto·tóxin 名 U C 植物毒素《植物が作り出す毒素》

-tóxic 形 植物毒素の;植物に有害な

pi[1] /paɪ/ 名 ❶ C パイ《ギリシャ語アルファベットの第16字. Π, π. 英語の P, p に相当》❷ U〖数〗円周率, パイ《3.14159265...;記号 π》

pi[2], **pie** /paɪ/ 名 C〖印〗ごた混ぜになった活字;U (一般的に)混乱, 乱雑 — 動 (**pied** /-d/;**pie·ing** OR **pi·ing**) 他 自〖印〗〔活字〕を[が]ごた混ぜにする[なる]

PI 略 *p*ersonal *i*njury;*p*olitically *i*ncorrect(↔ PC);《米》*p*rivate *i*nvestigator(私立探偵)

pi·a ma·ter /pàɪə méɪṭər/ 名《the ~》〖解〗(脳)軟膜, 柔膜(→ dura mater)

pi·an·ism /píːənìzm/ 名 U ピアノ演奏(法);ピアノのための編曲(法)

pi·a·nis·si·mo /pìːənísɪmoʊ/〖楽〗(↔ fortissimo) 形 副 ピアニッシモの[で], 極めて弱い[弱く](略 pp)

— 名(複 **~s** /-z/ OR **-mi** /-miː/) C ピアニッシモの楽節

pi·an·ist /piǽnəst | píːənɪst/《アクセント注意》名 C ピアニスト;(特に上手に)ピアノを弾く[弾ける]人

pi·a·nis·tic /pìːənístɪk/ 形 ピアノの, ピアノらしい;ピアノ演奏に適した;ピアノの上手な **-ti·cal·ly** 副

pi·an·o[1] /piǽnoʊ/《発音・アクセント注意》

— 名(複 **~s** /-z/) ❶ C **ピアノ**《鍵盤(けんばん)楽器》(→ grand piano, upright piano) ‖ **play** the ~ ピアノを弾く(♦ ロック・ジャズなどの演奏の場合や職業として弾く場合は the はしばしば省略される. → play, ⇨ PB 55) / play a tune **on** the ~ ピアノで曲を弾く / a ~ concerto [recital] ピアノ協奏曲[リサイタル]

❷ Ⓤ《ときに the ～》ピアノの演奏[理論] ‖ teach [learn] (the) ～ ピアノを教える[習う]
語源 イタリア語 pianoforte の短縮形,「弱くも強くも」演奏できる楽器の意.
▶▶～ accórdion 名Ⓒ アコーディオン (accordion) ～ bàr 名Ⓒ ピアノバー《ピアノの生演奏を聞かせるバー》 ～ bènch 名Ⓒ =piano stool ～ ròll 名Ⓒ ピアノロール《自動ピアノ用の穴あきロール》 ～ stòol 名Ⓒ ピアノ用のいす ～ trìo 名Ⓒ ピアノトリオ, ピアノ3重奏団《通例ピアノ・バイオリン・チェロからなる》 ～ wìre 名Ⓤ ピアノ線

P

pi·a·no[2] /piáːnoʊ | pjáː-/ 〖楽〗(↔ forte²) 形副 ピアノの[で], 柔らかな[に], 弱音の[で]《略 p》
── 名 (複 ～s /-z/ OR -ni /-niː/) Ⓒ ピアノの楽節

pi·an·o·for·te /piæ̀noʊfɔ́ːrteɪ | -fɔ́ːti/ 名Ⓒ《堅》=piano¹

Pi·a·no·la /pìːənóʊlə/ 名Ⓒ《商標》ピアノラ《自動ピアノの一種》;《p-》《一般に》自動ピアノ (piano player)

pi·as·ter, 《英》**-tre** /piǽstər/ 名Ⓒ ピアストル《エジプト・シリア・レバノンの貨幣単位; 1/100 pound》

pi·az·za /piáːzə | -ǽtsə/ 名Ⓒ ❶ (イタリアの) 広場 (→ plaza) ❷《米》《古・方》ベランダ; (屋根付きの) 回廊

pi·broch /píːbrɑ(ː)k | -brɒk, -brɒx/ 名Ⓤ〖楽〗ピーブロック, ピーブロッホ《スコットランドの高地人がバグパイプ (bagpipe) で奏する伝統的な音楽》; Ⓒ その楽曲

pic /pɪk/ 名 (複 ～s /-s/ OR pix /pɪks/) Ⓒ《口》映画 (motion picture); (新聞・雑誌の) 写真 (photograph)

pi·ca /páɪkə/ 名〖印〗❶ Ⓒ パイカ活字《12ポイント》; タイプ用パイカ活字 ❷ Ⓤ パイカ《パイカ活字の縦の長さ. 約4mm. 活字寸法の基準単位》

pic·a·dor /píkədɔ̀ːr/ 名Ⓒ ピカドール《matador の従者. 馬に乗り牛の首をやりで突き弱らせる役の闘牛士》

pi·can·te /pɪkǽnteɪ/ 形 (食物が) 薬味のきいた, スパイシーな (spicy)

pic·a·resque /pìkərésk/ <シ 形 悪漢 (小説) の ‖ a ～ novel ピカレスク小説《スペインで生まれた小説の一形式. 悪者の人生遍歴を写実的に描く》

pic·a·roon /pìkərúːn/《古》名Ⓒ 悪漢; 盗賊, 山賊; 海賊 (船) ── 動 自 盗賊を働く

Pi·cas·so /pɪkɑ́ːsoʊ | -kǽs-/ 名 **Pablo ～** ピカソ (1881–1973)《スペイン生まれのフランスの画家・彫刻家》

pic·a·yune /pìkəjúːn/ <シ《米・カナダ》名Ⓒ ❶ ピカユーン貨《もとフロリダ・ルイジアナなどで使われたスペインの小貨幣; ½ real》;《旧》小銭, (特に) 5セント白銅貨 ❷《口》取るに足りないもの[人], つまらないもの[人]
── 形《口》取るに足りない, つまらない; 狭量な

Pic·ca·dil·ly /pìkədíli/《アクセント注意》<シ 名 ピカデリー《ロンドンの Piccadilly Circus と Hyde Park Corner を結ぶショッピング街》 ▶▶～ **Círcus** 名 ピカデリーサーカス《ロンドンの中心の広場. 娯楽施設が多い》

pic·ca·lil·li /pìkəlíli/ 名 (複 ～s, ～es /-z/) ⓊⒸ ピカリリー《刻み野菜を香辛料で味つけしたインドの漬物》

pic·ca·nin·ny /pìkəníni/ 名 ⊗《英》《蔑》=《米》pickaninny

pic·co·lo /píkəlòʊ/ 名 (複 ～s /-z/) Ⓒ〖楽〗ピッコロ《フルートより1オクターブ音が高い小型木管楽器》 **～·ist** 名

***pick**[1] /pɪk/ 動 名

中心義 (範囲の広い中から目当てのものを) 選び取る (★文脈によって「選ぶ」側面, もしくは「取る」側面のどちらかに重きが置かれた意味になる)

── 動 (～s /-s/; ～ed /-t/; ～·ing)

── 他 ❶ a (+目)〔物・人〕を(慎重に)選ぶ, 精選する, 選択する〈for …に; as …として; from, out of …から〉(♦ choose, select よりくだけた語) ‖ ～ one's words carefully 言葉を慎重に選ぶ / September 1st was ～ed for the wedding. 結婚式の日取りが9月1日に決まった / We ～ed him as our representative. 私たちは彼を代表者に選んだ / You can ～ three different kinds of cake from the cart. ワゴンの中から3種類のケーキをお選びいただけます

b (+目+to do)〔人〕を選んで…させる ‖ We ～ed Jim to be on our team. 我々はジムをチームの一員に選んだ

❷ a (+目)〔花・果実など〕を摘む, もぎ取る,〔野菜など〕を収穫する ‖ My daughter is ～ing some flowers in the garden. 娘は庭で花を摘んでいる / ～ apples from a tree 木からリンゴをもぎ取る / fruit freshly [OR newly] ～ed from the garden 庭からもぎたての果物 / ～ cotton 綿を摘む / go strawberry [grape] ～ing イチゴ摘み[ブドウ狩り]に行く

b (+目 A+目 B≒+目 B+for 目 A) A (人) に B (花・果実) を摘んで [もいで] やる ‖ He ～ed Anna a red rose.=He ～ed a red rose for Anna. 彼はアンナに赤いバラを1輪摘んでやった

❸ …を〈…から〉(指で) つまんで取る, 手に取る〈from, off, out of〉‖ ～ a speck of dust off the shelf 棚の小さなごみをつまみ上げる / ～ a hair from one's jacket 髪の毛を上着からつまんでとる / ～ a scab かさぶたをはぎ取る / He ～ed the key out of the drawer. 彼は引き出しから鍵(かぎ)をつまんで出した

❹〔歯・鼻など〕をほじる, ほじくる; …をほじって取る ‖ Stop ～ing your nose! 鼻をほじくるのをやめなさい / ～ one's teeth with a toothpick つまようじで歯をほじくる

❺ a (+目)(料理をするために)〔鳥〕の羽をむしる; …を少しずつむしり取る, つついて取る ‖ ～ a turkey [chicken] シチメンチョウ [鶏] の羽をむしる / ～ meat from [OR off] the bones 肉を骨からむしり取る

b (+目+補〈形〉) …をつついて…にする ‖ The vultures ～ed the bones of the dead horse clean. ハゲワシたちが死んだ馬の骨から肉をすっかりつつき取った

❻ (先のとがったもので)〔地面・岩石など〕をつついて穴をあける, 砕く;〔穴〕をつついてあける ‖ ～ the ground with a pickax つるはしで地面を掘る / ～ a hole in the ice 氷に穴をあける

❼ (鳥が)〔餌(えさ)〕をついばむ; (人が) …をいやいや食べる

❽〔けんかなど〕を〈…に〉吹っかける〈with〉‖ ～ a fight [quarrel] with him 彼にけんか[口論]を吹っかける

❾〔欠点など〕をほじくり出す, 探し出す ‖ ～ flaws [OR holes] in an argument 議論の欠陥を探す ❿〔錠〕を〈針金などで〉こじ開ける〈with〉‖ ～ a lock 錠をこじ開ける ⓫〔ポケット〕の中身を盗む, する ‖ I had my pocket ～ed in the crowd. 人込みでポケットの中身をすられた (♦ purse, money などは目的語にとらないので, ×I had my purse picked. とはならない) (→ pickpocket) ⓬〔布地など〕をほどく,〔ぼろなど〕をほぐす (unpick) ⓭《主に米》〔弦楽器〕をつま弾く, かき鳴らす (《英》pluck)

── 自 ❶ (慎重に) 選ぶ

❷ a (花を) 摘む, (果実などを) もぐ

b (+副) (花・果実などが) もげる, 摘める (♦ 副 は様態を表す) ‖ These grapes ～ easily. このブドウは摘みやすい

❸ (鳥が)〈餌を〉ついばむ; (人が)〈…を〉いやいや [少しずつ] 食べる〈at〉 ❹ (とがった道具で) つつく, (つるはしなどで) 掘る

*pìck and chóose (...)〈自・他〉(自分が望むよいものだけを) 慎重に選ぶ, 精選する

pìck and míx (...)〈自・他〉《英》(色々な種類を) 自由に組み合わせる (⇨ PICK-AND-MIX)

pìck ... apárt [OR to pieces]〈他〉① …をずたずたに引き裂く ② …を酷評する, 完全に論破する (=pick [OR pull, rip, tear, cut] ... to PIECES)

*pìck at ...〈他〉① (指で) …を (ひっきりなしに) 引っ張る, いじくる ② ⇨ 自 ❸ ③《口》…にがみがみ小言を言う, うるさく言う

pìck óff ... / pìck ... óff〈他〉① …をつまんでとる, もぎ取る;〔最高の人[もの]〕を選抜する ②〔敵・動物など〕を(遠方から) ねらいを定めて (1人[1つ]ずつ) 撃つ ③〖野球〗〔走者〕を牽制(けんせい)球でアウトにする ④ (球技で)〔パス〕をインターセプトする (intercept)

pick on ... 〈他〉 ①〔特に自分より弱い者〕をいじめる，…に不当な仕打ちをする ‖ They were *~ed on* by the police. 彼らは警察に不当な扱いを受けた ②（いやな仕事のためなどに）…を選ぶ；…を選んで…させる〈**to do**〉‖ He *~ed on* me *to* finish up the work. 彼は私を選んで仕事を片づけさせた ③…を選ぶ

pick óut ... / pick ... óut 〈他〉 ①〈多くの中から〉…を**選び出す**，より抜く(select)〈**from**〉 ②（群集の中などから）…を見つけ出す；…を識別する，見分ける ‖ I barely *~ed* him *out* in the crowd. 人込みの中で辛うじて彼が見分けられた ③〈違う色・素材などで〉…を引き立たせる〈**in, with**〉；（光が）…を照らして浮き上がらせる（♦ しばしば受身形で用いる）‖ His name on the door was *~ed out in* gold. 扉についている彼の名前は金で浮き立って見えた ④〔意味など〕を理解する，くみ取る ⑤〔曲など〕をたどたどしく〔ぽつんぽつんと〕弾く ‖ ~ *out* a tune on the guitar [keyboard] 曲をギター[キーボード]でたどたどしく弾く

pìck óver ... / pìck ... óver 〈他〉 ①…を念入りに調べて選ぶ ②〔不快なこと〕を蒸し返す，考え[話し]続ける

pìck thróugh ... 〈他〉 ① =*pick over ...* / *pick ... over* ①(↑) ②〔大量の[ごたごたした]ものなど〕の中を捜す

pìck úp 〈他〉 **I**《***pìck úp ... / pìck ... úp***》 ①…を持ち上げる，拾い上げる ‖ ~ *up* the phone [OR receiver] 受話器を取る / *Pick* your feet *up*. ちゃんと足を上げて歩きなさい ②〔物〕を片づける；《米》〔部屋〕を片づける(tidy up) ③…を偶然手に入れる；（ついでに）…を買う；（偶然に見つけて）…を買う（♥ しばしば「格安の値段で」というニュアンスがある）‖ Can you ~ *up* some milk on the way home? 帰りがけに牛乳を買ってきてくれない / ~ *up* a table at a flea market のみの市でテーブルを見つけて買う ④〔人〕を（車などで）**迎えに行く**[来る]，（途中で）乗せる；〔ヒッチハイカーなど〕を車に乗せる；（リムジンなどが）〔客〕を乗せる，拾う；（海などから）…を救助する ‖ I'll ~ you *up* at your house at eight. 8時に家へ車で迎えに行くよ / He *~ed up* his friend on the way to the airport. 彼は空港に行く途中で友人を車で拾った ⑤〔自分のもの・注文したものなど〕を取りに行く，受け取る(collect) ‖ ~ *up* the laundry on one's way home 帰宅途中で洗濯物を受け取る ⑥〔語学・技術など〕を自然に身につける；〔癖など〕がつく；〔情報・うわさなど〕を耳にする，知る，聞く ‖ He *~ed up* some English when he was working on Yokota Base. 彼は横田基地で働いているうちにいくらか英語を身につけた / ~ *up* bad habits 悪い癖がつく / I *~ed up* some useful tips from him about making money. 彼から金もうけのこつをいくつかつかんだ ⑦〔病気など〕にかかる ‖ ~ *up*「a cold [the flu] 風邪[インフルエンザ]にかかる ⑧（レーダーなどで）…を発見する，とらえる，傍受する；〔放送など〕を受信する ‖ I am able to ~ *up* a local American radio station. アメリカの地方ラジオ局を受信することができる ⑨《口》…を引っかける，ナンパする ‖ ~ *up* a girl at a party パーティーで女の子を引っかける ⑩〔…のにおいなど〕をかぎつける(detect)，〔…の足跡など〕を見つける；〔誤り・病状など〕に気づく；〔隠れた意味など〕を理解する ‖ ~ *up* their trail 彼らの足跡を見つける ⑪（中断の後で）…を再び始める；〔議論など〕を再び取り上げる ‖ Can I ~ *up* what you said earlier? あなたが先ほど言ったことをもう一度取り上げていいですか ⑫《~ oneself up で》（転んだ後で）起き上がる；（挫折(ざせつ)などから）立ち直る ⑬…を元気づける，回復させる ‖ A glass of whisky will ~ him *up*. ウイスキーを1杯飲めば彼は元気になるだろう ⑭《口》（警察が）…を逮捕する(arrest) ⑮（周りの同色のものが）〔色〕を引き立てる ‖ I like the way her dress *~s up* the green in her eyes. 服が彼女の緑の瞳(ひとみ)を引き立てていてとても素敵だ **II**《***pìck úp ...***》 ⑯〔速度など〕を増す ‖ ~ *up* steam [momentum] 速度[弾み]が増す ⑰〔賞など〕を得る；〔票〕を獲得する；〔金〕を稼ぐ(earn) ⑱《口》〈…の〉〔勘定〕の支払いを引き受ける〈**for**〉‖ ~ *up* the tab *for* her hotel room 《主に米》彼女のホテルの部屋の勘定を負担する（♦《英》では pick up the bill for ...） ⑲《米》（競技で）〔点・距離〕を稼ぐ ―〈自〉 ①（病人などが）（健康・元気を）取り戻す；（景気などが）回復する(recover) ②（乗り物が）スピードを増す；（スピードが）増す ③《口》（中断の後で）再び始める ‖ Let's ~ *up* where we left off yesterday. 昨日中断したところから始めましょう ④《口》（立ち去るためなどに）荷物をまとめる ⑤（風などが）強くなる；（音楽のリズムなどが）速くなる，活発になる ⑥〖ゴルフ〗自分のボールを拾い上げる《マッチプレーで相手の勝ちを認めるときなど》 ⑦電話に出る

pìck úp after ... 〈他〉《口》〔人〕が汚した後を片づける ‖ You should ~ *up after* yourself. ちゃんと後片づけをしなさい

pìck úp on ... 〈他〉 ①…に気づく；…に気づいて対処する ②〔議論・問題など〕を再び取り上げる

pìck a pèrson úp on ... 〔人〕に〔間違いなど〕を指摘する

pìck úp with ... 〈他〉《口》…と知り合いになる，親しくする

pìck one's wáy 足下に気をつけて慎重に進む（♦ 方向を表す 副句 を伴う）‖ ~ my *way* through the mud ぬかるみの中を気をつけてゆっくり進む

―名（複 **~s** /-s/） ❶ Ⓤ 選ぶこと，選ぶ権利 ‖ take [OR have] one's ~ of any job どんな仕事でも好きに選べる ❷《the ~》えり抜きのもの，最良のもの[人] ‖ the ~ of this year's books 今年出版された本の中で最良のもの ❸ Ⓒ《主に米》選んだ人[もの] ‖ He is my first ~ for the prize. その賞には彼をまず選ぶね ❹ Ⓒ（1回に収穫した）収穫物

the pìck of the búnch [OR ***cróp, lítter***]（同類の中で）ずば抜けているもの[人]

▸▸ **~ 'n' míx** (↓)

pick² /pɪk/ 名 Ⓒ ❶つるはし；《通例複合語で》（先のとがった）つつく[ほじくる]ための道具（→ ice pick, toothpick） ❷（楽器の）ばち，つめ(plectrum)

pick·a·back /píkəbæ̀k/ 名 形 副《英》《旧》=piggyback

pìck-and-míx 形《英》広範囲のものの中から選択した[できる]（♦ pick 'n' mix とも書く）

pick·a·nin·ny /pìkənínі/ 名（複 **-nies** /-z/）Ⓒ ⊗《米卑》黒人の子供；オーストラリア先住民の子供

píck·àx,《主に英》**-àxe** 名 Ⓒ つるはし(pick) ―動 他 …をつるはしで砕く[掘る] ―自 つるはしで仕事をする

picked /pɪkt/ 形 ❶えり抜きの，精選した ❷摘み取った，（毛などを）むしり取った

***pick·er** /píkər/ 名 Ⓒ つつく[ほじくる]人[動物，物]，つまようじ；摘む[集める]人；すり(pickpocket)；（特に）繊維をほぐす機械 ‖ a hop ~ ホップの摘み手[摘み取り機]

pick·er·el /píkərəl/ 名（複 **~** OR **~s** /-z/）Ⓒ〖魚〗アカヒレカワカマス，クサカワカマス《北米産の小型のカワカマス》；（一般に）カワカマスの幼魚

***pick·et** /píkət | -ɪt/ 名 Ⓒ ❶ピケ隊(員)《ストライキ中，スト破りや妨害者を防ぐために配置される監視員》；ピケ；デモ隊(員)；=picket line ❷（陣地の）見張り兵，哨兵(しょうへい)；保安部隊；前哨(隊)；哨戒艇[機]（《英》picquet）‖ He's on ~ duty tonight. 彼が今夜歩哨に立つ ❸（先のとがった）杭(くい) ―動 他 ❶〔職場など〕にピケを張る ‖ They *~ed* the factory for two months. 彼らは工場に2か月間ピケを張った ❷…に哨兵を配置する；…を哨兵に就かせる ❸…を杭垣で囲う[保護する]；〔動物〕を杭につなぐ ―自 ピケを張る，ピケに参加する

▸▸ **~ fénce** 名 Ⓒ〖建〗杭垣 **~ lìne** 名 Ⓒ（労働争議のときの）ピケライン；〖軍〗前哨(ぜんしょう)線

pick·ings /píkɪŋz/ 名 複 ❶取得[収穫]物；盗品，不正利得，（不当な）役得 ‖ easy [OR rich, good] ~ 楽なもうけ ❷残り物；摘み残し，落ち穂

***pick·le** /píkəl/ 名 ❶ Ⓤ/Ⓒ《通例 ~s》**ピクルス**（♦ 野菜（《米》では特にキュウリ）や魚・肉を酢や塩水に漬けた食品）‖ lime ~ ライムピクルス ❷ Ⓤ（ピクルスの）漬け汁 ‖ preserve cucumbers [herrings] in ~ キュウリ[ニシン]を漬け汁に漬けて保存する ❸ Ⓤ（金属などの洗浄に使う）希

薄酸水 ❹ Ⓒ《単数形で》《口》窮境，苦境(plight) ❺ Ⓒ《英口》《旧》いたずらっ子，やんちゃ

be in a** (**prètty** [OR **rèal**]) **píckle 《口》困ったことになる，苦境に立つ

― 動 ㊥ …を漬け汁に漬ける；(洗浄のため)〔金属〕を希薄酸水などに漬ける

píck·led /-d/ 形 ❶《限定》漬物にした，酢［塩水］漬けの ❷《叙述》《口》酔っ払った(drunk)

píck·lòck 名 Ⓒ 錠をこじ開ける人［泥棒］；錠をこじ開ける道具《針金など》

P

píck-me-ùp 名 Ⓒ《口》(元気をつける)アルコール飲料，興奮性飲料，活力剤，強壮剤，気付け薬(tonic)

pìck 'n' míx, pìck-'n'-míx 形 =pick-and-mix

píck·òff 名 Ⓤ ❶〖野球〗刺殺《牽制(けんせい)球によるタッチアウト》‖ make a ～ throw 牽制球を投げる ❷《バスケットボールで》ピックオフ《味方選手がパスを受けやすいように，その選手をマークしている相手選手の動きを妨げること》❸〖電子〗ピックオフ《機械的運動を電気信号に変える感知装置》

***píck·pòcket** 名 Ⓒ すり

***píck·ùp** 名 Ⓒ ❶ (=～ **trùck**)(小型無蓋(むがい)の)集配用トラック，ピックアップ ❷ Ⓤ Ⓒ (貨物などの)積み込み，収集，(バス・列車などが)乗客を乗せること ‖ the ～ and delivery of farm produce 農作物の集荷と配送 / a ～ point 集荷所，乗車場 ❸《口》行きずりの恋の相手；《口》ヒッチハイカー ❹《口》〈売り上げなどの〉回復，増大〈**in**〉‖ a ～ *in* demand [sales] 需要［売り上げ］の増大 ❺ Ⓤ《米》加速(性能) ‖ The car had good ～. その車は加速がよかった ❻〖野球〗ピックアップ《バウンドしたボールをすくい上げること》‖ It was a nice ～ by the 1st baseman. 一塁手，今のゴロをよく取りました ❼ (レコードプレーヤーの)カートリッジ；(エレキギターの)ピックアップ ❽ 偶然の拾い物《掘り出し物など》；即席料理 ❾〖放送〗音［光］を電波に変えること［装置］；実況現場；(音波受信への)干渉

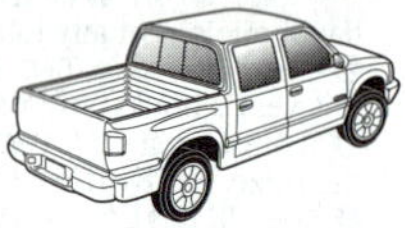

pickup ❶

― 形《限定》《米》急ごしらえの，間に合わせの ‖ a ～ orchestra 寄せ集めのオーケストラ

Pick·wick·i·an /pɪkwíkiən/ 形 ピックウィック流の，善良で寛容な；(用語が)その場だけの特殊な意味で用いられた，妙な，滑稽(こっけい)な ‖ in a ～ sense 特殊［滑稽］な意味で(♦ Charles Dickens の小説 *The Pickwick Papers* (1837)の主人公の名から)

pick·y /píki/ 形《口》とても気難しい，えり好みする，〈味などに〉うるさくこだわる〈**about**〉；こせこせした，神経質な

pìck-your-ówn 形《限定》《英》(果物・野菜の販売が)客が自由にもぎ取れる(方式の)；もぎ取り方式で売られる

***pic·nic** /píknɪk/ 名 Ⓒ ❶ 野外での食事；ピクニックの弁当；ピクニック，行楽，野外遠足；野外パーティー(♦ 自宅の庭などで行うものも含む)；《形容詞的に》ピクニック［行楽］の ‖ have a ～ 野外で食事をする / go on [OR for] a ～ in the country 郊外へピクニックに行く / a ～ lunch ピクニックの弁当 ❷《口》楽しい経験；楽な仕事 ‖ It's no ～ playing with children all day. 1日中子供の相手をするのは楽じゃない / Lifeguarding might seem like a ～, but it's hard work. 救助員を務めるのは楽な仕事に見えるかもしれないが，実は大変だ ❸ (燻製(くんせい)にした)豚の肩肉

― 動 (**-nicked** /-t/; **-nick·ing**) ㊀ ピクニックに行く

-nick·er 名 Ⓒ ピクニックする人，行楽客

▶▶ **～ bàsket** 名 Ⓒ ピクニックバスケット

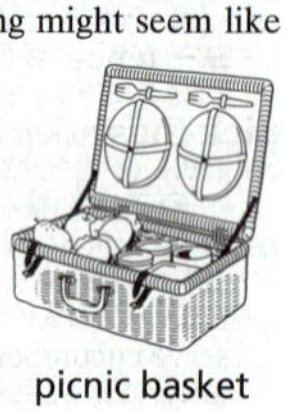

picnic basket

pico- /pi:koʊ-/ 連結形 (メートル法で)「1兆分の1, 10^{-12}」の意 ‖ *pico*gram〖理〗ピコグラム(10^{-12}gram. 記号 pg)

pi·cor·na·vi·rus /pikɔ̀:rnəváɪərəs/ 名 Ⓒ〖生〗ピコルナウイルス《リボ核酸(RNA)を含む一群のウイルス》

pi·co·sec·ond /pì:kəsékənd/ 名 Ⓒ ピコセカンド《1兆分の1秒(=10^{-12}秒). 記号 ps, psec》

pi·cot /pí:koʊ/ 名 Ⓒ〖洋裁〗ピコット，ピコ《レース・リボンの縁などを飾る小さな糸のループ［輪］》

― 動 ㊥ …にピコをつける

pic·o·tee /pìkətí:/ 名 Ⓒ〖植〗ピコティー《花弁に濃色の縁のあるカーネーションなどの花》

pìc·ric ácid /pìkrɪk-/ 名 Ⓤ〖化〗ピクリン酸

Pict /pɪkt/ 名 Ⓒ ピクト人《古代ブリテン島北部の住民》

pic·to·gram /píktəgræ̀m/ 名 =pictograph

pic·to·graph /píktəgræ̀f | -grɑ̀:f/ 名 Ⓒ ❶ 絵文字，象形文字(→ ideogram, phonogram) ❷ (絵による)統計図表，標識 **pìc·to·gráph·ic** 形

pictograph ❶,❷

***pic·to·ri·al** /pɪktɔ́:riəl/ 形〔◁ picture 名〕❶《通例限定》絵［写真］の；絵［写真］に表された；挿絵入りの ‖ a ～ magazine グラフ雑誌，画報 ❷ 絵のような，生き生きとした ‖ a ～ description 生き生きとした描写

― 名 Ⓒ (定期刊行の)グラフ雑誌，画報 **～·ly** 副

***pic·ture /píktʃər/ 名 動

中心義 ▶ 描写されたもの

> 名 絵❶ 図面❶ 写真❷ 映像❸ 映画❼
> 動 ㊥ 想像する❶

― 名〔▶ pictorial 形, picturesque 形〕(複 **～s** /-z/) Ⓒ ❶ **絵**，絵画(painting)；絵図，**図面**(drawing)；版画(print)，肖像画 ‖ draw [paint] a ～ of ... …の絵を(鉛筆・ペン［絵の具］で)描く / a ～ of my father 父の肖像(画)(♦ my father's picture はふつう「父の描いた絵」または「父の持っている絵」の意. → painting) / a ～ frame 額縁 / *A ～ is worth a thousand words.*《諺》1枚の絵は千の言葉に値する；百聞は一見にしかず

❷ **写真**(photograph) ‖ Let me **take**「your ～ [OR a ～ of you]. あなたの写真を撮らせてください / I'll attach some ～*s* of my family. 家族の写真を何枚か添付ファイルで送ります / have [OR get] one's ～ taken 写真を撮ってもらう / the girl **in** the ～ 写真に写っている少女

❸ (テレビ・映画の)**映像**，画面；(鏡・水面に映った)像，影 ‖ With the new dish, we get a better ～ on the TV. 新しいパラボラアンテナをつけてテレビの映りがよくなった

❹《通例単数形で》〈…の〉(心に描く)イメージ，心象，印象〈**of**〉‖ I retain a very clear ～ *of* his wife. 彼の奥さんの姿を今もはっきりと記憶している

❺《通例単数形で》(生き生きとした［詳細な］)記述，描写 ‖ give [OR paint] a faithful ～ of the common people in the Edo period 江戸時代の庶民の生活を忠実に描写する / The police are trying to build up a ～ of the murderer. 警察はその殺人犯の犯人像を固めようと努力している

❻《the ～》状況，情勢，全体像 ‖ the big [OR overall, wider] ～ 全般的状況，全容

❼ **映画**((cinema) film,《主に米》motion picture)；《the ～s》《米では旧》映画館；《～s》映画界(⇨ 類語) ‖ go to the ～*s*《主に英》映画に行く / be in ～*s*《主に米》映画界で活動して［働いて］いる

❽《the ～》そっくりな人，生き写し；化身；模範，見本 ‖ Sam is the ～ of his father. サムは父親に生き写しだ / She was a [OR the] ～ of health [innocence, misery].

彼女は健康[無邪気, 悲惨]そのものだった
❾《通例 a ～》(絵のように) 美しい人[もの, 場面] ‖ The cherry blossoms in the park were a ～. 公園の桜は絵のように美しかった

(as) prètty as a pícture とても美しい

be [OR lòok] a pícture とても美しい, 格別面白い, 見ものだ

gèt the pícture 《口》状況を把握する, 理解する ‖ *Get the* ～, Tim? ティム, わかるかい

in the pícture 《口》よく事情[状況]を知らされて ‖ put [keep] him *in the* ～ 彼に状況をよく説明する[事情をのみ込ませておく]

out of the pícture 《口》もはや関係[見込み, 勝算など]がない；圏外で

COMMUNICATIVE EXPRESSIONS

1 **「Do I hàve to [OR Mùst I] pàint (you) a pícture?** 全部説明しないとわからないんですか (♥ 自明[簡単]なことを理解してもらえないいら立ちを表す)

2 **If you lòok at the whòle pícture,** you'll nótice that nòt àll the próducts are sélling wèll. 全体を見ると, すべての商品がよく売れているわけではないことに気づくでしょう(♥「あらゆる面を考慮に入れると」の意)

―動 (～s /-z/ ; ～d /-d/ ; -tur·ing) 他 ❶ **想像する** a 《+目》…を心に描く；…を〈…として〉想像する (imagine) 〈as〉 ‖ Can you ～ the scene to yourself? その場面を想像できますか / I ～*d* myself *as* a rock star. 自分がロックのスター歌手になった姿を想像した
b 《+wh 節》…かを想像する ‖ We can't ～ *how* terrible the hurricane was. そのハリケーンがどんなに恐ろしいものだったかは想像がつかない
c 《+目+*doing*》…が…しているのを心に描く[想像する] ‖ I can't ～ him knitting. 彼が編み物をしているところなんて想像できない
❷《通例受身形で》 a 《+目》写真に写っている, 絵にかかれている；(新聞・雑誌などに)写っている写真が載る[出る]
b 《+目+*doing*》…が…しているところが写真に写っている[写真で載る] ‖ He was ～*d* showing off his gold medal on the front page. 彼が金メダルを見せている写真が第一面に載った
❸ …を〈…として〉明確に[生き生きと]書き[言い]表す, 描写する〈as〉(♦ しばしば受身形で用いる) ‖ ～ the scenes of the disaster 災害の情景をまざまざと描写する

COMMUNICATIVE EXPRESSIONS

3 **It's nòt what I píctured.** 予想していたことと違うな；期待外れだ(♥ 落胆を表す)

類語 《名 ❼》**movie, motion picture** (以上《主に米》)；**picture, cinema, film** (以上《主に英》) いずれも「映画」を表す.「映画に行く」は《米》では go to a *movie*, go to the *movies* がふつうで, go to a *motion picture* は《堅》, go to a *moving picture* は《やや旧》.《英》では go to the *pictures*, go to the *cinema* も標準的に用いられるが, 現在は go to a *film* がふつう.「映画館」は《米》では movie theater, 《英》では cinema である.

▸▸ ～ **bòok** 名 C (特に幼児用の) 絵本 ～ **càrd** 名 C ① =face card ② =picture postcard ～ **gàllery** 名 C 画廊；絵画のコレクション ～ **hàt** 名 C (羽根飾りなどのついた)つばの広い婦人帽 ～ **pàlace [thèatre]** 名 C 《英》《旧》映画館 ～ **póstcard** 名 C 絵はがき ～ **ràil** 名 C 《英》(壁面上部の)絵画かけ用横桟 ～ **tùbe** 名 C (テレビの)ブラウン管 ～ **wíndow** 名 C 見晴らし窓《景色が見渡せるように設計された1枚ガラスの窓》 ～ **wrìting** 名 C U (古代の)絵画[絵文字]による記録(法), 絵[象形]文字

pícture·gòer 名 《旧》=filmgoer, moviegoer

pìcture-pérfect 形 《米》全く欠点のない, 完全無欠な；絵に描いたように見事な

pícture·phòne 名 C 《商標》ピクチャーホン《テレビ電話》

pícture-pòstcard 形 《限定》《主に英》(景色などが) 絵のように[実に]美しい

***pic·tur·esque** /pìktʃərésk/ 《アクセント注意》〈シ〉 形 〔◁ picture 名〕 ❶ (場所などが)(特に古風で)美しい, 画趣に富む, 絵のような ‖ a ～ lake 絵のように美しい湖 ❷ (言葉・表現などが)風変わりで興味深い；写実的な, 生き生きした ‖ ～ language 聞き慣れない面白い言葉 ❸ (性格・振る舞いなどが)風変わりで興味深い；注目すべき, 人目を引く
～·ly 副 **～·ness** 名

pic·tur·ize /píktʃəràɪz/ 動 他 …を映画化する；…を絵で示す

PID 略 *p*elvic *i*nflammatory *d*isease (骨盤内炎症性疾患)；💻 *p*ersonal *i*dentification *d*evice

pid·dle /pídl/ 動 自 ❶ 《口》おしっこする (♥ 小児語) ❷ のらくら[だらだら]する《*about, around*》 ―他 (時間・金・精力など)を浪費する《*away*》
―名 U 《口》おしっこ

pid·dling /pídlɪŋ/ 形 《限定》《口》つまらない, ささいな

pidg·in /pídʒɪn/ 名 U ピジン語, 混合語《母語の異なる人々の間で意思伝達用に使われる簡略化した言語》
語源 business の中国風発音から.
▸▸ ～ **Énglish** 名 《ときに P- E-》 U ピジン英語《中国・南太平洋・西アフリカなどで用いられる通商用の混合英語》

pi-dog /páɪdɔ̀(ː)g/ 名 =pye-dog

***pie**[1] /paɪ/ 名 (複 ～s /-z/) ❶ U C パイ《果物・肉・野菜を練り皮で包んで焼いた菓子[料理]》(♦ 《英》では中身の見える菓子パイは tart という)；パイ状のもの；(クリーム・カスタードなどを詰めた) レアケーキ ‖ bake [make] a ～ パイを焼く[作る] / a slice [OR piece] of pizza [pumpkin] ～ ピザ[パンプキン] パイ1切れ / 「a meat [an apple] ～ ミート[アップル]パイ1個
❷ U 《口》素晴らしいこと；とても簡単なこと (→ (*as*) *easy as pie*(↓))
❸ 《通例 the ～》(分け前の) 全体, 総額, パイ ‖ a slice [OR share, piece] of the ～ (金・利益などの)分け前

(a) pìe in the ský 《口》(当てにならない)先の楽しみ, 夢のような話 ‖ It was all pretty ～ *in the sky*. それはみんな美しい夢のような話だった / a ～*-in-the-sky* plan (よさそうだが)非現実的に思える計画

(as) èasy as píe 《口》とても簡単な

(as) nìce [OR swèet] as píe とても行儀[愛想]がよい

èat hùmble píe 甘んじて屈辱を受ける, 過ちを認める

have a finger in the [OR every] pie ⇨ FINGER(成句)

COMMUNICATIVE EXPRESSIONS

1 **You've gòt your fíngers in tòo màny píes.** いろいろなことに手を出しすぎだよ(♥ 忙しすぎる相手に)

▸▸ ～ **chàrt** 名 C 円グラフ (⇨ CHART 図) ～ **fìlling** 名 C U パイの中身[詰め物] ～ **pàn** 名 C パイ焼き皿 (pie plate, pie tin) ～ **shèll** 名 C (市販されている)パイの皮

pie[2] /paɪ/ 名 動 =pi[2]

pie[3] /paɪ/ 名 《古》=magpie

pie·bald /páɪbɔ̀ːld/ 形 (馬などが)白黒まだらの
―名 C 白黒まだらの動物《特に馬》(→ skewbald)

*****piece** /piːs/ (♦ 同音語 peace) 名 動

中心義 (独立した)一片

―名 (複 **piec·es** /-ɪz/) C ❶ (何かの)**一部分**, 一片, 破片, 断片；(土地などの) 1区画 (⇨ PART **類語**) ‖ This is very good cake. May I have another ～, please? これはとてもおいしいケーキですね. もう1切れ頂けますか / cut a pie into several ～*s* パイをいくつかに切り分ける / The last ～ of the sun was going down. 太陽の最後の一部が沈んでいくところだった / The glass vase shattered into hundreds of small ～*s*. ガラスの花瓶が割れて何百もの小さな破片が散らばった / I tore all his letters to ～*s*. 彼の手紙を全部ずたずたに引き裂いた / a ～ of property 不動産の一部

❷《数えられない名詞の個数を表して》 **a**《物質名詞・集合名詞とともに》〈…の〉**1個[1本, 1枚]**〈**of**〉(⇨ PB 53)(♦ 人を表す集合名詞とともには用いない) ‖ The bed was the only ～ *of* furniture in the room. ベッドが部屋にある唯一の家具だった / 「a ～ [two ～*s*] *of* paper 紙1[2]枚 / several ～*s of* baggage 手荷物数個
b《抽象名詞とともに》〈…の〉1つ, 1例〈**of**〉‖ a ～ *of* advice [news, research] 助言[ニュース, 研究]の1つ / 「an interesting [a strange] ～ *of* information 興味深い[奇妙な]1つの情報 (♦ (1) 形容詞は上例のように通例 piece の前に置くが, 名詞との結びつきが強い場合は名詞の前に置く. 〈例〉 a *piece* of good news 1つのよいニュース (2) piece に後続する名詞の方がより強く発音され, a pìece of advíce のようになる)
❸ (ひとそろいになったものの)1つ, 構成要素; (機械などの)**部品** ‖ a jigsaw puzzle with 200 ～*s* 200個のピースからなるジグソーパズル / take a machine to ～*s* 機械を分解する / come to ～*s* 分解できる / a twelve-～ china set 12点からなる陶器のセット / a six-～ jazz band 6人編成のジャズバンド
❹ (著作・美術・音楽などの)**作品**, 小品, 小曲; (新聞・雑誌などの)**記事** ‖ This is one of the finest ～*s* by van Gogh. これはゴッホの作品でも傑作中の1点だ / an orchestra ～ オーケストラ曲 / Did you see the ～ about computer viruses in the paper today? 今日の新聞のコンピューターウイルスの記事を見たかい

PLANET BOARD 53

a piece of soap, a piece of paper などはどれくらい使われるか.

問題設定 「石けん1個」「紙1枚」をどのように言うかを調査した.

Q 次の(**a**)～(**c**)のどれを使いますか. (複数回答可)

(**1**) (**a**) I bought **a piece of** soap.
(**b**) I bought **a bar of** soap.
(**c**) I bought **a cake of** soap.
(**d**) どれも使わない

(**2**) (**a**) Give me **a piece of** paper.
(**b**) Give me **a sheet of** paper.
(**c**) Give me **a slip of** paper.
(**d**) どれも使わない

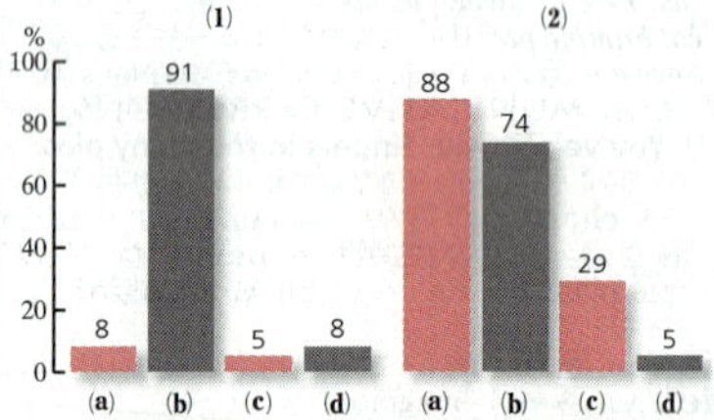

(**1**) soap の場合, (**b**) の *a bar of* soap を使うという人が約9割と圧倒的に多く, (**a**) の *a piece of* soap と (**c**) の *a cake of* soap は非常に少なかった. どれも使わないという人は, I bought *some* soap., または単に I bought soap. と言うとした.

(**2**) paper の場合は, (**a**) の *a piece of* paper が9割近くで最も多かったが, これらに関しては, 「大きさや形の違いで, A4サイズなど決まった形のものは sheet, 小さく切ったものは slip, どちらにも使えるのが piece」というコメントが多い. 他の言い方として, Give me *some* paper. / Give me *a bit of* paper. などがあげられた.

学習者への指針 「石けん1個」には piece を使わずに *a bar of* soap というのがふつうで, 「紙1枚」は *a piece of* paper, *a sheet of* paper のいずれも一般的に用いる.

❺ (布地などを売る単位としての) 1反, 一巻き ‖ a ～ of wallpaper 壁紙一巻き / sell cloth by the ～ 布地を1反単位で売る
❻《the ～》(仕事の) 出来高 ‖ The workers are paid by the ～. その労働者の賃金は出来高払いだ
❼《one's ～》意見のひとくさり ❽《修飾語を伴って》貨幣, 硬貨 ‖ a 50-cent ～ 50セント硬貨 ❾ (チェスやチェッカーの) こま《チェスでは pawn より上位のこま》❿《米俗》拳銃(けんじゅう), はじき ⓫《口》分け前, 取り分 ‖ a ～ of the profits 利益の分け前 ⓬ ⊗《俗》《蔑》(セックスの対象としての) 女 (♦ a piece of skirt [OR tail, 《主に米》ass] の形で用いる); 性交 ⓭《a ～》《米口》《副詞的に》(距離で)ちょっと, 少し ‖ down the road a ～ その道を少し行った所に

a pìece of wórk 《口》いやなやつ
*****a piece of cáke*** 《口》たやすいこと
a pìece of cráp [OR ***júnk, póop***] 《口》くだらないもの, 安物
a pìece of píss ⊗《英口》《蔑》たやすい仕事
a pìece of the áction 《口》成功しそうな[面白そうな]事業[活動]に加わること; その分け前
a pìece of the píe 分け前(→ pie[1] ❸)
(àll) in òne piece 《口》(人・物が)無事で, 損傷もなく
(àll) of a píece ① (構成物が)同種類の, 同質の; 〈…と〉調和[一致]して〈**with**〉 ② 同時に
be shòt to píeces ① 撃たれて粉々になる ② (自信・計画などが)めちゃめちゃになる
be thrilled to pieces ⇨ THRILL(成句)
*****gìve a pèrson a pìece of one's mínd*** 《口》〔人〕に(怒って)辛辣(しんらつ)なことを言う, 〔人〕を非難する
*****gò*** [OR ***fàll***] ***to píeces*** 《口》 ① (人が)(すっかり)取り乱す, (精神的に)まいってしまう ② 《通例進行形で》(人・組織・計画などが)がたがたになる, 機能しなくなる
in pieces ばらばらに, すっかり壊れて; 組み立てていない状態で, ばらして
pìck [OR ***pùll, rìp, tèar, cùt***] ***... to píeces*** 《口》〔人(の考え)など〕を酷評する, こき下ろす
pìck ùp the píeces 事態を収拾する, 通常の生活に戻る
pìece by píece 1つずつ, 少しずつ
sày [OR ***spèak***] ***one's píece*** 自分の意見をはっきり言う
to píeces ばらばらに; 粉々に(→ 名 ❸)

── 動 (**piec·es** /-ɪz/; **～d** /-t/; **piec·ing**) 他 〔衣服など〕に継ぎを当てる《***up***》
pìece óut ... / pìece ... óut 〈他〉 ① 〔真実など〕が徐々にわかってくる ② …を継ぎ合わせる, 〔物語・説明など〕を〈いろいろな要素を組み合わせて〉完成する〈**from**〉
*****pìece togéther ... / pìece ... togéther*** 〈他〉 ① (さまざまな事実・情報などを集めて)…を全体的に理解する, …の全体像をつかむ (♦ 目的語はときに wh 節) (work out; deduce) ‖ I was finally able to ～ *together what* really happened. 何が実際に起きたかがようやくつかめた ② …をつなぎ合わせる, 部品を使って完成する ‖ He patiently ～*d together* the torn-up 1,000-yen bill. 彼は破れた1,000円札を根気よく継ぎ合わせた

▸▸ **～ gòods** 名 複 (尺度単位で小売りされる) 反物(たんもの) **～ of éight** 名 (複 **～s of e-**) Ⓒ (昔のスペインの) 1ペソ(peso) 銀貨 **～ ràte** 名 Ⓤ 出来高払いの単価[賃金] ‖ at ～ *rate* 出来高払いで

pi·èce de ré·sis·tance /pìes də rɪzìːstɑ́ːns|-rezístɔns/ 名 (複 **～s de r-**) 《フランス》 (=piece of resistance) 《the ～》 ❶ (一連のもの・事件の中の) 主要なもの[事件], 主要作品[展示品], 圧巻, 呼び物 ❷ (食事の) 主な料理, メインコース

píece·mèal 副 形 《限定》少しずつ(の); ばらばらに[の]
píece·wòrk 名 Ⓤ 出来高払いの仕事 **～·er** 名
píe·crùst 名 Ⓒ Ⓤ パイ皮; パイ生地
pied /paɪd/ 形 《限定》(動物が)まだらの, 雑色の; まだらの服を着た
▸▸ **Pìed Píper (of Hám·e·lin)** 名 /-hǽmlɪn/ ①

《the ～》(ハーメルンの)パイド=パイパー，まだら服を着た笛吹き男《ドイツ伝説の主人公. 笛を吹いてハーメルンの町のネズミを退治したが，町が約束の報酬を払わないので，再び笛を吹いて町中の子供たちをおびき出し，山中に連れ去ってしまった》 ② Ⓒ (一般に)誘惑者；無責任な約束をする指導者

pied-à-terre /pièɪdɑːtéər/ 名 (複 **pieds-** /pièɪd-/) Ⓒ 仮宿；(通常都会の)セカンドハウス用マンション(♦ フランス語(=foot on land)より)

Pied·mont /píːdmɑ(ː)nt | -mɔnt/ 名 ❶ ピードモント台地《米国東部，アパラチア山脈と大西洋岸との間の高原》 ❷ ピエモンテ《イタリア北西部のフランス・スイスと接する地域》

pie-dog /páɪdɔ̀(ː)g/ 名 =pye-dog

píe-èyed ⟨シ⟩ 形 《口》酔っ払った

píe·plànt 名 《米》=rhubarb ❶

***pier** /pɪər/ 《発音注意》(♦ 同音語 peer) 名 Ⓒ ❶ (船舶が接岸する)桟橋，埠頭(ふとう)；《英》遊歩桟橋《海にせり出し，食堂・娯楽施設などがある》 ❷ 防波堤，突堤(→ jetty)(⇨ WHARF 類語) ❸ 〘建〙橋脚；(アーチの)迫持(せりもち)；壁柱；(窓と窓の間の)窓間(まど)壁

▸▸ **～ glàss** 名 Ⓒ (窓と窓との間の壁にかける)姿見，窓間鏡

***pierce** /pɪərs/ 動 他 ❶ (とがったもので)…を突き通す，貫く，〔穴〕をあける；(とがったものが)…に突き刺さる，…を突き抜ける；(突き刺して)…に穴をあける ‖ He ～*d* a hole in the paper window to spy on his friends. 彼は友達をこっそり探るため障子に穴をあけた / A thumbtack ～*d* the sole of my shoe. 靴の裏に画鋲(がびょう)が刺さった / A bullet ～*d* through his arm. 一発の弾丸が彼の腕を貫通した / get [OR have] one's ears ～*d* 耳にピアス用の穴をあけてもらう(❗ pierce は名詞としては使えない. 日本語の「ピアス」は (a pair of) pierced earrings という) ❷ (寒さ・痛みなどが)…(の身)にこたえる；〔心・感情など〕を強く動かす，感動させる ‖ The cold ～*d* her to the bone. 寒さが彼女の骨身にこたえた / His words ～*d* my heart. 彼の言葉が私の心にしみ通った ❸ (音・光などが)…を貫く，つんざく ‖ A shriek ～*d* our ears. 悲鳴が我々の耳をつんざいた / The beam of a flashlight ～*d* the darkness. 懐中電灯の光が暗闇(くらやみ)を貫いた ❹ (目・知性で)…を見抜く，洞察する，察知する ‖ ～ a mystery なぞを解き明かす ❺ …に突入する，…を突破する；…を突き進む，…に深く分け入る ‖ ～ the defenses その要塞(ようさい)を強行突破する / A path ～*d* the jungle. 1本の小道がジャングルの奥深くまで続いていた

一自 ❶ 〈…に〉突き刺さる，突き進む〈**into, to, through**〉 ‖ ～ *into* her finger 彼女の指に刺さる / His criticism ～*s to* the heart of the work. 彼の批評はその作品の核心を突いている ❷ 《文》(光などが)〈…を〉貫く，突き抜ける〈**through**〉 ‖ ～ *through* the armor of a tank 戦車の装甲を貫く

Pierce /pɪərs/ 名 **Franklin ～** ピアス (1804–69)《米国第14代大統領(1853–57)》

pierc·ing /píərsɪŋ/ 形 ❶ 突き刺す(ような)，鋭くとがった ❷ (寒さ・悲しみなどが)身にしみる ‖ a ～ wind 身を切るような風 ❸ 《通例限定》(声・音が)耳をつんざくような ❹ 《通例限定》(目つきなどが)鋭い，洞察力のある ❺ (批評などが)辛辣(しんらつ)な 一名 Ⓒ Ⓤ ピアス用の穴(をあけること)

～·ly 副

Pierre /pɪər/ 名 ピア《米国サウスダコタ州の州都》

Pi·er·rot /píːəròu | píə-/ 《発音注意》 名 Ⓒ (フランスのパントマイムの)ピエロ，道化

語源 フランス語 *Pierre*(ピエール)の指小形

pie·tà /pìːertáː/ 名 《しばしば P-》 Ⓒ 〘美〙ピエタ《キリストの遺体をひざに抱いて悲しむ聖母マリアの画像・彫刻》

Pi·e·tism /páɪətɪ̀zm/ 名 Ⓤ ❶ 〘宗〙敬虔(けいけん)派[主義]《17世紀ドイツのルーテル派教会の個人的な宗教体験を強調する運動》 ❷ 《p-》敬虔；信心家ぶること

Pi·e·tist /páɪətɪst/ 名 Ⓒ 敬虔派の信者；《p-》敬虔な人；信心家ぶる人

pi·e·ty /páɪəṭi/ 名 (複 **-ties** /-z/) 〔◁ pious 形〕 ❶ Ⓤ 敬虔，敬神，信心 ❷ Ⓤ (両親・家族などへの)敬愛，忠誠，孝行 ‖ filial ～ 親孝行 ❸ Ⓒ 敬虔な行為

pi·e·zo·e·lec·tric·i·ty /pièɪzouɪlèktrísəṭi | pìːzou-/ 名 Ⓤ 〘理〙ピエゾ電気，圧電気《圧電効果により生ずる電気》

pif·fle /pífl/ 名 Ⓤ 《口》たわごと，くだらない話

-fling 形 《口》くだらない，取るに足りない

:pig /pɪg/

一名 (複 **～s** /-z/) Ⓒ ❶ 豚(♦ 雄・雌の「豚」を表す最も一般的な語. 鳴き声は grunt, oink, squeal)；《米》子豚(→ hog, boar, sow², swine)；《複合語で》豚に似た動物，…ピッグ(→ guinea pig)(⇨ 類語P) ‖ *Pigs* grunt [OR oink]. 豚がぶーぶー鳴く / *Pigs* rooted in the soil noisily. 豚が鼻で騒がしく地面を掘っていた / (as) fat as a ～ (豚のように)丸々太った / eat like a ～ がつがつ食べる ❷ Ⓤ 豚肉(pork)《通例食用子豚の肉》 ‖ roast ～ 子豚の丸焼き ❸ 《口》意地汚い大食漢，欲張り；汚い[だらしない]人；不快な[しゃくに障る]人 ‖ You greedy ～! この食いしん坊め / a selfish ～ わがままなやつ ❹ ⊗《俗》《蔑》警官，ポリ，おまわり；だらしない女 ❺ 《俗》人種[性]差別主義者，ファシスト ‖ a male chauvinist ～ 男性優越主義者 ❻ 《単数形で》《英口》やりにくいこと，やっかいなこと ‖ Restoring old works of art is a ～ of a job. 古美術品を修復するのはやっかいな仕事だ ❼ Ⓤ Ⓒ (溶鉱炉から出たばかりの)鋳塊；銑鉄(せんてつ)(pig iron)；Ⓒ (鋳塊を流し込む)鋳型

a pìg in a póke 価値を確かめずに買う[軽々しく引き受ける]もの(♦ pokeは「小さな袋」の古い言い方) ‖ buy *a* ～ *in a poke* よく調べずに買う[同意する]

a pìg [OR ***pìggy***] ***in the míddle*** ① (対立する2つの集団の)板挟みになっている人 ② =piggy-in-the-middle

(as) ***hàppy as a pìg in shít*** [《英》***múck***] 《口》とても幸せな

(as) ***sìck as a píg*** =*(as) sick as a* PARROT

blèed like a *(**stùck**)* ***píg*** 大出血する

in a [OR ***the***] ***pìg's éye*** 《主に米口》絶対に(…)ない，とんでもない

in píg (雌豚が)子をはらんで

màke a pìg's èar *(**out**)* ***of ...*** 《英口》…を下手くそにやる，めちゃくちゃにする

màke a *(**rèal**)* ***pìg of onesèlf*** 《口》食べすぎる

squèal like a stùck píg (痛がって)悲鳴を上げる

swèat like a píg 《口》大汗をかく

COMMUNICATIVE EXPRESSIONS

1 **When pìgs flý.** そんなことがあるものか；とんでもない(♥ 強い拒否や否定を表すユーモア表現. =In a pig's eye. / =《英》Pigs might [OR can] fly.)

2 **You lìve like a píg!** まるで豚だな；汚くしているなあ(♥ 清潔でない[散らかしている]人に)

一動 (**～s** /-z/；**pigged** /-d/；**pig·ging**)

一自 ❶ 《英口》がつがつ食べる ❷ 《口》(豚のように)ごちゃごちゃ集まる，(豚のように)汚らしく雑居する ❸ (雌豚が)子を産む

一他 ❶ (雌豚が)〔子〕を産む ❷ 《～ it で》=pig 自 ❷ ❸ 《～ oneself で》=*pig out*(↓)

pìg óut 《口》〈…を〉大食いする，たらふく食べる〈**on**〉

			成長した		子豚
豚	**pig**	雄	去勢した	《英》**hog**	**piglet**
			去勢しない	**boar**	
		雌	**sow**		

♦「豚」を意味する語に swine もあるが文語.
♦ pig は貪欲(どんよく)で不潔でうるさいものとされる.
♦ pig が食肉になると pork となる(→ meat).

▸▸ **～ ìron** 名 Ⓤ 〘冶〙銑鉄 **～ Làtin** 名 Ⓤ ピッグラテン《各語の語頭の子音を語尾に回し，ay /eɪ/ を加える言葉遊び. 隠語としても用いる. 〈例〉oybay―boy》

P

P

*__pi·geon__ /pídʒən/ 名 (複 ～ OR ～s /-z/) ❶ C ハト(♦鳴き声は coo)(⇨ DOVE[1] 類語); U ハトの肉 ‖ feed a ～ ハトに餌(えさ)をやる / a carrier [OR homing] ～ 伝書バト / a stool ～ おとりのハト; 垂れ込み屋 ❷ =clay pigeon ❸ C 《主に米俗》だまされやすい人, かも, のろま, 間抜け ‖ pluck a ～ かもから金銭をだまし取る ❹ 《one's ～》《英口》個人的な問題, 関心事; 責任, 仕事 ‖ It's not my ～. そんなの私の知ったことではない
▸▸ ～ **brèast** (↓) ～ **pèa** 名 C 【植】キマメ, リュウキュウマメ

pígeon brèast 名 C 鳩胸(はとむね)

pìgeon-bréasted, -chésted 形 鳩胸の

pígeon·hòle 名 C ❶ (書類棚などの) 小仕切り《手紙・書類などを分類して入れる》, 分類[整理]棚; (大ざっぱな)分類 ❷ ハト小屋の出入り穴, 仕切り分室
── 動 他 ❶ …を〈…として〉分類(整理)する〈as〉; …を保存する, 記憶にとどめておく ❷ …を棚上げにする, 後回しにする

pígeon-tòed /+英 ⌐⌐⌐/ 形 足(指)が内側に曲がった; 内またの

pig·ger·y /pígəri/ 名 (複 **-ger·ies** /-z/) ❶ C 豚小屋(pigsty); 養豚場; U 《集合的に》豚 ❷ U C 不潔(な行為); 貪欲(どんよく)(な行為)

pig·gish /pígɪʃ/ 形 豚のような, 不潔な; 貪欲な, 卑しい
～·ly 副 **～·ness** 名

pig·gy, -gie /pígi/ 名 (複 **-gies** /-z/) C 子豚, ブーちゃん(♥ 小児語) ── 形 豚のような(piggish)
▸▸ ～ **bànk** 名 C (豚の形の) 小型貯金箱

pig·gy·back /pígibæ̀k/ 名 C ❶ 肩車, おんぶ (pickaback) ‖ give one's child a ～ (ride) 子供を肩車[おんぶ]する ❷ (トレーラーなどを)台車に載せて運ぶこと
── 副 形 ❶ 肩車で[の]; 背負って[負われた](pickaback) ‖ carry one's child ～ 子供を肩車[おんぶ]して歩く / a ～ ride 肩車, おんぶ ❷ (トレーラーなどを) 平台型貨車に載せて[た] ❸ 便乗[相乗り]して[た]
── 動 他 自 ❶ (…を) 肩車する, 背負って[おんぶして]運ぶ ❷ (トレーラーなどを) 台車で運ぶ ❸ (現在あるものを) 利用する, 〈…に〉便乗させる[する], 相乗りさせる[する]〈on〉

pìggy-in-the-míddle 名 C 《主に英》(子供の) ボール取り遊び《ボールを投げ合う2人の間にもう1人が立ってそれを奪おうとする遊び》

pìg·héaded <シ 形 頑固な, 強情な, 片意地な
～·ly 副 **～·ness** 名

pig·let /píglət/ 名 C 小豚, 子豚(⇨ PIG 類語P)

*__pig·ment__ /pígmənt/ (→ 動) 名 ❶ U C 顔料《油・水などで溶いて, ペンキ・絵の具などにする》 ❷ U 【生】(動植物の組織内の) 色素 ── 動 /pɪgmént/ 他 …に顔料を塗る, 着色[彩色]する **～·ed** 形 着色した; (肌の色が)濃い

pig·men·tar·y /pígməntèri | -təri/ 形 絵の具[色素]の, 色素を含んだ, 色素を生じる

pig·men·ta·tion /pìgməntéɪʃən/ 名 U 染色, 着色; 【生】(特に生物体の皮膚などの)色素沈着[形成]

Pig·my /pígmi/ 名 形 =Pygmy

píg·nùt 名 C 《英》(南欧産の)落花生(earthnut); 《米》ヒッコリー(hickory)《クルミ科の木》; その実

píg·pèn 名 《米》=pigsty

píg·skìn 名 ❶ U 豚の皮; 豚のなめし革 ❷ C 《米口》アメリカンフットボールのボール ❸ C 《口》鞍(くら)

píg·stìcking 名 U イノシシ狩り

píg·stỳ /-stàɪ/ 名 (複 **-stìes** /-z/) C 豚小屋; 不潔な場所[住居]

píg·swìll 名 U 《英》(豚の餌(えさ)用の)残飯; まずい飲食物

píg·tàil 名 C ❶ (編んだ) おさげ髪; 弁髪 (→ ponytail) ❷ ねじりたばこ ❸ 【電】接続用導線 **～ed** 形 おさげ髪の

pi·ka /páɪkə/ 名 C 【動】ナキウサギ《北半球の高山の岩場にすむ》

pike[1] /paɪk/ 名 (複 ～ OR ～s /-s/) C 【魚】カワカマス

pike[2] /paɪk/ 名 =turnpike
còme dòwn the píke 《米口》起こる, 現れる

pike[3] /paɪk/ 名 C ❶ (昔歩兵が使った)矛(ほこ), やり; とがった先 ❷ 《北イング》とがった山の峰; …峰《湖水地方の地名の一部》 ── 動 他 …をやり[矛]で刺す

pik·er /páɪkər/ 名 C 《主に米口》けちくさい人, しみったれ; けちくさいばくち打ち; おく病者; 怠け者

Pìkes Péak /pàɪks-/ 名 パイクスピーク《米国コロラド州中部の高山. 4,301m》

píke·stàff 名 (複 **-staves** /-stèɪvz/) C ❶ (昔の歩兵用の)矛[やり]の柄 ❷ 先端が金具のつえ
(***as***) ***plàin as a píkestaff*** ① 極めて明白な, わかりきった ② (人が)見栄えのしない

pik·ey /páɪki/ 名 C ⊗《英口》《蔑》無学で貧しい人

pi·laf, -laff /pɪlɑ́:f | pí:læf/ 名 U 【料理】ピラフ《いためた米に肉・野菜などを加えて炊いた料理》

pi·las·ter /pɪlǽstər/ 名 C 【建】柱形(はしらがた), 壁柱《装飾用に壁から張り出して作った, 土台と柱頭のある柱》

Pi·late /páɪlət/ 名 **Pontius ～** ピラト《古代ローマのユダヤ総督. イエス=キリストの処刑を許可した》

Pi·la·tes /pɪlɑ́:tiz/ 名 《また p-》 U ピラティス体操《ヨガとダンスを組み合わせ器具を用いて行う運動. 創始者の名より》

pi·lau, -law /pɪlóu | pí:lau/ 名 =pilaf

pil·chard /píltʃərd/ 名 C 【魚】ピルチャード, サーディン(sardine)《南ヨーロッパ産のニシン科の小海水魚》

:**pile**[1] /paɪl/
── 名 (複 ～s /-z/) C ❶ (同種のものをきちんと) **積み重ねた山**, 堆積(たいせき); 多量のものを集めた山(→ heap)(⇨ 類語) ‖ stack the magazines in ～*s* 雑誌を積み重ねていくつかの山を作る / a ～ **of** stones [newspapers] 石 [新聞] の山
❷ 《a ～ of ..., ～s of ... で》《口》たくさんの ‖ have a ～ *of* work to do やらなくてはならない仕事がたくさんある
❸ 《a ～, one's ～》《口》多額の金, 一財産
❹ (特に古い) 堂々とした大建築物 (群) ‖ a Gothic ～ ゴシック様式の大建築
❺ 【電】電堆 (でんたい); 電池 (battery) ❻ 《旧》【理】原子炉 (atomic pile)(♦現在では nuclear reactor という)
màke a [OR ***one's***] ***píle*** 《口》大もうけする, 一財産[身代]をなす
the tòp [***bòttom***] ***of the píle*** (社会・団体の) 高い[低い]地位[身分], 上層[下層]部
── 動 (～s /-z/; ～d /-d/; **pil·ing**)
── 他 ❶ …を**積み重ねる**[上げる]《***up***》; …を大量に積む[載せる, 詰める]〈**on, onto** …の上に; **in, into** …の中に〉 ‖ Hay was ～*d up* **high** [OR in heaps]. 干し草が高く積み上げられていた / ～ salad *onto* a plate サラダを皿に山のように盛る / ～ everything *into* the traveling bag 旅行かばんに何もかもいっぱい詰め込む
❷ …を〈…で〉いっぱいにする〈**with**〉 ‖ ～ a desk (high) *with* papers = ～ papers (high) on a desk 机に書類を山積みする
── 自 ❶ 積み重なる, 山になる, たまる《***up***》 ‖ Mail ～*d up* because of the strike. ストライキのため郵便物が山積みになった / The traffic ～*d up* behind my car. (故障などした)私の車の後ろで車が渋滞した
❷ (人の集団が) どっと移動する; 殺到する《***in, out***》〈**into** …(の中)に; **onto** 乗り物などに; **off, out of** …から(外へ)〉 ‖ ～ *into* [*off, out of*] a building どやどやと建物に入る[から出る]
*__*pìle ínto ...*__ 〈他〉 ① ⇨ 自 ❷ ② …と衝突する ‖ Six cars ～*d into* each other. 車6台が玉突き衝突した
pìle it ón 《口》(状況の深刻さ・他人の心痛を)誇張して[大げさに]言う
pìle ón 〈他〉 **I** 《***pìle ón ...***》 ① 《口》…を大げさに言う ‖ ～ *on* the praise 褒めちぎる / ～ *on* the agony 苦しさ [つらさ] を大げさに話す ② …をどんどん増す ‖ ～ *on* weight 目方がどんどん増える **II** 《***pìle ón ...*** / ***pìle ... ón***》 ③ …をどんどん与える[課する] ‖ ～ *on* the pressure プレッシャーをどんどんかける ──〈自〉(仕事・難問などが)どん

どんたまる，山積する；(目方が)どんどん増える

***pìle úp** 〈他〉《**pìle úp ...** / **pìle ... úp**》 ① ⇨ 他 ❶ ②〔仕事・面倒なことなど〕を抱え込む；…をたくさんためる ‖ ～ *up* debts [wealth] 借金[資産]をためる ―〈自〉① ⇨ 自 ❶ ② (仕事・心配事などが)どんどんたまる，山積する ③《米口》(車が)多重衝突する

類語《名 ❶》**pile** 積み上げたり，積み重ねた山．ふつう同種のものからなり，整理された状態を言外ににおわせる．〈例〉a *pile* of papers [boxes, logs] 書類[箱，丸太]の山
heap 無雑作に雑然と寄せ集めて積まれた山．〈例〉a *heap* of trash [toys, old clothes] ごみ[おもちゃ，古着]の山
stack ふつう同じ形・大きさのものを，きちんとそろえて積み重ねた山．〈例〉a *stack* of hay [newspapers] 干し草[新聞]の山

pile² /paɪl/ 名 Ⓤ/Ⓒ《単数形で》❶ パイル《ビロード・タオル・じゅうたんなどのけば》；けばのある表面，パイル地（→ nap²) ❷ 柔らかい毛，綿毛，軟毛
～d 形 けばのある，パイル地の

pile³ /paɪl/ 名 Ⓒ ❶ (建造物の土台として打ち込む)杭(くい)，パイル；橋杭(はしぐい) ❷〘紋章〙(通例先端を下に向けた)楔形(くさびがた)模様；〘弓〙矢尻(やじり) ―動 他 …に杭を打ち込む；…を杭で支える[補強する]；…に矢尻をつける
▸▸ **～ drìver** 名 Ⓒ 杭打ち機，パイルドライバー

pi·le·at·ed /píliètɪd | páɪ-/ 形〘鳥〙(鳥が) 冠毛のある (crested) ▸▸ **～ woodpécker** 名 Ⓒ〘鳥〙エボシクマゲラ《北米産の大型のキツツキ》

piles /paɪlz/ 名 複《口》痔疾(じしつ)(hemorrhoids)

píle·ùp 名 Ⓒ ❶《口》(車の)玉突き衝突，多重衝突 ❷ (やっかいな仕事・請求書などの)山，たまり，山積み；〘アメフト〙パイルアップ《ボールを持った選手の上に防御側の選手たちが折り重なること》

pil·fer /pílfər/ 動 他 自 (…を)(少しずつ)盗む，こそ泥する，くすねる **～·er** 名 Ⓒ こそ泥 **～·ing** 名

pil·fer·age /pílfərɪdʒ/ 名 Ⓤ こそ泥すること，くすねること；Ⓒ くすねたもの，盗品

***pil·grim** /pílgrɪm/ 名 Ⓒ ❶ 巡礼者，聖地参詣者 ‖ the Canterbury ～*s* (中世英国の) カンタベリー寺院参詣者 ❷《主に文》旅人，さすらい人，放浪者 ❸《P-》Pilgrim Fathers の1人
語源「異国から来た人」の意のラテン語 *peregrinus* から．
▸▸ **Pìlgrim Fáthers** 名《the ～》〘米国史〙ピルグリムファーザーズ《1620年に信仰の自由を求めて Mayflower 号でアメリカに渡りプリマスに植民した，英国のピューリタンの一団》 **Pìlgrim's Prógress** 名《The ～》「天路歴程」《John Bunyan の宗教的寓意(ぐうい)物語(1678, 1684)》

***pil·grim·age** /pílgrɪmɪdʒ/ 名 Ⓒ Ⓤ ❶〈聖地への〉巡礼(の旅)，遍歴；〈名所・旧跡などへの〉長旅，行脚(あんぎゃ)〈**to**〉‖ I made [OR went on] the 88-temple Shikoku ～. 私は四国霊場八十八か所巡りをした ❷ 人生(の旅路)，人生行路 ―動 自 巡礼をする，巡り歩く

pil·ing /páɪlɪŋ/ 名 ❶ Ⓤ 杭(くい)打ち(工事) ❷ Ⓒ《通例 ～s》《集合的に》杭(piles)

***pill** /pɪl/ 名 Ⓒ ❶ 錠剤，丸薬(→ capsule)(⇨ MEDICINE 類語P) ‖ take [OR swallow] two ～*s* for a headache 頭痛薬を2錠飲む / a vitamin [calcium] ～ ビタミン[カルシウム]剤1錠 ❷《the ～, the P-》《口》経口避妊薬，ピル(contraceptive pill) ‖ be on the ～ ピルを服用している / go on [off] the ～ ピルの服用を始める[やめる] ❸《口》《戯》(野球・ゴルフなどの)ボール，球，弾丸(♦丸薬に似ていることから) ❹《口》《旧》いやな[退屈な]人，(特に)手のかかる子供

a bìtter pill (to swállow) いやでも我慢[甘受]しなければならないこと，屈辱的なこと

sùgar [OR ***swèeten,*** 《米》***sùgar-coat***] ***the pill*** ① 丸薬を糖衣で包む ② いやなことを受け入れやすくする，(仕事・状況などの)不快さを和らげる

COMMUNICATIVE EXPRESSIONS
1 **Tàke a (chíll-)pìll.** まあ落ち着け，そうかっかするな (♥相手をなだめるくだけた表現)

―動 他《旧》《俗》…に反対票を投じる；…を排斥する
―自 (織物のけばなどが)小さな玉になる，(セーターなどに)毛玉ができる
▸▸ **～ pòpper** (↓) **～ pùsher** 名 Ⓒ《俗》① 薬を投与しすぎる医師 ② 薬剤師；製薬会社

pil·lage /pílɪdʒ/ 名 Ⓤ (特に戦争での) 略奪，強奪；Ⓒ 略奪品，分捕り品
―動 他 …を強奪[略奪]する ―自 略奪行為をする

pil·lag·er /pílɪdʒər/ 名 Ⓒ 略奪者，強奪者

***pil·lar** /pílər/ 名 Ⓒ ❶ (屋根などを支える石・木材・金属でできた)柱；支柱；飾り柱；(通例石でできた)柱状の記念碑 ‖ Six ～*s* support the roof. 6本の柱が屋根を支えている ❷〈運動・制度などの〉中心人物[部分]，支柱，大黒柱〈**of**〉‖ a ～ *of* the ecological movement in England 英国におけるエコロジー運動の中心人物 / a ～ *of* the faith 信仰の礎(いしずえ) ❸ 柱状のもの，(煙・火・水などの)柱 ‖ A ～ of fire rose from his mansion. 彼の邸宅から火柱が立ち上った

a pìllar of stréngth [OR ***suppórt***] (苦境にあるとき) 惜しみなく支援し励ましてくれる人，心強い後ろ盾

from pìllar to póst あちこちへ(to and fro)；次から次へと窮境に ‖ The debtor was driven *from* ～ *to post.* 債務者は次々と窮地に追い込まれた

―動 他 …を柱で支える；…を支える
▸▸ **～ bòx** (↓) **Pìllars of Hércules** 名《the ～》ヘラクレスの柱《ヘラクレスが引き裂いたとされるジブラルタル海峡両岸の岩山》

píllar bòx 名 Ⓒ (英国の赤い円柱形の) 郵便ポスト (→ mailbox) **píllar-bòx** 形 (英国の) 郵便ポストの (ような)；鮮紅色の ‖ ～ red (郵便ポストのような)鮮紅色

píll·bòx 名 Ⓒ ❶ (通常円型で浅い) 丸薬入れ，ピルケース ❷〘軍〙(天井の低い)トーチカ，機関銃座 ❸ (＝～ **hàt**)(上部が平たい)浅い縁なし帽子

pil·lion /píljən/ 名 Ⓒ (オートバイなどの) 後部座席；(女性用の)添え鞍(くら)

rìde píllion 後部座席[添え鞍]に乗る，相乗りする

pil·lo·ry /píləri/ 名 (複 **-ries** /-z/) ❶ Ⓒ (罪人などの) さらし台《首と手を固定する穴がある》 ❷《the ～》(公衆などの)もの笑い ‖ in the ～ 世間の笑いものになって
―動 (**-ries** /-z/；**-ried** /-d/；**～·ing**) 他 ❶ …をさらし台にさらす ❷《通例受身形で》笑いものになる

***pil·low** /pílou/ 名 Ⓒ ❶ 枕(まくら)；枕代わりになるもの；《米》クッション ‖ lie [OR fall] back onto one's ～ 枕にあおむけにひっくり返る / use a book as a ～ 本を枕代わりにする /「a feather [an air] ～ 羽毛[空気]枕 ❷ (木材・金属の)当て物；(機械の)軸受け；(レース編み用の)台
―動 他 …を〈…に〉載せる〈**on**〉；《文》…の枕(代わり)になる ‖ ～ one's head *on* one's arm 腕枕をする / The earth ～*ed* my head. 大地を枕に寝た
▸▸ **～ fìght** 名 Ⓒ (子供がやる)枕投げ；つまらないけんか；模擬戦 **～ shàm** 名 Ⓒ《米》(装飾用の) 枕カバー **～ tàlk** 名 Ⓤ ピロートーク，(夫婦・恋人の)寝床での語らい

píllow·càse 名 Ⓒ 枕カバー

píllow·slìp 名 ＝pillowcase

pil·low·y /píloui/ 形 枕のような；柔らかい，ふんわりした

píll pòpper 名 Ⓒ《口》丸薬[錠剤]常用者
píll-pòpping 形 名

****pi·lot** /páɪlət/
―名 (複 **～s** /-s/) Ⓒ ❶ (航空機・宇宙船の)**操縦士**，パイロット ‖ The ～ announced our approach to John Lennon Airport. パイロットはジョン＝レノン空港が近いことをアナウンスした /「an airline [a helicopter] ～ 定期航空路[ヘリコプター]パイロット
❷ (港・運河の)**水先案内人**；(船の)操舵(そうだ)手 ❸ 水路誌，航路案内書 ❹ 案内人，指導者；指針 ‖ a ～ star 目

印となる星 ❺(前もって視聴者の反応を見るために流すテレビの)テスト番組；=pilot film ❻〘機〙案内棒 ‖ a ～ bearing 案内軸受け；(機関車の)排障器(cowcatcher,《英》plough) ❼(ガス器具の点火用)口火(pilot light) ‖ light the ～ 口火をつける ❽(モーターの)パイロットランプ(pilot lamp) ❾《形容詞的に》案内役をする；(大がかりに行ったり，大量生産したりする前の)試験的な，予備の，実験的な ‖ a ～ **study** [survey] 予備研究[調査] / a ～ plant [farm] 実験工場[農場] / a ～ run 試運転

──動 (～**s** /-s/; ～**·ed** /-ɪd/; ～**·ing**)

─他 ❶〔航空機・宇宙船・船など〕を操縦する；〔船〕の水先案内をする ‖ ～ a ship into [out of] a harbor 船の入[出]港の水先案内をする

❷〔計画など〕を試験[実験]的に行う

❸《+目+副句》…を(…の方へ)案内する，導く ‖ He ～*ed* me through the museum. 彼は美術館の中を案内してくれた / ～ him out of distress 彼を指導して窮状を抜け出させる ❹〔法案など〕を〈議会に〉通過させる〈**through**〉

語源「オール，舵(かじ)」の意のギリシャ語 *pēdon* から.

▸▸ ～ **ballòon** 名 Ⓒ〘気象〙測風気球 ～ **bòat** 名 Ⓒ 水先案内船 ～ **bùrner** 名 Ⓒ =pilot light ① ～ **èngine** 名 Ⓒ 先行機関車《線路の安全を確かめるために，列車に先行する》 ～ **fìlm** 名 Ⓒ〘放送〙パイロットフィルム《スポンサー獲得のためにテレビ局が製作する番組見本フィルム》 ～ **fìsh** 名 Ⓒ〘魚〙ブリモドキ《アジ科の小魚；サメを餌(えさ)の多い所に先導するといわれる》 ～ **làmp** 名 Ⓒ パイロットランプ，表示灯《装置の作動状態を表示するランプ》 ～ **lìght** 名 Ⓒ ①(ガス器具の点火用)口火，種火 ②=pilot lamp ～ **òfficer** 名 Ⓒ〘英空軍〙少尉《略 p.o., PO》 ～ **prògram** 名 Ⓒ 試験[実験]的計画 ～ **whàle** 名 Ⓒ〘動〙ゴンドウクジラ

pí·lot·age /-ɪdʒ/ 名 Ⓤ ❶ 水先案内(術[業])；航空機操縦(術) ❷ 水先案内料；パイロットに対する報酬

pílot·hòuse 名 Ⓒ〘海〙操舵(そうだ)室

pil·sner, pil·sen·er /pílznər, -snər/ 名《しばしば P-》Ⓤ ピルスナー《ホップのきいたラガービール；原産地のボヘミア地方の都市 Pilsen より》

pil·ule /pílju:l/ 名 Ⓒ 小丸薬(small pill)

PIM 略 💻 *p*ersonal *i*nformation *m*anager(個人情報管理用プログラム)

Pi·ma /pí:mə/ 名 (複 ～ OR ～**s**/-z/) Ⓒ ❶ ピマ族(の人)《米国アリゾナ州とメキシコのソノラ州に住む北米先住民》 ❷ Ⓤ ピマ語

pi·men·to /pɪméntou/ 名 (複 ～**s** /-z/) ❶ Ⓒ ピーマン，アマトウガラシ(pimiento) ❷ =allspice

pi·mien·to /pəmjéntou | pìmién-/ 名 =pimento ❶

pimp /pɪmp/ 名 Ⓒ 売春の斡旋(あっせん)者，ぽん引き，ひも；《豪・ニュージ口》密告者

──動 自〈…に〉売春の仲介をする〈**for**〉；《豪・ニュージ》〈…を〉密告する〈**on**〉

─他 …を飾りつける，格好よくする，改良する《*out, up*》‖ a *pimped-out* [OR *pimped-up*] car 改造車

pim·per·nel /pímpərnèl, -nəl/ 名 Ⓒ〘植〙❶ ルリハコベ属の花 ❷ =scarlet pimpernel

pim·ple /pímpl/ 名 Ⓒ 吹き出物，にきび(→ spot) ‖ The boy suddenly broke out in ～*s*. 少年は急ににきびが出た ～**d** 形 にきびのある

pim·ply /pímpli/ 形 にきびのできた，吹き出物だらけの(pimpled)；(人が)未熟な

:pin /pɪn/

──名 (複 ～**s** /-z/) Ⓒ ❶《しばしば複合語で》**ピン**，留め針，まち針 ‖ stick a ～ into the paper 紙にピンを刺す / a safety ～ 安全ピン / a drawing ～《英》画鋲(がびょう)(《米》thumbtack) / a bobby ～《米》ヘアピン(《英》hairgrip) / a hair ～ ヘアピン(♦日本語の「縫い針，編み針，注射の針，コンパス・メーターの針」は needle，「時計の針」は hand)

❷《しばしば複合語で》(装飾用の)**ピン**《しばしば宝石などが一方についている》；記章，バッジ；《米》**ブローチ**(《英》brooch) ‖ a tie～ ネクタイピン / a diamond ～《米》ダイヤモンドのブローチ，ダイヤのついた飾りピン

❸《しばしば複合語で》(木や金属でできた細長い)留め具，留めくぎ，くさび，栓(peg)；〘医〙(折れた骨の両端を固定する)くぎ ‖ a clothes ～《米》洗濯ばさみ(《英》clothes peg) / a linch～ (車軸の端に通す)輪止めくさび

❹(鍵穴(かぎあな)に入る)鍵の心棒

❺ プラグの差し込み棒，脚，ピン《ソケットに差し込む金属の細い部分》‖ a three-～ plug ピンが3つあるプラグ

❻〘海〙(櫂(かい)の)へそ，綱止め栓

❼(手榴(しゅりゅう)弾の爆発を防ぐ)安全ピン

❽ めん棒，のし棒(rolling pin)

❾〘ゴルフ〙ピン《ホールを示す旗ざお》；〘ボウリング〙ピン；〘レスリング〙フォール(fall) ❿〘チェス〙ピン《敵のこまを動けなくすること》 ⓫〘楽〙(弦楽器の)糸巻き(peg) ⓬《～s》《口》脚 ‖ be nimble [steady, wobbly] on one's ～*s* 脚が速い[しっかりしている，ふらついている]

(*as*) ***bright as a new pin*** =(*as*) *bright as a* BUTTON

(*as*) ***clèan*** [OR ***nèat***] ***as a nèw pin*** とてもきれいで，よく整頓(せいとん)されて

for twò pins《英》(腹立たしいときなどに)すぐにでも(…したいくらい) ‖ *For two* ～*s*, I'd kick him out of here. すぐにでもやつをここからたたき出したいくらいだ

on pins and needles ⇨ PINS AND NEEDLES(成句)

You could hèar a pín dròp.《口》ピンが落ちる音が聞こえるほどだ，何て静かなんだろう

──動 (～**s** /-z/; **pinned** /-d/; **pin·ning**)

─他 ❶《+目+副句》…を**ピンで留める**《*together, up,* etc.》；…を〈…に〉ピンで留める[刺す]〈**to, on, onto,** etc.〉‖ ～ papers *together* 書類を合わせてピンで留める / ～ a photo *up on* the wall 写真を壁にピンで留める / ～ one's hair back 髪を後ろにまとめてピン留めする

❷〔人・物〕を〈…に〉(押しつけて)動けなくする〈**against, under, to,** etc.〉‖ ～ him *against* a wall 彼を壁に押しつけて動けなくする / be *pinned under* a fallen bookcase 倒れてきた本棚の下敷きになって動けなくなる / Fear kept him *pinned* on the spot. 恐怖のあまり彼はその場にくぎ付けになった

❸〔希望・信頼など〕を〈…に〉かける，置く〈**on**〉‖ She is *pinning* her **hopes** *on* a big bonus. 彼女はボーナスがたくさん出ることを当てにしている

❹〔罪・失敗など〕を〈人の〉せいにする〈**on**〉‖ Don't ～ the blame *on* her. 彼女のせいにするな

❺〘チェス〙〔相手のこま〕を動けなくする，ピンする ❻〘レスリング〙…をフォールする，ピンする ❼《米》(男子学生が)〔女子学生〕に(愛情のしるしとして)友愛会のバッジを贈る

pìn dówn ...* / *pìn ... dówn* 〈他〉①…を(ピンで)留める；…を押さえつける，動けなくする ‖ He *pinned* the intruder *down* on the floor. 彼は侵入者を床に押さえつけた ②〔詳細・原因など〕をはっきりさせる，突き止める，解明する(nail down；specify) ‖ ～ the quotation *down* to its author その引用句がだれの言葉なのかを突き止める ③〔人〕に〈…を〉はっきり言わせる，約束させる，〈…の〉決断を迫る〈**on, to**〉‖ You can't ～ me *down to* a promise like that. あなたは私にそんな約束をさせることはできない ④〔軍隊など〕をくぎ付けにする

pìn úp ...* / *pìn ... úp 〈他〉①⇨ 他 ❶ ②〔髪など〕を上げてピンで留める

▸▸ ～ **cùrl** (↓) ～ **mòney** 名 Ⓤ (昔，男が妻や娘に与えた)小遣い銭；(一般に)(私用に使う)わずかな金額，余分の金，小遣い ～**s and néedles** (↓) ～ **tùck** 名 Ⓒ〘洋裁〙ピンタック《装飾的な幅の狭い縫いひだ》

PIN /pɪn/ 名 Ⓒ (銀行カードなどの)暗証番号(♦*p*ersonal *i*dentification *n*umber の略. PIN number [OR code] ともいう)

piña co·la·da /pì:njə kəlá:də/ 名 Ⓒ ピーニャコラーダ《ラム酒・パイナップルジュース・ココナッツミルクを氷と混ぜたカ

クテル)(♦ スペイン語より)

pin·a·fore /pínəfɔːr/ 名 C ❶ (女児の)そでなしエプロン ❷ (＝～ **drèss**)《英》(女性用の)そでなし家庭着

pi·ña·ta /piːnjáːṭə/ 名 C U ピニャータ《菓子などを詰めた紙張り子の人形. パーティーなどで目隠ししてたたき割って楽しむ》

pín·bàll 名 U ピンボール；パチンコ(遊戯)；C その球
▸▸ ～ **machìne** 名 C ピンボール[コリントゲーム]の電動式機械；パチンコ台

pince-nez /pǽnsnèɪ/ 名 (複 ～ /-z/) C《単数・複数扱い》(旧式の)鼻眼鏡(♦ フランス語より)

pince-nez

pin·cer /pínsər/ 名 C《通例 ～s》❶ やっとこ, ペンチ；くぎ抜き；毛抜き(♦ a pair of *pincers* の形でも使われる) ❷【動】(カニなどの)はさみ
▸▸ ～**(s) mòvement** 名 C【軍】挟撃(きょうげき)作戦, 挟み撃ち

***pinch** /pɪntʃ/ 動 他 ❶〔人(の皮膚など)〕を(痛いほど)つねる；…を(強く)挟む, つまむ《*together*》；〔花・枝・芽など〕を(成長を促すためなどに)摘み取る《*back, off, out*》‖ He ～*ed*「my cheek [OR me on the cheek] playfully. 彼はふざけて私の頬(ほお)をつねった / Ouch! I ～*ed* my finger in the door. ＝Ouch! The door ～*ed* my finger. 痛い. ドアに指を挟んでしまった / I ～*ed* myself to make sure it wasn't all a dream. それが全くの夢でないことを確かめるために我が身をつねってみた / ～ one's nose *together* 鼻をつまむ / ～ *off* [OR *out*] the withered flowers しおれた花を摘み取る
❷ (靴・帽子などが)…を締めつける, きつくて…に痛みを感じさせる ‖ My new sneakers are ～*ing* me. 新しいスニーカーがきつくて痛い
❸ …を経済的に苦しめる；《受身形で》〈飢え・寒さ・貧困などで〉苦しむ, 難儀する；〈病・疲労・恐怖・老齢などで〉(顔などが)やつれる, 引きつる, 青ざめる〈**with, for**〉；(植物などが)〈気候などで〉傷められる, 萎(な)える〈**with**〉‖ be ～*ed*「*with* cold [*for* money] 寒さに苦しむ[金がなくて困っている] / Barbara's face was ～*ed with* disgust. バーバラの顔は激しい嫌悪感にゆがんでいた
❹《口》〔小さなもの・比較的安価なもの〕を〈…から〉盗む, くすねる, とる〈**from**〉‖ ～ an ashtray *from* the restaurant 灰皿をレストランから失敬する
❺《口》…を〈…の罪で〉逮捕[拘引]する, 捕まえる〈**for**〉
❻【海】〔船〕を帆走がほとんど不可能なほど詰め開きにする
—自 ❶ (帽子・靴・襟などが)きつい, ひどく窮屈である, こすれて痛い
❷〈…を〉倹約する；けちる〈**on**〉‖ ～ pennies 無駄金を使わない[大いに節約する] / ～ and scrape《英》節約する
❸ (鉱脈が)細くなる, 尽きる《*out*》
—名 ❶ C《通例単数形で》つねる[挟む]こと, 強くつまむ[締めつける]こと ‖ She gave me a ～ on the arm. 彼女は僕の腕をつねった ❷ C 一つまみの量；少量 ‖ a ～ of sugar 砂糖一つまみ ❸《the ～》困窮, 難儀, 窮乏；圧迫 ‖ the ～ of hunger 飢えの苦しみ ❹ C 緊急の事態, 危機, ピンチ ‖ when it comes to a ～ まさかの場合には ❺ C《口》盗み；剽窃(ひょうせつ), 盗用 ❻ C《口》逮捕, 警察の手入れ ❼ C【地】鉱脈が細くなること

fèel the pínch 《口》(経済的に)困難が身にしみる, 金がなくて悩む[苦しむ]

in* [《英》*at*] *a pínch* いざというときには, どうしても必要とあれば(if necessary)；まさかのときには

tàke ... with a pìnch of sált ＝*take ... with a* GRAIN *of salt*

▸▸ ～ **bàr** 名 C 台付きてこ ～ **hítter** 名 C ①【野球】ピンチヒッター, 代打者 ②《米口》(危急の場合の)〈…の〉代役〈**for**〉 ～ **rúnner** 名 C【野球】ピンチランナー, 代走

pinch·beck /píntʃbèk/ 名 U ❶ ピンチベック《銅と亜鉛の合金. 金の模造品に用いる》❷ まがい物, にせ物, 安物
—形 (一見高価そうだが)安価な, まがい物の(♦ 英国の時計職人 Christopher Pinchbeck(1670?–1732)の名より)

pinched /pɪntʃt/ 形 ❶ 締めつけられた ❷ (病気・苦悩・空腹などで)やつれた, しょげた；(寒さなどで)縮み上がった

pìnch-hít 動 (-hit；-hit·ting) 自 ❶【野球】ピンチヒッター[代打]に立つ ❷《米口》(危急のときなどに)〈…の〉代役を務める〈**for**〉

pínch·pènny 名 C 形 しみったれ(の), けち(の)

pìnch-rún 動 自【野球】ピンチランナーを務める

pín cùrl 名 C ピンカール《ピンで留める巻き毛》
pin-cúrl 動 他〔髪〕をピンカールする

pín·cùshion 名 C ピンクッション, 針刺し, 針山

Pin·dar /píndər/ 名 ピンダロス(522?–443? B.C.)《古代ギリシャの叙情詩人》

:pine[1] /paɪn/
—名 (複 **～s** /-z/) ❶ C【植】**マツ(松)**, **マツの木** (pine tree)；U マツ材(pinewood) ❷《口》＝pineapple
▸▸ ～ **còne** 名 C 松かさ, 松ぼっくり ～ **màrten** 名 C【動】マツテン(松貂)；アメリカテン ～ **nèedle** 名 C 松葉 ～ **nùt** 名 C 松果《食用》 ～ **snàke** 名 C【動】ネズミヘビ《北米産の無毒の蛇》 ～ **tàr** 名 U パインタール《松材を乾留して採る黒っぽい液体で, 皮膚病薬・感冒薬・去痰(きょたん)剤・塗料などに用いる》

pine[2] /paɪn/ 動 自 ❶《通例進行形で》〈…を〉思い焦がれる, 恋い慕う, 切望する〈**for**〉‖ I'm *pining for* home. 故郷が懐かしくてなりません ❷ (悲しみ・苦痛・思慕などで)やつれる, やせ衰える《*away*》

pín·e·al glànd /píniəl-/ 名 C【解】松果腺(せん), 松果体《前脳後部にある円錐(すい)状の小器官》

***pine·ap·ple** /páɪnæ̀pl/ 名 ❶ C U パイナップル(の木)(《口》pine) ❷ C《口》手榴(しゅりゅう)弾
▸▸ ～ **wèed** 名 C《集合的に》コシカギク《黄緑色の花を押しつぶすとパイナップルのにおいがする》

pin·er·y /páɪnəri/ 名 (複 **-er·ies** /-z/) C ❶ パイナップル栽培園 ❷ 松林

pin·ey /páɪni/ 形 ＝piny

pín·fèather 名 C (鳥の)生えかけの毛, 刺毛(さしげ)

pín·fòld 名 C ❶ (迷い出た家畜を入れる)おり ❷ (一般に)家畜のおり；監禁場所 —動 他 …をおりに入れる

ping[1] /pɪŋ/ 名 C《単数形で》《擬音語》(弾丸の飛ぶときなどの)ぴゅー[ぴーん](という音) —動 自 ❶ ぴゅー[ぴーん]という音を立てる ❷《米》＝pink[3]

ping[2] /pɪŋ/ 略 💻 *p*acket *in*ternet *g*roper《ネットワークに接続された各ノード間のTCP／IPプロトコルでの接続を確認するチェックプログラム》

ping·er /píŋər/ 名 C《口》❶《英》アラーム付きタイマー ❷ 波動音発振装置, ピンガー

***ping-pong** /píŋpɑ̀(ː)ŋ, -pɔ̀ːŋ | -pɒ̀ŋ/ 名 U《口》ピンポン, 卓球(table tennis)；《Ping-Pong》《商標》ピンポン

pín·hèad 名 C ❶ ピンの頭 ❷ ささいなもの, 取るに足りないもの；《単数形で》少量(の…) ❸ ⊗《口》《蔑》ばか, 間抜け
～·ed 形《口》間抜けな

pín·hòle 名 C 針で刺した穴, 針穴；ごく小さい穴
▸▸ ～ **càmera** 名 C【写】針穴写真機, ピンホールカメラ《小さな穴がレンズの代用をする》

pin·ion[1] /pínjən/ 名 C【機】(大きな歯車にかみ合って働く)小歯車, ピニオン

pin·ion[2] /pínjən/ 名 C (鳥の)翼の先端部, 羽先；羽, 風切り羽(flight feather)；《文》(鳥の)翼
—動 他 ❶ (飛べないように)〔鳥〕の翼の先端を切る ❷〔人〕の両腕を縛る, …を羽交い締めにする ❸〔人〕を縛りつける；…の自由を束縛する

:pink[1] /pɪŋk/
—形 (**～·er**；**～·est**)
❶ 桃色の, **ピンクの**；(ワインが)ロゼの ‖ turn [OR go] ～ 顔が赤くなる, 紅潮する
❷《限定》同性愛の ❸《口》《しばしばけなして》(政治的立場が)やや左翼的な, 左寄りの(→ red)

P

be tickled pink 《口》⇨ TICKLE(成句)

—名 (複 **~s** /-s/) ❶ C U ピンク(色), 桃色, 淡紅色(の顔料・布地・服) (→ rose-pink, salmon pink) ‖ My daughter is the one dressed in ~. ピンクの服を着ているのが私の娘です

❷ C ナデシコ属の植物《ナデシコ・カーネーションなど》

❸《the ~》精華, 典型, 極致, 粋(いき) ‖ She is the ~ of chastity. 彼女は貞淑そのものだ / the ~ of perfection 完成の極致

❹ C《口》《しばしばけなして》(政治的に)左寄りの人(pinko)

❺ C U (キツネ狩りをする人の)深紅の上着[服地] (hunting pink) ; C キツネ狩りをする人

❻ C《~s》《米》(以前の米国陸軍将校の)冬用のピンク色のズボン ❼ C (ビリヤードの)ピンク色のボール ❽ U ロゼワイン

in the pínk (***of condítion*** [OR ***héalth***]) 《旧》《口》しごく健康で, 絶好調で(in the best of health)

—動 自 ピンク色になる, 顔が赤くなる

~·ly 副 **~·ness** 名

▸▸**~ dòllar** 名《the ~》⊗《米口》《ときに蔑》同性愛者の購買力 **~ élephants** 名 複《口》《戯》(酒・麻薬による)幻覚 ‖ see ~ *elephants* 酔っぱらっている **~ gín** 名 C U《英》ピンクジン《ジンにビターズ(bitters)を混ぜたカクテル》 **~ lády** 名 C U ピンクレディー《カクテルの一種》 **~ nóise** 名 U【理】ピンクノイズ《オクターブごとに等しいエネルギーを持つノイズ》 **~ póund** 名《the ~》《英》= pink dollar **~ sálmon** 名 C【魚】カラフトマス **~ slíp** (↓)

pink² /pɪŋk/ 動 他 ❶ (剣・やり・短刀などで)…を刺す, 傷つける, 突く ❷〔紙・布など〕に飾り穴をあける《*out*》;〔布などの縁〕をぎざぎざ[波形]に切る ▸▸**~ing shèars** [**scìssors**] 名 複【洋裁】ジグザグばさみ, ピンキングばさみ

pink³ /pɪŋk/ 動 自《英》(エンジンが)がたがた音を立てる(《米》ping), ノッキングを起こす

pìnk-cóllar 形《限定》(職種が)女性が多い, 社会的地位が比較的低い ‖ a ~ job 女性が多い職業

pínk·èye 名 U 伝染性結膜炎, はやり目

pink·ie¹ /pɪ́ŋki/ 名 C《米・カナダ・スコット口》小指

pink·ie² /pɪ́ŋki/ 名《口》C ❶⊗《蔑》(黒人から見た)白人 ❷《~s》(釣りの餌(えさ)にする)キンバエの蛆(うじ)

pink·ish /pɪ́ŋkɪʃ/ 形 ❶ ピンクがかった ❷ 左翼がかった

pink·o /pɪ́ŋkou/ 名 (複 **~s**, **~es** /-z/) C 形《主に米口》《けなして》左翼がかった人(の), アカ(の)

pìnk slíp 名 C《米口》解雇通知

pìnk-slíp 動 他《米口》〔人〕を解雇する

▸▸**pìnk slíp pàrty** 名 C《米口》(バーなどで開かれる)被解雇者の集い

pin·nace /pínəs/ 名 C【海】(軍艦などの)艦載艇[小型ボート];【史】(親船に随行した)小型帆船

pin·na·cle /pínəkl/ 名 ❶ C【建】(教会などの)小尖塔(せんとう) ❷ C 高峰, 尖峰, とがり岩 ❸《the ~》〈…の〉頂点, 絶頂, 最高点〈**of**〉‖ at the ~ *of* one's fame 名声を極めて

—動 他《文》❶ …に小尖塔をつける ❷ …を頂点[高所]に置く;…の頂点をなす

pin·nate /píneɪt/ 形【動】翼[ひれ]のある;【植】(葉が)羽状の, 複葉の **~·ly** 副

pin·ny /píni/ 名《英口》=pinafore

Pi·noc·chi·o /pɪnóukiòu/ 名 ピノキオ《イタリアの児童文学者 Carlo Collodi (1826–90)の童話に出てくる木の人形の名》

pi·noc(h)·le /píːnʌkl/ 名 U【トランプ】ピノクル《日本の花札遊びに似たゲーム》

pi·no·le /pɪnóuli/ 名 U ピノーレ《いったトウモロコシの粉とメスキート豆の粉に, 砂糖・スパイスなどを加えて混ぜ合わせた, 米国南西部・メキシコなどで使われる食品》

pi·ñon /pínjoun, -njən/ 名 (複 **~s**, **~es** /-z/) C【植】ピニョン《ロッキー山脈南部地域産のマツの木》; その実《食用》

Pi·not /pinóu, píːnou/ 名 U ピノ《ワイン醸造用のブドウの品種. 白ブドウと黒ブドウがある》

▸▸**~ Blánc** /-blæ̃ŋk, -bláːn/ 名 U ピノ=ブラン《白ワイン醸造用の白ブドウ》; それから造られる白ワイン **~ Nóir** /-nwáːr/ 名 U ピノ=ノワール《赤ワイン醸造用の黒ブドウ》; それから造られる赤ワイン

***pín·pòint** 名 C ❶ ピンの先; 極微の点; 鋭い[とがった]もの ❷ ごく小さなもの;《a ~》少量, 微量;【軍】(正確な的を示す) 地図上の1点; (= **~ bòmbing**) 精密照準爆撃 ‖ a ~ of light わずかな光

—形《限定》正確に目標を定めた; 非常に正確な, 精密な ‖ with ~ accuracy [OR precision] 極めて正確[精密]に / ~ planning 精密な計画

—動 他 ❶〔位置〕を正確に示す, 指摘する ‖ The archaeologist ~*ed* the location of the ruins. 考古学者はその遺跡の位置を特定した ❷〔的など〕を正確にねらう;〔原因など〕を正確に指摘する[突き止める]; …に焦点を当てる

pín·prìck 名 C ❶ ちくりと刺すこと; ピンで刺した(ような)小さな穴; ささいな傷 ❷ ちくりと痛い言葉, いやがらせ, 意地悪 ‖ a ~ policy いやがらせ政策

—動 他 自 (…に)ピンで穴をあける; (…に)いやがらせをする

pìns and néedles 名《単数扱い》(しびれなどが切れたときの) ちくちくする感じ ‖ My legs are all ~. 脚がすっかりしびれてしまってちくちくしている

on pìns and néedles 不安な気持ちで; はらはら[やきもき]して

pin·scher /pínʃər/ 名 =Doberman pinscher

pín·sètter 名 C【ボウリング】ピンセッター《ピンを並べる自動装置》; ピン係(pin boy)

pín·strìpe 名 C ピンストライプ[極細じま](の織物); (= **~ sùit**)《ときに ~s》ピンストライプのスーツ《伝統的に実業家が着用》 —形【スポーツ】野球の, 野球に関する

~d 形 ピンストライプの **-strìp·er** 名

***pint** /paɪnt/ 名 (複 **~s** /-s/) C ❶ パイント《液量・乾量の単位; 略 pt., p.; ½ quart に相当 (1) 液量で《米》約 0.47*l* 強,《英》約 0.57*l* 弱 (2) 乾量で《米》約 0.55*l*,《英》約 0.57*l*》‖ I'll have a ~ of lager, please. ラガー1パイント下さい ❷《a ~》《英口》1パイントのビール(など)(♦特に飲むものについていう); 1パイントのミルク; 1パイントのジョッキ分相当の貝[甲殻類] ‖ go (out) for a ~ 1杯飲みにパブに出かける ❸ 1パイントの容器, (ウイスキーの) パイント瓶 ‖ take a ~ along パイント瓶を持ち歩く

語源「塗る」の意のラテン語 *pingere* から. 容量を測るために容器に着色して印をつけた. paint と同語源.

pin·ta /páɪntə/ 名 C《英口》1パイント(の飲み物, 特にミルク・ビールなど)(♦ pint of より)

pín·tàble 名 C《英》ピンボール台(《米》pinball machine)

pín·tàil 名 (複 ~ OR **~s** /-z/) C【鳥】❶ オナガガモの類 ❷《口》(一般に)尾の細長い鳥《ホソオライチョウなど》

pin·tle /píntl/ 名 C (舵(かじ)や砲車などの回転軸となる)ピン, 旋回支軸棒

pin·to /píntou/ 《米・カナダ》形 (白と黒の)まだらの, ぶちの, 雑色の(piebald)(→ skewbald)

—名 (複 **~s** /-z/) C (白と黒の)まだら馬

▸▸**~ bèan** 名 C (斑点(はんてん)模様のある)インゲン豆

pínt-sìze(d) 形《限定》《口》(人が)とても小さい

pín·ùp 名 C ピンナップ(写真); ピンナップガール; ピンナップ向きの美人; 壁ランプ

—形 ❶ 壁かけ用の, 壁にかけられる[取りつけられる] ‖ a ~ lamp 壁かけ用のランプ ❷ ピンナップ(向き)の ‖ a ~ girl ピンナップガール

pín·whèel 名 C ❶《米》回転花火(《英》Catherine wheel) ❷《米・カナダ》おもちゃの風車(《英》windmill);【機】ピン歯車 —動 自 (回転花火のように)くるくる回る

pín·wòrm 名 C【動】ギョウチュウ(蟯虫)

pin·y, pine·y /páɪni/ 形 松の(ような); 松の多い

Pin·yin /pìnjín/ <シ 名 U ピンイン《中国語の発音をローマ字で表すための表記体系の1つ》

pi·on /páɪɑ(:)n | -ɔn/ 名 C 〘理〙パイ中間子, パイオン《最初に発見された中間子. 記号 π》 **pi·ón·ic** 形

***pi·o·neer** /pàɪəníər/《アクセント注意》〈③ 名 C ❶〈…の〉先駆者, パイオニア, 草分け〈**of, in**〉‖ a ~ *of* [OR *in*] genetic engineering 遺伝子工学の先駆者 / the surgical ~ Christian Barnard 外科医療の先駆者クリスチャン＝バーナード ❷(未開地の)開拓者 ‖ The American ~*s* had a great influence on the nation's character. アメリカの開拓者は国民性に大きい影響を与えた ❸〘生態〙(裸地に最初に侵入定着する)先駆植[動]物 ❹〘軍〙先発工兵 ❺《P-》パイオニア《米国の惑星探査機. 1958–73年に打ち上げ》

—動 自〈…の〉開拓者[先駆者]の役をする〈**in**〉

—他 ❶〔未開地・道など〕を切り開く, 開拓する ❷〔新しい学問領域・活動・方式など〕の先駆者[草分け]となる；〔新技術など〕を試験的に用いる, 創始[開発]する

—形《限定》❶ 草分け的な, 先駆的な；初期の, 最初の ‖ a ~ treatment for AIDS エイズの先駆的治療法 ❷ 開拓者の[的な] ‖ the ~ spirit 開拓者精神

語源「歩兵, 工兵」の意の古期フランス語 *peonier* から.

***pi·ous** /páɪəs/《発音注意》形〔▶ piety 名〕❶ 敬虔(けいけん)な, 信心深い, 信仰のあつい(↔ impious) ‖ in a ~ attitude 敬虔な態度で ❷ 宗教にかこつけた；信心ぶった, 偽善的な ‖ ~ speeches by politicians 政治家のもっともらしい演説 ❸《限定》(心から実現を望むが)実現しそうにない ❹《古》(家族や友人などに)忠実な, 誠意ある；(親)孝行な ❺(世俗的に対し)宗教的な, 神聖な(↔ secular) ‖ ~ readings 宗教的読み物

~·ly 副 敬虔に, 信心深く；誠意を持って **~·ness** 名

▸▸ **~ hópe** 名 C 実現できそうもない希望

pip[1] /pɪp/ 名 C (果物の)種(《米》seed)(→ stone)；《主に米口》素晴らしい人[もの] ‖ an apple [orange] ~ リンゴ[オレンジ]の種 / a ~ of an idea 妙案

—動 (**pipped** /-t/；**pip·ping**) 他 …の種を除く

pip[2] /pɪp/ 名 C ❶(トランプ札・ドミノ牌(はい)・さいころなどの)目, 点 ❷《英》(陸軍将校の肩章の)星 ❸(レーダーのスクリーン上の)光点(blip)

pip[3] /pɪp/ 名《the ~》❶(家禽(きん)の)口内伝染病 ❷《旧》《口》軽い病気, 不調；腹立ち, 不機嫌 ‖ She gave him the ~. 彼女は彼をむっとさせた

pip[4] /pɪp/ 名 C《通例 the ~s》《英》(時報などの)ピッ(という音)

pip[5] /pɪp/ 動 (**pipped** /-t/；**pip·ping**) 他《英口》❶ …を少差で負かす, 出し抜く ‖ be *pipped* at [OR to] the post 土壇場で負ける ❷《旧》…を銃で殺す, 傷つける；…に命中する

pi·pal /pí:pəl/ 名 ＝bo tree

****pipe** /paɪp/

—名 (複 **~s** /-s/) C ❶(水道・ガスなどの)**管, 導管**, パイプ(→ hose) ‖ lay [OR install] **water** [gas] ~*s* 水道[ガス管]を敷設する / a drain ~ 排水管

❷(喫煙用の)**パイプ, きせる**；パイプの中のたばこ；(たばこの)一服 ‖ puff one's ~ パイプをふかす / light a ~ パイプに火をつける / **smoke** [OR have] a ~ 一服する

❸〘楽〙笛, 単管楽器《flute, oboe など》；《~s》《英》バグパイプ(bagpipes)；《~s》パンパイプ(panpipes)；(オルガンの)パイプ, 音管 ‖ play a tune on a bamboo ~ 竹笛で曲を吹く

❹《単数形で》(鳥の)甲高いさえずり, 鳴き声；声, 歌声；《~s》《口》声帯(windpipe)

❺〘海〙(甲板長の)号笛(ごうてき), 呼び子(の音)

❻《口》(体内の)環状器官, …管；《~s》気管, 呼吸気管；(植物の)導管；〘地〙(特にダイヤモンドの)管状鉱脈；(火山の)噴出口；〘冶〙鋳塊が冷却するときにできる円錐(えんすい)形のくぼみ

❼(ワイン・油などの)大だる(1杯の量)(《米》126ガロン, 《英》105ガロン；約477リットル)

❽ 🖳 パイプ(pipeline)《プログラム間の通信方法の1つ》

COMMUNICATIVE EXPRESSIONS

[1] **Pùt** [OR **Stìck**] **thàt in your pípe and smóke it.** そういうことだ, わかってもらいたい(♥「気に入らなくてもそれを事実[現実]としてそのまま受け入れてもらいたい」の意)

—動 (**~s** /-s/；**~d** /-t/；**pip·ing**)

—他 ❶《+目+副句》〔水・ガスなど〕を**管[パイプ]で送る**；〔音楽・ラジオ番組など〕を有線放送で送る(♦ 副句 は方向を表す. しばしば受身形で用いる) ‖ ~ water into every house 各戸に水道管で水を送る / ~ music into restaurants レストランに音楽を有線放送で送る

❷ …に管[パイプ]を取りつける；…を管[パイプ]でつなぐ

❸〔曲〕を笛[管楽器]で吹く, 演奏する

❹(人・特に子供が)…を甲高い声で話す[言う, 歌う](♦ 直接話法にも用いる)；(鳥が)…をさえずる[歌う]

❺《+目+副句》〔人〕を笛[管楽器]を吹いて迎える；〘海〙〔乗組員〕を号笛を吹いて召集する；(歓迎して)〔重要人物〕の到着[出発]を号笛で合図する(♦ 副句 は方向を表す) ‖ ~ the guest in 管楽器を奏して客を迎え入れる / *Pipe* all hands on deck. 号笛で全員を甲板に召集せよ / ~ the captain aboard [OR on board] 号笛で船長の乗船を知らせる ❻〔菓子など〕を〈パイピング(piping)で〉飾る〈**with**〉；〔アイシング(icing)・クリームなど〕を絞り出して〈ケーキなどに〉飾りを施す〈**on**〉 ❼〔衣服など〕にパイピング(玉縁)をつける ❽〘園芸〙〔セキチクなど〕の茎を切って繁殖させる ❾ 🖳〔出力結果〕を〈ほかのプログラムに〉渡す〈**to, into**〉

—自 ❶ 笛を吹く, 管楽器を演奏する ❷ 甲高い声で話す[言う, 歌う]；甲高い音を出す；(鳥が)さえずる, ぴいぴい鳴く ❸〘海〙号笛を吹く[吹いて合図する] ❹ 🖳 1つのプログラムの標準出力を別のプログラムの標準入力に渡す

pìpe awáy ... / *pìpe ... awáy*〈他〉①〘海〙〔船〕に出発するよう号笛で合図する ② ＝*pipe down*〈他〉(↓)

**pìpe dówn*〈他〉《*pìpe dówn ...* / *pìpe ... dówn*》〘海〙〔乗組員など〕に号笛で終業の合図をする —〈自〉《口》《主に命令形で》話をやめる, 黙る, 静かにする

pìpe úp*〈自〉突然[大声で]話し[歌い]出す, 〈…を〉声を張り上げて言う〈with**〉(♦ 直接話法にも用いる)

~·less 形 **píp·y** 形 管状の

▸▸ **~ bànd** 名 C (特に軍隊の)(バグパイプ奏者・ドラム奏者からなる)管楽器バンド **~ bèrth** [**còt**] 名 C《英》(船などで使われる)組立式鉄パイプベッド **~ bòmb** 名 C 鉄パイプ爆弾 **~ clày** 名 U パイプ白粘土《喫煙用パイプの製造や革を白くするのに用いる》 **~ clèaner** 名 C パイプ掃除用具《特に吸管掃除用の糸巻線》 **~d músic** 名 U (店舗などで利用する有線の)バックグラウンドミュージック **~ drèam** 名 C (麻薬によって起こるような)空想的な考え, とっぴな考え, 夢想 **~ jàcking** 名 U 溝を掘らずに地下へ配管する工法 **~ májor** 名 C 主席バグパイプ奏者 **~ of péace** 名《the ~》平和のパイプ(calumet) ‖ smoke the ~ *of peace* 仲直りする《北米先住民の和親のしるしの風習より》 **~ òrgan** 名 C パイプオルガン **~ ràck** 名 C (喫煙用の)パイプ立て, パイプかけ **~ ròll** 名 C (英国の)財務府年次記録《12世紀から19世紀まで》(♦ 補足書類が巻物でパイプ状だったことからとも) **~ snàke** 名 C〘動〙パイプヘビ **~ stòne** 名 U パイプ石《北米先住民がパイプ作りに用いる赤みを帯びた粘土質の石》

pípe·fitter 名 C 配管工

pípe·fitting 名 ❶ U 配管(作)業 ❷ C 管の接合部

***pipe·line** /páɪplàɪn/ 名 C ❶(石油・ガスなどの)(地下)パイプライン, 輸送管[導管]網 ❷〈…への〉伝達経路, (秘密・特別の)情報ルート；供給ルート〈**to**〉；(製薬会社などの)新製品開発経路[計画] ‖ a ~ of information 情報経路 ❸(サーフィンで)パイプライン(tube)《大波の内側にできる水の空洞》❹ 🖳 パイプ(ライン)処理(の手順)《1つの処理の終了と同時に次の新しい処理を開始させていくこと》；パイプライン処理(の手順)《CPUの処理の高速化手法の1つ》

**in the pípeline*(計画・事業などが)(実現に向けて)進行[作成, 準備, 検討]中で ‖ The work is *in the* ~. その仕事は進行中だ

P

―動 他 ❶…をパイプラインで運ぶ[伝達する] ❷…にパイプラインを敷く ❸ 🖥…をパイプ処理する；〔CPU〕にパイプライン処理を行うよう命令を出す ―自 🖥パイプ[パイプライン]処理をする(そのようにコンピューターを設定する)

pip em·ma /pìp émə/ 副《英口》《旧》午後に

pípe-òpener 名 C《英口》❶ ウォーミングアップ体操 ❷ 連続物の第一段

pip·er /páɪpər/ 名 C 笛を吹く人, 笛吹き；《スコット》バグパイプ吹奏者(bagpiper)；流しの音楽家

pày the píper 《米》(娯楽などの)費用を負担する；(愚行などの)代償を支払う[報いを受ける] ‖ *He who pays the ～ calls the tune.* 《諺》笛吹きに金を払う者が曲名を指定する；費用を負担する者に決定権がある

pi·per·i·dine /pɪpérɪdìːn/ 名 U 〖生化〗ピペリジン《無色・水溶性のアンモニア臭のある液体；主に溶剤》

pípe·stèm 名 C (喫煙用パイプの)吸管, 軸；吸管状のもの《細い脚・腕など》

pi·pette /paɪpét | pɪ-/ 名 C 〖化〗ピペット《少量の液体を量ったり, ほかの容器へ移したりする細長いガラス管》

pípe·wòrk 名 U 配管；C 〖鉱〗管状鉱脈

pip·ing /páɪpɪŋ/ 名 U ❶ 配管(組織), 上下水道管網；《集合的に》管 ❷ パイピング《衣服などの切り替え線や布端の玉縁；ケーキなどにつける砂糖・クリームなどのひも状飾り》❸ 笛を吹くこと, 管楽器の吹奏；笛の音[調べ]；甲高い声, (小鳥の)さえずり

―形《限定》甲高い, ひゅうひゅういう

―副 (飲食物が)しゅうしゅういうほど(煮え立って) ‖ ～ hot (飲食物が)舌をやけどするほど熱い

pip·it /pípɪt/ 名 C 〖鳥〗セキレイ, (特に)タヒバリの類

pip·kin /pípkɪn/ 名 C 土瓶, 土なべ

pip·pin /pípɪn/ 名 C ❶ ピピン《デザート用のリンゴの一種》；(リンゴ・ミカンなどの)種子(pip) ❷《主に米口》《旧》素晴らしい人[もの]

píp·squèak 名 C《口》取るに足りない人[もの]

pi·quant /píːkənt/ 形 ❶ (味が)ぴりっとした, 刺激性のある ❷ 興味[好奇心]をそそる, 痛快な ‖ a ～ adventure story 痛快な冒険談

a pìquant sáuce ① ピカントソース《辛味のある褐色のソース》② 快く心を興奮させるもの

-quan·cy 名 **～·ly** 副

pique /piːk/ (♦同音語 peak, peek) 動 他 ❶ (侮辱などで)…を立腹させる, …の感情を害する；《通例受身形で》…に腹を立てる ❷《主に米》〔好奇心・興味など〕をそそる ❸《～ oneself on [upon] … で》《やや古》…を誇りに思う

―名 U (自尊心を傷つけられたりしての)立腹, 憤慨；不機嫌 ‖ take a ～ at [OR against] … …に腹を立てる / in a fit of ～=out of ～ むっとして, 腹立ち紛れに

～d 形 不機嫌な

pi·qué /piːkéɪ | ━́ー/ 名 U ピケ, 畝織り

pi·quet /pɪkét/ 名 U (トランプで)ピケット《2-6の札を除いた32枚のカードを用いて2人で行うゲーム》

pi·ra·cy /páɪərəsi/ 《発音注意》名 U ❶ 海賊(的)行為(→ pirate) ❷ 著作[特許]権侵害, 剽窃(ひょうせつ)

pi·ra·nha /pərɑ́ːnjə/ 名 (複 ～ OR ～s /-z/) C 〖魚〗ピラニア《南米産の肉食性淡水魚. 鋭い歯と貪食(どんしょく)で知られる》

***pi·rate** /páɪərət/ 《発音注意》名 C ❶ 海賊；海賊船 ❷ 著作[特許]権侵害者, 剽窃者, 海賊版製作[販売](業)者；もぐりの放送者[局]；《形容詞的に》著作[特許]権を侵害した, 海賊版の；もぐりの ‖ a ～ edition 海賊版 / a ～ station もぐりの放送局

―動 他 ❶〔他者の著作物・発明品など〕の著作[特許]権を侵害する, 〔著書など〕を剽窃する, …の海賊版を出版[販売]する；《～d で形容詞として》著作[特許]権を侵害した ‖ ～*d* videos 海賊版ビデオ ❷《旧》…に海賊行為を働く, …から略奪する ―自《旧》海賊行為を働く

語源「攻撃する」の意のギリシャ語 *peirān* から.

▶▶ **～ pèrch** 名 C 〖魚〗カイゾクスズキ《北米産のサケスズキ目の淡水魚. 胸部に肛門(こうもん)がある》 **～ rádio** 名 C 無許可[海賊]ラジオ放送局

pi·rat·ic, -i·cal /paɪərǽṭɪk(əl)/ 形 海賊(行為)の(ような)；著作[特許]権侵害の；海賊版の **-i·cal·ly** 副

pi·rogue /pɪróʊg/ 名 C (木をくり抜いた)丸木舟

pi·rosh·ki /pɪrɔ́(ː)ʃki/ 名 U ピロシキ《肉・魚・野菜・チーズなどを詰めて揚げた[焼いた]ロシア風のパイまたはパン》

pir·ou·ette /pìruét/ 名 C 〖バレエ〗ピルエット, つま先旋回；〖馬術〗急転回 ―動 自 つま先旋回する

Pi·sa /píːzə/ 名 ピサ《イタリア北西部, トスカーナ地方の都市. 斜塔(the Leaning Tower of Pisa)で有名》

pis al·ler /pìːz ælér | -éleɪ/ 名 (複 **～s** /-z/)《フランス》(=go worst) C 最後の手段, 応急策

pis·ca·to·ri·al /pìskətɔ́ːriəl/ 〈シ〉 形《堅》魚の；漁業の；漁民の；魚を食糧にする；釣り(好き)の

pis·ca·to·ry /pískətɔ̀ːri | -tə-/ 形 =piscatorial

Pis·ces /páɪsiːz/ 名《無冠詞で》〖天・占星〗魚座：双魚宮《黄道十二宮の第12宮》(the Fish(es))(⇨ ZODIAC 図)；C 〖占星〗魚座[双魚宮]生まれの人 **-ce·an** 名 形

pis·ci·cul·ture /písɪkʌ̀ltʃər/ 名 U 魚類養殖(法)

pis·ci·na /pɪsíːnə/ 名 (複 **～s** /-z/ OR **-nae** /-niː/) C 〖宗〗聖杯洗盤, 手洗い盤；養魚池；(古代ローマの)浴泉

pis·cine /písaɪn/ 形《堅》魚の, 魚類の[に関する]

pis·civ·o·rous /pɪsívərəs/ 形 魚を食う, 食魚性の

pish /pɪʃ/ 間《旧》ふん, ちぇっ, へん(♥ 軽蔑・不快・いら立ちなどを表す)

pis·mire /písmaɪər/ 名 アリ(蟻)

piss /pɪs/ ⊗《俗・卑》動 自 小便をする, 放尿する(♥ 婉曲的には《米》go to the bathroom [《英》toilet, 《英口》loo]などという) ―他 …に小便をかける, …を小便でぬらす；〔血液など〕を尿とともに排泄(はいせつ)する

nòt hàve a pót to píss ìn 《米》非常に貧しい

pìss abóut [OR *aróund*] 〈自〉《英》のらくら時間を過ごす, ふざけ回る；〈…を〉めちゃめちゃにする, ぞんざいに扱う〈**with**〉 ―〈他〉《*pìss a person abóut* [OR *aróund*]》〔人〕をぞんざいに[いい加減に]扱う[あしらう]

pìss áll over … 《英》…を徹底的にやっつける

pìss awáy … / pìss … awáy 〈他〉《口》〔金など〕を〈無駄なことに〉浪費する〈**on**〉

pìss dówn (*with ráin*) 《英俗》大雨が降る

pìss in the wínd 無駄なことをする, 時間を浪費する

pìss óff 〈他〉(*pìss óff … / pìss … óff*) …をうんざりさせる, いら立たせる(♦しばしば受身形で用いる) ―〈自〉《通例命令形で》立ち去る, うせる

píss onesèlf ① 小便をちびる ②《英俗》ちびるほど大笑いする(piss oneself laughing)

pìss úp … / pìss … úp 〈他〉《英》…をめちゃめちゃにする

―名 U 尿, 小便；C《通例単数形で》排尿 ‖ have [OR take] a ～ 小便をする

be [OR *gò*] (*òut*) *on the píss* ⊗《英》《蔑》深酒する

fúll of pìss and vínegar 《米口》活気がある, 元気いっぱいの

tàke the píss (*òut of …*) 《英》(…を)ばかにする, あざける

～·er 名

▶▶ **～ àrtist** 名 C ⊗《英卑》① 酒飲み, 飲んべえ ② 愚かな振る舞いをする人

píss·ànt 形 名 C ⊗《米卑》取るに足りない(人), くだらない(やつ)；必要以上に慎重な(やつ)

píss-àss 形《米口》取るに足りない；全くくだらない

pissed /pɪst/ 形《叙述》⊗《卑》❶ (=～ **óff**)いらいらして, 腹を立てて ❷ (=～ **úp**)《主に英》ぐでんぐでんに酔って

(*as*) *pissed as a newt* ⇨ NEWT(成句)

piss·er /písər/ 名 C ⊗《卑》❶ ひどくいやなやつ[もの, 状況] ❷ トイレ

píss·pòt 名 ⊗《卑》=chamber pot

píss-tàke 名 C ⊗《英卑》おどけた物まね, あざけり, からかい

píss-ùp 名 C ⊗《英卑》へま, しくじり；酒盛り

couldn't òrganize a píss-up in a bréwery 何をやらせてもへまをする

pis·ta·chi·o /pɪstǽʃiòu, -tάː-/ 名 (複 **~s** /-z/) ❶ (= **~ trèe**) Ⓒ 〖植〗ピスタチオ《ウルシ科の小木》; (= **~ nùt**) ピスタチオナッツ《食用》 ❷ Ⓤ ピスタチオの香味《アイスクリームなどに使用》 ❸ (= **~ gréen**) Ⓤ 黄緑色

piste /piːst/ 名 Ⓒ ピスト《固くかためた雪のスキー滑走路》(♦フランス語より)

pis·til /pístɪl/ 名 Ⓒ 〖植〗雌しべ, 雌ずい (↔ stamen)

***pis·tol** /pístəl/ 名 Ⓒ ピストル, 拳銃(けんじゅう) ‖ fire a ~ at the target 的をねらってピストルを撃つ / carry a ~ ピストルを携帯する[持ち歩く]

hòld [OR ***pùt***] ***a pístol to a pèrson's héad*** = *hold* [OR *put*] *a* GUN *to a person's head*

—動 (**-toled**, 《英》 **-tolled** /-d/ ; **-tol·ing**, 《英》 **-tol·ling**) 他 《旧》…をピストルで撃つ

▸▸ **~ grìp** 名 Ⓒ (工作器具などの)ピストル型の握り

pístol-whìp 動 (**-whipped** /-t/ ; **-whip·ping**) 他 …(の頭)をピストルで殴る

***pis·ton** /pístən/ 名 Ⓒ ❶ 〖機〗ピストン ‖ ~ action ピストン運動(❗「休みない行き来」の意味はない.「多くの救急車が墜落現場と病院の間をピストン輸送した」は Many ambulances shuttled between the crash site and the hospital.) ❷ 〖楽〗(金管楽器の)ピストン, 活栓, 音栓

▸▸ **~ èngine** 名 Ⓒ 〖機〗ピストンエンジン **~ rìng** 名 Ⓒ 〖機〗ピストンリング **~ ròd** 名 Ⓒ 〖機〗ピストン棒

***pit¹** /pɪt/ 名 Ⓒ ❶ (地面・表面の)穴, くぼみ, へこみ ‖ A woodpecker made small ~*s* in the trunk of the tree. キツツキがその木の幹に小さな穴をいくつかあけた / a barbecue ~ バーベキュー用の炉

❷ (物の表面・体表上の)くぼみ, へこみ; 《口》わきの下(armpit); (天然痘の)あばた, にきびの跡; 〖植〗膜孔

❸ 立坑(たてこう) (shaft), 立坑を掘った採掘場; 炭坑 ‖ a gravel ~ 砂利採掘場 / a coal ~ 炭坑 / The miners are already down the ~. 炭坑作業員たちはすでに坑内に入っている / go down the ~ 《英》坑内員として働く ❹ 落とし穴(pitfall); わな ‖ dig a ~ for ... …をわなにかけようとする ❺ 《口》汚い所[家, 部屋]; 《the ~s》《口》最悪[最低]のもの[人, 場所, 状態] ‖ 「a complete [OR an absolute] ~ 実に汚い部屋[家] (→ *be the pits* (↓)) ❻ (自動車修理所や工場の床の) 修理点検用くぼみ ❼ 《the ~(s) 《米》; the ~s 《英》》(自動車レース場の)給油やタイヤ交換などをする所, ピット ‖ His car has gone into the ~(*s*). 彼の車はピットインした ❽ (ステージと観客席の間の低くなった) オーケストラピット[ボックス] (orchestra pit); 《英》《旧》(劇場1階後部の)平土間(の観客); (カジノの)ゲーム台のある場所 ❾ 《米》(商品取引所などの)立会場 ❿ 《the ~, a ~》《文》地獄; 奈落(ならく) (♦主に聖書で用いられる) ‖ the bottomless ~ (of hell) 底なしの奈落, 地獄 / cast into the ~ of eternal damnation 永遠の罰[地獄の責め]を受け(させ)る ⓫ (昔の)闘犬[鶏]場, 動物を闘わせる囲い ⓬ 《英俗》ベッド, 寝床 ‖ I'm off [OR going] to my ~. さあ寝よう

****be the pìts*** 《口》最低[最悪]だ

the pìt of one's [OR ***the***] ***stómach*** みぞおち (♥不安などの強い感情が宿る場所と考えられている) ‖ He had a sudden sinking feeling in *the* ~ *of* his *stomach*. 彼は突然言い知れぬ恐怖に襲われた

—動 (**pit·ted** /-ɪd/ ; **pit·ting**) 他 ❶ 〔人・能力・知恵・技など〕を〈…と〉対抗させる, 戦[競]わせる; (昔の風習で)〔犬・鶏など〕を(囲いに入れて)〈…と〉闘わせる〈**against**〉 ‖ ~ one's wits *against* nature 自然と知恵比べをする ❷ 《通例受身形で》表面に〈…で〉穴[くぼみなど]ができる; (顔に)〈…で〉あばたができる[残る]〈**with**〉 ‖ The surface of the moon is *pitted with* craters. 月の表面はクレーターでくぼんでいる ❸ 〔野菜など〕を穴に入れる, 穴で貯蔵する

—自 ❶ くぼみができる; 〖医〗指で押した跡がしばらくそのままくぼんでいる ❷ (自動車レースで)ピットインする

▸▸ **~ bòss** 名 Ⓒ 《口》賭博(とばく)場の元締め; 《古》(鉱山の)現場監督 **~ bùll (térrier)** 名 Ⓒ 〖動〗ピットブル (テリア) 《米国で闘犬用に作出された中型犬》 **~ pòny** 名 Ⓒ 《英》(昔の)炭坑内の運搬用小馬 **~ pròp** 名 Ⓒ 坑道の支柱, 坑ぐい **~ stòp** 名 Ⓒ 〖カーレース〗ピットストップ《給油・タイヤ交換などのための停車》; 《口》(食事・給油などのための)旅行中の小休止; 休憩所 ‖ make a ~ *stop* 小休止する **~ vìper** 名 Ⓒ 〖動〗ピットバイパー《頭部に感熱器官(pit)を持つマムシ亜科の毒蛇の総称》

pit² /pɪt/ 《主に米》 名 Ⓒ (桃・サクランボなどの)核, 種(《英》stone)

—動 (**pit·ted** /-ɪd/ ; **pit·ting**) 他 …から種を取り除く

pi·ta /píːṭə/ 名 (= **~ brèad**) Ⓒ Ⓤ 《主に米》ピタ (パン) (pitta) 《無酵母の平たい中近東のパン》

pit·a·pat /pɪ́ṭəpæ̀t | ⌐-⌐-/ 《擬音語》 副 (軽い足音が)ぱたぱたと; (心臓が)どきどきと; (あられなどが)ぱらぱらと ‖ Her heart beat [OR went] ~. 彼女の心臓は高鳴った **—**名 Ⓒ 《単数形で》ぱたぱた[ぱらぱら]という音; どきどきすること

****pitch¹** /pɪtʃ/

中心義 **Aを投げる(ようにして定位置に据える)** (★Aは具体的な「物」に限らず, 「音」や「考え」など抽象的なものも含む)

> 動 他 **投げる❶ 打者に投げる❷**
> 自 **投げる❶ 上下に揺れる❹**
> 名 **投げること❶ 高低❸ 競技場❼**

—動 (**~·es** /-ɪz/ ; **~ed** /-t/ ; **~·ing**)

—他 ❶ **a** 《+目+副句》…を〈…へ〉**投げる**, ほうる, ほうり出す〈**over, into, etc.**〉 (⇨ THROW 類語) ‖ ~ a stone 「*into* the river [*over* the wall] 石を川の中に[塀の向こう側に]投げる / The motorcycle overturned and the rider was ~*ed* onto the road. バイクは横転し乗っていた人は道路に投げ出された

b 《+目+**into** 名》…を…の状態に陥れる[される] (♦しばしば受身形で用いる) ‖ The whole nation was ~*ed into* a severe recession. 国中がひどい不景気に陥った

❷ 〖野球〗(投手が)〔ボール〕を**打者に投げる**; 〔試合〕の投手を務める ‖ ~ an outside curve 外角のカーブを投げる / He only ~*ed* the first two innings. 彼は最初の2回しか登板しなかった / ~ a complete game 完投をする / He ~*ed* himself out of the jam. 彼は自分で投げてピンチを切り抜けた

❸ 《+目+副》…を〈あるレベルに〉設定する〈**at, to**〉; 〔楽曲・楽器・声など〕を(ある高さ[調子]に)定める(♦ 副 は高低を表す) ‖ The professor ~*ed* his lecture *at* [《米》 *to*] a level suitable for a general audience. 教授は講義を一般向けのレベルに合わせるようにした / The price of the new computer was ~*ed* a little too high. 新しいコンピューターの価格は少し高目に設定されていた / ~ one's hope a little lower 望みを少し低くする / The song was ~*ed* too high [low] for me. その歌は私にはキーが高[低]すぎた

❹ 〔テント・キャンプなど〕を張る; 〔柱・くいなど〕を据えつける (↔ strike) ‖ ~ 「a **tent** [OR (a) **camp**] near the river テントを川のそばに張る ❺ 〔商品・考えなど〕を〈特定の対象に〉売り込む, 向ける〈**at**〉 ❻ 〔信じられないような話・言い訳など〕をする ‖ ~ a yarn [OR tale, story] まゆつばものの話をする ❼ 〔屋根など〕を(ある一定の角度に)傾ける ❽ 〖ゴルフ〗〔ボール〕をピッチショットする

—自 ❶ (物を)**投げる**

❷ 〖野球〗投手を務める, 投球する; 〖ゴルフ〗ピッチショットで打つ ‖ Who is *pitching* tomorrow? 明日はだれが登板するの / *Pitching* for the Bears, No. 22, David Howell. ベアーズのピッチャーは背番号22, デビッド=ハウエルです(♦アナウンス)

❸ 《+副句》(急に…の方向に)つんのめる, 倒れる, 真っ逆さまに[頭から]落ちる ‖ I ~*ed* forward and hit my head as the car came to a sudden stop. 車が急停車したので私は前につんのめって頭を打った

❹ (船・飛行機・車などが)**上下に揺れる** (↔ roll) (⇨ SWING

類語P) ‖ Our ship ～*ed* and rolled violently. 私たちの船は縦横に激しく揺れた ❺ (屋根などが) (ある一定の角度に)傾斜する ❻〈商品などを〉売り込む;〈契約・支持・票などを得るために〉売り込む, 積極的に話を進める〈**for**〉‖ ～ *for* a huge contract 大きな契約をとろうと躍起になる ❼〘ゴルフ〙ピッチショットする;(打球が)(ある地点に)落下する

in thère pítching 《米口》全力投球で, 頑張って

****pìtch ín*** 〈自〉《口》① (仕事・食事などを) 勢いよく始める ②〈…を提供して〉協力する, 力を貸す〈**with**〉; 金を出す ③〈意見などを述べて〉議論などに加わる〈**with**〉

pìtch ínto ... 〈他〉《口》①〔仕事・食事など〕に張りきって取りかかる, …を勢いよく始める(launch into) ② …を(言葉・暴力を使って)激しく攻撃する

pítch on [OR ***upon***] ***...*** 〈他〉…を選ぶ, …に決める

pìtch óut 〈自〉〘野球〙ピッチアウトする

pìtch úp 〈自〉《英口》姿を見せる, 現れる(show up)

COMMUNICATIVE EXPRESSIONS

1 **Pítch it.** ほうり出してしまえ;うっちゃってしまえ(♥ 計画などをやめる[あきらめる]ことを促すくだけた表現)

―名 (複 **～·es** /-ɪz/) ❶ Ⓒ **投げること**;〘野球〙投球, ピッチング ‖ On the next ～, the batter struck out. 次の投球で打者は三振した / a wild ～ 暴投 / throw first-～ strikes (各打者に)1球目をストライクで投げる / I was hit by a ～. デッドボールを受けた

❷ Ⓤ/Ⓒ 《単数形で》(感情・状況などの)程度, 度合;頂点, ピーク (❗ 日本語の「急ピッチで」は英語では at a fast pace, at high speed, quickly が近い. 「ピッチを上げる」は quicken the pace, pick up the pace) ‖ His anger reached such a ～ that he was practically shaking. 彼の怒りはすさまじく体までわなわなと震えていた / at fever ～ 非常に興奮して

❸ Ⓤ/Ⓒ 《単数形で》(音・声の)**高低**, 調子;〘楽〙標準調子(→ concert pitch);音感(→ perfect pitch) ‖ In anger, her voice rises to an even higher ～. 怒ると彼女の声はさらに高くなる ❹《a ～, the ～》(船・飛行機の)縦揺れ(↔ roll) ❺ Ⓒ 《通例単数形で》売り込み文句, 宣伝 ‖ a **sales** ～ 売り込み文句 ❻ Ⓤ/Ⓒ 《単数形で》(屋根・地層などの)傾斜度, 勾配(こうばい) ‖ have a steep ～ 傾斜がきつい ❼ Ⓒ 《英》(サッカーなどの) **競技場**(field) ‖ players **on** the ～ ピッチ上の選手たち ❽ Ⓒ 《英》露天商などの店を張る定位置, 芸人などの決まった居場所 ❾ (= ～ **shòt**) Ⓒ 〘ゴルフ〙ピッチショット《球に逆回転をかけて高く打ち上げるショット》 ❿ Ⓒ 〘機〙ピッチ《ねじ[プロペラ]1回転で進む距離》

màke a [OR ***one's***] ***pítch*** 「***for ...*** [***to a person***] …を得ようと[〔人〕に信じさせようと]躍起になって努力する

quèer a pèrson's pítch; ***quèer the pítch for a pèrson*** 《英》(人の)計画を駄目にする

▶▶ **～ bènd** 名 Ⓒ 〘楽〙ピッチベンド《シンセサイザーで演奏中に音程を変える装置》 **～ed báttle** 名 Ⓒ 会戦《双方戦備を整えての対戦》, 正々堂々の決戦;(全面対決の)大論争 **～ invàsion** 名 Ⓒ Ⓤ 《英》競技場へのなだれ込み **～ pìpe** 名 Ⓒ 〘楽〙(調律用などの)調子笛

pitch² /pɪtʃ/ 〔▶ pitchy 形〕名 Ⓤ ❶ ピッチ《コールタールなどから採れる黒(褐)色の物質》; 瀝青(れきせい)(bitumen)《アスファルトなど》 ❷ 樹脂, 松やに(resin)

(***as***) ***blàck*** [***dàrk***] ***as pítch*** 真っ黒[真っ暗]な

―動 他 《主に古》…にピッチを塗る

▶▶ **～ pìne** 名 Ⓒ 〘植〙ヤニマツ《松やにの採れる松》

pìtch-and-pútt 名 Ⓤ (公園などに付設された)小型ゴルフコースで行うゴルフの試合

pítch-and-tòss 名 Ⓤ コイン投げ遊び《コインを標的に投げ最も近くに投げた者がさらに全部のコインを空中に投げ, 表面(head)の出たコインを取る》

pìtch-bláck 〈シ〉形 真っ黒な;真っ暗な

pítch·blènde 名 Ⓤ 〘鉱〙ピッチブレンド, 瀝青ウラン鉱《ウラニウムとラジウムの原鉱》

pìtch-by-pítch 〘野球〙形 副 (投手の)投球ごとの[に]

―名 Ⓤ Ⓒ 投球ごとの分析;配球

pìtch-dárk 〈シ〉形 真っ暗な(pitch-black) **～·ness** 名

pitched /pɪtʃt/ 形 (屋根が平らでなく) 棟から傾斜した ‖ a high ～ roof 急傾斜の屋根

***pitch·er¹** /pítʃər/ 名 Ⓒ ❶ 《米》(取っ手が1つの口の広い)水差し, ピッチャー(《英》jug);《英》(大型で取っ手のある陶製の)水差し《本体は通例丸形で細首のものをいう》;水差し1杯(の量)(pitcherful) ‖ a cream ～ クリーム入れ / a ～ of water 水差し1杯の水 / *Little ～s have long ears.* 《諺》小さな水差しには大きい取っ手がついている;子供は早耳 ❷〘植〙(食虫植物などの)嚢(のう)状葉

～·fùl 名 Ⓒ 水差し1杯(の量) ▶▶ **～ plànt** 名 Ⓒ 〘植〙嚢状葉植物《筒状の葉を持つ食虫植物》

***pitch·er²** /pítʃər/ 名 Ⓒ ❶ 投げる[ほうる]人;〘野球〙投手, ピッチャー ‖ a starting [relief] ～ 先発[救援]投手 / a winning [losing] ～ 勝利[敗戦]投手 ❷ (舗装用の)敷石, 切石(sett)

▶▶ **～'s mòund** 名 Ⓒ ピッチャーズマウンド

pítch·fòrk 名 Ⓒ ピッチフォーク, 干し草用くまで[三つまた](hayfork) ―動 他 ❶ …を(ピッチフォークで)かき上げる, 投げ上げる ❷〔人〕を(ある地位に)無理に就かせる ‖ Destiny ～*ed* him into the position of party leader. 巡り合わせで彼は党首の地位にかつぎ上げられた

pitch·man /pítʃmən/ 名 (複 **-men** /-mən/) Ⓒ 《米口》❶ 強引なセールスマン(中立 high-pressure seller);(ラジオ・テレビのコマーシャルの) 商品宣伝マン ❷ 大道[呼び売り]商人, 露天商人(中立 sidewalk vendor, hawker)

pítch·òut 名 Ⓒ ピッチアウト ❶〘野球〙捕手が走者を塁上で刺しやすいように, 投手が故意にホームプレートを外して投げる球 ❷〘フットボール〙クォーターバックからランニングバックへ投げる下手からの長いパス

pitch·y /pítʃi/ 〔◁ pitch² 名〕形 ❶ ピッチのような;ピッチの多い;ピッチで汚れた;ピッチを塗った;ねばねばする ❷ (ピッチのように)真っ黒い, 真っ暗な

pit·e·ous /pítiəs/ 形 〔◁ pity 名〕哀れな, 痛ましい, 気の毒な, 悲惨な(⇨ PITIFUL 類語) **～·ly** 副 **～·ness** 名

***pít·fàll** 名 Ⓒ ❶ 《比喩的に》落とし穴, 思いがけぬ危険[困難], 陥りやすい間違い ‖ ～*s* of online shopping オンラインショッピングの落とし穴 ❷ (動物などを捕る)落とし穴

pith /pɪθ/ 名 ❶ Ⓤ 〘植〙(アシなどの植物の茎の中心にある)髄;(オレンジなどの皮の裏の)綿状組織;〘動〙(骨などの)髄 ❷《the ～》要点, 主眼点, 真髄, 核心 ‖ a matter of (great) ～ and moment 非常に重要な問題 [Shak *HAM* 3:1] ❸ Ⓤ 力, 活力, 元気

―動 他 〔茎〕から髄を取り除く

▶▶ **～ hàt** [**hèlmet**] 名 Ⓒ (茎の髄で編んだ軽い) ヘルメット帽(topee)《日よけ用》

pít·hèad 名 Ⓒ (炭鉱の)坑道入口;その周辺

pith·e·can·thro·pus /pìθikǽnθrəpəs/ 名 (複 **-pi** /-pàɪ/) 《ときに P-》Ⓒ 《旧》〘人類〙ピテカントロプス, ジャワ原人(Java man)

語源 ギリシャ語 *pithēkos*(猿)+*anthrōpos*(人)から.

pith·y /píθi/ 形 ❶ (表現などが) 簡潔な, 要点を突いた, 含蓄のある;きびきびした, 力強い ❷ 髄の(ような), 髄の多い

píth·i·ly 副 **píth·i·ness** 名

pit·i·a·ble /pítiəbl/ 形 〔◁ pity 名〕哀れみを誘う, かわいそうな;(軽蔑を含んで)哀れむべき, 情けない(⇨ PITIFUL 類語)

～·ness 名 **-bly** 副

pit·i·ful /pítɪfəl/ 形 〔◁ pity 名〕❶ (物事などが) 哀れを誘う, かわいそうな, 気の毒な(⇨ 類語) ‖ a ～ condition 惨めなありさま ❷ 浅ましい, 卑しむべき ‖ a ～ creature 哀れなやつ ❸《古》哀れみ深い, 同情的な

～·ly 副 **～·ness** 名

類語 《❶》**pitiful**「かわいそうな, 哀れむべき」の意を表す最も一般的な語 (♦ 次の pitiable, piteous のいずれの例にも, 代わりに pitiful を用いることができる).

pitiable pitiful とほぼ同意であるが, ときに女性語. 軽蔑の意を含むこともある. 〈例〉a *pitiable* orphan [excuse] かわいそうな孤児[情けない口実]

piteous 文語的で, 惨めで哀れを誘う. ふつう人間には用いない. 〈例〉 a *piteous* cry [sight] 惨めな泣き声[痛ましい光景]

pit·i·less /pítɪləs/ 形 ❶ 無情な, 薄情な, 無慈悲な, 冷酷な (⇨ CRUEL 類語) ❷ (風·雨·日差しなどが)猛烈な ; 弱まりそうにない **~·ly** 副 **~·ness** 名

pit·man /pítmən/ 名 C ❶ (複 **~s** /-mənz/)《米》〖機〗(機関の)連接棒(connecting rod) ❷ (複 **-men** /-mən/) 炭坑作業員(中立 pit miner)

*__pi·ton__ /píːtɑ(ː)n | -tɒn/ 名 C 〖登山〗ハーケン, ピトン, ペグ 《岩などに打ち込む頭部に穴のあいたくぎ》

Pí·tot tùbe /píːtou-/ 名 C 〖理〗ピトー管《流体速度の測定器具》(♦ フランスの物理学者 Henri Pitot (1695–1771)の名から)

Pitt /pɪt/ 名 **William ~** ピット ❶ (1708–78)《英国の政治家. 通称大ピット Pitt the Elder》 ❷ (1759–1806)《英国の政治家. 首相(1783–1801, 1804–06). ❶の子で通称小ピット Pitt the Younger》

pit·ta /píːṭə | pítə, píːtə/ 名 =pita

pit·tance /pítəns/ 名 C 《通例単数形で》わずかな給与[手当] ; 〖史〗(修道院などへの)寄進

pit·ted /píṭɪd/ 形 あばた[くぼみ]のある ; (果物が) 種のない, 核を取り除いた

pit·ter-pat·ter /píṭərpæ̀ṭər/ 副 (雨·足音などが)ぱらぱら[ぱたぱた]と ── 名 C 《単数形で》ぱらぱら[ぱたぱた]という音(→ pitapat)

Pitts·burgh /pítsbəːrg/ 名 ピッツバーグ《米国ペンシルベニア州南西部の工業都市. 鉄鋼産業の中心地》

pi·tu·i·tar·y /pɪtjúːətèri | -ɪtəri/ 名 (複 **-tar·ies** /-z/) ❶ (=～ glànd) C 〖解〗脳下垂体 ❷ U C 〖医〗脳下垂体製剤 ── 形 脳下垂体の

*__pit·y__ /píṭi/ 名 〔▶ piteous 形, pitiable 形, pitiful 形〕(複 **pit·ies** /-z/) ❶ U 〈…に対する〉哀れみ, 同情 ; 気の毒に思う心(♥ ときに軽蔑を含む)〈**for**〉(⇨ 類語) ‖ I feel ～ [no ～] *for* the homeless. ホームレスの人をかわいそうに思う[思わない] / Vivian looked at his clothes with [OR in] ～. ビビアンは彼の着ているものを見て哀れに思った / We offered our help to her out of ～ *for* her children. 子供たちがふびんなので我々は彼女に援助を申し出た ❷ C 《通例単数形で》残念なこと, 悲しむべきこと (♦ 主に It's a pity「(that) [OR (for ...) to *do*] ... またはそれに類する形で用いる. ⇨ PB 54) ‖ It's a ～ that you don't like sushi. 君が寿司(ㇲ)が好きでないのは残念だ / It's a ～ to judge people by hairstyles they choose. 人を髪型で判断するとは悲しむべきことだ / Such a ～ that she had to wear black. 彼女が喪服を着なければならなかったとはいかにもかわいそうだった(♦ 文頭の It was が省略されている) / It is a thousand *pities* that .... …なのは何とも悲しむべきことだ(♦ pities は強意のための複数形)

for pity's sake ⇨ SAKE[1](成句)

mòre's the píty 《口》《通例文末に付加して》あいにくなことに(ね), 残念ながら(unfortunately) ; それだけになおさら残念だ

*__*tàke*__ [OR ***hàve***] ***píty on a pèrson*** 〔人〕に情けをかける, 〔人〕を哀れむ(♦ ×feel pity on ... とはいわない)

COMMUNICATIVE EXPRESSIONS

[1] **I rèally thìnk it would be a píty if we dìdn't at lèast trý.** 挑戦すらもしないのなら, それは本当に惜しいことだと思います(♥ 形式ばった説得表現)

[2] **Whàt a píty!** まあ, 残念ですねえ ; かわいそうに(♥ 同情を表すくだけた表現. ↗How terrible!)

── 動 (**pit·ies** /-z/ ; **pit·ied** /-d/ ; **~·ing**) 他 《通例進行形不可》〈…のことで〉…を哀れむ, 気の毒[かわいそう]に思う〈**for**〉(♦ for の後に *doing* がくると for が省かれることがある) ‖ I ～ Ralph (*for*) having to work over the weekend. ラルフは週末に仕事をしなくてはいけないのでかわいそうだ / I ～ you if you can't understand something that simple. そんな簡単なことも理解できないようでは君も情けないね ── 自 哀れむ, 気の毒に思う

類語《名 ❶》**pity** 人の不幸や苦しみに対する「哀れみ」の気持ちを表す. 必ずしもその不幸を分かち合おうという気持ちを伴わず, ときに軽い軽蔑の念を含むこともある.

sympathy 人の不幸·苦しみを共に感じ, それを理解し分かち合う「同情」を表す一般的な語.

compassion 人と「気持ちを共にする」という基本的な意味は sympathy と同じだが, 助けてやりたいという優しい「同情」の気持ちを表す. sympathy より強意のやや格式ばった語.

empathy 人の「気持ちの中に入っていく」の意から, 人や対象の中に自分を置き, 深く理解し共感すること.

pit·y·ing /píṭiɪŋ/ 形 哀れ[気の毒]に思う, 哀れみを表す **~·ly** 副

*__piv·ot__ /pívət/ 名 C ❶ 〖機〗ピボット, 支軸, 旋回軸, 支点 ❷ 《通例 the ～》中心的なポジションの人物 ; 中心点, 中枢, かなめ ; 中心選手《フットボールのセンターハーフなど》‖ She was the ～ of attention at the party. 彼女はパーティーで注目の的だった / the ～ of financial operation 金融の中心地 ❸ 旋回(運動), 回転 ; 〖バスケットボール〗ピボット《床につけた片足を軸にボールを持ったまま体を回転させること》 ❹ 軸兵《軍隊の行進の方向転換のとき基準になる兵》

── 動 自 ❶ 旋回[回転]する ; 回れ右をする〈**on** …を軸として ; **around** …の周りを〉‖ The little girl ～*ed on* her heel and ran away. 少女はかかとでくるりと回って走り去った

PLANET BOARD 54

話者の感情を表す文の that 節中で should や would を使うか.

問題設定 話者の感情や主観的判断を表す文の that 節中での should や would の使用率を調査した.

Q 次の (**a**) ～ (**c**) のどれを使いますか. (複数回答可)

(**a**) It was a pity that he **said** such a thing.
(**b**) It was a pity that he **should say** such a thing.
(**c**) It was a pity that he **would say** such a thing.
(**d**) どれも使わない

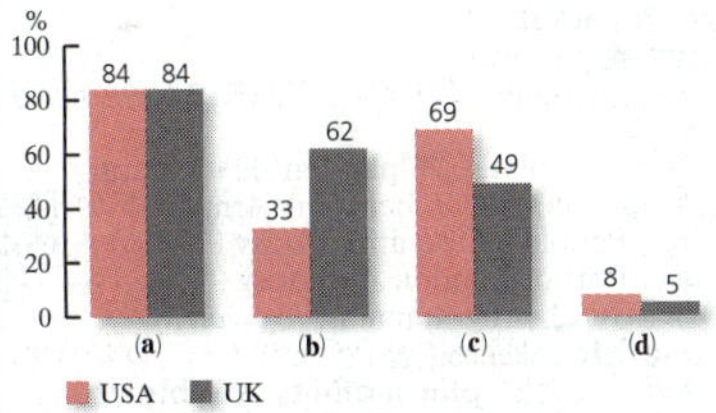

助動詞を用いない (**a**) は《米》《英》ともに8割強の人が使うと答えた. 助動詞を用いる場合は, 《米》では (**c**) の would, 《英》では (**b**) の should を使うと答えた人が多かった.

いずれも意味の違いはなく, 「助動詞を使う方が《堅》」とする人が多い. しかし, 助動詞を用いる方が「彼の言葉の意外性に対する話者の驚きを強く表現している」という意見や, 「(**a**) は彼が言った言葉または言ったという事実を残念だと述べているのに対し, (**b**) (**c**) は彼がそのようなことを言う性格であったことを残念だと述べている」という意見もある. また, 「主節は現在形の方が自然」というコメントが多く, いずれも使わないと答えた人の多くは代替表現として, It's [OR It is] a pity (that) ... をあげた.

その他の代替表現として, pity ではなく shame を使うという人や, I can't believe ... / It's too bad ... などを使うと述べた人もいた.

学習者への指針 助動詞を用いない形が最も一般的だが, 《堅》では《米》would, 《英》should が多く使われる.

❷ (議論などが)〈…に〉かかっている, …によって決まる〈**on**〉; 〈…を軸に〉発展[展開]する〈**around, on**〉‖ Our next action will ～ *on* your decision. 我々の次の行動は君の決意次第だろう ━他 …に旋回軸をつける; …を旋回軸上に置く; …を回転させる

piv·ot·al /pívəṭəl/ 形 ❶ 中枢の, 中心的な; 重要な, 決定的な ❷ ピボット[旋回軸]の(役目をする)

pix /pɪks/ 名 pic の複数形の1つ

pix·el /píksəl/ 名 C 🖳 ピクセル, 画素《テレビやコンピューターの画像を構成する最小単位》(♦ picture element からの造語)

pix·el·ate, pix·el·late /píksəlèɪt/ 動 (**～s** /-s/; **-at·ed** /-ɪd/; **-at·ing**) 他 ❶ 〔画像〕を画素分割する ❷ 〔画像〕を(モザイク状に)ぼかす **-(l)at·ed** 形 画素分割された **-(l)a·tion** 名 U 画素[ピクセル]化

pix·ie, -y /píksi/ 名 (複 **-ies** /-z/) C (いたずら好きな)小妖精(ようせい), 小鬼; いたずら者 **～·ish** 形

pix·i·lat·ed /píksɪlèɪṭɪd/ 形 頭の混乱した, 少し頭のおかしい, 気まぐれな; ふざけた; 《旧》《俗》酔っぱらった

Pi·zar·ro /pɪzɑ́ːroʊ/ 名 **Francisco ～** ピサロ(1475?–1541)《スペインの探検家. インカ帝国を征服》

*__piz·za__ /píːtsə/ 名 (複 **～s** /-z/) (= ～ **pie**) C U ピザ, ピッツァ ‖ share a ～ among four people 1枚のピザを4人で分ける / a piece of ～ ピザ1切れ

▸ **～ pàrlor** 名 C 《米》ピザ専門店(pizzeria)

piz·zazz /pəzǽz/ 名 U 《口》かっこよさ, 魅力, 華麗さ, 派手さ; エネルギー, バイタリティー, 熱意

piz·ze·ri·a /pìːtsəríːə/ 名 C ピザハウス《ピザの製造[販売]店》(《米》pizza parlor)

piz·zi·ca·to /pìtsɪkɑ́ːṭoʊ/ 〖楽〗 形 副 ピチカートの[で], つま弾きの[で] ━名 (複 **～s** /-z/ OR **-ti** /-tiː/) C ピチカートで奏する曲[楽節]; U その奏法

pjs /pìːdʒéɪz/ 名 複 《口》=pajamas

PK 略 psychokinesis

pk. 略 pack; park; peak; peck(ペック)《計量単位》

PKF 略 *P*eace*k*eeping *F*orces

pkg., pkge 略 package(s)

PKO 略 *P*eace*k*eeping *O*perations

pkt. 略 packet

pkwy 略 parkway

pl 略 🖳 picoliter(ピコリットル)《印刷時のインクの吐出量などの単位》

pl. 略 place; plate; 〖軍〗platoon(小隊); plural

PLA 略 *P*alestine *L*iberation *A*rmy (パレスチナ解放軍); *P*eople's *L*iberation *A*rmy ((中国の)人民解放軍); *P*ort of *L*ondon *A*uthority ((英国の)ロンドン港管理局); 🖳 *p*rogrammable *l*ogic *a*rray

plac·a·ble /plǽkəbl/ 形 《堅》なだめやすい, 懐柔しやすい; 寛容な, 寛大な **plàc·a·bíl·i·ty** 名 **-bly** 副

*__plac·ard__ /plǽkɑːrd/ 名 C ❶ プラカード, ポスター, はり紙 ‖ carry a ～ プラカードを持ち歩く ❷ 《米》荷札, 名札, 表札 ━動 他 ❶ 〔町・壁など〕に〈…の〉ポスター[はり紙など]をはる〈**with**〉‖ London was ～*ed with* proclamations from the mayor. ロンドン市内に市長からの声明書がはられた ❷ …をはり紙で知らせる

pla·cate /pléɪkeɪt | pləkéɪt/ 動 他 〔人〕をなだめる, 慰める, 懐柔する; 〔人の怒り・敵意など〕を(譲歩などによって)なだめる, 静める **pla·cá·tion** 名

pla·ca·to·ry /pléɪkətɔ̀ːri | pləkéɪtəri/ 形 なだめる(ような), 懐柔的な, 和解的な

***place** /pleɪs/ 名 動

中心義 **(特定の)場所(に定める)** (★物理的な場所に限らず, 文脈によって「地位」「職」「境遇」なども表す)

名 場所❶❸ 地域❷ あるべき位置❹ 箇所❺ 家❻ 席❼ 動 他 置く❶

━名 (複 **plac·es** /-ɪz/) C ❶ **場所**, 所, 位置 ‖ This is the ～ where the explosion occurred. ここが爆発の起こった場所だ(♦《口》では where は that で代用され, さらに省略されることもある) / This valley is one of the most beautiful ～*s* in the world. この渓谷は世界で最も美しい場所の1つだ / I looked for a ～ to put my coat. コートを置く所を探した / He had no other ～ to go [live, sleep]. 彼にはほかに行く[住む, 寝る]所がなかった(♦ 口語, 特に《米》では go to, live [sleep] in などの to や in は省略される. ⇨ PB 86) / Is there any ～ we can park our car? どこか駐車できる所がありますか(= Is there anywhere we can park our car?) / One cannot be in two ～*s* at once. 人は1度に2つの場所にいることはできない(♥ しばしば怠慢の言い訳) / There is no ～ like home. (貧しくとも)我が家に勝る所はない(♦ 米国のポピュラーソング *Home, Sweet Home* の一節)

❷ (特定の)**地域**, 地方; 町, 村, 都市, 国 ‖ New York is a noisy ～. ニューヨークは騒々しい都市だ / He comes from a little ～ up the river. 彼は川をさかのぼった所にある小さな町[村]の出だ

❸ (特定の目的の)**場所**, 建物; 店, 飲食店 ‖ a public ～ 公共の場所, 公共建築物 / a ～ of worship 礼拝の場, 礼拝堂 / a ～ of amusement 娯楽場《劇場・映画館など》/ a ～ of work 仕事場, 勤め先 / a ～ of business 事務所 / find a French ～ at the corner 角にフランス料理の店を見つける / His ～ is always crowded at lunchtime. 彼の店は昼食時はいつも込んでいる / another ～ 《英》あちら《下院からみた上院, またその逆》/ the other ～ 《英》あちら《ケンブリッジ大学からみたオックスフォード大学, またその逆》

❹ 〈…にとって〉本来の場所, **あるべき位置**, いつもの場所; 適当な[ふさわしい]場所[時機, 機会]〈**for**〉‖ The sofa and chairs are in their proper ～*s*. ソファーといすはしかるべき所にある / The street is no ～ *for* children to play. その通りは子供が遊ぶような所ではない / This is not the ～ to discuss the problem. 今はその問題を論じている場合ではない

❺ (特定の)**箇所**; (体の)部分; (書物などの)ある箇所, くだり, 節 ‖ rough ～*s* on a road 道路のでこぼこの箇所 / an injured ～ in one's arm 腕のけがした所 / I have lost my ～ in the book. その本をどこまで読んでいたかがわからなくなった

❻ 《通例単数形で》《口》(自分の)**家**, 住居, 部屋 ‖ Let's have a party at my ～. 私の家でパーティーをやりましょう / He has a summer ～ in the country. 彼は田舎に夏の別荘を持っている

❼ (劇場・テーブルなどでの)**席**, 座席; (列の)番 ‖ take one's ～ at a table テーブルの自分の席に着く / change ～*s* with an old lady 老婦人と席を替わる / keep [OR save] this ～ for her=keep [OR save] her this ～ 彼女にこの席をとっておく / take a ～ in a waiting line 並んで待っている人の列に加わる / set [OR lay] a ～ for her 彼女に食事の席を設ける

❽ 《単数形で》(高い)地位, 位, 身分 ‖ a high ～ in (the) government 政府内の高い地位 / The Impressionists have an important ～ in art history. 印象派の芸術家たちは美術史上重要な地位を占めている

❾ 勤め先; 勤め口, 職, 仕事; (学校・講座・チームなどの)籍, (競技・試合などの)出場[参加]資格; (定員の)空き(⇨ POST³ 類語) ‖ find a ～ at Oxford オックスフォードに勤め口を見つける / get a ～ in the firm その会社に就職する / win a ～ on the team そのチームの一員としての場を獲得する

❿ U/C 《通例単数形で》順序, 段階; (競争・競技などの)順位; (競馬での)入賞(《米》では2着を, 《英》では1–3着(ときに4着)で, 特に2着以下を指す) ‖ take (the) first ～ in an examination その試験で1番になる(♦ the first の the は省略されることが多い) / finish in third ～ 3着に

なる ⓫《通例単数形で》役目, 本分, 務め ‖ It is not my ～ to criticize. 批判するのは私の役目ではない ⓬ 立場, 境遇 ‖ If I were in your ～, I would ask your teacher for her advice. 私が君の立場なら, 先生に助言を求めるだろう ⓭〚数〛けた, 位 (digit) ‖ calculate ... to seven decimal ～*s* …を小数第7位まで計算する / Fifteen is a two-～ number. 15は2けたの数である ⓮《P-》《固有名詞の一部として》…広場 ; (短い) …通り ‖ Gloucester *Place* グロスター広場 / Portland *Place* ポートランド通り ⓯ Ⓤ (時間に対して) 空間, 余地 ‖ time and ～ 時間と空間, 時空

a plàce in the sún 日の当たる場所, 恵まれた地位

****àll over the pláce*** 《口》 ① そこら中に, 至る所に ② 雑然として, 乱雑で, 取り乱して

｢***as if*** [OR ***like***] ***one ówns the plàce*** 《口》《けなして》我が物顔で, 横柄に

be in the right place at the right time ⇨ RIGHT (成句)

chànge [OR ***swàp***] ***pláces*** (***with ...***) (…と) 場所[立場]を代える

****fàll*** [OR ***clìck, fìt, slòt***] ***into pláce*** (順序・関係などが) はっきりわかる, つじつまが合う ; (物事が) うまくいく (♦ この場合の place は「適所」の意味)

gìve pláce (***to ...***) (…に) 場所を空ける ; (…に) 取って代わられる

****gò pláces*** 《通例進行形または未来形で》(ますます) 成功を収める ‖ They'll be *going* ～*s* with that new product. その新製品で彼らはさらに成功するだろう

****in pláce*** あるべき[ふさわしい] 場所に, きちんと整って[用意されて] ; 適切で (↔ *out of place*) ; 《米》その場にとどまって (♦ 動きを表す動詞につく場合は into place ともなる. 〈例〉 put ... into place)

****in pláce of ...*** ; ***in a pèrson's pláce*** **…の代わりに** (instead of) ‖ I will go there *in* your ～. あなたの代わりに私がそこへ行きましょう

in pláces ところどころで, あちこちで

****in the fírst plàce*** ① **まず初めに**, いの一番に, そもそも ② NAVI (問題点を列挙して) まず第1に, 第1点として (♦ 以下, in the second place ... となる. ⇨ NAVI表現 3)

****in the sécond*** [OR ***néxt***] ***plàce*** NAVI 次に, 第2に

knòw [OR ***kèep***] ***one's pláce*** 身のほどを心得ている

òut of pláce あるべき所にない, 場違いで[の] ; 不適切で, 不釣り合いで [の] (↔ *in place*) ‖ feel *out of* ～ 場違い[余計者] と感じる

****pùt*** [OR ***kèep***] ***a pèrson in his/her pláce*** 〔人〕に身のほどをわきまえさせる

pùt onesèlf in a pèrson's pláce (人の) 身になって考える

****tàke pláce*** **起こる**, 生じる ; 行われる (♦ ふつう予定されていることが起こるときに用い, 偶然[突然] 起こる場合は happen を用いる. ⇨ HAPPEN 類語, PB 18) ‖ The ceremony will *take* ～ next Wednesday. 式典は今度の水曜日に行われるだろう

tàke one's pláce 席に着く ; (…の中で) 存在が認められる 〈**among**〉

tàke sécond plàce 〈…よりも〉重要でない, 〈…に〉次ぐものである〈**to**〉

****tàke the pláce of ...*** ; ***tàke a pèrson's pláce*** **…に取って代わる**, …の代理を務める ‖ Will solar power *take the* ～ *of* oil? 太陽エネルギーは石油に取って代わるだろうか

COMMUNICATIVE EXPRESSIONS

1 **A plàce for éverything and èverything in its place.** 何事にも時機というものがある (のでそれに逆らうことはできない) (♥=There is a time and place for everything.)

2 **I hàve frìends in hìgh pláces.** 私には (社会的・政治的に) 力のある友人がいる (♥ 脅し)

3 **Nìce pláce you hàve hère.** 素敵なお住まいですね (♥ 訪問客が用いる褒め言葉)

4 **Yòur plàce or míne?** (場所は) 君のうちにしますか, それとも私のうちにしますか (♥ 会う場所を決める際に)

―動 (**plac·es** /-ɪz/ ; **～d** /-t/ ; **plac·ing**)

―他 ❶ 《+目+副句》〔物・人〕を (慎重に) …に**置く**, 据える ; …を正しい[適切な] 位置に置く, 配置する (♦ 副句 は場所を表す) (⇨ PUT 類語P) ‖ She ～*d* her hand in mine. 彼女は手を僕の手の中に預けた / ～ a table in the middle of the room テーブルを部屋の真ん中に置く / ～ one's umbrella against the door 傘をドアに立てかける / ～ a cigarette between one's lips たばこを口にくわえる / ～ words in alphabetical order 単語をアルファベット順に並べる

❷ 《+目+副句》〔人〕を (ある状態[状況] に) 置く ‖ ～ him under arrest 彼を逮捕する / ～ a lot of innocent people in danger 多くの罪のない人を危険な目に遭わせる / ～ him in an awkward position 彼を困った立場[苦境] に追い込む / How are you ～*d* for money? お金は十分あるの

❸ 《+目+前 名》〔信用・希望など〕を〈…に〉置く, 〔重点・責任など〕を置く〈**in, on, upon**〉 ‖ He ～*d* his trust *in* his lawyer. 彼は弁護士を信頼した / ～ the blame for failure *on* Peter 失敗の責任をピーターに負わせる / ～ great **emphasis** *on* that point その点に重きを置く

❹〔人〕に〈職・住む所を〉見つけてやる ; …を〈職に〉就かせる, 配属する, 〈人の所に〉預ける〈**with**〉 ; …を〈…に〉任命する, 採用する〈**as, in**〉 ‖ ～ her *with* a firm 彼女を会社に就職させる / ～ the boy *with* a foster family その男の子を里親に預ける / He was ～*d as* ambassador to France. 彼は駐仏大使に任命された

❺ 《通例否定文・疑問文で》…を (いつどこで見たかなど) 正確に思い出す, …を見分ける ‖ I knew I had seen him before, but I could not ～ him. 彼には前に会った覚えがあるのだが, だれだか思い出せなかった

❻ **a** 《+目+前 名》…を〈…の部類に〉入れる, 位置づける〈**among, in,** etc.〉 ; …を〈…だと〉見積もる, 評価[判断] する〈**at**〉 ; …を〈…より大切に〉考える〈**above, before, over**〉 ‖ ～ her *among* the top five students 彼女をトップの5人の学生の1人に数える / I ～*d* the probable time of death *at* between one and two o'clock. 死亡推定時刻を1時から2時の間と判断した / He seems to ～ his family *above* his job. 彼は仕事より家族を大切にしているようだ

b 《+目+副》〔…(の価値・等級など)〕を定める, 評価する, 判定する (♦ 副 は評価の高低などを表す) ‖ ～ the value of the property too high 資産の価値を高く評価しすぎる / ～ him second best 彼を2番目によいと判定する

❼ 《+目+副》《受身形で》〈…するのに〉(いい) 位置[条件] にある〈**for** / **to do**〉 (♦ 副 は様態を表す) ‖ be **well** [better, ideally] ～*d for* security 安全のためにはよい[よりよい, 理想的な] 位置[条件] にある

❽〔金〕を〈…に〉投資する〈**in**〉; 〔賭(か)け〕をする, 〔賭け金〕を〈…に〉賭ける〈**on**〉 ‖ ～ a bet 賭ける ❾〔注文〕を〈…に〉出す〈**with**〉 ; …を注文する ; 〔商品〕をさばく ‖ ～ one's order for the commodities *with* [ˣto] the firm その社に商品を発注する ❿《受身形で》…番[位] になる (♦ 順位を表す補語を伴う) ; 《英》(競馬で) 3[4] 位以内に入る ⓫〔広告〕を〈…に〉載せる, 出す〈**in**〉 ⓬ (交換手を通して) 〔通話〕を申し込む ⓭〚アメフト〛(プレースキックで) 〔得点〕をあげる

―自 …位になる, 入賞する (♦ 順位を表す補語を伴う) ; (競馬などで) 《米》3位以内[特に2位] に入る, 《英》(3[4] 位以内に) 入賞する ‖ She ～*d* third in the competition. 彼女はその競技で3位に入った

語源「広い道」の意のギリシャ語 *platea* から. plaza と同語源.

▸～ **bèt** 名 Ⓒ〚競馬〛連勝複式の賭け《英国では1–3着, 米国では1–2着を対象とする賭け方》 ～ **càrd** 名 Ⓒ

(宴会のテーブルなどの) 座席札 **~ kìck** (↓) **~ màt** 名 C プレースマット《1人分の食器の下に敷くテーブルマット》 **~ nàme** 名 C 地名 **~ sètting** 名 C (食事のときの) 1人分の食器類(の配置)

pla·ce·bo /pləsíːbou/ (→ ❷) 名 (複 **~s** /-z/) C ❶〖医〗プラシーボ, プラセボ, 偽薬(ぎやく)《患者の気休め・薬効テストなどに用いる》; (他人への) 気休め (の言葉) ❷ /plɑtʃéɪbou/〖カト〗死者のための晩課

▸▸ **~ effèct** 名 C U〖医〗プラシーボ効果《偽薬を効果のあるものと信じて服用することによる治療効果》

pláce·hòlder 名 C プレースホルダー ❶〖数・論〗まだ特定できていない要素の代わりに入れておく記号 ❷ 💻 プログラム内の不明な演算子や数を表す記号 ❸〖言〗意味情報をほとんど持たないが構文の制約上必要な語《〈例〉it is a pity that he left における it》

pláce kìck 名 C〖アメフト・ラグビー・サッカー〗プレースキック《地面に置いたボールをけること》

pláce-kìck 動 自 他

pláce·man /-mən/ 名 (複 **-men** /-mən/) C《英》《戯》(自分の利益を求める)官吏, 役人, (いばる)小役人(中立 bureaucrat)

***place·ment** /pléɪsmənt/ 名 ❶ U C 置く[据える]こと; 配置 ❷ (就職先・学校・里親などの) 斡旋(あっせん) ‖ a job ~ service 職業紹介 ❸ C〖フットボール・ラグビー〗プレースキック; その位置;〖テニスなど〗相手が打ち返せないようなボールを打つこと ❹《英》=internship

▸▸ **~ tèst** 名 C《米》(新入生の)クラス分けテスト

pla·cen·ta /pləsénṭə/ 名 (複 **~s** /-z/ OR **-tae** /-tiː/) C〖動〗胎盤(→ afterbirth);〖植〗胎座

pla·cen·tal /pləséntl/ 形 ❶〖医〗胎盤の, 胎盤にかかわる ❷〖動〗胎盤を有する ❸〖植〗胎座を有する

plac·er¹ /plǽsər/ 名 C〖鉱〗砂鉱, 沖積鉱床(♦ しばしば形容詞的に用いる); (河川近くの) 砂金採取所 ‖ ~ mining 砂金採取 / ~ gold 砂金

plac·er² /pléɪsər/ 名 C ❶ (レースの) 入賞者[馬] ❷ 置く人, 配置する人 ❸《英口》盗品売買者

***plac·id** /plǽsɪd/ 形 ❶ 穏やかな; 静かな, 平静な, 落ち着いた ‖ a man of ~ disposition 穏やかな気質の人 ❷ 忍耐強い, すぐに興奮しない ‖ a ~ nature 我慢強い性格

pla·cíd·i·ty 名 **~·ly** 副 静かに, 穏やかに, 落ち着いて **~·ness** 名 U 平穏, 平静

plac·ing /pléɪsɪŋ/ 名 U ❶ 位置取り, 位置決め ❷ 発注 (すること) ❸ C《通例 ~s》(競技での) 順位 ❹ (新株の) 大量発行

plack·et /plǽkɪt/ 名 C (スカートやドレスの)わき開き, スリット(slit); (スカートの) ポケット

pla·fond /pləfɑ́(ː)n | -fɔ́n/ 名《フランス》(=ceiling) C〖建〗飾り天井; 天井画

pla·gia·rism /pléɪdʒərìzm/ 名 U 剽窃(ひょうせつ), 盗用; C 剽窃したもの, 盗作 **-rist** 名 C 剽窃者, 盗作者

pla·gia·rize /pléɪdʒəràɪz, -dʒiə-/ 動 他 〔他人の思想・アイデア・作品など〕を剽窃する, 盗用する

—自 剽窃する, 盗用する

***plague** /pleɪɡ/《発音注意》名 ❶ C U 疫病, 悪疫, 伝染病;《the ~》(腺(せん)[肺])ペスト(pest, pestilence), 黒死病 ❷ C〈害虫・犯罪などの〉異常発生, 来襲, 侵入, 増加〈**of**〉‖ a ~ *of* rats [flies] ネズミ[ハエ]の異常発生 ❸ C《単数形で》やっかいなもの[人], 悩みの種 ❹ C《古》災難, 災害; 悲惨, 苦難, 不幸; 天罰

a plàgue on both your hóuses 両方ともいい加減にしろよ, よせよ (♥ けんかをやめようとしない双方に対していう) [Shak *ROM* 3:1]

(***A***) ***plàgue on ít*** [***hím***, etc.]《古》いまいましい; 畜生(♥ いら立ち・怒りを表す)

avòid ... like the plágue …に決して近づかない, …をいやがって避ける

—動 他 ❶ (病気・災難などが) 絶えず[繰り返し]…を苦しめる (♦ しばしば受身形で用いる) ‖ be ~*d* by bad luck 不運に苦しめられる ❷〔人〕を絶えず悩ます, うるさがらせる〈**with** …質問・要求などで; **for** …を求めて〉(⇨ BOTHER 類語) ‖ He was ~*d with* a barrage of questions by the reporters. 彼は記者たちの質問責めに悩まされた / The kids ~*d* their mother *for* more candy. 子供たちはもっとキャンディーをくれとせがんで母親を悩ませた

pla·guy, -guey /pléɪɡi/ 形 副《口》腹立たしい[しく], 煩わしい(ほど); 途方もない[なく]

plaice /pleɪs/ (♦ 同音語 place) 名 (複 **~** OR **plaic·es** /-ɪz/) C〖魚〗カレイ; U カレイの肉

***plaid** /plæd/《発音注意》名 ❶ U 格子じま(の織物), タータンチェック ‖ a ~ shirt 格子じまのシャツ ❷ C (スコットランド高地人の)格子じまの肩かけ **~·ed** 形

****plain** /pleɪn/ (♦ 同音語 plane)

中心義 込み入ったところのない(場所)

> 名 平原❶
> 形 明らかな❶ わかりやすい❷ 率直な❸

—名 (複 **~s** /-z/) ❶ C《しばしば ~s》**平原**, 平野, (海底・月の海などの) 平坦(へいたん)な広がり《略 pln》‖ the *Plains* of Lombardy ロンバルディア平原 / the Great *Plains* (北米の)大平原地帯 ❷ U (編み物の)平編み

—形 (**~·er**; **~·est**)

❶ **明らかな**, 明白な, はっきりした(⇨ CLEAR 類語) ‖ It was ~ from my wife's expression that she expected me to help her. 妻の表情から私が手伝うのを待っていたのは明らかだった / He **made** it ~ to his parents that he did not intend to go to college. 彼は大学に行くつもりのないことを両親にはっきり打ち明けた / It is not ~ what is happening. 何が起こっているのかはっきりしない / Your discouragement was ~ to see. 君の落胆ぶりは見ればすぐにわかった / a ~ fact 明白な事実 / in ~ view はっきり見える所に

❷ **わかりやすい**, 平明な(↔ obscure); (電報などが)暗号化していない ‖ Your argument should be **made** ~. 君は論拠をはっきりさせる必要がある / in ~ English わかりやすい英語で

❸ (人・行動・言葉などが)**率直な**, あからさまの, 飾り気[隠し立て]のない, ずけずけ話す(↔ roundabout) ‖ Answer a ~ "yes" or "no." 「はい」か「いいえ」かはっきりと答えなさい / ~ speaking 歯に衣(きぬ)着せぬ言い方 / in ~ words; to be ~ with you 率直に言えば / The ~ truth [OR fact] is ... 実を言うと…

❹《限定》単純な, 手のかからぬ; 素朴な, 質素な, (服などが)飾りのない, 地味な(↔ ornate); ふつうの, 平凡な, 並みの;《固有名詞とともに》特別な肩書き[地位]のない, ただの ‖ ~ sewing 簡単な縫い方, 平縫い / ~ living 質素な暮らし / a ~ dress 地味な服 / a ~ merchant 平凡な商人

❺ (布地が)模様のない, 無地の, 染めてない; 平織りの; (絵などが)着色してない; (紙が)罫(けい)のない ‖ a ~ blue fabric 無地の青い織物 / ~ cloth 平織りの布地

❻《比較なし》《限定》全くの, 徹底的な ‖ ~ nonsense [stupidity] 全くのたわごと[愚かさ] / just ~ good luck 全くの幸運 ❼ (女性が) 十人並みの, あまり器量のよくない ‖ a ~ girl さえない女の子

(***as***) ***plain as day*** [***a pikestaff, the nose on a person's face***] ⇨ DAY(成句), PIKESTAFF(成句), NOSE(成句)

plàin and símple (前[後]述の文を強調して)全く

pláin òld 全く平凡な, いつもの

—副 (**~·er**; **~·est**)

❶ はっきりと, 明らかに; わかりやすく ‖ Do you want me to talk ~*er*? もっとはっきり[わかりやすく]言ってほしいですか ❷《口》全く(♦ ふつう悪い意味の形容詞の前で用いる) ‖ ~ silly 全くばかばかしい / It's just ~ wrong. それは全くの間違いだ

~·ness 名 U 明白; 率直; 質素

▸▸ ~ chócolate 名U《英》(ミルクの入らない)ブラックチョコレート ~ clóthes (↓) ~ déaling (↓) ~ flóur 名U《英》ふくらし粉を含まない小麦粉 ~ Jáne (↓) ~ sáiling 名 U ①〘海〙順調な航海;平面航法(plane sailing) ②(物事の)順調な進行 ~ sáwing 名U丸太を年輪との接線で縦びきにして切っていくこと Pláins Ìndian 名C平原インディアン(Buffalo Indian)《かつて大草原地帯(the Great Plains)で遊牧的生活をしていた北米先住民》 ~ tèxt 名U(特殊記号・文字を用いない)通常文字,(特定のアプリケーションに依存しない)文字だけのテキスト;(暗号化されていない)平文 ‖ a ~ *text* file 通常文字ファイル, プレーンテキストファイル ~ vanílla (↓)

plàin·chànt 名 =plainsong

plàin clóthes 名 複 (特に警官の)私服, 平服
 plàin-clóthes 形《限定》私服の, 平服の

plàin·clóthes·man /-mən/ 名 (複 **-men** /-mən/) C 私服刑事(中立 plainclothes officer [detective])

plàin déaling 名U(取り引きなどでの)誠実, 正直, 公正

plàin Jáne 名C⊗《口》《しばしば蔑》さえない[ありふれた]女 **plàin-Jáne** 形⊗《口》《しばしば蔑》地味な, 平凡な

*__plain·ly__ /pléɪnli/ 副 ❶ はっきりと, わかりやすく ‖ He expressed his idea ~. 彼は自分の考えをはっきりと述べた ❷《文修飾》明らかに(♥ 話者の確信の強さを表す) ‖ *Plainly*, your conclusion is wrong.=Your conclusion is ~ wrong. 君の結論は明らかに間違っている(=It is plain that your ....) ❸ 率直に ‖ I spoke ~. 私は率直に話した ❹ 質素に ‖ She was ~ dressed. 彼女は質素な身なりだった

plains·man /pléɪnzmən/ 名 (複 **-men** /-mən/) C 平原の住民《特に北米大草原地帯(the Great Plains)の開拓者・住民についていう》(中立 plains dweller [inhabitant])

plàin·sòng 名U〘宗〙単旋律聖歌;グレゴリオ聖歌

plàin-spóken <シ 形 率直に述べる, 腹蔵のない

plaint /pleɪnt/ 名C ❶《英》〘法〙告訴(charge);告訴状 ❷《主に文》不平, 苦情;悲しみ, 嘆き

*__plain·tiff__ /pléɪnṭəf | -tɪf/ 名C〘法〙原告, 告訴人(complainant)《略 plf.》(↔ defendant)

plain·tive /pléɪnṭɪv/ 形 悲しげな, 哀れな;泣き言を言う
 ~·ly 副 **~·ness** 名

plàin vanílla 形《口》ありきたりの, 基本的な

plait /pleɪt | plæt/ 《発音注意》名C ❶《しばしば ~s》《英》(髪の毛などの)編んだもの;(編んだ)おさげ髪(《米》braid) ❷(布の)ひだ, プリーツ(pleat) ━動 他 ❶〔髪など〕を編む;〔かごなど〕を編んで作る ❷…にひだを取る

***plan /plæn/ 名 動

> 名 計画❶ 設計図❷ 図面❷
> 動 他 計画を立てる❶ …するつもりでいる❷
> 設計図を描く❸

━名 (複 **~s** /-z/) C ❶ **計画**(表), 案, プラン;構想, 段取り, 手続き;(組織立った)方法〈**for, of** …の / **to do** …する〉(⇨ 類語) ‖ The stadium was completed ahead of ~. スタジアムは予定より早く完成した / The ~ *for* merging the two banks has fallen through. その2つの銀行の合併計画は失敗に終わった / What are your ~*s for* the weekend? 週末の予定はどうなってる / Your [OR The] best ~ is to meet him in person. いちばんいいのは彼に直接会うことだ / The best-laid ~*s* go astray. 慎重に練った計画でもうまくいかないことがある / a ~ *of* action [attack] 行動計画[攻撃作戦] / the government's ~*s for* defense 政府の防衛計画 / make a ~ ⌈*to* go to Europe [*for* one's summer vacation] ヨーロッパへ行く[夏休みの]計画を立てる / lay one's ~ *of* [OR *for*] reconstructing the organization 組織再建の構想を立てる / a change of ~ 予定変更 / keep [OR stick] to a ~ 段取りに従う

連語 【動+~】carry out a ~ 計画を実行する / draw up a ~ 構想を練る / approve a ~ 計画を承認する / prepare a ~ 計画を準備する / develop a ~ 計画を作る / announce a ~ 計画を発表する
【形/名+~】a development ~ 開発計画 / a peace ~ 和平案[平和計画] / a business ~ 事業計画 / a strategic ~ 戦略計画 / an action ~ 行動計画

❷〈建物などの〉**設計図**, **図面**, 図表, 見取図, 平面図, 輪郭図;〈地区・市街などの〉詳細図;透視図〈**of, for**〉‖ draw up ~*s for* a new building 新しいビルの設計図を引く / a seating ~ *for* the dinner ディナーの座席表 / a floor ~ 平面図, 間取り図
❸《特に複合語で》(支払い・投資などの)方法 ‖ We have a 6-month or a 12-month ~ for repayment. 支払いには6か月払いと12か月払いがあります
❹《通例 ~s》意図, 意思 ‖ I have no ~*s* to go skiing this winter. この冬はスキーに行くつもりはない
❺(メソジスト教会の)説教師のローテーション表

*__*gò accòrding to plán*__ 計画どおり[順調]に事が運ぶ

━動 (**~s** /-z/; **planned** /-d/; **plan·ning**)
━他 ❶ **a** 《+目》…の**計画**[予定]**を立てる**, …を計画[立案]する ‖ We are *planning* a surprise party for Cathy. キャシーのためにびっくりパーティーを計画中だ / ~ a trip 旅行を計画する / ~ an international conference to be held next year 国際会議を来年開催の予定で計画する / Our project is proceeding as *planned*. 我々の企画は計画どおりに進んでいる(=... is going according to plan.)
b 《+**wh** 節 / **wh to *do*** / **that** 節》…か[…ということ]を画策する, 構想する, 計画する ‖ We *planned how* we would word our recommendation in our report. 勧告を報告書にどう言い表したものかと構想を練った / It is *planned that* the speech contest will be held just before Christmas. スピーチコンテストはクリスマスの直前に開催される計画だ
❷《+**to *do*** / ***doing***》…**するつもりでいる**(♦ 意味の上での差はあまりないが *doing* はややまれ. 特に現在分詞・動名詞 planning の後では避けられる. → 自 ❷) ‖ I had **originally** *planned to* stay here a couple of weeks. もともとはここに2, 3週間滞在するつもりでいました
❸〔建物など〕の**設計図を描く**,〔土地など〕の図面を作る;〔建物〕の設計をする;…の概略を作る ‖ These houses were not *planned* for this climate. これらの家はここの気候に合うように設計されていなかった / ~ an essay エッセイの構想を練る
━自 ❶〈…の〉計画を立てる, 計画する〈**for**〉‖ ~ *for* one's retirement 引退に備えて計画を立てる / ~ *for* ⌈the future [a contingency] 将来[万一の場合]に備える ❷《+**on** 名》…の[…する]つもりである(♦ 名 はしばしば *doing*) ‖ I ~ *on* going to the movies this evening. 今晩映画に行くつもりだ

be plànned úp (会議・打ち合わせが)用意万端(ばん)整っている

plàn ahéad 前もって〈…の〉手はずをつける〈**for**〉

plán on ... 〈他〉① ⇨ 自 ❷ ② …を確実視する, 当てにする(expect)(♦ しばしば否定文で用い, on の後は *doing*) ‖ I hadn't *planned on* his coming. 彼が来るとは思っていませんでした

plàn óut ... / plàn ... óut 〈他〉…の計画をしっかり[十分に, 綿密に]立てる

類語 《名 ❶》**plan**「計画」の意の最も一般的な語.
 design 巧妙で念入りにもくろまれた計画.〈例〉murderous *designs* 殺害計画
 plot (特に不法な)秘密の計画.〈例〉a *plot* against the government 反政府陰謀

P

project 大規模で社会性のある困難な計画.〈例〉an irrigation *project* 灌漑(かんがい)計画
scheme 綿密にたくらまれた計画の意で, 知能犯などによる「悪巧み」の意味で用いられることが多い.〈例〉a *scheme* to hijack a plane 飛行機乗っ取り計画《英》では政府や企業などの正式な計画をいう.〈例〉a pension [business] *scheme* 年金[事業]計画

▸▸**Plàn Á [B́]** 名 C《単数形で》第一[代替]案

pla·nar /pléɪnər/ 形〖数〗平面(上)の; 平らな(flat)

plan·chette /plænʃét | plɑːn-/ 名 C プランシェット《2個の脚輪と鉛筆で支えられた通例ハート形の板. 指を乗せて占い用の文字盤の上で動かす》

P

Plànck's cónstant /plɑ̀ːŋks- | plæ̀ŋks-/ 名 U C〖理〗プランク定数《量子論の基礎定数の1つ. 記号 *h*》(♦ドイツの物理学者 Max Planck(1858–1947)の名から)

:plane[1] /pleɪn/ (♦同音語 plain)
—名(複 **~s** /-z/) C《口》**飛行機**(♦《米》airplane,《英》aeroplane の略); 水上飛行機 (hydroplane) ‖ leave **on** the nine o'clock ~ 9時(発)の飛行機で出発する / change [×exchange] ~*s* 飛行機を乗り換える / by ~ = **in** [OR **on**] a ~ 飛行機で / a ~ ticket 航空券 / a ~ crash 飛行機事故
連語【**動**+~(+**前**)】board [OR get on (board)] a ~ 飛行機に乗り込む / get off a ~ 飛行機を降りる / catch [miss] a ~ 飛行機に間に合う[乗り遅れる] / fly a ~ 飛行機を操縦する / take a ~ to ... 飛行機に乗って…に行く / charter a ~ 飛行機を借りきる【**形/名**+~】a cargo ~ 貨物機 / a transport ~ 輸送機 / a passenger ~ 旅客機 / a fighter ~ 戦闘機 / a private ~ 自家用機
—動 (**~s** /-z/; **~d** /-d/; **plan·ing**) 自 ❶ (鳥などが)滑空する《*down*》❷ (モーターボートなどが)水面をかすめるように走る ❸ 飛行機で行く

:plane[2] /pleɪn/ (♦同音語 plain)
—名(複 **~s** /-z/) C ❶ **平面**, 面, 水平面; (結晶体・固体の)一面 ‖ a horizontal [vertical] ~ 水平[垂直]面 / an inclined ~ 斜面 / a picture ~ 画面
❷ **水準**, レベル, (発達の)**段階**, **程度** ‖ That guy lives on a completely different ~ from everyone else. あの男は生活レベルがほかのだれともまるで違っている
—形(♦plain と区別)《比較なし》《限定》❶ 平らな, 平坦(へいたん)な ❷〖数〗平面の, 平面上の ‖ a ~ curve 平面曲線
▸▸**~ ángle** 名 C〖数〗平面角 **~ geómetry** 名 U〖数〗平面幾何学 **~ sáiling** 名 U〖海〗平面航法 **~ tàble** 名 C〖測量〗平板(へいばん)《三脚の上に置き, 方向視準器を載せて測量する板》

plane[3] /pleɪn/ (♦同音語 plain) 名 C ❶ かんな ❷ (粘土・漆喰(しっくい)の)ならしごて
—動 他 かんなをかける, かんなをかけて(…の状態)にする《*down*》; …をかんなで削り取る[滑らかにする]《*away, off*》

plane[4] /pleɪn/ (♦同音語 plain) 名 (=~ **trèe**) C〖植〗スズカケノキ(鈴懸木), プラタナス

pláne·lòad 名 C 飛行機1機分の搭載量[乗客]

plan·er /pléɪnər/ 名 C 平削り盤, かんな盤

:plan·et /plǽnɪt/
—名 [▶ planetary 形] (複 **~s** /-s/) C ❶〖天〗**惑星**, 遊星 (↔ (fixed) star 恒星) ‖ The ~ Mercury orbits closer to the sun than any of the others. 惑星の水星はほかのどの惑星よりも太陽の近くで軌道を描く(♦Mercury など惑星名の前に the planet をつけるのは同名の神話の神と区別する言い方) / major ~*s* 大惑星(♦水星 Mercury, 金星 Venus, 地球 Earth, 火星 Mars, 木星 Jupiter, 土星 Saturn, 天王星 Uranus, 海王星 Neptune の8惑星をいう. 冥王(めいおう)星 Pluto は2006年に準惑星として除外された(⇨ PLUTO)) / minor ~*s* 小惑星 (asteroids) / dwarf ~*s* 準惑星 / primary ~*s* 一等惑星 / secondary ~*s* 二等惑星, (惑星の)衛星
❷《the ~》地球(the earth, Planet Earth, the planet Earth), 世界(♥主に地球環境の話題で用いる語)(⇨ EARTH **類語**) ‖ We need to preserve this ~ for future generations. 未来の世代のために私たちはこの地球を守る必要がある / all life **on** the ~ 地球上の全生物
❸〖占星〗(人間の運勢や性格を左右すると考えられる)運星《地球を除く太陽系の惑星および太陽・月など》

COMMUNICATIVE EXPRESSIONS
1 He **is** (**líving**) **on anòther plánet.** 彼は現実[世間]離れしている; (周りのことに)無頓着(むとんちゃく)だ(=What planet is he on?)
2 **Whát plànet are you fróm?** 頭大丈夫か; 正気か(♥相手の考えなどが理解し難いものであったときなどに)

語源「さまようもの」の意のギリシャ語 *planētēs* から(位置を変えない恒星と区別して). plankton と同語源.
▸▸**~ gèar** [**whèel**] 名 C 遊星歯車

plan·e·tar·i·um /plæ̀nətéəriəm/ 名 (複 **~s** /-z/ OR **-i·a** /-iə/) C プラネタリウム, 天象儀

***plan·e·tar·y** /plǽnətèri | -təri/ 形 [◁ planet 名]《限定》❶ 惑星の(ような), 惑星に関係のある ‖ a ~ system 惑星系 / a ~ nebula 惑星状星雲 ❷ 地球(上[規模])の; この世の, 現世の ❸ 惑星状の動き方をする; (運動などが)不規則な, 気まぐれな ❹ さまよう, 流浪する ‖ a ~ life 放浪生活 ❺〖占星〗惑星の(影響を受けた) ❻ (自動車などの)遊星歯車式伝動装置の ‖ a ~ gear 遊星歯車

plan·e·tes·i·mal /plæ̀nɪtésɪməl/ 〈シ〉 名 C 形 微小惑星体(の)

plan·et·oid /plǽnətɔ̀ɪd/ 名 C 小惑星(asteroid)

plan·e·tol·o·gy /plæ̀nətɑ́(ː)lədʒi | -tɔ́l-/ 名 U 惑星学
-gist 名

plan·gent /plǽndʒənt/ 形《主に文》(打ち寄せる波音が)響き渡る; (鐘などが)物悲しげに響き渡る, 訴えるような
-gen·cy 名 **~·ly** 副

pla·nim·e·ter /plænímət̬ər | -nímɪ-/ 名 C 面積計, 測面器, プラニメーター《平面図形の面積を測定する器具》
-ni·mét·ric 形 面積測定の; 平面図の

plan·i·sphere /plǽnɪsfɪər/ 名 C ❶ (球体の)平面投射図, 球体平面図 ❷ 平面天体図; 星座表; 星座早見表

***plank** /plæŋk/ 名 C ❶ 板, 厚板《board よりも厚くて長い》‖ ~*s* of the floor 床板 / a ~ bench = a bench made of ~*s* 厚板でできたベンチ ❷ (政党綱領などの)重要項目, 原則[特色](の1つ) ‖ the ~*s* of the Republican platform 共和党綱領の項目 / a ~ of「an argument [an agenda, a strategy] 争点[協議事項, 戦略]の1つ ❸ 支える[土台となる]もの
(*as*) ***thìck as twò*** (***shòrt***) ***plánks***《英口》とても愚かな
wàlk the plánk ① 目隠しをされて船の甲板から海上に突き出た板の上を歩く《昔, 海賊が捕虜を殺した方法》② (強制されて)辞職する(♦主にジャーナリズム用語)
—動 他 ❶ …を〈…で〉板張りにする《*over*》〈**with**〉‖ The kitchen floor was ~*ed with* chipboard. 台所の床は合板張りだった ❷《主に米・アイル口》…を強く[乱暴に]置く《*down*》‖ ~ oneself *down* 急いで腰を下ろす ❸《米》〔肉・魚など〕を板の上で料理して供する
plànk dówn ... / ***plànk ... dówn***〈他〉① ⇨ 他 ❷ ②《俗》〔金〕を即座に支払う

plank·ing /plǽŋkɪŋ/ 名 U 厚板を張ること, 厚板張り;《集合的に》床などに張られた厚板

plank·ton /plǽŋktən/ 名 U《集合的に》《単数・複数扱い》〖生〗プランクトン, 浮遊生物 **plank·tón·ic** 形
語源「さまよう」の意のギリシャ語 *planktos* から. ドイツの生理学者 Hensen による命名. planet と同語源.

planned /plænd/ 形 計画された, 計画的な ‖ ~ parenthood (産児制限などによる)計画出産
▸▸**~ ecónomy** 名 C 計画経済《政府が生産・分配・価格を統制する経済組織》**~ obsoléscence** 名 U 計画的廃用[旧式]化《買い替えを促すために短期間でモデルチェンジすること》**Plànned Párenthood** 名 (米国の)家族計画連盟

*plan·ner /plǽnər/ 名 Ⓒ ❶ 計画者, 立案者, 企画係；都市計画立案者 ‖ a city [《英》town] ～ 都市(開発)計画立案者 ❷ 書き込み式年間計画表, 予定表

*plan·ning /plǽnɪŋ/ 名 Ⓤ 企画立案, プランニング；都市計画 ‖ city [《英》town] ～ 都市(開発)計画 / family ～ 家族計画 ▶▶～ permìssion 名 Ⓒ《英》建築許可

plano- /pleɪnoʊ-, -nə-/ 連結形「平面の, 平らな」の意(♦母音の前では plan-) ‖ *plano*meter (平面計)

plàno-cóncave ◁ 形〘光〙(レンズが)平凹の, 片面が平らで他面が凹面の

plàno-cónvex ◁ 形〘光〙(レンズが)平凸の, 片面が平らで他面が凸面の

pla·nog·ra·phy /pleɪná(ː)grəfi | -nɔ́g-/ 名 Ⓤ〘印〙平版印刷《石版印刷など》 -no·gráph·ic 形

***plant** /plænt | plɑːnt/ 名 動

中心義 (しっかりと)植えつける, 植えつけられたもの

> 名 植物❶ 草❶ 機械❷ 工場❷
> 動 他 植える❶ しっかりと据える[立てる]❷

—名(複 ～s /-s/) Ⓒ ❶ **植物**, 草木；(樹木に対して)**草**, 草本(herb)；苗, 苗木；挿し木 ‖ Tropical ～*s* **grow** in this area. この地域には熱帯植物が生育する / potted ～*s* 鉢植え植物 / garden ～*s* 園芸植物 / a perennial ～ 多年性草本, 多年草 / a potato ～ ジャガイモの苗
❷ Ⓤ/Ⓒ (a ～)**機械**[設備](一式), 装置, 工場設備, プラント；Ⓒ《しばしば複合語で》**工場**；発電所 (⇨ FACTORY 類語P) ‖ a heating ～ 暖房設備一式 / an engineering ～ 土木工事プラント / a nuclear (power) ～ 原子力発電所 / work in a ～ 工場で働く
❸《通例単数形で》《口》おとり, わな；(人を陥れるためにわざと入れておく)盗品
❹ 回し者, スパイ；(聴衆の中に潜り込ませた)さくら
—動 (～s /-s/；～ed /-ɪd/；～ing)
—他 ❶〔植物〕を**植える**,〔種子〕をまく；〔畑など〕に植物を植える, …に種子をまく；…に〈…を〉(一面に)植える[まく]〈**with**〉‖ Now is the best time for ～*ing* vegetable seeds. 今が野菜の種をまくのにいちばんよい時期だ / ～ a garden 庭に植物を植える / ～ a memorial **tree** in the garden 庭園に記念樹を植える / He ～*ed* his fields *with* cotton. 彼は畑に綿を植えつけた
❷《＋目＋副句》…を**しっかりと据える[立てる]**, 置く(♦副句は場所を表す) ‖ Nick ～*ed* his feet on the ground. ニックは地面にしっかりと立った / The girl ～*ed* herself before us. 少女は私たちの前に立ちはだかった
❸《口》〈…に〉強く〔キス〕をする〈**on**〉；〔パンチ・打撃〕を〈…に〉打ち込む, 食らわせる〈**on**〉‖ She ～*ed* a kiss *on* his cheek. 彼女は彼の頬(ほお)に強くキスした / He ～*ed* a jab *on* Joe's chin. 彼はジョーのあごにジャブを1発食らわせた
❹〔思想・疑念など〕を〈…の心に〉植えつける, 根づかせる〈**in**〉‖ ～ a new idea *in* people's minds 新しい思想を人々の心に植えつける
❺《口》(人に嫌疑がかかるように)〔盗品・麻薬など〕を(わざと見つかりやすい所に)隠す〈**on** 人(の持ち物)に；**in** …の中に, etc.〉‖ ～ a stolen watch *on* a classmate 盗んだ時計をクラスメートの持ち物にわざと入れておく
❻〔爆弾・盗聴器など〕をひそかに仕掛ける；《口》(情報をつかむために)〔スパイなど〕を〈…に〉潜り込ませる〈**in, at**〉；(世論形成などの目的で)〔それらしい記事〕を〈新聞などに〉そっと掲載する〈**in**〉‖ A terrorist ～*ed* a bomb on the plane. テロリストがその航空機に爆弾を仕掛けた / ～ spies *in* an organization 組織にスパイを潜り込ませる
❼〔植民地・居留地など〕を創設する, 設立する；〔人〕を入植[定住]させる ❽〔稚魚など〕を〈…に〉放流する〈**in**〉；〔養殖場・湖など〕に〈カキの稚貝・稚魚などを〉放流する〈**with**〉‖ They ～*ed* the river *with* salmon fry. = They ～*ed* salmon fry *in* the river. 彼らは川にサケの稚魚を放流した ❾《俗》〔人〕を埋葬する, …を埋める
plànt óut ... / plànt ... óut 〈他〉① …を(鉢などから)外へ移植する ②〔苗・種子〕を間隔をおいて植える[まく]
～·a·ble 形 植えられる, 植民できる ～·let 名 Ⓒ 小植物；苗 ～·like 形 植物のような
▶▶～ed ròof 名 Ⓒ 屋上緑化 (green roof) ～ fòod 名 Ⓤ (植物への)栄養素, (化学)肥料 ～ kìngdom 名《the ～》植物界 (vegetable kingdom) (→ animal kingdom) ～ lòuse 名 Ⓒ〘虫〙アブラムシ, アリマキ (aphid) ～ pòt 名 Ⓒ 植木鉢(《米》flower pot)

Plan·tag·e·net /plæntǽdʒənət/ 名〘英国史〙プランタジネット家(の人)《Henry 2世から Richard 3世までの間 (1154–1485)イングランドを統治した王家》

plan·tain[1] /plǽntən | -tɪn/ 名 Ⓒ Ⓤ〘植〙料理用バナナ(の実)《通常のバナナよりも甘味が少ない》

plan·tain[2] /plǽntən | -tɪn/ 名 Ⓒ〘植〙オオバコの類

plan·tar /plǽnṭər/ 形〘解〙足の裏の, 足底の
▶▶～ wàrt 名 Ⓒ《米》(足の裏にできる)いぼ, たこ

*plan·ta·tion /plæntéɪʃən | plɑːn-/ 名 Ⓒ ❶ (熱帯・亜熱帯の)(大)農園, (大)農場, プランテーション；(米国南部の)大農園 ‖ a rubber ～ ゴム園 / a cotton ～ 綿花農場 / a ～ song 米国の大農園で黒人労働者が歌った歌 ❷ 植林地, 造林地 ❸ 植民地

*plant·er /plǽnṭər | plɑ́ːntə/ 名 Ⓒ ❶ プランター《植物栽培容器》；球根(水)栽培容器 ‖ a ～ box プランターボックス ❷ (大)農園(plantation)の持ち主, (大)農場主 ❸ 植える人, 栽培[養殖]者；種まき[植え付け]機 ❹〘史〙(17世紀にスコットランド・イングランドからアイルランドの没収地へ入植した)植民者 ▶▶～'s púnch 名 Ⓒ プランターズパンチ《ラム酒・ライムジュース・砂糖・水・ソーダなどで作ったパンチ》

plant·ing /plǽnṭɪŋ | plɑ́ːntɪŋ/ 名 Ⓒ Ⓤ 植え付け, 種まき, 植林；植えつけられた植物

plánts·màn 名(複 -mèn /mèn/) Ⓒ (熟練した)造園家, 庭師, 植木職人

plánts·wòman 名(複 -women) Ⓒ 女性造園家[庭師]

plaque /plæk, plɑːk/ 名 Ⓒ ❶ (絵などを描いた装飾用の)飾り板, (そこに住んでいた人を記念するために壁などにはめ込む)飾り額, 記念額 ❷ Ⓤ 歯垢(しこう)；歯苔(したい) ❸〘医〙(皮膚などの)斑点(はんてん) ❹ 小板状バッジ[ブローチ]

plash /plæʃ/《文》名 Ⓒ《単数形で》(水の)ぱしゃぱしゃ[ぴちゃぴちゃ]いう音(→ splash)；水たまり
—動 自 ぱしゃっという音を立てる
—他〔水など〕をぱしゃっとはね返す[飛ばす]

plasm /plæzm/ 名 =plasma

*plas·ma /plǽzmə/《アクセント注意》名 Ⓤ ❶〘解〙血漿(けっしょう), リンパ漿 (blood plasma) ❷ 乳漿 (whey) ❸〘理〙プラズマ《原子や分子が正・負の荷電粒子群に分かれて激しく動き回っている状態》❹〘鉱〙濃緑玉髄 ❺〘生〙原形質(protoplasm)
▶▶～ displáy pànel 名 Ⓒ プラズマディスプレーパネル《略 PDP》 ～ mémbrane 名 Ⓒ Ⓤ〘生〙原形質膜 ～ scréen 名 Ⓒ プラズマ画面 ～ TV 名 Ⓒ プラズマテレビ(受像機)

plas·mid /plǽzmɪd/ 名 Ⓒ〘遺伝〙プラスミド《染色体とは独立して自己増殖する遺伝因子》

plas·mo·di·um /plæzmóʊdiəm/ 名(複 -di·a /-diə/) Ⓒ〘生〙❶ 変形体《アメーバ状の多核の細胞質塊》❷〘動〙マラリア原虫

*plas·ter /plǽstər | plɑ́ːs-/ 名 ❶ Ⓤ 漆喰(しっくい), プラスター ‖ apply ～ to a wall 壁に漆喰を塗る ❷ (=～ of Páris) Ⓤ 焼石膏(せっこう)《ギプス用など》‖ in ～ ギプスをつけて ❸ Ⓒ Ⓤ《英》膏薬(こうやく), ばんそうこう；《旧》(からしなどの)湿布 ‖「(a) sticking [an adhesive] ～《英》ばんそうこう / put a ～ on a wound 傷にばんそうこうをはる
—動 他 ❶〔壁など〕に漆喰を塗る ❷ …に〈…を〉厚く塗りつける, べったりはりつける〈**with, in**〉；…を〈…に〉厚く塗りつける, べったりはりつける〈**on, over**〉‖ ～ one's toast *with* butter トーストにバターをこってり塗る / ～ oneself *in*

P

suntan lotion 体に日焼け止めローションを塗りたくる / ～ one's face *in* heavy makeup 顔に厚化粧する / ～ posters *on* a wall＝～ a wall *with* posters 壁にポスターをはりつける ❸ …に膏薬をはる, 湿布[ギプス]をする ❹〔髪など〕を〈…に〉ぺったりくっつける《*down*》〈**to**〉‖ Her hair was ～*ed down* by the rain. 彼女の髪は雨にぬれてぺったりはりついていた / ～ one's hair *down* with oil 髪をオイルでなでつける ❺〔ニュース記事・写真など〕を(新聞・雑誌などに) 大きく載せる ‖ The news of her sudden death was ～*ed* all over the papers. 彼女の急死のニュースは新聞紙上で大々的に報道された ❻《旧》《口》…をこてんぱんにやっつける；(爆撃などで)…に大損害を与える

plàster óver 〈他〉 Ⅰ《***plàster óver ... / plàster ... óver***》〔壁など〕に一面に漆喰を塗る(♦しばしば受身形で用いられる) Ⅱ《***plàster óver ...***》〔ひび割れ・穴など〕を漆喰で塗りふさぐ[隠す]；〔失敗など〕を取り繕う

plàster úp ... / plàster ... úp 〈他〉〔ひび割れ・穴など〕を漆喰でふさぐ

-ter·er 名 Ⓒ 左官[塗装]屋；石膏細工師 **-ter·y** 形 漆喰[石膏]のような, 漆喰だらけの

▶▶ **～ cást** 名 Ⓒ (彫刻などの)焼き石膏模型；ギプス

pláster·bòard 名 Ⓤ プラスターボード, 石膏ボード《壁・天井用などの石膏を芯(しん)にした板紙》

plas·tered /plǽstərd | plɑ́ːs-/ 形《叙述》❶《口》酔っ払った ‖ get ～ 酔っ払う ❷ プラスターを塗った

plas·ter·ing /plǽstərɪŋ | plɑ́ːs-/ 名 Ⓒ ❶ 漆喰工事, 漆喰の一塗り ❷《口》大敗

pláster·wòrk 名 Ⓤ 漆喰細工[装飾, 仕上げ]；左官工事

⁑plas·tic /plǽstɪk, ＋英 plɑ́ːs-/

―名 (複 **～s** /-s/) ❶ Ⓤ **プラスチック, ビニール**, ポリエチレン(など)《熱硬化性または熱可塑性の合成樹脂の総称》(日本語では軟質のものを「ビニール」, 硬質のものを「プラスチック」のように区別するが, 英語の plastic は両方を指し, vinyl は化学分野の専門用語) ‖ ball bearings made of ～ プラスチック製のボールベアリング

❷ Ⓒ《通例 ～s》プラスチック[ビニール, ポリエチレン]製品

❸《～s》《単数扱い》プラスチック製造 ‖ the ～*s* industry プラスチック工業

❹ Ⓤ《集合的に》《口》クレジットカード(類) ‖ pay with ～ instead of with cash 現金の代わりにカードで払う

―形 (**more ～；most ～**)

❶《比較なし》**プラスチック(製)の, ビニール(製)の** ‖ This toy gun is mostly ～. このおもちゃの銃はだいたいがプラスチック製だ / a ～ **bag** [raincoat] ビニール袋[ビニール製のレインコート] / a ～ dish [container] プラスチック製の皿[ポリ容器]

❷《比較なし》《限定》可塑性のある, 思うままの[いろいろな]形にできる ‖ Wax is a ～ substance. ろうは可塑性のある物質だ / ～ clay 塑性粘土

❸ 人工の, 作り物の, 本物でない, にせの；独創性[個性]のない, 非人間的な ‖ I don't like that ～ smile of his. 彼のあの作り笑いは気に入らない / ～ food 味気ない食物

❹〖生〗組織を形成[回復]できる；適応[変化]できる

❺ 形を作る, 形成力のある；造形の, 塑像の；彫刻のような, 均整のとれた(well-formed) ‖ a ～ figure 塑像

❻〖医〗形成の, 整形の ❼ (性格が)感じやすい, 従順な, 素直な ‖ a ～ personality 感化されやすい人柄

▶▶ **～ árts** 名《the ～》造形美術《絵画・彫刻・陶芸などの視覚芸術》 **～ bómb** 名 Ⓒ プラスチック爆弾《プラスチック爆薬を材料とする》 **～ búllet** 名 Ⓒ プラスチック弾 **～ explósive** 名 Ⓒ Ⓤ プラスチック爆薬 **～ móney** 名 Ⓤ (現金・小切手に対して)クレジットカード, デビットカード ‖ prefer to pay for things with ～ *money* rather than paper 現金よりはクレジットカードで支払う方を好む **～ súrgeon** 名 Ⓒ 形成外科医 **～ súrgery** 名 Ⓤ 形成外科；形成[整形]手術 **～ wráp** 名 Ⓤ《米》(食品保存・調理用の)ラップ

Plas·ti·cine /plǽstəsìːn/ 名《ときに p-》Ⓤ《英》《商標》プラスチシン(《米》Play-Doh)《工作用合成粘土》

plas·tic·i·ty /plæstísəṭi/ 名 Ⓤ 可塑性；順応[柔軟]性

plas·ti·cize /plǽstɪsàɪz/ 動 他 自 (…を[が]) 可塑性のあるものにする[なる] **-cìz·er** 名 Ⓒ 可塑剤, 軟化剤

plas·tid /plǽstɪd/ 名 Ⓒ〖生〗(植物細胞中の)色素体

plat /plæt/《米》名 Ⓒ ❶ 小地所, 小地面(plot) ❷ 土地測量図, (分譲地などの) 図面, 地図 ―動 (**plat·ted** /-ɪd/；**plat·ting**) 他 …の図面[地図]を作る

plat du jour /plɑ̀ː də ʒúər | -dúː-/ 名 (複 **plats-** /plɑ̀ːz-/)《フランス》(＝dish of the day) Ⓒ (本日の)お勧め料理

⁑plate /pleɪt/ 名 動

中心義 平たいもの

―名 (複 **～s** /-s/) Ⓒ ❶ (浅い) 皿 (⇨ DISH 類語P) ‖ a cake ～ ケーキ皿 / paper ～*s* 紙皿 / clean [OR empty] one's ～ 残さずに食べる

❷ 1皿の分量(plateful)；1皿分の料理, 1人前の料理；《米》1皿に盛りつけたメインコース ‖ a ～ of fish 魚料理1皿 / serve dinners at fifty cents a ～ 1皿50セントで食事を出す

❸ Ⓤ《集合的に》(金・銀などの)皿類, **食器類** ‖ the family ～ (紋章の刻印のある)家伝の食器類

❹《しばしば複合語で》(金属・ガラスなどの)**板**；金属板, 板金；延べ金；(よろいの)板金；板ガラス(plate glass)；(顕微鏡の)スライドガラス ‖ a metal ～ 金属板

❺ (金属製の)表札, 看板；《～s》(自動車の)ナンバープレート；蔵書票 ‖ a door ～ 表札 / an old Dodge with red Ohio ～*s* 赤いオハイオナンバーの古いダッジ / put up one's ～ (医者・弁護士などが)看板を出す, 開業する

❻ Ⓤ《しばしば複合語で》めっき, 鍍金(ときん)；めっき製品 ‖ gold ～ 金めっき / The teapot is only ～. そのティーポットはただのめっきだ

❼ 金属[木]版画；〖印〗版 ❽ (本の)図版, プレート；ページ大の挿絵 ‖ a magazine with color ～*s* カラー図版付き雑誌 ❾〖写〗感光板 ‖ a dry ～ 乾板 / a negative ～ 原板, 種板 ❿〖地〗プレート(→plate tectonics) ⓫《the ～》〖野球〗本塁(home plate)；投手板(pitcher's plate) ‖ cross the ～ ホームを踏む, 得点する ⓬〖歯科〗義歯床(dental plate)；《口》(一組の)義歯, 入れ歯；歯列矯正器具 ⓭〖解〗薄層, 薄板；(カメの)甲, (魚などの)鱗板(りんばん)；(昆虫などの)盾板(じゅんばん) ⓮《the ～》(教会の) 献金皿；献金 ‖ pass around the ～ 献金皿を回す ⓯《the ～》(競馬などの金・銀の) 賞杯；賞杯の出るレース (plate race) ⓰《米》〖電〗陽極(anode)；極板 ⓱〖建〗横木, けた ⓲ (競走馬の)軽い蹄鉄(ていてつ) ⓳〖生〗(菌の)培養皿

hànd [OR ***gìve***] ***À B́ on a pláte*** ; ***hànd*** [OR ***gìve***] ***B́ to Á on a pláte***《口》*A*(人)に *B* をやすやすと手渡す[与える] ‖ The Giants easily *handed* Saturday's game *to* the Dragons *on a* ～. ジャイアンツは土曜日の試合でドラゴンズにいとも簡単に敗れた

hàve enòugh [OR ***a lòt***] ***on one's pláte*** ; ***hàve òne's pláte fùll***《口》(仕事・問題など)片づけるべきことがたくさんある[手いっぱい抱えている]

―動 (**～s** /-s/；**plat·ed** /-ɪd/；**plat·ing**) 他 (♦しばしば受身形で用いる) ❶ …を〈金・銀などで〉めっきする〈**with**〉‖ a spoon ～*d with* silver＝a silver-～*d* spoon 銀めっきのスプーン ❷ …を金属板で覆う；〔船・車両など〕を装甲する ❸〖印〗…をステロ[電気]版にする

▶▶ **～ gláss** 名 Ⓤ 厚板ガラス《鏡などに使う》‖ a *plate-glass* window 厚板ガラスの窓 **～ ràck** 名 Ⓒ《英》(水切り用) 皿立て **～ tectónics** 名 Ⓤ〖地〗プレートテクトニクス《地球の表層は堅い岩板(plates)に覆われていて, これらが互いに離れたりぶつかったりして, 地殻変動が起こるとする説》

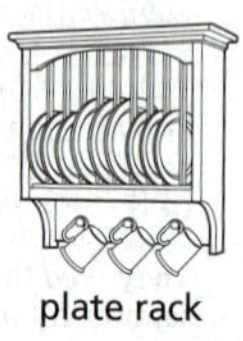
plate rack

pla·teau /plætóu | ⌐–/ 名 (複 **~s**, **-teaux** /-z/) C ❶ 台地, 高原 ❷〘心〙学習高原《学習の停滞期》;(景気などの) 高原状態《上昇後の安定または停滞状態》‖ hit a ~ 停滞する ❸ 飾り皿[盆, 額, 板]; 頂部の平らな女性の帽子 ―動 自 高原状態に達する

plate·ful /pléɪtfʊ̀l/ 名 C 皿1杯, 1皿分の量

pláte·làyer 名 C《英》保線(係)員(《米》tracklayer)

plate·let /pléɪtlət/ 名 C〘解〙血小板

plat·en /plǽtən/ 名 C (印刷機の)圧盤, 圧胴;(タイプライターの)プラテン《用紙を巻きつけるゴムのローラー》

***plat·form** /plǽtfɔ̀ːrm/《アクセント注意》

―名 (複 **~s** /-z/) C ❶ (駅の) **プラットホーム** (→ track) ‖ Which ~ does the next train leave from? 次の列車はどの (プラット) ホームから出ますか / come [OR get, pull] into ~ 6 (電車が) 6番ホームに入る / 「a departure [an arrival] ~ 発車[到着]ホーム

❷ **演壇**, ステージ; 教壇; 舞台; 展望台 ‖ mount the concert ~ 指揮台に上がる / Two candidates shared a ~. 2人の候補者が同じ集会で演説した

❸ 平坦で盛り上がった構造物[地域];(人がその上で働けるような)高い足場;(海底油田の)プラットホーム《掘削の足場となる構造物》;(ロケットなどの)発射台;(飛び込み・空中ブランコなどの)ジャンプ台;〘地〙高台, 台地

❹《米》(客車・バスの)昇降段, ステップ, デッキ;《英》(2階だてバスの) 乗降口 ❺《通例単数形で》(政党・候補者の) 政策綱領, 主義;(選挙前の)政綱宣言[発表] ‖ His ~ was conservative. 彼の政策は保守的なものだった / campaign on a ~ of lower taxes 減税を政策に掲げて選挙運動する ❻ (意見などを) 公表する機会, 場 ‖ act as a ~ for people with radical ideas 過激思想を持つ人々の発言の場となる ❼ (靴の)厚底;(=**~ shòes**)《~s》厚底靴;《形容詞的に》(靴が)底の厚い ❽ 🖵 プラットフォーム《アプリケーションを動作させるための基本的な環境》

▸▸ **~ gàme** 名 C プラットフォームゲーム《画面をクリアすると難度の高い段階に進むコンピューターゲーム》 **~ tìcket** 名 C《英》《旧》(駅の) 入場券

plat·ing /pléɪṭɪŋ/ 名 U (金・銀などの)めっき;(金属による)表面被覆(ひふく), 装甲

plat·i·nize /plǽṭɪnàɪz/ 動 他 …に白金をかぶせる; …を白金と合金にする **plàt·i·ni·zá·tion** 名

***plat·i·num** /plǽtənəm | plǽtɪ-/ 名 U ❶〘化〙白金, プラチナ《金属元素. 元素記号 Pt》‖ a ~ ring プラチナの指輪 ❷ プラチナ[白金]色 ❸ (=**~ dìsc**) C プラチナディスク《レコードの売り上げが特定の枚数(例えば100万枚)以上を達成したアーティストまたはそのグループに贈られるフレームに入ったプラチナのレコード》; そうした大ヒットになったレコード

―形 ❶ (レコード (アルバム)・CDが) プラチナディスク[《米》売り上げ100万枚]を達成した ‖ go ~ プラチナディスクを達成する ❷ プラチナ[白金]色の

▸▸ **~ bláck** 名 U〘化〙白金黒《微小な白金の黒粉で触媒用》 **~ blónde** 名 ① C (通例染髪による)プラチナ色の髪(の女) ② U プラチナブロンド《明るい銀色》

plat·i·tude /plǽṭətjùːd | plǽtɪ-/ 名 ❶ U (言葉や文章などの)陳腐, 平凡 ❷ C (本人は斬新(ざんしん)なつもりの)陳腐[平凡]な言葉, ありきたりの文句(cliché)

plat·i·tu·di·nous /plæ̀ṭətjúːdənəs | -ɪtjúːdɪ-/ <シ 形 (発言・言葉が)平凡な, 陳腐な, 単調な **~·ly** 副

Pla·to /pléɪṭou/ 名 プラトン (427?–347? B.C.)《古代ギリシャの哲学者. Socrates の弟子》

Pla·ton·ic /plətɑ́(ː)nɪk | -tɔ́n-/ 形 ❶ プラトン(Plato)(哲学)の ❷《通例 p-》観念論的な, 非実際的な, 理想主義的な ❸《通例 p-》(男女間の愛が) 純粋に精神的な ‖ ~ love プラトニックラブ, 精神的恋愛 **-i·cal·ly** 副

Pla·to·nism /pléɪtənɪzm/ 名 U ❶ プラトン哲学 [学派, 主義] ❷《通例 p-》プラトニックラブ, 精神的恋愛

-nist 形 名 C プラトン学派の(人)

***pla·toon** /plətúːn/ 名 C ❶〘軍〙小隊《2つ以上の squad または section からなり, 通例 lieutenant に率いられる》‖ form [deploy, command] a ~ 小隊を編成[配置, 指揮]する ❷(行動を共にする)集団, 団体 ‖ a ~ of tourists 旅行者の一団 ❸《集合的に》〘アメフト〙プラツーン《1つのチームの中でオフェンスまたはディフェンスを専門にする選手群》;〘野球〙同一ポジションで交替する選手たち

―動《米》他 (スポーツで)〔選手〕を同一ポジションで交替で使う ―自 (選手が) ほかの選手と同一ポジションで交替でプレーする

▸▸ **~ sérgeant** 名 C〘米陸軍〙2等曹長

plat·ter /plǽṭər/ 名 C ❶ 大皿《主に肉や魚を盛る浅い長円形の皿. これから各人の plate にとる》; 大皿に盛り合わせた料理;《英》《古》木製の大皿(⇨ DISH 類語P) ❷《旧》《口》レコード, 音盤;〘野球〙=home plate ❸ 🖵 プラッター《ハードディスク内に収納されているデータを保存する円盤》; ハードディスク

hànd À B́ on a plátter《口》=*hand A B on a* PLATE

plat·y·pus /plǽṭɪpəs/ 名 (複 **~·es** /-ɪz/ OR **-pi** /-pàɪ/) C〘動〙カモノハシ(duckbill)《オーストラリア産の卵生哺乳(ほにゅう)動物》

plat·yr·rhine /plǽṭɪràɪn/〘動〙形 広鼻猿類の

―名 C 広鼻猿《南米産のオマキザルなど》

plau·dit /plɔ́ːdɪt/ 名 C《通例 ~s》拍手喝采(かっさい); 熱烈な賞賛, 絶賛 ‖ win ~*s* 賞賛を得る

plau·si·bil·i·ty /plɔ̀ːzəbíləṭi/ 名 U もっともらしさ, まことしやか; 口先のうまさ; C もっともらしいこと[話]

***plau·si·ble** /plɔ́ːzəbl/ 形 (**more ~** ; **most ~**) ❶ (説明・言い訳などが) 理にかなっている, もっともらしい (↔ implausible) ‖ a ~ explanation まことしやかな説明 ❷ (人が)口先のうまい **-bly** 副

▸▸ **~ de·ni·a·bíl·i·ty** /-dɪnàɪəbíləṭi/ 名 U C《米》もっともな否定(権)《政府高官などが事件などを前もって知っていたかどうかについて, 報道官などが「おそらく知らなかった」と否定すること, またその権利》

***play /pleɪ/ 動 名

中心義 **楽しむための活動をする**

> 動 他 **する❶ 対戦する❷ 演奏する❸ 演じる❹**
> 　 自 **遊ぶ❶ 競技をする❷ 演奏する❸ 出演する❹**
> 名 **戯曲❶ 芝居❶ 遊び❷**

―動 (**~s** /-z/ ; **~ed** /-d/ ; **~·ing**)

―他 ❶〔競技・ゲームなど〕を〈…と〉**する**〈**with, against**〉‖ ~ tennis [golf, football] テニス[ゴルフ, フットボール]をする(♦ 目的語の競技・勝負事は無冠詞. 球技には一般に play を用いる. aerobics, karate, judo, the high jump などには do, practice [《英》practise] を用いる. また「(楽しみとして) スキー[水泳]をする」などは go skiing [swimming] という) / ~ (a **game** of) cards トランプを(一勝負)する / Will you ~ bridge *with* us? 私たちとブリッジをしませんか

❷〔人・チーム〕と〈…で〉**対戦する**, 試合をする, 勝負を争う〈**in, at**〉‖ We ~*ed* Cuba *in* the final. = We ~*ed* against Cuba in the final. 決勝戦でキューバと対戦した / Will you ~ me *at* chess? = Will you ~ chess with me? 私とチェスをしませんか

❸ **演奏する a**《+目》〔楽器〕を演奏する, 弾く;〔曲〕を〈…で〉演奏する〈**on, upon**〉;〔CD・DVDなど〕をかける,〔音声・画像など〕を〈…で〉再生する〈**on**〉‖ ~ the piano [violin] ピアノ[バイオリン]を弾く / Do [OR Can] you ~ the trumpet? トランペットを吹けますか (♦ 一般に楽器名は the を伴うが, 職業として演奏する場合はしばしば無冠詞. また楽器名に修飾語が伴う場合は不定冠詞 (⇨ PB 55). 〈例〉*play an* antique piano 古いピアノを弾く) / He ~*ed* "As Time Goes By" *on* the piano. 彼はピアノで「時の過ぎ行くままに」を弾いた / ~ a DVD DVDをかける / This PC can ~「video files [audio CDs]. この

パソコンは動画ファイル[音声CD]の再生が可能だ / ～ video [music] *on* an iPod iPodで動画[音楽]を再生する
b 《+目 *A*+目 *B*⇄+目 *B*+**for** [**to**] 目 *A*》 *A*（人）に*B*（曲）を演奏してやる；*A*（人）に*B*（CD・DVDなど）をかけて[再生して]やる ‖ Would you ～ us some more Chopin?＝Would you ～ some more Chopin *for* us? ショパンをもう少し弾いてくださいませんか
c 《+目+副》〔人など〕を演奏によって（ある方向に）導く ‖ The band ～*ed* the guests in. バンドの演奏で客を迎えた / ～「the New Year in [the old year out] 音楽を奏でて新年を迎える[旧年を送る]
❹（劇で）〔場面・役〕を**演じる**，…に扮(ふん)する；（劇団・役者が）〔場所・劇場など〕で興行する，上演する ‖ ～ a death scene 死ぬ場面を演じる / ～ a bit part 端役を演じる / ～ (the part of) Mungojerrie マンゴジェリー（の役）を演じる / They ～*ed* Boston [leading theaters]. 彼らはボストン[一流劇場]で上演した
❺〈…で〉〔…の役割〕を果たす〈**in**〉；…らしく振る舞う；…のふりをする ‖ Education ～*s* a very large **part** [OR **role**] *in* our lives. 教育は我々の人生で非常に大きな役割を演じる / I ～*ed* father to them for many years. 私は何年間も彼らの父親役を務めた / ～ the man 男らしく振る舞う / ～ the innocent 何も知らないふりをする
❻《受身形不可》（子供が）…の遊びをする，…ごっこをする（♦ときに that 節 を伴う）‖ ～ house [hide-and-seek] ままごと[隠れん坊]をする / Let's ～ pirates. 海賊ごっこをしよう / ～ mommy with her doll 人形でお母さん役をして遊ぶ

PLANET BOARD 55

play the piano か play piano か.

問題設定「…を演奏する」というとき，一般に楽器名には the をつけるとされるが，the をつけずに使われることもある．どのような場合に the をつけないか，また the の有無で意味の違いがあるか調査した．

Q 次の表現のどちらを使いますか．

(1) (a) He plays **the piano** every night.
(b) He plays **piano** every night.
(c) 両方
(d) どちらも使わない

(2) (a) He plays **the piano** in a jazz band.
(b) He plays **piano** in a jazz band.
(c) 両方
(d) どちらも使わない

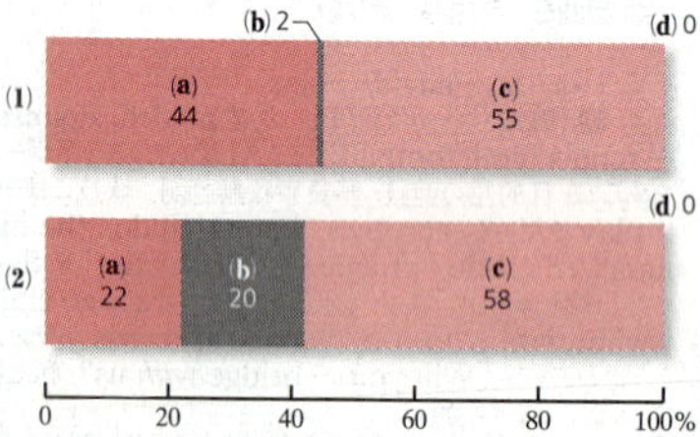

(1) (2) ともに両方使うという人が半数以上で最も多い．(1)「毎晩演奏する」では，the のない (b) のみを使うという人がほとんどいないのに対し，(2)「ジャズバンドで演奏する」では，the をつけない (b) の使用率が高くなった．

両方使うと答えた人の多くは「2つの間に意味の違いはない」としたが，「play the piano は特定のピアノを弾くということを表すのに対し，play piano はピアノを弾くという行為，職業としてピアノを弾くことを表す」という意見もあった．こうしたことから，(2) のように he の職業がピアニストであることが推測される文では the をつけないと答えた人が多くなったと思われる．また，「play the piano の方が《堅》で play piano は《口》」とする人もいた．

学習者への指針 職業として演奏している場合，楽器名に the をつけないことがある．

❼〔選手〕を（試合に）出場させる，起用する〈**at, on, in** ポジションに；**as** 選手として〉；〔ポジション〕に就く[を務める]（♦ポジション名には冠詞をつけない）‖ We ～*ed* him *as* pitcher. 我々は彼をピッチャーに起用した / ～ quarterback クォーターバックを務める
❽〔ボール〕を打つ，飛ばす，ける ‖ ～ a backhand volley（テニスで）バックハンドボレーを打つ / ～ a wedge shot（ゴルフで）ウェッジショットをする ❾〔いたずら・冗談など〕を〈人に〉しかける，する〈**on**〉‖ ～ a joke [trick] *on* him 彼をからかう[だます] / My memory ～*s* odd tricks *on* me these days. 最近どうも物事がきちんと思い出せない ❿《+目+副》…を（あるやり方で）処理する，対処する；…を（うまく）利用する ‖ ～ a situation discreetly 情況に慎重に対処する / ～ the system 制度をうまく利用する ⓫《トランプ》〔カード〕を（上に向けて）出す，使う；《チェス》〔こま〕を動かす ‖ ～ one's ace エースを出す ⓬〔金〕を賭(か)ける；〔馬・レースなど〕に賭ける；〔市場〕に投機する；〔勘・運など〕に頼って賭ける ‖ ～ one's last five dollars 最後の5ドルを賭ける / ～ the market 相場を張る / ～ a hunch 勘に頼(って賭け)る ⓭〔光・水など〕を〈…に〉向ける，当てる，ちらつかせる；〔砲弾など〕を〈…に〉浴びせる〈**on, over**〉‖ ～ a searchlight *on* an object in the sky 空中の物体にサーチライトを向ける / ～ a hose *on* a burning building 燃えている建物にホースを向け(て水をかけ)る ⓮（釣糸を操って）〔(かかった)魚〕を泳ぎ回らせて疲れさせる

━自 ❶（子供などが）〈…と[…で]〉**遊ぶ**，戯れる，じゃれる〈**with**〉（♦日本語の「遊ぶ」は英語では具体的に何をするのか示して表現することが多い．〈例〉go to Disneyland ディズニーランドへ遊びに行く）‖ Mommy, can I go out and ～? ママ，外へ遊びに行ってもいい？ / ～ *with* other kids ほかの子たちと遊ぶ / ～ *with* a toy おもちゃで遊ぶ / ～ by oneself ひとりで遊ぶ
❷ **競技**[ゲーム]**をする**，試合をする〈**against** …と；**for** …の代表として〉；（試合で）ポジションに就く，守る〈**at, on, in** …の；**as** …として〉‖ The fifth seed is to ～ tomorrow. 第5シードのチーム[選手]は明日出場予定です / We ～*ed against* Cuba in the final. 決勝戦でキューバと対戦した / ～ *for* Japan [the Yankees] 日本代表[ヤンキースの選手]としてプレーする / ～ *as* catcher キャッチャーをやる / ～ *on* the wing ウイングをやる / ～ **well** in a game 試合で活躍する
❸ **演奏する**，〈楽器を〉弾く〈**on**〉；（音楽が）演奏される；（楽器・音響機器などが）鳴る，音を出す ‖ ～ in a concert コンサートで演奏する / ～ *on* the piano ピアノを弾く（♦ 他 に比べて，楽器そのものより演奏することに重点が置かれ，能力の意は表さない．したがって「ピアノが弾ける」の意味で ×can play on the piano とはいわない）
❹（劇に）**出演する**，演じる；《進行形で》（劇・映画などが）上演[上映]される；（劇などが）上演に適する ‖ ～ in a drama 芝居に出る / What's ～*ing* at the theater? その劇場では何をやっていますか / This drama won't ～ well. この戯曲はあまり上演に向かないだろう
❺ **a** 《+副》振る舞う，行動する（♦ 副 は様態を表す）‖ Don't ～ so rough with the baby. 赤ん坊をそんなに乱暴に扱っちゃ駄目だ / ～ hard 力いっぱいやる，奮闘する / ～ dirty [fair] 卑劣なことをする[公明正大に振る舞う]
b 《+補〈形〉》…のふりをする ‖ ～ dumb [dead] 知らない[死んだ]ふりをする
❻《+副句》（光などが）ゆらゆら[ちらちら]する；（笑みなどが）浮かぶ（♦ 副句 は場所を表す）‖ sunlight ～*ing* on the waves 波にちらちらする日の光 / A smile ～*ed* on her lips. 彼女の口元に笑みが浮かんだ
❼（噴水などが）水を噴き出す，放水する ‖ Hoses ～*ed* on a fire. ホースで火に放水した
❽《+副》（クリケットのグラウンドなどが）プレーのできる状態で

ある(♦ 副 は様態を表す) ❾ 賭け事をする，賭ける ❿ 《米》〈人に〉受け入れられる，受ける(go over)〈**with**〉(♦ 通例 well, badly などを伴う) ⓫ 《通例否定文で》協力する；力を合わせる(→ *play along*(↓))

plày alóng 〈自〉 ①〈…に〉協力する［応じる］(ふりをする)，〈…と〉調子を合わせていく〈**with**〉 ② 流れている音楽に合わせて演奏する，伴奏をする ―〈他〉《***plày ... alóng***》《口》(気を持たせながら)〔人〕を1日延ばしに待たせる，だまし続ける

plày aróund ［OR ***abóut***］〈自〉 ① 遊び回る，ふざけ回る ② 《口》〈異性と〉性関係を持つ，浮気をする〈**with**〉 ③ 〈…を〉いじり回す；もてあそぶ，ぞんざいに扱う〈**with**〉 ④ 〈問題などに〉取り組む，〈いろいろなやり方などを〉試してみる〈**with**〉

pláy at ... 〈他〉 ① …をして遊ぶ，…ごっこをする；…のふりをする ‖ ～ *at* football フットボール［サッカー］をして遊ぶ(♦ play football よりも遊びの意味を強調する) / ～ *at* soldiers 兵隊ごっこをする ② 〔仕事・役割など〕を遊び半分［いい加減］にやる ‖ ～ *at* gardening 園芸のまねごとをする / You shouldn't ～ *at* being a teacher. いい加減な気持ちで教師をするべきじゃない ③ 《What is a person ～ing at? で》一体何をしているんだ(♥ 賛成できないなど否定的な気持ちを表す) ‖ What are you ～*ing at*? 何てばかな［危ない］ことをしているんだ

plày awáy 〈自〉 ① アウェーで［遠征して］試合をする ② 《口》〈…と〉浮気をする〈**with**〉

****plày báck ...*** / ***plày ... báck*** 〈他〉 ①〔録音テープなど〕を再生する ② 〔ボール〕を投げ［打ち］返す

****plày dówn ...*** / ***plày ... dówn*** 〈他〉 …を軽く扱う，軽視する(↔ *play up*)(⇨ DOWNPLAY)

plày dówn to ... 〈他〉〔相手〕に調子を合わせる，おべっかを使う，ごまをする

play fast and loose (***with***) ⇨ FAST[1](成句)

pláy a pèrson for ... 〔人〕を…として扱う ‖ ～ him *for* a fool 彼を愚か者扱いする

plày hàrd to gét (相手をじらすために)わざとしぶる，(異性などに)気がない素振りをする，お高くとまる

play it cool ⇨ COOL 副(成句)

play (***it***) ***safe*** ⇨ SAFE(成句)

plày óff 〈他〉 Ⅰ《***plày óff ...*** / ***plày ... óff***》〔勝敗のつかなかった試合〕の勝負をつける Ⅱ《***plày Á òff*** ［《英》 ***against***］ ***B́***》AをBと争わせてうまい汁を吸う［漁夫の利を得る］ ―〈自〉(同点チーム・選手が)プレーオフを行う；(優勝)決定戦をする

****plày ón*** 〈他〉《***plày ón*** ［OR ***upón***］ ***...***》 ① ⇨ 自 ❸ ② 〔他人の恐怖心・欲望〕につけ込む，…をうまく利用する(exploit) ‖ ～ *on* her vanity 彼女の虚栄心につけ込む ③ …に影響を与える ‖ ～ *on* his mind 彼の心を悩ませる［心に引っかかる］ ④ 〔言葉〕をもじる ‖ ～ *on* words しゃれを言う ―〈自〉競技を続ける，演奏を続ける

plày óut 〈他〉 Ⅰ《***plày óut ...*** / ***plày ... óut***》 ① …を終わりまでやる，…を全部演奏［上演］する ‖ ～ *out* the clock (試合などで)守勢のまま時間切れに持ち込む ② 〔想像していることなど〕を実際に行動で表現する，実現する，実行する ③ …を音楽の演奏で送り出す(→ 他 ❸c) ④ 〔釣糸・綱など〕を徐々に繰り出す ⑤ 《受身形で》(事が)起こる，生じる ⑥ 《受身形で》へとへとに疲れる；(影響力などが)おしまいになる，廃れる Ⅱ《***plày óut ...***》 ⑦ 〔場面・役柄など〕を演じる ―〈自〉(事が)起こる，生じる，徐々に進展する；ずっと続いて結末を迎える

plày onesèlf ín 《英》(試合前などで)体［腕］を慣らす

plày onesèlf óut 弱くなって使いものにならなくなる［重要でなくなる］

plày thróugh ... / ***plày ... thróugh*** 〈他〉〔音楽〕を最後まで演奏する

****plày úp*** 〈自〉 ① 《通例進行形で》《英口》(器械・身体などが)具合が悪くなる；(子供が)行儀が悪い，世話が焼ける ② 《通例命令形で》《英》(試合などで)全力を出す，頑張る ―〈他〉 Ⅰ《***plày úp ...*** / ***plày ... úp***》…を強調する，誇張する(exaggerate)(↔ *play down*)，宣伝する Ⅱ《***plày ... úp***》《通例進行形で》《英口》(子供などが)…を困らせる，苦しめる，いたずらする；(傷などが)…に痛みを与える

plày úp to ... 〈他〉《口》 ① …にへつらう，取り入る，おもねる ② 〔他人が自分に対して持っているイメージ〕のとおりに行動する［演じる］

pláy with ... 〈他〉 ① …と［で］遊ぶ(→ 自 ❶) ② 〔物〕をいじくり回す，もてあそぶ(toy with) ③ 〔人(の愛情など)〕をもてあそぶ ‖ ～ *with* a woman's affections 女の愛情をもてあそぶ / ～ *with* oneself 自慰行為をする(♥ masturbate の婉曲的表現) ④ 〔…しようかという考え〕を巡らしてみる，〔…しようか〕と考えてみる ‖ ～ *with* the idea of buying a new dress 新しいドレスを買うのはどうかしらなどと考える ⑤ 〔金・時間など〕を使える，…がたくさんある(♦ have money [time, etc.] to play with の形で用いる) ⑥ 〔言葉など〕を巧みに使う

COMMUNICATIVE EXPRESSIONS

1 **Twó can plày at thàt gáme.** ⇨ GAME[1](CE 2)

―名〔▶ playful 形〕(複 **～s** /-z/)

❶ Ⓒ **戯曲**，劇，脚本；演劇，**芝居** (⇨ 類語) ‖ write a new ～ 新しい戯曲を書く / a TV ～ テレビドラマ / go to the ～ 芝居を見に行く / see a ～ 観劇する / 「put on ［OR perform］ a ～ 芝居を上演する

❷ Ⓤ (特に子供の)**遊び**，遊戯；娯楽(↔ work)(⇨ 類語) ‖ Children learn a great deal through ～. 子供は遊びから多くを学ぶものだ / children at ～ 遊んでいる子供たち

❸ Ⓤ Ⓒ 冗談，いたずら，ふざけ

❹ Ⓤ 試合(すること)，勝負，競技；試合ぶり，勝負の進め方；(球技での)ボールさばき；Ⓒ 《米》(競技中の)(1つの)プレー，動き；作戦，計略，策謀 ‖ Rain stopped the second day's ～ at Wimbledon. 雨のためにウィンブルドンの2日目の競技は中止になった / during ～ プレーの最中に / a squeeze ～ (野球の)スクイズ

❺ Ⓤ/Ⓒ 《単数形で》(ゲーム・賭け事などの)順番 ‖ It's your ～. 君の番だ

❻ Ⓤ (光などの)動き，ちらつき，揺らめき，ひらめき ‖ the ～ of light and shadow on the water 水の上の光と影の揺らめき / the ～ of colors (角度の変化による宝石などの)色の変化

❼ Ⓤ (自由な)動き，働き，作動，活動；自由に動ける範囲，活動の範囲［余地］，(ロープなどの)遊び ‖ a lively ～ of fancy 活発な空想の働き / the ～ of a wheel 車輪の滑らかな回転 / give the rope more ～ 綱にもっと緩み［遊び］を持たせる / give ［OR allow］ full ～ to one's curiosity 好奇心をたくましくする

❽ Ⓤ 勝負事，ばくち ‖ lose a fortune in ～ 賭け事で財産を失う / high ～ 大ばくち

brìng ［OR ***càll, pùt***］ ***... into pláy*** …を活動［作用］させる，活用する

còme into pláy 活動［作用，影響］し始める

in pláy ① 活動して ② 〖スポーツ〗(ボールが)生きて，セーフで(↔ *out of play*) ③ ふざけて，冗談に

màke a pláy for ... 《口》…の気を引こうとする，…を口説き落とそうとする；…を手に入れようとする

màke (***grèat*** ［OR ***mùch, a bìg***］) ***pláy of*** ［OR ***with***］ ***...*** これ見よがしに…をする［使う］；(劇的効果をねらって)…をいじくる ‖ She was *making great* ～ *with* her spectacles. 彼女は気を引こうとしきりに眼鏡をもてあそんでいた

òut of pláy 〖スポーツ〗(ボールが)死んで，アウトで(↔ *in play*) ‖ go *out of* ～ アウトになる

類語 《名 ❶》 **play** 個々の劇作品．

drama 個々の劇作品(play)；芸術分野としての「劇・演劇」．〈例〉Shakespeare's *plays* ［OR *dramas*］ シェークスピアの劇作品 / a student of the *drama* 演劇研究者(♦ play の方が軽く口語的で「芝居」に近く，drama は文語的でより重い響きがあり「劇」に近い．We went to a *play* last night. 昨夜芝居を見に行った(ふつう drama でなく play を用いる))

類語 《名 ❷》 **play** いわゆる「遊び」を表す一般語. 〈例〉 *Play* is important for children and adults. 遊びは子供にも大人にも大切だ
game 一定のルールに従って楽しみに勝敗を争うもの. 〈例〉 a *game* of chess チェスの試合
sport 必ずしも勝敗を争わず, ふつうルールに従って (多く戸外で) 肉体を動かして行うもの；運動競技. 〈例〉 My favorite *sports* are swimming and tennis. 私の好きなスポーツは水泳とテニスです (♦ **recreation** はくつろいだり楽しんだりするために行われることを広く表す語で, 上の3語や hobby が表すものも含む. → hobby)

▸▸ **〜 dàte** (↓) **〜 on wórds** 名 C 言葉遊び, しゃれ, 語呂(ごろ)合わせ

pla·ya /pláɪə/ 名 C 〘地〙 プラーヤ《雨期に水のたまる砂漠の盆地》

play·a·ble /pléɪəbl/ 形 ❶ (曲が) 楽に演奏できる；(楽器が) 演奏可能な；(ゲームなどが) 簡単に遊べる ❷ 〘スポーツ〙 (競技場が) 競技可能な

pláy·àct 動 自 ❶ 《口》 お芝居をする, 見せかける, ふりをする, 芝居気たっぷりに振る舞う ❷ (役者が) 芝居を演ずる[に出る] ─他 …を劇化する, …の役を演じる **〜·ing** 名 U 見せかけ, ふり, お芝居；(俳優の) 演技, 演劇活動

***pláy·bàck** 名 U (特に録音[録画]直後の) 再生, プレーバック；C 再生装置；(相手からの) 反応, 意見

pláy·bìll 名 C 芝居のポスター[ビラ]；《米》(配役などの載った) 演劇プログラム

pláy·bòok 名 C ❶ 〘アメフト〙 プレーブック《チームのすべての戦術を説明表示した本》 ❷ 脚本；(比喩的に) 《米》 戦略, 戦術, 戦法
take a page from [OR *out of*] *a person's* [OR *its*] *playbook* ⇨ PAGE[1] (成句)

pláy·bòy 名 C プレーボーイ, (金と時間に余裕のある) 遊び人 (♥ 女たらしという含みはない) (→ playgirl)

plày-by-pláy 形 《米》 プレーなどにつれて逐次解説を加える, 実況放送の；詳細な ─名 U C 実況放送；詳報

pláy·dàte, pláy dàte 名 C ❶ (幼児の親同士が決める) お遊びの日時 (の約束) ❷ 日時指定の上映[上演]

Play-Doh /pléɪdòu/ 名 U 《商標》 プレードウ《子供用の合成粘土》(play dough)

plàyed-óut 〈シ〉 形 疲れ果てた；使い古された, 月並みの

play·er /pléɪər/
─名 (複 **〜s** /-z/) C ❶ **競技[遊戯]者**, (職業) **選手**, プレーヤー ‖ An amateur 〜 defeated a seeded professional. アマチュア選手がシードのプロを破った / Andy is a good tennis 〜. アンディーはテニスがうまい / a baseball [football] 〜 野球[フットボール]選手
❷ (ある分野で) 大きな影響力を持つ人[組織], 大立者 ‖ a key 〜 in the multimedia industry マルチメディア業界の大立者
❸ 《通例複合語で》 **演奏者** ‖ a flute 〜 フルート奏者
❹ (オーディオ・ビデオの) 再生[送り出し] 機器, プレーヤー；(ピアノなどの) 自動演奏装置 ‖ a DVD 〜 DVDプレーヤー
❺ 俳優
▸▸ **〜 piáno** 名 C 自動ピアノ

pláy·fèllow 名 =playmate

***play·ful** /pléɪfəl/ 形 〔◁ play 名〕 ❶ (人・動物などが) 遊び好きの, ふざける, 跳ね回る ‖ (as) 〜 as a kitten (子猫のように) 戯れて[はしゃいで] ❷ (行為・言説などが) いたずらの, 冗談の, おどけた, 滑稽(こっけい)な **〜·ly** 副 **〜·ness** 名

pláy·gìrl 名 C プレーガール, 遊び回る女 (→ playboy)

pláy·gòer 名 C 芝居の常連, 芝居好き

***pláy·gròund** 名 C ❶ (学校など公共の) 運動場, 遊び場 ‖ an adventure 〜 《英》 (建材や廃物などで自由に遊べる) 児童遊戯場 / romp about in a 〜 遊び場でふざけ回る ❷ (特定のグループの) 行楽地 ‖ a 〜 for the rich 金持ちの保養地

pláy·gròup 名 C U 保育所

pláy·hòuse 名 (複 **-hous·es** /-hàuzɪz/) C ❶ 劇場 (♦ 劇場の名前によく用いる) ❷ (子供の) 遊び小屋；おもちゃの家 (toy house)

play·ing /pléɪɪŋ/ 名 ❶ U 演奏法 ❷ C 演奏 ❸ U 遊ぶこと ▸▸ **〜 càrd** 名 C トランプ札 **〜 fìeld** 名 C 競技[球技]場, 運動場

play·let /pléɪlət/ 名 C 短い劇, 寸劇

pláy·lìst 名 C ❶ (ラジオ・テレビ番組で) 放送予定の楽曲[映像] リスト ❷ (MP3プレーヤーなどの) プレーリスト《任意の曲を順番に再生させるリスト》

pláy·màker 名 C プレーメーカー《バスケットボールなどの試合で攻撃の中心となる選手》

pláy·màte 名 C (子供の) 遊び友達 (playfellow)

pláy·òff 名 C プレーオフ ❶ (引き分け・同点の際の) 決勝戦 ❷ (同一リーグの) 優勝決定戦シリーズ

pláy·pèn 名 C ベビーサークル《幼児の遊戯用囲い枠》

playpen

pláy·ròom 名 C (子供の) 遊戯室

pláy·schème 名 C 《英》 サマーキャンプ, デイキャンプ

pláy·schòol 名 C 《英》 = playgroup

pláy·sùit 名 C (女性・子供用の) 遊び着

pláy·thìng 名 C ❶ 遊び道具, おもちゃ, 玩具(がんぐ) (toy) ❷ おもちゃにされる人, 慰みもの ‖ make a 〜 of ... …を慰みものにする, もてあそぶ

pláy·tìme 名 U (学校などの) 遊び時間；開演時間

***pláy·wrìght** 名 C 劇作家, 脚本家 (dramatist)

pla·za /plá:zə/ 名 C ❶ (特にスペイン語圏の町の) 広場, 市場 (⇨ SQUARE 類語) ❷ ショッピングセンター ❸ 《米》 (高速道路の) サービスエリア
語源 「広場」の意のスペイン語. place と同語源.

plc, PLC 略 *p*ublic *l*imited *c*ompany ((英国の) 公開有限責任会社) (♦ 社名の後につける)

***plea** /pli:/ 名 C ❶ 〈…を求める〉 嘆願, 懇願, 懇請 〈**for**〉 ‖ make a 〜 *for* mercy [OR clemency] 慈悲を懇願する / a 〜 *for* honest politics 公正な政治を求める訴え ❷ 《通例単数形で》 〘法〙 申し立て；抗弁, 答弁 ‖ enter a 〜 of not guilty 無罪の申し立てをする ❸ 《単数形で》 弁解, 言い訳, 口実 ‖ on [OR under] the 〜 of illness 病気を口実にして
còp a pléa 《米俗》 (重い罪を免れるために) 軽い方の罪を認める；司法取引に応じる (⇨ PLEA BARGAINING)
▸▸ **〜 agrèement** 名 C 〘米法〙 答弁に関する合意《検察側と被告人側が事件処理について合意すること》 **〜 bàrgain** (↓) **〜 bàrgaining** (↓)

pléa-bàrgain 動 自 〘米法〙 司法取引をする

pléa bàrgain 名 C 〘米法〙 司法取引合意[事項]

pléa bàrgaining 名 U 〘法〙 有罪答弁取引, 司法取引《被告がより重大な罪での告訴を取り下げてもらう代わりに, 小さな罪について有罪を認めたり, 他者に関する証言をしたりする取り引き》 ‖ work out a 〜 司法取引を行う

pleach /pli:tʃ/ 動 他 (生け垣を作るために) 〔枝など〕 を組み合わせる；〔生け垣など〕 を作る, 修理する

plead /pli:d/
─動 (**〜s** /-z/；**〜·ed** /-ɪd/, + 《米》 **pled** /pled/；**〜·ing**)
─自 ❶ **a** (+**with** 名) 〔人〕 **に嘆願[懇請]する** 〈**for** …を / **to do** …してくれるように〉 ‖ He *〜ed with* the judge *for* [OR *to* show] mercy. 彼は判事に慈悲を賜るよう懇願した **b** (+**for** 名 / **to do**) …を[…するよう] 切に頼む, 嘆願する (♦ to *do* はしばしば to be *done* の形で用いる) ‖ She *〜ed to* be released from the hospital. 彼女は退院させてくれと懇願した
❷ **a** (法廷で) 〈…を〉 **弁護する** 〈**for**〉；〈…に対して〉 申し立てをする, 抗弁する 〈**against**〉 ‖ 〜 *for* the accused [OR

defendant] 被告を弁護する / ~ *against* a decision 決定に不服の申し立てをする **b** 《+補 〈形〉》…と申し立てをする ‖ ~ **guilty** 罪を認める；身に覚えがあると言う / ~ ｢not guilty [OR innocent] 無罪を申し立てる
—他 ❶ (法廷で)…を**弁護する**, 弁論する；…を〈…に〉申し立てる, 主張する〈**to**〉‖ ~ his case 彼の事件を弁護する
❷ **a** 《+目》《受身形不可》…を**言い訳にする**, …のせいにする ‖ ~ ignorance 知らなかったと弁解する / ~ poverty 貧困のせいにする **b** 《+**that** 節》…だと弁解する, 主張する ‖ He ~*ed that* I was to blame. 彼は私に責任があると言い張った
❸ 《+**that** 節》…ということを切に頼む, 嘆願する, 懇請する ‖ She ~*ed that* she be [《主に英》should be] left alone. 彼女はそっとしておいてくれるよう懇願した / "Don't go, Mommy," the boy ~*ed*. 「ママ, 行かないで」と男の子は泣かんばかりに訴えた
***plèad guílty* [*nòt guílty*]** 《法》罪を認める[無罪を申し立てる]；身に覚えがある[ない]と言う
~·a·ble 形 **~·ing·ly** 副

plead·er /plíːdər/ 名 C ❶ (特に法廷の)弁論者, 抗弁者, 申立人；弁護士 ❷ 嘆願者；仲裁者

plead·ing /plíːdɪŋ/ 名 U ❶ (特に法廷の)弁論, 申し立て；弁護(→ special pleading) ❷ C 《~s》《法》(原告・被告の)申立書, 供述書, 抗弁書；訴答手続き ❸ 嘆願, 懇請 —形 申し立てをする；嘆願する ‖ in a ~ whisper 訴えるような小さな声で **~·ly** 副 嘆願するように

pleas·ance /plézəns/ 名 ❶ C (大邸宅などに付属する)遊園, 遊歩道 ❷ U C 《古》愉快；満足；享楽

:pleas·ant /plézənt/ 《発音注意》
—形 〔◁ please 動〕(**more ~, ~·er ; most ~, ~·est**)
❶ (⇨ 類語) **a** (物・事が)〈…にとって〉**快い**, 楽しい, 愉快な〈**to**〉；(天気が)気持ちのよい(♦「私は楽しい」の意味では ˣI am pleasant. とはいわないで I am pleased. という) ‖ have a ~ evening 楽しい夕べを過ごす / The journey was ~ *to* him. その旅行は彼にとって楽しいものだった / Being nice to people makes life much more ~. 人々によくすれば人生はもっとずっと楽しくなる / What a ~ surprise! 何と思いがけないうれしいことでしょう / The hotel was one of the ~*est* we've stayed at. そのホテルは私たちが宿泊した中で最も快適な1つだった / ~ *to* the taste 味がよい / It's quite ~ today. 今日はとても気持ちのよい天気だ
b 《*It is* ~ (*for B*) *to do A* / *A is* ~ (*for B*) *to do* で》*A*(物・事)をすることは(*B*(人)にとって)楽しい ‖ It is ~ *to* discover a good restaurant. よいレストランを発見するのは楽しいものだ / The house is ~ *to* live in.=It is ~ *to* live in the house. その家は住むのに快適だ
❷ (人や態度が)気持ちのよい, 愛想[感じ]のよい, 思いやりのある〈**to** …に対して / **to** *do* …するには〉‖ with a ~ smile 気持ちのよい笑みを浮かべて / The kids next-door are ~ *to* us. 隣の家の子供たちは好感が持てる / My uncle is a very ~ person *to* chat with. おじはおしゃべりするにはとても気が置けない人だ
~·ness 名

類語 《❶》人の精神・感覚に喜びを与えて「快い, 楽しい」の意では共通だが, **pleasant** はその効果を, **pleasing** はその能力を強調する. また **agreeable** は人の好みなどに合致して「快い」の意.

pleas·ant·ly /plézəntli/ 副 愉快に, 楽しく；愛想よく ‖ I was ~ surprised at the news of your marriage. 君の結婚の知らせを聞いて驚いたがうれしかった / I felt ~ tired. 心地よい疲れを感じた

pleas·ant·ry /plézəntri/ 名 (複 **-ries** /-z/) ❶ C 《通例 -ries》愛想のよい言葉[あいさつ]；おどけた言葉, 冗談 ❷ U からかい, 冷やかし；C 愉快な冗談(のやりとり)

:please /pliːz/ 副 動
中心義 **(人を)快くさせる**

—副 《比較なし》❶ **どうぞ**, どうか(♥ 丁寧な依頼・要求・懇願) ‖ *Please* make yourself at home. どうぞくつろいでください / *Please* let us know when you are arriving. ご到着の時間を私どもにお知らせください(♥ 命令文に please をつけても丁寧な要求になるだけで聞き手に選択の自由を与える表現とはならない) / Will [OR Would] you ~ help me? 手伝ってもらえませんか(♥ would の方が丁寧) / Can [OR Could] you give me a discount, ~? (値段を)まけてもらえませんか(♥ could の方が丁寧. 文末の please の前のコンマは必ずしもつけない) / *Please* be more careful next time. お願いだから次はもっと気をつけてくださいよ / Orange juice, ~. オレンジジュースを下さい(♥ 注文の表現として店員に対して用いる. 主語・動詞なしの直接的表現だが please をつけることが最低限の礼儀と考えられている)

語法 ☆☆ (1) please は命令口調を和らげるための表現であり, 日本語の「どうぞ」がいつも please に相当するとは限らない. 「どうぞ」と相手に物を差し出す場合には Please. と言わず, Here you are. と言う. May I open the window? (窓を開けてもいいですか)など許可を求める表現への答えとしては, ただ Please. とは言わず, Sure., Of course., Certainly., Go ahead. などを用いる. Yes, *please* do. と言うことは可能.
(2) そうすることが相手の利益になるような場合 please は必ずしも使わない. 〈例〉Here's ten. Keep the change. はい10ドル. お釣りはいらないよ

❷ はい, お願いします, どうも(♥ 申し出を受け入れて) ‖ "Would you like a cup of coffee?" "Yes, ~." 「コーヒーはいかがですか」「ええ, お願いします」
❸ すみません(♥ 人の注意を引くために, 特に子供が先生や大人に対して用いる. 通例後に人名や呼びかけの語を伴う) ‖ *Please* sir, I don't understand. すみません, 先生, 僕にはわからないんですけど
❹ お願いだから(やめて[静かにして]ください), 頼むよ(♥ 人を制止して) ‖ Daniel, ~! Mommy is busy now. ダニエル, お願いだからやめてちょうだい. ママは今忙しいんだから(♦ 依頼の具体的内容は状況によって決まる)

COMMUNICATIVE EXPRESSIONS
1 "I'm sórry." "**Pléase dón't be.**" 「ごめんなさい」「いえ, 気にしないでください」(♥ 謝罪に対する返答. =That's quite all right. / ↘《口》Forget it.)

—動 〔▶ pleasant 形, pleasure 名〕《通例進行形不可》(**pleas·es** /-ɪz/ ; **~d** /-d/ ; **pleas·ing**)
—他 ❶ …を**喜ばせる**, 満足させる；…の気に入る ‖ Inspector Maigret is hard to ~.=It is hard to ~ Inspector Maigret. メグレ警部は気難しい(♦ 前者は主語の特徴づけをするための文型. a hard-to-please man のように1語の形容詞として限定用法で使われることもある) / I won't go to college just to ~ my parents. 僕は親を喜ばせるだけのために大学へ行くつもりはない / It ~*d* him to date Monica. 彼はモニカとのデートを喜んだ / These dishes ~ the eye. これらの料理は目に楽しい
❷ …を**好む**, したいと思う(♦ as または what などの関係詞で導かれる節で用いる) ‖ You can take as many [much] as you ~. 好きな数[量]だけ持って行っていいよ / Do what you ~ with your money. 自分のお金は好きにしていいよ / My father lets me do whatever I ~. 父は私に好きなことは何でもやらせてくれる
—自 ❶ 人を喜ばせる, 人の気に入る ‖ The new secretary is eager to ~. 新入りの秘書は人に気に入られるよう何でも進んでやる
❷ 好む, 気に入る, 望む ‖ Do as you ~. 好きなようにしなさい / Come again whenever you ~. また好きなときにいつでも来てね
(*as*) ... *as you pléase* 《英口》…なことに, 驚くほど…で ‖ Bold *as you* ~, he walked out of the room in the middle of the meeting. 大胆にも, 彼は会議の最中に部屋から出て行った

if you pléase ①《旧》《堅》どうぞ, よろしければ, 失礼ですが(♥ 丁寧な依頼を表す) ‖ Can I see your ticket, *if you* ～? 失礼ですが, 切符を拝見してもよろしいでしょうか ②《主に英》《旧》驚いたことに, まあどうでしょう(♥ 反語的表現) ‖ He said I was skinny, *if you* ～. まあどうでしょう, 彼は私のことを骨と皮ばかりだと言ったんですよ

**plèase oneséIf* 好きなようにする, 勝手にする ‖ "I don't want to go to the party." "*Please* yourself." 「パーティーに行きたくないんだけど」「好きにしろよ」(♥ 怒りを表す)

COMMUNICATIVE EXPRESSIONS

[2] **If it pléases you**, I'd lìke to propòse a tóast. よろしければ乾杯の音頭をとらせてください (↘If it's okay with you, I'd ....)

[3] **You càn't plèase éverybody.** みんなを満足させることはできません；そんなにあれもこれもやろうとしても無理です(♥ 忙しすぎる人に対して「ほどほどに」の意で)

‡pleased /pli:zd/

—形 (**more ～**；**most ～**)

❶《叙述》(人が)〈…を〉**喜んで**, 〈…に〉満足した, 〈…が〉気に入って〈**about, at, by, with**〉；〈…ということが〉**うれしい**〈**that** 節〉‖ Ruth was very ～ *by* your remarks. ルースはあなたの言葉にとても喜んでいましたよ / Jim is very ～ *with* his new bicycle. ジムは新しい自転車がとても気に入っている / The host was ～ *at* your coming to the party. 主催者は君がパーティーに来てくれて喜んでいたよ / All his family are ～ *about* his promotion. 家族はみな彼の昇進を喜んでいる / Carol was not ～ *that* we had been invited along. キャロルは我々が招待されていたことが気に入らなかった / look ～ うれしそうに見える

❷《限定》(顔つきなどが) 満足げな ‖ with a ～ smile 満足げにほほ笑んで

(as) pleased as Punch ⇨ PUNCH(成句)

be ònly tòo pléased to do とても喜んで…する

be plèased to dó ① …して喜ぶ[うれしい] ‖ I *was* very ～ *to* see him again. 再び彼に会えてとてもうれしかった ② 喜んで…する ‖ I'd *be* ～ *to* come. 喜んでお伺いいたします ③ (国王などが)(ありがたくも)…してくださる(♥ 皮肉のときもある)

be pléased with onesèlf 自分がやったことにとても満足している, ひとり悦に入っている

[*fár from* [OR *nóne tòo*] *pléased*] 〈…が〉気に入らなくて；〈…に〉怒って〈**at**〉

COMMUNICATIVE EXPRESSIONS

[1] **Plèased to méet you.** お目にかかれてうれしいです(♥ 初対面の人へのあいさつ)

***pleas·ing** /plí:zɪŋ/ 形 〈…にとって〉楽しい, 満足を与える, 気持ち[感じ]のよい〈**to**〉；愛想のよい(♦ 動詞的意味合いを持つが今は完全に形容詞化しており, very で修飾できる) ‖ a ～ performance 満足を与える演技 / music ～ *to* the ear 耳に心地よい音楽 / It was ～ to have beaten him at chess. チェスで彼に勝ったのは愉快だった

～·ly 副 **～·ness** 名

pleas·ur·a·ble /pléʒərəbl/ 形 楽しい, 愉快な, 満足感を与える **-bly** 副 楽しく, 愉快に

‡pleas·ure /pléʒər/《発音注意》

—名 [◁ please 動] ❶ Ⓤ **楽しみ**, **喜び**, うれしさ；満足, 快感；Ⓒ 楽しみ[喜び]を与えるもの, 楽しみの種(⇨ 類語) ‖ Watching celebrities at a distance **gives** their fans **great** ～. 有名人を遠くから見ることはファンにとって大きな喜びだ / find ～ in listening to music 音楽を聴くことに喜びを見いだす / Singing karaoke is a ～ to him. カラオケが彼には楽しみだ / It's a **great** ～ to go for a drive in the country. 田舎へドライブに出かけるのはとても楽しい / **with great** ～ とても楽しそうに, 大喜びで / to my ～ (私の)うれしいことに

❷ Ⓤ (仕事に対する)遊び, **娯楽**, 慰み, 道楽；(肉体的)快楽 ‖ a man of ～ 道楽者 / be given to ～ 快楽にふける / a ～ resort 歓楽地

❸《a person's ～》《堅》意志, 意向, 希望, 欲求, 好み ‖ What's your ～ in this matter? この件についてあなたのご意向はいかが / ask his ～ 彼の意向を聞く

at His [*Her*] *Màjesty's pléasure*；*at the Kìng's* [*Quèen's*] *pléasure* 〘英法〙(刑期などが)国王[女王]陛下が必要とお考えの間

at one's pléasure 随意に, 好きなときに

for pléasure 楽しみに, 娯楽として(♦ ˣfor one's pleasure とはいわない) (↔ *on business*) ‖ read *for* ～ 楽しみのために読書する

hàve the pléasure of (*dòing*) *...* …していただく；…(すること)をうれしく思う；《戯》…(する)というひどい目に遭う(♦ ˣhave the pleasure to *do* とはいわない) ‖ May I *have the* ～ *of* the next dance? 次は私と踊ってくださいませんか

**tàke pléasure in ...* …を楽しむ, …が好きだ ‖ He *takes* no ～ *in* his work. 彼は仕事が楽しくない

COMMUNICATIVE EXPRESSIONS

[1] **(I) dòn't belìeve I've hàd the pléasure.** ⇨ BELIEVE(CE 8)

[2] **(It's a) pléasure (to méet you).** お目にかかれて光栄です(♥ 初対面のあいさつ)

[3] **It's been a (rèal) pléasure** (méeting you). お目にかかれて光栄でした(♥ 別れのあいさつ. =It was a (real) pleasure (to meet you).)

[4] "Thànks for your hélp." "**(It's) mỳ pléasure.**" 「手伝ってくれてありがとう」「どういたしまして」(♥ お礼・感謝の言葉に対して言う. =The pleasure is mine.)

[5] "Will you plày a túne for me?" "**With pléasure.**" 「1曲弾いてくれませんか」「喜んで」(♥ 承諾の返答)

—動 他 …を喜ばせる, 楽しませる；…に(性的)快楽を与える

—自〈…を〉楽しむ, 喜ぶ〈**in**〉

～·less 形

類語《名 ❶》**pleasure** いろいろな程度の「喜び, 楽しみ」を意味する最も広義の語. 〈例〉intellectual [bodily] *pleasure* 知的な[肉体的な]喜び
enjoyment 何かを楽しむ気持ち.
delight 程度の強い pleasure で, しばしば瞬間的に感じたり, 言葉や身振りなどで表される大きな喜び. 〈例〉I read your letter with real *delight*. お手紙を誠にうれしく拝読いたしました
joy pleasure よりも強く, delight よりも長続きする大きな喜び. 〈例〉the *joy* of watching the signs of returning spring after a hard winter 厳しい冬の後によみがえる春の兆しを見守る喜び
(♦ 上の4語よりも強い, 有頂天になるような喜びを表す語に **rapture** と **ecstasy** がある)

▶▶ **～ bòat** [**cràft**] 名 Ⓒ 遊覧船 **～ grὸund** 名 Ⓒ 遊園地, 公園 **～ prìnciple** 名《the ～》〘心〙(苦痛を避けて快楽を求める) 快楽欲求本能, 快楽原理《フロイトの理論より》 **～ sèeker** 名 Ⓒ 快楽を求める人, 遊び人

pleat /pli:t/ 名 Ⓒ (スカートなどの)ひだ, プリーツ

—動 他 …にひだをつける **～·ed** 形 ひだ[プリーツ]のある

pleath·er /pléðər/ 名 Ⓤ プレザー《皮革に似た人工生地》

pleb /pleb/ 名 Ⓒ《通例 ～s》❶ ⊗《英口》《蔑》粗野な人, 下層階級の人間 ❷ =plebeian ❶ (→ plebs) ❸《米》=plebe

plebe /pli:b/ 名 Ⓒ《米》陸軍士官[海軍兵]学校の最下級生

ple·be·ian /pləbí:ən/ 名 Ⓒ ❶ (古代ローマの) 平民 (↔ patrician) ❷ ⊗《蔑》平民, 庶民；粗野な人, あか抜けない人 —形 (古代ローマの)平民の, 庶民の；⊗《蔑》卑しい, 粗野な, やぼったい, 安っぽい

pleb·i·scite /plébɪsàɪt/ 名 Ⓒ Ⓤ 〘政〙(重要な政治的問題についての)国民[住民, 一般]投票(referendum)

ple·bís·ci·tàr·y /英 ––́–––/ 形

plebs /plebz/ 名 複《通例 the ～》《集合的に》(古代ローマの)平民

plec·trum /pléktrəm/ 名 (複 **~s** /-z/ OR **-tra** /-trə/) C 〘楽〙プレクトラム, 義甲, ピック(pick)《弦をかき鳴らす道具》

pled /pled/ 動 《米》plead の過去・過去分詞の1つ

***pledge** /pledʒ/ 名 ❶ U C 誓約, 約束, 合意〈**to** *do* …するという / **that** 節 …という〉;〘政〙(党首などの)公約;(慈善などへの)寄付の約束 ‖ make [OR take] a ~ *to* give money 金を出す約束をする / He took a ~ *that* he would stop smoking. 彼はたばこをやめると誓った / honor [violate] a ~ 誓約を守る[破る]
❷ U 担保, 抵当, 形(かた), 質入れ;C 抵当の品, 質草;C 〘法〙動産質 ‖ put [OR lay, give] a ring in ~ 指輪を担保[質]に入れる / take a ring out of ~ 指輪を質から受け出す ❸ C 《米》(大学のクラブなどへの)入会誓約者 ❹ C (愛情などの)しるし, 保証 ‖ as a ~ of friendship 友情のしるしとして / the ~ of love 愛のしるし《2人の間にできた子》 ❺ C 乾杯
sign [OR ***tàke***] ***the plédge*** 《旧》禁酒を誓う
—動 他 ❶ 誓う **a** 《+目》…を誓約する, (固く)約束する;…を〈…に〉誓う;…を〈…に〉与える[寄付する]ことを約束する〈**to**〉 ‖ ~ loyalty *to* a nation 国家に忠誠を誓う **b** 《+**to** *do*》…することを誓う ‖ ~ *to* do one's best 最善を尽くすことを誓う **c** 《+(**that**) 節》…すると誓う ‖ She ~*d that* she would never give up. 彼女は決してあきらめないと誓った ❷ **a** 《+目+**to** 名》〔人〕に…を誓わせる ‖ He was ~*d to* secrecy. 彼は秘密を守ると誓った **b** 《+目+**to** *do*》〔人〕に…することを誓わせる(♦ 目 は通例 oneself) ‖ ~ oneself *to* stop drinking 酒をやめることを誓う ❸ …を〈…の〉抵当に入れる, 担保にする〈**for**〉‖ ~ one's ring *for* a loan 指輪を借金のかたに置く ❹ 《米》〔大学のクラブなど〕への入会を約束する;〔人〕に(会員として)入会を認める ❺ 《古》…のために乾杯する
—自 ❶ 《米》(大学のクラブなどへの入会を)約束する ❷ 《古》乾杯する **~·a·ble** 形
▶▶**Plèdge of Allégiance** 名 《the ~》忠誠の誓い《米国国民が国旗に向かって唱える "I pledge allegiance to the flag ..."で始まる誓約》

pledg·ee /plèdʒíː/ 名 C 〘法〙(動産の)質権者

pledg·er /plédʒər/ 名 C ❶ 質入れ人;〘法〙質権設定者 ❷ (禁酒)誓約者

pledg·or, pledge·or /plèdʒɔ́ːr/ 名 =pledger ❶

Ple·ia·des /plíːədìːz, pléɪə- | pláɪə-/ 名 ❶ 《the ~》《複数扱い》〘ギ神〙プレアデス《アトラス(Atlas)の7人の娘》 ❷ 《the ~》《複数扱い》〘天〙プレアデス星団, すばる

Pleis·to·cene /pláɪstəsìːn/ 〘地〙形 洪積世の, 更新世[最新世]の —名 《the ~》洪積世

ple·na·ry /plíːnəri/ 形 《限定》《堅》❶ (会議などが)(有資格者)全員出席の ‖ a ~ session 総会, 本会議 ❷ 完全な, 無条件の, 絶対の ‖ ~ powers 全権
—名 (複 **-ries** /-z/) C 総会, 本会議 **-ri·ly** 副
▶▶**~ indúlgence** 名 U 〘カト〙全免償, 大赦

plen·i·po·ten·tia·ry /plènɪpəténʃəri/ 〈シ〉形 (外交使節が)全権を有する[委任された];(権力が)絶対的な;(委任などが)全権を付与する ‖ an ambassador extraordinary and ~ 特命全権大使 / a minister ~ 全権公使
—名 (複 **-ries** /-z/) C 全権大使[公使, 使節, 委員]

plen·i·tude /plénətjùːd | plénɪ-/ 名 《文》❶ U/C 《しばしば単数形で》豊富, たくさん ‖ a ~ of means 豊富な手段 ❷ U 完全;十分, 充実, 充満

plen·te·ous /plénţiəs/ 形 《文》❶ 豊富な, たくさんの, 潤沢な;富む ❷ 多産な, 豊饒(ほうじょう)な, よく実る
~·ly 副 **~·ness** 名

***plen·ti·ful** /plénţɪfəl/ 形 〔◁ plenty 名〕(有り余るほど)豊富な, 十分な, たくさんの, おびただしい(↔ scarce);豊富に生じる ‖ Natural resources were never ~ in Japan. 日本は決して天然資源が豊富ではなかった / a ~ land 肥沃(ひよく)な土地 **~·ly** 副 **~·ness** 名

*****plen·ty** /plénţi/ 名 形 副

—名 〔▶ plentiful 形〕U ❶ たくさん, 多量, 多数;十分;《~ of ... で》たくさんの…, 十分な…(♦ ふつう肯定文で用いられ, 否定文・疑問文では much, many, enough を使う. 後には可算名詞の複数形か不可算名詞がくる. 動詞は後の名詞の数と一致する) ‖ There was always ~ to eat and drink at her parties. 彼女のパーティーでは飲食物はいつでもたくさんあった / There's ~ more I could show you. あなたにお見せできるものはまだたくさんあります / I've had ~, thank you. ありがとう, 十分に頂きました(♦「必要に十分応えられる」の意味で,「非常にたくさん」の意味ではない) / You have ~ *of* opportunities to see opera in Vienna. ウィーンではオペラを観る機会がたくさんある / We got there in ~ *of* **time**. 我々は十分な時間的余裕を持ってそこに着いた
❷ (生活物資などの) 豊富さ, 豊饒(ほうじょう) ‖ in a time of peace and ~ 平和で(物の)豊かな時代に / the years of ~ 豊年 / the land of ~ 豊かな国
in plénty 十分に, 豊富に;何不足なく ‖ There were relief supplies *in* ~. 救援物資がどっさりあった / live *in* ~ 何不自由なく暮らす
—形 《比較なし》《口》たくさんの, 豊富な, 十分な, 十分足りる ‖ There's ~ work to be done. しなくてはならない仕事がたくさんある(♦ There's plenty of work .... の方がふつう) / That will be ~. それで十分だろう
—副 《比較なし》《口》十分に, たっぷり;全く, とても(♦ 通例 more (of), 形容詞 + enough などを修飾する) ‖ ~ more data たっぷりの資料 / It's ~ bright enough. その明るさで十分だ / "I broke up with Al." "There are ~ more where he came from."「アルと別れちゃったのよ」「彼の後がまはまだいくらでもいるわよ」/ "Are you worried?" "Yes, ~."「心配ですか」「ええ, とても」

ple·num /plíːnəm/ 名 (複 **~s** /-z/ OR **-na** /-nə/) C ❶ 全員出席の会議, 総会 ❷ 物質が充満した空間(↔ vacuum);プレナム《外気に比べて高圧の状態》;(一般に)充満

ple·o·mor·phism /plìːoʊmɔ́ːrfìzm/ 名 U 〘生〙多形態性, 多態性《1つの生物が生育条件や生活の時期によって異なる形態を表すこと》 **-phic** 形

ple·o·nasm /plíːənæ̀zm/ 名 U 〘修〙冗語法;C 冗語, 重複語, 冗長表現《a false lie, two twins など》(→ tautology)
plè·o·nás·tic 形 **plè·o·nás·ti·cal·ly** 副

ple·si·o·saur /plíːziəsɔ̀ːr | -siə-, -ziə-/ 名 C 〘古生〙プレシオサウルス, 首長竜《中生代の2対のひれ脚と長い首を持つ水生爬虫(はちゅう)類》

pleth·o·ra /pléθərə/ 名 ❶ C 《単数形で》過多, 過剰 ‖ a ~ of questions 多すぎる疑問 ❷ U 〘医〙多血症
ple·thór·ic 形 《古》

pleu·ra /plʊ́ərə/ 名 (複 **-rae** /-riː/) C 〘解〙肋膜(ろくまく), 胸膜 **-ral** 形

pleu·ri·sy /plʊ́ərəsi/ 名 U 〘医〙肋膜炎 **pleu·rít·ic** 形

plèu·ro·pneumónia /plʊ̀əroʊ-/ 名 U 〘医〙肋膜肺炎

plex·i·glas /pléksiglæ̀s | -glɑ̀ːs/ 名 《また P-》U 《主に米》《商標》プレキシガラス《アクリル樹脂製の透明な素材》

plex·us /pléksəs/ 名 (複 ~ OR **~·es** /-ɪz/) C ❶ 〘解〙(神経・血管などの)網状組織, 叢(そう)(→ solar plexus) ❷ 錯綜(さくそう), もつれ

pli·a·ble /pláɪəbl/ 形 ❶ 曲げやすい, しなやかな, 柔軟な ❷ 従順な, 言いなりになる;適応[順応]性のある, 融通のきく
plì·a·bíl·i·ty 名 **-bly** 副

pli·ant /pláɪənt/ 形 ❶ (人体が)柔軟性に富む, しなやかな ❷ (人が)他人の言いなりになる, 従順な;変わり身が早い
-an·cy 名 **~·ly** 副

pli·ers /pláɪərz/ 名 《しばしば単数扱い》プライヤー, ペンチ, やっとこ ‖ a pair of ~ やっとこ1丁

***plight**[1] /plaɪt/ 名 C 《通例単数形で》(悪い)状態, ありさま, 形勢, 羽目;(特に)苦境, 窮状 ‖ in「a sorry [an awkward, a hopeless] ~ 情けない[困った, 絶望的な]ありさまで / Our ~ is that we have no funds. 我々が頭を

抱えているのは資金のないことだ

plight² /plaɪt/ 動 他《古》…を誓う, 固く約束する;《受身形で》〈人と〉婚約する[している]〈**to**〉‖ ～ one's faith [OR promise, words, honor] 固く約束する
plight one's troth ⇨ TROTH(成句)

plim·soll, plim·sole /plímsəl, -soul/ 名 C《英》ゴム底ズック靴, スニーカー(《米》sneaker)
▸▸Plím·soll màrk [lìne] 名 C〖海〗満載喫水線《船荷を積める限界》

plink /plɪŋk/《擬音語》動 自(楽器などを)ぽろんぽろんと鳴らす;ぱちんと鳴る;(的に)ぱしっと当てる ━他〔的〕にぱしっと当てる ━名 U C ぽろんぽろん[ぱちん, からん](という音) **～·y** 形

plinth /plɪnθ/ 名 C ❶〖建〗柱礎 ❷(彫像などの)台座;(壁などの基部の)土台周り

Pli·o·cene /pláɪəsìːn/〖地〗形 鮮新世の
━名《the ～》鮮新世

PLÓ 略 *P*alestine *L*iberation *O*rganization(パレスチナ解放機構)

plod** /plɑ(ː)d | plɔd/ 動 (**plod·ded** /-ɪd/; **plod·ding**) 自 ❶《＋副句》重い足取りで進む;とぼとぼ歩く《on***》(♦副句は方向を表す)(⇨ WALK 類語P)‖ ～ (*on*) through the snow 雪の中を重い足取りで歩く ❷〈骨の折れる単調な仕事に〉取り組む;〈…を〉こつこつ[のろのろ]とやる[働く, 勉強する]《***away, along, on***》〈**at, with, through**〉‖ ～ *away at* math 数学をこつこつ勉強する / ～ *on with* one's paperwork 書類仕事をのろのろ続ける
━他〔通りなど〕を重い足取りで[のろのろと]歩く
━名 C とぼとぼ歩くこと, 重い足取り;重い足音

plod·der /plɑ́(ː)dər | plɔ́d-/ 名 C (ゆっくり着実には進むが)熱意[想像力]のない人, のろま;伸びない組織[会社]

plod·ding /plɑ́(ː)dɪŋ | plɔ́dɪŋ/ 形 とぼとぼ歩く;だらだら勉強[仕事]する **～·ly** 副

plonk¹ /plɑ(ː)ŋk | plɔŋk/《英口》動 名 副 =plunk

plonk² /plɑ(ː)ŋk | plɔŋk/ 名 U《英口》安ワイン;安酒

plonk·er /plɑ́(ː)ŋkər | plɔ́ŋk-/ 名《英俗》❶ 間抜け, とんま ❷⊗《卑》ペニス

plop /plɑ(ː)p | plɔp/《擬音語》動 (**plopped** /-t/; **plop·ping**) 自 ❶(水中などに)ぽちゃん[どぶん]と落ちる ❷どすんと座る, ばたんと横になる ━他…をぽとんと落とす, どすんとおろす[倒す]《***down***》 ━名 C ぽちゃん[どぶん, どすん](という音) ━副 ぽちゃんと, どぶんと;どすんと

plo·sion /plóuʒən/ 名 U C〖音声〗(閉鎖子音の)破裂

plo·sive /plóusɪv/〖音声〗名 C 破裂音《/k/, /p/, /t/ など》 ━形 破裂音の

***plot** /plɑ(ː)t | plɔt/ 名 C ❶ 陰謀;秘密の計画, 悪巧み〈**against** …に対する / **to do** …しようとする〉(⇨ PLAN 類語)‖ hatch [OR devise] a ～ *against* the government 政府に対して陰謀を企てる / foil [OR thwart] a ～ *to* assassinate the president 大統領暗殺計画をくじく / expose a ～ 陰謀を暴く
❷(戯曲・小説などの)筋, 構想, プロット ‖ build [OR construct] the ～ of a novel 小説の筋を組み立てる
❸(耕作・敷地などのための)小区画の土地, 小地面, 小地区 ‖ a ～ of good land 一区切りの肥沃(ひよく)な土地 / a vegetable ～ 菜園 / a cemetery ～ 墓地 / a vacant ～ 空き地
❹《主に米》(建物・地所などの)平面図(ground plan)
❺《主に米》図, 図表, グラフ, 地図
lòse the plót《英口》正気でなくなる
The plòt thíckens. 事態がますますなぞめいてくる, 物語の筋がさらに込み入ってくる
━動 (**plot·ted** /-ɪd/; **plot·ting**) 他 ❶ **a**《＋目》〔悪事〕をたくらむ, 計画する ‖ ～ some evil 何か悪いことをたくらむ **b**《＋**to do**》…しようと(ひそかに)計画する ‖ They *plotted to* blow up the building. 彼らはビル爆破をたくらんだ ❷〔船・航空機などの位置, 震源地など〕を〈図上に〉記入する,〔データなど〕を〈グラフに〉表す〈**on**〉❸〔小説など〕の筋を構想する[組み立てる];〔行動計画など〕を立てる, …の構想を練る《***out***》❹〖数〗〔点〕を座標で示す;(示された点を結んで)〔直線・曲線〕を描く ━自〈…に対して〉陰謀を企てる, たくらむ, 図る〈**against**〉‖ ～ *against* his life 彼の生命を奪おうと企てる **～·less** 形

plót·lìne, plót lìne 名 =plot 名 ❷

plot·ter /plɑ́(ː)ţər | plɔ́tə/ 名 C ❶ 陰謀[共謀]者 ❷ 図面作成者;製図道具;💻作図装置, プロッター《地形図や天気図など複雑な図形を描き, 紙に出力する装置》

***plough** /plau/《発音注意》名 動《英》=plow

plov·er /plʌ́vər/ 名 (複 ～ OR **～s** /-z/) C〖鳥〗チドリ

***plow,**《英》**plough** /plau/《発音注意》名 ❶ C (農耕用の)すき;すきのような道具《雪かき機・機関車の排障器など》(⇨ HOE 類語)‖ turn over the earth with a ～ pulled by a horse 馬が引くすきで土を掘り返す / hold [OR be at] the ～ 農業に従事している ❷ U《主に英》耕(作)地 ❸《the P-》〖天〗北斗七星(《米》Big Dipper,《英》《旧》Charles's Wain);大熊座(Ursa Major)
pùt [OR ***sèt***] ***one's hànd to the plów*** (重要な)仕事に着手する[を始める](♦聖書の言葉より)
under the plów (土地が)耕作されて, 農地になって
━動 他 ❶〔土地〕を(すきで)耕す, 掘り起こす ‖ ～ a field for wheat 小麦をまくために畑を耕す ❷〔あぜ・畝〕を(すきで)作る;〔溝・筋〕をつける ❸〔道〕を〈…を〉かき分けるようにして[苦労して]進む〈**through**〉;(船などが)〔波〕を押し分けて進む, 波を押し分けて〔海〕を行く ‖ ～ one's way *through* a crowd 群集をかき分けて進む ❹《主に米》(雪かき機で)〔道路〕を除雪する ❺〔草・肥料など〕を〈…に〉すき込む〈**into**〉❻《英口》《旧》〔受験者〕を落第させる;〔試験〕に落第する
━自 ❶ 耕す, すく;(土地が)(ある状態で)掘り返される ❷〈…を〉かき分けるようにして[苦労して]進む;(船などが)〈波を〉押し分けて進む, 波を押し分けて〈海を〉行く〈**through**〉‖ The ship ～*ed through* the waves. 船は波を押し分けて進んだ ❸〈仕事を〉骨折ってする[処理する],〈本を〉苦労して読む[読み進む];〈食事を〉何とか残さず食べる〈**through**〉
plòw ahéad〈自〉(生産などが)どんどん進む;〈…を〉頑張ってやり通す〈**with**〉
plòw báck ... / plòw ... báck〈他〉①〔生えた作物・草など〕を同じ場所へすき込む ②〔利益など〕を〈同じ事業に〉再投資する〈**into**〉‖ ～ all the profits *back into* the business 利益のすべてを事業に再投資する
plòw ín ... / plòw ... ín〈他〉①〔草・肥料など〕をすき込む,〔作物など〕を(土をかけて)埋め込む ②〔資金など〕をつぎ込む
plów into〈他〉**I**《***plów into ...***》①…に激しく衝突する, 突っ込む ②〔仕事〕に精力的に取りかかる ③〔金〕を…に投資する **II**《***plòw A ìnto B***》④ ⇨ 他 ❺ ⑤ *A*(資金など)を*B*に投入する, つぎ込む
plòw ón〈自〉〈仕事や勉強を〉こつこつやる〈**with**〉
plòw thróugh ...〈他〉① ⇨ 自 ❷ ② ⇨ 自 ❸ ③(車・飛行機などが)…に衝突して突き破る, 突っ込む
plòw ... únder〈他〉《通例受身形で》①(作物などが)(土をかけて)埋め込まれる ②(過重な仕事・責任で)閉口させられる;負担[重荷]をかけられる
plòw úp ... / plòw ... úp〈他〉①…を掘り出す ②〔土地〕をすき起こす, 耕して農地にする ③〔地面〕を掘り返して[踏みつけて]めちゃめちゃにする
～·a·ble 形 **～·er** 名

plów·man,《英》**plóugh-** /-mən/ 名 (複 **-men** /-mən/) C すきですく者(中立 plower, plow driver [operator]), 耕作者, 農民;田舎者 **▸▸plòughman's lúnch** 名 C《英》(パブなどで出る)簡単な昼食《パン・チーズ・タマネギのピクルスにビールをつけた程度》

plów·shàre,《英》**plóugh-** 名 C すきの刃, すき先

***ploy** /plɔɪ/ 名 C ❶(相手の裏をかく)計略, 策略 ❷ 趣味, 道楽, 気晴らし;仕事, 課業

PLR 略 *P*ublic *L*ending *R*ight（〖英法〗公貸権）《公共図書館での貸し出しに対し著者が補償を要求できる権利》

PLS, pls 略 please（♦主にEメールで使われる）

***pluck** /plʌk/ 動 他 ❶ …を（つまんで）引っ張る, ぎゅっと引く；〈…から〉…を引き離す［抜く］, 引っ張り出す《*out, up*, etc.》〈**from, out of, off**〉‖ ～ his sleeve 彼のそでを引っ張る / She ～*ed* a tissue *from* her pocket. 彼女はポケットからティッシュを引っ張り出した / ～ the thorn *out* （バラなどの）とげを抜く ❷〔鳥など〕の羽をむしり取る；〔羽〕をむしる；…の（余分な）毛を抜いて形を整える ‖ ～ a goose ガチョウの羽をむしる / ～ one's eyebrows まゆ毛の（縁の）毛を抜いて形をよくする ❸〔花・果実〕をもぎ取る, 摘む（pick）‖ ～ fruit [flowers] 果実をもぐ［花を摘む］ ❹〔弦楽器（の弦）〕をかき鳴らす（《米》pick）‖ ～ (the strings of) a guitar ギター（の弦）を鳴らす ❺〔人〕を〈窮地から〉救う, 救出する〈**from**〉‖ be ～*ed* to safety 無事救出される ❻〔人〕を〈無名の［低い］身分から〉抜擢（ばってき）する, 要職に就ける〈**from**〉‖ be ～*ed from* obscurity 無名ながら抜擢される ❼《米俗》〔人〕からだまし取る

—自（＋**at** 名）❶（指先などで）〈…を〉ぎゅっと引っ張る, ぐいと引く；〈…に〉つかまる ‖ The little boy ～*ed at* his mother's skirt. 幼い男の子は母親のスカートを引っ張った［につかまった］ ❷〔楽器の弦〕をはじく, つま弾く

pluck up ... 〈他〉〔勇気など〕を奮い起こす

—名 ❶ U 勇気, 胆力 ‖ He had enough ～ to stand up to the boss. 彼には上司と渡り合えるだけのガッツがあった / show a lot of ～ 度胸のあるところを見せる / ～ and phlegm 勇気と沈着 ❷《the ～》（動物の）臓物 ❸ C《通例単数形で》引っ張ること, 引き抜くこと；かき鳴らすこと ‖ give it a ～ それをぐいと引く **～·er** 名

pluck·y /plʌ́ki/ 形 勇敢な（brave）, 元気のよい；断固とした **plúck·i·ly** 副 **plúck·i·ness** 名

***plug** /plʌɡ/ 名 C ❶（電気の）差し込み, プラグ；《口》コンセント；（パソコンの）コネクター ‖ put a ～ into a socket コンセントにプラグを差し込む ❷（浴槽・流しなどの）栓；（穴・管などをふさぐ）詰め物, ストッパー；プラスチックプラグ《ねじ穴に打ち込んでねじの緩みを防止する》；（止血用の）脱脂綿 ‖ pull (out) a ～ 栓を抜く

plug ❶

❸《口》（テレビ・ラジオ番組に挟む本や映画などの）広告, 宣伝；推奨の言葉 ‖ give her new book a nice ～ 彼女の新刊書を褒める ❹（エンジンの）点火プラグ ❺ 固形かみたばこ；その一口分 ❻〖地〗岩栓（volcanic plug） ❼ 消火栓 ❽《米俗》老廃馬；店（たな）ざらし品, 売れ残り品；駄目なもの ❾（釣りの）プラグ《ルアーの一種》 ❿《俗》《古》殴打；狙撃

****pùll the plúg*** ①《口》〈番組・計画などを〉（財政的理由から）打ち切る,〈…に〉終止符を打つ〈**on**〉‖ The bank will *pull the* ～ *on* the project. 銀行はその事業への融資を打ち切るだろう ②《米口》（回復見込みのない患者の）生命維持装置を外す

—動（**plugged** /-d/；**plug·ging**）他 ❶〔穴・隙間（すき）など〕に栓をする, …を〈…で〉ふさぐ《*up*》〈**with**〉；〔物〕を〈…に〉押し込む, 差し込む〈**in, into**〉‖ ～ (*up*) a hole [leak] 穴［漏れ］をふさぐ ❷〔穴〕を埋める,〔必要なもの〕を補う ‖ ～ a gap between incomings and outgoings 収支を償わせる ❸《口》（テレビ・ラジオなどで）〔本・映画など〕を宣伝する；…を推奨する ❹《俗》…に弾丸を撃ち込む, …を撃つ ❺《米俗》…を殴る

—自 ❶（穴・管などが）ふさがる, 詰まる《*up*》 ❷《口》〈…に〉根気よく励む《*along, away*》〈**at**〉‖ ～ *away at* a job 仕事に励む

****plùg ín*** 〈他〉《*plùg ín ...* / *plùg ... ín*》①〔電気器具〕のプラグを電源に差し込む ②…を（ほかの機器と）接続する ‖ ～ the video deck *in* ビデオデッキをつなぐ **—**〈自〉（プラグを電源に差し込んで）接続する, つながる

****plùg ínto*** 〈他〉 **I**《*plùg ínto ...*》①（電気機器などが）プラグで…に接続している；〔ネットワークなど〕に接続［アクセス］できる ‖ My computer ～*s into* the company data bank. 私のコンピューターは会社のデータバンクにアクセスできる ②〔事業・集団など〕に関係する, かかわる；〔人（の思想など）〕に精通する, …を理解する **II**《*plùg À into B́*》③ ⇨ 他 ❶ ④ *A*（電気器具）を*B*に接続する ⑤ *A*（コンピューター）を*B*（ネットワークなど）に接続する ‖ be *plugged into* the Internet インターネットに接続されている

COMMUNICATIVE EXPRESSIONS

1 "Hòw's it góing?" "**(I'm) (jùst) plùgging alóng.**"「どう, 元気」「まあまあだ；何とかやってるよ」

▸▸ **～ and pláy** 名 U 🖳 プラグアンドプレー《接続するだけで自動で設定が行われ稼働する周辺機器の仕様. 略 PnP》‖ *plug-and-play* devices プラグアンドプレーの機器

plùg-compátible 〈シ〉 形 🖳（ほかの機種と）互換性のある

plúg·hòle 名 C《英》（栓付きの）排水口（《米》drain）

gò down the plúghole （努力などが）無駄になる

plúg-ìn 形 名 C〖電〗プラグで電源に接続できる（器具）, 差し込み式の（器具）；🖳 プラグイン, 機能追加の（プログラム）‖ a ～ hybrid (vehicle [OR car]) プラグイン方式のハイブリッド車

plúg-ùgly《俗》形（人が）悪党面の, 非常に醜い

—名 C《主に米》ならず者, 与太者；暴漢

***plum** /plʌm/（♦同音語 plumb）名 C ❶ セイヨウスモモ（の木）, プラム；セイヨウスモモに類する木（の実） ❷ U 暗紫色 ❸《口》だれもが望むもの；楽で収入のよい仕事；（映画・舞台の）いい役 ❹（ケーキなどに使う）干しブドウ

hàve [OR ***spèak with***] ***a plúm in one's mòuth*** 《英》上流気取りの［上品ぶった］話し方をする

—形《限定》❶（仕事などが）好条件の ❷ 暗紫色の

▸▸ **～ càke** 名 C U《主に英》干しブドウ入りケーキ **～ dúff** 名＝plum pudding **～ púdding** 名 C U《主に英》プラムプディング（Christmas pudding）《干しブドウ入りの濃厚なケーキ》 **～ tomàto** 名 C プラムトマト《卵形のイタリア種のチェリートマト. 調理用》

plum·age /plúːmɪdʒ/ 名 U《集合的に》羽根, 羽毛；《米》（特に女性の）凝った服装

plumb /plʌm/《発音注意》（♦同音語 plum）動 他 ❶ …の深さを測る；（測鉛線で）…の垂直度を調べる；…を垂直にする《*up*》 ❷〔人の心など〕を推し量る, 推測する ❸〔悲しみなど〕を経験する ❹ …を給水管に接続する, …に鉛管を敷設する《*in*》

—自 垂直に垂れる；（…の）深さがある；鉛管工として働く

—名 C 測鉛, 鉛の重り, 下げ振り《水深・垂直度の測定用》

out of [OR ***off***] ***plúmb*** 垂直でない, 傾いて

—形 ❶ 垂直の, 鉛直の ❷《米口》全くの, 絶対の ‖ ～ nonsense 全くのたわごと

—副 ❶《口》正確に, ぴったりと ❷《米口》全く ‖ You're ～ right. 全く君の言うとおりだ ❸《古》垂直に, 鉛直に

▸▸ **～ bòb** 名 C ＝plummet 名 ❶ **～ lìne** 名 C 測鉛線, 下げ振り糸；鉛直線, 鉛垂線 **～ rùle** 名 C 下げ振り定規《大工や石屋などが用いる》

plum·ba·go /plʌ̀mbéɪɡoʊ/ 名（複 **～s** /-z/）❶ U《旧》黒鉛, 石墨（graphite） ❷ C〖植〗プルンバーゴ, ルリマツリ《イソマツ科の常緑低木. 観賞用》

plumb·er /plʌ́mər/ 名 C 鉛管工, 配管工

▸▸ **～'s hélper [fríend]** 名 C《米》＝plunger ❸ **～'s snáke** 名 C（排水管の詰まりを取り除くための）鋼鉄製コード（snake, auger）

plum·bic /plʌ́mbɪk/ 形〖化〗鉛の；（4価の）鉛を含む；〖医〗鉛による ‖ ～ poisoning 鉛毒

plumb·ing /plʌ́mɪŋ/ 名 U ❶ 鉛管工事, 配管工事, 鉛管工の仕事, 配管業 ❷《集合的に》（建物内の）配管（設備）, 鉛管類 ❸ 水深測量, 測深

plum·bism /plʌ́mbìzm/ 名 U〖医〗（特に慢性の）鉛中毒（症）

*__plume__ /plu:m/ 名C ❶ 空中にむくむくと立ち上るもの《煙・炎など》‖ a ～ of smoke むくむくと立ち上る煙［きのこ雲］ ❷（大きな）羽，羽毛；（帽子・かぶと・髪などの）羽飾り ‖ in borrowed ～*s* 借り物衣装で，他人の栄光を自分のものにして ❸『動』羽状毛；『植』冠毛 ❹『地』マントルプルーム（mantle plume）《マントルの深部のマグマの上昇流》❺ 名誉のしるし；賞(prize)

――動 他 ❶〔帽子など〕を羽毛で飾る，…に羽毛をあしらう ❷《主に古》（鳥が）〔羽〕を整える(preen)

plúme onesèlf (***on …***)（…を）自慢する，鼻にかける

__plumed__ /plu:md/ 形 羽のある；羽飾りをつけた

__plum·met__ /plʌ́mɪt/ 動 自 垂直に落ちる［飛び込む］；（物価などが）急落する ――名C ❶ 測鉛重り；測鉛線，下げ振り，垂球；下げ振り定規 ❷（釣糸の）重り ❸ 急下落

__plum·my__ /plʌ́mi/ 形 ❶ スモモのような；干しブドウの入った ❷《口》（声が）豊かで柔らかい，まろやかな；朗々とした；（発音・アクセントが）上流階級特有の ❸《口》（仕事などが）結構な，好ましい

*__plump__[1] /plʌmp/《発音注意》形 ❶（主に女性・子供が）丸々としてやや太り気味の，ふくよかな，ふっくらした（♥ fat の婉曲語．褒め言葉として使うことがある）（⇨ FAT 類語）‖ I'm getting a bit ～. 私はこのところちょっと太り気味だ ❷（鶏・果物などが）肉付きのよい ❸（クッションなどが）ふくらんだ

――動 他 …をふくらませる，太らせる《***up, out***》‖ ～ *up* a pillow 枕(まくら)を（軽くたたくなどして）ふっくらさせる

――自 ふくらむ，丸々と太る《***up, out***》

～·ish, ～·y 形 **～·ly** 副 **～·ness** 名

__plump__[2] /plʌmp/ 動 自 ❶ どしんと落ちる［座る，倒れる］《***down***》；どしんとぶつかる；どぶんと飛び込む ‖ ～ *down* on a chair いすにどっかと腰を下ろす ❷《英》（慎重に考慮して）（複数の選択肢から）〈…を〉選択する；《米》〈…を〉支持する〈**for**〉 ――他 ❶ …をどしんと落とす［置く，投げ出す］《***down***》❷〔意見など〕を出し抜けに言う《***out***》；《主に米》…を褒める，宣伝する

――名C《古》どしんと落ちる［ぶつかる］こと［音］‖ fall into a river with a ～ 川にざぶんと落ちる

――副《口》❶ どしんと，ざぶんと，どさっと ‖ fall ～ into a hole 穴の中にどかっと落ちる ❷《旧》ぶっきらぼうに，ずけずけと ――形 無遠慮な，あからさまの

__plu·mule__ /plú:mju:l/ 名C ❶『植』（胚(はい)の）幼芽，幼茎 ❷『鳥』柔毛，綿羽(めんう)(down feather)

__plum·y__ /plú:mi/ 形 羽毛のある［生えた］；羽で飾った［覆われた］；羽のような，羽毛状の

*__plun·der__ /plʌ́ndər/ 動 他 ❶（特に戦争で）〔人・場所〕を略奪する；〔人・建物など〕から〈物を〉略奪する，分捕る〈**of**〉‖ ～ a village 村を略奪する / ～ a castle *of* its treasures 城から財宝を略奪する ❷〔物〕を〈人・場所から〉（こっそり）盗む〈**from**〉；〔物〕を横領する ――自〈…から〉略奪する，盗む；横領する〈**from**〉 ――名U ❶ 略奪；横領 ❷《集合的に》（戦時の）略奪品；盗品；横領物 ‖ run off with one's ～ 盗品を持って逃げる

～·a·ble, ～·ous 形 **～·er** 名C 略奪者；盗賊

*__plunge__ /plʌndʒ/ 動 他 ❶《＋目＋副句》…を〈…に〉突っ込む，投げ込む《***in***》〈**into, in,** etc.〉‖ ～ one's hands deep *into* one's pockets 両手をポケットの奥まで突っ込む ❷《＋目＋**into** 名》…を〔ある状態〕に追いやる，陥れる；…を〔行動など〕に没入させる（♦ しばしば受身形で用いる）‖ He was ～*d into* despair. 彼は絶望に陥った ❸『園芸』〔植木鉢〕を（へりまで）地中に埋める

――自 ❶《＋副句》（頭から）飛び込む，突っ込む《***in***》〈**into** …に；**off** …から，etc.〉；〈…に〉突進する，猛進する〈**into, through,** etc.〉‖ ～ *into* a river 川に飛び込む / ～ *off* a cliff 崖(がけ)から飛び込む ❷《＋**into** 名》…に没頭する，のめり込む ‖ ～ *into* one's work 仕事にのめり込む ❸《＋**into** 名》〈ある状態〉に（急に）陥る，突入する，…を始める ‖ ～ *into* a fight 突然戦闘に入る / ～ *into* debt 急な借金をつくる ❹（道などが）急に下り坂になる ❺（売り上げなどが）（大幅に）急落する（↔ soar）❻ 激しく上下に動く［揺れる］；（船が）縦揺れをする ❼《口》大ばくちを打つ

――名C《通例単数形で》❶ 飛び込み，突っ込むこと；一泳ぎ ❷〈売り上げ・株価などの〉急落〈**in**〉‖ take a ～ 急落する ❸ 突進，突入 ❹ 飛び込みや水泳のできる場所《プールなど》

__tàke the plúnge__《口》（迷った挙げ句に）思いきってやる ‖ I *took the* ～ and bought a new car. 思いきって新車を買った

▶▶ **～ pòol** 名C ① 滝つぼ ② プランジ＝プール《特にサウナで温めた体を浸す冷水浴用の浴槽》 **～ sàw** 名C 電動丸のこ

__plung·er__ /plʌ́ndʒər/ 名C ❶ 飛び込む人［もの］，突入［突進］する人［もの］；潜水する人 ❷『機』ピストン（状に動くもの）《注射器の内筒など》；『自動車』プランジャー《空気入りタイヤのバルブ内にあるピストン状の部分》❸ 吸引式下水掃除棒，ラバーカップ《長い柄の先にゴム製のカップがついたトイレなどの詰まりを取り除く道具》❹ 無謀な賭博(とばく)［投機］者

plunger ❸

__plung·ing__ /plʌ́ndʒɪŋ/ 形（女性のドレスの襟ぐりが）深く（V字形に）切れ込んだ

▶▶ **～ néckline** 名C 胸元を広く開けた婦人服の襟

__plunk__ /plʌŋk/《口》動 他 ❶〔ギター・バンジョーなど〕をかき鳴らす，弾く ‖ ～ a guitar ギターを弾く ❷《主に米》…をどすんと置く［落とす，投げ出す］(plump)《***down***》‖ ～ oneself *down* on the bench どかっとベンチに座る ❸〔大金〕をぽんと支払う《***down***》❹《米》…を不意にたたく

――自 ❶（バンジョーなどが）ぽろんと鳴る，音を出す ❷ どすんと［ぽろりと］落ちる《***down***》

――名C ❶ かき鳴らす［ぽろんと鳴る］音；《米》どすんと落ちること［音］❷《米》強い一撃，強打 ❸《米俗》1ドル

――副 ❶ ぽろんと；どすんと ❷ ちょうど，正確に

__plu·per·fect__ /plù:pə́:rfɪkt/ ◁ 名U 形『文法』過去完了(の)，大過去(の)

*__plu·ral__ /plʊ́ərəl/ 形 ❶『文法』複数（形）の《略 pl.》(↔ singular) ‖ ～ endings 複数語尾 / the ～ number 複数 ❷（一般に）複数の，2つ［2人］以上の［からなる］‖ ～ marriage 一夫多妻，一妻多夫 / a ～ society 複合社会《複数の人種からなる》

――名（複 **～s** /-z/）『文法』❶U 複数（plural number）《略 pl.》；《the ～》複数形（plural form）‖ a noun in the ～ 複数形の名詞 ❷C 複数名詞

～·ly 副 複数（形）で，複数として，複数の意味で

__plú·ral·ìsm__ /-ìzm/ 名U ❶ 複数性，多元性；複数状態 ❷ 多元的共存（主義）《1国内に複数の異文化集団が共存する状態（を支持する主義）》❸（2つ以上の教会の）聖職兼務，寺禄(じろく)兼領 ❹『哲』多元論(→ monism, dualism)

__plu·ral·ist__ /plʊ́ərəlɪst/ 名C ❶『哲』多元論者 ❷ 聖職兼務者 ――形 ＝pluralistic

__plu·ral·is·tic__ /plʊərəlístɪk/ 形 複数性の；多元的な；多元共存主義的な；多元論の

__plu·ral·i·ty__ /plʊərǽləṭi/ 名（複 **-ties** /-z/）❶U『文法』複数（であること）❷C《通例単数形で》多数，多人数 ❸C《通例単数形で》《米》最高得票数，多数票，相対多数（票）（♦ 主に3名以上の候補者のいる選挙で，だれも過半数に達しない場合に用いられる）(→ majority)；（当選者と次点者との）得票差 ‖ have a ～ of 20（次点と）20票差がある ❹U 聖職兼務（によって得る寺禄）

__plu·ral·ize__ /plʊ́ərəlàɪz/ 動 他 …を複数形にする［で表す］ ――自 複数形をとる；複数になる；聖職を兼務する

__plu·ri·po·tent__ /plʊ̀ərɪpóʊtənt, plʊərɪ́pətənt/ 形『生』多能性の；（細胞が）多分化性の，分化方向が固定されていない

**__plus__ /plʌs/

――前 ❶ …を加えて，足すと（↔ minus）‖ Two ～ six is

[OR equals] eight. 2足す6は8 (2＋6＝8) (♦この意味では主語の数に関係なく動詞は単数) / That will be $10 ～ tax. 10ドルに税金を加えた額になります
❷ …に加えて, …とともに ‖ We've got to fit four adults ～ two dogs in the car. 4人の大人と2匹の犬を車にうまく乗せなきゃならない / His intelligence ～ his youth makes him a prime candidate for the post. 知性と若さで彼はその役職の第1候補である (♦動詞は通例 plus の前の名詞に一致する) (❗「プラスアルファ」は和製語. 英語では plus something という)
―名 (複 ～·es, ～·ses /-ɪz/) C ❶ **利点**, 強み ; プラス分, 利益 ‖ Your knowledge of Arabic is a major [OR big] ～ in your job. 君のアラビア語の知識が仕事の上で大いにプラスになる
❷ (＝～ sìgn) プラス記号, 正符号 《＋》; 正数, 正量 ; 足し算 (❗「差し引き, 得失」の意味の「プラスマイナス」は plus or [OR and] minus, pluses and minuses, advantages and disadvantages のような言い方をする.「プラスマイナスゼロ」というのは和製語.「それでは結局プラスマイナスゼロだ」は That would come to nothing after all. / We end up with nothing gained after all.)
―形 《比較なし》 ❶ 《限定》**有利な**, 望ましい ; さらなる ‖ a ～ factor [《英》point] プラス要因, 利点 / on the ～ side 長所としては
❷ 《数量表現の後で》 以上の ‖ I earned $2,000 ～ last month. 先月は2,000ドル以上稼いだ / He is twelve ～. 彼は12歳かそれより上だ / the 4,000-～ workers of the company その会社の4,000人余の従業員
❸ 《限定》正の, 0より大きい (↔ minus) ‖ The temperature is ～ 20°C now. 今気温はセ氏20度です (♦ 20°C は "twenty degrees Celsius" と読む)
❹ 《学科の評点の後に置いて》よりやや上の ‖ a grade of A ～ Aの上 (じょう) の成績 (♦ A⁺ と表記する) ❺ 〖電〗陽の (positive) ‖ the ～ terminal プラス電極
―接 その上に, さらに ‖ My car is reliable, ～ it gets good mileage. 私の車は信頼できるし, しかも燃費がいい
▸▸ ～ **fóurs** 名 複 《旧》プラスフォーズ 《特にゴルフ用の半ズボン. ひざ下までのニッカーボッカーより4インチ長い》 ～ **sìze** 名 C (特に婦人服の) Lサイズ ‖ a *plus-size* bathing suit Lサイズの水着

plus ça change /plùː sɑː ʃɑ́ːnʒ/ 間 変われども変われども (♦ the more it changes(, the more it stays the same) の意のフランス語より. 人間性や制度の不変性をいうときに使われる)

plush /plʌʃ/ 名 U フラシ天 《ビロードに似た織物》
―形 ❶ フラシ天(製)の ❷ 《口》豪華な, ぜいたくな

plush·y /plʌ́ʃi/ 形 フラシ天の(ような) ; 《口》豪華な, ぜいたくな, 華美な

plùs-mínus 副 《南ア》およそ, 約

Plu·tarch /plúːtɑːrk/ 名 プルターク, プルタルコス (46?–120?) 《ギリシャの伝記作家・哲学者・歴史家》

Plu·to /plúːt̬oʊ/ 名 ❶ 〖ギ神・ロ神〗プルトン, プルート (Hades) 《死者の国の王》 ❷ 〖天〗冥王(めいおう)星 《1930年に発見され, 太陽系の9番目の惑星とされてきたが, 2006年に惑星から除外された》 ❸ プルート 《Disney の作品に登場する犬》

plu·toc·ra·cy /pluːtɑ́(ː)krəsi | -tɔ́k-/ 名 (複 **-cies** /-z/) U 金権政治 ; C 金権政体[国家] ; 富豪階級, 財閥
語源 *pluto-* riches, wealth ＋ *-cracy* rule : 金による政治

plu·to·crat /plúːt̬əkræt, -t̬oʊ-/ 名 C ⊗ 《しばしば蔑》金権政治家 ; (支配階級の一員をなす) 富豪, 金持ち
plù·to·crát·ic 形

plu·ton /plúːtɑ(ː)n | -tɒn/ 名 U 〖地〗深成岩, プルトン

Plu·to·ni·an /pluːtóuniən/ 形 プルトン (Pluto) の (ような), 冥府(めいふ)の(ような) ; 冥王星の

Plu·ton·ic /pluːtɑ́(ː)nɪk | -tɔ́n-/ 形 ❶ ＝Plutonian ❷ 《p-》〖地〗深成の ‖ ～ rocks 深成岩

plu·to·ni·um /pluːtóuniəm/ 名 U 〖化〗プルトニウム 《人工放射性元素. 元素記号 Pu. 原子力発電の燃料》

plu·vi·al /plúːviəl/ 形 ❶ 雨の, 雨の多い ❷ 〖地〗雨の作用による ―名 C 多雨期

ply¹ /plaɪ/ 名 (複 **plies** /-z/) ❶ C (重ね合わせた布・紙・板などの) …層, …重 ; U 《しばしば複合語で》(糸・縄などの1本の) …より ‖ three *plies* of cloth 3層の布 / a three-～ rope 3つよりの縄 ❷ U C 傾向, 癖

ply² /plaɪ/ 動 (**plied** /-d/ ; **～·ing**) 他 ❶ 〔仕事など〕に精を出す, 励む ‖ ～ one's trade 商売に励む ❷ (船・バスなどが) 〔2点間〕を定期的に往復する ❸ 〔人〕に〈飲食物などを〉熱心に勧める, 強いる ; 〔人〕に〈質問などを〉盛んに浴びせる 〈**with**〉 ‖ ～ him *with* questions 彼に盛んに質問を浴びせる ❹ (人が) 〔道具など〕を盛んに使う, 巧みに操る, (勢いよく) 振るう, せっせと動かす ‖ He is busily ～*ing* his pen. 彼はせっせと書き物をしている / ～ an axe おのを振るう
―自 ❶ せっせと励む ‖ ～ at a trade 商売に励む / ～ with the oars せっせとオールをこぐ ❷ (船・バスなどが) 定期的に往復する, 通う ; (赤帽・タクシーなどが) 客待ちする ; (タクシーが) 〈客を〉待つ, 求めて流す 〈**for**〉 ‖ ～ *for* hire 《英》(タクシーが) 客待ちをする, 客を求めて流す

Ply·mouth /plíməθ/ 名 プリマス ❶ イングランド南西部, コーンウォール半島南岸の港湾都市 《Mayflower 号の出航地》 ❷ 米国マサチューセッツ州南東部の港町 《Mayflower 号の到着地》
▸▸ ～ **Bréthren** 名 《the ～》プリマス同胞教会 《1830年ごろ英国プリマスに起こった Calvin 派の宗教団体》 ～ **Còlony** 名 〖米史〗プリマス植民地 《1620年に Pilgrim Fathers がマサチューセッツ州に建設した》 ～ **Róck** 名 ① プリマスの岩 《米国の Plymouth にあり, Pilgrim Fathers がここから上陸したといわれる》 ② C プリマスロック種 (の鶏) 《米国産》

***ply·wood** /pláɪwʊ̀d/ 名 U 合板, ベニヤ板

***p.m., pm, P.M.**¹**, PM**¹ ⌫ 略 《ラテン》*post meridiem* (＝after noon) (午後) (⇨ A.M.) ‖ at 3:30 ～ 午後3時30分に / I will take the 5:45 ～ train. 午後5時45分の電車に乗るつもりだ

語法 ☆☆ (1) 時刻を表す数字の後につけて用いる. 前につけるのは誤り.
(2) o'clock とともには用いない.
(3) 正時を表す場合 8:00 p.m. ではなく 8 p.m. とする方がふつう.
(4)「夜の12時」をいうのには 12 p.m. ではなく (twelve) midnight とする方がふつう.
(5) 米国では 3:30 p.m., 英国では 3.30 p.m. と書くのがふつう. 大文字の P.M. は主に掲示物などで用いる.

Pm 記号 〖化〗promethium (プロメチウム)

PM², **P.M.**² 略 *p*articulate *m*atter ; *P*ast *M*aster ; 〖軍〗Paymaster ; *P*olice *M*agistrate ; Postmaster ; postmortem ; *P*rime *M*inister ; 〖軍〗*P*rovost *M*arshal

pm. 略 premium

PMG 略 *P*ay*m*aster *G*eneral ; *P*ost*m*aster *G*eneral ; 〖軍〗*P*rovost *M*arshal *G*eneral (憲兵総司令官)

PMS 略 〖医〗*p*re*m*enstrual *s*yndrome (月経前症候群)

PMT 略 《主に英》〖医〗*p*re*m*enstrual *t*ension (月経前緊張症)

PN, P/N 略 〖商〗*p*romissory *n*ote

PNdB 略 *p*erceived *n*oise *d*eci*B*el(s) (PNデシベル) 《知覚騒音レベルの単位》

pneu·mat·ic /njumǽt̬ɪk/ 《発音注意》 形 ❶ 空気の, 気体の ; 風の ; (圧縮) 空気で動く[を満たした] ; 空気力学の ‖ a ～ tire (空気入り) タイヤ (↔ solid tire) ❷ 〖動〗(骨が) 気腔(きこう)のある ❸ ⊗ 《口》《ときに蔑》(女性が) 胸の大きな
―名 C 空気タイヤ ; 空気タイヤ付きの乗り物 **-i·cal·ly** 副
▸▸ ～ **dríll** 名 C 《英》空気ドリル ～ **túbe** 名 C 気送管 《圧搾空気で郵便物などを送る管》

pneu·mát·ics /-s/ 名 U 空気力学, 気学

pneu·mo·coc·cus /njùːməkɑ́(ː)kəs | -kɔ́k-/ 名 (複 **-coc·ci** /-kɑ́(ː)ksaɪ | -kɔ́k-/) C 〖医〗肺炎双球菌

pneu·mo·co·ni·o·sis /njù:moukòunióusəs | -sɪs/ 名 U 〘医〙塵肺(じんぱい)症

pneu·mo·nec·to·my /njù:mənéktəmi/ 名 (複 **-mies** /-z/) C U 〘医〙肺切除(術)

***pneu·mo·nia** /njumóuniə/ 《発音注意》 名 U 肺炎 ‖ get [OR catch] ～ 肺炎にかかる / acute ～ 急性肺炎

pneu·món·ic 形

pneu·mo·no·ul·tra·mi·cro·scop·ic·sil·i·co·vol·ca·no·co·ni·o·sis /njù:mənəʌ̀ltrəmàɪkrəskɑ̀(:)pɪksɪ̀lɪkəvɑ(:)lkèɪnoukòunióusəs | -skɔ̀pɪksɪ̀lɪkəvɔlkèɪnoukòunióusɪs/ 名 =pneumoconiosis (♦最長の英単語とされる)

pneu·mo·tho·rax /njù:məθɔ́:ræks/ 名 U 〘医〙 ❶ 気胸(症) ❷ 気胸術《肺結核の治療法の1つ》

PnP 略 💻 *p*lug *and* *p*lay

po /pou/ 名 (複 **～s** /-z/) C 《英口》寝室用便器, おまる (chamber pot) (《米》 potty)

Po 記号 〘化〙polonium(ポロニウム)

PÓ ⌫ 略 *P*ersonnel *O*fficer (人事官) ; 〘海軍〙 *P*etty *O*fficer ; 〘英空軍〙 *P*ilot *O*fficer ; *p*ostal *o*rder ; *P*ost *O*ffice ▸▸ **～ Bóx** /pì:ou-/ 名 C =post office box

***poach**[1] /poutʃ/ 動 他 〔割った卵〕を熱湯に入れてゆでる ; 〔魚など〕をゆでる ‖ a ～*ed* egg 落とし卵

***poach**[2] /poutʃ/ 動 他 ❶ …を密猟する ; 〔他人の領域・権利〕を侵害する ; 〔人の考えなど〕を〈…から〉横取りする[盗む] ; 〔人材〕を〈…から〉引き抜く〈**from**〉 ; (テニスなどで)〔パートナーの打つべきボール〕を横から飛び出して打つ, ポーチする ❷ (動物が)〔芝生・地面など〕を踏み荒らしてぬかるみ[穴だらけ]にする 一自 ❶ 密猟する ; (他人の領域・権利を)侵害する ‖ ～ on [OR upon] his preserves 彼の領域を侵す ❷ (テニスなどで)パートナーのボールを横から飛び出して打つ ❸ ぬかるみにはまる ; (地面が)踏み荒らされてぬかる

***poach·er**[1] /póutʃər/ 名 C 密猟者, 密漁者 ; 侵入者, (商売の)縄張り荒らし

pòacher tùrned gámekeeper 《主に英》 (職・意見を)前とは正反対のものに変えた人 ; (特に)反権力側から権力側に転じた人(♦「密猟者転じて猟場番」の意)

poach·er[2] /póutʃər/ 名 C 落とし卵用のなべ

poacher 2

PÒB, P.O.B. 略 *p*ost *o*ffice *b*ox

Po·ca·hon·tas /pòukəhɑ́(:)n̩təs | pɔ̀kəhɔ́n-/ 名 ポカホンタス (1595?–1617)《北米先住民の族長の娘 ; Captain John Smith を救ったと言い伝えられ, 後, 英国人入植者と結婚して渡英し同地で没した》

po·chard /póutʃərd/ 名 (複 ～ OR **～s** /-z/) C 〘鳥〙ホシハジロ(星羽白)《欧州産ウミガモ》

po·chette /pouʃét | pɔ-/ 名 C ポシェット《肩から下げる女性用の小型のバッグ》(♦フランス語より)

pock /pɑ(:)k | pɔk/ 名 C 痘瘡(とうそう), あばた(→ pockmark)
一動 他 …をあばた(状)にする ‖ bullet-～*ed* walls 弾丸が撃ち込まれてあばた状になった壁

*****pock·et** /pɑ́(:)kət | pɔ́kɪt/ 《アクセント注意》 名 形 動

一名 (複 **～s** /-s/) C ❶ (衣服・かばん・車のドアの内側などの)**ポケット**, 物入れ ‖ He put his hand **in** [OR **into**] his coat ～. 彼は上着のポケットに片手を突っ込んだ / Why have I always got to search all my ～*s* for my keys? なぜ鍵(かぎ)を見つけるのにいつもポケットを全部捜さなきゃならないんだろう / turn out one's ～*s* ポケットの中身を全部出す / an inside ～ 内ポケット

❷ (通例単数形で)**所持金**, 資金, 資力 ‖ The new taxes hit people's ～*s* hard. 新税は庶民のふところに大打撃を与えた(♦people に応じて pocket も複数形) / That ring is beyond my ～. その指輪は高くて手が出ない / an admission fee to suit every ～ だれにも払える入場料 / have deep ～*s* 十分な資力がある / an empty ～ 一文無し(の人)

❸ (孤立した異質の)小地域[集団], 狭い地域 ; 〘軍〙孤立地帯(の部隊) ‖ a ～ of unemployment 失業者の多い地域 / a ～ of resistance 抵抗軍[地域]

❹ 〘採〙鉱脈瘤(りゅう)《鉱石が特に多くたまっている所》 ❺ (競走などの)ポケット《ほかの走者[馬]のために前進を阻まれる位置》 ❻ 〘ビリヤード〙ポケット《ビリヤード台に設けられた球受け袋》 ; 〘ボウリング〙ポケット《右投げで1, 3ピンの間, 左投げで1, 2ピンの間》 ; 〘アメフト〙ポケット《クォーターバックがパスを出す区域》 ❼ 〘動〙(有袋類の)袋 ❽ =air pocket ❾ 〘野球〙(グローブ・ミットの)ポケット《球を受ける部分》

be [OR ***live***] ***in èach òther's póckets*** 《主に英口》(2人が)いつもべったり一緒にいる

be in a pèrson's pócket (人の)意のままになっている, (人に)牛耳られている

dìp [OR ***dìg***] ***into one's pócket*** 《口》金を使う[出す]

hàve ... in one's pócket ① 〔人〕を(脅迫・買収などして)思うとおりに動かして[操って]いる ‖ He *has* the board of directors *in* his ～. 彼は理事会を牛耳っている ② 〔選挙など〕に勝利することが確実である

in [***òut of***] ***pócket*** 《英》手元に金があって[なくて] ; (金を)もうけて[損して] ‖ He was $20,000 *out of* ～. 彼は2万ドルの損失をこうむっていた

lìne one's (***òwn***) ***pócket***(***s***) 私腹を肥やす

pày òut of (***one's òwn***) ***pócket*** 《米》自分の金で支払う, 自腹を切る, 立て替え払いする(→ out-of-pocket) ; (その場で)現金払いする

pìck a pèrson's pócket (人に)すりを働く, (人の)金などをする

一形 《比較なし》《限定》ポケットに入れられる, (標準より)**小型の** ; 限られた地域の, 孤立した ‖ a ～ watch 懐中時計 / a ～ edition ポケット版 / a ～ calculator 小型電卓 / a ～ war 局地戦

一動 (**～s** /-s/ ; **～·ed** /-ɪd/ ; **～·ing**)

一他 ❶ …**をポケットに入れる** ‖ She ～*ed* her key. 彼女は鍵をポケットに入れた

❷ 〔金・利益〕を横領[着服]する ; (ずるいやり方で)〔賞金・利益など〕をやすやすと手に入れる ‖ He has been ～*ing* the cash from that account for the past two years. 彼はこの2年間その口座から現金を横領し続けていた

❸ …を包(み込)む, 囲む, 閉じ込める

❹ 〔侮辱など〕を忍ぶ, 甘受する ; 〔感情・自尊心など〕を抑える, 隠す ‖ ～ an insult 侮辱に耐える / ～ one's pride 自尊心を抑制する ❺ 《米》(大統領が)〔法案〕の成立を拒否権[署名を遅らせること]で阻む(→pocket veto) ❻ 〘ビリヤード〙〔球〕をポケットに入れる

語源 「小さな袋」の意のフランス語 *pochette* から.

▸▸ **～ báttleship** 名 C 小型[ポケット]戦艦 **～ bìlliards** 名 複 《米》=pool[2] ❻ **～ bòok** 名 C =pócketbòok **～ bòrough** 名 C 〘英国史〙(ある個人・家族に独占された国会議員の) 独占選挙区 (1832年に廃止) **～ chànge** 名 U 小銭 **～ gòpher** 名 C 〘動〙ホリネズミ(pouched rat) **～ mòney** 名 U 小遣い銭, ポケットマネー(spending money) ; 《英》(子供に与える)小遣い (《米》 allowance) **～ mòuse** 名 C 〘動〙ポケットネズミ《米国西部・メキシコに生息する夜行性のネズミ》 **～ vèto** 名 C 《米》(大統領・州知事などの)議案握りつぶし

pócket·bòok 名 C ❶ 《米》ポケットブック, 文庫本 ❷ 《米》札入れ, さいふ ; ハンドバッグ ❸ 《米》懐具合, 財源 ❹ 《英》手帳(notebook)

póck·et·fùl /-fùl/ 名 C ポケット1杯(分) ; 《口》かなりの量, たくさん ‖ a ～ of acorns ポケット1杯のドングリ / a ～ of money かなりの金, 一財産

pòcket(-)hándkerchief 名 C (ポケットに入れる)ハンカチ 一形 小さい, 猫の額ほどの

pócket·knìfe 名 (複 **-knives** /-nàɪvz/) C ポケットナイフ《折り畳み式の小型ナイフ》

pócket-sìze(d) 形 ポケットに入るくらいの, 小型の

póck·màrk 名 C《通例 ~s》(天然痘の跡のような) あばた, 痘痕(とうこん); (表面の)小さなくぼみ
— 動 他 …にあばた(状のくぼみ)を作る

póck·màrked 形 痘痕[あばた]のある;〈…で〉あばた状[でこぼこ]になって〈**with**〉

po·co /póukou/ 副〖楽〗いくぶん, やや ‖ ~ allegro ポコアレグロ, やや速く(♦イタリア語より) ▸▸**~ a póco** /-ɑː-/ 副〖楽〗ポコ=ア=ポコ, 少しずつ, 徐々に

***pod** /pɑ(ː)d | pɔd/ 名 C ❶ (豆の)さや ❷ さや状のもの; (カイコの)まゆ; (バッタなどの)卵嚢(らんのう) ❸ ポッド《航空機の翼・胴体下のエンジンや燃料などの収納部; 宇宙船の切離し可能な部分》 ❹ (鯨などの)小群
— 動 (**pod·ded** /-ɪd/; **pod·ding**) 自 ❶ (豆が)さや状の実を生じる ❷ (さや状に)ふくれる — 他 …のさやをむく

POD 略 *P*ost *O*ffice *D*epartment ((米国の) 郵政省); 〖商〗*p*ay *o*n *d*elivery(現品引き換え払い)

pód·càst 名 C ポッドキャスト《インターネット上でダウンロード可能な音声・画像ファイル》(♦Apple 社開発の *iPod*+(broad)*cast* より) **~·ing** 名

podg·y /pɑ́(ː)dʒi | pɔ́dʒi/ 形 ⊗《英口》《ときに蔑》=pudgy

po·di·a·try /pədáɪətri, pou-/ 名 U〖医〗足病学; 足病治療 **-trist** 名 **-tric** 形

po·di·um /póudiəm/ 名 (複 **~s** /-z/ OR **-di·a** /-diə/) C ❶ (オーケストラの)指揮台; 演壇; (空港などの)チケットカウンター ‖ take the ~ 演壇につく, 演説する ❷《米》(教会の)聖書朗読台; 書見台 ❸〖建〗列柱の土台, 台壁; (古代円形劇場の闘技場と観客席を仕切る)腰壁

Po·dunk /póudʌŋk/ 形《米口》(町が)狭くてつまらない, 田舎の(♦ニューイングランド南部の地名から)

Poe /pou/ 名 **Edgar Allan ~** ポー(1809–49)《米国の小説家・詩人. 主著 *The Gold Bug*(1843)》

POE 略〖軍〗*p*ort *o*f *e*mbarkation (船積港); *p*ort *o*f *e*ntry((米国の)通関港)

:po·em /póuəm | -ɪm/
— 名 〔▸ poetic 形, poetical 形〕(複 **~s** /-z/) C ❶ (1編の) **詩** (⇨ POETRY 類語) ‖ I've **written** [OR composed] a ~ for my parents' 50th anniversary. 両親の結婚50周年記念に詩を1編書いた / [a lyric [an epic] ~ 叙情[叙事]詩 / a prose ~ 散文詩 / recite a ~ 詩を朗唱[暗唱]する
❷ 詩的なもの, 詩趣を含むもの ‖ a symphonic ~ 交響詩
語源「作られたもの」の意のギリシャ語 *poiēma* から.

po·e·sy /póuəzi/ 名 U ❶《集合的に》《古》《文》詩, 詩歌(poetry); 韻文 ❷ 作詩法

:po·et /póuət | -ɪt/
— 名 (複 **~s** /-s/) C ❶ **詩人** ‖ *Poets* break language conventions in creative ways. 詩人は創意豊かに用語上の慣例を破る / a lyric ~ 叙情詩人
❷ 詩人肌の人, 詩才のある人; 想像力豊かな人
語源「作る人」の意のギリシャ語 *poiētēs* から.
▸▸**~ láureate** 名 (複 **~s l-** OR **~ -ates** /-s/) ① 《通例 the P- L-》(英国の)桂冠詩人 ② C (ある国や地方の)代表的詩人 **Pòets' Córner** 名《the ~》ポエツコーナー《Westminster Abbey の一角で多くの英国の詩人・文人の墓と記念碑がある》;《戯》(新聞・雑誌などの)詩歌欄

po·et·as·ter /póuətæ̀stər | -ɪt-/ 名 C へぼ詩人

po·et·ess /póuəṭəs | pòuɪtés/ 名 C 女流詩人(♥現在は女性にも poet を用いる. 特に女性であることを明示する場合も woman poet というのがふつう)

***po·et·ic** /pouéṭɪk/《アクセント注意》形 〔◁ poem 名〕(**more ~; most ~**) ❶《限定》詩の, 韻文で書かれた; 詩的な, 詩に適した ‖ ~ diction 詩の用語, 詩語 / ~ metaphors 詩的隠喩(いんゆ) ❷ 詩才のある, 詩人的な, 詩を好む ‖ ~ genius 詩才
▸▸**~ jústice** 名 U 詩的正義《劇や物語によく見られる勧善懲悪的な正義》, 因果応報 **~ lícense** 名 U 詩的許容《詩的効果のため許される文法・規範などに反する自由》

po·et·i·cal /pouéṭɪkəl/ 形 〔◁ poem 名〕❶ 詩の(形をとった), 韻文の ‖ the ~ works of Wordsworth ワーズワースの詩 ❷ =poetic ❸ 現実を離れた, 理想化された **~·ly** 副

po·et·i·cize /pouéṭəsàɪz | -étɪ-/ 動 他 …を詩(的)にする; …を詩でうたう, 詩で扱う — 自 詩を書く, 作詩する

po·et·ics /pouéṭɪks/ 名 ❶ U 詩学, 詩論; 詩に関する論文 ❷ U 作詩法; 韻律学 ❸《the P-》「詩学」《劇詩を中心とした Aristotle の詩論》

po·et·ize /póuətàɪz | -ɪt-/ 動 =poeticize

:po·et·ry /póuətri/
— 名 U ❶ (文学の一形式としての)**詩**, 韻文, 詩歌; 作詩法(⇨ 類語) ‖ epic [lyric] ~ 叙事[叙情]詩 / dramatic ~ 劇詩
❷《集合的に》詩(poems), 詩集 ‖ recite ~ 詩を朗読[暗唱]する / **write** [OR compose] ~ 詩を書く / modern ~ 近代詩 ❸ 詩情, 詩的感興[興趣], 詩趣; 詩的表現 ‖ play the piano with ~ 詩的感興を込めてピアノを弾く ❹ 優美[華麗]さ ‖ ~ in motion 動きの優美さ

類語《❶》**poetry** 総称的に, または芸術分野としての「詩」; 韻文とは限らない. 〈例〉fiction and *poetry* 小説と詩 / prose *poetry* 散文詩
poem 1編の「詩」.
verse 韻文. 〈例〉prose and *verse* 散文と韻文

po-faced /pòuféɪst/ ◁ 形《英》しかめっ面をした, まじめくさった; 不満げな, 非難めいた

po·go /póugou/ 名 (複 **~s** /-z/) (=**~ stìck**) C ポーゴー, ホッピング《足かけに両足をのせ, 柄を握ってピョンピョン跳び回るおもちゃ》; ポーゴー用の棒

pogo

po·grom /póugrəm | pɔ́-/ 名 C ポグロム, (組織的な)大虐殺(massacre); (特に帝政ロシアの)ユダヤ人虐殺

poi /pɔɪ/ 名 U ポイ《ハワイのタロイモ料理》

poign·an·cy /pɔ́ɪnjənsi/, **-ance** /-əns/ 名 U 痛切, 痛烈; 鋭さ, 激しさ; 辛辣(しんらつ)さ; 感動

***poign·ant** /pɔ́ɪnjənt/《発音注意》形 ❶ (悲しみなどが)心を刺すような, ひどく心を苦しめる, 痛烈な ‖ It is very ~ that his son died so young. 彼の息子があんなに若くして亡くなるとは痛恨の極みだ / ~ sorrow 痛切な悲しみ ❷ 心を揺り動かす, 感動させる ‖ a ~ scene 感動的な光景 ❸ 鋭い, 辛辣な ‖ ~ wit 鋭い機知 / ~ sarcasm 辛辣な皮肉 ❹《古》(におい・味が)刺激的な ‖ a ~ smell 鼻を突くにおい **~·ly** 副

Poin·dex·ter /pɔ́ɪndèkstər/ 名 C《米口》がり勉屋, (社交性のない)専門ばか(♦米国のアニメシリーズ *Felix the Cat* の登場人物の名より)

poin·set·ti·a /pɔɪnséṭiə/ 名 C〖植〗ポインセチア, ショウジョウボク(猩々木)《メキシコ原産でクリスマスに飾る》

:point /pɔɪnt/ 名 動

中心義 (とがった先端が向かう)焦点となるところ

名 論点❶ 要点❷ 目的❸ 特徴❹ 時点❺ 地点❻ 段階❼ 先端❿ 点数⓬
動 自 指さす❶ 向く❷ 示す❸ 他 向ける❶

— 名 (複 **~s** /-s/) C ❶ (議論中の主要な)**論点**; (個々の)論, 意見, 項目, 問題点; もっともな意見(→ CE 2) ‖ You've **made** some interesting ~*s*. Let's discuss them. あなたはいくつか興味深い意見を出されました. それについて討議しましょう / raise an important ~ 重要な問題点を提起する / a sore ~ (話題にされたくない) 痛いところ / a moot ~ 論争点 / That's a (good) ~. それは的を射た指摘だ / I've presented a lot of hard data to prove my ~. 自分の言い分を立証するため確かなデータをどっさり提示した

P

❷《通例 the ～》**要点**, 主眼点, ポイント；(話の)勘所, 落ち；《しばしば one's ～》趣旨, 言わんとするところ ‖ That's the ～. それが重要[肝心]な点だ / What's the main ～ of this passage? この文章の主旨は何か / He didn't get the ～ of the interviewer's question. 彼はインタビューアーの質問の真意を理解しなかった / get [OR come] to the ～ 要点にふれる(→ CE 9) / miss the ～ 肝心なことがわからない(→ CE 19)
❸ Ⓤ《しばしば疑問文・否定文で》〈…の〉**目的**, 効果；意味, 価値〈**in, of**〉‖ What's the ～ *of* hitting a child? 子供をたたいて何になるのか / There's no ～ *in* going now. We've already missed half the movie. 今から行ってもしょうがないよ. もう映画は半分終わってしまった
❹ **特徴**, 特質；(動物の) 外観的な特徴 ‖ Price is the main selling ～ of this product. 値段がこの製品の主要なセールスポイントだ(❗この意味の「セールスポイント」は和製語) / one's strong [weak] ～*s* (人の) 長所[短所] / one of the hotel's plus ～*s* そのホテルの利点の1つ
❺ **時点**, (特定の)瞬間；直前, 間際 ‖ The third turning ～ for our firm occurred in the 1990s. 我が社にとって3度目の転機は1990年代に訪れた / It was **at** that ～ that he called the police. 彼が警察に通報したのはその時だった / **at** the ～ of death 死の間際に
❻ **地点**, 箇所, 場所 ‖ run to the check-in ～ チェックインカウンターに走って行く / a starting ～ 出発点 / a ～ of intersection 交点 / a ～ ten kilometers west of here ここから10キロ西の地点 / a ～ of contact 接点
❼ (変化・発展などの)**段階**, 局面；程度 ‖ the high [low] ～ of her career 彼女の生涯最良[最悪]の時 (♦この意味では ˣthe highest [lowest] point とはいわない) / She was careless to the ～ of being reckless. 彼女は向こう見ずといっていいほど不注意だった
❽ (目盛り上の) 点 ‖ reach the boiling [freezing, melting] ～ 沸点[氷点, 融点]に達する
❾ (計画・契約書などの個々の) 項目, 細目, 条項 ‖ a three-～ plan to revive the economy 3項目からなる経済再生プラン
❿ **先端**, (とがった)先；(陸地の)突端, 岬(cape)(♦しばしば大文字 P- で地名に用いる)；(シカの)枝角の先端；〚ボクシング〛あご先；(馬・猫などの) 体の先端部《足・尾など》‖ They agreed to the terms at 「the ～ of a gun [OR gun ～]. 銃を突きつけられて彼らは条件をのんだ / the ～ of a needle [pencil, finger] 針[鉛筆, 指]の先 / *Point* Conception (カリフォルニア州の)コンセプション岬
⓫ 点(dot), (光・色などの)点；小数点(decimal point) (♦数字中に用いるときは Ⓤ. 13.52 は thirteen (decimal) point five two と読む. 2.3 million liters of water は two point three million ... と読む. 「.」(point) を comma で代用することはできない)；(幾何学における) 点；(点字の)点；句読点, (特に)終止符(period)；母音点 ‖ a line between two ～*s* 2点間を結ぶ (直) 線 / ～*s* of light 光の点《夜空の星など》
⓬ (ゲーム・スポーツなどの)(得)点, **点数**, ポイント《略 pt》；学業点；《米》(教育)履修単位《1週1時間の1学期間(semester)受講単位》(⇨ SCORE 類語P) ‖ win the game by two ～*s* 2点差で勝つ
⓭ (指数・株価などの) ポイント《米市場では1ドルに相当》；《米》(融資の) 手数料 ‖ The stock market fell eight ～*s*. 株式市場は8ポイント下がった
⓮ (羅針盤上の32点の) 方位, 点；方位角《360°を32等分した角度. 11°15'》
⓯《～s》《英》(鉄道の)ポイント, 転轍(てんてつ)機(《米》switch)
⓰《通例 ～s》((自動車)エンジンの点火装置の)電気接点；《英》(電気の)差し込み口, コンセント
⓱〚印〛ポイント《活字の単位. 約インチ》(♦活字の大きさを示す数字の後では Ⓤ, 行間などの寸法を示す場合は Ⓒ)
⓲ ポイント《宝石の重さの単位. 1/100カラット》 ⓳ (猟犬が) 獲物の居場所を教える動作 [こと] ‖ make [OR come to] a ～ 獲物 (の居場所) を静止ポーズで教える ⓴ Ⓤ〚クリケット〛ポイント《打者の右前方の守備位置 (の選手)》 ㉑ 斥候兵, 先兵(隊)；Ⓤ《主に米》先陣(の位置) ‖ walk ～ 先手(さきて)として歩く ㉒〚楽〛(対位法における) 主要楽句 ㉓ (運転者の)反則金ポイント ㉔〚バレエ〛=pointe

a case in point ⇨ CASE[1](成句)
at àll póints あらゆる点で, 完全に
at thìs póint (***in tìme***) 今の時点で(は), 現時点で(は)
be on póint《主に米》(人の発言などが)適切[妥当]である
belàbor the póint =*labor the point*(↓)
*⁎**besìde the póint*** 的外れの, 問題外の, 重要ではない(↔ *to the point*)
in pòint of fáct それどころか, むしろ, 本当は(♥前文の誤りを訂正したり, さらに強調するのに使う)
làbor the póint わかっていることをくどくど説明する
*⁎**màke a póint of dóing*** ; ***màke it a póint to dó*** 努めて…する, …することを重視する ‖ I *make a* ～ *of* never saying "I told you so." 私は努めて「だから言ったでしょう」と言わないようにしている
màke one's póint 自分の意見を明確に述べる [相手に理解させる](→ CE 20)
mòre to the póint さらに重要なことに (は) (♦挿入句として用いる)(more importantly)
nòt to pùt tòo fíne a póint on it はっきり [率直に] 言えば(♦独立不定詞用法)
*⁎**on*** [OR ***at***] ***the póint of dóing*** まさに…しようとして ‖ I was *on the* ～ *of* going out when he came. まさに出かけようとしたときに彼がやって来た
scòre póints 巧みな議論で〈人よりも〉自分をよく見せる, 点を稼ぐ〈**off**〉；〈人に〉好印象を与える〈**with**〉
strètch a póint ① (規則を) 拡大解釈する, 例外を設ける (♦ stretch the point ともいう) ② 誇張する
tàke a pèrson's póint《主に英》(議論などで) (人の) 考え [意見]を受け入れる(→ CE 10)
*⁎**to the póint*** **適切な**, 的を射た(↔ *beside the point*)(→ CE 18) ‖ Her remark about the plan was *to the* ～. 計画に対する彼女の意見は的を射たものだった
*⁎**ùp to a póint*** ある程度 (は) ‖ I agree with you *up to a* ～. 君の言うことにある程度は賛成だ
whèn [OR ***if***] ***it cómes to the póint*** いざというときになると[なれば]
wìn on póints (ボクシングで) 判定勝ちを収める；辛うじて成功する

COMMUNICATIVE EXPRESSIONS

1 **Hàng ón, can we stìck with thàt póint about** his téstimony? NAVI ちょっと待った. 彼の証言のその点から外れないようにしよう (♥論点から外れないよう議論の流れを修正する)
2 **I hàve a póint to máke hère.** ここで私は言いたいことがあります (♥主張をはっきり述べる際に. =There is an important point I want to raise.)
3 **I sèe** [OR **understànd**] **your póint.** おっしゃることはわかります (♥相手の論点に理解を示す. しばしば反論する際の前置き)
4 **I shàre your pòint of víew.** ⇨ VIEW(CE 4)
5 **I tàke your póint.** おっしゃることはごもっともです (♥相手の意見に対する理解を示す. =What you say makes perfect sense. /=You're quite right. / ♂Your point is well taken.)
6 **I would lìke to devèlop thìs póint and consìder** the fáshion trènd of the yòunger generátion. この点をさらに発展させて若い世代のファッションの流行について考えてみたいのですが
7 **I wòuldn't prèss the póint àny móre** [OR **fúrther**]. 私があなたならこれ以上この点については言い張りませんが(♥言い張っている人を諭す)
8 **I'm nòt súre that I fùlly understànd your póint.** あなたの言いたいことが完全に理解できているか確

信がありません(♥わかりやすい説明を婉曲的に求める)
9 **Plèase còme stràight to the póint.** 要するにどういうことなんですか(♥論点などがはっきりしないときに)
10 **Pòint táken.** おっしゃるとおりです(♥相手の指摘を受けて自分の誤りを認める)
11 **The póint is that** we are shòrt of móney. NAVI 要するに[問題は]資金が足りないということだ(♥重要な論点を提示する)
12 **To tàke úp the póint that you màde,** we should emplòy mòre pèople with compúter skills. あなたがおっしゃった点ですが, コンピューターの技術を持った人をもっと多く雇うべきです(♥相手の論点を取り上げる)
13 **We gèt the póint, alrèady.** わかった, わかった;もう言わなくていい(♥繰り返しが多い相手に対して)
14 Thérefore, we nèed to dò mòre to sàve énergy — **which brìngs me to the** (**màin**) **póint.** したがって我々は省エネのためにもっと努力するべきなのです. というわけで, 本題に入りますが(♥周辺的な話題から本題に移る際の導入)
15 **Will you stìck to the póint?** 話をそらさないで(♥要点から外れないよう求める. =Stick to the point.)
16 **You are stràying** [OR **wàndering**] **from the póint.** 話がそれていますよ(♥論点の回避や脱線を指摘)
17 **You hàve a póint thère.** 君の言うことには一理ある(♥相手の主張を認める)
18 **Your remárk is vèry mùch to the póint.** あなたの発言はまさしく要点をついたものです(♥評価・賛同)
19 **You're mìssing the póint.** あなたは見当はずれのことを言っています;それでは要点が違います
20 **You've màde your póint.** 言いたいことはわかりましたよ(♥「言い分はわかったから黙れ」の意)

—動 (**~s** /-s/; **~·ed** /-ɪd/; **~·ing**)
—自 ❶ **指さす**;指し示す〈**at** …を;**to, toward** …の方を〉‖ Don't ~ *at* people. 人を指さしてはいけない / ~ *at* an icon with a mouse (コンピューターの画面上で)マウスのポインターをアイコンに置く / ~ *to* a door ドア(の方)を指さす
❷ 《+副句》(物が)〈ある方向に〉**向く**, 〈方向を〉示す〈**to, toward,** etc.〉‖ The hands of the wall clock ~*ed to* twelve. 掛け時計の針は12時を示していた / There was a big sign ~*ing* north. 北の方角を指す大きな標識があった
❸ **a** 《+**to** [**toward**] 名》(状況・証拠などが)…を**示す**, 暗示する;〔結論〕に導く ‖ Most evidence ~*s to* the opposite conclusion. ほとんどの証拠が反対の結論を示している
b 《+**to** 名》(人が)〔大事な点・理由など〕を指摘する, 挙げる
❹ (猟犬が)静止のポーズで獲物の場所を示す
❺ (帆船などが)詰め開きで帆走する
—他 ❶〔武器・物〕を〈…に〉**向ける**〈**at, toward**〉‖ Don't ~ the gun [knife] *at* [×to] me. 銃[ナイフ]をこちらに向けるな / ~ one's **finger** at ... …を指さす
❷ 《+目+副句》〔人〕に(…の方を)指し示す, (…の方へ)行くよう教える ‖ Just ~ me in the right direction. どちらの方角へ行ったらいいか教えてください
❸〔壁・タイルなど〕の隙間(すきま)[亀裂]にセメント[モルタル]を塗る, 目地を埋める
❹ 〘バレエ〙〔つま先〕を立てる, ポワントする
❺ (鉛筆などの)〔先〕をとがらせる ‖ ~ one's moustache 口ひげの先をぴんとそろえる
❻〔言動など〕の効果を強める, …を際立たせる, 強調する
❼〔文〕に句読点を打つ(punctuate);〔ヘブライ語などの文字〕に母音点をつける;〔聖歌〕に詠唱(えいしょう)のための付点をする
❽ (猟犬が)〔獲物(の居場所)〕を静止のポーズで示す
❾ 💻〔アイコンなど〕をポインターで指す

pòint óff ... / ***pòint ... óff*** 〈他〉〔数字〕を小数点で区切る
****pòint óut ...*** / ***pòint ... óut*** 〈他〉① …を指す, 〈…に〉指し示す〈**to**〉‖ Could you ~ *out* the post office *to* me? 郵便局を教えてくださいませんか ② …を**指摘する**;…に注意を向けさせる〈**to** …に対し / **that** 節 …ということを〉(→ CE 21) ‖ He ~*ed out* the grammatical mistakes in my writing. 彼は私の文章の文法的誤りを指摘した / This report ~*s out that* much more research needs to be done. この報告書はさらなる調査が必要だと指摘している / "You haven't paid yet," the clerk ~*ed out to* her. 「まだ料金を払ってませんよ」と受付係は彼女に注意した / As he ~*ed out*, it was not as simple as that. 彼の指摘どおり, それはそんなに簡単ではなかった(♦この場合は自動詞的用法)
pòint úp ... / ***pòint ... úp*** 〈他〉…を強調[力説]する;…に注目させる

COMMUNICATIVE EXPRESSIONS
21 **I thínk I should pòint óut** (**that**) what you mèntioned éarlier **is nòt the cáse.** あなたが先程おっしゃったことは正しくないと思います(♥反論を表明する形式ばった表現. ↘I don't think what you mentioned earlier is right.)

▸▸ **~ guàrd** 名 C 〘バスケットボール〙ポイントガード《攻撃の指示をする選手》 **~ing devìce** 名 C 💻ポインティングデバイス《ポインターを使って画面上のアイコンやボタンを選択するマウスやそれと類似の機能を持つ周辺機器》 **~ làce** 名 C U 手編みレース(needlepoint) **~ màn** 名 C ①〘軍〙偵察隊の先頭に立つ斥候兵 ②《主に米》(特に政界で)指導的立場の人;(活動の)先頭に立つ人;(競技の)ポイントゲッター **~ of hónor** 名 C 名誉[面目]にかかわる問題 **~ of nò retúrn** 名 C もはや後へ引けない立場[段階];〘空〙帰還不能地点, 最遠引き返し点 **~ of órder** 名 C (討論・会議での)議事進行上の問題点 **~ of púrchase** (↓) **~ of réference** 名 C 評価[判断]の基準 **~ of sále** (↓) **~ of úse** 名 C 《単数形で》(製品や行政サービスの)使用[運用]現場 **~ of víew** 名 C 視点, 見地, 考え方, 意見 ‖ From a medical ~ *of view*, you ought to get more exercise. 医学的見地からすれば, あなたはもっと運動するべきだ / from my ~ *of view* 私の考えでは **~ pèrson** 名 C =point man ② **~ sỳstem** 名 U ①〘印〙(活字の大きさの)ポイント式 ② (盲人の)点字法(→ Braille) ③〘教育〙成績の数字表示制《5点法など》 ④〘交通〙(運転違反罰則の)点数制

pòint-and-clíck 形 💻 (インターフェースが)マウスが使用可能な

pòint-and-shóot ⟨ジ⟩ 形 〘写真〙(焦点調節と露出が)全自動の;💻(操作が)ワンタッチ式で済む
—名 C (焦点調節と露出が自動の)コンパクトカメラ

pòint-blánk ⟨ジ⟩ 形 ❶ 真っすぐ的をねらった, 至近距離の ‖ be shot at ~ range 至近距離から撃たれる ❷ 率直な, あからさまな ‖ a ~ question 単刀直入な質問
—副 ❶ 至近距離で, 真っすぐにねらって ‖ aim at him ~ 彼に真っすぐにねらいをつける ❷ 率直に, あからさまに, 単刀直入に ‖ refuse ~ きっぱりと断る

pòint-by-póint 形 項目[1点]ごとの, 詳細な

pointe /pɔɪnt, pwænt/ 名 〘バレエ〙 ❶ U (トウシューズの)つま先, ポワント ❷ (=**~ wórk**) C つま先立ちでの舞踏, ポワント

***point·ed** /pɔ́ɪntɪd/ 形 《通例限定》 ❶ 先のとがった ‖ a ~ chin とがったあご / a ~ steeple 尖塔(せんとう) ❷ (言葉などが)鋭い, 辛辣(しんらつ)な ‖ a ~ remark とげのある言葉 / make ~ criticisms (about ...) (…を)痛烈に非難する, (…に)かみつく ❸ (ある目標に)向けられた;特定の人[もの]にねらいをつけた, 当てこすりの ‖ His new book is a ~ look at the life of working mothers. 彼の近著は働く母親たちの生活にねらいを絞ったものだ ❹ 明白な, 目立った ‖ a ~ lack of ability 明らかな能力不足
~·ly 副 鋭く, 辛辣に;当てつけに;明白に **~·ness** 名

***point·er** /pɔ́ɪntər/ 名 C ❶ (時計・はかりなどの)針, 指針 ❷ (地図や黒板を指す)指示棒 ❸〈…を〉指し示すもの;〈…の〉表れ, 兆し〈**to**〉‖ a ~ *to* gradual economic recovery

経済が徐々に回復する気配 ❹〈…についての〉ヒント, 助言, 示唆〈**on**〉‖ He gave me some ～*s on* (how to improve) my swing. 彼は私のスイング(の改良方法)についていくつか助言をしてくれた ❺〖動〗ポインター《獲物の方向を教える動作をする中型の猟犬》 ❻《the P-s》〖天〗指極星《大熊座の α, β の2星》 ❼ ポインター《データベースでほかのレコードの位置を保持するデータ；アクセスするデータやプログラムの記憶装置上でのアドレスを保持するデータ；マウスの表示矢印》

P

poin·til·lism /pɔ́ɪntəlɪ̀zm | -tɪl-/ 名 U〖美〗(フランス新印象派の)点描画法, ポワンティイスム
-list 名 C 形 点描画家(の)；点描画法の **-lís·tic** 形

point·ing /pɔ́ɪntɪŋ/ 名 U《英》(れんが・石の間に)漆喰(しっくい)[モルタル]を詰めること；漆喰, モルタル

point·less /pɔ́ɪntləs/ 形 ❶ 要領を得ない；無意味な, 効果のない ❷ (ゲームで)無得点の **～·ly** 副 **～·ness** 名

pòint of púrchase 名 C 店頭； 購買時点《略 POP, p.o.p.》 **pòint-of-púrchase** 〈シ〉形

pòint of sále 名 C 販売地点, 売場； 販売時点情報管理《略 POS》‖ at the ～ 店頭で
pòint-of-sále 〈シ〉形 売場の, 店頭の；〖商〗(販売時点でバーコードの使用により)情報管理を行う, POSの

pòint-to-póint 名 (＝～ **ràce**) C クロスカントリー競馬
—形 (通信・接続が)ポイントツーポイントの, 2地点間の
▸▸ ～ **pròtocol** 名 C ポイントツーポイントプロトコル《電話回線を利用したインターネット接続に使われる. 略 PPP》

point·y /pɔ́ɪnti/ 形《口》先のとがった；とがった点の多い

poise /pɔɪz/ 名 U ❶ (心の)平静, 落ち着き；落ち着き払った態度；(優雅な)身のこなし方 ‖ recover one's ～ 平静を取り戻す ❷ バランス；安定 ❸《文》どっちつかず, 未決定；空中に浮かんだ[舞った]状態
—動 他 ❶ …を釣り合わせる；…を安定させる, バランスがとれるように置く；…を(ある位置に)保つ, 構える ‖ ～ oneself on one's toes つま先立ちで平衡をとる ❷ …を宙に浮かす；…を未決定にしておく —自 釣り合う, バランスがとれる；釣り合うように置かれている, 載っている；つり下がっている；(空中に)浮かんで[舞って]いる

poised /pɔɪzd/ 形 ❶《叙述》(すぐ次の行動に移れるように)身構えて；用意ができている ‖ be ～「for *doing* [OR to *do*] すぐにでも…する構えである ❷《叙述》つるされた, かけてある；宙に浮いた；未決定の状態で；バランス[平衡]のとれた[を保っている] ‖ ～ between life and death 生死の間をさまよって ❸ 冷静な, 落ち着き払った

poi·sha /pɔ́ɪʃə/ 名 (複 ～) C ポイシャ《バングラデシュの taka の補助通貨単位. paisha ともいう》

:poi·son /pɔ́ɪzən/
—名〔▶ poisonous 形〕(複 **～s** /-z/) U C ❶ **毒, 毒薬**, 毒物 ‖ take ～ 毒を飲む / a deadly ～ 猛毒 / hate him like ～ 彼をひどく嫌う
❷ 害[悪影響]を与えるもの《思想など》；弊害, 害悪；ひどく不快なもの[人] ‖ This magazine can be absolute ～ to children. この雑誌は子供たちにとって有害となることは間違いない / I tell you, money is a ～. ほんとに金は魔物だよ / a ～ tongue 毒舌 ❸〖理〗ポイズン, 毒《原子炉内の核分裂反応や触媒作用を阻害する物質》
Whàt's your póison? 《口》《戯》酒は何にするかい
—動 (**～s** /-z/；**～ed** /-d/；**～·ing**)
—他 ❶〔人〕に**毒を盛る**；〔人・動物〕を〈…で〉毒殺する〈**with**〉‖ She ～*ed* her former husband *with* arsenic. 彼女は前夫に砒素(ひそ)を盛っ(て毒殺し)た
❷〔飲み物・物など〕に毒を入れる[塗る]；…を〈…で〉ひどく汚染する〈**with**〉‖ He ～*ed* her wine. 彼は彼女のワインに毒を入れた / a ～*ed* arrow 毒矢 ❸ …に有害な影響を与える, …をゆがめる；…を〈…で〉害[毒]する〈**with**〉；〈…に対して〉〔人(の心)〕に反感[偏見]を抱かせる〈**against**〉‖ The gossip ～*ed* their minds *against* Jacob. そのゴシップがもとで彼らはジェイコブに対して偏見を抱くようになった / This violent movie can ～ the young. この暴力映画は若者に悪影響を与えかねない ❹〖化〗〔触媒酵素〕の作用を抑制する；〖理〗〔核分裂反応〕を低下させる
語源「飲み物」の意のラテン語 *potio* から. 婉曲的に「毒薬」を指した.
▸▸ **～ed chálice** 名 C《主に英》魅力的だが失敗につながるもの **～ gás** 名 U〖軍〗毒ガス **～ ívy** 名 C〖植〗ツタウルシ《かぶれやすい. 北米産》 **～ óak** 名 C ① ＝poison sumac ② ＝poison ivy **～ pìll** 名 C ① (スパイが携帯する自殺用の)毒薬 ②〖金融〗ポイズンピル防衛戦術《企業の乗っ取りを避けるため, 新株を発行したりして乗っ取り費用の高騰を図ること》 **～ súmac** 名 C〖植〗(毒の強い)ウルシの一種《北米東部に生育》

poi·son·ing /pɔ́ɪzənɪŋ/ 名 U 毒物混入；毒殺；中毒 ‖ lead ～ 鉛毒 / food ～ 食中毒, 食あたり

***poi·son·ous** /pɔ́ɪzənəs/ 形〔◁ poison 名〕❶ 有毒な, 毒性のある ‖ a ～ snake 毒蛇 ❷ (思想などが)有害な；悪影響を与える ‖ the ～ doctrine of racism 有害な人種差別主義 / in a ～ tone 毒を含んだ口調で ❸ 不快な；悪意に満ちた ‖ a ～ atmosphere 不愉快なムード / a ～ criticism 悪意に満ちた批評 / a person with a ～ tongue 毒舌家 **～·ly** 副 悪意を持って

pòison-pén 形 (匿名で)悪意を持って書かれた
▸▸ ～ **lètter** 名 C (匿名の)中傷の手紙

Pois·sòn distribútion /pwɑːsòʊn- | pwɑ̀ːsɒn-/ 名 U〖統計〗ポアソン分布《確率分布の1つ》(♦ フランスの数学者・物理学者 S. D. Poisson(1781–1840)の名より)

poke**[1] /poʊk/ 動 他 ❶〔物・人(の体の一部分)〕を〈指・棒などで〉突く, つつく, 押す〈**with**〉；〔火〕を(よく燃えるように棒などで)つつく, かき立てる《up***》‖ He ～*d* the snake *with* a stick to see if it was still alive. まだ生きているのか確かめようと彼はその蛇を棒でつついた / I ～*d* him in the ribs. 私は(ひじで)彼のわき腹をつついた(♥ 親しい間柄での注意を促すときなどのしぐさ) ❷《＋目＋副句》〔物〕を〈穴・隙間(すきま)などに〉突っ込む〈**into, through, etc.**〉；〔頭など〕を〈家・ドアなどから〉突き出す〈**out of, through, etc.**〉‖ He ～*d* his hands *into* his pockets. 彼は両手をポケットに突っ込んだ / ～ one's head「*out of* [OR *through*] a window 窓から首を出す / ～ one's head around the door 首を伸ばしてドアの外を見回す ❸ (指・とがったものなどで突いて)〈物に〉〔穴〕を開ける〈**in, through**〉‖ ～ a hole *in* a piece of paper with one's finger 紙に指で穴を開ける ❹ ⊗《卑》〔女性〕とセックスする ❺《口》〔人(の体の一部)〕をげんこつで殴る
—自 ❶《＋**at** 名》…を(とがったものなどで繰り返し)つつく, 押す ‖ She ～*d at* her salad with a fork. 彼女はサラダをフォークでつついた ❷《＋副句》〈…から〉突き出る, (先端が)出る, (一部が)見える〈**from, out of, etc.**〉(stick out；protrude) ‖ His head ～*d from* under the blanket. 彼の頭が毛布からのぞいていた
pòke alóng (**...**)〈自・他〉《米口》(…を)のろのろ進む[動く]
pòke aróund [《英》***abóut***]《口》〈自〉① 捜し物をする, 捜し回る ②〈他人の生活などを〉詮索(せんさく)する, 干渉する〈**in**〉‖ Don't ～ *around in* my business. 私の仕事に干渉するな ③ ぶらぶらする, うろつく —〈他〉《***pòke aróund*** [《英》***abóut***] ...》① …(の周り)を捜し回る ② …(の辺り)をぶらぶらする ‖ ～ *around* the bookshop 書店でぶらぶらする
póke (***onesèlf***) ***into ...***〈他〉…を詮索する
pòke one's wáy (進路などを)〈群衆などを〉押し分けて作る〈**through**〉‖ I tried to ～ my *way through* the mob. 群衆をかき分けて進もうとした
—名 C ❶ つつくこと, 突き, 小突き；《口》こぶしで打つこと ‖ give him a ～ in the ribs 彼のわき腹を(ひじなどで)つつく / give the fire a ～ 火をかき立てる ❷ (婦人帽の)突き出た縁, つば；＝poke bonnet ❸《口》〈…への〉非難, 批判, 〈…に〉けちをつけること〈**at**〉 ❹《米口》のろま, 鈍い人(slowpoke) ❺ U《主に英口》(自動車の)パワー, 加速 ❻ ⊗《卑》性行為

hàve a póke aròund 《口》周囲を(注意深く)見回す
tàke a póke at ... 《口》〔人〕を殴る；…を非難[批判]する
▸▸**～ bònnet** 名 C 前べりの突き出た婦人帽
poke² /poʊk/ 名 C 《主にスコット口》袋；財布
***pok·er¹** /póʊkər/ 名 C 突く人[もの]；火かき棒；焼絵用具 (⇨ FIREPLACE 図)
(as) stìff as a póker (態度などが)非常に堅苦しい
***pok·er²** /póʊkər/ 名 U 〘トランプ〙ポーカー
▸▸**～ dìce** 名 C ポーカーダイス《さいころの目に点ではなく, トランプの1, 9-13の図柄が描いてある》 **～ fàce** (↓)
póker fàce 名 C ポーカーフェース(の人), 無表情な顔(の人) **póker-fàced** 形 ポーカーフェースの
póker·wòrk 名 C 焼絵, 焦筆画《赤く熱した針で絵画・紋様を描く工芸》
pok·ey¹ /póʊki/ 名 C 《主に米俗》刑務所, 豚箱
pok·y, pok·ey² /póʊki/ 形 《口》❶ (部屋などが) 狭苦しい, むさ苦しい ❷《米》(服装が)みすぼらしい ❸《米》のろのろした **pók·i·ly** 副 **pók·i·ness** 名
pol /pɑ(ː)l | pɒl/ 名 C 《主に米口》《けなして》政治家
pol. 略 political, politics
Pol. 略 Poland, Polish
Po·lack /póʊlæk, -lɑ̀(ː)k/ 名 ⊗《米》《蔑》ポーランド系の人
***Po·land** /póʊlənd/ 名 ポーランド《東ヨーロッパの共和国. 公式名 the Republic of Poland. 首都 Warsaw》
***po·lar** /póʊlər/ 形 〔◁ pole² 名〕《限定》❶ 南極[北極]の, 極地の ‖ the ～ circles 極圏 / the ～ seas 極洋, 南[北]氷洋 / the ～ lights オーロラ, 極光(aurora) / the ～ star 北極星 / ～ distance 〘天〙極距離 ❷ (軌道が)極の上を通る；(衛星が) 極軌道を回る ‖ a ～ orbit 極軌道 / a ～ satellite 極周回衛星 ❸ 電極の, 磁極の, 磁気のある；〘理・化〙(分子が)有極性の；〘数〙極の ‖ ～ equations 極方程式 / a ～ curve 極線図 ❹ (性質・傾向などが) 正反対の ‖ ～ opposites [OR extremes] 正反対[両極端]のもの / ～ views 正反対の考え ❺ 中心的な, 中枢の ❻《文》(北極星のように) 道しるべとなる ❼〘化〙イオン化できる, 極性を有する ‖ ～ molecules 有極性分子
—名 C 〘数〙極線
▸▸**～ amplificátion** 名 U 極地増幅《地球温暖化の影響が両極でより大きいこと》 **～ bèar** /英 ⌣⌣⌣/ 名 C 〘動〙ホッキョクグマ, シロクマ(white bear) **～ bódy** 名 C 〘生理〙極体, 極細胞《卵子形成過程に卵母細胞とともに生み出される, 細胞質を持つ極小細胞》 **～ càp** 名 C 〘地〙極冠《両極地の氷に覆われた地域. polar ice cap ともいう》 **～ coórdinates** 名 複 〘数〙極座標 **～ frònt** 名 C 〘気象〙極前線, 寒帯前線
Po·lar·is /pəlǽrəs | poʊlɑ́ːrɪs/ 名 ❶ 〘天〙北極星(polar star) ❷ 〘米軍〙ポラリス《潜航中の潜水艦から発射できる2段式中距離弾道弾》
po·lar·i·ty /poʊlǽrəṭi/ 名 (複 **-ties** /-z/) U C ❶ 両極を有すること, 両極性；陽[陰]極性 ❷ (主義・性質などが)正反対の要素を持つこと, 対立, 矛盾, 両極端 ‖ political ～ 政治的対立 ❸ 〘理〙磁性引力；〘植〙反向性
▸▸**～ thèrapy** 名 C U ポラリティ＝セラピー, 極性療法《対極にあるものを関連づけ, バランスをとることで肉体・感情・思考面での偏りや緊張をほぐす療法》
po·lar·i·za·tion /pòʊlərəzéɪʃən | -lərаɪ-/ 名 U C ❶ 〘電〙分極；成極 ❷ 〘光〙偏光 ❸ (思想・集団などの) 2極[分極]化, 分裂
***po·lar·ize** /póʊləràɪz/ 動 他 ❶ 〘電〙…に極性を与える；…を分極[成極]する ❷ 〘光〙…を偏光させる ❸ 〔思想・集団など〕を2極[分極]化させる, 分裂[対立]させる
—自 ❶ 〘電〙分極する；成極する ❷ 〘光〙(光が) 偏光する ❸ (思想・集団などが) 2極[分極]化する
Po·lar·oid /póʊlərɔ̀ɪd/ 名 《商標》❶ C ポラロイドカメラ(Polaroid camera)；ポラロイド写真 ❷ U ポラロイド, 人造偏光板；C 《～s》ポラロイドの[偏光]サングラス
pol·ar·tec /póʊlərtèk/ 名 U 《商標》ポーラーテック《ポリエステル100%の高機能生地. 防寒衣に用いる》

pol·der /póʊldər/ 名 C ポルダー《オランダなどの干拓地》
‡pole¹ /poʊl/ (♦ 同音語 poll)
—名 (複 **～s** /-z/) ❶ C **棒, さお**, 柱；(棒高跳びの)ポール；(スキーの)ストック；(馬車などの)長柄；(ポールダンス用の)金属棒 ‖ a tent ～ テントの支柱 / a telephone ～ 電柱 / a fishing ～ 釣りざお / a curtain ～ カーテンロッド / set up a ～ 柱を立てる / raise a flag up the ～ 旗を掲揚する ❷ C 《主に英》ポール(perch, rod)《(昔の)長さの単位(約5m)；(昔の)面積の単位(約25m²)》 ❸ 《the ～》＝pole position
clìmb ùp the grèasy póle 《英口》《しばしばけなして》(困難を乗り越え)出世する, 成功する
under bàre póles 〘海〙帆をすっかり畳んで
up the póle 《口》① 《英》頭がおかしくなって ② 《主にアイル》妊娠して
wòuldn't tòuch ... with a tèn-foot póle [《英》 ***bárge-pole***] …に触りたくない；…とかかわりを持ちたくない, …はまっぴらごめんだ
—動 (**～s** /-z/；**～d** /-d/；**pol·ing**)
—他 ❶ 〔舟など〕をさおで押して進ませる
❷ 《～ oneself, ～ one's way で》スキーのストックで押して前進する ❸ 〔植物〕に支柱をつける, …を支柱で支える
—自 さおを差して進む；(スキーで)ストックを使って速度を出す
▸▸**～ bèan** 名 C 《米》〘植〙ポールビーン《さおなどに絡ませて育てるつる性のインゲン豆》 **～ dàncing** 名 U ポールダンス《主にキャバレーなどで, ダンサーが垂直に立てた長い棒につかまって体を回転させる踊り》 **～ jùmp(ing)** 名 ＝pole vault(ing) **～ posítion** 名 C U (カーレースの)ポールポジション《レース開始時に最も有利な最前列の内側の位置》；(トラック競走で)いちばん内側の位置；最も有利な立場 **～ vàult(ing)** 名 《the ～》棒高跳び
***pole²** /poʊl/ (♦ 同音語 poll) 名 〔▶ polar 形〕 C ❶ (地球・星などの) 極；極地 ‖ the North [South] *Pole* 北[南]極 ❷ 電極, 磁極, 極板, 極線 ‖ the positive [negative] ～ 陽[陰]極 / the magnetic ～ 磁極 ❸ (主義・思想などの)正反対, 両極端 ‖ the two major ～*s* of world power 世界勢力の二大結集点 ❹ 〘生〙(細胞の)極；〘数〙極(点)
be pòles apárt 正反対である, 極端に違っている ‖ The two sisters *are* ～*s apart* in personality. 2人の姉妹は性格的には正反対だ
▸▸**Póle Stàr** 名 ＝polestar ❶
Pole /poʊl/ 名 C ポーランド人；ポーランド系の人
pole·ax, 《英》**-axe** /póʊlæks/ 名 C ❶ (中世の) 戦闘用おの；(刃の反対側にハンマー・くぎなどのついた)おの《昔の海戦で用いられた》 ❷ 畜殺用のおの **—動** 他 …をおので倒す[殺す]；(頭を強打したりして)…を気絶させる；《受身形で》びっくり仰天する, ショックで何も言えなくなる
pole·cat /póʊlkæ̀t/ 名 (複 **～** OR **～s** /-s/) C 〘動〙ケナガイタチ《ヨーロッパ産》；《米》スカンク(skunk)
po·lem·ic /pəlémɪk/ 名 ❶ U C 論争, 論戦 ‖ engage in a ～ with ... …と論争する ❷ C 《文》論争家, 論客
—形 ＝polemical
po·lem·i·cal /pəlémɪkəl/ 形 論争する；反論する；論争好きな；論争を巻き起こす **～·ly** 副
po·lem·i·cist /pəlémɪsɪst/ 名 C 論争好きな人, 論客
po·lem·ics /pəlémɪks/ 名 U 論争法[術]；〘宗〙(神学上の)論証法
po·len·ta /poʊlénṭə/ 名 U 〘料理〙ポレンタ《トウモロコシ粉を水で煮て練り上げるイタリア料理》
póle·stàr 名 ❶ 《the ～》北極星 (Pole Star, Polaris, North Star) ❷ C 道しるべ；指導原理；注目の的
póle-vàult·er /-vɔ̀ːltər/ 名 C 〘陸上〙棒高跳びの選手
‡po·lice /pəlíːs/ 《発音・アクセント注意》 名 動
—名 ❶ 《the ～》《複数扱い》**警察**(♦ 新聞などではしばしば the が省略される) ‖ The ～ **said** they had arrested [OR caught] the serial killer. 警察はその連続殺人犯

を逮捕したと発表した / **call** the ～ 警察を呼ぶ / report an incident to the ～ 事件を警察に通報する / hand over a pickpocket to the ～ すりを警察に突き出す / 「give oneself up [OR turn oneself in] to the ～ 警察に自首する / the Metropolitan *Police* Department 警視庁
❷ U《集合的に》《複数扱い》**警察官, 警官隊**（♦複数の警官を意味するので 5 police（5 人の警官）といえるが，1 人の警官は ˣa [OR one] police とはいえず a police officer, a policeman, a policewoman,《英》a constable を用いる）‖ There were more ～ about than (was) usual. 付近にはいつもより多くの警官がいた / armed ～ 武装警官隊
❸《形容詞的に》警察の ‖ a ～ box 交番
❹《形容詞やほかの名詞を伴って》《複数扱い》（公設・私設の）警備組織 ‖ the military ～ 憲兵隊 / the campus ～ 大学構内保安部 ❺ U《米陸軍》兵営内の整頓（せいとん）[清掃];《集合的に》《複数扱い》その係の兵隊たち ‖ the barracks ～ 兵舎の清掃(班)
—動 (-lic·es /-ɪz/; ～d /-t/; -lic·ing) 他 ❶（警察力で）…を取り締まる，…の治安を維持する;（規則などが守られているかどうか）…を監視する ‖ ～ the border 国境を警備する / ～ the peace 治安を守る / ～ the new regulations 新しい規則が守られているか監視する
❷《米》〔駐屯地・キャンプ地など〕をきれいに[きちんと]する
語源 ギリシャ語 *polis*（都市(国家)）から.
▸▸ ～ **commíssioner** 名 C《主に米》（市の）警察長官 ～ **cónstable** 〈シ〉名 C《英》巡査(policeman)《最下級. 略 PC》 ～ **còurt** 名 C 警察裁判所《軽犯罪の即決裁判・起訴犯人の留置などを行う》 ～ **depàrtment** 名 C《米》警察[視]庁 ～ **dòg** 名 C 警察犬;（特に）ジャーマンシェパード(German shepherd) ～ **fòrce** 名 C《集合的に》警官隊;警察(力) ～ **mágistrate** 名 C 警察裁判所判事《略 PM》 ～ **òfficer** 名 C 警官, 巡査 ～ **procèdural** 名 C（警察の捜査活動をリアルに扱った）犯罪推理小説[ドラマ] ～ **stàte** 名 C 警察国家 ～ **stàtion** 名 C（地方・地区の）警察署, 本署

po·lice·man /pəlíːsmən/
—名（複 **-men** /-mən, -men/）C（男性の）**警官**, 巡査（♦女性形は policewoman だが，男女共に (police) officer [《英》constable] を用いることが多い. 俗称は cop. 呼びかけるときは通例 officer 「《英》constable」という）‖ a military ～ 憲兵 / a railway ～ 鉄道公安官

políce·wòman 名（複 **-wòmen**）C（女性の）警官

pol·i·cy[1] /pɑ́(ː)ləsi | pɔ́l-/
—名（複 **-cies** /-z/）❶ U C 〈…に関する〉（政府・政党などの）**政策**,（会社・組織などの）**方針**〈on〉; **方策**, 手段, やり方 ‖ The government's *policies on* education swing like a pendulum. 政府の教育政策は振り子のように揺れ動いている / **foreign** ～ 外交政策 / nuclear power ～ 原子力エネルギー政策 / Japan's ～ toward China 日本の対中国政策 / adopt new *policies* 新しい政策[方針]を採択する / 「an editorial [a business] ～ 編集[事業]方針 / a ～ for dealing with school violence 学内暴力への対処法
❷ U C《堅》（個人の）主義, ポリシー（→ CE 1）‖ It is my ～ not to speak ill of others. 他人の悪口を言わないというのが私のポリシーだ
❸ U 知謀, 知恵; 抜け目なさ,（実質的な）賢明さ ‖ with great ～ 賢明にも

COMMUNICATIVE EXPRESSIONS
1 **Mý pòlicy is that** I dòn't màke prómises that I càn't kéep. 私は守れない約束はしないことにしています

pol·i·cy[2] /pɑ́(ː)ləsi | pɔ́l-/ 名（複 **-cies** /-z/）C ❶ 保険証書(insurance policy) ‖ take out a ～ on one's life 生命保険に入る ❷《米》数当ての富くじ

pólicy·hòlder 名 C 保険契約者

pólicy·màking 名 U（政府などの）政策立案
-màker 名

po·li·o /póʊlioʊ/ 名 =poliomyelitis
▸▸ ～ **vàccine** 名 U C 小児麻痺(まひ)ワクチン

po·li·o·my·e·li·tis /pòʊlioʊmàɪəláɪṭəs | -tɪs/ 名 U《医》急性灰白髄炎, 小児麻痺, ポリオ

pólio·vìrus 名 C《生》ポリオウイルス《小児麻痺の原因となるウイルス》

pol·ish /pɑ́(ː)lɪʃ | pɔ́l-/《発音注意》動 他 ❶ **a**《+目》…を磨く, …のつやを出す《*up*》‖ ～ (*up*) one's shoes with a brush ブラシで靴を磨く / ～ away rough edges ざらざらした角をこすり落とす **b**《+目+補〈形〉》…を磨いて…の状態にする ‖ ～ a surface smooth 表面を磨いてすべすべにする ❷〔文章・言葉・態度など〕を洗練させる, 上品にする; …の仕上げをする《*up*》‖ ～ one's wit 才知に磨きをかける ❸〔穀物・米〕を精白する
—自 つやが出る; 磨きがかかる, 洗練される

pòlish óff ... / pòlish ... óff 〈他〉①〔食事〕をさっと平らげる（♂ eat up, finish off）;〔仕事〕を手早く片づける ②《口》〔相手など〕をやっつける, 負かす;《米口》…を殺す

pòlish úp 〈他〉**I**《***pòlish úp ... / pòlish ... úp***》…をぴかぴかに磨き上げる ‖ ～ *up* the silver 銀製品（ナイフ・フォークなど）を磨き上げる **II**《***pòlish úp ...***》〔以前に身につけた技能など〕に磨きをかける, …を上達させる ‖ ～ *up* one's Japanese 日本語を上達させる —〈自〉① 磨いてきれいになる ②〈技能などに〉磨きをかける〈**on**〉
—名 ❶ C U つや出し, 磨き粉 ‖ shoe ～ 靴墨 / furniture ～ 家具のつや出し ❷ U 洗練, 優美, 上品, 完璧(かんぺき)さ; 上質さ ‖ a musical with ～ 洗練されたミュージカル ❸ U/C《単数形で》磨きをかけること, 磨き; 磨かれてぴかぴかしている状態, つや ‖ give the floor a ～ 床を磨く

Po·lish /póʊlɪʃ/《発音注意》形 ポーランド(Poland)の, ポーランド人[語]の
—名 ❶ U ポーランド語 ❷《the ～》《集合的に》《複数扱い》ポーランド人[国民]（♦the Poles というのがふつう）
▸▸ ～ **Córridor** 名《the ～》《史》ポーランド回廊《ベルサイユ条約によって, ポーランドに海への出口として与えられた旧ドイツ領(1919-39)》

pol·ished /pɑ́(ː)lɪʃt | pɔ́l-/ 形 ❶ 磨き上げた, つやのある ❷ 洗練された, 優雅な ‖ a ～ gentleman あか抜けした紳士 / his ～ manners 彼の洗練された立ち居振る舞い ❸ 完璧な, 申し分のない ‖ a ～ performance 非の打ち所のない演技[演奏] ❹（米などが）精白された

pol·it·bu·ro /pɑ́(ː)lətbjʊəroʊ | pɔ́lɪt-/ 名（複 **～s** /-z/）C 共産党政治局; 権力の集中した機関;《the P-》（旧ソ連の）共産党政治局

po·lite /pəláɪt/《アクセント注意》
—形 (**-lit·er, more ～**; **-lit·est, most ～**)
❶ **a 丁寧な, 礼儀正しい**, 気配りのある (↔ impolite)（⇨ 類語）‖ What a nice boy; he's so ～ to others. 本当にいい子だ, 人にとても礼儀正しいし / a ～ refusal [answer] 丁重な断り[返事] **b**《It is ～ of *A* to *do* / *A* is ～ to *do* で》*A*(人)が…するのは礼儀正しい; *A*(人)が礼儀正しくも…する ‖ It was ～ *of* her *to* offer me her seat. = She was ～ *to* offer me her seat. 私に席を譲ってくれるなんて彼女は思いやりのある人だった
❷《限定》洗練された, 上品な; 教養のある;（親しみには欠けるが）上品な, 儀礼的な ‖ ～ society [OR company] 上流社会 / make ～ conversation（社交辞令的な）如才ない会話をする / My friend said I was blessed with good sons, but he was just [OR only] being ～. いい息子さん方に恵まれましたね, と友人が言ったがあれはほんのお愛想だった ❸《限定》（文学などが）洗練された, 優雅な ‖ ～ literature 純文学

類語《❶》**polite**「礼儀正しい, 丁寧な」の意を表す最も一般的な語.
civil polite より丁寧さの度合いは低く, 失礼にならない程度に礼儀正しい.

courteous 礼儀正しく上品で，他人の気持ちにこまやかな配慮を示す；改まった語で polite より「丁重さ」が強められる（♦それぞれ接頭辞をつけた反意語は *im*polite, *un*civil, *dis*courteous）．

***po·lite·ly** /pəláɪtli/ 副 丁寧に，礼儀正しく；上品に；儀礼的に ‖ ～ impolite いんぎん無礼な / to put it ～《口》控えめに言っても

***po·lite·ness** /pəláɪtnəs/ 名 U 丁寧，礼儀正しさ；丁寧な言動，上品 ‖ say "Good morning" only out of ～ 単に礼儀として「おはよう」と言う

pol·i·tesse /pɑ̀(ː)lɪtés | pɔ̀l-/ 名 U 礼儀正しさ（♦フランス語より）

pol·i·tic /pɑ́(ː)lətɪk | pɔ́l-/ 形 ❶（行動などが）慎重な，賢明な，適切な ‖ It is more ～ to have nothing to do with him. 彼とはかかわり合いにならない方が得策だ ❷ 策略的な，抜け目のない，狡猾(こうかつ)な ❸《古》（人が）思慮分別のある，賢明な

****po·lit·i·cal** /pəlítɪkəl/

—形 (more ～ ; most ～)（♦❸❹以外比較なし）

❶《通例限定》**政治(上)の**，政治に関する；政治学(上)の ‖ a ～ party 政党 / a ～ solution 政治的解決（策）/ ～ freedom 政治的自由 / a ～ agenda 政治的協議（事項）/ Our candidate first appeared on the ～ map in 2000. 我々の候補者が政界地図に最初に登場したのは2000年のことだ

❷ 政党（活動）の，（特定の）政治理念の；政治的な ‖ a ～ party 政党 / a ～ campaign 政治［選挙］活動 / ～ strategy 政略 / ～ pressure 政治的圧力

❸ 政治に関心の強い；政治に携わる ‖ Young people nowadays aren't very ～. 近ごろの若者は政治にあまり関心がない / a ～ animal 政治的動物《人間のこと》，政治に関心の強い人

❹ ⊗《主に蔑》権力や地位にかかわる，政略の ❺ 国家［政治体制］に反逆する，反体制的な ‖ ～ crimes 国事犯罪

▸▸ **～ áction commìttee** 名 C《米》政治活動委員会《企業・組合などが自分たちの利益を高めてくれそうな候補者を支援するために結成する団体．略 PAC》 **～ asýlum** 名 U（亡命者に対する）政治的保護 **～ corréctness** 名 U 政治的公正《人種・文化的に少数派の人々を除外したり軽んじたりする表現を避けること．略 PC》 **～ ecónomy** (↓) **～ fóotball** 名 C 政争の具 **～ geógraphy** 名 U 政治地理学 **～ machíne** 名 C《米》（ボス政治家が牛耳る）支配組織 **～ prísoner** 名 C 政治犯，国事犯 **～ scíence** 名 U 政治学(politics) **～ scíentist** 名 C 政治学者

polìtical ecónomy 名 U《旧》政治経済学《経済学(economics)の古称》 **polìtical ecónomist** 名

***po·lit·i·cal·ly** /pəlítɪkəli/ 副《ときに文修飾》政治的に，政治上；政治的には ‖ ～ neutral 政治的に中立の

▸▸ **～ corréct** 形（表現・語句などが）政治的に公正な，（人種・性などに関して）差別的表現を含まない（→ political correctness） **～ incorréct** 形 政治的に不公正な，差別的な，偏見を含む

****pol·i·ti·cian** /pɑ̀(ː)lətíʃən | pɔ̀l-/《アクセント注意》

—名 (複 ～s /-z/) C ❶ **政治家**（♦特に国政に携わる政治家を指す）；政治屋（⇨ 類語）‖ Abraham Lincoln was a natural ～. エイブラハム＝リンカーンは生まれながらの政治家だった / a practiced ～ 老練な政治家 ❷ 策略家，策士，自分の利益を図る人 ❸ 行政職に就いている人

類語 《❶》**politician**「政治家」を指す一般的な語だが，私利・党利のために動く「政治屋」の意で用いられることもある．

statesman 私利に動かされることなく国家のために尽くし，才能・見識の優れた真の「政治家」の意．ただし日常的に用いられる語ではない．

po·lit·i·cize /pəlítɪsàɪz/ 動 自 政治に携わる［関心を持つ］；政治を論じる —他 …に政治色を帯びさせる；…に政治への関心［興味］を起こさせる（♦しばしば受身形で用いる）

po·lìt·i·ci·zá·tion 名

pol·i·tick·ing /pɑ́(ː)lətɪkɪŋ | pɔ́l-/ 名 U（特に私利私欲での）政治運動［工作］

po·lit·i·co /pəlítɪkòʊ/ 名 (複 **～s, ～es** /-z/) C ⊗《口》《主に蔑》政治家，政治屋（♦イタリア語より）

politico- /pəlìtɪkoʊ-/ 連結形 ❶「政治的に」の意 ‖ *politico*-ethical（政治倫理の）❷「政治的および…(political and)」の意 ‖ *politico*-religious

***pol·i·tics** /pɑ́(ː)lətɪks | pɔ́l-/《アクセント注意》名 ❶《単数・複数扱い》政治，政治活動 ‖ *Politics* doesn't interest me. 政治には興味がない / national ～ 国の政治 / enter [OR go into] ～ 政界に入る，政治家になる ❷《単数・複数扱い》政略，策略 ‖ party ～ 党略 / office ～ 職場での駆け引き ❸《複数扱い》政見，政治についての意見 ‖ His ～ are a bit to the right. 彼の政治的見解はやや右寄りだ ❹ 政治学(political science)

plày pólitics（私利のために）政治的に画策する，裏工作をする，策を弄(ろう)する

pòlitics às úsual 旧態依然たる政治（⇨ BUSINESS as usual）

pol·i·ty /pɑ́(ː)ləti | pɔ́l-/ 名 (複 **-ties** /-z/) C 政治形態［制度］，政治組織；政治組織体，国家組織，国家(state)；U 政治，政策

pol·ka /póʊlkə | pɔ́l-/ 名 C ポルカ（の曲）《ボヘミア起源の軽快な2拍子の舞踏》 —動 自 ポルカを踊る

▸▸ **～ dòt** (↓)

pólka dòt 名 C（布地の）水玉模様（の水玉）

pólka-dòt(ted) 形

***poll** /poʊl/《発音注意》（♦同音語 pole）名 C ❶ 世論調査；世論調査結果 ‖ conduct [OR carry out, take] a ～ 世論調査を行う / an opinion ～ 世論調査 / the Gallup ～《商標》ギャラップ世論調査 / a telephone ～ 電話による世論調査 / a president with low ～ numbers（世論調査で）支持率の低い大統領

❷《the ～(s)》投票；投票の集計 ‖ The result of the ～ will be announced on the evening news. 投票結果は夜のニュースで発表されるだろう / go to the ～*s* 投票に行く / be defeated at the ～*s* 投票で負ける

❸ C《単数形で》投票数 ‖ a heavy [light] ～ 高い［低い］投票率 / at the head of the ～ 最高得票で

❹《the ～s》投票所 ‖ The ～*s* are open until seven in the evening. 投票所は夜7時まで開いている

❺《古》頭 ‖ a gray ～ 白髪頭

❻（ハンマーなどの）平らな部分 ❼ ＝poll tax

—動 他 ❶〔…の票数〕を得る ‖ He ～*ed*「60 votes [a majority]. 彼は60票［過半数の票］を獲得した ❷〈…について〉〔人〕に世論調査を行う〈**on**〉（♦しばしば受身形で用いる）‖ Housewives were ～*ed on* their laundry detergent preferences. 主婦に対してどんな洗剤を好むかの調査が行われた / Eighty percent of those ～*ed* were opposed to the construction of a nuclear plant. 世論調査の対象となった人々の80%は原発の建設に反対だった ❸〔票〕を投じる ❹〔牛など〕の角を切る；〔木〕の枝先を（成長を促すために）切る，刈り込む；〔羊毛〕を刈る ❺【通信】…にポーリングする《端末を見極めるため，通信回線を共有する各端末に順次問い合わせる》

—自 投票する

語源「頭」の意のオランダ語から．「頭数」の意から17世紀に「選挙の投票数」に転じた．

▸▸ **～ tàx** 名 C ① 人頭税 ②《英口》地方負担金(community charge の蔑称)

pol·lack /pɑ́(ː)lək, pɔ́l-/ 名 (複 **～** OR **～s** /-s/) C【魚】（北大西洋産の）タラの類；U その肉

pol·lard /pɑ́(ː)lərd | pɔ́l-/ 名 C ❶（枝を茂らすために）枝先を刈り込んだ木 ❷ 角を落としたシカ；角なし種の動物《ヤギ・羊・牛など》 —動 他〔木〕の枝先を刈り込む（♦しばしば受身形で用いる）

P

***pol·len** /pá(:)lən | pɔ́l-/ 《アクセント注意》 名 U 花粉 ‖ a ~ allergy 花粉症
▸▸ **~ còunt** 名 C (一定量の空気中の) 花粉数 《花粉アレルギー患者の参考にする》 **~ tùbe** 名 C 〘植〙花粉管

pol·li·nate /pá(:)lənèɪt | pɔ́l-/ 動 他 〘植〙…に授粉する **pòl·li·ná·tion** 名 U 授粉作業 **-nà·tor** 名

poll·ing /póulɪŋ/ 名 U ❶ 投票 ❷ 世論調査 ❸ 〘通信〙ポーリング 《メインからブランチへ, 送信要求の有無を一定の周期で問い合わせること》 ▸▸ **~ bòoth** 名 C 《英》(投票所の) 投票用紙記入所 **~ dày** 名 C 《英》投票日 **~ fìrm** 名 C 世論調査会社 **~ plàce** 名 C 《米》投票所 **~ stàtion** 名 C 《主に英》投票所

pol·li·wog, -ly·wog /pá(:)liwɑ(:)g | pɔ́liwɔg/ 名 《英では方》オタマジャクシ(tadpole)

poll·ster /póulstər/ 名 C 世論調査員(polltaker)

pol·lut·ant /pəlú:tənt/ 名 U C 汚染物(質), 汚染源

***pol·lute** /pəljú:t/ 動 他 ❶ …を〈…で〉汚す, 汚染(して使えなく)する〈**with**〉‖ Chemicals are *polluting* the environment [water, air]. 化学物質が環境 [水, 大気]を汚染している ❷ (道徳的に)…を汚す, 堕落させる ‖ I was afraid that movie would ~ young minds. あの映画は若者の心を堕落させはしまいかと心配だった ❸ …の神聖[名誉]を汚す **-lút·ed** 形 **-lút·er** 名

‡pol·lu·tion /pəlú:ʃən/
—名 U ❶ **汚染**, 汚すこと, 公害 ‖ The spread of hay fever is partly due to **air** ~. 花粉症の広がりは大気汚染に原因の一端がある / **reduce water** [soil] ~ 水質[土壌] 汚染を減らす / **cause** [prevent] environmental ~ 環境汚染を引き起こす[防止する] / noise ~ 騒音公害 / light ~ (夜間照明による) 光害 / a ~ tax 公害税, 環境汚染税 / ~ control 汚染防止 ❷ 汚染物質
▸▸ **~ allòwance** 名 C U 汚染物質排出権割当(枠) 《総排出量削減のため国際機関が各国に, また国が国内企業に割り当てる. emissions allowance ともいう》 **~ tràding** 名 U 汚染物質の排出量取引

Pol·ly /pá(:)li | pɔ́li/ 名 ポリー《Mary の愛称》

Pol·ly·an·na /pà(:)liǽnə | pɔ̀l-/ 名 C 驚くべき楽天家(♦米国の作家 E. H. Porter (1868-1920) の小説 *Pollyanna* の女性主人公の名より) **~·ish** 形

po·lo /póulou/ 名 U ❶ ポロ《4人1組の2チームで行う馬上競技》 ❷ =water polo
▸▸ **~ nèck** (↓) **~ shìrt** 名 C ポロシャツ

Po·lo /póulou/ 名 **Marco ~** (マルコ)ポーロ(1254?-1324?) 《イタリアの旅行家.「東方見聞録」の著者》

pol·o·naise /pà(:)lənéɪz | pɔ̀l-/ 名 C ❶ ポロネーズ (の曲) 《ポーランド起源の3拍子の緩やかな踊り》 ❷ ポロネーズ 《18世紀末に着用されたコート状の婦人服》

pólo nèck 名 C 《英》タートルネック (のセーター) (《米》turtleneck) **pólo-nècked** 形

po·lo·ni·um /pəlóuniəm/ 名 U 〘化〙ポロニウム 《放射性金属元素. 元素記号 Po》

po·lo·ny /pəlóuni/ 名 C 《英》ポローニ, ボローニャソーセージ(bologna)

pol·ter·geist /póultərgàɪst | pɔ́l-/ 名 C ポルターガイスト, 騒霊 《家の中で原因不明の物音を立てるといわれるいたずら好きな幽霊》(♦「騒がしい霊」の意のドイツ語より)

pol·troon /pɑ(:)ltrú:n | pɔl-/ 名 C 《古》《文》ひどいおく病者 **~·er·y** 名 U ひどいおく病

pol·y /pá(:)li | pɔ́li/ 名 (複 **~s** /-z/) U C 《口》 ❶ =polyester ❷ 《英》=polytechnic ❸ =polyethylene

poly- /pɑ(:)li- | pɔli-/ 連結形 ❶「多…, 複…, 重…」の意 ‖ *poly*syllabic ❷ 〘化〙「重合体(polymer)」の意 ‖ *poly*ester

pòl·y·ám·o·ry /-ǽməri/ 名 U ポリアモリー, 複数同時恋愛

pòly·án·drous /-ǽndrəs/ ⦅⦆ 形 一妻多夫の;〘動〙一雌多雄の;〘植〙多雄ずいの(↔ polygamous)

pòly·án·dry /-ǽndri/ 名 U 一妻多夫;〘動〙一雌多雄;〘植〙多雄ずい性(↔ polygamy)

pol·y·an·thus /pà(:)liǽnθəs | pɔ̀l-/ 名 C 〘植〙ポリアンサス《サクラソウの交配種》; フサザキスイセン

pòly·cárbonate 名 U 〘化〙ポリ炭酸エステル 《透明で丈夫な熱可塑性合成樹脂の一種》

pòly·chromátic 形 ❶ さまざまな色を持つ[出す], 多色の; 多色刷りの ❷ (放射線が) 2つ以上の波長からなる; 〘生〙(生物試料が)多染性の

póly·chròme 形 多色の; 多色彩飾の; 多色刷りの
—名 C 多彩色のもの[美術品]

pòly·clínic 名 C 総合診療所[病院]

pol·y·cot·ton /pá(:)likà(:)tən | pɔ́likɔ̀tən/ 名 U 《英》ポリコットン《綿とポリエステルの混紡生地》

pòly·éster ⦅⦆ 名 U 〘化〙ポリエステル《衣料繊維》

pòly·éthylene ⦅⦆ 名 U 〘化〙ポリエチレン
▸▸ **~ glýcol** 名 U 〘化〙ポリエチレングリコール 《潤滑剤・乳化剤などに用いられる》

po·lyg·a·mous /pəlígəməs/ 形 一夫多妻の;《まれ》一妻多夫の;〘動〙多婚性の;〘植〙雌雄混株の, 雑性花の

po·lyg·a·my /pəlígəmi/ 名 U 一夫多妻;《まれ》一妻多夫;〘動〙多婚性;〘植〙雌雄混株[性](↔ polyandry)
-mist 名 形

póly·gène 名 C 〘遺伝〙ポリジーン, 多遺伝子《多数が集まって量的形質の発現に関係する遺伝子》

pol·y·glot /pá(:)liglà(:)t | pɔ́liglɔt/ 形 多国語の; 数か国語に通じた; 数か国語(対訳)の; いくつもの言語集団を含む
—名 C 数か国語に通じた人; 数か国語の対訳書; 数か国語で記した書物《特に聖書》; U 数か国語の混交

pol·y·gon /pá(:)ligà(:)n | pɔ́lɪgən/ 名 C 〘数〙多角形 (→ tetragon) ‖ a regular ~ 正多角形
po·lýg·o·nal 形 多角形の

pol·y·graph /pá(:)ligræ̀f | pɔ́ligrà:f/ 名 C ❶ 〘医〙ポリグラフ, 多元同時記録器《鼓動・脈拍・血圧・呼吸などの変化を同時に記録する機器》; うそ発見器(lie detector) ❷ うそ発見器による検査(の結果) ‖ take a ~ test うそ発見器にかけられる —動 他 …をうそ発見器にかける

po·lyg·y·ny /pəlídʒəni/ 名 U 一夫多妻(制[主義]);〘動〙一雄多雌制; 多雌制;〘植〙多雌ずい性 **-nous** 形

pòly·hé·dron /-hí:drən/ 名 (複 **~s** /-z/ OR **-dra** /-drə/) C 〘数〙多面体 **-dral** 形

pol·y·math /pá(:)limæ̀θ | pɔ́l-/ 名 C 博識家

***pol·y·mer** /pá(:)ləmər | pɔ́lɪ-/ 名 C 〘化〙ポリマー, 重合体(→ monomer) **pòl·y·mér·ic** 形

pol·y·mer·ase /pá(:)ləmərèɪz, -rèɪs | pɔ́lɪ-, pəlímə-/ 名 U 〘生化〙ポリメラーゼ《DNA, RNA形成に必要な酵素》
▸▸ **~ cháin reàction** 名 C U 〘生化〙ポリメラーゼ連鎖反応法 《DNAの特定部位を取り出し, 繰り返し複製・増幅する技術. 略 PCR》

pol·y·mer·ize /pá(:)lɪməràɪz | pɔ́-/ 動 〘化〙 他 …を重合させる —自 重合する **pòl·y·mer·i·zá·tion** 名

pol·y·morph /pá(:)limɔ̀:rf | pɔ́l-/ 名 C ❶ 〘生〙多形体《同一種で形・色が著しく異なる生物》 ❷ 〘結晶〙多形体, 同質異像体《化学組織は同じで, 結晶構造が異なる結晶》

pol·y·mor·phism /pà(:)limɔ́:rfɪzm | pɔ̀l-/ 名 U ❶ 〘生〙多形性 ❷ 〘結晶〙同質異像

pol·y·mor·phous /pà(:)limɔ́:rfəs | pɔ̀l-/, **-mor·phic** /pà(:)lɪmɔ́:rfɪk | pɔ̀l-/ 形 多形態の; 多様な

Pol·y·ne·sia /pà(:)lənί:ʒə | pɔ̀lɪní:ziə, -ʒə/ 名 ポリネシア《太平洋東部の島々の総称. ハワイ・サモア・トンガ・タヒチなどを含む》

Pol·y·ne·sian /pà(:)lənί:ʒən | pɔ̀lɪní:ziən, -ʒən/ 形 ポリネシアの; ポリネシア人[語族]の —名 ❶ C ポリネシア人 ❷ U ポリネシア語族《タヒチ語・ハワイ語・サモア語など》

pol·y·no·mi·al /pà(:)lənóumiəl | pɔ̀li-/ ⦅⦆ 形 〘数〙多項式の;〘生〙(学名法が)多名式の —名 C 〘数〙多項式; 〘生〙多名式学名《3語以上からなる学名》

pol·y·nos·ic /pà(:)liná(:)sɪk | pɔ̀linɔ́sɪk/ 名 U ポリノジック《ポリエステルとレーヨンの混紡繊維》

pol·yp /pá(:)ləp | pɔ́lɪp/ 名 C ❶〘動〙ポリプ《腔腸(こうちょう)動物のうち着生生活をする個体. イソギンチャク·ヒドラなど》❷〘医〙ポリープ《外皮·粘膜などの面にできる異常突起》
~·òid, ~·ous 形
pòly·péptide 名 C〘生化〙ポリペプチド《アミノ酸の多重結合物》
pol·y·pha·gi·a /pà(:)lɪféɪdʒiə | pɔ̀l-/ 名 U ❶〘医〙多食(症) ❷〘動〙雑食性, 多食性《多くの科の生物を食べること》 **po·lýph·a·gous** 形
po·lyph·o·ny /pəlɪ́fəni/ 名 ❶ U〘楽〙ポリフォニー, 多声音楽(↔ homophony); 対位法; C ポリフォニーの曲 ❷ U〘音声〙多音《同一文字による異なる音の表示》
pol·y·ploid /pá(:)lɪplɔ̀ɪd | pɔ́l-/ 形〘生〙(染色体が)倍数性の ——名 C (染色体の)倍数体《基本数の倍数の染色体を有するもの》 **-plòi·dy** 名 U〘生〙(染色体の)倍数性
pòly·própylene <シ 名 U〘化〙ポリプロピレン《プロピレンの熱可塑性重合体. おもちゃなどを作るのに用いられる》
pòly·sáccharide, -sáccharose 名 C〘化〙多糖類(↔ monosaccharide)
po·lys·e·mous /pəlɪ́sɪməs, +米 pà(:)lisí:məs, +英 pɔ̀lisí:məs/ 形〘言〙(語が)多義の
po·lys·e·my /pəlɪ́sɪmi, +米 pà(:)lisí:mi, +英 pɔlisí:mi/ 名 U〘言〙(語の)多義(性)
pòly·stýrene <シ 名 U〘化〙ポリスチレン《スチレンの重合体. 発泡スチロールなどの材料》
pòly·syllábic <シ 形 (語が)多音節の《3音節以上》; (文章などが)多音節語の目立つ **-i·cal·ly** 副
póly·sỳllable 名 C 多音節語《3音節以上の語》(↔ monosyllable)
***pol·y·tech·nic** /pà(:)lɪtéknɪk | pɔ̀l-/ 名 C ❶ (英国の)ポリテクニック, 総合技術専門学校《1992年に大学と名乗れるようになった》❷ 工科[工芸]学校
——形 工芸の, 科学技術の
pòly·tètra·flùoro·éthylene 名 U〘化〙ポリテトラフルオロエチレン《フッ素樹脂; パッキング·絶縁材料などに用いる. 略 PTFE》
pol·y·the·ism /pá(:)lɪθiìzm | pɔ́l-/ 名 U 多神論, 多神教(↔ monotheism) **-ist** 名 形
pol·y·thene /pá(:)lɪθì:n | pɔ́l-/ 名 《英》 =polyethylene
póly·tùnnel 名 C (育苗用の)ビニールハウス
pòly·unsáturated <シ 形 (脂肪などが)高度不飽和の, 多価不飽和の ‖ ~ acid [fat] 多不飽和酸[脂肪]
pòly·ú·re·thàne /-jʊ́ərəθèɪn/ <シ 名 U〘化〙ポリウレタン《合成繊維·合成ゴム·絶縁体用》
pol·y·va·lent /pà(:)lɪvéɪlənt | pɔ̀li-/ 形 ❶〘化〙多原子価の ❷〘薬〙複数の病原体や毒素に効果のある ❸ 多機能の
pòly·vínyl <シ 形《限定》〘化〙ポリビニルの
▸▸**~ chlóride** 名 U〘化〙ポリ塩化ビニル《略 PVC》
Po·ma /pá(:)mə, póumə | pɔ́mə, póumə/ 名 C《商標》(スキー場の)滑走リフト, Jバーリフト(button lift)
pom·ace /pʌ́mɪs/ 名 U (リンゴの)搾りかす; (魚肉·ひまし油などの)搾りかす《肥料》
po·made /pouméɪd/ 名 U ポマード
——動 他 …にポマードをつける
po·man·der /póumændər | ⌐⌐⌐/ 名 C ❶ におい玉《戸棚·化粧台などに入れておく. 昔は疫病よけに持ち歩いた》; におい玉入れ ❷ (衣装戸棚につるす)チョウジを散りばめたオレンジ[リンゴ]
pom·e·gran·ate /pá(:)məgrænət | pɔ́mə-/ 名 C ザクロの実[木]; U 暗赤色, ザクロ色
pom·e·lo /pá(:)məlòu | pɔ́m-/ 名 (複 **~s** /-z/) ❶ =shaddock ❷ =grapefruit
Pom·er·a·ni·an /pà(:)məréɪniən | pɔ̀m-/ 形 (ポーランド北西部の)ポメラニア(Pomerania)の; ポメラニア人の
——名 C ❶ ポメラニア人 ❷ ポメラニアン《小型犬》
póm·fret càke /pá(:)mfrət- | pɔ́m-/ 名 C U《英》《古》 =Pontefract cake

po·mi·cul·ture /pá(:)mɪkʌ̀ltʃər | pɔ́-/ 名 U 果樹栽培
pom·mel /pʌ́məl | pɔ́m-/(→ 動) 名 C (刀の)柄頭(つかがしら); 鞍頭(くらがしら);〘体操〙(鞍馬(あんば)の)ハンドル
——動 /pʌ́məl/ 他 =pummel
▸▸**~ hòrse** 名 C〘体操〙鞍馬(《米》 side horse)
Pom·my, Pom·mie /pá(:)mi | pɔ́mi/ 名 (複 **-mies** /-z/) C ⊗《豪·ニュージ口》《しばしば蔑》(オーストラリア·ニュージーランドに移住したての)英国人
pomp /pa(:)mp | pɔmp/ 名 ❶ U 華やかさ, 壮観 ‖ in great ~ =with ~ and state 威風堂々と ❷ C《主に~s》《古》誇示, 物々しさ, 仰々しさ; 高慢な振る舞い
pòmp and círcumstance 厳かな儀式; 仰々しさ [Shak *OTH* 3:3]
pom·pa·dour /pá(:)mpədɔ̀:r | pɔ́mpədʊ̀ə/ 名 C ポンパドゥール《前髪をふくらませた女性の髪型. 《米》では額からなで上げた男性の髪型(オールバック)にも用いる》(♦ フランス王ルイ15世の愛妾(あいしょう)の名前より)
Pom·pei·i /pa(:)mpéɪi | pɔm-/ 名 ポンペイ《古代ローマ, ナポリ近郊の都市. ベスビオ火山の噴火により埋没》
pom-pom[1] /pá(:)mpà(:)m | pɔ́mpɔ̀m/ 名 C《英俗》(艦上)高射砲; 自動機関銃; ⊗《卑》性交
pom-pom[2] /pá(:)mpà(:)m | pɔ́mpɔ̀m/ 名 =pompon ❶
pom·pon /pá(:)mpà(:)n | pɔ́mpɔ̀n/ 名 C ❶ (女性·子供の帽子などの飾りにする)玉房; (チアリーダーなどが持つ)ポンポン, 飾り玉; (筒形軍帽などの)前立て, 羽飾り ❷〘園芸〙ポンポン咲きのキク[ダリア]
pom·pos·i·ty /pa(:)mpá(:)səṭi | pɔmpɔ́s-/ 名 (複 **-ties** /-z/) U C 尊大, 思い上がり; 華やかさ; 《-ties》尊大[大げさ]な言動
***pom·pous** /pá(:)mpəs | pɔ́m-/ 形 ❶ 尊大な, 思い上がった, もったいぶった ❷ (言葉遣いなどが)気取った, 大げさな ‖ give a ~ speech 大言壮語する ❸《古》華麗な, きらびやかな **~·ly** 副 **~·ness** 名
ponce /pa(:)ns | pɔns/ 《英俗》 名 C ❶ (売春婦の)ひも(pimp) ❷ ⊗《蔑》なよなよした男
——動 自 ❶ 売春婦のひもになる ❷ なよなよと歩き回る《***about, around***》❸ 無駄に時間を費す《***about, around***》
pon·cey /pá(:)nsi | pɔ́n-/ 形《英口》なよなよした, 気取った
pon·cho /pá(:)ntʃou | pɔ́n-/ 名 (複 **~s** /-z/) C ポンチョ《真ん中に頭を通す穴のあるコート. 南米で用いる》; ポンチョ風のレインコート
****pond** /pa(:)nd | pɔnd/
——名 (複 **~s** /-z/) ❶ C **池**, 沼, 泉水 (⇨ 類語) ‖ a duck ~ アヒルを飼っておく(庭の)池 ❷《the ~》《戯》海, (特に)大西洋 ‖ across [OR on the other side of] the ~ (米国または英国から見て)大西洋の向こう側に
——動 自 (水が)たまって池になる

類語《名 ❶》**pond** 湖(lake)より小さな, 主に人造のもの.
pool pond より小さな, 主に自然にできた水たまり; 流れの深くよどんだ所.
puddle 主に雨上がりなどの濁った水の小さな pool

▸▸**~ scùm** 名 C《米》〘植〙アオミドロ **~ skàter** 名 C《英》〘虫〙アメンボ(《米》 water strider)
***pon·der** /pá(:)ndər | pɔ́n-/ 動 他 **a** 《+目》…をよく考える, 熟考する(➘ puzzle over) ‖ ~ a question 問題をよく考える **b** 《+wh 節 / wh to *do*》…かよく考える ‖ I'm ~*ing how to* choose a university. 大学をどう選んだらよいものか思案中だ
——自〈…について〉よく考える, 熟考する〈**about, on, over**〉‖ ~ *on* the implications of the trade pact その通商協定の持つ意味についてよく考える
pon·der·a·ble /pá(:)ndərəbl | pɔ́n-/ 形《文》熟考に値する; 計れる
——名 C《~s》考慮に値するもの; 重みのあるもの
pòn·der·a·bíl·i·ty 名 **-bly** 副
pòn·der·ó·sa (píne) /pà(:)ndəróusə, -óuzə | pɔ̀n-/ 名 C〘植〙ポンデローサマツ《北米西部産》; U その木材

pon·der·ous /pá(ː)ndərəs | pɔ́n-/ 形 ❶ 非常に重い；(重くて)扱いにくい；どっしりした ❷(動作などが)重くてのそのそした，ぎこちない；(文章などが)冗長な
pòn·der·ós·i·ty, ~·ness 名 **~·ly** 副
pónd·wèed 名 U 〖植〗ヒルムシロ《水生植物の一種》
pone /poʊn/ 名 U 《米》(特に北米先住民の焼く)トウモロコシパン(corn pone)
pong /pɑ(ː)ŋ | pɔŋ/ 名 U 動 自 《英口》悪臭(がする)
pon·gee /pɑ̀(ː)ndʒíː | pɔ̀n-/ 名 U 絹紬(けんちゅう)，ポンジー《サクサン(カイコに似た昆虫)の糸で織った織物》；その模造織物
pon·gid /pá(ː)ndʒɪd | pɔ́n-/ 名 C 〖動〗ショウジョウ科の類人猿《ゴリラ・チンパンジー・オランウータンなど》
pons /pɑ(ː)nz | pɔnz/ 名 (複 **pon·tes** /pá(ː)ntiːz | pɔ́n-/) C 〖解〗橋(きょう)《1つの器官の2つの部分を結びつける組織片》；(延髄と中脳の間の)脳橋
▸▸ **~ às·i·nó·rum** /-æsɪnɔ́ːrəm/ 名 U C 初心者には難しい問題[命題]《「二等辺三角形の両底角は相等しい」というユークリッド幾何学第1編第5命題. 初学者には理解困難なことから》(♦ラテン語でロバの橋(bridge of asses)の意)
Pón·te·fract càke /pá(ː)nṭɪfrækt- | pɔ́n-/ 名 C U 《英》ポンティフラクトケーキ《円盤形の甘味菓子》
pon·tiff /pá(ː)nṭəf | pɔ́ntɪf/ 名 ❶《the ~》ローマ教皇[法王](Pope) ❷ C《古》司教(bishop) ❸ C 高位聖職者 ❹ C (古代ローマの)大神官，大祭司
pon·tif·i·cal /pɑ(ː)ntífɪkəl | pɔn-/ 形 ❶ 教皇の；司教の；高位聖職者の；大神官の ‖ a ~ Mass 司教盛儀ミサ ❷ 独断的な；尊大な ―名 C ❶《~s》司教用祭服 ❷ 司教用礼拝式書 **~·ly** 副
pon·tif·i·cate /pɑ(ː)ntífɪkət | pɔn-/ (→ 動) 名 U 教皇[司教]の職[任期] ―動 /pɑ(ː)ntífɪkèɪt | pɔn-/ 自 ❶ (ミサなどの儀式で)司教の職務を果たす ❷〈…について〉尊大[独断的]な態度で話す〈**about, on**〉
pon·toon /pɑ(ː)ntúːn | pɔn-/ 名 C ❶ 舟橋(しゅうきょう)用の平底船[ドラム缶] ❷ (水上飛行機の)フロート(float) ❸ 浮きドック ❹《英》=blackjack
▸▸ **~ brìdge** 名 C 舟橋，浮き橋

pontoon bridge

***po·ny** /póʊni/ 名 (複 **-nies** /-z/) C ❶ ポニー《通常体高1.3-1.4m くらいの小型の馬》，《口》小さい馬(♦子馬・若馬は colt, filly という) (⇨ HORSE 類語P) ❷《口》小型グラス(1杯の飲み物) ‖ a ~ of whiskey 小型グラス1杯のウイスキー ❸《米口》(逐語訳の)とらの巻，独習書(《英》study aid) ❹《英俗》25ポンド ❺《the -nies》《主に米口》競走馬 ❻ ポロ用の馬
―動《米口》他 (清算する目的などで)〔金〕を払う《***up***》
―自 金を払う
▸▸ **~ expréss** 名 U 〖米国史〗ポニーの急行便《1860-61年に米国で実施された馬を使ってミズーリ州から太平洋岸まで郵便物を運んだ制度》
póny·tàil 名 C ポニーテール
póny-trèk·king /-trèkɪŋ/ 名 U 《英》ポニー(に乗って)の旅行
Pon·zi scheme /pá(ː)nzi skìːm | pɔ́n-/ 名 C =pyramid scheme
poo /puː/ 間 名 動 《英口》=pooh
pooch /puːtʃ/ 名 C《口》犬；(特に)雑種犬
***poo·dle** /púːdl/ 名 C ❶〖動〗プードル犬 ❷《英口》言いなりになる人，こびる人 ‖ be his ~ 彼の言いなりになる
poof¹ /pʊf, puːf/ 名 (複 **~s** /-s/, **pooves** /puːvz/) C ⊗《英俗》《蔑》ゲイ；なよなよした男
poof² /pʊf/ 間 ぱっ，ふっ，ぴゅっ，ぷふっ《吐き出す音. またものが消える[現れる]音》(♥軽蔑を表す) ‖ He just went ~ on me. 彼は私を置いて消えてしまったの
pooh /puː/ 間《口》ふうん，へん(♥軽蔑・不信・いら立ちなどを表す)；《英》臭い ―名 C 動 自《英口》うんち(をする)(《米口》poop) ‖ do a ~ うんちをする
Pooh-Bah, pooh-bah /pùːbáː/ 名 C ひとりで多くの官職を兼ね尊大ぶる人(♦Gilbert と Sullivan 合作の喜歌劇 *The Mikado*(1885)中の人物の名より)
pooh-pooh /pùːpúː/ 動 他《口》〔考えなど〕を鼻であしらう，あざける，一笑に付す
:pool¹ /puːl/
―名 (複 **~s** /-z/) C ❶ **プール**(→ swimming pool, paddling pool, wading pool)；**水たまり**，(小さな)池；(川の)深み，よどみ，淵(ふち)(⇨ POND 類語) ‖ a little ~ of water 小さな水たまり / the *Pool* (of London) ザ=プール《テムズ川のロンドン橋のすぐ川下の区域》
❷ (物の表面の)〈液体・光などの〉たまっている所，たまり〈**of**〉‖ a ~ *of* blood 血の海 / a little ~ *of* sunlight 小さな日だまり ❸〖地〗プール《石油層など地中の独立した層》
―動 (**~s** /-z/；**~ed** /-d/；**~·ing**) 自 ❶ 水たまりになる ❷ うっ血する
:pool² /puːl/
―名 (複 **~s** /-z/) C ❶ (共同利益のための)**共同出資[管理]**；共同出資者(グループ) ❷ 企業[生産者]連合，カルテル ❸ 共同利用施設[制度] ‖ a motor ~ 配車だまり ❹〈人の〉集まり〈**of**〉‖ a ~ *of* volunteers ボランティアの集まり ❺ (競馬・宝くじなどに)共同で賭(か)ける人[賭け金]；《英》《the ~s》サッカーくじ[賭博(とばく)] ❻ U プール《ビリヤードゲームの一種》‖ play [shoot] ~ プール[玉突き]をする ❼ (マスコミの)代表による共同取材
―動 (**~s** /-z/；**~ed** /-d/；**~·ing**) 他〔資金・情報など〕を出し合う；…を分け合う ‖ They ~*ed* their ideas to develop a new process. 彼らは新しい製法を開発するためにそれぞれ案を出し合った
▸▸ **~ hàll** 名 C《米》〖ビリヤード〗=poolroom **~ tàble** 名 C (6つのポケットのある)ビリヤード台
póol·ròom 名 C《米》(賭け)玉突き場；(非合法の)賭博場；馬券売り場
póol·sìde 名 U/C《単数形で》プールサイド
―形《限定》プールサイドの
poop¹ /puːp/ 名 C ❶ (=**~ dèck**)〖海〗船尾楼甲板 ❷ 船尾楼(↔ forecastle)
―動 他 (波が)〔船〕の船尾に当たる；〔波〕を船尾に受ける
poop² /puːp/《米》動 他《口》…をへとへとにさせる，息切れさせる《***out***》
―自《俗》疲れ果てる；おじけづく；あきらめる；(機械などが)停止する《***out***》
poop³ /puːp/ 名 C《主に米俗》間抜け；いやなやつ
poop⁴ /puːp/ 名《the ~》《主に米俗》情報；内幕
▸▸ **~ shèet** 名 C《米俗》説明書，通知書
poop⁵ /puːp/ 名 U 動 自《米口》うんち(をする)(♥主に小児語)
póoper-scòoper 名 C《口》プーパースクーパー《犬・猫・馬などの路上の糞(ふん)を始末するスコップ》
poo-poo /púːpùː/《口》名 C うんち(♥小児語)
―動 自 うんちする

:poor /pʊər | pɔː, pʊə/

中心義 **(Aが)乏しい**(★Aは「金銭」「数量」「質」など多様)

貧しい❶ かわいそうな❷ 品質の悪い❸ 下手な❹ 乏しい❺

―形 (▶ poverty 名) (**~·er**；**~·est**)
❶ **貧しい**，貧乏な(↔ rich)；《the ~で集合名詞的に》《複数扱い》貧しい人々，貧民(♥婉曲的には the economically disadvantaged, underprivileged people などという) (⇨ 類語) ‖ You can be ~ but mustn't look it. 貧乏であることは構わないが貧乏に見えてはならない / Jean was too ~ to buy a loaf of bread. ジャンはパン1個すら買えないほど貧しかった / The rich are not always happier than the ~. 金持ちが必ずしも貧しい人

より幸せだとは限らない / differences between (the) rich and (the) ～ 富者と貧者の差異 (♦ 対句では冠詞の省略が可能)
❷《比較なし》《限定》気の毒な, **かわいそうな**; 死んだ, (今は)亡き ‖ *Poor* guy [OR thing]! かわいそうに / The ～ widow is almost out of her mind. 気の毒にその未亡人は気も狂わんばかりになっている (♦ 上の2例の poor は副詞のように「かわいそうに」などと訳す方が日本語らしい) / Ah! *Poor* you and ～ me! ああ, かわいそうな君, かわいそうな私 (♦ このように詠嘆の意味の poor は例外的に代名詞を修飾できる) / ～ father 亡き父
❸ **品質の悪い**, (住居・衣服などが)みすぼらしい; (土地などが) やせた; (人が) 不健康な; (食事などが) 粗末な ‖ ～ clothes みすぼらしい衣服 / ～ soil やせた土壌 / My mother has been in ～ health recently. 最近母は健康を害している / have ～ eyesight 視力が弱い / a ～ diet 粗末な食事
❹ 〈…が〉**下手な**, 不得意な〈**at, in**〉; (能力が)劣った, 水準以下の, (言い訳などが) まずい (↔ good) ‖ I am ～ *at* speaking in public. 私は人前で話すのが苦手だ / She is a ～ cook [letter writer]. 彼女は料理が下手 [筆無精] だ / He came in a ～ second in the race. 彼はレースで大差をつけられての2着だった / a ～ excuse [OR apology] 下手な言い訳 / do a ～ job 失敗する / a ～ loser 負けっぷりが悪い人 / in my ～ opinion 《旧》つまらない意見ですが(♥ しばしば皮肉的に用いる)
❺ 〈…の(数量が)〉**乏しい**, 不十分な, 〈必要なものが〉不足している〈**in**〉 ‖ This country is ～ *in* natural resources but rich in human capabilities. この国は天然資源が乏しいが人材は豊富である / We had a ～ crop of rice this year. 今年は米が不作だ / He has a ～ chance of recovery. 彼の回復の見込みはあまりない / ～ attendance 少ない出席者

(as) poor as a church mouse ⇨ CHURCH(成句)

類語《❶》**poor** rich に対して「貧しい」の意を表す最も一般的で広義の語.
needy 必要なものを欠き, 生活に困っている; 援助なしには暮らしていけないという含みがある.〈例〉*needy* people waiting for relief 救済を待つ困窮者
destitute 生活するのに最低限必要なものさえなく極度に needy な.〈例〉a *destitute*, starving family 極貧の飢えた一家
impoverished 暮らしに困るほど (惨めで) 貧しい (状態になった).
poverty-stricken 貧困に打ちひしがれた; 絶望的で長く続く貧しさを言外ににおわせる.
badly off 必要な金や物が (足り) なくて暮らしに困っている.〈例〉They're too *badly off* to have a holiday. 彼らは生活が苦しくて休暇がとれない
hard up 《口》で金がなくて逼迫(ひっぱく)した状態を表す.
penniless, broke 「無一文, 文無し」の状態を表すが, broke はくだけた口語的な語.

▶▶ ～ **bòx** 名 U (教会などの) 慈善箱, 救貧箱 ～ **bòy** 名 C 《米》=hero sandwich ～ **làw** 名 C 〖英国史〗貧民 (救済) 法《National Assistance Act (国民救助法) の制定により1947年廃止》 ～ **màn's** 形 代用となる, お徳用の, 小型版の ～ **màn's wéatherglass** 名 C =scarlet pimpernel ～ **mòuth** (↓) ～ **relátion** 名 C 〈同類の中で〉劣っている人[もの]〈**of**〉 ～ **whíte** 名 C ⊗《蔑》(特に米国南部の) 貧しい白人, プアホワイト

póor·hòuse 名 C (昔の) 公立救貧院 (workhouse)

***poor·ly** /pʊ́ərli | pɔ́ː-, pʊ́ə-/ 副 ❶ 貧しく; みすぼらしく; 不十分に ‖ a cheap and ～ equipped hotel 設備の貧弱な安ホテル / The meeting was ～ attended. 会合の出席者は少なかった ❷ 下手に, まずく ‖ He speaks very ～. 彼は話がとても下手だ / All the students in my class did ～ on [OR in] the exam. クラスの生徒全員が試験がうまくいかなかった

be pòorly óff ① 生活が苦しい (↔ *be well off*) ‖ She *was* very ～ *off*. 彼女の暮らし向きはとても苦しかった ② 〈…が〉不足している〈**for**〉
thìnk póorly of ... …を軽視する, よくは思わない
── 形 《通例叙述》《口》健康[気分]がすぐれない (ill) ‖ I'm (feeling) ～. 体の調子[気分]がよくない / look ～ 具合が悪そうに見える

póor-mòuth 動 《米・アイル口》 自 金のないのをこぼす; (寄付しないことなどの言い訳に)貧乏を愚痴る
── 他 〔自分の能力など〕を卑下する; …のことを悪く言う

póor mòuth 名 C 《米・アイル口》(実際は貧しくないのに) 金がないとこぼすこと[人]

póor·ness /-nəs/ 名 U 貧弱, 不十分, 不足, 拙劣, 劣等; 虚弱, 不毛(♦ 貧乏の意味では poverty がふつう)

poo·tle /púːtl/ 動 自 《英口》だらだらと進む

***pop**[1] /pɑ(ː)p | pɒp/
── 動 (**～s** /-s/; **popped** /-t/; **pop·ping**)
── 自 ❶ 《+副句》**急に[ひょいと]動く; 不意に行く[来る]**; ひょっこり現れる (♦ 副句 は方向を表す. → *pop in*, *pop out*, *pop up* (↓)) ‖ A button *popped* off my shirt. シャツのボタンがはじけ飛んだ / ～ around a corner ひょいと角を曲がる / Suddenly, a good idea *popped* into my head. 突然よい考えが頭に浮かんだ
❷ **ぽん[ぱん]と音がする**, ぽんとはじける[破裂する, 開く]; (気圧の変化などで耳が)つうんとする; (ポップコーンなどが)はじける ‖ The sommelier *popped* the cork open. ソムリエは瓶のコルクをぽんと抜いた
❸ (驚きのあまり) (目が) 飛び出る ‖ Her **eyes** (nearly) *popped* (out of her head). 彼女は驚いて目を丸くした
❹ (銃を)〈…に向けて〉発砲する〈**at**〉
❺ 〖野球〗(内野に)フライを打ち上げる《***up***》
── 他 ❶ 《+目+副句》…**をひょいと置く[入れる]**, …をさっと動かす [持って行く] (♦ 副句 は場所・方向を表す) ‖ The boy *popped* his **head** around the door. 少年はひょいと戸口に顔を出した / ～ a letter into one's pocket 手紙をさっとポケットにしまい込む
❷ …**をぽん[ぱん]と鳴らす[はじく, 破裂させる]**; 〔ポップコーンなど〕をぽんとはじかせる ‖ ～ a balloon 風船をぱんと割る / ～ a can open 缶をぽんと開ける
❸ 《口》〔銃など〕を〈…に向けて〉発砲する, 撃つ〈**at**〉; 〔人など〕に発砲する; 〔人〕を殴る, 打つ ‖ He *popped* me on the back. 彼は私の背中をぽんとたたいた ❹ 《口》〔麻薬〕を打つ[飲む]; 〔錠剤など〕をぽいと口にほうり込む, 常用する ❺ 《英口》…を質(しち)に入れる ❻ 〖野球〗〔ボール〕を内野に打ち上げる ❼ 💻 〔スタック〕の最初からデータを取り出す; 〔データ〕をスタックから取り出す[ポップする] (↔ push)

pòp aróund 〈自〉 =*pop in* (↓)
póp for ... 〈他〉 …の代金を支払う, …をおごる
****pòp ín*** 〈他〉《***pòp ... ín***》《英》…をさっと入れる, 置く ‖ ～ a letter *in* the postbox on one's way home 帰宅途中に手紙を投函(とうかん)する ── 〈自〉 ちょっと立ち寄る ‖ I just *popped in* to say hello. ちょっとあいさつしに寄ったんだ
pòp óff 〈自〉《口》 ① 急死する ② 急いで立ち去る, ちょっと出かける ③ 《米》ぽんぽん言う, かっとなってまくし立てる 〈**about** …のことで; **at, to** …に向かって〉
pòp ón ... / pòp ... ón 〈他〉《主に英口》 ① 〔衣服〕をさっと着る ‖ He *popped* his jacket *on*. 彼は上着をさっと羽織った ② 〔電気器具〕のスイッチを入れる
****pòp óut*** 〈自〉 ① 〈…から〉ぽんと飛び出す [出る] 〈**of**〉 ② 《口》ちょっと外に出る
pòp óver 〈自〉 =*pop in* (↑)
****pòp úp*** 〈自〉《口》 ① 突然[ひょっこり]現れる (surface) ② (問題などが) 持ち上がる ③ (絵本のページの絵が) 開くと飛び出す ④ ⇨ 自 ❺
── 名 (複 **～s** /-s/) C ❶ ぽん [ぱん] (という音); 発砲 ‖ The balloon burst with a ～. 風船がぱんと破裂した
❷ U 炭酸飲料 (《米》soda (pop)) ‖ (a bottle of) ginger ～ ジンジャーエール (1本)

P

❸ =pop fly
❹《a ～》《主に米口》1個, 1人, おのおの, 1回 ‖ It costs $15 a ～. 1つにつき15ドルです ❺《口》試み, 試し
tàke a póp at ... 〈他〉《英口》(公の場で)…を非難する, …にけんかを仕掛ける
── 副 《比較なし》ぽん[ぱん]と(いって); 突然, 不意に ‖ go ～ ぽんと破裂する; ぽんと鳴る / *Pop* went the cork. コルク栓がぽんと抜けた
▸▸ ～ **flý** 名 C 〖野球〗小飛球, ポップフライ **pópping crèase** 名 C 《英》〖クリケット〗打者線《打者の位置を示す白線》 ～ **quìz** 名 C 《米》抜き打ち試験

pop² /pɑ(ː)p | pɒp/
── 名 (複 **～s** /-s/) ❶ (= ～ **mùsic**) U **ポップス**, ポピュラーミュージック; C ポップソング; ポピュラーミュージックのレコード[演奏会]
❷ U =pop art ❸ U =pop culture
── 形 《比較なし》《限定》❶ (音楽が)ポップスの, ポピュラーの ‖ Some critics regard the Beatles' music as ～ rather than rock. ビートルズの音楽はロックではなくポップスだと考える評論家もいる / a ～ singer ポップシンガー / a ～ concert [festival] ポップスコンサート[音楽祭]
❷ ⊗《しばしば蔑》(科学的な議論や話題が)大衆向けの, 通俗的な ‖ ～ psychology 通俗心理学
▸▸ ～ **àrt** 名 U 〖美〗ポップアート《身近な題材を漫画や広告などの手法を用いて表現する前衛的美術》 ～ **cùlture** 名 U ポップカルチャー, 大衆文化 ～ **gròup** 名 C ポピュラー音楽のバンドと歌手 ～ **stàr** 名 C 人気ポピュラー歌手

pop³ /pɑ(ː)p | pɒp/ 名 C 《無冠詞単数形で》《主に米口》(特に呼びかけで)父ちゃん, おやじ; おじさん(♦ poppa の短縮語)

POP 略 *p*oint *o*f *p*urchase (購買時点); *P*ost *O*ffice *P*referred ((英国の)郵便局指定サイズの); 💻 *P*ost *O*ffice *P*rotocol《Eメールを受信するための通信規約》; *p*robability *o*f *p*recipitation (降水確率); *p*roof *o*f *p*urchase(購入証明物)

pop. 略 popular(ly); population

póp·còrn 名 U ポップコーン; (ポップコーン用の)トウモロコシ ‖ a ～ popper ポップコーンなべ

pope /poʊp/ 名〔▶ papal 形〕C ❶《通例 the P-》ローマ教皇, ローマ法王(the Bishop of Rome) ‖ *Pope* Pius XII ローマ法王ピウス12世(♦ "Pope Pius the Twelfth" と読む) / *Pope* emeritus 名誉法王 ❷ 法王的存在[人物], 教祖 ❸ (Alexandria の東方正教会・コプト教会の)主教
Ìs the Pòpe (a) Cátholic? 《口》《戯》(質問に対して)もちろんだ, 当たり前じゃないか; そのとおり
語源「父親」の意のギリシャ語 *pappas* から.
▸▸ ～**'s nóse** 名 C ⊗《米》《ときに蔑》=parson's nose

Pope /poʊp/ 名 **Alexander ～** ポープ (1688-1744)《英国の詩人》

Pópe·mòbile 名《また p-》C《口》法王専用車

pop·er·y /póʊpəri/ 名 U ⊗《主に古》《蔑》ローマカトリック教(の教義[制度])(♥ 新教徒が非難して使う語)

póp·èyed /英 ⌣⌣/ 形 (驚いて)目を丸くした; 出目の

póp·gùn 名 C ポップガン, おもちゃの鉄砲《コルクなどにひものついた弾を撃つ》;《口》役立たずの鉄砲

póp·hòle 名 C (囲いに開けた)動物の通り抜け用の穴

pop·in·jay /pɑ́(ː)pɪndʒèɪ | pɒ́p-/ 名 C ❶《旧》おしゃべりな気取り屋, しゃれ者 ❷《古》オウム

pop·ish /póʊpɪʃ/ 形 ⊗《蔑》ローマカトリック教の

pop·lar /pɑ́(ː)plər | pɒ́p-/ 名 U C ❶〖植〗ポプラ; ポプラ材 ❷《米》=tulip tree

pop·lin /pɑ́(ː)plɪn | pɒ́p-/ 名 U ポプリン《木綿・絹などの畝織り布地. ワイシャツ地用》

póp·òver 名 C 《米》ポップオーバー《マフィン(muffin)に似た軽焼き菓子パン》

pop·pa /pɑ́(ː)pə | pɒ́pə/ 名 C 《単数形で》《米口》パパ

pop·pa·dom /pɑ́(ː)pədəm | pɒ́p-/ 名 U C パパダム《油で揚げた薄い円形のインドのパン. カレーに添えて出される》

pop·per /pɑ́(ː)pər | pɒ́pə/ 名 C ❶ ぽんぽんと音を立てるもの[人]《花火・ピストル・《米》ポップコーン用のふた付きなべ・《英口》(服の)スナップなど》 ❷《俗》亜硝酸アミルのアンプル(興奮剤)

pop·pet /pɑ́(ː)pɪt | pɒ́p-/ 名 C ❶《英口》かわい子ちゃん((《米口》sweetie)《子供・ペットなどへの愛称》 ❷ (= ～ **vàlve**)〖機〗ポペット弁, キノコ弁

pop·ple /pɑ́(ː)pl | pɒ́pl/ 動 自 (沸騰する湯などのように)泡立つ, 沸き立つ, 波立つ
── 名 C 《単数形で》沸き立つこと, 波立ち; 荒波, 波動

pop·py /pɑ́(ː)pi | pɒ́pi/ 名 (複 **-pies** /-z/) ❶ C 〖植〗ケシ; ケシの花 ‖ an opium ～ アヘンゲシ ❷ U ケシのエキス《アヘンなど》 ❸ U 黄赤色 ❹ C 造花のケシ(→Poppy Day) ▸▸ **Póppy Dày** 名 《英》=Remembrance Sunday《この日にケシの造花を記念につけることから》

póppy·còck 名 U 《口》たわごと, ばかげた話

pops /pɑ(ː)ps | pɒps/ 名 《単数・複数扱い》《米》ポップス管弦楽団 ‖ the Boston *Pops* ボストンポップス管弦楽団
── 形 (オーケストラが)ポップスの

Pop·si·cle, POP- /pɑ́(ː)psɪkl | pɒ́p-/ 名 C 《米》《商標》ポプシクル((《英》ice lolly)《棒付きアイスキャンディー》

pop·sy, -sie /pɑ́(ː)psi | pɒ́p-/ 名 (複 **-sies** /-z/) C 《主に英口》かわい子ちゃん, お気に入りの娘(こ)((《米》cutie)

póp-tòp 形 《米・カナダ》(缶などが)リング引き上げ式の, プルタブ式の ── 名 C ❶《米・カナダ》プルタブ式の缶(のふた) ❷ 引き上げ式の天井(を持つヨット・キャンピングカー)

pop·u·lace /pɑ́(ː)pjʊləs | pɒ́p-/ 名 《集合的に》《単数・複数扱い》❶《通例 the ～》大衆, 民衆, 庶民; 群衆 ❷ U (ある地域の)全住民(population)

pop·u·lar /pɑ́(ː)pjʊlər | pɒ́p-/

── 形 〔▶ popularity 名, popularize 動〕(**more ～; most ～**)
❶ (人が)〈…に〉**人気のある**, 評判のよい; 受けのよい (↔ unpopular)〈**with, among**〉‖ a hugely ～ actor とても人気のある俳優 / **become** ～ *among* [OR *with*] elderly people 年配の人たちに人気を得る(♦ with は「…に対して」, among は「…の間で」の意)
❷ (物が)〈多くの人に〉**親しまれている**, 人気のある〈**among, with**〉‖ That situation comedy is very ～ *with* the younger generation. その連続コメディーは若い世代にとても人気がある / a ～ song ポピュラーソング, 流行歌 / fashions ～ *among* teenagers ティーンエイジャーに人気のあるファッション
❸《比較なし》《限定》一般大衆向けの, 通俗的な, 平俗な ‖ a ～ newspaper 大衆紙 / ～ music ポピュラーミュージック, ポップス(pop) / ～ science 通俗科学 / ～ literature 通俗文学 / in ～ language 平易な言葉で
❹《比較なし》《限定》一般に受け入れられている, 民間に流布している (↔ rare) ‖ a ～ notion [OR view, theory] 通説 / contrary to ～ belief 一般に信じられているのとは逆に
❺《比較なし》《限定》大衆の, 庶民の, 人民の, 国民の ‖ ～ well-being 大衆の幸福 / ～ education 普通教育 / ～ government 民主的な統治, 民主政治 / a ～ movement 大衆運動 / ～ **culture** 大衆文化
❻ (価格などが)庶民に手の届く, 安い(♥ cheap の婉曲語) ‖ at ～ prices 安い値段で / a ～ edition 廉価[普及]版

COMMUNICATIVE EXPRESSIONS

1 **Yòu'll be pópular.** みんなに怒られる[いやがられる]ぞ(♥ 人に受けが悪いことをしようとする相手に対する皮肉. =That'll make you popular with them.)

▸▸ ～ **etymólogy** 名 U 《英》=folk etymology ～ **frónt** 名《しばしば P- F-》《the ～》人民戦線 ～ **vóte** 名 C 《米》(米大統領選挙人を選ぶ)一般投票

pop·u·lar·i·ty /pɑ̀(ː)pjulǽrəṭi | pɒ̀p-/ 《アクセント注意》名〔◁ popular 形〕U〈…の間での〉人気; 大衆性, 俗受け; 流行〈**with, among**〉‖ He's lost his ～ *with* the students. 彼の学生間での人気は落ちた / win [enjoy] ~ 人気を得る[得ている] / gain in ~ 人気が出てくる

*pop·u·lar·ize /pá(ː)pjuləràɪz | pɔ́p-/ 動 〔◁ popular 形〕 他 …を一般に普及させる；…を大衆[通俗]化する，大衆向き[平易]にする **pòp·u·lar·i·zá·tion** 名

póp·u·lar·ly /-li/ 副 ❶ 一般に，俗に；人民によって；一般投票で ‖ a theory ~ known as the Big Bang 俗にビッグバンとして知られている理論 ❷ 通俗的に，平易に；(遠回しに)大衆向きに，安く

*pop·u·late /pá(ː)pjulèɪt | pɔ́p-/ 動 〔▶ population 名〕 他 …に住みつく，住む；…の住民である；…に人[動物]を住まわせる，植民する (♦ しばしば受身形で用いる) ‖ a thinly [OR sparsely] ~*d* area 人口のまばらな地域 / the thickly [OR densely] ~*d* temperate zones 人口過密な温帯地域 / areas ~*d* by termites シロアリの密集する場所

***pop·u·la·tion** /pà(ː)pjuléɪʃən | pɔ̀p-/

—名 〔◁ populate 動〕 (複 ~s /-z/) ❶ U/C 《単数形で》《単数・複数扱い》**人口** ‖ What [OR How large, ×How, ×How many] is the ~ of your country? あなたの国の人口はどのくらいですか / New York has [×is] a ~ of 8 million. = The ~ of New York is 8 million. ニューヨークの人口は800万である / a small [large, ×many, ×much] ~ 少ない[多い]人口 / a rapid increase [decrease] in ~ 人口の急激な増加[減少] / high [low] ~ **density** 高い[低い]人口密度

❷ 《the ~》《集合的に》《単数・複数扱い》(ある地域の)(全)**住民** ‖ The American ~ is a mixture from many continents. 米国民は多くの大陸から来た人々が入り交じっている

❸ U C (ある地域の特定の人種・階級などに属する)人々；(動物の)総数，頭数 ‖ the Japanese ~ of Hawaii ハワイの日本人居住民 / the working-class ~ 労働者階級の人々 / Public education has produced a vast ~ able to read. 公教育は文字を解する膨大な数の人々を生み出してきた / the general ~ 一般人 / the cattle ~ of a region ある地域の牛の頭数

❹ C 〔生〕個体群，集団

❺ C 〔統計〕母集団 ❻ U C 植民

▶▶ ~ **cènter** 名 C 人口の集中した地域 ~ **explòsion** 名 C 人口爆発，急激な人口増加 ~ **genètics** 名 U 集団遺伝学 ~ **genèticist** 名 C 集団遺伝学者 ~ **gròwth** 名 U 人口増加

Pop·u·lism /pá(ː)pjulɪzm | pɔ́p-/ 名 U ❶ 人民党の主義[政策] ❷ 《p-》人民主義，ポピュリズム《人民の利益増進を目指す政治哲学》

Pop·u·list /pá(ː)pjulɪst | pɔ́p-/ 名 C ❶ 〔米国史〕人民党員《人民党(People's [OR Populist] Party (1891–1904))の党員》 ❷ 《p-》人民主義者

—形 ❶ 〔米国史〕人民党の ❷ 《p-》人民主義的な；一般大衆の，一般向きの

*pop·u·lous /pá(ː)pjuləs | pɔ́p-/ 形 人口密度の高い，人口の多い ‖ China is the world's most ~ nation. 中国は世界で最も人口の多い国である **~·ness** 名

póp·ùp[1] 形 《限定》 ❶ (トースター・絵本などが)ポップアップ式の《中のものがぽんと飛び出す》‖ a ~ roof (車の)ポップアップルーフ ❷ 🖳ポップアップ式の ‖ a ~ menu ポップアップメニュー《ウィンドウの任意の位置で表示できるサブメニュー形式》/ a ~ ad ポップアップ広告《ウェブページを表示したときに自動的に前面に開いた新しいウィンドウに表示される広告》 —名 C 飛び出す絵本；🖳ポップアップ広告

póp·ùp[2] 名 《米》= pop fly

*por·ce·lain /pɔ́ːrsəlɪn/ (発音注意) 名 U 磁器；《集合的に》磁器製品 ‖ a ~ vase 磁器製の花瓶 / a collection of ~ teacups 磁器製紅茶茶わんのコレクション

語源 磁器の表面が子安(こやす)貝(イタリア語で *porcellana*)の貝殻に似ていることから.

*porch /pɔːrtʃ/ 名 C ❶ ポーチ，車寄せ《玄関先を屋根で覆った所》 ❷ 《米》ベランダ (《英》veranda) (⇨ VERANDA 類語)

por·cine /pɔ́ːrsaɪn/ 形 豚の(ような)

por·ci·ni /pɔːrtʃíːniː/ 名 複 《主に米》〔料理〕ポルチーニ《美味な食用キノコ．セップ(cep)と同じ．主にイタリア料理の食材の場合に用いる》

por·cu·pine /pɔ́ːrkjupàɪn/ 名 C 〔動〕ヤマアラシ

▶▶ ~ **fish** 名 U C 〔魚〕ハリセンボン

*pore[1] /pɔːr/ (♦ 同音語 pour) 名 C (皮膚の)毛穴；〔植〕(植物の)気孔；〔地〕(岩石などの)細孔 ‖ sweat from every ~ 全身汗だくになる

pore[2] /pɔːr/ (♦ 同音語 pour) 動 自 ❶ 〈…を〉注意して読む[調べる]，熟読する〈**over**〉‖ ~ *over* a book [letter] 本[手紙]を熟読する ❷ 《古》じっくり考える，熟考する

por·gy /pɔ́ːrgi/ 名 (複 ~ OR **-gies** /-z/) C 〔魚〕ポーギ(地中海・大西洋産のタイの一種)

po·rif·er·an /pɔːrífərən/ 名 C 〔動〕海綿動物

—形 海綿動物門の

*pork /pɔːrk/ 名 U ❶ 豚肉，ポーク (⇨ MEAT 類語P) ❷ 《米口》(政治的な意図で与えられる)政府の補助金《地方開発事業費・職務任用など》 —動 他 ⊗《主に米卑》…とセックスをする —自 《俗》〈…を〉たらふく食べる〈**out**〉〈**on**〉

▶▶ ~ **and béans** 名 U 〔料理〕ポークビーンズ，豚肉と豆 (♦ pork and, pork 'n' beans ともいう) ~ **bàrrel** 名 U 《米口》(選挙民の支持を得るための)地方開発事業；その助成金 ~ **bèlly** 名 C U (保存処理をしていない)豚のわき腹肉 ~ **bùtcher** 名 C 《英》豚肉専門店 ~ **píe** (↓) ~ **rìnds** 名 複 《米》かりかりに焼いた豚の皮 ~ **scràtchings** 名 複 《英》ポークスクラッチ《豚皮の小片をかりかりに揚げたスナック》

pork·er /pɔ́ːrkər/ 名 C (肥育した)子豚；食用豚

pórk·pìe 名 (= ~ **hát**) C ポークパイハット《上部の平らなソフトの中折れ帽》

pòrk píe 名 C U 《英》ポークパイ《豚のひき肉で作るパイ》

pork·y /pɔ́ːrki/ 形 ❶ 豚(肉)のような ❷ 《口》(人が)太った，肥えた；生意気な

—名 (= ~ **pìe**) C 《英口》うそ ‖ tell *porkies* うそをつく

porn /pɔːrn/, **por·no** /pɔ́ːrnoʊ/ 《口》 名 = pornography —形 = pornographic ‖ a ~ shop ポルノショップ

por·no·graph·ic /pɔ̀ːrnəgrǽfɪk/ 〈シ〉 形 ポルノ(映画)の，ポルノ的な **-i·cal·ly** 副

por·nog·ra·phy /pɔːrná(ː)grəfi | -nɔ́g-/ 名 U ❶ ポルノ，好色文学，エロ本，春画，ポルノ写真；猥褻(わいせつ)文書 ❷ 扇情的描写 **-pher** 名 C ポルノ(製)作者

po·ros·i·ty /pərá(ː)səṭi | pɔːrɔ́s-/ 名 (複 **-ties** /-z/) U C 多孔[有孔]性；(岩石中の)間隙(かんげき)率；多孔度；(小)孔

*po·rous /pɔ́ːrəs/ 形 小穴の多い，多孔性の；浸透性の，吸水[吸気]性の；穴だらけの **~·ness** 名

por·phyr·i·a /pɔːrfíriə, +英-fáɪriə/ 名 U 〔医〕ポルフィリン症《日光に当たると皮膚に紅斑を生じる代謝異常症》

por·phy·ry /pɔ́ːrfəri/ 名 (複 **-ries** /-z/) U C 〔鉱〕斑岩(はんがん)《長石の結晶を含んだ硬い岩石》

pòr·phy·rít·ic 形 斑岩の，斑岩のような

por·poise /pɔ́ːrpəs/ 名 C 〔動〕(口吻(こうふん)が突き出していない)イルカ(→ dolphin) ‖ a common ~ ネズミイルカ

por·ridge /pɔ́(ː)rɪdʒ/ 名 U ❶ 《主に英》ポリッジ (oatmeal) 《(オートミールの)かゆ．朝食用》 ❷ 《英俗》(刑務所での)服役；刑期 ‖ do (one's) ~ 服役する

por·rin·ger /pɔ́ːrəndʒər | pɔ́rɪn-/ 名 C (スープやポリッジ用の取っ手のついた)深皿《小児用》

*port[1] /pɔːrt/

—名 (複 ~s /-s/) ❶ C U 《しばしば無冠詞で》**港**《特に harbor より規模が大きく，港湾施設の完備しているもの．略 Pt.》‖ a fishing [naval] ~ 漁[軍]港 /「come into [OR reach, make] ~ (船が)入港する / leave [OR clear] ~ 出港する / The ship is now in ~. その船は今入港[停泊]中だ

P

❷ Ⓒ 港湾都市, 港町 ; 通関港(port of entry) ❸ Ⓒ 避難港(port of refuge)
a pòrt of cáll 寄港地 ;《比喩的に》(いつもの)立ち寄り先
àny pórt in a stórm 《口》窮余の策
▶▶**Pòrt Lóuis** 名 ポートルイス《モーリシャスの首都》 **Pòrt Móresby** /-mɔ́ːrzbi/ 名 ポートモレスビー《パプアニューギニアの首都》 **~ of éntry** 名 Ⓒ 通関手続地, 通関港 **Pòrt of Spáin** 名 ポートオブスペイン《トリニダード=トバゴの首都》(♦ Port-of-Spain ともつづる)

port² /pɔːrt/ 名 Ⓒ ❶ 〖海〗荷役口 ❷ =porthole ❸ (城壁・装甲車などの)銃眼 ; 砲門 ;《主にスコット》城門 ❹ 〖機〗(シリンダー・パイプなどの)排出口《蒸気・水などが通る》 ❺ 〖電〗(回路中の)引き出し口 ; 💻ポート《コンピューター本体と周辺機器とを接続するためのマザーボード上にある端子》 ‖ connect a mouse to a wrong ~ 違うポートにマウスを接続する ―動 他 💻〔ソフトウェアなど〕を別のシステムに移す **~·ing** 名

port³ /pɔːrt/ 名 Ⓤ ❶ 〖軍〗控え銃(つつ)の姿勢《銃・剣を身体の中央斜めに持ち, 先端が左肩に来る姿勢》 ‖ at the ~ 控え銃の姿勢で ❷ 《文》身のこなし, 態度 ―動 他 〖軍〗…を控え銃にする ‖ *Port* arms! 控え銃

port ³ ❶

port⁴ /pɔːrt/ 〖海・空〗名 Ⓤ Ⓒ (船舶・飛行機の)左舷(げん) (larboard) (↔ starboard) ‖ put the helm to ~ 舵(かじ)を左舷にとる ―動 他 自 (舵を)左舷にとる, 取り舵にする ‖ *Port* (the helm)! 取り舵 ―形 副 左舷の[に]

port⁵ /pɔːrt/ 名 (=~ **wíne**) Ⓤ ポートワイン《ポルトガル産の深紅色の甘口ワイン》
▶▶**~ wíne stàin** 名 Ⓒ 〖医〗ポートワイン母斑(ぼはん), 単純性血管腫(しゅ)

Port. 略 Portugal ; Portuguese

***port·a·ble** /pɔ́ːrṭəbl/ 形 (**more ~ ; most ~**) ❶ 持ち運びできる, 移動可能な, 軽便な ; 携帯用の ‖ a ~ radio [TV] ポータブルラジオ[テレビ] ❷ 💻(異なるOSやアーキテクチャーのコンピューターへ)プログラムの移植可能な ❸ (ローン・年金が)異なる職種[金融機関]へ移動可能な ‖ ~ benefits 通算可能給付金
―名 Ⓒ ❶ 持ち運びできるもの, 携帯用のもの《ラジオ・テレビ・パソコンなど》 ❷ 《米》移動式校舎
pòrt·a·bíl·i·ty 名 Ⓤ 携帯性 ; 💻プログラムの移植性
語源 *port-* carry+*-able*(「可能」を表す形容詞語尾) : 運ぶことのできる

***por·tage** /pɔ́ːrṭɪdʒ/ 名 ❶ Ⓤ 運送, 輸送 ; 運賃, 輸送費 ❷ Ⓤ Ⓒ (舟・貨物などの)水路間陸上輸送(路), 連水輸送(路) ―動 他 自 (水路から水路まで)(…を)陸上輸送する

por·tal¹ /pɔ́ːrṭəl/ 名 Ⓒ ❶ 《通例 ~s》《文》(堂々とした)門, 玄関 ; (一般に)入口 ;《~s》出発点, 発端 ❷ (=~ **site**)💻ポータルサイト《さまざまなトピック・サイトへのリンクが表示されたネットサーフィンの起点となるウェブページ》

por·tal² /pɔ́ːrṭəl/ 形 〖解〗肝門(部)の, 門脈の ‖ the ~ vein 門脈

pòrtal-to-pórtal 形 《米》出社から退社までの時間の ‖ ~ pay (出社から退社までの)拘束時間払い賃金

por·ta·men·to /pɔ̀ːrṭəméntou/ 名 (複 **~s** /-z/ OR **-ti** /-tiː/) Ⓒ 〖楽〗ポルタメント《ある音からほかの音へ滑らかに移っていく奏法[唱法]》(♦ イタリア語より)

Por·ta-Pot·ti /pɔ́ːrṭəpɑ̀(ː)ti | -pɔ̀ti/ 名 Ⓒ 《米》《商標》ポータポッティ《移動式トイレ》

Port-au-Prince /pɔ̀ːrṭouprɪ́ns/ 名 ポルトープランス《ハイチの首都, 海港》

port·cul·lis /pɔːrtkʌ́lɪs/ 名 Ⓒ (城門などの)落とし格子

porte-co·chere, -co·chère /pɔ̀ːrtkouʃéər | -kɔ-/ 名 Ⓒ ❶ 《米》屋根付き車寄せ ❷ (中庭に通じる)車出入口(♦ door for coaches の意のフランス語より)

por·tend /pɔːrténd/ 動 他 ❶ (物事が)〔凶事など〕の前兆になる ❷ …を予示[予告, 警告]する

por·tent /pɔ́ːrtent/ 名 Ⓒ ❶ 前兆 ; 凶兆 ❷ Ⓤ (予告的な)意味, 内容 ‖ an occurrence of dire [OR evil] ~ 不吉な出来事 ❸ 《文》驚異的なもの, けた外れのもの

por·ten·tous /pɔːrténṭəs/ 形 ❶ 凶兆の, 不吉な ❷ 驚くべき, 恐るべき ❸ 尊大な, 大げさな, もったいぶった, ものものしい **~·ly** 副 **~·ness** 名

***por·ter¹** /pɔ́ːrṭər/ 名 Ⓒ ❶ 荷物運び, ポーター, (駅・空港の)赤帽 ❷ 《米》(ビル・事務所などの)清掃係 ;《主に英》(病院の)患者を移動させる人 ❸ 《米》(寝台車の)ボーイ
語源 *port-* carry+*-er*(「人」を表す名詞語尾) : 物を運ぶ人

por·ter² /pɔ́ːrṭər/ 名 Ⓒ 《英》(ホテル・病院などの)門衛, 守衛(《米》doorman) ; (集合住宅の)管理人 ‖ a ~'s lodge 《英》門衛詰所

por·ter³ /pɔ́ːrṭər/ 名 Ⓤ ポーター《黒ビールの一種》

Por·ter /pɔ́ːrṭər/ 名 ポーター ❶ **Katherine Anne ~** (1890–1980)《米国の小説家》 ❷ **William Sydney ~** ⇨ O. HENRY

por·ter·age /pɔ́ːrṭərɪdʒ/ 名 Ⓤ Ⓒ 荷物運搬(料金) ; 運送業

pórter·hòuse 名 ❶ (=~ **stéak**) Ⓒ Ⓤ ポーターハウス《テンダーロインなどビフテキ用の極上肉》 ❷ Ⓒ 《主に米》《古》(ポーターなどを飲ませた昔の)居酒屋 ; 簡易食堂

***port·fo·li·o** /pɔːrtfóuliòu/ 名 (複 **~s** /-z/) Ⓒ ❶ 書類ばさみ, 書類ケース ❷ (とじ込みになっている)作品集, 画集, 写真集《作品サンプルを集めたもので自分の売り込みなどに使う》 ❸ 有価証券明細表 ‖ a stock ~ 株式一覧表 ❹ 《堅》(会社の)資産《製品・サービスなど》 ❺ Ⓤ 大臣の地位[職務] ‖ a minister without ~ 無任所大臣
▶▶**~ mánagement** 名 Ⓤ 〖株〗各種投資管理

pórt·hòle 名 Ⓒ ❶ 〖海〗舷窓(げんそう) ; 〖空〗(飛行機の)丸窓 ❷ 〖軍〗(城壁などの)銃眼, 砲門

Por·tia /pɔ́ːrʃə/ 名 ポーシャ ❶ Shakespeare の喜劇 *The Merchant of Venice* の女主人公《男装して裁判官になり名判決を下す》 ❷ 〖天〗天王星の衛星《1986年, ボイジャー2号によって発見された》

por·ti·co /pɔ́ːrṭɪkòu/ 名 (複 **~s, ~es** /-z/) Ⓒ 〖建〗ポルチコ, 柱廊式玄関

portico

por·tiere, -tière /pɔ̀ːrṭiéər/ 名 Ⓒ (戸口の)仕切りカーテン《ドアの代用もしくは装飾用》

***por·tion** /pɔ́ːrʃən/ 名 Ⓒ ❶ (全体の)一部, 部分(⇨ PART, SHARE¹ 類語) ‖ A ~ of the country is below sea level. その国の一部は海面下にある / the front ~ of the rocket ロケットの先端部 / divided into ~*s* 分割された ❷ (食べ物の)1人前 ‖ two ~*s* of salad サラダ2人前 ❸ 《通例単数形で》分け前, 割り当て ; 相続分 ‖ His ~ of the money amounts to $100. 彼の金の取り分は100ドルになる / accept a ~ of the blame 責任の一端を認める ❹ 《古》(妻の)持参金(marriage portion) ❺ 《one's ~》《古》運命, 定め ‖ We should be satisfied with our ~ in life. 我々は自分の運命に満足しなくてはいけない
―動 他 ❶ …を〈…の間で〉分割する, 分配する《***out***》〈**among, between**〉(♦ しばしば受身形で用いる) ‖ His money was ~*ed out* evenly *among* his children. 彼の金は子供たちの間で均等に分配された ❷ 《古》〔娘〕に(結婚の)持参金を分与する

Port·land /pɔ́ːrtlənd/ 名 ポートランド ❶ 米国オレゴン州北西部の港市 ❷ 米国メイン州南西部の海港 ❸ 英国ドーセットの半島(the Isle of Portland)
▶▶**~ cemént, p-** 名 Ⓤ ポートランドセメント《ふつうのセメント. Portland stone に似ているところから》 **~ stóne, p-** 名 Ⓤ ポートランド岩《英国のポートランド島付近で切り出される石灰岩. 建築用》

port·ly /pɔ́ːrtli/ 形 ❶《通例限定》(特に年配の男性が)でっぷりした, かっぷくのよい ❷《古》堂々とした, 風采(ふうさい)の立派な **-li·ness** 名

port·man·teau /pɔːrtmǽntoʊ/《発音注意》名(複 **~s, ~x** /-z/) C (両開き革製の)旅行かばん(⇨ SUITCASE 図, TRUNK 類語) **─** 形 複合的な, 多要素からなる

▸▸ **~ wòrd** 名 C《言》かばん語, 混成語(blend)《2語をそれぞれの意味が残るように合わせて1語にしたもの. 〈例〉smog ─ *sm*oke+f*og*, Oxbridge ─ *Ox*ford+Cam*bridge*》

Por·to-No·vo /pɔ̀ːrtoʊnóʊvoʊ/ 名 ポルトノボ《アフリカ西部ベナンの首都》

***por·trait** /pɔ́ːrtrət/《発音・アクセント注意》

─ 名(複 **~s** /-s/) C ❶ **肖像(画)**, 人物写真, 顔写真, ポートレート ‖ I had my ~ **painted** by a street artist. 大道画家に自分の肖像画を描いてもらった / a ~ painter 肖像画家

❷ (言葉・映像などによる人物などの)描写, 叙述

❸ よく似ている人, 生き写し; 典型的な人 ‖ He was the ~ of a happy man. 彼は幸福な男を絵に描いたようだった

─ 形《比較なし》(写真・ページなどが)縦長の(↔ landscape)

~·ist 名 C 肖像画家; 人物写真家

por·trai·ture /pɔ́ːrtrətʃʊ̀ər | -trɪtʃə/ 名 ❶ U 肖像画[人物写真]作成, 肖像画法; (言葉による)描写 ❷ C《堅》肖像画, 人物写真(♦ U で集合的にも用いる)

***por·tray** /pɔːrtréɪ/《アクセント注意》動 他 ❶ (絵・写真などで)…を描く[表現する], …の肖像(画)を描く[彫る] ❷ **a** 《+目》(言葉などで)…を描写する, 叙述する ‖ What life in the refugee camp is like is vividly ~*ed* in the book. 難民キャンプでの生活がどのようなものなのかがその本には生々しく描かれている **b** 《+目+**as** 名・形》…を…として描写する, 見せる ‖ The detective is ~*ed as* a strange character. その刑事は変わった人物として描写されている ❸ (舞台・映画で)…(の役)を演じる ‖ ~ Jean Valjean ジャン=バルジャンを演じる / ~ the mother admirably 母親役を見事にこなす

por·tray·al /pɔːrtréɪəl/ 名 U ❶ (絵や言葉での)描写 ❷ C 描写[叙述]されたもの, 肖像(画) ❸ (映画や舞台で)役を演じること, (演技による)描写

pórt·sìde 名 C《海》左舷

─ 形 副 左舷の[に](→ port⁴)

Ports·mouth /pɔ́ːrtsməθ/ 名 ポーツマス ❶ 英国南部, 英仏海峡に面した海軍の主要基地 ❷ 米国バージニア州南東部の海港 ❸ 米国ニューハンプシャー州南東部の海港《日露戦争の講和条約締結地(1905)》

***Por·tu·gal** /pɔ́ːrtʃʊgəl/ 名 ポルトガル《ヨーロッパ南西部, イベリア半島の共和国. 公式名 the Portuguese Republic. 首都 Lisbon》

***Por·tu·guese** /pɔ̀ːrtʃʊgíːz/ ⟨シ⟩ 形 ポルトガルの, ポルトガル人[語]の

─ 名(複 **~**) ❶ C ポルトガル人 ❷ U ポルトガル語

▸▸ **~ màn-of-wár** 名(複 **~ man-of-wars** OR **~ men-of-war**) C《動》カツオノエボシ《刺胞毒が強いクラゲ》 **~ wáter dòg** 名 C《動》ポルトガルウォータードッグ《ポルトガル原産の猟犬・水中作業犬》

Pòrt-Víla /-víːlə/ 名 ポートビラ《バヌアツ共和国の首都》

POS 略《商》*p*oint *o*f *s*ale(販売時点)

pos. 略 position; positive; possession;《文法》possessive

***pose** /poʊz/ 動 自 ❶ (モデルなどが)〈…のために〉ポーズをとる〈**for**〉‖ ~ *for* a picture 絵[写真]のためにポーズをとる / ~ nude [OR in the nude] *for* a photographer カメラマンのためにヌードでポーズをとる ❷《+**as** 名》…のふりをする, …を装う, …として通す ‖ ~ *as* a detective 刑事を装う / ~ *as* a connoisseur of wine ワイン通(つう)として通す ❸《通例進行形で》《けなして》(特定の印象を与えるため)気取る, 格好をつける, 体裁を繕う ‖ She's always *posing*. 彼女はいつも格好をつけている

─ 他 ❶〔問題など〕を〈…に〉投げかける, 提起する, 引き起こす;〔質問・要求など〕を〈…に〉持ち出す〈**to**〉‖ His recent film ~*d* a problem for the critics. 彼の最近の映画は批評家たちに問題を投げかけた / Do transgenic foods ~ any threat *to* human beings? 遺伝子組み換え食品は人間に何らかの脅威になるのだろうか ❷〔人〕にポーズをとらせる,〔被写体など〕を配置する

─ 名 C ❶ ポーズ, 姿勢 ‖ take [OR make] a sitting ~ for a picture 絵のために腰を下ろしたポーズをとる / in a ~ of meditation 物思いにふけっている格好で / Leaning back in his chair was my grandfather's favorite ~ while talking. いすに背をもたせかけるのが話をするとき祖父が好んでとる姿勢だった ❷《けなして》見せかけ, ふり, 気取った態度 ‖ His generosity is only [OR just] a ~. 彼の気前のよさは見せかけにすぎない / Her anger is not a ~. 彼女の怒りは本物だ(格好だけでない)

strike a póse ポーズをとる, 気取る

Po·sei·don /pəsáɪdən/ 名 ❶《ギ神》ポセイドン《海神. 《ロ神》の Neptune に相当》 ❷《米海軍》ポセイドン《潜水艦発射弾道ミサイルの一種》

pos·er¹ /póʊzər/ 名 C ❶ ポーズをとる人, モデル ❷《口》《けなして》=poseur

pos·er² /póʊzər/ 名 C 難問, 難題

po·seur /poʊzə́ːr/《発音注意》名(♦ 女性形は poseuse /-zə́ːz/ だが, 男女共に poseur を用いる) C 気取り屋, 格好をつけたがる人(♦ フランス語より)

posh /pɑ(ː)ʃ | pɒʃ/ 形《口》豪華な, すごい, 素晴らしい, かっこいい, しゃれた;《主に英》上流階級のような, お上品な, 気取った ‖ a ~ accent (上流階級独特の)気取った話し方 / a ~ hotel 高級そうなホテル

─ 副《英口》上流階級のように, 気取って ‖ talk ~ 気取った話し方をする

─ 動 他《英》…をスマートにする, めかし込ませる《*up*》

~·ly 副 **~·ness** 名

po·sho /pɑ́(ː)ʃoʊ | pɔ́-/ 名 ❶ C《英口》上流階級出身者 ❷ U《東アフリカ》トウモロコシ粉

pos·it /pɑ́(ː)zət | pɔ́zɪt/ 動 他《堅》❶《論》…を事実と仮定する, 断定する;〈…と〉仮定する〈**that** 節〉 ❷ …を提言する, 提案する ❸ …を置く, 据える

***po·si·tion** /pəzíʃən/ 名 動

中心義 **身を置く所, 身の置き方**

名 **位置❶ 姿勢❸ 立場❹ 態度❺ 地位❻ 職❼**

─ 名(複 **~s** /-z/) C ❶ (ほかの物・人に対しての)(相対的)**位置**, 場所, 所, 所在地(♦ location より一般的な語) ‖ He **took** his ~ at the head of the line. 彼は列の先頭に陣取った / control the ~ of the satellite 衛星の位置を制御する / find one's ~ on a map 地図で自分の現在位置を見つける / take up one's ~ 所定の位置[持ち場]に就く / **in** a sunny ~ 日の当たる場所に

❷ U 所定の位置, (いつもの)適正な位置; C《スポーツ》(守備)位置, ポジション ‖ The players are **in** ~. 選手は所定の(守備)位置に就いている / out of ~ 間違った位置に / What ~ does Pete play? ピートの守備位置はどこだ / a ~ player (野球の)野手

❸ **姿勢**, 体勢; (性交の)体位 ‖ get up from a crouching ~ うずくまっている姿勢から体を起こす / a sitting [kneeling, standing] ~ 座った[ひざまずいた, 立った]姿勢 / be seated **in** a comfortable ~ 楽な姿勢で腰かける / stand **in** an upright ~ 直立の姿勢で立つ

❹《通例単数形で》〈…できる〉**立場**, 境遇〈**to** *do*〉; 状況, 状態, 情勢(→ CE 2) ‖ Your words put me **in** an awkward ~. 君の発言で私は困った立場に立たされた / I'm **in** no ~ *to* answer for it. 私はそのことに責任を持てる立場にはない / The financial ~ of our company is not improving at all. 我が社の財政状態はいっこう

P

によくなっていない / give thought to one's ～ 自分の立場を考える
❺ **態度**, 立場, 見解〈**on** …に関する / **that** 節…という〉(→ CE 1) ‖ What's your ～ *on* [×about] the nuclear test? 核実験をどうお考えですか / The President made his ～ clear. 大統領は自らの態度をはっきりさせた / **take** the ～ *that* taxes (should) be cut 減税すべきという立場[見解]をとる
❻ **地位**, 身分, 序列 ; Ⓤ 高い地位 ‖ The Premier appointed qualified people to the appropriate ～*s* in his cabinet. 首相は閣僚として適材を適所に配した / hold a high ～ in society 社会的に高い地位に就いている / be **in** a ～ of responsibility [authority, influence] 責任ある[権威ある, 有力な]地位にある / abuse one's ～ 地位[職権]を濫用する / a man of ～ 高い地位にある人
❼ 〈…の〉**職**, 勤め口〈**in, with**〉(⇨ POST³ 類語) ‖ She's got a good ～「*in* the government [*with* a local bank]. 彼女は官庁関係[地元の銀行]によい職を得た / apply for a teaching ～ 教職を志願する
❽ (スポーツなどでの)順位, …着 ‖ finish in 3rd ～ 3位に終わる ❾ 置かれ方, 配置 ;〖チェス〗こまの配置 ‖ He told the men to take up combat ～*s*. 彼は兵士たちに戦闘隊形をとるよう命じた ❿ Ⓤ 有利な位置[状態] ; (戦略上の)要地, 陣地 ‖ jockey [OR maneuver, jostle] for ～ 有利な立場に立とうと画策する / attack the enemy ～ 敵陣を突く ⓫〖論〗命題 ⓬〖楽〗(弦楽器で指を置く)ポジション ; 和音の配列位置

COMMUNICATIVE EXPRESSIONS

1 **I dòn't hòld àny (partìcular) posítion on thàt mátter** [OR **íssue**]. その件について(特に)意見はありません (♥ 意見の持ち合わせがないことを表明する形式ばった表現. ↘I really don't have any opinion about that matter./↘《口》 I don't know.)
2 **If Í were in your posìtion, I would** consúlt him. 私があなたの立場なら彼に相談するでしょう(♥ アドバイスを与えるやや形式ばった表現. ↘I think you should consult him.)

—動 (～**s** /-z/ ; ～**ed** /-d/ ; ～**·ing**) 他 ❶ …を置く, 据える (♦ 通例場所を表す 副句 を伴う) ;《受身形で》〈…する〉位置を占める〈**to** *do*〉‖ ～ oneself in a difficult situation 自分を難しい状況に置く
❷ …の位置を突き止める[確認する]
❸ (販売促進などで)〔商品など〕を〈…として〉位置づける〈**as**〉
～**·ing** 名
▸▸ ～ **pàper** 名 Ⓒ (政党などの)所信表明書, 声明書

po·sí·tion·al /-əl/ 形 位置[地位]の[に関する] ; 位置[周囲の状況]によって決定される ‖ ～ notation (数字の)位取り表記法

‡**pos·i·tive** /pá(ː)zəṭɪv | póz-/ 中心義 **疑わしいところのない**
—形 (**more** ～ ; **most** ～) (♦ ❺-❾ は比較なし)
❶《通例叙述》**確信[自信]のある**, 確信している(↔ uncertain)〈**of, about** …について / (**that**) 節…ということを〉; 自信過剰の, 独断的な (⇨ SURE 類語) ‖ I'm ～ *of* [OR *about*] the possibility of eternal love. 私は永遠の愛の可能性を固く信じている / Rachel was ～ *that* she had locked the door before going out. レイチェルは外出する前ドアに鍵(㋘)をかけたという確信があった / "Are you sure?" "*Positive*. No doubt about it." 「確かだね」「うん, 間違いないよ」/ think ～ うまくいくと自信を持つ (= think positively) / a ～ sort of person 自信たっぷりの[独断的な]人
❷ (意図・態度などが)**積極的な**, 前向きの ; 楽観的な ; (反応・批評などが)肯定的な, 建設的な ; (道徳的に)ためになる, 有益な (↔ negative) ‖ I need the ～ support of all the members. メンバー全員の積極的な支持が必要です / take a ～ attitude toward life 人生と前向きに向き合う / a ～ outlook 楽観的な見通し / receive ～ criticism [advice] 建設的な批評[有益な助言]を受ける / have a ～ effect on ... …によい影響を及ぼしている
❸ **明確な**, 確実な, はっきりした ; 疑う余地のない ; 明確に示され[述べられ]た (↔ uncertain, inconclusive) ‖ give ～ instructions 明確な指示を与える / give a ～ refusal=answer with a ～ no きっぱりと断る / have ～ evidence of his crime [involvement] 彼の犯罪[関与]の確証を握っている / ～ proof=proof ～ 確証 / a ～ answer 色よい返事
❹ 上向きの, うまくいきそうな, 期待できる, 有望な
❺ 実在する, 実際的な ;〖哲〗実証的な, 経験主義的な ‖ ～ reality 現実 / ～ philosophy 実証哲学(positivism)
❻《限定》《口》完全な, 全くの, 絶対的な, 比類のない ‖ a ～ fool 大ばか / a ～ miracle 奇跡そのもの
❼〖文法〗(形容詞・副詞の)原級の(→ comparative, superlative) ‖ the ～ degree 原級
❽ (運動などが)正の, プラス方向の(↔ negative) ‖ Clockwise motion is ～. 時計回りの運動は正の運動だ
❾〖電〗正(電気)の, 陽(電気)の ;〖数〗正の, プラスの ;〖生〗正の《刺激の方向に向かう》;〖医〗陽性の ; (血液が)Rhプラスの ;〖化〗塩基性の ;〖写〗陽画[ポジ]の ; (磁石の)北極の(↔ negative) ‖ ～ electricity 陽電気 / a ～ charge 陽[正]電荷 / the ～ pole 陽極(anode) ; (磁石の)北極 / a ～ ion 陽イオン / a ～ integer 正の整数 / the ～ sign 正符号《+》/ ～ tropism 正の向性[屈性] / test ～ 検査で陽性と出る
—名 (複 ～**s** /-z/) ❶ Ⓒ 積極性, 建設的であること, 明確性 ; 実在(物) ; 肯定 ❷ Ⓒ〖電〗陽極 ;〖数〗正量 ;〖写〗陽画, ポジ ❸《the ～》〖文法〗原級 ; 原級の語(形)
～**·ness** 名
▸▸ ～ **discriminátion** 名 Ⓤ《英》肯定的差別 (《米》affirmative action)《被抑圧者に対する保護》 ～ **féedback** 名 Ⓤ ①〖生〗正のフィードバック《結果を原因に反映させて効果を増大させる生体の制御機構》②〖電〗ポジティブフィードバック《出力信号の一部を同位相で入力信号に加え, 最終的に発振させること》 ～ **láw** 名 Ⓤ〖法〗実定法《国の法的機関によって定められた法律》(↔ natural law) ～ **prescríption** 名 Ⓤ〖法〗取得時効 (↔ negative prescription) ～ **vét·ting** /-véṭɪŋ/ 名 Ⓤ《英》身元審査[調査]《国の機密機関に適任かどうか審査するために個人の経歴・私生活などを調査すること》

***pos·i·tive·ly** /pá(ː)zəṭɪvli | póz-/ 《アクセント注意》(→ 間) 副 (**more** ～ ; **most** ～) (♦ ❶ ❸ は比較なし) ❶《語句や文を強調して》本当に, 実際に, 全く ‖ I ～ couldn't sleep for worrying about my exam results. 試験の結果が心配でどうしても眠れなかった / *Positively*, there is a connection between CO_2 emissions and global warming. 絶対に二酸化炭素の排出と地球温暖化の間には関係がある ❷ 明確に, はっきりと ; 疑いもなく ; 確信を持って ; 積極的に ‖ He said ～, "I'm British." 彼はきっぱりと「私は英国人です」と言った / think ～ 物事を積極的に考える ❸〖電〗陽に ‖ ～ charged 陽電荷した
—間 /+米 pà(ː)zətívli/ もちろん (♥ 強い肯定の返事) ‖ "Can you really do it?" "*Positively!*" 「本当にそれができるのか」「もちろん」

pos·i·tiv·ism /pá(ː)zəṭɪvìzm | póz-/ 名 Ⓤ ❶〖哲〗実証主義, 実証哲学 ; 論理実証主義 (logical positivism) ❷ 確実[積極]性 ; 確信
-ist 名 Ⓒ 形 実証主義(者)の **pòs·i·tiv·ís·tic** 形

pos·i·tron /pá(ː)zətrɑ̀(ː)n | pózɪtrɔ̀n/ 名 Ⓒ〖理〗陽電子, ポジトロン

poss /pɑ(ː)s | pɔs/ 形《叙述》《英口》=possible ‖ if ～ 可能ならば / as soon as ～ できるだけ早く

poss. 略 possession ; possessive ; possible

pos·se /pá(ː)si | pósi/ 名 Ⓒ ❶《米》(保安官が治安維持のため民間から召集する)警防団 ; 捜索隊 ❷《口》(共通の利害・目的を持つ)集団, 仲間 ❸《俗》(特に麻薬犯罪にかかわる若者の)ギャング集団

*__pos·sess__ /pəzés/ 《発音・アクセント注意》 動 〔▶ possession 名, possessive 形〕 他 《進行形不可》 ❶〔特に貴重なもの・違法なものなど〕を所持している；(財産などとして)…を所有している, 持つ (⇨ HAVE 類語) ‖ He was suspected of ~*ing* some heroin. 彼はヘロインを所持していると疑われた / She ~*es* a villa in Nice. 彼女はニースに別荘を持っている
❷〔性質・能力・機能など〕を持っている, 備えている；〔言葉など〕を知っている, …に通じている ‖ She ~*es* great imagination. 彼女は想像力に富んでいる / ~ an academic interest in ... …に学問的興味を抱いている / ~ several languages 数か国語に通じている
❸ **a** 《+目》(感情・考えなどが)〔人〕の心をとらえる, 支配する；《通例受身形で》(人が)〈悪霊などに〉取りつかれる〈**by, with**〉‖ Fury [Envy] ~*ed* him.=He was ~*ed by* [OR *with*] fury [envy]. 彼は激怒[嫉妬(しっと)]に駆られた / She is ~*ed by* [OR *with*] an evil spirit. 彼女は悪霊に取りつかれている **b** 《+目+**to** *do*》《疑問文・否定文で》〔人〕の心をとらえて…させる ‖ What (on earth) ~*ed* Mike *to* marry her? 彼女と結婚するなんてマイクは(一体全体)何を血迷ったのか
❹ 《堅》〔自分(の心)〕を〈ある状態に〉保つ〈**in**〉‖ ~ oneself [one's mind] *in* patience じっと辛抱する ❺ ⊗ 《旧》《ときに蔑》〔女〕と肉体関係を持つ
be posséssed of ... 《文》〔財産・性質・能力など〕を持っている(possess)

pos·sessed /pəzést/ 形 《叙述または名詞の後に置いて》❶ 悪霊[妄想]に取りつかれた；気が狂ったような ❷ 落ち着いた, 平静な
like*「*a màn* [OR *a wòman, òne*] *possessed (狂気・悪霊に取りつかれた人のように)激しく, 猛烈に；全精力で

pos·ses·sion /pəzéʃən/
—名〔◁ possess 動〕(複 **~s** /-z/) U ❶ **所有**, 所持；入手；《法》占有(所有権の有無にかかわらず, 事実としてある財物を支配・使用している状態およびその権利) ‖ The picture is now **in** the ~ **of** the Tate Gallery. その絵は現在テートギャラリーが所有している / The treaty bans the ~ of nuclear weapons. その条約は核兵器の所有を禁じている / **take** [OR get, gain, have] ~ of ... …を手に入れる, 占有する / have ... **in** one's ~ …を所有している / material evidence **in** police ~ 警察の握っている物的証拠 / I'm not **in** ~ **of** all the facts of the case. 私はその事件の事実をすべて握っているわけではない / A large fortune came into his ~.=He came into ~ of a large fortune. 彼は多額の財産を手にした
❷ C 《通例 ~s》所有物；財産, 富(⇨ 類語) ‖ The family lost all their ~*s* in the fire. その火事で家族は財産をすべて失った / a man of great ~*s* 資産家
❸ 《口》(麻薬などの非合法物品)所持
❹ C 属国, 属領 ‖ Britain's former overseas ~*s* 英国の以前の海外の属領
❺ (悪霊・妄想などに)取りつかれている状態, とりこ, (考え・感情などに)支配されている状態 ‖ A spirit took ~ of her. 霊が彼女に乗り移った ❻ 自制 (→ self-possession) ‖ in (full) ~ of one's senses [faculties] 気がしっかりしている[心身共に元気である] ❼ 《スポーツ》ボール[パック]の支配(権) ‖ get [OR gain, win] ~ ボールを支配する / lose ~ ボールの支配権を失う

類語 《❷》 **possessions** 価値の大小に関係なく人が所有する有形のものの全体.
property 人が合法的に所有権を持つ有形・無形のすべての財産.
belongings ふつう個人のすぐ身近の[衣服・日用品などの]所有物.
effects belongings より改まった語で個人の所有物.
estate 相続の対象としての property.
means 人が使い得る収入・現金・預金などをすべて合わせた資力.
resources いざというとき利用し得る価値のあるすべての所有物.
assets 会計学上負債 (liabilities) に対立するものとしての資産.

*__pos·ses·sive__ /pəzésɪv/ 形 〔◁ possess 動〕 ❶ 独占[所有]欲の強い；〈…を〉独占したがる〈**about, of**〉‖ a ~ mother 独占欲の強い母親 / That kid is very ~ *about* his tricycle. あの子は三輪車をほかの子に貸したがらない ❷ 所有の ‖ ~ rights 所有権 ❸ 《文法》所有を示す, 所有格の ‖ the ~ case 所有格
—名 《the ~》《文法》所有格；C 所有格の語, 所有格形
~·ly 副 **~·ness** 名
▶▶ **~ prónoun** 名 C 《文法》所有代名詞

pos·ses·sor /pəzésər/ 名 C 所有者, 持ち主 ‖ be the proud ~ of ... …の立派な所有者である

pos·set /pá(:)sət | pósɪt/ 名 C 《英》ミルク酒(熱い牛乳にエール・ワインなどを入れた飲み物. 昔, 風邪薬代わりに飲まれた)

*****pos·si·bil·i·ty** /pà(:)səbíləṭi | pɔ̀s-/
—名〔◁ possible 形〕(複 **-ties** /-z/) C ❶ 《単数形で》**可能性**, あり[起こり]得ること (↔ impossibility)；実現性；見込み, 見通し〈**of, for** …の / **that** 節 …という〉‖ There is a ~ *that* the train may be late.=There is a ~ *of* the train being late. 列車は遅れる可能性がある(♦ ふつう to 不定詞は伴わないので ×The train has a [OR the] possibility to be late. とはいわない) / There was no ~ *for* escape. 逃げられる可能性は全くなかった / the ~ *of* life on Mars 火星に生物のいる可能性 / There is no [not much] ~ *of* his coming tomorrow. 彼が明日やって来る見込みは全く[あまり]ない / It is quite within [beyond, out of] the realm of ~ *that* .... …という可能性は十分ある[全くない] / a good [OR distinct, real, strong, ×high] ~ 高い可能性

連語 【動+~+前】「rule out [OR eliminate, exclude] the ~ of ... …の可能性を排除する / consider the ~ of ... …の可能性を考慮する / raise the ~ of ... …の可能性を提起する[高める] / offer the ~ of ... …の可能性を与え(てくれ)る / investigate the ~ of ... …の可能性を調べる

❷ 実現可能な事柄；起こり得る事柄 ‖ Snow is a ~ tonight. 今夜は雪になるかもしれない / Lindbergh proved that flying a plane across the Atlantic was a ~. リンドバーグは大西洋横断飛行が可能だということを証明してみせた / explore new *possibilities* 新しい可能性を探る / exhaust all the *possibilities* なし得ることはすべて試みてみる, 人事を尽す
❸ 《通例 -ties》〈…の〉よくなる可能性, 発展性, 将来性；好機, 望み〈**for**〉‖ The plan has great *possibilities*. その計画は大いに将来性がある / open up a world of *possibilities for* future growth 将来発展する多くの可能性を広げる / That old house has *possibilities*. その古い家は(手を入れれば)きっとよくなる

COMMUNICATIVE EXPRESSIONS
1 **Óne possibílity is that** she alrèady knóws about the schédule chànge. 彼女がすでに日程の変更について知っているという可能性はあります
2 **Would thère be àny possibílity of** lètting me tràvel alóne? ひとりで旅行してもいいでしょうか (♥ 許可を求める[頼み事をする]ときの形式ばった表現. ↘Do you mind letting me travel ...?/↘《口》Any chance of letting me travel ...?)

*****pos·si·ble** /pá(:)səbl | pós-/ 形 名
中心義 可能性がある
—形 〔▶ possibility 名〕(↔ impossible) (**more ~**; **most ~**)
❶ 《通例叙述》 **a** (物事が) **可能な**, …できる ‖ "Could you exchange this, though I lost the receipt?"

P

"I think it's ～." 「レシートをなくしてしまったのですが，これを交換していただけますか」「それは可能だと思います」/ This plan wouldn't [×couldn't] be ～ without you. この計画は君なしには不可能だろう / Random chance made his success ～. 彼が成功できたのはまぐれだ / I found it ～ to explain the phenomenon. その現象を説明することは可能だとわかった / a ～ but difficult task 可能だが困難な仕事

b 《It is ～ (for *A*) to *do* で》(*A*が) …することは可能である ‖ It is ～ *for* me *to* give you a rough estimate of the cost. 費用の概算を出すことはできる(＝I am able to give ....) / Is it ～ *for* me *to* see you on Tuesday? 火曜日にお目にかかれるでしょうか (＝Can I see you ...?) / It is not ～ *to* be in two places at the same time. 同時に2か所にいることは不可能だ / It should be ～ *to* question the justice of our court system. 我が国の裁判制度が公正なものであるか (どうか) は論じられてよいことだ / Would it be ～ *for* me *to* stop by your place for a few minutes? お宅に2，3分寄らせていただけますでしょうか (♥ 丁寧な聞き方) / where [OR wherever] ～ 可能ならどこでも / whenever ～ 可能ならいつでも (♦ この2例では possible の前の it is が省略されている)

語法★★ (1) 人を主語としては用いない．〈例〉×You are possible to walk to the station. / It is possible (for you) to walk to the station. 駅まで歩きで行ける．人を主語とする場合は You can walk to the station. のようにいう．
(2) この意味では that 節 は伴わない．〈例〉×It is possible that you walk to the station. (→ ❷b)
(3) impossible や easy, difficult などと違い，動詞の意味上の目的語を主語にした形は不可．ただし否定語があれば可能．〈例〉×This question is possible to answer. / This question is not [hardly] *possible* to answer. この問いは全く[ほとんど]解答不能である

❷ **a** (物事が)**あり得る**，起こり得る；…である[になる]かもしれない (↔ improbable) (→ probable) (⇨ LIKELY 類語) ‖ There may possibly be trouble. I don't think it's likely, but it's ～. ことによると面倒が起こるかもしれない，たぶんそうはならないだろうと思うが，あり得ることだ / Rain is ～ today. 今日は雨になるかもしれない / a ～ motive 考えられる動機 / with the ～ exception of ... たぶん…を例外として

b 《It is ～ that 節 /It is ～ (for *A*) to *do* で》(…が)あり得る，起こり得る ‖ It's **quite** [hardly] ～ *that* they are innocent. 彼らが無罪であることは十分にあり得る[まずあり得ない]ことだ / It is ～ *for* even teachers *to* make mistakes. 教師でも間違いを犯すことはある

❸ 《最上級や all, every と用いてその意味を強調して》できる限りの，可能な限りの ‖ Be sure to come at the earliest ～ opportunity. できるだけ早い機会にぜひ来てね / the best ～ chance＝the best chance ～ 絶好のチャンス (♦ 名詞の前後どちらに置くことも可能．後に置く方が強意的) / by all means ～ あらゆる可能な手段で / till the last ～ moment 最後の最後の一瞬まで / The surgical team did everything [OR all that was] ～ to save the young girl. 外科医チームは少女を救うためにできる限りの手を尽くした

❹ …になり得る，…として使えそうな ‖ a ～ candidate for president 大統領候補として考えられる人 / a ～ housing site 住宅地として使えそうな場所

❺ 受け入れられる，(何とか)我慢できる，ある程度満足できる，適当な，まあまあの ‖ The town has two ～ restaurants. その町にはまあまあのレストランが2軒ある / think of a ～ solution to the problem 問題の妥当な解決策を思いつく

❻ 《限定》(得点・スコアなどが)達し得る最高の ‖ get three points out of a ～ ten 10点満点で3点取る

* ***as ... as póssible*** **できるだけ…** (as ... as one can) ‖ The leaders will try to stop the war *as* soon *as* ～. 指導者たちはできるだけ早く戦争を終結させようとするだろう (＝... as soon as they can.) / Be *as* kind to her *as* ～. 彼女にはできるだけ親切にしてあげなさい / with *as* much force *as* ～ できるだけ力を込めて，力いっぱいに

if (at àll) póssible できるなら，可能なら ‖ Come today, *if* ～. できれば今日来てくれ

COMMUNICATIVE EXPRESSIONS

1 **(I'm afràid) thàt's (jùst) nòt póssible.** (残念ながら)それは到底無理です(♥ はっきり断る)

―名 (複 **～s** /-z/) ❶ Ⓒ 候補者，選手候補 (→ probable)；(…に)ふさわしい人[もの] ‖ presidential ～*s* 大統領候補 / There are three or four ～*s* for the job. その仕事に向いている人が3，4人いる

❷ 《the ～》可能なこと，可能性

❸ Ⓒ (射撃などの)最高点 ‖ score a ～ 最高点をとる

⁑pos·si·bly /pά(:)səbli | pɔ́s-/

―副 《比較なし》 ❶ 《しばしば文修飾》**もしかしたら**，たぶん，あるいは (⇨ PROBABLY 類語) ‖ *Possibly* she knows what happened. ひょっとして彼女は何が起きたのか知っているのかもしれない (＝It is possible that she knows what happened.) / This is ～ the most important event in his career. これはおそらく彼の経歴の中で最も重要な出来事だ / "Do you think he did it?" "**Quite** ～." 「それをやったのは彼だと思うかい」「十分あり得るね」

❷ 《can, could を伴って》《肯定文の強調》**どうにかして**，できる限り；《否定文の強調》**どうしても**(…ない)；《疑問文で》**一体**，万一にも (♥ ときに驚きを表す) ‖ She did the best she ～ could. 彼女は力の限り最善を尽くした / This can't ～ be true. こんなことが本当であるはずはない / "Please have another piece of cake." "No, I couldn't ～." 「もう1つケーキをどうぞ」「いいえ，もう本当に結構です」(♥ 申し出を丁寧に断る言い方) / How could he ～ do that? よくも彼はそんなことができたものだね / Could you ～ wait until tomorrow? できましたら明日まで待っていただけないでしょうか (♥ 依頼に用いると強制的になるのを避けることができる)

POSSLQ /pά(:)səlkju:/ 略 《米口》 *P*erson(s) of *O*pposite *S*ex *S*haring *L*iving *Q*uarters (異性同居人) 《米国国勢調査局の用語》

pos·sum /pά(:)səm | pɔ́s-/ 名 Ⓒ ❶ 《米口》【動】オポッサム，フクロネズミ (opossum) ❷【動】ポッサム，クスクス；フクロモモンガ《豪州産有袋類》

plày póssum 死んだ[眠った]ふりをする；しらを切る，とぼける；仮病を使う

⁂post[1] /poust/ 《発音注意》 名 動

―名 (▶ postal 形) (複 **～s** /-s/) ❶ Ⓤ 《主に英》**郵便**，郵便制度 (《米》 mail) ‖ send a parcel by ～ 小包を郵送する / The package was lost in the ～. その小包は郵送中に紛失した / put the document in the ～ to him 彼に書類を郵送する

❷ 《通例 the ～》《英》(郵便物の)(1回の)配達・収集，集配，便；郵便物 ‖ I caught [missed] the last ～. 最終の集配に間に合った[合わなかった] / The late afternoon ～ brought me two letters. 午後遅くの郵便で私あての手紙が2通来た / We have no ～ on Sundays. 日曜日には郵便の配達はありません / Is there any ～ for me? 私あてに何か郵便が来てますか / I had a heavy ～ on Christmas morning. クリスマスの朝に郵便物がどっさり来た / by return of ～ 折り返し(便)で

❸ 《the ～》《主に英》郵便局 (post office)；ポスト (postbox) ‖ take letters to the ～ 郵便局[ポスト]に手紙を持って行く，手紙を投函(とうかん)する

❹ 《P-》《新聞名として》…ポスト紙 ‖ The Washington *Post* ワシントンポスト紙

❺ Ⓒ 《古》(宿場ごとに置かれた)早飛脚，継(つぎ)飛脚；急使；

早馬；郵便馬車；(早飛脚の置かれた)宿場，宿駅

—動 (~s /-s/；~·ed /-ɪd/；~·ing)

—他 ❶《主に英》(《米》mail) **a** 《+目》…を郵便局[ポスト]に持って行く，**投函する**《*off*》‖ Please ~ the letter for me. すみませんが手紙を投函してください

b 《+目 *A*+目 *B*≒+目 *B*+to 目 *A*》*A*(人)に*B*(物)を郵送する ‖ I asked my mother *to* ~ (me) my clothes. 私は母に衣類を郵送してくれるよう頼んだ

❷〖簿〗〔記入事項〕を(仕訳帳から元帳に)転記する，記入する；〔元帳〕に必要事項を漏れなく記入する

—自 ❶《古》急いで旅する，急ぐ

❷(昔の旅行で)早馬を乗り継いで旅する

kèep a pèrson pósted 〈…について〉〔人〕に最新の情報を(漏れなく)伝える，(絶えず)知らせる〈**on, about**〉‖ *Keep* me ~*ed on* his activities. 彼の行動について逐一知らせてくれ

語源 「宿場」の意のイタリア語 *posta* から．宿場沿いに手紙を運ぶ「駅伝馬車」の意から「郵便」そのものに転じた．

▸▸ ~ **bòx** (↓) ~ **chàise** /-ʃèɪz/ 名 C (18–19世紀の)四輪駅伝馬車 ~ **hòrn** 名 C 《英》郵便らっぱ，ポストホルン(昔，郵便馬車の到着を知らせるため用いた) ~ **òffice** (↓) ~ **tòwn** 名 C 《英》郵便局の本局がある町

post² /poust/ 《発音注意》

—名 (複 ~s /-s/) ❶ C (しばしば複合語で)**柱**，支柱；くい，柱状のもの ‖ the ~*s* of a gate [bed] 門柱[寝台の支柱] / boundary [fence] ~*s* 境界標[(さくの)間柱(まばしら)]

❷ 《the ~》(競馬などで出発点・決勝点を示す)標柱 ‖ the starting [finishing, winning] ~ 出発[決勝]点の標柱 / be [OR get] left at the ~ スタートから大きく取り残されている[される] / be pipped at the ~ (競り合っていて)最後[土壇場]で敗れる

❸ C (サッカー・ホッケーなどの)ゴールポスト(goalpost) ‖ The ball hit the ~ and bounced back onto the pitch. ボールはポストに当たってピッチに跳ね返った

❹ 《the ~》(競馬の)ゴール

❺ C 💻(インターネットのニュースグループ・掲示板・メーリングリストなどに)送った[投稿した]メッセージ

(as) dèaf as a póst 全く耳が聞こえない

first pàst the póst 《叙述》(競争などで)一番乗りをして(⇨ FIRST-PAST-THE-POST)

—動 (~s /-s/；~·ed /-ɪd/；~·ing)

—他 ❶〔ビラなど〕を張る，張り出す，掲示する《*up*》‖ ~ (*up*) the audition results オーディションの結果を張り出す / *Post* No Bills 《掲示》張り紙禁止

❷ **a** 《+目》掲示などによって…を告示[広告]する；…を公表[公示]する《*up*》；〔会社の営業成績など〕を発表する ‖ ~ a reward 賞金を(張り紙で)広告する / The new regulations were ~*ed up*. 新しい条例が告示された

b 《目+補〈(as) 形〉》《通例受身形で》(…だと)発表される ‖ The ship was ~*ed* (*as*) missing. その船は行方不明と発表された

❸〔壁など〕に〈ビラなどを〉張る〈**with**〉；〔所有地など〕に立ち入り禁止の掲示を出す ❹ 💻〔メッセージ〕を〈インターネットのニュースグループ・掲示板・メーリングリストなどに〉送る[投稿する]〈**to, on**〉 ❺〖スポーツ〗〔得点〕をあげる

▸▸ ~ **tìme** 名 U 《米》(競馬の)公示出走時刻

post³ /poust/ 《発音注意》 名 C ❶ (責任のある)地位，ポスト；職，勤め口；任地，赴任[配属]先(⇨ 類語) ‖ aim for the highest ~ 最高の地位を目指す / 「take (*up*) [be appointed to] the ~ of Secretary of State 国務長官に就任する[任命される] / get a teaching ~ 教職に就く / resign (from) one's ~ 職を退く / an overseas ~ 海外の任地 ❷ (兵士・歩哨(ほしょう)などの)部署，持ち場，巡回[警戒]区域 ‖ be at one's ~ 部署に就いている ❸ (軍隊の)駐屯地；《米》駐屯部隊 ❹ 交易所(trading post) ❺ 《米》在郷軍人会支部

—動 他 ❶《通例受身形で》〈任地・部隊に〉派遣[配属]される，赴任する〈**to**〉‖ The new recruit was ~*ed to* our battalion. 新兵が我々の大隊に配属された ❷〔兵など〕を〈部署に〉就かせる，配置する〈**to, at**〉‖ be ~*ed at* the gate 門(衛)に配置される ❸《米》〔保釈金〕を払う

類語 《名 ❶》**post** 地位や職，特に公的な地位や重要な地位．

position (通例，肉体労働以外のすべての)職，勤め口，地位．

office 官公職．

appointment 任命された職や地位．

situation 求人・求職に用いる語．

place 求人・求職に用いる語で家事をする働き口．

job 《口》で上記のすべての語に代わり得る広義の語．

▸▸ ~ **exchànge** 名 C 《米陸軍》(軍の)基地[駐屯地]内売店，酒保(略 PX)

post- /poust-/ 接頭「…の後の；…の次の；…の後ろの」などの意(↔ pre-, ante-) ‖ *post*war, *post*script

post·age /póustɪdʒ/ 名 U 郵便料金，郵送料 ‖ What's the ~ for [OR on] this parcel [letter]? この小包[手紙]の郵送料はいくらですか / ~ due [free] 郵便料金不足[無料] / The price is 1,500 yen, 「including ~ and handling [OR ~ and handling included]. 《米》料金は送料・手数料込みで1,500円です(♦ 通信販売での決まり文句．《英》では postage and packing「送料・梱包(こんぽう)代」)

▸▸ ~ **mèter** 名 C 《米》郵便料金別納証印刷機 ~ **scàle** 名 C 郵便物計量機 ~ **stàmp** (↓)

póstage stàmp 名 C 郵便切手，切手(stamp)

write ... on the back of a postage stamp ⇨ BACK (成句)

post·al /póustəl/ 《発音注意》 形〔◁ post¹ 名〕《限定》郵便の；郵便局の；郵便による ‖ ~ charges 郵便料金 / a ~ course 通信講座

—名 C 《米口》(官製)はがき

gò póstal 《米口》怒って暴れる，怒り狂う

▸▸ ~ **bàllot** 名 C 《英》郵送投票 ~ **càrd** 名 C 《米》(官製)はがき ~ **còde** 名 C 《英・カナダ》=postcode ~ **órder** /ˌ----/ 名 C 《英》郵便為替(《主に米》money order)(略 PO) ~ **sávings** 名 複 郵便貯金 ~ **sèrvice** 名 C 郵便業務；《the P- S-》《主に米》郵政公社 ~ **vòte** 名 C 《英》郵便投票(《米》absentee ballot)(不在者投票の一形態)

póst·bàg 名 C 《英》❶ (郵便物の)集配袋，郵袋；配達かばん(《米》mailbag) ❷ (1回に受け取る)郵便物(の総量) ‖ a huge ~ of protest 大量の抗議の手紙

pòst·bél·lum /-béləm/ 〈シ〉 形 《限定》戦後の(↔ antebellum)；《米》南北戦争後の

póst·bòx, póst bòx 名 C 《英》=《米》mailbox

pòst·búbble 形 バブル崩壊後の(post-bust)(↔ pre-bubble, pre-bust)

post·card /póustkɑ̀ːrd/ 名 C はがき，(特に)絵はがき

póst·còde 名 《the ~》《英・豪》郵便番号(《米》zip code)

▸▸ ~ **lóttery** 名 C 《単数形で》《英》医療の地域格差

pòst-cóital 形 性交後の

pòst·dáte 〈シ〉 動 他 ❶〔小切手・手紙など〕に実際より後の日付を入れる；〔事件など〕の日付を実際より遅らせる ❷ …の後に起こる，…に続く

—名 C (小切手・手紙などの)事後日付

pòst·dáted 形 (小切手・書信などが)事後日付の

pòst·dóc 《口》 名 C 博士課程終了後の研究者；U 博士課程終了後の研究 —形《主に米》=postdoctoral

pòst·dóctoral 〈シ〉 形 博士課程終了後の

pòst·dóctorate 形 =postdoctoral

post·er /póustər/ 《発音注意》

—名 (複 ~s /-z/) C ❶ (宣伝・装飾用の)**ポスター** ‖ put up ~*s* all over (the) town 町中にポスターを張る

❷ 💻(インターネットのニュースグループ・掲示板・メーリングリストなどに)メッセージを送る[投稿する]人

▶▶ ～ chìld 名 C《通例単数形で》(ポスターなどに登場する)代表的キャラクター(poster boy [OR girl]);(ある事例の)典型 ～ còlor [pàint] 名 C U ポスターカラー

poste res·tante /pòust restɑ́ːnt | -réstɒnt/ 名 C《英》❶ 郵便局留め(《米》general delivery)《郵便物に書かれる指定文句》❷ 局留め取扱課(♦ フランス語より)

pos·te·ri·or /pɑ(ː)stíəriər | pɒs-/ 形 (位置・空間的に)後ろの;《堅》(時間・順序・論理的に)後の, 後に続く, 次の;〖解〗背部の(↔ anterior);〖植〗茎軸に近い方の
postérior to ...《堅》…より後に[の](↔ prior to)
── 名 C《しばしば ～s》《戯》臀部(でんぶ), 尻(しり) **～·ly** 副

***pos·ter·i·ty** /pɑ(ː)stérəṭi | pɒs-/ 名 U《集合的に》❶ 後代, 後世(の人々) ‖ *Posterity* will decide which is right. どちらが正しいかは後世の人が決めるだろう / go down to ～ 後の世まで伝わる[名を残す] ❷《one's ～》《堅》子孫(↔ ancestry)

pos·tern /póustərn | pɒ́s-/ 名 C 裏門, 裏口, 通用門;(城などの)からめ手

pòst-féminist 形 (1970年代の)フェミニスト運動以後の
── 名 C ポストフェミニズム信奉者 **-féminìsm** 名

pòst-frée ⟨シ⟩《主に英》形《限定》郵便料金無料の
── 副 郵便料金無料で

pòst·glácial ⟨シ⟩ 形〖地〗氷河期後の

póst·gràd 形 名《英口》=postgraduate

pòst·gráduate 形《限定》《英》大学院(学生)の, 研究科(生)の;学部卒業後の(《米》graduate) ‖ a ～ school 大学院 ── 名 C 大学院生, 研究科生

pòst-háste 副 大急ぎで, 大至急 ‖ go ～ to ... …へ大急ぎで行く

pòst hóc /-hɑ́(ː)k | -hɒ́k/ 副 形《ラテン》この後で[の], 事後に[の]

post·hu·mous /pɑ́(ː)stʃəməs | pɒ́stjʊ-/《発音注意》形 ❶ (子が)父の死後に生まれた ❷ (本が)死後出版の ❸ 死後に生じる ‖ ～ fame 死後の名声 **～·ly** 副 死後に

pòst·hypnótic 形 (暗示が)後催眠の《催眠後に効果を現す》

post·ie /póusti/ 名《英口》=postman;postwoman

pos·til·ion, pos·til·lion /poustíljən | pɒstíliən/ 名 C (数頭立て馬車の)先頭左馬騎手

pòst·impréssionìsm 名《また P-》U〖美〗後期印象派《19世紀末の Van Gogh, Gauguin, Cézanne などに代表される一派》 **-impréssionist** 名 形

pòst·indústrial, pòst-indústrial 形《限定》脱工業化の ‖ a ～ society 脱工業化社会

post·ing /póustɪŋ/ 名 U C ❶《主に英》(特に海外の)職務への任命;任地 ❷ =post² 名 ❺ ❸〖簿〗転記

Póst-ìt 名 C《商標》付箋(ふせん), ポストイット ‖ on a ～ note 付箋に(書いて)

post·lude /póustlùːd/ 名 C ❶〖楽〗後奏曲《礼拝の終わりのオルガン独奏》(↔ prelude) ❷《文》結尾, 最終章

***post·man** /póustmən/ 名 (複 **-men** /-mən/) C《主に英》郵便集配人, 郵便局員(中立 postal worker [carrier];《米》mail carrier, mailperson)
▶▶ ～'s knóck 名 C《英》=post office ❸

póst·màrk 名 C (郵便物の)消印
── 動 他《通例受身形で》消印が押される

póst·màster 名 C 郵便局長(略 PM)
▶▶ ～ géneral 名 (複 **～s g-**) C (英米の)郵政公社総裁;(他国の)郵政大臣(♦ 英米では郵政事業は民営化され, 大臣は廃止された)

pòst·menopáusal 形 閉経後の(→ menopausal)

pòst·merídian 形 午後に起こる, 午後の(↔ antemeridian)(♦ ラテン語より)

post me·rid·i·em /pòust mərídiəm/ 名 U 午後(略 p.m., P.M.)(↔ ante meridiem)

post·mil·len·ni·al·ism /pòustmɪléniəlìzm/ 名 U〖宗〗後千年至福説《至福千年期後にキリストが再臨するという説[信仰]》 **-ist** 名

pòst·módern 形 ポストモダニズムの[的な];(様式や考えが)嘲笑(ちょうしょう)的な(⇨ MODERN BYB)

pòst·módernìsm 名 U ポストモダニズム《20世紀のモダニズムを否定し古典的な様式・手法を指向する1980年代の芸術運動》 **-módernist** 名 形

post·mor·tem /pòustmɔ́ːrṭəm/ 名 C ❶ 検死(autopsy) ❷ ⟨失敗などの⟩事後検討[反省]⟨**on, of**⟩
── 形《限定》死後の;検死の;事後の ‖ a ～ examination 検死(♦ after death の意のラテン語より)

pòst·nàsal dríp 名 U〖医〗後鼻漏(びろう)《鼻汁が鼻孔の後ろから咽頭(いんとう)へ流れ出ること》

pòst·nátal ⟨シ⟩ 形《限定》生後(すぐ)の, 産後の(↔ antenatal)
▶▶ ～ depréssion 名 U〖医〗産褥(さんじょく)期うつ病

pòst-9-11, -9/11 /-naɪnɪlévən/ 形 副 (2001年)9月11日以降の[に](↔ pre-9-11[-9/11])(♦ 米国で同時多発テロが発生した日を基準とする)

***póst òffice** 名 C ❶ 郵便局(♦ P.O., p.o. と略す. 英国の郊外では本局以外の郵便局は文房具店などを兼ねているケースが多い) ‖ a main ～ 郵便本局 / mail a letter at a ～ 手紙を郵便局で出す ❷《しばしば the P- O-》(英米の)郵政公社(♦ 米国の現在の正式名称は United States Postal Service);(他国の)郵政省 ❸ U《米》郵便屋さんごっこ(《英》postman's knock)《手紙を届けるまねをしてお礼にキスをしてもらう》
▶▶ ～ bòx 名 C 私書箱(略 PO Box, POB)

pòst·óperative ⟨シ⟩ 形《限定》手術後の(《口》post-op, postop)

pòst·páid ⟨シ⟩ 形《限定》副 郵便料金前払いの[で];(返信用封筒・はがきなど)料金受取人払いの[で](略 pp., ppd)

pòst·pár·tum, pòst-pár·tum /-pɑ́ːrṭəm/ 形《限定》〖医〗出産後の ‖ a ～ depression 産後のうつ病

***post·pone** /poustpóun/《発音・アクセント注意》⟨シ⟩ 動 他 ❶ **a** (＋目) …を⟨…まで⟩延期する, 延ばす(↷ put off)(↔ advance, go ahead with)⟨**to, until**⟩(⇨ DELAY 類語) ‖ Because I'd carelessly let my visa expire, I had to ～ my departure. 自分の不注意でビザが期限切れになっていたため出発を遅らさねばならなかった / The fireworks display was ～*d* on account of the storm. 花火大会は嵐(あらし)のため延期になった **b** (＋*doing*) …するのを延ばす ‖ We'll ～ making [×to make] a decision until we know the truth. 真実がわかるまで我々は決定を延ばすつもりです ❷《堅》…を⟨…より⟩劣るとみなす, 後回しにする⟨**to**⟩
～·ment 名 U C 延期, 後回し
語源 *post-* after＋*pone* put:後に置く, 後に延ばす

pòst·posítion 名〖文法〗U 後置;C 後置詞(↔ preposition)
pòst·póse 動 他〖文法〗…を後置する(↔ prepose)

pòst·pósitive 形〖文法〗後置の ── 名 C 後置詞

pòst·prán·di·al /-prǽndiəl/ ⟨シ⟩ 形《通例限定》《堅》《戯》食後の, (特に)晩餐(ばんさん)後の

pòst-prodúction ⟨シ⟩ 名 U ポストプロダクション《映画[音楽]を撮影[録音]した後に行う編集・加工作業》

post·script /póustskrìpt/ 名 C (手紙の)追伸(略 P.S., PS, ps);(書物・論文などの)後書, 後記, 追記

pòst-strúcturalìsm 名 U ポスト構造主義《言語には絶対的意味は存在せず, 多数の解釈が可能とする文芸批評の立場》

pòst·súrgical 形 (外科)手術後の

póst-tàx ⟨シ⟩ 形 税引き後の(↔ pretax)

pòst-traumàtic stréss disòrder 名 U〖医〗心的外傷後ストレス障害(略 PTSD)

pos·tu·lant /pɑ́(ː)stʃələnt | pɒ́stjʊ-/ 名 C《堅》志願者, (特に聖職の)志願者, 志望者;請願者

pos·tu·late /pɑ́(ː)stʃəlèɪt | pɒ́stjʊ-/(→ 名) 動 他 ❶ (特に議論の前提として)…を仮定する;…を⟨…だと⟩仮定する⟨**that** 節⟩ ❷ 〔未証明の事柄〕を自明のこととみなす ❸ …

を要求[要請]する ━名 /pá(:)stʃələt | pɔ́stju-/ C 《堅》仮定, 仮説；自明の原理；先決[基礎]条件；〘数·論〙公準
pòs·tu·lá·tion 名

*__pos·ture__ /pá(:)stʃər | pɔ́s-/ 名 ❶ U 姿勢, (体の) 構え；C (一定の) 姿勢；(モデル・人物像などの) ポーズ (pose) ‖ maintain one's erect ～ 直立の姿勢を続ける / have good [poor] ～ 姿勢がよい[悪い] / correct one's ～ 姿勢を正す / sit in a comfortable ～ 楽な姿勢で座る / take [OR assume] a defensive ～ 身構える ❷ C 《通例単数形で》気構え, 心構え；(国家・会社などの)態度, 方針, 政策 ‖ in a militant ～ 戦う気構えで / the government's ～ on this issue この問題への政府の態度 ❸ C 《通例単数形で》わざとらしい態度 ‖ strike a comic ～ おどけてみせる ❹ C 《通例単数形で》状況, 情勢 ‖ the military ～ in the Middle East 中東の軍事情勢
━動 自 ポーズをとる；気取る；〈…のような〉振りをする〈as〉‖ ～ *as* an artist 芸術家ぶる ━他 …の態度をとる；《古》…に(ある)姿勢[ポーズ]をとらせる **-tur·al** 形

pòst·vìral (fatìgue) sýndrome 名 U 〘医〙ウイルス感染後(疲労)症候群《慢性的疲労症状》

pòst-vocálic ⟨ス⟩ 形 〘音声〙母音の直後の

*__post·war__ /pòustwɔ́:r/ ⟨ス⟩ 形 《通例限定》戦後の (↔ prewar)(♦ 特に第2次世界大戦後を示す)

pòst-wélfare 形 脱福祉の ‖ a ～ society 脱福祉社会

póst·wòman 名 C 女性の郵便集配人

po·sy /póuzi/ 名 (複 **-sies** /-z/) C 花；(小さな)花束

‡pot /pɑ(:)t | pɔt/
━名 (複 **～s** /-s/) C ❶ **つぼ**, かめ, 瓶；深なべ；鉢, ポット；(金属製の)ジョッキ, 大コップ(❗「魔法瓶」の意味の「ポット」は和製語. vacuum bottle, thermos (bottle) を用いる) (⇨ 類語) ‖ Arrange food tastefully on the dishes; never serve it from the ～. 料理はおいしそうに皿に盛りつけしなさい, なべのまま出してはいけません / ～*s* and pans なべかま類, 炊事(すいじ)道具 / hold food **in** a ～ 食べ物をなべに入れておく
連語 【名/形＋～】 a cooking ～ 料理用のなべ / a coffee ～ コーヒーポット / a chamber ～ 溲瓶(しびん) / a plant ～ 植木鉢
❷ つぼ[なべ, 瓶など]の中身；つぼ[なべ, 瓶など]の1杯分(の量) (potful) ‖ a ～ **of** soup なべ1杯のスープ / a ～ **of** geraniums ゼラニウムの1鉢 / make a ～ **of** coffee コーヒーをポット1杯作る
❸ (美術品·骨とう品の)つぼ, 陶器
❹ (魚を捕らえる)筌(うえ)；=lobster pot ❺ 《主に英口》(スポーツ競技会などの)銀杯；(一般に)賞 ‖ win the ～ その賞をとる ❻ 《しばしば ～s》《口》大量, 多額 ‖ make 「a ～ [OR ～*s*] of money 大金を稼ぐ ❼ 《the ～》(ポーカーなどでの)(1回の)総賭(か)け金 ❽ 《the ～》《単数扱い》《口》共同出資金 (総額) ❾ 《口》=potshot ❿ 《単数扱い》《口》=potbelly ⓫ 🖳 データ保存部 ⓬ U 《俗》マリファナ ⓭ 《口》=potty[2] ⓮ 〘ビリヤード〙ポット《ポケットに入れる一突き》 ⓯ 〘機〙(エンジンの)シリンダー, 気筒
(*a*) ***pót of góld at the ènd of the ráinbow*** どんなに探しても見つからないもの, 実現不能な目標(♦ 虹(にじ)の端には黄金のつぼがあるという俗説から)
*__*gò to pót*__* 《口》破滅する；落ちぶれる, 堕落する
kèep the pòt bóiling ① (しがない仕事をして) 暮らしを立てていく ② 景気よく続ける
nòt hàve a pót to pìss ìn 《米》非常に貧しい
shít or gèt óff the pót ⊗《卑》さっさとやるか, やらないなら降りなさい；必要がないなら他人に譲れ
swèeten the pót 《米口》(交渉などで)色をつける, 有利にはからう
the pòt càlling the kèttle bláck (自分も黒いのに) なべがやかんを黒いという；五十歩百歩 (♥「自分のことは棚に上げて他人の欠点を責め立てる」の意)
━動 (**～s** /-s/; **pot·ted** /-ɪd/; **pot·ting**)
━他 ❶ 〔植物〕を鉢に植える《*up*》(→ potted)
❷ 〔肉·魚など〕をつぼ[瓶]に入れ(て保存す)る, 瓶詰めにする (→ potted)
❸ 〔獲物〕を撃つ；《口》…を手当たり次第に撃つ
❹ 《口》…を手に入れる, 獲得する ❺ 《英》〔子供〕をおまる (potty) に座らせる ❻ 〘ビリヤード〙〔球〕をポケットに入れる ❼ …を粘土で作る ❽ 〔素子〕を絶縁体に埋める
━自 ❶ 陶器を作る ❷ 《口》〈…を〉手当たり次第に撃つ〈**at**〉
pòt ón ... / pòt ... ón 〈他〉〔植物〕を(大きい鉢に)植え[移し]替える
pòt úp ... / pòt ... úp 〈他〉〔植物〕の若木[挿し穂]を鉢に挿す
類語 《名 ❶》 **pot** 円筒状または円形をした陶製, 金属製などの深なべ·つぼ·かめ·鉢で, 取っ手がある.
jar ガラスや陶器製の口の広い瓶で, ふつう取っ手やつぎ口がない.
jug 取っ手付きの瓶·水差し·ビールのジョッキで, ふつう円筒形または腹がふくれた形をしている. (⇨ JUG 図)
pan 平なべ. (⇨ PAN[1] 図)
▶▶ **～ hòlder** 名 C =potholder **～ lìquor** 名 U 《米》ポットリカー《肉と野菜の煮出し汁》 **～ plànt** 名 C 《主に英》鉢植え植物, 鉢物 **～ ròast** (↓) **～ stìcker** (↓) **pótting còmpost** 名 U 《英》鉢植え用培養土 **pótting shèd** 名 C 《主に英》苗の育成小屋《移植前の植物を鉢に入れて並べる》

pot. 略 potash；potassium；potential；potentiometer；potion；pottery

po·ta·ble /póuṭəbl/ 形 《堅》(水などが)飲用に適した, 飲める ━名 C 《通例 ～s》(特にアルコール)飲料

po·tage /poutá:ʒ | pɔ-/ 名 U ポタージュスープ (♦ フランス語より)(→ consommé)

pot·ash /páṭæʃ | pɔ́t-/ 名 U 〘化〙 ❶ =potassium carbonate ❷ =potassium hydroxide ❸ カリウム；苛性(かせい)カリ；カリ肥料

*__po·tas·si·um__ /pətǽsiəm/ 名 U 〘化〙カリウム, ポタシウム《アルカリ金属元素. 元素記号 K》
▶▶ **～ brómide** 名 U 〘化〙臭化カリウム **～ cárbonate** 名 U 〘化〙炭酸カリウム **～ chlóride** 名 U 〘化〙塩化カリウム **～ cýanide** 名 U 〘化〙シアン化カリウム, 青酸カリ **～ hydróxide** 名 U 〘化〙水酸化カリウム **～ íodide** 名 U 〘化〙ヨウ化カリウム, ヨウ素剤《放射線障害の予防薬》 **～ nítrate** 名 U 〘化〙硝酸カリウム **～ permánganate** 名 U 〘化〙過マンガン酸カリウム

po·ta·tion /poutéɪʃən/ 名 《古》《戯》U 飲むこと；C (酒の)1杯, 一飲み；《～s》飲酒

‡po·ta·to /pətéɪṭou/ 《発音·アクセント注意》
━名 (複 **～es** /-z/) C U ❶ **ジャガイモ** (♦ 食品としては U)；《形容詞的に》ポテトの(♦ 《米》では sweet potato と区別して white [OR Irish] potato ともいう) ‖ **mashed** ～(*es*) マッシュポテト / ～ salad ポテトサラダ / **baked** [《英》**jacket**] ～*es* ベイクトポテト / **peel** [roast] ～*es* ジャガイモの皮をむく[を焼く] / raise [dig up] ～*es* ジャガイモを栽培する[掘る]
❷ (地下に塊茎をつける)ナス属の植物
❸ 《米》サツマイモ(sweet potato)
❹ C 《英口》(靴下の)大穴 ❺ ⇨ HOT POTATO
drop ... like a hot potato ⇨ HOT POTATO(成句)
語源 北米先住民の言語の *batata*(サツマイモ)が, イモ同士の類似性からスペイン語で「ジャガイモ」を指す *patata* に変形したもの.
▶▶ **～ bèetle** 名 C =Colorado (potato) beetle **～ blìght** 名 U 〘植〙ジャガイモ萎縮(いしゅく)病 **～ chìp** 名 C 《米·豪·ニュージ》《しばしば ～s》ポテトチップス(《英》(potato) crisp)；《英》フライドポテト(《米》French fry) **～ màsher** 名 C ジャガイモつぶし器, ポテトマッシャー **～ pèeler** 名 C ジャガイモの皮むき器

pot-au-feu /pà(:)ṭoufʌ́ | pɔ̀toufə́:/ 名 《フランス》(=pot on the fire) U C 〘料理〙ポトフ《肉と野菜を煮込んだフランス料理》

pót·bèlly 名 (複 **-bellies** /-z/) C ❶ 太鼓腹(の人) ❷《米》だるま式ストーブ
-bèllied 形 太鼓腹の；(ストーブが)だるま式の

pót·bòiler 名 C《口》(金目当ての)劣悪な芸術[文学]作品

pót·bòund 形 (鉢植え植物が)根詰まり状態の

Po·tem·kin /pətémpkɪn, +米 pou-/ 形《口》見せかけの, うわべだけの, 作り物の(♦ Catherin 2世のウクライナ・クリミア訪問の際, 沿道にボール紙で村を作らせたというロシアの政治家ポチョムキン(Potëmkin)公の逸話から)
▸▸ **~ demócracy** 名 C U 見せかけの民主主義

***po·ten·cy** /póutənsi/ 名 (複 **-cies** /-z/) U C ❶ 能力, 力；(特に男性の)性的能力 ‖ sexual ~ 性的能力 / lose one's ~ (性的) 能力を失う / have great ~ 大変な能力を持つ ❷ (薬などの)効力, 効能；説得力；権力；勢力 ❸ 潜在(能)力, 発展性

***po·tent** /póutənt/ 《発音注意》 形 (**more ~ ; most ~**) ❶ 勢力のある, 有力な, 強大な(↔ weak)；影響力の大きい ‖ an environmentally ~ issue 環境上重大な問題 ❷ (薬などが) よく効く；〈病気に〉効き目がある〈**against**〉；(酒が) 強い ❸ (議論などが) 説得力のある (↔ unconvincing) ❹ (男性が) 性的能力のある (↔ impotent)
~·ly 副

po·ten·tate /póutəntèɪt/ 名 C 権力者；支配者, (専制)君主

:po·ten·tial /pəténʃəl/
— 形《比較なし》《限定》 ❶ 潜在的な(↔ actual), **可能性を秘めた**, (将来…に) 発展しそうな ‖ a ~ threat 潜在的脅威 / We send out direct mail to attract ~ customers [buyers]. 我が社では潜在顧客 [購買者] を囲い込むためダイレクトメールを送っています / a ~ AIDS vaccine エイズ予防ワクチンになりそうなもの / a ~ candidate for president 社長の有力候補
❷〘文法〙可能法の ‖ the ~ mood 可能法
— 名 (複 **~s** /-z/) ❶ U/C (a ~)潜在(能)力, **可能性**, 発展性〈**for** …の / **to do** …する〉‖ the **full** ~ of solar power 太陽発電の (持つ) 多大な可能性 / **have** [OR show] (a) **great** ~ *for* expansion 拡大の可能性が大いにある / achieve one's **full** ~ 潜在的能力を十分に発揮する / chemicals with the ~ *to* cause cancer 癌(がん)を引き起こす恐れのある化学物質
❷ U 潜在資源 ‖ enormous oil ~ 莫大(ばくだい)な潜在石油資源
❸ U C〘電〙電位；〘理〙ポテンシャル ❹ U〘文法〙可能法

COMMUNICATIVE EXPRESSIONS
1 **You're nòt rèaching your poténtial.** あなたは能力を十分に発揮していない；もっとできるはずです

▸▸ **~ dífference** 名 C〘理〙電位差《略 p.d.》 **~ énergy** 名 U〘理〙位置エネルギー

po·ten·ti·al·i·ty /pətènʃiǽləṭi/ 名 (複 **-ties** /-z/) U 潜在(能)力, 可能性(potential)；C《通例 -ties》潜在的なもの；潜在(能)力[可能性]を持つもの[人]

***po·ten·tial·ly** /pəténʃəli/ 副 潜在的には；もしかすると ‖ ~ unlimited 無限の可能性を持った

po·ten·ti·ate /pəténʃièɪt/ 動 他 ❶ 〔薬など〕の効力を併用により高める ❷ …の効力を増す, …を強力にする, 増強する **po·tèn·ti·á·tion** 名

po·ten·ti·om·e·ter /pətènʃiá(:)məṭər | -ɔ́mɪ-/ 名 C〘電〙電位差計；分圧器《略 pot.》

pót·fùl /-fùl/ 名 C ❶ つぼ[深なべ, 鉢]1杯(の量) ❷《口》大量 ‖ a ~ of money 大金

pót·hèad 名 C《俗》《けなして》マリファナ常用者

poth·er /pá(:)ðər | pɔ́ðə/ 名 C《単数形で》❶ 空騒ぎ, ごたごた ‖ in a ~ がやがやして / make [raise] a ~ about ... …のことで騒ぎ立てる ❷ 不安, 動揺 ❸ 立ち込める煙[ほこり]
— 動 他 …を悩ませる, 心配させる — 自 悩む, 心配する

pót·hèrb 名 C (煮炊き用)野菜；香味野菜

pót·hòlder 名 C (厚い布製の)なべつかみ

pót·hòle 名 C ❶ (路面の) (大) 穴 ❷ (垂直な) 洞穴 ❸〘地〙甌穴(おうけつ), ポットホール《河床岩石中に生じる円筒状の穴》 ❹《米方》泥沼(ごしょう) — 動 自《英》洞窟(どうくつ)を探検する **-hòler** 名 C 洞窟探検家

pót·hòled 形 (路面が)穴だらけの

pót·hòok 名 C ❶ (炉の上になべなどをつるすS字形の) 自在かぎ；(ストーブのふたを上げたりする) かぎ付きの長火箸(ばし) ❷《旧》(文字を習いたての子供の) くねり文字；《~s》下手な文字, 金くぎ流

pót·hùnter 名 C ❶ (鳥獣の)乱獲者 ❷《口》《けなして》賞金目当ての競技参加者, 賞金稼ぎ ❸ (不心得な) 考古品収集家

po·tion /póuʃən/ 名 C (特に魔力のある) 飲み薬；(水薬・毒薬などの)1服(dose) ‖ a love ~ 媚薬(びやく)

pot·latch /pá(:)tlætʃ | pɔ́t-/ 名《しばしば P-》C ポトラッチ《北太平洋岸の北米先住民が客に大盤振る舞いをして権勢を誇示する儀式》

pòt·lúck 名 U C (来客に出す) あり合わせの食事 [料理]；《米》持ち寄りの料理で行う会食
tàke potlúck ① (不意の客などが) あり合わせの食事を共にする ② 手に入るもので済ます, 運を天に任す

Po·to·mac /pətóumək | -mæk/ 名《the ~》ポトマック川《米国の首都ワシントン D.C. を流れる川》

pót·pìe 名 U C《主に米》❶ (深皿で焼いた) 肉入りパイ(deep-dish pie) ❷ 肉団子シチュー

pot·pour·ri /pòupurí: | -púri/ 名 ❶ U C ポプリ, 百花香, 香つぼ ❷ C《単数形で》寄せ集め；(文学作品などの)抜粋集；雑集, 雑録；〘楽〙メドレー, 混成曲；接続曲

pót-ròast 動 他 〔牛肉〕をとろ火で蒸し煮にする

pót ròast 名 U C ポットロースト《とろ火で蒸し煮にした牛肉(料理)》

POTS /pɑ(:)ts | pɔts/ 名 U ポッツ《ブロードバンドなどの接続と区別して従来の単純な電話機能をいう. *p*lain *o*ld *t*elephone *s*ervice の略》

Pots·dam /pá(:)tsdæm | pɔ́ts-/ 名 ポツダム《ドイツの都市》 ▸▸ **~ Declarátion** 名《the ~》ポツダム宣言《1945年7月26日, 日本の無条件降伏を要求した米・英・中国の共同宣言》

pót·shèrd 名 C〘考古〙(考古学的価値のある)土器・陶器の破片

pót·shòt 名 C ❶ (近距離での) ねらい撃ち；乱射 ‖ take a ~ (at ...) (…を)ねらい撃ちする ❷ 言いたい放題の非難

pót·stìcker, pót stìcker 名 C〘料理〙焼きギョーザ

pot·tage /pá(:)ṭɪdʒ | pɔ́t-/ 名 U《古》(肉・野菜入り)シチュー, スープ ‖ a mess of ~ ⇨ MESS ❺

pot·ted /pá(:)ṭɪd | pɔ́t-/ 形《限定》❶ 鉢植えの (→ pot) ❷《主に英》瓶詰めの(→ pot) ❸《主に英》(本などが)要約された, 抜粋版の ❹《叙述》《米俗》酔っ払った；マリファナなどでうっとりした ▸▸ **~ plánt** 名 C《米》鉢植え植物

***pot·ter**[1] /pá(:)ṭər | pɔ́tə/ 名 C 陶工, 焼物師, 陶芸家
▸▸ **~'s clày** 名 U 陶土 **~'s fíeld** 名 C 無縁墓地 **~'s whéel** 名 C (製陶用)ろくろ

pot·ter[2] /pá(:)ṭər | pɔ́tə/ 動《英》=putter[3]

Pot·ter /pá(:)ṭər | pɔ́tə/ 名 **Beatrix Potter** ポター (1866–1943)《*Peter Rabbit* で有名な英国の絵本作家》

***pot·ter·y** /pá(:)ṭəri | pɔ́t-/ 名 (複 **-ter·ies** /-z/) ❶ U 陶器類, 焼き物類, 陶製彫刻(作品)(♦ 磁器(porcelain)と区別していう)；陶器用の土 ‖ fire ~ 陶器を焼く ❷ U 製陶法[術]；製陶業 ❸ C 製陶所, 窯元(かまもと) ❹《the Potteries》《英》スタッフォードシャー北部の陶器産地

pot·to /pá(:)ṭou | pɔ́t-/ 名 (複 **~s** /-z/) C〘動〙ポットー《西アフリカ産の夜行性の原始的な猿》

Pótt's disèase /pá(:)ts- | pɔ́ts-/ 名 U〘医〙ポット氏病, 脊椎(せきつい)カリエス(♦ 英国の外科医 Percivall Pott (1714–88)の名より)

pot·ty[1] /pá(:)ṭi | pɔ́ti/ 形《主に英口》❶ 頭がおかしい；(言行などが)ばかげた ❷《叙述》〈…に〉夢中になった, 熱中した

〈about〉 ❸《限定》つまらない，ささいな(♦通例 little を伴う) ‖ a ~ little town ちっぽけな町

pot·ty² /pá(ː)ṭi | pɔ́ti/ 名 (複 **-ties** /-z/) C《口》(子供用の)おまる，便器

pótty-chàir 名 C (子供用の)おまる[便器]用いす

pótty mòuth 名 ❶ C 口汚くののしる人 ❷ U 口汚いののしり **pótty-mòuthed** 形

pótty-tràin 動 他《口》[幼児]に用便のしつけをする **~ed** 形《口》(子供が)用便のしつけができた **~·ing** 名 U 用便のしつけ

POTUS /póutəs/ 略 *P*resident *o*f *t*he *U*nited *S*tates (アメリカ合衆国大統領)

*__pouch__ /pautʃ/《発音注意》名 C ❶ (刻みたばこなどを入れる)(革製)小袋；(袋状の)小物[金]入れ，ポーチ ❷ (鍵(かぎ)のかかる)郵便袋，郵袋(mailbag)；公[外交]文書行嚢(こうのう) ❸ 袋[ポケット]状のもの；(目の下の)袋，たるみ；〖解・生〗袋，嚢，胞(ほう)，穴，腔(こう)；(有袋類の)育児嚢，(ホリネズミ・リスなどの)頬(ほお)袋

―動 他 ❶ …を袋[ポケット]に入れる；《口》…を獲得する ❷ …を袋状にふくらませる；[衣服の一部]を袋状に垂らす ‖ ~ one's lips 口をとがらす ―自 袋状になる；ふくれる

pouffe, pouf /puːf/ 名 C ❶《英》(大型)円形クッション ❷ プーフ《高く結い上げた女性の髪型. 18世紀後半に流行》 ❸ (髪飾り・衣服などの)ふくらみ ❹ ⊗《英俗》《蔑》=poof¹

poult /poult/ 名 C (鶏・シチメンチョウ・キジなどの)ひな

poult-de-soie /pùːdəswɑ́ː/ 名 U プードソア《畝織りの上質の絹地. 婦人服用》(♦フランス語より)

poul·ter·er /póultərər/ 名 C《英》鶏肉屋，家禽(かきん)商

poul·tice /póultəs | -tɪs/ 名 C パップ，湿布(薬)(⇨ MEDICINE 類語P) ―動 他 …にパップを当てる，…に湿布する

*__poul·try__ /póultri/ 名 U ❶《集合的に》《複数扱い》家禽《鶏・アヒル・シチメンチョウなど》‖ keep [OR raise] ~ on a farm 農場で養鶏をする / ~ farming 養鶏業 ❷ 家禽の肉，鶏肉(⇨ MEAT 類語P)

pounce /pauns/ 動 自 ❶ (猛禽(もうきん)などが)〈…に〉飛びかかる，〈…を〉急襲する〈**on, upon**〉 ❷〈機会などに〉飛びつく；〈人の失態などを〉ここぞとばかり攻撃する〈**on, upon**〉‖ ~ *on* a mistake 誤りを激しくなじる ❸ 急に飛ぶ[跳ねる，駆け出す] ―名 C 急襲，つかみかかること

***__pound__¹ /paund/《発音注意》

―名 (複 **~s** /-z/) C ❶ **ポンド**《重量単位. 常衡では 16 ounces(約454g)，金衡では 12 ounces(約373g)，記号 lb(s)》(♦ラテン語 *libra* より) ‖ Meat is sold by the ~. 肉は1ポンドいくらで売られている / buy two ~*s* of sugar at the store その店で2ポンドの砂糖を買う / lose [gain] about 20 ~*s* 体重が約20ポンド減る[増える] / take off unnecessary ~*s* 余分な体重を減らす
❷ **ポンド** (pound sterling)《英国の貨幣単位. =100 pence. 1971年1月以前は 1 pound が 20 shillings, 240 pence. 記号 £》(♦ラテン語 *libra* より)(→ penny) ‖ five ~*s* 5ポンド(£5) / six ~*s* fifty pence=six ~(*s*) fifty 6ポンド50(ペンス)(£6.50)(♦《口》では後ろに数詞のみを伴う場合は s をつけないことがある) / a ten-~ **note** 10ポンド紙幣 / a ~ coin ポンド貨 / jewelry valued at £70,000 7万ポンドの値打ちのある宝石類 / exchange ~*s* for yen [dollars] ポンドを円[ドル]に両替する / a million ~*s* **worth** of damage 100万ポンド相当の損害
❸《the ~》英国貨幣制度；ポンド価格 ‖ The ~ has risen against the yen on the Tokyo market. ポンドが東京市場で円に対して上昇した / stabilize the ~ ポンドを安定させる ❹ ポンド《アイルランド・イスラエルなどの貨幣単位》 ❺ =pound sign

tàke [OR ***gèt, hàve, wànt***] ***a*** [OR ***a pèrson's***] ***pòund of flésh*** 高い代償を払わせる，ひどい要求をする；苛酷(かこく)な取り立てをする(♦「(借金のかたに)1ポンドの人肉を要求する」の意から)[Shak *MV* 4:1]

▶▶ **~ càke** 名 U C《米》パウンドケーキ《バター・砂糖・小麦粉各1ポンドを材料とする》 **~ sìgn** 名 C ① ポンド記号《英国の貨幣単位を表す. £》 ②《米》ハッシュ記号(《英》hash sign)《電話番号などにつける. #》 **~ stérling** 名《the ~》英貨ポンド

*__pound__² /paund/ 動 (♦《口》ではしばしば進行形で用いる) 自 ❶〈…を〉続けざまに打つ，どんどんたたく；激しく攻撃する《**away**》〈**at, on, against**〉‖ He ~*ed on* [OR *at*] the door demanding to be let in. 彼は中に入れてくれと言ってドアをどんどんたたいた / ~ *on* the piano ピアノをたたく / ~ *away at* [OR *against*] the fortress 要塞(ようさい)を激しく攻撃する ❷《+副句》〈…を〉どすんどすん歩く[走る]〈**along, up, down, etc.**〉‖ ~ *along* the gangway 通路をどたどた歩く ❸ (心臓などが)(恐怖や興奮で)激しく打つ，どきどきする；(太鼓・砲音などが)どんどんと鳴る ‖ My heart ~*ed* with fear. 恐怖で心臓がどきどきした ❹ (音楽が)がんがん鳴る《**out**》

―他 ❶ …を(粉々に)打ち砕く，すりつぶす；…を砕いて[ひいて]〈…に〉する《**up, down**》〈**to, into**〉‖ ~ stones *up* [*down*] *to* small pieces 石を細かく砕く / ~ corn *into* meal トウモロコシをひいてあら粉にする ❷ …を続けざまに打つ，どんどんたたく ‖ He ~*ed* the nail into the board. 彼はくぎを板に打ち込んだ ❸ [知識・技術]を〈…の頭に〉たたき込む〈**into**〉‖ ~ sense *into* him 彼に物の分別をたたき込む ❹ [場所]を連続爆撃[砲撃]する；《口》[相手]を決定的[徹底的]に負かす

pòund awáy 〈自〉 ① ⇨ 自 ❶ ② 〈…を〉こつこつ[懸命に]やる〈**at, on**〉

pòund dówn ... / pòund ... dówn 〈他〉 ① ⇨ 他 ❶ ② …をたたいて平らにする[へこませる]

pòund óut 〈他〉《***pòund óut ... / pòund ... óut***》① …をたたいて平らにする ② [音楽]をがんがん鳴らす ③ [文など]をどんどんタイプする[打ち込む] ―〈自〉 ⇨ 自 ❹

pòund the pávement [OR ***stréets***] (職を探すなどの目的で)街を歩き回る

―名 C ❶ 連打；強打，強烈な一撃 ❷ たたく音，どんどん；どすんどすんという音

pound³ /paund/ 名 C (迷い犬などの)公営の収容所；(駐車違反車などの)止め置き場；(押収品などの)一時保管所；(動物用の)おり，(魚用の)いけす；《古》留置所，拘置所
―動 他 …をおりに入れる；…を留置[監禁]する《**up**》

Pound /paund/ 名 **Ezra** (**Loomis**) ~ パウンド(1885–1972)《米国の詩人・批評家》

pound·age /páundɪdʒ/ 名 U ❶ (重量または金額の)1ポンド当たりの税金[手数料] ❷ (ポンドで量った)重量，ポンド数

pound·al /páundəl/ 名 C〖理〗パウンダル《力の単位. 1ポンドの質量に作用して毎秒1フィートの加速度を起こす力. 略 pdl》

pound·er /páundər/ 名 C《通例複合語で》…ポンドの重さのもの[魚，人]，…ポンド砲

pòund-fóolish 形 (一文惜しみの)百失いの，大金の扱いが下手な；分別のない(→ penny-wise)

póund·ing /-ɪŋ/ 名 C U たたくこと[音]；ひどい打撃[痛手] ‖ take a ~ ひどくたたかれる

***__pour__ /pɔːr/《発音注意》(♦同音語 pore)

中心義 **あふれるように流れさせる[流れる]**

動 他 **注ぐ❶ 放出する❸**
自 **流出する❶ 激しく降る❷ 押し寄せる❸**

―動 (**~s** /-z/；**~ed** /-d/；**~·ing**)
―他 ❶《+目+副句》[液体・粒状物など]を**注ぐ**，流す(♦副句 は方向を表す) ‖ ~ **in** water 水を注ぐ / ~ away the grease 脂を流し落とす / ~ milk **into** a glass ミルクをコップに注ぐ / ~ sugar **into** a bowl 砂糖を深鉢にあける / ~ dressing over a salad サラダにドレッシングをかける / The Tone River ~*s* itself into the Pacific. 利根川は太平洋に注いでいる

P

❷ a《+目》〔飲み物〕を注ぐ，つぐ，入れる《*out*》
b《+目 *A*+目 *B*⇄+目 *B*+for 目 *A*》*A*（人）に*B*（飲み物など）をついでやる《*out*》‖ She ~*ed* me (*out*) a cup of coffee.=She ~*ed* (*out*) a cup of coffee *for* me. 彼女は私にコーヒーを1杯ついでくれた
❸〔光・熱・煙など〕を（大量に）放つ，**放出**［放射］**する**《*out, forth*》；〔群集など〕をどっと送り出す，吐き出す；〔金・精力など〕を〈…に〉大量につぎ込む〈**into**〉(⇨ MONEY メタファーの森)；〔非難など〕を〈…に〉浴びせかける〈**on, upon**〉‖ The morning sun ~*ed* its light down *into* the valley. 朝日が谷間に光を注いだ / The dump truck ran up the slope ~*ing out* black exhaust fumes. ダンプカーは黒煙を吐きながら坂を上って行った / Crowds of people were ~*ed* from the stadium after the game. 試合が終わって大勢の人が球場から吐き出されてきた / ~ a lot of money *into* a project 計画に大金を投入する / ~ scorn *on* him 彼をあざける
❹《it を主語にして》〔雨など〕を激しく降らせる《*down*》‖ It was ~*ing* (*down*) rain when I left home. 《米》家を出たとき雨が激しく降っていた
━自 ❶《+副句》（液体・煙などが）（どんどん）流れる，**流出する**，流れ出る（♦ 副句 は方向を表す）‖ Tears ~*ed* **down** her cheeks. 涙が止めどなく彼女の頬(ほお)を流れ落ちた / Black smoke was ~*ing* out of the burning building. 黒煙が燃えているビルから噴き出していた / The river ~*s* over the falls and **into** the lake. その川は滝となって湖に注いでいる
❷（雨が）**激しく降る**《*down*》(⤷ teem down)（♦ 主語はしばしば it）；（光・熱などが）降り注ぐ《*down*》‖ It's ~*ing* (with rain) outside.=The rain is ~*ing* (*down*) outside. 外はどしゃ降りの雨だ / The sun ~*ed down* [over the earth]. 太陽がさんさんと[地上に]降り注いだ
❸《+副句》（人・情報などが）**押し寄せる**，殺到する，一斉に移動する（♦ 副句 は方向を表す）‖ All the students ~*ed* **into** [out of] the auditorium. 全生徒が一斉に講堂へ詰めかけた[から出て来た] / Letters of encouragement ~*ed* **in** to him. 激励の手紙が彼のもとへ殺到した
❹（言葉などが）どっと〈…の〉（口をついて）出る〈**from**〉
❺ 飲み物[茶，コーヒー]をつぐ[出す]，（茶を出して）接待する
❻《副詞を伴って》（ティーポットなどが）飲み物をつぎやすい，うまくつげる ‖ This teapot doesn't ~ very well. このティーポットはあまりうまくお茶をつげない
pòur óut〈他〉（***pòur óut*** ... / ***pòur*** ... ***óut***）① ⇨ 他 ❷，❸ ②〔感情など〕をぶちまける，〔心中〕を吐露する，〔考えなど〕をとうとうと述べる ━〈自〉① どんどん流れ[噴き]出る ②（感情・言葉などが）ほとばしり出る

pousse-ca·fé /pù:skæféɪ/ 名 U C ❶ プースカフェ《食後コーヒーの後に出されるリキュール》❷ 五色酒《比重差から層をなしているカクテルの一種》（♦ フランス語より）

pous·sin /pu:sǽn | ˊ-/ 名 U《英》食用のひな鳥肉

pout /paʊt/ 動 自 ❶（むっとして）口をとがらせる；（唇などが）とがる，突き出る ❷ むっとする，ふくれる ━他 ❶〔唇〕をとがらせる ‖ ~ (out) one's lips 唇をとがらせる ❷《直接話法で》口をとがらせて…と言う ━名 C 口をとがらせること；《しばしば the ~s》不機嫌 ‖ have the ~s ふてくされる / in a ~ ふくれて　**póut·y** 形

póut·er /-ər/ 名 C ❶ ふくれっ面の人，不機嫌な人 ❷ (=~ **pìgeon**) ポーター《イエバトの一種でふくらんだ嗉嚢(そのう)が特徴》

:pov·er·ty /pá(:)vərṭi | pɔ́v-/
━名〔◁ poor 形〕U ❶ **貧乏**，貧困，窮乏(↔ wealth) ‖ He lived in (extreme) ~. 彼は（どん底の）貧乏暮らしをした / fall into ~ 貧乏になる / suffer the bitterest ~ ひどい貧困にあえぐ / be ⌈born to [raised in]⌉ ~ 貧乏に生まれる[育つ]
❷ U/C《a ~》**貧弱**，劣等；不毛(↔ fertility) ‖ cultural ~ 文化の貧困 / a ~ of imagination 想像力の乏しさ / the ~ of the soil 土壌の不毛
❸〈望ましいものの〉不足，**欠乏**(↔ abundance)〈**of, in**〉‖ ~ *in* nourishment 栄養不足[失調]
❹〘宗〙清貧《聖職者の個人的所有権放棄》；（精神的・物質的）欲望の放棄(状態)
語源 *pover-* poor+*-ty*（名詞語尾）：貧しいこと
▸▸ ~ **lìne** [**lèvel**] 名《the ~》貧困限界線，最低生活水準《生活必需品の価格に基づき，政府によって決定される》 ~ **tràp** 名《the ~》《英》貧困のわな《働いて収入を得るとその分だけ国の扶助が減り，少しも生活がよくならない窮乏状態》

póverty-strìcken 形 ひどく貧しい，食うや食わずの(⇨ POOR 類語)

pow /paʊ/ 間 ぽかっ，ぽかっ，ぱーん《打撃・破裂の音》

POW /pì: oʊ dʌ́blju:/ 名 C 捕虜（♦ *p*risoner *o*f *w*ar の略）

:pow·der /páʊdər/
━名（複 **~s** /-z/）❶ U C **粉**，粉末 ‖ grind garlic into ~ ニンニクをひいて粉にする / in ~ form 粉末状の[に]
❷ U《しばしば複合語で》粉製品，粉末剤，…パウダー；**おしろい**，タルカムパウダー；（料理用の）粉 ‖ face ~（粉）おしろい / milk ~ 粉ミルク / baking ~ ふくらし粉 / washing ~《英》粉末洗剤 / put [OR apply] ~ on the baby 赤ちゃんにパウダーをつける
❸ U 火薬 (gunpowder) ‖ ~ and shot 弾薬 / food for ~ 火薬の餌食(えじき)；兵士
❹ U 粉薬，散薬；C（粉薬の）1服(⇨ MEDICINE 類語P) ‖ take a ~ 粉薬を1服飲む(↓)
❺ (=~ **snòw**) U〘スキー〙粉雪，パウダースノー ‖ ride ~ 粉雪の上を滑る
kèep one's pówder drỳ《口》万一に備えておく
tàke a pówder ① ⇨ 名 ❹ ②《米口》さっさと逃げる，ずらかる（♦ 化粧室に行くふりをして姿を消すことから）
━動（**~s** /-z/；**~ed** /-d/；**~·ing**）
━他 ❶〔顔・皮膚など〕に粉おしろい[パウダー]をつける ‖ The woman was thickly ~*ed*. その女性は厚化粧していた
❷ …に〈粉を〉振りかける，まぶす〈**with**〉‖ ~ cookies *with* sugar クッキーに砂糖を振りかける
❸ …を粉[粉末](状)にする(→ powdered)
━自 粉[粉末](状)になる

COMMUNICATIVE EXPRESSIONS
1 **I nèed to pòwder my nóse.** お化粧直しをしたいのですが；化粧室に行ってきます（♥ 女性が中座してトイレに行く際に用いる形式ばった婉曲表現）

▸▸ ~ **blúe** (↓) ~ **compact** 名 C（化粧用）コンパクト ~ **hòrn** 名 C 牛角製火薬入れ ~ **kèg** 名 C ① 火薬だる ② 危険をはらむもの ‖ The region has been regarded as one of the ~ *kegs* of the world. その地域は世界の火薬庫の1つと目されている ~ **magazìne** 名 C 火薬庫[室] ~ **mètallurgy** 名 U〘冶〙粉末冶金 ~ **mònkey** 名 C（昔の軍艦の）少年火薬運搬手；《米俗》（鉱山などの）ダイナマイト仕掛け係 ~ **pùff** (↓) ~ **ròom** 名 C《婉曲的》女性用化粧室；《米》（家の中の）洗面所

pòwder blúe 名 U 淡青色(pale blue)
━形 淡青色の

pow·dered /páʊdərd/ 形 ❶ 粉末状の ❷ 粉をかけた，粉だらけの；おしろいを塗った　▸▸ ~ **mílk** 名 U 粉ミルク ~ **súgar** 名 U《米》粉末砂糖(→ granulated sugar)

pówder pùff 名 C ❶（化粧用）のパフ ❷《口》弱々しい人；（テニスなどの）緩いショット　**pówder-pùff** 形（競技などが）女性向きの；か弱い；取るに足らない

pow·der·y /páʊdəri/ 形〔◁ powder 名〕粉の（ような），粉末状の；粉だらけの；粉になりやすい ‖ ~ snow 粉雪
▸▸ ~ **míldew** 名 U〘植〙ウドンコ病[菌]

:pow·er /páʊər/ 名 動 形
中心義 力(のあるもの)

名 権力❶ 政権❷ 権限❸ 能力❹ 強国❺ 力❼

―名〔▶ powerful 形〕(複 **~s** /-z/) (⇨ 類語) ❶ Ⓤ〈…に対する〉**権力**，支配力，権威；(一般に) 影響力〈**over**〉‖ In today's society, the mass media holds enormous ~. 今日の社会ではマスコミは絶大な力を持っている / (All) ~ corrupts. (すべての) 権力は腐敗する / The king had the duke in his ~. 王は公爵を意のままに従わせた / a man of ~ 権力者，有力者 / a struggle for ~ = a ~ struggle 権力闘争 / She has a lot of ~ *over* personnel decisions in the company. 彼女は会社の人事決定に多大な影響力を持っている

Behind the Scenes **With great power comes great responsibility.** 大いなる力には大いなる責任が伴う　映画 *Spider-man* で主人公 Peter が超人的能力を手に入れた後に言ったせりふ (♥ 権力者を諫(いさ)める局面でしばしば用いられる箴言(しんげん)，あるいは自分が相手よりも偉いということがわかっているときに相手をからかって言うことも)

❷ Ⓤ **政権**，統治権 ‖ The military regime came to ~ in 1985. その軍事政権は1985年に政権の座に就いた / the party in ~ 政府与党 / be in ~ 政権にある / take [seize] ~ 政権に就く[を奪う] / lose ~ 政権を失う

❸ Ⓤ/Ⓒ《しばしば ~s》(法により委嘱された)〈…する〉**権限**；職権〈**to do**〉‖ The constitution **gives** the prime minister the ~ *to* dissolve the Diet. 憲法は首相に国会の解散権を与えている / It is not in my ~ to decide. 私には決定権はありません / the ~*s* of the police [president] 警察[大統領]の権限 / the ~ of arrest [veto] 逮捕[拒否]権

❹ Ⓤ Ⓒ《しばしば ~s》〈…の〉**能力**，力(↔ inability)〈**of**〉‖ It is still not in our ~ to grant your request. まだあなたの願いをかなえてやることができない / We will do everything in our ~ to make your stay a comfortable one. 私どもはお客様が快適にご滞在いただけるようできるだけのことをいたします / The ~ *of* persuasion is vital for salespersons. セールスマンには説得力が絶対に必要だ / Calligraphy sharpens your ~ *of* concentration. 習字は集中力を磨く / the ~ *of* speech 言語能力

❺ Ⓒ **強国**，大国；権力者，有力者；有力な会社，団体；Ⓤ《修飾語を伴って》…パワー《ある集団が持つ政治的・社会的影響力》‖ The nation became one of the biggest economic [military] ~*s* in the world. その国は世界でも有数の経済[軍事]大国の1つになった / the western ~*s* 西欧の列強 / black ~ ブラックパワー

❻ Ⓒ《~s》体力，知力，精神力 ‖ The golfer is at the height of his ~*s*. そのゴルファーは今体力が最も充実している / a person of great intellectual ~*s* 優れた知性を持つ人

❼ Ⓤ (物理的な) **力** ‖ The tremendous ~ of the explosion shook the nearby buildings. すさまじい爆発の勢いで近くの建物が揺れた / muscle ~ 筋力 / the magnet's ~ to draw 物を引きつける磁石の力

❽ Ⓤ 国力；軍事力 ‖ the balance of ~ in Europe ヨーロッパにおける力の均衡 / air [sea] ~ 空[海]軍力

❾ Ⓤ 力強さ，迫力 ‖ The ~ of her arguments silenced her opponents. 彼女の議論の力強さには反対する人たちも黙ってしまった

❿ Ⓤ (手動に対する)動力，機械力，エネルギー；電力 ‖ **nuclear** [wind] ~ 原子[風]力 / solar ~ 太陽エネルギー / He turned off the ~. 彼は電力を切った

⓫ Ⓒ《通例 ~s》神；精霊；超自然的存在 ‖ the ~*s* of darkness 闇(やみ)の力，悪魔ども / Merciful ~*s*! どうぞ神様(お願いです)　⓬ Ⓒ《~s》能天使《天使の第6階級》(→ order)　⓭ Ⓤ〖理〗仕事率，工率《記号 P》　⓮ Ⓤ〖光〗(レンズの)倍率 ‖ a 20-~ telescope 倍率20倍の望遠鏡　⓯ Ⓒ《通例単数形で》〖数〗累乗，べき；べき指数(exponent) ‖ Four to the「~ of 2 [OR 2nd ~] is 16. 4の2乗は16($4^2 = 16$)(= Four squared is 16.)

dò a pèrson a pòwer of góod 《口》〔人〕に大いに役立つ ‖ A little exercise will *do* you *a* ~ *of good*. 少し運動したらとても体にいいと思うよ

****the pòwers that bé*** その筋(のお偉方)，権力者たち，当局 (♥ しばしば皮肉)

the (real) pòwer behind the thróne 陰の実力者

COMMUNICATIVE EXPRESSIONS

1 **Mòre pówer to you!** 頑張ってね，しっかりね(♥ 激励. =《英》More power to your elbow!)

メタファーの森　power 力

power ⇨ *vertical direction*　(力⇨上下方向)

戦いの勝者は敗者の上に立ち，また位置的に上の方が下を見渡せるため，「力を持つこと」(優位に立つこと，支配すること)が上方向，「支配されること」(従属すること)が下方向に対応する．

【力を持つこと⇨上方向】

- My wife **has control over** the household accounts. 家計は妻が握っている (♦ have control over は「…を支配する」の意で，over は上から覆いかぶさるイメージ)
- I couldn't **get on top of** the whole situation. 私は全体の状況を把握することができなかった
- He remained at the **top** of the committee for many years. 長年，彼は委員会のトップだった

【力に屈すること⇨下方向】

- The bank was placed **under** national control. その銀行は国の管理下に置かれた
- The politician **fell from power** after the scandal. スキャンダルの後，その政治家は失脚した (♦「権力の座から転げ落ちる」の意)
- I can't decide because I am (a) **low man on the totem pole.** 下っ端の私には決められません (♦ totem pole は北米先住民が氏族の守護神像を刻んだ柱型の細長い彫刻)

having power ⇨ *holding an object*　(力を持つこと⇨ものをつかむこと)

「ものを(手で)つかむこと」は，それを支配することを表す．日本語にも「手中に収める」「掌握する」など，このメタファーに基づいた表現が見られる．

- In the second half, we had the game **in our hands.** 後半，私たちは試合を支配した (♦ in one's hands で「支配する，思いのままにする」の意)
- The dog is getting **out of hand.** その犬は手に負えなくなってきている (♦ out of hand は「手からはみ出る」から「手に負えない」の意)
- I tried to **get** (a) **hold of** myself, but I couldn't. 自分自身をコントロールしようとしたができなかった
- As CEO, he **keeps a firm** [OR **tight**] **grip on** the whole company. 彼は最高経営責任者として会社全体をしっかりと掌握している (♦ firm [OR tight] grip は「しっかりものを握ること」から「(組織などを)を掌握すること」の意)

—動 (~s /-z/; ~ed /-d/; ~·ing)
—他 ❶〔車・機械など〕に動力を供給する；…を動力で動かす(♦ しばしば受身形で用いる) ‖ a car ~*ed* by solar energy 太陽エネルギーで動く車 ❷《スポーツで》〔ボール〕を強打する, 全力で投げる —自《+副句》力強く動く, 〈…を〉勢いよく動く[進む]〈**up, down,** etc.〉

pòwer dówn 〈他〉《***pòwer dówn*** ... / ***pòwer*** ... ***dówn***》〔コンピューターなど〕の電源[スイッチ]を切る —〈自〉電源[スイッチ]が切られる

pòwer úp 〈自〉(コンピューターなどの)電源が入る, 立ち上がる ‖ My computer takes forever to ~ *up*. 私のコンピューターは立ち上がるのにとても時間がかかる(❗「力を増す」の意味の「パワーアップ」は和製語.「厳しいトレーニングのおかげで彼の筋力は大いにパワーアップした」は Due to the intense training, his muscle power has greatly increased.) —〈他〉《***pòwer úp*** ... / ***pòwer*** ... ***úp***》〔コンピューターなど〕の電源[スイッチ]を入れる, …を立ち上げる

pòwer one's wáy 頑張って進む

—形 ❶動力の, 動力で動く, 電力の ‖ a ~ door 電動ドア ❷権力に関する, 地位を誇示する

類語《名》**power**「力」を表す代表語. 物理的・身体的・知的・精神的などすべての(潜在するものも発揮されたものも含めた) 力に用いられる. またしばしば権限や職権によって行使される力.〈例〉the *power* of the press 報道[言論]の力 / The police have the *power* to put down a riot. 警察は暴動を鎮圧する権限がある

force 能動的に発揮される「力」. 典型的には力ずくで事を行ったり無理にさせたりするような場合の力.〈例〉use *force* in opening the door 力ずくで戸を開ける

strength「強さ」を示し, 事をなしたり耐えたりする, その人または物が持っている「力」.〈例〉the *strength* to lift a stone [resist temptation] 石を持ち上げる[誘惑に抗する]力

(♦ それぞれ動詞は *em*power「権限を与える」, *en*force「強制(実施)する」, strength*en*「強化する」).

might 文語的な語で非常に強大な power.〈例〉the military *might* of the United States 米国の軍事力

▸▸ **~ bàse** 名 C (政治活動の) 支持母体；権力の基礎 **~ bláckout** 名 C 停電 **~ bràke** 名 C《通例 ~s》パワーブレーキ **~ brèakfast** 名 C (会議を兼ねた権力者・重役などの)朝食会 **~ bròker** 名 C 陰で動かす人, 黒幕, フィクサー(→ power-broking) **~ còrd** 名 C U 送電コード **~ cùt** 名 C《英》停電, 送電停止 **~ dìve** (↓) **~ drèssing** (↓) **~ drìll** 名 C〔機〕電動ドリル **~ elíte** 名《the ~》《米》パワーエリート (軍や政財界の権力を握った少数の支配者たち) **~ fàilure** 名 C 停電 **~ gàme** 名 C 権力抗争 **~ grìd** 名 C 配電網 **~ hìtter** 名 C〔野球〕強打者, ホームランバッター **~ lìne** 名 C 送電線 **~ lùnch** 名 C《米》(会議を兼ねた権力者・重役などの)昼食会 **~ nàp** 名 C (仕事の能率を上げるための会社での) 短い昼寝 **~ of attórney** 名 (複 **~s of a-**) C〔法〕① 委任状 (letter of attorney) ② (委任状に基づく) 代理権 **~ òutage** 名 C《米》停電 **~ pàck** 名 C〔理〕電源函(かん)(電圧を電子回路の各構成部分の必要とする電圧に変換する装置) **~ pìnstripe** 名 C《口》大物実業家 **~ plànt** 名 C ① (自動車・ロケットなどの) 動力 [発電] 装置 (エンジンとその関連部分) ② = power station **~ plày** 名 U ①〔スポーツ〕パワープレー (アメフトでボールキャリアーの前にブロッカーを出す戦法；アイスホッケーで数的優位を生かした攻撃) ② 力による政策[施策] **~ plùg** 名 C コンセント, 差し込み口 **~ pòint** 名 C コンセント **~ pólitics** 名《単数・複数扱い》武力外交；権力政治 **~ ràting** 名 C U ① (電気器具の) 最高使用電圧, 耐圧 ② 強さの数値 (賭(か)け率の算出のために数値化したスポーツチームの強さ) **~ sàw** 名 C 電動のこ **~ shòvel** 名 C パワーショベル **~ stàtion** 名 C 発電所 **~ stéering** 名 U〔車〕パワーステアリング, パワステ **~ strùcture** 名 C 権力機構(に属する人たち), 体制(側) **~ sùit** 名 C パワースーツ (地位・能力を印象づけるような(特に女性の)スーツ) **~ supplỳ** 名 C 🖳 (コンピューターでの)電源供給(装置) **~ tìe** 名 C パワータイ (地位・実力を印象づけるようなネクタイ) **~ tòol** 名 C ① 電動工具 ②《口》がり勉 **~ tràin** 名 C (エンジンから駆動車軸へ動力を伝える) 伝導機構 **~ trìp** 名 C《口》力の誇示 **~ ùser** 名 C《口》🖳 パワーユーザー (専門家に近い知識を有し, 高度な機能と性能を求めるユーザー) **~ wàlking** 名 U (健康のための) 早歩き **~ wìndow** 名 C〔車〕(電動) パワーウインドー

pówer·bòat 名 =motorboat

pówer-brò king 名 U 黒幕政治[による政治介入]

pówer dìve 名 C パワーダイブ (飛行機でエンジンをかけたままの急降下) **pówer-dìve** 動 他 自

pówer drèssing 名 U パワードレッシング (地位・実力を印象づけるような服装)
pówer-drèssed /英 ⌐⌐⌐/ 形

pow·ered /páuərd/ 形《通例複合語で》…の動力 [発動機] を備えた；(レンズなどが) 倍率…の ‖ an engine-~ pump 動力ポンプ / high-~ 強力な, 高性能の；(人・活動などが)精力的な / solar-~ 太陽エネルギーによる

:pow·er·ful /páuərfəl/
—形 〔◁ power 名〕(**more ~; most ~**)
❶ (強い)**勢力**[権力, 支配力]**を持つ**, 強大な, 有力な ‖ He is a ~ politician in this area. 彼はこの地方では有力な政治家だ / a ~ nation [leader] 強力な国家[指導者]
❷ (爆発力・キック・パンチ力などが)**強力な**, 強烈な；(武器などが) 破壊力の大きい；(機械などが) 大出力の(↔ weak)；🖳 高性能の, (回線容量などが) 大容量の ‖ a ~ earthquake 強い地震 / give [get] a ~ blow to the jaw あごに強烈な一撃を食らわす[食らう] / a ~ engine 強力なエンジン(♦ strong engine は「作りが頑丈なエンジン」の意) / a ~ telescope 高倍率望遠鏡
❸ (肉体的・精神的に)強い, **強靭**(きょうじん)**な**, 強健[強固]な；(チーム・軍隊などが) 強い戦力を持つ, 強力な ‖ a ~ body [mind] 強い体[精神] / a ~ enemy 強力な敵
❹ **説得力のある**, 人の心を動かす ‖ a ~ argument 納得のいく議論 / a ~ movie 感動的な映画
❺ **効き目がある**；(光・音・味・においなどが) 強烈な, きつい ‖ a ~ medicine よく効く薬 / a ~ smell 強烈なにおい / a ~ voice よく通る声
—副《主に方》非常に, とても, 極度に ‖ It was ~ humid. ひどく湿気があった
~·ly 副 強く, 強力に ‖ He was ~ made. 彼はがっしりした体つきをしていた **~·ness** 名

pówer·hòuse 名 C ❶ 有力な組織, 力の中心地, 原動力 ❷《口》精力家；強力な選手[グループ, チーム] ❸ 強大な組織[国家・会社] ❹《英では旧》=power station

pówer·less /-ləs/ 形 無力な；弱い；権限のない；効能のない；〈…する〉力のない〈**to** *do*〉 **~·ly** 副 **~·ness** 名

pówer·lìfting 名 U〔スポーツ〕パワーリフティング (squat, bench press, dead lift の3種目で競う)
-lìfter 名

pówer-shàring 名 U 権力分担 (特に北アイルランドにおけるカトリック教徒とプロテスタントによるそれをいう)

pow·wow /páuwàu/ 名 C ❶ 北米先住民 (と) の会談；(一般に)会議, 会談, 集会 ❷ (北米先住民の)まじないの儀式 (病気の治癒や戦いの勝利などを祈る)
—動 自《口》会談する, 協議する；しゃべる

pox /pɑ(ː)ks | pɔks/ 名《the ~》❶《口》梅毒 ❷ 発疹(ほっしん)性疾患 (水疱瘡(ぼうそう)(chicken pox), 牛痘(cow pox)など)；《古》天然痘(smallpox)

póx·vìrus 名 C〔生〕ポックスウイルス, 痘瘡(とうそう)ウイルス

PP 略 *p*arcel *p*ost (小包郵便)；*p*arish *p*riest (教区司祭)；*p*ost*p*aid(郵便料金別納で)；*p*re*p*aid(前払いの)

pp. 略 pages ; past participle (過去分詞) ; per pro (代理で) ; 《楽》pianissimo

ppb, p.p.b. 略 part(s) per billion (10億分の…)

ppd. 略 postpaid ; prepaid

PPI 略 〔海保〕policy proof of interest ; 〔経〕producer price index (生産者価格指数)

ppm 略 part(s) per million (100万分の…)

PPM 略 page(s) per minute 《1分間に何枚の印刷が可能かを示すプリンターの性能仕様の単位》

PPO 略 preferred [or participating] provider organization 《米国の医療保険組織の1つ》

PPP 略 point-to-point protocol ; public-private partnership ; purchasing(-)power parity (購買力平価)

PPS 略 Parliamentary Private Secretary ((英国の)大臣私設秘書議員) ; 《ラテン》post postscriptum (=a second or additional postscript) (再追伸)

PQ 略 previous question ; Province of Quebec ((カナダの)ケベック州)

Pr 記号 〔化〕praseodymium (プラセオジム)

PR 略 payroll ; proportional representation (比例代表制) ; public relations ; 《米》Puerto Rico ; personal robot (個人用ロボット)

pr. 略 pair(s) ; preferred (stock) (優良株) ; present ; price ; printing ; pronoun

***prac·ti·ca·ble** /prǽktɪkəbl/ 形 (♦「人」については用いない) ❶ (計画などが)実行可能な, 実行できる ❷ 使用できる ; 実用的な **pràc·ti·ca·bíl·i·ty** 名 **-bly** 副

****prac·ti·cal** /prǽktɪkəl/

— 形 〔◁ practice 名〕(**more ~ ; most ~**) (↔ impractical)

❶ 《比較なし》《限定》**実際的な**, 実地の, 実践的な (↔ theoretical) ‖ How much ~ experience do you have in caring for the elderly? お年寄りの介護にどれくらい実地経験をお持ちですか / from the [or a] ~ point of view 実際的見地から / a ~ test 実地試験 / ~ activity [morality] 実践活動[道徳]

❷ **役に立つ**, 効果的な ; 実行可能な (practicable) ‖ ~ advice 有益な助言 / ~ proposals 実行可能な提案

❸ 目的にかなった ; **実用** [機能] **的な**, 実際に役立つ ‖ These clothes are not ~ for hiking. こういう服はハイキングには不向きだ / give her a ~ wedding present 彼女に実用的な結婚祝いを贈る / for ~ use 実用向きの / ~ English 実用英語 / a ~ car [book] 実用車[書]

❹ (人が)実地[実務]経験を積んだ, 熟練した (↔ inexperienced) ‖ Ask him to fix the doorknob — he's quite ~. 彼にドアノブを直してもらったら — 彼はとても器用だから

❺ (人が) 分別 [良識] のある ; **現実** [実利] **的な** ‖ Be ~! We can't afford the time. よく考えて, とてもそんな時間の余裕はない / a ~ person 現実的な人 ❻ 《限定》**事実上の**, ほとんど…と言ってよい ; 実質的な ‖ It makes little ~ difference. 実質的な違いはほとんどない / a ~ certainty まず確かなこと / a ~ failure 事実上の失敗

— 名 C 《英》実地テスト, 実地授業[研究], 実習

pràc·ti·cál·i·ty 名 (複 **-ties** /-z/) U 実用性, 実現性 ; 分別, 良識 ; C 《複数形で》実際[実用]的側面

▶▶ **~ jóke** (↓) **~ núrse** 名 C (米国の) 准看護師 《公認看護師のような訓練を受けておらず, 主に病人の付き添い看護をする》; 看護助手

***pràctical jóke** 名 C (実際の行為による)悪ふざけ, いたずら ‖ play a ~ on him 彼にいたずらする

pràctical jóker 名

***prac·ti·cal·ly** /prǽktɪkəli/ 副 (**more ~ ; most ~**) ❶ 《比較なし》ほとんど, …も同然で (♦ virtually よりも《口》) ‖ The theater was ~ full. 劇場はほぼ満員だった / My parents quarrel ~ every night. 両親はほとんど毎晩けんかをする / There is ~ no limit to what you can do. あなたにできることについては事実上制限はない / ~ everything ほとんどすべてのこと ❷ 《文修飾》事実上, 実質的に (は), 実際には ‖ *Practically*, I'm afraid it is not as easy as you think. 実際は, 君が考えているほどたやすくないと思うよ ❸ 実際的に, 実地に ; 実用的に ‖ All the students dressed ~ for the hike. 生徒たちは皆ハイキングに向いた服装をしていた / You are very ~ minded. 君はとても現実的な考え方をする人だね

*****prac·tice** /prǽktɪs/ 名 動

中心義 **実際に繰り返し行う(こと)** (★文脈によって「実際に行う」側面, もしくは「繰り返し行う」側面のどちらかに重きが置かれた意味になる)

> 名 **練習❶ 実践❷ 慣習❸ 習慣❹**
> 動 他 **練習する❶ 習慣的に行う❷** 自 **練習する❶**

— 名 〔▶ practical 形〕(複 **-tic·es** /-ɪz/) ❶ U (繰り返しての)**練習**, けいこ, 実習 ; C U 練習期間 ‖ Touch-typing takes some ~. ブラインドタッチでキーを打てるようになるにはいくらか練習が必要だ / *Practice makes perfect.* 《諺》練習を積むと完璧(かんぺき)になれる ; 習うより慣れろ / The teaching ~ led me to decide that teaching was not for me. 教育実習をしてみて自分は教職に向いていないことがわかった / go to baseball ~ 野球の練習に行く / do one's piano ~ ピアノの練習をする / a ~ game 練習試合 / a ~ exam 模試

❷ U **実践**, 実行, 実際 (↔ theory) ‖ He failed to put his idea into ~. 彼は自分の考えを実行に移すことができなかった / an example of good ~ in education 優良教育実践モデル

❸ U C (社会の)**慣習**, しきたり, 慣行 (♥ custom が中立的な意味を持つのに対し, 軽蔑の意を含むことがある) ‖ Most firms have stopped the ~ of forcing women to resign when they get married. ほとんどの企業は女性に結婚退職を強要するしきたりをやめた / adopt the ~ of shaking hands 握手の慣習を取り入れる / standard [or general, common] ~ 一般的な慣行 / unfair business ~*s* 不公平な商慣習

❹ C (個人の) **習慣**, (規則的に繰り返す) 行動, くせ (⇨ HABIT 類語P) ‖ It is his usual ~ to take his dog for a walk before breakfast. 朝食前に犬の散歩に行くのが彼のいつもの習慣だ / I make 「a ~ of checking [or it a ~ to check] three different news websites every day. 毎日3種のニュースウェブサイトをチェックすることにしている

❺ U C (医者・弁護士などの)開業, 営業, 業務 ; C 開業場所 ‖ After working at a university hospital, he went into private ~. 彼は大学病院勤めの後, 個人で開業した / Dr. Takeda is no longer in ~. 武田先生はもう医者をやめてしまった / The dentist had his ~ on Grant Street. 歯医者はグラント通りに診療所を構えていた ❻ U 〔法〕訴訟手続き

****in práctice*** ① 練習を積んで (↔ *out of practice*) (→❶) ② 開業して (→❺) ③ **実際には** ‖ This is all right in theory, but *in* ~ you may have some problems. これは理論上は大丈夫だが, 実際にはいくつかの問題があろう

òut of práctice 練習不足である (↔ *in practice*)

— 動 (**-tic·es** /-ɪz/ ; **~d** /-t/ ; **-tic·ing**) (♦ 《英》では practise とつづる)

— 他 ❶ **a** 《+目(+**on** 名)》(…をけいこ台に)…を**練習する**, けいこする ‖ ~ one's backhand バックハンドを練習する / ~ the piano ピアノを練習する / ~ English *on* him 彼をけいこ台にして英語を練習する

b 《+*doing*》…する練習をする ‖ I had to ~ speaking in public. 人前で話す練習をしなければならなかった (♦ ×practice to speak とはいわない)

❷ …を**習慣的に行う**, …するのを常とする；…を実行[実施]する ‖ ～ early rising いつも早起きする / ～ self-restraint [economy] 自制[倹約]を常とする / Blatant discrimination against women is still ～*d* at some workplaces. 露骨な女性差別がなされている職場がまだある
❸〔法律・医学など〕に従事する, 営む ‖ ～ law [medicine, dentistry] 弁護士[医者, 歯医者]として開業している
❹〔信仰・思想など〕を実践する ‖ ～ one's religion 自身の信仰(の教え)を実践する
—自 ❶ **練習する**, けいこする〈**for** …のため；**at** …を；**on** …を(けいこ台に)〉‖ ～ hard *for* the concert コンサートのために一生懸命練習する / ～ *on* the piano [*at* shooting] ピアノ[射撃]の練習をする / Before she started to work as a manicurist, she ～*d on* her mother every day. マニキュア師になる前, 彼女は毎日母親を実験台にして練習をした
❷〈医者・弁護士などとして〉開業する〈**as**〉
❸ (信仰の教えなどを)実践する, 厳格に守る
Practice what you preach. ⇨ PREACH(成句)
▸▸**～ rùn** 名 C (軍隊・スポーツ選手などの) 予行演習 [練習] **～ tèacher** 名 C 教育実習生 (student teacher) **～ tèaching** 名 U 教育実習 (《米》 student teaching, 《英》 teaching practice)

prac·ticed, 《英》 **-tised** /prǽktɪst/ 形 ❶ 訓練を積んだ；〈…に〉熟達した〈**in**〉 ❷ 練習[経験]によって学んだ[身につけた]

prac·tic·ing, 《英》 **prac·tis-** /prǽktɪsɪŋ/ 形 《限定》(実際に)開業している, 現役の；(生き方・信仰などを)実践している

***prac·tise** /prǽktɪs/ 動 《英》=practice

***prac·ti·tion·er** /præktíʃənər/ 《アクセント注意》 名 C ❶ 開業者；(特に) 開業医, 弁護士 ‖ a medical [legal] ～ (開業)医者[弁護士] / a family ～ かかりつけの医者, ホームドクター (→ general practitioner) / a private ～ 個人営業[開業]者 ❷ (職種・技術などの)熟練者, 専門家；(原理・主義などの) 実践者 ‖ a skilled ～ of acupressure 腕のよい指圧師

prae·no·men /prìːnóumən | -men/ 名 (複 **～s** /-z/ OR **-nom·i·na** /-ná(ː)mɪnə | -nɔ́m-/) C (古代ローマ人の) 第1名 (《例》Gaius Julius Caesar の Gaius)

prae·sid·i·um /prɪsídiəm/ 名 =presidium

prae·tor, pre- /príːṭər/ 名 C 〖ローマ史〗法務官, プラエトル (執政官(consul)の1段下の1年任期の行政官)
prae·tó·ri·al 形

prae·to·ri·an, pre- /prɪtɔ́ːriən/ 名 C 〖ローマ史〗法務官；(しばしば P-)(ローマ皇帝の)近衛兵
—形 ❶ 法務官の；近衛兵の ❷ 《堅》腐敗した, 堕落した
▸▸**～ guárd** 名 (しばしば P- G-) C (古代ローマ皇帝の)近衛兵(団) (後には強大化して皇帝の任命・暗殺にも関与した)

***prag·mat·ic** /prægmǽṭɪk/ 形 (**more ～**；**most ～**) ❶ 実際的な, 実利的な, 現実に即した ‖ a ～ solution to the problem その問題の現実的な解決(策) ❷〖哲〗プラグマティズムの, 実用主義の ❸ 《堅》国事の, 内政の ❹ 歴史(の事実)に学ぶ ❺〖言〗語用論の **-i·cal·ly** 副
▸▸**～ sánction** 名 C 〖史〗国本勅諚(ちょくじょう), 国事勅令 (国家元首が発布し, 国家の基本法となる勅諚)

prag·mat·ics /prægmǽṭɪks/ 名 U 〖言語〗語用論, プラグマティックス (言語とその使用者・意図・状況などとの関係を研究する)

prag·ma·tism /prǽgmətìzm/ 名 U ❶〖哲〗プラグマティズム, 実用主義 ❷ 実用[実利]的な考え方[方法]
-tist 名 形 **pràg·ma·tís·tic** 形

Prague /prɑːg/ 名 プラハ (チェコ語名 Praha) (チェコの首都)

Prai·a /práːjə | práɪə/ 名 プライア (カーボベルデの首都)

***prai·rie** /préəri/ 名 C U (特に米国ミシシッピ川流域の)大草原, 大牧草地, プレーリー
▸▸**～ chìcken** 名 C 〖鳥〗ソウゲンライチョウ (北米産) **～ dòg** 名 C 〖動〗プレーリードッグ (北米大草原にすむリス科の動物. 犬に似た鳴き声を発する) ‖ a ～ *dog* mound プレーリードッグの巣 **～ òyster** 名 C ① 香辛料入り生卵 (二日酔いの妙薬) ② (～s) 《主に米》(食用の)子牛の睾丸(こうがん) **～ schòoner** 名 C 《米》大型ほろ馬車 (開拓時代に大草原の横断に用いた) **Práirie stàte** 名 (the ～) 米国 Illinois 州の別称 **～ wòlf** 名 C =coyote

****praise** /preɪz/ 《発音注意》
—名 (複 **prais·es** /-ɪz/) U C ❶〈…に対する〉**賞賛**, 礼賛 (↔ criticism)；(～s) 賞賛の言葉〈**of, for**〉‖ The critics were loud **in** their ～*s of* [OR *for*] him [his work]. 批評家たちは彼[彼の作品]を絶賛した / The film **won** [OR received] **high** ～ from audiences. その映画は観客から大いに賞賛された / Your conduct is beyond all ～. 君の行為はいくら褒めても褒め足りない / worthy of ～ 賞賛に価する / We were full of ～ *for* the firefighters' actions. みんな消防士たちの活動を大いに褒めたたえた / words of ～ 賞賛の言葉 / **in** ～ *of* … …をたたえて
❷ (神・支配者・英雄への)賛美, 崇敬, 感謝；(～s)賛美の言葉 ‖ *Praise* be (to God)! 《旧》神をたたえよ, ありがたや
damn … with faint praise ⇨ DAMN(成句)
sìng a pèrson's práises：***sìng the pràises of a pèrson*** (人を)盛んに褒める, 褒めたたえる
—動 (**prais·es** /-ɪz/；**～d** /-d/；**prais·ing**) 他 ❶ …を**褒める**, 賞賛[礼賛]する〈**for** …のことで；**as** …として〉‖ She was ～*d for* 「her work [doing good work]. 彼女は自分の作品を[いい仕事をしたと]褒められた / Everybody ～*s* the Beatles *as* the greatest rock group of the 20th century. だれもがビートルズを20世紀最高のロックグループだと褒めたたえる / a **highly** ～*d* book 絶賛された本 ❷〔神など〕をたたえる, 賛美する ‖ *Praise* God [OR the Lord].=God [OR Heaven] be ～*d*! 神をたたえよ；ありがたや
語源「価値」の意のラテン語 *pretium* から. price, prize と同語源.

***praise·worthy** /préɪzwə̀ːrði/ 形 賞賛に値する, 感心な
-wòrthily 副 **-wòrthiness** 名

pra·line /préɪliːn | práː-/ 名 C U プラリーヌ, プラリネ (ナッツ類を砂糖であめ状に煮詰めた菓子)

***pram** /præm/ 名 C 《英》乳母車 (《米》 baby buggy [OR carriage]) (♦ perambulator の短縮形) (⇨ BABY CARRIAGE 図)

prance /præns | prɑːns/ 動 自 ❶ (人が) 跳ね回る；意気揚々と歩く, 誇らしげに歩く《***about, around***》 ❷ (馬が)跳ねながら進む；(人が)跳ね回る馬で行く《***along***》
—名 C 跳ね回り；いばり歩き

pran·di·al /prǽndiəl/ 形 《限定》《堅》(しばしば戯) 食事の, (特に)正餐(せいさん)の

prang /præŋ/ 動 他 《英口》〔航空機〕を墜落させる, 撃墜する；〔乗り物〕を衝突させる；…に衝突する；…を激しく爆撃する, 破壊する —名 C 墜落, 衝突；《旧》猛爆

***prank**[1] /præŋk/ 名 C いたずら, 悪ふざけ, 戯れ ‖ play [OR pull] ～*s* on her 彼女にいたずらをする / mischievous [childish] ～*s* たちの悪い [子供っぽい] いたずら / a ～ call いたずら電話

prank[2] /præŋk/ 動 他 …を飾り立てる《***out, up***》‖ ～ oneself *up* 着飾る, めかしたてる —自 着飾る, めかす

prank·ish /prǽŋkɪʃ/ 形 戯れの；いたずら好きな；悪ふざけの **～·ly** 副 **～·ness** 名

prank·ster /prǽŋkstər/ 名 C いたずら好きな [悪ふざけをする]人

pra·se·o·dym·i·um /prèɪzioudímiəm/ 名 U 〖化〗プラセオジム (希土類金属元素. 元素記号 Pr)

prat /præt/ 名 C ❶ 《英俗》役立たず, とんま ❷ 《俗》尻(しり), けつ

prate /preɪt/ 動 自〈…について〉ぺらぺらしゃべる《***on***》

〈about〉
—名 U つまらないおしゃべり；無駄話

prat·fall /prǽtfɔ̀:l/ 名 C 《俗》(道化芝居の所作としての)尻もち；しくじり ‖ take a ～ 尻もちをつく

pra·tique /prætí:k | ´-/ 名 U 〖商〗(検疫後の)入港許可

prat·tle /prǽtl/ 動 自〈…について〉ぺらぺらしゃべる；舌足らずな話し方をする《*away, on*》〈about〉
—名 U つまらないおしゃべり **-tler** 名

*__prawn__ /prɔ:n/ 名 C 〖動〗クルマエビ，テナガエビ《lobster より小さく，shrimp より大きい》
—動 自 クルマエビ[テナガエビ]を捕る

prax·is /prǽksɪs/ 名 (複 **-es** /-si:z/) U C 《堅》❶ 実習，練習 ❷ 習慣，慣例

pray /preɪ/ 《発音注意》(♦ 同音語 prey)
—動 (**～s** /-z/；**～ed** /-d/；**～·ing**)
—自 (神に)**祈る**，祈願する；〈人に〉**懇願する**，切に願う〈**to** …に；**for** …を[のために]〉；(食事時に)感謝の祈りをする(♦「切に願う」の意味ではしばしば進行形で用いる) ‖ Everybody is ～*ing for* rain. だれもが雨を願っている / go to church to ～ 教会へお祈りに行く / ～ silently 黙禱(もくとう)する / ～ *for* one's family 家族のために祈る / She ～*ed to* God *for* help. 彼女は神に助けを求め祈った / ～ over one's meals 食前[後]のお祈りをする
—他 ❶ **祈る**，**懇願する** **a** 《+目》…を祈願[懇願する]；〔神〕に祈る，祈願する；〔人〕に〈…を[のことで]〉懇願する〈**for**〉‖ I ～ your permission to speak. 私にぜひ発言をお許し願いたい / I ～ you *for* mercy. なにとぞお慈悲をお願いします **b** 《(+**to** 名)+(**that**) 節》(…に)…であるよう祈る[懇願する，切に願う] (♦ 直接話法にも用いる) ‖ He ～*ed* (*to* God) *that* nothing would go wrong. 彼は万事うまくいきますようにと(神に)祈った **c** 《+目+**to** *do*》…に…するよう祈る[懇願する] ‖ I ～*ed* God *to* help us. 我々を助けてくださいと神に祈った **d** 《+**to** *do*》…することを[したいと]祈る[懇願する] (♦ to *do* はしばしば受身形で用いる) ‖ I ～*ed to* be allowed to speak to the Queen. 私は女王に会わせてくれるように懇願した **e** 《挿入句的または省略用法で》懇願する ‖ I ～ you, do not disturb us. お願いですから[どうか]，そっとしておいてください (→ 副) / *Pray* [OR I ～] God she is safe. 神さま彼女が無事でありますように
❷ 祈って…を〈…の状態に〉する[至らせる]〈**to, into**〉‖ ～ a soul *into* heaven 魂が天国に行くこと[魂の安らかなこと]を祈る
pàst práying for 祈っても無駄で，回復[回心]の見込みがなくて
—副 《依頼・質問などで》《堅》お願いですから，どうか，どうぞ；お聞きしますが (→ 他 ❶) (♦ I pray you の省略表現で please より《堅》) ‖ *Pray* be seated. どうぞお座りください / What is the reason for this, ～ (tell)? ねえ，これはどういうことですか(♥ 皮肉の意味が入ることもある)
▸▸ **～ing mántis** 名 C ＝mantis

prayer[1] /preər/ 《発音注意》
—名 (複 **～s** /-z/) ❶ C U (神への)**祈り**，祈禱(きとう)〈**for** …を願っての / **that** 節 …という〉；**祈りの言葉**；《しばしば P-》(一定の形式の)祈禱文 ‖ She **said** a ～ *that* her mother would get well soon. 彼女は母親が早く治るよう祈った / My ～ was **answered**. 祈りがかなえられた / offer a ～ 「of thanks [*for* world peace] 感謝[世界平和]の祈りをささげる / a ～ *for* rain 雨ごい / the Lord's *Prayer* 主の祈り，主禱(しゅとう)文 / be at one's ～*s* 祈りをささげている / kneel **in** ～ ひざまずいて祈る
❷ U C 《しばしば ～s》祈禱式，祈拝 ‖ Morning [Evening] *Prayers* 朝[夕方]の礼拝，朝[晩]禱
❸ C 〈…への〉懇願，嘆願〈**for**〉；《通例単数形で》願い事，要請事項 ‖ Our ～ will be heard. 我々の願いは聞き入れられるだろう
❹ C 《a ～》《通例否定文で》《口》(成功の)わずかな見込み[希望]

COMMUNICATIVE EXPRESSIONS
1 **You're** [OR **We'll kèep you**] **in our práyers.** あなたのためにお祈りしています(♥ 葬式などで用いるお悔やみ)

▸▸ **～ bèads** 名 複 (祈禱用の)数珠，ロザリオ (rosary) **～ bòok** 名 C 祈禱書；《the P- B-》＝the Book of COMMON PRAYER **～ màt** [**rùg**] 名 C (イスラム教徒の)祈禱用マット **～ mèeting** [**sèrvice**] 名 C (プロテスタントの)祈禱会 **～ vìgil** 名 C (慰霊などのための)祈りの集会 **～ whèel** 名 C 〖チベット仏教〗マニ車《信徒が用いる円筒形の回転礼拝器．経文が刻まれている》

pray·er[2] /préɪər/ 《発音注意》名 C 祈る人，祈禱者，祈願者

prayer·ful /préərfəl/ 形 信心深い；祈りを込めた **～·ly** 副

*__pre-__ /pri:-, prɪ-, prə-/ 接頭「以前の；前もっての；先行する；前部の」などの意；(↔ post-) ‖ *pre*war

*__preach__ /pri:tʃ/ 動 他 ❶ **a** 《+目》〔教義など〕を説き聞かせる，伝導する，説教する ‖ ～ a sermon on brotherly love 同胞愛について説教する / ～ the Gospel 福音を説く **b** 《+**that** 節》…であると説く[教え諭す] ‖ He ～*ed that* exercise is good for the health. 彼は運動は体によいと説いた ❷ …を熱心に勧める，…(の必要性)を力説する ‖ ～ economy 倹約の大事さを説く
—自 ❶ 説教する，伝道する；説く，教え諭す〈**to** …に；**about, on** …について；**against** …を戒めて〉‖ ～ *to* a congregation 会衆に説教する ❷ (くどくどと)お説教する，意見する〈**at, to** …に；**about** …について；**against** …しないように〉‖ My mother is always ～*ing at* me *about* my monthly cellphone bills. 母はいつも私の毎月の携帯電話料金のことで口うるさく言っている / ～ *against* drinking 飲酒を戒める
Pràctice what you préach. 自らの教えを実践しなさい，言行を一致させなさい
prèach to the convérted 改宗者に改宗を説く；余計[無駄]な仕事をする
—名 C 《口》説教，法話(sermon)；説諭，お説教

*__preach·er__ /prí:tʃər/ 名 C 説教者，伝道師，牧師；唱道者；説諭者，お説教する人 ‖ a TV ～ テレビ伝道師

preach·i·fy /prí:tʃɪfàɪ/ 動 (**-fied** /-d/；**～·ing**) 自 《口》くどくどとお説教する

preach·ment /prí:tʃmənt/ 名 《口》U 説教すること；C (長たらしい)説教

preach·y /prí:tʃi/ 形 《口》説教好きな；説教じみた

prè·adoléscence, prè-adoléscence 名 U 思春期直前期《9-12歳ごろ》 **-adoléscent** 名 C 思春期直前の子供 —形 思春期直前の

Préak·ness Stàkes /prí:knəs-/ 名 《単数扱い》プリークネスステークス《米国競馬三冠レースの1つ》

pre·am·ble /priǽmbl/ 名 C U (憲法・条約などの)前文；(著述・演説などの)序文，序言，前置き(⇨ PREFACE 類語)

pre·am·pli·fi·er /pri:ǽmplɪfàɪər/ 名 C 〖電〗プリアンプ《弱い信号を増幅してメインアンプへ送る装置》

pre·ar·range /prì:əréɪndʒ/ ⟨シ⟩ 動 他 …を前もって取り決める，…の手はずをあらかじめ整える **～·ment** 名

preb·end /prébənd/ 名 U C 《英》大聖堂参事会員(canon)の俸給(を生む土地)；＝prebendary

preb·en·dar·y /prébəndèri | -dəri/ 名 (複 **-dar·ies** /-z/) C 大聖堂参事会員俸給を受ける聖職者，受禄(じゅろく)聖職者；(英国国教会の)名誉参事会員

pre·bi·o·log·i·cal /prì:baɪəlɑ́(:)dʒɪkəl | -lɔ́dʒ-/ 形 生物誕生以前の

pre·but·tal /prì:bʌ́təl/ 名 C U (批判がなされる前の政治家による)先制反論(♦ *pre*+*rebuttal* より)

prec. 略 preceded, preceding

Pre·cam·bri·an /pri:kǽmbriən/ 〖地〗形 先カンブリア時代の —名 《the ～》先カンブリア時代《古生代以前の地質時代の総称》

P

pre·can·cer·ous /prìːkǽnsərəs/ 形 前癌(ぜんがん)(症状)の

***pre·car·i·ous** /prɪkéəriəs/ 形 ❶ 情況次第の, 不安定な, 心もとない, 当てにならない ‖ make a ～ living 不安定な生活をする / ～ times 明日の運命もわからぬ時代 ❷ (安定を欠いて) 危険な ‖ a ～ foothold 危険な足場 ❸ 根拠不十分な, あやふやな ‖ a ～ argument 根拠のあやふやな議論 **～·ly** 副 **～·ness** 名

pre·càst cóncrete /prìːkæst- | -kɑ̀ːst-/ 名 U 成型コンクリート

prec·a·to·ry /prékətɔ̀ːri | -tə-/ 形 《堅》懇願 [嘆願, 依頼] の ‖ ～ trust 〘法〙遺託

***pre·cau·tion** /prɪkɔ́ːʃən/ 名 ❶ U C 用心, 警戒 ‖ by way of ～ 用心して, 念のため / just as a ～ 念のために, (万一に) 備えて ❷ C 《しばしば ～s》〈…に対する〉予防策, 予防措置〈**against**〉‖ take the ～ of seeking professional advice 予防 [用心] のために (あらかじめ) 専門家の助言を求めておく / take proper ～*s against* [*to* prevent] car accidents 自動車事故防止のために適切な手段を講ずる ❸ C 《～s》《口》《婉曲的》避妊措置, 避妊具使用 ‖ take ～*s* 避妊する

pre·cau·tion·ar·y /prɪkɔ́ːʃənèri | -ʃənəri/ 形 用心の, 警戒の; 予防 (措置として) の ‖ take ～ measures against fire 火災予防措置を講じる

***pre·cede** /prɪsíːd/ 動 他 ❶ (人・物事が) (時間・順序で) …に先立つ, 先んじる (↔ follow); (位階・重要性などで) …に優先する, …より重要である; (場所的に) …に先行する, 先導する (⇨ PROCEED 類語) ‖ during the two hours *preceding* his death 彼が死ぬ前の2時間の間に / Frequent small earthquakes often ～ a major one. 大地震の前にはよく小地震が頻発する / Many people think money ～*s* everything else. 金がほかの何よりも大切だと考えている人が多い / He ～*d* me 「up the stairs [into the hall]. 彼は私の先に立って階段を上って いった [ホールに入った] ❷ 《+目+**with** 名》…に〔序文・前置き〕をつける; 〔話など〕を…で始める ‖ The mayor ～*d* his speech *with* a few words of welcome. 市長は演説に先立って短い歓迎の言葉を述べた

語源 *pre-* before + *-cede* go: …より前に行く

***prec·e·dence** /présɪdəns/, **-den·cy** /-dənsi/ 名 U ❶ (時間・順序・場所などで) 先立つこと, 先行 ❷ 〈…に対する〉優位, 上位, 優先〈**over**〉‖ Social concerns should take ～ *over* personal ones. 社会的な問題は個人的な問題より優先するべきだ / This task must be given ～ *over* all others. この仕事は何よりも優先しなければならない ❸ 序列, 席次; (儀式などでの) 上席権

in òrder of précedence 先行 [優先, 序列] 順に

***prec·e·dent**[1] /présɪdənt/ 名 ❶ C U (手本となる) 〈…の〉先例, 前例; 〘法〙判例〈**for**〉‖ according to ～ 先例によって / make a ～ of ... …の先例とする / We wish to set a legal ～ to protect tidelands. 我々は干潟 (ひがた) を守る法的先例を作ることを願っている / The epidemic is without ～. その伝染病は前例のないものだ / set [OR establish, create] a ～ *for* promoting women to higher positions 女性をより高い地位に抜擢 (ばってき) する先例を作る / There is no ～ *for* the present situation. 現在の情勢に匹敵する前例はない ❷ U (先例に基づく) 習わし, 慣例 ‖ break with ～ 慣例を破る

pre·ce·dent[2] /prɪsíːdənt/ 形 先立つ, 前の; 〈…に〉先行する〈**to**〉

***pre·ced·ing** /prɪsíːdɪŋ/ 形 《限定》《通例 the ～》先立つ, (すぐ) 前の, 前述の, 上記の (↔ following) ‖ the ～ year その前年

pre·cen·tor /prɪséntər/ 名 C (聖歌隊や会衆の歌をリードする) 音頭取り; 先唱者

pre·cept /príːsept/ 名 ❶ U C 《堅》(行動上の) 指針, 規範; (道徳的な) 教え; 金言, 格言 (maxim) ❷ C 〘法〙令状, 命令書

pre·ces·sion /prɪséʃən/ 名 U 前進 (運動); 〘天〙歳差運動, すりこぎ運動 ‖ ～ of the equinoxes 〘天〙春分点歳差 **～·al** 形

pre-Chrístian 形 西暦紀元前の; キリスト (教) 以前の

***pre·cinct** /príːsɪŋkt/ 《発音注意》名 C ❶ 《米》(都市内の) 警察管区; 所轄署; 選挙区 ‖ Our city has five police ～*s*. 我が町には5つの警察管区 [分署] がある / the 25th *Precinct* 第25管区 / the voters of the ～ その選挙区の投票者 ❷ 《通例 ～s》(建物の間などの) 囲い地; (教会・大学などの) 構内 ‖ within the ～*s* of a school [station] 学校 [駅] の構内で ❸ 《～s》近隣, 周辺 ‖ the ～*s* of the city = the city ～*s* その都市の周辺 [郊外] ❹ 《英》自動車乗入れ禁止区域; …専用区域 ‖ a pedestrian ～ 歩行者天国 / a shopping ～ ショッピング専用区域 ❺ 《しばしば ～s》境界 (線)

pre·ci·os·i·ty /prèʃiɑ́(ː)səṭi | -ɔ́s-/ 名 (複 **-ties** /-z/) U C (言葉遣い・趣味などの) 気取り, てらい, 凝り性; 気難しさ; 《-ties》気取った言葉遣い

***pre·cious** /préʃəs/

── 形 (**more ～; most ～**)

❶ **高価な, 貴重な** (↔ worthless) (⇨ 類語) ‖ a ～ Persian rug 高価なペルシャじゅうたん

❷ (精神的に) **貴重な, 尊い**, 大事な (⇨ 類語) ‖ ～ memories 大切な思い出

❸ かわいい, いとしい, 大切な ‖ his ～ son 彼の最愛の息子

❹ 《限定》《口》大事な (♥ 他人があるものを大事にしすぎることへのいら立ちや怒りを表す) ‖ I never touched your ～ computer. 君の大事なコンピューターになんか触ってないよ

❺ 《比較なし》《限定》《反語的に》《口》とてもひどい; 大した, 非常な; (ほとんど) 価値のない ‖ He made a ～ mess of it. 彼はひどいへまをやった / a ～ fool ひどいばか / A ～ lot you care, don't you? 大して気にしていないんだろう

❻ ⊗《蔑》(言葉遣い・文体などが) 気取った, 凝りすぎた, 完璧 (かんぺき) 主義の

── 副 《口》非常に, とても (♦ 特に few, little の強調) ‖ I have ～ little money left. 金はほとんど残っていない / It's ～ hot. ひどく暑い

── 名 C 《呼びかけで》最愛の人, いとしい人 ‖ That's true, (my) ～. そのとおりだよ, おまえ

Behind the Scenes **My precious.** 私の宝物 映画 *The Lord of the Rings* で, 指輪 One Ring of Power の魔力に影響され, 狡猾 (こうかつ) さや残忍さを身につけてしまったホビットの Gollum が指輪をこう呼ぶ. 指輪によって長寿を手に入れた Gollum は指輪を My birthday present.「私の誕生日プレゼント」と呼ぶことも (♥ 通常は自分にとって「愛しい人」の意で, 特に小さな子どもに対して使うやや古めかしい表現だが, ふざけて Gollum の口調をまねて, 自分にとって大事な物を手にとってあがめながら言うことも)

～·ness 名

語源 *preci-* worth + *-ous* (形容詞語尾): 価値のある

類語 《形 ❶, ❷》**precious** ほかのもので代えることのできない大切な価値を持つ; 金銭では評価できないほど大切な. 〈例〉*precious* friendship かけがえのない友情

valuable (ふつう「高価」の意味も含まれるが, 高価そのものよりも優れた質や重要性によって) 大きな価値がある. 〈例〉a *valuable* watch 高価な時計 / *valuable* help 貴重な援助 (→ expensive)

priceless, invaluable (それぞれ「値段をつけられない」,「価値をはかれない」の意から) この上なく高価 [貴重] な.

▸▸ **～ métal** 名 C U 貴金属 《金・銀・プラチナなど》(↔ base metal) **～ stóne** 名 C 宝石 《ダイヤモンド・エメラルドなど》(⇨ JEWEL 類語)

pré·cious·ly /-li/ 副 高価に, 大切に; 《口》大いに, 非常に; 《けなして》気取って, 凝って

prec·i·pice /présəpɪs/ 名 C ❶ 断崖 (だんがい), 絶壁, 崖 (がけ) (→ cliff) ❷ 危機, 窮地; 瀬戸際 ‖ be [OR stand] on the edge [OR brink] of a ～ 危機にひんしている

pre·cip·i·tan·cy /prɪsípɪtənsi/ 名 (複 **-cies** /-z/) U C 大急ぎ, 大慌て, 性急, 軽率；《-cies》性急な行為

pre·cip·i·tant /prɪsípɪtənt/ 形 =precipitate
—名 C 〖化〗沈殿剤

***pre·cip·i·tate** /prɪsípɪtèɪt/ (→ 形 名) 動 他 ❶〔望ましくないこと〕を突然引き起こす；…を(必要以上に)早める ‖ ～ his fall from power 彼の権力の座からの失墜を早める ❷ …を突然〈ある状態に〉陥らせる〈**into**〉‖ He ～*d* himself *into* the fight. 彼はけんかの中に飛び込んだ / ～ a country *into* war ある国を戦争へと追い込む ❸《+目+副句》…を(…へ)真っ逆さまに落とす, 投げ落とす ❹《通例受身形で》〖化〗沈殿する《*out*》❺〖気象〗〔水蒸気〕を(雨・雪・ひょうなどに)凝結させる
—自 ❶ 真っ逆さまに落ちる ❷〖化〗沈殿する《*out*》❸〖気象〗凝結して雨[雪, ひょうなど]になる, 降水する
—形 /prɪsípəṭət | -sípɪ-/ ❶ 大慌ての, 大急ぎの；早まった, 軽率な ‖ a ～ decision 性急な決定 ❷ 突然の, 出し抜けの ‖ a ～ drop in prices 物価の突然の下落
—名 /prɪsípəṭət | -sípɪ-/ U C 〖化〗沈殿物
～·ly 副 **～·ness** 名

pre·cip·i·ta·tion /prɪsìpɪtéɪʃən/ 名 ❶ U C 〖化〗沈殿 ❷ U C 〖気象〗降水(量), 降雨(量), 降雪(量) ❸ U 真っ逆さまの落下[墜落, 投下] ❹ U C 《堅》大急ぎ, 大慌て, 性急, 軽率 ❺ U 《堅》促進, 助長

pre·cip·i·tous /prɪsípəṭəs | -sípɪ-/ 形 ❶ 険しい, 切り立った；断崖絶壁になった, 急勾配(こうばい)の ❷ 大慌ての, 性急な, 無謀な **～·ly** 副 **～·ness** 名

pré·cis /preɪsí: | ´– –/ 名 (複 **～** /-z/) C (著作・演説などの)大意, 要約(summary)
—動 他 …の大意を書く, …を要約する(♦ フランス語より)

***pre·cise** /prɪsáɪs/ 《アクセント注意》形〔▶ precision 名〕(**more ～**；**most ～**) ❶ (細部に至るまで)正確な；(数量などが)きっかりの, 過不足ない(↔ imprecise, inexact)；(機器などが) 精密な (⇨ CORRECT 類語) ‖ a ～ measurement 正確な測定 [計量] / a ～ amount 寸分違わない分量 / a ～ instrument 精密な器械 ❷《比較なし》《限定》(ほかならぬ) まさにその ‖ That's the ～ reason I refused. それこそまさに私が断った理由だ / at the ～ moment まさにその瞬間に ❸ (人が) 〈…の点で〉厳格な, きちょうめんな〈**in, about**〉；(態度などが)堅苦しい, こせこせした ‖ He was ～ *in* observing regulations. 彼はきちんと規則を守った ❹ (指示・定義などが)はっきりした, 明確な(↔ vague) ‖ in a ～ voice はっきりとした声で
**to be* (*mòre*) *precise* NAVI (もっと)正確に言うと(♥ 今言ったばかりのことにより詳しい情報を付け加える. ⇨ NAVI表現 12) ‖ There were not many people in the room — six, *to be* ～. その部屋には人はそれほどいなかった — 正確に言うと6人だった

COMMUNICATIVE EXPRESSIONS
1 **Could you be mòre precíse?** もっとはっきりしてもらえますか(♥ もっと明確[厳密]に述べるよう要求する)

～·ness 名

****pre·cise·ly** /prɪsáɪsli/
—副 (**more ～**；**most ～**)
❶ **正確に**, 精密に；詳細に；明確に, はっきりと ‖ make a phone call at 9 a.m. ～ 午前9時きっかりに電話をかける
❷ **まさに**, 全く(♥ 強調) ‖ That is ～ what I mean. それこそまさに私が意図することだ(♦ しばしば what, how, where など疑問詞の前に置く) / ～ the same 全く同じ
❸《文修飾》NAVI はっきり言うが, そもそも；正確に言うと(to be precise) ‖ *Precisely*, you ruined my family. はっきり言っておまえが私の一家を破滅させたのだ
❹《比較なし》まさにそのとおり(♥ 同意を示す返答) ‖ "I suppose quick action is the point." "*Precisely*." 「迅速な行動が肝要だと思いますが」「まさにそのとおりです」

pre·ci·sian /prɪsíʒən/ 名 C 《主に古》(特に宗教上の) 形式[厳格]主義者；(16–17世紀の英国の)清教徒

***pre·ci·sion** /prɪsíʒən/ 名〔◁ precise 形〕U ❶〈…での〉正確, 精密；(機械などの)精度〈**in**〉‖ define a word with ～ 単語を正確に定義する / ～ *in* calculation 計算での正確さ ❷ 細心, きちょうめんさ ❸ 💻 (数値の)精度
—形《限定》正確な, 精密な；精度の高い ‖ ～ timing 正確なタイミング / ～ instruments [tools] 精密機械 [精密工作機械]

prè·clínical <ジ 形〖医〗病状発現前の, 臨床前の

***pre·clude** /prɪklú:d/ 動 他《堅》妨げる **a**《+目》…を(あらかじめ)不可能にする, 妨げる；…を除外する, 排除する(≒ rule out)；〔人〕が〈…するのを〉阻む〈**from** *doing*〉‖ ～ any further discussion それ以上の話し合いを不可能にする / ～ all doubts 疑いの余地をなくす / ～ him *from* getting a new job 彼が新しい職を得るのを阻む **b**《+*doing*》…するのを妨げる ‖ ～ drinking 飲酒できないようにする **c**《+目+*doing*》…が…することを不可能にする[阻止する] ‖ ～ him smoking 彼の喫煙を阻止する

pre·clu·sion /prɪklú:ʒən/ 名 U 防止, 阻止, 妨害

pre·clu·sive /prɪklú:sɪv/ 形 防止[除外]する, 予防的な

pre·co·cious /prɪkóʊʃəs/ 形 (子供が) 早熟の, ませた；〖植〗早成の, 早咲きの, わせの **～·ly** 副 **～·ness** 名

pre·coc·i·ty /prɪkɑ́(:)səṭi | -kɔ́s-/ 名 U 早熟；早成, 早咲き

pre·cog·ni·tion /prì:kɑ(:)gníʃən | -kɔg-/ 名 U ❶ 事前認知；(特に超能力などによる)予知, 予見 ❷《主にスコット》証人の予備尋問

prè-Co·lúm·bi·an /-kəlʌ́mbiən/ <ジ 形 先コロンブスの, コロンブスのアメリカ大陸到達以前の

pre·con·ceived /prì:kənsí:vd/ <ジ 形 (考えなどが) あらかじめ抱かれた, 前もって考えられた ‖ a falsely ～ idea 誤った先入観

pre·con·cep·tion /prì:kənsépʃən/ 名 U C《しばしば ～s》予想；先入観, 偏見

pre·con·di·tion /prì:kəndíʃən/ 名 C 〈…の〉先決条件, 前提条件〈**for, of**〉 —動 他 …の条件[状態]をあらかじめ整える, …を前もって調整する

pre·cónscious 形〖心〗前(ぜん)意識の
—名《one's [the] ～》前意識 **～·ness** 名 U 前意識

***pre·cook** /prì:kʊ́k/ 動 他 …をあらかじめ調理する, 下ごしらえする **prè·cóoked** <ジ 形 (食品が) あらかじめ調理された, 下ごしらえされた

pre·cur·sor /prɪkə́:rsər/ 名 C ❶ 先駆者, 前身, 先任[前任]者；前兆, 前触れ ❷〖化〗前駆[先駆]物質, 前駆体《化学反応の過程で生成されるものの前物質》

pre·cur·so·ry /prɪkə́:rsəri/ 形 先触れの, 前兆となる；先行する, 先駆的な, 前置きの, 予備的な

pred. 略 predicate(述部)；predicative(述語)

pre·da·cious, -ceous /prɪdéɪʃəs/ 形 =predatory ❶

prè·dáte 動 =antedate

pre·da·tion /prɪdéɪʃən/ 名 ❶ U 〖動〗(動物間の) 捕食関係 ❷ C《通例 ～s》略奪

***pred·a·tor** /prédəṭər/ 名 C ❶〖動〗捕食動物 ❷ 略奪者；他社を乗っ取ろうとする会社

pred·a·to·ry /prédətɔ̀:ri | -tə-/ 形 ❶〖動〗捕食性の, 肉食性の ❷ 略奪する, 略奪を目的[習性]とする；人を利用する, 利己的な

pre·dawn /prì:dɔ́:n/ 形《限定》夜明け(直)前の
—名 U C 夜明け(直)前

pre·de·cease /prì:dɪsí:s/《堅》動 他 …よりも先に死ぬ
—名 U 人より先に死ぬこと

***pred·e·ces·sor** /prédəsèsər, ˌ– – ˈ– | prí:dɪ-, ˌ– – ˈ– /
名 C ❶ 前任者 (↔ successor) ‖ his immediate ～ 彼のすぐ前の担当者 ❷ 前のもの, 取って代わられたもの ‖ My new car is more spacious than its ～. 私の今度の車は前のより車内が広い ❸《古》先祖

pre·des·ti·nate /pri:déstɪnèɪt/ (→ 形) 動 他 ❶〖宗〗(神が)〔人間〕の運命をあらかじめ定める ❷ …を運命づける

—形 /-nət/ あらかじめ定められた；宿命の
pre·des·ti·na·tion /priːdèstɪnéɪʃən/ 名 U ❶〘宗〙(運命)予定説 ❷ 予定, 運命, 宿命
pre·des·tine /priːdéstɪn/ 動 他《受身形で》〈…する〉運命である〈**to** ***do***〉
pre·de·ter·mine /prìːdɪtə́ːrmən | -mɪn/ 動 他 …を前もって決定する, 予定する；…を運命づける(♦ しばしば過去分詞形で形容詞的に用いられる) ‖ at a ~*d* time 予定の時間に
pred·i·ca·ble /prédɪkəbl/ 形《堅》(属性として)断定できる —名 C《堅》(属性として)断定できるもの；属性；《通例 ~s》〘論〙賓位(ひんい)語
***pre·dic·a·ment** /prɪdíkəmənt/ 名 C ❶ 窮状, 苦境 ‖ in a ~ 苦境にあって ❷〘論〙賓位語；範疇(はんちゅう)
pred·i·cate /prédɪkət/《発音注意》(→ 動) 名 C ❶〘文法〙述語, 述部 ❷〘論〙賓辞(ひんじ), 賓位語
—動 /prédɪkèɪt/ 他《堅》❶《受身形で》〈…に〉基づく〈**on, upon**〉‖ My study is ~*d on* a new idea. 私の研究は新しい考えに基づいている ❷ …を〈…の〉属性と断定する〈**of**〉；…を〈…だ〉と断言する〈**to be**〉；〈…だと〉断言する〈**that** 節〉；〘論〙…を賓述(ひんじゅつ)[断定]する ‖ ~ the honesty *of* his motives 彼の動機は誠実なものと断定する
▶▶ **~ cálculus** 名 U〘論〙述語計算《命題間および命題内部の関係を扱う記号論理学》
pred·i·ca·tion /prèdɪkéɪʃən/ 名 U C ❶ 断定, 断言 ❷〘文法〙叙述；〘論〙賓述
pre·dic·a·tive /prɪdíkət̬ɪv/ 形〘文法〙叙述的な (↔ attributive)《略 pred.》‖ a ~ adjective 叙述形容詞《述部にのみ用いる形容詞. alive, asleep など》
****pre·dict** /prɪdíkt/《アクセント注意》
—動 (**~s** /-s/；**~·ed** /-ɪd/；**~·ing**)
—他 **予言する a**《+目》…を予言する, 予測する, 予報する ‖ ~ a good harvest 豊作を予測する
b《be ~ed to *do* で》…すると予言[予測, 予報]される ‖ The GDP is ~*ed to* rise by 2%. GDPが2%上がると予測されている
c《+(**that**) 節》…だと予言[予測, 予報]する ‖ No one ~*ed that* jobs would be so hard to find. 仕事を見つけるのがこんなに大変だとはだれも予測しなかった
d《+**wh** 節》…かを予言[予測, 予報]する ‖ He **confidently** [**accurately**] ~*ed who* would win the race. 彼はだれがそのレースに勝つか自信を持って[正確に]予言した
—自 予言する, 予測する, 予報する
語源 *pre-* before＋*-dict* tell：前もって言う
***pre·dict·a·ble** /prɪdíktəbl/ 形 (**more ~**；**most ~**) ❶ 予言[予報, 予測]できる(↔ unpredictable) ‖ It was ~ that he would win. 彼が勝つことは予想できた ❷《しばしばけなして》(行動が) 見えすいた ‖ You're so ~! 君のやりそうなことなんかすぐわかる
-dìct·a·bíl·i·ty 名 U 予言[予報, 予想]できること
pre·dict·a·bly /prɪdíktəbli/ 副 予測どおり；《文修飾》予想どおりに ‖ a ~ low turnout 予想どおり低い投票率
***pre·dic·tion** /prɪdíkʃən/ 名 ❶ C 予言, 予測〈**about** …についての / **that** 節 …という〉(⇨ 類語) ‖ His ~ *that* the world would end didn't come true. 世界が終わるという彼の予言は的中しなかった / make a ~ *about* future politics 未来の政治について予測する ❷ U 予言[予測]すること
類語《❶》**prediction** 知識や経験に基づく予言.
prophecy 神の啓示や占いによる予言, 預言.
pre·dic·tive /prɪdíktɪv/ 形《通例限定》❶ 予言[予測]する, 予言的な, 前兆となる ❷ 💻 予測(変換)式の《テキスト入力時に各語の最初の数文字から単語の候補が示される》
~·ly 副
pre·dic·tor /prɪdíktər/ 名 C 予言[予測]者；予言[予測]するもの
pre·di·gest /prìːdaɪdʒést/ 動 他 ❶〔食べ物〕を消化しやすいように調理する ❷〔書物など〕を易しくする
pre·di·lec·tion /prèdəlékʃən | prìːdɪ-/ 名 C〈…への〉特別な好み, 偏好〈**for**〉‖ She has a ~ *for* fine dresses. 彼女はきれいな服がことのほか好きだ
pre·dis·pose** /prìːdɪspóuz/ 動 他《堅》(♦ 進行形はまれ) ❶〔人〕にあらかじめ〈…の〉傾向を与える, 素質を与える〈**to**〉；〔人〕をあらかじめ〈…する〉気にさせる〈**to** ***do〉❷ …を〈病気に〉かかりやすくさせる〈**to**〉‖ Lack of exercise ~*s* you *to* high blood pressure. 運動不足だと高血圧になりやすい
pre·dis·po·si·tion /prìːdɪspəzíʃən/ 名 U C〈…しやすい〉傾向, 性質, 体質, 性向；〘医〙〈病気にかかりやすい〉素質〈**to, toward** / **to** ***do***〉‖ a genetic ~ *to* cancer 遺伝的に癌(がん)になりやすい体質
pre·dom·i·nance /prɪdɑ́(ː)mɪnəns | -dɔ́m-/ 名 U/C《単数形で》優勢, 優越, 卓越, 支配；顕著
***pre·dom·i·nant** /prɪdɑ́(ː)mɪnənt | -dɔ́m-/ 形 ❶ 優勢な, 優越した, 支配的な ‖ the ~ opinion in our party 我が党内での支配的な見解 ❷ 主な, 目立つ, 圧倒的な ‖ the ~ color of his paintings 彼の絵に顕著な色調
***pre·dom·i·nant·ly** /prɪdɑ́(ː)mɪnəntli | -dɔ́m-/ 副 圧倒的に, 主として, 主に ‖ The island's population is ~ Malay. 島の人口は大半がマレー人である
pre·dom·i·nate /prɪdɑ́(ː)mɪnèɪt | -dɔ́m-/ (→ 形) 動 自 ❶〈…より〉優位を占める, 優勢である, 〈…を〉圧倒する〈**over**〉❷ (数量などの点で)優位を占める, 目立つ
—形 /-nət/ ＝predominant
~·ly 副 **-dòm·i·ná·tion** 名
prè·émbryo 名 C〘生理〙前期胚(はい)；受胎後2週間以内の受精卵 **-embryónic** 形
pree·mie /príːmi/ 名 C《米・カナダ口》早産児, 未熟児 (premie)(♦ *pre*mature＋*-ie* より)
pre·em·i·nence /priémɪnəns/ 名 U 卓越, 傑出
pre·em·i·nent /priémɪnənt/ 形 素晴らしい；卓越した, 傑出した, 抜群の〈**in, at** …に；**among** …の中で〉
~·ly /-li/ 副《文修飾》とりわけ, 何よりも(above all)
pre·empt /priémpt/ 動 他 ❶ …を人より先に入手する, 先取りする；〔人〕の機先を制する；…を防止する ❷《米》〘放送〙〔番組〕を差し替える；…に代わる；…において優位に立つ ❸〔公有地など〕を先買権で獲得する；《米》〔公有地など〕を先買権を得るために占有する
—自〘ブリッジ〙(相手を封じるために)強い札を出す
~·ed /-ɪd/ 形 (公有地などが) 先買権によって獲得された；先取りされた
pre·emp·tion /priémpʃən/ 名 U ❶ 先取り；先制 (攻撃) ❷ 優先買収(権)；《主に米・豪》公有地の先買(権)
pre·emp·tive /priémptɪv/ 形 ❶ 先買の, 先買権のある；優先権のある, 優先的な ❷ 先取りした；機先を制した；〘軍〙先制の ‖ a ~ attack 先制攻撃 ❸〘ブリッジ〙(相手の競りを封じるため)強い札による
preen /priːn/ 動 他 ❶ (鳥が)〔羽〕をくちばしで整える；(動物が)〔毛〕を舌で整える ❷《~ oneself で》(人が) 着飾る, おしゃれする ❸《~ oneself で》《けなして》〈…を〉自慢する〈**on**〉—自 めかす, 着飾る；得意がる；(鳥が)羽づくろいする
~·er 名
pre·ex·ist /prìːɪgzíst/ 動 自 他 (…より)前に存在する, 先在する
▶▶ **~ing condítion** 名 C 既存症状《新規に医療保険を購入した時点の病状. 通例その医療費は保障されない》
pre·ex·ist·ence /prìːɪgzístəns/ 名 U 先在；(肉体と結合する前の)霊魂の存在；前世
prè·ex·íst·ent /-ənt/ ⟨ﾐ⟩ 形 先在の；前世の
pref. 略 preface；prefatory；preference, preferred；prefix
pre·fab /príːfæb/《口》名 C プレハブ住宅, 組み立て式建物(♦ *prefab*ricated house の短縮形)
—形 プレハブ式の, 組み立て式の
pre·fab·ri·cate /prìːfǽbrɪkèɪt/ 動 他〔家など〕を組み

立て方式で作る；〔小説など〕を紋切型[人工的]に作る；…を前もって作る ‖ a ～*d* house プレハブ住宅
prè·fàb·ri·cá·tion 名

*__pref·ace__ /préfəs/ 《発音注意》 名 C ❶〈本などの〉序文，はしがき，緒言〈**to**〉(⇨ 類語) ‖ write a ～ *to* a book 本の序文を書く ❷ (演説などの) 前置き，前口上，序言 ❸〈…の〉発端，きっかけ，序幕〈**to**〉‖ a ～ *to* peace 和平への糸口 ❹《通例 P-》〖カト〗(ミサ典文の)序誦(じょしょう)
―動 他 ❶〔書物など〕に序文として〈…を〉つける〈**with**〉❷…に前置きをつける；〔話・文など〕を〈…を〉前置きにして始める〈**with, by *doing***〉‖ He ～*d* his speech *with* a brief self-introduction.＝He ～*d* his speech *by* introducing himself briefly. 彼は演説の前に短い自己紹介をした **-ac·er** 名

類語《名 ❶》**preface** 著者・編者が著述の目的・方法など理解の手引きを書いた(本文とは別の)序文.
foreword 短く簡単な (しばしば他人に書いてもらう) preface.
introduction (ふつう本文の一部として) 本論への導入部をなす序論・序説 (ふつう preface, foreword より長く，かなり長文の場合もある).
preamble 憲法・法令・条約などの条文の前につけてその趣旨・精神を格調高く述べた前文.
prologue 戯曲や詩の前口上・序詩.

語源 ラテン語 *prae-*(前もって)＋*fari*(言う)から.

pref·a·to·ry /préfətɔ̀ːri | -tə-/, **-ri·al** /prèfətɔ́ːriəl/ 形 《限定》序文の；前置きの(→ preface)

pre·fect /príːfekt/ 名 C ❶ (フランス・イタリアなどの) 知事《prefecture の長》；長官 ❷《主に英》(パブリックスクールの) 監督生《学校の規律を監督する上級生》❸〖ローマ史〗長官；提督；軍司令官 ❹〖カト〗(イエズス会系の学校の)学部長(dean)

*__pre·fec·ture__ /príːfektʃər/ 《発音注意》 名 U C ❶ (日本・フランス・イタリアなどの)県，府(→ county) ❷ 県[府]庁，知事公邸；知事[長官]の職[管轄(かんかつ)]権，任期]

***__pre·fer__ /prɪfə́ːr/ 《アクセント注意》
―動 〔▶ preference 名, preferable 形〕(～**s** /-z/；**-ferred** /-d/；**-fer·ring**)
―他 《進行形不可》❶ **…の方を好む，選ぶ a** 《＋目》…の方を好む ‖ "Coffee or tea?" "I'd ～ tea, thanks."「コーヒーがいいですか，それとも紅茶ですか」「紅茶の方がいいですね」(♦ 一般的な好みではなく今の具体的な場面についていうときには「I would [OR I'd] .... となることが多い) / Which do you ～, summer or winter? 夏と冬とではどちらの方が好きですか
b 《＋目 *A*＋**to** 名 *B*》*B*より*A*の方を好む ‖ Pete (**much**) ～*s* fish *to* [×than] meat. ピートは肉よりも (ずっと) 魚の方が好きだ (＝Pete likes fish (much) better than meat.)(♦ 強調するとき much を直前に置く)
c 《＋***doing*** / **to *do***》〈…よりも〉むしろ…する方を好む，選ぶ〈**to**〉‖ He ～*s* watching soccer *to* playing it. 彼はサッカーはプレーするよりも見る方が好きだ / I'd ～ not *to* be alone. (どちらかといえば) ひとりきりでいたくない / I ～ *to* walk rather than (*to*) ride. 車に乗るより歩く方がいい (♦ 不定詞を目的語とした場合は to の代わりに rather than を用いるのが一般的) / I *prefer* traveling by car. 車で旅行するのが好きだ (♦ 未来のこと，仮想のことは (would) prefer to *do* で表す. 過去や今までのことは *doing* を使う. 一般論をいうときには *doing* の方が多い)
d 《＋目＋**to *do*** / **that** 節》…が…であることを望む (♦《米》では 目 の前に for がつくことがある) ‖ Would you ～ me to stay? 私にとどまってほしいですか / I'd ～ you not *to* talk about this. このことについて話さないでいただけるとありがたいのですが (♦ この文型の受身形は不可) / I ～ (*that*) you wait [《主に英》should wait] here. ここで待っていてください
e 《＋目＋補〈形〉》…が…である方を好む[望む] ‖ He ～*s* his coffee strong. 彼はコーヒーは濃い方が好きだ
❷《堅》…を(裁判所などに)提出[提起]する，申請する ‖ ～ the suit in a higher court その訴訟を上級裁判所に上告する ❸〖法〗〔債権者など〕に先取特権[優先権]を与える ❹《古》〔人〕を〈…に〉昇進させる，登用する〈**to**〉
I would prefér it if ... 《口》…してほしいのだが；…だといいのだが ‖ *I'd* ～ *it if* you didn't tell anyone. だれにも言わないでくれるとありがたいのですが (♦ if 以下はふつう仮定法過去形で，否定文となることが多い)

COMMUNICATIVE EXPRESSIONS
[1] **Whatèver you prefér.** どうぞお好きなように (♥ 興味・関心がないことを示す)

～·rer 名
語源 *pre-* before＋*-fer* bring：前に置く

*__pref·er·a·ble__ /préfərəbl/ 《アクセント注意》 形 〔◁ prefer 動〕〈…より〉むしろ望ましい，好ましい〈**to**〉(♦ preferable 自体に比較の意味があるので more preferable とはしない) ‖ Walking there is ～ *to* going by car. そこへは車で行くより歩いて行く方がよい / It is ～ that boys be [《主に英》should be] naughty.＝It is ～ for boys to be naughty. 男の子はわんぱくな方がいい
～·ness 名 **prèf·er·a·bíl·i·ty** 名

*__pref·er·a·bly__ /préfərəbli/ 副 《文修飾》なるべくなら，できることなら，むしろ ‖ We want an apartment, ～ one with three rooms. 私たちはアパートが欲しい. できれば3つ部屋があるのを

**__pref·er·ence__ /préfərəns/ 《アクセント注意》
―名 〔◁ prefer 動〕(複 **-enc·es** /-ɪz/) ❶ U/C 《通例 a ～》**ほかより好むこと**；(一番の)好み，(第1の)選択；(個人的)ひいき〈**for** …に対する；**over, rather than, to** …よりも〉‖ I have a ～ *for* rice *over* bread. パンより米の方が好きだ / Jim's ～ was to stay indoors *rather than* walking around in the rain. ジムは雨の中を歩き回るよりも家の中にとどまっていたかった / show a decided ～ *for* a bright student 利口な生徒をはっきりひいきする / by [OR for] ～ 好んで，選んで
❷ C (いちばん)好みのもの，**好物**，(第1に)選択されるもの ‖ Which is your ～, Chinese food or Italian? 中華料理とイタリア料理のどちらが好きですか / State your ～*s* clearly. あなたの好みをはっきりおっしゃい
❸ U C 〖法〗優先(権)，先取(特権)；(関税などの)特恵(待遇)，特典 ‖ special trade ～*s* 貿易上の特恵待遇
give (a) préference to ... …を優先する ‖ For this post, ～ should be *given to* youth over experience. この地位に求められるのは経験より若さである
in préference to ... …に優先して，…よりむしろ ‖ He chose a recreational vehicle *in* ～ *to* a compact car. 彼は小型車よりむしろRV車を選んだ
▸▸ **～ shàres [stòck]** 名 U 《英》＝preferred shares [stock]

*__pref·er·en·tial__ /prèfərénʃəl/ 〈シ〉 形 《限定》❶ 優先的な，優先の；先取特権のある ‖ ～ treatment 優遇，優待 / ～ right 先取特権 ❷ 差別的な，選択的な ❸ (関税などが) 特恵の ‖ the ～ tariff 特恵関税 ❹ (投票などが) 優先権を与える，優先順位を決定する **～·ly** 副 **～·ìsm** 名 U 特恵主義 **～·ist** 名 C 特恵論者

pre·fer·ment /prɪfə́ːrmənt/ 名 《堅》U 昇進，昇級，抜擢(ばってき)；C 昇進した地位

pre·ferred /prɪfə́ːrd/ 形 優先の，先取権のある；抜擢された ―名 U 《米》優先株
▸▸ **～ províder organizàtion** 名 C 特約医療機構《米国の管理医療(managed care)組織の1つ. 略 PPO》
～ stóck [sháre] 名 U 《米》優先株 (《英》preference stock [OR share])(略 pr.)

pre·fig·ure /prìːfígjər/ 動 他 ❶ …を前もって[形，型で]示す，…を予示する ❷《古》…を予想する

pre·fix /príːfɪks/ (→ 動) 名 C ❶〖文法〗接頭辞《pre-, re- など》(↔ suffix) ❷ (人名の前の) 敬称《Dr., Mr.,

Sir など） ❸ 前に置かれた単語[文字，数字]；（電話の）市外局番 ―動 /priːfíks, ⌐–/ 他 ❶ 『文法』…を〈…に〉接頭辞としてつける〈**to**〉 ❷ …を〈…の〉前に置く〈**to**〉‖ ～ two paragraphs *to* Part II 第２部の前に２段落加える ❸ …を前もって決める[任命する]

pre·flíght 形 《限定》飛行前の，飛行に備えた ―動 他 〔飛行機〕を飛行前点検する ―名 U C 飛行前点検

prè·fórm 動 他 《通例 ～ed で形容詞として》前もって形作られた[決定された]

pre·fróntal 形 《限定》『解』前頭葉の前部にある；前額骨の前にある ‖ ～ cortex 前頭葉前部皮質

preg·gers /prégərz/ 形 《叙述》《主に英口》妊娠して

preg·na·ble /prégnəbl/ 形 （とりでなどが）占領されやすい；攻撃されやすい；弱点のある（↔ impregnable）

*__preg·nan·cy__ /prégnənsi/ 名 （複 **-cies** /-z/） ❶ U C 妊娠（期間）；妊娠の経験 ‖ Her ～ test was negative. 彼女の妊娠検査の結果は陰性だった ❷ U 深い意味，含蓄

*__preg·nant__ /prégnənt/ 形 ❶ 〈…を〉妊娠した，身ごもった〈**with**〉（♥ 婉曲的には be expecting, be in the family way, be going to have a baby などという．妊娠・出産は夫婦双方の問題ということから主語は we を用いることも多い）‖ She is three months ～. 彼女は妊娠３か月だ / She is ～ *with* her fourth child. 彼女は４番目の子を妊娠している / I became ～ by my boyfriend. 恋人の子を宿した / get [OR fall] ～ 妊娠する / get her ～ 彼女を妊娠させる / a heavily ～ woman 出産間近の女性 ❷ 《限定》（中断・沈黙などが）意味深長な，含蓄のある ‖ a ～ pause [silence] 意味深長な中断[沈黙] ❸ 《叙述》〈…で〉満ちている，充満している；〈重大な結果などを〉はらんでいる〈**with**〉‖ The situation was ～ *with* the gravest danger. 事態は非常に重大な危険性をはらんでいた ❹ 〈…の点で〉創意に富む，想像力豊かな〈**in**〉‖ a mind ～ *in* ideas 着想の豊かな精神（の持ち主） ❺ 生産的な，生産力を有する；（土地などが）多産の，豊富に産出する ‖ a ～ endeavor 生産的な努力 / ～ land 肥沃（ひよく）な土地

～·ly 副 意味深長に，含みを持たせて

prè·héat 動 他 〔オーブンなど〕を前もって温める

pre·hen·sile /prɪhénsəl | -saɪl/ 形 ❶ 『動』（尾・手などが）物をつかむのに適している，把握力のある ❷ （人が）理解[洞察]力がある ❸ 貪欲（どんよく）な，強欲な

*__pre·his·tor·ic__ /prìːhɪstɔ́(ː)rɪk/ ⊲シ 形 ❶ 有史以前の，先史の ❷ 《口》時代遅れの，旧式な **-i·cal·ly** 副

prè·hístory 名 ❶ U 先史時代（の事柄）；先史学 ❷ U/C 《単数形で》（出来事などに至る）経緯，前段階

-histórian 名 C 先史学者

prè-indústrial 形 産業化以前の

prè·instáll 動 他 💻 〔ソフトウェア〕をプリインストールする（出荷時にあらかじめ OS やソフトウェアをインストールする）

prè·júdge 動 他 …に早計な判断を下す

-júdg(e)·ment 名 U C 予断，速断

‡**prej·u·dice** /prédʒʊdəs | -dɪs/ 《アクセント注意》

―名 （複 **-dic·es** /-ɪz/） ❶ U C **先入観**；〈…に対する〉**偏見**，毛嫌い，悪感情〈**against**〉；〈…への〉偏愛〈**in favor of**〉‖ The policeman had a ～ *against* [*in favor of*] women drivers. その警官は女性ドライバーに偏見を持っていた[甘かった] / Small children are free from racial ～. 幼い子供たちには人種的偏見がない / a person of strong ～*s* 偏見の強い人 / (a) deep-rooted [OR deep-seated] ～ 根深い偏見

❷ U 『主に法』（行為・判断から生じる）侵害，損傷，不利益 ‖ Such behavior will work to the ～ of your reputation. そんな行動をするとあなたの名声が傷つくだろう

without préjudice 偏見を持たずに；〈…を〉傷つけずに，損なわずに；『法』〈権利などを〉侵害せずに〈**to**〉

―動 他 ❶ …に偏見[先入観]を抱かせる；〔人〕に〈…を〉毛嫌いさせる〈**against**〉；〔人〕に〈…を〉偏愛させる〈**in favor of**〉（♦ しばしば受身形で用いる）‖ The British are *prejudiced against* [*in favor of*] Americans. イギリス人はアメリカ人に対して反感[好感]を持っている

❷ 〔状況など〕に害[悪影響]を与える；…を害する（♦ 主に法律用語）‖ ～ my chances of being promoted 私の昇進の機会を損なう

語源 *pre-* before＋*-judice* judgment：先に持つ判断

préj·u·diced /-t/ 形 偏見を持った，偏見に満ちた

prej·u·di·cial /prèdʒudíʃəl/ ⊲シ 形 《叙述》 ❶ 〈…に〉損害を与える，不利な〈**to**〉 ❷ 偏見を抱かせる **～·ly** 副

pre-K /prìːkéɪ/ 名 ＝prekindergarten

pre·kin·der·gar·ten /prìːkíndərgàːrtən/ 名 U C （幼稚園入園前の通例５歳以下の児童に対する）日中保育

prel·a·cy /préləsi/ 名 （複 **-cies** /-z/） U C ❶ 高位聖職者の職務[地位]；《the ～》《集合的に》高位聖職者たち ❷ 《主に古》（高位聖職者による）教会運営，監督制度

prel·ate /prélət/ 《発音注意》 名 C 《堅》高位聖職者（bishop など）

pre·launch /prìːlɔ́ːntʃ, ＋米-lɑ́(ː)ntʃ/ 形 （ロケットなどの）打ち上げ前の；（選挙などの）準備活動の

pre·lim /príːlɪm/ 名 C ❶ 《口》（主に英国の大学で）（進学適性などを調べる）予備試験（♦ preliminary examination の略）；前座試合，予選 ❷ 《～s》『印』前付け（本文の前に載せるはしがきなど）

*__pre·lim·i·nar·y__ /prɪlímənèri | -ɪnəri/ 《アクセント注意》 形 《通例限定》〈…の〉予備の，準備の；予選の〈**to**〉‖ a ～ examination 予備試験 / ～ negotiations 予備交渉 / ～ inquiries 予備審問，予審 / the ～ rounds of the World Cup （サッカーの）ワールドカップの予選

―名 （複 **-nar·ies** /-z/） C ❶ 《通例 -naries》〈…の〉予備[準備]段階，下準備〈**to**〉‖ the *preliminaries to* the conference 会議の下準備 / without *preliminaries* 単刀直入に ❷ 前座試合；予選；予備試験（《口》prelim） ❸ 《-naries》《主に英》（本の）前付け

pre·lìm·i·nár·i·ly /, -⌐–––––/ 副

語源 *pre-* before＋*-limin-* door（入り口），threshold（敷居）＋*-ary*（形容詞語尾）：入り口の前に置かれた

pre·lit·er·ate /prìːlítərət/ ⊲シ 形 （社会・文化などが）文字使用以前の，文字を持たない

―名 C 文字使用以前社会[文化]の一員

pre·load /prìːlóud/ 動 他 ❶ …にあらかじめ装填（そうてん）する，詰める ❷ ＝preinstall

pre·load·ed /prìːlóudɪd/ 形 💻 （ソフトウェアが）（購入時に）インストール済みの

pre·loved /prìːlʌ́vd/ 形 《口》（家屋・ペットなどが）前の所有者のある，中古の

*__prel·ude__ /préljuːd/ 名 C ❶ 《通例 a ～》〈…の〉前兆，前触れ；序，序文，前置き〈**to**〉‖ The fighting was a ～ *to* the civil war. その戦いは内戦の前触れだった / a ～ *to* a golden age 黄金時代の幕開け ❷ 『楽』（ピアノ・オルガンのための）小曲 ❸ 『楽』前奏曲，プレリュード；（組曲の）導入部；（オラトリオ・オペラなどの）序曲；（教会の礼拝前の）オルガン曲 ―動 他 …の前兆[先触れ]となる，…を導入する ―自 〈…の〉前兆となる〈**to**〉

-ud·er 名 **pre·lú·di·al** 形

pre·mar·i·tal /prìːmǽrətəl | -mǽrɪ-/ 形 《限定》結婚前の，婚前の ‖ ～ sex 婚前交渉

pre·match /prìːmǽtʃ/ 形 試合前の

*__pre·ma·ture__ /prìːmətjúər, -tʃúər | prémətʃə, prèmətʃúə/ ⊲シ 形 ❶ 早すぎる，時機尚早の ‖ die a ～ death 早[若]死にする / ～ baldness 若はげ ❷ 早産の ‖ a ～ baby 早産児 / a ～ birth 早産 ❸ 〈判断などが〉早まった，早計の〈**in**〉‖ He was ～ *in* his judgment. 彼は早まって判断を下した / It's ～ for us to expect too much of the new mayor at present. 現段階で新市長に期待をかけすぎるのは早計だ / a ～ decision 時機尚早の決断

～·ly 副 **～·ness** 名

pre·ma·tu·ri·ty /prìːmətjúərəti, -tʃú- | prèmətʃúə-/ 名 U 早熟；早すぎること，早まること，早計

pre·med /prìːméd/ 《主に米口》 形 ＝premedical

—名UC 医学進学課程(の学生)
pre·med·i·cal /prìːmédɪkəl/ 形 医学進学課程の
pre·med·i·tat·ed /prìːmédɪtèɪṭɪd/ 形 前もって熟慮[計画]された(⇨ DELIBERATE 類語) ‖ a ~ murder 計画的殺人, 謀殺
pre·med·i·ta·tion /prìːmèdɪtéɪʃən/ 名 U ❶ 前もっての考慮, 計画 ❷〘法〙予謀, 故意
pre·me·no·paus·al /prìːmènəpɔ́ːzəl/ 形〘生理〙閉経前の, 更年期の(↔ postmenopausal)
pre·men·stru·al /prìːménstruəl/ <シ 形 月経前の
▸▸**~ sýndrome [ténsion]** 名 U〘医〙月経前症候群[緊張症]
pre·mie /príːmi/ 名 =preemie
***pre·mier** /prɪmíər | prémiə/ 名 C ❶ (英国・フランス・日本などの)首相, 総理大臣(prime minister)(♦ 主に新聞用語) ❷ (カナダ・オーストラリアの)州知事
—形《限定》❶ 最高の, 第一位の, 最重要な ‖ the ~ novel of this century 今世紀最高の小説 ❷ 最古の, 最初の ❸ (P-)《英》〘サッカー〙1部[プレミア]リーグの ‖ the *Premier* League プレミアリーグ《イングランドサッカー最上級リーグ》
~·shìp 名 ① U C 首相の職[任期] ②《しばしば the P-》=the Premier League
pre·miere, -mière /prɪmíər | prémiɛ̀ə/ 名 C (映画・演劇の)初演, 初日, 初公開; 主演女優 —動 他 …を初演[初公開]する —自 初演[初公開]される; 初めて主演する —形 最初の, 皮切りの; 主な(♦ フランス語より)
prè·millénnial 形〘宗〙至福千年期前の, キリスト再臨以前の
***prem·ise** /prémɪs/ 《発音注意》(→ 動) 名 C ❶ (推理・論理の)〈…という〉前提, 根拠;〘論〙(三段論法 (syllogism) の) 前提 (《英》 premiss)〈**that** 節〉‖ His ~ *that* the results of the election were already decided proved to be true. 選挙の結果はすでに決定済みだとする彼の根拠は正しいことが証明された / a major [minor] ~ (三段論法の)大[小]前提 ❷《~s》(建物を含めた)土地, 敷地, 構内; (土地・付属物を含めた) 屋敷, 店舗 ‖ Keep off the ~*s*. 《掲示》構内立入禁止 / to be consumed on the ~*s* (酒など) 店外持ち出し禁止 ❸《~s》〘法〙既述事項[物件]; 証書の頭書
—動 /prémɪs, prɪmáɪz/ 他 ❶ **a**《受身形で》〈…を〉前提とする, 基礎とする〈**on, upon**〉 **b**《+**that** 節》あらかじめ…と仮定する, …ということを前提とする ‖ He ~*d that* we all had the same rights. 彼は我々が皆同じ権利を持っていることを前提とした ❷《堅》…を前置き[序論]として述べる; 前置きとして〈…と〉言う〈**that** 節〉
—自 前提を述べる, 仮定する
***pre·mi·um** /príːmiəm/ 《発音注意》名 C ❶ 保険料, 保険の掛金 ‖ the annual ~ 年間保険料 ❷ U《米》ハイオクガソリン ❸ 割増金, プレミア; (危険な仕事などに対する) 奨励金;《米》(借入金の) 割増利子 ‖ pay a ~ for ringside seats リングサイドの席を手に入れるのにプレミアを払う ❹〈…に対する〉賞, ほうび〈**for**〉; (商品への)景品, おまけ (⇨ PRIZE[1] 類語) ‖ a ~ *for* good behavior 善行賞 ❺〘経〙プレミア, 額面超過額, 打歩(うちぶ) ❻〘経〙オプション, オプション料 ❼ (職業指導などの)謝礼金, 授業料
at a prémium ① (品不足で)大いに需要があって, 珍重されて; 非常に高くて, 入手困難で ② プレミア付きで, 額面以上で ‖ be sold *at a* ~ of 5 percent 5パーセントのプレミア付きで売られ(てい)る
pùt [OR ***plàce, sèt***] ***a prémium on ...*** ① …を重んじる ‖ *put a* ~ *on* efficiency 効率性を重んじる ② …を奨励する ③ …にプレミアをつける
—形《限定》(商品が)特別高級[高品質]の, 特別高価な
▸▸**Prémium (Sàvings) Bònd** 名 C (英国の)賞金付き国債《利子はつかないが月に1度くじで賞金が当たる貯蓄債券》
pre·mod·ern /prìmɑ́(ː)dərn | -mɔ́d-/ 形 現代[近代]以前の
pre·mo·lar /prìːmóulər/ 名 C 形 前[小]臼歯(の)
pre·mo·ni·tion /prèmənɪ́ʃən/ 名 C ❶ (悪い) 予感〈**of/that** 節〉 ❷ 事前の警告[注意], 予告
pre·mon·i·to·ry /prɪmɑ́(ː)nətɔ̀ːri | -mɔ́nɪtə-/ 形 予告の;〘医〙(症状が)前駆的な
pre·na·tal /prìːnéɪṭəl/ <シ 形《限定》出生[誕生]前の, 胎児期の **~·ly** 副 ▸▸**~ médicine** 名 U 胎児医学 **~ tráining** 名 U 胎教
pre-9-11, -9/11 /prìːnaɪnɪlévən/ 形 副 (2001年) 9月11日以前の[に] (↔ post-9-11 [-9/11]) (♦ 米国で同時多発テロが発生した日を基準とする)
pren·tice /prénṭəs | -tɪs/ 名《古》=apprentice
—形 未経験の, 未熟な, 年季奉公人の ‖ try one's ~ hand 慣れない仕事に手を染める
pre·nup /prìːnʌ́p/ 名 C《米口》婚前同意書 (prenuptial agreement)《離婚の際の財産分与を明確にする》
pre·nup·tial /prìːnʌ́pʃəl/ <シ 形 婚前の;〘動〙交尾前の
***pre·oc·cu·pa·tion** /priɑ̀(ː)kjupéɪʃən | -ɔ̀k-/ 名 U ❶ 〈…への〉没頭, 夢中〈**with**〉; C 最大の関心事 ‖ Her main ~ at the moment is how to get a good job. 目下の彼女の主な関心事はどうやってよい職に就くかだ ❷ 先入観, 偏見 ‖ intense moral ~ 強い道徳的偏見
***pre·oc·cu·pied** /priɑ́(ː)kjupàɪd | -ɔ́k-/ 形 ❶ (何かに) 夢中の, 考えにふけった ❷ すでに占有された, 先取りされた ❸〘生〙(分類上の名称が)すでに使用されている
pre·oc·cu·py /priɑ́(ː)kjupàɪ | -ɔ́k-/ 動 (**-pied** /-d/; **~·ing**) 他 ❶ …の心を奪う, …を夢中にさせる, 没頭させる(♦ しばしば受身形で用いる) ‖ Family cares *preoccupied* her. (=She was *preoccupied* with family cares.) 家庭の心配事で彼女は頭がいっぱいだった ❷ …を先に占有する, 先取りする
pre·op·er·a·tive /priɑ́(ː)pərəṭɪv | -ɔ́p-/ 形 (外科)手術前の (《口》 pre-op, preop)
pre·or·dain /prìːɔːrdéɪn/ 動 他《通例受身形で》〈…するように〉前もって定められている, 予定されている〈**to** *do*〉
pre-owned /prìːóund/ 形《婉曲的》中古の
prep /prep/ 名 U《口》❶《英》(授業の)予習(時間), 宿題 ❷《米》=preppy —形《口》=preparatory
—動 (**prepped** /-t/; **prep·ping**) 他《米口》…に用意させる; (心の)準備をさせる; 〔患者〕に手術の準備をさせる; (レストランで)〔食事〕の支度をする —自《米口》(進学などに)備える; preparatory school に通う
▸▸**~ bòok** 名 C 受験用参考書 **~ schòol** 名 C《口》=preparatory school
prep. 略 preparation; preparatory; preposition
pre·pack /prìːpǽk/, **-pack·age** /-pǽkɪdʒ/ 動 他 〔食料品など〕を販売前に包装する
-pácked, -páckaged 形 販売前に包装した
pre·paid /prìːpéɪd/ <シ 動 prepay の過去・過去分詞
—形 前払いの, (郵便料金などが)前納の ‖ a ~ card プリペイドカード
‡prep·a·ra·tion /prèpəréɪʃən/ 《発音注意》
—名 〔◁ prepare 動〕(複 **~s** /-z/) ❶ U 〈…の〉**準備をすること, 用意**, 支度〈**of, for**〉‖ That professor does no ~ *for* his classes. あの教授は授業の準備を全くしない / The project is **in** ~. その計画は準備中である / We've been practicing till dark **in** ~ *for* the game. 私たちは試合に備えて暗くなるまでずっと練習してきた / engage in the ~ *of* a budget 費用の調達に携わる
❷ C《通例 ~s》(具体的な)**準備, 支度**〈**for** …の / **to** *do* …する〉‖ She is **making** ~*s for* [OR *to* hold] the party. 彼女はパーティーを開く準備をしている(♦ get ready, prepare の方がふつう)
❸ U C《英》《旧》下調べ, 予習; 予習時間; 宿題 ‖ do ~ for the next class 次の授業の予習[宿題]をする / set one's pupils ~ 生徒に宿題を出す
❹ U C 調製物, 調合品[剤]《薬品・化粧品・食品など》; 調

製, 調合；調理, 料理 ‖ a new ～ for cancer 癌(がん)の新薬 ❺ Ⓒ (実験・解剖用の動物などの) 標本 ❻ Ⓤ Ⓒ 〘楽〙(不協和音の)予備(音)

pre·par·a·tive /prɪpǽrəṭɪv/ 《堅》 形 ＝preparatory
—名 Ⓒ 準備, 用意 **～·ly** 副

*__pre·par·a·to·ry__ /prɪpǽrətɔ̀ːri | -tə-/ 形 〔◁ prepare 動〕《限定》 ❶ 予備の ‖ ～ investigations [meetings] 予備調査 [会談] ❷ 進学準備の ‖ a ～ college course 大学進学コース / ～ students 予備校生 ❸ 前置きの, 序文の

prepáratory to ... ① …の準備として, …に備えて (in preparation for) ② …に先立って(before)

-ri·ly 副

▸▸ **～ schòol** 名 Ⓒ ① 《米》(大学進学のための)私立高校《英国のパブリックスクールに近い》(→ preppy) ② 《英》(パブリックスクール進学のための)私立小学校《多くは全寮制》

*****pre·pare** /prɪpéər/ 《アクセント注意》

—動 〔▸ preparation 名, preparatory 形〕 (**～s** /-z/ ; **～d** /-d/ ; **-par·ing**)

—他 ❶ **準備する** (get ready) **a** 《＋目》 …を〈…のために〉準備 [用意する] 〈**for**〉 ‖ Have you ～*d* your presentation yet? 発表の準備はもうできましたか / His writings ～*d* the ground *for* acceptance of democracy. 彼の著作が民主主義が受け入れられる下地を作った

b 《＋**to** *do*》 …する準備をする ‖ The children are busy *preparing to* go on a picnic. 子供たちはピクニックに行く準備で忙しい

c 《＋目＋**for** 名》〔人〕に…の準備をさせる ‖ Daniel ～*d* his family *for* the move. ダニエルは家族に引っ越しの用意をさせた / ～ a patient *for* surgery 患者に手術に備えて用意をさせる

d 《＋目＋**to** *do*》〔人〕に…する準備をさせる ‖ This course will ～ you *to* handle most types of driving emergencies. この課程を受講すればほとんどのタイプの運転中の緊急事態に対処する準備になる

❷ **a** 《＋目＋**for** 名》〔人〕に…の心構えをさせる (→ prepared) ‖ She ～*d* her daughter *for* the bad news. 彼女は娘に悪い知らせに備えて心の準備をさせた / I ～*d* myself *for* a long wait. 長時間待つ覚悟をした

b 《＋目＋**to** *do*》〔人〕に…する心構えをさせる (→ prepared) ‖ ～ him *to* meet his enemy 彼に敵と対決する覚悟をさせる

❸ **a** 《＋目》〔食事など〕の**支度をする**, …を調理する ‖ Mom is in the kitchen *preparing* lunch. ママは台所で昼食の支度をしている

b 《＋目 *A*＋目 *B*⇄＋目 *B*＋**for** 目 *A*》 *A* (人) に *B* (食事など) を作ってやる ‖ I'll ～ you a nice supper.＝I'll ～ a nice supper *for* you. あなたにおいしい夕食を作ってあげましょう

❹〔薬品など〕を調製 [調合] する ❺ …を〈…のために〉あらかじめ作成する [研究しておく], …の下調べをする〈**for**〉 ‖ ～ a report *for* the next meeting 次の会合のために報告書を準備する ❻ 〘楽〙〔不協和音〕に予備音で備える

—自 準備する, 用意する；心の準備をする, 覚悟を決める 〈**for** …のために；**against** 災害などに備えて〉 ‖ ～ *for* an interview 面接に備えて準備する / ～ *for* the worst 最悪の場合の覚悟をする, 万一に備える

-pár·er 名 Ⓒ 準備する人；調整者

語源 *pre-* before＋*-pare* get ready：前もって用意する

*__pre·pared__ /prɪpéərd/ 形 ❶ 《叙述》 (人が) 心構えができた, 覚悟 [予期] している；用意ができている 〈**to** *do* …する / **for** …への〉 ‖ I'm ～ 「*to* face [OR *for*] any difficulty. いかなる難事にも直面する心構えはできている ❷ 準備された, 用意された ‖ a ～ statement あらかじめ用意された声明 / ～ meals 調理済みの料理

COMMUNICATIVE EXPRESSIONS

1 **I'm** [OR **I would be**] **prepàred to** reconsíder it **if** you lòwer the príce. そちらが値段を下げてくださるのなら, こちらも再考の余地はありますが (♥ 譲歩の可能性や条件を示して相手の出方をうかがう)

-pár·ed·ly 副

pre·par·ed·ness /prɪpéərədnəs | -ɪd-/ 名 Ⓤ 備え, (特に)戦争に対する備え, 軍備

pre·pay /prìːpéɪ/ (→ 形) 動 (**-paid** /-d/ ; **～·ing**) 他 自 (…を) 前払いする, 前金で払う；(郵便料金を) 前納する ‖ with return postage *prepaid* 返信料前納で
—形 /ˊ-ˋ/ 前納制の **～·ment** 名

pre·pon·der·ance /prɪpɑ́(ː)ndərəns | -pɔ́n-/ 名 Ⓤ/Ⓒ 《通例 a ～》《堅》(数・品質・重要性などでの) 〈…に対する〉優勢, 優越；顕著〈**over**〉

pre·pon·der·ant /prɪpɑ́(ː)ndərənt | -pɔ́n-/ 形 《通例限定》優勢な, 優越した；顕著な, 主要な **～·ly** 副

pre·pon·der·ate /prɪpɑ́(ː)ndərèɪt | -pɔ́n-/ 動 自 (勢力・重要性などにおいて)勝る, 優位を占める；(数量などで)しのぐ, 顕著である ‖ Exports ～ over imports. 輸出が輸入を上回る

prep·o·si·tion /prèpəzíʃən/ 名 Ⓒ 〘文法〙 前置詞 《略 prep.》

prep·o·si·tion·al /prèpəzíʃənəl/ 〈シ〉 形 〘文法〙 前置詞の, 前置詞的な **～·ly** 副

▸▸ **～ phráse** 名 Ⓒ 前置詞句

pre·pos·i·tive /priːpɑ́(ː)zəṭɪv/ 形 前に置く；〘文法〙 前置する —名 Ⓒ 〘文法〙前置語

pre·pos·sess /prìːpəzés/ 動 他 ❶ 《通例受身形で》 心が奪われる ‖ be ～*ed* with a notion ある考えにすっかり気をとられる ❷〔人〕に好感を持たせる ‖ I was ～*ed* by her graceful manner. 私は彼女の優雅な物腰に好感を持った ❸〔人〕に先入観を与える

prè·pos·séss·ing /-ɪŋ/ 形 《通例否定文で》 好感を与える, 感じのよい, 魅力的な

pre·pos·ses·sion /prìːpəzéʃən/ 名 Ⓒ Ⓤ (好意的な)先入観, 好感；没頭, 専心

pre·pos·ter·ous /prɪpɑ́(ː)stərəs | -pɔ́s/ 形 道理に反する, 非常識な, 全くばかげた **～·ly** 副 **～·ness** 名

pre·po·tent /priːpóutənt/ 形 ❶ (権威・勢力などが) 非常に優勢な ❷〘遺伝〙優性遺伝(力)の
-ten·cy 名 Ⓤ 優勢；〘遺伝〙優性遺伝(力)

prep·py, prep·pie /prépi/ 《主に米口》 名 (複 **-pies** /-z/) Ⓒ preparatory school の在校[卒業]生, プレッピー
—形 プレッピーの

prè-prodúction 形 《通例限定》 (映画などの) 制作開始前に行う；試作段階の —名 Ⓤ (映画などの) 制作準備

pre·pu·bes·cent /prìːpjubésənt/ 形 思春期前の ‖ a ～ schoolgirl 思春期前の女生徒
—名 Ⓒ 思春期前の少年[少女]

pre·quel /príːkwəl/ 名 Ⓒ 《通例単数形で》 前編 (↔ sequel) 《成功した作品より時間的に前の出来事を扱った映画・本・劇》

Pre-Raph·a·el·ite /prìːrǽfiəlàɪt, -réɪf-/ 名 Ⓒ ラファエル前派の画家 《19世紀半ばに英国で活動した芸術運動の一派. Dante-Gabriel Rossetti など》
—形 ❶ ラファエル前派の ❷ (女性が) ラファエル前派の絵のような 《顔色が青白く黒褐色の髪を長く伸ばしている》

pre·re·cord /prìːrɪkɔ́ːrd/ 動 他 〘放送〙〔番組など〕をあらかじめ録音[録画]する

pre·régister 動 自 他 (…を)早期登録する

prè·registrátion 名 Ⓒ Ⓤ (休学明けの)早期登録

pre·re·lease /prìːrɪlíːs/ 形 一般公開[発売]前の；(被疑者・囚人が) 釈放前の —名 Ⓒ 一般公開前に上映される映画, 正式発売前に限定発売されるもの 《CDなど》

pre·req·ui·site /priːrékwəzɪt/ 名 Ⓒ ❶ 《通例単数形で》〈…の〉必要条件, 前提条件〈**for, of, to**〉 ❷ 必修科目, 先要科目 —形 (条件として)あらかじめ必要な

pre·rog·a·tive /prɪrɑ́(ː)gəṭɪv | -rɔ́g-/ 名 Ⓒ 《通例単数形で》大権；特権, 特典 ‖ the royal ～ 国王の大権 / the

～ of mercy [OR pardon] 赦免権
―形《限定》《英》〖法〗特権のある；特権による

pres. 略 present；president

Pres. 略 President

pres·age /présɪdʒ/ 名 C ❶ 前兆，前触れ，凶兆 ❷ 予感，虫の知らせ ―動 他 ❶ …の前兆となる，…を予知する ❷ …の予感がする ❸《古》…を予言する

pres·by·o·pi·a /prèzbióupiə, près-, -baɪ-/ 名 U 〖医〗老眼，老視(→ myopia) **-óp·ic** 形

***Pres·by·te·ri·an** /prèzbɪtíəriən/ ⊲シ 形 (ときに p-) (Episcopal (監督制) に対して) 長老制の；長老教会の ‖ the ～ Church 長老教会
―名 C 長老教会員；長老制主義者 **～·ìsm** 名

pres·by·ter·y /prézbətèri | -bɪtəri/ 名 (複 **-ter·ies** /-z/) C ❶ (長老派教会の) 長老会；長老会の管轄区域 ❷ 〖カト〗司祭館 ❸ (教会内の) 司祭席，内陣

***pre·school** /prì:skú:l/ 《アクセント注意》 ⊲シ (→ 名) 形《限定》就学前の《通例2歳から5，6歳の間》
―名 /ニー/ =nursery school

pre·school·er /prí:skù:lər/ 名 C 保育園児，幼稚園児

pre·sci·ence /préʃəns | -si-/ 名 U 予知，先見

pre·sci·ent /préʃənt | -si-/ 形 予知する，予知力のある

pre·sci·en·tif·ic /prì:sàɪəntífɪk/ ⊲シ 形 近代科学発達以前の，前科学的な

***pre·scribe** /prɪskráɪb/ 《アクセント注意》 動 〔▶ prescription 名，prescriptive 形〕 他 ❶ **a** 《+目》(医師が)〔薬・治療法など〕を〔症状に〕処方する，指示する〈**for**〉‖ The doctor ～*d* a new medicine *for* my stomachache. 医師は私の胃痛に新薬を処方してくれた / Swimming is ～*d* as treatment. 水泳が治療法として指示されている **b** 《+目 *A*+目 *B* ≒ +目 *B*+to [for] 目 *A*》*A*(人)に*B*(薬・治療法)を処方する，指示する ‖ The doctor ～*d* him a complete rest. = The doctor ～*d* a complete rest *to* [OR *for*] him. 医師は彼に絶対安静を命じた ❷ 規定する **a** 《+目》…を規定する，…を〈人に〉指図する，指示する〈**to**〉‖ The law ～*s* heavy punishment for the crime. 法律はその犯罪に対し厳罰を規定している / ～ his duties *to* him 彼になすべきことを指示する / ～*d* books (試験の準備用に) 指定された本 **b** 《(+to 名)+wh 節 / wh to *do*》(人に)〈どのようにすべきか〉を指示する ‖ He ～*d to* us「*how* we should act [OR *how to* act]. 彼は我々にどう行動すべきかを指図した **c** 《+that 節》…であると定めてある ‖ Convention ～*s that* we thank the host. 主人役には礼を言うのが (守るべき) 慣習である ❸ …を(有効な手段として)勧める ❹〖法〗…を時効にする
―自 ❶〈人・症状に〉処方する，処方を書く〈**for**〉❷ 規定する，指図する，指示する ❸〖法〗時効になる；取得時効によって権利を主張する
-scríb·er 名 C 処方する人；規定する人；命令者
語源 *pre-* before + *-scribe* write：前もって書く

pre·script /prí:skrɪpt/ 名 C《旧》《堅》規定，指令，命令；法令，法律

***pre·scrip·tion** /prɪskrípʃən/ 名 〔⊲ prescribe 動〕 ❶ U (薬・レンズなどの) 処方；C 〈…の〉処方箋(せん)《略 Rx》；処方薬〈**for**〉；《形容詞的に》処方どおりの；処方による ‖ write out a ～ *for* a cough せき止めの処方箋を書く / Antibiotics can be gotten only on [OR by] ～. 抗生物質は医師の処方がある場合にのみ入手できる /「make up [《主に米》fill] a ～ 処方箋に従って調剤する / ～ charges 《英》(健康保険で医者にかかるときの)薬代 ❷ U C 〈…の〉助言，提言；指示；手引き集，処世訓〈**for**〉‖ a ～ *for* a happy marriage 幸福な結婚生活を送るための助言 ❸ U 〖法〗(取得) 時効 ‖ positive ～ 取得時効 / negative ～ 消滅時効 ❹ U 長年の慣行 [使用] によって公認された権利；(守るべき) 古くからの慣例
▸▸ **～ drúg** 名 C 医師処方薬 (↔ over-the-counter drug)

pre·scrip·tive /prɪskríptɪv/ 形 〔⊲ prescribe 動〕 ❶ 規定する，指示する；〖文法〗規範的な(↔ descriptive) ‖ ～ grammar 規範文法 ❷〖法〗取得時効に基づく；《古》長年の慣行[使用]により公認された **～·ly** 副

prè·séason 名 C 形《単数形で》(スポーツの) 開幕前(の) ‖ in a ～ camp 開幕前のキャンプに入って[で]

prè·séll 動 他 ❶〔商品〕を発売前に (広告などで) 売り込む；〔人〕の購買意欲を高める ❷ …を前売りする

****pres·ence** /prézəns/
―名 〔⊲ present¹ 形〕 (複 **-enc·es** /-ɪz/) ❶ U **存在**，いること；実在，現存 (↔ absence) ‖ Nobody noticed my ～. だれも私がいることに気づかなかった / He ignored the girl's ～. 彼は少女の存在を無視した / detect the ～ of alcohol in his blood 彼の血液中にアルコールが存在することを突き止める
❷ U C **出席**，列席，同席(↔ absence) ‖ Her ～ at the opening ceremony created great excitement. 彼女が列席して開会式は大いに盛り上がった
❸ U 人前，**面前**；《the ～》《英》(王侯などの)御前(ごぜん)；(ものの)ある所，周辺 ‖ be ushered into the Queen's ～ 女王の御前に案内される
❹ U (堂々たる)外見，態度，物腰；(堂々たる)押し出し，存在感 ‖ The man has no ～. あの男は風采(ふうさい)が上がらない / She has marvelous stage ～. 彼女は実に舞台度胸がある / a man of fine ～ 押し出しの立派な人
❺ C (実際に)存在する人[もの]；風采の立派な人物 ‖ He is a real ～. 彼は実に存在感のある人物だ
❻ C 《通例単数形で》(軍事力や経済力などの) 影響力 (の存在)；(軍隊の)駐留；駐留軍 ‖ maintain a military ～ in the area その地域での軍隊の駐留を持続する
❼ C 《通例単数形で》(その場に感じられる)気，霊，幽霊
❽ U (音楽の)臨場感
****in the présence of ...*** ; ***in ...'s présence*** …のいる所[面前]で；…のある所で ‖ I felt comfortable *in* her ～. 彼女の前では気持ちが落ち着いた / *in the* ～ *of* danger 危険を目の前にして
màke one's prèsence félt (他人に) 自分の存在感を示す，影響を及ぼす
the [OR ***one's***] ***prèsence of mínd*** (危機に際しての) 平静，沈着，〈…する〉冷静さ〈**to** ***do***〉‖ She had *the* ～ *of mind to* press the alarm. 彼女は落ち着いて非常ベルのボタンを押した
語源 *pre-* before + *-sence* being(存在)：前からあること
▸▸ **～ chàmber** 名 C《英》謁見室

pre·se·nile /prisí:naɪl, -nəl/ 形 初老(期)の；早老の

***pres·ent[1] /prézənt/ 《アクセント注意》 形 名

中心義 目の前にある[いる]
―形 〔▶ presence 名〕 《比較なし》 ❶《通例叙述》〈会合などに〉**出席している**〈**at**〉；〈ある場所に〉**いる**，居合わせる〈**in**, **at**〉；〈あるものに〉存在する，**ある**〈**in**〉(↔ absent)(♦ 名詞・代名詞を修飾する場合は通例その後に置く) ‖ Many people in show business were ～ *at* his funeral. 彼の葬儀には芸能界の人々が大勢来ていた / Those ～ were all very glad to hear of the birth of a royal baby. 居合わせた人々はみな王家の赤ちゃんの誕生を聞いて大変喜んだ / *Present*, sir [ma'am]. はい (♥ 出欠の点呼の返事. Yes., Here. ともいう) / the ～ company 出席者一同 / From now on, employees will be required to make such requests in writing, ～ company excepted [OR excluded], of course. 今後はそのような要求は文書ですることが従業員に求められるでしょう，もちろんここにいる人を除いてですが (♥ 批判がましいことを言うときなどに) / all ～ and「accounted for [《英》correct]《口》予定どおり全員出席 / Oxygen is ～ *in* blood. 血液中には酸素が含まれている / There are still some people ～. 何名かまだ残っている
❷ 《限定》**現在の**，現今の；目下の，当面の ‖ What is

your ～ job? 現在のお仕事は何ですか / in the ～ economic situation 現在の経済状況の下では / at the ～ **day** [OR **time**] 現今では, 今日では / the ～ cabinet 現内閣 / for ～ use さしあたり使用するために
❸《叙述》〈心の中に〉残っている, 覚えている〈**in, to**〉‖ Though Doug has passed on, he will always be ～ *in* our thoughts [recollections]. ダグは亡くなってしまったが, 彼は我々の心[記憶]にいつも残っているだろう
❹《限定》《the ～》今問題になっている, 当該の, この ‖ the ～ case 本件 / the ～ volume 本書 / the ～ writer 筆者(♦ I の代わりに用いられるが, かなり堅い文章に限られ, もったいぶった表現と感じる人もいる)
❺《限定》〖文法〗現在(時制)の, 現在形の
❻《古》すぐ間に合う, 応急の ‖ ～ wit 機転, とんち
—名(複 **～s** /-s/) ❶ Ⓤ《しばしば the ～》**現在**, 現今(→ past, future) ‖ the past and the ～ 過去と現在 / up to the ～ 現在に至るまで, 今までのところ / enjoy the ～ 現在を楽しむ / **in the** ～ 現在(は), 現時点で
❷ (＝～ **ténse**)《通例 the ～》〖文法〗現在時制 ; 現在時制の動詞形 ❸ Ⓒ《～s》〖法〗本書, 本証書 ‖ by these ～*s* 本証書により
****at présent*** 目下, 現在, 今(は)(now) ‖ We can't tell *at* ～ who will win. だれが勝つか現時点では予想できない
for the présent 当分は, さしあたり, 当座は(for the time being)
▶▶ **～ párticiple** 名 Ⓒ〖文法〗現在分詞 **～ pérfect** 名《the ～》〖文法〗現在完了 ; (動詞の)現在完了形

****pres·ent[2] /prézənt/《アクセント注意》

—名(複 **～s** /-s/) Ⓒ **贈り物**, **プレゼント**(→ gift) ; 土産〈**from** …からの ; **for** …への〉(♦ souvenir は他人への「土産」のほか, 自分の思い出にするものも含む)(⇨ 類語) ‖ The boy received a ～ *from* his parents on his birthday. 少年は両親から誕生日にプレゼントをもらった / I have a ～ *for* you. 差し上げたいものがあります / a **Christmas** [**birthday**, **wedding**] ～ クリスマス[誕生日, 結婚祝いの]プレゼント / We're going to make the winner a ～ of a tablet computer. タブレットコンピューターを優勝者にプレゼントします

類語 **present** 親しみの気持ちの表れとしての贈り物を意味する一般的な語.
gift 特に儀礼的に贈る present. 「多少価値あるもの」の連想を伴う. 〈例〉a *gift* to the bride 花嫁への贈り物

****pre·sent[3] /prizént/《アクセント注意》動 名

中心義 **Aを目の前に示して与える**(★Aは具体的な「物」に限らず, 「機会」や「様子」など抽象的なものも含む. 文脈によって「示す」側面, もしくは「与える」側面のどちらかに重きが置かれた意味になる)
—動 (**～s** /-s/ ; **～·ed** /-ɪd/ ; **～·ing**)
—他 ❶ …を〈人に〉**贈呈する**, 進呈する〈**to**〉; 〔人〕に〈物を〉贈呈する, 進呈する〈**with**〉(♦ 式典などの公式な場での贈呈に使う. 日常語は give. また《米》では《＋目＋目》の構文をとることがあるが誤りと考える人もいる)(⇨ GIVE 類語) ‖ The awards were ～*ed* by the premier himself. 賞は首相自ら贈呈した / The actress ～*ed* the winner *with* a gold trophy. ＝The actress ～*ed* a gold trophy *to* the winner. 女優は優勝者に金のトロフィーを贈呈した / The retiring chairman was ～*ed with* flowers. ＝Flowers were ～*ed to* the retiring chairman. 引退する会長に花束が贈られた
❷〔書類など〕を〈…に〉**提示する**, 差し出す ; 〔計画など〕を〈…に〉**提案する**, 提出する〈**to**〉; …に〈書類・案など〉を提出する, 提示する〈**with**〉‖ He ～*ed* a draft bill for public consideration. 公に検討してもらうため彼は法案の草稿を提示した / You must ～ your ID *to* the guard. 守衛に身分証明書を提示しなさい / I am ～*ing* my marketing plans *to* the board of directors tomorrow. 明日私は重役会にマーケティング計画を提出する / The waiter ～*ed* me *with* the check. ウエーターは勘定書を私に差し出した
❸〔困難・機会など〕を〈…に〉**もたらす**〈**to**〉; 〔人〕に〈困難・機会などを〉もたらす〈**with**〉‖ His careless comment ～*ed* a big **problem** *to* his party. ＝His careless comment ～*ed* his party *with* a big problem. 彼の不用意な発言は党に大きな問題を引き起こした / The hero's illness ～*ed* Joey *with* the chance of a lifetime. 主演俳優の病気はジョーイに千載一遇のチャンスをもたらした
❹〔表情・様子など〕を〈…に〉表す, 示す〈**to**〉; …を〈…として〉見せる, 示す, 紹介する〈**as**〉‖ She always ～*s* a calm exterior. 彼女は外面的にはいつも穏やかな顔を見せている / How can I ～ a better image *to* the public? どうやったら私はもっと人によいイメージを持ってもらえるのだろう / The president tried to ～ himself *as* a compassionate conservative. 大統領は自分が思いやりのある保守主義者であると見せようとした
❺〔番組・映画・劇など〕を上演する, 提供する, 放送する ; 〔俳優など〕を出演させる ; 〔新製品など〕を紹介する ; 《英》〔テレビ・ラジオの番組〕の司会をする ‖ ～ a documentary on the war on drugs 麻薬撲滅運動のドキュメンタリーを放映する / This program is ～*ed* to you by Nokia. この番組はノキアの提供でお送りします
❻《～ oneself で》(人が)(特に公式な場所に)姿を現す ; (機会などが)訪れる ; (考えなどが)浮かぶ ‖ He ～*ed* himself in court as scheduled. 彼は予定どおり法廷に出頭した / You must act as soon as an opportunity ～*s* itself. 機会が訪れたらすぐに行動に移らないといけない / Don't worry. A solution will ～ itself in time. 心配するな. そのうち解決策が浮かんでくるから
❼〔人〕を〈高い地位の人に〉正式に紹介する ; 〔人〕を拝謁させる ; 〔若い女性〕を〈社交界に〉披露する〈**to**〉(⇨ INTRODUCE 類語) ‖ Mr. Murdoch, may I ～ my wife (*to* you)? マードックさん, 私の家内です / He was ～*ed* at court. 彼は宮中で拝謁を賜った
❽《堅》(正式に)…を〈…に〉申し上げる, 述べる〈**to**〉‖ ～ apologies [compliments, greetings] (*to* him) おわび[賛辞, あいさつ]を(彼に)申し述べる
❾〔顔など〕を〈ある方向に〉向ける〈**to**〉; 〔銃など〕を〈…に〉向ける, ねらいをつける〈**at**〉‖ *Present* arms! 〖軍〗ささげ銃(つつ)
❿〖法〗〔犯罪など〕を告訴する, 起訴する ; 〔証拠など〕を提出する ⓫《英》〖宗〗…を(聖職禄(ろく)に)推薦する
—自 ❶〖医〗(患者が)〈…の(症状で)〉診察に来る〈**with**〉; (病気が)発症する ❷〖医〗(胎児の一部が)子宮口に現れる
❸《堅》(よい)印象を与える, 〈…のように〉見える〈**as**〉
—名《the ～》銃を構えた姿勢 ; 〖軍〗ささげ銃の姿勢 ‖ at the ～ ささげ銃をして

pre·sent·a·ble /prizéntəbl/ 形 ❶ 人前に出せる, 見苦しくない ; 外見[体裁]のよい ❷ 贈り物に適した
pre·sènt·a·bíl·i·ty 名 **-bly** 副

:pres·en·ta·tion /prèzəntéɪʃən/《発音注意》

—名(複 **～s** /-z/) Ⓤ Ⓒ ❶ (案・証拠などの)**提出**, 提示 ; (企画などの)提案 ‖ the ～ of one's ID card 身分証明書の提示
❷ (商品などの)外観, 体裁 ; 表示(法), 表現
❸ (賞・賞品などの)**贈呈** ; 贈呈式 ; 〈…への〉授与 ; Ⓒ〈…への〉贈呈品(gift)〈**to**〉‖ the ～ of awards 賞の授与 / **make** a ～ *to* the champion 優勝者に贈呈する
❹ (学会などでの)発表, (イラストなどを使って行う)説明 ; 〈…についての〉プレゼンテーション〈**on**〉‖ **make** [OR **give**] a ～ *on* a new product 新製品のプレゼン(テーション)を行う
❺ (劇などの)上演, 上映, 公開 ‖ the ～ of a new play 新しい劇の上演 ❻ (公式の)紹介, 披露, (社交界への)デビュー ; (特に宮廷での)拝謁, 謁見 ❼〖医〗(分娩(ぶんべん)時の)胎位 ‖ a breech ～ 殿位, 逆子(さかご) ❽〖宗〗聖職禄(ろく)給

付推薦(権) ❾〚心・哲〛表象 ❿〚商〛(手形などの)呈示
~·al 形〚心・哲〛表象的な, 観念的な
▸▸**~ còpy** 名 C 贈呈本, 献本 **~ gràphics** 名 U = presentation software **~ sòftware** 名 U プレゼンテーションソフト《プレゼン用のスライド作成ソフト》

***prèsent-dáy** 形《限定》現代の, 今日の(current)(⇨ MODERN 類語) ‖ ~ English 現代英語

pres·en·tee /prèzəntíː, prɪzén-/ 名 C ❶ (贈り物を)受ける人 ❷ 被推薦人;聖職禄が与えられる聖職者 ❸ 被謁見者

pres·en·tee·ism /prèzəntíːìzm/ 名 U《英》積極的出社主義《(上司の心証をよくするため)規定時間より長く働くこと》

***pre·sent·er** /prɪzéntər/ 名 C ❶《英》(テレビ・ラジオの)司会者, キャスター;(コマーシャルの)紹介者(《米》announcer), 商品説明者 ‖ a news ~ ニュースキャスター ❷ (賞品などの)贈呈者, プレゼンター;贈り主;提出者

pre·sen·ti·ment /prɪzéntɪmənt/ 名 C (悪い)予感, 虫の知らせ

***pres·ent·ly** /prézəntli/《アクセント注意》副 ❶ ただ今, 現在, 目下(at present)(♦ この意味では文頭または be 動詞・助動詞の後, 本動詞の前に置く) ‖ He is ~ living with his parents. 彼は現在両親と一緒に住んでいる / The cause of the accident is ~ under investigation. 事故の原因は現在調査中である ❷ じきに, ほどなくして, 間もなく, やがて(soon)(⇨ INSTANTLY 類語)(♦ 現代では❶の場合が増え, ❷は古くなりつつある) ‖ The guests will arrive ~. お客様はほどなく到着するでしょう(♦ 未来時制の文ではふつう文末に置く) / *Presently*, a man in black came in. 間もなく黒ずくめの男が入って来た(♦ 過去形の文ではふつう文頭に置く)

pre·sent·ment /prɪzéntmənt/ 名 U ❶ (手形などの)呈示, 提出;提示, 提案 ❷ 上演, 公演;表示, 叙述, 描写 ❸ C〚法〛(大陪審の)告発

pre·serv·a·ble /prɪzə́ːrvəbl/ 形 保存[貯蔵]できる

***pres·er·va·tion** /prèzərvéɪʃən/ 名〔◁ preserve 動〕U 保護;保存;維持 ‖ the ~ of wildlife 野生生物の保護 / the ~ of law and order 治安の維持 / in a good [poor] state of ~ 保存状態がよい[悪い] / the historic ~ district 史跡保存地区 ▸▸**~ òrder** 名 C《主に英》(歴史的建造物などの)保存命令

***pres·er·va·tion·ist** /prèzərvéɪʃənɪst/ 名 C (野生動物・歴史的建造物の)保護[保存]論者, 保護活動家

***pre·serv·a·tive** /prɪzə́ːrvətɪv/ 形〔◁ preserve 動〕《限定》保存の, 保存力のある, 防腐性の
—名 C 防腐剤, 保存剤

****pre·serve** /prɪzə́ːrv/《発音・アクセント注意》
—動〔▸ preservation 名, preservative 形〕(**~s** /-z/; **~d** /-d/; **-serv·ing**)
—他 ❶ …を〈腐敗・危害・絶滅などから〉**保護する**, 守る〈**from, against**〉;…を**保存する**(⇨ PROTECT 類語P) ‖ ~ wood *from* decay 木材を腐敗から守る / ~ my skin *against* the harmful rays of the sun 太陽の有害な光線から皮膚を保護する / The townspeople made donations to ~ the old temple. 町民はその古い寺院を保存するために寄付をした
❷〔威厳・態度など〕を保つ, 保持する;《戯》〔若さ〕を保つ ‖ ~ discipline 規律を保つ / ~ one's reputation 名声を保つ / Tell us your secret for *preserving* your good looks. 美貌(ぼう)を維持する秘訣(けつ)を教えてください / The old man is very **well** ~*d*. その老人はいつまでも若々しい
❸〔食品〕を保存(加工)する, …をシロップ煮[塩漬け]にする ‖ ~ fruit in brandy 果物をブランデーにつけて保存する / ~*d* fruit シロップ煮にした果物
❹〔鳥獣・魚など〕を保護する;…を禁猟[禁漁]区とする
—名 (複 **~s** /-z/) ❶ U/C (しばしば ~s) 保存加工した果物, シロップ煮, ジャム;《主に英》野菜の塩[酢]漬け ‖ strawberry ~*s* イチゴのシロップ煮[ジャム]
❷ C《単数形で》(人の)領分, 専有分野 ‖ Firefighting has traditionally been a **male** ~. 消防活動は伝統的に男の領域だった / poach on his ~ 彼の領分を侵す
❸ C 禁猟[禁漁]区;《主に米》自然保護区 **-sérv·er** 名
語源 *pre-* before + *-serve* keep:前もって取っておく

pre·set /prìːsét/ 動 (**-set**; **-set·ting**) 他〔機器など〕をあらかじめセット[設定]する —形《限定》前もってセットされた —名 C 自動設定装置

pre·shrunk /prìːʃrʌ́ŋk/ 形 (布地が)防縮加工した

***pre·side** /prɪzáɪd/《発音・アクセント注意》動 自 ❶ 〈…で〉議長[座長]を務める, 司会する;〈食卓で〉主人役を務める〈**at, over**〉‖ ~ *at* [OR *over*] a meeting 会合で議長を務める ❷〈…を〉管理する, 統轄する〈**over**〉‖ He ~*d over* the business of the firm. 彼は会社の業務を取り仕切った ❸〈大事な時期に〉責任ある立場にある〈**over**〉‖ Successive prime ministers have ~*d over* the decline of the economy. 何代もの首相が経済の衰退時に政権にあった ❹〚楽〛〈主要楽器を〉奏する〈**at**〉‖ ~ *at* the organ オルガン奏者を務める

***pres·i·den·cy** /prézɪdənsi/ 名 (複 **-cies** /-z/) ❶《the ~》president の地位[職, 任期] ❷ U C《しばしば the P-》《米》大統領の地位[任期] ‖ run for the ~ 大統領に立候補する

***pres·i·dent /prézɪdənt/

—名〔▸ presidential 形〕(複 **~s** /-s/) C ❶《しばしば P-》**大統領**《米国など近現代の共和制国家の元首》(♦ 呼びかけるときは Mr. [Madam] President という) ‖ She 「was **elected** [**became**] *President* of the Philippines. 彼女はフィリピン大統領に選ばれた[なった](♦ 役職が1名に限られる場合は無冠詞) / *President* Kennedy ケネディ大統領(♦ この場合 the はつけない) / the *President* of France フランス大統領 / the **vice** [**former**] ~ 副[前]大統領
❷《ときに P-》《米》社長, 頭取(とう), 代表取締役 ‖ He was promoted to ~ of the company. 彼はその会社の社長に昇進した
❸ (官庁の)総裁, 長官
❹ (協会・クラブなどの)会長, 座長, 議長 ‖ the *President* of the House of Councilors 参議院議長(♦「衆議院議長」は the Speaker of the House of Representatives という) ❺《ときに P-》《米》(大学の)学長, 総長
▸▸**Présidents' Dày** 名 U C 大統領記念日《2月の第3月曜日に, Washington と Lincoln の誕生日をまとめて米国のいくつかの州で祝われる法定祝日》

prèsident-eléct 名 (複 **presidents-**) C (就任前の)大統領当選者(→ elect 形 ❶)

***pres·i·den·tial** /prèzɪdénʃəl/《アクセント注意》形〔◁ president 名〕《限定》大統領[社長, 総裁, 会長, 学長]の[による] ‖ a ~ candidate 大統領候補者 / the ~ government 大統領制 / the ~ primary《米》大統領予備選挙 / the ~ year《米》大統領選挙の年 / a ~ declaration 大統領による宣言
▸▸**Presidèntial Mèdal of Fréedom** 名《the ~》= Medal of Freedom

pre·sid·i·o /prɪsídiòu/ 名 (複 **~s** /-z/) C (特に合衆国南西部にスペイン植民者が作った)要塞(さい), とりで, 要塞地

pre·sid·i·um /prɪsídiəm/ 名 (複 **~s** /-z/ OR **-i·a** /-iə/) C (共産国の)(最高会議)常任幹部会;《P-》旧ソ連最高会議幹部会

Pres·ley /prézli, prés-/ 名 **Elvis ~** プレスリー(1935–77)《米国のロック歌手》

pres.part. 略 *pres*ent *part*iciple

***press[1] /pres/ 名 動

中心義 **圧力をかける**(★「新聞」「印刷」などの意味は, 原版に紙を押しつけて印刷することから)

名 新聞❶　報道陣❷　印刷❹
動 他 押す❶　アイロンをかける❷　自 押す❶

—名 (複 ~·es /-ɪz/) ❶《通例 the ~》《集合的に》**新聞**, 雑誌, 出版物, (テレビ・ラジオなどの)ニュース；報道機関, ジャーナリズム (♦ もとは主に新聞, および新聞界を指していたが, 現在ではテレビ・ラジオも含める場合が多い) ‖ the daily [local, national] ~ 日刊[地方, 全国]紙 / The political scandal was widely reported **in** the ~ and on television. その政治スキャンダルは新聞, 雑誌やテレビで大々的に報道された / the freedom of the ~ 報道の自由 / get a lot of ~ coverage 大々的に報道される / ~ **reports** (新聞)報道
❷《通例 the ~》《集合的に》《単数・複数扱い》**報道陣**, 記者団 ‖ The spokesperson meets the ~ daily. そのスポークスマンは毎日報道陣と会見する / The ~ was [OR were] not admitted into the building. 報道陣は建物の中に入ることを許されなかった
❸ U/C《a ~》(新聞・テレビなどでの) 論評, 取り上げ方, (一般の) 評判 ‖ The young candidate got [OR received] good [bad] ~ after his debate with the incumbent. その若い候補者は現職者との論争の後マスコミで好評を博した[悪評を受けた]
❹ U **印刷**；出版；C 印刷機(printing press)；出版社；印刷所 (→ CE 1) ‖ The magazine is going to ~ tomorrow. その雑誌は明日印刷に回される予定だ / The book is now on [《英》in] ~. その本は今印刷中だ / The newspaper「has just come [OR is hot] off the ~(*es*). その新聞は今刷り上がったところだ / Oxford University *Press* オックスフォード大学出版局
❺ C《通例複合語で》圧搾機, 搾り機, プレス機 ‖ a wine ~ ブドウ搾り機 / a trouser ~ ズボンプレッサー
❻ U/C《単数形で》押す[圧する]こと, 押しつけること；圧縮, 圧搾；アイロンがけ；U 押された状態, きちんとアイロンがかかっている状態 ‖ He impatiently gave the button another ~. 彼はもどかしげにもう一度ボタンを押した / My shirt needs a quick ~ before I go. 出かける前に急いでシャツにアイロンをかけないと
❼ U/C《単数形で》(人・物などの)混雑, 雑踏, ひしめき合い ‖ He lost the woman in the ~. 人込みの中で彼は女を見失った ❽ U (事態・仕事などの)緊急, 切迫, プレッシャー ‖ There is no ~ about it. それは急ぐことはない / She never let the ~ of business interfere with her time with her children. 彼女はいくら仕事が忙しくても子供たちと過ごす時間を犠牲にしなかった ❾ C《主にアイル・スコット》戸棚, 洋服だんす, 本棚 ❿《P-》《新聞名で》…紙 ⓫ U〖バスケットボール〗プレスディフェンス《相手に接近してガードする攻撃的ディフェンス》 ⓬ U〖重量挙げ〗プレス, 押し上げ《現在は競技種目から除外》

COMMUNICATIVE EXPRESSIONS

1 **Stòp the présses!** 作業を中断しなさい；はいそのままで(♥「(重大ニュースが入って来たので)印刷機をすべて止めろ」の意から. 重大ニュースを告げる際のユーモラスな前置き表現としても用いる)

—動 (▶ pressure 名)(~·es /-ɪz/; ~ed /-t/; ~·ing)
—他 ❶ **押す a** 《+目》〔ボタン・スイッチなど〕を**押す** ‖ ~ a **button** ボタンを押す / ~ the accelerator アクセルを踏み込む / ~ the shutter button シャッターボタンを押す
b 《+目+副句》…を〈…に〉**押す**, 押しつける〈**against, to, on,** etc.〉；…を押して動かす ‖ He ~*ed* a handkerchief hard *on* the wound to stop the bleeding. 彼は傷口に強くハンカチを押し当てて出血を止めた / ~ one's nose *against* the window 鼻を窓に押しつける / ~ one's lips together 口を固く結ぶ / The police ~*ed* the students back. 警察は学生たちを押し戻した
c 《+目+補 〈形〉》…を押して…(の状態) にする ‖ The dog ~*ed* the door shut. その犬はドアを押して閉めた
❷ …に**アイロンをかける**, プレスする；…を押して平らにする ‖ a neatly ~*ed* shirt きちんとアイロンのかかったワイシャツ / ~ flowers between pages of a book 本の間に挟んで押し花を作る
❸ **a** 《+目》…を〈…に〉圧縮[圧搾]する〈**into**〉‖ ~ clay *into* a bird 粘土を押し固めて鳥を作る
b 《+目+補 〈形〉》…を圧縮して…(の状態) にする ‖ ~ the dough flat パン生地を押して平らにする
❹〔果物・野菜など〕を搾る；〔果汁など〕を〈…から〉搾り出す〈**from, out of**〉‖ ~ oranges to extract the juice ジュースをとるためオレンジを搾る / ~ the juice「*out of* [OR *from*] grapes ブドウからジュースを搾る
❺ **a** 《+目》〔人〕にしつこく言う[迫る]；〔人〕に〈…を〉執拗(しつよう)に求める, 強要する〈**for**〉‖ He wanted his mother to just leave him alone, and not to ~ him so hard. 彼は母親にそんなにしつこく言わずそっとしておいてもらいたかった / When **hard** ~*ed for* an answer, she started to cry. 答えを強要されて彼女は泣き出した / ~ him *for* repayment [an explanation] 彼に返済するよう[説明するよう]強く求める
b 《+目+**to** *do* / 目+**into** 名》〔人〕に…をするようにしつこく言う [要求する] ‖ I ~*ed* Mom *to* increase my allowance. ママにお小遣いを上げてくれとせがんだ
❻ …を握りしめる, 抱きしめる ‖ He ~*ed* my hand in greeting. 彼は私の手を握りしめてあいさつした / She ~*ed* the child to her. 彼女はその子を抱きしめた
❼〔意見・立場など〕を強硬に主張する, 繰り返して言う ‖ He did not ~ the point. 彼はその点を強調しなかった / ~ one's claim for damages 損害賠償を強く要求する / ~ charges (against him)〖法〗(彼を)告発する
❽〔攻撃・行動など〕を強行する, 押し進める；〔敵など〕を攻め立てる ‖ ~ the attack 攻撃を敢行する / ~ the enemy hard 敵を激しく攻め立てる
❾〔CDなど〕をプレスする, 原盤から複製する
❿〖重量挙げ〗〔(特定の重さの)バーベル〕をプレスで押し上げる
—自 ❶〈…を〉**押す**, 押しつける《***down***》〈**on, against**〉‖ ~ *on* a button ボタンを押す / ~ *down* hard *on* the accelerator アクセルを強く踏み込む
❷ (心配・悲しみなどが)〈心・人に〉重くのしかかる〈**on, upon**〉‖ The new responsibilities ~*ed* heavily *on* him. 新しい責任が彼の肩に重くのしかかった
❸ **a** 《+**for** 名》…を執拗に求める, 強く要求する (push for) ‖ The women are ~*ing for* equal treatment in the workplace. 女性たちは職場での平等を強く求めている / ~ *for* resolutions 強く決断を迫る
b 《+**for** 名+**to** *do*》…が…するよう強く要求する ‖ They are ~*ing for* the company *to* give a clear explanation. 彼らは会社が明確な説明をするよう強く求めている
❹ 《+副句》〈…に〉押し進む, 突き進む《**ahead, on,** etc.》〈**toward, onto,** etc.〉；(群衆などが)〈…に〉群がる, ひしめく, 押し寄せる《***in***》〈**around, on,** etc.〉‖ The demonstrators ~*ed toward* the Diet Building. デモ隊は国会議事堂に押し寄せた / The troops ~*ed on* in the storm. 部隊は嵐(あらし)の中を前進した / The reporters ~*ed around* the minister to get her comments. 記者たちはコメントをとるために大臣の周りに群がった
❺ (時間などが) 切迫する, (物事が) 急を要する ‖ Time ~*es* [OR is ~*ing*]. 時間が切迫している
❻ アイロンをかける；アイロンがかかる ‖ These pants ~ easily. このズボンはアイロンがかけやすい ❼ (ゴルフなどで) 力みすぎる；〖バスケットボール〗プレスディフェンスをする

be préssed for ... …が不足している, 十分ではない ‖ I'm a bit ~*ed for* time [cash] right now. 今ちょっと時間[金]がないんだ

be prèssed to dó …するのは難しい, …するのに苦労する ‖ Many parents would *be* ~*ed to* communicate with their children. 多くの親は子供との意志疎通に苦労するだろう

prèss ahéad [OR ***fórward***] 〈自〉 ① ⇨ 自❹ ②〈…を〉継続する, 頑張って進める〈**with**〉
prèss hóme ... 〔攻撃など〕を急所に加える;〔論点など〕を力説する;〔有利さなど〕を徹底的に利用する ‖ He ~*ed home* his case against government intervention. 彼は熱弁を振るって政府の干渉に反対した / ~ *home* one's advantage 自分の利点を徹底的に利用する
prèss ón 〈自〉 ① ⇨ 自❹ ②〈…を〉継続する, 頑張って進める〈**with**〉 ‖ He stubbornly ~*ed on with* his work. 彼は頑固に仕事を続けた —〈他〉 **I** 《***prèss ón ...***》 ⇨ 自❶, ❷ **II** 《***prèss A on*** [OR ***upon***] ***B***》 *A*(贈り物・考え方など)を*B*(人)に押しつける, 強いる
▸▸ ~ **àgency** 名 C =news agency ~ **àgent** 名 C (芸能プロダクションなどの)報道係, 宣伝係 ~ **bàron** 名 C 《英》新聞界の大立者 ~ **bòx** 名 C (競技場などの)記者席 ~ **clìpping** [《英》 **cùtting**] 名 C 《通例 ~s》新聞[雑誌]の切り抜き ~ **cònference** 名 C 記者会見 ~ **còrps** 名 C 《集合的に》《単数・複数扱い》(同一場所で働く)記者団, 報道陣 ~ **gàllery** 名 C (議会・裁判所などの)記者席 ~ **kìt** 名 C 報道関係者用配布資料《製品などに関する資料》 ~ **òffice** 名 C (企業・政党などの)広報担当部 ~ **òfficer** 名 C (企業・政党などの)広報担当者 ~ **páss** 名 C 報道関係者用許可書 ~ **relèase** 名 C 新聞発表;報道用文書[声明](handout) ~ **rùn** (↓) ~ **sècretary** 名 C (米国大統領)報道官 ~ **stùd** 名 C 《英》スナップ, ホック(《米》snap) ~ **tìme** 名 U 印刷開始時間, 締切時間

press² /pres/ 動 他 ❶ …を強制的に徴兵する ❷ …を無理に徴発する;…を急場しのぎに使う
prèss ... into sérvice [OR ***dúty***] …を急場しのぎに[臨時に]使う
— 名 U 【史】(特に海軍への)強制的徴兵;徴発, 徴用
▸▸ ~ **gàng** (↓)

préss·bòard 名 U C 《主に米》板紙, 厚紙
préss-bùtton 形 《英》=push-button
pressed /prest/ 形 《叙述》圧縮した, 圧搾した, プレス加工した ▸▸ ~ **powder** 名 C U (化粧用)固形パウダー, コンパクト
préss-gàng 動 他 〔人〕に〈…するように〉強制する〈**into** *doing*〉;〔人〕を〈…に〉徴兵する〈**into**〉
préss gàng 名 C (昔の)強制徴募隊;人を強制する団体
*__press·ing__¹ /présɪŋ/ 形 《通例限定》❶ 緊急の, 差し迫った ‖ a ~ problem 緊急問題 / in ~ need of money 金の必要に迫られて ❷ 懇願する, しきりにせがむ **~·ly** 副
press·ing² /présɪŋ/ 名 C (原盤から)プレスしたもの《レコード・自動車部品など》
préss·man /présmæ̀n/ 名 (複 **-mèn** /-mèn/) C ❶ 《主に英》新聞記者, ジャーナリスト (中立 newspaper reporter, journalist) ❷ 印刷工 (中立 press operator [worker], typographer)
préss·màrk 名 《英》=call number
préss·ròom 名 C ❶ (新聞社や印刷所の)印刷室 ❷ (ホワイトハウスなどの)記者室
préss·rùn, préss rùn 名 C U (一定部数の印刷に要する)連続印刷(時間);印刷部数(print run)
préss-ùp 名 《英・ニュージ》=push-up

***pres·sure /préʃər/ 《発音注意》 名 動

— 名 〔◁ press 動〕 (複 **~s** /-z/) ❶ U C 押す[押される]こと, **圧力**;圧縮;気圧;血圧;【理】圧力《記号 p.》 ‖ I felt the ~ of his hand on my arm. 私は彼の手が腕に押しつけられるのを感じた / burst at **high** ~ 高圧で破裂する / the ~ of the atmosphere (大)気圧 / the ~ of steam 蒸気圧 / tire ~ (タイヤの)空気圧 / high [low] ~ 高[低]気圧 / high [low] blood ~ 高[低]血圧
❷ U C (社会的)**圧力**, 強制力;重圧, 圧迫, プレッシャー〈**from** …からの;**on** …への / **to do** …しろという〉 ‖ The country gave way to heavy ~ *from* the UN. その国は国連からの強い圧力に屈した / **increase** economic ~ *on* Japan 日本に対する経済的圧力を増す / The ~ *on* the White House will grow. ホワイトハウスに対する圧力は強くなるだろう / Tremendous ~ was **put** on the President *to* change his policy. 大統領に政策変更を求める巨大な圧力がかけられた / They are **under** great ~ *to* keep silent. 彼らは口をつぐんでいるよう強く迫られている
❸ U/C 忙しさ, せわしなさ, 《~s》緊迫, 急迫 ‖ get away from the ~(*s*) of city life 都会生活の慌ただしさから逃れる ❹ U 困窮, 窮迫 ‖ **under** financial ~ 財政的に逼迫(ひっぱく)して

COMMUNICATIVE EXPRESSIONS

1 **I'm ùnder a lòt of préssure.** いろいろとストレスが多くて(♥ 精神的重圧を受けていることを精神科医やカウンセラーなどに訴える)

— 動 (**~s** /-z/;**~d** /-d/;**-sur·ing**) 他 ❶ …に〈…するよう〉圧力をかける, …を強制する(☞ lean on)〈**into** / **to** *do*〉(♦ しばしば受身形で用いる) ‖ She was ~*d into* 「conversation with him [accepting his demand]. 彼女はむりに彼と話をさせられた[彼の要求をのまされた] / The government ~*d* the drug industry *to* lower prices. 政府は薬品業界に値下げをしろという圧力をかけた ❷〔気体・液体〕に圧力を加える, 与圧する
▸▸ ~ **còoker** (↓) ~ **gàuge** 名 C 圧力計 ~ **gròup** 名 C 圧力団体 ~ **pòint** 名 C ①(身体上の)圧点《止血のときに押す》②危険な状態[地点] ~ **sòre** 名 C 床ずれ(bedsore) ~ **sùit** 名 C 【空】(高度飛行用の)与圧服, 宇宙服

préssure còoker 名 C ❶ 圧力がま[なべ] ❷ 《米》プレッシャーのかかる場所[状況]
préssure-còok 動 他 …を圧力がま[なべ]で料理する
*__pres·sur·ize__ /préʃəràɪz/ 動 他 ❶〔航空機〕に与圧する(♦ しばしば受身形で用いる) ❷ …に圧力を加える, …を高圧状態に置く ❸ 《英》=pressure ❶
près·sur·i·zá·tion 名
prés·sur·ìzed 形 与圧した, 気密構造の;加圧した ‖ a ~ cabin 与圧室 / a ~ suit 気密服
préss·wòrk 名 ❶ U 印刷(作業) ❷ C 印刷物
pres·ti·dig·i·ta·tor /prèstɪdídʒɪtèɪṭər/ 名 C 手品師, 奇術師 **-tion** 名
*__pres·tige__ /prestíːʒ/ 《発音・アクセント注意》 名 U ❶ 威信, 威光, 信望, 名声 ‖ lose [regain] ~ 威信を失う[回復する] / national ~ 国威 ❷ 《形容詞的に》名声のある, 社会的地位の高い ‖ a ~ college 名門大学 / a ~ car 高級車
*__pres·ti·gious__ /prestíːdʒəs, -tí- | -tí-/ 《発音・アクセント注意》 形 (**more ~**;**most ~**) 《通例限定》威信[信望]のある, 名声の高い(↔ unknown) ‖ a ~ university 名門大学 **~·ly** 副
pres·tis·si·mo /prestísɪmòu/ 【楽】 副 形 《イタリア》(=superlative)非常に速いテンポで[の], プレスティッシモで[の]
— 名 (複 **~s** /-z/) C プレスティッシモの楽章[節]
pres·to¹ /préstou/ 【楽】 副 形 《イタリア》(=quick)速いテンポで[の], プレストで[の]
— 名 (複 **~s** /-z/) C プレストの楽章[節]
pres·to² /préstou/ 副 《口》(奇術師の掛け声で)すぐに変われ, さあ ‖ *Presto*, be gone. それ, なくなれ
prè·stréssed 形 ピアノ線[補強鋼線]で強化した
▸▸ ~ **cóncrete** 名 U プレストレストコンクリート《鋼線入り強化コンクリート》
pre·sum·a·ble /prɪzjúːməbl/ 形 十分に推測できる, ありそうな, もっともらしい
*__pre·sum·a·bly__ /prɪzjúːməbli/ 副 《文修飾》おそらく, たぶん ‖ *Presumably*, the boys are still at school. たぶん少年たちはまだ学校にいるのだろう / His statement must, ~, be based on facts. 彼の発言はおそらく事実に基づいているはずだ

*__pre·sume__ /prɪzjúːm/《発音・アクセント注意》動〔▶ presumption 名, presumptive 形, presumptuous 形〕
他 ❶ 推定する(⇨ 類語) **a**《+目》(たぶん)…(だろう)と推定する;(反対の証拠がないので)…を真実と推定する ‖ I ～ his innocence. 彼は無罪だと思う **b**《+(**that**) 節》…と思う, 考える ‖ I ～ (*that*) he will accept our offer. 彼は我々の申し出を受けると思う / "Has he come back?" "I ～ so."「彼は戻って来たのですか」「そうだと思います」(♦ so は that 節 の代用) / Dr. Livingstone, I ～? リビングストン博士でいらっしゃいますよね(♦ 挿入句的な用法) **c**《+目+(**to be**) 補》…が…であると思う;(反対の証拠がないので)…を…であると推定する ‖ We ～*d* him (*to be*) dead. 彼を死んだものと思い込んだ / An accused man is ～*d* innocent until proved guilty. 被告は有罪が立証されるまでは無罪と考えられる **d**《+目+**to** *do*》…が…すると思う ‖ The housekeeper is ～*d to* know the secret. 家政婦は秘密を知っていると思われている
❷《+目 / **that** 節》(理論・計画などが)…を[ということを]前提とする ❸《+**to** *do*》《通例否定文・疑問文で》あえて…する, 図々しくも…する ‖ I would never ～ *to* contradict him. 図々しくも彼に反対するようなことはしない
—自 ❶ 想定[推定]する, 思う ❷ 厚かましく振る舞う, 差し出がましくする ❸《+**on** [or **upon**] 名》…につけ込む ‖ I think I have ～*d* too much *on* your kindness. ご親切に甘えすぎてしまったようです
語源 *pre-* before+*-sume* take:前もって取る, あらかじめ決めてかかる

類語《他 ❶》**presume** (確かではないが, それなりの判断材料から十分あり得ることとして)たぶん…だと思う, 推定する.〈例〉He *presumes* (that) they are satisfied, because they have sent further orders. 彼は彼らがたぶん満足していると思っている, 追加注文をしてきたので / You are married, I *presume*? 結婚なさっておられますよね(♥「たぶん…だろう」と思う反面,「憶測」の不確かさを残し, 疑問文の調子で用いることも多い. また使い方によりもったいぶった感じが強められる)
assume (しかるべき根拠や証拠に基づかないで, 初めから当然のことと決めてかかって)…だと考える, 思い込む;(一応事実として, または前提として)…と仮定する, 想定する.〈例〉He *assumes* (that) they are satisfied, although we haven't heard from them yet. 彼は彼らが当然満足しているものと考えている, 彼らからまだ何も言ってこないのに / For the sake of argument, let us *assume* that the accident occurred. 議論を進めるために, 事故が起こったものと仮定しよう

__pre·sum·ing__ /prɪzjúːmɪŋ/ 形《英では古》差し出がましい, 図々しい(presumptuous) **～·ly** 副

*__pre·sump·tion__ /prɪzʌ́mpʃən/《発音注意》名〔◁ presume 動〕❶ C U 〈…という〉推定, 想定, 憶測;〚法〛推定〈**that** 節〉‖ This is a mere ～. これは単なる憶測だ / They made the plan on the ～ *that* they would be able to raise enough money for it. 彼らは必要な金は十分に調達できるだろうと想定してその計画を立てた / the ～ of innocence 無実であるとの推測 ❷ C〚法〛推定の根拠[理由] ‖ a strong ～ against his innocence 彼が無実ではないと思われる強力な理由 ❸ U 僭越(せんえつ), 〈…する〉厚かましさ〈**to** *do*〉‖ He had the ～ *to* disobey his superior. 彼は僭越にも上司の命令に従わなかった

__pre·sump·tive__ /prɪzʌ́mptɪv/ 形〔◁ presume 動〕《通例限定》《堅》推定に基づく, 推定の;推定の根拠を与える ‖ ～ evidence〚法〛推定証拠 / an heir ～ 推定相続人 **～·ly** 副

__pre·sump·tu·ous__ /prɪzʌ́mptʃuəs/ 形《通例叙述》〔◁ presume 動〕図々しい ‖ It was ～ of me to say that. そう言ったのは生意気でした **～·ly** 副 **～·ness** 名

__pre·sup·pose__ /prìːsəpóuz/ 動 他《進行形はまれ》❶ (物事が)…を前提とする, 当然…を意味する[含む] ‖ Cooperation ～*s* consent. 協力は同意を前提とする ❷ …を前もって想定[仮定]する, 当然…だろうと予測する

__pre·sup·po·si·tion__ /prìːsʌ̀pəzíʃən/ 名 U C 前提条件;想定;予測, 予想

__prêt-à-por·ter__ /prètɑːpɔːrtéɪ | -pɔ́ːteɪ/ ◁ 名 U 形《フランス》(=ready-to-wear) プレタポルテ[既製服](の)

__pre·tax__ /prìːtǽks/ ◁ 形《限定》税引き前の, 税込みの(↔ post-tax) ‖ one's ～ earnings 税込み所得

__pre·teen__ /prìːtíːn/ ◁ 形《通例限定》名 C ティーンエージャーに達していない(特に 11-12歳の)(子供)

*__pre·tence__ /príːtens | prɪténs/ 名《英》=pretense

__pre·tend__ /prɪténd/《アクセント注意》
—動〔▶ pretense 名, pretension 名, pretentious 形〕(**～s** /-z/; **～·ed** /-ɪd/; **～·ing**)
—他《通例受身形不可》❶ **ふりをする**(⇨ 類語) **a**《+目》…のふりをする ‖ No use ～*ing* sleep. I know you're awake. 眠ったふりをしても無駄だ. 起きているのはわかっているから / ～ illness (=～ to be ill) 仮病を使う / ～ ignorance (=～ to be ignorant) 知らないふりをする
b《(+**to** 名)+(**that**) 節》(…に)…ということを装う, …というふりをする;偽って…と主張する;《否定文で》(事実ではないのに)あえて…だと言う[主張する] ‖ Don't ～ (*that*) you like me. 僕のことが好きみたいなふりをするのはやめてくれ / She ～*ed* (*that*) she hadn't heard me. 彼女は私の声が聞こえなかったふりをした / I don't ～ (*that*) I know everything. すべて知っていると言うつもりはない
c《+**to** *do*》…するふりをする;《否定文で》あえて…する[と主張する] ‖ The passenger ～*ed to* be reading the newspaper. その乗客は新聞を読んでいるふりをした / She cut the class ～*ing to* be ill. 彼女は仮病を使って授業をサボった / I cannot ～ *to* judge between the two proposals. 2つの提案のうちのどちらがよいか決めることなどとてもできない
❷《+**to be** / (**that**) 節》(子供の遊びなどで)…のつもりになる, …ごっこをする ‖ ～ *to be* astronauts 宇宙飛行士ごっこをする / Let's ～ we're kings and queens. 王様と女王様になったことにしようよ
—自 ❶ ふりをする, (それらしく)装う;まねごと遊びをする ‖ I recognized him, but I ～*ed* otherwise. 僕は彼に気づいたが, 気づかないふりをした
❷《+**to** 名》《通例否定文・疑問文で》〔性質など〕を持っていると(偽って)主張する, …を気取る ‖ I don't ～ *to* genius. 私は自分に天賦の才があるなどと主張したりしない
❸《+**to** 名》…(の権利)を主張する ‖ ～ *to* the throne 王位は自分のものだと言う
—形《口》にせの;まねごと遊びの ‖ You are my ～ mother. 君がお母さん役だよ
語源 *pre-* before+*-tend* stretch:(人の)前に広げて見せる

類語《他 ❶》**pretend**「ふりをする」の意味を表す一般語.〈例〉*pretend* not to hear 聞こえないふりをする
affect (他人によく見られるように)意識的にそれらしく見せかける.〈例〉*affect* shyness 内気を装う(はにかんでいるように見せかける)
assume ある外見を装う. 必ずしも悪い意味を含まない.〈例〉*assume* sorrow at a funeral 葬儀で悲しみを装う
feign 外見を巧みにまねて装う. しばしば「偽って」の意が強調される.〈例〉*feign* illness 仮病を使う
simulate feign よりもさらに真実にそっくり似せてまねることを暗示する語.〈例〉*simulate* grief (本当らしく)悲嘆を装う / a test *simulating* a nuclear emergency 核の非常事態を模した実験

__pre·tend·ed__ /-ɪd/ 形 うわべだけの, 偽りの;にせ物の ‖ ～ affection うわべだけの愛情 **～·ly** 副

__pre·tend·er__ /prɪténdər/ 名 C 〈…の〉ふりをする人〈**to**〉;詐称者;〈…の〉僭称(せんしょう)者〈**to**〉;王位をねらう者

*pre·tense, 《英》-tence /príːtens | prɪténs/ 名〔◁ pretend 動〕❶ Ⓤ/Ⓒ《a ～》見せかけ, ふり〈of …の / of doing, to do …する / that 節 …という〉;(遊びなどでの)まねごと ‖ under the ～ of friendship 友情を装って / She made no ～ of illness [OR being ill]. 彼女は仮病など使わなかった / That offer was just a ～ to cover up his real intention. その申し出は彼の本心を隠すための見せかけにすぎなかった / She kept up the ～ that she liked his family. 彼女は彼の家族を気に入っているふりを続けた ❷ Ⓤ/Ⓒ《a ～》弁明, 言い訳, 口実〈of doing …する / that 節…という〉‖ I excused myself on the ～ that I had an unbreakable date. 私はどうしても行かなくてはならない会合の約束があるという口実で退席した / They got a loan from a bank under [OR on] false ～s. 彼らは偽って銀行から金を借りた ❸《通例否定文・疑問文で》Ⓤ〈特定の能力などを持っているという〉(不実の)主張, 申し立て〈to〉‖ He makes no ～ to special knowledge. 彼は自分に特別の知識があるとは言ってない ❹ Ⓤ 見せびらかし, てらい;見え ‖ be devoid of all ～ 全くひけらかすことのない

pre·ten·sion /prɪténʃən/ 名〔◁ pretend 動〕❶ Ⓒ《しばしば ～s》(資格などに対する)主張, 自負;権利の主張, 要求〈to …という / to do …しようとする〉❷ Ⓤ てらい, ひけらかし ❸ Ⓒ 口実, 弁明

*pre·ten·tious /prɪténʃəs/ 形〔◁ pretend 動〕(人が)思い上がった;もったいぶった, これ見よがしの
～·ly 副 ～·ness 名

preter- /priːtər-/ 接頭「…を越えた, 超…(beyond)」の意 ‖ preternatural

pret·er·ite, +《米》-it /prétərət/ 名〖文法〗過去時制;過去形 ―形〖文法〗過去(時制)の

prè·térm /, ⁻⁻⁻/ 形 (出産)予定日前の, 月足らずの ‖ a ～ infant 早産児 ―名 Ⓒ 早産児

prèter·nátural 形《限定》《堅》《文》自然でない, 並外れた, 異常な;《文》超自然的な ～·ly 副

pre·test /príːtest/(→ 動) 名 Ⓒ Ⓤ 予備テスト, (製品などの)試用 ―動 他 自 /prìːtést/(…を)予備テストする

*pre·text /príːtekst/《アクセント注意》名 Ⓒ 口実, 言い逃れ, 弁解〈for, of …の / to do …するための / that 節…という〉‖ I went to London on [OR under] the ～ of studying [OR that I would study] musicals. 私はミュージカルを勉強するという口実でロンドンへ行った / She found a ～ to excuse herself. 彼女は席を立つ口実を見つけた / He skipped the meeting under the ～ that he'd been caught in a traffic jam. 彼は交通渋滞に巻き込まれたという口実で会議をすっぽかした / make a ～ for not going to school 学校へ行かない口実を作る / on some ～ or other 何だかんだとごまかして

Pre·to·ri·a /prɪtɔ́ːriə/ 名 プレトリア《南アフリカ共和国の行政上の首都. 立法上の首都は Cape Town》

pre·tri·al /prìːtráɪəl/ 形 名 Ⓒ 公判前の(会合, 手続き)

pret·ti·fy /prítɪfàɪ/ 動 (-fied /-d/; ～·ing) 他 …を(うわべだけ)きれいにする;…をごてごてと飾り立てる
prèt·ti·fi·cá·tion 名

pret·ti·ly /prítɪli/ 副 きれいに, かわいらしく;見事に

pret·ti·ness /prítinəs/ 名 Ⓤ ❶ きれいさ, かわいらしさ ❷ Ⓒ きれいなもの[飾り] ❸ 凝った文体[手法]

***pret·ty /príti/《発音注意》形 副

―形 (-ti·er; -ti·est)
❶ (女性・子供などが)**きれいな**, かわいらしい(↔ plain)(⇨ BEAUTIFUL 類語P) ‖ a ～ girl [woman] かわいい少女[女性] / ～ hair きれいな髪 / She is not [OR more than] just a ～ face. 彼女は単に顔がかわいいだけではない / You look so ～. とってもかわいいわよ
❷ (物事が)きれいな, 美しい, 楽しい;(音などが)快い ‖ a ～ dress きれいな服 / a ～ room 小ぎれいな部屋 / a ～ poem 美しい詩 / a ～ tune 心地よい調べ / It would be ～ to have candles on the tree. ツリーにろうそくをつけたらきれいだろう / not a ～ sight《戯》見られたものではない / a teacup ～ to look at 見た目のきれいな茶わん
❸《比較なし》《限定》《旧》《口》かなり大きい, 相当の ‖ make a ～ fortune かなりの財産をこしらえる / cost a ～ penny かなりの額を払う
❹ 素晴らしい, 見事な;巧みな, 上手な ‖ have a ～ wit 頭の回転が素晴らしくよい / a ～ move 巧みな動き
❺《比較なし》《限定》《口》ひどい, えらい(♥ 反語的に) ‖ A ～ mess you've made of it! ひどいへまをしてくれたもんだ / Well, this is a ～ state of affairs. いや, これはまた結構なことになったものだ / in a ～ fix ひどい羽目に陥って
❻ ⊗《ときに蔑》(男の子が)女みたいな, きざな, にやけた
(*as*) ***prètty as a pícture*** (女(の子)・風景などが)とてもきれいな

―副 ❶《比較なし》《原級の形容詞・副詞を修飾して》《口》**なかなか**, けっこう, 割に;とても(⇨ VERY 類語P) ‖ ～ **soon** すぐに / a ～ **good** sense of humor なかなかいいユーモアのセンス / I am ～ **sure** that I can make it. 僕にはちゃんとやれる自信があるんだ / She hit her head ～ hard. 彼女はかなり強く頭をぶつけた / Production was kept going ～ **well**. 生産はなかなか順調に進んでいた / "Was the concert that bad?" "*Pretty* awful." 「コンサート, そんなにひどかったの?」「かなりひどかったよ」

語法 ★☆ (1) 否定文では使わない.
(2) 形容詞用法と違って強勢はないかごく弱い. したがって a pretty dark dress で pretty を強く発音すれば「きれいな黒っぽい服」, 弱く発音すれば「かなり黒っぽい服」となる.
(3)《英》より《米》でよく使われる.《米》で pretty を使う場合に《英》では quite を使うことが多い.

❷《口》きれいに, かわいらしく(prettily)

*prètty múch [OR wéll, néar(ly)]《動詞・形容詞・副詞・前置詞句などを修飾して》ほとんど, ほぼ, ある程度, かなり ‖ Her latest novel is ～ *much* the same as the previous one. 彼女の最新の小説は前作と似たり寄ったりだ(♦ pretty much は意味を弱めたり断定を避けるために使われることもある. 〈例〉"Is that what Tim said?" "*Pretty much.*"「ティムが言ったのはそういうことですか」「まあそうだ」)

*sìtting prétty《口》有利な状況にあって, 運がよくて;(特に金銭的に)順調で

―名 (複 -ties /-z/) Ⓒ《口》❶ (装身具など)きれいなもの;女性の下着, ランジェリー ❷ かわいい人
―動 (-ties /-z/; -tied /-d/; ～·ing) 他 …をきれいにする, 飾り立てる《*up*》‖ ～ oneself *up* めかし込む / ～ *up* a story 話に尾ひれをつける
語源「ずるい」の意の古英語 *prættig* から.「巧みな」→「快い」→「かわいい」と意味が転じた.
▸▸ ～ **bóy** 名 Ⓒ ⊗《口》《ときに蔑》やさ男, (かわいい)坊や[若者]

prétty-prètty 形 飾りすぎの, きれいなだけの

pret·zel /prétsəl/ 名 Ⓒ プレッツェル《結び目状・棒状などに焼き上げた塩味のスナック菓子》

pretzel

prev. 略 previous(ly)

*pre·vail /prɪvéɪl/《発音注意》動〔▶ prevalence 名, prevalent 形〕
自《進行形不可》❶〈…に〉広く行き渡っている, 受け入れられている, 流布している, 流行している;支配的である〈in, among〉‖ The custom of exchanging New Year's cards still ～*s* in Japan. 日本では年賀状の交換が今でも広く行われている / Dead silence ～*ed*. 辺りは静まりかえっていた ❷〈…に〉勝る, 〈…を〉圧倒する;〈…に〉(打ち)勝つ〈over, against〉‖ Right will ～ *over* wrong in the end. 結局は正義が悪に打ち勝つものだ ❸ 効を奏する, うまくいく
prevàil on [OR ***upon***] ... 〈他〉〈…するよう〉…を説得する, 説き伏せる(persuade)〈to do〉‖ She was ～*ed upon*

to sing "Annie Laurie." 彼女は口説かれて「アニーローリー」を歌った

語源 *pre-* before(…よりむしろ)＋*-vail* strong(強い)

pre·váil·ing /-ɪŋ/ 形《限定》支配的な, 優勢な, 有力な；広く行き渡った, 普及した, 一般的な ‖ the ～ wind 卓越風《ある地域でいちばんよく吹く向きの風》 **～·ly** 副

***prev·a·lence** /prévələns/《アクセント注意》名〔◁ prevail 動〕U 普及, 流行, 蔓延(まんえん) ‖ the ～ of computers コンピューターの普及

***prev·a·lent** /prévələnt/《アクセント注意》形〔◁ prevail 動〕❶〈…に〉広く行き渡っている, 普及[流行]している, 一般的な；(病気が)蔓延している〈**in, among**〉‖ the ～ point of view 一般的な見方 ❷《古》支配的な, 優勢な **～·ly** 副

pre·var·i·cate /prɪvǽrɪkèɪt/ 動 自 言葉を濁す, 言い逃れをする；ごまかす；《婉曲的》うそをつく
pre·vàr·i·cá·tion 名 **-cà·tor** 名

***pre·vent** /prɪvént/《アクセント注意》

—動〔▶ prevention 名, preventive 形〕(**～s** /-s/；**～·ed** /-ɪd/；**～·ing**)

—他 ❶ **a** 《＋目》…を**妨げる**, 中止させる ‖ I'll come and see you tomorrow if nothing ～*s* me. もし何もなければ明日伺います / Rain ～*ed* the game. 雨で試合ができなかった

b 《＋目＋(**from**) *doing*》〔人・物事〕が…**するのを妨げる**,〔人〕を**妨げて…させない** (♦ from を省略するのは主に《英》. keep の方が《口》. ⇨ PB 56) ‖ His pride ～*ed* him (*from*) accepting my offer. 彼は自尊心が強いので私の申し入れを受け入れなかった / The hooligans were ～*ed from* entering the stadium. フーリガンたちは競技場に入るのを止められた (♦ 受身の場合は from を省略できない) / Circumstances ～*ed* me [OR my] meeting him. さまざまな事情で彼に会えなかった (♦ from を省略した場合, 所有格を用いることもできるが比較的まれ)

❷ …(の発生)を**防ぐ**, 予防する ‖ Seatbelts ～ serious injuries. シートベルトは重傷を負うのを未然に防ぐ / ～ war [disease] 戦争[病気]を未然に食い止める

—自 妨げ(と な)る ‖ I will come if the weather doesn't ～. 天気さえ問題なければ伺います

～·a·ble, ～·i·ble 形 防げる, 予防できる

語源 *pre-* before＋*-vent* come：「…の前に行く」の意から「(人)の前に来て邪魔をする」の意となった.

> **PLANET BOARD 56**
>
> **prevent＋目的語＋from *doing* の from を省略するか.**
>
> 問題設定 「prevent＋目的語＋from *doing*」の from は省略可能であり, その場合 *one's doing*のように所有格を使うこともあるとされる. それぞれの使用率を調査した.
>
> Q 次の(**a**)～(**c**)のどれを使いますか. (複数回答可)
> (**a**) Illness prevented **me leaving** for school.
> (**b**) Illness prevented **me from leaving** for school.
> (**c**) Illness prevented **my leaving** for school.
> (**d**) どれも使わない
>
> 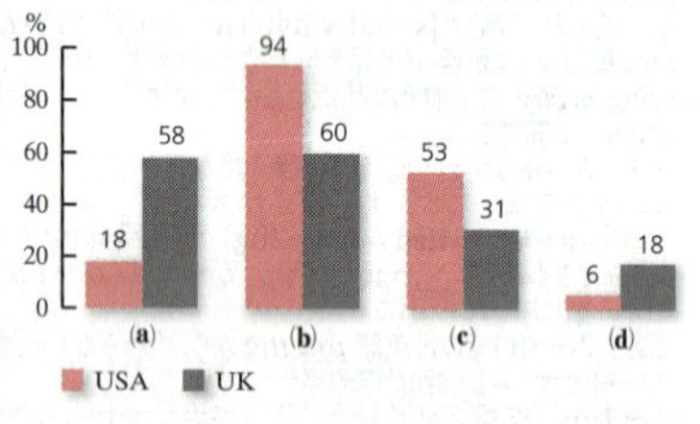
>
>
> 《米》《英》ともに from を省略しない(**b**)を使うという人が最も多かったが, 《米》では9割以上の人が(**b**)を使うと答えたのに対し, 《英》では約6割と差があった. 《米》では(**c**)の *one's doing* を約半数の人が使うと答えて2番目に多かったが, 《英》では3割と少なかった. また, 《英》では from を省略した(**a**)を使う人が(**b**)とほぼ同じくらいいたが, 《米》では2割弱と少数であった.
>
> 「(**c**)が最も《堅》で, 以下(**b**)(**a**)の順」とする意見が多かったが, 「prevent 自体が《堅》なのでいずれの文も《堅》である」とのコメントもあった. 特に, いずれも使わないと答えた人のほとんどは, 「病気で学校に行けなかったという程度の事柄を表すには prevent は不適当」と述べている. 代替表現としては Illness stopped me from「going to [OR leaving for] school. や I couldn't「go to [OR leave for] school because I was ill [OR sick]. などがあげられている.
>
> 学習者への指針 from を省略しない形が最も一般的だが, 《英》では from を省略することもある. 《米》《英》ともに *one's doing* も使うが《堅》である.

***pre·ven·tion** /prɪvénʃən/ 名〔◁ prevent 動〕U 防止, 阻止, 予防；妨害 ‖ the ～ of fire [cancer] 火災[癌(がん)]予防 / crime [accident] ～ 犯罪[事故]防止 / *An ounce of ～ is worth a pound of cure.*《主に米》＝《主に英》*Prevention is better than cure.*《諺》予防は治療に勝る；転ばぬ先のつえ

***pre·ven·tive** /prɪvénṭɪv/ 形〔◁ prevent 動〕《通例限定》予防の；病気予防用の ‖ ～ measures 予防手段

—名 C 防止手段, 予防策；予防薬 ‖ a ～ of [OR against] AIDS エイズの予防策 **～·ly** 副

▸▸**～ deténtion** 名 C《米法》予防拘留；《英法》(常習犯の)予防拘禁 **～ médicine** 名 U 予防医学

prè·vérbal ◁シ 形 ❶ (赤ん坊が)まだしゃべれない ❷《言》動詞の前に置かれる

pre·view /príːvjùː/《発音注意》名 C ❶ (一般公開前の)試写, 試演；(新刊の)見本展示, 内覧；(映画・テレビの)予告編(の映写), 紹介評 ❷ 下見, 下検分；💻 プレビュー《印刷前に体裁をチェックする機能, またその表示》

—動 他 ❶ …を試写[試演]する；…の試写[試演]を見る ❷ …を下見する；💻 …をプレビュー表示する

‡pre·vi·ous /príːviəs/《発音注意》

—形《比較なし》❶《限定》**前の**, **先の**, 以前の(↔ later) ‖ She said that she had met Matt (on) the ～ day. 彼女はその前日にマットに会ったと言った(＝She said, "I met Matt yesterday.") / the ～ year [evening] その前の年[晩]に / She has a boy from a ～ marriage. 彼女には前の結婚でできた男の子が1人いる / in the ～ chapter 前章で / ～ convictions 前科 / in the ～ week それ以前の1週間に / the ～ owner 前の所有者 / have no ～ homestay experience ホームステイを以前に経験したことがない

❷《叙述》《口》早まった, 焦った ‖ Don't be too ～ about refusing. あまり早まって断るな

prévious to ... …に先立って, …の前に (before) ‖ ～ *to* one's departure 出発に先立って / the decade ～ *to* the war 戦争前の10年間

▸▸**～ quéstion** 名 C《議会》先決問題 (の動機)《審議中の案件を直ちに採決に移すかを決めるための動議》

‡pre·vi·ous·ly /príːviəsli/《発音注意》

—副《比較なし》**前に**, 以前に, かねて ‖ That point has ～ been argued. その点は以前に論議されたことがある / three months ～ 3か月前に (♦ 過去のある時点から「…前に」を表す. before の方が《口》) / the ～ **described** study 前に言及した研究 / ～ **unknown** facts 以前には知られていなかった事実

pre·vi·sion /prìːvíʒən/ 名 U C《文》予見, 予知

pre·vue /príːvjùː/《米》名 ＝preview ❶

—動 他 ＝preview 名 ❶

***pre·war** /prìːwɔ́ːr/ ◁シ 形《通例限定》戦前の (↔ postwar)《特に第2次世界大戦前》

pré-wàsh 名 U C (洗濯物の)下洗い(液[剤])
— 動 他 〔ジーンズなど〕を前洗いする《着古し感を出すため》，〔食材など〕を下洗いする **~ed** 形

prex·y /préksi/ 名 (複 **prex·ies** /-z/) C《米俗》学長，総長(president)

*__prey__ /preɪ/ (♦同音語 pray) 名 ❶ U/C《a ~》〈ほかの動物の〉餌食(えじき)，獲物〈**to**〉‖ fall [OR become] ~ *to* a hawk タカの餌食となる ❷ U〈…の〉とりこ，犠牲者，〈他人の〉食い物〈**for, to**〉‖ They are easy ~ *for* [OR *to*] salespeople. 彼らはセールスマンにとってはいいかもだ ❸ U 捕食性 ‖ a beast [bird] of ~ 猛獣[猛禽(もうきん)] ❹ C 〘聖〙略奪品，分捕り品

be [*fàll*] *préy to ...* ① ⇨ ❶ ② …に取りつかれている[取りつかれる] ‖ She has *fallen* ~ *to* depression. 彼女はふさぎの虫に取りつかれている

— 動 自 (+**on** [**upon**] 名) ❶ …を捕食する，餌食にする ‖ Some birds ~ *on* small insects. 小さい虫を捕食する鳥もいる ❷〔人〕を食い物にする ‖ ~ *on* the weak 弱者を食い物にする ❸ (病気・心配などが)…をひどく苦しめる[悩ます] ‖ Worry ~*ed on* his mind. 心配事が彼の心をさいなんだ

Prez, prez, pres /prez/ 名《俗》= president

***__price__** /praɪs/ 名 動

— 名 (複 **pric·es** /-ɪz/) ❶ C U **価格**，値段，相場，市価；C《~s》**物価** (⇨ 類語P) ‖ What is the ~ of this dress? この服の値段はいくらですか (=How much is this dress?) (♦ ˣHow much is the price ...? とはいわない) / Gas is low [high] in ~ now. = The ~ of gas is low [high] now. 今ガソリンの値段は安い[高い] (♦「安い」「高い」は通例 low, high を使う. ただし単に ˣGas is low [high] now. とはいわない. ⇨ PB 14) / Two dollars is a fair ~. 2ドルなら適正な価格だ / be sold **at** a **high** [low] ~ 高[安]値で売られる / buy a house **at** a reasonable ~ 妥当な値段で家を買う / buy two sweaters for the ~ of one 1枚の値段でセーターを2枚買う / get a good ~ for the house 家がよい値で売れる / put [OR set] a ~ on a painting 絵に値段をつける / Name your ~. いくらで売るか言ってくれ / Food ~*s* have「gone up [OR risen] recently. 最近食料品の価格が上がった / *Prices* are「going down [OR falling] now. 物価は今下がっている

連語 【形/名+~】 stock [《英》share] ~*s* 株価 / the oil ~ 原油価格 / a market ~ 市価 / a fixed [OR set] ~ 定価
【動+~】 increase [OR raise] ~*s* 物価を上げる / reduce [OR cut] ~*s* 物価を下げる
【~+名】 a ~ raise [《英》rise] 値上げ

❷ C《単数形で》〈…に対する〉代償，犠牲〈**for, of**〉‖ We **paid** a heavy ~ *for* our independence. 我々は独立のために大きな犠牲を払った / Giving up drinking is a small ~ to pay *for* his health. 禁酒は彼の健康のためには小さな代償にすぎない / **at** the ~ *of* one's health 健康を犠牲にして

❸ C (お尋ね者などへの)懸賞金，賞金 ‖ The President put [OR set] a ~ on the terrorist's head. 大統領はテロリストの首に懸賞金をかけた

❹ C (人への)買収金額 ‖ *Every man has his* [OR *their*] ~. 《諺》どんな人でも金額次第で買収できる；買収できない人はいない ❺ C 〘競馬〙賭(か)け率(odds) (→ starting price) ❻ U《古》価値，値打ち(value)

above [OR *beyond, without*] *príce* 計り知れないほどの値打ちのある，非常に貴重な

*__at__ [OR *for*] *a príce* かなりの値段で；相当の代償を払って ‖ All the problems were solved — but *at a* ~. すべての問題は解決された，ただし相当の犠牲を払って

*__at ány prìce__ ① いかなる代償[犠牲]を払っても，何としてでも ‖ gain one's freedom *at any* ~ いかなる代償を払っても自由を手にする ②《否定文で》断じて(…ない) ‖ I won't have her in my house *at any* ~. 何としても彼女はうちには入れない

Whát prìce ...? 《口》 ① …はどうかな(♥見込みのなさそうなときに) ‖ *What* ~ the president getting reelected after this scandal? このスキャンダルの挙げ句大統領が再選されるなんてことはあるかな ② (あれだけの犠牲を払って)…が何の役に立ったというのか，…とは聞いてあきれる ‖ *What* ~ a peace agreement now? 今どき平和協定とは聞いてあきれる

— 動 (**pric·es** /-ɪz/; **~d** /-t/; **pric·ing**) 他 ❶《通例受身形で》〈…の額の〉値段がついている〈**at**〉‖ Those goods are ~*d* high. それらの商品には高い値がついている / a watch ~*d at* 5,000 dollars 5,000ドルの値のついた腕時計 / **reasonably** ~*d* wine 手ごろな値段のワイン ❷ …に値段をつける《*up*》‖ The market has already ~*d* the expected profits into the stock value. 市場は予想される利益をすでに株価に織り込み済みである ❸ …の値段を聞く；…の値段を比べる ‖ Let's go in and ~ the ring. 中に入ってその指輪の値段を聞いてみよう

price ... òut of the márket …に高値をつけて市場から締め出される，…を高く売り込みすぎて相手にされない (♦目的語はしばしば oneself)

値段・料金	品物の	price	値段・価格
	サービスの	charge	クリーニング代・電気代・ホテル代
	乗り物の	fare	バス・列車・タクシー
	専門家に払う	fee	医師・弁護士・家庭教師

♦ cost は「(製造・入手・維持などに要する)費用」〈例〉the *cost* of living 生活費 *cf.* the *price* of a piano ピアノの値段 / the *cost* of a piano ピアノの製造[購入]にかかる費用 / cut *prices* 値段を下げる[割り引きする] / cut *costs* 費用を切り詰める[削減する]

▸▸ ~ **contròl** 名 U C 物価[価格]統制 ~ **fìxing** 名 U ① (政府などによる)価格決定 ② (業者間による)価格協定 ~ **flòor** 名 C 〘商〙最低価格 (♦ floor price ともいう) ~ **gòuge** 名 C U 価格つり上げ(price gouging) ~ **index** 名 C 〘経〙物価指数 ~ **lìst** 名 C 価格[定価]表 ~ **suppòrt** 名 U 〘経〙(政府の買い上げや補助金による)価格維持 (→ support price) ~ **tàg** 名 C ① 値札，正札 ② 価格，値段(price) ~ **wàr** 名 C 値引き競争[合戦]

priced /praɪst/ 形《特に複合語で》(…の)値段[定価]のついた ‖ high-~ 高い値のついた

prìce-éarnings ràtio [**mùltiple**] 名 C 〘株〙株価収益率

*__price·less__ /práɪsləs/ 形 ❶ 非常に貴重な，金で買えない，大変重要な(⇨ PRECIOUS 類語) ❷《口》とても面白い；全くばかげた **~·ly** 副 **~·ness** 名

price·y /práɪsi/ 形《口》高価な

*__prick__ /prɪk/ 動 他 ❶ …を〈針先などで〉ちくりと刺す[突く]，…に小さな穴をあける；〔小さな穴〕を(突いて)あける〈**with, on**〉‖ She ~*ed* her finger *with* [OR *on*] a pin. 彼女はピンで指を刺した / ~ a hole in a sheet of paper 紙に小さな穴をあける ❷ …に鋭い痛みを与える，…をちくちく[ひりひり]させる；(涙が)〔目〕を刺激する；〔人〕をさいなむ ‖ This rough scarf is ~*ing* my neck. このざらざらしたスカーフは首がちくちくする / Tears ~*ed* my eyes. 涙が目にしみた / Remorse ~*ed* his conscience. 彼の良心は自責の念に苦しんだ ❸〔人〕を〈行動などに〉駆り立てる〈**into**〉；〔馬〕に拍車をかける ❹〔模様など〕を点で描く《*out, off*》
— 自 ❶ 鋭い痛みを感じる，ちくちくする ❷〈…を〉突く，刺す；〈人を〉さいなむ〈**at**〉

prìck óut ... / prick ... óut 〈他〉 ① ⇨ 他 ❹ ②〔苗〕を

(棒などであけた)穴に移植する
prick up 〈自〉① (犬・馬の耳が)ぴんと立つ ② (人の耳が)注意深く聞こうとする
―名Ⓒ ❶ 鋭い痛み；ちくちくする感じ；(良心などの)うずき ‖ the ~s of conscience 良心の呵責(かしゃく) ❷ (針などによる)刺し穴, 刺し傷；刺す[突く]こと ‖ give a balloon a ~ 風船をちくりと刺す ❸ ⊗《卑》陰茎, ペニス ❹ ⊗《俗》《蔑》いやな野郎, ばかなやつ
kick against the pricks 権威にたてついて[規則に逆らって]自ら傷つく(♦ 聖書の言葉より)

P

prick·er /príkər/ 名Ⓒ 突く人[もの]；突いて穴をあける道具《突きぎりなど》；=prickle ❶

prick·le /príkl/ 名Ⓒ ❶ とがった先端；(植物の)とげ；(ヤマアラシなどの) 針 ❷ ちくちくする痛み ‖ feel a slight ~ of anxiety 心配でいささか心が痛む
―動自 ❶ (皮膚・体の一部が)ちくちく痛む；(恐怖などで)ぞくぞくする, 鳥肌が立つ ❷ (目が)(涙で)しみる ❸ 〈…のことで〉かっとなる〈**at, with**〉 ―他 〔皮膚など〕をちくちくさせる

prick·ly /príkli/ 形 ❶ とげ[針]の多い, とげだらけの ❷ ちくちく[ひりひり]する ❸《口》(人が)すぐにかっとなる ❹《口》(問題などが)面倒な, やっかいな **-li·ness** 名
▶▶ ~ **héat** 名Ⓤ あせも ~ **péar** 名Ⓒ〔植〕ウチワサボテン；その実《西洋ナシに似た形で食用》

pric·y /práisi/ 形 =pricey

:pride /praɪd/
―名〔◁ proud 形〕(複 **~s** /-z/) ❶ Ⓤ/Ⓒ《a ~》〈…(について)の〉**誇り**, **満足**(感), 喜び〈**in**〉‖ My parents spoke of me **with** ~. 両親は誇らしげに私のことを話した / He **takes great** ~ *in* his work. 彼は自分の仕事をとても誇りにしている
❷ Ⓤ **自尊心**, プライド ‖ The failure hurt my ~. その失敗は私のプライドを傷つけた / His ~ kept him from asking for my advice. 彼はプライドが高すぎて私にアドバイスを求めなかった (=He was too proud to ask for my advice.) / swallow one's ~=put one's ~ in one's pocket 自尊心を抑える, 節を曲げる / **national** ~ 国家の威信
❸ Ⓤ 思い上がり, うぬぼれ, 優越感, 横柄 ‖ *Pride goes* [OR *comes*] *before* 「*a fall* [*destruction*]. 《諺》思い上がりは没落[破滅]に先立つ；おごる者久しからず / swell one's ~ すっかり思い上がる
❹《the ~, one's ~》自慢の種 ‖ The garden is the ~ (and joy) of my family. 庭は我が家の自慢の種です
❺《the ~》(一団の中で)最上のもの, 精華 ‖ That pup is the ~ of the litter. あの子犬が一緒に生まれた中でいちばんいい ❻《the ~》《文》盛り, 絶頂 ‖ in the ~ of manhood 男盛りで / in ~ of grease (獲物などが) 脂の乗りきった, 食べごろの ❼ Ⓒ《集合的に》《単数・複数扱い》(ライオンなどの)群れ, 家族(⇨ FLOCK[1] 類語P)
pride of place 最高[上]位 ‖ This figurine has ~ *of place* in my collection. この小立像は私のコレクションの中でも最高のものだ
―動 (**~s** /-z/；**prid·ed** /-ɪd/；**prid·ing**) 他《~ oneself on [upon] で》…を誇りにする, …をことのほか自慢する ‖ The hotel ~*d* itself *on* having a good restaurant. そのホテルはよいレストランを備えていることが自慢だった

príde·ful /-fəl/ 形 思い上がった, 尊大な；意気軒昂(けんこう)たる, 得意満面の **~·ly** 副

prie-dieu /prìːdjúː | -djə́ː/ 名 (複 **~s** /-z/ OR **-dieux** /-djúː | -djə́ː/) Ⓒ 祈禱(きとう)台

pri·er /práɪər/ 名Ⓒ 詮索(せんさく)好きな人

:priest /priːst/
―名 (複 **~s** /-s/) Ⓒ ❶ (ローマカトリック・英国国教会・東方教会の)**聖職者**；(特に)司祭《bishop の下位, deacon の上位》❷ (キリスト教以外の)聖職者, 僧侶, 神官
―動他《堅》《通例受身形で》聖職者[司祭, 僧侶など]になる

priest·ess /príːstəs | prìːstés/ ⦅シ⦆ 名Ⓒ (♦ priest の女性形)(主にキリスト教以外の)尼僧, 女祭司, 巫女(みこ)

príest·hòod /-hùd/ 名 ❶ Ⓤ 聖職者の職[身分, 地位] ❷《(the) ~》《集合的に》《単数・複数扱い》聖職者(団)

Priest·ley /príːstli/ 名 プリーストリー ❶ **J(ohn) B(oynton)** ~(1894-1984)《英国の小説家・劇作家・批評家》❷ **Joseph** ~(1733-1804)《英国の化学者・神学者. 酸素を発見》

priest·ly /príːstli/ 形《通例限定》聖職者[司祭, 僧侶]の(ような)；聖職者にふさわしい **-li·ness** 名

prig /prɪg/ 名Ⓒ 独りよがりの堅物, 道学者[先生]

prig·ger·y /prígəri/ 名Ⓤ 堅苦しさ, しかつめらしさ, 道学者ぶること, 物知り顔

prig·gish /prígɪʃ/ 形 堅苦しい, 道学者的な；独りよがりの **~·ly** 副 **~·ness** 名

prim /prɪm/ 形 ❶ (人・言動などが)格式ばった, しかつめらしい；(特に女性が)とりすました, 淑女ぶった(♦ しばしば prim and proper で) ❷ 小ぎれいな
―動 (**primmed** /-d/；**prim·ming**) 自 しかつめらしくする；とりすます ―他〔顔・口元〕にしかつめらしい表情を浮かべる
~·ly 副 **~·ness** 名

pri·ma /príːmə/ 形 第1の(first), 主要な
▶▶ ~ **ballerína** 名Ⓒ プリマバレリーナ《バレエ団最高位の女性ダンサー》(♦ イタリア語より) ~ **dón·na** /prìːmə dá(ː)nə | prìːmə dɔ́nə/ 名Ⓒ ① プリマドンナ《オペラの主役の女性歌手》② ⊗《蔑》気まぐれで自尊心の強い人[女], お天気屋(♦ イタリア語より)(=first lady)

pri·ma·cy /práɪməsi/ 名Ⓤ ❶ 首位, 最優先 ❷ 大司教[大主教](primate)の職[地位, 権威]

pri·mae·val /praɪmíːvəl/ 形《英》=primeval

pri·ma fa·cie /pràɪmə féɪʃi/ ⦅シ⦆ 副 一見したところでは(at first sight), 第一印象では ‖ It seems ~ suspicious. それは一見あやしげに思える ―形《限定》明白な；自明の；〔法〕一応の ‖ ~ evidence 一応の証拠《反証されない限り, 立証に十分な証拠》(♦ ラテン語より)

pri·mal /práɪməl/ 形《限定》❶ 第1の, 最初の；原始の ❷ 最も重要な, 主要な, 基本的な **~·ly** 副
▶▶ ~ **thérapy** 名Ⓤ〔心〕根源的療法《抑圧された幼年期を再体験させ大声を発することで, 抑圧からの解放を目指す》

***pri·mar·i·ly** /praɪmérəli, +米 práɪmer-, +英 práɪmər-/《発音・アクセント注意》副《比較なし》❶ 主として, 主に ❷ 初めに, 最初は, まず；本来, 元来

:pri·ma·ry /práɪmèri | -mə-/《発音注意》
―形〔◁ prime[1] 名〕《比較なし》《通例限定》
❶ **最も重要な**, **主要な**, 主たる(↔ subordinate) ‖ a ~ concern 最大の関心事 / a matter of ~ interest 最も興味ある事柄
❷ **第1の**, 最初の；原始の, 初期の(→ secondary, tertiary) ‖ the ~ stage of civilization 文明の第1段階
❸ (情報などが) 直接の, じかの ‖ a ~ source of information 情報の最初の出どころ
❹《限定》《主に英》初等教育の；初歩の, **初等の**(elementary)；予備的な ‖ a ~ teacher 小学校の教師
❺ もとの, 根本の；基本的な ‖ a ~ function 本来の役割 / the ~ meaning of a word 語の原義 / a ~ need 基本的な必要性 ❻ (産業・製品などが)第1次の, 1次的な ❼ (色が)原色の ❽〔化〕第1の, 1次の, 第1級の；〔電〕1次の；〔地〕(岩石が)初生の；〔生・医〕(第)1次[期]の；〔鳥〕(羽が)初列風切りの；〔植〕初生の；〔言〕(派生語が)1次派生の ‖ a ~ coil 1次コイル / ~ feathers 初列風切り羽
―名 (複 **-ries** /-z/) Ⓒ ❶《通例 -ries》最も重要な事物；(順序・時代などの)第1の事物；基本的な事物
❷ (= ~ **elèction**)《米》(各政党の)予備選挙(の会合)《候補者や代議員の選挙を行う》‖ hold a ~ 予備選挙を行う / 「a closed [a direct, an open] ~ 非公開[直接, 公開] 予備選挙 / a presidential ~ (大統領) 予備選挙 / a runoff ~ 決戦予備選挙
❸《英口》小学校 ❹ (= ~ **cólor**) 原色《絵の具では赤・青・黄, 光では赤・緑・青》 ❺〔天〕主天体《惑星に対する太

陽, 衛星に対する惑星など); (連星の)主星 ❻〘電〙1次コイル ❼〘鳥〙初列風切り羽
▸▸ ～ cáre 名U 1次医療 ～ céll 名C〘電〙1次電池《充電できない電池》～ héalth càre 名U 初期医[治]療 ～ índustry 名UC〘経〙第1次産業 ～ schòol (↓) ～ sóurce 名C (経験・調査・観察から得た)自己収集情報 (→ secondary source) ～ stréss [áccent] 名UC〘言〙第1強勢[アクセント]《本辞典では /práimèri/ のように /ˊ/ の符号で示される》

***prímary schòol** 名C ❶《英》小学校《5～11, 12歳》❷《米》初等小学校《幼稚園または小学校1年から3[4]年まで》; =elementary school

pri·mate¹ /práɪmət/ 名《しばしば P-》C (英国国教会の)大主教(archbishop); (ローマカトリックの)大司教, 大司祭 ‖ the *Primate* of All England カンタベリー大主教 / the *Primate* of England ヨーク大主教

pri·mate² /práɪmeɪt/ 名C〘動〙霊長目の動物; 《Primates》〘動〙霊長目

pri·ma·tol·o·gy /pràɪmətá(:)lədʒi | -tɔ́l-/ 名U 霊長類学 **-to·lóg·i·cal** 形 **-gist** 名

pri·ma·ve·ra /prì:məvérə/ 名U プリマベーラ《中央アメリカ産の樹木》; その木材《家具用》
── 形《名詞の後に置いて》(パスタ料理が)種々の春野菜を添えた ‖ pasta ～ 春野菜添えパスタ

****prime¹** /praɪm/
── 形《比較なし》❶《限定》**最も重要な, 主要な; 第1の,** 首位の, 最高位の ‖ a ～ concern 最大の関心事 / a matter of ～ importance 最も重要な問題 / the ～ suspect 第1容疑者
❷《限定》素晴らしい, 一流の; (特に(牛)肉について)最高級の, 極上の ‖ in ～ condition 最高の状態で / ～ (cuts of) beef 極上の牛肉(の切り肉)
❸《限定》最も典型的な ‖ a ～ example of Japanese architecture 日本建築の典型例
❹《限定》最適な; 最も選ばれそうな ‖ a ～ target もってこいの標的 / a ～ candidate 最有力候補者 ❺ 最も宣伝効果のある, 最も視聴率の高い ❻ 最初の; 原始的な; 基本的な ❼〘数〙素数の; 《叙述》(互いに) 素の ‖ Nine and ten are ～ to each other. 9と10は互いに素である
── 名 [▶ primary 形] (複 ～s /-z/) ❶《通例 the [one's] ～》**盛り,** 絶頂, 全盛期 ‖ **in** the ～ of life [manhood, womanhood] 人生の盛り[男盛り, 女盛り]に / She's **in** [past] her ～. 彼女は女盛りだ[盛りを過ぎている] / be cut off [OR down] **in** one's ～ 若死にする / ˹come into [OR reach]˺ one's ～ (人生の)盛りに入る / pass one's ～ (人生の)盛りを過ぎる
❷《通例 the ～》最上の部分; (一団の中の) 最良の人 [もの], 精華
❸《通例 the ～》初め, 初期; 人生の春, 青春(時代) ‖ the ～ of the year 春 ❹《しばしば P-》U〘宗〙一時課《1日7回の聖務日課の第2番目. もと夜明け(ほぼ午前6時)に行われた》; 《古》一時課の時刻, 夜明け ❺C〘印〙プライム符号, ダッシュ (′) 《A′ のように文字につけて A と区別したり, 分・フィートを表す記号や発音の強勢符号として用いる. A′ は A prime, A″ は A double prime, 5′30″ は five minutes and thirty seconds と読む》❻ (=～ númber) C〘数〙素数 ❼C〘経〙=prime rate (↓) ❽U〘フェンシング〙(防御姿勢の)第1の構え
▸▸ ～ cóst 名CU 製造原価, プライムコスト《原料費と人件費の総計》～ merídian 名《the ～》本初子午線《英国グリニッジを通る》～ mínister (↓) ～ móver 名C ① (風力・電力などの)原動力; 原動機 ② (発展などの)原動力; 主導者 ③ 大型トラック, トラクター ④〘哲〙(アリストテレス哲学の) 第1運動者 ～ ràte /ˌ ˊ/ 名C〘経〙《主に米》プライムレート《市中銀行の優良企業への最優遇金利》～ ríb 名C《米》上肋(じょうろく)肉《腰肉のすぐ前の7つの骨付きあばら肉からなる極上牛肉》～ tìme (↓)

prime² /praɪm/ 動 他 ❶ …に〈特定の目的・作業の〉準備[用意]をする〈for〉❷〔火薬〕に雷管[導火線]をつける; 〔銃〕に火薬を詰める ❸〔ポンプ〕に呼び水する; (始動前に)〔キャブレーター〕にガソリンを注入する ❹〔表面〕を下塗りする ❺〔人〕に前もって教え込む, 入れ知恵する〈for …の準備に; with …を〉(♦ しばしば受身形で用いる) ‖ He was well ～*d with* the facts before the meeting. 彼は会議の前に十分事実を聞かされていた ❻〔人〕に(酒などを)たくさん飲ませる

***prìme mínister** 名《しばしば P- M-》C 首相, 総理大臣《略 PM》(♦ 英国・日本では prime minister = premier. カナダ・オーストラリアでは, premier は「州知事」の意) **prìme mínistershìp** 名

prim·er¹ /prímər | práɪ-/ 名C 初歩読本; 入門書 ‖ a Latin ～ ラテン語の初心者向きテキスト

prim·er² /práɪmər/ 名 ❶C 雷管, 導火線 ❷U 下塗り塗料 ❸C〘生化〙(高分子化合物の合成反応開始のための)プライマー《DNAなどの高分子基質》

príme-tìme 形〘放送〙《限定》プライムタイムの

príme tìme /ˌ ˊ/ 名U〘放送〙プライムタイム, ゴールデンアワー《ふつう夜の7–11時》

pri·me·val, 《英》**-mae-** /praɪmí:vəl/ 《アクセント注意》形 ❶《通例限定》原始時代の; 太古の ❷ (感情などが)原始本能的な **～·ly** 副

prim·ing /práɪmɪŋ/ 名 ❶CU (旧式銃などの) 発火用火薬, 起爆剤; 導火線 ❷U 下塗り(塗料)

****prim·i·tive** /prímətɪv/ 《発音注意》
── 形 (**more ～; most ～**)
❶《通例限定》(進化・発展の) **初期段階の, 原始的な** (↔ modern); 文明[発達]の初期の, 原始(時代)の; 未開の (↔ civilized) ‖ The platypus is a ～ mammal. カモノハシは原始的な哺乳(ほにゅう)動物である / ～ man 原始人 / a ～ culture 原始時代の文化; 未開文化 / ～ religion 原始宗教 / ～ art 原始美術; 原始的な美術 / a ～ tribe 未開民族
❷ (技術が)幼稚な, 単純な; 洗練されていない(↔ sophisticated); 旧式な, 古風な; (施設などが)快適でない, 不便な ‖ ～ technology 幼稚な技術 / ～ tools 単純な道具
❸《通例限定》もとの, 根源の, 原初的な; 原始本能的な ‖ ～ drives in human beings 人間の原初的な衝動
❹〘美〙ルネサンス以前の, 中世の; (近代以降の)素朴派の ‖ masters of the ～ school 中世絵画 [素朴派] の巨匠[有名画家]たち ❺〘言〙祖語の; 〘文法〙語根の; 〘数〙原(始)…; 〘生〙(発生の)初期段階の, 原… ‖ ～ Germanic ゲルマン祖語 / a ～ word 語根語 / the ～ line 〘数〙原線
── 名C ❶ 原始時代の人; 未開人; 原始的なもの
❷〘美〙ルネサンス以前の画家・彫刻家(の作品[描写対象]); その様式を模倣する近現代の画家 ❸〘美〙(近代以降の)素朴派の画家(の作品); (独学のため)洗練に欠ける画家(の作品) ❹〘文法〙語根; 〘言〙祖語; 〘数〙原線, 原形, 原式; 原始関数, 基関数 ❺ 💻 プリミティブ《コンピューターへの命令の基本単位; グラフィックの基本図形》
～·ly 副 **～·ness** 名 **-tiv·ism** 名U (哲学・芸術などの)原始主義, 尚古(しょうこ)主義
語源 ラテン語 *primus* (最初の) にさかのぼる. primary, prime と同系.

pri·mo /prí:moʊ/ 名 (複 ～s /-z/) C〘楽〙(二重唱[奏]などでの)主要部, 第1部 ── 形《堅》第1の; 《米俗》素晴らしい; 第1級の; 上質の ── 副 第1に《記号1°》

pri·mo·gen·i·tor /pràɪmoʊdʒénətər | -ɪtə/ 名C (家族・民族などの)始祖; 祖先(ancestor)

pri·mo·gen·i·ture /pràɪmoʊdʒénətʃər | -ɪtʃə/ 名U 長子であること[の身分]; 〘法〙長子相続権

pri·mor·di·al /praɪmɔ́:rdiəl/ 形《通例限定》❶ (地球[宇宙]誕生の)最初から存在する, 原始の ❷ 原初的な; 本来の; 基本の ❸〘生〙(発生の)最初期の; 原… **～·ly** 副

primp /prɪmp/ 動 他〔髪・服など〕をきちんと整えてめかし込む; (～ oneself で)着飾る ── 自 着飾る, めかす

prim·rose /prímròʊz/ 名 ❶C〘植〙プリムローズ, プリムラ

P

《早春に淡黄色の花をつける欧州原産の多年草》❷ (=～ yéllow) Ⓤ 淡黄色 —形 淡黄色の ▸▸～ páth 名《the ～》《文》① (破滅へと至る) 歓楽の道, 放蕩(ほうとう) [Shak *HAM* 1:3] ② 簡単そうで実は危険な行動方針

prim·u·la /prímjulə/ 名 Ⓒ 〘植〙プリムラ, サクラソウ (属)《多くは園芸植物》

pri·mum mo·bi·le /pràɪməm móubɪli/ 名《ラテン》(=first movable thing) Ⓒ ❶ (プトレマイオス (Ptolemy)の天動説で)第十天 ❷ 主動力

Pri·mus, pri- /práɪməs/ 名 (=～ stòve) Ⓒ《商標》プリマスストーブ《携帯用の石油こんろ》

pri·mus in·ter pa·res /pràɪməs ìnṭər péri:z | -pá-/ 名《ラテン》(=first among equals) Ⓒ 同等者中の第一人者

prin. 略 principal ; principle

‡**prince** /prɪns/
—名 (複 **princ·es** /-ɪz/) Ⓒ ❶ **王子**, 皇子, 親王 ; 王家[皇族]の男子, 王[女王]の孫息子(→ princess) ; 皇太子(→ crown prince) ‖ a ～ of the blood 親王 / *Prince* William ウィリアム王子 / live like a ～ 王侯のような(ぜいたくな)暮らしをする
❷ (小国の) 統治者 ; (公国を統治する) 公, プリンス ‖ the *Prince* of Monaco モナコのプリンス
❸ (英国以外の)貴族, (特に)侯爵 ;《敬称で》…殿下, …公[侯] ‖ *Prince* Sihanouk シアヌーク殿下
❹ 〈…の〉大家, 大御所, 第一人者 ; 傑出したもの〈**of, among**〉‖ a merchant ～ 豪商 / the ～ *of* poets 詩壇の大御所 ❺《口》貴公子然とした人
the Prìnce of Dárkness 冥界(めいかい)の王, 魔王
the Prìnce of Dénmark デンマークの王子《Hamlet のこと》
the Prìnce of Péace 平和の君《Christ のこと》
the Prìnce of Wáles プリンス=オブ=ウェールズ《英国皇太子(の称号)》
～·shìp 名 Ⓤ prince の地位[身分]
語源「第1の地位を占める人, 支配者」の意のラテン語 *princeps* から. principle と同系.
▸▸**Prìnce Álbert** 名 Ⓒ《米》(長いダブルの) フロックコート **Prìnce Chárming** 名 Ⓒ《口》(若い女性の) あこがれの男性 (♦ 童話の *Cinderella* 中の王子の名より) **～ cónsort** 名 (複 **～s c-**) Ⓒ 女王[女帝]の夫君 **Prìnce Èdward Ísland** /英 ⌒⌒⌒⌒⌒/ 名 プリンスエドワード島《カナダ南東部, セントローレンス湾内の島で, カナダの1州をなす. 州都 Charlottetown. 略 P.E.I.》 **～ régent** 名 Ⓒ 摂政の宮 ;《P- R-》〘英国史〙摂政の宮 George《1811-20の期間務めた. 後の George IV》 **～ róyal** 名 (複 **～s r-**) Ⓒ 第1王子, 皇太子

prínce·dom /-dəm/ 名 ❶ Ⓤ Ⓒ prince の地位, 領土 ❷ Ⓒ 公国

prince·ling /prínslɪŋ/ 名 Ⓒ ⊗《主に蔑》小君主

prince·ly /prínsli/ 形《通例限定》❶ 王子 [王侯] の ❷ 王侯然たる ; 上品な ; 豪勢な, 豪華な, けんらんたる ; 気前のよい ❸ 多額の (♥ 実際は少額なのをおどけていう表現) ‖ I bought a bag for the ～ sum of 3,000 yen. 私は大枚3,000円もはたいてバッグを買った **-li·ness** 名

‡**prin·cess** /prínsəs | prìnsés/ ⊲
—名 (複 **～·es** /-ɪz/) Ⓒ ❶ **王女**, 皇女, 内親王 ; 王家[皇族] の女子, 王 [女王] の孫娘 (→ prince) ‖ a ～ of the blood 内親王, 皇女 / *Princess* Anne アン王女
❷ 皇太子[親王]妃 ; 公妃(→ crown princess) ‖ *Princess* Diana ダイアナ妃
❸ (小国の) 女君主 ❹ 〈…の〉秀でた[魅力的な]女性 ; 傑出したもの〈**of, among**〉❺《主に米口》《けなして》傍若無人な若い女性 ❻《英口》《女性に呼びかけて》あなた, ねえ
the Prìncess of Wáles プリンセス=オブ=ウェールズ《英国皇太子妃(の称号)》
—形 (女性の衣類が)プリンセスラインの《身体にフィットしすそにかけてフレアになっている》

▸▸**～ róyal** 名 (複 **～s r-**) Ⓒ 第1王女

‡**prin·ci·pal** /prínsəpəl/(♦ 同音語 principle)
—形《比較なし》《通例限定》❶ (地位・重要性などが)**主要な**, 主な(↔ minor) ; 最も重要な ; 首位の(⇨ CHIEF 類語) ‖ the ～ role 主役 / the ～ theme of this book この本の主要テーマ / a ～ reason for Japan's economic success 日本の経済的成功の主な理由
❷ 元金の, 資本金の
❸〘文法〙主要な ‖ a ～ clause 主節(main clause)
—名 (複 **～s** /-z/) Ⓒ ❶ 頭, 長 ; 上司 ; 支配者 ;《米》(主に小学校・ハイスクールの)**校長**(《英》head teacher)(⇨ PB 80) ;《英》学長, 学寮長 ; (官庁の)局長
❷ (演劇・オペラ・バレエなどの)主役, 主演者 ; (コンサートの)独奏者 ; (オーケストラの各楽器の)首席奏者
❸《しばしば ～s》(代理人に対し)本人(→ agent) ; (債務遂行上の)本人, 当事者
❹ 正犯, 主犯 (↔ accessory) ‖ the ～ in the first [second] degree 第1[2]級正犯《実行正犯と補助犯》
❺ Ⓤ/Ⓒ《単数形で》〘金融〙(利子に対して)元金 ; (有価証券の) 額面価額 ; (収入などと区別して) 基本財産 ‖ repay the ～ 元金を償還する ❻ (ファンに対して) (競技の) 出場選手 ; (介添人に対して)(決闘の)本人, 当事者 ❼〘建〙主材, 大梁(おおばり) ❽〘楽〙プリンシパル《オルガンの主要音栓》
～·shìp 名
語源「始まり, 起源」の意のラテン語 *princeps* から. prince と同系.
▸▸**～ bóy [gírl]** 名 Ⓒ《英》(パントマイムの) 男[女]の主役《男の主役は伝統的に女優が務める》 **～ párts** 名 複〘文法〙(動詞の) 主要形《英語では原形・過去形・過去分詞形(・現在分詞形)》

prin·ci·pal·i·ty /prìnsəpǽləṭi/ 名 (複 **-ties** /-z/) Ⓒ ❶ 公国 ; 公国君主の地位[権力] ;《the P-》《英》ウェールズ (Wales)の別称 ❷《-ies》権(けん)天使《9天使中の第5位》(→ order ⑫)

*__prin·ci·pal·ly__ /prínsəpəli/ 副 主として, 主に ; ほとんど, たいてい

‡**prin·ci·ple** /prínsəpəl/(♦ 同音語 principal)
—名 (複 **～s** /-z/) Ⓒ ❶ Ⓤ/Ⓒ《通例 ～s》(個人の) **主義, 信条** ; 節操, 道義(心) ‖ It is against my ～*s* to be late for an appointment. 約束に遅れるのは私の主義に反する / act up to one's ～*s* 主義を守る / as a matter of ～ 主義として / It's a matter of ～. 筋を曲げることはできない / a man of high [no] ～s 高潔の士[無節操な人]
❷ **原則, 原理** ; 基本的な考え方〈**of** …の / **that** 節 …という〉‖ return to first [OR basic] ～*s* 基本原則に戻る / You shouldn't do that; it's the ～ *of* the thing. そのようなことはすべきではありません. それがものの道理です / the ～*s of* economy 経済原理 / stick to the ～*s of* democracy 民主主義の原則を堅持する / on the ～ *of* free trade 自由貿易の原則にのっとって / Our government is based on the ～ *that* all people are created equal. 我々の政治は人間はすべて平等につくられているという原則に基づいている / **apply a general** ～ to a new case 新しい事例に一般原則を適用する
❸ 行動の指針, 行動原理 ‖ He made it a ～ to save some money each month. 彼は毎月いくらかずつ貯金することにしていた
❹ (科学上の)**原理**, 法則, 律 ‖ Archimedes' ～ アルキメデスの原理 / the ～ of relativity 相対性原理
❺ (機械の運転上の)原理, 方式 ‖ the ～ of a gasoline engine ガソリンエンジンの原理 ❻ (内に潜む)原動力, 基本的性質 ‖ such ～*s* of human nature as greed and curiosity 貪欲(どんよく)とか好奇心といった人間性の本質
❼〘化〙素, 精 ‖ a coloring ～ 染色素 ❽ 根源, 本源 ‖ the first ～ of all things 万物の根源
*__*in príncple*__ 原則的に (は), 大筋として (は) (↔ *in detail*) ; 理論的に(は)(↔ *in practice*) ; 本質的に(→ CE 2)

‖ We've reached agreement *in* ～. 我々は大筋で合意に達した / be possible *in* ～ 理論的には可能だ
on gèneral príncíples 決まりきった動機で，特別の理由なしに ‖ I refused the offer *on general* ～*s*. 私は特に理由があったわけではないがその申し出を断った
⁎***on príncíple*** 主義[信条]として，道義的に ‖ I'm against abortion *on* ～. 道義上妊娠中絶には反対だ

COMMUNICATIVE EXPRESSIONS
① **Càn't you bènd** [OR **strètch**] **your prìnciples jùst thìs ónce and** lèt us gó? 今回に限って原則を曲げて行かせてもらえないでしょうか(♥ 例外的措置を求める)
② **It's alrìght in príncíple, but** sòmehow I fèel relúctant to sày yés. 原則としてはいいのですが，なぜだかイエスと言うのは躊躇(ちゅうちょ)しています(♥ 原則論には賛成しつつ，全面的な同意を示さない)

prín·ci·pled /-d/ 形 《通例限定》信条のしっかりした，節操のある；原則にのっとった；《複合語で》(…の)主義[信条]を持つ ‖ high-～ 信条の高潔な
prink /prɪŋk/ 動 他 ❶ 《～ oneself で》めかし込む《*up*》 ❷ (鳥が)〔羽〕を整える ―自 めかし込む《*up*》
⁎⁎⁎**print** /prɪnt/ 動 名
中心義 押しつけて跡をつける
―動 (～**s** /-s/；～**·ed** /-ɪd/；～**·ing**)
―他 ❶ …を**印刷する**；(著者・出版社が)…を出版[刊行]する；(新聞・雑誌が)〔投書・記事・写真など〕を掲載する ‖ The card was ～*ed* with his name, address and phone number. 名刺には彼の名前，住所，電話番号が印刷されていた / The name of the firm was ～*ed* on the envelope. 会社名が封筒に印刷されていた / ～ money 貨幣を発行する / the ～*ed* word 活字になった言葉 / ～ 10,000 copies of a novel 小説を1万部刷る / ～ international news 国際ニュースを掲載する
❷ 《写・映》〔写真など〕を**焼きつける**，プリントする《*off*》
❸ …を(大文字の)**活字体で書く** ‖ ～ one's name and address (in block letters) 住所氏名を活字体で書く
❹ 〔布地など〕に〈模様などを〉捺染(なっせん)する，プリントする〈**with**〉；…を〈布地などに〉染めつける，写す〈**on**〉‖ a ～*ed* fabric プリント地 ❺ 〔物の表面〕に〈…の〉跡[型]をつける〈**with**〉；〔跡・型など〕を〈…に〉押印する〈**in, on, onto**〉‖ The mark of a foot was ～*ed in* the sand. 砂に足跡がついていた ❻ …を〈心・記憶に〉焼きつける〈**on**〉(♦ しばしば受身形で用いる) ‖ The scene is ～*ed on* my memory. その光景は私の脳裏に焼きついている ❼ 💻〔データ〕を出力する，プリントアウトする
―自 ❶ 印刷する，プリントする ‖ ～ in color カラーで印刷する ❷ (大文字の)活字体で書く ‖ Please ～. (書類などの指示で)活字体で書くこと ❸ 印刷を業とする；出版[刊行]する ❹ 💻(データを)出力する，プリントアウトする
prìnt óff ... / ***prìnt ... óff*** 〈他〉 ① 〔本などの一定部数〕を印刷[増刷]する ② ＝*print out* ...(↓) ③ ⇨ 他 ❷
⁎***prìnt óut ...*** / ***prìnt ... óut*** 〈他〉💻〔文書・データ〕をプリントアウトする(→ printout)
prìnt úp ... 〈他〉《米》…を印刷する
―名 (複 ～**s** /-s/) ❶ U **印刷**，印刷された状態；印刷の具合 ‖ put a novel into ～ 小説を出版する / get into ～ 出版される / clear [fine] ～ 鮮明な[細かい字での]印刷
❷ U 印刷の文字，活字 ‖ a book with large ～ 活字の大きな本 / an advertisement in small ～ 小さな活字の広告 / dark [light] ～ (インクの乗りの)濃い[薄い]活字 / the **fine** [《英》**small**] ～ (契約書などの)細字部分
❸ C 印刷物，プリント(❗ 授業などで配られる「プリント」は handout)；出版[刊行]物；《通例 the ～s》《口》新聞；《形容詞的に》出版・新聞業界の，活字メディアの ‖ the ～ **media** 活字メディア
❹ C (1回の)印刷部数，版(edition)
❺ C (押してつけた)**跡**，痕跡(こんせき)，印；《通例 ～s》《口》指紋(fingerprint)；印象，名残 ‖ He saw the ～*s* of naked human feet in the sand. 彼は砂に人間のはだしの足跡を認めた / Sorrow had left its ～ on her face. 彼女の顔には悲しみの跡が残っていた
❻ C 押し型，打ち型，鋳型；スタンプ；封緘(ふうかん)；型で押して作ったもの ‖ a butter ～ 型で押し固めたバター
❼ C 写真，(特に)ネガから焼きつけた陽画，プリント；(映画の)プリント；(写真製版による)複製(画) ‖ a movie in a new ～ 新しいプリントによる映画 ❽ C 版画，版で押した絵[模様] ❾ C U プリント地；C プリント地の衣類，プリントもの，プリントの柄；《形容詞的に》プリントの ‖ a dress in bright ～*s* 鮮やかなプリント地の服 / wear a ～ プリントものを着る / a ～ blouse プリントのブラウス ❿ U 💻標準出力にデータを出力すること，プリントアウト
⁎***in print*** 印刷されて；出版[刊行]されて，活字になって；(本が)刊行中で ‖ Is this title still *in* ～? この書名の本はまだ出版されていますか
⁎***òut of print*** (本が)絶版で
rùsh ... into print …を慌てて活字[本]にする
▸▸ ～**ed círcuit** 名 C 《電》プリント配線回路 ～**ed màtter** 名 U 《郵》印刷物《低料金が適用される》 ～ **rùn** 名 C U 印刷[発行]部数，(一定部数の印刷に必要な)連続印刷(時間)
prínt·a·ble /prɪ́nţəbl/ 形 ❶ 《通例否定文で》人に読ませることができる，出版に適した ❷ 印刷[焼付け，押印]できる，印刷のきく **prìnt·a·bíl·i·ty** 名 U 印刷特性[適性]
⁎**print·er** /prɪ́nţər/ 名 C ❶ 印字機；💻プリンター；《写》焼きつけ機 ❷ 印刷屋，印刷業者；印刷工 ❸ 《～'s》印刷所(♦ 複数形は printers)
▸▸ ～**'s dévil** 名 C (昔の)印刷屋の小僧[使い走り]
prínt·hèad 名 C 💻(プリンターの)印字ヘッド
⁎**print·ing** /prɪ́nţɪŋ/ 名 ❶ U 印刷(術)；印刷業 ❷ C 印刷物；(1回の)印刷部数，刷(impression) ‖ go into a second ～ 再版になる ❸ U 活字体の文字
▸▸ ～ **ìnk** 名 U 印刷用インク ～ **prèss** 名 C 印刷機
prínt·màking 名 U 版画制作 **-màker** 名
prínt·òut 名 C U 💻プリントアウト，印字出力
pri·on /príːɑ(ː)n | -ɒn/ 名 C 《生》プリオン《ヤコブ病などを引き起こすとされる核酸を持たない感染性タンパク質粒子. *pro*teinaceous *in*fectious particle から5文字をとって並べ替えたもの》
⁎**pri·or**¹ /práɪər/ 《発音注意》形 〔▶ priority 名〕《限定》
❶ (時間・順序が)前の，**先の**，前もっての(previous)(↔ posterior) ‖ a ～ engagement 先約 / without any ～ warning 前もって何の警告[予告]もなしに / with an air of ～ knowledge 前から知っていたという素振りで
❷ 優先する，より重要な ‖ a ～ claim 優先的要求，優先権
―副 《次の成句で》
⁎***príor to ...*** ① …より前に[の]，…**に先立って**(の)(before)(↔ posterior to) ‖ ～ *to* this incident この出来事に先立って / for decades ～ *to* 1990 1990年に先立つ数十年間 ② …に優先する ‖ a responsibility ～ *to* all others ほかのすべてに優先する責任
―名 C 《米口》前科
pri·or² /práɪər/ 名 C (♦ 女性形は prioress /-rəs/) 小修道院長；修道院次長
pri·or·i·tize /praɪɔ́(ː)rɪtàɪz/ 動 他 …の優先順位を決める，…を優先順にする；…を優先する ―自 優先順位を決める **pri·òr·i·ti·zá·tion** 名
⁎⁎**pri·or·i·ty** /praɪɔ́(ː)rəţi/
―名 〔◁ prior¹ 形〕(複 **-ties** /-z/) ❶ U (時間・順序などが)〈…より〉**前[先]であること**〈**over**〉；**優先**；優先権，先取権，プライオリティー；《英》(自動車などの)優先通行権 ‖ Our customers' needs take ～ *over* employees' convenience. 顧客の要求は従業員の便宜に優先する / **give** (**first**) ～ **to** safety 安全を(最)優先させる / Fire engines and ambulances have ～ *over* other traffic. 消防車と救急車(の通行)はほかの車に優先する / be high on the ～ list 優先順位が高い / ～ seats [OR

seating] 優先席
❷ Ⓒ (順位・地位・権利の上で)優先するもの[こと], より重要なもの[こと], 優先事項 ‖ Work was their **first** [OR number one, **highest**] ～ in life. 仕事が彼らの人生での最優先事項だった / get one's *priorities* right 優先すべきことを正しく判断してそれに従う / ～ areas (解決すべき問題などの)優先事項

COMMUNICATIVE EXPRESSIONS

1 **Thìs is tòp priórity.** これを最優先でお願いします (♥ 仕事などを急ぐよう依頼する. =This is priority one.)
2 **You nèed to sèt your priórities.** 物事に順位付けをした方がいいですよ (♥ 何もかも一度にやろうとしている人や目標が定まらず無目的に行動している人に忠告する)

pri·o·ry /práɪəri/ 名 (複 **-ries** /-z/) Ⓒ 小修道院
prise /praɪz/ 動 《英》=prize²
prism /prɪzm/ 名 Ⓒ ❶ 〖光〗プリズム ❷ 〖数〗角柱 ‖ a triangular ～ 3角柱 ❸ 〖結晶〗柱 ❹ 事物をより鮮明に[ゆがめて]見せるもの ‖ through the ～ of Washington politics ワシントンの政治の観点から見ると
pris·mat·ic /prɪzmǽṭɪk/ 形 ❶ プリズムの(ような); プリズムを応用した ‖ a ～ compass 稜鏡(りょうきょう)羅針盤 ❷ 虹(にじ)色の; 多彩な ‖ ～ colors 虹の7色 **-i·cal·ly** 副

:pris·on /prízən/
―名 (複 **～s** /-z/) Ⓒ ❶ **刑務所**, 監獄, 牢獄(ろうごく); 拘置所, 留置所 ‖ The mafia chief continued to issue orders, even from the ～. マフィアのボスは刑務所に入ってからも命令を出し続けた / a maximum-security [minimum-security, 《英》open] ～ 重警備[軽警備]の刑務所 / a ～ officer 《英》看守(corrections officer)
❷ 監禁[幽閉]所; 拘束するもの, 拘束状態[関係] ‖ Her marriage felt like a ～ to her. 結婚は彼女にとって牢獄のように感じられた
❸ Ⓤ 投獄(期間), 禁固, 収監 ‖「escape from [OR break out of] ～ 脱獄する / release him from ～ 彼を釈放する / be **in** ～ 収監中である / put [keep] criminal **in** ～ 犯罪者を投獄[拘禁]する / **go** [OR **be sent**] **to** ～ 投獄される / be sentenced to life **in** ～ 終身刑に処せられる / spend ten years **in** ～ 10年の刑を務める / a ～ **sentence** 懲役刑[禁固刑, 実刑]判決 / a ～ **term** 刑期
―動 他 《文》…を投獄[監禁]する(imprison)
▸▸ **～ càmp** 名 Ⓒ 捕虜[政治犯]収容所; 《米》警備の緩やかな刑務所 **～ vísitor** 名 Ⓒ 囚人面会者

:pris·on·er /prízənər/
―名 (複 **～s** /-z/) Ⓒ ❶ **囚人**; 勾留(こうりゅう)された者, 刑事被告人 ‖ The new government freed [released] the **political** ～s. 新政府は政治犯を解放[釈放]した / a ～ of state 国事犯 / an escaped ～ 脱獄囚 / a ～ at the bar 刑事被告人
❷ **捕虜** ‖ be **taken** [OR made] ～ 捕虜になる / hold [OR keep] a soldier ～ 兵士を捕虜として捕らえておく (♦ 上記2例とも無冠詞・単数で用いる) ❸ 捕らわれの身の者; 《比喩的に》とりこ ‖ a ～ to one's room 部屋にこもりきりの人《病人など》/ a ～ of love 恋のとりこ
tàke nò prísoners 捕虜をとらない, 皆殺しにする; 妥協を一切許さない, 情け容赦なくやり抜く
▸▸ **～ of cónscience** 名 (複 **～s of c-**) Ⓒ 良心の囚人, 政治犯; 宗教上の理由による囚人 **～ of wár** 名 (複 **～s of w-**) Ⓒ (戦争)捕虜《略 POW》 **～'s báse** 名 Ⓤ 捕虜取り合戦[遊戯]

pris·sy /prísi/ 形 (人が)やかましやの, 神経質な; (衣類が)装飾過多の **-si·ly** 副 **-si·ness** 名
pris·tine /prístiːn/ 形 初期の, 原始のままの, もとの; 汚されて[損なわれて]いない, 清純な
prith·ee /príði:/ 間 《古》願わくば, どうか, なにとぞ(please) ‖ Tell me, ～. どうかおっしゃってください
***pri·va·cy** /práɪvəsi | prívəsi, práɪ-/ 名 〔◁ private 形〕 Ⓤ ❶ プライバシー, 他人から干渉[監視]されないこと, 私的自由, 私生活 ‖ individual ～ 個人のプライバシー / The (mass) media often disturbs [OR invades, violates] people's ～. マスコミは人々のプライバシーを侵害することがよくある / Movie stars give up their ～ when they seek publicity. 映画スターは名前を売るためならプライバシーを捨てる / the right to ～ プライバシーの権利 ❷ 秘密, 内密 ‖ I tell you this in ～. このことは内緒でお話しします ❸ 人目を避けること, 世間との没交渉, 隠遁(いんとん) ‖ She wept in the ～ of her own room. 彼女は自分の部屋に隠れて泣いた / live in ～ 隠遁生活をする

:pri·vate /práɪvət/ 《発音・アクセント注意》 形 名

中心義 ▶ 他者が入らない

形 私的な❶ 私有の❷ 私立の❸ 秘密の❹

―形 〔▶ privacy 名〕 (**more ～; most ～**) (♦ ❹❼❽ 以外比較なし)
❶ 《通例限定》**私的な**, 個人的な, プライベートな; 私人としての, 非公式の (↔ public) ‖ take ～ lessons in ballroom dancing 社交ダンスの個人教授を受ける / Politicians must distinguish between public and ～ interests. 政治家は公益と私利を区別しなければならない / ～ affairs 私事 / in my ～ opinion 私の個人的な考えでは / ～ correspondence 私信
❷ 《通例限定》(特定の)個人所有の, **私有の**; 個人用の(↔ public) ‖ ～ property 私有財産 / a ～ driveway 私道 / a ～ car 自家用車 / a ～ room in a hospital 病院の個室
❸ 《限定》**私立の**, 民営の; 自営の; 個人での ‖ a ～ enterprise 民間企業 / a ～ hospital 私立病院 / a ～ railway 私鉄, 民営鉄道 / ～ research 私的研究
❹ **秘密の**, 内密の, 非公開の; (手紙が)親展の; 内々の, 内輪(で)の ‖ May I have a ～ conversation with you? 内々でお話しできますか / This is for your ～ ear. これは内緒で申し上げるのです / a letter marked *Private* 「親展」と記された手紙 / Their divorce was kept ～. 彼らが離婚したことは内密にされていた / News came through ～ channels. 情報は非公式筋から入って来た / ～ negotiations 裏面交渉 / a ～ joke 内輪だけで通じる冗談
❺ 一般立入禁止の, 特定の個人向けの, 非公開の ‖ a ～ beach 一般立入禁止の浜辺 / a ～ door 勝手口
❻ 《限定》(人が)在野の, 民間の ‖ a ～ citizen 民間人
❼ 《通例限定》(人が)自分の殻にこもる, 打ち解けない; 隠遁的な ❽ (場所が)引っ込んだ; 人目につかない; 《通例叙述》(2人が)だれにも邪魔されない ‖ a ～ corner 奥の片隅 / Let's go to a place where we can be more ～. もっと落ち着ける場所へ行こう ❾ (軍人が)兵卒の
gò prívate ① (公営企業が)民営化になる(turn private); (上場企業が)個人会社になる, 株式非公開になる (↔ *go public*) ② 《英》自己負担の医療を受ける
―名 (複 **～s** /-s/) Ⓒ ❶ 〖軍〗兵卒《略 Pvt.》
❷ (= **～ párts**) (**～s**) 《婉曲的》陰部
in prívate **内緒で**, だれもいない所で; 秘密裏に, ひそかに (↔ *in public*) ‖ Is there somewhere we can talk *in* ～? どこか二人きりで話せる場所があるかい
～·ness 名
▸▸ **～ cómpany** 名 Ⓒ 《英》(株式非公開の)個人会社 (↔ public company) **～ detéctive** [**invéstigator**] 名 Ⓒ 私立探偵 **～ educátion** 名 Ⓤ 私費教育 **～ énterprise** 名 ① Ⓤ 自由経済(制度) ② Ⓒ 私企業, 民間企業 **～ équity** 名 Ⓤ 〖証券〗未公開株式 **～ éye** 名 Ⓒ 《口》=private detective **～ fìrst cláss** 名 Ⓒ (米陸軍の)上等兵; (米海兵隊の)1等兵 **～ hotél** 名 Ⓒ 会員制ホテル **～ íncome** 名 Ⓒ Ⓤ 個人的収入, 不労所得《給与に対し贈与や投資で得た収入》 **～ lánguage** 名 Ⓒ 〖言〗集団言葉, 仲間言葉 **～ láw** 名 Ⓤ

私法(↔ public law) ～ **life** 名 C 私生活 ～ **means** 名 複 《英》=private income ～ **member** 名 C (英国・カナダ・豪・ニュージーランドの閣僚外の)平議員, 一般議員 ～ **member's bill** 名 C (英国・カナダ・豪・ニュージーランドの)議員立法法案 ～ **pátient** 名 C 《英》(国民健康保険を使わない)自己負担患者 ～ **práctice** 名 U (医者・弁護士などの)個人開業, 自営(→ practice) ; U C 《英》保険外医療の営業 ～ **schóol** 名 C 私立学校 ～ **séctor** 〈ジ〉 名 《the ～》民間セクター, 民営部門 ～ **sóldier** 名 C 兵卒(private) ～ **víew(ing)** 名 C (絵画などの)内覧, 内見会 ; 試写会(preview)

pri·va·teer /pràɪvətíər/ 名 C ❶ 私掠(しりゃく)船《戦時に敵船の攻撃・捕獲の許可を政府から受けている民間の武装船》 ❷ 私掠船の船長 ; 《～s》私掠船の乗組員

*__pri·vate·ly__ /práɪvətli/ 《アクセント注意》 副 ❶ こっそりと, 秘密裏に ; 内緒で ‖ speak ～ だれもいない所で話す ❷ 《文修飾》ひそかに, 心の中で ‖ *Privately*, he hoped Phil would never come back. 心の中では彼はフィルが二度と帰って来ないことを望んでいた ❸ 個人によって[として], 私的に ‖ ～ owned businesses 私企業

pri·va·tion /praɪvéɪʃən/ 名 U C ❶ 窮乏, 困窮 ‖ suffer many ～*s* 数々の生活の不自由を味わう ❷ 奪取, 喪失 ; 《堅》欠如

pri·va·tism /práɪvətɪzm/ 名 U 自分に関係のあることだけに関心を持つこと, 私生活中心主義
prì·va·tís·tic 形 私的自由を尊重する **-tist** 名

priv·a·tive /prívəţɪv/ 形 (性質・属性などの)欠乏した ; (語など)欠如を示す ; 〖文法〗(接辞など)欠性の, 否定の
── 名 C 欠性語 ; 欠性辞(a-, un-, -less など)

pri·va·tize /práɪvətàɪz/ 動 他 …を(国営から)民営に移管する, 民営化する(↔ nationalize)
prì·va·ti·zá·tion 名

priv·et /prívɪt/ 名 U 〖植〗イボタノキの類《生垣用》

*__priv·i·lege__ /prívəlɪdʒ/ 《発音・アクセント注意》 名 ❶ U C (身分・階級などに伴う)特権, 特典, 恩典 ‖ the ～*s* of the nobility 貴族の諸特権 / executive ～ 行政特権 / grant [OR award, give] them certain ～*s* 彼らに一定の特権を与える ❷ C 《単数形で》特別の栄誉[恩恵] ‖ It's a great ～ to be able to work with you. あなたと一緒に働くことができるのは大変な名誉です / I had the ～ of meeting his Royal Highness. 殿下にお会いする栄誉を得た ❸ U 《けなして》(身分・権力・財力などに伴う)特権, 特別扱い ‖ the ～ of the Church 教会の特権 ❹ U C (議員が議会で発言する際の)免責特権 ; (弁護士・医師などの持つ)証言拒否特権 ❺ C (個人・法人・特定の地域などに与えられる)特別許可, 独占権 ❻ C 《米》〖株〗コール, 買付選択権(option)《特定の証券を一定期間中に所定の価格で買い付けることができる権利》
── 動 他 ❶ 《堅》…に特権[恩典]を与える(→ privileged) ❷ 《通例受身形で》〈責任などを〉免除される〈**from**〉
語源 *privi-* private(個人の)+*-lege* law(法律) : 個人の利益になる法律

*__priv·i·leged__ /prívəlɪdʒd/ 形 (**more** ～ ; **most** ～) ❶ 《ときにけなして》特権[特典]のある, 特権階級の ; 特権的な ‖ the ～ classes 特権階級 / the ～ few 少数の特権階級の人々 ❷ 《叙述》《(+**to** *do*)》…する特権がある[特権を享受する] ; …することを名誉と思う ‖ I am ～ *to* use the library at any time. 私は図書室をいつでも利用できる特権を与えられている / I feel ～ *to* be a member of this committee. この委員会の一員であることを名誉に思います ❸ 《the ～ で集合名詞的に》《複数扱い》特権階級(の人々) ‖ the less ～ 非特権階級(の人々) ❹ 《比較なし》〖法〗免責された ; 法廷での開示を受けない ‖ ～ information 免責特権の情報
▶▶ ～ **communicátion** 名 U/C 《～s》〖法〗免責特権情報《法廷での開示を受けない》

priv·i·ty /prívəţi/ 名 (複 **-ties** /-z/) U C ❶ (当事者間の)内緒ごと, 秘密, 黙契 ❷ 〖法〗当事者間の相互関係

priv·y /prívi/ 形 ❶ 《叙述》〈…を〉ひそかに知っている, 〈…の〉内情に通じている〈**to**〉 ‖ Very few of the group were ～ *to* the secret [plot]. グループでその秘密[陰謀]を内々に知っていた者はほとんどいなかった ❷ (英王室の)個人の
── 名 (複 **priv·ies** /-z/) C ❶ 屋外便所 ❷ 〖法〗利害関係者, 当事者
▶▶ **Prìvy Cóuncil** 名 《the ～》《英》枢密院《略 P.C.》
Prìvy Cóuncillor [**Cóunsellor**] 名 C 《英》枢密顧問官《現在では名誉職. 略 P.C.》 **Prìvy Púrse** 名 C 《ときに p- p-》《単数形で》(英国の)内帑(ないど)金, 王室手元金 ～ **séal** 名 《the ～》(英国の)玉璽(ぎょくじ)《国璽(Great Seal)を必要としない書類用の印章》

:__prize__[1] /praɪz/
── 名 (複 **priz·es** /-ɪz/) C ❶ 〈…に対する〉**賞**, 賞品〈**for**〉 ; (宝くじなどでの)賞金 ; (買い物の)景品(⇨ 類語) ‖ He's the kind of guy who gets a ～ *for* good conduct. 彼は善行賞をもらうようなやつだ / This is my ～ to you *for* all you've done for me. A great big kiss! これはあなたがしてくれたすべてに対して私からの賞よ. 大感謝のキスよ / the Nobel *Prize for* peace ノーベル平和賞 / Second ～ went to my brother. 2等賞は私の弟だった / **win first** ～ 1等賞をとる(♦「…等賞」というときはふつう冠詞をつけない. ⇨ PB 57) / carry off the ～*s* at a flower show フラワーショーで数々の賞を獲得する / His film was **awarded** a ～ at Cannes. 彼の映画はカンヌで受賞した / a door ～ 《米》(パーティーなどで)入場券番号の抽選で贈られる賞品
❷ 努力して手に入れる(価値のある)もの, 目標, 貴重なもの, 万人のうらやむもの ‖ Good health is an inestimable ～. 健康は計り知れないほど貴重なものだ / the ～*s* of life 人生の目標《富・名声など》
nò prízes for guéssing ... 《口》(あまりにも明白で)…を推測するのは易しい(♦ ... にはしばしば wh 節 がくる) ‖ There

PLANET BOARD 57

first prize の前に the をつけるか.

問題設定 「一等賞をとる」はふつう the をつけず win first prize を使うとされるが, win the first prize も使われるかを調査した.

Q 次の表現のどちらを使いますか.
(a) Judy won **the first prize** in the contest.
(b) Judy won **first prize** in the contest.
(c) 両方
(d) どちらも使わない

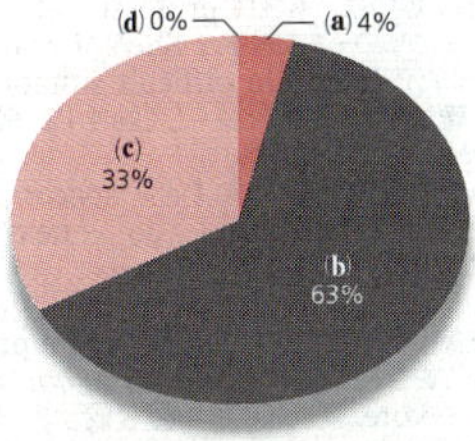

the のない (b) のみを使うという人が最も多く6割以上を占め, 次いで両方使うという人が約3割, the のある (a) のみを使うという人はきわめて少なかった.

両方使うと答えた人の中には,「2つの間に意味の違いはない」とした人も少なくないが,「the をつけると『複数の賞の中で最初に手渡された賞(一位とは限らない)』という意味になることが多く, the をつけないと必ず『一等賞』の意味になる」というコメントがかなりあった. 他の表現としては Judy came first in the contest. があげられている.

学習者への指針 「一等賞をとる」の意味では win first prize と the をつけないのが一般的である.

are *no* ~*s for guessing* what the boys are going to do. あの連中が何をしようとしているかは見え見えだ
—形《比較なし》《限定》❶ 賞品として与えられる ‖ ~ **money** 賞金 ❷ 受賞した；受賞が見込まれる ‖ a ~ novel 受賞作の小説 ❸《口》賞に値する；ずば抜けた，素晴らしい；一流[級]の；とんでもない ‖ a ~ suggestion 素晴らしい提案 / a ~ idiot [OR fool] とてつもないばか者
—動 (**priz·es** /-ɪz/；**~d** /-d/；**priz·ing**) 他 …を高く評価する，尊ぶ，重んじる(♦しばしば受身形で用いる)；《~d で形容詞として》尊ばれる，かけがえのない ‖ Freedom is ~*d* above riches. 自由は富より尊ばれる / be **highly** ~*d* 高く評価される / one's most ~*d* possessions かけがえのない所有物[財産]

類語《名 ❶》**prize** 競争・競技・ゲーム・くじなどで与えられる賞．
award 審査員などの判定によって与えられる賞(この意味で prize を用いることもある)．
reward 奉仕・善行・功績などに対する報酬(まれに悪事の報い)．
premium 購買・生産の奨励として与えられる賞金．

▶▶ ~ **rìng** 名 C プロボクシングのリング；《the ~》プロボクシング

***prize²,** 《英》**prise** /praɪz/ 動 他《主に英》(♦《米》では pry も用いる) ❶ **a** 《+目+副句》…をてこで動かす[持ち上げる，取り外す]，こじ開ける(♦副句は方向を表す) ‖ ~ the lid off a box 箱のふたをこじ開ける / ~ up the floorboards 床板をこじ開ける / ~ a nail out (of the door) (ドアから)くぎを引き抜く **b** 《+目+補〈形〉》…をこじ開けて…の状態にする ‖ ~ a door open ドアをこじ開ける ❷ …を〈…から〉苦労して手に入れる，やっと聞き出す〈**from, out of**〉‖ ~ money [information] *from* [OR *out of*] her 彼女からやっと金を搾り取る[情報を聞き出す]

prize³ /praɪz/ 名 C ❶ 戦利品；(特に)拿捕(だほ)船，捕獲した船荷 ❷ 掘り出し物，見つけ物

príze·fìght 名 C (賞金のかかった)ボクシングの試合
~·er 名 C プロボクサー **~·ing** 名 U プロボクシング

príze-gìving 名 C《英》表彰式
▶▶ ~ **dày** 名 C《英》(学年末の)成績優秀者表彰日

príze·wìnner 名 C 受賞者[作]

príze·wìnning 形 受賞した

p.r.n. 略《ラテン》*pro re nata* (=as occasion arises) (処方箋(せん)で)臨機に，必要な時に

***pro¹** /proʊ/《発音注意》名 (複 **~s** /-z/) C ❶《口》プロ，職業選手；専門家，本職(♦professional の短縮形) ‖ a tennis ~ プロのテニス選手 / She's a real ~. 彼女は本当のプロだ / handle a difficult situation like an old ~ 難しい状況をベテランらしく処理する ❷《俗》売春婦(♦prostitute の短縮形)
—形 (スポーツ選手が)プロの ‖ a ~ soccer player プロのサッカー選手 / He'll turn [OR go] ~ next year. 彼は来年プロに転向するだろう

pro² /proʊ/ 名 (複 **~s** /-z/) C 賛成[支持]者；賛成意見；賛成[支持]票 ‖ the ~*s* and cons of a proposal 提案に対する賛否両論 —形《限定》賛成の，支持の，肯定的な ‖ a ~ vote 賛成票 —副 賛成して，支持して，肯定的で ‖ arguing ~ and con [contra] 賛否両論に分かれて —前 …に賛成して，…を支持して

PRÓ 略 *P*ublic *R*ecord *O*ffice ((英国の)公立記録保管所)；*p*ublic *r*elations *o*fficer(広報担当官[係])

pro-¹ /proʊ-, prə-, ＋米 prɑ(ː)-, ＋英 prɔ-/ 接頭 ❶「…に賛成の，…支持者」の意(↔ anti-) ‖ *pro*-American, *pro*=Communist ❷「…の代わりの，代…」の意 ‖ *pro*noun, *pro*consul ❸「前へ(onward)」の意 ‖ *pro*ceed, *pro*gress ❹「…の前に(in front of)」の意 ‖ *pro*cephalic (前頭の)

pro-² /proʊ-, prə-, ＋米 prɑ(ː)-, ＋英 prɔ-/ 接頭「…以前の(earlier than), …の前にある(before), 前…, 予…」の意 ‖ *pro*logue；*pro*gnosis

prò·áctive 形 先を読んで行動を起こす
~·ly 副 **-áction, -actívity** 名

pro-am /pròʊǽm/ <ジ 形《限定》名 C プロアマ混合の((ゴルフ)試合)

prob. 略 probable；probably；problem

****prob·a·bil·i·ty** /prɑ̀(ː)bəbíləṭi | prɔ̀b-/《アクセント注意》
—名〔◁ probable 形〕(複 **-ties** /-z/) ❶ U C **ありそうなこと**，(ありそうな)見込み，公算〈**of** …の / **that** 節 …という〉(♦実現性が possibility よりも強く，certainty よりは弱い) ‖ There isn't much ~ *of* his coming today. 彼が今日来る見込みはあまりない / There's a **high** [OR great] ~ *that* she will get elected. 彼女が選出される見込みは大きい
❷ C ありそうな事柄，起こりそうな事態 ‖ Rain is a strong ~. 雨になる公算が強い / What are the *probabilities*? 見込みはどうですか / The *probabilities* are「against us [in our favor]. どうやら我々に不利[有利]な事態になりそうだ / The ~ is that she will turn down the job. 見込みとしては彼女はその仕事を断りそうだ(=It is probable that ....)
❸ C U〔数〕確率；〔哲〕蓋然(がいぜん)性 ‖ What is the ~ of life on Mars? 火星に生物がいる確率はどのくらいか / a 40% ~ of rain 40%の降水確率
**in àll probabílity* きっと，十中八九(は)
▶▶ ~ **thèory** 名 U〔数〕確率論

***prob·a·ble** /prɑ́(ː)bəbl | prɔ́b-/ 形〔▶ probably 副〕(**more ~；most ~**) (確実ではないが)(十分に)ありそうな，(きっと)起こりそうな，(どうも)そうらしい，そうなりそうな，有望な(↔ improbable, unlikely) (⇨ LIKELY **類語**) ‖ It is ~ that the President will be reelected for another term. 大統領はほぼ確実にもう1期再選されそうだ (=Probably the President will be reelected ....) (♦ ×It is probable for the President to be reelected .... や ×The President is probable to be reelected .... のようにはいわない) / Such an event is possible but hardly ~. そういう事件は考えられはするがまずありそうにない / the ~ cost of the expedition その探検のおおよその費用 / a ~ cause 十分に考えられる原因；《主に米》(逮捕などの)十分な理由 / the highly [OR quite] ~ winner ほぼ勝てそうな人[馬]
—名 C ❶ 起こりそうなこと[事件]，ありそうなこと ❷ 有望な候補者，予想される選手[チーム，馬]
語源 ラテン語 *probare* (試す，証明する) ＋*-able* (…できる)から．probe, prove と同語源．

*****prob·a·bly** /prɑ́(ː)bəbli | prɔ́b-/
—副〔◁ probable 形〕(**more ~；most ~**)
❶《文修飾》**たぶん**，きっと(⇨ **類語**) ‖ This portrait was ~ made when he was in his later years.= *Probably*, this portrait was made in his later years. この肖像画はたぶん彼の晩年に描かれたものだろう / He very [OR most] ~ thinks he is correct. 十中八九，彼は自分が正しいと思っている / He should ~ quit his job. 彼は仕事を辞めるべきかもしれない(♥自分の意見を述べる際に発言を多少和らげることができる) / be ~ **true** [**right**] たぶん間違いない[正しい]
❷ たぶん(♥質問に対する返答) ‖ "Is she coming?" "*Probably*." 「彼女は来るかなあ」「たぶんね」/ "Do you need any assistance?" "*Probably* **not**." 「助けが必要ですか」「たぶん必要ないでしょう」

類語《❶》**probably**「たぶん…だろう」という確実性の高いことを意味する．文頭または文中で用い，文末では用いない．〈例〉*Probably*, he told a lie. 彼はたぶん[おそらく]うそをついたのだろう
maybe, perhaps どちらも「ひょっとしたら…かもしれない」の意だが，maybe の方が《口》．そうである可能性もあるが，どうなのかはっきりとはわからない場合に用い，日本語の「たぶん，おそらく」よりも確信度が低い．

maybe は通例文頭で用いるが, perhaps は文中, 文末でも用いる. 〈例〉 *Maybe* [OR *Perhaps*] he told a lie. ひょっとしたら彼はうそをついたのかもしれない
possibly maybe, perhaps より可能性が低い場合に用いる(→ likely).

pro·bate /próubeɪt/ 〘法〙 名 U 遺言検認;C 検認済みの遺言書(の写し)
—動 他 《米》〔遺言書〕を検認する(《英》 prove)

pro·ba·tion /proubéɪʃən | prə-/ 名 U ❶ (性格・適性などの)試験, 人物考査;(見習い社員などの)試用;(聖職希望者の)試練 ❷ 《米》(成績不良者の)仮及第(期間);試験[試用, 試練]期間 ❸ 〘法〙(初犯者や未成年者の)保護観察;執行猶予, 仮釈放 ‖ the ~ system 保護観察制度
on probátion 保護観察[執行猶予]で;試験[試用, 試練, 仮及第]中で ‖ be put [OR placed] *on* ~ for a year 1年間の執行猶予を受ける
~·ar·y 形
~ òfficer 名 C 保護観察官

pro·ba·tion·er /proubéɪʃənər | prə-/ 名 C 見習い(看護婦・教員・職員など);執行猶予中の被告

pro·ba·tive /próubətɪv/ 形 〘法〙証拠となる;試験の

*__probe__ /proub/ 《発音注意》(♦ prove と区別) 動 他 ❶ 〘医〙〔傷・体(の部位)など〕を探り針[手]で探る[調べる] ❷ …を厳密に調査する, 精査する, …に探りを入れる;〔場所〕を探り回る ‖ ~ a matter deeply 事件を徹底的に調査する —自 ❶ 〘医〙探り針で調べる ❷ 〈…を〉厳密に調査する, 〈…に〉探りを入れる〈**into**〉;〈…を求めて〉精査する〈**for**〉;(場所を) 探り回る ‖ ~ *into* a mystery なぞにメスを入れる / ~ *for* his weak spots 彼の弱点を探す
—名 C ❶ 〘医〙(傷の深さ・弾丸のありかなどを調べる)探り針(で突くこと);調べるための用具(《挿入式の》温度計・探り具[棒]など) ❷ 〈…の〉厳密な調査, 精査;《米》〈汚職などの〉摘発調査(《議会の委員会などによる》)〈**into**〉(♦ 主にジャーナリズム用語) ‖ a ~ *into* juvenile delinquency 青少年犯罪の徹底調査 ❸ 〘電〙電極プローブ ❹ (無人)宇宙探査用ロケット(space probe) ❺ (飛行機の)燃料吸入パイプ;(宇宙船の)ドッキング用突起 **prób·er** 名

prob·ing /próubɪŋ/ 形 探りを入れる;徹底的な
—名 C 探り(を入れること) **~·ly** 副

pro·bi·ot·ic /pròubaɪɑ́(ː)t̬ɪk | -ɔ́t-/ 形 (食品などが) 菌の成長を助ける
—名 C U 体によい細菌;生菌剤[食品]《ヨーグルトなど》

pro·bi·ty /próubət̬i/ 名 U 《堅》誠実, 廉直, 高潔

***__prob·lem__** /prɑ́(ː)bləm | prɔ́b-/ 名 形
—名 (複 **~s** /-z/) C ❶ (解決すべき)**問題**, 課題;やっかいな問題[事態], 理解に苦しむ事柄;《婉曲的》(身体上の)疾患, 障害 (⇨ 類語P) ‖ The first step in **solving** a complex ~ is to identify precisely what the ~ is. 複雑な問題を解決する第一歩は問題点が何なのかを正確に突き止めることだ / Serious [×Important] ~*s* can **arise** [OR occur, come up]. 重大な問題が起こり得る / 「The ~ is [《口》 *Problem* is,] how to make both ends meet. 問題はどう収支の帳尻(ちょうじり)を合わせるかだ / The only ~ is, he cannot be fully trusted. 唯一の問題は彼を十分には信頼できないことだ / His whole conduct is a ~ for me. 彼の行動のすべてが私には不可解だ / She rarely **had** ~*s* with her temper. 彼女はめったにかんしゃくを起こすことはなかった / heart ~ 心臓疾患 / hearing ~ 聴覚障害

Behind the Scenes **Houston, we have a problem.** ヒューストン, **問題が発生した** 映画 *Apollo 13* のキャッチコピーで, Tom Hanks 演じる主人公の宇宙飛行士が, 緊急状況に直面し, ヒューストンにある NASA 本部に通信した場面でのせりふ. 汎用化されてさまざまな文脈で使われる. また, 元の表現をもじったバリエーションも新聞の見出しなどでよく見かける(♥ 何か重大な問題が生じたことをユーモアを込めて報告する文句)

連語 【動+~】 overcome [resolve] a ~ 問題を克服[解決]する / tackle [OR address] a ~ 問題に取り組む / cause [OR create] ~*s* 問題を(引き)起こす / pose a ~ 問題を提起する[引き起こす] / present a ~ 問題をもたらす / face a ~ 問題に直面する
【形/名+~】 a major [OR main] ~ 主要な問題 / a minor [big] ~ ささいな[大きな]問題 / the real ~ 本当の問題 / social [technical] ~*s* 社会[技術上の]問題 / health ~*s* 健康上の問題 / alcohol [drug] ~*s* アルコール[薬物]依存(の問題)

❷ 〘数・理〙問題, 課題;〘数〙作図題 ‖ simple ~*s* in addition 足し算の簡単な問題 ❸ (チェスなどの)詰め手(の問題) ❹ 《口》問題を起こす人, やっかい者 ‖ He is a real ~ to me. 彼は本当に私の手に負えない

メタファーの森 problem 問題

problem ⇨ illness (問題⇨病)

「問題」は「病気」に例えられ, 病気にかかっていることは問題を抱えている状態を表す. また, headache(頭痛), cancer(癌(がん))など, 病気を表す単語が問題や悩みを表すこともある.

➤ It is reported that more and more people are suffering from mental problems; we must admit that our society is **sick**. ますます多くの人が精神的な問題を抱えていると報じられている. 私たちの社会は病んでいると言わざるを得ない
➤ Spring is a great season for many people, but is also a **headache** for allergy sufferers. 春は多くの人にとって良い季節だが, アレルギー持ちの人には悩みの種でもある
➤ He is a **cancer** of our company. 彼は会社の癌だ(♦ cancer は「癌」から転じて「害悪(などのもと)」の意)
➤ The shortage of engineers in this field is a **chronic** problem. この分野の技術者不足は慢性的な問題だ
➤ His behavior always gives me a **pain in the neck**. 彼の行動にはいつも困らせられる(♦ pain in the neck で「悩みの種, うんざりさせる人[もの, こと]」の意)

problem ⇨ obstacle (問題⇨障害物)

「問題」は「障害物」に例えられる. 問題を避けることは障害物を避けることとして表現される.

➤ You should be careful in updating the server to **avoid** any problems. 問題を避けるためにサーバーのアップデートは慎重に行わなければならない
➤ It's possible to **sidestep** the problem. その問題を回避することは可能だ
➤ We need to **find a way around** the problem. 問題を解決する他の道を探す必要がある(♦ find a way around (...) は「(…を)回避する策を見つける」の意)
➤ I **ran into a brick wall** when trying to upload the image file. 画像ファイルをアップロードしようとしたときに問題にぶつかった(♦ run into a brick wall は「れんがの壁にぶつかる」の意から転じて「問題にぶつかる, 行き詰まる」の意)

P

hàve a próblem with ... ①…を受け入れ難い，簡単には同意できない（→ CE 1）②…に悩んでいる

COMMUNICATIVE EXPRESSIONS

1 **Do you hàve a próblem with thàt?** 何か文句でもあるのか（♥相手の反対意見や批判に対して感情的になって反駁(はんばく)する際に用いるくだけた表現）

2 **I understànd your próblem.** But there's nòthing we can dó about it nòw. わかります．しかし今我々にできることは何もありません（♥同情を示す）

3 **Nò próblem.** ① どういたしまして；大したことではないよ（♥感謝や謝罪に対する返答．=Don't mention it. / ✐You're welcome.）② お安いご用です（♥依頼に対する返答）③ 大丈夫です，問題ありません（♥確認）

4 **Thát shòuldn't be a próblem.** それは問題にはならないはずです（♥論点とは無関係であることを指摘する）

5 **Thàt's nòt a próblem.** それは問題ではありません；ご心配に及びません（♥「重要ではない」と告げる）

6 **Thàt's nòt the próblem.** そういうことが問題なわけではありません；問題はほかにあるのです（♥論点がずれていることを指摘する）

7 **Thàt's yóur** [OR **nòt mý**] **pròblem.** それはあなたの問題だ；私の知ったことではない（♥相手を突き放す）

8 **What's the próblem?** どうしたんだ；どうかしたの（♥様子がおかしい人に対して）

9 **What's your próblem?** ① 一体何を考えているんだ；どこかおかしいんじゃないか（♥相手の理不尽や理解し難い行動・態度を責める）② どうしたんだ；どうかしたの（♥様子がおかしい人に対して，しばしば「おまえの問題なんか相手にしていられるか」という皮肉な意味合いで用いる）

━形《比較なし》《限定》❶（子供などが）やっかいな，手に負えない ‖ a ～ child 問題児 ❷（劇などが）（道徳的・社会的）問題を扱った ‖ a ～ play [novel] 問題劇[小説]

問題	problem	解決が求められる困難な問題	
		試験問題	数学・理科などの
	question		英語・社会などの
		回答が求められる事柄・懸案	
	issue	争点となっている事柄	

♦「問題を解く，解決する」という場合，question には answer が対応し，problem には solve を用いるのがふつう．〈例〉*Answer* the following questions.（以下の設問に答えよ）/ *solve* the housing problem（住宅問題を解決する）

▸▸ **～ páge** 名 C（雑誌の）読者質問（相談）欄

prob·lem·at·ic /prɑ̀(ː)bləmǽṭɪk | prɔ̀b-/，**-i·cal** /-ɪkəl/ <シ> 形 問題のある，疑わしい，不確かな；未解決の，未定の；解決困難な　**-i·cal·ly** 副

próblem-sòlving 名 U 形 問題解決(の)

pro bo·no /pròu bóunou/ 形《限定》無料奉仕の ‖ practice ～ law（弁護士が）無料法律相談を行う（♦ラテン語より）

pro·bos·cis /prəbɑ́(ː)səs | -bɔ́sɪs/ 名 C ❶（象・バクなどの）鼻 ❷（昆虫などの）吻(ふん)，吻管，口先 ❸《戯》人間の大きな鼻　▸▸ **～ mónkey** 名 C【動】テングザル《ボルネオに生息するオナガザルの一種》

probs /prɑ(ː)bz | prɔbz/ 名 複 =problems（♦次の成句で用いる）

nò próbs 《口》問題なしに，楽に

proc. 略 procedure；proceedings；process

pro·caine /próukeɪn/ 名 U【薬】プロカイン《白色板状の結晶．（特に歯科の）局部麻酔薬》

pro·car·y·ote /proukǽriòut/ 名 =prokaryote

***pro·ce·dure** /prəsíːdʒər, prou-/《発音・アクセント注意》名〔◁ proceed 動〕❶ U C〈物事を行う〉手順，順序；やり方，方法；手続き〈for〉；（特に）議会運営手続き，訴訟手続き；（行為・状態・事情などの）進行，進展（⇨ PROCESS¹ 類語）‖ an experimental ～ 実験の手順 / the ～ *for* a task 仕事の手順 / legal [parliamentary] ～ 訴訟[議会運営]手続き / follow (a) proper ～ 適切な手順[手続き]を踏む / a point of ～ 議事進行上の問題

❷ C（一連の）必要な行為，処置，措置；（一連の）工程 ‖ The plant uses automated ～*s*. その工場では工程がオートメ化されている ❸ C 外科手術 ❹ C 💻（プログラム中での）処理（の実行単位），プロシージャ；サブルーチン(subroutine)　**-dur·al** 形　**-dur·al·ly** 副

****pro·ceed** /prəsíːd/（♦ precede と区別）

━動〔▶ procedure 名，process¹ 名，procession 名〕(～s /-z/；～·ed /-ɪd/；～·ing)

━自 ❶〈…に〉**着手する**，〈…を〉始める（✎ go ahead）〈with〉‖ Shall we ～ *with* the plan? その計画に取りかかりましょうか

❷ a〈…を〉**続行する**，続ける〈with〉（↔ discontinue）；〈…へ〉移る〈to〉‖ Please ～ *with* your story. お話を続けてください / before ～*ing to* the details 詳細に移る前に　b《+**to** *do*》（次の段階として）…し始める，続けて…する ‖ He then ～*ed to* explain why he had accepted the offer. 彼はさらに続けてなぜ申し出を受け入れたかを説明した

❸（物事が）進行する，進む；行われる，実施される；着手される（⇨ 類語）‖ The operation ～*ed* normally. 手術は順調に進んだ

❹（いったん到着した所からさらに）先に**進む**，〈…へ〉向かう，赴く（✎ go on）（↔ stop）〈**to, along, etc.**〉（⇨ 類語）‖ From there he ～*ed to* Boston. そこから彼は（さらに）ボストンに向かった / Passengers for Flight 638 are now requested to ～ *to* Gate 2.（空港内のアナウンスで）638便にご搭乗のお客様は2番ゲートにお進みください

❺《+**against** 名》【法】…を訴える，起訴する(prosecute) ‖ The public prosecutor ～*ed against* the editor of the newspaper. 検察官はその新聞の編集者を起訴した ❻《+**from** 名》…から発生する，生じる；…から起こる，…に起因する ‖ Heat ～*s from* fire. 熱は火から発する / Many misunderstandings have ～*ed from* this small error. 多くの誤解がこの小さな誤りから生まれてきた ❼《英》《旧》（地位・身分などが）〈さらに上のランクに〉上がる；（大学で）〈さらに上の学位に〉進む〈**to**〉

語源 *pro-* before, forward + *-ceed* go：前の方へ行く

類語《❸，❹》**proceed** 自動詞で「(前へ行く→）進む」．〈例〉The work *proceeded* as planned. 仕事は計画どおり進んだ

precede 他動詞で「（…の前を行く→）…に先行する」．反対語は **succeed**（…の後に続く）．〈例〉Sunday *precedes* Monday. 日曜日は月曜日の前に来る（= Monday *succeeds* [OR follows] Sunday. 月曜日は日曜日の後に来る）（♦ -ceed, -cede (=go) を含む語で proceed と対照的な意を表すのは **recede**（退く）．〈例〉His hair began to *recede*. 彼の髪は後退し始めた）

***pro·ceed·ing** /prəsíːdɪŋ/ 名〔◁ proceed 動〕C ❶《～s》一連の出来事，事件 ‖ watch the ～*s* 事の成り行きを見守る ❷ U C（特定の）行為，行動；《通例 ～s》取り引き，業務 ‖ an illegal ～ 不法行為 ❸《～s》【法】訴訟，訴訟手続き〈**against** …に対する；**for** …を求める〉‖ civil [criminal] ～*s* 民事[刑事]訴訟 / take [OR bring] (legal) ～*s against* him 彼を相手取って訴訟を起こす ❹《the ～s》（議会・ミーティングなどの）議事録，会議録；（学会などの）会報，紀要，予稿集 ‖ in the ～*s* of the House of Lords 上院の議事録に

pro·ceeds /próusiːdz/ 名 複（取り引き・催しなどによる）収益，もうけ(profit)

*****proc·ess**[1] /prɑ́(ː)ses, próus- | próu-, prɔ́s-/《アクセント注意》名 動

━名〔◁ proceed 動〕(複 ～·es /-ɪz/) C ❶（変化の）**過程**，プロセス；（一連の）作用，変化（⇨ 類語）‖ You can't check the aging ～. 老化のプロセスを止めることはできない / the ～ of language acquisition 言語習得の過程 / the ～ of digestion 消化作用

❷ Ⓤ (時などの) **経過**, 推移 ; (事の) 進行 ‖ in the ～ of time 時がたつうちに / the ～ of history 歴史の進展 / He escaped from the burning house, but almost choked to death in the ～. 彼は燃えている家から逃れたが, 途中で窒息しかけた

❸ 製法, 方法 ; 体系的な手順, 制度 ‖ develop a new ～ of glassmaking ガラスの新しい製法を開発する / The democratic ～ takes time. 民主主義的な手順は時間がかかる

❹ (一連の)行為, 事柄, 出来事 ‖ Standing in the cold rain is not a pleasant ～. 冷たい雨の中で立っているのは楽しいことではない

❺ 〖法〗訴訟 (手続き) ; 召喚状, 令状 ‖ The case went through the legal ～. その事件は裁判沙汰(ざた)になった / serve a ～ on him 彼に令状を送達する

❻ Ⓤ 〖印〗写真製版法, スクリーンプロセス ; 《形容詞的に》写真製版法 [スクリーンプロセス] による ; (特定の方法で) 加工処理した ‖ ～ printing プロセス印刷

❼ 〖生・解〗(自然にできた)突起, こぶ ❽ 《米》(薬品で縮れをとって) 直毛にした髪型 ❾ 💻 プロセス 《プログラムを実行してコンピューター上で何らかの処理をする一連の過程》

*__*be in the pròcess of dóing*__* …している最中である ‖ *We are in the* ～ *of* solving the mechanism of earthquakes. 我々は地震のメカニズムを解明中だ

―動 (**～·es** /-ɪz/ ; **～ed** /-t/ ; **～·ing**)

―他 ❶ 〔食品・原料など〕を加工処理する

❷ 〔フィルム〕を現像する

❸ 〔書類など〕を(手続きに従って)事務処理する ; (役所などで)〔人〕に対する必要な手続きを進める

❹ 💻 〔情報・データ〕をプログラムで処理する

❺ 〖法〗…を起訴する ; …に令状[召喚状]を発送する

❻ 《米》〔縮れ毛〕を薬品を使って真っすぐにする

類語 《名 ❶》 **process** あることの開始から終結まで各段階が連続して進行する全過程. 〈例〉 His parents are in the *process* of negotiating a divorce. 彼の両親は離婚協議中だ (♦ be in the process of *doing* (…する過程である) は進行形を用いて be *doing* (…しつつある) と言い換えても内容は実質的に変わらない)

procedure あることをするための決まった方法・手順・手続き. 〈例〉 a complicated *procedure* 複雑な手順[やり方]

▸▸ **～ed chéese** 名 Ⓤ Ⓒ プロセス[加工]チーズ

pro·cess² /prəsés, proʊ-/ 動 自 (行列を作って)練り歩く

proc·ess·ing /prá(:)sesɪŋ | próʊ-/ 名 Ⓤ 加工, 処理 ‖ a ～ plant 加工工場

***pro·ces·sion** /prəséʃən/ 名 〔◁ proceed 動〕 Ⓒ ❶ (儀式などの)行列, 列 ‖ a funeral ～ 葬儀の列 / a slow ～ of touring cars ゆっくり進むツーリングカーの列 ❷ Ⓤ (行列の) 行進 ‖ walk [march] in ～ 行列を作って歩く[行進する] ❸ 次々にやって来る人[もの] ‖ a ～ of visitors 次々に来る訪問客

***pro·ces·sion·al** /prəséʃənəl/ 形 《限定》 行列の ; 行列用の ‖ a ～ chant 行列聖歌

―名 Ⓒ 行列聖歌 ; 行列式書

***proc·es·sor** /prá(:)sesər | próʊ-/ 《アクセント注意》 名 Ⓒ ❶ (食品)加工業者 ; 加工機 ❷ 💻 プロセッサー, 中央演算処理装置(CPU) ❸ =food processor

pro-choice /pròʊtʃɔ́ɪs/ 〈ジ〉 形 合法的妊娠中絶支持の (↔ anti-choice, pro-life) **-chóic·er** 名

***pro·claim** /prəkléɪm, proʊ-/ 《発音・アクセント注意》 動 〔▶ proclamation 名〕 他 ❶ **a** 《＋目》(人が)…を宣言する ; …を公式に表明する, 公布[公告]する ‖ ～ war against a country ある国に対して宣戦布告する / ～ a state of emergency 非常事態を宣言する

b 《＋(**that**) 節 / 目＋(**to be**) 補 / 目＋補 〈(**as**) 名〉》 …が…であると宣言する[公表する, はっきり言う] (♦ 直接話法にも用いる) ‖ They ～*ed that* he was a terrorist. = They ～*ed* him (*to be*) a terrorist. 彼らは彼をテロリストであると公表した / He was ～*ed* Edward VIII. 彼はエドワード８世として(王位に就くのを)宣言された

❷ **a** 《＋目》(物事が)…を証明する, (はっきりと)示す, 表す ‖ Your eyes ～ your intelligence. 君の目が聡明(そうめい)さを示している

b 《＋目＋(**to be**) 補 〈名〉/ **that** 節》(物事が) …を[が]…であると証明する [はっきりと示す] ‖ His accent ～*ed* him (*to be*) Irish = His accent ～*ed that* he was Irish. なまりから彼がアイルランド人であることがわかった

語源 *pro-* before＋*-claim* cry loudly : …の前で大きな声で言う

***proc·la·ma·tion** /prɑ̀(:)kləméɪʃən | prɔ̀k-/ 名 〔◁ proclaim 動〕 ❶ Ⓤ 宣言 ; 公告, 公布 ❷ Ⓒ 公式発表(文), 声明(書) ‖ issue [OR make] a ～ of neutrality in the war その戦争での中立の声明を発する

pro·cliv·i·ty /proʊklívəṭi/ 名 (複 **-ties** /-z/) Ⓒ 〈…の〉性癖, 傾向 〈**for, to, toward**〉 ‖ He had a ～ 「*for* mischief [*to* meticulousness]. 彼にはいたずら癖があった [細かいことにこだわる傾向があった]

pro·con·sul /pròʊkɑ́(:)nsəl | -kɔ́n-/ 名 Ⓒ ❶ 〖ローマ史〗属州の総督, 地方総督 ❷ (近代の)植民地[占領地]総督 **-su·lar** 形 **-su·late** 名 Ⓤ Ⓒ proconsul の職[地位, 任期]

pro·cras·ti·nate /prəkrǽstɪnèɪt, proʊ-/ 動 自 (いつも)先延ばしにする, ぐずぐずする **-nàt·ing** 形

pro·cras·ti·na·tion /prəkrǽstɪnèɪʃən | proʊ-/ 名 Ⓤ 先延ばし ‖ *Procrastination is the thief of time.* 《諺》 遅延は好機を奪う ; 思い立ったが吉日 (♦ 英国の詩人 Edward Young (1683–1765) の言葉)

pro·cre·ate /próʊkrièɪt/ 動 他 〔子〕を産む ; 〔子孫〕をもうける ; …を生じさせる ―自 子を産む

prò·cre·á·tion 名 **-à·tive** 形 生殖力のある

Pro·crus·te·an /proʊkrʌ́stiən, prə-/ 形 プロクルステス (Procrustes)流の, 強引に規準に合わせようとする

語源 Procrustes は〖ギ神〗の盗賊. 捕まえた者を鉄のベッドに寝かせ, 足がはみ出せばその足を切り落とし, 短かければ足を引っ張って無理やりベッドの長さに合わせた.

proc·tol·o·gy /prɑ(:)ktɑ́(:)lədʒi | prɔktɔ́l-/ 名 Ⓤ 肛門(こうもん)・直腸学, 肛門科 **-gist** 名 Ⓒ

proc·tor /prɑ́(:)ktər | prɔ́k-/ 名 Ⓒ ❶ 《米》(大学の) 試験監督官 ❷ 《英》 (オックスフォード・ケンブリッジ大学などの)学生監

__the Quèen's [Kìng's] Próctor__ (英国の) 女王[国王]代訴人 《離婚裁判などで不正のあるとき, 法廷に異議申し立てのできる法務官》

―動 他 《米》〔試験〕の監督を務める **proc·tó·ri·al** 形

proc·u·ra·tion /prɑ̀(:)kjuréɪʃən | prɔ̀k-/ 名 Ⓤ ❶ 《旧》〖法〗委任(権) ❷ 《古》入手, 獲得, 確保

proc·u·ra·tor /prɑ́(:)kjurèɪṭər | prɔ́k-/ 名 Ⓒ ❶ (特に委任権を持つ) 代理人 ❷ 〖ローマ史〗属州の行政長官 ; (スコットランドの)下級裁判所の弁護士

pròc·u·ra·tó·ri·al 形 ▸▸ **～ físcal** 名 (複 **～s f-**) Ⓒ (スコットランドの)地方検察官

***pro·cure** /prəkjʊ́ər/ 動 他 ❶ **a** 《＋目》(苦労して) …を手に入れる, 得る, 確保する ‖ ～ supplies 補給品を確保する **b** 《＋目 *A*＋目 *B* ⇄ ＋目 *B*＋**for** 目 *A*》 *A* (人) のために *B* (物) を入手する ‖ He ～*d* me a position in the firm. = He ～*d* a position *for* me in the firm. 彼は私のためにその会社に勤め口を確保してくれた ❷ 〔女〕を売春の目的で抱える[斡旋(あっせん)する] ❸ 〖法〗〔人〕に勧めて 〈…〉させる, 〈…するように〉仕向ける 〈**to do**〉 ‖ ～ her *to* give false evidence 彼女を口説いて偽証させる ❹ 《旧》…をもたらす, 生じさせる (☞ bring about) ‖ ～ his death by poison 毒薬で彼を殺す ―自 売春の斡旋をする

~·ment 名 -cúr·a·ble 形 入手し得る, 確保し得る

pro·cur·er /prəkjúərər/ 名 C (♦ 女性形は -ess /-rəs/ だが, 男女共に procurer が一般的)獲得者；売春斡旋者

*__prod__ /prɑ(:)d | prɔd/ 動 (**prod·ded** /-ɪd/ ; **prod·ding**) 他 ❶ (棒や指などで)…を押す, 突く ‖ ~ a snake with a stick 蛇を棒でつつく / ~ her with one's elbow 彼女をひじでつつく ❷ …を(行動へ)駆り立てる, 刺激する〈**into, to** …へ / **to** *do*, **into** *doing* …するように〉‖ Her parents *prodded* him *into* marrying their daughter. 彼女の両親は彼をせき立てて娘と結婚させた / She *prodded* her husband *to* try to win the post. 彼女は夫を励ましてその地位獲得の努力をするように仕向けた

—自 〈…を〉つつく, 突く〈**at**〉‖ ~ *at* one's lunch with a fork フォークでランチをつつく —名 C ❶ つつくこと, 突き ‖ He gave me a ~ in the ribs. 彼は私のわき腹をつついた ❷ (行動への)刺激, 催促 ‖ the ~ for action 行動へ駆り立てるもの / give him a ~ to live for himself 自活をするよう彼を励ます ❸ 突き棒

prod. 略 produce(d), producer ; product

prod·i·gal /prá(:)dɪgəl | prɔ́d-/ 形 ❶ 金遣いの荒い, 放蕩(ほうとう)な ‖ ~ of [OR with] one's money 金遣いが荒い / the ~ son 放蕩息子 (♦ 聖書の言葉より) ❷ 物惜しみしない, 気前のよい ‖ ~ of [OR with] one's praise 賞賛を惜しまない ❸ 非常に豊富な, 有り余るほどの ‖ a mind ~ of ideas アイデア豊かな頭脳 —名 C 浪費家, 放蕩[道楽]者, 放蕩息子 **~·ly** 副

prod·i·gal·i·ty /prà(:)dəgǽləṭi | prɔ̀dɪ-/ 名 U ❶ 浪費, 放蕩 ❷ 惜しみないこと；豊富, 豊かさ

pro·di·gious /prədídʒəs/ 形 《通例限定》 ❶ 莫大(ばくだい)な, 巨大な ‖ a ~ sum 莫大な(金)額 ❷ 驚異的な, 目を見張るような, 素晴らしい **~·ly** 副 **~·ness** 名

prod·i·gy /prá(:)dədʒi | prɔ́d-/ 名 (複 **-gies** /-z/) C ❶ 神童；天才, 奇才 ‖ an infant [OR a child] ~ 神童 / a ~ violinist 天才バイオリニスト ❷ 驚くべきもの, 驚異 (wonder) ; 素晴らしい[驚くべき]実例[見本] ‖ a ~ of learning 驚くべき学識

***__pro·duce__** /prədjú:s/ 《アクセント注意》(→ 名) 動 名

中心義 **(目に見えるところに)出す** (★新たに作り出す場合と, 隠れた状態から取り出す場合がある)

—動 〔▶ product 名, production 名, productive 形〕 (**-duc·es** /-ɪz/ ; **~d** /-t/ ; **-duc·ing**)

—他 ❶ 〔製品・農作物など〕を作る, **生産する, 製造する** ‖ The company ~*s* electric cars. その会社は電気自動車を製造する / Sake is ~*d* from rice. 日本酒は米から造られる / A cow ~*s* milk. 雌牛はミルクを出す / ~ a delicious meal おいしい食事をこしらえる(♥「限られた材料や時間で巧みに作り上げる」という含みがある)

❷ (土地などが)…を**産出する**；(人・動物が)〔子〕を産む；(人の体が)〔物質など〕を作る；(植物が)〔実・花〕を結ぶ；〔優れた人物〕を生み出す ‖ Good soil ~*s* fine crops. よい土壌からは立派な作物ができる / The university ~*d* many great business leaders. その大学は多くの偉大なビジネスリーダーを輩出した / The liver ~*s* bile. 肝臓は胆汁を生成する

❸ …を引き起こす, 生じさせる, もたらす(↘ bring about, make for) ‖ Her idea ~*d* results in getting new customers. 彼女の案は新規顧客の獲得に成果をあげた

❹ …を〈…から〉取り出す, 出して見せる, 示す〈**from, out of**〉‖ ~ a letter *from* one's pocket ポケットから手紙を取り出す / ~ evidence to support her innocence 彼女の無実を立証する証拠を示す / I can ~ any number of reasons to demonstrate why I'm the right man for the post. 私がその地位にふさわしい人物であることを示す理由ならいくらでも挙げられます

❺ 〔芸術作品など〕を創作する；〔映画・演劇・テレビ番組など〕を**制作する**, プロデュースする；上演する, 公開する；〔本〕を刊行する(↘ put out) ‖ ~ a movie 映画を制作する

❻ 《旧》《数》〔線・面〕を〈…まで〉延長する〈**to**〉

—自 製造する；生産する；制作する

—名 /próudju:s, prá(:)- | prɔ́dju:s, -dʒu:s/ U ❶ 《集合的に》産物, 農産物；製品, 生産物(→ product)；生産高 ‖ agricultural [OR farm] ~ 農産物 / dairy ~ 酪農製品 / raw ~ 原料生産物 / *Produce* of Scotland スコットランド産の製品(♦ ラベルなどの表示)

❷ (努力などの)結果, 結晶

語源 *pro-* forward＋*-duce* lead, bring : 前の方へ導き出す

:__pro·duc·er__ /prədjú:sər/

—名 (複 **~s** /-z/) C ❶ (商品・原料・食品などの)**生産者[会社, 国]**(↔ consumer) ‖ The country is the second largest ~ of oil in the Middle East. その国は中東第2の産油国だ

❷ (映画・演劇・テレビ番組などの)**制作者**, プロデューサー；(レコード・CDなどの)録音プロデューサー ‖ a television ~ テレビ番組のプロデューサー ❸ 発生炉(→producer gas)

❹ 有機物生成生物《緑色植物など》

▸▸ ~ **gàs** 名 U 発生炉ガス《工業用燃料》

***__prod·uct__** /prá(:)dʌkt | prɔ́d-/ 《アクセント注意》

—名 〔◁ produce 動〕(複 **~s** /-s/) C ❶ **製品**；**産物**, 産出物；U 生産高 ‖ industrial ~*s* 工業製品 / launch a new ~ 新製品を売り出す / natural ~*s* 自然の産物 / farm [dairy] ~*s* 農産物[酪農製品] (♦ products と produce はしばしば交換可能だが,「工業製品」や「天然の産物」の意では products を用いることが多い) / *Product* expanded. 生産高が増した

❷ 〈…の〉**結果**, 成果〈**of**〉‖ Good style is the ~ *of* a well-ordered mind. よい文体は理路整然とした頭脳の所産である / a ~ *of* one's imagination 想像の産物

❸ 《数》積 ‖ The ~ of 3 and 2 is 6. 3と2の積は6である(3×2＝6) ❹ 《化》(化学変化の結果としての)生成物

▸▸ ~ **differentiàtion** 名 U 《商》製品差別化《販売促進のため, 自社製品と他社製品との差別化を明確にすること》

~ **plàcement** 名 U C 《商》プロダクトプレースメント《テレビドラマや映画に広告したい製品を登場させる広告方法》

~ **sèeding** 名 U 《商》種まきマーケティング《製品やサービスを特定の個人に提供し, 口コミを流布させるマーケティングの手法》

:__pro·duc·tion__ /prədʌ́kʃən/

—名 〔◁ produce 動〕(複 **~s** /-z/) ❶ U **生産**, **製造**；生産高(↔ consumption)；(物質などの)生成；《形容詞的に》(車が)量産される ‖ This car went into [out of] ~ in 1995. この車は1995年に製造が始まった[終わった] / These chemicals are no longer **in** ~. これらの化学薬品はもう生産されていない / **increase** food ~ 食料を増産する / ~ costs 生産コスト / a ~ manager 生産管理者 / *Production* is up [down] this week. 今週は生産高が上がった[下がった] / a ~ car 量産型の車

❷ C (文学・芸術などの)**作品**, 映画, 劇；U (映画・劇・放送番組などの)制作(過程), 演出, 上演；C 《単数形で》(レコード・CDなどの)収録曲(全体), (製作者の意図した)音楽作り ‖ put on a musical ~ ミュージカル作品を上演する / The play is now **in** ~. その劇はいま制作中だ

❸ U 提出, 提示 ‖ on (the) ~ of one's card カードを提示すると

màke a (***big***) ***prodúction*** (***òut***) ***of ...*** (必要以上に)…のことで大騒ぎする ‖ *make a* ~ *out of* taking snapshots 大騒ぎしながらスナップ写真を撮る

▸▸ ~ **lìne** 名 C 流れ作業 ~ **nùmber** 名 C (ミュージカルなどの)全キャスト総出演の場面 ~ **plàtform** 名 C 採油プラットホーム《石油掘削装置が置かれた構造物》

*__pro·duc·tive__ /prədʌ́ktɪv/ 形 〔◁ produce 動 | ▶ productivity 名〕(**more ~** ; **most ~**) ❶ 生産の, 生産力のある, 生産的な；実り多い, 効果的な ‖ ~ activity 生産活動

/ ～ labor 生産労働 / the company's ～ capacity その社の生産能力 / a ～ meeting 実り多い会議 ❷ 豊かな, 豊饒(ほうじょう)な(↔ barren) ; (作家が)多作の ‖ ～ soil 肥沃な土壌 / a ～ mind 豊かな精神 / a ～ writer 多作な作家 ❸ 《叙述》〈…を〉生じる, 引き起こす ; 結果として〈…を〉もたらす〈**of**〉‖ English contact with the East has been ～ *of* new words. 英語は東洋と接して新語を生み出してきた ❹ 《比較なし》〖医〗(鼻水や痰(たん)が)出る ❺ 《比較なし》〖言〗(接辞が)生産性の高い(♦例えば接頭辞の un- や接尾辞の -ness は生産性が高い. 一方 omni- や growth などの -th は生産性が低い)

～·ly 副 **～·ness** 名

***pro·duc·tiv·i·ty** /pròudʌktívəṭi, prɑ̀(ː)- | prɔ̀-, pròu-dʌk-/ 名 〔◁ productive 形〕 Ｕ ❶ (単位当たりの)生産力 ; 〖経〗生産効率, (企業の)生産性 ; 生産[産出]能力 ‖ increase ～ by 10 percent 生産効率[生産性]を10パーセント向上させる ❷ 豊かさ, 多産 ; 多作

prò·énzyme 名 Ｃ 〖生化〗酵素前駆体

prof /prɑ(ː)f | prɔf/ 名 《口》= professor

Prof. 略 Professor

prof·a·na·tion /prɑ̀(ː)fənéɪʃən | prɔ̀f-/ 名 Ｕ 神聖を汚すこと, 冒瀆(ぼうとく) ; 乱用, 悪用

pro·fane /prəféɪn/ 形 ❶ 神聖を汚す, 冒瀆的な ; みだりに神の名を口にする ❷ 宗教に関係しない, 世俗的な, 俗界の (↔ sacred) ❸ (言葉が)みだらな ❹ 奥義を極めていない

―― 動 他 …を冒瀆する **～·ly** 副 **～·ness** 名

pro·fan·i·ty /prəfǽnəṭi/ 名 (複 **-ties** /-z/) ❶ Ｕ 冒瀆, 不敬 ❷ Ｃ 《通例 -ties》冒瀆的言動[言葉遣い]

***pro·fess** /prəfés/ 《アクセント注意》 動 〔▶ profession 名〕 他 ❶ 《通例進行形不可》 **a** 《+目》…を装う, …のふりをする ‖ ～ ignorance [sympathy] 無知 [同情] を装う **b** 《+**to** *do*》(しばしば偽って)…している[…である]と言う, …するふりをする, …であると自称する ‖ He ～*es to* be a learned man. 彼は学者だと自称している

❷ 公言する **a** 《+目》…を公言 [明言] する, はっきり…と言いきる ‖ He ～*ed* his belief in my innocence. 彼は私の無罪を信じているとはっきり言った **b** 《+ (**that**) 節》…ということを明言する ‖ He ～*ed that* it was news to him. 正直言ってそれは初耳だと彼ははっきり言った **c** 《+**to** *do*》…している […である] と公言する ‖ I have never ～*ed to* know everything about international relations. 国際関係についてすべて知っていると公言したことはない **d** 《～ oneself +補〈形〉/ ～oneself +(to be) 補で》自分自身は…だと言いきる, 主張する ‖ She ～*ed* herself (*to be*) relieved at the news. 彼女はその知らせを聞いてほっとしたとはっきり言った

❸〔宗教〕への信仰告白をする, …を信仰する(と公言する) ; 《受身形で》(宣誓して) 教団に受け入れられる ‖ ～ Christianity キリスト教を信仰する ❹ 《古》《戯》…を職業 [専門]とする(→ profession) ; 大学教授として…を教える

―― 自 公言[明言]する, はっきりと言う ; 信仰告白をする

語源 *pro-* before all, publicly (公に) +*-fess* speak : 公言する

pro·fessed /prəfést/ 形 《限定》 ❶ 自ら…と公言する, 公然の ‖ a ～ enemy of democracy 民主主義の公然の敵 ❷ うわべだけの, 見せかけの, 自称の ‖ a ～ economist 自称経済学者 ❸ 宣誓して修道会に入った

pro·fess·ed·ly /prəfésɪdli/ 副 ❶ 表向きは, 口先だけは, 偽って ❷ 公言して, 公然と主張して

****pro·fes·sion** /prəféʃən/

―― 名 〔◁ profess 動〕 (複 **～s** /-z/) ❶ Ｃ (主に知的な)**職業**, 専門職《医者·法律家·聖職者·学者·教師·技師など》; (広く) 職業 (⇨ JOB 類語P) ‖ His ～ is photography. 彼の職業はカメラマンです / She is a doctor by ～. 彼女は医者を職業としている / **enter** [OR join, go into] the teaching ～ 教職に就く / the **medical** [**legal**] ～ 医業 [法律業] / the oldest ～ 《戯》最も古くからある職業 《売春のこと》

❷ 《通例 the ～》《集合的に》《単数·複数扱い》同業者仲間 ; 俳優仲間 ‖ The legal ～ are divided in their opinions on the issue. 法律家たちはその件について意見が割れている ❸ Ｃ 〈…の〉公言, 告白, 表明〈**of**〉; 口先だけの公言, うわべ ‖ a ～ *of* love 愛情の表明 ❹ Ｕ Ｃ 信仰告白 ; (教団へ入るときの)宣誓(式)

*****pro·fes·sion·al** /prəféʃənəl/ 形 名

―― 形 (**more ～ ; most ～**) (♦❸ 以外比較なし)

❶ 《限定》**プロの**, 職業的な, 専門家の, 本職の, 玄人の(《口》pro) (↔ amateur) ‖ Amateur and ～ baseball players were selected to form the national team. 国の代表チーム結成のためアマとプロの野球選手が選出された / a ～ musician 本職の音楽家 / turn ～ プロに転向する

❷ (知的)**職業(上)の** ; 専門職に従事している ; (会社などで)重要な地位にいる ‖ ～ training 職業訓練 / ～ women 知的職業の女性(♦売春婦という意味もある)

❸ (技術などが)高度の, 専門家の ‖ with a ～ eye プロの目で / a ～ opinion 専門家の意見 / ～ advice (弁護士·会計士からの)助言 / ～ help (精神科医からの)助言, 指導

❹ ⊗《口》《蔑》商売にしている ; 常習的な ‖ a ～ agitator プロの扇動家 / a ～ liar うそをついてばかりいる人

―― 名 (複 **～s** /-z/) Ｃ 知的職業人 ; 専門家, プロ ; (いかにも)プロらしい人, (スポーツなどの)プロ(選手)(《口》pro) (↔ amateur) ‖ He's a real ～. 彼は本物のプロだ / health (care) ～*s* 医療従事者 / a tennis ～ テニスのプロ選手

～·ly 副 プロとして, プロらしく

▶▶ **～ fóul** 名 Ｃ (特にサッカーで)故意の反則

pro·fés·sion·al·ìsm /-ɪ̀zm/ 名 Ｕ ❶ 専門的技術 ; プロ精神[根性] ; 専門家気質 ❷ (試合での)プロ選手の使用

pro·fés·sion·al·ìze /-àɪz/ 動 他 《通例受身形で》職業化[プロ化]される **pro·fès·sion·al·i·zá·tion** 名

****pro·fes·sor** /prəfésər/

―― 名 (複 **～s** /-z/) Ｃ ❶ (大学の) **教授** 《肩書きの略称 Prof.》 (⇨ TEACHER 類語) ‖ He is a *Professor* **of** History **at** UCLA. 彼はカリフォルニア大学ロサンゼルス校の歴史学教授だ / *Professor* (John) Baker (ジョン=)ベーカー教授(♦(1) 呼びかけにも用いる. (2) 《米》では full professor (正教授) 以下, associate professor (準教授), assistant professor (助教授)にも professor を使うが, 《英》では最高位の教授のみ professor と呼び, 以下順に reader, senior lecturer, lecturer となる. (3) 略称 Prof. は姓名の前に使い, ×Prof. Baker のように姓だけのときは不可とする人が多い) / a visiting ～ 客員教授

❷ 《米》(一般に) 大学教師 (♦ professor の下位に instructor(専任講師)がいる)

❸ (芸術·専門技能などの)先生, 師範

❹ 《堅》公言する人 ; 信仰(告白)者

～·shìp 名 Ｕ Ｃ 大学教授の地位[職]

pro·fes·so·ri·al /pròufəsɔ́ːriəl | prɔ̀-/ 〈シ〉 形 大学教授の(ような), 大学教授にふさわしい **～·ly** 副

pro·fes·so·ri·at(e) /pròufəsɔ́ːriət | prɔ̀-/, **-sor·ate** /prəfésərət/ 名 Ｕ ❶ 《集合的に》(大学)教授団, 教授陣 ❷ 大学教授の地位[職]

prof·fer /prɑ́(ː)fər | prɔ́fə/ 動 他 〈…に〉〔奉仕·援助など〕を申し出る, 提供[進呈]する (offer) 〈**to**〉‖ ～ him help 彼に援助を申し出る(♦《目+目》の第 4 文型でも用いる)

―― 名 Ｃ 《文》申し出, 提案

***pro·fi·cien·cy** /prəfíʃənsi/ 名 Ｕ 〈…の〉熟達, 堪能(たんのう), 技量〈**in, at**〉

pro·fi·cient /prəfíʃənt/ 形 〈…に〉熟達した, 堪能な 〈**at, in**〉‖ ～ *in* (speaking) English 英語 (を話すこと) に堪能な / ～ *at* a craft 手工芸に秀でた **～·ly** 副

***pro·file** /próufaɪl/ 《発音·アクセント注意》 名 Ｃ ❶ 横顔 ; (一般に) 側面 ; 横顔の像, 側面図 ‖ I painted him in ～. 彼の横顔を描いた ❷ (特に新聞·放送などでの) 人

P

物[場所]の紹介, プロフィール, 横顔, 小伝 ‖ The newspaper printed a ~ of the new mayor. 新聞は新市長のプロフィールを掲載した ❸ (一般の人々に与える)印象, イメージ ‖ raise the international ~ of a city 市の国際的なイメージを高める ❹ 輪郭, 外形 ‖ the ~ of a distant hill 遠くの丘の輪郭 ❺ 〖統計〗概要を示すデータ, 分析表 ‖ a ~ of consumer spending 消費者支出の分析表 ❻ 〖建〗縦断面(図); 〖地〗地層断面(図)

kèep a hìgh [lòw] prófile 高姿勢[低姿勢]をとる; 大いに注目を集める[目立たないように振る舞う]

── 動 他 ❶ 〔人物など〕の紹介[素描]をする ❷ …の横顔(の輪郭)を描く; …の側面図を描く ❸ 《受身形で》(…を背景に)浮かび上がる; 輪郭を形作る ❹ (型紙などを使って)…の型取りをする

pro·fil·ing /próufaɪlɪŋ/ 名 U プロファイリング《心理的・行動的特徴などを記録・分析して人物や集団の全体像を作成すること; 〖商〗売り込み対象の客について情報を集めること》

prof·it /prɑ́(:)fət | prɔ́fɪt/ (♦ 同音語 prophet) 名 動

── 名 (複 ~s /-s/) ❶ U/C 《しばしば ~s》**利益**, 利潤, もうけ(↔ loss); 収益; 収益率; (投資などの)所得, 収入 ‖ I **made** [OR turned] a ~ of $10,000 「on the deal [from the sale of stock]. その取り引き[株式売却]で1万ドルもうけた (♦ この意味で ×gain a profit とはいわない) / **net** [pre-tax] ~ 純益[税引前利益] / 「an increase [a drop] in ~*s* 増益[減益] / His business is running at a ~. 彼の商売はもうかっている / sell a building at a big ~ 建物を売って大もうけする

❷ U 益, 得, ため (↔ disadvantage) ‖ There is no ~ in worrying. 悩んでも何の得にもならない / It will be to your ~ to accept our offer. 我々の申し出を受け入れることはあなたのためになるでしょう / I read his autobiography to my great ~. 彼の自叙伝を読んでとてもためになった / gain much ~ from living abroad 海外生活から多くを得る

── 動 〔▶ profitable 形〕(~s /-s/; ~·ed /-ɪd/; ~·ing)

── 自 (人が)〈…から〉**利益を得る**, もうける; 得をする〈**from, by**〉 ‖ ~ *from* [OR *by*] an investment 投資でもうける / I have ~*ed* greatly *from* your advice. あなたの助言でとても助かりました

── 他 (物事が)…のため[益]になる; (物事が)〔人〕に益する ‖ It will not ~ him to abandon his goal now. 今, 目標をあきらめることは彼のためにならないだろう

語源 *pro-* forward + *-fit* make: 前進する, 役立つ

▸▸ ~ **and lóss accòunt** 名 C 損益勘定(書) (略 P&L) ~ **màrgin** 名 C 利ざや ~ **shàring** 名 U (労使間の)利益分配(制) ~ **tàking** 名 U 〖株〗利食い, さや取り

***prof·it·a·bil·i·ty** /prɑ̀(:)fətəbíləti | prɔ̀fɪt-/ 名 U 利益性, 有益性

***prof·it·a·ble** /prɑ́(:)fətəbl | prɔ́fɪt-/ 《アクセント注意》 形 〔◁ profit 動〕(**more** ~; **most** ~) 利益になる, もうかる, 有利な; 有益な, ためになる(↔ useless) ‖ a ~ business もうかる商売 **~·ness** 名 **-bly** 副

prof·i·teer /prɑ̀(:)fətíər | prɔ̀fɪ-/ 名 C (戦時の品薄などに乗じて)暴利をむさぼる人, 不当利得者

── 動 自 暴利をむさぼる

pro·fit·er·ole /prəfítəròul/ 名 C プロフィトロール《しばしばチョコレートのかかった小型シュークリーム》

próf·it·less /-ləs/ 形 利益のあがらない, もうからない; 無益な, 無駄な

prófit-màking 形 《通例限定》利益をあげる, 営利の

prof·li·gate /prɑ́(:)flɪgət | prɔ́f-/ 形 ❶ 金遣いの荒い, 無駄遣いの激しい ❷ 不道徳な, 不品行な, 放蕩(ほうとう)な

── 名 C 道楽[放蕩]者

-ga·cy 名 U 不品行, 放蕩; 浪費 **~·ly** 副

pro for·ma /pròu fɔ́:rmə/ 〈ラ〉 副 形式上; 形式として

── 形 《通例限定》 ❶ 形式上の, 形式的な ❷ 〖商〗見積もりの ‖ a ~ invoice 見積もり送り状

── 名 C 見積もり送り状(♦ ラテン語より)

***pro·found** /prəfáund/ 形 〔▶ profundity 名〕 (**more** ~; **most** ~) ❶ 《限定》(状態・感情などが)深い; 心からの(↔ insincere); 大きな, 激しい; 徹底した, 全くの ‖ a ~ sleep 熟睡 / a ~ sigh 深いため息 / ~ grief 深い悲しみ / ~ sympathy 心からの同情 / a ~ change 大きな変化 ❷ (学問・思想などに)造詣(ぞうけい)の深い; 透徹した ‖ a ~ theologian 造詣の深い神学者 / ~ wisdom 深い知恵 ❸ 難解な, 深い考察を必要とする ‖ ~ doctrines 深遠な教義 ❹ 非常に深い; (おじぎが)深々とした ‖ in the ~ depths of the ocean 深海の底に / a ~ abyss 深淵(しんえん) ❺ (病気が)根深い ‖ a ~ disease 根深い病

~·ness 名

語源 *pro-* forward + *-found* bottom: 底の方へ, 深く

pro·found·ly /prəfáundli/ 副 ❶ 深く; 心から, 切に; 激しく, 強く; 全く, とても ❷ 重度に, ひどく

pro·fun·di·ty /prəfʌ́ndəti/ 名 〔◁ profound 形〕(複 **-ties** /-z/) ❶ U (知的な)深さ, 深遠; (状態などの)深さ, 激しさ, 重要性 ❷ C 《通例 -ties》(奥)深いもの[思想, 言説], 深遠な事柄

pro·fuse /prəfjú:s/ 形 ❶ おびただしい, たっぷりの, 豊富な ❷ 〈…を〉惜しみのない, むやみな, オーバーな〈**in**〉 ‖ He was ~ *in* his thanks. 彼はやたらとお礼を述べた ❸ 《古》(やたらと)気前のよい **~·ly** 副 **~·ness** 名

pro·fu·sion /prəfjú:ʒən/ 名 U/C (a ~) 豊富 ‖ a ~ of flowers たくさんの花 / in ~ 豊富に, ふんだんに

pro·gen·i·tor /proudʒénətər, prou- | -ɪtə/ 名 C ❶ (人・動植物の)先祖 ❷ 先達, 先駆者, 創始者

prog·e·ny /prɑ́(:)dʒəni | prɔ́dʒ-/ 名 U ❶ 《集合的に》《単数・複数扱い》(人・動植物の)子供; 子孫 ❷ 所産, 成果, 結果

pro·ge·ri·a /proudʒíəriə/ 名 U 〖医〗早老症

pro·ges·ter·one /proudʒéstəròun/ 名 U 〖生化〗黄体ホルモン, プロゲステロン《女性ホルモンの一種》

prog·no·sis /prɑ(:)gnóusəs | prɔgnóusɪs/ 名 (複 **-ses** /-si:z/) C 〖医〗予後(↔ diagnosis)《病気がたどる経過に関する医学上の見通し》; 〈…の〉予知, 予測〈**for**〉

prog·nos·tic /prɑ(:)gnɑ́(:)stɪk | prɔgnɔ́s-/ 形 ❶ 〖医〗予後の(判断材料となる) ❷ 前兆となる

── 名 U C ❶ (病気の)前兆 ❷ 予兆, 前触れ

prog·nos·ti·cate /prɑ(:)gnɑ́(:)stɪkèɪt | prɔgnɔ́s-/ 動 他 ❶ (兆候から)…を予知[予測]する ❷ 〔物事が〕…の兆候を示す, …の前兆となる

-cà·tor 名 **prog·nòs·ti·cá·tion** 名 U 予知, 予測; C 予言; 前兆

pro·gram, 《英》**-gramme**

/próugræm/ 《発音注意》(♦ 《英》でもコンピューター用語は program とつづる) 名 動

中心義» 前もって決める[決めたこと]

── 名 (複 ~s /-z/) C ❶ **計画**, 企画; 予定(表), 方針, スケジュール ‖ The government launched a new economic ~. 政府は新経済計画に着手した / the space ~ 宇宙計画 / a ~ to rehabilitate drug addicts 麻薬中毒者社会復帰計画 / make [OR plan] a ~ **for** the future 将来の計画を立てる / What's on the ~ today? 今日の予定はどうなってるの

❷ (テレビ・ラジオの) **番組**(表) ‖ I saw a ~ on genetic engineering. 遺伝子工学に関する番組を見た / a ~ for children's entertainment 子供向け娯楽番組 / a half-hour ~ about history 30分の歴史番組

❸ (コンサート・競技会・行事などの) **プログラム**; (プログラムに載っている)催し, 出し物, 内容 ‖ According to this ~, she will appear on stage around 7:00. このプログラムによると, 彼女は7時ごろ登場する予定だ

❹ カリキュラム, 教育課程; 講義便覧 ‖ a ~ for freshmen 新入生用のカリキュラム

❺💻 (コンピューター)プログラム ‖ a control ～ 制御プログラム ❻ (機械などの)機能, プログラム
gèt with the prógram 《米口》やるべきことをやる
━動 (～s /-z/ ; **-grammed** /-d/, +《米》 **-gramed** /-d/ ; **-gram·ming**, +《米》 **-gram·ing**)
━他 ❶💻 **a** 《+目》…にプログラムを組み込む ; …の**プログラムを作る**
b 《+目+**to do**》〔コンピューター〕が…するようプログラムする ‖ These computers are *programmed to* prevent pilot error. これらのコンピューターはパイロットのミスを防止するようプログラムされている
❷ **a** 《+目》…を**計画[予定]する** ; …を〈…の予定で〉計画[調整]する〈**for**〉; (機械などに)〔指示など〕をセットする ‖ I don't know how to ～ my life after retirement. 退職後の生活をどう設計したらよいかわからない
b 《+目+**to do**》〔機械など〕を…するようにセットする ‖ ～ the Blu-ray recorder *to* record the 7 o'clock variety show 7時のバラエティー番組を録画するようブルーレイレコーダーをセットする
❸ 《+目+**to do**》〔人・動物〕を(あらかじめ)…するように決定[方向, 条件]づける(♦ しばしば受身形で用いる) ‖ We are genetically *programmed to* learn a language. 我々は遺伝的に言語を学べるように条件づけられている
❹ 《米》…を(放送)番組の中に組み入れる
━自 💻プログラムを作る
語源 *pro-* before＋*-gram* write : 前もって書かれたもの
▸▸ **～(m)ed cóurse** 名 C 〖教育〗プログラム学習課程 **～(m)ed léarning [instrúction]** 名 U 〖教育〗プログラム学習 **～ mùsic** 名 U 〖楽〗標題音楽 (↔ absolute music) **～ tràding** (↓)

pro·gram·ma·ble /próuɡræməbl, ‐ ́‐‐/ 形 💻 (コンピューターの)プログラムに組める ; プログラムの入れられる ; プログラムによって調整できる

pro·gram·mat·ic /pròuɡrəmǽṭɪk/ 〈シ〉 形 《通例限定》 ❶ 計画[方針]を持つ[に従う] ❷ 標題音楽の

***pro·gram·mer, -gram·er** /próuɡræmər/ 名 C (コンピューターの)プログラマー

***pro·gram·ming, -gram·ing** /próuɡræmɪŋ/ 名 U ❶💻プログラムの作成 ; プログラミング ❷ (ラジオ・テレビの)番組の企画[作成]
▸▸ **～ lànguage** 名 C U 💻プログラム言語 《ALGOL, COBOLなど》

prógram tràding 名 U 〖株〗プログラム売買, コンピューター取引 《コンピューターに組み込んだプログラムにより相場変動に応じて自動的に株式の売買を行う》
prógram tràder 名

***prog·ress** /prá(ː)ɡrəs | próuɡres/ 《アクセント注意》(→ 動) 名 動

━名 U ❶ 〈…での〉**進歩**, 発達, 発展〈**in**〉(⇨ 類語) ‖ He has **made** great ～ *in* his studies. 彼の研究は大いに進んだ / Are you **making** any ～ with your report? 報告書は進んでいますか / Medical ～ has made it possible to live a long life. 医学の進歩のおかげで長生きできるようになった / economic [social] ～ 経済的発展[社会的進歩] / the ～ of civilization 文明の進歩 / ～ *in* art 芸術の発展
❷ **前進**, 進行(↔ backward movement) ; 成り行き, 経過 ‖ The boat **made** little forward ～. ボートはほとんど前進しなかった / The event was forgotten in the ～ of time. その事件は時がたつうちに忘れられた / **monitor** the ～ of a disease 病気の進行を監視する
❸ C 《古》(君主などの)巡幸, 国内旅行
**in prógress* 進行[進展]中で[の] ‖ A procession was *in* ～. 行列が進んでいった / the work *in* ～ 進行中の仕事
━動 〔▶ progressive 形〕 /prəɡrés, prou-/ 《アクセント注意》(**～·es** /-ɪz/ ; **～ed** /-t/ ; **～·ing**)
━自 ❶ **進歩[向上]する**, 発達[発展]する(⤳ move on) (↔ *get behind*) 〈**to** …へと ; **in** …の分野で〉 ‖ Are you ～*ing in* your piano lessons? ピアノのおけいこは進んでいますか / Science ～*ed* greatly during the 20th century. 科学は20世紀の間に大きく進歩した / Their relationship has ～*ed to* the next stage. 彼らの関係は次の段階へと進んだ
❷ (時間的・空間的に)前進する, 進む(↔ move back) ; 進行する, はかどる, 快方に向かう ‖ How is the patient ～*ing*? 患者の回復具合はどうですか / as the evening ～*es* 夜が更けるにつれて
━他 …を進行[前進]させる
語源 *pro-* forward＋*-gress* step : 前進する
類語 《名 ❶》 **progress** 段階的によくなっていく進歩・発達. 〈例〉 make *progress* in English 英語が上達する
advance progress と交換可能な場合も多いが, 特に進歩の具体的事例にはこの語を用いる. 〈例〉 It is a great *advance* in your English to master the tenses. 時制をマスターすることは君の英語にとって大変な進歩だ(♦ progress は不可算, advance は可算名詞. make remarkable *progress* 著しい進歩を遂げる / make 「*a* dramatic *advance* [OR dramatic *advances*] 目覚ましい進歩を遂げる)
▸▸ **～ repòrt** 名 C 進度[経過]報告

pro·gres·sion /prəɡréʃən, prou-/ 名 ❶ U C 前進 ; 発達, 進歩〈**from** …から ; **to** …への〉 ❷ C (出来事などの) 連続, 継起 ; 一連, 一続き ❸ C 〖数〗数列 ‖ 「an arithmetic [a geometrical] ～ 等差[等比]数列 ❹ C 〖楽〗進行 **～·al** 形

***pro·gres·sive** /prəɡrésɪv, prou-/ 《アクセント注意》 形 (**more ～ ; most ～**) (♦ ❶ 以外比較なし) 〔◁ progress 動〕 ❶ (政治的・社会的に)進歩的な, 革新的な, リベラルな (↔ conservative) ; (教育制度が)進歩主義的な 《児童の個性を重視する》 ‖ ～ ideas 進歩的な考え / a ～ party 進歩的な政党 ❷ 前進する(↔ regressive) ; 進歩[発達]する ‖ ～ motion 前進運動 / a ～ society 向上する社会 ❸ 《通例限定》段階的に継続する, 漸進的な, 連続的な ‖ the ～ evolution of culture 文化の漸進的発展 ❹ (税が)累進的な ❺ (トランプ・ダンスなどで)一定の周期でパートナーを替える ❻ (病気が) 進行性の ‖ ～ paralysis 進行性麻痺(まひ) ❼ 〖文法〗進行形の ‖ the ～ form 進行形 ❽ 《P-》〖米国史〗進歩党の
━名 ❶ C 《通例 ～s》進歩的な人, 革新主義者 ; 《P-》〖米国史〗進歩党党員 ❷ 〖文法〗 U 進行形 ; C 進行形の動詞 ❸ C 《～s》多重焦点の眼鏡(→progressive lens)
～·ly 副 《しばしば比較級とともに用いて》漸進的に, 次第に, 徐々に **～·ness** 名
▸▸ **～ educátion** 名 U C 〖教育〗進歩主義教育 《19世紀末米国で始まった生徒の個性や人格形成を重視する教育法》 **～ léns** 名 C 多重焦点レンズ 《1枚で複数の距離に焦点が合う眼鏡用レンズ》 **Progrèssive Párty** 名 《the ～》〖米国史〗進歩党 《1912年に T. Roosevelt が, 1924年に R. M. LaFollette が, 1948年に H. A. Wallace がそれぞれ組織》 **～ táx** 名 C 《単数形で》累進課税

pro·gres·siv·ism /prəɡrésɪvìzm, prou-/ 名 U 進歩主義 ; 進歩的教育主義 **-ist** 名

***pro·hib·it** /prouhíbət, prə- | -bɪt/ 動 他 ❶ **a** 《+目》(特に法律・命令などで公的に)…を禁じる, 禁止する(♦ しばしば受身形で用いる) (⇨ FORBID 類語) ‖ Taking photographs and making audio recordings in the theater are strictly ～*ed*. 劇場内での撮影や録音は固く禁止されている / ～ nuclear tests 核実験を禁止する / ～*ed* articles 禁制品 **b** 《+目+**from** *doing*》〔人〕が…するのを禁止する (♦ しばしば受身形で用いる) ‖ We are ～*ed from* selling alcoholic beverages to minors. 未成年者に酒類を販売することは禁止されている ❷ (状況などが)〔人〕に〈…〉させない, 〔人〕が〈…するの〉を妨げる〈**from**〉 ‖ An accident ～*ed* him *from* attending the

ceremony. 事故で彼は式に出席できなかった (♦ prohibited his attending the ceremony ともいえるがまれ)
-i·tor /-tər/, **~·er** 名

*__pro·hi·bi·tion__ /pròuhəbíʃən | -hɪ-/ 名 ❶ Ⓤ 禁止；Ⓒ 〈…の〉禁(止)令〈**against, on**〉‖ the ~ of child labor 児童就労の禁止 / a ~ *against* smoking in public places 公共の場所での禁煙令 / a ~ *on* discrimination 差別禁止令 ❷ Ⓤ 酒類製造販売禁止；《P-》(米国の)禁酒法施行期間, 禁酒時代《1920–33》‖ the ~ law 禁酒法 / a ~ state 禁酒州 ❸ Ⓒ 〘法〙禁止令状《上位裁判所が下部機関に発令する事件処理禁止令状》

P

prò·hi·bí·tion·ist /-əst | -ɪst/ 名 Ⓒ 禁酒法支持者

pro·hib·i·tive /prouhíbəṭɪv, prə- | -ɪtɪv/ 形 ❶ (税・規則などが) 禁止する, 抑制する ❷ (価格などが) (とても手が出せないほど) 高い **~·ly** 副

*****proj·ect** /prá(:)dʒekt | prɔ́dʒ-, próudʒ-/《アクセント注意》(→ 動) 名 動

中心義 前にAを投げる, 投げられたもの (★Aは「計画」「光」「考え」など多様)

— 名 (複 **~s** /-s/) Ⓒ ❶ (組織的) **計画**, 企画 (⇨ PLAN 類語) ‖ The ~ to widen streets of the city will be launched soon. 市の道路拡張計画が間もなく始まる予定だ / a ~ **manager** 計画責任者 / ~ **management** プロジェクト管理
❷ (大規模な) **事業**, **プロジェクト**；公共事業 ‖ an irrigation ~ 灌漑(かんがい)事業
❸ 研究計画；学習課題, 活動目標 ‖ a history ~ 歴史の研究課題 ❹《米》=housing project

— 動 /prədʒékt/ (♦ 分節は pro·ject) (**~s** /-s/；**~·ed** /-ɪd/；**~·ing**)
— 他 ❶ **a** 《+目》…を**計画する**, もくろむ(plan), 予定する (♦ しばしば受身形で用いる) ‖ The Foreign Minister's visit to China is ~*ed* for next month. 外務大臣の中国訪問は来月に予定されている
b 《+目+**to** *do*》《通例受身形で》…するよう計画[予定]される ‖ The baseball tournament is ~*ed to* take place in August. 野球大会は8月に開催が予定されている
❷ **見積もる** **a** 《+目》《通例受身形で》(大きさ・量・費用などが)〈…と〉見積もられる, 推定される〈**at**〉‖ Economic growth is ~*ed at* only 1.4% this year. 今年度の経済成長率はわずか1.4%と推定されている
b 《+**that** 節》…だと推定する ‖ Experts ~ *that* there will be more jobs next year. 専門家は来年は雇用が増えるだろうと推定している
c 《+目+**to** *do*》《通例受身形で》…すると推定される ‖ Consumer prices are ~*ed to* rise 3% next year. 消費者物価は来年3%上がると推定される
❸〔光・影など〕を〈…に〉**投じる**, 落とす；〔映像など〕を〈…に〉映し出す〈**on, onto, upon**〉‖ ~ a 3D image *onto* a screen 3次元画像をスクリーンに映し出す
❹ …を〈…だと〉他者に印象づける〈**as**〉；〔考え・イメージなど〕を(他人に)見せる, 伝える ‖ The president failed to ~ himself *as* a strong leader. 大統領は自分が強力な指導者であると印象づけることに失敗した / ~ an **image** of intelligence 聡明(そうめい)だというイメージを人に与える
❺〔考え・感情など〕を〈他人も〉同様に持っていると考える, 〈他人に〉投影する〈**on, onto, upon**〉‖ He ~*s* his insecurity *onto* me. 彼は自分の不安を私も抱いていると思い込んでいる
❻ 《+目+副句》…を投げ出す, 押し出す, 発射する (♦ 副句は場所・方向を表す) ‖ ~ a missile into space ミサイルを宇宙に発射する
❼〔自分自身・場面など〕を〈ある状態[時代]に〉置いてみる[考える]〈**into**〉‖ It's not easy to ~ yourself *into* the future. 未来に身を置いて考えてみるのは易しいことではない ❽ …を突き出させる, 出っ張らせる ❾〘数〙…を投影する；〘地図〙…の投影図を作る ❿〔声〕を張り上げて聴衆に届かせる；…を聴衆[観客]に生き生きと伝える
— 自 突き出す, 出っ張る(≈ stick out) ‖ A sharp rock ~*ed* from [OR out of] the sea. とがった岩が海面から突き出ていた
語源 *pro-* forward + *-ject* throw：前方へ投げる

pro·jec·tile /prədʒéktəl, prou- | -taɪl/ 名 Ⓒ 発射されるもの；(特に)砲弾, 弾丸, ミサイル, ロケット
— 形《限定》❶ 発射する, 推進する ‖ ~ force 推進力 ❷ 発射される, 投げつけられる ‖ a ~ weapon 飛び道具 ❸〘動〙(体の部分を)突き出せる

*__pro·jec·tion__ /prədʒékʃən/ 名 ❶ Ⓒ (既知のデータなどに基づく) 予測, 見積もり ‖ a conservative ~ 控えめな見積もり ❷ Ⓤ 計画 (すること), 立案 ❸ Ⓒ 突出物 [部], 出っ張り ❹ Ⓤ 映写, 投影；Ⓒ 映写された像, 投影された図 ❺ Ⓤ〘数〙投影, 射影；Ⓒ 投影図 ❻ Ⓤ〘地図〙投影 (図法)；Ⓒ 投影図 ‖ Mercator's ~ メルカトール図法 ❼ Ⓤ (感情などの)投影, 反映；Ⓒ 投影された感情[考え], 反映したもの ❽ Ⓤ〘心〙投射《自分の感情や性格を無意識のうちに他人に移し替えること》❾ Ⓤ 声を届かせること
▶▶ **~ bòoth** [《英》**ròom**] 名 Ⓒ《米》(映画館などの) 映写室 **~ télevision** [**TV**] 名 Ⓒ 投影型 [プロジェクション]テレビ《画像を大型スクリーンに映写するテレビ》

pro·jéc·tion·ist /-ɪst/ 名 Ⓒ 映写技師

pro·jec·tive /prədʒéktɪv/ 形 ❶〘数〙投影[射影]の[による] ❷ (心理的に)投影する[された]
▶▶ **~ geómetry** 名 Ⓤ 射影幾何学

*__pro·jec·tor__ /prədʒéktər/ 名 Ⓒ 映写機, プロジェクター

pro·kar·y·ote /proukǽriòut/ 名 Ⓒ〘生〙原核生物

pro·lac·tin /proulǽktɪn/ 名 Ⓤ〘生化〙プロラクチン《脳下垂体前葉ホルモンの一種. 乳分泌を調節する》

pro·lapse /proulǽps, ⌐ ⌐/〘医〙名 Ⓒ (子宮・直腸の) 脱出 — 動 自 脱出[脱垂]する

pro·lap·sus /proulǽpsəs/ 名 =prolapse

pro·late /próuleɪt/ 形〘数〙長球の (↔ oblate[1]) ‖ a ~ spheroid 長球面

prole /proul/ 名 形 ⊗《口》《蔑》=proletarian

pro·lep·sis /proulépsəs | -lí:psɪs/ 名 (複 **-ses** /-si:z/) Ⓤ Ⓒ ❶《文》予期, 予想 ❷〘修〙予弁法《異議・反論などを予想して前もって反駁(はんばく)しておく法》❸〘文法〙予期的賓辞(ひんじ)法《結果を予想してその状態を形容詞で表すこと. 〈例〉shoot a person *dead* など》
-lép·tic(al) 形 予期の, 予想上の；〘修〙予弁法の

*__pro·le·tar·i·an__ /pròulətéəriən/ ◁ 形 プロレタリアートの, 無産階級の, 労働者階級の — 名 Ⓒ プロレタリア

pro·le·tar·i·at /pròulətéəriət/ 名《通例 the ~》《単数・複数扱い》❶ プロレタリアート, 無産階級, 労働者階級 (↔ bourgeoisie) ❷〘ローマ史〙最下層階級

prò-lífe 形《通例限定》妊娠中絶を認めない (↔ pro-choice)
-líf·er 名

*__pro·lif·er·ate__ /prəlífərèɪt, prou-/ 動 自 ❶ 急増 [蔓延(まんえん)]する, 拡散する ❷〘生〙(細胞分裂や貫生によって) 増殖[繁殖]する — 他〘生〙〔細胞など〕を増殖[繁殖]させる

*__pro·lif·er·a·tion__ /prəlìfəréɪʃən, prou-/ 名 ❶ Ⓤ/Ⓒ《単数形で》急増, 拡散 (↔ nonproliferation) ‖ the ~ of bureaucracy 官僚主義の蔓延 / nuclear ~ 核拡散 ❷ Ⓒ《a ~》〈…の〉多数〈**of**〉‖ a ~ *of* faults 多くの誤り ❸ Ⓤ〘生〙増殖

pro·lif·er·ous /prəlífərəs, prou-/ 形〘生〙貫生の, 増殖性の, 新個体を生じる, 分枝繁殖する

*__pro·lif·ic__ /prəlífɪk, prou-/ 形 ❶ (芸術家が) 多作の；(スポーツ選手が) 得点を多くあげる ‖ a ~ novelist 多作の小説家 ❷ (動物・人が) 多産の；(植物が) 多くの実を結ぶ ‖ a ~ family 多産系家族 ❸ (生物などが) 〈…に〉豊富に存在する〈**in**〉；《限定》(川・四季などが)生物が多い
-i·cal·ly 副

pro·line /próuli:n/ 名 Ⓤ〘生化〙プロリン《タンパク質に含まれるアミノ酸の一種》

pro·lix /proulíks, ⌐ ⌐/ 形 冗長[冗漫]な, 長たらしい
~·i·ty 名

PROLOG, Prolog /próʊlɔ(ː)g/ 名 U 🖳 プロログ《プログラミング言語の1つ》(♦ *pro*gramming in *log*ic の略)

***pro·logue,** + 《米》**-log** /próʊlɔ(ː)g/ 名 C ❶《通例単数形で》〈文学作品などの〉プロローグ, 前置き, 前書き；序章, 序言；序詩(↔ epilogue)〈**to**〉(⇨ PREFACE 類語) ‖ the ～ *to* the tale その物語の序 ❷《通例単数形で》(劇やオペラの)前口上；序詞, 序幕 ❸ 前口上を述べる俳優[役者] ❹ (一般に)〈事件などの〉前触れ, 発端, 序幕的事件〈**to**〉‖ a ～ *to* the hurricane ハリケーンの前触れ
語源 *pro-* before＋*-logue* speech：前に言う言葉

***pro·long** /prəlɔ́(ː)ŋ, proʊ-/ 動 他 (時間的に)…を長引かせる；…を長続きさせる, 延長する (↔ shorten) ‖ ～ a discussion 議論を長引かせる / ～ the agony (相手が知りたがっていることをすぐ話さないで)じらす, じりじりさせる

pro·lon·ga·tion /pròʊlɔ(ː)ŋgéɪʃən/ 名 ❶ U/C《単数形で》延長, 引き延ばし ❷ C 延長部分, 延長線

***pro·lónged** /-d/ 形 (**more** ～；**most** ～)《限定》長引く, 長期の

prom /prɑ(ː)m | prɔm/ 名 C《口》❶《米》(高校・大学などの学年末の)(公式)ダンスパーティー ❷《英》＝promenade ❶ ❸《ときに P-》《英》＝promenade concert

PROM /prɑ(ː)m | prɔm/ 略 🖳 *p*rogrammable *r*ead-*o*nly *m*emory《1度だけ書き込み可能な読み出し専用メモリー》

***prom·e·nade** /prɑ̀(ː)mənéɪd, -nɑ́ːd | prɔ̀mənɑ́ːd/ ⊲シ 名 C ❶ 遊歩道[場], 散歩道(♦《英》では特に観光地の海岸沿いのものをいう) ❷《堅》(人目につく場所での)散歩, 遊歩, そぞろ歩き；のんびりしたドライブ[乗馬] ❸《米旧》＝prom ❶ ❹ (スクエアダンスで)男女のカップルがそろって反時計回りに進むこと
━━ 動 自《堅》(ゆっくり)散歩する, 遊歩する, そぞろ歩く
━━ 他 ❶〔街など〕を散歩する, そぞろ歩く ❷《旧》〔人など〕を目立つようにして連れ歩く
▸▸ **～ cóncert** /‿‿‿‿‿/ 名 C《英》野外音楽会, プロムナードコンサート **～ dèck** 名 C (客船の)プロムナードデッキ, 遊歩甲板

Pro·me·the·an /prəmíːθiən, proʊ-/ 形 プロメテウスの(ような)；極めて創造的な

Pro·me·the·us /prəmíːθjuːs, -θiəs, proʊ-/ 名〘ギ神〙プロメテウス《Titans の1人で, 天から火を盗み人類に与えたため Zeus の怒りに触れて岩に鎖で縛りつけられ, 毎日ワシに肝臓を食われる罰を受け, 後に Hercules に助けられた》

pro·me·thi·um /prəmíːθiəm, proʊ-/ 名 U〘化〙プロメチウム《希土類金属元素. 元素記号 Pm》

***prom·i·nence** /prɑ́(ː)mɪnəns | prɔ́m-/ 名 ❶ U/C《単数形で》目立つこと, 顕著, 卓越, 傑出；著名；重要 ‖ The press did not give any ～ to the news. 新聞はそのニュースを少しも大きく扱わなかった / a man of ～ 名士 / come [OR rise] to ～ 著名[有名]になる, 目立つ / bring ... into ～ …を目立たせる ❷ C 突出部[場所] ‖ a rocky ～ 岩の突き出た場所 ❸ C〘天〙(太陽の)紅炎

***prom·i·nent** /prɑ́(ː)mɪnənt | prɔ́m-/ 形 (**more** ～；**most** ～) ❶ 卓越した, 著名な (↔ unknown), 重要な, 一流の ‖ play a ～ role [OR part] 重要な役割を果たす / a ～ figure in politics 政界の大立者 / a ～ philosopher 高名な哲学者 ❷ 突き出ている, 張り出た ‖ ～ cheekbones 張り出した頬骨(ほお) ❸ すぐ目につく, 目立つ ‖ The city hall is in a ～ position. 市庁舎は目立つ位置にある **～·ly** 副

prom·is·cu·i·ty /prɑ̀(ː)məskjúːəṭi | prɔ̀mɪs-/ 名 (複 **-ties** /-z/) U C ❶《けなして》乱れた性関係, 乱交 ❷《堅》ごた混ぜ, 乱雑

pro·mis·cu·ous /prəmískjuəs/ 形 ❶《けなして》(性的に)相手構わず交わる, 乱交の；相手を選ばない, 無差別の ‖ ～ massacre 無差別殺戮(さつりく) ❷《堅》ごた混ぜの, 乱雑な, 雑然とした ❸《けなして》無計画[目的]の, 行き当たりばったりの, 不規則な
～·ly 副 **～·ness** 名

*****prom·ise** /prɑ́(ː)məs | prɔ́mɪs/ 動 名
中心義 (行為や状況などを)約束する
━━ 動 (**-is·es** /-ɪz/；**～d** /-t/；**-is·ing**)《通例進行形不可》
━━ 他 ❶ 約束する **a**《(＋目)＋**to** *do* / (＋目)＋(**that**) 節》(…に)…することを約束する(♦ to *do* を伴う場合, 目 が me や you であったり, 文脈上明らかな場合は 目 を省略するのがふつう. to *do* の意味上の主語は 目 がある場合でも文の主語になる. ⇨ PB 58) ‖ Dad ～*d* (me) *to* come home by 8.＝Dad ～*d* (me) *that* he would come home by 8. パパは8時までに家に帰って来ると(私に)約束した(♦ ×I was promised「to come home [that he would come home]. のような受身文は不可) / Do you ～ never [OR not] *to* do anything like that again? もうそんなことは二度としないと約束してくれるかい / "Certainly I will," she ～*d*. 「もちろんしますとも」と彼女は約束した / I ～*d* myself that I'd never see her again. 彼女に二度と会わないと決意した
b《＋目 *A*＋目 *B*⇄＋目 *B*＋**to** 目 *A*》*A* (人)に *B* (物)を約束する ‖ Her husband ～*d* her a pearl necklace for her birthday. 夫は彼女に誕生日に真珠のネックレスをプレゼントすることを約束した(♦ 受身形は She was promised a pearl necklace for her birthday. と A pearl necklace was promised (to) her for her birthday.

PLANET BOARD 58

She promised Philip to go to London. と言えるか.

問題設定 「…すると約束する」は「promise＋to *do*」であるが,「…すると…に約束する」と約束する相手を示す場合に「promise＋目＋to *do*」の形を使うかを調査した.

Q 次の表現のどちらを使いますか.

(1) (a) She promised **Philip to go** to London.
(b) She promised **Philip she'd go** to London.
(c) 両方
(d) どちらも使わない

(2) (a) Mark promised **to get** back early.
(b) Mark promised **he'd get** back early.
(c) 両方
(d) どちらも使わない

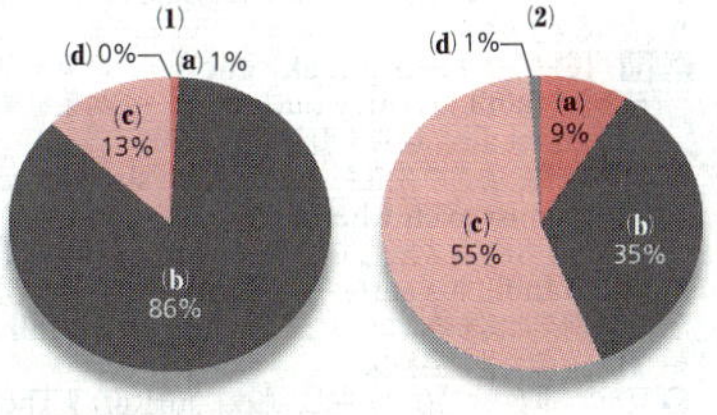

間接目的語のある(1)では, (b)の「(that)節のみ使う」と答えた人が86%と圧倒的で, (a)を使う人は14%にとどまった.「(a)は誤り」あるいは「意味がよく理解できない」というコメントが目立った. また,「(a)の意味を解釈するとすれば, 彼女が Philip を一緒に連れて行くこと, または Philip だけを行かせることを約束していると取れる」というコメントも多かった. 間接目的語を Philip から人称代名詞の me に換えた場合も, 回答傾向に変化は見られなかった.

一方, 間接目的語のない(2)の場合は, 55%が両方使うと答え, そのほとんどが「意味に違いはない」としている. 次いで, (b)のみが35%, (a)のみが9%となり, この場合も(that)節の方がより一般的であることがわかった.

学習者への指針 「promise＋目＋to *do*」の形より,「promise＋目＋(that)節」の方が一般的である.

の2つが可能. to は代名詞の前では省略されることが多い)
c 《+目》…を約束する ‖ I want you to ～ a reward. 報酬を約束してほしい
❷ **a** 《+目》…の**見込みがある**, 望みがある, 気配がある ‖ The dark clouds gathered slowly, *promising* rain. 黒い雲がゆっくりとかかり, 雨になりそうな空模様だった **b** 《+to *do*》…しそうである, …になりそうだ ‖ This discovery ～*s to* bring about further improvement in the treatment of cancer. この発見は癌(がん)治療法のさらなる改善をもたらすだろう / It ～*s to* be a cold winter this year. 今年は寒い冬になりそうだ
❸ 《～ oneself で》…を心待ちにする, 楽しみにする ‖ Pat worked until late every day, *promising* himself a long vacation when the work was finished. 仕事が終わった後長期休暇をとることを楽しみに, パットは毎日遅くまで働いた
❹ …を断言する, 〔人〕に(…を)請け合う, 保証する, 断言する (♦ しばしば I (can) promise you, または I promise の形で挿入句として用いる. → CE 1)
❺ 《通例受身形で》《古》〈…と〉婚約している〈to〉
—自 ❶ **約束する** ‖ I will try not to be rude to him, but I can't ～. 彼には失礼のないよう努力はするが, 約束はできない ❷ 《+副》(…の)見込みがある, 期待が持てる (♦ 副 は様態を表す) ‖ The crops ～ well [badly]. 豊作[凶作]の見込みだ

COMMUNICATIVE EXPRESSIONS

1 **I (can) prómise you.** ① きっと, 確かに (♥ 保証を表す) ② 言っておくが (♥ 警告の前置き)
2 **I càn't prómise ànything.** 何も約束はできませんよ (♥ 相手が過度の期待をしないように予防線を張る)
3 "I wòn't dò it agáin." "**Prómise?**" 「こんなことはもう二度としません」「約束するね？」

—名 (複 **-is·es** /-ɪz/) ❶ C **約束**, 誓い〈**of** …の / **to** *do* …する / **that** 節 …という〉 ‖ **I made** a ～ *to* help her. 彼女を助けると約束した / The government gave banks a ～ *of* more financial aid. 政府は銀行にさらなる資金援助を約束した / Don't trust his ～ *to* be on time. 時間を守るという彼の約束は当てにならないよ / My parents allowed me to work part time on the ～ *that* I'd study too. 両親は勉強もするという約束で私がアルバイトするのを許した / A ～ is a ～. 約束は約束だ (♥ 「守らなければならない」の意)
連語 【動+～】 keep [break] one's ～ 約束を守る[破る] / fulfill [OR carry out] one's ～ 約束を果たす / extract a ～ 約束を引き出す
❷ U **将来性**, 前途の有望さ, 見込み ‖ He showed real ～ as a pianist even when he was very young. 彼は幼いころからピアニストとして非常に将来性があった / He failed to fulfill his early ～. 彼は早くから期待されていたがその期待は実を結ばなかった / a young artist full of ～ 前途有望な若い芸術家
❸ U/C 《単数形で》〈…の〉兆し, 兆候, 気配〈**of**〉 ‖ There was a ～ *of* spring in the air. 春の兆しが空気に感じられた / An icy wind gave ～ *of* more snow to come. 身を切るような寒風がまだ雪の降る気配を告げた

COMMUNICATIVE EXPRESSIONS

4 "I wòn't forgèt your bírthday nèxt yèar." "**Prómises, prómises!**" 「来年は君の誕生日を絶対に忘れないから」「口ばっかり」(♥ 約束が信用できないときに)
5 I'll néver disappòint you agáin, and **thàt's a prómise.** もう二度とがっかりさせるようなことはしません. 約束します

語源 *pro-* forward + *-mise* send :「前方へ送る」から「約束する」の意味になった
▸▸ **Pròmised Lánd** /, +米 ーーー/ 名 《the～》 ① 〖聖〗約束の地《神が Abraham とその子孫に約束したカナンの地》 ② 《p- l-》あこがれの地[状態]

prom·is·ee /prɑ̀(ː)mɪsíː | prɔ̀m-/ 名 C 〖法〗受約者 (↔ promisor)

***prom·is·ing** /prɑ́(ː)məsɪŋ | prɔ́mɪs-/ 形 有望な, 将来性のある, 末頼もしい;(天気が)晴れそうな ‖ The idea looks ～. そのアイデアはものになりそうだ / a ～ painter 将来が期待できる画家 / a ～ market 有望な市場
～·ly 副 前途有望のうちに(だが…) (♥ しばしば「思わしくない方向に向かった」という意味を含む)

prom·i·sor /prɑ̀(ː)məsɔ́ːr | prɔ̀mɪ-/ 名 C 〖法〗契約者, 約束者 (↔ promisee)

prom·is·so·ry /prɑ́(ː)məsɔ̀ːri | prɔ́mɪsə-/ 形 〖法〗約束[契約]を含む, 約束[契約]の性質を持つ
▸▸ **～ nòte** 名 C 〖商〗約束手形

***pro·mo** /próumou/ 名 (複 **～s** /-z/) C 《口》 (販売促進・宣伝用の)(短い)広告ビデオ, (ポピュラー音楽などの)広告ビデオ;(無料で配る)販売促進材料; 《形容詞的に》広告宣伝用の, 販売促進の (♦ promotion の略) ‖ a ～ video プロモーションビデオ

prom·on·to·ry /prɑ́(ː)məntɔ̀ːri | prɔ́məntə-/ 名 (複 **-ries** /-z/) C ❶ 岬 ❷ 〖解〗岬角(こうかく)

‡pro·mote /prəmóut/ 《アクセント注意》
—動 〔▶ promotion 名〕 (**～s** /-s/ ; **-mot·ed** /-ɪd/ ; **-mot·ing**)
—他 ❶ 〔成長・進歩など〕を**促進する**, 振興する, 助長する, 奨励する;〔健康〕を増進する;…を主唱[唱道]する (≒ push forward) ‖ ～ an increase in employment 雇用の増加を促進する / ～ peace 平和を促進する / Exercise ～*s* health. 運動は健康を増進する
❷ 《通例受身形で》(人が)**昇格[昇任]する** (↔ demote); 《米》進級する〈**from** …から; **to** …へ〉; 〖スポーツ〗(サッカーチームなどが)〈上のリーグへ〉昇格する (↔ relegate) 〈**to**〉 ‖ She was soon ～*d to* manager. = She was soon ～*d* manager. 彼女は間もなく支配人に昇格した (♦ 役職を表す名詞は通例無冠詞. 後者の「+目+補〈名〉」の文型は《主に英旧》) / He was ～*d to* second grade. 彼は2年生に進級した
❸ 〔商品〕の販売を促進する, …を宣伝して〈…として〉売り込む〈**as**〉 ‖ ～ a new product to customers 新製品を客に売り込む ❹ 〔競技・音楽会など〕を興行する, …のプロモーターを務める ‖ ～ a jazz concert ジャズコンサートを主催する ❺ 〔法案〕の通過を促進する ❻ 〖チェス〗〔ポーン〕をクイーンにならせる
語源 *pro-* forward + *-mote* move : 前の方[上の方]へ動かす

***pro·mot·er** /prəmóuṭər/ 名 C ❶ (ボクシング・コンサートなどの)興行主, 主催者, プロモーター ❷ 促進[助成, 増進, 奨励]する人[もの];(主義・思想の)支持者, 擁護者 ❸ 〖化〗助触媒; 〖遺伝〗(転写)プロモーター《RNAポリメラーゼが結合して遺伝子の転写を開始するDNA上の部位》 ❹ (会社などの)発起人

‡pro·mo·tion /prəmóuʃən/
—名 〔◁ promote 動〕 (複 **～s** /-z/) ❶ U C 〈…への〉**昇進**, 昇格; 進級〈**to**〉 ‖ his sudden ～ *to* manager 彼の支配人への突然の昇進 (♦ 役職を表す名詞は通例無冠詞) / ～ *to* the First Division 1部リーグへの昇格 / get [OR attain, obtain, win, make] (a) ～ 昇進する
❷ U C 販売促進(の商品[パンフレット]), 売り込み
❸ U **促進**, 増進; 助成, 振興; 奨励; 唱道 ‖ health ～ 健康増進 / trade ～ 貿易振興 / the ～ of breast-feeding 母乳による子育ての奨励
～·al /-əl/ 形

pro·mo·tive /prəmóuṭɪv/ 形 促進[増進]する, 助長する, 奨励する

***prompt** /prɑ(ː)mpt | prɔmpt/ 形 (**～·er, more ～** ; **～·est, most ～**) ❶ 《限定》(行動が)即座の, 迅速な (↔ slow) (⇨ QUICK **類語**); 〖商〗(支払いが)即時払いの, (商品が)即時引き渡しの ‖ A ～ remittance would be appreciated. 即刻送金されたし / a ～ reply [decision] 即答[即断] / ～ treatment 迅速な処置[治療] / take ～

action 即座に行動する ❷《叙述》(人が)〈…するのが〉素早い, 機敏な, てきぱきした〈**in** / **to do**〉; 時間を守る ‖ The soldiers were ~ *in* obedience to his orders. = The soldiers were ~ *to* obey his orders. 兵士たちは素早く彼の命令に従った
—副《英口》(時間)きっかりに(《米》sharp) ‖ start at six o'clock ~ 6時きっかりに出発する
—名C ❶【劇】せりふ付け; せりふ付けの文句; (話し出せるように)促すこと ‖ take a ~ プロンプターの指示に従って演技する ❷U 入力受付準備完了表示, (コマンド)プロンプト(command prompt)(>など, 入力の準備が整っていることを示す記号) ❸【商】支払期限; 支払期限通知書(prompt note)
—動他 ❶ **a** 《+目》…を促す, 鼓舞する; 〈…へ〉駆り立てる(↔ discourage)〈**to, into**〉‖ I was ~*ed to* action. 私は行動に駆り立てられた **b** 《+目+**to do**》〔人〕を促して[駆り立てて]…させる ‖ What ~*ed* him *to* steal the bike? 何で彼はその自転車を盗む気になったのだろうか / People are ~*ed to* keep animals for many different reasons. 人々はさまざまな理由から動物を飼う気持ちになる ❷〔感情・考え・行為など〕を誘発する, 思いつかせる ‖ ~ an angry response from the audience 聴衆から怒りの反応を誘発する ❸〔口ごもった人〕に言葉のきっかけを与えてやる, 続けるように促してやる(♦直接話法にも用いる) ‖ I was often ~*ed* by the chairman. 私はときどき議長に話を続けるよう促された ❹【劇】〔俳優〕にせりふをわきから教える ❺ 〔入力〕を促す, 〔入力〕待ちになる
—自【劇】せりふ付けをする, 後見する **~·ness** 名
▶▶ ~ **bòx** 名C プロンプター席 ~ **sìde** 名《the ~》【劇】(舞台の)プロンプター側《客席に向かって俳優の右側[英国では左側]. 略 P.S.》

prómpt·bòok 名C プロンプター用の台本

prompt·er /prá(ː)mptər | prɔ́mptə/ 名C【劇】プロンプター《俳優にせりふのきっかけを教える後見役》

prompt·ing /prá(ː)mptɪŋ | prɔ́mpt-/ 名U/C《~s》促すこと; せりふ付け

promp·ti·tude /prá(ː)mptətjùːd | prɔ́mptɪ-/ 名U 機敏, 敏捷(びんしょう), 迅速

***prompt·ly** /prá(ː)mptli | prɔ́mpt-/ 副 敏速に, 素早く; てきぱきと, 即座に; (時間)きっかりに; 即時払いで ‖ answer ~ てきぱき答える / ~ at five o'clock 5時きっかりに(= at five o'clock prompt)

prom·ul·gate /prá(ː)məlgèɪt | prɔ́m-/ 動他《堅》❶〔法令など〕を公布する, 公表する; 〔法律など〕を施行する ❷〔思想など〕を普及させる(♦しばしば受身形で用いる)
pròm·ul·gá·tion 名 **-gà·tor** 名

pron. 略 pronoun; pronounced; pronunciation

***prone** /proun/ 形(**more ~; most ~**) ❶《叙述》(ふつう悪い意味で)〈…する〉傾向がある〈**to do**〉; 〈…の〉きらいがある〈**to**〉‖ Children today are ~ *to* stay up late. このごろの子供たちは夜更かししがちだ / be ~ *to* disease 病気にかかりやすい ❷《複合語で》…の傾向がある, …しがちな(⇨ LIABLE 類語) ‖ accident-~ 事故を起こしやすい / an earthquake-~ country 地震国 ❸《比較なし》うつぶせの(↔ supine); 手のひらを伏せた ‖ lie [fall] ~ うつぶせに寝る[倒れる] / in a ~ position うつぶせになって ❹《古》下に傾斜した, 下り坂の
~·ly 副 うつぶせに **~·ness** 名

prong /prɔ(ː)ŋ/ 名C ❶(フォークの)先の部分; (一般に)とがった部分[先端] ❷(攻撃・活動などの)方面, 分野 ❸⊗《卑》ペニス —動他 …をとがったもので刺す[突く]

pronged /prɔ(ː)ŋd/ 形《通例複合語で》…のまたのある, …に分かれた ‖ a three-~ fork 三つまたのフォーク / a three-~ attack 三方攻撃

próng·hòrn 名(複 **~s** /-z/ OR ~)(=~ **àntelope**) C【動】プロングホーン, エダツノレイヨウ《北米西部産》

pro·nom·i·nal /prouná(ː)mənəl | -nɔ́mɪ-/ 【文法】形 代名詞の; 代名詞的な ‖ a ~ adjective 代名形容詞《my, his, this など》 —名C 代名詞的語句 **~·ly** 副

***pro·noun** /próunàun/ 《アクセント注意》名C【文法】代名詞 ‖ a personal ~ 人称代名詞 / a demonstrative ~ 指示代名詞 / an interrogative ~ 疑問代名詞 / a relative ~ 関係代名詞 / an indefinite ~ 不定代名詞 / a possessive ~ 所有代名詞 / a reflexive ~ 再帰代名詞
語源 *pro-* in place of(代わりに)+noun(名詞)

***pro·nounce** /prənáuns/ 《発音・アクセント注意》動〔▶ 他❶ 自❶ pronunciation 名, 他❷❸ 自❷ pronouncement 名〕他 ❶ **a** 《+目》…を(特定の仕方で)発音する ‖ *Pronouncing* words too clearly and distinctly can be a sign of foreignness. 単語をはっきりと明瞭(めいりょう)に発音しすぎると外国人であることがわかってしまうことがある / The "k" in "know" is not ~*d*. know の k は発音されない / How do you ~ your name? あなたの名前はどう発音するのですか
b 《+目+補〈(**as**) 名〉》…を…と発音する ‖ The name "Nehru" is usually ~*d nayroo*. "Nehru"という名前は通例「ネイルー」と発音される
❷ **a** 《+目》…を権威を持って断言する, 言明する ‖ ~ an opinion 意見をはっきり言う
b 《+目+(**to be**) 補 / **that** 節》権威を持って…を…であると断言[言明, 宣言]する, はっきり言う ‖ He ~*d* the picture (*to be*) genuine. 彼はその絵を本物と断定した / The doctor ~*d* the injured man dead. = The doctor ~*d that* the injured man was dead. 医者はそのけが人の死を宣告した / I now ~ you man and wife. ここに2人を夫婦と宣する(♦結婚式での司祭の言葉) / ~ oneself fully satisfied 十分満足していると言う / "Not so bad," she ~*d*. 「それほど悪くはないわ」と彼女ははっきり言った
❸【法】**a** 《+目》〔判決〕を〈…に〉下す〈**on**〉‖ ~ sentence *on* him 彼に判決を下す **b** 《+目+(**to be**) 補》…を…(である)と宣告する ‖ The judge ~*d* him not guilty. 裁判官は彼を無罪と宣告した
❹【音声】(発音記号で)〔語〕の発音を示す
—自 ❶《+副》発音する(♦副は様態を表す) ‖ He ~*s* badly. 彼の発音はひどい ❷(正式に)意見を述べる, 断言[宣言]する; 判決[判断]を下す〈**on, upon** …について; **for, in favor of** …に賛成の[有利な]; **against** …に反対の[不利な]〉‖ ~ *on* [OR *upon*] the validity of the convention その協定は有効であると断言する / ~ *on* a case 訴訟事件に判決を下す / He ~*d in favor of* the scheme. 彼はその計画に賛成だと言った
語源 *pro-* forth+*-nounce* tell: (よくわかるように)前の方に知らせる

pro·nóunce·a·ble /-əbl/ 形 発音できる

***pro·nounced** /prənáunst/ 形 ❶(身体的特徴などが)人目につく, 目立つ; はっきりした, 明確な ‖ a ~ Scottish accent 強いスコットランドなまり / a ~ change 明確な変化 ❷(意見などが)確固とした, 決然とした ‖ a man of ~ opinions 確固とした意見の持ち主

***pro·nounce·ment** /prənáunsmənt/ 名〔◁ pronounce 動 他❷❸ 自❷〕UC〈…の〉宣告(をすること), 宣言; 公式表明; 判決, 判断, 意見〈**on**〉‖ make a ~ 判決[判断]を下す, 意見を述べる

pron·to /prá(ː)ntou | prɔ́n-/ 副《口》直ちに, すぐに; 素早く, 急いで

pro·nun·ci·a·men·to /prounʌ̀nsiəméntou | prə-/ 名(複 **~s** /-z/) C 宣言; (特にスペイン語圏諸国の)革命宣言

***pro·nun·ci·a·tion** /prənʌ̀nsiéɪʃən/ 名〔◁ pronounce 動 他❶ 自❶〕❶UC 発音, 標準発音 ‖ British and American English are significantly different in ~. イギリス英語とアメリカ英語は発音がかなり異なる / acquire a good ~ 正しい発音を身につける ❷U/C《単数形で》(個人の)発音の仕方[癖], 発音 ‖ correct her ~ 彼女の発音を直す ❸C 発音[音声]表記, 発音記号

P

*__proof__ /pru:f/ 名〔◁ prove 動〕❶ Ⓤ Ⓒ 証拠；証明，論証；証明となるもの，証明するもの；〘法〙証拠書類，証言；証拠品 〈**of** …の；**for** …に有利な；**against** …に不利な／(**that**) 節…という〉(♦ 決定的な証拠のことを指すので，evidence はいくつもあるが proof にならない，ということもあり得る) ‖ This victory is (a) further ～ *of* the team's strength. この勝利はチームの強さをさらに証明するものだ / We have a lot of ～ *against* you. 我々はあなたに不利な証拠をたくさん握っている / (a) ～ *of* purchase 購入証明書，買った証明(となるもの) / A witness gave ～ positive *of* his guilt. 1人の証人が彼が有罪であることの確たる証拠を示した / in ～ *of* his honesty 彼の正直さの証明として ❷ Ⓤ〘法〙立証，証明すること ‖ bear [OR assume] the burden of ～ 立証の責任を負う[引き受ける] ❸ Ⓒ《通例 ～s》校正刷り ‖ the first ～ 初校 / read [OR correct, check] the ～*s* of a dictionary 辞典のゲラを校正する ❹ Ⓤ Ⓒ 吟味，テスト ‖ Let's put this invention to the ～. この発明をテストしてみよう / *The ～ of the pudding (is in the eating).* 《諺》プディングの味は食べてみないとわからない；論より証拠 ❺ Ⓒ (エッチングなどの)試し刷り ❻ Ⓒ Ⓤ〘数〙証明，論証；検算 ‖ work on the ～ of a theory 理論の証明に取りかかる / mathematical [scientific] ～ 数学的[科学的]証明 ❼ Ⓤ (蒸留酒の) 標準強度《米国ではアルコール含有量50パーセントを，英国・カナダでは57.1パーセントを，日本では56.9パーセントを100 proof とする》❽ Ⓒ〘写〙試し焼き，見本焼き ❾ Ⓒ 試鋳貨幣

── 形 ❶《叙述》〈…に〉耐える，負けない，〈…から〉守る；〈水・弾丸などを〉通さない〈**against**〉‖ She was ～ *against* their opinion. 彼女は彼らの意見に屈しなかった / Such a thin jacket will not be ～ *against* the bitter cold. そんな薄い上着じゃ厳しい寒さに耐えられないよ ❷《複合語で》…を通さない，防…，耐… ‖ fire～ 耐火の / bullet～ 防弾の / water～ 防水の / child～ 子供に安全な[がいたずらしても壊れない] ❸ (アルコール飲料が) 標準強度の ‖ 80 ～ bourbon 強度80プルーフのバーボン (♦《英》では 80° [OR 80%] proof の記述法もある)

── 動 (**～s** /-s/；**～ed** /-t/；**～·ing**) 他 ❶ …に〈…に対する〉耐性をつける〈**against**〉；〔布〕を防水加工する ‖ ～*ed* canvas 防水加工のキャンバス地 ❷ …を校正する，…の校正刷りを読む(proofread)；〔組版・エッチングなど〕の校正刷りを刷る，…を試し刷りする ❸《米》(水を入れて)〔イースト菌〕の発酵を活発にする

▸▸ ～ **shèet** 名 Ⓒ 校正刷り ～ **spìrit** 名 Ⓤ プルーフスピリット《標準強度のアルコール飲料. 米国では50%, 英国では57.1%のアルコールを含むもの》

__próof·rèad__ /-rì:d/ 動 (**-read** /-rèd/；**～·ing**) 他 自 (…を)校正する **～·er, ～·ing** 名

*__prop__[1] /prɑ(:)p | prɒp/ 動 (**propped** /-t/；**prop·ping**) 他 ❶ **a** 《+目》〈支柱などで〉…を支える，…につっかい棒をする《*up*》〈**with**〉‖ ～ *up* a roof *with* a wooden post 木の柱で屋根を支える **b** 《+目+補〈形〉》〔物〕を支えて(ある状態にして) おく ‖ We used a chair to ～ the door open. いすで支えてドアを開けたままにしておいた ❷ …を〈支えるものに〉もたせかける，立てかける，寄りかからせる《*up*》〈**against, on**〉‖ ～ a ladder *against* the wall はしごを壁に立てかける / ～ one's chin *on* one's hand 頬(ほお)づえを突く

pròp úp ... / ***pròp ... úp*** 〈他〉① ⇨ 他 ❶, ❷ ② (存続の危うくなった)〔企業・国・人など〕を支援[支持]する；〘商〙〔為替相場など〕を買い支える ‖ ～ *up* 「the pound [a failing company] ポンドを買い支える[つぶれかけた会社を建て直す] ③ …を起こして支える；《～ oneself up で》(何かを支えにして)体を起こす

── 名 Ⓒ ❶ 支え，支柱，つっかい棒 ❷ 支えとなる人[もの]；(比喩的に)大黒柱 ‖ Her son was her only ～ in her old age. 息子だけが彼女の老後の頼りだった ❸ (= ～ **fòrward**)〘ラグビー〙プロップ《スクラム最前列で hooker の両側に位置するフォワード》

gìve a pèrson próps ; ***gìve próps to a pèrson*** 《米俗》〔人〕を褒める

__prop__[2] /prɑ(:)p | prɒp/ 名 Ⓒ《通例 ～s》(劇場の)小道具

__prop__[3] /prɑ(:)p | prɒp/ 名 Ⓒ《口》プロペラ(propeller)

__prop.__ 略 proper(ly)；property；proposition；proprietary；proprietor

*__prop·a·gan·da__ /prɑ̀(:)pəgǽndə | prɒ̀p-/ 名 Ⓤ ❶《主にけなして》(政府などによる特定の意図に基づく組織的な)宣伝(活動)，プロパガンダ ‖ hostile ～ against a state ある国に敵意のある宣伝 ❷ 宣伝される(片寄った) 主義[主張，情報]；デマ，偽りのニュース ‖ distribute [OR spread] ～ デマを広める ❸《the P-》〘カト〙(ローマの)宣教[布教]聖省

語源 「布教」の意のイタリア語から. propagate と同系.

__prop·a·gan·dism__ /prɑ̀(:)pəgǽndìzm | prɒ̀p-/ 名 Ⓤ (政治的) 宣伝活動 **-dist** 名 Ⓒ 宣伝機関員；宣伝者，普及者 ── 形《限定》宣伝(活動)の

__prop·a·gan·dize__ /prɑ̀(:)pəgǽndaɪz | prɒ̀p-/ 動 自 (政治的)宣伝活動をする ── 他 ❶〔主義・主張など〕を宣伝する ❷〔人など〕に(政治的)宣伝活動をする

__prop·a·gate__ /prɑ́(:)pəgèɪt | prɒ́p-/ 動 他 ❶〔動植物など〕を増殖[繁栄]させる，増やす；《～ oneself で》増殖[繁殖]する ❷〔思想・習慣など〕を広める，宣伝する ❸〔音波・振動・光など〕を伝達する ── 自 増殖[繁殖]する，伝達する **-gà·tor** 名

__prop·a·ga·tion__ /prɑ̀(:)pəgéɪʃən | prɒ̀p-/ 名 Ⓤ ❶ 増殖，繁殖 ❷ 普及，拡大；伝播(でんぱ) ❸ (光・音の)伝達

__pro·pane__ /próupeɪn/ 名 Ⓤ〘化〙プロパン

__prò·pa·nò·ic ácid__ /pròupənòuɪk-/ 名 =propionic acid

*__pro·pel__ /prəpél/ 《アクセント注意》動 (**-pelled** /-d/；**-pel·ling**) 他 (♦ しばしば受身形で用いる) ❶ …を進ませる，推進する，押し出す ‖ The plane is *propelled* by jet engines. その飛行機はジェットエンジンで進む / She *propelled* her unwilling daughter onto the stage. 彼女はいやがる娘を舞台に押しやった ❷〔人〕を〈行動へ〉駆り立てる〈**into**〉；〈ある状態へ〉突き進ませる〈**to, toward**〉‖ ～ him *into* crime 彼を犯罪へ駆り立てる / be *propelled* by greed 欲に駆られる

__pro·pel·lant, -lent__[1] /prəpélənt/ 名 Ⓒ Ⓤ 推進させるもの；(銃砲の)発射薬；(ロケット発射用の)推進薬；(スプレーの)圧縮ガス

__pro·pel·lent__[2] /prəpélənt/ 形 推進する

*__pro·pel·ler__ /prəpélər/ 名 Ⓒ (飛行機などの)プロペラ，推進器；(船の)スクリュー(screw propeller) ‖ A ～ spins [OR turns]. プロペラが回る

▸▸ ～ **hèad** 名 Ⓒ ①《口》ハイテクおたく《コンピューターやテクノロジーに異常に執着する人》② プロペラの中央部

__pro·pel·ling__ /prəpélɪŋ/ 形 推進する

▸▸ ～ **pèncil** /ˌ ── ─ ─/ 名 Ⓒ《英》シャープペンシル(《米》mechanical pencil)

__pro·pen·si·ty__ /prəpénsəṭi/ 名 (複 **-ties** /-z/) Ⓒ (好ましくない)傾向，性向，性癖〈**for, to** …(へ)の / **to do** …する〉‖ a ～ *for* lying うそをつく癖 / a ～ *to* laziness 怠け癖

‡__prop·er__ /prɑ́(:)pər | prɒ́pə/ 中心義 本来の

── 形〔▶ propriety 名〕(**more ～**；**most ～**)

❶《比較なし》**a**《限定》**適切な**，ふさわしい，適した (↔ improper)〈**for, to** …に / **to do** …するのに〉(⇨ FIT[1] 類語) ‖ the ～ equipment *for* rock climbing ロッククライミングにふさわしい装備 / a ～ place *to* live 住むのに適した場所

b《It is ～ (for *A*) to *do*/It is ～ that *A* (should) *do* で》(*A*が) …するのは当然だ ‖ It is right and ～ (*for* us) *to* address the issue. = It is right and ～ *that* we (*should*) address the issue. 我々がその問題に取り組むのは正当かつ当然のことだ

❷《限定》(手続きなどが)**正式の**，正規の，正当な，正確な ‖ ～ procedure 正規の手続き / His thinking was

modern, in the ～ sense of the word. 彼の考え方はその語本来の意味で, 現代的だった
❸ (行動などが) **礼儀正しい**, 当を得た, 上品な (↔ unseemly) ; つんとすました, 堅苦しい ‖ Is it ～ for me to show up a bit late for dinner? (準備もあるだろうし) ディナーに少し遅れて行った方がいいのでしょうか / ～ modesty しかるべき慎み深さ / She is a bit prim and ～. 彼女は少しおすまし屋だ
❹《限定》《英口》本物の, 本当の ; **きちんとした** ‖ He has never had a ～ job. 彼はこれまでまともな仕事に就いたことがない / You need ～ rest. 君はきちんと休息する必要がある / Snowdon is a ～ mountain, not a hill. スノードンは丘ではなく, 正真正銘の山である
❺《名詞の後に置いて》厳密な意味でそう呼ばれる, 主要な, 中心(部)の ‖ The story ～ begins. 本題の話が始まる / Japan ～ 日本本土 ❻《+**to** 名》《堅》…に**固有の**, **特有の**, 本来の ; 特に…に関する ‖ weather ～ *to* April 4月本来の天候 / the books ～ *to* this subject 特にこの問題に関連のある書物 ❼《代名詞の所有格の後に置いて》(ある人 [物]) 本来の… ‖ Return the empty basket to its ～ place. 空のかごを元の場所に戻しなさい ❽〖文法〗固有の, 固有名詞的な ❾《比較なし》《限定》《主に英口》(よくないことについて) 全くの, ひどい, 完全な ‖ You're a ～ fool. おまえは全くのばか者だ ❿〖宗〗(賛美歌・礼拝・祈りなどが)特定の日だけに指定された[用いる];《名詞の後に置いて》〖紋章〗自然色の ⓫〖数〗(部分集合・部分群が)真の
── 名 《しばしば P-》Ⓒ (特定日または時間に決められた) 儀式, 礼拝式, 祈り, 賛美歌
── 副 《方》《口》全く, 完全に ; 正しく, 満足に
gòod and próper 《英口》全く, 完全に ‖ beat the egg *good and* ～ 卵を完全にかき混ぜる
▸▸ ～ **ádjective** 名 Ⓒ〖文法〗固有形容詞 (American, Japanese など) ～ **fráction** 名 Ⓒ〖数〗真分数 ～ **mótion** 名 Ⓤ〖天〗固有運動 ～ **nóun** [**náme**] 名 Ⓒ〖文法〗固有名詞

‡prop·er·ly /prɑ́(ː)pərli | prɔ́p-/
── 副 (**more** ～ ; **most** ～)
❶《主に英》**適切に**, ふさわしく, しかるべく, きちんと, まともに (《米》right) (↔ improperly) ‖ I haven't slept ～ for weeks, trying to meet the deadline. 締め切りに間に合わせようとしてこの数週間まともに睡眠をとっていない / The door does not shut ～. そのドアはきちんと閉まらない
❷ **礼儀正しく**, 品よく ‖ She was not dressed ～. 彼女はきちんとした身なりをしていなかった
❸ 厳密な意味合いで ; 正しく, **正確に** ; 本来(は) ‖ Today's young people don't speak Japanese ～. 今日の若者は日本語を正しく話さない
❹《比較なし》《文修飾》**当然(のことながら)** ‖ **Quite** ～, you can now claim your inheritance. 極めて当然のことだが, 今や君は遺産を要求することができる
❺《主に英口》すっかり, 全く, 完全に, 徹底的に ‖ He was tricked ～. 彼はものの見事に計略に引っかかった
pròperly spéaking 本来は, 厳密に言えば, 正確[正式]に言えば

prop·er·tied /prɑ́(ː)pərt̬id | prɔ́p-/ 形 《限定》財産のある, (特に)土地のある ‖ the ～ classes 地主(有産)階級

‡prop·er·ty /prɑ́(ː)pərt̬i | prɔ́p-/ 中心義 所有しているもの
── 名 (複 **-ties** /-z/) ❶ Ⓤ《集合的に》**財産**, 資産 ; 所有物 (⇨ POSSESSION 類語) ‖ She has inherited ～ from her great-grandfather. 彼女は曾(そう)祖父から財産を相続した / a person of (great) ～ (大) 資産家 / movable ～ 動産 / real ～ 不動産 / public [national, private] ～ 公有[国有, 私有]財産 / own ～ 財産を所有している / This bag is my personal ～. このバッグは私のものです / The ideas of our founding fathers have become common ～. 我が創立者たちの思想は共有財産となっている
❷ Ⓤ **土地建物**, **不動産**, 所有地, 地所 ; Ⓒ (特定の) 土地家屋, (不動産) 物件 ‖ Suburban residential ～ has been gaining in value. 郊外の住宅地は値が上がり続けている / There is nobody on the ～. その土地にはだれも住んでいない / own a large ～ 大きな家屋敷を持っている / the ～ market 不動産市場
❸ Ⓤ (土地・財産などの)所有 ; **所有権** ; Ⓒ〖法〗権利所有物, 版権所有の著作, 特許権所有の物品 ‖ have ～ in land 土地の所有権を持っている / literary ～ 著作権 / intellectual ～ 知的所有権
❹ Ⓒ《通例 -ties》(物質の)**特性**, 属性, 固有性 ; 特効 (⇨ QUALITY 類語) ‖ medicinal *properties* 薬効 / the *properties* of a chemical compound 化合物の諸特性
❺ Ⓒ《通例 -ties》《旧》〖劇〗小道具 (♦ 通例 prop と略す)
❻ Ⓒ〖論〗属性, 性質, 固有論 ❼ Ⓒ 💻 プロパティ《プログラムやOS上で使われるコントロールやコンポーネントのサイズ・色・名称などを規定する属性 ; ファイルに関する詳細な情報》
▸▸ ～ **devèloper** 名 Ⓒ 土地 (不動産) 開発業者 ～ **màn** 名 =propman ～ **tàx** 名 Ⓒ Ⓤ 財産税, 不動産税

pro·phase /próʊfèɪz/ 名 Ⓤ〖生〗有糸分裂前期

***proph·e·cy** /prɑ́(ː)fəsi | prɔ́f-/ 名 (複 **-cies** /-z/) ❶ Ⓒ 予言, 予想 〈**about** …について(の) / **that** 節 …という〉 (⇨ PREDICTION 類語) ‖ The analyst's *prophecies* of financial disaster were fulfilled. 財政の大破綻(はたん)を予言したアナリストの言葉は現実になった / make a ～ *about* … …について予言する ❷ Ⓤ 予言すること ; 予言能力 ‖ the gift [OR power] of ～ 予言能力 ❸ Ⓤ Ⓒ〖宗〗(神意を受けて伝える)預言 ; 神のお告げ, 天啓 ; Ⓒ 預言書

proph·e·sy /prɑ́(ː)fəsàɪ | prɔ́f-/ 《発音注意》 動 (**-sied** /-d/ ; **～·ing**) 他 **a** 《+目》…を予言する ; (神意を受けて) …を預言する ‖ ～ doom 破滅を予言する **b** 《+**that** 節》…と予言[預言]する (♦ 直接話法にも用いる)
── 自 予言[預言]する ‖ ～ right 予言が的中する

***proph·et** /prɑ́(ː)fət | prɔ́fɪt/ (♦ 同音語 profit) 名 Ⓒ (♦ 女性形は prophetess /prɑ́(ː)fət̬əs | prɔ̀fɪtés/ だが, 男女共に prophet がふつう) ❶ (特にキリスト教・ユダヤ教・イスラム教の) 預言者 ; (一般に) 神のお告げを述べる人 ; 《the P-》(イスラム教の始祖)マホメット (Muhammad) ; (モルモン教の始祖) ジョゼフ＝スミス (Joseph Smith) ‖ a follower of the *Prophet* イスラム教徒 (Muslim) ❷ (一般に)予想[予言]する人 ; 予言者 ; 占い師 ‖ a weather ～ 天気予報者 / a ～ of financial failure 財政破綻を予想する人 ❸ (思想・運動・団体などの)主唱者, 擁護者, 代弁者 ‖ He was the ～ of power. 彼は権力の代弁者だった ❹《the P-s》《単数・複数扱い》(旧約聖書の) 預言書 ‖ the Major [Minor] *Prophets* 大[小]預言書
a pròphet of dóom [OR ***disáster***] (状況の悪い側面を強調し) 不吉なことばかり予想する人, 悪い方悪い方に物事を予測する人, 破滅の予言者
語源 ギリシャ語 *prō-* (前で) ＋*phanai* (話す) : (神の意志の)代弁者

pro·phet·ic /prəfét̬ɪk, proʊ-/, **pro·phet·i·cal** /-kəl/ 形 予言[預言]者の[らしい] ; (正確な)予言の, 予言[預言]的な, 予言[預言]する **-i·cal·ly** 副

pro·phy·lac·tic /pròʊfəlǽktɪk | prɔ̀-/ ⟨ジ⟩ 形 予防的な ‖ ～ medicine 予防薬 ── 名 Ⓒ 予防薬 ; 予防器具 ; 予防策[措置] ; 《主に米》コンドーム **-ti·cal·ly** 副

pro·phy·lax·is /pròʊfəlǽksɪs/ 名 (複 **-es** /-siːz/) Ⓤ Ⓒ (病気などの) 予防(処置)

pro·pin·qui·ty /prəpíŋkwət̬i, proʊ-/ 名 Ⓤ《堅》(場所・時間・関係の)近いこと, 近接 ; 近親関係 ; 類似

pro·pi·òn·ic ácid /pròʊpiɑ̀(ː)nɪk- | -ɔ̀n-/ 名 Ⓤ〖化〗プロピオン酸《香料や殺菌剤に用いられる》

pro·pi·ti·ate /prəpíʃièɪt, proʊ-/ 動 他 …をなだめる, …の機嫌をとる **pro·pì·ti·á·tion** 名 Ⓤ なだめること, 懐柔, 慰撫(いぶ) ; (特に) (キリストの) 贖罪(しょくざい)

pro·pi·ti·a·to·ry /proʊpíʃiətɔ̀ːri, prə- | -tə-/ 形 なだめる(ための), 懐柔する, 機嫌とりの, 和解的な

pro·pi·tious /prəpíʃəs/ 形 ❶ (天候・機会などが) 〈…にと

P

って〉好都合な, さい先のよい〈**for**〉 ❷《古》(神・運命などが)好意的な, 優しい **~·ly** 副

prop·jet /prɑ́(ː)pdʒèt | prɔ́p-/ 名 =turboprop

prop·man /prɑ́(ː)pmæ̀n | prɔ́p-/ 名 C 〖劇〗小道具係

prop·o·lis /prɑ́(ː)pəlɪs | prɔ́p-/ 名 U プロポリス《ミツバチが巣の補強のために木の芽から集めた樹脂様物質》

***pro·po·nent** /prəpóunənt/ 名 C 〈…の〉支持者, 擁護者；提案[提議]者〈**of**〉 ‖ a ~ *of* birth control 産児制限の支持者

***pro·por·tion** /prəpɔ́ːrʃən/ 名 ❶ C《通例単数形で》(数量・大きさなどの)割合, 比率〈**of** …の；**to** …に対する〉 ‖ The ~ *of* boys *to* girls in our class is [ˣare] three to four. 我々のクラスの男女の比率は3対4だ / In Japan the ~ *of* the elderly will reach 25% of the total population by the year 2025. 日本では高齢者の割合が2025年までに全人口の25パーセントに達するだろう / Mix butter and flour in the ~ *of* one *to* three. バターと小麦粉を1対3の割合で混ぜなさい ❷ C《通例単数形で》(全体に対する)部分；分け前, 割り当て ‖ A fair ~ of American children go on to college. 米国の子供のうちそこそこの数の者は大学まで進む / A large ~ of the population is well educated. 国民の大部分は十分な教育を受けている (♦ of 以下の名詞が単数であれば単数扱い, 複数であれば複数扱い) ❸ U/C《通例 ~s》釣り合い, バランス, 調和；均整 ‖ His writing lacks ~. 彼の書いたものはバランスに欠ける / have a sense of ~ バランス感覚がある ❹ C《~s》《限定形容詞を伴って》(並外れた)大きさ, 規模, 程度；重要さ；《戯》大きな図体(ずうたい) ‖ The grain price inflation has assumed catastrophic ~*s*. 穀物の値上がりはひどい様相を呈してきている / a building of large ~*s* 巨大な建物 ❺ U〖数〗比例(算) ‖ direct [inverse] ~ 正[反]比例 / *x* and *y* are in ~. *x* と *y* は比例している

blòw ... (ùp) òut of (àll) propórtion …を実際以上に深刻に扱う, …を大げさに書き立てる

in propórtion ① 比例して, 釣り合いがとれて[とれた], 調和した, 均整のとれた ② 分別をわきまえて, (ことの軽重を誤らずに)現実的に, 適度に

**in propórtion to ...* ① …に比例して, …に応じて ‖ payment *in* ~ *to* work done 出来高払い / *in* direct [inverse] ~ *to* ... …に正[反]比例して ② …の割には ‖ That sumo wrestler is very strong *in* ~ *to* his small size. あの力士は体が小さい割にとても強い

òut of (àll) propórtion* 釣り合いを失って, バランスを欠いて；〈…と〉不調和に(大きい)〈to, with**〉 ‖ His face was swollen *out of all* ~. 彼の顔はひどくいびつにはれ上がっていた / get things *out of* ~ 物事をゆがめて受け取る / The cost of health care is *out of all* ~ *to* the benefits we receive. 保健医療のコストは受ける利益に対して比べものにならないほど高い

— 動 他《堅》《通例受身形で》〈…と〉釣り合っている, 比例している〈**to**〉 ‖ The punishment should be ~*ed to* the crime. 刑罰は罪に比例させるべきである

***pro·por·tion·al** /prəpɔ́ːrʃənəl/ 形 〈…に〉比例した；釣り合った, 調和のとれた；〖数〗比例する〈**to**〉 ‖ The intensity of sound is ~ *to* the square of the amplitude. 音の強さは振幅の2乗に比例する
— 名 C〖数〗比例項 ‖ a mean ~ 比例中項 **~·ly** 副
▸▸ **~ representátion** 名 U〖政〗比例代表制(略 PR)

pro·por·tion·ate /prəpɔ́ːrʃənət/ (→ 動) 形 〈…に〉比例した, 釣り合った〈**to**〉 — 動 /prəpɔ́ːrʃənèɪt/ 他 …を〈…に〉比例させる, 釣り合わせる〈**to**〉 **~·ly** 副

pro·por·tioned /prəpɔ́ːrʃənd/ 形《通例副詞の後に用いて》釣り合い[調和]のとれた(→ well-proportioned)

‡pro·pos·al /prəpóuzəl/
— 名〔◁ propose 動〕(複 **~s** /-z/) ❶ C U (正式の)**提案**, 申し出, 提議；(提案された)計画〈**for** …の / **to do** …する / **that** 節 …という〉(⇨ 類語) ‖ There is a ~ *to* turn part of the building into a lounge. その建物の一部を談話室に改造する計画がある / The ~ *that* tariffs be [《主に英》should be] lowered was approved. 関税を下げようという提議が承認された / make ~*s for* disarmament 軍縮を提案する / a merger ~ 合併の申し込み

連語 【動+~】 support [oppose] a ~ 提案を支持する[に反対する] / 「put forward [OR submit] a ~ 提案を出す / withdraw a ~ 提案を引き下げる / accept [reject] a ~ 提案を受諾[拒否, 却下]する / consider [discuss] a ~ 提案について検討[議論]する / welcome a ~ 提案を歓迎する

❷ C (特に男性から女性への)**結婚の申し込み**, プロポーズ ‖ She accepted his ~ (of marriage) without hesitation. 彼女は彼のプロポーズを躊躇(ちゅうちょ)なく受け入れた / refuse his ~ 彼の求婚を断る

COMMUNICATIVE EXPRESSIONS

1 「**I would** [OR **I should, I'd**] **like to pùt fórward a propósal.** ひとつ提案をさせていただきたいと思います(♥ 形式ばった前置き)

類語 《❶》 **proposal** 検討の対象として提出する案.
proposition 討議・検討・証明の対象となる正式の陳述. proposal の意味に用いるときは(特に取り引きなどで)明確な条件を示した提案. 〈例〉make a business *proposition* 商売上の提案をする
suggestion 改まった形をとらず, こうしてみてはどうだろうといった調子で述べられる提案.

‡pro·pose /prəpóuz/
— 動〔▸ proposal 名, proposition 名〕(**-pos·es** /-ɪz/；**~d** /-d/；**-pos·ing**)
— 他 ❶ (正式に)**提案[提議]する** **a** 《+目》〔計画・考えなど〕を〈…に〉提案[提議]する(→ suggest)；〔結婚〕を〈…に〉申し込む〈**to**〉 ‖ He ~*d* a merger. 彼は(会社の)合併を提案した / What salary do you ~? 給料はいくら提示してくれますか / ~ a plan 計画を提案する / Ross ~*d* marriage *to* Rachel. ロスはレイチェルに結婚を申し込んだ(♦ Ross proposed to Rachel. の方が一般的. → 自 ❶)
b 《+*doing* / **to do**》…することを提案する ‖ The legislature ~*d* making [OR *to* make] some changes in the tax laws. 議会は税法を少し変更することを提案した
c 《(+**to** 名) +**that** 節》…ということを(…に)提案する ‖ I ~*d* (*to* him) *that* we get [《主に英》should get] down to business. (=I ~*d* (to him) our getting down to business.) 私は本気で仕事に取りかかろうと(彼に)提案した
❷ **a** 《+目》〔事〕を**企てる**, もくろむ ‖ They ~*d* a retreat from the town. 彼らは町からの退却を企てた
b 《+**to do** / *doing*》…するつもりである(と言明する), …することをもくろむ ‖ I ~ 「*to* take [OR taking] a week's vacation. 私は1週間休暇をとろうと思う
❸ **a** 《+目》〔学説など〕を提唱する；〔動議など〕を出す, 提出する；〔問題・なぞなど〕を持ち出す, 提示する ‖ Several theories have been ~*d* to explain the disappearance of the dinosaurs. 恐竜の絶滅を説明しようといくつかの説が提唱されてきた / ~ a motion 動議を提出する
b 《+**that** 節》…という説を提唱する ‖ The study ~*d that* cutting trees hastened erosion. その研究では木の伐採が浸食を早めているという説を提唱した
❹ 〈…を祝って〉〔乾杯〕の音頭をとる〈**to**〉；〔人の健康・幸福〕を祝って乾杯を呼びかける ‖ I ~*d* a toast *to* Jane [her health]. 私はジェーンのために[彼女の健康を祝って]乾杯の音頭をとった ❺《+目+**for** [**as**] 名》〔人〕を〔地位・会員など〕に推薦する, 指名する ‖ I ~*d* him *for* membership in the club. 私は彼をクラブの会員に推薦した
— 自 ❶ 〈…に〉**結婚を申し込む**, プロポーズする〈**to**〉 ‖ Jack ~*d* to Grace at last. ジャックはグレースにとうとうプロポーズした ❷ 提案する；建議する；企てる；もくろむ
~d 形 **-pós·er** 名 C 提案者, 申込者

語源 *pro-* forth, before + *-pose* put：(相手の応答を求めて)前に置く

*pro·po·si·tion /prɑ̀(ː)pəzíʃən | prɔ̀p-/ 名〔◁ propose 動〕C ❶〈…という〉陳述，主張〈that 節〉‖ The ～ *that* all human beings are created equal is generally accepted. 人間は皆平等につくられているという主張は一般的に受け入れられている ❷〈…する(という)〉提案，計画，(特に商業上・政治上の)申し出〈to *do* / that 節〉(⇨ PROPOSAL 類語) ‖ He offered me a ～ *to* buy my land. 彼は私の土地を買うことを申し出た / make an attractive ～ 魅力ある提案をする ❸《しばしば P-》《米》〖政〗(住民の直接投票による)改正法案 ❹〖数〗命題，定理；〖論〗主題，命題 (⇨ BYB) ❺《通例単数形で》対処すべきこと［人］；問題，仕事 ‖ He is a tough ～. 彼は手ごわい相手だ ❻《口》性的な誘い ‖ make her a ～ 彼女を誘惑する
━動 他 ❶《口》〔人〕に性的な誘いをかける ❷〔人〕に計画を提案する

propositìonal cálculus 名 U〖論〗命題論理学，命題計算

pro·pound /prəpáund/ 動 他〔意見・計画など〕を持ち出す，提案する，申し出る

pro·pran·o·lol /prouprǽnəlɑ̀(ː)l, -lɔ̀ːl | -lɔ̀l/ 名 U C〖薬〗プロプラノロール《不整脈や狭心症の治療薬》

pro·pri·e·tar·y /prəpráɪətèri | -təri/ 形《通例限定》❶所有者の；(いかにも)所有者らしい；所有(権)の ‖ ～ rights 所有権 ❷専売特許による ‖ ～ medicines 特許売薬 / ～ information (製造物・技術などの)企業秘密 ❸私有の，私立の ‖ a ～ nursing home 私立療養院
━名(複 -tar·ies /-z/) ❶C 所有者；《集合的に》所有者たち ❷U C 所有；所有権 ❸C 特許売薬
▸▸～ cólony 名 C〖米国史〗(独立前，英国王から自治権を与えられた)独占植民地 ～ náme 名 C (登録)商標名 ～ tráding sỳstem 名 C〖証券〗私設取引システム《取引所以外での証券取引システムで，主に機関投資家が対象》

*pro·pri·e·tor /prəpráɪəṭər/ 名(♦女性形は proprietress /-trəs/ だが，男女共に proprietor がふつう) C ❶(企業・ホテルなどの)所有者；(企業・レストラン・バーなどの)経営者，所有者兼経営者 ❷所有者，(特に不動産の)所有者 ‖ a landed ～ 地主 ～·shìp 名 U 所有権

pro·pri·e·to·ri·al /prəprὰɪətɔ́ːriəl/ 形 所有者の；(いかにも)所有者らしい；所有(権)の ～·ly 副

pro·pri·e·ty /prəpráɪəṭi/ 名〔◁ proper 形〕(複 -ties /-z/) ❶U 礼儀正しさ，礼節をわきまえていること；C《the -ties》礼儀作法，礼節 ‖ a woman with a keen sense of ～ 礼儀作法をよくよくわきまえている女性 ❷U 適切(性)，妥当(性) ‖ a remark of doubtful ～ 適切かどうか疑わしい言葉

pro·pri·o·cep·tor /pròupriouséptər/ 名 U〖生理〗固有受容体［器］《位置覚や自己刺激に感応する感覚末端器》

pro·pul·sion /prəpʌ́lʃən/ 名 U 推進；推進力 ‖ jet ～ ジェット推進

pro·pul·sive /prəpʌ́lsɪv/ 形 推進する，推進力を持つ

pro·pyl /próupɪl/ 名 C 形〖化〗プロピル基(の)

pro·pyl·ene /próupɪlìːn/ 名 U〖化〗プロピレン

pro ra·ta /prou réɪṭə, -rάː-/ 副 形 比例して［した］，(率に)応じて［応じた］(♦ラテン語より)

pro·rate /pròuréɪt/ 動 他 自《主に米・カナダ》(…を)比例配分する -rá·tion 名

pro·rogue /prouróug, prə-/ 動 他〔議会〕を閉会にする；…を延期する ━自 (議会が)閉会になる
prò·ro·gá·tion 名

pros. 略 prosody

pro·sa·ic /prouzéɪɪk/ 形〔◁ prose 名〕❶散文的な，退屈な，平凡［単調］な，ありきたりの ‖ a ～ life 平凡な生活 ❷散文(体)の，散文調の -i·cal·ly 副

pro·sce·ni·um /prousíːniəm/ 名(複 ～s /-z/ OR -ni·a /-niə/) C〖劇〗❶前舞台，舞台前部 ❷(古代ギリシャ・ローマの劇場の)舞台

pro·sciut·to /prouʃúːtou/ 名 U〖料理〗プロシュート《イタリア産の生ハム．ごく薄くスライスして前菜として食べる》

pro·scribe /prouskráɪb, prə-/ 動 他 ❶(危険であるとして)…を(法的に)禁止する，排斥する ❷〔人〕を追放する；(古代ローマなどで)…から法律の保護を奪う

pro·scrip·tion /prouskrípʃən, prə-/ 名 U C《堅》❶禁止，排斥 ❷追放；法律の保護剥奪 -tive 形

*prose /prouz/ 名〔▶ prosaic 形, prosy 形〕❶U 散文，散文体 (↔ verse, poetry) ‖ an epic in ～ 散文体の叙事詩 / works of ～ 散文作品 ❷U 退屈な話［議論］，無味乾燥，平凡 ❸C〖カト〗続唱《昇階唱(gradual)の後に歌われる賛美歌》
━動 自 ❶散文を書く ❷〈…について〉退屈な話し方［書き方］をする，くどくど話す〈about〉
━他《旧》…を散文体で書く；〔詩など〕を散文に書き換える
▸▸～ pòem 名 C 散文詩

*pros·e·cute /prά(ː)sɪkjùːt | prɔ́s-/ 動 他 ❶〔人〕を〈…の罪で〉起訴［告訴］する〈for〉‖ He was ～*d for* murder [theft]. 彼は殺人罪［窃盗罪］で起訴された / Trespassers will be ～*d*. 《掲示》(敷地内への)侵入者は告訴されます ❷(検察官が)〔訴訟・被告〕の罪状を証拠立てる(陳述をする) ❸…を遂行する，続行する ‖ ～「a war [an attack] 戦争［攻撃］を続行する ❹《古》〔商売など〕を営む，…に従事する ━自 起訴［告訴］する；検察官を務める；起訴側の陳述をする

pròsecuting attórney 名 C《米》検察官，検事

*pros·e·cu·tion /prὰ(ː)sɪkjúːʃən | prɔ̀s-/ 名 ❶U C 起訴，告訴，告発 ‖ conduct a ～ 告訴する / drop a ～ 告訴を取り下げる / a criminal ～ 刑事訴追 ❷《the ～》《単数・複数扱い》起訴者側，検察側，検察当局 (↔ defense) ‖ a witness for the ～ 検察側の証人 ❸U 遂行，実行 ‖ the ～ of one's duties 義務の遂行 / in the ～ of ... …を遂行するに当たって

*pros·e·cu·tor /prά(ː)sɪkjùːṭər | prɔ́s-/ 名 C ❶検察官(《米》prosecuting attorney) ❷起訴者，告発者

pros·e·lyte /prά(ː)səlàɪt | prɔ́s-/ 名 C 改宗者《特にユダヤ教に改宗した異教徒》；(信条・政党などの)変節者，転向者 ━動 他 自《米》＝proselytize

pros·e·lyt·ism /prά(ː)səlàtɪzm | prɔ́s-/ 名 U 改宗；転向

pros·e·lyt·ize /prά(ː)sələtàɪz | prɔ́s-/ 動 他 …を改宗［転向］させる ━自 改宗［転向］する -ìz·er 名

Pro·ser·pi·na /prəsɔ́ːrpɪnə/ 名〖ロ神〗プロセルピナ《冥界(めいかい)の女王．〖ギ神〗の Persephone に相当》

pro·sim·i·an /prousímiən/ 名 C 形〖動〗原猿(の)

pro·sit /próuzɪt, -sɪt/ 間《ラテン》(＝May it do you good.) おめでとう，ご健康を祝す(♦特にドイツ人・オーストリア人が乾杯のときに用いる)

pro·sod·ic /prəsά(ː)dɪk | -sɔ́d-/ 形 韻律の；韻律学(上)の -i·cal·ly 副

pros·o·dist /prά(ː)sədɪst | prɔ́s-/ 名 C 韻律学者

pros·o·dy /prά(ː)sədi | prɔ́s-/ 名(複 -dies /-z/) ❶U 韻律学，韻律法；作詩法 ❷U 韻律 ❸U C (特定の言語の)韻律体系，詩形

Boost Your Brain!

proposition

論理学や数学において proposition「命題」とは「真か偽かを問うことのことできる平叙文または数式」を指す．例えば「地球は太陽の周りを回っている」という文や，「V(電圧)＝I(電流)×R(抵抗)」という数式は，真か偽かを問うことができるので命題であり，一方，「早く寝なさい」や「正々堂々と戦うことを誓います」という文は命題の範疇(はんちゅう)には入らない．

命題は必ずしも真であるとは限らない．「三角形の内角の和は180度である」は真である命題だが，「三角形の内角の和は270度である」は偽である命題である．真であることが数学的に証明された命題を theorem「定理」と呼ぶ．

P

P

***pros·pect** /prá(:)spekt | prɔ́s-/ (→ 動) 名〔▶ prospective 形〕 ❶ U/C《単数形で》見込み, 見通し, 予想(されるもの), 期待(される事柄)〈**of, for** …の / **that** 節…という〉‖ The new project started with little ~ *of* success. ほとんど成功のめどが立たないまま新しい計画が始まった / There's every ~ *of* his recovering. 彼が回復する可能性は十分にある / The economic ~ *for* Japan was dim. 日本経済の見通しは暗かった / There is not much ~ *that* our band will become famous. 僕らのバンドが有名になる可能性はあまりない ❷ C《~s》〈…という〉未来への展望, (仕事などの)〈成功の〉見込み, 将来性〈**of**〉‖ He has excellent ~*s of* making a fine pitcher. 彼は立派な投手になる素晴らしい可能性を持っている / You have brilliant ~*s*. 君には輝かしい未来がある / a job with ~*s* 将来性のある仕事 ❸ C 〈…の〉見込みのある客；有力な候補者, 有望な選手[タレント]〈**for**〉‖ A soccer scout is looking for college ~*s*. サッカーのスカウトマンが有望な大学生を探している ❹ C《通例単数形で》見晴らし, 眺め, 景色 ‖ a fine ~ of the lake 湖の素晴らしい眺め ❺ C 調査, 検分 ❻ C 採鉱有望地, 鉱床, 鉱石の産出高

in próspect 予期[予想]されて, 見込みがあって ‖ No other choice is *in* ~. ほかの選択は期待できない

—動 /prá(:)spekt | prəspékt/ 自〈鉱石などを求めて〉踏査する；〈…を〉探し求める〈**for**〉

—他〔地域〕を踏査する；〔鉱山など〕を試掘する

語源 *pro-* forward + *-spect* look：前方を見る；前方に見えるもの. expect, respect, spectacle と同系.

***pro·spec·tive** /prəspéktɪv/ 形〔◁ prospect 名〕《限定》❶ 見込みのある, 有望な ‖ a ~ customer 買ってくれそうな客 / a ~ enterprise 将来有望な企業 ❷ 将来そうなりそうな, 予想される, 未来の ‖ a ~ bride 近く花嫁になる女性 / the ~ returns from an investment 投資から予想される収益 / ~ changes 予想される変更

~·ly 副

pros·pec·tor /prá(:)spektər | prəspék-/ 名 C 探鉱者, 試掘者

pro·spec·tus /prəspéktəs/ 名 C ❶《英》学校案内書(《米》catalog) ❷ (新事業・新刊書・株式発行などの)内容説明書, 案内

***pros·per** /prá(:)spər | prɔ́s-/ 動〔▶ prosperity 名, prosperous 形〕自 ❶ 栄える, 繁栄[繁盛]する, 成功する, うまくいく ‖ Our business is ~*ing*. 我々のビジネスはうまくいっている / Nothing ~*ed* in his hands. 彼の手にかかると何もかもうまくいかなかった ❷よく育つ, 繁殖する ‖ Penguins cannot ~ in a warm environment. ペンギンは暖かい環境ではうまく繁殖しない

—他《古》…を成功させる；…を繁栄させる

Behind the Scenes **Live long and prosper.** 長生きと繁栄を祈る SFドラマ *Star Trek* 中で使われる, 異星人ヴァルカン人の別れのあいさつ. 人差し指と中指, 薬指と小指をそれぞれくっつけて V の形を作り, 片手を上げて言う (♥ 別れの際に相手の幸せを願っておどけて用いる)

***pros·per·i·ty** /prɑ(:)spérəṭi | prɔs-/ 名〔◁ prosper 動〕U 繁栄, 繁盛, 成功, 富 ‖ We wish you happiness and ~. ご多幸とご繁栄をお祈り申し上げます / material ~ 物質的繁栄 / live in ~ 裕福に暮らす

***pros·per·ous** /prá(:)spərəs | prɔ́s-/ 形〔◁ prosper 動〕❶ 繁栄[繁盛]している, 成功した；裕福な ‖ a ~ country 繁栄している国 / a ~ businessman 成功した実業家 / I wish you a ~ New Year. 新年おめでとうございます, 繁栄の年でありますように ❷ 好都合な, もってこいの ‖ a ~ wind 順風 **~·ly** 副

pros·tate /prá(:)steɪt | prɔ́s-/ 名 (= ~ glànd) C〔解〕前立腺(せん) ‖ an enlarged ~ 前立腺肥大

pros·tát·ic 形

pros·ta·tec·to·my /prà(:)stətéktəmi | prɔ̀s-/ 名 (複 -mies /-z/) U C〔医〕前立腺切除術

pros·ta·ti·tis /prà(:)stətáɪṭəs | prɔ̀stətáɪtɪs/ 名 U〔医〕前立腺炎

pros·the·sis /prɑ(:)sθí:sɪs | prɔs-/ 名 (複 **-ses** /-si:z/) U C ❶〔医〕(人工器官の)補綴(てつ)；補綴した人工器官(義肢・義眼など) ❷〔文法〕語頭音添加

pros·thet·ic /prɑ(:)sθéṭɪk | prɔs-/ 形〔医〕補綴(人工器官)の, 補綴術の ‖ ~ breasts 隆起手術をした胸

prós·the·tist 名 C

pros·thét·ics /-s/ 名 U〔医〕補綴術；《複数扱い》補綴した人工器官

pros·tho·don·tics /prà(:)sθədá(:)nṭɪks | prɔ̀sθədɔ́n-/ 名 U〔歯〕補綴(歯科)学 **-tic** 形 **-tist** 名

***pros·ti·tute** /prá(:)stətjù:t | prɔ́stɪ-/ 名 C ❶ 売春婦, 娼婦(しょう) ‖ a male ~ 男娼 ❷ 金のために才能を売る芸術家

—動 他 ❶ …の身を売る；…に売春させる ‖ ~ oneself 体を売る, 売春する ❷〔才能など〕を金のために売る, 悪用[乱用]する

***pros·ti·tu·tion** /prà(:)stətjú:ʃən | prɔ̀stɪ-/ 名 U 売春；堕落《金のために才能を売るなど》

pros·trate /prá(:)streɪt | prɔ́s-/(→ 動) 形 ❶ 伏せた, 横になった, (長々と)横たわった ❷ (服従のしるしに)ひれ伏した, 平伏した ❸ 打ち負かされた, 屈服した；打ちひしがれた；疲れきった ‖ ~ with grief 悲しみに打ちひしがれて ❹〔植〕地をはう, 匍匐(ほふく)性の —動 /prá(:)streɪt | prɔstréɪt, prəs-/ 他 ❶〔人〕を平伏させる；《~ oneself で》ひれ伏す ‖ Some politicians ~ themselves before public opinion. 世論に平伏する政治家もいる ❷《受身形で》屈服する；(疲労などで)極度に衰弱する ‖ be ~*d* by the heat 暑さにすっかりまいっている ❸ …を倒す

pros·tra·tion /prɑ(:)stréɪʃən | prɔs-/ 名 U C ❶ 極度の衰弱, 疲労困憊(ぱい)；意気消沈 ‖ nervous ~ 神経衰弱 ❷ 平伏；屈服, 屈従

pro·style /próustàɪl/〔建〕形 (ギリシャの神殿などが)前柱のある, 前柱式の —名 C 前柱式柱廊玄関

pro·sum·er /prəsjú:mər/ 名 C ❶ 専門家[プロ]向けの製品を購入するアマチュア ❷ 自らも製品の設計・生産・開発に携わる消費者 ❸ 商品知識の豊富な消費者 (♦ *profes*sional [OR *pro*ducer, *pro*active] + con*sumer* より)

pros·y /próuzi/ 形〔◁ prose 名〕散文的な, 平凡な, 退屈な, 面白みのない **prós·i·ly** 副 **prós·i·ness** 名

Prot. 略 Protestant

prot- /prout-/ 連結形 = proto-

pro·tac·tin·i·um /pròuṭæktíniəm/ 名 U〔化〕プロトアクチニウム《放射性金属元素. 元素記号 Pa》

pro·tag·o·nist /proutǽgənɪst/ 名 C ❶ (劇・小説などの)主人公, 中心人物, 主役 ❷ 指導者, 主導者；主唱者 ❸ 支持者, 擁護者 ❹ (競技などの)参加者；(紛争などの)当事者

prot·a·sis /prá(:)ṭəsɪs | prɔ́t-/ 名 (複 **-ses** /-si:z/) C ❶〔文法〕条件節, 前提節 ❷〔劇〕(古典劇の)前提部

pro·te·an /próuṭiən | prouti:-/ 形 変化極まりない, 変幻自在の

pro·te·ase /próuṭièɪz, -èɪs/ 名 U〔生化〕プロテアーゼ《タンパク質分解酵素》‖ a ~ inhibitor プロテアーゼ阻害薬《HIVの治療薬》

⁝**pro·tect** /prətékt/

—動〔▶ protection 名, protective 形〕(**~s** /-s/; **~·ed** /-ɪd/; **~·ing**)

—他 ❶ …を〈…から〉**守る, 保護する** (↔ endanger)〈**from, against**〉；…を防ぐ；〔動植物・地域など〕を自然保護の対象とする (⇨ 類語P) ‖ This cream will ~ your skin *against* ultraviolet rays. このクリームで紫外線から肌を守れますよ / ~ a child *from* danger 子供を危険から守る / ~ the lead (試合で相手チームに対する)リードを守る / ~ the environment 環境を保護する / a ~*ed*

species 天然記念物
❷《通例受身形で》(国内産業などが)(関税によって)保護される ‖ ～*ed* trade 保護貿易
❸(保険が)〔人・財産〕に対して〈損失などを〉補償する〈**against**〉 ❹ 〔プログラムやディスク・コンピューター〕の不正複製[アクセス]を防止する, …にプロテクトをかける
―自〈…を〉防ぐ〈**against**〉‖ Don't forget to lock the door to ～ *against* burglars. 強盗を防ぐためドアに鍵(かぎ)をかけるのを忘れないでね
語源 *pro-* before＋*-tect* cover：前を覆う

守る	**protect**	人・人体・物を	危険・攻撃・爆発・不当な行為・暴力などから
	defend	国・人を	危険・侵入・攻撃・差別・権利の侵害などから
	guard	人・動物・場所を	危害・侵害・病気・寒気・スキャンダル・疑惑などから
	preserve	文化財・食品などを	損傷・破壊・品質低下・腐敗などから
	conserve	環境・野生動物・文化遺産などを	浪費・破壊・損傷・失うことなどから

♦「老人や子供の世話をする」の意味の「保護する」「守る」は take care (of) や look after で表す.
♦ defend は典型的には「攻める」に対比しての「守る」.
♦ guard は「監視・警戒して安全を守る」こと.
♦ preserve と conserve は同じように用いられることもあるが, preserve はあるものを「そのままの状態を変えないで保存する」, conserve は貴重なものを「失わないように保存する」の意が強く, しばしば conserve の方が包含する概念が広く, 人類の将来や生態系などを念頭に置いて用いることもある. 〈例〉 Keeping food in the refrigerator *preserves* its freshness. 食べ物を冷蔵庫に入れておけばその新鮮さが保たれる / We must *conserve* forests and other natural resources for future generations. 我々は子孫のために森林やその他の天然資源を保存しなければならない

pro·tect·ant /prətéktənt/ 名 C 保護剤

‡**pro·tec·tion** /prətékʃən/
―名〔◁ protect 動〕(複 **～s** /-z/) U ❶**保護**, 庇護(ひご), 防御〈**for** …への；**against** …からの〉‖ We must **provide** [OR **give**, 《堅》 **afford**] better ～ *for* many endangered species. 多くの絶滅にひんしている種をより適切に保護しなければならない / Antibiotics are no ～ *against* the flu. 抗生物質はインフルエンザには全く効かない / environmental [consumer] ～ 環境[消費者]保護 / under the ～ of ... …に保護されて, …の世話になって
❷ C 《単数形で》〈…から〉保護するもの[人]〈**against, from**〉‖ a ～ *against* the cold 防寒具 / a ～ *from* the sun 日よけ
❸(保険などによる)〈損害などに対しての〉補償, 賠償〈**against**〉‖ This insurance **offers** ～ in case of fire. この保険は火災に際して補償をしてくれる
❹(暴力団などに金を払って得る)保護；(＝**～ mòney**) みかじめ料, 保護料, 用心棒代；(犯罪を見逃してもらうため警察などに払う)賄賂(わいろ)
❺ 保護貿易(制度) ❻ C 通行証, 保護証 ❼〘登山〙ザイルをハーケンに巻きつけて安全を確保すること ❽ コンドーム
▸▸ **～ ràcket** 名 C みかじめ料取り立て《暴力団などが商店などに対して保護の名目で金品を取り立てること》

pro·téc·tion·ìsm /-ìzm/ 名 U 〘経〙保護貿易制度；保護貿易政策[理論]
-ist 名 C 形 保護貿易論者(の)；保護貿易制度[理論](の)

***pro·tec·tive** /prətéktɪv/ 形〔◁ protect 動〕(**more ～**；**most ～**)(♦❷以外比較なし) ❶《限定》保護する, 守る, 防御する ‖ a ～ helmet 保護ヘルメット / the earth's ～ ozone layer 地球を守るオゾン層 ❷〈…を〉守ろうとする, かばう〈**toward, of**〉‖ Grandparents tend to be too ～ *toward* [OR *of*] their grandchildren. 祖父母は孫を過保護にしがちだ ❸ 保護貿易の
―名 C ❶ 保護するもの ❷《英》《旧》コンドーム
～·ly 副 **～·ness** 名
▸▸ **～ cóloring** [**coloràtion**] 名 U 〘動〙保護色 **～ cústody** 名 U 保護拘置 **～ táriff** 名 C 〘経〙保護関税(率)

pro·tec·tor /prətéktər/ 名 C ❶(♦女性形は protectress /-trəs/ だが, 男女共に protector がふつう)保護者, 擁護者 ❷ 保護物, 防御装置, 防具, プロテクター ‖ a chest ～ (野球の球審などの)チェストプロテクター, 胸当て ❸《通例 P-》(昔の英国の)摂政
the Lòrd Protèctor of the Cómmonwealth 〘英国史〙護国卿《Oliver Cromwell (1653–58) とその息子 Richard (1658–59) の称号》
～·shìp 名 U protector の地位

pro·tec·tor·al /prətéktərəl/ 形 保護者の；摂政の

pro·tec·tor·ate /prətéktərət/ 名 ❶ C (大国の)保護国[領]；U 保護関係 ❷ U 摂政政治；摂政の職[任期] ❸《the P-》〘英国史〙護国卿時代の政治 (1653–59)

pro·té·gé /próʊţəʒèɪ | prɔ́-/ 名 C (♦女性形は protégée)(仕事上などでの)被保護者, 子分《特に芸術・学問分野で教えを受ける若者を指す》(♦フランス語より)

‡**pro·tein** /próʊtiːn/ 《発音・アクセント注意》
―名(複 **～s** /-z/) U C **タンパク質**, プロテイン ‖ **contain** animal [vegetable] ～ 動物性[植物性]タンパク質を含む / a diet high in ～ 高タンパク質の食事
▸▸ **～ shàke** 名 C U プロテインシェイク《タンパク質を強化した栄養補助食品》

pro·tein·u·ri·a /pròʊtiːnjʊ́əriə/ 名 U 〘医〙蛋白(たんぱく)尿(症)

pro tem /proʊ tém/ 名 形 副 ＝pro tempore

pro tem·po·re /proʊ témpəri/ 名 U 形 副 当座(の), 一時(の), 臨時に[の](♦ラテン語より)(＝for the time being)

pro·te·ome /próʊtiːòʊm/ 名 C 〘遺伝〙プロテオーム《細胞や組織中で発現しているタンパク質の全体像》(♦*prote*in＋geno*me* より)

pro·te·om·ics /pròʊtiːɑ́(ː)mɪks | -ɔ́m-/ 名 U プロテオミクス, プロテオーム研究《分子生物学の一分野》

Prot·er·o·zo·ic /prɑ̀(ː)ţərəzóʊɪk | pròʊt-/ 〘地〙形 原生代の ―名《the ～》原生代

‡**pro·test** /prətést, ＋米 próʊtest/ 《アクセント注意》(→名)
―動〔▸ protestation 名〕(**～s** /-s/；**～·ed** /-ɪd/；**～·ing**)
―自 ❶ **抗議する**, 異議を申し立てる, 不服を表明する〈**against, at** …に対して；**about** …について〉‖ The secretary ～*ed* bitterly to her boss *about* her treatment in the office. 秘書は職場での彼女の待遇について上司に強く抗議した / ～ *against* human rights violations 人権侵害に抗議する ❷ 断言する, 主張する
―他 ❶《米》…に**抗議する**, 異議を唱える, 反対する ‖ The workers ～*ed* the overtime work. 従業員は超過勤務に反対した
❷ **a**《＋目》…を**主張する**, (抗議して)…を唱える ‖ ～ one's **innocence** 無罪を主張する **b**《＋**that** 節》…であると主張する, 断言する ‖ He ～*ed that* he had not called Ken a liar. 彼はケンをうそつき呼ばわりしてはいないと主張した / The child ～*ed*, "I didn't hit him!" その子は「僕は彼をぶっていない」と言い張った
❸〔手形など〕の支払いを拒絶する
―名 /próʊtest/ (**～s** /-s/) ❶ C U **抗議**, 異議(申し立て)〈**against, at** …に対する；**about** …についての / **that** 節…

という〉‖ We marched **in** ～ *against* nuclear weapons. 我々は核兵器反対のデモ行進をした / lodge a strong ～ with the mayor *against* the new law 新しい法律に対して市長に強く抗議する / express [OR voice] a ～ 異議を唱える / The ～ *that* she had an alibi was brushed aside. 彼女にはアリバイがあるという申し立ては一蹴(いっしゅう)された / She gave way without ～. 彼女は文句も言わず譲歩した / a storm [OR wave] of ～ 激しい抗議，抗議の嵐(あらし) / a ～ vote 抗議投票
❷ Ⓒ 抗議運動，デモ行進 ❸ Ⓒ Ⓤ 主張，断言 ❹ Ⓒ 〘法〙(手形の)拒絶証書 ❺ Ⓒ 〘法〙(納税者などの)異議留保
under prótest いやいや，しぶしぶ(unwillingly)
語源 *pro-* in public＋*-test* witness：人々の前で証言する

***Prot·es·tant** /prά(:)ṭɪstənt｜prɔ́t-/《アクセント注意》(→ 名 ❷) 名 Ⓒ ❶ プロテスタント，新教徒《16世紀にローマ教会から分離したキリスト教団の信者》 ❷《p-》/ prətéstənt/ 抗議する人，異議申立人
── 形 プロテスタントの，新教(徒)の

Prot·es·tant·ism /prά(:)ṭəstəntìzm｜prɔ́tɪs-/ 名 Ⓤ プロテスタントの信条・教義(に対する忠誠)；《集合的に》プロテスタント(教会)

prot·es·ta·tion /prὰ(:)ṭəstéɪʃən｜prɔ̀tɪs-/ 名 〔◁ protest 動〕 Ⓤ Ⓒ ❶〈…の〉断言，言明，主張〈**of**〉‖ ～*s of* innocence 無実の主張 ❷ 抗議(すること)，異議の申し立て

***pro·test·er, -tes·tor** /próutestər, prətést-/ 名 Ⓒ 抗議する人，異議を唱える人；主張者

Pro·te·us /próuṭiəs, -tju:s/ 名 〘ギ神〙プロテウス《海神．自分の姿形を自由に変えることができた》

pro·tha·la·mi·on /pròuθəléɪmiən/**, -mi·um** /-miəm/ 名 (複 **-mi·a** /-miə/) Ⓒ《文》祝婚歌[詩]

pro·throm·bin /prouθrά(:)mbɪn｜-θrɔ́m-/ 名 Ⓤ 〘生化〙プロトロンビン《血液中の凝血因子の1つ》

pro·tist /próuṭɪst/ 名 Ⓒ 〘生〙原生生物

pro·ti·um /próuṭiəm/ 名 Ⓤ 〘化〙プロチウム《水素の同位元素．元素記号 ^1H》

proto- /prouṭou-, -ṭə-/ 連結形 (♦ 母音の前では prot-) ❶「最初の，原始の，原…(original)」の意 ‖ *proto*type ❷《通例 P-》〘言〙「…祖語」の意 ‖ *Proto*-Germanic (ゲルマン祖語)

***pro·to·col** /próuṭəkὰ(:)l, -kɔ̀:l, -ṭou-｜-kɔ̀l/ 名 ❶ Ⓤ 外交上の儀礼[儀典]；(一般に)定まった儀礼，典礼 ❷ Ⓒ (条約)原案；(条約)議定書，プロトコル ❸ Ⓒ (実験・治療などの)実施要領[計画] ❹ Ⓒ 💻 プロトコル，通信規則《コンピューターネットワーク上で通信を行う際の手順や規約．インターネットではTCP／IPというプロトコルが用いられる》

pròto·húman 形 原人の ── 名 Ⓒ 原人，原始人

Pròto-Ìndo-Européan 名 Ⓤ (有史以前の未確認の)インド＝ヨーロッパ祖語 ── 形 インド＝ヨーロッパ祖語の

próto·lànguage 名 Ⓒ 〘言〙祖語

***pro·ton** /próutα(:)n｜-tɔn/ 名 Ⓒ 〘理〙陽子，プロトン
pro·tón·ic 形

pro·to·plasm /próuṭəplæ̀zm/ 名 Ⓤ 〘生〙原形質
prò·to·plas·mát·ic 形 **prò·to·plás·mic** 形

pro·to·plast /próuṭəplæ̀st/ 名 Ⓒ 〘生〙原形質体
prò·to·plás·tic 形

***pro·to·type** /próuṭətàɪp/ 名 Ⓒ ❶〈…の〉原型，試作品，プロトタイプ〈**of, for**〉 ❷ 典型，模範 ‖ He is the ～ of a cutting-edge computer technologist. 彼は最先端を行くコンピューター技術者の典型だ ❸ 〘生〙原型
── 動 他 …の原型[試作品]を作る
pró·to·tỳp·al 形 原型の；模範の **prò·to·týp·i·cal** /-típɪkəl/ 形

pro·to·zo·an /pròuṭəzóuən/ 名 (複 **～s** /-z/ OR **-zo·a** /-zóuə/) Ⓒ 〘動〙原生動物 ── 形 原生動物の **-zó·ic** 形

pro·to·zo·on /pròuṭəzóuα(:)n｜-ɔn/ 名 (複 **～s** /-z/ OR **-zo·a** /-zóuə/) ＝protozoan

pro·tract /prətræ̀kt/ 動 他 ❶ …を引き延ばす，延長する ❷ (分度器や比例尺で)…を図取りする，製図する ❸〘解〙〔体の器官〕を突き出す，伸ばす
～·ed 形《限定》長引く，長期にわたる **-tráç·tive** 形 長引く，遅延する **～·ly** 副

pro·trac·tile /prətræ̀ktəl｜-taɪl/ 形 (動物の器官などが)伸ばせる，伸長性の

pro·trac·tion /prətræ̀kʃən/ 名 ❶ Ⓤ 延長，引き延ばし ❷ Ⓤ Ⓒ 図取り，製図

pro·trac·tor /proutræ̀ktər｜prə-/ 名 Ⓒ ❶ 分度器 ❷〘解〙伸出筋 ❸ 引き延ばす人[もの]

***pro·trude** /prətrú:d/ 動 自〈…から〉突き出る，はみ出す，出っ張る(✎ stick [OR jut, poke] out)〈**from**〉‖ A cellphone ～*d from* her pocket. 彼女のポケットから携帯電話がはみ出していた / *protruding* teeth [eyes] 出っ歯[出目] ── 他 …を〈…から〉突き出す〈**from**〉
語源 *pro-* forward＋*-trude* thrust：前方へ突き出す

pro·tru·sion /prətrú:ʒən/ 名 Ⓤ 突出，出っ張り；Ⓒ 突出部，突起部

pro·tru·sive /prətrú:sɪv, prou-/ 形 突き出た，出っ張った；押しつけがましい **～·ly** 副

pro·tu·ber·ance /prəṭjú:bərəns/ 名 Ⓤ 隆起，突出；Ⓒ 隆起[突出]部，こぶ，結節

pro·tu·ber·ant /prəṭjú:bərənt, prou-/ 形 隆起した
～·ly 副

****proud** /praud/
── 形 〔▶ pride 名〕(**～·er**；**～·est**)
❶ **誇り[光栄]に思って**，うれしく思って，誇らしげな，得意の〈**of** …を / **to *do*** …する[である]ことを/(**that**) 節…ということを〉(⇨ 類語) ‖ We are ～ *of* our parents [country]. 私たちは両親[祖国]を誇りに思っている / I am ～ *of* being your friend.＝I am ～ *to* be your friend.＝I am ～ *that* I am your friend. 君の友達であることをうれしく思う / She is very ～ *that* her son has won the prize. 彼女は息子が受賞してとても誇らしげだ / the ～ father (出来のよい子を持って)得意な父親
❷ 自尊心の強い，**プライドの高い** (⇨ 類語) ‖ He is too ～ to ask for help. 助けを請うのは彼の自尊心が許さない
❸ **尊大な，高慢な**，思い上がった(↔ humble)(⇨ 類語) ‖ She is too ～ to talk to us. 彼女はお高くとまっていて我々に口もきかない / as ～ as a peacock 得意満面で
❹《限定》(物・事が)誇るに足る，誇りとすべき，大いに得意にさせる ‖ The new car is his ～*est* possession. その新車は彼の一番の自慢の種だ / This is my ～*est* day! 今日は私の最も誇るに足る日だ / a ～ name 名誉ある名
❺ (物が)堂々たる，見事な，立派な
❻ (動物が)元気いっぱいの，威勢のよい
❼《主に英》〈表面から〉突き出た，出っ張った〈**of**〉
❽ (傷跡が)ふくれ上がった，盛り上がった

COMMUNICATIVE EXPRESSIONS
1 **Àren't you próud of yoursèlf?** さぞかしご満悦でしょうよ(♥ 失敗などを犯した相手を責める際の皮肉表現)
2 **I'm réally** [OR **véry**] **próud of you.** あなたは私の誇りです；よく頑張ったね(♥ 賛辞．身内にも用いる)

── 副《口》＝proudly(♦ 通例次の成句で用いる)
dò a pèrson próud《口》①〔人〕に十分なもてなし[ごちそう]をする ‖ They *did* us ～ with the fabulous dinner last night. 彼らは昨夜私たちに素晴らしい夕食をごちそうしてくれた ②〔人〕に名誉をもたらす
～·ness 名

類語《形 ❶❷❸》**proud** よい意味で「誇り高い，自尊心の強い」，好ましくない意味で「高慢な，尊大な」の両方を表す．
arrogant 自分の重要性を過信して尊大な態度をとる．〈例〉an *arrogant* official 傲慢(ごう)な役人
haughty 家柄・地位などを自慢し，自分は(人より)偉いという思い上がりが強く，人を見下し軽蔑的な態度をとる．〈例〉a *haughty* duchess 尊大な公爵夫人

insolent 人を軽蔑し侮辱してはばからない無礼さ・生意気さを表す語. 〈例〉*insolent* manner 傲慢無礼な[不遜(ふそん)な，横柄な]態度
overbearing 目下の者を見下していじめ，高圧的な態度をとる. 〈例〉an *overbearing* tyrant いばり散らす暴君

***proud·ly** /práudli/ 副 ❶ 誇らかに，得意げに ‖ The boy ～ showed his new bicycle to his friends. 少年は得意げに新しい自転車を友人たちに見せた ❷ 尊大に，高慢に ❸ 堂々と，立派に

Proust /pruːst/ 名 **Marcel ～** プルースト(1871-1922)《フランスの小説家. 主著 *À la recherche du temps perdu*》 **～·i·an** 形

Prov 略 〖聖〗Proverbs

prov. 略 province, provincial ; provisional ; provost

prov·a·ble /prúːvəbl/ 形 証明[立証]できる

*****prove** /pruːv/ 《発音注意》(♦ probe と区別)
—動〔▶ proof 名〕(～s /-z/ ; ～d /-d/ ; ～d /-d/,《主に米》**prov·en** /prúːvən/ ; **prov·ing**)
—他 ❶ **証明する，立証する** a《＋目》〈…に〉…を証明する(↔ disprove)〈to〉‖ "I am the best athlete." "*Prove* it." 「僕が最高の選手さ」「証明してみせて」/ That doesn't ～ a thing. そんなのは何の証明にもならない / ～ one's innocence 自分の無罪を立証する / ～ a [OR one's] **point** 自分が正しいことを他人に証明して見せる
b《(＋to 名)＋(that) 節》…であることを(人に)証明する ‖ The police ～*d that* she had been at the murder scene. 警察は彼女が殺人現場にいたことを立証した
c《(＋to 名)＋wh 節》…かを(人に)証明する ‖ Can you ～ *to* us *where* you were on May 2? 5月2日に君がどこにいたか立証できますか
d《＋目＋(to be) 補》…を…であると証明する ‖ The tests have ～*d* the new drug (*to be*) safe. テストによってその新薬の安全性が証明された
❷ …(の効力・性能など)を**試す**，試験する ‖ ～ his courage 彼の勇気を試す / ～ a new car 新車に試乗する
❸〖法〗〔遺言〕を検認する ❹〖数〗《まれ》〔計算〕を検算する；〔仮説・定理〕を証明する ❺〖印〗…の校正刷りをとる
—自 ❶ a《＋(to be) 補》…であることがわかる，…と判明する(⇨ turn out)；(結果として)…となる ‖ That problem ～*d* (*to be*) **difficult** to handle. その問題は扱いにくいことがわかった / The shop ～*d* profitable. その店は結局もうかった b《＋to *do*》…であることがわかる(♦ *do* は状態を表す動詞) ‖ The bag ～*d to* contain drugs. その袋には麻薬が入っていることがわかった
❷ (パン生地が)ふくらむ
pròve óut 〈自〉期待どおりになる，成功する
**próve onesèlf* (...) 自分の(…であるという)能力[価値]を立証する ‖ She ～*d* herself (to be) a capable teacher. 彼女は有能な教師であることを立証してみせた

COMMUNICATIVE EXPRESSIONS
1 **Whàt does thát pròve?** それが何だというんだ；それがどうした(♥ 相手の発言への反発. ＝So (what)?)

▶▶**próving gròund** (↓)

***prov·en** /prúːvən/ 動《主に米》prove の過去分詞
—形《限定》証明[立証]された

prov·e·nance /prá(ː)vənəns | prɔ́v-/ 名 U 起源，出所，由来(origin)；製造場所

Pro·ven·çal /pròuvɑːnsɑ́ːl | prɔ̀vɔn-/ 〈Ӡ〉 形 プロバンス(Provence)の，プロバンス人[語]の
—名 C プロバンス人；U プロバンス語

prov·en·der /prá(ː)vəndər | prɔ́vɪndə/ 名 U ❶《旧》飼い葉，まぐさ ❷《主に戯》(人間の)食料，食物

***prov·erb** /prá(ː)vəːrb | prɔ́v-/ 《アクセント注意》名 ❶ C 諺(ことわざ)，格言 ‖ He's always speaking in ～*s*. 彼はいつも諺を口にする / as the ～ says [OR goes] 諺にもいうとおり ❷《the P-s》《単数扱い》箴言(しんげん)《旧約聖書中の一書. 略 Prov》
語源 *pro-* in public＋*-verb* word : 一般に知られている言葉

pro-verb /próuvəːrb/ 名 C 〖文法〗代動詞《同じ動詞の繰り返しを避けるための do. → do¹ 代動》

pro·ver·bi·al /prəvə́ːrbiəl/ 形 ❶《限定》諺の(ような)；諺に表現された，諺にいう ❷ よく知られた，何かと話題の ‖ the ～ London fog よく知られたロンドンの霧 **～·ly** 副

*****pro·vide** /prəváɪd/
中心義 **先々の必要性に対応する**
—動〔▶ provision 名〕(～s /-z/ ; **-vid·ed** /-ɪd/ ; **-vid·ing**)
—他 ❶ **供給する** (⇨ 類語) a《＋目》〔必要なもの〕を供給する，与える，提供する ‖ A big tree ～*d* shelter from the rain. 大きな木が雨宿りの場所となった / This field ～*s* fresh vegetables. この畑から新鮮な野菜がとれる / ～「a solution [an opportunity] 解決策[機会]を与える
b《＋目 *A*＋with 名 *B* ≒ 目 *B*＋for [to] 名 *A*》*A* に *B* (必要なもの)を供給する，提供する ‖ We ～*d* the children *with* lunch.＝We ～*d* lunch *for* the children. 私たちは子供たちに昼食を与えた / The NGO ～s medical services *to* the needy. NGOは貧困者たちに医療奉仕を提供する
c《＋目 *A*＋目 *B*》《米》*A* に *B* (必要なもの)を与える ‖ Our hosts ～*d* us food and drink. 主催者は我々に飲食物を提供してくれた
❷《＋that 節》《堅》(条件・法律などが)…と**規定する** ‖ The rules ～ *that* dues be [《主に英》should be] paid monthly. 規則では会費を毎月払うことになっている
—自 ❶《＋for [against] 名》《堅》〔将来起こること〕に**備える**，準備する(♦ 未来の出来事・安全などへの準備には for，攻撃・不足などの非常時に備えるときは against) ‖ We must ～ *for* the future. 将来のために備えておかねばならない / ～ *against* accidents 事故に備える
❷《＋for 名》…を**扶養する**，養う，…に生活の必要物を供給する ‖ He worked hard to ～ *for* his large family. 彼は大家族を養うために懸命に働いた / The old couple are well [poorly] ～*d for*. 老夫婦は生活に不自由していない[困っている]
❸《堅》(法律などが)〈…の〉条項を設ける〈for〉‖ The legislation ～*s for* the right to appeal to a higher court. その法律には上告する権利の条項が設けられている
語源 *pro-* before＋*-vide* see : 先を見て備える

類語 《他 ❶》**provide** 前もって必要を見越して準備・供給する.
supply 必要なもの・足りないものを供給・補充する.
furnish ふつう住居・事務室などにあるべきものを備えつける. 〈例〉*furnish* a house 家に家具調度を備える
equip 特別の目的に必要なものを装備する. 〈例〉*equip* a building with an air-conditioning system 建物に冷暖房装置を設備する

***pro·vid·ed** /prəváɪdɪd/ 接《しばしば ～ that で》もし…ならば，…という条件[了解の下]で(♦ if より堅い語で，意味が強い) (⇨ IF 類語) ‖ I will go skiing with you ～ (that) you teach me how (to ski). あなたが滑り方を教えてくれるのなら一緒にスキーに行きますよ / *Provided* (that) you return the book today, you can take it out. 今日中にその本を返却するなら持ち出してもいいです

***prov·i·dence** /prá(ː)vɪdəns | prɔ́v-/ 名 ❶《ときに P-》U/C《単数形で》(神の)摂理，神意；神意の現れ ‖ the ～ of God＝divine ～ 神の摂理 / a special ～ 特別の神意，天の助け ❷《P-》神(God)；(世界をつかさどる)自然 ❸ U 将来への配慮[用心]；倹約

Prov·i·dence /prá(ː)vɪdəns | prɔ́v-/ 名 プロビデンス《米国ロードアイランド州の州都》

prov·i·dent /prá(ː)vɪdənt | prɔ́v-/ 形 (貯蓄などをして)

P

将来を配慮した，先見の明のある；倹約な，つましい
▶▶**Próvident Socìety** 名 C 《英》共済組合

prov·i·den·tial /prà(:)vɪdénʃəl | prɔ̀v-/ 〈シ 形 (神の)摂理の，神意による；幸運な **~·ly** 副

*__pro·vid·er__ /prəváɪdər/ 名 C ❶ 扶養者 ‖ a good ~ 家族に不自由をさせない人 ❷ 供給[提供]者 ❸ 💻 (インターネットの) プロバイダー ‖ an Internet service ~ インターネットサービスプロバイダー

*__pro·vid·ing__ /prəváɪdɪŋ/ 接 《ときに ~ that で》もし…ならば，…という条件[了解の下]で(♦ provided の方がよく使われる) (⇨ IF 類語) ‖ I will stay here ~ the climate agrees with me. 気候が合えばここに滞在します

P

*__prov·ince__ /prá(:)vɪns | prɔ́v-/ 名 〔▶ provincial 形〕 C ❶ 《ときに P-》(カナダ・フランス・中国などの)州，県，省；(昔の日本の)国 ‖ the *Province* of Quebec (カナダの)ケベック州 ❷ 《the ~s》(首都・大都市に対し) 地方，田舎；《英》(特に)London を除く全国；《the P-》北アイルランド ‖ a student from the ~*s* 地方出身の学生 ❸ 《one's ~, the ~》活動範囲，(学問などの) 分野，領域 ‖ That question is outside [OR not within] my ~. その問題は私の専門外だ / in the ~ of psychology 心理学の分野で ❹ 〖宗〗教会管区；《the P-》大司教の管区 ❺ (動植物の分布に関する地理上の) 地方 《region の下位区分》 ❻ 〖ローマ史〗属州，プロウィンキア

Próvince·tòwn 名 プロビンスタウン 《米国マサチューセッツ州南東部の町. 1620年ピルグリム＝ファーザーズが初めて上陸した地》

*__pro·vin·cial__ /prəvínʃəl/ 形 〔◁ province 名〕 (**more ~；most ~**) (♦❸ 以外比較なし) ❶ 《限定》州[県，省]の ‖ ~ governments 州政府 ❷ 《限定》《ときにけなして》地方の，田舎の；田舎風の；洗練されていない(↔ urban) ‖ a ~ accent 地方なまり / ~ dress あか抜けない服装 ❸ 《けなして》偏狭な，頑固な ❹ (建築・家具の様式が) 素朴な；地方風の

— 名 C ❶ 地方(出身)の人 ❷ 《けなして》田舎者，偏狭な人 ❸ 〖宗〗教会管区長 **~·ly** 副

pro·vin·cial·ìsm /prəvínʃəlɪzm/ 名 U ❶ 《けなして》地方的偏狭，田舎者根性；地方第一主義 ❷ 偏狭，頑固 ❸ 地方色，地方的特質 ❹ C 地方の言い回し，方言

pro·vin·ci·al·i·ty /prəvìnʃiǽləṭi/ 名 (複 **-ties** /-z/) U C ❶ 地方的偏狭，田舎者根性 ❷ 地方色

próv·ing gròund /prú:vɪŋ-/ 名 C 《しばしば ~s》(新しい装置・理論などの)実験場

pro·vi·rus /pròuváɪərəs, ˊ-ˋ-/ 名 C 〖生〗プロウイルス《宿主細胞の染色体に組み込まれたウイルスDNA》

*__pro·vi·sion__ /prəvíʒən/ 名 〔◁ provide 動〕 ❶ U 供給，支給 ‖ the ~ of clothing for poor children 貧しい子供たちへの衣服の支給 ❷ U C 〈…に対する〉用意，準備，備え〈**for, against**〉 ‖ make ample ~ [*for* one's old age [*against* disaster] 老後[災害]に十分な備えをする ❸ C 支給[用意]されたもの[設備]；《~s》(特に旅行などで支給される) 食糧 ❹ C 〈…という〉規定，条項；但し書き；条件〈**that** 節〉 ‖ under the ~*s* of the constitution 憲法の規定により / with the ~ *that* ... …という条件付きで

— 動 他 …に(ある期間中の食糧などを)支給する(♦ しばしば受身形で用いる)

*__pro·vi·sion·al__ /prəvíʒənəl/ 形 (**more ~；most ~**) ❶ 臨時の，仮の，暫定的な (↔ permanent) ‖ a ~ government 臨時政府 / a ~ contract 仮契約 ❷ 《比較なし》《P-》アイルランド共和国軍(IRA)暫定派の

— 名 C ❶ 臨時社員，試用期間中の雇用人，見習い ❷ 臨時郵便切手 ❸ 《P-》アイルランド共和国軍(IRA)の暫定派の人 **~·ly** 副

▶▶**~ lícence** 名 C 《英》運転仮免許証 (《米》learner's permit)

pro·vi·so /prəváɪzou/ 名 (複 **~s,** ＋《米》**~es** /-z/) C (協定・契約などの) 但し書き；条件 (condition) ‖ with the ~ that ... …という条件付きで

pro·vi·so·ry /prəváɪzəri/ 形 ❶ 条件付きの ❷ 臨時の，仮の(provisional)

pro·vi·ta·min /pròuváɪṭəmɪn | -vɪ́-, -váɪ-/ 名 C 〖生化〗プロビタミン《カロチンなど体内でビタミンに変わる物質》

*__prov·o·ca·tion__ /prà(:)vəkéɪʃən | prɔ̀v-/ 名 〔◁ provoke 動〕 ❶ U 挑発，怒らせること，じらすこと；(性的に)刺激[挑発]すること ‖ He struck his brother under ~. 彼は挑発されて兄を殴った / She burst into tears at [OR on] the slightest ~. 彼女はほんのちょっとしたことで泣き出した ❷ C 挑発するもの，憤慨させるもの ‖ His words were a ~ to me. 彼の言葉は私を憤慨させるものだった ❸ U 〖法〗挑発《発作的な暴力を引き起こす言動》

*__pro·voc·a·tive__ /prəvá(:)kəṭɪv | -vɔ́k-/ 形 〔◁ provoke 動〕 ❶ 憤慨させる，ひどく気に障る(ような) ‖ ~ language 人を怒らせるような言葉(遣い) ❷ 興味をそそる；挑発的な，(性的に)刺激する ‖ a ~ dress 挑発的なドレス **~·ly** 副 **~·ness** 名

*__pro·voke__ /prəvóuk/ 動 〔▶ provocation 名，provocative 形〕 他 《通例進行形不可》 ❶ …を怒らせる，いら立たせる (↔ pacify) ‖ Don't ~ the dog. その犬を怒らせるな ❷ (⇨ 類語) **a** 《＋目＋to [into] 名》〔人〕を刺激して…にする ‖ Her behavior ~*d* us *to* anger. 彼女の振る舞いに我々は腹を立てた / His selfishness ~*d* his wife *into* leaving him. 彼がわがままなので妻は彼のもとを去った **b** 《＋目＋to *do*》〔人〕を刺激して…させる ‖ German bombing ~*d* Picasso *to* paint *Guernica*. ドイツ軍の爆撃がピカソに「ゲルニカ」を描かせた ❸ 〔感情・行動など〕を引き起こす，誘発する(↷ stir up)(↔ curb) ‖ ~ laughter 笑いを引き起こす / ~ enthusiasm 熱意をかきたてる / ~ violence 暴力を誘発する

語源 *pro-* forth(前へ)＋*-voke* call：呼び起こす

類語 《❷》 **provoke** 刺激してある行為・感情を起こさせる.
excite provoke よりは静かに深く心を動かし興味を抱かせる.
incite excite より強い語で，人を駆り立てて行動を起こさせる.
instigate 格式ばった語で通常悪事を「けしかける」.
stimulate 不活発・無関心の状態から刺激によって感情を起こさせたり行動を促したりする.

pro·vok·ing /prəvóukɪŋ/ 形 人を憤慨させる，腹の立つ，しゃくに障る **~·ly** 副

pro·vo·lo·ne /pròuvəlóuni/ 名 U プロボローネ《イタリア産の燻製(くんせい)チーズの一種》

pro·vost /próuvoust, prá(:)vəst | prɔ́vəst, próu-/ 名 《しばしば P-》 C ❶ 《米》(一部の大学の)学長；理事；《英》(大学の)学長，学寮長 ❷ 〖宗〗司教座聖堂首席司祭 ❸ 《スコット》市長

▶▶**~ cóurt** /próuvoust | prəvóust/ 名 C 〖軍〗(占領地における)軍事裁判所 **~ guárd** /próuvoust | prəvóust/ 名 C 《米》憲兵隊 **~ márshal** /próuvoust | prəvóust/ 名 C 憲兵司令官

prow /prau/ 《発音注意》 名 C (船の)へさき，船首(bow)；(飛行機の)機首；(一般に)突き出た先端部

prow·ess /práuəs | -es/ 名 U ❶ 立派な腕前，優れた能力 ❷ 武勇，豪勇

*__prowl__ /praul/ 《発音注意》 動 自 (獲物・機会などを求めて)〈…を〉うろつく，さまよう，あさり歩く；(人が)(退屈や心配で)〈…を〉うろつく《*about, around*》〈**around, through,** etc.〉 ‖ Stray cats are ~*ing around* the garbage cans. 野良猫がごみ箱の辺りをうろついている / ~ *through* the neighborhood 近所をぶらつく

— 他 …をうろつく，さまよう ‖ Thieves ~*ed* the streets at night. 泥棒どもは夜の通りをうろついた

— 名 C 《単数形で》うろつき回ること，さまよい歩き ‖ take a ~ うろつく

*__*be* [OR *gò*] *on the prówl*__ あさり歩く，〈…を〉求めてうろつく

〈for〉‖ She *is* always *on the* ～ *for* bargains. 彼女はいつも特価品あさりをしている
～·er 名 C うろつく人[動物]；こそ泥
▶▶**～ càr** 名 C 《米》パト(ロール)カー(squad car)

prox. 略 proximo

prox·i·mal /prá(ː)ksɪməl | prɔ́ks-/ 形 〖解〗(体の中心・接合点に)最も近い, 近位の(↔ distal) **～·ly** 副

prox·i·mate /prá(ː)ksɪmət | prɔ́ks-/ 形 《通例限定》 ❶ 最も近い, 近接した；直前[直後]の；(原因が)直接の ‖ the ～ cause 直接の原因 ❷ 近似の, だいたいの **～·ly** 副

*__prox·im·i·ty__ /prɑ(ː)ksɪ́məti | prɔks-/ 名 U 〈…に〉近いこと, 〈…への〉近接, 接近〈**of, to**〉‖ *Proximity to* a day-care center is important for working mothers. 託児所に近いことは働く母親にとって重要だ / a restaurant in the ～ *of* one's office 職場に近いレストラン / in close ～ *to* ... …のすぐ近くに / ～ of blood 近親
▶▶**～ fùze** 名 C (爆発物の)近接電波信管

prox·i·mo /prá(ː)ksəmòu | prɔ́ksɪ-/ 形 《名詞の後に置いて》《旧》〖商〗来月の(略 prox.) ‖ on the 9th ～ 来月9日に

prox·y /prá(ː)ksi | prɔ́ksi/ 名 (複 **prox·ies** /-z/) ❶ U 代理；代理権；C 代わりとなるもの ❷ C 代理人 ❸ C (代理投票などの)委任状；代理票
by próxy 代理人を立てて
stànd próxy for a pérson 〔人〕の代理になる
▶▶**～ sèrver** 名 C 💻プロキシサーバー, 代理サーバー(インターネットでの不正アクセス防止や表示の高速化などのため設ける中継サーバー) **～ wàr** 名 U C 代理戦争

Pro·zac /próuzæk/ 名 U 《商標》〖薬〗プロザック(抗うつ剤)

prude /pruːd/ 名 C (特に性に関して)お上品ぶった人, 気取り屋

*__pru·dence__ /prúːdəns/ 名 U ❶ 慎重, 細心；思慮分別 ❷ 倹約, つましさ

*__pru·dent__ /prúːdənt/ 形 ❶ 用心深い, 思慮分別のある, 賢明な, 慎重な(↔ imprudent) ‖ It was ～ of you to read the contract carefully. 契約書を注意深く読んだとはあなたは賢明でした / a ～ investment 賢い投資 ❷ 将来に備えての, 倹約する ‖ ～ saving 将来のための蓄え
～·ly 副

pru·den·tial /prudénʃəl/ 形 (特に仕事上で)思慮深い, 分別のある；慎重な **～·ly** 副

prud·er·y /prúːdəri/ 名 (複 **-er·ies** /-z/) U (特に性に関して)上品ぶる[気取る]こと；C 上品ぶった言動

prud·ish /prúːdɪʃ/ 形 (特に性に関して)上品ぶった, 気取った, とりすました **～·ly** 副 **～·ness** 名

*__prune__[1] /pruːn/ 名 C ❶ プルーン, 干しスモモ ❷ 《口》いやなやつ, 間抜け

*__prune__[2] /pruːn/ 動 他 ❶ 〔樹木など〕を刈り込む, 剪定(せんてい)する《***back, down***》；〔枝など〕を下ろす《***away, off***》 ❷ 〔不必要な部分〕を取り除く《***away***》；〔費用など〕を切り詰める, …から(不必要な部分を)取り除く, …を簡潔にする《***back, down***》 **prún·er** 名

prun·ing /prúːnɪŋ/ 名 U 刈り込み, 剪定
▶▶**～ hòok** 名 C 剪定がま

pru·ri·ent /prúəriənt/ 形 好色な, 淫乱(いんらん)な；猥褻(わいせつ)な **-ence** 名 U 好色, 淫乱；猥褻 **～·ly** 副

Prus·sia /prʌ́ʃə/ 名 プロイセン, プロシア(旧ドイツ連邦内の1王国)

Prus·sian /prʌ́ʃən/ 形 プロイセンの；プロイセン人[方言]の —名 C プロイセン人；U プロイセン方言 ▶▶**～ blúe** ⊲シ 名 U ① 〖化〗紺青(こんじょう)(青色顔料) ② 紺青色

prùs·sic ácid /prʌ̀sɪk-/ 名 U =hydrocyanic acid

*__pry__[1] /praɪ/ 動 (**pries** /-z/; **pried** /-d/; **～·ing**) 自 〈他人の私事などを〉詮索(せんさく)する〈**into**〉；のぞく, 盗み見る ‖ She is always ～*ing into* other people's affairs. 彼女はいつも他人の問題を詮索してばかりいる —名 (複 **pries** /-z/) C ❶ のぞき見；詮索 ❷ 詮索好きな人

*__pry__[2] /praɪ/ 動 (**pries** /-z/; **pried** /-d/; **～·ing**) 《主に米》(♦《英》では prise, prize[2] を用いる) 他 ❶ **a** 《＋目＋副句》…を持ち上げる, …を(てこなどで)こじ開ける(♦ 副句 は方向を表す) ‖ ～ a lid off a box 箱のふたをこじ開ける **b** 《＋目＋補〈形〉》…を(てこなどで)動かして…にする ‖ She *pried* the can open. 彼女は缶をこじ開けた ❷ …を〈…から〉苦労して手に入れる, やっと聞き出す〈**from, out of**〉‖ I *pried* the information「*out of* [OR *from*] him. 彼からその情報をやっと探り出した / He *pried* money *from* his father. 彼は何とか父親から金をせびり取った —名 (複 **pries** /-z/) 《米》 ❶ (=**～ bàr**) C てこ, かなてこ, バール ❷ U てこの作用(leverage)

pry·er /práɪər/ 名 =prier

*__PS__[1], **P.S.** /pìː és/ 名 C 追伸(♦ postscript の略)

PS[2] 略 《米》public school

Ps, Psa 略 〖聖〗Psalm(s)

*__psalm__ /sɑːm/ 《発音注意》 名 ❶ C 賛美歌, 聖歌；《しばしば P-》詩篇中の詩歌(⇨ 類語) ❷ 《the (Book of) P-s》《単数扱い》詩篇(旧約聖書中の一書. 略 Ps, Psa)

類語 《❶》 **psalm** 神を賛える歌, 賛歌, 聖歌(特に旧約聖書の「詩篇」中の詩歌).
hymn (特にキリスト教の礼拝で教会で合唱される)賛美歌.
anthem 頌歌(しょうか), 祝い歌. 〈例〉 the national *anthem* 国歌
carol 特にクリスマスの祝いの歌.

語源 「指でハープをかき鳴らすこと, ハープに合わせて歌う歌」の意のギリシャ語 *psalmos* から.

psalm·ist /sɑ́ːmɪst/ 名 ❶ C 賛美歌作者 ❷ 《the P-》「詩篇(しへん)」作者(ダビデ王など)

psal·mo·dy /sɑ́ːmədi/ 名 (複 **-dies** /-z/) ❶ C (集合的に)賛美歌(集) ❷ U 賛美歌詠唱(法), 賛美歌編成
-dist 名

Psal·ter /sɔ́ːltər/ 名 ❶ 《the ～》詩篇(the (Book of) Psalms)(特に個々の版について) ❷ 《p-》C (礼拝用の)詩編集

psal·ter·y /sɔ́ːltəri/ 名 (複 **-ter·ies** /-z/) C プサルテリウム(古代・中世の弦楽器の一種)

PSAT /pìːsæt/ 名 U 《商標》(米国の)学力予備テスト(*Pre*-liminary *S*cholastic *A*ptitude *T*est の略)(⇨ SAT)

PSBR 略 *p*ublic-*s*ector *b*orrowing *r*equirement ((英国の)公的機関借入需要)

pse·phol·o·gy /sɪfá(ː)lədʒi | -fɔ́l-/ 名 U 選挙学(投票の統計的研究) **-gist** 名 C 選挙学者

pseud /sjuːd/ 形 名 《主に英口》=pseudo

pseud. 略 pseudonym

pseud·e·pig·ra·pha /sjùːdɪpígrəfə/ 名 《ときに P-》《複数扱い》(旧約聖書の)偽書, 偽典

pseu·do /sjúːdou/ 形 にせの, まがいの, 見せかけだけの；わかったようなふりをする, 物知り顔の —名 (複 **～s** /-z/) C わかったようなふりをする人, 物知り顔をする人, にせ者

pseudo- /sjuːdou-, -də-/ 《発音注意》 連結形「偽りの, にせの(false)；装った, 仮の(pretended)；疑似的な」などの意(♦ 母音の前では pseud-)

pséudo·càrp 名 C 〖植〗偽果, 擬果(イチゴ・リンゴなど)
psèudo·cár·pous 形

psèudo·clássic 形 名 C 《米》擬古典的な(もの)

pséudo·mòrph 名 C ❶ 偽形, 不正形 ❷ 〖鉱〗仮晶, 仮像
psèudo·mórphic, -mórphous 形 **psèudo·mórphìsm** 名 U 〖鉱〗仮晶, 仮像現象

pseu·do·nym /sjúːdənɪ̀m/ 名 C 偽名, 変名；(特に)筆名, ペンネーム, 雅号 ‖ written under the ～ of ... …のペンネームで書かれた

pseu·don·y·mous /sjuːdɑ́(ː)nɪməs | -dɔ́n-/ 形 ペンネームで書かれた；ペンネームで物を書く, 偽名を使う

psèudo·prégnancy 名 C 想像妊娠

psèudo·scíence 名 U 疑似科学, いんちき科学

psf 略 *p*ounds per *s*quare *f*oot

P

pshaw /pʃɔː/ 間《旧》《戯》ちえっ，ふん《不快・軽蔑などを表す》

psi[1] /psaɪ/ 名 ❶ C プシー《ギリシャ語アルファベットの第23字．Ψ, ψ．英語の ps に相当》 ❷ U サイ《超常現象，またそれを起こす力》

psi[2] 略 *p*ounds per *s*quare *i*nch

psi·lo·cy·bin /sàɪləsáɪbɪn/ 名 U 〖化〗サイロサイビン，シロシビン《ある種のキノコに含まれる幻覚剤成分》

psit·ta·co·sau·rus /sìtəkousɔ́ːrəs/ 名 C 〖古生〗プシッタコサウルス《中生代白亜紀中期の草食性恐竜．オウムのようなくちばしを持つ．最も原始的な角竜とされる》

psit·ta·co·sis /sìṭəkóusəs | -sɪs/ 名 U 〖医〗オウム病《鳥類とヒトの感染症の一種》

pso·ri·a·sis /səráɪəsɪs/ 名 U 〖医〗乾癬(かんせん)

psst /pst/ 間 ちょっと，あのね《そっと注意を引くときの発声》

PST 略 *P*acific *S*tandard *T*ime ((米国の)太平洋標準時)

psych, psyche[1] /saɪk/ 《発音注意》 動 他 ❶《口》〔対戦相手など〕をおじけづかせる《*out*》 ❷《口》〔人〕に〈…に備えて〉心の準備をさせる《*up*》〈for〉‖ ～ oneself *up for* an exam 試験に備えて心の準備をする ❸〔人〕の心理分析(治療)をする

psỳch óut ... / ***psỳch*** ... ***óut*** 〈他〉《口》① = 他 ❶ ②〔問題など〕を正しく分析する，解き明かす；〔人〕の心理を読む

── 名 ❶《口》= psychologist ❷ = psychiatry, psychology

── 形《限定》❶《口》= psychiatric ❷ = psychedelic

psych. 略 psychological, psychology

psy·che[2] /sáɪki/ 名《通例単数形で》《the ～, one's ～》魂，霊魂(soul)；精神(mind)

Psy·che /sáɪki/ 名 〖ギ神〗プシュケー《Eros に愛された美少女》

psyched /saɪkt/ 形《叙述》《口》気持ちが高まって，心の準備ができて《*up*》‖ I'm ～ (*up*) about tomorrow's presentation. 明日の発表に向けて心の準備はできている

psych·e·de·lia /sàɪkədíːliə/ 名《単数・複数扱い》サイケデリックなもの《幻覚剤の影響を受けた(ような)音楽・絵・ファッションなど》

psy·che·del·ic /sàɪkədélɪk/ 〈シ〉 形《通例限定》❶ 幻覚的な，サイケデリックな；幻覚剤の ❷ サイケ調の，けばけばしい ── 名 C 幻覚剤(LSDなど) **-i·cal·ly** 副

***psy·chi·at·ric** /sàɪkiǽtrɪk/ 《発音・アクセント注意》〈シ〉 形《限定》精神病学[治療]の **-ri·cal·ly** 副

▸▸ **～ hóspital** 名 C 精神科病院

***psy·chi·a·trist** /saɪkáɪətrɪst/ 《発音注意》 名 C 精神科医，精神病学者

***psy·chi·a·try** /saɪkáɪətri/ 《発音・アクセント注意》 名 U 精神医学，精神病学；精神病治療法

***psy·chic** /sáɪkɪk/ 《発音・アクセント注意》 形 ❶ 心霊の，霊魂の(↔ physical)，超自然的な ‖ ～ research 心霊研究 / ～ force 心霊力 / a ～ phenomenon 心霊現象 / ～ powers 超能力 ❷ (人が)心霊作用を受けやすい，超能力を持った ❸ 精神の，心の ‖ her ～ makeup 彼女の精神形成 ── 名 C 心霊作用を受けやすい人，霊媒，巫女(みこ)

▸▸ **～ íncome** 名 U 〖経〗精神的収入《職業・社会活動から得られる満足感や充実感》

psy·chi·cal /sáɪkɪkəl/ 形 = psychic ❶ **～·ly** 副

psy·chics /sáɪkɪks/ 名 U 心霊研究

psy·cho /sáɪkou/ 《口》 名 (複 **～s** /-z/) C (暴力傾向のある)精神病者(psychopath) ── 形 精神病の

psycho- /saɪkou-, -kə-/ 連結形「精神(mind)，心理」の意(◆ 母音の前では psych-)

psỳcho·áctive 〈シ〉 形 (薬物などが)精神に作用する

***psy·cho·a·nal·y·sis** /sàɪkouənǽləsɪs/ 名 U 精神分析(学)；精神分析療法

psỳcho·ánalyst 名 C 精神分析学者

psỳcho·analýtic(al) 〈シ〉 形 精神分析(学)の **-i·cal·ly** 副

psỳcho·ánalyze 動 他 …を精神分析する，精神分析で治療する

psýcho·bàbble 名 U ⊗《口》《蔑》心理学めかした話，やたらに心理学用語の多い言葉遣い

psỳcho·biólogy 名 U ❶ 精神生物学《精神と肉体の関係を研究する生物学》 ❷ 生物学的心理学
-biológic(al) 形 **-biologist** 名

psýcho·dràma 名 U サイコドラマ《精神療法として患者に行わせる劇》

psỳcho·dynámics 名 U 精神力学，心理力学
-dynámic 形

psỳcho·gén·ic /-dʒénɪk/ 形 心因性の，心理的条件から起こる ‖ a ～ cause 心因

psỳcho·ki·né·sis /-kaɪníːsɪs/ 名 U 念力，念動力《念じるだけで物を動かす力》

psychol. 略 psychological, psychologist, psychology

psỳcho·linguístics 名 U 心理言語学，言語心理学

‡**psy·cho·log·i·cal** /sàɪkəlɑ́(ː)dʒɪkəl | -lɔ́dʒ-/ 《発音注意》〈シ〉
── 形《比較なし》❶《通例限定》**心理的な**，精神の，精神的な ‖ ～ effects 心理的効果 / a ～ novel 心理小説 / ～ preparation 心の準備
❷《限定》**心理学の**，心理学上の ❸ 気のせいの ‖ Your disease is ～. あなたの病気は気のせいです
～·ly 副 心理学上；精神的に，心理的に

▸▸ **～ móment** 名《the ～》精神状態が最適の時，潮時，好機 ‖ at the ～ *moment* 《口》ちょうどよい折に，折よく **～ operátion** 名 C (軍・警察による)心理作戦 **～ wárfare** 名 U 心理戦，神経戦

***psy·chol·o·gist** /saɪkɑ́(ː)lədʒɪst | -kɔ́l-/ 《発音注意》 名 C 心理学者

psy·chol·o·gize /saɪkɑ́(ː)lədʒàɪz | -kɔ́l-/ 動 自 心理学的に考察する ── 他 …を心理学的に分析[解釈]する

‡**psy·chol·o·gy** /saɪkɑ́(ː)lədʒi | -kɔ́l-/ 《発音注意》
── 名 ❶ U **心理学** ‖ child ～ 児童心理学 / social ～ 社会心理学 / clinical ～ 臨床心理学
❷ U/C《単数形で》(人・集団の)心理，心理状態 ‖ I can't understand the ～ of teenagers. 私には10代の若者の心理が理解できません / mass [OR mob] ～ 群集心理 ❸ U/C《単数形で》人の心理を読み取る力；心理作戦 ‖ Anybody with a little ～ can see why that child's crying. 人の心理が少し読める人ならだれでもなぜあの子が泣いているのかわかるはずだ

psỳcho·métrics 名 U 精神測定学《心理的能力や特性などを測定する》

psỳcho·mótor 形《限定》(精神を源とする)筋運動の，精神運動の ‖ ～ disturbance 精神運動障害

psỳcho·neurósis 名 = neurosis

psỳcho·neurótic 形 名 = neurotic

psy·cho·path /sáɪkəpæ̀θ, -kou-/ 名 C (暴力傾向のある)精神病者；精神病質患者

psy·cho·path·ic /sàɪkəpǽθɪk, -kou-/ 〈シ〉 形 精神病の；精神病質の

psy·cho·pa·thol·o·gy /sàɪkoupəθɑ́(ː)lədʒi | -θɔ́l-/ 名 U 精神病理学

psy·chop·a·thy /saɪkɑ́(ː)pəθi | -kɔ́p-/ 名 U 《口》精神病；《旧》精神病質

psỳcho·pharmacólogy 名 U 神経薬理学

psỳcho·phỳsiólogy 名 U 〖心〗精神生理学

psỳcho·séxual 〈シ〉 形 性心理の

psy·cho·sis /saɪkóusɪs/ 名 (複 **-ses** /-siːz/) C U (重度の)精神病

psỳcho·sócial 〈シ〉 形 社会心理的な

psỳcho·somátic 〈シ〉 形 心身相関の ‖ a ～ disease 心身相関の疾患，心身症

psỳcho·súrgery 名 U 精神外科

psỳcho·therapéutic 形 心理療法の

psỳcho·thérapy 名 U 心理療法 **-thérapist** 名

psy·chot·ic /saɪkɑ́(:)t̬ɪk | -kɔ́t-/ 形 (重度の)精神病の[にかかった] ―名 C (重度の)精神病患者

psy·chot·o·mi·met·ic /saɪkɑ̀(:)t̬oʊmɪmét̬ɪk | -kɔ̀t-/ 形 名 C 幻覚や精神病の症状を起こす(薬)

psỳcho·trópic ◁シ 名 C 形 向精神薬(の)《精神安定剤や幻覚剤のように精神に作用する》

Psy·Ops /sáɪɑ̀(:)ps | -ɔ̀ps/ 略 *psy*chological *op*eration*s* (♦ Psyops, psyops とも書く)

pt, p.t. 略 《ラテン》*pro tempore* (=for the time being)(今のところ)

Pt 記号 〖化〗platinum(プラチナ)

PT, P.T. 略 *P*acific *T*ime ; *p*hysical *t*herapy ; *p*hysical *t*raining

pt. 略 part ; payment ; pint(s) ; point ; port

***PTA** 略 *P*arent-*T*eacher *A*ssociation ; *P*assenger *T*ransport *A*uthority((英国の)交通局)

ptar·mi·gan /tɑ́ːrmɪɡən/ 名 (複 ~ OR ~s /-z/) C 〖鳥〗ライチョウ(雷鳥)

PT bòat /pì:tí:-/ 名 C 《米》哨戒(しょうかい)魚雷艇(♦ *p*atrol *t*orpedo *boat* の略)

Pte. 略 《英》Private (soldier)

pter·o·dac·tyl /tèrədǽktɪl/ 名 C 〖古生〗プテロダクティルス《翼竜の一種》

pter·o·pod /térəpɑ̀(:)d | -pɔ̀d/ 名 C 〖動〗翼足類の動物《クリオネを含む海産の軟体動物の古い分類群名称》

pter·o·saur /térəsɔ̀ːr/ 名 C 〖古生〗翼竜

ptg. 略 printing

PTO 略 ❶ 《米》*P*arent *T*eacher *O*rganization ❷ 《英》*p*lease *t*urn *o*ver (the page) (裏面に続く) ❸ *p*ower *t*ake*o*ff((トラクターなどの)動力取り出し装置)

Ptol·e·ma·ic /tɑ̀(:)ləméɪɪk | tɔ̀l-/ ◁シ 形 ❶ プトレマイオス(Ptolemy)の ; 天動説の ❷ (古代エジプトの)プトレマイオス王朝の ▶▶ ~ **sýstem** 名 《the ~》プトレマイオス説 ; 天動説(→ Copernican system)

Ptol·e·my /tɑ́(:)ləmi | tɔ́l-/ 名 プトレマイオス, トレミー《2世紀アレキサンドリアの天文学者. 天動説を唱えた》

pto·maine /tóʊmeɪn/ 《発音注意》 名 U C 《旧》〖化〗プトマイン《タンパク質の腐敗によって生じる物質》
▶▶ ~ **póisoning** 名 U C 食中毒(food poisoning)(ptomaine が原因と思われていた)

PTSD 略 *p*ost-*t*raumatic *s*tress *d*isorder(心的外傷後ストレス障害)

PTV 略 *p*ay *t*ele*v*ision ; *p*ublic *t*ele*v*ision((非営利)公共テレビ放送)

P2P /pì: tə pí:/ 略 💻peer-to-peer

Pty. 略 《豪・南ア》Proprietary ❸

pty·a·lin /táɪəlɪn/ 名 U 〖生化〗プチアリン, 唾液(だえき)でんぷん分解酵素

Pu 記号 〖化〗plutonium(プルトニウム)

***pub** /pʌb/ 名 C (主に英国の)パブ, 居酒屋, 酒場(《米》bar)(♦ public house の短縮形) ; 《豪》ホテル ‖ We went to a ~ nearby for a drink. 一杯やりに近くのパブに行った ―動 自 パブへ行く[通う]

pub. 略 public ; publication, published, publisher

pub·cast·er /pʌ́bkæ̀stər/ 名 C 公共放送局[網]

púb-cràwl 名 C 動 自 《口》はしご酒(をする)(barhop) ‖ go on a ~ はしご酒をする **~·er** 名

pu·ber·ty /pjú:bərt̬i/ 名 U 思春期, 年ごろ ‖ reach [OR enter] ~ 年ごろになる **-tal** 形

pu·bes¹ /pjú:bi:z/ 名 (複 ~) C 〖解〗陰部 ; 陰毛

pu·bes² /pjú:bi:z/ 名 pubis の複数

pu·bes·cence /pjubésəns/ 名 U ❶ 思春期に達していること, 年ごろ ; 思春期の始まり ❷ 〖生〗軟毛

pu·bes·cent /pjubésənt/ 形 《通例限定》❶ 思春期に達している[達する], 年ごろの ❷ 〖生〗軟毛で覆われた

pu·bic /pjú:bɪk/ 形 《限定》〖解〗陰部の ; 恥骨の ‖ ~ hair 陰毛

pu·bis /pjú:bɪs/ 名 (複 **-bes** /-bi:z/) C 〖解〗恥骨

*****pub·lic** /pʌ́blɪk/ 形 名

中心義 公の(人々)

―形 〔▶ publicity 名, publicize 動〕(**more ~** ; **most ~**) (♦ ❹ 以外比較なし)

❶ 《限定》**公の**, 公共の, 公衆の, 社会一般の, 世間の(↔ private) ‖ win ~ support 大衆の支持を得る / be in the ~ **interest** 公益にかなう / ~ funds 公共基金 ; 《英》公債, 国債 / ~ morality 公衆道徳 / a ~ outcry 大衆の強い抗議 / a ~ policy 公共政策 / ~ welfare 公共の福祉 / one's ~ reputation 世間の評判

❷ 《限定》**公共用の**, 公衆のための ; **公立の** ‖ *Public* telephones are disappearing due to the spread of cellphones. 携帯電話の普及により公衆電話が消えつつある / a ~ hall 公会堂 / a ~ bath 公衆浴場 / a ~ beach 一般立ち入り自由の浜辺 / a ~ road 公道

❸ 《限定》**公務の**, 公務に携わる, 公的な, 官界の ‖ ~ money 公金 / a ~ employee [OR official, officer] 公務員 / a ~ man 公人 / ~ offices 官公庁 / ~ life (政府関係者の)公的生活 / hold a ~ position 公職に就いている / at ~ expense 公費で

❹ **公然の**, 周知の, 人目にさらされた ; 著名な ; **公開の**(↔ secret) ‖ Her divorce became ~ knowledge. 彼女の離婚はだれもが知るところとなった / The assets of the cabinet ministers were made ~. 閣僚たちの資産が公表された ❺ 公開の ‖ ~ discussion 公開討論 / a ~ hearing 公聴会

gò públic ①〈大衆には秘密にされていたことを〉公にする, すっぱ抜く, 公の場に出る〈**with**〉 ‖ *go ~ with* the scandal スキャンダルをすっぱ抜く ②(会社が)株式を公開する

―名 《集合的に》《単数・複数扱い》 ❶ 《the ~》**一般大衆**, 公衆, 民衆, 社会(一般), 世間(♦ 《米》では通例単数扱い. 《英》では全体を一つの集団と見る場合単数扱い, 個々の成員を意識する場合複数扱い) ‖ The castle is open to the ~. その城は一般に公開されている / The ~ are required to protect their property. 《掲示》各自所持品にご注意ください / the **general** ~ 一般大衆 / the American ~ アメリカ国民

❷ C 《単数形で》…仲間, …界, …(階)層(の人々), …ファン《共通の利害・目的・関心などを持つ》 ‖ the reading ~ 一般読者(層) / the musical ~ 音楽愛好家 / a middle-class ~ 中流階級(の人々) / His book appealed to a large ~. 彼の本は広く世間の人々の心に訴えかけた / Your ~ is still with you. 君のファンはまだ君についているよ ❸ C 《英》=public bar

****in públic*** 人前で[に], 公然と(↔ *in private*) ‖ She rarely speaks *in* ~. 彼女はめったに人前で話さない

語源 「民衆」の意のラテン語 *populus* から. people, publish と同語源.

▶▶ ~ **áccess** 名 U パブリックアクセス《一般人の情報入手のための土地・建物への立ち入り権 ; 《米》ラジオ・テレビ使用権》 ~ **áccess chànnel** 名 C (有線テレビの)一般人が放送できるチャンネル ~ **affáirs** 名 複 公務 ; 公共問題, 政治問題 ~ **bár** 名 C 《英》(パブの)一般席(→ lounge bar ; saloon bar) ~ **cómpany** 名 C 《英》株式公開会社(↔ private company) ~ **convénience** 名 C 《英》公衆便所 ~ **corporátion** 名 C 《米》① 公共企業体, 公法人, 公社, 公団 ② =public company ~ **defénder** 名 C 《米》〖法〗公選弁護人 ~ **domáin** 名 ① 《the ~》〖法〗パブリックドメイン《特許・著作権などの権利消滅状態》 ‖ ~ *domain* software 著作権が放棄されている[消滅している]ソフトウェア《本来は公的機関が一般に無償で幅広く利用してもらう目的で開発したプログラム. 略 PDS》 ② C 《米》公有地 ~ **éditor** 名 C パブリックエディター《新聞社などの社内オンブズマン的ポジション》 ~ **énemy** 名 C 社会の敵《凶悪な犯罪者など》 ‖ ~ *enemy* number one 最も凶悪な犯罪者, 最大の社会的脅威 ~ **éye** 名 《the ~》世間の目 ‖ in the ~

eye ⇨ EYE (成句) **~ fígure** 名 C 有名人；公人 **~ héalth** 名 U 公衆衛生 ‖ a ~ *health* official [specialist, worker] 公衆衛生関係の職員[専門家, 作業員] **~ hóliday** 名 C 祝祭日 **~ hóuse** 名 C《英堅》= pub **~ hóusing** 名 U (貧困者用の) 公営住宅 (→ council house) **~ kéy encrỳption** 名 U 💻 公開鍵(かぎ)暗号システム **~ láw** 名 U ① 公法《個人と国家との法的関係を扱う》(↔ private law) ② 公法律 (public act) **~ lénding rìght** 名 U (英国の) 公貸権《図書館での貸し出しによって著者がこうむる損失を補償する権利》 **~ lìmited cómpany** 名 C =public company《略 P. L. C.》 **~ núisance** 名 ① U/C《単数形で》《英》公的不法妨害 ② C《通例単数形で》《口》世間のやっかい者 **~ opínion** 名 U 世論 **~ ównership** 名 U (鉄道などの) 国有, 国営 **~ próperty** 名 U ① 公有の土地や財産 ②《口》公のもの **~ prósecutor** 名 C《英》検察官 **~ púrse** 名《the ~》国庫 **Pùblic Récord Òffice** 名《the ~》英国公文書館 **~ relátions** 名 ①《単数扱い》広報 (活動), ピーアール《略 PR, P.R.》‖ a ~ *relations* company [OR firm] 広告会社 ②《複数扱い》(企業などの) 対社会関係 **~ schóol** /, ⌒⌒⌒/ 名 C ① (英国の) パブリックスクール《私立の寄宿制中・高等学校. 大学進学の予備教育を行う》 ② (主として米国の) 公立小中学校 **~ séctor** 名《the ~》パブリックセクター, 政府管轄分野, 国営事業 **~ sérvant** 名 C (国家) 公務員；(選出[任命]される) 公務員, 官吏, 公僕 **~ sérvice** 名 C ① 公務, 行政事務 (civil service) ② 公共[公益]事業 ③ U C 公共奉仕, 社会奉仕 **~ spéaking** 名 U (人前での) 演説；弁論術 **~ spírit** 名 U 公共心 **~ télevision** 名 U (非営利) 公共テレビ放送 **~ transportátion** [《英》**tránsport**] 名 U 公共輸送機関 **~ utílity** 名 C ① (水道・電気などの) 公共[益]事業会社 ②《通例 -ties》公共[益]事業会社株 **~ wórks** (↓)

pùblic-addréss sỳstem 名 C (講堂・屋外などの) 拡声装置 (PA system; PA)

pub·li·can /pʌ́blɪkən/ 名 C ❶《英》パブの主人 ❷《ローマ史》収税吏

***pub·li·ca·tion** /pʌ̀blɪkéɪʃən/ 名〔◁ publish 動〕U ❶ **出版**, 刊行, 発行 ‖ the date of ~ 発行年月日 ❷ 公表, 公開, 発表, 公布 ‖ This discussion is not for ~. この討論は非公開だ / the ~ of the election results 選挙結果の発表 ❸ C 出版物, 刊行物 ‖ a weekly [monthly] ~ 週[月]刊誌 / official ~*s* 公報

pub·li·cist /pʌ́blɪsɪst/ 名 C 広報[宣伝]担当

***pub·lic·i·ty** /pʌblísəṭi/ 名〔◁ public 形〕U ❶ 一般に知れ渡ること (↔ privacy), 周知 (の状態), 評判 ‖ get [OR gain, receive] good ~ 好評を得る / avoid [OR shun] ~ 人目を避ける / court [OR seek] ~ 評判を得ようとする / advance ~ 前評判 / adverse [OR bad] ~ 悪評 / a ~ stunt 世間の目を引くための派手な行為 ❷ 宣伝, 広告 ‖ a ~ campaign 宣伝活動

▸▸ **~ àgent** 名 C (劇場・俳優などの) 広報担当

***pub·li·cize** /pʌ́blɪsàɪz/ 動〔◁ public 形〕他 ❶ …を一般に知らせる, 公にする ❷ …を宣伝する, 広告する ‖ ~ a new product 新製品を宣伝する

***pub·lic·ly** /pʌ́blɪkli/ 副 (**more ~**；**most ~**) ❶ 公に, 公然と, おおっぴらに ‖ object ~ 公然と反対する ❷《比較なし》一般大衆に (よって), (広く) 一般に；国家の手で, 公的に ‖ ~ available 一般の人が利用できる, だれにでも利用できる

▸▸ **~ tráded stòck** 名 C〚株〛公開株

pùblic-sérvice corporàtion 名 C《米》公益事業会社

pùblic-spírited ⊲シ 形 公共心のある

pùblic wórks 名 複 (道路・ダム建設などの) 公共工事；公共建造物, 公共施設

pùblic-wórks 形 公共工事の；公共施設の ‖ ~ projects 公共工事計画

*****pub·lish** /pʌ́blɪʃ/

— 動〔▶ publication 名〕(**~·es** /-ɪz/；**~ed** /-t/；**~·ing**)

— 他 ❶ …を**出版する**,〔新聞・雑誌など〕を発行する；〔著作〕を発表する；…を電子出版する；(新聞などが) …を紙面に載せる ‖ The retired champion ~*ed* his memoirs. 引退したチャンピオンは回想録を出版した / ~ Joyce [educational material] ジョイスの作品[教材]を出版する / This dictionary is also ~*ed* on CD-ROM. この辞書はCD-ROMでも出されている / Her column was recently ~*ed* in *The Times*. 彼女のコラムがタイムズ紙に最近掲載された

❷ …を**正式に発表する**, 公表する；〔法令など〕を公布する；…を一般に知らせる (♦ しばしば受身形で用いる) ‖ ~ his will 彼の遺言を公表する ❸〚法〛〔誹謗(ひぼう)中傷〕を流す

— 自 ❶ 出版事業を行う ❷ (書籍などが) 出版される

***pub·lish·er** /pʌ́blɪʃər/ 名 C ❶ 出版社, 発行者 ❷《主に米》新聞社のオーナー

***pub·lish·ing** /pʌ́blɪʃɪŋ/ 名 U 出版, 電子出版, 発行；出版業 ‖ newspaper ~ 新聞の発行 / desktop ~ デスクトップパブリッシング《パソコンによる卓上出版[編集]. 略 DTP》 ▸▸ **~ hòuse** 名 C 出版社

Puc·ci·ni /putʃíːni/ 名 **Giacomo ~** プッチーニ (1858–1924)《イタリアのオペラ作曲家》

puce /pjuːs/ 名 U 形 褐色がかった紫色 (の), 暗赤色 (の)

puck /pʌk/ 名 C ❶〚アイスホッケー〛パック《ゴム製の硬い円盤. これを stick で打つ》 ❷ 💻 パック《タブレットでの入力に使うマウスに似た器具》

Puck /pʌk/ 名 パック《英国民話のおちゃめな小妖精(ようせい)》

puck·a /pʌ́kə/ 形 =pukka

puck·er /pʌ́kər/ 動 他 自 (縫い目・布などに[が]) ひだ[しわ]を寄せる[が寄る], (まゆ・顔などを) しかめる, (唇などを[が]) すぼめる[すぼまる]《*up*》

— 名 C ひだ, しわ, (口の) すぼみ

puck·ish /pʌ́kɪʃ/ 形 (Puck のように) いたずら好きな, おちゃめな **~·ly** 副

pud /pud/ 名 U C《英口》プディング (pudding)

***pud·ding** /púdɪŋ/ 名 U C ❶ プディング《穀類と果物・牛乳などで作る温かい食べ物》‖ rice ~ ライスプディング ❷ カスタードプリン ❸ C プディング状のもの ❹《主に英》(食事のコースとしての) デザート (の菓子) ‖ What's for ~? デザートは何ですか ❺《英》(内臓などを詰めた) ソーセージの一種 ❻ C《英口》ばか, 間抜け；でぶ

be in the púdding clùb《英口》妊娠している

▸▸ **~ bàsin** 名《英》C ① プディング作りに使う深いボウル ② プディング用のボウルを逆にした型のヘアスタイル

púdding·stòne 名 U〚岩〛礫岩(れきがん)

pud·dle /pʌ́dl/ 名 ❶ C (雨の後などの) 水たまり；(液体の) 小さなたまり (⇨ POND 類語) ❷ U (堤防などの水漏れを防ぐ) こね土 ❸ C オールでひとかきしたときにできる渦

— 動 自 (水など液体が) たまる

— 他 ❶ …を泥水でぬらす ❷ …をこね土にする；〔堤防など〕をこね土で固める ❸〔溶鉄〕を攪錬(かくれん)する

▸▸ **~ jùmper** 名 C《主に米口》軽飛行機

pud·dly /pʌ́dli/ 形 (道路などが) 水たまりだらけの

pu·den·dum /pjudéndəm/ 名 (複 **-da** /-də/) C《通例 -da》(特に女性の) 外陰部

pudg·y /pʌ́dʒi/ 形《口》(人・体の部分が) ずんぐりした **púdg·i·ness** 名

pueb·lo /pwéblou/ 名 (複 **~s** /-z/) ❶ C (米国南西部の日干しれんが造りの) 北米先住民集落 ❷《P-》プエブロ民族《米国南西部に住む北米先住民》

— 形《P-》プエブロ民族の

pu·er·ile /pjúərəl | -aɪl/ 形 子供じみた (childish)；子供の **~·ly** 副

pu·er·il·i·ty /pjuəríləṭi/ 名 (複 **-ties** /-z/) U 幼稚さ, たわいのなさ；C《通例 -ties》幼稚な言動

pu·er·per·al /pjuə́ːrpərəl/ 形 出産の, 産褥(さんじょく)の
▶▶**～ féver** 名 U 産褥熱

Puer·to Ri·can /pwèərṭə ríːkən | pwə̀ːtou-/ 〈シ〉 形 プエルトリコの, プエルトリコ人の ━名 C プエルトリコ人

Puer·to Ri·co /pwèərṭə ríːkou | pwə̀ːtou-/ 《アクセント注意》 名 プエルトリコ《西インド諸島中の米国自治領島. 首都 San Juan. 略 P.R.》

***puff** /pʌf/ 動 自 ❶《しばしば進行形で》(走った後などで)息を切らす, あえぐ, はあはあ言う ‖ The runner was ～*ing* hard. ランナーは息を切らしあえいでいた ❷〈たばこ・パイプを〉ぷかぷかふかす《*away*》〈**at, on**〉‖ ～ (*away*) *at* one's cigar ひっきりなしに葉巻をふかす / ～ *on* a pipe パイプをふかす ❸ (煙・蒸気などが)ぱっと吹き出す, もくもくと出る, (風が) さっと吹く ‖ Smoke ～*ed* from the chimney. 煙突から煙がもくもくと吹き出た ❹《+副句》(汽車が) 煙を吐いて走る, (人が)あえぎながら進む〈**along, up,** etc.〉‖ ～ *up* the hill はあはあ言いながら丘をのぼる
━他 ❶〔煙・息など〕をぷっと吹く, 吹き出す《*out*》; …を〈…に〉吹きかける〈**into, in, toward**〉‖ ～ *out* clouds of smoke もくもくと煙を吐き出す / Don't ～ your tobacco smoke *into* [OR *in*] my face. たばこの煙を私の顔に吹きかけないで ❷〔たばこ〕をふかす ❸ …を誇大広告する, 大げさに褒める
pùff and blów [OR ***pánt***] はあはああえぐ
****pùff óut*** 〈他〉《***pùff óut ...*** / ***pùff ... óut***》 ① ⇨ 他 ❶ ② …をふくらます ‖ ～ *out* one's chest (得意になって)胸をふくらませる / ～ *out* one's cheeks 頬(ほお)をふくらませる(♥ 驚いた, やれやれ困ったというときのしぐさ) ③《通例受身形で》(運動などで) 息が切れる ④〔ろうそくなど〕を吹き消す ━〈自〉ふくらむ, はれる
****pùff úp*** 〈他〉《***pùff úp ...*** / ***pùff ... úp***》 ① …をふくらます ②《通例受身形で》得意になる, いい気になる ‖ I was ～*ed up* with [OR by] confidence in my talents. 自分の才能を信じて思い上がっていた ━〈自〉ふくらむ, はれる
━名〔▶ puffy 形〕C ❶〈風・息・煙・蒸気などの〉一吹き; 一吹きの音[量]〈**of**〉; はっ, ふーっ《息などを吐き出す音》‖ a ～ *of* wind 一陣の風 / a sudden ～ *of* dust さっと舞い上がるほこり / blow out little ～*s of* smoke from a pipe パイプをふかして煙を少しずつ吐き出す / vanish in a ～ *of* smoke ぱっと消える / have a ～ into the Breathalyzer 酒気検知器に息を吹き込む
❷〈たばこなどの〉一服〈**at, on**〉‖ May I have a ～? たばこを吸ってもいいですか / have [OR take] a ～ *at* [OR *on*] a cigarette 一服する
❸ U《英口》息 ‖ out of ～ 息を切らして / get one's ～ back (息を切らした後で)ふつうに息ができるようになる
❹ パフ《クリーム・ジャムなどを詰めたシュークリームのような菓子》‖ a cream ～ シュークリーム ❺ ふわふわしたもの, ふくらみ, (衣服の) ひだ取りのふくらみ; ふくらませた巻き毛 ❻ (人・本などに対する)大げさな賛辞, 推奨記事; (商品の)誇大広告(《米》puff piece) ‖ give a ～ to a novel 小説をべた褒めする ❼ (化粧用の) パフ ❽《米》(キルト仕上げの)掛け布団 ❾〖生〗パフ《染色体中のDNAとRNAが活発に合成されていることを示すふくらんだ部分》
▶▶**～ àdder** 名 C〖動〗① パフアダー《アフリカ産の毒蛇. 怒ると体をふくらませる》②《米》ホッグノーズ(hognose snake)《北米産の無毒の蛇》 **～ pástry** 名 U パフペーストリー《パイやケーキなどに使うバターを多量に含む練り粉》 **～ sléeve** 名 C =puffed sleeve

Puf·fa /pʌ́fə/ 名 C《英》《商標》パッファ《キルトジャケット》

púff·bàll 名 C ❶〖植〗ホコリタケ《キノコの一種》❷ (=～ **skírt**) パフボールスカート《すそを絞って全体に丸みをつけた短いスカート》

puffed /pʌft/ 形 ❶《叙述》《英》(人が)息を切らして, あえいで《*out*》❷ (身体の一部が)はれた《*up*》❸ (衣服の一部が)ふくらんだ
pùffed úp 思い上がった, 尊大な; 値をつり上げた
▶▶**～ sléeve** 名 C (ギャザーやタックで)ふくらませたそで

puff·er /pʌ́fər/ 名 C ❶ (=～ **fish**)〖魚〗フグ ❷《口》(薬の) 吸引器具 ❸《英》ぽっぽ《汽車または蒸気機関》(♥ 小児語)

puff·er·y /pʌ́fəri/ 名 U《主に米口》誇大広告

puf·fin /pʌ́fɪn/ 名 C〖鳥〗ツノメドリ《泳ぎの巧みな海鳥》

***puff·y** /pʌ́fi/ 形〔◁ puff 名〕❶ (目・顔などが)ふくらんだ; はれた ‖ ～ eyes はれぼったい目 ❷ (雲・綿などが)柔らかそうな, ふんわりした ❸ (風・息などが)さっと吹く; 息切れした, あえぐ ❹ うぬぼれた **púff·i·ly** 副 **púff·i·ness** 名

pug¹ /pʌg/ 名 C〖動〗パグ《ブルドッグに似た小型犬》
▶▶**～ nóse** (↓)

pug² /pʌg/ 名《口》=pugilist

pug³ /pʌg/ 動 (**pugged** /-d/; **pug·ging**) 他 ❶〔粘土など〕をこねる ❷ …にこね土を詰める
━名 U こね土《れんが・陶器などの材料》

pug⁴ /pʌg/ 名 C (動物の)足跡

pu·gil·ism /pjúːdʒɪlɪ̀zm/ 名 U《旧》拳闘(けんとう), ボクシング(boxing) **pù·gi·lís·tic** 形

pu·gil·ist /pjúːdʒɪlɪst/ 名 C《旧》(プロの) 拳闘家, ボクサー(boxer)

pug·na·cious /pʌ̀gnéɪʃəs/ 形 けんか好きな, けんか早い **～·ly** 副 **～·ness** 名

pug·nac·i·ty /pʌgnǽsəṭi/ 名 U けんか好き

pùg nóse 名 C しし鼻 **pùg-nósed** 形

pu·is·sance /pjúːəsəns | pwíːsəns/ 名 ❶ C《単数形で》(馬術の)大障害飛越競技 ❷ U《文》絶大な権力

pu·is·sant /pjúːəsənt | pwíːsənt/ 形《文》絶大な権力を有する, 強力な **～·ly** 副

puke /pjuːk/《口》動 自 他 (…を)吐く《*up*》
━名 U げろ, へど; C 吐くこと

puk·ka /pʌ́kə/ 形 ❶ 本物の, 上流の ‖ a ～ sahib 本物の紳士 ❷《口》上等の, 上出来の

pul /puːl/ 名 (複 **～s** /-z/ OR **pu·li** /púːli/) C プール《アフガニスタンの通貨単位で100分の1アフガニー》(afghani)

pu·li¹ /pjúːli/ 名 (複 **～s** /-z/ OR **-lik** /-lɪk/) C〖動〗プーリー, プリ《ハンガリー産の毛の長い牧羊犬》

pu·li² /púːli/ 名 pul の複数の1つ

Pùl·it·zer Príze /pùlɪtsər-/ 名 C ピュリッツァー賞《毎年, ジャーナリズム・文学・音楽の分野で優れた業績をあげた作品に贈られる. ハンガリー生まれの米国のジャーナリスト Joseph Pulitzer(1847-1911)が創設》

*****pull** /pul/ 動 名

中心義 **Aを引き寄せる**(★Aは具体的な「物」に限らず, 「注意」のように抽象的なものも含む)

━動 (**～s** /-z/; **～ed** /-d/; **～·ing**)
━他 ❶ …を**引く, 引っ張る** (↔ push) (⇨ 類語) ‖ Stop ～*ing* my hair, please. お願い, 私の髪を引っ張らないで / To open the door, ～ the lever. ドアを開けるにはレバーを引きなさい / The prince and princess's carriage was ～*ed* by four white horses. 皇太子夫妻の馬車は4頭の白馬に引かれた / ～ her sleeve＝～ her by the sleeve 彼女のそでを引っ張る / ～ the curtains カーテンを引く / ～ the trigger (銃の)引き金を引く
❷ **a**《+目+副句》…を**引いて**[引っ張って] (…の方へ) **動かす**, 引き寄せる (↔ shove) ‖ He ～*ed* a key chain out of his pocket. 彼はポケットからキーホルダーを引っ張り出した / She ～*ed* Bill aside to give him a scolding. 彼女はビルをしかるためわきへ引き寄せた / ～ down a shade (窓の) 日よけを引き下ろす / ～ oneself out of the water (何かにつかまって)水から上がる
b《+目+補〈形〉》…を引いて…の状態にする ‖ I ～*ed* the door open [shut]. ドアを引いて開けた [閉めた] (♦ 補語が open の場合は I pulled open the door. の語順になることも多い) / ～ a knot tight 結び目を引っ張ってほどけないように固くする
❸ …を**引っ張って取る**, 引き抜く《*out, up, off*》(↔ insert) ‖ ～ (*out*) a decayed tooth 虫歯を抜く / ～

(*up*) weeds in the backyard 裏庭の雑草を引き抜く
❹〔衣服など〕を(急いで)身につける《*on*》, (急いで)脱ぐ《*off*》‖ He ～*ed on* his pants. 彼は急いでズボンをはいた / ～ *off* one's gloves 急いで手袋をとる
❺〔筋肉・腱(けん)など〕を痛める ‖ ～ a muscle [ligament, tendon] 筋肉[靭帯(じんたい)], 腱]を痛める
❻〔観衆・客など〕を引きつける, 集める;〔票など〕を集める, 獲得する《*in*》‖ The big game will surely ～ (*in*) an enormous crowd. その大試合は必ず大入りになるだろう / have much ～*ing* power 客を引きつける大きな力がある / ～ (*in*) many votes 多くの票を集める
❼《口》〔銃・ナイフなど〕を引き抜く, 〈…に〉突きつける〈**on**〉‖ ～ a gun *on* a robber 銃を抜いて強盗に突きつける
❽ …を取り外す, 除く ‖ ～ a wheel from a car 車のタイヤを外す
❾《+目+副句》〔車など〕を(ある方向に)動かす, 進める, 向ける ‖ He ～*ed* the car out into traffic. 彼はわき道から出て車を車線に乗り入れた
❿ …を引き裂く ‖ She ～*ed* the cloth to pieces. 彼女はその布を引きちぎった / ～ a seam 縫い目を引き裂く
⓫《口》…を敢行する;〔よからぬこと〕を(うまく)やり遂げる, 〔罪など〕を犯す ‖ ～ an air raid 空襲を敢行する / ～ a bank robbery 銀行強盗をまんまとやってのける / He was ～*ing* some sort of trick on me. 彼は僕に何かよからぬことをしようとしていた / What are you trying to ～? 何をたくらんでいるんだい
⓬《英口》〔異性〕を誘惑して関係を結ぶ, 引っかける
⓭《口》〔興行・宣伝など〕を取りやめる, 中止する;〔商品〕を市場から引き揚げる[回収する];〔免許など〕を取り上げる, 取り消す;《米》(試合中に)〔選手〕を引っ込める ⓮〔オール〕をこぐ; (ボートが)…本のオールを持つ ‖ The boat ～*s* four oars. そのボートは4本こぎだ ⓯〖野球・ゴルフ〗〔ボール〕を引っ張る (↔ push) (♦ 右打ちの人なら左へ打つ) ⓰《英》〔ビールなど〕を(たるから)注ぎ出す ⓱〖競馬〗(勝たせないように)〔馬〕を(手綱を引いて)制する ⓲〖印〗〔校正刷り〕を刷る
―自 ❶〈…を〉(何回も)**引く, 引っ張る**〈**at, on**〉‖ She ～*ed* hard *at* my sleeve. 彼女は私のそでを強く引っ張った / I ～*ed on* the reins to slow the horse down. 馬の速度を落とすため手綱を引いた
❷《+副句》(車などが)(ある方向に)動く, 進められる, 行く; (人が)運転して行く; (人が)ボートをこぐ;《米》(車が)(欠陥があって) (ある方向に)引っ張られる ‖ She ～*ed* to the side of the road. 彼女は道路わきに(車を)乗りつけた / This car ～*s* to the right. この車は右に引っ張られる
❸ (エンジンなどが)力をいっぱいに出す; 力をいっぱいに出して進む[動く] ‖ ～ up a hill 頑張って山を登る
❹〈酒を〉一息に飲む, あおる;〈たばこを〉(深く)吸う〈**on, at**〉‖ ～ *on* [OR *at*] a bottle [pipe] 瓶から酒をあおる[パイプを深々と吸う] ❺《英口》異性を誘惑する ❻ (馬が)はみに逆らう(癖がある)

pùll ... abóut [OR ***aróund***] 〈他〉…をあちこち引っ張り回す; …を手荒く扱う, いじめる

pùll ahéad 〈自〉〈…の〉先を行く,〈…を〉追い越す;〈…より〉進歩する, 上達する, 順調に行く〈**of**〉

pùll apárt 〈他〉《***pùll apárt ...*** / ***pùll ... apárt***》 ① …を引き裂く, ばらばらにする, 解体する ② …を酷評する, …のあらを探す ③ …を引き離す(separate);(試合などで)…を引き分けにさせる ―〈自〉引き裂かれる, ばらばらになる

****pùll awáy*** 〈自〉① (車(の運転者)が)〈…から〉動き[走り]出す, 走り去る〈**from**〉 ②〈…から〉身を引き離す,〈…を〉振りきって逃れる;〈人(との関係)から〉遠ざかる;〈危険などに〉巻き込まれないようにする〈**from**〉 ③〈…の前を〉どんどん先へ行く[進む], 引き離す〈**from**〉 ④ (物が)〈…から〉離れる, 取れる〈**from**〉 ―〈他〉《***pùll awáy ...*** / ***pùll ... awáy***》…を〈…から〉力いっぱい引き離す[抜き取る]〈**from**〉

pùll báck 〈他〉《***pùll báck ...*** / ***pùll ... báck***》 ①〔軍隊〕を〈…から〉退却させる, 後退させる;〔企業など〕に〈…から〉手を引かせる〈**from**〉 ② …を後ろへ引く, 引き戻す ③《英》(試合で)〔点〕を取り返す;〔ゲーム〕を挽回(ばんかい)する ‖ We ～*ed back* a try just before half-time. 我々は前半終了間際に1トライを返した ―〈自〉①〈…から〉手を引く, おりる,〈…を〉思い止まる〈**from**〉 ② (軍隊が)〈…から〉退却する, 退く(withdraw)〈**from**〉 ③〈…から〉身を離す[引く], 引き下がる〈**from**〉 ④《英》(試合で)挽回する

pùll báck òn ... 〈他〉…を削減する[手控える]

****pùll dówn*** 〈他〉 **I**《***pùll dówn ...*** / ***pùll ... dówn***》 ① …を**引き下ろす** (→ 他 ❷) ②〔建物など〕を取り壊す (demolish) (↔ *put up*) ③〔価値・価格など〕を低下させる **II**《***pùll ... dówn***》 ④〔人(の体)〕を衰弱させる;〔人〕を意気消沈させる, がっくりさせる ⑤〔人〕の(成績の)順位を下げる **III**《***pùll dówn ...***》 ⑥《口》〔…の給料〕をとる, 稼ぐ ‖ She ～*s down* over a hundred thousand dollars a year as a model. 彼女はファッションモデルとして年間10万ドル以上稼ぐ ⑦💻〔メニュー〕を(プルダウン)表示させる

púll for ... 〈他〉《通例進行形で》…を応援する, 支持する (root for) ‖ Everyone in the arena is ～*ing for* the home team. 会場全体がホームチームを応援している

****pùll ín*** 〈他〉《***pùll ín ...*** / ***pùll ...ín***》 ①〔観衆・客など〕を引きつける, 集める;〔票など〕を獲得する(→ 他 ❻) ②《口》〔給料・利益など〕を稼ぐ ‖ ～ *in* good wages よい賃金をとる ③《口》…を逮捕する(arrest) ④〔馬〕を手綱を引いて制する,〔手綱〕を引く ―〈自〉① (乗り物・乗客が)到着する (arrive); (列車が)駅に入る(↔ *pull out*) ② (車が)歩道沿いに寄る[寄って止める], (人が)車を寄せる[寄せて止める] (↔ *pull out*)

pùll ínto ... 〈他〉① (列車が)…に着く ② (車が)…に寄る[寄って止まる], (人が)車を…に寄せる[寄せて止まる]

****pùll óff*** 〈他〉 **I**《***pùll óff ...*** / ***pùll ... óff***》 ① (力を込めて)…を引っ張ってとる, 引き離す (→ 他 ❸) ②〔衣服など〕をさっと脱ぐ(→ 他 ❹) (↔ *pull on*) ③《口》(困難にめげず)…をやってのける ‖ If you can ～ it *off*, you'll get a bonus. もしそれがうまくやれたら特別手当がもらえるよ **II**《***pùll óff ...***》 ④ (車・運転者が)〔主要道路〕からわき道に出る, 道路わきに寄せる ―〈自〉① 車を道路わきに寄せ(て止め)る ② (車・運転者が)動き[走り]出す

****pùll óut*** 〈自〉① (列車などが)出発する,〈駅から〉出て行く (↔ *pull in*)〈**of**〉 ② (車・運転者が)道路わきから出る(↔ *pull in*); 道路の中央[追い越し]車線に出る ③〈組織・協定・試合などから〉抜ける, 離脱する,〈…を〉やめる, 辞退する〈**of**〉 ④ (軍隊が)〈…から〉退く, 退却する(withdraw)〈**of**〉 ⑤〈困難な状況から〉抜け出る, 脱する〈**of**〉 ―〈他〉《***pùll óut ...*** / ***pùll ... óut***》 ① …を〈組織・試合などから〉抜けさせる, 離脱させる, やめさせる, 辞退させる〈**of**〉 ②〔軍隊〕を〈…から〉退かせる, 退却させる〈**of**〉 ③ …を〈…から〉引き離す, 引き出す〈**of**〉;〔歯・くぎなど〕を抜く(→ 他 ❸) ④ …を〈困難な状況から〉抜け出させる, 脱出させる〈**of**〉 ⑤〔必要な情報だけ〕を抜き出す(extract)

****pùll óver*** 〈他〉《***pùll óver ...*** / ***pùll ... óver***》〔車・運転者〕に道路わきに寄る[寄って止まる]よう指示する;〔車〕をわきに寄せる ―〈自〉(車が)道のわきに寄る[寄って止まる], (人が)車を道のわきに寄せる[寄せて止める]

pùll róund 〈他〉 **I**《***pùll ... róund***》…に無理やり逆方向を向かせる, …を反転させる **II**《***pùll róund ...*** / ***pùll ... róund***》《主に英》…を不振から立ち直らせる; …を病気から回復させる ―〈自〉《主に英》病気から[意識を]回復する

****pùll oneself togéther*** 平静[落ち着き]を取り戻す ‖ Don't go in to see him until you've ～*ed* yourself *together*. 気持ちを落ち着けてから彼に会いなさい

pùll the óther one (***it's gòt bélls on***) 《しばしば命令形で》《英口》まさか, 冗談だろ, うそつけ

****pùll thróugh*** 〈他〉 **I**《***pùll thróugh ...***》〔病気・苦境など〕を切り抜ける **II**《***pùll A thróugh B***》*A*(人)に*B*(病気・苦境など)を切り抜けさせる ―〈自〉(病人が)回復する; (人が)苦境を切り抜ける[乗りきる]

****pùll togéther*** 〈他〉《***pùll togéther ...*** / ***pùll ... togéther***》 ①〔組織など〕をうまく運営する ②〔さまざまな考えなど〕を

1つにまとめる ―〈自〉〈共通の目的のために〉力を合わせる (cooperate ; hang [OR stick] together)〈**on**〉

pùll úp**〈他〉**I**《pùll úp ...*** / ***pùll ... úp***》① …を**引っ張り上げる**；…を引き抜く (→ 他 ❸) ‖ ～ oneself *up* to one's full height すっくと立ち上がる ②〔車〕を止める, 停車させる ③〔いすなど〕を〈…の方へ〉引き寄せる〈**to**〉 **II**《***pùll ... úp***》④〔人〕の能力を高める, …を向上させる；〔人〕の順位を上げる ⑤《英口》…を〈…のことで〉しかる, 批判する〈**on, for**〉‖ She ～*ed* her son *up on* his bad conduct. 彼女は息子の不品行をしかった ⑥〔人の行動・話〕を突然止める ‖ ～ a panelist *up* short 討論者の発言を突然止める ―〈自〉①(車が)止まる, (人が)**車を止める**, 停車する(draw up) ②(能力などで)〈…と〉肩を並べられるようになる, 〈…に〉追いつく〈**to, with**〉 ③(突然)立ち止まる, (していることを突然)やめる

―名 (複 **～s** /-z/) Ⓒ ❶《通例単数形で》**引くこと**, ひと引き (↔ shove)；(オールの) ひとかき ‖ give a good ～ at [OR on] a rope＝give a rope a good ～ 綱を強く引っ張る

❷《通例 the ～》引く力, 牽引(けんいん)力, 引力 ‖ the magnetic ～ 磁力 / the earth's gravitational ～ 地球の引力

❸ Ⓤ《しばしば the ～》人を引きつける力, 魅力；Ⓒ《通例単数形で》引きつけるもの ‖ the ～ of the island その島の魅力 / a group of singers with a lot of ～ すごい人気のある歌手のグループ

❹ Ⓤ《口》影響力；手づる ‖ He has a lot of ～ with the media. 彼はメディアに多大な影響力を持っている

❺《a ～》(山登りなどでの) 頑張り, 一生懸命の登り ‖ a long ～ uphill 長時間かけての山登り

❻〈…の〉ひと飲み；一服〈**at, on**〉‖ **take** a long ～ *at* [OR *on*] one's coffee [pipe] コーヒーをゆっくりと一口飲む[パイプでゆっくり一服する]

❼《通例複合語で》(引き出しなどの)引き手, 取っ手, (鐘・ベルなどの)引き綱 ‖ a drawer ～ 引き出しの取っ手

❽〖野球・ゴルフ〗引っ張って打つこと

❾ 肉離れ

❿〖印〗校正刷り(proof) ⓫《英口》(性的な) 誘惑行為 ‖ be (out) on the ～ 異性を引っかけようとしている

類語《他 ❶》**pull**「引く」を意味する最もふつうの語；力の大小に関係がない. 〈例〉You push it from behind, and I'll *pull* it. 君は後ろから押してくれ, 僕が引っ張るから

draw 平均した力で滑らかに引く；pull と交換可能. 〈例〉*draw* a curtain カーテンを引く

drag 重い(抵抗のある)ものを少しずつ引きずる. 〈例〉*drag* a bed 寝台を引きずって動かす

haul 非常に重いものを, ときに機械の力を利用してゆっくり引いて運ぶ. 〈例〉*haul* a large bed upstairs 大きな寝台を2階へ引き上げる

tug 力を込めて急に引く. 〈例〉*tug* (at) a rope 綱をぐいと引く

tow 綱などをかけて引く. 〈例〉*tow* a wrecked car 壊れた車を牽引する

▶▶ **～ dàte** 名 Ⓒ《米》(食品の) 販売 (賞味) 有効期限 **～ing pòwer** 名 Ⓤ《英》人を引きつける力(《米》drawing power) **～ quòte** (↓)

púll·bàck 名 Ⓒ ❶ (軍隊の) 退却, 撤退 ❷ 引き戻し装置 ❸ (価値・量などの)低下

púll-dòwn 形 ❶ 折り畳み式の ❷ 💻 (メニューが) プルダウン式の《下に垂れ下がる形でその項より下位の分類を表示するGUIのサブメニュー形式》

pull·er /púlər/ 名 Ⓒ ❶ 引っ張る人[もの], 引き抜き道具；摘み手 ❷ はみ(bit)に逆らう馬 ❸ (船の)こぎ手

pul·let /púlɪt/ 名 Ⓒ (特に1歳未満の)若いめんどり

pul·ley /púli/《発音注意》名 Ⓒ ❶ 滑車, プーリー ❷ 調べ車

Pull·man /púlmən/ 名 (複 **～s** /-z/) Ⓒ ❶ (＝**～ càr**) プルマン式車両《豪華な寝台車》 ❷ (＝**～ càse**) 大型のスーツケース

語源 考案した米国人 G. M. Pullman (1831–97) の名にちなんだもの.

pull-on /púlà(ː)n | -ɔ̀n/ 形《限定》(衣類が) 引っ張って着用する《セーター・手袋など》

púll·òut 名 Ⓒ ❶ (雑誌の) とじ込み冊子 ❷ (軍隊・事業などの)撤退 ❸ 急降下引き起こし《急降下後水平飛行に切り替えること》 ―形《限定》引き出し式の；(雑誌などの一部が)とじ込み式の

púll·òver 名 Ⓒ プルオーバー《頭からかぶって着るセーター》

púll-qùote, púll quòte 名 Ⓒ (新聞記事などの) 抜粋引用(句)《本文中の主要語句を抜き出し, 太字などにして記事に興味をそそるようにしたもの》

púll-tàb 名 Ⓒ《米》プルタブ《缶ビール・缶詰などを開けるための金属製のつまみ》

pul·lu·late /pʌ́ljulèɪt/ 動 自 ❶ (芽などが) 出る, (種子が)発芽する ❷ 急速に繁殖する **pùl·lu·lá·tion** 名

púll-ùp 名 Ⓒ ❶ (鉄棒での) 懸垂 (chin-up) ❷《英》《旧》ドライブイン

pul·mo·nar·y /pʌ́lmənèri | -nəri/ 形《限定》肺の；肺(状の器官)を持つ ‖ ～ diseases 肺疾患, 肺病

▶▶ **～ ártery** 名 Ⓒ 肺動脈 **～ véin** 名 Ⓒ 肺静脈

***pulp** /pʌlp/《発音注意》名 ❶ Ⓤ/Ⓒ《a ～》どろどろの[ぐにゃぐにゃの, 柔らかい] 状態 ‖ form a ～ どろどろになる / boil vegetables to a ～ 野菜をどろどろになるまで煮込む ❷ Ⓤ (果物の)果肉；(野菜の茎の)髄；〖歯〗歯髄 ‖ orange ～ オレンジの果肉 ❸ Ⓤ パルプ《製紙原料》 ❹ Ⓤ〖鉱〗鉱泥 ❺《形容詞的に》(ザラ紙に印刷された) 低俗な ‖ a ～ magazine 低俗雑誌 / ～ fiction 低俗小説

bèat ... to a púlp 〔人・人の顔など〕をめった打ちにする

―動 他 ❶ …をどろどろ [パルプ状] にする ❷〔古紙〕を再生紙にする ―自 どろどろ[パルプ状]になる

―形《限定》(出版物が)低俗な, 扇情的な ‖ ～ fiction 低俗小説

pul·pit /púlpɪt/ 名 ❶ Ⓒ (教会の) 説教壇 (⇨ CHURCH 図) ❷《the ～》聖職, 説教；Ⓒ《単数形で》《集合的に》聖職者たち

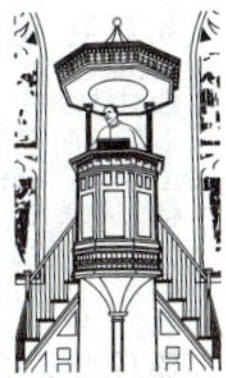
pulpit ❶

púlp·wòod 名 Ⓤ パルプ材, 製紙原材

pulp·y /pʌ́lpi/ 形 どろどろの, ぐしゃぐしゃの；パルプ状の

púlp·i·ly 副 **púlp·i·ness** 名

pul·que /púlki/ 名 Ⓤ プルケ《メキシコ産のリュウゼツラン酒》

pul·sar /pʌ́lsɑːr/ 名 Ⓒ〖天〗パルサー, 脈動星《周期的に電波を発する恒星》

pul·sate /pʌ́lseɪt | ─́─/ 動 自 ❶ (心臓が) 鼓動する, (血管などが) 脈打つ ❷ どきどきする；〈活気などで〉満ちている〈**with**〉 **pul·sá·tion** 名 Ⓤ Ⓒ 脈動, 鼓動；(脈拍の)一打ち(beat)

pul·sa·tor·y /pʌ́lsətɔ̀ːri | pʌlséɪtəri/ 形 脈打つ, 鼓動する；律動的に震動する

***pulse**[1] /pʌls/《発音注意》名 Ⓒ ❶《通例単数形で》脈拍(みゃくはく), 鼓動, 心拍(pulse rate)；《通例 ～s》(脈拍の)一打ち ‖ The doctor took [OR felt] my ～. 医者は僕の脈をとった / have a rapid ～ 脈拍[鼓動]が速い / an irregular ～ 不整脈 ❷ (規則的な)脈動, 律動；(光・音などの) 波動；〖無線〗パルス；〖楽〗(しばしばドラムの) 拍子(beat) ❸ (生命の) 躍動；興奮 ❹《the ～》(社会一般の)意向, 感情 ‖ the ～ of the nation 国民感情

―動 自 ❶ 脈打つ, 鼓動する ‖ blood *pulsing* through veins 静脈の中を脈打って流れる血液 ❷〖無線〗パルスになる ―他 ❶ …を脈打たせる, 振動させる；〔血液など〕を律動的に送る ❷〖無線〗〔電波〕をパルスに変調する；〔機器〕にパルス信号を発信する ‖ ～*d* waves パルス波

▶▶ **～ modulàtion** 名 Ⓤ〖電子〗パルス変調

pulse² /pʌls/ 名 C 豆；豆のなる植物
púlse·jèt 名 C パルスジェットエンジン《航空機用. 燃料室に空気を断続的に取り入れ燃料を燃焼させる》
pul·ver·ize /pʌ́lvəràɪz/ 動 他 ❶ …を砕く，粉々にする ❷《口》…を徹底的にやっつける，粉砕する
pùl·ver·i·zá·tion 名 **-ìz·er** 名 C 粉砕機
pu·ma /pjúːmə/ 名 C 〘動〙ピューマ，アメリカライオン(cougar)
pum·ice /pʌ́mɪs/ 名 (＝～ **stòne**) U 軽石
pum·mel /pʌ́məl/ 動 (**～ed**,《英》**-melled** /-d/；**～·ing**,《英》**-mel·ling**) 他 …を(げんこつで)続けざまに殴る ‖ take a ～*ing* ひどくたたかれる，完敗する

P

‡pump¹ /pʌmp/《発音注意》
—名 (複 **～s** /-s/) C ❶ **ポンプ** ‖ a bicycle ～ 自転車の空気入れ / a gasoline [《英》petrol] ～ (ガソリンスタンドの)給油ポンプ / a hand ～ 手動ポンプ
❷ ポンプでくみ上げる[を押す]こと；ポンプの作用 ❸〘生理〙ポンプ《イオン・分子を細胞膜で通過させる輸送機構》
prìme the púmp ポンプに呼び水をする；(景気)刺激策をとる
—動 (**～s** /-s/；**～ed** /-t/；**～·ing**)
—他 ❶〔液体・気体〕をポンプを使って送り込む；くみ出す，注入する(♦通例方向を表す 副句 を伴う) ‖ ～ air into a tire タイヤに空気を入れる / ～ water from a well 井戸から水をくみ上げる / ～ out oil 石油をくみ出す / ～ gas《米》車に給油する
❷ **a**《＋目》〔井戸・船底など〕の水をポンプでくみ出す《*out*》 ‖ ～ (*out*) a boat 船の水をくみ出す
b《＋目＋補》…の水をくみ出して…にする ‖ ～ a well dry 井戸の水をくみ上げて干上がらせる
❸ **a**《＋目》〔金など〕を〈…に〉注ぎ込む(inject)，詰め込む《*in*》〈**into**〉；〔弾丸など〕を〈…に〉浴びせる〈**into**〉 ‖ ～ money *into* the reconstruction of a company 会社再建に金を注ぎ込む
b《＋目＋補》…に注ぎ込んで…にする ‖ ～ her full of drugs 彼女を薬漬けにする
❹《口》〔人〕に〈…について〉尋ねる〈**for, about**〉；〔情報など〕を〈人から〉聞き出す〈**from, out of**〉 ‖ ～ him *for* information 情報を聞き出そうと彼に尋ねる
❺ …を激しく上下に動かす ‖ He ～*ed* my hand excitedly. 彼は興奮のあまり私の手を上下に強く振っ(て握手し)た / ～ iron《口》バーベルを挙げる，筋力トレーニングをする
❻ (異物を除去するため)〔胃〕をポンプで洗浄する ‖ have one's stomach ～*ed* 胃を洗浄してもらう
—自 ❶ ポンプを動かす《*away*》；ポンプで水を吸い上げる[くみ出す]
❷ (ポンプのように)激しく上下[前後]に動く；(心臓が)鼓動する《*away*》 ‖ His heart was ～*ing* (*away*). 彼の胸はどきどきしていた
❸ (液体が)〈…から〉噴出する，どっと流れ出す〈**from, out of**〉 ‖ Blood ～*ed from* a wound in my arm. 腕の傷口から血が吹き出た
pùmp óut 〈他〉《***pùmp óut ...*** / ***pùmp ... óut***》① 〔水など〕を〈…から〉くみ出す；〔ガスなど〕を大量に吐き出す[させる]〈**of**〉 (→ 他 ❶) ② ⇨ 他 ❷ **a** ③〔音楽〕を大量に流す；〔宣伝・製品など〕を大量に送り出す[生産する] ④《通例受身形で》息切れする ‖ a ～*ed-out* heart すっかり息の切れた心臓 —〈自〉(音楽が)大量に流される；(宣伝・製品などが)大量に送り出される
****pùmp úp*** 〈他〉《***pùmp úp ...*** / ***pùmp ... úp***》① …を(ポンプで)くみ上げる ② 〔タイヤなど〕に空気を入れる ③ …を増やす；〔経済など〕を強化する ‖ ～ *up* imports 輸入高を増やす / ～ *up* the volume 音量を上げる ④《口》〔人〕の興奮[関心]を増す；〔人〕を励ます(♦しばしば受身形で用いる) ‖ She was really ～*ed up* before the contest. 彼女はコンテストを控えすっかり興奮していた —〈自〉積極的にボディービルに取り組む

▸▸ **～(ing) stàtion** 名 C ポンプ場，揚水[排水]場 **～ prìce** 名 C《口》ガソリンの(給油所での)小売価格 **～ prìming** (↓) **～ ròom** 名 C《英》① ポンプ室 ② (温泉保養地での)鉱泉水を飲むための部屋

pump² /pʌmp/ 名 C《通例 ～s》❶《米》パンプス(《英》court shoe)《(女性用のストラップや留め金のない)甲の開いた靴》(→ stiletto)；《英》ダンス用の軽い靴 ❷《主に北イング》(ゴム底の)ズック靴
púmp-àction 形《限定》(銃などが)ポンプ連射式の
pum·per·nick·el /pʌ́mpərnìkəl/ 名 U プンパーニッケル《精白していないライ麦パン》
***pump·kin** /pʌ́mpkɪn/ 名 C ❶ (♦食品としては U)(西洋)カボチャ；そのつる ❷《単数無冠詞で》《米口》君，おまえ(♥恋人，配偶者などへの呼びかけ)
sòme púmpkins 《単数扱い》《米口》重要人物，大したやつ[もの]
púmp prìming 名 U ❶ 呼び水《ポンプから水がよく出るようにするため水を入れること》 ❷ 誘い水政策《政府による景気刺激策》
púmp-prìming 形 誘い水政策の ‖ Japan's ～ economic package 日本の経済総合刺激策
pun /pʌn/ 名 C 語呂(ごろ)合わせ，地口(じぐち)；言葉遊び(♦例えば "What day is the strongest of the week?" "Sunday is, because the others are weekdays." 「週の中で最も強いのは何曜日か」「日曜日だよ，ほかの日はウイークデーだから」(week と weak が同音なので「弱い日」という意味にとれる)) —動 (**punned** /-d/；**pun·ning**) 自〈…とかけて〉地口を言う，語呂合わせをする〈**on**〉 ‖ ～ *on* Rome and room Rome と room を語呂合わせする

‡punch¹ /pʌntʃ/
—動 (**～·es** /-ɪz/；**～ed** /-t/；**～·ing**)
—他 ❶ (げんこつで)…を**殴る**，たたく，打つ；〔人〕の〈…を〉殴る〈**in, on**〉(♦「平手でたたく」は slap) (⇨ HIT 類語P) ‖ I ～*ed* him「*on* the chin [*in* the face]. 彼のあご[顔]にパンチを食らわした
❷〔機械のボタンなど〕を強く押す[たたく]；(キーをたたいて)〔データなど〕を〈…に〉打ち込む〈**into**〉 ‖ ～ the keys of a computer コンピューターのキーをたたく / ～ a name list *into* the computer 名簿をコンピューターに打ち込む / ～ the (time) clock《米》(出社・退社時に)タイムレコーダーを押す；規則正しい就業時間の仕事に就いている
❸ …を棒でつつく；《米》〔家畜〕を棒でつついて追う
—自〈…を〉殴る，たたく〈**at**〉 ‖ ～ *at* a computer keyboard コンピューターのキーボードをたたく
pùnch above one's wéight 《口》自分の実力以上のものに挑む
pùnch ín 〈他〉《***pùnch ín ...*** / ***pùnch ... ín***》(キーをたたいて)〔データ〕を(コンピューターなどに)入力する，打ち込む ‖ ～ *in* one's password on the computer コンピューターにパスワードを入力する —〈自〉《米》出社時刻をタイムレコーダーで記録する(clock in)
pùnch óut 〈他〉《***pùnch óut ...*** / ***pùnch ... óut***》① (キーをたたいて)〔データ〕を(コンピューターなどから)引き出す ②《口》…を打ちのめす —〈自〉①《米》退社時刻をタイムレコーダーで記録する(clock out) ②《俗》(軍用機から)緊急脱出する
pùnch úp ... / ***pùnch ... úp*** 〈他〉①《英口》…と打ち合いのけんかをする ②《米口》…の効果を高める，…をいっそう引き立たせる ③〔金額〕を打ち込む，合計する
—名 (複 **～·es** /-ɪz/) ❶ C (げんこつでの)一撃，一発，パンチ；U《口》パンチ力 ‖ **throw** a ～ 一発殴りかかる / get [land] a ～ on the jaw あごに一発食らう[見舞う] / give him a ～ **in** the face 彼の顔面に一発かます
❷ U (文章などの)迫力，効果，パンチ ‖ a paragraph with a lot of ～ 非常にパンチのきいた一節
bèat ... to the púnch 《口》…の機先を制する
pàck a (***pòwerful*** [OR ***rèal, hàrd***]) ***púnch*** 《口》① (ボクサーが)強烈なパンチを持っている ② 強い影響力を持

っている；舌鋒(ぜっぽう)が鋭い

pùll one's púnches 《口》 ① (ボクシングで) わざとパンチを加減する ② 《通例否定文で》(非難・叱責(しっせき)などで) 手加減する

ròll with the púnches 体を揺らして相手のパンチをかわす；逆境をうまく切り抜ける, あれこれ対策を講じる

▸▸ **~ing bàg** 名 C 《米》パンチングバッグ (《英》 punch ball) 《ボクシング練習用のつり球》 **~ lìne** 名 C (冗談などの)聞かせどころ, おち, やま

punch² /pʌntʃ/

— 名 (複 **~·es** /-ɪz/) C ❶ **穴あけ具**, 穿孔(せんこう)機, パンチ, 切符切りばさみ (⇨ SCISSORS 類語P) ‖ a ticket ~ 切符切りばさみ

❷ (センター)ポンチ；くぎ締め(nail set), ボルト抜き

❸ 打ち抜き型, 打印器

— 動 (**~·es** /-ɪz/；**~ed** /-t/；**~·ing**) 他 (穴あけ具で)…に穴をあける；(穴あけ具で)〔穴〕を〈…に〉あける〈**in, through**〉 ‖ ~ a ticket 切符を切る / ~ a **hole** *in* a piece of cardboard 厚紙に穴をあける / ~ holes *in* an argument 議論の揚げ足をとる

pùnch óut ... / pùnch ... óut 〈他〉…を〈…から〉型抜きして作る〈**of**〉 ‖ ~ *out* coins 型抜きして硬貨を造る

▸▸ **~ càrd, ~ed càrd** 名 C U パンチカード, 穿孔カード《かつてコンピューターのプログラミングに用いた》 **~ tàpe, ~ed tápe** 名 C 《英》パンチテープ, 穿孔テープ《かつてコンピューターのデータ伝達などに用いた》

punch³ /pʌntʃ/ 名 U パンチ《ワインなどに水・果汁・香料などを混ぜて作る飲料》, フルーツポンチ；C (1杯の)パンチ ‖ a glass of ~ グラス1杯のパンチ

Punch /pʌntʃ/ 名 パンチ《人形劇 *Punch and Judy* 中の主人公. 背中にこぶのあるかぎ鼻の男》

(***as***) ***plèased*** [***pròud***] ***as Púnch*** [OR ***púnch***] 《口》非常に喜んで[大得意で]

Pùnch-and-Júdy 名 C パンチ＝アンド＝ジュディ＝ショー《(子供向けの) 操り人形劇. 主人公 Punch が妻 Judy といさかいする場面を滑稽(こっけい)に演じたもの》 ▸▸ **~ hìtter** 名 C 《口》《野球》長打よりも単打ねらいの打者

púnch·bàll 名 ❶ C 《英》＝punching bag ❷ U 《米》パンチボール《路上などでゴムボールをこぶしなどで打つ遊び》

púnch·bòard 名 C 《米》パンチボード《賭博(とばく)用具で, 遊技者が打ち抜いて当たり番号を出すための小板》

púnch·bòwl 名 C ❶ パンチボウル, ポンチ鉢 ❷ 《主に英》すりばち状の盆地

púnch-drùnk 形 ❶ (ボクサーが) 連打されてグロッキーの(groggy) ❷ 《口》頭が混乱した, 意識もうろうとした

pun·cheon¹ /pʌ́ntʃən/ 名 C ❶ (炭鉱などの)間柱(まばしら), 支柱 ❷ 《米》片面だけ仕上げた厚板《床板などにする》 ❸ ＝punch² ❶

pun·cheon² /pʌ́ntʃən/ 名 C (ビール・ワイン用の) 大だる《72–120ガロン入り》；その1個の容量

punch·er /pʌ́ntʃər/ 名 C 穴をあける人 [器具]；キーパンチャー；穿孔器, 打印器

púnch-ùp 名 C 《主に英口》殴り合い

punch·y /pʌ́ntʃi/ 形 《口》 ❶ 迫力のある, パンチのきいた ❷ 《主に米》＝punch-drunk **púnch·i·ness** 名

punc·tate /pʌ́ŋkteɪt/ 形 《生》小斑点(はんてん)のある, 小さなくぼみ[穴]のある **-tá·tion** 名

punc·til·i·o /pʌŋktíliòu/ 名 (複 **~s** /-z/) C 礼儀作法の細かい点；U C 儀式[形式]ばること

punc·til·i·ous /pʌŋktíliəs/ 形 礼儀作法の細部にまで気を配る；非常にきちょうめんな, 堅苦しい

~·ly 副 **~·ness** 名

punc·tu·al /pʌ́ŋktʃuəl/ 形 ❶ (約束の)時間[期限]をよく守る；時間どおりの ‖ She's ~ in arrival [paying her bills]. 彼女は時間どおりに着く[期限どおりに勘定を払う] / make a ~ appearance 時間どおりに現れる / a ~ guest 時間を守る客 ❷ 《数》点(point)の

pùnc·tu·ál·i·ty 名 U 時間の厳守 **~·ly** 副

語源 *punctu-* point(点)＋*-al*(形容詞語尾)：「点に至るまでの」の意から「一点もおろそかにしない」の意となった.

punc·tu·ate /pʌ́ŋktʃuèɪt/ 動 他 ❶ 〔文章〕に句読点を入れ(て区切)る ❷ …を〈…で〉そこかしこで中断させる〈**with**〉(♦ しばしば受身形で用いる) ❸ …を強調する

— 自 文章に句読点を入れる

punc·tu·a·tion /pʌ̀ŋktʃuéɪʃən/ 名 U 句読(法)；句読点

▸▸ **~ màrk** 名 C 句読点《ピリオド・コンマなど》

punc·ture /pʌ́ŋktʃər/ 動 他 ❶ (とがったもので)…に穴をあける, 刺す；〔穴〕をあける；〔タイヤ〕をパンクさせる ❷ …を駄目にする, ぺしゃんこにする ‖ ~ his pride 彼の高慢の鼻をへし折る — 自 穴があく；(タイヤが)パンクする

— 名 C ❶ (とがったものであいた) 穴 ❷ (タイヤの) パンク ‖ have a ~ タイヤがパンクする

pun·dit /pʌ́ndɪt/ 名 C ❶ 評論家, 識者；専門家；事情通 ❷ ＝pandit ❶

~·ry 名 U 評論家；《集合的に》専門家(たち)

pun·gent /pʌ́ndʒənt/ 形 ❶ (舌に)ぴりっとする, 鼻につんとくる ❷ 辛辣(しんらつ)な, 痛烈な；的を射た ❸ 《植》鋭くとがった **-gen·cy** 名 **~·ly** 副

Pu·nic /pjúːnɪk/ 形 (古代)カルタゴ(人)の ‖ the ~ Wars ポエニ戦争《ローマとカルタゴ間の3回にわたる戦争. 最後にローマが勝った》 — 名 U カルタゴ語

pun·ish /pʌ́nɪʃ/

— 動 〔▶ punishment 名, punitive 形〕 (**~·es** /-ɪz/；**~ed** /-t/；**~·ing**)

— 他 ❶ 〔人〕を**罰する**, 懲らしめる〈**for** 罪などに対して；**with, by** …をもって〉 ‖ be ~*ed for* drunk driving 飲酒運転で罰せられる / ~ him *with* a fine 彼に罰金を科して罰する / ~ a criminal **severely** 犯罪者を厳しく罰する / ~ oneself 自らを責める

❷ 〔犯罪など〕を〈…をもって〉罰する〈**by, with**〉 ‖ Murder is sometimes ~*ed by* death. 殺人は死刑をもって罰せられることもある

❸ …にひどい損傷[損害]を与える, …を苛酷(かこく)[乱暴]に扱う, 痛める ‖ That bumpy road ~*ed* our car. あのでこぼこ道でだいぶ車がやられた

❹ 《口》(競技などで)〔相手〕を打ちのめす；〔相手のミス〕に乗じる ❺ 《口》〔大量の食べ物・飲み物〕を平らげる

— 自 罰する, 懲らしめる

pun·ish·a·ble /pʌ́nɪʃəbl/ 形 〈…をもって〉罰せられる (べき) 〈**by, with**〉 ‖ an offense ~ *by* [OR *with*] (a) fine 罰金を科せられる違反[犯罪]

pun·ish·ing /pʌ́nɪʃɪŋ/ 形 《通例限定》苛酷な, つらい, 厳しい **~·ly** 副

pun·ish·ment /pʌ́nɪʃmənt/ 名 〔◁ punish 動〕 ❶ U C 〈…に対する〉刑罰, 刑, 罰〈**for**〉 ‖ His ~ *for* murder was life imprisonment. 殺人のかどで彼が受けた刑は終身刑であった / Do harsh [OR severe] ~*s* result in a decrease in crime? 厳しい罰は結果的に犯罪の減少をもたらすのか / capital ~ 極刑, 死刑 / the physical ~ of students 生徒への体罰 ❷ U 処罰 (する [される] こと) ‖ the ~ of criminals 犯罪者の処罰 / take [escape] ~ 処罰を甘受する[逃れる] ❸ U 《口》ひどい扱い, 虐待 ‖ This car has taken a lot of ~. この車はずいぶん乱暴に扱われてきた

pu·ni·tive /pjúːnəṭɪv/ 形 〔◁ punish 動〕《通例限定》 ❶ 処罰の (ための) ❷ (税金などが) 厳しい, 苛酷な ‖ ~ justice 因果応報 / ~ taxes 重税 **~·ly** 副

Pun·jab /pʌ̀ndʒɑ́ːb/ 名 パンジャブ《インド北西部とパキスタンの, インダス川とその支流の形成する河間地帯》

Pun·ja·bi /pʌndʒɑ́ːbi/ 形 パンジャブ地方[人, 語]の

— 名 C パンジャブ人；U パンジャブ語

punk¹ /pʌŋk/ 名 U 《主に米》(火口(ほくち)にする)朽ち木

punk² /pʌŋk/ 名 C ⊗《米俗》《蔑》ちんぴら, 不良, 非行少年

— 形 《米口》 ❶ お粗末な, くだらない ❷ 体の具合の悪い；元気のない

punk³ /pʌŋk/ 形 パンク(ロック)の

— 名 ❶ (＝～ **róck**) Ⓤ パンクロック《1970年代後半に起こった反社会的・攻撃的な歌詞が特徴のロック音楽》 ❷ (＝～ **rócker**) Ⓒ パンクロックのミュージシャン[ファン]

pun·net /pʌ́nɪt/ 名 Ⓒ《英》パネット《果物・野菜などを盛って売るのに使う小さなかご[箱]》

pun·ster /pʌ́nstər/ 名 Ⓒ だじゃれの好きな人

punt¹ /pʌnt/ 動 ⓐ ⓑ 〖ラグビー・アメフト〗(ボールを)パントする《手から離したボールが地面につかないうちにける》

— 名 Ⓒ 〖ラグビー・アメフト〗パント

punt² /pʌnt/ 名 Ⓒ パント舟《1本のさおで川底を押して進める方形の平底舟》

— 動 ⓑ 〔パント舟〕をさおを使って進める；…をパント舟で運ぶ

— ⓐ パント舟で行く

punt ²

punt³ /pʌnt/ 動 ⓐ (トランプなどで) 親に対して賭(か)ける；《英口》賭ける，投機をする

— 名 Ⓒ《主に英口》賭け

punt·er¹ /pʌ́nṭər/ 名 Ⓒ パント舟の船頭

punt·er² /pʌ́nṭər/ 名 Ⓒ ❶ punt¹ する人 ❷《主に英口》punt³ する人 ❸ 買い物客；聴衆の1人；(物をだまされて売りつけられる)ばかな客；売春婦の客

pu·ny /pjúːni/ 形 小さくて弱い，弱々しい；取るに足りない，ささいな　**-ni·ness** 名

pup /pʌp/ 名 Ⓒ ❶ 子犬 (puppy) ❷ キツネ[オオカミ]の子；アザラシの子；ネズミの子 ❸《旧》生意気な若造

in púp (雌犬が)はらんで(pregnant)

「***be sòld*** [***bùy***] ***a púp*** 《英口》価値のないものを売りつけられる[買う]

— 動 (**pupped** /-t/；**pup·ping**) ⓐ (犬が)子を産む

▸▸ ～ **tènt** 名 Ⓒ《米》(2人用の)くさび形小型テント

pu·pa /pjúːpə/ 名 (複 **～s** /-z/ OR **-pae** /-piː/) Ⓒ (昆虫の)さなぎ　**-pal** 形

pu·pate /pjúːpeɪt | ‒́‒/ 動 ⓐ さなぎになる，蛹化(ようか)する　**pu·pá·tion** 名

‡**pu·pil¹** /pjúːpəl/

— 名 (複 **～s** /-z/) Ⓒ ❶ (特に初等・中等学校の)**生徒**(↔ teacher)(→ student)(⇨ 類語)

❷ (画家・音楽家などの)弟子，教え子

❸《英》見習中の法廷弁護士

類語《❶》pupil (小・中・高の)学校(school)で教師(teacher)の指導を受けて学ぶ「生徒」(♦《米》では主に小学生).〈例〉an elementary school *pupil* 小学生

student 大学の「学生」(♦ 中学・高校の生徒についても，《米》では student がふつう.《英》でも pupil は古くなり student が用いられるようになってきている)〈例〉a high-school *student* 《米》ハイスクールの生徒 / a graduate *student* 大学院生

***pu·pil²** /pjúːpəl/ 名 Ⓒ 瞳(ひとみ)，瞳孔(どうこう)(⇨ EYE 図) ‖「a constricted [an enlarged] ～ 収縮した[開いた]瞳孔

pu·pil·(l)age /pjúːpəlɪdʒ/ 名 Ⓤ ❶ 生徒[弟子]の身分[期間] ❷ (英国の)法廷弁護士の見習い期間

pu·pil·lar·y¹ /pjúːpəlèri | -ləri/ 形 生徒[弟子，被後見人]の

pu·pil·lar·y² /pjúːpəlèri | -ləri/ 形 瞳[瞳孔]の

***pup·pet** /pʌ́pɪt/ 名 Ⓒ ❶ 操り人形；(一般に)人形；指人形 (glove puppet) ‖ manipulate a ～ 人形を操る ❷ 人の意のままになる人，傀儡(かいらい) ‖ become the ～ of one's emotions 自分の感情の命じるままになる / a ～ state [government] 傀儡国家[政府]

▸▸ ～ **shòw** [**plày**] 名 Ⓒ 操り人形芝居

pup·pet·eer /pʌ̀pɪtíər/ 《アクセント注意》名 Ⓒ (操り)人形遣い

pup·pet·ry /pʌ́pɪtri/ 名 Ⓤ 操り人形術[作り]

***pup·py** /pʌ́pi/ 名 (複 **-pies** /-z/) Ⓒ ❶ 子犬 ❷《旧》《口》生意気な若造 ❸《this ～, that ～ の形で》《主に米口》これ，こいつ，あれ(♥ 物の名前がわからないとき) ‖ How do you take this ～ off? どうやってこれを取り外すんだい

～·ish 形 子犬のような，未熟な，生意気な

▸▸ ～ **dòg** 名 Ⓒ わんわん，わんこ(♥ 主に小児語) ～ **fàt** 名 Ⓤ《英》子供のころの(一時的)肥満(《米》baby fat) ～ **lòve** 名 Ⓤ 淡い初恋 (calf love) ～ **mìll** 名 Ⓒ 子犬工場《利益を優先し劣悪な環境で犬を繁殖させる施設. puppy farm ともいう》

pur·blind /pə́ːrblàɪnd/ 形 ❶《文》目のよく見えない，半盲の ❷ 鈍感な，愚鈍な

‡**pur·chase** /pə́ːrtʃəs/ 《発音注意》

— 動 (**-chas·es** /-ɪz/；**～d** /-t/；**-chas·ing**) ⓑ ❶〔特に大きなもの・高価なもの〕を**買う**，購入する (⇨ BUY 類語) ‖ He ～*d* the house for fifty million yen. 彼はその家を5千万円で購入した / ～ a car for one's son 息子に車を買ってやる

❷《古》(犠牲を払って[苦労して])…を得る

❸ (てこなどで)…を動かす；〖海〗(滑車などで)〔ロープ・いかりなど〕を揚げる

— 名 (複 **-chas·es** /-ɪz/) ❶ Ⓒ Ⓤ 〈…の〉**購入**，買い入れ〈**of**〉 ‖ the ～ *of* imported goods 輸入品の購入 / **make** a ～ 購入する / hire ～ 《英》分割払い購入 / compulsory ～ 強制収用

❷ Ⓒ 買ったもの，購入物 ‖ The house was a wise ～. その家はいい買い物だった

❸ Ⓤ/Ⓒ《単数形で》手[足]をかける所，手[足]がかり；しっかりつかむこと；理解すること ‖ These tires provide good ～ on the road. このタイヤは地面をしっかりとらえる / get a ～ on a rope ロープをしっかり握る / can't get any ～ on ... …をさっぱり理解できない

❹ Ⓤ (努力による)取得；〖法〗(相続以外の方法による)不動産取得

❺ Ⓒ Ⓤ 権力[影響力]を増す手段，利点，手づる ‖ gain some ～ over ... …より優位に立つ

❻ Ⓒ てこ，滑車，起重装置

nòt wòrth an hòur's púrchase (人の命が)1時間も持ちそうにない，全くおぼつかない

on spècial púrchase 特別価格で売られて，特価で

-chas·er 名 Ⓒ 購入者，買手

語源 *pur-* for＋*-chase* seek：…を求める

▸▸ ～ **prìce** 名 Ⓒ《通例単数形で》購買[購入]価格 ～ **tàx** 名 Ⓤ Ⓒ《英》物品購買税《1973年以後は value-added tax(VAT)となった》

púrchasing pòwer 名 Ⓤ ❶ (人や金銭の)購買力 ❷ 貨幣価値

pur·dah /pə́ːrdə/ 名 Ⓤ パルダ《インドなどのイスラム教徒・ヒンドゥー教徒の女性を人目に触れないようにする習慣》；Ⓒ そのためのとばり

‡**pure** /pjʊər/

— 形 〔▸ purity 名，purify 動〕(**pur·er**；**pur·est**)

❶《通例限定》**純粋な** (↔ impure)，混じり物のない (↔ mixed)；純粋種の(purebred)，生粋の；(言語などが)純正の ‖ ～ gold 純金 / ～ white 純白 / a scarf of ～ silk 正絹のスカーフ / a ～ Siamese cat 純血のシャムネコ / speak ～ French 純正のフランス語を話す

❷ **汚れていない**，きれいな ‖ ～ water 澄みきった水

❸《限定》**全くの**，単なる，ほかならぬ ‖ It was ～ chance [luck] that we met at the airport. 我々が空港で出くわしたのは全くの偶然[幸運]だった / ～ speculation 単なる憶測

❹ 罪を犯していない，汚れのない，潔白な；純潔な(↔ corrupt)；〖聖〗祓(はら)い清めた ‖ a ～ heart 汚れを知らぬ心

❺《比較なし》《限定》(学問・芸術などが)純粋の；理論的な(↔ applied, practical) ‖ ～ reason 純粋理性 / ～ science 純粋[理論]科学 / ～ literature 純文学

❻ (音・色が)澄んだ；〖音声〗単母音の；〖楽〗(楽音が)純音[単音]の, 部分音を含まない

(as) pure as the driven snow ⇨ SNOW(成句)

pùre and símple 純然たる (♦ 通例コンマをつけて名詞の後に置く) ‖ It's superstition, ～ *and simple*. それは全くの迷信だ

～·ness 名 純粋

▸▸ **～ cúlture** 名 U 〖細菌〗純粋培養

púre·blòod, pùre·blóoded ⊲ジ 形 (血統上) 生粋の, 純血(種)の **púre·blòod** 名

púre·brèd 形 名 C 純粋種の(動物)

pu·rée, pu·ree /pjuréɪ | pjʊ́əreɪ/ 名 U ピューレ《野菜・果物などを煮て裏ごししたもの》

— 動 他 〔野菜・果物など〕をピューレにする

***pure·ly** /pjʊ́ərli/ 副 《比較なし》 ❶ 全く；単に ‖ She ran into her ex ～ by chance. 彼女は全く偶然先夫に出会った / He is making the suggestion ～ and simply for your benefit. 彼はただただあなたのためを思ってそう提案しているのです ❷ 純粋に, 混じり物なしに ‖ a ～ personal affair 純粋に個人的な問題

pur·fle /pə́ːrfl/ 名 C (バイオリンの)飾りべり

pur·ga·tion /pəːrɡéɪʃən/ 名 U ❶ 《堅》(清)浄化；粛清 ❷ (下剤で)便通をつけること

pur·ga·tive /pə́ːrɡət̬ɪv/ 形 (清)浄化する；(薬が)便通をつける — 名 C 下剤(laxative)

pur·ga·to·ri·al /pə̀ːrɡətɔ́ːriəl/ ⊲ジ 形 《文》 ❶ 罰を清める, 浄罪[贖罪(しょくざい)]の ❷ 煉獄(れんごく)の(ような)

pur·ga·to·ry /pə́ːrɡətɔ̀ːri | -tə-/ 名 U ❶ 《しばしば P-》煉獄《カトリックの教義で, 死者の霊が苦しみを受けることによって罪があがなわれる場所》 ❷ 苦行, 苦難；苦行の場

***purge** /pəːrdʒ/ 動 他 ❶〔国・政党など〕から〈反対分子など〉を〉追放[粛清, パージ]する〈**of**〉；〔反対分子など〕を〈国・政党などから〉追放[粛清, パージ]する〈**from**〉‖ ～ a party *of* hardliners=～ hardliners *from* a party 党から強硬派を追放する ❷ 《堅》〔人(の心)〕から〈不安・罪悪感などを〉取り除く〈**of**〉；〔汚れ・不純物など〕を〈…から〉除去する《*away*》〈**from**〉‖ ～ one's mind *of* anxiety 心から不安を取り除く / ～ impurities *from* a substance 物質から不純物を取り除く / ～ oneself *of* suspicion 自分への嫌疑を晴らす / ～ *away* one's evil thoughts 邪念を払う ❸〔腸・人〕に(下剤をかけて)便通をつける ❹ 〖法〗〔法廷侮辱などの罪〕をあがなう ❺ 💻〔不要なデータ〕を削除する — 自 ❶ 浄化される, きれいになる ❷ 便通がつく

— 名 C ❶ (政党などの)(しばしば暴力を伴う)粛清, パージ, 追放 ‖ carry out a ～ of disloyal members 忠誠を示さない党員の粛清を行う ❷ 《旧》下剤(purgative)

pu·ri /pʊ́əri/ 名 (複 ～ OR ～**s** /-z/) C プーリー《小麦粉で作るインドの丸い揚げパン》

pu·ri·fi·ca·tion /pjʊ̀ərɪfɪkéɪʃən/ 名 U ❶ 精製；浄化 ❷ 〖宗〗清めの式

pu·ríf·i·ca·tò·ry /英 ＿ ＿ ＿ ＿ ＿ ＿/ 形 精製する；浄化する

pu·ri·fy /pjʊ́ərɪfàɪ/ 動 〔◁ pure 形〕 (-**fies** /-z/；-**fied** /-d/；～**·ing**) 他 ❶ 〈…から〉(不純物を除いて)精製する〈**from**〉 ❷ …(の罪)を清める, 浄化する

— 自 清浄になる, 純化する

Pu·rim /pjʊ́ərɪm/ 名 U 〖聖〗プリム祭《ユダヤの祭日. Haman のユダヤ人虐殺計画が破れた日を記念する》

pu·rine /pjʊ́əriːn/ 名 〖化〗 U プリン《無色の針状結晶. 尿酸化合物の原質》；C プリン基

pur·ism /pjʊ́ərɪzm/ 名 U (語法などの) 純粋主義, 純正論 **-ist** 名 C 純正論者 **pu·rís·tic** 形

Pu·ri·tan /pjʊ́ərətən | -rɪ-/ 名 C ❶ 清教徒, ピューリタン《英国内における宗教改革の不徹底性に飽き足らず, 「清い教会」の実現を目指した16-17世紀のプロテスタントの総称》 ❷ 《p-》(宗教・道徳上のことで)厳格な人

— 形 ❶ 清教徒の；ピューリタニズムの ❷ 《p-》厳格な

pu·ri·tan·i·cal /pjʊ̀ərɪtǽnɪkəl/ ⊲ジ 形 ❶ (宗教的・道徳的に)厳格な ❷ 《ときに P-》清教徒の, 清教主義の

～·ly 副

Pu·ri·tan·ism /pjʊ́ərətənɪ̀zm | -rɪ-/ 名 U ❶ ピューリタニズム, 清教主義 ❷ 《p-》(宗教・道徳上の)厳格主義

***pu·ri·ty** /pjʊ́ərət̬i/ 名 〔◁ pure 形〕 U ❶ 混じり気のないこと, 純粋(↔ impurity) ❷ 清浄, 清潔；汚れのないこと, 清廉(せいれん), 潔白；純潔 ❸ (言語などの)純正 ❹ (色の)飽和, 純度

Pur·kín·je cèll /pərkíndʒi-/ 名 C 〖解〗プルキンエ細胞《小脳皮質にある神経細胞》

purl[1] /pəːrl/ 《文》 動 自 (川が) さらさら流れる；渦となって流れる — 名 C 《単数形で》さらさら流れる音, せせらぎ

purl[2] /pəːrl/ 名 U ❶ 裏編み ❷ (レースの) ループの縁飾り ❸ (刺繍(ししゅう)用の)金糸・銀糸

— 動 他 …を裏編みにする — 自 裏編みする

purl·er /pə́ːrlər/ 名 C 《英口》真っ逆さまの転落

còme* [OR *tàke*] *a púrler 真っ逆さまに落ちる

pur·lieu /pə́ːrljuː/ 名 C ❶ 町外れ ❷ 《～s》《堅》周辺地域, 近隣, 近郊 ❸ 《堅》行きつけの場所

pur·lin /pə́ːrlɪn/ 名 C (屋根の)棟木(むなぎ)

pur·loin /pəːrlɔ́ɪn/ 動 他 《堅》《戯》…を盗む, くすねる

***pur·ple** /pə́ːrpl/ 《発音注意》 形 (-**pler**；-**plest**) ❶ 紫色[紫紅色]の (♦ 青と赤の中間色だが日本の紫色よりは赤みが強い色を指すことが多い. → violet) ‖ His face turned ～ with rage. 彼の顔は怒って赤くなった / a ～ bruise 紫色の打撲傷 ❷ (文体などが)飾りすぎの, 美文調の, 華麗な ‖ ～ passages (文学作品中の)華麗な一節

— 名 ❶ U C 紫色；紫色の服[もの] ❷ 《the ～》〖古代ローマ〗紫衣《帝王・高官の象徴》；〖古代ローマ〗高い地位, 王権 ❸ 《the ～》〖カト〗枢機卿(すうききょう)[司教]の地位[職務]；枢機卿の深紅の衣服

be bòrn in* [OR *to*] *the púrple 高貴の生まれである；特権階級に属している

— 動 他 …を紫色にする — 自 紫色になる

-plish 形 紫色がかった

▸▸ **～ héart** 名 C ① パープルハート《中・南米産のマメ科の木》；その木材《空気・水に触れると紫になる》 ② 《英口》紫色のハート型の興奮剤《錠剤》 **Pùrple Héart** 名 C (米国の) パープルハート勲章《戦闘中の負傷に対して与えられる》 **～ pátch** 名 C 《英》 ① 《口》ついている[運がよい]とき ② (文学作品中の) 華麗な一節 (purple passages) **～ státe** 名 C 《米》パープルステート《選挙で2大政党の勢力がほぼ互角の州》(→ blue state)

pur·port /pərpɔ́ːrt/ 《アクセント注意》 (→ 名) 動 他 ❶ (しばしば偽って)〈…する[である]〉と称する, 〈…する[である]〉とされる〈**to do**〉‖ The story ～*ed to* be true. その話は真実であると称された ❷ 《堅》…することを意図する

— 名 /pə́ːrpɔːrt/ 《通例 the ～》《堅》趣意, 趣旨

～·ed·ly 副 称されるところによると, 表向きは

語源 *pur-* forth (前方へ) + *-port* carry (運ぶ, 伝える)：前へ伝える

*****pur·pose** /pə́ːrpəs/ 《発音注意》 名 動

— 名 (複 **-pos·es** /-ɪz/) ❶ C U **目的**, 意図, (物事の存在する)意義, 使命, 用途(⇨ 類語) ‖ His main [OR primary] ～ in life was to climb the social ladder. 彼の人生における第一の目的は出世することだった / **For** what ～ did he come here?＝What was his ～ in coming here? 彼は何の目的でここへ来たのだろう (↘ Why did he come here?) / There is no [not much] ～ in standing here. ここに立っていてもしようがない[あまり意味がない] / She went to London **for** [OR with] **the** ～ of studying aromatherapy. 彼女はアロマセラピーを勉強するためロンドンへ行った (♦ with はあまり使われない) (⇨ SAKE[1] 類語P) / The merger with the American firm will **serve** [OR answer] our ～(*s*). そのアメリカの会社との合併は我が社の目的にかなうだろう / achieve [OR fulfill, serve] one's ～ 目的を達成する / a sense of ～ 目的意識

P

❷ Ⓤ 決意, 決心; 意志力 ‖ full of ～ 決然として / be firm of ～ 意志の堅い / a woman of ～ 意志の強い女性

for (àll) pràctical púrposes ; ***for*** [《英》 ***to***] ***àll intènts and púrposes*** 実際上は, 実質的には

****on púrpose*** ① **故意に**, 意図的に, わざと(intentionally, deliberately) ‖ I wouldn't deceive anybody *on* ～. 私は故意に人をだましたりしない / *On* ～, she left her answer vague. 彼女はわざと返答をぼかしておいた ② つもりで〈**to** ***do*** …する / **that** 節 …という〉‖ He imitated me *on* ～ *to* make a fool of me. 彼は私をばかにするつもりで私のまねをした

to gòod púrpose 十分効果的に[な]

to nò [***little***] ***púrpose*** 全く[ほとんど]無駄に[な] ‖ I begged him to lend us some money, but *to no* ～. 彼にいくらか貸してくれと頼んだがまるで無駄だった

to the púrpose 要点を外さずに, 適切に[な] ‖ He speaks plainly and *to the* ～. 彼の話は簡にして要を得ている

―動 他 《堅》…を意図する, …するつもりである

類語 《名 ❶》 **purpose** 「目的」を意味する一般的な語. 何かをしよう[得よう]とする「意図」(intention)の意味を含む.
object, objective 努力を向ける「対象」としての目的.
aim 射止めようとする的, 「ねらい」を定めて目指す目的の意を強める(しばしば goal などより具体的で短期的).
end 最終目的, (過程に対して)最終的な結果となる目的の意を強める. means (手段)に対する語. 〈例〉 The *end* justifies the means. 目的は手段を正当化する; うそも方便
goal (しばしば長期の)ひたむきな努力によって初めて達成される目的. 努力の終着点を強調. 〈例〉 the *goal* of my life's journey 私の人生の最終目的

pùrpose-búilt [**-máde**] ◁ 形 《英》特製の, 特別あつらえの

púr·pose·ful /-fəl/ 形 ❶ 断固とした, 決意の固い ❷ 意味[意義]のある, 目的のはっきりした ‖ a more ～ life もっと意義のある人生 **～·ly** 副 **～·ness** 名

púr·pose·less /-ləs/ 形 目的[意味]のない, 無益な

pur·pose·ly /pə́ːrpəsli/ 副 わざと, 故意に, 意図的に

pur·pos·ive /pə́ːrpəsɪv/ 形 ❶ 目的[意図]のある; 目的にかなう ❷ 決然とした, 断固たる

pur·pu·ra /pə́ːrpjʊrə/ 名 Ⓤ 《医》紫斑(しはん)病
pur·pú·ric 形

purr /pəːr/ 動 自 ❶ (猫が)のどをごろごろ鳴らす ❷ (人が)(満足げに・誘惑的に)低い声で話す(♦ 直接話法でも用いる) ❸ (車・機械などが)低いうなりを上げる ―他 (満足げに・誘惑的に)…と低い声で言う ―名 Ⓒ (猫の)のどを鳴らす音, ごろごろ(という音); (エンジンなどの)低いうなり音

***purse** /pəːrs/ 名 Ⓒ ❶ 《米》ハンドバッグ (handbag) (⇨ BAG 図) ‖ I got my ～ snatched on the street. 私は道でハンドバッグをひったくられた ❷ 《主に英》小銭入れ, がま口(《米》 change purse), (女性用の)財布, 札入れ(《米》 wallet) ❸ 《単数形で》資金, 金 ‖ A Ferrari is beyond my ～. フェラーリは私には手が出ない / a heavy [OR long] ～ 富裕 / people with a slender [OR light] ～ 貧しい人々 / the public ～ 国庫 ❹ (ボクシングなどの)賞金 ‖ put up [OR give] a ～ 賞金を出す

―動 他 〔唇〕をすぼめる《**up**》(♥ 不快感・疑念・思案を表すしぐさ) ‖ He ～*d* (*up*) his lips in disapproval. 彼は口をすぼめて不満を表した ―自 (口などが)すぼまる

▸▸ **～ sèine** 名 Ⓒ (漁業用の)きんちゃく網 **～ strìngs** (↓)

purs·er /pə́ːrsər/ 名 Ⓒ (旅客機・客船の)パーサー, 事務長

púrse strìngs 名 複 《the ～》財布のひも

hòld the púrse strìngs 財布のひもを握っている

tìghten [***lòosen***] ***the púrse strìngs*** 財布のひもを締める[緩める], 金を出し惜しむ[気前よく金を出す]

pur·su·ance /pərsjúːəns/ 名 〔◁ pursue 動〕 Ⓤ 遂行, 実行(♦ 通例次の成句で用いる)

in (the) pursùance of ... …を遂行中に; …の目的で

pur·su·ant /pərsjúːənt/ 形 《堅》〈法令・命令などに〉従って(in accordance with)〈**to**〉

****pur·sue** /pərsjúː/ 《アクセント注意》

―動 〔▸ pursuance 名, pursuit 名〕 (**～s** /-z/ ; **～d** /-d/ ; **-su·ing**)

―他 ❶ 〔活動・計画・政策など〕を**続ける**; …に従事する ‖ She ～*d* her acting career until her collapse on stage confined her to her home. 彼女は舞台で倒れて引退するまで役者人生を続けた / ～ one's studies 研究を続ける / ～ a **policy** of economic restructuring 経済改革の政策を続ける / ～ medicine as a profession 職業として医療に携わる

❷ …を追い求める, **追求する** (↗ run after) ‖ ～ pleasures [profits] 快楽[利潤]を追求する / ～ one's goal 目的を追求する

❸ …を突っ込んで調べる[聞く], 議論する ‖ Do you think this matter is worth *pursuing* any further? この件はもっと突っ込んで調べる価値があると思いますか

❹ …を**追跡する**, 追う, 跡をつける(↗ get after)(↔ flee); 〔異性など〕を(しつこく)追い回す ‖ The police ～*d* the van for an hour along the highway. 警察はバンをハイウェイで1時間追跡した

❺ (人・道などが)〔コース〕をたどる

―自 ❶ 〈…を〉追う〈**after**〉 ❷ 続ける

-sú·er 名 Ⓒ 追跡する人[動物]; 追求[探求]者

語源 *pur-* forth + *-sue* follow : あとを追う

***pur·suit** /pərsjúːt/ 《発音注意》 名 〔◁ pursue 動〕 Ⓤ ❶ 〈富などの〉追求; 〈計画などの〉実行, 遂行〈**of**〉 ‖ the ～ *of* wealth and power 富と権力の追求 / the ～ *of* a policy 政策の遂行 ❷ 追跡 ‖ a dog in hot ～ すぐ後を追いかけている犬 / give ～ 追跡する ❸ Ⓒ 《通例 ～s》人の携わる活動; 仕事, 職業; 関心事, 娯楽 ‖ Reading is one of my favorite ～*s*. 読書は私の好きな楽しみの1つだ ❹ Ⓒ (自転車レースの)追い抜き競走 ❺ 〖生理〗追跡(目が動く物体を追う動作)

****in pursúit of ...*** **…を追跡して**; …を追い求めて ‖ *in* ～ *of* a runaway 脱走犯を追跡して / *in* ～ *of* happiness 幸福を求めて

▸▸ **～ plàne** 名 Ⓒ 追撃機(第2次世界大戦前の戦闘機)

pu·ru·lent /pjúərələnt | -rʊ-/ 形 《医》化膿(かのう)した, 膿(うみ)の出る; 膿の **-lence** 名 Ⓤ 化膿; 膿

pur·vey /pərvéɪ/ 動 他 《堅》〔食糧など〕を供給する, 提供する; 〔情報〕を提供する

pur·vey·ance /pərvéɪəns/ 名 Ⓤ (食糧などの)供給, 提供

pur·vey·or /pərvéɪər/ 名 Ⓒ 《堅》(食糧などの)提供(業)者; 情報提供者

pur·view /pə́ːrvjuː/ 名 Ⓤ 《堅》 ❶ (活動・権限などの)範囲, 限界 ‖ matters within [outside] the ～ of the Security Council 安全保障理事会の権限内[外]の諸問題 ❷ (法令の)本文

pus /pʌs/ 《発音注意》 名 Ⓤ 膿

****push** /pʊʃ/ 動 名

中心義 **(主体から離れる方へ)力を加える** (★物理的な力に限らず, 「精神的圧力」や「努力」なども含む)

―動 (**～·es** /-ɪz/ ; **～ed** /-t/ ; **～·ing**)

―他 ❶ **押す** (↔ pull) **a** 《+目》…を押す ‖ In Japan, you pull the saw rather than ～ it. 日本ではのこぎりは押さないで引いて使う / ～ a baby carriage ベビーカーを押して歩く / ～ a button [switch, bell] ボタン[スイッチ, ベル]を押す

b 《+目+副句》…を押して(…の方向へ)動かす ‖ I ～*ed* my bicycle up the slope. 自転車を押して坂を上った /

He ~*ed* the plate **away** [across the table, toward her]. 彼は皿を離れた所に[テーブルの向こう側に，彼女の方に] 押しやった / ~ back [forward] a chair いすを後ろ[前] へ動かす / ~ clothes into a suitcase スーツケースに服を押し込む

c 《+目+補〈形〉》…を押して…(の状態) にする ‖ ~ a door open [shut] ドアを押して開ける[閉める](♦ 補語が open の場合は push open a door の語順になることも多い)

❷ 《+目+副句》〔体(の一部)〕を(…の方向へ)動かす ‖ She ~*ed* her hair out of her eyes. 彼女は目にかかっている髪の毛を払いのけた / ~ oneself up from a chair 重い腰を上げていすから立ち上がる / ~ one's hands into one's pockets 手をポケットに突っ込む

❸ **強いる a** 《+目+**to** *do*》〔人〕に…するよう強要する，強いて…させる ‖ They tried to ~ the CEO *to* resign. 彼らはCEOに圧力をかけ辞任に追い込もうとした

b 《+目》〔人〕を駆り立てる；〔人〕に〈…するよう〉強いる，強く励ます (↔ discourage) 〈**into, for**〉 ‖ Many coaches ~ players too hard. コーチの多くは選手に発破をかけすぎる / Her parents ~*ed* her *into* going to medical school. 彼女は親に強く勧められて医学部に行った / ~ her *for* payment [an answer] 彼女に払う[答える]ように迫る

c 《~ oneself で》頑張る，無理をする ‖ Don't ~ yourself too **hard**. あまり無理をするなよ

❹ 〔値段・価値など〕を押し上げる[下げる]《***up, down***》；〔事業・計画など〕を推し進める，拡張する ‖ ~ prices *up* [*down*] 物価を押し上げる[下げる] / ~ a bill through the Diet 強引に法案を国会通過させる / ~ trade with Australia オーストラリアとの貿易を推進する

❺ 《口》〔商品〕を〈人に〉**売り込む**，大々的に宣伝する；〔考え方・意見など〕を〈人に〉押しつける〈**on, onto**〉 ‖ ~ a new product 新製品を売り込む / ~ one's political beliefs *on* him 自分の政治的信条を彼に押しつける

❻ 《俗》〔麻薬〕を密売する

❼ 《進行形で》《口》…歳近くになる ‖ He must be ~*ing* 70 now. 彼はもう70歳近くになっていると思うよ

❽ 💻 (インターネットを通して) 各ユーザーへ〔情報〕を配信する；〔スタック〕の最初にデータを格納する；〔データ〕をスタックに格納する[積む，プッシュする](↔ pop)

—自 ❶ 〈…を〉**押す**〈**at, against, on,** etc.〉 ‖ I ~*ed* **hard** *at* the door, but it wouldn't open. ドアを強く押したがどうしても開かなかった / Don't ~ *against* me! 私を押さないで / ~ *on* the accelerator アクセルを強く踏む / ~ and shove 押し合いへし合いする

❷ 《+副句》(…の方へ) 押し進む；(軍隊が) 前進する ‖ She ~*ed* past the reporters. 彼女は記者たちを押しのけて行った / ~ through the crowd 人込みをかき分けて進む / The army ~*ed* toward the border. 軍隊は国境へ向かって進んだ

❸ 頑張る，努力をする ‖ He ~*ed* really hard in the last 100 meters. 彼は最後の100メートルを必死で頑張った

❹ 突き出る；(植物が) 根・芽などを出す《***out, forth***》 ‖ Weeds are ~*ing out* through the cracks in the pavement. 舗装道路の割れ目から雑草が生えている

be hard pushed ⇨ HARD 副 (成句)

push ... abóut 〈他〉《英》=*push ... around*(↓)

****push ahéad*** 〈自〉どんどん進む；〈…を〉続ける〈**with**〉 ‖ He ~*ed ahead with* his original plan. 彼は元の計画を続行した

pùsh alóng 〈自〉① 前に進む；前進する ② 《英口》立ち去る，出発する(leave)(→ CE 2) —〈他〉《***pùsh alóng ...*** / ***pùsh ... alóng***》…をどんどん進める

****pùsh ... aróund*** 〈他〉《口》〔人〕をこき使う，いじめる

pùsh asíde ... / ***pùsh ... asíde*** 〈他〉① …を押しのける ②〔いやなことなど〕を忘れる；…をないがしろにする

pùsh báck ... / ***pùsh ... báck*** 〈他〉① …を押し戻す，後退させる ②〔予定など〕を遅らせる

pùsh báck agàinst ... 〈他〉…に反対[抵抗]する

púsh for ... 〈他〉…を要求する，…を得るために運動をする；…に〈…するよう〉働きかける〈**to** *do*〉 ‖ The students are ~*ing for* the school rules *to* be relaxed. 学生たちは校則を緩やかにするよう要求している

pùsh fórward 〈他〉《***pùsh fórward ...*** / ***pùsh ... fórward***》① …を前に押し出す ② …を目立つようにする，…に人の注意を引くようにする ‖ ~ *forward* one's claim 自分の主張を前面に押し出す ③〔計画など〕を推し進める(promote) ④《~ oneself forward で》人の注意を引く，出しゃばる —〈自〉=*push ahead*(↑)

pùsh ín 〈自〉《英口》① (列などに) 割り込む(《米》cut in) ② (グループ・活動などに) 無理やり入り込む

púsh it [OR ***things***] 調子に乗ってやりすぎる

pùsh óff 〈自〉①《口》立ち去る，出発する(leave)(→ CE 2) ②《命令形で》《主に英口》出て行け，うせろ ③ (岸をかいなどで突いて) 舟を出す；(プールの壁を押して) 泳ぎ始める —〈他〉《***pùsh óff ...*** / ***pùsh ... óff***》〔舟〕を出す

****pùsh ón*** 〈自〉旅を続ける，前進する；(活動などを) 苦心して続行する ‖ The climbers ~*ed on* to the summit. 登山者たちは頂上へ向かって進み続けた —〈他〉《***pùsh ón ...***》⇨ 自 ❶

pùsh óut 〈他〉《***pùsh óut ...*** / ***pùsh ... óut***》① …を〈…から〉押し出す，外に出す〈**of**〉 ②《口》…の地位を奪う，…を〈…から〉追い出す，首にする〈**of**〉 ③ …をどんどん[大量に]作り出す —〈自〉⇨ 自 ❹

pùsh óver ... / ***pùsh ... óver*** 〈他〉…を押し倒す，ひっくり返す

pùsh thróugh 〈他〉 **I** 《***pùsh thróugh ...*** / ***pùsh ... thróugh***》①〔議案など〕を通す **II** 《***pùsh thróugh ...***》② …を突き進む(→ 自 ❷) **III** 《***pùsh À thròugh B́***》③ *A*(議案など)を*B*(議会など)に通す(→ 他 ❹) ④ *A*(人)に*B*(試験など)をパスさせる，*A*(人)に*B*(学校など)を卒業させる

pùsh ... tó 〈他〉〔ドアなど〕を押して閉める

púsh tòward 〈他〉 **I** 《***púsh tòward ...***》…を目標に一生懸命励む **II** 《***pùsh À toward B́***》*A*(人)に*B*(目的)を達成するよう強く促す

pùsh one's wáy (人などを押しのけて) 進む(♦ 通例方向を表す 副句 を伴う) ‖ He ~*ed* his *way* through the crowd. 彼は人込みをかき分けて進んだ

COMMUNICATIVE EXPRESSIONS

1 **Dòn't púsh (it** [OR **me**]**).** 圧力をかけるな；いい気になるな(♥ 字義どおり「押すな」のほかに，「プレッシャーをかけるな」「図に乗って何でも頼んでくるな」の意味にもなる)

2 **(It's) tìme to pùsh óff** [OR **alóng**]. もう行かないと(♥ いとま・出発を告げるくだけた表現)

—名 (複 **~·es** /-ɪz/) ❶ U/C《単数形で》**押すこと**，突くこと(↔ pull) ‖ **I gave** the door a hard [gentle] ~. ドアを強く[そっと]押した / The gate opened at [OR with] one ~. 門はひと押しで開いた / at [OR with] the ~ of a button ボタンを押すだけで；いとも簡単に

❷ U/C《単数形で》ちょっとした後押し，励ますこと ‖ She needs a ~ to carry it through. 彼女がそれをやり遂げるためには少し後押しをしてやる必要がある

❸ C〈…のための〉頑張り，努力，奮闘；(商品などの) 売り込み；〈何かを得るための〉運動〈**for**〉 ‖ Mom is making a ~ *for* a new kitchen. ママは台所を新しくしたいと望んでいる / a fund-raising ~ 資金を募るための運動

❹ C (軍隊などの) 攻勢，前進

❺ U 積極性，やる気，押しの強さ ‖ He needs a little more ~ to be a politician. 彼が政治家になるためにはもう少し押しの強さが必要だ

❻ C《a ~》《英口》(成し遂げるのが) 難しいこと，大変なこと ‖ It can be finished by tomorrow, but it will be a ~. 明日までにできないことはないが，(時間的に) 厳しいだろう

P

❼《the ～》《英口》首[縁]を切ること ‖ give him the ～ 彼を首にする；彼と縁を切る / get the ～ 首になる
❽ Ⓒ Ⓤ（インターネットを通しての）個別ユーザーへの情報配信
at a púsh《主に英口》いざという場合には
*·**if*** [OR ***when***] ***it còmes to the púsh*** ; ***if*** [OR ***when***] ***pùsh còmes to shóve***《口》いざとなれば
⏩ **～ bùtton** 名 Ⓒ 押しボタン **～ pòll** 名 Ⓒ 欺瞞(ぎまん)的世論調査《世論調査の名の下に有権者の考えを変えようとする選挙戦略》 **～ ròd** 名 Ⓒ プッシュロッド《内燃機関の弁を動かす押し棒》 **～ technòlogy** 名 Ⓤ 💻 プッシュ技術《選択した分野の情報の提供を継続的に受けるインターネットサービス[技術]》

púsh·bìke 名 Ⓒ《英口》（ふつうの）ペダル式の自転車
púsh·bùtton 形《限定》押しボタン式の，自動（遠隔）装作による ‖ a ～ phone プッシュホン / ～ warfare 押しボタン式戦争《誘導弾・無人機などによる自動化された戦争》
púsh·càrt 名 Ⓒ（街路商人などの）手押し車（《英》barrow）
púsh·chàir 名 Ⓒ《英》（折り畳み式）ベビーカー《幼児を座らせた状態で使用する》（《米》stroller）（→ (baby) buggy, ⇨ BABY CARRIAGE 図）
push·er /pʊ́ʃər/ 名 Ⓒ ❶《俗》麻薬の売人（drug pusher）❷《口》押しの強い人，やり手
push·ing /pʊ́ʃɪŋ/ 形 ❶ 進取の精神に富んだ，意欲的な ❷ 押しの強い，図々しい；やり手の
púsh·òver 名 Ⓒ《口》❶《通例 a ～》いともたやすいこと，朝飯前の仕事；楽勝 ❷（試合で）楽な相手；だましやすい人，かも；〈…の〉魅力に弱い人〈**for**〉
púsh·pìn 名 Ⓒ《主に米・カナダ》画鋲(がびょう)
pùsh-púll ⊲ 形《限定》【電子】プッシュプル式の《2個の電子管またはトランジスターを半サイクルごとに交代で作動させて高出力を得る》‖ a ～ amplifier プッシュプル増幅器
púsh-stàrt 動 他〔車〕を押してエンジンを始動させる
Push·tu /pʌ́ʃtuː/ 名 =Pashto
púsh-ùp 名 Ⓒ ❶《主に米・カナダ・豪》腕立て伏せ（《英》press-up）❷《米》💻 先入れ先出し《書き込んだ順にデータを読み出す方式》（→ FIFO ; LIFO）
push·y /pʊ́ʃi/ 形《口》（あまりにも）押しの強い，厚かましい，出すぎた **púsh·i·ness** 名
pu·sil·lan·i·mous /pjùːsɪlǽnɪməs/ 形⊲《堅》おく病な（timid） **-la·ním·i·ty** 名 Ⓤ おく病
puss¹ /pus/ 名 Ⓒ《口》《主に英》にゃんこ（cat），猫ちゃん（♥ 主に呼びかけで）
puss² /pus/ 名 Ⓒ《米口》《アイル・スコット》面(つら)，顔；口
puss·y¹ /pʊ́si/ 名（複 **puss·ies** /-z/）Ⓒ ❶《口》=puss¹ ❶ ❷（ネコヤナギなどの）尾状花（catkin）
⏩ **～ wíllow** 名 Ⓒ Ⓤ【植】ネコヤナギ；ヤナギ
puss·y² /pʊ́si/ 名（複 **puss·ies** /-z/）❶ Ⓒ ⊗《卑》（女性の）外陰部；Ⓤ ⊗《俗》《蔑》女 ❷ Ⓒ ⊗《米口》意気地なしの男
púss·y·càt 名 Ⓒ《口》❶ =puss¹ ❶ ❷ 穏やかな人
púss·y·fòot 動 自《口》❶ こっそり歩く ❷ 日和見的態度をとる《***about, around***》 **～·er** 名
pus·tu·lar /pʌ́stʃələr | -tju-/ 形 膿疱(のうほう)の（できた）
pus·tu·late /pʌ́stʃəlèɪt | -tju-/（→ 形）動 他 自（…に）膿疱を生じさせる[生じる] ── 形 /pʌ́stʃələt | -tju-/ 膿疱のできた；いぼのある **pùs·tu·lá·tion** 名
pus·tule /pʌ́stʃuːl | -tjuːl/ 名 Ⓒ ❶【医】膿疱；にきび（pimple）❷ いぼ

⁑put /put/ 動 名

中心義 **Aをある場所[状態]に位置させる**（★Aは具体的な「物」に限らず，「考え」「価値」「時間」など抽象的なものまで多様）

── 動（**～s** /-s/ ; **put** ; **put·ting**）
── 他 ❶《目＋副句》…を（ある場所に）**置く**，載せる，入れる；…を（ある方向に）動かす；送る，送り込む；…を（別のものに）つける；…を突き刺す，押し込む（♦ 必ず場所を表す副詞句を伴う．*She put the box. のような文は不可）（⇨ 類語P）‖ She ～ the suitcase「on the floor [in the closet]. 彼女はスーツケースを床に置いた[押し入れに入れた] / I can't remember where I ～ my ID (card). 身分証明書をどこに置いたか思い出せない / She ～ her head in her hands. 彼女は顔を両手に埋めた（♥ 悲しみを表す）/ She ～ her **hand** on his shoulder. 彼女は彼の肩に手をかけた / He ～ his son on the bus. 彼は息子をバスに乗せた / ～ one's baby to bed 赤ん坊を寝かせる / Don't ～ your head out of the window. 窓から顔を出すな / She ～ as many as three locks on her front door. 彼女は玄関のドアに3つも鍵(かぎ)をつけた / ～ a stick through a crack 隙間(すきま)に棒を押し込む
❷《＋目＋副句》…を（ある状態に）**する[置く]** ‖ The hostess ～ me at ease. （パーティーの）女主人は私をくつろがせてくれた / Deep price cutting ～ the supermarket out of business. 大幅な値引きがそのスーパーの命取りになった / The victory ～ everybody in a festive mood. 優勝でみんなお祭り気分になった / *Put* yourself in his place. 彼の立場になって考えてごらん / ～ the country's economy at risk その国の経済を危うくする
❸ **書く，表現する a**《＋目》…を記入する，書く；…を印刷して載せる ‖ *Put* your name next to the × on the form. 用紙の×印のわきに名前を書きなさい（♦ ×は /eks/ と読む）
b《＋目＋副》…を（ある言い方で）表現する ‖ To ～ it bluntly [honestly], I don't like the way he looks at me. はっきり[正直に]言うと，私を見る彼の目つきが気に入らない / *Put* like that, his plan didn't sound so terrible. そのように表現されると，彼の計画もまんざらではないように聞こえた（♦ この put は過去分詞．Put like that は分詞構文）/ as Obama ～*s* it オバマが言うように
c《＋目＋**into** 名》…を〔…語〕に翻訳する；…を〔言葉など〕で表現する ‖ *Put* the following sentence *into* English. 次の文を英語に訳せ / ～ one's feelings *into* words 自分の気持ちを言葉にする
❹〔質問・案など〕を〈…に〉提示する，提出する，述べる〈**to, before**〉‖ Nobody dared to ～ a question *to* me. だれも私にあえて質問しようとはしなかった / He ～ his view *before* the court of law. 彼は法廷で意見を述べた / I ～ it *to* you that there is an eyewitness to the scene. 言っておきますが，現場の目撃者がいるんですよ / ～ a motion *to* a vote 動議を投票に付す
❺《＋目＋**on** 名》〔重要性・価値など〕を…に置く；〔圧力など〕を…に加える；〔税〕を…にかける ‖ We have to ～ more emphasis *on* customer satisfaction. 顧客の満足にもっと重点を置かねばならない / ～ a high value *on* friendship 友情を重んじる / ～ a lot of pressure *on* students 学生たちに大きな（心理的）圧力となる
❻ **a**《＋目＋**into** 名》〔金・時間・精力など〕を…に投入する，注ぐ，投資する ‖ He ～ all his energy *into* the new project. 彼は新しい計画に全力を注いだ
b《＋目＋**on** 名》〔金〕を…に賭(か)ける ‖ I ～ 10 dollars *on* the favorite (horse). 一番人気の馬に10ドル賭けた / I'll ～ money *on* it that those two are seeing each other. 賭けてもいいがあの2人は付き合っている
❼《＋目＋**to** 名》…を〔ある目的・用途〕に当てる；〔要素〕を…に加える，添える；〔歌詞〕に〔曲〕をつける ‖ If you would ～ your mind *to* it, you could do it. 精神を集中すればそれくらいできるよ / ～ words *to* music 歌詞に曲をつける
❽《＋目＋**in** 名》〔信頼など〕を…に置く，寄せる ‖ Don't ～ your trust *in* dubious skincare products. いかがわしいスキンケア製品を信用してはいけない / ～ one's faith *in* his skill 彼の腕前に信頼を置く
❾《＋目＋**on** 名》〔責任・罪など〕を…のせいにする ‖ He ～ all the blame *on* his secretary. 彼はすべてを秘書のせいにした
❿《＋目＋**to** 名》〔人〕に〔困難・苦痛など〕を経験させる，与

える ‖ We ~ him *to* great expense. 私たちは彼に大散財させた / I hope I'm not *putting* you *to* any trouble. ご面倒をおかけしていないといいんですが

⓫ **a** 《+目+**at** 名》…を…と見積もる, 評価する ‖ I ~ our monthly cost *at* $2,000. 我が家の月々の費用を2,000ドルと見積もっている / I'd ~ his age *at* around 50. 彼の年齢は50歳前後だろう

b 《+目+副句》…を(順序として…に)置く ‖ I would ~ her among the top five tennis players of all time. 彼女は歴代のテニス選手の中で5本の指に入ると思う / He always ~*s* his family first. 彼はいつも家庭を優先させる / ~ environmental protection ahead of economic growth 環境保護を経済成長に優先させる

⓬ 〈…に〉〔ストップ〕をかける〈**to**〉; 〈…に〉〔制限〕を付する, 加える〈**on**〉 ‖ His remark ~「an end [OR a stop] *to* the argument. 彼の発言で論議にピリオドが打たれた / ~ a limit *on* … …に制限を加える ⓭〔砲丸〕を投げる ‖ ~ the shot 砲丸を投げる(→ shot put)

—自 《+副句》(船が)(…の方に)進む《*out*》 ‖ ~ (*out*) to sea 海へ出る / ~ into port 入港する

be hard put ⇨ HARD 副(成句)

I wouldn't put it past a person. ⇨ PAST(成句)

pùt abóut 〈他〉 **I** 《***pùt abóut*** … / ***pùt*** … ***abóut***》 ① 《英口》〔うそ・うわさなど〕を言いふらす, 広める(♦しばしば受身形で用いる) ‖ It has been ~ *about* that the department store will go bankrupt. そのデパートは破産するのではないかとうわさされている ② 《主にスコット・北イング》〔人〕を困らせる, 悩ませる **II** 《***pùt*** … ***abóut***》 ③〔船〕を方向転換する —〈自〉(船が)方向転換する

pùt À above B́ 〈他〉 *A*を*B*より優先させる ‖ ~ one's family *above* everything else 家族をほかの何よりも大切にする

****pùt acróss*** 〈他〉 **I** 《***pùt acróss*** … / ***pùt*** … ***acróss***》 ① …を〈人に〉うまく伝える(convey), よく理解させる〈**to**〉 ‖ The speaker managed to ~ her ideas *across* (*to* the audience). 講演者は自分の考えを何とか(聴衆に)よく理解させることができた / ~ oneself *across* 自分のこと[考え]をよく理解してもらう ② 見事に歌う[演奏する] ‖ She ~ *across* the song à la Madonna. 彼女はマドンナ風に見事に歌った **II** 《***pùt À acròss B́***》 ③ *A*(うそなど)をうまく*B*(人)に信じ込ませる(♦*A*はit, that, oneなど)

pùt aróund … / ***pùt*** … ***aróund*** 〈他〉 =*put about* ①(↑)

****pùt asíde*** … / ***pùt*** … ***asíde*** 〈他〉 ①〔問題・不和など〕を考えないことにする(set aside; disregard) ‖ Let's ~ *aside* our differences for the sake of argument. NAVI 議論を進めるために意見の相違はひとまず置いておこう ②〔金など〕を〈…のために〉**蓄える**(save); 〔商品〕を〈客のために〉とって[残して]おく〈**for**〉 ‖ ~ *aside* money *for* an emergency 非常時に備えて金を蓄える ③〔使っていたものなど〕をわきに置く(lay aside) ④〔時間〕を〈…のために〉空けておく〈**for** / **to do**〉

****pùt awáy*** … / ***pùt*** … ***awáy*** 〈他〉 ① …を(元の所へ)**片づける**, しまう ② 《口》〔人〕を刑務所[精神科病院]に入れる ③ 《口》〔多量の飲食物〕を平らげる ‖ ~ *away* a bottle of wine ワインを1瓶空ける ④〔金など〕を蓄える ⑤ 《口》〔対戦相手〕を破る, (テニスで)スマッシュを決める, (ボクシングで)ノックアウトする ⑥ 《婉曲的》〔動物など〕を安楽死させる ⑦〔考えなど〕を捨て去る

****pùt báck*** … / ***pùt*** … ***báck*** 〈他〉 ① …を(元の所へ)戻す(replace) ‖ When you finish the book, ~ it *back* on the shelf. 本を読み終えたら棚に戻してください / ~ one's shirt *back* on (脱いだ)ワイシャツをまた着る ②〔進行〕を遅らせる, 〔行事など〕を〈…まで〉延期する(defer, postpone)〈**till, to**〉; 〔時計〕の針を戻す(↔ *put forward*) ‖ Strong aftershocks ~ *back* the restoration work. 強い余震のため復旧作業が遅れた ③ …を後ろに動かす; 〔顔〕をのけぞらす ④ 《口》〔大量の酒〕をがぶ飲みする ⑤〔利益など〕を〈事業などに〉投入[投資]する〈**into**〉

pùt À before B́ ① *A*(質問など)を*B*に提示する, 述べる(→ 他 ❹) ② =*put A above B*(↑)

pùt … ***behínd*** 〈他〉 **I** 《***pùt*** … ***behínd one***》〔いやなこと〕をきっぱり忘れる ‖ I ~ the past *behind* me and started a new life. 過去を忘れて新生活を始めた **II** 《***pùt À behìnd B́***》 *A*(金・精力など)を*B*に注ぐ, 投資する

pùt bý … / ***pùt*** … ***bý*** 〈他〉 《主に英》〔金など〕を〈…のために〉蓄える, とっておく〈**for**〉

****pùt dówn*** 〈他〉 **I** 《***pùt dówn*** … / ***pùt*** … ***dówn***》 ① …を下に置く, 降ろす(↔ *pick up*); 〔敷物〕を敷く ‖ *Put down* your pencils. Time is up. 鉛筆を置いて. 時間です / ~ the phone *down* (on him) 《主に英》受話器を置いて(彼との)電話を切る ② 《口》…をけなす; 〔人〕を辱める(⇨ PUTDOWN) ‖ Don't ~ yourself *down*. もっと自信を持ちなさい ③〔金〕を手付けとして払う, 〔頭金〕を払う ④ …を**書き留める** ⑤〔音楽〕を録音する ⑥ 《婉曲的》〔動物など〕を安楽死させる(♦しばしば受身形で用いる) ⑦〔反乱など〕を制圧する, 鎮める(suppress) ⑧ 《英》〔乗客〕を降ろす ⑨〔飛行機〕を着陸させる ⑩〔質問・動議など〕を提出する(《英》table) ‖ ~ *down* an amendment 改正案を提議する ⑪〔ワインなど〕を寝かせる, 貯蔵する ⑫ …を下げる ‖ ~ *down* interest rates 利率を下げる ⑬ 《口》…をたらふく食べる[飲む] **II** 《***pùt*** … ***dówn***》 ⑭〔赤ん坊〕を寝かしつける —〈自〉(飛行機・パイロットが)着陸する(land)

pùt À dówn as B́ ① *A*(人)を*B*とみなす(♥その判断が誤りであることも多い) ‖ She was ~ *down as* stupid because she did not speak much. 彼女はあまりしゃべらないので頭が悪いと思われていた ② *A*を*B*として記録[登録]する

pùt À dówn for B́ ① *A*(人)を*B*(活動・組織)の参加者[候補]として記入[登録]する ‖ Her coach ~ her *down for* the 100-meter dash. コーチは彼女を100メートル走にエントリーさせた ② *A*(人)を*B*(金額)の寄付者として記入する ‖ *Put* me *down for* ten dollars. 私の寄付金額を10ドルと書いてください

****pùt À dówn to B́*** ① *A*を*B*のせいと考える ‖ He ~ his victory *down to* sheer luck. 勝てたのはひとえに運がよかったからだと彼は考えた ② *A*(購入品の代金など)を*B*(人の口座)につける

pùt fórth 〈他〉《堅》 **I** 《***pùt fórth*** …/***pùt*** … ***fórth***》 ①〔計画・案など〕を提出する, 提唱する, 披露する ② 《主に米》〔力など〕を発揮する, 尽くす ‖ They ~ *forth* their best efforts to win. 彼らは勝つために最善の努力をした **II** 《***pùt fórth*** …》 ③〔葉・芽など〕を吹く, 出す

****pùt fórward*** … / ***pùt*** … ***fórward*** 〈他〉 ①〔案・意見など〕を提出する, 提案する(propose) ②〔行事など〕を早める ‖ The party was ~ *forward* by an hour. パーティーは1時間早められた ③〔時計〕の針を進める(↔ *put back*) ④〔人(の名)〕を〈…の〉候補として挙げる, 指名する(nominate)〈**for, as**〉 ‖ She ~ herself *forward for* the post. 彼女は自らそのポストに名乗りを上げた

****pùt ín*** 〈他〉 **I** 《***pùt ín*** … / ***pùt*** … ***ín***》 ①〔設備〕を取りつける(install) ‖ We had an air conditioner ~ *in*. うちではエアコンをつけてもらった ②〔金・時間・精力など〕を注ぎ込む, 費やす(invest); 〔資金〕を投入する ③〔言葉〕を差し挟む(chip in; interject)(♦直接話法にも用いる) ‖ "Objection, your honor," the defense lawyer ~ *in*. 「裁判長, 異議あり」と弁護人が口を挟んだ ④ (文章などに)…を書き込む[入れる] ⑤〔注文・要求など〕を出す; 〔抗弁など〕を申し立てる ‖ ~ *in* a claim for damages 損害賠償を請求する ⑥〔政治家・政党〕を選出する ⑦〔人〕を配置する, 雇う ⑧〔木・作物など〕を植える ⑨〔電話〕を入れる ‖ I've ~ two calls *in* for Tim already. ティムを捕まえようともう2回も電話を入れた ⑩〔金〕を銀行に預ける(pay in; deposit) **II** 《***pùt*** … ***ín***》 ⑪〔人〕を〈試験などに〉応募させる, 〈候補者として〉推す, 選ぶ, 〔人・作品など〕

を〈試合・コンテストなどに〉エントリーさせる〈**for**〉‖ She ～ herself *in for* the beauty pageant. 彼女は美人コンテストに応募した Ⅲ《*pùt À in B́*》⑫ *A*(人)を*B*(施設など)に入れる[送る] ⑬ *A*(信頼など)を*B*(人など)に置く(→ 他 ❽) ―〈自〉(船が)〈…に〉入港する(↔ *put out*), 停泊する〈**at**〉;〈…を〉公式に要求する,〈…に〉応募する〈**for**〉

pùt it ón 《しばしば進行形で》《口》(怒っている, 気分が悪いなどの)ふりをする(→ *put on* ⑤(↓))

*__pùt óff__ 〈他〉 Ⅰ《*pùt óff ... / pùt ... óff*》①〔行事・作業など〕を〈…まで〉**延期する**, 遅らせる(postpone)〈**till, to, until**〉‖ The concert has been ～ *off* indefinitely because of the singer's illness. 歌手の病気のためにコンサートは無期延期となった / We ～ *off* buying a new car. 新車を買うのを先に延ばした / *Never ～ off till tomorrow what you can do today.* 《諺》今日できることは明日に延ばすな ②〔人〕と会う約束を取り消す[遅らす],〔人〕を待たせる ‖ You can't ～ him *off* forever with that excuse. いつまでもその言い訳で彼から逃げてはいられませんよ ③〔人〕に興味を失わせる;〔人〕を不快にさせる ‖ She was ～ *off* by the way he treated his staff. 部下に対する彼の扱いを見て彼女は不快な気分になった ④〔人〕の気を散らす ‖ Turn the TV down. It's *putting* me *off*. テレビの音を小さくしてくれ. 集中できないよ ⑤《英》〔人〕を車から降ろす ⑥《英》〔電灯など〕を消す(turn [OR switch] off) Ⅱ《*pùt À òff B́*》⑦ *A*(人)に*B*への意欲を失わせる(✎ deter from);*A*(人)に*B*から気をそらさせる ‖ The mere look of the fish ～ me *off* eating it. 見ただけでその魚を食べる気がしなくなった

*__pùt ón__ 〈他〉 Ⅰ《*pùt ón ... / pùt ... ón*》①〔服・靴・帽子など〕を**着用する**, 着る(↔ *take off*)(♦ wear が「着用している」という状態を表すのに対し, put on は動作を表す)‖ *Put on* your gloves [glasses]. 手袋をはめなさい[眼鏡をかけなさい] ②〔化粧品・香水など〕をつける(apply) ③〔電灯・ガス・電気器具など〕をつける ‖ *Put* the heater *on*. ストーブをつけなさい ④〔音楽・CDなど〕を再生する, かける ‖ I ～ some music *on* and relaxed. 音楽をかけてくつろいだ ⑤〔気分・性格など〕を装う, 見せかける, …のふりをする ‖ He ～ *on* a Southern accent. 彼はわざと南部なまりでしゃべった / ～ *on* a brave face 平気な顔を装う / ～ *on* airs 気取る ⑥《受身形不可》〔体重・身長・スピードなど〕を増す(gain)(↔ lose) ‖ I ～ *on* 10 pounds. 体重が10ポンド増えた / ～ *on* a spurt in the homestretch 最後の直線でスパートをかける ⑦〔芝居・コンサートなど〕を上演する, 催す(stage) ‖ ～ *on* a charity concert チャリティーコンサートを催す ⑧〔食事〕の準備をする[始める], …を料理し始める ⑨〔乗り物の便・授業など〕を提供する ‖ ～ *on* late-night buses 深夜バスを運行する ⑩〔時計〕の針を進める ⑪〔選手〕を(チームの一員として)出場させる, 投入する;…を舞台に立たせる ⑫〔ブレーキ〕をかける(apply) ⑬ …を加える, 追加する Ⅱ《*pùt ... ón*》⑭〔人〕を電話に出す ⑮《be putting ... on で》《主に米口》〔人〕をからかう, だます, かつぐ Ⅲ《*pùt À òn B́*》⑯ *A*(金額)を*B*に加える ‖ The news ～ 10 dollars *on* the company's stock price. そのニュースでその会社の株価は10ドル上がった ⑰ *A*(人)を*B*(乗り物)に乗せる(→ 他 ❶) ⑱ *A*(圧力・税など)を*B*にかける;*A*(重要性・責任など)を*B*に置く(→ 他 ❺, ❾) ⑲ *A*(金)を*B*に賭ける(→ 他 ❻b) ⑳(医者が)*A*(人)に*B*(治療法など)を施す ‖ ～ her *on* a diet 彼女にダイエットをさせる

pùt one óver on ... 《口》…をだます, かつぐ

pùt À ònto [OR **òn to**] *B* 〈他〉① *A*(人)に*B*(人・よい情報)を知らせる ‖ Would you ～ me *onto* a good restaurant? いいレストランを教えていただけませんか / ～ the police *on to* his whereabouts 警察に彼の居所を教える ②(電話で)*A*(人)を*B*(人)につなぐ

*__pùt óut__ 〈他〉 Ⅰ《*pùt óut ... / pùt ... óut*》①〔火・たばこ・電灯など〕を**消す**(extinguish) ② …を〈家の〉**外に出す**;…を〈…から〉追い出す〈**of**〉③ …を(使えるように)出しておく ‖ Mother ～ *out* new pajamas for me. 母は私に新しいパジャマを出しておいてくれた ④〔手・足〕を伸ばす;〔舌〕を出す(♥ 無礼なしぐさ) ⑤〔ニュース・声明など〕を発表する(issue);〔番組〕を放送する(broadcast);〔信号〕を出す ⑥〔製品〕を生産する(produce);〔本〕を出版する ⑦〔計算・見積もり(の数字)など〕を狂わせる ⑧〔対戦相手〕を敗退させる ⑨〔仕事〕を〈下請けに〉外注する[出す]〈**to**〉⑩(エンジン・モーターなどが)…馬力を出す ⑪〔肩・ひざなど〕の関節を外させる, …を脱臼(だっきゅう)させる(dislocate) ⑫〔葉・芽など〕を出す, 吹く Ⅱ《*pùt ... óut*》⑬〔人〕に意識を失わせる ‖ The pills ～ her *out* for a few hours. その薬で彼女は数時間意識がなくなった ⑭〔人〕を怒らせる,〔人〕に負担[迷惑]をかける(♦ しばしば受身形で用いる) ‖ He seemed a little ～ *out* at seeing me with her. 私が彼女と一緒にいるのを見て彼は少しむっとしたようだった / I hope I'm not *putting* you *out*. お邪魔じゃないでしょうね ⑮《～ oneself out で》骨を折る〈**for** 人のために / **to** *do* …しようと〉‖ She always ～*s* herself *out to* help others. 彼女はいつも骨身を惜しまず人助けをする ⑯《野球》〔打者・走者〕をアウトにする ―〈自〉①(船が)出航する(→ 自)(↔ *put in*) ② ⊗《米卑》(女性が)(合意の上・進んで)セックスする

pùt óver ... / pùt ... óver 〈他〉①〔考え・気持ちなど〕を〈…に〉うまく伝える[説明する]〈**to**〉(→ *put across* ①(↑)) ②《米》…を延期する, 遅らせる

pùt róund ... / pùt ... róund 〈他〉= *put about* ①(↑)

*__pùt thróugh__ 〈他〉 Ⅰ《*pùt thróugh ... / pùt ... thróugh*》①〔人・電話〕を〈…に〉つなぐ〈**to**〉‖ Would you ～ me *through to* Mr. Morgan? モーガンさんにつないでいただけませんか ②〔用件〕を〈…に〉伝える〈**to**〉③〔計画など〕を達成する;〔案・協定など〕を実現させる;〔議案など〕を通過させる Ⅱ《*pùt À thròugh B́*》④(学費を出して)*A*(人)を*B*(学校)に通わせる[卒業させる] ‖ ～ one's son *through* law school 息子を法学大学院に通わせる ⑤ *A*(人)に*B*(いやなこと)をさせる, 経験させる ‖ He ～ his mother *through* a lot of hardship. 彼は母親にずいぶんつらい思いをさせた ⑥ *A*(案など)を*B*(会議など)で通過させる ⑦ *A*(人・製品)に*B*(テスト)を受けさせる

pùt a pèrson thróugh it 《主に英口》①〔人〕を徹底的に試す ②〔人〕をひどい[つらい]目に遭わせる

*__pùt togéther ... / pùt ... togéther__ 〈他〉①〔ばらばらのもの〕をまとめる, 組み合わせる;(ばらばらのものをまとめて)…を作る, 組み立てる(↔ *take apart*) ‖ ～ *together* a model plane 模型飛行機を作る ②〔チーム・グループなど〕を作る, 編成する ③〔考え・案など〕をまとめ上げる;(考え・案などをまとめて)…を作る, 編集する ‖ ～ one's thoughts *together* 考えをまとめる / ～ *together* an agreement 協定をまとめ上げる ④ …を合計する ‖ We had more rain in September than in all the other months ～ *together* last year. 昨年は9月の雨量がほかの月全部を合わせた量より多かった

pút À toward B́ 〈他〉*A*(金)を*B*の用途に当てる, *B*のために*A*(金)を出す

pùt a pèrson únder 〔人〕を麻酔などで眠らせる

*__pùt úp__ 〈他〉 Ⅰ《*pùt úp ... / pùt ... úp*》①〔構造物〕を**造る**, 建てる(construct, erect)(↔ *pull down, take down*);〔棚など〕を取りつける;〔テント〕を張る,〔傘〕を広げる;〔コートなどのフード〕をかぶる ‖ He ～ *up* a fence around his house. 彼は家の周りに垣根を造った ②〔絵・掲示など〕を**掲げる**, 張る(↔ *take down*) ‖ Some fans stole the posters ～ *up* on the wall. ファンの中には壁に張ったポスターを盗んだ者もいた ③(質問・応答などのために)〔手〕を挙げる;〔旗・帆など〕を揚げる;〔髪〕を頭上にまとめる ④《主に英》〔値段など〕を上げる(raise)(↔ *bring down*) ⑤〔人〕を**泊める** ‖ Can you ～ me *up* for the night? 今晩泊めてもらえますか ⑥〔資金など〕を〈…に〉提供する〈**for**〉‖ ～ *up* funds *for* a project 企画に資金を提供する ⑦〔人〕を候補者にする,〔候補者〕を立てる〈**as** …

として；**for** …への〉 ⑧〔案・議案など〕を示す，提示する，提案する ⑨ …を〈売り[競売]に〉出す；〔子供〕を〈養子に〉出す〈**for**〉(♦しばしば受身形で用いる) ⑩〔獲物〕を(巣から)飛び立たせる，飛び出させる ⑪〔食品〕を缶[瓶]詰めにする **II**《***pùt úp …***》⑫〔闘い〕を挑む，〔抵抗など〕を示す ‖ ～ *up* a good fight 健闘する / ～ *up* stout [OR strong] resistance 頑強に抵抗する ⑬〔表情など〕を見せる，示す，装う ‖ ～ *up* a front 体面を飾る / ～ *up* a bluff 虚勢を張る ―〈自〉① 〈…に〉泊まる〈**at, in, with**〉 ②〈選挙などに〉立候補する〈**for**〉

pùt úp or shùt úp 《しばしば命令形で》《口》(ふだん言っていることを) 行動で示すかそうでなければ黙っている[もう言わない] ‖ "I'll bet you $10 you can't do it!" "Oh, yeah? *Put up or shut up!*"「10ドル賭けてもいいけど君にはこんなことできっこないね」「じゃあ(やってやるから)10ドル出すか，さもなければ黙ってな」/ It's *put-up or shut-up* time. 今や何か手を打つか，それとも何もしないかの決断の時だ

pùt À ùp to B́ 《口》*A*(人)をそそのかして*B*(悪事など)をさせる ‖ ～ her *up to* (playing) the practical joke 彼女をそそのかして悪ふざけをさせる

****pùt úp with …*** 〈他〉…を**我慢する**，仕方なく受け入れる (tolerate, endure；live with, stand for)(♦ with の目的語を主語にした受身形の文は可能だがまれ) ‖ I can't ～ *up with* him [his rude manners] any more. もう彼[彼の無礼な態度]には我慢がならない

pút upon … 《通例受身形で》利用される，つけ込まれる ‖ The star was ～ *upon* by the people around him. そのスターは取り巻きの連中にいいように利用された

stày pút 《口》同じ所にいる，じっとしている

COMMUNICATIVE EXPRESSIONS

1 **Can you pùt thàt óut?** それ，消してもらえますか(♥たばこを消すよう頼む)

2 **Hòw can** [OR **shall**] **I pút it?** どう言ったらいいかな(♥言いづらいことを言う際の前置き)

3 **If you would pùt thìngs where they belóng, they wòuldn't gèt lóst.** ちゃんと片づけて[元の場所に戻して]おけば物をなくさないで済むのに(♥散らかった状態にしている人に)

4 **Pút it** [OR **'er**] **thère.** 手を出せよ(握手しよう)；(交渉などで)これで手を打とう(♥くだけた表現)

5 **Pùt thàt awáy** [OR **dówn**]. しまいなさい；置きなさい(♥子供などに対して物に触らないよう注意する)

―名 Ⓒ ❶ (砲丸投げの)一投，投擲(とうてき) ❷ (= ～ **òption**)〖株〗売付選択権，プット

置く	put	無造作に	横たえるように	lay
		目的に合わせて	意図した状態で 意図した場所に	place
			あるべき場所に据えて	set

♦ put は《口》，place は《堅》.

▸▸ ～ **wàrrant** 名 Ⓒ〖証券〗プットワラント

pu·ta·tive /pjúːt̬ət̬ɪv/ 形《限定》一般に…と考えられている，…とうわさの ‖ his ～ successor 彼の後継者とうわさされる人物 **～·ly** 副

pút·dòwn 名 Ⓒ《口》こき下ろし，手厳しい言葉

pút-òn 形《限定》装った ‖ a ～ smile 作り笑い ―名 Ⓒ《米口》❶ 見せかけ，いんちき ❷ 人をかつぐこと

pút·òut 名 Ⓒ〖野球〗アウト，刺殺

put-put /pʌ́tpʌ̀t/ 名 ❶ Ⓤ (エンジンの)ぱっぱっ(という音) ❷ Ⓒ 小型エンジン(をつけた乗り物)；ポンポン船 ―動 自 (**-put**；**-put·ting**) ぱっぱっと音を立てて動く[進む]

pu·tre·fac·tion /pjùːtrɪfǽkʃən/ 名 Ⓤ 腐敗，腐乱 ‖ in a state of ～ 腐敗の状態で[に] **-tive** 形 腐敗させる；腐敗しやすい

pu·tre·fy /pjúːtrɪfàɪ/ 動 (**-fies** /-z/；**-fied** /-d/；**～·ing**) 自 腐敗[腐乱]する ―他 …を腐敗[腐乱]させる

pu·tres·cent /pjuːtrésənt/ 形 ❶ 腐敗しかかった，腐りかけた ❷ 腐敗の **-cence** 名

pu·trid /pjúːtrɪd/ 形 ❶ 腐敗した，腐って悪臭のする；腐敗の ❷《口》不快な，いやな **pu·tríd·i·ty, ～·ness** 名 **～·ly** 副

putsch /pʊtʃ/ 名 Ⓒ 反乱，暴動(♦ドイツ語より)

putt¹ /pʌt/ 名 Ⓒ〖ゴルフ〗(ボールを)パット(すること) ‖ make a three-foot ～ 3フィートのパットをする ―動 他 自 (ボールを)パットする

putt² 動 =put-put

put·tee /pʌ̀tíː | pʌ́ti/ 名 Ⓒ《通例 ～s》(巻き)ゲートル；《米》革製すね当て

put·ter¹ /pʊ́t̬ər/ 名 Ⓒ 置く人[物]，質問者 ‖ a ～ of questions 質問する人

put·ter² /pʌ́t̬ər/ 名 Ⓒ〖ゴルフ〗パター《パット用のクラブ》；パットする人

put·ter³ /pʌ́t̬ər/ 動《米》自 のんびりとやる，だらだらやる；ぐずぐず動く，ぶらぶらする《**along, down**》 ―他〔時間〕をのらくら過ごす《**away**》 **～·er** 名

pútt·ing grèen /pʌ́t̬ɪŋ-/ 名 Ⓒ〖ゴルフ〗グリーン(green)；パッティング練習用の芝地

put·to /púːtoʊ | pʊ́toʊ/ 名 (複 **-ti** /-tiː/) Ⓒ プットー《ルネサンス期の絵画に描かれる翼を持った裸体の子供》

pútt-pùtt 名 動 =put-put

put·ty /pʌ́t̬i/ 名 Ⓤ ❶ パテ《窓ガラスの固定剤》❷ パテ粉；研磨剤 ❸ 灰色

bè pùtty in a pèrson's hánds (人の)意のままである

―動 (**-ties** /-z/；**-tied** /-d/；**～·ing**) 他 …をパテで固定[充塡(じゅうてん)]する《**up**》

▸▸ ～ **knìfe** 名 Ⓒ パテ用ナイフ

pút-ùp 形《限定》《口》あらかじめ仕組んだ，八百長の

▸▸ ～ **jób** 名 Ⓒ《通例単数形で》《口》作り話，でっち上げ；八百長

pút-upòn 形 (人が)つけ込まれた，ひどい扱いを受けた

putz /pʌts/《米》名 Ⓒ ❶ ⊗《口》《蔑》ばか ❷《俗》陰茎 ―動 自 ぶらぶらする[過ごす]《**around**》

***puz·zle** /pʌ́zl/ 動 他 ❶ (理由などがわからずに)…を困らせる，悩ます，当惑させる〈**by, at, as to** …で / **to** *do* …して / **that** 節 …ということで〉(♦しばしば受身形で用いる) ‖ The teacher's question ～*d* me. 先生の質問には閉口した / The judge was ～*d by* the witness's silence. 判事は証人の沈黙に当惑した / She was ～*d as to* who had written her the letter. 彼女は一体だれがその手紙を書いてよこしたのかと頭を悩ました / He was ～*d to* learn of our decision. 彼は我々の決定を知って当惑した / Janet was ～*d that* he never answered the phone. ジャネットは彼が全く電話に出ないことに戸惑った ❷〔頭など〕を悩ませる ‖ ～ one's brains 頭を絞る ―自〈…で〉頭を悩ます；〈…を〉懸命に考える，〈…に〉頭を絞る〈**about, over**〉 ‖ He ～*d over* the answer to the problem. 彼はその問題の解答に頭を悩ませた

pùzzle óut … / pùzzle … óut 〈他〉《しばしば疑問詞とともに》《受身形不可》〔解答〕を頭を絞って出す；〔なぞ〕を解く (solve；work out) ‖ I wish I could ～ *out* why she did it. 彼女がなぜそれをしたのかわかればいいのだが / ～ *out* a riddle [problem] なぞ[問題]を解く

―名 Ⓒ ❶《通例単数形で》なぞ，難問；理解し難い人[もの] ‖ It's a ～ to me why she refused Dan's offer. 彼女がどうしてダンの申し出を断ったのか私にはなぞだ / the last piece of the ～ 難問を解く最後の鍵(かぎ) ❷ パズル；ジグソーパズル (jigsaw puzzle) ‖ a crossword ～ クロスワードパズル / solve a ～ パズルを解く ❸《a ～》当惑(状態) ‖ in a ～ 途方に暮れて

púz·zled /-d/ 形 (訳がわからず)当惑した(様子の) ‖ a ～ look 当惑の表情 **～·ly** 副

púz·zle·ment /-mənt/ 名 Ⓤ Ⓒ 当惑；当惑させるもの

puz·zler /pʌ́zlər/ 名 Ⓒ ❶ 難問，難題 ❷ 難題[パズル]

P

を解くのを楽しむ人
*puz·zling /pʌ́zlɪŋ/ 形 人を当惑させる, 訳のわからない, 不可解な ~·ly 副
PV 略 photovoltaic
PVC ㋛ 略 polyvinyl chloride(ポリ塩化ビニル)
PVS 略 〚医〛 persistent vegetative state (遷延性植物状態)《生命維持装置なしには生存できない状態》
Pvt. 略 (米軍の)Private (soldier); private《社名で》
pw 略 per week
PW 略 prisoner of war; Policewoman
PWA¹ 略 person with AIDS(エイズ患者)
PWA², P.W.A. 略 Public Works Administration (米国公共土木事業局)
PWR 略 pressurized-water reactor(加圧水型原子炉)
pwt. 略 pennyweight
PX 略 (複 PXs) post exchange
pye-dog /páɪdɔ̀(:)g/ 名 Ⓒ (特にアジアの)野犬, 野良犬
py·e·li·tis /pàɪəláɪṭəs | -tɪs/ 名 Ⓤ 〚医〛腎盂(じんう)炎
-lít·ic 形
Pyg·ma·li·on /pɪɡméɪliən/ 名 〚ギ神〛 ピグマリオン《自分の彫った女性の像に恋したキプロスの王. 彼の願いを受け Aphrodite がこの像に生命を与えた》
Pyg·my /pígmi/ 名 (複 -mies /-z/) Ⓒ ❶ ピグミーの人《赤道アフリカ地方・東南アジアの背の低い民族》;《the -mies》《集合的に》ピグミー ❷《p-》⊗《主に蔑》並外れて小さい人[動植物]; 一寸法師; 取るに足りない人[もの]
— 形《限定》❶ ピグミーの ❷《p-》(動植物が)並外れて小さい
py·ja·mas /pədʒɑ́:məz/ 名 複 《英》=pajamas
py·lon /páɪlən/ 名 Ⓒ ❶ (高圧線用の) 鉄塔; (飛行場の)目標塔, 案内標識(塔) ❷ (壮大な)門口(gateway); (古代エジプトの神殿の)塔門 ❸ 〚空〛(飛行機の)パイロン《エンジン・燃料タンクなどを支える翼の下の支柱》❹ (道路工事などを示す)コーン, パイロン
py·lo·rus /paɪlɔ́:rəs/ 名 (複 -ri /-raɪ/) Ⓒ 〚解〛幽門
-ric 形
Pyn·chon /píntʃən/ 名 Thomas (Ruggles) ~ ピンチョン(1937–)《米国の小説家. 主著 *V*(1963)》
Pyong·yang /pjʌ̀ŋjɑ́:ŋ | pjɔ̀ŋjǽŋ/ 名 ピョンヤン, 平壌《朝鮮民主主義人民共和国[北朝鮮]の首都》
py·or·rhe·a, 《英》-rhoe·a /pàɪərí:ə | -ríə/ 名 Ⓤ ❶ 〚歯〛歯槽(しそう)膿漏(のうろう) ❷ 〚医〛膿漏
py·ra·can·tha /pàɪərəkǽnθə/ 名 Ⓒ 〚植〛 ピラカンサ《バラ科トキワサンザシ属の常緑低木の総称》
*pyr·a·mid /pírəmɪd/ 《アクセント注意》 名 Ⓒ ❶ 《しばしば P-》ピラミッド ‖ the (Great) *Pyramids* 大ピラミッド《エジプトのギザにある3基の最大のピラミッド》❷ ピラミッド状のもの; ピラミッド型組織; ピラミッド型に刈った果樹 ‖ make a ~ of bottles 瓶をピラミッド状に積む / at the top of the ~ of a party organization 党組織のピラミッドの頂点に ❸ 〚結晶〛錐(すい); 〚数〛角錐; 〚解〛錐(状)体 ‖ a regular ~ 正角錐 ❹《~s》ピラミッド《15個のボールを三角形に並べて突くビリヤードの競技法の一種》❺ 〚株〛買い乗せ, 売り乗せ
— 動 《主に米》 自 ❶ ピラミッド状になる; 漸増する ❷ 〚株〛買い乗せ[売り乗せ]する《取り引きを拡大して利ざやを稼ぐこと》 — 他 ❶ …をピラミッド状にする; …を漸増させる ❷ 〚株〛〔株式〕を買い乗せ[売り乗せ]する
py·rám·i·dal 形
▸▸ ~ schème 名 Ⓒ ねずみ講 ~ sèlling /ˌ------/ 名 Ⓤ 〚商〛マルチ商法
pyre /páɪər/ 名 Ⓒ (火葬用の)積みまき
Pyr·e·nees /pírənì:z | ˌ--ˊ/ 名《the ~》《複数扱い》ピレネー山脈《フランスとスペインの国境をなす山脈》
Pyr·e·né·an 形 ピレネー(山脈)の
py·re·thrin /paɪərí:θrɪn/ 名 Ⓤ 〚生化〛ピレトリン《除虫菊から採る化合物. 殺虫剤として用いる》
py·re·throid /paɪərí:θrɔɪd/ 名 Ⓤ 形 〚生化〛 ピレスロイド(の)《ピレトリンに類似した合成殺虫剤. 除虫菊の殺虫成分の総称》
py·re·thrum /paɪərí:θrəm/ 名 Ⓒ 〚植〛除虫菊; Ⓤ 除虫菊の花を粉末にした殺虫剤
Py·rex /páɪəreks/ 名 Ⓤ《しばしば形容詞的に》《商標》パイレックス《耐熱性のガラス器》
語源 *pyro-*(火・熱の)+*-x*(新商品につけた語尾)
pyr·i·dox·ine /pìrɪdɑ́(:)ksi:n | -dɔ́ks-/, -dox·in /-dɑ́(:)ksɪn | -dɔ́ks-/ 名 Ⓤ 〚生化〛ピリドキシン《ビタミン B_6》
py·rim·i·dine /paɪərímɪdì:n/ 名 Ⓤ 〚化〛ピリミジン《無色の液体または結晶》; Ⓒ ピリミジン誘導体《核酸の構成成分》
py·rite /páɪəraɪt/ 名 Ⓤ 〚鉱〛黄鉄鉱
py·ri·tes /paɪəráɪti:z/ 名 Ⓤ 硫化金属の総称《黄鉄鉱など》‖ iron [copper] ~ 黄鉄鉱[黄銅鉱]
pyro- /paɪərə-, -roʊ-/ 連結形 ❶「火, 熱」の意 ❷ 〚化〛「焦性の, ピロ…」の意
py·ro·clas·tic /pàɪərəklǽstɪk/ ㋛ 形 火砕性の
▸▸ ~ flów 名 Ⓒ《通例単数形で》〚地〛火砕流
pỳro·eléctric 形 ピロ電気(性)の, 焦電気(性)の
pỳro·electrícity 名 Ⓤ ピロ電気, 焦電気《結晶の温度変化で電気が生じること》
pỳro·mánia 名 Ⓤ 〚心〛放火癖
-maniàc 名 Ⓒ 形 放火魔(の)
pỳro·metállurgy 名 Ⓤ (高温を利用する)乾式製錬
-metallúrgical 形
py·rom·e·ter /paɪərɑ́(:)məṭər | -rɔ́mɪ-/ 名 Ⓒ パイロメーター, 高温計
py·ro·sis /paɪəróʊsəs | -sɪs/ 名 Ⓤ 胸やけ
py·ro·tech·nic /pàɪərəténɪk/ ㋛ 形《通例限定》❶ 花火の ❷ (機知・技巧などが)華々しい -ni·cal·ly 副
py·ro·tech·nics /pàɪərəténɪks/ 名 ❶ Ⓤ 花火製造[使用]術 ❷《複数扱い》花火の打ち上げ ❸《複数扱い》(弁舌・技巧などの)華々しさ -nist 名 Ⓒ 花火師
py·rox·ene /paɪərɑ́(:)ksi:n | -rɔ́k-/ 名 Ⓒ 〚鉱〛輝石《火成岩・変成岩に産する》 pỳ·rox·én·ic 形
pỳr·rhic (dánce) /pírɪk-/ 名 Ⓒ (古代ギリシャの)戦舞
Pỳr·rhic víctory /pírɪk-/ 名 Ⓒ ピュロスの勝利, 多くの犠牲を払って得た引き合わない勝利《イピロス (Epirus) の王ピュロス (Pyrrhus) は, ローマ軍と戦い辛うじて勝ったが, 自軍も多大の損害をこうむったことから》
py·rù·vic ácid /paɪərù:vɪk-/ 名 Ⓤ 〚生化〛ピルビン酸《各種代謝の中間生成物》
Py·thag·o·ras /pəθǽɡərəs | paɪ-/ 《発音注意》名 ピタゴラス(580?–500? B.C.)《ギリシャの哲学者・数学者》
Py·thag·o·re·an /pəθæ̀ɡərí:ən | paɪ-/ ㋛ 形 名 Ⓒ ピタゴラスの, ピタゴラス学派の(人) ‖ the ~ theorem ピタゴラスの定理
Pyth·i·as /píθiæs/ 名 〚ギ伝説〛ピュティアス《ダモン (Damon)の親友》(→ Damon and Pythias)
py·thon /páɪθɑ(:)n | -θən/ 名 ❶ Ⓒ 〚動〛ニシキヘビ; 《俗に》大蛇, うわばみ ❷《P-》〚ギ神〛ピュトン《アポロンに退治されたデルフォイの大蛇》
Py·tho·nesque /pàɪθənésk/ 形 超現実的なおかしさの (♦ 英国のテレビコメディーシリーズ *Monty Python's Flying Circus* より)
pyx /pɪks/ 名 Ⓒ ❶ 〚宗〛聖体容器 ❷ (造幣局の) 貨幣検査箱《検査する硬貨を入れておく》

Q q

It is better to ask some of the **questions** than to know all of the answers. 答えを何もかも知っているより，いくつかでも聞きたいことのある方がよい　(James Thurber — 米国の作家)

q¹, Q¹ /kjuː/ 名 (複 **q's, qs** /-z/；**Q's, Qs** /-z/) Ⓒ ❶ キュー《英語アルファベットの第17字》❷ q [Q] の表す音《英語では通例つづり上 u を伴い /kw/》❸ (活字などの) q [Q] 字 ❹ (連続するものの) 17番目

q² 記号 〖理〗electric charge (電荷，荷電)

Q² 略 〖チェス〗queen；quetzal；quarter；question

q. 略 quart；quarter(ly)；query；question；quire

Q. 略 quartermaster；quarto

Qa·e·da /káɪdə/ 名 ＝Al Qaeda

QANTAS /kwɑ́(ː)ntəs | kwɔ́ntəs/ 名 カンタス航空《オーストラリアの航空会社》(♦ *Q*ueensland *a*nd *N*orthern *T*erritory *A*erial *S*ervices の略)

*__Qa·tar__ /kɑ́ːtɑːr | kǽ-/ 名 カタール《アラビア半島東部，ペルシャ湾に突き出た首長国. 公式名 the State of Qatar. 首都 Doha》 **-tar·i** 形 名

qaw·wal /kəvɑ́ːli, kəwɑ́ːli/ 名 Ⓒ カッワーリー歌手

qaw·wa·li /kəvɑ́(ː)li, kæwɑ́(ː)li/ 名 Ⓒ Ⓤ 〖楽〗カッワーリー《パキスタンなどのイスラム教神秘主義者による宗教歌謡》

QB 略 〖アメフト〗quarterback；*Q*ueen's *B*ench (→ King's Bench)

QBE 略 💻 *q*uery *b*y *e*xample

QC 略 *q*uality *c*ontrol；*Q*ueen's *C*ounsel；Quebec

QED 略 *q*uantum *e*lectro*d*ynamics；《ラテン》*quod erat demonstrandum*

Q fèver 名 Ⓤ 〖医〗Q熱《発疹(ほっしん)チフスに似た熱病》

qi /tʃiː/ 名 Ⓤ (東洋医学の)気 (♦ chi, ch'i ともいう)

qib·la /kíblə/ 名 ＝kiblah

q.i.d. 略 《ラテン》*quater in die* (＝four times a day) (処方箋(せん)で)(1日に4回)

Qin /tʃɪn/ 名 秦(しん)《中国の王朝(221–206 B.C.)》

Qing /tʃɪŋ/ 名 清(しん)《中国の王朝(1644–1911)》

Qing·hai /tʃɪ̀ŋháɪ/ 名 青海(チンハイ)省《中国北西部の省. 省都 Xining(西寧)》

Qld. 略 Queensland

QM 略 Quartermaster

qq.v. 略 《ラテン》*quae vide* (＝which (things) see) (これらの項(など)を参照せよ)

qr. 略 quarter(s)；quire；quarterly

qt. 略 quantity；quart(s)

q.t., Q.T., QT /kjùːtíː/ 名 《次の成句で》
on the q.t. [OR ***QT, Q.T.***] 《口》内密に，ひそかに

Q-Tip, Q-tip 名 Ⓒ 《商標》Qチップ《医療用綿棒》

qto. 略 quarto

qty. 略 quantity

qu. 略 query；question；queen

qua /kweɪ, kwɑː/ 前 《堅》…の資格で(の)，…として(の) (as) ‖ the role of scientist ～ scientist 科学者としての科学者の役割 (♦ 同じ名詞を繰り返すことが多い)

quack¹ /kwæk/ 動 自 (アヒルが)があがあ鳴く；《俗》べらべらしゃべる **—名** Ⓒ があがあ(鳴く声)

quack² /kwæk/ 名 Ⓒ にせ医者；にせ者；《英口》医者 **—形** にせ医者の，いかさまの ‖ ～ remedies いんちき療法 **—動** 自 いんちき療法をする；誇大宣伝する **～·ish** 形

quack·er·y /kwǽkəri/ 名 Ⓤ いんちき療法；いかさま

quáck gràss 名 《米》＝couch²

quàck-quáck 名 Ⓒ があがあ《アヒルのこと》(♥ 小児語)；があがあ《アヒルの鳴き声》

quad¹ /kwɑ(ː)d | kwɔd/ 名 《口》❶ ＝quadrangle ❷ ❷ ＝quadruple ❸ ＝quadruplet ❶ ❹ (～s) ＝quadriceps **▸▸ ～ bìke** 名 Ⓒ 《英》(レース・娯楽用の)四輪オフロードバイク(《米》four wheeler)

quad² /kwɑ(ː)d | kwɔd/ 形 《口》＝quadraphonic

quad³ /kwɑ(ː)d | kwɔd/ 名 Ⓒ 〖印〗クワタ (quadrat)《活版の組み版でスペースに埋める詰め物》

quad. 略 quadrangle；quadrant；quadrilateral

quad·ra·ge·nar·i·an /kwɑ̀(ː)drədʒənéəriən | kwɔ̀d-/ 形 名 Ⓒ 《英》40歳代の(人)

Quad·ra·gès·i·ma (Súnday) /kwɑ̀(ː)drədʒésɪmə- | kwɔ̀d-/ 名 Ⓒ 四旬節(Lent)の第1日曜日

quad·ran·gle /kwɑ́(ː)dræŋgl | kwɔ́d-/ 名 Ⓒ ❶ 〖数〗四角形，四辺形 ❷ (大学などの四方を建物に囲まれた)中庭，方庭；(四方を囲む)建物 **-gu·lar** 形

quad·rant /kwɑ́(ː)drənt | kwɔ́d-/ 名 Ⓒ ❶ 四分円弧；四分円 ❷ 四分円形の部分 ❸ 四分儀《昔の天体高度測量器具》 **quad·ránt·al** 形

quad·ra·phon·ic /kwɑ̀(ː)drəfɑ́(ː)nɪk | kwɔ̀drəfɔ́n-/ ＜シ 形 4チャンネルの **-i·cal·ly** 副

quad·rat /kwɑ́(ː)drət | kwɔ́d-/ 名 Ⓒ ❶ ＝quad³ ❷ 区画《動植物の生態研究のために仕切った方形の土地》

quad·rate /kwɑ́(ː)dreɪt | kwɔ́d-/ (→ 動) 名 Ⓒ 形 (正)方形(の)；〖解〗方形骨(の) **—動** /kwɑ́(ː)dreɪt | kwɔdréɪt/ 他 自 (…を[が])一致[調和]させる[する]

quad·rat·ic /kwɑ(ː)drǽtɪk | kwɔd-/ 形 ❶ 〖数〗2次の ‖ a ～ function [equation] 2次関数[方程式] ❷ 方形の **—名** Ⓒ 〖数〗2次項，2次(方程)式

quad·ra·ture /kwɑ́(ː)drətʃər | kwɔ́d-/ 名 Ⓤ ❶ 正方形にすること ❷ 〖数〗求積(法) ❸ 〖天〗矩(く)；〖電子〗短象

quad·ren·ni·al /kwɑ(ː)dréniəl | kwɔd-/ 形 4年ごとの；4年間の[続く] **—名** Ⓒ 4年の期間；4周年記念日[祭] **～·ly** 副

quad·ren·ni·um /kwɑ(ː)dréniəm | kwɔd-/ 名 (複 **～s** /-z/ OR **-ni·a** /-niə/) Ⓒ 4年間

quadri- /kwɑ(ː)drɪ-, -rə- | kwɔd-/ 連結形 「4(four)」の意 (♦ 母音の前では quadr-，特に p の前では quadru-)

quad·ric /kwɑ́(ː)drɪk | kwɔ́d-/ 〖数〗形 2次の **—名** Ⓒ 2次方程式[関数，曲面]

quad·ri·ceps /kwɑ́(ː)drɪsèps | kwɔ́d-/ 名 Ⓒ 〖解〗四頭筋，四頭股筋(こきん) **quàd·ri·cíp·i·tal** 形

quàdri·láteral ＜シ 名 Ⓒ 形 四辺形(の)

quad·rille /kwɑ(ː)dríl | kwə-/ 名 ❶ Ⓒ カドリール(の曲)《4組が組んで行うフランス起源の舞踊》❷ Ⓤ カドリール《4人で行うトランプ遊びの一種》(♦ フランス語より)

quad·ril·lion /kwɑ(ː)dríljən | kwɔd-/ 名 Ⓒ 形 1,000の5乗(の)(10^{15}(の))，千兆(の)；《主に英》《旧》100万の4乗(の)(10^{24})(→ million)(♦ フランス語より)

quàdri·pár·tite /-pɑ́ːrtaɪt/ ＜シ 形 4部分からなる；4者間の ‖ a ～ pact 4者間協定

quàdri·plé·gi·a /-plíːdʒiə/ 名 Ⓤ 〖医〗四肢麻痺(まひ) **-gic** 形 名 Ⓒ 四肢麻痺の(患者)

quad·riv·i·um /kwɑ(ː)drívɪəm | kwɔd-/ 名 (複 **～s** /-z/ OR **-i·a** /-iə/) Ⓒ (中世の大学の) 4学科《算術・幾何学・天文学・音楽》(→ trivium)

quad·roon /kwɑ(ː)drúːn | kwɔd-/ 名 Ⓒ ⊗《蔑》黒人の血を¼受けている混血児《祖父母の一方が黒人》

quad·ro·phon·ic /kwɑ̀(ː)drəfɑ́(ː)nɪk | kwɔ̀drəfɔ́nɪk/ ＜シ 形 ＝quadraphonic

quad·ru·ped /kwɑ́(ː)drəpèd | kwɔ́dru-/ 名 Ⓒ 4足獣 **—形** 4足の **quàd·rú·pe·dal** /, ‐‐‐‐/ 形
語源 ラテン語 *quadri-*(4つ)＋*-ped*(足)：4本足の

quad·ru·ple /kwɑ(ː)drúːpl, kwɑ́(ː)drə- | kwɔ́drʊ-, kwɔdrúː-/ 形 《限定》❶ 4(部分)からなる，4者間の ‖ a ～ alliance 4国同盟 ❷ 4倍の ‖ a ～ jump 4回転ジャンプ

Q

❸〘楽〙4拍子の ‖ ～ time 4拍子 ━名 Ⓒ 4倍(の数[量]) ━動 他 自 (…を[が])4倍にする[なる] **-ply** 副

quad·ru·plet /kwɑ(ː)drúːplət, kwɑ́(ː)drə- | kwɔ́drʊ-, kwɔdrúː-/ 名 Ⓒ ❶《通例 ～s》4つ子《略 quad》❷ 4つ子の1人 ❸ 4つ1組, 4つぞろい ❹〘楽〙4連音符

quad·ru·pli·cate /kwɑ(ː)drúːplɪkət | kwɔd-/ (→ 動) 名 Ⓒ (同一物)4個[部]のうちの1つ ‖ in ～ 4部作って ━形 (同一物)4個[部]からなる ‖ ～ invoices 4部作成した送り状 ━動 /kwɑ(ː)drúːplɪkèɪt | kwɔd-/ 他 …を4通作成する；…を4倍にする **quad·rù·pli·cá·tion** 名

quaes·tor /kwéstər | kwíːs-/, **ques-** /kwés-/ 名 Ⓒ〘ローマ史〙(もと)検察官；(後に)財務官

quaff /kwɑ(ː)f | kwɔf/ 動 他 自《文》《戯》(…を)がぶ飲みする, 一気に飲み干す ‖ ～ wine ワインをがぶ飲みする ━名 Ⓒ《文》《戯》がぶ飲み **～·a·ble** 形

quag /kwæg/ 名 Ⓒ《古》湿地

quag·ga /kwǽgə/ 名 Ⓒ〘動〙クアッガ《南アフリカ産のシマウマの一種. 絶滅種》

quag·gy /kwǽgi/ 形 ❶ 湿地のような, ぬかるんだ ❷ (筋肉などが)たるんだ, 緩んだ

quag·mire /kwǽgmàɪər | kwɔ́g-, kwǽg-/ 名 Ⓒ ❶ 湿地, 沢 ❷ 窮地, 苦境 ‖ a ～ of debts 借金の泥沼

qua·hog, qua·haug /kwɔ́ːhɔ(ː)g | kwɑ́ː-/ 名 Ⓒ《米》〘貝〙ホンビノスガイ《北米東岸産の食用貝》

quaich, quaigh /kweɪx/ 名 (複 **～s, ～·es** /-ɪz/；**quaighs** /-ɪz/) Ⓒ《スコット》(取っ手が2つの浅い)酒杯

Quai d'Or·say /kèɪ dɔːrséɪ | -dɔ́ːseɪ/ 名《the ～》ケードルセ《パリのセーヌ川南岸通り, 外務省の通称》

quail¹ /kweɪl/ 名 (複 ～ or **～s** /-z/) Ⓒ〘鳥〙ウズラ；(アメリカ大陸の)コリンウズラ(bobwhite)；Ⓤ ウズラの肉

quail² /kweɪl/ 動 自 (人・勇気などが)〈…に〉ひるむ, おじける, しり込みする〈**at, before**〉‖ We *～ed at* the thought. 我々はそう考えるとおじけづいた

***quaint** /kweɪnt/《発音注意》形 風変わりで面白い；古風で趣のある ‖ a ～ old custom 一風変わった古い習慣 **～·ly** 副 **～·ness** 名

quake /kweɪk/ 動 自 (大地などが)揺れる；(人が)〈…で〉震える, 身震いする〈**with**〉(⇨ SHAKE 類語P) ‖ ～ *with* cold [fear] 寒さ[恐怖]に震える ━名 Ⓒ ❶《通例単数形で》震動, 揺れ；震え, おののき ❷《口》地震

quake in one's shoes [or ***boots***] ⇨ SHOE(成句)

Quak·er /kwéɪkər/ 名 Ⓒ 形 (♦ 女性形は Quakeress /-rɪs, -rəs/ だがまれ) クエーカー教徒(の)《フレンド派(the Society of Friends)信者の俗称. 信仰に厚く, 祈りの際に身を震わせたことをあざけったといわれるところからついた名》(→ friend ❼) **～·ìsm** 名 Ⓤ クエーカー教徒の教義[習慣] **～·ish** 形 クエーカー教徒らしい

quáking gràss 名 Ⓤ〘植〙コバンソウ(小判草)の類

***qual·i·fi·ca·tion** /kwɑ̀(ː)lɪfɪkéɪʃən | kwɔ̀l-/ 名 〔◁ qualify 動〕❶ Ⓒ《しばしば ～s》(職務・地位などに対する)資格；(仕事などを行う)能力, 資質, 適性, 必要条件〈**for** …に必要な / **to do** …する〉‖ a doctor's *～s* 医師の資格 / What are the *～s* 「*for* the job [*to* be a forest ranger]? その仕事には[森林監視員になるには]どんな資格が必要ですか / She has the right *～s to* become an astronaut. 彼女には宇宙飛行士になる十分な能力がある ❷ Ⓤ 資格の付与[取得] ‖ His ～ as a lawyer took years of hard work. 彼が弁護士の資格を得るまでには何年もの懸命な勉強が必要だった / ～ for the World Cup ワールドカップ出場資格(の取得) ❸ Ⓒ 資格証明書, 免許状 ‖ a teaching ～ 教員免許状 ❹ Ⓤ Ⓒ 制限, 限定, 修正, 留保(条件), 緩和(すること), 手加減；Ⓤ〘文法〙修飾 ‖ I followed the proposition with *～s.* 条件付きでその提案に従った / without any ～ 無条件で；何の手加減も加えずに

***qual·i·fied** /kwɑ́(ː)lɪfàɪd | kwɔ́l-/ 形 (**more ～；most ～**)(↔ unqualified) ❶ 資格のある, 免許を取得した；適任の, 必要条件を満たした, 有能な〈**for** …に必要な / **to do** …する〉‖ a ～ architect 資格を持っている建築技師 / a highly ～ person 「*for* the job [*to* teach] まさにその仕事にうってつけの[教える資格が十分ある]人 ❷《比較なし》《通例限定》制限[限定]付きの, 条件付きの ‖ give ～ approval 条件付きで賛成する / ～ praise 控えめな賞賛

***qual·i·fi·er** /kwɑ́(ː)lɪfàɪər | kwɔ́l-/ 名 Ⓒ ❶ 有資格者, 適任者 ❷ 予選通過者[チーム]；出場決定戦 ❸〘文法〙限定詞, 修飾語(句)《形容詞・副詞など》

***qual·i·fy** /kwɑ́(ː)lɪfàɪ | kwɔ́l-/ 動 〔▶ qualification 名〕(**-fies** /-z/；**-fied** /-d/；**～·ing**) 他 ❶ **a** 《+目》〔人〕に資格を与える；〔人〕を適任とする〈**as** …として；**for** …の(職などに) / **to do** …する(のに)〉‖ This training will ～ you *for* the job. この訓練でその仕事の資格が得られる / ～ oneself *as* a surgeon 外科医の資格を取得する / Being Japanese doesn't ～ you *to* teach Japanese. 日本人だからといって日本語を教える資格があるわけではない **b** 《受身形で》資格がある, 適任である〈**as** …として；**for** …の(職などに) / **to do** …する(のに)〉‖ He is well *qualified to* coach the team. そのチームのコーチをするのに彼は適任だ ❷〔陳述など〕を修正する, 制限[限定]する；〔発言など〕を和らげる, 弱める；〘文法〙〔語〕を限定[修飾]する ‖ ～ one's approval 条件付きで賛成する ❸ …を〈…と〉みなす, 呼ぶのが適切だとする〈**as**〉

━自 ❶ 資格がある, 資格[免許]を取得する, 適任である〈**as** …として；**for** …の(職などに)；**in** …の分野で / **to do** …する(のに)〉‖ She has just *qualified as* a pilot. 彼女はパイロットの資格をとったばかりだ / He did not ～ *for* the post. 彼にはその地位に就く資格がなかった / ～ *in* medicine 医師の資格を取得する / She *qualified to* compete in the marathon. 彼女はそのマラソン大会に参加する資格を取得した ❷〈…と〉みなされる, 呼ぶのにふさわしい〈**as**〉‖ It hardly *qualifies as* reform. それはとても改革とはいえない ❸ (競技で)〈…の〉出場資格を得る, 予選を通過する〈**for**〉

語源 「ある種の性質にする」の意のラテン語 *qualificare* から. quality と同語源.

qual·i·fy·ing /kwɑ́(ː)lɪfàɪɪŋ | kwɔ́l-/ 形 ❶ 資格にかかわる, 資格を与える ‖ a ～ examination 資格検定[認定]試験 ❷ 予選の ‖ a ～ game [or match] 予選試合 / a ～ round 予選ラウンド

qual·i·ta·tive /kwɑ́(ː)lətèɪṭɪv | kwɔ́lɪtə-/ 形《通例限定》(性)質上の, 質的な(↔ quantitative) **～·ly** 副

▸▸ **～ análysis** 名 Ⓤ〘化〙定性分析

*****qual·i·ty** /kwɑ́(ː)ləṭi | kwɔ́l-/《発音注意》名 形

━名 (複 **-ties** /-z/) ❶ Ⓤ Ⓒ (物の)**性質, 質**(↔ quantity)；品質(⇨ 類語) ‖ Japanese consumers demand **high** ～. 日本の消費者は高品質を求める / After the restaurant was mentioned in a magazine, the ～ deteriorated. そのレストランは雑誌で取り上げられてから料理の質が落ちた / **improve** [debase] water ～ 水質をよくする[落とす] / How is the ～ of this year's apples? 今年のリンゴの質はどうですか / be of **good** [poor] ～ 高[低]品質である

❷ Ⓤ **高級, 良質,** 上等, 優秀性, 卓越；《通例 -ties》《英》高級新聞[紙](quality newspaper) ‖ wine of ～ 優れたワイン / books of ～ and distinction ほかに勝って優れた書物 / have ～ 高級である, 優れている

❸ Ⓒ《通例 -ties》(人・物の)**特性,** 特質, 特色, 特徴 ‖ What *qualities* do you look for in a sports club? スポーツクラブにはどんな特色を期待しますか / the *qualities* of a good leader＝leadership *qualities* 立派な指導者としての資質 / the chemical *qualities* of alcohol アルコールの化学特性

❹ Ⓤ《古》高い地位[身分]；《the ～》《集合的に》身分の高い人々 ‖ a lady of ～ 身分の高い女性

❺ Ⓤ〘音声〙(母音の)音色；〘楽〙音調, 音色(ねいろ)

❻ Ⓤ〘論〙(命題の)質《肯定・否定など》

─形《比較なし》❶《限定》(売り物が)高級な, 良質の, 優れた ‖ ～ goods [magazines] 高級品[雑誌]
❷《英俗》素晴らしい

類語《名❶》**quality**「質」を意味する最も広義の一般語.
property その種類に共通の固有の性質.〈例〉the *properties* of oxygen 酸素の特性
attribute あるものが備えていると考えられている性質.〈例〉Omnipotence is an *attribute* of God. 全能は神の属性の1つだ
character あるものや人をほかと区別して特徴づける性質.〈例〉the British national *character* 英国人の国民性
trait 通例人間についての特性をいう. character がふつうあるものを全体的に特徴づける性質に用いるのに対して, trait は個々の特定の面を指すことが多い.〈例〉Brown hair is one of his family's *traits*. 茶色の髪は彼の一家の特徴だ
nature 生まれつき(本来)備えている性質.〈例〉He has a friendly *nature*. 彼は人なつこい性質だ
disposition 個人に固定した性質.〈例〉a cheerful *disposition* 明るい性質

▸▸**～ assùrance** 名U〖経営〗(品質管理による)品質保証《略 QA》 **～ cìrcle** 名C 品質向上会議《生産性と製品の質を向上させる目的の社員による少人数の会議》 **～ contròl** 名U 品質管理《略 QC》 **～ nèwspaper [pàper]** 名C《英》高級新聞(quality daily [OR press]) **～ of lífe** 名U C (物質的豊かさと対照して)生活の質《略 QOL》 **～ tìme** 名U上質の時間《家族などとの水入らずの時間. 特に働く親が子供と過ごす時間》

qualm /kwɑːm, kwɔːm/《発音注意》名C ❶《通例 ～s》〈自分がしたことに対する〉気のとがめ, 良心の呵責(かしゃく);突然の不安[懸念]〈**about**〉‖ He had ～*s about* having cheated on the examination. 彼は試験でカンニングしたことに気がとがめた ❷ 突然の吐き気[めまい]

qualm·ish /kwɑ́ːmɪʃ, kwɔ́ːm-/ 形 ❶ 気がとがめる, 良心の呵責を感じる, 不安な ❷ 吐き気のする;吐き気を催させる;(病気が)吐き気を伴う **～·ly** 副 **～·ness** 名

quan·da·ry /kwɑ́(ː)ndəri | kwɔ́n-/ 名C《通例単数形で》当惑, 困惑;ジレンマ;難局 ‖ be in a ～ (about ...) (…のことで)どうしてよいかわからず途方に暮れる

quan·go /kwǽŋɡoʊ/ 名 (複 **～s** /-z/) C《英》《主に蔑》準独立政府機関, 公社, 公団 (◆ *qu*asi-*a*utonomous *n*on-*g*overnmental *o*rganization より)

quant /kwɑ(ː)nt | kwɒnt/ 名《口》C〖経〗金融市場分析家(◆ quantity analyst の短縮形)

quan·ta /kwɑ́(ː)nṭə | kwɔ́n-/ 名 quantum の複数形

quan·tic /kwɑ́(ː)nṭɪk | kwɔ́n-/ 名C〖数〗有理同次関数

quan·ti·fi·er /kwɑ́(ː)nṭɪfàɪər | kwɔ́n-/ 名C〖文法〗数量詞;〖論〗量記号

quan·ti·fy /kwɑ́(ː)nṭɪfàɪ | kwɔ́n-/ 動 (**-fied** /-d/; **～·ing**) 他 ❶ …の量を決める[測る];…を(質でなく)量として表す, 定量化する ❷〖論〗〔命題〕を量記号で限定する, 量を明示する **-fi·a·ble** 形 **quàn·ti·fi·cá·tion** 名

***quan·ti·ta·tive** /kwɑ́(ː)nṭətèɪṭɪv | kwɔ́ntɪtə-/ 形 ❶ 量の, 量的な(↔ qualitative);計量できる ❷ 音量の;(古典的で)詩脚の母音量に基づく **～·ly** 副

▸▸**～ análysis** 名U〖化〗定量分析

***quan·ti·ty** /kwɑ́(ː)nṭəṭi | kwɔ́n-/
─名 (複 **-ties** /-z/) ❶ U 量(↔ quality) ‖ It is not ～ but quality that really counts. 本当に大事なのは量ではなく質だ / increase in ～ 量が増える
❷ C U 〈…の〉分量, 数量〈**of**〉;U 総量 ‖ She mixed the ingredients in the *quantities* called for in the recipe. 彼女は材料を調理法の指示どおりの量に混ぜた / a **large** [**small**] ～ *of* milk [peas] 多[少]量のミルク[豆] / **large** [OR vast, enormous, huge] *quantities of* natural gas 大量の天然ガス
❸ C《しばしば -ties》かなりの量;**多量, たくさん** ‖ *quantities* of commodities たくさんの商品
❹ C U〖数〗量;C 量を表す記号[符号] ‖ an unknown ～〖数〗未知量[数];未知数の人[もの] / a negligible ～〖数〗被省量;無視できる人[もの]
❺ U〖音声〗音量《母音や音節の長短》
in quántity;***in*** (***làrge***) ***quántities*** 大量の[に], 大口の[に]

▸▸**～ survèyor** 名C〖建〗積算士

quan·tize /kwɑ́(ː)ntaɪz | kwɔ́n-/ 動 他〖理〗❶ …を量子化する ❷ …に量子力学を適用する
quàn·ti·zá·tion 名U〖理〗量子化

***quan·tum** /kwɑ́(ː)nṭəm | kwɔ́n-/ 名 (複 **-ta** /-ṭə/) C ❶〖理〗量子 ❷ 量;総量;(特定の)分量;分け前, 割り当て ─形《限定》❶ 量子の ❷ 飛躍的な

▸▸**～ compúter** 名C 量子コンピューター **～ electrodynámics** 名U 量子電磁力学 **～ júmp** 名C ①〖理〗量子飛躍 ② 飛躍的発展, 一大飛躍(quantum leap) **～ mechánics** 名U 量子力学 **～ médicine** 名U〖医〗量子医療《低量の磁気放射線を利用した補完的医療》 **～ nùmber** 名C〖理〗量子数 **～ thèory** 名U〖理〗量子論

***quar·an·tine** /kwɔ́(ː)rəntìːn/《発音・アクセント注意》名U ❶ (防疫のための)隔離(状態);C 隔離期間;隔離所 ‖ be in [out of] ～ 隔離されている[隔離を解かれる] / put ... in ～ …を隔離する / under ～ 隔離中の[で] ❷ 検疫(制度);C 検疫停船期間[港] ❸ (社会的な)制裁隔離, 締め出し ─動 他 ❶ …を隔離[検疫]する ❷ (政治的・経済的に)…を孤立させる, 締め出す

quark /kwɔːrk, kwɑːrk/ 名C〖理〗クォーク《素粒子を構成する基本粒子の1つ》

***quar·rel**[1] /kwɑ́(ː)rəl, kwɔ́ːr- | kwɔ́r-/ 名C ❶ 口げんか, 口論;仲たがい, 不和〈**with, between** 人との;**about, over** …をめぐっての〉(⇨ 類語) ‖ "We never have ～*s*, do we?" "No, just occasional heated discussions with shattered plates and broken chairs."「僕たちは決してけんかをしないよね」「そうね, たまに皿が割れて, いすが壊れる程度の言い合いをするだけね」/ have a ～ *with* a friend 友人とけんか[口論]する / make [OR patch] up a ～ けんかをやめて仲直りする / a ～ *between* neighbors *over* [OR *about*] the border 境界をめぐる隣人同士の言い争い ❷《しばしば否定文で》〈…についての〉異議, 苦情〈**with**〉‖ I have no ～ *with* his methods. 彼のやり方に異存はない
pick a quárrel 〈…に〉けんかを売る〈**with**〉
─動 (**-reled**,《英》**-relled** /-d/; **-rel·ing**,《英》**-rel·ling**) 自 ❶ 口げんか[口論]する;仲たがいする, 不和になる〈**with** 人と;**about, over** …のことで〉‖ My aunt is always ～*ing with* her neighbor *over* [OR *about*] nothing. おばはいつもつまらないことで隣人と言い争ってばかりいる ❷〈…に〉苦情[文句]を言う, けちをつける, 異議がある〈**with**〉(◆ しばしば否定文で用いる) ‖ I won't ～ *with* your estimate. 君の見積もりについてはとやかく言うまい **～·er**,《英》**～·ler** 名

類語《名❶》**quarrel** 言葉での争い;口げんか, 口論.
fight 腕力や暴力を用いた争い;けんか, 殴り合い.
conflict 思想・利害・勢力などがぶつかり合う争い;衝突, 抗争.〈例〉the *conflict* between the generations 世代間の衝突
struggle 対立・抵抗するものに勝つための激しい争い;闘争, 苦闘.〈例〉the *struggle* for life 生存競争

quar·rel[2] /kwɑ́(ː)rəl, kwɔ́ːr- | kwɔ́r-/ 名C (昔の弩(おおゆみ)に用いた)矢尻(やじり)の四角い矢

quár·rel·some /-səm/ 形 けんか早い, すぐにかっとなる **～·ly** 副 **～·ness** 名

***quar·ry**[1] /kwɑ́(ː)ri, kwɔ́ːri | kwɔ́ri/ 名 (複 **-ries** /-z/) C ❶ 石切り場, 採石場 ❷ (知識・情報などの)宝庫, 源泉 ‖ The book was a ～ of old myths. その本は古い神

Q

話の宝庫だった —動 (-ries /-z/ ; -ried /-d/ ; ~·ing) 他 ❶〔石〕を〈採石場などから〉切り出す, 採石する〈**from, out of**〉 ❷〔山の斜面など〕に石切り場を作る ; 〈…を採るために〉〔山の斜面など〕を採掘する〈**for**〉 ❸ (書物などから)〔情報など〕を苦心して探り出す —自〈…を〉採石する ; 〈情報などを〉苦心して探し出す〈**for**〉 ~·ing 名

quar·ry² /kwɑ́(ː)ri, kwɔ́ːri | kwɔ́ri/ 名 C 《単数形で》(猟の) 獲物 (prey) ; 追跡されている人 [もの], 餌食(えじき) ‖ stalk one's ~ 獲物に忍び寄る

quárry·man 名 (複 **-men** /-mən/) C 石切り工 (中立 quarrier, quarry worker)

quart /kwɔːrt/ 《発音注意》名 C ❶ クォート 《容量の単位. 液量では ¼ gallon (《米》約 0.95 リットル, 《英》約 1.14 リットル). 《米》乾量では ⅛ peck (約 1.10 リットル)》 ‖ a ~ of beer 1クォートのビール / a ~ bottle 1クォート瓶 《容量は ⅙ gallon》 ❷ 1クォート入りの容器 《瓶・つぼなど》 ❸ 《英》1クォートのビール

gèt [OR *pùt*] *a quàrt into a pìnt pót* 《英》(1パイントのつぼに1クォート入れるように) 不可能なことをする

:quar·ter /kwɔ́ːrṭər/ 《発音注意》

> 名 4分の1❶ 15分❷ 4半期❸
> 25セント❹ 地区❻

—名 (複 ~s /-z/) C ❶ **4分の1**, 4半分 ‖ 「a ~ [three ~*s*] of the world's population 世界の人口の4分の1 [4分の3] (♦ half of が無冠詞であるのに対して a を伴う. ただし → ❷) / the last ~ of the 20th century 20世紀の最後の25年 (間) / divide a cake into ~*s* ケーキを4等分する

❷ 4分の1時間, **15分** ; (各時刻前 [後] の) 15分 ‖ 「a ~ [three ~*s*] of an hour 15分 [45分] / It's (a) ~ to [《米》of, till, before] five. 5時15分前だ / at (a) ~ past [《米》after] six 6時15分過ぎに (♦ 時間に関しては不定冠詞はしばしば省かれ *quarter* of an hour later (15分後に) のように使うこともある) / It's not the ~ yet. (文脈からわかる時間について) まだ15分になっていない / The trains come on the ~. 列車は (毎時) 15分に来る

❸ 4分の1年, 3か月 ; (財政年度などの) **4半期** ; 3か月ごとの支払期 ; 《主に米》(4学期制の学校の) 学期 (→ semester) ‖ the second [last] fiscal ~ 会計年度の第2 [最終] 4半期 / I'm taking a history class this ~. 今学期は歴史をとるつもりだ

❹ 《米・カナダ》4分の1ドル, **25セント**, 25セント硬貨

❺ 《米》〖スポーツ〗クォーター 《アメフト・バスケットボールなどの競技時間の4区分の1つ》 ‖ Chicago is ahead by 5 points at the end of the first ~. 第1クォーターを終わってシカゴが5点リードしている

❻ 《通例単数形で》(都市の特定の) **地区**, 街 ‖ the Jewish ~ ユダヤ人地区 / the residential [student] ~ 住宅 [学生] 街 / the Latin *Quarter* of Paris パリのラテン区 《学生街》 ❼ 《しばしば ~s》(援助・情報などの出所としての) 人, 集団 ; 方面, その筋 《名前は特に明らかにされない》 ‖ The information came from the highest ~*s*. その情報は最上層部から出たものだ / In many ~*s* there is criticism against the government's decision. いろいろな方面で政府の決定に対する批判が出ている ❽ 方位, 方角 《羅針盤の方位基点 (東西南北) の1つ》 ; 地域 ; (一般に) 地方, 場所 ‖ on every ~ of the horizon 四方に, あらゆる方角に / in all [OR the four] ~*s* of the globe [OR Earth] 《文》地球上の至る所で ❾ 《~s》住居, 居所, 宿泊所 ; 〖軍〗営舎, 宿舎 ‖ I found ~*s* in a quiet suburb. 静かな郊外の町に住居を見つけた / live in close [OR tight] ~*s* 狭苦しい所に住む / married ~*s* (軍の) 既婚者用宿舎 / take up one's ~*s* 「at a hotel [with him] ホテル [彼の所] に泊まる ❿ U (敵の敗軍への) 慈悲, 助命 ‖ ask for ~ 命ごいをする ⓫ クォーター 《重量の単位で4分の1ポンド ; 《英》4オンス》 ⓬ 4分の1ハンドレッドウエート (hundredweight) 《英国では28ポンド, 米国では25ポンド》 ⓭ 《英》8ブッシェル (bushel) 《穀量の単位》 ⓮ 4分の1マイル ; 《the ~》《英》4分の1マイル競走 ; 4分の1ヤード 《9インチ》 ⓯ 〖天〗弦 《月の満ち欠けの周期の4分の1》 ‖ the moon at [OR in] the first [last] ~ 上 [下] 弦の月 ⓰ 〖海〗船尾の左右の側 ; 船尾から左右に45度の方向 ; (船内の) 部署, 持ち場 ‖ on the port [starboard] ~ 船尾の左 [右] 側に ⓱ 〖紋章〗盾の4半分 ; 向かって左上の部分の紋章 ⓲ (靴の) 腰皮 ⓳ (食用の鳥獣の) 死体の4半分 《脚または翼の1つを含む》 ⓴ (馬のひづめの) 側壁, 蹄側(ていそく)

at [OR *from*] *clòse quárters* 近接して, 至近距離で

gìve nò quárter 考慮をしない, 情け容赦しない

—動 (~s /-z/ ; ~ed /-d/ ; ~·ing)

—他 ❶ …を4 (等) 分する ‖ ~ an apple リンゴを4つに分ける

❷ 《+目+副句》《通例受身形で》宿泊する ; (兵が) 宿営する, 宿舎を割り当てられる〈**on, with** 人の所に ; **in** 場所に〉 ‖ The soldiers were ~*ed on* villagers. 兵士たちは村民の家に宿営させられた

❸ (猟犬・追跡者などが)〔場所〕をくまなく捜し回る, 縦横に駆けずり回る ❹ 〖紋章〗〔盾〕を4分割する ; 〔(夫婦の紋章など) 複数の紋章〕を盾を4分割して組み合わせる ❺ (昔の刑罰で)〔罪人〕を四つ裂きにする ❻ 〖機〗〔クランクなど〕を直角につける ❼ 〔材木〕を縦に十字に切り分ける

—自 ❶ 《+副句》宿泊する ; 宿営する〈**at, in** 場所に ; **with** 人の所に〉 ❷ (猟犬などが) 縦横に走り [動き] 回る ❸ 〖海〗(風が) 斜め後ろから吹く

—形 《比較なし》《限定》4分の1の ; 4半分の, 4等分の ‖ a million and a ~ dollars 125万ドル / two and a ~ miles＝two miles and a ~ 2と4分の1マイル / a ~ century 四半世紀 (♦ half と異なり ×quarter a century とはいわない)

語源 「4分の1」の意のラテン語 *quartarius* から. ラテン語 *quartus* (4番目) にさかのぼる. quartet(te) と同語源.

▶▶ ~ **bìnding** 名 U 背革装 ~ **dày** 名 C 《英》4半期の支払勘定日 ~ **hòrse** 名 《しばしば Q- H-》C 《米》短距離競走馬 《ふつう4分の1マイルを走る》 ~ **hóur** 名 C 15分間 ; (各時刻の) 15分 (過ぎ [前]) ~ **nòte** 名 C 《主に米》〖楽〗4分音符 (《英》crotchet) **Quàrter Póunder** 名 C 《商標》クォーターパウンダー 《4分の1ポンドのパティを挟んだハンバーガー. 米国マクドナルド社の商品》 ~ **séction** 名 C 《米・カナダ》(測量などで) 4分の1平方マイルの土地 《160エーカー》 ~ **sèssions** 名 複 四季裁判所 《ふつう年4回開廷された英国の地方裁判所. 1972年廃止された》 ~ **tòne** 名 C 〖楽〗4分音

quárter·bàck 名 C 〖アメフト〗クォーターバック ; 《米》指導者 —動 他〔チームの攻撃〕をクォーターバックとして指揮する ; …を指揮 [指図] する —自 クォーターバックを務める

quàrter-bóund 形 背革装の

quárter·dèck 名 C 〖海〗後 [船尾] 甲板 ; 《the ~》《集合的に》高級船員, 士官 (→ lower deck)

quàrter·fínal 名 C 〖スポーツ〗準々決勝 (戦)

quar·ter·ings /kwɔ́ːrṭərɪŋz/ 名 複 〖紋章〗組み合わせ紋 《複数の紋章を盾を4分割して組み合わせた紋章》

***quar·ter·ly** /kwɔ́ːrṭərli/ 形 《限定》副 ❶ 年4回の [に], 3か月おきの [に] ‖ hold a meeting ~ 年4回会合を開く ❷ 〖紋章〗盾を4分割した [て]

—名 C 年4回の刊行物, 季刊誌

quárter·màster 名 C ❶ 〖陸軍〗補給係将校 《略 QM》 ❷ 〖海軍〗操舵手(そうだしゅ)

quar·tern /kwɔ́ːrṭərn/ 名 C 《古》❶ クォーターン 《度量衡で pint などの4分の1》 ❷ 《主に英》(＝~ lóaf) 約4ポンドのパンのかたまり

quárter·stàff 名 (複 **-staves** /-stèɪvz/) C 6尺棒 《昔, 英国で武器として用いた》

***quar·tet, -tette** /kwɔːrtét/ 《アクセント注意》名 C ❶ 〖楽〗4重奏 [唱] 曲, カルテット ; 《単数・複数扱い》4重奏 [唱]

団 ‖ play in a string ～ 弦楽4重奏で演奏する ❷《単数・複数扱い》4つ[4人]1組
語源「4番目」の意のイタリア語 *quartetto* から.

quar·tic /kwɔ́ːrṭɪk/ 名Ⓒ形〖数〗4次式(の)

quar·tile /kwɔ́ːrtaɪl/ 名Ⓒ ❶〖占星〗4分の1対座, 矩象(くしょう) ❷〖統計〗4分位数

quar·to /kwɔ́ːrṭou/ 名 (複 **～s** /-z/) ⓊⒸ 4つ折り判(の本), クォート判《略 4to, 4°》

quartz /kwɔːrts/ 名Ⓤ〖鉱〗石英, 水晶；《形容詞的に》水晶結晶板を使った, クォーツの ‖ a ～ clock [OR watch] 水晶[クォーツ]時計 ▶▶**～ crýstal** 名Ⓒ〖電子〗水晶結晶板 **～ làmp** 名Ⓒ 石英水銀灯

quartz·ite /kwɔ́ːrtsaɪt/ 名Ⓤ〖地〗珪岩(けいがん)

qua·sar /kwéɪzɑːr/ 名Ⓒ〖天〗恒星状天体源, 準星, クエーサー(♦ *quas*i-stell*ar* より)

quash /kwɑ(ː)ʃ | kwɔʃ/ 動他 ❶〖法〗〔告発など〕を破棄する, 無効にする, 却下する, 取り下げる ❷〔暴動など〕を鎮圧する, 抑える

quasi- /kweɪzaɪ-, -saɪ-, kwɑːzi-, -si-/《発音注意》連結形《複合語で》類似の, 疑似…；表面上の；ある程度, ほぼ, 準…, 半…(♦ 単独で形容詞としても用いられる) ‖ ～judicial 準司法的な / a ～national park (日本の)国定公園 / ～officially 半ば公式に / a ～science 疑似科学 / a ～corporation 準法人団体

quas·sia /kwɑ́(ː)ʃə | kwɔ́ʃə/ 名 ❶Ⓒ〖植〗ニガキ(苦木) ❷Ⓤ ニガキから採る駆虫剤

quat·er·cen·te·na·ry /kwɑ̀(ː)ṭərsenténəri | kwæ̀t-əsentíː-/ 名 (複 **-ries** /-z/) Ⓒ 400年記念祭

quat·er·na·ry /kwɑ́(ː)ṭərnèri | kwətə́ːnə-/ 形 ❶ 4つからなる；4番目の ❷〖化〗4元の；4つの有機原子団からなる ❸《Q-》〖地〗第4紀の ―名 (複 **-ries** /-z/) Ⓒ ❶ 4つ1組 ❷《the Q-》〖地〗第4紀

quat·rain /kwɑ́(ː)treɪn | kwɔ́t-/ 名Ⓒ 4行連句, カトラン《ふつう a b a b と押韻する》

quat·re·foil /kǽtrəfɔɪl/ 名Ⓒ ❶ 4弁の花；4つ葉 ❷〖建〗4つ葉飾り

quat·tro·cen·to /kwɑ̀(ː)troutʃéntou | kwɔ̀t-/ 名《the ～》(イタリア芸術史上の)1400年代, 15世紀
-tist 名Ⓒ 1400年代のイタリアの画家[文人]

***qua·ver** /kwéɪvər/ 動自 ❶ (特に声が)震える；震え声で話す ❷〖楽〗震え声で歌う ―他 ❶ …を震え声で言う(♦ 直接話法でも用いる) ❷〖楽〗…を震え声で歌う
―名Ⓒ ❶ 震え声；〖楽〗トリル(trill) ❷《英》〖楽〗8分音符(《米》eighth note) **～·ing·ly** 副 **～·y** 形

quay /kiː/《発音注意》(♦ 同音語 key) 名Ⓒ 波止場, 埠頭(ふとう), 岸壁(⇨ WHARF 類語)

quay·age /kíːɪdʒ/ 名Ⓤ ❶《集合的に》波止場, 係船施設 ❷ 波止場使用料, 係船料金

quáy·sìde 名Ⓒ 波止場付近

Que. 略 Quebec

quean /kwiːn/ 名Ⓒ⊗《古》《蔑》あばずれ；売春婦

quea·sy /kwíːzi/ 形 ❶ (人・胃が)吐き気のする, むかむかする；すぐに気分が悪くなる ❷ (食べ物が)吐き気を催させる ❸ (気持ちなどが)傷つきやすい, 小心の
-si·ly 副 **-si·ness** 名

Que·bec /kwɪbék/《発音注意》名 ケベック《カナダ東部の州, およびその州都. 略 Que.》

Quech·ua /kétʃuə/ 名 (複 **～** OR **～s** /-z/) Ⓒ ケチュア族《ペルー中部の先住民》；Ⓤ ケチュア語 **-uan** 形

*****queen** /kwiːn/ 名 動
―名〔▶ queenly 形〕(複 **～s** /-z/) Ⓒ ❶《しばしば Q-》**女王**, 女帝(→ king) ‖ *Queen* Elizabeth II エリザベス2世(♦ II は the second と読む) / Her Majesty the *Queen* 女王陛下 / be made [OR crowned] ～ 女王に即位する
❷《しばしば Q-》**王妃**, 皇后(queen consort) ‖ the King and *Queen* 国王夫妻
❸ (女王にたとえられる)傑出した女性；(コンテスト・祭りなどの)クイーン；《しばしば Q-》(神話などの)女神, 女王；(女王にたとえられる)最も美しい場所, 最高のもの ‖ the ～ of mystery writers ミステリー作家の女王 / a carnival ～ カーニバルの女王 / She was voted ～ of the campus. 彼女はキャンパスの女王に選ばれた / the *Queen* of May 5月祭の女王(May queen) / the *Queen* of Grace 恵みの女王(聖母マリア) / the *Queen* of the Adriatic アドリア海の女王《Venice の称》
❹ (ミツバチ・アリの)女王 ‖ a ～ ant 女王アリ ❺〖トランプ・チェス〗クイーン(⇨ CHESS 図) ‖ the ～ of spades スペードのクイーン ❻⊗《口》《蔑》(特に女役の)ゲイ
―動他〖チェス〗〔ポーン〕をクイーンにする
quéen it over a person 〔人〕に対して女王然と振る舞う(⇨ LORD *it over a person*)
▶▶**Quèen Ánne** 形 (家具・建築などが)アン女王朝様式の **Quèen Ànne's láce** 名Ⓒ〖植〗ノラニンジン **～ bée** 名Ⓒ〖虫〗女王バチ；《口》女ボス **～ cónsort** 名 (複 **～s c-**) Ⓒ 現国王の妃(きさき), 王妃(queen) **～ dówager** 名Ⓒ 国王の未亡人(→queen mother) **～ móther** 名Ⓒ 皇太后《先王の未亡人で現国王の母》 **～ pòst** 名Ⓒ〖建〗対束(ついづか), 夫婦(めおと)束《対の柱の一方[1本]》 **Quèen's Bénch (Divìsion)** 名《the ～》〖英法〗女王座部《高等法院の一部門》(♦ 男王の治世中は King's Bench) **Quèen's Cóunsel** 名Ⓒ〖英法〗王室顧問弁護士《略 QC》(♦ 男王の治世中は King's Counsel) **Quèen's Énglish** 名《the ～》(英国の)標準英語(♦ 男王の治世中は King's English) **Quèen's évidence** 名Ⓤ〖英法〗(減刑を目的とした)共犯者に不利な証言(♦ 男王の治世中は King's evidence) ‖ turn *Queen's evidence* 共犯者に不利な証言をする **Quèen's Spéech** 名《the～》(英国議会開会時の)女王の演説(♦ 男王の治世中は King's Speech)

quéen·càke 名Ⓒ《英》クイーンケーキ《小型の干しブドウ入りハート型ケーキ》

queen·ly /kwíːnli/ 形〔◁ queen 名〕副 女王にふさわしい[く]；女王らしい[く], 堂々とした[て] **-li·ness** 名

Queens /kwiːnz/ 名 クイーンズ(区)《米国ニューヨーク市東部の区》

Quèens·ber·ry rúles /kwìːnzbèri- | -bəri-/ 名 複〖ボクシング〗クイーンズベリー＝ルール《ボクシングの標準的ルール》；(一般に)フェアプレーの規約

quéen·sìde 名Ⓒ〖チェス〗クイーン側《ゲーム開始の時点でチェス盤の双方のクイーンを置く側半面》

quéen-sìze, -sìzed 形 ❶ (婦人服が)特大の ❷ (ベッド・寝具が)クイーンサイズの《標準サイズより大きく, king-size より小さい》

Queens·land /kwíːnzlənd/ 名 クイーンズランド《オーストラリア北東部の州. 州都 Brisbane. 略 Qld.》

***queer** /kwɪər/ 形 ❶ 風変わりな, 奇妙な, 変な(⇨ STRANGE 類語) ‖ a ～ act 《主に英》奇行 / a ～ fish 《英口》《旧》変わり者, 変人 / (as) ～ as a cucumber [OR nine-bob note] 全く風変わりな ❷《叙述》《旧》気分が悪い, めまいがする ‖ feel ～ 体の調子が悪い ❸《口》《旧》疑わしい, あやしい；《俗》にせの ‖ a ～ figure 怪しい人影 / ～ money にせ金 ❹⊗《口》《蔑》(特に男性が)同性愛の(♦ 近年は queer に肯定的意味を持たせようとする同性愛者間の運動もある. 〈例〉*queer* rights [culture] ゲイの権利[文化])
in Quéer Strèet 《英口》《旧》苦境に立って；金に困って
quèer in the héad 《旧》頭のいかれた
―名Ⓒ⊗《口》《蔑》(特に男性の)同性愛者
―動他《口》〔計画・チャンス・段取りなど〕を駄目にする, ぶち壊す；〔人〕をまずい立場に置く
～·ish 形 **～·ly** 副 **～·ness** 名

quell /kwel/ 動他〔反乱・反対など〕を押さえる, 鎮める, 鎮圧する；〔恐怖など〕を和らげる

quench /kwentʃ/ 動他 ❶〔のどの渇きなど〕をいやす, 満

Q

たす ❷〔火・光など〕を消す ❸〔欲望・動きなど〕を抑えつける, 押し殺す;《旧》〔反対者〕を黙らせる ❹…を(水で)冷やす;〔熱した鉄など〕を急冷する

~·a·ble 形 **~·less** 形 満たせない;抑えられない

que·nelle /kənél/ 名 C《通例 ~s》肉団子

quern /kwəːrn/ 名 C (原始的な)ひき臼(ｳｽ)

quer·u·lous /kwérələs | -ʊləs/ 形 愚痴ばかりこぼす, 不平たらたらの;すねた **~·ly** 副 **~·ness** 名

***que·ry** /kwíəri/《発音注意》名 (複 **-ries** /-z/) C ❶ (特に反対や疑問を含んだ)質問, (情報を得るための)問い合わせ;疑い, 疑念 ‖ have a ~ about ... …について質問がある / raise [OR put] a ~ 疑問を呈する ❷【印】(校正刷りなどで疑問を示す)疑問符《?. 略 qu., qy.》❸ 💻 (データベースへの)検索要求, クエリー

Q

—動 (**-ries** /-z/; **-ried** /-d/; **~·ing**) 他 ❶ **a** 《+目》(疑念があるので)〔事柄〕について尋ねる, 問いただす ‖ I have to ~ my telephone bill. 電話の請求書のことで問い合わせなければならない **b** 《+**wh** 節》…かどうか尋ねる;…かどうか疑う ‖ I ~ *whether* [OR *if*] his word can be relied on. (=I ~ the reliability of his word.) 彼の言葉が信用できるかどうか疑問だ ❷《直接話法で》…と質問する ‖ "Any news?" he *queried*. 「何かニュースでもあるの」と彼は聞いた ❸《主に米》〔人〕に質問する

que·sa·dil·la /kèɪsədíːə/ 名 C【料理】ケサディーヤ《トルティーヤにチーズなどを挟んで焼いたメキシコ料理》

***quest** /kwest/ 名 C ❶ 探求, 追求〈**for** …の / **to do** …する(ための)〉;《文》(探求の)目的 ‖ his ~ *for* the truth 彼の真理の探求 / a ~ *to* find true friendship 真の友情の探求 ❷ (中世騎士物語の)冒険を求めての旅

in quést of ... …を求めて(in search of)

—動 自 ❶《文》〈…を〉探す, 追求する〈**for, after**〉;探索に出かける ‖ ~ *after* hidden treasure 隠された財宝を探し求める ❷ (猟犬が)獲物の跡をつける

—他《文》…を探求する, 追い求める

***ques·tion /kwéstʃən/《発音注意》名 動

中心義 答えを求める(もの)

—名 (複 **~s** /-z/) C ❶〈…についての〉**質問**, 問い〈**about, on**〉;(試験などの)問題 ‖ They **asked** me many ~*s about* [OR *on*] Shintoism. 彼らは神道についていろいろと質問してきた / (Are there) any ~*s*? 何か質問はありますか / The speaker put [OR posed] a ~ to the audience. 講演者は聴衆に質問をした / His first ~ was whether everything had gone smoothly. 彼が最初に聞いたのは万事順調にいったかどうかだった / **Answer** the following ~*s*. (試験で)次の問いに答えなさい / Can I **ask** you a ~? 質問してもいいですか / send a ~ 質問(のメール[手紙])を送る / a good [difficult] ~ よい[難しい]質問

❷ U **疑い**, 疑問(の余地), 疑念, 不審〈**about, as to** …についての / **that** 節…という〉‖ There is some ~ *about* [OR *as to*] his innocence. 彼が無実だという点については疑問の余地がある / There is no ~ [*about* its truth [OR *that* it is true]. それが真実であることは疑う余地がない / Your integrity is open to ~. 君の誠実さは疑わしい / He had a first-rate mind, no ~ of that. 彼は一級の頭脳の持ち主だったよ, 間違いなく

❸ (討議すべき)**問題**, 論点, 論題;議題, 議案(⇨ PROBLEM 類語P) ‖ That's not the ~. それは問題ではない / Let's take up the ~ (of) whether we should support the plan. その計画を支持すべきかどうかの問題を取り上げよう / The ~ is, is he really trustworthy? 問題は, 彼が本当に信頼できるかということだ / humanitarian [constitutional] ~*s* 人道[憲法]上の問題 / the ~ of survival in a nuclear war 核戦争で生き残れるかどうかという問題 / **raise** ~*s* about privacy プライバシーに関する問題を提起する / an open ~ 未解決の問題

❹ (漠然と)問題, 事柄, 事 ‖ It's only a ~ of time before the entire cabinet resigns. 内閣総辞職はもはや時間の問題にすぎない / It's just [OR only] a ~ of changing the bolt. ボルトを取り替えればいいだけだよ

❺【文法】疑問(文) ‖ a rhetorical ~ 修辞疑問 ❻《the ~》採決の手続き ‖ put the ~ (議長が)採決をする

bèg the quéstion ①〈…という〉根本的な問題を提起する〈**wh** 節〉② 論点となっていることを正しいと決めてかかって論を進める

beside the quéstion 論点を外れて, 関係がない

beyond (àll) quéstion 何の疑いもない[く], 確かな[に]

brìng ... into quéstion …を問題にする, 議論する

càll ... in [OR ***into***] ***quéstion*** …に疑いを差し挟む;…に異議を唱える, …を調べる

còme into quéstion 問題となる, 議論される

****in quéstion*** ① 問題の, 当の ‖ the person [point] *in* ~ 問題の人物[点] ② 疑わしい ‖ The validity of the test is *in* ~. そのテストの妥当性は疑わしい

****òut of the quéstion*** 問題にならない, 論外で, **あり得ない**, 不可能で(impossible)(♦ out of question とすると「確かに, 疑いなく」の意になるが, 今はまれ) ‖ It is *out of the* ~ to deal with him on such terms. そんな条件で彼と取り引きすることはとてもできない

pòp the quéstion 《口》《戯》結婚を申し込む

the 「***sixty-four thousand*** [OR ***million***] ***dollar quéstion*** ⇨ DOLLAR(成句)

thère is nò quéstion of ... [OR ***dóing***] …の可能性は全くない, …するなんてことは断じてあり得ない

****without quéstion*** ① =*beyond* (*all*) *question* (↑) ② 異議を差し挟まずに

COMMUNICATIVE EXPRESSIONS

1 **Can we nòw agrèe on the quéstion of** hòw to ùtilize the Ínternet in elementary schòol educátion? インターネットを小学校教育の中でどのように活用するかという問題についてご了承いただいたと考えていいですか(♥ 意見の一致を確認する)

2 **It's nót a quèstion of** whát to tèach **but ráther a màtter of** hów to tèach. 何を教えるかよりもどのように教えるかが問題です(♥ 重要な点を明確にする)

3 "Hòw do you ràise fúnds?" "**(Thàt's a) gòod quéstion!**"「資金繰りはどうするんだ」「いい質問だね」(♥ しばしば答えるのが難しい質問などに対して即答はできないという含みで使われる)

4 **Thère is anóther quèstion.** 問題はほかにもあります(♥ 問題を提起する表現. 複数ある場合には There are three (other) questions. のように具体的な数を挙げる)

5 **Thís brìngs us on to the quèstion of** devèloping a nèw énergy sòurce. NAVI それで, 新しいエネルギー資源の開発の問題に話がつながっていきますが(♥ 前述の話が次の議題に関連しつつ移っていくときに)

6 **We'll léave that quèstion for a** [OR **the**] **mòment and mòve òn to** the néxt pòint on the agènda. NAVI その問題は今は置いておきまして, 次の審議事項に移ります(♥ 保留にして議事を進める)

—動 (**~s** /-z/; **~ed** /-d/; **~·ing**)

—他 ❶〔人〕に〈…について〉**質問する**, 尋ねる〈**about, on, as to**〉;〔人〕を尋問する(♦「次々と質問を出して尋ねる」の意で, 職務的な質問によく使われる. 日常語としての「尋ねる」は ask がふつう) ‖ The interviewer ~*ed* her *about* her family. 面接官は彼女に家族のことを尋ねた / He ~*ed* his son *as to* how he had spent that much money. 彼は息子にそんな大金をどう使ったのか尋ねた / ~ him closely 彼を問い詰める

❷ **a** 《+目》…に疑いをかける, …を**疑う**;…に異議を唱える(↔ accept) ‖ Are you ~*ing* my good intentions? 私の善意を疑っているのか

b 《+**wh** 節》…かどうか疑う, 異議を唱える ‖ I ~ *wheth-*

er he will accept our offer. 彼が我々の申し出を受け入れるかどうか疑わしい

―自 質問する, 尋ねる；尋問する ‖ The police summoned him for ～*ing*. 警察は尋問のために彼を呼んだ

COMMUNICATIVE EXPRESSIONS

7 **Whò am Í to quéstion?** これでいいんだ(♥しばしばよくない状況下で「こうなるべくしてなったんだから仕方ない」と自分に言い聞かせるときに用いる)

▶▶**～ màrk** 名C ① 疑問符《?》 ② 不確かさ, 疑問 **～ màster** 名C《英》=quizmaster **～ tàg** 名C = tag question **～ tìme** 名U《英議会における大臣の》質疑応答時間

***ques·tion·a·ble** /kwéstʃənəbl/ 形 ❶ (真実性の)疑わしい, 不審な, 不確かな ‖ It is ～ whether he has actually done it. 実際に彼がそれをしたかどうかは疑わしい ❷ (正当性・倫理性などに)問題のある, いかがわしい, あやしげな ‖ a ～ motive いかがわしい動機 **-bly** 副

ques·tion·ar·y /kwéstʃənèri | -əri/ 名 =questionnaire

***ques·tion·er** /kwéstʃənər/ 名C 質問者, 尋問者；《英》(クイズ番組などの)出題者

qués·tion·ing /-ɪŋ/ 形 ❶ 不審そうな, いぶかしげな ‖ a ～ glance いぶかるような一瞥(いちべつ) ❷ 探究的な

―名UC 質問を受けること, 尋問 **～·ly** 副

***ques·tion·naire** /kwèstʃənéər/ 《アクセント注意》 名C〈…についての〉アンケート(事項)〈**about, on**〉；アンケート調査；アンケート用紙(♦「アンケート」はフランス語 enquête より) ‖ distribute [collect] ～*s* アンケート(用紙)を配布[回収]する

quet·zal /ketsáːl | kétsəl/ 名C ❶【鳥】ケツァール《中米産の羽毛の美しい鳥》 ❷ ケツァル《グアテマラの通貨単位》

Quet·zal·co·a·tl /ketsáːlkwàːtl | kètsəlkouǽtl/ 名 ケツァルコアトル《アステカ神話の主神. 羽毛のある蛇の姿で描かれる》

***queue** /kjuː/ 《発音注意》(♦同音語 cue) 名C ❶《主に英》(人・車などの順番を待つ)列(《米》line) ‖ wait in a ～ 列を作って待つ / join a ～ 列に加わる / a ticket ～ チケットを求める人の列 ❷ 🖳待ち行列《処理の順番を待つデータなどの列》 ❸《古》弁髪

jùmp the quéue 《英》(順番を無視して)列に割り込む；不当に優先される

―動自 ❶《主に英》(順番を待って)列を作る,〈…を求めて〉列に並ぶ；順番を待つ《*up*》〈**for**〉 ‖ *Queue* here *for* taxis. タクシー待ちの方はここにお並びください / ～ (*up*) to see a movie 映画を見るため列に並ぶ / ～ (*up*) *for* a heart transplant 心臓移植の順番待ちをする ❷《主に英》《進行形で》〈…を〉欲しがっている〈**for**〉；〈…〉したがっている〈**to do**〉 ❸ 🖳待ち行列に入る

―他 🖳〔データなど〕を待ち行列に入れる

quéue-jùmp 動自《英》順番を無視して列の前に出る **～·er** 名 **～·ing** 名

quib·ble /kwíbl/ 名C ❶ 言い抜け；ささいな反対[批判], こじつけ ❷《古》だじゃれ ―動自 言い逃れをする, 要点をはぐらかす〈**with** 人に；**about, over** …のことで〉 **-bler** 名

quiche /kiːʃ/ 名C【料理】キッシュ《生クリームと卵の生地にチーズ・ベーコン・ホウレンソウなどを加えたタルト》

***quick** /kwɪk/ 《発音注意》 形 副 名

中心義 (Aが)素早い(★Aは「行動」「理解」「反応」など, 瞬時に可能なこと)

―形〔▶ quicken 動, quickly 副〕(**～·er**；**～·est**)

❶ (行動・動作が)**速い**, 素早い, 即座の, 動きの速い(↔ slow)；手短な(↔ long)；(人が)〈…するのが〉素早い, すぐに〈…〉したがる〈**about, of, in** / **to do**〉(⇨ 類語) ‖ Let me write you a ～ note to tell you how to get to the party. パーティー会場への行き方を簡単にメモしてあげましょう / in ～ succession 矢継ぎ早に / I wish you a ～ recovery. 早い回復をお祈りします / take [OR have] a ～ **look** at him 彼をちらりと見る / a ～ draw (銃の)早撃ち(名人) / Can I have a ～ word [OR chat] with you? ちょっとお話しできますか / He is ～ *in* making excuses. 彼は即座に言い訳をする / Be ～ *about* it. 手早くやってくれ / be ～ *to* criticize すぐに批判したがる / be ～ *of* understanding 理解が早い / be ～ on one's feet 足が速い

❷ **理解の早い**, 利口な(↔ stupid)〈**at, in** …の / **to do** …するのに〉 ‖ He has ～ wits. 彼は機転がきく / She is ～ *at* [OR with] figures. 彼女は計算が早い / The kids are ～「*at* learning [OR *to* learn] new words. 子供は新しい言葉を覚えるのが早い / How ～ of you *to* notice! 何て気づくのが早いんでしょう / a ～ mind 回転の速い頭脳(の持ち主) / a ～ study 物覚えの早い人(♦もとは「せりふ覚えの早い役者」の意の演劇用語)

❸ (感覚が)鋭い, **鋭敏な** ‖ a ～ eye for beauty 美に対する鋭い鑑識眼 ❹ (性質などが)短気な, 怒りっぽい；せっかちな ‖ have a ～ temper すぐにかっとなる(=be quick-tempered) ❺《古》生きている；生きた植物でできた ‖ the ～ and the dead 生者と死者 / a ～ forest (小鳥などで)生命にあふれた森 / a ～ hedge 生け垣

màke a quìck búck ⇨ BUCK[4](成句)

―副 (**～·er**；**～·est**)

❶《口》早く, **急いで**(♦quickly よりも強意. 動詞の後に置かれる) ‖ Come ～! 早く来い / Who will be there ～*est*? だれがいちばん早くそこに着くかな / *Quick!* 急げ ❷《現在分詞・過去分詞の前に置いて複合語として》素早く ‖ ～-coming death 速やかに訪れる死 / have a ～-drawn breath 素早く一息つく

COMMUNICATIVE EXPRESSIONS

1 **Màke it quíck!** さっさとやれ；とっととしろ

―名《通例 the ～》❶ つめの下の生身；(新しい組織ので きかけている)傷口の生身 ❷ (物事や人の心の)急所

cùt a person to the quíck 〔人〕を深く傷つける

類語 《形 ❶》 **quick** 瞬間的で, きびきびした. 〈例〉 give a *quick* look 素早く見る
fast (ある時間続く動きについて)速度が速い；早く目的地に達する. 〈例〉 a *fast* train 速い列車
speedy 速度が速いことを強調. 〈例〉 do a *speedy* job 仕事が速い
rapid 急激な動きにも継続的な速い動きにも用いる. 〈例〉 a *rapid* stream 急流
swift しばしば滑らかな途切れのない動きを表すやや格式ばった語. 〈例〉 a *swift* action 迅速な行動(♦これらの形容詞が同じ名詞を修飾する例. 〈例〉 make a *quick* [*fast, speedy, rapid, swift*] recovery すぐに[早く, 急速に, どんどん, 速やかに]回復する)
prompt 間をおかないで素早くなされる. 〈例〉 take *prompt* action 直ちに行動する
hasty 大急ぎの(性急・不注意というニュアンスを持つ). 〈例〉 take a *hasty* decision 性急に決定する
early 時期や時刻が早い. 〈例〉 an *early* riser 早起きの人(♦early の反意語は late. fast, quick などの反意語は slow)

▶▶**～ and dírty** 名C =quick-and-dirty **～ ássets** 名複【会計】当座資産, 流動資産 **～ brèad** 名U (ベーキングパウダーなどを使った)早く焼けるパン(菓子) **～ fíx** 名C《口》間に合わせの解決 **～ màrch** /英 ⌐⌐/ 名C《英》【軍】速歩行進《特に命令文で》 **～ òne** 名C《口》(急いで飲む)1杯(の酒) **～ tìme** 名U【軍】速歩《1分間に約120歩》

quìck-and-dírty 形《主に米口》間に合わせの
―名C スナックバー, 軽食堂

quìck-chánge 形《限定》(芸人が)衣装を早変わりする；客船[旅客機]が貨物船[輸送機]に早変わりする

***quick·en** /kwíkən/ 動〔◁ quick 形〕他 ❶ …を速める, 急がせる《*up*》 ‖ ～ (*up*) one's pace 歩調を速める ❷

…に生命を与える，…を生き返らせる，活気づける；…を奮い起こす，刺激する ‖ ～ his interest 彼の興味をかき立てる
━ 自 ❶ 速くなる，速まる《*up*》‖ He felt his pulse ～. 彼は動悸(どうき)が速くなるのを感じた / Her long strides ～*ed* to running. 彼女は大またに歩いていた歩調を速めて走り出した ❷ 生き生きとする，活発になる ❸ (胎児が)動き始める；(妊婦が)胎動を感じるようになる

quìck-fíre 形《限定》速射の；立て続けの ‖ a ～ gun 速射砲

quìck-fréeze 動 (～s /-ɪz/；**-froze** /-fróuz/；**-frozen** /-fróuzən/；**-freez·ing**) 他〔食料品〕を急速冷凍する

quick·ie /kwíki/ 名 C《口》急ごしらえの(安)もの，やっつけ仕事；きゅっと一杯(quick one)；さっと済ませるセックス
━ 形 急ごしらえの，速成の ‖ a ～ divorce《英》即決離婚《配偶者の不倫などで申請後半年以内にする離婚》

quíck·lìme 名 U 生石灰(lime)(↔ slaked lime)

quick·ly /kwíkli/

━ 副〔◁ quick 形〕(**more** ～；**most** ～)
❶ **急いで**，速く，さっさと ‖ Your ice cream is melting. Eat ～. アイスが溶けてる．早く食べなよ
❷ **すぐに**，直ちに，間をおかず ‖ I realized ～ that I had met him before. 彼には以前会ったことがあるとすぐにわかった

quíck·ness /-nəs/ 名 U ❶ 早さ，迅速 ‖ ～ of motion 動きの早さ ❷ 機敏，利発 ❸ 短気；せっかち

quíck·sànd 名 U/C《しばしば ～s》❶ 流砂 ❷ 危険な事態

quíck·sèt 名 U《英》(特にサンザシの)生け垣；生け垣用の木 ‖ a ～ hedge 生け垣

quíck·sìlver 名 U《古》水銀(mercury)
━ 形《限定》(動き・変化が)速い，予測できない ‖ a ～ character むら気な人

quíck·stèp 名 C ❶ (行進の際の)速歩；速歩行進曲 ❷ (ダンスの)クイックステップ

quìck-témpered ⟨⟩ 形 短気な

quìck-wítted ⟨⟩ 形 頭の回転が速い，機転のきく(↔ slow-witted)

quid[1] /kwɪd/ 名 C (かみたばこの)1かみ分

quid[2] /kwɪd/ 名 (複 ～) C《英口》1ポンド(の金額)
be quids in《英口》しこたまもうかる立場にある
nòt the fùll quid《豪・ニュージ俗》頭が足りない，愚かな

quid·di·ty /kwídəṭi/ 名 (複 **-ties** /-z/) ❶ U〘哲〙本質，実体 ❷ C 細かな区別立て，つまらない議論，こじつけ

quid·nunc /kwídnʌ̀ŋk/ 名 C《堅》何でも聞きたがる人，うわさ話の好きな人；おせっかいな人(busybody)

quid pro quo /kwìd prou kwóu/ 名 (複 **～s** /-z/) C ❶ 代償，埋め合わせ，お返し ❷ 相当物，代用品(◆ ラテン語で something for something の意より)

qui·es·cent /kwiésənt/ 形 静止した；静かな；不活発な；(病気が)一時的に小康状態の **-cence** 名 **～·ly** 副

qui·et /kwáɪət/(◆ quite と区別) 形 名 動

中心義 **音や動きが(ほとんど)ない**

━ 形〔▶ quietude 名〕(通例 **～·er**；**～·est**)
❶ **静かな**；**黙った**(↔ loud)；音[声]の(あまり)しない，ひっそりした，閑静な(↔ noisy)(⇨ CALM 類語) ‖ in a ～ voice 静かな声で / Be ～, or Mom will hear us. 静かにしてよ，ママに聞こえちゃうよ / a ～ street 閑静な通り / a ～ engine 低騒音エンジン
❷ **平穏な**，平和な；(心)安らかな；くつろいだ，のんびりした(↔ exciting) ‖ "I thought you were enjoying a ～ life in the country." "Oh, I got bored to death." 「君は田舎での平穏な生活をエンジョイしているとばかり思っていたよ」「いやあ，退屈で死にそうだったんだ」/ spend a ～ evening at home 家でくつろいだ夕べを過ごす / have a ～ cup of tea のんびりとお茶を飲む
❸ (人・性格などが)**温和な**，控えめな；口数の少ない ‖ My sister is ～ and shy. 妹はおとなしくて恥ずかしがりだ
❹ 静止した，動かない；穏やかな；人のいない(↔ crowded, busy) ‖ She lay ～ as a stone. 彼女は石のように身動きもせず横たわっていた / a ～ sea without waves 波がない穏やかな海 ❺ (色・服装などが)地味な，目立たない(↔ bright)；控えめな(↔ loud)；形式ばらない ‖ ～ colors 落ち着いた色 / be ～ of dress and manner 着ているものや物腰が控えめである / a ～ wedding ごく内輪だけの略式の結婚式 ❻ 内緒の，表面には出さない，遠回しの ‖ take a ～ satisfaction in his mistake 彼の誤りにほくそ笑む ❼〘商〙不活発な，暇な ‖ The stock market was very ～. 株式市場は極めて閑散としていた
(as) quiet as a mouse ⇨ MOUSE(成句)

COMMUNICATIVE EXPRESSIONS

1 **Kèep quíet.** 静かに；そのままじっとしていて(＝Keep still.)
2 **Kèep quíet about it.** そのことはだれにも言わないように；秘密だからね(↘It's on the Q.T.)
3 **Lèt's gò sòmewhere (mòre) quíet.** 邪魔されずに話ができる所に行こう
4 **Sòmeone had bètter kèep quíet about it.** だれかさんはそのことについて黙っているべきだ(♥ 忠告. someone は例の人で「だれだかわかるでしょ」という意味合い. 具体的な人名や代名詞でも可)

━ 名 U ❶ 静けさ，静寂 ‖ Let's have some ～! 静かにしてくれ / in the ～ of the afternoon 昼下がりの静寂の中で ❷ 平穏，(世の)泰平；平静，安静；心の安らかさ；落ち着き ‖ live in peace and ～ 平穏無事に暮らす
on the quiet《口》ひそかに，こっそりと(secretly)(◆ on the q.t. ともいう)
━ 動《主に米》(《英》quieten) 他〔群集など〕を静かにさせる；〔子供など〕をなだめる，安心させる《*down*》；〔恐れ・不安など〕を鎮める ━ 自 静まる，治まる《*down*》

qui·et·en /kwáɪətən/ 動《主に英》＝quiet

qui·et·ism /kwáɪətìzm/ 名 U ❶ 静寂主義，キエティスム《17世紀の宗教的神秘主義》；静観[事なかれ]主義 ❷《文》平静，心の安らかさ **-ist** 名 形 **quì·et·ís·tic** 形

qui·et·ly /kwáɪətli/

━ 副 (**more** ～；**most** ～)
❶ **静かに**，そっと，ひっそりと，静止して ‖ She stood ～ by the window. 彼女は静かに窓辺に立っていた
❷ 平穏[平静]に；物静かに ‖ a ～-spoken person 物静かに話す人
❸ 目立たずに，控えめに
❹ 内密に，遠回しに ‖ He is ～ **confident** that he can win. 彼は勝てるとひそかに確信している

***qui·et·ness** /kwáɪətnəs/ 名 U 静けさ；平穏，(心)安らかさ；(人の)物静かさ；(車が)低騒音であること

qui·e·tude /kwáɪətjù:d/ 名〔◁ quiet 形〕U《文》静けさ，静寂；平穏，平静；平安，安らぎ

qui·e·tus /kwaɪí:ṭəs/《発音注意》名 C《文》❶ 生命からの解放，死；とどめ(の一撃) ‖ get one's ～ とどめを刺される，死ぬ / give him his ～ 彼にとどめを刺す，彼を殺す ❷ (債務・義務などの)清算

quiff /kwɪf/ 名 C《主に英》(リーゼントスタイルなどの)立たせた前髪

quill /kwɪl/ 名 C ❶ (鳥の翼・尾の)大きな羽；羽軸(うじく)，翮(かく) ❷ 羽軸製品《ハープシコードのつめ・釣りの浮き・つまようじなど》；(＝～ **pèn**)羽ペン，鵞(が)ペン ❸ (ヤマアラシなどの)針 ❹ (織機の)糸巻き；(機械の)中空シャフト ❺〘薬〙(シナモンなどの)乾燥した一巻きの樹皮
━ 動 他〔糸など〕を糸巻きに巻く；〔布など〕にひだ山をつける

***quilt** /kwɪlt/《発音注意》名 C キルト，掛け布団《羽毛・綿などを刺し子にして縫い込んである》；(キルトの)(羽毛)掛け布団(duvet)；キルト風に仕上げたもの ‖「a patchwork [an antique] ～ パッチワーク[アンティーク]キルト
━ 動 他 …を刺し縫いにする，キルティングにする ‖ a ～*ed* robe キルトのガウン ━ 自 キルトを作る；キルト仕上げにする

quilt·ing /-ɪŋ/ 名U キルティング；キルト作品[材料]
quim /kwɪm/ 名C⊗《卑》女性器
quin /kwɪn/ 名《主に英口》=quintuplet ❶
qui·na·ry /kwáɪnəri/ 《堅》形 5の，5個からなる；5個ずつ並べた；5進法の
—名（複 **-ries** /-z/）C 5個の組み合わせ；5進法の数
quince /kwɪns/ 名C【植】マルメロ(の実)
quin·cen·ten·a·ry /kwìnsenténəri｜-sentí:n-/ 名（複 **-ries** /-z/）C 形 500年祭(の)
quin·cunx /kwíŋkʌŋks/ 名C（さいころの5のような）5つ目型 **quin·cún·cial** 形
qui·nel·la /kwɪnélə/, **-nie·la** /-njélə/ 名C（競馬などの）連勝複式《1，2着の着順は問わない》
quin·i·dine /kwínədì:n/ 名U【薬】キニジン《抗マラリア薬・不整脈治療薬》
qui·nine /kwáɪnaɪn｜kwɪní:n/ 名U キニン，キニーネ；キニーネ剤《マラリアの特効薬》 ▸▸ **~ wàter** 名U《米》炭酸キニーネ水（《英》tonic water）
quin·o·line /kwínəlì:n/ 名U【化】キノリン《染料・溶剤などに用いる》
qui·none /kwɪnóun/ 名U【化】キノン《写真現像や皮なめしなどに利用》
quin·qua·ge·nar·i·an /kwìŋkwədʒənéəriən/ ⟨シ 形 名C《堅》50歳代の(人)
Quin·qua·ges·i·ma (Súnday) /kwìŋkwədʒésɪmə-/ ⟨シ 名C 四旬節(Lent)直前の日曜日
quinque- 連結形「5(five)」の意(♦母音の前では quinqu-)
quin·quen·ni·al /kwɪŋkwéniəl/ 形 5年の，5年続く；5年ごとの **~·ly** 副
quin·quen·ni·um /kwɪŋkwéniəm/ 名（複 **~s** /-z/ OR **-ni·a** /-nɪə/）C 5年間
quin·sy /kwínzi/ 名U 化膿(かのう)性扁桃腺(へんとうせん)炎
quint /kwɪnt/ 名C ❶《通例 ~s》《米口》=quintuplet ❶ ❷【トランプ】ピケットで同一種の札の5枚続き
quin·tain /kwíntən/ 名C やり的；《the ~》やり的突き競技《馬上で競う中世の武技》
quin·tal /kwíntəl/ 名C キンタル《重量単位．ヤードポンド法では《米》100lbs.，《英》112lbs.，メートル法では 100kg.》
quin·tes·sence /kwɪntésəns/ 名 ❶《the ~》精髄，真髄；典型，権化 ❷C（物質の）純粋なエッセンス ❸C（古代・中世哲学で）第5元《ほかの4元 (air, fire, water, earth)と区別しての究極の物質》
quìn·tes·sén·tial 形 **quìn·tes·sén·tial·ly** 副
quin·tet(te) /kwɪntét/ 名C ❶【楽】5重奏[唱]曲；5重奏[唱]団 ‖ a clarinet ~ クラリネット5重奏 ❷5つ[5人]1組，5つぞろい(♦イタリア語より)
quin·tile /kwíntaɪl/ 名C【統計】五分位
quin·til·lion /kwɪntíljən/ 名C 形 1,000の6乗(の)；《主に英》《旧》100万の5乗(の)(→ million)
quin·tu·ple /kwɪntjú:pl, -tʌ́-｜kwíntjʊ-, kwɪntjú:-/ 形《限定》❶5つからなる，5重の ❷5倍の(fivefold)
—名C 5倍(の量[数])
—動 他 自（…を[が]）5倍にする[なる] **-ply** 副
quin·tu·plet /kwɪntʌ́plət, -tjú:-｜kwíntjʊ-, kwɪntjú:-/ 名C ❶《通例 ~s》5つ子（♦略して《米》quint，《英》quin ともいう）❷5つ子の1人 ❸5つ1組，5つぞろい ❹【楽】5連音符
quin·tu·pli·cate /kwɪntjú:plɪkət/（→動）名C（同一物）5個[部]のうちの1つ —形（同一物）5個[部]からなる；(同一物5個のうち)5番目の —動 /kwɪntjú:plɪkèɪt/ 他…を5通作成する；…を5倍にする
quin·tù·pli·cá·tion 名
quip /kwɪp/ 名C ❶気のきいた言葉[返答]；辛辣(しんらつ)な言葉，あざけり ‖ trade ~*s* 軽口をたたき合う ❷《古》言い逃れ，逃げ口上 —動（**quipped** /-t/；**quip·ping**）自 気のきいたことを言う；辛辣なことを言う，〈…を〉あざける〈**at**〉(♦直接話法にも用いる)
qui·pu /kí:pu:/ 名C 結縄(けつじょう)，キープ《古代インカで情報を記録するのに用いた結び目をつけたひも》
quire /kwáɪər/ 名C ❶（紙の）1帖(じょう)《1 ream の20分の1》❷（製本時の）1折り《特に4枚を二つ折りした8枚の束》
quirk /kwə:rk/ 名C ❶（変わった）癖，奇癖 ❷急な曲がり[ひねり]；（運命などの）急転回 ‖ with a little ~ of one's lip 唇を少しゆがめて / by a ~ of fate 運命の急転回によって ❸（文字の）飾り書き ❹【建】(刳形(くりかた)の)深い溝 —動 他 ❶〔口元・ひじなど〕をねじる，ゆがめる ‖ She smiled, ~*ing* up the corners of her mouth. 彼女は口元を引きつらせるようにして笑った ❷【建】…に深い溝をつける
quirk·y /kwə́:rki/ 形 一風変わった，(変な)癖のある；急に曲がりくねる，急に変わりやすい **-i·ness** 名
quirt /kwə:rt/ 名C 動 他（柄の短い）編み皮の乗馬むち(で打つ)
quis·ling /kwízlɪŋ/ 名C（敵の傀儡(かいらい)となった）裏切り者(traitor)(♦ナチスの傀儡となったノルウェーの政治家 Vidkun Quisling(1887-1945)の名より)
***quit** /kwɪt/ 動（**quit**，+《英》**~·ted** /-ɪd/；**~·ting**）他 ❶ **a**（+目）《口》〔職・地位など〕を辞する，《主に米口》…をやめる，〔活動など〕を断念する，あきらめる(give up)(↔ continue) ‖ I had to ~ my job to take care of my children. 私は子供の世話をするために仕事をやめなければならなかった / ~ school 学校をやめる **b**（+*doing*）《主に米口》…するのをやめる ‖ *Quit* worrying. くよくよするのはやめたまえ / I want to ~ smoking. たばこをやめたい ❷〔場所〕を（立ち）去る，〔人〕のもとを離れる ‖ ~ the country for the city 田舎を去って都会へ出る ❸《古》〔人〕を〈重荷などから〉免れさせる，逃れさせる〈**of**〉‖ ~ oneself *of* fear 恐怖から逃れる ❹《古》〔債務・義務など〕を清算する ‖ Death ~*s* all scores. 死はすべてを帳消しにする ❺💻〔プログラム・アプリケーションなど〕を終了する
—自 ❶《口》〈…を〉辞職する，辞任する〈**as**〉；《主に米》やめる，よす(⇨ STOP 類語) ❷敗北を認める，断念する(give up) ❸（借地人が）立ち退く ‖ give [have] notice to ~ 立ち退き通告を出す[受け取る]
quit on ... 〈他〉《米》①（肝心なときに）…に協力する[…を支持する]のをやめる，…を見捨ててやめる ②（機械・車などが）〔人〕の必要なとき[使用中]に動かなくなる
quit while one is ahéad 何も手を加えず優位の現状を維持する

COMMUNICATIVE EXPRESSIONS
1 **Dòn't quìt trýing.** あきらめないで(♥励まし)
2 "Whàt do you thìnk of the phótographs I tòok?" "**Dòn't quìt your dáy jòb.**"「私の撮った写真どう思う」「あまり(出来が)よくないね」(♥「本業を捨てないように」の意．新しいことなどに取り組んでいるがその出来栄えがあまりよくない人に対するユーモラスでくだけた表現)
3 **Have you èver thòught of quítting?** やめようと思ったことはありますか(♥禁煙をそれとなく勧める)
4 **(Jùst) quít it, wìll yóu?** いい加減にしてくれ(♥しつこい相手などに対して)
5 **Quìt whíning!** ごちゃごちゃ言ってるんじゃないよ(♥文句や小言などをぶつぶつ言い続ける相手に対して．↷ Quit beefing [OR your bitching].)
6 **Sóme pèople jùst dòn't knów when to quít.** 限度を知らない人がいるものだ(♥文脈によって以下のような意味になる．(1) 往生際の悪い人だ (2) ごちゃごちゃとうるさい人だ (3)（働きすぎについて）やめる潮時のわからない人だ)

—形《叙述》❶〈義務・刑罰などから〉免れて，逃れて〈**of**〉‖ I am glad to be ~ *of*「the trouble [him]. もめごとから手を引く[彼と手を切る]ことができてうれしい ❷《古》放免されて，許されて，自由になって
quítch (gràss) /kwɪtʃ-/ 名 =couch² (grass)
quít·clàim 名U C《米》【法】権利放棄[譲渡]
—動 他…の権利を放棄する

***quite** /kwaɪt/《発音注意》(♦quiet と区別)

—副《比較なし》❶《程度の差のある形容詞・副詞・動詞などとともに》**a**《主に英》**まあまあ**，ある程度，けっこう；**かなり**，ずいぶん，相当(♦(1) この意味ではふつう否定文では用いない → ❸．(2)《米》ではこの意味では pretty がふつう．⇨ PRETTY 副 語法) ‖ The concert was ～ **good.** コンサートはまずまずだった / She came back from China ～ recently. 彼女はつい最近中国から戻って来た / He has ～ a large car. 彼はかなり大きい車を持っている (⇨ 語法 (2)) / *Quite* a few [OR bit of, lot of] people came to the party. パーティーにはかなり大勢の人が来た (⇨ *quite a* FEW) / *Quite* honestly, this is the worst game I've ever seen. はっきり言わせてもらうと，これは今まで見たうちで最悪の試合だ / I ～ like him, but I don't adore him. 彼のことはまあ好きだが，崇拝しているわけではない(♦動詞の直前に置く)

b《主に米》**とても**，非常に(♥ 米・英でとらえ方が異なる場合がある．例えば褒めているつもりで quite good と言ったとしても，英では「まあまあ」ととらえられる可能性もある．→ **a**) (⇨ VERY 類語P) ‖ The food was good, but it was ～ expensive. 料理はおいしかったけれど，とても高かった

❷《程度の差の考えられない形容詞・副詞・動詞または形容詞・副詞の最上級などとともに》**全く**，**すっかり**，完全に ‖ I was ～ alone. 全くひとりぼっちだった / You look ～ **different** in your new dress. あなたは新しい服を着てすっかり別人のようだ / He is ～ the richest man in the world. 彼はまさに世界で最も裕福な男だ / She has already talked ～ enough.《主に英》彼女はもう十分話をした (♥ いら立ちを表す) / I ～ forgot about it.《主に英》私はそのことをすっかり忘れていた / "Sorry, I stepped on your toe." "That's ～ all right."「ごめんなさい，足を踏んでしまって」「いいんですよ」/ "I think he should apologize." "*Quite* right."《英口》「彼は謝るべきだと思う」「全く同感だ」

語法 ☆☆ (1) 修飾する形容詞・副詞・動詞などが程度の差のあるものであれば ❶，程度の差の考えられないものであれば ❷ の意味となるのが基本である．しかし前後関係から判断すべき場合もある．また《米》では ❶ でも「とても」の意味がふつうなので，❷ の場合とあまり意味は違わないと考えてよい．

(2)「a [OR an] + 形容詞 + 名詞」を quite で修飾する場合，quite は a, an の前後いずれでもよいが，❶ の場合は a, an の前，❷ の場合は a, an の後がふつう．冠詞が the のときには quite はその前にくる．〈例〉It's *quite* a cold day. かなり寒い日です / I had a *quite* perfect day. 本当に素敵な一日でした / They had [*quite* the wrong impression [×the quite wrong impression]. 彼らは全く間違った印象を抱いていた

(3) quite better (すっかり病気が治って) のような特定の例を除いて，quite は通例形容詞・副詞の比較級を修飾できない．a little, rather などを用いる．〈例〉He is [*a little* [*rather*, ×quite] older than me. 彼は僕よりも少し[ずっと]年上だ

❸《否定文で部分否定を表して》**全く…というわけではない**，完全には…でない(♥断定を避けることができるので，批判をしたり反対意見を述べるなど言いづらいことを述べる際に用いられることが多い) ‖ I'm not ～ **sure** what the problem is. 何が問題なのかよくわからない / I don't ～ **understand** [**know**] what he's saying. 彼が何を言っているのか完全には理解できません[わかりません] / This isn't ～ what I expected. これは私の期待していたものとは少し異なる / "Have you finished?" "Not ～."「終わりましたか」「いえ，もう少しで」

❹《～ a [an, the, some] + 名詞で》大変な，大した，かなりの ‖ She is ～ a beauty. 彼女はなかなかの美人だ / He is ～ the little golfer. 彼は小さいが大したゴルファーだ (♥ しばしば皮肉の意が込められる) / I haven't seen him [for ～ some time [《主に米》in ～ a while]. ずいぶん彼を見ていない / Her recital was ～ something.《主に英》彼女のリサイタルは大変素晴らしかった / You've had ～ a day. 大変な一日でしたね

❺《英》そのとおり，全く(♥ 相手の言葉に対する相づち) ‖ "I think the president should resign." "*Quite* (so)."「社長は辞任すべきだと思うね」「全くだ」

COMMUNICATIVE EXPRESSIONS

1 **(I'm) hàving quìte a tíme.** ① なかなか楽しいですよ (♥「楽しんでいますか」に対する返答) ② とてもつらいんです (♥ 痛みや苦しみで「たいそうな経験をしている」の意)

2 **I'm nòt quite with you.** お話にいまひとつついて行けません；おっしゃっていることがよくわかりません (♥ 説明し直してほしいときに．= I don't quite follow you.)

3 **I'm quìte háppy to** be of assístance. お手伝いできて光栄です(♥「喜んで…します」の意の形式ばった表現)

4 **Ìt** [OR **Thìs**] **dòesn't quìte súit mè.** これはあまり気に入りません(♥ 店員が勧める商品などについて)

5 **Quìte wéll(, thànk you).** ⇨ WELL¹(CE 11)

Qui·to /kíːtoʊ/ 名 キト《南米エクアドルの首都》

quít·rènt 名 C《史》免除地代《奉仕を免れるために領民が領主に支払った》

quits /kwɪts/ 形《叙述》《口》(借金の返済・仕返しなどによって)〈人と〉五分五分で，あいこで〈**with**〉‖ Now we're ～. = I'm ～ *with* you. これであいこだ

càll it quíts《口》① (活動を)やめる，よす ‖ Let's *call it* ～ for the day. 今日はここまでにしよう ② 貸し借りなしとする，五分五分だという

quit·tance /kwítəns/ 名《古》《文》❶ U 債務[責務]の消滅；C 債務消滅証書 ❷ C 領収書

quit·ter /kwíṭər/ 名 C《通例否定文で》《口》簡単にあきらめて[投げて]しまう人，意気地なし ‖ Winners are never ～*s*, and ～*s* are never winners. 勝者は決してあきらめない，あきらめる者は決して勝者にはなれない

***quiv·er¹** /kwívər/ 動 自 (人・体・声などが)〈怒り・興奮などで〉(わなわなと)震える〈**with**〉；(葉などが)(軽く)揺れる (⇨ SHAKE 類語P) ‖ He ～*ed with* rage. 彼は激しい怒りで体がわなわなと震えた / The leaves ～*ed* in the breeze. 木の葉がそよ風に揺れた

—他 …を細かく震わせる；(鳥が)〔羽〕を羽ばたきする

—名 C《通例単数形で》震え，揺れ，振動；振動音 ‖ feel a ～ of delight 喜びにうち震えるのを感じる

quiv·er² /kwívər/ 名 C ❶ 箙(えびら)，矢筒；《集合的に》矢筒の中の矢 ❷ (さまざまな長さの)サーフボード一そろい

qui vive /kìː víːv/ 名《フランス》(= Who goes there?) だれだ《番兵などの誰何(すいか)の言葉》

on the qui vive 警戒して(on the alert)

Qui·xo·te /kwíksət, kiːhóʊṭi | kwíksət, kɪhóʊti/ 名 ⇨ DON QUIXOTE **quíx·o·tism** 名 **quíx·o·try** 名 U ドン=キホーテ的な性格[振る舞い]

quix·ot·ic /kwɪksá(ː)ṭɪk | -sɔ́t-/ 形 (ドン=キホーテのように)ロマンチックな騎士道精神にあふれた，空想的な，非現実的な **-i·cal·ly** 副

***quiz** /kwɪz/《発音注意》名 (複 **～·zes** /-ɪz/) C ❶《主に米》(口頭・筆記による)簡単な試験(⇨ EXAMINATION 類語P) ‖ a pop [OR surprise] ～《米》抜き打ちテスト / give a ～ 小テストをする ❷《主に英口》尋問，(公式の) 質問 ❸ (テレビ・ラジオなどの)クイズ ❹《古》悪ふざけ，いたずら，からかい；人をからかう[かつぐ]人 ❺《古》変わり者

—動 (**～·zes** /-ɪz/；**quizzed** /-d/；**quiz·zing**) 他 ❶《米》〔人〕に〈…の〉簡単な試験をする〈**on**〉‖ The teacher *quizzed* us *on* math. 先生は数学の小テストをした ❷〔人〕に〈…について〉詳しく質問する，尋問する〈**about, on**〉‖ The detective *quizzed* me *about* my whereabouts that night. 刑事はその夜の居所について私に詳しく尋ねた ❸《古》〔人・振る舞い〕をからかう，冷やかす

語源 18 世紀には「変人」の意であったが，「冗談を言う人」，「悪ふざけ」を経て「質問，問題」に転じたもの．ラテン語 *qui*

es(Who are you?)にさかのぼるという.

~ shòw 名 C (ラジオ・テレビの)クイズ番組

quíz·màster 名 C クイズ番組の司会者

quiz·zi·cal /kwízɪkəl/ 形 ❶ いぶかしげな, 物問いたげな;当惑した, 困った ❷ 少々奇妙な, 滑稽(こっけい)な ❸ からかうような **~·ly** 副

Qum·ran /kʊmrɑ́ːn/ 名 クムラン (Khirbet Qumran) 《ヨルダンの死海北西岸地域. 死海写本が発見された洞窟(どうくつ)で有名》

quod /kwɑ(ː)d | kwɔd/ 名 C U 《英俗》《旧》刑務所(prison) ‖ be in ~ 刑務所に入っている

quod erat de·mon·stran·dum /kwɑ̀(ː)d èræt dèmənstrǽndəm | kwɔ̀d-/ 以上のとおり証明する《数学理論[定理など]の証明の末尾に記す形式的な結句》(♦ which was to be proved (そのことは証明されるべきであった) の意のラテン語より. 略 QED)

quod·li·bet /kwɑ́(ː)dlɪbèt | kwɔ́d-/ 名 C ❶ 《古》微妙な論点, 論点の機微 ❷ 〚楽〛クオドリベット《16–17世紀にはやった滑稽な音楽の一形式》(♦ ラテン語より)

quoin /kwɔɪn/ 名 C ❶ (建物の)外角;(部屋の)隅 ❷ 隅石(quoin stone) ❸ (支持用の)くさび材;〚印〛くさび《活字の版面を締める》

quoit /kwɔɪt/ 名 C ❶ (輪投げ用の)輪 ❷ (~s)《単数扱い》輪投げ遊び ❸ 《英》環状列石(が形成する円形), ドルメン(《米》dolmen)

quok·ka /kwɑ́(ː)kə | kwɔ́kə/ 名 C 〚動〛クアッカ《オーストラリア南西部産のワラビーの一種》

quoll /kwɑ(ː)l | kwɔl/ 名 C 〚動〛フクロネコ(dasyure)《オーストラリア・ニューギニア産の小型肉食有袋類》

quon·dam /kwɑ́(ː)ndæm | kwɔ́n-/ 形 《堅》元の, 以前の

Quón·set (hùt) /kwɑ́(ː)nsət- | kwɔ́nsɪt-/ 名 C 《米》《商標》(プレハブ式の)かまぼこ型の小屋[兵舎]

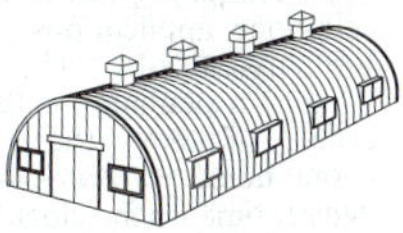

Quonset (hut)

quo·rate /kwɔ́ːreɪt/ 形 《英》定足数に達している

Quorn /kwɔːrn/ 名 U 《英》《商標》コーン《キノコの一種から作る植物性タンパク質で肉の代替品》

quo·rum /kwɔ́ːrəm/ 名 C (会議の) 定足数 ‖ fill [OR complete, form, have] a ~ 定足数に達する / lack a ~ 定足数に達しない

quot. 略 quotation

***quo·ta** /kwóuṭə/ 《発音注意》 名 C ❶ 割り当て, 分け前, 分担(分), ノルマ ‖ his ~ of work for the day 彼の今日の分の仕事 ❷ (政府などの決定する) 割当数[量] ‖ set an import ~ 輸入割当量を設定する ❸ 《単数形で》〚政〛(選挙で)当選に必要な最低票数

quot·a·ble /kwóuṭəbl/ 形 引用できる, 引用する価値がある **quòt·a·bíl·i·ty** 名

***quo·ta·tion** /kwoutéɪʃən/ 《発音注意》 名 〔◁ quote 動〕 ❶ U 引用 ❷ C 〈…からの〉引用文[語句];美術作品・楽曲の一部を借用して別の作品に組み込んだもの〈**from**〉‖ a ~ *from the Odyssey* オデュッセイアからの引用 ❸ C 〚株〛相場, 時価;時価の見積もり ❹ C 〈請け負った仕事の〉見積額[書]〈**for**〉

~ màrk 名 C 《通例 ~s》引用符(♦ (1) single quotation marks ' 'と double quotation marks " "がある. (2) 《米》では主に" "を用い, " "内でさらに引用部分などを指示するときに' 'を用いることが多く, 《英》では逆に主に' 'を用い, ' '内で" "を用いることが多い)

***quote** /kwout/ 《発音注意》 動 (▶ quotation 名) 他 ❶ 〔言葉・文章〕を〈…から〉引用する, 引き合いに出す〈**from**〉;〔作者・作品など〕の言葉[文句]を引用する;〔人〕が〈…と述べたと〉伝える〈**as**〉‖ The president ~*d* a line *from* Shakespeare in his speech. 大統領は演説の中でシェークスピアの一節を引用した / ~ the Koran コーランの文句を引用する / He was ~*d as* saying that .... 彼は…と述べたと伝えられた

❷ **a** 《+目》…を〈典拠・例などとして〉引き合いに出す, 持ち出す, 挙げる〈**as**〉‖ He ~*d* statistics *as* a basis for his argument. 彼は自分の主張の根拠として統計を引き合いに出した / This instance was ~*d as* important. この例が重要だとして挙げられた **b** 《+目 *A*+目 *B*⇄+目 *B*+ **to** 目 *A*》*A* (人) に *B* (典拠など) を示す ‖ I could ~ you several examples of this sort. こうした例ならいくつか挙げることができます

❸ 〔楽曲など (から一部)〕をそのまま繰り返す ‖ Roy ~*d* a Christmas carol melody in his solo. ロイはソロ演奏にクリスマスキャロルのメロディーを引用した

❹ 〚商〛 **a** 《+目》〈…の〉〔値段〕を言う, 見積もる〈**for, on**〉;(取引市場で)〔商品・株・為替〕の相場を〈いくらと〉つける〈**at**〉;〔会社など〕を〈市場に〉上場する〈**on**〉‖ ~ a price *for* [OR *on*] goods 商品に言い値をつける / The dollar was ~*d* at ¥120. ドルは120円の相場だった / a firm ~*d on* the Stock Exchange 証券取引所に上場されている会社 **b** 《+目 *A*+目 *B*⇄+目 *B*+**to** 目 *A*》*A* (人) に〈…の〉*B* (見積額など) を示す〈**for**〉‖ He ~*d* me ¥200,000 *for* the repairs.=He ~*d* ¥200,000 *to* me *for* the repairs. 彼は私に修繕費として20万円の見積もりを出した ❺ 〚印〛〔文・語句〕を引用符で囲む ❻ 《通例受身形で》(競走馬などが)〈…の〉勝率だとされる〈**at, as**〉

—自 〈…から〉引用する〈**from**〉‖ ~ *from* the Bible 聖書から引用する

COMMUNICATIVE EXPRESSIONS

1 **Dòn't quóte me (on thìs [thàt]).** (この[その]話は)オフレコにしてください

2 **Thìs is nòt to be quóted.** これは内密に

3 **You're quòting me òut of cóntext.** あなたは文脈を無視して私の言ったことを引用しています;そういう意味で言ったわけではありません(♥ 誤解を批判する)

—名 C ❶ 《口》引用文[語句](quotation) ❷ 《~s》=quotation marks ‖ in ~*s* 引用符に囲まれた ❸ 〚商〛相場, 時価(quotation);見積(書)

quóte, (...) únquote 《口》① (口述などの際に)(以下)引用開始, (以上)引用終わり(♥ 特に話者が引用の内容に同意していないときに用いる) ‖ He said, ~, We need have no fear of war, *unquote.* 彼は(以下引用)我々は戦争の恐れを抱く必要はない(引用終わり)と言った(=He said, "We need have no fear of war.") / She says — ~, *unquote* — Let sleeping dogs lie. 彼女は(以下引用)「寝ている犬は起こすな」と言っている ② いわば, いわゆる(♥ 後続の語・表現を話者自身は疑っていることや皮肉を込めて使っていることを表す) ‖ He showed up with his ~, *unquote* "girlfriend". 彼は言うところの「彼女」と一緒に現れた

quoth /kwouθ/ 動 他 《古または戯》…と言った(said) (♦ 直説法一人称・三人称単数(まれに複数)過去形. 主語の前に置き, 目的語に直接話法による引用文をとる) ‖ "Let me not live," ~ he. 「死なせてくれ」と彼は言った

quo·tid·i·an /kwoutídiən/ 形 《限定》 ❶ 《堅》日常の;ありふれた ❷ 〚医〛毎日起こる, 日ごとの(daily)

—名 (=~ **fèver**) U (マラリアによる)毎日熱

quo·tient /kwóuʃənt/ 《発音注意》 名 C ❶ 〚数〛商 ❷ 指数 ‖ intelligence ~ (=I.Q.) 知能指数 ❸ 割り当て, 分担(分)(quota);部分 ‖ based on a large ~ of guesswork 大部分憶測に基づいた

Qur·'an, Qur·an /kərɑ́ːn, -ǽn | kɔːr-/ 名 =Koran (♦ コーランのアラビア語のつづり) **~·ic** 形

q.v. 略 《ラテン》*quod vide* (=which see) (この項(など)を参照せよ)

qwer·ty, QWER·TY /kwə́ːrṭi/ 形 《通例限定》クワーティ配列の《英語用キーボードの最上列の配列が通常左から q, w, e, r, t, y の順であることから》

Q

R r

He who will not **reason** is a bigot; he who cannot is a fool. 論理的に考えようとしない人は頑迷であり，論理的に考えられない人は愚かだ (William Drummond — スコットランドの詩人)

r¹, R¹ /ɑːr/ 名 (複 **r's, rs** /-z/ ; **R's, Rs** /-z/) C ❶ アー(ル)《英語アルファベットの第18字》‖ the *r* [OR *R*] months r [R] の月《月名にR字を含む9月から4月までの月. カキ(oyster) の季節》❷ r [R] の表す音《/r/》❸ (活字などの) r [R]字, R字形(のもの) ❹ (連続するものの)第18番目

the three R's [OR *Rs*] 《旧》(基礎教育としての) 読み・書き・計算(♦ reading, writing, arithmetic より)

r² 略 〚理〛roentgen

R² 略 Restricted ((米国の) 17歳未満は保護者同伴の (映画)) (《英》AA) (⇨ G², NC-17, PG, X²)

R³ 略 〚電〛resistance ; 〚チェス〛rook

r. 略 rare ; recto ; rod ; 〚野球・クリケット〛run(s)

R. 略 radius ; railroad ; railway ; rand ; Regina, Rex ; registered as trademark ; Republican ; right ; river ; road ; Royal

® 記号 registered trademark(登録商標)

Ra 記号 〚化〛radium(ラジウム)

RA 略 *R*ear *A*dmiral(海軍少将), *R*egular *A*rmy(正規軍) ; *r*ight *a*scension ; *R*oyal *A*cademician (王立美術院会員), *R*oyal *A*cademy (王立美術院) ; *R*oyal *A*rtillery(英国砲兵隊)

Ra·bat /rəbɑ́ːt/ 名 ラバト《モロッコの首都. 海港》

rab·bet /rǽbət | -ɪt/ 〚木工〛名 C《主に米》(さねはぎ用の) 切り込み, 溝 ; さねはぎ(継ぎ) ―動 他 …に(さねはぎ用の) 切り込みをつける ; …をさねはぎにする

***rab·bi** /rǽbaɪ/ 《発音注意》名 (複 **~s, ~es** /-z/) C ❶ ラビ, (ユダヤ教の)聖職者, 指導者 ; (ユダヤの)律法学者 ❷ (R-)師, 先生《ユダヤ人の教師・学者に対する敬称》

rab·bin·ate /rǽbɪnət/ 名 U ラビの身分[職, 任期] ; 《集合的に》ユダヤ教の律法学者, ラビ団

rab·bin·ic /rəbínɪk/, **-i·cal** /-ɪkəl/ 形 ラビの, ラビの教義の ; ラビ語風の

:rab·bit /rǽbət | -ɪt/

―名 (複 **~** OR **~s** /-s/) C ❶ イエ[カイ]ウサギ, アナウサギ《hare より小型》; (一般に)**ウサギ** ; 《米》ノウサギ(hare) (→ jack rabbit) ‖ breed like ~*s* (ウサギのように) たくさん子供を産む / (as) timid as a ~ ウサギのようにおく病な

❷ U ウサギの毛皮 ; ウサギ肉

❸ 《英口》(クリケット・テニス・ゴルフなどの) 下手な人, へぼ (↔ tiger) ❹ 《米》(長距離走の) ペースメーカー ❺ 弱虫, おく病者 ❻ =Welsh rabbit ❼ 《英口》会話, おしゃべり

like a rabbit caught in the headlights ⇨ HEADLIGHT(成句)

pùll [OR ***bring***] ***a ràbbit òut of the*** [OR *a*] ***hát*** あっと言わせる解決策を出す(♦ 手品から)

―動 自 ウサギ狩りをする ‖ go ~*ing* ウサギ狩りに行く

ràbbit ón 〈自〉《英口》〈つまらないことについて〉くだくだ言う, 長々としゃべる〈**about**〉

~·y 形 ウサギのような ; ウサギの多い

▸▸ **~ èars** 名 《単数扱い》《米口》(テレビの) V字形室内アンテナ **~ pùnch** 名 C 〚ボクシング〛ラビットパンチ《後頭部への反則打》 **~ wàrren** 名 C ウサギの繁殖地《地中の迷路のような巣穴》; 狭い通路などが入り組んだ場所

rab·ble /rǽbl/ 名 ❶ C《集合的に》《単数・複数扱い》やじ馬, 烏合(うごう)の衆, 暴徒 ❷ 《the ~》⊗《蔑》下層階級, 大衆 ―動 他 …を暴徒化して襲う

rábble-ròuser 名 C 群衆扇動者, アジテーター

rábble-ròusing 名 U 形 扇動(的な)

Rab·e·lais /rǽbəleɪ/ 名 **François ~** ラブレー (1494?–1553)《フランスの風刺作家》

Rab·e·lai·si·an /ræ̀bəléɪʒən | -ziən/ ⟨シ⟩ 形 ラブレー風の ; 野卑で滑稽(こっけい)な ―名 C ラブレー研究[崇拝]者

rab·id /rǽbɪd/ 形 《通例限定》❶ (人・意見などが)過激な, 狂信的な ; 猛烈な ❷ (動物が)狂犬病にかかった

ra·bíd·i·ty 名 **~·ly** 副 **~·ness** 名

ra·bies /réɪbiːz/ 名 U 〚医〛狂犬病, 恐水病(hydrophobia)

RAC 略 *R*oyal *A*rmoured *C*orps (英国機甲部隊) ; *R*oyal *A*utomobile *C*lub(英国自動車クラブ)

rac·coon /rækúːn | rə-/ 名 (複 **~** OR **~s** /-z/) C 〚動〛アライグマ ; U その毛皮 ▸▸ **~ dòg** 名 C 〚動〛タヌキ

:race¹ /reɪs/ 名 動

―名 (複 **rac·es** /-ɪz/) C ❶ (速さを競う) **競走**, レース 〈**against, with** …との ; **between** …の間の〉(♦ 1回の競走は a race, 複数組の競走が行われる「競技会」などは races となる) ; 《the ~s》**競馬**, ドッグレース ; 競馬(など)の開催 ‖ Have you ever watched a car ~? 今までに自動車レースを観戦したことがありますか / a horse ~ 競馬 / a half-mile ~ 半マイル競走 / a close [OR tight] ~ 接戦 / **win** [lose] a ~ 競走に勝つ[負ける] / have [run] a ~ *with* [OR *against*] him 彼と競走をする / play the ~*s* 競馬に賭(か)ける

❷ 《単数形で》**競争**, 争い〈**for** …のための ; **against** …との / **to do** …しようとする〉(→ rat race) ‖ All the software companies are in the ~ *to* develop more cellphone applications. ソフトウェア会社のすべてがより多くの携帯電話用アプリケーションを開発する競争に参入している / a pennant ~ (野球の) ペナントレース / the arms ~ 軍拡競争 / the ~ *for* mayor 市長選挙戦 / a one-horse ~ 初めから勝負の見えている争い / a ~ *against* time [OR the clock] 時間との競争[闘い]

❸ (海・川の)急流, 早瀬, 急潮, 瀬戸 ; 用水路 ; 用水(→ millrace) ❹ 〚機〛(ベアリングの) 溝輪 ; (織機の) 杼(ひ)溝 ❺ 《文》(天体の)運行 ; (事件などの)進行, (時の)流れ, 経過 ; 人生(の行路), 寿命 ❻ 〚空〛後流(slipstream)《プロペラの後方に生じる気流》❼ 《豪・ニュージ》(家畜飼育場の) さく囲い通路

be in the ráce 《通例否定文で》…がうまくいく, 成功のチャンスがある

―動 (**rac·es** /-ɪz/ ; **~d** /-t/ ; **rac·ing**)

―自 ❶ 〈…と〉**競走する**, レースに参加する ; 競争する, 競う 〈**against, with**〉‖ Let's ~ to the corner. さあ, あの曲がり角まで競走しよう / They ~*d against* [OR *with*] each other for the cup. 彼らは優勝杯を目指して互いに競争した / ~ *against* time 時間と競争する

❷ 競馬(など)に出る ; 競馬に凝る

❸ (+副句)疾走する, 急いで動く ; (ある状態に)どんどん進む (♦ 副句 は方向を表す) (⇨ HASTEN 類語) ‖ The ambulance ~*d* toward the hospital. 救急車は病院に急行した / I marveled at how time ~*d* by. 時が速く過ぎるのに驚いた ❹ (心臓が)速く打つ, (頭などが)活発に働く, 回転する ‖ My heart is *racing*. 心臓がどきどきしている

❺ (エンジンなどが)空転する

―他 ❶ …と**競走する** ‖ I'll ~ you to that tree. あの木まで競走しよう

❷ …を競走させる ‖ He ~*d* his sports car against a train. 彼はスポーツカーで列車と競走した ❸ 〔馬・車など〕をレースに出す, 出走させる ❹ (+目+副句)〔人・物〕を大急ぎで運ぶ[送る] ; …を全速力で走らせる ; 〔議案など〕を急いで通過させる(♦ 副句 は方向を表す) ‖ He ~*d* his men over to where they were needed. 彼は部下たちを必要な

場所に急派した ❺〔エンジンなど〕を空転させる
ráce through ... 〈他〉…を大急ぎで済ませる
ràce úp 〈自〉(価格などが)〈…に〉跳ね上がる〈**to, into**〉
▶▶ **~ càrd** 名 C (競馬などの)出走表, 出馬表 **~ mèet·ing** 名 C《英》競馬(の開催)

:race² /reɪs/
—名〔▶ racial 形〕(複 **rac·es** /-ɪz/) ❶ C **人種** ‖ the Caucasoid [Mongoloid, Negroid] ~ コーカソイド[モンゴロイド, ネグロイド]人種
❷ C **民族**, 種族;国民 ‖ the Anglo-Saxon ~ アングロサクソン民族 / the English ~ 英国民
❸ U 特定人種[民族]への所属;人種[民族]の特性 ‖ a person of mixed ~ 混血の人
❹ C〘生〙品種, 亜種;(生物の)種類, 種族;《the ~》人類 ‖ an improved ~ of cattle 畜牛の改良種 / the human ~ 人類 / the feathered ~《戯》鳥類
❺ C U《文》氏族, 血族;子孫;家系, 血統 ‖ a man of noble ~ 名門の出の人
❻ C (人の)仲間, 集団, 同類 ‖ the ~ of poets 詩人仲間 ❼ U C (ワインなどの)風味;ぴりっとした味
plày the ráce càrd (選挙・議論などで)人種カードを切る《(通例黒人が白人に対して)人種差別主義者であると攻撃して選挙戦[論戦]を有利に運ぼうとする;人種差別的風潮に迎合して優位に立とうとする》
▶▶ **~ relátions** 名 複 (一国内の)人種関係 **~ rìot** 名 C 人種暴動

ráce-bàit·ing /-bèɪṭɪŋ/ 名 U 他民族[人種]攻撃
ráce-bàit 動 他 **-bàit·er** 名

ráce·càr 名 C《米》レーシングカー(《英》racing car)

ráce·còurse 名 C ❶《米》(陸上競技・自動車レースなどの)競走路[場] ❷《英》競馬の競走路, 競馬場(《米》racetrack)

ráce·gòer 名 C 競馬場通いの常連

ráce·hòrse 名 C 競走馬

ra·ce·mic /rəsíːmɪk/ 形〘化〙(ブドウ汁から採れる)ラセミ体の;ラセミ化合物の;ラセミ体からなる

rac·er /réɪsər/ 名 C ❶ 競走者, レーサー;競走用自動車[自転車, ヨット];競走馬 ❷〘動〙レーサーヘビ《細身で動きの速い無害の蛇》 ❸ (大砲の)旋回盤

rácer·bàck 名 C レーサーバック《背中側のアームホールが大きく切れ込んだスポーツウエア》

ráce·tràck 名 C ❶《米》競馬の競走路, 競馬場(《英》racecourse) ❷《英》(陸上競技・自動車レースなどの)競走路[場], トラック

ráce·wày 名 C《主に米》❶ (狭い)用水路 ❷ (繋駕(けいが)競走用の)競走場 ❸〘電〙(電線保護用の)配線管 ❹〘機〙(ボールベアリングの)受け溝

Rach·ma·ni·nov /rɑːkmɑ́ːnənɔ̀ːf | rækmǽnɪnɒf/ 名 **Sergei ~** ラフマニノフ(1873–1943)《ロシア生まれの作曲家・ピアニスト》

:ra·cial /réɪʃəl/
—形〔◁ race² 名〕《比較なし》《限定》**人種[民族]の**, 人種上の;人種[民族]間の ‖ assure equal opportunity to each person regardless of sex, age, or ~ origins 性別, 年齢, 人種にかかわらずすべての人に平等な機会を保障する
連語【~+名】~ discrimination [prejudice] 人種(的)差別[偏見] / ~ harassment 人種的いやがらせ / ~ equality 人種[民族]間の平等 / a ~ group 人種[民族]集団 / ~ tension(s) 人種[民族]間の緊張 / ~ attacks 人種[民族]攻撃
~·ly 副 人種的に(は)
▶▶ **~ prófiling** 名 U《米》人種差別的発想[扱い]

ra·cial·ism /réɪʃəlɪzm/ 名《英》=racism **-ist** 名 形

Ra·cine /ræsíːn | rə-/ 名 **Jean ~** ラシーヌ(1639–99)《フランスの古典主義を代表する悲劇作家》

***rac·ing** /réɪsɪŋ/ 名 ❶ U 競馬;(自動車・ヨットなどでの)競走, 競漕(きょうそう) ❷《形容詞的に》競馬(用)の, 競走[競漕](用)の;競馬ファンの ‖ a ~ man 競馬ファン / a ~ yacht レース用ヨット / a ~ driver レーシングドライバー / a ~ pigeon レースバト
▶▶ **~ càr** 名 C《英》レーシングカー(《米》racecar) **~ fòrm** 名 C《米》競馬新聞

***rac·ism** /réɪsɪ̀zm/ 名 U ❶ 人種主義;人種主義的優越感 ❷ 人種的偏見, 人種差別(主義[政策]);人種間の反目 ‖ stamp out ~ 人種差別を根絶する / endemic ~ 一地方特有の人種差別

***rac·ist** /réɪsɪst/ 名 C 人種(差別)主義者
—形 (**more ~**; **most ~**) 人種(差別)主義(者)の

***rack¹** /ræk/ 名 C ❶《しばしば複合語で》ラック;…かけ;…棚, 置き棚;…立て(→ hayrack) ‖ a clothes ~ 衣服かけ / a book ~ 書架 / a baggage [《英》luggage] ~ (列車などの)手荷物棚, 網棚 / a roof ~ (自動車の屋根に取りつけた)荷台 / a letter ~ 状差し ❷《the ~》(中世の)拷問台;引っ張る[ねじ曲げる]こと[もの];拷問;(精神・肉体の)苦痛, 苦悶(くもん);苦痛の原因 ‖ put him to [OR on] the ~ 彼を拷問にかける ❸〘ビリヤード〙ラック《球をそろえる三角形の木枠》;(ビリヤードの)1ゲーム ❹〘機〙ラック, (歯車の)歯ざお ❺ (戦闘機の)爆弾懸架装置 ❻《米》(シカの)一対の枝角 ❼《the ~》《米俗》ベッド;U 睡眠
òff the ráck《米》(洋服などが)既製品の, つるしの
on the ráck ① ⇨ 名 ❷ ② 非常に苦しんで, 悩んで;心配で落ち着かないで
—動 他 ❶《通例受身形で》〈病気・心配事などで〉苦しむ, 悩む〈**with, by**〉‖ He was *~ed with* pain. 彼は痛みに苦しんだ / Her voice was *~ed by* sobs. 彼女の声は嗚咽(おえつ)でままならなかった ❷〔頭など〕を振り絞る, 酷使する ‖ ~ one's brain(s) 頭を絞る ❸ …を棚に載せる;〘ビリヤード〙〔球〕をラックに入れる《*up*》 ❹《主に古》〔賃貸料〕を不当に値上げする;〔小作人〕から搾取する ❺ (昔の刑罰で)…を拷問(台)にかける ❻ …を激しく揺さぶる, …に強い力をかける ❼〘機〙…をラックで動かす
ràck óut 〈自〉《米俗》寝る
ràck úp ... / ràck ... úp 〈他〉① ⇨ 他 ❸ ②《口》〔勝利など〕を手にする;〔利益など〕を蓄積する, 〔損失など〕を重ねる;〔点など〕を積み重ねる ‖ ~ *up* 0.5 ERA (投手が)防御率0.5を達成する
▶▶ **~ ràilway** 名 C 歯軌条鉄道, アプト式鉄道(cog railway) **~ rènt** (↓)

rack² /ræk/ 名 U 破滅, 破壊(wrack)
gò to ràck and rúin (建物・組織などが)(放置されて)荒廃[破滅]する, 駄目になる

rack³ /ræk/ 名 C (馬の)軽駆け《速歩と常歩の中間の歩調》 —動 自 軽駆けで走る

rack⁴ /ræk/ 名 C 飛び雲, ちぎれ雲
—動 自《古》(雲が)風に吹かれて飛ぶ

rack⁵ /ræk/ 名 U (子羊・子牛などの)あばら肉

ràck-and-pínion 形《限定》〘機〙ラックアンドピニオンの《ラック(歯ざお)とピニオン(小歯車)により回転運動を直線運動に, またはその逆に変える》

***rack·et¹** /rǽkət | -ɪt/ 名 C ❶ (テニス・バドミントン・卓球などの)ラケット(♦ 卓球では paddle または bat ともいう. racquet ともつづる) ❷《~s》《単数扱い》ラケット《四方を壁で囲まれたコートでラケットでボールを壁面に打ち合うスカッシュに似た球技》 ❸《主に米》ラケット型雪靴, 輪かんじき
▶▶ **~ abùse** 名 U〘テニス〙ラケットアビュース《ラケットを投げたり不正に用いる反則》

***rack·et²** /rǽkət | -ɪt/ 名 C ❶《単数形で》騒ぎ, 騒音;喧騒(けんそう) ‖ make [OR kick up] a ~ 大騒ぎをする ❷ U 浮かれた生活;ばか騒ぎ, 遊興 ‖ the ~ of city life 都会生活の浮かれ騒ぎ ❸《口》(恐喝・詐欺・密売買などの)不正な金もうけ;(一般に)不正行為;悪だくみ, ぺてん ‖ a drug(s) ~ 麻薬の密売買 / be in on a ~ 悪事に一枚かんでいる ❹《口》商売, 仕事, 職業;めしの種, もうけ口 ‖ It isn't my ~. 私の知ったことじゃない / be in the legal ~ 弁護士をやっている ❺ 試練

R

COMMUNICATIVE EXPRESSIONS
1 **I càn't hèar mysèlf thínk with àll thàt ráckеt.** こんなにうるさくては考えることもできない
2 **Tùrn thàt ráckеt dòwn!** 静かにしなさい；音量を下げなさい(♥テレビや音楽の音量を下げさせるときに)
3 **Whàt a ráckеt!** 何てうるさいんだ
4 **Whàt's the ráckеt?** どうしたんだ；何の騒ぎだ

━動 自 ❶ 大騒音を発する［発して動く］ ❷ 浮かれ騒ぐ，遊び回る，騒ぎ回る《*about, around*》

rack·et·eer /rækətíər/ 名 C (恐喝・詐欺などにより) 不正な金もうけをする人，ゆすり屋，密売買人
━動 自 不正な金もうけをする　**~·ing** 名

rack·et·y /rækəṭi/ 形《旧》❶ 騒々しい，やかましい ❷ 浮かれ騒ぎの(好きな)

ráck rènt 名 C 法外な賃貸料
ráck-rènt 動 他 …から法外な賃貸料をとる

ra·clette /ræklét/ 名 U 【料理】ラクレット《ゆでたジャガイモに溶かしたチーズをかけたスイス料理》；ラクレット用チーズ

ra·con /réɪkɑ(:)n | -kɔn/ 名 C《主に米》【無線】レーコン，レーダービーコン(radar beacon)

rac·on·teur /rækɑ(:)ntə́:r | -ɔn-/ 名 C (♦ 女性形は -teuse /-tú:z/ だが，男女共に raconteur を用いる) 話し［語り］上手な人

ra·coon /rækú:n | rə-/ 名 =raccoon

rac·quet /rækət | -ɪt/ 名 =racket[1]

rácquet·bàll 名 U ラケットボール《四方を壁で囲まれたコートで短いラケットを用いてゴムボールを打ち合う球技》

rac·y /réɪsi/ 形 ❶ 独特の風味のある；本場物の ❷ (態度・文体などが)活気のある，きびきびした ❸ (話・文章などが)きわどい，みだらな ❹ (乗り物・動物が)競走向きの
rác·i·ly 副　**rác·i·ness** 名

rad[1] /ræd/ 名 C 【理】ラド《放射線の吸収線量の単位》(♦ radiation の短縮形)

rad[2] /ræd/ 名 C 政治的に過激な人　━形《主に米俗》素晴らしい，すごい(excellent, desirable)

RAD /ɑ:r eɪ dí:, ræd/ 略 💻 *r*apid *a*pplication *d*evelopment《GUIプログラムツールを利用して短時間で簡単にアプリケーションの作成を可能にする方法》

rad. 略【数】radian(s)；radical；radio；radius

RADA /rɑ́:də/ 略 *R*oyal *A*cademy of *D*ramatic *A*rt (英国王立演劇学校)

***ra·dar** /réɪdɑ:r/ 名 ❶ U レーダー (システム)，電波探知法；C 電波探知器［装置］(♦ *ra*dio *d*etecting *a*nd *r*anging の略) ‖ track by ~ レーダーで追跡する / fly [OR be] under [OR below] the ~ 注目を浴びない / on [off] the ~ (screen) 注目されて［されずに］ ❷《形容詞的に》レーダーの ‖ a ~ screen レーダー網 / a ~ system レーダー装置
▸▸ **~ astrònomy** 名 U レーダー天文学　**~ bèacon** 名 C レーダービーコン (racon)《レーダーからの電波を受信して自動的に距離や方向を知らせる装置》　**~ gùn** 名 C レーダーガン《速度違反記録用の小型のレーダー装置》；【野球】スピードガン《投手の球速測定用》　**~ tràp** 名 C《英》(レーダーを利用した) 速度違反車監視区域［体制］(《米》speed trap)

rádar·scòpe 名 C レーダースコープ《レーダーでとらえた電波を映像にするスクリーン》

rad·dle /rædl/ 名 U 代赭(たいしゃ)石，赭土(しゃど)
━動 他 …に代赭を塗る；…を赤く塗る

rad·dled /rædld/ 形 疲れ果てた(表情の)

***ra·di·al** /réɪdiəl/ 形 ❶ 放射状 (配置) の，輻射(ふくしゃ)形の；放射線の ❷ (中心から) 放射する，輻射する ❸ 半径 (radius) の；半径方向の ❹【動】放射器官のある ❺【解】橈骨(とうこつ) の (付近の)　━名 C ❶ (=~ tíre) ラジアルタイヤ ❷ 放射状のもの，放射状道路(など) ❸【解】橈骨動脈［神経］ ❹ (=~ éngine)【機】星形エンジン　**~·ly** 副
▸▸ **~ sýmmetry** 名 U 【生】(ヒトデなどの)放射相称

ra·di·an /réɪdiən/ 名 C【数】ラジアン，弧度《角度の単位》

ra·di·ance /réɪdiəns/, **-an·cy** /-ənsi/ 名 U ❶ 発光，光輝；(表情の)明るさ ❷【理】放射光度，ラジアンス

***ra·di·ant** /réɪdiənt/《発音注意》形 ❶ (人・表情などが)〈喜び・希望などで〉輝く，晴れやかな〈**with**〉；(美しさなどが)まばゆいばかりの ‖ The bride was ~ *with* happiness. 花嫁は喜びで輝いていた / a ~ smile 晴れやかなほほ笑み ❷《限定》光［熱］を放射する，(もの自体が) 輝く；光り輝く，明るい ‖ the ~ sun 燦然(さんぜん)と輝く太陽 ❸《限定》【理】放射される，輻射の；(電気器具が) 放射熱放出用の ❹【生】適応放散の　━名 C 放射するもの；(ストーブの) 放熱体；発光点［体］；【天】(流星雨の)放射点　**~·ly** 副
▸▸ **~ énergy** 名 U 【理】放射エネルギー　**~ héat** 名 U【理】放射熱

***ra·di·ate** /réɪdièɪt/ (→ 形) 動 自 ❶ 光［熱など］を放射する，輝く；(光・熱などが) 〈…から〉 放出する，放射される〈**from**〉 ❷ (感情・魅力などが) 〈…から〉 発散する〈**from**〉 ❸〈中心から〉放射状に広がる［延びる］〈**from**〉 ‖ Most of Britain's motorways ~ *from* London. 英国の高速道路のほとんどはロンドンから放射状に延びている ❹【生】(動植物が) 適応放散する　━他 ❶〔光・熱など〕を放射する(↷ give off) ❷〔喜び・幸福など〕を表に出す，振りまく ‖ The winner's face ~*d* joy. 優勝者の顔は喜びに輝いていた ❸ …を放射状に広げる［延ばす］
━形 /+米 réɪdiət/《まれ》放射(状)の；放射相称の
~·ly 副　**-à·tive** 形

***ra·di·a·tion** /rèɪdiéɪʃən/ 名 U ❶ 放射能 ‖ emit ~ 放射能を出す ❷ C U 放射されるもの，放射線；輻射エネルギー［熱］ ❸ (光・熱などの) 放射，輻射 ❹ 放射状配置，放射形 ❺ =radiation therapy (↓) ❻【生】適応放散；【解】(神経繊維の)放線　**~·al** 形　**~·al·ly** 副
▸▸ **~ pàger [detèctor]** 名 C 放射能探知機　**~ sìckness** 名 U【医】放射能症，放射線障害　**~ thèrapy [trèatment]** 名 U 放射線療法

***ra·di·a·tor** /réɪdièɪṭər/ 名 C ❶ (暖房用の) 放熱器，暖房機；(エンジンの)冷却装置，ラジエーター ❷ 放射体，発光体，放熱体；【理】放射性物質 ❸【無線】送信アンテナ

***rad·i·cal** /rædɪkəl/ 形 (**more ~**；**most ~**)(♦ ❶❷❽以外比較なし) ❶《通例限定》根源の；根本的な，基本的な；本来の；基盤をなす；(変革などが)根本にかかわる，徹底的な，完全な(↔ superficial)；(治療が)根治の，根治的な ‖ a ~ principle 基本原理 / a ~ overhaul 抜本的見直し ❷《通例限定》急進的な，過激な(↔ conservative)；《しばしば R-》《比較なし》急進党の ‖ a ~ newspaper 過激な新聞 ❸【数】根の，根号の ❹【楽】根音の ❺【植】根の，根生の ❻【言】語根の ❼【化】基の，根の ❽《主に米俗》素敵な，すごい
━名 C ❶ 急進主義者，過激論者；《しばしば R-》急進党員 ❷ 基本部分；根本原理 ❸【数】累乗根；(=~ sìgn) 根号，ルートの記号 (√) ❹【化】遊離基；基，根 ❺【言】語根；(漢字の)部首 ❻【楽】根音
~·ìsm 名 U (特に政治的に)急進的［過激］なこと；《しばしば R-》急進［過激］主義　**~·ness** 名
▸▸ **~ chíc** 名 U ラジカルシック，急進主義者気取り；ラジカルシックな生活様式

rad·i·cal·ize /rædɪkəlàɪz/ 動 他 自 (…を［が］) 急進的［過激］にする［なる］　**ràd·i·cal·i·zá·tion** 名

***ra·di·cal·ly** /rædɪkəli/ 副 ❶ 根本［基本］的に；徹底的に，根底から，全く ❷ 急進的［過激］に

ra·dic·chi·o /rədí:kiou | -dík-/ 名 (複 **~s** /-z/) C【植】ラディッキオ，赤チコリ《イタリア産のチコリの一種》

ra·di·i /réɪdiàɪ/ 名 radius の複数形の1つ

ra·di·o /réɪdiòu/《発音注意》名 動
━名 (複 **~s** /-z/) ❶ U《しばしば the ~》**ラジオ**，ラジオ放送；ラジオ放送業；ラジオ放送局，ラジオ放送網；ラジオ番組 ‖ I heard **on** the ~ that it's going to rain tonight. 今夜雨になるとラジオで聞いた / listen (in) to the ~ ラジオを聞く / The President's speech was

broadcast on ～ and television. 大統領の演説はラジオとテレビで放送された / write plays for ～ ラジオ放送用のドラマを書く / get a job in ～ ラジオ関係の職に就く (♦ 職業を表す場合 the をつけないことがある)
❷ (=～ sèt) C ラジオ(受信機)；無線送信[受信]機；無線送受信兼用機 ‖ turn [OR switch] on [off] the ～ ラジオをつける[消す] / turn up [down] the ～ ラジオの音を大きく[小さく]する / talk over the ～ 無線で話す
❸ U 無線通信, 無線電信[電話]; C 無線通信文, 無線電報 ‖ send a message by ～ 無線で通信を送る
❹ 《形容詞的に》無線(用)の, 無電の；ラジオ(用)の ‖ lose ～ contact 無線による交信ができなくなる / a local ～ **station** 地元のラジオ局
―動 (**～s** /-z/；**～ed** /-d/；**～·ing**)
―他 ❶ 無線で送信する **a** 《+目》〔通信〕を無線で送信する；〔人・場所〕に無線で連絡する ‖ ～ a message 通信を(無線で)送る
b 《+目 *A*+目 *B*⇄+目 *B*+**to** 目 *A*》 *A*に*B*を無線で送る ‖ The ship ～*ed* us its position.=The ship ～*ed* its position *to* us. 船は現在位置を無線で連絡してきた
c 《(+目)+**that** 節》(…に)…だと打電する ‖ The pilot ～*ed* (us) *that* his plane had been hijacked. 機長は飛行機が乗っ取られたと(我々に)打電してきた
❷ …をラジオで放送する
―自 無線で連絡する〈**to** …に；**for** …を求めて〉‖ ～ *for* an ambulance 無線で救急車を呼ぶ
語源 *radio*telegraphy(無線電信)の省略形.
▶▶ **～ astrónomy** /, ----------/ 名 U 電波天文学 **～ bèacon** 名 C ラジオビーコン《船舶や航空機を誘導するための電波発射装置》 **～ bèam** 名 C ラジオビーム《ラジオビーコンなどからの信号電波》 **～ bùtton** 名 C 💻 ラジオボタン《ウィンドウ内にあって複数の選択肢の中から1つを選ぶために用いる小さい円形のボタン》 **～ càr** 名 C 無線(搭載)車 **～ cassétte (pláyer)** 名 C ラジカセ **～ còllar** (↓) **～ frèquency** 名 U 無線周波数 **～ gàlaxy** 名 C 〖天〗電波銀河 **～ hàm** 名 C アマチュア無線家 **～ télescope** 名 C 〖天〗電波望遠鏡 **～ wàve** 名 C 《通例 ～s》電波

radio- /reɪdiou-, -diə-/ 連結形 ❶「無線の」の意 ‖ *radio*gram ❷「放射性[能]の」の意 ‖ *radio*isotope, *radio*meter

*__ràdio·áctive__ ⟨シ 形 (**more ～**；**most ～**) 放射性[能]の(ある)；放射能による ‖ ～ contamination 放射能汚染 / a leak of ～ fallout 放射能灰漏れ **～·ly** 副
▶▶ **～ dáting** 名 U 放射能年代測定 **～ wáste** 名 U 放射性廃棄物

ràdio·actívity 名 U 〖理〗放射能

ràdio·biólogy 名 U 放射線生物学 **-biólogist** 名

ràdio·cárbon ⟨シ 名 U 〖化〗放射性炭素《元素記号 ^{14}C》 ▶▶ **～ dáting** 名 U 放射性炭素年代測定法

ràdio·chémistry 名 U 放射化学

rádio còllar 名 C (動物追跡のため首につける)無線標識
ràdio-cóllar 動 他

ràdio-contrólled 形 無線操縦[ラジコン]の

ra·di·o·gen·ic /rèɪdioudʒénɪk/ 形 ❶ 〖理〗放射性起源の；放射能を出す ❷ ラジオ放送向きの

ra·di·o·gram /réɪdiougræ̀m/ 名 C ❶ 無線電報 ❷ =radiograph ❸ 《英》レコードプレーヤー付きラジオ

ra·di·o·graph /réɪdiougræ̀f | -grɑ̀:f/ 名 C 放射線写真, レントゲン[X線]写真 ―動 他 …の放射線写真を撮る

ra·di·og·ra·pher /rèɪdiɑ́(:)grəfər | -ɔ́g-/ 名 C レントゲン(写真)技師

ra·di·og·ra·phy /rèɪdiɑ́(:)grəfi | -ɔ́g-/ 名 U X線撮影(法), 放射線写真法[技術] **-o·gráph·ic** ⟨シ 形

ràdio·ísotòpe 名 C 〖化〗放射性同位元素

ràdio·locátion 名 U 電波探知法, 無線位置測定法

ra·di·ol·o·gy /rèɪdiɑ́(:)lədʒi | -ɔ́l-/ 名 U 放射線学；〖医〗放射線医学 **-o·lóg·i·cal** 形 **-gist** 名

rádio·màn /-mæ̀n/ 名 (複 **-men** /-mèn/) C 無線技師 (中立 radio operator)

ra·di·om·e·ter /rèɪdiɑ́(:)məṭər | -ɔ́mɪ-/ 名 C ラジオメーター, 放射計

ra·di·o·met·ric /rèɪdiəmétrɪk/ 形 放射能測定の

rádio·phòne 名 =radiotelephone

ràdio·phóto, -phótograph 名 C 無線電送写真

ra·di·os·co·py /rèɪdiɑ́(:)skəpi | -ɔ́s-/ 名 U 放射線[X線]透視, レントゲン検査

rádio·sònde 名 C 〖気象〗ラジオゾンデ《高層気象観測装置》

ràdio·telégraphy 名 U 無線電信(術)

ràdio·télephòne 名 C 無線電話(機)

ràdio·teléphony 名 U 無線電話

ràdio·thérapy 名 U 〖医〗放射線療法
-thérapist 名 C 放射線医師

rad·ish /rǽdɪʃ/ 名 C 〖植〗ハツカダイコン(の根), ラディッシュ《食用》

ra·di·um /réɪdiəm/ 名 U 〖化〗ラジウム《放射性アルカリ土類金属元素. 元素記号 Ra》
▶▶ **～ thèrapy** 名 U ラジウム療法

*__ra·di·us__ /réɪdiəs/ 《発音注意》 名 (複 **-di·i** /-diàɪ/ OR **～·es** /-ɪz/) C ❶ 〖数〗(円・球の)半径(→ diameter)；半径の長さ(略 r) ❷ 半径の描く範囲；(活動・影響などの)範囲, 領域；(飛行機・船などの)航続半径[距離] ‖ There are no other convenience stores within ⌐a two-mile ～ [OR a ～ of two miles] from [OR of] the school. 学校から2マイルの範囲内にほかのコンビニはない / have a large ～ of action 行動半径が広い / a cruising ～ 巡航半径 ❸ 放射状のもの[部分], (車輪の)輻(や), スポーク ❹ 〖解〗橈骨(とうこつ)；〖鳥〗羽枝；〖虫〗径脈 ❺ 〖動〗相称面 ▶▶ **～ véctor** /rèɪdiəs véktə:r/ 名 (複 **～-tors** /-z/ OR **ràdii vec·tó·res** /-vektɔ́:ri:z/) C 〖数〗動径；〖天〗動径《太陽と惑星などの中心を結ぶ直線》

ra·dix /réɪdɪks/ 名 (複 **～·es** /-ɪz/ OR **rad·i·ces** /-dɪsì:z/) C ❶ 〖数〗基, 基数 ❷ 〖植〗根(root) ❸ 《文》根源 ❹ 〖言〗語根

RAdm 略 *R*ear *Adm*iral(海軍少将)

ra·dome /réɪdòum/ 名 C (航空機などの)レーダーアンテナ保護ドーム, レードーム

ra·don /réɪdɑ(:)n | -dɔn/ 名 U 〖化〗ラドン《ラジウムから出る放射性希ガス元素. 元素記号 Rn》

RAF /ɑ̀:reɪéf, 《口》ræf/ 略 *R*oyal *A*ir *F*orce(英国空軍)

raf·fi·a /rǽfiə/ 名 (=～ **pàlm**) C 〖植〗ラフィアヤシ《マダガスカル原産》；U その繊維《工芸品の材料》

raff·ish /rǽfɪʃ/ 形 ❶ (振る舞い・風采(ふうさい)などが)慣習にとらわれない, 奔放な ❷ 下品な；けばけばしい, 安っぽい
～·ly 副 **～·ness** 名

*__raf·fle__[1] /rǽfl/ 名 C ラッフル, 富くじ《しばしば慈善資金集めの手段として売る》
―動 他 …をラッフルの賞品として出す《*off*》

raf·fle[2] /rǽfl/ 名 U 廃物, くず, がらくた(rubbish)

*__raft__[1] /ræft | rɑ:ft/ 名 C
❶ いかだ(舟)；救命ボート(life raft)；ゴム[ビニール]ボート ‖ on a ～ いかだに乗って ❷ (水泳場などの)浮き台；浮遊橋 ❸ 集積した浮遊物, 遊木群, 流氷(など)；(水面に浮かぶ)水鳥などの群れ ❹ (建物の)べた基礎《建物の土台をなす鉄筋コンクリートの層》

raft[1] ❶

―動 他 ❶ 《+目+副句》…を(…へ)いかだで運ぶ(♦ 副句 は方向を表す) ❷ 〔木材など〕をいかだに組む[組んで運ぶ]；〔ボートなど〕をいかだ状に組む ‖ ～ the logs down the river 丸太をいかだに組んで川を下る ―自 ❶ いかだで行

く[渡る], いかだに乗る ❷ (流氷などが)重なり合う
~·ing 名 U いかだ下り, ラフティング

raft[2] /ræft | rɑːft/ 名 C 《a ~ of ... で》《口》たくさん[多量, 多数]の… ‖ a ~ *of* measures たくさんの方法

raf·ter[1] /rǽftər | rɑ́ːf-/ 名 C 《通例 ~s》【建】(屋根の)たる木 **ráf·tered** 形 たる木のついた

raf·ter[2] /rǽftər | rɑ́ːf-/ 名 C いかだ乗り;(いかだを組んで木材を運ぶ)きこり, 材木切り出し人

rafts·man /rǽftsmən | rɑ́ːfts-/ 名 (複 **-men** /-mən/) C いかだ師(中立 rafter)

*__rag__[1] /ræg/ 名 ❶ U C ぼろ, ぼろ切れ;端切れ(→ red rag);《~s》(製紙・詰め物用の)ぼろくず
❷ C 《~s》ぼろ服;《口》衣服(→ glad rags) ❸ C ⊗《通例蔑》《口》低俗な新聞[雑誌];(旗・ハンカチ・カーテンなどを指して)ぼろ ‖ the gossip ~ (ゴシップ記事ばかりの)低俗紙 ❹ C 切れ端, 断片, 小片 ‖ floating ~*s* of cloud 空に浮かぶちぎれ雲 / There wasn't a ~ of evidence against him. 彼に不利な証拠はかけらもなかった ❺ C (柑橘(かんきつ)類の)白い芯(しん), 内果皮
chèw the rág 《口》=*chew the* FAT
fèel like a wèt rág 《口》くたくたに疲れる
__(from) ràgs to ríches*__* 極貧から大金持ちに ‖ go *from ~s to riches* 極貧から大金持ちになる
in rágs (服が)ぼろぼろになって;ぼろをまとって
lòse one's rág 《英口》かっとなる
on the rág ⊗《主に米》《卑》生理中でいらいらして
── 動 (**ragged** /-d/; **rag·ging**) 他 〔壁など〕にぼろ切れでペンキを塗る
▸▸ **~ bòlt** 名 C 鬼ボルト(barb bolt) **~ bòok** 名 C 《英》(幼児用の)布製絵本 **~ dòll** /英 ⌒⌒/ 名 C 縫いぐるみ人形 **~ pàper** 名 U ラグペーパー《初期にはぼろを原料にした上質紙》 **~ rùg** 名 C 端切れじゅうたん **~ tràde** 名 《the ~》《俗》(主に女性用の)衣服製造販売

rag[2] /ræg/ 動 (**ragged** /-d/; **rag·ging**) 他 ❶ 《英》《旧》…に〈…のことで〉悪ふざけする;…をからかう〈**about**〉 ❷ …をしかる, とがめる ── 自 《英》《旧》悪ふざけする;大騒ぎをする
rág on ... 〈他〉《口》① …をからかう ② …をとがめる
── 名 C 《英》 ❶ (学生による)慈善募金活動[パレード] ❷ 《旧》大騒ぎ;悪ふざけ

rag[3] /ræg/ 名 U ❶ (片面仕上げの)屋根用スレート ❷ (板状に割れる)硬質粗岩

rag[4] /ræg/ 名 C 【楽】ラグタイムの曲

ra·ga /rɑ́ːgə/ 名 C 【楽】ラーガ《インド音楽の旋律定型》

rag·a·muf·fin /rǽgəmʌ̀fɪn/ 名 C ❶ ぼろを着た人[子供], 浮浪児 ❷ 《主に英》ラガ(ragga)愛好者 ❸ =ragga

ràg-and-bóne màn /rǽgən-/ 名 (複 **-mèn** /-mèn/) C 《英》(昔, 古着などを売買した)行商人

rág·bàg 名 C ❶ 端切れ(入れ)袋 ❷ 《a ~》〈…の〉寄せ集め, ごた混ぜ〈**of**〉 ❸ 《英口》だらしない身なりの女

*__rage__ /reɪdʒ/ 名 ❶ U C 激怒, 憤怒, 怒り(の発作);逆上(⇨ ANGER 類語) ‖ Her lips were shaking [OR trembling, quivering] with ~. 彼女の唇は怒りで震えていた / He was in a ~ with his son. 彼は息子にひどく腹が立った / fly into a ~ 逆上する / (a) towering [OR violent] ~ 激怒 / 「a fit [OR an outburst] of ~ 怒りの爆発(→ road rage, air rage) ❷ U C (風・海・感情などの)激しさ, 猛威 ❸ C 《単数形で》〈…に対する〉強い欲望, 熱望, (一時的)熱中〈**for**〉 ‖ have a ~ *for* (collecting) old coins 古銭(集め)に夢中だ ❹ C 〈…の〉大流行〈**for**〉;ブームのもの(⇨ FASHION 類語) ‖ the latest ~ 最新流行 ❺ C 《文》熱情, 感興, 霊感 ❻ C 《豪・ニュージ口》にぎやかで楽しい催し[パーティー]
be (àll) the ráge 大流行している ‖ That song was *all the* ~ last year. その歌は昨年大流行していた
── 動 自 ❶ 激怒する, 怒り狂う, どなり散らす〈**against, at** …に対して;**about** …のことで〉 ‖ ~ *against* a decision 決定に激怒する ❷ (風・嵐(あらし)・疫病などが)〈…に〉荒れ狂う, 猛威を振るう〈**across, through, etc.**〉;(戦闘・議論などが)激しく続く ‖ The storm still ~*d* at its fiercest. 嵐は依然として激しく荒れ狂っていた / The flu ~*d through* the country. 流感が国中で猛威を振るった ❸ 《豪・ニュージ口》浮かれ騒ぐ ── 他 《直接話法で》どなって…と言う ‖ "That's none of your business," he ~*d*. 「君には関係ない」と彼はどなった **rág·er** 名

rag·ga /rǽgə/ 名 U 【楽】ラガ《レゲエのテンポを速めた形式の音楽. ragamuffin を短縮したもの》

*__rag·ged__ /rǽgɪd/ 《発音注意》 形 ❶ (衣服などが)ぼろぼろの, すり切れた ❷ ぼろ服を着た, 身なりのみすぼらしい ❸ ぎざぎざの, ざらざらの, でこぼこの;(行末などが)不ぞろいの ‖ a ~ coastline 入り組んだ海岸線 ❹ (毛髪などが)くしゃくしゃの;(動物などが)毛むくじゃらの;(庭などが)荒れた;(草などが)伸び放題の ❺ (声・音などが)耳障りな ❻ 疲れ果てた ❼ (仕事などが)不完全な, 欠点[むら]のある, 雑な;(こぎ方などが)不ぞろいな
be on the ràgged édge (精神的に)追い詰められている
rùn a pèrson rágged 〔人〕をくたくたに疲れさせる
~·ly 副 **~·ness** 名
▸▸ **~ róbin** 名 C 【植】センノウ《花弁の裂けるナデシコ科の多年草》

rag·ing /réɪdʒɪŋ/ 形 《限定》 ❶ 激怒した, 怒り狂う ❷ 荒れ狂う, 猛威を振るう;(痛みなどが)激しい ❸ 《口》すごい, 並外れた ‖ a ~ success 大成功

rag·lan /rǽglən/ 形 《限定》ラグラン(そで)の
── 名 C ラグランそでのコート
語源 クリミア戦争の英軍最高司令官 Raglan 男爵が戦いで片腕を失っていたため, 肩とそでが縫い目なしで続いたコートを着ていたことに由来する.

raglan

rág·màn 名 (複 **-mèn** /-mèn/) C 廃品[古着]回収業者(中立 rag [junk] collector)

ra·gout /rægúː/ 名 U C ラグー《香辛料をきかせた肉と野菜のシチュー》(♦ フランス語より)

ràgs-to-ríches 形 極貧から大金持ちになった ‖ the ~ story of a singer 歌手の極貧から大金持ちになるまでの物語

rag·tag /rǽgtæ̀g/ 形 《通例限定》 ❶ あやしげな, 雑多な ❷ みすぼらしい ── 名 U 《集合的に》下層階級, 社会のくず

rag·time /rǽgtàɪm/ 名 U 【楽】ラグタイム(曲)《特にピアノでシンコペーションを多用したジャズ演奏法》
── 形 《旧》《口》駄目な, だらしのない

rag·weed /rǽgwiːd/ 名 C 【植】ブタクサ《北米原産のキク科の植物. 花粉症を起こす》

rag·wort /rǽgwə̀ːrt/ 名 C 【植】ボロギク, サワギク《黄色い花をつけるキク科セネシオ属植物の総称》

rah /rɑː/ 間 《主に米口》フレー(♦ hurrah の短縮形)

ráh-ràh 形 《米口》 ❶ 熱狂的な, 無批判な ❷ 褒めてばかりいる ▸▸ **~ skìrt** 名 C ララスカート《女性チアリーダーがはくようなひだ飾り付きミニスカート》

*__raid__ /reɪd/ 《発音注意》 名 C ❶ (軍隊の)〈…への〉奇襲, 急襲〈**on, against**〉(→ air raid) ‖ a bombing ~ 奇襲爆撃 / make [OR launch, carry out] a ~ *on* the enemy's camp 敵の野営地に奇襲をかける
❷ (警察の)〈…への〉手入れ〈**on**〉 ‖ a police ~ *on* a gambling house 賭博(とばく)場への警察の手入れ
❸ (略奪目的の)〈…への〉襲撃, 侵入〈**on**〉;公金流用 ‖ a bank ~ 銀行強盗 ❹ 《米》(競争会社などからの)〈…への〉引き抜き〈**on**〉 ❺ 【株】(投機家の)〈…への〉売り崩し;(乗っ取り目的の)〈…への〉株の買い占め〈**on**〉
── 動 他 ❶ (軍隊が)…を奇襲[襲撃]する ❷ (警察が)…に手入れを行う ❸ (略奪を目的に)…に侵入する;〔場所〕からものを盗む, …を荒らす ‖ ~ a refrigerator 《戯》冷蔵庫をあさる ❹ 《米》〔人〕を〈他社から〉引き抜く〈**from**〉
── 自 奇襲[襲撃]する;(警察が)手入れをする;侵入する

RAID /reɪd/ 略 💻 *r*edundant *a*rrays of *i*nexpensive [or *i*ndependent] *d*isks (レイド)《信頼性向上や処理の高速化を図るために複数のハードディスクを接続して，それらに同時にアクセスすること》

ráid·er /-ər/ 名 C ❶ 奇襲[襲撃]者；奇襲機[船]；手入れを行う警官 ❷ 乗っ取り屋

rail[1] /reɪl/

— 名 (複 **~s** /-z/) C ❶ (さくなどの)**横木**，手すり，欄干；《しばしば ~s》さく，垣；《the ~(s)》(競馬場の)(内)埒(らち) ‖ Hold on to the ~ so that you don't fall. 転ばないようにしっかり手すりにつかまりなさい
❷ 物かけ ‖ a towel ~ タオルかけ ❸ (ドア・窓の) 横がまち，横桟(さん) ❹ (鉄道の)**レール**，軌条；U 鉄道(便)；《形容詞的に》鉄道の[による] ‖ jump [or go off, run off] the ~*s* (列車が) 脱線する / send goods by ~ 貨物を鉄道便で送る / a ~ link between the two countries 2国間を結ぶ鉄道路線 / ~ travel 鉄道旅行
off the ráils ① ⇨ 名 ❹ ② (人が) 正道から外れて ③ 調子が狂って；混乱して ④ 頭がおかしくなって
on the ráils ①《主に英》順調で，軌道に乗って ‖ get back *on the ~s* 再び軌道に乗る，立ち直る ② (人が) まっとうで ③ 秩序を保って，正常で
— 動 他 ❶ …にさく[横棒]をつける；…をさくで仕切る《*off*》，さくで囲む《*in*》‖ ~ *in* [*off*] a garden 庭をさくで囲い込む[仕切る] ❷《英》…を鉄道で輸送する
— 自 (ウインドサーフィンで)エッジを立てて帆走する
~·less 形 レールのない，無軌道の；さくのない
語源「物差し，真っすぐな棒」の意のラテン語 *regula* から.
▶▶ **~ fènce** 名 C《主に米》横木を渡したさく[フェンス] **~ tràil** 名 C《米》旧鉄道道路

rail[2] /reɪl/ 動 自 〈…を〉ののしる，〈…に〉毒づく，悪態をつく〈**against, at**〉 **~·er** 名

ráil·càr 名 C《米》鉄道車両(♦ 貨車も含む)；《英》軌動車

ráil·càrd 名 C《英》レールカード《鉄道料金割引購入証》

ráil·hèad 名 C 鉄道線路の終端(地点)；〖軍〗兵站(へいたん)鉄道端末駅

rail·ing /réɪlɪŋ/ 名 ❶ C《しばしば ~s》(横木の) さく，垣 ❷ U《集合的に》レール；レール材料

rail·ler·y /réɪləri/ 名 U C (陽気な)からかい(の言葉)，冗談

rail·road /réɪlròʊd/

— 名 (複 **~s** /-z/) C《米》❶ **鉄道**，鉄道線路，軌道(《英》railway) ‖ an elevated ~ 高架鉄道 / a single-track [double-track] ~ 単線[複線]鉄道 / a trans-American ~ アメリカ大陸横断鉄道
❷《しばしば ~s》鉄道(施設)；鉄道会社 ‖ work on the ~ 鉄道(会社)で働く / manage [or operate, run] a ~ 鉄道(会社)を経営する
❸《形容詞的に》鉄道(用)の，鉄道による ‖ a ~ station 鉄道駅 / a ~ company 鉄道会社 / a ~ accident 鉄道事故 / ~ transportation 鉄道輸送
— 動 他 ❶《口》〔人〕を急がせて[強制して]〈…〉させる〈**into**〉‖ The congressmen were ~*ed into* passing the bill. 議員たちは無理やり法案を通過させる羽目になった ❷《口》〔法案など〕を〈…で〉強行通過させる《*through*》〈**through**〉‖ ~ a bill *through* Congress 法案を議会で強行通過させる ❸《米口》〔人〕を不当に有罪とする[投獄する] ❹《米》…を鉄道(便)で輸送する；…に鉄道を敷設する
— 自《米》❶ 鉄道で働く ❷ 鉄道で旅行する
~·ing 名 U《主に米》鉄道敷設，鉄道事業；鉄道旅行
▶▶ **~ cròssing** 名 C 鉄道の踏切 **~ flàt** 名 C《米》うなぎの寝床式アパート《小さな部屋が1列に並んだ安アパート》

ráil·ròad·er /-ər/ 名 C《米》鉄道従業員(《英》railwayman)；鉄道会社経営者

rail·way /réɪlwèɪ/

— 名 (複 **~s** /-z/) C ❶《英》**鉄道**，鉄道線路；(組織体としての) 鉄道；鉄道会社(《米》railroad)《略 rly, rwy など》‖ travel on the transcontinental ~ 大陸横断鉄道で旅行する / work on the ~(*s*) 鉄道で働く
❷《米》軽便鉄道；短距離鉄道 ‖ a commuter ~ 通勤鉄道
❸ (列車以外の乗り物の)軌道，線路 ‖ a funicular ~ ケーブルカー ❹《英》《形容詞的に》鉄道(用)の，鉄道による ‖ a ~ novel (車中で読む)肩の凝らない小説 / a ~ bookstall (駅の) 新聞雑誌売り場 / a ~ station [line] 鉄道駅[路線]

ráil·wày·man /-mən/ 名《英》=railroader

rai·ment /réɪmənt/ 名 U《文》衣服，衣装，服装

rain /reɪn/ (♦ 同音語 reign, rein) 名 動

— 名〔▶ rainy 形〕(複 **~s** /-z/) ❶ U **雨**，雨水；降雨，雨降り；雨天 ‖ a drop of ~ 一しずくの雨 / The crops need ~. 農作物には雨が必要だ (♦ 雨を一般的にとらえたときは無冠詞) / Rain was **falling** ceaselessly. 雨が絶え間なく降っていた / The ~ has stopped. 雨がやんだ (♦ 具体的な降雨をいう場合には the をつける) / I like walking **in** the ~. 私は雨の中を歩くのが好きだ / a 50 percent probability of ~ 50%の降雨確率 / a downpour of ~ 大雨，どしゃ降り / We have had a lot of ~ this fall. 今年の秋は雨が多かった / It looks like ~. 雨になりそうだ / It's pouring with ~. 雨がどしゃ降りだ / **acid** ~ 酸性雨
❷ C U《形容詞を伴って》(…な)雨 ‖ (a) **heavy** ~ 大雨 / a fine [light] ~ こぬか雨[小量の雨]
❸ C《a ~》雨のように降るもの，〈…の〉雨〈**of**〉‖ a ~ *of* ashes [kisses] 灰[キス]の雨
❹ C《the ~s》(熱帯の)雨季；季節的降雨
(as) right as ráin 全く健康[正常]で，すっかりよくなって
(còme) ràin or shíne；*còme ráin, còme shíne* ① 晴雨にかかわらず，降っても照っても ② 何が起ころうとも，どんな場合でも
knòw enòugh to còme ìn òut of the ráin《通例否定文で》常識がある，分別をわきまえている
— 動 (**~s** /-z/；**~ed** /-d/；**~·ing**)
— 自 ❶《it を主語にして》**雨が降る** ‖ It is ~*ing* hard. 雨がひどく降っている / It has been ~*ing* off and on since last night. 昨夜から雨が降ったりやんだりしている / *When it ~s, it pours.*《米》; *It never ~s but it pours.*《英》《諺》降ればどしゃ降り；物事は一度に重なる (♦ よいことにも用いることがある)
❷ (物が)〈…に〉**雨のように降る**，雨と降る《*down*》〈**on, upon**〉；〈…を〉雨のように流れる〈**down**〉‖ Tears ~*ed down* her cheeks. 涙が彼女の頬(ほお)を伝って流れた / Invitations ~*ed* (*down*) *on* us. 我々のところに招待状がどっと舞い込んできた
❸《文》(空・雲などが)雨を降らせる
— 他 ❶《it を主語にして》…を雨のように降らせる ‖ It ~*ed* requests for the song. その歌へのリクエストが殺到した ❷ …を〈…に〉雨のように降らせる[与える]《*down*》〈**on, upon**〉‖ His eyes ~*ed* tears. 彼の目から涙が雨のように流れた / The bombers ~*ed down* explosives *on* the town. 爆撃機の編隊は爆弾をその町に雨あられと降らせた / ~ praises *on* her 彼女に惜しみなく賞賛を送る
be ràined óut [《英》*óff*] (屋外行事が)雨で順延[中止]になる
ràin itsèlf óut (雨が)降ってやむ
▶▶ **~ bànd** 名 C〖気象〗レインバンド《台風・ハリケーンの目の外側のらせん状の降雨帯》 **~ chèck** (↓) **~ dànce** 名 U (北米先住民の) 雨ごいの踊り **~ dàte** 名 C《米》(雨で延期になった場合の) 予備日 **~ fòrest** 名 C U 多雨林，(熱帯)雨林 **~ gàuge** /-gèɪdʒ/ 名 C 雨量計 **~ shàdow** 名 C〖気象〗雨の陰《山や山脈の風下側の降雨量が極度に少ない地域》

rain·bow /réɪnbòʊ/ 名 C ❶ 虹(にじ)《ふつう7色とされるが6色とすることもある》；虹状のもの ‖ At the end of a ~, you'll find a pot of gold. 虹の果てには金が入ったつぼがある《*The End* という曲の歌詞》/ all (the) colors of the ~ 豊かな彩り ❷ (虹のような)華やかな彩り；多彩なも

の ‖ The throngs of mourners were a social ～. 会葬者の群れにはあらゆる階層の人々が含まれていた ❸ はかない望み；幻[夢]のような目標 ❹ (＝～ tròut)〘魚〙ニジマス

chàse ráinbows [OR *a ráinbow*] 実現困難な目標を追い求める(♦ 通例進行形で使われる)

── 形 ❶ 虹色の，色とりどりの ❷ 多種多様な，さまざまな；(特に)さまざまな少数民族(集団)からなる

▸▸ ～ **coalítion** 名 C 《主に米》(政治的) 少数派連合

～ **nàtion** 名 C 虹の国家《多民族国家のこと》

ráin chèck, ráin-chèck 名 C 《米》雨天順延券《雨天中止試合などの振替券》；次回有効券；後日の招待；(品切れのセール品を同価格で買える)予約券

R

take* [OR *gèt*] *a ráin chèck* (今回は無理だが) 次回の受け入れを約束する ‖ Can I *take a* ～ (on it)? (誘いに対して)次回にさせていただけますか

***ráin·còat** 名 C レインコート

ráin·dròp 名 C 雨滴，雨だれ

***ráin·fàll** 名 ❶ C 降雨，雨降り ❷ C U 雨量，降雨量(♦ 雪やみぞれも含む) ‖ the average annual ～ in New York ニューヨークの年平均降雨量

Rai·nier /rənɪ́ər | réɪniə/ 名 **Mount ～** レーニア山《米国ワシントン州，カスケード山脈中の最高峰．標高4,392m》

rain·less /réɪnləs/ 形 雨の降らない

ráin·màker 名 C ❶ (北米先住民などの) 雨ごい祈禱(きとう)師 ❷ 人工降雨学者 ❸《米口》やり手 (の社員 [弁護士など])

ráin·màking 名 U 人工降雨；雨ごい

ráin·òut 名 U C 《米》(行事などの) 雨天中止 ‖ have a ～ 雨天中止になる

ráin·pròof 形 雨を通さない，防水の

── 動 他 …を防水にする

ráin·spòut 名 C 《米方》(屋根の雨水用)縦樋(たてとい)

***ráin·stòrm** 名 C 暴風雨

ráin·swèpt 形《限定》風雨にさらされた

ráin·wàter 名 U 雨水，天水

***rain·y** /réɪni/ 形〔◁ rain 名〕❶ 雨の，降雨の；雨の多い，雨続きの；(空・天気などが) 雨を含んだ [もたらす] ‖ ～ weather 雨天 / the ～ season 雨季 ❷ 雨にぬれた ‖ a ～ pavement 雨にぬれた舗道

a ràiny dáy ① 雨の日 ② (将来の)まさかの時，(特に金銭的な)困窮時，難局 ‖ save [OR put away, put by] a little money each month for *a* ～ *day* まさかの時に備えて毎月多少の金を蓄える

ráin·i·ness 名

***raise** /reɪz/ 《発音注意》(♦ 同音語 raze) 動 名

中心義 **Aを上げる** (★Aは具体的な「物」に限らず，「価格」や「意識」など抽象的なものまで多様)

> 動 他 上げる❶❸ 高める❸ 調達する❹ 育てる❺ 提起する❻

── 動 (**rais·es** /-ɪz/; **～d** /-d/; **rais·ing**)

── 他 (♦ 対応する自動詞は rise) ❶〔物・体の一部など〕を**上げる**，…を持ち上げる(✎ hold up)；…を高くする，揚げる (↔ lower) (⇨ 類語) ‖ *Raise* your hand if you have any questions. 質問があったら手を挙げなさい / The medalists looked up and watched their national flags being ～*d*. メダリストたちは顔を上げ国旗が掲揚されるのを見つめた / ～ a shade ブラインドを上げる / ～ one's hat to her 帽子を上げて彼女にあいさつする / ～ one's glass to him 彼のために乾杯する / She ～*d* her head and kissed me goodbye. 彼女は顔を上げて僕に別れのキスをした

❷〔人など〕を立たせる，起き上がらせる；…を真っすぐに立てる ‖ ～ a fallen child to its feet 転んだ子供を立たせてやる / ～ oneself (up) from a bench ベンチから立ち上がる / ～ a flagpole 旗ざおを立てる

❸〔価格など〕を(引き)**上げる**(✎ put up)；〔程度・質など〕を**高める**，増大させる (↔ reduce) ‖ ～ a tax [salary] by 5 percent 税金 [給料] を5パーセント上げる / ～ the room temperature to 20°C 室温をセ氏20度に上げる / ～ efficiency [the standard of living] 能率 [生活水準]を高める / ～ one's reputation 評判を高める

❹〔資金など〕を**調達する**，集める (✎ get together, scrape up)；〔軍隊など〕を召集する(⇨ GATHER 類語P) ‖ ～ funds to build a library 図書館建設の基金を集める / ～ **money** for charity 慈善のために募金する

❺《主に米》**a** 《＋目》〔子供〕を**育てる**，養育する (bring up)；〔家畜〕を飼育する；〔作物〕を栽培する(♦ 趣味で植物を育てる場合は grow を用いる) (⇨ GROW 類語P) ‖ He was born and ～*d* in Shibamata. 彼は生まれも育ちも柴又だった **b** 《＋目＋補/目＋as 名》〔子供〕を…として育てる ‖ He was ～*d* (*as*) the heir to the throne. 彼は王位継承者として育てられた

❻〔問題・要求など〕を持ち出す，**提起する** ‖ His speech ～*d* an important **issue** about world peace. 彼の発言は世界平和に関して重要な問題を提起した / ～ the **question** of why restructuring is necessary なぜリストラが必要なのかという問題を提起する / ～ an objection against [OR to] the construction of more dams これ以上のダム建設に抗議する

❼〔意識など〕を高める；〔気持ちなど〕を奮い立たせる ‖ ～ people's awareness of environmental pollution 環境汚染に対する人々の意識を高める / ～ morale 士気を高める / ～ a patient's spirits 患者を元気づける

❽〔疑い・希望など〕を起こさせる；〔感情・反応など〕を生じさせる；〔不和・争いなど〕を引き起こす ‖ Her attitude ～*d* doubts in my mind. 彼女の態度に私は疑念を抱いた / ～ hopes for the release of the hostages 人質解放の希望を抱かせる / ～ a laugh 人を笑わせる / ～ a smile (無理に) 笑顔を作る；ほほ笑みを誘う / ～ a disturbance [quarrel] 騒動を起こす[口論を始める]

❾〔声〕を大きくする；〔声〕を荒げる；〔叫びなど〕を上げる ‖ He ～*d* his voice so that everyone could hear him. 彼はみんなに聞こえるように声を張り上げた / ～ a cheer 喝采(かっさい)する / ～ the alarm (警報・大声などで) 危険を知らせる，警告を発する

❿〔ほこり・波など〕を立てる；〔煙など〕を吹き上げる ‖ ～ a cloud of sand [dust] 砂塵(さじん)[ほこり]を巻き上げる

⓫〔地位・階級など〕を上げる；…を昇任[昇格]させる ‖ ～ the status of women 女性の地位を高める / be ～*d* to the rank of captain 大尉に昇進する

⓬〔記念碑など〕を〈…を記念して〉建てる，建立する〈**to**〉‖ ～ a monument *to* the memory of the heroes 英雄たちのために記念碑を建てる

⓭〔包囲・封鎖〕を解く；〔禁制など〕を解除する ‖ ～ a siege [blockade] 包囲[封鎖]を解く / ～ an embargo 禁輸を解く ⓮〔水ぶくれなど〕を生じさせる ‖ ～ blisters on one's feet 足にまめを作る ⓯〔人〕の目を覚まさせる，…を起こす；〔死者〕を〈…から〉よみがえらせる；〔霊など〕を〈…から〉呼び出す〈**from**〉‖ That racket could ～ souls *from* the dead. あの大騒ぎには死人も目を覚ますだろう ⓰ …と無線連絡をとる，…を呼び出す，…と交信に入る ‖ ～ Moscow モスクワと交信する / ～ him on the cellphone 携帯で彼を呼び出す ⓱〔沈没船など〕を引き上げる ⓲〘数〙…を累乗する ‖ ～ 3 to the ⌈power of 5 [OR 5th power⌉ 3を5乗する ⓳〘商〙〔小切手など〕の額面を高く変造する ⓴ **a** 《＋目 *A*＋目 *B*》(ポーカーなどで) *B* (ある金額) を *A* (ほかの競技者) より多く賭(か)ける ‖ I'll ～ you (10 dollars). 君より (10ドル) 多く賭けよう **b** 《＋目》(ブリッジで)〔パートナー〕より高い競りを出す；〔競り値〕を上げる ‖ ～ the stakes 賭け金を上げる；かかわりの度合いを深める ㉑〔パン・練り粉〕を酵母でふくらます ㉒〘海〙〔陸地など〕の見える所に近づく ㉓〔布〕をけば立てる ㉔〔獲物〕を巣か

ら追い出す ㉕〘生〙〔抗体など〕の産生を促す
—自 (ポーカーなどで)賭け金[競り値]をつり上げる
raise hell ⇨ HELL(成句)
—名 (複 **rais·es** /-ɪz/) Ⓒ ❶ 上げること (♦「上がること」「質の向上」「費用・価格の上昇」の意味には rise を用いる) ❷《米》昇給 (《英》rise) ‖ We got [demanded] a ~ (of 10,000 yen). (1万円の)昇給があった[を要求した] / a pay ~ 賃上げ ❸ (ポーカーなどで, 賭け金の)増額, レイズ; (ブリッジで)パートナーより高い競り値の申し出
~d 形 ① 高くした, 高くなった, 大きくした ‖ a ~ voice 大声 ② 浮き出した, 浮き彫りにした ③〘料理〙(酵母で)ふくらませた ④ けば立てた ⑤《複合語の第2要素として》…育ちの ‖ a British-*raised* Japanese boy イギリス育ちの日本人少年

類語 《他 ❶》 **raise**「上げる」の意を表す一般的な語. 自動詞 rise (上がる)に対する他動詞. lift よりは堅い感じ.
lift 下から離れるように持ち上げる. 〈例〉*lift* a stone [ladder] 石[はしご]を持ち上げる
elevate 物理的に高い位置に「上げる」の意では形式ばった語であるが, 比喩(ひゆ)的に地位などを「上げる, 高める」の意ではふつうに用いられる. 〈例〉*elevate* the status of teachers 教師の地位を高める
heave 重いものを努力して持ち上げる. 〈例〉*heave* a huge box 大きな箱を持ち上げる
hoist かなり重いものをクレーンなどの機械でゆっくり持ち上げる. 〈例〉*hoist* the cargo on to the ship 積み荷を船へ上げる

rais·er /réɪzər/ 名 Ⓒ ❶ 飼育人, 栽培人 ❷《複合語で》(事)を行う人 ‖ He is a great fund-~. 彼は資金集めが上手だ / a fire-~ 放火犯

***rai·sin** /réɪzən/ 名 Ⓒ レーズン, 干しブドウ

rai·son d'ê·tre /rèɪzoun détrə | -ɔn-/ 名 (複 **raisons d'-**) Ⓒ 存在理由, レーゾンデートル(♦ フランス語で reason for being の意より)

Raj /rɑːdʒ/ 名《the ~》〘インド史〙(1947年以前の英国の)支配(期間);《r-》Ⓤ (インドの)統治;主権

ra·ja(h) /rɑ́ːdʒə/ 名 Ⓒ (昔のインドの) 王, 王子; (英国支配期間のインドの)貴族; (マレー・ジャワなどの)首長
▸▸ **ràja(h) yóga** 名《ときに R- Y-》Ⓤ ラージャヨガ《瞑想(めいそう)による感情のコントロールを目指す》

***rake¹** /reɪk/ 名 Ⓒ ❶ レーキ, 熊手(くまで), 草かき; まぐわ; 火かき棒 ❷ レーキ状の道具《賭博(とばく)場の賭(か)け金集めの棒など》 ❸《単数形で》熊手でかき集める[ならす]こと
(as) thin as a ráke やせて骨と皮ばかりの
—動 他 ❶ **a** 《+目》〔地面など〕をレーキでかく[掃く], かき[掃き]ならす ‖ ~ a yard 庭をレーキでかく **b** 《+目+補〈形〉》〔地面など〕をレーキでならして…にする ‖ ~ the soil smooth 土をレーキでならして平らにする ❷《+目+副句》〔物〕をレーキでかいて動かす, 掃き寄せる; かき集める《*together, up*》‖ The dead leaves need *raking* off the lawn. 枯れ葉は芝生からかき取る必要がある / ~ hay into piles 干し草をかき集めて山にする ❸〔場所など〕を〈…のために〉入念に調べる〈**for**〉‖ ~ the drawers *for* old photos 引き出しをかき回して昔の写真を捜す ❹〔場所など〕を〈…で〉縦射[掃射]する, ぐるりと撮影する〈**with**〉; (光などが)…を一面にかすめる; …を素早く見渡す ❺ (つめ・とげなどが)…をこする, 引っかく; 〈つめなどで〉…を引っかく, 〔髪〕をすく〈**with**〉 ❻〔指・くしなど〕を〈…に〉当てて走らせる〈**through**〉 ❼ (火かき棒で)〔火〕をおこす
—自 ❶ 〈…を〉くまなく捜す, 詮索する《*about, around*》〈**through, into,** etc.〉‖ ~ (*about*) *into* old records 古い記録を丹念に調べる ❷ レーキでかく ❸ (視線などが)ゆっくりと眺め回す; (光などが)ぐるりと〈…を〉照らす〈**across, around,** etc.〉 ❹ こする, 引っかく
**ràke ín ... / ràke ... ín* 〈他〉 ① …をレーキでかき込む[入れる] ②《口》〔大金〕を稼ぐ[もうける] ‖ ~ it *in* = ~ *in* big [OR the] bucks《口》大金を稼ぐ
ràke óff ... / ràke ... óff 〈他〉 ① …をかき取る ②《口》〔稼ぎなど〕の分け前を(不正に)とる ③《豪口》〔人〕をだましてぼる
ràke óver ... 〈他〉《口》= *rake up* ③(↓)
**ràke úp ... / ràke ... úp* 〈他〉 ① ⇨ 他 ❷ ②《口》〔人・物〕を(苦労して)かき集める ③《口》〔過去のことなど〕をほじくり返す, 暴き出す, 蒸し返す
rák·er 名

rake² /reɪk/ 名 Ⓒ 放蕩(ほうとう)者, 道楽者

rake³ /reɪk/ 名 Ⓒ ❶ 傾斜(度), 勾配(こうばい) ❷ 舞台[観客席]の傾斜; 〘海〙船首[船尾]の傾斜, (マスト・煙突の)船尾への傾斜; 〘空〙(翼・プロペラの)傾斜; 〘機〙(かんななどの)刃の傾斜 —動 他 自 (…を[が])後方に傾斜させる[する]

ráke-òff 名 Ⓒ《口》(不正利得などの)分け前, 手数料, リベート

ra·ki, ra·kee /rɑ́ːki/ 名 Ⓤ ラキ《トルコのアニス酒》

rak·ish¹ /réɪkɪʃ/ 形 ❶ 粋な, スマートな ❷ (船などが) 速そうな **~·ly** 副 **~·ness** 名

rak·ish² /réɪkɪʃ/ 形 派手な, 目立ちたがりの
~·ly 副 **~·ness** 名

Ra·leigh /rɔ́ːli/ 名 ローリー ❶ **Sir Walter ~** (1552?–1618)《英国の探検家・著述家》 ❷ 米国ノースカロライナ州の州都

ral·len·tan·do /rɑ̀ːləntɑ́ːndou | ræ̀lentǽn-/ 〘楽〙副 形《イタリア》(= to slow down)ラレンタンドで(の), 徐々に緩やかに[な] —名 (複 **~s** /-z/ OR **-di** /-di/) Ⓒ ラレンタンドのテンポ[曲, 楽節]

***ral·ly¹** /rǽli/ 動 (**-lies** /-z/; **-lied** /-d/; **~·ing**) 自 ❶ (支援のために)集まる, 結集する〈**to** …のために; **around, behind** …のもとに〉‖ We all *rallied to* the cause of environmental protection. 我々は環境保護のために結集した ❷ (敗走軍などが) 再び集まる, 陣容を立て直す ❸〈病気などから〉回復する, 元気を取り戻す; 〈不利な状態から〉盛り返す, 反撃する; (株価などが)持ち直す, 反発する〈**from**〉 ❹ (テニスなどで)打ち合う, ラリーをする ❺ (自動車の)ラリーに参加する
—他 ❶〔支持(者)など〕を結集する, 呼び集める ❷〔軍など〕を再び集める, 再組織する ❸〔人・物〕に力を与える; 〔体力・気力〕を奮い起こす
**ràlly aróund* [OR *róund*] 〈他〉《*ràlly aróund* [OR *róund*] ...》(集団などが)〔人〕のもとに結集する ‖ During the crisis we *rallied around* our leader. その危機の間, 私たちは指導者のもとに結集した —〈自〉(集団などが)結集する
—名 (複 **-lies** /-z/) Ⓒ ❶ (政治的・宗教的な)大集会, 決起集会, 集い(⇨ MEETING **類語**) ‖ hold [OR organize, stage] a peace ~ 平和の集いを開く ❷ (人々の)(再)結集[集合]; (軍隊の)再集結(の合図) ❸《単数形で》(体力などの)回復; (試合などでの)盛り返し, 反撃; (株価などの)反発, 持ち直し ❹ (公道での)自動車競走, ラリー ❺ (テニスなどの)打ち合い, ラリー; 〘野球〙集中打 **-li·er** 名

ral·ly² /rǽli/ 動 (**-lies** /-z/; **-lied** /-d/; **~·ing**) 他《古》(陽気に)…をからかう, 冷やかす

rálly·cròss 名 Ⓒ《英》ラリークロス《荒地でのカーレース》

ral·ly·ing /rǽliɪŋ/ 名 Ⓒ 自動車ラリー競走
▸▸ **~ crỳ [càll]** 名 Ⓒ《単数形で》スローガン, 掛け声 **~ pòint** 名 Ⓒ《単数形で》集結地点; 集結の契機

***ram** /ræm/ 名 Ⓒ ❶ (去勢しない) 雄ヒツジ (↔ ewe) ❷《the R-》〘天・占星〙牡羊(おひつじ)座; 白羊宮(Aries) ❸ = battering ram ❹ (杭(くい)打ち機・蒸気ハンマーの)槌頭(つちがしら) ❺〘海〙衝角(しょうかく)《敵艦の船腹を突き破るため艦首につけた》
—動 (**rammed** /-d/; **ram·ming**) 他 ❶ (船・車が)…に激突する, (人が)(車で)…に(わざと)激突する; …を〈…に〉激しくぶつける〈**into, against**〉‖ The destroyer *rammed* the submarine and sank it. 駆逐艦は潜水艦に激突して沈没させた / He *rammed* his car *into* the gatepost. 彼は車を門柱にぶつけた ❷〔土など〕を突き[踏み]固

める《down》 ❸〔杭など〕を打ち込む《down》;〔弾薬など〕を〈…に〉押し込む;〔知識・教訓など〕を〈…に〉たたき込む〈into〉 ‖ ～ a charge *into* a gun 弾薬を大砲に詰め込む / He *rammed* the list *into* me by repetition. 彼はリストを復唱させて私の頭にたたき込んだ ❹《通例受身形で》《英口》(場所が)〈…で〉ぎゅうぎゅう詰めになる〈with〉 ❺〔考え・法案など〕を〈議会などで〉押し通す〈through〉
—自 (車などが)〈…に〉激突する〈into〉
ràm hóme ... / ràm ... hóme 〈他〉〔論点・教訓など〕を強調する, たたき込む

RAM¹ /ræm/ 名 U 💻 ラム《ランダムアクセスで読み出しと書き込みができるメモリー》(♦ *r*andom-*a*ccess *m*emory の略)(→ ROM)

R̀AM² 略 *R*oyal *A*cademy of *M*usic(英国音楽院)

ra·ma·da /rəmɑ́ːdə/ 名 C《米》ポーチ;ベランダ

Ram·a·dan /rӕmədɑ́ːn/ 名 U ラマダーン《イスラム暦の第9月. イスラム教徒が日の出から日没まで断食する》

Rá·man effèct /rɑ́ːmən-/ 名 U〖理〗ラマン効果《光が物質を通過するときの周波数の変化》(♦ インドの物理学者 Sir C. V. Raman(1888-1970)の名より)

***ram·ble** /rǽmbl/ 動 自 ❶《+副句》(田舎道などを)ぶらぶら歩く, 散策する ‖ ～ through the woods 森の中をぶらつく ❷〈…のことを〉とりとめなく[漫然と]しゃべる[書く]〈about〉 ‖ ～ *about* the past あれこれと昔話をする ❸ (つる草などが)四方に伸びる, はびこる;(川・道などが)曲がりくねる ‖ Vines ～ over the wall. つるが壁いっぱいにはっている
ràmble ón 〈自〉① ぶらぶら歩き続ける ②〈…のことを〉とりとめもなく[漫然と]しゃべり続ける[書く]〈about〉
—名 C ❶ (比較的長い距離の)そぞろ歩き, 散策, 逍遥(しょうよう) ‖ go for [OR on] a ～ ぶらりと散歩に出る ❷ 漫筆;とりとめのない話

ram·bler /rǽmblər/ 名 C ❶ 散策する人 ❷ とりとめもなくしゃべる[書く]人 ❸〖植〗ツルバラ, ランブラーローズ

ram·bling /rǽmblɪŋ/ 形 ❶ ぶらぶら歩く, 散策する ❷ (話・文章などが)とりとめのない, 冗漫な ❸ (家並・道など)無秩序に広がった, 不規則に曲がりくねった ❹ (植物が) つる性の —名 ❶ U (特に田園地域の) 散策 ❷ C《～s》とりとめのない話[文章]

Ram·bo /rǽmbou/ 名《ときに r-》C《口》ランボーのような男《米国映画の主人公 Rambo のようにタフで攻撃的な男性》 **Ràm·bo·ésque** 形

ram·bunc·tious /ræmbʌ́ŋkʃəs/ 形《主に米口》騒々しい, 手に負えない **～·ness** 名

ram·bu·tan /ræmbúːtən, ræ̀mbutǽn, -tɑ́ːn/ 名 C ランブータン《マレー産のムクロジ科の樹木》;その果実《食用》

R̀AMĆ 略 *R*oyal *A*rmy *M*edical *C*orps (英軍医療部隊)

ram·e·kin, -quin /rǽmɪkɪn/ 名 C ラムカン (ramekin dish)《オーブン料理に使う小型の器》

ra·men /rɑ́ːmən/ 名 U〖料理〗ラーメン(♦ 日本語より)

ram·ie, ram·ee /rǽmi/ 名 C〖植〗ラミー《アジア産イラクサ科の低木》, ラミー麻; U ラミー繊維《光沢があり丈夫なことで知られる》

ram·i·fi·ca·tion /ræ̀mɪfɪkéɪʃən/ 名 U/C《通例 ～s》❶ 分枝;分岐 ❷ 支脈, 支流;分派 ❸ 複雑な[混乱した]状態, やっかい事

ram·i·fy /rǽmɪfàɪ/ 動 (-fies /-z/; -fied /-d/; ～·ing) 他 自 ❶ 枝分かれする;枝状に広がる ❷ 複雑になる

ram·jet /rǽmdʒèt/ 名 C〖空〗ラムジェット《前進運動圧を利用したジェットエンジン》

ram·mer /rǽmər/ 名 C 打ち込む道具, 杭(くい)打ち機;(弾薬を押し込む)込め矢(ramrod)

***ramp¹** /ræmp/ 名 C ❶ (高さの違う2面を結ぶ) 斜面;傾斜路, 斜道;《米》ランプ(《英》slip road)《高速道路の進入[退出]路》 ❷ (旅客機用)移動タラップ;(貨物移送用)斜面台(loading ramp) ❸《英》(車が徐行するように設けた)道路の隆起帯;段差 ❹ (手すりなどの)湾曲部, 反り
—動 他 ❶ …に傾斜路をつける ❷〔生産など〕を急(激)に増やす《up》 —自 (生産などが)増える《up》

ramp² /ræmp/ 動 自 ❶《古》威嚇の姿勢をとる;〖紋章〗(ライオンなどが)後足で立つ ❷ 暴れ回る《about》

ramp³ /ræmp/ 動 自《英俗》詐欺を働く

ram·page /ræmpéɪdʒ/ (→ 名) 動 自 たけり狂う, 暴れ回る《about》
—名 /rǽmpeɪdʒ/ C《通例単数形で》狂暴な行動
gò on a [OR the] rámpage 荒れ狂う, いきり立つ
-pá·geous 形

ram·pant /rǽmpənt/ 形 ❶ (草木などが) 繁茂する;(病気が)猛威を振るう;(うわさが)広まる ❷ 過激な, 乱暴な;奔放な;《通例名詞の後に置いて》〖紋章〗(特にライオンが)後足で立った ‖ a lion ～ 勢獅子(きおいじし) ❸〖建〗(アーチなどの)片方の迫持(せりもち)台が高い **-pan·cy** 名 **～·ly** 副

ram·part /rǽmpɑːrt/ 名 C《通例 ～s》(とりで・都市などの)塁壁, 防壁 —動 他 …に塁壁[城壁]を巡らす, …を塁壁[城壁]で防御する

rám-ràid 名 C《英》車ごと店に突っ込んでの強奪 (ram-raiding) **-ràider** 名

rám·ròd 名 C ❶ 込め矢《先込め銃に弾薬を詰め込む棒》;槊杖(さくじょう)《銃身内を掃除する棒》 ❷《米》厳格な人
(as) stràight [OR stìff] as a rámrod ; ***ràmrod stráight [OR stíff]*** ぴんと背筋を伸ばした;堅苦しい
—形 厳格な, 堅苦しい

Ram·ses /rǽmsiːz/, **Ram·e·ses** /rǽməsìːz/ 名 ラムセス, ラメス《古代エジプトの王たちの名. 特に ～ II(ラムセス2世. 第19王朝の王で在位1304-1237B.C.)と ～ III (ラムセス3世. 第20王朝の王で在位1198-66B.C.)を指す》

ram·shack·le /rǽmʃæ̀kl/ 形 (家・乗り物などが) 今にも壊れそうな, がたがたの

ra·mus /réɪməs/ 名 (複 **-mi** /-maɪ/) C〖植〗枝, 枝状物

‡ran /ræn/ 動 run の過去

***ranch** /ræntʃ | rɑːntʃ/ 名 C ❶ (アメリカ・オーストラリアなどの)大牧場, 放牧場 ❷《米》(特定の農畜産物の)大農場, 飼育場 ‖ a fruit ～ 大果樹園 ❸《the ～》《集合的に》大牧場[農場]労働者 ❹《米》=dude ranch ❺《米》=ranch house ❻《米》=ranch dressing
bèt the ránch 《米》〈…に〉全財産を賭(か)ける, 絶対に確信がある〈on〉
—動 自 大牧場[農場]を経営する;大牧場で働く
—他〔牛・馬など〕を牧場[農場]で飼育する;〔土地〕を牧場[農場]として使う **～·ing** 名 U 大規模放牧
▸▸ **～ drèssing** 名 C U〖料理〗ランチドレッシング《マヨネーズ・バターミルクなどで作る》 **～ hòuse** 名 C《米》① 牧場主の家《屋根の勾配(こうばい)が緩やかな平屋造り》 ② (特に郊外住宅地の)平屋

ranch·er /rǽntʃər | rɑ́ːntʃə/ 名 C ❶《米》牧場[農場]経営者;牧場[農場]労働者, 牧童 ❷ 牧場主の家

ran·cher·a /ræntʃérə, rɑːn-/ 名 C U ランチェラ《メキシコのカントリー音楽》

ránch·man /-mən/ 名《米》=rancher ❶

ran·cid /rǽnsɪd/ 形 ❶ (バターなどが) 腐ったような味[におい]のする ❷ 不快な, むかつく
ran·cíd·i·ty 名 **～·ness** 名

ran·cor,《英》**-cour** /rǽŋkər/ 名 U 深い恨み, 怨恨(えんこん), 憎悪, 敵意

ran·cor·ous /rǽŋkərəs/ 形 怨恨の, 恨み[憎悪]に満ちた **～·ly** 副

rand¹ /rænd/ 名 (複 ～) C ランド《南アフリカ共和国の貨幣単位. 略 R》;ランド硬貨

rand² /rænd/ 名 C (靴の)底ならし皮

R&B 略 *r*hythm *and b*lues

R&D 略 *r*esearch *and d*evelopment(研究開発[部門])

***ran·dom** /rǽndəm/ 形 (more ～; most ～)《通例限定》❶ 手当たり次第の, 行き当たりばったりの ‖ a ～ guess 当て推量 ❷〖統計〗無作為の, 任意の ‖ select [OR take] a ～ sample 標本を無作為に抽出する ❸ (石が) 不ぞろい

な；乱積みの ❹《口》変わっている，妙な，面白い(♥よい意味で)

―名《次の成句で》

*at rándom 手当たり次第に，行き当たりばったりに；無作為に，任意に ‖ read at ～ 乱読する / choose at ～ 無作為に選ぶ

～·ly 副 ～·ness 名

▸▸～ áccess (↓) ～ sámpling 名 U《統計》無作為[任意]抽出法 ～ váriable 名 C《統計》確率変数 ～ wálk 名 C《統計》乱歩，酔歩

ràndom-áccess 形 ランダムアクセスの

▸▸～ mémory 名 U ランダムアクセスメモリー《略 RAM》

ràndom áccess 名 U ランダムアクセス《記憶されているデータを順不同に取り出せる方式．随時呼び出し》(↔ sequential access)

ran·dom·ize /rǽndəmàɪz/ 動 他 自《統計》(…を)無作為に選ぶ，任意に配列する

R&R 略《口》rest and recreation [recuperation] (保養休暇)；《医》rescue and resuscitation (救助蘇生)

rand·y /rǽndi/ 形《口》好色な，さかりのついた

:rang /ræŋ/ 動 ring¹ の過去

:range /reɪndʒ/《発音注意》

> 名 範囲❶ 射程❸ 取りそろえ❺
> 動 自 わたる❶ 他 並ぶ❶

―名 (複 rang·es /-ɪz/) ❶ U/C《通例単数形で》(活動・能力・知識・知覚などの及ぶ)範囲，領域，区域 ‖ The long-～ forecast is for a mild winter. 長期天気予報によれば暖冬とのことだ / A loud voice came into ～. 大声が耳に聞こえてきた / a wide ～ of pollution 広範囲にわたる汚染

❷ C《通例単数形で》(変動の)範囲，幅，限界；較差；《楽》音域，声域 ‖ "I'm interested in buying a condo." "What's your price ～?"「マンション購入に興味があるんです」「価格帯はどの辺りですか」/ bring the smog levels (down) to a safe ～ スモッグの水準を安全範囲内に収める / have a four-octave ～ 4オクターブの声域を有する

❸ U/C《単数形で》(ミサイルなどの)射程(距離)，着弾距離；標的までの距離；カメラと被写体との距離；(船舶・飛行機などの)航続距離 ‖ a short-[medium-, long-]～ missile 短[中，長]距離ミサイル / open fire at close [OR point-blank] ～ 至近距離で発砲する

❹ C 射撃練習場，射的場；(ミサイルなどの)試射場

❺ C (建物・山・人などの)列，並び，連なり；山並み，連山；(同類の)組，集まり；部類；(商品の)取りそろえ ‖ a ～ of mountains＝a mountain ～ 山脈 / a complete ～ of kitchen utensils 台所用具の全一式 / a whole ～ of computer equipment あらゆるコンピューター機器の品ぞろえ ❻《the ～》《米・カナダ》(広大な)放牧区域，大牧場；狩猟地；《形容詞的に》放牧区域の ‖ ～ cattle 放牧された畜牛 ❼ C《単数形で》(動植物の)生息[分布]区域 ❽ U/C《単数形で》さまよい，徘徊(はいかい) ‖ give free ～ to one's imagination 自由に想像を巡らす ❾ C《米》(調理用)レンジ(❗電子レンジは microwave oven という)；《英》(旧式の)料理用かまど ❿ C (社会などの)階級，社会層；等級 ⓫ C《単数形で》《統計》(変動)範囲；《数》値域 ⓬ C《古》方向，方位 ⓭ C (図書館などの)両面書棚 ⓮ C《米》《測量》経線間地区《子午線を標準として6マイル間隔で引いた方形の地域》

in [OR within] ránge 〈…の〉手の届く所に，近くに〈of〉‖ within commuting ～ 通勤圏内に

「òut of [OR beyònd] ránge 〈…の〉手が届かない所に，〈…から〉離れて〈of〉‖ German is out of my ～. ドイツ語は私の手に負えない

―動 (rang·es /-ɪz/；～d /-d/；rang·ing)

―自 ❶(範囲内に)わたる，及ぶ，またがる〈from …から；to …まで；between …の間に〉(♦進行形はまれ) ‖ The participants ～d in age 「from six to ten [OR between six and ten]. 参加者は年齢が6歳から10歳にまたがっていた

❷(話・記事・興味などが)(ある)範囲にわたる[広がる，及ぶ]〈from …から；to …に；over …にわたって〉(♦進行形はまれ) ‖ His lecture ～d over a variety of topics. 彼の講演はさまざまな話題に及んだ

❸《＋副句》(人・動物が)(あちこち)歩き回る，さまよう；(視線が)〈…を〉眺め回す〈over〉‖ We ～d over the hills and valleys. 我々は丘や谷を歩き回った

❹《＋副句》(山・丘などが)(…に)連なる，延びる，広がる ‖ a hill ranging toward the south 南に延びる丘

❺《＋副句》(動植物が)〈…に〉分布する，生息する〈over, through〉‖ Bald eagles ～ over North America. ハクトウワシは北米に生息する ❻〈…と〉一直線になる，並ぶ；〈…と〉肩を並べる〈with〉；(活字が)行末でそろう ‖ He ～s with the great painters. 彼は大画家たちと肩を並べる地位にある ❼(…の)射程距離を有する；照準を定める；(標的の)距離を突き止める ‖ This gun ～s 400 meters. この銃の射程は400メートルだ

―他 ❶《通例受身形または ～ oneself で》(ある位置に)並ぶ，整列する，配置される ‖ The two armies were ～d on opposite sides of the valley. 両軍は谷の両岸に隊列を整えた

❷《通例受身形または ～ oneself で》(ある)立場[側]に立つ〈with …の側の；against …に反対した〉；〈…の〉仲間[列]に加わる〈among〉‖ He ～d himself with the majority. 彼は多数派にくみした / She was ～d among the reformers. 彼女は改革派に加えられた

❸ …を〈…に〉分類する，整理する〈in, into〉

❹〔地域など〕を動き回る；…を踏破する；捜し回る；(視線が)…を眺め回す ❺〔銃・望遠鏡など〕を目標に向ける；…に照準を合わせる《in》❻《米》〔家畜〕を放牧する ❼《英》〔活字〕の行末をそろえる

ránge fìnder 名 C (銃・カメラなどの)距離計，距離測定器 ‖ a laser ～ レーザー距離測定器

ránge·lànd 名 U 放牧地

***rang·er** /réɪndʒər/《発音注意》名 C ❶(森林などの)監視人；《米》森林警備隊員(《英》warden)；《英》御料林監視官 ‖ a park ～ 国立公園監視員 ❷《米》(辺地などの)騎馬警察隊員 ❸《しばしば R-》《米》特別攻撃隊員，レンジャー部隊員 ❹《R-》《英》シニアガイド《Girl Guides の14–19歳の年長団員》❺ 歩き回る人，放浪者 ❻《米》武装パトロール隊員《特にテキサス州》❼《R-》レインジャー《1961年から65年にかけて米国が打ち上げた月探査機》

Ran·goon /ræŋgúːn/ 名 ラングーン《ミャンマー(旧ビルマ)の都市ヤンゴンの旧称．海港》(→ Yangon)

rang·y /réɪndʒi/ 形 (人・動物が)すらりとして手足の長い

ra·ni /rάːni/ 名 C (インドの)王妃《raja(h) の妻》；女王

:rank¹ /ræŋk/

中心義 (Aにおける)位置づけ(★Aは「社会」や「組織」など)

> 名 階級❶ 等級❷ 列❸
> 動 他 位置づけする❶ 整列させる❸
> 自 位置する❶

―名 (複 ～s /-s/) ❶ U C (社会的)階層，階級；地位，身分，位；U 高い地位[身分] ‖ He's above me in ～, so I have to do it his way. 彼は私より序列が上なので，彼のやり方でそれをやらねばならない / People of all ～s enjoy the cinema. あらゆる階層の人々が映画を楽しんでいる / join the ～s of the unemployed 失業者階級に入る；失業する / an adviser with cabinet ～ 閣僚級の顧問 / persons of ～ 貴顕，高位の人々

❷ U C (相対的)地位，等級，格，ランク；部類，種類 ‖ He is in the middle ～ of his class. 彼はクラスでは中位だ

/ a pianist of the first ～=a first-～ pianist 一流ピアニスト
❸ Ⓒ (物・人の)**列**, 並び, 一続き ; Ⓤ 整列, きちんと並ぶこと ‖ in serried ～*s* (物・人が)ぎっしり並んで, 密集して
❹ Ⓒ 〖軍〗(兵士などの)横隊(↔ file) ; (～s)軍隊(の構成員) ; 将兵 ; (the ～s)(将校に対し)下士官と兵, 兵卒 ‖ rise from [OR through] the ～*s* (兵卒から)将校に昇任する ; 下からたたき上げる
❺ Ⓒ (通例 the ～s)(集合的に)一般大衆[社員, 会員] ; (特定の)集団 ‖ swell the ～*s* of refugees 難民の数を増やす ❻ Ⓒ (英)(客待ち)タクシーの駐車場 ❼ Ⓒ (チェス盤の)横筋(↔ file) ❽ Ⓒ 〖数〗(行列の)階数
*·**brèak [kèep] ránk(s)*** 隊列を乱す[乱さない] ; 結束を乱す[乱さない] ‖ The politician *broke* ～*s* with his party. その政治家は党と袂(たもと)を分かった
*·**clòse ránks*** 列の間を詰める ; 結束を固める ‖ Her family always *closes* ～*s* in a pinch. 彼女の家族はいざというときはいつも結束する
pùll ránk 地位などをかさに着て〈人に〉不当な要求を押しつける, ごり押しする〈**on**〉
── 動 (**～s** /-s/ ; **～ed** /-t/ ; **～·ing**)
── 他 ❶ (♦ 進行形はまれ) **a** (+目)…を**位置づけする**, 等級[格]づけする, 評価する ; …を分類する〈**among** …の中に ; **with** …と同列に ; **above** …の上に ; **below** …の下に〉 ‖ He ～*s* that scheme *among* the failures. 彼はその計画を失敗の1つとみなしている **b** (+目+補〈(**as**) 名・形〉)…を…と評価する[位置づける] ‖ Seven judges ～*ed* her first on the free-style program. 7人の審査員が自由演技で彼女を1位にした / ～ the novel *as* a masterpiece その小説を傑作とみなす
❷ (米)(士官・官僚などが)…より上に位する(outrank) ‖ A major ～*s* a captain. 少佐は大尉より位が上だ
❸ …を**整列させる**, 規則正しく並べる (♦ しばしば受身形で用いる) ‖ ～ the children according to height 子供を背丈順に並べる
── 自 ❶ (♦ 進行形はまれ) **a** 地位[等級]を占める, (ある地位に) **位置する**〈**among** …の中に ; **with** …と同列に ; **above** …の上に ; **below** …の下に〉 ‖ No entertainer ～*s with* Sinatra. どんなエンターテイナーもシナトラと肩を並べられない / A sergeant ～*s* next *above* a corporal. 軍曹は伍長のすぐ上の位だ **b** (+補〈(**as**) 名・形〉)…の地位[等級]を占める, …に位置する ‖ The company ～*ed* 11 on the *Fortune* 500. その会社はフォーチュン誌上位500社中11位を占めた / He ～*s as* one of the outstanding presidents. 彼は傑出した大統領の1人とみなされている ❷ (米)最上位を占める ❸ (米俗)〈…を〉侮辱する, けなす〈**on**〉
▸▸ **～ and fíle** 名 (the ～)(集合的に)(単数・複数扱い)(一般)大衆 ; 一般従業員[組合員] ; 〖軍〗下士官

rank² /ræŋk/ 形 ❶ (草木などが)伸び放題の, はびこった ; (土地が)肥えすぎの ❷ 不快なにおい[味]の, 悪臭を放つ ❸ 下品な, 粗野な ❹ (限定)(悪い意味で)全くの ; ひどい ‖ ～ nonsense 全くばかげたこと **～·ly** 副 **～·ness** 名

rank·er /rǽŋkər/ 名 Ⓒ ❶ (主に英) 下士官兵 ; 下士官上がりの将校 ❷ (複合語で)…に等級づけられた人[動物]

rank·ing /rǽŋkɪŋ/ 名 Ⓒ (the ～s)ランキング, 順位, 序列 ; Ⓤ 等級づけ
── 形 (限定) ❶ (米)最高位の ‖ the ～ officer (現場での) 最高位の将校 ❷ (米) 卓越した, 一流の ❸ (複合語で)…の地位の ‖ a high-～ public official 高級官吏

ran·kle /rǽŋkl/ 動 自 ❶ (ねたみ・苦い思い出などが)〈人の〉心にわだかまる, うずく〈**with**〉 ❷ (古)(傷が)うずく
── 他 …を苦しめる, いら立たせる

ran·sack /rǽnsæk/ 動 他 ❶ 〔場所など〕を〈…を求めて〉徹底的に探す〈**for**〉 ❷ 〔町・建物など〕を荒らし回る, 略奪する

*·**ran·som** /rǽnsəm/ 名 ❶ Ⓒ Ⓤ (捕虜・人質などの) 身の代金 ; (捕獲物などの) 請け戻し金, 賠償金 ‖ pay [demand] a ～ of 1 million dollars 百万ドルの身の代金を支払う[要求する] ❷ Ⓤ (身の代金などによる)解放, 身請け, 買い戻し ❸ Ⓤ 〖宗〗(キリストの)贖罪(しょくざい)
hòld a pèrson to ránsom 〔人〕を人質にとって身の代金を要求する ; 〔人〕を脅して譲歩を迫る
── 動 他 ❶ (身の代金を払って) …を身請けする ; 〔物品など〕を請け戻す ❷ (身の代金などをとって) …を解放[返還]する ; …の身の代金を要求する ❸ 〖宗〗…の罪をあがなう, …を罪から救済する **～·er** 名

rant /rænt/ 動 自 がなり立てる, どなる ; 長広舌を振るう ; しかりつける, ののしる〈**about** …のことで ; **at** …に対して〉 ‖ ～ and rave がみがみ言う ── 他 …を芝居じみて[大げさに]言う ── 名 Ⓤ 大言壮語, 長広舌 ; 怒号 **～·er** 名

ra·nun·cu·lus /rənʌ́ŋkjʊləs/ 名 (複 **～·es** /-ɪz/ OR **-li** /-lài/) Ⓒ 〖植〗ラナンキュラス, キンポウゲ

RAOC 略 Royal Army Ordnance Corps (英国陸軍軍需品補給部隊)

*·**rap¹** /ræp/ (♦ 同音語 wrap) 動 (**rapped** /-t/ ; **rap·ping**)
他 ❶ …を軽く打つ, こつん[とんとん]とたたく ; …で〈…を〉こつんとたたく〈**on**〉 ‖ ～ a desk with a pencil=～ a pencil *on* a desk 鉛筆で机をこつんとたたく ❷ …をきっぱりと[出し抜けに]言う(*out*) (♦ 直接話法にも用いる) ‖ ～ *out* an order 命令をきっぱりと下す ❸ (口) …を〈…のことで〉鋭く批判する, 非難する〈**for, over**〉(♦ 主に新聞用語) ❹ 〔メッセージなど〕をこつこつたたく音で伝える(*out*)
── 自 ❶ 〈…を〉こつん[とんとん]とたたく〈**on, at**〉 ‖ ～ *on* a table テーブルをこつこつたたく ❷ 〈…のことを〉ラップ(ミュージック)で歌う〈**about**〉 ❸ (主に米口)だらだら話す, だべる〈**about** …のことを ; **with** …と〉
── 名 Ⓒ ❶ 軽打(音) ; こつん[とんとん]とたたくこと[音] ❷ (=**～ mùsic**) Ⓤ ラップ(ミュージック)(リズムに乗って語るように歌うポピュラー音楽) ; Ⓒ ラップ曲 ❸ (俗)とがめ, 叱責(しっせき), 非難, 罰 ; (米俗)刑罰, 懲役刑(の宣告) ; 刑期 ; 犯罪容疑 ‖ be sent to prison on a murder ～ 殺人の罪で刑務所に送られる ❹ (主に米俗)おしゃべり, だべり ; 討論 ❺ (単数形で)(米俗)評判, 悪評 ‖ get a bum [OR bad] ～ 悪評が立つ
a ràp on [OR ***over, across***] ***the knúckles*** 非難, 罰
bèat the ráp (米口)罰[刑]を免れる
tàke the ráp (俗)〈他人の罪などで〉叱責[罰]を受ける, 〈他人の〉罪をかぶる〈**for**〉
▸▸ **～ mètal** (↓) **～ sèssion** 名 Ⓒ (米口)(形式ばらない)話し合う会 **～ shèet** 名 Ⓒ (米俗)(警察の)前科記録, 犯罪歴カード(crime rap sheet)

rap² /ræp/ (♦ 同音語 wrap) 名 Ⓒ (単数形で)(否定文で)ほんの少し(も…ない) ‖ I don't care a ～. 少しも構わない

ra·pa·cious /rəpéɪʃəs/ 形 ❶ 貪欲(どんよく)な, 強欲な ; 略奪を欲しいままにする ❷ (鳥獣が)捕食性の, 肉食の
～·ly 副 **～·ness** 名

ra·pac·i·ty /rəpǽsəṭi/ 名 Ⓤ 貪欲, 強欲 ; 略奪

*·**rape¹** /reɪp/ 名 Ⓤ Ⓒ ❶ 強姦(ごうかん)(罪), レイプ(♥ 婉曲的には violation, assault, attack, outrage などを用いる) ‖ commit (a) ～ on ... …を強姦する ❷ (単数形で) 蹂躙(じゅうりん), 侵害, 侵犯 ; 強奪[略奪](行為) ; 〈自然・環境の〉破壊〈**of**〉 ‖ the ～ *of* the beautiful countryside 美しい田園風景の破壊 ❸ (古)(女性の)強奪, かどわかし
── 動 他 ❶ …を強姦[レイプ]する(♥ 婉曲的には violate, assault, attack などを用いる) ❷ 〔自然・環境〕を破壊する ❸ (古)…を強奪する **ráp·er, ráp·ist** 名

rape² /reɪp/ 名 Ⓤ 〖植〗セイヨウアブラナ(oilseed rape)
▸▸ **～ òil** 名 Ⓤ 菜種油

rápe·sèed 名 Ⓤ Ⓒ アブラナ[ナタネ]の種子

Raph·a·el /rǽfeɪəl/ 名 ラファエロ(1483–1520)(イタリアルネサンス期の画家・建築家)

‡**rap·id** /rǽpɪd/
── 形 〔▸ rapidity 名〕(**more ～ ; most ～**)
❶ (通例限定)(動き・速度などが)**速い**, **急な** ; (動作などが)

素早い，敏捷(びんしょう)な(↔ slow)；(進行·経過などが)早い，**急速な**，短期間での(↔ gradual)(→ fast¹)(⇨ QUICK 類語) ‖ The local will be followed by a ~ train. 各駅停車の後に快速列車が来る / We've got to do something about the ~ decline in sales. 売り上げの急落に対して何か手を打たねばならない / a ~ stream 急流 / walk with ~ strides 足早に歩く / ~ calculations 素早い計算 / ask questions in ~ succession 矢継ぎ早に質問をする / a ~ **growth** in population 人口急増
❷ (坂などが)急な，険しい
❸ 〘写〙(レンズが)高速の，大口径の
— 名 (複 **~s** /-z/) Ⓒ ❶ 《通例 ~s》早瀬，急流 ‖ shoot the ~*s* 急流下りをする ❷ 《米》快速列車[バスなど]
~·ness 名
▶▶ **~ éye mòvement** 名 Ⓒ (睡眠中の)急速眼球運動，レム(略 REM) ‖ ~ *eye movement* sleep レム睡眠 **~ tránsit (sỳstem)** 名 Ⓒ Ⓤ (大都市の)高速輸送《地下鉄·高架鉄道など》

ràpid-fíre ⊲シ 形 《限定》(質問などが)矢継ぎ早の，立て続けの；(銃などが)速射(用)の(《英》quick-fire)

ra·pid·i·ty /rəpídəṭi/ 名 [◁ rapid 形] Ⓤ 急速，敏速，敏捷，迅速 ‖ with ~ 迅速に(rapidly)

:rap·id·ly /rǽpɪdli/
— 副 (more ~ ; most ~)
速く，素早く，敏速に，急速に；急いで ‖ The memories are ~ fading. その記憶は急速に薄れつつある / a ~ **growing** market in China 急速に拡大している中国市場

ra·pi·er /réɪpiər/ 名 Ⓒ レピアー，突き剣《諸刃(もろは)で細身の剣》；《形容詞的に》当意即妙の，鋭い ‖ have a ~(-like) wit 頭の回転が速い

rapier

rap·ine /rǽpaɪn/ 名 Ⓤ 《文》略奪，強奪

ráp mètal, ráp-mètal 名 Ⓤ 〘楽〙ラップメタル《ヘビーメタルをベースにヒップホップをミックスした音楽》

rap·pel /ræpél/ 名 Ⓤ Ⓒ 〘登山〙懸垂下降，アブザイレン《二重の命綱を使って岩壁を下りる方法》 — 動 (**-pelled** /-d/ ; **-pel·ling**) 自 懸垂下降をする，岩壁をロープで下りる

rap·per /rǽpər/ 名 Ⓒ ❶ ラッパー，ラップ歌手[奏者] ❷ こんこん[とんとん]たたく人[もの] ❸ (ドアの)ノッカー ❹ 《米俗》自由率直な話し手

rap·port /ræpɔ́ːr/ 名 Ⓤ/Ⓒ (a ~) ❶ 信頼関係，心の通い合い〈**between** …の間の，**with** …との〉 ❷ 〘心〙ラポール，ラポート，(心理療法などへの)信頼性(♦ フランス語より)

rap·por·teur /ræ̀pɔːrtə́ːr/ 名 Ⓒ (機関などから任命された)報告担当者

rap·proche·ment /ræ̀prouʃmɑ́ːn | ræprɔ́ʃmɔŋ/ 名 Ⓤ (国家間の)親交樹立[回復]，関係改善；和解(♦ フランス語より)

rap·scal·lion /ræpskǽliən/ 名 Ⓒ 《古または戯》ごろつき，ならず者(rascal)；わんぱく小僧

rapt /ræpt/ 形 ❶ 〈…に〉没頭している，熱中した，夢中の〈**in**〉 ❷ 心を奪われた，うっとりして(いる)，夢見心地の

rap·tor /rǽptər/ 名 Ⓒ ❶ 肉食鳥，猛禽(もうきん)類(bird of prey) ❷ 《口》ラプトル(♦ Velociraptor の短縮形)

rap·to·ri·al /ræptɔ́ːriəl/ 形 猛禽類の，(鳥·獣が)肉食の；(くちばし·つめが)捕食に適した

rap·ture /rǽptʃər/ 名 Ⓤ/Ⓒ 《しばしば ~s》大喜び，有頂天，恍惚(こうこつ)状態(⇨ PLEASURE 類語) ‖「go into [be in] ~*s* (about [OR over] ...) (…に)うっとりする[している]

rap·tur·ous /rǽptʃərəs/ 形 《通例限定》有頂天の；熱狂的な **~·ly** 副

ra·ra a·vis /rèərə éɪvɪs/ 名 (複 **~·es** /-ɪz/ OR **ra·rae a·ves** /rèəriː éɪviːz/) Ⓒ 珍しいもの[人]，珍品，逸品，変わり種(rare bird)(♦ ラテン語より)

:rare¹ /reər/
— 形 [▶ rarity 名] (**rar·er** ; **rar·est**)
❶ (物が)**珍しい**，めったにない；(出来事などが)めったに…(し)ない，**まれな**(↔ common)(♦ 一時的に不足しているものについては scarce を用いる. また「通常と異なる」という意味での「珍しい」は unusual) ‖ Computer illiterates are becoming increasingly ~. コンピューターにうとい人はますます珍しくなっている / It's ~ to see a man wearing a kimono in Japan. 日本で着物の男性を見かけることはめったにない / It's still ~ for women to lead nations. 女性が国のリーダーになるのはまだ珍しい / an **extremely** ~ event 極めて珍しい出来事 / on ~ **occasions** まれに / a ~ book 稀覯(きこう)本
❷ 《限定》素晴らしい，抜群の(♥ 反語的にも用いる)；大変な；《副詞的に》非常に ‖ His sexist remark put me in a ~ passion. 彼の性差別的発言は私をかんかんに怒らせた
❸ (空気·ガスなどが)希薄な，薄い；まばらな
(*as*) ***rare as hen's teeth*** ⇨ HEN(成句)
~·ness 名
▶▶ **~ bírd** 名 Ⓒ ＝rara avis **~ éarth** 名 Ⓤ Ⓒ 〘化〙 ① 希土(酸化物)，レアアース ② 希土類元素(rare-earth element) **~ gàs** 名 Ⓤ 〘化〙希ガス

rare² /reər/ 形 (肉などが)生焼けの(underdone)，レアの(→ medium, well-done)

rare·bit /réərbɪt/ 名 ＝Welsh rabbit

ràre-éarth èlement [mètal] 名 Ⓤ 〘化〙希土類元素

rar·e·fied /réərɪfàɪd/ 形 《通例限定》 ❶ (酸素が)希薄な ❷ 《文》高尚な，深遠な

rar·e·fy /réərɪfàɪ/ 動 (**-fies** /-z/ ; **-fied** /-d/ ; **~·ing**) 他 ❶ [気体など]を希薄にする，薄める ❷ [人格など]を磨く，洗練する — 自 希薄になる，薄まる

:rare·ly /réərli/
— 副 (more ~ ; most ~)
❶ **めったに**[まれにしか]…(し)**ない**(seldom)(↔ often)(⇨ SOMETIMES 類語P) ‖ I ~ speak at home. My wife and the girls do all the talking. 私は家庭ではめったに口をきかない. 妻と娘たちがもっぱらしゃべっている / (**Only**) *rarely* have we seen such a moving performance of *Othello*. これほど感動的な「オセロ」の上演を見たことはめったにない(♦ rarely が文頭にくるのは《堅》. この場合後ろは倒置語順となる) / be ~ **seen** めったに見られない
❷ めったにないほど，とても ‖ a ~ beautiful sunset まれに見る見事な日没 ❸ 素晴らしく，見事に
rárely èver めったに…(し)ない
rárely, if èver ＝SELDOM, *if ever*
ràrely or néver めったに…(し)ない

rar·ing /réərɪŋ/ 形 《叙述》《口》〈…〉したがって〈**to do**〉
be ràring to gó すぐにでも仕事を始めたがっている

rar·i·ty /réərəṭi/ 名 [◁ rare¹ 形] (複 **-ties** /-z/) ❶ Ⓒ まれな出来事，珍品，逸品；Ⓤ 珍しさ，稀有(けう) ‖ a ~ value 希少価値 ❷ Ⓤ (気体の)希薄さ

RAS /ɑ̀ːreɪés, ræs/ 略 💻 *r*emote *a*ccess *s*ervice [*s*erver]

ras·cal /rǽskəl | rɑ́ːs-/ 名 Ⓒ ❶ 《戯》いたずら者，わんぱく小僧 ‖ You little ~! このいたずら坊主め ❷ 不正直[不道徳]な人；《古》悪漢，ならず者，ごろつき

ras·cal·i·ty /ræskǽləṭi | rɑːs-/ 名 (複 **-ties** /-z/) ❶ Ⓤ 非道，卑劣 ❷ Ⓒ 悪事，悪業，卑劣な行為

ras·cal·ly /rǽskəli | rɑ́ːs-/ 形 悪党の；悪辣(あくらつ)な，卑劣な，破廉恥な

rase /reɪz/ 動 ＝raze

***rash¹** /ræʃ/ 形 (人が)向こう見ずな，無分別な，思慮のない，軽率な；(言動が)性急な，早まった ‖ It was ~ of you to draw a conclusion from so little experience.＝You are ~ to draw .... そんなわずかな経験から結論を引き出すとは君も軽率だった / a ~ decision 早まった決

R

断　**~·ly** 副　**~·ness** 名

rash² /ræʃ/ 名 C 《通例 a ~》❶ 発疹(ほっしん), 皮疹, 吹き出物 ❷〈事件などの〉頻発, 続発〈**of**〉‖ a ~ *of* murders 連続殺人(事件)

rash·er /rǽʃər/ 名 C ベーコン[ハム]の薄切り

rásh·gùard 名 (= ~ **shìrt**) C ラッシュガード《サーファーなどが着用するそでの長いシャツ型の水着》

*__rasp__ /ræsp | rɑːsp/ 動 他 ❶ …に(石目)やすりをかける；…を荒くこする；…をがりがり削る《***away, off***》‖ ~ *away* a rough corner でこぼこの角を削り取る ❷〔感情・神経〕をかきむしる, いら立たせる ‖ Her giggle ~*ed* my nerves. 彼女のくすくす笑いは私の神経に障った ❸ …を耳障りな声で言う《***out***》(♦ 直接話法にも用いる) ‖ ~ (*out*) a warning 荒々しい声で警告を発する

— 自 ❶ こすれる；きしむ ❷〈…で〉きしむような[耳障りな]音を立てる〈**on**〉‖ ~ *on* the violin バイオリンをぎいぎい鳴らす ❸〈感情・神経を〉傷つける, 逆なでする〈**on**〉

— 名 C ❶ 大目[鬼目, 石目]やすり；おろし金(など) ❷《単数形で》やすりがけ, 荒くこすること ❸《単数形で》きいきいいう音, きしみ；耳障りな音, いら立たせる音

~·er 名 **~·ing** 形 **~·ing·ly** 副 **~·y** 形

rasp·ber·ry /rǽzbèri | rɑ́ːzbəri/ 《発音注意》名 (複 **-ries** /-z/) C ❶〔植〕ラズベリー(の実)；U 黒ずんだ赤 ❷《口》舌を両唇に挟んで発する音[しぐさ](♥ 軽蔑・嫌悪・拒否を表す) ‖ blow a ~ at him 彼に対して軽蔑の音を発する ▸▸ **~ cáne** 名 C ラズベリーの木

Ras·pu·tin /ræspjúːtən | -tɪn/ 名 **Grigori ~** ラスプーチン(1871–1916)《ロシアの修道士. 皇帝の側近となったが政敵に暗殺された》

Ras·ta·far·i·an /ræ̀stəféəriən/ <シ 名 C 形 ラスタファリ主義者(の)《もとエチオピア皇帝ハイレセラシエ(本名ラスタファリ)を神と仰いで1930年代にジャマイカで起きた宗教運動》 **~·ìsm** 名 U ラスタファリ信奉

ras·ter /rǽstər/ 名 C ラスター《ブラウン管上の走査線の軌跡》；U 💻 ラスター《画像を点の集合として表現する方式》
ràs·ter·i·zá·tion 名 **~·ìze** 動 他

‡**rat** /ræt/

— 名 (複 **~s** /-s/) C ❶ **ネズミ**, ラット(⇨ 類語)；(一般に)齧歯(げっし)類動物(→ muskrat, water rat)
❷《俗》卑劣なやつ, 裏切り者；変節漢, 脱党者；スト破り, 協定賃金以下で働く職工；(警察への)密告者, 垂れ込み屋 ❸《米》《旧》女性用入れ毛 ❹《米口》(ある場所を)うろちょろする人, 常連 ‖ a gym ~ スポーツジムの常連

(***like***) ***ráts lèaving a sìnking shíp*** 沈む船から逃げ出すネズミ(のように)(♥ 困っている味方を見捨てる人を指す)

lòok like a dròwned rát (人が)ぬれネズミ[ずぶぬれ]になる

nòt give a ràt's áss ⊗《米俗》《卑》〈…のことを〉いっこうに気にかけない〈**about**〉

****smèll a rát*** 《口》くさいとにらむ, うさんくさいと感づく

— 動 (**rat·ted** /-ɪd/；**rat·ting**)

— 自 ❶《口》〈党・組織などを〉見捨てる；〈…を〉脱退する《***out***》〈**on**〉 ❷《(+**on** 名)》《口》〔人〕を密告する, 裏切る；《英口》〔約束など〕をすっぽかす ❸ ネズミを捕まえる[殺す]

— 他 ❶《米》〔髪〕を(くしで)逆立てる ❷《米口》〔人〕を密告する, 裏切る《***out***》

類語 《名 ❶》**rat** ドブネズミ・クマネズミの類. 汚く有害で忌まわしいものとみなされる.
mouse rat より小さいハツカネズミ. ふつうおとなしく内気とされる.

▸▸ **~ ràce** 名《the ~》《口》出世[生存]競争 **~ rùn** 名 C 《英口》抜け道

rat·a·ble /réɪtəbl/ 形 ❶ 見積もり[評価]できる ❷ 比例した, 一定の比率に従った ❸《英》地方税を課すべき
-bly 副

rat·a·fi·a /ræ̀təfíːə/ 名 ❶ U ラタフィア《アーモンドや桃などの種子で風味をつけたリキュール》❷ (= ~ **bìscuit**) C アーモンド味ビスケット

rat·a·plan /rǽtəplæ̀n/ 名 C どんどん《太鼓のように激しく打つ音》

rát·àrsed 形《英俗》すっかり酔った

rat-a-tat /ræ̀tətǽt/, **rat-a-tat-tat** /ræ̀tətæ̀ttǽt/, **rat-tat-tat** /ræ̀tətǽt/ 名 C 《単数形で》どんどん, どんどん(rat-tat)《太鼓などをたたく音》

ra·ta·touille /ræ̀tətwíː/ 名 U ラタトゥイユ《色とりどりの野菜を油でいため煮した南フランスの家庭料理》

rát·bàg 名 C 《英・豪口》いやなやつ；能なし, 変人

rát-bìte fèver 名 U 〔医〕鼠咬(そこう)症《ネズミにかまれて感染する熱病》

ratch·et /rǽtʃɪt/ 名 C 〔機〕(車輪の逆転を防ぐ)追い歯, ラチェット, つめ車(装置)；(つめ車の)つめ

— 動 他 自 (…を[が])徐々に増やす[増える]《***up***》；徐々に減らす[減る]《***down***》

‡**rate**¹ /reɪt/ 名 動

中心義 **(ある基準により) Aをはかる** (★Aは「速さ」「率」「価値」など多様)

名 **速度❶　割合❷　規定料金❸**
動 他 **評価する❶　みなす❷**

— 名 (複 **~s** /-s/) C ❶ (特定の)**速度**, 速さ；(変化・増減などの)進度 ‖ Medicine is advancing **at** a ~ unimaginable to previous generations. 医学は過去の世代には想像もつかない速さで進歩している / The stadium won't be completed on time **at** the present ~ (of progress). スタジアムは現在の進度では期日までに完成しないだろう / **at** a steady ~ 一定の速度で
❷ (基準に対する)**割合**, 度合；(全体に対する)割合, 比率；(基準となる)率, 歩合, レート(→ exchange rate, bank rate, birthrate, death rate) ‖ drive **at** the [OR a] ~ of 60 miles an hour 時速60マイルで運転する / a national unemployment ~ of 5.0 percent 5.0%の全国失業率 / a high success ~ 高い成功率 / a divorce ~ 離婚率 / What's the ~ (of exchange) between the dollar and the yen today? 今日のドルと円の(為替)レートはいくらか
❸ (一定の基準に従った)値段, **規定料金**, 代金；(時間当たりの)賃金；〔保険〕掛け金 ‖ postal [railroad] ~*s* 郵便[鉄道]料金 / night telephone ~*s* 夜間通話料金 / the basic ~ 基本料金 / the going ~ 相場価格
❹ 等級, 格；《序数詞を伴って》…級, …等；〔海〕(船員・船舶などの)等, 級, 格 ‖ a violinist of the first ~ = a first-~ violinist 一流バイオリン奏者 ❺ (~s) 税金；《英》(企業に対する)地方税(《米》local taxes)

at a ràte of knóts 《英》素早く, あっという間に

****at ány ràte*** NAVI ① **とにかく**, いずれにせよ(in any case)(♥ 前言よりもこれから述べることが重要であることを示す) ‖ *At any* ~ I'll do my best. とにかく最善を尽くすつもりです ② 少なくとも(at least)(♥ 前言の訂正・整理・強調)

at this [OR ***thát***] ***ràte*** ① こんな[あんな]ふうに ②《口》こんな[あんな]調子なら

— 動 (**~s** /-s/；**rat·ed** /-ɪd/；**ra·ting**)

— 他 《進行形はまれ》❶ **a** 《+目》…(の価値・能力など)を**評価する**[見積もる]；《主に英口》…を高く評価する ‖ I don't ~ this picture very **highly**. 私はこの絵はそう高く評価しない / the 3rd highest-~*d* TV program 3番目に視聴率の高いテレビ番組 / The output was ~*d* at 4,000 tons per working day. 稼働日当たりの生産量は4,000トンとされていた
b 《+目+補〈**as** 名・形〉》…を…と見積もる ‖ ~ a house *as* worth $200,000 家を20万ドルと評価する
❷ **a** 《+目》…を**みなす**, 考える〈**among** …の一員と；**with** …と同列と〉‖ I still ~ him *among* my friends. 私は今も彼を友人の1人と考えている

b《+目+補〈(as) 名・形〉》…を…と考える，みなす，評価する ‖ He is ～*d* an excellent pianist. 彼は優秀なピアニストとみなされている / I ～ your abilities *as* far superior to mine. 君の才能は私よりはるかに優れていると思う ❸ …に値する ‖ This incident doesn't ～ a mention in the newspaper. この出来事は新聞に取り上げる価値がない ❹《通例受身形で》 a 《+目》 等級に分けられる，格付けされる b《+目+補》…だと格付けされる；(映画が)…に指定される ‖ be ～*d* G 一般映画に指定される / He is currently ～*d* third in the world. 彼は現在世界ランキング3位だ ❺《通例受身形で》《主に英》(固定資産が課税対象として)〈…と〉評価[査定]される〈at〉 ❻〔機器など〕の定格出力[容量など]を〈…と〉する〈at〉

—自《進行形はまれ》 ❶〈…と〉(高く)評価される；みなされる〈as〉 ‖ *As* a director he doesn't ～ (very highly). 監督として彼はそう高く評価されていない / She ～*d as* a kind person. 彼女は親切な人と思われていた

❷《+補》(…という)等級を占める，位する ‖ The ship ～*s* A1. その船はA1に等級づけられている ❸《口》〈…からの〉受けがいい，評判がいい〈with〉 ‖ He really ～*s with* the foreign students. 彼は留学生たちの評判が実にいい

▸▸ ～ càp 名C《米》銀行の利子の上限設定 **～ of exchánge** 名C 為替レート(exchange rate) **～ of retúrn** 名C《単数形で》収益率

rate² /reɪt/ 動 自 他《古》(…を)しかりつける，(…に)がみがみ言う

rate·a·ble /réɪṭəbl/ 形 =ratable

ráte-càp 動 (**-capped** /-t/；**-cap·ping**) 他《英》《旧》(政府が)〔地方自治体〕に地方税の制限を加える

ra·tel /réɪṭəl/ 名C〔動〕ラーテル《南アフリカ・インドにすむアナグマに似た動物》

ráte·pàyer 名C《米》公共料金納付者；《英》地方税納税者

-rater /-reɪṭər/ 連結形「…の等級の人[もの]」の意 ‖ a first-～ 第一級の人物，一級品

rát·fìnk 名C ⊗《主に米俗》《蔑》いやなやつ，卑劣なやつ，密告者

****rath·er** /rǽðər | rɑ́:ðə/《アクセント注意》(→ 間) 副 間

—副《比較なし》 ❶ **かなり**，相当，だいぶ，とても(♥ 相対的程度を表して「思っていた以上に」という意味を含む)；いくらか，少々，やや(⇨ VERY 類語P) ‖ The political situation is ～ **different** now. 政治状況は今はだいぶ違う / A day without the Internet is ～ **like** a stressful diet. インターネットのない日はまるでつらいダイエットのようだ / I'm ～ tired. 僕はかなり疲れている / I feel ～ better today. 今日はだいぶ気分がいい / "I did ～ well in my exams, Mom." "You're always optimistic."「お母さん，試験はかなりよくできたよ」「あんたはいつも楽観的ね」 / It's ～ too large. Could you get me a smaller size? ちょっと大きすぎます．もっと小さいサイズのはありますか(♦ fairly や quite と異なり，too や比較級とともに用いることが可能) / She is ～ an intellectual. 彼女はそこそこ頭がいい / It's a ～ big dog. かなり大きな犬だ(⇨ 語法(3))

❷《動詞を限定して》多少，半ば(♥ think, hope, like, enjoy など思考・感情の動詞を修飾する．別の意見の存在を想定しつつ自分の主張を和らげて述べたい場合に用いる) ‖ I ～ think he knows the truth. 彼が真相を知っているような気がするのだが

語法 ★☆ (1) rather は very より弱いが fairly, quite より強意で，これらの語よりも《堅》であり，主に《英》で用いられる．《米口》では pretty を使うことが多い．
(2) rather を使うとその状態が好ましくないことを表す場合が多いので rather hot は「望んでいたより暑い」の意になりやすい．しかし good, happy, pleased など本来よい意味を持った語につくこともあり，その場合 rather は「非常に」に近い意味になることが多い．
(3)「a + 形容詞 + 名詞」を修飾する場合の語順は，It's rather a big dog. と It's a rather big dog. の2通りがあるが，特に《米》では後者の方が多い．冠詞が the である場合は the rather big dog の形だけが可能．

❸《*A* ～ than *B* または ～ *A* than *B*》*B*より**むしろ*A***，どちらかといえば*B*より*A*(♦ *A*, *B*には形容詞・副詞・名詞・不定詞・動名詞などがくる．*A*と*B*は同等のものになる．ただし最後の用例参照) ‖ The problem is economical ～ than political. その問題は政治的というよりむしろ経済的なものだ(=The problem is not so much political as economical.) / I like watching videos ～ than going to the movie theater. 映画館へ行くよりはビデオを観る方がいい / Dad prefers to work around the house on weekends ～ than (to) go out shopping with us. 父さんは週末には私達と買い物に出かけるより家の周りの仕事を片づける方が好きだ / *Rather* than sit [OR sitting] around waiting, he began preparing lunch. ぼんやり待つことなく，彼は昼食の支度を始めた(♦ *A*に当たる部分が時制を持った動詞のとき*B*は原形不定詞または動名詞になる)

❹《接続詞的に》それどころか，かえって，逆に ‖ It's not a help, (but) ～ a hindrance. 助けどころか妨害だ

or ráther NAVI もっと正確に言えば，というよりは(♥ 誤りなどを言い直すときに用いる) ‖ her friend, *or* ～, her fiancé 彼女の友人，もっと正しく言えば婚約者

ràther you* [*him*, etc.] *than mé 君[彼など]だったらいいが私は(そんなことは)いやだ，私にはとてもできない

****would* [OR *had*] *ráther A* (*than B*)** (*B* するより)**むしろ*A* したい**，*A* した方がいい(♦ had は《旧》で would の方がふつう．《口》ではどちらも 'd rather となる．*A* は動詞の原形または節．節の始めに that はふつうつけない) ‖ I'*d* ～ talk [not talk] about it. 私はそれについてむしろ話す[話さない]ことにしたい / I'*d* ～ go today than tomorrow. 明日というより今日行きたい / "May I smoke?" "I'*d* ～ you didn't."「たばこを吸ってもいいですか」「できれば吸わないでいただきたい」 / I'*d* ～ you came with me. 一緒に来てくれるといいのだが(♦ 節を使う場合，仮定法過去形を用いる) / I'*d* ～ you hadn't done that. そんなことをしないでほしかった(♦ 過去の出来事についていう場合は，仮定法過去完了形を用いる．ただしこの意味では wish を用いて I wish you hadn't done that. という方がふつう)

COMMUNICATIVE EXPRESSIONS

1 **I'd ràther díe.** ⇨ DIE¹(CE 1)

2 "Do you wànt to gò to the párty?" **"I'd ràther nót (, àctually)."**「パーティーに行きたいかい」「いや，(実のところ)あんまり」(♥ 気が進まないことを意味する)

—間 /ræ̀ðɑ́:r | rɑ̀:ðɑ́:/《英口》《旧》そうだとも，もちろん(♥ 賛意を表す返答) ‖ "Did you have a good time?" "*Rather*!"「楽しかったかい」「そりゃあもちろん」

raths·kel·ler /rɑ́:tskèlər/ 名C《米》(ドイツ風)地下ビヤホール[食堂]

***rat·i·fi·ca·tion** /ræ̀ṭɪfɪkéɪʃən/ 名U (条約などの) 批准，承認，裁可

***rat·i·fy** /rǽṭəfàɪ | rǽtɪ-/ 動 (**-fies** /-z/；**-fied** /-d/；**～·ing**) 他〔条約など〕を批准する，承認する，裁可する
-fi·a·ble 形 **-fi·er** 名

***rat·ing¹** /réɪṭɪŋ/ 名 ❶ C U (等級による) 格付け，等級，級別 ‖ The hotel gained a five-star ～. そのホテルは五つ星に格付けされた ❷ U C 評価，評定；(試験の)評点 ‖ Our school has a good academic ～. 我が校は学力的に高い評価を受けている / efficiency ～ 勤務評定 ❸ C (個人・会社の経済的)信用度；(政府・大統領などの)支持率 ‖ a credit ～ 信用格付け / the premier's approval ～ 首相の支持率 ❹ C (特定のテレビ番組などの)視聴率；《the ～s》(テレビ・ラジオの)視聴[聴取]率；(映画・テレビ番組などの) 人気順位表 ‖ The quiz show had the highest television ～ this week. そのクイズ番組が今週最高のテレビ視聴率を得た ❺ C《単数形で》(映画

の)観客指定 ❻ Ⓒ (船員・軍人の)職種(別等級);序列, 地位;《しばしば ～s》〖英海軍〗下士官兵, 水兵 ❼ Ⓒ Ⓤ《英》(課税のための) 評価, 見積もり;地方税賦課(額) ❽ Ⓒ《英》(レース用ヨットの長さなどによる)格付け, 分類

▸▸ ～(s) **ágency** 名 Ⓒ 格付け機関 (credit rating agency)

rat·ing² /réɪtɪŋ/ 名 Ⓤ Ⓒ《旧》しかりつけること

***ra·ti·o** /réɪʃiòʊ/《発音注意》名 (複 **～s** /-z/) ❶ Ⓒ 比率, 比, 割合;Ⓤ〖数〗比, 比例(関係) ‖ The ～*s* of 1 to 4 and 20 to 80 are the same. 1対4と20対80の比率は同じだ / be in the ～ of 3 to 2 3対2の割合になっている (♦ a ratio of 3 to 2 は 3:2, 3/2 と表記する) / The ～ of students to teachers in this school is 30 to 1. この学校での生徒の先生に対する比率は30対1である ❷ Ⓒ Ⓤ〖金融〗(複本位制での)金銀比価

ra·ti·oc·i·nate /ræ̀ʃiá(ː)sənèɪt | -tiɔ́sɪ-/ 動 自《堅》(論理的に) 推論[推理]する **rà·ti·o·ci·ná·tion** 名 Ⓤ 推論, 推理 **-nà·tive** 形 推論[推理]の;理屈っぽい

***ra·tion** /rǽʃən, +米 réɪ-/《発音注意》名 ❶ Ⓒ (食料・物資などの)配給(量);(一定の)割当(量) ‖ You've had your ～ of video game for today. 今日のテレビゲームの時間はこれでおしまいですよ ❷ Ⓒ《～s》(兵士などの) 1日の糧食, 口糧;食料, 糧食 ‖ be on short ～*s* 食料を制限されている / iron ～*s* (兵士の) 非常用携帯食糧 ❸《one's ～》〈…の〉通常の量[適量]〈**of**〉

―動 他 ❶〔食料など〕を割当制限する, 配給制にする(♦ しばしば受身形で用いる) ‖ Food was ～*ed* in the refugee camp. 難民キャンプでは食料は配給制だった ❷〔人〕に〈…を〉割当制限する, 配給する〈**to**〉‖ ～ a shopper *to* one case お一人様1ケースに制限する

ràtion óut ... / ràtion ... óut 〈他〉〔食料・物資など〕を配給する

***ra·tion·al** /rǽʃənəl/ 形 ❶ (人が)理性的な, 分別がある, 道理をわきまえた;理性[推理力]のある;正常な, 正気な, まともな (↔ irrational) ‖ a ～ adult 分別のある大人 / The human being is a ～ animal. 人間は理性を備えた動物である ❷ (物事が)合理的な, 道理にかなった, 論理的な, 穏当な (↔ irrational) (⇨ REASONABLE 類語) ‖ ～ judgment 合理的な判断 ❸ 理性の, 理性に基づく, 推理の ‖ ～ powers 推理力 ❹〖数〗(数・関数が)有理の (↔ surd)

―名 (= ～ **númber**) Ⓒ〖数〗有理数

～·ly 副 **～·ness** 名

ra·tion·ale /ræ̀ʃənǽl | -ɑ́ːl/ 名 Ⓤ Ⓒ 〈…の〉原理的[理論的]説明, 理由づけ;論理的根拠〈**behind, for, of**〉

ra·tion·al·ism /rǽʃənəlìzm/ 名 Ⓤ 合理主義;〖哲〗合理論, 理性論(→ sensationalism);〖宗〗理性主義

ra·tion·al·ist /rǽʃənəlɪst/ 名 Ⓒ 合理主義者;理性論[主義]者 **rà·tion·al·ís·tic** 形 **-ti·cal·ly** 副

ra·tion·al·i·ty /ræ̀ʃənǽləṭi/ 名 (複 **-ties** /-z/) ❶ Ⓤ 理性のあること;合理性 ❷ Ⓒ《通例 -ties》理性的行動

***ra·tion·al·ize** /rǽʃənəlàɪz/ 動 他 ❶〔言動など〕を(強いて)合理化する, …にもっともらしい理由をつける ❷〔産業・組織など〕を合理化する, 再編する, 効率化する ❸ …を合理的にする ‖ attempts to ～ English spelling 英語のつづりを合理的にしようとする試み ❹ …を合理的に解釈[説明]する《*away*》❺〖数〗…を有理化する

―自 ❶ 合理的に考える[行動する] ❷ (こじつけなどで) 言動を正当化する ❸ (産業・組織などが)合理化される

rà·tion·al·i·zá·tion 名 Ⓤ Ⓒ 合理化;正当化;〖数〗有理化 **-ìz·er** 名 Ⓒ 合理化する人

rat·lines /rǽtlɪnz/ 名 複〖海〗(帆船のマストにつける)縄ばしご

rát-tàil 名 Ⓒ ❶ ネズミの尾 ❷ 馬の毛のない尾 ❸〖魚〗ソコダラ ―形 ひょろ長い

rat·tan /rətǽn/ 名 ❶ Ⓒ〖植〗トウ(籐);トウ製のつえ[むち] ❷ Ⓤ《集合的に》トウ材

rat-tat /ræ̀ttǽt/ 名 =rat-a-tat(-tat)

***rat·tle** /rǽṭl/ 動 自 ❶ がたがた[がらがら, じゃらじゃら]音がする ‖ The wind made the windows ～ all night. 風で窓が一晩中がたがた鳴った ❷《+副句》がたがたと走る[動く], (車などで) 疾走する (♦ 副句 は方向を表す) ‖ The cart ～*d* along the stony road. 荷車はがたがたと石ころ道を通って行った ❸〈…のことを〉ぺらぺらしゃべる《*on, away*》〈**about**〉;《主に英》〈…を〉てきぱきと行う〈**through**〉‖ She ～*d on about* her achievements. 彼女は自分の業績についてべらべらとしゃべった / He ～*d through* his work. 彼は仕事をてきぱきと片づけた

―他 ❶ …をがらがらいわせる;…をがたがた動かす ‖ ～ the coins in one's pocket ポケットの中で硬貨をじゃらじゃら鳴らす ❷《口》…をまごつかせる, いら立たせる, 驚かす (♦ しばしば受身形で用いる) ‖ I got ～*d* by their stupid questions. 彼らのばかららしい質問にいらいらした

ràttle aróund [OR ***abóut***] 〈自〉《口》〈広すぎる家・場所を〉持て余す;〈…の中で〉暮らす, 動き回る〈**in**〉―〈他〉《***ràttle aróund*** [OR ***abóut***] ***...***》〔広すぎる家・場所〕を持て余す

****ràttle óff ... / ràttle ... óff*** 〈他〉…をすらすらと言う;…を素早く行う, 楽々やってのける ‖ ～ *off* all the presidents' names 大統領の名前を全部すらすら言う

―名 Ⓒ ❶《単数形で》がたがた[がらがら]鳴る音(→ death rattle) ❷ (おもちゃの) がらがら《赤ん坊向けのものやサッカーの応援などに使うもの》;がらがら鳴る器具 ❸ (ガラガラヘビの) 輪状の尾;さやの中で実の鳴る植物 ❹ Ⓤ おしゃべり, 無駄話;騒音, 大騒ぎ ❺《古》おしゃべりな人

-tly 形 がたがたの, ぐらつく;がたがた[からから]音を立てる

ráttle·bràin, -pàte 名 Ⓒ ⊗《米口》《蔑》軽薄な人, 頭の空っぽな人 **-bràined** 形 **-pàted** 形

rat·tler /rǽtlər/ 名 Ⓒ ❶《米口》=rattlesnake ❷ がらがら音を出す人[もの];おしゃべりな人 ❸《米口》貨物列車

ráttle·snàke 名 Ⓒ〖動〗ガラガラヘビ《米大陸産の毒蛇. 尾の先端に発音器官を持つ》

ráttle·tràp 名 Ⓒ ❶《口》がたがたの乗り物;(特に)おんぼろ自動車[馬車] ❷《通例 ～s》がらくた, 骨董(こっとう)品

―形《限定》(自動車などが)がたがたの, おんぼろの

rat·tling /rǽtlɪŋ/ 形《限定》❶ がらがら[がたがた]鳴る ❷《口》活発な, きびきびした ―副《旧》《口》とても(♦ 通例 good を修飾する) ‖ a ～ good story 素晴らしい話

rát·tràp 名 Ⓒ ❶ ネズミ捕り器 ❷《口》難局, 窮地, 苦境 ❸《口》おんぼろの建物, 薄汚い場所

rat·ty /rǽṭi/ 形 ❶ ネズミの(ような);ネズミがはびこった ❷《口》みすぼらしい, おんぼろの ❸《叙述》《英口》いらいらした, 不機嫌な

***rau·cous** /rɔ́ːkəs/《発音注意》形 ❶ しわがれ声の, 耳障りな ‖ ～ laughter 耳障りな笑い ❷ 騒々しい

ráu·ci·ty 名 **～·ly** 副 **～·ness** 形

raunch /rɔːntʃ/ 名 Ⓤ《口》みだら;粗野, 粗雑

raun·chy /rɔ́ːntʃi/ 形《口》❶ 卑猥(ひわい)な, 好色な ❷《米》汚らしい, だらしない

rau·wol·fia /rɔːwʊ́lfiə/ 名 Ⓒ〖植〗ラオウルフィア《キョウチクトウ科の低木》;Ⓤ その根のエキス《鎮静・血圧降下剤》

***rav·age** /rǽvɪdʒ/《発音注意》動 他 …を破壊し尽くす;〔町など〕を略奪する;〔産業など〕をひどく損なう(♦ しばしば受身形で用いる) ‖ a town ～*d* by a hurricane ハリケーンで壊滅状態の町 ―自 破壊する, 荒らす

―名 ❶ Ⓤ 破壊, 荒廃;破壊の猛威;略奪 ❷ Ⓒ《the ～s》〈…による〉破壊の跡, 惨害〈**of**〉‖ the ～*s of* time 時の経過による損壊 **-ag·er** 名 Ⓒ 破壊者, 略奪者

-ravaged 連結形《複合語で》…に破壊された, …に損害を受けた ‖ a famine-*ravaged* country 飢餓に苦しむ国 / a debt-*ravaged* company 負債にあえぐ会社

***rave** /reɪv/ 動 自 ❶ うわごとを言う;(興奮して) わめき立てる〈**about** …のことで;**against, at** …に〉‖ ～ (on) *about* poor refereeing 下手な判定のことでわめき立てる / ～ *at* [OR *against*] one's opponent 相手に食ってかかる ❷〈…のことを〉激賞する;〈…に〉夢中になる〈**about, over**〉❸ (嵐(あらし)・波などが)荒れ狂う, 怒号する ❹《主に

英口》乱痴気パーティーに参加する，浮かれ騒ぐ —他《+**that** 節》(錯乱状態で)…とわめく；…と夢中になって話す ‖ She ~*d that* he had abused her.＝"He abused me," she ~*d*. 「彼は私を虐待した」と彼女はわめいた
—名 U C ❶ わめき立てること，荒れ狂うこと，怒号，狂乱 ❷《主に米口》(劇・映画などの)激賞，絶賛，べた褒め；絶賛される人[もの]；《英口》《旧》熱狂，夢中；(一時的)大流行 ‖ The film has won ~*s* in all the papers. その映画は各紙で激賞された ❸《主に英口》レイブ《若者の乱痴気パーティー；(若者による大規模な)ダンスパーティー》；U レイブで演奏されるダンス音楽
—形《限定》(主に新聞で) 褒めちぎった，激賞の ‖ a ~ review べた褒めの批評

rav·el /rǽvəl/ 動 (~·ed, +《英》-elled /-d/；~·ing,《英》-el·ling) 他 ❶〔綱・編み物など〕をほぐす；〔疑問など〕を解きほぐす，解明する《*out*》❷ …をもつれさせる；〔問題など〕を紛糾[混乱]させる《*up*》 —自 ❶ (綱・編み物などが)ほぐれる；(問題などが) 解消する《*out*》❷ もつれる，紛糾する《*up*》❸ (路面などが) 崩れる —名 C ❶ (綱・布地の)ほぐれた糸の切れ端 ❷ もつれ；紛糾

Ra·vel /rævél/ 名 **Maurice Joseph** ~ ラベル (1875–1937)《フランスの作曲家》

ráv·el·(l)ing /-ɪŋ/ 名 U ほどけたもの，ほつれ糸

ra·ven[1] /réɪvən/ 名 C《鳥》ワタリガラス《カラス中の最大種》 —形《限定》《文》漆黒の，ぬれ羽色の

rav·en[2] /rǽvən/ 動 自 ❶ 略奪する，荒らし回る《*about*》；あさり歩く ❷ がつがつする[食う] —他 …をむさぼり食う

ràven-háired ◁ 形《文》(女性が)緑の黒髪の

rav·en·ing /rǽvənɪŋ/ 形《限定》獲物をあさる，貪欲(どんよく)な

rav·e·nous /rǽvənəs/ 形 がつがつした，飢えきった；〈…に〉貪欲な；《限定》(食欲が)ものすごい〈**for**〉
~·ly 副 **~·ness** 名

rav·er /réɪvər/ 名 C《口》❶《英》勝手気ままに生きる人 ❷ 乱痴気パーティー(rave)の常連；おかしな(ことを言う)人

ráve-ùp 名 C ❶《英口》乱痴気パーティー，どんちゃん騒ぎ ❷《米口》(ポップスなどの)熱狂的な演奏

*__ra·vine__ /rəvíːn/ 名 C (急流の浸食による)峡谷，渓谷

rav·ing /réɪvɪŋ/ 形《限定》❶ うわごとを言う (ほどの)，精神が錯乱した；たけり狂う ❷《口》並外れた，素晴らしい ‖ a ~ success 大成功 —副《口》全く，すっかり ‖ be (stark) ~ mad 完全に気が狂っている —名 U/C《通例 ~s》うわごと，たわごと；怒号

rav·i·o·li /rævióuli/ 名 (複 ~ OR ~**s** /-z/) U C ラビオリ《ひき肉・チーズを詰めたパスタ料理》

rav·ish /rǽvɪʃ/ 動 他 ❶《文》…をうっとり[恍惚(こうこつ)と]させる(♦しばしば受身形で用いる) ❷《旧》〔女性〕を強姦(ごうかん)する ❸《古》…を強奪する，奪い去る **~·ment** 名

rav·ish·ing /rǽvɪʃɪŋ/ 形 うっとりさせる，魅惑的な
~·ly 副

raw /rɔː/ 《発音注意》(♦ row と区別)
—形 (~·er；~·est)
❶《比較なし》(食べ物が)**生**(なま)**の**；半煮え[生焼け]の ‖ ~ fish 生魚 / eat meat ~ 肉を生で食べる
❷《比較なし》《通例限定》(データなどが) 未処理 [未修正，未分析]の ‖ ~ **data** 未処理のデータ
❸《通例限定》《比較なし》原料のままの，**未加工[精製]の**，仕上げていない；(布の端が)縁取りしていない，耳をとっていない；(酒が)生(き)の；できたての ‖ ~ wool [cotton] 原毛[綿] / ~ silk (精練していない)生糸 / ~ milk 生乳 / ~ whisky ストレートウイスキー / ~ paint 塗りたてのペンキ
❹ すりむけた，赤むけした；(傷などが) ひりひりする ‖ My hands are ~ from doing so much housework. 家事のしすぎで手が赤くなってひりひりする
❺《通例限定》未熟な，未経験の，訓練を受けていない (↔ experienced) ‖ a ~ recruit 新兵，全くの初心者
❻ じめじめして寒い，底冷えのする ‖ The February evening was more ~ than cold. 2月のこの夜は寒いというよりは底冷えがした ❼《通例限定》(感情などが)生々しい，荒々しい ‖ ~ courage 荒々しい勇気 ❽ (描写などが) ありのままの，赤裸々な；粗野な(↔ refined)；《主に米口》下品な，猥褻(わいせつ)な ‖ a ~ remark 下品な発言
—名《the ~》皮のむけた所，ひりひりする所
in the ráw ① 自然[あり]のままで(の)，原始[野蛮]状態で(の) ②《口》裸の[で](naked)
tòuch [OR *càtch*] *a pèrson on the ráw* 〔人〕の痛みに触れる，痛いところを突く
~·ly 副 **~·ness** 名
▶▶ **~ déal** 名 C《通例単数形で》不当な扱い ‖ get a ~ *deal* ひどい扱いをされる **~ matérial** 名 C U 原 (材) 料 **~ siénna** 名 U 生(き)シエナ土《黄色顔料》；黄褐色

ràw·bóned ◁ 形 やせこけた，骨ばった

ráw·hìde 名 ❶ U (牛などの)生皮，なめしてない皮 ❷ C《米》生皮のむち[ロープ]
—動 他《米》…を生皮のむちで打つ

*__ray__[1] /reɪ/ 名 (複 ~**s** /-z/) C ❶ (一条の) 光；光線；《~s》《口》(日光浴のための)日光(⇨ LIGHT[1] 類語) ‖ the ~*s* of the sun 太陽光線 / catch some [OR a few] ~*s* 日に当たる，日光浴をする ❷《通例 ~s》〔理〕熱線，放射線，輻射(ふくしゃ)線 ‖ cosmic ~*s* 宇宙線 ❸ ひらめき，一筋の光明，曙光(しょこう)；かすかなもの，少量 ‖ a ~ of intelligence 知性のひらめき / a ~ of hope 一縷(いちる)の望み ❹ (1点からの)放射状の直線，射出形のもの ❺〔植〕(キク科植物の)舌状花，放射組織；〔動〕(ヒトデの)腕部；(魚の)鰭条(きじょう)
a rày of súnshine 《口》その場を明るくしてくれる人[もの] (♥ 逆の意味で使われることもある)
—動 (~**s** /-z/；~**ed** /-d/；~**·ing**) 自 光を放つ，きらめく；(考え・希望などが) ひらめく；(放射状に) 発散する —他《文》〔光〕を放射する；(放射状に) …を発散する《*out, forth*》；…に光[放射線]を当てる
▶▶ **~ gùn** 名 C (SFに出てくる)光線銃

ray[2] /reɪ/ 名 C〔魚〕エイ

ray[3] /reɪ/ 名《英》＝re[1]

Ray /reɪ/ 名 レイ《Raymond の愛称》

ray·on /réɪɑ(ː)n | -ɒn/ 名 U レーヨン，人絹；レーヨン織物(♦ 商標より)

raze /reɪz/ 動 他〔町〕を完全に破壊する，〔建物〕を倒壊させる(♦ しばしば受身形で用いる)

*__ra·zor__ /réɪzər/ 名 C かみそり；電気かみそり ‖ a safety ~ 安全かみそり —動 他 …にかみそりを当てる；…をそる，切る ‖ a well-~*ed* chin きれいにひげをそったあご
▶▶ **~ blàde** 名 C (特に使い捨ての)安全かみそりの刃 **~ clàm** 名 C《米》〔貝〕マテガイ(《英》razor shell) **~ cùt** 名 C《通例単数形で》レザーカット《かみそりで頭髪をカットすること》 **~ édge** (↓) **~ wìre** 名 U かみそり状鉄線《鉄条網用》

rázor·bàck 名 C ❶〔動〕(米国南部産の)半野生豚 ❷〔動〕ナガスクジラ(finback) ❸ 切り立った尾根

rázor·bìll, ràzor-bìlled áuk 名 C〔鳥〕オオハシウミガラス《北大西洋産》

ràzor édge, ràzor's édge 名 C ❶ かみそりの刃；鋭い刃(状のもの) ❷ 危険な状態，危機；きわどい分かれ目
be on 「*a ràzor* [OR *the ràzor's*] *édge* 極めて危険な状態である

*__ràzor-shárp__ 形 非常に鋭い，鋭利な；聡明(そうめい)な

rázor-thìn 形 かみそりのように薄い；《限定》《米》(勝利が)僅差(きんさ)の，紙一重の

razz /ræz/ 《米口》動 他 …をあざける，冷やかす；…をなぶる
—名 U C 嘲笑(ちょうしょう)，酷評

raz·zle /rǽzəl/ 名 U ばか騒ぎ ‖ go [be] (out) on the ~《英口》ばか騒ぎをしに行く[している]

raz·zle-daz·zle /ræ̀zldǽzl/ 名 U《米口》❶ 派手な宣伝；(劇などの) どたばた (場面) ❷ (アメフトで) 相手側を混乱させる複雑な動き；目くらまし

razz·ma·tazz /ræ̀zmətǽz/ 名《口》U ❶ ＝razzle-dazzle ❶ ❷ ごまかし，あいまいな言葉

Rb 記号〔化〕rubidium(ルビジウム)

R

rbc 略 *r*ed *b*lood *c*ell(赤血球)
RBE, rbé 略 *r*elative *b*iological *e*ffectiveness (生物学的効果比)
RBI 略 〖野球〗*r*un(s) *b*atted *i*n (打点) ‖ a game-winning ～ 試合を決める打点, 決勝打
RC 略 *R*ed *C*ross (赤十字社) ; 💻 *r*elease *c*andidate (製品候補版)《問題がなければ正式な製品となるバージョン》; *R*oman *C*atholic(ローマカトリック教徒)
RCA 略 *R*oyal *C*ollege of *A*rt
RCAF 略 *R*oyal *C*anadian *A*ir *F*orce(カナダ空軍)
RCM 略 *R*oyal *C*ollege of *M*usic
RCMP 略 *R*oyal *C*anadian *M*ounted *P*olice (カナダ騎馬警察隊)
r-colored /ɑ́ːr-/ 形 〖音声〗(母音が) r の音色を帯びた
RCP 略 *R*oyal *C*ollege of *P*hysicians (英国内科医師会)
rcpt. 略 receipt
RCS 略 *R*oyal *C*ollege of *S*cience ; *R*oyal *C*ollege of *S*urgeons(英国外科医師会); *R*oyal *C*orps of *S*ignals(英国通信隊)
RD 略 *r*ural *d*elivery(地方無料郵便配達)
rd. 略 road ; rod(s) ; round
Rd. 略 Road(…通り)
RDA 略 *r*ecommended *d*ietary [OR *d*aily] *a*llowance(1日に摂取すべき栄養素量)
RDB 略 💻 *r*elational *d*ata*b*ase
RDBMS 略 💻 *r*elational *d*ata*b*ase *m*anagement *s*ystem
RDD 略 *r*andom *d*igit *d*ialing (無作為に電話番号を選んで世論調査を行うサンプリング方式)
RDF 略 *R*apid *D*eployment *F*orces ; *r*adio *d*irection *f*inder(無線方向探知器)
re[1] /reɪ/ 名 U C 〖楽〗レ《全音階の第2音》
re[2] /riː/ 前 ❶ 〖主に法・商〗…に関して ; …について ‖ ～ your letter of the 15th November 11月15日付の貴簡に関して ❷ 💻 (メールなどのタイトルで) …に関して, …への返信(♦ ラテン語 res より)
Re 記号 〖化〗rhenium(レニウム)
RE 略 *r*eligious *e*ducation (宗教教育) ; 💻 *r*eply [*r*esponse]《メールなどの返信・返事・応答》; *R*oyal *E*ngineers(英国工兵隊)
're /ər/ =are[1] ‖ we'*re*, you'*re*, they'*re*
re- 接頭 ❶「再び」「新たに」「…し直す」「元に」の意 ‖ *re*arrange, *re*build, *re*duce, *re*tort ❷「相互に」「反…」「後に」「反復」「否…」などの意 ‖ *re*act, *re*sist, *re*main, *re*double, *re*cant (♦ 次の場合はハイフンを伴う. (1)「再び」「元に」の意を強調する場合.〈例〉*re*-collect(→ recollect) (2) 特に《英》で, re- の次の音節が e で始まる場合.〈例〉*re*-examine)
REA 略 *R*ural *E*lectrification *A*dministration (《米国の》農村電化局)
re·ab·sorb /rìːəbzɔ́ːrb, -sɔ́ːrb/ 動 他 …を再び吸い込む
-sórp·tion 名
re·ac·cess /rìːǽkses/ 名 U 動 自 他 💻 (…に) 再接続(する), 再アクセス(する)

reach /riːtʃ/ 動 名

中心義 Aに達する (★Aは具体的な「場所」に限らず,「段階」や「含意」など抽象的なものまで含む)

> 動 他 到着する❶ 届く❷❹❺ 達する❻❼
> 自 手[腕, 足]を伸ばす❶

— 動 (～·es /-ɪz/ ; ～ed /-t/ ; ～·ing)

— 他 ❶ 〔目的地など〕に着く, **到着する** (get to) (⇨ ARRIVE 類語P) ‖ When the Hare woke up, the Tortoise had almost ～*ed* the finish line. ウサギが目を覚ましたときカメはほぼゴールに着いていた / That island can be ～*ed* by air. その島には飛行機で行ける / I have not ～*ed* the end of the book yet. まだ本の終わりまで読んでいない

❷《進行形不可》 **a** 《+目》(手を伸ばして)…に触れる, **届く** ; 手を(上に)伸ばして…を取る[降ろす]《**down**》‖ Can you ～ the top shelf? いちばん上の棚に手が届きますか / ～ *down* a cap from the hook 手を伸ばして帽子かけから帽子を取る

b 《+目 *A*+目 *B* ≒+目 *B*+**for** 目 *A*》(手を伸ばして) *A* (人) に *B* (物) を取ってやる, 手渡す《**down**》‖ Will you please ～ me (*down*) that dictionary?=Will you please ～ that dictionary (*down*) *for* me? その辞書を取ってもらえますか

❸〔手など〕を差し出す, 伸ばす《**out**》‖ ～ *out* an arm for a cigarette たばこを取ろうと手を伸ばす

❹ (物などが) …(の手元)に**届く** ; (音・ニュースなどが) …まで届く, 達する ; (放送などが) …に受信 [視聴] される ‖ The letter [news] ～*ed* me yesterday. その手紙 [知らせ] はきのう届いた / Her voice didn't ～ the back rows. 彼女の声は後ろの列まで届かなかった / A large number of commercials ～ every part of the country. 大量のコマーシャルが全国津々浦々まで流れている

❺《通例進行形不可》(物が)(高さ・長さ・深さなどからみて) …まで**届く**, 伸びる ; (土地などが) …に広がる, 達する ‖ The ladder does not ～ the top shelf. そのはしごはいちばん上の棚まで届かない / The water level of the river has ～*ed* the warning line. 川の水位は警戒線にまで達してしまった

❻〔時点・段階・状態・数量など〕に**達する**, 到達する, 及ぶ ‖ It is not easy for women to ～ the top of the power ladder. 女性が権力の階段のトップまで上り詰めるのは容易ではない / The opening ceremony ～*ed* its climax when the Olympic flame was lit. オリンピックの聖火が点火されたとき開会式は最高潮に達した / The damage will ～ 2 hundred million dollars. 被害は2億ドルに及ぶだろう

❼〔結論・合意など〕に**達する** ; 〔目的など〕を達成する ‖ They failed to ～ agreement on a new contract. 彼らは新しい契約の合意に達することができなかった / ～ a peaceful solution 平和的解決に達する / ～ a conclusion [compromise] 結論 [妥協点] に達する / ～ a verdict (陪審団が)評決を出すに至る

❽ (電話・郵便などで) …と連絡をとる ‖ Where can he be ～*ed*? 彼とはどこで連絡がとれますか / ～ her by [OR on the] phone 彼女と電話で連絡をとる

❾〔人(の心)・考えなど〕に影響を与える, …の心を動かす, …と気持ちを通じる ‖ His speech ～*ed* them [OR their hearts]. 彼の話は彼らの心を動かした

— 自 ❶ **a** 《(+副句)》**手[腕, 足]を伸ばす**《*out, over*》〈**for** …をつかもうとして ; **into** …の中へ, etc.〉‖ He ～*ed over* and picked up his cellphone. 彼は手を伸ばして携帯電話を取った / ～ *into* one's pocket *for* small change ポケットに手を突っ込んで小銭を探す / Ryan ～*ed* around his wife's waist and pulled her close. ライアンは妻の腰に手を回して引き寄せた / ～ across the table テーブルの向こう側に手を伸ばす

b 手 [足] が届く [触れる] ‖ The top shelf is too high. I can't ～. いちばん上の棚は高すぎて手が届かない

❷《通例進行形不可》(物が)〈…に〉伸びている, 届く, 達する《*down, out,* etc.》; (土地などが)〈…まで〉広がっている〈**to**〉‖ Nerves ～ *out to* every part of the body. 神経は身体の隅々にまで伸びている / Her long hair ～*ed* (*down*) *to* her waist. 彼女の長い髪は腰まで達していた / as far as the eye can ～ 目の届く限り, 見渡す限り(↷ as far as one can see)

❸《通例進行形不可》(時間・数量などの点で)〈…に〉達する ; (影響などが)〈…に〉及ぶ〈**to, into**〉‖ That fish will ～ *to* about 30cm when it's mature. その魚は成長す

ると体長約30cmになる ❹〈名声・知識などを〉得ようと努める〈**after, for**〉‖ ～ *after* fame 名声をつかもうとする ❺〚海〛(帆船が)横風を受けて帆走する

rèach óut for ... 〈他〉① ⇨ 自 ❶**a** ②〔改善・変化など〕を求めて懸命に努力する

rèach óut to a pérson ①〔人〕に援助の手を差し伸べる ②〔人〕に〈援助を〉求める〈**for**〉‖ He *～ed out to* his parents (*for* help). 彼は両親に助けを求めた ③ …と接触しようとする, …に考えを伝える

rèach úp 〈自〉①(人が)体[腕]を上に伸ばす ②(物が)〈ある高さに〉達する〈**to**〉; 上に伸びる ‖ ～ *up to* the roof 屋根まで届く

—名 (複 **～·es** /-ɪz/) ❶ U/C《a ～》(手足などを)伸ばすこと ‖ make a ～ for ... …を求めて手を伸ばす

❷ U/C《単数形で》(手足などの)伸ばせる距離; (腕の)長さ, リーチ ‖ The boxer has a long ～. あのボクサーはリーチがある

❸ U/C《単数形で》届く距離[範囲]; (知覚・勢力・理解などの) 及ぶ範囲 ‖ Keep the bottle out of the baby's ～. 瓶は赤ちゃんの手の届かない所に置いてください / a cottage **within easy** ～ of Seville セビリアのすぐ近くにある小別荘 / keep one's medicine **within** arm's ～ 薬を手元に置いておく / Such a position is **beyond** my ～. そんな地位は私には高嶺(たか)の花だ / a wonderful ～ of imagination 豊かな想像力

❹ C《通例 ～es》川の直線区間《曲がり目と曲がり目の間》; (運河の)水門と水門の間の水平区間; (はるかな距離にある)区域, 部分 ‖ the **upper** [middle, lower] *～es* of a river 河の上流[中流, 下流] / an unmanned spacecraft heading for the outer *～es* of the solar system 太陽系の外周に向かって飛んでいる無人宇宙船

❺ C《通例 ～es》(組織などの) 層 ‖ the **upper** [lower] *～es* of the judicial world 法曹界の上[下]層部

❻ C (特定時間帯の番組の)視聴者数

❼ C〚海〛横風の帆走[開き走り](の進路)

reach·a·ble /ríːtʃəbl/ 形 到達可能な; 達成可能な; 連絡がとれる

réach-me-dòwn 名 C《通例 ～s》《英口》《旧》既製服; お下がり(服), 古着(hand-me-down)

—形 出来合いの, 既製の

‡re·act[1] /riǽkt/

—動 (▶ reaction 名) (**～s** /-s/; **～·ed** /-ɪd/; **～·ing**)

—自 ❶〈刺激・出来事などに〉**反応する**, 反応を示す;〈薬物・ある種の食べ物などに〉(悪い)反応を示す, 反作用を起こす〈**to**〉‖ How did she ～ *to* your proposal? 彼女は君の求婚にどんな反応を見せたの / They *～ed to* the loud bang by rushing out of the room. 彼らは大きなばーんという音で部屋から飛び出した / She *～s* very badly *to* penicillin. 彼女はペニシリンにひどい拒否反応を示す

❷《+**against** 名》…に反発[反抗]する ‖ ～ *against* oppression 弾圧に抵抗[反発]する

❸〚化〛化学反応[変化]を起こす〈**with** …と; **on** …に〉;〚理〛反作用[反発]する ‖ ～ *with* copper 銅と化学反応をする ❹ (株価が)(状況に応じて)上昇[下降]し出す

—他〚化〛…に(化学)反応を起こさせる

COMMUNICATIVE EXPRESSIONS

1 **Hòw would you reàct to** a sálary ìncrease? 昇給があるとしたらどう思いますか(♥ 仮定について意見を問う形式ばった表現. =What would you say to ...?)

re·act[2] /rìːǽkt/ 動 他 …を再び行う[演じる]

re·ac·tance /riǽktəns/ 名 U C〚電〛リアクタンス, 誘導抵抗

re·ac·tant /riǽktənt/ 名 C〚化〛反応体[物質]

‡re·ac·tion /riǽkʃən/

—名 (◁ react 動) (複 **～s** /-z/) C U ❶〈刺激・出来事などに対する〉**反応**, 反響; 第一印象〈**to**〉;〈…への〉影響, 跳ね返り〈**on**〉‖ What was his ～ *to* the news? その知らせに対する彼の反応はどうでしたか / have an allergic ～ *to* dust ほこりに対してアレルギー反応を起こす / a mixed ～ 賛否入り混じる反応 / a gut ～ 直感的な反応 / Many people donated in ～ *to* the news of the disaster. 多くの人が災害のニュースに反応して寄付をした

❷ C《～s》(危険などに対する) 反射神経 ‖ an athlete with quick *～s* 素早い反射神経を持った運動選手

❸ U/C《通例単数形で》〈…に対する〉**反発**, 反対, 抵抗〈**against**〉; 反作用, 反動;《単数形で》(興奮の後などの)虚脱, 気抜け ‖ provoke a violent ～ 激しい反発を引き起こす / their ～ *against* downsizing リストラに対する彼らの反対 ❹ U《けなして》(政治・社会などの)保守的傾向, **反動**; U/C《単数形で》逆行, 逆戻り ❺ U〚化〛化学変化, 反応; (原子)核反応(→ chain reaction);〚理〛反作用, 反動力 ‖ action and ～ 作用と反作用

COMMUNICATIVE EXPRESSIONS

1 **My reáction would be** to ùse whatèver technòlogy aváilable to wìn the competítion. 競争に勝つためにあらゆる技術を尽くすのがいいでしょう(♥ アドバイスを与える形式ばった表現)

～·al 形

▶▶ **～ tìme** 名 U〚心〛反応時間

***re·ac·tion·ar·y** /riǽkʃənèri | -ʃənəri/ 形 (人・政策などが)反動的な, 保守的な(↔ progressive)

—名 (複 **-ar·ies** /-z/) C 反動[保守]主義者

re·ac·ti·vate /riǽktɪvèɪt/ 動 他 自 (…を[が]) 再開させる[する], 復活させる[する] **re·àc·ti·vá·tion** 名

re·ac·tive /riǽktɪv/ 形 ❶ (人などが)受け身の, 待ちの姿勢の ‖ a ～ strategy 受け身の戦略 ❷ 反応を示す ❸ (化学)反応する;〚電〛リアクタンスの **～·ly** 副 **～·ness** 名

re·ac·tiv·i·ty /rìːæktívəṭi/ 名 U〚化〛反応性

***re·ac·tor** /riǽktər/ 名 C ❶〚理〛原子炉 (nuclear reactor) ❷〚化〛反応装置 ❸〚医〛反応陽性者[動物] ❹〚電〛リアクター ❺ 反応[反作用]を示す人[もの]

‡read[1]

/riːd/(♦ 同音語 reed) 動 名

中心義 **…を読み, 解釈する**(★文脈によって「読む」側面, もしくは「解釈する」側面のどちらかに重きが置かれた意味になる)

—動 (**～s** /-z/; **read** /red/; **～·ing**)

—他 ❶ **a** 《+目》〔本など〕を**読む**; 〔作家(の作品)〕を読む; 〔新聞・雑誌など〕を購読する ‖ ～「a magazine [the Bible] 雑誌[聖書]を読む / ～ Chikamatsu [the German classics] 近松[ドイツの古典文学]を読む

b 《+(**that**) 節 / **wh** 節》《進行形不可》…ということを読んで知る ‖ I *read* in the paper「*that* there had been a terrible accident [*how* the beached whale had been rescued]. 新聞を読んで大変な事故があったこと[海岸に乗り上げた鯨が救助された様子]を知った

❷ **a** 《+目》…を**音読する**, 声を出して読む ‖ Please ～ the sentences after me. 私についてその文を言ってください

b 《+目 *A*+目 *B* ⇄ +目 *B*+**to** 目 *A*》*A* (人)に*B* (本など) を読んで聞かせる ‖ ～ the children a story＝～ a story *to* the children 物語を子供たちに読んで聞かせる

❸《進行形不可》〔記号・符号・人の考えなど〕を**読み取る**, 読んで理解する, 見抜く ‖ I *read* grief in his eyes. 彼の目に深い悲しみを感じ取った / Do you ～ me? 私の言っていることがわかるか / I can't ～ your handwriting. 君の書いた字は読めない / ～ braille 点字を判読する / ～ music 楽譜を読む / ～ a map 地図を読む / ～ her thoughts [character] accurately 彼女の考え[性格]を正確に読み取る / ～ his lips 彼の唇の動きを読み取る

❹〔ある言語〕を読んで理解する ‖ I can ～ Chinese but can't speak it. 中国語は読めるが話せない

❺ …の持つ意味を**読み取る**, 解釈する; …を見つけ出す, 調べる; …を予測する; 〔運命・未来〕を予見する; 〔なぞなど〕を判じる ‖ ～ the clouds for a threat of snow 雲を観察して雪の兆候を読み取る / ～ a dream 夢判断をする /

～ cards トランプ占いをする / ～ her hand [OR palm] 彼女の手相を見る / ～ the future 将来を予想する
❻《+目+副 / 目+as 名》…を…と**解釈する**[読む] ‖ How do you ～ these sentences? これらの文章をどのように解釈しますか / You can ～ the situation in two ways. 状況は2通りに解釈できる / I *read* his essay *as* a confession of faith. 彼のエッセイを信仰告白と解した ❼《+目 *A*+for 名 *B* / 目 *B*+as 名 *A*》《命令形で》*B*を*A*と訂正して読む ‖ *For* "quite" ～ "quiet". (正誤表などで) "quite"は"quiet"の誤り / Please ～ $33 *as* $23. 33ドルは23ドルの誤りです ❽《主に英》《やや旧》(大学で)…を専攻[研究]する(《米》major in) ‖ ～ law at Sussex サセックス大学で法律を専攻する ❾〔計器などの目盛り・数字など〕を読む, 調べる;(計器などが)〔目盛り〕を表示する ‖ ～ a gas meter ガスのメーターを読む / The thermometer ～*s* 2 degrees below zero. 温度計は零下2度を示している ❿《+目+to 名》〔人〕を読書で…の状態にする ‖ ～ the child *to* sleep 本を読んで子供を寝かしつける ⓫〔プログラム・データなど〕を読み取る, 〈記憶装置に〉読み込む《*in*》〈**into**〉‖ a machine which ～*s* credit cards クレジットカードを読み取る機械 ⓬(無線などで)〔通話の相手〕を聞き取る, …の言うことがわかる ‖ "Do you ～ me? Over." "I ～ you loud and clear. Over." 「聞こえますか. どうぞ」「はっきり聞こえます, どうぞ」 ⓭ …を校正する(proofread)

―自 ❶ **読む**, 読書をする;(文字を)読む ‖ I have no time to ～. 読書をする暇がない / ～ to oneself 黙読する / learn how to ～ and write 読み書きを習う
❷ **音読する**;〈…に〉読んで聞かせる〈**to**〉‖ He *read to* his class from [OR out of] the book. 彼はクラスの生徒たちにその本の一部を読んで聞かせた / ～ aloud 音読する
❸《進行形不可》読んで〈…について〉知る〈**about, of**〉‖ I like to ～ *about* foreign countries. 外国のことを読むのが好きだ / I *read of* his death in yesterday's newspaper. 昨日の新聞で彼の死を知った
❹《進行形不可》《+副 / as if 節 / like+名 / 補》(本などが)…のように読める, …と読み取れる;…と書いてある(♦ 副 は様態を表す. 補 は引用句. 「読む人」ではなく「読まれるもの」が主語になるので意味的には受身と考えられる) ‖ This book ～*s* well [easily, awkwardly]. この本は読んで面白い[すらすら読める, 読みづらい] / His letter ～*s like* [OR *as if* it were] a child's composition. 彼の手紙はまるで子供の作文のようだ / The notice ～*s* "Off Limits." 掲示には「立入禁止」と書いてある
❺(記号・符号などを)判読する, 解読する;楽譜を読む ‖ ～ with one's fingers (点字などを)指で判読する
❻《主に英》〈…のために〉勉強する, 研究する〈**for**〉‖ ～ *for* a degree in chemistry 化学で学位を得るために勉強する / ～ *for* the Bar 弁護士になるための勉強をする

rèad báck ... / rèad ... báck 〈他〉〔書き記したもの〕を読み返す
réad for ... 〈他〉① ⇨ 自 ❻ ② (オーディションで)…の役を演じる, …役のオーディションを受ける
****rèad À into B́*** ① *A*を*B*の中に読み取る ‖ You're ～*ing* the wrong meaning [too much] *into* his words. 君は彼の言葉から間違った意味[余計なこと]を読み取ろうとしている ② ⇨ 他 ⓫
rèad óff ... / rèad ... óff 〈他〉①〔リストなど〕を読み上げる ②〔計器の目盛りなど〕を読み取る
rèad ón 〈自〉読み続ける
****rèad óut ... / rèad ... óut*** 〈他〉① …を声を出して読む ②〔データ〕を読み出す, 表示する, プリントアウトする
rèad À òut of B́ 《主に米》*A*(人)を*B*(団体など)から正式に除名する
rèad óver ... / rèad ... óver 〈他〉…を丁寧に通読する;…を読み直す
****rèad thróugh ... / rèad ... thróugh*** 〈他〉…を最後まで読み通す, …によく目を通す
rèad úp ... / rèad ... úp 〈他〉…のことを読んで調べる[勉強する]
****rèad úp on*** [OR ***about***] ***...*** …について読んで知識を得る[学ぶ], …を十分に調べる
tàke ... as réad /red/ …をすでに承知しているものと考える;…を間違いないとみなす
You wòuldn't réad about it. 《豪・ニュージ口》まさか, そんな

―名 Ⓒ《単数形で》❶《主に英》読むこと, 読書(時間) ‖ have a long [quiet] ～ 長時間[静かに]読書する / Can I have a ～ of your paper? 新聞を読ませてもらえますか ❷《修飾語を伴って》《口》読み物 ‖ Her essay is a very good ～. 彼女のエッセイはとても面白い読み物だ ❸(状況などの)判断, 解釈

‡read² /red/ 《発音注意》(♦ 同音語 red)
―動 read¹ の過去・過去分詞
―形 《通例複合語の第2要素として》❶(人が)精通している, 読んで知識のある ‖ be widely ～ in American history アメリカ史に精通している ❷(本・新聞などが)読まれている ‖ a widely-～ newspaper 広く読まれている新聞

read·a·bil·i·ty /rìːdəbíləṭi/ 名 Ⓤ 読みやすさ;読んで面白いこと

read·a·ble /ríːdəbl/ 形 ❶(本などが)読みやすい;読んで面白い ❷(文字などが)読みやすい, 判読できる(legible) ‖ a ～ handwriting 読みやすい筆跡 ❸《複合語で》…で読み取れる ‖ machine-～ 機械で読み取れる
～·ness 名 **-bly** 副 読んで面白く;読みやすく

re·ad·dress /rìːədrés/ 動 他〔手紙など〕のあて先を書き直す, …を転送する;〔問題など〕に再び取り組む

‡read·er /ríːdər/
―名 (複 **～s** /-z/) Ⓒ ❶ 読む人, **読者**;読書家;(新聞・雑誌の)購読者 ‖ He is a fast [slow] ～. 彼は読むのが速い[遅い] / the common [OR general] ～ 一般読者 / I'm not much of a ～. 私はあまり読書をしない
❷(初心者用)**読本**, リーダー;選集 ‖ a Melville ～ メルビル選集
❸《米》(大学の)採点助手;《しばしば R-》《英》(大学の)準教授(《米》associate professor)(professor の次位)
❹(出版社などの)原稿審査員(publisher's reader)
❺〘宗〙(祈禱(とう)書などの)読師(lay reader)
❻ マイクロリーダー(microreader)《マイクロフィルムを拡大投射する装置》 ❼ 💻読み取り機, 読み込みルーチン ❽(特定の)図書館利用有資格者

réad·er·shìp /-ʃɪp/ 名 ❶ Ⓤ/Ⓒ《通例単数形で》読者数;読者層 ❷《しばしば R-》Ⓒ《英》準教授の職[地位]

‡read·i·ly /rédɪli/ 《発音注意》
―副 (**more ～; most ～**)
❶ 進んで, **快く**(↔ reluctantly) ‖ She ～ accepted my offer. 彼女は喜んで私の申し出を受け入れた
❷ **難なく**, たやすく;すぐに, 直ちに ‖ Smaller sizes are ～ **available**. 小さめのサイズが容易に手に入る / He ～ admitted his guilt. 彼はすぐに自分の罪を認めた

réad·ìn 名 Ⓤ Ⓒ 💻(データの)読み込み

read·i·ness /rédinəs/ 名 Ⓤ ❶ 準備[心構え]のできた状態 ‖ We have everything in ～ for the reception. 歓迎会の準備はすべて整っている ❷ Ⓤ/Ⓒ《a ～》進んで[喜んで]…しようとすること ‖ with ～ 快く / ～ to help others 進んで人助けをしようという気持ち ❸(言葉・行動などの)迅速さ, 素早さ ‖ ～ of tongue 口達者なこと / ～ of wit 機知縦横, 当意即妙

‡read·ing /ríːdɪŋ/
―名 (複 **～s** /-z/) ❶ Ⓤ 読むこと, **読書**;読み方, 読書力, 読解力;Ⓒ《単数形で》(個々の)読書 ‖ intensive ～ 精読 / **make** good [dull] ～ 読んで面白い[つまらない] / a careful ～ of the text テキストを丹念に読むこと
❷ Ⓤ 読み物;Ⓒ《～s》文選, 読本 ‖ suitable ～ for children 子供向きの読み物 / light ～ 軽い読み物
❸ Ⓒ(状況・語句などの)読み取り(方), 解釈;(劇・音楽など

の)解釈, 演出(法), 演奏(法) ‖ What's your ~ of the situation? この状況をどう考えますか
❹ Ⓤ 読書範囲[量];(本からの)知識, 学識 ‖ a person of vast ~ 博学の人 ❺ Ⓒ (詩・小説などの)朗読;朗読会;(朗読会で読まれる)文学作品の一章;(教会の礼拝で読まれる) 聖書の一節 ‖ give public ~*s* 公開の朗読会を催す
❻ Ⓒ (計器などの)示度, 表示数値[度数] ❼ Ⓒ (議会の)読会(どっかい)《法案審議の手続き》‖ the first ~ 第1読会
❽《形容詞的に》読書の(ための);本好きの ‖ ~ skills 読書能力 / the ~ public 読書好きの人々
▶▶ ~ **àge** 名 Ⓒ 読書年齢《年齢で表した読書能力》 ~ **dèsk** 名 Ⓒ (講演者用などの)読書台, 書見台;(教会の)聖書台 (lectern) ~ **ròom** 名 Ⓒ (図書館などの) 図書閲覧室, 読書室

re·ad·just /rìːədʒʌ́st/ 動 他 …を再調整する —自〈…に〉再び適応する〈**to**〉 ~**·ment** 名

réad·mè (file) 名 Ⓒ 💻リードミーファイル, 内容説明ファイル(◆README (file) とも書く)

re·ad·mit /rì(ː)ədmít/ 動 (~**s** /-s/; **-mit·ted** /-ɪd/; **-mit·ting**) 他 ❶ …に〈…への〉再加入を認める〈**to**〉 ❷ …を〈…に〉再入院させる〈**to**〉 **-admíssion** 名

rèad-ónly 名 Ⓤ 形 💻読み出し専用(の)
▶▶ ~ **mémory** 名 Ⓤ 💻読み出し専用メモリ《電源を切っても記憶装置内で情報が保存される. 略 ROM》

réad·òut 名 Ⓒ 💻 (記憶装置からの)情報の読み出し;読み出された情報

réad-thròugh 名 Ⓒ 通読;(劇の)読み合わせ

rèad-wríte 形 💻読み出し・書き込み可能な ‖ a ~ head 読み出し兼書き込み用ヘッド

⁂read·y /rédi/ 《発音注意》 形 動 名 副
中心義▶ Aの準備ができている(★Aは「行動」や「受け入れ」など)
—形 (**read·i·er**; **read·i·est**) (◆❷❻❼以外比較なし)
❶《叙述》**用意[支度]のできた** (↔ unprepared)〈**to** *do* …する / **for** …の〉‖ "Are you ~?" "Don't rush me." 「支度はできた?」「せかさないでよ」/ Are you ~ *to* order? ご注文はお決まりですか / Chill well until ~ *to* serve. (食卓に) 出すまでよく冷やしておきなさい / I'm ~ *for* (the) off. 《口》いつでも出かけられるよ(◆off は「レースのスタート」から「出発」の意)
❷《叙述》**a** 《+**to** *do*》(人が)**喜んで[進んで]…する気で** (↔ reluctant) ‖ I am ~ *to* forget our disagreement. けんかのことは気持ちよく忘れようと思っている
b 《+**for** [**with**] 名》…の覚悟[心構え]ができて ‖ Sorry, I'm not ~ *for* marriage. ごめんなさい, まだ結婚する気はないの / He is always ~ *with* advice. 彼はいつでも喜んで助言してくれる / We are ~ *for* anything. 私たちは何があっても驚かない
❸《+**for** 名》(飲食物・休日などを)**すぐにでも必要で**[欲しくて] ‖ I'm all sweated up. I'm ~ *for* a cold drink. すっかり汗をかいたのでとにかく冷たい飲み物が欲しい
❹《叙述》《+**to** *do*》今にも…しそうな[で] ‖ She seemed ~ *to* faint with grief. 彼女は悲しみのあまり今にも気を失いそうに見えた / He worked until he was ~ *to* drop. 彼は倒れる寸前まで働いた
❺《叙述》《+**to** *do*》…しやすい, しがちな[で] (◆too を伴うことが多い) ‖ She is too ~ *to* find fault with others. 彼女はすぐに人のあら探しをしたがる
❻《限定》(考え・発言・行動などが)機敏な, 素早い;即座の;《叙述》〈…が〉すらすらと出る, 巧みな〈**with**〉‖ a ~ mind 機敏に働く頭 / a ~ wit 機知, とんち / have a ~ tongue 弁が立つ / have a ~ answer for any question どんな質問にもてきぱき答える[即答する] / be ~ *with* excuses 言い訳がうまい, すらすら言い訳を言う
❼ 手近にある, すぐ使える, すぐ間に合う;前もって用意した;容易な ‖ the *readiest* way いちばん簡単な方法 / keep a revolver ~ in case of burglary 強盗に備えて身近に拳銃(けんじゅう)を置いておく / have ~ **access** to reliable information 信頼できる情報をすぐに入手できる
❽《命令などで》準備して ‖ *Ready*, set [《英》steady], go! 位置について, 用意, どん / *Ready*, aim, fire! 射撃用意, ねらえ, 撃て

gèt [OR ***màke***] ***réady*** 〈自〉準備する, 支度をする〈**for** …の / **to** *do* …する〉 —〈他〉《***gèt*** [OR ***màke***] ***… réady***》…を準備する〈**for** …のために / **to** *do* …するために〉

stànd réady 準備をしている〈**for** …の / **to** *do* …する〉

COMMUNICATIVE EXPRESSIONS

[1] **(Are you) rèady for thís?** 聞いて, 聞いて;聞いて驚くなよ(♥面白い[すごい]ことを話す前に注意を喚起する)

[2] "Shall we gò nów?" "**I'm réady when yóu are.**" 「そろそろ行きましょうか」「(こちらの準備はできているので) そちらさえよければいつでも」(♥ 遠回しに相手をせき立てる意味にもなる. =Anytime you are ready.)

[3] "Àren't you gòing to mòw the láwn?" "**When I'm gòod and réady.**" 「芝刈りするんじゃないの」「その気になったらね」(♥「一体いつになったら…するの」といった質問に対して「したいと思うまでは絶対やらないよ」と答える少しけんか腰の表現)

—動 (**read·ies** /-z/; **read·ied** /-d/; ~**·ing**) 他 …を準備[整備]する〈**for** …のために / **to** *do* …するために〉(prepare) (◆目的語はしばしば oneself) ‖ We are busy ~*ing* ourselves *for* the school festival. 私たちは学園祭の準備に忙しい / They *readied* themselves *to* go on a long journey. 彼らは長旅に出る準備をした

—名 (複 **read·ies** /-z/) ❶《the ~》準備完了の状態
❷ Ⓒ 《-ies または the ~》《英口》現金

at the réady 銃を構えた姿勢で;準備が整った状態で, すぐに使える

—副 (**read·i·er**; **read·i·est**) 《通例過去分詞を修飾して》前もって ‖ ~-cut meat あらかじめ切ってある肉
▶▶ ~ **mèal** 名 Ⓒ 調理済み食 ~ **móney** [**cásh**] 名 Ⓤ 現金;即金 ~ **réckoner** 名 Ⓒ 計算早見表

***rèady-máde** 〈シ〉 形 《限定》❶ (服などが)出来合いの, 既製の;(食品が)調理済みの ❷ おあつらえ向きの, 便利な ❸ (意見などが)受け売りの, ありふれた, 陳腐な
—名 Ⓒ 《通例 ~s》既製服[品]

rèady-míx 〈シ〉 名 Ⓤ 調合済み商品《食品・セメントなど》 **-míxed** 形 調合済みの

rèady-to-wéar 〈シ〉 名 Ⓒ 形 既製服(の)

re·af·firm /rìːəfə́ːrm/ 動 他 …を再び断言[肯定]する;…を再確認する **rè·af·fir·má·tion** 名

re·af·for·est /rìːəfɔ́(ː)rəst | -ɪst/ 動 《主に英》=reforest
rè·af·fòr·est·á·tion 名 《主に英》=reforestation

Rea·gan /réɪgən/ 名 **Ronald ~** レーガン (1911–2004) 《米国第40代大統領(1981–89)》

Rea·ga·nom·ics /rèɪgənɑ́(ː)mɪks | -nɔ́m-/ 名 Ⓤ レーガノミクス《レーガン大統領の経済政策》

re·a·gent /riéɪdʒənt/ 名 Ⓒ 〔化〕試薬, 試剤

⁂re·al[1] /ríːəl | rɪəl, ríːəl/ 形 名 副
—形 (通例 **more ~**; **most ~**)
❶ **実在する**;実際の, 現実の (⇨ 類語) ‖ Santa Claus isn't a ~ person. サンタクロースは実在の人物ではない / Flooding due to global warming is a ~ danger. 地球温暖化による洪水は現実的な危機だ / There's no ~ chance he'll be elected. 彼が選ばれる可能性は事実上皆無だ
❷ **本物の**;《通例限定》**真の**, 本当の (↔ fake, false);心からの (⇨ 類語) ‖ What's the ~ reason for his absence? 彼が休んだ本当の理由は何ですか / the ~ thing [OR McCoy] 本物, 実物 / a ~ pearl 本真珠 / ~ grief [sympathy] 心からの悲しみ[同情] (❗「真に迫った, 生々しい」の意味で「リアル」というのは和製表現. realistic を使う)
❸《限定》その名に値する, 本当の意味での ‖ a ~ man 本

R

当の男, 男らしい男
❹《限定》《強調》《口》全くの ‖ I'm in a ～ mess. 私は本当に困っている / a ～ idiot 全くのばか者
❺最も重要な ‖ We'll have to discuss the ～ problem at the next meeting. 次回の会議で私たちは最も重要な問題を話し合わねばならない
❻《限定》(賃金が) 実質の, 購買力を基に測定した ‖ ～ wages 実質賃金 / in ～ terms 実質的には ❼(食べ物などが)伝統的製法による ❽〖法〗不動産の(↔ movable) ❾〖数〗実数の (↔ imaginary) ‖ a ～ number 実数 ❿〖哲〗実在する, 絶対の(absolute) ⓫〖光〗実像の
for réal 《口》 ① 本当に[で], 本当の, 本物の, 現実の ‖ I never thought it would happen *for* ～. そんなことが本当に起こるとは思いもしなかった ② 本気で, 本気の(→ CE 1) ③《米》本当の力がある, 勝つ見込みがある
rèal líve /-laɪv/ ... 〈ジ〉《口》本物の…(♥ 予期していないものを目にする驚きを込めて使う) ‖ Wow! A ～ *live* panda! わあ, 本物のパンダだ

COMMUNICATIVE EXPRESSIONS
1 **Are you for réal?** 本気なの(♥ 相手がまじめに言っているのか確かめるくだけた表現. 驚きや非難を表す)
2 **Gèt réal!** 現実を見ろ, 目を覚ませ
3 **Kèep it réal.** ありのままに振る舞いなさい
4 **Thàt's a rèal sháme** [OR **píty, lét-dòwn**]. それはがっかりだね(♥ 落胆を表すくだけた表現. ✐That's very disappointing(, I must say).)

—名 (複 **～s** /-z/) ❶《the ～》実在するもの; 現実 ❷ Ⓒ〖数〗実数
—副《主に米口》本当に(really), とても ‖ She's ～ cute. 彼女は本当にかわいい / I'll write ～ soon. すぐに手紙を書こう / ～ good coffee すごくおいしいコーヒー

類語《形 ❶, ❷》**real** (表向きの, 見せかけの, 架空の, 名目上の, などの意に対して)現実の, 本当の. 〈例〉his *real* intention 彼の本心 [真意] / *real* power 実権
actual (予想された, 理論上の, 可能性のある, などの意を受け, それに対して「実際は…」の意を含み)実際の, 本当の. 〈例〉the *actual* cost 実費 / the *actual* results 実際に生じた結果
true (事実・現実やある基準に照らした結果, 間違っていないので)正しい, (偽りでなく)本当の(♦ 反意語は false). 〈例〉a *true* story 本当の話 / a *true* or false question 正誤問題
genuine (にせ物・まがい物でなく)本物の. 〈例〉a *genuine* painting by Goya 本物のゴヤの絵
authentic genuine と同じく「本物の」の意であるが, 本物であることが実証されていて信頼が置けるという含みがある. 正真の. 〈例〉an *authentic* signature 真筆の署名
上記の語はいずれも「本当」の訳が当てはまる意味を持ち, ほぼ同じ意味で同じ名詞を修飾することも多い. 〈例〉the *real* [OR *true*] meaning 本当の [真の] 意味 / *real* [OR *true, genuine*] gold 本物の金 / the *real* [OR *actual, true*] state of affairs 実情

▶▶ **～ ále** 名 Ⓤ Ⓒ《英》(たるで熟成した)本エール **～ estàte** 名 Ⓤ《主に米》① 不動産(real property); 不動産業 ②《集合的に》売り家 **～ estàte àgency** 名 Ⓒ Ⓤ《米》不動産仲介業者 [会社] **～ estàte àgent** 名 Ⓒ《米》不動産(仲介)業者(《英》estate agent) **～ life** 〈ジ〉 名 Ⓤ 実生活 **～ próperty** 名 Ⓤ〖法〗物的財産, 不動産(real estate)(→ personal property) **～ ténnis** 名 Ⓤ《英》屋内テニス(《米》court tennis)

re·al² /reɪɑ́ːl/ 名 (複 **～s** /-z/ OR **-a·les** /-eɪs/) Ⓒ レアル(ブラジルの貨幣単位. =100 centavos; スペイン語圏の旧貨幣単位; 旧1レアル銀貨)

re·a·li·a /reɪɑ́ːliə, riéɪl-/ 名 Ⓤ《単数・複数扱い》実物教材(貨幣や生物など, 教育の場で用いられる実際のもの)

re·a·lign /rìːəláɪn/ 動 他 …を再調整 [編成] する; 《～ oneself で》〈…に合わせて〉(自分の)意見[立場など]を変える〈**with**〉 **～·ment** 名

***re·al·ism** /ríːəlìzm | ríː-/ 名 Ⓤ ❶ 現実主義, リアリズム (↔ idealism) ❷ 現実性, 迫真性 ‖ imitate birdcalls with great ～ 鳥の鳴き声を本物そっくりにまねる ❸《しばしば R-》〖美・文学〗写実主義, リアリズム ❹〖哲〗実在論; (スコラ哲学の)実念論(↔ nominalism)

re·al·ist /ríːələst | ríəlɪst/ 名 Ⓒ ❶ 現実主義者, リアリスト ❷〖美・文学〗写実主義の画家[作家]; 〖哲〗実在論者

***re·al·is·tic** /rìːəlístɪk | rìə-/ 〈ジ〉 形 (**more ～** ; **most ～**) ❶〈…について〉現実的な, 現実主義の; 実際的な (↔ unrealistic, idealistic) 〈**about**〉 ‖ Be ～. 現実的に考えろ ❷ 真に迫った, リアルな, 実物そっくりの ❸〖美・文学〗写実主義の, 写実派の, 写実的な ❹〖哲〗実在論的な, 実念論的な(↔ idealistic)

rè·al·ís·ti·cal·ly /-tɪkəli/ 副 現実的に, 実際的に; 写実的に; 《文修飾》現実には

*****re·al·i·ty** /riǽləṭi/ 《アクセント注意》
—名 (複 **-ties** /-z/) ❶ Ⓤ **現実(性)**, 実在(性); 実体, 本性 ‖ Don't try to escape from ～. 現実から逃避しようとするな / accept [deny] ～ 現実を受け入れる [否定する] / face ～ 現実を直視する / believe in the ～ of miracles 奇跡が実際にあると信ずる / bring him back to ～ 彼を現実に引き戻す
❷ Ⓒ **現実のもの[人, 出来事]**, 実在するもの[人]; 事実, 実物 ‖ My dream **became a** ～. 私の夢が実現した / the harsh *realities* of unemployment 失業という厳しい現実 / The ～ is that they knew about his plans. 実際には彼らは彼の計画について知っていた / She is thought unsociable, but the ～ is different. 彼女は付き合いが悪いと思われているが, 実際は違う
❸ Ⓤ 迫真性; 実物そっくり(な状態) ‖ the ～ of the prehistoric paintings 有史前の絵画の迫真性 / with great ～ 非常に真に迫って
❹ Ⓤ Ⓒ〖哲〗(絶対的で客観的な)実在(性)
❺《形容詞的に》リアリティショー[テレビ]の
****in reálity*** ① (外見などに反して) **実際には**, 本当は (⇨ INDEED **類語**) ‖ I thought it would be easy to find a job, but *in* ～ it wasn't. 仕事は簡単に見つかると思ったが, 実際にはそうはいかなかった ② 実際に, 現実に
▶▶ **～ chèck** 名 Ⓒ《通例単数形で》《主に米口》現実点検[分析] **～ prìnciple** 名 Ⓒ〖心〗現実原則《現実生活に適応するために本能的欲求を制御する自我の働き》 **～ shów** 名 Ⓒ リアリティショー《一定の設定の中での出演者の生態を見せる実録風テレビ番組》 **～ TV** [**télevision**] 名 Ⓤ リアリティテレビ《reality show の1つ》

re·al·iz·a·ble /ríːəlàɪzəbl | ríː-/ 形 ❶ 実現[達成]できる ❷ (証券などが)換金できる

***re·al·i·za·tion** /rìːələzéɪʃən | rìəlaɪ-/ 名 ❶ Ⓤ/Ⓒ《単数形で》悟ること, 理解, 認識〈**of** …の / **that** 節 …という〉 ‖ I have a true ～ *of* my position. 私は自分の立場をはっきり自覚している / I came to the sudden ～ *that* I would never see my father again. 父にはもう会えないのだということをにわかに悟った ❷ Ⓤ Ⓒ 実現, 〈目的などの〉達成; 現実化〈**of**〉 ‖ the ～ *of* hopes 希望の実現 ❸《the ～》〈資産などの〉換金, 現金化〈**of**〉; (金銭・もうけなどの)入手, 収得 ❹ Ⓤ Ⓒ 〈音・劇・デザインなどの〉制作〈**of**〉; 制作物 ❺ Ⓒ 商品の販売

*****re·al·ize,** 《英》**-ise** /ríːəlàɪz | ríː-/
—動 (**-iz·es** /-ɪz/; **～d** /-d/; **-iz·ing**)《通例進行形不可》
—他 ❶ **悟る, 気づく** (⇨ UNDERSTAND **類語**) **a** 《+ (**that**) 節》…ということを悟る [認識する] ‖ I **suddenly** [**soon**] ～*d that* somebody was staring at me. だれかがじっと私を見ているのにふと[すぐに]気づいた / Do you ～ you're an hour late? 君は1時間遅れたことがわかっているのか(♥いら立ちを表す)

b 《+wh 節》…かを悟る ‖ Now that I live alone, I ~ *how* hard housework is. 一人暮らしをするようになった今では家事がどんなに大変かよくわかる / He ~*d what* that meant. 彼はそれがどういうことかを悟った

c 《+目》…を悟る (≒ wake up to) ‖ ~ the importance [potential] of the new technology その新技術の重要性[可能性]に気づく

❷〔希望・目的など〕を**実現する**, 成し遂げる, 達成する；…を現実のものとする (♦ しばしば受身形で用いる) ‖ The project was finally ~*d*. その計画はついに実現された / ~ one's ambitions 大望を果たす / My worst fears were ~*d*. 私のいちばん心配していたことが現実のものとなった / ~ one's potential at work 仕事で自分の持てる力を発揮する

❸ …を写実的に描写する；〔小説・構想など〕を映画化[舞台化]する ‖ ~ the events of history 史上の事件をまざまざと描き出す

❹〔もうけなど〕を〈…で〉得る〈**on, from**〉‖ ~ a large sum *on* the investment 投資で大もうけする

❺ (物が) …で売れる, …のもうけ[金額]をもたらす ‖ The books [OR sale of the books] ~*d* 200,000 dollars. 本の売り上げは20万ドルになった

❻〔有価証券・不動産など〕を売って金にする, 換金する

—自 ❶ 悟る, 気づく ❷ 売って金にする, 換金する

COMMUNICATIVE EXPRESSIONS

1 **I'm sórry, I dìdn't réalize that** there were sò màny compláints among the párents. 親御さんたちの間でそんなに多くの苦情があるとは知らず, すみませんでした(♥ うかつだったことを認める)

2 **You dòn't (sèem to) réalize that** there are màny chíldren sùffering from the diséase. その病気で苦しんでいる子供たちがたくさんいることにあなたはお気づきではないようですね(♥ 相手の認識不足を批判する)

rèal-lífe <シ 形 《限定》現実の, 実在の, 作り事ではない

re·al·lo·cate /rì:ǽləkeɪt | -lou-/ 動 他 …を〈…に〉再配分する〈**to**〉 **rè·àl·lo·cá·tion** 名

re·al·ly /rí:əli | ríəli, rí:əli/

—副 《比較なし》❶ **本当に**, 実際に (⇨ INDEED 類語) ‖ Did he ~ say that? 本当に彼はそんなこと言ったのですか / ~ and truly 本当に(♥ 強調)

❷ **全く**, 実に(♦ 強調的に用いる.《主に米口》では real となることもある) ‖ We had a ~ **good** time. とても楽しかった / I am ~ sorry to be late. 遅れて誠に申し訳ありません / I don't ~ like the movie. あの映画はちょっと好きになれない (♥ 嫌いであることを控えめに述べる (→ CE 2). not really は部分否定的解釈になり, 言いづらい内容を控えめに述べることができる. ただし, really が not の前にくると逆に否定を強調することになるので注意) / I ~ don't like the movie. あの映画は本当に気に入らない (♥ 嫌いであることを強調)

❸ **実は**, 実のところ ‖ What ~ happened? 実際のところは何が起こったんだ / You use many difficult words, but what you say is ~ empty. 君は難しい言葉をやたらに使うが, 言っていることは実は中身がない

❹《間投詞的に》 **a** へえ, ほんと(♥ 驚き・疑い) ‖ "More than half of Japanese high school students own a smartphone." "*Really*?"「日本の高校生の半数以上がスマートフォンを持っている」「本当かい」

b あ, そう (♥ 相手の言っていることに対する関心を表す) ‖ "Looks like we have some extra money." "*Really*?"「少しお金が余ったみたいだ」「あら, ほんと」

c 《主に米》全く (♥ 同意) ‖ "The heat is unbearable without an air conditioner." "*Really*."「クーラーなしではこの暑さはどうにもならないな」「全く」

d 《主に英》おやおや (♥ 非難) ‖ Well ~, you are always repeating the same mistake. 全くまいったね, 君はいつも同じ間違いばかりしているんだから

COMMUNICATIVE EXPRESSIONS

1 "Did he rèally dó sùch a thíng?" "**I dòn't rèally knów.**"「彼は本当にそんなことをしたんですか」「さあ, どうでしょう」(♥「本当のところはわからない」の意)

2 "Is it okày to smóke in hère?" "**Nòt réally.**"「この中でたばこを吸っていいんですか」「いや, あんまり」(♥「本当は…ない」という意味の遠慮がちな否定表現)

3 "Wòn't you hàve sòme móre?" "Nó, dòn't bóther, **réally.**"「もっといかがですか」「いえ, 本当にどうぞお構いなく」(♥ 念押し・強調)

realm /relm/ 《発音注意》名 C ❶ 領域, 範囲；分野, 部門 ‖ the ~ of fancy 空想の世界 / in the ~ of politics 政治の世界で / beyond [within] the ~*s* of possibility 可能性の範囲外[内]で ❷《法》王国 (kingdom)；領土, 国土 ❸ (動植物分布の)圏, 帯

re·al·po·li·tik /reɪá:lpoulɪtì:k | -pɔ-/ 名 U 現実政策 《自国や政党の利益を重んじる》(♦ ドイツ語より)

rèal tíme 名 U ❶ 💻 実時間, リアルタイム《データを即時に処理する方式》❷ 同時, 即時

rèal-tíme 形 《限定》リアルタイムの, 同時[即時]処理の

réal·tòne 名 C 《英》リアルトーン《携帯電話の着信音を30秒程度の楽曲にできるサービス》

re·al·tor /rí:əltər | ríəl-/ 名 C 《米》不動産業者；(R-)《商標》全米不動産業協会会員

re·al·ty /rí:əlti | ríəl-/ 名 U 《法》不動産(↔ personalty)

réal-wòrld 形 現実社会の

ream[1] /ri:m/ 名 C ❶ 連 (れん)《紙の取引単位.《米》では500枚,《英》では480枚》❷《通例 ~s of ... で》大量の… ‖ write ~*s of* verse たくさんの詩を書く

ream[2] /ri:m/ 動 他 ❶〔穴〕をリーマーで広げる；〔銃の口径〕を拡大する ❷《米俗》…をだます；…をしかりつける《*out*》❸《米》…の果汁を搾る

ream·er /rí:mər/ 名 C リーマー, 拡孔器；果汁搾り器

re·an·i·mate /rì:ǽnɪmèɪt/ 動 他 …を生き返らせる；激励[鼓舞]する **re·àn·i·má·tion** 名

reap /ri:p/ 動 他 ❶〔報酬・成果など〕を手に入れる, 獲得する, 受け取る ‖ His behavior ~*ed* praise. 彼の行動は賞賛を受けた / ~ the benefit of one's hard work 一生懸命働いた成果を得る / ~ the harvest [OR fruits, consequences] of one's folly 自分の愚行の報いを受ける / *You ~ what you sow.* (=As you sow, so you ~.) 《諺》自分のまいた種子は自分で刈り取る；自業自得である ❷〔穀物など〕を刈る, 刈り取る；〔収穫・作物など〕を刈り入れる；〔畑など〕の作物を刈り入れる ‖ ~ wheat 小麦を刈り取る / ~ a splendid harvest of corn トウモロコシの見事な収穫を上げる / ~ fields of barley 大麦畑の刈り入れをする —自 刈り入れをする；報いを受ける ‖ ~ where one has not sown 他人の努力の成果を横取りする(♦ 聖書の言葉より)

reap·er /rí:pər/ 名 ❶ C 刈り取る人；刈り取り機 ❷《the R-》死, 死神(the Grim Reaper)

re·ap·pear /rì:əpíər/ 動 自 再び現れる；再発する, 再登場する **~·ance** 名 U/C 《単数形で》再現, 再発, 再登場

re·ap·ply /rì:əpláɪ/ 動 (**-plies** /-pláɪz/；**-plied** /-pláɪd/；**~·ing**) 他 ❶〔化粧品など〕を再び[重ねて]塗る ❷ …を再適用する ❸ 自 〈…に〉再申請する〈**for**〉

re·ap·point /rì:əpɔ́ɪnt/ 動 他 …を再び任命する

re·ap·por·tion /rì:əpɔ́:rʃən/ 動 他 …を配分し直す, 再配分[再配当]する **~·ment** 名

re·ap·prais·al /rì:əpréɪzəl/ 名 U/C 《通例単数形で》再検討, 再評価, 再吟味, 見直し

re·ap·praise /rì:əpréɪz/ 動 他 …を再検討[評価]する, 吟味し直す, 見直す

rear[1] /rɪər/ 《発音注意》名 ❶《the ~》後部, 背部；背後, 後方；後ろ(の位置) (↔ front) ‖ the kitchen in the ~ of a house 家の奥にある台所 / the field at [OR to,《米》in] the ~ of a house 家の裏にある畑 / Take two paces to the ~. 2歩後ろへ下がれ ❷ C 《通例単

R

数形で》《口》尻(しり) (rear end) ‖ a prod in the ～ 尻をつつくこと；努力を促すこと ❸《the ～》(軍隊・艦隊・行列などの)後部，後尾，末尾；しんがり(の部隊)，後衛 ‖ take a platoon in the ～ 小隊の後部を襲撃する

brìng ùp the réar (行進やレースで)しんがりを務める，最後尾を行く，いちばん後になる

gèt one's rèar in géar 《米口》《戯》(物事を)始める；急ぐ

━形《限定》《比較なし》後ろの，後方の ‖ the ～ seat [door] of a car 車の後部座席[ドア] / ～legs 後ろ脚

▸▸**～ ádmiral** 名 C 海軍少将 **～ énd** (↓) **～ lámp** [**líght**] 名 C (車などの)後尾灯 **～ projèction** 名 U リアプロジェクション《スクリーンの後ろから光を投影して画像を表示する》；C テレビの画像

R

*__rear__[2] /rɪər/ 《発音注意》動 他〔子供など〕を育てる，養育する(bring up；《主に米》raise)；〔動物など〕を飼育する；〔植物など〕を栽培する；…を〈…で〉育てる〈**on**〉(♦しばしば受身形で用いる) (⇨ GROW 類語P) ‖ I was *～ed on* the picture books by Disney. 私はディズニーの絵本を見て育った / ～ a family 子供を養う / ～ cattle [dogs] 牛[犬]を飼う / ～ crops 作物を栽培する

━自 ❶ (馬などが)後ろ足で立ち上がる《***up***》 ❷ (山・建物などが)〈…の上に〉そびえ立つ《***up***》〈**over, above**〉

rèar úp 〈自〉 ① ⇨ 自 ❶, ❷ ② (人が)怒る，いら立つ；攻撃する ③ (問題などが)突然持ち上がる

rèar-énd 動 他 《米》〔前の車〕に追突する

rèar énd 名 C ❶ (乗り物などの)最後部，尾部 ❷ 《口》尻，臀部(でんぶ) (buttocks)

réar·guàrd 名《the ～》《集合的に》《単数・複数扱い》❶《軍》(特に撤退時の)後衛部隊 (↔ vanguard) ❷《けなして》(政党などの)保守反動勢力

▸▸**～ áction** 名 C 《通例単数形で》後衛戦《敵の追撃を防ぐ戦い》；(社会の趨勢(すうせい)などに対する)(最後の)抵抗 ‖ fight a ～ *action* 最後の抵抗をする

re·arm /riά:rm/ 動 他 自 (…を[が])再武装[再軍備]させる[する]；新兵器を装備する **-ár·ma·ment** 名

rear·most /rɪ́ərmòust/ 形《限定》最後尾の，最後の

*__re·ar·range__ /rì:əréɪndʒ/ 動 他 ❶ …の配置を改める，…を並べ変える；《～ oneself で》姿勢を変える ❷〔約束(の日時)など〕を変更する **～·ment** 名

rèar·vìew mírror 名 C (車の)バックミラー (❗「バックミラー」は和製語)

rear·ward /rɪ́ərwərd/ 形《限定》後部[後方]の，後方へ(向かって)の ━副 後部[後方]へ[に]，背後へ[に] (rearwards) ━名 U 《古》後部，後方(rear)

rèar-wheel dríve 名 U 後輪駆動 (↔ front-wheel drive)

***rea·son** /rí:zən/ 名 動

中心義 理由(に基づく判断)

名 理由❶ 根拠❷ 理性❸ 良識❹ 動 自 判断する❶ 他 判断する❶

━名 (▶ reasonable 形) (複 **～s** /-z/) ❶ C U **理由**，訳；動機〈**for** …の / **to** ***do*** …する / (**that**) 節，(**why**) 節 …という〉(⇨ 類語) ‖ "Why can't you come with us?" "Oh, I have my *～s*." 「どうして一緒に来られないんだ」「ちょっと訳があってね」/ "Why all this hurry?" "Oh, no ～." 「なぜこんなに急ぐんだ」「いや，別に理由はない」/ He resigned **for** personal *～s*. 彼は一身上の都合で辞職した / I felt sad, **for no** ～. 訳もなく悲しかった / **for** security *～s* 警備上の理由で / **Give** me your ～ *for* [×of] coming late. 遅刻した訳を言いなさい (✎ Why were you late?) / My work is my ～ *for* living. 仕事が私の生きがいだ / "What was the ～ (*that*) he gave up writing?" "He had writer's block." 「彼が筆を折った理由は何だったのか」「スランプで書けなくなったのです」/ She fired her secretary **for** [×by] the simple ～ *that* she doesn't like him. 彼女は気に入らないというだけの理由で秘書を首にした / Is that the ～ (*why*) she resigned? それが彼女が辞めた理由ですか (♦ why を省略するか Is that why she resigned? とするのが一般的) / The ～ they gave up the plan was that [《口》because] they had no money. 彼らがその計画をあきらめたのは金がなかったからだ

❷ U 〈…する〉(もっともな) 理由，**根拠**，訳〈**to** ***do***〉‖ He did not tell a lie without ～. 彼がうそをついたのは訳あってのことだ / I have **good** [OR every] ～ *to* believe it's true. それが本当だと信じるに十分な理由がある / Is there any ～ *to* be uneasy about your exam results? 試験の結果で不安になる理由があるのかい / ～ of state 国家的な理由(特に不正のもみ消しなどの口実)

❸ U **理性**，理知，論理的思考力 (↔ emotion) ‖ Animals are thought to lack the power of ～ which humans possess. 動物には人間に備わった理性がないと思われている / ～ and emotion 理性と感情 / the Age of *Reason* (18世紀英国やフランスにおける)理性の時代

❹ U **良識**，分別；道理 ‖ His actions show a lack of ～. 彼の行為は分別のなさを示している / see ～ 道理を理解する / a man of ～ 分別[良識]のある人

❺ U 正気，正常な精神 ‖ lose one's ～ 正気を失う / come [OR be restored] to ～ 正気に返る

❻ U《論》(小)前提；(カント哲学で)理性 ‖ pure [practical] ～ 純粋[実践]理性

àll the mòre réason 《口》それが理由でなおさら〈…する〉〈**to** ***do*** / **for** (***doing***)/**why**〉‖ "He never boasts of his success." "(That's) *all the more* ～「*to* respect [OR *for* respecting] him." 「彼は成功を決して自慢しないね」「だからますます尊敬してしまうんだ」

beyond (***àll***) ***réason*** 道理を越えた[て]，全く理不尽な[に]

brìng a pèrson to réason 〔人〕に道理をわからせる，むちゃなことをやめるよう説得する

by réason of ... 《堅》…の理由で，…のために

*__*It stànds to réason*__ (***that***) **....** **…ということは理にかなう** ‖ *It stands to* ～ (*that*) you will ruin your health if you are inundated with fat. 脂肪漬けになっていては健康を害するのは当然だ

lìsten to réason 道理に耳を傾ける

with (***gòod***) ***réason*** 相当の理由があって ‖ The government is concerned about the latest crisis, and *with good* ～. 政府は最近の危機を憂慮しているが，それも当然である

*__*within*__ [OR ***in***] ***réason*** 理にかなった；常識の範囲で ‖ drink *within* ～ ほどほどに酒を飲む

COMMUNICATIVE EXPRESSIONS

1 Sùch a mìnor mistáke **cannòt be**「**the réason** [OR **a gróund, gróunds**] **for** fìring her without àny wárning. そんなちょっとした間違いは彼女を何の警告もなく首にする根拠にはなりません

2 **Thère's** [OR **I can sèe**] **nó rèason to** oppóse their participátion in the gáme. 彼らが試合に参加することに対して反対する理由は全くないと思います (♥ 形式ばった表現. =I entirely approve of their participation ....)

━動 (**～s** /-z/; **～ed** /-d/; **～·ing**)

━自 ❶ 理論的に考える，(合理的に)**判断する** ‖ ～ from facts 事実に基づいて判断する

❷《+**with** 名》〔人〕に道理を説く，〔人〕を(理詰めで)説得する；〔人〕に〈…するように〉言い聞かせる〈**to** ***do***〉‖ I tried to ～ *with* Ted, but he refused to listen. テッドを理詰めで説得しようとしたが，彼は聞く耳を持たなかった / She *～ed with* him *to* give up his absurd ambition. 彼女はばかげた高望みをやめるよう彼に言い聞かせた

━他 ❶《+(**that**) 節》《受身形不可》(事実・前提などから)…と**判断する**，結論を下す ‖ The inspector *～ed* (*that*)

her alibi was not true. 警部は彼女のアリバイは真実でないと判断を下した / "He deserves a promotion because of his ability," she ～*ed*.「彼の能力からすれば昇進は当然だ」と彼女は結論した
❷〔人〕を説得して…させる〈**into** …するように；**out of** …をやめるように〉‖ I ～*ed* him *into* accepting our offer. 彼を説得して我々の申し出を受け入れさせた / He ～*ed* himself *out of* buying the car. 彼はよく考えた末その車を買わないことにした

réason against ... 〈他〉…に反論する
rèason óut ... / rèason ... óut 〈他〉①〔解答・結論など〕を考え出す,〔問題〕を解決する ‖ ～ the matter *out* この問題を解決する ②（理詰めで考えて）〈…だと〉結論する〈**that** 節〉；〈…なのかを〉解明する〈**wh** 節〉

類語 《名 ❶》 **reason** 物事がそうなった事情の説明；理由.〈例〉the *reason* for ⌈his being late [his absence] 彼の遅刻[欠席]理由
cause 物事の発生や変化のもと；原因（♦対照語は effect「結果」).〈例〉the *cause* of ⌈his illness [the accident] 彼の病気[その事故]の原因
grounds 物事が基づく根拠.〈例〉the *grounds* of my decision 私が決めた根拠

:rea·son·a·ble /rí:zənəbl/
— 形〔◁ reason 名〕(**more ～；most ～**)
❶（人などが）**道理をわきまえた**, 分別のある, 話のわかる（↔ unreasonable）‖ Be ～! We can't afford to buy a new car. 無理を言わないで. 新車を買う余裕なんてありません
❷（意見などが）**筋の通った**, もっともな, 合理的な；現実的な（⇨ 類語）‖ It's not ～ to expect good weather all day in Britain. 英国で一日ずっとよい天気を期待するのは無理がある / a **perfectly** ～ agreement 極めて妥当な合意 / beyond (a) ～ doubt 〖法〗合理的な疑いの余地もなく, ほぼ間違いなく ❸《通例限定》ほどほどの, 平均的な ‖ a ～ success まずまずの成功 ❹（値段などが）手ごろな, 妥当な, 安い ‖ at a ～ price 手ごろな値段で

COMMUNICATIVE EXPRESSIONS
[1] **Thát sèems** [OR **sòunds**] **réasonable.** それが妥当なところでしょう（♥ 提案や申し出などに対する同意）

～·ness 名

類語 《❷》 **reasonable** 理にかなっていて[理屈が通っていて], 常識的・実際的で公正な.〈例〉a *reasonable* choice 理にかなった[もっともな]選択
rational 感情的・情緒的要素がなく, 理性的・合理的な.〈例〉a *rational* solution 合理的な解決法
logical 論理の筋道が通っている.〈例〉a *logical* conclusion 論理的な結論

***rea·son·a·bly** /rí:zənəbli/ 副 (**more ～；most ～**)
❶《比較なし》かなり, 満足できる程度に, まあまあ；（値段が）適正に, 高すぎない程度に ‖ I am ～ happy with your job. 君の仕事ぶりにはかなり満足している / I bought a ～ priced clock. 手ごろな値段の掛け時計を買った ❷《文修飾》…はもっともで, 道理にかなって ‖ The firm ～ turned down your suggestion. 会社が君の提案を却下したのももっともだ（=It is reasonable that the firm turned down your suggestion.）❸ 理性的に, 合理的に ‖ behave ～ 分別のある行動をする

***rea·son·ing** /rí:zənɪŋ/ 名 U ❶ 推論, 推理, 論理的な考え方 ❷ 論法；論議 ‖ circular ～ 循環論法《堂々巡りの論法》❸ 論拠；論証；証明

re·as·sem·ble /rì:əsémbl/ 動 他 …を再び組み立てる；…を再び集める — 自 再び集まる **-bly** 名

re·as·sert /rì:əsə́:rt/ 動 他〔権利など〕を再び主張する；《～ oneself で》（考え・習慣などが）再び目につき出す **-sér·tion** 名

re·as·sess /rì:əsés/ 動 他 …を評価[査定]し直す **～·ment** 名

re·as·sign /rì:əsáɪn/ 動 他 …を再び割り当てる；…を再選任[指定]する；〖法〗…を再譲渡する **～·ment** 名

***re·as·sur·ance** /rì:əʃúərəns/ 名 U 安心させること；C 安心させる言葉, 励まし, 慰め

***re·as·sure** /rì:əʃúər | rì:əʃɔ́:, -ʃúə/ 動 他 ❶ **a** 《+目》〔人〕を〈…について〉安心させる, …の不安を解消させる；…に再び確信[自信]を持たせる〈**about**〉‖ The doctor ～*d* him *about* his health. 医者は彼の健康についての不安を取り除いた / I felt ～*d* by his offer of support. 彼が援助を申し出てくれたのでほっとした **b** 《+目+(**that**) 節》〔人〕に…と言って安心させる ‖ He ～*d* me *that* he would be careful. 気をつけますと言って彼は私を安心させた ❷ …に再保険をかける（reinsure）

COMMUNICATIVE EXPRESSIONS
[1] **Lèt me reassúre you** that you're dòing jùst fíne. よくやってますよ, 心配ありません（♥ 形式ばった励まし）

re·as·sur·ing /rì:əʃúərɪŋ | -ʃɔ́:r-/ 形（人を）安心させる, 元気づけの **～·ly** 副 安心させる[元気づける]ように

reave /ri:v/ 動（**～d** /-d/ OR **reft** /reft/；**reav·ing**）他《古》…から奪い取る, 強奪する

re·a·wak·en /rì:əwéɪkən/ 動 他 …を再び引き起こす[もたらす] **～·ing** 名

re·bar·ba·tive /rɪbá:rbəṭɪv/ 形《堅》魅力を欠いた, 反感[不快感]を抱かせる

re·bate[1] /rí:beɪt/ (→ 動) 名 C（支払額の一部の）払い戻し, 割戻し, リベート；（手形などの）割引
— 動 /rɪbéɪt/ 他〔支払額の一部〕を払い戻す

re·bate[2] /rí:beɪt/ 名 動 =rabbet

***reb·el** /rébəl/ (→ 動) 名 C ❶（政府や支配者に対する）反逆者, 謀反人, 反抗者；反乱軍兵士 ❷（伝統・慣習などに）反抗する人, 異端者；（政党内の）反対派 ❸《形容詞的に》反逆(者)の；反抗する ‖ the ～ forces 反乱軍
— 動 /rɪbél/ (**-elled** /-d/；**-el·ling**) 自 ❶〈…に〉反逆する, 謀反を起こす；（政治家が）〈…の〉政策に異議を唱える〈**against**〉‖ ～ *against* a king 国王に対して謀反を起こす ❷〈権威などに〉反抗する, 背く〈**against**〉‖ ～ *against* one's parents 両親に反抗する ❸〈…に〉強い嫌悪を感ずる[表す], ぞっとする, 反発する；強く抗議する〈**against, at**〉‖ ～ *at* the injustice 不当な仕打ちに反発する / ～ *against* such measures そのような手段に対し強く抗議する ❹（体が）〈…に〉耐えきれなくなる〈**at**〉

***re·bel·lion** /rɪbéljən/ 名 ❶ C U〈…への〉反逆, 謀反, 反乱；〈政策への〉反対, 異議〈**against**〉‖ an armed ～ 武装蜂起(ほうき) / rise in ～ 暴動[反乱]を起こす / crush [OR put down] a ～ 暴動を鎮圧する ❷ U〈権威などに対する〉反抗, 抵抗〈**against**〉‖ The son is in ～ *against* his parents. 息子は両親に反抗している

***re·bel·lious** /rɪbéljəs/ 形 ❶ 反逆(者)の(ような), 反乱の, 謀反を起こした ❷ 権威[支配]に逆らう, 反抗的な（defiant）❸（事物が）扱いにくい, 手に余る, 始末の悪い
～·ly 副 **～·ness** 名

re·birth /rì:bə́:rθ/ 名 U/C《単数形で》再生, 更生；復活, リバイバル；改心

re·book /rì:búk/ 動 他〔同じ宿など〕を再び予約する

re·boot /rì:bú:t/ (→ 名) 動 他 自（…を）再起動する, OSを起動し直す — 名 /rí:bu:t/ U 再起動, リブート

re·born /rì:bɔ́:rn/ 形 生まれ変わった, 更生[再生]した

***re·bound** /rɪbáund/ (→ 名) 動 自 ❶（ボールなどが）〈…から〉跳ね返る〈**from, off**〉；（音が）反響する ❷（行為などが）〈…に〉跳ね返る, 報いがある〈**on, upon**〉‖ The bribery of those politicians will certainly ～ *on* them. あの政治家たちの収賄行為はきっと報いを受けるだろう ❸ 立ち直る, 回復する；（価格・価値などが）再上昇する ❹〖バスケットボール〗リバウンド(ボール)をとる — 他〖バスケットボール〗〔リバウンドボール〕をとる
— 名 /rí:bàund/ C ❶ 跳ね返り；反響；（感情などの）反動, 反発 ❷〖バスケットボール・サッカーなど〗リバウンド(ボール)；〖アイスホッケー〗リバウンド(パック) ❸（価格・体調などの）立ち直り, 回復 ❹（薬の服用中止後などの）病気の再発[悪化]

R

on the rébound ①（ボールなどが）跳ね返ってくるところで；『バスケットボール』リバウンド(ボール)をとって ②（失恋などに）まだ傷ついていて；（失恋などの経験から）反動的に ‖ marry another girl *on the* ～ 失恋の反動で別の女性と結婚する ③（痛手などから）立ち直って，回復して；（価格・価値などが）再び上昇して

re·buff /rɪbʌ́f/ 名 C 拒絶，ひじ鉄砲；阻止 ―動 他 …を拒絶する，はねつける（≒ brush off）；…を阻止する

***re·build** /rìːbíld/ 動（～s /-z/；**-built** /-bílt/；**～·ing**）他 ❶ …を再建する；…を建て替える，改築する ❷〔組織など〕を立て直す，再興する ❸〔機械など〕を組み立て直す，改造する ❹〔自信・希望・健康など〕を取り戻す
―名 C（特に乗り物や機械の）改造

R

***re·buke** /rɪbjúːk/ 動 他〔人〕を〈…のことで〉厳しくしかる，非難する〈**for**〉（♦ しばしば受身形で用いる）‖ ～ a boy *for* his disobedience 言うことを聞かないといって少年をひどくしかる ―名 U C〈…に対する〉叱責(しっせき)，非難〈**for**〉

re·bus /ríːbəs/ 名 C 判じ物，判じ絵《絵・記号・文字を組み合わせて語句を表す一種のなぞかけ》

re·but /rɪbʌ́t/ 動（**-but·ted** /-ɪd/；**-but·ting**）他 …に反駁(はんばく)する，反論する；〔告発・陳述など〕の反証を挙げる
―自 論駁する，反論する

re·but·tal /rɪbʌ́ṭəl/ 名 C U 反駁，論駁；反証

re·but·ter /rɪbʌ́ṭər/ 名 C ❶ 反駁者，抗弁者；反証提出者 ❷『法』被告の第3回目の答弁

rec /rek/ 名《米口》《形容詞的に》＝recreation；《英口》recreation ground ▸▸ **～ ròom** 名 C《米口》（一般住宅の）遊戯室，娯楽室《地下にあることが多い》

rec. 略 receipt；received；recipe；recommended；record；recorder；recording

re·cal·ci·trance /rɪkǽlsɪtrəns/, **-tran·cy** /-trənsi/ 名 U 反抗的なこと，不従順；強情

re·cal·ci·trant /rɪkǽlsɪtrənt/ 形 名 C 反抗的な（人）；手に負えない（人），強情な（人）

⁑**re·call** /rɪkɔ́ːl/《アクセント注意》(→ 名)
―動（～s /-z/；～ed /-d/；～·ing）
―他 ❶《進行形不可》（意識的に）**思い出す**（⇨ REMEMBER 類語）**a**《＋目》…を思い出す ‖ ～ one's school days 学校時代を思い出す
b《＋**that** 節》…だということを思い出す ‖ I *～ed that* she had long hair. 彼女は髪が長かったことを思い出した / "He was crazy about baseball," she *～ed*. 「彼は野球に夢中だったわ」と彼女は思い出を語った
c《＋***doing***》…したことを思い出す ‖ I *～ed* meeting her.（＝I *～ed* that I had met her.）前に彼女に会ったことがあるのを思い出した
d《＋**wh to** ***do*** / **wh** 節》…かを思い出す ‖ She tried to ～ *who* he was. 彼女は彼がだれかを思い出そうとした
❷《進行形不可》（物・事が）…を思い出させる；〔人・心〕に〈…を〉思い起こさせる；〔人〕を〈現実などに〉呼び戻す〈**to**〉‖ The story *～ed* my boyhood. その話は私の少年時代を思い起こさせた（♦ ×recalled me my …とはいわない）
❸〔人〕を**呼び戻す**，召還する；〔選手〕をチームに呼び戻す〈**from** …から；**to** …へ〉；《米》『政』…をリコール［公職解任］する ‖ ～ an ambassador［*from* Teheran［*to* his own country］ 大使をテヘランから［本国に］召還する
❹〔商品など〕を回収する，リコールする（≒ call in）‖ The manufacturer *～ed* the cars because there was a defect in the engine. メーカーはエンジンに欠陥があるため車を回収した ❺ 💻〔データ〕を画面に呼び出す
―自 思い起こす ‖ as I ～ 私の記憶では
―名 /rɪkɔ́ːl, ríːkɔ̀ːl/（複 **～s** /-z/）❶ U **記憶（力）**；想起，思い出すこと［能力］‖ powers of ～ 記憶力 / total ～ 細部まではっきり記憶する能力 / instant ～ すぐに思い出せる能力 / I have no ～ of what happened. 何が起こったのか覚えていない
❷ U/C《単数形で》呼び戻し，召還〈**from** …からの；**to** …への〉❸ C U（欠陥商品などの）回収，リコール；取り消し ❹ U C《米》『政』リコール，（住民投票による）公職解任（権）❺ U 💻（情報を）呼び戻す［検索する］能力 ❻ C『軍』帰隊［集合］らっぱ［信号］；召艇信号
beyond recáll ① 取り消し［変更］のできない，元に戻せない，取り返しのつかない ② 思い出せない
～·a·ble 形
▸▸ **～ eléction［vóte］** 名 C リコール選挙

re·cant /rɪkǽnt/ 動 自 公式に自説を撤回する
―他〔信条・主張など〕を公式に撤回する，取り消す

re·can·ta·tion /rìːkæntéɪʃən/ 名 U C（自説の）撤回（の表明），取り消し

re·cap[1] /rìːkǽp/（→ 名）動（**-capped** /-t/；**-cap·ping**）他《米口》〔古タイヤ〕を再生させる
―名 /ríːkæp/ C 再生タイヤ

re·cap[2] /ríːkæp/ 名 ＝recapitulation ❶
―動 ＝recapitulate 他 ❶ 自

re·ca·pit·u·late /rìːkəpítʃulèɪt/ 動 他 ❶《堅》…の要点を繰り返す，（…を）要約する ❷『生』〔種の進化の段階〕を（個体発生過程で）繰り返す
―自〈…の〉要点を繰り返す，〈…を〉要約する〈**on**〉

re·ca·pit·u·la·tion /rìːkəpìtʃuléɪʃən/ 名 U C ❶《堅》要点の繰り返し；要約，概括 ❷『生』発生反復（説）《個体発生は系統発生の諸段階の繰り返しだとする》❸『音』（ソナタ形式の）再現部

***re·cap·ture** /rìːkǽptʃər/ 動 他 ❶〔失ったものなど〕を取り戻す，奪い返す ❷〔逃げたもの〕を再び捕まえる ❸ …を思い出す；…を再び体験する；…を思い出させる，再び体験させる，再現する ‖ ～ the atmosphere of the past 昔の雰囲気を再現する ❹《米》（政府が）〔収益の一部〕を徴収する
―名 ❶ U/C《単数形で》奪還，回復；C 奪還したもの ❷ U『法』捕獲物取り戻し ❸ U《米》（政府による公益事業収益の）再徴収

re·cast /rìːkǽst | -kɑ́ːst/ 動（**-cast**；**～·ing**）他 ❶ …を作り直す，書き直す ❷〔劇・俳優など〕の配役を変える ❸ …を鋳(い)直す，鋳造(ちゅうぞう)し直す

rec·ce /réki/《主に英口》名 U C 形 偵察（隊）（の）
―動 他 自（…を）偵察［下見］する

recd 略 *received*

***re·cede** /rɪsíːd/ 動〔▸ recess 名，recession 名〕自 ❶ 後退する，退く；遠ざかる，遠のく（≒ fade away）〈**from** …から；**into** …へ〉（⇨ PROCEED 類語）‖ The floods ～*d*（*from* the fields）. 大水が（畑から）引いた / The airplane ～*d into* the distance. 飛行機は遠ざかっていった ❷（記憶・可能性などが）薄れる；（病状などが）軽くなる；（価値などが）低下する ❸ 後ろへ傾く；（髪が）後退する，（人が）額からはげ始める ‖ He has a *receding* hairline. 彼の生え際は後退している

***re·ceipt** /rɪsíːt/《発音注意》名〔◁ receive 動〕❶ C〈…の〉領収書，受領書，レシート〈**for**〉‖ May I have a ～ *for* this? この領収書をもらえますか / Keep all your ～*s for* work-related expenses. 仕事上の経費の領収書はすべてとっておきなさい / make out a ～ 領収書を書く ❷ U 受け取り（られ）ること，〈…の〉受領〈**of**〉‖ Please acknowledge ～ *of* this document. 本証書の受領確認のためご返信ください / I am in ～ *of* your letter *of* March 26. 3月26日付のお手紙受領しました / We will notify you on［OR upon］～ *of* the package. 小包を受け取り次第お知らせします ❸ C《～s》（取り引きなどでの）受取金額，受取高
―動 他〔請求書〕に領収印を押す；〔品物など〕の領収書を書く ―自 領収書を書く

re·ceiv·a·ble /rɪsíːvəbl/ 形《通例名詞の後に置いて》受け取れる；受け取るべき ‖ a bill ～ 受取手形
―名 C《～s》受取勘定［手形］

⁑re·ceive /rɪsíːv/

―動〔▸ receipt 名，reception 名，receptive 形〕（～s /-z/；～d /-d/；**-ceiv·ing**）

―他 ❶ …を〈…から〉**受け取る**, 受領する〈**from**〉(⇨ ACCEPT 類語P) ‖ He ～*d* the Nobel Peace Prize. 彼はノーベル平和賞を受賞した / ～ unemployment benefit 失業手当をもらう / ～ an honorary degree *from* Yale エール大学から名誉学位を受ける
❷〔手紙・電話など〕を〈…から〉もらう〈**from**〉;〔ニュース・情報など〕を受ける ‖ ～ a letter [phone call] *from* her 彼女から手紙[電話]をもらう / ～ bad news 悪い知らせを受ける
❸〔好ましくないこと・被害・非難など〕を受ける, こうむる;〔治療など〕を受ける ‖ The TV station ～*d* numerous complaints about the false report. そのテレビ局には誤報についてたくさんの苦情が寄せられた / ～ a blow to the head 頭に一撃を食らう
❹〔処遇・措置など〕を受ける;〔教育・注目など〕を受ける, 経験する ‖ ～ majority support 大多数の支持を受ける / ～ higher education 高等教育を受ける
❺〔思想・意見など〕を受け入れる,〔印象〕を受ける ‖ ～ new ideas 新しい考えを受け入れる
❻《+目+副》〔人・物〕を(特定の受け入れ方で)迎える, 遇する, 受け入れる(♦ 副 は様態を表す. しばしば受身形で用いる) ‖ I was ～*d* coldly [with warm applause]. 冷たく[温かい拍手で]迎えられた / The proposal was well ～*d* by the executives. その提案は重役たちに受けがよかった ❼〔人〕を〈客・メンバーとして〉迎える〈**as**〉;〔人〕と接見する, 面会する;…の〈…への〉加入を認める〈**into**〉‖ Are you *receiving* much company? お客さんはたくさん来るのですか / ～ him *into* the Church 彼の教会への加入を認める ❽(テレビ・ラジオが)…を受信する;(人が)〔無線など〕を受信する;〔相手の言うこと〕を(無線などで)聞き取る ❾《主に英》〔盗品〕を買い取る, 故買する ❿〘球技〙〔サーブ〕をレシーブする;〘アメフト〙〔パスされたボールなど〕をレシーブする ⓫(容器などが)…を入れる, 収容する(余地がある) ⓬〔重さ・力など〕を受け止める, 支える ‖ ～ the weight of the roof 屋根の重みを支える ⓭〔人の告解〕を聴許する;〔聖餐(せいさん)のパンとぶどう酒〕を頂く
―自 ❶〘球技〙レシーブする ❷《主に英》故買をする ❸受け取る, 受領する, 受け入れる ❹来訪者に会う, 客を迎える ❺無線などを受信[聴取]する ❻聖体を拝領する
語源 *re-* back＋*-ceive* take:取り戻す

re·ceived /rɪsíːvd/ 形《限定》受け入れられた;標準と[正しいと]認められた ▸▸**Recèived Pronunciátion** 名 U 容認発音(RP)《英国における標準的発音》

*__re·ceiv·er__ /rɪsíːvər/ 名 C ❶(電話などの)受話器 ‖ ˹pick up [OR lift] the ～ 受話器を取る / ˹put down [OR replace] the ～ 受話器を置く ❷(テレビ・ラジオの)受像[受信]機 ‖ an FM ～ FM受信機 ❸資産管理者,(破産)管財人(《英》official receiver) ❹《主に英》故買者 ❺受取人(↔ sender) ‖ the ～ of a gift 贈り物の受取人 ❻〘球技〙レシーバー(↔ server);〘アメフト〙レシーバー;〘野球〙キャッチャー ❼〘化〙(蒸留物の)受け器

re·céiv·er·shìp /-ʃɪp/ 名 U〘法〙財産管理;管財人の地位[職]

recéiving lìne 名《通例 the ～》(宴会などで客を迎えるため1列に並んだ)主催者側の人々

***re·cent** /ríːsənt/《発音・アクセント注意》形 名

―形 (**more** ～ ; **most** ～)
❶《通例限定》**最近の**, 近ごろの;新しい;近代の ‖ That's an old picture of the city. Things have changed in ～ **years**. それはその町の昔の写真だ. 近年になって様子が変化してきた(♦「この5年間で」のように具体的な数字を述べる場合には recent を用いず over the last [OR past] five years のようにいう) / one of the worst crimes in ～ memory 最近の記憶にある限り最悪の犯罪の1つ / ～ news 最近のニュース / the ～ progress of science 科学の最近の進歩 / after a ～ fashion 新しい流行にならって
❷《R-》《比較なし》〘地〙現世の, 沖積(ちゅうせき)世の
―名《the R-》〘地〙現世, 沖積世
-cen·cy 名 **～·ness** 名

***re·cent·ly** /ríːsəntli/

―副 (**more** ～ ; **most** ～)
最近, 近ごろ, このごろ(♦ 通例完了形・過去時制とともに用いられる. 現在時制では these days, nowadays などを用いる)(→ lately) ‖ I haven't been feeling well ～. このごろは調子がよくない / He ～ moved next door to us of all places. 彼は最近よりによって我が家の隣に越してきた / It is **only** ～ that his attitude toward us has changed. 彼の我々に対する態度が変わったのはつい最近のことだ / More ～, she has changed her ideas about marriage. もっと最近では, 彼女は結婚についての考えを変えた / "When did you come back?" "Very ～ — just a couple of days ago."「いつ帰って来たの」「ついこの間, 数日前です」

re·cep·ta·cle /rɪséptəkl/ 名 C ❶〈…の〉容器, 入れ物;置き場〈**for**〉❷《米》〘電〙コンセント, ソケット ❸〘植〙花床(かしょう), 花托(かたく)

*__re·cep·tion__ /rɪsépʃən/ 名〔◁ receive 動〕❶ C 歓迎会, 招宴, レセプション ‖ a wedding ～ 結婚披露宴 / hold [OR give] a ～ for the president 大統領のための歓迎会を催す / a ～ hall レセプション会場
❷ U(ホテル・会社・病院などの)受付, フロント;《主に英》(ホテル・会社・病院などの)ロビー ‖ She left her key at [OR in] ～. 彼女は鍵(かぎ)をフロントに預けた ❸ C《単数形で》受け入れ方, 反応;接待, 歓迎 ‖ They gave me a friendly [warm] ～. 彼らは親切に[温かく]もてなしてくれた / I appreciate your cordial ～. 心からのおもてなし感謝いたします(↷ Thank you for your hearty welcome.) / The book got [OR met with] a good ～. その本は好評を博した ❹ U 受け取ること, 受領, 受理;受け入れること, 収容;入会(許可), 加入 ‖ calm ～ of the news その知らせを冷静に受け取ること / the ～ of evidence 証拠の受理 / His ～ as a new member pleased him. 新会員として入会を認められ彼は喜んだ ❺ U(テレビ・ラジオなどの)受像[受信](状態);感度 ‖ Radio ～ isn't very good here. ここはラジオの受信状態があまりよくない ❻ C〘アメフト〙(パスの)捕球
▸▸ **～ cèntre** 名 C《英》レセプションセンター《避難民[ホームレス, 被災者, 中毒患者]収容施設;住宅のない子や家庭崩壊の危機にある子供のための施設;博物館などで必要な情報を得られる場所》 **～ clàss** 名 C《英》(幼児学校の)新入生学級 **～ dèsk** 名《the ～》(ホテルの)フロント, 受付 **～ òrder** 名 C《英》(精神科病院への)収容命令 **～ ròom** 名 C 応接室;(病院の)待合室;《英》(住宅の)居間《不動産業者の用語》

*__re·cep·tion·ist__ /rɪsépʃənɪst/ 名 C 受付係, 応接係

re·cep·tive /rɪséptɪv/ 形〔◁ receive 動〕❶〈考え・提案などを〉受け入れる;受け入れやすい;受容力のある〈**to**〉‖ be ～ *to* the advice of others 他人の忠告をすぐ聞き入れる ❷理解の早い;感受性のある ‖ have a ～ mind 感受性に富んでいる ❸受容(器官)の
～·ly 副 **～·ness** 名

re·cep·tiv·i·ty /rìːseptívəṭi/ 名 U 受容力;感受性

*__re·cep·tor__ /rɪséptər/ 名 C ❶〘生理〙受容器, 感覚器官 ❷受信機(一式), 受話器(receiver) ❸〘生〙受容体, レセプター《受容細胞の表面にあるタンパク質》

*__re·cess__ /ríːses, rɪsés/ 名〔◁ recede 動〕❶ U C 休み, 休憩;(議会などの)休会;(裁判所の)休廷;U《主に米》(学校の)休憩時間(《英》break) ‖ Congress is in ～. 議会は休会中である / go into ～ 休む;休会に入る / during the ten minutes' ～ at school 学校の10分の休み時間中(に) / at ～ 休み時間に ❷ C 引っ込んだ狭い空間;壁がん《壁面などの奥まった部分》❸ C《通例 ～es》(光などの届かない)ひそかな場所, 奥まった所;(心などの)片

隅, 奥底 ‖ in the dark ~*es* of a cave 洞窟(どうくつ)の奥に
―動 他 ❶ …を〈…の〉奥まった所[凹部]に置く[入れる]〈**in, into**〉(♦しばしば受身形で用いる) ‖ ~*ed* shelves 壁の奥まった所に置かれた棚 ❷《主に米》…を休会[休廷など]にする ❸ …にくぼみ[凹部]を作る(♦しばしば受身形で用いる) ―自《主に米》休みをとる, 休会になる

***re·ces·sion** /rɪséʃən/ 名〔◁ recede 動〕❶ U C《経》(一時的な)景気後退, 不況 ‖ The country has been in [OR suffering from] a ~ for the last few years. その国はここ数年間ずっと不況の中にある / get over a ~ 不況を克服する ❷ U 後退, 退去；(礼拝後の牧師や聖歌隊などの)退場

re·ces·sion·al /rɪséʃənəl/ 名 C 退場賛美歌
―形 ❶ (礼拝後の司祭・聖歌隊の)退場の ‖ a ~ hymn 退場賛美歌 ❷ 景気後退の

re·cés·sion·a·ry 形 景気後退[不況]の[を招く]

re·ces·sive /rɪsésɪv/ 形 ❶《遺伝》劣性の(↔ dominant) ❷ 後退する, 退行[逆行]性の ❸《音声》(アクセントが)逆行の《アクセントが語の後部から前部に移りやすい傾向》 ―名 C《遺伝》劣性形質

re·charge /rìːtʃɑ́ːrdʒ/ 動 他 ❶ …に再充電する ‖ ~ one's batteries 電池に再充電する；休んで元気を回復する ❷〔人〕に元気を回復させる ―自 ❶ 再充電される ❷ しばらく休んで元気を回復する **~·a·ble** 形 (繰り返し)充電できる ‖ a ~ battery 再充電式電池

ré·chauf·fé /rèɪʃoufér/ 名 (複 **-fés** /-féɪ/)《フランス》(= reheated) U C 温め直した料理；(古い文学作品などの)焼き直し

re·cher·ché /rəʃɛərʃéɪ | -ʃéəʃeɪ/ 形 (言葉・料理などが)風変わりで珍しい, 凝った；洗練された；《けなして》わかりにくい(♦フランス語より)

re·chip /rìːtʃíp/ 動 他 💻…に新しいチップを入れる, …のチップの情報を書き換える

re·chris·ten /rìːkrísən/ 動 他 …に再び洗礼を施す；…の名前をつけ直す

re·cid·i·vism /rɪsídɪvìzm/ 名 U 犯罪を重ねること, 常習的犯罪(傾向) ‖ the ~ rate 累犯率

re·cid·i·vist /rɪsídɪvɪst/ 名 C 常習犯
re·cìd·i·vís·tic 形 常習(犯)の

recip. 略 reciprocal；reciprocity

‡rec·i·pe /résəpi/ (発音注意)
―名 (複 **~s** /-z/) C ❶〈特に料理の〉作り方, **調理法**, レシピ〈**for**〉‖ Could you give me your ~ *for* an apple pie? アップルパイの作り方を教えてくださいませんか
❷〈…を〉もたらすもの, 〈…の〉原因；〈目的のための〉方法, 手順, 秘訣(ひけつ)〈**for**〉‖ That's a sure ~ *for* recession. そんなことをすれば確実に不況を招く / a ~ *for* a happy marriage 幸福な結婚の秘訣
❸《英では古》処方箋(せん)《薬》

***re·cip·i·ent** /rɪsípiənt/ 名 C 受取人, 受領者；〈…の〉受賞者〈**of**〉；受容力のある人；(臓器を提供者から)受ける人(↔ donor)
―形《限定》(すぐ)受け入れる, 受容力のある

***re·cip·ro·cal** /rɪsíprəkəl/ 形 ❶ 相互(間)の, 相互交換の；互恵の；《文法》(代名詞や動詞が)相互関係[作用]を表す(⇨ MUTUAL 類語) ‖ ~ aid [distrust] 相互援助[不信] / ~ respect 互いに尊重し合うこと / feel a ~ affection 互いに愛情を抱き合う / a ~ treaty 互恵条約 / a ~ pronoun 相互代名詞《each other, one another など》❷ お返しの, 返礼[報復]の ‖ a ~ dinner 答礼の晩餐(ばんさん)会 ❸ 逆の, 逆さまの(関係の)；(2つのものが)補足し合う, 相対応する ‖ a ~ mistake 互いに相手を取り違えること《AはBを, BはAをCと間違えるなど》❹《数》相反の, 逆の ―名 C ❶《数》逆数 ❷《文法》相互関係[作用]を表す代名詞[動詞] **~·ly** 副 相互に

re·cip·ro·cate /rɪsíprəkèɪt/ 動 他 ❶ …を交換する；〔愛情など〕に報いる, 返礼する ❷《機》…に往復運動をさせる ―自 ❶ 報いる, 返礼する ‖ ~ for her kindness 彼女の親切に報いる ❷《機》往復運動をする

re·cip·ro·ca·tion /rɪsìprəkéɪʃən/ 名 U 相互交換；返礼, 報い；《機》往復運動

rec·i·proc·i·ty /rèsɪprɑ́(ː)səṭi | -prɔ́s-/ 名 U ❶ 相互関係[状態], 相互依存[作用]；交換 ❷ (国家間などの)相互利益, 互恵主義

***re·cit·al** /rɪsáɪṭəl/ 名 C ❶ 独奏[独唱]会, リサイタル；独演(会) ‖ give a piano ~ ピアノリサイタルを開く ❷ 詳述, 列挙；(長くて退屈な)話, 物語 ❸ (詩などの)暗唱, 朗唱, 朗読(会) ❹《通例 ~s》《法》(文書中の)事実の説明的陳述部分

rec·i·ta·tion /rèsɪtéɪʃən/ 名 U C ❶ 暗唱, 朗唱；C 暗唱[朗唱]文 ❷《米》(学課についての)暗唱, 口答；暗唱[口答]の時間 ❸ 詳述, 列挙

rec·i·ta·tive /rèsəṭətíːv | rèsɪ-/ 名《楽》U 叙唱, レチタティーボ《オペラなどで語るような歌い方》；C 叙唱調の部分

***re·cite** /rɪsáɪt/ 動 他 ❶〈聴衆の前で〉…を暗唱する, 朗唱[朗読]する〈**to**〉‖ ~ a poem *to* the class クラスの生徒の前で詩を朗読する ❷ …を並べ立てる, 列挙する；…をこまごまと話す[物語る], 詳述する ‖ ~ one's complaints 不平を並べ立てる ―自 朗読する, 暗唱する
-cít·er 名 C 朗唱[暗唱]者；詳述者
語源 *re-* again＋*-cite* call：復唱する

***reck·less** /rékləs/ 形 ❶ 無謀な, 向こう見ずの ‖ It was ~ of him to go swimming alone. たったひとりで泳ぎに行くとは彼も無謀だった / a ~ driver 無謀な運転者 / with (a) ~ abandon 危険を顧みずに；奔放に ❷〈…に〉注意を払わない, 〈…を〉意に介さない〈**of**〉‖ be ~ *of* danger 危険を顧みない **~·ness** 名

***réck·less·ly** /-li/ 副 無謀に, 向こう見ずに；《文修飾》無謀にも

***reck·on** /rékən/ 動 他 ❶《+(**that**) 節》《口》…と思う；…と推測[想像]する ‖ I ~ it's going to rain. 雨になると思う / She'll take your advice, I ~. 彼女は君の助言を受け入れると思うよ / "Can you do it?" "I ~ so." 「それができますか」「そう思います」(♦so は that 節 の代用)
❷ **a**《+目》…をざっと数える, 計算する；…を算定する〈**at** …と / **to be** …だと〉；…を〈…の中に〉含めて計算する〈**into**〉‖ His pay is ~*ed* from the first of the month. 彼の給料は月の1日から勘定される / ~ the running cost of a car *at* 200,000 yen a year 車の維持費を年20万円と見積もる / ~ her *into* the total number of guests 彼女を招待客の総数に含める **b**《+(**that**) 節》…だと算定する ‖ The organizers ~*ed* (*that*) there had been about 50,000 fans at the concert. 主催者側の算定によれば5万人のファンがコンサート会場に詰めかけた
❸《通例進行形不可》**a**《+目+(**to be**) 補 / 目+**as** 名・形》…を…とみなす, 考える(♦しばしば受身形で用いる) ‖ He is ~*ed* (*to be*) the best kabuki actor. 彼は最高の歌舞伎役者と考えられている / I ~ her *as* (being) the greatest politician then. 彼女を当時の最高の政治家と思う **b**《+目+**among** 名》…を…の1人[1つ]と考える, …の中に含める(♦しばしば受身形で用いる) ‖ We ~ him *among* our supporters. 我々は彼を後援者の1人に入れている ❹《+**to** *do*》《口》…しようと思う, …するつもりである ‖ I ~ *to* finish it by seven. 7時までにはそれを終えるつもりだ ❺《英口》…を高く評価する
―自 ❶ 計算する, 数える；精算する ‖ ~ from 1 to 100 1から100まで数える ❷ **a**《+**on** [**upon**] 名》…を当てにする；…を予期する(anticipate) (⇨ RELY 類語) ‖ You can't ~ *on* meeting him there. そこで彼に会えると期待はできない **b**《+**on** [**upon**] 名+*doing* / **to do**》…が…するものと期待する[当てにする] ‖ I am ~*ing on* you finishing the report by Friday. 金曜日までに報告書を完成するものと期待しています ❸《口》〈…について〉意見を持つ〈**on, to**〉‖ What do you ~ *on* this house? この家についてあなたはどう思いますか

rèckon ín ... / rèckon ... ín 〈他〉(合計などに)…を含め

る, 勘定に入れる ‖ The service charge is ~*ed in*. サービス料はあらかじめ勘定に入っている

réckon of ... 〈他〉《主に方》…(のこと)を考える(think of)

rèckon úp ... / ***rèckon ... úp*** 〈他〉《英口》…を数え上げる, 合計する(tot up; calculate)

réckon with ... 〈他〉 ① 《通例受身形で》(競争相手・手ごわい問題などとして)考慮される, 予期される; 《通例否定文で》(あらかじめ)…と予想する ‖ He is a man to be ~*ed with*. 彼は無視できない男だ / We didn't ~ *with* getting involved in a quarrel. けんかに巻き込まれるとは思ってもいなかった ② 〔困難など〕に対処する, …を処理する

réckon without ... 〈他〉…を考慮[計算]に入れない

reck·on·er /rékənər/ 名 C 計算早見表

reck·on·ing /rékənɪŋ/ 名 ❶ U (大まかな)計算, 勘定; 決済; 見積もり; C 《古》勘定書(bill) ❷ U/C 《通例単数形で》報い, 罰 ‖ have a heavy ~ to pay ひどい報いを受ける ❸ U 〔海〕船位の推算

be* 「*òut of* [*in, into*] *the réckoning 《英》(特にスポーツで)勝つ見込みがない[ある]

*__re·claim__ /rìːkléɪm/ 動 他 ❶ …の返還を要求する, 取り戻す ‖ ~ one's purse ハンドバッグを取り戻す ❷ …を再利用する, 再生する ‖ ~ rubber from old tires 古タイヤからゴムを再生する ❸ 〔荒地〕を開墾する; 〔沼地・海など〕を干拓する, 埋め立てる ❹ 《通例受身形で》(土地が)元の姿に戻る ❺ 《旧》…を矯正する, 更生させる, 教化する; 《古》…をならす ‖ ~ delinquents 非行者を立ち直らせる

―名 U 矯正, 更正, 教化

rec·la·ma·tion /rèkləméɪʃən/ 名 U ❶ 開墾; 干拓 ❷ (廃物の)再生利用; 再生産業; 返還要求 ❸ 矯正, 更生, 教化

re·clas·si·fy /rìːklǽsɪfaɪ/ 動 (-**fies** /-faɪz/; -**fied** /-faɪd/; ~·**ing**) 他 …を分類し直す, 再分類する

*__re·cline__ /rɪkláɪn/ 動 自 ❶ 〈…に〉もたれる, 寄りかかる; 横になる〈**on, in, against**〉‖ ~ *on* a deck chair デッキチェアに横になる ❷ (座席の背もたれが)斜めになる[できる]

―他 〔座席(の背もたれ)〕を斜めにする

re·clin·er /rɪkláɪnər/ 名 C ❶ 寄りかかる[横になる]人 ❷ =reclining chair

reclíning chàir 名 C リクライニングチェア (⇨ CHAIR 図)

re·cluse /réklu:s | rɪklúːs/ 名 C 隠遁(いんとん)者, 世捨て人

re·clu·sive /rɪklúːsɪv/ 形 隠遁を求める, 孤独な

⁑**rec·og·ni·tion** /rèkəgníʃən/

―名 〔◁ recognize 動〕(複 ~**s** /-z/) ❶ U (人・物が)**それとわかること**, 見[聞き]覚え, 見知り ‖ He showed [OR gave] no sign of ~ when he looked at me. 彼のまなざしからは私に見覚えがあるという様子はうかがえなかった / escape ~ 相手に見破られないで済む

❷ U/C 《単数形で》(人・功績などを)**認めること**, 評価; (世間などの)(好意的)注目; (功績などに対する)表彰, 感謝, お礼 ‖ Ichiyo Higuchi achieved little public ~ while she was alive. 樋口一葉は生前ほとんど世間に認められなかった

❸ U/C 《単数形で》(事実として)**認めること**, 認識 ‖ There's a growing ~ that we're doing irreversible damage to the Earth. 我々が地球に対して取り返しのつかないダメージを与えていることが徐々に認識されてきている / nod one's head in ~ うなずいて認める

❹ U/C 《単数形で》(正式な)**承認**, 認知, 認可; 〔国際法〕(国家の)承認 ‖ (a) complete ~ of women's rights 女性の権利を完全に認めること ❺ U 💻 (文字識別などの)認識 ‖ voice [name] ~ 音声[名前]認識

beyond [OR ***òut of*** (***àll***)] ***recognítion*** もはやそれとわからないほど

*__*in recognítion of ...*__* …を認めて, …が認められて; …に謝意を表して ‖ A special award was given to Chaplin *in* ~ *of* his achievements. 功績を認めての特別賞がチャップリンに贈られた

*__rec·og·niz·a·ble,__ +《英》-**nis·a·ble** /rékəgnàɪzəbl/ 形 見覚えのある, 見分けがつく; それとわかる; 認めることのできる **rèc·og·nìz·a·bíl·i·ty** 名 **-bly** 副 それとわかるほどに; 認識できるように

re·cog·ni·zance /rɪkɑ́(ː)gnɪzəns | -kɔ́g-/ 名 〔◁ recognize 動〕U C 〔法〕誓約(書); 誓約保証金

⁂**rec·og·nize,** +《英》**-nise**

/rékəgnàɪz/ 《アクセント注意》

―動 〔▶ recognition 名, recognizance 名〕(-**niz·es** /-ɪz/; ~**d** /-d/; -**niz·ing**) 《進行形不可》

―他 ❶ **a** 《+目》〈…を見て[聞いて]〉**それとわかる**, 見分けがつく, …に見[聞き]覚えがある; (外観や特徴から)…を識別できる〈**by, from**〉(⇨ 類語) ‖ "How do you think your dog ~*s* you?" "By my voice." 「あなたの犬はどうやってあなたを見分けるのですか」「声によってです」/ Johnny had grown so much that I scarcely ~*d* him. ジョニーはとても大きくなっていて(本人と)わからないくらいだった / ~ wild mushrooms 野生のキノコ(が毒キノコかどうか)の識別ができる **b** 《+目+**as** 名》…を…とわかる[認める] ‖ She immediately ~*d* the song *as* *Imagine*. 彼女はその曲を聞いてすぐ「イマジン」とわかった

❷ **認める a** 《+目》(事実として)…を認める, 認識する; …を(正式に)認める, 承認する, 認知する; …を許可する; 〔国際法〕〔国家など〕を承認する ‖ Carol ~*d* her own insecurity. キャロルは自分の不安に気づいた / Self-defense isn't always ~*d*. 正当防衛はいつも認められるとは限らない **b** 《+目+**as** 名・形 / 目+**to be** 補》《通例受身形で》…と認められる ‖ Jeremy was ~*d as* lawful heir by the court. ジェレミーは裁判所に法定相続人と認められた / He is ~*d to be* industrious. 彼が勤勉なのはわかっている **c** 《+ (**that**) 節 / **wh** 節》(いやいやながら)…であると認める ‖ We must ~ *that* we are facing the crisis of our environment. 私たちは環境の危機に直面していることを認識すべきだ / You don't ~ *how* serious the problem is. 君は問題がどれほど深刻かわかっていない

❸ (会議などで)…に発言を許す[認める] ❹ 〔功績など〕を認める, 〈…として〉高く評価する〈**as**〉(♦しばしば受身形で用いる); …を表彰する, …に報いる ‖ His research was ~*d* by an honorary degree from Jena University. 彼の研究はイエナ大学から名誉学位を贈られ高く評価された

❺ 💻 (OCRなどで)〔文字などを〕識別する, 認識する

-nìz·er 名

類語 《他 ❶》**recognize** 経験していることや知っていることを改めて認める. 〈例〉*recognize* an old friend in a crowd 人込みの中に旧友を認める

perceive 感覚的に知覚・感知する(→ notice).

identify 人や物が同一人[物]であると確認する. 〈例〉*identify* the criminal 犯人(であること)を確認する

*__re·coil__ /rɪkɔ́ɪl/ (→ 名) 動 自 ❶ (驚き・恐怖・嫌悪などで)〈…から〉後ずさりする, 飛びのく(↷ draw [OR fall] back) 〈**from**〉; 〈…に〉たじろぐ, いや気を覚える〈**at**〉‖ ~ *from* his touch 彼に触れられて後ずさりする / ~ in disgust *at* the mere mention of his name 彼の名前を聞いただけでむかつく ❷ (発砲後の銃が)反動を起こす; (バネなどが)跳ね返る, 元へ戻る; (原子が)反跳する ❸ 《+**on** [**upon**] 名》(罪の報いなどが)…に跳ね返る ‖ ~ *on* oneself 因果応報となる ―名 /ríːkɔɪl/ U/C 《単数形で》❶ (銃砲の)反動(の大きさ); 跳ね返り; (原子の)反跳 ‖ the ~ of one's own folly 自分の愚行の跳ね返り[報い] ❷ 〈…からの〉たじろぎ, 後退, ひるみ〈**from**〉

~·**er** 名 ~·**less** 形

*__rec·ol·lect__ /rèkəlékt/ 動 他 …を思い出す, 回想する〈*doing* …したことを / **wh** 節 …かを / **that** 節 …だと〉(♦進行形はまれ. 直接話法にも用いる) (⇨ REMEMBER 類語) ‖ I cannot ~ the details of the report any more. 報告書の詳細はもう思い出せない / I ~ seeing her somewhere. どこかで彼女を見た覚えがある 一㊁ 思い出す ‖ as far as I (can) ～ 思い出せるところでは

re·col·lect /rìːkəlékt/ 動 ㊀ ❶ …を再び集める ❷〔勇気など〕を奮い起こす ❸《～ oneself で》心を落ち着ける

***rec·ol·lec·tion** /rèkəlékʃən/ 名 ❶ Ｕ〈…を〉思い出すこと, 回顧, 追想〈**of**〉; 記憶力; 記憶の範囲 ‖ have no ～ *of* the accident 事故のことは全く記憶がない / be beyond [OR past] ～ どうしても思い出せない / to the best of my ～ 私の記憶する限りでは / the coldest winter within [OR in] my ～ 私が覚えているうちで最も寒い冬 ❷ Ｃ《しばしば ～s》思い出 ‖ an essay based on her ～*s* of the war 戦争についての彼女の思い出に基づいたエッセイ **-tive** 形

R

re·com·bi·nant /riːkɑ́(ː)mbɪnənt | -kɔ́m-/ 形《限定》〖生化〗組み換え(型)の, 組み換えDNAの
一名 Ｃ 組み換え型[細胞]
▸▸ **～ DNA** 名 Ｕ〖遺伝〗組み換えDNA

re·com·bi·na·tion /rìːkɑ̀(ː)mbɪnéɪʃən | -kɔ̀m-/ 名 Ｕ 再結合; 〖生化〗(遺伝子の)組み換え

re·com·bine /rìːkəmbáɪn/ 動 ㊀ …を再結合する

‡**rec·om·mend** /rèkəménd/《アクセント注意》
一動〔▶ recommendation 名〕(～**s** /-z/; ～**·ed** /-ɪd/; ～**·ing**)
一㊀ ❶ …を**推薦する**, 推奨する, 勧める〈**as** …として; **for** 地位などに; **to** …に〉‖ I can **highly** [OR **strongly**] ～ this antivirus program. このウイルス対策プログラムは絶対お勧めだ / "Can you ～ a good movie?" "Do you want to laugh? Or cry?" 「お勧めの映画を教えてくれない」「楽しいやつ？ それとも悲しいやつ？」/ The Tourist Information ～*ed* the hotel *as* centrally located and reasonably priced. 旅行案内所はそのホテルを中心街にあり料金も妥当ということで推薦した / ～ her *for* a post 彼女を役職に推薦する / He ～*ed* that florist *to* me. 彼は私にその生花店を勧めた (♦ He recommended me that florist. という《+目+目》の文型もまれに見られるが, 容認しない人が多い. ⇨ PB 59)
❷ **勧める**, 勧告する(♥ 相手に助言を与える際に用いると押しつけがましく響くことがある) **a**《+目》…を勧める ‖ The doctor ～*ed* radiation treatments (for me). 医者は(私に)放射線療法を勧めた **b**《+*doing*》…することを勧める ‖ I ～ (your) seeking a second opinion. 別の医者の意見を聞くことを勧めます **c**《(+to 名) + (that) 節》(…に)…ということを勧める ‖ The broker ～*ed that* I buy [《主に英》should buy] the stocks immediately. ブローカーは直ちにその株を買うように私に勧めた **d**《+目+*to do*》《主に英》〔人〕に…するように勧める ‖ She ～*ed* us *to* visit the museum. 彼女はその美術館を訪れるように我々に勧めた
❸ (性質などが)…を好ましく[魅力的に]する, 〈人の〉気に入らせる〈**to**〉‖ Venice has much to ～ it. ベニスはとても魅力がある ❹《古》…を〈人などに〉託す〈**to**〉‖ ～ a child *to* his care 子供の世話を彼に託す

COMMUNICATIVE EXPRESSIONS

1 **I would [wòuldn't] recomménd** thàt Jàpanese réstaurant. あの日本料理店はお勧めです[ではありません](♥ アドバイスをする形式ばった表現. ⤷《口》Take my advice and go [don't go] to ....)

2 **Whàt would you recommènd** me to dó to prepàre for the cóntest? 《主に英》コンテストに臨む準備として何をすることを勧めますか (♥ アドバイスを求める形式ばった表現)

～·er 名

PLANET BOARD 59

recommend, explain, suggest, donate を二重目的語構文で用いるか.

問題設定 《+ 目 + to 名》の形をとる上記の動詞が二重目的語構文《+ 目 *A* + 目 *B*》でも使われるかどうか調査した.

Q 次の(a)～(d)を使いますか.

(a) She **recommended** John the book.
(b) We **explained** John our behavior.
(c) He **suggested** his clients a new marketing plan.
(d) He **donated** the museum his art collection.

recommend については約2割が二重目的語構文で使うと答えたが, 他の動詞の使用率は1割に満たない. 《米》と《英》で使用率に差は見られなかった. また, 使うと答えた人も, そのほとんどが「《+ 目 + to 名》の形の方がふつう, あるいは好ましい」としている.

学習者への指針 いずれの動詞についても二重目的語構文は使わず, 《+ 目 + to 名》の形を用いるのがよい.

rec·om·mend·a·ble /rèkəméndəbl/ 形 推薦できる, 推奨すべき

***rec·om·men·da·tion** /rèkəmendéɪʃən/ 名〔◁ recommend 動〕❶ Ｕ Ｃ 勧告, 忠告〈**to** 人への; **for, on, about** …についての / **that** 節 …という〉‖ The decision was made on the ～*s* of the committee. その決定は委員会の勧告に基づいて行われた / accept [reject] a ～ 勧告を受け入れる[拒否する] ❷ Ｕ Ｃ 推薦, 推奨, 推挙, 勧め; Ｃ《主に米》推薦状, 推薦の言葉 ‖ on his ～ 彼の推薦で / on the ～ of my teacher 先生の推薦で

rec·om·men·da·to·ry /rèkəméndətɔ̀ːri | -tə-/ 形 ❶ 推薦の, 勧告の ❷ (特徴などが)長所となる, 好ましい

re·com·mit /rìːkəmɪ́t/ 動 (**-mit·ted** /-ɪd/; **-mit·ting**) ㊀ …を再び託す; 〔議案など〕を再び委員会に付託する; 〔罪〕を再び犯す **～·ment** 名 **～·tal** 名 Ｕ 再付託; 再犯

rec·om·pense /rékəmpèns/ 動 ㊀〔人・行為〕に報いる, 返礼する; 〔人〕に〈損害などの〉償いをする, 〔損害など〕を償う〈**for**〉‖ ～ good with evil 善に報いるに悪をもってする
一名 Ｕ Ｃ〈…に対する〉報酬; 補償〈**for**〉‖ as a ～ *for* their help 彼らの援助の返礼として
語源 *re-* again + *-compense* pay: 再び支払う

re·com·pile /rìːkəmpáɪl/ 💻 動 ㊀〔プログラム〕をリコンパイルする, コンパイルし直す 一名 Ｃ リコンパイル

re·com·pose /rìːkəmpóuz/ 動 ㊀ ❶ …を作り直す, 組み立て直す, 再編成[構成]する ❷〔感情など〕を落ち着かせる, 鎮める

re·con /ríːkɑ(ː)n, -kən, rikɑ́(ː)n | ríːkɔn, -kɔn, -kɔ́n/ 名 Ｕ《米口》〖軍〗= reconnaissance

rec·on·cil·a·ble /rékənsàɪləbl/ 形 和解できる; 調和できる

***rec·on·cile** /rékənsàɪl/《アクセント注意》動〔▶ reconciliation 名〕㊀ ❶ …を〈…と〉一致[調和]させる, 両立させる; …を整合性のあるものにする〈**with**〉‖ Can you ～ his story *with* those of other witnesses? 彼の話とほかの目撃者たちの話との間に一致点を見いだせますか / ～ these two aims これら2つの目標を両立させる / ～ one's statements with one's conduct 発言と行動[言行]を一致させる ❷ …を〈…と〉和解[仲直り]させる〈**with**〉(♦ しばしば受身形で用いる) ‖ He was ～*d with* his boss recently. 彼は最近上司と仲直りした / ～ old enemies かつての敵同士を和解させる ❸〔争いなど〕を調停する, まと

める ‖ ～ differences of opinion 意見の食い違いを取りまとめる ❹《通例 ～ oneself または受身形で》〈いやなことに〉満足する, 甘んじる, 〈…を〉(あきらめて)受け入れる〈**to**〉‖ She was ～*d to* living apart from her family. 彼女は家族との別居をやむなく受け入れた
—自 ❶ 和解[仲直り]する ❷ 一致[調和]する
～·ment 名 =reconciliation **-cìl·er** 名 **rèc·on·cíl·i·a·to·ry** 形

***rec·on·cil·i·a·tion** /rèkənsɪliéɪʃən/ 名〔◁ reconcile 動〕❶ U/C《単数形で》和解, 仲直り〈**between** …の間の；**with** …との〉；調停 ❷ U 調和, 一致〈**between** …の間の；**with** …との〉❸ U 甘んじること, 甘受

rec·on·dite /rékəndaɪt/ 形 ❶ (知識・問題などが) 難解な, 深遠な ❷ ほとんど知られていない, 隠された

re·con·di·tion /rìːkəndíʃən/ 動 他 …を再調整する, 修理する；《英》…をオーバーホールする (♦ しばしば受身形で用いる)

re·con·fig·ure /rìːkənfígjər | -fígə/ 動 他 〔コンピュータなど〕の型[部品]を変更する

re·con·firm /rìːkənfə́ːrm/ 動 他 〔予約席など〕を再確認する；…を再び強める **-fir·má·tion** 名 U 再確認

re·con·nais·sance /rɪkɑ́(ː)nəzəns | -kɔ́nɪs-/ 名 U C ❶〖軍〗偵察；偵察隊 ‖ a ～ satellite スパイ[偵察]衛星 ❷ 予備調査, 下検分；踏査

re·con·nect /rìːkənékt/ 動 他 …を再びつなぐ
—自〈…に〉再接続する〈**to**〉

rec·on·noi·ter,《英》**-tre** /rìːkənɔ́ɪṭər | rèk-/ 動 他 自 (…を)偵察[下検分]する；(〔土地〕を)踏査する
—名 U C 偵察；踏査

re·con·quer /rìːkɑ́(ː)ŋkər | -kɔ́ŋ-/ 動 他 …を再び征服する

***re·con·sid·er** /rìːkənsídər/ 動 他 〔すでに決定したこと〕を再考する, 考え直す；…を再審議する —自 再考する, 考え直す ‖ I beg you to ～. どうか考え直してください

> **COMMUNICATIVE EXPRESSIONS**
> [1] **We could reconsíder if** you were willing to give us a díscount. そちらが値引きしてくださるつもりがあるのならこちらも考え直しますが(♥ 譲歩の条件を申し出る)

re·con·sid·er·a·tion /rìːkənsìdəréɪʃən/ 名 U/C《単数形で》再考；再審議

re·con·sti·tute /rìːkɑ́(ː)nstəṭjùːt | -kɔ́nstɪ-/ 動 他 ❶ (断片などから)…を復元する；〔組織など〕を再構成[再編成]する ❷《通例受身形で》(乾燥食品が)水で戻される
rè·còn·sti·tú·tion 名

***re·con·struct** /rìːkənstrʌ́kt/ 動 他 ❶ …を再建する ❷〔制度・政策など〕を改変する, 改造する ❸〈入手できる資料に基づいて〉…の全体像を再現[再構成]する〈**from**〉
-strúc·ti·ble 形 **-strúc·tive** 形《限定》〖医〗再建する ‖ ～ surgery 再建手術 **-strúc·tor** 名

***re·con·struc·tion** /rìːkənstrʌ́kʃən/ 名 ❶ U 再建, 復興, 復元；再現, 再構成 ❷ C 再建[復元, 再現, 再構成]されたもの；(事件の)再現映画 ❸《the R-》〖米国史〗再編[期]《南北戦争後の南部諸州の再統合(1865-77)》

re·con·vene /rìːkənvíːn/ 動 自 (会議などが) 再開される —他 …を再開する

re·con·vert /rìːkənvə́ːrt/ 動 他 …を元の状態[形]に戻す；…を再改宗[復党]させる **-vér·sion** 名

*****rec·ord** /rékərd | -kɔːd/《アクセント注意》(→ 動) 名 動

—名 (複 **～s** /-z/) C ❶ **記録**, 登録；記録文書, 公式記録, 議事録 ‖ History is not just a ～ of famous people and events. 歴史は有名な人物や事件の単なる記録ではない / There is no ～ of Atlantis' existence. アトランティスが存在したという記録はない / **keep** a ～ of expenses 出費の記録をつける / a court ～ 公判録 / a ～ of births and deaths 出生および死亡の記録
❷ (競技などの)**最高記録**, レコード；(数値などの)最高[最低]記録；《形容詞的に》記録的な ‖ hold [set, establish] a new world ～ in the high jump 走り高跳びで世界新記録を保持している[樹立する] / break [OR beat, smash] the national ～ 国内記録を破る / Sales went up to an all-time ～. 売上高は史上最高を記録した / The death rate reached its lowest ～ last year. 死亡率は昨年最低を記録した / There was ～ snow last month. 先月記録的な降雪があった / The deficit reached a ～ high [low]. 赤字は過去最高[最低]に達した / The competition had a ～ number of entries. その競技のエントリー数は過去最高だった / win a race in ～ time 新記録のタイムでレースに勝つ / rewrite the ～ books (スポーツ選手が)記録を塗り替える
❸ (録音した)**レコード**；(録音された)音楽, 曲；《形容詞的に》レコードの ‖ play [OR put on] a jazz ～ ジャズのレコードをかける / a Swedish group with over 20 hit ～*s* 20以上のヒット曲のあるスウェーデンのグループ
❹《単数形で》(人・組織などの)**経歴**, 履歴, 活動歴；〈…に関する〉業績〈**on**〉；(学校での)成績；(チームなどの)成績；前科 ‖ She has a fine school [OR academic] ～. 彼女は学校の成績がよい / The bus company has a perfect safety ～. あのバス会社はこれまで完全な無事故を記録している / his political ～ 彼の政治活動歴 / a medical ～ (患者の) カルテ / the mayor's ～ *on* city administration 都市行政に関する市長の業績 / have a (criminal) ～ 前科を持つ
❺ 記録として役立つもの；(記録として残る)記念物；遺物 ‖ dig up the ～*s* of an ancient civilization 古代文明の遺跡を発掘する / a fossil ～ 化石記録《化石の形で残っている太古の記録》
❻ 💻 (データベースでの)レコード《保存するデータ単位》

gò on récord 公式に発表[表明]する；公に報道される ‖ He has *gone on* ～ as saying he won't resign. 彼は辞職しないと述べたと公に伝えられている

(*jùst*) *for the récord* ① 公式記録に残すために ② 念のために言っておくが, ちなみに

****òff the récord*** 非公式に, オフレコで ‖ This is strictly *off the* ～. これは厳密にオフレコですよ

****on (the) récord*** ① 正式に記録されて；公に表明[報道]されて ‖ The director is *on (the)* ～ as supporting the layoffs. その重役はレイオフに賛成したと記録されている / put one's view *on (the)* ～ 公式に見解を述べる ② (後々のために)記録して, 録音して ③ 記録的に, 記録上 ‖ the hottest summer *on* ～ 記録的な猛暑

****pùt* [OR *sèt*] *the récord stràight*** (誤解のないように)話を明確にしておく；誤解を正す ‖ To *put the* ～ *straight*, the meeting begins at 10:30. はっきりさせておきたいんだけど, 打ち合わせは10時30分スタートだよね

> **COMMUNICATIVE EXPRESSIONS**
> [1] He**'s like a bròken récord.** 彼はまるで壊れたレコードのように同じことばかり言う(♥ 繰り返しの多い, あるいは退屈な内容の話をしている人を形容して)

—動 /rɪkɔ́ːrd/ (**～s** /-z/；**～·ed** /-ɪd/；**～·ing**)
—他 ❶ **a** 《+目》…を**記録する**, 書き記す；…を(公式)記録に残す；…と伝える ‖ ～ a day's events ある日の出来事を書き留める / since the beginning of ～*ed* history 記録に残る歴史の最初から, 有史以来
b 《+**that** 節 / **wh** 節》(文献・報告などが)…と伝える, 述べる, 記録する ‖ The report ～*s that* the city's disaster measures are perfect. 報告書は市の防災対策は万全だと述べている / His diary ～*s how* they reached the summit. 彼の日記は彼らの登頂の様子を記している
❷ **a** 《+目》…を**録音[録画]する**；〔歌・音楽など〕を吹き込む ‖ ～ a TV show on a hard disk テレビ番組をハードディスクに録画する
b 《+目+*doing*》…が…しているところを録音[録画]する ‖ ～ him playing the flute 彼のフルート演奏を録音する
❸ (計器などが) …を示す, 記録する ‖ The thermometer ～*s* a temperature of 30°C. 寒暖計はセ氏30度

を示している ❹ …を陳述する，公式に述べる ❺〔ある成績・得点など〕を得る ‖ Our team ～*ed* ten wins in the season. 我がチームはシーズン中に10勝した

━自 記録する；録音[録画]する；レコーディングする ‖ The video camera is ～*ing*. そのビデオカメラは今録画中だ

語源 *re-* again＋*-cord* heart, mind：心に呼び戻す

▶▶～**ed delívery** 名 U《英》簡易書留郵便（物）（《米》certified mail）～ **làbel** 名 C レコード会社（♦ 単に label ともいう）～ **plàyer** 名 C レコードプレーヤー

récord-brèaker 名 C 記録を破った人，新記録を達成した人

récord-brèaking 形《限定》記録破りの，空前の ‖ a ～ snowfall 記録破りの降雪

***re·cord·er** /rɪkɔ́ːrdər/ 名 C ❶ 録音［録画］機；（各種の）記録装置《フライトレコーダー・タイムレコーダーなど》❷〘楽〙リコーダー《木管の縦笛》❸《しばしば R-》《英》（刑事法院の）臨時判事；（一部の都市裁判所の）判事 ❹ 記録係，（公的な）記録担当官　**～·shìp** 名

récord-hòlder 名 C 記録保持者，レコードホルダー

***re·cord·ing** /rɪkɔ́ːrdɪŋ/ 名 ❶ U 記録すること；録音（状態），録画（状態）‖ ～ equipment 録音［録画］機器 ❷ C 録音［録画］したもの ‖ make a ～ of her voice 彼女の声を録音する

▶▶～ **àngel** 名《しばしば R- A-》C 記録天使《人間の善行・悪行を記録するとされる天使》

re·cord·ist /rɪkɔ́ːrdɪst/ 名 C（特に映画の）録音係

***re·count** /rɪkáunt/ 動 他 …を〈人に〉詳しく述べる，物語る〈to〉；〈…ということを〉詳しく述べる〈**that** 節 / **wh** 節〉

～·al 名 U 詳述；列挙

re-count /rìːkáunt/（→ 名）動 他 …を数え直す

━名 /ríːkàunt/ C（得票数などの）数え直し，再集計

re·coup /rɪkúːp/ 動 他 ❶〔損失など〕を取り戻す；〔人〕に埋め合わせをする，弁償する ‖ ～ one's losses 損を埋め合わせる ❷〘法〙…を差し引く，控除する ━自 損失を取り戻す　**～·ment** 名 U 埋め合わせ；〘法〙控除

***re·course** /ríːkɔːrs | rɪkɔ́ːs/ 名 ❶ U〈…を〉頼りにすること，〈…の〉力を借りること〈**to**〉‖ I had ～ *to* some databases to solve the problem. 問題を解決するために私はいくつかのデータベースの助けを借りた / He wrote his own will, without ～ *to* a lawyer. 彼は弁護士の力を借りずに遺言書を書いた / have no ～ but to sue 訴える以外に手がない ❷ C 頼みとする人［もの］，頼みの綱 ‖ His only ～ was legal action. 彼の唯一の手段は訴訟を起こすことだった ❸ U〘法〙償還請求［権］，遡求（そきゅう）権 ‖ without ～ 償還請求に応ぜず《裏書人が手形に添える文句》

****re·cov·er** /rɪkʌ́vər/

━動〔▶ recovery 名〕（**～s** /-z/；**～ed** /-d/；**～·ing**）

━自 ❶〈…から〉**回復する**，復旧［復興］する，立ち直る（≒ bounce back）〈**from**〉（⇨ CURE 類語P）‖ We haven't **fully** ～*ed from* the shock of losing our dog. 私たちは犬をなくしたショックから完全には立ち直っていない / I've ～*ed from* my cold. 風邪が治った（♦ ×I've recovered my cold., ×My cold has recovered. とはいわない）

❷〘スポーツ〙（次の行動のために）元の姿勢［構え］に戻る

❸〘法〙（勝訴して）権利を回復する

━他 ❶〔失ったものなど〕を**取り戻す**（get back）；〔健康・正常な状態など〕を回復する ‖ The police ～*ed* the stolen items from the bottom of the river. 警察は川底から盗まれた品々を回収した / She failed to ～ his affection. 彼女は彼の愛情を取り戻せなかった / He ～*ed* his voice.（驚いた後で）彼はやっと口がきけるようになった / ～ one's strength [composure, consciousness] 体力［落ち着き，意識］を取り戻す

❷〔損害・損失など〕を埋め合わせる，償う；〘法〙（裁判によって）〔賠償など〕を獲得する ‖ ～ lost time 失った時間の埋め合わせをする / ～ the increased costs through higher prices より高い値段をつけ上昇した原価を埋め合わせる / ～ damages 損害賠償をとる ❸〈原鉱・廃棄物などから〉〔有用物質〕を取り出す，回収する〈**from**〉

recóver onesèlf 正常な状態に戻る；意識［冷静さ・正気・バランス・手足の機能など］を取り戻す

re-cov·er /rìːkʌ́vər/ 動 他 …を再び覆う；〔本など〕のカバーをかけ直す；〔傘・いすなど〕を張り替える

re·cov·er·a·ble /rɪkʌ́vərəbl/ 形 ❶（損失などが）取り戻せる；回復できる ❷（エネルギー資源が）効率よく地中［海底］から摂取［採掘］できる

***re·cov·er·y** /rɪkʌ́vəri/ 名〔◁ recover 動〕（複 **-ies** /-z/）

❶ U/C〔a ～〕〈病気などからの〉回復〈**from**〉；（冷静さなどの）取り戻し；（景気などの）立ち直り；復旧 ‖ Grandpa has made a full ～ *from* a heart attack. おじいちゃんは心臓発作から完全に回復している / I wish you a quick [OR speedy] ～. 早くよくなられますように / the ～ of one's composure 落ち着きを取り戻すこと / economic ～ 経済復興 / in ～（病気などから）回復中で

❷ U〈盗まれたものなどを〉取り戻すこと，取り返し；回収〈**of**〉；C 取り戻したもの ‖ the ～ *of* stolen money 盗まれた金を取り戻すこと / a ～ vehicle 回収車，レッカー車

❸ U（有用物の）回収，再生利用 ❹ U〘法〙権利回復 ❺ U〘スポーツ〙元の姿勢［構え］に戻ること；C〘ゴルフ〙リカバリー《バンカーやラフからフェアウェイやグリーンにボールを戻すストローク》❻ U〘医〙（手術後の）回復室

▶▶～ **prògram** 名 C《米》（麻薬やアルコール中毒患者の）リハビリプログラム ～ **ròom** 名 C（手術直後の患者用の）回復室 ～ **tìme** U ①（病気などの）回復に要する時間 ②〘電子〙リカバリー時間《回路の数値などが変動してから本来の状態に戻るまでの時間》

rec·re·ant /rékriənt/ 形《文》おく病な

rec·re·ate /rékrièɪt/ 動 自《主に米》気晴らしをする

━他〔人〕に気晴らしさせる；（～ oneself で）気晴らしをする

-à·tive 形 気晴らしになる

re-cre·ate /rìːkriéɪt/ 動 他 …を作り直す；…をもう一度作り出す；…を再現する

***rec·re·a·tion** /rèkriéɪʃən/ 名 U C レクリエーション，気晴らし，気分転換（になるもの）《ゲーム・運動など》（⇨ 類語，HOBBY, PLAY 類語）‖ What do you do for ～? 気晴らしには何するの / Ballroom dancing is Grandma's favorite ～. 社交ダンスは祖母のお気に入りの楽しみです

類語 **recreation**「元気を回復させる，鋭気を養わせる」の意から，くつろいで心身をさわやかにするための活動を広く表す.

amusement「楽しませる」の意から，時間を楽しく過ごさせるもの；楽しみ，娯楽.

diversion「わきにそらせる」の意から，仕事などから心をそらせて楽しませるもの；気晴らし，娯楽.

entertainment「もてなす」の意から，特に演じて人を楽しませる娯楽；余興・演芸・催し物など.

▶▶～ **gròund** 名 C《英》（公共の）運動場，遊園地 ～ **ròom** 名 C ①（公共施設などの）娯楽室，休憩室 ②《米》＝rec room

re-cre·a·tion /rìːkriéɪʃən/ 名 U 作り直すこと；再現；C 作り直したもの

***rec·re·a·tion·al** /rèkriéɪʃənəl/ 形 ❶ 娯楽の，レクリエーションの ❷（麻薬が）治療目的でない，快楽のための

▶▶～ **véhicle** 名 C《米》レクリエーション用自動車，キャンピングカー（略 RV）

recreational vehicle

re·crim·i·nate /rɪkrímɪnèɪt/ 動 自〈…に〉反訴する，非難し返す〈**against**〉

-na·tò·ry 形 非難し返す［合う］

re·crim·i·na·tion /rɪkrìmɪnéɪʃən/ 名 U/C《通例 ～s》

非難し返すこと, 非難合戦；反訴

re·cru·desce /rìːkruːdés/ 動 自 《堅》(好ましくないものが)再発[燃]する, ぶり返す **-dés·cence** 名

*__re·cruit__ /rɪkrúːt/ 名 C ❶ 新兵, 補充兵；《米》最下級兵；(警察の)新署員 ❷ 新加入者, 新会員, 新党員, 新社員；新米 ‖ a raw [OR fresh, green] ～ 初心者

— 動 他 ❶〔新兵〕を募る, 徴募する；〔新会員·新社員など〕を募集[勧誘]する(⇨ GATHER 類語P) ‖ ～ men into the forces 兵士を募って軍隊に編入する / ～ more staff さらに職員の数を補充する ❷〔軍隊〕を(新兵を補充して)形成する；〔団体〕を(新会員を補充して)形成する ❸《(+目+to *do*)》《口》〔人〕を募って[説得して]…してもらう ‖ ～ volunteers *to* go to the disaster-stricken area 有志を募って被災地に行ってもらう

— 自 新兵を徴募する[入れる]；新会員[社員など]を募る[入れる]；新兵[新人]で補強する

～·a·ble 形 **～·er** 名 **～·ing** 名 形

*__re·crúit·ment__ /-mənt/ 名 U 新兵[新会員]徴募；補充

Rec. Sec. 略 *Rec*ording *Sec*retary(記録係)

rect. 略 receipt；rectangle, rectangular；rectified；rector, rectory

rec·ta /réktə/ 名 rectum の複数

rec·tal /réktəl/ 形 《解》直腸(rectum)の

*__rec·tan·gle__ /réktæ̀ŋgl/ 《アクセント注意》 名 C 長方形

*__rec·tan·gu·lar__ /rektǽŋgjulər/ 《アクセント注意》 形 長方形の；直角の, 直交する

rec·tàn·gu·lár·i·ty 名 U 長方形であること **～·ly** 副

rec·ti·fi·ca·tion /rèktɪfɪkéɪʃən/ 名 U C 修正, 調整；《化》精留；《電》整流

rec·ti·fi·er /réktɪfàɪər/ 名 C 修正[調整]者；《化》精留器；《電》整流器

rec·ti·fy /réktɪfàɪ/ 動 (**-fies** /-z/；**-fied** /-d/；**～·ing**) 他 ❶ …を修正[改正]する；…を調整する ‖ ～ a mistake 誤りを直す[正す] ❷《化》…を精留する；《電》〔交流〕を直流にする, 整流する ❸《数》〔曲線〕の長さを求める

-fì·a·ble 形 修正[調整]できる；精留できる；整流できる

rec·ti·lin·e·ar /rèktɪlíniər/ 《シ》, **-lin·e·al** /-líniəl/ 形 直線の；直線で囲まれた；直進する

rec·ti·tude /réktɪtjùːd/ 名 U 《堅》 ❶ 正直, 誠実 ❷ (判断などの)正しさ, 正確

rec·to /réktoʊ/ 名 (複 **～s** /-z/) C (本の)右ページ；(印刷物の)表側(↔ verso)

*__rec·tor__ /réktər/ 名 C ❶ (プロテスタント監督教会の)教区牧師；(英国国教会で)教区司祭(の称号)；(ローマカトリックで)(教区の)主任司祭 ❷ (イエズス会などの)修道院長, 神学校長；(一部の学校·大学の)校長, 学長, 総長

～·ate 名 **～·shìp** 名 U rector の職[地位, 任期]

語源 *rect-* make straight＋*-or*(「人」を表す名詞語尾)：人を正しくする者

rec·to·ri·al /rektɔ́ːriəl/ 形 《限定》rector の[に関する]

rec·to·ry /réktəri/ 名 (複 **-ries** /-z/) C ❶ 教区牧師[司祭]の住居 ❷ (英国国教会で)教区司祭の収入

rec·tum /réktəm/ 名 (複 **～s** /-z/ OR **rec·ta** /-tə/) C 《解》直腸

re·cum·bent /rɪkʌ́mbənt/ 形 《通例限定》《文》(人·姿勢などが)横になった, もたれかかった；(植物などが)横臥(おうが)した **-ben·cy** 名

re·cu·per·a·te /rɪkjúːpərèɪt/ 動 自 〈病気·損失などから〉回復する, 元気になる, 立ち直る〈**from**〉 — 他 〔健康·体力·損失など〕を取り戻す, 回復する **re·cù·per·á·tion** 名 U (健康·損失などの)回復, 立ち直り

re·cu·per·a·tive /rɪkjúːpərèɪt̬ɪv | -pərə-/ 形 (健康などを)回復させる(ような), 回復力のある

*__re·cur__ /rɪkə́ːr/ 《アクセント注意》 動 (**-curred** /-d/；**-cur·ring**) 自 ❶ (出来事·症状などが)再び起こる, 繰り返す, 反復する ‖ The pain *recurred*. 痛みが再発した / The symptoms tend to ～. その症状は繰り返す傾向がある ❷ (考え·記憶などが)〈…に〉再び思い浮かぶ〈**to**〉 ‖ The idea *recurred to* me [OR my mind]. その考えがまた私の心に浮かんだ ❸〈前の話などに〉立ち戻る, 話を戻す〈**to**〉 ‖ Let us ～ *to* what you said yesterday. 昨日君の言ったことに話を戻そう ❹《数》(小数などが)循環する

語源 *re-* back＋*-cur* run：走って戻る

re·cur·rence /rɪkə́ːrəns | -kʌ́r-/ 名 ❶ C 《通例単数形で》〈…の〉再発, 回帰；反復；循環〈**of**〉 ‖ prevent a ～ *of* the disease 病気の再発を防ぐ ❷ U 立ち返り, 繰り返し；逆戻り

*__re·cur·rent__ /rɪkə́ːrənt | -kʌ́r-/ 形 ❶ (病気·症状などが) 再発する, 頻発する；(周期的に) 繰り返される ‖ a ～ dream 繰り返し見る同じ夢 ❷《解》(血管·神経などが)回帰性の **～·ly** 副

re·cur·ring /rɪkə́ːrɪŋ/ 形 循環する

▶▶ **～ décimal** 名 C 《数》循環小数

re·cur·sion /rɪkə́ːrʒən | -ʃən/ 名 《数·言》 U 再帰, 反復, 帰納；C 再帰的定義

re·cur·sive /rɪkə́ːrsɪv/ 形 《数·言》再帰的な, 反復的な；💻(プログラム·処理が)再帰的な, 反復的な

re·curve /rɪkə́ːrv/ 動 他 …を後ろへ曲げる

— 自 後ろへ曲がる, 反り返る

rec·u·sant /rékjuzənt/ 名 C ❶ 権威に屈しない人, 規則などに従わない人 ❷《英国史》(カトリック教徒の)英国国教会忌避者

— 形 服従しない；《英国史》英国国教会忌避の

-san·cy 名 U 抵抗, 不服従；《英国史》英国国教会忌避

re·cuse /rɪkjúːz/ 動 他 《法》〔裁判官·陪審員〕を忌避する；《～ oneself で》(裁判官などが)自らを不適格とする, 辞退する **-cús·al** 名

*__re·cy·cla·ble__ /rìːsáɪkləbl/ 《シ》 形 再生利用できる

— 名 C 《通例 ～s》再生利用できるもの

re·cy·cle /rìːsáɪkl/

— 動 (**～s** /-z/；**～d** /-d/；**-cling**)

— 他 ❶ **…を再生[循環]処理する**；…を(再生するため)回収する；…を〈…に〉再生利用[再使用]する〈**into**〉；《～d で形容詞として》再生された ‖ ～ used oil 使用済みの油を回収[再利用]する / ～*d* paper 再生紙 ❷〔考え·手段など〕を再利用[再使用]する

— 自 再生[循環]処理する；回収する

— 名 U C 再生, リサイクル(❗「リサイクルショップ」は和製語. 主に charity が目的で《米》thrift shop, 《英》charity shop などの言い方がある) **-cl·er** 名

*__re·cy·cling__ /rìːsáɪklɪŋ/ 名 U (紙·鉄などの)再生利用, リサイクリング ‖ aluminum can ～ アルミ缶の再生利用 / a ～ program リサイクル計画

red /red/ 形 名

— 形 (**red·der**；**red·dest**)

❶ **赤い**, 赤色の ‖ "Why are stop lights ～?" "Due to their association with blood and fire, perhaps." 「なぜ停止信号は赤なのだろう」「たぶん血や炎の色と関連があるのでしょう」/ The leaves turned ～ as (the) autumn deepened. 木の葉は秋が深まるにつれて赤くなった / a ～ pencil 赤鉛筆 / a bright ～ shirt 鮮やかな赤のシャツ

❷ 赤っぽい色の；赤毛の ‖ a ～ pony 赤毛のポニー

❸ (顔色が)赤らんだ, 紅潮した ‖ His ruddy face grew even *redder*. 彼の赤ら顔が余計赤くなった

❹ (目が) 充血した, 血走った ‖ My eyes are ～ and itchy. 目が充血してむずがゆい ❺ 血に染まった, 血まみれの；《古》《文》流血の, 暴力的な；赤熱の, 燃えるような ❻《しばしば R-》《比較なし》⊗《口》《主に蔑》共産[社会]主義の, 極左の, アカの(↔ white)；共産[社会主義]国の, (特に東西冷戦時代の)旧ソ連の ❼《米》(選挙で)過半数が共和党に投票した(↔ blue) ❽ 赤字の, 欠損の ❾ (ワインが) 赤の, 濃紫色の ❿ (止まれを意味する)赤信号の, 赤旗の

— 名〔▶ redden 動, reddish 形〕(複 **～s** /-z/) ❶ U C **赤**, 赤色；赤み；赤色の顔料[絵の具, 染料] ‖ The traffic lights changed from ～ to green. 信号が赤から青に変わった

❷ C 赤いもの；(動植物の)赤い種類；(ビリヤードなどの)赤玉；(ルーレットの)赤側；赤信号；(アーチェリーの標的の)赤輪《中央部の金色の輪のすぐ外側を囲む》

❸ U C 赤ワイン ❹ U 赤い服[布] ‖ be dressed in ～ 赤い服を着ている ❺《しばしば R-》C ⊗《口》《主に蔑》共産[社会]主義者[党員], アカ (→ pink[1] 名 ❹) ❻《the ～》赤字(の状態)(↔ the black)

*「*be in* [*go into*] *the réd*《口》赤字である[になる] ‖ Their company has *been in the* ～ for 3 years running. 3年間続けて彼らの会社は赤字を出している

òut of the réd 赤字を脱して

**sèe réd*《口》かっとなる, 激怒する(♦ 闘牛で牛が赤い布を見て興奮することから) ‖ His bad attitude really made me *see* ～. 彼のひどい態度に心底かっとなった

～·ly 副 真っ赤に, 赤く

▸▸ **～ ádmiral** 名 C 〘虫〙アカタテハ《ヨーロッパ・北米産のチョウ》 **～ alért** 名 U/C《単数形で》非常警戒態勢, 緊急[空襲]警報 ‖ be [be put] on ～ *alert* 緊急態勢である[に入る] **Rèd Ármy** 名《the ～》(旧ソ連などの)赤軍 **～ blóod cèll** 名 C 赤血球 **～ bóx** 名 C レッドボックス《公式文書保管箱》 **～ cárd** 名 C 〘サッカー〙レッドカード《レフェリーが選手の退場を指示するために示す》 **～ cárpet** (↓) **～ céll** 名 C 赤血球 (red blood cell) **～ cént** 名 C《a ～》《米口》(昔の)1セント銅貨；《否定文で》取るに足りない金額, 少量 ‖ not worth a ～ *cent* びた一文の価値もない **～ clóver** 名 U 〘植〙アカ[ムラサキ]ツメクサ《家畜飼料用》 **～ córpuscle** 名 C =red blood cell **Rèd Créscent** 名《the ～》赤新月社《赤十字社に相当するイスラム諸国の組織》 **Rèd Cróss** 名《the ～》国際赤十字社 (the International Red Cross)；(各国の)赤十字支社 **～ cúrrant** 名 C 〘植〙アカフサスグリ(の実) **Rèd Dáta Bòok** 名《the ～》レッドデータブック《国際自然保護連合(IUCN)が刊行する絶滅危惧種に関する情報の出版物》 **～ déer** 名 (複 **～ deer**) C 〘動〙① アカシカ《ヨーロッパ・アジア産》② オジロジカ《北米産. 赤っぽい夏毛を生やす》 **～ dúster** 名 C《英口》=red ensign **～ dwárf** 名 C 〘天〙赤色矮星(わいせい) **～ énsign** 名 C 英国商船旗(→ white ensign) **～ flág** (↓) **～ gíant** 名 C 〘天〙赤色巨星 (→ white dwarf) **～ gróuse** 名 C 〘鳥〙アカライチョウ《英国産の狩猟鳥》 **Rèd Gúard** 名《the ～》(中国の文化大革命の際の)紅衛兵 **～ gúm** 名 C 〘植〙(オーストラリア産の)アカユーカリの木；U ユーカリ樹脂 **～ hát** 名 C (カトリックで)枢機卿(すうきけい)(cardinal)の赤帽子；枢機卿の地位[権威] **～ héat** 名 U 赤熱温度[状態]；熱狂 **～ hérring** 名 C ① 燻製(くんせい)ニシン ② (本題から)注意をほかへそらすもの(♦ 猟犬の嗅覚(きゅうかく)を鍛えるとき燻製ニシンで獲物のにおいを消すことから) **Rèd Índian** 名 C《主に英》《旧》北米先住民 (→ American Indian) **～ léad** /-léd/ 名 U 鉛丹, 赤色過酸化鉛《顔料・塗料. 鉛ガラス製造用》 **～ líght** 名 C (停止信号としての)赤信号, 危険信号；《口》拒否, 不賛成 ‖ run a ～ *light* 信号無視をする **～ líne** 名 C ① 〘アイスホッケー〙レッドライン《赤色のセンターライン》② 安全限界 ‖ cross a ～ *line* 一線を越える **～ màn** 名 C《旧》⊗《蔑》北米先住民 (→ American Indian) **～ méat** 名 U 赤肉《牛肉・羊肉など》(→ white meat) **～ óak** 名 C U 〘植〙アカガシワ《北米産》 **～ ócher** 名 U 代赭(たいしゃ)石, 赭土《赤色顔料の原料》 **～ ósier** 名 C 〘植〙アカクキミズキ《北米産》 **～ pánda** 名 C 〘動〙レッサーパンダ (lesser panda) **～ pépper** 名 ① U 唐辛子(の実)；粉唐辛子《香辛料》② C 赤ピーマン **～ píne** 名 C U 〘植〙アメリカアカマツ《木材に使われる》 **Rèd Póll** 名 C 〘動〙レッドポール(R-Polled)《イングランド原産の赤毛の角の短い乳肉兼用牛》 **～ rág** (↓) **～ ríbbon** 名 C《米》赤いリボン《コンペで2位の人がもらう賞[バッジ]》 **Rèd Ríver** 名《the ～》① レッド川 (the Red River of the South)《米国テキサス・オクラホマの州境を南東に下ってミシシッピ川に注ぐ川》② レッド川 (the Red River of the North)《米国ミネソタ・ノースダコタの州境を流れカナダのウィニペグ湖に注ぐ川》 **～ róse** 名 C 赤バラ《ランカスター(Lancaster)家の紋章；英国労働党のシンボル》(→ white rose) **Rèd Séa** 名《the ～》紅海 **～ sétter** 名 C 〘動〙=Irish setter **～ shìft** 名 C 〘天〙(スペクトルの)赤方偏移 **～ snápper** 名 C 〘魚〙フエダイの類；メバルの類《食用魚》 **～ squírrel** 名 C 〘動〙① アメリカアカリス《北米産の赤味がかった樹上にすむリス》② キタリス, エゾリス《ユーラシア産のふさ状の耳が特徴のリス》 **～ státe** 名 C 共和党支持の州 **～ tápe** 名 U《口》お役所仕事, 形式主義, 非能率《昔, 公文書を赤いひもで結んだことから》‖ cut out ～ *tape* 形式主義的な手続きを省く **～ tíde** 名 C 赤潮 **～ wíne** 名 U C 赤ワイン (→ white wine, rosé)

re·dac·tion /rɪdǽkʃən/ 名 U 編集；改訂；C 新版, 改訂版

réd·bàit 動 他 自《米口》(…を)共産主義者だと糾弾する, アカ攻撃する **～·ing** 名

rèd-blóoded ⟨シ⟩ 形《通例限定》男らしい, 精力的な, 精力旺盛な

réd·brèast 名 C《主に英口》〘鳥〙ヨーロッパコマドリ(robin)《胸毛が赤い》；〘魚〙(北米産の)サンフィッシュ科の淡水魚《腹部が赤い》

réd·brìck 形《限定》❶ 赤れんが造りの ❷ (英国の大学が)歴史の浅い《19世紀から20世紀初頭に設立された大学の多くが赤れんが造りであることから》(→ Oxbridge)

réd·càp 名 C ❶《米口》(駅などの)赤帽 ❷《英口》憲兵

rèd-cárpet 形 丁重な, 盛大な ‖ get [OR be given] (the [OR a]) ～ treatment 丁重なもてなしを受ける

rèd cárpet 名 ❶ C《通例単数形で》(貴賓などの歓迎用の)赤じゅうたん ❷《the ～》丁重な歓迎, 盛大な歓待

ròll òut the rèd cárpet for ... 〔重要人物・著名人〕に歓迎の意を表す

réd·còat 名 C (米国独立戦争当時の)英国兵《赤い制服を着ていた》

redd /red/ 動 (**redd** OR **～·ed** /-ɪd/；**～·ing**) 他《スコット・米方》…を整理する, 片づける

red·den /rédən/ 動〔◁ red 名〕自 赤くなる；紅潮する, 顔を赤らめる ―他 …を赤くする

***red·dish** /rédɪʃ/ 形〔◁ red 形〕赤みを帯びた, 赤みがかった

red·dle /rédl/ 名 動 =ruddle

re·dec·o·rate /rìːdékərèɪt/ 動 他 自 (部屋などを)改装する, (…の)内装を変える **re·dèc·o·rá·tion** 名

***re·deem** /rɪdíːm/ 動 他 ❶〔失敗・欠点など〕を補う, 償う, 埋め合わせる；〈欠点・悪条件などから〉…を救う〈**from**〉‖ ～ the occasion *from* utter failure その場がぶち壊しになるところを救う ❷《～ oneself で》(努力して)名誉[評判]を回復する[取り戻す] ❸ …を取り戻す；…を〈…から〉買い戻す；〔質草・抵当物など〕を〈…から〉請け戻す, 質受けする〈**from**〉‖ ～ one's jewels *from* pawn 宝石を質から請け出す ❹〔約束・誓いなど〕を果たす, 履行する ❺〔紙幣〕を兌換(だかん)する；〔株券など〕を換金する；〔クーポン券など〕を景品[賞金]と引き換える ❻〔債務〕を弁済する, 償還する；〔手形〕を落とす ❼〔過ち・罪など〕を贖(あがな)う；〘宗〙(神・キリストが)〔人〕の〈罪を〉贖う〈**from**〉 **～·a·ble** 形 買い戻しできる；弁済できる；兌換できる；救済できる

re·déem·er /-ər/ 名 ❶ C 買い戻す人, 身請け人；救済者 ❷《通例 the R-》救世主, キリスト

re·de·fine /rìːdɪfáɪn/ 動 他 …を再定義[再評価]する **-fi·ní·tion** 名

re·demp·tion /rɪdémpʃən/ 名 U ❶ 救済, 回復, 改善 ❷ 買い戻し；請け戻し；(債務の)弁済償還；(約束などの)履行；補償, 償い ‖ the ～ of a promise 約束の履行 ❸ 〘宗〙罪の贖い, 贖罪(しょくざい)；救済 ❹ 兌換, 換金, 現金化

**beyond* [OR *past*] *redémption* 救済し難い, 改心の見込

みがない
~·al 形
re·demp·tive /rɪdém*p*tɪv/ 形 ❶ 買い戻しの；償還の ❷〘宗〙贖罪の；救いの
re·de·ploy /rìːdɪplɔ́ɪ/ 動 他〔部隊など〕を移動させる；〔人〕を配置替えする，転勤させる **~·ment** 名
re·de·sign /rìːdɪzáɪn/ 名 U C 再設計，再計画
—動 他…を再設計[再計画]する
re·de·vel·op /rìːdɪvéləp/ 動 他〔地域など〕を再開発する；…を再建する，作り直す **~·ment** 名
réd·èye 名 ❶ (= ~ flìght) C《単数形で》《主に米口》夜間飛行便 ❷ U〘写〙(フラッシュによる)赤目現象 ❸ U《米口》安くて強いウイスキー ❹ C〘魚〙ロックバス(rock bass)《北米産》；ラッド(rudd)《欧州産》
rèd-fáced <ン 形 赤い顔をした；(当惑などで)赤面した
réd·fish 名 (複 ~ OR ~·es /-ɪz/) C〘魚〙タイセイヨウアカウオ《北大西洋の深海産の食用魚》；レッドドラム《ニベ科の大型食用魚》；(産卵期の)雄ザケ
rèd flág 名 C ❶ (革命の象徴としての)赤旗；《the R-F-》赤旗の歌《英国労働党の党歌》❷ (危険信号としての)赤旗 ❸ 人を怒らせるもの(《英》red rag) ‖ wave [OR hold] a ~ in front of a bull (人を)怒らせる
rèd-hánded <ン 形 現行犯の ‖ catch him ~ 彼の犯行現場を押さえる
réd·hèad 名 C ❶ (特に女性の)赤毛の人 ❷〘鳥〙アメリカホシハジロ《北米産のカモの一種》
***rèd-héaded** 形 赤毛の；(鳥などが)赤い頭の
rèd-hót <ン 形 ❶ 赤熱した，灼熱(しゃくねつ)の；非常に熱い ❷《口》非常に興奮した，熱狂的な ❸《口》最新の，ホットな；話題の ❹ (チームなどが)絶好調の；(本命が)絶対的な
—名 C《米》ホットドッグ
re·di·al /rìːdáɪəl/ <ン 動 (-aled,《英》-alled /-d/；-al·ing,《英》-al·ling) 他〔電話の番号〕にかけ直す，リダイヤルする —自 (リダイヤル機能を使って)かけ直す
—名 U (電話機の)リダイヤル機能；C リダイヤルボタン
re·dif·fu·sion /rìːdɪfjúːʒən/ 名 U《英》(テレビ・ラジオ番組の)中継放送
red·in·gote /rédɪŋgòʊt/ 名 C ルダンゴート《前が開いた女性用の長いコート；18世紀の男性用のダブルのコート》
re·di·rect /rìːdərékt/ 動 他〈…に〉…を再び向ける；〔手紙〕を転送する；…の方向[焦点]を変える；〔金など〕を〈…へ〉向け直す〈to〉 —形《米》〘法〙(反対尋問後の)再直接尋問の **-réc·tion** 名
re·dis·count /rìːdískaʊnt/ 動 他〔手形〕を再割引する
—名 U C 再割引；《通例 ~s》再割引手形
re·dis·cov·er /rìːdɪskʌ́vər/ 動 他…を再発見する
~·y 名
re·dis·trib·ute /rìːdɪstríbjət | -juːt/ 動 他…を再分配[配布]する **rè·dis·tri·bú·tion** 名
rèd-létter dày 名 C 祝祭日；記念日
rèd-líght dìstrict 名 C 赤線地帯《売春宿密集地区》
rèd·líne《主に米口》動 他 ❶〘金融〙(銀行などが)(リスクの高い企業などに対して)〔融資〕を拒否する ❷〔車のエンジン〕を上限回転数(以上)まで回して運転する ❸ (削減対象に)…を選定する —名 C U ❶ (車のエンジンの)上限回転数 ❷ (上限回転数を示す)メーター上の赤い線
rèd-líne 形 望ましい，希望の ‖ a ~ issue 願っている事柄
red·lin·ing /rèdláɪnɪŋ/ 名 U 赤線引き《銀行などが特定地域内の不動産を担保とする融資などを拒否すること》
réd·nèck 名 C ⊗《米口》《蔑》赤っ首《米南部農場の貧しく無教養な白人労働者》；(一般に)偏狭で保守的な白人
red·ness /rédnəs/ 名 U 赤いこと，赤さ；赤熱状態
re·do /rìːdúː/ (→ 名) 動 (-does /-dʌ́z/；-did /-díd/；-done /-dʌ́n/；~·ing) 他…をやり直す(↘ do over)；〔部屋など〕を改装[模様替え]する ‖ ~ a schedule 予定を立て直す —名 /ニニ/ (複 ~s /-z/) C やり直し
red·o·lence /rédələns/, **-len·cy** /-lənsi/ 名 U《文》芳香，香気
red·o·lent /rédələnt/ 形《叙述》❶《文》芳香のある，よい香りの；〈…の〉においがする〈of, with〉❷〈…を〉暗示する，しのばせる〈of, with〉
re·dou·ble /rìːdʌ́bl/ 動 他 ❶ …を倍加する；…を強める，増す(increase) ❷〘ブリッジ〙〔相手の競り〕にリダブルをかける《相手が倍にした賭(か)け金をさらに倍に競り上げる》
—自 ❶ 倍加する；強まる ❷〘ブリッジ〙リダブルをかける
—名 C〘ブリッジ〙リダブル(すること)
re·doubt /rɪdáʊt/ 名 C〘軍〙❶ 角面堡(ほ)；(とりでの中の)土塁 ❷ とりで；隠れ場所
re·doubt·a·ble /rɪdáʊṭəbl/ 形《しばしば戯》(人などが)恐るべき，手ごわい；畏怖(いふ)[尊敬]の念を起こさせる
re·dound /rɪdáʊnd/ 動 自 ❶《堅》(結果的に)〈信用・利益などを〉増す〈to〉❷《古》(利害などが)〈人に〉及ぶ；(名誉・不名誉などが)〈…に〉跳ね返る〈on〉
re·dox /ríːdɑ(ː)ks | -dɔks/ 名 U《通例形容詞的に》〘化〙レドックス(の)，酸化還元(の)
réd·pòll 名 C〘鳥〙ベニヒワ
rèd rág 名 C《英》人を怒らせるもの(《米》red flag)
a rèd ràg to a búll《英》(人を)怒らせるもの
re·draw /rìːdrɔ́ː/ 動 (~s /-z/；-drew /-drúː/；-drawn /-drɔ́ːn/) 他〔国境線など〕を引き直す；〔計画〕を変更する
re·dress /rɪdrés/《発音・アクセント注意》動 他 ❶〔不正など〕を正す，矯正する，是正する；〔苦しみ・欠乏など〕を除去する；〔損害など〕を賠償する ❷《古》〔平衡など〕を調節する[取り戻す] —名 U ❶〈不正・悪弊の〉矯正(手段)，是正；除去〈of〉❷ 賠償，補償，救済(策)
re-dress /rìːdrés/ 動 他…に再び着せる；…に着直しさせる；…の包帯をし直す；…を飾り直す
réd·shìrt 名 C《米口》留年選手《選手資格を延ばすため1年間選手登録しない大学生》
—動 他《米口》…を1年間競技に出場させない
réd·skìn 名 C ⊗《旧》《蔑》北米先住民
réd·stàrt 名 C〘鳥〙❶ ジョウビタキ《ヨーロッパ産》❷ アメリカムシクイ《米北東部産》
réd·tòp 名 U C〘植〙コヌカグサ《芝生・飼料用》
réd-tòp 名 C《英》大衆紙《新聞名の背景が赤いことから》

⁑re·duce /rɪdjúːs/

中心義 …を小さくする
—動 (▶ reduction 名) (-duc·es /-ɪz/；~d /-t/；-duc·ing)
—他 ❶〔数量・力・価格など〕を**減らす**(↘ mark down)，切り詰める，小さくする，縮小する〈**from** …から；**to** …まで〉(⇨ DECREASE 類語) ‖ This dress was ~*d from* $50 *to* $30. このドレスは50ドルから30ドルに値下げされた / Disarmament would ~ the likelihood of war. 軍縮により戦争の可能性は少なくなるだろう / ~ the **number** of illegal immigrants 不法入国者の数を減らす / ~ public expenditure 公共支出を切り詰める / *Reduce* speed now.《掲示》速度を落とせ / ~ the plant size by a third 工場の規模を3分の1縮小する / a map on the ~*d* scale of one to one thousand 縮尺1,000分の1の地図 / be **significantly** [OR **greatly**] ~*d* 大きく減少する
❷ (+目+to 名)…を〔別の形態〕に**変える**，変形する；…を〔より単純な形態〕にまとめる，還元する ‖ Our school was ~*d to* ashes. うちの学校は焼けて灰になった / buildings ~*d to* rubble by bombing 爆撃で瓦礫(がれき)と化した建物 / The problem can be ~*d to* three main points. 問題は3つの要点に絞られる / ~ one's ideas *to* writing 考えていることを文にする
❸ (+目+to 名)〔人〕を無理に…の状態にする；〔人〕を…に降格する(degrade)；《受身形で》〈…する〉羽目に追い込まれる〈*doing*〉‖ ~ her *to* silence [tears] 彼女を沈黙させる[泣かせる] / be ~*d to* skin and bones 衰弱して骨と皮ばかりになる / During the famine, many people were ~*d to* eating [×to eat] grass and leaves. 飢

R

饉(きん)の間, 多くの人々が草や木の葉を食べる羽目になった / in ～*d* circumstances 落ちぶれて
❹〔液体など〕を煮詰める ‖ ～ the liquid by half 水分が半分になるまで煮詰める
❺〘化〙…を還元する, 分解する；〘数〙…を約分[通分]する, …に換算する；〔方程式〕を解く ❻〘写〙〔原板〕を減力する
❼〘医〙〔骨折・脱臼(だっきゅう)など〕を整復する ❽〘音声〙〔音〕を弱化する《強勢のある母音を無強勢のあいまい母音にする》
—自 ❶〈…に〉減る, 減少する〈**to**〉‖ These figures ～*d to* 70%. これらの数字は70%に減った / The swelling on his face ～*d* during the night. 彼の顔のはれは夜のうちに引いた ❷《主に米》(食餌(しょくじ)療法で)減量する, 節食する ‖ She has been *reducing* for six weeks. 彼女は6週間減量を続けている ❸(液体などが)煮詰まる
語源 *re-* back＋*-duce* lead：連れて帰る, 引き戻す

re·dúc·er /-ər/ 名 U 〘化〙還元剤；〘写〙減力液；〘建〙径違い継手

re·duc·i·ble /rɪdjúːsəbl/ 形 《限定》《堅》〈…に〉まとめられる, 還元できる〈**to**〉

redúcing àgent 名 C 〘化〙還元剤

re·duc·ti·o ad ab·sur·dum /rɪdʌ́ktiou æd əbsə́ːrdəm/ 名 U 《ラテン》(＝reduction to absurdity) 〘哲〙背理法, 帰謬(きびゅう)法

*__re·duc·tion__ /rɪdʌ́kʃən/ 名 〔◁ reduce 動〕❶ U C 〈…の〉減少, 縮小, 削減, 割引；減少[削減]額, 割引率〈**in**〉‖ cost ～ コストダウン (❗「コストダウン」は和製語) (→cost ❶) / a ～ *in* wages 賃金の減少[削減] / a 10% ～ on the price 定価の10%割引 / make a ～ 割り引きをする ❷ U 簡略化, 短縮化 ❸ U 縮小, 縮尺；C (写真・地図などの)縮小[縮尺]版 ❹ U 〘料理〙(煮詰めて)濃くなったソース ❺ U 〘数〙約分；換算 ❻〘生〙＝meiosis ❼ U 〘化〙還元 ❽ U 〘医〙整復(術) ❾ U 〘音声〙(強勢のある母音の)弱母音化 ❿ U 〘楽〙簡約編曲《オーケストラ曲をピアノ用などに編曲すること》；C その楽譜 **～·al** 形

re·duc·tion·ism /rɪdʌ́kʃənɪ̀zm/ 名 U ⊗《しばしば蔑》還元主義《複雑な事柄を単純で根本的な事柄で説明しようとする方法論》 **-ist** 名 形

re·duc·tive /rɪdʌ́ktɪv/ 形 ❶ 減少[縮小]させる ❷ 還元する, 還元的な

re·dun·dance /rɪdʌ́ndəns/ 名 ＝redundancy

*__re·dun·dan·cy__ /rɪdʌ́ndənsi/ 名 (複 **-cies** /-z/) ❶ U C 過剰, 余剰, 余分(な部分[量]) ❷ U (言葉遣いの)冗長；C 冗語 ❸《主に英》U 人員過剰, 整理解雇, 一時解雇 (layoff)；C 過剰[失業]労働者 ‖ accept [OR take] voluntary ～ 希望退職に応じる ❹ U 〘機械〙(機器故障の場合の)代替機能装備 ❺ U 〘通信〙(通信エラー防止のための)メッセージの繰り返し ❻ U C 💻 (データなどの)冗長, 余分な長さ

*__re·dun·dant__ /rɪdʌ́ndənt/ 形 ❶《主に英》(労働者が)整理解雇される, 余剰人員の ‖ be made ～ 解雇される ❷ 余分な, 過剰な, 不要な ❸ (バックアップのための)余剰の, 余剰部品を備えた ❹ (表現などが)冗長な；(言葉などが)重複する, 冗語(法)の **～·ly** 副

re·du·pli·cate /rɪdjúːplɪkèɪt/ (→ 形) 動 他 ❶ …を倍加する(double)；…を繰り返す ❷〘文法〙〔語頭・音節・語根など〕を重複する —自 二重になる, 倍になる
—形 /rɪdjúːplɪkət/ 倍加した；繰り返した, 重複した

re·du·pli·ca·tion /rɪdjùːplɪkéɪʃən/ 名 U C ❶ 倍加；繰り返し, 重複 ❷ 複写, 複製 ❸〘文法〙(語頭・音節・語根要素の)重複；重複形；重複された要素[音節など]

re·du·pli·ca·tive /rɪdjúːpləkèɪtɪv | -plɪkətɪv/ 形 反復[重複]する；倍加する

re·dux /rɪdʌ́ks/ 形 《名詞の後に置いて》《文》復活する, 生き返った ‖ the Victorian values ～ よみがえったビクトリア時代の価値観

réd·wìng 名 C 〘鳥〙 ❶ ワキアカツグミ《ヨーロッパ産》 ❷ (＝**～ blàckbird**)ハゴロモガラス《北米産》

réd·wòod 名 ❶ C 〘植〙セコイアメスギ《米国カリフォルニア州産の巨木》；U その木材 ❷ C (一般に)赤い木材を産する木；U 赤色木材

re·ech·o /riékoʊ/ 動 他 自 (…を[が])反響させる[する]

*__reed__ /riːd/ (♦ 同音語 read) 名 C ❶〘植〙アシ(葦), ヨシ；アシの茎；U《集合的に》アシの茂み；アシ材；《英》(屋根ふき用の)ふきわら ❷ アシのような人[もの]；弱々しい人[もの] (→broken reed) ‖ (as) slim as a ～ (人が)とてもスリムな ❸〘楽〙(木管楽器の)リード, 簧(こう)；《通例 ～s》リード楽器《オーボエ・クラリネット・バスーンなど》 ❹ (織機の)おさ《横糸を押さえる用具》 ❺〘建〙＝reeding
▸▸ **～ màce** 名 C 《英》〘植〙ガマ(cattail) **～ òrgan** 名 C リードオルガン **～ pìpe** 名 C ① (パイプオルガンの)舌管, リードパイプ ② アシ笛 **～ stòp** 名 C (パイプオルガンの)舌管音栓, オルガンストップ

réed·bùck 名 C 〘動〙リードバック《アフリカ産のレイヨウ》

reed·ing /ríːdɪŋ/ 名 U C ❶〘建〙半円形の小さな刳形(くりがた)を並べた装飾) ❷ (硬貨の縁の)細かい縦溝

re·ed·u·cate /rìːédʒəkèɪt | -édju-/ 動 他 …を再教育[訓練]する **rè·èd·u·cá·tion** 名

reed·y /ríːdi/ 形 ❶ (音・声などが)かん高い ❷ アシの多い, アシの茂った；アシで作った ❸ (人が)アシのような, ひょろひょろした **-i·ly** 副 **-i·ness** 名

*__reef__[1] /riːf/ 名 C ❶ 礁《岩礁・砂州など》；暗礁 ‖ a coral ～ サンゴ礁 / strike a ～ 座礁する ❷〘採〙鉱脈
～·y 形 岩礁の多い

reef[2] /riːf/ 〘海〙名 C U (帆の)縮帆部《強風時に折り畳む》
—動 他〔帆〕を縮帆する；〔帆柱など〕を短くする
▸▸ **～ knòt** 名 C 《主に英》こま結び《縮帆のときの結び方》(《米》square knot)

reef·er[1] /ríːfər/ 名 C ❶〘海〙縮帆する人 ❷ (＝**～ jàcket**)リーファー《船乗りなどの厚手のぴったりしたダブルの上着》 ❸《俗》マリファナたばこ

reef·er[2] /ríːfər/ 名 C 《口》冷蔵庫；冷蔵貨物列車[船, トラック]

*__reek__ /riːk/ (♦ 同音語 wreak) 名 U/C 《単数形で》❶ 悪臭, むっとするにおい, 臭気 ‖ a ～ of tobacco and sweat たばこと汗のむっとするにおい ❷ 湯気, 蒸気 —動 自 ❶ 〈…の〉悪臭を放つ〈**of, with**〉‖ The room ～*ed of* tobacco smoke. 部屋はたばこの煙でむっとしていた ❷《比喩的に》〈…の〉においが(ぷんぷん)する, 〈…が〉鼻につく〈**of, with**〉‖ His attitude ～*ed of* snobbery. 彼の態度は俗物臭かった ❸《古》煙る, 湯気が立つ **～·er** 名

reek·y /ríːki/ 形 ❶ 悪臭を放つ ❷ 煙る, 湯気の立つ

*__reel__[1] /riːl/ 名 C ❶ (フィルムなどの)巻き枠, リール；(糸つむぎ用の)枠(わく)枠；糸巻き, 糸車；(釣りざおの)リール(spool) ❷ リール一巻き(の量)；〘映〙巻 ‖ a five-～ film 5巻ものの映画 —動 他 …をリール[糸車]に巻く
rèel in ... / rèel ... in 〈他〉①〔糸など〕を(リールで)巻き上げる ②〔魚など〕をリールを巻いて手元に引き寄せる ③〔観客・顧客など〕を大量に集める[引きつける]
*__*rèel óff ... / rèel ... óff*__* 〈他〉① …をすらすら[よどみなく]話す ‖ He ～*ed off* the names of all the people. 彼は全員の名前をすらすらと挙げた ②《米口》〔得点〕を連続して上げる；〔勝利〕を連続して勝ち取る ‖ ～ *off* 3 straight points 3連続得点をあげる
rèel óut ... / rèel ... óut 〈他〉〔糸など〕を(リールで)繰り出す ‖ The angler ～*ed out* his fishing line. 釣り師は糸を繰り出した

reel[2] /riːl/ 動 自 ❶ (殴打・衝撃などで)よろける, ぐらつく《**back**》 ❷ (ショックで)動揺する, 気持ちが乱れる ❸ (酔いなどで)ふらふらする ❹ (頭などが)混乱する, くらくらする；めまいがする ❺ (見ているものが)ぐるぐる回るように見える
—名 U よろめくこと, 千鳥足；めまい；旋回

reel[3] /riːl/ 名 C リール《スコットランド・アイルランドの軽快なフォークダンス》；リールの曲 —動 自 リールを踊る

*__re·e·lect, re-e·lect__ /rìːɪlékt/ 動 他〔人〕を〈…として〉再選する, 改選する〈**as**〉(♦ しばしば受身形で用いる)

re·e·lec·tion /rìːɪlékʃən/ 名 U C 再選 ‖ run for ～

再選に出馬する

rèel-to-réel ⦅シ⦆ 形 (テープレコーダーが) オープンリール式の

＊**re·en·act** /rìːɪnǽkt/ 動 他 ❶ …を再現する；…を再演する ❷ …を再び制定する **~·ment** 名

re·en·force /rìːɪnfɔ́ːrs/ 動 ⦅主に米⦆=reinforce

re·en·ter /riéntər/ 動 他 ❶ …に再び入る；(宇宙船が)…に再突入する ❷ …を再び記入する ―自 再び入る

re·en·trant /riéntrənt/ 形 ❶ 内側へ向いた；凹入(おうにゅう)の, 凹角の(↔ salient) ❷ 再入可能な ―名 C 凹角, 凹部

re·en·try /riéntri/ 名 (複 **-tries** /-z/) U C ❶ 再び入る[入れる]こと；再登場 ❷ (宇宙船などの大気圏への) 再突入 ❸ 〖法〗(土地などの)占有権の回復

reeve[1] /riːv/ 名 C ❶ 〖英国史〗(町・地方の)行政長官, 代官；(荘園の)執事 ❷ 〖カナダ〗町[村]会議長 ❸ (地方の)下級官吏

reeve[2] /riːv/ 動 (**rove** /roʊv/ OR **~d** /-d/；**reev·ing**) 他 〖海〗 ❶ 〔ロープなど〕を滑車に通す ❷ 〔滑車など〕にロープを取りつけて[巻きつけて]固定する

re·ex·am·i·na·tion /rìːɪgzæ̀mɪnéɪʃən/ 名 U C ❶ 再試験, 再検査 ❷ 〖法〗(証人の)再尋問

re·ex·am·ine /rìːɪgzǽmɪn/ 動 他 ❶ …を再試験する, 再検査する ❷ 〖法〗〔証人〕を再尋問する

ref /ref/ 名 動 ⦅口⦆=referee

＊**ref.** 略 referee；reference, referred (to)；refining；reformation, reformed；refund, refunding

re·face /riːféɪs/ 動 他 〔建物など〕の外面を新しくする

re·fash·ion /riːfǽʃən/ 動 他 …を作り直す, 改装[改造]する；…の模様を変える **~·ment** 名

re·fec·tion /rɪfékʃən/ 名 ⦅文⦆ ❶ U (飲食による) 元気回復 ❷ C 軽い食事

re·fec·to·ry /rɪféktəri/ 名 (複 **-ries** /-z/) C (修道院・大学などの)食堂

▸▸ **~ tàble** 名 C (食堂で用いられる)細長いテーブル

＊＊＊**re·fer** /rɪfə́ːr/ ⦅アクセント注意⦆

中心義 **(話の焦点やよりどころとして)…に注意を向ける**

―動 〔▶ reference 名〕(**~s** /-z/；**-ferred** /-d/；**-fer·ring**)

―自 ❶ ⦅+to 名⦆…に**言及する**, ふれる；…を引き合いに出す；…を〈…と〉言う, 呼ぶ〈**as**〉(♦ be referred to で受身形が可能) ‖ No one *referred to* that horrible incident. だれもその恐ろしい事件のことは口にしなかった / Are you *referring to* me? 私のことを言っているの / The article doesn't ~ *to* what has become of the quintuplets since. 記事はその後五つ子がどうなったかについてふれていない / James Brown is **often** *referred to as* the Godfather of Soul. ジェームズ=ブラウンはしばしばソウルのゴッドファーザーと呼ばれる

❷ ⦅+to 名⦆…に関係する, 関連している, …に当てはまる；(参照符などが)…を参照するよう示す；〖文法〗(代名詞が)…を指す, 受ける ‖ What I have to say ~*s to* all of you. 私がこれから言うことは君たち全員に当てはまる / questions that ~ *to* today's society 今日の社会に関連した諸問題 / The asterisk ~*s to* a footnote. 星印[アステリスク]は脚注参照の印だ / The figures ~ *to* pages [paragraphs]. 数字はページ[節]を示す

❸ ⦅+to 名⦆(人物などについて)…に問い合わせる, 照会する(♦ be referred to で受身形可能) ‖ We have *referred to* his former employer about his character. 彼の人物について前の雇い主に照会した

❹ ⦅+to 名⦆…を**参照する**, 参考にする；…を典拠とする；…に頼る ‖ *Refer to* a dictionary. 辞書に当たりなさい / I planned to speak without *referring to* my notes but my mind went blank. メモを見ずに話すつもりだったのだが頭の中が真っ白になってしまった

―他 ❶ ⦅+目+to 名⦆(情報・援助などを受けるように)〔人〕を〔別の人の所〕に**差し向ける**, 照会する；〔病人〕を〔専門医〕に回す ‖ If the reporter needs any further information, ~ him *to* me. 記者がもっと詳しく知る必要があるなら, 私の所に寄こしなさい / I was *referred to* you by Professor Richardson. 私はあなたをリチャードソン教授にご紹介いただきました

❷ ⦅+目+to 名⦆〔人〕に…を参照させる；〔人〕を…に注目させる ‖ He *referred* us *to* the Koran to help us understand Islamic culture. 彼は私たちにイスラム文化の理解のためにコーランを読みなさいと言った / The asterisk ~*s* the reader *to* a footnote. 星印は読者に脚注を参照させる印だ

❸ ⦅+目+to 名⦆〔事件・問題など〕を…に**任せる**, 委任[付託]する；(⦅~ oneself で⦆) 身をゆだねる ‖ The dispute was *referred to* the arbitration board. 紛争は仲裁委員会に付託された / I ~ myself *to* your generosity. ご寛容におすがりしたく存じます

❹ 〔原因〕を〈…の〉せいにする, 〈…に〉帰する；…を〈年代・区分に〉帰属させる〈**to**〉 ❺ ⦅英⦆(試験で)〔学生・受験者〕を落とす；〔論文など〕をやり直すように差し戻す

refèr báck ... / refèr ... báck 〈他〉〔問題など〕を〈人・組織などに〉差し戻す[再付託する]〈**to**〉‖ The report was *referred back to* the committee. その報告書は委員会に再付託された

COMMUNICATIVE EXPRESSIONS

1 **If I might rèfer báck to** what you sàid éarlier, I thìnk we should lòosen the regulátions. NAVI 前におっしゃったことに話を戻してよろしければ, 私は規制を緩和すべきだと思います(⇨ NAVI表現 7)

2 **Whàt [Whò, Whìch òne] are you reférring to?** 何[だれ, どれ]のことを言っているんですか(♥不明瞭(ふめいりょう)な発言に対して)

~·rer 名

語源 *re-* back＋*-fer* bring：元の場所へ持って来る

NAVI 表現 7. 話題を戻す

会話では話題が頻繁に変わるため, 本題から話がそれてしまうときがある. 話を本題に戻す場合, 場面に応じて以下のような, さまざまな形式の表現が用いられる.

■ **話題を本題に戻す let us return to our main subject, ... is not the issue now, joking aside**

‖ *Let us return to our main subject.* 本題に戻りましょう / The cost of the plan *is not the issue now*. その計画のコストは今議論すべきことではありません / *Joking aside*, I think you should see a doctor as soon as possible. 冗談はおいといて, すぐにでも医者に診てもらった方がいいと思うよ

■ **前に出た話題に言及する if I might refer back to, earlier you said that ...**

‖ *If I might refer back to* the proposal that was just discussed, I think it should be carried out immediately. 先ほどの提案に話を戻してよろしければ, 私はすぐにでも実行すべきだと思います / *Earlier you said that* the rule should be revised, but I think we should discuss that in depth before we make a decision. 前にあなたはそのルールは改定すべきだとおっしゃいましたが, 結論を出す前にもう一度ゆっくり議論すべきだと思います

■ **もともとの話題を相手に確かめる**

Where were we? (どこまで話しましたっけ) (⇨ WHERE CE 3), **What was I saying?** (何を話してたんだっけ) (⇨ SAY CE 70)

R

▸▸referred páin 名 U《医》関連痛《実際の患部から離れた所で感じられる痛み》

ref·er·a·ble /rɪfə́ːrəbl/ 形〈…に〉帰することができる，原因があると考えられる；〈…に〉属せられる〈**to**〉

*__ref·er·ee__ /rèfəríː/ 《アクセント注意》 名 C ❶（スポーツの）レフェリー，審判員《略 ref.》(⇨ 類語P, JUDGE 類語) ‖ a sumo ～ 行司 / We only lost because the ～ was biased. レフェリーが(相手側を)ひいきしていたから負けただけだ ❷（紛争などの）裁定者，仲裁[調停]人；《法》（裁判の）判定官 ❸《英》（人物などの）保証[推薦]人，身元照会先 ❹（学術論文などの）事前審査員

━ 動 他 ❶〔試合〕の審判をする ❷…を裁定［仲裁］する ❸〔論文〕の審査をする ━ 自 審判員[審査員]を務める

審判員		
	referee	バスケットボール・ボクシング・サッカー・ラグビー・ホッケー・ラクロス・スカッシュ・レスリング・柔道・ビリヤード・スヌーカーなど
	umpire	野球・クリケット・バレーボール・バドミントン・テニス・卓球・水泳など

‡ref·er·ence /réfərəns/

━ 名〔◁ refer 動〕(複 **-enc·es** /-ɪz/) ❶ U C〈…への〉**言及**，論及〈**to**〉‖ In his speech there were many ～*s to* his experiences in China. 講演の中で彼は中国での経験に何度もふれた

❷ U〈…の〉**参照**，参考〈**to**〉；C 参考書，参考文献；引用文，引用箇所；（文中の）参照[典拠]指示，脚注；参照番号[符号，印]《略 ref.》‖ Keep these guidebooks and maps for future ～. これらのガイドブックや地図は将来参照するためにとっておきなさい / I use this dictionary for easy ～. この辞書は手軽に参照するのに使っている / a map ～ SW2 地図の参照符号SW2

❸ C（身元・人物などの）〈…への〉**照会**，問い合わせ；U〈人に〉(助力・助言を)求めること〈**to**〉；C 身元保証人；照会先；（身元・人物などの）証明書，推薦状 ‖ a ～ number 照会番号 / You can give my name as a ～. 私の名前を保証人として挙げていいよ / The company asked me for a ～. 会社は私に推薦状を求めた ❹ U〈…との〉関連，関係〈**to**〉‖ Success seems to bear [OR have] no ～ *to* luck. 成功は運とは全く関係がないように思われる ❺ U〈…への〉委託，委任，付託〈**to**〉‖ terms of ～《英》（委員会などの）委任事項 ❻ U（計測・評価の）基準 ❼ C U 💻（データ・サブルーチンなどの）参照(取得)；（マルチメディア機能を有した）デジタル百科事典，参照可能データ

*__*màke réference to ...*__ ①…に言及する ‖ She *makes* no ～ *to* her childhood in her autobiography. 彼女は自伝の中で自分の子供時代には全くふれていない ②…を参照する ‖ *make* ～ *to* a dictionary 辞書を調べる

with [OR ***in***] ***réference to ...*** …に関して ‖ I am writing *with* ～ *to* your job offer. 求人広告の件につきお便りを差し上げます

without réference to ... …に関係なく，…を問わず；…に相談せずに ‖ Advertise the position *without* ～ *to* age or gender. 年齢性別を問わずに求人募集しなさい

━ 動 (**-enc·es** /-ɪz/; **～d** /-t/; **-enc·ing**) 他 ❶〔本・論文など〕に参照[参考書目]をつける ❷…に言及する

▸▸～ bòok 名 C 参考図書《百科事典・辞典・地図・年鑑など》**～ lìbrary** 名 C（館外貸し出しをしない）参考図書館 **～ màrk** 名 C（本文につける）参照符[記]号《asterisk (*), section (§), paragraph (¶) など》**～ pòint** 名 C 判定[比較]基準

*__ref·er·en·dum__ /rèfəréndəm/ 名 (複 **～s** /-z/ OR **-da** /-də/) C U〈…に関する〉国民投票(制度)〈**on**〉

ref·er·ent /réfərənt/ 名 C《言》（語・句・記号などで）指し示すもの[概念]

ref·er·en·tial /rèfərénʃəl/ 〈ヨ〉 形 ❶〈…と〉関連のある〈**to**〉；参照付きの；参考[参照]用の ❷《言》(語が)指示する，対象の **～·ly** 副

*__re·fer·ral__ /rɪfə́ːrəl/ 名 ❶ U C（求職者などの）紹介；（患者などの）〈専門医などへの〉紹介〈**to**〉 ❷ C（専門医などに）紹介された人

re·fi /riːfáɪ/ 名《米口》=refinance, refinancing

re·fill /rìːfíl/ 《アクセント注意》(→ 名) 動 他 自（…を[が]）再び満たす[満ちる]；（…を）詰め替える ━ 名 /ríːfìl/ C ❶ 詰め替え(品)，補充物；再処方薬 ‖ a ～ for a ballpoint pen ボールペンの替え芯(しん) ❷（飲み物などの）お代わり ‖ Would you like a ～? もう1杯いかがですか

～·a·ble 形

re·fi·nance /rìːfənǽns | -faɪ-/ 動 他 自（…に）新しく資金を調達する，（低い利率で）再融資する[を受ける]

-nánc·ing 名 U C 再融資，借り換え ‖ ～ of existing mortgages 現在のローンの(低利率での)借り換え

*__re·fine__ /rɪfáɪn/ 動 他 ❶…を精製する，精錬する，純化する ‖ ～ sugar [crude oil] 砂糖[原油]を精製する ❷…を洗練する；…に磨きをかける，改良を加える；…を緻密(ちみつ)にする ‖ Gene therapy is still experimental but it's being ～*d*. 遺伝子治療はまだ試験段階だが改良されつつある / ～ one's manners [speaking style] 行儀作法[話しぶり]を洗練させる ━ 自 ❶ 純粋になる ❷ 洗練される，上品になる ❸ 考え[言葉遣い]を緻密にする

refine on [OR ***upon***] **...**〈他〉…を細部にわたって改良する

語源 *re-*（「状態の変化」を示す接頭辞）＋*-fine*（立派な）：立派にする

*__re·fined__ /rɪfáɪnd/ 形 ❶《通例限定》精製[精錬]された，純化された；（食べ物などが）上品な味のする ‖ ～ sugar [oil] 精白糖[精製された石油] ❷ 洗練された，優雅な，高尚な ‖ His manners are ～. 彼の立ち居振る舞いは洗練されている ❸ 緻密な，厳密な；正確な；改良[効率化]された ‖ a highly ～ engine 極めて精密なエンジン

*__re·fine·ment__ /rɪfáɪnmənt/ 名 ❶ U 上品さ，優雅さ；洗練(された作法)；（ワインなどの）芳醇(ほうじゅん) ❷ U 精製，精錬，純化 ‖ the ～ of oil [sugar, uranium] 石油[砂糖，ウラン]の精製 ❸ C 緻密な推論；微細な区別 ❹ U C 精緻を極めたもの，極致；改善(点)，改良(点)；〈…の〉改良されたもの〈**of**〉

re·fin·er /rɪfáɪnər/ 名 C 精製[精錬]業者；精製[精錬]装置

re·fin·er·y /rɪfáɪnəri/ 名 (複 **-er·ies** /-z/) C 精製[精錬]所 ‖ a sugar [an oil] ～ 精糖[精油]工場

re·fin·ish /rìːfínɪʃ/ 動 他〔家具・木材など〕の表面を新しくする

re·fit /rìːfít/ 動 (**-fit·ted** /-ɪd/; **-fit·ting**) 他〔船など〕を修復する，改装する ━ 自（船が）修復される，改装される

━ 名 C U（船などの）改修，改装

refl. 略 reflection, reflective; reflex, reflexive

re·flag /rìːflǽg/ 動 (**-flagged** /-d/; **-flag·ging**) 他〔商船〕の船籍を変更する

re·flate /riːfléɪt/ 動 他〔通貨・経済など〕を再膨張させる ━ 自（通貨が）再膨張する

re·fla·tion /riːfléɪʃən/ 名 U（デフレーション後の）通貨再膨張，統制インフレ(→ inflation, deflation)

⁑re·flect /rɪflékt/

━ 動〔▶ reflection 名, reflective 形〕(**～s** /-s/; **～·ed** /-ɪd/; **～·ing**)

━ 他 ❶〔光・熱・音など〕を**反射する**，跳ね返す ‖ The water in the stream ～*ed* the light of the setting sun. 小川の水が夕日を照り返していた

❷《通例受身形で》〈鏡などに〉（像が）**映し出される**〈**in**〉‖ The mountain was ～*ed* beautifully *in* the lake. 湖に山が美しく映っていた / She could see herself ～*ed in* the mirror [show window]. 彼女には鏡[ショーウインドー]に映った自分の姿が見えた

❸《通例進行形不可》**a**《＋目》〔感情・態度・状況など〕を**反映する**，表す；《受身形で》〈…に〉反映される〈**in**〉‖ The poll results ～ discontent among voters. 投票結

R

果は有権者たちの不満を反映している / Japan's economic recession is ～*ed in* the low value of the yen. 日本の景気後退は円安に表れている **b** 《+wh 節》…であるかを表す ‖ This book ～*s what* the author was thinking at that time. この本は著者がその当時考えていたことを反映している
❹ a 《+that 節》…ということを**熟考する**, …と深く考える ‖ She is ～*ing that* she should say good-bye to her boyfriend. ボーイフレンドとは別れるべきだと彼女は考えている **b** 《+wh 節 / wh to *do*》…かを熟考する ‖ He ～*ed how to* get over the difficulty. 彼はどうやってその難局を乗りきろうかと思案した
❺ 《+目+on [upon] 名》〔信用・名誉・恥など〕を…にもたらす, 招く ‖ His conduct ～*ed* great honor *on* his family. 彼の行為は家族に大きな名誉をもたらした
―自 **❶** 〈…について〉**熟考する**〈**on, upon**〉‖ Can I take time to ～? 考える時間をとっていいですか / You should ～ *on* your daughter's future. 娘さんの将来についてよく考えなければいけませんよ
❷ (光・熱が) 反射する；(音が) 反響する ‖ light ～*ing* from [OR off] the mirror 鏡から反射される光
❸ (鏡などが) 像を映す ‖ The dirty mirror doesn't ～ well. 汚れた鏡は映りがよくない **❹** 《+on [upon] 名》…に影響を与える；…の名誉にかかわる；…によい[悪い]印象をもたらす(♦しばしば well, badly などの副詞を伴う. 副詞を伴わないときは悪影響・悪い印象を与えることを意味する) ‖ The disgraceful behavior of one player ～*s* (badly) *on* the whole team. 1人の選手の恥ずべき行動はチーム全体の名誉を傷つける / If children are well-disciplined, that ～*s* well *on* their parents. 子供たちのしつけがよければ, それは親の評判に跳ね返る
語源 *re-* back + *-flect* bend：心を後ろの方へ向ける
▶▶ **～ed glóry** 名 U 身近な人の功績による名声[栄光], 七光 **～ing tèlescope** 名 C 反射望遠鏡

re·flec·tance /rɪfléktəns/ 名 U C 〚理〛反射率

***re·flec·tion**, + 《英》**-flex·ion** /rɪflékʃən/ (♦《英》でも reflexion は科学用語以外ではまれ)
―名〔◁ reflect 動〕(複 **～s** /-z/) **❶** C 〈鏡・水面などに〉**映った姿**, **映像**〈**in**〉‖ Narcissus admired his ～ *in* the water. ナルキッソスは水面に映った自分の姿に見とれた / the ～ of the moon *in* the water 水に映った月影
❷ U **反射**, 反響；C 反射光[音] ‖ the ～ of light by a mirror 鏡による光の反射 / heat ～ 熱の反射 / the ～ of the sun on the water 水面に当たった太陽の反射
❸ C 〈…の〉**反映**, 現れ〈**of**〉‖ A high crime rate is a ～ *of* an unstable society. 高い犯罪率は不安定な社会の反映だ / Your victory is a ～ *of* your hard training. 君の勝利は厳しい訓練のたまものだ
❹ U **熟考**, 反省；C 《しばしば ～s》〈…についての〉省察, 深い考え；意見, 感想〈**on, about**〉‖ You should take time for ～. じっくり考える時間をとるべきだ / after a long [moment's] ～ 長い間[一瞬]考えた後で / on further ～ さらに考えて / On [OR After] (some) ～, she took the job abroad. じっくり考えた末彼女は外国での仕事を引き受けた / ～*s on* death 死についての省察 / She published her ～*s on* the economic situation in Asia. 彼女はアジアの経済情勢に関する意見を発表した **❺** C 〈…への〉非難, とがめ；非難の種, 不名誉〈**on, upon**〉‖ The boy was kicked out of school and it was a terrible ～ *on* his parents. 少年は学校を退学になったが, それは両親にとっては大変な不名誉だった
❻ C 描写, 説明 **❼** U 〚数〛対称変換

***re·flec·tive** /rɪfléktɪv/ 形〔◁ reflect 動〕**❶** 反射[反響]する, 照り返す；反射による ‖ ～ glare of the snow 雪のまぶしい反射光 **❷** 熟考する, 思慮深い, 内省的な **❸** 《叙述》〈…を〉反映する, 映し出す〈**of**〉
～·ly 副 **～·ness** 名

re·flec·tiv·i·ty /rì:flektívəṭi/ 名 (複 **-ties** /-z/) U 〚理〛反射率；反射力

re·flec·tor /rɪfléktər/ 名 C **❶** 反射するもの, 反射体[板, 鏡]；(自転車などの)夜間反射板 **❷** 反射望遠鏡

***re·flex** /rí:fleks/ 《発音・アクセント注意》(→ 動) 名 C **❶** 〚生理〛反射, 反射作用；(～es) 反射神経 ‖ conditioned ～*es* 条件反射 / I have quick [slow, normal] ～*es*. 私は反射神経がよい[鈍い, ふつうだ] **❷** 反射的な動作, とっさの反応；《形容詞的に》反射的な ‖ He swatted the fly in a ～. 彼はとっさにハエをたたいた **❸** 反映；映像, 影, 映し出すもの ‖ This book is a ～ of the turbulent era in which she lived. 本書は彼女が生きた激動の時代を反映している **❹** 〚言〛(言語の初期段階の単語・発音などに対応する後代の)発達形, 対応語
―形 **❶** 〚生理〛反射的な, 反射作用の ‖ When he kicked me, I hit him in the face in [OR as] a ～ action. 彼が私をけったので, 私は反射的に彼の顔にパンチを食らわせた **❷** (影響・効果などが)反動的な, 逆戻りする **❸** (考え方が) 内省的な **❹** (葉・茎などが)反り返った, 逆方向の **❺** 〚数〛優角の ―動 /rɪfléks/ 他 **❶** …に反射作用を起こさせる **❷** …を反り返らせる **～·ly** 副
▶▶ **～ ángle** 名 C 〚数〛優角《180度より大きい角度》(⇨ ANGLE[1] 図) **～ árc** 名 C 〚生理〛反射弓 **～ càmera** 名 C レフレックスカメラ ‖ a single-lens ～ *camera* 一眼レフ

***re·flex·ion** /rɪflékʃən/ 名 《英》= reflection

re·flex·ive /rɪfléksɪv/ 形 **❶** 〚文法〛再帰(形)の, 再帰的な ‖ a ～ verb 再帰動詞《I washed myself. における wash など》/ a ～ pronoun 再帰代名詞《I washed myself. における myself などの -self 形の代名詞》**❷** (行動などが)反射的な；反射作用の
―名 C 再帰動詞[代名詞], 再帰形 **～·ly** 副

re·flex·ol·o·gy /rì:fleksά(:)lədʒi | -ɔ́l-/ 名 U リフレクソロジー, 反射法《足裏などのマッサージで疲労回復などを促す療法》；〚心〛反射学 **-gist** 名 C 反射法治療師

re·float /rì:flóut/ 動 他 〔座礁した船〕を再び浮かせる

ref·lu·ent /réfluənt/ 形 (流れが)逆流する；引き潮の

re·flux /rí:flʌ̀ks/ 名 U **❶** 逆流；引き潮, 退潮 **❷** 〚化〛還流 ―動 〚化〛他 …を還流させる ―自 還流する

re·for·est /ri:fɔ́(:)rəst | -ɪst/ 動 他 〔土地〕に再び植林する, 森林を復活させる **re·fòr·es·tá·tion** 名

***re·form** /rɪfɔ́:rm/
―動 (▶ reformation 名) (**～s** /-z/；**～ed** /-d/；**～·ing**)
―他 **❶** …を**改革[改善, 改正]する** ‖ We must ～ the electoral system so that it better reflects the popular will. 我々は民意をもっとよく反映するよう選挙制度を改革しなければならない (❗服や住宅を作り替える「リフォーム」は和製語. alter や, 特に住宅の場合は renovate, remodel を使う)
❷ …を矯正する, 改心させる；…の行いを改めさせる ‖ ～ criminals 犯罪者を改心させる / ～ oneself 改心する / ～ one's ways [habits] やり方[癖]を改める
❸ 〔石油など〕を改質する ―自 改心する
―名 (複 **～s** /-z/) U C **❶** (政治・社会・制度などの) **改革**, 革新 ‖ carry out ～ of the welfare system 福祉制度の改革を遂行する / ～ bills 改革法案
連語 【形/名+～】political ～*s* 政治改革 / tax ～ 税制改革 / economic ～ 経済改革 / education(al) ～ 教育改革 / constitutional ～ 憲法改革[改正] / electoral ～ 選挙制度改革 / radical ～ 抜本的改革
❷ (品行などの)矯正, 感化 **❸** 改良, 改正
語源 *re-* again + *-form*：再形成する
▶▶ **Refòrm Júdaism** 名 U 改革派ユダヤ教 **～ schòol** 名 C = reformatory

re-form /rì:fɔ́:rm/ 動 他 …を再び作る, 作り替える；…を再編成する ―自 再びできる；再編成される

re·for·mat /rì:fɔ́:rmæt/ 動 (**-mat·ted** /-ɪd/；**-mat·ting**) 他 〔文書など〕のフォーマット[書式]を変更する, 〔デ

ィスクなど]を再フォーマットする

*ref·or·ma·tion /rèfərméɪʃən/ 名〔◁ reform 動〕❶ U C 改良，改善；(社会などの)改革，刷新 ❷ U 矯正，改心 ❸ 《the R-》宗教改革《ローマカトリック教会の改革を目的とした16世紀の宗教運動》 ~·al 形

re·for·ma·to·ry /rɪfɔ́ːrmətɔ̀ːri | -tə-/ 形《堅》改良[改善]に役立つ；改革的な；矯正のための，更正の
— 名(複 -ries /-z/) C《米》《英古》感化院，少年鑑別所

re·formed /rɪfɔ́ːrmd/ 形 ❶ 改良[改善]された；改正された；改革した ❷ 矯正された，更生した ❸ 《R-》プロテスタントの；(特に)カルビン派の

*re·form·er /rɪfɔ́ːrmər/ 名 C ❶ (政治・社会・法律などの)改革者 ‖ a school [social] ~ 学校[社会]改革者 ❷ 《R-》宗教改革者

R

re·form·ism /rɪfɔ́ːrmìzm/ 名 U (漸進的)改良主義；(政治・社会の)改革運動

re·for·mist /rɪfɔ́ːrmɪst/ 形 (漸進的)改良主義の，改革主義の — 名 C 改良主義者，改革者

re·for·mu·late /riːfɔ́ːrmjəleɪt/ 動 他 …を言い換える，別の表現で表す rè·for·mu·lá·tion 名

re·fract /rɪfrǽkt/ 動 他 ❶ (水・ガラスなどが)〔光線など〕を屈折させる ❷〔目・レンズなど〕の屈折力[率]を測定する
▸▸ ~·ing tèlescope 名 C 屈折望遠鏡

re·frac·tion /rɪfrǽkʃən/ 名 U ❶ 《理》屈折(作用) ❷ (目の)屈折力[測定] ❸ 《天》大気差

re·frac·tive /rɪfrǽktɪv/ 形 屈折の，屈折による；屈折力のある ~·ly 副 ▸▸ ~ índex 名 C (光の)屈折率

re·frac·tom·e·ter /riːfræktɑ́(ː)məṭər | -tɔ́mɪtə/ 名 C 屈折計

re·frac·tor /rɪfrǽktər/ 名 C ❶ 屈折させるもの《レンズなど》 ❷ =refracting telescope

re·frac·to·ry /rɪfrǽktəri/ 形《堅》❶ (人・動物などが)手に負えない，強情な ❷ 《医》(病気などが)治りにくい，頑固な；(神経が)刺激に反応しない ❸ (金属などが)耐火[耐熱]性の — 名(複 -ries /-z/) U C 耐火[非溶解]物質；耐火れんが -ri·ly 副 -ri·ness 名

*re·frain¹ /rɪfréɪn/ 動 自 〈…を〉控える，慎む，やめる〈from〉(♦ from の後はしばしば doing) ‖ Please [OR Kindly] ~ from smoking. たばこはご遠慮ください / I wish you'd ~ from using such language. そのような言葉は慎んでいただきたい

re·frain² /rɪfréɪn/ 名 C ❶ (詩・歌などの節の終わりの)繰り返し，リフレイン，反復句；折り返し曲，反復曲 ❷ 何度も繰り返される(決まり)文句

re·frame /riːfréɪm/ 動 他 ❶ …を別の額縁に入れる ❷ …を組み立て直す

*re·fresh /rɪfréʃ/ 動 他 ❶〔人〕の気分をさわやかにする，…を元気づける；〔気分〕をさわやかにする ‖ A cup of black coffee always ~es me. ブラックコーヒーを1杯飲むといつも元気になる / He ~ed himself with a glass of beer after a hard day's work. 彼は1日の激しい仕事の後，コップ1杯のビールで元気を回復した / I felt much ~ed after taking a shower. シャワーを浴びたらとてもさっぱりした ❷〔記憶など〕を新たにする，〔知識・技術など〕を最新のものにする；〔化粧〕を直す ‖ ~ one's memory by looking at an old album 昔のアルバムを見て記憶を新たにする / ~ one's skill 技術を最新のものにする / During lunchtime she ~ed her makeup. 彼女は昼休みに化粧を直した ❸ 《主に米口》〔酒など〕をつぎ足す ‖ May I ~ your drink? お酒をおつぎしましょうか ❹ 💻 (画面に)〔情報〕を再表示する；(記憶データ維持のために)〔ダイナミックRAM〕に通電する ❺ 💻〔WWWの特定のサイトの情報〕を再読み込みする — 自 ❶ 💻 (WWWの特定のサイトの情報を)再読み込みする ❷ (軽く)飲食する，一杯やる
▸▸ ~ ràte 名 C 💻 (コンピューターディスプレーで)(1秒間の)画面更新の回数

re·fresh·er /rɪfréʃər/ 名 C ❶ 元気を回復させるもの；(疲労回復の)飲み物 ❷ (習得した知識・技能の)再教育
▸▸ ~ cóurse 名 C (習得した知識・技能の)再教育コース

*re·fresh·ing /rɪfréʃɪŋ/ 形 ❶ 元気を回復させる，爽快(そうかい)にする，すがすがしい ‖ a ~ drink 清涼飲料 ❷ 斬新(ざんしん)で面白い，清新で感じがよい ~·ly 副

*re·fresh·ment /rɪfréʃmənt/ 名 ❶ C《~s》軽い飲食物，茶菓 ‖ Light ~s will be served [OR available] after the lecture. 講演会の後で軽い食事が出る予定だ ❷ U (一般に)飲食物，元気を回復させるもの ‖ Would you like some ~? 何か軽く召し上がりませんか / He worked without taking any ~. 彼は飲まず食わずで働いた / liquid ~ 《戯》アルコール類 / a ~ room (駅などの)軽食堂 ❸ U 元気回復，気分爽快

rè·fried béans /riːfraɪd-/ 名 複 《料理》フリホーレス=レフリートス《ゆでてつぶした豆を油で調理したメキシコ料理》

re·frig·er·ant /rɪfrídʒərənt/ 形 ❶ 冷却する，凍らせる ❷ 熱を下げる — 名 C ❶ 解熱剤 ❷ 冷却[冷凍]剤

re·frig·er·ate /rɪfrídʒərèɪt/ 動 他 ❶ …を冷却する，冷やす ❷〔食品など〕を冷蔵[冷凍]する

re·frig·er·at·ed /rɪfrídʒərèɪṭɪd/ 形 冷蔵の；(車などが)冷蔵用の；(食品などが)冷蔵した(→ frozen) ‖ ~ storage 冷蔵保存 / a ~ van 冷蔵輸送車 / ~ food 冷蔵食品

re·frig·er·a·tion /rɪfrìdʒəréɪʃən/ 名 U 冷却，冷凍，冷蔵

*re·frig·er·a·tor /rɪfrídʒərèɪṭər/ 《アクセント注意》名 C 冷蔵庫，冷蔵室(《口》fridge) ▸▸ ~ màgnet 名 C 冷蔵庫用マグネット《扉にメモなどを留める》

refrìgerator-fréezer 名 C 《主に米》冷凍冷蔵庫(《英》fridge-freezer)

reft /reft/ 動 reave の過去・過去分詞の1つ

re·fu·el /riːfjúːəl/ 動 (-eled, 《英》-elled /-d/；-el·ing, 《英》-el·ling) 他 ❶ …に燃料を補給する ❷〔感情など〕をあおる — 自 燃料の補給を受ける

*ref·uge /réfjuːdʒ/ 《アクセント注意》名 ❶ U 〈…からの〉避難，逃避，保護〈from〉‖ a place of ~ 避難所 / The Japanese consulate gave ~ to the woman. 日本領事館はその女性を保護した / They sought ~ from the storm in a hut. 彼らは嵐(あらし)を避けて山小屋に避難した ❷ C 避難所，逃げ場，隠れ家；(一時的)収容施設〈from …からの；for …にとっての〉‖ a ~ for abused children 被虐待児のための施設 / a wildlife ~ 野生動物保護区 ❸ C《英》(道路の)安全地帯(traffic island, 《米》safety island) ❹ C 〈…からの〉逃げ道，逃げ口上，口実〈from〉‖ For me, reading novels is a ~ from the world. 私にとって小説を読むことは世間からの逃避だ
tàke [OR sèek] refúge in … …に避難する

‡ref·u·gee /rèfjudʒíː/ 《アクセント注意》
— 名(複 ~s /-z/) C 難民，避難者，亡命者 ‖ Some countries accepted [turned away] refugees from the famine. いくつかの国は飢餓難民を受け入れた[の受け入れを拒否した] / a political ~ 政治亡命者 / a ~ camp 難民キャンプ / environmental ~s 環境悪化による難民

re·fu·gi·um /rɪfjúːdʒiəm/ 名(複 -gi·a /-dʒiə/) C 《生》レフュジア《周辺で絶滅した種が生き残った地域》

re·ful·gent /rɪfʌ́ldʒənt/ 形《堅》光り輝く，まばゆい

*re·fund¹ /rɪfʌ́nd/ (→ 名) 動 他 a (+目)〔料金など〕を払い戻す，返済する，償還する；〔人〕に払い戻しをする ‖ If you return the dress, the store will ~ your money. もしその服を返品すれば，店は代金を返してくれるでしょう b (+目 A+目 B ⇄ +目 B+to 目 A) A(人)にB(金)を払い戻す ‖ The company ~ed me my traveling expenses. = The company ~ed my traveling expenses to me. 会社は交通費を返してくれた
— 名 /ríːfʌnd/ U C 払い戻し(金)，返金 ‖ claim a full ~ on an unused plane ticket 未使用航空券の全額払い戻しを要求する / a tax ~ 税の還付
~·a·ble 形 返済できる，払い戻しできる

re·fund[2] /riːfʌ́nd/ 動 他〔資金の借り入れ〕を更新する，〔公債など〕の借り換えをする

re·fur·bish /riːfə́ːrbɪʃ/ 動 他〔建物・部屋など〕を改装する，一新する **~·ment** 名

re·fus·al /rɪfjúːzəl/ 名〔◁ refuse[1] 動〕❶ Ⓤ Ⓒ 拒絶，拒否，辞退〈**of** …の / **to do** …することの〉‖ Our request for permission to photograph met with a ~. 我々の撮影許可願いは拒否された / His ~ *of* [OR *to* accept] the award surprised everybody. 彼が受賞を辞退したことでだれもが驚いた / give him a flat [OR blunt, point-blank] ~ 彼にきっぱりと断る / the ~ *of* a request 要求に対する拒絶 ❷ Ⓤ《first ~ で》取捨選択(権)，先買権《ほかの買い手より先に購入の可否を決定する権利》‖ He gave me *first* ~ when he decided to sell his house. 彼は家を売る決心をしたとき私に先買権をくれた

re·fuse[1] /rɪfjúːz/

—動〔▶ refusal 名〕(**-fus·es** /-ɪz/ ; **~d** /-d/ ; **-fus·ing**)

—他 ❶《+**to do**》…することを**拒む**；(どうしても)…しようとしない(⇨ 類語) ‖ I ~ *to* answer such personal questions. そのような個人的な質問には答えられません / My grandmother flatly ~*d to* go to hospital. 祖母はきっぱりと病院へ行くことを拒んだ / The battered old car often ~*s to* start. そのおんぼろ車はしばしばエンジンがかからない

❷ …を**断る**，拒絶する，拒否する(↔ accept)；《旧》(女性が)〔男性〕の求婚を断る(⇨ 類語) ‖ She ~*d* the gift [offer, invitation]. 彼女は贈り物[申し出，招待]を断った

❸ **a**《+目》〔許可など〕を与えるのを断る，拒絶する ‖ ~ permission for a merger 合併の認可を与えない

b《+目 *A*+目 *B* ≒ +目 *B*+**to** 目 *A*》*A*(人)に*B*(依頼・許可など)を断る ‖ The bank ~*d* him the loan.＝The bank ~*d* the loan *to* him. その銀行は彼に融資を断った / I was ~*d* entry [access to the document]. 私は入場[その書類を見ること]を拒否された

❹ (馬が)〔障害〕を跳び越そうとしない

—自 ❶ 断る，辞退する，拒絶する ‖ I did my best to ~, but he insisted. 私は精いっぱい断ったが，彼はどうしてもと言い張った ❷ (馬が)障害を跳び越さないで急に立ち止まる[横を通り抜ける]

COMMUNICATIVE EXPRESSIONS

1 **I àbsolutely refúse.** 断固拒否します

語源 *re-* back+*-fuse* pour(注ぐ)：注ぎ返す；拒否する

類語《他 ❶，❷》**refuse** 受け入れる意志のないことをはっきり表明する；「拒否する」.

decline 穏やかに，礼儀正しく辞退する；「断る」.

reject にべもなくはねつける；「拒絶する」. refuse よりも強い. 〈例〉They *rejected* his offer. 彼らは彼の申し出をはねつけた

turn down refuse や reject と同じだがやや口語的. 〈例〉He *turned down* the proposal. 彼はその提案を却下した

(♦ いずれも反対語は accept (受け入れる). decline は言葉で断る場合にだけ用いるが，refuse と reject は言葉でとは限らない. 〈例〉The horse *refused* [OR *rejected*] the apple. 馬はリンゴを拒んだ)

ref·use[2] /réfjuːs/《発音・アクセント注意》名 Ⓤ 廃棄物，くず，ごみ；(人間の)くず ‖ ~ collection ごみ回収 / a ~ dump [《英》tip] 廃棄物投棄場 / kitchen [household, garden] ~ 台所[家庭，庭]のごみ

▸▸ **~ collèctor** 名 Ⓒ《英》ごみ収集人(dustman，《米》garbage collector)

re·fuse·nik /rɪfjúːznɪk/ 名 Ⓒ ❶ (旧ソ連からの)出国を禁止されたユダヤ人 ❷ (抗議のしるしとして)指示などに従うことを拒否する人

re·fut·a·ble /rɪfjúːṭəbl/ 形 論駁(ばく)できる，反論の余地ある

ref·u·ta·tion /rèfjutéɪʃən/ 名 Ⓒ Ⓤ 論駁，反論，論破；反証

re·fute /rɪfjúːt/ 動 他 ❶〔意見など〕の誤りを証明する，…を論駁する，…に反論する(→ repudiate) ‖ She could successfully ~ her opponent's argument. 彼女は反対者の主張を論駁することに成功した / ~「a claim [a theory, an opponent, an allegation] 主張[理論，相手，申し立て]に反駁(ばく)する ❷ …の事実を否定する ‖ He did not ~ the charges against him. 彼は自分に対する罪状を否定しなかった

語源 *re-* back+*-fute* beat：打ち返す，言い返す

reg. 略 regent；regiment；region；register(ed)，registrar，registry；regular(ly)；regulation，regulator

re·gain /rɪɡéɪn/ 動 他 ❶ …を回復する，取り戻す(✎ win back) ‖ He had a heart attack and never ~*ed* consciousness. 彼は心臓発作を起こし二度と意識を取り戻すことはなかった / ~ one's popularity [confidence, health] 人気[自信，健康]を回復する / ~ one's balance バランスを取り戻す；体勢を立て直す / I will ~ my championship title from Pete. ピートから王座を取り戻すつもりだ ❷〔元の場所〕に戻る，復帰する ‖ They managed to ~ the coast. 彼らは何とか海岸に戻り着くことができた

re·gal /ríːɡəl/ 形 ❶ 王の，王たる；王による ‖ ~ power 王政[権] ❷ 王者のような，王にふさわしい，堂々とした；荘厳な ‖ ~ bearing [dignity] 王にふさわしい振る舞い[威厳] / live in ~ splendor 王様のような豪奢(しゃ)な生活をする **~·ly** 副 王のように；堂々と

re·gale /rɪɡéɪl/ 動 他 ❶〔人〕を〈話などで〉存分に楽しませる，喜ばせる，堪能(のう)させる〈**with**〉 ❷〔人〕に〈食事などを〉振る舞う，ごちそうする，〔人〕を大いにもてなす〈**with**〉‖ He ~*d* himself *with* a bottle of wine. 彼はワインをボトル1本堪能した **~·ment** 名

re·ga·li·a /rɪɡéɪljə | -liə/ 名 Ⓤ ❶ 王位の象徴《王冠・笏(しゃく)など》；王権；王の特権 ❷ (地位・官位などを示す)記章 ❸ (儀礼用の)豪華な衣装，礼装，盛装 ‖ in full ~ 盛装して

re·gal·i·ty /riːɡǽləṭi/ 名 (複 **-ties** /-z/) ❶ Ⓤ 王位，王の身分；王の威厳 ❷ Ⓒ 王国；王の管轄区域

re·gard /rɪɡɑ́ːrd/ 動 名

中心義 **ある気持ちを持って…を見る**(★文脈によって，気持ちは「関心」や「敬意」に特定される)

> 動 他 **みなす❶ 見る❷**
> 名 **配慮❶ 尊敬❷ よろしくとのあいさつ❸**

—動 (**~s** /-z/ ; **~ed** /-ɪd/ ; **~·ing**)

—他 ❶《+目+**as** 名・形》《進行形不可》…を…と**みなす**，考える ‖ We ~ the gold medalist *as* a national hero. 我々はその金メダリストを国民的英雄と思っている / She ~*s* herself *as* the most modest student in her class. 彼女は自分をクラスでいちばん控えめな生徒だと思っている / Education is **widely** [**generally**] ~*ed as* essential to social stability. 教育は広く[一般に]社会の安定に不可欠のものと考えられている / I ~ the contract *as* having been broken. 私はその契約は破棄されたものと思う

語法 ☆☆ consider などと異なり，×We regard him a hero.，×We regard him to be a hero. は不可.

❷《進行形不可》〈ある気持ちを持って〉…を**見る**，考える〈**with**〉‖ The high-school students ~*ed* the exchange students *with* curiosity. 高校生たちは交換留学生を好奇心を持って見た / The local people ~*ed* the company *with* suspicion. 土地の人々はその会社を疑惑を持って見た

❸《+目+副》《進行形不可》…を(高く)評価する，尊敬する ‖ My parents ~ each other highly. 両親は互いに

尊敬し合っている / The lady was **highly** ～*ed* by her colleagues. その女性は同僚に高く評価されていた
❹《+目+副》(ある態度で)…を見る, 見つめる ‖ I ～*ed* the man closely. 私はその男性をじっと見た
❺《主に否定文・疑問文で》《古》…を考慮に入れる, …に注意[留意]する ❻《古》…に関係する, 関連を持つ
as regárds ... …に関しては, …について言えば ‖ We have many problems *as* ～*s* the welfare system. 社会福祉制度については多くの問題がある
―名 (複 **～s** /-z/) ❶U〈…に対する〉**配慮**, 考慮, 関心, 思いやり (↔ disregard) 〈**to, for**〉‖ The young man gives little ～ *to* his appearance. その若者は身なりにほとんど注意を払わない / You have no ～ *for* the feelings of others. 君は他人に対しまるで思いやりがない
❷U〈…に対する〉**尊敬**, 敬意〈**to, for**〉‖ Everyone has **high** ～ *for* the boss. みんながその上司を尊敬している / They hold the professor in low ～. 彼らはその教授を評価していない / I have great ～ *for* your achievements. あなたの業績には大いに敬服しています
❸C《～s》(手紙などの) **よろしくとのあいさつ** ‖ Give them my ～*s*. 皆さんによろしく / Please send my ～*s* to your family. ご家族によろしく / Michael sends his ～*s*. マイケルがよろしくとのことです / With kind [OR best, warm] ～*s*. 敬具《手紙の結語》
❹C《単数形で》凝視, 注視
hàve regárd to ... 〖法〗…を顧慮する
in this [***thàt***] ***regárd*** 《堅》この[その]点については ‖ There is nothing we can do *in this* ～. この点については私たちにできることは何もない
****with*** [OR ***in***] ***regárd to ...*** NAVI …に関して(は) (⇨ NAVI表現 7) ‖ *With* ～ *to* the opening event, it will be held at the Hilton. オープニングイベントに関してですが, ヒルトンホテルで開かれる予定です / I'd like to talk with you *with* ～ [×regards] *to* your job performance. 君の仕事ぶりに関して話があるのだが
withòut regárd to ... …を考慮することなく, …に関係なく

re·gard·ant /rɪɡɑ́ːrdənt/ 形《通例名詞の後に置いて》〖紋章〗(動物が) 顔を後ろに向けた ‖ three lions ～ 頭を後ろに向けた3頭のライオン

***re·gard·ing** /rɪɡɑ́ːrdɪŋ/ 前 …に関して(は), …については (♦ about より堅い語で, 商用文などで用いる. re も似た意味であるが, regarding の省略ではない. ⇨ RE²) ‖ *Regarding* our refund policy, please refer to the enclosed brochure. 当社の払い戻し方針に関しましては同封のパンフレットをご参照ください

***re·gard·less** /rɪɡɑ́ːrdləs/ 副 (困難・非難・危険などに)構わず, 頓着(とんちゃく)しないで ‖ We all protested, but he carried on ～. 私たちはみな抗議したが, 彼は構わず続けた ―形〈…に〉注意を払わない, 無頓着な〈**of**〉
****regárdless of ...*** 《前置詞として》…に構わず ; …**に(も)かかわらず** ‖ ～ *of* (the) consequences [danger, expense] 結果[危険, 出費]をいっこうに気にせず / We all deserve equal treatment ～ *of* race or gender. 人種や性別にかかわりなく私たちはみな平等に扱われる権利がある

re·gat·ta /rɪɡǽtə/ 名C レガッタ, ボート[ヨット]レース(大会), 競漕(きょうそう)(大会)

regd. 略 registered

re·gen·cy /ríːdʒənsi/ 名 (複 **-cies** /-z/) ❶UC 摂政の職務[地位] ; 摂政政治 ; 摂政期間 ; C 摂政団 ; 摂政管区 ❷《the R-》(英国の)摂政時代 (1811-20年)
―形《R-》《限定》(衣装・家具などが) 摂政時代風の

re·gen·er·ate /rɪdʒénərèɪt/ (→ 形) 動 他 ❶〔人〕を改心[更生]させる, (精神的に)生まれ変わらせる ; 〖宗〗…を回心させる ❷〔制度など〕を再建[刷新]する ; …をよみがえらせる ❸〖生〗〔失った器官など〕を再生する ❹〖化〗〔物質〕を再生する, 再生利用する ❺〖電子〗〔電気信号〕を再生増幅する ―自 ❶〖生〗(器官などが)再生する ❷改心する, 生まれ変わる ❸刷新される ―形 /rɪdʒénərət/ ❶刷新された ; 再生した ; 回復した ❷改心[更生]した

re·gen·er·a·tion /rɪdʒènəréɪʃən/ 名U ❶再建 ; 刷新 ❷改心 ❸〖生〗再生 ❹〖電子〗再生増幅

re·gen·er·a·tive /rɪdʒénərəṭɪv/ 形 ❶再生の ; 刷新的な ❷再生力のある ; 改心させる ‖ ～ medicine 再生医学 ❸〖電子〗再生式の ; 蓄熱式の **～·ly** 副
▸▸ **～ bràking** 名U (電力)回生ブレーキ《ブレーキによる運動エネルギーを電気エネルギーに換えて再利用する》

re·gen·er·a·tor /rɪdʒénərèɪṭər/ 名C ❶再生者[物] ; 改心させる人 ; 刷新者 ❷(炉の)蓄熱室器

re·gent /ríːdʒənt/ 《発音注意》名C ❶摂政 ❷《米》(州立大学などの)評議員, 理事
―形《しばしば R-》《名詞の後に置いて》摂政の地位にある ‖ the Prince *Regent* 摂政の宮

reg·gae /réɡeɪ/ 《アクセント注意》名U〖楽〗レゲエ《西インド諸島ジャマイカ起源のポピュラー音楽》

reg·i·cid·al /rèdʒɪsáɪdəl/ 形 国王殺しの

reg·i·cide /rédʒɪsàɪd/ 名 ❶U 国王殺し, 弑逆(しいぎゃく), 大逆罪 ❷C 国王殺害者

re·gift /riːɡíft/ 動 他 頂き物を…に回す
―名C 他人に回す頂き物

***re·gime, ré-** /rəʒíːm, reɪ-|reɪ-/ 《発音注意》名C ❶政権, 政体, 体制(♦ しばしば民主的でない政体について用いる) ‖「a military [the old] ～ 軍事[旧]体制 / the Franco [Nazi] ～ フランコ[ナチス]政権 ❷(組織・経済などの)体制 ‖ a tax ～ 税制 / the present ～ of the company 会社の現体制 ❸〖医〗=regimen ❹(気候・自然現象などの)一定の型
▸▸ **～ chànge** 名CU (武力などによる)政権交代

reg·i·men /rédʒɪmən/ 名C〖医〗(食事・運動などによる)健康増進法, 養生法, 食餌(しょくじ)療法, 指導計画

***reg·i·ment** /rédʒɪmənt/ 《発音注意》(→ 動) 名C ❶〖軍〗連隊《通例2-3個の大隊からなる》‖ an infantry [armored] ～ 歩兵隊[装甲部隊] ❷多数, 大勢, 大群 ‖ a whole ～ of customers 大勢の客 / a neat ～ of wineglasses きちんと並べられた多数のワイングラス
―動 /rédʒɪmènt/ 他 ❶《通例受身形で》厳しく統制される ; 厳格に組織化される ‖ At the boarding school, the students are strictly ～*ed*. その寄宿学校では, 生徒は厳しく統制されている / a highly ～*ed* organization 高度に統制の行き届いた組織 ❷…を連隊に編成する

reg·i·men·tal /rèdʒɪménṭəl/ 形《限定》連隊の, 連隊付きの ‖ ～ colors (英国の)連隊旗
―名C《～s》《英》連隊服 ; 軍服 **～·ly** 副

reg·i·men·ta·tion /rèdʒɪmentéɪʃən/ 名U ❶連隊編成[編入] ❷(強制的)組織化, 系統化 ; 統制

Re·gi·na /rɪdʒáɪnə/ 名 ❶《英》《女王の名の後に置いて》女王《署名などに用いる女王の公式称号. 略 R.》(→ Rex) ‖ Elizabeth ～ エリザベス女王 (E.R.) ❷《英》〖法〗現女王《訴訟で国側を表す》❸リジャイナ《カナダ西部, サスカチェワン州の州都》

⁂re·gion /ríːdʒən/ 《発音注意》

―名 (▶ regional 形) (複 **～s** /-z/) C ❶**地域**, 区域, **地帯**, **地方** (⇨ AREA 類語) ‖ a desert ～ 砂漠地帯 / mountainous ～*s* 山岳地帯 / distant ～*s* 辺境の地域 / **in the** ～ of California カリフォルニア地方で / across the ～ その地域一帯に
❷(都市・領地の)行政区 ; 《the ～s》《英》(首都以外の)**地方** ‖ The problem is how to create new jobs in the outlying ～*s*. 問題はどうやって地方に新たな雇用を作り出すかだ
❸(身体の)**部位**, 局部 ‖ I had pains in the abdominal ～. 腹部に痛みがあった / the frontal ～ of the brain 脳の前頭部
❹〈学問・活動などの〉領域, 分野〈**of**〉‖ the ～ *of* science 科学の領域 ❺(大気・海水の)層 ; (世界・宇宙の)部分, …

界，…境 ‖ the upper ～s 天界 ❻（動植物の分布に関する地理上の）区

in the région of ... 約…，およそ…(about) ‖ The construction of a new school building will cost somewhere *in the* ～ *of* five hundred million yen. 新校舎の建設には約5億円かかるだろう

re·gion·al /ríːdʒənəl/ 形〔◁ region 名〕《比較なし》《通例限定》❶ 地域の，地帯の，地方の ‖ a ～ government 地方自治体 ❷ その土地独特の，特定地域の ‖ a ～ accent 方言 / ～ cooking 郷土料理 ❸（痛みなどが）局部的な
—名 C 地方紙
～**·ly** 副 地域的に；局部的[局地的]に

re·gion·al·ism /ríːdʒənəlìzm/ 名 U ❶ 地方分権主義[制度] ❷ 地域性，地方的特色；ある地方に特有の用語[語法] ❸ 地方主義，愛郷心 ❹〘文学〙地方主義《特定の地理的背景を強調する作風》 **-ist** 名 形

re·gion·al·ize /ríːdʒənəlàɪz/ 動 他〔国・地域など〕を地方分権化する ‖ a ～*d* system 地方分権制度
rè·gion·al·i·zá·tion 名

re·gis·seur /rèɪʒɪsɜ́ːr/ 名 C（バレエなどの）舞台監督（◆フランス語より）

****reg·is·ter*** /rédʒɪstər/《アクセント注意》
中心義》…を留めておく(もの)
—名（複 ～**s** /-z/）C ❶ **登録(簿)**，登記(簿)，帳簿；**名簿**，（クラスの）出席簿 ‖ Please write your name **in** the ～. 名簿に名前を書いてください / The math teacher called the ～. 《英》数学の先生は出席をとった（＝... called the roll.）（◆ 出席簿は school attendance book または roll book ともいう）/ the ～ of voters [births] 選挙人[出生]名簿
❷《主に米》レジスター，金銭登録器(cash register)（「レジ」は「レジスター」の略であるが，register は「金銭登録器」そのものを指す. 人の場合は cashier（レストランなど），《主に米》checker（スーパーなどのセルフサービスの店）といい，場所の場合は checkout counter（スーパーなど）という）
❸〘楽〙（人の）声域，（楽器の）音域；（オルガンの）ストップ，音栓(stop) ‖ the low [middle, high] ～ 低[中，高]音域
❹《米》（暖房などの）通風調節装置 ❺ C U〘言〙使用域
❻ 🖳 レジスター《CPU内部の小容量のメモリー領域》 ❼〘印〙（多色刷りにおける）色の正確な重なり合わせ
—動〔▶ registration 名，registry 名〕（～**s** /-z/；～**ed** /-d/；～**·ing**）
—他 ❶ **a**《＋目》…**を正式に記録する，登録する**，登記する ‖ He ～*ed* himself in ⌈a history class [the golf club]. 彼は歴史のクラス[ゴルフクラブ]に登録した / ～ a birth [death] 出生[死亡]届を出す / ～ a company [trade mark] 会社[商標]を登記する
b《＋目＋**as** 名・形 / 目＋補〈形〉》…を…として登録する ‖ The man was ～*ed* (*as*) unemployed. その男性は失業者として登録された
❷《受身形不可》〔驚き・喜び・怒りなど〕を表情[身振り]で示す ‖ Her face clearly ～*ed* her disappointment. 彼女の顔には明らかに失望の色が見えた
❸〔不満・意見など〕を表明する
❹《通例受身形で》（小荷物・手紙などが）書留にされる ‖ I'd like to have [OR get] this parcel ～*ed*. この小包を書留にしたいのですが ❺（温度計などが）〔数値〕を示す，（計器などが）自動的に…を記録する，表示する；（現象などが）〈計器に〉〔数値〕を記録する〈**on**〉‖ The thermometer ～*ed* below zero this morning. 温度計は今朝氷点下を示していた ❻〔ある結果・得点など〕を達成する ❼《受身形不可》《通例否定文で》…を認識する，…に気づく（◆ 目的語は that 節 も可能）‖ She didn't ～ her former student's face. 彼女はもと教え子の顔がわからなかった
❽〘印〙〔刷り〕の(線・色などの)位置を合わせる
—自 ❶〈宿帳などに〉記名する（↘ sign [OR book] in）〈**at**〉；〈役所・名簿などに〉名前を登録する〈**in, with**〉；（学生が）〈科目の〉履修登録をする〈**for**〉；〈…〉として登録される〈**as**〉‖ ～ *at* a hotel ホテルに宿泊手続きをする / I'm going to ～ *in* the contest. そのコンテストに出場者として登録するつもりだ / Visitors are supposed to ～ *with* the lady at the front desk. 来客はフロントの女性のところで受付をしてもらうことになっている / All freshmen have to ～ *for* academic writing. すべての新入生は論文のクラスに登録しなければならない / The young man ～*ed as* single. その若者は独身者として登録した
❷《通例否定文で》印象を残す ‖ His name didn't ～ in my memory. 彼の名前は覚えていない ❸（表情などが）顔に表れる ‖ A smile ～*ed* on her face. 彼女の顔に微笑が浮かんだ ❹〈計器などに〉表示される〈**on**〉；（計器が）記録を)表示する ❺〘印〙(刷りの)線・色などの位置がそろう

COMMUNICATIVE EXPRESSIONS
1 **I fèel I mùst règister my disappróval of your** drínking. あなたの飲酒に対して反対を表明せざるを得ません（♥「反対・不許可」の意を表す形式ばった表現. ↘I can't approve of your drinking.）

▶▶ **～ òffice** 名 C《英》戸籍登記所《出生・結婚・死亡などを登記し，民事婚も行う役所》

reg·is·tered /rédʒɪstərd/ 形 ❶ 登録[登記]した；（郵便が）書留の；〘商〙（債券が）記名(式)の ‖ a ～ letter 書留書状 / a Panamanian-～ tanker パナマ船籍のタンカー
❷（動物が）血統書付きの ❸《限定》公認の
▶▶ **Règistered Gèneral Núrse** 名 C《英》正看護師 **～ máil** [《英》**póst**] 名 U 書留郵便(物) **～ núrse** 名 C《主に米》正看護師《略 RN》 **～ trádemark** 名 C 登録商標《記号 ®》

reg·is·tra·ble /rédʒɪstrəbl/ 形 登録[登記]できる；書留にできる

reg·is·trar /rédʒəstràːr | rèdʒɪstráː/ 名 C ❶（役所の）記録[登録]係；（大学の）学籍係，学務部長，事務長；《英》（法廷などの）登記官；戸籍係 ❷ 株主名簿係 ❸《英》（病院の）医局員《consultant の下の地位》

reg·is·tra·tion /rèdʒɪstréɪʃən/ 名〔◁ register 動〕❶ U C 登録，書留，記載，登記，記名；（大学の）履修科目登録 ‖ a ～ fee 書留料；登録料 / voter ～ 選挙人の登録 / ～ of students for a course 学生の講座への登録
❷ C 登録事項；《英》＝registration number；《米》自動車登録証明書 ❸ C 登録者数 ❹ U〘楽〙（オルガン奏者による）音栓調節
▶▶ **～ dòcument** 名 C《英》（自動車の）登録証 **～ nùmber** [**màrk**] 名 C（自動車の）登録番号 **～ plàte** 名 C《英》（自動車の）ナンバープレート

reg·is·try /rédʒɪstri/ 名〔◁ register 動〕（複 **-tries** /-z/）❶ C 登記所，登録所（→registry office）‖ a land ～ 土地登記所 ❷ C 登録簿，登記簿 ‖ a copy of a family ～ 戸籍謄本 ❸ U 記載，登録，登記 ❹ U C（船の登録された）国籍，船籍 ❺ U 🖳 登録情報の保存場所，レジストリー，（Windows で）システム情報を保存したファイル
▶▶ **～ òffice** 名 C《英口》＝register office

Rè·gi·us proféssor /rìːdʒiəs-/ 名 C《英》（オックスフォード・ケンブリッジ大学などで国王[女王]から任命される）欽定(きんてい)講座担任教授

reg·nal /régnəl/ 形《限定》王の；治世の ‖ the ～ year 即位紀元

reg·nant /régnənt/ 形 ❶《しばしば名詞の後に置いて》君臨する，統治する，支配する ‖ Queen *Regnant*（君主として）統治する女王 ❷ 支配的な，優勢な；流布している

re·gorge /rɪgɔ́ːrdʒ/ 動 他《古》…を吐き出す，戻す
—自 逆流する

re·gress /rɪgrés/ (→ 名) 動 自〈…に〉後退する，後戻りする；退化[退歩]する；〘天〙逆行する〈**to**〉 —他 ❶〘心〙〘人〙を退行させる ❷〘統計〙…の回帰係数を計算[推定]する
—名 /ríːgres/ U C ❶ 後退，後戻り；退化；堕落；逆行；復帰 ❷〘論〙結果から原因へさかのぼること
語源 *re-* back＋*-gress* step：後へ戻る

re·gres·sion /rɪgréʃən/ 名 U ❶ 〈…への〉後退, 後戻り; 復帰〈**to**〉; 退化, 退歩, 衰退; 〘生〙退化 ❷〘天〙逆行; 〘心〙退行《より未発達な段階に後戻りしたような行動をとること》 ❸〘医〙病状の軽快 ❹〘統計〙回帰

re·gres·sive /rɪgrésɪv/ 形 ❶ 後戻りする, 後退する; 復帰する; 退化する; 退行の ❷ (税率が) 逆累進の (↔ progressive) ‖ a ~ tax 逆累進課税 **~·ly** 副

:re·gret /rɪgrét/

—動 (**~s** /-s/; **-gret·ted** /-ɪd/; **-gret·ting**) 他 ❶ **後悔する** a《+目》…を後悔する, 悔やむ ‖ If you don't accept my offer, you'll ~ it. 僕の申し出を受け入れないと後悔するよ (♥ 警告・脅し) / I **deeply** [OR bitterly, greatly] ~ my words. 自分の言ったことをとても後悔している

b《+(**that**) 節》…ということを後悔する ‖ She always ~*s that* she quit her job. 彼女は仕事をやめたことをいつも後悔している

c《+*doing*》…したことを後悔する ‖ My father really ~*s* leaving [OR having left] school so early in his life. 父は早くに学校をやめてしまったことを心から後悔している(♦ 単純形動名詞でも過去にしたことを表すが, 過去であることを明示するときには完了形を用いる)

❷《進行形不可》《堅》**遺憾に思う**(♥ 組織の代表などによる事務的な謝罪表明に用いられる) a《+目》…を遺憾に思う ‖ We ~ the many inconveniences to passengers caused by the accident. 事故により乗客の皆様に多大のご不便をおかけしたことをおわびいたします

b《+(**that**) 節》…ということを残念[遺憾]に思う ‖ We ~ *that* no airplane ticket may be refunded. 残念ながら航空券は一切払い戻しできません / It is to be *regretted that* young Japanese take little interest in their own culture. 日本の若者たちが自国の文化にほとんど関心がないのは残念だ

c《+**to** *do*》…することを残念[遺憾]に思う, 残念ながら…する(♥ 通例 I または We を主語とし, be sorry to *do* より改まった表現) ‖ I ~ *to* say that I must decline your invitation. 残念ながらご招待はお受けいたしかねます

—名 (複 **~s** /-s/) C U ❶ 〈…に対する〉後悔, 残念, 遺憾, 悔恨〈**about, at, for**〉(⇨ 類語) ‖ She left her job without the least bit of ~. 彼女は何の後悔もなく仕事をやめた / I feel ~ *about* my decision to leave him. 彼と別れようと決めたことを後悔している / Father has no [few] ~*s about* taking early retirement. 父は早期退職したことを全然[ほとんど]後悔していない / **with** deep [OR great] ~ 深く後悔して / **express** one's ~ 遺憾を表明する

❷ 哀悼, 悲嘆, 悲しみ ‖ It is **with great** ~ that we accept his resignation. 彼の退職を受け入れるのは非常に残念なことです

❸ C《しばしば one's ~s で》(招待状に対する) 丁寧な断り(状) ‖ Please give your mother my ~*s*. どうかお母様に(お誘いを)ご辞退するとお伝えください

(much) to a person's regrét; ***(much) to the regrét of ...*** (とても) 残念なことには ‖ *Much to* my ~, I can't come to your birthday party. とても残念ですが, お誕生日パーティーに出席できません

類語《名 ❶》**regret** 一般に残念な気持ち. 軽い失望・遺憾の気持ちから, 後悔や深い痛恨・無念の気持ちまで広く用いられる.
repentance 悪事を犯したことを悔やむ気持ち. 〈例〉He felt *regret* for his arrest but no *repentance* for his crime. 彼は逮捕されて残念がったが, 自分の罪を悔やむ気持ちはなかった
remorse 強い後悔から生じる心の苦痛. 〈例〉the *remorse* of conscience 良心の呵責(かしゃく)

re·gret·ful /rɪgrétfəl/ 形 (人が) 後悔している, 残念に思っている; 悲しんでいる; (態度・表情が) 後悔の念を表す, 哀悼の意を表す(→ regrettable) **~·ness** 名

re·gret·ful·ly /rɪgrétfəli/ 副 ❶ 後悔して, 残念に思って; 悲しんで ❷《文修飾》遺憾なことには (regrettably) (♦ かつてはこの用法を誤りとする人もいたが, 現在では正用法として広く認められている)

re·gret·ta·ble /rɪgréṭəbl/ 形 (行為・出来事などが) 遺憾な, 残念な; 悔やむべき, 悲しむべき (♦ 人を主語にはしない. → regretful) ‖ It is most ~ that he behaved like that. 彼があのような振る舞いをするとは誠に遺憾だ

re·gret·ta·bly /rɪgréṭəbli/ 副 ❶《文修飾》遺憾ながら, 残念なことには ‖ *Regrettably*, it rained the next day. 残念なことに翌日雨が降った ❷ 遺憾に思うほど

re·group /rìːgrúːp/ 動 他 自 (軍隊などを) 再編成[再結成, 再組織]する

re·grow /rìːgróu/ 動 自 再生する —他 …を再生させる **-grówth** 名

:reg·u·lar /régjulər/ 中心義 一定した

形 規則正しい❶ 定期的な❷ 通常の❸ 正規の❹

—形〔▶ regularity 名, regularize 動〕(**more ~**; **most ~**)

❶ **規則正しい**, 規則的な, きちんとした (↔ irregular) ‖ plant trees at ~ intervals 等間隔で木を植える / His pulse was ~. 彼の脈は規則的だった / The ~ ticking of a clock kept me awake all night. 柱時計の規則正しくカチカチいう音のせいで一晩中起きていた / a ~ pattern 規則的な模様 / keep ~ hours 規則正しい生活をする

❷《通例限定》**定期的な**, 定時の; 一定の, 変わらぬ; 長期的に安定した; (便通・生理が) 定期的な ‖ The ALT is a ~ visitor to our school. ALTは私たちの学校を定期的に訪問している / take ~ exercise 定期的に運動する / She writes a column for the fashion magazine **on a ~ basis**. 彼女はそのファッション雑誌に定期的にコラムを書いている / ~ tests 定期テスト / my ~ barber 行きつけの理髪店 / a ~ customer [user of drugs] 常連客[薬物常習者] / a ~ offender 常習犯 / a ~ job 定職 / be [OR keep] ~ 規則正しい月経[便通]がある

❸《限定》いつもの, **通常の**; たびたびの (↔ infrequent) ‖ during ~ business hours 通常の営業時間中に / In the restaurant the old man sat at his ~ table. レストランで老人はいつもの席に座った / ~ duties [classes] 通常の仕事[授業] / the ~ school day 通常の授業日

❹《比較なし》《限定》**正規の**, 免許[資格]のある, 正式の; 本職の ‖ ~ doctors 免許のある医者 / a ~ member 正会員 / through ~ channels 正規のルートで

❺ 均整のとれた, 整った (↔ uneven); 〘植〙(花が) 均整の; 〘数〙正則の; (多角形で) 等辺等角の ‖ ~ teeth きれいな歯並び

❻《限定》《主に米》レギュラーサイズの, ふつうの大きさの (small と large の間) ‖ a ~ size T-shirt 普通サイズのTシャツ / ~ fries レギュラーサイズのフライドポテト / a ~ coke レギュラーサイズのコーラ ❼《限定》《主に米》ふつうの, ありふれた ‖ ~ gasoline レギュラーガソリン ❽《米口》好感の持てる ‖ Matt is a ~ guy [OR Joe]. マットはいいやつだ ❾《比較なし》《限定》《旧》《口》全くの, 完全な ‖ a ~ disaster 全くの災難 / You're a ~ genius. 君は正真正銘の天才だよ (♥ しばしば皮肉で) ❿〘文法〙規則変化する (↔ irregular) ‖ a ~ verb 規則動詞 ⓫《比較なし》《限定》〘軍〙正規の, 常備の ‖ ~ troops 常備軍 ⓬〘宗〙修道会に属する (↔ secular) ‖ the ~ clergy 修道士 ⓭《米》〘政〙(候補者などが) (党の) 公認の

(as) regular as clockwork ⇨ CLOCKWORK(成句)

—名 (複 **~s** /-z/) C ❶《通例 ~s》《口》常連 (客) ‖ ~*s* at a pub パブの常連 ❷ 正選手, レギュラー(出演者), 正会員 ❸〘軍〙正規兵, 職業軍人 ❹ U《米》レギュラータイプのガソリン ❺〘宗〙修道士 ❻《米》(政党の) 忠実な党員 ‖ a party ~ 党員 ❼《口》いつも注文する[買う]もの

·reg·u·lar·i·ty /règjulǽrəṭi/ 名〔◁ regular 形〕(複

-ties /-z/) Ⓤ Ⓒ 規則正しさ, 均整, 調和, 一定不変(のもの), 規則性 ‖ The Nile flooded every year with ~. ナイル川は毎年定期的に氾濫(はんらん)した / the ~ of his features 彼の均整のとれた顔立ち

reg·u·lar·ize /régjuləràɪz/ 動〔◁ regular 形〕他 …を規則正しくする, 正規のものにする, 合法化する; …を系統立てる **règ·u·lar·i·zá·tion** 名

‡**reg·u·lar·ly** /régjulərli/
—副 (more ~ ; most ~)
❶ **規則正しく**, きちんと; 定期的に; しばしば, 頻繁に ‖ It's important to exercise ~. 定期的に運動することは大切だ
❷ 整然と, 釣り合いよく; 均等に ‖ The land was divided ~ into four parts. その土地は4等分された

*__reg·u·late__ /régjulèɪt/ 動〔▶ regulation 名〕他 ❶ (規則・法規などで)…を規制する, 統制する, 規定する, 管理する, 取り締まる ‖ The manufacture of handguns is strictly ~*d*. ピストルの製造は厳しく規制されている ❷〔熱・音量・速度・機器など〕を調節する, 調整する ‖ ~「a clock [the temperature, the flow of water] 時計[温度, 水流]を調節する ❸ …を規則正しくする, 正常の状態にする ‖ ~ one's diet [OR eating habits] 食習慣を正す **-là·tive** 形

‡**reg·u·la·tion** /règjuléɪʃən/
—名〔◁ regulate 動〕(複 **~s** /-z/) ❶ Ⓒ《通例 ~s》**規則**, 規定; 法規, 条例, 法令(⇨ LAW 類語) ‖ obey a maze of rules and ~*s* こまごまとした規則を守る / There are lots of ~*s* on [OR about] the import of drugs. 薬の輸入に関しては多くの規定がある / ~*s* against producing pirate editions 海賊版の製造を防ぐ法令 / safety [traffic, fire] ~*s* 安全[交通, 防火]規定
❷ Ⓤ 取り締まり, **規制**, 制限 ‖ There is strict ~ of the number of foreign workers entering our country. 我が国に入国する外国人労働者の数には厳しい制限がある / government ~ 政府の規制
❸《形容詞的に》標準の; 規定の, 正規の, 公式の ‖ a ~ uniform 制服 / a ~ ball 規定のボール / at a ~ speed 規定の速度で ❹ Ⓤ『発生』調節, 制御

reg·u·la·tor /régjulèɪṭər/ 名 Ⓒ ❶ 規制者, 取り締まる人; (公的)監査機関 ❷ (速度・温度などの)調節装置; (時計の)整時器; 標準時計

*__reg·u·la·to·ry__ /régjulətɔ̀ːri | règjuléɪtəri, régjulə-, -leɪ-/ 形《通例限定》統制する, 取り締まる, 調節[調整]的な

reg·u·lo /régjulou/ 名 Ⓒ《英》《商標》レグロ《ガス調理器の温度目盛》‖ Cook this meat on ~ 4. この肉はレグロ4で調理しなさい

re·gur·gi·tate /rɪgə́ːrdʒɪtèɪt/ 動 他 ❶〔飲み込んだ食べ物〕を(胃から)口へ戻す, 反芻(はんすう)する ❷〔人から聞いたことなど〕を(よく考えないで)おうむ返しに言う —自 逆流する; 吐き出される **re·gùr·gi·tá·tion** 名

re·hab /ríːhæb/ 名《口》❶ Ⓤ (アルコール・薬物依存症者の)リハビリ(rehabilitation) ❷ Ⓒ《米》修復された建物
—動 他《米》〔建物・地域など〕を修復[改善]する(rehabilitate)

*__re·ha·bil·i·tate__ /rìːhəbílɪtèɪt/ 動 他 ❶ (医療によって)〔病人・身体障害者など〕の健康を元どおりにする; 〔犯罪者など〕を更正させる; 〔麻薬・アルコール依存症者〕を社会復帰させる ‖ ~ juvenile delinquents 少年犯罪者を更正させる ❷ …の名誉[評判]を回復させる ‖ He was finally ~*d* after three decades. 30年後に彼はやっと名誉を回復した ❸〔建物・地域など〕を修復する; 〔破綻(はたん)した事業・経済など〕を再建する ‖ ~ the country's economy その国の経済を再建する

*__re·ha·bil·i·ta·tion__ /rìːhəbìlɪtéɪʃən/ 名 Ⓤ ❶ 社会復帰(訓練), リハビリテーション ❷ (建物・町などの)復興, 復旧 ❸ 名誉[信用]回復; 復権, 復位; 復職

re·hash /rìːhǽʃ/ (→ 名) 動 他〔古い考え・材料〕をそのまま作り替える, 焼き直す; 〔議論など〕を蒸し返す
—名 /ríːhæʃ/ Ⓒ 焼き直し(したもの), 改作; 蒸し返し

re·hear /rìːhíər/ 動 (**-heard** /-hə́ːrd/ ; **~·ing**) 他 …を再び聞く; 『法』…を再審理する **~·ing** 名

*__re·hears·al__ /rɪhə́ːrsəl/ 名〔◁ rehearse 動〕❶ Ⓒ Ⓤ (劇・音楽などの)リハーサル, 練習, 下げいこ(→ dress rehearsal); Ⓒ《通例単数形で》〈…の〉予行練習〈**for**〉‖ The new production of the musical is in ~. 新演出のミュージカルは目下リハーサル中だ / have [OR hold, do] a ~ リハーサルをする / without ~ ぶっつけ本番で / a ~ room リハーサル室 ❷ Ⓒ《通例単数形で》《堅》繰り返し話すこと, 復唱

*__re·hearse__ /rɪhə́ːrs/ 動〔▶ rehearsal 名〕他 ❶〔音楽・劇など〕のリハーサルをする ‖ They ~*d* a play for the school festival over again. 彼らは学園祭のためにもう一度劇のリハーサルをした ❷〔俳優など〕にけいこをつける ‖ The director was *rehearsing* the actors for the opening scene. 監督は俳優たちに最初の場面のけいこをつけていた ❸〔言おうとしていること〕を心の中で繰り返し言う[練習する] ‖ Before the job interview, she ~*d* what she was going to say. 就職の面接の前に, 彼女は言うつもりのことを心の中で繰り返し練習した ❹《文》〔以前にも言ったこと〕を詳しく何度も繰り返す; …を列挙する ‖ I have heard the argument ~*d* many times before. その議論が以前に何度も蒸し返されるのを聞いた
—自〈音楽・劇などの〉リハーサルをする〈**for**〉‖ Let's ~ *for* the presentation on Saturday. 土曜日の発表会のリハーサルをやろう

re·heat /rìːhíːt/ (→ 名) 動 他〔料理〕を再び熱する; 『空』〔ジェットエンジン〕を再燃焼する —名 /ríːhiːt/ 『空』Ⓤ (ジェットエンジンの)再燃焼; Ⓒ 再燃焼装置

re·hire /rìːháɪər/ 動 他 …を再雇用する; …を再び賃借りする

re·home /rìːhóum/ 動 他 (特に収容所の)〔動物〕に新しい飼い主[すみか]を与える

re·house /rìːháuz/ 動 他 …に新しい住居を与える, …を新住居に住み替えさせる(♦ しばしば受身形で用いる)

re·hy·drate /rìːháɪdreɪt | ⌐⌐⌐/ 動 他〔乾燥食品など〕を水で戻す; 『医』〔脱水症状の人〕に水分を補給する —自 (乾燥食品などが)水で戻る **rè·hy·drá·tion** 名 Ⓤ (乾燥食品などを)水で戻すこと; (脱水症状の人への)水分補給

Reich /raɪk/ 名《the ~》ドイツ国 ‖ the First ~ 神聖ローマ帝国(962–1806) / the Second ~ (ビスマルク時代の)第二帝国(1871–1919) / the Third ~ (ナチスの)第三帝国(1933–45)(♦ ドイツ語より)

*__reign__ /reɪn/《発音注意》(♦ 同音語 rain, rein) 動 自 ❶〈…に〉(王[女王]として)君臨する, 〈…を〉支配する, 統治する(♦ 必ずしも権力の行使を意味しない)〈**over**〉(⇨ GOVERN 類語) ‖ Henry VIII ~*ed over* England from 1509 to 1547. ヘンリー8世は1509年から1547年の間イングランドを統治した ❷ (状況などが)〈…に〉勢力を振るう, 優勢を占める〈**over**〉‖ After the earthquake, panic and confusion ~*ed over* the city. 地震の後, パニックと混乱が町を支配した / Baseball ~*s* supreme as the most popular sport in Japan. 日本では野球は断然人気のあるスポーツだ
—名 ❶ Ⓒ 治世, 御代(みよ); 在位[在職]期間; 時代 ‖ in [OR during] the ~ of Queen Victoria ビクトリア女王の治世に ❷ Ⓤ 支配(の時代), 優勢; 統治, 主権 ‖ His ~ as CEO began in 1998. 彼の最高経営責任者としての支配は1998年に始まった

règn of térror ① 恐怖政治の時代 ②《the R- of T-》『フランス史』恐怖時代《フランス革命中の1793年3月から1794年7月まで》

reign·ing /réɪnɪŋ/ 形《限定》君臨する; (競技などのタイトル保持者が)現在の ‖ the ~ champion 現チャンピオン

re·ig·nite /rìːɪgnáɪt/ 動 自 再び点火[発火]する
—他 …を再び燃やす

rei·ki /réɪki/ 名 Ⓤ レイキ《マッサージなどを用いる代替療法

R

の一種)(♦日本語「霊気」より)

***re·im·burse** /rìːɪmbə́ːrs/ 動 他 **a** 《+目》〔人〕に〈金を〉返済する,〔人〕に〈経費・損失などを〉払い戻す;…に弁償[賠償]する〈**for**〉;〔金・経費・損失など〕を〈人に〉返済する, 弁償する〈**to**〉‖ The company ~*d* her *for* her losses. 会社は彼女の損失を弁償してくれた **b** 《+目 *A*+目 *B*⇄+目 *B*+**to** 目 *A*》*A*(人)に*B*(金・経費・損失など)を返済する ‖ We will ~ you the cost of your journey. = We will ~ the cost of your journey *to* you. = You will be ~*d* (*for*) the cost of your journey. 旅費は当方で返済いたします

~·ment 名 U C 返済, 払い戻し, 償還;弁償, 賠償

re·im·port /rìːɪmpɔ́ːrt/(→ 名) 動 他 …を再[逆]輸入する ── 名 /ニ-ー/ U 再[逆]輸入;C 再[逆]輸入品

***rein** /reɪn/(♦同音語 rain, reign) 名 ❶ C 《通例 ~s》手綱(たづな)(⇨ HARNESS 図);《英》(よちよち歩きの幼児などにつける)安全ひも, 歩行ひも ‖ hold the ~*s* 手綱をとる / pull [OR tighten] the ~*s* 手綱を引く / loosen [OR relax] the ~*s* 手綱を緩める / on a long [short] ~ 比較的自由にさせて[させないで] / She usually puts the ~*s* on her little boy when she takes him for a walk. 彼女は小さい息子を散歩に連れて行くときにはたいてい安全ひもをつける ❷ 《the ~s》統制力, 統制権, 指揮権;統御[統制]手段;抑制, 牽制(♦reign と区別) ‖ take [OR seize] the ~*s* of power 権力を握る / the ~*s* of government 政権 / let go of the ~*s* 権力を放す / take over the ~*s* 権力を引き継ぐ / hand over the ~*s* 権力の座を明け渡す

dràw réin 手綱を引く;速度を落とす;(馬などを)止める

****gìve*** [OR ***allòw***] ***... frèe*** [OR ***fùll***] ***réin***; ***gìve*** [OR ***allòw***] ***frèe*** [OR ***fùll***] ***réin to ...*** …にしたいようにさせる;自由に…させる ‖ She *gave free* ~ *to* her imagination. 彼女は自由に空想を働かせた

****kèep a tìght réin on ...***; ***kèep ... on a tìght réin*** …を厳しく制御する, しっかり抑える

── 動 他 ❶〔馬など〕を手綱で御する ❷ …を抑える, 抑制する, …を統御する

rèin báck ... / ***rèin ... báck*** 〈他〉= *rein in* ①(↓)

rèin ín ... / ***rèin ... ín*** 〈他〉①〔支出・インフレなど〕を厳しく抑制する;〔人(の行動・感情)など〕を厳しく統御する, 抑える(♦ ×reign in としない) ‖ You should ~ *in* your passions. かんしゃくは抑えた方がいい ②(手綱を引いて)〔馬など〕を止める,〔馬など〕の歩調を緩める

rèin úp ... / ***rèin ... úp*** 〈他〉(手綱を引いて)〔馬など〕を止める

re·in·car·nate /rìːɪnkɑ́ːrneɪt/(→ 形) 動 他 …を〈…に〉生まれ変わらせる;〔魂〕に新しい肉体を与える, 化身させる〈**as, in**〉 ── 形 /rìːɪnkɑ́ːrnət/ ⟨シ⟩ 《通例名詞の後に置いて》生まれ変わった;化身した

re·in·car·na·tion /rìːɪnkɑːrnéɪʃən/ 名 ❶ U 輪廻(りんね)転生;霊魂再生(説) ❷ C 化身, 生まれ変わり

rein·deer /réɪndɪər/ 名 (複 ~ OR **~s** /-z/) C 《動》トナカイ ▸▸ **~ mòss** [**lìchen**] 名 C U 《植》ハナゴケ《トナカイが食べる》

re·in·fect /rìːɪnfékt/ 動 他 《医》《通例受身形で》(伝染病などに)2次感染する **-féc·tion** 名

***re·in·force** /rìːɪnfɔ́ːrs/ 《発音・アクセント注意》動 他 ❶〔理論・意見など〕を〈…で〉強化する, 効果的にする;〔感情・情勢など〕を強める, 高める〈**with**〉‖ ~ one's theory *with* much data 多くのデータで理論を強固なものにする / ~ one's authority 権威を高める / The report ~*d* our hopes. その報告で希望が強まった / ~ one's health 健康を増進させる ❷ …を〈補強物で〉強化する, 補強する〈**with**〉‖ They ~*d* the bridge piers *with* the new material. 彼らは新素材で橋脚を補強した / ~ the elbows of a jacket *with* leather patches 上着のひじの部分を当て革で補強する / ~*d* plastic [glass] 強化プラスチック[ガラス] ❸〔軍隊など〕に援軍を送る, …を増援する;…を(増援・補給で)補強する ❹ 《心》〔被験者など〕の反応を強化する

語源 *re-* again + *-inforce* enforce: 再び力をつける

▸▸ **~d cóncrete** 名 U 鉄筋コンクリート

***re·in·force·ment** /rìːɪnfɔ́ːrsmənt/ 名 ❶ U/C 《単数形で》補強, 強化;増援, 増強 ‖ The fence needs urgent ~. さくは急いで補強する必要がある ❷ C 《~s》援軍, 増援部隊[艦隊];補給品 ❸ C 補強材[物] ❹ U 《心》(刺激に対する反応の)強化

re·in·state /rìːɪnstéɪt/ 動 他 ❶ …を元の状態に戻す;…を復帰[復位, 復職]させる〈**in** …に;**as** …として〉;…の健康[秩序]を回復させる(♦しばしば受身形で用いる) ‖ He was ~*d in* his former office. 彼は元の地位に復した ❷〔規則・制度など〕を復活する

~·ment 名 U 復帰, 復位, 復職

re·in·sure /rìːɪnʃʊər/ 動 他 《保険》…に再保険をつける(巨額の支払いに備えて保険会社が保険に加入する)

-súr·ance 名 U 再保険 **-súr·er** 名 C 再保険会社

re·in·te·grate /riːíntɪgreɪt/ 動 他 …を〈…に〉再び統合する[組み入れる]〈**into**〉;…を復興する

rè·in·te·grá·tion 名 U 再統一, 回復, 復興

re·in·ter·pret /rìːɪntə́ːrprɪt/ 動 他 …を解釈し直す;…を新解釈する **rè·in·tèr·pre·tá·tion** 名

re·in·tro·duce /rìːɪntrədjúːs/ 動 他 ❶〔制度など〕を復活させる(bring back) ❷〔動植物など〕をかつての分布域に再導入する ‖ ~ wolves into the area オオカミをその地域に再導入する **-dúc·tion** 名

re·in·vent /rìːɪnvént/ 動 他 …を大胆に変えて新しいものを作り出す;(すでにあることに気づかずに別個に)…を再発明する ‖ ~ oneself (生き方を変えて)再出発する

-vén·tion 名

re·in·vest /rìːɪnvést/ 動 他 …を再投資する

~·ment 名

re·in·vig·or·ate /rìːɪnvígəreɪt/ 動 他 …を新たに元気づける;…の元気を回復させる

re·is·sue /rìːíʃuː/ 動 他〔本・CDなど〕を再発行[復刊]する ── 名 C 再発行物, 復刊本

REIT /riːt, raɪt/ 名 C 《米》不動産投資信託会社(♦ *r*eal *e*state *i*nvestment *t*rust の略)

re·it·er·ate /ri(ː)íṭəreɪt/ 動 他 (特に強調・明確化のために)〔言葉・行為〕を繰り返す, 反復する(repeat)(♦目的語はしばしば that 節. 直接話法にも用いる)

re·it·er·a·tion /ri(ː)ìṭəréɪʃən/ 名 U/C 《単数形で》《堅》繰り返し, 反復(された行為[言葉])

re·it·er·a·tive /ri(ː)íṭərèɪṭɪv, -íṭərə- | -ítərə-/ 形 反復の

‡**re·ject** /rɪdʒékt/ 《アクセント注意》(→ 名)

── 動 (**~s** /-s/; **~·ed** /-ɪd/; **~·ing**)

── 他 ❶〔提案・要求など〕を**拒絶する**(↔ accept), 拒否する, 認可しない(↔ approve);〔教義など〕を信奉しない(⇨ REFUSE[1] 類語) ‖ He flatly ~*ed* my offer of help. 彼は私の援助の申し出をきっぱり断った / ~ a gift 贈り物を拒絶する / ~ an idea **outright** 考え方をはっきり拒否する / I ~*ed* the plan as impracticable. 私はその計画を実行不可能だとして拒絶した

❷〔人〕をはねつける, 不合格にする ‖ He was ~*ed* for the position. 彼はその地位を与えられなかった / ~ an applicant 応募者を不合格にする / He ~*ed* some candidates as unfit. 彼は何人かの候補者を不適格としてはねつけた

❸〔人など〕に愛情を示さない, 愛想を尽かす, 無視する ‖ The little boy felt ~*ed* by his parents. その男の子は両親に愛されていないと感じた

❹(無益・不適として)〔物〕を排除する, 退ける ‖ Vending machines ~ crumpled bills. 自動販売機はしわくちゃの紙幣を受け付けない

❺ 《医》〔移植された器官〕に拒否[拒絶]反応を起こす ‖ His body didn't ~ the transplanted heart. 彼の体は移植された心臓に拒絶反応を起こさなかった

❻ (胃が)…を受けつけない, 戻す(vomit)
— 名 /ríːdʒekt/ (複 ~s /-s/) Ⓒ 不合格品[者], 排除されたもの[人] ‖ Harvard ~s ハーバード大不合格者 / a ~ shop 傷物販売店 / ~ china 傷物の陶器
語源 re- back + -ject throw : (駄目だと言って)投げ返す

*re·jec·tion /rɪdʒékʃən/ 名 ❶ Ⓤ Ⓒ 拒絶(された状態) ; 拒否(↔ acceptance), 不認可, 否決(↔ approval) ; 排除 ‖ He didn't ask her for a date out of fear of ~. 彼は断られるのが怖くて彼女にデートを申し込まなかった / unanimous ~ 満場一致の反対 / a ~ letter [OR slip] 断り状 / a feeling of ~ 四面楚歌(そか)の感じ, 疎外感 / suffer from ~ 拒絶されて苦しむ ❷ Ⓤ 〘医〙拒絶反応 ❸ Ⓒ 拒絶[排除]されたもの, 廃棄物

re·jig /rìːdʒíg/ 動 (-jigged /-d/ ; -jig·ging) 他 《英口》 = rejigger

re·jig·ger /rìːdʒígər/ 動 他 《米口》…を再調整[整備]する ; (ときに購買者をごまかすために)…を改変する

*re·joice /rɪdʒɔ́ɪs/ 《アクセント注意》 動 自 喜ぶ, うれしがる (↔ lament) 〈at, over, in …を / to do …して / that 節 …ということを〉 (♦ be glad, be pleased の方が一般的) ‖ We all ~ at your success. 私たちは皆あなたの成功を喜んでいます / ~ over a victory 勝利を喜ぶ / His mother ~d [to hear [OR at] the news of his promotion. 彼の母親は息子が昇進した知らせを聞いて喜んだ / I ~d that my favorite singer topped the chart. 私は大好きな歌手がヒットチャートの首位に立ったのがうれしかった
rejóice in ... 〈他〉 ① ⇨ 自 ② …を享有する, …に恵まれる ‖ My mother ~s in good health. 母は健康に恵まれている / He ~s in the name of Tom Tom. 《英》《戯》彼はトムトムという(おかしな)名前を持っている

re·joic·ing /rɪdʒɔ́ɪsɪŋ/ 名 ❶ Ⓤ 喜び, 歓喜 ❷ Ⓤ 歓呼(の声), 歓声 ; Ⓒ 《しばしば ~s》祝賀 ; お祭り騒ぎ

*re·join¹ /rìːdʒɔ́ɪn/ 動 他 ❶ …に再び加わる, …と再び一緒になる, …と再会する ; …に復帰する, 戻る ❷ [人・物]を再結合[接合]させる — 自 再結合する ; 復帰する

*re·join² /rɪdʒɔ́ɪn/ 動 他 《堅》〈…と〉返答する, 言い返す, 反論する 〈that 節〉 (♦ 直接話法にも用いる) — 自 ❶ 返答する ❷ 〘法〙(被告が)(原告の訴答に対し)第二訴答をする

re·join·der /rɪdʒɔ́ɪndər/ 名 Ⓒ 《堅》返答に対する返答, 鋭い応答, 反論 ; 《旧》〘法〙(被告の)第二訴答

re·ju·ve·nate /rɪdʒúːvənèɪt/ 動 他 …を若返らせる, 活気づける ; …を再活性化する — 自 若返る **re·jù·ve·ná·tion** 名 Ⓤ 若返り, 元気回復 ; 活性化 **-nà·tor** 名

re·ju·ve·nes·cence /rìːdʒùːvənésəns, rɪdʒùː-/ 名 Ⓤ 若返り, 回春

re·kin·dle /riːkíndl/ 動 他 …を再び燃やす ; …を再び盛んにする ; [記憶・希望・友情など]をよみがえらせる

rel. 略 relating ; relative ; released ; religion, religious

re·laid /rìːléɪd/ ⊲シ 動 relay¹ の過去・過去分詞

re·lapse /rɪlǽps/ (→ 名) 動 自 〈元の状態へ〉逆戻りする, 元の木阿弥(もくあみ)になる ; 病気がぶり返す ; 〈悪習などに〉再び陥る 〈into〉 ‖ He ~d into silence. 彼は再び元のように沈黙した — 名 / + 米 ríːlæps/ Ⓒ (元の状態への) 逆戻り, 再転落 ; (病気の)ぶり返し

relàpsing féver 名 Ⓤ 〘医〙回帰熱 (発熱を繰り返す熱帯地方の伝染病)

⁑re·late /rɪléɪt/

— 動 [▶ relation 名, relative 形] (~s /-s/ ; -lat·ed /-ɪd/ ; -lat·ing)
— 他 ❶ a (+目+to [with] 名) …を…と**関連づける** (♦ with を用いるのはまれ) ‖ Many experts ~ crime to social disadvantage. 多くの専門家は犯罪を社会的に不利な境遇と関係づける
b (+目) [複数のもの]を関連させる, 結びつける ‖ ~ cause and effect 原因と結果を結びつける
❷ a (+目) …を 〈…に〉 話す, 物語る (tell) 〈to〉 ‖ He ~d (to his son) some amusing stories of his boyhood. 彼は(息子に)自分の少年時代の面白い話を語って聞かせた
b ((+to 名) + that 節 / wh 節) (…に)…ということ[…か]を話す, 物語る ‖ She ~d how she had met him by chance at the airport. 彼女はどのようにして彼と偶然空港で出くわしたかを話した
❸ 《通例受身形で》 (結婚などで) 〈…と〉 血族的に結びつく, 同類として結びつく 〈to〉 (→ related ❷)
— 自 ❶ (互いに)関連がある ; 〈…に〉関係[関連]する ; 〈…に〉 関する, 〈…を〉 指す 〈to〉 ‖ Effort ~s a lot to success. 努力は成功に大いに関係する / She asked him some questions that ~d to his finances. 彼女は彼に彼の経済力に関する質問をした
❷ 〈人・物に〉なじむ, 順応する, 〈人と〉よい関係を保つ ; 《口》 〈…に〉 理解を示す 〈to〉 ‖ The new student soon ~d well to her classmates. 新しく入って来た生徒はすぐにクラスメートに溶け込んだ / My grandparents ~ to my generation, but my parents don't. 祖父母は僕たちの世代を理解してくれるが, 両親は駄目だ
relàting to ... 《前置詞として》…に関して, 関する ‖ documents relating to succession to property 遺産相続に関する文書

⁑re·lat·ed /rɪléɪtɪd/
— 形 《比較なし》 ❶ 〈…に〉 **関係のある**, 関連した (↔ unrelated, unconnected) 〈to〉 ; 《複合語で》…関係[関連]の ‖ The expression of the face and the feelings are **closely** [**directly**] ~. 顔の表情と感情には密接な[直接] 関係がある / the symptoms ~ to [×with] mental stress 精神的なストレスに結びついた症状 / headache, dizziness and ~ symptoms 頭痛, めまいおよびそれに似た症状 / age-~ illness 加齢病 / weather-~ disasters 自然災害
❷ 《通例叙述》〈…と〉親類の, 血縁[姻戚]の, 同族の ; (動植物が) 同類の (↔ unrelated) 〈to〉 ‖ She is ~ to me by marriage. = She and I are ~ by marriage. 彼女は結婚して私の親類になった (♦ 「彼女と私が結婚した」の意ではない) / We have the same last names, but we are not ~. 私たちは姓が同じだが親類ではない
❸ 〘楽〙近親[関係]調の
~·ness 名

⁑re·la·tion /rɪléɪʃən/

— 名 [◁ relate 動] (複 ~s /-z/) ❶ Ⓒ 《~s》 (人・組織・国家などの) (利害) **関係** ; (人と人などの) **関係**, 間柄, 交際 〈**between, among** …の間の ; **with** …との〉 ; 《堅》性的関係, 情交 (⇨ 類語) ‖ You are born into a network of human ~s. 人は人間関係のネットワークに組み込まれて生まれる / friendly ~s 友好関係 / the ~s between workers and management 労使関係 / Japanese-US ~s 日米関係 / establish [restore, break off] diplomatic ~s with a country ある国と外交関係を樹立する[回復する, 断ち切る] / We have business ~s with that firm. 我々はその会社と取り引きがある / have (sexual) ~s with ... …と性的関係がある
❷ Ⓤ Ⓒ 関係, **関連**, 結びつき, つながり 〈**between** …の間の ; **to** …との〉 ‖ The ~ between smoking and lung cancer is unquestionable. 喫煙と肺癌(がん)の関係は明らかだ / bear no ~ to ... …と関係が全くない
❸ Ⓒ 親類, 親戚(しんせき) (♦ relative の方がふつう) ; Ⓤ 血縁[親戚] 関係 ‖ I have ~s on my mother's side in Hawaii. ハワイに母方の親戚がいる / a close [distant] ~ 近縁[遠縁] / a blood ~ 血縁 / What ~ is she to you? 彼女は君とどういう縁故関係にあるの
❹ Ⓤ 語ること, 言及 ; Ⓒ 物語, 話
❺ Ⓤ 〘法〙(法の)効力遡及(そきゅう) ❻ Ⓤ Ⓒ 〘論〙関係
in relátion to ...* [人・事柄]に関して** ; …と比べて, …に応じて ‖ I had a lot to say in ~ to that affair. 私はそ

のことについて言いたいことがたくさんあった / Women's earnings are still low *in* ～ *to* men's. 女性の賃金は男性の賃金に比べていまだに低い

類語 《❶》**relation, relationship** 人や物事の間の「関係」を表すが，相互に関連し合う物事については，どちらも同じように用いられることもあり，人同士の関係について用いる場合，relationship はしばしば（感情的要素がこもった）親密な関係を表す．〈例〉the *relation* [OR *relationship*] between temperature and humidity 温度と湿度の関係 / her *relationship* with her husband 彼女の夫との関係（♦ **relations** は多くの人々や集団の間の（交渉・協力・取り引きなどの）より改まった関係について用いる．〈例〉the good *relations* between the two countries 両国間の良好な関係）

R

re·la·tion·al /rɪléɪʃənəl/ 形 ❶関係の（ある），相関的な ❷〘文法〙統語関係を示す **～·ly** 副

▶▶**～ dátabase** 名 C 💻リレーショナルデータベース《表形式でデータを操作できる特色がある》

***re·la·tion·ship** /rɪléɪʃənʃɪp/

━名（複 **～s** /-s/）U C ❶**関係，関連**，相関〈**between** …の間の；**to** …との〉（⇨ RELATION **類語**）‖ There is a close ～ *between* language and thought. 言語と思考の間には密接な関係がある / This photograph bears no ～ *to* the affair. この写真は事件とは何の関係もない / a causal ～ 因果関係

❷（人と人などの）**関係**；結びつき，**間柄**；恋愛関係〈**between** …の間の；**with** 人との〉（♦人と人との密接な結びつきについては relation よりも多く用いられる）‖ the ～ *between* Japan and South Korea＝the ～ of Japan *with* South Korea 日韓関係 / Fred is having a ～ *with* Amy. フレッドはエイミーと付き合っている（♦ Fred is going out with Amy. の方がふつう）/ Are you in a ～? あなたは付き合っている人がいますか

連語 **【形＋～】** a close ～ 親密な関係 / a special ～ 特別な関係 / a good ～ 良好な関係 / a personal ～ 個人的な関係 / a working ～ 職場での関係 / a family ～ 家族関係 / sexual ～ 性的関係
【動＋～】 establish [OR develop, build (up), form] a ～ 関係を築く / maintain a ～ 関係を維持する / have a ～ with ... …と（恋愛）関係がある

❸親族関係，縁続き ‖ What is your ～ to the patient? あの患者とはどういうご関係ですか

***rel·a·tive** /rélətɪv/《発音・アクセント注意》形 名

> 形 比較上の❶ 相対的な❷ 関係のある❸
> 名 親類❶ 同類❷

━形〔◁ relate 動〕《比較なし》❶**比較上の**，ほかと比べた場合の，ある程度の ‖ There was ～ peace between the two World Wars. 2つの世界大戦の間にはある程度の平和があった / live in ～ comfort 比較的ゆとりのある暮らしをする / ～ costs [values] 比較上の価格[価値]

❷**相対的な**（↔ absolute）‖ Beauty and poverty are ～. 美や貧困は相対的なものだ / It's all ～.（絶対ではなく）ほかと比べてみた上でのことだ / ～ **importance** 相対的重要度 / ～ density 相対密度 / a ～ valuation 相対評価

❸《堅》〈…と〉**関係のある**，関連した；〈…に〉関する，かかわる〈**to**〉‖ These documents are ～ *to* the case. これらの書類はその件に関係がある

❹〈…に〉相関的な，対応する；比例した〈**to**〉‖ Is the quality ～ *to* its price? 品質は価格相当ですか

❺《限定》〘文法〙関係を示す；（節などが）関係詞に導かれた

❻〘楽〙（長調・短調が）同じ調号を持つ，平行調の

***rélative to ...**《前置詞として》①…に関して（→形❸）② …に比して，…の割に ‖ We humans have very large brains ～ *to* body size. 私たち人間は身体の大きさに比べ非常に大きな脳を持つ

━名（複 **～s** /-z/）C ❶**親類**，身内，親戚，姻戚（relation）‖ a blood ～ 血縁 / a **close** [distant] ～ 近縁[遠縁] ❷（動植物・言語などの）**同類**，同族，同種 ❸〘文法〙関係詞，（特に）関係代名詞

▶▶**～ ádverb** 名 C〘文法〙関係副詞《修飾語句を名詞に結びつけて，接続詞と副詞の両方の働きをする．when, where, why, how など．〈例〉This is the house *where* he lives.》 **～ atòmic máss** 名 U〘化〙相対原子質量，原子量（atomic mass, atomic weight） **～ cláuse** 名 C〘文法〙関係（詞）節《who, which, when などの関係詞によって導かれた節．〈例〉The book *which you ordered last month* has arrived.（制限的用法）/ The Bible, *which has been retranslated*, remains a best seller.（非制限的用法）》 **～ dénsity** 名 U 比重 **～ humídity** 名 U〘気象〙相対湿度 **～ prónoun** 名 C〘文法〙関係代名詞《接続詞の機能を兼ね，先行詞とこれを修飾する節を結ぶ代名詞．who, which, that など．〈例〉Our father was the only person *who* knew it.（制限的用法）/ John, *who* was told of his son's accident, immediately phoned the hospital.（非制限的用法）》

***rel·a·tive·ly** /rélətɪvli/《アクセント注意》

━副《比較なし》❶ほかと比べて，**比較的（に）**，割合（に）；**相対的に** ‖ In space, movement is ～ easy because of the lack of gravity. 宇宙では，引力がないため動くのは比較的容易だ / ～ small sums of money 比較的少ない金額 / ～ recently 比較的最近になって

❷《文修飾》（ほかと）比較すると ‖ *Relatively* (speaking), British people are more reserved than Americans. 比較していえば，イギリス人はアメリカ人よりも控え目だ ❸けっこう，なかなか

rel·a·tiv·ism /rélətɪvìzm/ 名 U〘哲〙相対主義[論] **-ist** 名 C 形 相対主義者（の），相対論者（の）

rel·a·tiv·is·tic /rèlətɪvístɪk/ ◁ 形〘理〙相対性理論の；相対論的な **-ti·cal·ly** 副

***rel·a·tiv·i·ty** /rèlətívəti/ 名 U ❶関連[相関]性；相対的であること；相互依存 ❷〘理〙相対性（理論）‖ Einstein's Theory of *Relativity* アインシュタインの相対性理論

re·la·tor /rɪléɪtər/ 名 C ❶話し手，語り手 ❷〘法〙告発者

re·launch /rìːlɔ́ːntʃ, 米＋ -lɑ́(ː)ntʃ/ 動 他 …の販売促進を図る

***re·lax** /rɪlǽks/

━動（**～·es** /-ɪz/；**～ed** /-t/；**～·ing**）

━自 ❶**くつろぐ**，ゆったりする，リラックスする（↔ tense, be alarmed）；安堵（ど）する，（心が）落ち着く ‖ Sit back and ～ while I make some tea. お茶を入れますから座ってくつろいでください / Why don't we ～ over a glass of wine? ワインでも飲んでくつろぎませんか / The Japanese bathtub is for soaking yourself and ～*ing*, not for washing in. 日本式の湯船はゆったりつかってくつろぐためのもので，中で体を洗うためのものではない

❷（筋肉などが）**緩む**，弛緩（しかん）する；（表情などが）和らぐ ‖ His face ～*ed* in a smile. 彼の顔がにこやかにほころんだ / Winter has ～*ed* into spring. 冬が緩んで春めいてきた ❸（規律などが）緩やかになる，緩和される

━他 ❶…を**くつろがせる**，休ませる；…の緊張をほぐす；…を安堵させる，落ち着かせる ‖ Music always ～*es* me. 音楽を聴くといつでもくつろいだ気分になる

❷〔筋肉・握った手など〕を**緩める**，弛緩させる，ほぐす（↔ tighten）‖ Massage ～*es* the muscles. マッサージは筋肉をほぐす / ～ one's hold [OR grip] on the wheel ハンドルを握った手を緩める

❸〔規則など〕を緩やかにする，緩和する ‖ ～ rules [con-

trols] 規則[制限]を緩める
❹〔努力など〕を減じる；…の力を減少させる ‖ ～ one's attention 注意が散漫になる / ～ concentration 集中力がなくなる ❺（薬品で）〔カールした髪〕を伸ばす

COMMUNICATIVE EXPRESSIONS

1 **Reláx.** まあ落ち着いて（♥ 心配しないよう励ます. There's nothing to worry [OR get upset] about.）

語源 *re-* again＋*-lax* loose：再び緩くする

re·lax·ant /rɪlǽksənt/ 名 C（筋肉などの）弛緩（しかん）剤；緊張をほぐすもの ‖ a muscle ～ 筋肉弛緩剤
—形 弛緩させる；くつろがせる

*__re·lax·a·tion__ /rìːlækséɪʃən/ 《発音注意》 名 U ❶ 息抜き, くつろぎ, 休養；リラックスした状態 ‖ I listen to jazz for ～. 私はくつろぐためにジャズを聞く ❷ C 気晴らし, 娯楽, 楽しみ ‖ Talking is one of her ～*s*. おしゃべりは彼女の楽しみの1つだ ❸ U/C 《通例単数形で》（規則などの）緩和,（罰・義務の）軽減；加減 ‖ ～ of the controls [rules] 制限[規則]の緩和 ❹〖理〗緩和《平衡状態にある系が条件変化の後に再び平衡状態に戻ること》❺（筋肉などの）弛緩（状態）, 緩み ❻〖数〗緩和法《変分法の考え方により方程式を解く数値計算法》

*__re·laxed__ /rɪlǽkst/ 形 ❶（人が）くつろいだ, 緊張のほぐれた；（筋肉などが）弛緩した ❷（雰囲気などが）打ち解けた, 形式ばらない ‖ a ～ atmosphere くつろいだ雰囲気

re·lax·in /rɪlǽksɪn/ 名 U〖生化〗リラキシン《出産促進ホルモン》

re·lax·ing /rɪlǽksɪŋ/ 形 くつろがせる, リラックスさせる

*__re·lay¹__ /ríːleɪ/ （→ 動） 名 C ❶ リレー競技[競走, 競泳] ‖ a medley ～ メドレーリレー / a ～ team [runner] リレーチーム[走者] / run a ～ リレー競走をする / the 「4×100m [OR 400m] ～ 400メートルリレー / a long-distance ～ road race 駅伝 ❷ 交替班, 交替要員；新たな供給,（物資の）代わり；替え馬, 継ぎ馬；《古》（猟の）替え犬, 控えの犬 ‖ work in ～*s* 交替（制）で仕事をする ❸ C U〖放送〗無線中継（装置） ❹〖電〗継電器, リレー；中継器
—動 /rìːléɪ/ 他 ❶ …を〈…へ〉伝達する, 取り次ぐ〈**to**〉‖ I ～*ed* the information *to* the person in charge. その情報を責任者に伝えた ❷ …を（無線）中継で送る ‖ The concert was ～*ed* from Carnegie Hall. そのコンサートはカーネギーホールから中継された ❸ …を交替者に代わらせる
▸▸ **～ ràce** 名 C リレー競走[泳]

re·lay, re·lay² /rìːléɪ/ 動 (**-laid** /-d/；**～·ing**) 他 …を再び置く, 置き直す；〔カーペットなど〕を敷き直す；〔ケーブルなど〕を敷設し直す

*****re·lease** /rɪlíːs/ 動 名
—動 (**-leas·es** /-ɪz/；**～d** /-t/；**-leas·ing**)
—他 ❶〔人・動物など〕を〈監禁・拘束などから〉**解放する**, 自由にする, 放免[釈放]する（↔ imprison）；…を〈苦痛などから〉救う〈**from**〉‖ He was ～*d from* the hospital. 彼は退院が許された / Acupuncture ～*d* my grandmother *from* years of pain. 鍼（はり）治療が祖母を長年の痛みから解放した / ～ the hostages 人質を解放する
❷〔熱・ガスなど〕を放出する, **放つ** ‖ ～ gas [heat] ガス[熱]を出す / ～ adrenaline [a hormone] アドレナリン[ホルモン]を出す / ～ carbon dioxide into the atmosphere 大気中に二酸化炭素を放出する
❸〔握った手・握られたものなど〕を（解き）**放つ**；〔制御装置など〕を〈…から〉外す；〔矢・ミサイルなど〕を**放つ**；〔爆弾など〕を〈…から〉投下する〈**from**〉‖ Don't ～ your grip [OR hold] on your child in the crowd. 人込みの中では子供の手を離してはいけません / ～ a handbrake ハンドブレーキを解除する / ～ missiles ミサイルを発射する / ～ a bomb *from* an airplane 飛行機から爆弾を投下する
❹〔映画・劇など〕を**初公開する**, 封切る；〔CDなど〕を新発売する；〔ニュース・文書など〕を公表する, …の発表を許可する（↔ withhold）‖ ～ a movie 映画を公開する / ～ a book [CD] 本[CD]を売り出す / ～ the diplomatic documents (to the public) 外交文書を（一般に）公表する
❺ …を〈義務・負債などから〉免れさせる, 免除[解除, 解雇]する〈**from**〉‖ The team ～*d* two players yesterday. 球団はきのう2人の選手を放出した
❻〔抑えていた感情など〕を表す, あらわにする ‖ ～ anger 怒りを表に出す ❼〔筋肉（の緊張）など〕を緩める, ほぐす ❽〔権利・要求など〕を放棄する
—名 (複 **-leas·es** /-ɪz/) ❶ U/C 《通例単数形で》**解放**（すること, されること）；釈放, 放免, 退院；〈義務などからの〉免除, 解除（↔ imprisonment）〈**from**〉‖ agree to ～ 解放に同意する / his ～ *from* prison 彼の釈放 / obtain (a) ～ *from* an obligation 義務を免除してもらう
❷ U/C 《単数形で》（一般）公開, 発売, 公表；（映画の）封切 ‖ **press** [OR news] ～（報道用の）公式発表 / The film will go on ～ next month. その映画は来月封切られる
❸ C 封切映画, 新刊本, 新発売のCD；（新聞などの）解禁記事 ‖ a new ～ from the singer その歌手の新曲
❹ U/C 《単数形で》〈苦痛・心配事からの〉解放, 救済；〈緊張などからの〉解放；安堵（あんど）, 息抜き〈**from**〉‖ a ～ *from* [OR of] tension 緊張から解放されること / a feeling of

メタファーの森 relationship 関係

relationship ⇨ *building* （関係⇨建物）

「関係」は「建物」に例えられ, 構築したり崩壊したりするものとして表現される.

- Communication is important to **build** [OR **establish**] a good relationship. よい関係を築くにはコミュニケーションが重要だ
- The accident **destroyed** [OR **broke**] the relationship between the two countries. その事故で両国の関係は崩壊した
- The government should try other options to **repair** the relationship. 政府は関係を修復するために他の方策を試すべきだ

relationship ⇨ *physical connection* （関係⇨物理的なつながり）

「関係があること」は「物理的につながっていること」として表現される. また, 関係の深さは物理的な遠近によって表される.

- There are strong **ties** between these two companies. In fact, both were founded by the same family. この2つの会社には強い結びつきがある. 実は, これらの会社は同じ一族によって創業されたのだ
- I think Ken **is still attached to** Toby. ケンはまだトビーに未練があると思う（♦ be attached to ... は「…に付着している」から転じて「…に愛着を持っている, …に未練がある」の意）
- I have known Tony for ten years. He's one of my **close** friends. トニーとは10年来の知り合いで, 彼は親友の一人だ
- On the day of my grandfather's funeral, many people including my **distant** relatives gathered together. 祖父の葬儀の日には, 遠い親戚も含め多くの人が集まった

～ 解放感
❺ Ⓤ Ⓒ 放つこと，放出，発射；外すこと；（爆弾の）投下 ‖ (a) ～ of radioactivity 放射能の放出
❻ Ⓒ（機械の）解除装置，（カメラの）レリーズ ‖ the ～ button 解除ボタン
❼ Ⓤ（感情などの）表出 ❽ Ⓤ〖法〗放棄；Ⓒ 放棄証明

reléasing fàctor 名 Ⓒ〖生化〗（ホルモン）放出因子

***rel·e·gate** /réləɡèɪt/ 動 他 ❶ …を〈低い地位・状態に〉追いやる，左遷する，格下げする〈to〉‖ He was ～*d to* a post in a local branch. 彼は地方の支店に左遷された ❷《通例受身形で》《主に英》（スポーツのチームが）〈下位リーグに〉降格する（↔ promote）〈to〉‖ The team was ～*d to* the Second Division. そのチームは第2部に降格した ❸〔事件・仕事など〕を〈人に〉移管［付託］する，ゆだねる〈to〉‖ She ～*d* the job of painting the fence *to* the boys. 彼女は塀の塗り替えの仕事をその少年たちに頼んだ ❹ …を追放する

rel·e·ga·tion /rèləɡéɪʃən/ 名 Ⓤ 左遷，格下げ；《英》（スポーツチームの下位リーグへの）降格

re·lent /rɪlént/ 動 自（人などの）かたくなな気持ちが和らぐ，優しく［寛大に］なる，折れる；（嵐（あらし）などが）弱まる

***re·lent·less** /rɪléntləs/ 形 ❶〈…の点で〉非情な，容赦しない，手厳しい；執拗（しつよう）な，飽くなき〈in〉‖ The old man was ～ *in* punishing the mischievous boys. 老人はいたずらっ子たちを厳しく罰した / ～ criticism [punishment] 手厳しい批判［処罰］ ❷ 苛酷（かこく）で間断のない，絶え間のない ‖ ～ struggle 絶え間ない苦労 / ～ summer heat 夏の酷暑

re·lent·less·ly /rɪléntləsli/ 副 ❶ 無情に，容赦なく，執拗に ❷ 間断なく

***rel·e·vance** /réləvəns/ 名 Ⓤ ❶〈…との〉関連（性）〈to〉‖ Your suggestion has no ～ *to* what we are discussing. 君の提案は今議論していることと何の関連もない ❷（当面の問題に対する）妥当性；重要性 ❸ 💻（情報検索システムの）適合性

rel·e·van·cy /réləvənsi/ 名 ＝relevance ❶

***rel·e·vant** /réləvənt/ 形 (**more ～ ; most ～**) ❶〈当面の問題に〉関連［関係］がある（↔ irrelevant）〈to〉‖ Your question is highly ～ *to* the heart of the matter. あなたの質問はその問題の核心に大いに関連がある / ～ questions 関連質問 / ～ information 関連情報 ❷ 適切な，妥当な；重要な **～·ly** 副 適切に，関連して

***re·li·a·bil·i·ty** /rɪlàɪəbíləṭi/ 名 Ⓤ 信頼できる［当てになる］こと；信頼性，確実性 ‖ the ～ of her confessions 彼女の告白の信頼性

:re·li·a·ble /rɪláɪəbl/
― 形〔◁ rely 動〕(**more ～ ; most ～**)
信頼できる，当て［頼り］になる，頼もしい；確かな（↔ unreliable）‖ a ～ assistant 頼りになる助手 / a ～ dictionary [goalkeeper] 信頼できる辞書［ゴールキーパー］/ ～ evidence 確かな証拠 / a ～ source of information 信頼できる情報源
― 名 Ⓒ《通例 ～s》信頼できる人［もの］
～·ness 名

re·li·a·bly /rɪláɪəbli/ 副 信頼すべき筋から ‖ I am ～ informed that he is going to be the next chairman. 信頼すべき筋から彼が次期会長になると聞いている

***re·li·ance** /rɪláɪəns/ 名〔◁ rely 動〕❶ Ⓤ/Ⓒ《単数形で》〈…を〉頼る［当てにする］こと，〈…への〉依存；信頼，信用〈on, upon〉❷ Ⓒ《古》頼りになるもの［人］

***re·li·ant** /rɪláɪənt/ 形《叙述》〈…を〉頼り［当て］にしている；信頼している〈on, upon〉‖ Japan is heavily ～ *on* the U.S. for almost all its corn. 日本はトウモロコシの大部分を合衆国に依存している

***rel·ic** /rélɪk/《アクセント注意》名 Ⓒ ❶ 遺物，残存物，残骸；遺跡 ‖ a ～ from the Paleolithic [Neolithic] era 旧石器［新石器］時代の遺物 / ～*s* of the Minoan Empire ミノア帝国の遺跡 ❷（過去の風俗・習慣・信仰などの）名残，面影，遺風；遺品，形見，記念品 ‖ the ～ of a childish habit 子供っぽい癖の名残 ❸ 聖遺物（聖者・殉教者などの遺骸［遺品］）❹《～s》《古》遺骸，なきがら，むくろ ❺ 時代遅れの人［もの］

re·lict /rélɪkt/ 名 Ⓒ〖生〗残存生物，残存種；〖地質〗残存鉱物［構造］ ― 形《限定》〖生〗残存した

:re·lief¹ /rɪlíːf/ 中心義 **Aから解き放つこと**（★Aは精神的・物質的・肉体的な負担など）

> 名 安心❶ 軽減❷ 救済❸ 交替❺

― 名〔◁ relieve 動〕（複 **～s** /-s/）❶ Ⓤ/Ⓒ《a ～》**安心**，ほっとした気持ち，安らぎ，安堵（あんど）‖ It was a ～ (to know) that my son was safe. 息子が無事で（あると知って）安心した / seek [find] ～ 安らぎを求める［見つける］/ feel great ～ 大いにほっとする / deliver ～ to patients 患者に安らぎを与える / heave [OR breathe] a sigh of ～ ほっと一息つく
❷ Ⓤ〈苦痛・心配事などの〉**軽減**，緩和，除去〈**of, from**〉‖ This medicine will bring [OR give] some ～ *from* headaches. この薬を飲めば頭痛がいくらか治まるでしょう / the ～ *of* pain [suffering] 痛み［苦しみ］の軽減 / the ～ *from* depression 落胆からの立ち直り / debt ～（発展途上国などへの）負債軽減［免除］
❸ Ⓤ（困窮者などの）**救済**，援助；救済資金；（被災者などの）救援；救援物資［金］‖ ～ funds [supplies] 救援金［物資］/ ～ workers 救援隊 / send ～ to the earthquake victims 地震の被災者に救援物資を送る
❹ Ⓤ《主に米》（病人・失業者に対する政府からの）給付金；福祉手当（《英》benefit）；税の特別控除 ‖ receive **tax** ～ 税の特別控除を受ける
❺ Ⓤ（勤務などの）**交替**，救援；〖野球〗リリーフ；Ⓒ《単数・複数扱い》交替要員；《形容詞的に》増援の，救援の ‖ He came on in ～ of the starting pitcher. 彼は先発投手のリリーフに立った / a ～ bus《英》（定期バスが満員の際の）増援バス，臨時バス
❻ Ⓤ/Ⓒ《a ～》単調さ［緊張］を和らげるもの；息抜き，退屈しのぎ ‖ by way of ～ 気晴らしに / comic [OR light] ～（劇などの）息抜き場面 ❼《the ～》（包囲都市などの）封鎖解除，解放；救援 ❽ Ⓤ〖法〗（訴訟上の）救済，補償

on relief 《主に米》（自治体から）生活保護を受けて

to a pèrson's relief 《文修飾》（人が）安心したことには ‖ Much *to* my ～, nothing was stolen. とても安心したことには，何も盗まれなかった

COMMUNICATIVE EXPRESSIONS
1 **It's** [OR **That's**] **a grèat relíef.** ああ，よかった；やれやれ（♥ 安堵を表す．＝What a relief!）

▸▸ **～ pìtcher** 名 Ⓒ〖野球〗（ピンチ時の）救援［リリーフ］投手；リリーフ専門の投手（↔ starting pitcher） **～ ròad** 名 Ⓒ《英》（交通量の多い都会の）バイパス，迂回（うかい）路

***re·lief²** /rɪlíːf/ 名 Ⓤ ❶〖建・美〗浮き彫り（の技術），浮き出し，レリーフ；Ⓒ 浮き彫り細工［作品］，レリーフ，浮き彫り像 ‖ in high [low] ～ 高［低］浮き彫りで / A quarter has a picture of an eagle in ～ on it. 25セント硬貨には表面に浮き彫りでワシの絵がついている ❷ はっきりした輪郭，鮮明さ，（対照による）際立ち ‖ The event threw the conflict between them into ～. その出来事で彼らの争いが浮き彫りにされた / The ridge stood out *in* sharp [OR stark] ～ against the dusk sky. 山の稜線（りょうせん）が夕暮れの空にくっきりと浮かび立っていた ❸〖地〗（土地の）高低，起伏 ❹〖印〗凸版

▸▸ **～ màp** 名 Ⓒ〖地〗起伏図，立体地図

:re·lieve /rɪlíːv/
― 動〔▶ relief¹ 名〕(**～s** /-z/ ; **～d** /-d/ ; **-liev·ing**)
― 他 ❶〔苦痛・心配事・問題など〕を**軽くする，和らげる**，減らす，なくす；〔退屈さ〕を紛らす；〔単調さ〕を救う ‖ Doing nothing is not the best way to ～ stress. 何もしないでいることはストレス解消の最良の方法ではない / The new

ring road will ~ traffic congestion. 新しい環状道路が交通渋滞を緩和するだろう / ~ pain 痛みを和らげる / ~ famine 飢餓をなくす
❷《受身形で》安心する, ほっとする〈at …に / to *do* …して / (that) 節…(ということ)に〉‖ We were ~*d at* the news of his arrival. 彼の到着の知らせに安心した / I was ~*d to* hear that their group was safe. 私は彼らの一行が無事だと聞いてほっとした / I'm very ~*d* (*that*) you've decided to stay here. 君がここに残ると決めてくれたのでとてもほっとした
❸〔人〕を交替させる；〔人〕と交替する；〖野球〗〔投手〕を救援する, リリーフする ‖ The guard will soon be ~*d*. 警備員は間もなく交替になる / The night shift ~*s* me at 7 o'clock. 私の夜勤は7時で交替になる
❹《+目+of 名》〔人〕を〔重荷・責任など〕から解放する, 解除する, 〔人〕の…を取り除く；《婉曲的》〔人〕を…から解雇[解職]する(♦ しばしば受身形で用いる) ‖ I ~*d* him *of* his troubles. 彼のごたごたを片づけてやった / Let me ~ you *of* that bag. そのかばんをお持ちしましょう / He was ~*d of* his post. 彼はその地位を追われた
❺《+目+of 名》《口》〔人〕から…を盗む, 失敬する(♥ 皮肉) ‖ Someone ~*d* me *of* my watch. だれかが私の時計を盗んだ ❻〔人〕を(貧困などから)救済する, …に援助を与える；〔包囲都市など〕を(敵軍から)解放する ‖ ~ victims of the flood 洪水の被災者を救済する
relieve onesèlf 《婉曲的》用を足す(♥「トイレに行く」の丁寧な表現)

re·lieved /rɪlíːvd/ 形 ほっとした, 安心の(→ relieve ❷)

re·liev·er /rɪlíːvər/ 名 C ❶ 救済する人[もの] ❷ =relief pitcher ‖ a middle ~ 中継ぎ投手

re·lie·vo /rɪlíːvoʊ/ 名 (複 ~s /-z/) =relief² ❶

:re·li·gion /rɪlídʒən/
—名〔▶ religious 形〕(複 ~s /-z/) ❶ U 宗教 ‖ People turn to ~ only for weddings and funerals. 人は結婚と葬儀だけは宗教の世話になる / the relationship between science and ~ 科学と宗教との関係 / natural ~ 自然宗教
❷ C (個々の)宗教, …教；宗教団体 ‖ the Christian [Buddhist] ~ キリスト[仏]教 / the established ~ 国教 / adhere to a ~ 宗教にすがる
❸ C《単数形で》(信仰のように)堅く守るもの, 信条 ‖ Soccer is a ~ for Sean. サッカーはショーンにとって絶対のものだ[生きがいだ] / She makes it a ~ to keep her house clean.=She makes a ~ of keeping .... 彼女は家をきれいにしておくことを信条にしている ❹ U 信仰, 信仰心；信仰[修道]生活 ‖ freedom of ~ 信仰の自由
find [OR ***gèt***] ***religion*** 《口》① 信仰に入る, 入信する ② (あることに)ひどく熱心になる(♥ あまりにも急であったり不自然だという含みがある)
~·ìsm 名 U 狂信, 宗教に凝ること；信心ぶること **~·ist** 名 C 狂言的な信心家；えせ信心家

re·li·gi·ose /rɪlídʒiòʊs/ 形《けなして》宗教に凝りすぎた, 狂信的な

re·li·gi·os·i·ty /rɪlìdʒiá(ː)səṭi | -ɔ́s-/ 名 U (極端に)信心深いこと, 狂信；えせ信心

:re·li·gious /rɪlídʒəs/
—形〔◁ religion 名〕(more ~ ; most ~)
❶《比較なし》《限定》宗教(上)の, 宗教に関する；宗教的な ‖ a ~ picture [book, music] 宗教画[書, 音楽] / a ~ rite [service] 宗教儀式[礼拝] / ~ belief 信仰
❷ (人・態度などが)宗教的な, 信仰が厚い, 敬虔(けいけん)な(↔ irreligious) ‖ He's very [OR deeply] ~. 彼はとても信心深い
❸《比較なし》修道の, 修道会に属する ‖ a ~ house 修道院 / a ~ order 修道会 ❹ 良心的な, 細心な, 周到な, 厳正な；熱烈な ‖ They paid ~ attention to detail. 彼らは細部にまで細心の注意を払った
—名 (複 ~) C 修道会士(monk), 修道女(nun)
~·ness 名

re·li·gious·ly /rɪlídʒəsli/ 副 ❶ 良心的に, 細心に, 熱心に, きちんきちんと ❷ 宗教的に, 信心深く

***re·lin·quish** /rɪlíŋkwɪʃ/ 動 他 ❶〔地位・権力・希望など〕を放棄する, 断念する(➘ give up)；〔権利・財産など〕を〈…に〉(やむなく)譲渡する〈to〉‖ He refused to ~ his position as chairman. 彼は会長の地位を捨てることを拒んだ / He finally ~*ed* all rights and claims *to* the new president. ついに彼はあらゆる権利を新社長に譲った ❷ …の手を緩める, …を手放す ‖ She ~*ed* her hold on the rope. 彼女は綱から手を放した
~·ment 名 U 放棄, 譲渡；断念

rel·i·quar·y /réləkweri | -ɪkwər-/ 名 (複 -ies /-z/) C 聖遺物箱

***rel·ish** /rélɪʃ/ 名 ❶ U 楽しんで味わうこと, 賞味；楽しみ, 喜び, 満足；《主に否定文で》〈…に対する〉好み, 趣味, 興味, 関心〈for〉‖ eat [read] with ~ おいしく食べる[面白く読む] / I have no ~ *for* winter sports. ウインタースポーツには関心がない ❷ U C (ピクルスや細かく刻んだ野菜の入った甘酸っぱい)つけ合わせ, 調味料, 薬味 ‖ a cucumber ~ キュウリのつけ合わせ ❸ U《古》(独特の)風味, (食欲をそそるような)味わい
—動 他 ❶ a《+目》…を楽しむ, 好む, 喜ぶ；…を楽しみに待つ(↔ dislike) ‖ Some men ~ gossiping. うわさ話が好きな男もいる / She ~*es* the idea of going abroad this summer. 彼女はこの夏海外へ行くことを考えてわくわくしている b《+*doing*》…することを好む ‖ I don't ~ having to wait a long time. 私は長く待たされるのを好まない ❷ …を味わう ‖ ~ a meal [drink] 食事[酒]を楽しむ ❸《古》…に味つけをする

***re·live** /rìːlív/ 動 他〔過去の出来事〕を(想像によって)再び体験する, 再現する

rel·lie /réli/ 名《豪・ニュージ》=relative 名 ❶

re·load /rìːlóʊd/ 動 他 ❶ …に再び荷を積む；〔銃〕に再び弾丸を込める；〔カメラ〕に再びフィルムを入れる ❷ (コンピューターに)〔プログラムなど〕を再びロードする —自 (銃に)再び弾丸を込める；(カメラに)再びフィルムを入れる

re·lo·cate /rìːlóʊkeɪt | ˌ--ˊ-/ 動 他 ❶〔住居・事業所・住民など〕を移動[移転]させる；…を配置し直す；…を転勤させる；…を疎開させる ❷ 💻 …を(メモリー上のほかの場所に)再配置する —自 移転する **rè·lo·cá·tion** 名

***re·luc·tance** /rɪlʌ́ktəns/ 名 ❶ U/C《単数形で》〈…することを〉気が進まないこと, いやがること〈to *do*〉‖ with [without] ~ いやいや[喜んで] ❷ U〖電〗磁気抵抗

***re·luc·tant** /rɪlʌ́ktənt/ 形 (more ~ ; most ~) ❶《叙述》〈…することに〉気が進まない, いやがる, 〈…〉したがらない(↔ willing)〈to *do*〉‖ She was very ~ *to* call her boss on Sunday. 彼女は日曜日に上司に電話するのはどうにも気が進まなかった ❷《限定》(行為などが)いやいやながらの, 不承不承の ‖ He talked his ~ girlfriend into eating blue cheese. 彼はいやがるガールフレンドを説得してブルーチーズを食べさせた

COMMUNICATIVE EXPRESSIONS

1 **I'm a little relùctant to sày this, but** I thìnk he plágiarized thìs pàrt of the páper. ちょっと言うのがはばかられるのですが, 彼は論文のこの部分を盗用したと思います(♥ 躊躇(ちゅうちょ)しつつ発言する)

2 **Wèll, I'd be ràther relúctant to** accèpt sùch a grèat amòunt of móney. こんな多額のお金を受け取るのは気が進みません(♥ 躊躇を表す形式ばった表現. ➘I'd rather not accept ....)

***re·lúc·tant·ly** /-li/ 副 ❶ いやいやながら, しぶしぶ ❷《文修飾》《口》申し上げにくいのですが…, 残念ながら

:re·ly /rɪláɪ/《発音・アクセント注意》
—動〔▶ reliance 名, reliable 形〕(-lies /-z/ ; -lied /-d/ ; ~·ing) 自 頼る(⇨ 類語) a《+on [upon] 名》…を〈…のことで〉頼る, 当てにする；…を信頼する〈for〉‖ I'm ~*ing on* you *for* your ideas. あなたのアイデアを当てに

しています / Don't ～ *on* computers too **heavily**. コンピューターに頼りすぎるな / Egyptians ～ *on* the water of the Nile *for* their agriculture. エジプト人は農業をナイル川の水に頼っている / He can be *relied upon*. 彼は信頼できる(=He is reliable.)

b《+**on** [**upon**] 名+**to** *do* / *doing*》(人などが)…するものと当てにする ‖ I'm ～*ing on* you「*to* keep [OR keeping] me informed. 当てにしているので情報を続けて送ってくださいね

c《～ on [upon] it+that 節 で》…ということを当てにする(♦ it は that 節 を指す) ‖ You may ～ *upon it that* he will come. きっと彼は来るよ

類語 **rely** 強い信頼感を表す.〈例〉I'm *relying* on you to be a good example for others. 君がほかの人たちのよい手本になるものと信じている
depend 支持・援助を当てにして頼る. 自立性を欠いた依存の意が強められる.〈例〉Don't *depend on* my help. 私の助けに頼るな
count, reckon 実現を信じて当てにする. 確信と期待感を言外ににおわせる.〈例〉I *count* [OR *reckon*] *on* your help. 君の援助を当てにしている

rem /rem/ 名 (複 **～**) Ⓒ レム《人体に影響を与える放射線量の単位》

*__REM__[1] /rem, ɑ̀ːr iː ém/ 名 Ⓒ 〖心〗レム《夢を見ているときの急速な眼球運動》(♦ *r*apid *e*ye *m*ovement の略)
▸▸～ **slèep** 名 Ⓤ レム睡眠《急速眼球運動を伴う睡眠》

REM[2] /rem/ 略 remark《レム, リマーク, 注釈》

re·made /rìːméɪd/ 動 remake の過去・過去分詞

***re·main** /rɪméɪn/

中心義 **(周囲が変化しても)そのまま残る**

—動 (▶ remainder 名)(**～s** /-z/; **～ed** /-d/; **～·ing**)

—自《通例進行形不可》❶ **a**《+補》**…のままである**, 相変わらず…である ‖ You have the right to ～ silent. あなたには黙秘権がある / The problem ～*s* unsolved. その問題は未解決のままだ / How much longer will you ～ a heartbroken widow? You're still young. いつまで嘆き悲しむ未亡人でいるつもりですか. まだお若いじゃないですか / The weather ～*ed* unsettled for about a week. 天候は1週間ほど不安定だった / It ～*ed* a mystery who had created the virus. だれがその(コンピューター)ウイルスを作り出したのか依然なぞだった

b《+*doing*》…し続ける ‖ He ～*ed* standing although everyone else sat down. みんな座ったのに彼は立ったままだった

❷ 後に残る, **居残る**(↝ stay behind)(↔ go); とどまる, 滞在する(♦ 通例場所を表す 副句 を伴う) ‖ ～ at home 家に残る / ～ behind 後に残る / ～ in bed [the hospital] 寝た[入院した]ままである / No galaxy in space ～*s* where it is. 銀河系はそのままの位置にとどまることはない

❸ **残る**, 存続する, 残存する; 生き残る ‖ After the fire nothing ～*ed* of the house. 火事の後家は跡形も残っていなかった / You've got 20 dollars ～*ing*. まだ20ドル残ってますよ / We've made progress, but a number of problems **still** ～. 進歩はしたけれどまだたくさんの問題が残っている

❹《+**to be** *done*》**…しないで残っている**; これから…しなければならない ‖ Much [Nothing] ～*s to be* done. まだやるべきことがたくさんある[することはもう何もない] / The outcome ～*s to be* seen.=It ～*s to be* seen what the outcome will be. 結果は見てみないとわからない

The fáct remàins* (*that*) ...**; ***The quéstion remàins why [OR ***whether,*** etc.] **...** それでもやはり…という事実[疑問]は残っている ‖ I know he has always been nice to me, but *the fact* ～*s that* he lied. 彼がいつも私によくしてくれたのはわかっているが, 彼がうそをついたという事実には変わりはない

*__re·main·der__ /rɪméɪndər/ 名〔◁ remain 動〕❶《the ～》《単数・複数扱い》残り, 余り; 残りの人々 ‖ I spent the ～ of the day reading. その日の残った時間を読書をして過ごした ❷ Ⓒ《通例単数形で》〖数〗(割り算の)余り, 剰余; (引き算の)残り ‖ Divide 3 into 10, and the answer is 3, ～1.=10 divided by three gives 3 with a ～ of 1. 10を3で割ると3余り1 / 15 minus 12 leaves 3 as a ～. 15引く12は3 ❸ Ⓒ (値引きして売られる)売れ残り本 ❹ Ⓤ Ⓒ〖法〗残余権《証書を作成してある不動産を A の生存中に譲渡し, A の死後 B および B の子孫に譲渡することになっているときに B の有する将来相続権》
—動 他《通例受身形で》(本が)残本として安売りされる

*re·main·ing /rɪméɪnɪŋ/

—形《比較なし》《限定》**残りの** ‖ The team must win the three ～ games to capture the championship. そのチームが優勝するためには残り3試合に勝たねばならない / The few ～ students are talking in the classroom. 教室では生徒が2, 3人残って話をしている

*__re·mains__ /rɪméɪnz/ 名 複 ❶ 残り, 残存物; 遺物, 遺跡 ‖ the ～ of a chicken 鶏肉の残り / the ～ of ancient Rome=Roman ～ 古代ローマの遺跡 ❷《婉曲的》遺体; (古生物などの)化石 ‖ His ～ are buried in a cemetery in the suburbs of Bonn. 彼のなきがらはボン郊外の墓地に埋葬されている(♦ ときに死後かなり経過した後で見つかったものについて用いる) / fossil ～ 化石 ❸ (物故作家の未刊行の)遺稿

re·make /rìːméɪk/ (→ 名) 動 (**-made** /-méɪd/; **-mak·ing**) 他 …を再び作る, 作り直す; …を再映画化する, リメイクする **—名** /ríːmèɪk/ Ⓒ (映画・音楽などの)再制作, リメイク; 再映画化作品

re·man /rìːmǽn/ 動 (**-manned** /-d/; **-man·ning**) 他 ❶〔船など〕に再び人を乗り組ませる, …に新たに人を配置する ❷《文》…に男らしさ[勇気]を取り戻させる

re·mand /rɪmǽnd | -mɑ́ːnd/ 動 他〖法〗❶《米》〔審理〕を(下級審に)差し戻す ❷《通例受身形で》(被告人が次回裁判まで)再拘留[留置]される ‖ The senate was ～*ed* on bail. その上院議員は保釈金を積んで保釈された
—名 Ⓤ〖法〗《米》(審理の)差し戻し; 再拘留
▸▸～ **cèntre** [**hòme**] 名 Ⓒ《英・カナダ》少年拘置所 (《米》detention home)

re·map /rìːmǽp, ⌐⌐/ 動 (**-mapped** /-t/; **-map·ping**) 他 〔キーボードの機能〕を再配置する, 割り当て直す

*re·mark /rɪmɑ́ːrk/

—動 (**～s** /-s/; **～ed** /-t/; **～·ing**)

—他 ❶ **a**《+目》〔批評・感想など〕を**述べる**[書く, 言う] ‖ as ～*ed* above 上述のとおり **b**《(+**to** 名) +**that** 節 / **wh** 節》(…に)…ということを述べる(♦ wh 節 は感嘆の意味を表す how または what) ‖ He ～*ed that* he would do anything for me.=“I'll do anything for you,” he ～*ed*. 彼は私のためなら何でもしてくれると言った

❷《堅》**a**《+目》…を認める, …に気づく, 注目する ‖ They ～*ed* several changes in the town. 彼らは町がいくらか変貌(ぼう)したことに気づいた **b**《+**that** 節》…ということに気づく ‖ I ～*ed that* it had gotten warmer. 私は暖かくなったことに気づいた

—自《+**on** [**upon**] 名》…について**意見を述べる**, 評する, 言及する ‖ Everybody ～*ed on*「her kindness [OR how kind she was]. だれもが彼女の親切さを口にした / This point has often been ～*ed upon*. この点についてはしばしば論じられてきた

—名 (複 **～s** /-s/) ❶ Ⓒ **意見**, 所見, (短い)感想〈**on, about** …についての / **that** 節 …という〉‖ He **made** some ～*s about* the plan. 彼はその計画について一言述べた / They all agreed with his ～ *on* the use of solar energy. 太陽エネルギー利用についての彼の意見に全員が賛成した / She began her speech with the ～ *that* the committee will reform the system. 彼女は委員会はその制度を改革するというコメントでスピーチを始めた

/ a casual ~ 何気ない一言 / make [OR pass] a cutting ~ 辛辣(しんらつ)な意見を述べる
❷ Ⓤ《堅》注目, 認知 ; 論評, 言及 ‖ There was nothing worthy of ~ in that film. あの映画には取り立てて言うことはなかった
❸ Ⓒ 💻(プログラム中の)注釈(行), 注釈文

COMMUNICATIVE EXPRESSIONS

[1] **I demánd that you withdràw your remárks** about us. 我々についてのあなたの前言を撤回するよう要求します(♥ 相手の発言に反発を示す)
[2] **I dìdn't quìte càtch thàt remárk.** おっしゃったことがよく聞こえませんでしたが(♥ 繰り返してもらうよう促す)

re·mark·a·ble /rɪmɑ́ːrkəbl/
— 形 (**more** ~ ; **most** ~)
〈…(の点)で〉**注目に値する**, 非凡な, 著しい, 目立った〈**for**〉; 素晴らしい, 珍しい (↔ ordinary) ‖ It is quite ~ that students' scores have improved since the new teacher came. 新しい先生が来てから生徒たちの点数が伸びていることは大いに注目に値する / He is ~ *for* his great generosity. 彼は驚くほど寛大だ / It's ~ to see how well he has recovered. 彼がこんなによく回復したとは素晴らしい / ~ progress 著しい進歩 / a ~ achievement 立派な業績
~·ness 名

re·mark·a·bly /rɪmɑ́ːrkəbli/ 副 ❶ 著しく, 目立って, 驚くほど ‖ The girl played the piano ~ well. 少女は驚くほど上手にピアノを弾いた / a ~ hot day 並外れて暑い日 ❷《文修飾》驚くべきことに ‖ *Remarkably*, he wasn't hurt in the crash. 驚いたことに, 彼はその衝突事故でけがひとつしなかった

re·mar·riage /rìːmǽrɪdʒ/ 名 Ⓤ Ⓒ 再婚

re·mar·ry /rìːmǽri/ 動 (**-ries** /-z/ ; **-ried** /-d/ ; **~·ing**) 他 自 (…と)再婚する

re·mast·er /riːmǽstər | -mɑ́ːstər/ 動 他 〔レコード・映像など〕のマスターコピーを(デジタル技術などを使って)作り直す, …をリマスタリングする

re·match /ríːmætʃ/ 名 Ⓒ 〖スポーツ〗再戦

Rem·brandt /rémbrænt/ 名 ~ (**Harmensz**) **van Rijn** レンブラント(1606–69)《オランダの画家》

re·me·di·a·ble /rɪmíːdiəbl/ 形 治療できる, 矯正できる ; 救済できる, 取り返しのつく **-bly** 副

re·me·di·al /rɪmíːdiəl/ 形《通例限定》❶ 治療の(ための), 矯正的な, 改善的な, 救済のための ‖ ~ policy 改善策 ❷〖教育〗学力不足を補う, 補習の **~·ly** 副

re·me·di·a·tion /rɪmìːdiéɪʃən/ 名 Ⓤ (能力や健康改善のための)治療教育, 矯正 ; 改善

rem·e·dy /rémədi/ 名 (複 **-dies** /-z/) ❶ Ⓒ 〈病気の〉治療(法), 医療, 手当て ; 医薬品, 治療薬〈**for**〉‖ a folk ~ 民間医療 / a cough [cold] ~ せき止め[風邪薬] / a ~ *for* headache 頭痛薬 / herbal *remedies* 漢方薬 / a good home ~ *for* headaches 頭痛によく効く家庭療法 ❷ Ⓒ Ⓤ 〈欠陥・悪弊などの〉改善策, 解決法, 除去(手段), 矯正法〈**for, to**〉‖ Bygone days are beyond [OR past, without] ~. 過ぎ去りし日々は戻らない / an effective ~ *to* the problem その問題の効果的な解決法 / a ~ *for* the business depression 不景気改善策 / seek a ~ 解決手段を探す ❸ Ⓒ Ⓤ 〖法〗〈…に対する〉救済方法, 賠償〈**against**〉❹ Ⓒ Ⓤ 〖造幣〗(貨幣の)公差《許容される誤差》
— 動 (**-dies** /-z/ ; **-died** /-d/ ; **~·ing**) 他 ❶ …を改善[矯正]する, 補修する ; …を救済する ; 〔弊害など〕を除去する ‖ ~ injustice [mistakes] 不正[誤り]を正す / ~ the situation 事態を収拾する ❷ …を治療する, 治す(cure) ; 〔痛みなど〕を和らげる
語源 *re-* back + *-medy* heal : 元どおりにいやす

re·mem·ber /rɪmémbər/

中心義 **記憶していて, 必要なら呼び起こす**

— 動 〔▶ remembrance 名〕(**~s** /-z/ ; **~ed** /-d/ ; **~·ing**)
— 他《通例進行形不可》❶ **覚えている** (↔ forget) (♦ この意味ではふつう can とともには用いない. →❷) (⇨ 類語)
a 《+目》…を覚えている, 記憶している, 忘れないでいる ‖ *Remember* your dentist's appointment. 歯医者の予約を忘れないでね / This phone number is easy to ~. この電話番号は覚えやすい
b 《+*doing*》…したことを覚えている (♦ 不定詞を伴う ❸ との意味の違いに注意) ‖ I ~ seeing that man before. (=I ~ that I saw that man before.) 私はその男に以前会った覚えがある (♦ この意味では完了形動名詞の having + 過去分詞を伴うこともあるが, 単純形動名詞を用いる方がふつう) / I clearly [vaguely] ~ hearing this melody before. 以前このメロディーを聞いたのをはっきりと[何となく]覚えている
c 《+ (**that**) 節》…ということを覚えている ‖ Do you ~ (*that*) we're going to the zoo today? 今日はみんなで動物園に行くことになっているのを覚えている?
d 《+目+*doing*》〔人〕が…したことを覚えている ‖ I still ~ him [OR his] singing several beautiful songs for us. 彼が私たちに美しい歌を何曲か歌ってくれたことをまだ覚えている (♦ 目 に当たる him の代わりに所有格 his も使えるが《口》では him がふつう)
e 《+**wh** 節》…かを覚えている ‖ I don't ~ *when* or *where* I lost the key. いつどこで鍵(かぎ)をなくしてしまったのか記憶にない
f 《+目+**as** 名・形 / 目+**for** 名》…を…な性質[状態]であると覚えている, …として記憶にとどめる (♦ しばしば受身形で用いる) ‖ We ~*ed* Linda *as* an innocent little girl. 我々が覚えているリンダは無邪気な少女だった / Mr. John Bennet will be ~*ed for* his generosity to the poor. 貧しい人々に援助を惜しまなかった人物としてジョン=ベネット氏(の名)は人々の記憶に残るだろう

Behind the Scenes **Remember xxx!** …を忘れてはならない 戦争や革命などによく使われるスローガン.「あのとき(の怒り・悲しみ・被害・屈辱等)を決して忘れないできっと報復しよう」と呼びかける表現. 有名なものとして, Remember the Alamo. (⇨ ALAMO) テキサス独立戦争でメキシコ軍に包囲されたアラモ砦(とりで)の守備隊が全滅させられたことへの報復のスローガン. Remember the Maine. 米国戦艦メイン号が爆撃され沈没したのをきっかけに始まった米西戦争のスローガン. Remember Pearl Harbor. 1941年, 日本軍による真珠湾攻撃を受けた後の米軍のスローガン

❷ **思い出す** ; (努力して)思い起こす, 思い浮かべる(recall) (↔ forget) (♦ can とともに用いると「努力して」の意が強まることもあるが, あまり意味が変わらないことが多い) (⇨ 類語)
a 《+目》…を思い出す, 想起する ‖ What's wrong with me? I can't [OR don't] ~ his name. どうしたんだろう, 彼の名前が思い出せない / I want to have our picture taken by someone to ~ our trip. この旅行の記念にだれかに写真を撮ってもらいたいな
b 《+ (**that**) 節》…であることを思い出す, 想起する ‖ I just [suddenly] ~*ed* (*that*) I had an appointment at 6. 6時に約束があるのをたった今[ふと]思い出した
c 《+**wh** 節 / **wh to** *do*》…かを思い出す, 想起する ‖ She couldn't ~ *where* she (had) parked her car. 彼女は車をどこに止めておいたのか思い出せなかった
❸ 《+**to** *do*》**忘れずに…する**, …することを覚えておく (♦ to 不定詞は未来のことを示し,「これから先…することを忘れない」の意. 動名詞を伴う ❶**b** との意味の違いに注意) ‖ Please ~ *to* pick up the laundry on your way home. 帰る途中で忘れずに洗濯物を引き取って来てくださいね / You must ~ *to* tell her the reason. 必ず彼女に理由を言いなさい
❹ …をしのぶ, (式典などで)追悼する ‖ On August 15th, a national ceremony is held to ~ the dead of

the Second World War. 8月15日には第2次世界大戦の戦没者を追悼し国民的式典が行われる
❺〔人〕に贈り物[チップなど]をやる；〔特定の日〕に忘れずに贈り物をする ‖ My aunt always ～s me on my birthday.＝My aunt always ～s my birthday. おばはいつも私の誕生日に忘れずにプレゼントをくれる / Please ～ the waiter. ウエーターにチップをやってください
—自 覚えている，思い出す ‖ Please ～. 忘れないでください / As far as I (can) ～, he was a nice man, really. 私が覚えている限り，彼は本当にいい人でした
for as lòng as I can remémber ; ***èver since I can remémber*** 物心ついてからずっと ‖ *For as long as I can* ～, I've been afraid of spiders. 物心ついてからずっと，私はクモが嫌いだ
remémber onesèlf （しばらくして）自分の無作法にはっと気づく，我に返る；思い出す
remèmber À to B̀ *A*（自分）を*B*（人）によろしくと言う（♦ 通例命令形・受身形で用いる）‖ Please ～ me *to* your family. ご家族の皆さんによろしくお伝えください（♦《米》では (Please) give my regards to your family. の方がふつう）/ Mr. Morris asked to be ～*ed to* you. モリスさんからよろしくとのことでした

COMMUNICATIVE EXPRESSIONS
1 **As I remémber**, she can spèak up to five lánguages. 私の記憶では彼女は5か国語もの言語が話せます（♥ 形式ばった表現. ↘I remember she can ....）
2 **If I remèmber ríght(ly)** [OR **corréctly**], he còmes from Perú. 私の記憶が正しければ彼はペルー出身です
3 **Nòt that I remémber.** 私の記憶している限りではそういうことはない（♥ 返答に用いる）
4 **Nów I remèmber.** そうだ(やっと)思い出した
5 **(Óh,) while I remémber**, lèt me gìve you my céllphone nùmber. NAVI (そうだ,) 覚えているうちに私の携帯電話の番号を教えておきましょう(⇨ NAVI表現 11)
6 **Whàt I remémber is** his thìck blàck béard. 私が覚えているのは彼の黒くて濃いあごひげです（♥ 印象に残っていることを述べる）

類語《他 ❶, ❷》**remember**「覚えている」と「思い出す」の両義があるが，最も一般的に広く用いられる.
recall, recollect remember よりも《堅》で，しばしば意識的に努力して「思い出す」. recollect は思い起こして，つなぎ合わせるというニュアンスもある.
reminisce 楽しかったことなどの思い出にふける.
remind「〔人〕に思い出させる」.

***re·mem·brance** /rɪmémbrəns/ 名 [◁ remember 動] Ⓒ ❶ 思い出，記憶している事柄 ‖ I have only a dim ～ of that night. あの夜のことはぼんやりと覚えているだけだ / fond ～s 懐かしい思い出 ❷ Ⓤ 記憶，覚え(られ)ていること；思い出すこと，追憶，回想；記憶の範囲[期間] ‖ I have no ～ of it. それは全く記憶にない / call ... to ～ …を思い出す / It has escaped [come to] my ～. それは失念してしまった[そのことが私の心に浮かんだ] ❸ Ⓤ (故人などへの)追憶，追悼 ❹ 思い出となるもの，記念品，形見(memento)；(旅などの)土産(souvenir) ‖ a ～ of my visit to Peru ペルーを訪れたときの思い出の品 ❺《～s》よろしくとのあいさつ[伝言]
****in remémbrance of ...*** …を追悼(ついとう)して，しのんで；…の記念に(in memory of) ‖ We observe Christmas *in* ～ *of* the birth of Christ. 私たちはキリストの生誕を記念してクリスマスを祝う
▸▸**Remémbrance Sùnday [Dày]** 名《英》(第1次・2次世界大戦およびその後の戦闘の)戦没者追悼記念日《11月11日に近い日曜日》(♦《カナダ》では Remembrance Day で曜日に関係なく11月11日.《米》では Veterans(') Day)

:re·mind /rɪmáɪnd/
—動 (～s /-z/ ; ～·ed /-ɪd/ ; ～·ing) 他 ❶ **思い出させる，気づかせる**，注意を促す **a** 《+目》〔人〕に思い出させる，気づかせる(⇨ REMEMBER 類語) ‖ Just leave me a note to ～ me. I'm a genius at forgetting. 忘れないためのメモを置いといてくれ. 何しろ物忘れの名人なもので **b** 《+目+of [about] 名》〔人〕に…のことを思い出させる，気づかせる ‖ Will you ～ me *about* the 6 o'clock meeting tomorrow? 明日6時の会議のことを忘れないように声をかけてもらえますか **c** 《+目+to do》〔人〕に…することを気づかせる，注意する ‖ Please ～ me *to* water the plants. 植木に水をやるのを忘れないように声をかけてください **d** 《+目+(that) 節》〔人〕に…であることを気づかせる，注意する ‖ A glance at the clock ～*ed* me *that* we had to leave right away. 時計を見てすぐにも出発しなければと気づいた / "Tomorrow is my birthday," she ～*ed* her husband.「明日は私の誕生日よ」と彼女は夫に念を押した **e** 《+目+wh 節 / wh to do》〔人〕に…かを思い出させる ‖ You should ～ him *where to* meet us after lunch. 彼には昼食後どこで僕らと落ち合うか念のため言っておいた方がいいよ
❷《+目+of 名》《進行形不可》(類似性により)〔人〕に…を思い起こさせる，連想させる；(見る[聞く]と)〔人〕に…を思い出させる，彷彿(ほうふつ)させる ‖ "You ～ me somewhat *of* my mother." "Well, thank you!"「あなたはどこか私の母に似ていらっしゃる」「それはどうもありがとう」/ This song always ～s me *of* my school days.＝I'm always ～*ed of* my school days when I hear this song. この歌を聞くといつも学校時代を思い出す

COMMUNICATIVE EXPRESSIONS
1 "Hòw did the exám gò?" "**Dòn't remínd me.**"「試験どうだった」「(頼むから)思い出させないで」(♥ いやなことやうまくいかなかった体験についてのコメントを拒否する)
2 **Lèt me remínd you** that Mácy is nòt a chíld àny mòre. 言っておきますが，メーシーはもう子供ではありませんよ（♥ 相手が忘れていたり見落としていたりする事柄を指摘する形式ばった表現. ＝May I remind you ...? / ↘Don't forget that ....）
3 **Nèed I remínd you that** you should tùrn òff the líghts when you lèave the róom? いいですね，部屋を出るときは必ず電気を消すように（♥「よもや忘れてはいないでしょうね」と念を押すやや横柄な表現）
4 **Thàt reminds me.** それで思い出した（♥ 会話の流れや相手の行為などで，あることを思い出したときに）

***re·mind·er** /rɪmáɪndər/ 名 Ⓒ ❶ 思い出させるもの[人]；気づかせるもの，注意，合図；思い出のよすが，記念物[品]〈of …を / that 節 …ということを〉‖ The monument stands as a permanent ～ *of* the tragic plane crash. その記念碑はあの悲惨な航空機墜落事故を永遠に忘れないように建てられている / serve as a timely [vivid] ～ 折よく[ありありと]思い出させ(てくれ)る ❷〈料金支払[返本]を求めるなどの〉催促状，請求書〈**for**〉
rem·i·nisce /rèmɪnís/ 動 自〈…の〉追憶にふける，思い出を語る[書く]〈**about**〉(⇨ REMEMBER 類語)
rem·i·nis·cence /rèmɪnísəns/《発音・アクセント注意》名 ❶ Ⓤ 思い出すこと，回想，回顧 ❷ Ⓒ 思い出，記憶；《～s》思い出話，懐旧談，回顧録 ❸ Ⓒ《通例 ～s》思い出させるもの[こと]；面影
***rem·i·nis·cent** /rèmɪnísənt/《発音・アクセント注意》〈◁ ⦅シ⦆〉形 ❶《叙述》(類似性から)〈…を〉思い出させる，連想させる，暗示する；しのばせる〈**of**〉‖ The inn is architecturally ～ *of* the Taisho period. その宿屋は建築学上大正時代を彷彿させるものがある / a scent faintly ～ *of* lilacs ライラックの花をかすかに思わせる香り ❷《通例限定》(表情・口調などが)懐古的な，回想的な；追想にふける ‖ a ～ talk 思い出話
re·mise /rɪmáɪz, -míːz/ 動 自 [フェンシング] ルミーズする《最初の突きが外されたとき，そのままの姿勢でさらに突く》
—名 Ⓒ ❶ [法] (権利・資産などの)譲渡，放棄 ❷ [フェンシング] ルミーズ
re·miss /rɪmís/ 形《叙述》〈仕事などに〉怠慢な，不熱心な，

不注意な〈**in, about**〉

re·mis·si·ble /rɪmísəbl/ 形 (罪などが)許される

re·mis·sion /rɪmíʃən/ 名 U C ❶ (罪・犯罪などの) 赦免(しゃめん) ❷《堅》(負債・義務などの)免除, 減免;《英》(模範囚の)刑期短縮 ❸ (苦痛・激しさなどの)減少, 緩和;(病気の)(一時的)鎮静, 小康状態 ‖ He is in ~ for now. 彼は今のところ小康状態です

*__re·mit__ /rɪmít/ (→ 名) 動 (**-mit·ted** /-ɪd/; **-mit·ting**) 他 ❶ **a** 《+目》〔金銭・小切手など〕を(郵便で)送る, 送金する ‖ ~ (a) payment by check 支払金を小切手で送る **b** 《+目 *A*+目 *B* ⇄ +目 *B*+**to** 目 *A*》*A* (人) に*B* (金銭など) を送る ‖ When can you ~ me the money?= When can you ~ the money *to* me? そのお金はいつ私に送金してくれますか ❷〔負債・刑罰など〕を免じる, 免除する;《宗》(特に神が)〔罪〕を赦(ゆる)す, 赦免(しゃめん)する ‖ ~ a tax [fine] 税金[罰金]を免除する ❸〔物事の決定など〕を〈…に〉ゆだねる, 付託する〈**to**〉;《法》〔審理〕を下級審に差し戻す (♦ しばしば受身形で用いる) ‖ The matter has been *remitted to* the committee. その件は委員会に付託された ❹〔注意・努力など〕を緩める;〔苦痛・病気〕を和らげる ❺…を〈…まで〉延期する〈**to, till**〉❻…を〈元の状態に〉戻す〈**to, into**〉 ─自 ❶ 送金する ‖ Kindly ~ by check. 送金は小切手でお願いします ❷ (勢い・雨などが)弱まる;(症状などが)軽くなる

─名 /ríːmɪt/ U/C《通例単数形で》❶《英》権限 (の範囲) ❷ (委員会などに付託された)権限, 任務;付託事項;《法》(訴訟事件の下級審への)差し戻し

re·mit·tal /rɪmítəl/ 名 =remission

re·mit·tance /rɪmítəns/ 名 U C 送金;送金額

▸▸ **~ màn** 名 C (植民地時代に) 本国からの送金で暮らす移住者

re·mit·tent /rɪmítənt/ 形 (病気で熱・症状が)出たり引いたりする, 弛張(しちょう)性の

re·mix /rìːmíks/ (→ 名) 動 他〔楽曲〕をリミックスする, ミキシングし直す ─名 /ríːmìks/ C リミックスした曲

*__rem·nant__ /rémnənt/ 名 C ❶《しばしば ~s》(わずかな) 残り, 余り;(少数の)残存者;《宗》神を信仰し救われる少数の人々;《形容詞的に》残りの, 残された ‖ the ~*s* of breakfast 朝食の残り物 ❷ (布などの)切れ端, 端切れ ‖ a ~ sale 半端物の安売り ❸ 名残, 面影 ‖ a ~ of her past glory 彼女の過去の栄光の名残

*__re·mod·el__ /rìːmá(ː)dəl | -mɔ́d-/ 動 (**-eled**,《英》**-elled** /-d/; **-el·ing**,《英》**-el·ling**) 他〔建物・政策・手続きなど〕を作り替える, 改造[改装, 改作]する

re·mold,《英》**-mould** /rìːmóuld/ (→ 名) 動 他 …の型を直す, …を作り直す;…を改鋳する;《英》〔タイヤ〕の踏面を再生する(《米》retread)

─名 /ríːmould/ C《英》再生タイヤ(《米》retread)

re·mon·strance /rɪmá(ː)nstrəns | -mɔ́n-/ 名 U C 抗議, 不平;忠告, いさめ, 諫言(かんげん);諫言書

re·mon·strant /rɪmá(ː)nstrənt | -mɔ́n-/ 形 抗議する, 異議を唱える, いさめる, 忠告する ─名 C 抗議する人;諫言者 **~·ly** 副

re·mon·strate /rɪmá(ː)nstrèɪt | rémən-/ 動 自 抗議する, 異議を唱える;いさめる, 諫言する〈**about, against** …について;**with** 人に〉‖ I ~*d with* him *about* his behavior. 私は彼の態度について彼をいさめた

─他〈…だ〉と抗議する, いさめる〈**that** 節〉

-strà·tor 名 =remonstrant

re·mon·stra·tion /rɪmà(ː)nstréɪʃən | rèmən-/ 名 U C 諫言, 抗議

re·mon·stra·tive /rɪmá(ː)nstrətɪv | -mɔ́n-/ 形 諫言的な, 抗議の

rem·o·ra /rémərə/ 名 (複 **~s** /-z/) C《魚》コバンザメ (shark-sucker)《頭頂部の吸盤で大型魚などに吸着する》

*__re·morse__ /rɪmɔ́ːrs/ 名 U〈…に対する〉深い後悔, 悔恨;良心の呵責(かしゃく), 自責の念〈**for, over**〉(⇨ REGRET 類語) ‖ He showed [OR expressed] no ~ *for* [OR *over*] his offenses. 彼は自分の犯した犯罪に対して何の反省も示さなかった / be filled with ~=be full of ~ 自責の念でいっぱいである

without remórse ① 悔いることなく ② 情け容赦なく

re·morse·ful /rɪmɔ́ːrsfəl/ 形 後悔でいっぱいの, 悔恨の, 自責の念に駆られた **~·ly** 副

re·morse·less /rɪmɔ́ːrsləs/ 形 ❶ 無情な, 無慈悲な, 容赦のない, 残忍な ❷ 執拗(しつよう)な, 間断のない ‖ ~ poverty 果てしない貧困 **~·ly** 副 **~·ness** 名

re·mort·gage /rìːmɔ́ːrgɪdʒ/ 動 他 …を再抵当に入れる ─名 U C 再抵当

:re·mote /rɪmóut/ 中心義 **遠く離れた**

─形 (**-mot·er, more ~**; **-mot·est, most ~**)

❶ (空間的・距離的に)〈…から〉**遠い**(↔ nearby), 離れた;**人里離れた**, へんぴな〈**from**〉‖ Our town lies ~ *from* the sea. 私たちの町は海から遠く離れた所にある / ~ areas [OR regions] 僻地(へきち) / a ~ village 人里離れた村

❷《通例限定》(時間的に)**遠い**, はるかな ‖ in the ~ past [future] 遠い昔[将来]に

❸《限定》(血縁関係などが)遠い ‖ a ~ relative [ancestor] 遠い親戚(しんせき)[先祖]

❹ (関係・結びつきが)〈…から〉かけ離れた, 異なる;直接的でない (↔ relevant)〈**from**〉‖ Your novels are too ~ *from* everyday reality. 君の小説は日常性からあまりにかけ離れている / ~ causes 遠因 ❺《しばしば最上級で》(見込み・可能性などが)**わずかな**, かすかな;とても起こりそうもない ‖ There is not the *remotest* possibility that Greg will do such a thing. グレッグがそんなことをするとはまず考えられない / I「don't have [OR haven't] the *remotest* idea where he's gone. 彼がどこへ行ってしまったのか私にはさっぱりわからない (♦ この表現では《米》でも I haven't ... の形を用いることがある) / I'm afraid his chances of success are ~. 彼が成功する見込みは薄い ❻ (人・態度などが) よそよそしい, 素っ気ない, 無関心な ‖ After the quarrel Helen remained cold and ~. けんかをして以来ずっとヘレンは冷たくよそよそしかった ❼《比較なし》(装置などが)遠隔操作による, リモートコントロールの;💻(遠く)離れた端末からの(↔ local)

─名 C ❶《口》(テレビなどの) リモコン (remote control) ❷《放送》スタジオ外放送番組, 生中継

~·ness 名

▸▸ **~ áccess** 名 U 💻リモートアクセス **~ contról** (↓) **~ interrogátion** 名 U リモートチェック《離れた場所から自宅や会社の留守録をチェックすること》 **~ sénsing** 名 U《電子》(人工衛星からの写真やレーダーによる) 遠隔探査 **~ wórking** 名 U (コンピューター使用による)在宅勤務

*__remòte contról__ 名 U 遠隔操作[制御];C (テレビなどの)リモコン **remòte-contról(led)** 形

re·mote·ly /rɪmóutli/ 副 ❶《通例否定文で》ほんのわずかも, ほとんど(…ない) ‖ I'm not (even) ~ interested in what he's saying. 彼の言っていることには全然興味がない ❷ (血縁などが) 遠く;関係が浅く ‖ She and I are ~ related. 彼女と私は遠い親戚だ ❸ 遠く離れて;離れた所から, リモコンで ❹ 無関心な態度で

re·mou·lade /rèɪməlɑ́ːd | rèməléɪd/ 名 U レムラード《マヨネーズに香辛料・ハーブなどを混ぜたドレッシング》

re·mould /rìːmóuld/ 動 名 /ríːmould/《英》=remold

re·mount /rìːmáunt/ (→ 名) 動 他 ❶〔馬・自転車など〕に再び乗る, 再騎乗する ❷〔絵など〕を(額・台座に)はめ替える, …を据え直す ─自 再騎乗する, 再び乗る

─名 /ríːmàunt/ C 替え馬, 補充馬

*__re·mov·a·ble__ /rɪmúːvəbl/ 形 ❶ 移動できる;取り外しのできる, 取り除ける ❷ 免職[解任]できる ❸💻(ディスク・ドライブ・データ保存装置などが)取り外し[取り出し]可能な

*__re·mov·al__ /rɪmúːvəl/ 名〔◁ remove 動〕U C ❶ 除去, 撤去, 解消;切除 ‖ the ~ of a tumor 腫瘍(しゅよう)の切除 / hair ~ 脱毛 ❷ 移動;《主に英》引っ越し, 移転, 転

居 ‖ the ～ of a cupboard 食器棚の移動 / ～ to a new house 新居への移転 / a ～ company [man] 引っ越し運送会社[業者] ❸ Ⓤ 解任, 解雇, 免職, 罷免(ひめん) (dismissal) ▸▸ ～ vàn 名 Ⓒ《英》引っ越し用トラック (《米》moving van)

re·move /rɪmúːv/ 動 名
〈中心義〉…を動かして離す, 離れ具合
―動〔▶ removal 名〕(～s /-z/ ; ～d /-d/ ; -mov·ing)
―他 ❶〔不要なもの・制限・汚れ〕を〈…から〉**取り除く**, 除去する(↔ insert)〈**from**〉;〔問題など〕を解消する ; …を撤廃する ; 〔ディスクなど〕を取り出す,〔ドライブなど〕を取り外す ;〔データ・ファイルなど〕を削除する ‖ He had an operation to ～ a tumor *from* his lung. 彼は肺の腫瘍(しゅよう)を取り除く手術を受けた / ～ skin and bones *from* fish 魚の皮と骨をとる / ～ obstacles 障害を取り除く / ～ one's make-up 化粧を落とす / ～ a thorn とげを抜く / Please ～ this grease stain *from* this coat. 上着のこの油のしみを抜いてください
❷〔物〕を〈…から〉**移す**, 移動させる, 動かす, 持ち出す ; …を〈…から〉片づける, どかす〈**from**〉‖ ～ a broken-down vehicle with a tow truck 故障車をレッカー車で移動させる / *Remove* the stepladder *from* the doorway before someone bumps into it. だれかがぶつかるといけないから, 入口から脚立を片づけておきなさい / ～ dishes *from* a table テーブルから皿を片づける
❸〔衣服など〕を**脱ぐ**, とる, 外す(⇒ take off) ‖ You should ～ your hat in church. 教会では帽子をとりなさい ❹ …を〈…から〉免職[解任, 解雇]する ; …を退学させる〈**from**〉; …を立ち退かせる(♦ しばしば受身形で用いる) ‖ The officer was ～*d from* his position. その役人は解任された / He was ～*d from* school because of his absenteeism. 彼は常習的な欠席のため退学になった / ～ a tenant 借家人を立ち退かせる
―自 ❶《旧》移転する, 転居する, 引っ越す(move)〈**from** …から ; **to** …へ〉‖ ～ *from* the city *to* the suburbs 都会から郊外に引っ越す
❷〈…から〉立ち去る, 姿を消す〈**from**〉❸(付着物などが)落ちる, とれる ‖ paint that ～*s* easily 簡単にとれる塗料
―名(複 ～s /-z/) Ⓒ ❶《堅》〈…との〉(時間・距離の)**差**〈**from**〉;(隔たりの)程度 ; 段階, 等級 ‖ at a short ～ *from* here ここから少し離れた所に / It was just a short ～ *from* victory. ほんの紙一重で勝利に手が届くところだった ❷(血縁の)…親等 ‖ a (first) cousin at one ～ いとこの子

re·moved /rɪmúːvd/ 形《叙述》❶〈…から〉かけ離れた, 隔たった ; ほど遠い〈**from**〉‖ far ～ *from* the truth 真実からほど遠い ❷ …親等離れた ‖ a (first) cousin once ～ いとこの子

re·mov·er /rɪmúːvər/ 名 Ⓒ ❶ Ⓤ Ⓒ《通例複合語で》(ペンキなどの)剝離剤 ‖ nail-polish ～ マニキュア落とし ❷《通例 ～s》《英》引っ越し[運送]業者

re·mu·ner·ate /rɪmjúːnərèɪt/ 動 他〈労力などに対して〉〔人〕に報酬[謝礼金]を出す〈**for**〉

re·mu·ner·a·tion /rɪmjùːnəréɪʃən/ 名 Ⓤ 報酬, 報償 ; 給料

re·mu·ner·a·tive /rɪmjúːnərətɪv/ 形(仕事などが)報酬のある, 利益になる, 引き合う **～·ly** 副 **～·ness** 名

Re·mus /ríːməs/ 名〖ロ神〗レムス《Romulus の双子の弟(兄)》(→ Romulus)

REN 略 *r*egistered *e*nrolled *n*urse ; *r*inger *e*quivalent *n*umber (1つの電話回線に接続できる装置の数を示す値)

Ren·ais·sance /rènəsáːns | rɪnéɪsəns/ 名 ❶《the R-》ルネサンス, 文芸復興(期)《14 世紀にイタリアに興り16 世紀にかけてヨーロッパ各地に広まった古典文芸・美術の復興運動》❷《しばしば r-》Ⓒ《単数形で》(芸術・学問の)復興 ; (活力・関心などの)復活, 再生(revival)
―形 ルネサンスの ; (建築などが)ルネサンス調[様式]の
語源「再生(rebirth)」の意のフランス語 *renaître* から.
▸▸ ～ **mán** 名 Ⓒ 多芸多才の人, ルネサンス型[万能]人間 (中立 multi-talented [well-rounded] person)

re·nal /ríːnəl/ 形 腎臓(じんぞう)の[に関する], 腎臓部の ‖ a ～ calculus 腎臓結石(kidney stone) / a ～ transplant 腎臓移植 / ～ dialysis 腎臓透析
▸▸ ～ **pélvis** 名 Ⓒ〖解〗腎盂(じんう)

re·name /riːnéɪm/ 動 他 …を改名する, …に新たに命名する

re·nas·cence /rɪnǽsəns/ 名 Ⓒ《堅》再生, 新生 ; 復活, 復興 ; 《the R-》= the Renaissance

re·nas·cent /rɪnǽsənt/ 形 再生する, 復活[復興]する ; 再び沸き上がる, よみがえりつつある

rend /rend/ 動 (**rent** /rent/ ; **～·ing**) 他 ❶ …を引き裂く, 引きちぎる ‖ Loud cries rent the air. 大きな叫び声が空をつんざいた ❷《古》…をもぎ取る, 引き離す《***away, off***》❸《文》(悲嘆・怒りで)〔衣服・髪〕をかきむしる ;〔胸・心など〕をかき乱す ‖ ～ one's hair 髪をかきむしる
―自 裂ける, 割れる, 分裂する

ren·der /réndər/ 動 他《堅》❶《+目+補〈形〉》…を(ある状態に)する, させる, 変える ‖ Advances in technology have ～*ed* most housework relatively simple. 科学技術の発達のおかげでほとんどの家事は割合単純になった / I was ～*ed* speechless by his remarks. 彼の言葉を聞いて私は口がきけなくなった
❷ **a** 《+目》《堅》〔援助など〕を与える
b 《+目 *A*+目 *B* ⇄ +目 *B*+**to** 目 *A*》*A* に *B*(援助など)を与える ; *A*(人)に *B*(奉仕)をする ‖ He ～*ed* us some assistance. = He ～*ed* some assistance *to* us. 彼は我々に多少の援助をしてくれた
❸《堅》(返礼・報復として)…を返す, …で報いる〈**to** …に ; **for** …に対して〉‖ ～ good *for* evil 悪に対して善をもって報いる / ～ thanks *to* God *for* his blessings 神の祝福に対し感謝する / for services ～*ed* 貢献[功労]に報いて
❹《堅》…を〈言葉・絵などで〉表現する, 描写する〈**in**〉;〔言葉・詩など〕を〈他国語などに〉翻訳する〈**into**〉‖ The artist ～*ed* his feelings and thoughts *in* muddy greens and browns. その画家は自分の感情と思想をくすんだ緑と茶色で表現した / This idiom cannot be ～*ed into* Japanese. この慣用句は日本語に訳せない
❺(支払い・承認・審査などを求めて)〔書類など〕を〈…に〉提出する, 送付する〈**to**〉‖ ～ a bill 請求書を出す
❻〔判断など〕を下す ;〔判決など〕を言い渡す ‖ ～ a verdict on her 彼女に評決を言い渡す ❼〖建〗〔れんが・壁など〕に(漆喰(しっくい)などで)下塗りをする ❽〔脂肪など〕を溶かして精製する ;〔食肉〕を加工精製する《***down***》❾〔略画〕をコンピューターで(立体的に)画像処理する ❿〖楽〗…を演奏する ;〔劇〕を演出する, …(の役)を演じる ;〔詩〕を朗唱する ⓫(尋問のため)〔容疑者など〕を外国へ引き渡す
rènder úp ... / ***rènder ... úp***〈他〉〔要塞(ようさい)など〕を〈敵などに〉明け渡す ;《文》…を〈…に〉引き渡す, 放棄する(⇒ give up)〈**to**〉‖ The town was ～*ed up to* the enemy. 町は敵に明け渡された
―名 Ⓤ ❶〖建〗(漆喰などの)下塗り ❷〖史〗年貢

ren·der·ing /réndərɪŋ/ 名 ❶ Ⓒ(音楽・演劇などの)解釈 ; 演奏, 演出 ; 表現, 描写 ❷ Ⓒ 翻訳 ❸(建物などの)完成予想図 ❹ Ⓤ (CG作成工程での)画像生成, 画像処理, レンダリング《色や影を用いて輪郭図を立体的に見せるようにすること》❺ Ⓤ(漆喰などの)下塗り ❻《堅》引き渡し, 放棄

ren·dez·vous /ráːndeɪvùː | rɔ́ndɪ-/《発音注意》(♦ フランス語より) 名(複 **ren·dez·vous** /-z/) Ⓒ ❶(時・場所を決めた)〈人との〉待ち合わせ, 会う約束〈**with**〉; 会合, 集合 ; (ときに)密会, ランデブー ‖ have [OR make] a ～ *with* her 彼女と待ち合わせをする ❷《通例単数形で》待ち合わせ場所, 会合[集合]場所 ; 人の大勢集まる所, たまり場 ‖ In the evening, the pub is a popular ～ for local

workers. 夕方ともなるとそのパブは地元の労働者のたまり場となる ❸ (物資補給などでの宇宙船・軍用機同士の)ランデブー飛行(地点); (船舶・軍隊の)指定集結地
— 動 (~es /-z/ ; ~ed /-d/ ; ~·ing) 自 ❶ (約束の場所で)〈…と〉待ち合わせる〈with〉 ❷ (宇宙船・軍用機などが)〈ほかの宇宙船・軍用機と〉ランデブー(飛行)する〈with〉 ‖ The Space Shuttle's ~*ing with* Space Station Mir was a historic moment. スペースシャトルの宇宙船ミールとのランデブー飛行は歴史的な瞬間だった

ren·di·tion /rendíʃən/ 名 ❶ Ⓒ 《堅》翻訳, 訳出 ❷ Ⓤ Ⓒ (劇の役・音楽などの)解釈, 演出, 演奏, 表現 ❸ (=**ex·traòrdinary** ~) Ⓤ (尋問のため)テロ容疑者などを外国へ引き渡すこと

ren·e·gade /rénɪgèɪd/ 名 Ⓒ 裏切者, 変節漢, 反逆者 ; 背教者 — 形 《限定》裏切りの, 変節した ; 背教の
— 動 自 裏切る, 変節する

re·nege, 《英》**-negue** /rɪníg | -ní:g/ 動 自 ❶ 〈約束などを〉破る〈on〉 ❷ 『トランプ』親札と同組の札を持ちながら故意に別の札を出す **-nég·er** 名

re·ne·go·ti·ate /rì:nɪgóuʃièɪt/ 動 他 …を再交渉する ; 〔契約条件など〕を再調整する **rè·ne·gò·ti·á·tion** 名

***re·new** /rɪnjú:/ 動 〔▶ renewal 名〕 他 ❶ 〔免許・会員資格・契約など〕を更新[延長]する ; 〔手形など〕を書き換える ‖ We ~*ed* our contract with the company. 我々はその会社との契約を更新した / ~ a license 免許証を更新する / ~ a library book 図書館の本の貸し出し期限を延長する ❷ …を再び新しくする ; …を修復する ; 〔資源〕を再生する ‖ ~ a lobby ロビーを改装する ❸ …を新しいものと取り替える, 補給[補充]する ‖ ~ the water in a tank タンクの水を取り替える ❹ 〔関係・交渉など〕を再開する ; 〔友情など〕を復活させる ‖ ~ diplomatic ties 外交関係を再開する / ~ 「a friendship [OR an acquaintance] with ... …と旧交を温める ❺ 〔要求・懇願など〕を繰り返す ‖ ~ a complaint 苦情を蒸し返す ❻ 〔元気・若さなど〕を取り戻させる ; 〔感情〕をよみがえらせる(♦ しばしば受身形で用いる) ‖ I felt ~*ed* after taking a bath. ふろに入って生き返ったような気がした / ~ national pride 国民に再び誇りを抱かせる
— 自 ❶ 再開される, 再び始まる ❷ 契約(期間)を更新[延長]する ❸ 再び新しくなる ; (若さが)よみがえる
語源 *re-* again+*new* : 再び新たにする

re·new·a·ble /rɪnjú:əbl/ 形 ❶ (契約などが)更新[延長]できる ; 回復[復活]できる ❷ (資源が)再生可能な ‖ ~ energy 再生可能なエネルギー
— 名 Ⓒ 《通例 ~s》(風・太陽などの)再生可能資源

***re·new·al** /rɪnjú:əl/ 名 〔◁ renew 動〕 ❶ Ⓤ/Ⓒ 《通例単数形で》更新(されたもの) ; 期限延長, 〈手形・証書などの〉書き換え〈of〉 ‖ The insurance is up for ~ at the beginning of October. その保険は10月の初めが更新時期になっている / ~ *of* syllabuses 時間割の更新
❷ Ⓤ 再開発, 修復, 再建 ‖ urban ~ 都市再開発 / the ~ of aging roads and sewers 老朽化した道路と下水管の修復 / economic ~ 経済再建
❸ Ⓤ/Ⓒ 《単数形で》再開 ‖ ~ of hunting 狩猟の解禁
❹ Ⓤ/Ⓒ 《主に単数形で》補給, 補強 ; 交換 ❺ Ⓤ (キリスト教カリスマ派の)精神的なよみがえり, 刷新

ren·min·bi /rènmɪnbí:, ⌐⌐⌐/ 名 (複 ~) ❶ Ⓤ 人民幣 《中華人民共和国の通貨. 基本単位は元(yuan). 略 RMB》 ❷ Ⓒ =yuan

ren·net /rénɪt/ 名 Ⓤ レンネット《子牛の第4胃の内膜》; 凝乳酵素(rennin)

ren·nin /rénɪn/ 名 Ⓤ レンニン, 凝乳酵素《乳を凝固させる酵素で子牛の胃の粘膜に含まれる》

Re·no /rí:nou/ 名 リノ《米国ネバダ州西部の都市. 離婚が容易なことで知られる》

Re·noir /rənwá:r | rénwɑ:/ 名 **Pierre Auguste** ~ ルノワール(1841–1919)《フランス印象派の画家》

re·nom·i·nate /rì:ná(:)mɪnèɪt | -nɔ́m-/ 動 他 …を再び指名する, 再任する **rè·nòm·i·ná·tion** 名

***re·nounce** /rɪnáuns/ 動 他 ❶ 〔権利・所有など〕を公式に放棄する ; 〔条約・協定など〕を廃棄[破棄]する ; 〔重要な地位〕の辞任を表明する(⇨ ABANDON 類語) ‖ Japan has officially ~*d* war forever. 日本は永久に戦争を放棄することを表明した / He won't ~ his claim to the property. 彼はその土地に対する所有権(の主張)を断念しようとしない ❷ 〔信条・習慣など〕を〈…と引き換えに〉捨てる(↷ give up, swear off)〈for〉 ‖ ~ cigarettes [(drinking) alcohol] たばこ[(飲)酒]をやめる / ~ socialism *for* capitalism 社会主義を捨てて資本主義を支持する ❸ 〔人(との関係)〕を拒絶する, …と訣別(けつべつ)する, 縁を切る ‖ ~ a friendship 絶交する / ~ one's son 息子を勘当する — 自 ❶ 『トランプ』場札とは異なる組札を出す(→ revoke) ❷ 『法』〔権利など〕を放棄する
~·ment 名 ⇨ RENUNCIATION ❶

ren·o·vate /rénəvèɪt/ 動 他 ❶ …を改修[改築]する(↷ do up) ; 修復する ❷ 《古》…の元気を回復させる
rèn·o·vá·tion 名 **-và·tor** 名 Ⓒ 修復者

re·nown /rɪnáun/ 《発音注意》 名 Ⓤ 名声, 声望, 有名 (⇨ FAME 類語) ‖ a man of great ~ 非常に高名な人
語源 *re-* again+*-nown* name : 再び名前を出すこと

***re·nowned** /rɪnáund/ 形 名高い, 有名な, 名声のある〈**as** …として ; **for** …で〉 (⇨ FAMOUS 類語) ‖ He is ~ *as* a ceramist. 彼は陶芸家として有名だ / The village is ~ *for* its winery. その村はワイン醸造所で名高い / a world-~ heart surgeon 世界的に有名な心臓外科医

***rent**[1] /rent/ 動 (~s /-s/ ; ~·ed /-ɪd/ ; ~·ing) 他 ❶ 〔土地・家など〕を有料で〈…から〉借りる, 賃借りする〈from〉(⇨ BORROW 類語P) ‖ ~ an apartment *from* Mrs. Beck ベック夫人からアパートを借りる / live in a ~*ed* house [room] 借家に住む[間借りする]
❷ **a** 《+目》…を賃貸しする《*out*》〈**at, for** …(の料金)で ; **to** …に〉 (⇨ LEND 類語P) ‖ We're thinking of ~*ing out* the 3rd floor of this building. このビルの3階を貸しフロアにしようと思っている
b 《+目 *A*+目 *B* ⇄ +目 *B*+**to** 目 *A*》*A*(人)に*B*(家・土地・車など)を〈…(の料金)で〉賃貸しする, 貸し出す〈**at, for**〉 ‖ She agreed to ~ 「me the room [OR the room *to* me] *for* [OR *at*] 70,000 yen a month. 彼女は私にその部屋を月7万円で貸してくれることを承諾した
❸ 《主に米》〔部屋・乗り物など〕を(ちょっとの間[一時的に])賃借する(《英》hire) ‖ We ~*ed* a condo in Hawaii this summer. 私たちはこの夏ハワイでコンドミニアムを借りた / Shall we ~ a boat for the afternoon? 午後貸しボートを借りないか(♦ 《米》では賃借の期間に関係なく rent を用いるが, 《英》では長期間については rent, 短期間については hire を用いるのがふつう)
— 自 《主に米》〈…の金額で〉賃貸しされる〈**at, for**〉 ‖ This house ~*s at* [OR *for*] $600 a month. この家は家賃が月600ドルです
— 名 (複 ~**s** /-s/) Ⓤ Ⓒ ❶ (土地・家などの)賃貸料, 地代, 家賃 ; (家賃などの)賃貸料収入 ; (車・ボートなどの)(短期)レンタル料, 使用料(《米》rental) ‖ He is two months behind in his ~. 彼は2か月家賃を滞納している / raise ~*s* [OR the ~] 家賃を値上げする / get 250 pounds a month in ~ 家賃収入として月250ポンドを得る / at a high [low] ~ 高い[安い]家賃で / collect ~*s* 賃貸料を徴収する ❷ 『経』地代 ; (採算のとれる)経済地代(economic rent) ❸ 『経』(超過利潤による)収益
****for rént*** 賃貸用の(《英》to let) ‖ Is there a room *for* ~ in this neighborhood? この界隈(かいわい)に貸部屋はありますか / *For Rent* 《掲示》貸家[間]あり(《英》To Let)
~·a·ble 形 賃借[賃貸]できる
▶▶ **~ bòy** 名 Ⓒ 《英口》(若者の)男娼(だんしょう)(《米》hustler) **~ rèbate** 名 Ⓒ 《英》(地方自治体からの)住宅手当 **~ ròll** 名 Ⓒ 《英》① 地代帳 ② 地代(総)収入 **~ strike** 名 Ⓒ (高家賃に抗議する)家賃不払い運動

rent[2] /rent/ 名C ❶(衣服などの)裂け目, ほころび;(雲・岩などの)切れ目, 裂け目 ‖ the ~s in the clouds 雲の切れ間 ❷(組織・人間関係の)分裂, 亀裂(きれつ)

rent[3] /rent/ 動 rend の過去・過去分詞

rent-a- /renṭə-/ 連結形「賃借できる, レンタルの」《英》《しばしば戯》「金で雇われた」の意 ‖ *rent-a*-crowd[-mob] 雇われてデモなどに参加する群集

rent-a-car /rénṭəkɑ̀ːr/ 名CU レンタカー(業)

*****ren·tal** /rénṭəl/ 名 ❶U/C《通例単数形で》家賃, レンタル料, 地代, 使用料;(家賃などの)賃貸料収入 ❷UC 賃貸し[賃借り]すること;C 賃貸業者, 賃貸[レンタル]会社 ❸C《米》賃貸物件, 賃借物《貸しアパート・レンタカーなど》 ❹C 地代[賃貸料]台帳(rent roll)
—形《限定》賃貸の;貸し出しの ‖ a car ~ company レンタカー会社 / ~ service 賃貸業 / ~ bicycles [villas] 貸し自転車[別荘] / a ~ library 《米》貸し本屋

rent·er /rénṭər/ 名C ❶賃借する人, 借地[家]人 ❷賃貸する人, 地主, 家主 ❸《英》映画配給業者

rènt-frée ⟨シ 形副 賃貸料[使用料]なしの[で]

ren·tier /rɑːntjéɪ | rɔ́ntièɪ/ 名《フランス》C 金利生活者, 不労所得者《地代・金利・配当などで暮らす人》

rènt-to-ówn 形 所有権猶予形式の《家電製品などの支払いが購入価格に達するまで販売者が所有権を保有する販売方式》

re·nun·ci·a·tion /rɪnʌ̀nsiéɪʃən/ 名U ❶(権利・要求・称号などの)放棄, 棄権, 廃棄;(信仰・習慣などの)断念;否認, 拒否 ❷自制, 克己 ❸C《英》権利放棄承認書
-to·ry 形

re·of·fend /rìːəfénd/ 動自 再び罪を犯す

*****re·open** /rióupən/ 動他〔施設など〕を再び開く;…を再び始める;〔交渉・審議など〕を再開する;〔国境など〕の(閉鎖を解いて)通行を再開する ‖ ~ negotiations 交渉を再開する / ~ old wounds 古傷に触れる —自 再び始まる;再開する;再び開く ‖ The shop ~*ed* a week after the earthquake. その店は地震の1週間後に営業を再開した
~·ing 名

re·or·der /rìːɔ́ːrdər/ 動他 ❶…を再び整理する ❷…を再び[追加]注文する —名C 再[追加]注文

*****re·or·gan·i·za·tion** /riɔ̀ːrgənəzéɪʃən | -gənaɪ-/ 名U C 再編成, 再組織, 改造;(企業などの)再建 ‖ undergo [or go through] several ~*s* 何度か再編を繰り返す

*****re·or·gan·ize** /riɔ́ːrgənàɪz/ 動他 ❶…を〈…に〉再編成[再組織]する, 改組する〈**into**〉;…を配置[配列]し直す ‖ ~ (the furniture in) one's living room 居間(の家具)を模様替えする ❷〔企業など〕を再建する, リストラする
—自〈…に〉再組織[再編成]される〈**into**〉

re·o·ri·ent /riɔ́ːriènt/ 動他 …の方向を定め直す;…を再び新しい環境になじませる;《~ oneself で》自分の位置を確かめる;新しい環境に順応する

re·o·vi·rus /rìːouváɪərəs/ 名C《医》レオウイルス

rep[1] /rep/ 名C《口》❶代表, 代理人(representative) ❷セールスマン(sales representative)
—動 (**repped** /-t/; **rep·ping**) 自 セールスマンとして働く

rep[2] /rep/ 名《口》U レパートリー(repertory);C レパートリー劇場[劇団](repertory company)

rep[3] /rep/ 名C《米口》名声, 評判(reputation)

rep[4] /rep/ 名C《口》(フィットネスやウエートトレーニングなどの)繰り返し運動(repetition)

rep[5], **repp** /rep/ 名U 畝織りの布《カーテン・いすの布張りなど室内装飾品に用いる》

Rep. 略《米》Representative;Republic,《米》Republican

re·pack·age /rìːpǽkɪdʒ/ 動他 ❶…を包装し直す, …のパッケージを変える ❷…を新しいやり方で売り込む

re·paid /rɪpéɪd/ 動 repay の過去・過去分詞

:re·pair[1] /rɪpéər/
—動 (~**s** /-z/; ~**ed** /-d/; ~**·ing**) 他 ❶〔老朽・破損したもの〕を**修理する**, **直す**;〔人体の損傷〕を治す(↔ damage) (⇨ MEND 類語P) ‖ The manufacturer will ~ a broken camera free of charge, if it's within the warranty period. 保証期間中であればメーカーが壊れたカメラを無料で修理してくれる / have one's car ~*ed* 車を修理してもらう / She is ~*ing* her make-up. 彼女は化粧を直している / ~ the **damage** 損害を復旧する
❷〔悪化した関係など〕を修復する;〔健康・体力〕を**回復する**, 取り戻す ‖ ~ relationships between Japan and the U.S. 日米関係を修復する
❸〔誤りなど〕を訂正する;〔損失など〕を埋め合わせる
—名 (複 ~**s** /-z/) ❶U **修理**, **修繕**;(健康などの)回復;C《通例 ~s》〈…に対する〉修理[修復]作業〈**to, on**〉 ‖ I took my car in for ~(*s*). 私は車を修理に出した / ~ work 修理作業 / a ~ bill 修理費請求書 / be in need of ~ 修繕の必要がある / beyond ~ 修繕[修復]がきかない(ほど) / The road is under ~(*s*). その道路は補修中だ / The shop will be closed during ~*s*. あの店は改装中休業の予定だ / We're going to 「**carry out** [or do] major ~*s to* our home. 私たちは家の大規模な修理を行う予定だ
❷C 修理箇所[部分];U 補修[整備]の状態
*****in gòod** [**bàd, pòor**] **repáir** ; **in a gòod** [**bàd, pòor**] **stàte of repáir** 手入れが行き届いて[行き届かないで]
語源 *re-* again + *-pair* prepare:再び用意する

re·pair[2] /rɪpéər/ 動自《堅または戯》〈…に〉赴く, (大勢で)行く〈**to**〉
—名U《古》たびたび通うこと;C 人がよく行く所

re·pair·a·ble /rɪpéərəbl/ 形《叙述》修理[修繕]できる(→ reparable)

re·pair·er /rɪpéərər/ 名C 修理人, 修繕人

re·pair·man /rɪpéərmæ̀n/ 名 (複 **-men** /-mèn/) C (機械などの)修理工[人](中立 repairer, service rep)

rep·a·ra·ble /répərəbl/ 形 修理[修復]できる, 償い[取り返し]のつく, 補償[賠償]できる(↔ irreparable)

rep·a·ra·tion /rèpəréɪʃən/ 名 ❶U(損害などに対する)償い, 補償, 賠償;C《~s》戦争賠償(金) ❷U《古》修理, 修繕(♦ 現在は通例 repair(s) を用いる)

rep·ar·tee /rèpɑːrtéɪ | -tíː/ 名 ❶C 当意即妙の応答;機知に富んだ会話 ❷U 当意即妙の才, 機知

re·past /rɪpǽst | -pɑ́ːst/ 名C《堅》食事(meal);(1回の)食事の量

*****re·pa·tri·ate** /rìːpéɪtrièɪt | -pǽt-/ (→ 名) 動他 ❶〔捕虜・移民など〕を本国に送還する, 帰国させる(↔ expatriate) ‖ ~ refugees 難民を本国に送還する ❷〔海外で得た利益〕を自国に送る —名 /rìːpéɪtriət | -pǽt-/ C 送還[帰還]者, 復員者, 引き揚げ者

re·pa·tri·a·tion /rìːpèɪtriéɪʃən | -pæ̀-/ 名UC 本国送還[帰還] ‖ the ~ of illegal immigrants 不法移民の本国送還

*****re·pay** /rɪpéɪ/ 動 (**-paid** /-d/; **~·ing**) 他 ❶ **a** 《+目》〔金銭〕を返す, 返済する;〔人〕に返金する(⇘ pay back [or off]) ‖ ~ a debt [or loan] 借金を返す / When will you ~ me? お金はいつ返してくれるの **b** 《+目 *A* +目 *B* ≒ +目 *B* + **to** 目 *A*》*A*(人)に*B*(金銭)を返す ‖ He *repaid* me the money. ≒ He *repaid* the money *to* me. 彼は金を返してくれた ❷〔人・行為など〕に報いる, 恩返しをする;…を償う〈**with** …で / **by** *doing* …(することによって) / **for** …に対して〉 ‖ How will I ever ~ you *for* all you have done for me? ご親切に対しどうやってご恩返しすればよいでしょう / ~ his kindness 彼の親切に報いる ❸(物事が)…の値打ちがある;…のかいがある ‖ The Space Museum well ~*s* a visit. 宇宙博物館は一度行ってみる価値が十分にある / ~ efforts 努力のかいがある ❹(お返しに)…をする, 返す ‖ ~ a compliment 答礼する / ~ a blow 殴り返す

re·pay·a·ble /rɪpéɪəbl/ 形 返済できる, 返済すべき

*****re·pay·ment** /rɪpéɪmənt/ 名 ❶UC 払い戻し, 返済;C《通例 ~s》返済金, 払い戻し金〈**of**〉 ‖ secure ~ *of* a debt 借金を確実に取り立てる / spread ~*s of* a loan over a period of 20 years ローン返済を20年に引き延ばす / ~*s of* £275 per month 月275ポンドの返済 ❷ Ⓤ〈…に〉報いること；仕返し，報復；報酬〈**for**〉‖ I'd like to offer you this doll as [OR in] ~ *for* what you have done for me. お世話になったお礼にこの人形を差し上げたいのですが

▸▸~ **mòrtgage** 名 Ⓒ《英》住宅ローン

re·peal /rɪpíːl/ 動 他〔法律など〕を廃止する，無効にする
—名 Ⓤ 廃止，撤廃 **~·a·ble** /-əbl/ 形

re·peat /rɪpíːt/ 《アクセント注意》(→ 名) 動 名
—動 (▶ repetition 名)(~**s** /-s/；~**ed** /-ɪd/；~**ing**)
—他 ❶ **a** 《+目》〔前に言ったこと〕を**繰り返す**，〈人に〉繰り返し述べる，繰り返して言う[書く]〈**to**〉(♦ 1度だけ繰り返す場合は repeat と again を併用しない) ‖ The interviewer ~*ed* the question. インタビューアーは質問を繰り返した / I will not, ~ not, forgive you. あなたを絶対に許さないと言っているのです(♥ 発言の一部を強調する)
b 《(+to 名) +that 節》(人に) …だと繰り返して言う ‖ I ~ (*to* you) *that* I cannot comment on it. (あなたに) 重ねて申しますがそれについてはコメント致しかねます / "Cheers," ~*ed* Rose. 「乾杯」ともう一度ローズは言った
❷〔言葉など〕を〈人の後について〉言う，**復唱する**〈**after**〉(♦ しばしば引用文[語句]を伴う) ‖ Now ~ the German definite article *after* me. さあ私の後についてドイツ語の定冠詞を復唱しなさい / Please ~ *after* me, "Practice makes perfect." 後について言いなさい,「習うより慣れろ」
❸〔人の話・秘密など〕を〈他人に〉伝える，他言[口外]する〈**to**〉(♥ 通例他言するのが適切でないことについていう) ‖ Don't ~ this *to* anybody. このことをだれにも言うな
❹〔詩など〕を暗唱する ‖ ~ a poem by heart 詩を暗唱する ❺〔行為など〕を繰り返して行う[する]，反復する；…と同じ (よい) 結果を得る ‖ *Repeat* the exercise three times. その運動を3回繰り返しなさい / ~ the same mistake 同じ間違いを繰り返す / ~ an experiment 実験を重ねる / ~ one's success 成功を再び達成する / *Repeat* it over and over again. 何度も繰り返しなさい
❻ …を再び経験する，〔同じ経過〕を再びたどる ‖ ~ fifth grade 5学年を再履修する / ~ a course [OR year] 留年する ❼〔番組〕を再放送する(♦ しばしば受身形で用いる) ‖ *Seven Samurai* will be ~*ed* tonight. 「七人の侍」が今晩再放送される ❽〔同じ模様[図案]〕を反復使用する，連続させる
—自 ❶ 繰り返す，繰り返して言う[行う]
❷ 再び起こる，繰り返される；(数字が) 循環する
❸《英口》(食べたものの味が)〈人の〉口の中に残る，(げっぷなどで) 戻る〈**on**〉‖ I don't like leeks because they ~ *on* me. ネギは食べた後口に味が残るので好きではない ❹ (同じ模様などが) 反復[連続] 使用される ❺《米》(不法に) 二重投票する ❻《米》連続して優勝する ❼ 再履修する
bèar [OR ***be wòrth***] ***repéating*** 《否定文で》(言葉・話などが) 繰り返し口にする値打ちがある ‖ What he said wouldn't [OR doesn't] *bear* ~*ing*. 彼の言った言葉は繰り返して言うのもはばかられるほど(ひどいもの)だ
repéat onesèlf ① (人が) (1度言ったのを忘れて) また同じことを繰り返して言う ‖ She ~*ed* herself five or six times. 彼女は同じことを5, 6回も繰り返して言った ② (歴史・事件などが) 同じように繰り返す ‖ History seems *to* ~ itself. 歴史は繰り返すものらしい

COMMUNICATIVE EXPRESSIONS

1 **Could you repéat thàt, plèase?** もう一度繰り返してもらえますか(♥ 聞き返すときに)
2 **Lèt me repéat mysèlf.** もう一度言わせてください(♥ 要点を念押しする. ✐Allow me to repeat myself.)
3 **To repéat,** let's nòt be bòthered with the dètails nòw. 繰り返しますと，現段階では細かいことにはとらわれないことにしましょう(♥ 要点などを繰り返す)

—名 /+米 ríːpiːt/ (複 ~**s** /-s/) Ⓒ ❶《通例単数形で》繰り返し，反復；(同じような出来事の) 再発，再現 ‖ We don't want a ~ of last year's failure. 昨年の失敗を繰り返したくない ❷ (テレビ・ラジオの) 再放送(番組)；再放映 ❸〖商〗再注文；補充注文 ❹〖楽〗反復楽節；反復記号；反復演奏 ❺《形容詞的に》繰り返される，反復の ‖ a ~ performance 再演；(願わしくない出来事の) 再現 / a ~ prescription 《英》(医師の再診なしでもらう) 前回と同じ処方箋(せん) / ~ customers [OR buyers] 固定客 / a ~ offender 再犯者 ❻ (壁紙などの) 循環模様

▸▸~**ing décimal** 名 Ⓒ 循環小数

re·peat·able /rɪpíːṭəbl/ 形《通例叙述》❶《通例否定文で》礼儀正しい，無礼でない ❷ 繰り返しができる

***re·peat·ed** /rɪpíːṭɪd/ 形《限定》何度も繰り返される，たびたびの，反復の ‖ ~ warnings 度重なる警告

***re·peat·ed·ly** /rɪpíːṭɪdli/ 副 繰り返して，何度も何度も，再三再四(again and again)

re·peat·er /rɪpíːṭər/ 名 Ⓒ ❶ 繰り返す人[もの]，リピーター；暗唱者 ❷ 連発銃 ❸ 二度打ち時計《ボタンを押すと直前の時刻を打つ》❹《米》常習犯 ❺ 再履修者，留年生 ❻《米》(選挙で2度以上投票する) 不正投票者 ❼〖電信〗中継器

re·pê·chage /répəʃàːʒ, ⌐⌐⌐/ 名《フランス》(=fishing up again) Ⓒ (自転車・ボート競技の) 敗者復活戦

***re·pel** /rɪpél/ 動 (-**pelled** /-d/；-**pel·ling**) 他 ❶《進行形不可》〔人〕を不快にする ‖ I was *repelled* by his bad manners. 彼のマナーの悪さにいや気が差した ❷《堅》〔攻撃・侵入など〕を追い払う，撃退する(✎ drive away) ‖ ~ an enemy 敵を撃退する ❸〔人・虫など〕を寄せつけない；〔理論・提案など〕を拒否[拒絶]する，はねつける，退ける ‖ ~ his advances 彼が取り入ろうとするのをはねつける / ~ a request 要求を拒否する / ~ insects 虫を寄せつけない ❹ …と混ざらない；…を通さない ‖ This fabric ~*s* water. この布は水をはじく ❺〖理〗〔磁極・電極などが〕…を跳ね返す(↔ attract) —自 ❶ 追い払う；はじく；反発する ❷〈…に〉不快感を催させる〈**to**〉

re·pel·lent, -lant /rɪpélənt/ 形 ❶ 嫌悪感を抱かせる，いやな，不快な；虫の好かない ❷《しばしば複合語で》はねつける；(虫などを) 寄せつけない，(水を) はじく ‖ a water-~ raincoat 防水レインコート —名 Ⓒ Ⓤ 防虫剤，虫よけ；防水剤，撥水(はっすい)剤 ‖ (a) mosquito ~ 蚊よけ剤

re·pent /rɪpént/ 動 自 ❶〈…したことを〉後悔する，悔やむ，残念に思う〈**of**〉‖ ~ *of* one's foolish action 愚行を悔やむ ❷〈…したことを〉悔いて考え直す〈**of**〉‖ He ~*ed of* his generosity. 彼はもう甘い顔はすまいと思った
—他〔過ち・罪など〕を後悔する，…したことを悔やむ；残念に思う ‖ ~ one's folly 自分の愚行を悔やむ / I ~ having offended you. あなたの感情を損ねたことを後悔している

re·pent·ance /rɪpéntəns/ 名 Ⓤ 後悔，悔い改め(⇨ REGRET 類語)

re·pent·ant /rɪpéntənt/ 形 後悔している，遺憾に思う；後悔を表す，改悛(かいしゅん)の **~·ly** 副

re·per·cus·sion /rìːpərkʌ́ʃən/ 名 Ⓒ ❶《通例 ~s》(行動などの好ましくない) 影響，反響，余波 ❷《古》(音の) 反響；(光の) 反射；(力の) 反動

rep·er·toire /répərtwàːr/ 名 Ⓒ ❶ (劇団・演奏者などの) レパートリー，上演目録，演奏曲目(一覧) ❷ (演劇・音楽など各分野の) 全作品，全曲目；(ある人物の，ある分野での) (全) 技法[手法] ❸ 🖳 レパートリー《特定のシステムで使用できる文字・符号などの集合》(♦ フランス語より)

***rep·er·to·ry** /répərtɔ̀ːri | -tə-/ 《アクセント注意》名 (複 -**ries** /-z/) ❶ Ⓤ レパートリー公演[方式]《専属の劇団が一定期間いくつかの演目を日替わりで上演していく》；《形容詞的に》レパートリー公演の ❷ Ⓒ =repertoire ❶ ❸ Ⓒ レパートリー劇団；Ⓤ《集合的に》レパートリー劇場 ❹《通例 one's ~》貯蔵庫，倉庫；(知識などの) 蓄え，宝庫

R

▶▶**~ còmpany** 名 U 《英》レパートリー劇団《専属の劇場を持ち一定のレパートリーを次々に上演する劇団》(《米》stock company)

*__rep·e·ti·tion__ /rèpətíʃən/ 名〔◁ repeat 動〕❶ U C (言葉などの)繰り返し, 反復 ‖ Dr. King's words are worthy of ~. キング牧師の言葉は繰り返すだけの値打ちがある / learn by ~ 反復して覚える ❷ C 《通例否定文で》〈…の〉再現〈**of**〉(♥ 通例好ましくない事態についていう) ‖ I don't want a ~ of the other evening. 先日の夜のようなことはもうごめんだ ❸ U C 〖楽〗反復(奏) ; C (フィットネスやウエートトレーニングの)反復運動 ❹ C 複製(品), 模写

rep·e·ti·tious /rèpətíʃəs/ ⊲ 形 繰り返しの多い, くどくど繰り返す, くどい **~·ly** 副 **~·ness** 名

re·pet·i·tive /rɪpétətɪv/ 形 繰り返しの, 反復的な ; 繰り返しの多い **~·ly** 副 **~·ness** 名

▶▶**~ stráin [stréss] ìnjury** 名 U 〖医〗反復ストレス傷害《略 RSI》

re·phrase /rìːfréɪz/ 動 他 (意味を明確にするために)…を別の言葉で言い表す, 言い換える, 書き換える

repl. 略 replace, replacement

***re·place /rɪpléɪs/

— 動 (**-plac·es** /-ɪz/ ; **~d** /-t/ ; **-plac·ing**) 他 ❶ …に**取って代わる**(take the place of), …と交替する, 入れ替わる ; 〈…として〉…の後を継ぐ〈**as**〉‖ Computers cannot yet ~ people in creative tasks. コンピューターは今のところ創造的な仕事では人間に代わることはできない / Her smile was suddenly ~*d* by a frown. 彼女の笑顔は渋い表情に一変した / Jeff has ~*d* Mike *as* captain of the team. ジェフがマイクに代わってチームの主将になった

❷ …を〈もっとよいものと〉**取り替える**, 交換する ;〔損傷したものなど〕を〈…で〉**補充する** ;〔人〕を〈…と〉交替させる〈**with, by**〉‖ You have to ~ this worn carpet *with* a new one. このすり切れたカーペットは新しいものと取り替えなければ駄目だ / A certain number of ministers were ~*d* this August. 何人かの閣僚がこの8月に更迭された / ~ broken glasses 割れた分のコップを補充する

❸ …を元の場所に置く, 戻す(↘ put back)(♦ しばしば場所を表す 副句 を伴う) ‖ ~ the book on the shelf 本を本棚に戻す / ~ the receiver 受話器を置く

re·place·able /rɪpléɪsəbl/ 形 交換可能の ; 代理がいる

*__re·place·ment__ /rɪpléɪsmənt/ 名 ❶ U 交替, 更迭 ; 取り替え, 交換, 補充〈**of** …の ; **with, by** …との〉‖ the ~ *of* human labor *by* robots 人間の労力がロボットに取って代わること / ~ *of* the Finance Minister 財務大臣の更迭 ❷ C 〈…の〉代わりの人[もの], 代替者[物] ; 後任(者) ; 《米》(軍の)補充兵〈**for**〉; 《形容詞的に》代わりの, 代替の ‖ find a ~ *for* Julia ジュリアの代わり[後任]を探す / a hip [knee] ~ 人工股[膝(ひざ)]関節(置換術) / ~ hormones 代替ホルモン ❸ U 返却 ; 返還 ; 返済

▶▶**~ còst** 名 C U (資本材などの)買い替え費用 **~ lèvel** 名 C 〖統計〗人口補充水準《現在の人口を維持するのに必要な出生水準》

re·plant /rìːplǽnt | -plάːnt/ 動 他 ❶ …を植え替える, 移植する ;〔人〕を移住させる ❷〔土地〕に別の植物を植える **re·plan·tá·tion** 名

re·plat·form /rìːplǽtfɔːrm/ 動 他 💻 …のプラットフォームを更新する **~ed** 形

re·play /rìːpléɪ/ (→ 名) 動 他 ❶〔録画・録音したもの〕を再生する ; …を再演する ❷ (引き分けなどにより)〔試合〕を再び行う (♦ しばしば受身形で用いる) — 名 /ríːplèɪ/ U C ❶ (録音・録画の)再生 ; 再演 ❷ 再試合 ❸ 繰り返し

*__re·plen·ish__ /rɪplénɪʃ/ 動 他 ❶〔品物・エネルギーなど〕を補給する, 補充する ‖ Your body now needs to ~ its energy stores. 君の体は今エネルギーの補給を必要としている / ~ a stock of goods 品物の在庫を補充する ❷〔容器など〕を〈…で〉再び満たす ; …に〈…を〉つぎ足す, 補給する〈**with**〉‖ ~ a glass *with* whiskey グラスにウイスキーを再び満たす **~·ment** 名

re·plete /rɪplíːt/ 形 《叙述》❶ 〈…で〉いっぱいで, 充満した, 豊富に備えた, 完備した〈**with**〉‖ a book ~ *with* diagrams 図表がいっぱい入った本 ❷ 腹いっぱいの, 飽食[堪能(たんのう)]した

re·ple·tion /rɪplíːʃən/ 名 U C ❶ 充満, 充実, 完備 ❷ 満腹, 飽食 ‖ eat to ~ 腹いっぱい食べる

rep·li·ca /réplɪkə/ 名 C ❶ レプリカ《芸術作品の忠実な写し》, 複製 ❷ (一般に)写し, 模写, 複製 ; (縮尺)模型(⇨ COPY 類語)

rep·li·cant /réplɪkənt/ 名 C レプリカント《SF小説や映画に登場する, 超能力を持つ本物そっくりの人造人間》; 《けなして》模造品, まがい物

rep·li·cate /réplɪkèɪt/ (→ 形 名) 動 他 ❶ …を模写[複製]する ❷ 《~ oneself で》(遺伝物質などが)再生する, 複製する ❸〔同一実験など〕を繰り返す, 反復する — 自 複製を生み出す — 形 /réplɪkət/ 《限定》❶ 再生[再現, 複製]された ❷ (実験などが)繰り返しの ❸ (葉などが)反り返った — 名 /réplɪkət/ C ❶ (反復実験における)1回の実験 ❷ 〖楽〗反復音《もとの音よりオクターブ高い[低い]》

rep·li·ca·tion /rèplɪkéɪʃən/ 名 U C ❶ 写し, 複製(品) ; 写し[複製]を作ること ❷ (一定条件下での)反復実験 ❸ 〖生化〗(遺伝子の)複製 ❹ 《旧》〖法〗(被告の訴答に対する)原告第2訴答

***re·ply /rɪpláɪ/ 《アクセント注意》動 名

— 動 (**-plies** /-z/ ; **-plied** /-d/ ; **~·ing**)

— 自 ❶ (文書または口頭で)〈…に〉**答える**, **返事をする**, 返事を出す, 回答する〈**to**〉(⇨ ANSWER 類語P) ‖ I asked Emily where she was going, but she didn't ~. エミリーに行き先を尋ねたが, 彼女は答えなかった / None of my letters have been *replied to*. どの手紙にも返事がまだ来ていない / I'm sorry it took me so long to ~. お返事が大変遅れて申し訳ありません / ~ *to* a question 質問に答える(♦「人・手紙・質問」などに答える場合は自動詞として *reply* to ... を用い, 他動詞として ×reply him [a question] のようには用いない. → answer)

❷ (行動などで)**応じる**, **応戦[応酬]する**, 反撃する ; (試合で)点を取り返す〈**to** …に対して ; **with** …で / **by** *doing* …することで〉‖ Kevin *replied to* her greeting *with* an impish grin. ケビンは彼女のあいさつにいたずらっぽい笑顔を返した / ~ *to* an attack *by* returning fire 攻撃に対し銃火で応戦する

❸ 〖法〗(原告が)(被告の訴答に)反対訴答する, 抗弁する

— 他 ❶ …と**答える**(♦ 目的語には返答の内容そのものがくる. → 自 ❶の用例の注記参照) ‖ He didn't ~ anything. 彼は何も答えなかった / What did you ~? 何と答えましたか

❷ 《(+to 名) + (that) 節》(…に)…であると返事する ‖ I *replied* (*to* the host) *that* I would not go. 私は行かないと(主催者に)返事した / "I'm not so sure about that," she *replied*. 「それはちょっと何とも言えないわね」と彼女は答えた

語法 ☆☆ 直接話法を用いた文で, 主語が代名詞でなく名詞の場合には「reply＋主語」の語順になることがある. (→ ask, answer, say)〈例〉"I believe you, Ben," *replied* Susan. 「あなたの言うことを信じるわ, ベン」とスーザンは答えた

— 名 (複 **-plies** /-z/) C ❶ **返事**, **答え**, **応答**〈**to** …への ; **from** …からの / **that** 節 …という〉‖ "Don't worry — leave it to me," was his ~. 「心配するな, 僕に任せろ」というのが彼の返事だった / This ~ doesn't meet our demands. この回答は我々の要求に応えていない / make no ~ to ... …に応答しない / **receive** [OR **get**] a ~ 返事をもらう ❷ 〈…に対する〉応戦, 応酬〈**to**〉❸ 〖法〗(被告の訴答に対する原告の)反対訴答 ❹ 💻 (Eメールで)返信

__in reply__ 〈…への〉答え[返事]として〈**to**〉‖ What did you say *in* ~ (*to* his question)? 君は(彼の質問に)何と答

えたのか
語源 *re-* back＋*-ply* fold：折り返す

reply-paid ◁シ 形《英》(電報・郵便が)返信料付きの

re·po /rí:pou/ 名 (複 **~s** /-z/) Ⓒ《口》〘金融〙買い戻し特約；支払滞納による回収物件《不動産・車など》‖ a ~ man 滞納品[車]回収人(♦ *repo*ssession より)

re·point /rì:pɔ́ɪnt/ 動 他 …の目地(めじ)を塗り替える

***re·port** /rɪpɔ́:rt/ 名 動

―名 (複 **~s** /-s/) Ⓒ ❶ 〈…についての〉(研究・調査の)**報告**, **報告書**, レポート〈**of, on, about**〉(❗学生が先生に提出するレポートは a (term) paper という)；公報《略 rep.》‖ I gave my boss a brief ~ *of* what I had learned. 私は上司に判明したことを簡単に報告した / write up a ~ *on* our rival's strategy 競合他社の戦略に関する報告を書く / a government ~ *on* crime 犯罪についての政府の報告(書) / the annual ~ 年次報告(書) / 「an oral [a written] ~ 口頭[文書]での報告 ❷ **報道**, 記事〈**of, on** …についての / **that** 節…という〉‖ a ~ *of* an earthquake 地震があったという報道 / television ~*s on* the airplane accident 航空機事故についてのテレビ報道 / Did you read the ~ *that* he once worked for a company that cheated its customers? 彼が得意先をだました会社に以前勤めていたという記事は読みましたか / a weather ~ 天気予報 ❸ Ⓤ Ⓒ うわさ, 世評；Ⓤ 評判, 名声 ‖ There were ~*s* of an impending crisis. 危険が迫っているというううわさがあった / 「*Report* has it [OR The ~ goes] that they will marry at the end of this year. 今年の暮れに彼らは結婚するというううわさが飛んでいる / according to ~*s* うわさによれば / a man of good [bad] ~ 評判のよい[悪い]人 ❹《英》(学校の)成績表, 通知表(《主に米》report card) ‖ Tim has had a bad ~ this term. ティムは今学期は成績が悪かった ❺ 銃声, 爆音, 砲声 ‖ the loud ~ of a gun 大きな砲声 ❻《通例 ~s》〘法〙判決録, 議事録 ❼《英》(ほかの従業員(上司)の指示の下で働く)従業員, 部下

on repórt ①〘英議会〙(法案が)審議結果を報告されて ②(兵士・スポーツ選手などが)懲罰の対象となって

―動 (**~s** /-s/；**~·ed** /-ɪd/；**~·ing**)

―他 ❶ **報告する**, **報道する** **a** 《＋目》…を〈…に〉報告する, 報じる, 公表する〈**to**〉(⇨ TELL 類語) ‖ Do you have anything else to ~? ほかに何か報告することがありますか / He ~*ed* all the details of the scene *to* me. 彼は私にその場の一部始終を報告した / as **previously** ~*ed* 以前に報告された[報じられた]ように

b 《(＋**to** 名)＋(**that**) 節 / **wh** 節》(…に)…であると[…かを]報告[報道]する, 伝える, 報じる ‖ It was widely ~*ed* in the newspaper *that* the students were detained. 新聞で広く報道されるところによればその学生たちは身柄を拘束された / "The suspect is under arrest," she ~*ed*. 「容疑者は逮捕されています」と彼女は報告した / I ~*ed how* he had acted. 私は彼がどのように行動したかを報告した

c 《＋*doing*》…したことを報告する[報じる] ‖ She ~*ed* having [×to have] seen him at the airport. 彼女は彼を空港で見かけたと報告した

d 《＋目＋**to** *do*》《通例受身形で》…が…すると報告される[報じられる] ‖ A boy was ~*ed to* have found the dud. ひとりの少年がその不発弾を発見したと報じられた

e 《＋目＋**to be** 補 / 目＋補〈形〉》…を…であると報告する[報じる](♦しばしば受身形で用いる) ‖ The driver was ~*ed* (*to* be) responsible for the accident. 運転手はその事故に責任があると報告された / The border was ~*ed* closed. 国境は封鎖されたという報道だ

f 《＋目＋**as** *doing* [*done*]》《通例受身形で》…している[されている]と報道される ‖ Ten schoolchildren are ~*ed as* missing. 10人の学童が行方不明と伝えられている

❷ (記者が)…の**記事を**〈…に〉**書く**, …を取材する〈**for**〉；…を記録する ‖ He ~*ed* the election *for The Washington Post*. 彼はワシントンポスト紙に選挙記事を書いた ❸〔状況・被害など〕を通報する, 届け出る；〔人(の不都合など)〕を言いつける〈**to** …に；**for** …のことで〉‖ I want to ~ a fire. (電話で) 火事です / She ~*ed* the theft *to* the police. 彼女は盗難を警察に届け出た / He was ~*ed to* the teacher *for* cheating. 彼はカンニングを教師に告げ口された ❹《~ oneself で》出頭する, 届け出る

―自 ❶ **報告する**, 報告書を提出[作成]する〈**on** …について；**to** …に〉‖ ~ *on* [×about] the economic situation in Asia アジアの経済事情について報告する ❷ (記者が)〈…について〉報道する, 取材する, 記事を書く[送る]〈**on**〉；〈新聞などの〉記者を勤める〈**for**〉‖ ~ *on* the results of the conference 会議の結果について記事を書く / He ~*s for The Guardian*. 彼はガーディアン紙の記者をしている

❸ 出頭する, 出向く, 届け出る〈**to** …に；**for** 仕事で〉‖ The boy was ordered to ~ *to* the police station. 少年は警察署へ出頭を命じられた / ~ *for* work [OR duty] at an office 事務所に出勤する

❹ 《＋**to** 名》〔上司など〕に直属する, の部下である ‖ She (directly) ~*s to* Mr. Howard. 彼女の(直属の)上司はハワード氏だ ❺ 《＋補〈形〉》…であると知らせる ‖ The soldier ~*ed* sick. 兵士は病気だと届け出た

repòrt báck 〈他〉《***repòrt báck ...*** / ***repòrt ... báck***》…を〈…に〉折り返し報告する〈**to**〉(♦目的語はときに that 節) ‖ *Report back* these data as soon as possible. なるべく早くこれらの資料について折り返し報告しなさい ―〈自〉①(依頼された事柄などについて)折り返し報告する〈**to** …に；**on** …について〉②(勤務などに)戻る

repòrt ín 〈自〉(自分の所在・行動などについて)〈…に〉連絡を入れる〈**to**〉‖ ~ *in* sick 病気だと連絡を入れる

repòrt óut ... / ***repòrt ... óut*** 〈他〉〘米議会〙(委員会が)〔法案〕の審議結果を答申する

語源 *re-* back＋*-port* carry：元へ運ぶ, 運び戻す

▸▸ ~ **càrd** 名 Ⓒ《主に米》成績通知表, 通信簿(《英》report) **~ed quéstion** 名 Ⓒ〘文法〙間接疑問(文) **~ed spéech** 名 Ⓤ〘文法〙間接話法(indirect speech)(→ speech ❻) **~ stàge** 名《the ~》(英・カナダ議会の)報告審議《最終審議前に行われる》

re·port·age /rɪpɔ́:rtɪdʒ, rèpɔ:rtá:ʒ/ 名 Ⓤ ❶ 報道[取材]活動 ❷ 報道記事；実録, ルポ(ルタージュ)

***re·port·ed·ly** /rɪpɔ́:rtɪdli/ 副《文修飾》伝えられるところによれば, うわさによれば(♦主にジャーナリズム用語) ‖ *Reportedly*, he has left London. 伝えられるところによると, 彼はロンドンを出発したそうだ

***re·port·er** /rɪpɔ́:rtər/

―名 (複 **~s** /-z/) Ⓒ ❶ 〈新聞・テレビなどの〉(取材)**記者**, 通信員, 報道記者〈**for, from**〉‖ A ~ *from* the BBC is visiting. BBCの記者が取材に来ている / a political [sports] ~ 政治[スポーツ]記者 / an on-the-spot ~ 現地取材記者 / work as a ~ *for Newsweek* ニューズウイーク誌の記者として働く ❷ **通報者**, **報告者**, 申告者 ❸ 議事[裁判]記録係, 速記者

***re·port·ing** /rɪpɔ́:rtɪŋ/ 名 Ⓤ 報道；報告, 申告

▸▸ ~ **cláuse** 名 Ⓒ〘文法〙伝達部 **~ vérb** 名 Ⓒ〘文法〙伝達動詞

re·pose[1] /rɪpóuz/ 名 Ⓤ ❶ 休息(rest), 安息, くつろぎ；睡眠 ❷ (心の)平安, 安らぎ, 安心(relief) ❸ 静けさ, のどかさ, 平穏 ❹ (態度などの)物静かさ, 落ち着き, 沈着；〘美〙(色彩・構図などの)調和, まとまり

―動 自 (♦通例場所を表す 副句 を伴う)《堅》❶ 横になって休む, 眠る；休息する；(遺体などが)安置される, 永眠する ‖ Below this stone ~ the mortal remains of ... この石の下に…の霊眠る《墓碑銘》❷ (物が)ある, 置かれている；静かに横たわる, 静止している ❸ 〈…に〉基づいている〈**on**〉 ―他《堅》…を横たえる, 休める ‖ She ~*d* her head on his shoulder. 彼女は彼の肩に頭をもたせかけた

re·pose² /rɪpóuz/ 動 他《堅》〔信用など〕を置く,〔望みなど〕を託す ‖ We ~ great confidence in his ability. 私たちは彼の手腕に絶大の信頼を寄せている

re·pose·ful /rɪpóuzfəl/ 形 静かな, 隠やかな；安らかな；落ち着いた(calm) **~·ly** 副

*__re·pos·i·to·ry__ /rɪpá(:)zətɔ̀:ri | -pɔ́zɪtə-/ 名 (複 **-ries** /-z/) Ⓒ ❶〈…の〉倉庫, 貯蔵所, 保管場所〈**of, for**〉;(保存・貯蔵用の)容器 ‖ an underground ~ *for* nuclear waste 核廃棄物の地下貯蔵所 / a furniture ~ 家具置き場 ❷〈知識・天然資源などの〉宝庫；生き字引〈**of, for**〉‖ Local newspapers are a great ~ *of* local information. 地方紙は地元の情報の宝庫だ ❸ 地下納骨堂, 墓所 ❹(秘密などを)打ち明けられる人, 任せられる人；腹心の友

re·pos·sess /rì:pəzés/ 動 他〔買い手不払いの物件など〕を取り戻す, …の所有権を回復する(✎ take back)(♦ しばしば受身形で用いる)

re·pos·ses·sion /rì:pəzéʃən/ 名 Ⓤ Ⓒ (滞納などによる)回収, 所有権回復；回収品 ‖ a ~ order 回収命令

re·pot /rì:pá(:)t | -pɔ́t/ 動 他 …を(別の鉢)に植え替える

repp /rep/ 名 =rep¹

rep·re·hend /rèprɪhénd/ 動 他 …を叱責(しっせき)[譴責(けんせき)]する, とがめる, 非難する

rep·re·hen·si·ble /rèprɪhénsəbl/ ◁シ 形 叱責[譴責]に値する, とがめられて当然の, 非難されるべき **-bly** 副

rep·re·hen·sion /rèprɪhénʃən/ 名 Ⓤ 叱責, 譴責, 非難, とがめ立て

⁑rep·re·sent /rèprɪzént/

中心義 ある対象をそれ自体とは別の形で表現する

> 動 他 代表する❶ 相当する❷ 見本[典型]である❸ 象徴する❹ 表現する❺

—動〔▶ representation 名, representative 名 形〕(**~s** /-s/; **~·ed** /-ɪd/; **~·ing**)

—他 ❶ **a**《+目》(会議・行事などで)〔人・団体・地域など〕を**代表する**；〔人など〕の代理を務める, (法廷で)〔人など〕の代理人を務める；〔選挙区など〕を代表する, …選出の代議士である(♦ しばしば受身形で用いる) ‖ Mrs. Stern has been chosen to ~ our society at the conference. スターンさんが選ばれてその会議で当協会の代表を務めることになった / The Prime Minister was ~*ed* at the awards ceremony by the Chief Cabinet Secretary. 首相に代わって内閣官房長官が授賞式に出席した / ~ the defendant in the case その事件で被告の代理人を務める / He ~*s* Chiba in the Diet. 彼は千葉県選出の国会議員である

b《受身形で》多数出席している；多く見られる(♦ しばしば well などの副詞を伴う) ‖ Women were **well** [poorly] ~*ed* on the committee. その委員会には女性の代表メンバーが多[少な]かった

❷《進行形・受身形不可》…に**相当する**, 等しい, …である(be equal to)；〔ある数量〕に当たる；…の成果である ‖ Our tent ~*s* home when we go camping. キャンプに行ったとき家の代わりになるのが我々のテントだ / Trade with China ~*s* 15% of our annual sales. 中国との取り引きは我々の年間売上高の15%に当たる / This new dictionary ~*s* years of research. この新しい辞書は何年にもわたる研究の成果である

❸《通例進行形・受身形不可》…の**見本[典型]である**, …の好例である；〔種類〕を代表する ‖ She ~*s* the typical high school girl in Japan. 彼女は日本の女子高生の典型だ

❹《通例進行形不可》(記号・事物・人などが)…を**象徴する**；…を表す(✎ stand for)；…を示す；…の具体的表現[しるし]である ‖ Cats ~*ed* luck in ancient Egypt. 古代エジプトでは猫は幸運の象徴だった / This circle ~*s* the Earth. この円は地球を表す / ~ sounds by phonetic symbols 音声を音声記号で表記する

❺ **a**《+目》(絵画・彫刻などで)…を**表現する**, 表す, 描写する, 描く；(絵画などが)…を描いてある；…を〈…として〉描く〈**as**〉‖ This bronze statue ~*s* a high priest. この銅像の人は高僧です / That samurai is ~*ed as* the guardian deity of this shrine. あの武士(の絵)はこの神社の守護神として描かれている

b《+目+*doing*》…が…しているのを描く ‖ This painting ~*s* Icarus falling into the sea. この絵はイカロスが海に落ちていくところを描いたものだ

❻《堅》**a**《+目》〈責任者・当局などに〉〔申し立て・意見など〕をはっきりと言う, 明言する〈**to**〉‖ They ~*ed* their demands *to* the boss. 彼らは上司に自分たちの要求をぶつけた / ~ the importance of the documents その文書の重要性を力説する **b**《(+**to** 名) +**that** 節》…だと主張する, 申し立てる ‖ I ~*ed to* him *that* his plan was not practicable. 彼の計画は実行不可能だと彼に申し立てた ❼ **a**《+目》…を言葉で表す, 表現する, 叙述する ‖ ~ one's ideas clearly 自分の考えをはっきりと述べる **b**《+目+**as** 名・形 / 目+**to be** 補》…が(特定の性質を持つ(もの))…であると述べる(♥ しばしばその内容が偽りであることを示唆する) ‖ He ~*s* himself *as* [OR *to be*] an expert on antiques. 彼は自分は骨董(こっとう)品の専門家だと(偽って)称している / Henry is not what you have ~*ed* him *to be*. ヘンリーは君が言うような人間じゃない

❽ …の役を演じる, …に扮(ふん)する ‖ She ~*ed* a tragic heroine. 彼女は悲劇のヒロインを演じた

語源 *re-* again+*-present* place before：前に置き直す→はっきりさせる

re-pre·sent /rì:prɪzént/ 動 他 …を再提出[提供]する, 再び進呈する；〔請求書など〕を再び送る；…を再演する

*__rep·re·sen·ta·tion__ /rèprɪzentéɪʃən/ 名〔◁ represent 動〕(⇨ BYB) ❶ Ⓤ Ⓒ 表現, 描写；(記号などによる)表示, 象徴；表記, 記号 ‖ the ~ of the invisible world 不可視の世界の描写 / a pictorial ~ 図示 / a phonetic ~ 発音表記

❷ Ⓒ 絵画, 彫像, 肖像画 ‖ a life-size ~ of the founder 創立者の等身大像

❸ Ⓤ 代表, 代理；代表参加[派遣]；(議会への)代表権；代議[代表, 代理]制度(→ proportional representation)；《集合的に》選出議員団；代表団 ‖ Women's ~ in the Diet is still small. 国会への女性の代表参加はまだ少ない / The company needs more ~ in Australia. 会社はもっとオーストラリアに人を派遣する必要がある / demand [OR request] ~ on a committee 委員会での代議権を要求する / *No taxation without* ~. 代表権なくして納税義務なし《米国独立戦争の標語. 英国が米植民地の代表権を認めないなら植民地への課税も認めない》

❹ Ⓒ《しばしば ~s》(当局への公式の)申し立て, 陳情, 抗議；〖法〗表示《契約締結に当たって一方の当事者から他方の当事者になされる陳述》〈**about** …についての；**to** …に対する〉‖ They made urgent ~*s to* the American Government *about* the price rise. 彼らは価格の引き上げについて米国政府に緊急に抗議した / make false [OR fraudulent] ~*s* 虚偽を述べる, うそを言う

❺ Ⓤ Ⓒ 表象, 概念作用 ❻ Ⓤ Ⓒ (劇などの)上演, 演出

rèp·re·sen·tá·tion·al /-ʃənəl/ ◁シ 形 ❶(絵画などが)具象的な, 描写主義の(→ abstract) ❷ 代表の, 代表に関する

rep·re·sen·ta·tion·al·ism /rèprɪzentéɪʃənəlɪzm/ 名 Ⓤ ❶(絵画などの)具象主義 ❷〖哲〗表象主義(♦ representationism ともいう) **-ist** 名

⁑rep·re·sent·a·tive /rèprɪzénṭəṭɪv/ ◁シ

—名〔◁ represent 動〕(複 **~s** /-z/) Ⓒ ❶ **代表(者)**, **代理人**；(会社などの)外交員, 販売員；(旅行会社の)現地駐在員(《口》rep) ‖ a ~ of the employees 従業員の代

表 / a student ～ 学生代表 / serve as Japan's ～ to the United Nations 国連の日本代表を務める / a sales ～ 営業担当者, セールスマン / He is our company's ～ in Canada. 彼はカナダでの当社の代理人です / a legal ～ 法定代理人《遺言執行者・遺産管理人など》
❷《R-》(米国の)**下院[州議会]議員**(♦新聞などでは rep., Rep. と略す. 〈例〉*Rep*. Bob Smith, R-Texas は「共和党・テキサス選出, ボブ=スミス下院議員」の意. → senator); **代議士**, (日本の)衆議院議員 ‖ a ～ from Osaka 大阪選出の代議士 ❸ 代表的な人[もの]; 典型, 見本 ‖ the living ～ of a tradition 伝統の生きた具現者
── 形 [◁ represent 動] (**more ～**; **most ～**)
❶《比較なし》《限定》〈…の〉**代理をする**, 代理の, 代表者の〈**of**〉; 代議制の[に基づく], 代議士からなる ‖ a ～ capacity 代理としての資格 / ～ government 代議政治[政体]
❷〈…を〉代表する〈**of**〉; 代表的な, **典型的な** ‖ people ～ *of* the earthquake victims 震災被害者を代表する人たち / Are your opinions truly ～ *of* the views of all your neighbors? あなたの意見は本当に近隣住民全員の総意ですか / a ～ **sample** *of* Japanese office workers 典型的な日本の会社員
❸〈…を〉**表現する**, 描写する, 象徴する〈**of**〉‖ a painting ～ *of* battle 戦闘(場面)を描いた絵

> **Boost Your Brain!**
> ## representation
> representation は極めて多義的な語だが,「別の形での再現」と「別の形での代行」という2つの大きな意味領域を持つ.
> 心理学や哲学において representation「表象」とは,「心の中でイメージを想起すること, 想起され再現されたイメージや映像」を意味する. 例えば目を閉じてリンゴを想像した時, 想起しようとする行為そのものや, 頭の中で再現されたリンゴの映像はともに representation である.
> さらに representation は,「(目の前にあるものや心に浮かんだイメージを)何らかの記号や媒体を使って再現する行為, 再現した作品」をも意味する. 目の前にあるリンゴの「描写」, そして出来上がった作品である「絵画」そのものも representation である.
> 「別の形で代行して示すこと, 示されているもの」が representation のもう一つの大きな意味領域である. 国会議員は国民の「代表」であり, 経済システムは富の「代理」である貨幣の上に成立している. 俳優はある役柄を「演技, 上演」する. さらに人工知能において, 人間の経験的知識をコンピューター処理できるデジタル情報へと変換することを knowledge representation「知識表現」と言う.

***re·press** /rɪprés/ 動 他 ❶〔感情・欲求など〕を抑制する, 抑える,〔笑い・涙など〕をこらえる ‖ ～ one's anger [OR fury] (激しい)怒りを抑える / ～「a laugh [tears] 笑い[涙]をこらえる ❷〔人・個性・創造力などの成長・表現〕を抑える, …を抑圧する;《心》〔不快な感情・欲求・記憶など〕を(意識下に)抑圧する ❸ (政治[軍事]力を用いて)〔集団・自由など〕を抑圧する;〔暴動など〕を鎮圧する;〔抗議など〕を制圧する(♦しばしば受身形で用いる) ‖ ～ a rebellion 反乱を鎮圧する ❹《生》〔遺伝子〕の転写を抑制する **～·er** 名

re·pressed /rɪprést/ 形 (心理的に)抑圧された ‖ ～ desire 抑圧された欲望

re·press·i·ble /rɪprésəbl/ 形 抑制[鎮圧]できる

***re·pres·sion** /rɪpréʃən/ 名 ❶ U (政治[軍事]力などによる)抑制, 抑圧, 鎮圧 ‖ live under ～ 抑圧を受けて生きる ❷ U C《精神分析》抑圧; 抑圧行為, 抑圧された感情[欲求] ‖ sexual ～ 性的抑圧

re·pres·sive /rɪprésɪv/ 形 ❶ (特に社会的・政治的に)抑制する, 抑圧[弾圧]的な; 鎮圧する ❷ (欲望などを)抑圧する **～·ly** 副 **～·ness** 名

re·pres·sor /rɪprésər/ 名 ❶ U《生化》抑制(因)子, レプレッサー《伝令RNAの転写を抑制するタンパク質》❷ = represser

rep·rieve /rɪpríːv/ 動 他 (♦しばしば受身形で用いる)《通例進行形不可》❶〔死刑囚など〕の刑の執行を延期[猶予]する;〔計画など〕を延期する ❷ (苦痛・困難から)〔人〕を一時的に解放する ── 名 C《通例単数形で》❶ (刑の)執行猶予[延期]; 死刑執行延期令状[命令] ❷ (苦痛などからの)一時的解放, 一時逃れ

rep·ri·mand /réprɪmænd | -mɑ̀ːnd/ 動 他 (特に公式に)…を〈…の理由で〉譴責(けんせき)[戒告]する, 厳しく叱責(しっせき)する(✎ dress down, tell off)〈**for**〉(♦直接話法にも用いる) ‖ ～ him *for* a fault 彼の失敗を叱責する
── 名 C U (特に公式の)譴責, 懲戒, 叱責

***re·print** /rìːprínt/ (→ 名) 動 他《通例受身形で》復刻[再刊]される, 再版[重版, 増刷]される ── 名 /ríːprìnt/ C 復刻(版), リプリント(版); 再版(物), 重版(物), 増刷(物); (論文の)抜き刷り(offprint) ‖ This book has gone through many ～*s*. この本は何度も版を重ねてきた

re·pris·al /rɪpráɪzəl/ 名 C U ❶《しばしば ～s》報復, 仕返し; 報復行為 ‖ make ～*s* 報復する ❷ 報復的武力行使 ‖ in ～ for ... …に報復して ❸ (昔行われた敵国の財産・国民の)報復的奪取

re·prise /rɪpríːz/ 名 C《通例単数形で》《楽》❶ レプリーゼ, 主題の再現部(の演奏); 反復奏 ❷ 繰り返し, 再現
── 動 他 …の演奏を繰り返す

re·pro /ríːproʊ/ 名 (複 **～s** /-z/) C《口》❶《通例形容詞的に》(絵画・家具などの)復元品, 複製品 ‖ a ～ Elizabethan cabinet エリザベス朝様式の戸棚 ❷ (=～ pròof)《印》清刷(きよずり)

***re·proach** /rɪpróʊtʃ/ 名 ❶ U (穏やかな)叱責, 非難 ‖ She shook her head in ～. 彼女はとがめるように首を振った / a look of ～ 非難の目つき / above [OR beyond] ～ 文句のつけどころのない ❷ C 叱責[非難]の言葉, 小言, 苦情 ‖ He argued the ～*es* were unfair. 彼はそうした非難の言葉は不当だと主張した ❸ U 不名誉, 不面目, 名折れ, 恥辱; C《単数形で》〈人・社会にとって〉不名誉[恥]となる人[もの], 恥さらし〈**to**〉‖ Your conduct brought ～ upon our company. 君の行為は我が社の体面を汚した / Child abuse is a constant ～ *to* our society. 児童虐待は私たちの社会にとって相も変わらぬ汚点である
abòve [OR ***beyònd***] ***repróach*** 非の打ち所のない
── 動 他〔人など〕を〈…の理由で〉責める, とがめる, 非難する, しかる〈**for, with**〉(♥通例対象への怒りよりも失望の念を強調する) ‖ Her eyes ～ me. 彼女の目は私をとがめている / He ～*ed* his daughter *for* staying out all night. 彼は一晩中帰らなかったことで娘をしかった / Kate has nothing to ～ herself *with* [OR *for*]. ケートには自分を責める理由などないはずだ

re·proach·ful /rɪpróʊtʃfəl/ 形 非難の, 叱責の, 非難がましい **～·ly** 副

rep·ro·bate /réprəbèɪt/ 名 C 堕落者, 無頼漢, ならず者, 救いようのないやつ ── 形《限定》堕落した, 無頼の, 救いようのない ── 動 他《古》…を非難する
rèp·ro·bá·tion 名 U 非難, 叱責; 拒絶

re·pro·cess /rìːprɑ́(ː)ses | -próʊ-/ 動 他 …を再加工する, 再処理する;〔使用済み核燃料〕を再処理する

***re·pro·duce** /rìːprədjúːs/ 動 [▶ reproduction 名] 他 ❶ …の写しを作る, …を複製する, 模写[模造]する ‖ ～ one's face on canvas キャンバスに自分の顔を描く / ～ a photograph from an old negative 古いネガから写真を再生する ❷《生》〔子孫〕を産む, 繁殖させる;〔動植物〕を増殖させる;〔器官など〕を再生する ‖ ～ oneself 繁殖する / ～ roses バラを殖やす / Lizards can ～ a lost tail. トカゲは失ったしっぽを再生できる ❸〔音・画像など〕を再生する ‖ ～ a live performance exactly 生演奏を正確に再生する ❹ …を再び作る, 再現[復元]する; …を心に思い浮かべる; …を再演する; …を再版する ‖ ～ an experience 経験を思い出す

—自 ❶(動植物が)生殖する, 繁殖する(♦主語は複数形あるいは集合名詞) ‖ Mice ~ very rapidly. ネズミはすごい速さで繁殖する ❷《+副》複写[複製, 再生]できる(♦副は様態を表す) ‖ This picture does not ~ well. この写真はうまく複写できない

re·pro·duc·er /rìːprədjúːsər/ 名 C 複製[複写]する人;再生装置

re·pro·duc·i·ble /rìːprədjúːsəbl/ 形 再生[再現]できる;複写[模造]できる;繁殖できる

***re·pro·duc·tion** /rìːprədʌ́kʃən/ 名〔◁ reproduce 動〕❶ U 再生, 再現, 再建;再演, 再刊 ‖ the ~ of sound 音の再生 / color ~ 色の再現 ❷ C (芸術作品などの)複写(物), 複製, 模造(品)(↔ original)(♦replica より正確度が劣る);転載(物)(⇨ COPY 類語) ‖ This painting is a ~ of one by Chagall. この絵はシャガールの複製だ ❸ U 生殖(作用), 繁殖 ‖ sexual ~ 有性生殖 ❹《形容詞的に》(家具などが)…を模した, …風の ‖ ~ Colonial furniture コロニアル風家具

▸▸ ~ pròof 名 C《通例 ~s》〖印〗清刷

re·pro·duc·tive /rìːprədʌ́ktɪv/ 形《限定》❶ 生殖の, 繁殖の ‖ ~ organs [medicine] 生殖器官[医学] ❷ 再生の;再現の;複写する

re·pro·gram /rìːpróugræm/ 動 他 自 (コンピューターなどの)プログラムを書き換える

re·prog·ra·phy /rɪprɑ́(ː)grəfi | -prɔ́g-/ 名 U (電子)複写[複製](術)

re·proof¹ /rɪprúːf/ 名 (複 ~s /-s/) U 叱責(しっせき), とがめ立て, 非難;C 叱責[非難]の言葉, 小言

re·proof² /rìːprúːf/ 動 他《英》…に防水加工をし直す

re·prove /rɪprúːv/ 動 他〔人〕を〈…の理由で〉しかる, 叱責する, 小言を言う;〔行為など〕を〈…の理由で〉非難する, とがめる〈for〉(♦直接話法でも用いる) ‖ ~ him *for* bad manners 行儀が悪いと言って彼に注意する

re·prov·ing /rɪprúːvɪŋ/ 形《通例限定》しかるような, 非難するような ~·ly 副

rept. 略 receipt;report

***rep·tile** /réptəl, -taɪl | -taɪl/ 名 C ❶ 爬虫(はちゅう)類(動物) ❷《口》卑劣なやつ, 冷血漢 —形《限定》爬虫類の

rep·til·i·an /reptíliən/ 形 ❶ 爬虫類の(ような) ❷ 卑劣な, ずるい, 陰険な —名 =reptile

Repub. 略《米》Republic, Republican

‡re·pub·lic /rɪpʌ́blɪk/

—名 (複 ~s /-s/) C ❶ (主権在民の)**共和国**, 共和制国家《略 Rep., Repub.》;共和政体;(フランスの)共和制;(旧ソ連などの)連邦共和国

❷《堅》(共通の目的・利益を有する)…団体, …社会, …界 ‖ the ~ of letters 文壇

語源 *re-* thing+public:公共の事柄

***re·pub·li·can** /rɪpʌ́blɪkən/ 形 ❶ 共和国の, 共和政体の;共和主義の, 共和制支持の ❷《R-》《米》共和党の《略 R., Rep.》(→ democratic);《アイル》(北アイルランドの)アイルランド復帰を支持する ‖ the *Republican* convention 共和党大会 / ~ candidates 共和党候補

—名 (複 ~s /-z/) C ❶ 共和主義者, 共和制支持者 ❷《R-》(米国の)共和党党員, 共和党支持者《略 R., Rep》(→ democrat);《アイル》(イギリス統治に反対し)北アイルランドのアイルランド復帰を支持する人 ~·ìze 動

▸▸ Repùblican Párty 名《the ~》(米国の)共和党《民主党と並ぶ2大政党の1つ》(→ Democratic Party)

re·pub·li·can·ism /rɪpʌ́blɪkənìzm/ 名 U ❶ 共和政体, 共和制;共和主義, 共和制擁護 ❷《R-》(米国の)共和党の綱領[政策];《英》アイルランド共和国支持

re·pub·lish /rìːpʌ́blɪʃ/ 動 他 ❶〔本〕を再発行する, 再刊する ❷〖法〗〔撤回された遺言〕を再執行する

***re·pu·di·ate** /rɪpjúːdièɪt/ 動 他 ❶ …を拒絶[拒否]する;…を(虚偽・不当だと)否定する;〔権威・考えなど〕を否認する, 退ける;〔条約・契約・誓約など〕を破る, 破棄する ‖ ~ a treaty 条約を破棄する / ~ a claim 要求をはねつける ❷〔家族など〕との縁を切る;(非キリスト教徒が)〔妻〕を離縁する ‖ ~ one's wicked son 不肖の息子を勘当する ❸ …の支払義務を否定する, 〔債務など〕の履行を拒む

re·pu·di·a·tion /rɪpjùːdiéɪʃən/ 名 U 拒絶, 拒否, 否認;否定;絶縁;(国などの)債務の履行拒否

re·pug·nance /rɪpʌ́gnəns/ 名 U/C《単数形で》〈…に対する〉嫌悪;反感〈for, of, to, etc.〉

re·pug·nant /rɪpʌ́gnənt/ 形 ❶《通例叙述》〈…にとって〉いやな, 不快な, 大嫌いな〈to〉❷《叙述》矛盾した, 一致しない, 両立しない ❸《古》《文》敵意ある, 反抗する

re·pulse /rɪpʌ́ls/ 動 他 ❶〔敵・攻撃〕を撃退する, 追い払う ❷〔援助・申し出など〕をはねつける, 拒絶する;〔人〕を退ける ❸《通例受身形で》不快にさせられる —名 U/C《単数形で》撃退;拒絶, 拒否 ‖ meet with a ~ 撃退される

re·pul·sion /rɪpʌ́lʃən/ 名 U ❶ U/C《単数形で》〈…に対する〉嫌悪, 反感〈for〉❷〖理〗反発作用, 斥力(↔ attraction) ❸ 撃退;拒絶

re·pul·sive /rɪpʌ́lsɪv/ 形 ❶ 嫌悪感を起こさせる, 不快な, いやな, 胸の悪くなる ❷〖理〗反発する, 跳ね返す ‖ ~ forces 斥力 ~·ly 副

repúrchase agrèement 名 C〖金融〗債券買い戻し約定;(商品の)買い戻し契約

re·pur·pose /rìːpə́ːrpəs/ 動 他 …をほかの目的に使うために多少の変更を加える

***rep·u·ta·ble** /répjuṭəbl/ (アクセント注意) 形《通例限定》評判のよい;立派な, 尊敬すべき(↔ disreputable) ‖ a highly ~ firm 大変評判のよい会社 -bly 副

‡rep·u·ta·tion /rèpjutéɪʃən/

—名〔◁ repute 動〕(複 ~s /-z/) C U ❶ 世間の評価, **評判**, うわさ(⇨ FAME 類語)〈as …としての;for …による;of …であるという〉‖ I know you by ~. 君のことはうわさでは聞いている / She **has** [OR enjoys] an excellent ~ *as* a skillful eye doctor. 彼女は腕のよい眼科医だともっぱらの評判だ / He **has** an unenviable ~ *for* laziness [OR being lazy]. 彼には怠け者だという芳しくない評判がある / He **has** the ~ *of* (being) a hard-hearted prosecutor. 彼は鬼検事だという評判だ / a person of **good** [bad] ~ 評判のよい[悪い]人

❷ **名声**, 好評, 信望, 令名 ‖ He gained [OR acquired, established, earned] a ~ as a television producer. 彼はテレビのプロデューサーとして名声を博した / a person of no ~ 名もない人 / lose one's ~ 信望を失う / damage [OR hurt] her ~ 彼女の声望を傷つける / a restaurant **with** a local ~ 地元で評判のレストラン

live ùp to one's reputátion 評判どおりのものである;名声に恥じない生き方をする

re·pute /rɪpjúːt/ 名 U ❶ 評判, 世評 ‖ by ~ 世評で(は) / a man of good [bad] ~ 評判のよい[悪い]人 ❷ 好評, 名声, 信望

—動〔▸ reputation 名〕他《通例受身形で》(人・物が)〈…(である)と〉考えられる, みなされる, 評される〈as, to be〉‖ He is ~*d as* [OR *to be*] the best success in the town. 彼は町で一番の成功者だといわれている

re·put·ed /rɪpjúːṭɪd/ 形 ❶《限定》(事実でない場合もあるが)…という評判の, …と称せられる ‖ the ~ leader of the movement その運動の指導者と目されている人 ❷ 評判のよい, 有名な

re·pút·ed·ly /-li/ 副《文修飾》評判では, 世評では

req. 略 request;require(d);requirement;requisition

‡re·quest /rɪkwést/

—名〔◁ require 動〕(複 ~s /-s/) ❶ U C (丁寧に)頼むこと, **依頼**, **要望**, 要請, 懇願〈for …を求めての / that 節 …という / to do …したいという〉‖ He put in a ~ to his boss *for* a vacation [pay raise]. 彼は上司に休暇[昇給]を願い出た / I **made** a ~ *for My Way*. 私は「マイウェイ」をリクエストした / He accepted his daughter's ~ *that* she study [《主に英》should study] abroad. 彼

は留学したいという娘の願いを聞いてやった / The coach refused my ～ *to* change positions. コーチは私の守備位置を交替したいという要望を拒否した
❷ Ⓒ 願い事，頼み事；要請物；要請書，依頼状；リクエスト曲 ‖ Do they play ～*s* on this radio show? このラジオ番組ではリクエスト曲をかけてくれますか
連語 ❶❷ 【形＋～】 a formal ～ 公式の要請 / repeated ～*s* たび重なる要請
【動＋～】 meet a person's ～ (人の)願いに応じる / consider a person's ～ (人の)願いを検討する / ignore [respect] a ～ 要請を無視[尊重]する / grant a ～ 願いを聞き入れる
❸ Ⓤ《古》需要，人気
at a pèrson's requést ; ***at the requèst of a pérson*** (人の)依頼[求め]により
by requést 依頼によって ‖ The band were playing numbers *by* ～. 楽団はリクエスト曲を演奏していた
****on*** [OR ***upon***] ***requést*** 請求あり次第，申し込めば ‖ Brochures will be mailed out *on* ～. パンフレットは請求あり次第発送します

COMMUNICATIVE EXPRESSIONS
[1] I'll prepàre lúnch today. **Àny requésts?** 今日は私が昼食を作るよ．何かご要望は（♥ 相手の要望や要求を漠然と尋ねる）

— 動 (**～s** /-s/ ; **～·ed** /-ɪd/ ; **～·ing**) 他 ❶ **要請する** **a** 《＋目》…を〈人などに〉(丁寧に)頼む，要請する(↷ ask for)〈**from, of**〉‖ We ～ the pleasure of your company at the party. パーティーへのご臨席をお願いいたします / She ～*ed* a sample copy *from* [OR *of*] us. 彼女は私たちに(新刊の)見本本を頼んできた / as ～*ed* 請われるままに / ～ permission to go out 外出許可を願う
b 《＋目＋**to** *do*》〔人に〕…するように頼む ‖ We ～*ed* her *to* attend our wedding reception. 私たちは彼女に結婚披露宴に出席してくれるよう頼んだ / You are ～*ed* not *to* smoke here. ここではたばこはご遠慮願います
c 《＋**to** *do*》…させてほしいと頼む ‖ He ～*s* *to* be excused. 彼はもう失礼させてくれと頼んでいる
d 《(＋**of** 名)＋**that** 節》(〔人〕に)…ということを頼む，…であることを要請する（♦ of 名 を用いるのはまれ）‖ The hostess ～*ed* *that* her guests sit [《主に英》should sit] down. 女主人は客におかけくださいと言った / "Please don't take any photos inside the room," she ～*ed*. 「部屋の中では写真を撮らないでください」と彼女は頼んだ
❷ (ラジオやショーなどで)〔曲など〕をリクエストする
▸▸ **～ stòp** 名 Ⓒ《英》リクエスト＝ストップ《乗客の要求があったときだけ停まるバス停留所》(→《米》flag stop)

re·qui·em /rékwiəm/ 名 Ⓒ ❶《しばしば R-》《カト》死者のためのミサ；鎮魂曲，レクイエム (requiem mass) ❷ (死者の霊を慰める)哀歌，挽歌(ばんか)；追悼詩

*****re·quire** /rɪkwáɪər/
— 動 〔▶ request 名，requirement 名，requisite 形，requisition 名〕(**～s** /-z/ ; **～d** /-d/ ; **-quir·ing**) 他 《通例進行形不可》❶ **必要とする** **a** 《＋目》…を必要とする，要する(↷ call for)；…を不可欠(の条件)とする(⇨ NEED 類語) ‖ Does this letter ～ an answer? この手紙には返事が必要ですか / His condition does not ～ medical attention. 彼の健康状態なら治療は必要ない / Is there anything else you ～? (店員が客に)ほかにお入り用のものがありますか / reach the ～*d* standard [OR level] 所定の水準に達する / qualifications ～*d* **for** this post このポストに必要な資格
b 《＋*doing*》…する[される]必要がある ‖ The roof ～*s* mending. その屋根は修理が必要だ / Bob will ～ looking after until he can walk again. ボブはまた歩けるようになるまで介護が必要だ（♦ *doing* で用いられる動詞は受身可能なものに限られるが受身形にはしない．〈例〉×My shoes require being mended.）
c 《＋目＋**to** *do*》…にとって…する必要がある ‖ The situation ～*s* us *to* cut back our spending. この状況では我々は消費を節減しなければならない
d 《＋**that** 節》…であることを必要とする ‖ The accident ～*d* *that* the technicians shut [《主に英》should shut] down the nuclear power plant immediately. その事故のため技術者たちは原子力発電所を即時閉鎖する必要があった
❷ (権利・権威・法律・資格などに基づいて)**要求する**，命じる **a** 《＋目》〈人に対して〉…を要求する，命じる，〔事柄・物〕を〈人から〉要求する〈**of, from**〉（♦ しばしば受身形で用いる）(⇨ DEMAND 類語) ‖ He ～*d* nothing *of* me. 彼は私に何も要求しなかった / Samuelson's *Economics* is ～*d* reading for this course. サミュエルソンの「経済学」はこのコースの必読書だ
b 《目＋**to** *do*》〔人〕に…するように命じる，要求する（♦ しばしば受身形で用いる）‖ The law ～*s* drivers *to* fasten their seat belts. 法律により運転者はシートベルトを締めることが義務づけられている
c 《(＋**of** 名)＋**that** 節》(〔人〕に)…ということを命じる，要求する（♦ of 名 は実際にはあまり用いられない）‖ It is ～*d* (*of* witnesses) *that* they give [《主に英》should give] evidence. (証人たちには)証拠を提出することが求められている / The rules ～ *that* employers provide safety training. 雇用者は安全訓練を施すよう規則で定められている
～d 形 必須の，不可欠な
語源 *re-* again＋*-quire* ask, seek : 再び求める

***re·quire·ment** /rɪkwáɪərmənt/ 名 〔◁ require 動〕(複 **～s** /-s/) ❶ Ⓤ/Ⓒ《しばしば ～s》(義務・条件として)要求されるもの[こと]；〈…にとっての〉必要条件，資格〈**for**〉；要求 ‖ The minimum ～ *for* the job is basic computer skills. この仕事に最低限必要な条件は基本的なコンピュータースキルです / meet [OR fulfill, suit, satisfy] every ～ あらゆる要求を満たす ❷ Ⓒ《通例 ～s》必要なもの，必需品 ‖ Savings usually lie behind ～*s*. 貯蓄はふつう必需品より後回しになる / a person's daily nutritional ～*s* 人が1日に必要な栄養摂取量

***req·ui·site** /rékwɪzɪt/ 《発音・アクセント注意》形 〔◁ require 動〕《限定》必要な，必須の〈**for** …に；**to** *do* …するために〉(⇨ NECESSARY 類語) ‖ You have [lack] the ～ experience [skills] for this task. 君にはこの仕事に必要な経験[技能]がある[不足している] / the ～ supplies *for* a journey 旅行に必要な品物 / the ～ visa *to* work in the U.S. 米国で働くのに必要なビザ
— 名 Ⓒ《～s》必需品，必要なもの；〈…の〉必要条件，要件〈**for, of**〉‖ He doesn't possess the ～*s* ⌈to be a pilot [*for* this position]. 彼にはパイロットになる[この地位に就く]ための必要条件が欠けている

req·ui·si·tion /rèkwɪzíʃən/ 名 〔◁ require 動〕Ⓒ Ⓤ ❶ (公式文書による)要求，要請，請求；要求[命令]書 ❷ (軍隊による)徴発，徴用；徴発令 — 動 他 (公式に)…の提供を求める；(軍隊が)〔物資など〕を徴発する

re·quit·al /rɪkwáɪṭəl/ 名 Ⓤ Ⓒ《堅》返礼，報酬；報復，復讐(ふくしゅう)

re·quite /rɪkwáɪt/ 動 他《堅》〔恩恵・人〕に報いる，恩返しする；〔危害など〕に報復する ‖ ～*d* love 報いられた愛

re·rate /riːréɪt/ 動 他 …を再評価[査定]する

re·read /rìːríːd/ 動 (**-read** /-réd/ ; **～·ing**) 他 …を再読する，読み返す

re·re·lease /rìːrɪlíːs/ <シ 動 他 〔映画・レコードなど〕を再発売[公開]する — 名 Ⓒ 再発売，再公開

re·route /rìːrúːt/ 動 他 (事故・工事などのため)〔人・車〕を別のルートで輸送する[通す]，…の輸送路を変える

re·run /rìːrʌ́n/ (→ 名) 動 (**-ran** /-rǽn/ ; **-run** /-rʌ́n/ ; **-run·ning**) 他 ❶ …を再上映[放映]する ❷ 〔レース〕をやり直す；(一般に)…をやり直す ❸ 💻 …を再実行する
— 名 /ríːrʌ̀n/ Ⓒ ❶ 再上映，再放映 ❷ 再レース；(一般

に)やり直し, 繰り返し ❸ 🖳再実行

res. 略 research ; reservation ; reserve(d) ; reservoir ; residence ; resident ; resigned ; resolution

re·sale /ríːsèɪl/ 名 U 再販 ; 転売

rè·sál·a·ble 形 再び売れる ; 転売できる

re·sched·ule /rìːskédʒuːl | -ʃédjuːl/ 動 他 ❶〔日時〕を〈…に〉変更する〈**for, to**〉‖ The conference has been ~*d for* April 10. 会議は4月10日に変更された ❷〔借金など〕の返済計画を組み直す　**-ul·ing** 名

re·scind /rɪsínd/ 動 他 〖法〗〔法律・協約など〕を廃止する, 取り消す, 撤回する　**~·a·ble** 形　**~·ment** 名

re·scis·sion /rɪsíʒən/ 名 U 《堅》取り消し, 廃止, 撤回

re·script /ríːskrɪpt/ 名 C ❶ 布告, 勅令, 詔勅 ❷ (ローマ教皇の)答書 ; (ローマ皇帝の)勅裁書

‡res·cue /réskjuː/

── 動 (**~s** /-z/ ; **~d** /-d/ ; **-cu·ing**) 他 ❶ …を〈災難・危害などから〉**救う**, 救助する ; …を〈監禁などから〉救い出す, 救済する (✎ bail out)〈**from**〉; 〔人〕を解放する (⇨ SAVE[1] 類語) ‖ ~ a drowning child = ~ a child *from* drowning おぼれかけている子供を救助する / ~ a bank *from* bankruptcy 銀行を倒産から救う / ~ hostages 人質を救出する

❷ 〖法〗〔差し押さえ物件〕を不法に奪還する ; 〔財産など〕を力ずくで取り戻す ; 〔囚人〕を脱走させる

── 名 (複 **~s** /-z/) ❶ U C 〈…の〉救助, **救出**〈**of**〉; 《形容詞的に》救助[救済]の ‖ a daring ~ on [OR in] the rough sea 荒海での果敢な救助 / a ~ operation [OR attempt] 救助活動[作業] / a ~ party [OR corps, team] 救助隊 / carry out (the) ~ work 救出作業を行う ❷ U 〖法〗(囚人・物品などの)不法奪還 ; 不法奪回

PLANET BOARD 60

徐々に変化していることを表す場合に resemble の進行形を使うか.

問題設定　状態動詞はふつう進行形にしないが, 状態の変化(推移)を表す場合には進行形で使われることがあるとされる. 実際の使用率を調査した.

Q 次の表現を使いますか.

Jim is **resembling** his father more and more.

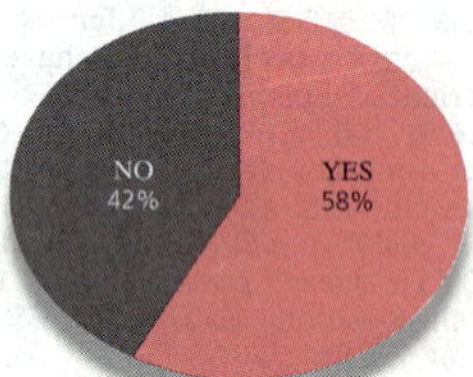

半数以上の人がこの表現を使うと答えている. その中では, この表現を《堅》とする人が比較的多く, 《口》とする人は少なかった.

代替表現としては Jim is looking more and more like his father. / Jim is becoming more and more like his father. / Jim is coming to resemble his father more and more. などがあげられ, Jim resembles his father more and more. / Jim looks (more and) more like his father every day. のように進行形を用いないで表すという人も少なくない. また, resemble の進行形を使うと答えた人の中でも, ふつうはこれらの代替表現を用いると述べた人もいた.

学習者への指針 「…にだんだん似てきている」を be resembling ... more and more で表すことは可能だが, この意味は必ずしも resemble の進行形を使わなくても表すことができる.

gò [*còme*] *to* 「*a pèrson's réscue* [OR *the rèscue of a pérson*] (人を)救助に行く[来る] ; (人を)窮地から救う

▶▶ **~ rèmedy** 名 C U 《英》《商標》レスキューレメディー《気分を和らげたり落ち着かせるための花エキス》

res·cu·er /réskjuːər/ 名 C 救助[救出]者

‡re·search /ríːsəːrtʃ, rɪsə́ːrtʃ | rɪsə́ːrtʃ, ríːsəːrtʃ/(→ 動) 名 動

── 名 (複 **~·es** /-ɪz/) ❶ U/C 《しばしば ~es》〈…についての〉(周到で体系的な)**研究**, 調査, 研究能力 ; (学術的)**調査**, 探求〈**into, on, in**〉(♦ 数える場合には a piece of research, two pieces of research のように用いる. 研究全体を漠然と指す場合に researches を用いることがあるが, 個々の研究を数えるのに ˣa research, ˣtwo [many] researches とはいわない) ‖ Extensive market ~ must be done before opening a convenience store. コンビニを開店する前には幅広い市場調査を実施しなければならない / ~ *on* [OR *into*] ancient Egypt 古代エジプトの研究 (♦ 特定のテーマの研究には on か into をつける) / recent ~ *on* Kennedy ケネディに関する最近の研究 (♦ 人に関する研究の場合前置詞は on) / the ~ *in* phonetics = phonetics ~ 音声学の研究 (♦ 学問分野の名称には in をつけるのがふつう) / do [OR conduct, carry out, ˣmake] ~ *in* a new field 新しい分野の研究をする / through ~ 調査によって

❷ 《形容詞的に》研究の, 調査の ‖ a ~ worker in pathology 病理学の研究員 / a ~ **project** 調査計画 / a ~ grant 研究助成(金)

── 動 /rɪsə́ːrtʃ, + 米 ríːsəːrtʃ/ (**~·es** /-ɪz/ ; **~ed** /-t/ ; **~·ing**)

── 自 〈…を〉**研究[調査]する**〈**into, in, on**〉‖ ~ *into* the effects of acid rain 酸性雨の影響を調べる

── 他 **a** 《+目》…を(綿密に)調査する, 研究する ; 〔論文・番組など〕に必要な情報を見つける ‖ This paper has been very well ~*ed*. この論文はとてもよく調査ができている　**b** 《+wh 節》…かを調査する, 研究する ‖ She ~*es* *what* makes people happy. 彼女は人が何をもって幸せと感じるか研究している

▶▶ **~ and devélopment** 名 U C (企業などの) 研究開発[部門]《略 **R&D**》

‡re·search·er /rɪsə́ːrtʃər, ríːsəːrtʃər/

── 名 (複 **~s** /-z/) C **研究[調査]者[員]**

re·seat /rìːsíːt/ 動 他 ❶ …を再び座らせる ; …を別の場所に座らせる, …を復位[復職]させる ‖ ~ oneself 座り直す, 再び着席する ❷〔ホールなど〕の座席を新しくする ; 〔いす〕のシートを張り替える ; 〔バルブなど〕を修理する, 再調整する

re·sec·tion /rɪsékʃən/ 名 U 〖外科〗切除

re·sell /rìːsél/ 動 (**-sold** /-sóuld/ ; **~·ing**) 他 …を転売する

***re·sem·blance** /rɪzémbləns/ 名 〔◁ resemble 動〕 ❶ U 似ていること, 類似 ; C 類似点〈**to** …との ; **between** …間の〉(↔ difference) (⇨ LIKENESS 類語) ‖ There is a close [OR strong] ~ *between* the two. 両者は極めて似通っている / What a ~! 何と似ているのだろう / see a family ~ *between* them 彼らの間に肉親としての類似を見る / Computers today bear [OR have] little ~ *to* [ˣwith] the ones five years ago. 今日のコンピューターは5年前のものとは様変わりしている

❷ C 似ているもの[人], 似顔, 肖像

‡re·sem·ble /rɪzémbl/

── 動 〔▶ resemblance 名〕 (**~s** /-z/ ; **~d** /-d/ ; **-sem·bling**) 他 《通例受身形・進行形不可》(外観・性質などが)…に〈…の点で〉**似ている** (⇨ TAKE *after*), 類似している, …と共通点がある〈**in**〉(♦ 他動詞なので ˣresemble to [with] ... としない) ‖ Her daughter **closely** ~*d* her (*in* character). 彼女の娘は彼女に(性格が)よく似ていた / The two sisters ~ each other *in* having fair hair. 2人の姉妹は共に金髪だという点で似ている / Life ~*s* gambling in a lot of ways. 人生は多くの点で賭

(ᵃ)け事に似ている(♦ more and more などを伴って経過を表す場合は進行形が可能 (⇨ PB 60). 〈例〉 The course of their economy is *resembling* that of Japan more and more as it develops. その(国の)経済状態は進展するにつれますます日本に似てきている)
語源 *re-* mutually+*-semble* look like：互いに似る

***re·sent** /rɪzént/ 《発音・アクセント注意》 動 他 憤る **a** 《+目》〔(不当な)干渉・侮辱・批判など〕に憤る, 憤慨する, 立腹する；…を恨みに思う；〔人〕に腹を立てる, 怒る ‖ He greatly [OR strongly, bitterly] *~ed* my remarks. 彼は私の言葉にひどく憤慨した(♦ resent を修飾する副詞の位置は直前がふつう) / She *~s* the teacher for being too tough on her daughter. 彼女は娘に厳しすぎるとその先生に腹を立てている **b** 《+*doing*》…することに憤慨する ‖ Any boy *~s* being called a coward. どんな男の子でもおく病者と呼ばれては憤慨する **c** 《+目+*doing* / +*one's doing*》〔人〕が…することに憤慨する ‖ She *~ed* him [OR his] intruding into her privacy. 彼が彼女のプライバシーを侵害したことに彼女は憤慨した
語源 *re-* back+*-sent* feel：相手に感情を持つ(♦ もとは悪感情という意味はなかった)

***re·sent·ful** /rɪzéntfəl/ 形 〈…に〉憤慨した, 腹を立てた, 恨みに思っている〈**about, at, of**〉 **~·ly** 副 **~·ness** 名

***re·sent·ment** /rɪzéntmənt/ 名 U/C 《単数形で》憤慨, 憤り, 義憤；敵意, 恨み(⇨ ANGER 類語) ‖ her ~ at being demoted 降格されたことに対する彼女の憤慨 / in [OR with] ~ 腹を立てて, 恨んで / feel [OR harbor, bear] (a) deep ~ against [OR at, toward] ... …に深い恨みを抱いている

re·ser·pine /résərpì:n/ 名 U 〖薬〗レセルピン《血圧降下・精神安定剤》

⁑res·er·va·tion /rèzərvéɪʃən/
— 名 〔◁ reserve 動〕 (複 **~s** /-z/) ❶ C 《しばしば ~s》(部屋・席・切符などの) **予約** (booking), 貸切；予約席[室], 予約されたもの ‖ I'd like to **make** a ~ for three people for 7 o'clock. 7時に3人の席を予約したいのですが / We **have** *~s* in the name of Spencer. スペンサーの名で予約してあります / cancel one's ~ 予約を取り消す / reconfirm one's ~ 予約の再確認をする
❷ U 遠慮, 隠し立て；(心中の)疑念, 心配〈**about** …についての / **that** 節 …という〉 ‖ I have serious *~s about* her ability to complete this mission. 彼女がこの任務をこなせるかどうか非常に心配している / **express** *~s about* its truth その真実性について疑念を表明する / without ~(*s*) 完全に, 疑いを差し挟むことなく / with ~(*s*) 留保[条件]付きで
❸ U C (特に権利などの)保留；〖法〗留保(権), 留保条項；(同意・意見などの)差し控え；制限, 条件, 但し書き；異存 ‖ I agreed to his suggestion **with** some *~s*. 私は彼の申し出を多少の条件付きで了承した
❹ C 《米》(特別目的の)公有地, 禁猟区(reserve)；(北米先住民などの)特別保留地 ‖ a wildlife ~ 野生動物保護区 ❺ U C 〖カト〗(聖別されたパンとぶどう酒の一部を病人などのために)とっておくこと

⁑re·serve /rɪzə́:rv/ 《発音注意》
中心義 **後(のため)にとっておく**
— 動 〔▶ reservation 名〕 (**~s** /-z/；**~d** /-d/；**-serv·ing**)
— 他 ❶ 〈将来やある目的のために〉…を残しておく, **とっておく** (✎ keep back), 蓄える；〈特定の人のために〉…を別にしておく〈**for**〉 (⇨ KEEP 類語) ‖ He *~d* his weekends *for* working in the garden. 彼は週末を庭いじりのために空けておいた / These seats are *~d for* the elderly and disabled. こちらの席はお年寄りや体の不自由な人のためのものです
❷ **a** 《+目》〔席・部屋など〕を**予約する** ‖ ~ a room at the hotel ホテルの部屋を予約する(♦ reserve a hotel は「ホテルの全室を予約する」の意) **b** 《+目 *A*+目 *B* ⇄ +目 *B*+**for** 目 *A*》*A*(人)のために*B*を予約する ‖ Please try to ~ a seat *for* me.=Please try to ~ me a seat. 私の席を予約してみてくれませんか
❸〔判決・判断など〕を保留する, 見合わせる ‖ ~ judgment 判断を保留する ❹〖法〗〔権利・利益など〕を保有する, 留保する ‖ All **rights** *~d*. 著作権所有 / I ~ the **right** to make up my own mind (about) whether to go or not. 行くか行かないかは自分で決めます
— 名 (複 **~s** /-z/) ❶ C 《しばしば ~s》**蓄え**, 蓄積, 備え；予備(品), 保存物 ‖ oil *~s* 石油の埋蔵量 / have no ~ of money お金の蓄えがない / exhaust one's *~s* of strength 蓄えていた力を使い切る
❷ U (感情などを)表に出さないこと, 控えめ, **遠慮**, 慎み ‖ Tell me, without ~, what's been bothering you. あなたを悩ませているのは何なのか, 遠慮なくおっしゃってください / His joke「broke down [OR threw off] everybody's ~. 彼の冗談で全員が打ち解けた
❸ C (銀行の)準備金；(会社の)予備金, 積立金 ‖ a bank's *~s* 銀行の準備金 / the gold ~ 正金準備 / a ~ for「dead loans [OR bad debts] 貸倒準備金
❹ C 《しばしば ~s》予備軍, (軍隊・警察などの)予備隊；《the R-》予備役兵(reservist), 民兵；〖スポーツ〗補欠(選手)；《the ~s》補欠チーム ❺ 《形容詞的に》予備の, 準備の ‖ a ~ fund 準備金, 積立金 / a ~ supply 予備[貯蔵]品 / an auction without a ~ (price) 落札最低値段なしの競売 ❻ C 特別指定地, 保護区 (《主に米》preserve)；(北米先住民などの)保留地 (reservation) ‖ a forest ~ 保安林 / a **nature** ~ 自然保護区 ❼ U 条件(づけ), 制限, 保留, 手加減 ‖ with ~ 条件付きで
***in resérve** とっておいた, 蓄えてある；予備の ‖ I always keep ¥500,000 [some food] *in* ~. 予備の金を50万円[食料をいくらか]常時用意している
語源 *re-* back+*-serve* keep, save：後に残しておく
▸▸ **~ bànk** 名 C 《米》連邦準備銀行 **~ cùrrency** 名 C 準備通貨《国債決済手段用に中央銀行に保有される外貨》 **~ fòrce** 名 C 〖軍〗予備軍[部隊] **~ príce** 名 C (競売などの)最低価格

***re·served** /rɪzə́:rvd/ 形 ❶ (言葉・態度などが)遠慮した, 控えめの；打ち解けない, 内気な ‖ a ~ person 控えめな人 ❷ 予約した, 貸し切りの；(目的・人のために)とっておいた, (権利などを)保留した, 予備の ‖ ~ seats 予約席
~·ly 副 遠慮して, 控えめに；言葉少なく
▸▸ **~ occupátion** 名 C U 《英》兵役免除職 **~ wórd** 名 C 💻予約語《プログラムのコマンド名などとして用いられており, ユーザーがファイル名や変数名として使えない語》

re·serv·ist /rɪzə́:rvɪst/ 名 C 予備役兵, 在郷軍人

***res·er·voir** /rézərvwà:r/ 《発音・アクセント注意》 名 C ❶ (天然または人工の)貯水池, ため池, 貯水槽；ガスタンク；油槽；ランプの油つぼ, 万年筆のインク筒 ‖ an oil [air] ~ (エンジン・機械などの)オイルタンク[(圧縮空気の)空気だめ] ❷ (一般に)貯蔵所[器]；宝庫；〈経験・知識などの〉蓄積, 蓄え〈**of**〉 ‖ a ~ *of* knowledge [wealth] 知識の宝庫[富の蓄積] ❸〖生〗(液体を包容する)貯蔵器；〖医〗病原体の保菌者, 保有宿主；〖地〗油[ガス]層《岩石中の石油[天然ガス]がたまるところ》

***re·set** /rì:sét/(→ 名) 動 (**-set**；**-set·ting**) 他 ❶ …を置き直す, 再び据える；〔折れた骨〕を継ぎ直す；〔活字〕を組み直す；〔宝石〕をはめ直す；〖ボウリング〗〔ピン〕をリセットする(♦ しばしば受身形で用いる) ❷〔計器など〕の目盛りをセットし直す[0に戻す]；💻〔ハードウェア〕を初期状態に戻す, 〔設定値や変数など〕を初期値に戻す；〔パスワードなど〕を再設定する；〔OS・コンピューター〕を再起動する — 名 /ˊ-ˋ/ ❶ U 組み直し, はめ直し；置き換え ❷ C 置き換えた[組み直した]もの ❸ U C 💻初期化[リセット], (パスワードなどの)再設定, 再起動 ‖ a ~ button リセットボタン

re·set·tle /ri:sétl/ 動 他 〔難民など〕を新しい場所に定住させる；〔土地〕を再び居住地に使う；〔人〕を新しい場所[環境]で落ち着かせる — 自 新しい場所に定住する；新しい場所

[環境]で落ち着く **~·ment** 名

re·shape /rìːʃéɪp/ 動 他 …を作り直す，新しい形[形態]にする

re·shuf·fle /riːʃʌ́fl/ (→ 名) 動 他 自 ❶ (トランプの札を)切り直す ❷ (内閣などを)改造する

—名 /ríːʃʌ̀fl/ Ⓒ ❶ (トランプの札の) 切り直し ❷ (内閣・人事などの)異動，改造 ‖ a cabinet ~ 内閣改造

***re·side** /rɪzáɪd/ 《発音注意》 動 〔▶ residence 名, resident 形〕 自 ❶ (+副句)(ある場所に長期間)住む，居住する(♦ live の堅い言い方. ⇨ LIVE[1] 類語)；在勤[在留]する，駐在する ‖ He ~*s* in Atlanta, Georgia. 彼はジョージア州のアトランタに住んでいる / ~ abroad 海外に住む ❷ 《進行形はまれ》(性質・特色などが)〈…に〉ある〈**in**〉；(権力・権利などが)〈…に〉存在する，付与されている，帰する〈**in, within, with**〉 ‖ A smoldering anger ~*d in* his eyes. 彼の目は怒りに燃えていた

語源 *re-* back, behind＋*-side* sit：座って残る，とどまる

***res·i·dence** /rézɪdəns/ 名 〔◁ reside 動〕 ❶ Ⓒ 住居，住宅；(広壮な)家，邸宅，屋敷；(大使などの)公[官]邸(♦法律用語としては大小にかかわらず「住宅」を指すが，一般には「立派な邸宅」を意味する. house の意味で用いるのは気取った言い方. ただし電話での会話 (→ CE 1) では決まり文句として用いる. 略 res.) ‖ have one's ~ in ... …に居住する / change one's ~ 引っ越す / an official ~ 公邸，官舎 ❷ Ⓤ 居住；在留，駐在；在学；永住権[許可](residency) ‖ take up ~ in Paris パリに居を定める / 「the right [a certificate] of ~ 居住権[証明書] / permanent [temporary] ~ 永住[一時的居住] / a hall of ~ 学生寮 ❸ Ⓒ 在住[駐在]期間 ‖ after a ~ of 30 years 30年に及ぶ在住ののち

in résidence ① (仕事・任務などで)駐在して，公邸[官舎]に住んで；大学の寄宿舎[寮]に住んで，在学して ② (作家・芸術家などが)学内に居住して指導する

tàke ùp résidence 居を定める，住みつく

COMMUNICATIVE EXPRESSIONS

1 (**Helló,**) this is (the) Smíth **rèsidence.** (もしもし)スミスです(♥ 電話に出る際の受け答え. やや古風)

res·i·den·cy /rézɪdənsi/ 名 (複 **-cies** /-z/) Ⓤ Ⓒ ❶ ＝residence ❷, ❸ ❷ (大使などの)公邸，官邸；(昔のインドの)総督代理の官邸 ❸ 《米》(病院詰めの)医学実習期間；実習医の身分 ❹ Ⓒ (芸術家・作家などの) 常駐教員職 (の期間)

***res·i·dent** /rézɪdənt/ 名 (複 **~s** /-s/) Ⓒ ❶ 居住者，定住者(↔ nonresident) (→ inhabitant)；《英》(ホテルなどの) 滞在客 ‖ Japanese ~*s* in Britain 在英日本人 / the ~*s* of London ロンドンの住民 / summer ~*s* 避暑客 ❷ 外国駐在の情報員；《R-》《英》(昔のインドなどの)総督代理；高等弁務官 ❸ 《米》(病院詰めの)実習医(《英》registrar) ❹ 留鳥(→ migrant)；定住動物

—形 〔◁ reside 動〕《比較なし》 ❶ 《叙述》〈…に〉住んでいる，居住[在住，在留]している〈**in**〉 ‖ The professor is now ~ abroad [*in* Michigan]. 教授は現在外国に[ミシガンに]住んでいる ❷ 《限定》駐在する，寄留する，居住する，住み込みの；専属の ‖ a ~ student (通学生に対して)寄宿生 / the ~ population of a city 市の居住人口 / the ~ conductor at the Boston Symphony Orchestra ボストン交響楽団の常任指揮者 ❸ (性質・権利などが)〈…に〉本来備わっている，内在する，固有の〈**in**〉 ‖ a right ~ *in* the nation 国家固有の権利 ❹ (鳥が) 留鳥の(→ migratory)；(動物が)定住性の ❺ 💻 (プログラムなどが)常駐の ‖ a ~ program 常駐プログラム

▸▸ **~ commíssioner** 名 Ⓒ 《米》(プエルトリコからの)常駐代表の下院弁務官《発言権はあるが投票権はない》 **~s' associàtion** 名 Ⓒ 《英》(地域の住宅環境を保全するために組織された)住民の会，自治会

***res·i·den·tial** /rèzɪdénʃəl/ ⊲ 形 《通例限定》 ❶ 住宅の；住居に適した，住宅向きの ‖ a ~ community [quarter] 住宅地域[区域] ❷ 居住に関する，居住の ‖ the ~ qualifications for voters 投票者に必要な居住資格 ❸ (学生のための)宿泊設備のある，寄宿制の；住み込みの ‖ a ~ college 学生寮のある[全寮制の]大学 / a ~ job 住み込みの仕事 **~·ly** 副 住居として

▸▸ **~ càre** 名 Ⓤ 《英》居住看護《子供や精神障害者などに介護施設を提供すること》 **~ hòme** 名 Ⓒ 居住型介護施設 **~ schòol** 名 Ⓒ 《米》(障害児のための) 寄宿養護学校；《カナダ》(遠隔地に住む北米先住民やイヌイットの子弟のための) 国営の寄宿学校 **~ tréatment facìlity [cènter]** 名 Ⓒ 《米》居住治療施設《アルコール[薬物]依存症・ADHD・精神疾患などの治療をする》

res·i·den·ti·ar·y /rèzɪdénʃəri/ 形 ❶ 居住[在留]している ❷ 官公舎に住まねばならない，駐在を要する

—名 (複 **-ar·ies** /-z/) Ⓒ 〖宗〗教会駐在司祭[聖職者]

re·sid·u·al /rɪzídʒuəl | -djuəl/ 形 《限定》 ❶ 残りの，残余の ‖ a ~ effect 残留効果 / one's ~ income (税引き後の)手取り収入 ❷ 〖医〗(排出後まだ器官に)残留している ❸ 〖地〗残積成(土壌)の ❹ 〖数〗剰余の，余りの；(計算間違いなどが)説明のつかない

—名 Ⓒ ❶ 残余，残り，残留物 ❷ 《しばしば ~s》(出演者への)再放送料(repeat fee) ❸ 〖統計〗(実測値と理論値との)誤差 ❹ 〖地〗残丘 **~·ly** 副 残りとして

re·sid·u·ar·y /rɪzídʒuèri | -djuəri/ 形 ❶ 〖法〗残余遺産の[に関する] ‖ a ~ legatee 残余遺産受取人 ❷ 残りの，残滓(ざんし)の ‖ ~ substances 残留物質

***res·i·due** /rézɪdjùː/ 名 Ⓒ ❶ 残り(物)，残余 ‖ the ~ in a wine glass ワイングラスの飲み残し ❷ 〖法〗残余遺産；〖化〗残滓，残留物

re·sid·u·um /rɪzídʒuəm | -dju-/ 名 Ⓒ 残留物

***re·sign** /rɪzáɪn/ 《発音注意》 動 〔▶ resignation 名〕 自 ❶ (正式の手続きで)〈…の地位を〉辞任する，辞職する〈**as**〉；〈職・組織などから〉退く，〈…を〉やめる〈**from**〉 ‖ The Cabinet ~*ed*. 内閣が辞職した / ~ *as* Vice President 副大統領を辞める / ~ *from* a committee 委員会から退く ❷ 〖チェス〗投了する

—他 ❶ 〔官職・地位など〕を辞める，退く，辞する ‖ ~ one's office [OR post, seat, job] 辞職する ❷ 〔権利・主義・希望など〕を放棄する，断念する；〔仕事・責任など〕を〈…に〉譲り渡す〈**to**〉 ‖ ~ all hope あらゆる希望を捨てる ❸ 《~ oneself または受身形で》〈…に〉身をゆだねる[託する]，〈…を〉甘受する，あきらめる〈**to**〉 ‖ *Resign* yourself *to* the will of God. 神の意志に身をゆだねなさい / She has ~*ed* herself *to* having no children. 彼女は子供を持つことをあきらめてしまっている / They were ~*ed to* their fate. 彼らは運命を甘受していた

語源 *re-* back, again＋*-sign* seal：(辞めることについて)判を押し直す

***res·ig·na·tion** /rèzɪgnéɪʃən/ 《発音注意》 名 〔◁ resign 動〕 ❶ Ⓤ Ⓒ 辞めること，辞職，辞任；Ⓒ 辞表，辞職届(letter of resignation) ‖ a collective ~ 総辞職 / demand his ~ 彼の[に]辞任を要求する / 「hand in [OR send in, give in, offer, tender] one's ~ 辞表を提出する / withdraw one's ~ 辞表を撤回する ❷ Ⓤ 服従，甘受；あきらめ，放棄 ‖ ~ to one's bitter fate 苛酷な運命の甘受 / with ~ あきらめて

re·signed /rɪzáɪnd/ 形 〈…をせざるを得ないと〉あきらめた，観念した〈**to**〉 ‖ He seemed ~ *to* going to work on Sunday. 彼は日曜出勤はやむを得ないとあきらめているようだった / with a ~ sigh あきらめたようにため息をついて

re·sign·ed·ly /rɪzáɪnɪdli/ 副 あきらめて，仕方なく

re·sil·ience /rɪzíliəns/, **-ien·cy** /-iənsi/ 名 Ⓤ ❶ 弾力(性)；跳ね返り ❷ 復元力；(病気で沈んだ状態などからの)回復力，快活さ

re·sil·ient /rɪzíliənt/ 形 ❶ 跳ね返る，弾む，弾力(性)のある ❷ 回復力のある，すぐ元気になる，(苦難などから)立ち直りの早い **~·ly** 副

***res·in** /rézɪn/ 名 Ⓤ Ⓒ 樹脂，松やに；ロジン(rosin)；合成樹脂 —動 他 …を樹脂加工する，…に樹脂を塗る

res·in·at·ed /rézɪnèɪṭɪd/ 形 (ワインなどが) 樹脂の香りをつけた；樹脂加工した

res·in·ous /rézɪnəs/ 形 樹脂(性)の, 樹脂のような；樹脂から採れる；樹脂を含む

:re·sist /rɪzíst/ 《発音注意》
—動〔▶ resistance 名, resistant 形〕(~s /-s/；~·ed /-ɪd/；~·ing)
—他 ❶ **抵抗する** a (+目)…に抵抗する, 反抗する, …を阻止する, 追い払う；〔提案など〕に反対する, 〔法など〕に逆らう ‖ ~ tradition 伝統に逆らう / ~ an invasion 侵略を食い止める / ~ the introduction of new technology 新技術の導入に反対する / ~ the law 法に逆らう / ~ pressure to change a policy 政策変更を求める圧力に抵抗する b 《+*doing*》…することに抵抗する ‖ He ~*ed* being arrested. 彼は逮捕されるのに抵抗した (= He ~*ed* arrest.) c 《+目+*doing*》…が…することに抵抗する ‖ We have always ~*ed* foreign companies coming in. 我々は常々外国企業の参入に抵抗してきた
❷ 《通例否定文で》 a (+目)〔誘惑など〕に耐える；…**を我慢する**, 控える ‖ She can't ~ chocolates. 彼女はチョコレートを見るとつい手が出てしまう / ~ **temptation** [an impulse, an urge] 誘惑 [衝動] に負けない b 《+*doing*》…するのを我慢する (⤷ keep from) ‖ I couldn't ~ making a joke. 冗談を言わずにはいられなかった
❸〔病気・自然力・化学作用など〕に侵されない, 影響されない, 耐える ‖ This metal ~*s* rust. この金属はさびに強い (=This metal is rust-resistant.)
—自 抵抗[反抗]する(⤷ fight back), 反対する；耐える
—名 U C 防腐剤；防食剤, 防染剤
~·er 名 C 抵抗者, (特に)政府の政策に反対する人
語源 *re-* against＋*-sist* stand：…に反対して立つ

:re·sist·ance /rɪzístəns/
—名〔◁ resist 動〕(複 **-anc·es** /-ɪz/) ❶ U/C 《a ~》〈…に対する〉**抵抗**, 反抗, 敵対, 妨害；反対〈**to, against**〉‖ crush [OR put down] ~ 抵抗を鎮圧する / The troops made [OR offered, put up] a strong ~ *to* the enemy's advance. 軍隊は敵の進攻に対し頑強に抵抗した / Gandhi became a symbol of non-violent ~ *to* oppression. ガンジーは圧制に対する非暴力的抵抗のシンボルとなった / meet with ~ from ... …の反対に遭う

Behind the Scenes **Resistance is futile.** **逆らっても無駄だ** SFドラマ *Star Trek* で, ボーグが使うせりふ. ボーグとは, assimilation「同化」と呼ばれる強制的なサイボーグ化によって, ほかの生き物を自組織へ取り込んでいく機械生命体を指し, 同化の際に "We are the Borg. You will be assimilated. Resistance is futile."「我々はボーグだ. おまえたちは同化される. 抵抗は無意味だ」と言う(♥ 往生際の悪い相手などに対してしばしばふざけて用いる)

❷ U/C 《a ~》〈病気などに対する〉抵抗(力), 耐性〈**to**〉‖ Children must develop [OR build up] (a) ~ *to* infection. 子供たちは感染症に対する抵抗力をつける必要がある / the body's natural ~ *to* disease 病気に対する体の自然な抵抗力
❸ U/C 《単数形で》〈人・物などに対する〉(空気・水などの)抵抗(力)〈**to**〉‖ reduce air ~ 空気抵抗を弱める
❹ U C 〖電〗(電気)抵抗 《記号 R》；C 抵抗器[装置](resistor) ‖ electrical ~ 電気抵抗 ❺ U C 反感, 反抗心；〖心〗抵抗 ❻ 《しばしば the R-》《単数・複数扱い》(占領下での)地下抵抗組織[運動], レジスタンス
the line [OR *path*] *of lèast resistance* 最も抵抗の少ない方法 (♥「たとえ正しい方法でなくても」の意を含む) (→ passive resistance)
▸▸ **~ bànd** 名 C (運動用の) レジスタンスバンド **~ èxercise** 名 U レジスタンスエクササイズ《筋力を強めるための運動. resistance [strength] training ともいう》

***re·sist·ant** /rɪzístənt/ 形〔◁ resist 動〕❶〈…に〉抵抗[反抗]する, 妨害する〈**to**〉‖ Some students are ~ *to* our school regulations. 我が校の校則に反対する生徒たちもいる ❷ 《しばしば複合語で》〈…に〉抵抗力[耐性]のある, 耐…の〈**to**〉‖ a metal ~ *to* acids 酸に強い金属 / antibiotic-~ bacteria 抗生物質が効かなくなった細菌, 耐性菌 / a quake-~ building 耐震性の建物

re·sist·i·ble /rɪzístəbl/ 形 抵抗[反抗]できる

re·sis·tive /rɪzístɪv/ 形 ❶ =resistant ❷〖理〗電気抵抗の

re·sis·tiv·i·ty /rìːzɪstívəṭi/ 名 U ❶ 抵抗力, 抵抗性 ❷〖電〗固有抵抗；抵抗率

re·sist·less /rɪzístləs/ 形 《英では古》 ❶ (強力で) 抵抗できない, 抵抗し難い(irresistible) ❷ (無力のため) 抵抗しない；無抵抗の

re·sis·tor /rɪzístər/ 名 C 〖電〗抵抗器[装置]

re·sit /rìːsít/ (→ 名) 動 (**-sat** /-sǽt/；**-sit·ting**) 他 自 《英》(…の)再試験を受ける —名 /ríːsìt/ C 再試験

re·size /rìːsáɪz/ 動 他 …の大きさを変更する

re·skill /rìːskíl/ 動 他〔失業者〕に新しい技術を教える
—自 新しい技術を学ぶ(《米》retrain)
~·ing 名 U 《英》(失業者に対する)再職業訓練

re·sole /rìːsóʊl/ 動 他〔靴〕の底を張り替える

re·sol·u·ble /rɪzá(ː)ljʊbl | -zɔ́l-/ 形 ❶ 分解 [分析] できる, 溶解できる ❷ 解決できる

***res·o·lute** /rézəlùːt/ 《アクセント注意》 形〔◁ resolve 動〕固く決心している, 断固とした, 確固とした ‖ He was ~ in turning down their bribe. 彼は彼らの賄賂(ﾜｲﾛ)の申し出をきっぱりと断った / a man of ~ will 確固たる意志を持つ男 **~·ly** 副 **~·ness** 名

res·o·lu·tion** /rèzəlúːʃən/ 名〔◁ resolve 動〕(複 **~s** /-z/) ❶ C (議会・集会などの) 決定, 決議；決議文 [案] 〈**to *do …しようという / **that** 節…という〉‖ pass [OR carry] a ~ for [against] the plan その案に賛成[反対]の決議をする / reject a ~ *to* build a new city hall 新しい市役所を建てる決議案を否決する / propose a ~ *that* whaling be [《主に英》should be] banned 捕鯨を禁止する決議案を提出する
❷ C 〈…しようという〉決意, 決心, 決断〈**to *do***〉‖ My New Year's ~ is *to* stop making cheap jokes. 私の年頭の決意はくだらないジョークを口にするのをやめることだ / She made [OR formed] a firm ~ *to* lose weight. 彼女はやせようと固く決心した / keep [break] one's ~ 決心を守る[破る]
❸ U 断固とした気性, 決断力, 果断, 不屈 ‖ a person of great [little] ~ 決断力が非常にある[ほとんどない]人
❹ U/C 《単数形で》〈問題などの〉解決, 解明；〈疑い・不満などの〉解消〈**of, to**〉‖ His advice led to the ~ *of* the family problem. 彼のアドバイスが家族問題の解決につながった / find a ~ *to* the population explosion 人口爆発の解決策を見つける ❺ U 〖化・理〗分解, 分析, 転換；U/C 《a ~》(テレビ映像・フィルムなどの)解像度；(レンズなどの)分解能(♦ ふつう修飾語を伴う) ‖ the ~ of sunlight into its spectral colors 日光のスペクトル色分解 / a TV screen with high ~ 高解像度のテレビ画面
❻ U 〖医〗(はれ物などの)消散 ❼ U C 〖楽〗解決《不協和音から協和音へ移行すること》；解決音 ❽ U 〖韻〗音節分裂《短音節2つで長音節1つに代えること》 ❾ C (小説・劇などで)問題の解決[結末]部

re·solv·a·ble /rɪzá(ː)lvəbl | -zɔ́l-/ 形 ❶ 分解 [分析] できる ❷ 解決[解明]できる

***re·solve** /rɪzá(ː)lv | -zɔ́lv/ 《発音注意》 動〔▶ resolution 名, resolute 形〕(~s /-z/；~d /-d/；**-solv·ing**) 他 ❶〔問題など〕を解く, 解決する(⤷ sort [OR work] out)；〔疑い・不安など〕を晴らす, 取り除く ‖ All doubts have been ~*d*. 疑いはすべて晴らされた / ~ a problem [conflict] 問題[紛争]を解決する
❷ a 《+**to *do***》…することを決心する, 決意する (⇨ DECIDE 類語) ‖ She ~*d* never *to* give up. 彼女は絶対

にあきらめないと決心した **b** 《+**that** 節》…ということを決心［決意］する ‖ I ~*d that* I would never break my promise. 私は何があっても約束を破らないと決意した
❸ **a** 《+**to** *do*》（議会などが）…することを決議する，議決する ‖ The committee has ~*d to* recommend him as a technical adviser. 委員会は彼を技術顧問として推挙することを決議した **b** 《+**that** 節》…ということを決議する ‖ The party ~*d that* the leader be［《主に英》should be］elected at the annual convention. 党は年次総会で党首を選出することを決議した
❹ …を〈構成要素に〉分解［分析］する〈**into**〉；〖数〗〔ベクトル〕を分解する ‖ ~ water *into* oxygen and hydrogen 水を酸素と水素に分解する / ~ a problem *into* simple elements 問題を単純な要素に分ける
❺ 《~ oneself で》だんだん〈…に〉変化する，変形する；（遠くにぼんやり見えていたものが）〈一つ一つ分かれて〉はっきり見えてくる〈**into**〉‖ My surprise ~*d* itself *into* delight. 驚きは喜びに変わっていった / The mass soon ~*d* itself *into* a flock of birds. そのかたまりはじきに鳥の群れであることがわかってきた ❻〖楽〗〔不協和音〕を協和音に変える［解決する］ ❼〖光〗〔像〕を明晰（めいせき）にする，解像する ❽〖医〗〔はれ物など〕を（化膿（かのう）させずに）散らす，消散させる
—自 ❶ 決心する，決意する〈**on** …を；**against** …しないことを〉；決議する〈**on** …に賛成して；**against** …に反対して〉‖ ~ *on* buying a house 家を購入することを決意する / ~ *on*［*against*］a new strategy 新戦略に賛成［反対］することを決議する
❷〈構成要素に〉分解する；（分解などで）〈…に〉変化する，還元する；だんだん変形する；（遠くにぼんやり見えていたものが）〈一つ一つ〉はっきり見えてくる〈**into**〉‖ Plastic doesn't naturally ~ *into* its component elements. プラスチックは構成元素に自然に分解しない
❸〖楽〗協和音になる ❹〖医〗（はれ物が）散る
—名 ❶ U/C 《単数形で》〈…する〉決心，決意，決断（resolution）〈**to** *do*〉‖ make［OR form］a ~ not *to* oversleep again 二度と寝過ごさないと決意する / strengthen his ~ 彼の決意を固める ❷ U 覚悟［意志］の堅さ，不屈 ‖ with (great) ~ 断固として / a person of (firm) ~ 意志の固い人 ❸ C 《米》（議会などの）決議
語源 *re-* again＋*-solve*（解く，緩める）

re·solved /rɪzɑ́(ː)lvd | -zɔ́lvd/ 形《叙述》決心した（determined）〈**to** *do* …すると / **that** 節 …ということを〉，決意の堅い，断固とした ‖ She was ~ not *to* marry a second time. 彼女は再婚すまいと心に決めていた / He was ~ *that* his children have［《主に英》should have］a good education. 彼は子供たちに立派な教育を受けさせようと決心していた **~·ly** 副

re·sol·vent /rɪzɑ́(ː)lvənt | -zɔ́l-/ 形 分解［溶解］させる；（はれ物などを）散らす
—名 C 溶かすもの，溶剤；（はれ物などの）消散剤

resólving pòwer 名 C U〖光〗解像力

res·o·nance /rézənəns/ 名 ❶ U 反響，響き，余韻；U C（心の）共鳴，連想，思い出 ❷ U C〖理〗共鳴（振動）；〖電〗共振，同調；〖音声〗共鳴；〖医〗打診音

res·o·nant /rézənənt/ 形 ❶（音が）反響する，（声などが）朗々とした ❷（部屋などが）共鳴を起こす；（場所などが）〈音で〉鳴り響く〈**with**〉‖ ~ walls 共鳴する壁 / an auditorium ~ *with* the shouts of students 学生の叫び声に沸き立っている講堂 ❸（物事が）〈…の〉意味合い［余韻］を持つ〈**with**〉 **~·ly** 副

***res·o·nate** /rézənèɪt/ 動 自 ❶〈…で〉反響する，鳴り響く〈**with**〉❷〈…に〉連想・共感を呼び起こす，共感させる〈**with**〉❸〈…で〉いっぱいである〈**with**〉❹〖電子〗共振する **—**他 …を共鳴させる；…を鳴り響かせる

res·o·na·tor /rézənèɪṭər/ 名 C 共鳴器；共振器

***re·sort** /rɪzɔ́ːrt/ 動 自 《+**to** 名》❶〔しばしば好ましくない手段〕に訴える，頼る ‖ If negotiations fail, they may ~ *to* (using) force. もし交渉が失敗したなら，彼らは武力（行使）に訴えるかもしれない / ~ *to* violence 暴力に訴える / ~ *to* drugs 麻薬に頼る
❷《堅》…へたびたび行く；…へ大勢で行く ‖ ~ *to* a hot spring 温泉によく出かけて行く
—名 ❶ C たまり場，盛り場；行楽地，保養地，リゾート地；《米》（娯楽・運動設備などのある）リゾートホテル ‖ a ~ of artists 芸術家のたまり場 / a summer［winter］~ 避暑［避寒］地 / a seaside［mountain］~ 海［山］のリゾート / a ski ~ スキーリゾート / a ~ hotel［beach］リゾートホテル［ビーチ］/ go to a ~ for one's vacation 休暇にリゾートホテルへ行く
❷ U〈好ましくない手段などに〉頼ること，訴えること〈**to**〉；C《単数形で》頼りにするもの［人］，手段，方策 ‖ without ~ *to* lawyers 弁護士に頼らずに / The court is our last ~. 法廷が私たちの最後の頼みの綱だ ❸ U しばしば通うこと；人出 ‖ a beach of great ~ 大変な人出の浜辺
****as a làst*** [OR ***final***] ***resórt*** 最後の手段として，せっぱ詰まって ‖ *As a last* ~ I can［OR could］sell my house. いよいよとなれば家を売ることだってできるさ
in the làst resórt 詰まるところ，結局，突き詰めると
~·er 名 C（盛り場などに）よく行く人；行楽客
語源「再び出かける」の意の古期フランス語 *resortir* から．18世紀に「気晴らしのために出かける場所」の意が生じた．

re·sound /rɪzáund/ 《発音注意》動 自 ❶（場所が）〈音などで〉反響する，こだまする，満たされる〈**to, with**〉‖ The streets ~*ed with* happy voices. 通りには楽しそうな声があふれていた ❷（楽器・音などが）鳴り響く［渡る］，こだまする；（名声・事件などが）知れ渡る **—**他《文》❶（場所が）〔音〕を反響させる ❷〔賞賛〕の言葉［声］を高らかに発する

re·sóund·ing /-ɪŋ/ 形《限定》❶（音などが）とどろき渡る，反響する ❷ 完全な，完璧（かんぺき）な ‖ a ~ victory［defeat］完勝［完敗］ **~·ly** 副

*****re·source** /ríːsɔːrs | rɪzɔ́ːs, -sɔ́ːs/ 名 動
中心義 （いざという時に）利用できる持ち前のもの
—名（複 **-sourc·es** /-ɪz/）C ❶《通例 ~s》（国の）**資源** ‖ The country's success isn't a miracle because it is rich both in natural and human ~*s*. その国は天然資源にも人的資源にも恵まれているのだから，発展するのは驚くに当たらない / The sun is a clean and limitless energy ~. 太陽はクリーンで無尽蔵のエネルギー源だ / develop［OR exploit］mineral ~*s* 鉱物資源を開発する
❷《通例 ~s》**資金**，財産，富；《米》（会社などの）資産（⇨ POSSESSION 類語）‖ ~*s* for investigation 調査の資金 / financial ~*s* 財源 / ~*s* and liabilities 資産と負債 / pool our ~*s* 資金を出し合う / lack［use up all］one's ~*s* 資金が不足している［をすべて使い尽くす］
連語 ❶❷ 【形+~】valuable ~*s* 貴重な資源［資金］/ available ~*s* 利用可能な資源［資金］/ scarce ~*s* 乏しい資源［資金］/ limited ~*s* 限られた資源［資金］
【~+名】~ management 資源［資金］の管理 / ~ allocation 資源［資金］の割り当て
❸ 教材，教育資材 ‖ a ~ room 教育資材室 / ~ books for teachers 教師のための資料集
❹（いざというときの）手段，方策；頼りとするもの［人］‖ We were at the end of our ~*s*. 我々は万策尽きた / as a［OR the］last ~ 最後の手段として
❺ U 機知，機転，臨機応変の才；才覚，手腕；C《~s》気力，勇気；（強い）精神力 ‖ She is「a woman of great［full of］~. 彼女は優れた才覚を持つ女性だ / She has inner ~*s* of character. 彼女は内に秘めた精神的な強さがある ❻ U 💻 リソース《プログラムを実行する際に使用・消費するコンピューター資源．特に各アプリケーションが使用するメモリーの容量》
lèave a pèrson to his/her òwn résources〔人〕をしたいようにさせておく，〔人〕をほうっておく
—動 他 …に資金［資材］を提供する

re·source·ful /rɪsɔ́ːrsfəl, -zɔ́ːrs-/ 形 (特に困難な状況において)対処の仕方の巧みな, 臨機応変の(才のある)
~·ly 副 **~·ness** 名

resp. 略 respective(ly) ; respiration ; respondent

****re·spect** /rɪspékt/ 名 動

— 名 〔▶ respectable 形, ❶ respectful 形, ❸ respective 形〕(複 **~s** /-s/) ❶ U/C 《単数形で》〈…への〉**尊敬**, 敬意〈**for, to**〉‖ I have [OR feel] 「a lot of [OR considerable] ~ *for* him as an enterprising manager. 私は彼を進取の気性に富んだ経営者としてとても尊敬している / The adventurer was treated with great ~. その冒険家は非常な敬意を持って遇された / show a deep ~ *to* [OR *for*] the national flag 国旗に深い敬意を払う / win [OR gain, earn, command] the ~ of one's students 学生たちの尊敬を得る / lose the ~ of one's colleagues 同僚の尊敬を失う / The lecture hall was named after him as a mark of ~ *for* his contribution to the community. 講堂は彼の地域への貢献に対する敬意のしるしとして彼の名前がつけられた
❷ U/C 《単数形で》〈…への〉**尊重**, 重視 ; 考慮, 配慮〈**for**〉‖ show ~ *for* the feelings of others 他人の気持ちを重んじる / have no ~ *for* the speed limit 速度制限を守らない / have ~ *for* oneself 自尊心を持つ, 自重する
❸ C **点**, 箇所, 項目 ‖ **in** other [some] ~*s* ほかの[いくつかの] 点で / **in** this [every, one] ~ この[あらゆる, ある] 点で ❹ C 《~s》よろしくという伝言, 丁重なあいさつ ‖ Please give [OR send, convey] my ~*s* to your brother. お兄さんによろしくお伝えください (↘ Please say hello to your brother (for me).)

in respéct of ... ① …に関しては, …については ② 《主に商用文で》…の支払いとして, …につき

in respéct that ... …ということを考えると, …を考慮して, …だから

pày one's làst [OR ***final***] ***respécts*** 〈故人に〉最後の別れを告げる, 〈故人の〉葬儀に参列する〈**to**〉

pày one's respécts 〈…を〉表敬訪問する〈**to**〉

****with respéct to ...*** …に関して, …について(は) (♥ 新しい話題の導入や前に出た話題の再提示) ‖ *With* ~ *to* your request, we regret that we must refuse. お客様のご要望につきましては, 残念ですがお断りせざるを得ません

COMMUNICATIVE EXPRESSIONS

1 **With (àll dùe) respéct,** I can't agrèe to your propósal. 失礼ながら[ごもっともですが] ご提案には賛成いたしかねます(♥ 反論するときの丁寧な前置き)

— 動 (**~s** /-s/ ; **~·ed** /-ɪd/ ; **~·ing**) 他 ❶ 《進行形不可》…を〈…の点で〉**尊敬する**, 敬う (↘ look up to) (↔ despise ; look down on)〈**for**〉; 《~ oneself で》自尊心を持つ, 自重する (⇨ 類語) ‖ I ~ her *for* her honesty. = I ~ her honesty. 私は彼女の正直なところを尊敬している / I ~ him as a comic genius. 彼を喜劇の天才として尊敬している / be **highly** ~*ed* 非常に尊敬されている
❷ …を**尊重する**, 大切に思う ; …に注意を払う, …を守る (↔ disregard) (⇨ 類語) ‖ ~ the rules of the game 競技のルールを尊重する / ~ others' **rights** [privacy] 他人の権利 [プライバシー] を尊重する / ~ the environment 環境を守る

語源 *re-* back + *-spect* look : 振り返って見る

類語 《他 ❶, ❷》 **respect** 「尊敬[尊重]する」を意味する最もふつうの語.
esteem 文章語で, 敬愛の気持ちを込めて尊敬する.
honor 人の名誉を認めて敬意を払う.
revere おそれあがめる.
adore 敬愛する. 尊敬と愛慕とあこがれの気持ちが含まれる (♦ 《口》では like very much の意味で使うことがある).

re·spect·a·bil·i·ty /rɪspèktəbíləṭi/ 名 U 品行方正 ; 立派な人格[評判, 社会的地位] ; 世間体

***re·spect·a·ble** /rɪspéktəbl/ 形 〔◁ respect 名〕(**more ~ ; most ~**) (⇨ 類語) ❶ (社会的な基準に照らして)ちゃんとした, 品位のある, まともな, 恥ずかしくない ‖ a ~ profession まともな職業 / a ~ young man 立派な若者 / young people of ~ homes ちゃんとした家の出の若い人たち ❷ (服装・行為などが)きちんとした, 正しい, 下品でない, 無難な ‖ ~ language きちんとした言葉遣い / make oneself ~ 身なりをきちんと整える / dress in a ~ way きちんとした服装をする ❸ (品質などが)まずまずの, かなりよい ; (大きさ・数量などが)かなりの, 相当な ‖ have ~ talents そこそこの才能がある / a ~ income かなりの収入 ❹ 尊敬に値する, 立派な ‖ He did it from ~ motives. 彼は立派な動機からそれを行った
~·ness 名 **-bly** 副 ① ちゃんと, まともに ② かなり

類語 **respectable** 「尊敬に値する」(= worthy of respect) の意から「立派な ; まともな, ちゃんとした ; 世間体のよい, みっともなくない」などの意味で用いられる. 〈例〉*Respectable* citizens obey the law. まともな市民は法を守る
respectful 「敬意に満ちた」(= full of respect) の意から「敬意を表する, 丁重な, かしこまった」などの意味を表す. 〈例〉The *respectful* soldier saluted his superior. 兵卒はうやうやしく上官に敬礼した

res·pect·er /rɪspéktər/ 名 C …を特別に尊重する人 ‖ He is a great ~ of human rights. 彼は人権を強く重んじている
be nò respècter of ... …を重視しない, 特別視しない ‖ *be no* ~ *of* persons (地位・貧富などによって) 人を差別扱いしない (♦ 聖書の言葉より) / Accidents are *no* ~*s of* age. 事故は年齢に関係なく起こる

***re·spect·ful** /rɪspéktfəl/ 形 〔◁ respect 名 ❶〕〈人に対して〉敬意を表する, 丁重な〈**to, toward**〉; 〈伝統などを〉尊重する, 重んじる〈**of**〉(⇨ RESPECTABLE 類語) ‖ stand at a ~ distance from him (敬意を表して) 彼から少し離れている / be ~ *to* [OR *toward*] one's boss 上司に対して丁重に振る舞う / be ~ *of* tradition 伝統を重んじる
~·ness 名

re·spéct·ful·ly /-fəli/ 副 敬意を表して, うやうやしく, 丁重に, いんぎんに ‖ *Respectfully* yours = Yours ~ 敬具 《手紙の古風な結びの句》

re·spect·ing /rɪspéktɪŋ/ 前 《旧》…に関して(は)

***re·spec·tive** /rɪspéktɪv/ 形 〔◁ respect 名 ❸〕《限定》それぞれの, めいめいの, 各自の (♦ 通例複数名詞を伴う. 略 resp.) ‖ Go back to your ~ seats. 各自の席に戻りなさい / The two sisters became successful in their ~ fields. 2人の姉妹はそれぞれの分野で成功を収めた

***re·spec·tive·ly** /rɪspéktɪvli/ 副 《通例文末に置いて》それぞれ, めいめいに ‖ The first, second, and third prizes went to Ed, Rick and Jeff, ~. 1等賞はエド, 2等賞はリック, 3等賞はジェフにそれぞれ与えられた

res·pir·a·ble /résp*ə*rəbl, rɪspáɪər- | résp*ɪ*rəbl, rɪspáɪər-/ 形 (空気が) 呼吸に適した, 呼吸できる

res·pi·ra·tion /rèspəréɪʃən/ 名 ❶ U 呼吸 (作用) ; C 《主に医》一呼吸, 一息 ‖ artificial ~ 人工呼吸 ❷ U 《生》呼吸作用

res·pi·ra·tor /réspərèɪṭər/ 名 C ❶ (ガーゼなどの) マスク ; 防毒マスク (respirator [OR gas] mask) ❷ 人工呼吸装置 ‖ be on a ~ 人工呼吸装置をつけられている

res·pi·ra·to·ry /résp*ə*rətɔ̀ːri, rɪspáɪə- | rɪspírətəri, -páɪə-/ 形 呼吸の(ための), 呼吸器に関する ‖ ~ difficulties 呼吸困難 / the ~ organs 呼吸器
▸▸ **~ distréss sỳndrome** 名 U 《医》(新生児の) 呼吸障害症候群

re·spire /rɪspáɪər/ 動 自 ❶ 呼吸する (breathe) ❷ 《文》(骨折りや苦労の後で)一息入れる, 休息する ; ほっと一息つく ; やる気を取り戻す — 他 …を呼吸する

res·pi·rom·e·ter /rèspərɑ́(ː)məṭər | -rɔ́mɪ-/ 名 C 《医》呼吸計 《呼吸による酸素の消費量をはかる》

R

res·pite /réspət | -paɪt/ 名 U/C《単数形で》❶〈労働・困難などの〉一時的休止, 息抜き, 休息(期間)〈**from**〉‖ take a ～ *from* one's work 仕事の中休みをする ❷(刑などの)猶予, 延期

re·splen·dence /rɪspléndəns/, **-den·cy** /-dənsi/ 名 U 輝かしさ, まばゆさ

re·splen·dent /rɪspléndənt/ 形〈…をまとって〉光り輝く(ばかりの), 絢爛(けんらん)たる, まばゆい〈**in**〉 **～·ly** 副

re·spond /rɪspá(:)nd | -spɔ́nd/

―動〔▶ response 名, responsible 形, respondent 形〕(**～s** /-z/ ; **～·ed** /-ɪd/ ; **～·ing**)

―自 ❶ **反応する, 応じる**, 応酬する;(必要性に)応える〈**to** …に; **with, by** *doing* 動作・行動・言葉などで〉‖ I waved at her but she didn't ～. 彼女に手を振ったが応じてくれなかった / ～ *to* his proposal「*with* a smile [OR *by* smiling] 彼の提案にほほ笑んで応じる / A teacher must ～ *to* the needs of each student. 教師は生徒一人一人の必要としていることに応えなければならない

❷〈質問・手紙などに〉**答える**, 返答する〈**to**〉(⇨ ANSWER 類語P) ‖ ～ *to*「a question [a letter, her words] 質問[手紙, 彼女の言葉]に答える

❸(人・病気などが)〈薬・治療などに対して〉(好ましい)反応[効果]を示す;(乗り物・機械などが)〈制御が〉(素早く・正しく)効く〈**to**〉‖ The patient is ～*ing* **well** *to* the medicine. その患者には薬がよく効いてきている / My motorbike suddenly stopped ～*ing to* the controls. 私のバイクは突然制御が効かなくなった

❹〖生理〗〈刺激に〉反応する〈**to**〉

❺〖宗〗(会衆が)〈司祭に〉応唱する〈**to**〉

―他 **a**《+目》…と答える ‖ He ～*ed* yes to the question. 彼はその質問に「はい」と答えた **b**《+**that** 節》…(である)と答える ‖ He ～*ed that* it would be impossible to carry out the proposed plan. 彼は提案された計画は実行不可能だと答えた / "I don't know," he ～*ed* coolly.「知らないよ」と彼は冷淡に答えた

―名(複 **～s** /-z/) C ❶〖建〗(アーチを支える)対応柱, 壁付き柱 ❷〖宗〗応唱句;応答聖歌

re·spond·ent /rɪspá(:)ndənt | -spɔ́nd-/ 名〔◁ respond 動〕C ❶〖法〗(特に離婚裁判での)被告(defendant) ❷(調査・アンケートなどの)回答者

―形《限定》答える;反応する;〖法〗被告の立場にある

re·sponse /rɪspá(:)ns | -spɔ́ns/《アクセント注意》

―名〔◁ respond 動 | ▶ responsive 形〕(複 **-spons·es** /-ɪz/) ❶ U C(行動などによる)**反応**, 対応;反響〈**to** …に対する; **from** …からの〉‖ Our appeal produced a sympathetic ～ nationwide. 私たちの訴えは全国的に共感を呼んだ / His speech met with no [an enthusiastic] ～. 彼の演説は反響が全くなかった[熱狂的な反響があった] / draw an angry ～ *from* employees 従業員の怒りを招く[買う]

❷ C U〈…に対する〉**応答**, 答え, 返答(♦ answer よりも堅い語)〈**to**〉‖ Her ～ was an emphatic "No!" 彼女の答えははっきりした「ノー」だった / make an incorrect ～ *to* a question 質問に間違った答えをする / **in** ～ *to* your request あなたの要請に応えて[応じて]

連語 ❶❷ **【形+～】** (an) immediate ～ 即座の反応[応答] / (an) emotional ～ 感情的な反応[応答] / (a) *positive* ～ 肯定的な反応[返答] / an appropriate ～ 適切な応答 / immune ～ 免疫反応
【動+～】 receive [OR get] a ～ 反応[応答]を得る / elicit a ～ 反応[応答]を引き出す / give a ～ 反応[応答]をする / bring (forth) a ～ 反応をもたらす / provoke [OR evoke, induce] a ～ 反応を引き起こす

❸ U C〖心・生理〗(刺激に対する)反応 ❹ C《通例 ～s》〖宗〗(会衆などの唱える)応唱句;応答聖歌 ❺ C〖トランプ〗(ブリッジで)パートナーのビッドに応答するビッド

COMMUNICATIVE EXPRESSIONS

1 **I have nò respónse.** 何も言うことはありません(♥ 何と言っていいかわからないときに)

2 **Thát dòesn't èven mèrit a respónse.** そんな考えには反応する意義すらありません;それはばかげています(♥ 意見・提案などの完全な却下)

▸▸ **～ tìme** 名 C 応答時間

re·spon·si·bil·i·ty /rɪspà(:)nsəbíləṭi | -spɔ̀nsə-/

―名〔◁ responsible 形〕(複 **-ties** /-z/) ❶ U **責任**(↔ irresponsibility), 責務〈**for** …に対する / **for** *doing* …することの〉;責任を負う対象; C《通例 one's -ties で》仕事上の責任, 職責 ‖ In our hospital each medical team **has** [OR bears] ～ *for* its patients. 我々の病院ではそれぞれの医療チームが患者に対する責任を負う / Women no longer **have** the sole ～ *for* doing housework. 女性だけが家事をする義務はもはやない / You must fulfill your *responsibilities* as a manager. あなたは支配人としての責任を全うしなければならない / I'll **take** [OR **accept**, assume, bear] full ～ *for* the accident. その事故に対する責任はすべて私がとります /They claimed all ～ *for* blowing up the train. 彼らは電車の爆破はすべて自分たちが行ったという犯行声明を出した / have no sense of ～ 責任感がない

❷ U(決定などの)**権限**, 裁量権, 権能 ‖ a position of great ～ 大きい権限を持つ地位

❸ C《単数形で》〈…する〉義務, 責任〈**to** *do*〉;〈…に対する〉道義的責任, 義務〈**to, toward**〉‖ Parents **have** a ～ *to* help their children learn to stand on their own. 親には子供が自立することを学ぶのを助ける責任がある / a moral ～ *to* the victims of the Holocaust ホロコーストの犠牲者に対する道義的責任

on one's òwn responsibílity 自己の責任で, (命令されたのではなく)独断で, 自分の一存で

re·spon·si·ble /rɪspá(:)nsəbl | -spɔ́n-/

―形〔◁ respond 動 | ▶ responsibility 名〕(**more ～ ; most ～**)

❶《叙述》**責任のある**, 責めを負うべき〈**for**(*doing*) 行為に; **to** 人に〉‖ I am ～ *to* their mother *for* taking care of the children. 私には子供の母親に対してその子たちの面倒をみてやる責任がある(♦ ×responsible to *do* は不可) / I feel ～ *for* this defeat. 今回の敗北の責任を感じている / The boss held me ～ *for* losing a good client. 上司は上得意を失ったことの責任は私にあると思った / Who's ～ *for* this event? このイベントの責任者はだれですか

❷《叙述》〈…の〉**原因となっている**〈**for**〉‖ Speeding is ～ *for* many accidents. スピードの出しすぎが多くの事故の原因になっている

連語 ❶❷ **【副+～】** be largely [OR primarily, mainly] ～ 主に責任がある, 主な原因となっている / be partly ～ 一部責任がある, 原因の一部となっている / be directly ～ 直接責任のある, 直接の原因となっている / be legally ～ 法的に責任がある / be ultimately ～ 最終的な責任がある[原因となっている] / be solely ～ すべての責任がある[原因となっている]

❸《叙述》〈上役・権限のある人などに〉報告する義務のある, 〈…に〉説明責任がある〈**to**〉‖ The cabinet is ～ *to* Parliament. 内閣は国会に対して報告義務を負う

❹《限定》(仕事・地位などが)責任を伴う, 責任のある

❺(人・行動・態度などが)**信頼できる**, 責任[義務]を果たせる;理性的行動をとれる, 善悪の判断ができる(↔ unreliable) ‖ a ～ age 理非をわきまえた年齢 / a ～ adult 信頼できる大人 / She's very ～. 彼女はとても信頼できる人だ ❻ 支払[債務履行]能力がある

COMMUNICATIVE EXPRESSIONS

1 **I'm fùlly respónsible.** すべて私の責任です(♥ 自分の非を認める)

~·ness 名 -bly 副 責任を持って；確実に

re·spon·sive /rɪspɑ́(ː)nsɪv | -spɔ́n-/ 形〔◁ response 名〕❶〈…に〉すぐ[よく]反応する〈**to**〉；感じやすい，敏感な ‖ a ~ audience 反応のよい聴衆 ❷ 答える，応答する；応答の ❸〖宗〗応答聖歌を用いる **~·ly** 副 **~·ness** 名

***rest**[1] /rest/(♦ 同音語 wrest) 名 動

中心義 **Aが動かないようにする(こと)**(★Aは具体的な「人」や「物」に限らず，「理論」「視線」「心」など抽象的なものまで多様)

—名(複 **~s** /-s/) ❶ Ⓒ Ⓤ **休息**，休養，静養(期間)，休憩(↔ work)；睡眠 ‖ He did not get enough ~. 彼は十分な休養がとれなかった / I took [OR had] several ~*s* on my way. 私は途中で何回か休んだ / a day of ~ 安息日，日曜日 / You need a good night's ~. 君は一晩ぐっすり眠る必要がある / go to ~ 床に就く

連語【形+~】a good ~ 十分な休息 / a complete ~ 絶対安静 / a long [short] ~ 長期の[短い]休息

❷ Ⓤ/Ⓒ《単数形で》〈苦痛・心配事などからの〉解放，安心，安らぎ〈**from**〉；Ⓤ 永眠 ‖ give him some ~ *from* pain 彼の苦痛をいくぶん和らげる / go to one's eternal ~ 永眠する

❸ Ⓤ/Ⓒ《単数形で》停止，休止(↔ motion) ‖ bring a car to ~ 車を止める / You ought to give jogging a ~ for a while. 君は当分ジョギングをやめるべきだ

❹ Ⓒ《しばしば複合語で》(物・手足などを載せる)台，支え；(玉突きの)レスト，メカニカルブリッジ ‖ a chopstick ~ 箸(はし)置き / a foot~ 足載せ台 / an arm~ ひじかけ

❺ Ⓒ〖楽〗休止(符)(pause) ‖ a quarter ~ 4分休符

❻ Ⓒ〖韻〗行間休止(caesura)

❼ Ⓒ(船員などの)休息所，宿泊所

***at rést** ① 静止して，止まって ‖ Children are never *at* ~. 子供は決してじっとしていないものだ ②《婉曲的》永眠して ③ 安心して，落ち着いて

***còme to rést**(動いているものが)止まる，停止する；(視線などが)〈…に〉注がれる〈**on**〉

lày ... to rést ① …を埋葬する ② =*put ... to rest*(↓)

pùt** [OR **sèt**] ***a pèrson's mínd [***dóubts, féars***] ***at rèst*** (人の)気持ち[疑念，不安]を静める

pùt ... to rést 〔うわさ・不安など〕を静める

COMMUNICATIVE EXPRESSIONS

1 **Give it a rést!** もういい加減にして[黙って]くれ(♥ しつこい行為や話に対するいら立ちを表すくだけた表現)

2 **(There's) nó rèst for the wícked** [OR **wéary**]. 悪人に平安なし；疲れていてもやることがたくさんある(=no peace for the ....)(♥ やることが多すぎるときにおどけて言う)

—動(**~s** /-s/；**~·ed** /-ɪd/；**~·ing**)

—自 ❶(眠ったり横になったりして)**休む**，横になる；(仕事などを止めて)**休憩[休息]する**，**休養する**；〈…を〉休む〈**from**〉(↔ work)；眠る ‖ Sit down and ~ (for) a while. 座って少し休みなさい / ~ on a couch 長いすで横になって休む / He ~*ed from* his work. 彼は仕事の手を休めた / ~ easy 安心して休む

❷《進行形不可》《+**on** [**upon**] 名》…を**頼る**，当てにする；(理論などが)…に基づく，基礎を置く；(成果などが)…による ‖ I ~ *upon* your promise. 私は君の約束を当てにしている / His fame ~*s* mainly *on* this book. 彼の名声は主としてこの本によるものだ

❸《進行形不可》《+**with** 名》(決定・選択・責任などが)…**にかかっている**，…次第である；…にある ‖ It all ~*s with* you whether I will help you. 助けてあげるかどうかはすべてあなた(の出方)次第です / The fault ~*s with* the designer. 落ち度は設計者にある

❹ 載っている，**支えられている**；もたれかかっている〈**on, upon** …の上に；**against** …に接して〉‖ He was listening with his chin ~*ing on* his hand. 彼は頬(ほお)づえを突きながら聞き入っていた / The ladder ~*s against* the wall. はしごは壁に立てかけられている

❺ 静止する，休止する(♦ 通例場所を表す 副句 を伴う)；(問題などが)そのままである ‖ After skidding, the car ~*ed* in a ditch. スリップした挙げ句，車は溝に落ちて止まった / The matter cannot ~ here. その問題はこのままにしておけない

❻《否定文で》安心している，落ち着いている ‖ I will not ~ until I know she was not injured. 彼女にけががなかったとわかるまでは安心できない / I could not ~ under the imputation. 汚名を着せられて黙っていられなかった ❼(目・視線が)〈…に〉向けられる，留まる〈**on, upon**〉‖ Her eyes ~*ed on* the jewels. 彼女の視線は宝石に注がれた ❽ 永眠する ‖ ~ in peace 安らかに眠る(♦ 墓碑銘などでは R.I.P または RIP と略す) ❾(農地が)休耕中である ❿《米》〖法〗(証拠立てが十分行われたと判断して)以後の証拠の提出などを中止する ⓫《進行形で》《英》《婉曲的》(役者が)失業している

—他 ❶ …を**休ませる**，休憩[休養，静養]させる ‖ Stop working at the computer and ~ your eyes from time to time. コンピューターでの作業を止めてときどき目を休ませなさい / May God ~ his soul! 彼の魂が安らかに眠りますように

❷ …を〈…に〉**置く**，載せる〈**on, upon**〉；〈…に〉もたせかける〈**against**〉‖ She ~*ed* her suitcase *on* the step and sat down on it. 彼女はスーツケースを上り段の上に置き，その上に腰を下ろした / ~ one's head *against* the wall 頭を壁にもたせかける

❸〔目・視線など〕を〈…に〉向ける，据える〈**on, upon**〉‖ He ~*ed* his gaze *on* the notebook 彼はそのノートをじっと見つめた ❹〔希望・信頼など〕を〈…に〉託す〈**on, in**〉‖ ~ all one's hope *in* one's son 息子にすべての希望を託す ❺ …を静止[休止]させる，止める ❻〔農地〕を休耕にする ❼〖法〗(証拠立てが十分行われたと判断して)〔事件〕の証拠提出などを中止する ‖ ~ one's case 弁論[証拠提出，証人喚問]を中止する / I ~ my case. もうこれ以上言うべきことはありません(⇨ CASE[1](成句))

rèst úp 〈自〉十分静養をとる，休養して元気を回復する

▸▸ **~ àrea** 名 Ⓒ《米・豪・ニュージ》(高速道路などの)休憩所，パーキングエリア(rest stop [《英》service]) **~ cùre** 名 Ⓤ 休息[安静]療法 **~ dày** 名 Ⓒ 休息日，休養日；安息日 **~ hòme** 名 Ⓒ(老人・病弱者用の)療養所[施設] **~ hòuse** 名 Ⓒ(旅行者用の)レストハウス，簡易宿泊所 **~ing plàce** 名 Ⓒ 休息場所；(one's ~)《婉曲的》墓 **~ stòp** 名 Ⓒ ①(車の旅で)休憩のための停車 ②(高速道路などでの)休憩所

:**rest**[2] /rest/(♦ 同音語 wrest)

—名(複 **~s** /-s/) ❶《the ~》《単数扱い》〈…の〉**残り**，残余，残部〈**of**〉(❗日本語の「残り(物)」のような否定的なニュアンスはない.「昼食の残りのご飯」は rice leftover from lunch などとする) ‖ I gave the ~ *of* the bread to my dog. パンの残りを犬にやった / He **spent** the ~ *of* his life working to help the disadvantaged. 彼は恵まれない人々の援助に携わりながら余生を過ごした / Japan and the ~ *of* the world 日本と世界(♦ 日本語に訳すときは必ずしも「残り」と訳さない方がよい場合がある)

Behind the Scenes **Today is the first day of the rest of your life.** **今日という日はあなたの残りの人生の最初の日** 1960年代に米国 Synanon 麻薬・アルコール中毒撲滅センターのスローガンとして用いられた(♥ 人生の苦難を経験している人や自分に対して「今日からの未来は変えられる」と励ます文句)

❷《the ~》《複数扱い》その他のもの[人々] ‖ Five of us have passed the driving test, but the ~ have failed. 私たちのうち5人は運転免許試験に受かったが，ほかの人たちは落ちてしまった ❸ Ⓒ(テニスの)ラリー，打ち合い

and (àll) the rést (of it) その他何もかも[いろいろ]，…などなど

and the rést ① =*and (all) the rest (of it)*(↑) ②

R

《口》(数・量が)(予想より)実際はもっと多い ‖ "I took her for around 30." "*And the* ～!"「僕は彼女を30歳くらいとみていた」「実際はもっといっているよ」

for the rést その他については

The rèst is hístory. (この話は)後はもう言うまでもないことだろう, 後は推して知るべしだ(♥途中まで話して止めるとき)

── 動 自 《＋補》《進行形不可》…のままである, 依然…である ‖ The affair ～*s* a mystery. その事件はなぞのままだ / You can ～ **assured** that we will do everything possible to help you. 何でもできるだけのことをしてお助けしますからご安心ください(♦過去分詞が状態の受身形であることを明確にするために be 動詞の代わりに rest を用いている. ⇨ BE 助 ❷ 語法 (2))

R

re·stage /rìːstéɪdʒ/ 動 他〔劇〕を再上演する；〔イベント〕を再開催する

re·start /rìːstɑ́ːrt/ 動 他 …を再出発[再開]させる；…を再開始する ── 自 再出発[再開]する
── 名 U/C 《通例単数形で》(新たな気持ちでの)再出発, 再開；《英》(元の職場への)復帰

re·state /rìːstéɪt/ 動 他〔意見など〕を再び述べる, 言い直す, 言い換える **～·ment** 名

:res·tau·rant /réstərənt, -rɑ̀ːnt | réstərɔ̀nt, -rɑ̀ːnt/
── 名 (複 **～s** /-s/) C **レストラン**, 料理店, 食堂 ‖ Worrying about the tip at a ～ gives me a headache. レストランでのチップのことを考えると頭が痛くなる / "Any requests?" "A typically Japanese ～ would be nice, but I don't want to sit on the floor."「何かご希望は」「典型的な和風レストランがいいのですが, 床に座りたくはありません」/ a four-star ～ 4つ星レストラン /「a Chinese [an Italian] ～ 中華[イタリアン]レストラン / a fast-food ～ ファーストフードレストラン /「have a meal [OR eat] in a seafood [vegetarian] ～ 海鮮料理[菜食主義者向け]のレストランで食事する(♦セルフサービス形式のレストランは cafeteria, 軽食堂は luncheonette, snack bar, eatery などという)
語源 フランス語で「元気を回復させる(食事)」の意から.
▸▸ **～ càr** 名 C 《英》食堂車(《米》dining car)

res·tau·ra·teur /rèstərətə́ːr/, **-ran·teur** /-rɑ̀(ː)n- | -rɔ̀n-/ 名 C レストランの主人[経営者]

***rest·ful** /réstfəl/ 形 ❶ 安らぎ[休養]を与える ❷ くつろいだ, 静かな, 平穏な, 落ち着いた
～·ly 副 **～·ness** 名

res·ti·tu·tion /rèstɪtjúːʃən/ 名 U ❶ (盗難品・遺失物などの)返還；損害賠償 ‖ make ～ 返還[賠償]する ❷ 復職, 復権；回復；復元 ❸ 《理》(弾力による)反発

res·tive /réstɪv/ 形 ❶ (馬などが)進もうとしない, 御し難い；(人が)扱いにくい, 強情な, 反抗的な ❷ (人・気分などが)落ち着かない, そわそわした **～·ly** 副 **～·ness** 名

***rest·less** /réstləs/ 形 ❶ 休まらない, 落ち着かない, 不安な, そわそわした；変化を求める, 欲求不満の ‖ feel ～ 気が落ち着かない / grow [OR get] ～ じっとしていられなくなる / a ～ child [horse] 落ち着きのない子供[馬] ❷ (夜などが)眠れない ‖ spend a ～ night 眠れぬ一夜を過ごす ❸ 休むことのない, 絶えず動いている ‖ the ～ waves 寄せては返す波 / a man of ～ intellectual curiosity 知的好奇心の旺盛な人 **～·ly** 副 **～·ness** 名

***re·stock** /rìːstɑ́(ː)k | -stɔ́k/ 動 他 …に新たに〈…を〉補給する[仕入れる]〈**with**〉‖ ～ a lake *with* trout 湖に新たにマスを放流する ── 自 新たに補給する[仕入れる]

re·stor·a·ble /rɪstɔ́ːrəbl/ 形 回復[復元, 復旧]できる

***res·to·ra·tion** /rèstəréɪʃən/ 名〔◁ restore 動〕❶ U (建物・美術品などの)修復, 復元(作業)；C 復元されたもの, 復元図[模型] ‖ The old castle is closed for ～. その古城は修復のため閉鎖されている / ～*s* of dinosaurs 恐竜の復元模型 ❷ U C 元(の状態[地位])に戻す[戻る]こと；〈健康などの〉回復, 〈制度などの〉復活, 復旧(↔ abolition)〈**of**〉；〈…への〉復職〈**to**〉‖ the ～ *of* peace [friendship] 平和[友情]の回復 / the ～ *of* an old custom 古い習慣の復活 / ～ *to* one's former job 前の職への復帰 ❸ U 元(の持主)に戻すこと；〈…の〉返還, 返却, 還付〈**of**〉‖ demand the ～ *of* one's land 土地の返還を要求する ❹ U 復位, 復古；《the R-》《英国史》王政復古(時代)《ふつう1660年のチャールズ2世の復位とその治世(1660–85)を指す》；《形容詞的に》王政復古期の ‖ the Meiji *Restoration* 明治維新
▸▸ **～ ecólogy** 名 U 復元生態学

re·stor·a·tive /rɪstɔ́ːrətɪv/ 形〔◁ restore 動〕❶ (食べ物・薬などが)元気を回復させる ❷ 《医》復旧[回復]の
── 名 C ❶ 強壮剤, 気付け薬 ❷ 元気を回復させるもの
▸▸ **～ jústice** 名 U 《法》修復的司法《犯罪被害者の回復・加害者との和解を重視する新しい方向の司法. 略 RJ》

:re·store /rɪstɔ́ːr/
── 動〔▶ restoration 名, restorative 形〕
── 他 ❶〔秩序など〕を回復する；〔習慣・制度など〕を**復活させる**；(物事が)〔希望・信頼・自信など〕を**取り戻させる** ‖ ～ law and order 法と秩序を回復する / ～ normal relations between the two countries 両国間の正常な関係を復活させる / Meeting you has ～*d* my faith in human nature. あなたにお会いして人間に対する信頼を取り戻せました
❷〔建物・美術品など〕を〈元の状態に〉**修復する**, 復元する, 再建する；〔物事〕を〈元の状態に〉戻す〈**to**〉‖ The temple was ～*d* after the war. その寺は戦後再建された / ～ an old document *to* its original condition 古文書を元の状態に修復する
❸〔人〕を〈正常[健康]な状態に〉戻す〈**to**〉；〔人〕に健康を回復させる ‖ The new medicine ～*d* him *to* health. 新薬のおかげで彼は健康を取り戻した / I feel completely ～*d* after my vacation in Majorca. マジョルカ島での休暇の後すっかり元気です
❹〔なくしたもの・盗まれたもの〕を〈…に〉戻す, 返す, 返却する〈**to**〉‖ The kidnapped child was ～*d to* his parents. 誘拐された子供は両親のもとに戻された
❺〔人〕を〈地位などに〉復位[復職]させる〈**to**〉‖ He was ～*d to* his office. 彼は元の地位[職]に復帰した
語源 *re-* again＋*-store* make strong：もう一度丈夫にする

re·stor·er /rɪstɔ́ːrər/ 名 C 修復する人[もの], 元へ戻す人[もの] ‖ a hair-～ 毛生え薬

***re·strain** /rɪstréɪn/ 動〔▶ restraint 名〕他 ❶〔人(の行動)〕を制止する；〔人〕が〈…するのを〉制止する, 妨げる；《～ oneself で》〈…するのを〉我慢する, 自制する〈**from**〉‖ He ～*ed* me *from* (asking) further questions. 彼は私を制してそれ以上の質問をさせなかった / ～ oneself *from* smoking たばこを吸うのを自制する ❷〔感情・衝動〕を抑制する(↔ vent) ‖ ～ an impulse to phone him 彼に電話したい衝動を抑える / ～ one's anger [tears] 怒り[涙]を抑える ❸ …を制限[規制, 抑制]する, 抑える ‖ ～ foreign trade 外国貿易を制限する / ～ inflation インフレを抑制する ❹ …を(肉体的に)拘束する；…の身体の自由を奪う(↔ release)
語源 *re-* back＋*-strain* pull tightly：後ろへ強く引く
▸▸ **～ing òrder** 名 C 《主に米》禁止命令《裁判所が特定の行為をある限定期間禁じるもの》

re·stráin·a·ble /-əbl/ 形 制止[抑制]できる；拘束できる；制限できる

re·strained /rɪstréɪnd/ 形 ❶ (感情などを)抑制した, 我慢した ❷ (色・装飾などが)控えめな, 地味な **～·ly** 副

***re·straint** /rɪstréɪnt/ 名〔◁ restrain 動〕❶ U/C 《通例 ～s》〈活動・行動などの〉抑制, 制止〈**on**〉；(法律・規則などによる)制限, 規制；制限規約[条例] ‖ impose [lift] ～*s on* his activities 彼の活動に規制を加える[の規制を解く] / wage ～ 賃金抑制 / press ～*s* 報道規制 ❷ U (感情などの)抑制, 自制；気兼ね, 遠慮；(表現などの)差し控え ‖ exercise [OR practice, show] ～ in ... …を抑制

する，自制する / appeal to the demonstrators for ~ デモ参加者に自制を求める / speak with [without] ~ 遠慮がちに[遠慮なく]話す ❸ Ⓤ/Ⓒ《通例 ~s》束縛；Ⓤ 監禁；拘束；Ⓒ《通例 ~s》拘束道具[手段]；シートベルト ‖ hold the football hooligans in ~*s* サッカーのフーリガンを拘束する / a child safety ~ チャイルドシート
▸▸ **~ of tráde** 名 Ⓤ Ⓒ〘経〙(価格を維持するための)取引制限，営業制限

re·strict /rɪstríkt/ 動〔▶ restriction 名，restrictive 形〕他 ❶〔大きさ・数量・範囲など〕を〈…に〉制限する，限定する，限って許す〈**to, within**〉‖ ~ the sale of guns 銃の販売を制限する / ~ the number of students in one class *to* twenty 1クラスの学生数を20名までとする / ~ his activities *within* narrow limits 彼の活動を狭い範囲内に限定する ❷ …が〈自由に…するのを〉制限する，妨げる〈**from** *doing*〉；〔人〕(の行動)を〈…に〉制限する〈**to**〉‖ The city authorities ~*ed* the demonstrators *from* gathering around the city hall. 市当局はデモ参加者が市庁舎周辺に集まるのを阻止した / I ~ myself *to* (drinking) one glass of beer a day. 私はビールは1日1杯までにしている

re·strict·ed /rɪstríktɪd/ 形 (**more ~ ; most ~**)(♦❶以外比較なし) ❶ 狭い，窮屈な；限られた ‖ work in a ~ space 狭い所で働く / lead a ~ life 制約の多い生活を送る / a ~ diet 制限食 ❷《叙述》(範囲などが)〈…に〉限定された，制限された〈**to**〉‖ Pollution problems are not ~ *to* Asian countries. 公害問題はアジアの国々に限ったことではない ❸《限定》(法律・規則で)制限された，限定された ‖ a ~ area 立入禁止区域；《英》スピード・駐車規制区域 ❹(文書などが)部外秘の，秘密扱いの(classified) ‖ a ~ document 機密文書 ❺《米》(映画が)17歳未満は父母同伴が必要な《略 R》 **~·ly** 副

re·stric·tion /rɪstríkʃən/
—名〔◁ restrict 動〕(複 **~s** /-z/) ❶ Ⓒ《しばしば ~s》**制限**(するもの)(↔ freedom)；〈…に対する〉規制法，制限条件[規定]〈**on**〉‖ **impose** [OR place] legal ~*s on* land development 土地開発に法的制限を加える / remove [OR lift, raise] ~*s on* steel imports 鉄鋼輸入に対する制限[規制]を取り除く / tighten [loosen, relax, lighten] speed ~*s* 速度制限を厳しくする[緩める] ❷ Ⓤ **制限，規制**，制約，限定(limitation) ‖ the ~ of freedom of speech 言論の自由の制限
▸▸ **~ ènzyme** 名 Ⓒ〘生化〙制限酵素《DNAの結びつきを切断する酵素》

re·stric·tive /rɪstríktɪv/ 形〔◁ restrict 動〕(**more ~ ; most ~**) ❶ 制限する，限定[規制，制約]する，制限[拘束]的な ‖ Living with small children is very ~. 幼い子供たちと暮らすのはとても拘束が多い / ~ regulations 制限規定 / ~ clothing 窮屈な衣服 ❷《比較なし》〘文法〙制限[限定]的な(↔ nonrestrictive) ‖ a ~ relative clause 制限的関係詞節(《例》I'd like to see the car *which* [OR *that*] *you bought last week*.)
~·ly 副 **~·ness** 名
▸▸ **~ cláuse** 名 Ⓒ〘文法〙制限節 **~ cóvenant** 名 Ⓒ〘法〙制限的不動産約款(やっかん)《家屋や土地の利用を制限する契約》 **~ práctice** 名 Ⓒ《通例 ~s》① (産業界の)競争制限 ②《英》(労働組合などによる)生産制限協定

rést·ròom 名 Ⓒ ❶《主に米》(公共建物内の)手洗い，洗面所，化粧室 ❷《英》(公共建物内の)休憩所

re·struc·ture /rìːstrʌ́ktʃər/ 動 他 ❶〔産業・組織など〕を再編成する，構造改革する，再構築する ‖ ~ a corporation 会社の構造改革[リストラ]を行う(❗人を目的語にとらないので「リストラされた」を ×I was restructured. とはいえない．I was fired [OR let go].,《英》I was made redundant. などとする) ❷〘商〙〔債務など〕の条件を変更する，繰り延べする —自 構造改革する

re·struc·tur·ing /rìːstrʌ́ktʃərɪŋ/ 名 Ⓤ/Ⓒ《通例 a ~》構造改革，事業再編，再構築，リストラ

re·sult /rɪzʌ́lt/《発音注意》名 動
—名 (複 **~s** /-s/) ❶ Ⓒ Ⓤ〈…の〉**結果**，結末，成り行き(↔ cause)〈**of**〉(⇨ EFFECT 類語) ‖ His discovery was the ~ *of* months of careful research. 彼の発見は何か月にも及ぶ周到な探究の結果だった / the end [OR final, net] ~ 最終結果
❷ Ⓒ《通例 ~s》よい結果，**成果**，好結果 ‖ Your dedication is beginning to **produce** [OR show] ~*s*. 君の献身的な努力がよい結果を生み始めている / The government's drastic measures got ~*s*. 政府の思いきった対策が成果をあげた / I worked on the project for weeks with no ~*s*. そのプロジェクトに何週間も取り組んだが成果は出なかった
❸ Ⓒ《通例 ~s》(テストなどの)成績；(競技・選挙などの)結果，得点；(企業の)決算 ‖ get good [bad] exam ~*s* テストでよい[悪い]成績をとる / today's baseball game ~*s* 今日の野球の試合結果 / announce the election ~*s* 選挙結果を発表する
❹ Ⓒ(実験・計算・検診などの)結果，答え，数値，数量
❺ Ⓒ《通例 a ~》《英口》(特にサッカーの)勝利 ‖ get a ~ 勝利を収める，勝つ

as a resúlt NAVI **その結果**(として)(⇨ NAVI表現 10) ‖ The suspect was arrested, and *as a* ~, the truth became clear. 容疑者が逮捕され，その結果，真相が明らかになった
as a resúlt of ... **…の結果として**，…のために
with the resúlt that ... そのため[結果]…(so that ...)(♦主節の後で用いる) ‖ More people applied last year, *with the* ~ *that* a smaller percentage were successful. 昨年は応募者が増えたので合格者の割合が下がった
without resúlt むなしく，効果がなく(in vain) ‖ We made every effort *without* ~. 我々のあらゆる努力は結局無駄だった

COMMUNICATIVE EXPRESSIONS
1 **I expéct to sèe resúlts sóon.** もたもたしていないで早いところ成果を見せてください(♥ のろのろしている相手に作業・行動を促す)

—動 (**~s** /-s/ ; **~·ed** /-ɪd/ ; **~·ing**) 自 ❶〈…の〉**結果として生じる**，〈…に〉起因する〈**from**〉‖ The flood ~*ed from* heavy rains. 洪水は豪雨のために起きた / Nothing ~*ed from* the negotiations. その話し合いからは何も生まれなかった ❷《+**in** 名》…という結果になる，…に**終わる**，帰着する ‖ The project ~*ed in* success [failure]. その計画は成功[失敗]に終わった
語源 *re-* back + *-sult* leap(はねる)：跳ね返ってくる

re·sult·ant /rɪzʌ́ltənt/ 形《限定》結果の，(多くの原因から)結果として生じる
—名 Ⓒ ❶ 結果(として生じるもの) ❷〘理〙合力

re·sume[1] /rɪzjúːm/《発音注意》動〔▶ resumption 名〕他 ❶ **a**《+目》(中断の後で)…を再び始める，再開する；…を再び続行する(↔ discontinue)(♦直接話法にも用いる) ‖ ~ talks 交渉を再開する / "Well now," he ~*d*, "let's go on to the next topic."「さてそれでは，次の論題に移りましょう」と彼は再び続けた **b**《+*doing*》…することを再び始める，続行する ‖ ~ walking after a short rest 少し休んだ後再び歩き始める(♦ ×resume to walk とはいわない)
❷ …を再びとる；〔席など〕に再び着く；〔健康・権利など〕を取り戻す ‖ ~ one's seat 元の席に着く / ~ the leadership リーダーシップを取り戻す / ~ one's maiden name (結婚前の)旧姓に戻る ❸ 💻〔(休止状態の)OS・(中断していた)処理〕を再開する(↔ suspend, hibernate)
—自 ❶ (中断後に)再び始める，再び続ける；再開する，再び始まる；再び話し始める ‖ Let us ~ where we left off. この前やめたところからまた始めましょう ❷ 💻 作業状態を一時保存しての中断から復帰する，レジュームする(↔

suspend, hibernate)

— 名 U 🖳レジューム《電源を切る直前の作業状態を保存しておき，電源を再投入すると保存時の状態から作業を再開できる機能》(↔ suspend, hibernation)

ré·su·mé, re·su·me², re·su·mé /rézəmèɪ | -zju-/ 名 C ❶ 〈…の〉レジュメ，要約〈**of**〉 ❷《米》履歴書，身上書(curriculum vitae, CV)(♦ フランス語より)

re·sump·tion /rɪzʌ́mpʃən/ 名〔◁ resume 動〕U/C《単数形で》〈…を〉再び始めること，〈…の〉再開，続行〈**of**〉‖ the ～ *of* negotiations 交渉の再開

*__re·sup·ply__ /rìːsəpláɪ/ 動 (**-plied** /-d/; **～·ing**) 他 自 (〔兵器・弾薬など〕を)再び[新たに]供給する，補給する

— 名 (複 **-plies** /-z/) C 再補給，補給

re·sur·face /rìːsə́ːrfəs | -fɪs/ 動 他〔道路など〕の表面を新しくする，舗装し直す — 自 (潜水艦などが)再浮上する；再び表に現れる；再び明るみに出る

re·sur·gence /rɪsə́ːrdʒəns/ 名 U/C《単数形で》(信仰・思想などの)復活，再起

re·sur·gent /rɪsə́ːrdʒənt/ 形《通例限定》(信仰・思想などが)復活[再起]する，よみがえる

*__res·ur·rect__ /rèzərékt/ 動 他 ❶〔廃れた習慣・以前やっていたことなど〕を復活させる；…を再び使い始める；〔記憶など〕を呼び戻す ‖ ～ an obsolete festival 廃れた祭りを復活させる / ～ one's career もう一度仕事で成功する ❷《宗》〔死者〕をよみがえらせる

res·ur·rec·tion /rèzərékʃən/ 名 ❶《the R-》《宗》キリストの復活；(最後の審判の日の)全死者の復活 ❷ U/C《単数形で》(希望・古い習慣などの)復活，復興，再現，再流行

re·sus·ci·tate /rɪsʌ́sɪtèɪt/ 動 他 ❶ …を生き返らせる，よみがえらせる；…に意識を回復させる ❷〔忘れられたものなど〕を復活[再流行]させる — 自 意識を回復する

re·sùs·ci·tá·tion 名 **-tà·tive** 形

re·sus·ci·ta·tor /rɪsʌ́sɪtèɪtər/ 名 C 復活させる人[もの]；人工呼吸器

res·ver·a·trol /rezvérətròʊl, res-/ 名 U レスベラトロール《ブドウなどに含まれる抗酸化物質》

ret /ret/ 動 (**ret·ted** /-ɪd/; **ret·ting**) 他〔麻など〕を水につけ(て柔らかくす)る

ret. 略 retain; retired; return

*__re·tail__ /ríːteɪl/《アクセント注意》(→ 動 他 ❷) 名 U 小売り(↔ wholesale)；《形容詞的に》小売りの ‖ at [《主に英》by] ～ 小売りで / a ～ business [store] 小売業[店] / ～ prices 小売価格

— 副 小売り(値)で ‖ sell goods ～ 品物を小売りする

— 動 他 ❶ …を小売りする(↔ wholesale) ❷ /rɪtéɪl/〔うわさ話など〕を〈…に〉言いふらす，興味たっぷりに話す〈**to**〉‖ ～ a rumor about him *to* all 彼についてのうわさ話をみんなにふれ回る — 自〈…の価格で〉小売りされる〈**at, for**〉‖ It would ～ *at* [OR *for*] about five dollars. それなら小売りで5ドルくらいだろう

語源 *re-* off + *-tail* cut：小さく切り取る

▸▸ **～ bànk** 名 C 小口取引銀行《一般大衆や中小企業を主な取引先とする市中銀行》 **～ invéstor** 名 C 個人投資家 **～ pàrk** 名 C《英》郊外にある大型ショッピングセンター **～ príce ìndex** 名《the ～》(英国の)小売物価指数(略 RPI) **～ thérapy** 名 U《戯》(気分を晴らすための)買い物治療法，買い物による気晴らし

*__re·tail·er__ /ríːteɪlər/ (→ ❷) 名 C ❶ 小売商人[業者] ❷ /rɪtéɪlər/ 話を受け売りする人

*__re·tain__ /rɪtéɪn/ 動 (▸ retention 名，retentive 形)(**～s** /-z/; **～ed** /-d/; **～·ing**) 他 ❶ …を保つ，保持する，持ち続ける，失わない(⇨ KEEP 類語) ‖ She ～*ed* her judo title for the tenth year. 彼女は柔道のタイトルを10年間保持した / Your English still ～*s* a Spanish accent. 君の英語にはいまだにスペイン語なまりが残っている / ～ one's freshness [youth] 新鮮さ[若さ]を保つ ❷ …を記憶にとどめておく，覚えている ‖ I ～ a very clear picture of my grandfather. 祖父の姿ははっきりと覚えている ❸〔水・熱・色など〕を保つ；…を(あるべき場所に)とどめて[抑えて]おく ‖ Lead ～*s* heat. 鉛は熱を逃さない / This dam ～*s* millions of tons of water. このダムは何百万トンもの水を蓄える / ～ moisture 湿気を保つ ❹〔弁護士など〕を(契約金を払って)雇っておく；(使用する目的で)…を確保しておく ‖ a ～*ed* lawyer お抱え弁護士

～·a·ble 形 保持[保有]できる；雇うことができる

▸▸ **～ed óbject** 名 C《文法》保留目的語《二重目的語の受身で主語にならずに残っている目的語．〈例〉She was given a *book*.》 **～ing fèe** 名 C =retainer ❶ **～ing wàll** 名 C 擁壁(ようへき)《土手の崩壊や洪水を防ぐ》

re·tain·er /rɪtéɪnər/ 名 C ❶ 弁護士依頼料，着手金；《英》(アパートなどの不在期間の)割引家賃 ❷《歯》固定装置；《機》保持器 ❸ (地位のある人の)従者，召使，家来

re·take /rìːtéɪk/ (→ 名) 動 (**-took** /-tʊ́k/; **-tak·en** /-téɪkən/; **-tak·ing**) 他 ❶〔支配権・制空権など〕を再びとる，取り戻す(↷ take back)；…を奪い返す ❷〔試験など〕を再び受ける ❸《映》…を撮り直す，録画[録音]し直す

— 名 /ríːtèɪk/ C ❶ 再受験，再試験，追試 ❷《映》撮り直し(た写真[場面])，再録画[録音]

*__re·tal·i·ate__ /rɪtǽlièɪt/ 動 自〈受けた行為に対して〉仕返しする(↷ fight back)〈**against, for**〉；〈人に〉報復する，復讐(ふくしゅう)する〈**against, on, upon**〉；〈…の手段で〉仕返しする〈**by** ***doing*****/with**〉‖ When the boy hit me, I ～*d by* kicking him. その少年が私をぶったので，私はお返しにそいつをけってやった / ～ *against* [OR *for*] an injury 受けた損害に仕返しをする / ～ *on* [OR *upon*] the enemy 敵に報復する — 他〔損害など〕に報復する，仕返しする

-à·tive 形 =retaliatory **-à·tor** 名

re·tal·i·a·tion /rɪtæ̀liéɪʃən/ 名 U 報復，仕返し〈**against** 人・行為に対する，**for** 行為に対する〉(⇨ REVENGE 類語) ‖ in ～ *for* ... …に対する報復として

re·tal·i·a·to·ry /rɪtǽliətɔ̀ːri | -tə-/ 形《通例限定》(行為などが)報復の，報復的な，返報の

re·tard /rɪtɑ́ːrd/ (→ 名 ❶) 動 他 …を遅らせる，遅くする；…を阻害する

— 名 ❶ /ríːtɑːrd/ C ⊗《俗》《蔑》知的発達の遅れた人 ❷ U C 遅れ，遅延；阻止；《楽》テンポを遅くすること

re·tard·ant /rɪtɑ́ːrdənt/ 形《複合語で》遅らせる；阻止する ‖ a flame-～ gel 難燃の延焼抑制剤

— 名 C《化》反応のスピードを遅らせる物質，反応抑制剤

re·tar·da·tion /rìːtɑ̀ːrdéɪʃən/ 名 U ❶ 遅延，遅れ ❷ 遅滞度[量]；《理》減速(度)；C 遅らせるもの，阻害(物) ❸《心》知的発達の遅れ

re·tard·ed /rɪtɑ́ːrdɪd/ 形 ⊗《蔑》(精神的・肉体的)発達の遅れた ‖ a mentally ～ child 知的発達の遅れた子供 (♦ a child with mental disability [OR impairment] というのがふつう)

retch /retʃ/ 動 自 吐き気を催す，吐きそうになる — 他 …を吐く — 名 C 吐き気，むかつき

retd. 略 retained; retired; returned

re·tell /rìːtél/ 動 (**-told** /-tóʊld/; **～·ing**) 他〔物語・ジョークなど〕を再び語る，(別の形・言葉で)語り直す

*__re·ten·tion__ /rɪténʃən/ 名〔◁ retain 動〕U ❶ 保持，保有；(液体・熱などの)保持[維持]力 ❷ 記憶(力) ❸《医》停滞，貯留

re·ten·tive /rɪténtɪv/ 形〔◁ retain 動〕❶ 記憶力のよい ❷ 保持する；保持[維持]力のある

～·ly 副 **～·ness** 名

*__re·think__ /rìːθíŋk/ (→ 名) 動 (**-thought** /-θɔ́ːt/; **～·ing**) 他 自 (…を)考え直す，再考する

— 名 /ríːθìŋk/ C《単数形で》《口》再考 ‖ a complete ～ of ... …について一から再考すること

ret·i·cence /rétəsəns | rétɪ-/ 名 U C ❶ 無口，寡黙(かもく)，口数の少なさ；(表現などの)抑制 ❷《米》躊躇(ちゅうちょ)(reluctance)

ret·i·cent /rétəsənt | rétɪ-/ 形 ❶ 〈…について〉無口な，寡

黙な，口数の少ない〈**about**〉；(表現などが) 控えめな ❷《米》躊躇する(reluctant) **~·ly** 副

re·tic·u·lar /rɪtíkjulər/ 形 ❶網状の，網目の，網状組織の ❷複雑な，入り組んだ

re·tic·u·late /rɪtíkjulèɪt/ (→ 形) 動 他 自 (…を) 網状にする[なる] ━形 /rɪtíkjulət/ 網状(組織)の **~·ly** 副

re·tic·u·lat·ed /rɪtíkjulèɪṭɪd/ 形《限定》網目模様の，網状になった

re·tic·u·la·tion /rɪtìkjuléɪʃən/ 名 U/C《しばしば ~s》網目，網状組織[模様]

re·tic·u·lum /rɪtíkjuləm/ 名 (複 **-la** /-lə/) C ❶網細工，網状物，網状構造 ❷【動】(反芻(はんすう)動物の)第2胃；ハチの巣状胃(♦ラテン語より)

re·tie /rìːtáɪ/ 動 (**-tied** /-d/；**-ty·ing**) 他 ❶…を結び直す，縛り直す ❷…を再びつなぐ ❸…を再び同点にする

ret·i·na /rétənə | rétɪ-/ 名 (複 **~s** /-z/ OR **-nae** /-niː/) C【解】(目の)網膜

Ret·in-A /rètən éɪ/ 名 U《商標》レチンA《にきび・しみ・そばかす用医療クリーム》

ret·i·nal /rétənəl | rétɪ-/ 形 網膜の

▸▸ **~ scán** 名 C 網膜スキャン《主に個人識別用》

ret·i·ni·tis /rètənáɪṭəs | -ɪnáɪtɪs/ 名 U【医】網膜炎

ret·i·nue /rétənjùː | rétɪ-/ 名 C《集合的に》《単数・複数扱い》従者の一行，随行員団

‡re·tire /rɪtáɪər/

━動 (▸ retirement 名)(**~s** /-z/；**~d** /-d/；**-tir·ing**)

━自 ❶(定年・病気などで)〈職業などから〉**引退する，退職する**〈**from**〉(♦転職などのために辞職する場合は resign や quit を用いる) ‖ Grandpa *~d from* work **early** for reasons of health, but is now into hiking. おじいちゃんは健康上の理由から早く退職したが，今ではハイキングに夢中だ / *~ from* the stage 演劇界を去る / ~ at (the age of) 65 65歳で退職する

❷〈静かな場所などに〉引き下がる，引きこもる；退く，去る〈**to, into**〉‖ After dinner, we *~d* back *to* the living room. 夕食の後，我々は居間に戻った / *~ into* the country 田舎に引っ込む

❸床に就く ❹【軍】後退[撤退]する ❺〈競技などを〉中途欠場する，リタイアする〈**from**〉(♦しばしば形容詞補語を伴う) ‖ ~ injured *from* a race 負傷してレースを途中で棄権する ❻(陪審団が)審議するため法廷から退く

━他 ❶…を(特に定年前に)〈…から〉引退させる，退職[退役]させる〈**from**〉(♦しばしば受身形で用いる) ‖ About 200 employees were *~d from* the firm last year. 昨年200人ほどの従業員が会社を(中途)退職させられた

❷【軍】…を後退[撤退]させる ❸〔機械など〕を破棄する；【軍】〔古い軍艦〕を退役させる ❹〔紙幣・手形など〕を回収する，引き上げる ❺〔選手〕を中途欠場させる，リタイアさせる；【野球】〔打者〕をアウトにする，打ち取る；〔相手チーム〕の攻撃を終わらせる ‖ The closer *~d* five batters in a row. リリーフエースが打者5人を連続で打ち取った

COMMUNICATIVE EXPRESSIONS

[1] **I think I'll retire for the night.** もう今夜は寝ます (♥「おやすみなさい」とほぼ同義)

***re·tired** /rɪtáɪərd/ 形 ❶引退[退職]した，退役の；退職者の(ための)；《the ~ で集合名詞的に》《複数扱い》退職者たち ‖ His father is ~ now. 彼の父は今では引退している / a ~ manager [officer] 引退した支配人[退役士官] / ~ pay 恩給，退職年金 ❷(人の生活が) ひっそりとした，人目につかない ‖ live [OR lead] a ~ life 世間から引っ込んで[ひっそりと]暮らす ❸(土地などが)奥まった，へんぴな ▸▸ **~ líst** 名 C 退役将校名簿

re·tir·ee /rɪtàɪəríː/ 《アクセント注意》名 C《主に米》(定年)退職者，引退者

***re·tire·ment** /rɪtáɪərmənt/ 名〔◁ retire 動〕(複 **~s** /-s/) ❶U C 退職，引退，退役 ‖ The normal ~ age in Japan is sixty. 日本の一般的な定年は60歳だ / He announced his ~ from professional baseball. 彼はプロ野球からの引退を表明した / There were three *~s* in this office last month. 先月この会社では退職が3件あった / ~ benefits 退職給付金 / take early ~ 定年前に退職する ❷U/C《単数形で》(退職後の) 余生，隠居(期間)；隠居所，へんぴな場所，人目につかない所 ‖ go into ~ 隠居[隠棲(いんせい)]する / live in ~ 隠居生活をする / enjoy ~ 余生を楽しむ / come out of ~ 返り咲く

▸▸ **~ hòme** 名 C 老人ホーム **~ pènsion** 名 C《英》退職年金，老齢年金 **~ plàn** 名 C《米》(特に個人積み立ての)退職年金制度

re·tir·ing /rɪtáɪərɪŋ/ 形 ❶引っ込み思案の(reserved)，内気な(shy) ❷《限定》退職の，引退する ‖ ~ age 定年 **~·ly** 副

re·tool /rìːtúːl/ 動 他 ❶〔工場など〕に新しい機械工具を入れる ❷《主に米》…を再編成する，改善する

***re·tort**[1] /rɪtɔ́ːrt/ 動 他 ❶(+**that** 節)…であるときっぱり言い返す[答える] ‖ He *~ed that* he had nothing to do with her being fired. 彼女の解雇には関与していないと彼はきっぱり言い返した / "That's none of your business," he *~ed*. 「君の知ったことではない」と彼はやり返した ❷〈侮辱・非難した相手に〉〔同じ侮辱・非難〕で応酬する，やり返す〈**on**〉；〈論争の相手に〉〔相手の論法〕を用いて反論する〈**against**〉；〔侮辱・損害など〕に報復する ‖ ~ a sarcasm *on* him 彼に皮肉で応じる / ~ an argument *against* him 彼の議論に同じ論法で切り返す / ~ an insult 侮辱のお返しをする / ~ a blow for a blow 殴られたので殴り返す ━自 (鋭く)言い返す；仕返しをする，しっぺ返しをする ‖ He was quick to ~. 彼は素早く切り返した

━名 C U 辛辣(しんらつ)な言い返し[応答]，口答え；(議論の)逆襲，反駁(はんばく) ‖ give [OR make] a sharp ~ 鋭く言い返す / in ~ 口答えして

語源 *re-* back + *-tort* twist：ひねって返す

re·tort[2] /rɪtɔ́ːrt/ 名 C【化】レトルト，蒸留器；(石炭などの)乾留器 ━動 他 …をレトルト内で加熱処理する

re·touch /rìːtʌ́tʃ/ (→ 名) 動 他 ❶〔文章・絵など〕に手を加える ❷【写】…を修正する，リタッチする ❸〔染色[脱色]後に伸びた髪の毛〕を(色が合うよう)染める[脱色する]

━名 /ríːtʌ̀tʃ/ U C 加筆，修正，リタッチ，染色[脱色](した部分)

re·trace /rɪtréɪs/ 動 他 ❶…を引き返す，後戻りする ‖ ~ one's steps [OR way] (来た道を)後戻りする ❷〔他人の旅の行程〕を再びたどる ❸…をさかのぼ(って調べ)る，たどる ❹…を回想する

***re·tract** /rɪtrǽkt/ 動 他 ❶〔前言・約束など〕を取り消す，撤回する(⤷ take back) ‖ ~ one's confession [offer] 自白[申し出]を撤回する ❷(動物・人が)〔体の一部〕を引っ込める；(機械が)〔装置の一部〕を本体内に引っ込める ❸【音声】〔母音〕を舌を後ろに引いて発音する；〔舌〕を後ろに引く ━自 ❶約束[前言]を取り消す，撤回する ❷(体・装置の一部が)引っ込む

re·tract·a·ble /rɪtrǽktəbl/ 形 ❶引っ込められる ‖ a ~ roof (スタジアムなどの) 開閉式の屋根 ❷取り消せる，撤回できる

re·trac·tile /rɪtrǽktəl | -taɪl/ 形【動】(猫のつめのように)引っ込められる，伸縮自在の

re·trac·tion /rɪtrǽkʃən/ 名 ❶C U (約束・意見などの) 取り消し，撤回 ❷U 引っ込めること，引っ込んだ状態 ❸U 収縮力

re·trac·tor /rɪtrǽktər/ 名 C ❶【解】収縮筋 ❷【外科】牽引(けんいん)器《傷口を開けておく器具》❸引っ込めるもの

re·train /rìːtréɪn/ 動 他 …を再教育する，再び鍛える；(再就職のために) …に改めて職業訓練を施す ━自 再び教育される，再び鍛えられる；職業訓練を受け直す **~·ing** 名

re·tread /rìːtréd/ (→ 名) 動 他〔古タイヤ〕に新しい踏面をつける ━名 /ríːtrèd/ C ❶再生タイヤ ❷《口》(転職のために)職業訓練を受け直した人 ❸《米》焼き直し(の作品)

re-tread /rìːtréd/ 動 (**-trod** /-trá(ː)d | -trɔ́d/；**-trod·den** OR **-trod**；**~·ing**) 他 …を再び踏む

R

*re·treat /rɪtríːt/ 動 自 ❶ 退く, 立ち去る(↷ back away [OR up]);(軍隊が)退却する〈from …から;to …へ〉‖ He ~ed to the other side of the room. 彼は部屋の反対側へ退いた / ~ from the front 前線から退却する ❷ (水位・氷河などが)後退する ❸〈約束・計画などを〉引っ込める, 変更[撤回]する, 〈…から〉手を引く〈from〉‖ The mayor ~ed from the plan to rebuild the city hall. 市長は市役所建て替えの計画を撤回した ❹ 引っ込む, 退く;引退する, 隠遁(いんとん)する;逃げる〈from …から;to, into …へ〉‖ ~ into the country 田舎に引っ込んで暮らす / ~ into oneself 自分の世界に閉じこもる ❺ 引っ込む, へこむ ‖ a ~ing hairline 後退する髪の生え際 ❻ (株価などが)下がる

— 他 〖チェスなど〗〔こま〕を後退[退却]させる

— 名 ❶ U/C 《通例単数形で》後退, 退却, 撤退〈from …からの;to …への〉‖ make a ~ 後退[退却]する / Napoleon's ~ from Moscow ナポレオンのモスクワからの撤退 / in full ~ 総退却して ❷ U/C 《通例単数形で》〈方針・見解の〉変更, 撤回〈from〉‖ a ~ from protectionist policies 保護貿易政策の変更 ❸ U 〈…への〉隠棲(いんせい)(期間), 隠遁〈into〉;〈…からの〉引退;〈…から〉逃れること〈from〉;C 隠棲所, 隠れ家, 静かな所, 避難所 ‖ one's ~ from public life 公的生活からの引退 / a rustic summer ~ ひなびた避暑地 ❹ 《the ~》〖軍〗退却の合図;(日没時の)帰営らっぱ[太鼓], 国旗収納の儀式[らっぱ] ❺ U C 〖宗〗静修, 黙想(期間), 静修会 ‖ go into ~ 修道院にこもって静修する ❻ C (株価の)下落

bèat a (hàsty) retréat (急いで)退却する;(事業などから)手を引く(♦ 太鼓を鳴らした退却の合図から)

màke gòod one's retréat (危険から)無事に逃れる

~·er 名

▸▸ **~ cènter** 名 C 修養センター

re·trench /rɪtréntʃ/ 動 自 節約する, 経費を切り詰める

— 他 ❶〔経費など〕を切り詰める, 削減する ❷ …を取り除く, 省く, 削除する ❸ 《豪・南ア》〔従業員〕を削減する

~·ment 名 U C (経費などの)削減, 節減

re·trial /rìːtráɪəl/ 名 C 《通例単数形で》〖法〗再審;やり直し

ret·ri·bu·tion /rètrɪbjúːʃən/ 名 ❶ U/C 《単数形で》(当然の)罰(ばつ), 返報, 天罰;(悪事の)報い ❷ U 〖宗〗(来世での)応報(⇨ REVENGE 類語) ‖ the day of ~ 応報の日, 神の審判が下される日

re·tríb·u·tive 形 《通例限定》報いの, 天罰の, 応報の

re·triev·al /rɪtríːvəl/ 名 U ❶ 取り戻すこと;回復(の見込み), 挽回(ばんかい) ❷ 💻 (情報)検索 ‖ a computerized ~ system コンピューター化された検索システム

*re·trieve /rɪtríːv/ 動 他 ❶ …を(見つけて)〈…から〉取り戻す, 回収する〈from〉‖ The flight recorder was ~d from the wreckage. フライトレコーダーが残骸(ざんがい)から回収された / ~ the stolen jewelry 盗まれた宝石類を取り戻す ❷ 💻〔データやファイルなど〕を検索する, 〈…から〉呼び出す〈from〉‖ ~ data from a database データベースからデータを呼び出す ❸〔状況など〕を挽回する, 立て直す, 回復する;〔損失など〕を埋め(合わせ)る ‖ ~ the situation 状況を盛り返す ❹ …を〈…から〉救う, 救済する〈from, out of〉 ❺ 〖狩〗(猟犬が)〔撃たれた獲物〕を(探して)取って来る(→ retriever) ❻ (テニスなどで)〔難しいボール〕をうまく打ち返す ❼ …を想起する, 思い出す

— 自 ❶ 〖狩〗(猟犬が)撃たれた獲物を(探して)取って来る ❷ 釣り糸を巻き上げる ❸ (テニスなどで)(難しいボールを)うまく返す

— 名 U ❶ 取り返し, 挽回, 回復(の見込み) ❷ (撃たれた獲物などの)回収 ❸ (釣り糸の)巻き上げ ❹ (テニスなどで)難しいボールをうまく返すこと ‖ Nice ~! ナイスリターン

-trièv·a·bíl·i·ty 名 **-tríev·a·ble** 形

re·triev·er /rɪtríːvər/ 名 C ❶ 〖動〗レトリバー《撃たれた獲物を回収する猟犬》 ❷ 取り戻す人[もの]

ret·ro /rétroʊ/ 名 (複 ~s /-z/) ❶ U C レトロファッション, 懐古調[趣味] ❷ C 《米口》(芸術家の)回顧展(retrospective)

— 形 懐古調の, レトロの

retro- /retroʊ-, -rə-/ 連結形「後方に(の)」「さかのぼって」「逆に」などの意 ‖ *retro*active, *retro*spect

rètro·áctive 〈シ〉 形 (法律などが)遡及(そきゅう)力のある;(効力などが)過去にさかのぼる **~·ly** 副

rétro·fìre 動 他〔逆推進ロケット〕に点火する

— 自 (逆推進ロケットが)点火される

ret·ro·fit /rètrəfít/ 名 U C (部品の入れ替えなどによる)旧型装置の改造;改造品;改造[補修]部品

— 動 (~·ted /-ɪd/;~·ting) 他〔旧型装置など〕を〈新しい部品をつけて〉改造[補修]する〈with〉;〔新しい部品〕を〈旧型装置などに〉つける〈to, in, into〉

ret·ro·flex /rétrəflèks, -roʊ-/, **-flexed** /-flèkst/ 形 ❶ 反り返った;〖医〗(子宮などが)後屈した ❷ 〖音声〗反り舌音[反転音]の

ret·ro·flex·ion, -flec·tion /rètrəflékʃən, -roʊ-/ 名 U 反り返り, 反転;〖医〗後屈;〖音声〗反り舌(音), 反転(音)

ret·ro·grade /rétrəgrèɪd, -roʊ-/ 形 ❶ 後退[退却]する, 後戻りの ❷ (順序が)逆の ❸ 退歩[退化]する ❹ 〖天〗逆行する, 逆行の — 動 自 ❶ 《古》後退[退却]する ❷ 退歩[退化]する ❸ 〖天〗逆行する

ret·ro·gress /rètrəgrés, -roʊ-/ 動 自〈…に〉退化[退歩]する;後退する〈to〉

ret·ro·gres·sion /rètrəgréʃən, -roʊ-/ 名 U/C 《単数形で》❶ 退化, 退歩;〖生〗退化;後退 ❷ 〖天〗逆行

ret·ro·gres·sive /rètrəgrésɪv, -roʊ-/ 〈シ〉 形 (考え方・方法などが)退化[退歩]する, 後退する, 逆行する **~·ly** 副

ret·ro·nym /rétrənɪm/ 名 C レトロニム, 後追い命名語《時代の流れの中で新しく登場した事物と区別する必要が生じた, 以前からある事物の名称として新たにつけられる語. digital watch に対する analog watch など》

rétro·ròcket 名 C 〖宇宙〗逆推進ロケット

ret·ro·spect /rétrəspèkt, -roʊ-/ 名 U 回想, 思い出

in rétrospect (過去を)振り返って(みると)

ret·ro·spec·tion /rètrəspékʃən, -roʊ-/ 名 U 回想, 回顧, 思い出

ret·ro·spec·tive /rètrəspéktɪv, -roʊ-/ 〈シ〉 形 ❶ 《限定》過去に向けられた, 回顧的な ❷ (法律などが)遡及(そきゅう)する(↔ prospective) — 名 C (芸術家の)回顧展

~·ly 副 回顧的に;《文修飾》回顧すると;遡及的に

ret·ro·ver·sion /rètroʊvə́ːrʒən | -ʃən/ 名 U C ❶ 後ろを向くこと, 後方に曲がること, 反転 ❷ 〖医〗(器官などが)後ろに曲がって[傾いて]いる状態;子宮後屈

rètro·vírus 名 C 〖生化〗レトロウイルス《RNAをもとにDNAを合成するウイルス. エイズや白血病などを引き起こす》

-víral 形

*re·try /rìːtráɪ/ 動 (-tries /-z/;-tried /-d/;~·ing) 自 ❶ (裁判で)審理をやり直す ❷ 💻 (失敗した処理を)再試行する — 他 ❶ (裁判で)…の審理をやり直す ❷ 💻〔失敗した処理〕を再試行する, リトライする

ret·si·na /retsíːnə/ 名 U C レチナ《松やにで香りをつけたギリシャ産ワイン》

⁝re·turn /rɪtə́ːrn/ 動 名 形

中心義 元に戻る

— 動 (~s /-z/;~ed /-d/;~·ing)

— 自 ❶ **a** 帰る, 戻る(↷ come [OR go] back)(↔ depart)〈from …から;to …へ〉(♦ ×return back とはいわない) ‖ I have just ~ed home. ちょうど帰宅[帰国]したところです / When did your father ~ from abroad? お父さんはいつ海外からお帰りになったのですか / ~ to Tokyo from Shanghai 上海(シャンハイ)から東京に戻る

b 《+補〈形〉》…の状態で戻る ‖ ~ safe and sound 無事帰還する

❷ 〈前の話題・状態などに〉戻る, 〈…を〉再開する〈to〉‖ Let us ~ to the question we were first considering. 最初検討していた問題に戻ろう / In spring everything

～s to life. 春には万物が生き返る / ～ to normal 正常に戻る / ～ to oneself 我に返る
❸ (状態・時・病気などが)戻って来る, ぶり返す ‖ His consciousness ～ed quickly. 彼の意識はすぐに戻った / Spring will soon ～. もうすぐ春が巡ってくる / The disease [fit] ～ed. 病気[発作]が再発した

━他 ❶ a 《＋目》〈人などに〉…を**返す**, 返却する ; …を〈店などに〉返品する ; …を〈元の場所に〉戻す(↷ give [OR bring] back) 〈to〉 ‖ I keep forgetting to ～ the umbrella I borrowed from you. 君に借りた傘を返すのを忘れたままだ / Will you ～ the key *to* me? 鍵(ㄎㄍ)を返してくれませんか(♦《英》でときに return me the key のような《＋目＋目》の文型も見られる) / *Return* these books *to* the bookcase. この本を本箱に戻しなさい
b 《＋目＋補〈形〉》…を…の状態で返還する ‖ ～ a letter unopened 手紙を開封せずに送り返す
❷ a 《＋目》〔受けたものと同種類のもの〕を返す, …の**お返しをする**, …に報いる ‖ ～ the enemy's fire 敵の砲火に応戦する / ～ a blow 殴り返す / ～ a stare にらみ返す / ～ a favor 親切のお返しをする / ～ his visit 彼を答礼訪問する / He soon ～*ed* my call. 彼は私からの電話の後すぐにかけ直してきた
b 《＋目 *A*＋for 名 *B* ⇄＋目 *B*＋with 名 *A*》*B* (物・事)に対し*A* (物・事)で返す[応じる] ‖ ～ good *for* evil＝～ evil *with* good 善をもって悪に報いる / ～ kindness *with* ingratitude 恩をあだで返す
❸ 《直接話法で》…と答える, 言い返す(♦ that 節 は用いない) ‖ "Do as you like," she ～*ed*. 「好きなようにしたらいいわ」と彼女は言い返した
❹ 〔議員など〕を選出[再選]する〈to …に ; as …として〉(♦しばしば受身形で用いる) ‖ He was ～*ed* for that district. 彼はその地区から選出された
❺ 〔所得など〕を申告する ❻ 〘法〙〔評決〕を下す ‖ ～ a verdict of not guilty 無罪の評決を下す ❼ 〔利益・損失〕を生む, 〔利子〕がつく(↔ lose) ‖ The party ～*ed* 10,000 dollars. パーティーで1万ドルの収益があがった ❽ (テニスなどで)〔ボール〕を打ち返す ❾ 〔光・音など〕を反射する, 反響する(reflect) ❿ 〘トランプ〙…に同種の札で応じる ⓫ 〘建〙〔壁など〕を(直角に)折り返す

COMMUNICATIVE EXPRESSIONS
1 **To retúrn to the ìssue you ràised éarlier,** I suggèst we chànge our sáles stràtegy a bìt. NAVI そちらが前に挙げられた問題に話を戻しますと, 我々は販売戦略を少し変えるべきだと思います(♥ 話を戻す際の前置き)

━名 (複 **～s** /-z/) ❶ U/C 《単数形で》(元の場所・位置などに)**戻る[帰る]こと**, 帰り, 帰宅, 帰国, 帰還(↔ departure) 〈to …へ(の) ; from …から〉 ‖ I'm looking forward to your ～. あなたのお帰りを心待ちにしています / **On** his ～ he found the camera gone. 彼が戻ってみるとカメラはなかった / the point of no ～ 〘航空〙(帰還不可能となる)最遠引き返し点, (一般に)後戻りのきかない地点
❷ U/C 《単数形で》〈前の状態などに〉戻ること, 復帰, 復興〈to〉 ‖ his ～ *to* consciousness 彼の意識の回復 / their ～ *to* ordinary life 彼らのふつうの暮らしへの復帰 / (a) ～ *to* work 職場への復帰
❸ U/C 《単数形で》**戻す[返す]こと**, 返却, 返還, 還付 ; C 《～s》返品, 払い戻し切符 ‖ I asked him for the ～ of the video. 彼にそのビデオを返してくれと言った
❹ U/C 《単数形で》〈状態・心情などの〉回帰, 再び巡ってくること ; 〈病気などの〉再発 ; 回復〈of〉 ‖ the ～ *of* spring 春が巡ってくること / a ～ *of* the symptoms 症状の再発
❺ C 〈…の〉返礼, 返報, 返事〈for〉 ‖ make a ～ *for* something done 受けたことに対して返礼をする
❻ U/C 《しばしば ～s》利益(率), 収益, 利潤 ‖ small profits and quick ～*s* 薄利多売《商店の標語. 略 S.P.Q.R.》/ a ～ of 5 percent on an investment 投資に対する5%の利潤 ❼ C (公式の)報告(書), 申告(書), 統計表 ; (裁判所などへの)執行報告書 ‖ an official ～ 広報 / make [OR file] an income **tax** ～ 所得税の申告をする ❽ C 《英》=return ticket ① ❾ C 《通例 ～s》選挙結果 ; U C 《主に英》選出 ‖ election ～*s* 選挙の開票結果 / secure a ～ for the district その地区から(議員に)当選する ❿ C (観劇などの)払い戻しチケット ⓫ C 〘テニス〙ボールを打ち返すこと ; 〘野球〙返球 ; 〘アメフト〙ランバック ; 〘トランプ〙同種の札で応じること ‖ That fielder has a good ～. あの野手は返球がうまい ⓬ C (壁・列柱・道路などの)折り返し ⓭ (=**～ mátch** [**gáme**]) C 《英》雪辱戦 ⓮ (=**～ kèy**) C 💻リターンキー(enter key)《通例, 入力や選択などの決定・確定・終了などの用途に用いるキー》

by retúrn (《米》***máil*** [《英》***of póst***]) 折り返し(の手紙で)すぐに

∗***in retúrn*** 〈…の〉**返礼**[お返し, 引き換え]**に**〈**for**〉 ‖ I gave him a present *in* ～ *for* his favor. 彼の好意のお返しに贈り物をした / *in* ～ *for* a money payment 代金の支払いと引き換えに

Màny hàppy retúrns (***of the dáy***)***!*** この幸福(な日)が何度も巡ってきますように《誕生日などの祝いの言葉》

━形 《比較なし》❶ 帰りの, 戻りの ; 《英》往復の(《米》round-trip) ‖ a ～ **journey** 帰路 ; (旅行の)帰り
❷ お返しの, 返礼の, 仕返しの, 再度の ‖ a ～ performance 再演

▸▸ **～ addrèss** 名 C 差出人住所, 返送先 ; 💻戻りアドレス **～ fàre** 名 C 《英》往復運賃 **～ing òfficer** 名 C (英国・カナダ・オーストラリア・ニュージーランドの)選挙管理委員 **～ tícket** 名 C ① 《英》往復切符(《米》round-trip ticket) ② 《米》帰りの切符 **～ tríp** 名 C 帰り旅 ; 《英》往復旅行(《米》round trip) **～ vísit** 名 C 答礼訪問, 再訪問

re·túrn·a·ble /-əbl/ 形 返却できる ; (特に使用済みの空瓶などが)返却[リサイクル]できる ; 返還せねばならない ; 申告[報告]すべき ━名 C (通例返却金のもらえる)空き瓶

re·turned /rɪtə́ːrnd/ 形 ❶ 帰って来た, 帰還した ‖ a ～ soldier 帰還兵 ❷ 返送[返却]された

∗**re·turn·ee** /rɪtə̀ːrníː/ 《アクセント注意》名 C 《通例 ～s》(海外からの)帰還軍人 ; 復職者 ; 復学者, 帰国子女

re·turn·er /rɪtə́ːrnər/ 名 C 《英》(育児休暇などの後で)職場復帰する人

re·tweet /rìːtwíːt/ 名 C リツイート《Twitter 上で他人のポストを自分のアカウントで再発信すること》
━動 他 …をリツイートする ━自 リツイートする

Rèu·ben sándwich /rùːbən-/ 名 C ルーベンサンドイッチ《塩漬けの牛肉とスイスチーズ・酢漬けキャベツを挟んだ黒パンのサンドイッチ》

re·u·ni·fy /riːjúːnɪfàɪ/ 動 (**-fies** /-z/ ; **-fied** /-d/ ; **～·ing**) 他 …を再統一する, 再統合する(♦しばしば受身形で用いる)
rè·ù·ni·fi·cá·tion 名 U 再統一, 再統合

∗**re·un·ion** /rìːjúːnjən | -iən/ 名 ❶ U C 再結合, 再合同 ; 再会〈**with** 人との ; **between** 人と人との〉 ‖ the ～ of East and West Germany 東西両ドイツの再統合 ❷ C 再会の集い, 親睦(ㄅㄎ)会 ‖ a class ～ (卒業生の)クラス会, 同窓会

∗**re·u·nite** /rìːjunáɪt/ 動 他 《通例受身形で》〈…と〉再び結合する ; 〈…と〉再会[仲直り]する〈**with**〉 ‖ She was ～*d* *with* her son. 彼女は息子と再会した / ～*d* Germany 再編後のドイツ ━自 〈…と〉再び結びつく ; 再会する〈**with**〉

re·up /rìːʌ́p/ 動 (**-upped** /-t/ ; **-up·ping**) 自 再び徴兵名簿に載る ; (テレビなどに)再登場する, 再契約する

re·up·hol·ster /rìːʌphóulstər/ 動 他 〔いす・ソファーなど〕を張り替える

∗**re·us·a·ble** /rìːjúːzəbl/ 〈シ〉 形 再使用[利用]できる

∗**re·use** /rìːjúːz/ (→ 名) 動 他 …を再利用する
━名 /rìːjúːs/ U 再利用

Reu·ters /rɔ́ɪtərz/ 名 ロイター《かつてロンドンに本社があった通信社》

rev /rev/ 《口》名 C 《通例 ～s》(エンジンの)回転
━動 (**revved** /-d/ ; **rev·ving**) 他 〔エンジン〕の回転数を上

げる；…の速度を上げる，…を促進[強化]する《*up*》‖ ～ *up* production 増産する 一自（エンジンが）速度を上げる；《比喩的に》速度が上がる，促進[強化]される；闘志を盛り上げる《*up*》(♦ revolution より)

rev. 略 revenue；reverse；review(ed)；revise(d)；revision；revolution；revolving

Rev. 略〚聖〛Revelation(s)；Reverend

re·val·ue /riːvǽljuː/ 動 他〚経〛〔通貨〕(の平価)を切り上げる；…を再評価する 一自 平価切上げを行う

rè·vàl·u·á·tion 名 U/C《通例単数形で》〚経〛平価切上げ；再評価

re·vamp /riːvǽmp/ (→ 名) 動 他 …を改革［刷新］する；…を改良［改訂］する，合理化する 一名 /ríːvæmp/ C《通例単数形で》改良，改訂，刷新，合理化

re·vanch·ism /rɪvǽntʃɪzm/ 名 U（外交上の）失地回復主義，報復主義

Revd. 略 Reverend

‡re·veal /rɪvíːl/

一動〔▶ revelation 名〕(**~s** /-z/；**~ed** /-d/；**~·ing**) 他

❶ **明らかにする**（⇨ 類語） **a**《+目》〔秘密など〕を〈…に〉漏らす，暴露する（↘ give away）〈**to**〉‖ The President *~ed* his conversations with his staff. 大統領はスタッフとの会話内容を明らかにした / You *~ed* the secret *to* her. You could have announced it on the BBC! 彼女に秘密を漏らしたんだって．そりゃあBBC（放送局）を通じて公表したようなものだ

b《(+**to** 名)+(**that**) 節》(…に)…ということを明らかにする ‖ The doctor *~ed to* her *that* her husband's condition was hopeless. 医者は（彼女に）彼女の夫の容態が絶望的だと明かした

c《(+**to** 名)+**wh** 節》(…に)…かを明らかにする ‖ A look at that pitcher *~s why* this team is not doing so well. あの投手を見ればなぜこのチームがそれほど強くないのかがわかる

d《+目+**to be** 補 / 目+**as** 名・形》…が…だと明らかにする ‖ He *~ed* the caterer「*to be* [OR *as*] a spy. 彼は配膳係がスパイだと暴いた

❷〔隠されていたもの〕を見せる，見えるようにする，示す（↔ hide）（⇨ 類語）‖ When he smiled, he *~ed* white, even teeth. 彼がほほ笑むと，白い整った歯並びが見えた / Her genius *~ed* itself in later years. 彼女の才能は後年明らかになった ❸（神が）…を啓示する

一名（複 **~s** /-z/）C〚建〛抱き(jamb)《窓・扉などの開口部の左右の壁の側面》

~·a·ble 形 **~·er** 名 **~·ment** 名

類語《他 ❶, ❷》**reveal** ベールを取り払うように隠れていたものや気づかれていなかったものをあらわに示す．〈例〉*reveal* one's ignorance 無知をさらけだす

disclose 閉ざされていたものを開くの意から，特に意図的に隠されていたものを開示・公開する．〈例〉*disclose* one's「real purpose [confidential information] 自分の真の目的を明らかにする[秘密の情報を公開する]

expose (ふたを取って)外に置くの意から，(隠された不正などを)暴いて人目にさらす．〈例〉*expose* a political scandal 政界の汚職事件を白日の下にさらす

betray 信頼を裏切って，または自己の意に反して明らかにしてしまう．〈例〉*betray* one's intention 自分の真意を漏らす

▸▸ **~ed religion** 名 U C 啓示宗教(↔ natural religion)《神の啓示に対する信仰を重視する．特にキリスト教》

re·veal·ing /rɪvíːlɪŋ/ 形 ❶ 参考になる，啓発的な；暴露的な ❷（衣服が）(ふつうは隠されている部分が）現れて見える，あらわな ‖ a ～ dress 露出的なドレス **~·ly** 副

rev·eil·le /révəli | rɪvǽli/ 名 U〚軍〛(らっぱ・太鼓などによる)起床合図；朝の集合

***rev·el** /révəl/ 動 (**-eled**, +《英》**-elled** /-d/；**-el·ing**, +《英》**-el·ling**) 自 ❶《+**in** 名》…を満喫する，大いに楽しむ ‖ ～ *in* the attention of the mass media マスメディアの注目を大いに楽しむ / ～ *in* gossiping about the neighbors 近所の人のうわさにうつつを抜かす ❷ どんちゃん騒ぎをする 一名 U/C《通例 ～s》ばか騒ぎ；どんちゃん騒ぎの宴会，酒宴

~·er,《英》**~·ler** 名 C どんちゃん騒ぎをする人

***rev·e·la·tion** /rèvəléɪʃən/ 名〔◁ reveal 動〕❶ C 暴露された事物；驚くべき新事実〈**to** …にとって；**about, concerning** …についての / **that** 節 …という〉‖ It was [OR came as] a ～ *to* me. それは私には意外なことだった / The ～ *that* they had already been married surprised everybody. 彼らがすでに結婚していたという事実にだれもが驚いた / make a stunning [OR startling] ～ 驚くべき新事実を暴露する ❷ U〈…の〉暴露，すっぱ抜き，発覚〈**of**〉‖ ～ *of* truths 真相の暴露 ❸ C U〚宗〛啓示，天啓；神のお告げ；聖書 ❹《the R-, (the) R-s》〚聖〛(ヨハネ)黙示録（The Revelation of St. John the Divine）《新約聖書の最後の書．略 Rev》 **~·al** 形

rev·e·la·to·ry /révələtɔ̀ri, rɪvél- | rɪvélətəri, rɪvəléɪtəri/ 形 啓示的な；(真実・信念などを)表す

rev·el·ry /révəlri/ 名（複 **-ries** /-z/）U/C《-ries》飲めや歌えの大騒ぎ，ばか騒ぎ

***re·venge** /rɪvéndʒ/ 動 他 ❶《通例 ～ oneself または受身形で》《主に文》復讐(ふくしゅう)する〈**on, upon** 人に；**for** …のことで〉(⇨ AVENGE 類語) ‖ I will「～ myself [OR be ～*d*] *upon* him *for* his betrayal. 彼の裏切りに対して復讐してやるぞ（♦ ×I will revenge his betrayal. のように復讐の原因を直接目的語にとることはできない．その場合は avenge を用い，I will avenge his betrayal. とする） ❷〔被害者など〕のあだを討つ ‖ Hamlet ～*d* his dead father. ハムレットは亡き父のかたきを討った ❸〔危害・侮辱など〕に仕返しをする，報復する ‖ ～ an insult 侮辱に報復する / ～ a defeat 負けたかたきをとる

一名〔▶ revengeful 形〕U ❶ 復讐，かたき討ち；報復(行為)〈**for** …(という事態)に対する；**on** 人への〉(⇨ 類語) ‖ get [OR have, take] (one's) ～ *on* him *for* ... …に対して彼に復讐する / plot [OR seek] ～ 復讐をたくらむ / in ～ *for* ... …の報復として / *Revenge is sweet.*《諺》復讐は甘美である

Behind the Scenes **Revenge is a dish best served cold.** 報復は冷静[冷徹]であるのがいい 格言としては19世紀半ばから存在するが，映画 *Kill Bill* のキャッチコピーとして使われたことで有名．SFドラマ *Star Trek* では，異星人クリンゴン人の古くからの言い伝えであるという設定．直訳は「復讐というメニューは冷製で出されるのが一番だ」．つまり，復讐はすぐにするのではなく，よく時機を見計らって冷静に冷徹に行うのが効果的である，という意味(♥ 何らかの報復を誓うとき)

❷ 復讐心，恨み ‖ out of ～ 復讐心から ❸（スポーツなどでの）雪辱の機会 ‖ We're going to get [OR take, have] ～ for our defeat in the last game. 前回の試合で負けた雪辱を果たしてやる

re·véng·er 名 C《文》あだを討つ人

類語《名 ❶》**revenge** 個人的な恨みの（通例暴力的な，または残忍な）復讐．

vengeance「復讐」を表す文語的な語．動詞は avenge．正義にのっとり，悪をこうむった自分以外の人に代わって行われる激しい復讐を表すことが多い．

retribution やはり文語的な語で，ふつう神の手など人間を超えた力によって悪に対して下される罰．応報，天罰．

retaliation 受けた仕打ちに対して同じような仕返しをすること，報復．悪を罰するといった道徳的な意味は薄く，個人的な腹いせの仕返しにも，戦術的な大規模な報復にも用いられる．

re·vénge·ful /-fəl/ 形〔◁ revenge 名〕復讐心に燃える，執念深い **~·ly** 副 **~·ness** 名

***rev·e·nue** /révənjùː/《アクセント注意》名 ❶ U/C《～s》(国・自治体の)歳入，税収入(↔ expenditure) ‖ internal [《英》inland] ～ 内国税収入 / tax ～ 税収 / collect ～ 税金を徴収する ❷ U/C《～s》(資産・投資などによる)収益, (定期)収入; (国・組織・個人の)総収入, 総所得 ‖ oil ～*s* 石油収益金 ❸ C《しばしば the ～》国税庁, 税務局 ‖ a ～ officer [OR agent] 税務官

語源 *re-* back + *-venue* come : 戻って来る(もの)

⏩ ～ **bònd** 名 C 歳入担保債《米国の公共団体が公共事業の資金調達のために発行し, その収入で償還するもの》 ～ **stàmp** 名 C《米》収入印紙 ～ **tàriff** 名 C 収入関税《国内産業の保護よりも収入の増加を意図した関税》

re·verb /ríːvə̀ːrb/ 名 U C (電子楽器による)エコー(装置)

── 動 他 自 (…に)エコーをきかせる

re·ver·ber·ant /rɪvə́ːrbərənt/ 形 反響する, 鳴り響く

re·ver·ber·ate /rɪvə́ːrbərèɪt/ 動 自 ❶ (音が) 反響する, こだまする (♦しばしば場所を表す 副句 を伴う) ‖ His laughter ～*d* around the room. 彼の笑い声が部屋中に響いた ❷ (場所などが)〈音で〉共鳴[反響]する, 揺れ動く〈**with, to**〉 ❸ (光・熱が)反射する ❹ 影響を及ぼす

── 他《古》〔音〕を反響させる; 〔光・熱〕を反射する

-à·tor 名 C 反響[反射]装置; 反射炉

re·ver·ber·a·tion /rɪvə̀ːrbəréɪʃən/ 名 ❶ U 反響; 〘理〙残響; (光・熱の)反射 ❷ C《～s》影響 ❸ C 反響光[熱]; 《通例 ～s》反響音, こだま

re·ver·ber·a·tive /rɪvə́ːrbərèɪtɪv | -bərə-/ 形 反響の[する]; 反射の[する]

re·ver·ber·a·to·ry /rɪvə́ːrbərətɔ̀ːri | -tə-/ 形 反響[反射]する[による]; (炉などが)反射式の

⏩ ～ **fùrnace** 名 C 反射炉

re·vere /rɪvíər/ 《アクセント注意》 動 他《通例受身形で》〈…として〉畏敬(いけい)される, あがめられる〈**as**〉 (⇨ RESPECT 類語)

Re·vere /rɪvíər/ **Paul ～** リビア (1735–1818)《米国の銀細工師. 1775年4月18日の夜, 馬を駆って英軍の進撃をマサチューセッツの入植者に知らせた》

***rev·er·ence** /révərəns/ 《アクセント注意》 名 ❶ U 〈…に対する〉尊敬, 敬愛, 畏敬, 崇敬〈**for**〉 ‖ with sincere ～ 心から敬愛して / hold her in ～ 彼女を深く敬愛する / feel [show] deep [OR profound] ～ *for* life 生命に対し深い畏敬の念を抱く[表す] ❷ U 尊敬されていること[状態] ❸ C《古》尊敬の動作, 敬礼, おじぎ ❹《R-》C 尊師《聖職者に対する尊称》 ‖ Your [OR His] *Reverence* 尊師 ── 動 他《堅》…を畏敬する, あがめる

***rev·er·end** /révərənd/ 形《限定》 ❶ 聖職者の, 牧師の; 《the R-》…師, …尊師(♦キリスト教の聖職者の姓名の前につける尊称. bishop には the Right Reverend, archbishop には the Most Reverend, dean には the Very Reverend が用いられる. 略 (the) Rev., Revd. ただし会話の中では省略形は用いない) ‖ the ～ gentleman 牧師[神父]様 / the *Reverend* John Smith ジョン=スミス師 / the *Reverend* Father (ローマカトリックの)神父様 ❷《堅》尊い, あがめるべき

── 名 C《口》聖職者, 牧師, 神父(♥呼びかけにも用いる)

⏩ **Rèverend Móther** 名 C 修道女に対する敬称

rev·er·ent /révərənt/ 形 敬虔(けいけん)な, うやうやしい

～·ly 副

rev·er·en·tial /rèvərénʃəl/ 〈シ 形 うやうやしい, 敬虔な; 畏敬の念に満ちた **～·ly** 副

rev·er·ie, -er·y /révəri/ 名 (複 **-ies** /-z/) ❶ U C (快い)空想(にふけること), 幻想, 夢想; 白日夢 ‖ be lost in (a) ～ 空想にふける ❷ C〘楽〙幻想曲

re·vers /rɪvíər/ 名 (複 ～ /-z/) C (襟・そでなどの)裏出し, 折り返し(lapel)

***re·ver·sal** /rɪvə́ːrsəl/ 名〔◁ reverse 動〕U C ❶ 裏返し, 反転, 逆転 ❷ C 逆境, 不運 ❸〘法〙(下級審判決の)破棄, 取り消し ❹〘写〙(ネガからポジへの, またはその逆の)反転, リバーサル

****re·verse** /rɪvə́ːrs/

── 形《比較なし》《限定》 ❶ (位置・方向・順序が)**逆の**, 反対の, あべこべの (⇨ OPPOSITE 類語) ‖ in the ～ direction 反対方向に / in ～ order 順序を逆にして / the ～ effect of ... …の逆効果

❷ **裏の**, 背面の, 後ろ向きの ‖ the ～ side of a coin 硬貨の裏面 / ～ fire 背面砲撃 ❸ ふつうと反対に動く, 逆回転する; 逆進させる, バックの(❗車の後退の意味で「バック」を使うのは和製表現. →reverse gear)

── 名 (複 **-vers·es** /-ɪz/) ❶《the ～》**逆**, 反対 ‖ The ～ also happens. その逆もまた起こることがある / quite the ～ 全く逆で / She says she hates him, but in fact, the ～ is true. 彼女は彼のことを嫌いだと言っているが, 実のところその逆だ

❷ U (機械の)逆転(装置), (自動車の)後退(装置), バック(ギア) ❸ C (物事の)逆転, 転換; (運などの)逆転, 不運, 失敗; 敗北 ‖ He has had [OR suffered] a financial ～. 彼は経済的に破綻(はたん)した ❹《the ～》裏, 背面; (硬貨などの)裏面(の図柄)(↔ obverse), (開いた本の)左ページ(verso) ❺ C〘アメフト〙リバース(パス)《反対方向の後衛へのパス》

**in* [OR *into*] *revérse* ① 逆に, 反対に; 後陣に; 背面に ② (自動車が)バックギアになって ‖ Put the car *into* ～. 車をバックさせなさい

── 動〔▶ reversal 名〕(**-vers·es** /-ɪz/; **～d** /-t/; **-vers·ing**)

── 他 ❶〔位置・方向など〕を**逆にする**, 反対にする; …を裏返す, 逆さまにする; 〔順序〕を入れ替える ‖ He ～*d* the oar and held it by the blade. 彼はオールを逆さにし水かきの方をつかんだ / *Reverse* arms! 〘軍〙反(さか)せ銃(つつ)《弔意を表すため銃口を下に向けて担わせるときの号令》 / ～ the order 順番を逆にする / ～ the (piece of) paper 紙を裏返す

❷〔車など〕を後退させる(↘ back up); 〔機械〕を逆回転させる ‖ ～ a car 車をバックさせる

❸ …を逆転させる, 一変させる, 転換する ‖ ～ one's attitude 態度を一変させる / ～ the trend 趨勢(すうせい)を一転させる / ～ oneself 《米》すっかり気が変わる, 自説を翻す

❹〔判決・決定〕を逆転させる, 破棄する, 無効にする ‖ ～ a decision 決定を覆す / ～ a sentence 判決を破棄する

❺〘印〙〔文字・デザインなど〕を白抜きにする, 白黒反転する

── 自 ❶ 逆になる, 逆方向に動く; (ダンスなどで)逆に回る

❷ (機械が)逆に動く, 逆回転する; (車が)後退する

～·ly 副 ① 逆に, 反対に ② これに反して **-vérs·er** 名

⏩ ～ **chàrge càll** 名 C《主に英》コレクトコール(《米》collect call) ～ **discriminátion** 名 U (白人や男性に対する)逆差別 ～ **engineéring** (↓) ～ **géar** 名 U (自動車の)バックギア ～ **genétics** 名 U 逆遺伝学《検証対象の遺伝子を意図的に破壊することで生体内での機能を解明する遺伝学》 ～ **psychólogy** 名 U 逆心理《相手にこちらの望むことの反対を言うことによって逆に望むことをさせる方法》 ～ (《米》**stòck** [《英》**shàre**]) **splìt** 名 C〘株〙株式併合《発行済みの株式を併合し, 主に株価の上昇をねらって株数を減らすこと》 ～ **tákeover** 名 C〘商〙逆乗っ取り《略奪企業からの買収を避けるためにあらかじめ自社株を別会社に売却すること》 ～ **transcríptase** 名 C〘生化〙逆転写酵素《RNAからDNAを合成する酵素》

revèrse engineéring 名 U 💻 リバース=エンジニアリング《製品化されたソフトウェアプログラムを逆アセンブルして解析(し, 類似ソフトを作成)すること》

revèrse-engineéer 動 他

***re·vers·i·ble** /rɪvə́ːrsəbl/ 形 ❶ 逆[裏返し]にできる; (布・衣服などが)両面仕立ての ‖ a ～ coat リバーシブルコート ❷ 元に戻せる, 可逆性の

re·vèrs·i·bíl·i·ty 名 **-bly** 副

revérsing lìght 名 C《英》(自動車の)後退灯(《米》backup light)

re·ver·sion /rɪvə́ːrʒən | -ʃən/ 名 ❶ U/C《単数形で》〈元の習慣・状態などへの〉逆戻り, 復帰〈**to**〉; 逆転, 反転 ❷ U〘生〙先祖返り, 隔世遺伝 ❸ U C〘法〙(財産・領土などの)復帰(権), 復帰財産; (財産)相続権 ❹ C (生命保険

などの)死後支払金

re·ver·sion·al /rɪvə́ːrʒənəl | -ʃən-/, **-a·ry** /-ʒənèri | -ʃənəri/ 形 ❶〖法〗(財産などを)将来復帰[継承]すべき ❷〖生〗先祖返りの, 隔世遺伝の ❸ 逆戻りの

*__re·vert__ /rɪvə́ːrt/ 動 自 ❶《+to 名》〔元の(悪い)状態〕に戻る, 返る；〔元の(悪い)習慣・方法〕に戻る(↝ go back to) ‖ ~ *to* normal いつもの状態に戻る / The fields have ~*ed to* wetland. 畑はまた湿地帯に戻った / He has ~*ed to* smoking again. 彼はまたたばこを吸い始めた ❷《+to 名》〔元の話題・考え〕に戻る, 立ち返る ‖ The prime minister ~*ed to* the point several times in his speech. 首相は演説の中で何度かその点に立ち返った ❸《+to 名》〖生〗…に先祖返りする ❹〖法〗(財産などが)…に復帰する

R

revèrt to týpe (態度・行いを改めた後で)本来の姿に戻る

~·er 名

re·vert·i·ble /rɪvə́ːrṭəbl/ 形 (財産などを)復帰すべき **-bly** 副

re·vet /rɪvét/ 動 (**-vet·ted** /-ɪd/；**-vet·ting**) 他《通例 -vetted で形容詞として》(土塁・堤防などが)石(など)で覆われた；(壁面が)外装された

re·vet·ment /rɪvétmənt/ 名 C (壁・堤防強化用の)擁壁(ようへき)；護岸；(砲弾よけの)築堤, 土塁

‡**re·view** /rɪvjúː/《アクセント注意》(♦ 同音語 revue)

─名 (複 **~s** /-z/) U C ❶ **再調査**, 見直し, 再考, 再検討；調査, 検査, 観察 ‖ be [come] under ~ 再検討中である[再検討される] / come up for ~ 再検討の時期に至る / a salary [OR pay] ~ 給与査定

❷《米》**復習**, 練習；C 練習問題 ‖ ~ exercises 復習問題

❸ (書物・劇などの)**批評**, 評論, 書評；C 批評雑誌, 評論誌；批評欄, 書評欄 ‖ a book ~ 書評 / do [OR write] a ~ of a book 書評を書く / get [OR receive] rave ~*s* (批評欄などで)激賞される

❹ 回顧, 回想, 反省 ❺ 視察；観閲, 閲兵；C 観閲式；(寄稿論文の)審査, 査読 ❻〖法〗(上級審による)再審理 ‖ a court of ~ 上訴裁判所 ❼〖劇〗=revue

─動 (**~s** /-z/；**~ed** /-d/；**~·ing**)

─他 ❶ …を**よく調査する**, …を見直す, 再検討[吟味]する ‖ ~ a budget for final approval 最終的に承認する前に予算案を再検討する / ~ the situation 事態をよく調査する

❷《米》〔学課など〕を**復習する**, さらう(《英》revise)

❸〔書物・劇など〕の批評を書く, …を**論評する** ‖ ~ a new CD 新しいCDについて論評する

❹ …を回顧する, 回想する ‖ ~ the events of the past decade 過去10年間の出来事を振り返る ❺ …を視察する；〔軍隊〕を閲兵する, 観閲する ❻〖法〗…を再審理する

─自 ❶〈新聞などに〉評論を書く, 批評する〈**for**〉

❷《米》〈試験に備えて〉復習する(《英》revise)〈**for**〉

~·a·ble 形 **~·al** 名

▸▸ **~ còpy** 名 C 書評用献本 **~ing stànd** 名 C 閲兵台

*__re·view·er__ /rɪvjúːər/ 名 C (新刊書・劇などの) 評論家, 批評家；評論誌記者；検閲者, 再審者 ‖ a book [film] ~ 書評家[映画評論家]

re·vile /rɪváɪl/ 動 他《通例受身形で》〈…のことで〉ののしられる, 罵倒(ばとう)される〈**for**〉 ─自 ののしる, 悪態をつく

*__re·vise__ /rɪváɪz/ 動〔▶ revision 名〕他 ❶〔意見・態度・数値など〕を変更する, 修正する；〔法律など〕を改正する ‖ ~ one's opinion of ... …についての意見を修正する ❷〔原稿・印刷物など〕を校訂[改訂]する, 校閲[校正]する ❸《英》(特に, 試験に備えて)…を復習する, さらう(《米》review；↝ mug [OR swot] up) ─自《英》〈試験に備えて〉復習する(《米》review)〈**for**〉

─名 ❶ C《しばしば ~s》〖印〗再校刷り, 再校ゲラ ❷ U C 改訂版；改訂, 校正 **-vís·a·ble** 形 **-vís·er** 名

*__re·vised__ /rɪváɪzd/ 形 改訂された

▸▸ **Revìsed Stàndard Vérsion** 名《the ~》改訂標準訳聖書《米国標準訳聖書 (the American Standard Version) の改訂訳. 新約は1946年, 旧約は1952年に発行. 略 RSV》 **Revìsed Vérsion** 名《the ~》改訂訳聖書《欽定(きんてい)訳聖書 (the Authorized Version) の改訂訳. 新約は1881年, 旧約は1885年に発行. 略 RV》

*__re·vi·sion__ /rɪvíʒən/ 名〔◁ revise 動〕❶ U C (書物の)校訂, 改訂, 校正；(計画などの)変更, 改正, 修正 ‖ the first [second] ~ 初校[再校] / make ~*s* to a report レポートに修正を施す ❷ C 改正[修正]されたもの；改訂版, 校訂本, 改訳本(♦ rev. と略す) ❸ U《英》(学課の)復習(《米》review) **~·ar·y** 形

re·vi·sion·ism /rɪvíʒənìzm/ 名 U ⊗《しばしば蔑》修正論；(特にマルクス主義の)修正(社会)主義 **-ist** 名 形

*__re·vis·it__ /rìːvízɪt/ 動 他 …を再び訪問する；…を再考する ‖ an idea worth ~*ing* 再考の余地のある考え

─名 C 再訪

re·vi·so·ry /rɪváɪzəri/ 形 改訂[改正]の(ための)

re·vi·tal·ize /rìːváɪṭəlàɪz/ 動 他 …に再び活力[元気]を与える, …を復興させる；…を生き返らせる

re·vì·tal·i·zá·tion 名

*__re·viv·al__ /rɪváɪvəl/ 名〔◁ revive 動〕U C ❶〈…の〉復活, 復興, 再興, よみがえり；回復；再流行, リバイバル(↔ downturn, decline)〈**of**〉 ‖ the ~ *of* old customs 旧習の復活 / a ~ *of* trade 商取引の再開 ❷ (生命・意識・元気などの)回復, 蘇生(そせい), 再生 (↔ disappearance) ❸ (古い劇の)再[復活]上演, (古い映画の)再上映 ❹ 信仰心の回復, 信仰復興(運動)；(=~ **mèeting**) C 信仰復興運動の集会 ❺〖法〗(法的効力の)更新, 復活

re·viv·al·ism /rɪváɪvəlìzm/ 名 U ❶ 信仰復興運動(の理念) ❷ 復古調

re·viv·al·ist /rɪváɪvəlɪst/ 名 C 形 ❶ 信仰復興運動家(の) ❷ 復古主義者(の)

*__re·vive__ /rɪváɪv/ 動〔▶ revival 名〕他 ❶ …を生き返らせる, …の意識を回復させる ‖ ~ a heart attack victim 心臓発作患者を蘇生させる ❷ …を元気にする, 活気づける；〔気力など〕を回復させる ‖ ~ one's hopes and confidence 希望と自信を回復させる ❸ …を復活させる, 復興させる, 再びはやらせる ‖ ~ traditional handicraft 伝統的な手工芸を復活させる ❹〔記憶など〕をよみがえらせる, 思い出す ❺〔劇・映画など〕を再上演[映]する

─自 ❶ 生き返る, 意識が戻る ❷ 元気を回復する, 活気づく ❸ 復活する, 復興する, 再びはやる；再び効力を持つ ❹ (記憶などが)よみがえる **-vív·a·ble** 形 **-vív·er** 名

re·viv·i·fy /riːvívɪfàɪ/ 動 (**-fies** /-z/；**-fied** /-d/；**~·ing**) 他 …を再び活気[元気]づける；…をよみがえらせる

re·vìv·i·fi·cá·tion 名

rev·o·ca·tion /rèvəkéɪʃən/ 名 U (法令・協定などの)取り消し, 破棄

re·voke /rɪvóuk/ 動 他〔協定など〕を取り消す, 無効にする, 破棄する, 廃止する ─自〖トランプ〗リボークする《親札と同じ組の札を持ちながら故意にほかの札を出す反則》

─名 C〖トランプ〗リボーク

*__re·volt__ /rɪvóult/ 動〔▶ revolution 名 ❶ ❷〕自 ❶〈…に対して〉反乱[暴動]を起こす；〈…に〉反抗する, 反逆する, 背く〈**against**〉 ‖ The people ~*ed against* the military government. 国民は軍政に対して反乱を起こした ❷ 不快感を覚える, 胸がむかつく, 嫌悪を感じる

─他 …に嫌悪の念を抱かせる, …をむかむかさせる(♦ しばしば受身形で用いる) ‖ His attitude ~*ed* us. 彼の態度に我々は反感を覚えた / Everyone was ~*ed* by [OR at] the scene. だれもがその光景を見て気分が悪くなった

─名 ❶ C U〈…への〉反乱, 暴動, 一揆(いっき)；反乱状態〈**against**〉 ‖ incite [OR stir up] a ~ 反乱を扇動する / crush [OR put down] a ~ 反乱を鎮圧する ❷ U〈…への〉反抗；反抗心, 反抗的態度〈**against**〉；〈…への〉嫌悪, 反感〈**at**〉 **~·er** 名

re·vólt·ing /-ɪŋ/ 形 不快を催させる, 胸をむかつかせる,《口》実にいやな **~·ly** 副 (不快なほど)ひどく

‡rev·o·lu·tion /rèvəlúːʃən/
— 名〔◁ ❶❷ revolt 動, ❸❹ revolve 動 | ▶ revolutionize 動, revolutionary 形〕(複 **~s** /-z/) ❶ C U **革命**, (社会構造の)急激な変革(期) ;《the R-》〖米国史〗アメリカ独立革命(The American Revolution) ;《しばしば the R-》(マルクス主義の) 階級闘争 ‖ In 1789, the French *Revolution* broke out. 1789年フランス革命が勃発(ぼっ)した / cause [OR start] a ~ 革命を起こす
❷ C〈…における〉革命的な出来事, **大変革**, 大転回〈**in**〉(→ Industrial Revolution) ‖ a great ~ *in* thought 思想の一大変革 / the computer [scientific] ~ コンピューター[科学]革命
❸ C **回転**, 一回転(♦ rev. と略す. 《口》 rev /rev/) ‖ a turntable rotating at 33 ~*s* per minute 1分間33回転の回転台 ❹ C U 円運動, 旋回 ; 一旋回, 一周 ; (天体の)〈…の周りの〉運行, 公転(→ rotation), 公転周期〈**about, around, round, on**〉‖ the ~ of the earth *around* the sun 太陽を回る地球の公転 / make a ~ 公転する ❺ C U 循環 ; 一巡り, (一)周期 ❻ U〖地〗変革《地殻の大変革期》
~·ìsm 名

***rev·o·lu·tion·ar·y** /rèvəlúːʃənèri | -ʃənəri/ ⟨シ⟩ 形〔◁ revolution 名〕(**more ~ ; most ~**) ❶《通例限定》革命の, 変革の, 革命的な, 革命を目指す ‖ the ~ movement 革命運動 / ~ ideas 革命思想 ❷ 大変革をもたらす, 斬新(ざん)な ‖ a ~ discovery 画期的な発見 ❸《R-》《米》独立戦争(時代)の
— 名 (複 **-ar·ies** /-z/) C 革命家, 革命論者[支持者]
⏩**Revolùtionary Wár** 名《the ~》= American Revolution

rev·o·lu·tion·ist /rèvəlúːʃənɪst/ 名 = revolutionary

rev·o·lu·tion·ize /rèvəlúːʃənàɪz/ 動〔◁ revolution 名〕他 ❶ …を根本的に変える ; …に革命[大変革]を起こす ❷ …に革命思想を吹き込む

***re·volve** /rɪvá(ː)lv | -vɔ́lv/ 動〔▶ revolution 名 ❸❹〕自 ❶〈…の周りを〉回る, 円運動をする, 旋回する〈**around, about, round**〉(↪ go around) ;〈…を軸に〉回る, 回転する〈**on**〉(⇨ TURN 類語) ‖ The earth ~*s around* the sun and *on* its own axis. 地球は太陽の周りを公転し, かつ地軸を中心に自転する ❷《+**around** [**round**] 名》《通例受身形・進行形不可》(生活・議論などが)…を中心に展開する, …に終始する ‖ You think the world ~*s around* you. 君は世界は自分を中心に回っていると思っている / The discussion ~*d around* the tax reform. 議論は税制改革についてが中心であった ❸ 巡る, 循環する, 周期的に起こる ‖ Seasons ~. 季節は巡る ❹ (考えなどが)(頭の中を)駆け巡る ‖ All sorts of ideas ~*d* in my mind. ありとあらゆる考えが私の頭の中を駆け巡った
— 他 ❶ …を円運動[旋回]させる ; 回転させる ‖ She nervously kept *revolving* her ring on her finger. 彼女は指にはめた指輪をいら立たしげにぐるぐる回し続けた ❷ …をじっくり考える, 思い巡らす ‖ I ~*d* the problem in my mind. その問題を頭の中で思い巡らした
— 名 C 回り舞台 **-vólv·a·ble** 形
語源 *re-* back + *-volve* roll, turn : 後ろへ転がる

***re·volv·er** /rɪvá(ː)lvər | -vɔ́lv-/ 名 C リボルバー, 回転弾倉式連発拳銃(けんじゅう)

re·volv·ing /rɪvá(ː)lvɪŋ | -vɔ́l-/ 形《通例限定》回転する ; 循環する ⏩**~ dóor** (↓) **~ fúnd** 名 C 回転資金

revòlving-dóor 形 (人の)入れ替わりの激しい ; 入所者[患者など]の回転率の高い

revòlving dóor 名 C ❶ 回転ドア ❷ (社員や経営陣の)入れ替わりが激しいこと ;《主に米》政官界と民間との間の(人材の)相互異動 ; (同一人の)出戻りの繰り返し

re·vue /rɪvjúː/ (♦ 同音語 review) 名 C レビュー《歌・ダンスなどに時事風刺を組み合わせたショー》

re·vul·sion /rɪvʌ́lʃən/ 名 U/C《a ~》❶〈…への〉(激しい)嫌悪, 反感, いや気〈**against, at, from**〉❷《堅》引き戻し, 回収 ❸《旧》〖医〗(反対刺激による患部から他部位への血液の)誘導(法) **-sive** 形

‡re·ward /rɪwɔ́ːrd/《発音注意》
— 名 (複 **~s** /-z/) ❶ U C〈功績・努力などに対する〉**報酬**, 報償, 償い, ほうび(↔ penalty)〈**for**〉; 利益(⇨ PRIZE[1] 類語) ‖ ~ and punishment 賞罰 / in ~ *for* … …の賞として, …に報いて / a ~ *for* his efforts 彼の努力に対する報酬 / receive a ~ *for* saving a drowning child おぼれかけた子を救って謝礼をもらう / **reap** a great ~ 大きな報酬を得る
❷ C〈犯人逮捕・遺失物拾得などへの〉**報奨金**, 懸賞金, 謝礼〈**for**〉
❸ U C《旧》(悪に対する)報い, 応報 ❹ C〖心〗報酬
— 動 (**~s** /-z/ ; **~·ed** /-ɪd/ ; **~·ing**) 他 ❶〔人など〕に**報酬**[**ほうび**]**を与える**, 報いる〈**for** …に対して ; **with, by** …で〉(♦ しばしば受身形で用いる) ‖ Nurses are inadequately ~*ed for* their hard work. 看護師は激務に対して十分な報酬を受けていない / He was ~*ed with* the Nobel prize *for* the discovery. 彼はその発見でノーベル賞を授与された
❷〔功労など〕に報いる, 返報する ‖ How can I ~ your kindness? あなたのご親切にどうしたらお返しできるかしら
❸〔努力・注目など〕に値する
~·a·ble 形 **~·er** 名 **~·less** 形

***re·ward·ing** /rɪwɔ́ːrdɪŋ/ 形 ❶ 満足[利益]が得られる, 報われる, (…する)価値のある ‖ a ~ profession やりがいのある職業 ❷ 報酬の, 返礼の

re·wind /rìːwáɪnd/《アクセント注意》(→ 名) 動 (**-wound** /-wáund/ ; **~·ing**) 他〔ビデオテープなど〕を巻き戻す (↪ wind back) — 名 /ríːwàɪnd/ U 巻き戻し

re·wire /rìːwáɪər/ 動 他〔建物など〕に配線し直す

re·word /rìːwɔ́ːrd/ 動 他 …を言い[書き]換える

re·work /rìːwɔ́ːrk/ 動 他 …を改訂する ; …を再処理する, やり直す(♦ しばしば受身形で用いる) **~·ing** 名

re·writ·a·ble /rìːráɪṭəbl/ 形 💻 (ディスクが) リライタブル[書き換え可能]な

***re·write** /rìːráɪt/《アクセント注意》(→ 名) 動 (**-wrote** /-róut/ ; **-writ·ten** /-rítən/ ; **-writ·ing**) 他 …を書き直す, 改訂する ; …を新聞[雑誌]記事に書き直す ‖ ~ the record books (スポーツで)記録を書き換える, 新記録を出す
— 名 /ríːràɪt/ C 書き直し(たもの) ; 書き直し記事

Rex /reks/ 名 (複 **Re·ges** /ríːdʒiːz/) C ❶《英》《現君主の名の後に置いて》王, 君, 国王《略 R.》(→ Regina) ‖ George ~ 現国王ジョージ ❷《英》〖法〗(訴訟事件の国側の称号として) 王, 国王 ‖ in the action ~ vs. Jones 国対ジョーンズの訴訟で

Réye's sỳndrome /ráɪz-/ 名 U〖医〗ライ症候群《風邪などの治療後に子供がかかりやすい重病》

Rey·kja·vik /réɪkjəvìːk, -vìːk/ 名 レイキャビク《アイスランドの首都》

Rey·nard /rénɑːrd/ 名 ルナール《中世の風刺物語 *Reynard the Fox* の主人公のキツネの名》; C《文》キツネ

Reyn·olds /rénəldz/ 名 **Sir Joshua ~** レーノルズ(1723–92)《英国の肖像画家》

RF 略 *r*adio *f*requency ; 〖野球〗*r*ight *f*ielder

RFC 略 💻 *r*equest *f*or *c*omments《インターネットに関する技術情報や提案などを記述した公開文書》; *R*ugby *F*ootball *C*lub

RFD 略《米》*r*ural *f*ree *d*elivery

RFID 略 *r*adio *f*requency *id*entification (tag)(無線ICタグ)

RGB 略 💻 カラーディスプレーでの色表示の方式(♦ red(赤), green(緑), blue(青)という光の三原色の頭文字に由来する)

rh, r.h. 略 *r*elative *h*umidity ;〖楽〗*r*ight *h*and (右手(使用))

R

Rh 略 Rhesus；記号〘化〙rhodium(ロジウム)
rhap·sod·ic, rhap·sod·i·cal /ræpsɑ́(ː)dɪk(əl) | -sɔ́d-/ 形 ❶ ラプソディ(風)の ❷ 熱狂的な，狂想的な，有頂天の **-i·cal·ly** 副
rhap·so·dist /rǽpsədɪst/ 名 C ❶ ラプソディの作者；熱狂的に語る[書く]人 ❷ (古代ギリシャの)吟遊詩人，ラプソディの吟唱者
rhap·so·dize /rǽpsədàɪz/ 動 自 ❶ 〈…について〉熱狂的に語る[書く]〈**about, over**〉 ❷ ラプソディを書く[吟唱する]
rhap·so·dy /rǽpsədi/ 名 (複 **-dies** /-z/) C ❶ 高揚した感情の表現，熱狂的な話[文章，詩歌] ❷〘楽〙狂詩曲，ラプソディ ❸ (古代ギリシャの) ラプソディ《吟唱に適した叙事詩(の断章)》
rhe·a /ríːə | ríə/ 名 C〘鳥〙レア，アメリカダチョウ《南米産》
Rhe·a /ríːə | ríə/ 名 ❶〘ギ神〙レイアー《大地の女神；クロノスの妻でゼウス・ポセイドン・ヘラなどの母》 ❷〘天〙レア《土星の衛星の1つ》
rhe·bok, ree- /ríːbɑ̀(ː)k | -bɔ̀k/ 名 (複 ～ OR ～**s** /-s/) C〘動〙リーボック《南アフリカ産のレイヨウの一種》
Rhen·ish /rénɪʃ/ 形 ライン川(流域)の
——名 =Rhine wine
rhe·ni·um /ríːniəm/ 名 U〘化〙レニウム《金属元素．元素記号 Re》
rhe·ol·o·gy /riɑ́(ː)lədʒi | -ɔ́l-/ 名 U 流動学，レオロジー《物質の変形と流動に関する科学》
rhe·om·e·ter /riɑ́(ː)məṭər | -ɔ́mɪ-/ 名 C (液体の流れを測る)流量計；(特に)血流計
rhe·o·stat /ríːəstæ̀t/ 名 C〘電〙可変抵抗器
Rhésus fàctor /ríːsəs-/ 名《the ～》=Rh factor
rhé·sus mònkey [macàque] 名 C〘動〙アカゲザル《ニホンザルに似た南アジア産の猿で実験に用いられる》
rhet. 略 rhetoric, rhetorical
*__rhet·o·ric__ /réṭərɪk/ 《アクセント注意》名 U ❶ 効果的な話し方[書き方]；修辞学[法]，文章作法，レトリック；演説法，雄弁(術)，説得術；C 修辞学論文，作文指導書 ❷ 美辞麗句，誇張表現，(政治家などの)巧言 ‖ bureaucratic ～ 官僚的な巧言 / political ～ 政治的な物言い
rhe·tor·i·cal /rɪtɔ́(ː)rɪkəl/ 形 ❶《限定》修辞学[法]の，雄弁術の；修辞上の，修辞的な(効果をねらった) ❷《堅》美辞麗句を連ねた，誇張的な **～·ly** 副 ① 修辞的に；美辞麗句を連ねて ② 修辞的に；《文修飾》修辞的に言って
▸▸ ～ **quéstion** 名 C〘文法〙修辞疑問《意味を強めるなどの効果をねらった，答えを要求しない疑問文．〈例〉Who knows?(だれが知ろうか)(=Nobody knows.)》
rhet·o·ri·cian /rèṭəríʃən/ 名 C ❶ 修辞学者 ❷ 修辞家，雄弁家；美辞麗句の多い人
rheum /ruːm/ 名 U《主に文》(粘膜の)分泌液《涙・鼻汁など》 **～·y** 形
rheu·mat·ic /rumǽṭɪk/ 形 リューマチ(性)の；リューマチにかかった[かかりやすい] ——名 C リューマチ患者
-i·cal·ly 副 ▸▸ ～ **féver** 名 U〘医〙リューマチ熱
rheu·ma·tism /rúːmətìzm/ 名 U〘医〙リューマチ(性疾患)；リューマチ性関節炎
rheu·ma·toid /rúːmətɔ̀ɪd/ 形 リューマチ(性)の
▸▸ ～ **arthrítis** 名 U リューマチ性関節炎
rheu·ma·tol·o·gy /rùːmətɑ́(ː)lədʒi | -tɔ́l-/ 名 U リューマチ学
Rh fàctor /ɑ̀ːréɪtʃ-/ 名《the ～》〘生化〙Rh因子，リーサス因子《人の赤血球にある一群の遺伝的抗原．→ Rh positive, Rh negative》
rhi·nal /ráɪnəl/ 形 鼻の，鼻腔(びこう)の
Rhine /raɪn/ 名《the ～》ライン川《スイスに源を発し，ドイツとオランダを流れて北海に注ぐ川》
▸▸ ～ **wìne** 名 U C ラインワイン《ライン川流域地方産の軽い辛口の白ワイン》(→ hock²)；(一般に)白ワイン
rhine·stone /ráɪnstòun/ 名 U C ラインストーン，模造ダイヤ
rhi·ni·tis /raɪnáɪṭəs | -tɪs/ 名 U〘医〙鼻炎，鼻カタル
*__rhi·no¹__ /ráɪnou/ 名《口》=rhinoceros
rhi·no² /ráɪnou/ 名 U《俗》金
rhi·noc·er·os /raɪnɑ́(ː)sərəs | -nɔ́s-/ 名 (複 ～ OR ～**es** /-ɪz/) C〘動〙サイ ‖ have a hide [OR skin] of a ～ (批判にめげない)厚い面(つら)の皮を持つ
rhi·no·plas·ty /ráɪnouplæ̀sti/ 名 U〘医〙鼻成形術，造鼻[隆鼻]術 **rhì·no·plás·tic** 形
rhi·no·vi·rus /ràɪnouváɪərəs/ 名 C〘医〙ライノウイルス《風邪の病原体》
rhi·zome /ráɪzoum/ 名 C〘植〙根茎
rhi·zoph·a·gous /raɪzɑ́(ː)fəgəs | -zɔ́f-/ 形 根を食べる
Rh négative /ɑ̀ːreɪtʃ-/ 形〘生化〙Rh陰性の，Rh因子を欠く(↔ Rh positive) ‖ ～ antigen Rh陰性抗体
rho /rou/ 名 (複 ～**s** /-z/) C ロー《ギリシャ語アルファベットの第17字．P, ρ．英語の R, r, RH, rh に相当》
Rhòde Ísland /ròud ⌐⌐ | ⌐⌐⌐/ 名 ロードアイランド《米国北東部の州．州都 Providence．略 R.I.,〘郵〙RI》
Rhodes /roudz/ 名 ❶ **Cecil John** ～ セシル＝ローズ(1853–1902)《英国生まれの南アフリカの政治家．典型的な帝国主義者》 ❷ ロードス島《エーゲ海にあるギリシャ領の島，また同島の海港》
Rhó·di·an 形 名 C ロードス島の(住民)
▸▸ ～ **schólarship** 名 C ローズ奨学金《オックスフォード大学で学ぶ英連邦・米国からの留学生対象の奨学金．❶ の遺志により設立》
Rho·de·sia /roudíːʒə | -ʃə/ 名 ローデシア《ザンビアとジンバブエの旧英領植民地時代の名称》
-sian 名 C 形 ローデシア(人)(の)
rho·di·um /róudiəm/ 名 U〘化〙ロジウム《金属元素．元素記号 Rh》
rho·do·den·dron /ròudədéndrən/ 名 C〘植〙シャクナゲの類の植物《ツツジ・サツキなど》
rhomb /rɑ(ː)mb | rɔmb/ 名 =rhombus
rhom·bic /rɑ́(ː)mbɪk | rɔ́m-/ 形 菱形(ひしがた)の，斜方形の；〘結晶〙斜方晶形の **-bi·cal·ly** 副
rhom·boid /rɑ́(ː)mbɔɪd | rɔ́m-/ 名 C 形〘数〙長斜方形(の)，偏菱(へんりょう)形(の)
rhom·bus /rɑ́(ː)mbəs | rɔ́m-/ 名 (複 ～**es** /-ɪz/ OR **-bi** /-baɪ/) C〘数〙菱形
Rhone, Rhône /roun/ 名《the ～》ローヌ川《スイスに源を発し，フランス南東部を流れて地中海に注ぐ》
Rh pósitive /ɑ̀ːreɪtʃ-/ 形〘生化〙Rh陽性の，Rh因子を持つ(↔ Rh negative)
RHS 略 *R*oyal *H*ighland *S*how；*R*oyal *H*istorical *S*ociety(英国史学会)
rhu·barb /rúːbɑːrb/ 名 U ❶〘植〙ルバーブ，食用ダイオウ(大黄)《葉柄は食用》；大黄根《下剤用》 ❷ C《米・カナダ口》激論，論争 ❸《英口》がやがや《特に舞台で役者が交わす会話》
rhumb /rʌm/ 名 C〘海〙❶ (=～ **line**) 航程線《どの子午線とも同一角度で交わる》 ❷ 羅針方位
*__rhyme__ /raɪm/ 《発音注意》(◆ 同音語 rime) 名 ❶ U 韻，脚韻，押韻《2行以上の詩形の終わりに同じ音を繰り返すこと》‖ single [male, masculine] ～ 単[男性]韻《押韻が1音節だけのもの》/ double [female, feminine] ～ 二重[女性]韻《押韻が2音節に及ぶもの》/ an eye ～ 視覚韻《見た形は韻を踏んでいるが発音が異なるもの．〈例〉brow, glow；war, car》/ in ～ 韻を踏んで；韻文で ❷ C 〈…の〉押韻語，同韻語〈**for**〉；押韻行 ‖ a ～ *for* "teacups" teacupsに押韻する語 ❸ C (主に子供向けの)押韻詩；《通例 ～s》韻文，詩歌(→ nursery rhyme)
rhỳme or réason 《否定文・疑問文で》道理，筋道，意味 ‖ There is 「no ～ *or reason* [OR neither ～ *nor reason*] to his behavior. 彼の振る舞いはまるで訳がわからない / without ～ *or reason* 訳もなく
——動 他 ❶《通例進行形不可》〔語〕に〈…と〉韻を踏ませる，押韻させる〈**with**〉 ❷ …を押韻詩[韻文]にする；〔詩・韻文〕を作る ——自 ❶《通例進行形不可》(言葉・行が)〈…と〉韻

を踏む，韻が合う〈**with**〉；(詩が)押韻する ‖ "Take" ～*s* *with* "make." "take"は"make"と韻を踏む ❷ 押韻詩[韻文]を書く，詩作する **～·less** 形 韻を踏まない
▸▸**～ schème** 名 C 脚韻構成，押韻形式

rhymed /-d/ 形 (限定)韻を踏んだ ‖ ～ verse 押韻詩

rhym·er /ráɪmər/ 名 C =rhymester

rhyme·ster /ráɪmstər/ 名 C 通俗詩人；へぼ詩人

rhým·ing slàng 名 U 押韻俗語《wife に対する trouble and strife のように，ある語の代用としてそれと押韻する語や句を用いる俗語》

rhythm /ríðm/ 《発音注意》
―名〔▸ rhythmic 形，rhythmical 形〕(複 **～s** /-z/) U C ❶ **リズム**，律動；律動的な動き；規則的な反復，周期性；リズム感 ‖ the even ～*s* of his heartbeat 彼の心拍の一定したリズム / the twice daily ～*s* of the tides 1日2回の周期的な潮の満ち干 / the ～ of the seasons 四季の規則的な移り変わり / a dancer with a natural sense of ～ 天性のリズム感を持ったダンサー
❷ 〖楽〗(音の強弱・長短による)**リズム**，音律；拍子，リズム形式；リズムセクション (rhythm section) ‖ play in fast [slow, steady] ～ 速い[ゆっくりとした，安定した]リズムで演奏する / clap in ～ 手拍子をとる / march ～ 行進曲のリズム / three-four ～ 4分の3拍子 / dance **to** the ～ of drums ドラムのリズムに合わせて踊る
❸ 〖詩〗韻律(meter)；韻律形式；〖美・文学〗リズム，律動；(部分間の)調和 ‖ iambic ～ 弱強調
❹ (話し言葉の)調子，音調，抑揚
▸▸**～ and blúes** 名 U 〖楽〗リズムアンドブルース《アメリカの黒人音楽．強烈なリズムを持つブルースの一種．略 R&B》 **～ mèthod** 名 《the ～》周期避妊法 **～ sèction** 名 C 〖楽〗(バンドの)リズムセクション《リズムを担当するピアノ・ベース・ドラムスなど》

***rhyth·mic, -mi·cal** /ríðmɪk(əl)/ 《アクセント注意》 形 〔◁ rhythm 名〕❶ リズミカルな，律動的な；調子のよい ❷ 周期的な，規則的に循環する **-mi·cal·ly** 副
▸▸**～ gymnástics** 名 U 新体操《ribbons, hoops, clubs, balls からなる》

RÍ 略 *r*eligious *i*nstruction(宗教教育)；《ラテン》*Regina et Imperatrix*(=Queen and Empress)，《ラテン》*Rex et Imperator*(=King and Emperor)；*R*oyal *I*nstitution(王立科学研究所)；〖郵〗*R*hode *I*sland

ri·al /riáːl/ 名 C ❶ リアル《イラン・オマーン・カタールの貨幣単位》；1リアル硬貨 ❷ =riyal

Ri·al·to /riǽltoʊ/ 名 (複 **～s** /-z/) ❶ 《the ～》リアルト橋《イタリア，ベニスの大運河にかかる橋》 ❷ 《r-》C (一般に)劇場街 ❸ 《r-》C 商業地区，市場

***rib** /rɪb/ 名 C ❶ 肋骨(ろっこつ)，あばら骨 ‖ true [OR sternal] ～*s* (胸骨に連接する)真肋 / false [OR floating] ～*s* (胸骨に連接しない)仮肋 / have a broken ～ 肋骨が折れている / break [OR fracture] a ～ 肋骨を折る
❷ U C (骨付きの)あばら肉；スペアリブ (sparerib) ❸ (補強用の)肋骨状のもの；(船の)肋材，(飛行機の翼の)小骨，(傘の)骨；〖建〗(丸天井の)リブ，アーチの肋；(橋の)横梁(おうりょう)；〖採〗鉱柱，鉱壁，鉱脈；〖製本〗(背)バンド ❹ U (畑などの)畝；(織物・編み物の)畝(模様)；(砂上の)波の跡 ❺ (太い)葉脈；(昆虫の)翅脈(しみゃく)；(山の)主稜(しゅりょう) ❻ 《口》冗談，冷やかし，からかい(の言葉) ❼ U C リブ編み
dìg [OR *pòke, nùdge*] *a pèrson in the ríbs* 〔人〕のわき腹をつつく(♥ 注意を促したり，冗談を面白がったりするときのしぐさ)
stìck to a person's [OR *the*] *ríbs* (食べ物が)〔人〕の腹をふくらませる；体力[元気]をつける
―動 (**ribbed** /-d/；**rib·bing**) 他 ❶ 《口》…を〈…のことで〉からかう，冷やかす〈**about, over**〉(♥ 悪意のない親しみのこもったからかい方を表す) ❷ 《通例受身形で》畝(模様)がつけられる ❸ …を肋材で補強する[囲む]
～·ber 名 **～·less** 形
▸▸**～ càge** 名 C 〖解〗胸郭(きょうかく) **～ èye (stéak)** 名 C U リブアイ，ロース芯(しん)《肋骨外側のステーキ用肉片》

rib·ald /ríbəld/ 形 (言葉・歌・しぐさなどが)みだらな，卑猥(ひわい)な，下品な

rib·ald·ry /ríbəldri/ 名 U 下品な言葉[行為]

ribbed /rɪbd/ 形 肋骨のある；畝(模様)のある，リブ編みの

rib·bing /ríbɪŋ/ 名 U ❶ 肋骨；(船の)肋材(ろくざい)，(建物の)骨組，(織物の)畝 ❷ 《口》(好意的な)からかい，冷やかし

***rib·bon** /ríbən/ 名 ❶ C U リボン，飾りひも；リボン生地；C (勲章の)飾りひも，綬(じゅ)(→ blue ribbon)；(標章としての)リボン章；《～s》賞，表彰 ‖ wear a ～ in one's hair 頭にリボンをつけている / tie [decorate] it with red ～ それを赤いリボンで結ぶ[飾る] / cut a [OR the] ～ 開会[開幕，開始]の式を行う / win a ～ 受賞する
❷ C リボン[テープ]状の細長いもの；《～s》細く裂けたもの (shreds)；C U (プリンターなどの)インクリボン；(巻尺などの)帯状金属 ‖ His shirt was in ～*s*. 彼のシャツはずたずたに裂けていた / a ～ of smoke 一条の煙 ❸ C 《～s》《口》手綱(たづな)(reins) ❹ C 〖建〗根太(ねだ)かけ
cùt [OR *tèar*] *... to ríbbons* ① …をずたずたに[ぼろぼろに]切り裂く ② …にひどいダメージを与える
―動 他 ❶ …にリボンをつける，…をリボンで飾る ❷ …をひものように裂く，細かく裂く ―自 (道路などが)帯状に広がる《*out*》
～·y 形
▸▸**～ cùtting** 名 U (開会式などでの)テープカット ‖ a *ribbon-cutting* ceremony 開会[所]式 **～ devèlopment** 名 C U 《英》帯状開発《主要道路に沿って広がる町並み》

ríbbon·fìsh 名 (複 ～ OR **～·es** /-ɪz/) 〖魚〗❶ タチウオ ❷ フリソデウオ；リュウグウノツカイ(oarfish)

ri·bo·fla·vin /ràɪbouflérvɪn/ 名 U 〖生化〗リボフラビン《ビタミンB_2・ビタミンGの別名》

ri·bo·nu·cle·ase /ràɪbounjúːklièɪs/ 名 U 〖生化〗リボヌクレアーゼ《RNAを加水分解する酵素》

rì·bo·nu·clè·ic ácid /ràɪbounjuklìːɪk-/ 名 U 〖生化〗リボ核酸(RNA)

ri·bose /ráɪbous/ 名 U 〖生化〗リボース《リボ核酸の加水分解によって得られる5炭糖》

ri·bo·some /ráɪbəsòum, -bou-/ 名 C 〖生化〗リボソーム《細胞内構造物の1つで，タンパク質合成を行う小粒子》

ri·bo·zyme /ráɪbəzàɪm, -bou-/ 名 C 〖生化〗リボザイム《酵素として働くRNAの一種》

ríb-tìckler 名 C 《口》抱腹絶倒の話[冗談]

ríb-tìckling 形 《口》抱腹絶倒の[させるような]

rice /raɪs/
―名 U ❶ **米**；米飯 ‖ grow [OR cultivate, raise] ～ 米を作る / wash ～ 米を研ぐ / white [OR polished] ～ 白米 / brown [OR unpolished] ～ 玄米 / long-grain ～ 長粒米 / boiled ～ (炊いた)ご飯 / a grain of ～ 米1粒 / a bowl of ～ ご飯1杯 ❷ 稲；籾(もみ) ❸ 《形容詞的に》米の；稲の ‖ a ～ crop 稲作 / a ～ field [OR paddy] 水田 / ～ cake もち / a ～ ball おにぎり
―動 他 《米》〔ジャガイモなど〕をライサー(ricer)にかけて裏ごしする
▸▸**～ pàddy** 名 C 水田(paddy (field)) **～ pàper** 名 U ライスペーパー ① 米粉から作る薄い半透明の可食紙《料理用》② カミヤツデの茎の髄から作る薄手の上質紙《水墨画用》 **～ púdding** 名 U C ライスプディング《米と牛乳・砂糖で作るデザート》 **～ vìnegar** 名 U 米酢

ricer

ric·er /ráɪsər/ 名 C 《米》ライサー《ゆでたジャガイモなどを裏ごしする台所用具》

rich /rɪtʃ/
中心義 豊かな

形 金持ちの❶ 高価な❷ 豊富な❸ 肥えた❹

―形〔▶ enrich 動〕(~·er；~·est)
❶ 富んだ, 裕福な, **金持ちの**(↔ poor)；《the ~ で集合名詞的に》《複数扱い》金持ち, 富裕層 (rich people) (⇨ 類語) ‖ "Don't you want to be ~?" "Not especially."「君は金持ちになりたくないのか」「どうしてもというほどじゃない」/ (as) ~ as Croesus 大富豪の (→ Croesus) / filthy [OR stinking] ~ 《俗》(ろくでもない)大金持ちの / become [OR get, grow] ~ 金持ちになる / The ~ are not always happy. 金持ちが必ずしも幸福とは限らない / ~ and poor 富める者も貧しい者も (♦ 対語のときは the をつけないことが多い)
❷ (衣服・家具・ごちそうなどが)**高価な**, 華美な, 凝った(↔ cheap)；ぜいたくな；《複合語で分詞の前に置いて副詞的に》華美に, ぜいたくに ‖ ~ jewelry 高価な宝石類 / a ~ pair of gloves 華美な手袋 / a ~ feast ぜいを尽くしたごちそう / ~-clad 豪華に着飾った
❸ **豊富な**, たくさんある；〈…に〉**富む**(↔ scarce)〈in〉；《複合語で名詞の後に置いて》…に恵まれた ‖ Milk is ~ *in* protein. 牛乳はタンパク質が豊富だ / a play ~ *in* humor ユーモアに富んだ芝居 / an oil-~ country 石油に恵まれた国
❹ (土地などが)**肥えた**, 肥沃(ひよく)な(↔ barren)；天然資源に恵まれた；(鉱山などが)産出量の多い；(鉱石などが)含有量の多い ‖ ~ soil 肥えた土壌 / a ~ seam of coal 石炭の豊かな鉱脈 ❺ 豊かな, 潤沢な ‖ a ~ crop [OR harvest] 豊作 / have ~ hair 髪がふさふさしている ❻ (飲食物が)栄養価[カロリー]の高い, こってりした, 濃厚な；(酒が)こくのある ‖ a ~ sauce 濃厚なソース ❼ (声・音が)豊かな, 心地よい低音の；(色が)濃い, 鮮やかな；(においが)強烈な ‖ ~ colors of autumn leaves 紅葉の鮮やかな色合い ❽ 《口》面白い, 滑稽(こっけい)な；途方もない, 愚にもつかない；(批判などが) 自分のことを棚に上げて厚かましい (→ CE 1) ‖ a ~ joke 面白い冗談 ❾ 〈…に関して〉(複雑さや多様性に満ちて) 興味深い, 興味をそそる〈in〉 ❿ (言葉が)意味深長な, 含蓄のある ⓫ (内燃機関の混合気が)濃い
strike it rich ⇨ STRIKE(成句)

COMMUNICATIVE EXPRESSIONS
1 **Thàt's rích, còming from** yóu. 君も人のことを言えた義理か(♥「自分のことを棚に上げて言うとは厚かましい」の意)

類語 **《❶》rich**「金持ちの」の意を表す最も一般的な語. 金銭以外のいろいろな意味での「豊かさ」も表す.
wealthy 永続的で安定した, rich より大きい富を暗示する. 〈例〉a *rich* person 金持ち / a *wealthy* person 大金持ち, 富豪, 金満家
affluent 改まった語. 豊かな, 裕福な, 富裕な. しばしば持続または増加する豊かさを表す. 人や国だけでなく状態や境遇にも用いる. 〈例〉an *affluent* person [society] 裕福な人[社会]
well-off, well-to-do 経済的にゆとりがあり, 暮らし向きがよい. (♦ well-off は補語としては well off とつづる) 〈例〉They are very *well off* [OR *well-to-do*]. 彼らはとてもいい暮らしをしている / Only *well-to-do* [OR *well-off*] people can afford such luxuries. 裕福な人たちしかこんなぜいたくはできない (♦ well off は金銭以外の面で「恵まれている」状態を表すこともある)

Rich·ard /rítʃərd/ 名 リチャード ❶ ~ I (1157–99)《イングランド国王 (1189–99). リチャード獅子(し)心王 (Richard the Lion-Hearted) と呼ばれる》 ❷ ~ II (1367–1400)《イングランド国王 (1377–99)》 ❸ ~ III (1452–85)《イングランド国王(1483–85)》
rich·en /rítʃən/ 動 他 …を(より)富ます, 豊かにする
rich·es /rítʃɪz/ 名 複 富 (wealth)；財産 ‖ gain fame and ~ 富と名声を得る

***rich·ly** /rítʃli/ 副 ❶ 十分に, 全く ‖ He ~ deserves to be punished. 彼が罰せられるのは全く当然だ ❷ 裕福に；立派に, ぜいたくに；豊かに；濃厚に, 強烈に ‖ be ~ dressed 豪華な衣装を着ている / a ~ flavored soup 濃厚な風味のスープ
Rich·mond /rítʃmənd/ 名 リッチモンド ❶ 米国バージニア州の州都 ❷ 英国ノースヨークシャー州の商業地区 ❸ (= ~ upon Thámes)英国大ロンドンの1区
***rich·ness** /rítʃnəs/ 名 U 富, 富裕；貴重；華美；豊富, 潤沢；肥沃(ひよく)；濃厚
Rích·ter scàle /ríktər-/ 名《the ~》【地】リヒタースケール《地震の規模を表す尺度. マグニチュード1-10で表示》(♦ 米国の地震学者 Charles Richter (1900–85) の名より) ‖ register 5 on the ~ (リヒタースケールで) マグニチュード5を記録する
rick[1] /rɪk/ 名 C ❶ (屋根・覆いをつけた)干し草[わら]の山, わら塚 ❷《米》まきの山
―動 他〔干し草・わらなど〕を積み上げる
rick[2], **wrick** /rɪk/ 《英》動 他〔足首など〕をくじく, 捻挫(ねんざ)する, 〔首などの筋〕を違える ―名 C (軽い)捻挫, 筋違い ‖ give one's neck a ~ 首の筋を違える
rick·ets /ríkɪts/ 名《単数・複数扱い》くる病
rick·ett·si·a /rɪkétsiə/ 名 (複 ~s /-z/ OR -si·ae /-siː/) C リケッチア《ウイルスと細菌の中間的な微生物の総称》
rick·et·y /ríkəṭi/ 形 ❶ (家具・建物などが) 継ぎ目が緩んだ, ぐらぐらする, 壊れそうな ❷ よろよろする, よぼよぼの ❸ くる病の[にかかった] **-et·i·ness** 名
rick·rack, ric·rac /ríkræ̀k/ 名 U C (洋服などの縁取り用の)ジグザグ状布テープ
***rick·shaw, -sha** /ríkʃɔː/ 名 C 人力車
語源 日本語「人力車」の短縮形.
ric·o·chet /ríkəʃèɪ/ 名 C (弾丸・石などの)跳ね返ったもの；U 斜めへの跳ね返り, 跳飛 ―動 (~ed /-ʃèɪd/, -chet·ted /-ʃèṭɪd/；~·ing /-ʃèɪɪŋ/, -chet·ting /-ʃèṭɪŋ/) 自 (弾丸・石などが)跳飛する, 〈…に〉跳ね返る《off》
ri·cot·ta /rɪkɔ́(ː)ṭə/ 名 U リコッタチーズ《イタリア原産. カッテージチーズに似たチーズ》
:rid /rɪd/
―動 (~s /-z/；rid, 《古》rid·ded /-ɪd/；rid·ding) 他《+目+of 名》…から〔望ましくないもの〕を**取り除く**, 除去する ‖ What can I do to ~ the kitchen *of* cockroaches? 台所からゴキブリを追い出すにはどうしたらいいのだろう / You'*re well* ~ *of* her. 彼女とうまく手が切れたね
****be rid of ...***；***rid oneself of ...*** 〔やっかいなもの〕を免れる, …から解放される ‖ If I could *be* ~ *of* the children for the day, I would go. その日子供たちから解放されるなら参ります / You should ~ yourself *of* these superstitions. こんな迷信は捨てなければ駄目だよ
****gèt rid of ...*** 〔望ましくないもの〕を免れる, 脱する；…を取り除く, 追い払う, 始末する；…を売り払う, 処分する ‖ I finally *got* ~ *of* my bad cold. たちの悪い風邪がやっと抜けた (♦ 重い病気からの回復には recover from を用いる) / This worn-out carpet should be *got* [《米》*gotten*] ~ *of*. このすり切れたカーペットは始末しなくては (♦ of の目的語を主語とする受身形が可能)
rid·dance /rídəns/ 名 U C 免れること；除去
(*a*) ***gòod riddance*** (*to ...*) 格好のやっかい払い ‖ "He's gone at last." "*Good* ~ (*to* him)!"「彼がやっと行ったよ」「やっかい払いができてやれやれだ」
***rid·den** /rídən/ 動 ride の過去分詞
―形《通例複合語で》❶ …に支配された, 悩まされた ‖ guilt-~ 罪の意識に駆られた ❷ …でいっぱいの ‖ insect-~ 虫だらけの
***rid·dle**[1] /rídl/ 名 C ❶ なぞなぞ, 判じ物 ‖ pose [solve] a ~ なぞをかける[解く] / talk [OR speak] in ~*s* なぞをかける, なぞめいたことを言う ❷ 〈…にとって〉不可解な人[もの, 事実], 難問, なぞ〈to〉 ‖ Her behavior was a ~ *to* me. 彼女の振る舞いは私にはなぞだった

—動 他…のなぞなぞを解く ‖ *Riddle* me this. (できるなら)このなぞを解いてごらん —自《古》なぞをかける, なぞめいたことを言う **-dler** 名

rid·dle² /rídl/ 動 他 ❶《通例受身形で》〈弾丸などで〉穴だらけになる〈**with**〉 ❷《通例受身形で》〈欠点・悪事などで〉満ちている〈**with**〉 ‖ a government ~*d with* corruption 腐敗にまみれた政府 ❸ …をふるいにかける, ふるい分ける[落とす] —名 C 目の粗いふるい

⁑ride /raɪd/ 動 名

—動 (**~s** /-z/ ; **rode** /roʊd/ ; **rid·den** /rídən/ ; **rid·ing**)

—自 ❶ **乗馬をする**, 馬に乗る ; 馬を御する ‖ She ~*s* for pleasure. 彼女は趣味で馬に乗る / He jumped on the horse and *rode* off. 彼は馬に飛び乗って去っていった / go (《米》 horseback) *riding* 乗馬に行く

❷〈自転車・バイクなどに〉**乗る**, 乗って行く ; 《主に米》(乗客として)〈バス・タクシー・列車などに〉乗って行く, 〈エレベーターに〉乗る〈**in, on**〉 (♦ 自転車・オートバイのようにまたがる乗り物には on を, その他の小型の乗り物には in を用いる. バス・列車などの大型の乗り物については通例 on を用いるが, 内部を意識して言うときには in を用いてもよい) (⇨ GET ON 類語P) ‖ ~ *on* a bicycle [motorcycle] 自転車[オートバイ] に乗る / ~ *in* ⌈a taxi [a car, an elevator] タクシー[車, エレベーター]に乗る / He ~*s* to work *on* the bus [train]. 彼はバス [列車] に乗って仕事に行く / I walked to the elevator and *rode* up. エレベーターのところまで歩いて行ってそれで上に行った

❸〈…に〉乗って運ばれる, 馬乗りになる, またがる〈**on**〉 ‖ The boy is *riding on* his father's shoulders. その男の子は父親に肩車してもらっている

❹《+副句》(船が)浮かぶ ; 停泊する ; (月・太陽・風船などが)(空中に)浮かぶ ; (鳥などが)風に乗って飛ぶ(♦ 副句 は場所を表す) ‖ The ship *rode* at anchor in the harbor. 船は港に停泊していた / The moon was *riding* high in the sky. 月は空高くかかっていた

❺〈…〉次第である, 〈…に〉頼る ; 支えられる〈**on**〉(♦ しばしば進行形で用いる) ‖ The outcome ~*s on* his popularity with the voters. 結果は投票者[有権者]の間での彼の人気で決まる ❻《+副 / 補》乗り心地が…である ; (走路などが) 走るのに…の状態である ‖ This car ~*s* very smoothly. この車は大変乗り心地がよい / The rain made the ground ~ too soft. 雨で地面が馬に乗るにはやわらかくなりすぎた ❼〈車軸などに〉支えられて動く〈**on**〉 ‖ A car ~*s on* four wheels. 自動車は4輪で走る ❽〈…に乗って〉(波に運ばれるように)やすやすと動く[運ばれる], 〈時流などに〉乗る〈**on**〉 ‖ ~ *on* a wave of popularity 人気の波に乗る / ~ to victory *on* the policy その政策に乗って勝利する ❾ 重なり合う

—他 ❶〔馬・自転車・バイクなど〕に**乗る**, 乗って行く ; …を乗りこなす (⇨ DRIVE 類語) ‖ I ~ my **bicycle** [《口》 **bike**] to school. 私は自転車通学をしている / ~ a **horse** [motorbike] 馬[バイク]に乗る(♦ 自分で操作する乗り物を目的語にとるが, 乗用車・バス・列車など(またがらない乗り物)を自分で運転する場合には drive を用いる)

❷《主に米》(乗客として)〔列車・バスなど〕に乗る, 〔エレベーター〕に乗る ‖ ~ the subway 地下鉄に乗る

❸ …を(馬・乗り物で)進む[渡る, 乗り越える] ‖ ~ a ford 馬に乗って浅瀬を渡る

❹ …を馬に乗って行う ; (馬・自転車などで)〔競走など〕を行う ‖ ~ a race 競馬に出る

❺ …を乗せる, 〈…に〉馬乗りにさせる〈**on**〉; …を乗せて行く[運ぶ] ‖ ~ a child *on* one's shoulders [back] 子供を肩[背中]に乗せる / He *rode* me over in his car. 彼は私を車に乗せて連れて行ってくれた ❻〔波・風〕に乗る, 乗って運ばれる ; 〔有利な状況など〕に支えられる, うまく乗る ‖ The Prime Minister is *riding* a wave of personal popularity. 首相は個人的な人気に支えられている / surfboarders *riding* the waves 波乗りをしているサーファーたち ❼《主に米口》…を悩ます, 困らす ; からかう, いじめる ‖ That's what's *riding* me. それで僕は悩んでいるんだ ❽《受身形で》支配される, 圧迫される ‖ be *ridden* by prejudice [superstition] 偏見[迷信]のとりこになる ❾〔クラッチ・ブレーキ〕に半分足を載せ(たままにす)る ❿ (物が)…に載る, …と重なり合う ⓫〔パンチなど〕をかわす, まともに食らわないように備える ⓬ ⊗《卑》…とセックスする

have a lòt [OR ***mùch***] ***riding ón ...*** …に負うところが大きい(→ 自❺)

lèt ... ríde 〔物事〕をほうっておく, そのままにしておく ‖ Just *let* things ~ and see what happens. まあ成り行きに任せて様子をみよう

rìde dówn ... / ***rìde ... dówn*** 〈他〉 ① …を馬で突き[踏み] 倒す ; …を車などで引き倒す ② 馬などで…に追いつく ; 〔犯人など〕を追い詰める

rìde hígh 《進行形で》うまくいっている ; 人気がある ‖ The team is *riding high* this year. そのチームは今年波に乗っている

****rìde óut ...*** / ***rìde ... óut*** 〈他〉〔嵐(あらし)・困難など〕を無事に乗りきる(weather) ‖ The ship *rode out* the storm. 船は嵐を乗りきった / *ride out* the trade depression. 業界の不況を乗りきる

rìde úp 〈自〉(衣服などが)ずり上がる

—名 (複 **~s** /-z/) C ❶〈馬・乗り物・人の背などに〉**乗る[乗せる] こと**〈**on, in**〉, 乗って行くこと ; 乗り物の旅行 ‖ have a ~ *on* a camel ラクダに乗る / go **for** a ~ (馬・自転車・自動車などに)乗って出かける / take her **for** a ~ 彼女をドライブに連れて行く / **give** them a ~ 彼らを車に乗せてやる ❷ 乗っている時間, 乗って進む距離 ‖ It was a long bus ~ to the town. 町まではバスに長いこと乗った / The hotel is about ten minutes' ~ from here. そのホテルはここから車で約10分です ❸ (自動車・馬などの) 乗り心地 ‖ This car gives a very smooth ~. この車はとても乗り心地がよい ❹ (森林中の) 乗馬道 ❺ (遊園地などの)乗り物 ; 乗用馬

a ròugh [OR ***bùmpy***] ***ríde*** 苦しい立場 ‖ face *a rough* ~ 苦しい立場になる / in for *a bumpy* ~ 苦しい立場に置かれて ; ひどい目に遭いそうで

an èasy ríde 楽な立場 ‖ get *an easy* ~ 楽な立場になる

for the ríde 冷やかし半分に, (単なる)傍観者として, 付き添いとして ‖ go along *for the* ~ 冷やかしでついて行く, 尻馬に乗る

hìtch [OR ***thùmb***] ***a ríde*** ヒッチハイクする

tàke a pèrson for a ríde ① ⇨ 名❶ ②《口》〔人〕を口車に乗せる, だます, だまして金を奪う ③《俗》〔人〕を(車で連れ出して)殺す

⁑rid·er /ráɪdər/

—名 C ❶ (馬・自転車・バイクなどに)乗る人, **乗り手** ; 騎手, **ライダー**

❷〈議案・文書の〉付加[付帯]条項 ; 〈…への〉付記, 添え書き〈**to**〉 ‖ attach a ~ *to* a bill 法案に付帯条項を付け加える ❸《英》〖法〗(評決に付した)副申書, 勧告 ❹ ほかのものの上についているもの ; 〖機〗ライダー, 乗り子 ; (天秤(てんびん)の)可動分銅 ; 手すり ; (ジグザグ形塀の)横木 ; 〖海〗(木造船の)連結材, 添え木 ; 〖地〗(厚い地層の上の)薄層

ríd·er·shìp /-ʃɪp/ 名 U 《主に米》(特定輸送機関の)乗客数

***ridge** /rɪdʒ/ 名 C ❶ 山の背, 尾根, 稜線(りょうせん), 山並み ; 分水嶺(れい) ; 〖地〗海嶺(かいれい)《海底の山脈状の隆起》 ‖ a mountain ~ 山稜 ❷ (一般に) 細長い隆起 ; 峰 ; 波頭 ; 鼻梁(びりょう) ; (動物の)背, 背筋 ; 〖建〗(屋根の)棟(むね) ‖ the ~ of the nose [roof] 鼻筋 [屋根の棟] / the ~ of a wave 波頭 ❸ (耕地の)畝, あぜ ; 温床 ; (織物の)畝 ❹ 〖気象〗(天気図の)高気圧の張り出し部

—動 他 ❶ …に隆起をつける (♦ しばしば受身形で用いる) ❷〔田畑〕に畝を立てる《**up**》 —自 畝をなす ; 畝状に隆起する **rídg·ed** 形 ▸▸ **~ tìle** 名 C 棟瓦(むながわら)

rídge·pòle 名 C (家の)棟木(むなぎ) ; (テントの)張り材

ríd·ge·wày 名 C 《英》尾根道, 稜線沿いの道

ridg·y /rídʒi/ 形 隆起している；畝状の

***rid·i·cule** /rídɪkjùːl/ 《アクセント注意》 名 〔▶ ridiculous 形〕 ❶ U あざけり, 嘲笑(ちょうしょう), 冷やかし, からかい ‖ an object of ～ 嘲笑の的 / draw [OR incur] ～ 嘲笑を買う / hold him up to ～ 彼を笑いものにする, あざける, 冷やかす / lay oneself open to ～ 笑いものになるようなことをする ❷ C 《まれ》滑稽(こっけい)なもの[人], お笑い種(ぐさ)
── 動 他 …をあざける, 嘲笑する, 冷やかす (↘ laugh at, make fun of) **-cùl·er** 名

***ri·dic·u·lous** /rɪdíkjʊləs/ 《アクセント注意》 形 〔◁ ridicule 名〕 (**more ～ ; most ～**) ❶ **a** ばかげた, 滑稽な, おかしい(↔ sensible)；《the ～ で名詞的に》ばかげたこと(⇨ FOOLISH 類語) ‖ a ～ suggestion ばかげた提案 / Don't be ～. ばかなこと言わないで / You look ～ in that red shirt. その赤いシャツを着ると変だよ **b** 《It is ～ that *A* ... / It is ～ for *A* to *do* で》*A*(人)が…するのはばかげている；《It is ～ of *A* to *do* / *A* is ～ to *do* で》*A*(人)が…するとはばかげている ‖ It's ～ *that* you paid $10 for that sandwich. 君があのサンドイッチに10ドルも払ったのはおかしいよ / It is ～ *of* you *to* pay that much. = You are ～ *to* pay that much. 君がそんなに払うなんてばかげている ❷ 途方もない, 法外な ‖ a ～ price 法外な値段
～·ly 副 ばかげて；途方もなく **～·ness** 名

***rid·ing¹** /ráɪdɪŋ/ 名 ❶ U (馬に)乗ること；乗馬(《米》horseback riding, 《英》horse riding) ❷ C 乗馬用の小道 ── 形 《限定》乗馬用[向き]の
▸▸ **～ brèeches** 名 複 乗馬ズボン **～ cròp** 名 C (短い)乗馬むち **～ hàbit** 名 C (女性用)乗馬服 **～ lìght [làmp]** 名 C 〔海〕停泊灯 **～ schòol** 名 C 乗馬学校[教習所]

***rid·ing²** /ráɪdɪŋ/ 名 ❶ 《通例 R-》ライディング《英国旧ヨークシャー州を3分していた行政区》 ❷ (カナダの)選挙区

ri·el /riél/ 名 C リーエル《カンボジアの貨幣単位》

Ries·ling /ríːzlɪŋ, ríːs-/ 名 U C リースリング《ドイツ・オーストリア産のブドウの一種；それから造った辛口の白ワイン》

rife /raɪf/ 形 《叙述》 ❶ (好ましくないことが)しばしば起こって, 流行して, 広まって ❷ 〈好ましくないことに〉満ちて〈**with**〉 ‖ The area is ～ *with* violence. その地域には暴力がはびこっている

riff /rɪf/ 名 C ❶ 〔楽〕リフ《ジャズなどで主題として連続的に繰り返される短い楽句》 ❷ (早口の)気のきいたせりふ
── 動 自 リフを演奏する

rif·fle /rɪfl/ 動 他 自 ❶ 〈ページを〉ぱらぱらとめくる〈**through**〉 ❷ (水面などに)さざ波を立てる[が立つ] ❸ (トランプ札を)リフルする《2組に分けて交互にぱらぱらと切り混ぜる》 ── 名 C ❶ 《主に米》(川の)早瀬, 浅瀬；さざ波(ripple) ❷ U C リフル《トランプの切り方》

riff·raff /rɪfræ̀f/ 名 ❶ 《the ～》《集合的に》《単数・複数扱い》⊗《蔑》下層民, 社会のくず ❷ U 《米口》がらくた, くず

***ri·fle¹** /ráɪfl/ 名 C ❶ ライフル銃, 施条銃, 小銃；ライフル砲 ❷ 《～s》ライフル銃隊 ── 動 他 ❶ 〔銃身・砲身〕に施条をつける ❷ 〔ボールなど〕を勢いよく打つ[投げる]
▸▸ **～ grenàde** 名 C ライフル擲弾(てきだん) **～ rànge** 名 ① C ライフル射撃練習場 ② U ライフル銃の射程(距離) **～ shòt** 名 ① C ライフル銃弾；U ライフル銃の射程(距離) ② C ライフル銃射手, 名射手

ri·fle² /ráɪfl/ 動 他 ❶ (盗むために)〔場所など〕をくまなく探す ❷ …を盗み去る；…を略奪[強奪]する
── 自 (盗むために)〈…を〉くまなく探す〈**through**〉

rí·fle·man /-mən/ 名 (複 **-men** /-mən/) C ❶ (歩兵隊などの)ライフル銃兵；ライフル銃射撃の名手(中立 sharpshooter, gunner) ❷ 〔鳥〕ミドリイワサザイ《ニュージーランド特産の小鳥》

ri·fling /ráɪflɪŋ/ 名 U C (ライフル銃の銃腔(じゅうこう)内部に)腔線を施すこと；腔線, 旋条

rift /rɪft/ 名 C ❶ (岩・雲などの)裂け目, 割れ目, 切れ目；〔地〕断層 ❷ (友好関係の)ひび, 不和 ── 動 他 …を裂く, 割る ▸▸ **～ valley** /ˊ‐‐‐, ‐ˊ‐‐/ 名 C 〔地〕地溝

***rig¹** /rɪg/ 動 (**rigged** /-d/ ; **rig·ging**) 他 ❶ 《通例受身形で》(船が)〈…を〉艤装(ぎそう)する〈**with**〉；(帆・索具などが)取りつけられる ❷ …に〈…を〉装備する《*out*》〈**with**〉；(使えるように)…を支度する, 準備する《*up*》 ❸ 〔飛行機など〕に(運行準備のため)装備する, …を整備する
rìg óut ... / rìg ... óut 〈他〉《口》① ⇨ 他 ❷ ② 〔人〕に〈…の〉服を着せる〈**in**〉；〔人〕に〈…の〉格好をさせる〈**as**〉(♦しばしば rig oneself out または受身形で用いる)
**rìg úp ... / rig ... úp* 〈他〉① ⇨ 他 ❷ ② 《口》…を急ごしらえする (↗ fix up) ‖ ～ *up* a makeshift bed for a sick person 病人用に当座しのぎのベッドを作る
── 名 C ❶ 艤装；帆装(様式) ❷ 《通例複合語で》装置, (特に)無線装置；装具, 用具, 道具, (特に)釣り具 ❸ 油井掘削装置(oilrig) ❹ 《口》(奇抜な)衣装, 身なり, 外見 ‖ (in) full ～ 《口》正装[盛装](して) ❺ 《米》馬をつけた馬車；《主に米・豪口》大型トラック；セミトレーラー；車

rig² /rɪg/ 動 (**rigged** /-d/ ; **rig·ging**) 他 〔選挙・市場など〕を不正に操る ‖ ～ the market (投機家が)不正な手段で市価を操る ── 名 U C 《古》不正行為, ぺてん

Ri·ga /ríːgə/ 名 リガ《ラトビアの首都》

-rigged /-rɪgd/ 連結形 《通例複合語で》(…)式帆装の；…を装備した ‖ square-*rigged* 横帆式帆装の / an explosive-*rigged* truck 爆発物を搭載したトラック

rig·ger /rígər/ 名 C ❶ (船の)艤装者；(飛行機の)整備員；(油井の)掘削作業員；(建築現場の)足場作業員 ❷ 《複合語で》…式の帆装を持つ船 ❸ (ボートのオール受けを支える)ブラケット[腕木]

rig·ging /rígɪŋ/ 名 U ❶ 〔海〕索具《帆柱・帆・帆桁(ほげた)などの操作用のロープや鎖類》；艤装 ❷ 不正(行為) ❸ 衣服, 衣類

right

/raɪt/ (♦同音語 rite, wright, write)
形 副 名 動 間

中心義 **(真実や基準から外れず)正しい**

> 形 **正確な❶ 正しい❷❸ 適切な❹ 右の❺**
> 副 **ちょうど❶ 正確に❷ 正しく❸ 適切に❹ 右に❺**
> 名 **権利❶ 右❷ 正しいこと❸**

── 形 (**more ～ ; most ～**)

❶ (答え・時間などが)**正確な**, 正しい(↔ wrong)(⇨ CORRECT 類語) ‖ Did you get that calculation ～? 計算は正確でしたか / the ～ answer 正解 / the ～ change 正確な釣り銭

❷ 《叙述》 **a** (判断・行動・意見などが)〈…について〉**正しい**〈**about**〉 ‖ That's ～. そうです(♥同意) / You are not coming tomorrow, ～? 明日は来ないよね(♦right 1語だけで付加疑問のような役割を果たす. この場合は ..., are you? と同じ. → 間 ❸) / You were **quite** [OR **absolutely**] ～ *about* that. その点についてはあなたは全く正しかった / Too ～. 《英・豪口》まさにそのとおり
b 《*A* is ～「to *do* [OR in *doing*] / It is ～ of *A* to *do* で》*A*(人)が…するのは正しい ‖ He was ～ *in* starting early. = He was ～ *to* start early. = It was ～ *of* him *to* start early. 彼が早く出発したのは正しかった / Am I ～ *in* thinking that you come from Canada? あなたはカナダのご出身だと思うのですが正しいですか (=Is it true that ...?)

❸ 《通例叙述》 **a** (道徳的・法律的に)**正しい**, 道理[正義]にかなった ‖ It is only ～ to tell the truth. 真実を言うしかない / do the ～ thing よいことをする
b 《It is ～ that *A* (should) *do* / *A* is ～ to *do* で》*A*(人)が…するのは正しい ‖ It is ～ *that* she blames [OR should blame] you. = She is ～ *to* blame you. 彼女が君を非難するのも無理はない

❹ 〈…に〉**適切な**, 適当な, 好都合の, ふさわしい, 似合う(↔ wrong, inappropriate) 〈**for**〉 ‖ Is this the ～ bus to

the airport? 空港へ行くにはこのバスでいいですか / Things aren't (going) ~ between us these days. 我々は最近しっくりいってない / Is this the ~ time to buy communications stock? 今は通信社株を買うのに適当な時期だろうか / the ~ person *for* the job その仕事にふさわしい人 / go [move] in the ~ direction しかるべき方向へ行く[進む] / find the ~ words ぴったりの言葉を見つける
❺《比較なし》《限定》**右の**, 右側の, 右手の (right-hand (→ 名 ❷)) (↔ left) ‖ tendinitis in his ~ shoulder 彼の右肩の腱鞘(けんしょう)炎 / hold chopsticks in one's ~ hand 右手に箸(はし)を持つ / make a ~ turn 右に曲がる
❻《叙述》健康な (↔ unwell) ; 《通例否定文・疑問文で》(精神が) 正常な, 正気の (↔ wrong) ‖ I don't feel ~ these days. 最近体調が思わしくない / be not 「~ in the head [OR in one's ~ mind] 頭がおかしい
❼ 表の, 正面の ‖ ~ side up [down] 表側を上に[下に]して ❽ 直角の ❾ (政治的に)右派の, 右翼の, 保守の ❿《限定》《英口》全くの (complete) ‖ He is a ~ idiot. 彼は大ばか者だ
(as) right as rain ⇨ RAIN(成句)
be in the rìght pláce at the rìght tíme (チャンスをつかむのに)ちょうどよい時に, ちょうどよい場所に居合わせる
gèt ... ríght ① …を正しく理解する (→ CE 3, 5) ‖ *get* one's priorities ~ 優先事項を適切に順序づける ② …を直す
pùt [OR ***sèt***] ***... ríght*** 〔人の考え〕を正す, 直す, 訂正する
Shè's [OR ***Shè'll be***] ***ríght.*** 《豪・ニュージ口》それでいいだろう, 心配ない

COMMUNICATIVE EXPRESSIONS

[1] **Hòw ríght you àre!** 全くあなたの言うとおりです (♥ 相手の発言が要点をついていることを評価する賛成表現)
[2] 「**I dòn't thìnk** [OR **I'm nòt sùre**] **thàt's ríght.** それは違うと思います (♥ 間違いを指摘する. not sure の方が控えめな言い方)
[3] **If I've gòt it ríght, then** you're sàying we should sèll the próperty. 私の理解が正しいなら, その土地は売ってしまえということだね (♥ 自分の理解が正しいかどうかを確認するくだけた表現. ✐If I've understood you right, we should .... / ✐《堅》Would I be correct in supposing that we should ...?)
[4] **Is thàt ríght?** ① そうなんですか ; 本当に (♥ 相手の言ったことが正しいかどうか確かめる. 文末を上昇イントネーションで発音) ② どうだか (♥ 相手を疑うややぶしつけな表現. 文末を下降イントネーションで発音)
[5] **Jùst lèt me gèt this ríght.** It was Geórge, nòt Jóhn, that wòn first príze. ちょっと確認させてください. 1等をもらったのはジョンではなくジョージだったということですね (♥ 自分の理解が正しいかどうかを確認する)
[6] **Ríght you áre!** そのとおりだ ; わかった, 承知した (♦ 強調のため You are right. を倒置文にしたもの. Righto, Righty-ho などともいう)
[7] **Yés, you may wèll be ríght.** そうですね, おっしゃるとおりかもしれません (♥ 自分の誤りを認める)
[8] **(You're) (dèad) ríght.** 全くそのとおり (♥ 賛成・是認を表すくだけた表現. 自分の非を認めるときにも用いる. ✐Exactly. / ✐《堅》Precisely.)
[9] **You're ríght excèpt that** you're forgètting about pòssible addítional còsts. 余分に経費がかかる可能性があることを忘れている点を除いては, おっしゃるとおりです (♥ 限定付きの同意を示す表現だが, 実際には賛成の形をとりながら反論を述べる前置き)

―副《比較なし》❶《副詞(句)を修飾して》 **a**《位置を示して》**ちょうど**, まさしく, ぴったりと ‖ He stood ~ before me. 彼は私の真ん前に立った / The accident happened ~ here. 事故はちょうどここで起こった
b《時を示して》《口》すぐに, 直ちに ‖ I'll be ~ back. すぐ戻って来ます / ~ after breakfast 朝食後直ちに
❷ **正確に**, 誤りなく (↔ wrongly) ; ぴったりと ‖ if I remember ~ もし私の記憶が正しければ / Nobody spelled the word ~. だれもその単語を正しくつづれなかった / The train came ~ on time. 列車は時刻どおりに来た / guess ~ 正しく推測する
❸ (道徳的・法律的に)**正しく**, 公正に, 正当に ‖ act [live] ~ 正しく行動する[生きる]
❹ **適切に** (↔ improperly), 都合よく (↔ badly), ふさわしく ‖ He didn't do it ~. 彼のそのやり方はまずかった / Nothing's **going** ~ for me. 何一つうまくいってない
❺ **右に**, 右側に, 右手に ‖ **turn** ~ 右に曲がる ❻《副詞(句)を修飾して》真っすぐに, 一直線に, まともに ‖ Go ~ to the end of the street. この通りの外れまで真っすぐ行きなさい / She looked me ~ in the eye. 彼女はまともに私の目を見た ❼《副詞(句)を修飾して》すっかり, 全く, 完全に ‖ The car ran ~ out of gas. 車は完全にガス欠だ
❽《方》《古》とても, 非常に ‖ have a ~ good time とても楽しく過ごす ❾《英》《称号の一部としてほかの称号と姓名の前につけて》閣下 ‖ the [OR my] *Right* Honorable [OR Reverend] John Smith ジョン=スミス閣下
be rìght ùp thére 《口》〈…に〉決してひけをとらない〈**with**〉
dò [《英》***sèe***] ***a pèrson ríght*** 《口》(給料などの金が)〔人〕にちゃんと渡るようにする, 〔人〕の面倒をみる
rìght and léft ; ***rìght, lèft and cénter*** = LEFT *and right*; LEFT, *right and center*
****right awáy*** [OR ***óff***] **今すぐ** ‖ Come to my office ~ *away*. すぐ私のオフィスへ来なさい
rìght enóugh 《口》確かに, 疑いもなく (certainly)
right now ⇨ NOW(成句)
rìght ón 《口》(賛意を表して)いいぞ, そのとおり ; 頑張れ

COMMUNICATIVE EXPRESSIONS

[10] **I'll be rìght** 「**wíth you** [OR **thére**]. すぐ参ります ; 少々お待ちください (♥ 待たせている相手に対して. 「今手がふさがっているが空き次第承ります」の意)
[11] **I'll gèt rìght ón it.** (課題などに)すぐ取りかかります
[12] **Nóthing éver gòes ríght.** うまくいかないことばかりだ (♥ 不運を嘆く)

―名 〔▶ ❸ righteous 形, ❶ rightful 形〕 (複 **~s** /-s/)
❶ C U (法律・政治・道徳上の)**権利**〈**to do** …する / **to** …の〉 ; 《~s》著作権, 版権, 上映[上演, 翻訳]権 ‖ You have no ~ *to* treat me like this. 君には私をこんなふうに扱う権利はない / What ~ do you have *to* order us around? = What gives you the ~ *to* order us around? 何の権利があって我々に命令するんだ / **human** ~*s* 人権 / the **civil** ~*s* movement 公民権運動 / the ~ *to* vote [remain silent] 選挙[黙秘]権 (♦ ×the right of voting [remaining silent] とはいわない) / have a ~ *to* [×of] a fair trial 公正な裁判を受ける権利を有する / exercise one's legal ~ 法的権利を行使する / All ~*s* reserved. 著作権あり (♦ 著作物に表示して著作権を保護し無断複製を禁ずる. → reserve)
❷《the ~, one's ~》**右**, 右側, 右の道 ; 《a ~, the ~》右折 (↔ left) ‖ keep to the ~ 右側通行 / sit on her ~ 彼女の右側に座る / take the second ~ 2つ目の角を右に曲がる / make [OR take, 《主に米口》hang] a ~ = turn (to) the ~ 右折する / make [OR take, 《主に米口》hang] the first ~ 最初の角を右折する
❸ U (道徳的・法律的に)**正しいこと**, 正義, 正当, 公平な扱い, 正しい行為 (↔ injustice) ‖ You did ~ to tell the truth. 真実を話したのは正しかった / know the difference between ~ and wrong = know ~ from wrong 善悪の区別をわきまえる / fight for the ~ 正義のために戦う / *Might is* [OR *makes*] ~. 《諺》力は正義なり
❹《通例 the R-》《単数・複数扱い》右翼, 右派, 保守派 (↔ left) ‖ He's on the ~ of the Labour Party. 彼は労働党右派に属している ❺ U C 〖野球〗ライト, 右翼 ; 右翼手 (↔ left) ❻ C 〖ボクシング〗右のパンチ, 右のこぶし (↔ left) ❼ C (手袋など左右対のものの)右(のもの)

R

bàng to ríghts 《英口》=*dead to rights*(↓)
be in the ríght (法的・道徳的に)正しい, もっともである, 言い分が正しい ‖ I think we *are in the* ~. 我々の方が正しいと思う
by ríght of ... …の権利[権限, 理由]で
by ríght(s) 当然(の権利で), 本来なら ‖ The property is yours *by* ~*s*. その財産は当然あなたのものです
dèad to ríghts 《米口》現行犯で
dò ríght by a person 〔人〕を正当に扱う, 正しく評価する
in one's òwn ríght (他人の力を借りず)自分の力で ‖ His daughter's a photographer *in* her *own* ~. 彼の娘は一人前の写真家だ
pùt [OR ***sèt***] ***... to ríghts*** …を整理整頓(せいとん)する;元の状態にする, 正常化する
the rìghts and wróngs 〈…の〉詳細, 真相;〈…への〉賛否, 反対意見〈**of**〉
within one's ríghts 自分の権利内で;〈…する〉権利があって, 〈…するのは〉当然で〈**to do**〉

―動 他 ❶〔誤り〕を正す, 直す ‖ ~ a fault [OR wrong] 非を正す, 過ちを埋め合わせる ❷〔倒れたものなど〕を起こす, 立てる ‖ We ~*ed* the capsized boat. 転覆したボートを起こした / ~ oneself after stumbling つまずいた後で体のバランスを取り戻す ❸ …を正常な[本来の]状態[状況]に戻す ‖ His condition will ~ itself. 彼の体調は自然によくなるだろう / ~ the country's economy その国の経済を立て直す ―自 真っすぐになる, 起き直す

―間《口》❶ そのとおり, 承知した(♥ 同意) ‖ "We must leave." "*Right*."「おいとましなければ」「そうだね」❷ さあ, いいかい(♥ 注意を促す) ‖ *Right*. Let's move on to today's main topic. では, 今日の中心議題に移りましょう ❸ いいかい, それでね(♥ 相手の理解を確認する) ❹ そう, へえ(♥相づち)

▶▶ **~ àngle** /, ˌ-ˈ--/ 名 C 直角(⇨ ANGLE[1] 図) ‖ at (a) ~ *angle* to ... …と直角に **~ árm** (↓) **~ ascénsion** 名 U 〖天〗赤経 **~ bánk** 名 ① C 右岸《川の下流に向かって右手の岸》② 《the R- B-》(パリの)セーヌ川右岸 **~ bráin** (↓) **~ fíeld** 名 C 〖野球〗右翼, ライト **~ fíelder** 名 C 右翼手, ライト **~ hánd** (↓) **Right Hon** 形 =Right Honourable **Rìght Hónourable** 形《英》閣下《伯爵以下の貴族・顕官に対する儀礼的または公式称号. 略 Right Hon., Rt Hon.》**~ of abóde** 名 U《主に英》居住権 **~ of appéal** 名 U 上訴権 **~ of wáy** 名 (複 **~s of ways**) ① U (法律上, 車両・船舶がほかに優先して通行する)先行権 ‖ Give ~ *of way*. 《掲示》止まれ ② U《主に英》(他人の土地の)通行権;通行権のある道路 ③ C《米・カナダ》鉄道用地, 線路用地;道路用地;送電線用地 **Ríght Rèverend** 形 bishop または abbot に対する尊称 **~s abùse** 名 U C 人権乱用, 虐待 **~s issue** 名 C 〖商〗(新株の)株主割当発行 **~ stúff** 名《the ~》(特定の分野に不可欠な)素質, 天分 **~ tríangle** 名 C《米》直角三角形 **~ whále** 名 C 〖動〗セミクジラ **~ wíng** (↓)

ríght·abòut 名《the ~》正反対の方向;=rightabout-face ❶ ―副 形 反対方向に[の]

rìght·abòut-fáce 名 C ❶〖軍〗回れ右(の号令) ❷ (政策・主義・行動などの)全面的転換;素早い退却

ríght-àngled <シ 形 直角の
▶▶ **~ tríangle** 名 C《主に英》=right triangle

rìght árm 名《one's ~》❶ 右腕(→ right 形 ❺) ❷ 腹心(→ right hand ❶)
give one's rìght árm (…のためなら)大切なものを犠牲にする, 何でもする(♦ 通例 would を伴う仮定法の帰結節で)

rìght bráin 名 U 右脳, (大脳の)右半球《情感や創造力に関与するとされる》 **rìght-bráin** 形 右脳の

rìght-clíck 動 他 自 (…を)右クリックする《**on**》(↔ left-click)

*__right·eous__ /ráɪtʃəs/《発音注意》形〔▶ right 名 ❸〕❶ (道徳的に)正しい, 高潔な, 有徳の;公正な, 正義の, 法に従う;《the ~ で集合名詞的に》《複数扱い》正しい人々, 有徳の士 ❷《限定》(感情・行為などが)正当な;道理のある, 当然の ‖ ~ indignation 義憤 ❸《米俗》《旧》優れた, 抜群の **~·ly** 副 正しく;正当に **~·ness** 名 U 正しいこと[行い];正義, 公正;高潔さ

*__right·ful__ /ráɪtfəl/ 形〔▶ right 名 ❶〕《限定》❶ (人が)正当な権利を持つ, 合法的な;(地位・財産などが)正当に保有されている ‖ the ~ owner of a house 家の合法的所有者 / the ~ king 正統の王 / a ~ claim 正当な要求 ❷ (行為などが)公正な, 正しい, 正義に基づく
~·ly 副 **~·ness** 名

*__ríght-hànd__ /英 ˌ-ˈ-/ <シ 形《限定》❶ 右の, 右側の;右方向への(↔ left-hand) ‖ take a ~ turn 右折する ❷ 右手の(ための), 右手でする ‖ a ~ glove 右手用の手袋 ❸ 片腕となる, 腹心の(→right-hand man)
▶▶ **~ dríve** 形 名 C 右ハンドルの(車) **~ mán** 名 C 《単数形で》右腕(と頼む人), 片腕, 腹心(中立 right hand, deputy, sidekick)

rìght hánd 名 C ❶ 右手(→ right 形 ❺), 利き腕;右腕(と頼む人), 腹心 ‖ put one's ~ to the work 仕事に全力で取りかかる ❷ 右側, 右手 ‖ at [on, to] one's ~ 右手に[右手の方に] ❸ 名誉ある[信用される]地位

*__rìght-hánded__ <シ 形 ❶ 右利きの ‖ a ~ pitcher [person] 右腕投手[右利きの人] ❷ 右手を使った;右利き[右手]用の ❸ 右回りの, 時計回りの;右巻きの ‖ a ~ screw 右ねじ ―副 右手で;右回りに
~·ly 副 **~·ness** 名

rìght-hánder 名 C ❶ 右利きの人 ❷ 右手の一撃

right·ism /ráɪtɪ̀zm/ 名 U 保守[反動]主義, 右派

right·ist /ráɪṭəst | -ɪst/ 名 C 保守[反動]主義者, 右派[右翼]の人 ―形 保守[反動]主義の, 右派[右翼]の

*__right·ly__ /ráɪtli/ 副 ❶《文修飾》適切にも, 正しくも, 当然(のことながら)(→ CE 1) ‖ ~ or wrongly よかろうと悪かろうと, 事の正否は別として / Quite ~, nobody wants to take risks. 当然のことながら, だれも危険を冒そうとは思わない ❷ 正しく, 正確に;《口》《通例否定文で》確信を持って(→ CE 2) ❸ 公平に, 正当に

COMMUNICATIVE EXPRESSIONS
[1] Èverybody compláined, **and** (**vèry** [OR **quite**]) **rìghtly só.** みんな文句を言ったよ, 当然のことながらね(♥「無理もない」「正当なことだ」の意のくだけた表現)
[2] (**I**) **càn't rìghtly sáy.** さあ, どうなんでしょう, 何とも言えませんね(♥「はっきりわからない」ことを意味するややくだけた表現. =(I) don't rightly know.)

rìght-mínded <シ 形《限定》(人が)まともな考えをした, まっとうな **~·ness** 名

right·most /ráɪtmòʊst/ 形《限定》最も右(側)の

right·ness /ráɪtnəs/ 名 U ❶ 正しいこと, 正確, 真実 ❷ 正義, 公正, 廉直 ❸ 適切, 適当

right·o /ràɪṭóʊ/ 間《英口》よしきた, わかった(Right oh!)

rìght-of-cénter 形 中道右派の(↔ left-of-center)

rìght-of-wáy 名 =right of way(↑)

rìght-ón <シ 形《米口》全く正しい, 十二分にうなずける;⊗《口》《しばしば蔑》進歩的な, リベラルな

ríght·sìze 動 他 自 適正な規模にする[なる], (人員を)適正化[合理化]する **-sìzing** 名

rìght-thínking 形 考え方の正しい, 慎重な

rìght-to-díe 名 U 形 死ぬ権利(を認める)

rìght-to-knów 形 知る権利の

rìght-to-lífe 形 生存権重視の(♦ 死刑反対, 安楽死反対など幅広く使われる)(pro-life)
-lífer 名 C 妊娠中絶反対論者

rìght-to-wórk 形《主に米》(労働組合の)ユニオンショップ制禁止の

right·ward /ráɪtwərd/ 形 副 右手の[に], 右の方の[に], 右寄りの[に]

right·wards /-wərdz/ 副 =rightward

right-wing /ràɪtwíŋ/ <シ 形《限定》右派の, 保守の;(フ

ットボール で) 右翼の ‖ a ～ party 右派政党

*rìght wíng 〈ジ〉 名 ❶ ((the ～)) ((集合的に)) ((単数・複数扱い)) 右翼, 右派, 保守派 ‖ They are on the ～ of the party. 彼らは党内右派である ❷ Ⓒ Ⓤ (サッカーなどの) ライトウイング(の選手) ; (軍隊の)右翼

rìght-wínger 名 Ⓒ ❶ 右翼[右派]の人 ❷ (サッカーなどの)ライトウイングの選手

right·y, righ·tie /ráɪṭi/ ((米口)) 名 (複 **right·ies** /-z/) Ⓒ ❶ 右利きの人[運動選手], 右腕投手 ❷ 右翼の人
── 副 右手で

*rig·id /rídʒɪd/ ((発音注意)) 形 (**more ～ ; most ～**) ❶ (規律などが) 厳格な, 厳しい, 厳正な, 厳密な(↔ flexible) ‖ ～ rules about student conduct 生徒の行動に関する厳しい規則 / a ～ application of the law 法律の厳密な適用 ❷ (人が) 厳しい, 厳格な, 融通のきかない, 頑固な, かたくなな (↔ flexible) ‖ My grandfather is ～ in his ideas. 祖父は頭がこちこちだ / a ～ judge 厳格な裁判官 ❸ (物が) 曲がらない ; 硬直した, こちこちの ; (人が) (恐怖などで) こわばった (⇨ HARD 類語) ‖ a mountain bike with a ～ frame 頑丈な骨組みのマウンテンバイク / His face went ～ with anger. 彼の顔は怒りでこわばった / be bored ～ ひどく退屈する ❹ 固定した, 動かない
～·ly 副 **～·ness** 名

ri·gid·i·ty /rɪdʒídəṭi/ 名 (複 **-ties** /-z/) Ⓤ Ⓒ ❶ 堅いこと, 硬直(性) ❷ 厳格, 厳正, 厳密, 正確 ❸ 〘理〙剛性率

rig·ma·role /rígməròul/ 名 Ⓤ ❶ ((ときに a ～)) くだらない長話, たわごと ❷ 煩雑な手続き

*rig·or[1], ((英)) rig·our /rígər/ 名 ❶ Ⓤ 厳密さ, 正確さ, 緻密(ちみつ)さ ‖ be lacking in scientific ～ 科学的な緻密さに欠けている ❷ ((しばしば the ～s)) 〈気候・風土の〉厳しさ, 苛酷(かこく)さ ; 〈生活などの〉苦しさ, 難儀〈of〉 ‖ the ～*s of* winter 冬の厳しさ ❸ Ⓤ 厳しさ, 厳格, (法などの)厳正な施行 ‖ with the utmost [OR full] ～ of the law 法律を最大限厳正に適用して / be punished with ～ 厳しく罰せられる

rig·or[2] /rígər, 〘医〙ráɪgɔːr/ 名 Ⓤ 〘医〙硬直 ; (発熱前の)悪寒(おかん), 寒け
▸▸ **～ mór·tis** /-mɔ́ːrṭəs | -tɪs/ 名 Ⓤ 〘医〙死後硬直

*rig·or·ous /rígərəs/ 形 ❶ 厳密な, 正確な, 緻密な ‖ a ～ analysis 厳密な分析 ❷ (人・規則などが) 厳格な, 厳正な ; (気候などが) 厳しい, 苛酷な ‖ ～ academic standards 厳格な学問的基準 ❸ 〘論〙厳密な, 論理的に正当な
～·ly 副 厳しく ; 厳密に **～·ness** 名

ríg·òut 名 Ⓒ ((主に英口)) 衣装, 身なり

Rig-Ve·da /rìgvéɪdə/ 名 ((the ～)) リグベーダ ((ヒンドゥー教の最古の聖典の1つ))

rile /raɪl/ 動 他 ❶ ((口)) …を怒らせる, いらいらさせる((*up*))(♦しばしば受身形で用いる) ‖ get him ～*d up* 彼をいらいらさせる ❷ ((米・カナダ)) = roil ❶

ri·lie·vo /rɪljéɪvou | rìliéɪ-/ 名 (複 **～s** /-z/ OR **-vi** /-viː/) Ⓒ 浮き彫り, レリーフ(relief)

Ril·ke /rílkə/ 名 **Rainer Maria ～** リルケ(1875-1926) ((オーストリアの叙情詩人))

rill /rɪl/ 名 Ⓒ ❶ 小川, 細流 ❷ 地面の溝 ❸ 〘天〙裂溝(rille) ((月の表面の細長い溝[谷]))

ril·lettes /riːét/ 名 ((単数・複数扱い)) リエット ((肉や魚をひいて脂肪で煮込んだもの. パンにつけて食べる))

*rim /rɪm/ 名 Ⓒ ❶ (特に円周の)縁, へり, 端 ; 境界 ‖ the ～ of a cup [hat] カップの縁[帽子のへり] / drift on the ～ of sleep うとうとしかかる / the U.S. and the Pacific *Rim* countries 米国と環太平洋諸国 ❷ (車輪の)枠, リム(wheel rim) ; (円形の容器などについた汚れなどの) 輪 ❸ (眼鏡の)縁 ; (バスケットボールの)リング ; (ゴルフの)カップのへり ‖ a pair of glasses with silver ～*s* 銀縁の眼鏡 ── 動 (**rimmed** /-d/ ; **rim·ming**) 他 ((通例受身形で)) 〈…で〉縁取られる〈**with**〉 ‖ a garden *rimmed with* a high wall 高い壁に囲まれた庭
～·less 形 縁なしの

Rim·baud /ræmbóu | ∸∸/ 名 **Arthur ～** ランボー(1854-91) ((フランスの象徴派詩人))

rime[1] /raɪm/ (♦同音語 rhyme) 名 動 ((古)) = rhyme

rime[2] /raɪm/ (♦同音語 rhyme) 名 Ⓤ 霧氷 ; ((文))白霜
── 動 他 …を白霜[霧氷]で覆う(♦しばしば受身形で用いる)

rimmed /rɪmd/ 形 ((しばしば複合語で)) (…で)縁取りした ; くま取られた ‖ gold-～ glasses 金縁の眼鏡

rind /raɪnd/ ((発音注意)) 名 ❶ Ⓤ (メロン・レモンなどの)厚皮 ; 樹皮(⇨ SKIN 類語P) ❷ Ⓤ Ⓒ (ベーコン・チーズなどの)外皮(の堅い部分) ── 動 他 …の樹皮をはぎ取る

***ring[1] /rɪŋ/ (♦同音語 wring) 動 名

── 動 (**～s** /-z/ ; **rang** /ræŋ/ ; **rung** /rʌŋ/ ; **～·ing**)
── 自 ❶ (鈴・鐘・ベルなどが)**鳴る**, 響く ; (ガラスなどが)ちりん[かーん]という音を立てる ; (音・声が)鳴り響く((*out*)) ‖ The doorbell *rang* twice. ドアのベルが2度鳴った / I slept until the alarm *rang*. 目覚まし時計が鳴るまで寝ていた / Her young laughter *rang out*. 彼女の若々しい笑い声が響き渡った
❷ **合図の鐘[呼び鈴]を鳴らす** ; ベルを鳴らして〈…を〉呼ぶ[求める]〈**for**〉 ‖ He walked up to the door, and *rang*. 彼はドアまで歩いて行って, ベルを鳴らした / Please ～ *for* the waiter. ベルを鳴らしてウエーターを呼んでください / ～ *for* lunch 昼食の合図の鐘を鳴らす
❸ (電話が)鳴る ; ((主に英)) **電話をかける**((*up*)) (((米)) call) ‖ I was about to go out when the **phone** *rang*. 外出しようとしていたときに電話が鳴った / I'll ～ (*up*) again tonight. 今晩もう一度電話します / She *rang* to say that she had arrived at Narita. 彼女は成田に着いたと電話してきた / ～ for a taxi 電話でタクシーを呼ぶ
❹ (場所などが)〈音・声で〉鳴り響く, 響き渡る ; 〈評判などで〉もちきりになる ; 〈ある特質で〉満ちあふれる〈**with**〉 ‖ The sports arena was ～*ing with* cheers. 競技場に声援がどよめいていた / The whole town *rang with* his fame. 町中に彼の名声が響き渡った
❺ ((+補〈形〉)) …のように聞こえる ; …の音がする ‖ His words *rang* **true** [hollow]. 彼の言葉は本当のように[そらぞらしく]聞こえた / Your excuse doesn't ～ true. 君の言い訳は本当らしくない ❻ (言葉などが) 〈耳・心に〉いつまでも残る〈**in**〉 ‖ Their insults *rang in* his ears. (= His ears *rang* with their insults.) 彼らの侮辱(の言葉)が彼の耳にこびりついていた ❼ (耳が) 鳴る ‖ My ears sometimes ～. ときどき耳鳴りのすることがある
── 他 ❶ [鐘・ベルなど]**を鳴らす** ‖ The mailman *rang* the doorbell. 郵便配達は玄関のベルを鳴らした
❷ [ベル]**を鳴らして**〈…を〉**呼ぶ**〈**for**〉 ‖ I'll ～ the **bell** *for* my secretary. ベルを鳴らして秘書を呼びましょう
❸ (鐘・ベルの音が)…を告げる[知らせる] ‖ The bell *rang* noon. 鐘が正午を告げた / ～ a fire alarm 火災警報を知らせる ❹ ((主に英)) …に**電話をかける**((*up*)) (((米)) call) ‖ I'll ～ you (*up*) during the week. 今週中にお電話します(♦ ×ring to you (up) とはいわない) / ～ him *up* on the phone 彼を電話口に呼び出す

rìng báck ((英)) 〈他〉 ((*ring ... back*)) [人]に電話をかけ直す, 折り返し電話をする ── 〈自〉 電話をかけ直す, 折り返し電話をする

ring ín 〈自〉 ① ((米)) (タイムレコーダーで) 出社時刻を記録する(↔ *ring out*) ② ((英)) (会社などに) 電話を入れる, 電話で連絡する ‖ ～ *in* sick 病気で休むと電話で勤め先に言う ③ ((英)) テレビ[ラジオ]番組に電話で参加する ── 〈他〉 ((*rìng in ...* / *rìng ... ín*)) [新年]を鐘を鳴らして迎え入れる(↔ *ring out*)

rìng óff 〈自〉 ((英)) 電話を切る(hang up)

rìng óut 〈他〉 ((*rìng óut ...* / *rìng ... óut*)) [旧年]を鐘を鳴らして送る(↔ *ring in*) ‖ ～ *out* the old year and ～ in the new 鐘の音とともに旧年を送り, 新年を迎える ── 〈自〉 ① 響き渡る(→ 自 ❶) ② ((米)) (タイムレコーダーで) 退社時刻を記録する(↔ *ring in*)

R

rìng róund [OR ***aróund***] 《英》〈自〉あちこちに電話する ‖ I'll ～ *round* for a hostel. あちこちに電話してホステルを探してみます 一〈他〉《***ring róund*** [OR ***aróund***] ...》あちこち…に電話する
rìng thróugh 〈自〉《英》〈…に〉社内電話をかける〈**to**〉
rìng úp 〈他〉 **I** 《***rìng úp ...*** / ***ring ... úp***》 ① 《主に英》…に電話をかける(→ 他 ❹) ② 〔売り上げなど〕をレジに打ち込む **II** 《***rìng úp ...***》 ③ 〔利益・売り上げなど〕をあげる，記録する；〔成果〕を達成する，あげる ④ 《米》〔金〕を費す，ふんだんに使う 一〈自〉《主に英》電話をかける(→ 自 ❸)
一名 (複 **～s** /-z/) Ⓒ ❶ (ベルなどを)鳴らすこと，鳴ること；(リーンと)鳴らす[鳴る]音 ‖ He answered the phone on the third ～. 電話が3回鳴ったときに彼は出た / There was a ～ at the door. 玄関のベルが鳴った
❷ 《単数形で》《主に英口》電話をかけること，通話 (call) ‖ Give me a ～ tomorrow. 明日電話をくれ
❸ 《単数形で》…らしさ，響き，調子，(聞いた)印象 ‖ His story had a ～ of truth about it. 彼の話には真実味がこもっていた / Her witness has a hollow ～. 彼女の証言はそらぞらしい感じがする
❹ 《単数形で》(笑い声などの)よく通る音[響き]；(金属などの) 澄んだ大きな音 ‖ the ～ of laughter よく響く笑い声 / a ～ of heavenly singing 妙(たえ)なる歌声
❺ 《単数形で》(教会などの)1組の鐘(の音)
▸▸ **～ tòne** 名 Ⓒ (電話の)呼び出しの音[トーン]；着信音 (♦ ringtone とも書く)

:ring² /rɪŋ/ (♦ 同音語 wring)
一名 (複 **～s** /-z/) Ⓒ ❶ **指輪** ‖ He is wearing a wedding ～. 彼は結婚指輪をしている / an engagement ～ 婚約指輪(❗ ×engage ring とはいわない)
❷ (物を留めたり押さえたりする)輪，リング ‖ a key ～ キーリング / a curtain ～ カーテンのつり輪
❸ (車輪などの)枠，へり，外縁
❹ 環状の形[跡，部分，物]，環，輪；(らせんの)環；年輪 (annual ring)；〖植〗環状剝皮；(木の生長を抑制するために樹皮につけた)輪形の切り込み；(シダ類の)環帯；〖天〗(土星などの)輪；(月の)暈(かさ)；〖動〗ミミズや幼虫などの環節 ‖ You have dark ～*s* round [OR around] your eyes. 目の周りにくまができているよ / draw a ～ around the correct answer 正解に丸をつける / slice an onion into ～*s* タマネギを輪切りにする
❺ 《主に英》(調理用こんろの)熱環 (《米・豪》element) ❻ 輪になった人々[もの]，車座，環状に並んだもの；環状の配置；(ダンスなどの)円形コース ‖ a ～ of stones [hills] 環状列石 [輪山] / sit [dance] in a ～ 車座になって座る[輪になって踊る] ❼ (不法な) 一味，徒党 ‖ a ～ of smugglers 密輸業者の一味 / a drug ～ 麻薬取引の一味 / a ～ of car thieves 自動車の窃盗団 / a spy ～ スパイ組織 ❽ (ボクシングなどの)リング；(円形)競技場，闘牛場；展示場，品評会場；競馬場；《the ～》ボクシング(界) ‖ a circus ～ サーカス会場 / retire from the ～ ボクシングから引退する ❾ 《～s》(体操の) つり輪；つり輪競技 ❿ 〖化〗(原子の) 環 ‖ a benzene ～ ベンゼン環 ⓫ 〖数〗環《乗法に関して半群をなし，加法に関して加群をなし，乗法と加法が分配法則を満たす数学的要素の集合》；〖数〗環《二つの同心円の間にできる環状形の部分》 ⓬ 政争(の場)，選挙戦 ⓭ (品評会で) 家畜を一か所に集めること ⓮ 💻リング《環状に構成されたLAN》 ⓯ 《主に英》(こんろの) 火口(ほくち) (《米》burner)
hòld the ríng 争いに介入しないで傍観する
rùn [OR ***màke***] ***ríngs aròund*** [OR ***ròund***] ***a pèrson*** 〔人〕をはるかにしのぐ，〔人〕よりずっと上手である ‖ Your team *runs* ～*s around* all your opponents. 君のチームはどんな相手よりも強い
一動 (**～s** /-z/；**～ed** /-d/；**～·ing**)
一他 ❶ …を〈…で〉囲む，取り巻く《***around, about, in***》〈**with**〉 (♦ しばしば受身形で用いる) ‖ The capital was ～*ed around* [OR *about*] *with* enemies. 首都は敵に取り囲まれた / His eyes were ～*ed with* fatigue. 彼の目の周りは疲労でくまができていた ❷ 《英》…に丸(の印)をつける [書き入れる]，…を丸で囲む ‖ ～ the correct answers in red 正解を赤で丸く囲む ❸ 〔動物〕を周りを囲んで追い込む ❹ …を輪にする，輪切りにする ❺ 《主に英》〔鳥〕に脚輪をつける；〔動物〕に鼻輪をつける
一自 ❶ 輪にな(って集ま)る，丸くなる ❷ 環状に進む；(鳥などが)輪を描いて舞い上がる
▸▸ **～ bìnder** 名 Ⓒ リングバインダー《金属製の輪でとじるルーズリーフ式バインダー》 **～ fénce** (↓) **～ fìnger** 名 Ⓒ (結婚指輪をはめる通例左手の) 薬指 (⇨ HAND 図) **～ màin** 名 Ⓒ 《英》〖電〗環状主回路 **～ of stéel** 名 Ⓒ 鉄の輪《監視テレビや立ち入り制限などテロからの都市自衛策》 **～ pùll** (↓) **～ ròad** 名 Ⓒ 《英》環状道路 (《米》outer belt)《都市の市街部を避けたバイパス道路》 **～ spànner** 名 Ⓒ 《英》リングスパナ《工具》

ringed /rɪŋd/ 形 ❶ 指輪をはめた ❷ 環のある，輪で囲まれた；〖動〗環状の

***ring·er¹** /ríŋər/ 名 Ⓒ ❶ (教会などの) 鐘を鳴らす人[もの] (bell ringer)；鳴鐘装置；(携帯電話などの)着信音，リンガー ❷ 《口》(競技などの) 不正出場者 [出走馬]，替え玉 ❸ (＝**dèad ～**)〈…と〉そっくりの人[もの]〈**for**〉

ring·er² /ríŋər/ 名 Ⓒ ❶ 環状に囲む人[もの] ❷ (輪投げの)鉄輪 (quoit)，蹄鉄(ていてつ)

rìng fénce 〈シ〉 名 Ⓒ (広大な地所などの)環囲い
一動 他 〔資金など〕の使用目的を制限する
rìng-fénced 形 **rìng-féncing** 名

ring·git /ríŋgɪt/ 名 (複 **～** OR **～s** /-s/) Ⓒ リンギ，リンギット《マレーシアの通貨単位》

ring·ing /ríŋɪŋ/ 形 《限定》 ❶ (声・音が)鳴り響く，響き渡る ‖ a ～ baritone 朗々たるバリトン ❷ (意見表明などが)力強い，明白な 一名 Ⓒ Ⓤ 響き；鳴ること[音]

ríng·lèader 名 Ⓒ (不法行為などの)首謀者，張本人

ring·let /ríŋlət/ 名 Ⓒ ❶ 《通例 ～s》巻き毛 ❷ 小さな輪 ❸ 〖昆虫〗ジャノメチョウ科のチョウ **～·ed** 形

ríng·màster 名 Ⓒ (サーカスの)演技責任者[演出家]

ríng pùll, ríng-pùll 《英》 名 Ⓒ (缶の)プルタブ，リングプル (《米》pull-tab) 一形 プルタブ[リングプル]式の

ríng·sìde 名 Ⓒ 形 《限定》リングサイド(の)；《口》近くてよく見える場所(の)，かぶりつき(の)

ríng·tàil 名 Ⓒ 〖動〗 ❶ リングテール《尾に環紋がある哺乳(ほにゅう)動物・鳥類》 ❷ (＝**～ póssum**) リングテールユビムスビ《尾を環状に巻きつけるオーストラリア産の有袋動物》

ríng-tailed 形 (哺乳動物・鳥類が)リングテールの，尾に環紋がある ▸▸ **～ càt** 名 Ⓒ 〖動〗 リングテールキャット《北米産のアライグマ科の小獣》 **～ lèmur** 名 Ⓒ 〖動〗 ワオキツネザル《マダガスカル島特産の原始的な猿》

ríng·wòrm 名 Ⓤ 輪癬(りんせん)，白癬《タムシ・水虫など》

***rink** /rɪŋk/ 名 Ⓒ ❶ (アイス[ローラー]スケート用の) スケートリンク (ice [roller] rink)，スケート場(の建物)，アイスホッケー競技場；カーリング競技場；(芝生の)ローンボーリング場 ‖ an outdoor skating ～ 屋外スケート場 ❷ (カーリング競技などの)4人1組(のチーム)

rink·y-dink /ríŋkidìŋk/ 形 名 Ⓒ 《主に米口》古臭い(もの)，陳腐な(もの)；くだらない(もの)

rinse** /rɪns/ 動 他 ❶ (水で)…をさっと洗う，〔衣服・髪など〕をすすぎ洗いする；〔容器・口など〕をゆすぐ，すすぐ《out***》 ‖ *Rinse* (*out*) your mouth. 口をゆすぎなさい / ～ one's hands under the tap 水道で手を洗う ❷ 〔石けん・汚れ〕を〈…から〉すすぎ落とす，洗い流す《***away, off, out***》〈**out of, from, off**〉 ‖ Be careful to ～ all the shampoo *out of* your hair. 髪のシャンプー液をよくすすぎ落としなさい / ～ the dirt *off* [OR *from*] one's hands 手の泥を洗い流す ❸ 〔布地など〕を染料液に浸す
一名 ❶ Ⓒ ゆすぎ，すすぎ；すすぎ落とし ‖ Give the shirts a quick [good] ～. シャツをさっと [よく] すすぎなさい ❷ Ⓒ Ⓤ すすぎ水 [液] ❸ Ⓒ Ⓤ ヘアリンス (液 [剤])；(薄い)毛染め(液)，カラーリンス ‖ My grandfather used

a black hair ～. 祖父は髪を黒く染めた ❹ Ⓒ Ⓤ 口腔リンス液

Ri·o de Ja·nei·ro /rì:ou deɪ ʒənéroʊ | -də ʒəníə-/ 名 リオデジャネイロ《ブラジル南東部の港湾都市. 旧首都》

Ri·o Grande /rì:ou grǽnd/ 名《the ～》リオグランデ川《米国とメキシコとの国境を流れメキシコ湾に注ぐ》

*__ri·ot__ /ráɪət/ 《発音注意》名 Ⓒ ❶ 暴動, 騒動；〖法〗騒乱(罪), 騒擾(そうじょう)；Ⓤ 大混乱 ‖ Prison ～s broke out over worsening conditions. 悪化する環境をめぐって刑務所で暴動が起きた / a student [race] ～ 学生[人種]暴動 / quell [OR put down] a ～ 暴動を鎮圧する ❷《単数形で》〈感情などの〉ほとばしり, 激発, 奔放〈**of**〉；〈色・音の〉多彩, 多様, 豊富さ〈**of**〉‖ This garden is a ～ *of* color in spring. この庭は春になるとさまざまな色(の花)でいっぱいになる ❸《a ～》《口》ひどく愉快な人[もの, 出来事], 大傑作, 見もの, ばか当たり ‖ You were an absolute ～ at the party last night. 君は昨夜のパーティーで本当に愉快だったよ ❹ Ⓤ 浮かれ[どんちゃん]騒ぎ；《古》放縦, 放蕩(ほうとう)

rèad (...) the ríot àct 《口》(騒ぎ[いたずら]をやめるよう)(…を)厳重に戒める, きつくしかる

*__*rùn ríot*__ ① 好き勝手に振る舞う, 騒ぎ回る；言いたい放題を言う；(空想・感情などが)奔放に働く ②(草木が)はびこる, 生い茂る, (花が)咲き乱れる；(現象などが)蔓延(まんえん)する ‖ Inflation began to *run* ～ after the war. 戦後インフレが猛威を振るい始めた

──動 自 ❶ 暴動を起こす, 暴動に加わる, 騒ぐ ‖ ～ in the streets 街頭で暴動を起こす ❷ 勝手気ままに振る舞う ❸《古》放蕩生活をする **～·er** 名 Ⓒ 暴徒；《古》放蕩者

▶▶**Ríot Àct** (↓) **～ gèar** 名 Ⓤ 暴徒鎮圧用の衣服, 装置 **～ gìrl [grrrl]** 名 Ⓒ ライオットガール《フェミニズム運動を過激な形で行う若い女性》 **～ políce** 名《(the) ～》《複数扱い》《警察の》機動隊 **～ shìeld** 名 Ⓒ (機動隊が持つ)暴徒鎮圧用の盾

Ríot Àct 名《the ～》(不穏集会の解散を命じる)騒擾取締令《1715年英国で制定》

ri·ot·ous /ráɪəṭəs/ 形《通例限定》❶《堅》暴動の(ような)；暴動を起こす[に加わる] ❷ 騒然とした, 無秩序な, ばか騒ぎの；放縦な, 放蕩な ❸〈…で〉あふれんばかりの, 豊富な〈**with**〉 **～·ly** 副 **～·ness** 名

*__rip¹__ /rɪp/ 動 (**ripped** /-t/; **rip·ping**) 他 ❶ **a** (+目)…を引き裂く, 切り裂く, 破る《***apart***》‖ I *ripped* my shirt on a nail. シャツをくぎに引っかけて裂いてしまった / The incident *ripped* the two countries *apart*. その事件のせいで2か国の関係は引き裂かれた **b** (+目+補〈形〉)…を裂いて…(の状態)にする ‖ Impatiently she *ripped* the envelope open. もどかしげに彼女は封筒を破って開けた ❷…を〈…から〉はぎ取る, 裂き[切り]取る《***off, out, away, down***》〈**out of, from, off**〉‖ ～ the floorboards *off* 床板をはぎ取る / He *ripped* the page *out of* the cookbook. 彼は料理の本からそのページをはぎ取った ❸〔木〕を木目に沿ってひく, 縦びきする ❹〔裂け目・穴など〕を勢いよく開ける ❺ 💻〔CD・DVDのデータ〕をハードディスクにコピー[リッピング]する

──自 ❶ 裂ける, ちぎれる, ほころびる ‖ This kind of cloth ～s easily. この種の布はすぐにほころびてしまう ❷《+副句》(ある方向に)まっしぐらに進む；〈…を〉突き進む〈**through**〉；突き抜けるような勢いで〈…に〉入る〈**into**〉‖ The fire *ripped through* the small town. 火災は小さな町をひとなめにした

lèt it [OR ***her***] ***ríp*** 《口》(車・船などを)全速力で走らせる

lèt ríp 〈自〉止まらない勢いで(物事を)やる；激しく怒りなどを〈…に〉ぶつける〈**at**〉 ─〈他〉《***lèt ríp ... / lèt ... ríp***》…を激しい勢いでやる[言う], 勢いがついたままに任せる

rìp ... apárt 〈他〉①⇨他❶a ②…を破壊する；…をこき下ろす, 酷評する

ríp at ... 〈他〉…を猛烈な勢いで襲う[襲ってずたずたにする]

rip ínto ... 〈他〉①⇨自❷ ②《口》…を攻め立てる, 攻撃する；〈…のことで〉非難する〈**for**〉‖ She really *ripped into* me *for* being late for our wedding. 彼女は私が自分たちの結婚式に遅れたことをひどく非難した

*__*rìp óff ... / rìp ... óff*__ 〈他〉①⇨他❷ ②〔衣服〕をかなぐり捨てる ③《口》〔人・店〕から盗む；〔物〕を盗む, かっぱらう(nick)；〔他人の文章など〕を盗用する ‖ He got caught trying to ～ *off* the corner store. 彼は角の店から物をかっぱらおうとしているところを捕まった ④《口》(店・運転手などが)〔人〕に法外な金を吹っかける, …からぼる(fleece)(♦しばしば受身形で用いる)

rìp ón ... 〈他〉《米俗》…を侮辱する, …の悪口を言う

rìp ... to shréds ; rìp ... to bíts =*rip ... apart* ②(↑)

rìp úp ... / rìp ... úp 〈他〉①…をずたずたに引き裂く ‖ She *ripped up* the letter into pieces. 彼女はその手紙をびりびりに破いた ②〔床の上にあるもの〕をはがす, 〔木・垣根など〕を引き抜く ‖ ～ *up* the old carpets 古いカーペットをはがす

──名 Ⓒ ❶ (長い)裂け目, 割れ目, ほころび；裂傷；びりっ, ばりっ《破る音》‖ There's a big ～ in your sleeve! 君のそでが大きくほころびているよ / sew up a ～ in a coat 上着のほころびを縫う ❷ 縦びきのこぎり(ripsaw) ❸《米口》詐欺, ぺてん

rip² /rɪp/ 名 Ⓒ《旧》《口》放蕩(ほうとう)者, やくざ者；駄馬, やくざ馬；がらくた

rip³ /rɪp/ 名 Ⓒ ❶ (潮流の衝突による)激潮水域 ❷ (=**～ cùrrent**) リップカレント, 離岸流《海岸から沖へ向かう強い表面の流れ》；=riptide

RIP 略《ラテン》*requiesca(n)t in pace* (=may he [OR she, they] rest in peace)《(墓碑銘などで)安らかに眠れ》

ri·par·i·an /raɪpéəriən/ 形 川岸の, 水辺の；川岸に住む
──名 Ⓒ 川岸所有者

ríp·còrd 名 Ⓒ (パラシュートを開く)リップコード, 曳索(えいさく)；引き綱《気球などの急降下用》

*__ripe__ /raɪp/ 形 ❶ (果実・穀物が)熟した, 実った(↔ unripe)；(魚・虫などが)産卵期の；(唇などが)(赤く)ふっくらとした, 熟れた ‖ Those bananas aren't ～ yet. そのバナナはまだ熟れていない / ～ fruit 熟れた果実 ❷ (チーズ・ワインなどが)熟成した, 食べ[飲み]ごろの(mature)；(風味などが)豊かな, 強烈な ❸ 成熟した, 分別のある；円熟した, 熟達した；(判断・知識などが)極まった；《限定》(年齢などが)盛りの, 円熟期の ‖ a professor of ～ scholarship 学識を究めた教授 / a person of ～ years 成熟した人, 大人 ❹《叙述》準備万端整った；機が熟した, 好機の〈**for** …のための / **to do** …する〉‖ The time is not yet ～ *for* speaking the truth. 真実を話すには機はまだ熟していない / The plan is ～ *for* execution.=The plan is ～ *to* be executed. その計画は実行の機が熟している ❺《口》(言葉などが)品の悪い, 下品な, 汚い；下品だが面白い ‖ That's ～! そいつは品がないが面白いよ / tell a ～ joke 下品なジョークを言う ❻《口》(においが)すえた(ような)；悪臭のする

a [OR ***the***] ***rìpe òld áge*** ①〈…歳という〉高齢〈**of**〉‖ live to *the* ～ *old age of* 90 90歳の高齢まで生きる ②《戯》〈…歳の〉若さ〈**of**〉

the time is ripe ⇨ TIME(成句)

～·ness 名

*__rip·en__ /ráɪpən/ 動 自 熟す, 実る；(人が)円熟[成熟]する；(状態などが)〈…に〉発達する〈**into**〉；(時機が)熟す ‖ The peaches are ～*ing* nicely. 桃がうまい具合に熟してきている / Our friendship ～*ed into* love. 私たちの友情は愛情に発展した ──他 …を熟させる；…を成熟させる

ríp-òff 名 Ⓒ《口》❶ 法外な金をとる[吹っかける]こと, 詐取, 搾取 ❷ 盗作, ぱくり ❸《米》盗み, かっぱらい

ri·poste /rɪpóust | -póst/ 名 Ⓒ ❶〖フェンシング〗リポスト《攻撃をかわしての突き返し》❷ 即妙の答え, 応酬, しっぺ返し ──動 自 ❶ 突き返す ❷ 即妙の答えをする, 応酬する, 即座に言い返す ──他 …と即妙の答えをする

rip·per /rípər/ 名 Ⓒ《口》❶ 切り裂く人[道具]；(人の身

R

体を切断する）殺人鬼 ‖ Jack the *Ripper* 切り裂きジャック《英国史上有名な大量殺人鬼》❷《主に豪》素晴らしい人［もの，こと］，飛び切りの人［もの］❸ リッパー《CD・DVDからコンピューターにデータをコピーするソフト》

rip·ping /rípɪŋ/ 形《英口》《旧》素晴らしい，素敵な

*__rip·ple__ /rípl/ 名 C ❶《通例 ～s》（特に湖や池などの）さざ波，小波（⇨ WAVE 類語）❷ 波形，波状（のもの）；ひだ；（髪の）ウエーブ；=ripple mark ‖ ～*s* on the sand 砂上の波形模様［風紋］❸《通例単数形で》さざ波のような音，さざめき，（音の）うねり，うなり ‖ a ～ of laughter [applause] さざめく笑い声［喝采（かっさい）の渦］❹《通例単数形で》反響，波紋；（衝撃・不安・興奮など感情の）波，去来，伝わり ‖ The news caused a ～ through the town. そのニュースは町中に波紋を起こした ❺《米》小さな早瀬 ❻ U リプル《チョコレート・ラズベリーなどが波状に入ったアイスクリーム》❼ U《電》リップル，脈動

―動 自 ❶ さざ波が立つ ‖ The cornfields were *rippling* in the breeze. トウモロコシ畑はそよ風に波打っていた ❷（水が）さざ波を立てて流れる；（髪などが）小さく波打つ ❸（音・感情などが）〈…の間を〉さざ波のように次々と伝わる，さざめく〈**around, through**〉

―他 ❶ …にさざ波を立てる，波紋を起こす ‖ A gentle breeze ～*d* the surface of the lake. 優しいそよ風が湖面にさざ波を立てた ❷〔髪など〕を小さく波打たせる

▸▸ ～ **effèct** 名 C 波状効果 ～ **màrk** 名 C 砂紋，風紋

rip·ply /rípli/ 形 ❶ さざ波立つ［のような］❷ さざめく

rip·rap /ríprӕp/《米》名 U（基礎工事に用いる）砕石，割栗（わりぐり）石；C 砕石で築いた土台［堤防］

―動（**-rapped** /-t/；**-rap·ping**）他 …を砕石で補強する

rip-roar·ing /rìprɔ́ːrɪŋ/ 〈シ〉 形《限定》《口》活気のある；わくわくする；大騒ぎの，騒々しい

ríp·sàw 名 C（木目に沿って切る）縦びきのこぎり

ríp·snòrter 名 C《口》馬力（ばりき）のある人，強力なもの《嵐（あらし）など》；素晴らしい人［もの］，見物（みもの）

ríp·tìde 名 C 潮衝《ほかの潮流に衝突して激潮を起こす潮流》，逆潜流

Rip van Win·kle /rìp væn wíŋkl/ 名 リップ＝バン＝ウィンクル《W. Irving 作 *The Sketch Book* 中の物語およびその主人公．山中で20年間眠り続け，目が覚めたとき世の中の急変に驚く》

RISC /rɪsk/ 名 U リスク《CPUの扱う命令の数を減らすことで負荷の少ない高速な処理が可能となる方式》（♦ *r*educed *i*nstruction *s*et *c*omputer の略）

⁝rise /raɪz/ 動 名

中心義 **Aが上がる**（★Aは具体的な「物」に限らず，「数量」や「気分」など抽象的なものまで多様）

―動（**ris·es** /-ɪz/；**rose** /roʊz/；**ris·en** /rízən/；**ris·ing**）

―自（♦ 対応する他動詞は raise）❶（数・量・価値などが）**増す**，増大する；（価格・温度計などが）上がる（⇘ go up）（↔ fall, decrease）〈**from** …から；**to** …まで；**by** …だけ〉‖ Tomorrow, the temperature in Tokyo will ～ *to* 20 degrees. 明日，東京の気温は20度まで上がるでしょう / The price of land has *risen* (*by*) 10% over the past year. 地価はここ1年で1割上昇した

❷（垂直または斜めに）**上昇する**，上がる（↔ descend）；（煙・風船などが）上がる《*up*》；（鳥・飛行機などが）飛び立つ；（魚が）水面に出てくる〈**from, out of** …から；**to** …まで〉‖ Smoke *rose* (*up*) *from* the chimney. 煙突から煙が立ち上った / Water vapor ～*s from* the sea. 海から水蒸気が立ち上る / The curtain *rose*. （舞台の）幕が上がった；新局面が展開した / A bird *rose* into the air. 鳥が空中に飛び立った

❸〈…から〉立ち上がる，**起き上がる**《*up*》〈**from**〉；起床する（⇘ get up）（⇨ GET UP 類語P）；（髪の毛などが）直立する，逆立つ ‖ They *rose from* their chairs to welcome the guest. 彼らはいすから立ち上がって客を迎えた / All ～.（法廷などで）全員起立 / ～ to one's feet（演説などのために）立ち上がる / ～ with the lark ヒバリとともに起きる；早起きする

❹（太陽・月・星などが）**昇る**，上がる（↔ set）‖ The sun ～*s* in [ˣfrom] the east. 太陽は東から昇る / The moon is *rising* above the mountains. 月が山並みの上に昇っている

❺ **出世する**，（地位などが）上がる，昇進する〈**from, through** …から；**to** …まで〉‖ He *rose from* an office boy *to* president. 彼はオフィスの使い走りから社長にまで出世した / ～ *through* the ranks 下積みの身分から立身出世する / ～ *to* fame 有名になる / ～ *to* power 権力を握る；政権に就く / ～ in the world 出世する

❻（川が）増水する，水位が上がる；（潮が）満ちる ‖ The river *rose* (nearly two feet) after the heavy rain. 川は豪雨の後（2フィート近く）増水した / The tide is *rising*. 潮が差してきた

❼（パンなどが）（イースト菌などの作用で）ふくらむ；（まめ・水ぶくれなどが）できる，ふくれ上がる ‖ The bread won't ～ properly. パンがうまくふくらまない

❽（音・声などが）高まる，大きくなる；〈…から〉聞こえてくる《*up*》〈**from**〉；（感情・士気が）高まる；（怒りなどが）〈…に〉込み上げる〈**in**〉‖ His voice *rose* with excitement. 彼は興奮して声が大きくなった / My spirits ～ whenever I think of you. 君のことを思うたびに元気が出る / He felt his anger ～. 彼は怒りが込み上げるのを感じた

❾（風が）強まる ‖ The wind *rose* with the sun. 日の出とともに風が出た

❿《通例進行形不可》（山・建物などが）そびえ立っている《*up*》（♦ 通例場所などを表す 副句 を伴う）‖ The tower ～*s* (to a height of) 250 meters. 塔の高さは250メートルある / The city ～*s* above the plain. 町は平原を見下ろす位置にある / The mountain ～*s* 3,000 feet out of the sea. その山は海から3,000フィートの高さにそびえ立っている

⓫〈…に対して〉（反抗して）立ち上がる，決起する《*up*》〈**against**〉‖ ～ *against* a dictator 独裁者に対して立ち上がる / ～ (*up*) in revolt 暴動を起こす

⓬〈事態などに〉うまく対処する；応じる，応える；〈挑発などに対して〉立ち向かう〈**to**〉‖ ～ *to* [an occasion [a challenge] その場を巧みに切り抜ける［挑戦に応じる］/ ～ *to* the bait（甘い）誘いに乗る

⓭（死者などが）〈…から〉生き返る〈**from**〉‖ Christ is *risen*. キリストはよみがえりぬ（♦ 完了の助動詞に be を用いるのは古い用法）/ ～ *from* the dead [OR grave] 死からよみがえる / ～ *from* the ashes of war 戦争の災禍から立ち直る ⓮（川が）〈…に〉源を発する〈**in, at**〉；〈…から〉起こる，生じる，発生する〈**out of, from**〉‖ The river *rising in* the Japan Alps empties into the Pacific. その川は日本アルプスに源を発し，太平洋に注いでいる / A quarrel *rose out of* the misunderstanding. 誤解からけんかが始まった ⓯（道・土地が）上りになる ‖ The ground ～*s* steeply at this point. この地点で地面は急に上り坂になる ⓰（色が）濃くなる；（顔の色が）赤くなる ‖ Slight color *rose* on [OR in] her cheeks. 彼女の頰（ほお）がかすかに赤くなった ⓱（胃が）〈…に〉むかつく〈**at**〉‖ My gorge [OR stomach] ～*s at* the thought. そのことを考えると胸が悪くなる ⓲《主に英》（議会・裁判所などが）閉会になる，散会する，閉廷する ‖ The court *rose* at 4 p.m. 法廷は4時に閉廷した ⓳（目の前・心の中に）現れる，浮かんでくる ‖ The subject has *risen* vividly in my mind. その題材が生き生きと心に浮かんできた ⓴（建物などが）建てられる ‖ New buildings are *rising* every day. 毎日のように新しい建物が建てられている

*__*ríse above ...*__ 〈他〉① …の上にそびえ立つ（→ 自 ❿）；…より上に出る；…（の地位）以上に昇進する ② …を超越する，…に平然としている；…を克服する ‖ ～ *above* the hardship 苦難に超然としている / ～ *above* selfish considerations 利己的な考えをやめる ③（声・音が）…

よりひときわ大きく[高く]なる ④…の水準[域]を超えている
ríse against ... 〈他〉①⇨自⑪ ②(心などが)…に対する怒りで取り乱す，…にむかつく
rìse and shíne 《しばしば命令形で》《口》さっさと起きる
—名(複 **ris·es** /-ɪz/) Ⓒ ❶〈数・量・価値などの〉**増大**，増加(↔ decrease)；〈温度・水位などの〉上昇〈**in**〉‖ a sudden [20%] ～ *in* [×of] the cost of living 生活費の急激な[20%の]増大 / the ～ of the tide 潮位の上昇
❷ Ⓒ Ⓤ **上昇**，上がること；(太陽・月などが)昇ること(↔ set)；(煙などが)立ち上ること；(魚などの)浮上；〖劇〗幕開き ‖ the ～ of a hot-air balloon 熱気球の上昇 / the ～ of the moon 月が昇ること
❸《英》**昇給**(《米》raise) ‖ demand a ～ 昇給を要求する / get a 3% pay ～ 3%昇給する
❹《単数形で》〈地位などの〉向上，出世；〈…の〉隆盛，興隆，繁栄〈**of**〉‖ a ～ in status 地位の向上 / the ～ and fall *of* the Roman Empire ローマ帝国の盛衰 / the ～ of democracy 民主主義の台頭
❺上り坂[道](↔ fall)；高台，小丘 ‖ the gentle ～ and fall of fields 野原のなだらかな起伏
❻《単数形で》起源，始まり；発生，出現 ‖ the ～ of a river 川の源 / the ～ of a new talent 新しい人材の出現 / take [OR have] one's ～ in [OR from, out of] ... …に源を発する，…から始まる
gèt [OR *tàke*] *a ríse òut of ...* 《口》…を冷やかして怒らせる，からかって面白がる
gìve ríse to ... 〔特に悪い事態〕**を生じさせる**，引き起こす，…の原因となる(bring about；cause) ‖ The job shortage *gives* ～ *to* serious social problems. 就職難は深刻な社会問題を引き起こしている
on the ríse 上昇[増加]中で
tàke the ríse òut of ... 《口》…をからかう，冷やかす

ris·en /rízən/ (発音注意) 動 rise の過去分詞

ris·er /ráɪzər/ 名 Ⓒ ❶《形容詞を伴って》起床する人 ‖「an early [a late] ～ 早起き[朝寝坊]の人 ❷〖建〗け込み(板)《階段の踏み板の間の垂直部分》❸(水道・ガスなどの)垂直パイプ ❹《米》(出演者・講演者をよりよく見せるための)可動式の台

ris·i·bil·i·ty /rìzəbíləṭi/ 名(複 **-ties** /-z/) Ⓤ Ⓒ《堅》笑い性，笑い癖；《しばしば -ties》笑いの感覚[センス]

ris·i·ble /rízəbl/ 形 ❶《堅》笑い性の ❷笑いの，笑うための ❸笑いを引き起こす，お笑い(種(ぐさ))の **-bly** 副

ris·ing /ráɪzɪŋ/ 形《限定》❶上昇する，昇る；上り傾斜の ‖ the ～ sun (昇る)朝日 ❷増大[増加]する；高まる，募る ‖ ～ prices 上昇する物価 ❸昇進途上の，新進の；成長過程にある，勃興(ぼっこう)する ‖ the ～ generation (これから伸びようとする)若い世代 / a ～ star in the Japanese music scene 日本の音楽界期待の星
—名 Ⓤ Ⓒ ❶上がること，上昇；起立，起床 ❷反乱，暴動，蜂起(ほうき) ❸パン種，イースト(でふくらむこと)
▸▸ ～ **dámp** 名 Ⓤ《英》上昇湿気《地面から壁にしみ込む湿気》

risk /rɪsk/ 名 動

—名(複 **～s** /-s/) ❶ Ⓒ Ⓤ (危害・損失を受けるかもしれない)**危険**(性)，恐れ；冒険，賭(か)け，リスク〈**of** …の / **that** 節…という〉(⇨ DANGER 類語) ‖ There is no ～ *of* flooding. 氾濫する危険は全くない / Don't cheat. It's not worth the ～. カンニングなんてするな. リスクを冒してやるほどのことじゃない / There is always a ～ *that* a musical produced at immense cost will flop. 大金を投じてプロデュースしたミュージカルが当たらない危険性は常にある / a calculated ～ 計算済みの危険(♦得られる利益に比べれば小さな危険) / a high-～ investment リスクの高い投資 / at any ～ どんな危険を冒しても
連語 【形/名+～】(a) high [low] ～ 高い[低い]危険性 / (a) great ～ 大きな危険 / (a) health ～ 健康を害する恐れ / (a) potential ～ 潜在的な危険
【動+～(+前)】take ～(*s*) 危険を引き受ける / involve [OR carry] ～(*s*) 危険を伴う / increase [reduce] ～(*s*) 危険を増す[減らす] / minimize ～(*s*) 危険を最小にする / pose ～(*s*) to ... …に危険をもたらす
❷ Ⓒ《通例単数形で》《修飾語を伴って》〈…にとって〉危険要素のある人[もの]，要注意人物〈**to**〉‖ a serious ～ *to* one's [OR the] health 健康を大きく損なう恐れのあるもの / a fire ～ 火災を起こす危険のあるもの / a security ～ (公の安全に対する)危険人物
❸ Ⓒ Ⓤ〖保険〗損害の見込み；危険(率)；保険金(額)；被保険者[物]；(商売上の)取引相手；保険の種類 ‖ (a) fire ～ 火災保険 / a good [bad, poor] ～ (保険会社・銀行などから見て)危険の少ない[多い]被保険者[取引相手] / She thought him a bad ～. 彼女は彼をあまり当てにできないと思った
at one's òwn rísk 自分の責任において ‖ Swim in this river *at* your *own* ～. この川で泳ぐのは自分の責任で(♥「当方は責任を持たない」の意)
at rísk ① **危険にさらされて** ‖ Wars put innocent lives *at* ～. 戦争は罪のない人々の命を危険にさらす / young people *at* ～ of contracting AIDS エイズにかかる危険のある若者たち ②(特に子供が)虐待の危険にさらされて ‖ These children are considered "*at* ～." この子供たちは「虐待される危険あり」と考えられている
at the rísk of dòing ...；*at rísk to ...* …の危険を冒して，…を賭けて ‖ *At the* ～ *of* seeming rude, I must leave now. 無礼に思われるかもしれませんが，もうおいとましなくては(♥相手を怒らせる[あきれさせる]かもしれないことを言うときの前置き) / He saved the little girl *at* ～ *to* his own life. 彼は命を賭けてその少女を救った
rùn [OR *tàke*] *rísks* [OR *a rísk*] **危険を冒す**，一か八(ばち)かやってみる(♥ take を用いると主語の理性的な決断・選択を含意する) ‖ You are *running a* big ～ in trusting him. 彼を信じるとは大きな危険を冒しているよ
rùn [OR *tàke*] *the rísk of dòing* …する危険を冒す
—動(**～s** /-s/；**～ed** /-t/；**～·ing**) 他 ❶…を危険にさらす，危うくする；〔生命・財産など〕を〈…に〉賭ける〈**on**〉‖ They were reluctant to ～ their reputations. 彼らは自分たちの名声を危険にさらす気はなかった / We ～*ed* everything *on* the final attack. 最終攻撃にすべてを賭けた / He ～*ed* his life to save his baby from a fire. 彼は自分の赤ん坊を火事から助け出すのに命を賭けた
❷ **a** (+目)〔悪い結果〕の危険を冒す[招く]；…を覚悟の上でやる；…を思いきってやる ‖ ～ failure [death, defeat] 失敗[死，敗北]の危険を冒す / ～ it《口》一か八かの危険を冒す **b** (+*doing*)…することを覚悟の上で行う；あえて…してみる ‖ ～ losing [×to lose] one's job [fortune] 仕事[財産]を失うようなことをあえてやる
▸▸ ～ **càpital** 名 Ⓤ =venture capital ～ **fàctor** 名 Ⓒ 危険因子《発病の確率を高める要因》～ **mànagement** 名 Ⓤ 危機管理

rísk-tàking 名 Ⓤ 危険を冒すこと，冒険

risk·y /ríski/ 形 危険を伴う，危険な；冒険的な ‖ It's ～ to go out in this weather. こんな天候に外出するのは危険だ / a ～ decision 危険な決断
rísk·i·ly 副 **rísk·i·ness** 名

ri·sot·to /rɪsɔ́ːtou | -zɔ́t-/ 名(複 **～s** /-z/) Ⓒ Ⓤ〖料理〗リゾット《米をいためてからスープで煮込むイタリア風雑炊》

ris·qué /rɪskéɪ | ←–/ 形 (冗談などが) いかがわしい；(話などが)下品すれすれの，きわどい

ris·sole /rísoul/ 名 Ⓒ〖料理〗リッソール《ひき肉などをパイ皮などで丸く包んで油で揚げたもの》

ri·tar·dan·do /rìːtɑːrdɑ́ːndou | rìtɑːdǽn-/〖楽〗副 形《イタリア》リタルダンドで[の]，徐々に遅く(なる)《略 ritard., rit.》—名(複 **～s** /-z/) Ⓒ リタルダンドの音節

rite /raɪt/ (♦同音語 right, wright, write) 名 Ⓒ ❶《しばしば ～s》(宗教的・厳粛な)儀式，祭式，儀礼(⇨ CEREMO-

NY 類語 ‖ burial [OR funeral] ～*s* 葬式 / the ～ of baptism 洗礼式 / the last ～*s* (キリスト教の)臨終の儀式 / perform a ～ 儀式を行う ❷《しばしば R-》(キリスト教会の) 典礼 ; (典礼により区別された) キリスト教会の派 ❸ (儀礼的)慣習, 慣行, 習わし, 風習

▶▶ **～ of pássage** 名 C ① 通過儀式《成人式など》② 人生の節目となる出来事《結婚など》

ri·te·nu·to /rìːtənjúːtou | rɪ-/ 形 副《楽》リテヌートの[で], 直ちに速度を緩める[緩めて]

***rit·u·al** /rítʃuəl/ 名 ❶ U (宗教などの) 儀式の形式, 礼拝式次第, 典礼 ;《集合的に》儀式, 式典 ; C (宗教的な特定の) 儀式 ‖ a mysterious initiation ～ (秘密結社などの)神秘的な入会[入門]の儀式 / perform a ～ 儀式を行う ❷ C 習慣的行為, お決まりのもの ‖ a bedtime ～ 就寝時の習慣 ❸ C 儀式書, 定式書 ❹ U C《心》儀式《強迫神経症に典型的に見られる儀式的行為》‖ a sleep ～ 就眠儀式 ──形《限定》儀式としての, 儀式的な ; 儀式の, 式典の ; お決まりの ‖ ～ phrases of greeting 決まりきったあいさつ言葉 **～·ly** 副

▶▶ **～ abùse** 名 U 儀式的虐待《悪魔崇拝による (特に) 児童に対する虐待》

rit·u·al·ism /rítʃuəlìzm/ 名 U 儀式主義 ; 儀式偏重

rit·u·al·ist /rítʃuəlɪst/ 名 C ❶ 儀式主義[偏重]者 ❷ 儀式研究者

rit·u·al·is·tic /rìtʃuəlístɪk/ <シ 形《通例限定》❶ 儀式的な ❷ 儀式を偏重する, 儀式主義の

rit·u·al·ize /rítʃuəlàɪz/ 動 自 儀式的になる ──他 …を儀式化する ; …に儀式を押しつける **rìt·ual·i·zá·tion** 名

ritz·y /rítsi/ 形《口》豪華な ; しゃれた ; 上品な, 高級な

****ri·val** /ráɪvəl/

──名 (複 **～s** /-z/) C ❶ **ライバル, 競争相手**, 対抗者, 好敵手 (↔ ally, supporter)〈**in** …における ; **for** …を競い合う ; **to** …に対する〉‖ a ～ *in* love [business] 恋 [商売] がたき / They were ～*s for* the prize. 彼らはその賞をねらうライバル同士だった / The player I met in the first round was a formidable ～ *to* me. 1回戦で対戦した選手は私にとって強敵だった

❷ 肩を並べる人[もの], 匹敵する人[もの] ‖ That musical company has no ～(*s*) in this country. この国ではそのミュージカル劇団に匹敵するものはほかにない / one's closest [OR nearest] ～ 最も実力が接近している相手 / a baseball team without ～ 無敵の野球チーム (♦ この形では無冠詞がふつう)

──形《限定》ライバル関係の, 競争する, 対抗する ‖ a ～ candidate 対立候補 / the semifinals between ～ teams ライバルチーム間の準決勝戦

──動 (**～s** /-z/ ; **-valed**, +《英》**-valled** /-d/ ; **-val·ing**, +《英》**-val·ling**)

──他 ❶ …に〈…の点で〉匹敵する, 比肩する〈**in, for**〉‖ No other sport can ～ boxing *in* [OR *for*] excitement. 興奮度においてはボクシングに匹敵するスポーツはほかにない ❷ …と競争する, 張り合う〈**for** …を求めて ; **in** …において〉‖ The two boys ～*ed* each other *in* love. 2人の少年は恋がたき同士として争った

──自〈…と〉競争する, 張り合う〈**with**〉

語源 「同じ川の水を使う人」の意味のラテン語 *rīvālis* から. derive と同系.

***ri·val·ry** /ráɪvəlri/ 名 (複 **-ries** /-z/) U C 競争, 対抗, 張り合い ; ライバル意識, 競争関係〈**with** …との ; **between, among** …の間の ; **for** …を求める〉‖ have a lot of ～ *with* ... …に大いにライバル意識を持つ / the *rivalries between* political parties 政党間の対抗 / fierce ～ *for* better jobs よりよい仕事を求めての熾烈(しれつ)な競争

rive /raɪv/ 動 (**～d** /-d/ ; **～d** OR **riv·en** /rívən/ ; **riv·ing**)

他《通例受身形で》❶ …を裂く, 割る ; …を粉砕する ❷《文》〔心など〕を引き裂く, 苦しめる

──自 裂ける, 割れる

riv·en /rívən/ 動 rive の過去分詞の1つ

*****riv·er** /rívər/

──名 (複 **～s** /-z/) C ❶ **川**, 河, 河川 ;《固有名詞に用いて》…川 (♦ R., riv. と略す. 河川の名称は通例 the を伴い, 米国では the Mississippi (*River*). 英国では the (*River* [OR *river*]) Thames のようにいう. いずれの場合も River は省略できる. また the *River* of Jordan は古い言い方) (⇨ 類語) ‖ swim in a ～ 川で泳ぐ / go boating on [×to] a ～ 川へボート遊びに行く / sail up [down] (a) ～ 川を船で上る[下る] / **cross** a ～ 川を渡る / a house on the ～ 川沿いの家

❷ (水以外の)〈…の〉多量の流出, 流れ〈**of**〉(♦ 量の多さを強調して rivers と複数形にすることもある) ‖ *Rivers of* sweat ran down my face. 汗が私の顔を川のように流れ落ちた / a ～ *of* lava 溶岩の流れ / ～*s of* blood (戦争・虐殺などの)おびただしい流血 ; 血の海

❸《形容詞的に》川に生息する, 川にある, 川で用いる

****sèll a pèrson down the ríver***《口》〔人〕を欺く, 裏切る ; 〔人〕を冷酷に見捨てる《素行の悪い奴隷を労働条件のきついミシシッピ川下流の農場に売り払ったことから》

up the ríver《米口》刑務所へ, 刑務所で服役して (to [OR in] prison) ‖ They sent him *up the* ～ for a bank robbery. 銀行強盗の罪で彼は刑務所へ送られた《ハドソン川上流にシンシン刑務所があることから》

類語 《❶》**river** 比較的大きな河川.
stream 川その他の水の流れ ; しばしば小川 (small river).〈例〉a *stream* of sewage 下水の流れ
brook 自然の小川 (small stream).

▶▶ **～ bàsin** 名 C《地》流域, 集水域 **～ blìndness** 名 U 眼オンコセルカ症 (onchocerciasis)《回旋糸状虫の寄生による眼の合併症. しばしば失明に至る》 **～ hòrse** 名 C ＝hippopotamus

ríver·bànk 名 C 川岸

ríver·bèd 名 C 河床, 川床

ríver·bòat 名 C (吃水(きっ)の浅い) 川船

ríver·frònt 名 C 川に面した土地[建物] ; 河岸通り

ríver·hèad 名 C 川の源, 水源地

riv·er·ine /rívəràɪn/ 形《文》川の(ような) ; 川辺の, 川辺にある[住む]

***ríver·sìde** 名《the ～》川岸, 川辺, 河畔, 川堤 ;《形容詞的に》川辺の, 河畔の ‖ by [OR on] the ～ 川辺に / a ～ hotel [path] 川辺のホテル[小道]

riv·et /rívət | -ɪt/《アクセント注意》名 C リベット《重ねた金属板などを結合させるためのびょう》

──動 他 ❶ …を〈…に〉リベットで留める [締める]〈***to-gether***〉〈**on, to**〉❷〔びょう・くぎなど〕の頭をつぶして固定する ❸ …を固く留める ❹《通例受身形で》《口》〈…に〉くぎ付けになる〈**to**〉; (視線・注意などが)〈…に〉集中する〈**on**〉

～·er 名 C リベット工 [締め機] **～·ing** 形《口》注意を引きつける, 心を奪う, 興味深い

Riv·i·er·a /rìviéərə/ 名 ❶《the ～》リビエラ地方《フランス南東部からイタリア北西部に及ぶ地中海沿岸の観光・避寒地》❷《r-》C 海岸の景勝地

riv·u·let /rívjulət/ 名 C《文》小川 (brook), (水・液体などの)細い流れ ; (汗などの)滴り

Ri·yadh /riːjáːd | ríːæd/ 名 リヤド《サウジアラビアの首都》

ri·yal /rijáːl/ 名 C ❶ リアル《サウジアラビアの貨幣単位》❷ ＝rial ❶

RL 略 💻 *r*eal *l*ife ((インターネットに対しての) 現実) (♦ Eメール・チャット用語) ; *R*ugby *L*eague ; (*R*epublic of) *L*ebanon

rly, 略《英》railway

RM 略 the *R*epublic of *M*adagascar ; *R*oyal *M*arines (英国海兵隊) ; *R*oyal *M*ail ; *R*inggit *M*alaysia (マレーシア＝リンギット)

rm. 略 ream ; room

RMA 略 *R*oyal *M*ilitary *A*cademy (英国士官学校)

rms, r.m.s. 略 *r*oot *m*ean *s*quare

RMŚ, R.M.Ś. 略 *R*ailway *M*ail *S*ervice ; *R*oyal *M*ail *S*ervice ; *R*oyal *M*ail *S*teamship
Rn 記号 〘化〙radon(ラドン)
RN 略 *r*egistered *n*urse(《主に米国の》正看護師) ; *R*oyal *N*avy(英国海軍)
RNA /àːr en éɪ/ 名 U 〘生化〙リボ核酸, アールエヌエー《細胞室中に見られる核酸》(→ DNA) (♦ *r*ibo*n*ucleic *a*cid の略) ▸▸ ～ **vírus** 名 C RNAウイルス(→ retrovirus)
RN·ase /àːréneɪs/ 名 =ribonuclease
rnd. 略 round
ro. 略 rood
***roach**[1] /routʃ/ 名 (複 ～ OR ～·es /-ɪz/) C ローチ《ヨーロッパ産コイ科の淡水魚 ; それに似た北米東部産の魚》
***roach**[2] /routʃ/ 名 (複 ～·es /-ɪz/) C ❶《主に米口》ゴキブリ(cockroach) ❷《俗》マリファナたばこの吸いさし
roach[3] /routʃ/ 名 C ❶《米》巻き上げた頭髪 ; モヒカン刈り ❷〘海〙ローチ《横帆下縁の弧状の切り込み部分》
—動 他 ❶《米》〔頭髪〕を巻き上げる ❷〔馬のたてがみ〕を立つくらいに短く切る

⁝road /roud/ 《発音注意》(♦ 同音語 rode)

—名 (複 **～s** /-z/) C ❶ **道路**, **道**, 車道, 通り道 ; 《形容詞的に》道路の, 道の(⇨ 類語P, WAY[1] 類語) ‖ Don't play **on** [OR in] the ～. 道路で遊んではいけない (♦ on の場合は単に「道路上で」を意味するが, in の場合は「道路の中に入って」の意味で, 交通の邪魔になるという気持ちが強い) / This ～ **leads** to New York, to my future. この道はニューヨークに, 僕の未来に通じている / The inn is located **along** this ～. その宿はこの道沿いにある / You're on the right ～. この道でいいんですよ / **cross** a ～ 道路を横断する / a **main** ～ 幹線道路 / a dirt ～ 舗装していない道路 / a back ～ 裏道 / a rough [OR rugged] ～ でこぼこした道 / ～ works 《英》道路工事 / a ～ accident 交通事故
❷《the R-》(特定の場所への道路に用いて)《英》…街道 ; 《R-》(主要街路名に用いて) …街, …通り (street) (《略》Rd.) ‖ The address is 5, Caledonian *Road*, London. 住所はロンドン市カレドニア街5番地だ / the Cambridge *Road* ケンブリッジ街道
❸ 〈…に至る〉道, 方法, 手段〈**to**〉(→ highroad, royal road) ‖ He is on the ～ *to* success [recovery]. 彼は成功 [回復] の途上にある / take the capitalist ～ 資本主義の道を歩む / the ～ *to* ruin 破滅への道
❹《米》鉄道(railroad), 《英》線路(railway track)
❺《the ～》《米》(劇団・野球チームなどの)地方公演地, 巡業地, 遠征先 ‖ ～ games ロードの試合 ❻《しばしば ～s》〘海〙(沖合いの)停泊地(roadstead) ❼〘採〙鉱道
alòng* [OR *dòwn*] *the róad 《口》未来 [将来] は (in the future) ; (期間を示す表現の後で)…後に
ány ròad 《北イング》=anyway
by róad 道路を通って, 陸路で ‖ It takes about three hours *by* ～. 車で約3時間かかります
gò dòwn a róad 《口》(特定の)方策をとる
****hìt the róad*** (車などで)出かける, 出発する, 立ち去る ; 旅に出る, 放浪する
ìn* [*òut of*] *the* [OR *a person's*] *róad 《主に英口》(人の) 邪魔になって [邪魔をしないで] ‖ You're *in the* [OR my] ～. (=Get out of my ～.) 私の通り道をふさいでいますよ ; 邪魔だよ, どいてください / Your carelessness will get in the ～ of your promotion. 君の軽率さは昇進の妨げになるだろう
****on the róad*** ① 旅行して, 旅に出て ; (セールスマンが)地方を回って, 行商して ; (劇団などが) 巡業中で ‖ They have been *on the* ～ since last Sunday. 彼らはこの前の日曜日から旅行[巡業]中です ② 放浪して ③ (車が) (修理・納税などを済ませて)正規に走れる(状態で) ④ (人が)〈…への〉途中で〈**to**〉; …しつつある(→ ❸)
òne for the róad 《口》(パーティー・酒場などを立ち去る際の)別れの[帰りがけの]1杯(の酒)

COMMUNICATIVE EXPRESSIONS
① **It's (jùst) ùp** [OR **dòwn**] **the róad (a pìece).** そこを(ほんの)ちょっと行った所です(♥ 道案内の表現. a piece を使うとくだけた表現になる)

<table>
<tr><td rowspan="9">道</td><td colspan="3">都市間を結ぶ幹線道路</td><td>road, 《主に米》highway</td></tr>
<tr><td colspan="3">高速道路</td><td>《米》expressway, freeway, 《英》motorway</td></tr>
<tr><td rowspan="5">市街地の</td><td rowspan="2">street</td><td>車道</td><td>《米》pavement</td></tr>
<tr><td>歩道</td><td>《米》sidewalk
《英》pavement</td></tr>
<tr><td colspan="2" rowspan="2">並木のある大通り</td><td>avenue</td></tr>
<tr><td>boulevard</td></tr>
<tr><td colspan="2">路地・小道</td><td>lane, alley</td></tr>
<tr><td colspan="3">小道・通り道</td><td>path</td></tr>
<tr><td colspan="3">(建物内の)通路</td><td>passage</td></tr>
<tr><td></td><td colspan="3">(…へ行く)道, 道筋</td><td>way</td></tr>
</table>

♦ road は田舎・村・町・都市などの道路一般に用いられ, street は町や都市の, 両側に建物が並ぶ「街路」. ただし street の名称には Road を用いたものが多い.
♦ 町と町を結ぶ道は road で, street は用いない.
♦ 国中の道路全体について述べる場合は roads を用い, 都市や町の道路を一括して述べる場合は (その中に Road や Avenue などと名づけられている道路が含まれていても) streets を用いる. 〈例〉In 1976 there were 14.5 million cars and taxis on the country's *roads*. 1976年には, 1,450万台の自家用車とタクシーがこの国の道路を走っていた / The *streets* were crowded with shoppers. 町の通りは買い物をする人々で賑わっていた

▸▸ ～ **àgent** 名 C 《米》(昔の駅馬車時代の) 追いはぎ(highwayman) ～ **bìke** 名 C ロードバイク《舗装道路走行用バイク[自転車]》(↔ mountain bike) ～ **còmpany** 名 C 《米》地方巡業の劇団 ～ **fùnd lìcence** 名 C 《英》=tax disc ～ **hòg** 名 C 《口》(道路の真ん中をふさいだり他車線に入ったりする) 無謀ドライバー ～ **hùmp** 名 C =speed hump ～ **kìll** 名 C U 路上で動物をはねて殺すこと, その死体 ; 《主に米》(激しい競争による)犠牲者 ～ **mànager** 名 C (楽団などの) 地方巡業マネージャー ～ **màp** 名 C ① (ドライバー用の) ロードマップ, 道路地図 ② 指針 ; 計画 ‖ a clear ～ *map* for tax reforms 税制改革の明確な指針 ～ **mètal** 名 U C 道路建設[補修] 用材料 《バラスなど》 ～ **mòvie** 名 C ロードムービー《主人公が自己発見や現実逃避の旅に出る映画》 ～ **prìcing** 名 U 《英》ロードプライシング《渋滞緩和のための道路使用料請求制度》 ～ **ràcing** 名 C ロードレース《公道または公道を模したコースで行われる自動車 [自転車] 競走》 ～ **ràge** 名 U (渋滞などのストレスによる) ドライバーの激怒[暴行] (→ air rage) ～ **ròller** 名 C 《英》(道路工事用の) ロードローラー ～ **sáfety** 名 U 道路安全 ～ **sènse** 名 U 《英》(ドライバー・歩行者の) 道路 (安全) 感覚 ～ **shòw** 名 C ① (劇・音楽などの) 地方公演, 巡業 ② 《米》(封切映画の)特別興行, ロードショー ③ (各地を巡回する) 選挙運動 ; 宣伝活動 ; ラジオ [テレビ] 番組 ～ **sìgn** 名 C 道路標識 ～ **tàx** 名 C U 《英》道路税《自動車所有者が毎年支払う》 ～ **tèst** (↓) ～ **tràin** 名 C 《主に豪》(家畜などの輸送用トラックが牽引(けんいん)する)数台連結のトレーラー ～ **trìp** 名 C 《米口》(車での) 長距離旅行 ～ **wàrrior** 名 C 《米口》仕事で各地を回る人

road·a·bil·i·ty /ròudəbɪ́ləṭi/ 名 U 《米》(自動車の)走行性

róad·bèd 名 C ❶ (鉄道の) 路盤；(道路の) 路床 ❷ 舗装材料《砕石・砂利など》 ❸《米》車道, 路面
róad·blòck 名 C ❶ (交通停止のため警察・軍隊が設ける)路上バリケード[障害物] ❷ (一般に)障害物
róad·hòlding 名 U《主に英》(自動車の) ロードホールディング《高速・カーブ・悪条件の路面などでの安定走行性》
róad·hòuse 名 (複 **-hous·es** /-hàuzɪz/) C (郊外にある)街道沿いのレストラン[酒場, 旅館など]
road·ie /róudiː/ 名 C《口》(楽団などの地方巡業に同伴する)音楽器材運送[設営]係, 楽団用務係
róad·kìll 名 =road kill(↑)
róad·man /-mən/ 名 (複 **-men** /-mən/) C《英》《古》道路工夫
róad·rùnner 名 C【鳥】ミチバシリ《北米産のカッコウ科の鳥で, 地上をよく走る》
***róad·sìde** 名《the ～》道端, 路傍, 道路わき；《形容詞的に》道端の, 路傍の, 道路沿いの ‖ by [OR on, at] the ～ 道端に / a ～ cafe 道端のカフェ
róad·stèad 名 =road ❼
road·ster /róudstər/ 名 C ❶ ロードスター《2人乗りのオープンカー》 ❷ (路上用の)乗用馬；自転車
róad-tèst 動 他〔車〕を路上テストする
róad tèst 名 C ❶ (車の) 路上性能テスト ❷《米》(免許のための)路上運転試験 ❸ (新製品の)実地テスト
róad·wày 名 C U 道路；(特に)車道
róad·wòrk 名 U ❶ ロードワーク《ボクサーなどが持久力を高めるために路上で行うトレーニング》 ❷《米》道路工事；《～s》《英》道路工事(区域)
róad·wòrthy 形 (車などが)道路(での使用)に適した
-wòr·thi·ness 名
***roam** /roum/《発音注意》(♦ 同音語 Rome) 動 自 ❶ (当てもなく)〈…を〉歩き回る, 徘徊(はいかい)する；放浪する〈**about, around, over, through**〉‖ I've been *～ing around* India for the last six months. この半年インドをあちこち歩き回っています ❷ (目・手が)〈…を〉動き回る〈**over**〉；(空想・思いなどが) 駆け巡る ‖ Her eyes *～ed over* the show window. 彼女の視線はショーウインドーをあちこちさまよった —他 ❶〔場所〕を歩き回る；…を放浪する ‖ ～ the streets 通りをぶらつく ❷ (目が) …をきょろきょろ見回す；(手が)…を探り回る ❸ 💻〔ウェブサイト〕をあちこち見る —名 C 歩き回ること, 徘徊, 散策；放浪
～·er 名 C 歩き回る人, 放浪者
roam·ing /róumɪŋ/ 名 U 💻 ローミング《契約しているサービス区域外で携帯電話などを使用すること》
roan[1] /roun/ 形《限定》名 C 栗葦毛(くりあしげ)の(馬)《茶や黒に白や灰色の混ざったもの》
roan[2] /roun/ 名 U ローン革《製本用の柔らかい羊皮》
***roar** /rɔːr/ 動 (**～s** /-z/；**～ed** /-d/；**～·ing**) 自 ❶ (動物が)ほえる, うなる；(人が)(興奮・苦痛・怒りなどで)大声を立てる, どなる, わめく, 怒号する《*out*》‖ The lions *～ed out.* ライオンがほえた / The injured man *～ed* in pain. けが人は苦痛のあまり大声を上げた / The crowd *～ed* at the speaker. 群衆は演説者をどなり立てた
❷ 大声で笑う, 大笑いする ‖ The audience *～ed* (with laughter) at his jokes. 聴衆は彼の冗談に爆笑した
❸ **a** (エンジン・大砲・風・波などが)轟音(ごうおん)を立てる, ごうごうという, とどろく；(火が)ごうごうと燃えさかる ‖ The engine *～ed* to life again. エンジンは再び轟音を立てて動き出した **b**《+副句》(乗り物などが) 大きな音を立てて動く[進む], (人が) 大きな音を立てて運転する ‖ The train came *～ing* in. 列車が轟音を立てて入って来た / He *～ed* around town on a motorcycle. 彼はオートバイに乗って大きな音を立てて町を走り回った ❹ (馬が)(病気のために)ぜいぜい音を立てて息をする, 喘鳴(ぜんめい)する
—他 ❶ **a** (+目) …を大声で言う[歌う], どなる, 叫ぶ《*out*》‖ ～ one's approval 大声で賛意を表す / ～ *out* 「an order [a song] 大声で命令する[歌を歌う] **b** (直接話法で)…と大声で言う, どなる, 叫ぶ《*out*》‖ "Get out of here!" she *～ed*. 「ここから出て行って」と彼女は叫んだ ❷ (+目+補) …をどなって…(の状態) にする ‖ I *～ed* myself hoarse. どなって声がかれた
ròar báck 〈自〉(スポーツ・選挙などで)盛り返す
—名 (複 **～s** /-z/) C ❶ (動物の)ほえ声；(人の)どなり声, 叫び声, 怒号, どよめき ‖ let out a loud ～ 大きなどなり声[ほえ声]を上げる / the ～ of a lion ライオンのほえ声 ❷ 大笑いの声, 爆笑, どよめき(の声) ‖ He gave a ～ of laughter. 彼は大声で笑った / a ～ of applause 拍手喝采(かっさい) ❸ (エンジン・波・風・炎などの)ごうごういう音, とどろき, 轟音 ‖ the ～ of thunder [cannons] 雷[大砲]のとどろき / the ～ of the traffic 行き交う車の騒音
～·er 名 C ほえるもの《猛獣など》；大声を上げる人, 大笑いする人；ごうごういうもの《風・炎など》；ぜいぜい息をする馬
roar·ing /rɔ́ːrɪŋ/ 名 ❶ U C ほえる[どなる]こと；ほえ声；とどろき, うなり ❷ U【獣医】(馬の)喘鳴症
—形《限定》❶ ほえる；とどろく；嵐(あらし)の；騒々しい, 大騒ぎの；(火が)燃え盛る ‖ a ～ fire 燃え盛る火 ❷ (商売などが)活発な, 繁盛している；活気にあふれた；《口》全くの, 完全な ‖ be a ～ success 大成功を収める, 大当たりする / do a ～ trade (in ...) (…の)商売が大繁盛する
—副 ひどく ‖ ～ drunk ぐでんぐでんに酔って
▸▸ **～ fórties** 名《the ～》荒れ狂う40度台《北緯・南緯40度から50度の間の海洋暴風地帯》 **Ròaring Twénties** 名 狂乱の1920年代《第1次世界大戦後の米国の繁栄・狂騒の時代》
***roast** /roust/ 動 他 ❶ (オーブン・じか火で)〔肉など〕を焼く, あぶる, 蒸し焼きにする, ローストする；〔コーヒー豆など〕をいる, 焙(ほう)じる(⇨ BAKE 類語P) ‖ ～ a chicken 鶏を丸焼きにする / ～ coffee beans コーヒー豆をいる ❷ …を強く熱する；(日・火に当てて)…を暖める；(処刑などで)…を火あぶりにする ‖ I *～ed* 「my hands over the fire [myself in the sun]. 手を火にかざして暖めた[日なたぼっこをした] ❸《口》…をこき下ろす, 非難する；嘲笑(ちょうしょう)する ❹〔鉱石など〕を焙焼(ばいしょう)する —自 ❶ 肉(など)を焼く ❷ (肉などが)焼かれる, あぶられる, 焼ける；(豆などが)いられる；(人が)日焼けする ‖ The meat is *～ing* nicely. 肉がうまく焼けてきている ❸ (人が)暑がる, ほてる, (暑さで)うだる ‖ You'll ～ in that wool coat in this hot weather. この暑さにそのウールのコートではうだってしまいますよ
—名 ❶ U 焼肉(の大きなかたまり), ロースト；C ロースト用の肉, ロース(肉)；焼いた[いった]もの(❗ 牛や豚の背から腰の肉を指す「ロース」は和製語. ロースト用の肉ということで roast に由来する. 英語では loin といい, 特に最上の牛肉は sirloin という) ❷ C 焼く[あぶる, いる]こと ‖ Give it a good ～. それはよく焼きなさい ❸ C (戸外の) 焼肉[バーベキュー]パーティー ‖ a hot dog ～ ホットドッグパーティー ❹ C《主に米》酷評, 非難 ❺ C《米》祝いの会《出席者が賛辞を送ったり滑稽(こっけい)なエピソードを語ったりする》
—形《比較なし》《限定》(肉などが)焼いた, あぶった；いった (roasted) ‖ ～ beef ローストビーフ
roast·er /róustər/ 名 C ❶ 肉焼き用オーブン, ロースター；(コーヒー豆などの)焙煎(ばいせん)器；焼く[あぶる, いる]人 ❷ ロースト用の鶏[子豚, ジャガイモ]
roast·ing /róustɪŋ/ 形 ❶《限定》ロースト用の, 焼くのに適した ❷《口》ひどく暑い, 焼けつくような —副 ひどく暑く, 焼けつくように ‖ a ～ hot day 焼けつくように暑い日
—名 ❶ U 焼く[あぶる]こと ❷ C《単数形で》《口》冷やかし, あざけり；酷評, 非難 ‖ give him a good [OR real] ～ 彼を散々からかう[非難する] ❸ U/C《単数形で》(女性が) 同時に複数の男性と肉体関係を持つこと ▸▸ **～ pàn** 名 C《米》焼き肉用器具(⇨ PAN[1] 図) **～ tìn** 名 C 焼き肉用の容器 **～ trày** 名 C《英》焼き肉用の盛り皿
***rob** /rɑ(ː)b | rɔb/ 動〔▶ robbery 名〕(**～s** /-z/；**robbed** /-d/；**rob·bing**) 他 ❶ (⇨ 類語) **a** (+目+**of** 名)〔人〕から(力ずくで)〔金・物など〕を奪う, 強奪する(♦ rob は steal と異なり被害者が目的語となる. 実際には物を目的語にすることもあるが誤用とされる) ‖ Three men *robbed* a pass-

er-by *of* all his possessions. 3人組の男たちが通行人から所持品をすべて奪った(♦ steal を用いた形は Three men stole all the possessions from a passer-by.) / I was *robbed of* my cash. 私は現金を奪われた (♦ steal を用いた形は I had my cash stolen.=My cash was stolen.) **b** 《+目》〔家・店・銀行・人など〕から物を奪う(↘ hold up),〔場所など〕を襲う, 略奪する ‖ I've been *robbed*! 強盗にやられた / ～ a bank [convenience store] 銀行[コンビニ]強盗をする
❷ 《+目+of 名》〔人〕から〔物・能力など〕を奪う, 不当に取り上げる;〔人〕に…を失わせる(♦ しばしば受身形で用いる) ‖ Bad weather ～*s* a holiday *of* half its pleasure. 天気が悪いと休日の楽しみは半減する ❸ 《受身形で》《口》(不当な判定などで)勝ちを奪われる;不当な料金を請求される ‖ I was *robbed*! (不公平な)判定のせいで負けにされた
一自 強盗をする, 略奪を働く
ròb a pèrson blínd 《口》〔人〕から大金をだまし取る

類語 《他 ❶》 **rob** 暴力・脅迫・詐欺などで金品を奪う(→ steal).
deprive rob より文語的. 必要[大切]なもの(しばしば権利・地位など抽象的なもの)を奪う. 〈例〉 *deprive* the people of freedom 人民から自由を奪う

Rob /rɑ(:)b | rɔb/ 名 ロブ《Robert の愛称》
***rob·ber** /rá(:)bər | rɔ́bə/ 名 C 強盗, 泥棒, 盗賊;略奪者(⇨ THIEF **類語**) ‖ bank ～*s* 銀行強盗
⏩**～ báron** 名 C ① (19世紀後半の米国の)悪徳資本家 ② (封建時代の英国の)追いはぎ貴族 **～ flỳ** 名 C 〖虫〗ムシヒキアブ《捕食性昆虫》
***rob·ber·y** /rá(:)bəri | rɔ́b-/ 名 〔◁ rob 動〕 (複 **-ber·ies** /-z/) ❶ U 強奪, 強盗, 盗難;C 強盗事件 (⇨ **類語**) ‖ commit ～ 強盗を働く / a series of *robberies* 連続強盗事件 / armed ～ 武装強盗 ❷ U C 〖法〗強盗罪(→ theft)

類語 《❶》 **robbery** 脅しや暴力で奪うこと. 強盗.
theft 意味上は steal(盗む)の名詞形といってよい. こっそりと盗むこと. 盗み, 窃盗.
burglary 夜間や人の不在中に押し入って盗むこと. 泥棒, 夜盗.
mugging 路上などで襲って金品を奪うこと. 路上強盗.
holdup 銃で脅して奪うこと. ピストル強盗.
shoplifting 万引き.

***robe** /roub/ 名 C ❶ 《しばしば ～s》(職業・官職を表す長くゆったりした)式服, 礼服, 官服;《the ～》《古》法律関係の職業 ‖ judges in their black ～*s* 黒い法服を着た判事たち / gentlemen of the (long) ～ 法曹界の人々 / follow the ～ 法律家になる ❷ 長くてゆったりした外衣;(特に)化粧着, 部屋着(《英》dressing gown);バスローブ;ローブ《長いワンピースの婦人服. 正装用》 ‖ a beach ～ ビーチローブ / wrap a ～ around oneself バスローブを身にまとう / a baby's christening ～ 幼児の洗礼服 / a ～ décolleté ローブデコルテ《女性用夜会服》 ❸ 《～s》衣類, 衣服, 着物 ❹ 《米》(毛皮・毛布などの)ひざかけ
一動 他 《～ oneself で》〈…の〉衣服を身につける;《通例受身形で》〈…を〉着ている〈**in**〉 ‖ He ～*d* himself *in* his ceremonial gown. 彼は礼服を着た / The judges were ～*d* (*in* black). 判事たちは(黒い)法服を身にまとっていた / a white-～*d* priest 白装束の司祭
一自 礼服[官服, 衣服]を身につける, 正装する
robe-de-cham·bre /ròubdəʃá:mbr/ 名 《フランス》(=chamber robe) (複 **robes-** /ròub-/) C 化粧着, 部屋着(dressing gown)
rob·in /rá(:)bən | rɔ́bın/ 名 C 〖鳥〗 ❶ コマドリ, ロビン《ヨーロッパ産で胸は赤色. 春を告げる鳥とされる》(♦ robin redbreast ともいう) ❷ コマツグミ《北米産》
Rob·in /rá(:)bən | rɔ́bın/ 名 ロビン《Robert の愛称》
⏩**～ Góodfellow** 名 ロビン＝グッドフェロー《英国の伝説上のおちゃめな小妖精(ようせい). Puck と同一視される》 **～ Hood** /ˊ-ˋ-ˋ | ˋ-ˋ-ˊ/ 名 ロビンフッド《12世紀にシャーウッドの森に住んでいたという英国の伝説的義賊》
ròbin's-ègg blúe 名 U 《米》緑色を帯びた明るい青色
Rob·in·son Cru·soe /rà(:)bınsən krú:sou | rɔ̀b-/ 名 ロビンソン＝クルーソー《Daniel Defoe 作の同名の小説(1719)の主人公》
***ro·bot** /róuba(:)t | -bɔt/ 《発音注意》 名 C ❶ ロボット, 人造[機械]人間 ❷ ロボットのような人間, 機械的に行動する[働く]人(automaton) ❸ 自動装置[機械], 工業用ロボット ‖ assembly line ～*s* 流れ作業用ロボット / Most tasks are performed by these ～*s*. ほとんどの作業はこれらの自動装置で行われる ❹ 《南ア》信号機
ró·bot·ry 名 U ロボットの状態
語源 「強制労働」の意のチェコ語 *robota* から. チェコの作家カレル＝チャペックの劇 *R.U.R.* (*Rossum's Universal Robots*)(1920)に登場する機械人間の名前.
⏩**～ bòmb** 名 C ロボット爆弾;誘導ミサイル
ro·bot·ic /roubá(:)tık | -bɔ́t-/ 形 ロボットの(ような);(人・動きなどが)機械的な
ro·bót·ics /-s/ 名 U ロボット工学 **-i·cist** 名
ro·bot·ize /róubətàız/ 動 他 ❶ 《通例 ～d で形容詞として》(運転・生産などが)ロボット化された, 自動化された ‖ ～*d* assembly lines 自動化された組み立てライン ❷ 〔人〕を(ロボットのように)機械的にさせる, ロボット人間にする
ròbot·i·zá·tion 名 U ロボット化, 自動化
***ro·bust** /roubʌ́st/ 形 ❶ (人・動植物が)強健な, 丈夫な, 健康な;がっしりした, たくましい;(信念・精神などが)強い, 強固な;決然とした;(物が)頑丈な ‖ a ～ young man 屈強な若者 / a ～ appetite 旺盛(おうせい)な食欲 / a ～ faith 強い信念 ❷ (仕事などが)体力を要する, 骨の折れる ❸ (会話・冗談などが)粗野な, 粗削りな;騒々しい ❹ (経済・財政状態が)活発な, 活気のある ‖ a ～ economy 活発な景気 ❺ (酒などが)こくのある, 芳醇(ほうじゅん)な ❻ 💻 (オペレーティングシステムなどが)壊れにくい, (異常が発生しても)復旧可能な ‖ a ～ operating system 壊れにくいオペレーティングシステム **～·ly** 副 **～·ness** 名
ro·bus·tious /roubʌ́stʃəs/ 形 《英では古》 ❶ 粗野な, がさつな, 騒々しい ❷ 強い, 丈夫な, がっしりした
roc /rɑ(:)k | rɔk/ 名 C ロック鳥《アラビア伝説上の巨大怪鳥》
ROC 略 the *R*oyal *O*bserver *C*orps(英国防空監視隊);the *R*epublic *o*f *C*hina(中華民国[台湾])
Róche lìmit /rɔ́(:)ʃ-, róuʃ-/ 名 C 〖天〗ロッシュ限界《衛星が惑星の引力に耐えられる限界の距離》

***rock**[1] /rɑ(:)k | rɔk/

一名 (複 **～s** /-s/) ❶ U C (地殻を構成する)**岩**, 岩石, 岩盤, 岩床;(丘などを形成する)岩塊, 岩壁, 岩山;〖地〗岩石(⇨ STONE **類語P**) ‖ a mass of ～ 岩塊 / drill through several layers of ～ to find oil 石油を見つけるために数層の岩盤を貫きボーリングする / the *Rock* of Gibraltar ジブラルタルの岩(♦ 強固なもののたとえ)
❷ C (地殻から遊離している)**岩**, 岩石, 岩塊 ‖ The ～*s* are beautifully arranged in the Japanese-style garden. その日本庭園には石が見事に配置されている / sit down on a ～ 岩の上に腰を下ろす / Danger! Falling ～*s*. 《掲示》危険, 落石あり
❸ C 《米》(種々の大きさの)**石**, 小石, 丸石 ‖ pick up a ～ 小石を拾い上げる
❹ C 《しばしば ～s》**岩礁**, 暗礁;危険, 破綻(はたん)のもと, 禍根(かこん) ‖ The ship「ran upon [hit] the ～*s*. 船は暗礁に乗り上げた[ぶつかった] / *Rocks* ahead! 暗礁だ;(危険あり)前方注意
❺ C 堅固な基礎[支え], よりどころ ‖ He is a ～ of dependability. 彼は岩のごとく信頼の置ける人物だ
❻ U 《英》棒あめ《特に海岸近くの行楽地などで売られ, その海岸の名前が入っている》 ‖ a stick of Brighton ～ ブライトンの棒あめ1本 ❼ C 《通例 ～s》《米口》《旧》金(かね), 銭(ぜに) ❽ C 《通例 ～s》《口》宝石, (特に)ダイヤモンド ❾

Ⓒ《俗》(麻薬の)クラック ❿Ⓒ《~s》⊗《卑》睾丸(こうがん)

(*as*) ***stèady*** [OR ***sòlid, hàrd***] ***as a róck*** 岩のように堅固な, 不動の;(人が)十分に信頼の置ける

****between a ròck and a hárd plàce*** 2つの困難の板挟みになって, 二者択一を迫られて ‖ be caught [OR stuck] *between a ~ and a hard place* 板挟み状態にある, 進退窮まっている

gèt one's ròcks óff ⊗《卑》(男性が)セックスする;大いに楽しむ

hàve ròcks in one's héad 愚かだ, 分別に欠ける

****on the rócks*** ① 座礁して(→❹) ②《口》進退窮まって;金に窮して, 破産寸前で(⇨ COMPANY メタファーの森;LOVE メタファーの森) ‖ Their marriage is *on the ~s.* 2人の結婚生活は破綻寸前だ ③《口》(ウイスキーなどが)オンザロックの[で] ‖ whiskey *on the ~s* ウイスキーのオンザロック

ròck, pàper, scíssors じゃんけん, グーチョキパー(♦日本から英語圏に伝わった) ‖ play ~, *paper, scissors* じゃんけんをする

▶▶**~ bóttom** <シ (↓) **~ càke** [**bùn**] 名Ⓒ《主に英》ロックケーキ《表面のでこぼこしたクッキー》 **~ cándy** 名Ⓤ《米》棒あめ;氷砂糖(《英》sugar candy) **~ clìmbing** (↓) **~ crỳstal** 名Ⓤ(無色透明の)水晶 **~ dòve** 名Ⓒ〖鳥〗カワラバト《ヨーロッパ原産》 **~ fàce** 名Ⓒ岩壁 **~ gàrden** 名Ⓒロックガーデン, 岩石庭園《岩や石を築山(つきやま)風に配した庭. 岩生植物などを植える》;石庭 **~ hòpper** (**pènguin**) 名Ⓒ〖鳥〗イワトビペンギン《亜南極圏の島に生息》 **~ lòbster** 名Ⓒイセエビ(spiny lobster) **~ òil** 名Ⓤ石油(petroleum) **~ pìgeon** 名Ⓒ=rock dove **~ pòol** 名Ⓒ《英》(海岸線などの)岩場の水たまり **~ sàlmon** 名Ⓒ ①〖魚〗ゴマフエダイ ②《英》安価な食用海産魚の総称《ツメザメ・オオカミウオなど》 **~ sàlt** 名Ⓤ岩塩 **~ wòol** 名Ⓤロックウール, 岩綿《鉱石を溶かして作った繊維. 防音・絶縁用材》

***rock**[2] /rɑ́(ː)k | rɔk/ 動 他 ❶ **a** 《+目》…を(前後・左右に)優しく揺る, 揺り動かす ‖ He *~ed* himself back and forth in his chair. 彼はいすに座って体を前後に揺すった / The waves *~ed* our boat from side to side. 波が我々のボートを左右に揺らした / ~ a cradle 揺りかごを揺する **b** 《+目+**to** [**into**] 名》…を揺すって…の状態にする ‖ She *~ed* her baby *to* [OR *into*] sleep. 彼女は赤ん坊を揺すって眠らせた

❷ …を強く揺さぶる, 振動させる ‖ The earthquake *~ed* the building. 地震で建物がぐらぐら揺れた ❸〔人の心〕を動揺させる(♦しばしば受身形で用いる);〔社会など(の未来・基盤)〕を揺るがす ‖ The scandal *~ed* the whole nation. そのスキャンダルは国中を震撼(しんかん)させた / The issue has *~ed* the foundations of Western idealism. その問題は西欧理想主義の基盤を揺るがしている

―自 ❶ 揺れる, 振動する, ぐらつく(⇨ SWING 類語P 注記) ‖ The boat *~ed* dangerously during the storm. 船は嵐(あらし)の間中危険なほど揺れた / ~ with laughter 体を揺すって笑う ❷(感動・興奮で)沸き立つ ❸ ロック(ンロール)を踊る[演奏する];ロック(ンロール)が響き渡る[で活気づく] ❹《俗》非常によい, 楽しめる

ròck óut 〈自〉《口》ロックをがんがん演奏する;(ロックを踊ったりして)浮かれ騒ぐ

―名 ❶ⓊⒸ 揺れ, 動揺;揺り動かすこと ‖ She gave her baby a ~ in the cradle. 彼女は赤ん坊を揺りかごに入れて揺らしてやった ❷ (=**~ mùsic**) Ⓤ ロック(音楽)《ロックンロールから派生した強いビートを持つポピュラー音楽》;ロックンロール(rock'n'roll);《形容詞的に》ロック(音楽)の ‖ hard ~ ハードロック / a ~ star ロックスター

▶▶**~ and róll** /rɑ̀(ː)kən- | rɔ̀k-/ 名Ⓤ =rock'n'roll **~ing chàir** 名Ⓒロッキングチェア, 揺りいす(⇨ CHAIR 図) **~ing hòrse** 名Ⓒ(子供用の)揺り木馬

rock·a·bil·ly /rɑ́(ː)kəbìli | rɔ́k-/ 名Ⓤロカビリー《ロックとカントリーミュージックの特徴を併せ持った音楽》

ròck-bóttom 形 最低[どん底]の ‖ the ~ price 底値

ròck bóttom <シ 名Ⓤ 最低(の段階), どん底;底値 ‖ Prices have reached [OR hit] ~. 物価は底を打った / I was at ~. 私は最低の気分だった

róck·bòund 形 岩に囲まれた;(海岸などが)岩だらけの

***róck clìmbing** 名Ⓤ ロッククライミング, 岩登り

róck-clìmber 名Ⓒ ロッククライマー, 岩登りをする人

Rock·e·fel·ler /rɑ́(ː)kəfèlər | rɔ́k-/ 名 **John Davison ~** ロックフェラー(1839-1937)《米国の実業家・慈善家, ロックフェラー財団の設立者》 ▶▶**~ Center** /------ | ------/ 名 ロックフェラーセンター《ニューヨーク市の中心にある高層ビル地域》 **~ Foundàtion** 名《the ~》ロックフェラー財団《1913年 Rockefeller により設立》

***rock·er** /rɑ́(ː)kər | rɔ́kə/ 名Ⓒ ❶ 揺れるもの;(揺りかごなどの)揺り子, 揺り軸;(弧状の刃の)スケート靴 ❷ =rocking chair;rocking horse ❸ ロック歌手[音楽家];ロックファン;ロックの曲[歌] ❹《R-》《英》ロッカーズ《1960年代に革ジャンでオートバイを乗り回しロック音楽を好んだ若者》(→ mod) ❺〖採鉱〗選鉱器, 揺汰(ようた)器 ❻〖版画〗ロッカー《銅版画のメゾチントで粗面を作るための道具》

be [***go***] ***òff one's rócker*** 《口》気が狂っている[狂う];正気を失っている[失う]

▶▶**~ àrm** 名Ⓒ〖機〗ロッカーアーム, 揺れ腕 **~ pànel** 名Ⓒロッカーパネル《車室内の敷居の下につけた外板》 **~ swìtch** 名Ⓒロッカースイッチ《一端を押すと on, もう一端を押すと off になる揺り子型のスイッチ》

rock·er·y /rɑ́(ː)kəri | rɔ́k-/ 名 =rock garden

***rock·et**[1] /rɑ́(ː)kət | rɔ́kɪt/ 《アクセント注意》 名 (複 **~s** /-s/) Ⓒ ❶ ロケット;ロケット弾[ミサイル];ロケット発射式宇宙船[カプセル];=rocket engine ‖ The ~ went into orbit around the earth. ロケットは地球を回る軌道に乗った / launch [fire] a ~ ロケットを打ち上げる[ロケット(弾)を発射する] / a ~ attack ロケット攻撃 ❷ 打ち上げ花火(skyrocket);のろし, 火矢 ❸《a ~》《英口》大目玉, 激しい叱責(しっせき) ‖ He got a ~ from his mother for telling a lie. 彼はうそをついたので母親から大目玉を食らった / give him a ~ 彼をしかり飛ばす

―動 自 ❶《+副句》(ロケットのように)突進する(♦副句は方向を表す) ‖ The train *~ed* through the station. 列車は猛烈な勢いで駅を通過した ❷(数量・価格・地位などが)〈…に〉急上昇する, 急騰する《*up*》〈*to*〉 ‖ House prices in this area are *~ing up.* この地域の住宅価格は急騰している / ~ *to* stardom 一躍スターの座に上る ❸(猟鳥が)一直線に舞い立つ

―他 ❶ …をロケット弾で攻撃する ❷ …をロケットで運ぶ[推進させる] ❸ …を一気に出世[成功]させる

語源 「小さい糸巻き」のイタリア語 *rocchetta* から. 形の類似による.

▶▶**~ èngine** 名Ⓒロケットエンジン **~ làuncher** 名Ⓒロケット弾発射砲 **~ rànge** 名Ⓒロケット試射場 **~ scìence** 名Ⓤ ①ロケット科学 ②《通例否定文で》《口》《戯》難しいこと, 難問 ‖ It's not ~ *science.* それはとても簡単だ **~ scìentist** 名Ⓒ《口》《通例否定文で》とても頭のよい人 ‖ It doesn't take a ~ *scientist* to understand this. そんなに頭がよくなくてもこれはわかる

rock·et[2] /rɑ́(ː)kət | rɔ́kɪt/ 名Ⓤ〖植〗❶ ロケット, ルッコラ, キバナスズシロ《ヨーロッパ原産のサラダ用の野菜》 ❷ ハナダイコン《観賞用》

rock·e·teer /rɑ̀(ː)kətíər | rɔ̀k-/ 名Ⓒロケット射手[操縦者];ロケット技師[科学者, 設計者]

rock·et·ry /rɑ́(ː)kɪtri | rɔ́k-/ 名Ⓤロケット工学;ロケット実験[使用]

róck·fàll 名ⒸⓊ 落石;落ちた岩塊

róck·fìsh 名 (複 **~** OR **~·es** /-ɪz/) Ⓒ 岩根の魚《シマスズキ・メバル・カサゴなど》

ròck-hárd 形 ❶ 非常に堅い ❷《英》《戯》強い, 頑強な

Rock·ies /rɑ́(ː)kiz | rɔ́k-/ 名《the ~》《複数扱い》=Rocky Mountains

rock·ling /rá(ː)klɪŋ | rɔ́k-/ 名 (複 ~ OR ~s /-z/) C 〘魚〙北海産の小型のタラ

rock'n'roll /rà(ː)kənróʊl | rɔ̀k-/ 名 U ロックンロール《強いビートの音楽》; そのダンス
the nèw rock'n'róll 《英》世間で話題になっているもの

róck-rìbbed 形 ❶ 岩層のある, 岩角の突き出た ❷《米》頑固な, 不屈の

ròck-sólid 形 ❶ 強くて揺るがない ❷ 非常に固い

ròck-stéady 形 安定した, しっかりした

***rock·y**[1] /rá(ː)ki | rɔ́ki/ 形 ❶ 岩の多い, 岩だらけの; 岩でできた ‖ ~ ground 岩の多い土地 ❷ (岩のように) 不動の, 硬い; 頑固な, 冷酷な, 非情な ❸ (人生などが) 困難[障害]が多い ‖ the ~ road to success 成功への多難な道
róck·i·ness 名
▶▶**Ròcky Mòuntain góat** 名 C =mountain goat
Ròcky Móuntains 名《the ~》《複数扱い》ロッキー山脈《北米大陸の大山脈》

rock·y[2] /rá(ː)ki | rɔ́ki/ 形 ❶ ぐらぐらする, 揺れる; 不確実な ❷《口》(病気などで) ふらつく, 体調がおかしい

ro·co·co /rəkóʊkoʊ/ 名 U ❶《ときに R-》ロココ様式《18世紀前半にヨーロッパで流行した華麗な建築・装飾様式》; ロココ音楽 ❷ (文体などの) ロココ趣味
—形 ❶《ときに R-》ロココ様式[音楽]の ❷ (家具・建物・文体などが) 装飾的な, 華麗な; (飾りすぎて) 俗悪な
語源 この建築様式の装飾に用いられた「貝細工」の意のフランス語 *rocaille* から.

***rod** /rɑ(ː)d | rɔd/ 名 C ❶ (木・金属・プラスチックなどの細長い) 棒, さお; 釣りざお(fishing rod); (機械などの) 軸(shaft); 桿(かん) ‖ a curtain ~ カーテンのつり棒 / a lightning ~ 避雷針 / fuel ~*s* in a nuclear reactor 原子炉の燃料棒 ❷ 細枝, 小枝; (懲罰用の) むち; 《the ~》むち打ち, せっかん ❸ つえ; (官職・権力の象徴としての) 職杖(しょくじょう), 官杖, 笏(しゃく); 職権, 権威, 権力 ❹《主に英》ロッド(perch)《長さの単位. 5½ヤード, 5.03メートル; 面積の単位. 30¼平方ヤード, 25.3平方メートル》 ❺《米俗》ピストル ❻〘生〙桿(かん)菌; 〘解〙(網膜内の) 桿(状)体 ❼〘鉄道〙(列車の床下にある) 棒軸 ‖ ride [OR hit] the ~*s* 《米・カナダ俗》(棒軸につかまって) 列車に無賃乗車する ❽ ⊗《卑》ペニス
kiss the ród 神妙に罰を受ける
màke a ród for one's òwn báck 《英》自ら災い[苦しみ]の種をまく
rule ... with a rod of iron ⇨ IRON(成句)

Rod /rɑ(ː)d | rɔd/ 名 ロッド《Rodney の愛称》

*****rode** /roʊd/ (♦ 同音語 road) 動 ride の過去

***ro·dent** /róʊdənt/ 名 C 齧歯(げっし)類の動物《ネズミ・リス・ビーバーなど》 —形 ❶ かじる ❷ 齧歯類の ▶▶~ **ùlcer** 名 C〘医〙蚕食性潰瘍(かいよう)《顔面に出る癌(がん)》

ro·de·o /róʊdioʊ, roʊdéɪoʊ/ 《発音・アクセント注意》 名 (複 ~s /-z/) C ❶ ロデオ《カウボーイが荒馬乗りや投げ縄の技を競う公開競技会》 ❷ (オートバイ・カヌーなどの) 競技会 ❸ 牧牛の駆り集め ❹ (牛を収容する) 囲い —動 自 ロデオに参加[出場]する ▶▶~ **flìp** 名 C〘スノーボード〙ロデオフリップ《ハーフパイプ競技での技の1つ》

Ro·din /roʊdǽn | ∸-/ 名 **Auguste** ~ ロダン(1840-1917)《フランスの彫刻家》

roe[1] /roʊ/ (♦ 同音語 row) 名 U ❶ (=**hàrd** ~) 魚卵, はららご; (=**sòft** ~) 魚精, 白子 ❷ (甲殻類の) 卵

roe[2] /roʊ/ (♦ 同音語 row) 名 (複 ~ OR ~s /-z/) (=~ **dèer**) C ノロジカ《ヨーロッパ・アジア産の小型のシカ》

róe·bùck /-bʌ̀k/ 名 (複 ~ OR ~s /-s/) C ノロジカの雄

roent·gen /réntɡən | rɔ́nt-/ 名 C レントゲン《放射線量の単位》 —形 レントゲンの, X線の

Roent·gen, Rönt·gen /réntɡən | rɔ́nt-/ 名 **Wilhelm Konrad** ~ レントゲン(1845-1923)《ドイツの物理学者. X線の発見者》

roent·gen·ol·o·gy /rèntɡəná(ː)lədʒi | rɔ̀ntɡənɔ́l-/ 名 U X線学, 放射線学

Roe v. Wa·de /ròʊ vɚsəs wéɪd/ 名《米》〘法〙ロウ対ウェイド事件《妊娠中絶を権利として認めた1973年米国最高裁判所の判決》

rog·er /rá(ː)dʒɚ | rɔ́dʒə/ 間 ❶ 了解, ラジャー《無線通信での返答》 ❷《口》よし, わかった(all right, OK)
—動 他 自 ⊗《英卑》(女性と) 性交する

Rog·er /rá(ː)dʒɚ | rɔ́dʒə/ 名 =Jolly Roger

***rogue** /roʊɡ/ 《発音注意》 名 C ❶《戯》(親しみを込めて) いたずらっ子, わんぱく者, おちゃめ ‖ Charlie, you old ~! チャーリーったら, いたずらばかりして ❷ 悪党, ならず者, 無頼漢; 詐欺師; 《古》放浪者 ❸〘生〙(劣等な) 変異個体, 不良実生(みしょう) ❹ (群れから離れた凶暴な) 野獣, はぐれ象
—形《限定》❶ (動物が) 群れを離れた ‖ a ~ elephant はぐれ象 ❷ (人・物が) (体制・基準から) はみ出した ‖ a ~ missile 軌道を外れたミサイル
—動 他 ❶ …をだます, …からだまし取る ❷〔悪い苗など〕を引き抜く, 間引く; 〔作物〕から悪い苗などを間引く
▶▶~ **regíme** 名 C ならず者政権《国際社会の中でやっかい者的存在の政権》(♦ 類似表現に rogue government [state, nation] などがある. 控えめに表現するときには, regime [government, state, etc.] of concern が使われる) ~**s' gállery** 名 C《単数形で》《口》① (警察の) 犯罪人写真資料 ② 悪党グループ, ならず者集団 ~ **tráder** 名 C ならず者トレーダー《自分が勤務する会社に無断で株の売買をする株式仲買人》

ro·guer·y /róʊɡəri/ 名 (複 **-guer·ies** /-z/) U C ❶ 不正, 悪事, 詐欺(fraud) ❷ 悪さ, いたずら

ro·guish /róʊɡɪʃ/ 形 ❶ 無頼の, 無法な; 不正直な ❷ いたずらな, おちゃめな, ひょうきんな **~·ly** 副 **~·ness** 名

ROI 略 *r*eturn *o*n *i*nvestment(投資収益[回収]率)

roil /rɔɪl/ 動 他《文》❶ (沈殿物をかき立てて)〔液体〕を濁らせる ❷〔人〕の心をかき乱す; いら立たせる
—自 (特に液体が) 揺れ動く

ROK /rɑ(ː)k | rɔk/ 略 the *R*epublic *o*f *K*orea (大韓民国, 韓国)

Ro·land /róʊlənd/ 名 ロラン《Charlemagne (カール) 大帝伝説集中の12勇士の1人》
a Ròland for an Óliver 《英》《古》しっぺ返し, 売り言葉に買い言葉

*****role, rôle** /roʊl/ (♦ 同音語 roll) (♦ role の方が一般的)
—名 (複 ~s /-z/) C ❶ (俳優などの) **役**, 役柄 (→ title role) ‖ He always **plays** the ~ of the villain very well. 彼はいつも悪役を見事に演じる / The ~ of Zaza was performed by an understudy tonight. 今夜のザザ役は代役によって演じられた / the leading [OR lead] ~ 主役 / a supporting ~ わき役 / a cameo ~ (名優が一場面だけ演じる) 渋いわき役
❷ **役割, 役目**, 任務, 職務 ‖ Television now **plays** 「an **important** [OR a major, a key]」 ~ in election campaigns. 選挙運動で, テレビは今や重要な役割を果たしている / a gender ~ 性別役割分担 / fulfill one's ~ as a father 父親としての務めを果たす / **take on** the ~ of chairman 議長の役目を引き受ける
語源 「役者のせりふが書いてある巻物」の意のフランス語 *rôle* から. roll と同語源.
▶▶~ **mòdel** 名 C (特定の役割において)〈ほかの人の〉模範となる人, 役割モデル〈**for**〉 ~ **plàying** (↓) ~ **revèrsal** 名 U C 役割交替《男女の役割を入れ替えるなど》

róle-plày[1] 動 他 自 (…の) 役割演技をする

róle plàying, róle-plày[2] 名 C U〘心〙ロールプレイング, 役割演技(法)《被験者に特定の役割・行動を演技で模擬体験させたのち討論でそれぞれの問題点や解決方法を検討させる心理療法》 ▶▶**róle plàying gàme** 名 C 💻 ロールプレイングゲーム《プレーヤーがゲームの主人公となって行うコンピューターゲーム》

Rolf·ing, rolf- /rá(ː)lfɪŋ | rɔ́lf-/ 名 U《商標》ロルフィング《筋肉をもみほぐすマッサージ法》(♦ 米国の物理療法士 Ida Rolf(1897-1979)の名より)

R

***roll** /roul/(♦同音語 role) 動 名

中心義 **転がって滑らかに動く**(★文脈によって「転がる」側面, もしくは「滑らかに動く」側面のどちらかに重きが置かれた意味になる)

動 自 **転がる❶ 進む❷ 流れるように動く❸**
他 **転がす❶ 巻く❸ 平らにする❻**
名 **巻いたもの❶ 名簿❸ 回転❹ 横揺れ❺**

―動 (**~s** /-z/; **~ed** /-d/; **~·ing**)

―自 ❶《+副句》(球・輪・たるなどが)**転がる**, 転がって行く, ぐるぐる回る; (人・動物が)転がる, 転げ回る; 転がって向きを変える; (水滴が)転がり落ちる(♦ 副句 は場所・方向を表す) ‖ An apple *~ed* out of the basket. リンゴが1個かごの中から転がり出た / A dog was *~ing* on the ground. 犬が地面の上で転げ回っていた / ~ over on one's back [side] 寝返りしてあお向け[横向き]になる / Huge tears *~ed* down her cheeks. 大粒の涙が彼女の頰(ほお)を流れ落ちた

❷《+副句》(車輪をつけたものが)(滑らかに)動く, (車が)**進む**, 走る; (人が)車で行く(♦ 副句 は方向を表す) ‖ The bus *~ed* to a stop. バスがゆっくり止まった / He *~ed* past us in his car. 彼は車に乗って私たちの前を通り過ぎた

❸ **流れるように動く**; (雲・煙・霧などが)もくもくと湧き上がる, 流れて行く; (海・波が)うねる, 波立つ; (波・川などが)上下動しながら流れる; (丸太などが)(流れに乗って)運ばれる, 押し流される; (土地が)緩やかに起伏する, うねる(♦ 通例方向を表す 副句 を伴う) ‖ Smoke *~ed* up. 煙がもくもくと上った / The waves *~ed* ⌈in onto [OR toward] the shore. 波が岸に押し寄せた / Flat land *~ed* into hills. 平地が丘に向かって緩やかに起伏していた

❹ (船・航空機などが)横揺れする, 横揺れしながら進む(↔ pitch) (⇨ SWING 類語P 注記) ‖ The ship pitched and *~ed* heavily in the storm. 船は嵐(あらし)の中で縦に横に激しく揺れた

❺ (人が)体を揺すって歩く, よろよろ[ふらふら]歩く, あちこち歩き回る; 旅をして回る ‖ The drunken man *~ed* home. その酔っ払いはふらふら歩いて家に帰った

❻ (時が)過ぎ去る, たつ《*by, on*》; (季節などが)巡ってくる《*around*》; (天体が)運行する, 軌道を回る ‖ The older one gets, the more quickly the years ~ *by*. 人が年をとればとるほど歳月のたつのが速くなる / Spring has *~ed around* again. 春がまたやって来た

❼ (雷・大砲などの音が)とどろく, 鳴り響く[渡る]; (演説などが)朗々と響く, (言葉が)流暢(りゅうちょう)に[次々と]出てくる; 〘楽〙(太鼓を)連打する; (鳥が)(震え声で)さえずる ‖ Thunder *~ed* in the distance. 遠くで雷鳴がとどろいた / The names of TV celebrities *~ed* off his lips. テレビタレントの名前が彼の口から次々と出てきた ❽ (目が)(不信・恐怖・驚き・失望などで)ぎょろぎょろする; 〈…を〉ぎょろっと見る〈**at**〉 ‖ His eyes *~ed at* me with fright. 彼はおびえた目をぎょろぎょろさせて私を見た ❾ 丸く[球形に, 筒形に]なる, 巻かれる, 巻ける; (人・動物が)体を丸める, 丸まって寝る, 〈…の形に〉丸まる《*up*》〈**into**〉 ‖ Cardboard won't ~ without creasing. 厚紙は巻くとしわになってしまう / The hamster *~ed up into* a ball. ハムスターは丸まって玉のようになった ❿ (ローラーなどで)平らになる, 広がる, 伸びる ‖ This pastry *~s* well. この練り粉は伸びがいい ⓫《口》(機械・設備などが)動き出す, 始動[作動]する; (順調に)進行する, 勢いがつく; 出発する ‖ The cameras started to ~. (映画撮影の)カメラが回り出した / Let's ~, everybody. さあみんな, 始めよう[出かけよう](→ CE 2) / This project is finally *~ing* now. この計画も今ようやく順調に進行している ⓬ さいころを振る[投げる] ⓭ (映画・テレビ番組のクレジットが)画面に流れる ⓮ ⊗《米口》《ときに蔑》セックスする

―他 ❶〔球・輪・丸太など〕を**転がす**, (ぐるぐる)回す, 回転させる; …を転がして向きを変える[前進させる](♦しばしば場所・方向を表す 副句 を伴う) ‖ ~ a tire タイヤを転がす / ~ wine on one's tongue ワインを舌の上で転がす / ~ a baby (over) onto its back [stomach] 赤ん坊をあお向け[うつぶせ]に寝返らせる

❷〔車輪付きのもの〕を動かす; …をローラー[車輪]で動かす(♦しばしば方向を表す 副句 を伴う) ‖ ~ a bicycle 自転車を走らせる / ~ a cart to and fro カートをあちこち動かす

❸ **a**《+目》…を**巻く**, 丸める, 巻いて[丸めて]〈…に〉する《*up*》〈**into**〉; 〔そで・すそなど〕をまくり上げる《*up*》; …を〈…に〉包む, くるむ《*up*》〈**in**〉 ‖ When attacked, the armadillo *~s* itself *up into* a ball. 攻撃を受けるとアルマジロは体を丸める / ~ a (copy of a) magazine 雑誌を丸める / ~ *up* a blanket 毛布を巻く / ~ *up* one's sleeves 腕まくりをする; 本気でやる気になる / ~ the string *into* a ball ひもを巻いて玉にする / He *~ed* himself (*up*) *in* the blanket. 彼は毛布にくるまった / ~ it *up in* paper それを紙にくるむ

b《+目 *A*+目 *B* ⇄ 目 *B*+**for** 目 *A*》*A*(人)に*B*(たばこなど)を巻いてやる ‖ He *~ed* me a cigarette. = He *~ed* a cigarette *for* me. 彼はたばこを1本巻いてくれた

❹〔煙・ほこりなど〕を巻き上げる《*up*》; 〔波など〕をざあっと押し流す[押しやる], うねらせる ‖ The ocean *~ed* its waves upon the shore. 海は岸に波を打ち上げた

❺ (驚き・恐怖・怒りなどで)〔目〕をぎょろぎょろさせる, ぐるっと回す ‖ ~ one's eyes at him in disbelief まさかという様子で目を白黒させて彼を見る

❻ **a**《+目》(ローラーなどで)…を**平らにする**, 伸ばす ‖ ~ the road 道路を平らにする **b**《+目+補》…を平らにして[伸ばして]…にする ‖ ~ dough thin to make piecrust パイ皮を作るために生地を薄く伸ばす ❼〔言葉・歌など〕を朗々とした声で言う[歌う]; 〘楽〙〔太鼓〕を連打する; 〘楽〙〔コード〕をアルペジオで演奏する; 〘音声〙〔r の音〕を震わせて[巻き舌で]発音する ‖ ~ one's r's r の音を巻き舌で言う ❽〔船など〕を横揺れさせる ❾〔機械・装置など〕を作動[始動]させる ‖ *Roll* the cameras! (映画の撮影で)はい, カメラ回して ❿〔映画・テレビ番組のクレジットなど〕を画面に映し出す[流す] ⓫〔さいころ〕を振る[投げる]; (さいころを振って)…の目を出す ‖ ~ a five 5の目を出す ⓬《口》〔酔っ払いなど〕から(金・物を)盗む, 巻き上げる ‖ ~ drunks for small change 酔っ払いから小銭を盗み取る ⓭〘印〙〔印刷版〕に(ローラーで)インクをつける ⓮ ⊗《米口》《ときに蔑》〔人〕とセックスする ⓯《米口》〔車〕を転覆させる(overturn) ⓰〔飛行機〕を(進行方向を軸に)回転させる

(**àll**) ***ròlled into óne*** (すべてが)1つになった; 兼ね備わった ‖ Mother is teacher, nurse, cook and housekeeper *all ~ed into one*. 母は教師, 看護師, コックそして主婦の役目をすべて兼ねている(♦ 役目を表す名詞は無冠詞がふつう)

be rèady to róll 準備ができている, いつでもOKだ

gèt rólling (計画・事業などが)動き出す, 始まる

ròll abóut 〈自〉《英》= *roll around* ③(↓)

ròll alóng 〈自〉① 転がって行く ② (車などが)走る; (人が)車で行く(→ 自 ❷) ③ 調子よく[着実に]進行する

ròll aróund 〈自〉① 転がる, 転げ回る ② (時が)巡ってくる(→ 自 ❻) ③《口》笑い転げる

ròll awáy 〈自〉転がって遠ざかる(→ 自 ❶); (煙・雲などが)どんどん消え去る; (小高い丘が)遠くまで続く

ròll báck 〈他〉《***ròll báck*** ... / ***ròll*** ... ***báck***》①〔広げたじゅうたんなど〕を巻き戻す, 巻いて片づける ②〔敵軍など〕を後退させる, 押し戻す, …(の影響力)を弱める, 阻止する ③《米》(政府などが)〔価格〕を元へ戻す, 引き下げる ‖ ~ *back* wages to 1980 levels 賃金を1980年の水準まで戻す ④〔過去の年月〕を思い出させる, (目の前に)戻す ―〈自〉① 転がって戻る ② (潮・波が)引く; (敵などが)退く ③ (年月が)思い出される

ròll dówn ... / ***ròll*** ... ***dówn*** 〈他〉①〔車の窓など〕をハンドルを回して下げる(↔ *roll up*) ②〔まくり上げていたそでな

ど]を下げる(↔ *roll up*)

ròll ín* 〈他〉 **I 《*ròll ín* ...》《進行形で》〔金など〕がたくさん[有り余るほど]ある ‖ She is ~*ing in* money [OR it, cash, dough]. 彼女には金がくさるほどある **II** 《*ròll ín* ... / *ròll* ... *ín*》…を転がして入れる ━〈自〉 ① 転がり込む ② (敵(の戦車)などが)押し寄せる ③ (雲・霧などが)わき上がって辺り一帯を覆う, (波が)押し寄せる(→ 自 ❸) ④ 《しばしば進行形で》続々と集まる, たくさん到着する ⑤ (平然と)遅れてやって来る; 現れる, 到着する ‖ He ~*ed in* drunk. 彼は酔っ払ってのご登場となった ⑥ 《口》ベッドに転がり込む, 寝る

ròll into ... 〈他〉 ① …に転がり込む ② (平然と)…に遅れてやって来る ③ (敵(の戦車)などが)…に押し寄せる

ròll óff 〈他〉 **I** 《*ròll óff* ...》 ① …から転がり落ちる; …から流れるように出て来る ② (製品が)〔生産ラインなど〕から次々と出てくる **II** 《*ròll óff* ... / *ròll* ... *óff*》 ③ (コピー機などで)〔コピー〕をとる

ròll ón 〈他〉《*ròll ón* ... / *ròll* ... *ón*》〔ペンキなど〕をローラーで塗る ━〈自〉 ① (転がって)進む; (時が)過ぎ去る, たつ(→ 自 ❻); (物事が)ゆっくりと進行する; (川などが)滔々(とうとう)と流れる ② 《命令形で》《英口》(時期よ)早く来い ‖ *Roll on*, Summer! 夏よ来い

ròll óut 〈他〉《*ròll óut* ... / *ròll* ... *óut*》 ① …を転がして出す, 引っ張り出す ② 〔丸めたもの〕をほどいて広げる(↔ *roll up*) ③ …を(ローラーで)伸ばす, 平らにする ④ …を朗々とした声で言う ⑤ 〔新製品〕を製造[公開, 発売]する ⑥ 《米口》(ある目的のために)〔人〕の協力を得る, 〔人〕を利用する ━〈自〉 ① 転がり出る; ベッドから出る, 起き上がる ② 《主に米》(新製品が)製造[公開, 発売]される

ròll óver 〈他〉《*ròll óver* ... / *ròll* ... *óver*》 ① …を寝返りさせる(→ 他 ❶); 〔車など〕をひっくり返す ② 〔敵・相手〕をやっつける, 打ちのめす ③ 〔借用証書など〕を更新する; 〔資金〕の借りつなぎをする, 〔借金〕の返済を延ばす; 〔資金〕を再投資する ④ 《英》〔当選者が出なかった懸賞金〕を次の懸賞金に全部上乗せする ━〈自〉 ① 寝返りを打つ; (車などが)ひっくり返る ② 《口》相手の言いなりになる

ròll one's ówn 自分でたばこを巻く

ròll róund 〈自〉《英》=*roll around* ②(↑)

**ròll úp* 〈他〉《*ròll úp* ... / *ròll* ... *úp*》 ① …を巻く, まくり上げる(↔ *roll down, roll out*)(→ 他 ❸) ② …を(徐々に)増やす, 蓄積する ③ 〔車の窓など〕をハンドルを回して上げる(↔ *roll down*) ━〈自〉 ① 丸まる(→ 自 ❾) ② 《口》(車で)やって来る, (平然と・思いがけず)現れる, 到着する; (大勢)集まる, 押しかける; (車が)やって来る ‖ *Roll up! Roll up!* 《英》(サーカスなどの呼び込みで)さあ寄ってらっしゃい, 見てらっしゃい ③ (徐々に)増える, 蓄積する

COMMUNICATIVE EXPRESSIONS

1 **Lèarn to ròll with the púnches.** もう少し要領よくやりなさいよ(♥攻撃・難局などをうまくかわすようなだめるくだけた表現)

2 **Lèt's róll.** さあ, 行こうぜ(♥くだけた表現)

Behind the Scenes 米国を襲った9.11テロの際, 飛行機をハイジャックされた乗客らが自らの手でテロリストに立ち向かおうと結束したとき, 先頭に立った男性客 Todd Beamer が言ったとされる掛け声. 報道で有名になり, 後にその勇敢さをたたえる歌の中でも歌詞として使われた(♥気合を入れて何らかの活動・襲撃・ミッションなどにとりかかる際に, 周囲の人に呼びかける掛け声)

3 **Rèady to róll?** 準備はいいか(♥くだけた表現)

━名 (複 **~s** /-z/) Ⓒ ❶ (紙・フィルムなどを) **巻いたもの**, 〈…の〉一巻き〈**of**〉; 《米》(キャンディーなどの)紙の包み(《英》packet) ‖ Toilet paper is sold in ~*s*. トイレットペーパーは巻いた形[ロール]で売られている / a ~ *of* wire 針金一巻き / a ~ *of* film フィルム1本

❷ ロールパン(bread roll); ロールケーキ; 巻き肉(❗「ロールパン」は ×roll bread とはいわない. 「ロールキャベツ」は cabbage roll, (meat-)stuffed cabbage などという) ‖ a sausage ~ ソーセージ入りロールパン

❸ **名簿**, 出席簿; カタログ, 目録; 公式記録; (羊皮紙などの)巻物(scroll); 《~s》《英》弁護士名簿; 名簿の人数 ‖ the ~ of members 会員名簿 / the electoral ~ 選挙人名簿 / **on** the ~ of fame 名士録に載って / call [OR take] the ~ 出席をとる / strike him off [OR from] the ~*s* 彼を弁護士[会員]名簿から除名する

❹ 《通例単数形で》**回転**(運動), 一転がり, 〖空〗横転 ‖ do a forward [backward] ~ on the floor 床の上で前転[後転]をする

❺ Ⓤ (船などの)**横揺れ**(↔ pitch); (体の)揺れ, よろめき, 肩を揺する歩き方 ‖ the ~ of the yacht on the waves 波によるヨットの横揺れ ❻ Ⓒ Ⓤ 〈雷・大砲などの〉とどろき〈**of**〉; 抑揚のある朗々とした話し[歌い]ぶり; 〖楽〗(太鼓の)連打, ロール; (言葉の)流暢さ; 巻き舌での発音[震え音]; (カナリヤなどの)さえずり ‖ a ~ *of* thunder 雷鳴のとどろき / make a ~ on the drum 太鼓を連打する ❼ (さいころを)振ること, 一振り; 振る番 ‖ Now it's your ~, Nick. さあ, ニック, 君がさいころを振る番だ ❽ ローラー, 麺棒(めんぼう), 地ならし機, 圧延機 ❾ (特に腰回りの脂肪の)厚い層 ❿ 《米・豪口》金, 札束 ⓫ 《口》セックス

a ròll in the háy 《口》セックス

**be on a róll* 《口》順調である, ついている, 勝ち続けている

語源 「巻物」の意の古期フランス語 *rolle* から. role と同語源.

▸▸ **~ bàr** 名 Ⓒ ロールバー《転覆に備えた車の屋根の補強枠》 **~ càll** (↓) **~ed góld** 〈シ〉 名 Ⓤ (時計などの)金張り(《米》filled gold) **~ed óats** 名 複 ひき割りオーツ麦 **~ fìlm** 名 Ⓒ ロール[巻き]フィルム **~ of hónour** 名 《the ~》《英》戦死者[優等生, 表彰者]名簿(《米》honor roll)

róll·awày 形 ローラー[小車輪]付きの ‖ a ~ bed ローラー付きベッド ━名 Ⓒ ローラー付きベッド

róll·bàck 名 Ⓒ ❶ 《主に米》(政府統制による)物価[賃金, 税金]引き下げ(政策); 巻き返し ❷ 🖳 ロールバック《データベースを以前のある時点の状態に戻すこと》

róll càll 名 Ⓒ ❶ 点呼, 出欠調べ ❷ 点呼の時刻

róll-càll 動 他 …の点呼をとる

ròlled-úp 形 ❶ (筒状に)丸められた, 巻かれた ❷ (そでなどが)まくり上げられた

*****roller** /róulər/ 名 Ⓒ ❶ 転がるもの[人]; ローラー《地ならし機・圧延機などの円筒状のもの》; 〖印〗インクローラー ❷ 大波, 大うねり(⇨ WAVE 類語) ❸ ころ(車), キャスター, 脚輪 ❹ ヘアカーラー ❺ (地図や葉巻などを巻きつけるための)軸棒, 巻き機(→roller blind) ❻ (= **~ bàndage**) 巻き包帯 ❼ 〖鳥〗ローラーカナリア; ブッポウソウ; 宙返りバト

▸▸ **~ bèaring** 名 Ⓒ 〖機〗ローラーベアリング, ころ軸受け **~ blìnd** 名 Ⓒ 《英》ローラーブラインド **~ còaster** (↓) **~ dèrby** 名 Ⓒ 〖スポーツ〗ローラーダービー《ローラースケートを履いた選手が1チーム5名で行うトラック競技》 **~ skàte** (↓) **~ tòwel** 名 Ⓒ ローラータオル(《米》towel roll)《両端を縫い合わせて環状にしたタオル》

róller·bàll 名 Ⓒ ❶ 水性[ゲルインク]ボールペン ❷ 🖳 トラックボール(trackball)

róller·blàde 名 《ときに R-》 Ⓒ 《商標》ローラーブレード(in-line skate)《ローラーが1列に並んだスケート靴》 ━動 自 ローラーブレードで滑走する **-blàd·er** 名

róller-còaster 動 自 急激に変化[上下]する ‖ The stock price ~*ed* between 1,200 and 1,530 yen. その株価は1,200円と1,530円の間で激しく変動した

róller còaster 名 Ⓒ ❶ ローラーコースター, ジェットコースター ❷ 急激な変化, 激しい浮き沈み

róller-skàte 動 自 ローラースケートをする

róller skàting 名

róller skàte 名 Ⓒ 《通例 ~s》ローラースケート靴

róller skàter 名

rol·lick /rá(ː)lɪk | rɔ́l-/ 動 自 ふざけ回る, はしゃぎ回る

rol·lick·ing[1] /rá(ː)lɪkɪŋ | rɔ́l-/ 形 《限定》陽気な, ふざけ

R

回る

rol·lick·ing² /rά(:)lɪkɪŋ｜rɔ́l-/ 名 C 《英口》厳しい叱責(しっせき) ‖ give him a ～ 彼をひどくしかる

roll·ing /róulɪŋ/ 形 《限定》 ❶ 転がる，回転する ❷ (土地が)緩やかに起伏する；(波が)うねる，横揺れする ❸ (足取りが)よろめく ❹ (物事が)段階的な ❺ (契約などが)更新できる，見直しできる ❻ 着実で永続する ❼ 《叙述》《口》大金持ちの

▶▶ **～ mìll** 名 C 圧延工場；圧延機 **～ pìn** 名 U のし[こね]棒 **～ stóck** 名 U 《集合的に》(鉄道の)全車両《機関車・客車・貨車など》；《米》(運輸会社の)全貨物自動車 **～ stóne** 名 C 何度も職業[住居]を変える人 ‖ *A ～ stone gathers no moss.* 《諺》転石こけを生ぜず(♦「仕事や住居をたびたび変える人は大成しない」の意．「活動的な人はいつも若々しい」という意味に用いられることもある)

roll·mops /róulmὰ(:)ps｜-mɔ̀ps/，《英》**-mop** /-mὰ(:)p｜-mɔ̀p/ 名 (複 ～) C ロールモップス《ニシンの切身をピクルスに巻いてマリネにした前菜の一種》

róll-òn 形 《限定》 (化粧品が)ロールオン式の《容器の開口部の回転球で肌に直接塗布できる》 ── 名 C ❶ ロールオン式の化粧品[制汗剤] ❷ 《英》ロールオン(ガードル)《伸縮性のある女性用のガードルで，巻き戻すようにして着る》

▶▶ **～ ròll-óff** 形 《英》《通例限定》(貨物船・フェリーなどが)車両を荷物ごと積み降ろしできる(♦ ro-ro と略す)

róll-òut, róll·òut 名 C (新製品，特に飛行機の)新型発表会，(新製品の)発売；〖アメフト〗ロールアウト《クォーターバックがパスをねらって横に走ること》

róll·òver 名 C ❶ 《口》転倒；(車の)転覆(事故) ❷ 短期資金の貸し[借り]つなぎ ❸ 《英》(くじなどの)キャリーオーバー，持ち越し額

Rolls-Royce /ròulzrɔ́ɪs/ 名 ❶ C 《商標》ロールスロイス《英国の高級乗用車・航空機エンジン製造会社．ただし1998年に乗用車製造部門はドイツの Volkswagen 社に，商標使用権は BMW 社に売却》 ❷ 《the ～》最高級品

róll-tòp (désk) 名 C 巻き込み式ふたの机

roll-top (desk)

róll-ùp 名 C 《英口》手巻きたばこ ── 形 巻き上げ式の；💻(メニューが)タイトルだけ表示される

Ro·lo·dex /róulədèks/ 名 C 《米》《商標》ローロデックス《回転式卓上住所録》

ro·ly-po·ly /ròulipóuli/ ⊲ 形 ⊗《限定》《ときに蔑》(通例子供が)ずんぐりした，丸々した ── 名 (複 **-lies** /-z/) ❶ C ずんぐり太ったもの[人]；(特に)丸々太った子供 ❷ U C 《英》ローリーポーリー《ジャムを塗った生地を巻いて焼くか蒸したプリン》 ❸ 《豪口》＝tumbleweed

Rom 略 〖聖〗Romans

ROM /rα(:)m｜rɔm/ 名 U 💻 ロム，読み出し専用メモリ(→ RAM)(♦ *r*ead-*o*nly *m*emory の略)

rom., rom 略 〖印〗roman (type)(ローマン体活字)

Rom. 略 Roman；〖言〗Romance；Romania，Romanian

ro·maine /rouméɪn/ 名 C 《主に米》〖植〗タチヂシャ，ロメインレタス

ro·ma·ji /róumədʒi/ 名 U ローマ字(♦ 日本語より)

ro·man /roumά:n｜-mɔ́n/ 名 (複 **romans**) C ❶ (特に中世フランス文学の)韻律物語，ロマン ❷ 《文》小説

▶▶ **～ à clef, roman-à-clef** /roumὰ:n α: kléɪ｜-mɔ̀n-/ 名 (複 **romans à c-**) C (歴史上の人物を架空の名称にした)実話小説(♦ novel with a key の意のフランス語より)

***Ro·man** /róumən/ 形 ❶ (古代または中世・現代の)ローマの；ローマ人の；(古代)ローマ人風[気質]の ‖ the ～ road ローマ街道 / the ～ Emperors ローマ皇帝 / the ～ rule ローマ人の支配 ❷ 《旧》(ローマ)カトリック教(会)の ❸ 古代ローマ建築風[様式]の；(アーチが)半円形の ❹ 《通例 r-》〖印〗ローマン体の(→ italic)；ローマ数字の ‖ ～ letters [or type] ローマン体活字

── 名 C ❶ (古代または中世・現代の)ローマ人，ローマ市民 ❷ 《～s》古代ローマのキリスト教徒；《the ～s》〖聖〗ローマ人への手紙，ロマ書 (The Epistle of Paul the Apostle to the Romans)《新約聖書中の一書；略 Rom》 ❸ ⊗《旧》《蔑》(ローマ)カトリック教徒 ❹ 《通例 r-》U 〖印〗ローマン体(の文字)(→ italic) ‖ in ～ ローマン体の

▶▶ **～ álphabet** 名 《the ～》古代ローマのアルファベット，ローマ字 **～ cálendar** 名 《the ～》ローマ暦《紀元前46年ユリウス暦にかわるまで使われた暦》 **～ cándle** 名 C ローマ花火《火花や火の玉が飛び出る，円筒形》 **～ Cátholic** (↓) **～ Càtholic Chúrch** 名 《the ～》(ローマ)カトリック教会《ローマ教皇を首長とするキリスト教会》 **～ Cathólicism** 名 U (ローマ)カトリック教；その教義[信仰，制度] **～ cóllar** 名 C ＝clerical collar **～ Cúria** 名 《the ～》ローマ教皇庁(Curia Romana) **～ Émpire** (↓) **～ hóliday** 名 C ローマ(人)の休日《他人の苦しみによって得る娯楽》；残虐な見せ物 **～ láw** 名 U ローマ法《古代ローマ人による法の総称》 **～ nóse** 名 C ローマ鼻《先端部分がやや丸く盛り上がり筋のよく通った鼻》 **～ númeral** 名 C ローマ数字《基本的符号は I＝1, V＝5, X＝10, L＝50, C＝100, D＝500, M＝1000 など》(→ Arabic numeral)

Ròman Cátholic 形 (ローマ)カトリック教会の
── 名 C (ローマ)カトリック教徒

***ro·mance** /rouméns/ 《アクセント注意》 名 [▶ romantic 形] ❶ C 恋愛，純愛，ロマンス；情事；物語的な出来事；U 愛情，恋愛感情 ‖ a whirlwind ～ 急に燃え上がる恋 ❷ C 伝奇的物語；(現実離れした)冒険[恋愛]物語；中世騎士物語；U (ジャンルとしての)ロマンス文学(⇨ STORY¹ 類語) ‖ the Arthurian ～*s* アーサー王物語 ❸ U ロマンチックな雰囲気[気分]；空想癖；冒険心 ‖ out of sheer adventure and ～ 全くの冒険心と空想的な気分から ❹ C U 作り話，絵空事 ❺ C 〖楽〗ロマンス《優美で叙情的な小曲》 ❻ 《R-》U C 〖言〗ロマンス語

── 動 自 ❶ 〈…について〉作り話をする，誇張して話す，潤色する；ロマンチックに考える〈**about**〉 ❷ 〈…と〉恋愛する〈**with**〉 ── 他 ❶ …と恋愛する；《旧》…を口説く ❷ 《口》[人]に取り入ろうとする

語源 公用のラテン語に対し，日常語であったフランス語で書かれた物語を意味する古期フランス語 *romanz* から．多くは騎士道物語でその中の冒険・恋愛などが現実離れしていることから，「空想」「恋愛」「冒険」などの意味を持つに至った．

▶▶ **Ròmance lánguages** 名 《the ～》〖言〗ロマンス諸語《ラテン語に源を発する言語．フランス語・イタリア語・スペイン語・ポルトガル語・ルーマニア語など》

ro·manc·er /rouménsər/ 名 C ❶ ロマンス[伝奇物語]作者；中世騎士物語作者 ❷ 夢想家，作り話[絵空事]を並べる人

***Ròman Émpire** 名 《the ～》ローマ帝国《紀元前27年に Augustus Caesar が建国し，395年東西に分裂》

Ro·man·esque /ròumənésk/ ⊲ 名 U 形 〖建・美〗ロマネスク様式(の)《11–12世紀にヨーロッパ各地で栄えたキリスト教建築・美術》

ro·man-fleuve /roumὰ:nflʌ́v｜-mɔ̀nflɜ́:v/ 名 《フランス》(＝river novel)(複 **ro·mans-fleuves**) C 大河小説

***Ro·ma·ni·a** /ruméɪniə/ 名 ルーマニア《ヨーロッパ南東部の共和国．首都 Bucharest》

***Ro·ma·ni·an** /ruméɪniən/ 形 ルーマニアの，ルーマニア人[語]の ── 名 C ルーマニア人；U ルーマニア語

Ro·man·ic /rouménɪk/ 形 名 ＝romance

Ro·man·ism /róumənɪzm/ 名 U 《旧》(ローマ)カトリック教

Ro·man·ist /róumənɪst/ 名 C ❶ ⊗《蔑》(ローマ)カトリック教徒 ❷ 古代ローマ研究家；ロマンス語学者

Ro·man·ize /róumənàɪz/ 動 他 ❶ …を(古代)ローマ化する ❷ …を(ローマ)カトリック教化する ❸ 《しばしば r-》…

をローマ字でつづる，ローマン体で印刷する —自 ❶ (古代)ローマ(人)風になる ❷ (ローマ)カトリック教徒になる
Rò·man·i·zá·tion 名

Romano- /rəmɑ:noʊ | roʊ-/ 連結形「ローマ(人)の」，「ローマおよび…の」の意

Ro·ma·nov, -noff /róʊmənɔ̀(:)f/ 名 ロマノフ王朝《1613–1917年の間ロシアに君臨》；Ⓒ ロマノフ家の一員

Ro·mansch, -mansh /roʊmǽnʃ/ 名 Ⓤ 形 〖言〗ロマンシュ語(の)《スイスの公用語の1つ》

***ro·man·tic** /roʊmǽnṭɪk/ 形 [◁ romance 名] (**more ~ ; most ~**) ❶ 恋愛の，情事の，情熱的な (↔ unromantic) ‖ a ~ relationship 恋愛関係，情事 ❷ (人が)空想にふける，ロマンチックな；(話が)空想上の，架空の；(考えなどが)とっぴな，非現実的な (↔ realistic) ‖ a ~ girl 夢見る少女 / a ~ daydream 現実離れした夢想 ❸ 空想小説的な，伝奇物語の，冒険[恋愛]物語のような ‖ a ~ story 冒険物語風の話 / a ~ adventure 伝奇的冒険 ❹《通例 R-》《通例限定》(芸術が)ロマン主義[派]の (→ classic, classical) ‖ the *Romantic* poets ロマン派の詩人
—名 Ⓒ ❶ ロマンチックな人，ロマンチスト，夢想的な人 ❷《通例 R-》ロマン主義[派]の作家[芸術家] ❸《~s》ロマンチックな考え，非現実的な言動
-ti·cal·ly 副 ロマンチックに，夢想的に ‖ be ~ involved with … …と恋愛関係にある，(性的)関係を持っている
▸▸**Romàntic Móvement** 名《the ~》ロマン主義運動《18世紀末から19世紀初頭にかけ，古典主義への反動として展開された文学･芸術の運動》(→ romanticism)

ro·man·ti·cism /roʊmǽnṭəsɪzm | -tɪ-/ 名 Ⓤ ❶ 空想的なこと，ロマンチックな気分[傾向] ❷《しばしば R-》ロマン主義《感情の解放･自由な表現･創造精神の発揮などを重視した芸術運動》(→ classicism)
-cist 名《しばしば R-》Ⓒ ロマン派[主義]の人

ro·man·ti·cize /roʊmǽnṭəsàɪz | -tɪ-/ 動 他 …をロマンチック[空想的]にする
—自 ロマンチック[空想的]に書く[見る，扱う]

Rom·a·ny /rá(:)məni | rɔ́m-/ 名 (複 **-nies** /-z/) ❶ Ⓒ ロマ，ロマニー《ジプシーと呼ばれてきた少数民族．ロマニー語で「人間」の意》(→ gypsy) ❷ Ⓤ ロマニー語
—形《通例限定》ロマニー(語)の

rom·com /rá(:)mkà(:)m | rɔ́mkɔ̀m/ 名 Ⓒ《口》ラブコメ，恋愛コメディー(の映画[テレビ番組])(♦ *romantic*＋*comedy* より)

***Rome** /roʊm/ 《発音注意》(♦ 同音語 roam) 名 ❶ ローマ《イタリアの首都》❷ ローマ《古代ローマ帝国の首都》；古代ローマ帝国 ‖ *All roads lead to ~.* 《諺》すべての道はローマに通ず / *When in ~ do as the Romans do.* 《諺》ローマにいるときはローマ人のするようにせよ；郷(ごう)に入(い)っては郷に従え / *~ was not built in a day.* 《諺》ローマは一日にして成らず(♥ しばしば自分の遅れの言い訳や人の遅れに対する慰め･励ましに用いる) ❸ (教皇の所在地の)ローマ；Ⓤ Ⓒ (ローマ)カトリック教(会)
fiddle while Ròme búrns 大事をよそに安逸にふける (♦ 古代ローマ皇帝ネロの故事から)

Ro·me·o /róʊmiòʊ/ 名 (複 **~s** /-z/) ❶ ロミオ《Shakespeare の悲劇 *Romeo and Juliet* の主人公》❷《ときに r-》Ⓒ《しばしば戯》恋する男，(男性の)恋人；色男 ❸ Ⓒ《通信》ロミオ《R文字を表すのに用いるコード語》

Rom·ish /róʊmɪʃ/ 形 ⊗《主に蔑》(ローマ)カトリックの

romp** /rɑ(:)mp | rɔmp/ 動 自 ❶ (子供たちが)はね[はしゃぎ]回る，ふざけ合う《around, about***》‖ Children are *~ing around* in the playground. 子供たちは運動場ではしゃぎ回っている ❷ 楽々と走る[進む] ‖ ~ to an easy victory 楽勝する ❸《口》浮気相手とセックスする
ròmp awáy [OR ***ahéad***] 《英口》いとも簡単に増える，どんどん先へ進む，楽々と勝つ
ròmp hóme ; ***ròmp ín*** ; ***ròmp to víctory*** 〈自〉《口》大勝する，楽勝する
ròmp thróugh … 〈他〉…を楽々とやってのける
—名 Ⓒ ❶ 跳ね回ること，騒々しい遊び ❷ 跳ね回る子供；おてんば娘 ❸《口》どたばた劇，娯楽作品 ❹《単数形で》《口》楽勝 ❺《口》性的な遊び[楽しみ]，セックス

romp·er /rá(:)mpər | rɔ́mp-/ 名 Ⓒ ❶ 跳ね回る人[子供] ❷《通例 ~s》(＝**~ sùit**)ロンパース《上着とズボンがつながりになっている乳幼児の遊び着》

Rom·u·lus /rá(:)mjʊləs | rɔ́m-/ 名〖ロ神〗ロムルス《伝説上の古代ローマの建国者．双生児の兄レムスとともにオオカミに育てられたとされる》(→ Remus)

Ron /rɑ(:)n | rɔn/ 名 ロン《Ronald の愛称》

ron·deau /rá(:)ndoʊ | rɔ́n-/ 名 (複 **~s** /-z/ OR **-deaux** /-z/) Ⓒ〖韻〗ロンドー《2個の韻を持つ13行または10行からなる定形の短詩．最初の語句が無韻の折り返し句 (refrain) として繰り返される》(→ rondel)

ron·del /rá(:)ndəl | rɔ́n-/ 名 Ⓒ〖韻〗ロンデル《ロンドー体の詩の一種．2個の韻を持つ通例14行からなる定形の短詩》(→ rondeau)

ron·do /rá(:)ndoʊ | rɔ́n-/ 名 (複 **~s** /-z/) Ⓒ〖楽〗ロンド，回旋曲《主題が数回繰り返される形式》

Rönt·gen /réntgən | rɔ́nt-/ 名 ＝Roentgen

roo /ru:/ 名 (複 **~s** /-z/)《豪口》＝kangaroo

rood /ru:d/ 名 Ⓒ ❶ (教会内の)十字架上のキリスト像 (crucifix) ❷《古》(キリストがはりつけにされた)十字架 ❸《主に英》ルード《昔の土地の面積の単位．¼エーカー，約1,011m²》 ▸▸**~ lòft** 名 Ⓒ (教会堂の)内陣桟敷 **~ scrèen** 名 Ⓒ (教会堂の)内陣仕切り

***roof** /ru:f, rʊf/
—名 (複 **~s** /-s/) Ⓒ ❶ **屋根**，(ビルなどの)屋上；家，家庭 ‖ a thatched [tile(d)] ~ わら[かわら]ぶきの屋根 / a sloping ~ 片流れの屋根 / under one's ~ 自分の家に / under her ~ 彼女の家に(やっかいになって) / live under one [OR the same] ~ 一つ屋根の下に暮らす；同居する / have a ~ over one's head 住む家がある / a ~ space 屋根裏
❷ 屋根に似たもの；天井 ‖ the ~ of a car 車の屋根[天井] / the ~ of a cave [tunnel] 洞窟(どうくつ)[トンネル]の天井 (♦ いずれの用例でも ceiling とはいわない) / the ~ of the mouth 上あご，口蓋(こうがい)(palate)
❸《the ~》**てっぺん**，最高部；(価格などの)天井 ‖ the ~ of one's head 頭のてっぺん / the ~ of heaven 天空 / the ~ of the world 世界の屋根《ヒマラヤ山脈》
****gò thròugh the róof*** ① (価格などが)急上昇する ② 頭にくる，激怒する
hìt the róof ＝go through the roof ②(↑)
****ràise*** [OR ***lìft***] ***the róof*** (喝采(かっさい)･怒り･祝賀などで)大騒ぎする；大声で不平を言う
the ròof fàlls [OR ***càves***] ***ín*** 《米口》(予期しない)災難[いやなこと]が突然起こる[身に降りかかる]
—動 (**~s** /-s/ ; **~ed** /-t/ ; **~·ing**) 他 …に〈…で〉屋根をふく[つける]〈**with, in**〉；[場所など]を屋根で[のように]覆う《***over, in***》(♦ しばしば受身形で用いる) ‖ a house *~ed with* slate スレートぶきの家 / They have *~ed over* [OR *in*] the yard to make a sunroom. 彼らはサンルームを作るため庭に屋根をつけた
▸▸**~ gàrden** 名 Ⓒ 屋上庭園；《米》屋上レストラン **~ ràck** 名 Ⓒ《英》ルーフラック(《米》luggage rack)《車の屋根に物を載せるための金属枠》

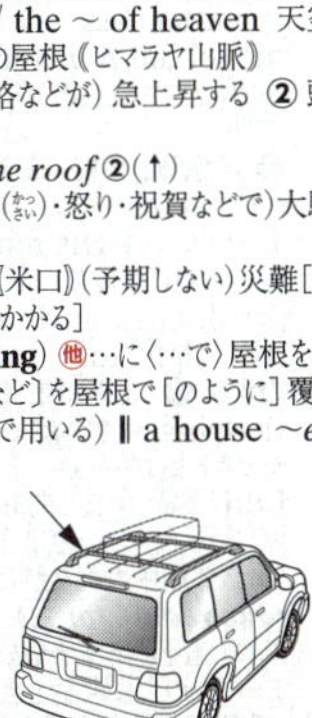
roof rack

roof·er /rú:fər/ 名 Ⓒ 屋根職人

roof·ies /rú:fiz/ 名 複《俗》(意識を失わせレイプするための)麻薬

roof·ing /rú:fɪŋ/ 名 ❶ Ⓤ 屋根ふき材料；屋根ふき工事 ❷ Ⓒ 屋根

roof·less /rú:fləs/ 形 ❶ 屋根のない ❷ 宿なしの

róof·tòp 名 C (平)屋根, 屋上
shòut ... from the róoftops …を世間に吹聴(ふいちょう)する
róof·trèe 名 C ❶ 棟木(むなぎ)(ridgepole) ❷ 屋根; 家, 住居 ‖ under one's ～ 家で
rook¹ /rʊk/ 名 C ❶ 〖鳥〗ミヤマガラス《ヨーロッパ産. 英国で最も一般的なカラス》 ❷ 《俗》(トランプなどの)いかさま師, ぺてん師 ── 動 他 《俗》(いかさまなどで)…から巻き上げる; 〔客〕に法外な値を吹っかける
rook² /rʊk/ 名 C 〖チェス〗ルーク, 城将(castle)(⇨ CHESS 図)
rook·er·y /rʊ́kəri/ 名 (複 **-er·ies** /-z/) C ❶ ミヤマガラスの群れ; その繁殖[群棲(ぐんせい)]地 ❷ (アザラシ・ペンギンなどの)繁殖[群棲]地 ❸ 《旧》《口》(ごみごみした)共同住宅; 貧民街(slum)

R

rook·ie /rʊ́ki/ 名 C 《口》 ❶ 新兵; 新入り, 新前 ‖ We always make the ～*s* go out for the sandwiches. 私たちはいつも新入りにサンドイッチを買いに行かせる ❷ 〖スポーツ〗(特にプロチームの)新人(選手), ルーキー ‖ a ～ infielder 新人内野手
語源 recruit (兵を募集する) のなまったものといわれるが不詳.

⁑room /ruːm, rʊm/ (♦ /rʊm/ の発音は単独の場合には少なく classroom のような複合語に多い) 名 動
中心義» 空間

名 部屋❶ 場所❷ 余地❸
動 自 下宿する

── 名 (複 **～s** /-z/) ❶ C **部屋**, 室, 間(→ dining [living, sitting, waiting] room) ‖ I'd like to reserve a ～. 部屋を予約したいのですが / a furnished ～ 家具付きの部屋 / a single [double] ～ (ホテルの)シングル[ダブル]ルーム / a large [small] ～ 広い[狭い]部屋 / an eight-mat ～ 8畳の部屋 / May I leave the ～ (, please)? (授業中に)トイレに行ってもいいですか(♥ 生徒が先生に対して使う. toilet などとはっきり言うのを避けた言い方)
❷ U (人や物が占める)**場所**, 空間(→ standing room); 空き場所, 余地 〈**for** …の / **to do** …する〉 (→ CE 2, 3) ‖ Dad's golf stuff take(s) up too much ～. お父さんのゴルフ道具は場所をとりすぎる / There's no ～ *for* a truck to pass. トラックが通れる余地はない / Our new model has much more knee ～. 新型モデルはひざ回りのゆとりがたっぷりあります / ～ (and) to spare 十分な空間
❸ U **余地**, 余裕, 機会; 必要性, 可能性; 座, ポスト〈**for** …の / **to do** …する〉 (♦ for の後には行為を意味する抽象名詞がくる) ‖ His remark leaves no ～ *for* dispute. 彼の意見には議論の余地がない / There is no more ～ *for* discussion, I'm afraid. もう話し合う余地はなさそうだ / fight for ～ at the top 最高の地位をねらって努力する ❹ C 貸し間; 《～s》一続きの貸し間, アパート, 下宿(lodgings) (♦《米》apartment, 《英》flat と違い, 炊事ができるとは限らない) ‖ *Rooms* 「for Rent《米》[《英》to Let]」《掲示》貸し間あり ❺ 《通例 the ～》《集合的に》一室にいる人々, 一座 ‖ The whole ～ burst into laughter. 部屋中の人々が大笑いした
màke róom (***for ...***) (…のために)場所[道]を空ける; (後進に) 道を譲る ‖ *make* ～ on the table *for* a phone テーブルの上に電話を置く場所を空ける

COMMUNICATIVE EXPRESSIONS
1 **It wón't lèave thìs róom.** だれにも言いません (♥ 秘密にしておくことを約束する)
2 **There is nò** [OR **nòt enòugh**] **róom to swìng a cát.** (部屋などが)とても狭い(♥ cat は体罰に使われたむちの一種 cat-o'-nine-tails のことで「むちを振り回す空間もない」から)
3 **Thère's nó ròom to bréathe.** 何て込んでいるんだ

── 動 自 《主に米》〈他人と〉一緒に**下宿する**《**together**》〈**with**〉; 〈…に〉下宿する〈**in**〉 ‖ I ～*ed with* him in college. 彼とは大学で同室だった
▸ ～ **and bóard** 名 U C 《米》部屋代と食費, まかない付き下宿 ～ **clèrk** 名 C (ホテルの) 客室係 **～ing hòuse** 名 C 《主に米》(食事なしの)下宿屋 ～ **rènt** 名 C U 部屋代, 家賃 ～ **sèrvice** 名 U (ホテルの)ルームサービス; 《集合的に》ルームサービス係 ～ **tèmperature** 名 U 室温, 常温《通常は約20℃》

-roomed /-ruːmd, -rʊmd/ 連結形 《複合語で》…の数の部屋のある ‖ a three-*roomed* house 3間ある家
room·er /rúːmər, rʊ́m-/ 名 C 《米》間借り人, 下宿人
room·ette /rùːmét, rʊ̀m-/ 名 C 《米》(寝台車の1人用の)個室; (賃貸用の)小寝室
room·ful /rúːmfʊ̀l, rʊ́m-/ 名 C ❶ 部屋いっぱい ‖ a ～ of furniture 部屋いっぱいの家具 ❷ 《集合的に》1部屋にいる人々; 部屋いっぱいのもの
room·ie /rúːmi, rʊ́mi/ 名 C 《米口》= roommate ❷
***róom·màte** 名 C ❶ 同室者, ルームメート ❷ 《米》(同じ家・アパートに住む)同居人
room·y /rúːmi, rʊ́mi/ 形 広々とした, (衣服などが)ゆったりした **róom·i·ly** 副 **róom·i·ness** 名
roor·back /rʊ́ərbæ̀k/ 名 C 《米》(政敵などに対する, 選挙前の)中傷的デマ, 誹謗(ひぼう)
Roo·se·velt /róʊzəvèlt/ 名 ルーズベルト ❶ (**Anna**) **Eleanor** ～ (1884–1962)《米国の著述家. ❷の妻》 ❷ **Franklin Delano** ～ (1882–1945)《米国第32代大統領(1933–45)》 ❸ **Theodore** ～ (1858–1919)《米国第26代大統領(1901–09). 愛称 Teddy(→ teddy bear)》
roost /ruːst/ 名 C ❶ (鳥, 特に鶏の)とまり木; ねぐら; 鶏舎 ❷ (人の)休息所, 憩いの場, 寝場所
còme hóme to róost (悪いことが) 跳ね返ってくる, しっぺ返しを受ける ‖ *Chickens come home to* ～. 《諺》悪業はいつか必ず跳ね返ってくる; 人を呪(のろ)わば穴2つ
rùle the róost 牛耳る, 実権を振るう
── 動 自 とまり木にとまる, ねぐらにつく; (人が)泊まる, 一夜を過ごす
roost·er /rúːstər/ 名 C 《主に米》 ❶ おんどり(cock); (一般に)雄鳥(⇨ HEN 類語P) ❷ うぬぼれ屋

⁑root¹ /ruːt/ (♦ 同音語 route) 名 動
── 名 (複 **～s** /-s/) C ❶ (植物の) **根**; 球根, 根茎, 地下茎; 《～s》側根, ひげ根; 根菜(類)(→ root crop); (移植用の) 根付き植物 (→ grass roots) ‖ We dug out the old dead ～*s*. 我々は古い枯れ木の根を掘り起こした / Be sure you pull up the weeds by the ～*s*. 雑草は根から引き抜いてね
❷ (髪・舌・歯などの)**根元**, 付け根; 《～s》基底(部), 土台; (山の)ふもと; (海の)底 ‖ the ～ of a tooth 歯根
❸ 《the ～》(事物の)根源, 源, (根本)原因; **根本**, 根底, 基礎; 本質, 核心 (⇨ ORIGIN 類語) ‖ the ～ of Japanese civilization 日本文明の源流 / the ～ **cause** [idea] 根本の原因[概念] / The ～*s* of the problem go even deeper than we thought. 問題の本質は我々が考えていたのよりさらに深いところにある / get to [OR at] the ～ of a problem 問題の本質を究める / **at** ～ 基本的に, 本質では / strike at the ～(*s*) of ... …に大きな打撃を与える, …を根絶やしにする
❹ 《～s》(人・事物の)ルーツ, (心の)ふるさと; 先祖が住んでいた土地; (人・土地・時代などに対する)(深い)結びつき, 因縁, きずな, 愛着, 帰属意識; 先祖, 始祖; 〖聖〗子孫(offspring) ‖ Republican ～*s* go deep in this territory. 共和党とこの地域の縁は浅からぬものがある / His surname suggests Scottish ～*s*. 彼の姓はスコットランド系であることを示している
❺ 〖楽〗基音 ❻ 〖言〗語根, 基体(base); (= ～ **fòrm**) 原形 ❼ 〖数〗根(こん), (累) 乗根, ルート ‖ **a square** [cubic] ～ 平方[立方]根 / 2 is the fourth ～ of 16. 2は16の4乗根だ ❽ ⊗ 《豪・ニュージ・アイル卑》性交 ❾ C U

UNIXでのシステム管理者をするユーザー，ルート(ユーザー)《UNIX系OSで設定・削除など全権限を有するユーザー資格. super user ともいう. ほかのOSでは administrator などとも呼ばれる》；階層型ディレクトリー構造の頂点，ルートディレクトリー(root directory)

by the róot(s) ① 根こそぎ(→❶) ② 根底から，根本的に ‖ tear out an evil *by the* ～ 悪を根絶する

pùll ùp one's róots (新天地での生活のため) 定住の地[定職]を去る

pùt dòwn róots ① (植物が)根を下ろす ② (人が)(新しい土地に)根を下ろす

ròot and bránch 徹底的に[な]，根こそぎ ‖ destroy the cult ～ *and branch* そのカルト教団を撲滅する

*＊**tàke róot*** ① (植物が)根を下ろす ② (習慣・考えなどが)定着する(⇨ BELIEF **メタファーの森**)

━動 (～s /-s/ ; ～·ed /-ɪd/ ; ～·ing)

━他 ❶ [植物]を**根づかせる**

❷ (根がついたように) …を動けなくする，〈…に〉固着させる〈**to**〉‖ Fear ～*ed* me *to* the spot. 恐怖のためその場にくぎ付けになった

❸ (＋目＋**in** 名)《通例受身形で》(信念などが)…に**しっかりと定着する**，根づく；…に大本(おお)(もと)[起源]がある，起因する ‖ The belief is **deeply** [**firmly**] ～*ed in* our culture. その信念は私たちの文化に深く[しっかりと]根づいている / His difficulties are ～*ed in* his reluctance to cooperate. 彼の苦境は周囲の人と打ち解けないことに起因している ❹ ⊗《豪・ニュージ・アイル卑》…と性交する

━自 ❶ 根づく ‖ This tree ～*s* well. この木はよく根づく ❷ 定着する；〈…に〉根ざす，起因する〈**in**〉

*＊**ròot óut ... / ròot ... óut*** 〈他〉…を根こそぎ抜き取る；[悪弊など]を根絶する，一掃する ‖ ～ *out* evils [poverty, corruption] 悪弊[貧困，腐敗]を根絶する

ròot úp ... / ròot ... úp 〈他〉[植物]を根こそぎ引き抜く(uproot) ‖ ～ *up* weeds 雑草を根こそぎにする

▸▸ ～ **bèer** 名 C U《米》ルートビア《根などのエキスを発酵させたアルコール分のない炭酸飲料》 ～ **canàl** 名 C 〖歯〗根管；《米》根管治療 ～ **cèllar** 名 C《米》(地下の)根菜類貯蔵室 ～ **cròp** 名 C 根菜類[作物]《カブ・ニンジン・ジャガイモなど》 ～ **diréctory** 名 C 💻 ルートディレクトリー《ファイル構造を枝分かれ形式に表現した場合，その先端に相当する最上層ディレクトリー》 ～ **hàir** 名 U 〖植〗根毛 ～ **mèan squáre** 名 C 〖数〗二乗平均 ～ **vègetable** 名 C ＝root crop

root² /ruːt/ (♦ 同音語 route) 動 自 ❶ (豚などが) 鼻で地面をほじくり返す《***about, around***》 ❷ 引っかき回して捜す《***about, around, away, through***》‖ ～ (*around*) in a drawer for the paper 書類を捜して引き出しをかき回す ❸《口》〈人を〉応援[激励]する；《米口》〈人に〉声援を送る〈**for**〉 ━他 ❶ …を鼻でほじくり返す《***up***》 ❷ …をほじくり出す，明るみに出す《***out, up***》

━名 C《単数形で》ほじくり返して[引っかき回して]捜すこと

root·age /rúːṭɪdʒ/ 名 U C ❶ 根づくこと，根の生え方；定着 ❷《集合的に》根(全体)

root·ed /rúːṭɪd/ 形 ❶ 根のある；根のついた ❷ (信念・慣習などが)根強い，定着した，揺るぎない ‖ deeply ～ prejudices 根深い偏見

root·er /rúːṭər/ 名 C ❶ 鼻で地面をほじくり返す動物 ❷《米口》熱烈な応援[支持]者

root·in'-toot·in' /rùːtn túːtn/ 形《限定》《主に米口》熱烈な，陽気で生き生きとした

root·le /rúːṭl/ 動《英口》＝root²

root·less /rúːtləs/ 形 ❶ 根のない ❷ (社会的に) 不安定な，根なし草の **～·ly** 副 **～·ness** 名

root·let /rúːtlət/ 名 C 〖植〗小根；支根；細根

róot·stòck 名 C ❶ 根茎 (rhizome)；(接ぎ木の) 台木 (stock) ❷ 根源，起源

roots·y /rúːtsi/ 形《口》(音楽が)民族特有[独自]の

root·y /rúːṭi/ 形 根の多い；根のような

:rope /roʊp/

━名 (複 ～s /-s/) ❶ U C **縄**，ロープ，綱，細引き；ザイル ‖ a length [or piece] of ～ 1本のロープ / jump [or skip] ～《主に米》縄跳びをする(♦《英》では単に skip という) / a ～ of sand《文》頼りにならぬもの，弱い結びつき

❷ C《米》(カウボーイの)投げ縄，輪縄

❸ C 一連，一つなぎ；(髪などの) 編んだ束 ‖ a ～ of pearls＝a pearl ～ 一連の真珠

❹ C 絞首索；《the ～》絞首刑 ❺ C《the ～s》(ボクシングなどのリングを囲む) ロープ ‖ The boxer was forced against the ～*s*. そのボクサーはロープに追い詰められた

❻ C (練り粉などに生じる)糸状の粘質物，糸，筋

*＊**at the end of one's rope*** ⇨ END(成句)

give a pèrson enòugh [or ***plènty of, a lòt of***] ***rópe*** (***to háng himsèlf*** [***hersèlf***] (***with***)) [人]に好き勝手にさせておいて自滅させる (♦ かっこ内は and he'll [she'll] hang himself [herself] ともいう)

gò piss ùp a rópe ⊗《命令文で》《米卑》うせろ，くたばれ

*＊**knòw*** [***lèarn***] ***the rópes*** 《口》こつを知っている[つかむ]，事情を知っている[知る](♦ 船の舵(かじ)取りロープから)

*＊**on the rópes*** (ボクシングで) ロープにもたれて；全く困って，窮地に陥って ‖ I hear his business is *on the* ～*s*. 彼の商売はいよいよ駄目らしいね

shòw [or ***tèach***] ***a pèrson the rópes*** 《口》[人]にこつ[やり方]を教える

━動 他 ❶ …を縄[ロープ]で縛る《***up***》，…を〈…に〉縛りつける〈**to**〉；[登山者たち]をザイルで結び合う《***together***》‖ ～ (*up*) a box 箱をきっちり縄で縛る / The horse was ～*d to* the tree. 馬は木にロープでつながれていた ❷ [牛など] を投げ縄で捕まえる ━自 ❶ (登山者が) ザイルで体を結び合う《***up***》；ザイルで〈…を〉登る〈**up**〉，ザイルで〈…を〉降りる〈**down**〉 ❷ 縄状になる，(粘って縄状に)糸を引く

*＊**ròpe ín ... / ròpe ... ín*** 〈他〉《口》[人]を〈…するように〉誘う[引っ張り込む]〈**to do**〉(♦ しばしば受身形で用いる) ‖ He ～*d* me *in to* help sell the concert tickets. 彼はコンサートの切符売りの手伝いに私を引っ張り込んだ

*＊**ròpe a pèrson ínto ...*** 《口》[人]を説得して(活動に)誘い込む，[人]を引っ張り込んで…させる(♦ しばしば受身形で用いる)

*＊**ròpe óff ... / ròpe ... óff*** 〈他〉…を縄 [ロープ] で囲う [仕切る] ‖ The police ～*d off* the entrance. 警察は入口をロープで仕切った

róp·a·ble 形 ▸▸ ～ **ládder** 名 C 縄ばしご ～ **tòw** 名 C ロープトウ《滑走式のスキーリフト》 ～ **yàrn** 名 U ロープを作る細綱[材料]

rópe·dàncer 名 C 綱渡り芸人
-dàncing 名 U 綱渡り

rópe·wàlk 名 C (昔の)ロープ製造所

rópe·wàlker 名 C《旧》綱渡り芸人
-wàlking 名 U 綱渡り

rópe·wày 名 C ロープウェイ，索道

rop·ey /róʊpi/ 形 ＝ropy

rop·y /róʊpi/ 形 ❶ (液体が) べとべとする，糸を引く；粘着性の ❷ ロープ[縄]状の ❸《英口》状態の悪い；(品質の)劣った，粗悪な；(体調が)悪い **róp·i·ness** 名

roque /roʊk/ 名 U《米》ローク《クロッケー(croquet)の一種》

Roque·fort /róʊkfərt | rɔ́kfɔː/ 名 U《商標》ロックフォールチーズ《フランス産の青カビチーズ》

ro·quet /roʊkéɪ | róʊki/ 動 他 〖クロッケー〗[相手の球]に自分の球を当てる，[ほかの球]に当たる ━自 (球が)ほかの球に当たる ━名 U C 球を相手の球に当てること

ro-ro /róʊroʊ/ 略《英》＝roll-on roll-off

ror·qual /rɔ́ːrkwəl/ 名 C 〖動〗ナガスクジラ(finback) (♦ ノルウェー語より)

Rór·schach tèst /rɔ́ːrʃɑːk-/ 名 C 〖心〗ロールシャッハテスト《左右対象のインクのしみの模様を解釈させて人の性格を検査する方法》(♦ スイスの心理学者 Hermann Rorschach(1884–1922)の名より)

ro·sa·ceous /rouzéɪʃəs/ 形 ❶バラのような；バラ色の ❷〘植〙バラ科の

ro·sar·i·an /rouzéəriən/ 名 C バラ栽培[愛好]家

ro·sa·ry /róuzəri/ 名 (複 **-ries** /-z/) C ❶《しばしば the R-》〘カト〙ロザリオの祈り；ロザリオ《ロザリオの祈りに用いる数珠》；ロザリオ祈禱(きとう)書 ❷(一般に)数珠

:rose[1] /rouz/

―名 (複 **ros·es** /-ɪz/) C ❶**バラ**, バラの花(♦イングランドの国花)；バラに似た植物 ‖ a wild ～ 野バラ / a blue ～ 青いバラ；あり得ないもの / *A ～ by any other name would smell as sweet.* バラがどのような名で呼ばれようとその甘い香りに変わりはない；名前よりも実体が大切だ [Shak *ROM* 2:2] / (*There is*) *no ～ without a thorn.*=*Every ～ has its* [OR *a*] *thorn.* 《諺》どんなバラにもとげがある；世の中に完全な幸福はない

❷バラの花に似た形のもの；バラの花飾り(rosette), バラ模様；バラ結び；〘建〙円花飾り；バラ窓；(じょうろなどの)散水口；(羅針盤の)指針面；(宝石の)ローズ型カット

❸ U バラ色, 淡紅色(rose-pink)；《～s》(頰(ほお)の)ピンク[バラ]色, ピンク色の顔色 ‖ A glass of whiskey put the ～*s* in her cheeks. 1杯のウイスキーで彼女の頰はピンク色になった[血色がよくなった]

❹美人, 名花, 花形 ‖ the ～ of the party 一座の花 ❺ U バラの香り, バラ香油 ❻〘電〙ロゼット《照明器具コードの天井接続口》

be nòt àll róses 楽な[楽しい]ことばかりではない

*·***còme ùp*** [OR ***òut*** (***of …***)] ***smèlling*** 「***like róses*** 《米》[《英》 ***of róses***] 《口》(…を)無傷で切り抜ける, うまく乗りきる

*·***còme ùp róses*** 《通例進行形で》(物事が)よい結果になる, うまくいく ‖ Everything is *coming up ～s.* すべて順調にいっている

the Wàrs of the Róses 〘英国史〙バラ戦争 (1455–85)《York 家(白バラが紋章)と Lancaster 家(赤バラが紋章)の王位争い》

under the róse 《古》秘密で, 内緒で(privately) (♦バラが秘密の象徴であったことから)

―形 《限定》バラ色の, 淡紅色の；バラの；バラの花に囲まれた；バラの香りがする

róse·lìke 形

▶▶**Róse Bòwl** 名 《the ～》〘アメフト〙ローズボウル《太平洋岸大学リーグと中西部大学リーグの優勝校同士の対戦. 毎年1月1日に行われる》；(カリフォルニア州パサデナ市にある)そのスタジアム **～ chàfer** 名 C 〘虫〙ハナムグリの類のコガネムシ **～ fèver** 名 U 〘医〙バラ熱《枯草病の一種》 **～ gerànium** 名 C 〘植〙ローズゼラニウム《テンジクアオイの一種. 葉がバラのような香りを放つ》 **～ hìp** 名 C ローズヒップ, (野)バラの実《食用·薬用》 **～ màllow** 名 C 〘植〙アメリカフヨウ；タチアオイ(hollyhock) **～ of Sháron** 名 C 〘植〙ムクゲ；オトギリソウ；〘聖〙シャロンのバラ **～ trèe** 名 C (立ち木の)バラの木 **～ wàter** 名 U ① バラ香水 ② 手ぬるいやり方；お世辞, 甘言 **～ wìndow** 名 C 〘建〙バラ(形)窓, 円花窓

:rose[2] /rouz/ 動 rise の過去

ro·sé /rouzéɪ | ⌐–/ 名 U C ロゼ《淡紅色のワイン》

ro·se·ate /róuziət/ 形 《通例限定》❶バラ色の ❷晴れやかな, 明るい, 幸せな；楽観的な

Ro·seau /rouzóu/ 名 ロゾー《ドミニカの首都》

róse·bùd 名 C ❶バラのつぼみ ❷《英》《古》年ごろの少女

róse·bùsh 名 C バラの木[茂み]

róse-còlored 形 ❶バラ色の ❷先の明るい, 有望な；楽観的な ‖ see the world through ～ glasses [OR spectacles] 世の中を(必要以上に)楽天的に見る

rose·mar·y /róuzmèri | -məri/ 名 (複 **-mar·ies** /-z/) C 〘植〙ローズマリー, マンネンロウ《地中海地方原産のシソ科の常緑低木》；U その葉《香料·薬用》

ròse-pínk 名 U 形 (薄)バラ色(の), 淡紅色(の)；(前途などが)明るい, 有望な

ròse-réd 名 U 形 バラ色(の), 深紅色(の)

Ro·sét·ta stòne /rouzétə– | –⌐–⌐–/ 名 《the ～》ロゼッタ石《1799年ナイル川河口のロゼッタ近郊で発見された碑石. 古代エジプト(象形)文字解読の手がかりとなった》

ro·sette /rouzét/ 名 C ❶(リボンなどの)バラ結び, バラ花飾り ❷〘建〙(壁などの)バラ形装飾, 円花飾り；バラ(形)窓 ❸〘動〙(ヒョウなどの)複合斑紋(はんもん)；〘植〙ロゼット《葉·花弁などが円形に群がったもの》

róse·wòod 名 〘植〙 C ローズウッド, シタン(紫檀)；U シタン材《熱帯産の香木. 高級家具材》

Ròsh Ha·shá·na, -nah /ròuʃ hɑːʃɔ́ːnə | rɔ̀ʃ həʃɑ́ː-/ 名 U 〘ユダヤ教〙新年祭

ros·in /rɑ́(ː)zɪn | rɔ́z-/ 名 U ロジン《松やにからテレビン油を蒸留した残留樹脂. 滑り止め用》 ―動 他 〔バイオリンなどの弓·弦〕にロジンを塗る, …をロジンでこする **～·y** 形 ▶▶ **～ bàg** 名 C 〘野球〙ロジンバッグ《投手が滑り止めに使う》

RoSPA /rɑ́(ː)spə | rɔ́s-/ 略 *Ro*yal *S*ociety for the *P*revention of *A*ccidents(英国自動車事故防止協会)

Ros·si·ni /rousíːni | rɔ-/ 名 **Gioacchino (Antonio)** ～ ロッシーニ(1792–1868)《イタリアの作曲家》

ros·ter /rɑ́(ː)stər | rɔ́s-/ 名 C ❶(勤務)当番表 ❷名簿, 登録簿 ―動 他 《主に英》…を(勤務)当番表に載せる

ros·tral /rɑ́(ː)strəl | rɔ́s-/ 形 ❶くちばしの；吻状(ふんじょう)突起の ❷船嘴(せんし)装飾のある ‖ ～ pillars (船嘴やその彫刻をつけた)戦勝記念柱

ros·trum /rɑ́(ː)strəm | rɔ́s-/ 名 (複 **～s** /-z/ OR **-tra** /-trə/) C ❶演壇, 講壇；説教壇；(オーケストラの)指揮台；《集合的に》講演；講演者 ‖ take the ～ 登壇する ❷〘ローマ史〙(ガレー船の)船嘴；船嘴演壇(♦敵艦の船嘴で飾ったことから) ❸〘生〙(クモ·昆虫などの)くちばし状突起

*·***ros·y** /róuzi/ 形 ❶バラ色の, 淡紅色の；(顔色などが)血色のよい, 赤味を帯びた ‖ ～ clouds [cheeks] バラ色の雲[頰(ほお)] ❷(前途などが)明るい, 有望な, 楽観的な ‖ a ～ future バラ色の未来 / a ～ view 楽観的な考え / paint a ～ picture of … …を楽観的に描く[話す] ❸バラで作った[飾った], バラのような香りのする

rós·i·ly 形 **rós·i·ness** 名

*·***rot** /rɑ(ː)t | rɔt/ 動 (**rot·ted** /-ɪd/；**rot·ting**) 自 ❶腐る, 腐敗する, 朽ちる；腐って[朽ちて]なくなる[崩れる]《***away***》；腐って[朽ちて]落ちる《***off***》(⇨ DECAY 類語) ‖ The surface has *rotted off.* その表面は朽ちてはげ落ちていた / a *rotting* melon 腐りかけているメロン ❷(道徳的に)腐敗する, 堕落する ❸(囚人などが)衰弱する ‖ be left to ～ in prison 獄中で衰弱するままにほうっておかれる

―他 …を腐らせる, 朽ちさせる《***away***》；…を衰退させる；(道徳的に)…を腐敗させる ‖ Too much chocolate will ～ your teeth. 多量のチョコレートは歯を腐食する

ròt dówn 〈自〉(落葉などが)腐って土になる

―名 U ❶腐敗(作用), 腐敗した状態；《the ～》(状況の)悪化, 衰退；(道徳的な)腐敗, 堕落；C 腐敗物 ‖ The ～ has set in. 事態はすでに悪化し始めている / stop the ～ 状況の悪化を食い止める ❷(植物の)腐敗[カビ]病；《しばしば the ～》〘獣医〙肝臓ジストマ病；(羊の)腐蹄(ふてい)病(foot rot) ❸《口》たわごと ‖ Don't talk ～! ばかを言うな / It is perfect ～ to trust him. あいつを信用するとは全くばかげてる

―間 《口》ばかばかしい, くだらない

ro·ta /róuṭə/ 名 ❶ C 《主に英》勤務当番表, 輪番(表) ❷《the R-》(カトリックで)ローマ教皇庁控訴院

Ro·tar·i·an /routéəriən/ 形 名 C ロータリークラブの(会員)

*·***ro·ta·ry** /róuṭəri/ 形 《通例限定》❶回転の, 回転する ‖ a ～ movement 回転運動 ❷回転式の, (機械が)回転部のある ‖ a ～ printing press 輪転機

―名 (複 **-ries** /-z/) C ❶回転機械；(機械の)回転部, 回転体 ❷《米》ロータリー, 環状交差点(《英》 roundabout)

▶▶**Rótary Clùb** 名 《the ～》ロータリークラブ《1905年

シカゴで設立された実業家などによる社会奉仕団体 Rotary International (国際ロータリー) の支部》 **~ cútter** 名C ロータリーカッター《回転刃を回して切断する》 **~ díal** 名C (電話機の) 回転式ダイヤル **~ éngine** 名C ロータリーエンジン **~ préss** 名C〖印〗輪転機

*__ro·tate¹__ /róuteɪt | -ˊ/ 《アクセント注意》 動 自 ❶〈…の周りを〉回転する, 回る〈**around, about**〉;〖天〗(地球などが)〈…を軸に〉自転する〈**on**〉(⇨ TURN 類語) ‖ The earth ~*s on* its axis. 地球は地軸を中心に自転する ❷ (季節などが)巡る, 循環する;(仕事などで)交替する, 輪番でする;〖バレーボール〗(サーブ権を得るたびに)(選手が)ポジションを移動する ‖ The menus ~ weekly. メニューは1週で1回転する —他 ❶ …を回転させる ‖ ~ a dial ダイヤルを回す ❷ …を循環させる;〔タイヤなど〕を順番に替える;〔農作物など〕を輪作する ❸ (計画に従って)〔人〕を交替させる;〔仕事〕を交替でする ‖ The three astronauts will ~ piloting the space shuttle. 3人の宇宙飛行士たちは交替でそのスペースシャトルの操縦をする

ro·tate² /róuteɪt | -ˊ/ 形〖植〗(花冠などが)輪形の

ro·tat·ing /róuteɪṭɪŋ | -ˊ-/ 形《限定》(公職が)輪番制の
▶▶ **~ wáll bioreàctor** 名C 回転壁バイオリアクター《肝臓・骨髄などの移植用細胞培養のための装置》

*__ro·ta·tion__ /routéɪʃən/ 名UC ❶ 回転(運動);〖天〗自転 (→ revolution) ‖ the ~ of the earth 地球の自転 ❷ 規則的な交替;(四季などの)循環;〖農〗輪作(crop rotation) ‖ in ~ 順に, 交替で, 循環して / the ~ of duties 勤務の輪番式交替 **~·al** 形

ro·ta·tive /róuṭəṭɪv | routéɪ-/ 形 =rotatory

ro·ta·tor /róuteɪṭər | -ˊ-/ 名 (複 **~s** /-z/ → ❷) C ❶ 回転する[させる]人[もの], 回転部分;回転子 ❷ (複 **~·es** /ròuṭətɔ́ːriːz/)〖解〗回旋筋 ▶▶ **~ cùff** 名C《主に米》〖解〗回旋腱板(けんばん)《肩関節を支える帯状の腱》

ro·ta·to·ry /róuṭətɔ̀ːri | routéɪtə-/ 形 ❶ 回転(性)の, 回転する[させる] ❷ 循環[交替]する

ró·ta·vìrus /róuṭə-/ 名C〖医〗ロタウイルス《車輪状のウイルスで幼児に急性の胃腸炎を起こさせる》

RÒTC 略 *R*eserve *O*fficers' *T*raining *C*orps ((米国の)予備役将校訓練団)

rote /rout/ (♦ 同音語 wrote) 名U 機械的記憶 ‖ ~ learning 丸暗記 / learn ... by ~ …を丸暗記する

ro·te·none /róutənòun/ 名U〖化〗ロテノン《植物性殺虫剤》

RÒTFL, ròtfl 略 *r*olling *o*n *t*he *f*loor *l*aughing (大笑い)(♦ 主にEメールで使われる)

rot·gut /rá(ː)tgʌ̀t | rɔ́t-/ 名U《口》安酒, 下等酒

ro·ti /róuti/ 名C〖料理〗ロティ《酵母の入らない円形のパン》

ro·tis·ser·ie /routísəri/ 名C ❶ (焼串が回転する) 肉焼き器 ❷ 焼肉(料理)店

rotisserie ❶

ro·to·gra·vure /ròuṭəgrəvjúər/ 名 ❶ U 輪転グラビア印刷 ❷ C《主に米》輪転グラビア印刷物[雑誌];(新聞などの)輪転グラビア写真ページ

ro·tor /róuṭər/ 名C ❶ (機械の)回転部分;回転子 ❷《口》(ヘリコプターなどの) 回転翼 ❸〖気象〗(高山の山陰に渦巻く)回転雲

ro·to·till·er /róuṭətìlər/ 名C《米》《商標》回転式耕耘(こううん)機

*__rot·ten__ /rá(ː)tən | rɔ́t-/ 形 (**more ~ ; most ~**) ❶ (食べ物などが)腐った(↔ fresh), (木などが)朽ちた;(岩などが)もろい, 壊れやすい;(腐って)悪臭を放つ ‖ The meat has gone ~. 肉が腐ってしまった / ~ eggs 腐った卵 ❷《通例限定》(道徳的に)腐敗した, 堕落した;《口》(振る舞いが)悪い, 卑劣な(↔ honorable) ‖ ~ politicians 堕落しきった政治家たち / a ~ trick 卑劣な手口 / be ~ to the core 腐敗しきっている ❸《通例限定》《口》ひどい, 役立たずの ‖ a ~ lecture お粗末な講義 / ~ weather ひどい天気 ❹《叙述》《口》(気分が)すぐれない, いやな(→ CE 1);〈…のことで〉気がとがめる, 後ろめたさを感じる〈**about**〉‖ I feel ~ *about* lying to my parents. 両親にうそをついてしまって気が重い ❺《限定》《口》いまいましい, しゃくな(♥ 怒り・当惑などを強調) ‖ Don't touch me with your ~ hand! そのいまいましい手で私に触らないで

COMMUNICATIVE EXPRESSIONS

1 **I fèel rótten.** 最低の気分だ;気分が悪い (♥ 病気や二日酔いなどで体調がすぐれないときに)

—副《口》ひどく, 極度に ‖ Trade is ~ bad nowadays. このところ商売はどん底状態だ / The grandmother spoils those kids ~. おばあさんはその子供たちをひどく甘やかして駄目にしている **~·ly** 副 **~·ness** 名
▶▶ **~ ápple** 名C《単数形で》腐ったリンゴ;(集団の中で)悪影響を与える1人の悪いやつ **~ bórough** 名C〖英国史〗(1832年の選挙法改正以前の)腐敗選挙区《有権者数が激減したにもかかわらず国会議員を選出していた》

rótten·stòne 名U トリポリ石《金属研磨用》

rot·ter /rá(ː)ṭər | rɔ́tə/ 名C《旧》《口》ろくでなし, 鼻つまみ者, くず

Rot·ter·dam /rá(ː)ṭərdæ̀m | rɔ́t-/ 名 ロッテルダム《オランダ南西部の港湾都市》

Rott·wei·ler /rá(ː)twaɪlər | rɔ́t-/ 名《また r-》C ロットワイラー《ドイツ産の大型の牧畜犬・番犬》

ro·tund /routʌ́nd/ 形 ❶ 丸い;丸々と太った, 肥満した ❷ (声などが)朗々とした, よく通る;(文体などが)堂々とした, 華麗な **~·ly** 副

ro·tun·da /routʌ́ndə/ 名C ❶ (丸屋根の) 円形建築物 ❷ 円形の大広間;(空港・駅・ホテルの)ロビー

ro·tun·di·ty /routʌ́ndəṭi/ 名U ❶ 丸いこと;丸々としていること, 肥満 ❷ 朗々たること;華麗さ

Rou·ault /ruːóu/ 名 **Georges ~** ルオー (1871–1958)《フランスの画家》

rou·ble /rúːbl/ 名 =ruble

rou·é /ruːéɪ | ˊ-/ 名C 放蕩(ほうとう)者, 女たらし

*__rouge__ /ruːʒ/ 《発音注意》 名U ❶ (化粧用の)紅, 頰(ほお)紅, 口紅, ルージュ ‖ apply [OR put on] ~ 紅をつける ❷ ベンガラ《顔料・研磨用》 —動 他〔唇・頰〕に紅をつける

‡__rough__ /rʌf/ 《発音注意》(♦ 同音語 ruff)
中心義 (Aが)粗い(★Aは「触感」「内容」など多様)

形 粗い❶ 大まかな❷ 乱暴な❸ つらい❻
副 手荒く❶

—形 (**~·er ; ~·est**)
❶ (表面が)**粗い**(↔ smooth), (手触りが)ざらざらの;(布地などが)地の粗い;(道などが)でこぼこの(↔ even);(毛が)もじゃもじゃの, 毛むくじゃらの ‖ Her skin felt ~ and dry. 彼女の肌はきめが粗くかさかさした感じだった / a ~ sheet 目の粗いシーツ / a book with ~ edges (化粧裁ちしていない) へりがぎざぎざの本 / the ~ ground 荒地 / a ~ road 未舗装路, でこぼこ道
❷ **大まかな**, 概略の, おおよその(↔ exact);下書き(用)の ‖ This leaflet will give you a ~ idea of our company's activities. この小冊子で我が社の活動の概要がおわかりいただけるでしょう / The carpenter made [sent] a ~ estimate for repairing the roof. 大工は屋根の修理の概算を出した[送ってきた] / in ~ proportion to ... …にほぼ比例して / a ~ draft 草稿
❸ **乱暴な**, 粗暴な;荒っぽい, 激しい(↔ gentle);騒々しい;(仕事などが)体力を要する ‖ ~ play (反則の)乱暴なプレー / break glasses through ~ handling 乱暴に扱ってグラスを壊す / Don't be so ~ with the child. その子にそう手荒にしないで / a ~ crowd 騒々しい群衆
❹ 粗野な, 下品な, 無作法な(❗ 服装が「形式ばらない」の意味で「ラフ」というのは和製語. 「彼女はラフな服装をしていた」は She was casually dressed. のようにいう) ‖ have a

R

～ tongue ぞんざいな言葉遣いをする / ～ behavior 粗野な振る舞い
❺ (地域が)治安の悪い, 犯罪の多い, 危険な ‖ This area of town is really ～ after dark. 町のこの地区は暗くなると本当に物騒だ
❻《口》(生活・仕事などが)**つらい**, 苦しい, ひどい, 厳しい(↔ easy)；〈人にとって〉酷な, つらい〈**on**〉；《叙述》気分が悪い, 不快な ‖ Yesterday was a ～ day. 昨日はつらい1日だった / It's ～「to sit [OR sitting] up all night. 徹夜をするのはきつい / Military training is ～ *on* city kids. 都会育ちの若者に軍事訓練はつらい / have [give him] a ～ time つらい目に遭う[彼をつらい目に遭わせる] / feel ～ 気分が悪い ❼ (天候が)荒れた；(海が)波の荒い, しけた, (波が)荒れ狂う(↔ calm)；(航海などが)荒天を突いた ‖ a ～ sea 荒海 / ～ weather 荒天 / have a ～ passage to the port 港へ向かって荒れた海を航行する ❽ (音声が)不快な, 耳障りな, 調子外れの(↔ soft)；(機械が)耳障りな音を立てる, きしむ ‖ a ～ voice 耳障りな声 ❾ (ワインなどが)(味が)苦い, 酸っぱい, 未熟の；(食事などが)粗末な, まずい ❿ 粗悪な, 簡単[質素]なつくりの, 急ごしらえ[間に合わせ]の；(生活状態が)不自由な, 不便な ‖ a ～ wooden table 粗末な木のテーブル / carry one's arm in a ～ sling 腕を間に合わせの三角巾(きん)でつっている ⓫ 天然のままの, 未加工の；(文体などが)あか抜けない, (十分に)練り上げてない, 雑な ‖ a ～ wooden surface 木目の粗い表面 / a ～ style 粗削りな文体 ⓬〖音声〗帯気音の ⓭〖テニス〗(ラケットの面が)ラフの, 裏の(↔ smooth)

give a pèrson the ròugh síde [OR ***édge***] ***of one's tóngue*** 《英》〔人〕を厳しくしかりつける
rough and ready ⇨ ROUGH-AND-READY
rough and tumble ⇨ ROUGH-AND-TUMBLE
rough around the edges ⇨ EDGE(成句)
ròugh góing 苦戦, 難航 ‖ Teaching music to young children is ～ *going* for teachers. 幼児に音楽を教えることは教師にとって難題だ

── 名 ❶ 《the ～》〖ゴルフ〗ラフ《フェアウェイ外の芝や草が長く伸びた区域》‖「be in [go out of] the ～ (ボールが)ラフに入る[から出る] ❷ 《the ～》(宝石の)原石 ❸ C 下書き, 下絵, ラフスケッチ ❹ C 《主に英口》乱暴者, ごろつき ‖ a gang of drunken young ～*s* 酔った若い不良たちの集団 ❺ C〖テニス〗(ラケット面の)ラフ

a bit of rough ⇨ BIT¹(成句)
in róugh 大ざっぱに, ざっと
in the róugh ① 自然のままの[で]；未加工の[で], 未完成の[で] ‖ a diamond *in the* ～ 未加工のダイヤモンド；未完の才人[大器] ② 困難に陥って ‖ The project was *in the* ～ as soon as it started. 始まったとたん計画は難局にぶち当たった
*__*tàke the ròugh with the smóoth*__* (人生の) 苦楽を共に受け入れる；清濁併せのむ

── 動 他 ❶ …をざらざらにする, でこぼこにする；〔毛など〕を逆立てる《*up*》‖ The wind ～*ed up* the water. 風が水面を波立たせた ❷ (スポーツで)〔相手〕に乱暴なプレーをする, 反則行為をする ❸ …にざっと形をつける, …を粗ごしらえにする, 大ざっぱに示す

ròugh ín ... / ***ròugh ... ín*** 〈他〉(絵・図などに)…を大まかに書き入れる, …の輪郭を書き込む
*__*róugh it*__* (屋外などで) 不自由な生活に耐える ‖ We had to ～ *it* in tents in the woods. 私たちは森の中で不便なテント生活を余儀なくされた
ròugh óut ... / ***ròugh ... óut*** 〈他〉…の下図をかく；〔絵・文章など〕の下書きをする, …を大まかに書き上げる；…のだいたいの計画を立てる
ròugh úp ... / ***ròugh ... úp*** 〈他〉① ⇨ 他 ❶ ② 《口》…に手荒なことをする, 暴力を振るう, 乱暴する

── 副 《口》❶ **手荒く**, 乱暴に ‖ play ～ (試合で) 乱暴なプレーをする ❷ 粗く, 荒っぽく, 大まかに, ざっと, だいたい

cut up rough ⇨ CUT(成句)
hàve it róugh 不自由な生活をする, 厳しい状況下で暮らす
lìve róugh 《英》路上で生活する
slèep róugh 《英》野宿する

▸▸ **～ and túmble** (↓) **～ bréathing** 名 U (ギリシャ語の発音で語頭に) 気息音を伴う発音 **～ cóllie** 名 C〖動〗ラフ＝コリー《毛が長くふさふさしたコリー犬》 **～ cópy** 名 C 草稿；主要部分のみの写し **～ cút** (↓) **～ déal** 名 C 不当な[ひどい] 扱い **～ díamond** 名 C ① ダイヤモンドの原石 ②《英》無骨だが磨けば才能が開花するであろう人 **～ édges** 名 複 (人・物が)不完全であること, わずかな欠点 **～ justice** ⇨ JUSTICE(成句) **～ páper** 名 U 下書き用紙, ざら紙 **～ ríde** 名 C 試練 **～ síde** 名 U 面倒, 困難 **～ slédding** 名 U 《主に米口》試練 **～ stùff** 名 U 《口》暴力, 乱暴 **～ tráde** 名 C ⊗《俗》《蔑》暴力的な同性愛の男；《集合的に》男娼(だんしょう)

rough·age /rʌ́fɪdʒ/ 名 U 粗質食料《ヌカ・フスマ・果物の皮など, 栄養価は低いが腸の蠕動(ぜんどう)を促進する繊維質の多いもの》；〖農〗粗飼料

ròugh-and-réady /rʌ̀fən-/ ◁シ 形 《通例限定》間に合わせの, その場しのぎの；(人が) 細かいことにこだわらない, 粗野な ‖ a ～ method 拙速主義の方法

ròugh and túmble /rʌ̀fən-/ 名 U/C 《単数形で》混戦, 乱闘；どたばた；めちゃくちゃ **ròugh-and-túm·ble** 形 無秩序な, 大混乱の, どたばたの, めちゃくちゃな

róugh·càst 名 U ❶ (壁の) 粗塗り(材)《漆喰(しっくい)に小石・砂利を混ぜたもの》❷ だいたいのひな形, (物事の)下ごしらえ ── 形 (壁が)粗塗りの；(計画などが)粗削りの
── 動 他 (**-cast**；**～·ing**) ❶〔壁〕を粗塗りする ❷〔計画など〕の下ごしらえをする, …の大筋[粗筋]を決める

ròugh cút 名 C (映画の)第1次編集プリント
── 形 粗削りの, 粗野な；(たばこが)粗く刻んだ

róugh-drỳ 動 他 …をおおまかに乾かす, アイロンをかけずにおく ── 形 (アイロンをかけずに)乾かしたままの

rough·en /rʌ́fən/ 動 他 自 (…を[が])粗くする[なる], でこぼこにする[なる], ざらざらにする[なる]

ròugh-héw /-hjúː/ 動 (**～ed** /-d/；**-hewn** /-hjúːn/ OR **～ed** /-d/；**～·ing**) 他 ❶〔材木・石など〕を粗削り[切り]する ❷ …を粗ごしらえする **-héwn** ◁シ 形

rough·house /rʌ́fhàus/ (→ 動) 名 C 《単数形で》(特に屋内での) 大騒ぎ ── 動 /rʌ́fhàus, -hàuz/ 自 大騒ぎする, はしゃぎ回る ── 他〔人〕を(ふざけて)手荒に扱う

rough·ish /rʌ́fɪʃ/ 形 やや荒い, 荒れ気味の；(少々)荒っぽい；やや雑な

*__rough·ly__ /rʌ́fli/ 副 (**more ～**；**most ～**) ❶ 《比較なし》おおよそ, だいたい, 大まかに ‖ It will cost ～ $20. それはだいたい20ドルくらいするだろう / ～ speaking NAVI 大ざっぱに言って ❷ 手荒く, 乱暴に ‖ He ～ pushed me aside. 彼は私を荒っぽく押しのけた ❸ 粗く, 雑に ‖ Chop the tomatoes ～. トマトを粗く刻みなさい

róugh·nèck 名 C ❶ 《口》無骨者；荒くれ者, 与太者 ❷ 《俗》油井採掘労働者 ── 動 自 油井で働く

*__rough·ness__ /rʌ́fnəs/ 名 U ❶ 粗いこと ❷ (天候の) 荒れ ❸ 粗野；無作法；耳障り；粗づくり ❹ C 雑な部分

róugh·rìde 動 他〔荒馬など〕を乗りならす；…を手荒なやり方で…を制圧する **ròugh·ríding** 形

ròugh·ríder 名 C 《米》❶ (荒馬の) 調馬師；荒馬を乗りこなす人 ❷ 《R-》(1898年米西戦争時米国で組織された)義勇騎馬隊員(♦ Rough Rider ともつづる)

róugh·shòd 形 副 ❶ (馬が) 滑り止め用のくぎ付き蹄鉄(ていてつ)をつけた[て] ❷ 他人を踏みにじる[にじって], 暴虐(ぼうぎゃく)の[に], 非道な[に]

rìde [OR ***rùn***] ***róughshod over*** …を踏みつけにする；…を手荒く扱う；…にいばり散らす

rou·lade /ruláːd/ 名 C ❶〖楽〗ルラード《2つの主要旋律の間に挟まれた速い経過音からなる装飾音》❷〖料理〗ルーラード《ひき肉などを薄切り肉で巻いたミートロール》

rou·lette /rulét/ 《アクセント注意》名 ❶ U ルーレット(賭博(とばく))；C その道具 ❷ C (ミシン目をつける歯車付きの)

点線機；(切手の) 目打ち —動 (-let·ted /-ɪd/ ; -let·ting) 他…にミシン目[目打ち]を入れる

*****round** /raʊnd/ 形 名 動 副 前

中心義 丸い, 一巡りする

—形 (~·er ; ~·est)

❶ **丸い**, 円形の；円運動の, 円を描いて行う, 一周する；球形の ‖ The village boy looked at us with ~ eyes. 村の少年は目を丸くして私たちを見た / a T-shirt with a ~ neck 丸首のTシャツ

❷ 角(かど)のない, 丸々とした, ふっくらとした；(背などが)湾曲した ‖ ~ cheeks ふっくらした頬(ほお) / ~ arms 丸々とした腕 / ~ shoulders 猫背

❸《比較なし》《限定》(数が)ちょうどの, きっかりの, 完全な, 端数のない；概算の, おおよその ‖ a ~ dozen きっちり1ダース / a ~ million ちょうど100万 / in ~ numbers [OR figures] 端数のない数で, 概算で / a ~ estimate おおよその見積もり

❹ (声が)豊かで美しい, 響き渡る ❺ (金額が)相当の, かなりの ‖ a ~ sum 多額 ❻ (人・話し方が)正直な, 率直な ‖ in good ~ terms はっきりとした言葉で ❼ (作中人物などが)生き生きと描かれた ❽ (動きなどが)活発な, きびきびした ‖ at a ~ pace きびきびした歩調で ❾ 〘音声〙円唇(えんしん)の ‖ a ~ vowel 円唇母音 (/o/, /ʊ/ など)

—名 (複 ~s /-z/) Ⓒ ❶ (一連の出来事のうちの) **1回**, 一区切り；規則的な活動, (同じことの)繰り返し；回転 ‖ a final ~ of peace talks 一連の和平会談の最後の会談 / the daily ~ of housework 毎日の決まった家事 / a ~ of parties パーティーの連続

❷ (トーナメント試合などの) (…) 回戦 ‖ Federer lost **in** the third ~ of the U.S. Open Championship. フェデラーは全米オープンの3回戦で敗退した / the preliminary ~ 予選

❸《しばしば ~s》巡回, 巡視, (医者の)回診；《主に英》配達区域 ‖ Dr. Reed is out on his ~*s* now. ただ今リード先生は回診[往診]に出ています / I have [OR do] a milk [paper] ~. 僕は牛乳[新聞]配達をしている

❹ (飲み物などの) ひとわたり (の数量) ‖ The next ~ is on me. 次の(皆への)1杯は僕のおごりだ / order another ~ of drinks 全員に酒のお代わりを注文する

❺ (ボクシングなどの) **1ラウンド**；(ゴルフの) 1ラウンド《18ホールを回ること》‖ a fight of ten ~*s* (ボクシングの) 10回戦の試合 / play a ~ of golf ゴルフを1ラウンドプレーする ❻ (銃の)弾丸, 一発；射撃；(決まった距離から射る決まった数の) アーチェリーの矢 ‖ There are only ten ~*s* of ammunition left. 弾は10発しか残っていない ❼ 〈拍手・歓声の〉ひとしきり〈**of**〉‖ a ~ *of* applause 一斉に起こる拍手喝采(かっさい) ❽ 丸い形[もの], 輪切りにした形[もの]；《英》スライスしたパン, サンドイッチ；(牛肉の)分厚い輪切りにしたもも肉 ‖ a ~ of bread スライスしたパン1枚 / a ~ of toast トースト1枚 / a ~ of sandwiches 2枚のスライスしたパンで作ったサンドイッチ ❾ 〘楽〙輪唱

in the róund ① 円形形式の劇場で[の]《観客が舞台を囲んで座る》 ② (彫刻などが) どの角度からでも見られるように作られた ③ あらゆる見地から考えて

màke [OR ***dò, gò***] ***the róunds*** ① 〈…を〉巡回する；(職などを求めて)〈…を〉回って歩く；〈…に〉電話をかけて回る〈**of**〉‖ You can *do the ~s of* the museums in Madrid. マドリッドでは博物館巡りができますよ ② (病気・ニュースなどが) 広まる ‖ A nasty kind of flu is *making the ~s* now. ひどいインフルエンザが今はやっている

—動 他 ❶ 〔角・岬など〕を曲がる, 回る ‖ ~ a corner 角を曲がる / The ship ~*ed* the cape. 船は岬を回った

❷ …を丸くする, 丸める ‖ ~ the lips 唇を丸くする

❸ 〘音声〙〔母音〕を唇を丸めて発音する ❹ …を〈…で〉完全にする, 仕上げる〈**with**〉 ❺ …を端数のない数字にする, 四捨五入する；…の端数を丸めて〈…に〉する《**off**》〈**to**〉

—自 ❶ 丸くなる ❷ (軸を中心に)回る

ròund dówn ... / ròund ... dówn 〈他〉端数を〈…に〉切り捨てる, 丸める (↔ *round up*) 〈**to**〉‖ ~ the price *down to* ¥5,000 端数を切り捨て値段を5,000円きっかりにする

****ròund óff ... / ròund ... óff*** 〈他〉 ① …を〈…で〉うまく終える, 締めくくる〈**with**〉‖ A nice dessert would ~ *off* the meal nicely. おいしいデザートがあれば食事の締めくくりとして素敵でしょうね ② …の角をとる, 角をとって丸くする ③ ⇨ 他 ❺

róund on [OR ***upon***] ***...*** 〈他〉…に襲いかかる；…に食ってかかる ‖ She ~*ed on* me and called me a liar. 彼女は私に食ってかかりうそつき呼ばわりした

ròund óut 〈他〉《***ròund óut ... / ròund ... óut***》…を完成する, 〈…で〉(うまく) 締めくくる〈**with**〉‖ ~ *out* a 22-year career 22年の勤めをつつがなく終える —〈自〉丸々と太る

****ròund úp ... / ròund ... úp*** 〈他〉 ① …を逮捕する ② …を寄せ集める ‖ Why don't you ~ *up* a few friends to help you? 友達を少し集めて手伝ってもらったら？ ③ 端数を〈…に〉切り上げる (↔ *round down*) 〈**to**〉‖ It is ¥1,980, but we'll ~ it *up to* ¥2,000. 1,980円だけど切り上げて2,000円にしよう

—副《比較なし》《主に英》

語法 ☆☆ (1) 副詞・前置詞とも round は主に《英》で用いられ, 《米》では around の方がよく用いられる.
(2)《英》では round と around を区別し, round を運動を表すのに用い, around を静止の状態を表すのに用いる人もいるが, 最近ではこの区別はなくなりつつある.

❶ 円形に (囲むように), **周りに**, 周囲が…で ‖ Lots of people crowded ~. 人が大勢周りに群がった / The tree is six feet ~. その木は周囲が6フィートある

❷ **ぐるりと(回って)**, 一巡りして；(ほぼ180度)向きを変えて；場所[位置]を入れ替えて；(人の) 考えが変わるように ‖ The wheel kept **turning** ~. 車輪は回り続けた / The seasons **come** ~. 四季は巡ってくる / He **turned** ~ to look at her. 彼は振り返って彼女を見た / She often changes things ~ in her room. 彼女はよく部屋の物の配置を変える / I'll do my best to talk her ~. 最善を尽くして彼女の考えが変わるよう説得するつもりだ

❸ (周囲の) あちこちを, 至る所に；行き渡って ‖ I'll show you ~. ぐるっとご案内しましょう / **look** ~ 辺りを見回す / Are there enough drinks to go ~? みんなに行き渡るだけの飲み物がありますか

❹ 遠回りして, 回り道して ‖ Shall I drive ~ by a souvenir shop? 遠回りして土産物店に寄ろうか ❺《口》相手[自分]のいる場所へ[で] ‖ I'll be ~ in a minute. すぐに伺います / **Come** ~ to see me at seven tonight. 今夜7時にうちへいらっしゃい ❻ 目的もなく, 無駄に ‖ hang ~ ぶらぶらする / sit ~ これといって何もしないでいる

àll róund《英》= *all* AROUND

ròund abóut (...) ① (…)一面に[の], 周り中に[の]；近くに[の] ② およそ, だいたい (→ AROUND *about*)

—前《主に英》(⇨ 副 語法) ❶ **…の周りに[を], …を囲んで**；…を覆って ‖ The earth moves [OR goes] ~ the sun. 地球は太陽の周りを回る / a tour ~ the world 世界1周旅行 / sit ~ the kitchen table キッチンのテーブルを囲んで座る / wrap a blanket ~ oneself 体を毛布で包む

❷ …を迂回(うかい)して；…を回避する, 解決する ‖ He came ~ the side of the house. 彼は家のわきを抜けて裏手へ来た / We have to think of a way ~ this problem immediately. 我々は急いでこの問題の解決方法を考えなければいけない

❸ 〔角など〕を曲がった所に[曲がって], …の向こうに[へ] ‖ There is a pub ~ the corner. 角を曲がった所にパブがある

❹ **…の方々へ[で]**, あちこちへ[で], …の辺りで ‖ I awoke and looked ~ the room. 私は目を覚まして部屋を見

回した / I had to hang ～ the bus depot waiting for my brother. バスターミナルの辺りをぶらぶらして弟を待たねばならなかった / ～ here この辺りに
❺ …へ ‖ go ～ a pub for a quick drink ちょっと飲みにパブへ行く ❻ …を基礎にして, 中心にして, 焦点にして ‖ All our activities center ～ our club. 我々の活動はすべてクラブを中心に動いている ❼ (時間・数が) …の近くに, …ごろ ‖ I heard the scream ～ midnight. 真夜中ごろその叫び声を聞いた
▶▶ ～ **bràcket** 名 C 《英》丸かっこ, パーレン(parenthesis)(( )) ～ **dànce** 名 C 円舞《ワルツなど》; 輪舞 ～ **gàme** 名 C チームに分かれずに[パートナーを決めずに]全員が順に行うゲーム ～ **hánd** 名 U C 丸みのある筆記体 ～ **lòt** 名 C 〘株〙(株式売買の)株数の最低単位 ～ **róbin** 名 C (署名者の順序を隠すために円形に署名した)請願[抗議]書; (チェス・テニスなどの) 総当たり戦 ‖ play a ～ *robin* tournament 総当たり戦を行う ～ **shòt** 名 C (榴弾(りゅうだん)に対し)砲丸, 砲弾 ～ **stèak** 名 C 牛のもも肉の厚切り ～ **tàble** (↓) ～ **tríp** (↓)

*__róund·abòut__ 形 《通例限定》 ❶ (道が) 回り道の, 遠回りの ‖ The taxi driver took a ～ route to the station. タクシーの運転手は駅へ行くのに回り道をした ❷ 回りくどい, 遠回しの, 間接的な ‖ speak in a ～ way 遠回しに言う ―名 C ❶ 回り道, 迂回(うかい)路(detour); 回りくどい言い方[やり方] ❷ 《英》回転木馬, メリーゴーラウンド(merry-go-round); (運動場の) 回転台 ❸ 《英》環状交差点, ロータリー(《米》 traffic circle, rotary)

róund-àrm 形 副 《英》〘クリケット〙(投球が) 横手投げの[で]; (打撃が) 腕を振り回して加えられた

*__round·ed__ /ráundɪd/ 形 ❶ 《通例限定》丸くなった, 丸味を帯びた ‖ a ～ back 猫背 ❷ 《しばしば複合語で》完成した, 円熟した, 洗練された ‖ a well-～ person 円熟した人 ❸ 〘音声〙円唇音の

roun·del /ráundəl/ 名 C ❶ (小)円形物; 小円盤, (装飾用の) 大メダル ❷ 円形のパネル[壁がん], 小形の丸窓 ❸ 〘紋章〙小円形紋; (軍用機などの) 円形標識《国籍を示す》 ❹ 〘韻〙ロンドー(rondeau), ロンデル(rondel); ロンドー体の英国風変形

round·e·lay /ráundəlèɪ/ 名 C ❶ 円舞(round dance) ❷ 短いリフレインのある歌

round·er /ráundər/ 名 C ❶ (物を)丸くする人[もの] ❷ 《～s》《単数扱い》ラウンダーズ《野球に似た英国の球技》 ❸ 《米・カナダ口》(バーなどを)遊び回る人, 酔っ払い; 身持ちの悪い人 ❹ 《複合語で》(…ラウンドの)試合

ròund-éyed ⟨シ⟩ 形 (驚きなどで)目を丸くした

Róund·hèad 名 C 〘英国史〙(1642–51年の内乱当時の)議会党員, 円頂党員《長髪の王党員(Cavaliers)に対し清教徒の議会党員は髪を短く刈っていた》

róund·hòuse 名 C ❶ (半) 円形機関車庫《中央に転車台がある》 ❷ 〘海〙(帆船の)後甲板後部の船室, 円室 ❸ 《俗》〘ボクシング〙大きな弧を描くパンチ ❹ 〘野球〙大きく曲がるカーブ ❺ 〘サーフィン〙大きなターン
▶▶ ～ **kìck** 名 C (空手の)回しげり

round·ish /ráundɪʃ/ 形 丸みを帯びた, 丸みのある

round·ly /ráundli/ 副 ❶ 勢いよく, 活発に ❷ あからさまに, 率直に; 容赦なく, 厳しく ‖ be ～ rebuked 厳しく非難される ❸ 完全に, 徹底的に ❹ 概数で; おおよそ, ほぼ ❺ 《旧》丸く, 円形に

round·ness /ráundnəs/ 名 U ❶ 丸さ, 円形(であること); 丸味 ❷ (文体などの)まろやかさ; 率直; 完全

ròund-shóul·dered ⟨シ⟩ 形 猫背の

rounds·man /ráundzmən/ 名 (複 **-men** /-mən/) C 巡回[巡視]する人; 《英》(商店の)ご用聞き, 配達人; 《米》巡査部長; 《豪》(特定テーマ担当)記者

róund tàble /英 ⌐⌐/ 名 ❶ C 丸テーブル; 円卓会議; 《集合的に》円卓会議の出席者たち ❷ 《the R- T-》(アーサー王伝説の)アーサー王と騎士が座った円卓; 《集合的に》円卓の騎士団 **róund-tàble** /英 ⌐⌐⌐/ ⟨シ⟩ 形 《限定》円卓を囲んだ, 円卓会議の ‖ a ～ conference [discussion] 円卓会議[討議]

*__ròund-the-clóck__ ⟨シ⟩ 形 =around-the-clock

*__ròund-tríp__ 形 《限定》《米》往復(旅行)の; 《英》周遊(旅行)の ‖ a ～ ticket 往復切符(《英》 return ticket)

*__ròund tríp__ 名 C 《米》往復旅行; 《英》周遊旅行

ròund-trípper 名 C 《米口》ホームラン ‖ his 20th ～ of the season 彼の今シーズン20本目のホームラン

róund·ùp 名 《通例単数形で》C ❶ (家畜などの) 駆り集め; 《集合的に》駆り集められた家畜の群れ ❷ (容疑者などの) 一斉検挙[逮捕], …狩り ‖ a ～ of suspected persons 容疑者の一斉検挙 ❸ (情報・ニュースなどの) まとめ, 総括 ❹ 《R-》《商標》ラウンドアップ《除草剤の一種》

róund·wòrm 名 C 〘動〙回虫

roup /ruːp/ 名 U ループ《家禽(かきん)の目・鼻の伝染性炎症》

*__rouse__ /rauz/ 《発音注意》 動 他 ❶ …の目を覚まさせる(↷ knock up), [人]を〈深い眠りから〉起こす〈**from, out of**〉(⇨ WAKE[1] 類語) ‖ I was ～*d from* [OR *out of*] my sleep by your loud snoring. 君の大いびきで起こされちゃったよ ❷ [人・感情など]を刺激する, 怒らせる; [人]を〈…の感情に〉駆り立てる〈**to**〉(♦ しばしば受身形で用いる) ‖ The cries ～*d* our fear. その叫び声は我々の恐怖をかき立てた / He was ～*d to* anger by the insults. 彼は侮辱されてかっとなった ❸ [人]を奮起させる; [人]を奮い立たせる〈**from** …から; **to** 行動などに / **to** *do* …するように〉(♦ 目的語はしばしば oneself) ‖ I very much doubt if anybody can ～ you *from* your idleness. 君を怠惰から目覚めさせられる人間がいるかどうか極めて疑問だね / He ～*d* himself *to* say goodbye. 彼は元気を出して別れを告げた ❹ [獲物]を狩り出す, (隠れ場所から)飛び立たせる ―自 ❶ 起きる, 目を覚ます《*up*》 ❷ 奮起する, (感情が)高ぶる《*up*》
―名 U C 目覚め, 覚醒(かくせい); 奮起; 〘軍〙起床合図

rous·er /ráuzər/ 名 C 覚醒させる人[もの], 刺激する人[もの]; 《口》びっくりさせるもの; 大うそ

rous·ing /ráuzɪŋ/ 形 《通例限定》 ❶ 鼓舞する, 奮起させる; 熱烈な ❷ 活発な, 活気を呈する ‖ a ～ business 活発な事業 ❸ 《口》法外な, とんでもない; 素晴らしい

Rous·seau /ruːsóu | ⌐⌐/ 名 **Jean Jacques** ～ ルソー(1712–78)《フランスの思想家・著述家》 **～·ism** /-ìzm/ 名 U (ルソーの)社会契約説, ルソー(の自然)主義

roust /raust/ 動 他 《米》 ❶ [人]を追い立てる, 移動させる, (ベッドから)起こす, 引っ張り出す《*out*》 ❷ 《口》[人]をいじめる, …にいやがらせをする

roust·a·bout /ráustəbàut/ 名 C ❶ (油田の) 未熟練な(渡り)労働者; 《豪・ニュージ》牧場の雑用係 ❷ 《米》港湾労働者; 甲板員 ❸ 《米》(サーカスの)雑役係

rout[1] /raut/ 名 U C ❶ 敗走, 総崩れ; 大敗北 ‖ put the enemy to ～ 敵を敗走させる ❷ 《集合的に》《古》無秩序な[混乱した]群衆; やじ馬, 暴徒 ❸ 《古》大夜会, 社交的集会 ―動 他 …を敗走させる; 完敗させる

rout[2] /raut/ 動 他 ❶ (豚などが) [地面]を鼻でほじくり返す(root) ❷ …を捜し出す ❸ …を引きずり出す; …を追い出す《*out, up*》 ❹ (えぐりかんななどで) …をえぐる ―自 ❶ 《英では方》(豚などが)鼻で地面をほじくり返す ❷ 捜す

‡**route** /ruːt, raut/ 《発音注意》(♦ 同音語 root. 《英》では /raut/ の発音は〘軍〙に限られる)
―名 (複 **～s** /-s/) C ❶ (一定の規則的な) **道**, 道筋; 道路, 路線, ルート〈**from** …から; **to** …への〉; 《R-》《米》…幹線, …線 ‖ The shortest ～ *to* the station is through the cemetery. 共同墓地を通り抜けるのが駅へ行く一番の近道だ / We **took** [OR followed] the usual sightseeing ～. 我々はお決まりの観光コースをとった / an escape ～ 避難路 / an overland ～ 陸路 / a domestic air ～ 国内航空路線 / I live on the bus ～. 私の住まいはバス路線のそばです / *Route* 66 66号線
❷ 〈…の〉手段, 道, 方法〈**to**〉‖ Some recent business scandals indicate that hard work may be the

best ~ *to* success after all. 最近のいくつかの企業スキャンダルは, 勤勉に働くことが結局は成功への最良の道であることを示している / a sure ~ *to* power 権力への確実な道 ❸《米》(新聞・牛乳などの) 配達区域 [順路], 配達先 ‖ I have a newspaper [postal] ~. 新聞 [郵便] 配達をしています ❹〘軍〙行軍命令, 発進命令 ‖ get [give ...] the ~ 進軍命令を受ける[…に出す]

— 動 他 《+目+副句》…を特定の経路で送る [輸送する], (…経由で) 送る ‖ ~ goods through [OR by way of] New York 品物をニューヨーク経由で送る

▶▶ ~ màrch 名 C〘軍〙旅次 [徒歩] 行軍 **Ròute 128** 名 (米国マサチューセッツ州の) 州道128号線《ボストン郊外を走る道路で, 多くのハイテク企業が立地する》

route·man /rúːtmən/ 名 (複 **-men** /-mən/) C《米》(特定区域の) 販売 [配達] 責任者 (中立 route supervisor)

rout·er¹ /rúːṭər, ráuṭ-/ 名 C 💻ルーター《インターネット接続で通信経路を選択しパケットデータを転送する装置》

rout·er² /ráuṭər/ 名 (= ~ **plàne**) C ルータ《木材のほぞ入れなどに使う工具》; えぐりかんな(→ rout²)

‡rou·tine /rùːtíːn/《発音・アクセント注意》〈シ〉

— 名 (複 **~s** /-z/) ❶ U C **決まりきった仕事**, 日課 ; **いつもの手順**, 慣例, 定石, 常套(じょうとう)手段 ‖ I was tired of the monotonous ~ at the factory. 私は工場での単調な決まりきった仕事に飽き飽きしていた / the **daily** ~ 日課 / break (away) from ~ お決まりの日常から抜け出す / according to ~ いつもの手順で / as a matter of ~ いつも (決まって) やることとして / go into one's ~ お定まりのやり方をする

❷ C (劇場などの)お定まりの出し物 ; (演技などの)型にはまった所作 ; (ダンスなどの)定まったステップ

❸ C 💻ルーチン《一連の処理を行うプログラムのまとまり》

— 形 (**more ~ ; most ~**)《通例限定》

❶《比較なし》日常の ; 決まりきった, 判で押したような(↔ unusual) ‖ Computers can replace people in ~ tasks. コンピューターは日常的な作業を人に代わってやることができる / ~ jokes 陳腐な冗談 / The car passed a ~ check. その車は定期検査に合格した / a ~ fly イージーフライ

❷ ありふれて退屈な ‖ a dull ~ job 退屈な日常の仕事

~·ly 副 いつものように, 決まって

語源 route + *-ine* (指小辞)

rout·ing /rúːṭɪŋ, ráuṭ-/ 名 U 💻 (インターネットなどでのパケット転送の) 通信経路の選択, ルーティング

rou·tin·ize /ruːtíːnaɪz/ 動 他 …を慣例化する ; …を決まりどおりにする **rou·tin·i·zá·tion** 名

roux /ruː/ (♦ 同音語 rue) 名 (複 ~ /-z/) U C〘料理〙ルー《小麦粉をバターなどでいためたもの》

ROV 略 *r*emotely *o*perated *v*ehicle (遠隔操縦車)

rove¹ /rouv/ 動 自 ❶ (広い地域を) さまよう, うろつき回る, 流浪する ❷ (視線が) きょろきょろする ; (考えなどが) 定まらずに動く ; (愛情などが) 移る — 他 …をさまよう, うろつく

— 名 C《単数形で》《主に米》放浪, 徘徊(はいかい), 流浪

rove² /rouv/ 動 他 (紡ぐ前に)…に粗よりをかける

— 名 C 粗紡糸, 粗より

rove³ /rouv/ 動 reeve² の過去・過去分詞

rov·er¹ /róuvər/ 名 C ❶ さまよう人[もの] ; 漂泊者, 流浪者 ❷〘スポーツ〙ポジションの定まらない選手 ❸ 宇宙探査車, 無人探査機 ❹《通例 ~s》〘弓〙臨時的(まと) ; 遠的(まと) ❺〘クロッケー〙ローバー《柱門 (hoops) を全部通過して決勝標に当たるばかりになっている球》❻《R-》《英》《旧》= Venture Scout

rov·er² /róuvər/ 名 C《古》海賊(sea rover)

rov·ing /róuvɪŋ/ 形《通例限定》放浪する ; 移動する ; 移り気の ‖ have a ~ eye (人が)物欲しそうな目をする ; (異性に)目移りする

▶▶ ~ **commíssion** 名 C ① 《英》(調査委員の) 移動任務 ; 自由旅行権限 ②《口》あちこち動き回る仕事

‡row¹ /rou/ (♦ 同音語 roe)

— 名 (複 **~s** /-z/) (♦ raw と区別) C ❶ 〈人・物の〉**列**, 並び〈**of**〉; 横列 (↔ column) ‖ They stood waiting for hours **in** a ~ outside the newly-opened shop. 人々は新規開店の店先に並び何時間も立って待ち続けた / a ~ *of* houses [trees] 家並み [並木] / a ~ *of* swallows perched on the electric wire 電線に並んでとまったツバメ

❷ (劇場などの)**座席の列** ; 畑の畝 ; (編み物の)編み目の列 ‖ sit **in the front** [second, back] ~ 最前列[2列目, 後列]に座る

❸ (両[片]側に建物が並んだ) 通り ; (同業店などの並ぶ)…街 ; 《R-》(町名としての) …街 ‖ a second-hand booksellers ~ 古本屋街 / Savile *Row* サビル街

❹ 💻 (表計算シート上の) 横列, 行 (→ column)

**a hàrd* [OR *tòugh*] *ròw to hóe* 困難な仕事, 苦しい生活

a ròw of béans = *a* HILL *of beans*

in a rów* ① 1列に (→ 名 ❶) ②《口》相次いで, **連続で, 立て続けに ‖ The New York Yankees won three games *in a* ~ in the World Series. ニューヨーク=ヤンキースはワールドシリーズで3連勝した

▶▶ ~ **hòuse** 名 C《米》テラスハウス (の1戸分) (《英》terraced house)

***row²** /rou/ (♦ 同音語 roe) 動 他 ❶ 〔舟・ボート〕をこぐ ‖ Can you ~ a boat? ボートをこげますか ❷ 《+目+副句》〔人・物〕をこいで運ぶ [渡す] (♦ 副句 は場所・方向を表す) ‖ He ~*ed* me「across the river [to the island]. 彼は舟をこいで私に川を[島へ]渡してくれた ❸ 〈…対抗の〉〔ボートレース〕に出場する, 〔競漕(きょうそう)〕を〈…と〉する〈**against**〉; …とボートレース [競漕] をする ‖ ~ (a race *against*) Oxford オックスフォード大学と競漕する — 自 ❶ 舟 [ボート] をこぐ ; 舟 [ボート] をこいで行く (♦ 通例方向を表す 副句 を伴う) ‖ I ~*ed* down [across, up] the river. 川をこいで下って[渡って, 上って]行った ❷ 〈…対抗の〉ボートレースをする [に出場する] 〈**against**〉‖ ~ *against* the Cambridge crew ケンブリッジ大学クルーと競漕する

ròw ... dówn 〈他〉(ボートレースで) こいで…に追いつく

ròw óut ... / *ròw ... óut* 〈他〉〔人〕をこぎ疲れさす

ròw óver 〈自〉(ボートレースで) 相手に勝つ, 楽勝する

— 名 C《通例単数形で》こぐこと, 一こぎ, こぐ距離 [時間] ‖ go for a ~ 舟遊びに行く, ボートをこぎに行く / a long and tiring ~ 長く骨の折れるボートこぎ

***row³** /rau/《発音注意》名 C《主に英》❶ 騒々しい口論 [けんか] ; (重大な) 議論 [論争] ‖ He started a ~ with his wife about [OR over] a trivial matter. 彼はささいなことで妻とけんかを始めた / She is now involved in ~*s* within her party. 彼女は今党内の論争に巻き込まれている / provoke a ~ 物議をかもす ❷ U/C《単数形で》騒音 ; 騒ぎ, 騒動 ‖ What's the ~? 一体何の騒ぎだ ❸《口》叱責(しっせき) ‖ get into a ~ しかられる

「*kìck úp* [OR *màke*] *a rów* 《主に英口》① 騒ぐ ② 強く抗議する ‖ The old man *kicked up* no end of *a* ~. 老人はいつ果てるともなくがみがみ言い続けた

— 動 自《口》口論する〈**about** …のことで ; **with** …と〉‖ Tom ~*ed with* Jane *about* money. トムはお金のことでジェーンと口論した

— 他《英口》〔人〕を〈…で〉叱責する〈**about, over**〉

row·an /róuən/ 名 (= ~ **trèe**) C〘植〙ナナカマド

rów·bòat 名 C《米》オールでこぐボート, こぎ舟

row·dy /ráudi/ 形 乱暴な, 騒々しい ; けんか好きな

— 名 (複 **-dies** /-z/) C 乱暴者 **-di·ly** 副 **-di·ness** 名 **~·ism** 名 U 乱暴 (な振る舞い), 騒々しさ

row·el /ráuəl/ 名 C 拍車の先の歯車 — 動 (**~ed**, 《英》**-elled** /-d/ ; **~·ing**, 《英》**-el·ling**) 他 …に拍車を当てる

row·er /róuər/ 名 C こぐ人, こぎ手

row·ing /róuɪŋ/ 名 U 漕艇(そうてい) (競技)

▶▶ ~ **bòat** 名 C《英》= rowboat ~ **machìne** 名 C (こぎ方練習用の) ローイングマシン

row·lock /rá(:)lək | rɔ́l-/ 名 C 《英》(ボートの) オール受け (《米》 oarlock)

:roy·al /rɔ́ɪəl/

—形 〔▶ royalty 名〕《比較なし》《限定》 ❶ **王[女王]の**, 王室の, 皇室の ; 王室の血を引く, 王位の ‖ He acts as though he's of 「～ blood [OR the blood ～] or something. 彼はまるで王族の血でも引いているかのように振る舞う / the ～ palace 王宮 / a ～ prince 王子

❷ 王国の, 王権の下にある ; 王によってなされる ‖ a ～ government 王国政府 / a ～ charter 勅許

❸ 王のための ; 王[国家]に仕える ; 《R-》《英》王立の, 国立の (♦ 英国では公共機関・施設・団体・陸海空軍などの名につけるが, 王立でないものもある) ‖ the *Royal* Opera House (London の)王立オペラ劇場

❹ 王のような, 王者らしい ; 威厳のある, 気高い ; 華麗な ‖ (a) ～ bearing 堂々たる態度

❺ 素晴らしい, 素敵な, 特上の ; 《主に米口》ものすごく悪い ‖ receive a (right) ～ welcome 大歓迎を受ける (♦ right で強調するのは《英口》) / in ～ spirits 上機嫌で / a ～ pain ひどい痛み

❻ 特大の, 大型の ‖ ～ paper ロイヤル判 / a ～ folio [quarto, octavo] volume ロイヤル二つ折り[4つ折り, 8つ折り]判

—名 (複 **～s** /-z/) C ❶ 《通例 ～s》《口》王族の1人 ❷ U ロイヤル判 (royal paper) 《紙の寸法が写字用で 24×19インチ/610×483ミリ, 印刷用で 25×20インチ/635×508ミリ》 ❸ 〖海〗ロイヤルマスト 《トガンマストの上にある小さいマスト》 ❹ =royal stag

▶▶ **Ròyal Acàdemy (of Árts)** 名 《the ～》(英国) 王立美術院 《1768年 George III によって創立された. 略 RA》 **Ròyal Áir Fòrce** 名 《the ～》英国空軍 (略 RAF) **～ assént** 名 《the ～》《英》国王の裁可 **～ blúe** 〈シ〉 名 U 花紺青(はなこんじょう)(色), ロイヤルブルー **Ròyal Brìtish Légion** 名 《the ～》英国在郷軍人会 **Ròyal Commíssion** 名 C 英国審議会 《社会・教育・法律などの面にわたり調査を行い政府に報告する》 **～ fámily** 名 《the ～》王室, 王族, 皇室, 皇族 **～ férn** 名 C 〖植〗ゼンマイの一種 《多年草》 **～ flúsh** 名 C 〖トランプ〗ロイヤルフラッシュ 《ポーカーで同じ組み札のエース・キング・クイーン・ジャックと10の5枚がそろった最高の役》 **Ròyal Híghness** 名 《his [OR her, your] ～ で》殿下 《王族・皇族に対する敬称》 ‖ His *Royal Highness* Prince William ウイリアム王子 《ふつうは HRH Prince William のように略す》 **～ ícing** 名 U 《主に英》ロイヤルアイシング 《砂糖と卵白から作るフルーツケーキの糖衣》 **～ jélly** 名 U ロイヤルゼリー 《働きバチが分泌する物質で女王バチになる幼虫にのみ与えられる》 **Ròyal Máil** 名 《the ～》ロイヤルメール (英国の郵便会社) **Ròyal Marínes** 名 《the ～》英国海兵隊 (略 RM) **Ròyal Návy** 名 《the ～》英国海軍 (略 RN) **～ pálm** 名 C 〖植〗ダイオウヤシ **～ prerógative** 名 《the ～》王の特権, 大権 **～ róad** 名 C 〈…への〉王道, 近道, 楽な方法 〈**to**〉 ‖ *There is no ～ road to learning.* 《諺》学問に王道なし **Ròyal Socíety** 名 《the ～》王立協会 (略 RS) ‖ a Fellow of the *Royal Society* 英国王立協会員 (略 FRS) **～ stág** 名 C 《英》12本(以上)の枝角を持つ雄ジカ **～ ténnis** 名 U = real tennis **～ "wé"** 名 《the ～》国王の we (⇨ WE ❻)

roy·al·ism /rɔ́ɪəlìzm/ 名 U 君主制支持, 王政主義

roy·al·ist /rɔ́ɪəlɪst/ 名 C ❶ (内乱などの際の)王党員, 君主(制)支持者 ; 《R-》〖英国史〗(Charles I を支持した)王党員 ; 〖米国史〗(アメリカ独立戦争時の)英国支持者 ; 〖仏国史〗(フランスの) ブルボン王家支持者 ❷ 《米》(特に実業界の)大物保守[反動]主義者 —形 君主(制)支持(者)の, 王党(員)の **ròy·al·ís·tic** 形 =royalist

roy·al·ly /rɔ́ɪəli/ 副 王として ; 王者らしく, 堂々と, 立派に

***roy·al·ty** /rɔ́ɪəlti/ 《アクセント注意》 名 〔◁ royal 形〕 (複 **-ties** /-z/) ❶ C 王室の一員 ; U 《集合的に》王族, 皇族 ‖ treat them like ～ 彼らを王族のように扱う ❷ U 王の身分, 王位, 王権 ; 《通例 -ties》《古》王の特権 ❸ U 王の尊厳, 王者らしさ ; 高貴, 荘厳 ❹ C 王の領地, 王領, 王国 ❺ C 《通例 -ties》(著書・作曲などの)著作権使用料, ロイヤルティー, 印税 ; 特許権使用料 ; 鉱山[鉱区, 油田]使用料 ‖ He received *royalties* on his book. 彼は著書の印税を受け取った

roz·zer /rá(:)zər | rɔ́zər/ 名 《英口》=policeman

RP 略 *R*eceived *P*ronunciation ; *R*egius *P*rofessor

RPG 略 💻 *R*eport *P*rogram *G*enerator (報告書プログラム生成ルーチン) ; *r*ocket-*p*ropelled *g*renade ; *r*ole *p*laying *g*ame

RPI 略 *r*etail *p*rice *i*ndex ((英国の)小売物価指数)

rpm 略 *r*evolutions *p*er *m*inute (毎分…回転) ; *r*esale *p*rice *m*aintenance (再販価格維持)

rps 略 *r*evolutions *p*er *s*econd (毎秒…回転)

rpt 略 repeat ; report

RPV 略 *r*emotely *p*iloted *v*ehicle (遠隔操縦機)

RR 略 *R*ail*r*oad ; *R*ight *R*everend ; *R*ural *R*oute ((米国の)地方無料郵便配達区域)

R-ràted /-ɪd/ 形 (映画が)年齢制限指定の

rRNA 略 *r*ibosomal *RNA*

RRP 略 《英》 *r*ecommended *r*etail *p*rice (希望小売価格)

RRSP 略 《カナダ》*r*egistered *r*etirement *s*avings *p*lan

RS 略 *R*ecording *S*ecretary ; *r*ight *s*ide ; *R*oyal *S*ociety

Rs. 略 rupee(s)

RSA 略 *R*oyal *S*ociety of *A*rts

RSAC 略 💻 *r*ecreational *s*oftware *a*dvisory *c*ouncil (娯楽ソフト諮問委員会) 《内容の格付け評価システムを提供するアメリカの非営利団体》

RSACi 略 💻 *r*ecreational *s*oftware *a*dvisory *c*ouncil on the *I*nternet 《インターネット上のサイトの内容で暴力・セックスなどの項目に格付けをするシステム》

RSI 略 *r*epetitive *s*train [OR *s*tress] *i*njury ; *r*elative *s*trength *i*ndex (相対力指数)

RSM 略 *R*egimental *S*ergeant *M*ajor ((英軍の)1等曹長)

RSPCA 略 *R*oyal *S*ociety for the *P*revention of *C*ruelty to *A*nimals (英国王立動物虐待防止協会)

RSS 略 💻 *R*eally *S*imple *S*yndication 《ニュースやブログ, 企業サイトなどの更新情報の概要を表示するフォーマット》

RS-232C /à:restù:θri:tu:sí:/ 略 💻 *r*ecommended *s*tandard *232-C* 《コンピューターの通信ポート (communication port) の規格》

RSV 略 *R*evised *S*tandard *V*ersion

RSVP 略 *r*épondez *s*'il *v*ous *p*laît (♦ フランス語より) (=reply, if you please) (ご返事ください)

RT 略 radiotelephone ; *r*oom *t*emperature

rt. 略 right

RTA 略 《英》*r*oad *t*raffic *a*ccident

rte. 略 route

RTF 略 💻 *R*ich *T*ext *F*ormat 《Windows 用文書ファイルの標準形式の1つ》

Rt.Hon. 略 《英》*R*igh*t* *Hon*ourable

Rt.Rev., Rt.Revd. 略 《英》*R*igh*t* *Rev*erend

Ru 記号 〖化〗ruthenium (ルテニウム)

RU 略 *R*ugby *U*nion

ru·a·na /ruá(:)nə | -ɔ́-/ 名 C ルアナ 《ポンチョに似たペルーやコロンビアの上着》

:rub /rʌb/

—動 (**～s** /-z/ ; **rubbed** /-d/ ; **rub·bing**)

—他 ❶ **a** 《+目》〈布・手などで〉…(の表面)を**こする**, 摩擦する, さする, 拭く 〈**with**〉 ‖ ～ one's **eyes** *with* one's hand 目を手でこする / ～ a window *with* a piece of cloth 布切れで窓を拭く / ～ one's **hands** to warm them (up) 暖めるために両手をもみ合わせる

b 《+目+補〈形〉》…をこすって[拭いて]…にする ‖ ～ a

whiteboard clean ホワイトボードを拭いてきれいにする / *Rub* yourself dry with this towel. このタオルで体を拭きなさい
❷《+目+副句》…を〈…に〉こすりつける〈**against, on,** etc.〉; …をこすり合わせる《***together***》‖ The dog *rubbed* its head *against* my leg. 犬は私の足に頭をこすりつけてきた / ～ two sticks *together* to make a fire 2本の棒切れをこすり合わせて火を起こす
❸〔塗り薬など〕を〈皮膚などに〉こすりつける, 塗りつける〈**over, on, into**〉; …をすり込む《***in***》‖ ～ some suntan lotion *on* [OR *over*] one's skin (= ～ one's skin with some suntan lotion) 日焼けローションを肌に塗る
❹ **a**《+目》(物が)〔皮膚など〕をこする, こすってひりひりさせる ‖ My shoes have *rubbed* my heels and now I've got blisters. 靴でかかとがこすれてまめができてしまった **b**《+目+補〈形〉》…をこすって…の状態にする ‖ My ankle was *rubbed* raw by the sandal strap. サンダルの革ひもでこすれてくるぶしがすりむけた
❺…をこすって〈…から〉払う[落とす, 消す], ぬぐい取る《***away, off, out***》〈**off, from, out of**〉‖ The paint had been *rubbed away from* the arms of his chair. 彼のいすのひじかけは塗料がこすれ落ちてしまっていた / He *rubbed* the sleep *out of* his eyes. 彼は目をこすって眠気を払った ❻…をこすって〈…に〉穴を作る〈**in**〉 ❼(料理で)…を練り合わせる《***in***》 ❽《口》…をいら立たせる ❾…の拓本[石ずり]をとる
―自 ❶〈…を〉こする, 摩擦する〈**at**〉; 体を〈…に〉すり寄せる〈**against**〉; (2つのものが)すれ合う《***together***》‖ The cat *rubbed against* his leg. 猫は彼の足に体をすり寄せてきた / ～ *at* a speck of mud on one's trousers ズボンについたかすかな泥をこする ❷〈…に当たって〉こすれる, こすれて痛い〈**on, against**〉‖ The ill-fitting shoes kept *rubbing* painfully *on* her heels. 足に合わない靴のせいで彼女はずっとかかとがこすれて痛かった ❸ こすりとれる; すりむける[切れる]《***off, out***》‖ The marks *rubbed off* easily. そのしみはこすると簡単にとれた / The ink won't ～ *out*. インクはこすってもなかなか落ちない

rùb alóng 〈自〉①《口》どうにか[何とか]やっていく ‖ "How are you getting on these days?" "Oh, just *rubbing along*." 「近ごろはいかがですか」「ええ, まあ何とかやっています」 ②《英口》〈…と〉仲よくやっていく《***together***》〈**with**〉

rùb dówn ... / rùb ... dówn 〈他〉①…を拭いて[こすって]乾かす ‖ ～ *down* a horse (調教後の)馬をよく拭く ②…をこすって滑らかにする[磨く] ③〔体〕をマッサージする

rùb ín ... / rùb ... ín 〈他〉①⇨他❸ ②《口》〔教訓・不快なことなど〕を繰り返し強調する ‖ Everyone has his failings, but no one likes them to be *rubbed in*. だれにも欠点はあるが, それをしつこく言われるのはだれも好まない ③⇨他❼

****rùb it ín*** 《口》不快なことなどを繰り返し強調する, ねちねちいやみを言う

****rùb óff*** 〈他〉**I**《***rùb óff ... / rùb ... óff***》①⇨他❺ ②〔光沢・栄光など〕を薄れさせる, 目立たなくする **II**《***rùb A òff B***》③⇨他❺ ④*A*(光沢・栄光など)を*B*からはぎ取る[薄れさせる] ‖ The bribery scandal has *rubbed* the shine *off* their election victory. 贈収賄事件のために選挙戦の勝利も色あせてしまった ―〈自〉①⇨自❸ ②(栄光などが)薄れる

****rùb óff on*** [OR ***onto***] ***...*** 〈他〉①こすれて[接触して]〔別の表面〕に付着する ②《口》(性質・才能などが)…に乗り移る, 影響を与える ‖ Let some of your luck ～ *off onto* me. あなたの幸運に少しあやからせてください

****rùb óut*** 〈他〉《***rùb óut ... / rùb ... óut***》①⇨他❺ ②《主に英》…を消しゴムなどで消す(erase) ‖ I'll ～ *out* this sentence later. この文は後で消すつもりだ ③《俗》〔人〕を殺す, 消す ―〈自〉①⇨自❸ ②消しゴムで消える

rùb úp 《主に英》〈他〉《***rùb úp ... / rùb ... úp***》①…をこすって磨き上げる ②〔学科〕の知識を磨き直す ③…をけば立てる ―〈自〉①〈知識・記憶などに〉磨きをかける〈**on**〉 ②〈…に〉愛撫(ぶ)するように触る[寄り添う]〈**against**〉

****rùb a pèrson*** (《英》***ùp***) ***the wròng wáy*** 〔人〕の気に障ることを言う[する], 〔人〕の気分を害する

―名 (複 **～s** /-z/) Ⓒ ❶《通例 a ～》こすること, 拭くこと, 摩擦; 磨くこと; マッサージ ‖ give one's shoes a good ～ with a polishing cloth つや出し布で靴をよく磨く / I asked him if he wanted a back ～. 背中をさすって[マッサージして]ほしいかと彼に尋ねた
❷《通例 the ～》障害, 困難, 難点; (球技場の)でこぼこ ‖ There's [OR That's] the ～.=There lies the ～. (困難に対して) その点が問題なのだ / The ～ is that he doesn't have any sense of humor. 難点は彼がユーモアのセンスがないことだ ❸(皮膚などに)塗るもの《軟膏(なんこう)・クリームなど》 ❹感情を害するもの, 当てこすり, 皮肉

the rùb of the gréen 《主に英》〖ゴルフ〗幸運[不運](の影響), つき ‖ In winning the golf tournament he had *the* ～ *of the green*. そのゴルフトーナメント優勝のときには, 彼には運も味方した

ru·ba·to /rubá:tou/ 〖楽〗形 副 ルバートの[で]《感情表現のため楽句中のテンポを自由に変えて演奏する》 ―名 (複 **～s** /-z/) Ⓤ ルバート奏法; Ⓒ ルバートの楽節[楽句]

***rub·ber**[1] /rʌ́bər/ 名 (複 **～s** /-z/) ❶ Ⓤ ゴム; 天然ゴム, 弾性ゴム; 合成ゴム; 《形容詞的に》ゴムの, ゴム製の ‖ synthetic [crude, natural] ～ 合成[生, 天然]ゴム / a ～ ball ゴムボール ❷ Ⓒ ゴム製品; (= ～ **bánd**) 輪ゴム; 《英》消しゴム(《米》eraser); 《主に米俗》コンドーム; 《～s》《米》オーバーシューズ(galoshes) ❸《the ～》〖野球〗ピッチャーズプレート; ホーム(プレート) ❹ Ⓒ こする[磨く]人[もの], マッサージ師; あらやすり, 砥石(といし); 黒板拭き

burn rubber ⇨ BURN[1](成句)

COMMUNICATIVE EXPRESSIONS

1 **I'm rùbber and you're glúe; whatèver you sáy bòunces óff me and stícks to yóu.** へん, おまえの方こそそうじゃないか(♥ 子供の口げんかなどで)

▶▶ **～ bòot** 名 Ⓒ《通例 ～s》ゴム靴 **～ búllet** 名 Ⓒ ゴム弾 **～ cemént** 名 Ⓤ ゴムのり **～ chéck** 名 Ⓒ《口》《戯》不渡り小切手 **～ dínghy** 名 Ⓒ ゴムボート **～ lìd gríp** 名 Ⓒ ゴム製ふた開け用具《ふたにかぶせて開けやすくする用具. 単に lid grip ともいう》 **～ plànt** 名 Ⓒ〖植〗インドゴムノキ《観賞用》 **～ scráper** [**spátula**] 名 Ⓒ ゴムべら **～ stámp** (↓) **～ trèe** 名 Ⓒ パラゴムノキ, ゴムを採る木

rub·ber[2] /rʌ́bər/ 名 ❶ Ⓒ (トランプ・クリケットなどの)3番[ときに5番]勝負 ‖ have a ～ of whist ホイストの3番勝負をやる ❷《the ～》3番勝負での2勝[5番勝負での3勝]; (タイで迎えた)決勝戦

rub·ber·ize /rʌ́bəràɪz/ 動 他 …にゴムを引く, ゴム液をしみ込ませる

rúbber·nèck 名 Ⓒ《口》(物を見ようと)首を伸ばす人, 物見高い人《特に車の運転中に事故現場を見ようとする人》; (ガイド付きの) 団体観光客 ―動 自 (首を伸ばして) じろじろ見る; 観光旅行する **～·er** 名

rùbber-stámp 動 他 ❶ …にゴム印を押す ❷〔人〕に安請け合いをする; …によく点検しないまま判を押す, …を深く考えずに承認する

rùbber stámp 名 Ⓒ ❶ゴム印 ❷内容をよく点検せずに(むやみに)判を押す人[役所]; 軽率な承認, 安請け合い

rub·ber·y /rʌ́bəri/ 形 ❶ ゴムの(ような), 弾力性のある(elastic), 強靭(きょうじん)な ❷(足が)なえた, 弱った

rub·bing /rʌ́bɪŋ/ 名 ❶ Ⓤ 摩擦, こする[磨く]こと; マッサージ ❷ Ⓒ (碑銘などの)拓本, 石摺(ず)り

▶▶ **～ àlcohol** 名 Ⓤ《米》消毒[マッサージ]用アルコール

****rub·bish** /rʌ́bɪʃ/ 《主に英》
―名 Ⓤ ❶《集合的に》くず, がらくた, ごみ, 廃物(《米》garbage, trash) ‖ a pile of ～ ごみの山 / a piece of ～ ごみ1つ / throw away the ～ ごみを捨てる / a ～

R

bin 《英》ごみ箱(《米》a trash can [OR box]) / a ~ **dump** [OR **tip**] ごみ捨て場(《米》garbage dump)
❷くだらない考え, つまらないもの；たわごと, ナンセンス(nonsense)；《間投詞的に》ばかな, くだらない ‖ Don't talk ~ to me. くだらないことを言うな / Her words are a load of (old) ~. 彼女の言うことは全くばかげている / That film is all ~. あの映画は全くの駄作だ
— 動 他 《口》〔人・意見・作品など〕を酷評する(《米》trash)
— 形 《口》〈…が〉下手な, お粗末な〈**at**〉‖ He is ~ *at* skating. 彼はスケートが下手だ

rub·bish·y /rʌ́bɪʃi/ 形 《英口》❶ごみの, がらくたの ❷くだらない, つまらない；たわけた

rub·ble /rʌ́bl/ 名 U ❶(壊れた建物などの)破片, 石[れんが]片, 瓦礫(がれき)；廃墟(はいきょ) ‖ a heap of ~ 瓦礫の山 ❷荒石, 割栗(わりぐり)石；荒石積み(工事) **rúb·bly** 形

rúb·dòwn 名 C 《単数形で》体を拭いて[こすって]乾かすこと；マッサージ

rube /ru:b/ 名 C 《米口》(世慣れていない)田舎者

Rube Gold·berg /rù:b góuldbə:rg/ 形 《米・カナダ》《戯》(機械などが)恐ろしく複雑な仕掛けの；(計画が)凝りすぎて現実性に欠ける(♦ 米国の漫画家 Reuben [Rube] Goldberg(1883–1970)の名より)

ru·bel·la /rubélə/ 名 U 〖医〗風疹(ふうしん)(German measles)

Ru·bens /rú:bɪnz/ 名 **Peter Paul** ~ ルーベンス(1577–1640)《バロック美術を代表するフランドルの画家》

Ru·bi·con /rú:bɪkɑ̀(:)n|-kən/ 名 《the ~》ルビコン川《イタリア中北部を東流しアドリア海に注ぐ川. Caesar がこの川を "*The die is cast.*"(さいは投げられた)と言って渡り, ポンペイウスと合戦を始めた》
cròss the Rúbicon ルビコン川を渡る, (後には引けぬ)思いきった手段を取る, 背水の陣を敷く

ru·bi·cund /rú:bɪkənd/ 形 《文》(人・顔色が)赤味を帯びた(reddish), 血色のよい(ruddy), 赤ら顔の

ru·bid·i·um /rubídiəm/ 名 U 〖化〗ルビジウム《アルカリ金属元素. 元素記号 Rb》

Rú·bik's cùbe /rú:bɪks-, ˌ-ˌ-/ 名 C 《商標》ルービックキューブ(♦ 発明者のハンガリー人 Erno Rubik(1944–)の名より)

ru·ble /rú:bl/ 名 C ルーブル《ロシアの貨幣単位》；ルーブル銀貨

ru·bric /rú:brɪk/ 名 C ❶(写本などの章・節の)標題, 見出し；書き出し《昔は朱色や装飾字体で記した》❷(一般に)標題, 項目, 規定；(試験問題などの)注意書き, 指示；説明, 注釈 ❸〖宗〗(典礼書に朱書きされた)典礼執行規程, 典礼法規 — 形 朱書きの, 赤刷りの

ru·bri·cal /rú:brɪkəl/ 形 規定の, (特に)典礼法規の[に規定された] **~·ly** 副

ru·bri·cate /rú:brɪkèɪt/ 動 他 《堅》❶〔本など〕に朱書きする, …を赤刷りにする；…に(朱色で)標題をつける ❷…を典礼法規で規定する

ru·bri·cian /rubríʃən/ 名 C 典礼法規の専門家

***ru·by** /rú:bi/ 名 (複 **-bies** /-z/) ❶ U C ルビー, 紅玉；C ルビー製のもの ‖ a ~ ring ルビーの指輪 ❷ U ルビー色(のもの), 深紅色 ❸ U 《英》〖印〗ルビ《5.5ポイント活字》(《米》agate) — 形 ルビー色の, 深紅色の
▸▸ **~ gláss** 名 U 紅色ガラス《酸化銅[鉄]などで着色したもの》 **~ wédding** 名 C 《英》ルビー婚式《結婚40周年記念》(《米》ruby anniversary)

ruche /ru:ʃ/ 名 C ルーシュ, ひだ飾り《ドレスのそで口・襟などの飾りに用いる》 **~d** 形

ruck[1] /rʌk/ 名 ❶ C 《単数形で》〈…の〉多数, 多量；山〈**of**〉‖ a great ~ *of* magazines おびただしい数の雑誌 ❷《the ~》取るに足りない人[もの]の集まり, 一般大衆；並みのもの ❸ C 《単数形で》(競走などの)後方集団 ❹ C 〖ラグビー〗ラック《地面にあるボールを奪い合っての密集》(→ maul)
— 動 自 〖ラグビー〗ラックに加わる

ruck[2] /rʌk/ 名 C しわ, ひだ(crease)
— 動 他 自 (…を[が])しわにする[しわになる]《**up**》‖ a *rucked-up* carpet めくれ上がったカーペット

***ruck·sack** /rʌ́ksæ̀k/ 名 C リュックサック
語源 ドイツ語 *Ruck*(背)+*Sack*(袋)から.

ruck·us /rʌ́kəs/ 名 C 《通例単数形で》大騒ぎ, 騒動 ‖ raise a ~ ひと騒動起こす

ruc·tion /rʌ́kʃən/ 名 C 《通例《米》では 単数形で, 《英》では ~s で》《口》騒動, けんか；文句, 激しい抗議[苦情]

rudd /rʌd/ 名 (複 ~) C 〖魚〗ラッド《欧州産のコイ科の淡水魚. 銀色の体に赤いひれを持つ》

***rud·der** /rʌ́dər/ 名 C ❶(船舶の)舵(かじ)；(航空機の)方向舵(だ) ❷舵となるもの；指導原理, 指針；指導者
~·less 形 舵のない；指導者[指針]のない

rud·dle /rʌ́dl/ 名 U 代赭(たいしゃ)石, 赭土
— 動 他 〔羊など〕に代赭で印をつける；…を赤くする

***rud·dy** /rʌ́di/ 形 ❶(顔色などが)血色のよい, 赤らんだ, 健康色の ‖ ~ cheeks 血色のよい頬(ほお) / in ~ health 健康的で ❷赤い, 赤らんだ ‖ a ~ sky 赤く焼けた空 / a ~ light 赤みがかった光 ❸《限定》《英口》いまいましい, いやな；《強意》全くの(♥ bloody の婉曲的な代用語) ‖ What a ~ nerve! 何て厚かましいこと / a ~ lie うそっぱち
— 副 《強意》《英口》全く, ひどく(♥ bloody の婉曲的な代用語) ‖ You're being so ~ rude! 全く失礼だ
-di·ly 副 **-di·ness** 名
▸▸ **~ dúck** 名 C 〖鳥〗アカオタテガモ(赤尾立鴨)《北米産》

***rude** /ru:d/ 形 (**rud·er**, **more ~**；**rud·est**, **most ~**) ❶ **a** (人・態度などが)〈…に対して〉無礼な, 失礼な, 無作法な(↔ polite)〈**to**〉(⇨ 類語) ‖ He is always ~ *to* us. 彼は私たちに対していつも失礼だ / "How much money do you make?" "That's a ~ question." 「稼ぎはどれくらいですか」「それは失礼な質問だね」/ make a ~ reply ぶしつけな返事をする **b** 《It is ~ of *A* to *do* / *A* is ~ to *do* で》*A*(人)が…するのは失礼だ ‖ It is ~ *to* stare. 人をじろじろ見るのは無作法だ / It was ~ *of* you *to* say such a thing. = You were ~ *to* say such a thing. そんなことを言うとは君も無作法だったね
❷粗野な, 下品な, みだらな ‖ a (rather) ~ joke 下品な冗談 ❸《限定》不意の, 突然の；激しい ‖ We had a ~ awakening when we found out that he had been lying. 彼がうそをついていたことに気づいて愕然(がくぜん)とした / get a ~ shock 激しい衝撃を受ける ❹《旧》粗雑な；素朴な, 単純な ‖ a ~ hut [OR cabin] 粗末な小屋 / ~ methods 幼稚な方法 ❺《限定》壮健な, 頑健な ‖ in ~ health 健康そのもので

COMMUNICATIVE EXPRESSIONS
1 **I dón't wànt to bè** [OR **sòund**] **rúde, but** dón't you thìnk you should wèar sòmething a líttle mòre fórmal? 失礼なことは言いたくないんだけど, もう少しきちんとした服装の方がよくないですか(♥ 忠告・助言などを遠慮がちに言う際の前置き)

~·ness 名

類語 《❶》**rude** 故意に思いやり・慎みを示さず不快感を与えるほど非礼な.〈例〉a *rude* answer 無礼な返事
ill-mannered 故意にではなく育ちの悪さ・経験不足などから礼儀作法を知らない.〈例〉an *ill-mannered* youth 不作法な青年
impolite 社交上の礼儀作法を守らない.〈例〉be *impolite* to a guest 客に対して失礼に振る舞う
impertinent, impudent, cheeky, 《主に米》**sassy** くだけた表現. (特に目上・年上の人などに対して)無礼な, 生意気な, 厚かましい.

***rude·ly** /rú:dli/ 副 ❶無作法に, 粗野に, ぞんざいに ‖ answer ~ ぞんざいに返事をする ❷粗雑に, 粗末に ❸不意に；激しく, 荒々しく

ru·di·ment /rú:dɪmənt/ 名 C ❶《通例 the ~s》根本(原理), 基礎, 基本；初歩 ‖ the ~*s* of physiology 生理学の基礎 ❷《通例 the ~s》萌芽(ほうが), 兆し, (発達するものの)初期の段階, 始まり ‖ the ~*s* of a plan 計画の初

めの段階 ❸〘生〙原基；痕跡(こんせき)〔退化〕器官(vestige)

***ru·di·men·ta·ry** /rùːdɪméntəri/ 〈シ〉 形 ❶ 基本の，基礎の，初歩の ‖ a ～ education 初歩的な教育(♦ 学校教育における「初等教育」は primary [OR elementary] education がふつう) ❷ 未発達の；〘生〙痕跡的な，発育不全の ‖ ～ teeth 未発達の歯

rue /ruː/ 動 (～**d** /-d/；～**·ing** OR **ru·ing**) 他〔行為・約束など〕を悔いる；…をしなければよかったと思う ‖ You'll ～ the day [OR hour] you married her. 君は彼女と結婚したことを後悔するだろう ―自 後悔する

rue·ful /rúːfəl/ 形 ❶ 悲しそうな，打ち沈んだ；悔やんでいる ‖ a ～ smile 悲しげな微笑 ❷ 痛ましい，哀れな
～·ly 副 **～·ness** 名

ruff /rʌf/(♦ 同音語 rough) 名 C ❶ ひだ襟《16-17世紀に男女が用いた》 ❷ ひだ襟状のもの；(鳥獣の) ひだ襟状の首毛 ❸〘鳥〙エリマキシギ
～ed 形 ひだ襟のついた；襟毛のある ‖ a ～ grouse 〘鳥〙エリマキライチョウ

ruff ❶

ruf·fi·an /rʌ́fiən/ 名 C 《旧》ならず者，よた者，悪党
―形 悪党の，残忍な，無法の
～·ism 名 U 残忍[凶悪]な行為，凶暴 **～·ly** 形

***ruf·fle¹** /rʌ́fl/ 動 他 ❶ …をくしゃくしゃにする；…にしわを寄せる；〔水面など〕を波立たせる《*up*》‖ The wind ～*d* the water. 風で水面が波立った / ～ her hair affectionately 彼女の髪を愛情を込めてくしゃくしゃにする ❷〔人〕の心を乱す，…を動揺させる，〔感情など〕をかき乱す《*up*》(♦ しばしば受身形で用いる) ‖ He is easily ～*d*. 彼はすぐ興奮する / get ～*d* 動揺する ❸ (怒った鳥などが)〔羽毛〕を逆立てる《*up*》 ❹〔本のページ〕をぱらぱらめくる；〔トランプの札〕を切る(shuffle) ❺〔布など〕にひだをとる，…にひだ飾りをつける ―自 ❶ しわになる；波立つ《*up*》 ❷ 動揺[興奮]する，いら立つ，怒る《*up*》
ruffle a person's feathers ⇨ FEATHER(成句)
―名 C ❶《通例 ～s》ひだべり，ひだ飾り，ひだ状のもの；(鳥などの)首毛 ❷ 動揺，不安，いら立ち，立腹 ‖ He put me in a ～. 彼は私を動揺させた[怒らせた] ❸ 波立ち，さざ波
-fled 形 ひだべり[ひだ飾り]のある；怒った

ruf·fle² /rʌ́fl/ 名 C 低くどろどろと太鼓を打つこと[音]

RU-486 /ɑ̀ːrjùːfɔ̀ːrèɪtisíks/ 名 C《商標》RU486《経口避妊薬》

***rug** /rʌɡ/ 名 C ❶ (床を部分的に覆う厚手の) 敷物，じゅうたん，ラグ(♦ carpet は床や階段全体を覆うものを指す) ‖ a sheepskin ～ 羊の毛皮の敷物 ❷《主に英》ひざかけ(《米》lap robe) ‖ a travelling ～ 旅行用ひざかけ ❸《主に米口》(男性用)(部分)かつら，ヘアピース
cùt a rúg ダンスをする
****pùll the rúg (òut) from under*** 「*a pérson* [OR *a pèrson's féet*]」《口》〔人〕に対する支持[援助]を突然やめる；〔人〕を窮地に追い込む ‖ The sudden death of his candidate *pulled the* ～ *out from under* the party chairman's *feet*. 候補者の急死によって党の委員長は窮地に立たされた
swèep ... under the rúg 《米》= *sweep ... under the* CARPET
▶▶ **～ ràt** 名《米口》子供，がき

***rug·by** /rʌ́ɡbi/ 名 ❶ (= **～ fóotball**) U ラグビー ❷ (R-) ラグビー《England 中部の都市. 英国の代表的パブリックスクールであるラグビー校(Rugby School)の所在地》
▶▶ **Rùgby Léague** 名《the ～》《英》ラグビー連盟《プロラグビーチームの連合》；《r- l-》連盟ラグビー《1チーム13名で行うラグビー》 **Rùgby Únion** 名《the ～》《英》ラグビー同盟《アマチュアラグビーチームの連合》；《r- u-》同盟ラグビー《1チーム15名で行うラグビー》

***rug·ged** /rʌ́ɡɪd/ 《発音注意》(♦ ragged と区別) 形 ❶ (表面が) でこぼこの，ごつごつした，ぎざぎざした ‖ the ～ landscape 岩だらけの風景 / ～ ground でこぼこの地面 ❷《通例限定》(男性の顔つきなどが)荒々しい魅力を持った，頼もしい ‖ ～ good looks 野性味のある頼もしい顔つき ❸ 粗削りな；洗練されていない，粗野な，無骨な ‖ ～ manners 不作法 ❹《通例限定》(人・性格などが)厳しい，断固たる；(天候が) 荒れた ‖ a ～ character 厳しい性格 / ～ conservatism 徹底した保守主義 / a ～ winter 厳しい冬 ❺ 厳しい，つらい，困難を伴う；能力[忍耐]を要する ‖ He has gone through ～ times. 彼は辛酸をなめてきた ❻ たくましい，頑健な；(物が)頑丈な，丈夫な ❼ 耳障りな **～·ly** 副 **～·ness** 名
▶▶ **～ indivídualism** 名 U 徹底的個人主義《米国第31代大統領 H. Hoover の造語》

rug·ger /rʌ́ɡər/ 名《英口》=rugby(football)

rúgger-bùgger 名 C《英口》熱狂的なラグビー選手；粗野で騒がしいラグビーファン(♦ 主に若い男性)

Ruhr /ruər/ 名《the ～》❶ ルール川《ドイツ西部を流れるライン川の一支流》❷ ルール地方《ルール川流域の炭鉱・重工業地帯》

****ru·in** /rúːɪn/ 《発音注意》
―名 (複 **～s** /-z/) ❶ U **破滅**，滅亡；(地位・財産などの)喪失；没落，零落；破産 ‖ He was brought to ～ by gambling. 彼は賭(か)け事で身を滅ぼす羽目になった / She's on the road to political ～. 彼女の政治生命は絶たれようとしている
❷ U (建物・国などの)**荒廃**，崩壊(↔ preservation)；C《～s》荒廃した建物，**廃墟**(はいきょ)，遺跡 ‖ the ～*s* of Pompeii ポンペイの遺跡 / the ～*s* of a bombed church 爆撃された教会の跡
❸《one's ～, the ～》破滅[没落]の原因 ‖ Drink was 「his ～ [OR the ～ of him]. 彼は酒で身を滅ぼした
****gò to rúin*** ; ***fàll into rúin*** 破滅する，荒廃する
****in rúins*** 荒廃して；破滅されて ‖ Their friendship was *in* ～*s*. 彼らの友情は駄目になっていた
―動 (▶ ruination 名，ruinous 形) (～**s** /-z/；～**ed** /-d/；～**·ing**)
―他 ❶ …**を駄目にする**(↔ improve)；…を損なう，台無しにする ‖ The rain ～*ed* my hairdo. 雨で髪型が崩れた / ～ one's health 健康を損なう / You've ～*ed* my evening. 君のせいで楽しいはずの夜が台無しになってしまった
❷〔人など〕を**破滅させる**，没落させる，破産させる(↔ save) ‖ That kind of gossip would ～ a man in my position. ああいううわさを立てられたら，私のような立場にある者は身の破滅だ / He ～*ed* himself by drinking. 彼は酒で身を滅ぼした / He's bankrupt and ～*ed*. 彼は破産してすってんてんになった
❸〔土地・建物など〕を破壊する，破滅[荒廃]させる ‖ countries ～*ed* by war 戦争で荒廃した国々
―自 破壊される；滅亡[破滅]する
～ed 形 破壊された，荒廃した，崩れかかった

ru·in·a·tion /rùːɪnéɪʃən/ 名〔◁ ruin 動〕U ❶ 破滅；荒廃；没落 ❷ 破滅[没落]の原因，禍根

ru·in·ous /rúːɪnəs/ 形〔◁ ruin 動〕❶ 破滅を招く，破壊的な；(費用などが)法外な ❷ 荒廃した，崩れかかった
～·ly 副

***rule** /ruːl/ 名 動

中心義》 規準となるもの(を行使する)

名 規則❶ 支配❷ 慣習❸
動 他 支配する❶ 自 支配する❶

―名 (複 **～s** /-z/) C ❶ **規則**，規定，決まり；(競技などの)ルール；(行動などの)規範，指針〈**to do** …する / **that** 節 …という〉(⇨ LAW 類語) ‖ Our family has a ～ not *to* watch TV during meals. 我が家では食事中はテレビを見ない決まりだ / There is a ～ *that* every member should wear a badge. 会員は皆バッジをつけるという規則になっている / It was the ～ for men and women to sit apart. 男女は別々に座るのが決まりだった / the ～*s* of the school＝the school ～*s* 校則 / ～*s* and regulations (こまごまとした) 規則や規定 / It's against the ～*s* of [OR in] soccer to handle the ball. ボールに手を触れることはサッカーではルール違反だ / One ～ when you fly a long distance is, "Drink plenty of water." 長い距離を飛行機で行くとき大切なのは「たくさん水を飲む」ことである / a ～ of conduct 行動の規範

連語 【形＋～】 a hard and fast ～ 絶対的な規則 / a general ～ 一般原則 / basic ～*s* 基本的な規則 / the golden ～ 行動の指針；(キリスト教の) 黄金律 / legal ～*s* 法律の規則 / an unwritten ～ 不文律 / a strict ～ 厳しい規則 / a basic ～ 基本的な規則 【動＋～】 「keep (to) [OR obey, follow, observe] the ～*s* 規則を守る / break [OR violate] the ～*s* 規則を破る / make [lay down, establish] a ～ 規則を作る[定める] / apply the ～ 規則を適用する

❷ Ⓤ **支配**, 統治, 統治権；統治期間, 治世 ‖ The island was then under foreign ～. その島は当時外国の統治下にあった / majority ～ 多数者による支配；多数決原理 / the ～ of force 武力政治 / the ～ of law 法の支配 / military ～ 軍政

❸ 《通例単数形で》**慣習**, 慣例, 習わし；主義；いつものこと, 通例, 通則 ‖ I have a ～ that my palmtop must always be handy. 私はいつも小型コンピューターを手元に置くことにしている / 「My ～ is [OR It is my ～] to go to the gym twice a week. 私は週に2回スポーツジムに通うことにしている / Rainy weather is the ～ here in April. 当地の4月は雨が降るのがふつうである

❹ 〖宗〗宗規 ‖ the Benedictine ～ ベネディクト会会則

❺ 〖法〗(法廷の) 命令, 裁定；規則命令；準則, 法規範

❻ 《しばしば ～s》(科学の) 法則 (law)；(数学の) 解法；(文法の) 規則 ‖ the ～*s* of English grammar 英文法の規則 ❼ 定規, 物差し (ruler) ❽ 〖印〗罫(けい), 罫線

****a rùle of thúmb*** 経験則, 経験から生まれた知恵 《醸造業者が指で温度を確かめたことから》

****as a* (*gèneral*) *rúle*** **概して**, 一般に (generally)；通例は (usually) ‖ It is not, *as a general* ～, easy to hate a small child. 小さな子供を憎むなんてことは, ふつうはなかなかできることじゃない

bènd [OR ***strètch***] ***the rúles*** 規則を曲げる

by rúle 規則どおりに, 一律に, 杓子(しゃくし)定規に ‖ He does everything *by* ～. 彼は何でも杓子定規にやる

màke it a rúle to dó …すること(を習慣)にしている ‖ I *make it a* ～ never *to* confuse public and private matters. 私は決して公私混同をしないことにしている

plày by the rúles 規則に従って[公平に]行う

the rúles of the gàme 物事の決まり[やり方]

wòrk to rúle 《主に英》(労働組合員が) 順法闘争をする

COMMUNICATIVE EXPRESSIONS

1 **Could you relàx the rúles in thìs càse?** この場合については規則を緩めてもらえませんか (♥ 例外を認めるよう求める)

2 **I'd lìke to lày dòwn a fèw gróund rùles.** まず基本的な原則を2, 3確認しておきたいのですが (♥ 企画・行動などを開始する前に確認事項を述べる際の前置き)

3 **Rúles are màde to be bróken.** 規則なんて破られるためにあるようなものだ (♥「仕方ないよ」というニュアンス)

4 **Rúles are mèant to be fóllowed, nòt bróken.** ルールはちゃんと守りましょう (♥ 規則違反をしようとしている人をたしなめる)

5 **Rùles are rúles.** 決まりは決まりだ (守らねばならない)

6 **The rúle is** [OR **sàys, reqùires**] **that** there should be nò drínking during the féstival. 規則ではお祭りの間は禁酒となっています (♥ 規則の確認)

―**動** (**～s** /-z/；**～d** /-d/；**rul·ing**)

―**他** ❶ …を**支配する**, 統治する, 治める；…に指図[命令]する, …を牛耳る (⇨ **類語**, GOVERN **類語**) ‖ The Romans once ～*d* most of Europe. ローマ人はかつてヨーロッパの大半を支配した / The chairman ～*s* the committee with an iron hand [OR fist]. 議長は委員会を強圧的に支配している / She ～*s* her husband. 彼女は夫を尻(しり)に敷いている / Silence ～*d* the courtroom. 沈黙が法廷を支配した

❷ (感情などが) …を左右する, …に影響を及ぼす (♦しばしば受身形で用いる) ‖ Don't be ～*d* by your emotions. 感情に左右されてはならない / The desire for power seemed to ～ his whole life. 権力欲が彼の全生涯を支配しているようだった / She never 「let her heart ～ her head [allowed her passion to ～ her judgment]. 彼女は感情に駆られて理性を失う[判断を狂わす]ようなことはなかった

❸ **a** 《＋**that** 節》(判事・議長など権威者が) …であると裁定する ‖ The **court** ～*d that* the witness be [《主に英》should be] disqualified. 法廷はその証人を不適格であると裁定した

b 《＋目＋ (**to be**) 補》…を…であると裁定する ‖ The **court** ～*d* their actions (*to be*) illegal. 法廷は彼らの行為を違法であると裁定した / His death had been ～*d* a suicide. 彼の死は自殺と認定されていた

❹ 〔線〕を定規で引く, 〔紙など〕に罫を引く ‖ ～ lines on paper＝～ paper with lines 紙に線を引く

❺ 〔感情など〕を抑制する, 抑える ‖ ～ one's temper [passions] 怒り[感情]を抑える

❻ …の基調[中心]をなす ‖ The climate in the country is ～*d* by mildness. その国の気候はおおむね温和である

―**自** ❶ 〈…を〉**支配する**, 統治する 〈**over**〉 ‖ a feudal lord who had ～*d over* this land この地を支配していた封建領主

❷ 裁決[判決]する 〈**on** …について；**in favor of** …に賛成の；**against** …に反対の〉 ‖ The chairman ～*d against* [*in favor of*] admitting the press to the meeting. 議長は会議に報道陣の立ち入りを禁じる[認める]裁定を下した ❸ **a** 支配的[一般的]である ‖ Chaos ～*d* in the aftermath of the war. 終戦直後は混乱状態だった **b** 《＋補〈形〉》(…の状態で) 支配的である；〖商〗(価格・商品が) (ある水準で) 持ち合う, 継続する ‖ Love ～*d* supreme in her heart. 彼女の心の中では愛が至上であった / Prices ～ high [low, firm].＝High [Low, Firm] prices ～. 物価が高値[安値, 安定した値]で持ち合っている ❹ 《口》最高である, 素晴らしい (♦落書きなどでも用いられる) ‖ The Yankees ～! ヤンキース最強

rùle óff ... / ***rùle ... óff*** 〈他〉〔数字の欄など〕を線を引いて区切る

****rùle óut ...*** / ***rùle ... óut*** 〈他〉(規定などによって) …を**除外する**, 排除する；…はあり得ないとする, …を認めない；…を不可能にする, …を問題外とする (preclude) ‖ The age limit ～*s* him *out* as a candidate. 年齢制限により彼は立候補できない

rùle Á òut of B́ 〈他〉《受身形で》*A* (競技者) が *B* (大会など) から排除される

類語 《**他** ❶》 **administer** 責任のある立場の人が管理するという意味.
rule 主権者による権力の行使の意味合いが強い.
govern 特に大きな行政単位の統治を表す.
manage ビジネスや組織などの業務を管理運営するという意味が強い. 〈例〉*manage* a business [hotel, shop, bank, football team] ビジネス[ホテル, 店, 銀行, フットボールチーム]を管理する

rúle·bòok 名 ❶ Ⓒ 規則書, (特に) 就業規則 ❷ 《the ～》ルール集

:rul·er /rú:lər/

―名 Ⓒ ❶ **支配者**, 統治者, 君主
❷ **定規**, 物差し；罫(けい)を引く人[道具]

~·shìp 名 U 支配[統治]者の地位[職, 在職期間]

*__rul·ing__ /rúːlɪŋ/ 形《限定》❶ 支配[統治]する ‖ the ~ class(es) 支配階級 / the ~ party 政権(政)党, 与党 ❷ 支配的な, 有力な, 優勢な, 主な ‖ one's ~ passion (行動を動機づける)主な感情 ❸ (相場などが)一般の, 広く行き渡った ‖ the ~ price 時価

—名 ❶ C 判決, 裁定, 決定〈**on** …についての / **that** 節 …という〉‖ The court will make [OR give] its ~ *on* that case tomorrow. 明日その訴訟に対する裁判所の判決が出る / the commission's ~ 委員会の裁定 ❷ U 線を引くこと；引いた線, 罫線 ‖ a ~ pen カラス口《製図用具》 ❸ U 支配, 統治

*__rum__[1] /rʌm/ 名 U C ❶ ラム酒；グラス1杯のラム酒 ❷《米》(一般に)酒, アルコール飲料 ‖ I'll have a ~ and coke. ラム酒のコーク割りを頂きます

rum[2] /rʌm/ 形《通例限定》《英口》《旧》妙な, おかしな ‖ a ~ start [go] おかしな出来事[妙な具合]

Ru·ma·ni·a /ruméɪniə/ 名 =Romania

Ru·ma·ni·an /ruméɪniən/ 形 名 =Romanian

rum·ba /rʌ́mbə/ 名 U C ルンバ《キューバのアフリカ系住民の間で生まれた音楽・舞踏》；その曲

—動 自 ルンバを踊る

*__rum·ble__ /rʌ́mbl/ 動 自 ❶ (雷・機械などが)ごろごろ鳴る；(腹が)ぐうぐう鳴る ‖ The thunder is *rumbling* in the distance. 遠くで雷が鳴っている / My stomach is *rumbling*. 腹が(すいて)ぐうぐう鳴っている ❷《+副句》(車などが)ごろごろ[がたごと]通る ‖ The train ~*d* through the town. 列車がごとんごとんと町を通り過ぎて行った ❸《米・ニュージ俗》(若者の集団同士が)路上でけんかする

—他 ❶ …を低く重い声で言う《**out**》‖ He ~*d out* his command. 彼は低く重々しい声で命令した ❷〔金属部品など〕を回転筒内で研磨する ❸《英口》〔人(の悪事など)〕を見抜く, 見破る(♦しばしば受身形で用いる)

rùmble ón 〈自〉《主に英》(議論などが)だらだら続く；(悪い状況などが)だらだらと長引く ‖ The discussion is still *rumbling on*. その議論はまだだらだら続いている

—名 C ❶《単数形で》〈…の〉ごろごろ[がらがら]いう音, とどろき〈**of**〉‖ a ~ *of* thunder 雷鳴 ❷ 不満[反抗]の声 ‖ ~*s* of discontent [unease] 不満[不安]の声 ❸ (= ~ **sèat**)《米》(旧式の自動車後部の覆いのない)折り畳み式補助席 ❹《米・ニュージ俗》(特に若者の集団同士の)路上のけんか(street fight)

▸▸ ~ **strìp** 名 C (道路の)凹凸舗装帯《路面の凸凹によるタイヤの異常音で運転者に注意を促す減速表示の一種》

rum·bling /rʌ́mblɪŋ/ 名 C ❶ がらがら[ごろごろ]いう音 ‖ the ~ of thunder 雷のごろごろ鳴る音 ❷《通例 ~s》不満, 不平 ‖ ~*s* of discontent 世間の不満の声

—形 がらがら[ごろごろ]いう；(不満・争いで)騒々しい

rum·bus·tious /rʌ̀mbʌ́stʃəs/ 形《主に英口》(人・行為などが)騒々しい, 手に負えない(《米》rambunctious)

ru·men /rúːmen/ 名 (複 **~s** /-z/ OR **-mi·na** /-mɪnə/) C〘動〙反芻(はんすう)胃《反芻動物の第1胃》

ru·mi·nant /rúːmɪnənt/ 名 C 反芻動物

—形 ❶ 反芻する, 反芻動物の ❷ 沈思黙考する

ru·mi·nate /rúːmɪnèɪt/ 動 自 ❶ (牛・羊などが)反芻する, 繰り返してかむ ❷〈…を〉沈思黙考する,〈…のことを〉思い巡らす〈**over, about, on**〉

ru·mi·na·tion /rùːmɪnéɪʃən/ 名 U ❶ 反芻 ❷ 沈思黙考, 熟慮；C《しばしば ~s》熟慮の結果

ru·mi·na·tive /rúːmənèɪṭɪv | -mɪnə-/ 形 考え込む, 黙想にふける **~·ly** 副

*__rum·mage__ /rʌ́mɪdʒ/ 動 自 くまなく捜す, かき回して捜す《**around, about**》〈**in, among, through** 場所を；**for** …を求めて〉‖ ~ *about in* the drawer *for* a key 引き出しを引っかき回して鍵(かぎ)を捜す

—他 ❶〈…を求めて〉〔場所〕をくまなく捜す, かき回す；…をひっくり返して捜す〈**for**〉‖ ~ one's handbag *for* a ticket ハンドバッグをかき回して切符を捜す ❷ (かき回して)…を捜し出す《**out, up**》‖ She ~*d out* her old ski boots. 彼女はあちこちひっくり返して古いスキー靴を見つけた

—名 ❶ U (バザー用などの)がらくた, 古着 ❷ C《a ~》〈場所を〉引っかき回して捜すこと《**around, about**》〈**in, among, through**〉‖ Though he had a (good) ~ *around* [OR *about*], he couldn't find his passport. 彼は隅から隅まで捜したがパスポートは見つからなかった

▸▸ ~ **sàle** 名 C《主に米》がらくた市, (特に)慈善バザー(《英》jumble sale)；(商店の)蔵ざらえ

rum·my[1] /rʌ́mi/ 形 =rum[2]

rum·my[2] /rʌ́mi/ 名 (複 **-mies** /-z/) C《米俗》飲んだくれ, 酔っ払い(drunkard)

rum·my[3] /rʌ́mi/ 名 U ラミー《トランプ遊びの一種》

:**ru·mor,** 《英》**-mour** /rúːmər/

—名 C U うわさ, 風聞, 風説, 流言〈**about, of** …の[に関する] / **that** 節 …という〉‖ I **heard** a groundless ~ *about* her. 彼女に関する根拠のないうわさを聞いた / The whole TV program was based on ~. そのテレビ番組は全部うわさに基づいたものだった / There is a ~ *that* he'll be the next Prime Minister. 彼が次期首相になるといううわさだ / The ~ is **spreading** [OR **circulating**] throughout the country. そのうわさは国中に広まっている / *Rumor* has it *that* she got married. 彼女は結婚したといううわさだ / *Rumors* are flying (around) *that* ... …といううわさが流れている

—動 他《It is ~ed+that 節 または be ~ed to *do* で》(人が)…(する)といううわさである ‖ It is ~*ed* (about) *that* he has resigned.=He is ~*ed to* have resigned. 彼は辞職したといううわさだ

▸▸ ~ **mìll** 名《通例 the ~》《米俗》うわさの出所

rú·mored, 《英》**-moured** 形 うわさの, うわさされている ‖ the ~ disaster うわさに聞く災害

rúmor·mònger 名 C ⊗《蔑》うわさ[デマ]を広める人

*__ru·mour__ /rúːmər/ 名 動《英》=rumor

rump /rʌmp/ 名 ❶ C (動物の)尻(しり), 臀部(でんぶ)；《口》《主に戯》(人の)尻 ❷ U C (牛の)尻肉, ランプ ‖ ~ steak ランプステーキ ❸ C《単数形で》残余, 残部, 残りかす；(政党・団体・議会などの)残党 ❹《the R-》〘英国史〙残余議会 (the *Rump* Parliament)《1648年の長老派議員追放後の残留者による議会(1648–53および1659–60)》

rum·ple /rʌ́mpl/ 動 他〔衣服・頭髪など〕をくしゃくしゃ[もみくちゃ]にする —自 しわになる, くしゃくしゃになる

—名 C《単数形で》しわ, ひだ(wrinkle) **~d** 形

rum·pus /rʌ́mpəs/ 名 C《通例単数形で》《口》大騒ぎ, 騒音, 騒動；激論, 口論 ‖ kick up [OR make, raise] a ~ 騒ぎを起こす ▸▸ ~ **ròom** 名 C《米・カナダ・豪・ニュージ》(ふつう地下の)遊戯室, 娯楽室

rum·py pum·py /rʌ̀mpi pʌ́mpi/ 名 U《英口》《戯》(行きずりの)セックス, 性行為

rúm·rùnner 名 C《米》酒類密輸者[船]

:**run** /rʌn/ 動 名

中心義 ある方向に速く[連なって]向かっていく

> 動 自 **走る❶ 急いで行く❷ 逃げる❹ 動く❽ 運行される❾ 続いている❿ 流れる⓫**
> 他 **走る❶ 運行させる❸ 運営する❹ 動かす❽ 流す❿**
> 名 **走ること❶ 運行❸ 連続上演❻ 連続❼**

—動 (**~s** /-z/；**ran** /ræn/；**run**；**run·ning**)

—自 ❶ **a** (人・動物が)**走る**, 駆ける；ランニングする ‖ My son throws his school bag in the house and ~*s* right out to play. 息子は学校のかばんを家の中に投げ込むとそのまま走って外に遊びに行く / He *ran* all the way to the station in a heavy rain. 彼は大雨の中を駅まで走った / I *ran* as hard as I could to make the last bus. 最終バスに間に合うように全速力で走った / *You must*

R

learn to walk before you can ～. (=Don't try to ～ before you can walk.)《諺》走る前に歩くことを覚えなければならない；一気に難しいことをするな / ～ across a road 走って路を横断する / ～ down a street 通りを走って行く / go *running* ランニングをする / ～ on and on 走り続ける

b《+副句》…の距離を走る (♦ 距離を表す語句を前置詞なしで用いることがある. → 他 ❶) ‖ I *ran* (for) five kilometers this morning. 私は今朝5キロ走った

❷ **急いで行く**〈**to** …へ；**for** …を求めて〉；〈救援などに〉駆けつける〈**to**〉‖ *Run* and open the door.=*Run* to open the door. 急いで行ってドアを開けなさい (♦ 口語, 特に命令文では run to *do* の代わりに run and *do* を用いることが多い) / I must ～ up *to* London immediately. すぐロンドンへ急いで行かなければならない / She ～*s to* her mother every time she needs money. 彼女は金が必要になるといつも母親の所へ飛んで行く / We *ran to* his rescue. 我々は彼の救援に駆けつけた

❸ (近くに)ちょっと出かける[訪ねる]；短い旅行をする《***down, over, out,*** etc.》；(場所を)自由に動き回る, ぶらつく；忙しく走り回る《***around, about***》‖ ～ (*down*) to the supermarket スーパーまでちょっと行く / Let the cattle ～ in the field. 牛は牧場に放してやりなさい / Don't ～ *around* for a few days. 2, 3日は動き回らないでじっとしていなさい

❹ **逃げる**, 逃走する《***away, off***》(↔ stay) ‖ The monkey broke loose and *ran away*. その猿は檻(おり)を破って逃げ出した / ～ for one's life 命からがら逃げる

❺ (人・馬などが)〈…の〉競走に出る〈**in**〉；(競走などで)…位に入る, …着になる ‖ ～ *in* the marathon マラソンに出場する / ～ first [(a poor) second, last] 1位 [(1位と大差で)2位, 最下位]に入る

❻ (選挙に)立候補する, 打って出る〈**in** …に；**for** …候補として；**against** …の対抗馬として〉(《英》stand) ‖ He *ran for* President *against* the incumbent. 彼は現職を相手に大統領選に出馬した / ～ *in* the Lower House election 衆議院[下院]議員選挙に出る

❼《+副句》(車・物が)(ある方向に)勢いよく動く[走る]；(物が) さっと [滑るように] 進む [走る]；(ボールなどが) 転がる ‖ The car *ran* down the hill out of control. 車は制御がきかず猛スピードで坂を下った / The tanker *ran* aground. タンカーは座礁した / His eyes *ran* over the page. 彼の目はページの上を走った / The ball *ran* up onto the green. ボールはグリーンまで転がっていった

❽ (機械などが)〈…の動力で〉**動く**, 作動する〈**on, off**〉；💻 (プログラムが)〈コンピューターで〉動く〈**on**〉；(録音・録画テープなどが) 走る；《主に進行形で》(物事が) 順調に進む (⇨ MOVE 類語P) ‖ The car still ～*s*. その車はまだ動く / ～ *on* batteries [gas] 電池[ガソリン]で動く / ～ *off* solar energy 太陽エネルギーで動く / The computer began to ～. コンピューターが起動し始めた / Things are *running* smoothly. 事は順調にいっている

❾ (バス・電車などが)**運行される**, 通っている ‖ The buses ～ every ten minutes on weekdays. バスは平日は10分ごとに出る / How often does the airport limousine ～? 空港送迎バスはどのくらいの間隔で出ていますか / The trains are *running* an hour late. 列車は1時間遅れで運行している / If you want to be economical, a long-distance bus ～*s* between Tokyo and Osaka. 安くあげたいなら, 長距離バスが東京・大阪間を走っていますよ (♦ 乗り物が単に移動することを表す場合はふつう run よりも move などを用いる (⇨ PB 61). 〈例〉The bus moved very slowly. バスはとてもゆっくりと進んだ)

❿《+副句》(道路・塀などが) **続いている**, 通っている (↔ stop) (♦ 副句 は方向を表す. 進行形にはしない) ‖ The road ～*s* north [through the woods, along the coastline]. その道路は北に向かって[森を抜けて, 海岸線に沿って] 走っている / The lawn ～*s* down to the stream. 芝生は小川まで続いている / The tram tracks ～ parallel to the bypass. 市電の路線がバイパスと並行して走っている

⓫ **a**《+副句》(水・川などが)**流れる**；(涙・汗などが)流れる (♦ 副句 は方向を表す) ‖ This river ～*s* into the Japan Sea. この川は日本海に注いでいる / Tears *ran* down her cheeks. 涙が彼女の頬(ほお)を流れ落ちた

b《+補〈形〉》(ある状態で) 流れる ‖ The water is *running* clear. 水の流れが澄んでいる / My blood *ran* cold. 私はぞっと[ひやりと]した

⓬ (鼻が)鼻水を出す, (目が)涙を出す；(人が)鼻水[涙]を流す ‖ Your nose is *running.*=You are *running* at the nose. 鼻水が出ているよ

⓭《通例進行形で》(蛇口などが) 水を流し出す；(ふろに) 水が入っている ‖ Who left the faucet *running*? 蛇口を出しっ放しにしたのはだれだ / The bath is *running* for you. おふろにお湯を入れてますからね

⓮《+副句》(感覚などが)〈体の中を〉走る, 伝わる；(思い・考えなどが)〈心に〉さっと浮かぶ；(うわさ・興奮などが)〈…に〉広まる〈**through, down,** etc.〉‖ A thrill *ran down* my spine. 戦慄(せんりつ)が背筋を走った / An idea *ran through* his mind. 1つの考えが彼の心にひらめいた / The news [rumor] *ran through* the town. そのニュース [うわさ] が町中を駆け巡った

⓯ (時間などが)流れる, たつ ‖ Time *ran* slowly. 時間のたつのが遅かった / The hours *ran* by. 数時間が過ぎた (→ *run into* ④(↓))

⓰《+副句》《通例進行形で》(時間的に早く, 遅く, きっかりに) 着く[来る, 進行する] ‖ Bobby's *running* late, so we'll start without him. ボビーは遅くなるから先に出発しよう / The program was *running* behind schedule. プログラムは予定より遅れて進行していた

⓱ (期間・範囲などが)続く, 及ぶ, 達する；(法律・契約などが) 有効である；(映画などが) 続けて上演される ‖ The meeting *ran* until ten. 会議は10時まで続いた / The guarantee ～*s* for two years. 保証は2年間である / His sentence had another year to ～. 彼の刑期はあと1年あった

⓲《+**with** 名》《通例進行形で》(場所が)〔流れた液体など〕でぬれる, あふれている ‖ The floor was *running with* water. 床が水浸しになっていた

⓳ (洗濯などで)(色が)にじむ, 落ちる；(ペンキなどが)垂れてはみ出す；(バターなどが) 溶けて流れる ‖ These jeans don't ～ when you wash them. このジーンズは洗っても色が落ちませんよ

⓴ (遺伝的性質などが) 〈…に〉伝わる〈**in**〉；(テーマなどが)〈…に〉(一貫して)流れている〈**through**〉‖ Genius ～*s in* her family. 彼女の家には天才の血筋が流れている

㉑《+圓》(話などが)(…と)書いてある, なって[言って]いる；(物語などが) (…の) ように流れる, 進行する ‖ The letter ～*s* as follows. 手紙の文面は以下のとおりである

㉒ (話などが)(記事として)掲載される；(番組などが)放映される ‖ The article *ran* in the morning paper. その記事は朝刊に載った

㉓ (編み物などが)ほどける, ほつれる；《米》(靴下が)伝線する (《英》ladder) ‖ Her stocking has *run*. 彼女のストッキングは伝線している

㉔《+補〈形〉》(ある状態に)なる, 陥る；(あるレベルに)達する (♥ 好ましくない状態になるというニュアンスがある) ‖ We are *running* short of time.=Time is *running* short. 時間が残り少なくなってきた / The jet was *running* low on fuel. そのジェット機は燃料が少なくなってきていた / That stream ～*s* dry half the summer. その川は夏の半分はかれている / Bureaucratic corruption ～*s* rampant [OR rife]. 官僚の汚職がはびこっている / ～ mad 発狂する / ～ wild (人が)したい放題する；(動植物が)野放しに育つ, はびこる

㉕《しばしば進行形で》(数量などが) 〈…の〉状態である, 水

準である〈**at**〉‖ Prices are *running* high. 物価は高い状態である / Unemployment ～*s* as high as 10%. 失業率は10%にまで達している ㉖ (魚が)(産卵のため)川を上る, 回遊する ㉗ (植物のつるなどが)伸びる, はう

— 他 ❶〔コース・距離など〕を**走る**, 〔レースなど〕に出る, 参加する ; 〔レース〕を開催する ; 走って〔用事など〕をする ‖ He will ～ the marathon this afternoon. 彼は今日の午後マラソンに出ます / ～ a mile in four minutes 1マイルを4分で走る / The race was ～ in the rain. レースは雨の中で開催された / He often ～*s* errands for his mother. 彼はよく母のために使いに出る / let the situation ～ its course 情勢を成り行きに任せる

❷ **a** 《+目》〔馬など〕を(レースで)走らせる ‖ ～ one's horse in the Derby 持ち馬をダービーに出走させる
b 《+目+補〈形〉》…を走らせて…(の状態)にする ‖ My children always ～ me ragged. 子供たちのせいでいつも走り回ってへとへとだ / ～ oneself out of breath 走り疲れて息が切れる

❸〔車など〕を走らせる ; 〔バス・電車など〕を**運行させる** ; 〔車など〕を衝突させる ‖ ～ one's car「off the road [into a fence] 車を道からそらせる[垣根に突っ込ませる] / They ～ extra trains during the ski season. スキーシーズンには列車が増発される / ～ a bus between Chicago and Detroit シカゴ・デトロイト間にバスを運行する

❹ …を**運営する**, 経営する, 管理する, 切り回す ; 《主に英》〔自家用車〕を持つ ‖ ～ a restaurant [school] レストラン[学校]を経営する / ～ one's own business 自営業を営む / ～ a household 世帯を切り盛りする / ～ a car 車を持つ(だけの経済的余裕がある) / a well-[badly-] *run* company 経営状態のよい[悪い]会社 / state-*run* enterprises 国営事業

❺〔人〕を立候補[出馬]させる〈**for** …候補として ; **in** …選挙 に〉‖ They *ran* her *for* mayor [the student council]. 彼らは彼女を市長[学生自治会]に立候補させた

❻〔人〕を車で〈…へ〉送る, 〔物〕を車で〈…へ〉運ぶ〈**to**〉‖ I'll ～ you home [*to* the station] (in my car). 家[駅]まで車で送りましょう

❼ **a** 《+目+副句》〔針など〕を刺す ; 〔糸など〕を通す ; 〔線など〕を引く ; 〔ひもなど〕を張る, 渡す ; 〔指・視線など〕を(滑らかに)滑らせる, 走らせる(♦ 副句 は方向を表す) ‖ ～ a splinter into one's hand 手にとげを刺す / ～ a string through a hem 縫い縁にひもを通す / ～ a rope between two trees 2本の木の間にロープを張る / ～ one's hand [fingers] through one's hair 手[指]を髪に走らせる(♦ 落ち着かないときなどのしぐさ) / ～ one's eyes over a letter 手紙にざっと目を通す
b 《+目》(物が)…の長さ[幅, 範囲]に渡る ‖ The scratch ～*s* the whole length of the table. その引っかき傷はテーブルの全長にわたっている / ～ the gamut of ... …の全範囲にわたる

❽〔機械など〕を**動かす**, 作動させる ; 〔テープなど〕を回す ; 💻〔プログラム〕を実行する, 〔コンピューター・ソフトウェア〕を起動する ‖ The steam ～*s* a turbine that generates electricity. 蒸気がタービンを回し発電する / ～ an engine エンジンを動かす / ～ a video forward and backward ビデオを進めたり戻したりする / ～「software [a program] ソフト[プログラム]を起動する

❾〈…の〉〔実験・テストなど〕を行う ; …を実験にかける〈**on**〉; …を処理する ‖ ～「a test [an experiment] (*on* ...) (…について)テスト[実験]を行う / ～ a check *on* the computer コンピューターのテストをする

❿ **a** 《+目》〔液体〕を**流す** ; 〔蛇口など〕から水を流す ; 〔ふろ〕を入れる ‖ ～ water into a glass コップに水を注ぐ / ～ the tap 蛇口から水を出す
b 《+目 *A*+目 *B* ⇄ +目 *B*+**for** 目 *A*》*A*(人)のために*B*(ふろ)に湯[水]を入れる ‖ She *ran* me a nice hot bath. = She *ran* a nice hot bath *for* me. 彼女は私にいい湯加減のふろを入れてくれた

⓫ (場所などが)…に浸っている ‖ The street *ran* oil after the truck overturned. そのトラックが転倒した後通りは油だらけだった

⓬〔危険〕に身をさらす, …を冒す ; 〔支払いなど〕を滞らせる ‖ ～ a serious risk on her behalf 彼女のために大変な危険に身をさらす / ～ a deficit 赤字を出す / ～ a tab つけをためる

⓭ 《主に米》〔早瀬など〕を下る, 渡る ‖ ～ the rapids 早瀬を(舟で)下る

⓮ **a** 《+目》〔記事・広告など〕を載せる ; 〔番組など〕を放映する ; 〔映画〕を(連続して)上映する ‖ *The Times ran* a special feature on kabuki. タイムズ紙は歌舞伎の特集記事を掲載した **b** 《直接話法で》…と書いてある, 言っている ‖ "Protestant shot dead in Northern Ireland," ～*s* the newspaper headline. 「北アイルランドでプロテスタント射殺」と新聞の見出しにある

⓯ 《しばしば進行形で》〔熱〕を出す ‖ She's *running* a (high) temperature [OR fever]. 彼女は(高)熱を出している

⓰ …を密輸する ‖ ～ arms [drugs] 武器[麻薬]を密輸する

⓱〔障害など〕を走り抜ける, 突破する ‖ ～ a red light 《口》赤信号を無視して通る / ～ a blockade 封鎖を突破する

⓲〔衣服など〕をほつれさせる ; 《米》〔靴下など〕を伝線させる (《英》ladder) ‖ She *ran* her stocking on a nail. 彼女はストッキングをくぎに引っかけて伝線させた

⓳ 《米口》《+目 *A*+目 *B*》*A*(人)に*B*(金額)がかかる, …を支払わせる (cost) ‖ The video game *ran* him $50. 彼はこのゲームソフトに50ドル支払った

⓴〔鉱石・金属など〕を溶かす, 溶かして流し込む ; …を鋳造する ‖ ～ bullets 弾丸を鋳造する ㉑〖ゴルフ〗〔ボール〕をランさせる ㉒〖ビリヤード〗ミスなく連続プレーして〔得点〕をあげる

còme rúnning 《口》① (人の要求・依頼などに)喜んですぐ応じる ② (困ったとき)〈人に〉助けを求めに来る〈**to**〉

rùn abóut (...) 〈自・他〉《英》= *run around* 〈自〉①, 〈他〉(↓)

＊***rún acròss ...*** 〈他〉① …を**走って横切る**[渡る] (→ 自 ❶) ② …を**偶然見つける** ; …に偶然出会う ‖ ～ *across* an old photo of him 彼の古い写真を偶然見つける

＊***rùn áfter ...*** 〈他〉① …の後を追いかける, 追跡する ; 《口》…を追い求める (pursue) ‖ ～ *after* wealth 富を追い求める ② 《口》〔異性〕の後を追い回す

rún against ... 〈他〉① …の対抗馬として立候補する (→ 自 ❻) ② …に不利になる ③ …に偶然出会う

rùn alóng 〈自〉①《命令形で》《口》あっちへ行く(♦ 特に子供に対して用いる) ‖ *Run along* now and play with your dolls. さあ向こうへ行ってお人形と遊んでらっしゃい ② 立ち去る, 辞去する ‖ I must be *running along* now. もうおいとましなければなりません

＊***rùn aróund*** 〈自〉① あちこち走り[動き]回る ② 《口》〈特に悪い仲間などと〉付き合う ; 〈浮気相手などと〉遊び回る〈**with**〉③ 《口》(こまごまとした仕事に)忙しく走り回る(♦ しばしば *doing* を伴う) (→ CE 4) ‖ I *ran around* all day shopping for Christmas presents. クリスマスプレゼントを買いに1日中走り回った — 〈他〉《***rùn aróund ...***》…をあちこち走り[動き]回る

rùn aróund after a pérson 〈他〉《口》〔人〕の世話をこまごまとする

rún at ... 〈他〉① …を目がけて走る ; …に襲いかかる ② (数量などが)…の水準である (→ 自 ㉕)

＊***rùn awáy*** 〈自〉〈…から〉走り去る, 逃げ去る ; 家出する ; 〈難しい問題などから〉逃避する〈**from**〉(→ 自 ❹) ; 駆け落ちする《*together*》

rùn awáy with ... 〈他〉① …と駆け落ちする ; …を持ち逃げする ② 〔賞など〕をさらう ; 〔試合など〕に楽勝する ; 〔ショーなど〕の人気をさらう ‖ ～ *away with* the prize [competition] 賞をさらう[試合に楽勝する] ③(感情などが)〔人〕を支配する,〔人〕の自制心を失わせる ‖ His temper *ran away with* him. 彼はかんしゃくを起こして自制心を失った ④《しばしば否定文で》〔…という考え・印象など〕を誤って持つ, 早合点する ‖ Don't ~ *away with* the idea that ... …だという思い違いをしないでくれ ⑤〔金・エネルギーなど〕を(あっという間に)消費する ⑥(馬などが)〔人〕を乗せて暴走する

rùn báck 〈他〉《***rùn báck ... / rùn ... báck***》〔テープなど〕を巻き戻す ─〈自〉走って[急いで]帰る

rùn báck over ... 〈他〉…を再考[検討]する, 回顧する

*****rùn bý*** [OR ***past***] 〈他〉《***rùn À bỳ B́***》(反応などを見るために)*B*(人)に*A*を話す, 説明する(explain) ‖ I don't get it ― ~ that *by* me again. わからないなあ ― もう一度説明してくれ ─〈自〉(ある場所に)ちょっと立ち寄る

R

*****rùn dówn*** 〈他〉 **I** 《***rùn dówn ... / rùn ... dówn***》①(車(の運転者)が)…をひく, はねる(♦しばしば受身形で用いる)(knock down);(船が)〔他船〕を衝突して沈ませる ② …のことを悪く言う, けなす, こき下ろす ③(長い追跡・探索の後に)…を突き止める;…を追い詰める(track down;trace) ‖ I finally *ran* him *down* at his friend's home. ついに彼が友達の家にいるのを突き止めた / ~ *down* a rumor うわさの出所を突き止める ④〔機械など〕を動かなくする;〔電池など〕を切らす ⑤〔会社など〕を縮小させる, 閉鎖させる;〔量など〕を減少させる ‖ ~ production *down* 生産量を減少させる ⑥〔人〕を疲れきらせる, 弱らせる;〔建物など〕を疲弊させる, 荒れ果てさせる(♦しばしば受身形で用いる) ⑦〖野球〗〔走者〕を挟殺(きょうさつ)する **II** 《***rùn dówn ...***》 ⑧(水・涙・汗などが)…を流れ落ちる(→ 自 ⓫) ⑨〔リスト・項目など〕をざっと読む[見る, 調べる] ‖ Let me ~ *down* the membership list. 会員名簿に目を通させてください ─〈自〉①(水・涙・汗などが)流れ落ちる(→ 自 ⓫) ②(機械などが)止まる;(電池などが)切れる ③(会社・仕事などが)縮小する, 衰退する, 閉鎖する;(力などが)衰える;(場所・建物などが)荒れ果てる ‖ My neighborhood has *run down*. この辺りはさびれ果てた

rún for it 《口》《しばしば命令形で》さっさと逃げる

rùn hígh ① ⇨ 自 ㉕ ②(感情が)高ぶる ‖ Feelings *ran high* against him. 彼に対しての反感が高まった

rùn ín 〈他〉 **I** 《***rùn ín ... / rùn ... ín***》①《口》〔人〕を逮捕する(♦しばしば受身形で用いる) ‖ He was *run in* for drunk driving. 彼は飲酒運転で警察に引っ張られた ②《英》〔新車など〕を慣らし運転する, 使い慣らす(《米》break in) ③〔言葉・絵など〕をはめ込む, 挿入する ④〔文節など〕を追い込みにする **II** 《***rùn ... ín***》⑤《口》〔人〕を車で送る;〔車など〕を〈…の目的で〉運び入れる〈**for**〉 **III** 《***rùn ín ...***》⑥〔選挙など〕に出馬する(→ 自 ❻) ⑦(遺伝的性質などが)〔家族など〕に伝わる(→ 自 ⑳) ─〈自〉《口》(家に)ちょっと立ち寄る

*****rún into*** 〈他〉 **I** 《***rún into ...***》①…に**衝突する**, ぶつかる, 突っ込む;…に突き刺さる ‖ His car *ran into* the hedge to avoid a collision. 衝突を避けようとして彼の車は生け垣に突っ込んだ / ~ *into* a stone wall 石の壁にぶつかる;(超え難い)壁に突き当たる / ~ *into* the sand 砂に潜り込む;失敗に終わる, 水泡に帰する ②〔人〕に**偶然出会う**(→ CE 1, 6) ③〔困難・問題・悪天候など〕に遭遇する;〔悪い状態〕に陥る, なる ④〔ある数量・額〕に達する;(時間が)経過して…になる ‖ The incidents *ran into* (the) hundreds. そうした事故は何百件にも達した / The weeks *ran into* months. 1週1週と経過しやがて数か月になった ⑤(色などが)…に溶け込む, 混じり合う;(言葉などが)ごっちゃになってぼやける **II** 《***rùn À into B́***》⑥ *A*を*B*に衝突させる[ぶつける, 突き刺す](→ 他 ❸) ⑦ *A*を*B*(困難・問題など)に遭遇させる, *A*を*B*(悪い状況)に陥らせる

*****rùn óff*** 〈他〉 **I** 《***rùn óff ... / rùn ... óff***》①…をコピーする, 印刷する ‖ This printer ~*s off* eighty copies per minute. このプリンターは1分間に80部印刷する ② …をすらすらと書き上げる[暗唱する] ‖ ~ *off* a new song 新しい歌を一気に書き上げる ③ …の決勝戦を行う;〔競技〕を行う ‖ The race will be ~ *off* on Sunday. そのレースの決勝戦は日曜日に行われる ④〔余分な脂肪など〕を走って取り去る ⑤〔侵入者など〕を追い払う ⑥ …を流し出す, 排水する **II** 《***rùn óff ...***》⑦(機械などが)〔動力・燃料〕で動く(→ 自 ❽) ⑧(電車が)〔線路〕から外れる, 脱線する;(車が)〔道路〕からそれる;(物が)〔境界〕からはみ出す ⑨(水などが)〔ある場所〕から流れ出す, はける **III** 《***rùn À òff B́***》⑩ *A*(機械など)を*B*(動力・燃料)で動かす, 運転する ⑪ *A*を*B*から追い出す[追い払う];*A*を*B*(境界)からはみ出させる ─〈自〉①走り去る, さっさと立ち去る, 逃げる(→ CE 5);〈…と〉駆け落ちする;〈…を〉持ち逃げする〈**with**〉 ②流れ出る, 流れ去る, はける ③(道路などが)(わき道に)外れる

rùn ón 〈他〉 **I** 《***rùn ón ... / rùn ... ón***》①〔文・段落・辞書の派生語〕を追い込みにする, 前の行に続ける;(詩で)〔意味のまとまり〕を次行に続ける;〔文〕をつなげる, 続ける;〔文字〕を続き字にする ‖ It is bad style to keep *running on* your sentences with commas. コンマで文をつなげていくのは悪い文体である **II** 《***rùn ón ...***》②(機械などが)〔動力・燃料〕で動く;(コンピューター(のソフトが))…のシステムで作動する(→ 自 ❽) ③(考え・話題などが)…にかかわる, 及ぶ, …のことでいっぱいである ‖ His mind kept *running on* the plan. 彼の頭はその計画のことでいっぱいだった **III** 《***rùn À òn B́***》④ *A*(車・機械・コンピューターのソフトなど)を*B*(動力・燃料・システム)で走らせる, 動かす ⑤ *B*について*A*(実験・テストなど)を行う(→ 他 ❾) ─〈自〉①走り続ける;(道路・鉄道などが)(ある方向に)ずっと続いている ②(時が)経過する ③(物事が)予定よりも[必要以上に]長く続く, だらだらと続く;〈…について〉だらだらと話し続ける〈**about**〉 ④(文・段落が)追い込みになる, 前の行に続く;(詩で意味のまとまりが)次の行に続く;(文が)つながる;続き文字で書く

*****rùn óut*** 〈自〉①走り出る, 流れ出る ②(物品・時間・資金などが)**なくなる**, 尽きる;(人などが)〈…の〉蓄えをなくす,〈…を〉切らす, 使い果たす〈**of**〉 ‖ The battery has ~ *out*. 電池が切れた / I have ~ *out of* ideas. もういい考えが浮かばない / ~ *out of* gas ガス欠になる;くたくたに疲れる / ~ *out of* steam [《米》gas] 《口》力尽きる ③(契約などが)切れる, 終わる(expire) ④(建造物の一部などが)〈…に〉張り出す, せり出す, 突き出る〈**into, to**〉 ⑤(綱などが)繰り出される ─〈他〉 **I** 《***rùn óut ... / rùn ... óut***》①〔競走など〕を走り切る, 頑張って走る;〔競技など〕をやり遂げる ②〖クリケット〗〔ヒットで出た走者〕をアウトにする(♦しばしば受身形で用いる) ③〔綱など〕を繰り出す **II** 《***rùn ... óut***》④《旧》〈…から〉…を追い出す〈**of**〉 ⑤《~ oneself out で》息の切れるまで走る, (走って)疲れきる

rùn óut on ... 〈他〉《口》〔困っている人〕を見捨てる;〔物事〕の責任を放棄する,〔契約など〕の履行をしない

*****rùn óver*** 〈他〉 **I** 《***rùn óver ... / rùn ... óver***》①(車・運転手が)…を**ひく** ‖ Two children were ~ *over* and killed at the crossing. 交差点で子供が2人車にひかれて死んだ ② …を〈…へ〉持って行く〈**to**〉 **II** 《***rùn óver ...***》③ …にざっと目を通す, …を検討する;…をざっと説明する;…をざっとおさらいする[復習する] ‖ ~ *over* a list 表にざっと目を通す ④〔容器など〕から**あふれ出る** ⑤〔時間・限度など〕を超過する ─〈自〉①(容器・液体などが)あふれ出る(overflow) ‖ The bath [beer] *ran over*. ふろ[ビール]があふれた ②(会議・人などが)予定の時間を超過する;限界を超える ③ちょっと立ち寄る

rùn óver with ... 〈他〉…で満ちあふれる, いっぱいになる

rùn À pàst B́ 〈他〉= *run by* 〈他〉(↑)

*****rùn thróugh*** 〈他〉 **I** 《***rùn thróugh ...***》① …に(一面に)行き渡る(pervade), 伝わる, 流れる;…に(テーマなどが)一貫して流れている;(感覚などが)〔体の中〕を走る(→ 自 ⓮, ⑳) ② …にざっと目を通す, …をざっと検討する, ざっと読み上げる;…をざっとおさらいする, リハーサルする ③〔資産など〕を無駄に使い果たす, 浪費する ‖ ~ *through* a fortune 財産を使い果たす **II** 《***rùn ... thróugh***》④ …を〈…で〉

突き刺す, 突き殺す〈**with**〉‖ ～ him *through with* a sword 剣で彼を突き刺す ⑤〔テープ・フィルムなど〕を(機械に)かける, 流す **Ⅲ**《***rùn À thròugh B́***》⑥ *B*に*A*を通す[通過させる]；*A*(プログラムなど)を*B*(コンピューター)にかける ⑦ *A*(人)に*B*(劇など)をリハーサルさせる；*A*(人)に*B*を指導する

rún to ... 〈他〉①〔人〕の助けなどを求めに行く(→ 自 ❷) ②〔ある数量〕に達する, 総計…になる(amount to) ‖ The book *ran to* 500 pages. その本は500ページに及んだ ③《主に英》《通例否定文で》(人に)…をまかなう資力がある(afford) ‖「I can't [My income won't] ～ *to* a new car. 私には[私の収入では]新車を買う余裕はない ④(興味などが)…に傾く；(人に)…の傾向がある ‖ ～ *to* fat from lack of exercise 運動不足で太り気味である

****rùn úp*** 〈他〉**Ⅰ**《***rùn úp ...*** / ***rùn ... úp***》①〔旗〕を掲げる, 上げる ②…を素早く縫い上げる；…を急いで作る[建てる] ‖ My mother *ran up* a new dress for me.＝My mother *ran* me *up* a new dress. 母は私に新しいドレスを急いで仕立ててくれた ③〔価格〕を競り[押し]上げる ④〔借金など〕を増やす, 重ねる, ためる ‖ ～ *up* a (heavy) bill at the store その店での勘定を(たくさん)ためる **Ⅱ**《***rùn úp ...***》⑤(試合で)〔得点・勝利〕をあげる ━〈自〉①(価格などが)急上昇する, (借金などが)増える ②〈ある場所などに〉走ってやって来る, 駆け寄る；(通路などが)〈…に〉達する；〈ある数量に〉達する〈**to**〉 ③〘スポーツ〙助走する

****rùn úp against ...*** 〈他〉〔障害・難問など〕にぶつかる, 突き当たる

rún with ... 〈他〉①《主に米口》…と付き合う(→ *run around* 〈自〉②(↑)) ②《口》〔計画・製品など〕を採用する, (積極的に)推し進める ③…でぬれる, あふれる(→ 自 ⑱)

COMMUNICATIVE EXPRESSIONS

1 **Gòod rùnning ínto you.** 会えてよかったよ(♥ 偶然会えた知人と話が終わって別れる際に)

2 **I háte to èat and rún.** 食べ散らかして失礼するのは気が引けるけど；まだ途中なのにすみません(♥ パーティーなどを途中退席する際のわび)

3 **(I'm afràid) I must rún** [OR **be rúnning**]. もう行かなきゃ(♥ 出発・いとまを告げる. ✎Time to run.)

4 **I've been rùnning aróund like a chícken with its héad cùt òff.** ばたばたと忙しくしてたよ(♥「どうしてた」などと尋ねられたときに「多忙だった」と答えるくだけた表現)

5 **Nòw, whére did** he **rùn óff to?** はて, 彼はどこに行っちゃったのかな(♥ 突然姿が見えなくなった人について)

6 **We sèem to kèep rùnning ínto èach òther.** やあ, よく会いますね(♥ 偶然行き会うことが重なったときに)

7 **You're (jùst) rùnning aròund in círcles.** 堂々巡りをしていますよ；そんなことをしても無駄ですよ(♥ 成果があがっていないことを指摘する)

━名(複 **～s** /-z/) Ⓒ ❶ **走ること**, (一)走り；急ぐこと；ランニング, 競走；逃走 ‖ When she saw me, she broke into a ～. 彼女は私を見るなり急に走り出した / take [OR go for] a ～ before breakfast 朝食前に一走りする / a five-kilometer ～ 5,000メートル競走

❷ 走行距離[時間], 行程, 航程 ‖ The train reached Boston after an hour's ～. 列車は1時間走ってボストンに到着した

❸ (乗り物の) **運行**, 運転；定期運航(路), 路線 ‖ The bus makes eight ～*s* daily. バスは毎日8便運転される / a nonstop ～ to Nagasaki 長崎までの直通便

❹ (車で)ちょっと出かけること；短い旅行；(配達人・新聞記者などの)担当区域, 配達順路 ‖ Let's go for a ～ in the car. 車でちょっと出かけましょう

❺ 〘野球・クリケット〙得点(⇨ SCORE 類語P) ‖ score three ～*s* 3点あげる / ～*s* batted in 打点(略 RBI)

❻ (劇・映画などの)**連続上演**[興行]；(スポーツの)連勝[敗] ‖ The play had a long [two-year] ～. 芝居はロングランだった[2年間にわたって上演した] / an unbeaten ～ of ten games 負け知らずの10試合

❼《単数形で》〈同一物・類似物の〉**連続**, 一続き；〈状態・動作の〉連続(期間)〈**of**〉；(トランプの)一連の同種札 ‖ a long ～ *of* wire 1本の長い針金 / a ～ *of*「good luck [rainy days] 幸運[雨天]続き / a ～ in spades＝a spade ～ (トランプの)スペード札の続き

❽《通例 a ～》〈…に対する〉人気[需要]の殺到；(金融市場での)〈…の〉売り人気；〈銀行への〉取り付け〈**on**〉‖ Their new novel has had a great ～. その新刊小説は大変な売れ行きだ / a ～ *on* a bank 銀行の取り付け

❾ (機械などの)運転(時間)；(工場などの)操業(時間)；(操業時間内の)生産高[量]；(1回の)印刷部数 ‖ The factory will make a short ～. その工場は操業短縮するだろう / an eight-hour ～ 8時間操業 / produce a ～ of 100 cars 操業時間内に100台の車を生産する

❿《the ～》進行, 展開；(物事の)動き方, 進み具合；傾向, 趨勢(すうせい) ‖ The ～ of the market is dull. 市場の動向は鈍い / in the normal ～ of things ふつうの成り行きなら / against the ～ of play プレーの流れに反して

⓫ (液体の)流れ(の期間, 量)；(ペンキなどの)滴り, 流れ出してついた筋；水路, とい, 管；(流れの速い)小川 ‖ paint ～*s* and spots 垂れたり飛んだペンキの汚れ

⓬ ざっと目を通す[検討する]こと；試行 ‖ a quick ～ through the important messages 重要な伝言に急いで目を通すこと / a dummy [OR dry] ～ 予行演習

⓭《the ～》《通例修飾語を伴って》(一般的な)〈人・物の〉タイプ, 種類〈**of**〉‖ above the ordinary [OR common, general, normal] ～ *of* people 並の[ふつうの]人間以上で / the ～ *of* the house (ホテルの)並の部屋；部屋指定なし(の予約)

⓮ (スキーなどの)滑走コース, スロープ；滑走, 滑降；(物の)走路, 移動路；(動物の)通り道 ‖ a ～ for beginning skiers スキー初心者用スロープ

⓯《a ～》《米》〈…への〉立候補, 出馬〈**for**〉‖ make a ～

PLANET BOARD 61

「自動車が走る」というときの動詞は run でよいか.

問題設定「自動車が走る」というときに run という動詞が使われるかどうかを調査した.

Q 次の表現のどちらを使いますか.

(a) The car is **running** very fast.
(b) The car is **moving** very fast.
(c) 両方
(d) どちらも使わない

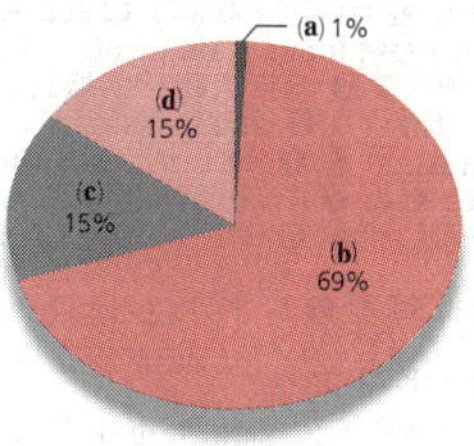

(b) の moving のみを使うという人が約7割と非常に多い. 両方使うと答えた人も15%いるが, これらの人のほとんどは,「(a) はエンジンが(故障のため)速く動きすぎている状況を表し, 車のスピードが速いという意味なら (b) である」と答えた. どちらも使わないと答えた人の大部分は,「動詞 go を用いて The car is going very fast という」とした.「very fast の代わりに (very) quickly や really fast の方がよい」というコメントもあった.

学習者への指針「自動車が走る」の意味の動詞は run ではなく move を使うのが適切である.

for governor 知事に立候補する
⓰《the ～》出入り[使用]の自由 ‖ You may have the ～ of my library. 僕の書斎を自由に使っていいよ / give a pet the ～ of a room ペットを部屋で自由にさせる
⓱《米》(ストッキングの)伝線(《英》ladder)；ほつれ
⓲〘ゴルフ〙ラン；〘アメフト〙ボールを持ってのランニング(による前進)；〘ビリヤード〙連続プレー ⓳ 💻ラン, 実行 ⓴《the ～s》《口》下痢(diarrhea) ㉑ 飼育場《家畜・家禽(かきん)が自由に走り回れる囲い地》；《豪・ニュージ》放牧地 ‖ a chicken ～ 養鶏場 ㉒(産卵期の魚などの)集団的移動の流れ, 回遊(の群れ) ‖ a ～ of salmon (川をさかのぼる)サケの群れ ㉓〘軍〙爆撃飛行[航程](bombing run)《目的地までと爆撃中の飛行》㉔〘楽〙素早く演奏される上昇[下降]音階 ㉕(木目などの)流れ(の方向)

*__*give a pèrson a (gòod) rùn for his/her móney*__ ① [優勢な相手]に勝負を挑む, 激しく抵抗[挑戦]する ② [人]に支払った金[労力など]に価するものを与える

__*hàve [OR gèt] a (gòod) rùn for one's móney*__ 努力[出費など]に十分報われる

__*hàve frèe [OR the] rún of ...*__ …を自由に使用[通行]できる

*__*in the lóng rùn*__ **長い目で見れば**, 結局は ‖ Justice will win *in the long* ～. 結局は正義が勝つものだ

*__*in the shórt rùn*__ 短期的にみると, さしあたり(は)

__*màke a rún for it*__ 急いで逃げ出す

*__*on the rún*__ ① 急いで；走り[動き]回って, せかせかして；走りながら ‖ My mother is always *on the* ～. 母はいつもせかせか動き回っている / come *on the* ～ 大急ぎで[飛んで]来る ② (警察などに)追われて, 逃走して ‖ a man *on the* ～ from the police 警察に追われている男

rún·abòut 名C ❶ 小型自動車[飛行機]；《米》小型モーターボート ❷ 走り回る人[子供], うろつき回る人, 放浪者

rún·aròund 名 ❶《the ～》《口》(要求に対する)はっきりしない対応, はぐらかし, 言い逃れ ‖ give him the ～ 彼に言い逃れをする ❷ C〘印〙挿絵のわきに幅狭く組む活字

***rún·awày** 名C ❶ 逃亡者, 脱走者, 出奔者；(特に)家出少年[少女] ❷ U 逃亡, 脱走, 家出；駆け落ち
── 形《限定》❶ 逃亡した, 脱走した；家出した；駆け落ちした ‖ a ～ girl 家出少女 / ～ lovers 駆け落ちした男女 / make a ～ marriage 駆け落ち結婚をする ❷(馬などが)逃げ出した, 手に負えない；(車などが)制御のきかない ‖ a ～ horse 放れ馬 ❸《口》楽勝[圧勝]の, 圧倒的な；楽々と得られた ‖ score a ～ win 一方的勝利を収める / a ～ success 圧倒的な成功 ❹ 急騰する, 止めどなく上がる ‖ ～ inflation [budgets] 暴走インフレ[予算]

rún·dòwn 名C《通例単数形で》❶ 概要(報告), 要約, 逐条報告 ‖ give him a ～ on [OR of] ... 彼に…について報告[説明]する ❷(産業・人員などの)縮小, 減少；(力などの)低下, 凋落(ちょうらく) ❸〘野球〙挟殺(きょうさつ)

***rùn·dówn** <ク 形 ❶ 疲れきった(exhausted), 衰弱した；健康を害した ❷ 荒れ果てた, 荒廃した, 凋落した ‖ a ～ area 荒廃した地域 ❸(時計などが)ぜんまいが解けて止まった

rune /ru:n/ 名C ❶ ルーン文字《古代ゲルマン民族の文字, 3–13世紀》❷ 神秘的な文字[記号], 呪文(じゅもん) ❸ フィンランドの詩歌, スカンジナビアの古詩；神秘的な詩歌

__*rèad the rúnes*__ 《英》状況を分析する；(状況分析をふまえて)予測する

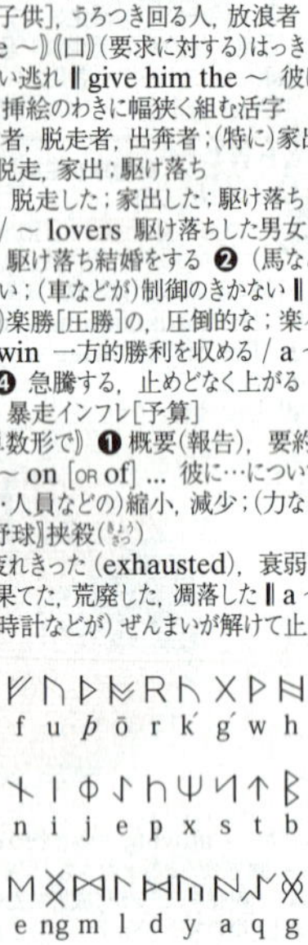

rune ❶

‡rung¹ /rʌŋ/ 動 ring の過去分詞

rung² /rʌŋ/ 名C ❶(はしごの)段, こ(子) ❷(社会的地位などの)段階 ‖ the lowest [topmost] ～ of the ladder 組織などの最下層[トップ] ❸(いすの足の)桟, 横木 ❹(車の)輻(や)(spoke)

ru·nic /rú:nɪk/ 形 ❶ ルーン文字の；ルーン文字で書かれた ❷ 神秘的な, 不明瞭(ふめいりょう)な ❸ 古代北欧(人)の；(詩文などが)古代北欧(風)の, (装飾などが)ルーン模様の ‖ ～ mythology 古代北欧神話

***rún·ìn** 名C ❶《通例単数形で》準備段階[期間]；予行演習, 足ならし；(競馬場の)ホームストレッチ ❷《口》〈…との〉けんか, 口論, いさかい；衝突〈**with**〉‖ have a ～ *with* ... [人]と口論になる ❸〘印〙追い込みにされたもの, 追い込み記事 ── 形〘印〙追い込みの；挿入された

run·nel /rʌ́nəl/ 名C ❶ 小川, 細流 ❷(道路わきの)溝, 排水路

‡run·ner /rʌ́nər/
── 名(複 **～s** /-z/) C ❶ 走る人, **ランナー**；競走者；〘競馬〙(レースの)出走馬；〘野球〙走者, ランナー；〘アメフト〙ボールを持って走っているプレーヤー ‖ a fast ～ 足の速い走者 / a long-distance ～ 長距離走者
❷(銀行・仲買い業者などの)集金人, 外交員, 注文取り；使い走り
❸(そりの)滑走部分；スケートの刃 ❹ 管理責任者, 進行係；(会社などの)経営者；(機械などの)運転者 ❺(カーテンの)レール；(機械の)転子, ころ；(引き出しなどの)溝；(ひき臼(うす)の)回転石 ❻ テーブルランナー《細長い飾り布》；(廊下・階段などに敷く)細長いじゅうたん ❼〘植〙(イチゴなどの)匍匐(ほふく)枝, ランナー；ランナーから生長する植物；つる植物 ❽《しばしば複合語で》密輸業者；密輸船 ‖ drug-～*s* 麻薬密輸業者 ❾〘鳥〙走鳥類 ❿〘魚〙クロカイワリ(黒貝割)《アジ科の食用魚》⓫ 選挙の立候補者

__*dò a rúnner*__ 《英口》(支払いや人に会うのを避けるために)急いで逃げる

▶▶ **～ bèan** /ˌ−−−/ 名C《主に英》サヤインゲン(の豆)

rùnner-úp /-rʌ́p/ 名(複 **runners-** /-z-/ OR **～s** /-s/) C (競技・競争の)2位入賞, 準優勝者[チーム], 次点者

***run·ning** /rʌ́nɪŋ/《発音注意》形《限定》❶ ランナー用の, 競走用の；走る, 疾走する；走りながらの；大急ぎの ‖ ～ shoes ランニングシューズ / a ～ catch ランニングキャッチ
(❗「ランニングシャツ」は sleeveless undershirt, 「ランニングホームラン」は inside-the-park 「home run [OR homer]」)
❷(水などが)流れている, ((水・湯が)蛇口などから)流れ出る, 液状の；液体[膿(うみ)]の出る ‖ ～ water 流水；水道水 / have a ～ nose (風邪などで)鼻水が出る
❸(機械が)動いている, 運転中の；(列車などが)通常運行の ‖ in ～ order (機械が)正常に動いて / ～ time 運転時間 ❹ 流れるような, 草書体の ‖ a ～ hand 草書体 ❺(植物が)はう, よじ登る ❻ 直線の, 真っすぐに測った ‖ a ～ foot 直線距離で1フィート ❼ 連続的な, 継続する, 長続きする ‖ a long-～ play ロングランの芝居 / a ～ joke たびたび口に上るジョーク ❽ 現行の；現在の(current)；同時の ‖ the ～ month 今月 / ～ expenses 経常費 ❾ 滑らかに進む[動く] ‖ a ～ rigging 索具, 綱具

__*ùp and rúnning*__ 正常に機能して

── 副《基数詞あるいは序数詞に修飾された時・回数を表す名詞などの後で》連続して(in succession) ‖ He won the prize (for) 「three years [OR the third year] ～. 彼は3年連続で優勝した

── 名U ❶ 走ること；ランニング；〘野球〙走塁；競走；競馬 ❷(店などの)経営, 運営；(機械などの)運転 ❸《複合語で》密輸 ‖ drug-～ 麻薬密輸

*__*in [out of] the rúnning*__ ①〈…を求めての〉競争に加わって[加わらないで]〈**for**〉②〈…に〉勝つ見込みがあって[なくて]〈**for**〉‖ He is *in the* ～ *for* the gold medal. 彼は金メダルをとる見込みがある

__*màke [OR tàke ùp] the rúnning*__ 《英》(競走などのペースメーカーが)集団のペースを決める；率先する, リードする

▶▶ **～ báttle** 名C 長い間続いているいさかい；《英》(転戦しながらの)果てしない戦い **～ bòard** 名C (昔の自動車のドアの入口の)ステップ, 踏板(footboard) **～ cómmentary** 名C (本文の)順を追った注釈；(放送での)実況解説

~ cósts 名 複 経費, 維持費, ランニングコスト ~ dòg 名 C 《口》走狗(そうく), 手先, 追従者 ~ fíre 名 U 〖軍〗連続速射;(質問・言葉などの)連発, 連続 ~ gèar 名 C (車輪・車軸などの)駆動[走行]装置 ~ héad [títle] 名 C 〖印〗(ページ上部の)欄外見出し, 柱 ~ júmp 名 C 走り(幅)跳び ‖ (Go) take a ~ *jump*! 《口》立ち去れ, 邪魔だ ~ knót 名 C 引き結び《輪縄の端を引けば輪が締まるようにした結び目》 ~ lìghts 名 複 (夜間運航中の船舶・航空機などの) 夜間 (航行) 灯 ~ màte 名 C 《主に米》 ① (競馬の) 僚馬, 伴走[援護]馬 ② (大統領候補と副大統領候補のように, 組になった候補者のうちの)下位候補者, (特に)副大統領候補 ~ òrder 名 《the ~》(放送・ショーの) 番組, プログラム ~ repáirs 名 複 応急修理 ~ sóre 名 C (すり傷などの) じくじくした傷口 ~ stárt 名 C 《米》 =flying start ~ stìtch 名 U C ランニングステッチ《表裏同じ針面で進む》 ~ tìme 名 C (映画の) 上映時間;(旅行の)期間 ~ tótal 名 C 積算会計, (コストなどの)現在高 ~ wáter 名 U 配管で給水される水, 水道の水;流水

*run·ny /rʌ́ni/ 形 ❶ (バター・卵料理などが)半液体状の, とろとろした, 流れ[垂れ]やすい ‖ ~ butter 溶けかかったバター ❷ (目・鼻が) 粘液を出す ‖ have a ~ nose 鼻水が出る **-ni·ness** 名

*rún·òff 名 ❶ C 優勝決定戦;決選投票 ❷ U 地面を流れる雨水;(水質汚染のもととなる)(農業[工業])排水 ‖ agricultural ~ 農業排水

rùn-of-the-míll ⊲ン 形 ありきたりの, 平凡な, ふつうの

rún·òn 形 ❶〖印〗追い込みの ❷〖韻〗(行末に休止がなく)次行に続く ── 名 C 〖印〗追い込み(事項)

▶▶ ~ séntence 名 C 《主に米》 無終止文 《2つまたはそれ以上の文が接続詞やセミコロンもなく続けられた文》

rún·òut 名 C ❶ 逃亡, 逃走;流出;消滅, 期限切れ ❷ 《口》 (シーズン始めや負傷休場後の) 練習 [準備] 期間 ❸〖クリケット〗アウト ❹ 1つの曲面がほかと合わさるところ;〖機〗(回転具の)振れ, ランナウト

runt /rʌnt/ 名 C ❶ (同種中の)小さな動物[植物];(ひと腹の子の中で)いちばん小さなもの ❷ ⊗《蔑》小柄な人, ちび **rúnt·y** 形 ちびの

rún-thròugh 名 C ❶ (公演前の) 通しげいこ, リハーサル ❷ ざっと目を通すこと, 通読;大ざっぱな要約

rún-tìme 名 U 💻 ❶ プログラムの実行に必要なファイル, ランタイム(モジュール) ❷ 実行時間

rún-ùp 名 ❶ 《the ~》《英》準備期間[段階], 事前運動, 前哨(ぜんしょう)戦 ‖ the ~ to an election 選挙の前哨戦 ❷ C (競技での)助走(距離);〖ゴルフ〗(バウンドして進む)短いアプローチショット ❸ C (エンジンなどをふかして[動かして])調子をみること ❹ C (数量・価格などの)急上昇, 急増 ‖ a ~ in stock prices 株価の急騰

*rún·wày 名 C ❶ (飛行機の)滑走路, 車道;走路, 通路 ‖ taxi down the ~ (飛行機が) 誘導路を移動する ❷ 水路, 川床 ❸ (材木などを滑らせる)斜路 ❹ (動物の)通り道, けもの道 ❺ (家畜などの) 囲い場 ❻ 《米》 (劇場の) 花道;(ファッションショーで客席へせり出した)通路状ステージ, キャットウォーク(catwalk)

▶▶ ~ mòdel 名 C 《米》 ファッションモデル (《英》 catwalk model) ~ shòw 名 C 《米》 キャットウォーク上でのファッションショー(《英》 catwalk show)

*ru·pee /rúːpiː | ─ ─/ 名 C ルピー《インド・パキスタン・ネパール・スリランカなどの貨幣単位》;ルピー貨幣

ru·pi·ah /rupíːə/ 名 (複 ~ OR ~s /-z/) C ルピア《インドネシアの貨幣単位》;ルピア紙幣

rup·ture /rʌ́ptʃər/ 名 ❶ U C 引き裂けること, 破裂, 裂傷, 裂開 ‖ the ~ of a blood vessel 血管の破裂 ❷ U C 決裂, 断絶;仲たがい, 不和 ‖ come to a ~ (交渉が)決裂する ❸ C 〖医〗ヘルニア(hernia);(特に)腹壁ヘルニア, 脱腸

── 動 他 ❶〔血管など〕を破る, 破裂させる ❷〔友好関係など〕を裂く, 断絶させる, …を仲たがいさせる ❸〖医〗〔人〕にヘルニアを起こさせる ‖ ~ oneself (腹壁) ヘルニアを起こす

── 自 ❶ 破れる, 破裂する ❷ 決裂する, 仲たがいする ❸〖医〗ヘルニアになる

*ru·ral /rúərəl/ 形 (more ~ ; most ~) 《通例限定》 ❶ 田舎の, 田園(生活)の, 田舎風の;田舎の人々の;田舎に住む (↔ urban)(⇨ 類語) ‖ ~ areas 田園地帯, 農村地域 / live in ~ seclusion 人里離れて[田舎に引っ込んで]暮らす ❷ 農業の (agricultural) ‖ a ~ economy (経済単位としての)農村[農業地域] **~·ly** 副

類語 《❶》 **rural** 都会に対して「田舎の」. 〈例〉 healthful *rural* life 健康的な田舎の生活

rustic 都会(風)の洗練・上品に対して田舎(風)の素朴・粗野を強調する語. 〈例〉 *rustic* simplicity [speech] 田舎の素朴さ[粗野な言葉遣い]

pastoral 田園の牧歌的なのどかさや素朴さを強調する詩的な語. 〈例〉 a *pastoral* scene 田園風景

▶▶ ~ déan 名 C (英国国教会の) 地方監督 (の職) ~ frèe delívery 名 U 《米》 地方無料郵便配達 ~ ròute 名 C 《米》地方無料郵便配達地域

ru·ral·ist /rúərəlɪst/ 名 C 田舎の人, 田園生活者;田園生活主義者

ru·ral·i·ty /ruərǽləṭi/ 名 (複 -ties /-z/) U 田舎風, 田園生活, 田舎言葉;C 田舎の風習, 田園風景

ru·ral·ize /rúərəlàɪz/ 動 他 …を田舎風にする ── 自 田舎に住む

Ru·ri·ta·ni·a /rʊ̀ərɪtéɪniə/ 名 ルリタニア《英国の作家 Anthony Hope (1863–1933) の小説の舞台となった中央ヨーロッパの架空の小王国》

Ru·ri·ta·ni·an /rʊ̀ərɪtéɪniən/ 形 (物語が)ロマンチックで冒険に富んだ

ruse /ruːs | ruːz/ 名 C 策略, 計略(trick)

****rush**[1] /rʌʃ/ 動 名

── 動 (~·es /-ɪz/ ; ~ed /-t/ ; ~·ing)

── 自 ❶ (人・動物・車などが) **急いで行く**, 勢いよく進む[動く], **突進する** (♦ 通例方向を表す 副句 を伴う) (⇨ HASTEN 類語) ‖ They ~*ed* after me. 彼らはものすごい勢いで追いかけて来た / ~ home 大急ぎで帰宅する / ~ outside 外へ飛び出す / ~ into [out of] a room 部屋に飛び込む[から飛び出す] / ~ up the stairs 階段を駆け上がる

❷ **a** (深く考えずに) **急いでやる**[行動する];性急に[軽率に] 〈…を〉 する 《*in*》 〈**into, to**〉 ‖ There's plenty of time ; we don't need to ~. 時間はたっぷりあるよ, 慌てることはない / They ~*ed* ahead with the project. 彼らは急いでその計画を進めた / Don't ~ *to* conclusions. 早まって結論を下してはいけない / ~ *into* action 慌てて行動を起こす

b 《+to *do* / and *do*》急いで[慌てて]…する, …しに殺到する (♦ and *do* は《口》) ‖ Fans ~*ed to* buy tickets. チケットを買いにファンが殺到した / You shouldn't ~ *and* ask her to marry you. 慌てて彼女に結婚を申し込んだりしないことだ

❸ 《+副句》(空気・液体・時などが)〈…に〉勢いよく流れる[落ちる];急に現れる, ふと思い浮かぶ〈**to, into, etc.**〉(♦ 副句 は場所・方向を表す) ‖ Tons of water came ~*ing* in [out]. 何トンもの水がどっと流れ込んで[出て]来た / I felt the blood ~ *to* my head. 私は頭にかっと血が上る[自制心を失う]のを覚えた / A thought ~*ed into* my mind. 突然ある考えが浮かんだ

❹〖アメフト〗ラッシュする《ボールを持って前進する》

── 他 ❶ **a** 《+目+副句》…を〈…へ〉**急いで送る[運ぶ, 連れて行く]** 〈**to, into, etc.**〉 (♦ 副句 は場所・方向を表す) ‖ The injured were ~*ed to* (the) hospital by ambulance. 負傷者は救急車で病院へかつぎ込まれた / She was ~*ed into* an oxygen tent. 彼女は急いで酸素テントにかつぎ込まれた

b 《+目 *A*+目 *B*⇄+目 *B*+to 目 *A*》 *A* (人) に *B* (物) を急いで送る [届ける] ‖ We'll ~ you our current catalogue immediately. 当社の最新カタログを即刻お送りいたします

❷ **a** 《+目》〔人〕を**急がせる[せき立てる]** ‖ Don't ~ me. せかさないでください / He doesn't like to be *~ed*. 彼はせき立てられるのが嫌いだ / She *~ed* us out of the room. 彼女は我々を部屋から出るようにせき立てた **b** 《+目+**into** 名》〔人〕をせき立てて…させる(♦名 はしばしば *doing*) ‖ They *~ed* him *into* signing the contract. 彼らは彼をせかして契約書に署名させた

❸ …を急いで行う[やる, 進ませる] ‖ ~ one's work [lunch] 仕事を慌ててやる[急いで昼食をとる] / ~ completion of a project 急いで計画を完成させる

❹ …に突進する, 殺到する;…に(突然)襲いかかる;急襲して…を占領する ‖ The mob *~ed* the policemen and took their guns. 暴徒は警官たちに襲いかかり銃を奪った

❺ 《英俗》《旧》〔顧客〕に高値を吹っかける

❻ 《米》(大学の学生社交クラブが)〔新入生など〕を入会勧誘のために歓待する;(新入生が)〔クラブ〕への入会の誘いを受ける

❼ 〘アメフト〙〔特に相手側のクォーターバック〕を目がけて突進する

rùsh aróund [OR ***abóut***] 〈自〉忙しく駆け回る[立ち回る, 立ち働く]

rúsh at ... 〈他〉① …を目がけて突進する ② …に襲いかかる(charge)

rùsh óff 〈他〉《***rùsh óff ...*** / ***rùsh ... óff***》…を急いで送る ‖ ~ a package *off* to him 小包を彼へ急送する ── 〈自〉(ある場所から)急いで立ち退く[去る]

rùsh óut 〈他〉《***rùsh óut ...*** / ***rùsh ... óut***》① …を〈…から〉急いで連れ[運び]出す〈**of**〉 ② 〔製品など〕を急いで(大量に)生産する[作る, 出す] ── 〈自〉〈…から〉急いで出て行く, 飛び出す〈**of**〉(→ 自 ❶)

rùsh thróugh 〈他〉 **I** 《***rùsh thróugh ...*** / ***rùsh ... thróugh***》〔法案など〕を急いで通過させる;…を手早く処理する ‖ ~ *through* one's meal 食事を大急ぎで済ませる **II** 《***rùsh À thròugh B́***》*A*(法案など)を急いで*B*(議会など)を通過させる

── 名 (複 **~·es** /-ɪz/) Ⓒ ❶ 《単数形で》**勢いよく走る[流れる, 吹く]こと**, 突進, 猛進, 殺到(→ gold rush);突撃 ‖ They made a ~ for the door. 彼らはドア目がけて殺到した / There was a ~ for [OR to get to] the best seats. いちばんよい席をとろうとして殺到した / The ~ of cold air on his face woke him up. 突然冷たい風に頬(ほお)をなでられ彼は目を覚ました / a ~ of wind 一陣の風

❷ Ⓤ/Ⓒ 《単数形で》急ぐ[慌てる]こと;急ぐ[慌てる]必要;慌ただしさ, せわしさ, 忙しさ ‖ What's all this ~? こんなにばたばたしてどうしたんだ / There's no ~. 慌てる必要はない / It was a bit of a ~ to get here on time. 時間どおりここに着くのは少し慌ただしかった

❸ Ⓤ/Ⓒ 《単数形で》(特定の期間の)混雑, ラッシュ ‖ Let's leave early and beat the ~. 早く出てラッシュを避けよう / do one's shopping before the pre-Christmas ~ クリスマス前の混雑を避け早目に買い物をする

❹ 《単数形で》〈需要・注文の〉殺到, 急増〈**on, for**〉 ‖ a ~ *for* [OR *on*] swimsuits in the unexpected hot weather 思いがけない暑い天気による水着需要の急増

❺ 《a ~》急に起こる[現れる]こと, (感情などの)激発, 突発 ‖ My words came out in a ~. 言葉が堰(せき)を切ったようにほとばしり出た / in a sudden ~ of anger [excitement] かっと逆上して[突然興奮して] / have a ~ of blood to the head かっと頭に血が上る

❻ 《通例 ~es》〘映〙ラッシュ《下見・編集用プリント》

❼ 《単数形で》《米》(大学生の)社交クラブ勧誘のためのもてなし

❽ 〘アメフト〙ラッシュ ❾ 《口》(麻薬・遊びなどで得られる)突然の快感, いい気分 ❿ 《形容詞的に》急を要する, 大急ぎの;殺到する ‖ Don't make a ~ decision. 慌てて決断してはいけない / ~ orders for oil 石油の至急注文 / a ~ job やっつけ仕事 / the ~ season 繁忙期

in a rúsh ① 急いで, 慌てて;慌ただしく ‖ Don't be *in a* big ~. そんなに慌てないで ② ⇨ 名 ❺

with a rúsh 突進して;一度に, 一気に

▸▸ **~ hòur** (↓)

rush² /rʌʃ/ 名 Ⓒ 〘植〙イ(藺), イグサ, トウシンソウ(灯心草)《むしろなどを作る》 ▸▸ **~ cándle** 名 Ⓒ =rushlight

rushed /rʌʃt/ 形 大急ぎの, 慌てた ‖ a ~ job やっつけ仕事

***rúsh hòur** 名 Ⓒ Ⓤ《しばしば the ~(s)》(通勤などによる朝夕の)混雑時, ラッシュアワー ‖「in the [OR at] ~(*s*) ラッシュアワー時に / the morning ~ 朝のラッシュ

rúsh-hòur 形 ラッシュアワーの

rúsh·lìght 名 Ⓒ (昔の)灯心草ろうそく《トウシンソウの髄を獣脂に浸して作る》

Rush·more /rʌ́ʃmɔːr/ 名 **Mount ~** ラシュモア山《米国サウスダコタ州のブラックヒルズ中の山. 4人の大統領 Washington, Jefferson, T. Roosevelt, Lincoln の頭像が刻まれている》

rush·y /rʌ́ʃi/ 形 イ(藺)の(茂った);イのような[で作った]

rusk /rʌsk/ 名 Ⓤ Ⓒ ラスク, 堅パン《甘味のついた薄切りパンを天火で2度焼きしたもの》

Russ. 略 Russia, Russian

Rus·sell /rʌ́səl/ 名 **Bertrand ~** ラッセル(1872-1970)《英国の哲学者・数学者. ノーベル文学賞受賞(1950)》

rus·set /rʌ́sɪt/ 名 ❶ Ⓤ 赤褐色, 小豆(あずき)色 ❷ (=~ **ápple**) Ⓒ リンゴの一種《デザート用》 ❸ Ⓤ Ⓒ ラセットジャガイモ ❹ Ⓤ ラセット地《小豆色の厚手の手織り布. 昔服地とした》 ── 形 ❶ 赤褐色の, 小豆色の ‖ a ~ dome of leaves 朽葉色の枯葉の山 ❷ 《古》=rustic

⋮Rus·sia /rʌ́ʃə/

── 名 ❶ **ロシア**, ロシア連邦《公式名 the Russian Federation;首都は Moscow》

❷ (1917年のロシア革命以前の)ロシア帝国(Russian Empire) ❸ ソビエト連邦

▸▸ **~ léather** 名 Ⓤ ロシア革《もとはロシアで作られた上質のなめし革》

***Rus·sian** /rʌ́ʃən/ 形 ロシアの;ロシア人[語]の;ロシア製の

── 名 (複 **~s** /-z/) ❶ Ⓒ ロシア人 ❷ Ⓤ ロシア語

▸▸ **~ dóll** 名 Ⓒ マトリョーシカ(matryoshka)《ロシアの木製の入れ子式人形. 内部が空洞で同じ形の小さい人形が数体入っている》 **~ drèssing** 名 Ⓤ ロシアンドレッシング《マヨネーズにチリソース・ピクルスなどの入ったドレッシング》 **~ Émpire** 名 《the ~》ロシア帝国(1547-1917) **~ Federátion** 名 《the ~》ロシア連邦《ロシアの公式名. 1991年成立. 首都 Moscow》 **~ Òrthodox Chúrch** 名 《the ~》ロシア正教会 **~ Revolútion** 名 《the ~》ロシア革命《1917年3月(ロシア旧暦2月)と同年11月(ロシア旧暦10月)の革命》 **~ roulétte** 名 Ⓤ ロシアンルーレット《弾倉に1発の弾丸を込めた回転式拳銃(けんじゅう)の銃口を自分の頭に当てて交互に引き金を引く危険なゲーム》 **~ sálad** 名 Ⓤ Ⓒ 《英》ロシア風サラダ《さいの目切りにした野菜にマヨネーズをかけたサラダ》 **~ Sòviet Fèderated Sòcialist Repúblic** 名 《the ~》ロシアソビエト連邦社会主義共和国《旧ソ連邦内の最大の国. 1991年 the Russian Federation(ロシア連邦)と改称》 **~ téa** 名 Ⓤ ロシア式紅茶《濃いめの紅茶にレモン・砂糖・ジャムなどを加えて飲む》

Rus·sian·ize /rʌ́ʃənàɪz/ 動 他 …をロシア(人)化する, …をロシア風にする **Rùs·sian·i·zá·tion** 名

Russo- /rʌsou-, rʌsə-/ 連結形「ロシア(人)の」「ロシアと…」の意 ‖ the *Russo*-Japanese War (日露戦争)

Rus·so·phil·i·a /rʌ̀səfíliə/ 名 Ⓤ ロシアびいき **-phìle** 名 Ⓒ ロシアびいきの人

Rus·so·pho·bi·a /rʌ̀səfóubiə/ 名 Ⓤ ロシア嫌い **Rús·so·phòbe** 名 Ⓒ ロシア嫌いの人 **-bic** 形

***rust** /rʌst/ 名 Ⓤ ❶ さび, 鉄さび;さび状のもの ‖ The

knife was covered with patches of ～. そのナイフはところどころさびていた / be in ～ さびている / gather [remove, prevent] ～ さびがつく[を落とす, 防止する] ❷〘植〙さび病, さび菌 ❸ さび色, 赤褐色

―動 自 ❶ さびつく, さびる, 腐食する ❷（使用しないため）役に立たなくなる, 鈍る ‖ Language ability seems to ～ so easily. 言語能力はすぐに衰えるようだ ❸〘植〙さび病にかかる

―他 …をさびさせる ‖ The rain has ～*ed* the iron gate. 雨で鉄の門がさびてしまっている

rùst awáy 〈自〉さびてぼろぼろになる；(能力などが)さびついて使い物にならなくなる

―形 さび色の, 赤褐色の

▶▶**Rúst Bèlt** 名《しばしば r- b-》《the ～》《主に米口》(米国中西部などの)ラスト地帯《1980年代の斜陽化した鉄鋼業地帯. 復興後は the Manufacturing belt と呼ばれることが多い》 **～ inhíbitor** 名 U (自動車のラジエーターなどに入れる)さび防止剤 **～ remóver** 名 U さび取り剤

***rus·tic** /rʌ́stɪk/ 形 ❶ 田舎の, 田園生活の (⇨ RURAL 類語) ‖ the ～ life 田園生活 ❷ 素朴な, 飾り気のない；質素な；洗練されていない, 粗野な ‖ ～ simplicity 純朴さ / the ～ charm of country life 田舎暮らしのひなびたよさ / ～ speech [manners] 粗野な言葉[振る舞い] ❸《限定》丸太[粗木, 丸木]造りの；〘石工〙粗面仕上げの ‖ ～ furniture 丸木造りの家具

―名 C ❶ ⊗《しばしば蔑》田舎者, 農民 ❷ 粗野な人 ❸ 粗面仕上げのれんが[石]

-ti·cal·ly 副

rus·ti·cate /rʌ́stɪkèɪt/ 動 自《旧》田舎に引っ込む, 隠棲(いんせい)する, 田舎住まいをする ―他 ❶ …を田舎へやる；…を田舎風にする ❷《英》(大学が)〔学生〕を停学処分にする ❸《通例受身形で》〘石工〙粗面仕上げにされる

rùs·ti·cá·tion 名

rus·tic·i·ty /rʌstísəṭi/ 名 U 田舎の生活, 田舎風；質朴, 素朴；粗野

***rus·tle** /rʌ́sl/ (発音注意) 動 自 ❶ (木の葉・紙・絹などが)さらさら[かさかさ]と音を立てる；さらさら音を立てて動く ‖ The leaves ～*d* in the breeze. 木の葉がそよ風に揺れてさらさらと鳴った ❷《主に米口》活発に動く[働く], 精力的に行動する(hustle) ❸ (家畜などを)盗む

―他 ❶ …にさらさら[かさかさ]と音を立てさせる, さらさら[かさかさ]と音を立てて…を動かす ‖ He was *rustling* the papers nervously. 彼は落ち着かない様子で新聞をがさがさいわせていた ❷〔牛・馬など〕を盗む

rùstle úp ... / ***rùstle ... úp*** 〈他〉《口》…を大急ぎでかき集める；…を急いで作り上げる；〈不意の客などのために〉〔食べ物〕を急いで準備する〈**for**〉‖ Can you ～ *up* some men to help us? 手伝いを何人か至急集められますか

―名 C《単数形で》さらさら[かさかさ]という音, 衣(きぬ)ずれの音 ‖ a ～ of leaves 葉ずれの音

rus·tler /rʌ́slər/ 名 C ❶ さらさら[かさかさ]と音を立てる人[もの] ❷《米口》活発な人, 活動家 ❸ 牛[馬]泥棒

rust·less /rʌ́stləs/ 形 さびない；さびていない

rus·tling /rʌ́slɪŋ/ 名 ❶ U/C《しばしば ～s》さらさら[かさかさ]ということ[音] ❷ U 牛[馬]泥棒(の罪)

―形 ❶ さらさら[かさかさ]と音を立てる ❷《米口》活動的な, 活発な

～·ly 副

rúst·pròof 形 さび止めのしてある, さびない

―動 他 …にさび止めを施す

***rust·y** /rʌ́sti/ 形 ❶ さびた, さびついた；さびから生じた ‖ This car is rather ～. この車はかなりさびがきている / a ～ knife さびたナイフ / go ～ さびる ❷《通例叙述》(人の技能などが)(使用しないため)駄目になった, 鈍くなった ‖ My English is a bit ～. 私の英語も少しさびついた ❸ さび色の；色あせた；古ぼけた ‖ a ～ old coat 色あせた古い上着 ❹〘植〙さび病にかかった

rúst·i·ly 副 **rúst·i·ness** 名

rut[1] /rʌt/ 名 C ❶ (車の)わだち, 車輪の跡；(一般に)溝 ❷《単数形で》決まった[型にはまった]やり方, 慣例 ‖ get (stuck) in [OR into] a ～ 型にはまる, マンネリになる

―動 他 (**rut·ted** /-ɪd/ ; **rut·ting**)《通例受身形で》わだちがつく ‖ *rutted* lanes わだちのついた小道

rut[2] /rʌt/ 名 U (雄ジカなどの)発情, さかり(heat)；《the ～》発情期, さかり時 ‖ in ～ 発情した

―動 (**rut·ted** /-ɪd/ ; **rut·ting**) 自 (雄ジカなどが) 発情する, さかりがつく ‖ the *rutting* season 発情期

ru·ta·ba·ga /rùːṭəbéɪɡə/ 名 C《主に米・カナダ》〘植〙カブハボタン《太い根を食用にする》(《英》swede)

Ruth /ruːθ/ 名 ❶〘聖〙ルツ《ボアズと結婚してダビデ王の先祖となったモアブ人の女性》；ルツ記(The Book of Ruth)《旧約聖書中の一書》 ❷ **Gèorge Hèrman ～** ルース(1895-1948)《米国のプロ野球選手. 愛称 Babe Ruth》

ru·the·ni·um /ruθíːniəm/ 名 U〘化〙ルテニウム《金属元素. 元素記号 Ru》

Ruth·er·ford /rʌ́ðərfərd/ 名 **Ernest ～** ラザフォード(1871-1937)《英国の物理学者. ノーベル化学賞受賞(1908). 原子物理学の創始者》

ruth·er·for·di·um /rʌ̀ðərfɔ́ːrdiəm/ 名 U〘化〙ラザホージウム《超ウラン元素. 元素記号 Rf》

***ruth·less** /rúːθləs/ 形 無慈悲な, 無情な(↔ merciful)；非情な, 冷酷な；むちゃな；断固とした(⇨ CRUEL 類語) ‖ a ～ dictator 冷酷な独裁者 / a ～ plan 無理な計画

～·ly 副 無情に(も), 冷酷にも **～·ness** 名

Rut·land /rʌ́tlənd/ 名 ラトランド《イングランド中東部の英国最小の旧州. 州都 Oakham》

rut·tish /rʌ́ṭɪʃ/ 形 さかりのついた；好色の

RV[1] /àːr víː/ 名 C《米》レクリエーション用自動車(♦ *r*ecreational *v*ehicle の略)

R̀V́[2], **R. V́.** 略 *r*eentry *v*ehicle (〘宇〙再突入飛翔体)；*R*evised *V*ersion

R̀Ẃ, R̀.Ẃ. 略 *R*ight *W*orshipful；*R*ight *W*orthy

***Rwan·da** /ruáːndə | ruǽn-/ 名 ルワンダ《アフリカ中部の共和国. 公式名 the Republic of Rwanda. 首都 Kigali /kɪɡáːli/》 **-dan** 形 名

Rx /àːr éks/ 名 C《米》処方箋(せん)(prescription)；治療(法)

Ry, Ry., Rwy, Rwy. 略 railway

-ry /-ri/ 接尾 名詞を作る(→ -ery)

***rye** /raɪ/ (♦ 同音語 wry) 名 U ❶〘植〙ライ麦；ライ麦の実[種子]《パン・ウイスキーなどの原料》 ❷ (= ～ **brèad**)《主に米》ライ麦製の黒パン ❸ (= ～ **whìskey** /英 ‐‐́‐/) ライ麦製ウイスキー

rýe·gràss 名 U〘植〙ホソムギ《まぐさ用》

Ryù·kyu Íslands /riùːkjuː-/ 名《the ～》琉球諸島《南西諸島の南半分》

S

All the world's a **stage**, / And all the men and women merely players. この世は舞台で，男も女もすべてみな役者にすぎない (⇨ SHAKESPEARE)

S

s¹, S¹ /es/ 名 (複 **s's, ss** /ésɪz/ ; **S's, Ss** /ésɪz/) Ⓒ ❶ エス《英語アルファベットの第19字》❷ s[S]の表す音《/s/, /z/》❸ (活字などの) s[S]字 ❹ (連続するものの) 第19番目 ❺ s[S]字形のもの ‖ an *S*-bend S字状のカーブ

s², s. 略 second(s) ; section ; shilling(s) ; 〖文法〗singular ; sire ; sister ; small ; solo ; son(s) ; soprano ; south, southern ; stere(s) ; stock ; 〖理〗strange quark ; 〖文法〗substantive

S² 記号 〖化〗sulfur(硫黄) ; 〖理〗entropy(エントロピー)

S³, S. 略 Sabbath ; Saint ; Samuel ; Saturday ; Saxon ; School ; Sea ; September ; siemens ; Signature ; small ; Society ; South, Southern ; Sunday ; Sweden

$ 記号 dollar(s) 《貨幣単位》(♦ ラテン語の *solidus* の頭字Sを装飾化したもの)

-s¹ /(s, ʃ, tʃ 以外の無声子音の後で) -s, (z, ʒ, dʒ 以外の有声子音と母音の後で) -z, (s, ʃ, tʃ, z, ʒ, dʒ の後で) -ɪz, -əz/ 接尾 ❶ 複数を作る (⇨ PB 01, 62) **a** 《名詞につけて》‖ beliefs, heads, shoes / (固有名詞) Marys / (s, z, ch, sh と，子音に続く y で終わる語のときは -es) glasses, patches, berries **b** 《名詞として用いられた略語・数字・文字・記号につけて》‖ Ph.D.'s, the 1970's, 4 s, B's (♦ アポストロフィーがつくときとつかないときがある)
❷ 《副詞の語尾》‖ always, besides, unawares ❸ 《主に米口》《副詞的用法の名詞につけて》‖ Sundays (＝on Sundays)

PLANET BOARD 62

「種」全体を表す時，単数形か複数形か.

問題設定 「種」全体を表す時に複数形と単数形のどちらを使うか，主語が複数形である場合の補語について調査した.

Q 次の表現のどちらを使いますか.

(a) Penguins are not the only **bird** that cannot fly.
(b) Penguins are not the only **birds** that cannot fly.
(c) 両方
(d) どちらも使わない

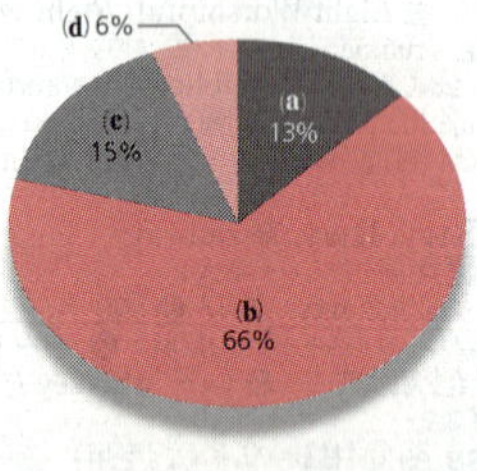

(b) の birds (複数形) のみ用いる人が全体の⅔と多く，両方用いる人と (a) の bird (単数形) のみ用いる人がそれぞれ10%台だった.「単数形は種全体を表し，複数形は個々の鳥を表す」などのコメントがある. 代替表現として，Penguins are not the only flightless bird. / The penguin isn't the only flightless bird. / There are other birds besides penguins that cannot fly. などがあげられている.

学習者への指針 「種」全体を表すのに単数形も複数形も用いられるが，複数形の主語に対応する補語としては複数形の方が一般的である.

-s² (♦ 発音は -s¹ に同じ) 接尾 《直説法三人称単数現在形の動詞につけて》‖ takes, gives, plays / (s, z, ch, sh と，子音に続く y で終わる語のときは -es) kisses, wishes, denies

-'s¹ (♦ 発音は -s¹ に同じ)《名詞・代名詞の所有格につけて》(⇨ PB 63) **a** 《単数名詞》‖ boy's **b** 《-(e)s で終わらない複数名詞》‖ women's **c** 《代名詞》‖ anyone's **d** 《名詞・代名詞語群》‖ the Foreign Ministry's new policy / someone else's business (♦ (1) -(e)s で終わる複数名詞の所有格は ' だけをつける. 〈例〉 boys' /bɔɪz/, socks' /sɑ(ː)ks | sɔks/ s で終わる固有名詞でも ' だけをつけることがある. 〈例〉James's /dʒéɪmzɪz/ または James' /dʒeɪmz/ (2) 特に《英》では店・家を表すのに 's を用いる. 〈例〉 a barber's (＝a barber's shop) / Bob's (＝Bob's house))

-'s² (♦ 発音は -s¹ に同じ)《口》is, has, does の短縮形 **a** ＝is ‖ He's [She's] here. / Who's he? / It's me. **b** ＝has ‖ She's eaten it. **c** ＝does 《疑問詞の後で》‖ What's she want?

-'s³ /-s/ 《口》us の短縮形 (♦ let's の形で) ‖ Let's go.

SA 略 Salvation Army ; South Africa ; South America ; South Australia

s.a. 略 semiannual (半年ごとの) ; 《ラテン》*sine anno* (＝without year or date) (日付なし) ; subject to approval (…の承認の上で)

Saar /sɑːr, zɑːr/ 名 《the ～》ザール川 [地方] 《ドイツ南西部を流れる川，またその流域の州. 石炭の産地》

sab·a·dil·la /sæbədílə/ 名 ❶ Ⓒ 〖植〗サバジラ (属) 《メキシコ・中米産のユリ科の一属. 種子は薬用》❷ Ⓤ サバジラ子 (し) 《その種子の調合薬. アルカロイドを含む》

sa·ba·yon /sæbaɪjɑ́(ː)n | -jɔ́n/ 名 Ⓒ Ⓤ 〖料理〗サバイヨン《イタリアのザバイオーネ (zabaglione) のフランス名》

Sab·ba·tar·i·an /sæ̀bətéəriən/ ＜シ 形 名 Ⓒ 安息日 (Sabbath) を厳守する (ユダヤ教徒・キリスト教徒)
～·ìsm 名 Ⓤ 安息日厳守

Sab·bath /sǽbəθ/ 名 Ⓒ ❶ 《しばしば the ～》安息日《ユダヤ教では土曜日，一般のキリスト教では日曜日》‖ break [keep, observe] the ～ 安息日を破る [守る] ❷ ＝witches' sabbath

sab·bat·i·cal /səbǽtɪkəl/ 名 ＝sabbatical year ① ‖ be on ～ サバティカル (の休暇) をとっている
—形 《限定》❶ 安息休暇の ❷ 《S-》《古》安息日の [にふさわしい] **～·ly** 副 ▸▸**～ yéar** 名 Ⓒ ① 安息休暇，サバティカル《研究・旅行などのために (本来は7年ごとに) 大学教授などに与えられる1年間 (以内) の有給休暇》② 安息年《古代イスラエル人が7年目ごとに休耕した年》

sa·ber, 《英》**-bre** /séɪbər/ 名 Ⓒ ❶ (騎兵隊の) サーベル，騎兵刀 ❷ 〖フェンシング〗サーブル ❸ 騎兵
—動 他 《古》…を騎兵刀 [サーベル] で切る [突く，殺す]
▸▸**～ ràttling** 名 Ⓤ 軍事力の誇示 ; 軍事力による威嚇 (いかく) **～ sàw** 名 Ⓒ (携帯用の) 電気糸のこ

sáber·tòoth 名 Ⓒ 〖古生〗❶ ＝saber-toothed tiger [cat] ❷ ティラコスミルス《❶に似て巨大な犬歯を持つ絶滅有袋類. 新生代後期の南米に生息》

sàber-tóothed ＜シ 形 〖動〗サーベル状の犬歯のある
▸▸**～ tíger [cát]** 名 Ⓒ 〖古生〗サーベルタイガー，剣歯虎《新生代後期の巨大な犬歯を持つ絶滅肉食獣》

Sá·bin vàccine /séɪbɪn-/ 名 Ⓒ Ⓤ セービンワクチン《経口性のポリオワクチン》(♦ 開発者の米国の医師 Albert

Bruce Sabin (1906–93)の名より)

sa·ble /séɪbl/ 名 ❶ C 〖動〗クロテン ❷ U クロテンの毛(皮); C クロテンのコート[襟巻きなど] ❸ U 《文》〖紋章〗黒色 ―形《文》黒い; 暗い, 陰気な

sáble·fìsh 名 (複 ~ OR ~·es /-ɪz/) C 〖魚〗ギンダラ(black cod)

sab·ot /sǽbou/ 《発音注意》名 C ❶ 木靴《ヨーロッパの農民が履いた》; 木底の靴 ❷〖軍〗弾底板

sabot ❶

sab·o·tage /sǽbətɑ̀ːʒ/ 《アクセント注意》名 U サボタージュ《従業員が機械・製品などに故意の損傷を与えること》; (敵のスパイなどによる鉄道・橋などの) 破壊工作; (一般に)破壊[妨害]行為 (❗日本語の「サボタージュ」は「怠業」で, 《米》slowdown, 《英》go-slow に当たる)

―動 他 サボタージュで…を破壊[損傷]する; (一般に)…を破壊[妨害]する

語源 フランス語から. 労働争議中に sabot (木靴) で機械を壊したことからという. 日本語の「サボる」はこの語から.

sab·o·teur /sæ̀bətə́ːr/ 名 C サボタージュする人; 破壊[妨害]工作者

sa·bra /sɑ́ːbrə/ 名 C 生え抜きのイスラエル人

sa·bre /séɪbər/ 名 動 《英》=saber

sac /sæk/ (♦同音語 sack) 名 C 〖生〗嚢(のう), 液嚢, 袋

SAC /ès eɪ síː, sæk/ 略 〖米空軍〗*S*trategic *A*ir *C*ommand (戦略空軍(司令部)); 〖英空軍〗*S*enior *A*ircraft*m*an (上等兵)

sac·cade /sækɑ́ːd/ 名 C 《通例 ~s》〖生理〗サッカード《読書の際などに起こる眼球の小刻みな動き》 **-cád·ic** 形

sac·cha·ride /sǽkəràɪd/ 名 U 〖生化〗糖類, 炭水化物

sac·cha·rin /sǽkərɪn/ 名 U サッカリン

sac·cha·rine /sǽkərìːn/ 形 《限定》❶ (態度・言葉などが) 甘ったるい (sentimental) ‖ a ~ smile 愛想笑い ❷ 《旧》砂糖の(ような), 糖質の, 糖分を含む ❸ 甘すぎる

sac·er·do·tal /sæ̀sərdóuṭəl/ ◁ 形 ❶ 聖職(者)の, 聖職者らしい ❷ (教義などが) 聖職者を尊重する
~·ìsm 名 U 聖職者尊重 **~·ist** 名 **~·ly** 副

sa·chem /séɪtʃəm/ 名 C ❶ (北米先住民の) 首長 ❷ (ニューヨークのタマニー協会の) 幹事

sa·chet /sæʃéɪ | ⸗⸗/ 《発音注意》名 C ❶ 香り袋 ❷ 《主に英》小袋, パック ‖ a ~ of sugar 砂糖の小袋

*****sack**[1] /sæk/ (♦同音語 sac)

―名 (複 **~s** /-s/) C ❶ (麻・ズック製・厚紙の丈夫な) **大袋**; その1袋分の量; 《米》(一般に)袋, (店などでくれる)買い物袋 ‖ a ~ of potatoes ジャガイモ1袋 / a brown paper ~ 茶色の紙袋
❷ 《the ~》《口》解雇, 首 ❸ 《the ~》《主に米口》寝床, ベッド ❹ (女性・子供用の) ゆったりしたブラウス風上着《特に18世紀に流行した》; サックドレス (sack dress) ❺ 《口》〖野球〗ベース, 塁 (base) ❻ 〖アメフト〗サック《スクリメージラインより後方でパスをねらうクォーターバックへのタックル》

be léft hòlding the sáck =*be left holding the* BAG
gèt the sáck 《口》首になる
gìve a pèrson the sáck 《口》〔人〕を首にする
hìt the sáck =*hit the* HAY

―動 他 ❶ 《口》…を解雇する, 首にする (⇨ DISMISS 類語) ❷ …を(大)袋に入れる ❸ 〖アメフト〗(スクリメージラインより後方で)〔パスをする前のクォーターバック〕にタックルする
sàck óut [OR *ín*] 〈自〉《米口》寝る, 床に就く
▶▶ **~ ràce** 名 C サックレース, 袋競走《両足を袋に入れて跳んで進む競走》

sack[2] /sæk/ (♦同音語 sac) 動 他 〔占領した都市など〕を略奪する ―名 《the ~》(占領地の) 略奪 ‖ the *Sack* of Rome (1527年の)ローマ劫掠(ごうりゃく)

sáck·clòth 名 U ❶ =sacking ❷ (喪服・悔悛(かいしゅん)のしるしとして着る)粗布製の衣服
「*be in* [OR *wèar*] *sàckcloth and áshes* 深く悔いている, 悲しんでいる

sáck·fùl /-fʊ̀l/ 名 C 1袋分(の量)

sack·ing /sǽkɪŋ/ 名 U 袋地, ズック, 粗麻布

sa·cral[1] /séɪkrəl/ 形 《限定》〖人類〗聖式(用)の

sa·cral[2] /séɪkrəl/ 形 《限定》〖解〗仙骨 (sacrum) の

sac·ra·ment /sǽkrəmənt/ 名 ❶ C 〖宗〗サクラメント《見えざる恩寵(おんちょう)の目に見えるしるしとしてキリストによって定められた儀式. カトリックでは秘跡といい, 洗礼 (baptism), 堅信 (confirmation), 聖餐(せいさん)・聖体 (the Eucharist), 赦罪・告解 (penance), 叙階 (holy orders), 婚姻 (matrimony), 病者の塗油 (anointing of the sick) の7つ. プロテスタントでは聖礼典といい, 洗礼 (baptism), 聖餐 (Holy Communion) の2つ. 東方教会では機密といい, 内容はカトリックに同じ》
❷ 《the ~; the (Blessed [Holy]) S-》聖餐(式), 聖体; 聖餐式用パン(とぶどう酒), 聖餅(せいへい) (Host)
❸ C 神聖とみなされるもの, 神秘的な意味を持つもの

sac·ra·men·tal /sæ̀krəménṭəl/ ◁ 形 ❶ 秘跡[聖礼典]の; 聖餐[聖体]の ❷ 秘跡[聖礼典]的な, 神聖な ❸ (教義などが) 秘跡[聖礼典]を重んじる
―名 C 〖カト〗準秘跡《秘跡に準ずる儀式. 十字を切ったり聖水を用いたりするなど》 **~·ly** 副

Sac·ra·men·to /sæ̀krəménṭou/ 名 サクラメント《米国カリフォルニア州の州都》

sa·crar·i·um /səkréəriəm/ 名 (複 **-i·a** /-iə/) C ❶ 〖聖〗(神殿の) 至聖所; 〖ローマ史〗祭壇, 神棚 ❷ 〖宗〗(聖堂の) 内陣 ❸ 〖カト〗聖水盤

*****sa·cred** /séɪkrɪd/ 《発音注意》

―形 (**more ~; most ~**)
❶ **神聖な**, 聖なる (↔ secular) (⇨ HOLY 類語) ‖ The Bible is ~ to all Christians. 聖書は全キリスト教徒にとって神聖なものだ
❷ 《限定》宗教(上)の, 宗教的な (↔ secular) ‖ ~ music 宗教音楽
❸ 極めて重要な, 丁重に扱うべき ‖ Is nothing ~ for journalists? ジャーナリストには尊重すべきものがないのか (♥「ジャーナリストは何を書いても構わないのか」「何でもありな

PLANET BOARD 63

「ジョンの父の車」をどう言うか.

問題設定 所有形が連続する「ジョンの父の車」のような表現の, 最も一般的な形はどれか調査した.

Q 次の表現を使いますか.
(a) The boys crashed **John's father's car**.
(b) The boys crashed **the car of John's father**.
(c) The boys crashed **the car of John's father's**.

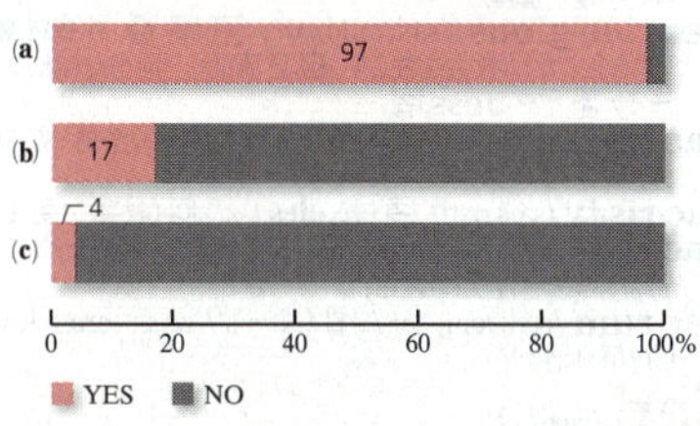

(a) の John's father's car はほぼ全員が使うと答えている. (b) の the car of John's father は2割弱が使うと答え, (c) の the car of John's father's を使うと答えた人はほとんどいなかった.

(b) は「きわめて《堅》」「不自然」という意見が多く, (c) は「文法的に誤り」という指摘がほとんどだった.

学習者への指針 所有形が連続する場合は, A's B's C のように -'s が連続した形を使うのが一般的である.

のか]」の意)(→ CE 1)
❹《叙述》〈神に〉ささげられた;(墓石などで)〈…を〉まつった,記念した;〈人・目的などに〉献じた,とっておかれた〈to〉‖ a monument ~ *to* the memory of the Unknown Soldier 無名戦士の霊にささげられた記念碑
❺(神聖にして)侵すべからざる;厳粛な ‖ a ~ right 不可侵の権利 **~·ly** 副 **~·ness** 名

COMMUNICATIVE EXPRESSIONS
1 **Is nòthing sácred?** この世に聖なるものは存在しないのか(♥ 尊いと思っていたものの価値を否定されたときの嘆き)

▶▶ **Sàcred Cóllege** 名《the ~》〖カト〗枢機卿(すうきけい)会《教皇の最高諮問機関》 ~ **ców** 名 C 神聖なる牛《批判や攻撃をしてはならないとされる人・思想・制度などのたとえ.ヒンドゥー教で牛が神聖な動物とされることから》 **Sàcred Héart** 名《the ~》〖カト〗聖心《やりで貫かれたキリストの心臓.神の人類に対する愛の象徴》 ~ **íbis** 名 C〖鳥〗クロトキ《アフリカ・アラビア産》

S

:sac·ri·fice /sǽkrɪfàɪs/《発音注意》
—名〔▶ sacrificial 形〕(複 **-fic·es** /-ɪz/) ❶ U C 犠牲(的行為);C〈…のための〉犠牲(になったもの)〈for, to〉‖ make ~*s* to send one's son to college 息子を大学へやるために犠牲を払う / make the final [supreme] ~ 究極[至高]の犠牲を払う《主義などのために戦い死ぬこと》
❷ U C〈神に〉いけにえをささげること;C〈…への〉いけにえ,ささげ物〈to〉‖ make a ~ *to* the gods 神々にいけにえをささげる
❸《the ~》〖宗〗キリストの献身[はりつけ];聖餐(せいさん)
❹ C 投げ売り(による損失) ‖ sell at a ~ (赤字覚悟で)投げ売りする ❺(=~ **búnt** [**hít**]) C〖野球〗犠牲バント
❻ C〖チェス〗捨てごま
at the sácrifice of ... …を犠牲にして
—動 他 ❶〈…のために〉…を犠牲にする〈for, to〉‖ She ~*d* her life to save the child from the burning house. 彼女は命を捨ててその燃えさかる家から子供を救った ❷…を〈神に〉いけにえとしてささげる〈to〉‖ ~ sheep *to* the gods 神々に羊をいけにえとしてささげる ❸〔品物〕を投げ売りする ❹〖野球〗〔走者〕を犠牲バントで進塁させる
❺〖チェス〗〔こま〕を犠牲にする,捨てごまにする
—自 ❶いけにえをささげる ❷〖野球〗犠牲バントをする
▶▶ ~ **flý** 名 C〖野球〗犠牲フライ

sac·ri·fi·cial /sæ̀krɪfíʃəl/ <シ 形〔◁ sacrifice 名〕❶犠牲的な,献身的な;使い捨ての ❷《通例限定》いけにえの
~·ly 副

sac·ri·lege /sǽkrəlɪdʒ/ 名 U C ❶神聖冒瀆(ぼうとく)(の罪);教会荒らし,聖物盗み ❷(神聖な人・物に対する)冒瀆(的行為),侮辱

sac·ri·le·gious /sæ̀krəlídʒəs/ <シ 形 ❶神聖冒瀆の(罪を犯した);教会を荒らす ❷冒瀆的な,罰当たりな
~·ly 副 **~·ness** 名

sac·ris·tan /sǽkrɪstən/ 名 C (教会などの)祭器・祭服の保管人,祭具係

sac·ris·ty /sǽkrɪsti/ 名 (複 **-ties** /-z/) C (教会の)聖具室

sac·ro·sanct /sǽkrousæ̀ŋkt/ 形 (思想・場所などが)非常に神聖な,神聖にして侵すべからざる

sac·rum /sǽkrəm, séɪ-/ 名 (複 **~s** /-z/ OR **-cra** /-krə/) C〖解〗仙骨

:sad /sæd/
—形〔▶ sadden 動, sadness 名〕(**sad·der**; **sad·dest**)
❶(人が)**悲しい**(↔ glad, happy);(表情などが)**悲しげな**;悲しむ〈**about** …を / **to do** …して / **that** 節 …であると〉(⇨ 類語)(⇨ HAPPY メタファーの森)‖ The whole nation **felt** ~ *about* his sudden death. 国中が彼の突然の死を悲しんだ / I was ~ *to* leave town. 町を去らなくてはならなくて悲しかった / Nick was very ~「*about* losing [OR *that* he lost] his pet. ニックはペットをなくしてとても悲しかった / a ~ smile 悲しげな微笑
❷ **a**(事柄が)**悲しむべき**,悲しい ‖ ~ news 悲しい知らせ **b**《It is ~ to *do*/It is ~ that 節 で》…するのは[というのは]悲しむべきことだ ‖ It was ~ *to* see how thin he had become. 彼がやせ細ったのを見るのは悲しいことだった / How ~ it is *that* the artist died so young! そのアーティストがそんなに若くして死んだのは何とも悲しいことだ
❸《限定》《口》嘆かわしい,残念な;ひどい,どうしようもない ‖ a ~ state of affairs 嘆かわしい事態 / ~ youngsters 手に負えない若者たち / ~-looking lettuce しなびたレタス ❹《口》退屈な,つまらない;ださい ❺(色が)くすんだ,暗い,地味な
sàd to sáy 《通例文頭で》残念なことに ‖ *Sad to say*, he is not what he used to be. 残念なことに彼は変わってしまった
sàdder but [OR ***and***] ***wiser*** 悲しい経験をして賢くなった

類語 《❶》**sad** 軽い一時的なふさぎから深い悲しみまでの広い範囲で使われる最も一般的な語.
melancholy 憂うつで,悲しくてふさぎ込んでいる状態を表す.
depressed「下に押さえつけられた」の意から,気分がふさいだり心が沈んだりして,しばしば希望を失った状態.ふつう dejected より長く続く.depression(うつ病)にかかっている状態を表すこともある.
blue《口》憂うつな.
dejected, downcast「下に投げられた」の意から,外的な原因による一時的な落胆・失意を表す.一時的にめげて落ち込んだ程度はふつう depressed より強い.
sorrowful 文語的な語で,深い悲しみの気持ち・状態を表す.
miserable, wretched 惨めな気持ちやすまない気持ちでいることを表す.

▶▶ ~ **sàck** 名 C《主に米口》要領の悪い人,のろま

SAD 略 *s*easonal *a*ffective *d*isorder

sad·den /sǽdən/ 動〔◁ sad 形〕他 …を悲しませる(♦ しばしば受身形で用いる)‖ I was ~*ed* to see his defeat. 彼が負けるのを見て悲しかった —自 悲しむ

***sad·dle** /sǽdl/ 名 C ❶鞍(くら);(自転車などの)サドル ‖ put a ~ on a horse 馬に鞍をつける ❷(馬具の)鞍部(あんぶ);(馬の背の)鞍を置く部分 ❸(山の峰と峰との間の)鞍部;U C(羊などの)鞍下(くらした)肉
in the sáddle ①鞍にまたがって,馬に乗って ②実権を握って
òut of the sáddle ①(馬・自転車で)尻(しり)を鞍[サドル]につけないで,腰を浮かせて ②実権を失って,失脚して
—動 他 ❶〔馬など〕に鞍を置く《*up*》❷(+目 *A*+**with** 名 *B* / 目 *B*+**on** 名 *A*)*A*(人)に*B*(負担・責任)を負わせる(♦ しばしば受身形で用いる)‖ He is ~*d* *with* many tasks. 彼は多くの任務を課せられている
—自 馬に鞍をつけ(て乗)る《*up*》
▶▶ ~ **hòrse** 名 C《主に米》乗用馬 ~ **shòe** 名 C サドルシューズ《甲部分に黒など濃色の鞍形(くらがた)の飾り皮を用いた白い靴》 ~ **sòap** 名 U 皮磨き用石けん ~ **sòre**(↓) ~ **stìtch**(↓)

sáddle·bàck 名 C ❶〖建〗鞍形[両切妻]屋根 ❷鞍状の山の背 ❸背に白いしまのある黒豚[鳥,魚など] **~ed** 形

sáddle·bàg 名 C サドルバッグ,鞍袋(くらぶくろ)《馬の鞍やオートバイなどの後方左右に下げる1対の袋》

sáddle·clòth 名 (複 **-cloths** /-klɔ̀ːðz | -klɔ̀θs/) C ❶鞍(くら)敷き《鞍の下に敷く》❷(競馬の)ゼッケン

sad·dler /sǽdlər/ 名 C 馬具製造[修理,販売]人

sad·dler·y /sǽdləri/ 名 (複 **-dler·ies** /-z/) ❶ U《集合的に》馬具(類) ❷ U 馬具製造[販売]業;C 馬具店

sáddle sòre 名 C 鞍ずれ **sáddle-sòre** 形

sáddle stìtch 名 C ❶サドルステッチ《装飾的なかがり縫いの一種》❷(製本の)中とじ
sáddle-stìtch 動 他 自 (…を)サドルステッチで縫う

Sad·du·cee /sǽdʒəsìː | sǽdju-/ 名 C サドカイ人(びと)《モーセの律法のみを重視し,口伝(くでん)的律法(死者の復活など)

を拒否した古代ユダヤ教の一派》(→ Pharisee)
~·ism 名 U サドカイ派の教義

sa·dism /sǽdìzm | séɪ-/ 名 U ❶ サディズム, 加虐性淫乱(いんらん)症(↔ masochism) ❷ (一般に)残虐好き, 嗜虐(しぎゃく)(性) **-dist** 名 C サディスト;残虐好きな人

sa·dis·tic /sədístɪk/ 形 サディスト的な, 加虐的な
-ti·cal·ly 副

⁑sad·ly /sǽdli/
—副 (**more ~**; **most ~**)
❶ **悲しげに**, 悲しんで (↔ gladly) ‖ The girl stared ~ at me. 少女は悲しそうに私を見つめた
❷《文修飾》悲しむべきことに, 残念ながら ‖ *Sadly*, his plan failed. 残念ながら彼の計画は失敗した (=It is sad that his plan failed.)
❸ 嘆かわしいくらいに, ひどく ‖ He ~ lacks a sense of rhythm. 彼はリズム感がまるでない / She'll be ~ missed. 彼女がいなくなるとひどくさみしくなるだろう

***sad·ness** /sǽdnəs/ 名〔◁ sad 形〕❶ U/C《a ~》悲しみ ❷ C《通例複数形で》悲しませるもの, 悲しみの種

sa·do·mas·o·chism /sèɪdoumǽsəkìzm/ 名 U サドマゾヒズム《同一人における sadism と masochism の共存》 **-chist** 名 **-màs·o·chís·tic** 形

sae, s.a.e. 略「stamped addressed [OR self-addressed] envelope((切手をはった)返信用封筒)

sa·fa·ri /səfɑ́ːri/ 《アクセント注意》名 U C (特にアフリカ東部での)狩猟旅行[探検], サファリ;(乗り物も含めた)狩猟探検隊 ▸▸**~ jàcket** 名 C サファリジャケット《まち付きポケットとベルトのついた上着》 **~ pàrk** 名 C サファリパーク《放し飼いの野生動物を車中から見物する動物園》 **~ sùit** 名 C サファリスーツ《サファリジャケットと同じ生地のズボン[スカート]の組み合わせ》

⁑safe /seɪf/ 形 名
中心義 **安全な(所)**
—形〔▶ safety 名〕(**saf·er**; **saf·est**)
❶〈…から〉**安全な**, 安心な;〈…の〉危険にさらされていない (↔ dangerous)〈**from**〉‖ Keep your passport in a ~ **place**. パスポートは安全な所に保管しておきなさい / She **felt** ~ and at home with Ben. 彼女はベンと一緒だと安心でくつろいだ気分でいられた / The city was ~ *from* attack. その町は攻撃を受ける心配がなかった / Your secret is ~ with me. 僕は君の秘密を漏らしたりしないよ
❷《叙述》**無事で**[に], 無傷で(♦ arrive, come など往来を表す自動詞の主格補語として, keep など他動詞の目的語の目的格補語として用いる. → *safe and sound* (↓)) ‖ The space shuttle is sure to return ~. スペースシャトルはきっと無事に帰還するだろう / God keep you ~! どうぞご無事で(♦ 仮定法現在による祈願文)
❸《叙述》**危害を加えない**;危険を伴わない〈**for** 人にとって, **for** ***doing*** …するのに / **to** ***do*** …するのに〉‖ Is that beach ~ *for* swimming? あの浜辺は泳いでも大丈夫ですか / It isn't ~ *for* such young children to be left home alone. そんな幼い子供たちだけを家に残しておくのは危険だ / Is this dog ~ *to* pat? =Is it ~ to pat this dog? この犬はなでても大丈夫ですか / You are ~ in accepting the offer. その申し入れを受けても大丈夫だ
❹ **信頼できる**, **間違いのない**, 確実な;きっと[必ず]〈…する〉〈**to** ***do***〉‖ a ~ investment 確実な投資 / a ~ winner 間違いなく勝つ人 / a ~ bet ⇨ BET (成句) / a ~ pair of hands 《主に英》困難な仕事を確実にやってくれる人 / It is ~ to say that he is the best player. 彼が最高のプレーヤーと言って差し支えない / His horse is ~ *to* win. 彼の馬が勝つこと間違いなしだ
❺《通例限定》(人が)注意深い ‖ a ~ driver 安全運転をするドライバー ❻ ⊗《しばしば蔑》無難な, 差し障りのない(♥「面白みのない, 創造的でない」などの意味を含む) ‖ choose ~ subjects 差し障りのない話題を選ぶ / a ~ guess 無難な憶測 ❼ (監禁などにより) 危険を及ぼす恐れのない ‖ a criminal ~ in jail 危険を及ぼさないよう刑務所に入れられている犯罪者 ❽《野球》セーフの(↔ out)

(***as***) ***safe as houses*** ⇨ HOUSE(成句)
bètter (***to be***) ***sàfe than sórry*** 《諺》後で悔やむより大事をとる方が賢明;急がば回れ
on the safe side ⇨ SIDE(成句), CE 2
****plày*** (***it***) ***sáfe*** 用心深く行動する, 大事をとる
****sàfe and sóund*** 無事に, つつがなく ‖ The package arrived ~ *and sound*. 荷物は無事に着いた

COMMUNICATIVE EXPRESSIONS
1 **Hàve a sàfe jóurney** [OR **tríp, flíght**]. どうぞ安全な旅を (♥ 相手が旅行にたつ際に無事を祈って用いるあいさつ. flight は飛行機に乗る人に対して用いる)
2 **To bè on the sáfe sìde**, lèt's reconfírm our reservátion. 念のため予約の再確認をしましょう

—名 (複 **~s** /-s/) C ❶ **金庫** ‖「break into [OR crack] a ~ 金庫破りを働く ❷ (金網を張った) 食物用戸棚 (《英》meat safe) ❸《米俗》コンドーム(condom)
~·ness 名
▸▸**~ háven** 名 C 安全避難地;U《米》(難民などへの)保護 **~ hòuse** 名 C (スパイや地下組織員の) 隠れ家, アジト;(被害者などを保護する) 避難所, 駆け込み寺 **~ pássage** 名 C U 安全通行権 **~ pèriod** 名《the ~》(妊娠の可能性の少ない) 安全期間 (月経時前後) **~ ròom** 名 C 非常用の部屋(panic room) **~ séat** 名 C《英》当選確実の選挙区 (の議席) **~ séx** 名 U (特にコンドームを用いてエイズ感染などを防ぐ)セーフセックス

sàfe-cónduct 名 U (戦時などの) 安全通行権;(=~ páss) C 安全通行証[券]

sáfe·cràcker, 《英》**-brèaker** 名 C 金庫破りの犯人
sáfe·cràcking, 《英》**-brèaking** 名 U 金庫破り

sáfe-depòsit 名 C (貴重品などの)安全庫, 保管所《銀行の地下などの》 ▸▸**~ bòx** 名 C 貸し金庫 (♦ safety-deposit box ともいう)

***safe·guard** /séɪfgɑ̀ːrd/ 名 C ❶〈…に対する〉保護手段[策], セーフガード〈**against**〉‖ ~*s against* accidents at nuclear plants 原発の事故に対する予防策 / ~*s* to protect the ozone layer オゾン層を守る保護手段 ❷ 安全通行証(safe-conduct)
—動 他〈…から〉〔権利など〕を保護[擁護]する;〔環境・財産・人など〕を守る〈**against, from**〉‖ ~ a computer system *against* viruses ウイルスからコンピューターシステムを守る / ~ the environment *from* industrial pollution 産業公害から環境を守る
—自《(+**against** 名)》…に対して防備する[守る]

sàfe·kéeping 名 U 保管, 保護 ‖ put one's jewels in a bank for ~ 安全のため宝石類を銀行に預ける

sáfe·lìght 名 U《写》(暗室用の)安全光

⁑safe·ly /séɪfli/
—副 (**more ~**; **most ~**)
❶ **安全に**, 無事に, 無傷で ‖ Our jet landed ~. ジェット機は無事着陸した
❷《文修飾》間違いなく;差し支えなく ‖ It may [OR can] ~ be said that he will be elected mayor. 間違いなく彼が市長に選出されるだろう

⁑safe·ty /séɪfti/
—名〔◁ safe 形〕(複 **-ties** /-z/) ❶ U **安全**, 無事 (↔ danger, risk);安全性;(危険からの)保護;安全な所[状況];《形容詞的に》危険防止の ‖ Can you cross the river with ~? 危険を冒さずにその川を渡れますか / **for** one's own ~ 自身の安全のために / check [improve] the ~ of new drugs 新薬の安全性をチェックする [向上させる] / **ensure** passengers' ~ 乗客の安全を確保する / get home in ~ 無事家に着く / reach ~ 安全な所にたどり着く / ~ first 《標語》安全第一 / road ~ 交通安全 / fire ~ 火災時の安全, 火災予防 / food ~ 食品安全性 / ~ measures 安全対策

S

❷ Ⓒ《米》(銃などの) 安全装置 ‖ set [release] the ～ 安全装置をかける[外す] / a gun at ～ 安全装置をかけた銃(♦無冠詞で) ❸ Ⓒ〖野球〗安打(base hit) ❹ Ⓒ〖アメフト〗セーフティー《攻撃側が自陣のエンドゾーンにボールをダウンするプレー. 守備側に2点が与えられる》; セーフティーマン《スクリメージラインの最も後方に位置する守備側の選手》 ❺ Ⓒ《米俗》コンドーム

plày for sáfety (勝負事などで)安全策をとる

COMMUNICATIVE EXPRESSIONS

1 Lét's dó thìs togéther because **there's sàfety in númbers.** 人数が多い方が安全なので団体行動をしよう(♥《諺》仲間が多いと心強い)

▶▶～ **bèlt** 名 Ⓒ (飛行機・自動車などの)シートベルト(seat belt); (高所で作業する人の)安全ベルト ～ **càtch** 名 Ⓒ《主に英》(銃・機械の)安全装置 ～ **cùrtain** 名 Ⓒ (劇場の)防火幕 ～ **fàctor** 名 Ⓒ〖機〗(材料の)安全率; (一般に) 安全性の度合い ～ **glàss** 名 Ⓤ 安全ガラス ～ **ìsland** [**zòne**] 名 Ⓒ《米》(歩行者のための)安全地帯(《英》traffic island); 中央分離帯 ～ **làmp** 名 Ⓒ (鉱山用)安全ランプ ～ **màtch** 名 Ⓒ (安全)マッチ ～ **nèt** 名 Ⓒ ① (サーカスなどの) 安全用ネット ② (社会的弱者などに対する) 保護 ～ **pìn** 名 Ⓒ 安全ピン ～ **ràzor** 名 Ⓒ 安全かみそり ～ **vàlve** 名 Ⓒ ① (ボイラーなどの) 安全弁 ② (感情などの)はけ口 ～ **zòne** 名 Ⓒ《米》=safety island

sáfety-depòsit 名 =safe-deposit

saf·flow·er /sǽflàuər/ 名 Ⓤ Ⓒ〖植〗ベニバナ(紅花); ベニバナ染料 ‖ ～ oil (実から採った)サフラワーオイル

saf·fron /sǽfrən/ 名 ❶ Ⓒ〖植〗サフラン ❷ Ⓤ サフラン《サフランの柱頭を乾燥した香味・着色剤》 ❸ Ⓤ サフラン色, 濃黄色 ―形 サフラン色の

***sag** /sæg/ 動 (**sagged** /-d/; **sag·ging**) 自 ❶ (道路や天井の中央が)たわむ; (スカートのすそ・靴下などが)たるむ; (重みで)垂れ下がる; (体の一部が)たるむ, 垂れる《**down**》‖ The rope is *sagging.* ロープがたるんでいる / ～ under the weight of the snow 雪の重みでたわむ / His shoulders *sagged.* 彼は(がっくり)肩を落とした ❷ (気力・興味などが)衰える, 弱る, 落ち込む ❸ (価格・販売量などが)(一時的に)下落する, 落ち込む ❹〖海〗(船が)流される

―他 …をたわませる

―名 Ⓤ/Ⓒ《単数形で》❶ たるみ; 落ち込み; たわんだ箇所 ‖ a slight ～ in the ceiling 天井のわずかなたわみ ❷〖商〗(一時的な)下落, 下押し ❸〖海〗風下への漂流

sa·ga /sɑ́ːɡə/ 名 Ⓒ ❶ サガ《中世北欧の散文文学の総称》 ❷ (サガ風の)英雄物語, 武勇伝, 冒険談 ❸ 系譜小説, 大河小説《一家・一門などの変遷をたどる長編小説》‖ *The Forsyte Saga* フォーサイト家物語 ❹《口》(長期にわたる)一連の出来事(の話)

sa·ga·cious /səɡéɪʃəs/ 形 賢明な, 思慮分別のある; 機敏な, 抜け目のない **～·ly** 副 **～·ness** 名

sa·gac·i·ty /səɡǽsəṭi/ 名 Ⓤ 賢明; 機敏, 利口

sag·a·more /sǽɡəmɔ̀ːr/ 名 Ⓒ (北米アルゴンキン族の)族長《首長の次位》

sage[1] /seɪdʒ/《文》名 Ⓒ 賢人, 哲人; 思慮深い人, 分別のある人 ‖ the Seven *Sages* (古代ギリシャの)七賢人

―形 (思索・経験を積んで)賢い, 思慮深い, 分別のある

～·ly 副 **～·ness** 名

sage[2] /seɪdʒ/ 名 Ⓤ ❶〖植〗セージ《シソ科サルビア属の草木》; セージの葉《香辛料》 ❷ =sagebrush

▶▶～ **gréen** ⟨シ⟩ 名 Ⓤ セージグリーン, 灰緑色 ～ **gròuse** 名 Ⓒ〖鳥〗キジオライチョウ《北米西部産》

ságe·brùsh 名 Ⓤ〖植〗ヨモギの類《北米西部の不毛地帯の雑草》

sag·gy /sǽɡi/ 形 垂れ(下がり)がちな, たるんだ

Sag·it·tar·i·us /sæ̀dʒɪtéəriəs/ 名 ❶《無冠詞で》〖天・占星〗射手座; 人馬宮《黄道十二宮の第9宮》(the Archer)(⇨ ZODIAC 図) ❷ Ⓒ〖占星〗射手座[人馬宮]生まれの人 **-i·an** 形 名

sa·go /séɪɡoʊ/ 名 (複 **～s** /-z/) ❶ Ⓤ サゴ《ヤシの幹の髄から採るでんぷん》 ❷ (= ～ **pàlm**) Ⓒ〖植〗サゴヤシ

sa·gua·ro /səɡwɑ́ːroʊ/ 名 (複 **～s** /-z/) Ⓒ〖植〗サグワロサボテン《アメリカ南西部・メキシコ産の巨大な柱サボテン》

Sa·har·a /səhǽrə | -hɑ́ː-/《アクセント注意》名 (= ～ **Désert**)《the ～》サハラ砂漠《北アフリカの大砂漠》

-an, -i·an 形

Sa·hel /səhél/ 名《通例 the ～》サハラ砂漠周縁地帯, サヘル

sa·hib /sɑːb, sɑ́ːhɪb/ 名 Ⓒ 閣下, だんな; (敬称として)…殿[様]《インド植民地時代にヨーロッパ人に対して用いた》(♦ヒンディー語より) ‖ Colonel *Sahib* 大佐殿

⁑said /sed/《発音注意》

―動 say の過去・過去分詞

―形《限定》《通例 the ～》前述の, 上記の(♦通例法律・商業上の表現, または《戯》) ‖ the ～ person 当人 / the ～ witness 前述の証人

sai·ga /sáɪɡə/ 名 (複 ～ OR **～s** /-z/) Ⓒ〖動〗サイガ《中央アジア産の鼻面の肥大したレイヨウ》

Sai·gon /sàɪɡɑ́(ː)n | -ɡɔ́n/ 名 サイゴン《ホーチミン市の旧称. 旧南ベトナムの首都》

⁑sail /seɪl/(♦同音語 sale)

―名 (複 **～s** /-z/) ❶ Ⓒ **帆** (♦しばしば複合語で用いる: main*sail*, fore*sail*); 《通例無冠詞で》《集合的に》(一部または全部の)帆 ‖ carry ～ (船が)帆を張っている / shorten [furl] ～ 帆を絞る[畳む] / hoist [OR raise] the ～*s* 帆を揚げる / strike [OR lower] the ～*s* 帆を降ろす / fill the ～ 帆にいっぱいに風をはらませる

❷ Ⓤ《集合的に》(船団をなす)船(ships); Ⓒ 帆船, 船 ‖ *Sail* ho! 船が見えるぞ(♦警報として用いる) / a fleet of thirty ～ [×～*s*] 30隻からなる艦隊 / There were a good many ～*s* in the bay. 湾内には何隻もの(帆)船がいた ❸ Ⓒ (風車の)翼, 風受け; (潜水艦の)司令塔 ❹ Ⓒ《単数形で》帆走, (帆船での)航海, 船旅; 航程 ‖ It is two hours' ～ from the port. 港から2時間の航程である / go for a ～ 船遊びに行く; 船旅に出かける

in [OR ***under***] ***fúll sáil*** 帆を全部張って; 全速力で

màke sáil 帆を張る; 出帆[出航]する

****sèt sáil*** (出港準備に)帆を張る; 出帆[出航]する⟨**for** …に向けて; **from** …から⟩ ‖ The ship *set* ～ *for* Liverpool. 船はリバプールに向けて出航した

tàke in sáil ① 帆を絞る ② 野心を抑える

trìm one's sáils ① (風を受けるように) 帆を調節する ② 臨機応変に修正する ③ 費用を削減する

under sáil 帆を張って; 航海[航行]中で

―動 (**～s** /-z/; **～ed** /-d/; **～·ing**)

―自 ❶ (船・人が)**航海[航行]する**, 船旅をする; (船が)帆走する, エンジンで動く(♦通例方向などを表す 副句 を伴う) ‖ Magellan ～*ed* across the Pacific. マゼランは太平洋横断航海をした / ～ into harbor 入港する / ～ (at) ten knots 10ノットで航行する / ～ with [into] the wind 順風を受けて[風上に向かって]帆走する

❷ ⟨…に向けて⟩ **出帆する**, 出航する⟨**for**⟩ ‖ The ship ～*ed* (from Kobe) *for* Egypt. 船は(神戸から)エジプトに向けて出帆した

❸ (レース・レジャーなどで) (ヨットを) 操縦する ‖ go ～*ing* ヨットに乗りに行く ❹ (+副句) (順風満帆の船のように)滑るように進む; (鳥・雲などが)軽やかに飛ぶ, 滑走[滑空]する; (人が)優雅に[自信ありげに]歩く(♦ 副句 は方向などを表す) ‖ The ball ～*ed* away toward the goal. ボールはゴールに向かって飛んで行った / The princess ～*ed* into the room without looking at us. 王女は我々に目もくれずさっそうと部屋に入って来た

―他 ❶ (船・人が)…を航海[航行]する, 渡る; 〔空など〕を滑るように飛ぶ

❷ 〔船など〕を操縦する, 走らせる; …を滑るように飛ばす

sail 「***close to*** [OR ***near***] (***to***)」 ***the wind*** ⇨ WIND[1](成句)

sáil into ... 〈他〉 ① ⇨ 自 ❶, ❹ ② 《口》…を激しく攻撃する[殴る]; …を口を極めて責める, ののしる ‖ The teach-

er ～*ed into* Sean for being late. 先生は遅刻したことでショーンをひどくしかった ❸《口》…を勢い込んで始める，…に精力的に取りかかる
sàil thróugh 《口》〈他〉《*sàil thróugh* ...》…に楽々と成功する；…をてきぱきと片づける ‖ ～ *through* one's exams 試験に楽々合格する ━〈自〉楽々と成功する
sail under false colors ⇨ COLOR(成句)
～·a·ble 形 **～ed** 形 **～·less** 形

sáil·bòard 名 C セールボード《ウインドサーフィンで使う板》 ━動 自 セールボードに乗る

***sáil·bòat** 名 C《米》帆船，(小型)ヨット(《英》sailing boat)

sáil·clòth 名 U ❶ 帆布(はんぷ)《帆・テントなどに用いる厚地の布》 ❷ (衣料用の)粗麻布，カンバス地

sail·er /séɪlər/ 名 C (船足が…の)(帆)船 ‖ a swift [OR fast, good] ～ 船足の速い(帆)船

sáil·fìsh 名 (複 ～ OR ～·es /-ɪz/) C〔魚〕バショウカジキ《大きな帆のような背びれを持つ》

***sail·ing** /séɪlɪŋ/ 名 ❶ U ヨット操縦(術)；航海術，航海法 ‖ a ～ club ヨットクラブ ❷ U C (特に定期船の)出航(時間)，出帆 ‖ There are several ～*s* a day from Dover. ドーバーからは1日数回船が出ている / the date for ～ 出航[出帆]日時 ❸ C 航海，帆走
be smòoth [OR *clèar,* 《英》*plàin*] *sáiling* (物事が)平穏無事[順調]に進行[推移]している
▸▸ ～ **bòat** 名 C《英》=sailboat ～ **shìp** [**vèssel**] 名 C 帆船《蒸気船(steamer)などに対して》

***sail·or** /séɪlər/ 名 C ❶ (一般に)船乗り，水夫；(下級)船員，水兵《特に将校［高級船員］より下の階級の者》(⇨ 類語) ❷ 船旅をする人；ヨット遊び［セーリング］をする人 ‖ a weekend ～ 週末にヨット遊びをする人 ❸《形容詞を伴って》船に…の人 ‖ a bad [good] ～ 船に弱い[強い]人
～·ly 形 船員[水夫]の(ような)；船乗りに適した

類語《❶》sailor 一般に「水夫，水兵，船乗り」．
seaman sailor と同じく「(一般に)水夫，水兵」を意味するほか，特に米海軍で「下士官より下位で一等水兵より上位の兵」を指す．
mariner 文語的または古風な語で「船乗り，水夫，船員」．

▸▸ ～ **còllar** 名 C セーラーカラー《水兵の服に似せた女性・子供用服の大きな折り襟》 ～ **hàt** 名 C かんかん帽《山が低く平らで，つばがぐるりとついた麦わら帽子》 ～ **sùit** 名 C セーラー服(♦ 男児用のものを指す)

sáil·plàne 名 C 動 自 軽グライダー(で滑空する)

sain·foin /sǽnfɔɪn, séɪn-/ 名 U〔植〕イガマメ《マメ科の多年草．飼料用》

***saint** /弱 sənt；強 seɪnt/《発音注意》名 C (♦ 人名の前では St., S.(複数形 Sts., Ss.)と略し，《米》では /seɪnt, sənt/，《英》では /sənt/ と発音する) ❶ 聖…；(死後キリスト教会によって列聖された)聖人，聖者，聖徒 ‖ *St.* Mark is Venice's patron ～. 聖マルコはベニスの守護聖人である / She was named after *St.* Theresa. 彼女は聖テレサにちなんで名づけられた / *St.* Peter's 聖ペトロ寺院《聖人名の所有格は特に教会や学校などの名によく用いられる》/ make a ～ of Mark マルコを列聖する
❷《口》(一般に)聖者のような人，慈愛深い[忍耐強い]人 ‖ My wife is a real ～. 妻は本当に聖人のような人[よくできた人]だ / live a ～'s life 聖者のような生活を送る / play the ～ 聖人ぶる ❸《通例 ～s》天国に昇った人；《the S-s》在天の聖徒；天使(angel) ‖ He is now with the *Saints*. 彼はいまや天国にいる ❹〔聖〕神に選ばれた人，キリスト教徒；《S-》…聖徒《特定のキリスト教派の一員》‖ a Latter-day *Saint* 末日聖徒，モルモン教徒
━動 他〔人〕を列聖する，聖人と認める[呼ぶ]
～·dom, ～·shìp 名 U 聖人であること **～·lìke** 形
▸▸ **Saint Chrìstopher and Névis** (↓) **Saint George's** 名 セントジョージズ《西インド諸島グレナダの首都》 **Saint John's** 名 セントジョンズ《西インド諸島アンティグア＝バーブーダの首都》 **Sàint Lúcia** (↓) **Sàint Pátrick's Dày** (♦《英》では Saint は弱形で無強勢) 名 =St. Patrick's Day **～'s dày** 名 C (教会の)聖人記念日 **Sàint Válentine's Dày** (♦《英》では Saint は弱形で無強勢) 名 =St. Valentine's Day **Saint Vìncent and the Grenadínes** (↓)

***Saint Chrìstopher and Névis** /-krístəfər, níːvɪs/ 名 セントクリストファー＝ネイビス《西インド諸島の国．首都 Basseterre》

saint·ed /séɪntɪd/ 形《通例限定》❶ 聖人とみなされた，列聖された ❷ 神聖な；聖人の(ような)

saint·hood /séɪnthʊ̀d/ 名 U ❶ 聖人であること，聖人の地位[身分] ❷《集合的に》聖人，聖徒(saints)

***Saint Lu·cia** /- lúːʃə/ 名 セントルシア《西インド諸島の国．首都 Castries》

saint·ly /séɪntli/ 形 ❶ 聖人らしい，聖人にふさわしい ❷ 気高い，崇高な **-li·ness** 名

Saint-Saëns /sænsɑ́ːns | -sɔ́ns/ 名 (**Charles**) **Camille** ～ サン＝サーンス(1835-1921)《フランスの作曲家》

***Saint Vìncent and the Grenadínes** /-vìnsənt, grenədíːnz/ 名 セントビンセントおよびグレナディーン諸島《西インド諸島の国．首都 Kingstown》

Sai·pan /sàɪpǽn/ 名 サイパン島《西太平洋，北マリアナ諸島中の島．米国の信託統治領》

saith /seɪθ/ 動《古》=says《say の直説法三人称単数現在形》

****sake**[1] /seɪk/
━名 U《for the ～ of ...；for ...'s ～ で》…の**ために**(♦ 利益を表す．⇨ 類語P)；…に免じて

語法 ☆☆ (1) sake につく所有格の 's は /s/ 音で終わる普通名詞の場合，しばしば s が省略される．ときにはアポストロフィーも省略されることがある．〈例〉for peace(') sake
(2) 複数のものがかかわる場合，それに応じて複数形 sakes が用いられることがある．

‖ He decided to stay in Japan *for* his girlfriend's ～. 彼は恋人のために日本に留まることに決めた / Let us grant, *for* the ～ *of* argument, that he is innocent. 議論を進めるために，彼は無罪だと仮定しよう / Learning a foreign language is interesting *for* its own ～. 外国語を学ぶことはそれ自体興味深い / *for* the ～ *of* one's health 健康のために / *for* the ～ *of* the children＝*for* the children'*s* ～ その子たちのために / *For* both our ～(*s*), keep my illness secret. 私たち二人のために，私の病気のことは内緒にしておこう (⇨ 語法 (2)) / *for* remembrance' ～ 忘れないために (⇨ 語法 (1)) / *for* convenience'(*s*) ～ 便宜上 / *for* brevity('*s*) ～＝*for* shortness ～ 簡潔にするために (⇨ 語法 (1)) / art *for* art'*s* ～ 芸術のための芸術，芸術至上主義

**for Gòd's* [OR *hèaven's, Chrìst's, pìty*('*s*), *gòodness*('), *Pète's, mèrcy's,* etc.] *sáke* 《命令文・依頼の文で》お願いだから(♥ いら立ち・腹立たしさを表す)；これは驚いた (♥ 驚き・迷惑の気持ちを表す．for Christ's sake は最も強く響き，for God's sake とともに，宗教上の不快感を与えることがある．for goodness' sake は最も穏やかな表現) ‖ *For goodness*(') ～, don't let her know about it. 頼むから彼女にはそのことを知らせないでね / "He came round to make a pass at me." "Well, *for God's* ～." 「あの男は私にちょっかいを出しに寄ったのよ」「へえ，それは驚いた」
for òld tímes' sàke 昔を思い出して；昔のよしみに[で]
for one's ówn sàke 自分自身のために
for the sáke of ìt (特別な理由もなく)ただそうしたいから

COMMUNICATIVE EXPRESSIONS
[1] **Nòt èven for mý sáke?** 私のためでも駄目？(♥「私のためにやって」と相手に懇願するくだけた表現．my を強めに発音する．↗Won't you please do it for me?)

S

…のため(に)	利　益	for the sake of for the benefit of
	目　的	to *do* in order to *do* so as to *do* for the purpose of *doing* with a view to *doing*
	原因・理由	on account of due to owing to because of, because since as

S

sa·ke², sa·ki /sάːki/ 《発音注意》 名 U 酒, 日本酒(♦日本語より)

Sa·kha·lin /sǽkəlìːn/ 名 サハリン, 樺太(からふと)

SAL /sæl/ 略 〖郵〗 *S*urface *A*ir *L*ifted (エコノミー航空便)

sa·laam /səlάːm/ 間 サラーム《イスラム教徒のあいさつ. peace(be to you)の意》

―名 C ❶ 額手(がくしゅ)礼《右手のひらを額に当て上体を深くかがめるイスラム諸国の敬礼》 ❷ 《~s》敬意を表するあいさつ

―動 自 他 (…に)額手礼をする

sal·a·ble, sale- /séɪləbl/ 形 売るのに適した, 売れる；売れ行きのよい **sàl·a·bíl·i·ty** 名

sa·la·cious /səléɪʃəs/ 形 (人が)好色な, みだらな；(書物・絵・話などが)猥褻(わいせつ)な, ポルノ風の

~·ly 副 **~·ness** 名 **-lác·i·ty** 名

:sal·ad /sǽləd/ 《発音注意》

―名 (複 **~s** /-z/) ❶ U C **サラダ** ‖ toss a green ~ (主にレタスの) グリーンサラダをドレッシングで混ぜ合わせる / season [dress] a ~ サラダに味つけをする[ドレッシングをかける] / vegetable ~ 野菜サラダ / fruit ~ フルーツサラダ / shrimp ~ 小エビ入りサラダ

❷ U サラダ用の野菜, (特に)レタス ❸ U C 混ぜ合わせ ‖ a ~ of ideas いろいろな考えの寄せ集め

▶▶ **~ bàr** 名 C サラダバー **~ bòwl** 名 C ① サラダボウル ② サラダボウル社会《多様な人種・文化が同化することなく共存する社会. → melting pot ②》 **~ crèam** 名 U 《英》サラダクリーム《マヨネーズの一種》 **~ dàys** 名 複 《one's ~ *days*》《文》未熟な青年時代[Shak *ANT* 1:5] **~ drèssing** /英 ∸–∸–, ∸–∸–/ 名 U C サラダドレッシング **~ òil** 名 U 《米》サラダオイル

sal·a·man·der /sǽləmændər/ 名 C ❶ 〖動〗 サンショウウオ ❷ サラマンダー《火中に住むとされるトカゲに似た伝説上の動物》; 火中に住む精霊 ❸ サラマンダー, 調理用こんろ, オーブン

sa·la·mi /səlάːmi/ 名 U C サラミソーセージ

sal·a·ried /sǽlərid/ 形 《通例限定》俸給を受ける, 給料をもらう；有給の ‖ a ~ employee サラリーマン

:sal·a·ry /sǽləri/

―名 (複 **-ries** /-z/) C U **俸給, 給料**, サラリー(⇨ 類語) ‖「an annual [a monthly, a weekly] ~ 年俸[月給, 週給] /「a high [OR a handsome, ×an expensive] ~ 高給 / a low [OR poor, ×cheap] ~ 薄給 (⇨ PB 14) /「be paid [OR be on, earn, get] a ~ of $40,000 4万ドルの給料をもらっている / raise [cut] *salaries* 給料を上げる[下げる] / live on a basic ~ 基本給で生活する / a rise in status and ~ 昇進と昇給 / pull down [《英》in] a ~ 《口》俸給を稼ぐ / He gets a ~. 彼はサラリーマンだ(❗「サラリーマン」は和製語. 英語に逆輸入されて日本についての記事などで使われることはある.「会社員」は company employee,「事務職」に限定するなら office [OR white-collar] worker という. → salaryman)

類語 **salary** 事務職・専門職の人などに月給・年俸などで支給される「給料, 俸給」(→ pay¹).

wages 工場労働者・作業員・家事使用人などに時給・日給・週給などで支給される「賃金」.

pay 前記2語の口語的な語.

fee 弁護士・医師などに支払われる「謝礼」で, 受け取る側で額を定める. 入場料・授業料にも用いる. 〈例〉 a doctor's [tutor's] *fee* 医師[家庭教師]の料金

charge 一般にサービス提供の「料金」. 〈例〉 the *charge* for the repair of a watch 時計の修理代

honorarium 講演などの「謝礼」で, 支払う側で額を定める.

allowance 定期的に支給される「手当」, 《米》小遣い.

stipend 《米》奨学生などに与えられる「給付金, 手当」, 《英》聖職者などの「俸給」.

語源 古代ローマ時代に「sal(塩)を買う金」として, 兵士に支払われた給料から.

sálary·màn 名 (複 **-mèn** /-mèn/) C (特に日本の) サラリーマン, 会社員(→ salary の❗印注)

sal·chow /sǽlkoʊ/ 名 C 〖フィギュアスケート〗 サルコウ《ジャンプの一種》 ‖ a triple ~ トリプルサルコウ

:sale /seɪl/ (♦同音語 sail)

―名 〔◁ sell 動〕 (複 **~s** /-z/) ❶ U C **販売**, 売却；取り引き ‖ We have made「no ~ [only three ~*s*] today. 今日は取り引きが一つも[たった3件しか]なかった / a「cash ~ [OR ~ for cash] 現金販売 / a ~ on credit＝a credit ~ 掛け売り /「an in-flight [a tie-in] ~ 機内[抱き合わせ]販売 / advance ~ of tickets 切符の前売り / under-the-counter ~ of imported goods 輸入品の不法販売

❷ C **特売, セール**；《the ~s》セール期間[シーズン]；《英》(公的・慈善目的で行われる)製作品バザー；《形容詞的に》特売の ‖ The store is having a ~ on bathing suits. その店では水着のセールをやっている / a bargain [clearance, closing-down] ~ 大安売り[在庫一掃, 閉店]セール / at a ~ price 特価で

❸ U C 競売, 競り売り(auction)

❹ U C 売れ行き, 需要, 市場(しじょう) ‖ There is no ~ for cameras of that kind nowadays. 最近ではその手のカメラは売れない

❺ C 《~s》《複数扱い》**売上高**, 販売額 ‖ *Sales* are up [down] this year. 今年は売り上げが上がった[下がった] / ~*s* record 売上成績

❻ C 《~s》《単数扱い》販売部門, 販売の仕事；《形容詞的に》販売の ‖ in charge of ~*s* 販売[営業]担当で[の] / a ~*s* campaign [OR drive] 販売運動 / a ~*s* department 販売部, 営業部

for sále (特に個人の所有者によって)売りに出された ‖ This house was put up *for* ~ to pay off her debts. この家は彼女の借金を清算するため売りに出された / Not *For Sale* 《表示》非売品

on sále ① (店などで) 売りに出された ‖ The tickets will go [OR be] *on* ~ next month. その切符は来月発売される / goods *on* ~ 販売商品 ② 《米》特売中で, 特価で ‖ I got this hat *on* ~ for 40% off. この帽子は40%引きの特価で買った

(on) sàle or [OR ***and***] ***retúrn*** 《英》〖商〗売れ残り品引き取り条件で；期限付き委託販売で

▶▶ **~ and léaseback** 名 C U 〖商〗 信用契約付き売却(→ leaseback) **~ of wórk** 名 (複 **~s of w-**) C 《英》(家庭で作ったものを売る) 慈善バザー **~s engineèr** 名 C セールスエンジニア《専門的な商品知識を持ったセールスマン》 **~s fòrce** 名 C 《通例単数形で》《集合的に》販売戦力, 全販売員 **~s pìtch** 名 C ＝sales talk **~s representàtive** 名 C 外交販売員, セールスマン(《口》sales rep) **~s resìstance** 名 U/C 《単数形で》(消費者の) 販売抵抗 **~s slìp** [**chèck**] 名 C 《米》売上伝票；レシート **~s tàlk** 名 U セールストーク, 商品を売り込む口上 **~s tàx** 名 C U 《米》売上税

sale·a·ble /séɪləbl/ 形 =salable

Sa·lem /séɪləm/ 名 セーレム ❶ 米国オレゴン州の州都 ❷ 米国マサチューセッツ州北東の海港

sále·ròom 名《主に英》=salesroom ❷

***sáles·clèrk** 名 C《米》(小売店の) 店員, 販売員 (《英》shop assistant)

sáles·gìrl 名 C 女子店員 (中立 salesclerk, salesperson)

***sales·man** /séɪlzmən/《発音注意》名 (複 **-men** /-mən/) C ❶ (男性の) 店員, 販売員 (♥ 女性形は saleswoman だが, 性差を示さない表現は salesperson) ❷ 外交販売員, セールスマン (♥ 性差を示さない表現は sales representative) ‖ a door-to-door ～ 訪問販売のセールスマン

sáles·man·shìp /-ʃɪp/ 名 U 販売技術, 販売の手腕 (中立 sales techniques [ability])

sáles·pèople 名 U《集合的に》《複数扱い》店員, 販売員;外交販売員

***sáles·pèrson** 名 (複 **～s** /-z/ OR **-pèople**) (♦ 複数形は salespeople がふつう) C 店員, 販売員;外交販売員

sáles·ròom 名 C ❶ (車などを売るための) 展示会場 ❷《米》競売場 (《英》saleroom)

sáles·wòman 名 (複 **-wòmen**) C 女子店員, 女子販売員;女性外交販売員 (→ salesman) (♥ 性差を示さない表現は salesperson, sales representative)

sal·i·cin /sǽləsɪn/ 名 U【薬】サリシン《ヤナギの皮から採れる配糖体で解熱剤・強壮剤などになる》

sàl·i·cyl·ic ácid /sæ̀lɪsɪlɪk-/ 名 U【化】サリチル酸

sa·li·ence, -en·cy /séɪliəns(i)/ 名 (複 **-enc·es** /-ɪz/, **-cies** /-z/) U C ❶ 顕著, 目立つこと;突出 ❷ 顕著な点

sa·li·ent /séɪliənt/ 形《限定》❶ 顕著な, 目立った ❷ 突き出した, 突起した (↔ reentrant) ‖ a ～ angle 突角 ❸ 跳びはねる, 跳ね回る ❹【紋章】(動物が) (後脚を地につけ前脚を上げて) 飛びかかる姿勢の (♦ 名詞の後に置く)
── 名 C ❶ (戦線・とりでなどの) 突出部 ❷ 突角;凸角

sa·li·na /səláɪnə/ 名 C【地】(カリブ諸島・南アメリカなどの) 塩水性の沼沢[湖]

sa·line /séɪliːn | -laɪn/ 形 [◁ salt 名]《限定》❶ 塩の;塩分を含んだ;塩辛い ‖ ～ solution 食塩水 ❷ (薬などが) アルカリ金属塩[マグネシウム塩]を含んだ, 塩類[性]の
── 名 U 食塩水

Sal·in·ger /sǽlɪndʒər/ 名 **Jerome David ～** サリンジャー (1919–2010)《米国の作家》

sa·lin·i·ty /səlínəṭi/ 名 U 塩辛さ;塩分(濃度)

Salis·bur·y /sɔ́ːlzbèri | -bəri/ 名 ソールズベリー《イングランド中南部, ウィルトシャー州の都市. 有名な聖堂がある》
▶▶ **～ Pláin** 名《the ～》ソールズベリー平原《イングランド中南部, ウィルトシャー州の高原. Stonehenge の所在地》 **～ stéak** 名 C《米》ソールズベリーステーキ《ハンバーグステーキの一種》

***sa·li·va** /səláɪvə/《発音注意》名 U 唾液 (だえき), つば ‖ dribble ～ よだれを垂らす

sal·i·var·y /sǽləvèri | -ɪvə-/ 形 唾液の, 唾液を分泌する;唾液腺(せん)の ▶▶ **～ glànd** 名 C 唾液腺

sal·i·vate /sǽlɪvèɪt/ 動 自 ❶ 唾液を (過度に) 分泌する, つばが出る ❷《口》よだれが出る, 渇望する ── 他 [人]に過度に唾液を分泌させる **sàl·i·vá·tion** 名 U 唾液分泌

Sálk vàccine /sɔ́ːlk-/ 名 C U ソークワクチン《小児麻痺(まひ)予防用》(♦ 米国の細菌学者 Jonas E. Salk (1914–95) の名より)

sal·low[1] /sǽlou/ 形 (顔色が) 病的に黄ばんだ, 土色の, 血色の悪い ── 動 他 …を土色にする **～·ness** 名

sal·low[2] /sǽlou/ 名 C《主に英》【植】サルヤナギ《丈が低く葉が広い》

sal·ly /sǽli/ 名 (複 **-lies** /-z/) C ❶ 気のきいた文句 [皮肉, しっぺ返し] ❷ (籠城(ろうじょう)軍の) 出撃, 反撃 ❸ 遠出, 遠足 ❹ 突発的な行動;(情熱などの)ほとばしり
── 動 (**-lied** /-d/; **～·ing**) 自 ❶ (籠城軍が)出撃[反撃]する《*out*》❷《堅または戯》遠出する;散歩に出る;勇んで出かける《*forth, out*》❸ 突然飛び出す, 噴き出す《*out*》

Sal·ly /sǽli/ 名 サリー《女子の名. Sarah の愛称》(→ Aunt Sally)

Sàlly Lúnn /-lʌ́n/ 名 U サリーラン《イギリス Bath に伝わるブリオッシュに似たパン》

Sally Lunn

sal·ma·gun·di /sæ̀lməgʌ́ndi/ 名 ❶ U C サルマガンディー《ひき肉にタマネギ・アンチョビー・卵などを盛り合わせたサラダ》❷ C《文》(一般に) 寄せ集め, 雑録

sal·mi /sǽlmi/ 名 U C サルミ《野鳥類の半焼き肉を煮込んだシチュー》

***salm·on** /sǽmən/《発音注意》名 (複 **～** OR **～s** /-z/) ❶ C U【魚】サケ, サケ類の魚;U サケの肉 ‖ smoked ～ スモークサーモン ❷ (=**～ pínk**) U サケ肉色, サーモンピンク;《形容詞的に》サケ肉色の, サーモンピンクの
▶▶ **～ fàrm** 名 C サケの養殖場 **～ pínk** ⦅シ⦆ 名 U サーモンピンク;《形容詞的に》サーモンピンクの **～ tròut** 名 C U【魚】(ヨーロッパ産)海マス;(北米産)湖水マス

sálmon·bèrry 名 C【植】サーモンベリー《北米西沿岸産のキイチゴの一種》

sal·mo·nel·la /sæ̀lmənélə/ 名 (複 **～** OR **～s** /-z/ OR **-lae** /-liː/) U C サルモネラ菌(による食中毒)

Sa·lo·me /səlóʊmi/ 名【聖】サロメ《Herod 王の後妻 Herodias の娘. 王に踊りのほうびとして洗礼者ヨハネの首を求めた》

***sa·lon** /səlɑ́(ː)n | sǽlɒn/《アクセント注意》名 C ❶ (服飾・美容などの) (高級) 店, …室 ‖ a beauty [OR hair(dressing)] ～ 美容院 / a bridal ～ 婚礼用品の店 ❷ (大邸宅の) 客間, 応接間 ❸ サロン《17–18世紀のフランスで, 上流婦人の邸宅で定期的に催された名士の集い》❹ 美術展覧会(場);《the S-》サロン《毎年パリで開かれる現代美術展覧会》

***sa·loon** /səlúːn/《アクセント注意》名 C ❶《米》(特に昔の西部の) 酒場, バー;(=**～ bàr**)《英》(パブ・ホテルなどの) 特別室 ❷ (=**～ càr**)《英》セダン型乗用車 (《米》sedan);(列車の) 特別客車 (《米》parlor car) ❸ (客船などの) 大広間, 社交室 ‖ a dining ～ (客船内の) 食堂 ❹ (高級) …店(salon), (特別な目的に使われる) …ホール, …場[室]
be* (*drinking*) *in the làst chànce salóon《英》最後のチャンスを目前にしている

salóon·kèeper 名 C《米》酒場の主人

sal·o·pettes /sæ̀ləpéts/ 名 複 サロペット《胸当て付きのつりズボン》(♦ フランス語より)

sal·sa /sɑ́ːlsə | sǽl-/ 名 ❶ U【楽】サルサ《ラテンアメリカ起源のポピュラー音楽》;C そのダンス ❷ U【料理】サルサ《チリソースの一種》
▶▶ **～ vérde** /-vɔ́ːrdeɪ, vɔ́ːrdi/ 名【料理】U C サルサベルデ《オリーブ油・酢・パセリ・ニンニクなどで作るメキシコ風またはイタリア風ソース》(♦ スペイン語で「緑のソース」の意)

‡salt /sɔ(ː)lt/《発音注意》
── 名 [▶ salty 形, saline 形] (複 **～s** /-s/) ❶ U **塩**, 食塩 (common [OR table] salt) ‖ Pass (me) the ～, please. (食卓で) 塩を取ってください / Don't take too much ～ in your diet. 食事では塩分をとりすぎてはいけません / put a pinch of ～ into the soup 塩を一つまみスープに入れる / season the sauce with ～ ソースを塩で味つけする / a teaspoonful of ～ 小さじ1杯の塩 / meat in ～ 塩を振りかけた[塩漬けにした]肉
❷ C【化】塩(えん), 塩類
❸ C《しばしば ～s》(味・形状が) 塩(しお)に似たもの;《～s》薬用塩類《下剤など》(→ bath salts, Epsom salt(s)) ‖ a dose of ～*s* 下剤一服 / smelling ～*s* 気付け薬
❹ U《文》快い刺激, ぴりっとしたところ;機知, 辛辣(しんらつ)さ ‖ Adventure is the ～ of life. 冒険は生きることの刺激となる / His opinion added ～ to the discussion. 彼の意見は議論に生気を与えた / a talk full of ～ 機知に

S

富んだ話 ❺ Ⓒ 食卓用塩入れ(《米》salt shaker,《英》saltcellar) ❻ Ⓒ 《口》老練な水夫(♦ 通例 an old salt という)

like a dose of salts ⇨ DOSE(成句)

*·**rùb sált in** [OR **into**] **a pèrson's wòund(s)*** (人の) 傷口に塩をすり込む；苦痛[悲しみ, 屈辱]をいっそう募らせる

sìt below the sált 社会的に低い立場にいる

*·**take ... with a grain** [OR **pinch**] **of salt*** ⇨ GRAIN (成句)

*·**the sàlt of the éarth*** 〖聖〗地の塩；手本となる人(々) (♦ 聖書の言葉より)

wòrth one's sált 《通例否定文で》有能な, 腕の立つ ‖ No politician *worth* his ～ would take bribes. それなりの政治家なら賄賂(わいろ)を受け取らないだろう

── 形 《比較なし》《限定》❶ 塩分を含んだ(↔ fresh)；塩漬けの；塩辛い ‖ ～ beef コーンビーフ(corned beef) ❷ (沼・草地などが)海水につかった；(植物が)海中[海浜]で生育する ‖ ～ weeds 海草

── 動 (～s /-s/；～·ed /-ɪd/；～·ing)

── 他 ❶ …に塩を(ふり)かける, 塩味をつける ❷ …を塩漬けに(して保存)する《*down, away*》‖ ～ salmon サケを塩漬けにする ❸〔話など〕を〈…で〉ぴりっとさせる, 面白くさせる〈**with**〉‖ The teacher ～*s* his lessons *with* jokes. その教師は授業をジョークを交えて面白くする ❹〔道路〕に塩をまいて雪[氷]を解かす ❺《俗》〔鉱山など〕を実際よりよく見せかける

sàlt awáy ... / sàlt ... awáy 〈他〉① ⇨ 他 ❷ ②《口》(しばしば不正に)〔金〕をためる, 貯える

sàlt óut ... / sàlt ... óut 〈他〉…を塩で分解沈殿させる

～·ish 形 **～·less** 形 **～·ness** 名

▸▸**～ flàts** 名 複 塩類平原, 塩原 《塩湖が干上がったもの》 **～ láke** 名 Ⓒ 塩湖 **Sàlt Làke City** 名 ソルトレークシティ《米国ユタ州の州都》 **～ lìck** 名 Ⓒ ① (野生動物が塩をなめに行く) 含塩地 ② (家畜になめさせる) 岩塩のかたまり **～ màrsh** 名 Ⓒ Ⓤ 塩沢《潮の差す海岸の沼地》 **～ spòon** 名 Ⓒ (食卓用の) 塩さじ **～ trùck** 名 Ⓒ 《米》塩[砂]散布トラック(《英》gritter)《路上に滑り止めの塩や砂をまく》 **～ wáter** (↓)

SALT /sɔːlt/ 略 *S*trategic *A*rms *L*imitation *T*alks (戦略兵器制限交渉)

sàlt-and-pépper /sɔ̀(ː)ltən-/ 形 ＝pepper-and-salt

sal·ta·tion /sæltéɪʃən/ 名 Ⓤ ❶《堅》踊ること；跳躍 ❷《堅》急激な[突然の]変動 ❸〖生〗(特に突然変異の結果の) 跳躍進化 ❹〖地〗サルテーション《砂や土の粒子が水中や空中を飛び跳ねながら移動すること》

sált·bùsh 名 Ⓒ 〖植〗ハマアカザの類《特にオーストラリアや北アメリカの塩分の多い土壌に見られる》

sált·cèllar 名 Ⓒ (食卓用の) 塩皿, 塩入れ (《米》salt-shaker)

salt·ed /sɔ́(ː)ltɪd/ 形 ❶ 塩味をつけた；塩漬けにした ❷ (ある職業に)鍛えられた, 熟練した ❸ (馬などが) (1度伝染病にかかって)免疫になった

sal·tim·boc·ca /sɑ̀ːltɪmbóukə | sæ̀ltɪmbɔ́kə/ 名 Ⓤ 〖料理〗サルティンボッカ《子牛肉に生ハムやセージを合わせて調理したイタリア料理》

salt·ine /sɔ(ː)ltíːn/ 名 Ⓒ 《米》塩味クラッカー

salt·ing /sɔ́(ː)ltɪŋ/ 名 Ⓒ 《通例 ～s》《英》＝salt marsh

sal·tire /sɔ́ːltaɪər/ 名 Ⓒ 〖紋章〗X形十字

sált·pàn 名 Ⓒ (自然の)塩田, 塩盆

salt·pe·ter, 《英》**-tre** /sɔ̀(ː)ltpíːtər/ 名 Ⓤ 硝石, 硝酸カリウム ‖ Chile ～ チリ硝石, 硝酸ナトリウム

sált·shàker 名 Ⓒ 《米》食卓用塩入れ(《英》saltcellar)

sált·wàter 形 《限定》海水の；海水に住む(↔ fresh-water) ‖ ～ fish 海水魚 ▸▸**～ crócodile** 名 Ⓒ 〖動〗イリエワニ《オーストラリア北部からインド南東部にかけての沿岸域に分布する世界最大のワニ》

sàlt wáter 名 Ⓤ 塩水；海水

sált·wòrks 名 《単数・複数扱い》製塩所

***salt·y** /sɔ́(ː)lti/ 形 〔◁ salt 名〕❶ 塩辛い, 塩気のある ❷ (言葉などが)面白いが下品な, 辛辣(しんらつ)な ‖ ～ humor ちょっと下品だが面白いユーモア ❸《口》ふてぶてしい, 積極的な ❹ 潮の香りのする, 船乗りを思わせる

sált·i·ly 副 **sált·i·ness** 名

sa·lu·bri·ous /səlúːbriəs/ 形 (土地・気候などが) 健康によい, 健康的な **～·ly** 副 **～·ness, -bri·ty** 名

sa·lu·ki /səlúːki/ 名 Ⓒ 〖動〗サルーキ《グレーハウンドに似た中東原産の猟犬》

sal·u·tar·y /sǽljutèri | -təri/ 形 ❶ 有益な, ためになる ❷《古》＝salubrious

sal·u·ta·tion /sæ̀ljutéɪʃən/ 名 ❶ Ⓤ Ⓒ (言葉・会釈・握手などによる)あいさつ ‖ bow one's head in ～ 会釈してあいさつする ❷ Ⓒ あいさつの言葉[動作]；(手紙の冒頭の)あいさつの文句(Dear Sir など)

sa·lu·ta·to·ri·an /səlùːṭətɔ́ːriən/ 名 《the ～》《米》卒業生次席総代 《salutatory を述べる》 (→ valedictorian)

sa·lu·ta·to·ry /səlúːṭətɔ̀ːri | -tə-/ 形 《主に米》あいさつの；あいさつを述べる ── 名 (複 **-ries** /-z/) Ⓒ 《米》(卒業式の)開会のあいさつ(→ valedictory)

***sa·lute** /səlúːt/ 《アクセント注意》 動 他 ❶〖軍〗〈挙手・刀礼・ささげ銃(つつ)などで〉…に敬礼する；〈礼砲などで〉…に敬意を表する〈**with**〉‖ The queen was ～*d with* 21 guns. 女王は21発の礼砲で迎えられた / ～「the Union Jack [an officer] ユニオンジャック旗[将校]に敬礼する ❷〔人〕に会釈する；…を〈…で〉迎える〈**with**〉‖ ～ a guest *with* a hug [smile] 抱き合って[笑顔で] 客を迎える ❸ …を(公式に)賞賛する, たたえる〈**for** …に対して；**as** …として〉‖ ～ him *for* his courage 彼の勇気をたたえる

── 自 〈…に〉あいさつする；〖軍〗〈…に〉敬礼する；礼砲を放つ〈**to**〉

── 名 ❶ Ⓒ 〖軍〗敬礼, 挙手の礼, ささげ銃；礼砲；《the ～》敬礼の姿勢 ‖ make a ～ to an officer 将校に敬礼する / snap a ～ 敬礼する / take the ～ (指揮官などが) 敬礼を受ける / give [return] a ～ 敬礼 [答礼] する, 礼砲[答砲]を放つ / fire a 21-gun ～ 21発の礼砲を放つ / stand at the ～ 敬礼の姿勢で立つ ❷ Ⓒ Ⓤ あいさつ, 会釈, おじぎ；表敬のしるし；Ⓒ 〖フェンシング〗試合始めの礼 ‖ wave a ～ 手を振ってあいさつする **sa·lút·er** 名

Sal·va·dor /sǽlvədɔ̀ːr/ 名 ⇨ EL SALVADOR

Sàl·va·dór·an, -dó·re·an, -dór·i·an 形 名

***sal·vage** /sǽlvɪdʒ/ 《発音注意》 動 他 ❶〔船舶・財産など〕を〈難破・火災などから〉救助する；〔沈没船〕を引き揚げる；…を〈危険などから〉救済する, 救う；〔廃品など〕を(リサイクルなどのため)〈…から〉回収する〈**from**〉‖ We couldn't ～ any photo albums *from* the fire. 火事から1冊もアルバムを持ち出せなかった ❷ …を〈困難などから〉得る；…を〈悪化した事態から〉救う, 回復する〈**from**〉；〔事態〕を修復する ‖ ～ one's reputation 評判を回復する

── 名 Ⓤ ❶ (難破・沈没などの)海難救助；沈没船引き揚げ(作業) ‖ a ～ boat [operation] サルベージ船[海難救助作業] ❷ 救助された船舶 [積荷] ❸〖法〗サルベージ料金 ❹ (火災・危険などからの)財産救助；救助財産；救助財産の売却金 ❺ 廃物利用, 廃品回収；回収した廃品

sàl·vage·a·bíl·i·ty 名 **～·a·ble** 形 **-vag·er** 名

***sal·va·tion** /sælvéɪʃən/ 名 ❶ Ⓤ 〈災害・危険・破滅などからの〉救助, 救済；〈無知・迷妄からの〉解放〈**from**〉‖ obtain ～ 救いを得る / pray for a company's ～ *from* bankruptcy 会社が破産せずに済むことを祈る / believe in ～ by science 科学による救済を信じる ❷ Ⓒ 救う人[もの], 救済手段 ‖ work out one's own ～ 自力で救済策を講ずる ❸ Ⓤ 〖宗〗(魂の) 救い；Ⓒ 救世主 ‖ find the ～ of Christ キリスト教という救いを見いだす；キリスト教徒になる **～·al** 形

▸▸**Salvàtion Ármy** 名 《the ～》救世軍《国際的なキリスト教の団体. 軍隊的な組織を持ち, 特に貧しい者への伝道と社会奉仕に力を入れている. 略 SA》

Sal·vá·tion·ist /-ɪst/ 名 C ❶ 救世軍の軍人 ❷ ((s-)) 福音伝道者

salve¹ /sælv | sɑːv/ 名 ❶ U C 軟膏(なんこう), 膏薬(こうやく) ❷ C (心痛などを) 和らげるもの, 慰め ── 動 他 〔傷ついた自尊心・良心など〕を慰める, 〔心痛など〕を和らげる

salve² /sælv/ 動 ((古))=salvage

sal·ver /sǽlvər/ 名 C (名刺・飲み物などをのせて差し出す)金属製の盆

sal·vi·a /sǽlviə/ 名 C 〖植〗サルビア, ヒゴロモソウ

sal·vo /sǽlvoʊ/ 名 (複 **~s, ~es** /-z/) C ❶ (軍艦などからの)一斉射撃; (礼砲の)一斉発砲; (爆弾の)一斉投下 ❷ 一斉に発射[投下]された砲弾[爆弾] ❸ 一斉の拍手喝采(かっさい)[賞賛の辞]; (非難などを)一斉に浴びせること

sal vo·la·ti·le /sæl vəlǽṭəli/ 名 U 炭酸アンモニウムのアルコール溶液 ((気付け薬に用いる))

sal·war /səlwɑ́ːr/ 名 C サルワール ((南アジアで着用されるゆったりしたズボン)) (→ kameez)

Salz·burg /sɔ́ːlzbəːrg | sǽlts-/ 名 ザルツブルク ((オーストリア中部の都市. Mozart の生地))

Sam /sæm/ 名 ❶ サム ((男子の名. Samuel の愛称)) ❷ ⇨ UNCLE SAM

SAM /sæm/ 略 *s*urface-to-*a*ir *m*issile (地対空ミサイル)

Sam. 略 〖聖〗Samuel

Sa·mar·i·a /səméəriə/ 名 サマリア ((古代パレスチナの1地方))

Sa·mar·i·tan /səmǽrəṭən | -mǽrɪ-/ 名 C ❶ サマリア人 ❷ 慈悲深い人 (→ good Samaritan) ❸ ((the ~s)) サマリタンズ ((英国の慈善団体. 電話で悩み事を相談できる)) ❹ サマリタンズの一員 ── 形 サマリア(人)の

sa·ma·ri·um /səméəriəm/ 名 U 〖化〗サマリウム ((希土類金属元素. 元素記号 Sm))

sam·ba /sǽmbə/ 名 C サンバ(の曲) ((アフリカ起源のブラジルのダンス)) ── 動 自 サンバを踊る

sam·bal /sɑ́ːmbɑːl | sǽmbəl/ 名 U 〖料理〗サンバル ((主にインドネシアの香辛料入りソース))

sam·bar, -bur /sǽmbər/ 名 C 〖動〗サンバー, スイロク(水鹿) ((インド・東南アジア産の大ジカ))

Sam·bo /sǽmboʊ/ 名 (複 **~s, ~es** /-z/) ((また s-)) C ⊗ ((蔑)) ❶ 黒人 ❷ ((旧)) サンボ ((特に黒人と北米先住民, 黒人と白人の混血))

***same** /seɪm/ 形 代 副

中心義 (…と)同じ

── 形 ((比較なし)) ❶ ((the ~)) **同一の**, (…と) 同じ (♦ as, that, where などを伴って相関的に用いる) (⇨ 類語) ‖ I work for the ~ company as he (does). 私は彼と同じ会社で働いている / That's the ~ man that [OR who] came here last week. あの男は先週ここに来たのと同じ男だ / She is wearing the ~ sweater (that [OR as]) she had on yesterday. 彼女は昨日着ていたのと同じセーターを着ている (♦ 動詞などが省略されて名詞のみが続く場合は as を用いる. それ以外では as, that 共に可. また that の代わりに who, which が用いられることもある. as, that が目的格のときには省略可. → 語法) / He went back to the ~ place where he had lost his umbrella. 彼は傘をなくした同じ場所へ戻った

語法 ☆☆ the same sweater that she had on yesterday は「昨日着ていたのと同一のセーター」, the same sweater as she had on yesterday は「昨日着ていたのと同種のセーター」と意味が異なるといわれるが, 実際には区別なく用いられている.

❷ ((the ~)) (性質・外観・種類・程度・数量などが)**同じ**, 同様の, 同じような (♦「…と同じような」の語義のときは as と相関的に用いる) (⇨ 類語) ‖ "I lost my way in the wood." "The ~ thing happened to us." 「森で道に迷ってね」「僕らも同じ体験をしたよ」/ His hair is the ~ color as his father's. 彼の髪の色は父親と同じだ / Kim's salary is the ~ as mine.=Kim gets the ~ salary as me [((堅)) I]. キムの給料は私と同じだ / **in the ~ way** 同様に / for the ~ reason 同様の理由で

❸ ((the ~)) **以前と同じ**, 変わらない ‖ My opinion is still the ~. 私の意見は依然として変わらない / He looked the ~ as ever. 彼は昔と変わっていないように見えた / He was the ~ old Ronald. 昔のままのロナルドだった / "What's on the menu today?" "(The) ~ old thing." 「今日のメニューは何」「いつものやつさ」

❹ ((this, that, these, those に続けて))前述の, あの, 例の ‖ That ~ day the wallet I lost came back to me. なくした財布はその日に戻って来た / They boasted, but those ~ men were the first to run away. 彼らはいばっていたが, その当人たちが真っ先に逃げ出した

amòunt** [OR **còme**] **to the sàme thíng 結局同じことだ

at the same time ⇨ TIME(成句)

mùch the sáme (質的に)ほぼ同じ, ほとんど変わらない (♦「(数量的に) ほぼ同じ」は about the same を用いる. almost the same はいずれの場合にも用いられる) ‖ The patient is *much the* ~ as yesterday. 患者の容態はだいたい昨日と同じだ

one and the same ⇨ ONE 形 (成句)

the vèry sáme まさにその, 全く同じ ‖ *The very* ~ thing happened to us this morning. 全く同じことが今朝私たちに起こった

COMMUNICATIVE EXPRESSIONS

1 **I fèel mùch the sàme wáy.** 私も同感です

2 "He gráduated in 1987. Nó, máybe 1988." "**Sáme dìfference.** It was in the láte 80s." 「彼は1987年卒だ. いや, 1988年だったかも」「まあ, とにかく80年代後半でしょ」(♥「大した違いはない: 結局同じようなものだ」を意味するくだけた表現. 細かいことにこだわる人に「要するに同じだからもういいよ」といなしたり, 「だいたい同じことを言っているね」と同調する表現)

3 **(Wèll, básically,) we sèem to be sàying the sàme thíng.** 我々は (まあ基本的には) 同じことを言っているようですね (♥ しばしばお互いの意見が一見異なっているように見える状況で用いる確認表現)

── 代 ❶ ((the) ~)**同じこと[もの, 人]** ‖ I am afraid he will do the ~ in the future. 彼はこの先も同じことを繰り返すのではないかしら / The ~ can be said of women. 同じことが女性についても言える / (The) ~ again, please. お代わりをお願いします (♥ 同じ飲み物などを注文する言い方) / "I'll have steak." "*Same* for me, please." 「僕はステーキにしよう」「私も同じものをお願いします」/ Her latest novel is just more of the ~. 彼女の最新作の小説は代わり映えのしないものだ / We meet occasionally, but it's just not the ~ (as before). 私たちはときどき会っているが, 以前のような間柄ではない

❷ 上記のこと, それ (ら) ‖ He collected the money and deposited (the) ~. 彼は集金してそれを預金した (=... deposited it.)

語法 ☆☆ same はほとんどの場合 the を伴って現れる. 形容詞としての用法では, ときに the の代わりに指示形容詞 that, this, those, these が使われることがある (→ 形 ❹). しかし same の前に the も指示形容詞もつかないことはない. ただし, 代名詞用法では, 主に口語の慣用的表現において the を省略することがある (→ 代 の用例, CE 4, 7, 8).

*__*àll* [OR *jùst*] *the sáme*__ ① **それでも**, やはり, とにかく ‖ He has a lot of weaknesses, but I like him *all the* ~. 彼には弱点がたくさんあるが, それでも彼が好きだ / "Do you need a ride?" "No, I can't go home yet. But thank you *just the* ~." 「車で送って行こうか」「いや, まだ帰れないんだ. でもありがとう」(♥ 相手の好意・勧誘などを断ったときに用いる) ② 〈人にとって〉どうでもよい, 同じことで 〈to〉 (→ CE 6) ‖ Whether you go or not, it's *all the* ~ *to* me. 君が行こうが行くまいが, 私にはどうでもよい

COMMUNICATIVE EXPRESSIONS

④ "Have a nice dáy." "**(And the) sàme to yóu.**" 「いい一日を」「そちらも(同様に)ね」(♥ 祝いや安寧を願うあいさつへの返答. 侮辱的な発言をされた際に,「おまえこそ」と言い返す場合にも用いる. you を強く発音する. =You, too.)

⑤ **I cán't hèlp thìnking the sáme.** 私も同様に考えざるを得ません；同感です(♥ 賛成を表す)

⑥ "**Sàme agáin?**" "**If it's àll the sáme to you, I wón't.**" 「お代わりは」「いや, 君が構わなければやめておくよ」(♥ 申し出などを断るくだけた表現. ↗No, thank you, I won't.)

⑦ "Hòw have you béen?" "**Sàme as álways** [OR **úsual**]." 「元気だった？」「変わりないよ」

⑧ "We nèed mòre wáter." "**Sàme hére.**" 「水がもっと必要です」「こちらも同様です」(♥ 自分も同じような状況にあるということを表す. =Me, too.)

⑨ "Thánk you sò múch." "**Yóu would have dòne the sàme in mý plàce** [OR **posítion**], **I'm súre.**" 「本当にありがとうございます」「(いいえ,)あなたが私の立場ならきっと同じようにしたでしょうから」(♥ 感謝に対して「どういたしまして」と返す形式ばった表現)

—副 《the ～》**同様に**, 相変わらず ‖ I feel the ～ toward her now as before. 彼女に対する気持ちは今も以前と同じだ / I treat everyone the ～. 私はだれでも同じように扱う

類語 《形 ❶ ❷》**same** ①（1つのものについて）同一の.〈例〉go to the *same* school 同じ学校に通う ②（別のものが）同じ.〈例〉the *same* dress as mine 私のと同じ服
identical ① 全く同一の (the very same) 同一物の同一性を強調.〈例〉This is the *identical* hotel that I stayed at last year. これは去年泊ったのと同じホテルだ ② そっくり同じの (exactly alike) 別のものの類似性を強調.〈例〉two *identical* signatures 寸分たがわぬ2つの署名
equal (2つ以上のものについて)量・大きさ・価値・程度などが同じの, 差のない, 等しい.〈例〉of *equal* importance 等しく重要な
equivalent 価値・重要性・意味などが同じの, 等価の, 同等の.
similar 同じような, 類似した.

same·ness /séɪmnəs/ 名 Ⓤ ❶ 同一 ❷ 単調, 一律

sáme-sèx 形《限定》同性(間)の ‖ a ～ couple [marriage] 同性間のカップル[結婚]

sàme-stóre 形〖商〗(売り上げなどが)同一店での

same·y /séɪmi/ 形《英口》《けなして》代わり映えのしない

Sa·mi /sɑ́:mi | sǽ-/ 名《the ～》サーミ《北欧・ロシア北西部に住む少数民族. Lapp とも呼ばれたが, 現在では避けられる》

sam·ite /sǽmaɪt/ 名 Ⓤ サマイト織《中世の絹織物》

sa·miz·dat /sɑ́:mi:zdɑ̀:t | sæ̀mɪzdǽt/ 名《ロシア》(=self-published) Ⓤ Ⓒ (特に旧ソ連の)地下出版(物[組織])

***Sa·mo·a** /səmóuə/ 名 ❶ サモア(諸島)《南太平洋西部の諸島》❷ サモア(独立国)《サモア諸島中の西側の島々からなる. 公式名 the Independent State of Samoa. 首都 Apia》

***Sa·mo·an** /səmóuən/ 形 サモア(諸島)の, サモア人[語]の —名 ❶ Ⓒ サモア諸島の人 ❷ Ⓤ サモア語

sa·mo·sa /səmóusə/ 名 Ⓒ サモサ《皮に肉や野菜を詰め三角形に包んで油で揚げたインド料理》

sam·o·var /sǽməvɑ̀:r/ 名 Ⓒ サモワール《ロシアの湯沸かし器. self-boiling の意のロシア語より》

samovar

Sa·moy·ed /səmɔ́ɪed/ 名 ❶ Ⓒ (シベリア北部に住む)サモエード人；Ⓤ サモエード語 ❷ Ⓒ〖動〗サモエド《シベリア原産の中型犬》
—形 サモエード人[語]の

sam·pan /sǽmpæn/ 名 Ⓒ サンパン《中国・東南アジアで用いる木造の平底船》

sam·phire /sǽmfaɪər/ 名 Ⓒ〖植〗❶ サンファイア《ヨーロッパ産のセリ科の植物. 葉は食用》❷ アッケシソウ

:sam·ple /sǽmpl | sɑ́:m-/
—名 (複 ～s /-z/) Ⓒ ❶ サンプル, **見本**, 標本；商品見本, 試供品；《形容詞的に》見本の(⇨ 類語) ‖ a blood ～ 血液のサンプル / take a ～ of urine 尿のサンプルを採取する / distribute free ～*s* 無料試供品を配布する / ～ questions 質問例 / up to ～ 見本どおりの
❷ 例, 実例 ‖ That is a ～ of his humor. 彼のユーモアはあんなものだ
❸〖統計〗(人口などの) 抽出標本, 試料 ‖ a random ～ 無作為抽出標本 / a representative ～ 代表標本
❹〖楽・電子〗既存の音源から抽出した音《デジタル的に加工したり新しい音を付加したりして別の曲の素材とする》
—動 (～s /-z/；～d /-d/；-pling)
—他 ❶ …を試してみる, …を試食[試飲]する ‖ ～ a little from each dish それぞれの料理から少しとって味をみる
❷ …を実地に体験する ‖ ～ the delights of city life 都会生活の楽しみを実体験する
❸ ((品質)検査・分析などのため)…の見本[サンプル]をと(って調べ)る, …をサンプルとして抽出する ‖ Some patients must be ～*d* for genetic abnormalities. 遺伝子の異常を調べるため何人かの患者をサンプルとして検査しなければならない / randomly ～*d* opinions among 50 teachers 教師50人から無作為に抽出された意見
❹〖楽・電子〗〔既存の音源の一部分〕を加工して新曲を作る；…をサンプリングする《音をアナログ情報からデジタル情報に変える》

類語 《名 ❶》**sample** 全体の性質・形状などを示す, 見本となる1部または1個.〈例〉a free *sample* of shampoo シャンプーの無料試供品
specimen しばしば sample と同じように用いられるが, 特に科学的調査・研究などのための見本.〈例〉*specimens* of moon rock 月の岩石の標本

sam·pler /sǽmplər | sɑ́:m-/ 名 Ⓒ ❶ 見本(収集[検査])係 ❷ 見本の分析装置 ❸ 刺繍(ししゅう)の見本作品《自分の腕を見せるために作る》❹ 見本集, 選集 ‖ a ～ of contemporary English poets 現代イギリス詩人選集 ❺ (音楽の)サンプリング装置(→ sampling ❸)

sam·pling /sǽmplɪŋ | sɑ́:m-/ 名 ❶ Ⓤ 見本抽出 ❷ Ⓒ〖統計〗抽出見本 ❸ Ⓤ サンプリング《音のデジタル化による録音法》

Sam·son /sǽmsən/ 名 ❶〖聖〗サムソン《大力無双のイスラエルの士師. 恋人 Delilah の裏切りで敵に捕らわれる》❷ Ⓒ 大力無双の男

Sam·u·el /sǽmjuəl/ 名 Ⓒ〖聖〗サムエル記《旧約聖書中の歴史書. 前書・後書に分かれる. 略 Sam》

sam·u·rai /sǽmərài | sǽmu-/ 名 (複 ～ OR ～s /-z/) Ⓒ (日本の)侍(さむらい), 武士；《the ～》武士階級(♦ 日本語より)

Sa·n'a, Sa·naa /sənɑ́:/ 名 サヌア《イエメンの首都》

Sàn An·drè·as Fáult [**fáult**] /sæ̀n ændrèɪəs-/ 名《the ～》サンアンドレアス断層《米国カリフォルニア州西海岸の大きな断層. 地震の多発地帯》

san·a·to·ri·um /sæ̀nətɔ́:riəm/ 名 (複 ～s /-z/ OR -ri·a /-riə/) Ⓒ ❶ (結核患者などの) 療養所, サナトリウム ❷《旧》保養地 ❸《英》(寄宿学校の)保健室, 診療所

sanc·ti·fied /sǽŋktɪfàɪd/ 形 ❶ 聖別された；神聖にされた, 清められた ❷ =sanctimonious

sanc·ti·fy /sǽŋktɪfàɪ/ 動 (-fies /-z/；-fied /-d/；～·ing) 他 ❶ …を聖別する；…を神聖にする, あがめる ❷〔人〕の罪を清める ❸ …を宗教的に正当化する；…を是認する, 正当化する(♦ しばしば受身形で用いる) ❹ …を(精神的に)恵みあるものにする **sànc·ti·fi·cá·tion** 名

sanc·ti·mo·ni·ous /sæ̀ŋktɪmóuniəs/ ＜シ 形《けなし

て)信心ぶった, 聖人ぶった **~·ly** 副 **~·ness** 名

*__sanc·tion__ /sǽŋkʃən/ 名 ❶ Ⓒ《通例 ~s》〖国際法〗〈…に対する〉制裁(措置)〈**against**〉; (要求を認めさせる)強制手段《boycott など》‖ apply [OR take] economic ~*s against* an aggressor country 侵略国に経済的制裁を加える / impose military ~*s* on a country ある国に武力制裁を加える / lift ~*s* 制裁を解除する ❷ Ⓤ (法的)認可, 承認(↔ ban); (権威筋による)賛成; (伝統・慣習・宗教などによる)是認, 支持 ‖ The authorities gave their ~ to the proposals. 当局はその提案を承認した / have the ~ of the law 法によって認められている / legal ~ 法的許可 ❸ Ⓒ Ⓤ〖法〗強制力; 〈…に対する〉制裁, 処罰〈**against**〉; (個々の)賞罰; 賞罰規定 ‖ civil [penal] ~ 民事[刑事]処罰 / effective ~*s against* computer hacking コンピューターへの不法侵入に対する効果的な制裁 ❹ Ⓒ〖倫〗(法などの)(道徳的)拘束力 ‖ moral ~*s* against murder 殺人に対する道徳的拘束力

―動 他 ❶ …を認可する; …を是認する, 承認する ‖ The school doesn't ~ (the) teachers' smoking. 学校は教員の喫煙を認めていない ❷〔国・人〕に対し制裁措置をとる **~·a·ble** 形 **~·er** 名 **~·less** 形

sanc·ti·ty /sǽŋktəṭi/ 名 (複 **-ties** /-z/) ❶ Ⓤ (冒すべからざる)神聖, 尊厳 ‖ the ~ of the individual 個人の尊厳 ❷ Ⓤ 高潔, 清浄 ❸ Ⓒ 神聖とみなされるもの

*__sanc·tu·ar·y__ /sǽŋktʃuèri | -əri/ 名 (複 **-ar·ies** /-z/) ❶ Ⓒ (保護と安全の得られる)避難所; Ⓤ 避難 ‖ It is a ~ for 「abused children [battered women]. そこは虐待されている子供たち[女性]の避難所[駆け込み寺]である / The flood victims took [OR found, sought] ~ on hillsides. 洪水の被災者たちは山腹に避難した ❷ Ⓒ 鳥獣保護区域, 禁猟区 ‖ a wildlife [bird] ~ 野生動物[鳥類]の保護区 ❸ Ⓤ (罪人)保護(権), 庇護(ひご); Ⓒ 聖域《世俗裁判権からの免除特権を持っていた場所. 通例教会》‖ refuse to give ~ to hijackers ハイジャック犯たちの保護を拒絶する ❹ Ⓒ 神聖な場所, 聖域《教会・神殿・寺院など》; 〖聖〗(エルサレムの)神殿; (教会・神殿などの)特に神聖な場所, 奥の院, 内陣, 礼拝室; 〖聖〗至聖所

語源 *sanctu-* sacred, holy(神聖な)+*-ary*(名詞語尾): 神聖な所

sanc·tum /sǽŋktəm/ 名 (複 **~s** /-z/ OR **-ta** /-tə/) Ⓒ ❶ 神聖な場所, 聖所 ❷ (人に邪魔されない)私室, 書斎

▸▸**~ sanc·tó·rum** /-sæŋktɔ́ːrəm/ 名 (複 **sancta- s-** OR **~ -rums**) Ⓒ ① =holy of holies (→ holy) ② = sanctum ❷

Sanc·tus /sǽŋktəs/ 名 Ⓒ サンクトゥス(の曲), 三聖唱《*Sanctus, sanctus, sanctus* (Holy, holy, holy) で始まる. 聖餐(せいさん)式の序唱の終わりに歌われる》

sand /sænd/

―名〔▶ sandy 形〕(複 **~s** /-z/) ❶ Ⓤ **砂** ‖ brush the ~ off one's knees 手ではたいてひざの砂を落とす / scatter ~ over a frozen road 砂を凍結した道路にまく / grains of ~ 砂粒

❷ Ⓒ《しばしば ~s》砂地; 砂浜; 砂漠; 砂州, 砂嘴(さし) ‖ the Tottori *Sands* 鳥取砂丘 / play on [OR in] the ~ 砂地で遊ぶ / miles of barren ~*s* 延々と続く不毛の砂漠 / strike the ~*s* 砂州に乗り上げる

❸ Ⓒ (砂時計の)砂(粒); 《~s》時刻, 時間

❹ Ⓤ《米口》勇気, 意気, 決意 ❺ Ⓤ 砂色, 薄茶色

built on (the) sánd 砂上に築かれた, 不安定な(♦ 聖書の言葉)

bury [OR ***hide, stick***] ***one's head in the sand*** ⇨ HEAD(成句)

The sànds (***of tìme*** [OR ***life***]) ***are rùnning óut.*** もう時間は(残って)ない[余命いくばくもない](→ ❸)

thròw [OR ***pùt***] ***sánd in the machìne***(***s***) [OR ***géars***] ***of ...*** …の邪魔をする, …を破壊する

―動 他 ❶ …を紙やすりで磨く《*down*》‖ Let's ~ the door *down* and repaint it. ドアを磨いてペンキを塗り直そう ❷〔道路など〕に(滑らないように)砂をまく ❸ …を砂に[で]埋める; …に砂を混ぜる

▸▸**~ dòllar** 名 Ⓒ〖動〗カシパン《薄い円盤形のウニ類の総称. 砂の多い海底にすむ》 **~ dùne** 名 Ⓒ 砂丘 (dune) **~ èel** [**lànce**] 名 Ⓒ Ⓤ〖魚〗イカナゴ **~ flèa** 名 Ⓒ ① =sandhopper ② =chigoe **~ hòpper** 名 =sandhopper **~ màrtin** 名 Ⓒ《英》〖鳥〗スナムグリツバメ, ショウドウツバメ(《米》bank swallow) **~ pàinting** 名 Ⓤ (北米先住民のナバホ族およびプエブロ族の呪術(じゅじゅつ)的な)砂絵制作; Ⓒ 砂絵(を用いたデザイン) **~ tràp** 名 Ⓒ《米》〖ゴルフ〗バンカー(bunker) **~ wèdge** 名 Ⓒ〖ゴルフ〗サンドウェッジ《バンカーショット用の短いクラブ》

*__san·dal__¹ /sǽndəl/ 名 Ⓒ ❶ サンダル(靴) (♦ 女性が履くかかとの留めひものない履き物は mule. 日本語の「ビーチサンダル」は flip-flops,《米》thong) ‖ wear (a pair of) ~*s* サンダルを履いている ❷ サンダル靴の留めひも

-daled, 《英》**-dalled** 形《限定》サンダルを履いた

san·dal² /sǽndəl/ 名 =sandalwood

sándal·wòod 名 Ⓒ〖植〗ビャクダン(白檀); Ⓤ ビャクダン材; Ⓤ 白檀油《香水用》‖ red ~ シタン(紫檀)

sánd·bàg 名 Ⓒ ❶ (補強・防御・バラスト用の)土嚢(どのう), 砂袋 ❷ (こん棒状の)砂袋《強盗の凶器》

―動 (**-bagged** /-d/; **-bag·ging**) 他 ❶ …に土嚢を積む, …を砂袋でふさぐ[補強する] ❷《口》…を砂袋で殴る ❸〔人〕を酷評する, 攻撃する; 〔人〕の邪魔をする ❹《米俗》《旧》〔人〕に無理に〈…〉させる, 〈…を〉強制する〈**into**〉

sánd·bànk 名 Ⓒ (海底などの)砂州(す); 砂丘

sánd·bàr 名 Ⓒ (河口などの)砂州

sánd·blàst 名 ❶ Ⓤ 砂吹き《ガラス・金属・石などを磨いたり切り込んだりするための圧縮空気による砂の噴射》❷ Ⓒ 噴砂機 ―動 他 …に砂を吹きつける **~·er** 名

sánd·bòx 名 Ⓒ ❶《米》(中で子供が遊ぶ)砂箱, 砂場(《英》sandpit) ❷《英》(機関車の滑り止め用の)砂箱

Sand·burg /sǽndbəːrg/ 名 **Carl ~** サンドバーグ(1878–1967)《米国の詩人》

sánd·càstle 名 Ⓒ (砂浜で子供が作る)砂の山[城]

sand·er /sǽndər/ 名 Ⓒ 紙やすりをかける人; 研磨器

sánd·flỳ 名 Ⓒ〖虫〗スナバエ, サシチョウバエ《吸血昆虫. 病気を媒介する》

sánd·glàss 名 Ⓒ 砂時計

s and h, s&h 略 *s*hipping *and h*andling (取扱手数料込みの運送費)

sánd·hìll cràne 名 Ⓒ〖鳥〗カナダヅル《北米産》

sánd·hòpper 名 Ⓒ〖虫〗ハマトビムシ

San Di·e·go /sæ̀n diéɪgou/ 名 サンディエゴ《米国カリフォルニア州南西部の港湾都市》

S̀&Ĺ 略 *s*avings *and l*oan (association)

sánd·lòt 名 Ⓒ《米口》(子供が野球をするような)空き地

―形 草野球的な, 素人の ‖ ~ baseball 草野球

S̀&Ḿ 略 sadomasochism

sand·man /sǽndmæ̀n/ 名《the ~》眠りの精, 睡魔《子供の目に砂を入れて眠らせるというおとぎ話の妖精(ようせい)》‖ The ~'s coming. そろそろ眠くなってきたね

sánd·pàper 名 Ⓤ 紙やすり, サンドペーパー

―動 他 …に紙やすりをかける《*down*》

sánd·pìper 名 Ⓒ〖鳥〗イソシギの類

sánd·pìt 名《英》=sandbox

sánd·shòes 名 複《主にスコット・豪》=plimsolls

sánd·stòne 名 Ⓤ〖鉱〗砂岩

sánd·stòrm 名 Ⓒ (砂漠の)砂嵐(すなあらし)

sand·wich /sǽndwɪtʃ, -wɪdʒ, -wɪtʃ/ 《発音注意》

―名 (複 **~·es** /-ɪz/) Ⓒ ❶ **サンドイッチ** ‖ a ham [club] ~ ハム[クラブ]サンド

❷《英》(スポンジケーキの間にジャム・クリームを挟んだ)サンドイッチケーキ ❸ サンドイッチ状のもの ‖ a ~ of good and evil 善と悪との背中合わせ

be 「one sàndwich [OR ***two sàndwiches***] ***shòrt of a pícnic*** 《口》(人が)少し頭が足りない, 愚かである

S

―動 (~·es /-ɪz/ ; ~ed /-t, -d/ ; ~·ing) 他 ❶ …を〈…の間に〉挟む, (無理やり)詰め込む;〈スケジュールなどの間に〉…を割り込ませる《*in*》〈between〉(♦ しばしば受身形で用いる) ‖ I was ~*ed between* two big men. 私は2人の大きな男の間に挟まれた / ~ *in* an appointment *between* two board meetings 2つの役員会の間に人と会う約束を入れる ❷〈間に詰め物をして〉〔2つのもの〕を(サンドイッチ状に)合わせる《*together*》〈with〉
語源 英国の Sandwich 伯爵(1718-92)が, 食事のためにトランプ遊びを中断しなくて済むようにと考案した.
▸▸~ **bòard** 名 C サンドイッチマンが背と胸に下げる広告板 ~ **còurse** 名 C 《英》サンドイッチ課程《理論と実習を交互に組み合わせた研修》 ~ **generàtion** 名 C 《主に米》サンドイッチ世代《親と子の両方の世話をしなければならない30-40歳代の世代》 ~ **màn** 名 C (広告板を下げた)サンドイッチマン(中立 sandwich board advertiser)

S

***sand·y** /sǽndi/ 〔◁ sand 名〕 形 ❶ 砂で覆われた, 砂だらけの ❷ 砂のような ❸ (髪が)薄茶色の **sánd·i·ness** 名

Sand·y /sǽndi/ 名 サンディー《Alexander の愛称》

***sane** /seɪn/ 形 ❶ 健全な精神の, 正気の(↔ insane) ❷ (考え方などが) 健全な, 穏健な, 分別のある ‖ a ~ solution 理にかなった解決法 ~·**ly** 副 ~·**ness** 名

***San Fran·cis·co** /sæn frənsískou/ (アクセント注意) 名 サンフランシスコ《米国カリフォルニア州西部の港湾都市; 略 S.F., 《口》Frisco》 **Sàn Fran·cís·can** 名 形

‡**sang** /sæŋ/ 動 sing の過去

sang·froid /sɑ̀ːŋfrwɑ́ː | sɔ̀ŋ-/ 名 U 《フランス》(=cold blood)(危険・困難に直面しての)平静, 沈着

san·gri·a /sæŋgríːə/ 名 U サングリア《赤ワインを果汁・ソーダ水などで割ったパンチ風の飲み物》(♦ スペイン語より)

san·gui·nar·y /sǽŋgwənèri | -gwɪnəri/ 形 《主に古》 ❶ 流血を伴う, 血なまぐさい; 血まみれの ❷ 血に飢えた, 残忍な **-nar·i·ly** 副 **-nar·i·ness** 名

san·guine /sǽŋgwɪn/ 形 ❶〈…に対して〉希望にあふれた, 自信に満ちた, 楽観的な (optimistic)〈about〉 ❷ 《古》(顔が)血色のよい(ruddy); 《文》〖紋章〗血の色の, 血のように赤い ❸ (中世生理学で) 多血質の ―名 C 《英》(描画用の)赤色チョーク ~·**ly** 副 ~·**ness** 名

san·i·tar·i·um /sæ̀nətéəriəm/ 名 《米》=sanatorium

***san·i·tar·y** /sǽnətèri | -təri/ 形 ❶ 《限定》公衆衛生(上)の, 衛生に関する ‖ a ~ engineer [office] 公衆衛生技師[(港にある) 検疫所] / poor [proper] ~ conditions ひどい[良好な]衛生状態 ❷ 衛生的な, 清潔な(↔ insanitary) ‖ ~ fittings [OR facilities] 《英》(ふろ・トイレなどの)衛生設備
sàn·i·tár·i·ly /英 ˌ-ˌ-ˈ--/ 副 **-tàr·i·ness** 名
語源 *sanit-* health + *-ary* (形容詞語尾): 健康に関する, 健康的な
▸▸~ **nápkin** [**pád**, 《英》**tówel**] 名 C (生理用)ナプキン ~ **protéction** 名 U 《集合的に》生理用品

***san·i·ta·tion** /sæ̀nɪtéɪʃən/ 名 U ❶ 公衆衛生(学) ❷ 下水設備, ごみ処理
▸▸~ **wòrker** 名 C 《米》(都市の)清掃作業員

***san·i·tize** /sǽnɪtàɪz/ 動 他 ❶ 《通例受身形で》(望ましくない箇所が除かれて) 受け入れやすくされる ❷ (消毒などで) …を衛生的にする, 清潔にする; 💻〔データなど〕を無害化する **sàn·i·ti·zá·tion** 名

san·i·tiz·er /sǽnɪtàɪzər/ 名 C U (食品などの) 殺菌[消毒]剤

***san·i·ty** /sǽnəṭi/ 名 U ❶ 正気, 気の確かなこと(↔ insanity) ‖ keep [lose] one's ~ 正気を保つ[気がおかしくなる] / return to ~ 正気に戻る ❷ (思想・判断などの) 健全さ, まともさ, 穏健 ‖ restore ~ to the market 市場に正常な状態を回復する

San Jo·se /sæn əzéɪ | -hou-/ 名 サンノゼ, サンホセ《米国カリフォルニア州西部の都市》

San Jo·sé /sæn əzéɪ | -hou-/ 名 サンホセ《中米コスタリカの首都》

San Juan /sæn hwɑ́ːn/ 名 サンファン《プエルトリコの首都》

***sank** /sæŋk/ 動 sink の過去の1つ

***San Ma·ri·no** /sæn mərìːnou/ 名 サンマリノ《イタリア半島中東部の共和国, およびその首都. 公式名 the Republic of San Marino》

sans /sænz/ 前 《文》《戯》…なしに(without)

San Sal·va·dor /sæn sǽlvədɔ̀ːr/ 名 サンサルバドル《エルサルバドルの首都》

sans-cu·lotte /sæ̀nzkjulɑ́(ː)t | -lɔ́t/ 名 C ❶ サンキュロット《フランス革命当時の下層の急進的共和主義者》 ❷ 《堅》急進的平和主義者, 過激派(♦ フランス語より)
-lót·tìsm 名 U 急進的共和主義

san·ser·if, sans ser·if /sænsérɪf/ 形 名 U 〖印〗サンセリフ体の(活字)《ひげ飾りのない活字》

San·skrit /sǽnskrɪt/ 名 U サンスクリット, 梵語(ぼん)
―形 サンスクリットの[で書かれた] **San·skrít·ic** 形

San·ta Bar·ba·ra /sæ̀nṭə bɑ́ːrbərə/ 名 サンタバーバラ《米国ロサンゼルス北西の海岸保養地・住宅地》

***San·ta Claus** /sǽnṭə klɔ̀ːz/ 名 サンタクロース(《口》Santa, 《英》Father Christmas)
語源 4世紀ころの小アジアの主教であった聖ニコラウスのオランダ語名 *Sinterklaas* のなまったもの(→ Nicholas).

San·ta Fe /sǽnṭə fèɪ, ˌ-ˈ-/ 名 サンタフェ《米国ニューメキシコ州の州都》 ▸▸**Sànta Fè de Bogotá** 名 ⇨ BOGOTÁ **Sànta Fè Tráil** 名 《the ~》サンタフェ街道《19世紀鉄道開設前にミズーリ州インディペンデンスとニューメキシコ州サンタフェとを結んだ交易路》

San·ti·a·go /sæ̀nṭiɑ́ːgou/ 名 サンチアゴ《チリの首都》

San·to Do·min·go /sæ̀nṭə dəmíŋgou/ 名 サントドミンゴ《ドミニカ共和国の首都》

San·tos /sǽnṭəs | -tɔs/ 名 サントス《ブラジル南部の港市. 世界有数のコーヒー輸出港. サンパウロの外港》

Saône /soun/ 名 《the ~》ソーヌ川《フランス東部を流れるローヌ川の支流》

São Pau·lo /sàun páulou/ 名 サンパウロ《ブラジル南東部の最大都市》

São To·mé /sàun təméɪ/ 名 サントメ《アフリカ中西部サントメ=プリンシペの首都》

***São Tomé and Prín·ci·pe** /-prínsɪpèɪ/ 名 サントメ=プリンシペ《アフリカ中西部, ギニア湾にある共和国. 公式名 the Democratic Republic of São Tomé and Principe. 首都 São Tomé》

***sap**[1] /sæp/ 名 U ❶ 樹液 ❷ (生命維持に不可欠の) 体液 ❸ 生気, 活力, 元気 ―動 (**sapped** /-t/ ; **sap·ping**) 他 ❶〔木〕から樹液を搾り取る ❷〔気力・元気など〕を奪う;〔人〕から〈気力など〉を奪う〈of〉

sap[2] /sæp/ 名 C 〖軍〗対壕(ごう)《敵陣近くに掘る塹壕(ざんごう)》
―動 (**sapped** /-t/ ; **sap·ping**) 他〔地面〕の下に対壕を掘る;〔敵の要塞(さい)〕の下を掘って倒壊させる
―自 〖軍〗対壕を掘る

sap[3] /sæp/ 名 C ⊗《主に米俗》《蔑》ばか, 間抜け

sap[4] /sæp/ 《米口》名 C こん棒; 警棒
―動 (**sapped** /-t/ ; **sap·ping**) 他 …をこん棒で殴る

sap·id /sǽpɪd/ 形 《主に米堅》 ❶ 風味のある, 美味な ❷ (文章などが)味わいのある, 関心を引く **sa·píd·i·ty** 名

sa·pi·ent /séɪpiənt/ 形 ❶ 《堅》知恵のある; 知ったかぶりの, 物知り顔の ❷ 現生人類(Homo sapience)の[にかかわる] ―名 C (現生人類の)ヒト
-ence 名 U 知恵; 知ったかぶり ~·**ly** 副

sap·less /sǽpləs/ 形 樹液のない; 生気[活力]のない

sap·ling /sǽplɪŋ/ 名 C ❶ 若木 ❷ 《文》若者, 青年

sap·o·dil·la /sæ̀pədílə/ 名 C ❶ 〖植〗サポディラ《熱帯アメリカ産の常緑巨木. 樹液からチクル(chicle)が採れる》 ❷ (=~ **plúm**)サポディラの実《食用》

sap·o·nin /sǽpənɪn/ 名 U C 〖化〗サポニン《植物に分布する配糖体. 石けんのように泡立つので洗浄剤に用いる》

sap·per /sǽpər/ 名 C 工兵

Sap·phic /sǽfɪk/ 形 ❶ サッフォー(Sappho)の；サッフォー詩体の ❷《しばしば s-》《堅》《戯》レズビアンの(lesbian)
—名 C《～s》サッフォー詩体

***sap·phire** /sǽfaɪər/ 《アクセント注意》名 ❶ U C サファイア，青玉 ❷ U サファイア色，瑠璃(るり)色
—形 サファイアでできた；サファイア色の

sap·phism /sǽfìzm/ 名 U《堅》《戯》(女性の)同性愛

Sap·pho /sǽfou/ 名 サッフォー，サッポー《紀元前600年ごろの古代ギリシャの女流詩人》

sap·py /sǽpi/ 形 ❶ 樹液の多い，多汁の ❷ ⊗《主に米俗》《蔑》ばかな(silly)；ひどく感傷的な
-pi·ly 副 **-pi·ness** 名

sap·ro·phyte /sǽprəfàɪt/ 名 C 腐生植物；腐生菌

sáp·sùcker 名 C【鳥】シルスイキツツキ《北米産》

sáp·wòod 名 U 辺材，白太(しらた)《樹皮の内側と心材との間》

sar·a·band /sǽrəbæ̀nd/ 名 C サラバンド(の曲)《スペイン起源の優雅な舞踊》

Sar·a·cen /sǽrəsən/ 名 C 形 サラセン人(の)《十字軍時代のアラビア人・イスラム教徒. 本来はシリア・アラビアの遊牧民族》 **Sàr·a·cén·ic** 形 サラセン人の；【建】サラセン様式の

Sar·ah /séərə/ 名【聖】サラ《Abraham の妻で Isaac の母》

Sa·ra·je·vo /sæ̀rəjéɪvou/ 名 サラエボ《ボスニア＝ヘルツェゴビナの首都. オーストリアの Ferdinand 大公がこの地で暗殺され第1次世界大戦のきっかけとなった》

sa·ran /sərǽn/ 名 U サラン《熱可塑(そ)性合成樹脂》
▶**Sarán Wràp** 名 U《米》《商標》サランラップ

Sar·banes-Ox·ley Act /sɑ̀ːrbeɪnzá(ː)ksli-｜-ɔ́ksli-/ 名《the ～》《米》【法】サーベインズ＝オクスリー法，米国企業改革法《企業会計の透明性・正確性を高めるための法律》

Sarb·Ox, -ox /sάːrbɑ̀(ː)ks｜-bɔ̀ks/ 名 ＝Sarbanes-Oxley Act

***sar·casm** /sάːrkæzm/ 名 U 皮肉，いやみ，当てこすり(⇨ IRONY[1] 類語) ‖ biting [OR heavy] ～ 辛辣(しんらつ)な皮肉 / a hint of ～ in his voice 彼の声に込められたとげ / *Sarcasm is the lowest form of wit.* 《諺》当てこすりはユーモアの最低の技法

***sar·cas·tic** /sɑːrkǽstɪk/ 形 皮肉な，いやみな，あざけりの；当てこすりの好きな ‖ make ～ comments 皮肉なコメントをする **-ti·cal·ly** 副

sarce·net /sάːrsnət/ 名 U サーセネット《薄い絹地》

sar·co·ma /sɑːrkóumə/ 名 (複 **～s** /-z/ OR **～·ta** /-t̬ə/) U C【医】肉腫(にくしゅ)

sar·coph·a·gus /sɑːrkά(ː)fəgəs｜-kɔ́f-/ 名 (複 **～·es** /-ɪz/ OR **-gi** /-gàɪ/) C (碑文・彫刻のある)石棺(せっかん)

sar·co·plasm /sάːrkəplæ̀zm/ 名 U【解】筋質，筋漿(きんしょう)《筋細胞の筋繊維以外の部分》

sard /sɑːrd/ 名 U【鉱】紅玉髄《宝石用の赤褐色の鉱物》

***sar·dine** /sɑ̀ːrdíːn/ 《アクセント注意》⊲ジ 名 C【魚】イワシに似た小魚；サーディン，ピルチャード(pilchard)
**pàcked (ìn) like sardínes* (缶詰のオイルサーディンのように)すし詰めになって

Sar·din·i·a /sɑːrdíniə/ 名 サルデーニャ島《地中海西部にあるイタリア領の島》

sar·don·ic /sɑːrdά(ː)nɪk｜-dɔ́n-/ 形 冷笑的な，小ばかにしたような ‖ a ～ smile 冷笑 **-i·cal·ly** 副

sar·don·yx /sɑːrdά(ː)nɪks｜sάːdən-/ 名 U【鉱】しまめのう《カメオ細工用》

sar·gas·so /sɑːrgǽsou/ 名 (複 **～s** /-z/) U C【植】ホンダワラの類の海藻
▶**Sargàsso Séa** 名《the ～》サルガッソー海《北大西洋，西インド諸島北東部の海藻の多い穏やかな海域》

sarge /sɑːrdʒ/ 名《口》＝sergeant

sa·ri, -ree /sάːri/ 名 C サリー《インドの女性用の民族服. 1枚の布で腰から肩に巻きつけて着る》

sa·rin /sάːrɪn/ 名 U サリン《第2次世界大戦中ナチスドイツが開発した有毒ガス》‖ ～ gas サリンガス

sar·ky /sάːrki/ 形《英口》＝sarcastic

sar·nie /sάːrni/ 名《英口》＝sandwich ❶

sa·rong /sərɔ́(ː)ŋ/ 名 C サロン《マレー半島・インドネシアの男女の筒形の腰布》；U サロン用の布地

SARS /sɑːrz/ 略 *s*evere *a*cute *r*espiratory *s*yndrome(サーズ，重症急性呼吸器症候群)

sar·sa·pa·ril·la /sæ̀spərílə｜sɑ̀ːs-/ ⊲ジ 名 (複 ～ OR **～s** /-z/) ❶ C【植】サルサ《熱帯アメリカ産のユリ科の植物》；サルサに似た北米産のウコギ科の植物 ❷ U 乾燥したサルサの根(のエキス)《香味料. もと薬用》❸ U サルサの根で味つけした炭酸飲料

sar·sen /sάːrsən/ 名 U C【地】砂岩［水成岩］の大きなかたまり《英国南部に見られる》

sarse·net /sάːrsnət/ 名 ＝sarcenet

sar·to·ri·al /sɑːrtɔ́ːriəl/ 形《限定》❶ 洋品店の；仕立て(屋)の ❷ 衣服の，洋服の **～·ly** 副

Sar·tre /sάːrtrə/ 名 **Jean-Paul ～** サルトル(1905–80)《フランスの哲学者・作家》

SAS 略 *S*pecial *A*ir *S*ervice((英国の)特殊空挺部隊)

SASE 略《米》*s*elf-*a*ddressed *s*tamped *e*nvelope(返信用切手付き封筒)(《英》SAE)

sash[1] /sæʃ/ 名 C 飾り帯，サッシュ；(軍服などの)懸章(⇨ BELT 類語)

sash[2] /sæʃ/ 名 C 窓枠，サッシ；(ガラスをはめた)ドア枠
▶**～ còrd** 名 C (上げ下げ窓のおもりの)つりひも **～ wèight** 名 C (上げ下げ窓の)おもり，分銅 **～ wìndow** 名 C 上げ下げ窓，サッシ窓

sa·shay /sæʃéɪ｜ˊ–/ 動 自《主に米口》❶《＋副句》気取って歩く(♦副句 は方向を表す) ❷ (スクエアダンスで)すり足で進む；シャッセで踊る
—名 C シャッセ；(スクエアダンスの)フィギュア

sa·shi·mi /sɑːʃíːmi｜sæ-/ 名 U 刺身(♦日本語より)

Sask. 略 Saskatchewan

Sas·katch·e·wan /sæskǽtʃəwɑ̀ːn｜-wən/ 名 サスカチェワン《カナダ南西部の州. 州都 Regina》

Sas·quatch /sǽskwɑ(ː)tʃ｜-kwætʃ/ 名 ＝Bigfoot

sass /sæs/《米口》名 U 生意気な口のきき方，口答え
—動 他 …に生意気な口をきく，口答えする《***back***》

sas·sa·by /sǽsəbi/ 名 (複 **-bies** /-z/) C【動】ササビー《南アフリカ産の大型のレイヨウ》

sas·sa·fras /sǽsəfræ̀s/ 名 ❶ C【植】サッサフラス《北米産のクスノキ科の樹木》❷ U 乾燥したサッサフラスの根皮《薬用・香料用》

Sas·se·nach /sǽsənæ̀k/ 名 C 形《アイル・スコット》《蔑》イングランド人(の)

sas·sy /sǽsi/ 形《主に米口》❶ 生意気な(⇨ RUDE 類語) ❷ 威勢のいい；粋な，かっこいい

****sat** /sæt/ 動 sit の過去・過去分詞

SAT /sæt/ 名 C《～s》《商標》(米国の)学力評価検査《米国の大学に進学する際に受験する共通テスト. *S*cholastic *A*ptitude [OR *A*ssessment] *T*est の頭字語》；*S*tandard *A*ssessment *T*ask((英国の)標準評価課題)《全国カリキュラムのテスト基準》；*S*tandard *A*ssessment *T*ests((英国の)標準到達度試験)

sat. 略 saturate(d), saturation；satellite

Sat. 略 Saturday

***Sa·tan** /séɪtən/ 《発音注意》名 U サタン，魔王(the Devil)

sa·tan·ic /sətǽnɪk/ 形 ❶ サタンの，魔王の；悪魔崇拝の ❷ 悪魔のような，邪悪な，残虐な **-i·cal·ly** 副

Sa·tan·ism /séɪtənɪ̀zm/ 名 U ❶ 悪魔崇拝［主義］❷《s-》残虐な性格［行為］ **-ist** 名

sa·tay, -té /sάːteɪ｜sǽ-/ 名 U【料理】サテ《一口大の肉を串焼きにし，ピーナッツソースで食べるインドネシア・マレーシアの料理》

satch·el /sǽtʃəl/ 名 C (主に通学用の肩かけ)かばん

sat·com /sǽtkɑ̀m｜-kɔ̀m/ 名 C 衛星通信(satellite communications)

sate[1] /seɪt/ 動 他 ❶〔食欲・欲望など〕を十分に満足させる

❷〔人など〕を飽き飽き[うんざり]させる

sate² /seɪt, sæt/ 動《古》sit の過去・過去分詞の1つ

sa·teen /sətíːn/ 名U 綿サテン, 綿繻子(じゅす)

‡sat·el·lite /sǽṭəlàɪt/《アクセント注意》

―名(複 **~s** /-s/) C ❶〖天〗**衛星**, 月 ; **人工衛星** ‖ The meeting came live by ~ from the U.S. 会議はアメリカから衛星中継された(♦ この satellite は通信手段を表すので無冠詞) / a communication(s) [spy, weather] ~ 通信[偵察, 気象]衛星 / launch [orbit] an unmanned ~ 無人衛星を打ち上げる[軌道に乗せる]

❷ 衛星国 ; 衛星都市 ; 近郊 ‖ Osaka and its ~*s* 大阪とその衛星都市 ❸ 取り巻き, 子分, お供, 従者 ❹〖生〗(染色体の)付随体 ❺《形容詞的に》(人工)衛星の ; 付随する, 二次的な ‖ ~ towns 衛星都市

▸▸ **~ bròadcasting** 名U 衛星放送 **~ càmpus** 名C (大学の)分校 **~ dìsh** 名C 衛星放送アンテナ **~ DNÁ** 名U サテライトDNA《核内にある主成分と比重が異なるDNA》 **~ stàtion** 名C ① 衛星テレビ放送局 ② 衛星電波中継所 **~ (tèle)phòne** 名CU 衛星電話《人工衛星経由の電話》 **~ tèlevision [TV̀]** 名U 衛星テレビ(番組)

sa·tia·ble /séɪʃəbl/ 形 (十分に)満足させられる

sa·ti·ate /séɪʃièɪt/ 動 他《通例受身形で》〈食物・娯楽などに〉満足する ; 〈人に〉飽き飽き[うんざり]させられる〈**with**〉

―形《古》十分に満足した ; 飽き飽きした

sà·ti·á·tion 名U 飽き飽きした状態 ; 満腹

sa·ti·e·ty /sətáɪəṭi/ 名U 飽き飽きしていること[状態]

***sat·in** /sǽtən | -ɪn/ 名U サテン, 繻子(じゅす)(織り) ; C サテンの衣服 ―形《通例限定》繻子の(ような), すべすべした, 光沢のある ; サテンでできた[覆われた]

sat·i·net, -nette /sæ̀tənét | sæ̀tɪ-/ 名U 交織サテン, サテンまがいの織物 ; 薄手のサテン

sátin·wòod 名C〖植〗サテンの木, インドシュスボク《東インド産マホガニーの類 ; 西インド諸島産サンショウ属》; U マホガニー材(家具材)

sat·in·y /sǽtəni | sǽtɪ-/ 形 (手触り・光沢が)サテンのような

***sat·ire** /sǽtaɪər/《アクセント注意》名 ❶ UC 〈…に対する〉風刺, 皮肉, 当てこすり〈**on**〉(⇨ IRONY¹ 類語) ‖ a social ~ *on* youth today 現代の若者についての社会風刺 ❷ C 〈…に対する〉風刺詩[文] ; 風刺劇[映画]〈**on**〉; U 風刺文学 ‖ a stinging [OR biting, cruel] ~ *on* Japanese politics 日本の政治に対する痛烈な風刺

***sa·tir·i·cal** /sətírɪkəl/, **-tir·ic** /-tírɪk/ 形 風刺的な, 皮肉な ; (人・振る舞いが)風刺を好む, 皮肉屋の ‖ a ~ cartoon 風刺漫画 **-i·cal·ly** 副

sat·i·rist /sǽṭərɪst/ 名C ❶ 風刺作家 ❷ 風刺家, 皮肉屋

sat·i·rize /sǽṭəràɪz/ 動 他 …を風刺する, 皮肉る

‡sat·is·fac·tion /sæ̀ṭɪsfǽkʃən/

―名 (◁ satisfy 動) (複 **~s** /-z/) U ❶ **満足** (↔ dissatisfaction) ; 喜び〈**at, with, in** …に対する ; **from, out of** …からの〉 (⇨ CONTENT² 類語) ‖ I had [OR got] the ~ of knowing that I was right. 自分が正しいとわかって満足だった / His success **gave** us great ~. 彼の成功は我々を大いに満足させた / get [OR take] ~ *from* [OR *out of*] doing one's best 最善を尽くすことで満足感を味わう / find ~ *in* helping the poor 貧しい人々の力になることに喜びを見いだす / express one's ~ *at* [OR *with*] the results 結果に満足の意を表す / hear the news with ~ その知らせを聞いて喜ぶ / job ~ 仕事のやりがい / customer ~ 顧客満足(度)

❷ C 満足させるもの, 喜びを与えるもの ‖ It is a great ~ to me that I am a father. 父親であることは私には大きな喜びだ

❸ (要求・欲望などの)充足, 実現, 達成(↔ discontent) ; 確信, 納得, 得心 ‖ ~ of public demand 大衆の要求を満たすこと / We hope this detailed financial report will provide ~ to the stockholders. この詳細な会計報告書で株主が納得してくれればと思う

❹〖法〗〈借金などの〉弁済, 支払い ; 〈法的義務の〉履行 ; 損害賠償 ; 〈苦情などに対する〉納得のいく回答〈**for**〉‖ demand ~ 弁済[損害賠償]を要求する / make ~ *for* a debt 借金を返済する / get no ~ from the company 会社から納得のいく回答がない

❺〖宗〗キリストによる贖罪(しょくざい) ; ざんげ, 贖罪

****to a pèrson's satisfáction*** ; ***to the satisfàction of a pérson*** (人の)満足[納得]のいくように ; (人が)満足したことには ‖ The matter was settled *to the* ~ *of* us all. その件が解決して我々一同満足した

sat·is·fac·to·ri·ly /sæ̀ṭɪsfǽktərəli/ 副 満足のいくように, 十分に

***sat·is·fac·to·ry** /sæ̀ṭɪsfǽktəri/《アクセント注意》<シ 形 〔◁ satisfy 動〕(**more ~ ; most ~**) ❶ 満足のいく, 喜ばしい, 十分な(↔ unsatisfactory)〈**to** 人にとって ; **for** 物・事にとって〉‖ The result was ~ *to* him. 結果は彼にとって満足すべきものだった / This young man is ~ *for* the job. この若者はその仕事を十分こなせます ❷《米》〖教育〗(成績が)合格の, 可の

COMMUNICATIVE EXPRESSIONS

1 **I hòpe that èverything's satisfáctory.** ご満足いただけているとよいのですが(♥ サービス業の人が食事など, サービスの内容について客に確認する表現)

-ri·ness 名

***sat·is·fied** /sǽṭɪsfàɪd/ 形 (**more ~ ; most ~**) 満足した, 満ち足りた(↔ dissatisfied) ‖ a ~ look 満足の表情

‡sat·is·fy /sǽṭɪsfàɪ/《アクセント注意》

―動〔▶ satisfaction 名, satisfactory 形〕(**-fies** /-z/ ; **-fied** /-d/ ; **~·ing**)《通例進行形不可》

―他 ❶ **a** (＋目)〔人など〕を(すっかり)**満足させる**, 喜ばす (↔ dissatisfy) ‖ Package tours don't ~ us anymore. パック旅行では我々はもう満足できない

b《受身形で》**満足している**〈**with** …に, で / **to do** …して / **that** 節 …ということに〉‖ I'm not *satisfied with* my performance today. 僕は今日の自分の演技に満足していない / He was *satisfied to* see her happiness. 彼は彼女が幸せなのを見て満足だった / We are quite *satisfied that* everything is going well. 我々は万事順調にいっていることに大変満足している

❷〔欲望・条件など〕を満たす, かなえる ; 〔期待・要求など〕に応える, 応じる(answer to) ; 〔規則・規準など〕に当てはまる ‖ The refugees' needs were *satisfied*. 難民たちの要求は満たされた / ~ one's hunger [with [OR by drinking] milk 牛乳を飲んで空腹をいやす / ~ one's desire [curiosity] 欲望[好奇心]を満足させる / ~ the requirement その要求を満たす

❸ **納得[確信]させる a** (＋目)〔人〕を〈…のことで〉納得させる, 確信[安心]させる〈**of**〉‖ My explanation did not ~ her *of* my innocence. 私の説明では彼女に私の無実を納得させられなかった **b** (＋目＋(**that**) 節)〔人〕に…ということを納得[確信]させる ‖ I *satisfied* the children *that* there was no danger. 何も危険はないことを子供たちに納得させた **c**《受身形または ~ oneself で》納得する, 確信する〈**of** …のことを/(**that**) 節 …ということを〉‖ I *satisfied* myself [*of* his honesty [OR (*that*) he was honest]. 私は彼は正直だと確信した / He was *satisfied* (*that*) no one had followed him. 彼はだれも後をつけてこなかったと確信した

❹〔負債・賠償など〕を支払う ; 〔債権者〕に弁済する, 〔被害者〕に弁償する ‖ ~ a bill [debt] 請求額[借金]を払う / ~ one's creditors 債権者に支払いを済ませる

❺〖数〗〔方程式〕を満足させる, …の条件を満たす

―自 満足を与える ‖ Even big fortunes will not ~ completely. 巨額の富ですら完全には満足を与えない

COMMUNICATIVE EXPRESSIONS

1 **(Are you) sátisfied?** (これで)ご満足ですか(♥ 失敗したり問題を起こしたりした人への皮肉としても用いる)

2 **I'm nòt (at àll) sátisfied with** the investigátion you màde. あなたが行った調査には(全く)満足していません(♥不満を述べる)

-fì·a·ble 形 満足できる；賠償できる **-fì·er** 名

語源 *satis-* enough＋*-fy* (「…にする」を意味する動詞語尾)：十分にする

***sat·is·fy·ing** /sǽṭɪsfàɪɪŋ/ 形 満足のいく, 十分な；納得のいく **~·ly** 副

sat·nav /sǽtnæv/ 名 U 衛星ナビゲーション (satellite navigation)《人工衛星による測位システム》

sa·trap /séɪtræp | sǽ-/ 名 C ❶ サトラップ《古代ペルシャの地方長官》 ❷ (独裁的な)総督, 代官

sa·tra·py /séɪtrəpi | sǽ-/ 名 (複 **-pies** /-z/) C サトラップ[総督]の支配[管轄]区域

Sat·su·ma /sætsúːmə/ 名 ❶ (＝~ **wàre**) U 薩摩焼 ❷ 《s-》 C 温州(うんしゅう)ミカン(♦日本語より)

sat·u·ra·ble /sǽtʃərəbl/ 形 飽和できる

***sat·u·rate** /sǽtʃərèɪt/ (→ 形 名) 動 他 ❶ …を〈…で〉すっかりぬらす, 〈…に〉浸す〈**with, in**〉‖ The ground was ~*d with* water. 地面は水でびしょびしょだった ❷ …に満ちあふれる；…を〈…で〉あふれさせる, 飽和状態にする；…に〈…を〉十分行き渡らせる[含ませる, 吸わせる]〈**with, in**〉(♦しばしば受身形で用いる) ‖ A bright light ~*d* the room. 明るい光が部屋にあふれていた / The air was ~*d with* the perfume of roses. 空気はバラの香りに満ちていた ❸〔市場〕に商品を過剰供給する, …を飽和状態にする ❹〖化〗…を飽和させる ❺〖軍〗…を集中爆撃する

—形 /sǽtʃərət/ 《文》水分がたっぷりしみ込んだ

—名 /sǽtʃərət/ C 《通例 ~s》飽和脂肪

sát·u·rat·ed /-reɪṭɪd/ 形 ❶ しみ込んだ, ぬれた；充満した ❷〖化〗飽和状態の ‖ ~ fat 飽和脂肪 ❸ (色が)白で薄めてない, 鮮明な

sat·u·ra·tion /sæ̀tʃəréɪʃən/ 名 U ❶ (水などが)しみ込むこと, 浸潤, 充満 ❷〖化〗飽和状態 ❸ (色の)彩度 ❹〖気象〗(大気中水蒸気の)飽和状態 ❺ (市場の)過剰供給 ❻ (＝~ **bòmbing**) 集中爆撃[砲撃] ▸▸ **~ pòint** 名 C 《単数形で》① 〖化〗飽和点 ② (一般に)極限, 限界点

‡Sat·ur·day /sǽṭərdèɪ, -di/

—名 ❶ U/C 《しばしば無冠詞単数形で》**土曜日**《略 Sat.》(♦用法・用例については ⇨ SUNDAY) ‖ We have no school on ~(*s*). 土曜日には学校はない / I was in Seattle last ~. 先週の土曜日はシアトルにいた / My birthday is [OR falls] on a ~ this year. 私の誕生日は今年は土曜日に当たる

❷ 《形容詞的に》土曜日の ‖ on ~ afternoon 土曜日の午後に

—副 《英では口》土曜日に；《~s》土曜日ごとに, 毎週土曜日に ‖ I always wash my car ~*s*. いつも土曜日には車を洗う

▸▸ **~ nìght spécial** 名 C 《主に米口》(簡単に入手できて隠し持てる)小口径の安物ピストル

Sat·urn /sǽṭərn/ 名 ❶ 〖ロ神〗サトゥルヌス《農耕の神. Jupiter 以前の黄金時代の主神. 〖ギ神〗の Cronus に相当》 ❷ 〖天〗土星

Sat·ur·na·li·a /sæ̀ṭərnéɪliə/ 名 ❶ U 《単数・複数扱い》(古代ローマの)サトゥルヌス神の祭り ❷ 《s-》 C ばか騒ぎ, どんちゃん騒ぎ **-an** 形

Sa·tur·ni·an /sætə́ːrniən/ 形 ❶ サトゥルヌス神の；黄金時代の ❷〖天〗土星の

sat·ur·nine /sǽṭərnàɪn/ 形 ❶ 陰気な, 気難しい, むっつりした ❷ 《古》鉛に関する；鉛中毒にかかった **~·ly** 副

sat·ya·gra·ha /sʌtjɑ́ːgrəhə/ 名 《サンスクリット》(＝a grasping for truth) U サチャグラハ《1919年インドの Gandhi が提唱した無抵抗不服従運動》

sa·tyr /séɪṭər | sǽtə/ 名 ❶ 《しばしば S-》〖ギ神〗サテュロス《酒好きで好色な半人半獣の森の神》 ❷ C 好色漢, 色魔 ❸ C 〖虫〗ジャノメチョウ **sa·týr·ic** 形

sa·ty·ri·a·sis /sèɪṭəráɪəsɪs | sæ̀t-/ 名 U 〖医〗(男性の)性欲異常高進症, 色情症(→ nymphomania)

‡sauce /sɔːs/ (♦《英》同音語 source)

—名 〔▸ saucy 形〕(複 **sauc·es** /-ɪz/) ❶ U (♦種類を表す場合は C) **ソース**《料理に味を添える液体の総称》‖ *Hunger is the best* ~. 《諺》空腹は最良のソース；空腹にまずいものなし / *What's ~ for the goose is ~ for the gander.* 《諺》雌ガチョウのソースになるものは雄ガチョウのソースにもなる；一方に当てはまることは他方にも当てはまる / tartar [chili] ~ タルタル[チリ]ソース / Worcester(-shire) ~ ウスターソース / put a white ~ on fish 魚肉にホワイトソースをかける / soy [OR soya] ~ しょうゆ ❷ U 《米》果物の水[シロップ]煮《デザート・つけ合わせ用》‖ cranberry ~ クランベリーソース《Thanksgiving Day のシチメンチョウ料理に欠かせないもの》 ❸ U C ピリッとさせるもの, 刺激(を与えるもの), 風味(を加えるもの) ❹ U/C 《単数形で》《主に英口》生意気(な言葉), ぶしつけ ‖ None of your ~! 生意気言うな(♥目下の者をたしなめる表現) / What ~! 何て図々しい ❺ 《the ~》《俗》酒 ‖ hit the ~ 大酒を飲む / be on the ~ 酒におぼれる

—動 他 ❶ 《通例受身形で》ソースで味つけされる, ソースがかかっている ❷ …に味[面白み]を添える, …をぴりっとさせる ❸ 《口》〔人〕に生意気なことを言う **~·less** 形

語源「塩漬け」の意のラテン語 *salsus* のフランス語を経由した形から. salt, salad, sausage と同語源.

sáuce·bòat 名 C (船形の) 食卓用ソース入れ

sauceboat

sauce·pan /sɔ́ːspæ̀n | -pən/ 名 C ソースパン《柄(え)のある深なべ》(⇨ PAN[1] 図)

***sau·cer** /sɔ́ːsər/ (発音注意) 名 C ❶ (コーヒーカップなどの)受け皿, ソーサー；(植木鉢などの) 台皿 (⇨ DISH 類語P) ‖ a cup and ~ 受け皿付きカップ一組 (♦この場合 saucer に a はつけない) / have eyes like ~*s* 驚いて目を丸くする ❷ 受け皿に似たもの(→ flying saucer)

~·fùl 名 **~·less** 形

sau·cis·son /sòusisɔ́ːn/ 名 C U ソシソン《大型のソーセージ》(♦「ソーセージ」の意のフランス語より)

sauc·y /sɔ́ːsi/ 形 〔◁ sauce 名〕《口》❶ 生意気な, こましゃくれた ❷ 《主に米》快活な, はつらつとした；粋な, かっこいい ❸ 《主に英》(性的に)いやらしい, みだらな

sáuc·i·ly 副 **sáuc·i·ness** 名

Sau·di /sáudi/ 形 名 C サウジアラビアの(住民)

***Sàudi Arábia** 名 サウジアラビア《アラビア半島のほぼ全域を占める王国. 公式名 the Kingdom of Saudi Arabia. 首都 Riyadh》

sau·er·bra·ten /sáuərbrɑ̀ːtən/ 名 U ザワーブラーテン《牛肉を酢漬けにして焼いたドイツ料理》(♦ドイツ語より)

sau·er·kraut /sáuərkràut/ 名 U ザワークラウト《キャベツを塩漬けにしたドイツ料理》(♦ドイツ語より)

Saul /sɔːl/ 名 〖聖〗サウル《イスラエルの初代の王》

sau·na /sɔ́ːnə, sáunə/ (発音注意) 名 U C サウナ (ぶろ[浴場])

saun·ter /sɔ́ːnṭər/ 動 自 (＋副句)〈…を〉ぶらぶら歩く, のんびり歩く〈**along, around, in, through**〉 —名 C 《単数形で》ぶらぶら歩き；ゆったりした歩調 **~·er** 名

sau·ri·an /sɔ́ːriən/ 形 名 C トカゲ類の(動物)

saur·is·chi·an /sɔːrískiən/ 名 C 形 〖古生〗竜盤類恐竜(の)

sau·ro·pod /sɔ́ːrəpɑ̀(ː)d | -pɔ̀d/ 名 C 形 〖古生〗竜脚類恐竜(の) **sau·róp·o·dous** 形

***sau·sage** /sɔ́(ː)sɪdʒ/ (発音注意) 名 ❶ U C ソーセージ ‖ grill some ~*s* ソーセージを焼く ❷ C ソーセージ状のもの

nòt a sáusage 《英口》一つも[全く](…)ない

語源「塩の入った」の意のラテン語 *salsicius* から. salt, salad, sauce と同語源.

▸▸～ **dòg** 名C《英口》=dachshund ～ **mèat** 名U《英》(ソーセージ用)味つけひき肉 ～ **róll** 名UC《英》ソーセージロール《ひき肉をパイ生地で包んで焼いたもの》

Saus·sure /sousjúər/ 名 **Ferdinand de** ～ ソシュール(1857-1913)《スイスの言語学者. 構造言語学・構造主義の創始者》

sau·té /soutéɪ | ´ー/ 名C ソテー《少量の油で軽くいためた料理》 ——形《限定》ソテーにした；ソテー用の ‖ ～ potatoes ジャガイモのソテー ——動 (～(e)d /-d/；～·ing) 他 …を(油で)軽くいためる(♦ フランス語より)

Sau·ternes /soutə́ːrn/ 名U ソーテルヌ《フランスのボルドー産の甘口の白ワイン》(♦ 米国では Sauterne とつづってカリフォルニア産の白ワインを指すこともある)

sauve qui peut /sòuv kiː pú | -pə́ː/ 名《フランス》C《単数形で》《古》《文》パニック[混乱]状態；大敗走, 総崩れ

sau·vi·gnon blanc /sòuvɪnjɔ̀(ː)n bláːnk, -vɪnjòun-/ 名《しばしば S- B-》U ソービニョン=ブラン《主にフランスと米国カリフォルニア州で栽培される白ワイン用ブドウの1品種；その白ワイン》

sav·a·ble /séɪvəbl/ 形 救える；貯蓄[節約]できる

***sav·age** /sǽvɪdʒ/《発音注意》形〔▶ savagery 名〕(**more** ～；**most** ～) ❶ (動物が)獰猛(どうもう)な, 凶暴な；飼いならされていない, 野生の(↔ tame) ‖ a ～ tiger 獰猛なトラ ❷ 残酷な, 情け容赦ない；苛酷(かこく)な (⇨ CRUEL 類語) ‖ a ～ attack 容赦のない攻撃 ❸ (打撃・怒りなどが)激しい, 猛烈な ‖ a ～ blow 強烈な一撃 ❹《限定》(土地が)原始のままの, 荒涼とした ❺ ⊗《旧》《蔑》(人が)未開の, 野蛮な(♥ 婉曲的には uncivilized という)；(振る舞いが)粗野な, 無礼な ‖ ～ manners 無作法
——名C ❶ ⊗《旧》《蔑》未開人, 野蛮人 ❷ 残酷[乱暴]な人
——動 他 ❶《通例受身形で》(動物に)激しく襲われる ❷《堅》…を激しく攻撃[批判]する ～**·ly** 副 ～**·ness** 名

sav·age·ry /sǽvɪdʒəri/ 名〔◁ savage 形〕(複 **-ries** /-z/) ❶U 未開[野蛮]な状態 ❷U 残忍性；C 野蛮[残忍]な行為

***sa·van·na, -nah** /səvǽnə/ 名UC サバンナ《アフリカなどの木の少ない大草原》

sa·vant /səváːnt | sǽvənt/ 名C 学者, 大家；(ほかの人にない)まれな能力の持ち主(→ idiot savant)

sa·vate /səvǽt/ 名U サバット《フランス発祥の手足を使うキックボクシングに似た競技》

⁝save[1] /seɪv/ 動 名

中心義 …を損失から守る

動 他 救う❶ 蓄える❷ 節約する❸ 省く❹ 自 貯金する❶

——動 (～**s** /-z/；～**d** /-d/；**sav·ing**)
——他 ❶〔人・物〕を〈危害・困難などから〉**救う**, 助ける；…を〈破壊・損失などから〉守る(↔ endanger)〈**from**〉；〔人命〕を救う(⇨ 類語) ‖ The lifeguard ～*d* me *from* drowning. 水難救助隊員は私がおぼれそうになっているところを救ってくれた / He ～*d* the pictures *from* the burning house. 彼は燃えている家から絵を運び出した / Putting air bags in cars has ～*d* thousands of lives. 車にエアバッグを装備することで何千人もの命が助かっている / ～ one's reputation [face] 名声[メンツ]を保つ / ～ people *from* starvation 人々を飢えから救う
❷ …を**蓄える**, ためる, 貯蓄する；…を大事に集める, とっておく《*up*》(↔ spend)〈**for, toward** …のために；**against** …に備えて / **to do** …するために〉‖ ～ (*up*) money [*for* one's son's education [*toward* the purchase of a house, *to* travel abroad] 息子の教育費として[家を購入するために, 海外旅行のために] 金をためる / ～ money *for* a rainy day まさかのときに備え貯金する
❸ **a** 《+目》〔金銭・時間など〕を**節約**[倹約]**する**, 無駄にしない；…を大切に使う ‖ ～ time by shopping online インターネットで買い物をして時間を節約する / You'll ～ more fuel by driving at 50kph. 時速50キロで運転すればもっと燃費の節約になる / ～ one's strength for the finals 決勝戦に備えて体力をセーブする
b 《+目 *A*+目 *B*》*A*(人)に*B*(金・時間など)を節約させる ‖ If you book a seat in advance, it will ～ you time and money. 座席を予約すると時間と金の節約になる
❹ (手間などを)**省く** **a** 《+目》〔人〕に〈…を〉しないで済むようにさせる〈**from**〉；〔困難なことなど〕を体験しないで済むようにさせる；…(の手間など)を省く ‖ His phone call ～*d* me *from* going all the way to his office. 彼が電話してくれたので彼の会社へわざわざ行く手間が省けた / That home run ～*d* him *from* dropping back to the minors. そのホームランで彼はマイナー落ちを免れた
b 《+目 *A*+目 *B*》*A*(人)の*B*(困難・労力など)を省く, 不要にする；*A*(人)に*B*をしないで済むようにさせる ‖ Microwave ovens ～ us a lot of trouble. 電子レンジのおかげでずいぶん面倒[手間]が省ける(♦ *A lot of trouble is saved us .... とはいわない. We are saved a lot of trouble .... は可) / Jot it down and ～ yourself the trouble of trying to remember it later. それを書き留めておけば後で思い出す手間が省けるよ
c 《+目+*doing*》〔人〕に…する必要がないようにさせる ‖ You can use my bike — it'll ～ you buying one. 僕の自転車を使っていいよ — そうすれば買わなくて済むでしょう
❺ **a** 《+目》…を〈後日のために〉とっておく〈**for**〉‖ *Save* some of the cookies *for* tomorrow. そのクッキーを少し明日にとっておきなさい
b 《+目 *A*+目 *B* ⇄ +目 *B*+**for** 目 *A*》*A*(人)に*B*(席)などをとっておく ‖ Will you ～ me a place at your table? = Will you ～ a place *for* me at your table? あなたのテーブルに私の席をとっておいてくれませんか / *Save* some dinner *for* me. 夕食を残しておいてね
❻ 『スポーツ』〔試合〕の敗北を防ぐ；『サッカー・ホッケー』(ゴールキーパーが)〔シュート〕を防ぐ；『野球』(救援投手が)〔試合〕をセーブする ‖ The pitcher ～*d* five games in August. その投手は8月に5試合でセーブを挙げた
❼ 💻〔データ〕を保存する
❽ 『神』〔人(の魂)など〕を〈…から〉救う, 救済する〈**from**〉
——自 ❶ 〈…のために〉**貯金**[貯蓄]**する**, 蓄える《*up*》〈**for**〉‖ ～ (*up*) *for* [or to buy] a new car 新車を買うために貯金する / ～ with the Metropolitan Bank メトロポリタン銀行に貯金している / ～ *for* a rainy day まさかのときに備えて蓄えをする
❷ 〈費用・時間などを〉節約[倹約]する, 無駄遣いしない〈**on**〉‖ Installing solar panels ～*s on* energy costs. 太陽電池板を取りつけるとエネルギー経費が節約できる / ～ *on* taxes 節税する
❸ 『スポーツ』相手の得点を阻む ❹ 💻 データを保存する

***Gòd sàve the Quéen* [*King*]!** 女王[国王]陛下万歳《英国国歌の歌詞. またその名称》

sàve a pérson from himsélf/hersélf 〔人〕に失態を演じないようにさせる

COMMUNICATIVE EXPRESSIONS

1 **(Gòd) sàve me from my fríends!** (友人面は)ありがた迷惑[ごめん]だ；(おせっかいは)余計なお世話だ
2 **I've gòt enóugh sàved úp.** 貯金は十分ある
3 "Are you sùre you can't cóme?" "**Nòt to sàve my lífe!**" 「どうしても来られませんか」「絶対駄目です」(♥「どんなに努力してもできない」という意味のくだけた表現)
4 **Sáve it!** 黙れ(♥ くだらない議論や言い訳などに対して)
5 **Sàve your bréath** — he wòn't chànge his mìnd ányway. やめとけ. どうせ彼の気は変わらないよ(♥「言っても時間や努力の無駄になるだけだ」の意)
6 **You sàved my lífe** (by hèlping me with thàt jób). (あの仕事を手伝ってくれて)本当に助かったよ(♥ それほど大げさではないことについても用いる)

―名 (複 ~s /-z/) Ⓒ ❶〘スポーツ〙相手の得点を阻むプレー, セーブ ‖ The goalkeeper **made** a fine ~. ゴールキーパーは見事にセーブした ❷〘野球〙セーブ《救援投手がリードを守った試合》 ❸ 💻セーブ《データの保存》

類語《他 ❶》**save**「救う」を意味する最もふつうの語.
rescue 差し迫った大きな危険や危害にさらされた状態から(迅速・積極的な行動で)救出する. 〈例〉*rescue* the crew of a wrecked ship 難破船の乗組員を救い出す
deliver 格式的な語. 監禁・束縛・苦悩などから解放する. 〈例〉*deliver* him from his anxiety 彼を不安から解放する

*__save²__ /seɪv/ 《堅》《文》 前 …を除いて, …のほかは (♦ save for ... となることもある) (⇨ BUT **類語**) ‖ He solved all the problems ~ one. 彼は1つを除いてすべての問題を解いた
―接 《通例 ~ that ... で》…であることを除いて ‖ I'm well ~ *that* I have a bad knee. ひざの調子が悪いくらいで調子はまあまあです

sáve-àll 名 Ⓒ ❶ (リサイクル用の) ごみ収容箱 ❷ 無駄防止装置

sav·er /séɪvər/ 名 Ⓒ ❶ 貯蓄家 ❷《複合語で》(…を) 節約するもの[装置] ‖ a time-~ 時間の節約になるもの[器械] ❸《英》格安旅行チケット

*__sav·ing¹__ /séɪvɪŋ/ 名 ❶ Ⓒ《~s》貯金, (銀行)預金, 貯蓄額 ‖ set aside ~*s* 預金をとっておく / deposit one's ~*s* 金を預ける / withdraw one's ~*s* from a bank 銀行から預金を引き出す ❷ Ⓒ 節約(量), 節減; 節約されたもの ‖ a ~ of £10 10ポンドの節約 / make a great ~ on energy use エネルギー使用の大節減を図る / with ~*s* of over 5% 5%以上節約して(♦《米口》では a savings の用法もある) / cost ~*s* コスト削減 ❸ Ⓤ〘法〙保留, 除外 ‖ a ~ clause (契約書などの)保留条項, 但し書き ❹ Ⓤ 救助, 救済
▸▸ **~s accòunt** 名 Ⓒ ①《米》普通預金(口座)(《英》deposit account) ②《英》貯蓄預金(口座)《deposit account より利息がよい》 **~s and lóan (associàtion)** 名 Ⓒ (米国の) 貯蓄貸付組合《預金者に住宅資金の貸し付けなどを行う. 英国の building society に相当. 略 S&L》 **~s bànk** 名 Ⓒ 貯蓄銀行 **~s bònd** 名 Ⓒ (米国政府発行の) 貯蓄債券 **~s certìficate** 名 Ⓒ (英国政府発行の)貯蓄債券

sav·ing² /séɪvɪŋ/ 形 ❶ 救いの, 救助する ❷ 節約[倹約]する;《複合語で》…を節約する ❸ 埋め合わせをする
▸▸ **~ gráce** 名 Ⓒ《通例単数形で》欠点を埋め合わせるよい点, とりえ, 救い

sav·ing³ /séɪvɪŋ/ 前 ❶《文》…を除いて, …以外は ❷《古》…に敬意を払いながらも

*__sav·ior,__ 《英》**-iour** /séɪvjər/ 名 ❶ Ⓒ 救助者, 救済者 ❷《the [OR our] S-》救世主キリスト, 救い主 (♦ この意味では《米》でも Saviour とつづることが多い)

sa·voir-faire /sævwɑːrféər/ 名 Ⓤ 如才なさ, 洗練された社交術, 機転(♦ フランス語より)

*__sa·vor,__ 《英》**-vour** /séɪvər/ 名 Ⓤ/Ⓒ《単数形で》❶ 風味, (よい)味, (よい)香り ‖ This wine has no ~ at all. このワインはまるで風味がない ❷ 持ち味, 趣, 味わい, 面白み; 特性, 特徴 ‖ Life has lost its ~ for him. 人生は彼にとってつまらないものになった ❸ 〈…の〉気味, きらい; 〈…を〉思わせる[感じさせる]もの〈**of**〉 ‖ Everything he says has a ~ *of* pride. 彼の話にはすべて自慢話めいたところがある ―動 自《+of 名》❶ …の味がする, 香りがある ‖ These carrots ~ *of* the soil. このニンジンは土の香りがする ❷ …のきらいがある, 感じがする ‖ Her mentioning it ~*ed* faintly *of* interference. 彼女がそれを口にするのはちょっと差し出がましい感じがした ―他 …を(ゆっくり)味わう; …を(じっくり)楽しむ ‖ ~ one's win 勝利の味をかみしめる
~·less 形 風味のない, つまらない **~·ous** 形 =savory¹

sa·vor·y¹, 《英》**-vour-** /séɪvəri/ 形 ❶ 塩味[辛味]のきいた ❷ 味[香り]のよい, 風味のよい; 食欲をそそる ❸《通例否定文で》(道徳的に)好ましい, 評判のいい
―名 (複 **-ies** /-z/) Ⓒ《主に英》(食後[前]に出る)辛味のきいた料理 **-vo(u)r·i·ly** 副 **-vo(u)r·i·ness** 名

sa·vor·y² /séɪvəri/ 名 (複 **-ies** /-z/) Ⓤ Ⓒ〘植〙セイボリー《シソ科の芳香性の草. 香辛料》; その葉

sa·voy /səvɔ́ɪ/ 名 (=~ **càbbage**) Ⓒ〘植〙サボイキャベツ, チリメンカンラン

sav·vy /sǽvi/ 動《主に米口》(**-vies** /-z/; **-vied** /-d/; **~·ing**) 自 他 (…を) 理解する ―名 Ⓤ 理解, 物わかりのよさ; (実際的な)知識, 勘(かん) ―形 つぼを心得た, 利口な ‖ computer-~ コンピューターのことに詳しい

‡**saw¹** /sɔː/《発音注意》動 see¹ の過去

*__saw²__ /sɔː/《発音注意》名 Ⓒ ❶ のこぎり; のこぎりに似た道具 ‖ a power ~ 電動のこ ❷〘動〙鋸歯(きょし)状部[器官]
―動 (**~ed** /-d/; 《米》**~ed** /-d/, 《英》**sawn** /sɔːn/; **~·ing**) 他 ❶ …をのこぎりでひく[切る]; のこぎりで切って…を作る ‖ ~ wood 材木をのこぎりでひく / ~ a tree into planks 木をのこぎりでひいて板にする / ~ a hole in the ice 氷にのこぎりで穴をあける ❷ …を乱雑に切る ❸ …を前後に動かす; (バイオリンなどで)〔曲〕を弾く
―自 ❶ のこぎりを使う; のこぎりで〈…を〉切る〈**through**〉 ‖ ~ *through* a trunk のこぎりで幹を切断する ❷ 〈…に対して〉のこぎりを(前後に)ひくような動作をする[動作をして切る]《**away**》〈**at**〉 ‖ He ~*ed at* the meat on his plate. 彼は皿の肉をごしごし切った / ~ (*away*) *at* one's violin バイオリンを(弓で)弾く ❸《+副》(材木などが)のこぎりで切れる (♦ 副 は様態を表す) ‖ This wood ~*s* easily. この木はのこぎりでひきやすい
sàw dówn ... / sàw ... dówn 〈他〉(のこぎりで) …を切り倒す
sàw óff 〈他〉 **I** 《***sàw óff .../sàw ... óff***》(のこぎりなどで)…を切り離す[取る, 落とす] **II** 《***sàw A òff B***》AをBから切り離す[取る, 落とす]
sàw úp ... / sàw ... úp 〈他〉(のこぎりで)…を〈…に〉細かく切る〈**into**〉
▸▸ **~ palmètto** 名 Ⓒ〘植〙ノコギリヤシ《米国南東部産. 葉柄に鋭い歯状物がついている》 **~ sèt** 名 Ⓒ のこぎりの目立て道具

saw³ /sɔː/ 名 Ⓒ 格言, 諺(ことわざ); (陳腐な)古い決まり文句

sáw·bònes 名 (複 ~ OR **~·es** /-ɪz/) Ⓒ《俗》外科医, 医者

sáw·bùck 名 Ⓒ《米》❶ (特にX型の) 木びき台 (sawhorse) ❷《俗》10ドル紙幣

sawhorse sawbuck ❶

sáw·dùst 名 Ⓤ おがくず

sàwed-óff ⟨シ⟩ 形《限定》《米》❶ (ショットガンなどが)銃身を切り詰めた(《英》sawn-off) ❷《俗》背の低い, 小柄な ❸《口》(スカートなどが)丈を詰めた

sáw·fìsh 名 (複 ~ OR **~·es** /-ɪz/) Ⓒ〘魚〙ノコギリエイ

sáw·hòrse 名 Ⓒ《米》木びき台

sáw·mìll 名 Ⓒ ❶ 製材所 ❷ (製材用)動力のこぎり

sawn /sɔːn/ 動 saw² の過去分詞の1つ

sàwn-óff ⟨シ⟩ 形《英》=sawed-off

sáw·tòoth, -tòothed /-θt/ 形 (屋根などが) のこぎりの歯状の, ぎざぎざの; ジグザグ形の

saw·yer /sɔ́ːjər/ 名 Ⓒ ❶ 木びき ❷《米》(川底に引っかかり枝を水面に出した)流木 ❸〘虫〙カミキリムシ

sax /sæks/ 名《口》=saxophone

saxe /sæks/ ◁ 名 (＝〜 **blúe**) U 灰色がかった青
sax·horn /sǽkshɔ̀ːrn/ 名 C〖楽〗サックスホルン《金管楽器の一種》
sax·i·frage /sǽksɪfrèɪdʒ/ 名 U C〖植〗ユキノシタ
Sax·on /sǽksən/ 名 C ❶ 古代サクソン人《北部ドイツの古代ゲルマン民族で5–6世紀にイングランドを侵略》(→Anglo-Saxon) ❷ (ドイツの) ザクセン人 ❸ イングランド人, スコットランド低地人 ❹ U 古代サクソン語 ; 現代ザクセン方言 ; 英語中のゲルマン語要素 ; 古期英語
── 形 ❶ アングロサクソンの ; 古英語の ❷ ザクセン(地方)の
Sax·on·y /sǽksəni/ 名 ❶ ザクセン (ドイツ語名 Sachsen)《ドイツ中東部の地域》❷《s-》U サクソニー羊毛[毛糸] ; サクソニー織
***sax·o·phone** /sǽksəfòun/ 名 C〖楽〗サクソフォン, サックス (《口》 sax) ‖ the alto [tenor] 〜 アルト[テナー]サックス **sáx·o·phòn·ist** /英 -ˊ-ˋ--/ 名 C サクソフォン奏者 **sàx·o·phón·ic** 形

*****say** /seɪ/ 動 間 名

中心義 ある内容を言葉として発する

── 動 (**says** /sez/ ; **said** /sed/ ; 〜·**ing**)
── 他 ❶ 言う **a** 《＋目》〔言葉〕を〈人に〉言う, 口に出して言う, 述べる〈**to**〉(⇨ SPEAK 類語) ‖ I'd like to 〜 a few words of thanks (*to* you). (あなたに) 二, 三お礼の言葉を申し上げたい / 〜 goodbye *to* one's schoolmates 学友に別れを告げる / What did he 〜 about the movie? 彼はその映画について何と言っていましたか / I mean what I 〜. 私は本気で言っているのだ / No sooner *said* than done. (要求・約束などが) 言うが早いか実行された

PLANET BOARD 64

She said to me that ...と She told me that ... ではどちらを使うか.

問題設定 動詞 say, tell が間接話法を導いて「…に…と言った」というとき, それぞれ She said to me that ..., She told me that ... という言い方になるとされるが, どちらが一般的であるかを調査した.

Q 次の (a) 〜 (d) のどれを使いますか. (複数回答可)
(a) She **said** that she was going to the library.
(b) She **told** that she was going to the library.
(c) She **said to me** that she was going to the library.
(d) She **told me** that she was going to the library.
(e) どれも使わない

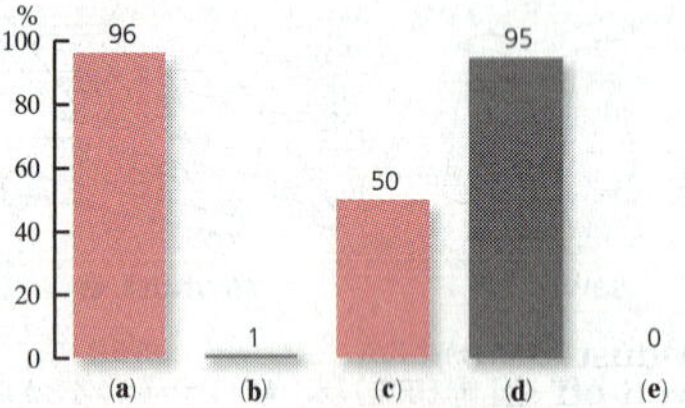

話す相手を示さない言い方では, (a) の She said that ... をほとんどの人が使い, (b) の She told that ... はほぼすべての人が使用しないと答えた. 話す相手を示す言い方では, (c) の She said to me that ... を使うとした人はちょうど半数だったのに対し, (d) の She told me that ... はほとんどの人が使用すると答えた. (c) と (d) の間に意味の差があるという指摘はあまりなかった.

学習者への指針 間接話法の文で, 話す相手を示さない場合は必ず say を用いるが, 話す相手を示す場合は「tell ＋ 目 ＋ that 節」の方が「say ＋ to 名 ＋ that 節」より一般的である.

b 《直接話法で》〈…に〉…と言う〈**to**〉(♦ 通例被伝達部よりもやや弱く発音される) ‖ "It's true." he *said*. (＝He said that it was true.) 「それは本当だ」と彼は言った / "Sit down," [Ron *said* [OR *said* Ron]. 「座ってくれよ」とロンは言った (♦ 主語が代名詞の場合はふつう倒置せず he [I, you, she, etc.] said の語順になる) / "Don't worry about it," he *said to* Jet. 「くよくよすることはないよ」と彼はジェットに言った (＝He told Jet not to worry about it.)
c 《＋(**that**) 節》…(だ) と言う (♦《口》では say の目的語を導く that はしばしば省略されるが, 次のように and, but の後ではふつう省略されない. 〈例〉He *said* (*that*) he didn't know, *but that* his wife might. 彼は自分は知らないが妻は知っているかもしれないと言った) ‖ He *said* (*that*) something was wrong with the machine. 彼は機械のどこかがおかしいと言った (♦「(人) に」を示す場合には He said to her (that) ... よりも, tell を用いて He told her (that) ... とする方がふつう. ⇨ PB 64) / You never 〜 you're sorry. 君は絶対にごめんなさいと言わないね
d 《＋**wh** 節 / **wh to** *do*》…かを言う ‖ He *said how* kind she was to bring a homemade cake. 手作りのケーキを持ってくるなんて彼女はとても優しいね, と彼は言った (♦ 従属節は感嘆文の意味) / *Who* shall I 〜 is calling? (電話の取り次ぎで) どなた様でしょうか / He didn't 〜 *when to* call him. 彼はいつ電話したらよいのか言わなかった
❷ **a** 《＋目》(意見・判断として)〈提案などに対して〉…を言う, 述べる〈**to**〉‖ Much remains to be *said* on this matter. この件についてはまだ言わねばならぬことがたくさんある / He *said* yes *to* my request. 私の依頼に彼はイエスと言ってくれた / What do you 〜 *to* (going for) a cup of coffee? コーヒーでもどうですか (♥ 提案・勧誘の表現. → CE 66 ②)
b 《＋(**that**) 節 / **wh** 節》(意見として) …だと[…かを]言う, 断定する ‖ I wouldn't 〜 he's the best goalkeeper. 彼が最高のゴールキーパーとは言えないね / "Do you think she'll win the election?" "I should 〜 so [not]." 「彼女は当選すると思うかい」「そうだと思うよ[そうは思わないね]」(♦ so, not は that 節 の代用) / It's difficult to 〜 *who* was responsible for the fight. けんかの張本人はだれか断定するのは難しい
❸ 〔祈りなど〕を言う, 唱える ; …を暗唱[復唱]する ‖ 〜 one's prayers 祈りを唱える / 〜 grace 食前[食後]の祈りをささげる / 〜 one's lines せりふを言う
❹ 《＋**to** *do*》《進行形不可》…するように言う[命令する] ‖ He *said to* [not *to*] come today. 彼は今日来てくれ[来るな]と言った / Mr. Smith 〜*s* for you *to* go right in, please. スミスさんがどうぞお入りくださいと言っています (♦ ×Mr. Smith says you to ... は不可)
❺ 《受身形不可》(書物・紙面などで) …と**述べている** **a** 《＋目》…と述べている, 書いてある ; (時計・図などが) …を示している, 表している ‖ What does the letter 〜? 手紙には何て書いてありますか / The clock *said* half past five. 時計は5時半を指していた
b 《＋(**that**) 節 / **wh** 節》(書物・新聞・規則などが) …だと[…かを]述べて[書いて]いる ; (時計・図などが) …だということを示している ‖ The TV 〜*s* it's going to rain today. 今日は雨になるとテレビは報じている / The paper 〜*s* *that* business is improving. 景気は上向きだと新聞に出ている / Does it 〜 in the recipe *how* long you should boil it? レシピにはそれをどのくらいゆでるのか書いてありますか
c 《＋**to** *do*》…するように指示している ‖ The prescription 〜*s to* take one tablet a day. 処方箋(せん)は1日1錠飲むよう指示している
❻ **a** 《＋(**that**) 節》(世間で) …と言う, うわさする, 伝える (♦ 能動態の主語は they, people, everybody など) ‖ [They 〜 [OR It is *said*] (*that*) interest rates will

be raised in April. 4月には金利が上がるというわさだ / "Will the Japanese team win?" "「So they ～. [They ～ not.]" 「日本チームは勝つだろうか」「そう言われているね [駄目だろうという話だ]」(♦ so, not は that 節 の代用) **b** 《be said to *do* で》…する [である] と言われている (♦ 不定詞は主に to be ... または to have *done* で用いられる. 能動態では **a** の文型 (that 節) を用いる) ‖ She is *said to* be a billionaire. (=They ～ (that) she is a billionaire.) 彼女は億万長者だと言われている(♦ ×They say her to be a billionaire. とはいわない) / He was *said to* have been killed during the fighting. 彼は格闘中に死んだという話だ

❼ 《+(**that**) 節》 **a** …と提案する；…だと仮定する ‖ I ～ we turn [《主に英》 should turn] back now. もう引き返したらどうでしょう

b 《命令形で》…と仮定したら, もし…ならば ‖ *Say* (*that*) you had a million yen, what would you do? もし100万円持っていたとしたらどうしますか

❽ 《挿入句的に》言ってみれば, 例えば(for example)；だいたい ‖ Any city, let's ～, Paris, has its own problems. どんな都会でも, 例えばパリにしてみても, みんなそれぞれに問題を抱えているんだよ / I need, ～(,) 200 dollars. そうだな, 200ドルぐらい必要だ

❾ **a** 《+目》〔特別な意味・内容〕を**言い表す**, 表現する, 語る, 暗示する ‖ This essay doesn't ～ anything to me. このエッセイは私に何も訴えかけない

b 《+(**that**) 節》…だということを(言い)表す ‖ Her glance at me *said that* she was angry. 私をちらりと見た彼女の目つきが怒っていることを物語っていた

❿ 〈…について〉〔何らか〕の性質を表す, …を物語る〈**for**〉(♦ 目的語はしばしば much, a lot, little など) ‖ It ～*s* much *for* him that he didn't give up halfway. 彼が途中で投げ出さなかったのは偉い

—自 ❶ **言う**, 話す；《否定文・疑問文で》(考え・意見を)言う ‖ Do as I ～. 私の言うとおりにしなさい / strange to ～ 奇妙な話だが / "What do you think about the new scheme?" "I'd rather not ～." 「新しい計画についてどう思いますか」「言わないでおきましょう」

❷ 《挿入的に》まあ, そう, 例えば ‖ In Detroit, fear of street crime is much higher than, ～, in Irvine. デトロイトでは, 路上犯罪の可能性は, 例えばアーバインよりもはるかに高い

after àll is sàid and dóne =*when all is said and done*(↓)

as mùch as to sáy (***that***) ***...*** …と言わんばかりで [に] ‖ That's *as much as to* ～ you don't trust me. それじゃ私を信用しないと言っているようなものだ

as they sáy；***as one*** [OR ***you***] ***might sáy*** 人がよく言うように, 言うならば

càn't sày fáirer (***than thát***) 《英口》これ以上うまい話はない

hàve sòmething to sáy about ... …について言うことがある [怒っている] ‖ If you don't behave yourself, your mother will *have something to* ～ *about* it. お行儀よくしないとお母さんに怒られますよ

I [OR ***He, She,*** etc.] ***càn't sáy*** (***...***) 《口》(…のことは) 何とも言えない, わからない(→ CE 19, 20) ‖ "Does she like it?" "*I can't* ～." 「彼女はそれが好きかな」「わからない」

I mùst [OR ***hàve to***] ***sáy ...*** 《口》全く, 本当に (♥ 文意を強める) ‖ It's strange, *I must* ～. それは妙だね, 全く

I sáy 《英口》《旧》 ① おや, あれ(♥ 驚きや怒りなどの表現) ‖ *I* ～! It's nearly ten o'clock. おや, もうかれこれ10時だ ② あのね, ちょっと, おい(♥ 呼びかけ)

****It gòes without sáying that ....*** **…は言うまでもないことだ** ‖ *It goes without* ～*ing that* money cannot buy happiness. 金で幸福が買えないことは言うまでもない (= Needless to say, money ....)

lèt's sáy 《挿入句的に》NAVI 例えば(→ 他 ❼b, ❽)

nòt to sáy ... …とは言えないまでも, ほとんど…と言っていいほど ‖ It's very cool, *not to* ～ cold. 寒いとまでは言わないが, とても涼しい

sáy ... for onesèlf ① …だと言い訳をする, 弁解する (→ CE 8) ‖ You've been bullying the younger kids again — what have you got to ～ *for* yourself? また小さい子たちをいじめたね — どんな言い訳をするつもりだ ② (会話などで何らかの) 発言をする ‖ She hasn't got much to ～ *for* herself. 彼女はあまりしゃべらない

sày ... óut (***lóud***) 〈他〉…を(口に出して)率直に言う

sày to oneséłf 自分に言い聞かせる, 心の中で思う；独り言を言う(⇨ TALK *to oneself*)

Say when. ⇨ WHEN(CE 2)

sò to sáy いわば(so to speak)

****thát is to sày*** 《文頭・文中で》 NAVI **すなわち**, 換言すれば (in other words, I mean)(→ CE 54)

thát sàid, ... とは言うものの…(↘ having said that, ...)

There is nò sáying 〈…と[か]〉予測できない, 〈…は〉わからない〈**that** 節；**wh** 節〉 ‖ *There is no* ～*ing what* will happen next. 次に何が起こるかはわからない

There is sòmething [***nòthing***] ***to be sáid for ....*** …には十分な理由 [利点] がある [何の利点もない] ‖ *There is a lot to be said for* living in the country. 田舎に住むといいことがたくさんある (♦ something, nothing 以外に a lot, a great deal, not much なども用いられる)

to sày nóthing of ... …は言うまでもなく, もちろんのこと

when àll is sàid and dóne 結局のところ

COMMUNICATIVE EXPRESSIONS

1 **All I'm trỳing to sáy is,** I'm nót ìnterested in the làtest fáshions. 最近のファッションには興味がないと言っているだけですよ(♥ 意見を言葉を変えて言い直す)

2 **(Àll right!) Thère's nó nèed to sày ànything élse.** (わかった)もうそれ以上何も言わなくていいよ

3 **As** [OR **Like**] **I was sáying,** we should gìve the ìssue mòre thóught. 前に言いましたようにこの問題についてはもう少し考えてみるべきです (♥ 中断された話を再開・続行する際に. Like の方がくだけた表現)

4 Phílip, **as you sáid,** is nòt càpable of tàking càre of thìs pròblem alóne. ご指摘のように, フィリップにはこの問題をひとりで処理する能力はありません (♥ 前出の相手の発言を取り上げ, 同意しつつ, さらに意見を述べる)

5 "Clèan úp thìs róom, will yóu?" "**As you sáy.**" 「この部屋を掃除してくれませんか」「わかりました」(♥「仰せのとおりにいたします」という意味の丁寧で形式ばった応答)

6 "Whý do I hàve to gò to bèd éarly?" "**Because I sáid** [OR **sáy**] **sò.**" 「どうして早く寝なきゃいけないの」「私がそう言ったからよ；つべこべ言わずに言うとおりになさい」(♥ むずかったり言うことを聞かない子供に対して親などが使う)

7 "I mèt the wòrld chámpion." "Wòrld chámpion, **did you sáy?**" 「世界チャンピオンに会いました」「世界チャンピオンですって」(♥ 聞き違いでないか確認する)

8 **Do you hàve ànything to sáy for yoursèlf?** 何か弁明はありますか(♥ 弁解を促す)

9 **((Do) you) knòw what I'm sáying?** 私の言いたいことがわかってもらえるかな

10 **Don't màke me sày it agáin!** また同じことを言わせないでよ(♥ 物わかりの悪い相手に対していら立ちを表す)

11 **Dón't sày** you dìdn't knów. まさか知らなかったというんじゃないだろうね

12 **Dòn't sày I** [OR **who**] **tóld you.** 私から聞いたとは [だれから聞いたかは] 言わないで

13 **Dón't sày it!** (わかってるから) 言わないで (♥ 言われたくないことを相手が言おうとしているときに)

14 **Enòugh sáid.** ⇨ ENOUGH(CE 5)

15 **Fúnny** [OR **Ódd, Stránge**] **you should sáy sò** [OR **thàt**]. 君がその話を持ち出すなんて面白いねえ [不思議だねえ] (♥「実は私も同じことを考えていた [経験した] んだ

S

よ」と偶然に驚き，その話題を取り上げるくだけた表現)

16 We must cùt àll the excèssive spénding. **Hàving sáid thàt**, plèase remèmber that we can't cùt esséntials. 余計な出費はすべてなくさなければなりません．そうは言っても，本当に重要なところはカットできないことを忘れないように(♥ 前述の強い発言を少し弱める)

17 **Hòw can you sáy thàt?** よくもそんなことが言えますね(♥ 驚きや不快を表す)

18 **I am (sìmply [OR jùst]) sáying that** you should be cáreful when you tràvel abróad(, **nót that** you càn't gó). 私は海外旅行をするのなら気をつけるべきだと言っているだけ(で，行っちゃいけないと言っているわけではない)(♥ 誤解を訂正，または未然に防ごうとする)

19 "Do you thìnk she's tèlling the trúth?" "**(I) càn't (rìghtly) sáy.**"「彼女が本当のことを言っていると思う？」「さあ，どうかな；(はっきりは)わからないな」(♥ 正確なことが不明なとき)

S

20 **I càn't sày ánything of** her whéreabouts **(nòw)**. (今は) 彼女の所在については何も言えません (♥ 発言を控える)

21 **I càn't sày how pléased [OR delíghted] I àm** about the súrvey results. 調査の結果に大変満足しています(♥ 喜び・満足を表す形式ばった表現)

22 "Do you like jázz?" "**(I) càn't sày that I dó.**"「ジャズは好きですか」「好きとは言えません」(♥ 知識・記憶などがあるか，あるいは何かが好きかなどと尋ねられた際に漠然と No. と答える丁寧だが気取らない返答)

23 **I ⌈dìdn't sáy [OR nèver sáid] thàt.** そうは言っていません；そういうことを言ったのではありません (♥ 相手の誤解や思い込みを強く指摘する．=I said no such thing. / =That's not what I said.)

24 **I knów** I forgòt your bírthday. **I can ònly sáy** I was rèally búsy. 君の誕生日を忘れたのはわかってるよ．すごく忙しかったとしか言えないな (♥ I know で過ちを認め，I can only say で弁明する表現．弁明に説得力がないことを自覚している場合に用いる)

25 **I (rèally) dòn't knòw what to sáy.** 何と言ったらいいか(本当に)わかりません(♥ 情報・知識不足で)

26 **Í sày we** vìsit Hawáii nèxt Nèw Yéar's. 次の新年はハワイに行こうよ(♥ 提案．=Let's visit ....)

27 We've dòne a prètty gòod jób, **I should sày**. なかなかいい仕事ができたと言えるのではないでしょうか (♥ 自分の発言が当を得ていることを示す表現)

28 **I wìsh Í had sàid thàt.** 私がそう言えればよかったのに(♥ 気のきいたことや自分も言いたかったようなことを人に先に言われたときに，相手の発言を間接的に褒める．2番目の I を強く発音する)

29 **I wòuldn't sày nó (to** anòther cùp of téa). 喜んで(お茶をもう1杯)頂きます(♥ 何かを勧められたときの返事として，また何かを要求する際に「…だといいんだけどな」という感じで用いる)

30 **I'd ràther nòt sáy (ànything about it)**. (そのことについては何も) 言わないでおきたいと思います；ノーコメント(♥ 答えたくない質問などに対して「言いたくない」ことをやわらかく伝える)

31 **Í'd sày** he is a líar. あえて彼はうそつきだと言わせてもらうよ(♥ 周りから反論が出そうな意見を述べる際に用いる)

32 **If I may sáy sò**, she's ràther rúde. こう申してはなんですが，彼女はちょっと失礼ですよね (♥ 表現の妥当性を問うやや堅い表現)

33 Áll right, **if you sáy sò.** いいですよ，あなたがそうおっしゃるなら(♥ 意見・命令などをしぶしぶ認めるときに)

34 "Did you gèt lóst?" "**Í'll sày!**" 《旧》「道に迷ったの？」「そのとおり」(♥質問に対する返答として用いられる yes の強意表現)

35 His attémpt was a tòtal fáilure, but **I'll sày thís (mùch) for** him. At lèast he dìd his bést. 彼の試みは完全な失敗だったが，彼のためにこれだけは言っておくと，彼はベストを尽くしはしたんだ(♥ フォロー)

36 **I'm nòt (rèally) sáying thàt.** そんなことは言っていません (♥ 相手が誤解していることを指摘する．=That's not what I'm saying.)

37 **It's dìfficult to sáy.** どうですかねえ；何とも言い難いですね(♥ 意見を求められた際，断言を避け，意見を控える)

38 **It's tóo mùch to sày** that she is ígnorant. 彼女が無知だというのは言いすぎです

39 **I've sáid it [OR this] befóre, and I'll sày it agáin.** Fíre her! いいか，もう一度言うが，彼女は首にしろ(♥「何度でも言う」と強く主張する表現)

40 **(Jùst exáctly) whát are you trỳing to sáy?** 何が言いたいんだ；(一体) どういう意味だ (♥ 神経を逆なでするような発言に対してけんか腰に尋ねる)

41 **⌈Jùst lèt me [OR Lèt me (jùst)] sáy** that I'm vèry sórry. これだけはぜひ言わせてください，本当にすみません

42 **Nèed I sày móre?** これ以上言う必要がありますか；わかりますよね(♥ ヒントだけでわかること，または十分説明したことについて念を押す)

43 **One càn't sáy with ány cértainty about** the óutcome. 結果についてはだれも確かなことは言えない (♥ 形式ばった表現．↘I'm not really sure about ....)

44 Their succéss òwes a lòt to hér, **one might sày**. 彼らの成功は彼女のおかげだと言ってもいいかもしれません (♥ 断言はできないが「こうとも言えるのでは」という程度の主張をする際に)

45 **(Pérsonally,) I wòuldn't gò so fár as to sáy thàt.** (個人的には) そこまでは言いませんが (♥ 相手に部分的に賛同を示しつつも，いきすぎの部分には反論する形式ばった表現．↘I don't entirely agree with you.)

46 **Pléase [OR Dón't be afràid to] sày what you thínk.** どうぞ思うところを(率直に)言ってください(♥ 発言を促す)

47 **Sày ⌈àll you wánt [《主に英》 what you líke] (about** her), she's **(stíll)** a fàbulous áctress. あなたが何と言おうと彼女は素晴らしい女優だ (♥ 相手の意見にかかわらず自分の考えが変わらないと言い張る)

48 **Sày it with flówers.** 気持ちを花で伝えなさい (♥生花店の宣伝文句．flowers の代わりにほかの語句を用いても可)

49 **Sày nò móre.** もう言うな；よくわかった

50 "**Sàys whó?**" "**Sàys mé!**"「そんなことだれが (何の権限で) 言ったんだ」「私が言ったんだ(，文句あるか)」

51 "I'm the stròngest bòy in the cláss." "**Sàys yóu!**"「クラスじゃ僕がいちばん強いよ」「まさか；本当かね；よく言うよ」

52 She's, **shall I [OR we] sày**, a "tradítional" týpe of gírl. 彼女は何と言うか，いわば「伝統的な」タイプの女の子なんです(♦ 表現を選ぶ際に挿入的に用いる)

53 **Sò you sáy.** 本当にそうでしょうか(♥ 不賛成を表す)

54 Lèt's dò as he suggésted, **that is to sáy**, gó thère and thén decìde what to dó. NAVI 彼が勧めたとおりにしよう，つまりそこへ行ってからどうするか決めよう

55 **That's as ⌈mùch as [OR if] to sáy** we should lèave the chíldren until they stàrve to déath. そんなのはまるで子供たちが餓死するまでほうっておけと言っているようなものじゃないか(♥ 相手の発言の不合理性を指摘する)

56 **Thàt's èasy for yóu to sày.** (他人事だから) そう言うのはたやすいことだ(♥ 無責任な発言への非難)

57 He's been wòrking for the còmpany for twó yèars, and I've been wòrking for òne and a hálf, but **thàt's nòt sáying mùch**. 彼は会社に2年間勤めていて，私は1年半ですが，どのみち大差ありません(♥ 言ってはみたもののあまり役に立たない情報だと認めるときに)

58 We should be cáreful. **Thàt's nót to say (that)** I'm agàinst the plán. 我々は気をつけなければなりません．別にその計画に反対しているわけではありませんが (♥ 誤解を避けるために)

59 "Thìs is unfáir!" "**Thàt's what Í sày.**"「こんなの不公平だ」「そのとおり」(♥ 賛意を示す. I を強く発音する)
60 **Thàt's what I'm sáying.** それは私も言っていることです(♥ 同意見であることを確認する. 特に相手が意見が異なると誤解しているときに用いる)
61 **Thàt's what yóu sày.** それはそっちの言い分でしょ(♥ 反駁(はんばく). you を強く発音する)
62 **Thère's a lót (of trúth) in what you sáy, but** we cán't entìrely bláme him. あなたの言うことも全くごもっともですが, 彼だけを責めることもできません(♥ 部分的賛同を示す. =I see your point, but ....)
63 I'm a prétty gòod dáncer, **though** [OR **(èven) if**] **I sáy sò** [OR **it**] **mysélf**. 私, けっこう踊るのうまいんだよね, 自分で言っているだけだけど(♥ 自画自賛した後に「私に言わせてもらえれば」という意味で付け足す表現)
64 **Wèll sáid.** そのとおりだ；よくぞ言ってくれた(♥ 賛同と称賛)
65 "Whý dìdn't you téll us?" "**Whát** ⌈**can I** [OR **do you wànt me to**] **sáy?**"「どうして私たちに言ってくれなかったんですか」「(そんなこと言われても) 何も言うことはありません」(♥ 説明や弁明などのしようがないときに用いる)
66 **Whàt do you sáy?** ① どう思います(♥ 意見・言い分を尋ねる表現. =What is your opinion?) ② そうしませんか(♥ 提案・勧誘の表現. =Why don't we? / ✐What would you say (if we did so)?) ③ こういうときは何て言うんだっけ(♥ 子供に対して「ごめんなさい」,「ありがとう」などを言うように促す)
67 **What I sáid** [OR **was trỳing to sáy, was sáying**] **was** that they did nót quìte lìve úp to our expectátions. 私が言おうとしていたのは彼らが私たちの期待に必ずしも沿わなかったということです(♥ 説明を補う)
68 **What I would like to sáy is** thánk you sò mùch for your suppórt. ぜひ言いたいのは, 支えてくれてどうもありがとうということです
69 **Whàt sáy?** え, 何だって(♥ よく聞こえなかった際に)
70 **Whàt was I sáying?** NAVI 何だっけ(♥ 中断などで自分が何の話をしていたのか忘れたときに用いる. =Now where was I? ⇨ NAVI表現 7)
71 "Lét's sèe a móvie and thèn gò shópping." "**Whatèver you sáy.**"「映画を見て, それから買い物に行きましょうよ」「(君の言うとおりで) いいよ」(♥ しばしば少し投げやりなニュアンスを持つ)
72 **Whò can sáy** how sád she fèlt? 彼女がどれほど悲しかったか(, そんなことは)だれにもわからない
73 "I was invíted to Hàrrison Fórd's hòuse làst wéek." "**Whó did you sáy?**"「先週ハリソン＝フォードの家に招かれたんだ」「えっ, だれですって」
74 **Whó sàys** I have to resígn? 私が辞任すべきだなんてだれが言ってるんだ(とんでもない)(♥ 反発を表す)
75 **Whò's to sáy** he could have máde it? 彼が成功したかどうかはだれにもわからない(♥ 未来または仮定的なことについて)
76 He's sò génerous. **Wòuldn't you sày só?** 彼は非常に寛大ですよね. そう思いませんか(♥ 同意を求める)
77 **You can sày thát agàin!** 全く君の言うとおりだ(♥ 強い同意)
78 **You cán't sày that** he is guílty sìmply because he was thére. 彼がそこに居合わせたという理由だけで彼が有罪だとは言えません(♥ 結論の間違いを指摘する)
79 **You dòn't sáy (sò)!** まさか(そんなことはないだろう)(♥ しばしば皮肉や相づちであまり驚いていないときにも使う)
80 **You** [OR **You've**] **sáid it!** ①(自分としては言いたくなかったが)君の言うとおりだ, 全くだ ② 賛成だ
81 **You were sáying?** 何の話でしたっけ(♥ 中断後, 相手に話を続けるよう促す. 文末を上昇イントネーションで発音)

── 間 《米口》❶ ちょっと, ねえ, おい(《英口》I say)(♥ 人の注意を引くときなどに) ‖ *Say*, are you all right? おい, 大丈夫か ❷ おや(《英口》I say)(♥ 驚きを表す) ‖ *Say*, that's beautiful! おや, きれいだね

── 名 ❶ 《one's ～》言い分；発言の機会 ‖ have [OR say] one's ～ 言いたいことを言う ❷ Ⓤ/Ⓒ 《a ～》〈…についての〉発言権, 発言力；《the ～》〈…の〉決定権〈**in, on**〉(◆Ⓤの場合は more, some, little, no などの修飾語がつく) ‖ They had no ～ *in* the matter. 彼らはその件について発言権がなかった / He **has the final** ～ *on* editorial policy. 編集方針の最終的な決定権は彼にある

COMMUNICATIVE EXPRESSIONS

82 I believe the stùdents **hàve a sáy in** thìs màtter. 学生たちにはこの件について発言する権限があると思います
83 **I hàven't hàd** [OR **gòt**] **my sáy yèt.** まだ発言させてもらっていませんが(♥ 発言権を主張する)
84 **It's nòw mý sày.** 今度は私が発言する番です；こちらにも言わせてください(♥ 相手の発言を散々聞いた後で. my を強く発音する)

***say·ing** /séɪɪŋ/ 名 ❶ Ⓒ 諺(ことわざ), 金言；よく言われる文句 ‖ There is a ～, "Easier said than done."「言うは易く行うは難し」という諺がある / quote ⌈a common [an old, a popular] ～ よく[昔から, 広く]知られた言い習わしを引用する ❷ Ⓤ Ⓒ 言うこと, 言葉 ‖ *Saying* is one thing, and doing another. 言うことと行うこととは別だ / one's ～*s* and doings (人の)言行
as [OR *so*] *the sàying góes* [OR *ís*] 諺にあるとおり, よく言われるように

‡says /sez/ 《発音注意》動 say の直説法三人称単数現在形

sáy-sò 名 《通例 one's ～》《口》❶ 裏付けのない意見[主張], 独断 ‖ on your own ～ あなた自身の主張に基づいて ❷ 決定権；権威, 権限；許可

Sb 記号 〖化〗antimony(アンチモン)

SB, S.B. 略 《ラテン》*Scientiae Baccalaureus*(=Bachelor of Science)(理学士)

sb. 略 〖文法〗substantive

SBA 略 *S*mall *B*usiness *A*dministration (《米国の》中小企業庁)

Ś-bènd 名 Ⓒ 《英》❶ (道路の) S字の急カーブ ❷ (排水管の)S字のトラップ[防臭弁] ❸ (管楽器の)S字管

sc, s.c. 略 〖印〗*s*mall *c*apitals

Sc 記号 〖化〗scandium(スカンジウム)

SC, S.C. 略 *S*ecurity *C*ouncil；〖郵〗*S*outh *C*arolina；*s*pecial *c*onstable(《英国の》臨時警察官)

sc. 略 scale；scene；science；scilicet；〖単位〗scruple

Sc. 略 Scotch, Scots, Scottish

scab /skæb/ 名 ❶ Ⓒ かさぶた ❷ Ⓤ (特に羊の) 皮膚病(疥癬(かいせん)など) ❸ Ⓤ (植物の) かさぶた状になる病気(黒星病など)；その病巣部 ❹ Ⓒ 《口》《けなして》非組合員労働者；スト破り ❺ Ⓒ ⊗《俗》《蔑》卑劣漢
── 動 (**scabbed** /-d/；**scab·bing**) 自 ❶ (傷が)かさぶたになる《*over*》❷ 《けなして》スト破りをする；非組合員として働く ── 他 《通例 scabbed で形容詞として》かさぶたになった

scab·bard /skǽbərd/ 名 Ⓒ (刀・短剣などの)さや；(短銃の)ホルスター ── 動 他 〔刀・短剣〕をさやに収める

scab·by /skǽbi/ 形 ❶ かさぶたのできた；かさぶただらけの ❷ (動物が)皮膚病にかかった；(植物が)かさぶた状になった ❸ 《米・アイル・スコット口》卑しい **-bi·ly** 副

sca·bies /skéɪbiːz/ 名 Ⓤ 〖医〗疥癬

sca·bi·ous /skéɪbiəs/ 名 Ⓒ 〖植〗セイヨウマツムシソウ(西洋松虫草) ── 形 疥癬(性)の；かさぶたのある

scab·rous /skǽbrəs | skéɪb-/ 形 ❶ 〖生〗ざらざらした, ぼつぼつのある ❷ 困難な, 扱いづらい ❸ 《文》下品な, 卑猥(ひわい)な **～·ly** 副 **～·ness** 名

scads /skædz/ 名 複 《主に米口》たくさん ‖ make ～ of money 大金を稼ぐ

scaf·fold /skǽfəld | -ould/ 名 Ⓒ ❶ (建築の) 足場 ❷ 処刑台, 絞首台；《the ～》死刑 ‖ go to the ～ 死刑になる ❸ (仮設)舞台 ── 動 他 …に足場をかける

scáf·fold·ing /-ɪŋ/ 名 Ⓤ ❶ (建築の) 足場 (全体) ❷

足場用材料

scag, skag /skæg/ 名 U《主に米俗》ヘロイン(heroin)

scal·a·bil·i·ty /skèɪləbíləṭi/ 名 U (システムの)拡張・縮小性《管理するデータやクライアント規模の大きさが変更できること》

scal·a·ble /skéɪləbl/ 形 拡大・縮小可能な

▶▶**～ fónt** 名 C 拡大・縮小可能なフォント

sca·lar /skéɪlər/〘数〙形 スカラーの

―名 C スカラー量《方向を持たない》(→ vector)

scal·a·wag /skæləwæg/ 名 C ❶《米口》《旧》ならず者, ろくでなし, わんぱく坊主 ❷〘米国史〙スキャラワグ《南北戦争後の再建期に連邦政府に同調した南部の白人》

scald /skɔːld/《発音注意》動 他 ❶ (熱湯・蒸気で)…をやけどさせる ❷〔牛乳など〕を沸騰点近くまで熱する ❸ (果物の皮などをむきやすくするため)…に熱湯をかける;《古》…を熱湯で消毒する ―名 ❶ C (熱湯・蒸気による)やけど ❷ U (炎暑などによる)木の葉[果実]の変色, 日焼け

S

***scald·ing** /skɔ́ːldɪŋ/《発音注意》形 ❶ やけどするような;煮立った;焼けつくような ‖ ～ tears (悲痛の)熱い涙 ❷ (論説などが)痛烈な

―副 焼けつくように, ひどく ‖ ～ hot 焼けつくように暑い

:scale¹ /skeɪl/ 中心義 (ほかと比べるための)段階的な尺度

名 規模❶ 等級❷ 目盛り❹ 縮尺❺

―名 (複 **～s** /-z/) ❶ U/C《単数形で》(ほかと比べての)大きさ, **規模**, スケール, 程度 ‖ The full ～ of the project was made known. 計画の全容が示された / **on a large** [**small**] ～ 大[小]規模に[の] / be reduced in ～ 規模が縮小される(❗人の度量を表す「スケール」の意味はない.「スケールが大きい人」は a person of high caliber)

❷ C **等級**, 階級, 段階;(大小・価値・階級などによる)等級区分, 段階付け, 段階制;(賃金などの)率, 等級表;最低賃金 ‖ sink in the ～ 階級[地位]が下がる / be high **on** the social ～ 社会的地位が高い / a ～ of charges 料金率(表) / a salary ～ 給与体系

❸ C《通例単数形で》(変動の)範囲, (高低の)幅 ‖ At the other end of the ～, the superrich are flourishing. 対極では超富裕層が繁栄を謳歌(おうか)している

❹ C (尺度・温度・角度などの)**目盛り**, 度盛り;物差し, 比例尺;(評価などの)基準, 尺度 ‖ a ruler with a metric ～ メートル法目盛りのついた物差し / On a ～ of 1 to 10, I give this meal a 7. 10段階評価では, この食事は7だ

❺ C U **縮尺**, 縮小[拡大]率 ‖ a ～ of one inch to ten miles 1インチが10マイルの縮尺 / a map drawn to the ～ 1:50,000 縮尺5万分の1で描かれた地図 / a (one-third) ～ model (3分の1の)縮尺模型

❻ C〘楽〙音階 ‖ the major [minor] ～ of C ハ調長[短]音階 / the chromatic [diatonic] ～ 半[全]音階 / practice ～*s* 音階の練習をする ❼ C〘数〙記数法, …進法 ‖ the binary [decimal] ～ 2[10]進法

òut of scále (ほかと)釣り合いのとれない

to scále 一定の比率で縮小[拡大]して

―動 (**～s** /-z/; **～d** /-d/; **scal·ing**)

―他 ❶ …をよじ登る, (はしごをかけて)登る;…(の頂点)に到達する ❷〔地図など〕を一定の縮尺で作成する;(ある比率・基準に従って)…を小さく[大きく]する, …を〈一定の基準・寸法などに〉合わせる, 比例させる〈**to**〉 ❸ …を測定する ❹《米》〔丸太など〕からの製材量を見積もる

―自 ❶ (よじ)登る;(段階的に)高まる ❷ 一定の基準[比率]で変化する, 比例する

scàle báck ... / scàle ... báck 〈他〉=*scale down*(↓)

scàle úp [***dówn***] ***... / scàle ... úp*** [***dówn***] 〈他〉…を一定の割合で増やす[減らす], (あるものに合わせて)…を増加[減少, 縮小]させる

:scale² /skeɪl/

―名 (複 **～s** /-z/) ❶ C《しばしば ～s》天秤(てんびん);**はかり** ‖ a bathroom ～ ふろ場の体重計 / mount [OR stand on] a ～ はかりに乗る / place meat on the ～*s* 肉をはかりにかける

❷ (=**～ pàn**) C 天秤皿 ‖ a pair of ～*s* 天秤

❸ C (運命などを定める)はかり ‖ the ～*s* of justice 正義のはかり ❹《the S-s》=Libra

thròw ... ìnto [OR ***on***] ***the scále*** …を(事態の)決め手とする, …を考慮の対象とする ‖ *Throwing* his ability *on the* ～, he really deserves promotion. 彼の力量を考慮に入れれば, 彼は十分昇進に値する

tìp [OR ***tùrn***] ***the scále***(***s***) ① 結果[形勢]を決定的にする ‖ The evidence *tipped the* ～*s* in my favor. その証拠のおかげで私が決定的に有利になった ② 〈…の〉目方[体重]がある〈**at**〉 ‖ He *tips the* ～*s at* 190 pounds. 彼は体重が190ポンドある

―動 (**～s** /-z/; **～d** /-d/; **scal·ing**)

―他 …を天秤[はかり]ではかる ―自《(+補〈名〉)》(ボクサーなどが)…の重さがある(♦補語には重さを表す語がくる) ‖ He ～*s* 90 kilos. 彼は体重が90キロある

***scale³** /skeɪl/ 名〔▶ scaly 形〕❶ C (魚・蛇などの)うろこ ❷ C U うろこ状のもの[薄片];(ガ(蛾)などの)鱗片(りんぺん), 鱗粉;(皮膚病などによる)皮膚の薄片, かさぶた;(よろいの)小札(こざね);〘植〙鱗片, 鱗葉;うろこ病《カイガラムシによる病気》 ❸ U (熱した鉄にできる)黒さび, スケール;(ボイラーなどの内側の)湯あか;歯石(tartar) ❹ =scale insect

The scàles fàll from a pèrson's éyes. (人の)目からうろこが落ちる;迷いが覚める;本当のことがわかる(♦ 聖書の言葉より)

―動 他 ❶〔魚など〕のうろこを落とす;…から薄皮状のものをはがす;〔歯〕の歯石を削り取る ❷ …をうろこ(状のもの)で覆う;…にかさぶたなどを生じさせる

―自 ❶ (薄片になって)はがれ落ちる《**off**》 ❷ (うろこ状のもの・かさぶたなどが)生じる, つく ❸《豪口》無賃乗車をする

scaled 形 ① うろこを落とされた, 皮をはがれた ② うろこ状の **～·less** 形

▶▶**～ ìnsect** 名 C〘虫〙カイガラムシ《植物の害虫》

sca·lene /skéɪliːn/ 形〘数〙(三角形が)不等辺の

―名 C ❶〘数〙(=**～ tríangle**) 不等辺三角形 ❷ (=**～ múscle**)〘解〙斜角筋

scal·lion /skæljən | -iən/ 名 C〘植〙春タマネギ(《米》green onion,《英》spring onion);エシャロット;ニラ

scal·lop /skæləp | skɔ́l-, skǽl-/ 名 C ❶〘貝〙ホタテガイ(の貝柱) ❷ (調理用の皿に用いる)ホタテガイの貝殻 ❸《通例 ～s》スカラップ《波形の縁取り》

―動 自《米》ホタテガイを採取する

scal·loped /skæləpt | skɔ́l-, skǽl-/ 形《限定》❶ (料理が)貝殻皿に入った ❷ スカラップのついた

scal·ly·wag /skæliwæg/ 名《英口》=scalawag

scalp /skælp/ 名 C ❶ 頭皮《髪の生える部分》❷ 髪のついた頭皮《北米先住民が倒した敵からはぎ取って勝利のしるしにした》;《比喩的に》勝利のしるし, 戦利品 ‖ claim [OR take] a ～ 勝利を得る ―動 他 ❶ …の頭皮をはぎ取る ❷《口》…を厳しく罰する, やっつける ❸《主に米口》〔チケット〕のダフ屋をする(《英》tout);〔株など〕の利ざやを稼ぐ **～·er** 名 C《米》ダフ屋(《英》tout)

▶▶**～ lòck** 名 C (頭をそって頭頂部だけに残した)一房の髪《北米先住民の戦士の敵に対する挑戦のしるし》

scal·pel /skælpəl/ 名 C 外科用メス

scal·y /skéɪli/ 形〔◁ scale³ 名〕うろこで覆われた;うろこ状の;かさかさではげ落ちる **scál·i·ness** 名

scam /skæm/《俗》名 C 詐欺 ―動 (**scam·med** /-d/; **scam·ming**) 他 …をだます, …からだまし取る **～·mer** 名

▶▶**～ àrtist** 名 C《俗》詐欺師, ぺてん師

scam·mo·ny /skǽməni/ 名 (複 **-nies** /-z/) C〘植〙スカモニー《ヒルガオ科》;U その根から採る樹脂《下剤》

sca·mor·za /skəmɔ́ːrtsə/ 名 U〘料理〙スカモルツァ《イタリア産の洋梨形のチーズ》

scamp¹ /skæmp/ 名 C《口》❶ いたずらっ子 ❷《旧》悪

党，ごろつき
scamp² /skæmp/ 動 他《旧》〔仕事〕をいい加減にやる，…の手を抜く
scam·per /skǽmpər/ 動 自（子供・小動物などが）素早く走る《***across, out, off, away***》
—名 C《単数形で》素早く走ること
scam·pi /skǽmpi/ 名（複 ～）【料理】❶ C スカンピ《大型のテナガエビ》❷ U イタリア風のエビ料理（♦ イタリア語より）
scan** /skæn/ 動〔▶ scansion 名〕(**scanned** /-d/；**scan·ning**) 他 ❶〈…を探して〉〔場所・群集など〕を注意深く[詳細に]眺め回す[調べる]〈**for**〉；…を真剣に[しっかりと]見る ‖ ～ the horizon *for* a ship 船影を求めて水平線を見渡す ❷〈…を求めて〉…をざっと見る〈**for**〉‖ ～ the newspaper [headlines] over (a cup of) tea お茶を飲みながら新聞[見出し]にざっと目を通す ❸（電子機器が）…を調べて読み取る；（電子機器を使って）…を調べる ‖ ～ the bar codes バーコードを読み取る / ～ baggage at the airport gate 空港のゲートで荷物の検査をする ❹（レーダーが）〔ある地域〕を走査する，（投光器が）…を探索する；【映】〔映像〕を走査する；💻〔画面〕を走査する；〔画像など〕を〈コンピューターに〉読み込む，スキャンする《in***》〈**into, onto**〉；〔ディスク内〕を調べる ❺【医】〔人体の部位〕を走査[スキャン]する ❻〔詩〕を読んで韻律を調べる
—自 ❶〈…を〉ざっと見る[読む]〈**through**〉❷（正しい）韻律を踏む，韻律に合う ❸💻走査する，スキャンする
—名 C ❶ よく見て調べること ❷【医】走査，スキャン；精査，精密検査；超音波による検査 ‖ a brain ～ 脳のスキャン / have [OR undergo] a CT ～ CTスキャンを受ける ❸《単数形で》ざっと目を通すこと ❹💻スキャン（すること）
～·na·ble 形
***scan·dal** /skǽndəl/ 名〔▶ scandalize 動，scandalous 形〕❶ U C スキャンダル，不名誉なうわさ，醜聞，不正行為[事件]，汚職事件，疑獄 ‖ A frightful ～ broke [OR erupted]. 驚くべきスキャンダルが発覚した / a sensational ～ 人騒がせなスキャンダル / cause [cover up, expose] a ～ スキャンダルを起こす[隠す，暴露する] / a hint of ～ スキャンダルの気配 / make a ～ of oneself スキャンダルの種になる ❷ U C（醜聞に対する）（世間の）騒ぎ，憤慨，不快感，反感 ‖ Her love affair created (a) great ～ in the neighborhood. 彼女の情事は近所の人々の物議をかもした / The unreasonable price of a cabbage is a ～. キャベツのそんなべらぼうな値段なんてありゃしない ❸ U/C《a ～》不名誉，不面目，汚名，恥 ‖ It is a ～ that our town has no orchestra. 我が町にオーケストラがないのは情けない ❹ U 悪口，陰口，中傷，悪意あるうわさ ‖ talk ～ 中傷する / spread ～ 悪評を広める
⏩**～ shèet** 名 C ⊗《蔑》ゴシップ新聞[雑誌]
scan·dal·ize /skǽndəlàɪz/ 動〔◁ scandal 名〕他（非常識・不正行為などで）〔人〕を憤慨させる
scándal·mònger 名 C 悪口を言いふらす人
scan·dal·ous /skǽndələs/ 形〔◁ scandal 名〕❶ 恥ずべき，不名誉な，けしからぬ ❷ 醜聞の種になる
～·ly 副 **～·ness** 名
***Scan·di·na·vi·a** /skæ̀ndɪnéɪviə/ 名 スカンジナビア，北欧《ノルウェー・スウェーデン・デンマーク，またときにアイスランド・フィンランド・フェロー諸島を含む》
Scan·di·na·vi·an /skæ̀ndɪnéɪviən/ 形 スカンジナビアの；スカンジナビア人[語]の
—名 C スカンジナビア人；U スカンジナビア語
scan·di·um /skǽndiəm/ 名 U【化】スカンジウム《金属元素．元素記号 Sc》
***scan·ner** /skǽnər/ 名 C スキャナー ❶💻光学式画像情報読み取り装置 (optical scanner) ❷【医】断層撮影装置
***scan·ning** /skǽnɪŋ/ 名 U C ❶ 精査；💻データの組織的検査，画像のスキャン ❷【放送】走査（すること）❸【医】スキャニング ❹ 走り読み，情報検索読み —形 精査する
⏩**～ eléctron micròscope** 名 C 走査型電子顕微鏡《略 SEM》
scan·sion /skǽnʃən/ 名〔◁ scan 動〕U（詩の）韻律（の分析）
***scant** /skænt/ 形 ❶《限定》乏しい，わずかな；《叙述》〈…が〉不足している〈**of**〉‖ pay ～ attention あまり注意を払わない ❷《限定》（特定の数量に）わずかに足りない ‖ in a ～ two hours 2時間足らずで —動 他《主に米》❶ …をけちる；〔人〕にわずかしか与えない ❷ …をぞんざいに扱う
～·ly 副 **～·ness** 名
scant·ies /skǽnṭiz/ 名 複《口》スキャンティー《女性用の短いパンティー》
scant·ling /skǽntlɪŋ/ 名 U ❶（たる木用などの）小角材 ❷（木材などの）寸法 ❸ C《古》少量，わずか
***scant·y** /skǽnṭi/ 形 ❶ 乏しい，不十分な，わずかな ❷（服が）露出的な ‖ in a ～ dress 肌もあらわな服で
scánt·i·ly 副 **scánt·i·ness** 名
scape /skeɪp/ 名 C ❶【植】（タンポポなどの）花茎 ❷【動】（昆虫の触角の）柄節；（鳥の）羽軸 ❸【建】柱身
-scape /-skeɪp/ 連結形「景色，風景（画）」の意 ‖ land*scape*, moon*scape*, sea*scape*
scape·goat /skéɪpgòut/ 名 C ❶（他人の罪を負わされる）身代わり，スケープゴート（《米俗》fall guy）‖ make a ～ of ... …を身代わりにする ❷【聖】贖罪（しょくざい）のヤギ《古代ユダヤで贖罪の日に人々の罪を負わせて荒野に放った》
—動 他 …に罪を負わせる
scap·u·la /skǽpjulə/ 名（複 **～s** /-z/ OR **-lae** /-lìː/）C【解】肩甲骨 (shoulder blade)
scap·u·lar /skǽpjulər/ 形【解】肩の，肩甲骨の
—名 C ❶【聖】スカプラリオ《(修道士の）肩衣（かたぎぬ）；修道士・信者が肩から2本のひもで胸と背につるす2枚の布》❷【医】肩甲包帯 ❸【鳥】肩羽
***scar¹** /skɑːr/ 名 C ❶ 傷跡；（一般に損傷の）痕跡（こんせき），跡 ‖ leave a ～ on the skin 皮膚に傷跡を残す / a vaccination ～ 種痘の跡 ❷ 心の傷（跡），痛手 ‖ The tragedy will leave a deep psychological ～ on her. その悲しい出来事は彼女に深い精神的傷跡を残すだろう ❸（戦争・災害などの）傷跡；（物の）外観を損なうもの ‖ The town still bears the ～*s* of the earthquake. その町はいまだに地震の被害の跡を留めている ❹【植】葉痕

COMMUNICATIVE EXPRESSIONS

1 **(Do) you wànt to héar about my bàttle scárs?** 私の武勇伝を聞きたいかね（♥ 自慢話・昔話を切り出す際の前置き）

—動 (**scarred** /-d/；**scar·ring**) 他 …に（肉体的・精神的な）傷跡を残す，傷をつける；〔物（の外観）〕を傷つける，損なう（♦ しばしば受身形で用いる）‖ He was *scarred* for life by the accident. 彼はその事故で一生残る傷を負った
—自（治った後に）傷跡が残る《***over***》
scar² /skɑːr/ 名 C ❶ 断崖（だんがい）❷（海中などの）孤岩
scar·ab /skǽrəb/ 名（＝～ **bèetle**）C【虫】タマオシコガネ《古代エジプト人が神聖視した》；スカラベ《この虫の形に彫刻した石》
***scarce** /skeərs/《発音注意》形 (**scarc·er**；**scarc·est**) ❶《通例叙述》（食糧・金銭などが）（需要・必要に）十分でない，乏しい，供給不足で（↔ plentiful）（♦ ふつうは「ありふれたものが特定の場所あるいは期間に限って手に入りにくい」という意味を含む）‖ Employment is now very ～ because of the depression in business. 不景気のせいでこのところ働き口が極めて少ない
❷ まれな，あまり見られない，珍しい ‖ a ～ moth 珍しいガ
(as) *scarce as hen's teeth* ⇨ HEN（成句）
màke onesèlf scárce《口》（面倒に巻き込まれないように）（そっと）立ち去る；姿を見せない，遠ざかっている
—副《古》＝scarcely **～·ness** 名
***scarce·ly** /skéərsli/《発音注意》副 ❶《否定》ほとんど…ない（♦ hardly より《堅》）（⇨ HARDLY 類語）‖ I ～ know my neighbors. 私は近所の人たちをほとんど知ら

S

ない / The dress is so tight that I can ~ breathe. ドレスがきつくてほとんど息ができない / 《any, ever などを否定して》 *Scarcely* anybody believes it. ほとんどだれもそれを信じない

語法 ★☆ (1) scarcely の位置は通例 be 動詞・助動詞の直後, 一般動詞の直前. ただし前例のように any, ever などを否定する場合にはその直前に置く.
(2) ×I cannot scarcely hear you. のようにほかの否定語とともには用いない.
(3) scarcely は否定語なので付加疑問は肯定になる. 〈例〉You *scarcely* know him, do you? あの人のことはほとんど知らないでしょ
(4) scarcely は物事の程度が不十分であることを表す語で, 頻度が低いことを表す場合は scarcely ever や rarely などを用いる. 〈例〉They 「*scarcely ever* [OR *rarely*, ×scarcely] go to the movies. 彼らはめったに映画に行かない

S

❷とても[まさか]…ない[とは思えない](♥ not の婉曲・皮肉としても用いられる) ‖ Their both being here can ~ be a coincidence. 彼らが2人ともここにいるなんて偶然の一致であるはずがない ❸ 辛うじて, やっとのことで (♦ barely より否定のニュアンスが強い) ‖ He was ~ more than five feet tall. 彼は身長5フィートそこそこだった

****scárcely ... whèn*** [OR ***befòre***] …するかしないうちに, …すると同時に (hardly ... when [OR before]) ‖ I had ~ sat down *when* the phone rang. 座るか座らないうちに電話が鳴った (♦ (1) Scarcely had I ... とするのは《文》. (2) 主節は過去完了, 従属節は過去形がふつう. (3)《口》では as soon as ... を用いる. 〈例〉He had *scarcely* gone out when it began to rain. 彼が出かけるや否や雨が降り出した (=*As soon as* he went out, it began to rain.) (4) しばしば緊迫感や驚きを伴う強い言い方となる)

***scar·ci·ty** /skéərsəṭi/ 名 (複 **-ties** /-z/) Ⓤ Ⓒ ❶ 欠乏, 不足 ; 物資の不足 ; (特に)食糧不足, 飢饉(ききん) (⇨ LACK 類語) ‖ the ~ of jobs [skilled workers] 仕事口[熟練労働者]の不足 / a ~ of water 水不足(♦ 具体的に何かが不足した状態を示すには a をつけることが多い) / a world of grim ~ 深刻な食糧難の世界 ❷ まれなこと

‡scare /skeər/
— 動 (**~s** /-z/ ; **~d** /-d/ ; **scar·ing**)
— 他 ❶ **a** (+目)…を**おびえさせる**, ぎょっとさせる, 怖がらせる ‖ The snake ~*d* me. 蛇に私はどきっとした **b** 《受身形で》恐れる, 怖がる 〈**of** …を / **to do** …するのを / **that** 節…ということを〉 (⇨ FRIGHTEN 類語) ‖ We're not ~*d of* ghosts! お化けなんか怖くないぞ / Some people are ~*d to* fly in a plane. 飛行機に乗るのが怖い人もいる / I'm ~*d that* you might leave me. あなたに見捨てられるのが怖い **c** 《+目+補〈形〉》…を怖がらせて…(の状態)にする ‖ be ~*d* stiff おびえて体がこわばる
❷ …を脅して追い払う ; …を不安にさせて遠のかせる《***away, off***》‖ Smartphones with too many features are *scaring off* elderly people. 機能が多すぎるスマートフォンは年配の利用者を遠ざけている
❸ 《+目+**into** [**out of**] ***doing***》…を脅して…する [しない] ようにさせる ‖ The hijackers ~*d* us *into* cooperating with them. ハイジャック犯は我々を脅して無理やり協力させた / They ~*d* Keith *out of* telling the police. 彼らはキースを脅して警察に知らせないようにさせた
— 自 《+副》おびえる, 怖がる ‖ She doesn't ~ easily. 彼女は簡単におびえはしない

be scàred shítless ⊗《卑》びっくり仰天する
scare a person out of his/her wits ⇨ WIT[1](成句)
scàre the shít [OR ***héll***] ***òut of a pèrson*** ; ***scàre a pèrson shítless*** 《俗》〔人〕をびっくり仰天させる
scàre úp ... / ***scàre ... úp*** 〈他〉《主に米口》…を(何とか)かき集める ; (手持ちの少ない材料で)…を作り上げる
— 名 (複 **~s** /-z/) Ⓒ ❶ 《単数形で》(突然の)恐怖, (何となしの)不安, (理由のない)おびえ ‖ a health ~ 健康上の不安 / get [give] an awful ~ ひどくおびえる[させる] ❷ 人々が恐れを抱く状況, 社会不安, 恐慌
scár·er 名
⇒ **~ quòtes** 名 複 スケアクオート《皮肉や反語など, 通常の意味で使っていない語(句)を示すためにつける引用符》
~ stòry 名 Ⓒ (新聞の) 必要以上に人を不安にする記事
~ tàctics 名 複 (恐怖心をあおり大衆を動かす)脅し戦術

scáre·cròw 名 Ⓒ ❶ かかし ❷ 《口》みすぼらしい人, ぼろを着た人 ; やせこけた人 ❸ 《古》こけおどし

‡scared /skeərd/
— 形 (**more ~ ; most ~**)
おびえた, 怖がっている, 不安に陥った (→ scare 動 他 ❶b) ‖ a ~ look [whisper] おびえた顔つき [か弱い声] / feel ~ 怖いと思う
rùn scáred 《主に米口》弱気になる, おじけづく

scáred·y-càt /skéərdi-/ 名 Ⓒ 《口》おく病者

scáre·mònger 名 Ⓒ デマを飛ばす人 **~·ing** 名

***scarf**[1] /skɑːrf/ 名 (複 **~s** /-s/ OR **scarves** /skɑːrvz/) Ⓒ ❶ スカーフ, マフラー, 肩かけ ‖ wear a ~ around one's neck スカーフを首に巻いている ❷ (両端を垂らす) 結びネクタイ ❸ 《米》(テーブル・戸棚の上などに置く)細長い布 [カバー] ❹ 《米》(軍人などが肩からかける)肩帯, 肩章(sash)
— 動 他 …にスカーフを巻く
~ed 形 スカーフ(状のもの)を巻いた[かけた]
⇒ **~ rìng** 名 Ⓒ 《英》スカーフリング

scarf[2] /skɑːrf/ 名 (複 **~s** /-s/) Ⓒ ❶ (= **~ jòint**) (木材などの)スカーフ継ぎ ❷ スカーフ継ぎ用に切り込んだ端
— 動 他 〔木材など〕をスカーフ継ぎにする

scarf[3] /skɑːrf/ 動 他 《米口》…をがつがつ食う, ぐいぐい飲む《***down***》(→ scoff[2])

scar·i·fy /skǽrɪfàɪ/ 動 (**-fies** /-z/ ; **-fied** /-d/ ; **~·ing**) 他 ❶ 【医】〔皮膚〕を乱刺[乱切]する《皮膚の表面にいく筋もの小さい切り傷をつける》 ❷ …を酷評する ❸ 〔土地・道路〕を掘り起こす ❹ 【植】〔固い種子〕に傷をつけて発芽を促す ❺ 《口》…をぎょっとさせる (scare) **scàr·i·fi·cá·tion** 名 Ⓤ 【医】乱刺[乱切](法) **-fi·er** 名 Ⓒ 【医】乱切器

scar·i·fy·ing /skǽrɪfàɪɪŋ/ 形 《口》ぎょっとさせるような

scar·la·ti·na /skɑ̀ːrlətíːnə/ 名 =scarlet fever

***scar·let** /skɑ́ːrlət/ 名 Ⓤ ❶ 緋色(ひいろ), 深紅色, 鮮やかな赤 ❷ 緋色の布地 [服] ‖ dressed in ~ 緋色の服をまとって — 形 ❶ 緋色の ‖ flush ~ 顔を真っ赤にする ❷ 緋の服を着た
⇒ **~ féver** 名 Ⓤ 猩紅(しょうこう)熱 **~ létter** 名 Ⓒ 緋文字《昔, 姦通(かんつう)を犯した者が身につけさせられた緋色のAの文字》 **~ pímpernel** 名 Ⓒ 【植】アカバナルリハコベ **~ rúnner** 名 Ⓒ 【植】ベニバナインゲン **~ wóman** 名 Ⓒ 《けなして》【聖】緋色の女, 売春婦

scarp /skɑːrp/ 名 Ⓒ ❶ 急斜面, 断崖(だんがい) ❷ 【建】堀の城壁寄りの斜面 — 動 他 〔斜面〕を急(角度)にする

scar·per /skɑ́ːrpər/ 動 自 《英口》逃げる, ずらかる

SCART, Scart /skɑːrt/ 名 Ⓒ スカート《電子機器接続用の21ピンコネクター》

scarves /skɑːrvz/ 名 scarf[1] の複数形の1つ

***scar·y** /skéəri/ 形 《口》 ❶ 怖い, 恐ろしい ❷ おく病な
scár·i·ness 名

scat[1] /skæt/ 動 (**scat·ted** /-ɪd/ ; **scat·ting**) 自 《通例命令形で》《口》さっさと出て行く — 間 (猫などに対して)しっ

scat[2] /skæt/ 【楽】名 (= **~ sìnging**) Ⓤ スキャット《歌詞の代わりに楽器に似せた音声を用いる》
— 動 (**scat·ted** /-ɪd/ ; **scat·ting**) 自 スキャットで歌う

scat[3] /skæt/ 名 Ⓤ (特に肉食動物の)糞(ふん)

scathe /skeɪð/ 動 他 ❶ 《文》…を酷評する ❷ 《古》…を傷つける ; (火災・雷などで)…に損害を与える

scath·ing /skéɪðɪŋ/ 形 辛辣(しんらつ)な, 痛烈な **~·ly** 副

sca·tol·o·gy /skətɑ́(ː)lədʒi | -tɔ́l-/ 名 Ⓤ 糞便(ふんべん)学 ; 糞便趣味(の文学), スカトロジー **scàt·o·lóg·i·cal** 形

‡scat·ter /skǽṭər/
— 動 (**~s** /-z/ ; **~ed** /-d/ ; **~·ing**)

―他 ❶ …を〈場所に〉**まき散らす**, ばらまく；…を〈…に〉散在させる《***around, about***》(↔ gather, assemble)〈**around, on, over**〉；〔場所など〕に〈…を〉ばらまく〈**with**〉‖ The lieutenant ~*ed* his troops *around* the village. 中尉は部隊を村の周辺に散開させた / ~ toys *about* おもちゃを辺りに散らかす / ~ sand *on* a path=~ a path *with* sand 道に砂をまく
❷ …を**追い散らす**, 四散させる；〔希望・疑い・計画など〕を消滅[消散]させる ‖ The police ~*ed* the demonstrators using tear gas. 警察は催涙ガスを使ってデモ隊を追い散らした / be ~*ed* to the four winds 四方八方に散らばる, 散逸する
❸ 〖理〗〔光・微粒子など〕を散乱[拡散]させる
―自 ❶ 散り散り[ばらばら]になる, 四散する ‖ The crowd quickly ~*ed* in all directions. 群衆は素早く四散した
❷ 〖理〗(光などが)散乱[拡散]する
―名 U ❶ まき散らすこと, 散布；分散, 消散
❷ C 《a ~》まき散らされたもの；(散在する)少数[少量] ‖ a ~ of houses on the hillside 丘の斜面に点在する家
❸ 〖理〗散乱 ❹ 〖統計〗散布度 **~·er** 名
▶▶ **~ cùshion** 名 C 《英》=throw pillow **~ dìagram** 名 C 〖数〗散布図 **~ rùg** 名 C (インテリア用の)小型じゅうたん

scátter·bràin 名 C 注意力散漫な人, 忘れっぽい人, 軽率な人 **-bràined** 形

scat·tered /skǽṭərd/ 形 点在[散在]する；時折の, 散発的な ‖ cloudy with ~ showers (天気予報で)曇り, 所により[時折]にわか雨

scátter·gùn 形 《主に米》=scattershot

scat·ter·ing /skǽṭərɪŋ/ 名 U ❶ まき散らすこと, 散布 ❷ C 《a ~》〈…の〉少数[量]〈**of**〉‖ a ~ *of* houses 少数の家 ❸ 〖理〗(光・微粒子の)散乱

scátter·shòt 形 《限定》《主に米》手当たり次第の

scat·ty /skǽṭi/ 形 《主に英口》ぼけっとした, 忘れっぽい, そそっかしい **-ti·ly** 副 **-ti·ness** 名

scav·enge /skǽvɪndʒ/ 動 他 ❶ (ごみの中から)〔使えるもの〕を回収する ❷ (動物が)〔腐肉など〕をあさる ❸ 〔街路など〕を清掃[掃除]する ❹ 〖化〗〔不純物〕を除去する；〔シリンダー〕から排気ガスを排出する；〔溶融金属〕を純化する
―自 ❶ 〈廃品を〉回収する, 〈捨てたものを〉あさる〈**for**〉 ❷ (動物が)〈腐肉などを〉あさる〈**for**〉

scav·eng·er /skǽvɪndʒər/ 名 C ❶ (腐肉などを食べる)清掃動物 ❷ 廃品回収業者 ❸ 〖化〗不純物除去剤
▶▶ **~ hùnt** 名 C 借り物競走《個人またはチーム単位でリストにある品物を集めるゲーム》

ScD, Sc.D. 略 《ラテン》 *Scientiae Doctor* (=Doctor of Science)(理学博士)

SCÉ 略 *S*cottish *C*ertificate of *E*ducation《(スコットランドの)普通教育修了証明書, その試験》

sce·na /ʃéɪnə/ 名 (複 **~s** /-z/ OR **-nae** /-ni/) C 〖楽〗シェーナ《歌劇の1場面；歌劇の劇的独唱または重唱曲》(♦ イタリア語より)

*__sce·nar·i·o__ /sənǽriòu | -nɑ́ːr-/ 名 (複 **~s** /-z/) C ❶ 予定の計画, 予想事態, 思惑 ‖ in [OR under] the worst-case [best-case] ~ 最悪[最善]の事態では ❷ (映画の)シナリオ, 脚本, (撮影)台本 ❸ (劇・オペラ・小説などの)粗筋, 梗概(こうがい), 筋書き

sce·nar·ist /sənǽrəst | síːnərɪst/ 名 C シナリオライター

***__scene__ /siːn/ 《発音注意》(♦ 同音語 seen)

中心義 (個々の)場面

現場❶ 場面❷ 眺め❸ 活動の分野❹

―名 〔▶ scenery 名, scenic 形〕(複 **~s** /-z/) C ❶ 《通例単数形で》〈事件などの〉場所, **現場**；〈劇・映画・小説などの〉舞台, 場所〈**of**〉‖ Reporters hurried to the ~. 記者たちは現場に急行した / at the ~ *of* an accident 事故現場で / The ~ *of* the opera is ancient Egypt. そのオペラの舞台は古代エジプトである
❷ (劇の)場《略 sc.》；(映画などの)シーン, **場面**；(実生活などの)一場面, 情景；事件, 出来事 ‖ *The Phantom of the Opera*, Act II, *Scene* iii『オペラ座の怪人』第2幕第3場 (♦ Act two, scene three と読む) / play a dialogue ~ 対話の場面を演じる / I recall ~*s* from my childhood. 子供時代の情景をあれこれ思い起こす
❸ **眺め**, 風景, 景色, 光景；絵に描いた[写真に撮った]場所, 背景；風景画[写真](⇨ VIEW 類語) ‖ a winter ~ 冬景色 / a peaceful ~ のどかな眺め / a dreamlike ~ 夢のような光景 / a street ~ 街頭風景
❹ 《the ~》《通例修飾語を伴って》**活動の分野**[方面], …界 ‖ the music ~ of the '90s 1990年代の音楽界 / retire from the political ~ 政界から退く
❺ 《通例単数形で》(人前での)言い争い, 口げんか；大騒ぎ ‖ make [OR create] a ~ 大騒ぎをする ❻ (社会などの)事態, 情勢, 状況；環境, 周囲 ‖ This is the ~ in Japan at the moment. これが目下の日本の状況だ / a bad ~ 《米》まずい状況 ❼ 《one's ~》《通例否定文で》《口》好み, 関心[興味]の領域 ‖ Classical music isn't really my ~. クラシック(音楽)にはあまり興味がないな ❽ (戯曲・映画・小説・作品などの)設定, セッティング, 背景, 舞台装置, 書割；小道具(props) ‖ shift the ~*s* 背景を変える
a chànge of scéne 転地(による環境の変化) ‖ She went abroad for *a change of* ~. 彼女は気分転換のために海外へ出かけた
**behìnd the scénes* ① 舞台裏で ② 陰に隠れて, ひそかに, 黒幕として
còme [OR ***appèar, arrìve***] ***on the scéne*** (現場に)現れる；登場する, 注目を呼ぶ
hìt the scéne 《口》=*come on the scene*(↑)
màke the scéne 《米口》=*come on the scene*(↑)(♦ make a scene と区別. →❺)
quìt the scéne その場を去る；死ぬ
sèt the scéne* ① (出来事の)場所[状況, 背景など]を詳しく説明する ② 〈…の〉状態になるよう状況を整える, 〈…を〉引き起こす原因となる〈for**〉
stèal the scéne =*steal the* SHOW

*__sce·ner·y__ /síːnəri/ 名 〔◁ scene 名〕U ❶ 《集合的に》(一地域全体の自然の)風景, (絵のような)景色, 光景(⇨ VIEW 類語) ‖ view the grand ~ of the Rockies ロッキー山脈の雄大な風景を眺める ❷ (戯曲・映画などの)セット, (舞台)装置, 背景 ‖ set up ~ 舞台装置をセットする
a chànge of scénery =*a change of* SCENE

scéne-shìfter 名 C 《主に英》(劇場の)道具方, 裏方

scéne-stèaler 名 C 主役を見劣りさせる俳優

*__sce·nic__ /síːnɪk/ 形 〔◁ scene 名〕《通例限定》❶ 景色のよい；景色の, 風景の ‖ take the ~ route 景勝ルートを行く；《戯》道に迷い遠回りする / a ~ spot 景色のよい場所 ❷ 舞台(上)の, 演劇の；舞台装置の ‖ ~ effects 舞台効果 ❸ (絵などが)物語風の, 場面描写の **-ni·cal·ly** 副
▶▶ **~ ráilway** 名 C (遊園地などの)ミニチュア鉄道

*__scent__ /sent/ 《発音注意》(♦ 同音語 cent, sent) 名 ❶ U C (特に好ましい)香り, におい(⇨ SMELL 類語P) ‖ The ~ of jasmine is drifting. ジャスミンの香りが漂っている / catch [OR pick up] a ~ of lilacs ライラック(の花)のにおいに気づく ❷ U C 香水(perfume) ❸ C 《通例単数形で》(動物の通った後などの)遺臭, 臭跡；(発見などの)手がかり ‖ a cold [hot] ~ かすかな[強い]臭跡 / lose [follow up] the ~ 臭跡を失う[たどる], 手がかりを失う[たどって進む] ❹ U/C 《単数形で》(犬などの)嗅覚(きゅうかく)；〈…を〉かぎつける能力, 勘〈**for**〉 ❺ C 《単数形で》〈秘密・危険などの〉におい, かすかな兆候, 気配, 感じ〈**of**〉‖ There was the ~ *of* danger. 何となく危険な感じがした
on the scént (***of ...***) (…の)においを追って；(…の)手がかりをつかんで, (…を)かぎつけて
pùt [OR ***thròw***] ***a pèrson off the scént*** (にせの手がか

り・情報で)〔人〕(の追跡)をまく，〔人〕を誤らせる
— 動 他 ❶ (動物が) …のにおいをかぎつける；…のにおいをかぐ［かいでみる］ ❷〔秘密など〕をかぎつける，…(の気配)を察する；〈…ということ〉に感づく，…を見抜く〈**that** 節〉‖ As soon as she came in, I ～*ed* trouble. 彼女が入って来るなり私は何か面倒なことがあるなと感じた / ～ fear [victory] 恐怖［勝利］を感じ取る ❸…に(よい)においをつける；…を〈…の〉香りで満たす〈**with**〉；…に香水を振りかける(♦しばしば受身形で用いる) ‖ The room was *～ed with* roses. 部屋にはバラの香りが漂っていた
— 自 においをかぐ，鼻を働かせ(て探)る
scènt óut ... 〈他〉…をかぎ出す，捜し出す

scent·ed /sénṭɪd/ 形 よい香り［におい］がする ‖ lavender-～ soap ラベンダーの香りのする石けん

scent·less /séntləs/ 形 無臭の，無香性の

scep·ter /séptər/ 名 ❶ C (権威の象徴として王が持つ) 職杖(しょくじょう) ❷ (the ～)王位，王権
-tered 形 王権を握った

scepter ❶

＊**scep·tic** /sképtɪk/ 名 形 《英》＝skeptic
-ti·cal 形 《英》＝skeptical **～·ly** 副

scep·ti·cism /sképtɪsìzm/ 名 《英》＝skepticism

sch. 略 scholar, school

scha·den·freu·de, S- /ʃɑ́:dənfrɔ̀ɪdə/ 名 U 他人の不幸を喜ぶこと(♦ドイツ語より)

‡**sched·ule** /skédʒu:l | ʃédju:l, ʃédʒu:l, skéd-/
— 名 (複 **～s** /-z/) C ❶〈ある日時の〉**スケジュール**，予定(表)，計画(表)；《集合的に》(処理すべき)予定事項〈**for**〉‖ What's **on** the ～ this evening? 今晩はどんな予定になっていますか / plan [OR draw up, make out, make up] a new production ～ 新生産計画を立てる / have a full [OR heavy, busy, tight] ～ 予定がぎっしり詰まっている(❗この意味での「ハードスケジュール」は和製語．hard schedule は「長くて多くの困難が伴う計画」というニュアンスがある) / keep [OR stick] to one's ～ スケジュールを守る / check [adjust] one's ～ スケジュールを調べる［調整する］ / a work ～ *for* next week 来週の作業予定
❷ **時刻表**(timetable)；(学校の)時間割 ‖ a bus ～ バスの時刻表 / a ～ of classes 授業の時間割
❸ **一覧表**，明細表；(本文付属の)付表(契約などの)条項；規制薬物類(ランク)一覧表 ‖ a ～ of prices 値段表
❹《英》(テレビ・ラジオの)番組表 ❺《英》所得税申告用紙
ahèad of* [*behìnd*] *schédule 予定より早く［遅れて］
＊***on*** [OR (***accòrding***) ***to***] ***schédule*** スケジュール［予定，時間］どおりに
— 動 (**～s** /-z/；**～d** /-d/；**-ul·ing**) 他 ❶《通例受身形で》
a 《＋目》(行事などが)〈ある日時に〉**予定される**，〈…の予定で〉**計画される**〈**for**〉‖ The annual meeting was originally ～*d for* 1:00 p.m. today. 年次総会はもともと今日の午後1時に予定されていた / The new plant is ～*d for* completion by the end of the year. 新しい工場は年末までに完成する予定だ / The show went on as ～*d*. 公演は予定どおり進められた
b 《＋目＋**to** *do*》(人・事が)…するように予定［計画］される ‖ They are ～*d to* arrive on Thursday. 彼らは木曜日に到着する予定だ
❷…を予定表に載せる［組み込む］，一覧表に入れる；…の予定を立てる；…を一覧表にする
❸《英》…を保存建造物のリストに入れる
-u·lar 形 **-u·ler** 名 C (テレビ・ラジオの) 番組編成者，スケジュール調整者；💻スケジュール管理ソフト
▸▸ **～d flíght** 名 C (飛行機の)定期便

schee·lite /ʃí:laɪt/ 名 U 〖鉱〗灰重石《タングステンの鉱石》

Sche·her·a·za·de /ʃəhèrəzɑ́:də/ 名 シェヘラザード《『千夜一夜物語』の語り手のペルシャ王妃》

sche·ma /skí:mə/ 《発音注意》 名 (複 **～s** /-z/ OR **～·ta** /-ṭə/) C ❶図表，図式；概要 ❷〖心〗シェマ《現実世界を認知するための心理的枠組》 ❸〖哲〗(カントの)先験的図式 ❹〖論〗(三段論法の)格 ❺ U 💻スキーマ《データベースの概念構造記述》

sche·mat·ic /ski:mǽṭɪk/ 形 図式的な；概略的な
— 名 C 図表；(電子回路などの)配線図 **-i·cal·ly** 副

sche·ma·tize /skí:mətàɪz/ 動 他 …を図式化する；…を体系化する

＊**scheme** /ski:m/ 《発音注意》 名 C ❶ (組織的) 計画，予定，案；《英》(政府・企業などによる)正式計画〈**to** *do* …する / **for** *doing* …するための〉(⇨ PLAN 類語) ‖ a pension ～ 年金計画 / a ～ 「*to* recycle [OR *for* recycling] used tires 古タイヤの再利用計画 ❷陰謀，たくらみ〈**to** *do* …する / **for** *doing* …するための〉‖ His ～「*to* swindle [OR *for* swindling] the old lady out of her money was uncovered. 老婆から金をだまし取ろうとする彼の計画が発覚した ❸(組織的) 配置，構成 ‖ a color ～ of [OR for] the room その部屋の配色 ❹ (学問などの) 体系，組織 ‖ a ～ of philosophy 哲学体系 ❺大要，概要 ❻図表(diagram)，図式；〖占星〗天象図
the schème of things 物事全体のあり方［構図］，全体像 ‖ Your suggestion doesn't fit into *the ～ of things*. あなたの提案は全体の構想に合致しない
— 動 他 ❶ **a** 《＋目》(ひそかに)…をたくらむ；…を計画する **b** 《＋**to** *do*》…しようとたくらむ ‖ He ～*d to* cheat his partner out of the money. 彼は共同経営者から金をだまし取ろうと計画した ❷…を配色に従って配置する
— 自 たくらむ，陰謀を謀る〈**for** …を得ようと；**against** …に対して〉‖ He was purged for *scheming against* the leader. 彼はリーダーに対して陰謀を謀り追放された

schem·er /skí:mər/ 名 C 陰謀家，策士

schem·ing /skí:mɪŋ/ 形 陰謀をたくらむ，腹黒い
— 名 U 陰謀

Schéngen Agrèement /ʃéŋən -/ 名 (the ～) シェンゲン協定《ヨーロッパの国境検査廃止に関する協定》

scher·zan·do /skeərtsɑ́:ndou | -tsǽn-/ 形 副 〖楽〗スケルツァンドの[で]，諧謔(かいぎゃく)的な[に](♦イタリア語より)

scher·zo /skéərtsou/ 名 (複 **～s** /-z/ OR **-zi** /-tsi:/) C 〖楽〗スケルツォ，諧謔曲《軽快な楽曲》

Schíck tèst /ʃɪk-/ 名 C 〖医〗シックテスト《ジフテリア免疫の検査》(♦考案した医師の名より)

Schil·ler /ʃílər/ 名 (**Johann Christoph**) **Friedrich von ～** シラー(1759–1805)《ドイツの劇作家・詩人》

schil·ling /ʃílɪŋ/ 名 C シリング(硬貨)《euro 導入以前のオーストリアの通貨単位》

schism /skɪzm, sɪzm/ 名 ❶ U C (団体，特に教会の)分裂，分離 ❷ C (分離した)教会，宗派，分派

schis·mat·ic /skɪzmǽṭɪk/ 形 分離の，分裂の；(教会)分離を引き起こす — 名 C 分裂を引き起こす人；分離宗派の教徒 **-i·cal·ly** 副

schist /ʃɪst/ 名 U 〖地〗片岩，結晶片岩

schis·to·so·mi·a·sis /ʃìstəsoumáɪəsɪs/ 名 U 〖医〗住血吸虫病

schiz·o /skítsou/ 形 名 (複 **～s** /-z/) 《口》＝schizophrenic ❷

schiz·oid /skítsɔɪd/ 形 名 C ❶〖医〗統合失調症の (患者) ❷《口》分裂気質の(人)

schiz·o·phre·ni·a /skìtsəfrí:niə/ 名 U ❶〖医〗統合失調症 ❷分裂気質

schiz·o·phren·ic /skìtsəfrénɪk/ ⟨⟩ 形 名 C ❶〖医〗統合失調症の(患者) ❷分裂気質の(人)

schle·miel /ʃləmí:l/ 名 C ⊗《米俗》《蔑》とんま

schlep, schlepp /ʃlep/ 《主に米口》 動 (**schlepped** /-t/；**schlep·ping**) 他 〔特に重いもの〕を運ぶ，引きずる
— 自 いやいやながら［とぼとぼと］行く(♦通例方向を表す副句を伴う) — 名 C ❶困難な旅 ❷役立たず，ろくでなし

schlock /ʃlɑ(:)k | ʃlɔk/ 名 U 形 《米口》安物(の)，がらくた

(の) **~·y** 形

schlump, schloomp /ʃlʊmp/ 名 C 怠け者, 間抜け, ぐず ―動 自 ぶらぶらして暮らす

schmaltz, schmalz /ʃmɑːlts | ʃmɔːlts/ 名 U ((口)) 極端な感傷; 極端に感傷的な音楽[映画]
~·y 形 ((口))やけに感傷的な

schmo, shmo /ʃmoʊ/ 名 (複 **~es** /-z/) C ((米口)) ((けなして))間抜け

schmooze, schmoose /ʃmuːz/ ((主に米)) 名 C ばか話, おしゃべり ―動 自 他 (…と)ばか話[おしゃべり]をする
schmóoz·er 名 **schmóoz·y** 形

schmuck, shmuck /ʃmʌk/ 名 C ⊗((米俗)) ((蔑)) 間抜け; くだらないやつ

schnapps /ʃnæps/ 名 (複 **~**) U シュナップス ((オランダ産ジンなどの強い蒸留酒)) (♦ドイツ語より)

schnau·zer /ʃnáʊtsər, -zər/ 名 C シュナウザー ((ドイツ産の使役犬))

schnit·zel /ʃnítsəl/ 名 U C シュニッツェル ((子牛のカツレツ. → Wiener schnitzel))

schnoo·dle /ʃnúːdl/ 名 C シュヌードル ((シュナウザーとプードルの混血犬)) (♦ **schn**auzer＋p**oodle** より)

schnook /ʃnʊk/ 名 C ⊗((米俗)) ((蔑)) とんま, かも

***schol·ar** /skɑ́(ː)lər | skɔ́lə/
―名 [▶ scholarly 形, scholastic 形] (複 **~s** /-z/) C
❶ (特に人文系の)**学者**, (特に)古典学者(→ scientist) ‖ an eminent ~ of [OR in] pragmatics 著名な語用論学者
❷ 奨学生, 特待生 ‖ a Rhodes ~ ローズ奨学生
❸ ((通例否定文で)) ((主に古)) 学のある人 ‖ I'm no ~. 私には学がない ❹ ((英口))優等生 ❺ ((古))学生, 生徒

***schol·ar·ly** /skɑ́(ː)lərli | skɔ́l-/ 形 [◁ scholar 名] ❶ (人が)学者らしい, 学者的な, 博学な; 学問好きの, 学究的な ❷ (本などが)学術的な, 豊かな学識を示す **-li·ness** 名

***schol·ar·ship** /skɑ́(ː)lərʃɪp | skɔ́l-/ 名 ❶ C 奨学金 ⟨**to, for** …への / **to do** …するための⟩; U 奨学生の資格 ‖ win [apply for] a ~ *to* college 大学の奨学金を得る[申し込む] / receive a ~ *to* study abroad 留学のための奨学金を受ける / go to college on a ~ 奨学金で大学に進学する ❷ U 学問, 学識; 博識; 学者の資質 ‖ a person of great ~ 学識豊かな人 ❸ U 学問的成果(の集積) ‖ the highest levels of historical ~ 最高水準をいく歴史学上の成果

scho·las·tic /skəlǽstɪk/ 形 [◁ scholar 名] ❶ 学校の; (学校)教育の; 勉学の; ((米))中等学校の ‖ ~ institutions 教育機関 ❷ ((しばしば S-)) スコラ哲学の ❸ 学者ぶった; 細かいことにこだわる
―名 C ❶ ((しばしば S-)) スコラ哲学者 ❷ 衒学(げんがく)者; 理屈っぽい人 ❸ イエズス会修道生 **-ti·cal·ly** 副

scho·las·ti·cism /skəlǽstɪsɪ̀zm/ 名 U ❶ ((しばしば S-)) スコラ哲学 ❷ 伝統的教義[方法論]への固執

scho·li·ast /skóʊliæ̀st/ 名 C (古典)注解者

scho·li·um /skóʊliəm/ 名 (複 **-li·a** /-liə/) C (古典の)注釈, 注解

***school**[1] /skuːl/ 名 動

中心義 学問の場

名 学校❶ 授業❷ 学部❺ 全校生徒❻ 流派❽

―名 (複 **~s** /-z/) C ❶ (施設としての) **学校** (♦特に小・中・高校を指すが, ((米口))では大学を含むことがある. → ❺) ‖ enter an **elementary** ~ ((米)) = ((英)) enter a **primary** ~ 小学校へ上がる / **attend** a local secondary ~ 地元の中学校に通う / a **public high** ~ 公立高校
❷ U ((無冠詞で))就学(期間); **授業**(時間); 学校(教育), 学業, 勉学 (♦用法は high school などの複合語でも同じ. → college, university) ‖ *School* begins [OR starts] 「at eight thirty [in April]. 学校は8時半[4月]始業だ / 「There is [OR We have] no ~ today. 今日は学校がない[休みだ] / He only had six years of ~. 彼は6年しか学校教育を受けなかった / I still keep in touch with friends from ~. 学校時代の友人たちとは今でも付き合いがある / start ~ 就学する / **leave** [OR quit, drop out of] ~ 学校を退学する / finish [OR graduate from, ((英)) leave] ~ 学校を卒業する
❸ 校舎; 教室 ‖ The ~ was burned down. 校舎は焼け落ちた / a newly-built ~ 新築校舎
❹ (職業・技術などの)(専修)学校, 教習所, 養成所; (社会人向けの) 特別講座 ‖ a dancing ~ ダンススクール / a driving ~ 運転教習所 / a language ~ 語学学校 / a beauticians' ~ 美容師学校
❺ (大学の)⟨…専門の⟩**学部**; (大学院レベルの)専攻科, 研究科⟨**of**⟩; C U ((米口))大学 ‖ a **law** ~ = a ~ *of* law 法学部, ロースクール / the London *School of* Economics ロンドン大学経済学部 / a graduate ~ 大学院
❻ ((the ~)) ((集合的に)) ((単数・複数扱い)) **全校生徒**, 教員生徒全体 ‖ The whole ~ know(s) it. 学校中がそのことを知っている ❼ ((通例単数形で))鍛錬を積ませる境遇, 試練(の場) ‖ The studio was his ~. スタジオが彼の学校だった / be brought up in a hard ~ 厳しく仕込まれて育つ ❽ (思想・信条・芸術などの)学派, **流派**, …派; (考えを同じくする人の)集団; (生活・習慣などの)様式, タイプ ‖ What ~ of flower arrangement do you study? どの流派の生け花を習っているのですか / the Stoic ~ ストア派 / the Impressionist ~ 印象派 / They are of the conservative ~. 彼らは保守的な(意見の)連中だ ❾ ((英)) (ギャンブル仲間・盗人の)一味(gang); (バーの)飲み仲間 ❿ ((形容詞的に))学校の, 学校に関する ‖ ~ fees 授業料 / a ~ lunch 学校給食

***a schòol of thóught** (ある人々の)学説, 考え方
***after schóol** 放課後(に); 卒業してから ‖ play tennis *after* ~ 放課後テニスをする
***at schóol** ① 学校で, 授業で; 学校内で ‖ She finished all the housework while her children were *at* ~. 彼女は子供たちが学校に行っている間にすべての家事を済ませた ② ((英)) 在学中で, 就学中で ‖ We were *at* ~ together. 私たちは学校で一緒でした(♦同じ学年とは限らない) / I didn't do very well *at* ~. 私は学校であまり成績がよくなかった
***gò to schóol** 学校に(勉強しに)行く, 通学する; 就学する ‖ Where is he *going to* ~? 彼はどこの学校に行っているのですか / Sendai is where I *went to* ~. 私は仙台の学校に通っていました
in schóol ① 在学中で, ((米)) 学校に(通って) ‖ Is your sister still *in* ~? 妹さんはまだ学校に行っているのですか ② 学校で, 授業で; 学校内で ‖ do well [poorly] *in* ~ 学業成績がよい[悪い]
tèach schóol ((米))学校で教える, 教師をしている (♦ ((英)) では teach in [OR at] a school という)

―動 (**~s** /-z/; **~ed** /-d/; **~·ing**) 他 ((主に堅)) ❶ …に⟨…を⟩しつける, 教え込む⟨**in**⟩; …に⟨…するように⟩仕込む⟨**to do**⟩ ‖ ~ oneself 「*in* patience [OR *to* be patient] 忍耐心を養う / be well ~*ed in* languages いろいろの言語をよく教え込まれている ❷ …を学校へ行かせる, …に(学校)教育を受けさせる; …を教育する ❸ [馬]を調教する

▸▸ **~ àge** (↓) **~ bòard** 名 C ((米)) (地方の) 教育委員会 **~ bùs** 名 C スクールバス **~ dày** (↓) **~ dìstrict** 名 C ((米)) 学区 **~ góvernor** 名 C (英国の) 学校運営委員 **~ inspèctor** 名 C (英国の) 視学官 **~ rún** 名 ((the ~)) ((英)) 学校への子供の送り迎え **~ yéar** 名 C 学年(度) ((通例9月から翌年の6月まで))

school[2] /skuːl/ 名 C (魚などの)群れ(⇨ FLOCK[1] 類語P)
―動 自 群れをなす[なして泳ぐ]

schóol àge 名 U 就学年齢 **schóol-àge(d)** 形

schóol·bàg 名 C 通学用かばん

schóol·bòok 名 C 教科書(textbook)

*schóol·bòy 名 C 男子生徒 (中立 schoolchild)；《形容詞的に》男子生徒の[らしい]；(ユーモアのセンスなどが)子供っぽい

*schóol·chìld 名 (複 -chil·dren /-tʃìldrən/) C 学童

*schóol dày 名(♦ schooldayとも書く)C ❶ 授業日；(1日のうちの)授業時間帯 ❷《〜s》学生[学校]時代

schóol·fèllow 名 =schoolmate

*schóol·gìrl 名 C 女子生徒 (中立 schoolchild)；《形容詞的に》女子生徒の[らしい]；初歩の ‖ 〜 German 初歩のドイツ語

schóol·hòuse 名 C ❶ (村の小学校などの) 校舎 ❷《英》(昔の学校に付属の)教員宿舎

school·ie /skú:li/ 名 C《豪口》❶ (高校卒業を控えた) 最終学年の生徒 ❷《豪口》学校の先生 ❸《米》群れて泳ぐ小魚 ▶▶ 〜s wèek 名 C《豪口》スクーリ=ウイーク《最終試験終了後に卒業を祝って行うイベント・パーティーなど》

*school·ing /skú:lɪŋ/ 名 U ❶ 学校教育 ❷ 訓練；(馬の)調教

schóol·kìd 名 C《口》学童(schoolchild)

schóol·lèaver 名 C《英》(大学進学でなく就職を目指す)卒業生；卒業予定者

schóol·lèaving àge 名 C《単数形で》《英》(義務教育の)卒業年齢

school·man /skú:lmæn/ 名 (複 -mèn /-mèn/) C (中世の) 大学教授；《しばしば S-》スコラ哲[神]学者 (中立 scholastic)

school·marm /skú:lmà:rm/ 名 C ❶《主に米》(厳しくて古風な) 女性教師 ❷ (厳しくて古風な) 教師のような女性 〜·ish 形

schóol·màster 名 C ❶ 男性教師 (中立 school teacher)；《旧》校長 (中立 principal) ❷ 教える[訓練する]人 (中立 trainer) ❸《魚》スクールマスター《黄色いひれを持つメキシコ湾産のフエダイの一種. 食用》

schóol·màte 名 C《口》学校友達, 同窓生

schóol·mìstress 名 C ❶ 女性教師 ❷《旧》女性校長

schóol·ròom 名 C 教室；《the 〜》教場, 学校

*schóol·tèacher 名 C (小学校から高校までの)教師, 先生 -tèaching 名 U 教職

*schóol·wòrk 名 U 学業, 勉学

schóol·yàrd 名 C《主に米》校庭；(学校の)運動場

schoon·er /skú:nər/ 名 C ❶ スクーナー《2本以上のマストのある縦帆船》❷《米》=prairie schooner ❸《米・豪》大ジョッキ；《英》大きなシェリー用グラス

Scho·pen·hau·er /ʃóupənhàuər/ 名 Arthur 〜 ショーペンハウアー(1788–1860)《ドイツの哲学者》

schot·tische /ʃɑ́(:)tɪʃ | ʃɔtí:ʃ/ 名 C U ショティッシュ (の曲)《ポルカ風のドイツの舞踊》

schtum /ʃtum/ 形《英口》黙りこくった

Schu·bert /ʃú:bərt/ 名 Franz (Peter) 〜 シューベルト(1797–1828)《オーストリアの作曲家》

Schu·mann /ʃú:mɑ:n | -mən/ 名 Robert (Alexander) 〜 シューマン(1810–56)《ドイツの作曲家》

schuss /ʃus/ 名 C 動 自《スキー》直滑降(をする)

schwa /ʃwɑ:/ 名 C《音声》シュワー《強勢のないあいまいな母音. among, agoなどの/ə/；その発音記号》

Schweit·zer /ʃwáɪtsər/ 名 Albert 〜 シュバイツァー(1875–1965)《アルザス生まれの医者・神学者・音楽家. 現在のアフリカ, ガボンで伝道・医療に従事》

sci. 略 science, scientific

sci·at·ic /saɪǽtɪk/ 形 ❶《限定》《解》尻(しり)[座骨]の；座骨神経の ❷ 座骨神経痛の[にかかった]
▶▶ 〜 nérve 名 C《解》座骨神経

sci·at·i·ca /saɪǽtɪkə/ 名 U《医》座骨神経痛

SCID /skɪd/ 略《医》severe combined immunodeficiency(重症複合型免疫不全症)

science /sáɪəns/

—名 [▶ scientific 形] (複 -enc·es /-ɪz/) (⇨ BYB) ❶ U **科学**(全般)(略 sci.)；(特に)自然科学(♦ natural science ともいう)；科学研究, 学問；科学的知識 ‖ *Science* is based on facts. 科学は事実に基づいている / The space shuttle is one of the marvels of modern 〜. スペースシャトルは現代科学の驚異の1つだ / remarkable progress in 〜 and technology 科学技術の著しい発達 / *Science* starts when you wonder why. 科学はなぜという問いを発するときに始まる / the degree of Doctor of *Science* 理学博士の学位 / a 〜 teacher 理科の教師 / 〜 subjects 理系科目

❷ U C (特定・個別の)**科学**；《複合語で》…科学, …学；《〜s》…系の学問 ‖ It was not long ago that psychology became a 〜. 心理学が科学の一分野となったのはそれほど昔のことではない / I **majored** in political 〜. 私は政治学を専攻した

連語【形/名+〜】the natural 〜*s* 自然科学 / the physical 〜*s* (生物学を除く)自然科学《天文学・物理学など》/ the social 〜*s* 社会科学 / medical 〜 医学 / computer 〜 コンピューター科学 / biological 〜 生物(科)学 / life 〜 生命科学 / earth 〜 地球科学 / cognitive 〜 認知科学

❸ U/C《単数形で》体系的知識；(スポーツなどの)技, 術, テクニック ‖ the 〜 of chess チェスの知識 / the 〜 of pitching forkballs フォークボールを投げるこつ

blind a person with science ⇨ BLIND 動 (成句)

hàve ... dòwn to a science …に熟達している

... is nòt an exàct science …が唯一正しい方法とは限らない, …だけで決めつけるのは正しくない

Boost Your Brain!

science

狭義の science は「自然科学(natural science)」を指すが, 広義の science は「体系化された知識や学問」を総称し, 自然科学だけではなく, 経済学・法学などの社会科学(social science)や心理学・教育学などの人文科学(the humanities)も含む.

science and technology「科学技術」のように technology と並列的に用いられる場合, science と technology は時にほぼ同じことを示す場合もあるが, 探求の方向が異なる. 一般的に言うと science の目標は, 真理を探究し, 起きている現象の原理やメカニズムを明らかにすることであるのに対して, technology の目標は, 社会や産業の必要に応えて, 従来の方法の問題点や課題を明らかにし, それを解決する新たな方法を示すことである.

また, science と philosophy が対比的に論じられている場合, philosophy は科学哲学(philosophy of science)を指していることが多い. 科学哲学は, 科学が当然のものとしている前提や方法に懐疑の目を向け, 科学と疑似科学(pseudoscience)を峻別(しゅんべつ)し, 諸科学の限界と可能性を明らかにすることを目的としている.

科学的探求は, 多くは実験(experiment)と観察(observation)という2つの方法(method)に基づいて行われる. 科学者はまず論理的推論(logical inference)により仮説(hypothesis)を立てる. そしてその仮説が成立するかどうかを, 実験や観察により検証していく.

科学は, 同じ条件が整えられた場合, 全く同じ事象が再現されなければならないという「再現性」(reconstructiveness)や, 誰が観察や実験を行っても同じ結果が生じなければならないという「客観性」(objectiveness)が求められる. また, 科学におけるどのような仮説や理論(theory)も, 今後の実験や観察によって反証されるかもしれない「反証可能性」(falsifiability)があるという点で, 宗教的教義や哲学的真理とは異なる.

▸▸～ **fíction** (↓) ～ **pàrk** 名C サイエンスパーク《科学技術関係の企業や研究センターが集中している地域》

*****scìence fíction** 名U 空想科学小説, SF(《口》sci-fi)《略 SF, sf》

****sci·en·tif·ic** /sàɪəntífɪk/《発音注意》<シ
—形〔◁ science 名〕(**more** ～ ; **most** ～)
❶《比較なし》《限定》(自然) **科学の**, 科学上[用]の ‖ ～ experiments 科学実験 / a ～ journal 科学雑誌
❷《通例限定》**科学的な**; 《口》組織[系統]的な, 精密な(↔ unscientific) ‖ the ～ study of language 言語の科学的研究 / the ～ method 科学的方法 / in a ～ way 系統立てて ❸ (スポーツなどで)(技の)巧みな, 技能的な ‖ a ～ game 巧みな試合ぶり **-i·cal·ly** 副

sci·en·tism /sáɪəntìzm/ 名U ❶《けなして》科学万能主義 ❷ 科学者的態度[方法]

*****sci·en·tist** /sáɪənṭəst | -tɪst/
—名(複 **～s** /-s/) C ❶ **科学者**, (特に) 自然科学者 ‖ a nuclear [rocket] ～ 原子科学者[ロケットの専門家]
❷《S-》《米》=Christian Scientist

Sci·en·tol·o·gy /sàɪəntá(:)lədʒi | -tɔ́l-/ 名U《商標》サイエントロジー《1955年米国のSF作家 L. R. Hubbard が創始した宗教体系》 **-gist** 名

sci-fi /sàɪfáɪ/ <シ 名《口》=science fiction

scil. 略 scilicet

scil·i·cet /sílɪsèt/ 副 すなわち《略 .scil., sc.》

scim·i·tar /símәṭər | -ɪtə/ 名C (アラビア人・トルコ人などの使う)偃月(えんげつ)刀, 三日月刀

scin·til·la /sɪntílə/ 名C《a ～》《通例否定文で》〈…の〉少量, 微量〈**of**〉‖ There was not a ～ *of* truth in what he said. 彼の発言にはひとかけらの真実もなかった

scin·til·late /sínṭəlèɪt | -tɪ-/ 動自 ❶ 火花を発する; (星のように) きらきら光る ❷ (才知・機知が) ひらめく, あふれる ❸〖理〗(粒子・光子が)(衝突して)蛍光を発する
—他〔閃光(せんこう)〕を発する; …をきらめかせる

scin·til·lat·ing /sínṭəlèɪṭɪŋ | -tɪ-/ 形 才気にあふれた, ウイットに富む; 生き生きとした

scin·til·la·tion /sìnṭəléɪʃən | -tɪ-/ 名UC ❶ 火花を発すること; 〖天〗(星の)瞬き ❷ 火花, 閃光; 〖理〗シンチレーション《蛍光体がイオン化する際の閃光》 ❸《文》(機知の) ひらめき

sci·o·lism /sáɪəlìzm/ 名U 生かじりの知識; 知ったかぶり
-list 名C《古》半可通, 物知りぶる人

sci·o·lis·tic /sàɪəlístɪk/ <シ 形 知ったかぶりの, 半可通の

sci·on /sáɪən/ 名C ❶ (特に貴族・名門の) 子孫, 子 ❷〖植〗(接ぎ木などのために切った)若枝, 新芽, 接ぎ穂

scis·sor /sízər/《発音注意》動他 ❶ …をはさみで切る[切り取る]《*out, off*》 ❷ (はさみの動きのように)〔足など〕を閉じたり開いたりする —自 (足などが)閉じたり開いたりする
—形《限定》はさみのような, 閉じたり開いたりする

*****scis·sors** /sízərz/《発音注意》名 ❶《複数扱い》はさみ(⇨ 類語P) ‖ This pair of ～ has become rusty. このはさみはさびついてしまった(♦ a [this, that, etc.] pair of がつくときは単数扱い. 《口》で a scissors とすることもあるが誤用とされる) / These ～ cut well. このはさみはよく切れる(♦ 1丁でも2丁以上でもこういえる) / two pairs of ～ はさみ2丁 ❷ U はさみの動きに似た動作; 〖体操〗両脚開閉; 〖陸上〗(走り高跳びの)挟み跳び; 〖ラグビー〗シザーズ《味方の選手同士が斜めにクロスして走りながらパスをする動き》; (=～ **hòld**)〖レスリング〗挟み締め, シザーズホールド ‖ do a ～ jump 挟み跳びで跳ぶ

はさみ	**scissors**	物を切るための	紙・布など
	shears		植木・羊毛など
	clippers		つめ・髪・針金など
	punch	切符などに穴をあけるための	

▸▸～ **kìck** 名C〖水泳〗(横泳ぎの)あおり足; 〖サッカー〗シザーズキック《片足を空中に上げてもう一方の足でボールをけること》

scìssors-and-páste 形《限定》のりとはさみ式の, 切りはり式の編集による, 独創性のない(cut-and-paste)

scle·ro·sis /sklәróusәs | -sɪs/ 名(複 **-ses** /-si:z/) UC ❶〖医〗硬化(症), 硬変 ‖ multiple [OR disseminated] ～ 多発性硬化症 ❷〖植〗細胞壁硬化

scle·rot·ic /sklәrá(:)ṭɪk | -rɔ́t-/ 形 ❶〖解〗(眼球の)強膜の ❷〖医〗硬化症の —名C〖解〗(眼球の)強膜

*****scoff**[1] /skɑ(:)f, skɔ:f | skɔf/ 動自〈…を〉あざける, 嘲笑(ちょうしょう)する〈**at**〉; 《直接話法で》…とあざけって言う ‖ Patrick ～*ed at* [my errors [the music critic]. パトリックは私のミス[その音楽評論家]をあざ笑った / "Is that the best idea you can think of?" he ～*ed*. 「それが君の思いつく最高の考えだというのか」と彼はせせら笑った
—名 ❶ C《通例 ～s》あざけり(の言葉), 嘲笑 ❷《the ～》《古》嘲笑の的, 物笑いの種 **～·er** 名C 嘲笑する人
～·ing·ly 副 嘲笑して, あざ笑って

scoff[2] /skɑ(:)f, skɔ:f | skɔf/《口》動他自 (…を)がつがつ食べる(→ scarf[3]) —名U 食べ物

scóff·làw 名C《米口》法律をばかにする人, 常習的法律違反者

*****scold** /skould/ 動他〔特に子供〕をしかる(✎ tell [OR tick] off), 〈…のことで〉…に小言を言う, がみがみ言う; …を非難する〈**for**〉(♦ ときに直接話法にも用いる) ‖ ～ a child *for* being noisy やかましいといって子供をしかる
—自〈…に〉がみがみ言う; 口汚なくののしる〈**at**〉
—名C 口やかましい人, がみがみ言う女性 **～·er** 名

scold·ing /skóuldɪŋ/ 名U/C《a ～》しかること, 叱責(しっせき) ‖ give [get] a ～ しかる[しかられる]

sco·li·o·sis /skòulióusәs | skɔ̀liόusɪs/ 名U〖医〗脊柱側彎(せきちゅうそくわん)《背骨が横に湾曲すること》
-ót·ic /-á(:)ṭɪk | -ɔ́tɪk/ 形

sconce[1] /skɑ(:)ns | skɔns/ 名C (壁につけた)燭台(しょくだい)

sconce[2] /skɑ(:)ns | skɔns/ 名C《古》(橋・城門を守る)小とりで, 土塁

scone /skoun | skɔn, skoun/ 名UC スコーン《平たく丸い小さな菓子. バター・クリーム・ジャムなどをつけて食べる》

scone

*****scoop** /sku:p/ 名C ❶ ひしゃく, (粉・砂糖・アイスクリームなどをすくう)大さじ; (石炭をすくう)小スコップ(❗「スコップ」はオランダ語から. 大きなものは shovel); (浚渫(しゅんせつ)機などの)バケツ, 泥さらい; (外科用の異物をすくう)へら ‖ a measuring ～ 計量スプーン ❷ 一すくい(の分量); すくうこと ‖ eat a ～ of ice cream アイスクリームを一盛り食べる / at one ～ 一すくいで ❸ (えぐってできた)くぼみ ❹《口》(新聞などの)スクープ, 特種(情報・記事); 《the ～》《米口》最新のニュース ‖ What's the ～? 何か変わったこと[耳よりな話]はあるかい ❺《口》やすやすと手に入れた大金, 大もうけ ❻〖楽〗2音間を滑らかに上昇する奏法[歌い方], ポルタメント
—動他 ❶《+目+副句》…を(スプーン形の用具・手などで)すくう, すくい上げる[出す, 取る], くむ《*up, out, off*, etc.》‖ ～ *up* a handful of water 少量の水をすくい出す / ～ sand *out* with one's hands 両手で砂をすくい出す ❷ …をさっと抱き上げる[持ち上げる]《*up*》‖ ～ *up* a child in one's arms 子供を胸に抱え上げる ❸ …を掘る, えぐる; 〔穴〕をあける《*out*》‖ ～ *out* the inside of a pumpkin カボチャの中味をえぐり取る ❹ …をかき集める; …をかっさらう; 〔利益・賞・票〕を得る《*up*》‖ He ～*ed* bundles of ten-pound notes into his bag. 彼は10ポンド紙幣の束をかき集めかばんに入れた / ～ a large profit 大もうけする / ～ *up* an award 賞を獲得する ❺《口》〔他社・他紙〕を(スクープ記事で)出し抜く, …に先んじる ‖ He ～*ed* other newspapers with the interview.

S

彼はそのインタビュー記事で他紙を出し抜いた
~·er 名 C すくう人[もの]　**~·fùl** 名 C 一すくい分
~ nèck 名 C (ドレス・ブラウスの)丸い襟ぐり

scoot /skuːt/ 動 自 《口》急いで去る, 走り去る《*off*》
— 他 …をさっと動かす《*over*》
scóot over 〈自〉《米口》席を詰める

scoot·er /skúːṭər/ 名 C ❶ スクーター(motor scooter) ❷ スクーター《片足でけって走る子供の遊具》 ❸ (氷上・水上用)平底帆走船

*__scope__[1] /skoʊp/ 名 U ❶ (活動・取り扱い・能力・理解などの)範囲, 領域 ‖ His political influence is limited in ~. 彼の政治的影響力は範囲が限られている / broaden [OR widen, expand] the ~ of an investigation 調査の範囲を広げる / enlarge one's ~ by reading 読書によって視野を広げる / a person of wide [limited] ~ 視野の広い[狭い]人 / within one's ~ 自分の能力の及ぶ範囲で / beyond [OR outside, out of] one's scope 自分の能力を越えて, 手に負えなくて ❷ (行動などの)自由, 余地, 余裕 ; (活動などの)機会〈**for** …のための / **to** *do* …する〉 ‖ give him full ~ *for* his abilities 彼の能力を十分に発揮させる ❸ 『海』(船が停泊したときの)錨鎖(びょうさ)の長さ ❹ 『言・論』(量記号の)作用域

scope[2] /skoʊp/ 名 C 《口》 (-scope で終わる) 観察機器 (tele*scope*, micro*scope*, oscillo*scope* など)
— 動 他 《米口》…を観察する, 詳しく調べる《*out*》

-scope 連結形 「…鏡, 観察[指示]装置」の意の名詞を作る ‖ tele*scope*, oscillo*scope*, gyro*scope*

-scopic 連結形 「見る, 観察する」の意の形容詞を作る ‖ micro*scopic*, gyro*scopic*

sco·pol·a·mine /skəpɑ́(ː)ləmìːn | skoʊpɔ́l-/ 名 U 『薬』スコポラミン《鎮静剤・催眠剤》

-scopy 連結形 「観察」の意の名詞を作る ‖ micro*scopy*, radio*scopy*

scor·bu·tic /skɔːrbjúːṭɪk/, **-ti·cal** /-tɪkəl/ 形 『医』壊血病(scurvy)の[にかかった]

*__scorch__ /skɔːrtʃ/ 動 他 ❶ …を焦がす, あぶる ; (日光が)〔皮膚〕を焼く ; …を(焼けるように)ひりひりさせる ‖ I ~*ed* your shirt with the iron. アイロンであなたのシャツを焦がしてしまった ❷ …をひからびさせる, (熱射で)枯らす ❸ 《主に米口》…を散々けなす, 激しく非難する
— 自 ❶ 焦げる, 焼け(焦げ)る ❷ しなびる, 枯れる ❸ 《+副句》《口》(車が)疾走する, (車などで)飛ばす ‖ The car ~*ed* along. 車は疾走していった
— 名 ❶ U 焦がすこと ; C 焼け焦げ, 焦げ跡 ‖ The iron left a ~ on my shirt. アイロンでシャツに焦げ跡がついた ❷ U 『植』黄枯れ, 葉焼け ; 高温・病虫害による変色

scòrched-éarth pòlicy [campàign] 名 C ❶ 焦土戦術《侵入する敵軍が利用しないようすべて焼き払う戦術》; 強硬手段, 非常手段 ❷ 『経営』焦土作戦《買収の対象になった企業が資産価値を一時的に低めて買収の魅力をなくし, 買収を免れる作戦. scorched-earth tactics ともいう》

scorch·er /skɔ́ːrtʃər/ 名 C 《通例単数形で》 ❶ 《口》焼けつくような暑い日 ❷ 《英口》すごいもの《センセーショナルな本や映画など》; (スポーツで)目を見張るプレー[打撃・キックなど] ❸ 痛烈な非難, 酷評

scorch·ing /skɔ́ːrtʃɪŋ/ 形 《口》 ❶ 焦がすような, 焼けつくように暑い ❷ 痛烈な ; (勝利などが)一方的な　**~·ly** 副

‡**score** /skɔːr/ 中心義 刻み目(をつける) (★評価を刻みつけた「点数」や曲を刻みつけた「総譜」など, 何を刻みつけるかによって特定の意味になる)
— 名 (複 **~s** /-z/) (→ ❹) C ❶ (スポーツ競技・試合の)**点数** ; 総得点 ; 得点記録, スコア (⇨ 類語P) ‖ The ~ was [OR stood at] 7 to 2 in our favor. 得点は7対2で我々が勝っていた / What's the ~ now? 今何対何ですか / The ~ is now tied. 今同点です / We lost by [OR with] a ~ of 5 to 1. 5対1のスコアで負けた / the final ~ 最終得点 / keep (the) ~ スコアをつける / make a **high** ~ 高得点を入れる
❷ (試験などの)**点**, 評点, 成績 ‖ make a good [poor] ~ よい[悪い]点をとる / get a perfect ~ (of 100) on [OR in] a chemistry exam 化学の試験で(100点)満点をとる / the average ~ 平均点 / an IQ ~ of 150 知能指数150
❸ 『楽』総譜, スコア ; (映画・劇の)付随音楽 ; (振り付けの)記譜 ‖ in (full) ~ 総譜で / follow a ~ 楽譜を目で追う / write the ~ for a film 映画のために曲を作る
❹ (複 **~**) (約) 20 ; 20個[人]1組 ‖ a [two] ~ of people 20[40]人 / 《形容詞的に》 A few ~ people were dancing. 数十名の人が踊っていた
❺ 《~s》多数 ‖ Tourists came to the island by [OR in (their)] ~*s*. 観光客は島に大勢でやって来た / Eight people came back alive, but ~*s* didn't. 8名が生還したが, 多数の者が帰って来なかった / ~*s* of books たくさんの本 ❻ 引っかき傷, 切り傷 ; 刻み目 ; 浅い切り目[折り目]《紙などを折ったり切り離しやすくする》 ‖ deep ~*s* made on the pillar by a nail くぎでつけた柱の深い傷跡 ❼ 《the ~》《口》真相, 実状 ; 内情, 内幕 ‖ What's the ~ with the conference? 会議はどんな具合ですか ❽ 《俗》麻薬の不法購入 ❾ 勘定, つけ, 借金, 負債 ; (昔の居酒屋などの)勘定の目印《木片に刻み目をつけたり, チョークで線を引いたもの》 ‖ pay one's ~ 勘定を払う / run up a ~ 借金をこしらえる ❿ 《口》成功, 上首尾
by the scóre たくさん, 大量に
*__knòw the scóre__ 《口》実情[真相]を知っている
*__on thàt [thìs] scóre__ それ[これ]に関して ‖ You needn't worry *on that* ~. それについては心配無用だ
on the scóre of ... …が理由[原因]で (♦ on the ground(s) of ... の方が一般的)
over the scóre 《口》過度に, 常識の範囲を越えて
*__sèttle [OR pày] a [OR the, an òld] scóre__ 〈人に〉恨みを晴らす ; 《旧》借りを返す〈**with**〉
— 動 (**~s** /-z/ ; **~d** /-d/ ; **scor·ing**)
— 他 ❶ (試合・テストなどで)〔点〕を**とる**, 入れる ; 『野球』〔走者〕を生還させて得点する ‖ ~ two points [goals, tries] = ~ twice 2点[2ゴール, 2トライ]入れる / ~ 85 in [OR on] a test 試験で85点をとる / ~ high marks 高い点をとる[評価を得る]
❷ …点になる ‖ A touchdown ~*s* 6 points. タッチダウンは6点になる
❸ **a** 《+目》〔テスト・競技者など〕を**採点する**, 評価する ; 〔試合など〕のスコアをつける
b 《+目 *A*+目 *B*》(審判などが) *A*(競技者・演技など)に*B*(点)をつける ‖ The judge ~*d* the gymnast 9.5 points. 審判はその体操選手に9.5点をつけた
❹ 〔勝利・成功など〕を収める, 得る ‖ The director ~*d* a great success with his first work. その監督は最初の作品で大成功を収めた / Our party ~*d* a sweeping victory in the election. 我が党は選挙で大勝利を収めた / ~ a hit (標的に)命中する ; ヒットする
❺ 〈特定の楽器などのために〉〔曲〕を編曲[作曲]する〈**for**〉; 〔映画・劇など〕のために作曲する ; 『舞踊』〔振り付け〕を記譜する ‖ a short piece ~*d for* two violins 2台のバイオリンのための小曲 ❻ …に刻み目[引っかき傷]をつける ; (調理の前に)〔肉・魚など〕に切れ目を入れる ; 〔紙など〕に切れ目[折り目]をつける ❼ 《俗》〔麻薬など〕を不法に買う[手に入れる] ❽ (昔の居酒屋などが)〔勘定など〕を(印などをつけて)記録[記入]する ❾ 《米口》…をこき下ろす, ののしる
— 自 ❶ (試合・テストなどで)得点する ‖ Anybody who ~*s* under 60 will have to retake the exam. 60点未満の者は再試験となります / ~ high [low] in a test テストで高い[低い]点をとる / ~ well [badly] よい[悪い]点をとる
❷ (試合の)得点を記録する, スコアをつける
❸ 《口》成功する ; 大当たりする ‖ The band ~*d* again with their new song. そのバンドは新曲でまた成功した /

Her first novel ～*d* big. 彼女の小説の第1作は大成功だった ❹〈…より〉優位に立つ〈**over**〉‖ He has a keen insight — that's where he ～*s over* others. 彼は洞察力が鋭い — それがほかの者に勝る彼の強みだ ❺《俗》麻薬を不法に手に入れる ❻《俗》(会ったばかりの)〈異性と〉セックスする〈**with**〉(↷ make out with)

scòre óff 〈他〉 **I** 《***scòre óff*** **...** / ***scòre*** **...** ***óff***》《英・豪》(処理済みの印として)…の上に線を引いて抹消する **II** 《***scóre off*** **...**》《英・豪》〔人〕を言い負かす, やり込める

scòre óut [OR ***thróugh***] **...** / ***scòre*** **...** ***óut*** [OR ***thróugh***] 〈他〉(不要・誤記であることを示すため)…を線で消す(cross out; delete)

scóre with **...** 〈他〉《俗》① ⇨ 自 ❻ ②《米》〔人・グループなど〕を喜ばす, …に受ける

	総得点	個々の得点	
得点	score	point	テニス・バスケットボール・ラグビーなど
		goal	サッカー・ホッケーなど
		run	野球・クリケットなど

▸▸ **～ dràw** 名 C 〖サッカー〗(同得点の)引き分け

scóre·bòard 名 C スコアボード, 得点掲示板

scóre·bòok 名 C スコアブック, 得点記入帳

scóre·càrd 名 C スコアカード《(ゴルフなどの)得点記入カード; 出場選手一覧・得点記入表》

scóre·kèeper 名 C (試合の)公式得点記録員; 得点記録者(scorer)

scóre·less /-ləs/ 形 無得点の

scóre·lìne 名 C 《英》得点結果, 最終得点

scor·er /skɔ́ːrər/ 名 C ❶ 得点記録係, スコアラー ❷ 得点者 ‖ the highest ～ 最高得点者

scóre·shèet 名 C スコアシート, 得点記録表

sco·ri·a /skɔ́ːriə/ 名 (複 **-ri·ae** /-riìː/) U C ❶〖地〗スコリア, 火山岩滓(し) ❷ 鉱滓(こうさい), かなくそ

***scorn** /skɔːrn/ 名 ❶ U/C 《単数形で》〈…に対する〉軽蔑, 侮蔑, さげすみ〈**for**〉‖ Don't look at me with ～ in your eyes. 軽蔑したような目で私を見るな / I have [OR feel] ～ *for* practical jokes. 私は悪ふざけには軽蔑を感じる ❷《通例 the ～》軽蔑の対象, 物笑いの種 ‖ His old jalopy is the ～ of the neighborhood. 彼のおんぼろ車は近所の物笑いの種だ

làugh **...** ***to scórn*** 《旧》…をあざける

pòur [OR ***hèap***] ***scórn on*** **...** …を軽蔑する

— 動 他 ❶ …を〈…だとして〉軽蔑する, さげすむ, ばかにする(↔ respect)〈**as**〉(⇨ DESPISE 類語) ‖ He ～*ed* the committee's proposals *as* irresponsible. 彼は委員会の提案を無責任だとしてさげすんだ ❷ **a** 《+目》…を拒絶する, はねつける, 無視する ‖ ～ his advice 彼の忠告を無視する **b** 《+**to** *do* / *doing*》…するのを潔しとしない, 恥とする ‖ I would ～ *to* take a bribe. 私は賄賂(わいろ)を受け取るようなことは潔しとしない / He ～*ed* asking for help. 彼は助けを請うのを恥とした **～·er** 名

***scorn·ful** /skɔ́ːrnfəl/ 形 軽蔑に満ちた, 〈…を〉あざけった, ばかにしたような〈**of**〉‖ a ～ laugh 軽蔑した笑い / make a ～ remark ばかにしたようなことを言う / be ～ *of* liars うそつきを軽蔑する **～·ly** 副 **～·ness** 名

Scor·pi·o /skɔ́ːrpiòu/ 名 ❶ 《無冠詞で》〖天・占星〗蠍(さそり)座(Scorpius, Scorpion); 天蠍(てんかつ)宮《黄道十二宮の第8宮》(⇨ ZODIAC 図) ❷ (複 **～s** /-z/) C 〖占星〗蠍座[天蠍宮]生まれの人

scor·pi·on /skɔ́ːrpiən/ 名 C ❶〖動〗サソリ ❷《the S-》〖占星〗=Scorpio; 〖天〗=Scorpius ❸《～s》《文》サソリむち《鉄のつめのついたむち》(♦ 聖書の言葉)

▸▸ **～ físh** 名 C 〖魚〗フサカサゴの類《ミノカサゴなど》

Scor·pi·us /skɔ́ːrpiəs/ 名 〖天〗蠍座

scot /skɑ(ː)t | skɔt/ 名 U 《古》(分に応じて支払う)支払金, 賦課金, 分担金, 税金 ‖ ～ and lot 〖英国史〗(支払い能力に応じて課した)市民税

***Scot** /skɑ(ː)t | skɔt/ 名 C ❶ スコットランド人; 《the ～s》《集合的に》《複数扱い》スコットランド人 ❷〖史〗スコット人《6世紀ごろアイルランドからスコットランドに移住したケルト人》

Scot. 略 Scotch; Scotland; Scottish

scotch[1] /skɑ(ː)tʃ | skɔtʃ/ 動 他 《古》…に切り傷[刻み目]をつける **—** 名 C 《古》切り傷, 引っかき傷

scotch[2] /skɑ(ː)tʃ | skɔtʃ/ 《古》名 C (滑り止めの)くさび **—** 動 他 …に(滑り止めの)くさびをあてがう

***Scotch** /skɑ(ː)tʃ | skɔtʃ/ 形 《旧》スコットランドの; スコットランド人[方言]の(⇨ SCOTTISH)

— 名 ❶ U スコッチウイスキー(Scotch whisky); C スコッチウイスキーの1杯 ‖ Give me a ～. スコッチを1杯くれ ❷《the ～》《集合的に》《複数扱い》《旧》スコットランド人(全体)(Scots) ❸ U 《旧》スコットランド方言(Scottish)

▸▸ **～ bónnet** 名 U C スコッチボネット《辛みの強いチリトウガラシの一種. habanero ともいう》 **～ bróth** 名 U スコッチブロス《羊[牛]肉・野菜・大麦入りの濃いスープ》 **～ égg** 名 C 《英》スコッチエッグ《ゆで卵をひき肉でくるみパン粉をつけて揚げたもの》 **～ míst** 名 U 霧雨, こぬか雨; 《戯》幻想 **～ páncake** 名 C 小さな丸いパンケーキ **～ píne** 名 C 〖植〗オウシュウアカマツ(欧州赤松) **～ tápe** 名 U 《主に米》《商標》スコッチテープ(《英》Sellotape)《透明の接着用セロハンテープ》 **～ térrier** 名 C =Scottish terrier **～ whísky** 名 U C =Scotch ❶

Scotch·gard /skɑ́(ː)tʃgɑ̀ːrd | skɔ́tʃ-/ 名 U 《商標》スコッチガード《衣類・カーペットの防水用スプレー》

— 動 他 スコッチガードを…にスプレーする

Scòtch-Írish ⟨ア⟩ 名 《the ～》《集合的に》《米》(アメリカへ移住した)スコットランド系北アイルランド人

— 形 スコットランド系北アイルランド人の

Scotch·man /skɑ́(ː)tʃmən | skɔ́tʃ-/ 名 (複 **-men** /-mən/) C ⊗《旧》《蔑》=Scotsman

scòt-frée 形 《叙述》罰を免れた, 無傷の, 害を受けない

gèt óff [OR ***awáy***] ***scòt-frée*** 罰を免れる

****Scot·land** /skɑ́(ː)tlənd | skɔ́t-/ 《アクセント注意》

— 名 スコットランド《大ブリテン島の北部を占める連合王国[英国]の一部. 首都 Edinburgh. 略 Scot.》

▸▸ **～ Yárd** 名 ① スコットランドヤード街《ロンドン警視庁の旧所在地》 ②《単数・複数扱い》ロンドン警視庁《公式名 the Metropolitan Police (Service)》; その刑事捜査部《現在の所在地は New Scotland Yard》

Scots /skɑ(ː)ts | skɔts/ 名 ❶ U スコットランド語[方言] ❷ ⇨ SCOT ❶ **—** 形 スコットランドの, スコットランド人[語]の ▸▸ **～ píne** 名 C 《英》=Scotch pine

Scots·man /skɑ́(ː)tsmən | skɔ́ts-/ 名 (複 **-men** /-mən/) C スコットランド人(中立 Scots, Scotlander)

Scóts·wòman 名 (複 **-wòmen**) C スコットランドの女性(中立 Scots, Scotlander)

Scott /skɑ(ː)t | skɔt/ 名 スコット ❶ **Robert Falcon ～** (1868–1912)《英国の南極探検家》 ❷ **Sir Walter ～** (1771–1832)《スコットランドの詩人・小説家》

Scot·ti·cism /skɑ́(ː)t̬əsìzm | skɔ́tɪ-/ 名 C スコットランド特有の語法[語句]

Scot·tie /skɑ́(ː)t̬i | skɔ́ti/ 名 《口》❶ ⊗《蔑》=Scotsman ❷ =Scottish terrier

***Scot·tish** /skɑ́(ː)t̬ɪʃ | skɔ́t-/ 形 スコットランドの; スコットランド人[方言]の(♦ Scottish は「スコットランド(人)の」を表す最も一般的な形容詞. 〈例〉a *Scottish* plant スコットランドの植物/the *Scottish* Highlands スコットランド高地 Scots は Scottish と同義だが, とりわけ言語に関して用いる. 〈例〉a slight *Scots* accent かすかなスコットランドなまり Scotch は今日では *Scotch* whisky (スコッチウイスキー)などスコットランドの特産品[製品]に限って用い, それ以外の用法は《旧》または《けなして》とされる)

— 名 ❶《the ～》《集合的に》《複数扱い》スコットランド人(全体)(♦ まれにしか使わない. the Scots の方が一般的)

❷ Ⓤ スコットランド方言　**~·ness** 名
▸▸ **~ térrier** 名 Ⓒ スコッチテリア《スコットランド原産の小型のテリア犬》

scoun·drel /skáundrəl/ 名 Ⓒ 悪党, 無頼漢, ならず者
~·ly 形 悪党の(ような), 下劣な, 無法な

scour¹ /skauər/ 動 他 ❶ …をこすって磨く, ごしごし洗う ❷(水流などが)〔岩・地面など〕に穴をあける《*out*》❸〔汚れ・油など〕をこすり取る, 洗い落とす　— 自 ❶ こすって磨く；磨かれてきれいになる ❷(家畜などが)下痢を起こす
— 名 ❶ Ⓒ《単数形で》こすり磨くこと ‖ give the floor a good ～ 床をこすってよく磨く ❷ Ⓒ《～s》《単数・複数扱い》(家畜の)下痢　▸▸ **~ing pàd** 名 Ⓒ たわし

scour² /skauər/ 動 他〈…を求めて〉…を捜し回る, くまなく捜す〈**for**〉‖ The police ～*ed* the whole village *for* the suspect. 警察は容疑者を追って村中を捜索した
— 自〈…を求めて〉捜し回る《*about, around*》〈**for**〉

scour·er /skáuərər/ 名 Ⓒ たわし；こすって磨く人

scourge /skəːrdʒ/ 名 Ⓒ ❶〘史〙(昔の体刑用の)むち ❷《通例単数形で》難儀, 厄難；苦しみのもと；苦しめる人
— 動 他 ❶《古》…をむちで打つ ❷ …を罰する, 苦しめる

scouse /skaus/ 名 ❶ ＝lobscouse ❷《S-》《英口》Ⓒ リバプール市民(♦ Scóuser /-ər/ ともいう)；Ⓤ リバプール方言　— 形《S-》《英口》リバプールの

***scout¹** /skaut/ 名 Ⓒ ❶《しばしば S-》ボーイスカウト団員(boy scout)；《米》ガールスカウト団員(girl scout)；《the S-s》ボーイスカウト団,《米》ガールスカウト団(♦《英》ではガールスカウトは the Guides という) ‖ the *Scout* Association《英》ボーイスカウト連盟 ❷ 斥候(せっこう), 偵察隊員；偵察機［船］❸(芸能・スポーツなどの新人探しの)スカウト(talent scout)；相手チームを偵察する人, スコアラー ❹《旧》《口》やつ, 男 ‖ a good ～ (頼りになる)いいやつ ❺《単数形で》偵察；捜し回ること ‖ on the ～ 偵察中で / take [OR have] a ～ around 辺りを偵察する ❻《英》(オックスフォード大学の)用務員

COMMUNICATIVE EXPRESSIONS

① **Scòut's hónor!** 本当だ, うそじゃない(♥Scout Association 会員の誓いの言葉から. しばしばふざけて用いる)

— 動 他 ❶(特に軍隊が)…を偵察する《*out*》；〈…を捜して〉〔場所など〕を調べる〈**for**〉‖ ～ a town *for* a building site 建築用地を探して町を回る ❷ …を物色する, (物色して)…を見つけ出す《*out, up*》‖ ～ *up* a date デートの相手を見つける ❸〔選手・タレント〕をスカウトする；〔相手チーム〕を偵察する　— 自 ❶〈…を求めて〉偵察する, 斥候に行く〈**for**〉❷〈…を〉捜しに行く《*around, about*》〈**for**〉‖ ～ *around* [OR *about*] *for* a good place to camp キャンプに適した場所を探して歩く / ～ *for* clues 手がかりを捜す ❸〈…の〉スカウトとして働く〈**for**〉‖ ～ *for* a baseball team 野球チームのスカウトとして働く　**~·er** 名

scout² /skaut/ 動 他《まれ》〔提案など〕を拒絶する, ばかにして退ける, 鼻であしらう

Scout·er /skáutər/ 名 Ⓒ (18歳以上の)ボーイスカウト団員

scout·ing /skáuṭɪŋ/ 名 Ⓤ ❶《しばしば S-》ボーイ［ガール］スカウトの活動 ❷ 斥候(せっこう)［偵察］活動；スカウトの活動

scóut·màster 名 Ⓒ ボーイスカウト隊長《大人の指導者》(中立 scoutleader)

scow /skau/ 名 Ⓒ ❶《主に米》(貨物運送用の)大型平底船, はしけ ❷ 小型平底帆船

scowl /skaul/ 動 自〈…に〉顔をしかめる, いやな顔をする,〈…を〉にらみつける〈**at**〉— 他〔気持ちなど〕を顔をしかめて表す
— 名 Ⓒ しかめっ面, 怒った不機嫌な表情

SCPO 略〘米海軍〙*S*enior *C*hief *P*etty *O*fficer (上級兵曹)《1等兵曹と上等上級兵曹の中間位》

scrab·ble /skrǽbl/ 動 自 ❶〈…を〉引っかき回して捜す, 手探りで捜す《*about, around*》〈**for**〉‖ I ～*d about* in my handbag *for* the key. ハンドバッグをかき回して鍵(かぎ)を捜した ❷(何かをとろうとして)もがく, 苦闘する ❸(猫などが)〈…を〉引っかく〈**at**〉❹ 必死によじ登る ❺ 殴り書きする　— 他 ❶ …をかき集めて作る ❷ …をつめで引っかく ❸ …を殴り書きする　— 名 Ⓒ《単数形で》❶ 引っかき回す［引っかく］こと ❷ 取り合い, 争奪 ❸ 走り書き

Scrab·ble /skrǽbl/ 名 Ⓤ《商標》スクラブル《盤上で文字の書いてあるタイルを並べて単語を作る遊び》

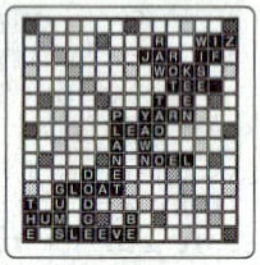

Scrabble

scrag /skræg/ 名 Ⓒ ❶ やせこけた人［動物］❷《古》《口》人間の首　— 動 (**scragged** /-d/；**scrag·ging**) 他 ❶《英では古》…を絞め殺す ❷《主に英口》…を手荒く扱う；〘ラグビー〙〔相手〕の襟首をつかむ

scrag·gly /skrǽgli/ 形《主に米口》(ひげなどが)不ぞろいの；だらしない, 手入れをしていない

scrag·gy /skrǽgi/ 形 ❶ やせこけた, ひょろひょろの ‖ a ～ cat やせこけた猫 ❷ でこぼこの, ぎざぎざの
-gi·ly 副　**-gi·ness** 名

scram /skræm/ 動 (**scrammed** /-d/；**scram·ming**) 自《口》《通例命令形で》さっさと立ち去る；逃げる　— 他〔原子炉〕を緊急停止させる　— 名 Ⓒ 原子炉の緊急停止

***scram·ble** /skrǽmbl/ 動 自 ❶《＋副句》よじ登る, (苦労して)はうように進む(♦ 副句 は経路・方向を表す) ‖ ～ up a steep hill 急な丘をよじ登る / ～ down a slippery path 滑りやすい道をはうように下る ❷《＋副句》急いで動く, 慌てて(ある場所などに)移る ‖ ～ away 急いで(逃げ)去る / ～ to one's feet 慌てて立ち上がる ❸〈…を〉奪い合う〈**for**〉；我先に〈…しようと〉する〈**to do**〉‖ People ～*d for* [OR *to* get] good seats. 人々は我先によい席を手に入れようとした ❹〘アメフト〙(クォーターバックが)スクランブルする《パスできないと判断して自分でボールを持って走る》❺〘軍〙(迎撃機(のパイロット)が)緊急［スクランブル］発進する
— 他 ❶ …をごちゃごちゃにする；〔頭など〕を混乱させる；…を雑然とかき集める《*up*》‖ The index cards were all ～*d up*. 索引カードはすっかりごちゃごちゃにされていた / ～ her brains 彼女の頭を混乱させる ❷〔卵〕をいり卵にする ❸〔音声・映像信号など〕をスクランブルする；…に傍聴不能の機能をつける ❹〘軍〙〔迎撃機〕を緊急発進させる ❺《口》慌てて［何とか］…する, …を辛うじて乗りきる［やり遂げる］‖ ～ a 2-1 win over the Yankees 2対1でヤンキーズに辛勝する

scrámble into ... 〈他〉急いで…を着る

— 名 Ⓒ ❶《単数形で》よじ登ること, はうように進むこと ❷《単数形で》奪い合い, 争奪(戦)〈**for** …の / **to do** …しようとする〉‖ a mad ～ *for* [OR *to* get] customers 激しい顧客の奪い合い / in a ～ *to* reach an emergency exit 我先にと非常口に殺到して ❸《英》スクランブルレース《不整地で行うオートレース》❹〘軍〙(迎撃機の)緊急発進, スクランブル ❺ ごた混ぜ, 混乱；大慌て, 大忙し ‖ It was a mad ～ getting everything ready for the party. パーティーの準備に大忙しだった
▸▸ **~d égg** 名 Ⓤ/Ⓒ《～s》① いり卵 ②《俗》(将校の帽子についている)金色の記章［モール］

scrám·bler 名 Ⓒ ❶(盗聴防止用の)スクランブラー, 信号変換器 ❷《英》険しい山岳地帯用のオートバイ ❸(レジャーとして)険しい山岳地帯を歩く人 ❹〘アメフト〙スクランブラー《スクランブルするクォーターバック》

scram·bling /skrǽmblɪŋ/ 名 Ⓤ ❶ 山歩き ❷《英》＝motocross ❸(通信信号を)スクランブルすること

scrám·jèt 名 Ⓒ〘空〙スクラムジェット機《超音速気流中で燃料を燃やすラムジェット機》

***scrap¹** /skræp/ 名〔▶ scrappy¹ 形〕Ⓒ ❶ 小片, 切れ端, 断片 ‖ write on a ～ of paper (何かの)紙切れに書く / gather ～*s* of information 断片的な情報を集める ❷《a ～》《通例否定文で》少量 ‖ The reform wouldn't make a ～ of difference. その改革ではちっとも変わらないだろう / He doesn't have a ～ of talent. 彼にはまるで才能がない ❸ Ⓤ スクラップ, 金属のくず；廃品, がらくた；

(製造過程で出る)材料のかす，削りくず ‖ turn one's old car into ～ 古くなった車をスクラップに回す / a ～ car スクラップ車 / a ～ yard くず鉄置場 / a ～ dealer [OR merchant] くず鉄回収業者 ❹《～s》食べかす，残飯 (scrap meal)；(動物・魚の)脂肪の搾りかす，しめかす ‖ table [kitchen] ～*s* 残飯[台所の(生)ごみ] ❺《口》小さな人，小さな動物；小さなもの ‖ a ～ of a girl 小柄な少女 ❻ (新聞などからの) 切り抜き，スクラップ (clipping, cutting)；(書き物の)抜粋

── 動 (**scrapped** /-t/；**scrap·ping**) 他 ❶ (無用のものとして) …を捨てる，廃棄する ‖ He *scrapped* his predecessor's plan. 彼は前任者の計画をとりやめた ❷ …をスクラップ[くず鉄]にする，解体する

～·per 名 C 廃物を片づける[スクラップにする]人[もの]

▶▶ **～ hèap** (↓) **～ mètal** 名 U 金属のくず，くず鉄 **～ pàper** 名 U くず紙；《英》メモ用紙

scrap² /skræp/ 《口》名 C (小さく衝動的な)けんか，取っ組み合い ── 動 (**scrapped** /-t/；**scrap·ping**) 自 けんかする **～·per** 名

scráp·bòok 名 C スクラップブック，切り抜き帳 ── 動 自 (趣味で)スクラップブックを作る **～·ing** 名 **～·er** 名

***scrape** /skreɪp/ 動 他 ❶ **a** 《+目》…(の表面)を(粗いもの・鋭いもので)こする，こすって滑らかに[きれいに]する ‖ ～ a carrot ニンジンをこする[こすってきれいにする]
b 《+目+補〈形〉》…をこすって…(の状態) にする ‖ ～ one's shoes clean 靴をこすってきれいにする
❷〔泥・ペンキ・さびなど〕を〈…から〉こすり取る[落とす]；…を(刃物などで)そぎ取る[落とす]《*off, away*》〈**from, off**〉‖ The paint was ～*d off* [OR *away*]. ペンキがこすり[そぎ] 取られた / ～ ice *off* [OR *from*] a windshield 車のフロントガラスの氷をこすって落とす ❸ …を〈固い・鋭いもので〉こすって傷つける，すりむく〈**on, against, etc.**〉‖ Jen ～*d* the fender of her car *against* the wall. ジェンは車のフェンダーを塀でこすって傷つけた / The boy tripped over a rock and ～*d* his knee. 少年は石につまずいてひざをすりむいた ❹ …を〈…に〉こすって耳障りな音を立てる，引きずってきーきー音を立てる〈**on, against, etc.**〉‖ chalk *scraping* a blackboard 黒板にこすれていやな音を立てる白墨 / ～ a chair *on* the floor いすを床に引きずってうるさい音を立てる ❺〔穴など〕を (手やつめで)引っかいて作る《*out*》❻ 何とか…を達成する；〔金〕をやっとためる ‖ ～ a narrow victory 辛うじて勝利を収める ❼〔髪〕をしっかり[きれいに] なでつける《*back*》‖ wear one's hair ～*d back* 髪をきれいに後ろになでつけている

── 自 ❶〈…に〉こすれる，すれる，〈…を〉かする，こすって傷がつく〈**against, along, etc.**〉；〈…を〉すり抜ける《*through*》〈**through**〉；どうにか暮らす ‖ My car ～*d along* the wall. 車が塀をこすった / The door was so small that the piano just managed to ～ *through*. ドアが狭かったのでピアノはやっとすり抜けた
❷〈…を〉こすって耳障りな音を立てる，〈…に〉すれてきしきしいう〈**on, against**〉‖ knives *scraping on* plates 皿をこすりいやな音を立てるナイフ ❸《戯》〈バイオリンを〉ぎーぎー弾く《*away*》〈**at**〉❹ こつこつ蓄える

scràpe alóng ＝*scrape by* ①(↓)

scràpe bý 〈自〉① 〈…で〉何とかやって[暮らして]いく〈**on**〉② (試験・状況などを)何とかうまく切り抜ける

scràpe hóme 《英》辛うじて勝つ

scràpe ín 〈自〉(職・地位などを)何とか手に入れる，辛うじて成功する[入学する]

scràpe ínto ... 〈他〉〔職・地位など〕を何とか手に入れる，…に辛うじて成功する[入学する]

scràpe óut ... / scràpe ... óut 〈他〉① …の中のものを引っかき出す，…の中をからにする ② …を〈…から〉すくい[えぐり]出す〈**of**〉③ ⇨ 他 ❺

scrape (the bottom of) the barrel ⇨ BARREL(成句)

scràpe thróugh 〈自〉① ⇨ 自 ❶ ② (試験などに)辛うじて通る，(大学などに)辛うじて入る，(試合・選挙などに)やっと勝つ ── 〈他〉《***scràpe thróugh ...***》① ⇨ 自 ❶ ②〔試験など〕に辛うじて通る，〔大学など〕に辛うじて入る，…にやっと勝つ

****scràpe togéther*** [OR ***úp***] ***... / scràpe ... togéther*** [OR ***úp***] 〈他〉〔金・人など〕を何とかかき集める(get together) ‖ ～ *up* all available forces 動員できる限りの労働力をかき集める / They managed to ～ *together* $15,000. 彼らは15,000ドルを何とかかき集めた

scrape (up) (an) acquaintance with ... ⇨ ACQUAINTANCE(成句)

── 名 C ❶《通例単数形で》こすること；こすり落とすこと；こする音，きしみ ❷ こすられた箇所，擦り傷 ‖ get a ～ on the arm 腕にかすり傷を負う ❸《口》(自ら招いた) 苦境，窮地 ‖ get into a ～ with the police 警察と面倒を起こす ❹ 言い争い，けんか ❺《古》片足を後ろに引いてするおじぎ ❻ (鳥などが掘った)浅い穴 ❼《口》中絶

scrap·er /skréɪpər/ 名 C (ペンキや汚れを)こすり[削り]落とす道具，スクレーパー

scráp hèap 名 C (くず鉄などの) 廃品の山；《the ～》《口》(不要になった人・技術などの)捨て場，墓場

on the scráp hèap 《口》(無用物として)捨てられて

scra·pie /skréɪpi/ 名 U 〚獣医〛スクレイピー《羊・ヤギなどのかかる神経疾患．プリオン(prion)が原因とされる》

scrap·ing /skréɪpɪŋ/ 名 ❶ C 《通例 ～s》こすり[削り]落としたもの，削りくず ❷ U こする[削る]こと[音]；きしむ音

scrap·ple /skræpl/ 名 U 《米》スクラップル《豚のひき肉にトウモロコシの粉を加えパン形にして揚げた料理》

scrap·py¹ /skræpi/ 形〔◁ scrap¹ 名〕がらくたを寄せ集めた ‖ a ～ dinner 余り物の食事

scrap·py² /skræpi/ 形《米口》けんか[議論]好きな；けんか腰の；気の荒い；やる気満々の

scráp·yàrd 名 C 《英》＝junkyard

***scratch** /skrætʃ/ 動 他 ❶〔体(の一部)〕を(つめなどで)かく，こする，なでる ‖ *You ～ my back, and I'll ～ yours.* 《諺》背中をかいてくれればお返しにかいてあげよう；魚心あれば水心 / ～ the bites 虫に刺された所をかく / ～ oneself [one's arm] 体[腕]をかく
❷ …を引っかく；〈…に引っかけて〉…を傷つける〈**on**〉‖ The cat ～*ed* my cheek. ＝The cat ～*ed* me on the cheek. 猫に頬(ほお)を引っかかれた / She「～*ed* herself [OR got ～*ed*] *on* a rose bush. 彼女はバラの茂みで体に引っかき傷を作った ❸ (つめなどで)…を〈…から〉はがし[えぐり]取る《*away, out*》〈**off**〉‖ ～ the paint *off* a door ドアのペンキをかき落とす ❹〔計画など〕を取りやめる；〔考えなど〕を退ける ‖ ～ a rocket launch ロケットの打ち上げを中止する ❺ …を(線で)消す，抹消する《*out, off*》；〔出場者・出走馬などの名〕を〈…から〉消す，〔競技者・競走馬など〕の〈競技などへの〉出場を取り消す〈**from**〉‖ His name was ～*ed out from* the list. 彼の名前はリストから削られた ❻ …を走り書きする；引っかいて…を書く[刻む] ‖ He ～*ed* his initials into the wall with a sharp stone. 彼は先のとがった石で壁に自分のイニシャルを刻んだ ❼ やっと〔生計〕を立てる《*out*》‖ ～ (*out*) a living 何とか暮らしていく ❽〔穴など〕を引っかいてあける[掘る]《*out*》；(動物などが)〔地面〕を〈…を探して〉(つめなどで)引っかく，掘る〈**for**〉

── 自 ❶〈体などを〉(つめなどで)引っかく〈**at**〉；引っかいて傷つける ‖ ～ *at* the insect bites 虫に刺された所をかく
❷〈…に〉こすれて (いやな) 音を立てる，きしむ〈**on**〉‖ His pen ～*ed* wildly *on* the notebook. 彼のペンがノートに引っかかってがりがり音を立てた ❸ (競技などで)〈…への〉出場を辞退する〈**from**〉❹〚楽〛(ディスクジョッキーなどが) スクラッチで演奏[音出し]する ❺〚ビリヤード〛スクラッチする《手玉がポケットに落ちるなどのペナルティ》❻ (ニワトリなどが)くちばしで地面をつつく，(動物が)つめで地面を引っかく；地面をつついて[引っかいて]〈…を〉探す〈**for**〉

scràtch alóng 〈自〉〈…で〉やっと生計を立てる，何とか暮らしていく〈**on**〉‖ ～ *along on* a scanty allowance 乏しい手当で何とかやっていく

scràtch aróund [OR ***abóut***] 〈自〉(動物が)(くちばし・つめでつついて[ほじって])〈餌(えさ)を〉探し回る；(人が)〈…を探して〉あちこちあさる〈**for**〉

scràtch a pèrson's báck (見返りを期待して)(人に)親切にする

scratch one's head ⇨ HEAD(成句)

scratch the surface ⇨ SURFACE(成句)

scràtch togéther [OR ***úp***] **...** / ***scràtch ... togéther*** [OR ***úp***] 〈他〉〔人・金など〕をかき集める ‖ ～ *together* [OR *up*] some money for holidaymaking 行楽の費用をかき集める

━名 C ❶《単数形で》引っかくこと；体をかくこと；こすること ‖ have [OR give oneself] a good ～ しきりに体をかく / The match lit on the third ～. マッチをこすって3度目に火がついた ❷《単数形で》(ペン・マッチなどの)こする[引っかく]音；かりかり，ぽりぽり，がりがり(という音)；U レコードの針音 ❸引っかいた跡，引っかき傷；《口》かすり傷 ‖ I got a ～ on my leg. 脚にかすり傷を負った / escape without a ～ かすり傷一つ負わずに逃げる / It's only [OR just] a ～. 《口》ほんのかすり傷にすぎない ❹ U 〖スポーツ〗(ハンディ付きの競技で)ハンディのない選手のスタート点；〖ゴルフ〗スクラッチ《ハンディのない試合》❺〖ビリヤード〗スクラッチ《手玉をポケットに落としてしまうこと》；フロック《的玉がまぐれでポケットに入ること》❻(競技などの)出場辞退者，出走を中止した競走馬 ❼ U《口》金，資金 ❽ U〖楽〗(ディスクジョッキーなどが行う)スクラッチ《回っているレコードを手でこするようにして特殊な効果を出す技法》

****from scrátch*** 《口》① 何もない所から，最初から ‖ start *from* ～ ゼロから出発する ②(料理などで)(調整済みの市販品でなく)原材料を使って

****ùp to scrátch*** 《口》一定の標準に達して；よい状態で ‖ His work「was not [OR didn't come] *up to* ～. 彼の作品は満足のいくものではなかった

━形《限定》❶寄せ集めの，にわか仕立ての ‖ a ～ meal あり合わせの食事 / a ～ team 寄せ集めのチーム ❷〖スポーツ〗ハンディなしの ‖ a ～ race スクラッチレース

▸▸ **～ càrd** 名 C スクラッチカード《こすって当たりが出れば賞をもらえるカード》 **～ pàd** 名 C ①《主に米》(はぎ取り式の)メモ帳，メモ用箋(せん) ② 💻スクラッチパッド《一時データ保存用のメモリー領域》 **～ pàper** 名 U《米》雑記[メモ]用紙(《英》scrap paper) **～ tèst** 名 C〖医〗皮膚反応試験，乱切法《アレルギー反応を試す》

scrátch·bòard 名 U《米》スクラッチボード(《英》scraperboard)《表面に黒い顔料が塗ってある厚紙で，引っかくと白い線が書ける》

scratch·y /skrǽtʃi/ 形 ❶走り書きの，ぞんざいな ‖ ～ handwriting 殴り書き ❷(音・声などが)不快な，耳障りな；(のどが)ひりひりする ‖ have a ～ throat のどがひりひりする ❸(衣類などが)着心地の悪い，ごわごわした，ちくちくする **scrátch·i·ly** 副 **scrátch·i·ness** 名

***scrawl** /skrɔːl/ 動 他 …をぞんざいに[大急ぎで]書く，殴り書きする，落書きする ‖ ～「one's signature [a note to him] 署名[彼に渡すメモ]を殴り書きする

━自 殴り書きする，落書きする

━名 C《単数形で》殴り書き，乱暴な字；殴り書きしたもの[手紙] ‖ an illegible ～ 判読できない殴り書き

～·er 名

scrawl·y /skrɔ́ːli/ 形 殴り書きの，書き殴った

scraw·ny /skrɔ́ːni/ 形《けなして》ひどくやせた，やせこけた(⇨ THIN 類語) **-ni·ness** 名

⁑**scream** /skriːm/

━動 (～**s** /-z/；～**ed** /-d/；～**·ing**)

━自 ❶ **a** 〈恐怖・苦痛・興奮などで〉**金切り声を出す，叫び声を上げる**，悲鳴を上げる；〈おかしくて・喜んで〉大声で[きゃっきゃっと]笑う《***out***》〈**in, with**〉；大声で叫ぶ〈**at** …に向かって；**for** …を求めて〉(⇨ CRY 類語) ‖ When she saw the huge spider, she ～*ed* at the top of her voice. 大きいクモを見つけて彼女はありったけの声で叫んだ / ～ (*out*) *in* [OR *with*] fright 恐怖で大声を出す / ～ *with* [OR *in*] pain 苦痛のあまり泣き叫ぶ / ～ *for* help 大声で助けを呼ぶ

b 《+**at** 名+**to** *do*》…に向かって…するように大声で叫ぶ ‖ He ～*ed at* his dogs *to* stop fighting. 彼は犬に向かってけんかをやめろと叫んだ

❷ **a** (エンジン・サイレンなどが)**高い音を出す**，うなりを上げる，(ブレーキなどが)きいっという；(風などが)ひゅうひゅうう なる[鳴る，吹く]；(フクロウなどが)高い声で[ほーほー]鳴く ‖ An ambulance passed us with its siren ～*ing*. 救急車がサイレンを鳴らしながら追い抜いて行った

b 《+副句》うなりを立てて[けたたましく]動く[進む] ‖ A police car ～*ed* down the busy street. 警察の車がにぎやかな通りをけたたましく走って行った

❸〈…について〉激しい調子で書き立てる，騒ぎ立てる〈**about, of**〉

❹(色などが)〈人の目などに〉けばけばしい；(特徴・誤りなどが)〈人の〉注意を引く，人目を引く《***out***》〈**at**〉‖ The mistakes I had made in the report ～*ed out at* me the next morning. 翌朝になってみると私が報告書の中で犯した間違いがやたらと目立った ❺《旧》《口》密告する

━他 ❶ **a** …を〈…に向かって〉**金切り声で言う[叫ぶ]**《***out***》〈**at**〉‖ ～ (*out*) a warning 大声で警告を発する / ～ abuse *at* each other 互いにののしり合う

b 《(+**at** [**to**] 名) + (**that**) 節》(…に)…だと大声で叫ぶ[わめき立てる]《***out***》(♦直接話法にも用いる) ‖ She ～*ed* (*at* her little boy) (*that*) he must not run. 彼女は(小さな息子に)走ってはいけないと大声で言った

❷《～ oneself+補〈形〉で》叫んで…の状態になる ‖ ～ oneself hoarse 大声を上げて声をからす

scrèam one's héad òff 声を限りに叫ぶ

━名 (複 **～s** /-z/) ❶ C 叫び声，金切り声，悲鳴，絶叫(⇨ 類語) ‖ give [OR let out, shout] a ～ of anger [pain] 怒り[苦痛]の声を上げる / a ～ of laughter けたたましい笑い声 / hear a ～ for help 助けを呼ぶ大きな声を聞く[が聞こえる]

❷ C 甲高い[きいきいいう]音，ひゅうひゅういう音；(動物の)高い鳴き声 ‖ the ～ of the tires タイヤのきいっときしむ音 ❸ C (a ～)《口》ひどく滑稽(こっけい)な人[こと] ‖ He's a real ～. 彼は本当におかしなやつだ

> **類語**《名❶》**scream** 恐怖・苦痛・驚きなどによって引き起こされる「きゃー」といった，突然の大きな鋭い長い叫び.
>
> **shriek** scream よりもさらに甲高い，突き刺すような短い叫び.
>
> **screech** scream, shriek とともに「金切り声」の訳が当たるが，特に耳障りで神経のいら立つ点を強調する.

scream·er /skríːmər/ 名 C ❶甲高い声[音]を出す人[もの] ❷(スピード・強烈さなどで)あっと言わせるような人[もの] ❸《主に米俗》(新聞のセンセーショナルな)大見出し ❹〖鳥〗サケビドリ《南米産》❺〖野球〗強烈なライナー ❻《旧》爆笑[興奮]を引き起こす人[もの]

scream·ing /skríːmɪŋ/ 形《通例限定》❶金切り声を出す；ぴゅうぴゅう[きいきい]音を立てる ❷けばけばしい ❸吹き出させるような

scréam·ing·ly /-li/ 副 とても，たまらないほど ‖ a ～ dull daily routine 極めて退屈な日課

scree /skriː/ 名 U (山腹の)崩れ石の堆積(たいせき)；C 小石のたまった斜面，がれ場

screech** /skriːtʃ/ 動 自 ❶(人が)〈恐怖・苦痛などで〉金切り声を上げる〈**in, with**〉；〈…に〉甲高い声で叫ぶ《out***》〈**at**〉；(動物などが)甲高い声で[きいきい]鳴く(⇨ SCREAM 類語) ‖ ～ (*out*) *in* [OR *with*] pain 苦痛で悲鳴を上げる ❷ **a** (車・ブレーキなどが)甲高い音を立てる，きいっとなる **b** 《+副句》きいっと音を立てて素早く動く ‖ The car ～*ed* to a halt. 車はきいっと音を立てて止まった ━他〔言葉など〕を〈…に〉金切り声で言う[叫ぶ]《***out***》〈**at**〉(♦直接話法にも用いる) ‖ ～ (*out*) a warning 金切り声で警告する

—名 C 《単数形で》鋭い悲鳴[叫び声], 金切り声; 甲高い音, きいっ[ききーっ](という音) ‖ give [OR let out] a ～ 金切り声を出す, 悲鳴を上げる
～·er 名 **～·i·ness** 名 **～·y** 形 金切り声の; きいっと音を立てる
▶▶**～ òwl** 名 C 〖鳥〗 ① (米国産の)オオコノハズク ② (ヨーロッパ産の)メンフクロウ(barn owl)

screed /skriːd/ 名 C ❶ 長たらしい話[文章] ❷ U (床などの表面をならす)セメントなどの薄層 ❸ 左官(用)定規

‡screen /skriːn/ 沖心義 …を遮る(もの)
—名 (複 **～s** /-z/) C ❶ (テレビ・コンピューターディスプレーなどの)画面, 表示面; (映画の)**スクリーン**, 映写幕; (コンピューターディスプレー上の)データ, 情報 ‖ a television [radar] ～ テレビ[レーダー]の画面 / edit an article on ～ (コンピューターの)表示画面で記事の編集をする(♦ 無冠詞) / print a ～ 画面上のデータを印刷する / images on a computer ～ コンピューターの画面に表示された画像
❷ U 《しばしば the ～》《集合的に》(stage に対する)映画(界・産業), テレビ(→ silver screen, big screen, small screen) ‖ She made a stunning debut on the ～ in 1983. 彼女は1983年にスクリーンに衝撃的デビューを果たした / I prefer the stage to the ～. 私は映画より演劇[舞台]の方が好きだ / write for the ～ 映画の脚本を書く / a ～ actor 映画俳優
❸ **仕切り**, ついたて, びょうぶ, 目隠し; (教会の)内陣桟敷(rood screen) ‖ a fire ～ (ストーブなどの)熱よけのついたて / a folding ～ びょうぶ
❹ 遮蔽(ぺい)物, 隠すもの, 保護物, 保護する人; 目隠し, 〈…の〉隠れみの〈**for**〉; 《英》(自動車の)フロントガラス(windscreen, 《米》windshield) ‖ a smoke ～ 煙幕 / be sheltered by a ～ of thornbushes イバラの茂みの陰に隠れる / under the ～ of night 夜陰に乗じて / a ～ *for* crime 犯罪の隠れみの ❺ (= **～ dóor**)網戸, 網 ❻ (土砂・石炭などの)目の粗いふるい; (候補者などの)審査, 選抜方法[制度]; (人・物の)健康度[安全度]検査 ❼ 《英》掲示板 ❽ 〖写〗焦点板 ❾ 〖印〗(網版用の)スクリーン ❿ 〖理〗スクリーン, 遮壁; (電子管の)スクリーングリッド, 遮蔽格子 ⓫ 〖軍〗前衛部隊[艦隊] ⓬ 〖スポーツ〗スクリーンプレー《自分の体で相手の視界や動きを妨害すること》; スクリーンプレーをする選手; =screen pass
—動 (**～s** /-z/; **～ed** /-d/; **～·ing**)
—他 ❶ …を〈…から〉**遮蔽する**, 遮る, 隠す; (遮蔽して)…を〈…から〉保護する, 守る〈**from**〉 ‖ The windows were ～*ed* by a tall hedge. 窓は高い生垣に遮られていた / He ～*ed* his eyes *from* the sun with his hands. 彼は日の光が入らないよう両手で目をかばった
❷ 〔人など〕を〈過ちなどから〉(不当に)かばう〈**from**〉 ‖ ～ one's son *from* blame 息子がとがめられるのをかばう
❸ …を〈…から〉仕切る, 隔絶する, 隔てる《**off**》〈**from**〉 ‖ The working area is ～*ed off* completely. 作業場は完全に仕切られている
❹ 〈病気・銃砲所持などについて〉〔人・荷物など〕を検査する〈**for**〉(♦ しばしば受身形で用いる) ‖ be regularly ～*ed for* cancer 定期的に癌(がん)の検査を受ける
❺ 〈適性・資格などの点で〉〔人〕をふるい分ける, 審査する〈**for**〉 ‖ ～ job applicants 就職の応募者をふるいにかける
❻ 《通例受身形で》(映画・スライドなどが)上映[映写]される; (テレビ番組が)放映される; (劇・小説などが)映画向きに脚色される; 映画化される ❼ 〖スポーツ〗〔相手〕をブロックする; 〔パス〕を相手に見えないようにする ❽ 〔石炭・穀物など〕をふるいにかける ‖ ～*ed* coal 精選炭 ❾ 〖写〗〔写真〕に網取りをかける ❿ …に網戸をつける
—自 〖スポーツ〗ブロックする; スクリーンプレーをする
scrèen óut ... / *scrèen* ... *óut* 〈他〉 ① 仕切り[網戸など]で…を閉め出す ‖ ～ *out* mosquitoes (網戸で)蚊を閉め出す ② (審査などによって)…をふるい落とす
▶▶**Scréen Actors Gùild** 名 《米》映画俳優組合《略 SAG》 **～ dùmp** 名 C 🖳スクリーンダンプ《ディスプレー上の表示内容をプリントしたりファイルに保存すること. また, そのプリントアウト[ファイル]》 **～ pàss** 名 C 〖アメフト〗スクリーンパス《ブロッカーの背後にいる選手へ投げる短いパス》 **～ prìnt** 名 C スクリーン印刷された印刷物 **～ sàver** 名 C 🖳スクリーンセーバー《ディスプレー画面の焼き付き防止用ソフト》 **～ tèst** 名 C スクリーンテスト《映画出演志願者の適性を調べるための撮影オーディション》

screen·a·ger /skríːnèɪdʒər/ 名 C 《口》インターネット世代の若者

***screen·ing** /skríːnɪŋ/ 名 ❶ C (映画の)上映, (テレビの)放映 ❷ U ふるい分け, 選別; 資格審査; U C (集団)検診 ❸ C 《～s》《単数・複数扱い》(小麦などの)ふるいかす
▶▶**～ tèst** 名 C (特定の病気に対する)検査, 検診

scréen·plày 名 C (映画の)脚本, シナリオ

scréen-prìnt 動 自 他 (…を)スクリーン印刷する

scréen·shòt 名 C 🖳スクリーンショット《ディスプレー上の表示内容を画像ファイルとして保存したデータ》

scréen·wàsh 名 U ウインドーウォッシャー液

scréen·wrìter 名 C (映画の)シナリオライター

***screw** /skruː/ 名 C ❶ ねじ, 木ねじ; ボルト(→ nut) ‖ a male [female] ～ 雄[雌]ねじ / tighten [loosen] a ～ ねじを締める[緩める] ❷ ねじ状のもの《コルク栓抜きなど》; (圧搾機・ジャッキなどの)らせん状の部分; =screw propeller ❸ (ねじの)ひと回し; (一般に)ひねること, ひとひねり ‖ Give it another ～. もうひと回ししてごらん ❹ U 《英》〖ビリヤード〗引き玉《的玉に当たってから手前に戻って来るように手玉にスピンをかけること》 ❺ 《英》(たばこの葉・塩などを入れてひねった)小さな紙包み ❻ 《俗》(囚人から見て)看守, 獄吏 ❼ 《英口》弱った馬, 老いぼれ馬 ❽ U 《英口》《旧》給料 ❾ 《単数形で》⊗《卑》セックス(の相手)
a tùrn of the scréw ねじのひと締め; (いっそうの)締めつけ, 圧力
**hàve a scréw lòose* 《口》頭が少し変である
**pùt the scréws on a pèrson* ; *tìghten* [OR *tùrn*] *the scréw(s) on a pèrson* 《口》〔人〕を締めつける, 〔人〕に圧力をかける
—動 他 ❶ (+目+副句)…を〈…に〉ねじで留める[締める, つける]《**up, down**》〈**on, onto,** etc.〉 ‖ ～ *up* metal fittings 金具をねじでしっかり締めつける / ～ *down* the lid of a box 箱のふたをねじで留める / ～ a lock *on* a door ドアに錠をねじでつける
❷ **a** (+目+副句)…をねじる[回す], ねじって[回して]〈…に〉はめる《**down, on,** etc.》〈**on, onto,** etc.〉; …をねじって外す《**off**》 ‖ ～ the lid of a jar *on* 瓶のふたを回して締める / ～ a telephoto lens *onto* one's camera カメラに望遠レンズをねじって取りつける
b (+目+補)…をねじって[回して]…にする ‖ ～ a bolt tight ボルトを回してしっかり留める
❸ 〔顔〕をゆがめる, しかめる; 〔目〕を細める(まぶしいときなど)《**up**》 ‖ ～ *up* one's face into a look of sorrow 顔をしかめて悲しそうな表情をする
❹ 《俗》(主に金のことで)〔人〕をだます, 〔人〕からだまし取る《**over**》(♦ しばしば受身形で用いる) ‖ She was ～*ed* for 2,000 dollars on the deal. 彼女はその取り引きで2,000ドルをだまし取られた ❺ 《通例受身形で》《俗》困った[面倒な]ことになる, お手上げである(→ CE 1) ❻ ⊗《卑》…とセックスする ❼ 〔紙など〕を丸める, 丸めて〈…に〉する《**up**》〈**into**〉 ‖ ～ *up* a letter *into* a ball 手紙を丸める
—自 ❶ (+副句)(ものが)ねじってはまる, ねじで〈…に〉取りつけられる《**on**》〈**into, to,** etc.〉; ねじって外れる《**off**》 ‖ The earring ～*s on* and *off*. そのイヤリングはねじを回してつけたり外したりできる / a lid that ～*s on* ねじぶた
❷ ⊗《卑》セックスする ❸ 《英》〖ビリヤード〗引き玉を突く
scrèw aróund 〈自〉 ① 《口》(何もせずに)ぶらぶらする ② ⊗《卑》いろいろな相手とセックスする —〈他〉《*scrèw* ... *aróund*》〔頭・体〕をぐいっと回す
scrèw aróund with ... 〈他〉《米俗》…をいじくり回す; 〔人〕をいい加減にあしらう, を困らせる

scrèw óff 〈自〉 ① ⇨ 自 ❶ ② 《俗》時間を浪費する, ぶらぶらする
scrèw À óut of B̀ 〈他〉 ① *B*(人)から*A*を搾り取る[無理に引き出す] ‖ ～ the last penny *out of* him 彼から最後の1円まで搾り取る ② *A*(人)から*B*を奪い取る
＊*scrèw úp* 〈他〉 Ⅰ 《*scrèw úp ...* / *scrèw ... úp*》 ① ⇨ 他 ❶, ❸, ❼ ②〔人〕を精神的にまいらせる ‖ She was ～*ed up* when her parents got divorced. 両親が離婚したとき彼女は精神的にまいってしまった ③《俗》…をめちゃめちゃにする, 台無しにする (→ CE 2) ‖ The plan was all ～*ed up*. 計画はすっかりめちゃめちゃになった Ⅱ 《*scrèw úp ...*》 ④〔勇気など〕を奮い起こす ‖ ～ *up* one's courage 勇気を奮い起こす ━〈自〉 ① へまをする, 大失敗をする ② (顔などが)ゆがむ
Scrèw yóu [*hím, thát*, etc.]*!* ⊗《口》《卑》…なんてくそ食らえ

COMMUNICATIVE EXPRESSIONS

1 **I gòt scréwed.** やられたよ (♥ 期待していた以下の結果になったときにがっかりした気分を表すやや野卑な表現)
2 **You've rèally scrèwed úp.** やらかしてくれたな ; 全く困ったものだな(♥ 問題を起こしてしまった人に対して)

▸▸ ～ **càp** [**tòp**] 名 C (瓶などの) ねじぶた ～ **èye** 名 C 丸環ねじ《頭部が環になっている》 ～ **propèller** 名 C (船・飛行機などの)スクリュー推進器, プロペラ

scréw·bàll 《主に米》 名 C ❶【野球】スクリューボール(❗「シュートボール」は和製語) ❷《口》奇人, 変人
━ 形 《限定》《口》風変わりな, とっぴな

＊**scréw·drìver** 名 C ❶ ねじ回し, ドライバー ❷ スクリュードライバー《オレンジジュースとウオツカのカクテル》

screwed /skruːd/ 形 ❶ ねじ留めした ; ねじ山がある ❷ ねじれた, ゆがんだ ❸《叙述》《英俗》《古》酔っ払った

scrèwed-úp 形 《限定》 ❶ ⊗《俗》《蔑》(人が)気持ちの乱れた, ノイローゼ気味の ❷《口》(物事・状況が)混乱した

scréw-tòp(ped) 〈シ〉 形 《限定》ひねり栓付きの

scréw·ùp 名 C ⊗《主に米俗》《蔑》へま

screw·y /skrúːi/ 形 《主に米口》風変わりな, 妙な, 狂った

＊**scrib·ble** /skríbl/ 動 他 ❶ …を書き殴る(dash off), 走り書きする ❷ …にいたずら書き[落書き]する
━ 自 ❶ 走り書きする ❷ 落書きする, いたずら書きする ‖ No *Scribbling!* 《掲示》落書き禁止 ❸《口》駄文を書く
━ 名 C 《～s》落書き ; U/C 《単数形で》殴り書き

scrib·bler /skríblər/ 名 C ❶ 書き殴る人 ❷《口》へぼ作家, 駄文書き

scribe /skraɪb/ 名 C ❶ (昔の写本の) 写字者, 筆記者 ❷《口》《しばしば戯》作家, ジャーナリスト ❸《また S-》(昔のユダヤの)書記 ; 律法学者 ❹ =scriber ━ 動 他 ❶ …に罫書(けが)き針で印をつける ; (木材などに)〔罫(け)〕を引く ❷《主に文》…を書く, 書き留める **scríb·er** 名 C 罫書針

scrim /skrɪm/ 名 ❶ U スクリム《カーテンや家具類の裏地用の綿[麻]の粗い布地》 ❷ C (舞台の)紗幕(しゃまく)

scrim·mage /skrímɪdʒ/ 名 ❶ C 取っ組み合い, 乱闘, 小競り合い ❷【アメフト】スクリメージ《U ボールがセンターからスナップされてデッドになるまでのプレー ; C (同チーム内での)練習試合》 ━ 動 自 他 ❶ 取っ組み合いをする, 練習試合をする ❷【アメフト】(…と)スクリメージする

scrimp /skrɪmp/ 動 自 〈…を〉倹約する, けちけちする〈**on**〉 ‖ ～ and save [OR scrape] つましく暮らす, 倹約する
━ 他 ❶ …を極端に切り詰める[節約する, 縮小する], …をけちけちする ❷ …にあてがいを惜しむ
～·y 形 ① けちけちした, 倹約な ② 乏しい, 不足した

scrim·shaw /skrímʃɔː/ 名 U C (捕鯨船員などが航海中の慰みに鯨骨などにした)彫刻細工(物)
━ 動 他 自 (…に)彫刻細工をする

scrip[1] /skrɪp/ 名 ❶ C 《米》(金銭・土地などの)仮証書, 仮権利書 ;【株】仮株券 ❷ U 《集合的に》仮証書[証券]類 ❸ C (受領書や簡単な書き付けのある) 紙切れ, 書き付け ❹ U 《米》(緊急時の)臨時紙幣, 軍票

scrip[2] /skrɪp/ 名 C (昔の巡礼者などが持った)小袋, ずだ袋

＊**script** /skrɪpt/ 名 ❶ C (演劇・映画・テレビドラマの)台本, 脚本, シナリオ, スクリプト ; (放送・演説の)原稿 ‖ a film ～ 映画の脚本 / The director insisted on keeping [OR sticking] to the ～. 監督は脚本どおりに演じるよう強く要求した / go off ～ 台本にないことを言う[する] ; 想定外のことを言う[する] ❷ U C 書記法, 字母, アルファベット ‖ in Arabic ～ アラビア文字で ❸ U/C 《単数形で》手書き(handwriting) ; 《集合的に》手書き[筆記体]の文字(↔ print) ; 筆跡, 書体 ‖ The letter was written in his neat ～. その手紙は彼のきちんとした筆跡でしたためられていた ❹ C 《通例 ～s》《英》(試験の)答案 ❺ C 💻スクリプト《処理手順を記述したテキスト》 ❻ U C【印】スクリプト[筆記]体(活字) ❼ U【心】社会的行動のシナリオ《経験を通して獲得された行動手順》
━ 動 他 …の脚本[台本, 原稿]を書く(♦ しばしば受身形で用いる)
▸▸ ～ **kìddie** 名 C ⊗《口》《蔑》💻スクリプトキディ《自作ではなく既製のスクリプトを使ってハッカー[クラッカー]行為をする人》

script·ed /skríptɪd/ 形 (放送・演説が)台本[原稿]のある[どおりの]

scrip·to·ri·um /skrɪptɔ́ːriəm, 米＋ -tóu-/ 名 (複 **-ri·a** /-riə/ OR **-s** /-z/) (修道院の)写字室, 記録室

scrip·tur·al /skríptʃərəl/ 形 ❶ 《しばしば S-》聖書の, 聖書に基づく[書かれた] ‖ ～ literalism 経典直解主義 ❷ 書き物の **～·ly** 副

＊**scrip·ture** /skríptʃər/ 名 C U ❶ 《しばしば S-s》聖書(Holy Scriptures) 《略 Script.》 ❷ 《ときに S-》聖書の章句, 聖書からの引用句 ❸ 《しばしば ～s》(聖書以外の)聖典, 経典 ‖ the Buddhist ～*s* 仏教経典

scrípt·wrìter 名 C (演劇・映画・放送の)台本作家, 脚本家, スクリプトライター

scriv·en·er /skrívənər/ 名 C【史】❶ =scribe ❷ 公証人

scrod /skrɑ(ː)d | skrɔd/ 名 C 《米》(特に料理用に処理した)タラの若魚

scrof·u·la /skrɑ́(ː)fjulə | skrɔ́f-/ 名 U るいれき《結核性頸部(けいぶ)リンパ腺(せん)炎. 現在では非医学用語》

scrof·u·lous /skrɑ́(ː)fjuləs | skrɔ́f-/ 形 ❶ るいれきの[にかかった] ❷ 堕落した

scroll /skroul/ 名 C ❶ 巻物 (型の古文書), 巻き軸, (中国・日本の)掛け軸 ❷ (柱頭などの)渦巻き型の装飾 ; (弦楽器の)棹(さお)の先端の渦巻き ❸【紋章】紋章の銘を記したリボン模様 ━ 動 💻 自 (表示画面が[を]) スクロールする
━ 他 〔表示画面〕をスクロールする
～ed 形 渦巻き型の装飾を施した
▸▸ ～ **bàr** 名 C 💻スクロールバー《マウスの操作で表示画面を移動できるスクリーン端の帯》 ～ **sàw** 名 C 糸のこ

scróll·wòrk 名 U (糸のこで作った)渦巻き模様

Scrooge, s- /skruːdʒ/ 名 C 《口》守銭奴(♦ Dickens の *A Christmas Carol*(1843)中の人物の名から)

scro·tum /skróuṭəm/ 名 (複 **～s** /-z/ OR **-ta** /-ṭə/) C 陰嚢(いんのう) **scró·tal** 形

scrounge /skraundʒ/ 動 《口》 他 ❶ …をたかって[せがんで, 盗んで]手に入れる ❷ …をあさり回って手に入れる
━ 自 ❶ たかる, ねだる ❷ あさり回る, 捜し回る《***about, around***》 ━ 名 U たかり, かっぱらい
on the scróunge 《英》たかって
scróung·er 名 C たかり屋, (常習的)無断借用者

＊**scrub**[1] /skrʌb/ 動 (**scrubbed** /-d/ ; **scrub·bing**) 他 ❶ **a** 《+目》(汚れなどを落とすために)…を(ごしごし)こする[洗う, 磨く]《***down, out***》; …の中をごしごし洗う《***out***》 ‖ In Japan you must ～ yourself outside the bathtub. 日本ではバスタブの外で体を洗わねばなりません / ～ one's hands 手をこする / ～ the walls *down* before painting them ペンキを塗る前に壁の汚れを落とす **b** 《+目+補〈形〉》…を(ごしごし)こすって[洗って, 磨いて]…にする ‖ ～ a floor clean 床をこすってきれいにする

❷〔汚れなど〕を(ごしごし)こすって[洗って, 磨いて]〈…から〉落とす《***away, off, out***》〈**from, off, out of**〉‖ ～ the blood *off* (one's shirt) (シャツの) 血痕(けっこん)をこすり洗いして落とす ❸《口》〔計画など〕を(直前に)中止する[取り消す]《***out***》‖ We had to ～ the plan because of the rain. 雨のためその計画を中止せざるを得なかった ❹(液体で)〔ガスなど〕の不純物を除去する, …を洗浄する

―自(汚れなどを落とすために)〈…を〉こする, 洗う, 磨く〈**at**〉‖ ～ *at* the stain [rust] しみ[さび]をこすり落とす

scrùb róund … 〈他〉《英口》…を避ける；…を無視する

scrùb úp 〈自〉(医者が)(手術前に)手や腕を洗う

―名C ❶《単数形で》(ごしごし)こする[洗う, 磨く]こと ‖ Give the floor a good ～. 床を(ブラシでこするなどして)よく磨きなさい ❷《～s》《口》(外科医が着る)手術衣

▸▸ ～ [《英》**scrúbbing**] **brùsh** 名C 洗い掃除用のブラシ ～ **nùrse** 名C 手術室看護師

scrub² /skrʌb/ 名 ❶U 低木；やぶ；U/C《～s》低木地, 雑木林 ❷C ふつうより小さな[劣った]動植物 ❸C《口》取るに足りぬ人物 ❹C《米》二流[2軍]の選手；2軍チーム

―形(植物の品種が)小形の, 低性の

▸▸ ～ **týphus** 名U《医》ツツガムシ病

scrub·ber /skrʌ́bər/ 名C ❶こする人[もの]；掃除人；ブラシ ❷⊗《主に英》《蔑》貞操のない女；売春婦 ❸ガス洗浄器

scrub·by /skrʌ́bi/ 形 ❶灌木(かんぼく)の茂った, 雑木林になった ❷(木などが)発育の悪い ❸みすぼらしい, 汚らしい

scrúb·lànd 名U/C《～s》やぶ地, 低木地

scruff¹ /skrʌf/ 名C 襟首, うなじ (♦通例次の成句で用いる)

tàke [OR ***gràb***] ***… by the scrùff of the*** [OR ***his/her/its***] ***néck*** …の襟首をつかむ

scruff² /skrʌf/ 名C《英口》汚らしい人

scruff·y /skrʌ́fi/ 形 汚らしい, みすぼらしい, だらしない

scrum /skrʌm/ 名C ❶《ラグビー》スクラム (scrummage) ❷《単数形で》《英口》(人・物の)雑踏, 混乱 ‖ a ～ of people 大勢の人

―動自《ラグビー》スクラムを組む《***down***》

▸▸ ～ **hálf** 名C《英》《ラグビー》スクラムハーフ

scrum·mage /skrʌ́mɪdʒ/ 名動 =scrum

scrum·my /skrʌ́mi/ 形《英口》とてもおいしい

scrump /skrʌmp/ 動他《英口》(畑から)〔果実〕を盗む

scrump·tious /skrʌ́mpʃəs/ 形《口》(特に食べ物が)とてもおいしい；(人が)素敵な, 魅力的な

scrum·py /skrʌ́mpi/ 名U《英口》スクランピー《英国南西部産の強いリンゴ酒》

scrunch /skrʌntʃ/ 動他 ❶…を押しつぶす ❷…をくしゃくしゃに丸める《***up***》 ―自 ❶ばりばり音を立てる[立てて動く] ❷くしゃくしゃになる《***up***》 ❸うずくまる《***down***》

―名C《単数形で》ばりばり[ざくざく]いう音

scrùnch-drý 動他〔髪〕を手ぐしでラフに仕上げる

scrunch·ie, scrunch·y /skrʌ́ntʃi/ 名C シュシュ《ドーナツ状にした布の中にゴムを通した髪飾り》

scru·ple /skrúːpl/ 名C ❶《通例 ～s》良心のとがめ[呵責(かしゃく)] ‖ a person of no ～*s* 良心の呵責を少しも感じない人 ❷U《通例 without ～ で》ためらい, 疑念 ❸スクループル《昔の薬量の単位；20グレーン》

―動自《通例否定文で》〈…するのを〉ためらう〈**to do**〉‖ She doesn't ～ *to* ask her parents for money. 彼女は平気で両親に金をねだる

***scru·pu·lous** /skrúːpjuləs/ 形 ❶〈…に〉(道義的に)正直[実直]な, 非常に良心的な〈**in, about**〉‖ He was not ～ *about* how he achieved his aims. 彼は目的達成の手段の点で良心的ではなかった / with ～ honesty 誠心誠意を持って ❷細心の注意を払って, 注意深くなされた ‖ a ～ inspection of each machine 各機械の念入りな点検 / with ～ attention to detail 細かいところまで細心の注意を払って

scrù·pu·lós·i·ty 名 **～·ness** 名 **～·ly** 副

scru·ti·neer /skrùːtəníər | -tɪ-/ 名C《主に英》(選挙・競技の)監視人[員]

***scru·ti·nize** /skrúːtənàɪz | -tɪ-/ 動他 …を注意深く[完全に]調べる[見る], 綿密[厳密]に検査[吟味]する；(調べるように)…をじろじろ見る

***scru·ti·ny** /skrúːtəni | -tɪ-/ 名(複 **-nies** /-z/) ❶U 注意深く調べる[見る]こと, 綿密な検査[吟味]；監視；じろじろ見ること ‖ Your work will not bear close ～. 君の仕事も綿密に調べれば完全とはいえないだろう / The players were under constant ～ from [OR by] their manager. 選手たちは監督に絶えず監視されていた ❷C《英》開票の再検査

SCSI /skʌ́zi/ 名C 💻スカジー《コンピューターと周辺機器を接続するためのインターフェース》(♦ *s*mall *c*omputer *s*ystem *i*nterface の略)

scu·ba /skjúːbə/ 名 ❶C 水中呼吸装置, スキューバ (♦ *s*elf-*c*ontained *u*nderwater *b*reathing *a*pparatus の略) ‖ ～ suits スキューバ用ウェットスーツ ❷U =scuba diving ▸▸ ～ **dìver** 名C スキューバダイバー ～ **dìving** 名U スキューバダイビング

scud /skʌd/ 動 (**scud·ded** /-ɪd/；**scud·ding**) 自 ❶(雲などが)速く動く, 疾走する ❷(船が)〈追い風を受けて〉走る, 順走する〈**before**〉‖ ～ *before* a brisk breeze さわやかな順風を受けて走る

―名 ❶C《主に文》ちぎれ雲, 飛び雲；(低く垂れ込める)雨雲 ❷C 一陣の風, にわか雨, 吹雪 ❸U(風に吹かれて)疾走する[飛ぶ]こと ❹(=～ **mìssile**)《S-》C スカッドミサイル《旧ソ連が開発した長距離地対地ミサイル》

scuff /skʌf/ 動自 ❶足を引きずって歩く ❷(使って)すり減る；こすって[擦れて]傷がつく

―他 ❶…を足でこする；〔足など〕を〈…の上で〉こする〈**on**〉；…をすり減らす ❷〔足〕を引きずって歩く

―名 ❶U 足を引きずること[音] ❷(=～ **màrk**) C すり減った箇所, 擦り傷 ❸C スリッパ **～ed** 形 すり減らした

scuf·fle /skʌ́fl/ 動自 ❶乱闘する, 取っ組み合う ❷慌ただしく動く[行く] ❸足を引きずって歩く

―名 ❶C 乱闘 ❷U 足を引きずること[音]

scuf·fling /skʌ́flɪŋ/ 名U (人・物が)動くかすかな音

scull /skʌl/ 名C ❶ともがい, 櫓(ろ) ❷スカル《両手に2本ずつ持ってこぐ軽いオール》❸スカル艇《スカルでこぐ競漕(きょうそう)用の軽いボート》；《～s》スカル競漕

scull ❸

―動自 スカルでこぐ ―他 ❶〔ボート〕をスカルでこぐ ❷〔人・物〕をスカルで運ぶ

scull·er /skʌ́lər/ 名C スカルでボートをこぐ人

scul·ler·y /skʌ́ləri/ 名(複 **-ler·ies** /-z/) C (台所に隣接する食器などの)洗い場, 調理準備室

scull·ing /skʌ́lɪŋ/ 名U スカリング《スカル競漕》

scul·lion /skʌ́ljən | -iən/ 名C《古》台所の下働き, 皿洗い

sculpt /skʌlpt/ 動他《通例受身形で》❶彫刻される, 彫られる〈**from, out of** …から；**in** …で〉‖ a statue ～*ed in* marble 大理石に彫られた像, 大理石像 ❷(自然の力で)形作られる

***sculp·tor** /skʌ́lptər/ 名C 彫刻家

sculp·tress /skʌ́lptrəs/ 名C 女性の彫刻家

sculp·tur·al /skʌ́lptʃərəl/ 形 彫刻の(ような)

****sculp·ture** /skʌ́lptʃər/

―名(複 **～s** /-z/) ❶U **彫刻**(術), 彫塑(ちょうそ) ‖ study ～ 彫刻を勉強する

❷C **彫刻品**, 彫像；U《集合的に》彫刻(作品) ‖ make (a) ～ out of driftwood 流木で像を彫る / create [OR produce] (a) ～ 彫刻を作る / (a) bronze [marble, glass] ～ ブロンズ[大理石, ガラス]の彫刻 / (a) Greek [Roman] ～ ギリシャ[ローマ]彫刻

❸ Ⓤ〘生〙(植物や貝殻の表面に現れる)模様
❹ Ⓤ〘地〙(自然の力による土地などの)変化[造形, 隆起]《浸食による模様など》
―動 他 (♦しばしば過去分詞で形容詞としても用いる) ❶〔像など〕を彫刻する;〔人物・物など〕の彫刻を作る;〔木・石などの素材〕を彫刻する ‖ ~ a bird out of bronze ブロンズで鳥の彫刻を作る / ~「(a) stone [clay] into a bust 石を刻んで[粘土をこねて]胸像を作る / a statue ~*d* in marble 大理石に彫られた像, 大理石像
❷ …を彫刻で飾る ‖ a ~*d* ceiling [pedestal] 彫刻を施した天井[支柱] ❸ …を(彫刻のように輪郭などをはっきりさせて)形作る ‖ a ~*d* hairdo 凝った髪型
―自 彫刻をする

sculp·tur·esque /skʌ̀lptʃərésk/ ⊲ジ 形《旧》=sculptural

scum /skʌm/ 名 ❶ Ⓤ/Ⓒ《単数形で》(沸騰や発酵のときにできる)浮きかす, 泡;〘冶〙かなくそ, スラグ ❷ Ⓤ Ⓒ《口》人間のくずども;ろくでなし ‖ the ~ of the earth 世間のくず
―動 (**scummed** /-d/; **scum·ming**) 自 浮きかすができる
―他 …に浮きかすを作る;…の浮きかすをとる

scum·bag /skʌ́mbæg/ 名 Ⓒ《口》不愉快な人物;みすぼらしいやつ

scum·ble /skʌ́mbl/ 動 他 (不透明色を塗って)〔絵・色彩〕を和らげる;…の輪郭をぼかす ―名 ❶ Ⓤ (不透明色の)薄塗り, ぼかし ❷ Ⓒ ぼかしに使う絵の具

scum·my /skʌ́mi/ 形 ❶ 浮きかすの(ような), 浮きかすで覆われた, 泡立った ❷ くだらない, 卑しい

scunge /skʌndʒ/ 名《豪・ニュージ》《口》❶ Ⓤ ごみ, ほこり ❷ Ⓒ 不愉快な人 ❸ Ⓒ しみったれ

scun·gy /skʌ́ndʒɪ/ 形《豪・ニュージ》《口》❶ 汚い, 汚れている ❷ しみったれの, けちな

scup·per[1] /skʌ́pər/ 名 Ⓒ《通例 ~s》(甲板・屋根・床などの)排水口, 水落とし

scup·per[2] /skʌ́pər/ 動 他《主に英》❶《口》〔計画など〕を駄目にする, ぶち壊す ❷〔船〕を意図的に沈める

scurf /skəːrf/ 名 Ⓤ ふけ, あか **~·y** 形

scur·ril·ous /skə́ːrələs | skʌ́r-/ 形 (言葉遣いが)下卑た, 下品な, 口汚い **~·ly** 副 **~·ness** 名

scur·ry /skə́ːri | skʌ́ri/ 動 (**-ries** /-z/; **-ried** /-d/; **~·ing**) 自 慌ててちょこちょこと走る, 小またで急ぐ;慌てふためく ‖ A sudden shower of rain sent all the shoppers ~*ing* for shelter. にわか雨が降り出したので買い物客は皆あたふたと雨宿りに走った ―名 (複 **-ries** /-z/) Ⓒ ❶《単数形で》小走り, 慌てて走ること[音];慌てた動き ‖ in such a ~ 大変慌てて, あたふたと ❷ にわか雨[雪]

scur·vy /skə́ːrvi/ 名 Ⓤ 壊血病 ―形《限定》《古》卑しむべき, 恥ずべき, 卑劣な **-vi·ly** 副 **-vi·ness** 名

scut /skʌt/ 名 Ⓒ (ウサギ・シカなどの)短い尾

scut·ter /skʌ́t̬ər/ 動 自 名《主に英》=scurry

scut·tle[1] /skʌ́t̬l/ 名 Ⓒ ❶ 石炭入れ, 石炭バケツ(1杯の石炭) ❷ (野菜などを運ぶ)浅い大かご ❸《英》スカトル《自動車のフロントガラスとボンネットの間の部分》

scut·tle[2] /skʌ́t̬l/ 動 自 慌てて走る;慌てて逃げる《*off, away*》 ―名 Ⓒ《単数形で》急ぎ足;遁走(とんそう)

scut·tle[3] /skʌ́t̬l/ 動 他 ❶〔船体〕に穴を開ける, (船体に穴を開けたり海水弁を開けたりして)〔船〕を沈める ❷〔計画など〕を駄目にする, 破滅させる;…を放棄する ―名 Ⓒ ❶ (甲板上の)小型昇降口, 舷窓(げんそう) ❷ (壁や屋根の)(ふた付きの)小窓, 天窓 ❸ (舷窓・天窓などの)ふた, 覆い

scúttle·bùtt 名 ❶ Ⓤ《俗》うわさ, ゴシップ ❷ Ⓒ (船上の)噴水式水飲み器, 《古》飲料用水だる

scuzz /skʌz/ 名 Ⓤ《主に米俗》汚いもの;Ⓒ ⊗《蔑》いやなやつ[もの]

scuz·zy /skʌ́zi/ 形《主に米俗》汚らしい, 不潔な

Scyl·la /sílə/ 名〘ギ神〙スキュラ《Messina 海峡のイタリア側にあるスキュラ岩に住み船乗りを襲った海の怪物》
between Scỳlla and Charýbdis スキュラとカリュブディスに挟まれて;進退窮まって

scythe /saɪð/ 名 Ⓒ (長柄の)大鎌 ―動 他 …を大鎌で刈る《*down*》

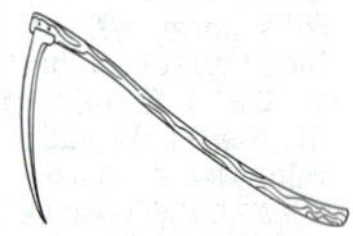
scythe

Scyth·i·a /síθiə | síð-/ 名 スキタイ《黒海の北岸を中心とする地域の古代名》
-an /-ən/ 形 スキタイの, スキタイ人[語]の ―名 Ⓒ スキタイ人;Ⓤ スキタイ語

SD 略〘郵〙*S*outh *D*akota; *s*pecial *d*elivery

S.Dak. 略 *S*outh *Dak*ota

SDI 略 *S*trategic *D*efense *I*nitiative(戦略防衛構想, スターウォーズ計画)

SDLP 略 *S*ocial *D*emocratic and *L*abour *P*arty((北アイルランドの)社会民主労働党)

SDP 略 *S*ocial *D*emocratic *P*arty((英国の)社会民主党)

SDR 略 *s*pecial *d*rawing *r*ights((国際通貨基金の)特別引き出し権)

Se 記号〘化〙selenium(セレニウム)

SE ⊲ジ 略 southeast, southeastern

***sea** /siː/(♦同音語 see)
―名 (複 **~s** /-z/) ❶《通例 the ~》**海**;**大洋**, 海洋(♦海を表すふつうの語は《主に米》ocean, 《主に英》sea) ‖ All the fishing boats are out on the ~. 漁船は皆海に出ている / go swimming in the ~ 海へ泳ぎに行く / The sun is setting over the ~. 太陽が海に沈んでいく / ships sailing on the ~ 海上を航行する船 / a little cottage by the ~ 海辺の小別荘 / the open [OR high] ~*s* 公海, 外洋 / 3,000 meters above the ~ 海抜3,000メートル / sink to the bottom of the ~ 海底に沈む
❷《the ~》**海辺**, 海岸沿い(seaside) ‖ a hotel on the ~ 海辺のホテル / go to the ~ for a vacation 休暇で海辺に行く(♦ *go to sea*(↓)と区別)
❸《通例 the S- で, 固有名詞の一部として用いて》(ocean よりも小さく, 陸地に囲まれた)…**海**;(塩水・淡水の巨大な湖の)…海 ‖ the Mediterranean *Sea* 地中海 / the *Sea* of Japan 日本海 / the Caspian *Sea* カスピ海
❹ Ⓒ (ある状態の)海, 海面;《しばしば ~s》大波, 波浪 ‖ a calm [rough] ~ 穏やかな[荒れた]海 / a long ~ 大きなうねりのある海 / The ship met ~*s* of more than thirty feet. 船は30フィートを越す大波に見舞われた / sail in choppy [mountainous] ~*s* 荒れた[山のような]波の中を航行する
❺ Ⓒ《単数形で》〈…の〉膨大な数[量];〈…の〉広大な広がり〈**of**〉(⇨ PEOPLE メタファーの森) ‖ a ~ *of* people [things] 膨大な数の人[もの] / a ~ *of* flame [green] 火の海[一面の緑]
❻ Ⓒ〘天〙(月・火星などの)海(mare) ‖ the *Sea* of Tranquility 静かの海 ❼《形容詞的に》海の, 海上の, 海に近い ‖ a ~ animal 海獣 / ~ traffic 海上交通

*_at séa_ ① 航海中で[に];海に出て, 海上で ‖ The ship was well out *at* ~. 船はすっかり沖に出ていた / life *at* ~ 海上生活 / lost *at* ~ 海で死んだ / *Worse things happen at* ~. 《諺》世間にはもっと悪いこともある(♥「これくらい何でもないよ」と相手を慰める言葉) ② 〈…に〉途方に暮れて(at a loss), 困って〈**about, with, as to, on**〉(♦通例 all, completely などを伴う) ‖ I am [OR feel] completely *at* ~ *as to* what you mean. あなたが何を言おうとしているのか私にはさっぱりわかりません
beyond [OR ***over***] ***the séa(s)*** 海のかなたに[で];海外へ[で]
by séa 海路で, 船で(by ship)
fòllow the séa 船乗りを職業とする
gò to séa 船乗りになる;(航)海に出る
òut to séa 外洋へ

pùt (***òut***) ***to séa*** 出帆する, 出港する
tàke the séa 乗船する；出港する
▶▶**～ áir** 名 U (健康によい)海辺の空気 **～ ànchor** 名 C 〘海〙海錨(かいびょう) **～ anèmone** 名 C 〘動〙イソギンチャク **～ bàss** 名 C U 〘魚〙シーバス《スズキ・イシナギなどスズキ科の食用魚の総称》 **～ bìscuit** 名 C 船員用堅パン (ship('s) biscuit) **～ brèam** 名 C 〘魚〙ブリーム《タイ科の食用魚》 **～ brèeze** 名 U C 〘気象〙海(軟)風《昼間海から陸に向かって吹く風》(→ land breeze) **～ càptain** 名 C (特に商船の) 船長 **～ chànge** 名 C ① 海の作用による変化 ② 《通例単数形で》著しい変貌(へんぼう)[変化] [Shak *TMP* 1:2] **～ còw** 名 C 〘動〙カイギュウ(海牛)《海生哺乳(ほにゅう)動物ジュゴンとマナティーの総称》 **～ cùcumber** 名 C 〘動〙ナマコ **～ dòg** 名 C ① 老練な船乗り ② 〘動〙アザラシ **～ èagle** 名 C 〘鳥〙ウミワシ；ミサゴ(osprey) **～ fìsh** 名 (複 **～ fish**) C (淡水魚に対して) 海水魚 **～ frèt** 名 U 《北イング》海霧 **～ gréen** (↓) **～ hòlly** 名 U C 〘植〙ウミヒイラギ《アザミに似たセリ科の多年草》 **～ hòrse** 名 C ① 〘動〙タツノオトシゴ ② 〘神話〙海馬《馬頭魚尾の怪獣. 海神の車を引く》 **～ làne** 名 C 海上輸送路, シーレーン **～ lègs** 名 複 《one's ～》《口》揺れる船上でよろけずに歩く能力, 船酔いをしないこと ‖ get [OR find] one's ～ *legs* 船酔いをしなくなる **～ lèvel** 名 U (平均)海面《高度・気圧測定の基準となる》‖ 500 feet above [below] ～ *level* 海抜[海面下] 500フィート **～ lìly** 名 C 〘動〙ウミユリ《海底に生息する棘皮(きょくひ)動物》 **～ lìon** 名 C 〘動〙アシカ, トド **～ mèw** 名 C 〘鳥〙カモメ (seagull) **～ mìle** 名 C 海里 (nautical mile) **～ òtter** 名 C 〘動〙ラッコ **～ pìnk** 名 C 〘植〙ハマカンザシ《イソマツ科の多年草》 **～ pòwer** 名 ① U 海軍力, 制海権 ② C 海軍国 **～ ròom** 名 U 〘海〙操船余地 **～ ròver** 名 C 海賊(船) **～ sàlt** 名 U 海塩 **Séa Scòut** 名 C (主に英国の) 海洋少年団員 **～ sèrpent** 名 C ① (空想上の) 大ウミヘビ ② ＝sea snake **～ shànty** 名 C 《英》(水夫が歌う伝承的な) 船歌 (《米》chanty, chantey) **～ snàil** 名 C ① 〘魚〙クサウオ ② 海産巻き貝の総称 **～ snàke** 名 C 〘動〙ウミヘビ《太平洋・インド洋産の毒蛇》 **～ stàr** 名 C ヒトデ (starfish) **～ tròut** 名 C U 〘魚〙ウミマス **～ tùrtle** 名 C 〘動〙ウミガメ (《英》turtle) **～ ùrchin** 名 C 〘動〙ウニ **～ wàll** /, ˌ-ˊ-/ 名 C 防波堤, (海岸の)護岸堤防

séa·bèd 名 《the ～》海底
***séa·bìrd** 名 C (カモメなどの)海鳥
séa·bòard 名 C 沿岸, 海岸(地帯)
sea·bor·gi·um /siːbɔ́ːrgiəm/ 名 U 〘化〙シーボーギウム《元素番号106の放射性元素. 記号 Sg》
séa·bòrne 形 海上輸送された, 海上輸送の(↔ airborne) ‖ ～ goods 舶来品 / ～ trade 海上貿易
séa·còck 名 C (船体内に海水を入れる)海水コック
sea·far·er /síːfèərər/ 名 C ❶ 《古》《文》船乗り(sailor) ❷ 海上旅行者, 海の旅人
sea·far·ing /síːfèərɪŋ/ 形 《限定》海に生きる, 船乗り稼業の ‖ ～ nations 海洋国 ―名 U 船乗り稼業；航海
séa-flòor sprèading 名 U 〘地〙海洋底拡大《マグマの上昇で地殻が拡大し新しい海底ができる現象》
***séa·fòod** 名 U シーフード, 海産食品《特に魚介類》
séa·frònt 名 C 《単数形で》(町などの)海に面した地域；海岸通り
séa·gìrt 形 《文》海に囲まれた
séa·gòing 形 《限定》❶ (船が) 遠洋航海向きの, 外航用の ❷ ＝seafaring
séa·gràss 名 U 海辺[海中]の植物
sèa gréen ⟨シ⟩ 名 U 海緑色 **sèa-gréen** 形
***séa·gùll** 名 C 〘鳥〙カモメ
séa-ìsland còtton 名 U 海島綿《主に西インド諸島で栽培されている上質綿》
séa·kàle 名 U 〘植〙ハマナ(浜菜)
****seal**[1] /siːl/
―名 (複 **～s** /-z/) C ❶ **公印, 印鑑**, 印章, 判, 証印(♦ 欧米では一般に署名だけで捺印(なついん)しない. 公文書の場合, 溶かした封ろう・鉛などに印を押したものを添えて証明する) ‖ Put your ～ here. ここに印を押しなさい / the Presidential *Seal* 大統領印 / the Great *Seal* 国璽(こくじ)
❷ (手紙などの)**封緘**(ふうかん)**紙**, 封ろう, 封鉛；封印 ‖ break the ～ of a letter 手紙の封を切る
❸ 厳重に封をするもの, 目張り, 漏れ止め, シール；《通例 the ～》(空気・液体の漏れ・ほこりの進入などを防ぐ)密封, 密閉 ‖ break the ～ on a bottle of wine ワインの瓶の封を切る / a ～ around a window 窓の周りの目張り
❹ (保証・確認の)あかし, しるし(pledge)；(将来の)徴候 ‖ a ～ of friendship [success, victory] 友情[成功, 勝利] のしるし / He had the ～ of death in his face. 彼の顔には死相が出ていた / obtain the government's ～ of approval 政府の承認[認可]を得る
❺ 口封じ, 口止め, (秘密を漏らさない)約束；《通例 the ～》〘カト〙ざんげの内容の守秘義務 ❻ 《米》(慈善団体などが募金運動として発行する)装飾用シール
sèt [OR ***pùt***] ***one's séal to*** [OR ***on***] ***...*** …に捺印する；…を承認する, …に同意する
sèt [OR ***pùt***] ***the séal on ...*** …を決定づける, …を確かなものにする ‖ His third goal *set the* ～ *on* the match. 彼の3つ目のゴールで試合は決まった
under séal (特に法廷で) (文書などが) (ある時間まで) 開けられないように封印されて [秘密にされて] ‖ *under* ～ of secrecy 秘密を守るという約束で
―動 (**～s** /-z/ ; **～ed** /-d/ ; **～·ing**)
―他 ❶ 〈…で〉〔容器・入口など〕を**密封[密閉]する**, …に目張りする；〈…で〉〔割れ目・穴など〕をふさぐ《*up*》；〔床・板など〕の表面を〈…で〉コートする〈**with**〉；〔物〕を〈容器などに〉入れて密封する〈**in**〉 (♦ しばしば受身形で用いる) ‖ ～ a jar closely 瓶をしっかりと密封する / ～ the cracks in the walls *with* plaster 壁の割れ目を漆喰(しっくい)で目張りする / ～ *up* a room for fumigation 燻蒸(くんじょう)消毒のために部屋を密閉する
❷ 〔目・口など〕を固く閉じる；(法廷などで)〔情報や文書〕を秘密にしておく ‖ My lips are ～*ed*. 私は固く口止めされている；私の口からは何も申せません
❸ 〔手紙・封筒など〕に封をする；…を封印する《*up, down*》 ‖ lick and ～ an envelope 封筒をなめて封をする
❹ …に印を押す, 捺印する；〔書類〕に(本物であることを示す)公印を押す；〔商品〕に(品質・重量検定合格などの)刻印を押す；…に調印する ‖ sign and ～ a document 書類に署名捺印する
❺ 〔約束・契約など〕を確認[保証]する；〔愛情など〕のあかしとする ‖ They ～*ed* the bargain with a handshake. 彼らは握手を交わして契約を確認した ❻ 〔運命など〕を決定づける, 取り返しのつかないようにする ‖ This mistake ～*ed* his fate. この過ちによって彼の運命は決まった / be ～*ed* for [OR to] salvation 救済を受ける運命にある ❼ (警察・軍隊などが)〔境界・出口など〕を閉鎖する
sèal ín ... / ***sèal ... ín*** 〈他〉…が漏れないようにする, …を封じ込める ‖ This container ～*s in* the coffee's aroma. この容器はコーヒーの香りを逃さない
****sèal óff ...*** / ***sèal ... óff*** 〈他〉〔地域など〕を(人が入らないように) 封鎖する (obstruct ; close [OR block, cordon] off) ‖ The bombsite was ～*ed off*. 被爆区域は封鎖された
▶▶**～ing wàx** 名 U 封ろう **～ rìng** 名 C 封ろう用認め印付き指輪
***seal**[2] /siːl/ 名 (複 **～** OR **～s** /-z/) ❶ C 〘動〙アザラシ(類)；アシカ, オットセイ《アザラシ科とアシカ科の海獣の総称》‖ a true ～ アザラシ科の動物 / the eared ～ アシカ科の動物《オットセイ・アシカなど》/ a fur ～ オットセイ ❷ U オットセイ[アザラシ]の毛皮(seal skin)
―動 自 アザラシ[オットセイ]狩りをする
seal·ant /síːlənt/ 名 U 密封剤, 密閉材, 防水剤

sealed /siːld/ 形 ❶ 調印した；封印した，密封した ❷ 不可解な，不詳の，不明の ▸▸ ~ **órders** 名 複 〘軍〙封緘(ふうかん)命令《特定の日時まで開封を禁じられている命令》

séaled-bèam 名 U 形 シールドビーム（方式）（の）《レンズ・発光部分・反射鏡などが一体化した電球》

seal·er[1] /síːlər/ 名 C ❶ 密封[封印]する人[道具] ❷ 度量衡検査官 ❸（塗装前の）目止め剤，下地塗り塗料

seal·er[2] /síːlər/ 名 C オットセイ[アザラシ]狩猟者[船]

sea·lift /síːlìft/ 名 U 海上輸送

séal·skìn 名 U オットセイ[アザラシ]の毛皮；C その衣類

Sea·ly·ham /síːlihæm | -liəm/ 名 C 〘動〙シーリハムテリア《短足で被毛の硬いウェールズ原産のテリア犬》

*__seam__ /siːm/（♦ 同音語 seem）名 C ❶（布・革などの）縫い目；（金属・木材などの）継ぎ目；《通例 ~s》（船板の）合わせ目 ‖ a split at [OR in] the ~ of his trousers 彼のズボンの縫い目のほころび ❷〘地〙（2つの地層間にある）（特に石炭などの）薄層，鉱脈；（優秀な人材などの）層；要素 ‖ a rich ~ of coal 石炭の豊かな鉱脈 / have a rich ~ of experienced players 熟練選手の層が厚い ❸（線状の）傷跡，しわ；〘医〙縫合線

be bùrsting* [OR *bùlging*] *at the séams 《口》（部屋・建物などが）（人・物で）あふれている

*__còme__ [OR __fàll__] __apàrt at the séams__ ① 縫い目がほころびる ②《口》（会社・計画などが）うまくいかなくなる；（人が）（精神的に）まいる

―動 他 ❶ …を縫い[継ぎ]合わせる《*together*》 ❷《通例受身形で》〈…の〉傷跡[しわ]がついている〈**with**〉

―自 ひび[しわ]ができる

▸▸ ~ **bòwler** 名 C《英》〘クリケット〙変化球投手

*__sea·man__ /síːmən/ 名（複 **-men** /-mən/）C ❶ 水夫，船乗り；（下級）船員，水兵（sailor）；〘米海軍〙上等水兵《下士官のすぐ下》（⇨ SAILOR 類語）（→ able seaman, able-bodied seaman, leading seaman, ordinary seaman）❷《形容詞を伴って》船舶の操縦が…な人（中立 navigator）‖ a good [bad] ~ 操船が上手な[下手な]人 ❸ 老練な船乗り（中立 mariner, seafarer）

séa·man·lìke /-làɪk/, **séa·man·ly** /-li/ 形 船乗りらしい，船の操縦に熟達した（中立 sailor-like）

séa·man·shìp /-ʃɪp/ 名 U 船舶操縦術，操船術（中立 navigation skills, sailing techniques）

séa·màrk 名 C 航路標識《灯台・ビーコンなど》

séam·er /-ər/ 名 C ❶ 縫う人，縫製工[機械] ❷〘クリケット〙=seam bowler；変化球

séam·less /-ləs/ 形 ❶ 縫い目[継ぎ目]のない，シームレスの ❷ 途切れのない，よどみのない，スムーズな

sea·mount /síːmàʊnt/ 名 C 海山(かいざん)《海底から1,000メートル以上隆起した海面下の山》

seam·stress /síːmstrəs | sém-/ 名 C お針子，縫い子（中立 sewer, garment worker）

seam·y /síːmi/ 形 ❶（粗の見える）裏面の；不快な，汚らしい ‖ the ~ side of life 人生の裏面《犯罪・貧困など》 ❷ 縫い目のある[見える] **séam·i·ness** 名

Sean·ad /ʃǽnəd/ 名（= ~ **Eir·eann** /-éərən/）《the ~》（アイルランドの）上院（→ Dail Eireann）

se·ance /séɪɑːns | -ɔns/ 名 C ❶ 降霊術の会，交霊会 ❷ 会，会合（meeting）

séa·plàne 名 C 水上（飛行）機

séa·pòrt 名 C 港町，港湾都市；海港

séa·quàke 名 C 海底地震

sear /sɪər/ 動 他 ❶ …を焦がす；…の表面を一気に焼く ❷ …を〈記憶に〉焼きつける〈**into, in**〉 ❸（感情・痛みなどが）〔人〕を襲う ―自 焼けつくような痛みを感じる；《古》しなびる，枯れる ―名 C 焼けた[焦げた]跡 ―形《文》（葉・花などが）乾ききった，ひからびた，しなびた

***search /səːrtʃ/《発音注意》動 名

―動（~**·es** /-ɪz/；~**ed** /-t/；~**·ing**）

―他 ❶〔場所など〕を〈…を求めて〉**捜す**，捜索[探索]する〈**for**〉（♦ 動詞の目的語は捜す場所で，捜すものは for の目的語．❷, ❸ も同様）‖ I ~*ed* my pockets *for* some change. 小銭がないかポケットを探った / She ~*ed* the house from top to bottom *for* the missing ring. 彼女はなくなった指輪を家中くまなく捜し回った

❷〔人〕を〈隠したものなどを見つけようと〉身体検査する〈**for**〉‖ The policeman ~*ed* him *for* drugs [weapons]. 警官は彼が麻薬[武器]を持っていないか身体検査をした

❸〈…を知ろうと〉〔書類など〕を詳しく調べる，調査する；〔人の心・感情など〕を探る；…を探るようにじっと見つめる〈**for**〉‖ ~ the old diaries *for* the exact date その正確な日付を知るため古い日記を調べる / ~ his face *for* some sign of penitence 悔悟の様子が見えるかとじっと彼の顔を見つめる / ~ one's heart [OR conscience] 自分の良心に聞いてみる，内省する

❹ 💻〔データベース・インターネット〕を検索する

―自 ❶ **捜す**，捜索[探索]する；探る，調べる〈**for, after** …を；**through, among** …の中を（くまなく）〉（⇨ SEEK 類語）‖ ~ *for* a lost key なくなった鍵(かぎ)を捜す（♦ 特に《口》では search for より look for, try to find の方がふつう）/ ~ *among* [OR *through*] one's belongings *for* a souvenir picture 持ち物を引っかき回して記念写真を捜す / ~ about [OR around] *for* a missing dog いなくなった犬を捜し回る / ~ *for* a cure for cancer 癌(がん)の治療法を探る / ~ *for* something to say 何か言うことを探す ❷ 💻（データベース・インターネットの）検索をする

sèarch óut ...* / *sèarch ... óut 〈他〉…を捜し出す，見つけ出す（hunt out；unearth）

COMMUNICATIVE EXPRESSIONS

[1] "Whère did he lèave the bóok?" "**Sèarch mé.**" 「彼はその本をどこに置いたんですかねえ」「さあね」（♥「私のどこを探しても答えは出てこないよ」より「わからない；知らない」の意．↗I don't know.）

―名（複 ~**·es** /-ɪz/）U C ❶ **捜索**，探索；調査，検査；探求，追求〈**for, after** …を求めての；**of** 場所などの〉‖ The boys set out on a ~ *for* the buried treasure. 少年たちは埋蔵された宝を探しに出かけた / make a careful ~ *of* the area *for* the criminal 犯人を追ってその地域を念入りに捜索する / call off [give up] the ~ *for* the missing 行方不明者の捜索を中止[断念]する / ~ and rescue （海・山での遭難者の）捜索救助 / a ~-and-rescue dog 捜索救助犬 / the ~ *for* [OR *after*] the meaning of youth 青春の意義の追求

❷ 💻（データの）検索 ‖ run a database ~ of ... …をデータベースから検索する ❸ 臨検，捜索《交戦国が中立国船舶を停止させて武器などを隠していないか調べる検査》

*__*in séarch of ...*__ …**を捜して**，求めて ‖ They sailed across the Atlantic *in* ~ *of* [×for] freedom. 彼らは自由を求めて大西洋を渡った

▸▸ ~ **èngine** 名 C 💻 検索エンジン，サーチエンジン《インターネットなどの検索用プログラム》 ~ **pàrty** 名 C 捜索隊 ~ **wàrrant** 名 C（家宅）捜索令状

search·a·ble /sə́ːrtʃəbl/ 形 💻 検索可能な

search·er /sə́ːrtʃər/ 名 C ❶ 捜索者；調査者；船舶[税関]検査官 ❷ 💻 =search engine ❸〘医〙探り針

search·ing /sə́ːrtʃɪŋ/ 形《限定》❶（調査などが）厳重な，綿密な，徹底的な ‖ a ~ investigation 徹底的な調査 ❷（観察力などが）鋭い，（寒さなどが）身を切るような ‖ ~ insights 鋭い洞察力 ~**·ly** 副

séarch·lìght 名 C サーチライト；U サーチライトの光

sear·ing /síərɪŋ/ 形《限定》《文》❶ 焼けつくような，肌を焦がすような ❷（痛みなどが）激しい，焼けるような ❸（非難などが）厳しい，痛烈な ~**·ly** 副

Sears /sɪərz/ 名 **Richard Warren** ~ シアーズ（1863–1914）《米国の実業家．通信販売会社 Sears, Roebuck & Co. を創設》

séa·scàpe 名 C 海の景色；海景画

séa·shèll 名 C（海の）貝，貝殻

*séa·shòre 名《通例 the ～》❶ 海岸, 海辺(⇨ SHORE[1] 類語) ❷ 〚法〛海岸《低潮線と高潮線の間》
*séa·sìck 形 船に酔った ～·ness 名 U 船酔い
*séa·sìde 名 C《しばしば the ～》《主に英》(特に休暇の保養地としての)海岸, 海辺; 海沿いの地域[町](⇨ SHORE[1] 類語) ‖ spend the summer at [OR by] the ～ 海辺で夏を過ごす ━形《限定》海辺の, 臨海の ‖ a ～ resort 海辺の避暑[寒]地;《主に米》海辺のリゾートホテル

sea·son /síːzən/ 名 動

━名 〔▶ seasonable 形, seasonal 形〕(複 ～s /-z/) ❶ C **季節**《春・夏・秋・冬のうちの1つ》‖ the four ～*s* 四季 / in all ～*s* 四季を通じて
❷ C《しばしば the ～》(1年のうち行事・活動を行う)**時季, シーズン**, …期; 出盛り, 旬(しゅん); 流行期 ‖ The rainy [dry] ～ has set in. 雨[乾]期に入った / the harvest [planting] ～ for rice 米の収穫[植え付け]期 / the hunting ～ 狩猟の時期 / the closed [open] ～ 禁猟[狩猟解禁]期 / the deer ～ シカ狩りの時期 / the breeding ～ (動物の)繁殖期 / the baseball ～ (公式試合が行われる)野球シーズン / the **last** ～ (スポーツなどの) 昨シーズン / at holiday [OR vacation] ～*s* 休暇のシーズンには / the Christmas ～ クリスマスシーズン / the festive ～ (クリスマス前後の)祝祭シーズン / (the) high [OR peak] ～ (観光地・商売などの) 最盛期 / (the) low [OR off, slack] ～ in business 商売の閑散期 / London in the ～ 社交シーズン中のロンドン / the watermelon ～ スイカの出回る時期
❸ C (映画などの)シリーズ
❹ C 適切な時期, 好機 ‖ This is not the ～ for arguments. 議論などしている場合ではない
****in séason*** (↔ *out of season*) ① (食べ物などが) 出盛りで, 食べごろで ‖ Strawberries are now *in* ～. イチゴは今が旬だ ② (動物の雌が) 発情[交尾]期で ③ (猟獣などが)狩猟期で ④ (観光地などが)シーズン中で, かき入れ時で ⑤ (忠告などが)時宜を得て
ín (sèason) and óut of sèason (時季に関係なく) いつでも, 明けても暮れても
****òut of séason*** (↔ *in season*) ① (食べ物などが) 時季外れで (手に入らない), 旬を外れて ‖ Oysters went *out of* ～. カキは時季外れになった ② 禁猟期で ③ オフシーズンで; 時を失して
Sèason's Gréetings! 時候のごあいさつを申し上げます (♦クリスマスなどのカードに書く宗教色を抑えた年末年始のあいさつ)

COMMUNICATIVE EXPRESSIONS
1 **Èverything hàs its séason.** ものには旬がある

━動 (～s /-z/; ～ed /-d/; ～·ing)
━他 ❶〔食べ物〕に〈調味料などで〉**味つけする**, 調味する 〈**with**〉‖ ～ the meat *with* salt and pepper 肉に塩とこしょうで味つけする / highly [lightly] ～*ed* 濃く[薄く]味つけされた
❷《通例受身形で》(使用に適するように) (木材が) 乾燥させられる
❸〔話・物語など〕に〈…で〉味わいを持たせる, 興趣を添える 〈**with**〉‖ His lectures are always ～*ed with* humor. 彼の講義はいつでもユーモアがきいている
❹《通例受身形で》〈気候・環境などに〉慣らされる, 〈…の〉経験を積む 〈**to**〉; 鍛えられる ‖ airmen ～*ed* by battle 歴戦の航空兵たち / a ～*ed* traveler 旅慣れた旅行者
━自 ❶ 味つけをする ‖ ～ to taste 好みに合うように味つけする ❷ (木材などが) 乾燥して使えるようになる ❸ 慣れる
語源 ラテン語 *satio*(種まき)から「種まきの季節」→「季節」と意味が変化した.
▸▸ ～ **tícket** /英 ╌ ╌ ́╌/ 名 C ①《英》定期 (乗車) 券 (《米》commutation ticket) ② (競技・催し物などへの) 定期入場券, 通し切符, シーズンチケット

sea·son·a·ble /síːzənəbl/ 形 〔◁ season 名〕❶ 季節に合った[ふさわしい] (↔ unseasonable) ❷《古》時宜を得た, 折よい ‖ ～ aid [advice] 時宜にかなった援助[助言] ～·ness 名 -bly 副
***sea·son·al** /síːzənəl/ 形 〔◁ season 名〕《通例限定》季節の, 季節的な, 季節ごとの ‖ ～ fruits 季節の果物 / a ～ wind 季節風 / ～ workers 季節労働者 / a ～ trade (クリスマス用品のような)季節的な商い ～·ly 副
▸▸ ～ **affèctive disórder** 名 U 季節性情緒障害 (日照時間が原因とされる. 略 SAD)
sea·son·al·i·ty /sìːzənǽləṭi/ 名 U 季節性
sea·soned /síːzənd/ 形 ❶《通例限定》(人が) 経験を積んだ ‖ a ～ traveler 旅慣れた旅行者 ❷ 味つけした ❸ (木材が) 乾燥した, 乾燥して使えるようになった
sea·son·ing /síːzənɪŋ/ 名 U ❶ 調味料, 香辛料, 薬味, 味つけ ❷ (木材を)ほどよく乾燥させること

seat /siːt/ 名 動

━名 (複 ～s /-s/) C ❶ **座席**, 腰かけ (♦いす・ベンチなど腰を下ろす際に用いられるものすべてを含む); (自転車の) サドル, (馬具の) 鞍座(あんざ) ‖ put a child in a child ～ 子供をチャイルドシートに座らせる / a **back** [front] ～ (車などの)後部[前部]席
❷ (劇場・映画館などの) 客席, **席** (に着く権利) ‖ May I trade [OR change] ～*s* with you? 席を代わってもいいですか / I offered the old woman my ～. 私はそのおばあさんに席を譲った / book [OR reserve] two ～*s* 「for a concert [on a train, at a theater] 音楽会[列車, 劇場] の席を2つ予約する / **take** one's ～ 自分の席に座る / a reserved ～ 予約席
❸《通例単数形で》(いす・ブランコなどの) **座部**; (器械などの) 台(座); 尻(しり) (buttocks); (ズボンなどの) 尻(の部分) ‖ The chair had a broken ～. いすは座部が壊れていた / leave a toilet ～ up 便座を上げておく / a hole in the ～ of his trousers 彼のズボンの尻にあいた穴
❹ (政府・組織などで重要な決定をする) 地位; 《主に英》**議席**, 会員権; 《英》選挙区 ‖ **win** [**lose**] a ～ (選挙で) 当選[落選] する; (政党が) 議席を獲得する[失う] / have a ～ 「on the executive board [in Parliament] 重役[国会議員]である / a safe ～ 当選確実の選挙区(の議席)
❺《堅》中心地, 拠点, 所在地; 現場; (病気などの体内の) ありか, 位置 ‖ the ～ of government 政庁所在地, 首都 / a ～ of commerce 商業の中心地 / a ～ of war 戦場 / the ～ of a disease 病気の宿っている所, 病巣
❻《英》(田舎の) 屋敷, 邸宅(country seat)
❼《単数形で》(乗馬の) 姿勢, 腰つき, 乗りっぷり ‖ have a good ～ (on a horse) 乗馬の姿勢がよい
be in [OR ***on***] ***the hot seat*** ⇨ HOT SEAT(用例)
by the sèat of one's pánts《口》勘に頼って, 直観的に判断して, 当てずっぽうで
in the driver's [《英》***driving***] ***seat*** ⇨ DRIVER'S SEAT (成句)
on the edge of one's seat《口》⇨ EDGE(成句)
take a back seat (***to …***) ⇨ BACK SEAT(成句)

COMMUNICATIVE EXPRESSIONS
1 **Are there any sèats (stìll) aváilable?** (まだ) 空席はありますか(♥ 乗り物や劇場などの切符の窓口で用いる)
2 **Is thìs sèat táken** [OR **óccupied**]**?** この席, 空いてますか(♥ 乗り物や劇場などで)
3 **Kèep your séat(s).** 席から離れないでください; どうぞそのまま(立たないでください)
4 (**Plèase**) **hàve** [OR **tàke**] **a séat.** どうぞおかけください(=Please be seated./↘Please sit down.)
5 **You're in mỳ séat.** そこは私の席ですが (♥ 自分の予約席にほかの人が座っていたときに用いる)

━動 (～s /-s/; ～·ed /-ɪd/; ～·ing)
━他 ❶ **a** (+目+副句)〔人〕を(…に)座らせる, 着席させる; (ディナーテーブルなどで)〔人〕を(…に)座るように手配する (♦ 副句 は場所を表す) ‖ *Seat* the girl next to your

sister. 女の子を妹さんの隣に座らせてあげて / The waitress ~*ed* us by the window. ウエートレスは私たちを窓際の席に案内した

b 《~ oneself または受身形で》座る，着席する ‖ Please be ~*ed*. どうぞお座りください (♥ Please sit down. より《堅》で丁寧) / Please remain [OR stay] ~*ed* until the aircraft comes to a complete stop. (機内アナウンスで) 飛行機が完全に止まるまで座席に着いていてください / ~ oneself「on a bench [at the table] ベンチに腰を下ろす[テーブルにつく]

❷《進行形不可》(劇場・レストラン・車などが)…だけの座席数がある，…人を収容する ‖ The hall ~*s* 1,000 (people). そのホールは1,000人を収容する

❸〔人〕を重要な役職[議席]に就ける ❹〔いす〕に座部をつける ❺〔機械など〕を取り[据え]つける，設置する

—自 据えつけられる，(場所・位置に)収まる

▸▸ **~ bèlt** (↓)

séat·bàck, séat-bàck 名 C 形 (航空機・車内などの)前部座席の背後(の)

*__séat bèlt__ (飛行機・自動車の)シートベルト(safety belt) ‖ fasten [unfasten] one's ~ シートベルトを締める[外す]

-seater 連結形「…人乗りの乗り物」の意 ‖ a four-*seater* 4人乗りの車(など)

*__seat·ing__ /síːtɪŋ/ 名 U ❶ 着席，着席させる[してもらう]こと ❷ 座席の設備，座席数，(座席の) 収容力 ‖ The hall has「~ for [OR a ~ capacity of] 500 people. ホールには500人分の座席がある ❸ (いすの)座部の材料

séat·màte 名 C 《米》(旅客機などの)同席者

SEATO /síːtou/ 略 *S*outheast *A*sia *T*reaty *O*rganization(東南アジア条約機構，シアトー)

sèat-of-the-pánts 形《口》勘による，直感[経験]に頼った；(航空機の操縦が)計器に頼らないで

Se·at·tle /siǽtl/ 名 シアトル《米国ワシントン州西部の港湾都市》

sea·ward /síːwərd/ 副 海の方へ(seawards)

—形《限定》❶ 海の方の，海に面した ❷ (風が) 海からの ‖ a ~ wind 海風 —名 U C《単数形で》海の方，海側

séa·wards /-wərdz/ 副 =seaward

séa·wàter 名 U 海水

séa·wày 名 C ❶ (外洋船が航行できる) 内陸水路，運河 ‖ the St. Lawrence *Seaway* セントローレンス水路 ❷ 海路，航路 ❸《単数形で》荒海 ‖ in a heavy ~ 荒波にもまれて ❹ U (船の)前進，航行，舟足

*__séa·wèed__ 名 U C 海草，海藻

séa·wòrthy 形 (船が)航海に適する，外洋航海の可能な，頑丈な **-wòrthiness** 名

se·ba·ceous /səbéɪʃəs/ 形 脂肪質[性]の；皮脂を分泌する ‖ a ~ gland 皮脂腺(せん)

seb·or·rhe·a, -rhoe·a /sèbəríːə/ 名 U 《病理》脂漏症

se·bum /síːbəm/ 名 U 皮脂《皮脂腺の油性分泌物》

sec[1] /sek/ 名 C《a ~》《口》1秒，ちょっとの間《second[2]の略》‖ I'll be back in a ~. すぐに戻ります

sec[2] /sek/ 形 (ワイン，特にシャンパンが)辛口の

SEC 略 *S*ecurities and *E*xchange *C*ommission

sec. 略 secant；second(s)；secondary；secretary；section；sector；security

Sec., 《米》**Secy.** 略 secretary

SECAM /síːkæm/ 名 U SECAM方式《フランス・ロシアなどで採用しているテレビの放送方式》

se·cant /síːkənt/ 名 C ❶《数》割線 ❷《数》セカント，正割《略 sec. /sek/》

sec·a·teurs /sèkətə́ːrz | sékətəz/ 名 複《主に英》剪定(せんてい)ばさみ ‖ a pair of ~ 1丁の剪定ばさみ

se·cede /sɪsíːd/ 動 自〈団体・党派などから〉脱退する；〈連盟・連邦から〉分離[独立]する〈**from**〉 **-céd·er** 名

se·ces·sion /sɪséʃən/ 名 U ❶〈…からの〉脱退，分離(独立)〈**from**〉❷《the S-》《米国史》(南北戦争時の)南部11州の連邦脱退 **~·ìsm** 名 U 脱退論，分離論 **~·ist** 名 C 脱退論者，分離論者

se·clude /sɪklúːd/ 動 他〔人〕を〈…から〉引き離す，遮断する〈**from**〉；《~ oneself で》〈…に〉引きこもる〈**in**〉‖ ~ oneself *in* a library 図書館に閉じこもる

語源 *se-* apart＋*-clude* shut：離して閉じ込める

se·clúd·ed /-ɪd/ 形《通例限定》❶ 世間との交わりを絶った，隠遁(いんとん)した ‖ lead a ~ life 隠遁生活を送る，閑居する ❷ 人里離れた，人目につかない，ひっそりした

se·clu·sion /sɪklúːʒən/ 名 U ❶ 隔離，隔絶 ❷ (世間から) 隔離された状態，隠遁，閑居 ‖ live in ~ 閑居する，ひっそり暮らす ❸ C《古》人目につかない所

⁂**sec·ond**[1] /sékənd/ (→ 動 他 ❷)《アクセント注意》 形 名 副 動

—形《比較なし》《略 2nd》❶《通例 the ~》**第2の**，2番目の，2回目の ‖ This is the ~ **time** I've visited Disneyland. ディズニーランドに来たのは2度目だ / He was in ~ place in the race. 彼は競走で2位だった (♦ レースなどの順位を表すときは the をつけないことが多い) / Alan is now in his ~ year at college. アランは今大学の2年です / get into the ~ coach from the end 最後から2両目の車両に乗る / the ~ **half** (試合の) 後半 / every ~ day 1日おきに

❷ (重要性・価値・数量などにおいて) 最高の次の，二等の，二級の，二流の ‖ The company is ~ in size only to Du Pont. その会社はデュポン社を除けば規模ではほかのどこにも引けをとらない (→ (*be*) *second only to* ... (↓)) / the ~ team 2軍 / goods of ~ quality 二級品

❸《限定》《a ~》**もうひとつの**，別の；追加の；思い起こさせるような，再来の ‖ Give me a ~ chance to improve my score. 点数が上がるよう頑張るのでもう一度やらせてください / I won't be late a ~ time. もう二度と遅刻しません / a ~ car (ふだんは使っていない) もう1台の車 / a ~ helping of salad サラダのお代わり

❹《楽》副次的な；低域の，低音部の ‖ the ~ violin 第2バイオリン ❺ (自動車などの変速機の) セカンド(ギア)の

(be) sècond ónly to ... …に次いで2位[2番目](である)

be second to none ⇨ NONE(成句)

for the sècond tíme 2度目に，もう一度

—名 (複 **~s** /-z/) ❶《通例 the ~》**2番目 (の人[もの])**，2位 (の人[もの])，次席 ‖ I was (the) ~ to arrive. 私は2番目に着いた

❷《通例 the ~》(月の) 2番目の日，2日 ‖ the *2nd* of May=May (the) ~ 5月2日(♦ 通例《米》では May 2,《英》では 2(nd) May と表記)

❸《the S-》《人名の後に置いて》2世 ‖ Elizabeth the *Second* エリザベス2世(♦ 通例 Elizabeth II と表記)

❹ C (競技の)2着，2位

❺ (=~ **géar**) U (自動車のギアの) セカンドギア ‖ shift down into ~ ギアをセカンドに落とす

❻ C《通例 ~s》安売りされる傷物；二級品 ‖ These shirts are slight ~*s*. これらのシャツにはわずかに難がある ❼ C《~s》《口》(食べ物の) お代わり(second helping)；2番目に出される料理 ‖ Does anyone want ~*s* of soup? スープのお代わりの欲しい人いますか ❽ C《英》(大学の学位の) 2級 (second class degree)；(試験の成績の) 2級 ‖ get「an upper [a lower] ~ in engineering 工学で2級の上[下]を取る(♦ upper second は平均よりよく，lower second が平均) ❾ C (ボクシングの) セコンド；(決闘の) 介添人；(チェス競技大会の) 補助[援助]者；(ボーイ[ガール] スカウト幼年団員の6人組の) サブリーダー ❿ (=~ **báse**) U《野球》2塁 (手) ‖ men on ~ and third 2，3塁の走者 ⓫《the ~》《楽》2度(音程)

—副《比較なし》❶ (順序などが) **第2に**，2番目に ‖ finish [OR come] ~ in a race レースで2着になる

❷《最上級の形容詞の前に置いて》2番目に…，次いで… ‖ Yokohama is the ~ largest city in Japan. 横浜は日本第2の大都市だ

❸《文修飾》NAVI 第2に, その次に(secondly)(⇨ NAVI表現 3) ‖ First he's hardworking, and ~, he's very friendly. 第一に彼は勤勉だし, 第二にとても愛想がいい
―動 (~s /-z/ ; ~·ed /-ɪd/ ; ~·ing)
―他 ❶〔動議·提案など〕を支持する;(一般的に)…に賛成する ‖ He proposed the motion and I ~*ed* it. 彼が動議を提出し私はそれを支持した / "Let's have a party." "I'll ~ that." 《口》「パーティーをしようよ」「異議なし」
❷ /sɪkɑ́(:)nd | -ɔ́nd/ 《通例受身形で》《主に英》(将校·公務員などが) 一時的に配置換えされる〈**from** …から ; **to** …へ〉‖ He was ~*ed to* military intelligence. 彼は陸軍情報部に転属を命じられた ❸《堅》〔人〕を援助[支援]する ❹〔ボクサー·決闘者など〕の介添えをする
▸▸**Sècond Ádvent** 名《the ~》=Second Coming
~ **bállot** 名 U C 第2回[決選]投票 ~ **banána** 名 C《米口》(コメディーの) ぼけ役, わき役 ; (一般に) ぺこぺこする立場の人(→ top banana) ~ **bést** (↓) ~ **chámber** 名 C (2院制議会の) 上院 ~ **chíldhood** 名 U 第2の幼年期(♦ 老年期のこと) ; 《婉曲的》もうろく, ぼけ ~ **cláss** (↓) **Sècond Cóming** 名《the ~》〘宗〙(最後の審判における) キリストの再来 [再臨] ~ **cóusin** 名 C またいとこ ~ **grówth** 名 C U ① (処女林伐採のあとに自然発生する)二次林 ② 2級ワイン(↔ first growth)
~ **hóme** 名 C ① (休暇用の) セカンドハウス ②《単数形で》第2の故郷 ~ **lánguage** 名 C《通例単数形で》第二言語《母語の次に習得した言語 ; 主言語ではないが, その国で広く (公的にも) 使われている言語》 ~ **lieuténant** ⦅シ⦆ 名 C (米陸·空軍·海兵隊の) 少尉 (→ lieutenant)
~ **máte** 名 C〘海〙2等航海士(second officer)《商船で first mate に次ぐ位》 ~ **nàme** 名 C《英》姓, 名字 (surname) ~ **náture** 名 U 第二の天性, 〈…にとっての〉習い性〈**to**〉‖ *Habit is ~ nature.* 《諺》習慣は第二の天性 ~ **opínion** 名 C 参考意見 ; セカンドオピニオン《主治医以外の医師による診断》 ~ **pérson** ⦅シ⦆ 名《the ~》〘文法〙第二人称 ~ **síght** 名 U 未来を見通す能力, 千里眼 ~ **téeth** 名 複 永久歯 ~ **thóught** (↓) ~ **wínd** 名《単数形で》① (激しい運動後の) 呼吸の回復 ② 元気 [気力] の回復 ‖ get a [OR one's] ~ *wind* 呼吸が元に戻る ; 再びやる気になる **Sècond Wòrld Wár** 名《the ~》第2次世界大戦(♦ World War II ともいう)

⁂sec·ond² /sékənd/

―名 (複 **~s** /-z/) C ❶ (時間の)**秒**(→ hour, minute¹) 《略 sec.》; (角度の)秒(♦ 時間も角度も数字の後に″をつけて表す) ‖ at a rate of 100 times a ~ 1秒につき100回の割で / nine degrees, five minutes, and forty ~*s* 9度5分40秒(9°5′40″)
❷ **瞬間**, 一瞬, 少しの間(《口》sec)(→ split second)(⇨ MOMENT 類語) ‖ I'll be back **in** a ~ [OR **few** ~*s*, matter of ~*s*]. すぐに戻ります / Just [OR Wait] a ~. (電話口で)少しお待ちください ; (会話の途中で)ちょっと待ってくれよ / **for** a ~ or two ほんの一瞬
▸▸~ **hánd** 名 C (時計の)秒針, 短針

⁂sec·ond·ar·y /sékəndèri | -dəri/

―形《比較なし》❶ **第2(位)の** ; 2級[二流]の, 重要性[価値]の劣った ; 〈…の〉次の, 〈…に対して〉**二次的な**, 従位の(↔ main)〈**to**〉(→ primary, tertiary) ‖ The candidate's age is ~ *to* his experience. 経験さえあれば志望者の年齢はさほど問題ではない / the ~ stage 第2段階 / a ~ matter (重要さにおいて) 二次的な問題 / be of ~ importance=be a ~ consideration あまり重要でない
❷ 派生的な, 副次的な, 二次的な ; (産業が)第二次の, 従属的な (↔ original) ‖ a ~ effect 副次的効果 / a ~ product 副産物
❸《限定》(学校·教育が)中等の, 中級の
❹〘化〙第2の ; 〘電〙二次の ; 《S-》《旧》中生代の ; 〘鳥〙(羽が)次列風切りの ; 〘医〙二次的な, 続発性の, 後発の ‖ ~ feathers 次列風切り羽 / ~ infection 二次感染
―名 (複 **-ar·ies** /-z/) C ❶ 二次的なもの, 次位の人 ; 代理人, 補佐 ❷〘アメフト〙第2守備陣, セカンダリー ❸〘鳥〙次列風切り羽 ❹《-aries》中等学校
▸▸~ **áccent** 名 =secondary stress ~ **cólor** 名 C U 等和色《原色を等分に混ぜて作る》 ~ **educátion** 名 U 中等教育《日本の中学·高校に当たる》 ~ **índustry** 名 U C〘経〙第2次産業 (→ primary industry, tertiary industry) ~ **módern** (**schòol**) 名 C《英》セカンダリー=モダン=スクール《主に1970年代まで存在した実務教育を目的とした中等学校》 ~ **pícketing** 名 U《英》二次ピケ《労働争議を支援するために争議の当事者でない企業の労組が争議中の企業と取り引きのある部署で行う》 ~ **schòol** 名 C 中等学校《小学校と大学との間の学校》 ~ **séx** [**séxual**] **charácterìstic** 名 C〘医〙第二次性徴 ~ **sóurce** 名 C 二次資料《著者自らの経験·調査·観察によらない, ほかの資料や本から得た情報》 ~ **stréss** 名 C U 第2強勢[ストレス]《本辞典では /sékəndèri/ のように /ˋ/ で示される》(→ primary stress)

sècond bést 名 U/C《単数形で》次善のもの[人], 2番目によいもの[人] ‖ settle for ~ 次善のものに落ち着く
còme òff sècond bést 敗れる, 負ける
sècond-bést ⦅シ⦆ 形 次善の, 2番目によい

***sècond-cláss** ⦅シ⦆ 形《限定》❶ 二流の, 劣った ‖ a ~ citizen 2級市民 ❷ (乗り物が) 二等の ; 第二種郵便の
―副 二等で ; 第二種郵便で ‖ travel ~ 二等で旅行する

sècond cláss 名 ❶ C《単数形で》(人·物などの) 二等[流] グループ ❷ U (乗り物の) 二等 ❸ U 第二種郵便 (♦《米》では新聞·雑誌類, 《英》では第一種よりも配達の遅い郵便) ❹ U/C《単数形で》《英》(大学の優等試験で) 2級(の学生)

sècond-degrée ⦅シ⦆ 形《限定》〘医〙(やけどが) 第2度の ; 《主に米》〘法〙(特に殺人罪が) 第2級に相当する (→ first-degree)

sec·ond·er /sékəndər/ 名 C (動議·提案などの) 支持者, 賛成者 ; 後援者

sècond-generátion 形 ❶ (移民などの) 2世の ❷ (工業製品などが) 第2世代の, 改良された, 進歩した

sècond-guéss 動 他 ❶《主に米》…を後知恵で批判する ❷ …を予言[予測]する ❸ …を出し抜く

***sècond·hánd** ⦅シ⦆ 形 ❶ 中古の ; 《限定》中古品を商う ‖ a ~ car 中古車(used car) ❷ また聞きの, 受け売りの, 間接の ‖ ~ knowledge 受け売りの知識 ―副 ❶ 中古(品)で ‖ buy a book ~ 本を中古で買う ❷ また聞きで
▸▸~ **smóke** 名 U《米》二次喫煙(の煙), 副流煙《非喫煙者が間接的に吸う煙》 ~ **spéech** 名 U (聞こえてくる) 他人の携帯電話の会話

sècond-in-commánd 名 C 副司令官 ; 次長

⁂sec·ond·ly /sékəndli/

―副《比較なし》《文修飾》NAVI **第2に**, 次に(→ firstly, ⇨ NAVI表現 3)

se·cond·ment /sɪkɑ́(:)ndmənt | -ɔ́nd-/ 名 U 一時配置転換 ‖ on ~ to ... …へ配置換えされて

sècond-ráte ⦅シ⦆ 形《通例限定》二流の ; 劣った, 並の
sècond-ráter 名 C 二流の人物, つまらないもの

sècond-stríng ⦅シ⦆ 形《限定》控えの, 補欠の《弦が切れたときの予備の弦から》 ―名 C 補欠選手

***sècond thóught** 名 U/C《しばしば ~s》再考, 考え直し
hàve sècond thóughts 〈…について〉考え直す〈**about**〉
on sècond thóught [《英》***thóughts***] 考え直して (みると), よく考えた挙げ句
without a sècond thóught 直ちに, ためらわずに

***se·cre·cy** /síːkrəsi/ 名 〔◁ secret 形〕U ❶ 秘密厳守(の状態), 秘密裏(ﾘ) ‖ maintain ~ 秘密のままにしておく, 秘密を守る / in profound ~ 極秘のうちに ❷ 秘密保持(の能力) ; 秘密主義 ‖ You can rely on his ~. 彼は口が堅いから大丈夫だ / swear him to ~ 彼に口外しないことを誓わせる

⁑se·cret /síːkrət/ 形 名

—形〔▶ secrecy 名〕(**more ～; most ～**)
❶〈…に〉**秘密[機密]の**, 内緒の〈**from**〉(♦ 文書や談話が内密なのは confidential) ‖ He kept his illness ～ *from* his wife. 彼は自分の病気を妻に内緒にしていた / make a ～ trip 内緒で旅をする / go by a ～ passage 秘密の抜け道を通る / a ～ weapon 秘密兵器, 切り札
❷《限定》人目を避ける, **ひそかな**, 隠れた(→ open) ‖ a ～ drinker 人目を忍んで飲酒する人 / in one's ～ heart 心ひそかに
❸《通例叙述》〈…について〉秘密主義の, **口の堅い**, 隠し立てをする (→ frank) 〈**about**〉 ‖ be ～ *about* one's private life 私生活について話したがらない
❹《限定》(場所などが) 人目につかない, 人里離れた ‖ a ～ corner 人目につかない場所 ❺ 深遠な, 神秘的な, 不可思議な ‖ the ～ ways of God はかり難い神の御業(みわざ)
—名 (複 **～s** /-s/) Ⓒ ❶ **秘密**, **機密**, 内緒事 ‖ She **kept** her decision a ～ from her parents. 彼女は決意したことを両親に隠していた / **keep** [break, leak, let out] a ～ 秘密を守る [漏らす] / **make a** [**no**] ～ of one's marriage 自分の結婚を秘密にしておく[隠そうとしない] / It is「no ～ [an open ～] that .... …は周知の事実 [公然の秘密]だ / a closely-guarded ～ 厳秘
❷《通例 the ～》〈…の〉**秘訣**(ひけつ), 秘法, 秘伝〈**of, to**〉; (秘密を解く)鍵(かぎ) ‖ What's the ～ *of* your success? あなたの成功の秘訣は何ですか / He revealed the ～ behind his fame as a cook. 彼は料理人として名声を得た秘訣を明かした / the ～ *to* baking good bread おいしいパンを焼く秘訣 ❸《通例 ～s》**神秘**, 不思議 ‖ the ～s of nature [the universe] 自然界[宇宙]のなぞ
in on the sécret 秘密を知っている ‖ let him *in on the* ～ 彼に秘密を教える
•in sécret ひそかに, 人目を忍んで, こっそりと(secretly)

COMMUNICATIVE EXPRESSIONS
1 **Can** [OR **Could**] **you kèep a sécret?** 秘密を守ってもらえますか(♥「秘密を守ってもらえるのなら教えよう」の意)
2 **Thìs is tòp sécret.** これは極秘です

▶▶**～ ágent** 名 Ⓒ 諜報(ちょうほう)部員, スパイ(spy), 密偵 **～ bállot** 名 Ⓒ Ⓤ 秘密 [無記名] 投票 **～ políce** 名《(the) ～》《複数扱い》秘密警察 **～ sérvice** 名 ①《the ～》(政府の)諜報機関, 秘密情報部 ②《the S- S-》(米国の)国土安全保障省秘密検察局, シークレットサービス《大統領護衛などに当たる》 **～ shópper** 名 Ⓒ シークレットショッパー《客を装った商品調査員》 **～ socíety** 名 Ⓒ 秘密結社

sec·re·taire /sèkrətéər/ 名 Ⓒ (折り込みふた式の) 書き物机

sec·re·tar·i·al /sèkrətéəriəl/ 〈シ〉 形 〔◁ secretary 名〕 ❶ 秘書(官)の, 書記(官)の ❷ 長官[大臣]の

***sec·re·tar·i·at** /sèkrətéəriət/ 名 ❶《しばしば S-》Ⓒ (国際機構・政府の)事務局, 秘書課, 官房;《the ～》《集合的に》その職員 ‖ the United Nations *Secretariat* 国際連合事務局 ❷ Ⓤ 秘書[書記官]の職

⁑sec·re·tar·y /sékrətèri | -təri/《発音注意》
—名〔▶ secretarial 形〕(複 **-tar·ies** /-z/)《略 sec.》Ⓒ
❶〈会社・個人に雇われる〉**秘書**〈**to**〉; (官庁などの)書記官, 事務官 (♦ 官名の場合 S-) ‖ a private ～ 私設秘書 / a ～ *to*「the president [Mr. Lee] 社長[リー氏の]秘書 / work as (a) ～ in an accountant's office 会計士事務所で秘書を務める / the first [second] *Secretary* at an embassy 大使館の1[2]等書記官
❷《S-》《米》(各省の) **長官**《大臣に当たる》;《英》**大臣** (→Secretary of State, undersecretary) ‖ the *Secretary* of Defense [the Interior, the Treasury, Commerce] 《米》国防[内務, 財務, 商務]長官 / the Home *Secretary* 《英》内務大臣 (♦ 正式名称は the Secretary of State for the Home Department)
❸《英》次官(《米》undersecretary)《大臣・大使を補佐する》‖ Parliamentary *Secretary* 政務次官
❹ (クラブ・学会・団体などの) 幹事, 書記 ‖ act as ～ of the Sailing Club ヨットクラブの幹事を務める / the **general** ～ 書記長, 事務局長 ❺ 書き物机[台], ライティングデスク《上部は本箱で中央部の板を引き出すと机になる》
語源 secret(秘密) + *-ary*(「…する人」を表す名詞語尾): 秘密を任される人
▶▶**～ bird** 名 Ⓒ 〘鳥〙ヘビクイワシ《蛇を常食とするアフリカ産の猛禽(もうきん)》 **Sècretary of Státe** 名 Ⓒ ①(米国の)国務長官《外務大臣に当たる》; (州政府の)州務長官 ②(英国の) (各省) 大臣, 国務大臣 ‖ the *Secretary of State* for Defence [the Home Department, Foreign and Commonwealth Affairs] 国防 [内務, 外務連邦]大臣

***sècretary-géneral** 名 (複 **secretaries-** /-z-/)《しばしば S- G-》Ⓒ (国際機構・政府の)事務総長[局長]; 官房長; (政党の) 書記長 ‖ the *Secretary-General* of the United Nations 国連事務総長

sécretary·shìp 名 Ⓤ 秘書[書記, 書記官, 秘書官, 大臣など]の地位[任期, 仕事]

se·crete¹ /sɪkríːt/ 動 他 〘生理〙(器官が)…を分泌する

se·crete² /sɪkríːt/ 動 他 …を隠す(hide)

***se·cre·tion** /sɪkríːʃən/ 名 ❶ 〘生理〙Ⓒ《通例 ～s》分泌物; Ⓤ 分泌 ‖ the excessive ～ of hormones ホルモンの過剰な分泌 ❷ Ⓤ 隠すこと, 隠匿

se·cre·tive /síːkrəṭɪv/ 形 隠し事をする, 秘密好きの;〈…について〉口の堅い〈**about**〉 **～·ly** 副 **～·ness** 名

***se·cret·ly** /síːkrətli/ 副 秘密に, ひそかに, 人目を忍んで

se·cre·to·ry /sɪkríːtəri/ 形 分泌の, 分泌を促す

***sect** /sekt/ 名 Ⓒ ⊗《しばしば蔑》宗派, 教派, 分派, セクト; 非正統派, 非国教派; 党派, 派閥; 学派

sect. 略 section; sectional

sec·tar·i·an /sektéəriən/ 形《通例限定》❶ 分派 [党派] の; 党派心の強い, 派閥的な ‖ ～ politics 派閥政治 ❷ 視野の狭い, 偏狭な, 頑迷な
—名 Ⓒ ❶ (宗派の) 信徒; 派閥に属する人 ❷ 党派に凝り固まった人, 頑迷な人 **～·ism** 名 Ⓤ 党派心; 派閥主義

⁑sec·tion /sékʃən/ 名 動

中心義 ほかから切り分けられる部分

—名〔▶ sectional 形〕(複 **～s** /-z/) Ⓒ ❶ (場所・物を区分した結果の)**一部分**, 断片; 区画, 地区, 区域(⇨ PART 類語) ‖ in the front ～ of a drawer 引き出しの (仕切られた) 前の部分に / the business and industrial ～ of a city 都市の商工業地区 / the smoking ～ of a restaurant レストランの喫煙コーナー
❷ (大きな集団の構成単位としての) 集団, (ひとまとまりの) 一団; 〘楽〙セクション ‖ the brass [string] ～ of an orchestra オーケストラの金管[弦]楽器セクション
❸ (組織・機構などの) **部門**, 部, 課 ‖ the marketing [accounts] ～ マーケティング部門[会計課] / the reference ～ of a library 図書館の参考資料課
❹ (組み立て前の) 部品 ‖ buy a desk in ～*s* 部品組み立て[ユニット]式の机を購入する
❺ (新聞・雑誌などの)**欄**; (書物・論文などの)節《chapter の下位区分. 記号は§》; (法令文の) 項《clause の下位区分》‖ the financial [TV] ～ of a newspaper 新聞の経済[テレビ]欄 / ～ 3, clause 5 of the treaty その条約の5条3項 ❻ (ミカンなどの)袋, ふさ ❼ Ⓒ Ⓤ 切断, 分割; Ⓒ (物の) 切断面; 〘数〙(立体の) 断面図 ‖ a cross [OR transverse] ～ 横断面 / a conic ～ 円錐(えんすい)曲線 / in ～ 切断面で ❽ Ⓒ Ⓤ 〘医〙切開(手術); Ⓒ 〘医・生〙(顕微鏡検査のための) 薄い (組織) 切片, 薄片 ‖ examine a ～ of tissue under a microscope 顕微鏡で組織片を調べる ❾ Ⓤ《米》(公有地の) 1区画《面積1平方マイル》❿〘軍〙(platoon より下位の)分隊 ⓫〘鉄道〙保線区
—動 (**～s** /-z/; **～ed** /-d/; **～·ing**)

—他 ❶ …を〈…に〉区分[分割]する, 細かく分ける〈**into**〉; …を仕切る, 区切る《**off**》‖ The dining room is ~*ed off* from the kitchen by the accordion curtain. ダイニングはアコーディオンカーテンで台所と仕切られている
❷ (顕微鏡で調べるために)〔組織〕を薄片に切り分ける
❸ …を断面図で示す ❹〖医〗…を切開する ❺《英》〔人〕を精神科病院に強制収容する(♦しばしば受身形で用いる)
語源 *sect-* cut+*-ion*(名詞語尾):小さく切ること
▶▶ **Sèction Éight** 名〖米陸軍〗U(軍人として不適格とみなされての)除隊;C その兵士 **~ gàng** 名 C《米》(鉄道の)保線区班 **~ hànd** 名 C《米》保線区班員 **~ màrk** 名 C 節標《書物などの節を示す符号 §》

sec·tion·al /sékʃənəl/ 形〔◁ section 名〕《通例限定》❶ 部分の, 部分的な, 局部的な;1地方の, 地域的な;派閥の ❷ 部[課]の ❸ 断面(図)の ❹ (接合)部分からなる, 組み立て[組み合わせ]式の ‖ a ~ bookcase 組立本箱
—名 C《米》組み立て[組み合わせ]式家具 **~·ly** 副

séc·tion·al·ìsm /-ìzm/ 名 U 地域重視(主義);地方的偏見;派閥優先(主義)

sec·tor /séktər/
—名(複 **~s** /-z/) C ❶ (社会・経済活動などの)**分野, 部門**, 部分, セクター ‖ the public [private, voluntary] ~ 公共[民間, 非営利]部門[事業, 企業] / the commercial [industrial] ~ of the economy 経済の商業[産業]部門
❷ (都市内の)**地域**, 地区 ‖ the civilian ~ 非軍事地域
❸〖軍〗(軍事目的のため一定地域を再分割した)作戦区, 扇形戦区 ❹〖数〗扇形 ❺ 関数尺, 尺規《数学用器具》❻ 🖳 セクター《コンピューターの磁気記憶装置上のトラックにある分割領域の単位》
~·al 形 分野別の, 部門ごとの;扇形の

sec·to·ri·al /sektɔ́ːriəl/ 形 ❶ 扇形の ❷ (歯が)肉を裂くのに適した

sec·u·lar /sékjulər/ 形 ❶ (宗教と無関係, もしくはその支配を受けない)非宗教的な(↔ sacred, religious);世俗の, 現世の ‖ ~ affairs 俗事 / ~ music [art] 世俗音楽[芸術] / ~ education (宗教教育をしない)普通教育 / ~ power (教会の権力に対する)世俗の権力 ❷ (聖職者が)僧院外に住む, 在俗の, 教区付きの(↔ regular) ‖ a ~ priest 教区付き司祭 ❸〖天〗(惑星の変化などが)ゆっくりとした, 長年にわたる ❹〖経〗(不況などが)(周期的でなく)永続的な ❺ 1時代[1世紀]に1度の, 長い間に1度の
—名 C ❶ 教区付き司祭 ❷ 俗人(layman) **~·ly** 副
▶▶ **~ húmanism** 名 U 世俗人文[人道]主義《宗教的なものより人間的価値観を重視する哲学》**~ húmanist** 名 C 世俗人文[人道]主義者

séc·u·lar·ìsm /-ìzm/ 名 U 世俗的なものの考え方, 世俗[現世]主義;(教育・公務からの)宗教分離[排斥]主義, 政教分離 **-ist** 名 形 **sèc·u·lar·ís·tic** 形

sec·u·lar·i·ty /sèkjulǽrəṭi/ 名(複 **-ties** /-z/) U C 世俗[現世]的なこと, 非宗教性;俗心

sec·u·lar·ize /sékjuləràɪz/ 動 他 ❶ …を世俗化する, 宗教から切り離す(♦しばしば受身形で用いる) ❷〔教会の財産・支配〕を国[民間]に移す **sèc·u·lar·i·zá·tion** 名

se·cure /sɪkjúər/《アクセント注意》
中心義 心配のない(状態にする)
—形〔▶ security 名〕(**se·cur·er, more ~ ; se·cur·est, most ~**)(↔ insecure)
❶ **確かな**, 確実な;信頼できる ‖ Your promotion is ~. 君の昇進は間違いない / a ~ belief 確信 / a ~ job 安定した職 / a ~ investment 確実な投資
❷〈…に対して〉**安全な**, 危険のない〈**from, against**〉‖ a ~ building 安全な建物 / be ~ *from* harm [interruption] 危害[妨害]を受ける恐れがない / make a house ~ *against* fire 家を耐火建築にする
❸《叙述》不安[疑念]のない, 安心した(↔ uneasy);自信を持って, 確信して〈**of** …を;**about** …について;**in** …において〉‖ feel ~ *about* one's future 将来について不安がない / feel too ~ *in* one's power 自分の力を過信している / be ~ *of* success 成功を確信している
❹ しっかりした, 堅固な;堅く閉じられた, しっかり留められた ‖ The rope is ~. 縄はしっかり留めて[縛って]ある / make a shelf ~ to a wall 棚を壁にしっかり固定する / a ~ foundation [lock] しっかりした土台[締めた錠]
❺《通例叙述》しっかり保管[拘束]した ‖ The jewels are ~ in the safe. 宝石は金庫にしっかり保管してある
❻ (電話などが)盗聴されない
—動(**~s** /-z/;**~d** /-d/;**-cur·ing**)
—他 ❶ **a**《+目》…を(苦労して)**手に入れる**, 確保する(↔ lose) ‖ ~ a ticket for a concert 音楽会の切符を手に入れる / ~ a good job よい仕事を得る / ~ the residents' cooperation 住民の協力を取りつける
b《+目 *A*+目 *B* ⇄ +目 *B*+**for** 目 *A*》*A*(人など)のために*B*(物)を手に入れる ‖ He ~*d* himself a good contract.=He ~*d* a good contract *for* himself. 彼はうまい契約を獲得した
❷ …を〈危険・攻撃などから〉**守る**, 保護する, 安全にする, 堅固にする(↔ endanger)〈**from, against**〉‖ ~ a house *from* burglars 家に泥棒が入らないようにする / ~ oneself *against* the cold 寒さから身を守る
❸ …を〈…に〉しっかり固定する[閉じる, 縛る]〈**to**〉;〔容疑者など〕を監禁する ‖ *Secure* the door when you go out. 外出するときはドアをしっかり締めなさい / He ~*d* the tablet computer under his right arm. 彼はタブレットコンピューターを右わきにしっかり抱えた / ~ a rope *to* a pole ロープを柱にしっかり結ぶ
❹〔権利・支払いなど〕を保証する, 確実にする;〔融資など〕に〈…の〉担保をつける〈**on, against**〉‖ The Constitution ~*s* our freedom. 憲法によって我々の自由は保証されている / ~ a loan with personal property 個人資産で借入金の支払保証をする / The loan is ~*d on* [OR *against*] his house. その融資は彼の家を担保にしたものだ ❺〔電話〕を盗聴できないようにする ❻〖医〗(止血のため)〔血管〕を圧迫する **~·ly** 副 **~·ness** 名
▶▶ **~ sérver** 名 C 🖳 セキュアサーバー《インターネット上でデータを暗号化して送受信するプロトコル(SSL)使用のサーバー》

se·cu·ri·tize /sɪkjúərəṭàɪz | -rɪ-/ 動 他〔抵当など〕を売り物にする;〖金融〗〔貸出債権など〕を証券化する
se·cù·ri·ti·zá·tion 名

se·cu·ri·ty /sɪkjúərəṭi/
—名〔◁ secure 形〕(複 **-ties** /-z/) ❶ U C (危険・犯罪などに対する)**警備**, 防衛, **安全保障**;防衛手段, 保安[警備]対策;《単数・複数扱い》保安課, 警備組織 ‖ tighten ~ against terrorism テロに対する警備を厳重にする / **social** ~ 社会保障 / national ~ 国家の安全保障 / tight [lax] ~ 厳重な[手ぬるい]警備 / ~ measures 保安[警備]対策 / ~ **forces** 保安部隊 / a ~ check (安全確保や情報漏洩(ろうえい)防止のための)安全チェック, 保安検査 / a ~ firm 警備会社
❷ U **安全**, 無事, 危険のないこと ‖ ~ against [OR from] aggression 侵略を受ける恐れのないこと / personal ~ 身の安全 / live in ~ 安穏に暮らす
❸ U 安心(感), 不安[疑念]のないこと(↔ insecurity) ‖ the ~ of a happy home 幸福な家庭がもたらす安心感 / job ~ 仕事を失う心配のないこと, 職の保証 / financial ~ 金銭面での不安がないこと
❹ U C 保証(するもの), 担保(物件), 抵当(物件);保証人 ‖ lend money on ~ 担保をとって金を貸す / borrow money on the ~ of one's house 家を抵当にして金を借りる /「put up [OR give] one's house as (a) ~ for the loan 家を融資の担保に出す
❺ C《通例 -ties》有価証券 ‖ government *securities* 国債 / a *securities* house [OR company, firm] 証券会社 / *securities* fraud 証券詐欺

❻ Ⓤ 🖳セキュリティー, 機密保持《コンピューターシステムへの外部からの不正侵入防止やデータ内容の秘密保持機能》 ▸▸**Secùrities and Exchánge Commìssion** 名《the ～》《米》証券取引委員会《略 SEC》 **～ blánket** 名 Ⓒ ① 安心毛布《特に子供が安心するために持つ小さい毛布など》;(一般に) 安心[安らぎ]を与えるもの ②《英》(安全確保などに必要な) 秘密保持 **～ càmera** 名 Ⓒ 監視カメラ **～ clèarance** 名 Ⓒ Ⓤ (公務員などの)(国家) 秘密事項取り扱いの許可 **Secúrity Cóuncil** 名《the ～》(国際連合の) 安全保障理事会 **～ guàrd** 名 Ⓒ ガードマン, 警備員 **～ lìght** 名 Ⓒ 防犯灯 **～ rìsk** 名 Ⓒ (機密を漏らす恐れのある) 危険人物;危険な状況 **～ sèrvice** 名 Ⓒ 国家保安[秘密諜報(ちょうほう)]機関

secy., sec'y 略 secretary

***se·dan** /sɪdǽn/ 名 Ⓒ ❶《米・カナダ・豪・ニュージ》セダン型乗用車(《英》saloon)《ふつうの箱型乗用車》 ❷ (= **～ chàir**)(昔の, 2人でかつぐ)いすかご, 輿(こし)

se·date¹ /sɪdéɪt/ 形《通例限定》(人・態度などが) 物静かな, 落ち着いて威厳のある;(場所が)(つまらないくらい)静かな, 活気のない, 閑散とした **～·ly** 副 **～·ness** 名

se·date² /sɪdéɪt/ 動 他〔人〕に鎮静剤を与える;(鎮静剤を与えて)〔人〕を鎮静させる(♦しばしば受身形で用いる)

se·da·tion /sɪdéɪʃən/ 名 Ⓤ 鎮静剤の使用;(鎮静剤による)鎮静状態 ‖ be under ～ 鎮静状態にある

sed·a·tive /sédətɪv/ 名 Ⓒ 鎮静剤
— 形《通例限定》鎮静作用のある;静める, 和らげる

sed·en·tar·y /sédəntèri | -təri/ 形 ❶《通例限定》(人が)座りがちの, 座っている;(仕事・生活などが)座ってする ‖ a ～ job 座業 ❷〔動〕(動物が) 定住性の, 移動しない;(貝が)固着性の **-tar·i·ness** 名

Se·der /séɪdər/ 名 (複 **～s** /-z/ OR **Se·da·rim** /sɪdɑ́ːrɪm/) Ⓒ セデル《過越(すぎこし)の祝い(Passover)の第1(と第2)夜の祝宴[晩餐(ばんさん)], ユダヤ人のエジプト脱出を記念して行う祭り》

sedge /sedʒ/ 名 Ⓒ〔植〕スゲ **sédg·y** 形 スゲの茂った

se·di·le /sɪdáɪli/ 名 (複 **-dil·i·a** /-dílɪə/) Ⓒ《通例 -dilia》司祭席《祭壇近くのしばしば壁のくぼみに設けられている司式者の席でふつう3席からなる》

***sed·i·ment** /sédɪmənt/ 名 Ⓤ Ⓒ ❶ 沈殿物, おり ❷〔地〕堆積(たいせき)物

sed·i·men·ta·ry /sèdɪménţəri/ ⊲ジ 形《限定》沈殿(物)の;堆積による ‖ ～ rocks 堆積岩, 水成岩

sed·i·men·ta·tion /sèdɪmentéɪʃən/ 名 Ⓤ 沈殿(作用), 堆積(作用)

se·di·tion /sɪdíʃən/ 名 Ⓤ 反政府的扇動, 治安破壊行動

se·di·tious /sɪdíʃəs/ 形《通例限定》反政府的扇動の, 治安破壊の, 暴動を教唆する **～·ly** 副 **～·ness** 名

***se·duce** /sɪdjúːs/ 動 他 ❶〔異性など〕を誘惑する, 誘惑して関係を結ぶ ❷〔人〕を誘惑して堕落させる;〔人〕を誘惑して〈…を〉させる, 〈悪いことへ〉誘い込む〈**into**〉‖ ～ her *into* a life of pleasure 彼女を放縦な生活に引き入れる ❸ …を魅惑する, 引き寄せる, 引きつける ‖ ～ customers with special bargains 特売で客を引きつける

se·dúc·er /-ər/ 名 Ⓒ 誘惑する人[もの];女たらし

se·dúc·i·ble /-əbl/ 形 誘惑されやすい, 誘惑できる

***se·duc·tion** /sɪdʌ́kʃən/ 名 ❶ Ⓤ Ⓒ (特に年下の人・立場の弱い人に対する)(性的な)誘惑;(悪事などに)誘い込む[出す]こと, そそのかし ❷ Ⓤ/Ⓒ《通例 ～s》誘惑するもの, 引きつけるもの;魅惑, 魅力 ‖ the ～*s* of country life 田園生活の魅力

se·duc·tive /sɪdʌ́ktɪv/ 形 (性的に)魅力[魅惑]的な;人の気をそそる, 人を引きつける **～·ly** 副 **～·ness** 名

se·duc·tress /sɪdʌ́ktrəs/ 名 Ⓒ 男を誘惑する女

sed·u·lous /sédʒələs | sédju-/ 形《文》❶ 勤勉な, せっせと働く;粘り強い ‖ by ～ practice こつこつ練習して / play the ～ ape 人まねで身につける ❷ 入念な, 周到な ‖ ～ attention 細心の注意 **se·dú·li·ty** /sɪdjúːləţi | -djúːləti/ 名 Ⓤ《文》勤勉 **～·ly** 副 **～·ness** 名

se·dum /síːdəm/ 名 Ⓒ〔植〕セダム, ベンケイソウ

*****see¹** /siː/(♦同音語 sea)

中心義 **Aが見える**(★Aは物理的なものに限らず,「事柄」や「状況」などまで多様)

> 動 他 **見える❶ わかる❷ 調べる❸ 会う❺ 考える❻ 気をつける❽ 経験する❾**
> 自 **見える❶ 理解する❷ 確かめる❸**

— 動 (**～s** /-z/; **saw** /sɔː/; **seen** /siːn/; **～·ing**)

— 他 ❶《通例進行形不可》**見える**, 目に入る(♦can を伴うと現に見えている状況(進行形の代用)または見ようとする努力を示すが, can を伴わない場合とあまり意味が変わらないこともある. ⇨ CAN¹ 語法)(⇨ LOOK 類語P) **a**《+目》…が見える, 目に入る;…を(夢などで)見る;(カメラ・衛星が)…を視界にとらえる ‖ I looked back but *saw* nothing. 後ろを振り返ったが何も見えなかった / You can ～ a signboard over there. あそこに看板が見えますね / The guards were nowhere to be *seen*. 警備員の姿はどこにも見当たらなかった / I've never *seen* so much money in my life. 生まれてこのかたこれほどの大金を見たことはない / Why do you look at me as if you were ～*ing* a ghost? どうして私を幽霊でも見ているみたいに見るの(♦一時的な行為を表すときは進行形も使われる) / He *saw* God in his dream. 彼は夢で神様を見た

b《+目+*do*》…が…するのが見える(♦通例行為の始めから終わりまで見ていることを示す. can see は特定の瞬間における知覚を表すので, この用法では通例 can は伴わない. → ❶**c**)‖ I *saw* her go out about ten minutes ago. 10分ほど前に彼女が出て行くのを見かけた(♦目的語を主語にした受身形では She was seen to go out about ten minutes ago. と to 不定詞を用いるが, 実際に使われることはあまり多くない. ⇨ PB 95)

c《+目+*doing*》…が…しているのが見える(♦通例行為の途中の一部を見ていることを示す. したがって I saw her drowning, and I rescued her. (彼女が溺死(できし)しかかっているのを見て私は助けた) とはいえるが, ×I saw her drown, and I rescued her. とはいえない. → ❶**b**)‖ He *saw* his wife sitting in an armchair. 彼は妻がひじかけいすに座っているのを目にした / I can ～ a tornado coming. 竜巻が来るのが見える / A bicycle was missing and Ted was *seen* riding it. 自転車が1台紛失しテッドはそれに乗っているところを見られた

d《+目+*done*》…が…されるのが見える ‖ I *saw* the children beaten by their rivals. 子供たちがけんか相手に殴られるのを目撃した(♦受身形では to be を用いて The children were seen to be beaten by their rivals. となる)

e《+**wh** 節 /**wh to** *do*》…かを見る ‖ Watch carefully and you can ～ *how* my lips move in pronouncing the word. 気をつけて見ていればその単語を発音するとき私の唇がどう動くかがわかります

f《+(**that**) 節》…であるのが見える ‖ We could ～ *that* she'd been crying. 彼女が泣いていたのが我々には見てとれた

g《+目+補〈形〉》…が…であるのを見る ‖ We don't want to ～ you so unhappy. あなたがそんなに悲しんでいるのは見たくない

Behind the Scenes **You ain't seen nothin' yet!** **あなたたちはまだ何も見てはいない;お楽しみはこれからだ** 米国の大統領選で, Ronald Reagan が使ったスローガン. 表現自体は1920年代から使われており, カナダのポップグループ Bachman-Turner Overdrive の歌のタイトルでもある. このバリエーションである You ain't heard nothin' yet. は, 映画史上初の発声映画 *The Jazz Singer* の第一声のせりふとして有名(♥「これからがすごいのだ;今後の大活躍を乞うご期待」と言いたいときに)

❷《通例進行形不可》**わかる**, 見て知る **a**《+目》…がわかる, …を理解する, 認める, …に気づく;(新聞などで)…を知る;〈…の〉〔特性〕に気づく, 〈人の〉〔長所など〕を認める〈**in**〉(⇨ UNDERSTAND 類語) ‖ Sorry, I don't ~ the joke. すみません, 私にはその冗談がわかりません / We ~ no need for reforms. 我々は改革の必要性を認めない / ~ the point of a story 話の要点がわかる / When you have *seen* one mall, you have *seen* them all. ショッピング街を1つ見て知れば全部見たのと同じことだ / ~ a glimmer of sympathy in her eyes 彼女の目にかすかな同情の表れを見てとる / I「can't imagine [don't know] what you ~ *in* him. あなたは彼のどこがよいと思っているのか私には見当がつかない[わからない]
b《+(**that**) 節》…ということがわかる, …を(新聞などで)知る ‖ The nurse *saw* (*that*) he wasn't eating enough. 看護師には彼が十分に食事をしていないことがわかった / I *saw* in the paper *that* five passengers were injured in the accident. その事故で5人の乗客が負傷したと新聞で読んだ
c《+**wh** 節 / **wh to** *do*》…かがわかる ‖ Do you ~ *what* I mean? 私の言わんとすることがわかりますか / They don't ~ *how to* open the jar. 彼らにはその瓶の開け方がわからない
❸《通例進行形不可》**調べる** **a**《+目》…を調べる, 確かめる, 視察する;《命令形で》…を参照する ‖ Let me ~ your ticket, please. 切符を拝見します / Would you like to ~ the apartment before taking it? 借りる前にアパートを見ておかれますか / For further details, ~ Chapter 4. 詳細は第4章参照
b《+**wh** 節》…か見てみる, 確かめる ‖ Go and ~ *who* is at the door. 玄関にだれが来ているのか行って見てきなさい / We'll ~ *what* we can do. 何かできることがないか考えてみましょう;できるだけやってみましょう / I looked in the refrigerator to ~ *if* there was anything to eat. 何か食べるものがないか冷蔵庫をのぞいてみた
c《+**that** 節》…ということを確かめる ‖ She looked all around to ~ *that* everything was in order. 彼女はすべて万全か辺りをぐるりと見回して確かめた
❹〔映画・試合など〕を見る;…を見物[観覧]する;…を読む ‖ Did you ~ the film last night? 昨晩の映画は見ましたか(♦「映画を見に行く」は go to the movies [OR cinema, 《旧》 pictures] という.「テレビを見る」は watch television がふつう) / They were ~*ing* the sights of the city. 彼らは市の名所を見物していた / I rarely ~ the newspapers. 私は新聞はたまにしか見ない
❺〔人〕に**会う**, 出会う, 〔人〕と顔を合わせる;〔人〕を訪問する;〔専門家〕に会って〈…について〉相談する, 〔医者など〕に診てもらう〈**about**〉;〔訪問者〕と会う;《進行形で》〔異性〕…と交際する, 付き合う ‖ I'm very glad to ~ you. お会いできてとてもうれしいです / ~ a lot of him 彼によく会う / Nothing was *seen* of him for a month. 1か月間彼の姿が全く見えなかった / I'm going to ~ my dentist (*about* a chipped tooth) this afternoon. 今日の午後歯医者に(欠けた歯を)診てもらうことになっている / They have been ~*ing* each other for a year. 彼らは1年間交際を続けてきた
❻《進行形はまれ》 **a**《+目+副》…を…のように**考える**, みなす ‖ That's how [OR the way] I ~ it. 私はそう考えます[見ます]
b《+目+**as** 名 / 目+**to be** 補》…を…と見る[考える] ‖ He *saw* history *as* a cycle. 彼は歴史を循環するものとみなした / We ~ the condition *to be* of the greatest importance. 我々はその条件を最も重要と考える
❼《進行形不可》想像する, 予想する(♦しばしば否定文・疑問文で用いる) **a**《+目》…を想像する, 心に描く ‖ Try to ~ yourself in my place. 君が私の立場になったらどうか想像してごらん
b《+目+*doing* / *done*》…が…するのを[されるのを] 想像する, 心に描く;…を予想[予知]する ‖ I can't ~ you being her nephew. 君が彼女のおいだなんて(考えられない) / I really couldn't ~ him mixed up with politics. 彼が政治とかかわっているとは全く思いもつかなかった
c《+目+**as** 名》…を…と想像する ‖ I can't ~ him *as* a teacher. 彼が教師だなんて想像できない
❽《+(**that**) 節》…するように**気をつける**, 配慮する;(注意して)必ず…のようにする, …を見届ける(→ ***see*** (*to it*) *that* ... (↓)) ‖ I'll ~ *that* everything is taken care of. すべてしかるべく処理するようにします(♦ that 節 中の未来の内容はふつう現在時制によって示される)
❾《進行形不可》 **a**《+目》…を**経験する**, …に遭遇する;《時・場所を主語にして》(その時・その場所で)…が起こる, …ということがある[見られる] ‖ He had *seen* hard times. 彼はつらい時期を経験していた / These shoes have *seen* a lot of use. この靴はずいぶんと履かれてきた / He will never ~ fifty again. 彼は50の坂を越した(♦「彼は再び50歳を経験しないだろう」の意から) / I have *seen* it all before. そのことは経験してよく知っている / The 20th century *saw* great progress toward social equality. 20世紀には社会的平等への多大の進歩が見られた **b**《+目+*do* / *doing* / *done*》…が…する[している, される]のを目の当たりにする;《時代・場所を主語にして》…が…する[している, される]のが見られる ‖ Autumn *saw* the students return to the college town. 秋になると学生たちが大学の町に戻って来るのが見られた
❿《+目+副句》…を(…へ)見送る, 送って行く(→ CE 20);…を(…へ) 案内する ‖ Neil is ~*ing* his girlfriend home. ニールは恋人を家まで送って行くところです / I *saw* my cousin off at the airport. 空港でいとこを見送った / *See* her to the door [bus stop]. 玄関[バス停]まで彼女をお見送りしなさい / ~ a visitor out 客を送り出す / Please ~ him in. 彼を中へご案内しなさい / ~ a child across the road 子供に付き添って道路を渡らせる
⓫《+目+*do* / *doing* / *done*》…が…する[している, される]のを黙って見ている, 見過ごす, 我慢する(♦しばしば否定文・疑問文で用いる) ‖ Are you going to ~ them imprisoned without a fair trial? 彼らが公平な裁判を受けずに投獄されるのを黙って見ているつもりですか / ~ the corn dying for want of water トウモロコシが水がなくて枯れていくのを見過ごす ⓬〘トランプ〙〔賭(か)け(の相手)〕に(同額のチップを張って)応じる

━自 ❶《通例進行形不可》**見える**, 見る;見分ける(♦しばしば can を伴う) ‖ She can't ~ at all without her glasses. 彼女は眼鏡がないとまるで何も見えない / He stepped back to ~ better. 彼はもっとよく見えるように後ろに下がった / The door was open, and I could ~ into the room. ドアが開いていたので, 部屋の中まで見えた / I can't ~ to read. 暗くて読めない / as far as the eye can ~ 見渡す限り
❷《通例進行形不可》**理解する**, わかる ‖ As you ~, I'm busy. ご覧のとおり多忙です / But don't you ~, he is an unusual child? でも, ほら, 彼は並の子ではないんですからね / as we shall ~ やがてわかるように
❸ **確かめる**, 調べる ‖ We probably can change the schedule, but we'll have to ~. たぶん予定は変更できるだろうが, やってみないとね / Go and ~ for yourself. 自分で行って確かめてみたら
❹《通例進行形不可》考える, 検討する ‖ "May I have a new dress?" "Well, we'll ~."「新しい服を(買って)もらえますか」「ああ, 考えておこう」

for àll* (*the wòrld*) *to sée はっきりわかるように[わかって]
***I'll sèe a pèrson dámned* [*in héll, hánged*] (*first*) (*before ...*)** 《口》(…なんて)まっぴらだ
Long time no see. ⇨ TIME (CE 21)
****sée about ...*** 〈他〉 ① …を手配する, …に関して手を打つ, …を何とかする;…に注意を払う ‖ ~ *about* one's prop-

erty 自分の土地を何とかする / ~ *about* (getting) lunch 昼食の支度にかかる ② …について(もっと)考える, 検討する(→ CE 28)

sèe áfter ... 〈他〉《主に米》…の世話をする

sèe À agàinst B̀ 〈他〉*A*(物事)を*B*に照らして[との関連で]考える(♦ しばしば受身形で用いる)

sèe aróund 〈他〉 **I** 《***sèe aróund ...***》 ① …を見に行く, 見て回る, 見物する **II** 《***sèe a pèrson aróund***》 ②〔人〕をよく見かける

sèe beyónd ... 〈他〉…より先のことを見通す[予見する] (♦ 通例 can [could] を伴い, 否定文で用いる)

sèe ... cóming ①〔悪い事態など〕が起こるのを予見する ②《口》〔人〕を(お人好しなのをいいことに)だます

sèe for onesélf 自分の目で見て確かめる(→ 自 ❸)

sèe ... for what 「***hè ís*** [***shè ís, ìt ís, thèy áre***] …の真の姿[真相]がわかり始める

Sèe hére! = LOOK (*here*)!

sèe ín / ***sèe ... ín*** 〈他〉〔新年など〕を迎え入れる;〔人など〕を中へ案内する(→ 他 ❿)

sée into ... 〈他〉 ① …の中を見通す(→ 自 ❶) ② …を調査する ③ …の意味[本質]を見抜く, 〔将来〕を見通す

****sèe óff ...*** / ***sèe ... óff*** 〈他〉 ①〔人〕を**見送る**(→ 他 ❿) ②《主に英》〔人〕を追い払う, 撃退する;〔相手〕を打ち破る ③《英俗》〔人〕を殺す

****sèe óut ...*** / ***sèe ... óut*** 〈他〉 ①〔人〕を送り出す, 戸口まで送る(→ 他 ❿, CE 20) ②《進行形不可》〔期間など〕の終わるまでいる[存続する, 持ちこたえる, 生きる], …を見届けて死ぬ ‖ The patient will never ~ the winter *out*. 患者はとてもこの冬は持ちこたえられないだろう ③〔仕事など〕を(粘って)やり遂げる ④〔旧年〕を送り出す

sèe óver ... 〈他〉《英》〔家屋・土地など〕を見て回る, 視察する;…を調べる, 点検する

sèe róund ... 《英》 ① =*see around*(↑) ② =*see over*(↑)

see things ⇨ THING(成句)

****sèe thróugh*** 〈他〉(♦ ① 以外進行形不可) **I** 《***sèe thróugh ...***》 ① …を通して見る, 見通す ② …(の意味・本質など)を見抜く, 見破る, つかむ ‖ ~ *through* a scheme たくらみを見破る / I can ~ right *through* you. おまえの腹はすっかりわかっている **II** 《***sèe ... thróugh***》 ③〔仕事など〕を成し遂げる, やり抜く ‖ ~ a project *through* 計画を成し遂げる ④ (勇気・蓄えなどが)〔人〕を支えて困難(な時期)などを切り抜けさせる **III** 《***sèe À thròugh B̀***》 ⑤ *A*(人)に*B*(困難など)を切り抜けさせる, 最後まで援助してやる ⑥ (金などが)*A*(人)に*B*(期間など)を切り抜けさせる ‖ This money will ~ you *through* a month. この金で1か月やっていけるだろう

****sée to ...*** 〈他〉…を**取り計らう**, …の面倒をみる;〔物〕を修理する ‖ They are ~*ing to* your matter now. 君の件は今彼らが対処している / ~ *to* one's baby 赤ん坊の世話をする / ~ *to* a door ドアを修理する

****sée*** (***to it***) ***thàt ...*** **必ず…するように取り計らう**[気をつける] (♦ to it を省く方が《口》. → 他 ❽) ‖ I'll ~ *to it that* the repair is done quickly. 修理が素早く終わるようにします (♦ that 節 中の未来の内容はふつう現在時制で示される)

you sée 《挿入句的に》《口》あのね, おわかりでしょうが;ほら(ね) (♥ 断言的な響きになることがある) ‖ She's French, *you* ~. 彼女はフランス人なんですよ / *You* ~! I told you he wouldn't come. ほらね, 彼は来ないと言っただろ

COMMUNICATIVE EXPRESSIONS

1 **As fàr as Í can sèe,** we should tùrn a smàll prófit thìs quàrter. 私の見るところでは, この4半期にはわずかながら利益をあげることになると思います

2 **(Bóy,) am Í glàd to sèe yóu!** (いやあ)会えてうれしいです(♥「待ちかねていた」ことを表明する歓迎の表現)

3 **But sèen from anóther àngle, one might sày** the exàct ópposite. しかし違った視点から見れば, 全く逆のことが言えるかもしれません

4 **Cán't** [OR **Dón't**] **you sée** (he's trỳing to fóol you)? (彼があなたをだまそうとしているのが)わからないかな(♥「どうしてわからないんだ」という意味合いの説得表現)

5 **Còme bàck and sée me** [OR **us**]. また会いに来てくださいね(♥ 訪問客を見送る際の別れのあいさつ)

6 **Hàven't I sèen you sòmewhere befóre?** 以前にどこかでお会いしませんでしたっけ(♥ 字義どおりの意味のほか, 初対面の人と話のきっかけを作る切り出し文句として)

7 **Hòw do you sèe** the nèw tàx pòlicy? 新しい税制をどう思いますか(♥ 相手の意見を求めるくだけた表現)

8 **I can sèe** why you were sò upsét at the néws **nòw.** その知らせに君がどうしてあんなに面食らったのか今になってわかったよ(♥ 前は合点がいかなかったことに納得)

9 **I càn't sèe my hánd in frònt of my fáce.** 真っ暗で何も見えない

10 **I dòn't sèe hòw you can gèt away with sùch** a làme excúse. そんな下手な言い訳で逃れられるわけがないでしょ(♥「そんなことでは済まない」の意)

11 **I dòn't sèe whỳ nót.** もちろん, いいですとも

12 **(I** [OR **We**]**) dòn't sée you mùch aróund hère any mòre.** 最近この辺であまり会わないね;久しぶり

13 **I hàven't séen you** 「**for áges** [OR **in a lòng tíme, in an áge, in a mònth of Súndays**]. ずいぶん会わなかったね;お久しぶり(♥ 久々の再会でのあいさつ)

14 **(I) hòpe to sée you agáin (sòmetime).** また(いつか)お会いしたいです(♥ 初対面の人との別れのあいさつ)

15 **I sée.** わかりました. なるほど(⇨ 英語の真相)

16 **I sèe thíngs dífferently.** 私は違う考えを持っています(♥ 不賛成を表す)

17 **If you dòn't sèe what you wánt, jùst** [OR **plèase**] **ásk (for it).** お探しのものが見当たらなければ(どうぞ)お申しつけください(♥ 店員などが客に対して用いる)

18 **I'll believe it when I sée it.** 見たら信じますよ(♥「見ないことには信じられない」の意で, 疑念・不信を表す)

19 "Can you còme to our párty?" "**I'll (hàve to) sée.**" 「パーティーに来られる?」「どうかな」(♥ have to を用いると事実上の断り. 用いないと必ずしも断りではなく可能性を示唆)

20 **I'll sèe mysèlf óut.** (玄関まで)お見送りには及びません;ここで失礼します(♥ 見送ろうとする相手に対して「自分で自分を見送る」ので大丈夫と断る別れ際の文句)

21 **I'll sèe what I can dó.** (何か対応できるか)やってみます(♥ 依頼に対して善処することを約束する返答)

22 **(I'll) sèe you (láter** [OR **soon, around,** 《米》 **in a while,** 《英》 **in a bit**]**).** さよなら, じゃまた(♥ すぐまた会うことを想定して言うが, 特に再会の予定がない場合にも用いる. =(I'll) be seeing you. ⇨ GOOD-BYE 類語)

23 (I'm Keiko Tanáka and) **I'm hère to sèe** Mr. Jónes. (田中恵子と申しますが)ジョーンズさんにお目にかかりに来ました(♥ 会う約束で来た人が受付などで)

24 **I'm sèeing sòmeone (élse).** (ほかに)付き合っている人がいます(♥ 異性からの誘いを断る表現)

25 Mòney **is nòt the íssue** [OR **póint, quéstion**], **as Í sèe it.** 私の考えでは, 問題なのはお金ではありません(♥ 争点は別にあるという趣旨の表現. I に強勢を置く)

26 **(It's) gòod to sée you (agàin).** (また)お会いできてうれしいです(♥ 再会の際の丁寧なあいさつ表現)

27 「**Lèt me** [OR **Lèt's**] **sée.** ええと, そうですね(♥ 考えをまとめている最中のつなぎ表現)

28 **We'll sèe about thát.** ① それはどうかな(考え直した[やめた]方がいいのではないかな) ② そんなことはない[あり得ない]

29 **Will I sèe you agáin?** またお会いする機会はありますか(♥ 初めてのデートなどの別れ際に. can を用いるよりも遠慮がちな誘い)

30 **You'll sèe.** (私が正しいことが)いずれわかるよ, 見ていてごらん

英語の真相

I see. は説明などを理解した際に用いる表現のため，聞いていることを示す程度の相づちとして用いると「何か相手の発言から深い意図を読み取った」あるいは「話に関心がない」という印象を与えることがある．また，I went to the movie with Robin yesterday. He's so nice.（昨日ロビンと映画に行ったんだけど，彼はすごくいい人なの）といった特に深い意味のない話題に I see. と答えると，「2人の深い仲に気づいた」「2人の仲に嫉妬(しっと)している」などととられることもあるため，(Oh,) is he? / (Oh,) really [yeah]? / Uh-huh. などを用いるのがよい．

see² /siː/（♦ 同音語 sea）名 C（大）司教管区；（大）司教座；U（大）司教の権限[職権]

seed /siːd/（♦ 同音語 cede）
— 名〔▶ seedy 形〕（複 **~s** /-z/）❶ C U《集合的》（植物の）**種**，種子，実(み)；球根，球茎；胞子(spore)；（リンゴなどの）種 ‖ a packet of ~(*s*) 1包みの種 / plant ~(*s*) in a garden 庭に種をまく / sow ~(*s*) in a field 畑に種をまく / grow sunflowers from ~ ヒマワリを種から育てる / apple ~(*s*) リンゴの種
❷ C《通例 ~s》〈争いなどの〉種，もと〈**of**〉‖ The plan would sow [OR plant] the ~*s of* another war. その計画は新たな戦争の種をまくだろう
❸ C〖スポーツ〗シード選手[チーム] ‖ She is (the) top [third] ~ in this tournament. 彼女は今大会は第1[3]シードだ ❹ U《文》子孫，後胤(こういん)；血統，家系 ‖ the ~ of Abraham アブラハムの子孫《ユダヤ人》❺ U《文》精子，精液，子種；白子(しらこ) ❻ C U〖化〗（結晶の）核，種晶 ❼（= ~ **òyster**）C 種ガキ
rùn* [OR *gò*] *to séed ①（植物が）結実期に入る ② 不精[不健康]になる；（場所などが）薄汚くなる，みすぼらしくなる
— 動（**~s** /-z/；**~·ed** /-ɪd/；**~·ing**）
— 他 ❶〔畑など〕に〈…の〉種をまく〈**with**〉（♦ しばしば受身形で用いる）‖ The land was ~*ed with* barley. その土地には大麦の種がまかれた
❷〔種〕をまく；〔球根など〕を植える ‖ ~ oneself（植物が）種を落とす ❸ …から種を取り除く ‖ ~ grapes for a salad サラダ用にブドウの種を取り除く ❹《通例受身形で》（選手が）シードされる（♦ しばしば順位を表す補語を伴う）；（大会が）シード式になる ‖ He was ~*ed* fourth [seventh] last year. 彼は昨年第4[7]シードだった / a ~*ed* player シード選手 ❺（人工降雨のため）〔雲〕に〈薬品などを〉散布する〈**with**〉；〖化〗〔溶液〕に種晶を入れる ❻〔企業など〕の成長を助ける，助成する
— 自 ❶ 種子[実]を生じる；種子を落とす ❷ 種をまく
▸▸ ~ **càpital** 名 U = seed money ~ **còat** 名 C〖植〗種皮 ~ **còrn** 名 U ① 種トウモロコシ ②《英》先行投資《将来の発展を期して行う資本投入》 ~ **lèaf** 名 C〖植〗子葉(cotyledon) ~ **mòney** 名 U（新事業のための）着手資金，元手 ~ **pèarl** 名 C 小粒真珠

séed·bèd 名 C ❶ 苗床 ❷《通例単数形で》〈…の〉温床，成育地〈**of, for**〉‖ a ~ *of* revolution 革命の温床

séed·càke 名 C U（芳香のあるキャラウェーなどの）種子入りケーキ[クッキー]

seed·er /síːdər/ 名 C ❶ 種まき機，播種機；種取り器 ❷（採種用の）親木，種木

séed·less /-ləs/ 形《通例限定》種なしの

seed·ling /síːdlɪŋ/ 名 C 苗，苗木；若木

seed·y /síːdi/ 形〔◁ seed 名〕❶ みすぼらしい，見苦しい ❷ 評判のよくない；汚い，みっともない ‖ a ~ hotel いかがわしいホテル ❸ 種の多い ❹《旧》《口》気分のすぐれない
séed·i·ly 副 **séed·i·ness** 名

see·ing¹ /síːɪŋ/ 名 U ❶ 見ること；視力，視覚 ‖ *Seeing is believing.*《諺》見ることは信じること；百聞は一見にしかず（♦「見ないことには信じられない」「今は見たので信じる」の2つの意がある）❷〖天〗（天体観測時の）大気の透明度；（大気の状態に左右される）天体像の質 ▸▸**Sèeing Éye dòg** 名 C《主に米》《商標》盲導犬（《英》guide dog）

see·ing² /síːɪŋ/ 接《~ (that) 節 /《口》~ as (how) 節 で》…が事実であることを考えると(considering)，…だから(because) ‖ *Seeing* (that) he was in trouble, I went to help him. 彼が困っていたので助けに行った

seek /siːk/
— 動（**~s** /-s/；**sought** /sɔːt/；**~·ing**）
— 他 ❶《堅》…を**得ようとする**，（追い）求める；…を見つけようとする，**捜す**（↘ look for）（⇨ 類語）‖ ~ fame [success, wealth, freedom, happiness] 名声[成功，富，自由，幸福]を追い求める / ~ employment 職を探す / ~ a quarrel with one's brother 兄にけんかを売る / ~ a solution to a problem 問題の解決法を探す
❷〔助言・助けなど〕を〈…に〉要請する，求める〈**from**〉‖ ~ advice *from* her 彼女に助言を求める
❸《+**to do**》…しようと(努力)する（♦ ×seek *doing* とはいわない）‖ He was ~*ing to* promote his career. 彼は出世しようと懸命だった ❹（自然に）…に向かう ‖ Water ~*s* its own level. 水は水平を求める[水平になる]
— 自《堅》〈…を〉**追求[探求]する**，求める〈**for, after**〉‖ ~ *for* the truth 真理を追求する / ~ *after* success in life 出世を求める
be mùch sóught àfter 需要[人気]がある
sèek óut ... / sèek ... óut〈他〉（努力して）…を捜し出す

類語《他 ❶》**seek**「〔人・物〕を捜[探]す」という意味では《堅》．**look for** が最も一般的な言い方．《口》では **try to find** [OR **get**]，《堅》では **search for** も用いる．

▸▸ ~ **tìme** 名 U C 〖コンピュータ〗シークタイム《磁気ディスク内で求められた情報が記録された場所にヘッドを移動するのにかかる時間》

seek·er /síːkər/ 名 C ❶〈…を〉捜す人[もの]，〈…の〉探求者〈**for, after, of**〉❷ 目標追求装置(付きミサイル)

seem /siːm/（♦ 同音語 seam）
中心義 …のように思われる
— 動（**~s** /-z/；**~ed** /-d/；**~·ing**）
— 自《進行形不可》❶ **a**《+(**to be**) 補》〈人にとって〉…**のように見える[思える]**，…のようだ，…(である)らしい〈**to**〉（♦ to be はしばしば省略される．⇨ 語法 (2)）‖ His comment ~*ed* appropriate. 彼の意見は適切なようだった / Martha didn't ~ very happy (*to* me). マーサはあまりうれしそうには見えなかった / Bob ~*s* (*to be*) honest [OR an honest man]. ボブは正直者のようだ / The baby ~*s to be* asleep. 赤ちゃんは眠っているようだ / He wasn't what he ~*ed*. 彼は思っていたような人物ではなかった / The lady ~*s to have been* rich. その女性は金持ちだったようだ / She ~*s to have been* ill since last week. (= It ~*s* that she has been ill since last week.) 彼女は先週から病気だったらしい / She ~*ed to have been* ill since the previous week. (= It ~*ed* that she had been ill since the previous week.) 彼女はその前の週から病気だったようだ（♦ to have been ... は seem が表す時より前からその状態であったことを表す）
b《+**like** 名》〈人にとって〉…のように思われる〈**to**〉‖ It ~*s like* a good idea *to* me. 私にはよい考えのように思える
❷《+**to do**》…**するように思われる** ‖ The whole town ~*s to* know the secret. (= It ~*s* that the whole town knows the secret.) 町中の人々がその秘密を知っているようだ / Dad doesn't ~ *to* be tired. = Dad ~*s* not *to* be tired. 父さんは疲れていないようだ（⇨ 語法 (3)）/ I ~ *to* have forgotten to lock the door. (= It ~*s* that I forgot to lock the door.) ドアに鍵(かぎ)をかけるのを忘れたようだ（♦「to have＋過去分詞」は seem が表す時よりも前の出来事を表す）
❸《It ~ (to 名) + (that) 節 / It ~ (to 名) + as if 節 / It ~ (to 名) + like 節 で》〈…には〉…**と思える**，…であるらしい（♥ 言いづらいことを言う際など，断定を避けるために用い

る. that は《口》では省略されることがある) ‖ It ～*s* (*to* us) *that* she knows the truth. (私たちには)彼女が真実を知っているように思える / It would ～ *that* we need to wait for another hour. どうやらもう1時間待たなければならないようだ (♥ It seems *that* .... よりも控えめな表現) / It ～*ed as if* [OR *though*] he wouldn't say a word. 彼は一言も話すつもりはないようだった

❹ 《It ～ 補 (to 名) + that 節 / It ～ 補 (for 名) + to *do* で》(人にとって) **…ということ[…すること]が…であるように思える** ‖ It ～*s* **likely** [quite clear] (*to* him) *that* Susan will win the election. スーザンが選挙で勝つということは(彼には)十分ありそうな[かなり明白な]ことに思える / It ～*ed to* him bad luck *that* she wasn't at home. 彼女が留守だとはついていないように彼には思えた / It ～*s* wise not *to* ask too much. あまり要求しすぎない方が得策のようだ

❺ 《There ～ (to be) 補 〈名〉で》**…がある[いる]ように思われる** (♦ 現在形の場合, be の後の名詞が単数なら seems, 複数なら seem になる) ‖ There ～*s* (*to be*) no cure for the disease. (=It ～*s* that there is no cure for the disease.) その病気の治療法はないようだ (♦ no がつかないときは to be を省略しない) / There ～*s to* have *been* a riot in the city. (=It ～*s* that there was a riot in the city.) 都市部で暴動があったようだ

語法 ☆☆ (**1**) 不定詞を用いた seem「to be ... [to *do*] の形の方が It seems that ... の形よりも口語的. 一般に, It seems *to a person* that ....と「考える主体」が表現される場合を除けば, 不定詞を用いた形の方が多用される.

(**2**) seem to be 補 は客観的事実を語るときに, seem 補 は主観的な印象を語るときに比較的好まれる. したがって She seems to be British. (彼女はイギリス人のようだ) のように 補 が程度の差が考えられない形容詞の場合は seem to be 補 がふつうだが, He seems (to be) angry. (彼は怒っているようだ) のように 補 が程度の差が考えられる形容詞の場合は seem 補 の方がふつう. 補 が名詞の場合もそれが程度の差が考えられるものであれば The rumor seems (to be) nonsense. (そのうわさはナンセンスに思える) のように to be を省略できる. 程度の差が考えられない名詞であれば He seems to be a doctor. (彼は医者のようだ) のように to be が必要. 補 の主要部の形容詞・名詞が通例程度の差が考えられないものでも, 程度を表す修飾語句を伴って 補 全体が程度を表すものになっていれば seem 補 の形が使われることもある. 〈例〉The problem *seems* pretty much agricultural. (その問題はほぼ農業上のもののようだ)

(**3**)「…でないように思われる」の意を表すには, He doesn't seem to know who you are. /It doesn't seem that he knows who you are. (彼は君がだれかわからないようだ)と動詞 seem を否定する方が, He seems not to know ... /It seems that he doesn't know ... より口語的.

càn't sèem to dó 《口》…することができないようだ ‖ He *can't* ～ *to* give up smoking. 彼はたばこをやめられそうにない (♦ He seems unable to give up smoking. より《口》). ⇨ 語法 (3), PB 65)

COMMUNICATIVE EXPRESSIONS

1 "Is she cóming with us?" "**Sò it séems.**"「彼女も一緒に行くんですか」「そのようです」(=(It) seems so. 「そうでないらしい」は (It) seems not.)

語法 ☆☆ **seem, appear, look, sound**

(**1**) seem は客観的事実または話者の主観的印象に基づいて「…のように思われる」ことを表し, 最も使える範囲が広い. appear は seem と交換可能な場合が多いが, 主に客観的事実に基づく判断を表す. look は話者の視覚的な印象に基づく判断, sound は話者が聞いたり何かで読んだりしたことに基づく判断を表す. seem はあらゆる文体で使われるが appear はやや《堅》. look, sound は比較的《口》.

(**2**) seem, appear では He seems [appears] tired., He seems [appears] to be tired. ともふつうに使われるが, look は to be を伴わない形がふつうで, sound は to be を伴わない.

(**3**) seem, appear は that 節 を伴う It seems [appears] that he is tired. が可能だが, これは look, sound では不可. It looks [sounds]「as if [OR as though, 《口》 like] he is tired. は可能.

seem·ing /síːmɪŋ/ 形 《限定》外見上の, うわべだけの, もっともらしい ‖ with ～ indifference 冷淡に見せかけて
━名 U 《文》外観, うわべ, 見せかけ **～·ness** 名

***seem·ing·ly** /síːmɪŋli/ 副 ❶ (実際はともかく) 見た目には, うわべは ‖ a ～ endless road 一見果てしないように見える道 ❷ 《文修飾》見たところ, 知っている[聞いている]限りでは (♥「実際は見た目と違う」という含みはない) ‖ *Seemingly*, he was alone. 見たところ, 彼はひとりのようだった

seem·ly /símli/ 形 (振る舞いなどが) その場にふさわしい, 適切な, 上品な **-li·ness** 名

****seen** /siːn/ (♦ 同音語 scene) 動 see¹ の過去分詞

***seep** /siːp/ 動 自 ❶ 《+副句》(液体・気体が)しみ込む, しみ出る, 漏れる (♦ 副句 は方向を表す) ‖ ～ in through a crack 割れ目からしみ込む / ～ out of a container 容器からしみ出る ❷ 《+副句》(情報などが) 漏れる；(考え方などが) 浸透する ❸ 徐々に流れ出る；徐々に消える《*away*》
━名 C ❶ (水・石油などの) しみ出てたまった所 ❷ = seepage

seep·age /síːpɪdʒ/ 名 U/C 《通例 ～s》しみ出る[込む]こと；浸出, 漏出；浸出液[量]

se·er /síːər/ (→ ❷) 名 C ❶ 予言者, 占い師；先見の明のある人 (♦ 女性形は seeress だが, 男女共に seer がふつう) ❷ /síːər/ 《主に古》(特定のものを)見る人

seer·suck·er /síərsʌ̀kər/ 名 U (シア) サッカー 《交互に縮みのしま模様がある薄地の木綿・レーヨンの織物》

see·saw /síːsɔ̀ː/ 名 ❶ C シーソー板；U シーソー遊び (teeter-totter) ‖ play at ～ シーソー遊びをする ❷ C 《単数形で》上下[前後]運動, 変動, 浮沈, 一進一退 ‖ a ～ in prices 物価の変動
━動 自 ❶ シーソー遊びをする ❷ 上下[前後]に動く；変動[動揺]する ━他 …を上下[前後]に動かす

seethe /siːð/ 動 自 ❶ (液体などが)煮え立つ, 煮えたぎる；(波が)泡立つ, 逆巻く ❷ 〈怒り・興奮などで〉煮えくり返る, 沸き立つ, 騒然となる〈**with**〉 ❸ 〈人などで〉ごった返す, 混雑する〈**with**〉 ‖ The square is *seething with* protesters. 広場は抗議者たちでごった返している

sée-thròugh 形 (服などが) 透けて見える, シースルーの

***seg·ment** /ségmənt/ (→ 動) 名 C ❶ 区切り, 区分；部分, 分節；断片 ‖ ～*s* of an orange オレンジの実のふさ[袋] / the various ～*s* of British society 英国社会のさまざまな階層 ❷ 【数】(弦と弧で囲まれた) 弓形；平面で分断した球体の一部；(直線の) 線分 ❸ 【動】環節, 体節 ❹ 【音声】分節音, 分割音
━動 /segmént, ⌐-/ 他 …を〈…に〉分割する, 分節に分ける〈**into**〉(♦ しばしば受身形で用いる) ━自 分かれる

seg·men·tal /segménṭəl/ 形 ❶ 部分[区分]の[からなる] ❷ 【音声】分節の ❸ 弓形の, 弧状(こじょう)の

seg·men·ta·tion /sègmentéɪʃən/ 名 U ❶ 分割, 分裂；C 《通例 ～s》分裂したもの ❷ 【生】卵の分裂, 卵割 ❸ 【動】分節《ムカデのように体や器官が同様の部分に分かれていること》

sè·go líly /sìːgoʊ-/ 名 C 【植】セゴユリ《北米産》

seg·re·gate /ségrɪgèɪt/ (→ 名) 動 他 《通例受身形で》❶ 〈…から〉分離される, 隔離される〈**from**〉 ❷ (人種・宗教・性などが) 差別を受ける ━自 ❶ (人種などによって) 差別をする ❷ 【遺伝】(1対の対立遺伝子が) 別々の細胞に分離する ━名 /ségrɪgɪt, -geɪt/ C 【遺伝】分離した対立遺伝子 **-gat·ed** /-ɪd/ 形 ① 人種差別のある ② 別にされ

た, 分離された

***seg·re·ga·tion** /sègrɪgéɪʃən/ 名 U ❶ 社会的差別, (特に)人種差別(待遇) (↔ integration) ‖ racial ～ 人種差別 ❷ 分離, 隔離 ❸〘遺伝〙分離《減数分裂において対立遺伝子が分離すること》

～·ist 名 C 形 人種差別主義者(の); 隔離論者(の)

se·gue /ségweɪ/ 名 C〘楽〙セグエ《途切れずに次の楽章に移ること》; (一般に)次の段階への途切れない移行

—動 自〘楽〙途切れずに次の楽章に移る; 間をとらずに次の段階へ移行する(♦ イタリア語より)

se·gui·dil·la /sègɪdíːljə/ 名 U C セギディーリャ《スペインの3拍子の踊り; その曲》(♦ スペイン語より)

Seg·way /ségweɪ/ 名 C《商標》セグウェイ《運転者の体の傾きを感知して方向や速度を変える電動2輪車》

sei·gneur /seɪnjɔ́ːr/ 名 C 封建[荘園]領主

sei·gnior /séɪnjɔːr | séɪnjə/ 名 =seigneur

seine /seɪn/ 名 (=～ nèt) C 地引き網

—動 他 自 (魚を)地引き網で捕る **séin·er** 名

Seine /seɪn/ 名《the ～》セーヌ川《パリを貫流しイギリス海峡に注ぐ》

seis·mic /sáɪzmɪk/ 形《限定》地震の, 地震による; 激烈な ‖ a ～ impact 大きな衝撃 **-mi·cal·ly** 副

seis·mo·gram /sáɪzməgræ̀m/ 名 C 地震計による記録, 震動記録

seis·mo·graph /sáɪzməgræ̀f | -grɑ̀ːf/ 名 C 地震計

seis·mol·o·gy /saɪzmɑ́(ː)ləd͡ʒi | -mɔ́l-/ 名 U 地震学

sèis·mo·lóg·i·cal 形 **-gist** 名 C 地震学者

seis·mom·e·ter /saɪzmɑ́(ː)mət̬ər | -mɔ́mɪ-/ 名 =seismograph

‡seize /siːz/《発音注意》

—動〔▶ seizure 名〕(**seiz·es** /-ɪz/; **～d** /-d/; **seiz·ing**)

—他 ❶ …をぎゅっと[さっと]**つかむ**, 握る; …を〈…から〉つかみ取る〈**from**〉(⇨ HOLD¹ 類語) ‖ Her father ～*d* her arm. = Her father ～*d* her by the arm. 父親は彼女の腕をぐいとつかんだ / ～ a gun *from* him 彼から銃を取り上げる

❷ …を**奪い取る**, 強奪する; …を占拠する, 支配する ‖ The army ～*d* **power**. 軍が権力を奪取した / ～ control of a country 国の支配権を奪う / ～ the initiative (in ...) (…の)主導権を握る

❸〘法〙…を没収する, 差し押さえる; …を逮捕する ‖ ～ his property 彼の財産を差し押さえる / ～ a criminal suspect 犯罪容疑者を逮捕する

❹〔機会など〕を素早く[しっかり]捕らえる, すぐに利用する ‖ ～ an **opportunity** of leaving 退出の好機をつかむ / ～ the moment チャンスをつかむ

❺ (病気などが)…を襲う, 苦しめる; 〔心〕を奪う, …に取りつく(♦ しばしば受身形で用いる) ‖ He was ～*d* with [OR by] a fit of coughing. 彼はせきの発作に見舞われた / The desire to be a stylist ～*d* her. 服飾デザイナーになりたいという望みに彼女は心を奪われた

❻《堅》〔意味など〕を(直感的に)つかむ, 把握[理解]する ‖ His character is difficult to ～. 彼の性格はつかみにくい ❼《通例受身形で》〘法〙〈…を〉占有[所有]している〈**of**〉‖ be ～*d of* land 土地を占有[所有]している ❽〘海〙〔ロープなど〕を結び合わせる; …を縛る

—自 ❶ (＋**on** [**upon**] 名) …をさっと[ぐっと]つかむ; 〔考え・口実・機会など〕に飛びつく; 〔欠点など〕を目ざとくとらえる ‖ ～ *on* the rain as an excuse for missing practice 練習を休んだとっさの口実に雨を使う

❷ (機械(の一部)などが)(過熱・摩擦などで)動かなくなる; (筋肉などが)しこる; (交渉などが)行き詰まる〈*up*〉

***sei·zure** /síːʒər/ 名〔◁ seize 動〕❶ U C ぎゅっとつかむこと; 奪取, 強奪, 占拠; 〘法〙差し押さえ, 没収(量) ‖ the ～ of a cruise ship by terrorists テロリストによるクルーズ船の奪取 ❷ C (脳・心臓などの) 発作, 急病 ‖ have [OR suffer] a ～ 発作を起こす ❸ C (機械などの) 故障, 停止 ❹ C (感情などの) 突然の高まり ‖ a ～ of panic 突然パニックに陥ること

sel. 略 select(ed); selection(s)

‡sel·dom /séldəm/

—副《比較なし》《否定》**めったに…(し)ない**, まれにしか…(し)ない(rarely) (↔ often) (♦ 通例一般動詞の前, be 動詞および助動詞の後にくる) ‖ We ～ write letters nowadays. 最近はめったに手紙を書かない / My father is ～ at home. 父はめったに在宅していない / *Seldom* have I seen such a perfect player. 《文》これほど完璧(かんぺき)な選手を見たことはほとんどなかった(♦ 文頭にくると後ろは倒置語順になる)

nòt séldom しばしば, 往々にして(often)

séldom, if èver たとえあってもまれにしか…(し)ない

sèldom or néver めったに…(し)ない

‡se·lect /səlékt/

—動〔▶ selection 名, selective 形〕(**～s** /-s/; **～·ed** /-ɪd/; **～·ing**)

—他 ❶ **a** (＋目) …を**選ぶ**, えり抜く, **選び出す**(↷ pick out), 精選する〈**for** …のために; **as** …に; **from** (**among**), **out of** …から〉(→ choose) ‖ He was not ～*ed for* the all-star game. 彼はオールスター戦に選ばれなかった / She was ～*ed as* a team member. 彼女はチームの一員に選ばれた / **carefully** [**randomly**] ～ one *from* (*among*) ten candidates 10人の候補者の中から1人を慎重に[無作為に]選ぶ **b** (＋目＋**to** *do*)〔人〕が…するよう選ぶ, …を選んで…させる ‖ He was ～*ed to* make a speech. 彼は講演者に選ばれた

❷ 💻〈メニューから〉…を選択する〈**from**〉

—自〈…から〉選ぶ, 選択をする〈**from**〉

selèct óut ... / ***selèct ... óut***〈他〉…を選び出す

—形 (**more ～**; **most ～**)

❶《限定》**選ばれた**, 選抜された; **えり抜きの**, 高級な; 上流階級[エリート]の ‖ a ～ team of experts えり抜きの専門家チーム / a ～ few 少数精鋭 / mix with a ～ group 上流の人たちと付き合う

❷《限定》会員を厳選する, 非開放的な

PLANET BOARD 65

「…することができないようだ」を seem を用いてどう表すか.

問題設定 「…することができないようだ」を seem を用いてどう表現するかを調査した.

Q 次の (**a**) ～ (**d**) のどれを使いますか. (複数回答可)

(**a**) He **can't seem to** give up smoking.
(**b**) He **doesn't seem to be able to** give up smoking.
(**c**) He **doesn't seem able to** give up smoking.
(**d**) He **seems unable to** give up smoking.
(**e**) どれも使わない

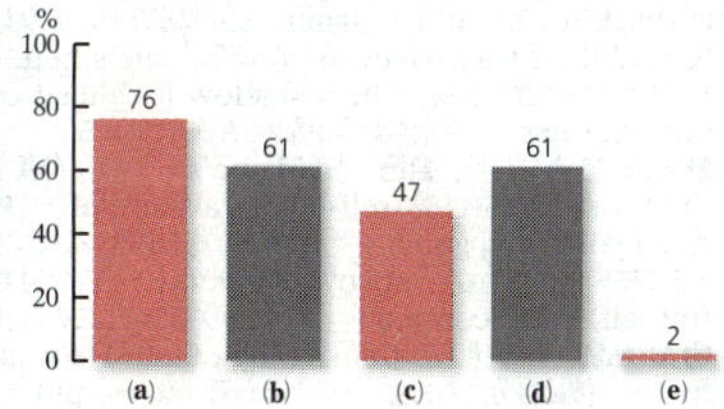

(**a**) を使う人が¾以上で最も多く, (**b**)(**d**) は約6割, (**c**) は約半数の人が使うと回答した. ほとんどの人が「意味の違いはない」とした.「(**d**) は堅い表現」「(**a**) 以外は長たらしい言い方である」などのコメントがあった.

学習者への指針 「…することができないようだ」の意味では can't seem to *do* が最も一般的に用いられる.

❸ 厳密に選択する, えり好みする
語源 *se-* apart＋*-lect* choose：別に選ぶ
▸▸～ **commíttee** 名 Ⓒ (選ばれた政治家や専門家からなる)特別委員会

se·lect·ee /səlèktíː/ 名 Ⓒ 選抜された者；《米》選抜徴集兵

:se·lec·tion /səlékʃən/
―名〔◁ select 動〕(複 **～s** /-z/) ❶ Ⓤ Ⓒ 選ぶこと, **選択**, 選抜, 精選；選ばれること, 当選 ‖ The child **made** his ～ after a long hesitation. その子は長い間ためらった挙げ句, 自分の欲しいものを選んだ / his ～ as President 彼の大統領当選 / a ～ test 選抜テスト / a ～ committee 選考委員会
❷ Ⓒ **選ばれたもの[人]**, 選抜者, 選択品；《通例単数形で》〈…の〉精選品(の一群), 品ぞろえ〈**of**〉；〈…からの〉抜粋, 選集〈**from**〉‖ the ～*s* for a match 試合に出場する選抜選手たち / have a wide ～ *of* summer goods 夏物の精選品が多数そろっている / ～*s from* contemporary writers 現代作家選集
❸ Ⓤ 〖生〗淘汰(とうた) ‖ **natural** [artificial] ～ 自然[人為]淘汰 ❹ Ⓒ 〖競馬〗人気馬, 有力馬

***se·lec·tive** /səléktɪv/ 形〔◁ select 動〕(**more ～**；**most ～**) ❶〈…について〉選択[選別]能力のある, 選択の厳格な, えり好みする〈**about, in**〉‖ a ～ reader 良書を選んで読む人 / be ～ *about* one's clothes 着るものにこだわる / have a ～ memory 自分に都合のよいことばかり覚えている ❷《通例限定》選択的な, 選別を行う；精選の；(一部)特定のものを選んでの ‖ ～ education 選別教育 / a ～ insecticide 特定の虫に効く殺虫剤 ❸ 〖無線〗分離能力の高い, 選択式の　**～·ly** 副
▸▸～ **sérvice** 名 Ⓤ 《米》徴兵[兵役義務](制度)

se·lec·tiv·i·ty /səlèktívəṭi/ 名 Ⓤ ❶ 選択性, 淘汰性 ❷ 〖電子〗(受信器の)選択・分離能力, 感度

se·lect·man /səléktmən/ 名 (複 **-men** /-mən/) Ⓒ (ニューイングランド諸州の)都市行政委員(中立 selectperson, council [board] member)

se·lec·tor /səléktər/ 名 Ⓒ 選択する人；選別装置

Se·le·ne /səlíːni/ 名 〖ギ神〗セレネ《月の女神. 〖ロ神〗の Luna に相当》

se·le·ni·um /səlíːniəm/ 名 Ⓤ 〖化〗セレン《非金属元素. 元素記号 Se》‖ a ～ cell セレン光電池

sel·e·nog·ra·phy /sèlənɑ́(ː)grəfi | sìːlənɔ́g-/ 名 Ⓤ 月理学, 月面研究　**-pher** 名 Ⓒ 月理学者

sel·e·nol·o·gy /sèlənɑ́(ː)lədʒi | sìːlənɔ́l-/ 名 Ⓤ 月学, 月の天文学　**-gist** 名 Ⓒ 月学者

:self /self/
―名〔▶ selfish 形〕(複 **selves** /selvz/) ❶《通例 one's ～》《修飾語を伴って》(本来の)**自分**, 正常な状態のその人；(人・物の)(固有の)本質；性格[特質]の一面 ‖ Fred is not his usual ～. フレッドはいつもの彼らしくない / She is (back to) her old ～ again. 彼女はまた前の彼女に戻った / their true *selves* 彼らの本性 / one's better ～ 人のよい側面[性質] / be a shadow [OR ghost] of one's former ～ 以前の輝きがない, 生彩に欠ける
❷ Ⓤ Ⓒ 自分(自身), **自己**；《通例 one's ～》〖哲〗自我 ‖ the love of ～ 自己愛(self-love) / a sense of ～ 自意識 / your [my] good ～ 《戯》あなた様[小生, 私め](♥ときに皮肉的に用いる) / my own [OR very] ～ 自分自身(myself) / the conscious ～ 意識の主体としての自我
❸ Ⓤ **私利**, 私欲 ‖ He thinks only of ～.＝He is all for ～. 彼は自分(の利益)のことしか考えない / put ～ first 自分の利益を第一に考える ❹ Ⓤ 〖医〗自己組織
―代《口》〖商〗自分自身, 本人, 私[君, 彼, 彼女]自身(myself, yourself, himself, herself) ‖ tickets for ～ and wife 自分と妻の切符 / a check drawn to ～ 本人あてに振り出した小切手
―形《比較なし》《限定》同じ色[材料など]の, 共(とも)色[共布]の；(花が)単色の

self- /self-/ 連結形「自分で, 自分だけで；自分自身に対して；自動的な」の意 ‖ *self*-supporting, *self*-evident；*self*-hatred, *self*-addressed, *self*-acting

sèlf-abásement 名 Ⓤ 自己卑下, 自己蔑視(べっし)
sèlf-abnegátion 名 Ⓤ 自己否定, 自己犠牲, 無私
sèlf-absórbed 〈ジ〉 形 自分のことに夢中の
sèlf-absórption 名 Ⓤ 自分のことへの没頭, 無我夢中；〖理〗(放射線の)自己吸収
sèlf-abúse 名 Ⓤ ❶ 自分を責める[ののしる]こと, 自己叱責(しっせき) ❷《旧》《婉曲的》自慰
sèlf-áccess 名 Ⓤ 《英》〖教育〗自由研究《教材・資料を自由に選べる》 ―形 自由研究[自習]できる
sèlf-actualizátion 名 Ⓤ 自己実現
sèlf-addréssed 〈ジ〉 形 (返信用封筒などが)自分[差出人]あての
sèlf-adhésive 形 《通例限定》自動的に粘着する
sèlf-adjústing 形 (機器が)自動調整の
sèlf-aggrándizement 名 Ⓤ 自己権力[財力]の拡大[強化]
sèlf-análysis 名 Ⓤ 自己分析
sèlf-appóinted 〈ジ〉 形 《限定》自薦の, 自分から引き受けた, 自称の ‖ a ～ expert 自称専門家
sèlf-assémbly 形 (家具などが)自分で組み立てられる ―名 Ⓤ ❶ (家具などの)自己組み立て, 組み立て式ユニット ❷ 〖生〗(ウイルスなどの)自己集合
sèlf-assértion 名 Ⓤ 自己主張；傲慢(ごうまん)
sèlf-assértive 形 自己を主張する, 出しゃばる；傲慢な　**～·ness** 名
sèlf-asséssment 名 ❶ ＝self-evaluation ❷ 税金の自己計算制度
sèlf-assúrance 名 ＝self-confidence
sèlf-assúred 〈ジ〉 形 ＝self-confident
sèlf-awáreness 名 Ⓤ 自己認識　**-awáre** 形
sèlf·buíld, sèlf-buíld 名 Ⓤ (家屋などの業者を通さない)自己建築；Ⓒ 自己建築した家　**～·er** 名
sèlf-cátering 形 《通例限定》《英》(休暇施設が)自炊式の ―名 Ⓤ 自炊式施設での滞在[休暇]
sèlf-céntered 形 自己本位の, 利己的な　**～·ness** 名
sèlf-cléaning 形 自浄[自洗]式の
sèlf-clósing 形 (ドアなど)自動的に閉まる
sèlf-cólored 形 単色[自然色]の
sèlf-commánd 名 ＝self-control
sèlf-complácency 名 Ⓤ 自己満足, 独りよがり
sèlf-complácent 形 自己満足した, 独りよがりの
sèlf-condémned 形 自責の念に駆られた
sèlf-conféssed 〈ジ〉 形 《限定》自分でそうだと認めた(♦主に悪いことについていう)
***sèlf-cónfidence** 名 Ⓤ 自信
sèlf-cónfident 形 自信のある　**～·ly** 副
sèlf-congratulátion 名 Ⓤ 自画自賛, 自己満足
sèlf-congrátulatory 〈ジ〉 形 自画自賛の, 自己満足の
***sèlf-cónscious** 〈ジ〉 形 ❶ 自意識の強い；〈…のことで〉人前を気にする, きまり悪がる, はにかんだ〈**about**〉‖ She was curiously ～ *about* her height. 彼女は自分の背の高さを妙に気にしていた ❷ 〖哲・心〗自己を意識する　**～·ly** 副　**～·ness** 名
sèlf-consístent 形 首尾一貫した, 筋の通った
***sèlf-contáined** 〈ジ〉 形 ❶ 一式完備した, (必要物が)中に組み込まれた；自足の, 独立した ‖ a ～ machine (動力源などを内蔵した)自給式の機械 / live a ～ life 自足の生活を送る ❷ (人が)他人に頼らない；自制的な ❸《通例限定》《主に英》(アパートが)各戸独立した
sèlf-contradíction 名 Ⓤ 自己矛盾；Ⓒ 矛盾した考え
sèlf-contradíctory 形 自己矛盾した
***sèlf-contról** 名 Ⓤ 自制(心), 克己　**-contrólled** 形 自制心のある, 自制した
sèlf-corrécting 形 《通例限定》自動調整(式)の
sèlf-crítical 形 自己批判的な
sèlf-críticism 名 Ⓤ 自己批判

sèlf-decéption, -decéit 名U 自己欺瞞(ぎまん)
sèlf-deféating 〈シ〉 形 自滅的な
***sèlf-defénse,** 《英》**-defénce** 名U 自己防衛, 自衛, 護身(術) ; 自己弁護 ; 〖法〗正当防衛 ‖ in ～ 自己[正当]防衛で / the art of ～ 護身術《柔道など》
-defénsive 形 自衛の, 正当防衛の
sèlf-delúsion 名U 自己欺瞞
sèlf-deníal 名U 自制, 克己, 自己犠牲
sèlf-denýing 形 自制的な, 自己犠牲の **～·ly** 副
sèlf-déprecating 形 卑下する **～·ly** 副
sèlf-deprecátion 名U 自己軽視, 卑下
sèlf-descríbed 形 自称の, 自認する
sèlf-destrúct 動自 (機器が)自己破壊する, 自爆[自滅]する **—** 形 自己破壊する, 自爆装置のついた
sèlf-destrúction 名U 自滅, 自殺
-destrúctive 形 自己破壊的な, 自滅的な, 自殺的な
***sèlf-determinátion** 名U 民族自決(権) ; 自主(的)決定
sèlf-detérmined 形 自主的に決められた
***sèlf-dirécted** 形《限定》(仕事内容などを)自分で決定する ; (感情などが)自己に向けられた **-diréction** 名
sèlf-díscipline 名U 自己訓練, 自己修養, 自律
～d 形 自己訓練のできる, 修養を積んだ
sèlf-discóvery 名U 自己発見
sèlf-dóubt 名UC 自己不信, 自信喪失
sèlf-dríve 〈シ〉 形《限定》❶《英》(車を)賃借して自分で運転する, レンタルの ❷ (休日に)自分の車で出かける
sèlf-éducated 〈シ〉 形 独学の
sèlf-effácement 名U 控えめ(な態度), 表面に出ないこと **-effácing** 形 控えめな, 出しゃばらない
sèlf-emplóyed 〈シ〉 形 自営の, 非専属の
-emplóyment 名
***sèlf-estéem** 名U 自尊心, 自負(心) ; うぬぼれ
sèlf-evaluátion 名U 自己査定[評価]
***sèlf-évident** 〈シ〉 形《通例叙述》自明の, わかりきった
～·ly 副
sèlf-examinátion 名 ❶U 自省, 反省 ❷UC (病気の)自己診断
sèlf-éxile 名UC (自らの意思による)亡命(者) **～d** 形
sèlf-explánatory 〈シ〉 形 自明の, 説明を要しない
sèlf-expréssion 名U (特に絵画・文章による)自己(の個性・感情の)表現
sèlf-fértile, -fértilized, -fértilizing 形〖生〗自花受粉の, 自家受精の
sèlf-fertilizátion 名U〖生〗自花受粉, 自家受精 (↔ cross-fertilization)
sèlf-flagellátion 名U 厳しい自己批判 ; (修業のため)自分の体をむち打つこと
sèlf-fulfílling 〈シ〉 形《通例限定》自己を達成する ; (予言などが)必然的に成就される
sèlf-fulfíllment, 《英》**-fulfílment** 名UC 自己達成, (自分の努力による)念願達成[成就]
sèlf-góverning 形 自治権を持つ, 独立した
***sèlf-góvernment** 名U 自治(制), 自己統治
sèlf-háte, -hátred 名U 自己嫌悪
sélf·hèal 名C〖植〗ウツボグサ《昔は薬草》
***sèlf-hélp** 名U 自立, 自助, 自力救済 ; 《形容詞的に》自助の ‖ a ～ group 自助[互助]グループ
sélf·hood /sélfhʊ̀d/ 名U 個性, 人格, 自我
sèlf-idéntity 名U ❶ 自己同一性《自己本来の姿と一致していること》 ❷ 自己の主体性[独自性]
sèlf-ímage 名U 自分自身の(容貌(ようぼう)・能力などについての)イメージ, 自己像
sèlf-immolátion 名U 自己犠牲 ; 焼身自殺
sèlf-impórtance 名U 尊大 ; うぬぼれ
sèlf-impórtant 形 尊大な, 偉ぶった, もったいぶった ; うぬぼれの強い **～·ly** 副
sèlf-impósed 〈シ〉 形《通例限定》自ら課した, 自分から引き受けた
sèlf-impróvement 名U 自己改善[向上]
sèlf-incriminátion 名U〖法〗自己負罪《法廷で自ら自分に不利な供述をすること》
sèlf-indúced 形 (病気・問題などが)自己誘発の ; 〖電〗自己誘導による
sèlf-indúction 名U〖電〗自己誘導
sèlf-indúlgence 名U 放縦, 勝手気まま, わがまま ; C わがままな行為[事柄]
sèlf-indúlgent 形 放縦な, わがままな **～·ly** 副
sèlf-inflícted 形 (傷などが)自ら加えた[つけた]
***sèlf-ínterest** 名U 私利, 私欲 ; 利己主義
-ínterested 形 利己的な, 自分本位の
***sel·fish** /sélfɪʃ/ 形 [◁ self 名] (人が)利己的な, 自分本位の, 自分勝手な ‖ It's ～ of her to keep the room to herself. 部屋を独り占めするなんて彼女は身勝手だ / a ～ child わがままな子供 **～·ly** 副 **～·ness** 名
sèlf-knówledge 名U 自覚, 自己認識
self·less /sélfləs/ 形 利己心のない, 無私[無欲]の, 他人を大切にする **～·ly** 副 **～·ness** 名
sèlf-líquidating 形 ❶ (商品が)すぐ現金化できる, すぐにはける ❷ 自己回収的な《投資した物件からの収入で投資額が回収できる》
sèlf-lóading 形 (銃などが)自動装填(そうてん)式の
sèlf-lóathing 名U 自己嫌悪
sèlf-lócking 〈シ〉 形 自動的に鍵(かぎ)のかかる (❗「オートロック」は和製語)
sèlf-lóve 名U (自己愛からの)利己主義, 自分本位
***sèlf-máde** 〈シ〉 形《通例限定》❶ 自力で成功した ‖ a ～ man たたき上げの男 ❷ 自分で作った, ひとりでにできた
sèlf-mutilátion 名U (主に精神疾患が原因で)自らを傷つけること, 自傷 ; (鋭利なもので)自らに加えた傷
sèlf-opínionated 形 ❶ 自説に固執する, 頑固な ❷ うぬぼれの強い
sèlf-párody 名U 自己風刺 **-paródic** 形
sèlf-píty 名U 自分を哀れだと思うこと, 自己憐憫(れんびん)
sèlf-pítying 形 自己を哀れむ, 自己憐憫の
sèlf-pollinátion 名U〖植〗自花[自家]受粉
sèlf-pórtrait 名C 自画像
sèlf-posséssed 〈シ〉 形 落ち着いた, 冷静な
sèlf-posséssion 名U 落ち着き, 冷静, 沈着
sèlf-práise 名U 自賛, 自慢
sèlf-preservátion 名U 自己保存(本能), 自衛
sèlf-procláimed 形《限定》自称の
sèlf-propélled, -propélling 形 自己推進式の
sèlf-protéction 名 =self-defense
sèlf-ràising flóur 名《英》=self-rising flour
sèlf-realizátion 名U 自己(能力の)実現
sèlf-refér 動自《米》(資格者の紹介を介さずに)(医療機関に)自分で相談する
sèlf-referéntial 形 (文学作品などが) 作品自体 [作者自身, 作者の他作品]について言及している
sèlf-regárd 名U 利己(心) ; 自尊(心)
sèlf-régulating, -régulatory 形 自動制御[調節]式の ; 自主管理の
-regulátion 名U 自動制御 ; 自主管理
***sèlf-relíance** 名U 自己依存, 独立独行
sèlf-relíant 形 独立独行の, 他人を当てにしない
sèlf-repróach 名U 自責(の念), 自己批判
***sèlf-respéct** 名U 自尊(心)
sèlf-respécting 〈シ〉 形《限定》《通例否定文で》自尊心のある, 誇りを持った
sèlf-restráined 形 自制した, 自分を抑えた
sèlf-restráint 名U 自制, 克己
***sèlf-ríghteous** 〈シ〉 形 独善的な
～·ly 副 **～·ness** 名
sèlf-ríghting 形 (船が)(転覆しても)自力で復元する
sèlf-rìsing flóur 名U《米》(ベーキングパウダーを加え

た)ひとりでにふくらむ小麦粉

sèlf-rúle 名 =self-government

sèlf-sácrifice 名U 自己犠牲, 献身

sèlf-sácrificing 形 自己犠牲的な, 献身的な

self·same /sélfsèɪm/ 形《限定》《通例 the ～》全く同じ, 同一の, まさにその

sèlf-satisfáction ◁ 名U 自己満足, 独りよがり

sèlf-sátisfied 形 自己満足した, 独りよがりの

sèlf-séaling 形 ❶ (タイヤなどが)自動的にパンクの穴がふさがる ❷ (封筒が)押すだけで封のできる

sèlf-séeker 名C 利己主義者, 自分勝手な人

sèlf-séeking ◁ 名U形 利己主義(の)

sèlf-sérve 形 =self-service

sèlf-sérvice ◁ 名U (食堂・売店の)セルフサービス
―形《通例限定》セルフサービスの

sèlf-sérving 形 =self-seeking

S

sèlf-sówn 形 自然にまかれた; 自生の, 自然に生えた

sèlf-stárter 名C ❶ 自発的に物事を行う人 ❷《旧》(自動車の)セルフスターター, 自動始動機

sèlf-stíck, -stícking 形 自動接着式の ‖ a ～ envelope (のりのいらない)自動接着の封筒

sèlf-stýled ◁ 形《限定》自称の

***sèlf-suffíciency** 名U (自給)自足, 自立; 尊大, うぬぼれ

***sèlf-suffícient, -suffícing** 形 ❶ 〈…の点で〉自給自足の〈**in**〉 ❷ 自立心の強い

sèlf-suppórt 名U 自立, 一本立ち, 自活; 自給

***sèlf-suppórting** 形 ❶ 自立している[できる], 一本立ちの ❷ (企業が) 独立[自立]経営の ❸ 支えがなくても直立できる[立っていられる]

sèlf-sustáining 形 自分で維持できる, 自立した

sèlf-táught 形 独学の, 独習の

sèlf-tímer 名C (カメラなどの)セルフタイマー

sèlf-wíll 名U 強情, 頑固, 我意

sèlf-wílled ◁ 形 強情な, 我(が)の強い

sèlf-wínding ◁ 形 (時計が)自動巻きの

sèlf-wórth 名U 自尊心, うぬぼれ(self-esteem)

⁑**sell** /sel/(♦ 同音語 cell) 動 名

―動 〔▶ sale 名〕(**～s** /-z/; **sold** /sould/; **～·ing**)

―他 ❶ **a** 《+目》…を〈ある値段で〉**売る**, 売り渡す, 売却する (↔ buy) 〈**for, at**〉 ‖ We *sold* our house *for* 500,000 dollars. 我が家を50万ドルで売却した / ～ eggs *at* 80 cents a dozen 卵を1ダース80セントで売る / ～ liquor on credit 酒をつけで売る

b 《+目 *A*+目 *B* ⇄ +目 *B*+**to** 目 *A*》*A* (人など) に*B* (物) を〈ある値段で〉売る〈**for, at**〉 ‖ I *sold* him the car *for* 1,000 dollars.=I *sold* the car *to* him *for* 1,000 dollars. 彼にその車を1,000ドルで売った (♦ 受身形は The car was *sold* (to) him .... と He was *sold* the car .... の両方が可能)

❷ (人・店が)…を**売って[扱って]いる** ‖ Do you ～ fertilizer? (この店では) 肥料を売っていますか / That shop ～*s* ties. あの店ではネクタイを売っている / ～ insurance [real estate] 保険[不動産]を扱っている

❸ (出版物・レコードなどが)〔ある数〕を売る, 売れる ‖ His first novel *sold* three million copies. 彼の最初の小説は300万部売れた

❹ (商品の特質・販売戦略などが)…の販売を促進する ‖ It was advertising that *sold* the cosmetics. その化粧品の売れ行きが伸びたのは宣伝のお陰だった

❺ **a** 《+目》〔アイデア・サービス・製品など〕を売り込む, 宣伝する **b** 《+目 *A*+目 *B* ⇄ +目 *B*+**to** 目 *A*》*A* (人・企業など) に*B* (アイデアなど) を売り込む ‖ He tried to ～ a foreign firm the idea.=He tried to ～ the idea *to* a foreign firm. 彼は外国の会社にそのアイデアを売り込もうとした

❻ 《+目+**on** 名》〔人〕に…のよさを納得させる, …を(最良のものとして)受け入れさせる, 売り込む; 〔人〕を…に夢中にさせる (→ *be sold on* ... (↓)) ‖ ～ the voters *on* a candidate 有権者に候補者を売り込む

❼ …を〈金・地位などのために〉売る, 裏切る〈**for**〉 ‖ ～ one's honor 自分の名誉を売る / ～ one's vote 票を売る / ～ one's soul (to the devil) (悪魔に) 魂を売る / ～ one's body 売春をする / ～ one's country *for* money 金のために祖国を売る / ～ one's support (金銭的に)最も利益になる人を支援する

―自 ❶ (物を)〈…に〉売る, 売りに出す〈**to**〉; 販売業[商売]をしている; 売り込みをする ‖ This store ～*s* mainly *to* foreigners. この店は主に外国人相手に商売をしている / buy cheap and ～ dear 安く買って高く売る

❷ (商品などが)売れる, 需要がある, 買い手がつく(♦ ふつう well, badly, poorly など様態を表す副詞(句)を伴って, あるいは否定文で用いる); 〈ある値段で〉売られている〈**for, at**〉 ‖ His new album is ～*ing* well. 彼の新しいアルバムはよく売れている / These bags ～ *for* [OR *at*] 10 dollars apiece. このバッグは1個10ドルで売られている

❸ (アイデアなどが) 受け入れられる ‖ The project won't ～ with the public. その企画は大衆には受けないだろう

❹ (宣伝などが)売れ行きを伸ばす

be sóld on ... …をよいと思い込む, …に熱中している ‖ He's really *sold on* the plan. 彼はその計画にすっかりのめり込んでいる

sèll óff ... / sèll ... óff 〈他〉① (処分・金の工面などのため)…を(安く)売り払う, 捨値で手放す ② 〔会社など (の一部門)〕を売却する

sèll ón ... / sèll ... ón 〈他〉…を〈…に〉転売する〈**to**〉

sèll óut 〈自〉① (物が)売りきれる; (興行の) 切符が売りきれる; (店・人が) 〈商品を〉売りきる〈**of**〉 ‖ All the cakes have *sold out*. ケーキは全部売りきれた / We have *sold out of* sugar. 砂糖は売りきれました ② 在庫品を売り尽くして店じまいをする; 会社(の一部門)を〈…に〉売却する〈**to**〉 ③ 裏切る, 〈…に〉寝返る〈**to**〉; 〈…(の期待)を〉裏切る〈**on**〉 ‖ ～ *out to* the enemy 敵に寝返る / He's *sold out on* us. 彼は我々の期待を裏切った ―〈他〉《***sèll óut ... / sèll ... óut***》① 〔商品など〕を売り尽くす, 売りきる; 《be sold out で》…が売りきれている; (店などが)〈商品を〉売りきっている〈**of**〉 ‖ We are *sold out of* that software. そのソフトウェアは売りきれました ② …を売り払う ③ 〔仲間など〕を〈…に〉売る〈**to**〉; 〔人(の期待)〕を裏切る

séll onesèlf ① 自分を売り込む ‖ ～ oneself at a job interview 就職の面接試験で自分を売り込む ② (金などのために) 自分 (の名誉など) を売る, 主義に反することをする ③ 体を売る, 売春する

sell ... short ⇨ SHORT(成句)

sèll úp 《英》〈自〉(家屋・財産・事業など)すべてを処分する, 全部を売り払う ―〈他〉《***sèll úp ...***》〔資産など〕を全部処分する, すべて売り払う

―名 ❶U《口》販売術, 売り込み方; C《単数形で》特定の売れ方をするもの ‖ the hard [soft] ～ 強引な[物柔らかな] 売り込み / a difficult ～ 売れにくいもの ❷C《単数形で》失望, 期待外れ ‖ What a ～! 全くがっかりだ

▸▸ **～ing pòint** 名C 購買意欲をそそる商品の特徴, 商品販売上の強調点(❗「セールスポイント」は和製語) **～ing price** 名C 売り値

séll-bỳ dàte 名C《主に英》❶ (食品などに明示された) 販売期限 (《米》pull date) ❷《口》人気[効果]のある期限 ‖ be past one's ～ 古臭くなって使い物にならない

séll·dòwn 名C《豪・ニュージ》(大量売りによる)(株価などの)下落, (株価などの下落による)大量売り

⁑**sell·er** /sélər/

―名 (複 **～s** /-z/) C ❶ **売り手**, 販売者; 《the ～》(契約などでの)売り手(↔ buyer)

❷《修飾語を伴って》売れ行きが…のもの(→ bestseller) ‖ a million-copy ～ 100万部売れた本[CDなど] / a good ～ 売れ行きのよいもの

▸▸ **～'s** [**～s'**] **márket** 名C《単数形で》売り手市場

(↔ buyer's market)
séll·òff 名 C ❶ (資産処分のための低価値での) 売却 ❷ 《主に米》(急激な価値低下を伴う)株・債券類の売却
sel·lo·tape /sélətèɪp/ 《英》 名 《S-》 U 《商標》 セロテープ (《米》 Scotch tape) ―動 他 …をセロテープではる
séll·òut 名 C 《通例単数形で》 ❶ (入場券の売りきれた) 大人気の催し物, 大入り満員, 大当たり ‖ a ～ crowd 満員の聴衆 ❷ 《口》裏切り, 背信 ; 裏切り者
selt·zer /séltsər/ 名 《また S-》 U ❶ 鉱泉水 《ドイツ産の鉱泉水》 ❷ (=～ wàter) 炭酸水, ソーダ水
sel·va /sélvə/ 名 C (特にアマゾン川流域の)熱帯雨林
sel·vage, -vedge /sélvɪdʒ/ 名 C ❶ (織物の) 耳, 織端(おりはし) ; 縁 ❷ 〘地〙 (火山岩の)盤肌
selves /selvz/ 名 self の複数
SEM 略 *s*canning *e*lectron *m*icroscope
***se·man·tic** /səmǽnṭɪk/ 形 《通例限定》〘言〙意味(論)の, 語義(論)の **-ti·cal·ly** 副
▶▶～ **fíeld** 名 C 〘言〙 意味領域 《共通の意味的要素を持つ語彙(ごい)のまとまり》
se·man·ti·cist /səmǽnṭəsɪst, sɪ- | -tɪ-/ 名 C 意味論学[研究]者
se·man·tics /səmǽnṭɪks/ 名 U ❶ 〘言〙 意味論, 語義(変遷)論 ; (語(句)の)意味 ❷ 〘論〙記号論
sem·a·phore /séməfɔ̀ːr/ 名 ❶ C (鉄道などの)腕木信号機[シグナル] ❷ U 手旗信号
―動 他 自 (…を)手旗で知らせる[信号する]
***sem·blance** /sémbləns/ 名 U/C 《単数形で》 ❶ 外観, 格好, 見掛け, 様子 ; …らしさ, …みたいなもの, 多少の… ‖ in ～ 外見上 (は) / keep up a ～ of happiness 外見を幸せなように取り繕う / without the ～ of an excuse 言い訳らしいことは言わずに ❷ (実体と違った) 〈…の〉 見せかけ, うわべ, ふり〈**of**〉 ‖ under a ～ *of* calm [friendship] 平静[友情]を装って ❸ 《文》類似
se·men /síːmən/ 名 U 精液
***se·mes·ter** /səméstər/ 《アクセント注意》 名 C (特に米国大学で年2学期制の) 学期 (→ term ❺) ‖ the fall [spring] ～ 秋[春]学期 **-tral** 形
語源 ラテン語 *sex* (=six) + *mensis* (月の)から.
sem·i /sémi, +米 sémaɪ/ 名 C ❶ 《英口》 2世帯用住宅 (semidetached house) ❷ 《米 口》 =semitrailer ; tractor-trailer ❸ 《通例 ～s》=semifinal
semi- /semi-, +米 semaɪ-/ 接頭 「半分 ; いくぶん, 多少 ; …に似た ; …につき2回」 の意 ‖ *semi*circle ; *semi*conscious ; *semi*professional ; *semi*annual
sèmi·ánnual 形 年2回の, 半年ごとの **～·ly** 副
sèmi·aquátic 形 〘生〙半水生の, 水陸両生の
sèmi·automátic ⟨シ⟩ 形 ❶ 半自動式の ❷ (火器が) (連射はできないが)自動装填(そうてん)の
―名 C 半自動式火器 **-i·cal·ly** 副
sèmi·básement 名 C 半地階, 半地下
sémi·brève /-brìːv/ 名 C 《主に英》 〘楽〙 全音符 (《米》 whole note)
sémi·cìrcle 名 C 半円形(のもの)
sèmi·círcular ⟨シ⟩ 形 半円形の ‖ a ～ arch 半円アーチ / the ～ canals 〘解〙(内耳の)三半規管
sem·i·co·lon /sémɪkòʊlən/ 名 C セミコロン 《記号 ; . period よりは軽く comma よりは重い句読点》
sèmi·condúctor 名 C 〘理〙 半導体 ; 半導体を含む電子機器
sèmi·cónscious 形 半ば意識のある, もうろうとした
sèmi·detáched ⟨シ⟩ 形 名 C (2軒の家が) 仕切り壁で分けられた(家), 2世帯用1戸建ての(住宅)
***sèmi·fínal** ⟨シ⟩ 名 C 《しばしば the ～s》準決勝(戦)
―形 準決勝の **～·ist** 名 C 準決勝出場選手[チーム]
sèmi·lúnar 形 〘解〙半月状の ; 三日月形の
sèmi·métal 名 U 〘化〙半金属(metalloid)
sèmi·mónthly 《主に米》 形 月2回の ―副 月に2回, 半月ごとに ―名 (複 **-lies** /-z/) C 月2回の刊行物

sem·i·nal /sémɪnəl/ 形 ❶ 《限定》 精液の ; 〘植〙 種子の ❷ 発展の可能性を含んだ ; 発展のもととなる ❸ 独創的で影響力の強い **～·ly** 副
***sem·i·nar** /sémɪnɑ̀ːr/ 名 C ❶ セミナー, ゼミ(ナール), 演習 《指導教員の下で小人数の学生が行う研究》 ; セミナー参加学生 ❷ (特定の論題に関する)研究会, セミナー
sem·i·nar·i·an /sèmɪnéəriən/, **-na·rist** /sémɪnərɪst/ 名 C 神学校の学生
sem·i·nar·y /sémənèri | -ɪnəri/ 名 (複 **-nar·ies** /-z/) C 神学校
Sem·i·nole /sémɪnòʊl/ 名 (複 ～ OR ～**s** /-z/) ❶ C セミノール族(の人) 《北米先住民》 ❷ U セミノール語
―形 セミノール族[語]の
sèmi·offícial 形 半公式の, 半ば公の, 半官の
se·mi·ol·o·gy /sèmiɑ́(ː)lədʒi | -ɔ́l-/ 名 =semiotics
se·mi·ot·ic /sèmiɑ́(ː)ṭɪk | -ɔ́t-/ ⟨シ⟩ 形 ❶ 記号論 [学] の ❷ 〘医〙症候(学)の
sè·mi·ót·ics /-s/ 名 U ❶ 記号論 [学] ❷ 〘医〙 症候学 ; 症候群
sèmi·pérmeable 形 〘理〙(膜が)半透過性の
sèmi·précious ⟨シ⟩ 形 《通例限定》準宝石の
sèmi·prívate 形 《米》(病室が)(2-3人用の)準個室の
sémi·prò 形 名 《口》=semiprofessional
sèmi·proféssional ⟨シ⟩ 形 《通例限定》 名 C 半職業的な(選手), セミプロの(選手) **～·ly** 副
sémi·quàver 名 C 《主に英》 〘楽〙 16分音符 (《米》 sixteenth note)
sèmi·skílled ⟨シ⟩ 形 《通例限定》 (工員が) 半熟練の ; (仕事が)多少の熟練を要する
sèmi-skímmed 形 《英》(牛乳が)低脂肪の(《米》two-percent milk)
sèmi-swéet 形 甘味を押さえた, 甘味控えめの
Sem·ite /sémaɪt | síːm-/ 名 C ❶ セム人 ❷ ⊗《俗》《蔑》ユダヤ人 (Jew)
Se·mit·ic /səmíṭɪk/ 形 セム人の ; セム語の
―名 U セム語
sémi·tòne 名 C 《英》 〘楽〙 半音 (《米》 half step, half tone)
sémi·tràiler 名 C 《主に米》 セミトレーラー 《トレーラーの前部に車輪がなく前部が牽引(けんいん)車の後部に載る》 ; トレーラートラック 《セミトレーラーと連結するトラック》
sèmi·trópical ⟨シ⟩ 形 亜熱帯の(subtropical)
sémi·vòwel 名 C 〘音声〙 半母音 《英語では母音に先行する wit の /w/, yet の /j/ の音, 米音の /r/ など》
sèmi·wéekly ⟨シ⟩ 形 副 週2回(の)
―名 (複 **-lies** /-z/) C 週2回の刊行物
sem·o·li·na /sèməlíːnə/ 名 U ❶ セモリナ, 粗びき小麦粉 ❷ プディング (《英》ではデザート, 《米》では朝食)
sem·pre /sémpri, -preɪ/ 副 《イタリア》(=always) 〘楽〙常に, ずっと
SEN 略 *S*tate *E*nrolled *N*urse ((英国の) 国家登録看護師) 《SRNより下位の資格》
Sen. 略 《米》Senate ; 《米》Senator ; Senior
***sen·ate** /sénət/ 《発音注意》 名 ❶ 《通例 the S-》《単数・複数扱い》(米国・フランス・カナダ・オーストラリアなどの)上院 《アメリカでは連邦議会の上院と各州議会の上院とがある. 略 Sen., sen.》 (→ House of Representatives) ‖ The *Senate* has [《主に英》have] voted to lift the trade embargo. 上院は通商禁止の解除を可決した / have a seat in the U.S. *Senate* 米国上院に議席がある / run for the Illinois State *Senate* イリノイ州上院に立候補する ❷ C 上院の建物, 上院議事堂 ; 上院議場 ❸ 《通例 the ～》(大学の)理事会, 評議会 ❹ C 議会, 立法機関 ❺ 《the ～》〘ローマ史〙元老院(の建物)
***sen·a·tor** /sénəṭər/ 名 〔▶ senatorial 形〕 C ❶ 《しばしば S-》上院議員 《略 Sen., sen.》 (→ congressman) ‖ a *Senator* from New York ニューヨーク州選出の上院議員 / Democratic *Senator* Edward Kennedy 民主

S

党上院議員エドワード＝ケネディ（♦ 敬称としては姓または姓名を伴う）❷〘ローマ史〙元老院議員
~·shìp 名 U senator の職[地位]

sen·a·to·ri·al /sènətɔ́ːriəl/ 形〔◁ senator 名〕《限定》❶ 上院(議員)の ❷ 上院議員からなる **~·ly** 副
▸▸ **~ dìstrict** 名 C 《米》上院議員選挙区

send /send/ 動 名

中心義 …を目的の場所[人, 状態]まで移行させる

— 動 (**~s** /-z/; **sent** /sent/; **~·ing**)

— 他 ❶ **a** 《+目》(郵便などによって)…を**送る**, 発送する；〔信号・電波など〕を送る ‖ ~ a **letter** by mail [air (mail)] 郵便[航空便]で手紙を送る / ~「an e-mail [a fax] Eメール[ファックス]を送る

b 《+目 *A*+目 *B* ⇄ +目 *B*+**to** 目 *A*》*A*(人など)に*B*(物)を送る ‖ She *sent* me a Christmas card.＝She *sent* a Christmas card *to* me. 彼女はクリスマスカードを送ってくれた

語法 ☆☆ (1) 目 *B* が人称代名詞で 目 *A* が一般の名詞(句)の場合は to を用いる形のみが可能. 〈例〉She sent it to Bill.(♦ ×She sent Bill it. は不可)
(2) 目 *A*と目 *B*が共に人称代名詞の場合, 《英口》ではときに 目 *B*(特に it)が先行して, 目 *A*が to をとらないことがある (⇨ GIVE 他 ❶ 語法 (4)). 〈例〉Will you *send* it me? それを送ってくださいませんか
(3) 目 *A*が場所を表す名詞のときは二重目的語は不可. 〈例〉I *sent* my baggage to Tokyo.[×I sent Tokyo my baggage.] 私は東京に荷物を送った
(4) 受身形は A Christmas card was *sent* (to) me. (♦ to は省略しない方がふつう)と I was *sent* a Christmas card. の両方が可能.

❷ **a** 《+目 *A*+目 *B* ⇄ +目 *B*+**to** 目 *A*》*A*(人)に*B*(あいさつなど)を伝える ‖ My parents ~ you their best regards.＝My parents ~ their best regards *to* you. 両親がよろしくと申しております / Please ~ my love *to* your sister. お姉さんによろしく / She *sent* me word that she would be late. 彼女は遅れると伝えてきた

b 《+目》〔伝言など〕を伝える ‖ Linda *sent* word that she would be late. リンダは遅れると伝えた

❸ **a** 《+目》〔人〕を〈…に〉行かせる, 差し向ける, 派遣する〈**to**〉‖ He was *sent* on a special mission *to* Beijing. 彼は特別任務で北京に派遣された / *Send* a car for us. 車を1台回してください / ~ a messenger 使いの者をやる / ~ the children home 子供たちを家に帰らせる(♥ 日本語の「人を送って行く」のつもりで send を用いると「無理やり追い出す」の意にとられてしまう. 正しくは I'll take [OR see] her home. 徒歩なら take の代わりに walk, 車なら drive を用いる) / ~ my son *to* college 息子を大学にやる / ~ a child *to* bed 子供を寝かせる

b 《+目+**to** *do*》〔人〕を行かせて…させる ‖ He was *sent* *to* buy some liquor. 彼は酒を買いに行かされた / Father *sent* me upstairs *to* fetch his bag. 父に2階へかばんを取りに行かされた

❹ …を運ばせる, 届ける, 持って行く[来る] ‖ Will you please ~ my breakfast up? 朝食を階上へ運んでくれませんか / *Send* help at once. 至急援助を送れ

❺ 《+目+副句》…を(ある方向に)強く押し出す, 動かす, 放つ, 飛ばす；…を発射する ‖ The heart ~*s* blood through the arteries. 心臓は動脈を通して血液を送り出す / ~ a ball into the rough ボールをラフに打ち込む

❻ ある状態にする **a** 《+目》…を〈ある状態に〉する〈**into, to**〉‖ His remark *sent* her *into*「a rage [laughter]. 彼の言葉に彼女は激怒した[笑い出した] / Gentle music will ~ you *to* sleep. 優しい音楽を聴けば眠れますよ

b 《+目+補〈形〉》…を…の状態にする ‖ The noise will ~ me mad [OR crazy]. あの騒音で頭が変になりそうだ

c 《+目+*doing*》…を…するようにさせる ‖ The storm *sent* food prices soaring. 荒天のため食料品の値段が急騰した

❼ 《俗》…を熱狂させる, 陶酔させる ‖ This music really ~*s* me. この音楽には本当にうっとりしてしまう

❽ 《文》(神・運命などが)もたらす(♦ しばしば願望の仮定法で用いる) **a** 《+目》…をもたらす **b** 《+目 *A*+目 *B*》*A*(人)に*B*をもたらす ‖ Heaven ~ us a safe journey! 私たちが無事に旅行できますように **c** 《+(**that**) 節》…であるようにする ‖ God ~ (*that*) it may not be so. そんなことがありませんように **d** 《+目+補〈形〉》…に…の状態をもたらす ‖ *Send* her [him] victorious! 女王[国王]を勝利者たらしめたまえ《英国国歌の一節》

— 自 ❶ 手紙[伝言など]を送る；使いの者をやる[よこす]〈**to** …に；**to** *do* …するために〉‖ ~ *to* invite her to a party 彼女に便り[使いの者]を送ってパーティーに招待する
❷ (無線で)通信する

sènd áfter 〈他〉 **I** 《***sènd áfter*** ...》〔医者・タクシーなど〕を呼び[連れ]に行かせる；(人に)…の後を追わせる **II** 《***sènd À àfter B́***》*B*の後を*A*(人)に追わせる；*A*に*B*を呼び[連れ]に行かせる

sènd aróund ... / ***sènd ... aróund*** 〈他〉…を回す, 回覧する ‖ ~ a note *around* to the members 会員にメモを回す

sènd awáy ... / ***sènd ... awáy*** 〈他〉① …を遠くへ行かせる ‖ ~ one's son *away* to boarding school 息子を寄宿学校にやる ② …を追い払う

****sènd awáy for ...*** 〈他〉(遠隔地から)…を(郵便などで)〈…に〉注文する[取り寄せる]〈**to**〉‖ ~ *away for* a replacement 交換部品を注文する

sènd báck ... / ***sènd ... báck*** 〈他〉〔人〕を引き返させる, 〈…に〉送還する；〔物〕を〈…に〉返送する〈**to**〉

sènd dówn ... / ***sènd ... dówn*** 〈他〉① …の価値を下げる；…を下落させる ②《通例受身形で》《英》〈大学を〉退学処分になる〈**from**〉③《通例受身形で》《英口》刑務所に送られる ④ …を階下に送る(→ 他 ❹)

sènd dówn for ... 〈他〉…を注文する；人を階下にやって…を取って来させる

****sénd for*** 〈他〉 **I** 《***send for*** ...》① 〈人・助けなど〉を(**連絡して)呼ぶ**, …に来てもらう(♦ 自分で迎えに行く場合は go for を使う) ‖ ~ *for* a doctor (連絡して)医者を呼ぶ(♦ 受身形 The doctor was *sent for*. が可能) / ~ *for* help (依頼を出して)助けに来てもらう ② …を(郵便などで)注文する, 取り寄せる **II** 《***sènd À for B́***》③ *A*を使わして*B*を呼び[取り]に行かせる

sènd fórth ... / ***sènd ... fórth*** 〈他〉①《文》〔人〕を送り出す ②《堅》〔光・音など〕を発する ③《堅》〔新芽など〕を出す

****sènd ín ...*** / ***sènd ... ín*** 〈他〉① 〔人〕を室内に通す ‖ "A Mr. Davis wants to see you." "*Send* him *in*."「デービスさんという方がお会いしたいと言っています」「お通しして」② …を(コンテストなどに)出す ‖ ~ *in* a picture for an exhibition 展覧会に絵を出品する ③ …を(郵便で)提出する, 差し出す(submit) ‖ ~ *in* one's application 申込書を提出する ④〔軍隊など〕を派遣する, 投入する

sènd ín for ... 〈他〉…を(郵便などで)注文する

****sènd óff ...*** / ***sènd ... óff*** 〈他〉①〔郵便物など〕を発送する ②〔人〕を見送る, 送り出す(see off)(→ send-off)；〔人〕を使いに出す, 派遣する ③《通例受身形で》《英・豪》(ルール違反をした選手が)退場させられる

****sènd óff for ...*** 〈他〉＝*send away for* ...(↑)

sènd ón ... / ***sènd ... ón*** 〈他〉①〔郵便物など〕を転送する(forward) ‖ The letter was *sent on* to him. 手紙は彼に転送された ②〔荷物など〕を前もって送っておく；〔人〕をあらかじめ派遣しておく[先に行かせる] ‖ He *sent* his「golf gear [secretary] *on* (ahead of him). 彼はゴルフの道具を先に送った[秘書を先に行かせた]

****sènd óut ...*** / ***sènd ... óut*** 〈他〉① …を派遣する ‖ ~ *out* a search party 捜索隊を派遣する ② …を多数発送する；…を広く配布する ‖ ~ *out* invitations 招待状を

発送する ③〔光・熱・音など〕を発する, 出す(emit)；〔信号〕を送る；〔新芽など〕を出す ‖ The roses *sent out* fragrance into the air. バラが空気中によい香りを放っていた ④〔人〕を使いにやる ‖ ~ him *out* for a newspaper 彼に新聞を買いに行かせる

sènd óut for ... 〈他〉(レストランなどに)…の出前を頼む

sènd róund ... / sènd ... róund 〈他〉=*send around ...* (↑)

****sènd úp ... / sènd ... úp*** 〈他〉①…の価値を上げる, …を上昇させる ‖ ~ the prices *up* 物価を上昇させる ②(上にいる人の所に)…を持って行かせる(→ 他 ④) ③《通例受身形で》《米口》刑務所に送られる ④《英口》…をまねて笑いものにする, からかう(→ sendup)

—名 C ▭データ送信用のコマンド[キー, アイコン]

sénd·er 名 C 送り主, 発送者, 発信人

sénding-òff 名 C (サッカー試合で)(罰としての)退場

sénd-òff 名 C (空港などでの)見送り, 送別；門出(かどで)の祝い ‖ be given a big ~ 盛大な見送りを受ける

sénd·ùp 名 C《口》〈…の〉もじり, 風刺(parody)〈**of**〉

Sen·e·ca[1] /sénɪkə/ 名 **Lucius Annaeus ~** セネカ(4 B.C. ?– A.D. 65)《ローマの哲学者》

Sen·e·ca[2] /sénɪkə/ 名 (複 **~** OR **~s** /-z/) ❶ C セネカ族(の人)《北米先住民の一種族》❷ U セネカ語

***Sen·e·gal** /sènɪɡɔ́:l/ 名 セネガル《アフリカ西部の共和国. 公式名 the Republic of Senegal. 首都 Dakar》

-ga·lése 形 名 C セネガル(人)の；セネガル人

se·nes·cent /sɪnésənt/ 形 老いていく, 老境の

-cence 名 U 老化, 老衰

se·nile /sí:naɪl/ 形 老齢による, 老いにつきものの；もうろくした, ぼけた ‖ ~ decay 老衰

se·níl·i·ty /sɪníləti/ 名 U 老衰, もうろく

語源 ラテン語 *senex*(老いた；老人)から.

▸▸**~ deméntia** 名 U 老人性認知症

***se·nior** /sí:njər | -niə/ 中心義 **位や年が上の(人)**

—形〔▶ seniority 名〕《比較なし》(↔ junior) ❶ (地位などが) **上級の**, 上位の(↔ subordinate)；(社歴などが)〈…の〉**先輩の**〈**to**〉‖ a ~ manager [officer] 上級管理者[将校] / a ~ partner (合名会社などの)代表社員, 社長 / Three of the committee members are ~ *to* [×than] me. 委員のうち3人は私の上役だ / the second-most-~ Diet member 2番目に高齢の国会議員

❷ **年長の**, 年上の《同姓同名の父子などのうち, 父親[年長者]の方であることを示すために名の後につける. 女性には用いない. 略 Sr., sr., 《英》Snr〈例〉John Webb(,) *Sr.* ジョン=ウェッブ=シニア》；高齢者の(→ senior citizen)

❸ 〈…より〉年上の〈**to**〉(⇨ OLD 類語) ‖ He is two years ~ *to* me.=He is ~ *to* me by two years. 彼は私より2歳年上だ(♦ He is two years older than me. または He is older than me by two years. がふつうの言い方)

❹《限定》《主に米》(大学・高校の)最高学年の ‖ in one's ~ year 最高学年の年に ❺《限定》(スポーツ大会が)成人[上級者]の ❻《限定》(学校が)高学年向けの；《英》(学校[教育課程]が)11歳[13歳]以上の生徒のための

—名 C ❶ **年長者**, 年上の人；高齢者, お年寄り ‖ He is two years my ~. 彼は私より2歳年上だ

❷ **上司**, 上役, 上官；**先輩**, 先任者 ‖ I have only one ~ in this department. この部署に私の上役は1人しかいない

❸《主に米》(大学・高校の)最上級生(→ junior, sophomore, freshman) ❹ (スポーツの)成人(選手), 上級者 ❺《英》シニアスクールの生徒；(学校の)上級生

▸▸**~ chìef pétty òfficer** 名 C《米海軍》上等兵曹《1等兵曹の上で上級上等兵曹の下》**~ cítizen** 名 C《婉曲的》高齢者, お年寄り《特に定年退職後の年金生活者》**~ cómmon ròom** 名 C《英》(大学の)教職員談話室 **~ hígh schòol** 名 C《米》高等学校《6-3-3制, 8-4制などの学制でそれぞれ最後の3年, 4年に相当する学校》(⇨ HIGH SCHOOL) **~ màster sérgeant** 名 C《米空軍》上等曹長《曹長の上で上級上等兵曹長の下》**~ mòment** 名 C《口》《戯》(老化による)ど忘れ ‖ Sorry, I'm having a ~ *moment.* すみません, ど忘れしてしまいました **~ próm** 名 C《米》シニアプロム《高校の卒業記念ダンスパーティー》**Sènior Sérvice** 名《the ~》《英》(陸軍・空軍に対して)海軍

***se·nior·i·ty** /si:njɔ́:rəṭi | si:niɔ́r-/ 名〔◁ senior 形〕U ❶ 年上, 年長 ❷ (先任・古参であることからの)上位, 優位 ‖ the ~ system 年功序列制度

sen·na /sénə/ 名 C《植》センナ《マメ科の草本》；U センナの乾燥した葉《下剤》

se·ñor /seɪnjɔ́:r | se-/ 名 (複 **~s** /-z/ OR **-ño·res** /-njɔ́:reɪs/)《スペイン》C ❶《敬称として》…氏, …様《英語の Mr. に相当》❷《呼びかけで》先生, あなた, だんな《英語の sir に相当》

se·ño·ra /seɪnjɔ́:rə | se-/ 名《スペイン》C ❶《敬称として》…夫人《英語の Mrs. に相当》❷《呼びかけで》奥様, 奥さん, あなた《英語の madam に相当》

se·ño·ri·ta /sèɪnjərí:ṭə | sènjɔ:-/ 名《スペイン》C ❶《敬称として》…嬢《英語の Miss に相当》❷《呼びかけで》お嬢様, お嬢さん, あなた《英語の miss に相当》

***sen·sa·tion** /senséɪʃən/

—名〔▶ sensational 形〕(複 **~s** /-z/) ❶ U **感覚**, 知覚(力) ‖ lose all ~ in one's fingers 手の指の感覚がすっかり麻痺(まひ)する / the ~ of hearing [seeing] 聴覚[視覚]

❷ U/C《通例単数形で》(感覚器官を通しての)感じ；C《通例単数形で》〈…という〉(感覚器官によらない)漠然とした感じ, 気持ち〈**that** 節〉‖ I have a ~ of cold [dizziness] 寒さ[めまい]を感じる / He had the ~ *that* he was being followed. 彼は(何となく)跡をつけられている気がした / a ~ of happiness (漠然とした)幸福感

❸ U/C《a ~》**大評判**, 大騒ぎ, センセーション；C《単数形で》センセーションを巻き起こすもの[人] ‖ The news caused a great ~. そのニュースは一大センセーションを巻き起こした / Mr. Tanaka was an overnight ~. 田中さんは一夜にして有名人になった

***sen·sa·tion·al** /senséɪʃənəl/《発音注意》形〔◁ sensation 名〕❶ 衝撃的な, センセーショナルな；(新聞などが)扇情的な ‖ a ~ crime 衝撃的な犯罪 / a ~ newspaper 扇情的な新聞 ❷《口》人を強く引きつける, とても素晴らしい ‖ His performance was ~. 彼の演奏は素晴らしかった / You look ~ in your new suit. 新しいスーツを着た君はとても素敵だよ ❸ 感覚(上)の **~·ly** 副

sen·sá·tion·al·ìsm /-ìzm/ 名 U ❶ (特にジャーナリズムの)扇情主義, 興味本位(のもの) ❷《哲》感覚論(→ rationalism) **-ist** 名

sen·sa·tion·al·ize /senséɪʃənəlàɪz/ 動 他 …をセンセーショナル[扇情的]に扱う[報道する]

*sense /sens/ 名 動

中心義 **感じ取る(力や対象)**

> 名 **感覚❶ 感じ❷ 認識力❸ 観念❸ 思慮❹ 意味❼**
> 動 他 **気づく❶**

—名〔▶ sensible 形, sensitive 形, sensory 形, sensual 形, sensuous 形〕(複 **sens·es** /-ɪz/) ❶ C (感覚器官で受ける)**感覚**, 五感の働き, 五感の1つ ‖ The dog has a keen ~ of smell. 犬は嗅覚(きゅうかく)が鋭い / lose one's ~ of sight [hearing, smell, touch, taste] 視[聴, 嗅, 触, 味]覚を失う / have a ~ of pain 痛みを感じる / the five ~*s* 五感 / a sixth ~ 第六感(→ CE 1) / a feast for all the ~*s* 五感を楽しませてくれるもの

❷ U/C《通例単数形で》〈…という〉**感じ**, 感触, 印象〈**of** / **that** 節〉‖ I had the ~ *that* everything was get-

ting out of hand. 何もかも手に負えなくなっていく感じがした / a ~ *of* danger [loneliness] 危機感[孤独感]
❸ Ⓤ/Ⓒ《a ~, one's ~》(周囲の事物に対する) **認識力**, (道徳的な)**観念**, (美などに対する)感覚, センス ‖ My girlfriend has no ~ of direction. 僕の彼女は方向音痴だ / I felt a deep ~ of guilt. 深い罪の意識を感じた / the moral ~ 道徳観念 / the religious ~ 宗教心 / You have a good ~ of color [humor]. 君は色[ユーモア]のセンスがいい
❹ Ⓤ〈…する〉**思慮**, 良識, 道理, 分別〈**to** *do*〉(→ common sense) ‖ There is some ~ in what he says. 彼の言うことには一理ある / I had the ~ *to* keep out of the quarrel. 口論に加わらないだけの分別があった / a man of ~ 良識ある人
❺ Ⓤ 意義, 価値 ‖ What is the ~ of going out in the rain? 雨の中を出かけることはないでしょ / There is no ~ in denying the fact. その事実を否定しても無駄だ
❻ Ⓒ《通例 one's ~s》正気, 平常心, 意識 ‖ She is (right) out of her ~*s*. 彼女は(完全に)正気を失っている / bring him (back) to his ~*s* 正気に戻す / ˹come to [OR regain] one's ~*s* 意識を取り戻す;正気になる / lose one's ~*s* 意識を失う;気が狂う
❼ Ⓒ (語句・文章などの) **意味** (♦ 複数の meaning のうちの「ある特別な意味」を表すことが多い)(⇨ MEANING 類語) ‖ The word is used **in** two ~*s*. その語は2つの意味で使われている / She's a poet **in** every [the true] ~ of the word. 彼女はあらゆる[真の]意味で詩人だ / He is "romantic" **in** the ~ of "not facing reality". 彼は「現実と向き合っていない」という意味でロマンチックだ / in a broad [strict] ~ 広い[厳密な]意味で(の)
❽《the ~》全体の意向, 総意 ‖ The ~ of the meeting was that he should be expelled from the club. 集会の出席者の意向は彼をクラブから追放すべきだということだった ❾《the ~》真の意味, 趣旨 ‖ make the ~ of a discussion clear 討論の趣旨を明らかにする ❿ Ⓒ〔数・理〕ベクトルの(2方向のうちの)一方の向き

*•**in a sénse**; **in òne sénse*** **ある意味で**, ある点で
in a (***vèry***) ***rèal sénse*** 本当の意味で, 実に
in nò sénse 決して…でない
knòck [OR ***tàlk***] (***sòme***) ***sénse into a pèrson*** 〔人〕に分別ある行動ができるように教え込む;〔人〕を(強行な手段で)説得する
*•**màke sénse*** ① **意味が通じる**, 筋が通る ‖ His explanation *made* no ~ (to me). 彼の説明は(私には)訳がわからなかった ② 道理にかなう;賢明である ‖ Does it *make* ~ to sell the stock now? その株をいま売るのは賢明だろうか
*•**màke sénse*** (***òut***) ***of ...*** …の意味を理解する ‖ Can you *make* (correct) ~ *of* this passage? この一節の意味が(正確に)わかりますか
sèe sénse ものの道理がわかる, 過ちに気づく;我に返る

COMMUNICATIVE EXPRESSIONS
[1] **My síxth sènse télls me** (**that**) there's sòmebody behínd àll thìs. 私の第六感によれば一連の出来事の裏にはだれかいますね(♥ 直感を述べる)
[2] **Tàlk sénse!** まさか, そんな;ばかなこと言うなよ

—動 (**sens·es** /-ɪz/; **~d** /-t/; **sens·ing**) 他《通例進行形不可》❶ **気づく** **a**《+目》…に気づく, 感づく, …を感知する ‖ I ~*d* his lack of conviction. 彼には確信がないのだと感じた / ~ danger 危険を察知する
b《+ (**that**) 節 / **wh** 節》…ということ[…か]に気づく ‖ She began to ~ something was wrong. 彼女は何か変だと感じ始めた / He ~*d* *what* was going to happen. 彼は何が起ころうとしているのかに気づいた
c《+目+***doing***》…が…している[…する]のに気づく ‖ I ~*d* her trying to deceive me. 彼女が私をだまそうとしているのに気づいた
❷ (機械などが) …を感知する, 読み取る ‖ a device that ~*s* leaking gas ガス漏れを感知する装置

COMMUNICATIVE EXPRESSIONS
[3] **Do I sénse that you dìdn't** enjòy the ópera? オペラをお楽しみにならなかったようですが (♥ 相手が否定的な感想を持っていそうな場合に用いる形式ばった表現)
[4] **I can sénse it.** そんな気がする;何となくわかるんだ

⏩ **~ òrgan** 名 Ⓒ 感覚器(官)

***sense·less** /sénsləs/ 形 ❶ 無意味な, 無目的な ‖ ~ violence 無意味な暴力 ❷《叙述》無意識の;無感覚の ‖ knock him ~ 彼を殴って気絶させる ❸ 非常識な (⇨ SENSIBLE 類語) **~·ly** 副 **~·ness** 名

***sen·si·bil·i·ty** /sènsəbíləṭi/ 名〔◁ sensible 形〕(複 **-ties** /-z/) ❶ Ⓤ/Ⓒ《しばしば -ties》(繊細な)感受性;(知的・道徳的・美的価値などに対する)感覚のこまやかさ[鋭敏さ], (鋭い) 感性 ‖ the ~ of a child 子供の感受性 / sense and ~ 分別と多感, 知と情 / a person of great ~ とても感受性の豊かな[神経のこまやかな]人 / ethical ~ 倫理的感覚の鋭さ ❷ Ⓒ《通例 -ties》傷つきやすい感情, 多感な心 ‖ Her *sensibilities* are easily wounded. 彼女の多感な心は傷つきやすい

***sen·si·ble** /sénsəbl/ 形〔◁ sense 名 | ▶ sensibility 名〕(**more ~**; **most ~**) (♦ sensitive と区別. ⇨ 類語)
❶ **a** (人が)〈…について〉良識[分別]のある, 訳のわかった〈**about**〉; (行動などが) 賢明な (↔ foolish) ‖ a ~ person 分別のある人 / a ~ decision 賢明な決定
b《It is ~ of *A* to *do* / *A* is ~ to *do* で》*A*(人)が…するのは賢明である ‖ It is ~ *of* her *to* refuse to go there alone. 彼女が単独でそこに行くのを断るのは賢明だ
c《It is ~ to *do* で》…するのは賢明である ‖ It is not ~ *to* spend so much money on a new phone. 新しい電話にそんなにたくさんお金を使うのは賢明ではない
❷《限定》(衣服などが) (無駄な飾りがなく) 実用的な ‖ She always wears ~ low heels. 彼女はいつも実用的なローヒールの靴を履いている
❸《叙述》《堅》〈…に〉気づいている, 〈…が〉わかっている〈**of, to**〉 ‖ The prime minister was ~ *of* the difficulties of his position. 首相には自分の立場の難しさがわかっていた ❹ 顕著な, はっきり目立つほどの ‖ a ~ reduction in expenses 経費のかなりの削減 ❺《限定》(感覚器官を通して)感じられる;(知性によって)認識され得る
-bly 副 賢明にも

COMMUNICATIVE EXPRESSIONS
[1] **Súrely the mòst sénsible thìng would be to** shòw him sòme respéct. 彼に敬意を表するのが間違いなく最も賢明なことでしょう(♥ 説得・進言の表現)

類語 **sensible** 思慮があり, 常識的に正しく判断することができる;分別のある, 賢い(♦ wise(賢明な)に近いが, wise は改まった語).
sensitive 物事や他人の言動に対して敏感に反応する;感じやすい, 敏感な (♦ sensitive の反意語は insensitive (鈍感な). sensible の反意語は insensible (感じない) ではなく senseless (無分別な)).

:sen·si·tive /sénsəṭɪv/
—形〔◁ sense 名 | ▶ sensitivity 名〕(**more ~**; **most ~**) (♦ sensible と区別. ⇨ SENSIBLE 類語)
❶〈外的刺激などに〉**敏感に反応する**, 敏感な〈**to**〉 ‖ Birds are ~ *to* weather changes. 鳥は気象の変化に敏感だ
❷〈他人の気持ちなどに〉神経を使う, **よく気を配る**, **敏感な**, 感情のこまやかな〈**to**〉 ‖ He is ~ *to* the feelings of others. 彼は他人の感情をよく察する / The industry must be more [highly] ~ *to* public concerns about safety. 産業界は安全性についての世間の関心にもっと[大いに]敏感であるべきだ
❸〈他人の言動などに対して〉**感じやすい**, **傷つきやすい**, すぐ気にする, 神経質な(↔ insensitive)〈**to, about**〉 ‖ Politicians are ~ *to* public opinion polls. 政治家は世論調査の結果に神経質だ / We are all ~ *about* our appearance. 私たちは皆自分の容貌(ようぼう)を気にしている /

You're too ～. あなたは気にしすぎるのよ / a ～ child 神経質な子供
❹ 取り扱いに注意を要する, 微妙な；国家機密を扱う ‖ a politically ～ issue 政治的に慎重な対応が求められる問題 / an **environmentally** ～ **area** 環境保護区 / ～ information 機密情報
❺ (皮膚などが)傷つきやすい, 弱い ‖ ～ skin 敏感な肌
❻ (美的に) 感覚の鋭い, 鋭敏な ❼ 感光性の；(器機などが)〈…に〉感度のよい, 高感度の；(市場などが)変動しやすい〈**to**〉‖ ～ paper 〖写〗感光紙 / a ～ barometer 高感度の気圧計 / ～ stocks 値動きの激しい株
―名 C 超自然的な力を持つ人
～·ly 副 **～·ness** 名
▶▶**～ plànt** 名 C 〖植〗オジギソウ；《口》敏感な人

***sen·si·tiv·i·ty** /sènsətívəṭi/ 名〔◁ sensitive 形〕(複 **-ties** /-z/) U ❶〈…に対する〉神経のこまやかさ, 感情の敏感さ〈**to**〉‖ ～ *to* other people's needs 他者の要求に対する配慮 ❷ C U (音楽・文学などの) 感性, 感受性 ❸ U/C《-ties》傷つきやすいこと[感情], 神経過敏 ❹ 取り扱いに注意を要すること ❺ 敏感に反応すること；過敏性 ❻ (フィルムの)感光度；(受信機などの)感度
▶▶**～ tráining** 名 U 感受性訓練《少数民族や弱者などへの配慮を深めるための心理的トレーニング》

sen·si·tize /sénsətàɪz/ 動 他 ❶《受身形で》〈…に対して〉敏感になっている〈**to**〉 ❷〔フィルムなど〕に感光性を与える ❸ …を〈抗原体に対して〉敏感にする〈**to**〉
sèn·si·ti·zá·tion 名

sen·si·tom·e·ter /sènsətá(:)məṭər | -tɔ́mɪ-/ 名 C 〖写〗感光度計

***sen·sor** /sénsər/ 名 C センサー《光・熱・放射線などに反応する感知器》‖ an infrared ～ 赤外線センサー

sen·so·ri·mo·tor /sènsərimóuṭər/ ⟨シ⟩ 形 〖生理〗感覚運動の[を備えた]《脳・神経組織が感覚と運動の両機能を持つ部分》

sen·so·ry /sénsəri/ 形〔◁ sense 名〕《通例限定》感覚[知覚]の, 感覚上の ‖ ～ nerves 感覚神経
▶▶**～ deprivátion** 名 U 知覚[感覚]喪失

***sen·su·al** /sénʃuəl | -sjuəl/ 形〔◁ sense 名〕❶ (知性・精神に対し) 肉体 (的感覚) の, 官能的な, 肉欲的な ‖ ～ pleasures 肉体的快楽 ❷ 肉欲にふける, 酒色におぼれた；好色な, 淫蕩(いんとう)な ‖ a ～ life 淫蕩な生活 ❸ 肉感的な ‖ ～ lips 肉感的な唇 **～·ly** 副

sén·su·al·ìsm /-ìzm/ 名 U ❶ 官能[肉欲]にふけること, 好色 ❷〖哲〗官能主義 **-ist** 名

sen·su·al·i·ty /sènʃuǽləṭi | -sju-/ 名 U 官能[肉欲]性；官能[肉欲]にふけること；好色

sen·su·al·ize /sénʃuəlàɪz | -sju-/ 動 他 …を官能 [肉欲] 的にする, 肉欲におぼれさせる

***sen·su·ous** /sénʃuəs | -sju-/ 形〔◁ sense 名〕❶ (美的) 感覚による [訴える], 感覚を喜ばせる, 感覚的な ‖ ～ beauty 感覚に訴える美しさ ❷ 官能的な, 肉感的な (♦ この意味では一般には sensual を使うとされるが区別は厳密ではない) **～·ly** 副 **～·ness** 名

⁑sent /sent/ (♦ 同音語 cent, scent) 動 send の過去・過去分詞

⁑sen·tence /séntəns/ 名 動

―名 (複 **-tenc·es** /-ɪz/) C ❶〖文法〗**文** ‖ compose a ～ in Spanish スペイン語で文を作る / make grammatical ～*s* 文法的に正しい文を作る / ⌈an affirmative [a negative] ～ 肯定 [否定] 文 / ⌈a declarative [an interrogative, an exclamatory] ～ 平叙 [疑問, 感嘆] 文 / a simple [compound, complex] ～ 単文 [重文, 複文]
❷ C U (法廷による) **刑の決定**[宣告], 判決；(宣告された) **刑**, 刑罰 ‖ He was given a one-year ⌈～ in prison [OR **prison** ～]. 彼は懲役1年の刑を受けた / This offense carries a maximum ～ of five years. この犯罪は最高5年の刑を伴う / **receive** a light [heavy] ～ 軽い[重い]刑を受ける / a life [**death**] ～ 終身[死]刑 / pass [OR pronounce, impose] ～ on him 彼に刑を申し渡す / He is under ～ of death. 彼は死刑宣告を受けている / **serve** a two-year ～ **for** fraud 詐欺で2年の刑期を務める ❸〖論〗命題
―動 (**-tenc·es** /-ɪz/；**～d** /-t/；**-tenc·ing**) 他〔被告人〕に判決を下す, 刑を宣告する〈**to** …の刑の / **to** *do* …するよう〉(♦ しばしば受身形で用いる) ‖ The judge ～*d* him *to* ⌈six months in prison [OR six months' imprisonment]. 判事は彼に6か月の懲役刑を宣告した / He was ～*d to* life imprisonment for having killed his wife. 彼は妻を殺害した罪で終身刑を宣告された / be ～*d to* pay a fine 罰金刑を受ける
▶▶**～ àdverb** 名 C 〖文法〗文(修飾)副詞

sen·ten·tial /senténʃəl/ 形〖文法〗文の[に関する]

sen·ten·tious /senténʃəs/ 形 格言・警句の多い；もったいぶった, 堅苦しい **～·ly** 副

sen·tient /sénʃənt/ 形《通例限定》感知[知覚]力のある；感じる **-tience** 名

***sen·ti·ment** /sénṭəmənt | -tɪ-/ 名〔▶ sentimental 形〕❶ U C (行動・判断の基盤となる)心情, 情, 感情(→ feeling[1]) ‖ Antinuclear ～ is strong in this country. この国では反核感情が強い / the ～ of morality 道徳心 / sympathetic ～ toward the government 政府に対する共感 ❷ U/C《しばしば ～s》(感情的色彩のこもった) 考え, 意見, 判断, 所感 ‖ I agree with his ～*s* about the Olympics. オリンピックについての彼の考えに賛成だ / What are your ～*s* on this event? この催しに関する君の意見はどうですか / My ～*s* exactly! 全く同感です / Those are my ～*s*. 私はそのように考えます / public [OR popular] ～ 世論, 民心 ❸ U 感傷, 涙もろさ ‖ There is no room for ～ in business negotiations. ビジネスの交渉に感傷が入り込む余地はない / cheap ～ 安っぽい感傷 ❹ U (芸術作品の)情緒(性)

***sen·ti·men·tal** /sènṭəménṭəl | -tɪ-/ ⟨シ⟩ 形〔◁ sentiment 名〕❶ (人・作品などが)〈…について〉感傷的な, 涙もろい〈**about**〉‖ a ～ melodrama 感傷的なメロドラマ / feel ～ *about* one's home ふるさとを思い感傷的な気持ちになる ❷ 心情的な, 感情に訴える ‖ His works have a ～ appeal. 彼の作品には感情に訴えるものがある / for ～ reasons 心情的な理由で / have ～ value (思い出をそそるなどの)心情的な価値がある **～·ly** 副

sèn·ti·mén·tal·ìsm /-ìzm/ 名 U ❶ 感傷的傾向[癖], 涙もろさ, 多情多感 ❷ 感傷主義, お涙ちょうだい主義
-ist 名 C 感傷家, 多感な人, 涙もろい人

sen·ti·men·tal·i·ty /sènṭəmentǽləṭi | -tɪ-/ 名 (複 **-ties** /-z/) U 感傷的なこと

sen·ti·men·tal·ize /sènṭəménṭəlàɪz | -tɪ-/ 動 自〈…について〉感傷にふける, 恋しがる〈**over, about**〉
―他 …を感傷的にとらえる[美化する, 描く]

sen·ti·nel /sénṭənəl | -tɪ-/ 名 ❶ C《旧》歩哨(ほしょう), 番兵, 見張り(♦ 現在は sentry がふつう) ❷ 🖳 監視文字
―動 他 (**～ed**, 《英》**-nel·led** /-d/；**～·ing**, 《英》**-nel·ling**) (歩哨として)…を見張る；…に歩哨を置く

***sen·try** /séntri/ 名 (複 **-tries** /-z/) C 〖軍〗歩哨, 衛兵 ‖ stand ～ 見張りに立つ / be on ～ over ... …の見張りをする ▶▶**～ bòx** 名 C 哨舎(しょうしゃ), 衛兵の詰め所

Se·oul /soul/ 名 ソウル《大韓民国の首都》
～·ite 名 C ソウル市民

sep. 略 sepal；separate(d)

Sep. 略 September；Septuagint

se·pal /sí:pl, +英 sépəl/ 名 C 〖植〗がく片

sep·a·ra·ble /sépərəbl/ 形 ❶〈…から〉分離[区別]できる, 離せる〈**from**〉 ❷〖文法〗(句動詞が)分離可能な《put on one's shoes / put one's shoes on のように直接目的語を副詞の前にも後にも置ける句動詞を指す》
sèp·a·ra·bíl·i·ty 名 **-bly** 副

S

S

***sep·a·rate** /sépərèɪt/《発音注意》(→ 形 名) 動 形 名

━動〔▶ separation 名〕(~s /-s/ ; -rat·ed /-ɪd/ ; -rat·ing)

━他 ❶ (特に1つであったものについて)…を〈…から〉分離する, 切り離す；…を〈…から〉(分け)隔てる《off》(↔ combine, connect)〈from〉；…の間隔をあける(♦ しばしば受身形で用いる)(⇨ 類語) ‖ A wire fence ~s these two fields. 針金のさくがこの2つの畑を分けている / Britain is ~d *from* France by the Channel. 英国は英仏海峡によってフランスと隔てられている / It is absolutely necessary to ~ religion *from* politics. 政治を宗教から分離することは絶対に必要だ

❷ …の〈…との〉相違を見分ける, 識別する；(ある要素が)…を(別々のものとして)分ける, 〈…から〉区別する(↔ link)〈from〉‖ Thought and language cannot clearly be ~*d*. 思考と言語は明確には区別できない / ~ right *from* wrong 正邪を識別する

❸ (しばしば力ずくで)〔人〕を〈…から〉引き離す〈from〉‖ The war ~*d* him *from* his family. 戦争が彼を家族から引き離した

❹ …を分ける, 切る, 分割する(✎ split up)(↔ join)；…を分類する, 区分けする《out》〈into グループなどに；from …から〉‖ ~ children *into* three groups 子供たちを3つのグループに分ける / You should ~ bottles *from* cans when you throw them away. 瓶と缶は捨てるときに分けなければいけません

❺ …を〈混合物から〉分離[遊離]させる, 抽出する《out》〈from〉‖ ~ the yolk *from* the egg white (=~ an egg) 卵の黄身と白身を分離する / ~ *out* U235 *from* ordinary uranium ふつうのウランからウラン235を抽出する

❻《通例受身形で》〈配偶者と〉別居する；《米》〈…から〉除隊[復員]する；解雇される〈from〉‖ He had been ~*d* *from* his wife for five years. 彼は妻と5年間別居していた ❼ (試合で)(…点の差が)〔チーム間〕にある

━自 ❶ 別れる, ばらばらになる(↔ connect)；関係を断つ, 〈…と〉手を切る；(夫婦が)別居する；〈組織・団体などから〉脱退[離別]する〈from〉‖ The crowd ~*d* in all directions. 群衆は四方八方に別れた / They chose to ~ for a while. 彼らは一時別居することにした / The politician ~*d* *from* the party. その政治家は離党した

❷ (事物が)〈…に〉分離する, 別々になる〈into〉；〈混合物などから〉分離[遊離]する《out》〈from〉‖ Here the river ~*s* *into* two channels. ここで川は2つの水路に分かれる / The cream ~*s* (*out*) and comes to the top. クリームは分離して表面に浮く

━形 /sépərət/《発音注意》《比較なし》❶《叙述》〈…から〉離れた, 分離した(↔ connected)〈from〉‖ The barn stood ~ *from* the main building. 納屋は母屋(おもや)から離れて立っていた / They walked ~ *from* one another. 彼らは互いに離れて歩いた

❷〈…と〉別個の, 別々の；〈…から〉独立した, 単独の〈from〉‖ Mind and body are not ~ entities. 精神と肉体は別々の存在ではない / We are sending the textbooks under ~ cover. テキスト類は別便でお送りいたします / This word has three ~ meanings. この単語には3つの違った意味がある / Keep cans and bottles ~ *from* each other. 缶と瓶は別々にしておいてください / The two issues are **quite** [OR completely] ~. その2つの問題は全く別々のものだ ❸《通例限定》各自の, それぞれの, 個々の ‖ Each topic deserves ~ consideration. それぞれの問題は別々に考えてみる価値がある

sèparate but équal 《米》分離平等政策の《公共施設などが白人と黒人を分離しても扱いが同じであれば平等の権利を与えているとする立場. 現在は認められていない》

━名 /sépərət/《発音注意》(複 ~s /-s/) C ❶《~s》セパレーツ《上下別々で自由に組み合わせて着る服》

❷ (オーディオシステムの)単品コンポーネント

~·ness 名

類語《他 ❶》**separate** 結びついたりつながったりしているものを分離する.〈例〉A fence *separated* the two gardens. 1つの垣根が2つの庭を分け隔てていた

part 密接な関係を持つ人あるいはものを完全に(時として永久に)切り離す.〈例〉The war *parted* many men from their families. 戦争は多くの男を家族から切り離した

divide 1つのものを部分に分割[分配]する(→ distribute).

sever (いきなり力ずくで)切り離す.〈例〉*sever* a wire rope ワイヤーロープを切断する

***sep·a·rate·ly** /sépərətli/ 副〈…から〉離れて, 分けて, 別々に(して)；独立して, 単独に；個々に, それぞれに(↔ together)〈from〉‖ He lives ~ *from* his parents. 彼は両親と離れて生活している / She interviewed the applicants ~. 彼女は応募者と個別に面談した

***sep·a·ra·tion** /sèpəréɪʃən/ 名〔◁ separate 動〕❶ U/C《単数形で》分離；分離した状態〈of, from …からの；between …の間の〉‖ ~ *of* 「church and state [OR state and religion] 政教分離 / ~ *of* powers (立法・行政・司法の)三権分立 / racial ~ 人種隔離 / ~ *of* East Timor *from* Indonesia 東ティモールのインドネシアからの分離 / ~ *of* smokers and nonsmokers 喫煙者と非喫煙者を分けること / a ~ into two parts 二分割 ❷ U C 離別(期間)；C (夫婦の)別居 ‖ Their ~ lasted over 30 years. 彼らの離別期間は30年以上続いた / after a ~ of two years 2年ぶりで / legal ~〖法〗裁判による別居 ❸ C 分離[分割]点[線]；割れ目

sep·a·ra·tism /sépərətìzm/ 名 U (政治・宗教上などの)分離主義(運動)

***sep·a·ra·tist** /sépərətəst | -tɪst/ 名 C (宗教・政治上の)分離主義者 ━形 分離主義(者)の

sep·a·ra·tive /sépərətɪv/ 形 分離性の

sep·a·ra·tor /sépərèɪtər/ 名 C 分離する人[もの]；(牛乳からクリームを採る)分離器, 選別[鉱]器；〖電〗(二次電池の)隔離板；💻 分離符号《情報単位の区切りを示す》

se·pi·a /síːpiə/《発音注意》名 ❶ U イカの墨；セピア《イカの墨から作る暗褐色の絵の具》；セピア色, 暗褐色 ❷ C セピア色の絵[写真]

━形《限定》セピア色の ‖ ~-toned セピア調の

se·poy /síːpɔɪ/ 名 C〖史〗セポイ《英国軍に従軍していたインド人傭兵(ようへい)》‖ the *Sepoy* Mutiny セポイの乱

sep·sis /sépsɪs/ 名 U〖医〗敗血症(septicemia)

Sept. 略 September

sep·ta /séptə/ 名 複 septum の複数

***Sep·tem·ber** /septémbər/ 名 C U《通例無冠詞単数形で》9月《略 Sept., Sep.》(⇨ JANUARY 用例)

語源 ラテン語で「7(*septem*)番目の月」の意. 古代ローマの暦は現在の3月から始まった.

sep·ten·ni·al /septéniəl/ 形 7年(間)の；7年続きの；7年に1度の, 7年目ごとの, 7年周期の　**~·ly** 副

sep·tet, -tette /septét/ 名〖楽〗C《単数・複数扱い》七重奏[唱]団；C 七重奏[唱]曲

sep·tic /séptɪk/ 形〖医〗敗血症の；腐敗させる[による]

-ti·cal·ly 副

▸▸ **~ shóck** 名 C U〖病理〗敗血症性ショック **~ tánk** /ˌ ━ ━ ━/ 名 C (バクテリア利用の)汚水浄化槽

sep·ti·ce·mi·a,《英》**-cae-** /sèptɪsíːmiə/ 名 U〖医〗敗血症(blood poisoning)　**-mic** 形

sep·tu·a·ge·nar·i·an /sèptʃuədʒənéəriən | -tjuə-/〈シ〉形 名 C 70歳代の(人)

Sep·tu·a·ges·i·ma /sèptʃuədʒésɪmə | -tjuə-/ 名 (= ~ **Súnday**)〖カト〗七旬節(の主日)《四旬節(Lent)の前の3番目の日曜日》

Sep·tu·a·gint /séptjuədʒìnt/ 名《the ~》〖聖〗70人訳聖書《最古のギリシャ語訳旧約聖書》

sep·tum /séptəm/ 名 (複 **-ta** /-tə/) C 〘解〙隔膜, 隔壁
sep·tu·ple /septú:pl | séptjʊ-/ 《まれ》 形 7つの部分からなる; 7倍の, 7重の ―― 動 《堅》 他 …を7倍にする
sep·tup·let /septʌ́plət | -tjú:p-/ 名 C ❶ 7つ子の1人; 7つ1組, 7人組 ❷〘楽〙7連音符
sep·ul·cher, 《英》**-chre** /sépəlkər/ 名 C (特に岩を掘ったり石で造った)墓, 墓所(→ holy sepulcher)
―― 動 他 《文》…を埋葬する
se·pul·chral /səpʌ́lkrəl/ 形 ❶ (顔が)陰うつな; (声が)低くこもった ❷《堅》墓の; 埋葬に関する **~·ly** 副
se·quel /sí:kwəl/ 名 C ❶〈…の〉続き;〈文学作品・映画などの〉続編, 後編〈**to**〉 ❷《通例単数形で》〈…に〉後続するもの[出来事];〈…の〉結果, 帰結〈**to, of**〉‖ as a ~ *to* [OR *of*]... …の結果として / in the ~ 結局
se·que·la /sɪkwí:lə/ 名 (複 **-lae** /-li:/) C 《通例 -lae》〘医〙後遺症, 余病
*__se·quence__ /sí:kwəns/ 名 ❶ U (間断のない)連続, (順序を追っての)つながり; (連続するものの)順序, 順番 ‖ the ~ of the seasons 季節の巡り / Arrange the books in alphabetical ~. 本をアルファベット順に並べなさい / His thoughts flow in logical ~. 彼は論理の筋道をたどって考えていく ❷ C (しばしば同種の連続するものの)一続き, 一連(のもの) ‖ the ~ of events 一連の出来事 / a sonnet ~ 一連のソネット / a ~ of numbers 続き番号 / a ~ of lessons on baroque music バロック音楽に関する一連の講義 ❸ C 結果(として生じたもの) (consequence) ❹ C〘トランプ〙シークエンス《数が連続した3枚以上の同種の札》;〘映〙シークエンス《一続きのシーン》;〘数〙数列;〘楽〙反復進行;〘宗〙セクエンツィア, 続唱;〘生化〙シークエンス《DNAやアミノ酸などの配列》
*__*in séquence*__ (次から次へと)続けて, 順々に(→ 名 ❶)
__*òut of séquence*__ 順序がばらばらで
―― 動 (**-quenc·es** /-ɪz/; **~d** /-t/; **-quenc·ing**) 他 ❶ …を順番に並べる ❷〘生化〙〔DNA・アミノ酸など〕の配列を決定する ❸〔音楽など〕をシーケンサーを使って演奏[録音]する **sé·quenc·ing** 名
語源 *sequ-* follow(後に来る)+*-ence*(名詞語尾): 後に来るもの
▸▸ **~ of ténses** 名 《the ~》〘文法〙時制の一致
se·quenc·er /sí:kwənsər/ 名 C ❶ (ミュージック)シーケンサー《音楽をデータ化して保存し, 電子的効果を付加して演奏する装置》 ❷〘生化〙(DNA)シーケンサー《DNAの塩基配列を読み取る装置》
se·quent /sí:kwənt/ 形 《古》 ❶ 後に続く, 連続的な ❷ 結果として生じる
se·quen·tial /sɪkwénʃəl/ 形 ❶ 引き続いて起こる, 連続的な ❷ 逐次の ‖ ~ access 🖳 逐次呼び出し《データを先頭から順番に扱う方式》(↔ random access) **~·ly** 副
se·ques·ter /sɪkwéstər/ 動 他 ❶ …を〈…から〉隔離する, 隠遁(いんとん)させる〈**from**〉‖ ~ oneself *from* the world 世間から離れて引きこもる ❷ =sequestrate
~ed 形 《限定》隠遁した; へんぴな ‖ a ~ life 隠遁生活
se·ques·trate /sí:kwəstrèɪt/ 動 他 〘法〙〔財産〕を一時差し押さえる; …を没収する
se·ques·tra·tion /sì:kwəstréɪʃən/ 名 U ❶ 隔離, 隠遁 ‖ carbon ~ (technology) (地下への)二酸化炭素隔離(技術) ❷〘法〙(財産の)一時差し押さえ; 没収, 押収
se·quin /sí:kwɪn/ 名 C ❶ スパンコール《衣装につける光る飾り》 ❷〘史〙ゼッキーノ《昔のベネチア・トルコの金貨》
~(n)ed 形 スパンコールをつけた
se·quoi·a /sɪkwɔ́ɪə/ 名 C〘植〙セコイア《米国カリフォルニアに生育するスギ科の巨木》(→ redwood)
ser. 略 serial; series; sermon; service
se·ra /síərə/ 名 serum の複数の1つ
se·rag·lio /sərǽljoʊ | -rá:lioʊ/ 名 (複 **~s** /-z/) ❶ C (イスラム教国の)後宮(こうきゅう), ハーレム(harem) ❷ C (イスラム教徒の)妻妾(さいしょう) ❸ 《the S-》(昔のトルコの)王宮
se·ra·pe /sərɑ́:pi/ 名 C セラーペ《中南米のスペイン系男性が着用する幾何学的模様のある肩かけ》
ser·aph /sérəf/ 名 (複 **~s** /-s/ OR **-a·phim** /-əfɪm/) C〘宗〙セラフィム, 熾(し)天使《天使の9階級の最高位. 翼が3対ある童子の姿で表される》(→ order ⓬)
se·raph·ic /sərǽfɪk/ 形 ❶ 熾天使の; 天使の(ような), 清らかな; 神々しい ❷ 最高に幸福な **-i·cal·ly** 副
Serb /sə:rb/ 名 C セルビア人; =Serbian
―― 形 =Serbian
*__Ser·bi·a__ /sə́:rbiə/ 名 セルビア《バルカン半島の共和国. 2006年にセルビア=モンテネグロからモンテネグロが独立し, セルビア共和国となる. 公式名 the Republic of Serbia. 首都 Belgrade》
Sèr·bi·a and Mon·te·né·gro 名 セルビア=モンテネグロ《東ヨーロッパにあった連邦共和国. 2006年にモンテネグロが独立し, セルビアも独立国家となって解体》
Ser·bi·an /sə́:rbiən/ 形 セルビアの, セルビア人[語]の
―― 名 U セルビア語, セルビア=クロアチア語; C セルビア人
Sèrbo-Cróat ⊲ジ 形 名 =Serbo-Croatian
Ser·bo-Cro·a·tian /sə̀:rboʊkroʊéɪʃən/ ⊲ジ 名 U セルビア=クロアチア語《旧ユーゴスラビア諸国で用いられるスラブ系の言語》 ―― 形 セルビア=クロアチア語[系住民]の
sere /sɪər/ 形 =sear 形
*__ser·e·nade__ /sèrənéɪd/ 《発音注意》 名 C ❶ セレナード, 小夜曲《特に夜間に男性が愛人の窓の下で歌い奏でる曲を指す》 ❷〘楽〙セレナード《多楽章からなる器楽曲》
―― 動 自 他 (…(のため)に)セレナードを歌う[奏でる]
ser·en·dip·i·ty /sèrəndípəṭi/ 名 U 興味深いことなどを発見する才能[運]; C 幸運な出来事
-tous 形 掘り出し物の
*__se·rene__ /sərí:n/ 形 ❶ 穏やかな, 落ち着いた, 平静な, 平穏な (⇨ CALM 類語) ‖ She looked as calm and ~ as she always did. 彼女はいつもどおり穏やかで落ち着いた様子だった / a ~ look [smile] 穏やかな表情[微笑] ❷ (空などが)うららかな, 雲一つない; (海などが)波立っていない ‖ a ~ sky 澄み渡った空 / ~ weather 穏やかな天気 ❸ 《S-》やんごとなき, 尊き《ヨーロッパの王族の敬称につけて用いる》‖ His [Her] *Serene* Highness 殿下[妃殿下] **~·ly** 副
se·ren·i·ty /sərénəṭi/ 名 ❶ U/C 《単数形で》平穏, 平静, 落ち着き; うららかさ, 清澄(せいちょう) ❷ 《S-》(ヨーロッパの王族の敬称として)殿下 ‖ Your *Serenity* 殿下[妃殿下]
serf /sə:rf/ (♦ 同音語 surf) 名 C (封建時代の)農奴
serf·dom /sə́:rfdəm/ 名 U 農奴の身分[境遇]; 農奴制
serge /sə:rdʒ/ (♦ 同音語 surge) 名 U サージ《あや織りの服地》
*__ser·geant__ /sɑ́:rdʒənt/ 《発音注意》 名 C 《略 Sergt., Sgt.》 ❶〘米陸軍・海兵隊〙軍曹;〘米空軍〙兵長;〘英陸軍・空軍〙曹長, 軍曹《corporal の上の下士官》; (一般に)下士官; (→ master sergeant, staff sergeant) ❷ 巡査部長《《米》では captain または lieutenant の下, 《英》では inspector のすぐ下の階級》 ❸ =sergeant-at-arms
~·shìp 名 sergeant の地位[階級, 職務]
▸▸ **~ májor** 名 (複 **~s m-** OR **~ majors**) C〘軍〙曹長(そうちょう);〘米陸軍・海兵隊〙上級曹長《下士官の最高の階級》;〘英陸軍〙特務曹長
sèrgeant-at-árms, 《英》 **sèrjeant-** 名 (複 **sergeants-**) C (議場・法廷などの)衛視, 守衛官
*__se·ri·al__ /síəriəl/ (♦ 同音語 cereal) 名 C ❶ (雑誌などの)連載物, (映画・放送などの)続き物, 連続物; 連載物[連続物]の1回分 ‖ a ~ running in a magazine 雑誌の連載物 ❷ 《通例 ~s》〘図書館学〙逐次[定期]刊行物
―― 形 〔◁ series 名〕 ❶ 《通例限定》連載物[連続物]の; 逐次刊行[継続出版]される; 継続出版に関する, 定期の ‖ a ~ television drama 連続テレビドラマ / ~ rights to a novel 小説の継続出版権 / a ~ publication 定期刊行物 ❷ 《限定》連続している, 一続きの; 常習的な ‖ in ~ order 番号順に ❸〘楽〙セリエルの, 十二音の ❹ 🖳 (データの伝送や演算が)順次の, 直列の, シリアルの **~·ly** 副

S

⏩ ~ **kíller** 名 C 連続殺人犯 ~ **monógamy** 名 U 〘社会〙連続単婚制《一夫一妻婚を繰り返して行う》 ~ **nùmber** 名 C (製品などの)通し番号, 認識番号, シリアルナンバー ~ **pórt** 名 C 💻シリアルポート, 通信用ポート(♦ communication port ともいう)

se·ri·al·ize /síəriəlàɪz/ 動 他 …を連載する；…を連続上映[放送]する, シリーズ化する **sè·ri·ál·i·zá·tion** 名

se·ri·a·tim /sìəriéɪṭəm | -tɪm/ 副《堅》順次に, (一つ一つ)順繰りに, 続いて(♦ ラテン語より)

ser·i·cul·ture /sérəkʌ̀ltʃər | sérɪ-/ 名 U 養蚕(業)
sèr·i·cúl·tur·ist 名 C 養蚕業者

⁑se·ries /síəri:z/

—名〔▶ serial 形〕(複 ~) C ❶《通例単数形で》**連続**, 〈同じようなものの〉一並び, 一続き, 一連(のもの)〈**of**〉(♦ a series of の後には複数名詞がくる.「a series of＋名詞」全体を代名詞で受けるときは they を使うのがふつうだが, 動詞は単数形で受けるのが原則. ただし《口》では, しばしば複数形の動詞で受ける.〈例〉There has been a *series* of accidents near here recently. 最近この辺りで立て続けに事故が起きている) ‖ a ~ *of* numbers 続き番号 / a ~ *of* political scandals 一連の政治スキャンダル / a ~ *of* sunny days 晴天続き / a dramatic ~ *of* events 劇的な一連の事件
❷ (出版物・放送番組などの)**シリーズ**(もの), **続き物** ‖ This book is「one of [the third in] a ~ of ten volumes. 本書は10巻からなるシリーズ中の1冊[第3巻]である / the New Medieval History *Series* 新中世史双書 / an excellent ~ of articles on modern art 現代美術に関する優れた連載記事 / I missed the second episode of the television ~. テレビの連続物の2回目を見逃した
❸ (野球などの) 連続試合, シリーズ ‖ a three-game ~ 3連戦 / the World *Series* (米国大リーグの)ワールドシリーズ
❹ (1度に発行される数種類のものの) 1組 ‖ a ~ of stamps [coins] シリーズの切手[貨幣] ❺ C U 〘電〙直列 (↔ parallel) ‖ a ~ circuit 直列回路 ❻〘地〙統；〘化〙系列；〘数〙級数；〘動〙列；〘楽〙音列；〘言〙母音交替系列；〘修〙等位語句の連続 ‖ an arithmetic(al) ~ 算術[等差]級数 / a geometric(al) ~ 幾何[等比]級数
in séries ① 連続して；シリーズで ②〘電〙直列に

ser·if /sérɪf/ 名 C 〘印〙セリフ, ひげ飾り《H, N, k, s などの文字の各末端にある小突出線》; U C セリフ活字 (↔ sanserif)

ser·i·graph /sérəgræ̀f | -ɪgrɑ̀:f/ 名 C 《主に米》(serigraphy で印刷した)シルクスクリーン印画, セリグラフ

se·rig·ra·phy /sərígrəfi/ 名 U 〘印〙シルクスクリーン印刷(法), セリグラフィー《木または金属の枠に張った絹・ナイロンなどの細かい織り目を通してインクを定着させる》

ser·ine /séri:n/ 名 U 〘生化〙セリン《アミノ酸の一種》

se·ri·o·com·ic /sìərioukɑ́(:)mɪk | -kɔ́m-/ <シ 形 まじめで(しかも)滑稽(こっけい)な **-i·cal·ly** 副

⁑se·ri·ous /síəriəs/

—形 (**more** ~；**most** ~)
❶ (人・態度などが)**まじめな**, 誠実な, 真摯(しんし)な, 責任感のある, 思慮深い；(芸術作品などが)まじめな内容の, 堅い ‖ ~ scholars 真摯な学者 / a ~ face 真剣な顔 / a ~ novel 堅い内容の小説 / ~ literature 純文学
❷ (人・行動などが) (冗談ではなく)**本気の**, (遊び半分でなく)真剣な；(スポーツ・活動などに)入れ込んだ；(恋愛などが)本気の〈**about** …に対して；**about** *doing* …することに〉(⇨ EARNEST[1] 類語) ‖ You can't be ~!《口》まさか本気じゃないよね, そんなばかな / I'm not kidding, I'm quite ~. 冗談なんかじゃない, 真剣そのものなんだ / Are you ~ *about* wanting to be a singer? 君は本気で歌手になりたいのか / a ~ argument 真剣な議論 / make a ~ effort 真剣に努力する
❸ **重要な**, **重大な**(↔ unimportant)；憂慮すべき, 深刻な；(病気が)重い；危険な；(顔つきなどが)浮かない ‖ write on ~ matters 重要な事柄について執筆する / ~ financial **problems** 重大な財政問題 / a ~ threat to peace 平和に対する重大な脅威 / make a ~ error 重大な誤りを犯す / ~ weakness 深刻な弱点 / engage in ~ drinking 深酒をする / a ~ accident 大事故 / a ~ illness [injury] 重病[傷] / on ~ charges 重罪に問われて / You look ~. What's wrong? 浮かない顔しているね. 何があったの / a ~ relationship 抜き差しならぬ関係
❹《限定》《口》(数・量・大きさなどが)かなりの, 相当な ‖ ~ bucks 大金 ❺《限定》《口》上等な, 高級な, 素晴らしい ‖ a ~ Italian sports car イタリア製高級スポーツカー

⁑se·ri·ous·ly /síəriəsli/
—副 (**more** ~；**most** ~)
❶ **まじめに**, **真剣に**, 本気で, 本格的に, 入念に；《文修飾》《口》まじめな話だが ‖ I ~ considered resigning. 私は本気で辞職を考えた / Don't look so ~ at me. そんなにじっと私を見つめないで / She meant it quite ~. 彼女は本気で言っていた / *Seriously* (though), how much do you know about her? まじめな話, 君は彼女についてどれだけ知っているんだね / "I'm getting a divorce." "*Seriously?*"「離婚するつもりだ」「本気か？」
❷ **重大に**, **深刻に**, ひどく；《文修飾》深刻なことに ‖ His position is ~ threatened. 彼の地位は深刻な脅威にさらされている / be ~ **injured** 重傷を負っている / ~ **ill** 重病で / He doesn't have any money. More ~, he doesn't have a job. 彼は文なしだ. さらに深刻なことに, 職もない ❸《口》相当に, かなり ‖ The Johnsons are ~ rich. ジョンソンさん一家は相当金を持ってるね
tàke ... séριously …を**真剣に**[まともに]**受け止める**；…を重要と思う (↔ *take ... lightly*) ‖ You *take* everything too ~. 君は何でもまじめにとりすぎる

se·ri·ous·ness /síəriəsnəs/ 名 U まじめさ, 真剣さ, 本気；重大さ, 深刻さ, ゆゆしさ
in àll sériousness 大まじめに, 真剣に, 本気で

ser·jeant /sɑ́:rdʒənt/ 名《英》＝sergeant
sèrjeant-at-árms 名《英》＝sergeant-at-arms
sèrjeant-at-láw 名 (複 **serjeants-**) C 〘英国史〙上級法廷弁護士《現在の Queen's Council に相当》

***ser·mon** /sɔ́:rmən/ (発音注意) 名 C ❶ (教会での) 説教；(一般に) 法話, 説法 ‖ a funeral ~ 葬儀の法話 / preach [OR give] a ~ 説教をする ❷《口》(長たらしい)お説教, 訓話, 訓戒 ‖ get a ~ on table manners テーブルマナーについて退屈な話を聞かされる
the Sèrmon on the Móunt 〘聖〙(キリストの)山上の垂訓

ser·mon·ize /sɔ́:rmənàɪz/ 動 自 他 (…に) 説教をする, 小言を言う；(…に)説法する

se·rol·o·gy /sɪrɑ́(:)lədʒi | -rɔ́l-/ 名 U 血清学
-gist 名 **sè·ro·lóg·ic(al)** 形 血清学[上]の

sè·ro·pósitive /sìərou-/ <シ 形〘医〙血清反応陽性の

se·ro·ton·in /sìərətóunən | -ɪn/ 名 U 〘生化〙セロトニン《哺乳(ほにゅう)動物の血清などにある血管収縮物質. 神経伝達物質の1つ》

se·rous /síərəs/ 形 漿液(しょうえき)[状]の；希薄な

***ser·pent** /sɔ́:rpənt/ 名 ❶ C《文》蛇(snake), 大蛇 ❷ C (蛇のように)陰険な人 ❸《the (old) S-》〘聖〙悪魔(Satan) ❹ C セルパン《管が曲がりくねった昔の低音用木管楽器》 ❺《the S-》〘天〙蛇座

ser·pen·tine /sɔ́:rpəntì:n | -tàɪn/ 形 ❶ 曲がりくねった, 蛇行(だこう)する ❷《文》蛇の(ような)；狡猾(こうかつ)な, 陰険な
—名 U 〘地〙蛇紋(じゃもん)石；C 曲がりくねったもの
—動 自 曲がりくねる

SERPS /sərps/ 略 *s*tate *e*arnings-*r*elated *p*ension *s*cheme((英国の)在職中の給与に応じた年金制度)

ser·rate /séreɪt/, **ser·rat·ed** /səréɪṭəd | -ɪd/ 形 (刃・縁が)ぎざぎざの；〘植〙鋸歯(きょし)状の(→ entire)

ser·ra·tion /səréɪʃən/ 名 U 鋸歯状；C 鋸歯の1つ, 刻み目

ser·ried /sérid/ 形 《通例限定》《文》(人が) ぎっしり詰まった, 密集した ‖ in ～ ranks 密集して

*__se·rum__ /síərəm/ 名 (複 **～s** /-z/ OR **se·ra** /-rə/) ❶ U C 〘医〙血清 (blood serum)；(予防・治療用などの) 血清剤 ‖ a ～ injection 血清注射 ❷ U 〘生理〙漿液(しょうえき)；リンパ液；〘植〙(樹液成分中の) 水分漿液 ❸ U 乳漿

serv. 略 servant；service

ser·val /sə́ːrvəl/ 名 C 〘動〙サーバルキャット《アフリカの草原にすむヒョウに似た脚の長いヤマネコ》

‡**ser·vant** /sə́ːrvənt/
—名 〔◁ serve 動〕 (複 **～s** /-s/) C ❶ (特に住み込みの) **使用人**, 召使 (↔ master) ‖ Her sisters treated her like a ～. 姉たちは彼女を召使のように扱った / a domestic ～ 住み込みの使用人 / keep two ～*s* 使用人を2人雇っている / *Money is a good ～, but a bad master.* 《諺》金は使うもので, 使われてはならない
❷ 公務員, 役人, 公僕 (→ civil servant, public servant)；(会社などの) 従業員
❸ (献身的) 奉仕者, しもべ；〈主義・信条などに〉一身をささげた人, 支持者〈**of**〉‖ a ～ *of* Jesus Christ キリストのしもべ《キリスト教の聖職者, また一般信者》/ a ～ *of* the Labour Party 労働党支持者 / a ～ *of* the people 国民への (献身的) 奉仕者, 公僕

‡**serve** /səːrv/ 《発音注意》 動 名

中心義 需要を満たすよう対応する

動 他 食事を出す❶ 満たす❸ 役に立つ❹ 務める❼ 自 仕える❶ 役立つ❷

—動 〔▶ service 名, servant 名〕 (**～s** /-z/；**～d** /-d/；**serv·ing**)
—他 ❶ **食事を出す a** 《+目》〔人〕に食事を出す, 給仕する；〔食事〕の配膳(はいぜん)をする (⇘ dish up), 〔料理〕を出す ‖ Japanese regional cuisine is ～*d* at the restaurant. その料理店では日本の郷土料理を食べさせてくれる / I ～*d* him at breakfast. 朝食のとき私が彼に給仕をした / Dinner is ～*d*. 晩餐(ばんさん)の用意ができました / Fried fish is ～*d* with chips. 魚のフライはフライドポテトを添えて出される
b 《+目+補〈形〉》〔飲食物など〕を…の状態で出す ‖ You should ～ lager well chilled. ラガービールはよく冷やして出すべきだ
c 《+目 *A*+目 *B*⇄+目 *B*+to 目 *A* / 目 *A*+with 目 *B*》*A* (人) に *B* (飲食物) を出す ‖ She ～*d* her guests (*with*) tea and cakes.=She ～*d* tea and cakes *to* her guests. 彼女は客に紅茶とケーキを出した
❷ 《進行形不可》(食べ物などが) 〔人数〕分ある ‖ This packet of sushi ～*s* two (people). この寿司(すし)の折り詰めは2人前です / *Serves* 4 to 5. 分量は4ないし5人分です (♦ 料理のレシピで)
❸ 〔目的・必要〕を**満たす**, 〔役割〕を果たす, 〔利益〕に資する ‖ This conversation can ～ no further **purpose**. こんな会話を続けても無意味だ / E-commerce ～*s* the needs of consumers. 電子商取引は消費者の要望に応えるものだ / The government claims the new policy ～*s* the public interest. 政府は新政策は公共の利益になると主張している
❹ (物事が) 〔人〕の**役に立つ**；〈…(の代わり) として〉〔人〕の役に立つ, 間に合う (⇘ do for) 〈**as, for**〉‖ That excuse will not ～ you. それでは言い訳にならないだろう / This old car has ～*d* me **well**. このポンコツ車はこれまでよく役立ってくれた / An upturned box ～*d* us *as* [OR *for*] a table. ひっくり返した箱がテーブル代わりになった
❺ 〔人・国・組織・神・主義など〕に〈…として〉仕える〈**as**〉；…のために尽くす, 奉仕 [奉公] する, 働く (⇨ WORK 類語P) ‖ Should the majority be made to ～ the few? 多数者が少数者のために奉仕させられてよいものか / No one can ～ two masters. だれも2人の主人に仕える [2つの主義を同時に支持する] ことはできない (♦ 新約聖書に由来する表現) / ～ God 神に仕える / ～ his country *as* a soldier 一兵士として国に尽くす
❻ (商店などで) 〔客〕に応対する；〔客〕の注文 [用] を聞く；〔客〕に〈商品を〉見せる〈**with**〉(→ CE 1) ‖ What can I ～ you *with*? 何をご覧に入れましょうか
❼ 〔職務・任期など〕を**務める**, 服務する〈**in** …の場所で；**as** …として〉；〈…の罪で〉〔刑期〕を務める, 服役する〈**for**〉‖ He ～*d* 「the governorship for eight years [two terms *as* governor]. 彼は知事を8年間 [2期] 務めた / ～ two years *in* the army 2年間兵役に服する / ～ a life sentence *for* killing three people 3人を殺害した罪で終身刑に服する
❽ (施設・機関・業者などが) 〔地域・人〕に便宜を供する；〔地域〕を営業 [活動] 範囲とする；〔地域・人〕に〈必要物を〉供給する〈**with**〉‖ Three railway lines ～ this area. この地域には3つの鉄道が走っている / This hotel has ～*d* tourists for fifty years. このホテルは50年間観光客に利用されてきた / We are well ～*d with* gas in this town. この町ではガスが行き渡っている
❾ 〘法〙〔令状など〕を〈人に〉送達する〈**on**〉；〔人〕に〈令状などを〉送達する〈**with**〉‖ ～ a writ *on* him=～ him *with* a writ 彼に令状を送達する / ～ notice *on* all the tenants to vacate their apartments アパートの全住人に部屋を明け渡すよう通告する
❿ 《+目+副》〔人〕を (ある仕方で) 扱う ‖ That travel agency has always ～*d* me **well**. その旅行代理店はいつも私にきちんと接客してくれた / I wonder if we are being fairly ～*d*. 我々は正当な扱いを受けているのか疑問だ ⓫ 〘テニスなど〙〔ボール〕をサーブする ‖ He ～*d* an ace. 彼はサービスエースをとった ⓬ 〘宗〙〔ミサ〕の侍者を務める ⓭ (種馬などが) 〔雌〕と交尾する ⓮ 〘海〙〔ロープ〕にサービングする《上に細索を巻いて補強する》
—自 ❶ **仕える**；勤務する, 働く；従軍する〈**as** …として；**under** 人の下で；**in** 場所・組織などで；**on** …の一員として〉‖ The home help ～*s* well. その家政婦はとてもよくやってくれる / He ～*d* briefly *as* prime minister during the war. 彼は戦時中しばらくの間首相を務めた / I will very much enjoy *serving under* you. あなたの部下として働けてとてもうれしいです / ～ *as* a clerk *in* a shop 店員として働く / ～ *on* a jury 陪審員を務める
❷ **a** (物事が) 〈…の代わりとして〉**役立つ**, 間に合う〈**as, for**〉‖ This table will ～. このテーブルで間に合うだろう / This sofa will ～ *as* [OR *for*] a bed. このソファーはベッド代わりになる / The greater [OR larger] (also) ～*s* *for* the lesser [OR smaller]. 大は小を兼ねる
b 《+to *do*》…するのに役立つ, …する効果 [結果] をもたらす ‖ These mutual threats only ～ *to* make war more probable. こんな威嚇の応酬は戦争の可能性を高めるのに手を貸すだけだ / It ～*s* *to* show her honesty. そのことで彼女の誠実さがよくわかる
❸ (食卓で) 食事を出す, 給仕をする；(主人役として) (客を) もてなす；(店員が) 客の用を聞く ‖ *Serve* at once. すぐに食事を出してください / ～ at table (食卓で) 給仕をする
❹ (天候・期日などが) 都合がよい, 適する ‖ when the tide ～*s* 潮時 [都合のよいとき] に ❺ (テニスなどで) 〈相手に〉サーブする〈**to**〉‖ ～ well [badly] うまい [下手な] サーブをする ❻ 〘宗〙(ミサで) 侍者の役を務める

sèrve aróund ...* / *sèrve ... aróund 〈他〉〔食べ物など〕を一渡り [みんなに] 配る

sèrve óut 〈他〉《***sèrve óut ...***/***sèrve ... óut***》① 《英》〔料理〕を出す, 給仕する ② 〔任期・刑期〕を務め上げる —〈自〉〘テニス〙サーブでゲーム [セット] をとる

*__*sèrve a pèrson ríght*__* 〔人〕にとって当然の報いである

sèrve (*one's*) ***tíme*** 任期を務め終える；服役する

sèrve úp 〈他〉《*sèrve úp ...* / *sèrve ... úp*》① 〔料理〕を(皿に盛って)出す(dish up), 給仕する ‖ She ~*d up* the food piping hot. 彼女は出来たて熱々の料理を出した ② 〔いつもの口実など〕をまた持ち出す ③ 〔娯楽(番組)など〕を提供する ④ 💻〔データ〕を(ディスプレー上に)出す ━〈自〉料理を食卓に出す, 食事を用意する

COMMUNICATIVE EXPRESSIONS

1 **Hòw can I sérve you?** いかがいたしましょうか；いらっしゃいませ(♥ サービス業の人が客に対して)

2 **I'm bèing sérved(, thànk you).** 対応していただいてます(, どうも)(♥ 店員に声をかけられた客が「すでにほかの店員に応対してもらっている」と返事するときの表現. =I'm being helped [OR handled](, thank you).)

━名 (複 **~s** /-z/) Ⓒ ❶ (テニスなどで)サーブ；サーブの番[権利] ‖ Whose ~ is it? だれがサーブする番ですか ❷ 飲食物の1人前 ❸ 《豪口》非難

S

***serv·er** /sə́ːrvər/ 名 Ⓒ ❶ 給仕する人；《米》ウエーター, ウエートレス(♥ waiter, waitress の婉曲的表現) ❷ (食事を運ぶ)盆；料理を運ぶワゴン；サーバー《給仕用のスプーン・フォークなど》；コーヒー[茶]道具一式 ❸ 💻サーバー《ネットワーク内で利用される各種機能を集中的に管理・提供する装置・プログラム》 ❹ 〖テニスなど〗サーバー, サーブする人 ❺ 〖宗〗(ミサで司祭を助ける)侍者

serv·er·y /sə́ːrvəri/ 名 (複 **-ies** /-z/) Ⓒ 《英》配膳(はいぜん)室；(調理場と食堂との間の)配膳カウンター

⁝**ser·vice**[1] /sə́ːrvəs | -vɪs/ 《発音注意》 名 動 形

中心義 需要を満たすための対応(をする機関)

名 公益事業❶ 行政機関❷ サービス❸ 応対❹ 尽力❺ 役立つこと❻ 軍隊❽ 点検❾ 礼拝❿ 便⓮

━名 〔◁ serve 動〕 (複 **-ic·es** /-ɪz/) ❶ Ⓤ Ⓒ 《通例限定語を伴って》(交通・通信・医療・エネルギー供給などの)**公益事業**, (政府の行う)公共事業[業務], 行政事業[事務], 行政サービス；(電気・水道・ガスなどの)供給；供給施設[設備] ‖ Taxes support government ~*s*. 税金が政府の仕事を支えている / Telephone ~ was interrupted due to the earthquake. 地震のため電話が不通になった / **public** ~*s* 公益事業 / communication ~ 通信事業 / electric power [water] ~ 配電[配水]事業 / **provide** a wide range of care ~*s* for elderly people 幅広い老人介護サービスを提供する / maintain essential ~*s* (電気・ガス・水道などの)基幹供給施設を確保する / **social** ~*s* (政府の)社会福祉事業

❷ Ⓒ 《通例単数形で》(公益業務を行う)**行政機関**；《通例 the ~》部門, 部署, 省庁, 部局；《集合的に》(特に官公庁の)職員；《ときに S-》《行政サービス機関などの名称として》…サービス (→ secret service) ‖ the diplomatic ~ 外交部門；《集合的に》外交官 / a career information ~ 職業相談所 / enter the Government ~ 国家公務員になる / the police [fire] ~ 警察官職[消防署勤務] / the National Health *Service* (英国の)国民健康保険制度 / the United States Postal *Service* 米国郵便公社 / the BBC World *Service* BBC海外向け放送

❸ Ⓒ サービス業[部門]；《通例 ~s》〖経〗(財(goods)に対し)**サービス** ‖ work in the ~ industry サービス業で働く / a baby-sitting ~ ベビーシッターサービス / an online ~ オンラインサービス

❹ Ⓤ (商店・レストラン・ホテルなどの顧客への) (心のこもった)**応対**, 接客(ぶり), 商品説明, 給仕, サービス(❗日本語の「おまけ」「値引き」などの意味合いはない) ‖ You get poor [good] ~ in that store. あそこの店は客あしらいが悪い[よい] / The ~ in this restaurant is slow. このレストランは料理が出てくるのが遅い

❺ Ⓒ 《しばしば ~s》〈…への〉**尽力**, 奉仕, 功労, 貢献〈**to**〉；Ⓤ 勤務(期間)；〈医者・技術者・弁護士などの〉仕事, 務め, 役目〈**of, as**〉‖ render [OR provide] many ~*s to* the community 地域社会に多大な貢献をする / die in the ~ *of* one's country 祖国のために殉じる / He retired after many years of ~ in the broadcasting industry. 放送業界で長年働いた後に彼は引退した / I offered my ~*s as* a peacemaker. 私は調停役を買って出た / She needs the ~*s of* a doctor. 彼女は医者に診てもらう必要がある

❻ Ⓤ **役立つこと**；利用[使用](されている状態), (機械などの)運転；援助(→ *be of service, see service*(↓))；Ⓒ Ⓤ 親切な行為, 好意 ‖ This car has done [OR given me] ten years' ~. この車はもう10年も使っている

❼ Ⓤ (ホテルなどの)サービス料(service charge)

❽ Ⓒ (the ~s)**軍隊**, (陸海空)3軍；《the ~》(陸・海・空いずれかの)軍；Ⓤ 軍隊勤務, 兵役, 軍務 ‖ enter [leave] the ~ 軍隊に入る[除隊する] / be in the ~*s* 軍務に服している / do a year's military ~ 1年間の兵役に服する / die in ~ 戦死する / selective ~ 徴兵

❾ Ⓤ/Ⓒ 《通例単数形で》(車・器具などの販売後の)**点検**, 修理, 整備；アフターサービス(❗「アフターサービス」は和製語. service または after-sales service という)；Ⓒ (個々の) 修理点検 ‖ He took his car in for a regular ~. 彼は車を定期点検に出した / When is the car due for (a) ~? この車の点検時期はいつですか(♥《米》では無冠詞がふつう)

❿ Ⓒ **礼拝**(式[集会]), (宗教上の)儀式；Ⓤ (定期的な)礼拝 ‖ A memorial ~ was held [OR conducted] for victims of the air disaster. 航空機事故の犠牲者のために追悼式が行われた / a baptism [marriage] ~ 洗礼[結婚]式 / attend morning ~ 朝の礼拝に出る

⓫ Ⓒ 〖スポーツ〗サーブ, サービス(serve)；Ⓤ サーブ権, サーブの番 ‖ His ~ is strong. = He has a strong ~. 彼のサーブは強い / Whose ~ is it? だれのサーブの番ですか / lose [break] ~ サービスゲームを落とす[ブレークする]

⓬ Ⓒ 《~s》《単数・複数扱い》《主に英》=service area

⓭ Ⓒ 《修飾語を伴って》(食器などの)一そろい, 一式, セット ‖ a silver ~ for six (persons) 6人用の銀食器一そろい / a table ~ 食器一そろい

⓮ Ⓤ/Ⓒ 《通例単数形で》(交通・通信などの)手段, (乗り物などの) **便**, 運行, 運航 ‖ There is (a) bus ~ to central London every thirty minutes. ロンドン中心部へのバスは30分ごとに出ている / the 10:15 train ~ to York 10時15分のヨーク行き列車便 / an extra seasonal flight ~ (飛行機の)季節の臨時便

⓯ Ⓤ 《旧》奉公, 手伝い ‖ go into ~ 奉公する / domestic ~ 家事手伝い ⓰ Ⓒ (病院の) …科 ‖ the pediatric ~ 小児科 ⓱ Ⓤ 〖法〗(令状などの)送達, 執行；Ⓒ (個々の) 送達 ‖ the ~ of a summons 召喚状の送達 ⓲ Ⓤ (雌との)交尾, (馬の)種付け ⓳ Ⓤ 〖海〗(サービング用)細索 (→ serve 他 ⓮) ⓴ Ⓒ 〖経〗(貸付金などの) 元利返済額 ㉑ Ⓤ 💻システムの一部として稼働するプログラム(群)

at a pèrson's sérvice ① 《堅または戯》いつでも (人の) 役に立てる, (人の)用命のままに ‖ I am *at* your ~. 何なりとご用をお申しつけください ② 《堅》《自己紹介の自分の名前の後に続けて》御意のままに(♦ 高貴の人に対して用いる)

at the sérvice of ... (人・組織)の役に立てる

be of sérvice 〈人に〉役立つ〈**to**〉‖ Can I *be of* any ~ *to* you? 何かお役に立てることがありますか

dispènse with a pèrson's sérvices (人を)解雇する

dò a pèrson a sérvice ; *dò a sèrvice to a pérson* 〔人〕の役に立つ, 〔人〕を助ける ‖ Your mother has *done* us *a* great ~. あなたのお母さんは私たちに大変よくしてくれました

in sérvice ① 使われている；運転中の ② 《旧》奉公中で[の] (→ 名 ⓯) ③ 軍務に服して(in the services)

on àctive sérvice 現役(の軍人)で, 出征して(→ 名 ❽)

òut of sérvice 使われていない, 運転中止で, 故障中の

sèe sérvice ① (軍人が) 実戦経験を持つ, 従軍する ②

《通例完了形で》(物が)使われる, 役立つ ‖ This coat has *seen* good ～. このコートはずいぶん着古したものだ
━動 (-ic·es /-ɪz/; ～d /-t/; -ic·ing)
━他 ❶《通例受身形で》(機械・車などの)点検修理[アフターサービス]を受ける ‖ We had our air conditioner ～*d*. 家のエアコンを修理してもらった
❷〔地域・人〕に便宜[助力, 情報など]を供する ‖ The village is small, unspoiled and well ～*d*. その村は小さくて昔のままだが便はよい
❸〔負債など〕を利子付き[ローン]で支払う
❹…のために奉仕する, …の役に立つ(♦「客にサービス業務を提供する」の意味では serve を用いるのが一般的) ❺(雄が)〔雌〕と交尾する;⊗《卑》(男性が)〔女性〕とセックスする
━形《比較なし》《限定》❶従業員専用の, 業務用の ‖ a ～ entrance [elevator] 業務用入口[エレベーター]
❷点検修理[アフターサービス]の ‖ a ～ engineer 修理工 / a ～ guarantee アフターサービス保証 ❸サービスを提供する ‖ the ～ professions サービス業 ❹軍の, 軍用の ‖ a ～ academy 士官学校 / ～ dress 軍服
▶▶ ～ **àrea** 名 C ①《主に英》(自動車道の)サービスエリア ②(放送局の)良視聴区域;(水道・電力などの)供給区域 ～ **brèak** 名 C 〖テニス〗サービスブレーク《相手のサービスゲームを破ること》 ～ **chàrge** 名 C (ホテル・レストランなどの)サービス料;手数料;(マンションなどの)管理費 ～ **clùb** 名 C 《米》社会奉仕団体《Rotary Club など》;(軍隊などの)厚生娯楽施設 ～ **ecònomy** 名 U 〖経〗サービス経済《サービス業の比重が大きい経済システム》 ～ **flàt** 名 C 《英》(掃除・食事などの)サービス付きアパート ～ **gàme** 名 C 〖テニス〗サービスゲーム ～ **ìndustry** 名 C U (金融・保険などの)サービス産業, 非製造業 ～ **lìne** 名 C (テニスなどの)サービスライン ～ **màrk** 名 C サービスマーク《ホテル・輸送業などサービスを提供する会社のシンボルマーク・標語など. 略 SM》 ～ **mòdule** 名 C 〖宇宙〗(宇宙船の)機械船《エンジンや燃料・水など必需品を積んでいる部分. 略 SM》 ～ **provìder** 名 C 💻 =Internet service provider;(保険・医療などの)サービス提供会社 ～ **ròad** 名 C サービス道路《幹線道路と平行させて住民の便宜のために建設した道路》(《米》frontage road) ～(s) **sèctor** 名《通例 the ～》サービス部門[セクター] ～ **stàtion** 名 C 給油所, ガソリンスタンド《点検・修理も兼ねる》;(一般に)サービスステーション

ser·vice² /sə́ːrvəs | -vɪs/ 名 (=～ **trèe**) C 〖植〗ナナカマドの類《ヨーロッパ産. 実は食用》

ser·vice·a·ble /sə́ːrvəsəbl | -vɪs-/ 形 役立つ, 便利な, 使いやすい;実用に適した;丈夫で長持ちする
sèr·vice·a·bíl·i·ty, ～·ness 名 **-bly** 副

sérv·ice·man /-mən/ 名 (複 **-men** /-mən/) C ❶軍人(中立 service member) ❷(アフターサービスの)修理工(中立 repair worker)

sérvice·wòman 名 (複 **-wòmen**) C ❶女性の軍人(中立 service member) ❷女性修理工(中立 repair worker)

ser·vi·ette /sə̀ːrviét/ 名 C 《主に英》テーブルナプキン

ser·vile /sə́ːrvəl | -vaɪl/ 形 奴隷の(ような);(奴隷のように)卑屈な, 奴隷根性の;独創[自主]性のない;〈…に〉盲従する〈to〉, 追従(ついしょう)的な **～·ly** 副 **ser·víl·i·ty** 名 U 奴隷状態;奴隷根性, 卑屈;盲従, 追従

*__serv·ing__ /sə́ːrvɪŋ/ 名 C (飲食物の)一盛り, 1杯, 1人前(helping)
━形《限定》給仕用の, 取り分け用の ‖ a ～ dish 取り皿

ser·vi·tude /sə́ːrvətjùːd | -vɪ-/ 名 U ❶奴隷の(ような)境遇;〈…への〉隷属, 隷従〈to〉 ❷《古》〖法〗強制労働, 懲役 ‖ penal ～ 懲役刑

ser·vo /sə́ːrvoʊ/ 名 (複 **～s** /-z/) ❶ =servomechanism ❷ =servomotor

servo- /səːrvoʊ-, -və-/ 連結形「サーボ機構の[による]」の意 ‖ *servo*assisted サーボ機構補助の

sérvo·mèchanism 名 U 〖機〗サーボ機構《自動制御装置の一種. 制御の対象の状態を測定し, 基準値と比較して, 自動的に修正制御するもの》

sérvo·mòtor 名 C サーボモーター《サーボ機構を備えた電動機など》

ses·a·me /sésəmi/《発音注意》名 ❶ U 〖植〗ゴマ(胡麻);(=～ **sèeds**)《集合的に》ゴマの実 ❷ =open sesame
▶▶ ～ **òil** 名 U ゴマ油

ses·qui·cen·ten·ni·al /sèskwisenténiəl/ 形 150年ごとの[に起こる];150年(祭)の ━名 C 150年祭

ses·qui·pe·da·li·an /sèskwipɪdéɪliən/ 〈シ〉 形《堅》(語が)多音節の, 非常に長い ━名 C《堅》長たらしい語

ses·sile /sésaɪl/ 形〖植〗無柄(むへい)の;〖動〗固着した;固着性の, 着生の《フジツボなど》

:**ses·sion** /séʃən/ 中心義 活動中の期間
━名 (複 **～s** /-z/) C ❶(特定の)活動のための集まり(の期間), 集会;(スタジオミュージシャンによる)楽曲の録音, セッション(→ bull session) ‖ a question-and-answer ～ 質疑応答の時間 / a drinking ～ 飲み会 / a recording ～ レコーディングセッション / **attend** a counseling ～ 相談会に参加する
❷(開会中の)議会, 会議;(開廷中の)法廷 ‖ a special ～ 特別議会 / a regular ～ 定例議会 / a plenary ～ 本会議
❸(議会の)**会期**, 開会[開廷]期間 ‖ The Diet extended its ～. 国会は会期を延長した
❹ U (議会・会議の)**開会**(中), (法廷の)開廷(中), (取引所の)立ち会い ‖ The Senate is now in [out of] ～. 上院は今開会[閉会]中だ ❺(大学の)学期(term);授業時間, 時限 ‖ a summer ～ 夏学期;夏期大学 / a morning ～ 午前中の授業 ❻《英》(学校・大学の)年度(academic year) ❼〖宗〗(長老派教会(Presbyterian Church)の)長老会議 ❽《～s》《英》(特定の)裁判所, 法廷 ❾ U 💻セッションシステム利用期間[時間]《システムへのログインからログアウトまでの時間》
*__in séssion__ 開会[開催]中, 開廷中;学期[授業]中
━形《限定》(レコーディングで)伴奏する
～·al 形 ①開会[開廷]の, 会期(中)の ②会期ごとに反復される
▶▶ ～ **musìcian** 名 C スタジオミュージシャン《特定のバンドに属さず, CD録音やコンサートのバックで演奏する》

:**set** /set/ 動 名 形
中心義 あるべきところに…を置く

動 他 置く❶ 設定されている❷ …を…の状態にする❸
調整する❺ 決める❼
自 沈む❶
名 セット❶ 受信[像]機❷

━動 (～s /-s/; **set** /set/; **set·ting**)
━他 ❶ **a** (+目+副句)…を(ある場所に)**置く**, 載せる, 据える(♦ put に比べてやや《堅》);…を据えつける, 固定する;〔人〕を(仕事・場所に)配置する, 部署に就ける(⇨ PUT 類語P) ‖ The teacher *set* a projector on the desk. 先生は映写機を机の上に置いた / Help me ～ the ladder against the wall. 壁にはしごをかけるのを手伝ってくれ / ～ eyes on a bird 一羽の鳥に視線を向ける / Security guards were *set* at every entrance to the hall. 会場のすべての入口に警備員が配置された
b《受身形で》(家などが)位置している ‖ The plant is *set* in a densely-populated area. その工場は人口密集地域にある
❷ (+目+副句)《通例受身形で》(物語・映画などの舞台が)(…に)**設定されている**, (…を)舞台としている ‖ This film is *set* in seventeenth-century Russia. この映画は17世紀のロシアを舞台にしている
❸ …を…の状態にする **a** (+目+副句)…を(ある状態に)する ‖ She *set* me at ease by smiling broadly. 彼女

はにっこり笑って私の気持ちをほぐしてくれた / They *set* the barn on fire. 彼らは納屋に火を放った

b 《+目+補》…を…の状態にする ‖ A good night's sleep *set* me right. 一晩よく寝たらすっきりした / ～ a hostage free 人質を解放する

c 《+目+*doing*》…を…する状態にさせる ‖ You can ～ the alarm ringing by a hard push on this button. このボタンを強く押せば警報を鳴らすことができる / His words *set* me thinking deeply about my future. 彼の言葉に自分の将来を深く考えさせられた

❹ **a** 《+目+to *do*》〔人〕に…するようにさせる, …する仕事を課す ‖ The boss *set* his staff *to* get as much information as possible. 上司は部下にできるだけ多くの情報を集めさせた **b** 《～ oneself to *do* で》…するように決める, 専心する ‖ He *set* himself *to* refresh his depressed spirits. 彼はめいった気分をリフレッシュすることにした **c** 《+目+to 名》〔人〕に…の仕事を割り当てる ‖ ～ him *to* wood-chopping 彼にまき割りをさせる

❺〔器具など〕を**調整する**, 〔目盛りなど〕を〈…に〉合わせる〈**for, to**〉‖ She *set* her watch by the time signal on the radio. 彼女はラジオの時報で時計を合わせた / I *set* the alarm *for* [to go off at] six o'clock. 私は目覚ましを6時に[に鳴るように] 合わせた / ～ a camera on flash mode カメラをフラッシュモードに合わせる / ～ a TV *to* CNN テレビのチャンネルをCNNに合わせる

❻ …を整える ;〔食卓〕を整える ;〔髪〕をセットする ;〔わな〕を仕掛ける ‖ I *set* the table for four. 4人分の食器類をテーブルに並べた / She had her hair *set* by her favorite hairdresser. 彼女はお気に入りの美容師に髪をセットしてもらった / ～ an offside trap (サッカーで) オフサイドトラップを仕掛ける

❼〔日時など〕を**決める** ;〔ある日時〕を〈…と〉決める〈**as**〉;〈…の〉〔規準など〕を決める (fix on)〈**for**〉‖ They *set* the date for their wedding at [OR for] April 18. = They *set* April 18 *as* the date for their wedding. 彼らは結婚式の日取りを4月18日に決めた / A stricter standard of blood alcohol level was *set for* drunk driving. 飲酒運転のより厳しい血中アルコール濃度基準が定められた

❽〔値段・価値など〕を〈…に〉つける〈**on**〉;〔値段・価値など〕を〈…と〉する〈**at**〉‖ We ～ a high value *on* freedom. 我々は自由に高い価値を認める / The price of the new car was *set at* $14,500. その新車の値段は14,500ドルに設定された

❾ **a** 《+目》〔先例〕を作る ;〔風潮・流行〕の先駆けとなる ;〔記録〕を樹立する ‖ Pink Floyd *set* a new trend in rock music. ピンク=フロイドはロックミュージックに新しい流れを作った / He *set* a new Olympic record in the 200-meter dash. 彼は200メートル走でオリンピック新記録を樹立した **b** 《+目 *A*+目 *B* ⇄ +目 *B*+for [to] 目 *A*》*A* (人) に*B* (模範など) を示す ‖ He *set* the younger members of the team a good example. = He *set* a good example *for* [OR *to*] the younger members of the team. 彼はチームの後輩たちによい手本を示した

❿ 《通例受身形で》(宝石などが) 〈…に〉はめ込まれている〈**in**〉; (装身具などが)〈…を〉はめ込んである〈**with**〉‖ Seven diamonds are *set in* this brooch. = This brooch is *set with* seven diamonds. このブローチにはダイヤが7つはめ込まれている

⓫ **a** 《+目》〔試験・問題〕を作る, 出す ;〔課題〕を課す ;〔本〕を学習用に指定する ‖ ～ a math exam 数学の試験問題を作る / Two books are *set* for this course. この講座では2冊の本が指定されている **b** 《+目 *A*+目 *B* ⇄ +目 *B*+for 目 *A*》*A* (人) に*B* (仕事・目標など) を課す ‖ The teacher *set* us difficult questions. = The teacher *set* difficult questions *for* us. 先生は私たちに難しい問題を出した / She *set* herself a precise goal. = She *set* a precise goal *for* herself. 彼女は自分に明確な目標を課した

⓬〔心・進路など〕を〈…に〉向ける, 決める, 集中する〈**on, to**〉‖ ～ one's mind *on* a diplomatic career 外交官になろうと決意する / ～ one's course *to* the north 北へ進路をとる

⓭ …を〈…に〉近づける, あてがう ;〔火〕をつける〈**to**〉‖ She *set* the glass *to* her lips. 彼女はグラスを口元に近づけた / ～ pen *to* paper 書き始める / ～ fire *to* a car (=～ a car on fire) 車に火をつける(→ 他 ❸**a**)

⓮ 《通例受身形で》(あご・顔などが) 引き締まる ‖ His jaw was *set* in determination. 彼のあごは決意でぐっと引き締まっていた ⓯〔骨〕を接ぐ ‖ ～ a broken arm 折れた腕の骨を接ぐ ⓰ 【印】〔原稿など〕を活字に組む ;〔活字〕を組む ⓱〔詩など〕に〈曲を〉つける〈**to**〉 ⓲〔実〕を結ぶ, 〔種〕をつける ⓳〔種〕をまく, 〔苗木など〕を植える ⓴〔帆〕を張る ㉑〔めんどり〕に卵を抱かせる ‖ ～ a hen on eggs めんどりに卵を抱かせる ㉒ (猟犬が)〔獲物〕の方を向いて静止する ㉓〔のこぎり〕の目立てをする ;〔刃〕を研ぐ ㉔〔人〕を座らせる ㉕〔舞台〕の背景を作る ;〔…の舞台〕を整える ‖ ～ the stage for Act 2 第2幕の舞台を作る

—自 ❶ (太陽・月などが) **沈む** (↔ rise) ‖ The sun ～*s* before five in December in Tokyo. 東京では12月には5時前に日が沈む

❷ (ゼリー・液体などが) 固まる ; (染料などが) 定着する ; (顔などが) こわばる ‖ Wait till the glue ～*s* hard. 接着剤が固まるまで待ちなさい / His face *set* in an expression of agony. 彼の顔は苦悩にゆがんだ

❸ (折れた[脱臼(だっきゅう)した]骨が) つく, 治る

❹ (勢力などが) 衰える ‖ His star has *set*. 彼の運勢は傾いた ❺ (服が) 体に合う ‖ The skirt ～*s* well. スカートはぴったりだ ❻ 【植】実を結ぶ, 種をつける ; (実が) なる ❼ (めんどりが) 卵を抱く ❽ (髪が) (いい型に) 決まる ‖ My hair doesn't ～ well today. 今日は髪がどうも決まらない ❾ (競走などで) 用意の姿勢をとる ❿ 《+副句》(潮・流れが) (ある方向に) 進む, (風が) 吹く ‖ The wind was *setting* from the mountains to the sea. 風が山から海へ吹いていた ⓫ (猟犬が) 獲物の方を向いて静止する ⓬〈ダンスのパートナーと〉向き合う〈**to**〉 ⓭ 《方》座る (sit)

***sét about ...** 〈他〉① …に**着手する**, 取りかかる ‖ He *set about* the task of cleaning the room right away. 彼はすぐ部屋の掃除の仕事に取りかかった ②〔問題など〕を処理する ‖ I don't know how to ～ *about* this problem. この問題をどうやって解決すればよいかわからない ③ 《英口》〔人〕を襲う, 攻撃する

sèt *A* agàinst *B* ① *A*を*B*と対立させる, 争わせる ‖ This war *set* brother *against* brother. この戦争で兄弟は敵味方になって戦った ② *A*を*B*に照らして考える《***off***》(balance against) ‖ The benefits of a new medicine must be *set* (*off*) *against* its possible side effects. 新薬の利点は考えられる副作用と比較検討しなければならない ③ *A*を*B*から控除する《***off***》; *B* (税) を減らすために*A*を必要経費として勘定する ④ *B*を背景にして*A*を置く ; 《受身形で》*A* (物語・映画など) が*B*を背景に作られている ‖ *Set against* the country scenery, the cottage looked marvelous. 田園風景を背景にして, 山小屋は素晴らしく見えた

sèt ... ahéad 〈他〉《米》〔時計〕を進める (↔ set ... back)

***sèt apárt ... / sèt ... apárt** 〈他〉① …を〈…から〉(特別のものとして) 区別する, 〈…より〉際立たせる〈**from**〉‖ His flamboyant style ～*s* him *apart from* other conductors. 華麗な指揮ぶりは彼をほかの指揮者と一味違うものにしている ②〔金・時間など〕を〈…用に〉とっておく〈**for**〉

***sèt asíde ... / sèt ... asíde** 〈他〉① …をわきへどける ‖ She *set aside* the book and answered the phone. 彼女は本をわきに置いて電話に出た ②〔金・時間など〕を〈…用に〉**とっておく**〈**for**〉‖ This money will have to be *set aside for* our retirement. この金は老後の生活のために蓄えておかねばならない ③〔意見の相違・感情など〕を

ひとまず置く ‖ Both sides *set aside* their religious beliefs to negotiate a cease fire. 双方とも停戦交渉のために宗教的信条を一時棚上げにした ④ …を無視する ‖ His opinion was *set aside* as unrealistic. 彼の意見は非現実的だとして退けられた ⑤〔判決など〕を破棄する (overturn) ⑥〔土地〕を休耕地にする

sét at ... 〈他〉…を攻撃する, …に襲いかかる

****sèt báck*** 〈他〉 **I** 《***sèt báck ... / sèt ... báck***》 ①〔人(の行動)・事柄〕を妨げる,〔人(の計画など)〕の予定を遅らせる ‖ Bad weather *set* the project *back* a week. 悪天候のため事業が1週間遅れた ② 《通例受身形で》 (家などが) 〈道路などから〉離れた所にある, 引っ込んでいる 〈**from**〉 ③ 《米》〔時計〕を遅らせる (↔ *set ... ahead*) **II** 《***sèt À bàck B́***》 ④ 《受身形不可》《口》*A*(人)に*B*(費用など)を出費させる ‖ The new computer game will ～ you *back* 300 dollars. 新しいコンピューターゲームは300ドルする

sèt ... bý 〈他〉《英では古》…を〈…のために〉とっておく〈**for**〉

sèt dówn 〈他〉《***sèt dówn ... / sèt ... dówn***》 ① …を下に置く, 降ろす ②〔考え・事実など〕を書き留める ‖ ～ *down* one's memories 思い出を書き留める ③〔規則・基準など〕を定める ④〔乗客〕を降ろす ;〔飛行機〕を着陸させる ‖ *Set* me *down* at the next stop. 次の停留所で降ろしてください ⑤〔人〕を座らせる ─〈自〉(飛行機が)着陸する

sèt À dówn as B́ 〈他〉*A*を*B*と判断する ‖ We *set* him *down as* new in this town. 私たちは彼がこの町に来て間がないと判断した

sèt À dówn to B́ 〈他〉*A*を*B*のせいにする ‖ His bad manners were *set down to* his upbringing. 彼の無作法は育ちのせいにされた

****sèt fórth*** 〈他〉《***sèt fórth ... / sèt ... fórth***》〔意見など〕をはっきり述べる ;〔案など〕を提出する ‖ He *set forth* his ideas before the court. 彼は法廷で自分の考えを述べた ─〈自〉《文》〈旅に〉出発する (set out) 〈**on**〉

sèt fórward 〈他〉《***sèt ... fórward***》…を前へ動かす ;〔時計〕を進める ─〈自〉《英では古》出発する

****sèt ín*** 〈自〉 ① (特によくないことが)**始まる**, 起こる (♥「今後しばらく続きそうだ」という含みがある) ‖ The birds fly to a warm place before winter ～*s in*. 鳥たちは冬になる前に暖かい所へ飛んで行く / There was little food left and exhaustion *set in*. 食料は乏しくなり疲労の色が見え始めた ② (風・潮が)岸に向かう ─〈他〉《***sèt ín ... / sèt ... ín***》…を差し込む ;〔そで〕をそでぐりに縫いつける

****sèt óff*** 〈他〉 **I** 《***sèt óff ... / sèt ... óff***》 ① …を**引き起こす** (♥ 偶発的なことにも故意に引き起こしたことにも用いる) ‖ The DJ's racist remark *set off* angry phone calls. ディスクジョッキーの人種差別的発言に怒りの電話が殺到した ②〔警報など〕を作動させる ③〔爆弾など〕を破裂させる ④ …を引き立たせる, 目立たせる (show off ; enhance) ‖ Her tanned skin was *set off* by the Hawaiian dress. 彼女の日焼けした肌がハワイアンドレスに映えていた **II** 《***sèt ... óff***》 ⑤〔人〕に急に〈…〉させる〈***doing***〉 ‖ Don't mention John to Sarah. You'll ～ her *off crying*. サラにジョンの話をしては駄目だよ. 泣き出してしまうから ─〈自〉**出発する** (set out) 〈**on** 旅行に ; **for** …に向けて〉 ‖ He *set off on* a fishing trip. 彼は釣りの旅に出かけた / My husband *set off for* Dallas early this morning. 夫は今朝早くダラスへと旅立った

sèt ón [OR ***upón***] 〈他〉 **I** 《***sèt ón*** [OR ***upón***] ***...***》《通例受身形で》突然襲われる **II** 《***sèt À òn*** [OR ***upòn***] ***B́***》*A*(人・動物)に*B*を突然襲わせる

****sèt óut*** 〈自〉 ① **出発する** (set off) 〈**on** 旅に ; **for** …に向けて〉 ② 〈…を〉手がける〈**on**〉;〈…し〉**始める**〈***to do***〉 ‖ You should not give up what you ～ *out to* do. 一度始めたことは途中でやめるべきでない ─〈他〉《***sèt óut ... / sèt ... óut***》 ① …を(よく整理して)述べる ‖ He *set out* his reasons for not attending the meeting. 彼は会合に出席しない理由をきちんと述べた ② …を並べる, 陳列する ③〔庭など〕を設計する, 配置する ④ …を植えつける

sèt tó 〈自〉 ① 本気で取りかかる ‖ She *set to* on her dissertation. 彼女は博士論文に本格的に取り組み始めた ② けんかを始める ─〈他〉《***set to ...***》…に取りかかる (⇨ *set a person to* WORK)

****sèt úp*** 〈他〉 **I** 《***sèt úp ... / sèt ... úp***》 ①〔柱など〕を**立てる**,〔構造物〕を設置する ‖ ～ *up* a tent テントを張る ②〔会社・組織など〕を**作る** ‖ This charity was *set up* 100 years ago. この慈善団体は100年前に設立された / ～ *up* shop 商売を始める / ～ *up* home [OR house, housekeeping] 独立して世帯を持つ (♦ ときに「同棲(どうせい)を始める」の意にもなる) ③〔会合など〕を準備する ‖ A power lunch was *set up* between the two companies. 両社間で幹部昼食会が設定された ④〔機械など〕を据えつける, 使える状態にする ‖ I had my computer *set up* by the store employee. 私は店員にコンピューターのセットアップをしてもらった ⑤〔人〕を(援助して)自立させる,〔人〕に(資金を与えて)開業させる ;《～ oneself up as で》…として自立する, 開業する ‖ I *set* my son *up* in the family business. 私は息子に家業を仕込んだ / He *set* himself *up as* an architect. 彼は建築家として仕事を始めた ⑥〔人〕に〈必要なものを〉与える〈**with, for**〉 ‖ They are well *set up with* [OR *for*] food. 彼らは十分食糧を持っている ⑦〔人〕を〈権力の座に〉就ける〈**as**〉 ‖ They *set* him *up as* their leader. 彼らは彼をリーダーとした ⑧ 《口》〔人〕をわなにかける, だます (frame) ⑨ 《米口》〔酒など〕をおごる ;〔人〕に〈酒などを〉おごる〈**to**〉 ⑩ …を計画する **II** 《***sèt úp ...***》 ⑪ …を引き起こす ‖ Mixing those chemicals ～*s up* a dangerous reaction. その薬品を混ぜると危険な反応が起きる ⑫〔大声〕を上げる ;〔騒ぎ〕を起こす ⑬ (スポーツで)〔ゴール〕をアシストする **III** 《***sèt ... úp***》 ⑭〔人〕を元気にする ⑮〔人〕に〈…との〉デートを取り持つ〈**with**〉 ‖ My sister *set* me *up with* her best friend. 妹は僕と彼女の親友とのデートを取り持ってくれた ⑯ 《～ oneself up as [for, to be] で》…を自称する, 気取る ‖ He ～*s* himself *up as* a computer expert. 彼は自称コンピューターのプロだ ─〈自〉 ① 道具などを準備する ‖ The TV crew was already *setting up*. テレビ局の作業班がすでに器材の準備を始めていた ② 〈…として〉自立する, 開業する〈**as**〉 ‖ He *set up* on his own. 彼は自分で商売を始めた / ～ *up as* a dentist 歯科医として開業する

──名 (複 **～s** /-s/) Ⓒ ❶ 〈同種のものの〉**セット**, 組, そろい ;〈道具などの〉一式〈**of**〉 ‖ a ～ *of* dishes 皿の一そろい / a boxed ～ *of* Mozart's symphonies モーツァルトの交響曲の箱入りセット / a coffee ～ コーヒーセット

❷ (テレビ・ラジオなどの) **受信[像]機** ‖ I bought a new television ～. 私は新しいテレビを買った

❸ (撮影所・テレビ局などの)セット, 舞台装置, 大道具 (《米》 setting) ; 撮影現場 ‖ on (the) ～ 撮影現場で[に]

❹ (テニスなどの) セット ‖ She beat last year's winner in full ～*s*. 彼女はフルセットの末に去年の優勝者を下した / win in straight ～*s* ストレートで勝つ

❺ (同一バンドの演奏する)一連の曲 ‖ What are we going to play in the first ～? 1回目の演奏では何をやろうか ❻ 《単数形で》 (髪の) セット ‖ I would like a shampoo and (a) ～. シャンプーとセットをお願いします ❼ 《集合的に》《単数・複数扱い》《修飾語を伴って》《ときにけなして》似かよった人たち, 仲間, …族 ‖ the literary ～ 文士仲間 / the young ～ 若い連中 ❽ 《単数形で》(ゼリー・液体などの)凝固, 固まり具合 ‖ Cool it slowly and you will have a better ～. ゆっくり冷やせばもっとうまく固まるでしょう ❾ 《単数形で》体の構え方, 姿勢 ‖ The ～ of his jaw showed he was angry. あごの格好で彼の怒っていることがわかった / the ～ of her shoulders 彼女の肩の格好 ❿ 《英》同学力レベルのクラス ‖ the top ～ for mathematics 数学の最上級クラス ⓫ 【数】集合 ‖ the ～ of even numbers 偶数の集合 ⓬ アナグマの穴 (sett) ⓭ (繁殖用の)根, 球根, 挿し穂, 苗木 ⓮ (スクエア

S

ダンスなどを踊る)組；(スクエアダンスなどの)一連の動き ⓯《単数形で》潮の流れ，風向き ⓰《a ～》恨み ‖ She has a ～ on you. 彼女はあなたを恨んでいる ⓱(猟犬が獲物の位置を示して)立ち止まる姿勢 ⓲《単数形で》(木材・金属などの)ねじれ ⓳〖印〗活字間の距離；活字の幅 ⓴《the ～》(服の)着心地 ㉑ Ⓤ 日没

── 形《比較なし》❶《通例限定》あらかじめ決められた，規定の，所定の；(本が)課題として指定された；《英》(食事が)定食の ‖ She fed her dog at ～ hours every day. 彼女は毎日決まった時間に犬に餌(え)をやった / a ～ procedure 所定の手続き / a ～ lunch ランチ定食

❷《叙述》準備が整って〈**for** …の / **to *do*** …する〉‖ I'm all ～ *for* the journey. 旅の準備はすっかり整った / We are all ～ *to* start. 出発の用意はすべてできている (→ CE 1) / On your mark(s), get ～, go! 位置について，用意，ドン

❸《叙述》固く決心して〈**on, upon** …を；**against** …に対する反対を〉‖ He is ～ *on* [OR *upon*] going to New Orleans to study jazz. 彼はジャズの勉強のためニューオーリンズへ行こうと心に決めている / I've got my heart ～ *on* you.=My heart is ～ *on* you. 僕は心の内で君に決めているんだ / I am dead ～ *against* the government's plan. 私は政府の計画に断固反対だ

❹《限定》(言葉などが)習慣的な，定型的な ‖ a ～ phrase 常套(じょうとう)句

❺《通例限定》(表情などが)硬い，こわばった，わざとらしい；決然とした ‖ a ～ smile 作り笑い / with ～ teeth 歯を食いしばって ❻ 融通のきかない，頑固な (↔ flexible) ‖ The old man is ～ in his ways. その老人は自分の流儀を固く守っている / a person of ～ opinions 自説を曲げない人 ❼《+**to *do***》…しそうだ ‖ The gas price **looks** ～ *to* rise. ガソリンの値段が上がりそうだ ❽ 据えられた ‖ close-～ eyes 顔の真ん中に寄っている目

COMMUNICATIVE EXPRESSIONS

1 **You're àll sét.** これで準備万端です；以上です (♥ 受付で手続きを済ませた際に申請者などに対して)

▶▶ ～ **bóok** 名 Ⓒ《英》(試験の)指定[課題]図書 ～ **phráse** 名 Ⓒ 成句 ～ **píece** 名 Ⓒ ①(文学・芸術上の)型どおりの作品 ②《英》(特にサッカーなどの)計画[訓練]された動き，セットプレー ③ 綿密な計画に基づく(軍事)行動 ④ 舞台装置，セット(set scene) ⑤ 仕掛け花火 ～ **póint** 名 Ⓒ〖テニス・バレーボール〗セットポイント《セットの勝敗を決める1点》(→ match point) ～ **scrúm** 名 Ⓒ〖ラグビー〗セットスクラム ～ **squàre** 名 Ⓒ《英》三角定規(《米》triangle) ～ **thèory** 名 Ⓤ〖数〗集合論

se·ta /síːṭə/ 名 (複 **-tae** /-tiː/) Ⓒ〖生〗剛毛；こけの柄(え)；とげ；剛毛状の部分 **se·tá·ceous** 形〖生〗剛毛の(ような)，剛毛の生えた **se·tá·ceous·ly** 副

sét-asìde 名 Ⓤ ❶(特別な目的のための)準備金，保留地 ❷(価格操作・生産調整などのための)休耕地(指定)

***set·back** /sétbæ̀k/ 名 Ⓒ ❶(進歩・発展の)妨げ，支障；(進行の)停滞，逆行；敗北，挫折(ざせつ) ‖ She suffered a ～ in her career. 彼女は仕事で挫折を味わった / a financial ～ 財政上の痛手 / a military ～ 軍事的敗北 / overcome a ～ 挫折を乗り越える ❷〖建〗セットバック《近隣の日照や通風のために階段状に後退した高層ビルの上部壁面や壁段》；壁面の凹部 ❸ セットバック《温度調節装置の自動温度降下機能》

SETI /séṭi/ 略 *s*earch for *e*xtra*t*errestrial *i*ntelligence(地球外知性探査計画)

sét-ìn 形 作りつけの，はめ込み(式)の；〖服飾〗縫い込まれた

── 名 Ⓤ はめ込み；(病気・悪天候などの)始まり

sét·òff 名 Ⓒ ❶ 引き立てるもの；装飾 ❷〖会計〗(負債などの)相殺；埋め合わせ ❸〖建〗壁段(setback) ❹ Ⓤ〖印〗(印刷インクの)裏移り

sét·scrèw 名 Ⓒ〖機〗(歯車などを心棒に取りつける)止めねじ

sett /set/ 名 Ⓒ アナグマの巣穴

set·tee /setíː/ 名 Ⓒ (背とひじ掛け付きの)長いす

set·ter /séṭər/ 名 Ⓒ ❶〖動〗セッター《長毛の鳥猟犬》❷《通例複合語で》据えつける[セットする]人[もの]，象眼する人 ‖ a type*setter* 植字工[機] / a trend*setter* 流行を作る人，流行仕掛け人

***set·ting** /séṭɪŋ/ 名 ❶ Ⓤ 置くこと，据えつけ ❷ Ⓤ〈日・月の〉入り〈**of**〉‖ the ～ *of* the sun 日の入り ❸ Ⓤ 凝固，(コンクリートなどの)凝結；Ⓒ 上塗り ❹ Ⓒ《通例単数形で》周囲の状況，環境；(事件などの)背景(となる時代[場所])，舞台；《米》舞台装置，道具立て ‖ If it snows, we'll have the perfect ～. 雪が降れば，完璧な舞台だ / different cultural ～*s* 異なる文化的状況 / The ～ of the story is a small inn in a snowy area. 物語の舞台は雪の多い地方の小さな宿である ❺ Ⓒ (機械・器具の)調節目盛り ‖ The air conditioner is on its highest ～. エアコンは最強に調節してある ❻ Ⓒ (宝石・機械などの)台(座) ‖ a diamond ring in a silver ～ 銀の台にダイヤモンドをはめ込んだ指輪 ❼ Ⓒ (食器などの)一そろい ❽ Ⓒ (歌詞につけた)曲 ❾ Ⓒ (ニワトリの卵の)一抱き，一かえり

***set·tle[1] /séṭl/

中心義 (動きのあるものが)一定のところに落ち着く

動 他 解決する❶ 決める❷ 移り住む❸ 落ち着かせる❹
自 定住する❶ 落ち着く❷

── 動 (▶ settlement 名)(～**s** /-z/；～**d** /-d/；**set·tling**)

── 他 ❶〔問題・紛争など〕を**解決する**，処理する，…に決着をつける；〔契約など〕に合意する ‖ The **dispute** [question] is still not ～*d*. その紛争[問題]は依然解決していない / We ～*d* the details of the contract. 我々は契約書の細目について合意をみた / They ～*d* their quarrel in a friendly way. 彼らは友好的にけんかを治めた / ～ a case out of court 事件を示談にする / ～ one's affairs 身の回りを整理する

❷ **決める**(⇨ FIX 類語) **a**《+目》〔日取り・値段・段取りなど〕を決める(♦ しばしば受身形で用いる) ‖ We want to ～ the date for the next meeting here today. 我々は今日ここで次の会合の日取りを決めておきたいと思う

b《+**that** 節》…ということを決める ‖ I have ～*d that* I'll go to Sydney next month. 私は来月シドニーに行くことに決めている

c《+**wh** 節 / **wh to *do***》…かを決める ‖ Have you ～*d where* 「you'll go [OR *to* go] in the summer vacation? 夏休みにどこへ行くか決めましたか

❸〔土地〕に**移り住む**，植民する；〔人〕を移住させる(♦ しばしば受身形で用いる) ‖ South America was ～*d* by many Japanese. 南米には多くの日本人が移住した

❹《+目+副句》**a**〔人〕に(場所に)居を定めさせる；〔人〕を(職業・生き方などに)**落ち着かせる**；〔人〕を(いすなどに)ゆったりと座らせる ‖ They 「are ～*d* [OR have ～*d* themselves] into their new house. 彼らは新居に落ち着いた / Jeff ～*d* his family in Tokyo. ジェフは家族を東京に住まわせた / Kate ～*d* herself in law. ケートは法曹界で身を立てた

b《～ oneself で》腰を下ろしてくつろぐ ‖ I ～*d* myself comfortably in a sofa. 私はソファーに座ってくつろいだ

❺〔勘定・借金〕を〈…に〉払う，〈…と〉清算する《***up***》〈**with**〉‖ We have to ～ a bill [claim] *with* him. 私たちは彼に勘定[請求額]を支払わなければならない

❻〔心・体・神経など〕を静める，安静にする；…を落ち着かせる《***down***》(↔ disturb) ‖ He took some pills to ～ his nerves. 彼は神経を鎮めるために薬を飲んだ / ～ a baby *down* 赤ん坊をおとなしくさせる

❼〔浮遊物〕を沈める；〔ほこりなど〕を静める，抑える；〔かすなど〕を沈殿させる；〔液体など〕を澄ます ‖ The rain ～*d* the dust. 雨でほこりが立たなくなった ❽《+目+副句》…を(場

所・位置に) 置く ‖ The man ～*d* his hat on his head. 男は帽子をしっかりとかぶった ❾ 《+目+on [upon] 名》 (遺言などで)〔財産〕を…に譲る，贈与する ‖ He ～*d* his property *on* his nephew. 彼は財産を甥(おい)に遺贈した
—自 ❶〈…に〉**定住する**；移り住む《*down*》〈in〉 ‖ Mr. Carraway ～*d in* New York. キャラウェイ氏はニューヨークに居を定めた
❷〈新しい環境などに〉**落ち着く**，慣れる《*down*》〈to〉；身を固める《*down*》；(いすなどに) ゆったりとくつろぐ《*down, back*》；腰を据えて取りかかる《*down*》〈**to** …に / **to do** …することに〉(♦ to *do* を従えるときは settle down to とするのがふつう. down を用いない用法は《英》) ‖ My son got married and ～*d down*. 息子は結婚して身を固めた / ～ *down* in a sofa ソファーにゆったり座る / He ～*d* (*down*) *to* work after breakfast. 彼は朝食後本格的に仕事に取りかかった / ～ *down to* write a novel 本気になって小説を書く
❸ (浮遊物が)沈む，(ほこりなどが)〈…に〉積もる〈**on, over**〉；(かすなどが) 沈殿する；(液体が) 澄む；(家・土地などが) (徐々に)沈下する；(雪が)(溶けずに)積もる ‖ Dust has ～*d on* his desk. 彼のデスクにはほこりが積もっている / The house has ～*d* two inches since it was built. その家は建てられてから2インチ沈下した
❹ (鳥・昆虫などが)〈…に〉(降りて来て)とまる；(視線が)〈…に〉留まる〈**on, upon**〉 ‖ A swallow ～*d on* a wire. ツバメが電線にとまった / I let my eyes ～ *on* Mother's face. 私は母親の顔をじっと見据えた
❺ (事態が)落ち着く；(天候・状態などが)安定する；(興奮などが)静まる；(騒いでいる子供などが)静かになる，(痛みが)鎮静する，治まる；(食べたものが) こなれる《*down*》 ‖ When things ～ *down*, I'll write you a letter. 一段落したら，手紙を書くよ / The weather is *settling down*. 天候が安定してきている / The excitement ～*d down*. 興奮が収まった
❻ (静けさ・闇・霧などが)〈…を〉支配する，包む〈**on, over**〉 ‖ A deep unhappiness ～*d on* him. ひどく惨めな気分が彼を襲った
❼〈…との〉紛争などを解決する，片をつける，〈…と〉和解する〈**with**〉 ‖ ～ out of court 示談にする ❽〈人と〉話がまとまる；〈…と〉勘定[負債]を清算する，〈…に〉支払いをする[済ませる]《*up*》〈**with**〉 ‖ ～ (*up*) *with* a taxi driver タクシーの運転手に支払いを済ませる

****séttle for ...*** 〈他〉(不十分[不本意]ながら)…で我慢する ‖ ～ *for* second best 次善のもので我慢する[手を打つ]
****sèttle ín*** 〈自〉(新しい環境・仕事などに)慣れる
****sèttle ínto ...*** 〈他〉〔新しい環境・仕事など〕に慣れる
****séttle on*** [OR ***upon***] 〈他〉 **I** 《***séttle on*** [OR ***upon***] ***...***》 ① …を決定する，選ぶ (✐ decide on) ‖ They ～*d on* Hawaii for their vacation, but they haven't ～*d on* the date. 彼らは休みにハワイへ行くことにしたが，日取りはまだ決めてない ② ⇨ 自 ❸, ❹, ❻ **II** 《***sèttle À on*** [OR ***upon***] ***B̀***》 ③ ⇨ 他 ❾

COMMUNICATIVE EXPRESSIONS
1 **Sèttle dówn.** 落ち着きなさい；動き回らないで (♥ 落ち着きのない人をたしなめる表現)
2 **Thát sèttles it.** ① それで決まりだ ② 仕方がないな
3 **Wéll, thát's sèttled (, thèn [OR ísn't it?]).** (じゃあ)そういうことでよろしいですね；解決とみなしていいですね

set·tle² /séṭl/ 名 C セトル《木製の長いすで，通例座席下が収納箱になっている》

settle ²

***set·tled** /séṭld/ 形 ❶ 固定した，不変の，定着した；(天候などが)落ち着いた；(悲しみなどが)根深い ❷ (移民などが) 定住した；(場所などが) 定住者のいる ❸ 解決した；(負債などが)支払い済みの《伝票などに記す》

‡set·tle·ment /séṭlmənt/
—名 [◁ settle¹ 動] (複 **～s** /-s/) ❶ U C **解決**，調整，決着；**合意**，和解 ‖ reach [OR achieve] a ～ 合意に達する / the ～ of differences 意見の違いの調整，仲直り / the ～ of a dispute 紛争解決 / divorce ～ 離婚調停 / peaceful [political] ～ 平和的[政治的]解決 / an out-of-court ～ 示談
❷ U C 清算，決済 ‖ The ～ of his debt took him three years. 彼は借金の返済に3年かかった / in ～ of deficits 欠損[赤字]の決済に
❸ C 〘法〙(財産などの)贈与，譲渡；贈与財産；財産譲渡条項(証書) ‖ On her marriage Mom made a little ～ on her. 彼女の結婚に当たって母は少し財産を贈与した / a marriage ～ 婚姻継承財産設定《配偶者に有利な結婚時の贈与財産設定》
❹ U 〈…への〉植民，入植，移住〈**of**〉；C **入植地**；**開拓地**[村]，植民地，新開地；居留地；寒村，村落 ‖ the ～ *of* Virginia バージニアへの入植 / make a ～ in Canada カナダに植民地を作る / The Chinese established their own ethnic ～ in this part of the city. 中国人は町のこの地域に自分たちの居留地を作った
❺ (=～ **hòuse**) C セツルメント《貧しい人々の多い地区に定住して福祉事業などを行う施設》 ❻ U 身を固めること，腰を落ち着けること ❼ U 沈殿；沈下，降下

***set·tler** /séṭlər/ 名 C (初期の) 入植者；開拓者 ‖ Irish ～*s* in America アメリカへのアイルランド移住者

sét-tò /séttù:/ 名 (複 **～s** /-z/) C 《通例単数形で》《口》殴り合い，けんか；口論，激論

sét-tòp bòx 名 C セットトップボックス《デジタル放送や衛星放送を視聴可能にする装置・チューナー》

sét·ùp 名 C 《口》❶《通例単数形で》構成；機構，組織；(行動などの)計画，企画 ❷ 体格；姿勢，身のこなし；(特に)軍人らしい背筋を伸ばした姿勢 ❸ (特定の用途の)道具[装置]一式；《米》飲酒用品ひとそろい《グラス・氷・ソーダ水など》；《米》1人用のテーブルセッティング ‖ a recording ～ 録音装置一式 ❹《通例単数形で》《主に米》八百長試合；落とし穴；だましやすい人 ❺ カメラの撮影位置 ❻ (球技で) セットアップ《ほかの選手が得点しやすいように出すパスやプレー；そのボール》 ▸▸ **～ màn** 名 C 〘野球〙中継ぎ投手 (♦ 単に setup ともいう)

‡sev·en /sévən/
—形 《限定》7の，7つの，7人[個]の；《叙述》7歳で (⇨ FIVE 用例)
Sèven Hills (***of Róme***) 《the ～》ローマの七丘《古代ローマの中心》 ‖ The City of the *Seven Hills* 七丘の都《ローマの通称》
—名 (❶, ❷, ❸ ⇨ FIVE 用例) ❶ U C 《通例無冠詞で》7；C 7の数字 (7, VII, vii など)
❷ 《複数扱い》7つ，7人[個] ❸ U 7時[分]；7歳 ❹ C 7人[個]1組のもの；《～s》《単数扱い》〘ラグビー〙(1チーム) 7人制の試合 ❺ C 7番目のもの；(トランプの)7；7号サイズ(のもの)；《～s》7号サイズの靴
▸▸ **～ dèadly síns** 名 複 《the ～》七つの大罪《高慢・貪欲(どんよく)・色欲・怒り・大食・羨望(せんぼう)・怠惰の7つ》 **～ séas** 名 《ときに S- S-》《the ～》7つの海《南太平洋・北太平洋・南大西洋・北大西洋・インド洋・南極海・北極海》，世界中の海 **Sèven Sísters** 名 《the ～》セブンシスターズ《米国北東部の名門女子大学. バーナード・ブリン＝モア・マウント＝ホリヨーク・ラドクリフ・スミス・バッサー・ウェルズリーの7大学を指す. 現在ラドクリフはハーバードに統合され，バッサーは共学になっている》 **Sèven Wònders of the Wórld** 名 《the ～》世界の七不思議《古代の驚異的な7つの建造物. エジプトのピラミッド・バビロンの空中庭園・ハリカルナソスのマウソロス霊廟(れいびょう)・エフェソスのアルテミス神殿・ロードス島のコロッソス・オリンピアのゼウス像・アレクサンドリアのファロス灯台》 **Sèven Yèars' Wár** 名 《the ～》〘史〙七年戦争《オーストリア・ロシア・フランスなどとプロシア・英国との間の戦争(1756-63)》

séven·fòld 形 7つの部分[要素]からなる；7倍の；七重の
—副 7倍に；七重に

***sev·en·teen** /sèvəntíːn/ ⊲ (⇨ -TEEN) 形 《限定》17の；17人[個]の；《叙述》17歳で (⇨ FIVE 用例) —名 (❶, ❷, ❸ ⇨ FIVE 用例) ❶ Ⓤ Ⓒ 《通例無冠詞で》17；Ⓒ 17の数字《17, XVII, xvii など》 ❷ 《複数扱い》17人[個] ❸ Ⓤ (24時間制の)17時；17分；17歳 ❹ Ⓒ 17人[個]1組のもの

***sev·en·teenth** /sèvəntíːnθ/ 《略 17th》 形 ❶ 《通例 the ～》第17の, 17番目の ❷ 17分の1の
—名 ❶ 《通例 the ～》17番目の人[もの]；(月の)17日 ❷ Ⓒ 17分の1

sèventeen-yèar lócust 名 Ⓒ 〔虫〕17年ゼミ《地中で17年の幼虫期を過ごし, 周期的に大発生する北米産の周期ゼミ(periodical cicada)の1グループ》

***sev·enth** /sévənθ/ 《略 7th》 形 ❶ 《通例 the ～》第7の, 7番目の ❷ 7分の1の —名 ❶ 《通例 the ～》7番目の人[もの]；(月の)7日 ❷ Ⓒ 7分の1 ❸ 《the ～》〔楽〕7度(音程) ▸▸ **～ héaven** (↓)

Séventh-Dày 形 土曜日を安息日にする；《s-d-》7日目の；土曜日の ▸▸ **～ Ádventist** 名 Ⓒ 《the ～s》(キリスト教の) 安息日再臨派《キリストの再臨と土曜安息を主張する》；《単数形で》安息日再臨派の信徒

sèventh héaven 名 《the ～》第七天《ユダヤ人が神と天使のいる所と考えた最上天》；最高の幸福, 至福
in sèventh héaven 有頂天になって, 最高に幸せで

sèventh-ìnning strétch 名 《通例 the ～》〔野球〕セブンス＝イニング＝ストレッチ《通例7回表の終了後, 観客が立ち上がって一息入れること. 米大リーグでは「野球場へ連れてって」(*Take Me Out to the Ball Game*) を歌う慣習がある》

***sev·en·ti·eth** /sévənṭiəθ/ 《略 70th》 形 ❶ 《通例 the ～》第70の, 70番目の ❷ 70分の1の —名 ❶ 《通例 the ～》70番目の人[もの] ❷ Ⓒ 70分の1

***sev·en·ty** /sévənṭi/ 形 《限定》70の, 70人[個]の；《叙述》70歳で —名 (複 **-ties** /-z/) ❶ Ⓤ Ⓒ 《通例無冠詞で》70；Ⓒ 70の数字《70, LXX, lxx など》 ❷ 《複数扱い》70人[個] ❸ Ⓤ 70歳 ❹ Ⓒ 70人[個]1組のもの；《-ties》(数の) 70台《70-79》；《the -ties》(世紀の) 70年代 (♦ the 70s [OR '70s] とも表す)；《one's -ties》70歳代；(温度の) 70度台 ‖ in one's early [late] *seventies* 70代前半[後半]で / in the *seventies* 1970年代に

sèventy-éight, 78 ⊲ 名 Ⓒ 78回転レコード

sèven-úp 名 Ⓤ Ⓒ 〔トランプ〕セブンアップ《7点の得点を最初に挙げた者を勝ちとするゲーム》

sèven-yèar ítch 名 《the ～》《口》《戯》7年目の浮気《結婚7年目ごろに起こりやすいとされる浮気心》

***sev·er** /sévər/ 《発音注意》 動 他 ❶ …を〈…から〉切り離す(↘ cut off), 切断する〈**from**〉(⇨ SEPARATE 類語) ‖ Lifelines have been ～*ed* by the earthquake. 地震でライフラインが切断されてしまった / ～ a branch (*from* a tree) (木から) 枝を切り落とす / a ～*ed* arm 切断された腕 ❷ …を〈…から〉隔てる, 分離する〈**from**〉；…を〈…に〉分かつ〈**into**〉 ‖ The world was ～*ed into* two blocks. 世界は2つの陣営に分かれていた ❸ 〈…との〉〔関係など〕を断つ〈**with**〉 ‖ ～ diplomatic relations *with* … …との国交を断絶する —自 分離する, 切れる

‡sev·er·al /sévrəl/ 形 代
—形 《比較なし》《限定》❶ **いくつかの**, いくらかの, 数名[個] の (♦ (1) 3以上でふつう a few より多く many よりは少ない (⇨ SOME 類語). (2) 複数形の可算名詞だけにつく. この意味では冠詞や所有格とともに用いることはできない) ‖ There are ～ ways of solving the problem of malnutrition. 栄養失調の問題を解決する方法はいくつかある / 「*Several* women [×The several women] were in the room. 数人の女性が部屋の中にいた / I have met him ～ **times** before. 彼には以前数回会ったことがある
❷ 《通例 one's ～》いろいろな, さまざまな；別々の, 各々の, それぞれの ‖ ～ reasons offered by different men いろいろな人から出されたさまざまな理由 / They went their ～ ways. 彼らはそれぞれの道を行った / *Several men, ～ minds.* 《諺》十人十色 ❸ 〔法〕個人の, 個別の
—代 《複数扱い》**いくつか**, いくらか ‖ *Several* of the buildings were destroyed in the fire. いくつかの建物が火事で焼失した
～·ly 副 《堅》別々に, それぞれに, 各々

sev·er·ance /sévərəns/ 名 Ⓤ Ⓒ 切断；断絶, 絶縁；分離, 分割；(雇用の) 契約解除 ▸▸ **～ pày [pàyment]** 名 Ⓒ 退職金, 解雇手当 (♦ 諸手当も合わせて severance (pay) package [OR benefit] ともいう)

‡se·vere /sɪvíər/ 《発音注意》
—形 (▶ severity 名) (**-ver·er**；**-ver·est**)
❶ (人・規律などが)〈…に〉**厳しい**, 厳格な, 苛酷(ｶｺｸ)な, 容赦のない〈**with, on**〉；(表情などが) いかめしい, 怖い (⇨ 類語) ‖ He is ～ *with* his children. 彼は子供たちに厳しい / You are too ～ *on* the younger members. 君は後輩に厳しすぎる / ～ standards 厳しい基準 / the ～ sentence of the court 法廷の厳しい判決
❷ (天気・苦痛・損害などが) **ひどい**, **猛烈な**, 激しい, つらい；(病気などが) 重い, 深刻な, 重大な ‖ We had a ～ water shortage last summer. 去年の夏は深刻な水不足だった ❸ 困難な, 苦しい ‖ a ～ test 厳しい試練 / ～ laws 苛酷な法律 ❹ 極度に簡素な, ひどく地味な, 飾りのない, 素っ気ない (↔ fancy) ‖ a ～ suit 地味すぎる服

連語 ❶ ❷ ❸ 【～＋名】 a ～ winter 厳冬 / a ～ pain 激痛 / a ～ illness [OR disease] 重病 / a ～ depression 深刻な不景気 / a ～ blow 大きな痛手 / a ～ look 険しい表情 / a ～ criticism 酷評 / a ～ face [voice] いかめしい顔つき[声] / ～ loss 大損失 / a ～ problem 難問 / a ～ test 厳しい試練

類語 《❶》 **severe** 「厳しい」の意で最も広く用いられる語の1つ. 基準などを厳格に守り, 手心を加えない厳しさ. 〈例〉 a *severe* judge 厳しい裁判官
stern 頑として譲らず, 情け容赦もない (ときに近づき難いいかめしい様子を呈する) 厳しさ. 〈例〉 a *stern* father 厳格な父親
strict 規則を守り施行することに極めて厳格な. 〈例〉 a *strict* teacher 厳しい先生
harsh 過酷, 手荒さ, 非情を表す. 〈例〉 *harsh* words 辛辣(ｼﾝﾗﾂ)な言葉
austere 自己に厳しく禁欲的な. 自制・質素などを賞賛する意味にもなる. 〈例〉 The monks led an *austere* life in the mountains. 修道僧は山中で厳しい禁欲生活を送った
exacting 仕事などについて厳しさを必要とする. 〈例〉 *exacting* labor 骨の折れる労働

***se·vere·ly** /sɪvíərli/ 《アクセント注意》 副 ❶ 厳しく, 厳格に；ひどく, 激しく；容赦なく, びしびし(と) ‖ She was ～ punished. 彼女は厳罰に処せられた / Chances are ～ limited. チャンスは極めて限られている ❷ 極度に簡素[地味]に ‖ ～ dressed 地味すぎる身なりの

se·ver·i·ty /sɪvérəṭi/ 名 〔◁ severe 形〕 (複 **-ties** /-z/) ❶ Ⓤ 厳しさ, 厳格；辛辣さ；激しさ；深刻[重大]さ；つらさ；簡素, 地味 ❷ Ⓒ 《通例 -ties》ひどい仕打ち, つらい体験

Sev·ern /sévərn/ 名 《the ～》セバーン川《ウェールズ中部に源を発しブリストル海峡に注ぐ英国最長の川》

Se·ville /səvíl/ 名 セビリア《スペイン南西部の都市》 ▸▸ **～ órange** 名 Ⓒ 〔植〕ダイダイ(橙)

Sè·vres /sévrə/ 名 ❶ セーブル《フランスのパリ郊外の地名》 ❷ Ⓤ セーブル焼き《セーブル産の高級磁器》

sev·ru·ga /səvrúːgə/ 名 Ⓒ 〔魚〕ホシチョウザメ, セブリューガ《カスピ海産の小型のチョウザメ》；(＝～ **càviar**) Ⓤ セブリューガキャビア

***sew** /sou/ 《発音注意》 (♦ 同音語 so, sow) 動 (**sewed**

/-d/ ; **sewn** /soʊn/ OR **sewed** /-d/) ⑩ ❶ …を縫う, …を縫って作る[直す] ‖ ～ a dress ドレスを縫い上げる / ～ two pieces of cloth together 2枚の布切れを縫い合わせる ❷ …を〈…に〉縫いつける《*on, down*》〈**on, onto, to**〉;〔ほころび・傷口など〕を縫い合わせる《*up*》; …を〈…に〉縫い込む〈**in, into**〉‖ Will you ～ a new button *on*? 新しいボタンを(縫い)つけてくれませんか / ～ *down* a pocket ポケットを(下の布地に)縫いつける / ～ sleeves *to* a jacket 上着にそでを縫いつける / ～ *up* a tear [wound] ほころび[傷]を縫い合わせる

—⾃ 縫い物[針仕事]をする, ミシンをかける

*__*sèw úp* ...__ 〈他〉① …を縫い合わせる (→ ⑩❷) ②《口》〔市場など〕を確保する, 独占する ; …を確実に成功させる ; …に決着をつける (♦ しばしば受身形で用いる) ‖ He had the job ～*ed up*. 彼はその職を確保してもらった / The deal was ～*ed up*. 取り引きはまとまった

***sew·age** /súːɪdʒ/《発音注意》名 U 下水(汚物), 汚水 ‖ treat ～ 汚水を処理する

▶▶ ～ **fàrm** 名 C《英》(特に堆肥(たいひ)作りのための)下水処理場 ; 下水灌漑(かんがい)利用農場 ～ (**trèatment**) **plànt** 名 C《主に米》下水処理場[施設] ～ **wòrks** 名《単数・複数扱い》《英》下水処理場[施設]

sew·er[1] /sóʊər/ 名 C 裁縫師 ; 縫う機械, ミシン

sew·er[2] /súːər/ 名 C 下水道, 下水管, 下水溝

▶▶ ～ **gràte** 名 C《米》排水溝(《英》drain) ～ **ràt** 名 C〖動〗ドブネズミ(brown rat)

sew·er·age /súːərɪdʒ/ 名 U ❶ 下水処理, 下水の排出 ; 下水設備, 下水道 ❷ =sewage

***sew·ing** /sóʊɪŋ/ 名 ❶ U 裁縫(技術), 針仕事 ❷ C 縫い物 ▶▶ ～ **machìne** 名 C (裁縫用・製本用)ミシン

***sewn** /soʊn/ 動 sew の過去分詞の1つ

‡sex /seks/

—名 [▶ sexual 形, sexy 形] (複 ～**·es** /-ɪz/) ❶ C《集合的に》《形容詞を伴って》**男[女]性**, 性 (→ gender) ‖ the fair [OR gentle, second, softer, weaker] ～ 女性 / the sterner [OR stronger] ～ 男性 (♥ 上の2例は古風な表現で現在では使用を避ける) / **both** ～*es* 男女(両性) / the **opposite** ～ 異性 / the male [female] ～ 男[女]性

❷ U C (男女雌雄の) **性別**, **性** ; 性徴 ‖ Please fill in your name, age, and ～. お名前, 年齢, 性別を書き入れてください / regardless [OR without distinction] of age or ～ 年齢・性別に関係なく / identify the ～ of a fetus 胎児の性別を識別する

❸ U 性行動, (男女の)性関係, 性交, **セックス**, 性本能, 性欲 ‖ There is too much ～ on television. テレビにはセックスが登場しすぎる / teach ～ 性教育をする / have ～ with ... …と性交[セックス]する (♥ 婉曲的には make love to [OR with], sleep with などを用いる) / premarital ～ 婚前交渉 / first experience of ～ 性の初体験 / ～ outside marriage 婚外交渉 ❹ U 性器

—形《比較なし》《限定》性の(sexual), 性に関する, 性的な ‖ ～ urge 性的衝動 / ～ discrimination 性差別

—動 (～**·es** /-ɪz/ ; ～**ed** /-t/ ; ～**·ing**) ⑩ ❶〔ひななど〕の雌雄を鑑別する ❷《+目+**up**》《口》…の性欲をかき立てる ; …の性的魅力を増す

▶▶ ～ **àct** 名 C 性行為, 性交 ～ **appèal** 名 U 性的魅力, セックスアピール ; (一般に)魅力 ～ **bòmb** 名 C《口》性的魅力のある女 ～ **chànge** (↓) ～ **chròmo·some** 名 C〖生〗性染色体 ～ **crìme** 名 C《口》性犯罪 ～ **discriminátion** 名 U 性差別 ～ **drìve** 名 C《通例単数形で》性的欲求, 性欲 ～ **educàtion** 名 U 性教育(《口》sex ed) ～ **fàctor** 名 C〖遺伝〗性因子 ～ **hòrmone** 名 C〖生化〗性ホルモン ～ **índus·try** 名《the ～》《しばしば婉曲的に》(売春・ポルノなどの)性産業 ～ **kìtten** 名 C《口》性的魅力のある若い娘[女] ～ **lìfe** 名 C 性生活 ～ **mànìac** 名 C《口》色情狂 ～ **òbject** 名 C 性的対象(とされる人), 性的興味を引く人 ～ **offènder** 名 C (特に子供への)性犯罪者 ～ **ròle** 名 C 性的役割[分業] ～ **selèction** (↓) ～ **sỳmbol** 名 C セックスシンボル, 性的魅力が売り物の人[スターなど] ～ **thèrapist** 名 C 性治療医 ～ **thèrapy** 名 U (不能・不感症などの)性機能障害治療 ～ **tòurism** 名 U セックスツアー, 買春ツアー ～ **tỳping** 名 U 性別化《社会的・文化的に男女の役割や行動を類型化すること》 ～ **wòrker** 名 C《婉曲的に》売春婦(prostitute)

sex·a·ge·nar·i·an /sèksədʒənéəriən/ ◁ 形 名 C 60歳代の(人)

Sex·a·ges·i·ma /sèksədʒésɪmə/ 名〖カト〗六旬節(の主日) ;〖英国教〗四旬節(Lent)の前々日曜日

sex·a·ges·i·mal /sèksədʒésɪməl/ 形 60の, 60を単位とする, 60進法の ; 60分の —名 C 60分(ぶん)数

séx chànge 名 C《通例単数形で》(手術による)性転換

séx-chánge 形 性転換の ‖ a ～ operation 性転換手術 (♦ 現在は sex-reassignment surgery の方が広く使われる)

sexed /sekst/ 形 雌雄鑑別した ; 性別のある ;《しばしば複合語で》性的欲求[魅力]のある (→ oversexed) ‖ highly=*sexed* 性的欲求の強い

sex·ism /séksɪ̀zm/ 名 U 性差別, (特に)女性差別[蔑視(べっし)] ; 性差別を助長する固定観念[表現]

sex·ist /séksɪst/ 形 名 C 性差別をする(人), (特に)女性を差別する(人) ‖ ～ language 性差別語

sex·less /séksləs/ 形 ❶ 性的魅力のない ; 性的欲望[興味]のない ; 性交渉のない ❷ 無性の, 中性の

～**·ly** 副 ～**·ness** 名

sèx-línked ◁ 形〖遺伝〗伴性の

sex·ol·o·gy /seksɑ́(ː)lədʒi | -ɔ́l-/ 名 U 性科学, 性学

-gist 名 C 性科学者 **sèx·o·lóg·i·cal** 形

séx·pèrt 名 C《口》性問題専門家(♦ *sex*+*expert* より)

sex·ploi·ta·tion /sèksplɔɪtéɪʃən/ 名 U《口》性の搾取《映画・雑誌などで, 性を売り物にすること》

séx·pòt 名 C《口》性的魅力にあふれた人

séx selèction 名 U 男女産み分け **séx-selèctive** 形

séx-stàrved 形 性に飢えた

sex·tant /sékstənt/ 名 C 六分儀《船の位置測定用》; 円周の6分の1

sex·tet(te) /sekstét/ 名 C ❶〖楽〗六重奏[唱](曲) ; 六重奏[唱]団 ❷ 6人1組 ; 6個1組

sex·ton /sékstən/ 名 C 教会堂管理人《建物補修・鐘つき・墓掘りなどをする》

sex·tu·ple /sekstúːpl | sékstjʊ-/ 形 6重の, 6倍の ; 6個[部, 人]からなる ;〖楽〗6拍子の —名 C 6倍数[量]

—動 ⑩ …を6倍[重]にする —⾃ 6倍[重]になる

sex·tup·let /sekstʌ́plət | sékstjʊp-/ 名 C 6つ子の1人 ; 6つ1組 ;〖楽〗6連音符

***sex·u·al** /sékʃuəl/ 形〔◁ sex 名〕《比較なし》《限定》❶ 性の, 性に関する, 性的な ; 男女(両性)の ; 生殖(器)の ‖ ～ capacity 性的能力 / ～ behavior 性行動 / ～ instincts 性本能 / ～ perversion 性的倒錯 / ～ encounters 異性との出会い / ～ morality 性道徳 / ～ freedom 性の自由 ❷〖生〗有性の(↔ asexual)

▶▶ ～ **abúse** 名 U 性的虐待 ～ **assáult** 名 C U〖法〗強制猥褻(わいせつ), 性的暴行 ～ **dimórphism** 名 U〖生〗雌雄二型《雌と雄によって外形が大きく異なること》 ～ **harássment** 名 U 性的いやがらせ, セクハラ ～ **íntercourse** 名 U 性交, 交接 ～ **invérsion** 名 C U 性的倒錯 ～ **orientátion** 名 U 性的志向(sexual preference) ～ **pólitics** 名 U 性の政治学《男女間の力のバランスなどの関係》 ～ **relátions** 名《通例単数扱い》性的関係 ～ **reprodúction** 名 U〖生〗有性生殖 ～ **revolútion** 名 C 性革命《性に関して社会的・道徳的に確立した慣習や制度から自由になること》 ～ **seléction** 名 U〖生〗性淘汰《雌が好みの雄の特性を選ぶことで形質が進化したとする Darwin の説》

***sex·u·al·i·ty** /sèkʃuǽləṭi/ 名 U ❶ 性的関心[興味, 性

欲]；性衝動[行動] ❷ 性別，性的特質，有性

*sex·u·al·ly /-li/ 副 性的に；性別によって；性に影響されて
⏩ ～ transmitted disease 名 C U 〖医〗性行為感染症 (略 STD)

*sex·y /séksi/ 形 〔◁ sex 名〕 ❶ 性的欲望を引き起こす，セクシーな，色っぽい；性的欲望を感じる ‖ look ～ セクシーに見える / feel ～ セクシーな気分である ❷ (口)(もっぱら)性を扱う，エロチックな ‖ a ～ movie エロチックな映画 ❸ (口) 魅力的な，関心を引く，かっこいい ‖ a ～ brochure 人目を引くパンフレット **séx·i·ly** 副 **séx·i·ness** 名

*Sey·chelles /seɪʃélz/ 名 複 (the ～) セーシェル (インド洋西部の諸島からなる共和国. 公式名 the Republic of Seychelles. 首都 Victoria)

sf 略 〖楽〗sforzando；*s*cience *f*iction

SF, S.F. 略 *s*cience *f*iction；San Francisco

SFC 略 *S*ergeant *F*irst *C*lass

sfor·zan·do /sfɔːrtsáːndoʊ | -tsǽn-/ 〖楽〗 形 副 スフォルツァンドの[で]，急に強めた[て] (1つの音を特に強く奏する. 略 sf, sfz) ―名 (複 ～s /-z/ OR -di /-di/) C スフォルツァンドの音[和音，音符] (♦ イタリア語より)

sfu·ma·to /sfumáːtoʊ/ 名 U 〖画〗スフマート (輪郭線を煙のようにぼかす描法) (♦ イタリア語より)

SFX 略 special effects ((映画・テレビの)特殊効果)

sg. 略 〖理〗*s*pecific *g*ravity (比重)

SG 略 〖米海軍〗*s*enior *g*rade (上級)；*S*ecretary-*G*eneral ((国連の)事務総長)；*S*olicitor *G*eneral (米)(法務次官)；*S*urgeon *G*eneral (米)(医務総官)

sgd. 略 signed

SGML 略 💻 *S*tandard *G*eneralized *M*arkup *L*anguage (電子文書記述のための標準化マークアップ言語)

sgraf·fi·to /skræfíːtoʊ/ 名 (複 -ti /-tiː/) U スグラフィート (陶器などで塗ったものの一部をかき取って地の色を出す技法)；C その作品 (♦ イタリア語より)

Sgt. 略 〖軍〗Sergeant

Sgt.Maj. 略 Sergeant Major

:sh /ʃ/ 間 しーっ，静かに (♦ shh ともつづる) ‖ *Sh*, I'm trying to lull the baby to sleep. しーっ，赤ちゃんを寝かしつけようとしているところだから

sh. 略 〖株〗share；sheep；〖簿〗sheet；shilling(s)

Shaan·xi /ʃàːnʃíː/ 名 陝西(シェンシー)省 (中国北部の省. 省都 Xi'an (西安))

*shab·by /ʃǽbi/ 形 ❶ みすぼらしい，着[使い]古した，ぼろぼろの；ぼろを着た ‖ a ～ dress みすぼらしい服 ❷ むさ苦しい，汚らしい ‖ a ～ room むさ苦しい部屋 / a ～ garden 手入れされていない庭 ❸ けちくさい；貧弱な；卑劣な，不当な，恥ずべき ‖ He often uses ～ tricks. 彼はしばしば汚い手を使う / That's not too ～. (口) 悪くないね / a ～ performance お粗末な演技 / ～ treatment 不当な扱い **-bi·ly** 副 **-bi·ness** 名

shack /ʃæk/ 名 C 掘っ立て小屋，(丸太)小屋；(小屋みたいな)部屋
―動 自 (＋up) (口) (けなして) 住む；〈…と〉同棲(どうせい)する (*together*)〈with〉(♦ be shacked up の形でも用いる)

*shack·le /ʃǽkl/ 名 C ❶ (～s)手錠，足[手]かせ ❷ (通例 ～s) 束縛，拘束 ‖ the ～*s* of convention 因習の束縛 ❸ (南京(なんきん)錠のU字形の) 掛け金；(馬車などをつなぐ)連環 ―動 他 ❶ …を〈…で〉束縛[拘束]する〈with, by〉(♦ しばしば受身形で用いる) ❷ …に足[手]かせをかける；…を〈…に〉鎖で縛る〈to〉

shad /ʃæd/ 名 (複 ～ OR ～s /-z/) C 〖魚〗ニシンの類

shad·dock /ʃǽdək/ 名 C 〖植〗ザボン，ブンタン

:shade /ʃeɪd/
―名 〔▶ shady 形〕 (複 ～s /-z/) ❶ U **陰，日陰，物陰**；日陰の場所 (♦ the をつけることが多いが，「a＋形容詞」をつけることもある) (⇨ SHADOW 類語) ‖ The temperature is 30°C **in** the ～. 気温は日陰で30度だ / The trees give a pleasant ～. 木々が快い日陰を与えてくれる / sit **in** the ～ of a tree 木陰に座る

❷ U 〖美〗陰，陰影，暗部 ‖ light and ～ 明暗
❸ C 〈…の〉**色の明暗[濃淡]の度**，色合い〈of〉(⇨ COLOR 類語) ‖ a dark ～ *of* gray 濃い色合いの灰色 / the same color in a lighter ～ 同色でより明るいもの
❹ C (通例 ～s) 微妙な相違，わずかな差異 ‖ ～*s* of meaning 意味の微妙なニュアンス / people of all ～*s* of opinion いろいろな色合いの意見を持つ人々
❺ C (通例 a ～) ごくわずか，少量；(a ～ で副詞的に用いて) 少し ‖ a ～ of doubt かすかな疑惑 / It is a ～ colder today. 今日の方が少し寒い / a ～ over [under] ten pounds 10ポンド強[弱]
❻ C 日よけ，帽子のひさし，ランプのかさ，(米)ブラインド；(～s)(口)サングラス(sunglasses)
❼ C (～s)〈…を〉思い出させるもの〈of〉 ❽ C (文)幻，幻影；亡霊，霊魂；(the ～s)黄泉(よみ)の国 ❾ C (the ～s) (文)宵闇(よいやみ)，薄暗がり ‖ the ～*s* of evening 夕闇 ❿ C (しばしば ～s)(文)目立たぬ場所，引っ込んだ所

hàve it màde in the sháde (米口) 成功[幸福]が保証されている (⇨ MADE(成句))

pùt [OR ***thròw, càst***] ***... in*** [OR ***into***] ***the sháde*** …を見劣りさせる；…をしのぐ ‖ His ability in English *puts* mine *in the* ～. 彼の英語力の前では私も影が薄い

Shádes of ...! (口) …を思い出すね (→ 名 ❼) ‖ *Shades of* the sixties! 60年代を思い出すね

―動 (～s /-z/；**shad·ed** /-ɪd/；**shad·ing**)
―他 ❶ 〈光・熱などから〉…を保護する，覆う〈from, against〉；〔光・熱など〕を遮る ‖ ～ one's **eyes** (*from* the sun) with one's hand 手をかざして(日光から)目を守る / ～ a light bulb 電球にかさをつける
❷ …を陰[日陰]にする ‖ Trees ～*d* the lawn. 木々が芝生に陰をつくった
❸ 〔絵など〕に陰影をつける，明暗[濃淡]をつける；…を濃く[暗く]する (*in*) ❹ 〔色・光・意見・習慣など〕を少しずつ変える ❺ 〔値段など〕を少し下げる ❻ (英口) 〔試合〕に辛勝する
―自 ❶ 徐々に〈…に〉変化する (*off, away*)〈into, to〉‖ The puzzlement on her face ～*d into* fear. 彼女の当惑したような表情は次第に恐怖に変わっていった / ～ from blue *into* green 青から次第に緑に変わる
❷ (値段などが)少し下がる
⏩ ～ trèe 名 C (米)日よけ用の木 (プラタナスなど)

shad·ing /ʃéɪdɪŋ/ 名 ❶ U 陰にすること，遮光(しゃこう)；(絵画の)描影法，明暗 ❷ C (～s)(色・立場・意見・言葉の意味などの)わずかな相違[変化]

:shad·ow /ʃǽdoʊ/
―名 〔▶ shadowy 形〕 (複 ～s /-z/) C ❶ (人・物の)**影**，影法師 (⇨ 類語) ‖ Don't follow me like a ～. 影のように私につきまとうな / the ～ of a man on the curtain カーテンに映った男性の影
❷ U/C (～s)(日)**陰**(shade)，**物陰**，(薄)暗がり ‖ Only her face was **in** ～. 彼女の顔だけが陰になっていた / hide **in** the ～ of the trees 木陰に隠れる
❸ U C (絵・レントゲン写真などの) 陰，暗部 (↔ light)；(～s) (目の周囲の) くま；うっすらとひげが伸びた部分 (→ five o'clock shadow) ‖ There is a ～ on your lung. 肺に影があります / You have ～*s* under your eyes. 目の下にくまができてるよ / The ～ grew blacker round his jaw for lack of shaving. ひげをそっていないため彼のあごの辺りが濃くなっていた
❹ (～s)闇(やみ)，夕闇 ‖ evening ～*s* 夜のとばり
❺ 〈不幸などの〉暗い影，暗黒；〈…の〉不吉な予感，不安(感)；(しばしば ～s) 前兆〈of〉‖ The scandal **cast** a ～ over [OR on] his reputation. そのスキャンダルは彼の名声に暗い影を投げかけた / The ～ *of* the ace pitcher's retirement is hanging over the team. エースの引退がチームには響いている / the ～ *of* death 死の影 / ～*s of* future events 将来の事件の前触れ
❻ (鏡・水面などの)映像，映っているもの ‖ He stared at his own ～ in the water. 彼は水に映った自分の姿をじ

っと見た ❼《a ～》《通例否定文・疑問文で》〈…の〉わずか(な兆候)〈of〉‖ There is not a ～ *of* hope. いささかの希望もない ❽ 名残, 痕跡(こんせき) ; 形骸(けいがい) ‖ The Roman Empire was now a ～ of its past. ローマ帝国は今や過去の残骸(ざんがい)であった ❾ 幻, 幻影(のようなもの) ; 形骸 ; 亡霊, 幽霊 ‖ the ～ of freedom 名目だけの自由 / grasp at the ～ and lose the substance 幻[夢]をつかもうとして実利を失う ❿ そばを離れない人[動物] ; 尾行者, 探偵 ; 人につきっきりで仕事を覚える人 ‖ The dog was her ～. その犬は彼女の行く所どこでもついて行った / Put a ～ on him. 彼に尾行をつけろ ⓫ Ⓤ Ⓒ アイシャドー(eye shadow) ⓬《英》影の内閣(の閣僚)

a shàdow of one's fòrmer [OR ***òld***] ***sélf*** ; ***a shàdow of onesélf*** かつての生気[活気]を失った人[もの], 抜け殻 ‖ She was just *a* ～ *of* her *former self*. 彼女は見る影もなく変わり果てていた

be afràid [OR ***frìghtened, scàred, nèrvous***] ***of one's òwn shádow*** 自分の影におびえている, とてもおく病だ

****beyond*** [OR ***without***] ***a shadow of a doubt*** ⇨ DOUBT(成句)

in the shádow of ... ① …の影に隠れて(あまり注目されずに) ‖ She is always *in the* ～ *of* her brilliant sister. 彼女はいつも聡明(そうめい)な姉の影に隠れて目立たない ② …のすぐ近くに, …に接して ③ …の影響[支配]を受けて

under the shádow of ... ① =*in the shadow of ...*(↑) ② …の危険にさらされて

── 形《比較なし》《限定》影(の内閣)の ‖ the ～ foreign secretary 影の内閣の外務大臣 / the ～ Cabinet 影の内閣, シャドーキャビネット《政権獲得時に備えて野党が作る内閣に相当する組織》

── 動 (～s /-z/ ; ～ed /-d/ ; ～·ing)

── 他 ❶ …につきまとう ; …を尾行する ‖ It is dreadful to be ～*ed* by a stalker. ストーカーにつけねらわれるのは恐ろしい ❷ 〔経験者など〕と行動を共にして仕事を習う ❸ …に影を作る ; …を(日)陰にする ; …を暗く[陰うつに]する(♦しばしば受身形で用いる) ❹ …をぼんやりと[かすかに]示す, …の輪郭[前兆]を示す《*forth*》 ❺《英》(野党が)〔影の内閣〕を務める

── 自 ❶ ゆっくりと[徐々に]変化する ❷ (顔が)曇る

類語《名 ❶》**shadow** 光を遮ったものの形がはっきりわかる影法師. 壁・水面などに映る人や物の影[投影].
shade 木陰のように光を遮られたぼんやりとした陰[陰影]. ただし shadow を shade の意で使うこともある.

▸▸ ～ **ecónomy** 名 Ⓒ 闇市場《違法行為》 ～ **plày** 名 Ⓒ 影絵芝居

shádow·bòx 動 自 シャドーボクシングをする
-bòxing 名 Ⓤ シャドーボクシング

shad·ow·graph /ʃǽdougræ̀f | -grɑ̀:f/ 名 Ⓒ ❶ 影絵(芝居) ❷ レントゲン写真 ; シルエット写真

***shad·ow·y** /ʃǽdoui/ 形 〔◁ shadow 名〕 ❶ 陰になった, (薄)暗い, 影の多い ❷ 影のような, ぼんやりした ; 実体のない, 空虚な ‖ a ～ figure ぼんやりした人影
-ow·i·ness 名

***shad·y** /ʃéɪdi/ 形 〔◁ shade 名〕 ❶ 日陰の, 陰になった, 陰の多い(↔ sunny)(♥好ましい場所であることを暗示) ; 陰を作る, 日を遮る ‖ ～ woods 日の差し込まない暗い森 / under a ～ tree 木陰で ❷《通例限定》《口》疑わしい, いかがわしい ‖ a ～ deal [business] いかがわしい取り引き[商売] / a ～ character あやしい人物

on the shàdy síde of ... (年齢が)…歳の坂を越えて(on the wrong side of)
-i·ly 副 **-i·ness** 名

***shaft** /ʃæft | ʃɑ:ft/ 名 Ⓒ ❶ (工具・ゴルフクラブなどの)柄, 取っ手, シャフト ; (弓矢・やりなどの)柄 ❷ (機械・車の)軸, 回転[駆動]軸, シャフト, 心棒, (荷車などの)梶棒(かじぼう) ; (鳥の)羽軸 ; (草木の)茎, 柄, 幹 ; 《通例 ～s》(馬車の)長柄《馬をつなぐ棒》 ❸ 〔建〕柱身(→ column) ; 《米》記念柱 ❹ (鉱山の)縦坑 ; 換気坑 ; (エレベーターの)シャフト《垂直空間》 ❺ 〈光の〉筋, 光線 ; 〈考え・感情の〉ひらめき, 光明〈of〉‖ a ～ *of* light 一条の光 / a sudden ～ *of* inspiration 突然の霊感のひらめき ❻ 矢, やり ; 矢のように刺す言葉 ‖ ～*s* of sarcasm 痛烈な皮肉 ❼ 〔解〕骨幹《長い骨の中間部分》 ❽ ⊗《卑》ペニス

gèt the sháft 《主に米口》〔人〕にだまされる, 不当な[ひどい]扱いを受ける

give a pèrson the sháft 《主に米口》〔人〕をだます, 不当に扱う

── 動 他 ❶ 《口》(特に金銭面で)〔人〕をだます(♦しばしば受身形で用いる) ❷ ⊗《卑》〔女性〕とセックスする

shag[1] /ʃæg/ 名 Ⓤ ❶ 荒いけば立った織物, 長い毛足の布地 ❷ もつれ毛, むく毛 ; もつれたもの ❸ (粗悪で強い)刻みたばこ ❹ Ⓒ 〔鳥〕ウ(鵜)(cormorant), (特に)ヨーロッパヒメウ
── 動 他 …をぼうぼう生やす

shag[2] /ʃæg/ 動 (**shagged** /-d/ ; **shag·ging**) 他 ❶ 〔野球〕(守備練習で)〔打球〕を捕球する ❷ ⊗《英俗》《卑》…とセックスする ── 名 Ⓒ 《通例単数形で》⊗《英俗》《卑》性交

shág·bàrk 名 Ⓒ 〔植〕オバタヒッコリー(の実)《クルミ科. 樹皮がけば立ったように見えるヒッコリーの一種. 北米産》; Ⓤ その材木

shagged /ʃægd/ 形 《叙述》《英口》疲れ果てて《*out*》

shag·gy /ʃǽgi/ 形 ❶ 毛深い, 毛むくじゃらの ; (髪の毛が)もじゃもじゃの, もつれ毛の ; (外見が)むさくるしい ; (土地が)雑草・小木の生い茂った ❷ (布地が)毛足の長い, けば立った **-gi·ly** 副 **-gi·ness** 名

shàggy-dóg stòry 名 Ⓒ むく犬ジョーク《話し手だけが面白がる冗長な話》(♦むく犬が主役を演じる冗談話から)

sha·green /ʃəgríːn/ 名 Ⓤ シャグリーン皮《表面に粒状突起のある皮》; サメ皮《研磨用》

shah, Shah /ʃɑ:/ 名 Ⓒ シャー《元のイラン国王(の尊称)》(♦ペルシャ語より)

shah·toosh /ʃɑ:tú:ʃ/ 名 Ⓤ シャトゥーシュ《チベットアンテロープの毛から作った高級織物. 現在は一切の売買・取り引きが禁止》; Ⓒ Ⓤ その製品

***shake /ʃeɪk/ 動 名

── 動 (～s /-s/ ; **shook** /ʃuk/ ; **shak·en** /ʃéɪkən/ ; **shak·ing**)

── 他 ❶ **a** 《+目》…を**振る**, 振り動かす, 揺さぶる, 震動させる(⇨ SWING **類語P**) ‖ The earthquake *shook* the tall building. 地震で高い建物が揺れ動いた / The wet dog *shook* himself. びしょぬれの犬がぶるぶると体を振るわせた / He *shook* the boy by the shoulder. 彼は少年の肩を(つかんで)揺すった(♥子供をしかるときの動作) / He *shook* his fist「in her face [at her]. 彼は彼女の目の前で[彼女に向かって]こぶしを振った(♥脅し・抗議などの動作) / ～ one's **head** 首を横に振る(♥否定・不信・失望などの動作) / *Shake* the bottle well to mix the salad dressing. 瓶を振ってサラダドレッシングをよく混ぜなさい / To be *shaken* before using.=*Shake* well before use. よく振ってから服用[使用]のこと(♦薬瓶などの注意書き)

b 《+目+補〈形〉》…を振って[揺すって]…の状態にする ‖ She *shook* her son awake. 彼女は息子を揺り起こした / She *shook* herself free of his grasp. 彼女は彼の抱擁から体を振りほどいた / ～ one's hair loose 髪を振りほどく[乱す]

❷ 〔相手(の手)〕を握る ; 〔互いの手〕を握り合う ‖ ～ his **hand**=～ him by the hand 彼と握手する / ～ **hands** (with one's guests) (客と)握手する / ～ **hands** on a deal 取り引きのことで合意して握手する

❸ …を〈…から〉**振り落とす**, 振り離す《*off*》〈**off, out of, from**〉; …を〈…に〉振りかける〈**on, over**〉‖ The earthquake *shook* the picture *off* the wall. 地震で絵が壁から落ちた / He *shook* the snow *from* his umbrella. 彼は傘の雪を振り落とした / I *shook* the sand *out of* my shoes. 靴を振って砂を出した / ～ salt *on*

[OR *over*] the meat 肉に塩を振りかける
❹ (物・事が)〔人など〕を**動揺させる**；〔人〕をぎょっとさせる，…に度を失わせる《**up**》；〔自信・信念など〕をぐらつかせる ‖ Mark was *shaken* (*up*) by the bad news. マークはその悪い知らせに気が動転した / The stock market crash ～*s* the economy. 株式市場の暴落が経済に動揺を与える / The terrorist attack in New York *shook* the world. ニューヨークのテロ攻撃が世界を震撼させた / ～ her confidence [OR belief] in him 彼女の彼への信頼をぐらつかせる / ～ the credit of a bank 銀行の信用を揺るがす
❺《口》〔追っ手など〕から逃れる，…をまく，追い払う；〔悪習など〕を断ち切る，捨て去る《***off***》‖ He *shook* (*off*) his pursuers. 彼は追っ手をまいた / ～ bad habits 悪い癖を直す / I can't ～ *off* my cold. 風邪がなかなか抜けない ❻〖楽〗〔声・楽音〕を震わせる ❼〔容器の中身[材料]〕を振って混ぜ合わせる，シェークする ❽〔さいころ〕を振る
—自 ❶ **揺れる**，揺れ動く，震動する ‖ The trees are *shaking* in the wind. 木々が風に揺れている
❷ (体・声が)〈恐怖・怒り・寒さなどで〉**震える**，(自然に)震えてくる〈**with**〉(⇨ 類語P) ‖ Looking under my car, I saw a little kitten *shaking*. 車の下を見ると，子猫が震えているのが見えた / They *shook with* jeering laughter. 彼らは体を揺すってげらげらとあざ笑った
❸ (気持ちなどが)**動揺する**，ぐらつく ‖ Her courage began to ～ when she heard the news. その知らせを聞いて彼女の勇気はうせてきた
❹ 握手する；〈取り引きなどに〉(握手で)同意を示す，〈…で〉手を握る〈**on**〉‖ We *shook on* the bargain. 我々は取り引きが成立して握手した / Let's ～ and be friends again. 握手して仲直りしよう
❺〖楽〗(声・楽音が)震える，震え声で歌う
shàke dówn 〈自〉① (状況などが)落ち着く，固まる；(人が)(新しい環境[仕事，仲間]に)なじむ ‖ They quickly *shook down* in their new surroundings. 彼らはすぐ新しい環境に慣れた ② (機械などが)順調になる；(集団などが)〈…に〉うまく整理[刷新]される〈**into**〉③《英》《旧》〈床・いすなどを〉仮の寝床にして眠る，〈…に〉仮眠する〈**in, on, etc.**〉—〈他〉(***shàke dówn ...*** / ***shàke ... dówn***) ①《米口》〔人〕から〈金などを〉巻き上げる〈**for**〉②《米口》(不法所持品の有無などを確かめるため)〔人の体・場所〕を徹底的に調べる ③〔飛行機・船・機械類〕を試し運転する
shàke it (***úp***)《米口》急ぐ，てきぱきやる
*****shàke óff ...*** / ***shàke ... óff*** 〈他〉① …を振り落とす，振り離す(→ 他 ❸) ②〔追っ手など〕から逃れる；〔悪習・病気など〕を断ち切る(→ 他 ❺)
shàke óut 〈他〉(***shàke óut ...*** / ***shàke ... óut***) ①〔中味など〕を振って出す；〔布など〕を振ってほこりなどを払う；〔容器など〕を振って空(から)にする；〔不要[不採算]の部分など〕を取り除く ②〔帆・旗など〕を振って広げる[しわをのばす] —〈自〉《米》(物事の)成り行きがはっきりする
shàke A òut of B 〈他〉① *B* (容器など)を振って中から *A* を出す ② *A* (人)の *B* (気分など)を変えさせる，*A* (人)を *B* (旧習・誤った考えなど)から覚まさせる
*****shàke úp ...*** / ***shàke ... úp*** 〈他〉① …をよく振る[振って混ぜる] ②《口》〔組織・人事〕を刷新する ‖ ～ *up* one's team チームを再編成する / ～ *up* a company 会社の組織替えを行う ③〔人など〕を動揺させる，ぎょっとさせる(→ 他 ❹) ④《口》〔人〕を奮い立たせる，元気[勇気]づける ‖ *Shake* yourself *up*. 元気を出せよ ⑤〔枕(まくら)など〕を振って形を直す
—名〔▶ shaky 形〕(複 **～s** /-s/) Ⓒ ❶《通例 a ～》振ること，**一振り**；握手 (handshake) ‖ He denied the charge with a ～ of his head. 彼はかぶりを振って容疑を否定した / Give the bottle a good ～. 瓶をよく振りなさい / exchange a ～ with him 彼と握手を交わす
❷ 振動，揺れ；動揺；《口》地震
❸ 震え；《the ～s》《単数扱い》《口》(病気・恐怖などによる)悪寒，ひどい震え；怖さ，不安 ‖ give oneself a ～ 身震いする / have [get] the ～*s* 悪寒がする / His bad driving gave me the ～*s*. 彼の下手な運転にはらはらした
❹ ミルクシェーク(milk shake)《牛乳・果物などで作る飲み物》❺《口》瞬間，ちょっとの間 ❻《a ～》《口》扱い，仕打ち；(よい)機会 ‖ get [give] a fair ～ 公平な扱いを受ける[する] ❼〖楽〗トリル(trill) ❽ (岩・木材などの)裂け目，ひび割れ ❾ 屋根板
be nò grèat shákes 《口》(人・物が)〈…としては〉あまりよく[重要で]ない〈**as**〉‖ She *was no great* ～*s as* a cook. 彼女は料理の腕は大したことがなかった
*****in twò shákes*** (***of a làmb's táil***)；***in a còuple of shákes*** 《口》すぐに

		震え方	震えの原因					
			恐怖	怒り	笑い	興奮	嫌悪	寒さ
震える	**shake**	上下左右に	○	○	○	○		○
	tremble	小刻みに	○	○		○		○
	shudder	一瞬	○				○	○
	shiver	かすかに	○			○		○
	quiver		○	○		○		
	quake	激しく	○					○

♦ 震えの原因を表すにはいずれも with を伴うのがふつう.〈例〉He was *shaking with* fear.(彼は恐怖で震えていた)

sháke·dòwn 名 Ⓒ ❶《主に米口》ゆすり，たかり ‖ a ～ ring ゆすりの一味 ❷《主に米口》徹底的な捜索 ❸ 試運転，性能試験；調整(期間)，整備；《形容詞的に》試運転の ‖ a ～ flight テスト飛行 ❹ 間に合わせの寝床

****shak·en*** /ʃéɪkən/ 動 shake の過去分詞

sháke·òut 名 Ⓒ《口》❶ 景気の後退；(物価などの) 急

PLANET BOARD 66

一人称主語の単純未来に shall を使うか.

問題設定 一人称主語の単純未来にはふつう will が使われ，《英堅》では shall も使われるとされる. 米英それぞれの使用率を調査した.

Q 次の表現のどちらを使いますか.
(a) I **shall** be seventeen next month.
(b) I **will** be seventeen next month.
(c) 両方
(d) どちらも使わない

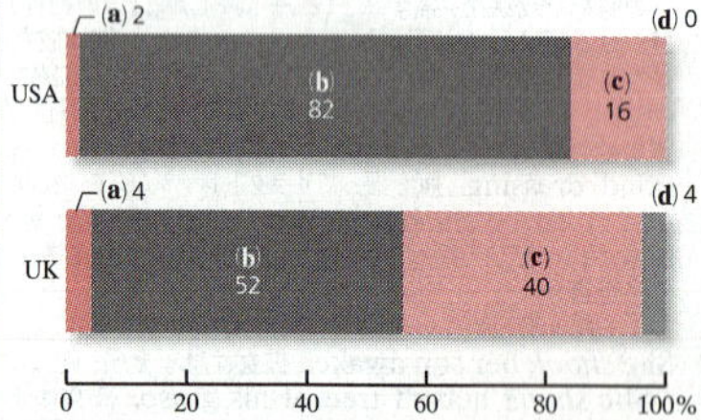

《米》では (b) の will のみを使うという人が約8割で圧倒的に多かった.《英》でも (b) のみを使うという人が約半数で最も多いが，両方使うという人も4割いた.

大多数の人が「(a) はきわめて《堅》あるいは《旧》」と答えており，この点では米英差はあまりない. また,「ふつう短縮形の I'll を使う」というコメントも多く，どちらも使わないと答えた2人はいずれも「I'll を使う」と述べた.

学習者への指針 will, shall のどちらも間違いではないが，日常的には一人称主語の単純未来には will を，特に《口》では短縮形の I'll, we'll を使うとよいだろう.

落，不況；(企業などの)淘汰(とうた) ❷ =shake-up

shak·er /ʃéɪkər/ 名 C ❶ 振る人[もの]；振る道具，攪拌(かくはん)器；(塩・こしょうなどの)振りかけ容器；(カクテル用の)シェーカー ❷ 《S-》シェーカー教徒《米国のキリスト教の一派．儀式中に体を振って踊る》

Shake·speare /ʃéɪkspɪər/ 名 **William ~** シェークスピア(1564–1616)《英国の劇作家・詩人》

Shake·spear·e·an, -i·an /ʃeɪkspíəriən/ 形 シェークスピア(風)の —名 C シェークスピア学者[研究者]

sháke-ùp 名 C 《口》〈人員・機構などの〉大移動，大整理，大改造，大幅な刷新〈**in, of**〉

*__shak·y__ /ʃéɪki/ 形 〔◁ shake 名〕 ❶ (声・体などが)震える，揺れる，よろよろする；病身の ‖ a ~ hand [laugh] 震えている手[笑い声] / The old man looked ~ on his feet. 老人は足下がふらついているように見えた / feel ~ 気分がすぐれない ❷ 不確実[不完全]な，(基盤などが)あやふやな；当てにならない，信頼できない ‖ His position is rather ~. 彼の地位は不安定だ / My memory is pretty ~. 僕の記憶はかなりあやしい / a ~ promise 当てにならない約束 / on ~ ground 理由[根拠]があやふやで ❸ (家具などが)不安定な，ぐらぐらする ‖ a ~ old chair がたがたの古いす **-i·ly** 副 **-i·ness** 名

shale /ʃeɪl/ 名 U 〘地〙頁岩(けつがん)，泥板(でいばん)岩

▸▸ **~ òil** 名 U 頁岩油，シェールオイル

***__shall__ /弱 ʃəl,(子音で始まる語の前で)ʃə；強 ʃæl/

中心義 必然性や(強い)意志を持って

—助 (**should** /弱 ʃəd；強 ʃʊd/) (♦ 一般に原形動詞が次にくる場合は弱形をとる；否定形 **shall not**，《主に英》《まれ》**shan't** /ʃænt | ʃɑːnt/；短縮形《主に英》**'ll**) ❶ 《英》《単純未来・予測》(♦ I, we のみを主語とする．ほかの主語では will を用いる．⇨ 語法) **a** 《I [We] shall ...》…**でしょう**，…だろう (⇨ PB 66) ‖ I ~ be seventeen next month. 来月17歳になります / I ~ not be free this weekend. この週末は暇がないだろう / We ~ hope to see you soon. 《堅》近いうちにお目にかかれますように

b 《Shall I [We] ...?》…**でしょうか** ‖ *Shall* we get there in time? 時間内にそこに着けるでしょうか / When ~ I know the result? 結果はいつわかるのでしょうか

c 《I [We] shall have *done*》《未来完了》…してしまっているだろう ‖ I ~ have finished my work by tomorrow. 明日までには仕事を終えているだろう

d 《I [We] shall be *doing*》《未来進行形》…しているだろう ‖ I ~ be working in my office this afternoon. 今日の午後は会社で仕事をしているだろう

> 語法 ☆☆ 一人称で shall，二人称・三人称で will というのが単純未来での shall と will の伝統的な使い分けだが，これは現代ではあまり見られなくなった．《英堅》では今でも一人称で shall を用いるが，《英口》では I [We] will ... ということが多い．《米》ではこの意味では すべての人称で通例 will を用いる．また口語では，しばしば短縮されて 'll となる(⇨ WILL[1])．

❷ 《意志未来》 **a** 《I [We] shall ...》《決意・予定を表して》**必ず[きっと]…する** ‖ I ~ never forget your kindness. ご親切は決して忘れません / I *shan't* go till you pay me back. 金を返してくれるまでは絶対出て行かないぞ(♦ shan't を用いるのは《主に英》)

> 語法 ☆☆ (1) 決意の場合は shall に強勢を置く．
> (2) この shall は意志未来の will よりも意味が強い．
> (3) 《米》ではこの意味も通例 will で表す(⇨ WILL[1])．

b 《You [He, They, etc.] shall ...》《主語に対する話者の意志・約束・脅迫などを表して》…して[させて]やろう；(必ず)…させよう (♦ この用法は現在ではまれ) ‖ You ~ have a watch on your birthday. 誕生日には時計をあげよう (=I will give you a watch on your birthday.) / Stir an inch and you ~ die. 1歩でも動いたら殺すぞ(♦「強制・脅迫」の場合は shall に強勢を置く) / No one ~ stop me. だれも私を止められない

❸ 《相手の意志を尋ねる》 **a** 《Shall I [We] ...?》…**しましょうか** ‖ "*Shall* I open the window?" "Yes, please (do)." 「窓を開けましょうか」「ええ，お願いします」/ "*Shall* we go to a movie this evening?" "[Yes, let's. [No, let's not.]" 「今晩映画に行こうか」「うん，そうしよう[いや，よそう]」(♥ Let's ... に近い意味で提案を表す) / How ~ I cook the fish? 魚はどう料理しましょうか / What ~ we do? どうしましょうか (♥ 疑問詞とともに用いられると困惑を表すこともある．《米》では should で代用することもある) / Let's go out tonight, ~ we? 今晩外出しましょうか(♦ 付加疑問の shall we? は《米》ではまれ)

> 語法 ☆☆ shall の用法の中で最も一般的なのは ❸ **a** で，《米》《英》共にふつうに用いられる．ただし，特に《米》では Shall I ...? の代わりに「Do you want [Would you like] me to ...? ということもある．

b 《Shall he [she, they, etc.] ...?》《まれ》…に…させましょうか ‖ "*Shall* she come at once?" "Yes, have her come at once." 「彼女をすぐに来させましょうか」「ええ，そうさせなさい」(♦ ふつうは「Do you want [OR Would you like] her to come at once? または Shall I have her come at once? という)

❹ 《予言・必然》《You [He, They, etc.] shall ...》(必ず)…することになるだろう ‖ *Ask, and it ~ be given you.* 求めよ，さらば与えられん(♦ 聖書の言葉)

❺ 《命令・規制》…すべし ‖ You ~ do as I say. 私の言うとおりにするんだ ❻ 《法律・規則などの条文で》…とする，…すべし ‖ The fine ~ not exceed 100 dollars. 罰金は100ドルを超えないものとする

COMMUNICATIVE EXPRESSIONS

[1] **Shàll wè?** さあ，行きましょうか；やりましょうか (♥ Shall we の後に具体的な提案を述べることもできるが，単独で用いるときは多くの場合，「じゃあ行こうか」という意味)

shal·lot /ʃəlɑ́(ː)t | -lɔ́t/ 名 C 〘植〙エシャロット《ワケギに似た野菜．鱗茎(りんけい)を食べる》(♦ フランス語 échalote より)

*__shal·low__ /ʃǽloʊ/

—形 (**~·er**；**~·est**)

❶ **浅い** (↔ deep) ‖ The water is ~ at this end of the swimming pool. プールのこちら端は浅い / a ~ bowl 底の浅いボウル / a ~ bath [roof] 湯を少なめにはったふろ[傾斜が小さく高さのない屋根] / ~-fried fish 揚げ焼きした魚

❷ (人・考えなどが)**浅薄な**；表面的な，うわべだけの ‖ a ~, selfish person 浅はかで自己中心的な人間 / a ~ movie 浅薄な映画 / a ~ analysis [friendship] 表面的な分析[友情] ❸ (呼吸が)浅い

—名 C 《the ~s》浅瀬

—動 自 浅くなる

~·ly 副 **~·ness** 名

sha·lom /ʃɑːlóʊm | ʃælɔ́m/ 間 シャローム《ユダヤ人の伝統的なあいさつ(の言葉)．ヘブライ語で "peace" の意》

shalt /弱 ʃəlt；強 ʃælt/ 助 《古》shall の直説法二人称単数現在形 (♦ 主語が thou のときに用いる) ‖ Thou ~ not kill. 汝(なんじ)殺すなかれ

shal·war /ʃʌlwɑ́ːr, -vɑːr/ 名 C =salwar

*__sham__ /ʃæm/ 名 (複 **~s** /-z/) C ❶ 《通例単数形で》にせ物，模造品；U 見せかけ，ごまかし ‖ The diamond turned out to be a ~. そのダイヤモンドはにせ物とわかった / That company resorts to so much ~ and pretense. あの会社は余りにも見掛けだけのごまかしをやる ❷ 《通例単数形で》ほら吹き，ぺてん師 ❸ U うそ，ほら ❹ 《米》(へり飾りのついた)枕(まくら)カバー(pillow sham)

—形 《限定》まがい物の，見せかけの，にせの (⇨ FALSE 類語P) ‖ ~ jewelry 模造宝石 / a ~ doctor にせ医者 / a ~ marriage 偽装結婚

—動 (**sham·med** /-d/；**sham·ming**) 他 …のふりをする，…を装う ‖ ~ sleep たぬき寝入りをする / ~ indifference 無関心を装う —自 見せかける；(…の)ふりをする(♦ しばしば形容詞補語を伴う) ‖ ~ dead 死んだふりをする

S

~·mer 名

sha·man /ʃá:mən | ʃǽm-/ 名 C シャーマン, 交霊者, 呪術(じゅじゅつ)僧, まじない師

sha·man·ism /ʃá:mənìzm | ʃǽm-/ 名 U シャーマニズム《諸現象を精霊の働きに帰する原始宗教で, shaman を通じ神霊・祖霊と交霊する》 **shà·man·ís·tic** 形

sham·a·teur /ʃǽmətər, -tʃʊər, -tʃər/ 名 C ⊗《蔑》えせアマチュア《アマチュアなのにスポーツで金を稼ぐ人》

sham·ble /ʃǽmbl/ 動 自 よたよた歩く[走る], 足を引きずって歩く《*along, in, over*》 ―名 C よたよた歩き

sham·bles /ʃǽmblz/ 名 U/C 《a ～》 ❶《口》大混乱(の場), 散乱状態, めちゃめちゃ ‖ The rooms were a ～. 部屋の中はめちゃめちゃだった ❷ 流血の場面, 修羅場(しゅらば) ❸《古》畜殺場; 肉市場

sham·bol·ic /ʃæmbá(:)lɪk | -bɔ́l-/ 形《主に英口》散らかった, 乱れた, めちゃくちゃの, てんやわんやの

S

****shame** /ʃeɪm/

―名 (複 **~s** /-z/) ❶ U 〈…に対する〉**恥ずかしさ**, 恥ずかしい思い; 羞恥(しゅうち)心〈at〉(♦ 当惑したりまごついたりする恥ずかしさは embarrassment) ‖ She felt both ～ and guilt for her behavior. 彼女は自分の振る舞いに恥ずかしさと罪悪感とを覚えた / I cannot repeat his joke for [OR from, out of] ～. 彼の言った冗談を繰り返すことなど恥ずかしくてできない / He has no ～. 彼は恥知らずだ / hang [OR bow] one's head in ～ 恥じてうなだれる / blush with [OR for] ～ 恥ずかしくて顔を赤らめる

❷ U **恥**, 恥辱, 不面目(↔ honor)(⇨ DISGRACE 類語) ‖ Her dishonesty has brought ～ on [OR to] her family. 彼女の不誠実な行為は家族の顔に泥を塗った / There's no ～ in being poor at English. 英語が苦手なのは不名誉なことではない

❸ C 《a ～》残念[気の毒, 遺憾]なこと, 不運なこと(♦ ❷と区別) ‖ It's a ～ (that) we lost the game. 試合に負けたのは残念だ / It would be a ～ to miss that movie. あの映画を見逃したら後悔するだろう / "I was locked out of my car." "Oh, what a ～!" 「キーをつけたまま車のドアをロックしてしまったんだ」「おや, それは困ったね」(→ CE 4)

❹ C 《a ～》恥ずべきこと[もの, 人], 面(つら)汚し ‖ He is a ～ to [OR of] our group. 彼は仲間の恥さらしだ

**pùt ... to sháme* …をしのぐ, 劣ったものに見せる; [人]に恥をかかせる ‖ The lightness of her soufflés *puts* mine *to* ～. 彼女の作るスフレの口当たりの軽さは私には出せないわ

COMMUNICATIVE EXPRESSIONS

1 **Sháme (on you)!** 恥を知れ; 恥知らず; いけないんだあ; みっともない(=For shame!)

2 **Thàt's a crỳing sháme(, it rèally ís).** それは何とも残念だね(本当に)(♥ 同情を表すくだけた表現. ✐How terrible!/✐I'm extremely sorry to hear that.)

3 **The sháme of it (àll)!** 何て恥ずかしいこと (♥ ふざけて用いる)

4 **Whát a sháme!** 実に残念だ; それはお気の毒ですね(♥ 自分にとって残念なことに対する落胆・怒り, あるいは相手にとって残念なことに対する同情)

―動 (**~s** /-z/; **~d** /-d/; **sham·ing**)

―他 ❶ [人]を恥じ入らせる, 気恥ずかしい思いをさせる(↔ honor) ‖ The parents were ～*d* by their son's bad behavior. 両親は息子の不品行に恥じ入っていた

❷ (+目+**into** [**out of**] 名) [人]を恥じ入らせて…させる[…をやめさせる] ‖ I ～*d* him *into* admitting his fault. 彼を恥じ入らせ非を認めさせた / She was ～*d out of* her lazy life. 彼女は恥じて怠惰な生活をやめた

❸ …に恥辱[不名誉]を与える, …の面目をつぶす ‖ The election scandal ～*s* the whole country. その選挙スキャンダルは国辱ものだ ❹ …をしのぐ, 見劣りさせる ‖ Their house is large enough to ～ the governor's mansion. 知事の公邸も見劣りするほど彼らの家は広い

shàme·fáced 〈シ〉 形 恥ずかしがる, はにかむ; 控えめな, 内気な, おずおずした **-fac·ed·ly** 副 **~·ness** 名

***shame·ful** /ʃéɪmfəl/ 形 ❶ 恥ずべき, 不名誉な ‖ It is ～ that his own country did not fully appreciate his talent. 祖国が彼の才能を正しく認識しなかったのは恥ずかしいことだ / ～ behavior 恥ずべき行為 ❷ 無作法な, 不道徳な, いかがわしい **~·ly** 副 **~·ness** 名

shame·less /ʃéɪmləs/ 形 恥知らずの, 慎みのない, 厚かましい; 破廉恥な, みだらな **~·ly** 副 **~·ness** 名

sham·ing /ʃéɪmɪŋ/ 形 恥ずべき, 赤面させる

sham·mer /ʃǽmər/ 名 C ごまかし屋, うそつき, ぺてん師(← sham)

sham·my /ʃǽmi/ 名 (複 **-mies** /-z/) C U ❶《口》=chamois ❷ ❷《米口》=champagne

***sham·poo** /ʃæmpú:/ 《アクセント注意》名 (複 **~s** /-z/) ❶ U C シャンプー, 洗髪剤 ❷ U C (カーペット・車などの)洗剤, 清浄剤 ❸ C 《通例単数形で》シャンプーすること, 洗髪; (じゅうたんなどを)洗剤で洗うこと ‖ Your car needs a ～. 君の車, 洗車したら / I gave myself [OR my hair] a ～. 髪を洗った / I had a ～ and set at the hairdresser's. 美容院でシャンプーとセットをしてもらった

―動 (**~s** /-z/; **~ed** /-d/; **~·ing**) 他 [髪・じゅうたんなど]をシャンプー[洗剤]で洗う; [人]の髪を洗う; [汚れなど]をシャンプーで洗い落とす《*out*》 **~·er, ~·ist** 名

語源 ヒンディー語 *cāmpō* (cāmpnā (圧迫する)の命令形)から.

sham·rock /ʃǽmrɑ(:)k | -rɔk/ 名 C 〖植〗シロツメクサ《クローバーの類. アイルランドの国花》

Shan·dong /ʃà:ndɔ́:ŋ | ʃændɔ́ŋ/ 名 山東(シャントン)省《中国北東部の省. Shantung ともいう. 省都 Jinan (済南)》

shan·dy /ʃǽndi/ 名 (複 **-dies** /-z/) U C シャンディー《ビールとジンジャーエールまたはレモネードとの混合飲料》

shang·hai /ʃæŋhái/ 動 他 ❶〖史〗[人]を(酒・麻薬などで)意識を失わせて船に乗せて水夫にする《19世紀 Shanghai 行きの船の乗組員を強引な手で集めたことから》 ❷《口》[人]を力ずくで[だまして]〈…を〉させる〈**into**〉(♦ しばしば受身形で用いる)

Shang·hai /ʃæŋhái/ 名 上海(シャンハイ)《中国東部, 長江の河口に位置する大商業都市》 **Shàng·hai·nése** 名 C U 形 上海市民(の); 上海語(の)

Shan·gri-La, -gri·la /ʃæŋgrilá:/ 名 シャングリラ《J. Hilton (1900–54) の小説 *Lost Horizon* (1933) の中の架空理想郷》; C 地上の楽園

shank /ʃæŋk/ 名 C ❶ (器物・グラスの)脚部; (工具・さじ・パイプの)柄; (くぎ・針・かぎなどの)軸部; 錨幹(びょうかん); (ねじ・ドリルの)基部; (靴底の)土踏まずの部分; 靴下のすねの部分; (活字の)ボディ; ボタンの足《裏側の輪状の部分》; 〖植〗葉柄(ようへい); 〖建〗柱身 ❷ C U すね, 脛骨(けいこつ); (羊・牛の)すね肉; 《口》(人の)脚 ❸《米口》(朝・昼・夕の)初め, 前半; 後半, 終わり; 主要部 ‖ the ～ of the evening 宵(よい)の口 / the ～ of the morning 昼近く ❹〖ゴルフ〗シャンク《クラブのヒールで打ったミスショット》

gò on Shànks's póny 《英口》(乗り物を使わずに)歩いて行く(go on foot)

Shan·non /ʃǽnən/ 名 《the ～》シャノン川《アイルランド中西部を流れて大西洋へ注ぐ同国最長の川》

***shan't** /ʃænt | ʃɑ:nt/ 《米ではまれ》shall not の短縮形

Shan·tung /ʃæntʌ́ŋ/ 名 ❶ =Shandong ❷ 《しばしば s-》U シャンタン, 山東絹《つむぎ風の平織絹布》

shan·ty¹ /ʃǽnţi/ 名 (複 **-ties** /-z/) C 掘っ立て小屋, 仮小屋; 粗末な住居(⇨ COTTAGE 類語)

shan·ty², shan·tey /ʃǽnţi/ 名 =chant(e)y

shánty·tòwn 名 C 貧民窟(くつ), スラム街

Shan·xi /ʃæ̀:nʃí:/ 名 山西(シャンシー)省《中国北部の省. 省都 Taiyuan (太原)》

*****shape** /ʃeɪp/ 名 動

―名 (複 **~s** /-s/) ❶ C U **形**, 形状, 姿, 格好; 外形, 外

観，輪郭；(特に女性の)体形(⇨ FORM 類語)；Ⓒ 図形《三角形・立方体など》；特定の形に作ったもの［切った紙片］‖ The earth is like an orange **in** ~. 地球は形がオレンジに似ている / "What ~ is Italy (=What is the ~ of Italy)?" "It's the ~ of a boot." 「イタリアはどんな形をしていますか」「長靴の形をしています」/ a building of a square ~ 四角い形の建物 / a devil **in** human ~ 人間の姿をした悪魔 / her beautiful ~ with a slender [OR small] waist 腰が細い彼女の美しい体つき / cookies in different ~*s* いろいろな形のクッキー

❷ Ⓒ (輪郭以外はよく見えない)おぼろげな形，何かの影，物［人］影；幻，幽霊 ‖ A huge ~ suddenly appeared in front of me in the darkness. 暗闇(くらやみ)の中で何か大きな物影が突然目の前に現れた

❸ Ⓤ《修飾語を伴って》**状態**，調子；健康状態，体調；準備［用意］ができていること；(…するのに適した［できる］)状態 ‖ The old bridge was **in** poor ~. その古い橋はひどい状態だった / I'm **in** better ~ today. 今日の方が体調がよい / Mother is so tired that she is **in** no ~ to cook. 母はとても疲れていて料理ができる状態ではない

❹ Ⓤ 整った形，はっきりとした形，具体的な形；骨組，形態，本来の形［姿］‖ explain the main ~ of a new project 新事業計画の大筋を説明する / get [OR put] one's thoughts into ~ 考えをまとめる / give ~ to one's ideas 自分の考えをうまくまとめる［明確に表現する］/ My hat lost its ~ after getting soaked in the rain. 雨にぬれて帽子の形が崩れてしまった

❺ Ⓒ (同形のものを作り出す)型，木型，菓子型；模型；型に入れて［はめて］作ったもの《ゼリー・プリンなど》

*__*gèt* [OR *knòck, lìck, whìp*] *... into shápe*__ …を好ましい状態にする；〔人〕を一人前に仕込む

gèt* (*onesèlf*) *into shápe 体調を整える，体を鍛える ‖ *get* back *into* ~ 体調が戻る，体力を回復する

in* [OR *of*] *àll shàpes and sízes (種類が)さまざまで ‖ Accessories come *in all* ~*s and sizes*. アクセサリーにはいろいろな種類がある

***in àny* (*wáy,*) *shápe* (*or fórm*)** 《口》《強調に用いて》どんな形［種類，方法］ででも；《否定文で》決して ‖ He never handled money *in any* ~ *or form*. 彼はおよそ金というものを扱ったことがなかった

*__*in shápe*__ ① 形(として)は(→ 名❶) ② **体調がよくて**，準備が整って ‖ keep [OR stay] *in* ~ 体調を保つ

in the shápe of ... ① …の形をした ‖ a cake *in the* ~ *of* a heart ハート形のケーキ(→ 名❶) ② …という形で，…の状態で ‖ More trouble appeared *in the* ~ *of* rushing TV reporters. さらに困ったことがテレビ記者の殺到という形で現れた ③ …を装った

*__*out of shápe*__ ① 体調が悪くて ② 形が崩れて(→ CE 1) ‖ His hat is *out of* ~. 彼の帽子は型が崩れている

*__*tàke shápe*__ 具体化する，(はっきりした)形をとる ‖ Our plans are finally beginning to *take* ~. 我々の計画はついに具体化し始めている

the shàpe of thìngs to cóme 未来を予告するもの，将来に起こりそうなこと

COMMUNICATIVE EXPRESSIONS

1 **Dòn't gèt bènt òut of shápe!** まあそう気を悪くしないで；へそを曲げないでよ

—動 (~**s** /-s/；~**d** /-t/；**shap·ing**)

—他 ❶〔性格など〕を**決定づける**，形成する；〔考えなど〕に大きな影響を及ぼす；〔進路など〕を方向づける ‖ Being raised during war ~*d* his character. 戦時中に育ったことが彼の性格を形成した / Education plays an important part in *shaping* the future of a nation. 教育は一国の将来を方向づけるのに重要な役割を果たす / ~ one's course in life 人生の進路を決める

❷ **a** 《+目》…を**形作る**，(ある形に)作る ‖ The earth is ~*d* like an orange. 地球はオレンジのような形をしている / ~ one's hair 髪を形よく整える

b 《+目 *A*+**into** 名 *B* / 目 *B*+**from** [**out of**] 名 *A*》*A* を*B*に［*A*から*B*を］形作る ‖ The child ~*d* clay *into* a vase. = The child ~*d* a vase *from* clay. その子は粘土で花瓶を作った

❸ …の計画を練る，…を工夫する，まとめる；…をはっきりと形に表す，具体化する，具体的に［音声・言葉で］表現する ‖ ~ a plan of action 行動計画をまとめる / ~ one's image into a picture イメージを絵に表現する

❹《通例受身形で》(衣服などが)体にぴったり作られている ‖ This dress is ~*d* at the waist. このドレスはウエストがぴったりだ

—自 ❶《+副》(はっきりした)形をとる，具体化する；(ある状態で)進展する；〈…に〉なる《**up**》〈**into**〉‖ The project is *shaping* (*up*) well. その企画は順調に形になりつつある / He will ~ *up into* an excellent pianist. 彼は優れたピアニストに成長するだろう

❷《英》(スポーツ選手が)〈…する〉体勢をとる〈**to do**〉

shàpe úp 《口》〈自〉① ⇨ 自❶ ② (ある状態で)進展［発展］する，(ある状態に)なっていく〈**as** …として；**to be** …になるように〉③ 改善される；(行い・技能などが)満足できる状態［基準］に達する，よくなる，改まる；引き締まった体でいい体調になる(❗「美容のために体型をよくする」の意味では improve one's figure, slim down (やせる) などという)

—〈他〉《***shàpe úp ...*** / ***shàpe ... úp***》…を改善する

Shàpe úp or shìp óut! 《主に米口》(もっと)しっかりしろ，でなきゃ出て行け［首だ］

▸▸ **~ mèmory** 名 Ⓤ【冶金】形状記憶《加熱すると元の形を取り戻す性質》‖ a ~ *memory* alloy 形状記憶合金

SHAPE /ʃeɪp/ 略《英》*S*upreme *H*eadquarters *A*llied *P*owers *E*urope (欧州連合軍最高司令部)

shaped /-ʃeɪpt/ 形《複合語で》…の形をした ‖ an onion-*shaped* dome タマネギ型ドーム

shape·less /ʃéɪpləs/ 形 定形のない；(服・体型などが)形の崩れた，不格好な，醜い **~·ly** 副 **~·ness** 名

shape·ly /ʃéɪpli/ 形 (女性の体型などが)形のよい，均整のとれた **-li·ness** 名

shápe·shìft 動 自 自分の体形［形状］を変える；(ファンタジーの登場人物が)変身する **~·er** 名 **~·ing** 名

shard /ʃɑːrd/ 名 Ⓒ ❶【動】(カタツムリなどの)殻；うろこ；【虫】翅鞘(ししょう) ❷ (陶器などの)破片；【考古】=sherd

***share[1] /ʃeər/ 名 動

中心義 分かち合う(もの)

名 分け前❶ 割り当て分❷ 役割❸ 株❹
動 他 共同で所有する❶ 分け合う❷ 共有する❹
自 分担する

—名 (複 ~**s** /-z/) ❶ Ⓒ《通例単数形で》〈…の〉**分け前**，取り分；Ⓒ Ⓤ【経】市場占有率，シェア (market share)〈**in, of**〉(⇨ 類語) ‖ That's my ~ *of* the cake, but you can have it. そのケーキは僕の分だけど，君にあげるよ / The party wants a ~ *in* the Cabinet. その政党は大臣のいすを欲しがっている / claim [get] a ~ *in* [OR *of*] the profits 利益の分け前を要求する［にあずかる］/ have one's fair ~ 正当な分け前をもらう / Google has a large ~ of the Internet advertising. グーグルはネット広告市場で大きなシェアを持っている

❷ Ⓒ《単数形で》〈費用・仕事などの〉**割り当て分**，持ち分〈**in, of**〉；〈責任などの〉分担，負担；〈数量・全体の〉一部〈**of**〉‖ Alice did more than her ~ *of* the work. アリスは割り当てられた分より多くの仕事をした / pay one's ~ *of* the bill 自分の分の勘定を支払う / take a ~ *in* the expense 費用の一部を負担する / The executives must have [OR bear] their ~ *of* the blame for the loss. その損失に対する責任の一端は重役たちが負うべきだ / A large ~ *of* his salary goes for a housing loan. 彼の給料の大半は家のローンに当てられている

❸ Ⓤ〈…での〉**役割**, 〈…への〉参加, 貢献〈**in**〉‖ What ~ does Japan have *in* peacekeeping activities? 平和維持活動で日本はどんな貢献をすべきか / take [OR have] no ~ *in* the decision 決定には関与しない
❹ Ⓒ〈…の〉共同所有権;《通例 ~s》《主に英》〈会社の〉**株**, 株式, 株券 (《米》stocks)〈**in, of**〉‖ have a ~ *in* the business 事業に出資している / **buy** [hold, own] 1,000 *~s in* a software company ソフトウェア会社の株を1,000株買う[所有する] / ordinary [preferred] *~s* 普通[優先]株 / ~ **prices** 株価
❺ Ⓤ 💻(ハードディスク内の一定領域の)共有
gò shâres 《口》均等に負担する〈**on** …を; **with** …と〉‖ Let's *go ~s on* lunch. 昼食代は割り勘にしよう

COMMUNICATIVE EXPRESSIONS
1 **You're nòt dòing your (fàir) sháre.** あなたは自分の責任を(十分)果たしていませんね(♥ 非難の表現)

—動 (**~s** /-z/; **~d** /-d/; **shar·ing**)
—他 ❶〔物〕を**共同で所有**[使用]**する**, 〈人と〉分かち合って使う〈**with**〉‖ I'm *sharing* the room (*with* my friend). 部屋を(友人と)共同使用している / *Share* your textbook *with* your neighbor. 隣の人に教科書を見せてあげなさい / Would you like to ~「a taxi [my umbrella]? タクシーに相乗りし[私の傘に入り]ませんか
❷ …を**分け合う**;〔利益など〕を分配する, 割り当てる《*out*》〈**with** …に; **between, among** …の間で〉(⇨ 類語) ‖ You must ~ the sweets「*with* each other [OR *among* everyone]. お菓子はみんなで分けて食べるのですよ / I don't think the profits were *~d out* equally *between* us. 利益は私たちの間で平等に分配されていないと思う
❸〔仕事・費用など〕を〈…と〉(公平に)分担する,〔責任など〕を等しく負う〈**with**〉‖ ~ the blame for an accident 事故の責任を共に負う
❹〔考え・感情・興味・性質など〕を〈…と〉**共有する**, 共にする, 分かち合う〈**with**〉‖ My parents ~ my joys and sorrows. 両親は喜びも悲しみも私と共にしてくれる / Why not ~ your worries [ideas] *with* us? あなたの心配事[考え]を話してごらんよ / Those two universities ~ common characteristics. その2大学は互いに共通の特色を持つ / *A problem ~d is a problem halved.* 《諺》困難も分かち合えば半分になる
❺〔情報・秘密など〕を〈人に〉話す, 伝える, 分かち合う〈**with**〉‖ She wouldn't ~ her secret *with* her boyfriend. 彼女は秘密を恋人に話そうとしなかった
❻ 💻〔ドライブ・フォルダ〕を共有(状態)にする
—自 〈人と〉**分担する**, 共用する〈**with**〉;〈…に〉参加する;〈利益・責任などを〉分かち合う〈**in**〉‖ There's only one closet. You'll have to ~ *with* your roommate. クローゼットは1つしかないからルームメートと一緒に使ってください / ~ *in* the profits [benefits] 利益の配当にあずかる[恩恵に浴する] / ~ *in* the planning of a Christmas party クリスマスパーティーの計画に加わる
shàre and shàre alíke 〈人と〉平等に分配する〈**with**〉

COMMUNICATIVE EXPRESSIONS
2 **Do you shàre my ínterest in** this próject **(àt áll)?** ⇨ INTEREST(CE 1)
3 **I shàre your pòint of víew.** ⇨ VIEW(CE 4)
4 **Thànk you for sháring.** 貴重なご意見をどうも(♥ こちらから聞いてもいないのに発言を遮って意見を披露した人に対する皮肉にもなる)

~d 形 **shár·er** 名 **shár·a·ble** 形

類語 《名 ❶》**share** 人と分かち合って自分が受け取るべきまたは分担すべき分, 分け前.
portion 割り当てられた分(→ part).
《他 ❷》**share** 共に分け, 自分もその一部をとること.
divide 分割または分配する.
distribute 分配するが自分はとらない.

▸▸ **~ ìndex** 名 Ⓒ〖経〗株価指数 **~ òption** 名 Ⓒ《英》〖経〗株式買受(かいうけ)選択権;株式オプション(《米》stock option)

share² /ʃeər/ 名 Ⓒ すきの刃(plowshare)
sháre·cròpper 名 Ⓒ《主に米》物納小作人
-cròp 動 (**-cropped** /-t/; **-crop·ping**) 他 自 (土地を)物納契約で耕す
***sháre·hòlder, -òwner** 名 Ⓒ《英》株主(《米》stockholder) **~·hòlding** 名 Ⓤ 株式保有
sháre-òut 名 Ⓒ《通例単数形で》(利益などの)分配, 山分け
sháre·wàre 名 Ⓤ 💻 シェアウェア《無料で入手でき, 試用してみて満足したら代金を支払う方式のソフトウェア》
sha·ri·a, -ah /ʃərí:ə/ 名《ときに S-》Ⓤ シャリーア《イスラム教の律法》(♦ アラビア語より)
sha·rif /ʃərí:f/ 名 Ⓒ シャリーフ《Muhammad の娘 Fatima の子孫である Mecca の総督》;アラブの首長[君主], イスラム教徒の指導者(♦ アラビア語より)
***shark¹** /ʃɑ:rk/ 名 (複 **~** OR **~s** /-s/) Ⓒ〖魚〗サメ, フカ ‖ a man-eating ~ 人食いザメ
shark² /ʃɑ:rk/ 名 Ⓒ《口》❶ 高利貸し, 詐欺師(→ loan shark) ❷《米》できる学生, 秀才;達人 ‖ a card ~ トランプの達人[いかさま師]
shárk·skìn 名 Ⓤ ❶ サメ皮 ❷ シャークスキン《織り方がサメ肌状の服地》
sháron frùit /ʃǽrən- | ʃéərən-, ʃɑ́:rən-, ʃǽrən-/ 名 Ⓒ シャロンフルーツ《イスラエルで栽培されるカキの一種》

‡sharp /ʃɑ:rp/ 中心義 **(Aが)鋭い**(★Aは具体的な「物」に限らず, 「感覚」「言葉」「態度」など抽象的なものまで多様)

> 形 **鋭い❶** **急な❸❹** **はっきりした❺** **激しい❻** **鋭敏な❼** **辛辣(しんらつ)な⓫**
> 副 **きっかりに❶**

—形 (▶ sharpen 動) (**~·er**; **~·est**)
❶ (刃などが)**鋭い**, 鋭利な(↔ blunt, dull);(先の)とがった;角のある;(輪郭の)鋭い(⇨ 類語) ‖ I cut the onion with a ~ knife. 鋭利な包丁でタマネギを切った / These scissors are ~. このはさみはよく切れる / a ~ pencil 先[芯(しん)]のとがった鉛筆(❗「シャープペンシル」は商標名 Eversharp の sharp と pencil を合わせた和製語. 英語では a mechanical [《英》propelling] pencil という) / ~ teeth 鋭い歯 / ~ edges where a can was opened 缶詰を開けた所にできた鋭い切り口
❷ (顔・鼻などが)とがった, 鋭角的な ‖ his ~ nose 彼のとがった鼻 / one's ~ features 鋭い目鼻立ち
❸ (坂・曲がりなどが)**急な**, 鋭角をなした, 急角度の ‖ a ~ bend in the road 道路の急カーブ / a ~ slope 急斜面 / make a ~ left turn 急角度で左折する
❹《通例限定》(変化が)**急な**, 急激な;(動きなどが)突然の, 素早い(↔ gradual) ‖ Statistics show a ~ rise [fall] in unemployment. 統計によると失業者の急激な増加[減少]が見られる / a ~ increase [drop] in the number of students 学生数の急増[激減] / a ~ intake of breath はっと息を吸い込むこと
❺ (映像・対照・差などが)**はっきりした**, 鮮明な, くっきりした(↔ indistinct) ‖ The photo isn't very ~. その写真はあまりはっきり写っていない / make a ~ distinction between voluntary work and a job 奉仕活動と仕事との明確な区別をする / in ~ contrast to ... …と好対照をなして / a ~ impression 鮮やかな印象
❻ (痛みなどが)刺すような, **激しい**, 強烈な;(寒さなどが)(肌を)刺すような, 身を切るような ‖ feel a ~ pain in one's lower back 腰に激しい痛みを感じる / a ~ attack [blow] 猛攻[強烈な一撃] / a ~ flash of light 強烈な閃光(せんこう) / a ~ wind 身を切るような風
❼ (感覚・知能などが)鋭い, **鋭敏な**, 敏感な;(警戒などが)抜かりのない, 油断のない ‖ He looked at her with his ~, hard eyes. 彼は鋭い厳しい目つきで彼女を見た / have

a ～ eye for ... …に目がきく / a ～ sense of smell 鋭敏な嗅覚(きゅうかく) / a person of ～ intellect 鋭い知性を持った人 / keep a ～ eye [OR watch, lookout] on ... …を油断なく監視する[見張る]
❽ 頭のよい，(頭が)切れる(↔ dim)；《けなして》(自分の利益などに)抜け目のない，ずる賢い ‖ a ～ child 利口な子供 / be ～ at cards [a bargain] トランプ[取り引き]が上手だ / a ～ politician 抜け目のない政治家
❾《通例限定》(音などが)甲高い；耳をつんざく，はっきり聞き取れる ‖ a ～ cry 鋭い悲鳴
❿ (味が)きつい，刺激のある，ぴりっとする，苦味のある；(においが)鼻を突く，きつい ‖ have a ～ taste ぴりっとした味がする / ～ cheese においの強いチーズ / smell ～ つんとにおう ⓫ (言葉・態度などが)〈…に〉**辛辣な**，痛烈な，厳しい(↔ gentle)〈**with**〉‖ have a ～ tongue 毒舌家である(→ sharp-tongued) / be ～ *with* one's child 自分の子供に厳しい / ～ criticism 酷評 ⓬ 怒りっぽい，短気な ‖ a ～ temper 怒りっぽい気性 ⓭《通例限定》《口》(服装などが)かっこいい，粋な，スマートな；粋な身なりの ‖ a ～ suit しゃれたスーツ / a ～ dresser 粋な身なりの人 ⓮【楽】半音高い，嬰(えい)音の，嬰記号(♯)のついた；(通常より)高い調子の ‖ in C ～ 嬰ハ調で
(*as*) ***shàrp as a táck*** 《米口》頭が切れる，頭がよい
── 名 (複 **～s** /-s/) C ❶【楽】嬰音《半音高い音》；嬰記号(♯)(↔ flat¹) ❷ 縫い針 ❸《口》詐欺師，いかさま師 ❹《口》達人，名人，専門家 ❺《通例 ～s》(刃物や注射器のように)鋭いもの[危険物]
── 副 (**～·er**；**～·est**)
❶《比較なし》(時間) **きっかりに**，ぴったりに(↔ approximately) ‖ at eight (o'clock) ～ 8時きっかりに(♦ 時刻を表す語の後に置く) ❷ 鋭く，鋭角的に；突然，急に ‖ turn ～ right [left] 急に右[左]に曲がる / stop ～ 急に止まる ❸【楽】(通常より)高い調子で
── 動 他《米》【楽】…を半音上げる；…を高く(調音)する
～·ness 名

類語《形 ❶》**sharp** 刃先や物の先端が「鋭い」の意で最も一般的な語. また頭脳的な鋭さや抜け目のなさ・辛辣さなども表す. 〈例〉a *sharp* salesman 抜け目のないセールスマン
acute 理解力・知覚力・洞察力などの鋭さや痛烈さなどを表す. 〈例〉an *acute* analysis 鋭い分析
keen 刃物などが「鋭い」の意では文語的. 主に感覚や頭脳の鋭さや明敏さ・強烈さなどを表す. 〈例〉a *keen* interest [pleasure] 強い興味[強烈な喜び]
以上の3語は共通する意味を持ち，同じ名詞を修飾することも多い. 〈例〉a *sharp* [OR *keen*] sense of humor 鋭いユーモアのセンス / 「a *sharp* [OR an *acute*] pain 鋭い痛み / 「a *keen* [OR an *acute*] observer 鋭い観察者 / 「a *sharp* [OR a *keen*, an *acute*] mind 鋭い頭脳

▶▶ **～ práctice** 名 U (商売での) 狡猾(こうかつ)なやり方[取り引き]，詐欺行為

shar-pei /ʃɑ̀ːrpéɪ/ 名《また S- P-》C【動】シャーペイ《中国原産の皮膚のたるんだ中型犬》

sharp·en** /ʃάːrpən/ 動 (◁ sharp 形) 他 ❶ …を鋭くする，とがらす ‖ This knife needs to be ～*ed*. このナイフは研がないと駄目だ / ～ a pencil 鉛筆を削る ❷〔輪郭・(意見の)相違など〕をはっきりさせる；〔感覚など〕を鋭敏にする《up***》；〔食欲・痛みなど〕を激しくする，強くする，増進させる ‖ ～ *up* people's awareness of the present financial crisis 現在の財政危機を国民にはっきり認識させる / a ～*ed* sense of beauty 研ぎ澄まされた美的感覚 / My appetite will be ～*ed* by a glass of sherry. シェリー酒を1杯飲めば食欲が増すだろう ❸〔技量・知識など〕を発達[向上]させる，より高める，…に磨きをかける《***up***》‖ ～ *up* one's computer skills コンピューターの技術を磨く ❹〔声〕を上ずらせる ── 自 ❶ 鋭くなる，とがる；はっきりする；激しくなる ‖ His eyes ～*ed*. 彼の視線が鋭くなった / The argument ～*ed*. 議論が激しくなった ❷ (能力・技能などが)向上する《***up***》❸ (声が)上ずる

sharp·en·er /ʃάːrpənər/ 名 C 研ぐ人[もの]；鉛筆削り(pencil sharpener)

sharp·er /ʃάːrpər/ 名 C《口》いかさま賭博(とばく)師

shàrp-éyed ◁ 形 目ざとい；鋭い眼力の

sharp·ie, sharp·y /ʃάːrpi/ 名 (複 **sharp·ies** /-z/) C ❶ (ニューイングランド地方の)三角帆の1[2]本マストの平底船 ❷《主に米口》抜け目のない人；詐欺師

sharp·ish /ʃάːrpɪʃ/ 形《口》やや鋭い；やや素早い，いくぶん急いだ，てきぱきとした
── 副《主に英口》素早く，てきぱきと

⁑sharp·ly /ʃάːrpli/
── 副 (**more ～**；**most ～**)
❶ (形状が)鋭く ‖ a ～ pointed needle 鋭くとがった針
❷ (視線・口調が) **厳しく**，きっぱりと，語調を荒げて ‖ He spoke ～ to the dog and it stopped barking. 彼がその犬に向かって厳しく言うと犬はほえるのをやめた / "Don't touch the computer," he **said** ～. 「そのコンピューターに触るんじゃない」と彼は厳しい口調で言った / criticize ～ 酷評する
❸ (変化・動きが) **急(激)に**，突然 ‖ Prices have risen ～. 物価が急激に上昇した / The road bends ～ before the bridge. 道は橋の手前で急角度に曲がっている
❹ (相違・差異が) **はっきりと**，明らかに，鮮明に ‖ The shade contrasted ～ with the bright sunlight. 日陰は明るい陽光と際立ったコントラストをなしていた / The class is ～ split on the question. その問題に関してクラスの意見ははっきりと分かれている ❺ (動作・行動が)てきぱきと，さっさと，機敏に ❻ (服装などが)きりっとして，しゃれて

shàrp-nósed 形 とがった鼻の；鼻のよくきく，嗅覚(きゅうかく)の鋭い；(飛行機などが)頭部の鋭く突き出た

shárp·shòoter 名 C 射撃の名手；狙撃(そげき)兵；【米軍】1級射手；【スポーツ】ねらいの正確な選手
-shòoting 名 U 正確な射撃；不意の直言

shàrp-síghted 形 目の鋭い，目ざとい；観察力の鋭敏な，抜け目のない

shàrp-tóngued 形《通例限定》口の悪い，毒舌家の，辛辣(しんらつ)な

shàrp-wítted ◁ 形 聡明(そうめい)な；抜け目のない

shat /ʃæt/ 動 shit の過去・過去分詞の1つ

***shat·ter** /ʃǽṭər/ 動 他 ❶ (急激な力で)〔ガラスなど〕を粉々にする[割る，砕く]，粉砕する ‖ The accident ～*ed* her arm. 事故で彼女は腕をひどく骨折した ❷〔夢・希望・信念など〕を完全に打ち砕く，〔健康など〕を損ねる，台無しにする ‖ My firm belief in his innocence was ～*ed*. 彼は潔白だという私の確信は打ち砕かれた / That novel experience ～*ed* his nerves. あの今までにない経験で彼は神経をすり減らした ❸ …にひどくショックを与える，動揺させる(♦ しばしば受身形で用いる)
── 自 粉々に壊れる；損なわれる ‖ I felt my confidence ～*ing* into pieces. 自信が粉々に崩れていくのを感じた
── 名 C《通例 ～s》破片 ‖ in ～*s* 粉々になって

shat·tered /ʃǽṭərd/ 形 ❶ ひどくショックを受けた，動揺した ‖ We were ～ by the news of his death. 私たちは彼が亡くなったという知らせに衝撃を受けた ❷《英口》疲れ果てた

shat·ter·ing /ʃǽṭərɪŋ/ 形 ❶ (体験などが) (人を) 狼狽(ろうばい)させる，衝撃的な，強烈な ❷ 破壊的な；耳をつんざくような；《主に英口》くたくたにさせる **～·ly** 副

shátter·pròof 形 (ガラスなどが)粉々にならない，飛散防止設計の

shave** /ʃeɪv/ 動 (**～d** /-d/；**～d** OR **shav·en** /ʃéɪvən/；**shav·ing**) 他 ❶〔顔・ひげなど〕をそる，〔人〕のひげをそる；…を〈…から〉そり落とす《off, away***》〈**off**〉‖ My father ～*s* his face every morning. 父は毎朝顔のひげをそる / He ～*d* his beard *off* [OR *away*]. 彼はあごひげをそり落とした / ～ one's legs＝～ the hair *off* one's legs 足

(の毛)をそる ❷…を薄く削る；…にかんなをかける；〈…から〉〔薄片・薄皮〕をそぎ取る[落とす]《*off, away*》〈**off, from**〉‖ ～ cheese [a board] チーズ[板]を薄く削る ❸〔芝生など〕を短く刈り込む ❹…をかすめる，わずかに外れる‖ The car stopped, *shaving* the traffic light post. 車は信号柱をかすめて止まった ❺〔値段・費用など〕を(少し)下げる，減らす；〔数量〕を〈…から〉減らす，〔記録〕を短縮する〈**off**〉‖ This commuter train will ～ 15 minutes *off* the present travel time. この通勤電車のおかげで通勤時間が15分短縮されるだろう —自 顔[ひげ]をそる‖ He ～*s* twice a day. 彼は1日2度ひげをそる(♦He shaves himself ... のようにはふつういわない)
—名 C ❶《通例 a ～》ひげをそること‖「Give me [I want, You need] a ～. ひげをそってくれ[もらいたい，そりなさい] / have [get] a ～ ひげをそる[そってもらう] ❷かすめること，辛うじて免れること‖ They walked across the border after having had some close [OR narrow] ～*s*. 何度か危機一髪の場面を逃れて国境を通り抜けた ❸削りくず(shavings)；ひげそり；削る道具

shav·en /ʃéɪvən/ 動 shave の過去分詞の1つ
—形 (ひげ・毛髪を)そった；(芝生などが)短く刈り込んだ

shav·er /ʃéɪvər/ 名 C ❶シェーバー，電気かみそり ❷そる[削る]人；理髪師；削る[そる]道具 ❸《口》若者

Sha·vi·an /ʃéɪviən/ 形 バーナード=ショーの，ショー流の
—名 C ショー崇拝者[研究家](→ Shaw)

shav·ing /ʃéɪvɪŋ/ 名 ❶ U C そること，ひげそり；削ること ❷ C《通例 ～s》削りくず，かんなくず
▸▸ ～ **brùsh** 名 C ひげそり用ブラシ ～ **crèam** 名 U ひげそり(用)クリーム ～ **fòam** 名 U シェービングフォーム

Shaw /ʃɔː/ 名 **George Bernard ～** ショー(1856–1950)《アイルランド生まれの英国の劇作家・批評家．ノーベル文学賞受賞(1925)》

*__shawl__ /ʃɔːl/ 名 C ショール，肩かけ

Shaw·nee /ʃɔːníː/ 名 (複 ～ OR ～s /-z/) C ショーニー族(の人)《主にオクラホマに住む北米先住民》；U ショーニー語

shay /ʃeɪ/ 名《口》=chaise

sha·zam /ʃəzǽm/ 間 えいやっ，やったー，じゃじゃーん(♦物を消したり出したりするときの掛け声)

***she /弱 ʃi；強 ʃiː/(→ 名) 代 名

—代 (三人称・単数・主格の人称代名詞) (複 **they** /ðeɪ/) (所有格 **her**；目的格 **her**；所有代名詞 **hers**；再帰代名詞 **herself**) ❶**彼女(は[が])** (↔ he) (♦(1) 国名・船・車・自然などを擬人化して she で受けることがあるが，it の方がふつう．(2) 高等動物の雌にも she を用いることがある．〈例〉*She* is a tame lioness. それはおとなしい雌ライオンだ (3) 目の前にいる人を指して she を使うことは避ける．⇨ HE 代 ❶ 語法 (3)) ‖ Did you see Mary? *She* forgot her umbrella. メアリーを見た？ 傘を忘れて行ったんだ / The girl said ～ was not happy. その娘は自分は幸せではないと言った (♦前に出た名詞を受ける) / *She*'s a schoolgirl. 彼女は女生徒だ(♦会話の状況の中ではっきりしている女性を指す) / It's ～. 彼女だ(♦《口》では It's her. というのがふつう．⇨ HE 代 ❶ 語法 (4)) / When ～ saw the accident, Alice called the ambulance. アリスはその事故を見て救急車を呼んだ(♦この例では she が後ろの名詞を受ける．⇨ HE 代 ❶ 語法 (1)) / Something must be wrong with my car. *She* won't start. この車きっとどこかおかしい．どうしても動かないんだ(♦車を指す)
❷(性別を特定しないで)その人は[が]‖ You can bring your child only if you know *she* will behave herself. 行儀よくすると思う子供だけ連れて来ていい(♦従来の he に代わる用法．anybody, somebody などを she で受けることもある．they を用いることも多い．⇨ HE 代 ❷ 語法)
—名 /ʃiː/ (複 ～s /-z/) ❶ C《単数形で》女，女の子；(高等動物の)雌‖ Is the child a he or a ～? その子は男ですか女ですか ❷《複合語の前の要素として形容詞的に》雌の，女の‖ a ～-bear 雌グマ

s/he, (s)he /ʃiː ər hiː | -ɔː-/ 代 =he or she, she/he, he/she《三人称・単数・主格の人称代名詞で，性別にとらわれないことを表すために，書き言葉で用いる．所有格は her/his または his/her，目的格は her/him または him/her》

shéa bùtter /ʃiː, +米 ʃéɪ, +英 ʃiːə-/ 名 U シアバター《シアノキ(shea tree)の実から採る脂肪．食用および化粧品の原料》

sheaf /ʃiːf/ 名 (複 **sheaves** /ʃiːvz/) C (刈り取った穀物などの)束；(一般に)束‖ a ～ of papers 書類の束
—動 他 =sheave[2]

*__shear__ /ʃɪər/ (♦同音語 sheer) 動 (**～ed** /-d/；**～ed** OR **shorn** /ʃɔːrn/；**～·ing**) 他 ❶〔羊など〕の毛を刈る；〔羊毛・毛髪など〕を刈り取る；(大ばさみなどで)…を刈る，切る，摘む‖ ～ sheep=～ wool from sheep 羊の毛を刈る / ～ a hedge 生垣を刈る ❷〔金属など〕を挟み切る[剪断(せんだん)する]，ねじ切る，引き裂く；(強い力で)…を破壊する《*off*》‖ The wings of the plane were almost completely ～*ed off*. 飛行機の翼はほとんど完全に破壊されていた
—自 ❶(羊の毛などを)刈る，切る ❷壊れる，ねじ切れる《*off*》 ❸〈…を〉突っ切る，切り進む〈**through**〉
be shórn of ... …をはぎ取られる，奪い取られる‖ They *were shorn of* their powers [dignity, money]. 彼らは権力[尊厳，金]を奪われた
—名 C ❶《～s》大ばさみ；剪断機‖ a pair of gardening ～*s* 剪定(せんてい)ばさみ ❷刈り取ること；(羊の年齢がわかる)刈り込み(回数)‖ a sheep of three ～*s* 刈り込み3回の羊，3歳の羊

shear·ing /ʃɪərɪŋ/ 名 U C はさみで刈ること，(特に)羊毛の刈り込み；《～s》刈り取ったもの[羊毛など]

shéar·wàter 名 C 〖鳥〗ミズナギドリ

*__sheath__ /ʃiːθ/ 名 (複 **～s** /ʃiːðz/) C ❶(ナイフ・剣などの)さや；(道具類の)覆い，カバー‖ put a knife back in its ～ ナイフをさやに収める ❷〖植〗葉鞘(ようしょう)；〖虫〗翅鞘(ししょう) ❸《主に英》コンドーム(condom) ❹体にぴったりの婦人服(sheath dress) —動 =sheathe
▸▸ ～ **knífe** 名 C さや入りナイフ

sheathe /ʃiːð/ 動 他 ❶…をさやに収める‖ ～ the sword 争いをやめる ❷…を〈…で〉覆う，包む〈**with, in**〉(♦しばしば受身形で用いる)

sheath·ing /ʃiːðɪŋ/ 名 ❶ U さやに収めること ❷ U C 覆い，被覆物；船底被覆；(屋根の)ふき下地；家屋の外壁；土(ど)留め，山留め；(ケーブルの)鎧装(がいそう)，被覆

sheave[1] /ʃiːv/ 名 C 滑車輪，綱車(つなぐるま)

sheave[2] /ʃiːv/ 動 他〔穀物・書類など〕を束ねる

sheaves /ʃiːvz/ 名 sheaf の複数

She·ba /ʃiːbə/ 名〖聖〗❶シバ《アラビア半島南西端の古代王国．別名 Saba》❷**the Queen of ～**〖聖〗シバの女王《Solomon 王の知恵を試しにやって来たシバの国の女王》

she·bang /ʃɪbǽŋ/ 名 C《口》事件，出来事
the whòle shebáng《口》全体，何もかも全部

:shed[1] /ʃed/
—動 (**～s** /-z/；**shed**；**shed·ding**)
—他 ❶〔葉・毛など〕を(自然に)**落とす**，落下させる，脱皮する(slough off)；〔服〕を脱ぎ捨てる‖ Snakes regularly ～ their skin. 蛇は定期的に脱皮する
❷〔不用なもの〕を切り捨てる(≒get rid of)(♦新聞記事などで用いる)；〔習慣・不安など〕を取り除く；…を削減する‖ The airline plans to ～ 4,000 jobs over the next two years. その航空会社では今後2年間で4,000人を削減する計画だ
❸〔光・香りなど〕を〈…に〉**発散する**，放つ〈**on, over**〉；…を振りまく《*around*》‖ The moon *shed* a dim **light** *on* the lake. 月が湖面に淡い光を投げかけていた / ～ a good influence よい影響を及ぼす / ～ happiness *around* 周囲を幸せな気分にさせる
❹〔涙・血など〕を**流す**，こぼす‖ She didn't ～ a single tear at her father's funeral. 父親の葬儀で彼女は1

滴も涙を流さなかった / Too much blood has already been *shed* in this conflict. この紛争ではすでに多くの命が奪われた ❺〔液体〕をはじく，防ぐ ‖ a cloth that ～*s* water 防水の布 ❻《英》〔積み荷〕を(誤って)落とす；(差し込みを抜いたりして)〔電荷〕を落とす
—自 脱皮[毛]する；(葉・種子が)落ちる

*__shed²__ /ʃed/ 名《しばしば複合語で》C ❶ (簡素な) 小屋，作業場 ‖ a bicycle [cattle, tool] ～ 自転車置場 [牛小屋，物置] ❷ (大規模な) 倉庫，格納庫，車庫 ‖ an engine ～ 機関(車)庫

*__she'd__ /弱 ʃid, 強 ʃiːd/ 《口》❶ she would の短縮形 ‖ She said ～ go shopping. 彼女は買い物に行くと言った ❷ she had の短縮形 (♦ had が助動詞の場合) ‖ *She'd* been waiting for three hours before the train came in. 列車が入って来るまで彼女は3時間待っていた

shé-dèvil 名 C 性悪(しょうわる)女

shed·load /ʃédlòud/ 名《英口》大量 ‖ a ～ of money 大金

sheen /ʃiːn/ 名 U/C《a ～》光沢，つや；輝き

sheen·y /ʃíːni/ 形 つやのある；きらきら輝く

‡**sheep** /ʃiːp/
—名 (複 ～) C ❶ 羊，綿羊 (♦鳴き声は baa, bleat) (→ ram, ewe, lamb, mutton) ‖ A flock [OR herd] of ～ were bleating in the field. 羊の群れが牧草地でめえめえ鳴いていた / a stray [OR lost] ～ 迷える羊；正道から外れた人 (♦ 聖書の言葉) / a ～ pen 羊の囲い，羊小屋 / *You may* [OR *might*] *as well be hanged* [OR *hung*] *for a* ～ *as a lamb.* 《諺》どうせ絞首刑になるのなら小羊より親羊を盗んだ方がましだ；毒を食らわば皿まで(♦ lamb(子羊)を盗むと絞首刑になった故事から)
❷ 気弱な人，おく病な人；他人のまねをする人
❸《通例複数扱い》教区民，信者
còunt shéep (さくを越える) 羊の数を数える《寝つけないときの方法》
fòllow like shéep 言われるままになる
màke shéep's èyes at ... 《旧》…に色目を使う
sèparate [OR ***sòrt*** (***òut***)] ***the shèep from the góats*** 優れたもの[善人]とそうでないもの[悪人]とを選別[区別]する(♦ 聖書の言葉)

shéep-dìp 名 U 洗羊液《羊についた寄生虫を殺す薬液》；C 羊毛液の水槽

shéep·dòg 名 C 羊の番犬，牧羊犬《collie など》

shéep·fòld 名 C 羊の囲い，羊小屋

shéep·hèrder 名 C《米》=shepherd

sheep·ish /ʃíːpɪʃ/ 形 羊のような；(羊のように) おとなしい，おく病な，内気な，おどおどした
～·ly 副 恥ずかしそうに，おずおずと **～·ness** 名

shéep·shànk 名 C《海》縮め結び《綱の長さを一時的に短くするための結び目》

shéep·skìn 名 ❶ U 羊の毛皮；C 羊の毛皮のコート[帽子，敷き物など] ❷ U 羊皮紙(parchment)；C その書類 ❸ C《米口》(大学の)卒業証書(diploma)

*__sheer¹__ /ʃɪər/ (♦ 同音語 shear) 形 ❶《限定》完全な；純粋な，混じり気のない，真の ‖ It was (a) ～ coincidence that I ran into him. 私が彼に出くわしたのは全くの偶然だった / Waiting for her will be a ～ waste of time. 彼女を待つのは全く時間の無駄だ / His new world record is due to ～ hard training. 彼の世界記録更新は極めてハードな練習の結果だ / by ～ force 力ずくで / ～ ice 純粋な氷 ❷《限定》(数量・程度などが)こんな[そんな]にも(ある)，本当にすごい(♦ 通例 amount, size, number, weight などの名詞を強調する) ‖ the ～「size of the building [number of people] こんなに大きな建物 [大勢の人] ❸ 切り立った，ほとんど垂直の (↔ gradual) ‖ a ～ descent 下りの急斜 [面] ❹《通例限定》(織維が) 薄地の，透き通る (↔ thick) ‖ ～ nylon tights 非常に薄いナイロンのタイツ
—副 ❶ 垂直に，真っすぐに；険しく ‖ The cliff rises ～ from the beach. 崖(がけ)は海辺からそそり立っている ❷ 全く，すっかり ‖ The burglar drove ～ off the road. 強盗は道路から大きく外れて車を走らせた
—名 U 薄地の織物 **～·ly** 副 **～·ness** 名

sheer² /ʃɪər/ 動 自《海》(船などが) 急に針路から外れる [それる]，方向を変える《***away, off***》；〈いやな人・物・話題などを〉避ける《***off***》〈**from**〉 —他 …の針路[方向]を変える
—名《海》❶ C (船が) 針路からそれること；進路転換 ❷ U 舷弧(げんこ)《側面から見た甲板の弧度》

‡**sheet¹** /ʃiːt/
—名 (複 **～s** /-s/) C ❶ シーツ，**敷布** ‖ change the ～*s* シーツを取り替える
❷〈…の〉**1枚**(の紙)；(規格判の)用紙；シート状の紙；〈金属・ガラスなどの〉**薄板**，シート〈**of**〉；《形容詞的に》薄板(状)の ‖ a blank ～ 白紙 / a ～ *of* paper [A4] 1枚 [A4判] の紙 (⇨ PB 53) / Write down your name on the answer ～. 解答用紙に名前を書いてください / two ～*s of* 80-yen stamps 80円切手2シート / a plastic ～ ビニールシート / ～ glass 薄板ガラス
❸ 新聞，(特に)通俗紙；情報の書き込まれた[印刷された]紙《地図など》‖ a scandal ～ ゴシップ紙 / a large map ～ 大版の地図 / information ～*s* on our town 我が町の情報紙
❹〈…の〉一面の広がり；《しばしば ～s》〈火・水などの〉広がり〈**of**〉(→ ice sheet) ‖ A large ～ *of* water covered the corn field because of the flood. 大洪水でトウモロコシ畑が水浸しになった / The rain came down in ～*s*. 雨が激しく降った / ～*s of* flame 一面の火の海
a clèan shéet 白紙(の状態)；(職歴・品行面とも)きれいな経歴 ‖ start again with *a clean* ～ (前科などを忘れて)白紙の状態からやり直す
(***as***) ***whìte as a shéet*** (顔が)真っ青な
between the shéets 《口》ベッドに入って ‖ go [OR get] *between the* ～*s* 寝床に入る，寝る (♦ ベッドではシーツを2枚1組で用い，その間に体を入れる)
—動 (**～s** /-s/；**～·ed** /-ɪd/；**～·ing**)
—他 ❶ (シートなどで)…を覆う，くるむ；…にシーツを敷く ‖ The truck driver ～*ed* his load. トラック運転手は積荷にシートをかけた ❷ …を一面に覆う ‖ a lake ～*ed* with ice 氷結した湖 ❸ …を薄板状にする
—自 (雨が) 激しく降る《***down***》‖ The rain was ～*ing* against the windshield of his car. 車のフロントガラスに雨が激しくたたきつけていた
▸▸ **～ fèeder** 名 C シートフィーダー，給紙装置 **～ líghtning** /ˌ--ˈ--/ 名 U《気象》幕電(まくでん)，幕状電光 **～ mètal** 名 U 板金(ばんきん)，金属の薄板 **～ mùsic** /ˌ--ˈ--/ 名 U ばら刷りの楽譜

sheet² /ʃiːt/ 名 C《海》❶ 帆脚索(ほあしづな)，シート ❷《～s》(船首・船尾の)余地，空間
thrèe [OR ***twò***] ***shéets in*** [OR ***to***] ***the wínd*** 《口》泥酔して，ぐでんぐでんで
—動 他〔帆〕を帆脚索を引いて開く ‖ ～ a sail home 帆をいっぱいに開く ▸▸ **～ ànchor** 名 C ①《海》非常用大いかり ② いざというときに頼りになる人[もの]，頼みの綱

sheet·ing /ʃíːṭɪŋ/ 名 U ❶ 敷布(地)，シーツ地《綿布・リンネルなど》❷ (被覆・裏張り用の)板金

Sheet·rock /ʃíːtrɑ̀(ː)k | -rɔ̀k/ 名 U C《商標》シートロック《石膏(せっこう)ボードの製品名の1つ》

Shef·field /ʃéfiːld/ 名 シェフィールド《イングランド北部，サウスヨークシャー州にある工業都市》

sheik(h), shaik(h) /ʃeɪk, ʃiːk/ 名 C (アラブその他のイスラム教圏で)シーク，家長，族長，村長；(イスラム教の) 教主 (♦ 尊称にも用いる) **shéik(h)dom** 名 C シークの支配[管轄]地，首長国(♦ アラビア語より)

shei·la /ʃíːlə/ 名 C《豪・ニュージ口》若い女，娘

shei·tel /ʃéɪṭəl/ 名 C シェイトル《ユダヤ人の既婚女性がかぶるかつら》

shek·el /ʃékəl/ 名 C ❶ シェケル《イスラエルの通貨単位.

＝100アゴラ)(agorot) ❷ シェケル《バビロニアなどの古代の重さの単位；約½オンス》；(特にヘブライの) その重さの金[銀]貨 ❸《～s》《俗》金；富

shel·drake /ʃéldrèɪk/ 名 (複 ～ OR ～s /-s/) C 〘鳥〙 ❶ (雄の)ツクシガモ(→ shelduck) ❷ カワアイサ

shel·duck /ʃéldʌ̀k/ 名 (複 ～ OR ～s /-s/) C 〘鳥〙 (雌の)ツクシガモ(→ sheldrake)

‡shelf /ʃelf/

―名 〔▶ shelve¹ 動〕 (複 **shelves** /ʃelvz/) C ❶ **棚**，棚板 ‖ My bookcase has five *shelves*. 本箱には棚が5段ある / put up kitchen *shelves* 台所の棚をつる

❷ 棚の上のもの；U 棚の収納量 ‖ a ～ of photographs 棚いっぱいの写真 ❸ 棚状のもの(→ continental shelf)；岩棚，氷棚(ひょうほう)，氷床；砂州，浅瀬，暗礁；〘鉱〙岩床 ‖ a ～ of underwater rock 水中の岩棚

flỳ òff the shélves 大量に[飛ぶように]売れる

off the shélf 在庫(品)のある，すぐ手に入る；(特注品でなく)既製の[で](→ off-the-shelf)

on the shélf ① ⊗《ときに蔑》(特に女性が) 婚期を逸して ② (人・物が) 棚上げにされた，もはや用いられないで ‖ The plan has been put [OR left] *on the* ～ for the time being. 計画は当分棚上げになった

⏩ ～ **lìfe** 名 C 《通例 a ～》(食品・薬品などの) 有効[保存]期間 ～ **màrk** 名 C 書架記号《本の背につけて図書館のどの棚にあるのかを示す》

shélf-stàble 形 (常温で)長期保存のきく

shélf-stàcker 名 (特にスーパーの)陳列棚係

‡shell /ʃel/

―名 (複 ～s /-z/) C ❶ **貝殻**(sea shell)；(卵・種などの) **殻**；(甲殻類などの)殻，甲羅；(果物・実の)外果皮，(豆の)さや；(甲虫の)さやばね；(昆虫・さなぎの)外皮；U (細工用の)貝殻 ‖ Children are collecting ～*s* on the beach. 子供たちが砂浜で貝殻を集めている / crack the ～ of a coconut ココナッツの殻を割る / cast the ～ 脱皮する / the castoff ～ of a cicada セミの抜け殻 / a pendant carved out of ～ 貝殻を削って作ったペンダント

❷ 殻を思わせるもの，殻状のもの；(機器類の)覆い，外殻；車体の枠組；(建物・船などの)枠組，骨組；(ドーム形の)建物；(パイなどの)皮；(刀剣の)つば；(計画の)大要 ‖ pasta ～*s* 貝殻型のマカロニ / pie ～*s* パイ皮

❸《通例単数形で》(内容・実質に対する)外観，うわべ，見掛け；(人の心の)殻，打ち解けない態度；虚脱状態 ‖ a ～ of indifference 無関心の素振り / shatter one's ～ 自分の殻を打ち破る / Her life has been an empty ～ since her husband died. 夫が死んでからというもの彼女の人生は抜け殻同然の状態だ

❹ **砲弾**，(大型火器の)弾丸；《米》弾薬筒，散弾銃のカートリッジ，打ち上げ花火 (の殻) ‖ Five seconds later, the ～ burst. 5秒後にその砲弾は炸裂(さくれつ)した

❺〘理〙(原子の) 殻《ほぼ同一のエネルギーを持つ電子の一群が原子核の周囲を回る軌道空間》，その電子群

❻〘解〙外耳 ❼ U 💻 シェル (command interpreter)《ユーザーの入力コマンドを解釈し，OSに実行させるプログラム》 ❽ (女性用のそでなし襟なしの)ブラウス；(コート・上着・寝袋などの)表地，外被 ❾ シェル《レース用の軽いボート》

brìng a pèrson óut of his/her shéll 〔人〕を打ち解けさせる，〔人〕を社交的にさせる ‖ Going to college has *brought* her *out of* her ～. 大学に入ってから彼女は社交的になった

còme òut of one's shéll 自分の殻から出てくる，打ち解ける

gò [OR ***cràwl, retìre, retrèat***] ***ìnto one's shéll*** 自分の殻に閉じこもる，打ち解けない

―動 (～s /-z/；～ed /-d/；～·ing)

―他 ❶ …の殻[さや]をとる，皮をむく；…を殻[外皮]から取り出す；〔トウモロコシ・小麦など〕を脱穀する ‖ ～ nuts [oysters, peas] ナッツの殻をとる[カキを殻から取り出す，豆の皮をむく] / (as) easy as ～*ing* peas 全くたやすい

❷ …を砲撃する，…に砲弾を浴びせる ❸〘野球〙〔相手投手・チーム〕に集中打を浴びせる，…から一気に大量得点する

―自 ❶ 殻[外皮]がとれる[むける]；(金属片などが)はがれ(落ち)る《*off*》‖ Peanuts ～ easily. ピーナッツは簡単に皮がむける ❷ 砲撃する ❸ 貝殻を拾う[集める]

shèll óut 《口》〈他〉(***shèll óut ...***)〈…のために〉〔大金〕をしぶしぶ支払う〈**for, on**〉‖ He had to ～ *out* a fortune *for* a new car on his wife's demand. 彼は妻にねだられて新車を買うため大金を払わなくてはならなかった ―〈自〉〈…のために〉大金をしぶしぶ支払う〈**for, on**〉

～**·ing** 名 U ① もみ殻をとった穀粒 ② 殻[さや]をむくこと ③ 砲撃

⏩ ～ **bèan** 名 C さやをむいて食べる豆《ソラマメなど》 ～ **còmpany** 名 C ダミー会社，幽霊会社 ～ **gàme** 名 C 《米》豆隠し手品《いかさま賭博(とばく)の一種》；詐欺 ～ **jàcket** 名 C ① シェルジャケット《熱帯地方用の男性の略式礼服》 ② 陸軍将校の通常服 ～ **prògram** 名 C ＝shell 名 ❼ ～ **shòck** 名 U 〘医〙砲弾ショック，戦争神経症(combat fatigue) ～ **sùit** 名 C 《英》シェルスーツ《手首足首が締まるスポーツウエア》

***she'll** /弱 ʃil；強 ʃiːl/ 《口》 ❶ she will の短縮形 ‖ *She'll* be thirty this April. 彼女はこの4月で30歳になります ❷《まれ》she shall の短縮形

shel·lac /ʃəlǽk/ 名 U セラック《ラックカイガラムシの分泌するスチラックからアルコール抽出などにより取り出した天然樹脂. ワニスの原料》；(セラック)ワニス

―動 (-lacked /-t/；-lack·ing) 他 ❶ …に(セラック)ワニスを塗る ❷《米俗》…をたたきのめす，やっつける

shel·láck·ing /-ɪŋ/ 名 C 《米俗》完敗；殴打，暴行 ‖ get [OR take] a ～ 完敗する；殴られる

Shel·ley /ʃéli/ 名 シェリー **Percy Bysshe** ～ (1792–1822)《英国の叙情詩人》

shéll·fìre 名 U 砲火，砲撃

shéll·fìsh 名 (複 ～ OR ～·es /-ɪz/) C 貝類；甲殻類《エビ・カニなど》；U (食用としての)貝，エビ，カニなど

shell-less /ʃélləs/ 形 殻[外皮]のない

shéll·pròof 形 防弾の，砲撃に耐える(→ bulletproof)

shéll-shòcked 形 ❶〘医〙戦争神経症にかかった(→ shell shock) ❷ ショックを受けた；精神的に疲れた

shell·y /ʃéli/ 形 (貝)殻の多い，殻で覆われた；(貝)殻からなる；(貝)殻の(ような)

Shel·ta /ʃéltə/ 名 U シェルタ語《アイルランド語やゲール語に基づいた昔の隠語. ジプシーなどが用いた》

‡shel·ter /ʃéltər/

―名 (複 ～s /-z/) ❶ U 〈危険・風雨などからの〉**避難**；保護〈**from**〉‖ We took ～ *from* the rain in a café. 私たちは雨を避けてカフェに入った / **provide** ～ for wild animals 野生動物を保護する / run for ～ 急いで避難する

❷ C **避難所**，(雨宿りの) 小屋；隠れ場所；収容所 ‖ a fallout ～ 核シェルター / a bus ～ バス待合所 / an air-raid [underground] ～ 防空[地下]壕(ごう) / a ～ for the homeless [endangered animals] ホームレス[絶滅の危機にある動物]の保護[収容]施設

❸ U **居住**，住まい ‖ food, clothing and ～ 衣食住 (♦英語ではこの語順がふつう)

―動 (～s /-z/；～ed /-d/；～·ing)

―他 〔人・場所・物〕を〈…から〉**保護する**，守る(↔ endanger)〈**from**〉；〔人〕をかくまう；泊める，避難させる；…を隠す ‖ The little hut ～*ed* victims *from* the rain and cold. 小さな小屋が被害者を雨と寒さから守った / ～ oneself in a cave 洞穴に避難する[隠れる] / The police tried to ～ the scandal *from* the press. 警察はスキャンダルが報道関係にばれないようにした / ～ a fugitive in one's home 逃亡者を自宅にかくまう

―自 《＋副句》〈…から〉避難する，〈風雨・日差しなどを〉よける，避ける〈**from**〉；〈…に〉隠れる〈**under, in, etc.**〉‖ We stood in the doorway ～*ing from* the rain. 私たちは戸口に立って雨やどりをした

▶▶**~ bèlt** 名 C =shelterbelt **~ magazìne** 名 C 住宅関係の雑誌 **~ tènt** 名 C =pup tent

shélter·bèlt 名 C (農作物を保護する)防風林

shel·tered /ʃéltərd/ 形 ❶ (風雨・危険などから) 保護された ‖ a ~ childhood 過保護に育った子供時代 ❷ 過保護の ‖ a ~ life 安穏な生活 ❸《限定》(建物などが)(老人・身体障害者を)保護する ‖ a ~ workshop (心身障害者のための)保護作業場, 授産所

▶▶**~ hóusing** [**accommodátion**] 名 U《英》(老人・身体障害者のための)保護収容施設[ホーム]

shelve[1] /ʃelv/ 動 〔◁ shelf 名〕 他 ❶ …を棚の上に置く ❷〔問題など〕を棚上げにする, 延期する;…を見送る ❸ …を退職[引退]させる, 解雇する ❹ …に棚をつける

shelve[2] /ʃelv/ 動 自 (土地などが)〈…の方向へ〉緩やかに傾斜する, なだらかな坂になる《***down, up***》〈**to**〉

shelves /ʃelvz/ 名 shelf の複数

shelv·ing /ʃélvɪŋ/ 名 U ❶ 棚材;《集合的に》棚 ❷ 棚に載せること;(問題などの)棚上げ ❸ 緩い傾斜

Shem /ʃem/ 名〖聖〗セム《Noah の長子. セム族の祖とされる》

shé-màle 名 C《口》(男性の)服装倒錯者, 女装者

she·moz·zle, Sche- /ʃɪmá(ː)zl | -mɔ́zl/ 名 C《英口》❶ 不幸, 困ったこと ❷ 混乱(状態), てんやわんや, ごたごた(♦ イディッシュ語より)

Shen·an·do·ah /ʃènəndóʊə/ ⊲ジ 名《the ~》シェナンドア川《米国 バージニア州北部を流れポトマック川に合流》

she·nan·i·gan /ʃɪnǽnɪɡən/ 名 C《通例 ~s》《口》ごまかし, ぺてん;ばかげたこと;ごまかしの行為

Shen·yang /ʃènjáːŋ | -jǽŋ/ 名 瀋陽(シェンヤン)《中国北東部, 遼寧(リャオニン)省の省都》

She·ol /ʃíːoʊl | -ɔl/ 名 U〖聖〗(ヘブライ人の)死者の国;C《~s》黄泉(よ)の国, 墓

***shep·herd** /ʃépərd/ 《発音・アクセント注意》名 C ❶ (男性の)羊飼い(♦ 女性形 shepherdess /-əs/ だが, 現在は男女共に shepherd がふつう) ❷ 聖職者, 牧師;指導者 ❸《the Good S-》よき羊飼い《キリストのこと》

— 動 他 ❶〔羊〕の番[世話]をする ❷《+目+副句》〔群衆など〕を〈…の方へ〉案内する, 連れて行く〈**into, out, toward**〉‖ He *~ed* the old man *toward* the bus stop. 彼は老人をバス停へ案内した

語源 *shep-* sheep(羊)+*-herd*(番をする)

▶▶**~ dòg** 名 C =sheepdog **~'s píe** 名 U C シェパードパイ《肉入りパイの一種で, ひき肉とタマネギをマッシュポテトで包んで焼いたもの》 **~'s pláid** 名 U 白黒の細かい格子じま(の毛織物) **~'s púrse** 名 C〖植〗ナズナ, ペンペングサ

Sher·a·ton /ʃérətən/ 形《通例限定》(家具が) シェラトン風の《英国の家具設計者 Thomas Sheraton (1751–1806)の名から. 簡素で優美な様式が特徴》

sher·bet /ʃə́ːrbət/ 名 U ❶《米》シャーベット (《英》sorbet) ❷《英》(粉末の)シャーベット菓子《口に入れると果物や炭酸飲料の味がする》;(粉末の)シャーベット水のもと

語源「飲み物」を意味するアラビア語から.

sherd /ʃəːrd/ 名 C〖考古〗(遺跡の)土器片

she·ri·a /ʃəríːə/ 名 =sharia

Sher·i·dan /ʃérɪdən/ 名 **Richard Brinsley ~** シェリダン(1751–1816)《アイルランド生まれの英国の劇作家・政治家》

***sher·iff** /ʃérɪf/ 名 C ❶ (米国の) 郡保安官, シェリフ《選挙で選ばれる》❷《しばしば High S-》(イングランド・ウェールズで国王[女王]が任命する)州長官, (一部の)市長 ❸ (スコットランドの)(州裁判所の)裁判長 **~·dom** 名 U C sheriff の職[管轄区域] **~·hòod** 名 **~·shìp** 名

▶▶**Shériff('s) cóurt** 名 C (スコットランドの)州裁判所

Sher·lock Holmes /ʃə̀ːrlɑ(ː)k hóʊmz | -lɔk-/ 名 シャーロック=ホームズ《英国の推理小説家 Conan Doyle の作品に登場する名探偵》

Sher·man /ʃə́ːrmən/ 名 **William Tecumseh ~** シャーマン(1820–91)《米国南北戦争時の北軍の将軍》

Sher·pa /ʃə́ːrpə/ 名 (複 **~** OR **~s** /-z/) C ❶ シェルパ族(の人)《ヒマラヤ山脈の南側に住むチベット系住民. 登山のガイドや運搬を務める》❷《ときに s-》《口》(首脳会談などの)裏方, 下準備係

***sher·ry** /ʃéri/ 名 (複 **-ries** /-z/) U シェリー酒《スペイン南部原産の酒精強化ワイン. 主に食前酒》;C 1杯のシェリー酒

sher·wa·ni /ʃəːrwáːniː/ 名 C シェルワニ《インドの男性が着る, ひざ下までの長さの詰め襟のコート》

Shèr·wood Fórest /ʃə̀ːrwʊd-/ 名 シャーウッドの森《イングランド中部にあった王室林. Robin Hood 伝説で有名》

***she's** /弱 ʃiz;強 ʃiːz/ 《口》❶ she is の短縮形 ‖ *She's* my sister. 彼女は私の妹です / *She's* now going about her household chores. 彼女は今せっせと家事をやっている ❷ she has の短縮形 (♦ has が助動詞の場合) ‖ *She's* finished her supper. 彼女は夕食を済ませた

Shet·land /ʃétlənd/ 名 ❶ シェトランド《スコットランド北東の諸島・州》;(=**the ~ Ìslands**)《the ~s》シェトランド諸島 ❷ (=**~ póny**) C〖動〗シェトランドポニー《シェトランド諸島原産の頑健な小馬》❸ (=**~ shéepdog**) C〖動〗シェトランドシープドッグ《シェトランド諸島原産のコリーに似た小型牧羊犬》❹ (=**~ wóol**) U シェトランドウール《シェトランド諸島原産の羊毛から紡いだ毛糸》

shew /ʃoʊ/ 動 (**shewed** /-d/; **shewn** /-n/) 《旧》=show

shew·bread /ʃóʊbrèd/ 名 U〖聖〗供えのパン《ユダヤ教で安息日ごとに至聖所の祭壇に供えた12個のパン》

***shh, shhh** /ʃ(ː)/ 間 しーっ(「静かに」の発声)

Shi·a, Shi'a, Shi·ah /ʃíːə/ 名 (複 **~** OR **~s** /-z/) U (イスラム教の)シーア派;C シーア派信徒(→ Sunni)

shib·bo·leth /ʃíbəlèθ/ 名 C ❶ (ある階層・集団に)特有な慣習[言葉遣い, 考え方] ❷ 旧式な考え[慣習]

***shield** /ʃiːld/ 名 C ❶ (防護用の) 盾 ‖ The police officers held up their riot *~s* against the flying stones. 警官たちは飛んで来る石をよけるために対暴徒用の盾をかざした ❷ 〈…に対する〉防御物, 保護物[者], 覆い〈**against**〉;(機械の)盾装;(レントゲンなどの)保護カバー, 放射線遮蔽(しゃへい)物;防盾《砲手を守る鉄板》;(トンネル工事の)シールド, 構盾;(電線などの)絶縁物;(わきの下の)汗どめパッド;(ヘルメットの)(顔面保護用)シールド ‖ The armed robber took a hostage as a human ~. 武装強盗は人質を盾にとった / The spy hid behind the ~ of diplomatic immunity. そのスパイは外交特権を盾に身を隠した ❸ 形状が盾に似たもの《盾形のトロフィー, 紋章の盾形紋地(escutcheon)など》;《米》警察官のバッジ;〖地〗盾状地;〖生〗(甲羅などの)盾状部, 堅い外被[殻]

— 動 他 …を〈…から〉保護[防御]する〈**from, against**〉;…を隠す, 覆う;(けがなどしないよう)〔機械など〕に覆いをつける ‖ ~ a child *against* [OR *from*] the cold wind 子供を冷たい風からかばう — 自 保護する, 後ろ盾となる

:shift /ʃɪft/

— 動 (**~s** /-s/; **~·ed** /-ɪd/; **~·ing**)

— 自 ❶ (わずかな距離を)**移動する**, 移る, 動く;(位置・方向などが)**変わる**, 転じる (♦ しばしば方向を表す 副句 を伴う) ‖ He *~ed* uncomfortably in his chair. 彼は居心地悪そうにいすの上で身動きした / ~ from one foot to the other 体重を一方の足から他方の足にかけ替える / The wind *~ed* (around) to the west. 風 (向き) が西に変わった

❷ (力点・方針などが)**変わる**, 移る, (人が)(態度・意見などを) 変える〈**from** …から;**to, toward** …へ〉‖ The emphasis in education should ~ *from* rote memorization *to* creative thinking. 教育の重点は丸暗記から創造的思考へ移るべきだ / She *~ed* round *to* her old opinion. 彼女は元の意見に戻った

❸《米》(車の)ギアを(入れ)変える(《英》change) ‖ ~ up [down] 高速[低速]ギアに変える, シフトアップ[ダウン]する / ~ out of second into third 2速から3速に変える

❹ (キーボードの)シフトキーを押す[押して小文字・大文字を切り替える] ❺《古》ごまかす，はぐらかす，言い抜ける ❻《英口》非常に速く動く；急いで行く，急ぐ ❼〘言〙(音韻が)(時代が進むにつれ)系統的に推移する[変化する] ❽〘野球〙(野手が)守備位置をシフトする

━他 ❶ (わずかな距離の間で)…を**移動させる**，移す，動かす，転じる〈**from** …から；**to, into** …へ，に〉‖ Help me ～ the desk around. 机をちょっと移動させるのを手伝ってよ / The boy ～*ed* his gaze *from* the doctor *to* his mother. 少年は視線を医者から母親へ移した
❷〔意見・力点など〕を**変える**，変更する，置き[入れ]換える〈**from** …から；**to, toward** …へ〉‖ ～ the **focus** *from* the form *to* the subject matter 形式から内容へ焦点を変える / ～ the balance of power 勢力の均衡を変える / ～ the scene (劇・小説などで) 場面を変える / ～ one's ground 主張[考え]を変える
❸〔責任など〕を〈人に〉転嫁する，なすりつける〈**onto, to**〉‖ Don't try to ～ the responsibility (*on*) *to* me. こちらのせいにしないでもらいたい ❹《米》〔車のギア〕を変える(《英》change) ‖ ～ gears ギアを変える ❺《英口》〔汚れ〕を落とす ❻《英口》〔在庫品など〕を売りさばく ❼《英口》…をがつがつ食べる，むさぼり食う ❽〘言〙(時代が進むにつれて)〔音韻〕を系統的に推移[変化]させる

shìft for oneself 人の世話にならずにやる，自活する

COMMUNICATIVE EXPRESSIONS

1 **Shíft yoursèlf!** さっさと行き[やり]なさい；そこをどきなさい

━名 (複 **～s** /-s/) C ❶ (位置・方向・態度などの)**変化**，転換，変更；**移動**，移行，ずれ〈**from** …からの；**to** …への；**in** …における〉‖ The ～ away *from* domestic manufacturing *to* production in factories located abroad is likely to continue. 国内生産から海外工場での製造への転換は今後も続くと思われる / a ～ *in* the wind [balance of power] 風向き[力の均衡]の変化
❷ (勤務の)**交替**；(交替制の)勤務時間；《集合的に》《単数・複数扱い》交替の組 ‖ work in three ～*s* 3交替制で働く / work the day [night] ～ 昼間[夜間]勤務で働く / work an eight-hour ～ 8時間交替勤務で働く
❸ (ウエストを絞っていない) ゆったりとしたワンピース (shift dress)；昔のゆったりしたシュミーズ[スリップ]
❹ 桁(けた)送り，シフト《ビット列やバイト列のビットやバイトを指定方向に移動すること》
❺ C U (一時しのぎの)方策，手段，便法；《古》策略，ずるい手口，ごまかし ‖ make ～ 何とか(やりくり)する
❻《米》〘スポーツ〙(プレーヤーの位置の)シフト《野球で野手の移動，アメフトでスナップ直前の攻撃プレーヤーの移動》
❼《米》(自動車などの)変速装置[レバー](gearshift)
❽ (キーボードの)シフトキー(shift key)
❾〘言〙音韻推移，音韻変化 ❿ U〘理〙偏移《周波数の変化によるスペクトルの移動》(→ red shift) ⓫〘楽〙(弦楽器・鍵盤楽器演奏の際の)(手の)ポジション移動 ⓬〘鉱〙断層
▸▸ **～ing cultivátion** 名 U 移動[焼畑]農業 **～ kèy** 名 C (キーボードの)シフトキー

shift·er /ʃíftər/ 名 C ❶《米》(自動車の)ギアボックス；(自転車の)変速レバー ❷《通例複合語で》変える人[もの]

shift·less /ʃíftləs/ 形 気力[意欲]のない，ふがいない，怠け者の；無策の，無能な **～·ly** 副 **～·ness** 名

shift·y /ʃífti/ 形《口》❶ 信用のおけない，狡猾(こうかつ)な，ごまかしの多い；(目などが) ずるそうな ‖ ～ eyes きょろきょろ動く目(♥ 不誠実の兆候とされる) ❷ 臨機の才のある
shíft·i·ly 副 **shíft·i·ness** 名

shi·gel·la /ʃɪɡélə/ 名 (複 **～s** /-z/ OR **-lae** /-liː/)《ときに S-》C〘細菌〙シゲラ(菌)《赤痢菌の典型種》(♦ 発見者志賀潔(1870-1957)の名より)

Shih Tzu /ʃìːdzúː, -tsúː/ 名 (複 **～** OR **～s** /-z/)《また s-t-》C シーズー《中国原産の長毛の愛玩(あいがん)犬》

shii·ta·ke /ʃɪtáːkeɪ, ʃiː-/ 名 (= **～ mùshroom**) C シイタケ(♦ 日本語より)

Shi·ite, Shi'ite /ʃíːaɪt/ 名 C (イスラム教の)シーア(Shia)派の信徒《Mohammed の婿 Ali をその正統の後継者とする宗派》(→ Sunnite) ━形 シーア派信徒の
～·ism, Shi'ism 名

shill /ʃɪl/ 名 C《米口》(大道商人などの)さくら
━動 自 さくらをする ━他 …のためにさくらをする

shil·le·lagh /ʃɪléɪlə/ 名 C《アイル》(カシなどの) こん棒(cudgel)《武器．懲罰用》

***shil·ling** /ʃílɪŋ/ 名 C ❶ シリング《1971年までの英国の通貨単位．1/20ポンド(pound)，旧12ペンス(pence)，新5ペンスに相当．略 s，記号 /)；シリング硬貨 ❷ シリング《ウガンダ・タンザニア・ソマリア・ケニアの基本通貨単位》
nòt the fùll shílling《英口》頭がとろい
tàke the Kìng's [OR ***Quèen's***] ***shílling***《英》兵役に服する

shil·ly-shal·ly /ʃílіʃæli/ 動 (**-lies** /-z/；**-lied** /-d/；**～·ing**) 自 決心がつかない，ぐずぐずする，ためらう
━名 (複 **-lies** /-z/) U C 優柔不断，ためらい

shim /ʃɪm/ 名 C〘機〙詰め木[がね] ━動 (**shimmed** /-d/；**shim·ming**) 他 …に詰め木[がね]を入れる

shim·mer /ʃímər/ 動 自 ❶ ちらちら[ゆらゆら]光る，(かすかに)きらきらする(⇨ SHINE 類語) ❷ (熱などで)揺らめいて見える；(陽炎(かげろう)などが)揺らめく ━名 U/C《単数形で》ちらちらする[揺らめく]光，微光；陽炎

shim·my /ʃími/ 名 (複 **-mies** /-z/) ❶ C シミー《1920年代に流行した肩や腰を激しく振るラグタイムダンス》❷ U (車の前輪の)異常な震動 ❸《古》《口》=chemise
━動 (**-mies** /-z/；**-mied** /-d/；**～·ing**) 自 シミーを踊る；(車の前輪が)異常に震動する

shin /ʃɪn/ 名 C 向こうずね(→ body 図)；U (牛の)すね肉
━動 (**shinned** /-d/；**shin·ning**) 自 (手足を使って素早く)よじ登る《*up*》；するすると降りる《*down*》；《米》早足で歩く，走る ‖ ～ *up* a rope ロープをよじ登る ━他 ❶ (素早く)…をよじ登る ❷ …の向こうずねをける ▸▸ **～ guàrd** [《英》**pàd**] 名 C (ホッケー・サッカー・野球選手などの)すね当て **～ splints** 名《単数・複数扱い》(特にトラック競技選手に多い)脛骨(けいこつ)の疼痛(とうつう)，すねの筋肉痛

shín·bòne 名 C 脛骨，すねの骨

shin·dig /ʃíndɪɡ/ 名《口》❶ C (騒々しい) (ダンス) パーティー，宴会 ❷ =shindy ❶

shin·dy /ʃíndi/ 名 (複 **-dies** /-z/)《口》❶ C 騒動，けんか ‖ kick up a ～ 大騒ぎを起こす ❷ =shindig ❶

‡**shine** /ʃaɪn/
━動 (**～s** /-z/；**shone** /ʃoʊn | ʃɒn/；**shin·ing**) (→ 他 ❷)
━自 ❶ (光を発したり，反射して)**輝く**，光る，照る《*out*》(⇨ 類語) ‖ The sun *shone out* after weeks of rain. 何週間も雨が降り続いた後で太陽が顔を出した / Polish the sink until it ～*s*. ぴかぴかになるまで流しを磨きなさい
❷ (光が)〈目などに〉強く当たる，ぎらぎらする，まぶしい〈**in, on**〉‖ The lights are *shining* straight *in* my eyes. ライトがまともに目に入ってまぶしい
❸ (目・顔が)〈喜び・興奮などで〉輝く，生き生きとする〈**with**〉；(性格・特徴などが) はっきり現れる，明らかである，目立つ《*out, through*》〈**on** 表情などに；**out of** …から；**through** …中に〉‖ The dog's face *shone with* joy when he saw his owner in the distance. 遠くに飼い主の姿を見つけるとその犬の顔は喜びに輝いた / His honesty *shone* ⌈*out of* him [*on* his face]. 誠実さが彼の態度[表情]にはっきりと現れていた / The author's sense of humor ～*s through* her writing. 作者のユーモアのセンスが著作中で光っている
❹《通例進行形不可》〈活動などで〉他に抜きん出る，際立つ〈**at, in**〉；〈…として〉異彩を放つ《*out*》〈**as**〉‖ Ted ～*s* ⌈*at* piano [*in* the butterfly stroke, *as* a motorcycle racer]. テッドはピアノが[バタフライが，オートレーサーとして] ずば抜けている / Her expertise as an interviewer *shone out* all the time. 彼女のインタビューアーとしての優れた技術は常に他に抜きん出ていた

—他 ❶〔…の光〕を〈…に〉向ける, **当てる**；〔ライト〕で〈…を〉照らす〈**on, onto, into, around, across,** etc.〉‖ He *shone* a flashlight [*around* the room [*onto* my face]. 彼は懐中電灯で部屋[私の顔]を照らした
❷ (**~d** /-d/)〔靴・金属など〕を**磨く**, (磨いて)光らせる《*up*》
shìne ùp to a pérson 〈他〉《主に米口》〔人〕に取り入ろうとする, 〔人〕の機嫌をとる；〔異性〕に好かれようとする
—名 ❶ U/C《通例単数形で》**光**, 輝き, 反射；光沢, つや ‖ in the ~ of the bright sunlight 明るい日差しの中で / How do you get that healthy ~ on your hair? どうしたら髪にそんな健康的なつやが出るの
❷ C《単数形で》(主に靴を)磨くこと, 磨き ‖ I need a ~. (靴を) 磨いてください / give one's shoes a good ~ 靴をぴかぴかに磨く ❸ U 晴天, 日光(⇨ RAIN(成句)) ❹ C《通例 a ~》優秀さ, 素晴らしさ ‖ His essay has a ~. 彼のエッセイは素晴らしい ❺ C《通例 ~s》《米口》いたずら, 悪ふざけ ❻ U《米俗》密造酒(moonshine)
*****tàke a shíne to ...*** 《口》…を一目で[すぐに]好きになる
tàke the shíne òff [OR ***òut of***] ***...*** 《口》…の輝きを損なう, 素晴らしさを奪う

類語 《自 ❶》 **shine** 「光を出す, 太陽・月・星などが輝く」という一般的な語.
gleam 柔らかな明るさで (しばしば暗さを背景として) 光る. 〈例〉Neon lights *gleamed* in the mist. ネオンの灯が霧の中で淡く輝いていた
glimmer (発光または反射して) ほのかに明滅する. 〈例〉A faint light *glimmered* at the end of the passage. ほのかな光が通路の端で点滅していた
shimmer (反射して) 柔らかにちらちら光る. 〈例〉Moonlight *shimmered* on the waves. 月光が波間に揺らめいた
glisten ぬれて光る.〈例〉The grass *glistened* in the morning dew. 草は朝露にぬれてきらきら光った
glitter 光度が強く, 長くきらきら輝く, ぴかぴか光る. 〈例〉Her diamond necklace *glittered* under the spotlights. 彼女のダイヤの首飾りがスポットライトの下できらきら輝いた (♦ glim*mer*, shim*mer*, glit*ter* などの -er は chatter (ぺちゃくちゃしゃべる), patter(ぱたぱた走る)などと同じく動作の「反復」を表し,「ちらちら, きらきら, ぴかぴか」などの語感に通じる)
sparkle 連続して瞬間的にきらきら光る. 〈例〉The sea *sparkled* in the sunlight. 海は陽光を浴びてきらめいた
twinkle 柔らかく, またたくように光る. 〈例〉The stars *twinkled* in the night sky. 星が夜空にまたたいた
flash 瞬間的に明るく光る. 〈例〉The light *flashed* twice. 明かりは2度ぴかっと光った
glow 発熱して(いるように)赤く輝く. 〈例〉The cigarette *glowed* in the dark. たばこが暗闇(くらやみ)の中で赤く光った
beam 光線状の光を放って輝く.〈例〉The sun *beamed* through the clouds. 太陽が雲間から輝いた

shin·er /ʃáɪnər/ 名 C ❶ 光る[目立つ]人；光るもの；光らせる人[もの] ❷〚魚〛シャイナー《北米産のコイ科の銀色の小型淡水魚》❸《通例単数形で》《口》(打たれてできた)目の周りの黒あざ(black eye)
*****shin·gle¹*** /ʃíŋgl/ 名 C ❶《通例 ~s》(タイル状の) 屋根材, 壁材 ❷《米・カナダ》(医者・弁護士等の)看板 ‖ hang out [OR up] one's ~ 開業する, オフィスを構える ❸ シングルカット《1920年代にはやった後頭部を刈り上げる女性の髪型》 —動 他 ❶ …を屋根板でふく, …に壁材を張る ❷〔髪〕をシングルカットにする
shin·gle² /ʃíŋgl/ 名 U《集合的に》(海岸などの)丸くなった小石(♦ gravel より大きく pebble より小さい) (⇨ STONE **類語P**)；C 小石の浜 **-gly** 形 小石だらけの
shin·gled /ʃíŋgld/ 形 (屋根・建物などが) 屋根材 [壁材] で覆われた
shin·gles /ʃíŋglz/ 名 U〚医〛帯状疱疹(ほうしん), ヘルペス
shin·ing /ʃáɪnɪŋ/ 形 ❶ (光を発して[反射して]) 輝く, 光る ❷《限定》異彩を放つ, 目立つ ‖ a ~ example of bravery 勇敢さの素晴らしい手本
shin·ny¹ /ʃíni/ 名 (複 **-nies** /-z/)《米》U シニー《ホッケーを簡単にした子供の球技》；C シニー用の打球棒
shin·ny² /ʃíni/ 動 (**-nies** /-z/；**-nied** /-d/；**~·ing**) 自《米》=shin
Shin·to /ʃíntoʊ/ 名 U (日本の)神道
~·ism 名 U 神道 **~·ist** 名 C 形 神道(信者)(の)
shin·ty /ʃínti/ 名 =shinny¹
*****shin·y*** /ʃáɪni/《発音注意》形 (**shin·i·er**；**shin·i·est**) ❶ 輝く, 光る；光沢のある, 滑らかな；晴天の ‖ ~ hair [eyes] 輝く髪[瞳(ひとみ)] / a ~ car ぴかぴかの車 ❷ (衣服などが) 着古して光る **shín·i·ness** 名

***ship /ʃɪp/ 名 動

—名 (複 **~s** /-s/) C ❶ (大型の) **船**, **艦** (→ boat, vessel)；《複合語で》…船；〚海〛(3本以上マストをつけた)大型帆船(sailing ship)；《英口》ボート, (特に)レース用ボート (⇨ **類語**) ‖ The ~ had engine trouble, so it [OR she] was docked for repairs. 船はエンジンが不調で修理のためドック入りした (♦ 話者が愛着を持っている船は she で受けることがある) / a cargo [merchant, passenger] ~ 貨物[商, 客]船 / a ~'s captain [crew] 船長[乗組員] / go [OR get] on board (a) ~ 乗船する / [disembark from [OR leave] a ~ 下船する / launch a ~ 船を進水させる / pilot [OR sail, steer] a ~ 船を操縦する / sail on a ~ for ... …に向けて船出する / go by ~ 船で行く(♦ この場合は無冠詞)
❷《口》宇宙船(spaceship)；《米口》航空機, 飛行船(airship) ❸《集合的に》船員, 乗組員, 乗船者
a shìp of the désert 《文》ラクダ
a shìp of the líne (昔の)戦列艦《最前列で戦う大型軍艦》
*****desèrt*** [OR ***lèave, abàndon***] ***a sìnking shíp*** 沈みかかった船を見捨てる；(従業員が) つぶれそうな会社を見限って退職する
jùmp [OR ***abàndon***] ***shíp*** (船員が)船を捨てる[去る]；(有利な条件の方へ) 逃げる, (組織などから) 無断で離脱する；(活動などを)やめる
rùn a tìght [OR ***tàut***] ***shíp*** (組織・事業などを) 厳格に管理[運営]する(⇨ COMPANY **メタファーの森**)
shìps that pàss in the níght 偶然に出会っただけの人たち, 行きずりの人々
spòil the shíp for a hà'p'orth of tár 《主に英》《旧》一文惜しみの百失い；少しの金を惜しんで大きな計画を駄目にする(♦「治療用のわずかなタール代を惜しんでけがの羊を死なせる」の意. この ship は sheep(羊)の方言. ha'p'orth は halfpennyworth の短縮形)
when one's shìp còmes ín [OR ***hóme***] 突然金ができたら, 金持ちになったら

COMMUNICATIVE EXPRESSIONS
1 **Don't give ùp the shíp!** あきらめないで (♥ the ship がない場合と意味は同じだが, 海軍用語からきた表現)

—動 (**~s** /-s/；**shipped** /-t/；**ship·ping**)
—他 ❶ …を**船で輸送する**[**送る**]；(一般に)…を輸送する ‖ ~ goods by truck [airplane, rail] (to Fukuoka) (福岡へ)品物をトラック[飛行機, 鉄道]便で送る
❷〔コンピューターのソフトなど〕を店頭で売り出す
❸ (船側越しに)〔波〕をかぶる ❹〔マスト・舵(かじ)など〕を(船内に)取りつける；〔タラップ〕を引き入れる；〔オール〕を(ボート内に)収める ❺〔船員〕を乗り組ませる, (船仕事に)雇い入れる
—自 ❶《旧》乗船する；船旅をする ❷ 船員として乗り組む[働く] ❸ (コンピューターソフトなどが)売り出される
shìp ín ... / ***shìp ... ín*** 〈他〉…を(船などで)運び込む
shìp óff ... / ***shìp ... óff*** 〈他〉〔人・物〕を〈…へ〉(特に海路・空路で)送り出す；《口》〔人〕を(本人の意向に関係なく)〈…へ〉行かせる, 送る〈**to**〉(♦ しばしば受身形で用いる)
shìp óut 〈自〉① 出発する；立ち去る；(乗組員などが)船出

する ❷《主に米口》やめる；首になる(⇨ SHAPE *up or ship out*) ―〈他〉(**shìp óut ... / shìp ... óut**)〔人・荷物〕を(船で)送り出す

類語《名❶》**ship** ふつう大型の船.
boat 小さい舟, 特殊な用途の小型汽船を指すが,《口》では ship と同じに用いることも多い. 日本語のいわゆる「ボート」は rowboat がふつう.
ferry 人・荷物をのせ, 通例短距離を連絡航行する船.
vessel ship, boat と同じ意味だが特に大型船を指す. やや格式ばった語.
yacht レース用などの帆走船, すなわち日本語でふつうにいう「ヨット」だけでなく, エンジン付きで宿泊設備を備えた豪華な回遊用の船にも多く用い, この場合金持ちのレジャーを連想させる.

▸▸~ **bìscuit** 名 C (昔, 船員が用いた) 船用堅パン ~ **canàl** 名 C (大型船が通れる) 船舶用運河 ~**'s chàndler** 名 C 船具商 ~**'s pápers** 名 複 (法律上必要な)船舶書類

-ship /-ʃɪp/ 連結形 I 名詞につけて抽象名詞を作る ❶《状態・性質》‖ friend*ship*, hard*ship* ❷《身分・地位・職・任期》‖ professor*ship*, clerk*ship*, chairman*ship* ❸《能力・技術》‖ horseman*ship*, workman*ship* ❹《特定の集団全体》‖ reader*ship*, member*ship* II 形容詞につけて抽象名詞を作る ‖ hard*ship*

shíp·bòard 形《限定》(特に航海中に)船上で使われる[起こる] ―名 U 船 ‖ on ~ 船上に[で]

shíp·bròker 名 C《英》船会社代理人[仲介業者]

shíp·bùilder 名 C 造船家[技師]；造船会社

shíp·bùilding 名 U 造船業[術]

shíp·lòad 名 C 船1隻分の積載量[乗客数]；船荷

shíp·màster 名 C 船長(captain)

shíp·màte 名 C (同じ船の)船員仲間

***ship·ment** /ʃípmənt/ 名 ❶ U 船積み；(一般に輸送機関への)積み込み, 積み出し, 出荷, 発送 ❷ C〈…の〉船荷(量)；(一般に)積み荷(量), 発送貨物〈**of**〉‖ a large ~ *of* automobiles 自動車の大量の船荷

shíp·òwner 名 C 船主, 船舶所有者

ship·per /ʃípər/ 名 C (陸路・空路・海路の)運送業者

***ship·ping** /ʃípɪŋ/ 名 U ❶ 船積み, 船輸送；(一般に輸送機関への)積み出し, 輸送, 海運(業), 運送(業)；輸送料, 運送料 ‖ a ~ and handling fee 運送手数料 ❷《集合的に》(1つの港・産業・国に属する)船舶；船舶トン数

▸▸~ **àgent** 名 C《英》船荷取扱人；海運業者, 回漕(ｶｲｿｳ)店 ~ **clèrk** 名 C 積み荷事務員 ~ **fòrecast** 名 C《英》海上天気予報放送 ~ **làne** 名 C 航路, 海路 ~ **office** 名 C《英》海運業事務所；海員監督官事務所

shíp·shàpe 副 形《叙述》きちんと(した), 整然と(した)

shìp-to-shóre ⟨シ⟩ 形 船と陸をつなぐ

shíp·wày 名 C (造船所の)船台

shíp·wrèck /-rèk/ 名 ❶ U 難破, 難船；C 難破船(の残骸(ｻﾞﾝｶﾞｲ)) ‖ suffer ~ 難破する ❷ U〈計画・望みなどの〉破滅, 大失敗, 破綻(ﾊﾀﾝ)〈**of**〉‖ end in ~ 大失敗に終わる ―動 他《通例受身形で》難破する；《文》(人・望みなどが)破滅する ―自 難破する ~**ed** 形 難破した

shíp·wrìght 名 C 船大工, 造船工

shíp·yàrd 名 C 造船所(dockyard)

shire /ʃáɪər/ 名 C ❶《英》州(county) (♦ 今日(ｺﾝﾆﾁ)では主に州名の語尾に使い, /ʃər, ʃɪər/ と発音される) ❷《the S-s》イングランド中部諸州《イングランド中部の -shire で終わる州の総称. キツネ狩りで有名》❸ (=~ **hòrse**) (イングランド中部地方産の, 大型で力の強い)荷馬車用の馬

shirk /ʃəːrk/ 動 他〔仕事・責任など〕を回避する, 逃れる ―自〈仕事などを〉逃れる, サボる〈**from**〉 ~**·er** 名

shirr /ʃəːr/ 動 他 ❶《服飾》〔布地・衣服〕にシャーリング[飾りひだ]をつける ❷《米》〔卵〕を浅皿に割り落として焼く

shirr·ing /ʃəːrɪŋ/ 名 U シャーリング, 飾りひだ《服に同じ間隔で装飾的に入れるギャザー》

****shirt** /ʃəːrt/

―名 (複 ~**s** /-s/) C ❶ (主に男性用の)**(ワイ)シャツ**；《複合語で》…シャツ(⇨ 類語) ‖「put on [take off] a ~ シャツを着る[脱ぐ] / Tuck in your ~. シャツのすそをズボンの中へ入れなさい / a short-sleeved ~ 半そでシャツ / **wear** a T-~ Tシャツを着ている / **in** a white ~ 白いシャツを着て / with one's ~ off シャツを脱いで / no ~*s*, no shoes, no service 裸, はだしの方お断り (♦ レストラン・商店などの掲示) / *Near is my ~, but nearer is my skin.* 《諺》シャツは近くにあるが皮膚はもっと近い；自分のことがいちばん大事

❷《主に米》(下着の) シャツ, アンダーシャツ (undershirt) ❸ (女性用の) シャツブラウス (shirtwaist) ❹ =night-shirt

kèep one's shírt òn 《主に命令文で》《口》怒らない[どならない]で落ち着いている

****lòse one's shírt*** 《口》すべてを失う,〈賭(ｶ)け事・投機・事業などで〉無一文になる〈**on**〉

pùt [OR ***bèt, stàke***] ***one's shírt on ...*** 《英口》〔馬など〕に有り金全部を賭ける；…に確信がある

the shìrt òff one's [OR ***a person's***] ***báck*** 《口》(残っている) 最後の財産 [所有物] ‖ He would give you *the ~ off* his *back*. 彼はすべてを失ってでも君に尽くしてくれるだろう / He took *the ~ off* my *back*. 彼は私から一円残らず取り上げた(→ CE 1)

COMMUNICATIVE EXPRESSIONS

1 「**Àll I háve is** [OR **I've gòt nóthing but**] **the shírt on my bàck.** 私にはお金がない；金欠だ

類語《❶》**shirt**「ワイシャツ」に相当するが,《米》では上半身用の下着を意味することもある.《米》では下着のシャツは **undershirt** ともいい,《英》では **vest** と呼ぶ.《米》では vest は shirt の上に着るベストで,《英》では **waistcoat** という.
underwear, underclothes, underclothing (一般に) 下着, 肌着.〈例〉Underpants, panties, bras and tights are *underwear*. パンツ, パンティー, ブラジャー, パンティーストッキングはいずれもみな下着だ

語源 ゲルマン祖語で「短い」の意から. short, skirt も同語源.

shírt·drèss 名 C シャツワンピース《シャツを伸ばしたような形のワンピース》

shírt·frònt 名 C (のりのきいた)(ワイ)シャツの胸部

shírt·lìfter 名 C ⊗《英口》《蔑》男性の同性愛者

shírt·slèeve 名 C《通例 ~s》(ワイ) シャツのそで ‖ in (one's) ~*s* (ワイ)シャツ姿で, 上着を着ずに
―形 ❶ =shirtsleeved ❷ (天候などが) 上着のいらない；形式ばらない, 略式の；率直な ‖ ~ diplomacy 非公式外交 ~**d** 形 上着を着ていない, (ワイ)シャツ姿の

shírt·tàil 名 C ❶ (ワイ) シャツのすそ ❷〘ジャーナリズム〙関連記事, 補足記事

shírt·wàist 名 C《米》❶ (女性用) シャツブラウス (《英》shirtblouse) ❷ =shirtdress

shirt·y /ʃə́ːrṭi/ 形《英口》〈人に〉怒った, 不機嫌な〈**with**〉

shish ke·bab /ʃɪʃ kəbɑ̀ːb | ʃɪʃ kəbǽb/ 名 U〘料理〙シシケバブ《羊肉と野菜のトルコ風串焼き》

***shit** /ʃɪt/ ⊗《卑》名 ❶ U 大便, くそ, 糞(ﾌﾝ) (♥ 婉曲的には waste,《口》dirt などという)；C 排便 (行為) ‖ take [OR have] a ~ 排便する (♥ 婉曲的には relieve oneself という) / dog ~ on the street 路上の犬の糞 (♥ a pile of dog dirt とすると上品な表現になる) ❷ U 不良[粗悪](品), ひどい代物；いやなこと[もの]；不吉な事態；C いやな[くだらない] やつ, くそ野郎 ‖ This computer is a total piece of ~. このコンピューターは全くの粗悪品だ / *Shit happens.* 避けられない悪いことが起こるものだ, どうしようもない ❸ U いちゃもん, 難癖；無礼, ひどい扱い ‖ give him ~ 彼に難癖をつける / take ~ 非難 [侮辱] される / eat ~ 下劣な扱いを甘んじて受ける ❹ U でたらめ, たわごと ‖ He is full of ~. ばかなことばかり言うやつだ ❺ C 麻薬《マリファナ・ヘロインなど》❻ C《the ~s》下痢 ‖ have [OR get] the ~*s* 下痢をする(♥ 下品な言い方. have the

runs の方が一般的) ❼ U (人の)持ち物, 身の回りの品
... and shít 後は言わなくてもわかること, その他いろいろ, などなど(≒ and stuff (like that))(◆ 文の末尾に用いる)
(as) thìck as shít 《英》ひどくばかな, 間抜けな
bèat [OR *kìck, knòck*] *the shít out of a pérson* 《口》〔人〕をたたきのめす
fèel like shít 吐き気がする, むかつく
gèt [OR *hàve*] *one's shìt togéther* 事態[生活]をきちんとする, 物事をうまく機能させる
「*in dèep* [《英》*in the*] *shít* とことん困って
nòt give [OR *càre*] *a shít* 〈…のことは〉少しも構わない(≒ not care at all) 〈**about**〉 ‖ Do as you like! I just do*n't give a* ～. どうぞお好きに. 僕の方は少しも構わないよ
nòt knòw shít (*from Shinóla*) 何一つわかっていない(◆ Shinola /ʃamóulə/ は靴磨き剤の商品名で, shit の婉曲語として用いられることがある)
scare the shit out of a person ⇨ SCARE(成句)
**the shìt hits the fán* (悪事がばれて)窮地に陥る
thìnk one's shít dòesn't stínk (自分は)完璧(かんぺき)だと思う

COMMUNICATIVE EXPRESSIONS

1 **Nò shít!** 《俗》① まさか, 冗談だろう；ほんとかよ(♥ 驚いて真偽を確かめる) ② いや本当に…；確かに(♥ 文中などで事実であることを強調する. 単独で返答として用いると同意を表す) ③ ばかだなあ；何やってんだ(♥ 叱責(しっせき)・非難)
2 **Nò shít Shèrlock!** 《俗》(そんなことは)すぐわかる[気づく]ことだ；何も驚く[不思議な]ことじゃない(♥ 自明のことや驚くに足りないことを言った人への皮肉. ぶしつけな表現)
3 **Tòugh shít!** 《俗》ざまあ見ろ

── 動 (**shit** OR **shat** /ʃæt/, 《英》 **shit·ted** /-ɪd/ ; **shit·ting**) 自 ❶ 大便をする(♥ ふつうは go to the toilet [《英》lavatory, 《米》bathroom] のように遠回しに表現する) ❷ 傲慢(ごうまん)な態度をとる ── 他 〔人〕をかつぐ, からかう
shìt on a pérson 〔人〕にひどい扱いをする
shit or get off the pot! ⇨ POT(成句)
shít onesèlf 大便を漏らす；ひどくびくつく
── 間 くそっ, ちぇっ, 畜生(♥ 怒り・困惑・恐怖・落胆などの気持ちを表す. より穏当な表現は damn it, blast it, 《米》shoot, darn it, 《主に米》《旧》brother, 《英》bother) ‖ Oh, ～! The train's just left! ちぇっ. 列車がちょうど出てしまったところだ
── 形 ひどい, 最悪の
ùp shìt créek (*withòut a páddle*) 苦境に陥って
▸▸ ～ stìrrer (↓)

shít·càn 名 C くず箱；お手洗い, トイレ
── 動 (**-can·ned** /-d/ ; **-can·ning**) 他 ⊗《米》《卑》…を捨てる, 破棄する；〔人〕をお払い箱にする

shite /ʃaɪt/ 名 間 ⊗《英卑》= shit

shít·fàced 形 《叙述》⊗《卑》ぐでんぐでんに酔った

shìt-for-bráins 名 C ⊗《主に米卑》愚か者(◆ shit for brains ともつづる)

shít·hòle 名 C ⊗《卑》ひどく汚い場所

shít·hòuse 名 C ⊗《卑》(屋外)トイレ；不快な場所
be bùilt like a brìck shíthouse (人が)がっちりした体格である

shit·less /ʃítləs/ 形 めちゃめちゃ, とても(◆ be scared shitless などの成句で用いる. ⇨ SCARE(成句))

shít·lìst 名 C ⊗《米卑》嫌いな[ひどい目に遭わせてやりたい]人物リスト ‖ be on her ～ 彼女に嫌われている

shít·lòad 名 C ⊗《卑》《俗》たくさん ‖ a ～ of work たっぷりの仕事

shìt-scáred 形 《叙述》⊗《英卑》ひどく怖がっている

shít stìrrer 名 C ⊗《卑》対立をあおりたがる人
shít-stìrring 名 U 対立をあおること

shit·ty /ʃíṭi/ 形 ⊗《卑》 ❶ 不快な, いやな, ひどい ❷ 不公平な, ずるい, 不親切な ❸ 軽蔑すべき, ばかげた, つまらない ❹ 汚物に覆われた

shiv /ʃɪv/ 名 C 《米俗》ナイフ；飛び出しナイフ；かみそり

Shi·va /ʃíːvə/ 名 = Siva

shiv·a(h) /ʃívə/ 名 U 〚ユダヤ教〛シバ《埋葬に続く7日間の服喪期間》

shiv·a·ree /ʃìvəríː/ 名 C 《主に米》(新婚夫婦を祝福するためになべやかまをたたいて行う)どんちゃんセレナーデ(《英》charivari)

***shiv·er**[1] /ʃívər/ 動 自 ❶ 〈恐怖・寒さなどで〉(小刻みに)震える, 身震いする 〈**with, from, at**〉 (⇨ SHAKE 類語P) ‖ I'm ～*ing*. おお, 寒い / Her thin frame ～*ed with* [OR *from*] the intense cold. 彼女のやせた体は厳しい寒さにぶるぶると震えた / I ～*ed at* the thought of going through another interview. もう一度面接を受けることを考えただけで身震いした ❷ (物が)(風などにより)震える, 揺れる ❸ 〚海〛(帆が)(風を受けすぎて)はためく
── 他 〚海〛〔帆〕を(風を受けすぎて)はためかせる
── 名 C ❶ 震え(ること), 身震い ‖ His offer gave me a ～ of delight [excitement]. 彼の申し出のためにうれしくて[興奮して]体が震えた / A sudden ～ ran through him. 彼は突然身震いした ❷ 《the ～s》寒け, 悪寒(おかん)；(恐怖などに)ぞっとすること, 恐怖感 ‖ The idea gave me the ～*s*. そのことを考えると私はぞっとした
sènd shívers (*ùp and*) *dòwn one's spíne* 背筋をぞくぞくさせる
～·er 名 **～·ing·ly** 副 震えて, 身震いして

shiv·er[2] /ʃívər/ 名 C 《通例 ～s》(ガラスなどの)細かい破片, 断片 ‖ break into ～*s* こっぱみじんになる
── 動 他 …を粉々に砕く ── 自 粉々に砕ける

shiv·er·y /ʃívəri/ 形 (寒さ・恐怖などで)震える, ぞくぞくする；身震いさせる, 寒い；ぞっとさせる

shlock 名 形 = schlock

shmo /ʃmoʊ/ 名 = schmo

shoal[1] /ʃoʊl/ 名 C 浅瀬；(干潮時以外は水面下に隠れている)州(す), 砂州；《通例 ～s》隠れた危険[障害]
── 動 自 浅く[浅瀬に]なる ── 他 ❶ …を浅く[浅瀬に]する ❷ (船を)…の浅い方へ進める ── 形 《英では方》浅い

shoal[2] /ʃoʊl/ 名 C 魚の群れ(⇨ FLOCK[1] 類語P)；《口》(人・物の)大群, 多数, 多量 ‖ a ～ of herring ニシンの群れ / ～*s* of people 大勢の人々 / in ～*s* 群れをなして；大量に ── 動 自 (魚などが)群れをなす

shoat, shote /ʃoʊt/ 名 C 《米》(乳離れした)子豚

*****shock**[1] /ʃɑ(ː)k | ʃɔk/ 名 形 動
── 名 (複 **～s** /-s/) C ❶ 《通例単数形で》**精神的打撃** [動揺](の原因), **ショック**(を与えるもの)；U 精神的なショック状態；憤慨 ‖ The singer's suicide was [OR gave, came as] a terrible [great] ～ to her fans. その歌手の自殺はファンにはひどい[大きな]ショックだった / She is still in (a state of) ～. 彼女は今もショック状態のままだ / He'll **get a** ～ when he hears his child swearing. 自分の子供が毒づいているのを耳にしたら彼はショックを受けるだろう / She stared at me in ～. 彼女はぎょっとして私を見つめた
❷ U 〚医〛衝撃, ショック(症状) ‖ suffer from ～ ショック症状を起こす / die of ～ ショック死する
❸ 電流によるショック, 電撃, 電気ショック(electric shock) ‖ get a ～ (感電して)びりっとくる
❹ C U (衝突・爆発などの)**衝撃**, ショック；激突；(地震などによる)激しい震動 ‖ feel the ～ of「a fall [an underground explosion] 落下[地下爆発]の衝撃を感じる / crash with a mighty ～ 強烈な衝撃を伴ってぶつかる, 激突する ❺ = shock absorber ❻ (信用・安全性などへの)衝撃, 社会的ショック
a shòrt, shàrp shóck 《英》① (再犯を防ぐための)服役期間は短くても厳しい刑(期) ② 早く結果を得るための厳しい措置

COMMUNICATIVE EXPRESSIONS

1 **It was the shòck of my lífe.** 全く驚いた
2 **Shòck hórror!** 《英》ショックもショック；これは驚き；何とまあ(♥ しばしばふざけて用いるくだけた表現)

S

— 形 《限定》衝撃的な；人にショックを与えようとする（♦主に新聞用語）‖ Brazil's ～ defeat by Japan in yesterday's semi-final ブラジルが昨日の準決勝で日本に喫した衝撃的な敗北

— 動 （**~s** /-s/；**~ed** /-t/；**~·ing**）

— 他 ❶〔人〕に**精神的なショック**［**衝撃**］**を与える**，…をびっくり［ぎょっと，ぞっと］させる，うろたえさせる；〔人〕にショックを与えて〈…の状態に〉させる〈**into**〉，ショックを与えて〈…から〉抜け出させる〈**out of**〉；《受身形で》（人が）ショックを受ける〈**at, by** …に / **to** *do* …して / **that** 節…ということに〉‖ The affair ～*ed* the whole town. その事件は町中を仰天させた / She was ～*ed* back *into* her senses by a slap on the cheek. 彼女は頬(ほお)をたたかれたショックで正気に返った / We were deeply ［OR greatly］ ～*ed* (*to* learn) *that* our teacher was seriously ill. 先生が重病だと知って私たちはひどくショックを受けた

❷〔人〕を憤慨させる，むかむかさせる；《受身形で》腹が立つ；驚く，あきれる〈**at, by** …に / **to do** …して / **that** 節…ということに〉‖ I was ～*ed at* ［OR *by*］ his bad language. 私は彼の口の悪さにあきれた

❸…に物理的なショックを与える；《通例受身形で》感電する

❹〖医〗…にショック(症状)を起こさせる

— 自 ショックを受ける；ショックを与える

shòck·a·bíl·i·ty 名 **～·a·ble** 形 ショックを受けやすい；《口》怒りっぽい，すぐ腹を立てる

▸▸ **～ absòrber** 名 C （自動車の）緩衝器［装置］，ショックアブソーバー **～ jòck** 名 C 《口》ショックジョック《刺激的なことを言うラジオのディスクジョッキー》 **～ tàctics** 名 複 奇襲戦術《衝撃的な言動で人を駆り立てる作戦》 **～ thèrapy** ［**trèatment**］ 名 U 〖医〗ショック療法 **～ tròops** 名 複 〖軍〗突撃［奇襲］専用部隊 **～ wàve** （↓）

shock[2] /ʃɑ(ː)k | ʃɔk/ 名 C 《a ～》（髪の毛の）もじゃもじゃのかたまり ‖ a ～ of hair もじゃもじゃの髪

shock[3] /ʃɑ(ː)k | ʃɔk/ 名 C （乾燥のために互いに立てかけた穀物の）刈り束の山，稲むら

— 動 他 …を刈り束の山［稲むら］にする

***shocked** /ʃɑ(ː)kt | ʃɔkt/ 形 （**more ～；most ～**）《限定》ショックによってもたらされた ‖ a ～ silence 衝撃を受けたことによる沈黙

shock·er /ʃɑ́(ː)kər | ʃɔ́kə/ 名 C ❶《口》ショックを与える人［もの］，いやな［不快な］人［もの］；扇情的な小説［映画など］ ❷《英》＝shock absorber

shòck·héaded <シ 形 もじゃもじゃ頭の

shóck-hòrror 形 《口》（見出しなどが）扇情的な

***shock·ing** /ʃɑ́(ː)kɪŋ | ʃɔ́k-/ 形 （**more ～；most ～**） ❶（よくないことで）ショックを与える，衝撃的な ‖ a ～ impact 恐ろしい衝撃 / ～ news ショッキングなニュース ❷ 実にいやな，不快な；下品な，ぎょっと［ぞっと］させる（♥ 礼儀上または倫理的に許し難いほど悪いことを示唆）‖ ～ behavior 下品な振る舞い ❸《英口》ひどく粗末な，非常に悪い ‖ a ～ meal ひどい食事 / ～ weather ひどい悪天候 / a ～ cold ひどい風邪

～·ly 副 ぞっとするほど；《口》ひどく **～·ness** 名

▸▸ **～ pínk** 名 U 形 鮮やかなピンク(の)

shóck·pròof 形 （時計などが）衝撃に強い

shóck wàve 名 C ❶〖理〗衝撃波 ❷（大事件などの）余波

shod /ʃɑ(ː)d | ʃɔd/ 動 shoe の過去・過去分詞の1つ

shod·dy /ʃɑ́(ː)di | ʃɔ́di/ 形 ❶ 粗悪な，雑な作りの，見掛け倒しの ‖ cheap and ～ 安ぴかの / ～ gentility 見せかけの上品さ ❷ 不公平な，不正直な；卑劣な

— 名 （複 **-dies** /-z/） ❶ U 打ち直し［再生］毛糸；再生毛織地 ❷ C 上等に見せかけた安物，まがい物

-di·ly 副 **-di·ness** 名

:shoe /ʃuː/（♦同音語 shoo）

— 名 （複 **～s** /-z/） C ❶《通例 ～s》**靴**（♦《英》ではくるぶしの下までの「短靴」のみを指すが，《米》ではくるぶしの上までくる「深靴」にも用いる. → boot[1]）‖「a pair ［three pairs］ of ～*s* 靴1［3］足 / tennis ［running］ ～*s* テニス［ランニング］シューズ /「**put on** ［**take off**］ one's ～*s* 靴を履く［脱ぐ］/ **Wearing** high-heeled ～*s* can damage your feet. ハイヒールの靴を履くと足を痛めることもある / do ［OR lace］ up one's ～*s* 靴のひもを締める / These ～*s* pinch at the toes. この靴はつま先がきつい

❷ 蹄鉄(ていてつ)（horseshoe）

❸ 靴に似たもの，摩滅［スリップ］を防ぐためのもの；（そりの）滑走部；（つえなどの）石突き，金たが；（自動車の）タイヤの外装；（自転車・自動車などの）（ブレーキの）シュー，車輪止め（brake shoe）；（カードゲームで使う）カード入れ；（電車の）集電装置《第3軌条から電気を得るためのもの》；（橋の）シュー《橋の土台との接触部分》

anòther pàir of shóes 全く別の事柄［問題］

(as) còmfortable as an òld shóe （場所などが）居心地のよい，（人が）親しみやすい

(as) còmmon as an òld shóe 品のない，粗野な

díe with one's shòes on ＝*die with one's* BOOTS *on*

dròp the òther shóe 《米》（やり残している仕事［義務など］を）完遂する

****in a pèrson's shóes*** 《口》（人の）（苦しい）立場に立って（→ CE 2）‖ If I were *in* your ～*s*, I'd accept it. もし僕が君なら，それを受け入れるだろう

lìck a pèrson's shóes ＝*lick a person's* BOOTS

quàke ［OR ***shàke***］ ***in one's shóes*** 《口》びくびくする，おどおどする

［*stèp into ［OR ***fìll***］ ***a pèrson's shóes*** （人の）後を引き継ぐ，後継者として十分役割を果たす

The shòe is on the óther fòot. 《米口》立場が逆になる，形勢が逆転する

(wàit for) dèad mèn's shóes 《英》（いずれ死ぬ［退任する］）人の遺産［地位，後がま］(をねらう)

wàit for the òther shòe to dróp 《米口》気をもみながら成り行きを待つ

COMMUNICATIVE EXPRESSIONS

1 "Are you sàying I'm lázy?" "Wéll, **if the shòe** ［OR **càp**］ **fíts(, wéar it).**" 「私が怠惰だと言うの？」「まあ，自分で思い当たるふしがあるなら（そうなんじゃない）」（♥ 指摘・文句・警告などに対して「それは自分のことか」と反応した人に「自分に当てはまるという自覚や後ろめたさがあるなら受け入れるべきだ」と諭す表現）

2 **Trý pùtting yourséIf in mỳ shóes.** 私の立場にもなってみてよ（♥ 同情心や理解のない相手に対して）

— 動 （**～s** /-z/；**shod** /ʃɑ(ː)d | ʃɔd/ OR **shoed** /-d/；**～·ing**）

他 ❶〔馬〕に蹄鉄を打つ；《通例受身形で》（…の）靴を履いている ‖ be well ［badly］ *shod* for playing tennis テニスをするのに適した［適さない］靴を履いている

❷（保護するために）…の先端に金具などをつける；〔車〕にタイヤをつける；《-shod の形の複合語で形容詞として》（先端に）…のついた ‖ an iron-*shod* staff 先端に鉄をはめた職杖(しょくじょう)

▸▸ **～ lèather** 名 U 靴革；《集合的に》靴 ‖ burn ～ *leather* （捜査などで歩き回り）靴をすり減らす / *shoe-leather* reporting 足でかき集めた情報（♦ジャーナリズム用語） **～ pòlish** 名 U C 靴クリーム

shóe·bìll 名 C 〖鳥〗ハシビロコウ《ナイル川流域の沼地にすみ巨大なくちばしを持つ大型の渉禽(しょうきん)》

shóe·bòx 名 C ❶（商品の靴を入れる）靴箱 ❷《口》狭苦しい部屋［空間］

shóe·hòrn 名 C 靴べら

— 動 他 …を〈狭い所へ〉詰め込む〈**into**〉

shóe·làce 名 C 靴ひも（《米》shoestring）

***shoe·less** /ʃúːləs/ 形 靴を履かない，はだしの

shóe·màker 名 C 靴製造［修理］人

shóe·màking 名 U 靴製造［修理］(業)

shóe·shìne 名 U C 靴磨き(の行為)；（磨いた）靴の光沢

shóe·strìng 名 C ❶《米》＝shoelace ❷《口》わずかな資金［金，資本］‖ get along on a ～ とぼしい金［資金］で

やりくりしていく ―形《限定》❶《口》わずかな資金で始めた；かつかつの，辛うじての ‖ a ～ budget わずかな予算 ❷《米》くるぶし近くの ‖ make a ～ catch 〖野球〗地面すれすれの捕球をする ❸《米》(靴ひものように)細長い ▶▶～ potátoes 名複《米》細長く切って油で揚げたジャガイモ

shóe·trèe 名C 靴型《型崩れを防ぐ》

sho·far /ʃóufər/ 名 (複 **～s** /-z/ OR **-froth** /ʃóufrout/) C〖ユダヤ教〗ショーファ《羊の角笛．今では宗教儀式用》

shoetree

sho·gun /ʃóugʌn, -gən/ 名C〖日本史〗(幕府の)将軍 **shó·gun·àte** 名UC 将軍職[政治]，幕府

*__shone__ /ʃoun | ʃɔn/（♦ 同音語 shown）動 shine の過去・過去分詞の1つ

shoo /ʃuː/（♦ 同音語 shoe）間 しっしっ（♥ 動物や子供を追い払う声）
―動 他 …をしっしっと言って追い払う《*away, off*》

shoo·fly pie /ʃúːflaɪ ⌐ | ⌐⌐⌐/ 名CU《米》糖蜜(とうみつ)・黒砂糖入りパイ

shóo-ìn 名C《米口》楽勝しそうな候補者[競技者]，本命

**shook¹ /ʃuk/ 動 shake の過去

shook² /ʃuk/ 名C《米》(たるなどを組み立てる)一組の板

shook-up /ʃùkʌ́p/ 形《口》(気が)動転した，狼狽(ろうばい)した（♦ shaken (up) と同義だが，shook はこの場合 shake の過去分詞で方言）

shoot /ʃuːt/ 中心義≫ **Aを(目標に向けて)素早く放つ（★Aは「弾丸」や「ボール」など目に見えるものから「質問」や「視線」など目に見えないものまで多様）

> 動 他 **撃つ❶ 発射する❷ 素早く動かす❺ 撮影する❻**
> 自 **撃つ❶ 弾を発射する❷ 素早く動く❺**
> 名 **新芽❶ 撮影❷**

―動（▶ shot¹ 名）(**～s** /-s/；**shot** /ʃɑ(ː)t | ʃɔt/；**～·ing**)
―他 ❶ **a**《+目》〔人・動物など〕を**撃つ**，射る；…を撃ち殺す，射とめる；〔獲物〕を狩る，…の狩猟をする；〔猟場〕で狩猟する ‖ The policeman mistakenly *shot* a boy and wounded him. 警官は誤って少年を撃ち負傷させた（→ 自 ❶）/ He *shot* himself **in** the chest and died. 彼は自分の胸を撃って自殺した / be *shot* **in** the leg 脚を撃たれる / ～ ducks カモ猟をする
b《+目+補〈形〉》…を撃って…の状態にする ‖ The soldier *shot* the sniper **dead**. 兵士は狙撃手を撃ち殺した
❷〔弾丸など〕を〈…目がけて〉**発射する**；〔矢〕を〈…をねらって〉射る〈**at**〉；銃を撃って…を作る；〔銃・火器〕を発射[発砲]する，撃つ ‖ Archery is the sport of ～*ing* arrows *at* [ˣto] a target. アーチェリーは的を目がけて矢を射るスポーツです / ～ a rocket toward the moon 月に向けてロケットを発射する / ～ a hole in the wall 弾丸で壁に穴をあける
❸〖スポーツ〗〔ボールなど〕をシュートする；〔バスケット〕にシュートする；〔おはじき〕をはじく；《口》(ゴルフで)…のスコアを出す ‖ ～ a ball (at a goal) ボールを(ゴールに)シュートする / ～ baskets [OR hoops] (バスケットボールで)シュート(して得点)する；バスケットボールをする / ～ marbles おはじき遊びをする / He *shot* (a) 76 in the final round. 彼は(ゴルフの)最終ラウンドで76をたたいた
❹ **a**《+目》〔質問・視線など〕を〈…に〉(さっと)投げかける，(矢継ぎ早に)放つ，急に向ける〈**at**〉‖ He *shot* one question after another *at* [ˣto] the witness. 彼は証人に次から次へと質問を発した / ～ an angry look [OR glance] *at* him 彼に怒ったような視線を投げかける
b《+目 *A*+目 *B* ⇄ +目 *B*+**at** 目 *A*》*A*(人)に*B*(視線・質問など)を向ける，投げかける ‖ Jim *shot* me a triumphant smile. ジムは私に勝ち誇ったような微笑を向けた
❺《+目+副句》…を**素早く動かす**[走らせる]；…を(突然)突き[差し]出す（♦ 副句 は方向を表す）‖ He *shot* out his arm. 彼は突然腕を伸ばした / ～ a hand across the table テーブルの向かい側に手をさっと伸ばす
❻〔映画・場面など〕を**撮影する** ‖ The movie was *shot* (on location) at Victoria Peak. その映画はビクトリア＝ピークで(ロケ)撮影された / ～ a video ビデオを撮る
❼ …を勢いよく噴射する[吹き出す，放つ]；…をさっとほうり[投げ]出す；〔ごみなど〕を(穴などに)ほうり込む，(容器から)あける ‖ The volcano is ～*ing* a lot of lava into the air. 火山は大量の溶岩を空に吹き上げている / ～ a fishing line into the water 釣り糸を水中に投げ込む
❽ (小舟(に乗った人)が)〔流れ〕を素早く通過する[下る]；《英口》〔信号〕を無視して突っ走る ‖ ～ the rapids in a canoe カヌーに乗って急流を勢いよく下る / ～ the lights 信号を無視して突っ走る
❾ (木などが)〔若芽・枝など〕を出す，伸ばす
❿《米口》〔ビリヤード・クラップ賭博(とばく)など〕をする；(クラップ賭博で)〔さいころ〕を振る，〔…の目〕を出す ‖ ～ billiards [pool] ビリヤード[ポケット]をする ⓫〔かんぬき(bolt)〕を(滑らせて)かける[外す] ⓬《通例受身形で》〈ほかの色や要素などで〉変化がある，しま模様[まだら]である〈**with**〉‖ dark hair *shot with* gray 白髪交じりの黒髪 ⓭《俗》〔麻薬〕を打つ《*up*》⓮〖海〗(六分儀などで)〔天体〕の高度を測る
―自 ❶〈…に向けて〉銃を**撃つ**，発砲[発射]する，(矢を)射る〈**at**〉（♦ 他動詞用法と異なり，shoot at は必ずしも弾や矢が命中したことを意味しない．→ at）‖ Freeze, or I'll ～. 動くな，さもないと撃つぞ / ～ to kill 殺すつもりで撃つ / ～ point-blank *at* him 彼を至近距離から撃つ / ～ low ねらいを低くして撃つ / a ～*ing* incident 発砲事件
❷ (銃などが)**弾を発射する**，発射される ‖ This gun ～*s* many miles. この銃は弾丸が何マイルも飛ぶ / A toy gun doesn't ～. おもちゃの銃は弾が出ない
❸ 狩猟をする ‖ Do you ～? 猟はなさいますか / go ～*ing* 狩猟に行く
❹ (サッカー・バスケットボールなどで)〈ゴールに〉シュートする〈**at**〉（♦ 名詞は shot）‖ ～ *at* (the) goal ゴールにシュートする / ～ wide シュートがそれる
❺ **素早く**[さっと]**動く**[走る]，さっと過ぎる；素早く反応する；急に飛び出す[現れる]；(水・炎などが)噴出する，ほとばしる（♦ 通例方向を表す 副句 を伴う）‖ You shouldn't have *shot* out like that. 君はそんなふうに飛び出すべきじゃなかったんだ / Flames *shot* up from the roof. 炎が屋根から勢いよく上がった
❻ (痛みなどが)〈体(の一部)を〉走る，突然痛烈に感じられる〈**up, along, through**〉‖ Pain *shot up* [OR *along*] his arm. 彼の腕に痛みが走った / ～*ing* pains ずきずきする痛み / A pang of homesickness *shot through* him. 郷愁のうずきが彼の体を駆け巡った ❼ 一気に〈…に〉なる[上り詰める]〈**to**〉‖ ～ *to* fame [stardom] 一気に有名[スター]になる ❽ 撮影(を開始)する，写真を撮る ❾《命令形で》《口》(言いたいことなどを)言う，話す(fire away)（→ CE 1）❿ (芽などが)(地中から)出る；(植物が)芽を出す ⓫ 突き出る，突出する《*out*》‖ a jetty ～*ing out* into the sea 海に突き出ている桟橋 ⓬ さいころを振る

***get* [OR *be*] *shot of* ...** ⇨ SHOT²(成句)

shòot awáy 〈他〉《***shòot awáy*** ... / ***shòot*** ... ***awáy***》銃を撃って…を吹き飛ばす ‖ His ear was *shot away*. 彼の片耳は銃で吹き飛ばされた ―〈自〉さっさと逃げる

*__*shòot dówn* ... / *shòot* ... *dówn*__* 〈他〉① 〔人・動物〕を(情け容赦なく)撃ち殺す，撃ち倒す ②〔飛行機(のパイロット)など〕を撃ち落とす，撃墜する ③《口》〔相手(の議論など)〕をやり込める；〔人(の提案など)〕を拒絶する；〔人〕の意欲[希望]をくじく ‖ My idea was *shot down* in flames. 私の考えは徹底的にたたかれた

***shóot for* [OR *at*] ...** 〈他〉《米口》…を得ようとする，目指す，ねらう ‖ ～ *for* the best 最高を目指す

*__*shoot from the hip*__* ⇨ HIP¹(成句)

shòot onesèlf in the fóot うっかり自分の不利益になるようなことをする[言う]，自ら墓穴を掘る

shòot it óut 《口》銃(撃戦)で〈…と〉決着をつける〈**with**〉
shòot óff 〈他〉《***shòot óff ...*** / ***shòot ... óff***》 ① = *shoot away*(↑) ②〔銃・花火など〕を空に向けて発射する[打ち上げる] ―〈自〉《口》急いで立ち去る, さっさと出かける[逃げる]
shòot óut 〈自〉 ①〈…から〉突然飛び出す〈**of**〉(→ 自 ❺) ② 突き出る(→ 自 ⓫) ―〈他〉《***shòot óut ...*** / ***shòot ... óut***》 ① …を突き出す(→ 他 ❺) ②〔明かりなど〕を撃って消す
shòot stráight 《米口》〈人に〉誠実に接する〈**with**〉
shòot thróugh 〈自〉《豪・ニュージ口》(急いで)立ち去る;死ぬ
*****shòot úp*** 〈自〉 ① 勢いよく[急に]上がる(→ 自 ❺);(痛みなどが)走る(→ 自 ❻) ② 急激に増大する, 勢いなどを増す;《口》(人・植物が)急に伸びる;(店などが)突然出現する ‖ Retail prices *shot up* 2% above those of July. 小売物価は7月より2%急騰した ③《俗》〈…の〉麻薬を打つ〈**on**〉 ―〈他〉 **I** 《***shòot úp ...*** / ***shòot ... úp***》 ①〔人〕を銃撃で負傷させる ② 銃撃で…を破壊する;…をやたらに撃ちまくる;やたらに発砲して〔町など〕を恐怖に陥れる **II** 《***shòot úp ...***》 ③《俗》〔麻薬〕を打つ(→ 他 ⓭)

COMMUNICATIVE EXPRESSIONS
1 "I have a quéstion to àsk." "**Shóot!**" 「質問があるんですが」「どうぞ」(♥「言ってくれ」の意のくだけた表現)

―名 (複 **~s** /-s/) C ❶ **新芽**, 若芽, シュート(⇨ BRANCH 類語) ‖ a bamboo ~ 竹の子
❷ (カメラマンによる) **撮影**;映画撮影, ビデオ撮り ‖ on a ~ 撮影中の[に]
❸《主に英》狩猟;狩猟会[旅行];狩猟地 ❹ (銃などの)発射, 発砲, 射撃;《主に米口》(ロケットなどの)発射, 打ち上げ ❺ 射撃の試合;射撃大会 ❻ シュート《物を下へ滑り落とす装置》, ダストシュート(chute) ❼ (川の)早瀬, 急流
―間《米口》いまいましい, くそ, 畜生(♥ shit の婉曲語)

shoot-'em-up /ʃúːṭəmʌ̀p/ 名 C ❶《口》(派手に撃ち合う)アクション映画[テレビ番組] ❷ (コンピューターの)シューティングゲーム

shoot·er /ʃúːṭər/ 名 C ❶ 射手, 射撃手;猟師;(球技で)シュートする[のがうまい]人 ❷《口》銃;《複合語で》…銃, …鉄砲 ‖ a six-~ 6連発銃

shoot·ing /ʃúːṭɪŋ/ 名 U ❶ 射撃, 発砲;C 射殺(事件) ❷《英》銃猟;銃猟権;C 銃猟地 ❸ (映画の)撮影
▸▸ **~ bòx** 名 C《英》狩猟小屋 **~ bràke** 名 C《英》《旧》=station wagon **~ gàllery** 名 C ① (屋外)射撃場, (屋内)射撃練習場 ②《米俗》(売買や注射をする)麻薬常用者のたまり場 **~ ìron** 名 U《主に米口》小火器, ピストル **~ màtch** (↓) **~ rànge** 名 C (競技用の)射撃場 **~ scrìpt** 名 C〖映〗撮影用台本 **~ sprèe** 名 C 銃乱射 **~ stár** 名 C ① 流星(meteor) ②〖植〗アメリカサクラソウ **~ stìck** 名 C 狩猟ステッキ《上部を開くと腰かけにもなるつえ》 **~ wár** 名 C 銃砲戦, 実戦

shooting stick

shóoting màtch 名 C 射撃競技会
the whòle shóoting màtch 《口》何もかも, すべてのもの[こと]

shoot·ist /ʃúːṭɪst/ 名 C《米口》射撃の名手, 狙撃手

shóot-òut 名 C《口》❶ 銃撃戦;銃による決闘, (決着をつける)撃ち合い;《米》(一般に)(争いに決着をつけるための)対決, 激しい論戦 ❷〖サッカー〗PK戦

*****shop** /ʃɑ(ː)p | ʃɔp/ 名 動
―名 (複 **~s** /-s/) C ❶《主に英》(小売)**店**, 商店(♦《米》では小規模[専門]店以外はふつう store を用いる);(サービス業の)店(⇨ STORE 類語P) ‖ I know of a much cheaper ~ than this. ここよりずっと安い店を知っている / My uncle keeps [OR runs] a pet ~. おじはペットショップを経営している / open [close] a ~ 開[閉]店する / a fruit [fish] ~ 果物[魚]屋 / an antique ~ 骨董(こっとう)品店 / a chemist's (~) 《英》薬局(《米》drugstore) / a barber's (~) 理髪店(《米》barbershop) / a butcher's (~) 精肉店(《米》butcher shop) (♦ shop が職業名・固有名詞の所有格に修飾される場合, shop 自体は省かれ, 上例や McDonald's, Jonathan's のようになることが多い)
❷ (大型店内の) **専門店**, …売場 ‖ The sandwich ~ is in the basement. サンドイッチ売場は地階にある
❸《主に複合語で》(製作・修理用の)**仕事場**(workshop), 工場;(工芸用の)仕事場, アトリエ;《米》(学校の)技術[工作]室;U (教科としての) 技術, 工作 (shop class) (⇨ FACTORY 類語P) ‖ My car is still in the ~. 車はまだ工場に入っている[修理中である] / a carpenter's ~ 大工の仕事場 / a machine ~ 機械室 / a repair ~ 修理(工)場 / make a box in ~ 工作で[の時間に]箱を作る ❹《口》仕事場, オフィス, 職場 ❺《単数形で》《英口》(生活必需品の)買い物 ‖ do the weekly ~ 週に1度の買い物をする
àll over the shóp 《英口》=*all over the* PLACE
clòse ùp shóp 《主に米》 ① (閉店時刻に)店を閉める ② 商売をやめる;仕事[活動]をやめる
còme to the rìght [***wròng***] ***shóp*** 《口》ふさわしい[お門違いの]人の所へ頼みに行く
sèt ùp shóp 商売を始める, 開店[開業]する
shùt ùp shóp 《主に英》=*close up shop*(↑)
*****tàlk shóp*** (時・所を選ばず)自分の商売[仕事]の話をする
―動 (**~s** /-s/; **shopped** /-t/; **shop·ping**)
―自 **買い物をする**[に行く];〈…を〉買いに行く;〈…を買い求めようと〉探して歩く〈**for**〉 ‖ **go** *shopping* 「at Macy's [on Fifth Avenue, in town] メーシーズ百貨店[5番街, 町]に買い物に行く(♦ ×go shopping to ... とはいわない. go shopping は, しばしば「楽しみにあちこち店を見て回って買い物をする」という意味で用いる) / ~ *for* antiques 骨董品を買い求める
―他 ❶《米口》〔店〕へ〈…を〉買いに行く, 〈…を買うために〉〔店〕を見て回る〈**for**〉;〔特定の店〕で買い物をする ‖ ~ the stores *for* Christmas gift ideas クリスマスのプレゼントによいアイデアはないかと店を見て回る
❷《主に英俗》〔共犯者など〕を〈…に〉密告する, 売る〈**to**〉
❸《米》〔会社・創作品など〕を売り込む
shòp aróund 〈自〉〈よい品・買い得品を探して〉店を見て回る;〈よい職などを〉探し求める〈**for**〉;(決定前に)いろいろ見て回る[調べる] ‖ They *shopped around for* bargains in personal computers. 彼らはパソコンの買い得品はないかとあちこち店を見て回った
▸▸ **~ assìstant** 名 C《英》(小売店の)店員(《米》salesclerk) **~ flóor** /ˌ-ˈ-/ 名《the ~》《英》(工場の)作業場;(経営側に対して)(工場)労働者, 労働者側 **~ stèward** /英 ˌ-ˈ--/ 名 C (労働組合の)職場委員

shop·a·hol·ic /ʃɑ̀(ː)pəhɑ́(ː)lɪk | ʃɔ̀pəhɔ́l-/ 名 C《口》買い物中毒の人

shóp-bòught 形《限定》《英》店で買った, 既製品の(《米》store-bought)

shóp·frònt 名 C《英》(ショーウインドーのある)店の正面(《米》storefront)

***shóp·kèeper** 名 C 小売店主[商人](《米》storekeeper)

shóp·lìft 動 他 自 (…を)万引きする
~·ing 名 (⇨ ROBBERY 類語)

shóp·lìfter 名 C 万引きする人

shoppe /ʃɑ(ː)p | ʃɔp/ 名 C (特に古いことを誇示した店の看板で)専門店(→ shop ❶, ❷)

***shop·per** /ʃɑ́(ː)pər | ʃɔ́pə/ 名 C ❶ 買い物客(⇨ VISITOR 類語P) ❷ 購買代行人;商品比較調査員《他店の商品・価格を調査する偵察員》 ❸ (しばしば無料の)買い物情報新聞 ❹《米》郵便[電話]注文受付係 ❺《英》車輪付き

買い物袋；買い物かご付き小型自転車

***shop·ping** /ʃɑ́(ː)pɪŋ | ʃɔ́p-/ 名 U ❶ 買い物（をすること），ショッピング；《形容詞的に》買い物用の ‖ Christmas [window] ～ クリスマス用の［ウインドー］ショッピング / I have some ～ to do. ちょっと買い物がある / do the [OR one's] ～ 《英》買い物をする（♦食物や日用品を買うこと）
❷ 《集合的に》《英》買ったもの，購入品 ‖ I need your help to carry my ～. 買ったものを運ぶのを手伝ってほしい
▸▸ **～ arcàde** 名 C 《英》ビル内の専門店街 **～ bàg** 名 C （紙・ビニール製の）買い物袋（⇨ BAG 図） **～ càrt** [《英》**tròlley**] 名 C （スーパーなどの）買い物用手押し車，ショッピングカート **～ cènter** [《英》**cèntre**] 名 C ショッピングセンター **～ lìst** 名 C 購入品目リスト，買い物表 **～ màll** 名 C 《米》ショッピングモール《歩行者専用の屋根付き商店街》 **～ prècinct** 名 C 《英》（駐車場を備えた）歩行者専用商店街

shòpping-bàg lády 名 C ＝bag lady

shóp·sòiled 形 《英》＝shopworn

shóp·tàlk 名 U ❶ （職場外での）商売［仕事］の話（⇨ *talk* SHOP） ❷ 職業［専門］用語；仲間内の言葉

shóp·wàlker 名 C 《英》《旧》＝《米》floorwalker

shóp·wìndow 名 ❶ C 《主に英》（店の）ショーウインドー，陳列窓 ❷ 《the ～》自分の力を誇示できる場

shóp·wòrn 形 《主に米》❶ （商品が）店(たな)ざらしで汚れた［傷ものの］（《英》shopsoiled） ❷ （考えなどが）新鮮味のない，陳腐な

***shore¹** /ʃɔːr/
—名 （複 **～s** /-z/） ❶ C U （海・湖・川などの）岸；**海岸**（⇨ 類語） ‖ Big waves are washing up onto the ～. 大波が岸に打ち上げている / go camping **on** the ～(*s*) of Lake Kawaguchi 河口湖畔でのキャンプに出かける
❷ C 《～s》（海岸を持つ）国，（特定の）地方 ‖ immigrants to American ～*s* アメリカへの移民 / these [his native] ～*s* この国［彼の祖国］
❸ U （海などに対して）陸（地）（→ *on shore*（↓）） ‖ reach ～ 陸に着く / ～ duty 陸上勤務
❹ C U 《英》〖法〗（高潮線と低潮線との間の）海岸
in shóre 岸近く（の水上）に，沿岸で（→ inshore）
off shóre 海岸を離れて，沖に
on shóre 陸（上）に［で］，上陸して ‖ go *on* ～ 上陸する

類語 《❶》 **shore** 「岸」を意味する一般的な語．
beach shore の一部で（干潮時に広くなる）砂または小石の浜；浜辺，なぎさ．
coast 大洋（ocean）に沿った長く延びる海岸，海岸線．地図上の場所や一国の沿岸を指す場合などにも用いる．〈例〉the Atlantic *coast* 大西洋沿岸
seashore 文字どおり「海の岸」で，海岸，海辺．
seaside 保養・観光地としての海岸地方．同じ意味で，単に sea を用いることも多く，また《米》では beach も用いる．〈例〉go to the *seaside* [OR *sea, beach*] on vacation 休暇で海辺へ行く

▸▸ **～ lèave** 名 U 〖海〗（海員・水兵などの）上陸許可；（上陸許可による）在陸上期間 **～ patròl** 名 C 米海軍憲兵隊（略 SP）

shore² /ʃɔːr/ 名 C （船体・建物・木などを支える）支柱，補強物 **—動** 他 …を支柱［補強物］で支える；…を強化［補強］する《*up*》

shóre·bìrd 名 C 海辺［岸辺］の鳥《シギ・チドリなど》

shóre·lìne 名 C 海岸線

shorn /ʃɔːrn/ 動 shear の過去分詞の1つ

*short /ʃɔːrt/ 形 副 名 動

中心義 **（Aが）基準に達しない**（★Aは「距離」「時間」「数量」など多様）

> 形 短い❶❸　低い❷　足りない❹　簡潔な❻
> 副 急に❶

—形 （▶ shortage 名, shorten 動）（**～·er**；**～·est**）
❶ （長さ・距離・範囲などが）**短い**；（ふつうより）短めの（↔ long）（⇨ 類語） ‖ It's a ～ walk from the station to the stadium. 駅からスタジアムまでは歩いてすぐです / She had her hair cut ～. 彼女は髪を短く切ってもらった / Do you have a blouse a bit ～*er* in the sleeves? もう少しそで丈の短いブラウスはありますか / a ～ distance 短い距離 / ～ waves さざ波
❷ （人・樹木・塔などが）（背丈の）**低い**（↔ tall）（♦人以外の「高さが低い」には low も用いる）（♥女性や子供などが「小柄でかわいらしい」といった場合は petite も用いられる）（⇨ HIGH 類語P） ‖ Bob is the ～*er* of the two. ボブは2人のうち背の低い方だ / ～ grass 丈の低い草
❸ （時間的に）**短い**，短期の，長く持続しない（↔ lengthy）；《通例限定》短く思われる，早く過ぎる ‖ The days are getting ～*er* now. 日がだんだん短くなってきた / Art is long, life is ～. 芸術は長く，人生は短し；少年老いやすく，学成り難し / My breath grew ～. 息切れしてきた / for a ～ **time** 短期間［時間］/ in the ～ **term** 短期的には / in a ～ **period** [OR amount] of time 短時間で / take a ～ break 短時間の休憩をとる / In two ～ years he became a top athlete. わずか2年で彼は一流選手になった / have a ～ memory 最近のことしか覚えていない，記憶力が悪い
❹ 《通例叙述》〈…が〉**足りない**，不足した，不十分な，〈…に〉事欠く（↔ plentiful）〈**of**〉；乏しい，わずかな；〈知力・能力などが〉劣った，弱い〈**on**〉 ‖ Food is ～. 食糧が足りない / Good jobs are in ～ supply. よい職は数が少ない / She is ～ *of* time [confidence]. 彼女は時間［自信］が足りない / He was two pounds ～ (*of* what he needed). 彼は（必要な額に）2ポンド足りなかった / The applicant is a bit ～ in experience. その応募者はいささか経験不足だ / I was ～ *on* endurance. 私は忍耐力に欠けていた / ～ *of* breath 息が切れて
❺ 《叙述》〈基準値・目標値などに〉届かない，達しない，下回る〈**of**〉 ‖ His second throw was just 5 centimeters ～ *of* the Asian record. 彼の第2投はアジア記録にわずか5センチ届かなかった / It took her just ～ *of* three hours to evaluate the data. 彼女がそのデータを解析するのに3時間弱かかった
❻ （本・講演（者）などが）**簡潔な**，手短な，短い ‖ His speech was ～ and to the point. 彼の演説は簡潔で要を得ていた / a ～ description of ... …に関する簡潔な説明 ❼ 〈…を〉短縮した，縮めた〈**for**〉 ‖ "Alf" is ～ *for* Alfred. アルフはアルフレッドの短縮形である ❽ 〖音声〗短（母）音の，（音節が）短い；〖韻〗弱音の ‖ /ʊ/, as in "pull", is a ～ vowel. pull の /ʊ/ は短母音である ❾ 《通例叙述》〈…に〉無愛想な，素っ気ない（↔ polite）〈**with**〉；短気な ‖ He was very ～ *with* me. 彼は私にとても素っ気なかった / a ～ fuse [OR temper] 短気，かんしゃく ❿ （菓子が）油脂をたっぷり入れた，ぱりぱり［さくさく］する；（粘土・金属が）もろい ⓫ 〖商〗在庫の少ない，品薄の；空売りの；（手形などが）短期の ‖ a ～ sale 空売り / a ～ bill 短期手形

hàve [OR ***gèt***] ***a pèrson by the shòrt*** ⌈***and cúrlies*** [OR ***háirs***]⌉ 《口》〔人〕を意のままにする，牛耳る

nòthing [***lìttle***] ***shórt of ...*** 全く［ほとんど］…の，…に等しい［近い］（♦ of の後は名詞だけでなく形容詞も可能） ‖ The way you run your business is *nothing* ～ *of* criminal [OR a crime]. 君の商売のやり方は犯罪も同然だ

shòrt and swéet 《口》（会議・話などが）簡潔である，長たらしくなくて感じがよい

COMMUNICATIVE EXPRESSIONS
1 **You're óne sàndwich shòrt of a pícnic.** あんた頭がおかしいよ（♥「ねじが1本足りない」の意でぶしつけな表現. ＝You're a few cards short of a deck.）

—副 （**～·er**；**～·est**）
❶ **急に**，突然に，出し抜けに（↔ gradually）；定刻以前に（切り上げて） ‖ stop ～ 急にやめる［止める］，急に（立ち）止

まる, 急に話をやめる
❷ 素っ気なく, 無愛想に；簡単に, 手短に ❸〈目標に〉届かずに, 手前で, 途中で；〈…に〉不足して〈**of**〉❹〘商〙空売りで
be càught [《英》***tàken***] ***shórt*** ①《英口》急にトイレに行きたくなる ② 不利な立場に置かれる ③《米口》急に何か[金]がないことに気づく
brìng [OR ***pùll***] ***a pèrson ùp shórt***〔人〕を急に止める[遮る]
còme up shórt（目標などに）届かない, 〈…を〉達成できない, 勝ち取れない〈**of**〉
cùt ... shórt …を途中でやめさせる
*****fàll*** [OR ***còme***] ***shórt of ...*** ①〔金・物など〕**が不足する**；…に不足する, …が不十分である ‖ The villagers *came* ～ *of* food supplies. 村人たちは食糧が不足してきた ②〔標準・期待など〕に達しない, 及ばない ‖ His new book *fell* ～ *of* our expectations. 彼の新刊は我々には期待外れだった ③（ミサイルなどが）〔標的〕を外す
gò shórt（食うに）事欠く；〈…の〉不自由を忍ぶ, 〈…を〉なしで済ませる〈**of**〉
rùn shórt ①（物・金などが）不足する, なくなる ‖ Our supplies *ran* ～. 我々の支給物資は底をついた / His temper was *running* ～. 彼の忍耐の緒は切れかけていた ②（人が）〈物・金などを〉切らす, 〈…に〉不足する〈**of**〉‖ We are *running* ～ *of* gas. ガソリンが切れつつある
sèll ... shórt …を見くびる, 低く評価する
shórt of ... ① …が足りない；…に達しない（→ 形 ❹, ❺）② …を除けば, …は問題外として；…がなかったなら ‖ He is capable of anything ～ *of* murder. 彼は殺人以外なら何でもしかねない
stop short ⇨ STOP(成句)
―名（複 **～s** /-s/）C ❶《～s》ショートパンツ, 短パン, 半ズボン（❗「ショートパンツ」は和製語）；《米》(男子用の下着の)トランクス
❷《英口》小さいグラスで飲む(ストレートの)強い酒(の1杯)
❸《口》(主要映画の前に上映される)短編映画
❹《口》〘電〙ショート, 短絡(short circuit)
❺《米》〘野球〙ショート(shortstop) ❻〘音声・韻〙短音；短音節；短母音符号(ǎ の ˘ など) ❼（男子用衣類の）Sサイズ ❽《～s》(小麦の製粉過程で出る)ふすま；(製品の製造工程で出る)切り[裁ち]くず ❾〘商〙空売り；空売りする人, 空相場師 ❿《～s》〘商〙短期公社債券
for shórt 短縮して, 略して ‖ My name is Albert, or Al *for* ～. 私の名前はアルバートで, 略してアルです
*****in shórt*** NAVI **手短に言えば**, 要するに, つまり(♦ 詳細を述べた上で, そのまとめを行うことで, 単なる「短い表現」ではない. ⇨ NAVI表現 12) ‖ *In* ～, the project was a failure. 要するに, 計画は失敗だったのだ / The rumor, *in* ～, is not to be trusted. 要するに, そのうわさは信用できないということだ
―動（**～s** /-s/；**～ed** /-ɪd/；**～·ing**）
―他 ❶〘電〙…をショートさせる(short-circuit)《***out***》❷ …に釣り銭[物品など]を少なく渡す ❸〘株〙…を空売りする
―自 ❶〘電〙ショートする《***out***》❷〘株〙空売りする
～·ness 名

類語《形 ❶》**short** 時間・距離などが「短い」ことを表す一般的な語.〈例〉a *short* talk 短い[短時間の]話
brief short より格式ばった語. 時間・出来事・談話・文章などが短く, 内容が簡潔な.〈例〉a *brief* talk（簡潔で）短い話
concise 話しぶり・文・書物などが簡潔で明確な.〈例〉a *concise* explanation（明解でよくまとまった）簡潔な説明
summary 要点だけを簡略に述べた.〈例〉a *summary* description 概略の描写[説明]
condensed 圧縮された.〈例〉a *condensed* report（短縮されて内容の詰まった）要約した報告[書]

▶▶ **～ bàck and sídes** 名 C《単数形で》《英》ショートバックアンドサイド《耳の周りと後頭部を短く切った髪型》**～ chánge**（↓）**～ círcuit**（↓）**～ cùt** 名 C = shortcut **～ divísion** 名 U〘数〙短除法(↔ long division) **～ énd** 名《the ～》より悪い方, 不利な取り引き（⇨ *get the short* END *of the stick*）**～ hàul**（↓）**～ ìnterest** 名 U〘株〙(株の)空売り(総額) **～ màrk** 名 C〘楽〙短音符号(breve)(˘) **～ òrder**（↓）**～ ríbs** 名 複《米》ショートリブ《あばら骨付きの肉》**～ sàle** 名 U C〘株〙空売り **～ shríft** 名 U（死刑直前の）短いざんげの時間；粗雑な扱い, 無配慮 ‖ get ～ *shrift* (from ...)（…から）ぞんざいな扱いを受ける / give ～ *shrift* to ... = make ～ *shrift* of ... …をいい加減に扱う **～ síght** 名 U 近視, 近眼 **～ squèeze** 名 C〘株〙踏み上げ《株価急騰に伴い空売り筋が高値での買い戻しに入り株価がさらに上昇すること》**～ stóry** 名 C 短編小説（→ novel¹）**～ sùbject** 名 C《主に米》〘映〙短編映画 **～ témper**（↓）**～ tíme**（↓）**～ tón** 名 C 米トン《重量単位. 2,000ポンド, 907.2kg》**～ wáve**（↓）

‡**short·age** /ʃɔ́ːrṭɪdʒ/《発音注意》
―名〔◁ short 形〕(複 **-ag·es** /-ɪz/) C U〈…の〉**不足**, 欠乏(状態)〈**of**〉；不足高[量]（⇨ LACK 類語）‖ I'm afraid we're going to suffer from a water ～ again this summer. この夏もまた水不足に悩みそうだ / They have no ～ *of* funds. 彼らは資金には事欠かない / a severe ～ *of* food [housing] 深刻な食糧[住宅]不足

shórt·brèad 名 U ショートブレッド《バターをたっぷり入れて厚めに焼いたさくさくしたクッキー》
shórt·càke 名 U ❶《米》ショートケーキ ❷《英》= shortbread
shòrt·chánge 動 他〔人〕に釣り銭を少なく渡す；〔人〕をごまかす, だます, 不当に扱う(♦ しばしば受身形で用いる) ‖ feel ～*d* だまされたと感じる
shòrt chánge 名 U 少ない釣り銭
shòrt-círcuit 動 他 ❶〘電〙…をショート[短絡]させる；…を漏電(ろうでん)させる ❷ …を素通りする, 省く；…を簡略[単純]化する ❸〔計画など〕を妨害する, 挫折させる
―自〘電〙ショート[短絡]する；漏電する **～·ed** 形
shòrt círcuit 名 C〘電〙ショート, 短絡
*****shórt·còming** 名 C《通例 ～s》至らない点, 不十分なところ, 短所, 欠点 ‖ Paul has a lot of ～*s* in his character. ポールの性格には短所が多い / the obvious ～*s* of a theory 学説の明らかな欠点
shórt·crùst 名（= ～ **pàstry**）U《英》ショートクラスト《パイなどのもろく崩れやすい生地》
*****shórt·cùt, shórt cùt** /ˊ-ˋ/ 名 C ❶〈…への〉近道, 手っとり早い方法[手段]〈**to**〉‖ take a ～ *to* school 学校へ近道をする / There are no ～*s to* learning. 学問に楽な方法はない ❷ 💻 ショートカット
shòrt-dáted 形（手形などが）短期の
*****short·en** /ʃɔ́ːrtən/ 動〔◁ short 形〕他 ❶（長さ・範囲・時間などの点で）…を短くする, 短縮する, 縮める；…を短く思わせる(↔ lengthen) ‖ ～ one's dress by two inches ドレスの丈を2インチ詰める / ～ a manuscript to acceptable length 原稿をこれでいいという長さに縮める / Those pants ～ your legs. そのズボンをはくと足が短く見えるよ ❷〘海〙〘帆〙を絞る ❸〔パンなど〕をもろくする, ぼろぼろにする；〔パン生地〕にショートニングを加える ❹〔賭(か)け率〕を減少させる ―自 ❶ 短くなる, 縮まる ‖ The days are ～*ing*. 日が短くなってきている ❷（賭け率が）減少する
～·er 名 C 短くする[縮める]人
short·en·ing /ʃɔ́ːrtənɪŋ/ 名 ❶ U ショートニング《菓子をさくさくさせるために生地に加える精製した動植物油脂》❷ U 短縮；〘言〙(語の)短縮；C 短縮語
shórt·fàll 名 C〈…における〉不足(額)〈**in**〉‖ a ～ *in* tax revenue 50 cents *in* the change 税収の不足
shórt·hàir 名 C〘動〙ショートヘア《短毛種の猫》
*****shórt·hànd** 名 U ❶ 速記(法) ‖ written in ～ 速記した ❷〈…に対する〉省略表現法, 簡略伝達法〈**for**〉
▶▶ **～ týpist** 名 C《英》速記タイピスト, 速記者(《米》

stenographer)

shòrt-hánded ⟨シ 形 ❶《通例叙述》人手不足の ❷〖アイスホッケー〗(点が)相手より少ない人数の時間帯に得た

shórt hàul /+英 ⌒⌒/ 名 Ⓒ 短距離；短距離輸送, 小旅行 **shórt-hàul** 形《通例限定》(飛行機などが)短距離輸送の(↔ long-haul)

shórt·hòrn 名 Ⓒ〖動〗ショートホーン, 短角牛《英国原産の角の短い肉牛》

short·ie /ʃɔ́ːrṭi/ 名 =shorty

short·ish /ʃɔ́ːrṭɪʃ/ 形 やや短い；少し背の低い

shórt·lìst 名 Ⓒ (最終選考のための)候補者リスト(♦ short list と2語にもつづる)

── 動 他 …を(最終選考の)候補者リストに載せる

***shòrt-líved** /-láɪvd, -lívd | -lívd/ ⟨シ 形 短命の, つかの間の, 一時的な(↔ long-lived)

‡short·ly /ʃɔ́ːrtli/

── 副 (**more** ~ ; **most** ~)

❶《比較なし》**じきに**, 間もなく, ほどなくして, すぐに；《after, before などの前で》ちょっと, 少し(♦ 単独で用いる場合はふつう未来のことを示す) ‖ The plane will take off ~. 飛行機は間もなく離陸します / We arrived there ~ **before** noon. 正午ちょっと前にそこに着いた / *Shortly* **after** I was born, we moved to London. 私が生まれて間もなく, 一家はロンドンへ引っ越した / ~ **afterward** その後間もなく

❷ 手短に, 簡潔に ‖ to put it ~ 手短に言えば, つまり(♦ speak shortly のような使い方は次の ❸ の意味にもとられるので, briefly を用いるのがふつう) ❸ ぶっきらぼうに, 素っ気なく；いらいらして ‖ He answered ~ and left in a hurry. 彼は素っ気なく答えると急いで行ってしまった

shórt òrder 名 Ⓒ《米・カナダ》(軽食堂などで)すぐ出される料理

in shórt òrder 《主に米》すぐに, 直ちに

shórt-òrder 形《限定》(料理が)すぐにできる；即席料理の ‖ a ~ lunch すぐできるランチ

shòrt-ránge ⟨シ 形《限定》❶ (弾道弾などが)射程の短い, 短距離の ❷ (計画などが)短期的な；近視眼的な

shórt-rùn 形《限定》短期の

shòrt-shéet 動 他《米口》(いたずらで)〔ベッド〕に(1枚の)シーツを二つ折りにして敷く(→ apple-pie bed)；(それによって)〔人〕を困らせる

shòrt-síghted ⟨シ 形 (↔ long-sighted) ❶《英》近眼の, 近視の(《主に米》nearsighted) ❷ 近視眼的な, 先見の明のない, 短見の **~·ly** 副 **~·ness** 名

***shòrt-sléeved** ⟨シ 形 ショートスリーブの, 半そでの

shòrt-spóken 形 口数の少ない, ぶっきらぼうな

shòrt-stáffed ⟨シ 形《叙述》人手[人員]不足の

shòrt-stáy ⟨シ形《限定》短期滞在の

shórt·stòp 名〖野球〗Ⓒ 遊撃手, ショート；Ⓤ ショートの守備位置 ‖ play ~ ショートを守る

shòrt témper 名 Ⓒ《単数形で》短気, かんしゃく

shòrt-témpered 形 気の短い, 怒りっぽい

***shòrt-térm** ⟨シ 形《通例限定》(↔ long-term) ❶ 短期(間)の ‖ ~ aims [memory] 短期目標[記憶] ❷〖商〗短期(満期)の ‖ ~ loans [bonds] 短期貸付[公社債券]

-térmìsm 名 Ⓤ 短期[ごく近い将来]のみを考慮した意見[計画, 経営方針] **-térmist** 名 形

shòrt tíme 名 Ⓤ《英》〖経〗操業短縮

shòrt-tíme 形 短期の(short-term)

shòrt wáve ⟨シ 名 Ⓤ〖電〗短波

shòrt-wáve 形《限定》短波(用)の

shòrt-wínded /-wíndɪd/ ⟨シ 形 すぐ息切れする；根気のない；簡潔な, 要領を得た

short·y, short·ie /ʃɔ́ːrṭi/ 名 (複 **short·ies** /-z/) Ⓒ ❶《口》背の低い人, ちび《しばしばニックネームで用いる》 ❷ 丈の短いもの[衣服]

Sho·sho·ne, Sho·sho·ni /ʃoʊʃóʊni/ 名 (複 ~ OR ~**s** /-z/) Ⓒ ショショーニ族(の1人)《北米先住民の一種族》；Ⓤ ショショーニ語

‡shot[1] /ʃɑ(ː)t | ʃɒt/ 中心義 撃つこと[物・人]

── 名〔◁ shoot 動〕(複 ~**s** /-s/ → ❷) Ⓒ ❶ (銃・弓などの)〈…への〉発射, **発砲**, 射撃；狙撃(そげき)〈**at**〉；(宇宙ロケットなどの)打ち上げ(→ moonshot)；**銃声**, 砲声 ‖ Three of her ~*s* missed [hit] the target. 彼女が撃ったうちの3発は的を外れた[に当たった] / **fire** a ~ 発砲する / **take** [OR have] a ~ *at* a bear クマをねらって撃つ / I heard a few ~*s* in the distance. 遠くで2, 3発の銃声が聞こえた

❷ (複 ~) Ⓒ Ⓤ **弾丸**, 砲弾, 弾(たま)；Ⓤ《集合的に》散弾(lead shot) ‖ The ~ was extracted from his left leg. 弾丸が彼の左脚から摘出された / Much ~ was wasted. 多くの弾丸が無駄になった / ~ and shell 弾薬 / a charge of ~ 散弾(1回分)の装填(そうてん)

❸《形容詞を伴って》射撃の…な人, 撃ち手, **射手** ‖ He is a good [bad, poor] ~. 彼は射撃がうまい[下手だ]

❹ Ⓤ 射程, 着弾距離；(一般に)(届く)範囲(→ earshot, eyeshot) ‖ within rifle ~ (of ...) (…から)ライフル銃の射程内に[で] / out of ~ 射程外に

❺ (球技・ビリヤードなどでの)**一打**, 一撃, **一投**, 一けり, 一突き(♦ この意味で shoot とはいわない)；〖野球〗ホームラン；打[投球]順 ‖ Good ~! いい当たり, いい球 / a lucky ~ at the goal 幸運にもゴールに入った一投[シュート] / a dunk [backhand, penalty] ~ ダンク[バックハンド, ペナルティー]ショット[シュート] / play good ~*s* いい当たり[シュート]をする / have a ~ at the goal ゴール目がけてシュートする / It's your ~. 君の番だ

❻《しばしば the ~》(砲丸投げ競技用の)砲丸 ‖ put [OR throw] the ~ 砲丸を投げる(→ shot put)

❼ (賭(か)けの)勝ち目, 勝てるチャンス, 見込み；機会 ‖ The horse is a ten-to-one ~.=It is a ten-to-one ~ that the horse will win. その馬が勝てる見込みは10対1だ / have a good ~ at「the championship [entering the college of one's choice] 優勝する[志望大学に入る]見込みが大いにある / a long ~ 大穴

❽ 写真, (特に)スナップ写真；〖映〗ワンカット《カメラを連続して回して撮る一場面》；(カメラの)撮影範囲 ‖ I **took** [OR got] lots of good ~*s* of their wedding. 僕は彼らの結婚式のいい写真をたくさん撮った ❾《通例単数形で》《口》〈…の〉試み, ためし, 〈…を〉やってみること〈**at**〉(♦ at の後はしばしば *doing*) ‖ **take** [OR have] a ~ *at* dancing to the music 音楽に合わせて踊ってみる / I'll「**take** a ~ *at* it [OR give it a ~]. ひとつやってみよう ❿《口》当て推量, 憶測 ‖ His answer is a good ~. 彼の答えはいいところを突いている / make [OR have] a ~ [bad ~] at ... …を当てる[当て損じる] ⓫《口》(ストレートで一気に飲む)少量の強い酒(の1杯)《特に1.5 ounce 相当の量》‖ take a ~ of tequila テキーラを1杯ぐいと飲む ⓬《口》〖医〗皮下注射 ‖ get a ~ of insulin インシュリンの注射をしてもらう / a flu ~ インフルエンザの予防注射 ⓭ 攻撃[批判]の言葉, 辛辣(しんらつ)な言葉；当てつけ(の言葉) ‖ That remark was a ~ at me. その一言は私への当てつけだった / a cheap ~ (抵抗できない相手に対する)卑劣な言動 / fire the opening ~*s* in a debate 討論(会)で攻撃の口火を切る / a parting ~ 別れ際の捨てぜりふ

a big shot《口》⇨ BIG SHOT

a shòt across the [OR ***a person's***] ***bóws*** (計画を中止させる)警告 ‖ fire [OR deliver] *a ~ across the* government's *bows* 政府に対して警告を発する

a shòt in the árm 腕にする注射；《口》景気づけ, 刺激(剤) ‖ Japan badly needs *a ~ in the arm.* 日本は景気回復のカンフル剤を痛切に必要としている

****a shòt in the dárk*** 当て推量, 当てずっぽう；うまくいきそうにない試み

by a long shot ⇨ LONG SHOT(成句)

càll the shóts =*call the* TUNE

give it one's best shot ; ***give ... one's best shot*** ⇨

BEST(成句)

like a shót 《口》素早く, 急いで, すぐに;熱心に ‖ He was off *like a* ～. 彼は急いで立ち去った

nòt hàve a shót (*lèft*) *in one's* [OR *the*] *lócker* 《主に英》持ち合わせの金がない;とるべき手段がない, 種切れである(♦ 昔の軍艦で弾薬庫に弾薬の残りがないことを意味した)

―動 (**shot·ted**; **shot·ting**) 他 …に弾丸を込める

▸▸ ～ **clòck** 名 C 《バスケットボール》ショットクロック《シュートをしなければならない制限時間を表示する時計 [装置]》

～ **glàss** 名 C ショットグラス《強い酒用の小型グラス》

～ **pùt** (↓)

shot[2] /ʃɑ(ː)t | ʃɔt/

―動 shoot の過去・過去分詞

―形 ❶ (服地などが)玉虫(色)の, 角度によって〈…に〉色が変わって見える織り方の〈**with**〉;しまの入った ‖ blue silk ～ *with* gold 角度によって金色に見える青い絹地 ❷ 《叙述》《口》(ぼろぼろになるまで)使い切った, 疲れ果てた ‖ His nerves are ～ to pieces [OR hell]. 彼の神経はすっかりまいっている ❸ 《叙述》《米・豪・ニュージ》酔った

gèt [OR *be*] *shót of* ... 《英口》〔不要・やっかいなもの〕が取り除かれる, …から解放される, …をやっかい払いする

shòt thróugh with ... 〔ある特徴・性質など〕に満ちている, …でいっぱいの ‖ a novel ～ *through with* humor ユーモアに満ちた小説

shót·gùn 名 C ❶ 散弾銃, 鳥銃, 猟銃 ❷ 《アメフト》ショットガン《パスプレーを考えた攻撃隊形》

càll shótgun 《米口》車の助手席に乗りたいと言う

rìde shótgun 《米口》助手席に乗る;警護する

―形 ❶ 《限定》強圧的な ❷ 手当たり次第の, 無差別の

▸▸ ～ **hòuse** 名 C 《米》全室が前後に一列に並んだ(間口の狭い)家 ～ **wédding** [**márriage**] 名 C 《口》できちゃった婚《娘が妊娠した場合に父親が相手の男性に散弾銃を突きつけて結婚を迫ったことから》

shót pùt 名 《the ～》《スポーツ》砲丸投げ **shót-pùtter** 名 C 砲丸投げ選手 **shót-pùtting** 名 U 砲丸投げ

should /弱 ʃəd;強 ʃʊd/

中心義 …が必然である

―助 (否定形 **should not**, **shouldn't** /ʃʊ́dnt/;短縮形《主に英》**'d**)

I 【直説法】 ❶ 《時制の一致による shall の過去形》(♦ shall の各種の意味に対応する) ‖ I said I ～ be late tonight. 今晩遅くなると言った (=I said, "I shall be late tonight.") (→ shall ❶ **a**) / I told him (that) I ～ never forget his kindness. ご親切は決して忘れませんと彼に言った (=I said to him, "I shall never forget your kindness.") (→ shall ❷ **a**) / He asked if he ～ open the window. 窓を開けましょうかと彼が尋ねた (=He said, "Shall I open the window?") (→ shall ❸)

語法 ☆☆ 《英》では話法が転換される場合, 従属節中の主語が二, 三人称から一人称に変わるのに伴い, 単純未来の will (直接話法) が should (間接話法) に変わる場合がある. 〈例〉He said, "You *will* learn more about it later." = He said (that) I *should* learn more about it later. そのことについては後でさらにわかるでしょうと彼は言った

II 【仮定法とそれに由来する用法】 ❷ **a** **…すべきである**, …して当然だ, …するのがよいだろう(♥ 義務・当然・助言・指示を表す. 主語の人称に関係なく用いられる. must より確信度が弱く, ought to とほぼ同じ意味. 語調を和らげるために Maybe, I think [OR guess] などの表現を前に置くことがある) ‖ You ～ keep your promise. 約束は守るべきだ / We ～*n't* tell him about this. 彼にこのことを話すべきではない / Documents ～ be sent by mail, not by fax. 書類はファックスではなく郵送でお願いします (♥ must を用いるよりも丁寧) / Judy said I ～ take more exercise. = Judy said, "You ～ take more exercise." ジュディーは私はもっと運動すべきだと言った (♦ 時制の一致は関係なく, 間接話法でも should は変化しない) / This is as it ～ be. これがあるべき当然の状態だ;これでよいのだ / "*Should* I call the police?" "Yes, I think you ～." 「警察に電話した方がいいでしょうか」「ええ, そうすべきでしょうね」(♥ 助言の場合は I think などを用いて語調を弱めることが多い. ⇨ 英語の真相)

英語の真相

should を使った疑問文に答えるとき, 相手の質問がこちらの便宜を図るものの場合, そのまま should を用いて答えると特に《英》で失礼と感じられることがある. 例えば What time should I pick you up? (何時に迎えに行けばいいですか)に対して, You should pick me up at 9:00. のように答えると命令しているように思われることが多いため, Pick me up at 9:00. / Could [OR Can] you pick me up at 9:00? などの表現を用いる方がよい. What should I buy my wife for Valentine's Day? (バレンタインに妻に何を贈るべきかな)と聞かれて相手にアドバイスするような場合は, (I think) you should buy her some flowers. (花をあげるといい (と思う) よ)のように should を用いて答えても問題ない.

b 《～ have+過去分詞で》**…すべきだった(のに)**, …すればよかった(のに) (♥ 過去において「…すべきだったのにしなかった」という非難・後悔を表す) ‖ I ～ have asked my parents first. まず両親に聞くべきだったのだ / You ～ have seen the movie. その映画を見ればよかったのに / He ～*n't* have talked like that. 彼はあんなふうに話すべきではなかったのだ / "Here's a present for you." "Oh, you really ～*n't* have!" 「はい, プレゼント」「まあ, そんなのよかったのに」(♥ 感謝の気持ちを表す)

❸ **a** **…するはずである**, きっと…であろう (♥ 当然の推量・期待. この意味で should と ought to は will や must よりも確信度が弱い) ‖ It ～ be very cold in winter in Moscow. モスクワの冬はきっと非常に寒いはずです / You ～*n't* have any problems updating the antivirus software. ウイルス対策ソフトを更新することは何の問題もないはずだ / "Ted might win the game." "He ～ be so lucky." 「テッドは試合に勝てるかもしれない」「かなり運がよければね」(♥「まず勝ち目はない」の意を含む) / According to the weather forecast, it ～ be clearing up by now. 天気予報によればもう今ごろは晴れ上がっているはずなのだが

b 《～ have+過去分詞で》…したはずである, きっと…してしまっているだろう;…しているはずだが (まだしていない) ‖ He ～ have arrived there by now. 彼はもう向こうに到着しているはずです

❹ 《要求・提案・決定・勧告・願望などを表す文の that 節内で》(♦ 《米》では通例 should は使用せず仮定法現在(原形動詞だけの形) で表し, 《英》でも最近この傾向が見られる. 《英》ではときに直説法を用いることもある) **a** 《demand, require, suggest などの動詞に続く that 節内で》‖ They demand that the manager 「～ resign [《主に米》 resign, 《英》 resigns]. 彼らは支配人が辞任するよう要求している / It was proposed that a special committee ～ be appointed. 特別委員会が任命されるよう提案された / They insisted that the mayor ～ take the lead. 彼らは市長が先頭に立つべきだと主張した

b 《It is ... that ... の that 節内で》(♦ It is の後には通例 desirable, essential, important, necessary など必要・重要性・妥当性を意味する形容詞がきて間接的に要求・提案・願望などを表す) ‖ It is necessary [desirable] that everyone ～ agree to the conditions. 全員がその条件に同意する必要がある [ことが望ましい] / It is important that exception ～ not be made. 例外を作らないことが大切だ (= 《米》 It is important that exception 「not be made [*be not made].) (♦ should を使わない場合の not の位置に注意)

❺《話者の主観的判断・感情を表す文の that 節 内で》‖ It is natural that she ~ be angry with you. 彼女が君に腹を立てているのも無理はない / It is a good thing that he ~ recognize his faults. 彼が自分の欠点を認めるとは結構なことだ (⇨ 語法) / It's a pity that you ~ lose such an opportunity. 君がそのような機会を逃すなんて残念だ / I was shocked that he ~ not have been elected. 彼が当選しなかったのはショックだった

語法 ★☆ (1) ❹とは異なり仮定法現在の形を代わりに使うことはふつうしない.
(2) この should は that 以下の内容を話者が主観的に判断したり感情的にとらえていることを示す. したがって that 以下を事実として客観的に述べるのであれば should を使わず直説法の動詞を用いる.

❻《疑問詞とともに用いて》どうして, 一体; 何と(♥ 意外感・困惑を表す. しばしば反語的) ‖ How ~ I know? どうして私が知っているんですか (知っているはずがない) / I don't understand why you ~ think so. どうして君がそう思うのか私にはわからない / I walked into the building and who ~ I see but the mayor himself! 建物に入って行くとそこにいたのはだれあろう市長自身だった / Why ~ she have invited Roger if she hates him? 彼女がロジャーを嫌っているのならどうして招待したりしたんだろう

❼《可能性の低い仮定》《主に英堅》 **a** 《if で始まる条件節で》**万一[仮に]…ならば** (♦ この意味で would は用いない) ‖ What would you do if I ~ die? 万一私が死んだらどうしますか / If you ~ change your mind, please let me know. 万一気が変わるようなことがあったら, 知らせてください (♦ should に代えて happen to を用いることが可能. また should happen to と両方用いることもできる)

b 《if が省略され「should+主語+動詞」の語順の倒置形で》‖ *Should* you fail, would you try again? 万一失敗したら, もう一度やってみますか / *Should* anyone see him, call us immediately. 万一彼を見た人がいたら, すぐにお電話を下さい

c 《in case, for fear that, lest などで始まる節で》…するといけないので, …の場合に備えて ‖ Bring an umbrella with you in case it ~ rain. 雨に備えて傘を持って行きなさい / I wrote it down for fear that I ~ forget it. 忘れないようにそれを書き留めた

❽《条件文の帰結節》《英堅》《一人称の主語で》…であろうに, …するのだが; 《~ have+過去分詞》…していたであろうに (♦《米》では would を用いる方がふつう) ‖ If the residents could help us, we ~ be pleased. 住民の皆さんに手伝ってもらえたらうれしいのだけれど / I ~*n't* worry if I were you. 僕が君なら悩まないけどね(♥ 助言によく用いられる表現で「くよくよするな」の意を含む. if 節 のないこともあり, その場合は I should ... は You should ... と実質的に同じ意味になる) / I ~ have been more careful if I'd known that. わかっていたらもっと気をつけたのに

❾《丁寧・控えめな表現》《英堅》《一人称の主語で》(♦《米》および《英口》では通例 would を用いる) ‖ I ~ like a glass of water, if I may. できれば, 水を1杯頂けますか / I ~ imagine she is right. 彼女の意見が正しいのかもしれません / He is over seventy, I ~ say. 彼はまあ70歳を越えていますね

❿《目的》《so that, in order that で始まる節で》…するように, …できるように(♦ 代わりに might, could, would も使える) ‖ I spoke slowly 「so that [OR in order that] everyone ~ understand. みんながわかるようにゆっくり話した

⓫ **a** 《I ~ think [OR hope] so [not]. で》もちろんだ, そう期待している [当然そんなことはあり得ない] (♥ 当然だという強い主張・期待や同意・反発などを表す) ‖ "Will Jim keep her illness secret from everyone else?" "I ~ think so." 「ジムは彼女が病気であることをだれにも漏らさないだろうね」「もちろんだ [そう期待している]」 / "Nobody will oppose this plan for reform, will they?" "I ~ hope not." 「だれもこの改善計画に反対はしないだろう」「もちろんするはずはないよ」

b 《I ~ think (that) ... で》《堅》…であることは確実だ, きっと…に違いない (♥ 事実の裏付けがあってそう判断されることを表す) ‖ I ~ think (that) his parents are terribly upset by [OR at] the bad news. 彼の両親はその悪い知らせにきっとひどく狼狽(ろうばい)しているに違いない

⁂shoul·der /ʃóuldər/ 《発音注意》 名 動

── 名 (複 **~s** /-z/) C ❶ (片方の) **肩** (⇨ ARM¹ 図, BODY 図); 肩関節 (shoulder joint); 《~s》**(両)肩** (⇨ BACK 図), 上背部; (重荷・責任を担う)双肩, 肩 ‖ carry a bag [camera] **on** one's ~ 肩にバッグをかけて運ぶ [カメラを下げて持ち歩く] / The girl rested her head **on** his ~. 少女は彼の肩に頭をもたせかけた / My ~*s* are stiff. 私は肩が凝っている / drape a cardigan over one's ~*s* カーディガンを肩にかける / give a child a ride **on** one's ~*s* 子供を肩車する / **shrug** one's ~*s* 肩をすくめる (♥ 疑い・あきらめ・困惑などを示すしぐさ) / take everything on one's ~*s* ひとりで何もかもしょい込む / shift the blame to other ~*s* 人のせいにする

❷ (四足獣・鳥・昆虫の)肩に相当する部分; C U (動物の)肩肉 ‖ a ~ of lamb 羊の肩肉

❸ 肩状のもの; (衣服の)肩(の部分); (山・瓶・道具などの)肩(状突出部); (弦楽器の) 肩; 《主に米》(道路の) 路肩(ろかた) (《英》 hard shoulder) ‖ the padded ~*s* of a coat パッドを入れた上着の肩

* ***a shòulder to crý òn*** 悩みを聞いてくれる人

be lòoking over one's shóulder 悪いことが起こるのではないかとびくびくしている

be lòoking* [OR *wàtching*] *over a pèrson's shóulder (人の)肩越しにのぞき込んでいる; (人が)していることを(批判的な目で)観察[監視]している

crỳ on a pèrson's shóulder (慰めてもらおうと)(人)に愚知をこぼす, (人)から同情を得ようとする

gèt the còld shóulder 冷遇される

give a pèrson the còld shóulder 〔人〕を冷遇する

hàve bròad shóulders ① 肩幅が広い ② 重い責任 [重荷]に耐えられる, 頼りになる

pùt* [OR *sèt*] *one's shòulder to the whéel 力いっぱい努力する, 張りきって仕事にかかる

* ***rùb shóulders*** 《英》=*rub* ELBOWS

* ***shòulder to shóulder*** ① 肩を並べて, 隣り合って ② 〈…と〉同じ目的に向かって, 協力 [団結] して〈**with**〉‖ She stood ~ *to* ~ *with* the members of the union. 彼女は組合員と協力して行動した

stràight from the shóulder (発言などが) 真っ向からずばりと, 率直に

── 動 (**~s** /-z/; **~ed** /-d/; **~·ing**)

── 他 ❶ 〔責任など〕を (双肩に) **担う**, 負う, 負担する ‖ ~ the **responsibility** [blame, duty, cost] 責任 [責め, 義務, 費用]を負う

❷ 《+目+副句》…を肩で押す, 肩で押しのける《***aside***》〈**out of, toward, etc.**〉‖ He ~*ed* me *out of* the way. 通るのに邪魔だと彼は私を肩で押しのけた / ~ people *aside* 人を肩で押しのける

❸ …を肩にかつぐ [かついで運ぶ] ‖ ~ a backpack リュックを背負う / *Shoulder* arms! 『軍』担え銃(つつ)

── 自 肩で押す; 肩で押しのけて 〈…を〉 進んで行く 〈**past, through**〉

shòulder one's wáy 肩で押し分けて通る [進んで行く] 〈**through** …を; **to, into** …へ〉

▸▸ **~ bàg** 名 C (女性用) ショルダーバッグ **~ bèlt [hàrness]** 名 C (自動車などの) 肩帯式安全ベルト; 『軍』負い革, 肩帯 **~ blàde** 名 C 肩甲骨 (scapula) **~ jòint** 名 C 肩関節 **~ pàd** 名 C 《通例 ~s》『服』肩パッド **~ stràp** 名 C (婦人服の) 肩ひも, ストラップ; (ショルダーバッ

グの)ひも **～ sùrfing** 名 C ショルダーサーフィン[ハッキング]《肩越しに盗み見て暗証番号やパスワードを入手すること》

shòulder-hígh 副 形 肩の高さに[の], 肩の高さまで(の)

shòulder-léngth 形《通例限定》(頭髪が) 肩までの長さの

***should·n't** /ʃúdnt/ should not の短縮形

shouldst /弱ʃədst ; 強ʃudst/, **should·est** /弱 ʃədɪst ; 強 ʃúdɪst/ 助《古》should の二人称単数形 (♦ 主語が thou のとき)

***should've** /ʃúdəv/ should have の短縮形

⋮shout /ʃaut/ 動 名

一動 (**～s** /-s/ ; **～·ed** /-ɪd/ ; **～·ing**)

一自 ❶ **a** **叫ぶ**, **大声で話す**《***out***》;〈人に〉大声で言う, 話し[呼び]かける〈**at, to**〉;〈人に〉どなる〈**at**〉;〈喜びなどで[に]〉叫び声を上げる〈**with, for**〉(⇨ CRY 類語) ‖ I *～ed for* [OR *with*] joy. 喜びのあまり叫んだ / *～ out* in delight 歓喜の叫びを上げる / He *～ed to* me, as the room was so noisy. 部屋がとてもうるさかったので, 彼は大声で私に話しかけた / Stop *～ing at* each other! お互いにどなり合うのはやめなさい (♦ 通例怒りを伴って人にどなる場合は at を用いる) / ～ **back** 大声で返答する, どなり返す

b 《+**at** 名+**to** *do*》〔人〕に…するように叫ぶ ‖ Doris *～ed at* him *to* get out. ドリスは大声で彼に出て行くように言った

❷《豪・ニュージ口》〈人に〉(酒などを)おごる〈**for**〉

一他 ❶ **叫ぶ** **a** 《+目》…を〈…に〉叫ぶ, 大声で言う《***out***》〈**to, at**〉‖ Jeff *～ed* the news *out*. ジェフはその知らせを大声で伝えた / The security guard *～ed out* a warning *to* me. 警備員は私に気をつけろと叫んだ / The crowd *～ed* abuse *at* the police. 群集は警官隊に大声で悪口雑言を浴びせた

b 《+**that** 節》…と叫ぶ《***out***》‖ He *～ed that* it had stopped raining. 彼は雨が上がったと叫んだ / "Stop it," she *～ed* (*out*). 「やめて」と彼女は叫んだ

c 《+目+補〈形〉》叫んで…を…にする ‖ I *～ed* myself hoarse. 叫び続けて声をからした

❷…(であること) を示す ‖ ～ money 金持ちであることを示す ❸《豪・ニュージ口》〔人〕に(酒などを)おごる

àll over bàr* [OR *but*] *the shóuting 《英口》(勝負などが) ついたも同然だ, 結果はもう明らかだ (♦ bar は but と同じく「…を除いて」の意の前置詞.「残るは歓声だけだ」の意)

****shòut dówn ... / shòut ... dówn*** 〈他〉大声を上げて…の声をかき消す ; どなり声で…を黙らせる [やじり倒す] (✎ hoot down, boo)

shóut for ... 〈他〉① 大声を上げて…を呼ぶ [求める] ‖ ～ *for* help [a bellboy] 大声で助けを求める [ベルボーイを呼ぶ] ② ⇨ 自 ❶

***within shòuting dístance* (*of ...*)** (…から) 大声を上げれば聞こえる範囲内に, (…の) 近くに

一名 (複 **～s** /-s/) C ❶ **大声**, 大きな叫び [呼び] 声 ; (笑い・歓声などの) 突然の爆発, どっと起こる[上がる]笑い声[歓声] ‖ A ～ of rage went up from the audience. 怒りの叫び声が観客の中から起こった / **give** a ～ of triumph どっと勝ちどきを上げる / **give** a ～ to call for help 大声を上げて助けを呼ぶ

❷《英・豪・ニュージ口》(酒などを) おごる番 ; おごりの酒 ‖ It's my ～. 僕がおごる番だよ

be in with a shóut 《口》〈…の〉見込みが十分ある〈**of**〉

give a pèrson a shóut 《口》〔人〕に声をかける, 知らせる

～·er 名 C 叫ぶ人, 大声を出す人 **～·y** 形 大声の, 大声を上げる

▸▸ **～ing màtch** 名 C どなり合いのけんか

shóut·òut 名 C (主に放送での) 短いあいさつの言葉 [褒め言葉]

shove** /ʃʌv/ 《発音注意》動 他 ❶ …を(手荒く)押す, 押しやる, 突く《aside, away,*** etc.》; …を(後ろから)押して動かす, 〈…に〉押しつける〈**against, at**〉‖ The police *～d* the crowd *aside* [OR *away*] for the President. 大統領が通るので警察は群衆を押しのけた / ～ a bed *against* the wall ベッドを壁際に押しつける / ～ one's way 押しのけて進む ❷《+目+副句》《口》…を押し込む, 押しやる〈**into** …の中に ; **under** …の下に〉‖ He *～d* the letter *into* the drawer. 彼はその手紙をぽいと引き出しに入れた

一自 ❶ ぐいと押す ‖ There was a little pushing and *shoving* at the rally. その集会でちょっとした小競り合いがあった ❷《+副句》(ある方向へ)人などを押し分けて進む

shòve a pèrson aróund [OR ***abóut***] 〈他〉〔人〕を小突き回す ;《口》〔人〕をこき使う

shóve it 《口》どうにでも好きなように (処分) する (♥ 話者の「そんなものはくそ食らえ」という拒絶の気持ちを表す)

shòve óff 〈自〉① (オールで岸を突いて) ボートを出す ②《口》立ち去る, 出発する ‖ I've got to *～ off*. 行かなくては / Just *～ off*, will you! 出て行ってくれよ

shòve úp 〈自〉《英》席を詰め(て場所を空け)る

一名 C 《通例単数形で》(ぐいと)押すこと, 一押し ‖ give a boat a (good) ～ ボートを(思いきり)ぐいと一押しする

shòve-hálfpenny, -há'penny /-héɪpni/ 名 U 《英》銭はじき《卓上で行うゲーム. 賭(か)けの一種》

***shov·el** /ʃʌ́vəl/ 《発音注意》名 C ❶ シャベル(→ scoop, spade[1]) (⇨ FIREPLACE 図) ; (土工・採鉱用の) パワーショベル (power shovel) ❷ シャベル1杯 (shovelful) ‖ a ～ of sand シャベル1杯の砂

一動 (**～ed**, 《英》**-elled** /-d/ ; **～·ing**, 《英》**-el·ling**) 他 ❶〔土砂・石など〕をシャベルですくう (♦ 通例場所・方向を表す 副句 を伴う) ‖ ～ away snow シャベルで除雪する / ～ dirt into the back of a truck ごみをシャベルですくってトラックの荷台にほうり込む ❷〔道・溝など〕をシャベルで作る [掘る, きれいにする] ;《米》〔道路など〕の除雪をする ‖ ～ a path through the snow シャベルで雪かきをして道をあける ❸《口》(シャベルですくうように)…を〈…に〉どんどんほうり込む〈**into, onto**〉‖ ～ food *into* one's mouth 食物を口にかき込む **一自** シャベルを使う, シャベルで仕事をする

～·fùl 名 C シャベル1杯 (の量) **～·(l)er** 名 C ① シャベルですくう人[装置] ②〔鳥〕ハシビロガモ

shóvel·wàre 名 U 投げ込み情報《新聞・雑誌などに出たものをそのままインターネットやCDに利用した情報》

⋮show /ʃou/ 《発音注意》動 名

中心義 **Aを見える [わかる] ようにする** (★Aは物理的なものに限らず,「事柄」や「感情」など抽象的なものまで多様)

> 動 他 **明らかにする**❶ **見せる**❷ **教える**❸ **案内する**❹ **表す**❺ **陳列する**❼
> 自 **見える**❶
> 名 **ショー**❶ **番組**❶ **展覧会**❷

一動 (**～s** /-z/ ; **～ed** /-d/ ; **shown** /ʃoun/ OR《まれ》**～ed** /-d/ ; **～·ing**)

一他 ❶ **明らかにする** **a** 《+目》…を証明する, 明らかにする, 示す ‖ His experiment *～ed* the relation between the chemical and skin cancer. 彼の実験はその化学薬品と皮膚癌(がん)との関係を明らかにした

b 《+ (**that**) 節》…ということを証明する ‖ Our survey *～s* (*that*) consumers prefer humorous advertisements. 我々の調査では消費者はユーモラスな広告を好むことがわかる

c 《+**wh** 節》…かを示す ‖ Her letter *～s why* she did not come. 手紙を読むと彼女がなぜ来なかったかがわかる

d 《+目 *A*+目 *B*》*A* (人) に*B* (物事) を証明する ‖ His experience *～ed* him the need for education. 彼は経験から教育の必要性を知った

e 《+目+ (**that**) 節 / **wh** 節》〔人〕に…ということ[…か]を証明する ‖ You've got to ～ him (*that*) you're

stronger than he is. 君の方が強いことを彼に見せてやれ
f 《+目+**to be** 補》…が…であることを証明する(♦ to be はときに省略される) ‖ The facts ~ him *to be* honest. (=The facts ~ that he is honest.=The facts ~ his honesty.) その事実から彼が正直であることがわかる(♦ that 節 がふつう)
g 《+目+**to** ***do***》《受身形で》…することが明らかにされている ‖ Exercise has been *shown to* improve the quality of sleep. 運動は睡眠の質を向上させることが明らかにされている
❷ **見せる**(⇨ 類語) **a** 《+目》…を〈…に〉(出して)見せる, 示す;(検閲のために)…を提示する〈**to**〉‖ *Show* your injury *to* the doctor. 医者に傷を見せなさい
b 《+目 *A*+目 *B*⇄+目 *B*+**to** 目 *A*》*A*(人)に*B*(物)を見せる ‖ He ~*ed* me his collection of railroad memorabilia. 彼は私に鉄道グッズのコレクションを見せてくれた / "I have five hundred dollars." "Oh, yeah? *Show* me (the money)!" 「500ドル持ってるんだ」「へえ, じゃ見せて」(♦(1) 直接目的語が文脈から明らかな場合, 間接目的語だけが表現されることがある. (2)《英》では2つの目的語がいずれも代名詞のとき, 直接目的語(特に it)が先行して Show it me. のような語順になることがある. ⇨ GIVE ❶ 語法 (4) 目 *A*, 目 *B*のいずれを主語にした受身形も可能)
c 《+目+**wh** 節》…に…かを見せる[示す] ‖ *Show* me *what* you bought at the store. その店で何を買ったか見せなさい
❸ **a** 《+目 *A*+目 *B*⇄+目 *B*+**to** 目 *A*》*A*(人)に*B*(方法など)を**教える**, 説明する ‖ *Show* us a card trick.=*Show* a card trick *to* us. トランプの手品を教えてちょうだい
b 《+目+**wh** 節 / **wh to** ***do***》〔人〕に…かを説明する(→ CE 5) ‖ I'll ~ you *how* this phone works. この電話がどうやって動くか説明しましょう
❹ **案内する** **a** 《+目 *A*+目 *B*》*A*(人)に*B*(場所)を案内する, *A*(人)に*B*(場所・道)を指し示して教える(⇨ GUIDE 類語) ‖ The landlady ~*ed* us the garden. 家主の女性は私たちに庭を案内してくれた / Would you ~ me the way to the cathedral? 大聖堂に行く道を教えていただけませんか(♦ show は相手を実際に目的地まで連れて行く場合に用いるのがふつう) / ~ him the door 彼を部屋[家]から立ち去らせる, 追い出す
b 《+目+副句》〔人〕を〈…へ〉案内する《***in, out,*** **etc.**》〈**to, into,** **etc.**〉‖ May I ~ you *to* your seat? 席へご案内いたしましょうか / I ~*ed* the client *into* my office. 依頼人をオフィスに通した / ~ a guest *in* [*out*] 客を通す[送り出す]
c 《+目+**wh** 節 / **wh to** ***do***》〔人〕に…かを指し示して教える ‖ Please ~ me *where* I can put my umbrella. どこに傘を置いたらよいか教えてください
❺ **表す** **a** 《+目》(表情・行動などで)〔感情・兆候など〕を表す, 示す(↔ hide) ‖ My boyfriend ~*s* little interest in art. 私の彼は芸術にほとんど関心を示さない / Her face ~*ed* her dismay at the news. その知らせを聞いてうろたえている様子が彼女の顔に出た
b 《+**that** 節 / **wh** 節》…ということ[…か]を示す ‖ He ~*ed* by his behavior *that* he was a true environmentalist. 彼は自分が本物の環境保護運動家であることを行動によって示した
c 《+目 *A*+目 *B*⇄+目 *B*+**to** 目 *A*》*A*(人)に*B*(感情など)を見せる ‖ She ~*ed* him her strength.=She ~*ed* her strength *to* him. 彼女は彼に自分の強さを見せた
❻《通例進行形不可》(計測器などが)…を指し示す, 表示する;(企業が)〔利益・損失〕を示す ‖ The clock ~*ed* 2:20. 時計は2時20分を指していた / ~ a profit [loss] 利益をあげる[損失をこうむる]
❼ …を**陳列**[出品]**する**, 展覧[展示]する;〔劇〕を上演する, 〔映画〕を上映する, テレビで流す;…を(売り物として)出す;〔家畜〕を品評会に出す ‖ She ~*ed* her paintings at the gallery. 彼女は画廊に自分の絵を展示した / What film are they ~*ing* at the cinema? その映画館では何の映画を上映していますか
❽ 《+目 *A*+目 *B*⇄+目 *B*+**to** [**for**] 目 *A*》*A*(人)に*B*(恩恵・親切など)を与える, 示す ‖ My host family ~*ed* me great kindness.=My host family ~*ed* great kindness *to* me. ホストファミリーは私にとても親切にしてくれた
❾《通例進行形不可》描く, 表現する **a** 《+目》(絵・地図などが)…を描く, 表現する, 示す, (写真が)…を写し出す ‖ The diagram ~*s* the construction of the device. その図は装置の構造を表している **b** 《+目+**as** 名》(絵などが)…を…として描く, 表現する ‖ The painting ~*ed* her *as* a young woman. その絵では彼女は若い女性として描かれていた **c** 《+目+***doing***》…が…しているところを写し出す ‖ The television ~*ed* the sunrise from the top of Mt. Fuji. テレビは富士山頂からの日の出を写した **d** 《+**wh** 節 / **wh to** ***do***》…(である)かを描く, 見せる, 示す ‖ This photo ~*s how* happy you are. この写真から君がいかに幸せであるかわかる
❿《進行形不可》〔汚れなど〕を目立たせる ‖ White sneakers ~ dirt. 白いスニーカーは汚れが目立つ
⓫《口》《受身形不可》〔人〕に自分の力量を見せつける(→ CE 3) ⓬《法》〔訴訟理由など〕を申し立てる
—自 ❶ **a** **見える**, 現れる(↔ be invisible);目につく;(よく)わかる ‖ Your shoulder strap is ~*ing*. 肩ひもが見えてますよ / The buds will soon ~. 木の芽はじきに出てくるでしょう / Great strain ~*ed* in his face. 彼の表情は疲労の色が濃かった
b 《+補〈形〉》…に見える ‖ Their faces ~*ed* pale under the glare. 強い光の下で彼らの顔は青ざめて見えた
❷《口》現れる, 顔を出す, 姿を見せる, (約束どおり)やって来る《***up***》‖ She did not ~ at breakfast. 彼女は朝食に姿を見せなかった / He ~*ed up* right on time. 彼はきっかり時間どおりにやって来た
❸《通例進行形で》上演[上映]される ‖ A Kurosawa movie is now ~*ing* at the theater. 黒沢監督の映画はその映画館で上映されている ❹《米》(競馬で)3位(以内)に入る ❺《口》(妊婦の)おなかが目立つ
hàve nòthing [***sòmething,*** **etc.**] ***to shów for ...*** 〔努力・出資など〕の成果を示すものがない[あるなど] ‖ I *have very little to* ~ *for* my years of experiments. 長年実験してきたが成果がほとんどない
shòw a pèrson aróund [《英》***róund***] ***...*** 〈他〉〔人〕を案内して…を回る ‖ I ~*ed* her *around* the town. 彼女を町中案内して回った
shòw óff* 〈他〉《*shòw óff ...*** / ***shòw ... óff***》① 〔力量など〕を〈…に〉**見せびらかす**〈**to**〉 ② …を引き立てる(set off;enhance) **—**〈自〉《口》いいところを見せる
shów À òver B 〈他〉《主に英》*A*(人)に*B*(興味深い場所・売り家など)を説明しながら案内して回る
shòw onesélf ① 〈人の前に〉姿を見せる, 現れる;(物が)〈…に〉見えてくる〈**to**〉‖ The deer ~*ed* itself *to* the hunter. シカはハンターの前に姿を現した ② 自分が〈…であること〉を示す〈(**to be**) ...〉‖ He ~*ed* himself (*to be*) a skillful cross-country skier. 彼はクロスカントリーのスキーが上手であることを示した
shòw thróugh 〈自〉透けて見える;(本性・本音が)現れる, 顔に出る ‖ The dark hair on his chest ~*ed through*. 彼の濃い胸毛が透けて見えた **—**〈他〉《***shòw thróugh ...***》…を通して透けて見える
shòw úp* 〈他〉《*shòw up ...*** / ***shòw ... úp***》① …を**目立たせる**, はっきり見せる ② …(の本質)を暴く, 暴露する〈**as, for** …だと;**to be** …であると〉‖ ~ *up* her ignorance 彼女の無知を暴露する / ~ him *up as* [OR *to be*] a liar 彼がうそつきであることを暴露する ③《口》(能力などで)〔人〕

をしのいで恥ずかしがらせる；(愚かしい行為などで)〔人〕に恥ずかしい思いをさせる ‖ My uncle ~*ed* me *up* by drinking from a finger bowl. おじがフィンガーボールの水を飲んだので私は恥ずかしい思いをした ―〈自〉①《口》**現れる**, 顔を出す, やって来る(→ 自❷) ②〈…を背景に〉はっきり見える[わかる], 目立つ〈**against**〉‖ The painting ~*ed up* well *against* the wall. 絵は壁をバックに際立って見えた

COMMUNICATIVE EXPRESSIONS

1 They didn't have enough time to práctice, **and it shóws**. 彼らには十分練習する時間がなかった. 実際それは一目瞭然(りょうぜん)だ(♥特によくないことを指して「結果にはっきりと表れている」の意)

2 **I'll shòw mysèlf óut.** =SEE¹(CE 20)

3 **Í'll shòw** them [him, her, etc.]. 見てろよ；見返してやる(♥「自分が正しいことを証明してみせる」の意)

4 We thòught there would be nò próblem. **It jùst** 「**gòes to shòw** [OR **shòws**] how ígnorant we were. 問題は全くないと思っていたが, 私たちがいかに無知だったかそれでわかるというものだ

5 **Lèt me shów you** how to màke thìs dísh. この料理の作り方をお見せしましょう

6 **Shòw** 「**sòme cóurage** [OR **sòme spíne, a lìttle resólve**]. ガッツを見せろよ(♥おく病な人を励ます)

7 Lèt's all bòycott the méeting. **Thát will** [OR **ought to**] **shòw** him. みんなで会議をボイコットしよう. そうすればやつも思い知るだろう(♥「見せしめになる」の意)

―名〔▶ showy 形〕(複 **~s** /-z/) Ⓒ ❶**ショー**, 見せ物, 出し物, 芝居, 映画；(テレビ・ラジオの)(娯楽)**番組** ‖ give two ~*s* a day (劇場などが)1日2回興行する / There are a lot of quiz ~*s* and game ~*s* on TV. テレビではたくさんのクイズ番組やゲーム番組をやっている

連語 【形+~】 a talk [《英》chat] ~ トーク番組 / a TV [radio] ~ テレビ[ラジオ]番組
【動+~】 see [OR watch] a ~ ショー[映画, 番組]を見る / go to a ~ ショー[映画, 演劇]を見に行く / hold [OR put on, stage] a ~ ショー[劇]を上演する / host a ~ ショー番組の司会をする

❷**展覧**[展示]**会**(exhibition)；品評会, ショー, フェア ‖ 「an auto [《英》a motor] ~ モーターショー / a ~ of paintings by van Gogh ファン=ゴッホ展 / a dog ~ 犬の品評会 / a fashion ~ ファッションショー

❸ Ⓤ/Ⓒ《a ~》(感情・性質などを)表に出すこと, 示すこと, 表示 ‖ in a ~ of anger 怒りを表に出して

❹ Ⓤ/Ⓒ《単数形で》見せかけ, ふり, うわべ；外観, 様子, 風(ふう) ‖ Your sympathy is nothing but ~. 君の同情は見せかけにすぎない / There is some ~ of logic in his thinking. 彼の考えにはいくらか筋の通ったところもある / Donna is all ~ and no go. ドナは口先ばかりで何もやらない

❺見もの, 美しい眺め, 景観；おかしな人, 嘲笑(ちょうしょう)の的 ‖ make a ~ of oneself《口》物笑いの種になる, 恥をさらす

❻ Ⓤ/Ⓒ《a ~》誇示, 見せびらかし, 見え；人目を引くこと ‖ a ~ of strength 力の示威

❼《単数形で》《口》企画, 仕事, 事業；活動；事態, 情勢(→ *run the show*(↓)) ‖ iPods have changed the whole ~ in the music business. iPod が音楽界の情勢を一変させた ❽《単数形で》《米・豪・ニュージ口》(弁明・活躍などの)機会, チャンス ‖ have no ~ of winning 勝つ見込みがない ❾ Ⓤ《米》(競馬などの)3着(→ place, win) ❿〖医〗(分娩の前兆となる)出血

for show 人に見せるために, 見せびらかしに, 見えで

****gèt*** [***kèep***] ***the shòw on the róad***《口》(仕事・旅行を)始める[続ける], 計画を実行に移す[最後までやる]

give the (***whòle***) ***shów awày***《口》(うっかり)秘密を明かす；種を明かす；馬脚を現す

(***Jòlly***) ***gòod shów!***《英》《旧》いいぞ, お見事

màke a gòod [***bàd***] ***shów*** 見栄えがする[しない]

màke [OR ***pùt on***] ***a shów of ...*** …のふりをする, …を自慢して見せる ‖ *make a ~ of* friendship [working] 好意を持っている[働いている]ふりをする

****on shów*** 陳列[展示]されて；公開されて ‖ His paintings will go [OR be] *on ~* next week. 彼の絵は来週公開される

pùt ùp a gòod [***pòor***] ***shów***《口》立派[不満足]な成績をあげる, 活躍が目覚ましい[ふがいない]

rùn the shów《口》(組織・仕事などを)牛耳る, 取り仕切る(♦しばしば進行形で用いる) ‖ Who is *running the* (whole) ~? だれが全体を取り仕切っているのか

****stèal the shów*** (わき役が)人気をさらう, 注目を集める

stòp the shów (芝居などが中断するほど)大喝采(かっさい)を浴びる, 大受けする

COMMUNICATIVE EXPRESSIONS

8 **The shòw must gò ón.** いったんやり出したことは最後までやり遂げなければならない(♥「上演は続けねば」から)

類語《他❷》**show**「見せる」の意の最もふつうの語.
display 引き立って見えるように, 眼前に広げて[掲げて]見せる. 感情・才能などを示す場合にも用い, 見せびらかしや誇示をほのめかすこともある.
exhibit 価値のあるものをじっくり見てもらうため, 目立つように公開して見せる. 商品・美術品の展示のほか, 感情の表出や才能の発揮などにも用いる.
manifest 明白に表に出す.〈例〉*manifest* one's ambition 野心をはっきり表す

▸▸ **~ bùsiness** [《口》**bìz**] 名 Ⓤ 芸能(業), ショービジネス **~ hòuse** [**hòme**] 名 Ⓒ《英》(住宅展示場の)モデルハウス(《米》model home) **~ jùmper** 名 Ⓒ〖馬術〗障害飛越(ひえつ)[ジャンプ]競技者 **~ jùmping** 名 Ⓤ〖馬術〗障害飛越[ジャンプ]競技 **~ of hánds** 名 Ⓒ《単数形で》(賛否を問う)挙手 **~ trìal** 名 Ⓒ (政治犯などに対するプロパガンダを目的とする)(見せしめの)公開裁判 **~ wìndow** 名 Ⓒ ショーウインドー, 陳列窓

shòw-and-téll 名 Ⓤ ショーアンドテル《教育活動として, 生徒に何かを持って来させて教室で説明させる》;《主に米口》(新製品などの)説明会, 展示会, 実物宣伝

shów·bòat 名 Ⓒ ❶ (米国の)演芸船, ショーボート《昔, 芸人や舞台装置を積んで川沿いの町々を巡業した蒸気船》❷《主に米口》目立った行動で人目を引こうとする人, 目立ちたがり屋 ―動 自《主に米口》目立つような行動をとる, (自慢したい点などを)ひけらかす **~·er** 名

***shów·càse** 名 Ⓒ ❶ 陳列用ガラスケース ❷ 引き立てて見せる場[機会] ―動 他 …を引き立てて見せる

shów·dòwn 名 Ⓒ《通例単数形で》〖ポーカー〗(だれが勝ったかを見るために)持ち札を全部さらすこと；最後の対決, 大詰め, 土壇場；最終的決着

:**show·er** /ʃáuər/《発音注意》
―名 (複 **~s** /-z/) Ⓒ ❶**シャワー**(を浴びること)；シャワー装置[ルーム] ‖ I'm **in the** ~. シャワーを浴びている最中だ / **take** [OR **have**] a ~ シャワーを浴びる

❷**にわか雨**, 夕立, (あられ・雪などの)ひと降り ‖ I was [OR got] caught in a heavy ~. ひどいにわか雨に遭った / The weather forecast says we'll have ~*s* tonight. 天気予報によると今夜にわか雨があるそうだ / The thunder ~ is over. (いっときの)雷雨がやんだ

❸〈弾丸・贈り物・賛辞などの〉(にわか雨のように)どっと来るもの, 多数, 多量,〈…の〉**雨**〈**of**〉‖ a ~ *of* questions 質問攻め / a ~ *of* sparks from an engine エンジンから飛び散る火花 / a ~ *of* tears どっとあふれる涙 / a ~ *of* bullets [blows] 雨と降る弾丸[げんこつ]

❹ (にわか雨のように降る)流星群

❺《米》(特に結婚・出産を控えた女性への)お祝い品贈呈パーティー ‖ a bridal [baby] ~ ブライダル[ベビー]シャワー

❻《a ~》《英口》だらしない[いやな]人[連中](♦単数でも複数でも a ~の形で用いる) ❼〖理〗宇宙線シャワー

sènd a pèrson to the shówers《米口》〔選手〕を交替させる, 試合から引っ込める

―動 (~s /-z/; ~ed /-d/; ~·ing)
―他 ❶ a《+目+副句》〔雪・灰・紙片など〕を〈…に〉まき散らす, 振りかける〈on, over, etc.〉;〔弾丸・非難など〕を〈…に〉浴びせる;〔贈り物・賛辞など〕を〈人に〉惜しみなく与える〈on, upon〉‖ ~ praise *on* the winner 勝者に賞賛の言葉を浴びせる b《+目+with 名》〔人〕に〔贈り物・賛辞など〕を惜しみなく[どっさり]与える, …に〔小粒のもの〕を大量に振りかける ‖ She ~*ed* her grandson *with* toys. (=She ~*ed* toys on her grandson.) 彼女は孫におもちゃをどっさり買い与えた
❷ …に水を注ぐ;…に〈水を〉まく〈with〉‖ ~ a garden *with* water 庭に水をまく
―自 ❶ シャワーを浴びる
❷《it を主語として》にわか雨が降る ‖ It ~*ed* off and on all day. 1日中にわか雨が降ったりやんだりした
❸《+副句》(雪・灰などが)〈一面に〉降り注ぐ, 降りかかる《*down*》, (手紙などが)(にわか雨のように)〈…に〉どっと来る〈over, on, etc.〉‖ Volcanic ash ~*ed down over* the whole island. 火山灰が島全体に降り注いだ / Letters ~*ed on* him in praise. 賞賛の手紙がどっと彼のところへ来た
▸▸ ~ bàth 名 C《米》シャワー(を浴びること) ~ càp 名 C シャワーキャップ ~ gèl 名 U《英》シャワージェル, ボディーソープ《シャワー用の液体石けん》

shówer·hèad 名 C シャワーヘッド《シャワーホース先端の湯の出る部分》

shówer·pròof 形《英》(軽く)防水処置を施した(→ waterproof)

show·er·y /ʃáuəri/ 形 にわか雨の;にわか雨の多い

shów·gìrl 名 C コーラスガール (chorus member)《ミュージカルなどで一団となって歌ったり踊ったりする女性》

shów·gròund 名 C (屋外)展示会場, 催し物広場

***show·ing** /ʃóuɪŋ/ 名 ❶ C 展示, 公開, 発表;上演, 上映 ‖ a ~ of new fashion ニューファッションの発表会 ❷ U/C《通例単数形で》体裁, 外観;出来栄え, 成績, 成果 ‖ make a good ~ 好成績をあげる ❸ U/C《通例単数形で》(情況の)説明;(事実・数字などの)提示, 発表;申し立て, 主張 ‖ on his own ~ 彼本人の言い分から判断すると / on present ~ 現在の様子では

shów·man /-mən/ 名 (複 -men /-mən/) C 興行師;ショーマン, 演出上手(中立 performer, entertainer)
~·shìp 名 U 興行手腕;ショーマンシップ, 演出の腕前 (中立 performing skills)

****shown** /ʃoun/ (♦ 同音語 shone) 動 show の過去分詞の1つ

shów-òff 名 ❶ C《口》(能力・財産などを)見せびらかす人, 自慢屋 ❷ U 見せびらかし, 誇示

shów·pìece 名 C (見本となる)展示品;優れた見本;(優れた技術などの)見せ場, 見せどころ

shów·plàce 名 C 名所, 旧跡, 見どころ

***shów·ròom** 名 C 展示室, ショールーム

shów·stòpper 名 C《口》(上演が中断されるほど)拍手喝采(かっさい)を受ける演技[出し物, 役者];見事なもの[人]

shów-stòpping 形《限定》(演技などが)(上演を一時中断するほどの)大喝采を受ける;見事な

shów·tìme 名 ❶ C U 開演[上映開始]時間 ❷ U 本番, 見せ場

show·y /ʃóui/ 形 (◁ show 名) (色の鮮やかさなどで)人目を引く, 目立つ, あでやかな;派手な, けばけばしい
shów·i·ly 副 **shów·i·ness** 名

shpt. 略 shipment

shr. 略〘商〙share(s)(株)

shrank /ʃræŋk/ 動 shrink の過去の1つ

shrap·nel /ʃrǽpnəl/ 名 U 榴散(りゅうさん)弾(などの破片)

***shred** /ʃred/ 名 C ❶《しばしば ~s》(細長い)小片, 断片 ‖ Helen tore his letter to ~*s*. ヘレンは彼からの手紙をびりびりに破いた / His clothing was in ~*s*. 彼の服はずたずたに裂けていた ❷《単数形で》《通例否定文で》〈…の〉少量, わずか〈of〉‖ There is not a ~ *of* evidence [doubt]. 証拠[疑い]は全くない
―動 (shred·ded /-ɪd/, +《米》shred; shred·ding) 他 ❶ …を(細く)ずたずたに裂く[切る];〔文書〕をシュレッダーにかける (⇨ CUT 類語P) ❷《米口》〘スポーツ〙(サーフボードで)〔波〕にうまく乗る;(スノーボードで)〔斜面〕をうまく下る
―自 ❶ ずたずたになる ❷《米口》〘スポーツ〙サーフボードで波にうまく乗る;スノーボードで斜面をうまく下る

shred·der /ʃrédər/ 名 C ❶ シュレッダー, 書類寸断機 ❷《米口》サーフィンのうまい人;《口》スノーボードのうまい人

shrew /ʃruː/ 名 C ❶〘動〙トガリネズミ ❷ がみがみと口うるさい女, じゃじゃ馬

***shrewd** /ʃruːd/ 形 ❶ 機転がきく, 才覚のある, 洞察[判断]力の鋭い;抜け目のない〈at, in …に / to do …するだけの〉‖ a ~ observer [bargainer] 鋭い観察者[やり手の交渉人] / He was ~ *in* business. 彼は商売では目端(めはし)がきいた / make a ~ choice 賢明な選択をする / It is ~ of you *to* have won your mother to your side. 母親を味方につけるとは君も抜け目がない ❷《古》(打撃・寒さなど)強烈な, 刺すような
~·ly 副 ~·ness 名

shrew·ish /ʃrúːɪʃ/ 形 (女性が)がみがみと口うるさい, じゃじゃ馬の, 意地の悪い ~·ly 副 ~·ness 名

***shriek** /ʃriːk/ 動 自 〈恐怖・苦痛などで〉悲鳴(のような声)を上げる, 甲高い声[音]を出す〈with, in …で;at …に向かって〉(⇨ SCREAM 類語) ‖ The girls were ~*ing with* laughter. 女の子たちはきゃっきゃっと笑っていた / ~ 「*with* fright [*in* pain] 驚いて[苦痛で]金切り声を上げる
―他 …を〈…に〉甲高い声[金切り声]で言う《*out*》〈*at*〉(♦ 直接話法にも用いる) ‖ They ~*ed* abuse *at* Vera. 彼らはベラに向かって金切り声で悪態をついた / "Get out!" she ~*ed*. 「出て行って」と彼女は甲高い声でどなった
―名 C 悲鳴, 金切り声;(機械などの)(悲鳴のような)鋭い音 ‖ give [OR let out] a piercing ~ of terror 恐怖の悲鳴を上げる ~·er 名

shrift /ʃrɪft/ 名 U《古》(司祭への)告解, ざんげ;(ざんげによる)赦罪;(ざんげに対して課す)苦行(→ short shrift)

shrike /ʃraɪk/ 名 C〘鳥〙モズ

***shrill** /ʃrɪl/ 形 ❶ (声・音が)甲高い, けたたましい ‖ a ~ cry けたたましい叫び声 / a ~ whistle 甲高い笛の音 ❷ ⊗《蔑》(要求・抗議などが)抑制[節度]のない, いきり立つ ‖ ~ light 強烈な光 / ~ complaints やかましい苦情
―動 自 甲高い声[けたたましい音]を立てる ‖ The wind ~*ed* outside. 外では風がひゅーひゅーいっていた
―他《直接話法で》…を甲高い声で言う ‖ "Be quiet!" she ~*ed*. 「静かに」と彼女は甲高い声で言った
―名 C 甲高い声, けたたましい音
shríl·ly 副 ~·ness 名

shrimp /ʃrɪmp/ 名 (複 ~ OR ~s /-s/) C ❶〘動〙小エビ (→ prawn, lobster) ❷ ⊗《口》《蔑》ちび
―動 自 小エビを捕る ~·er 名 C 小エビを捕る人[船]
▸▸ ~ cócktail 名 C U《米》小エビ入り前菜

shrimp·ing /ʃrímpɪŋ/ 名 U 小エビ漁, 小エビ捕り

***shrine** /ʃraɪn/ 名 C ❶ 〈聖者(の遺物・像)を祭った〉祭壇, 礼拝堂, 聖堂, 廟(びょう);(日本の)神社(Shinto shrine)〈to, of〉‖ What saint is this ~ dedicated *to*? この聖堂は何という聖人をまつってあるのですか / a ~ *to* the Virgin Mary 聖母マリアをまつる聖堂 / the Confucius ~ 孔子廟 ❷ (聖者の遺骨・聖物を納めた)聖遺物箱 ❸ (彫刻や装飾のある)聖者の墓[記念碑] ❹ (崇拝の対象となる)聖地, 殿堂;(中心地・発祥地としての)メッカ, 本場 ‖ Wall Street, the ~ of finance 金融の中心地, ウォール街
―動 他《文》=enshrine

***shrink** /ʃrɪŋk/ 動 (shrank /ʃræŋk/, 《米》shrunk /ʃrʌŋk/; shrunk, 《米》shrunk·en /ʃrʌ́ŋkən/; ~·ing) 自 ❶ (布地などが)縮む, 収縮する ‖ That sweater may ~ 「in the wash [OR with washing]. そのセーターは洗うと縮むことがある ❷ (量・規模・価値などが)減る, 減少す

S

る，縮小する ‖ The workforce has been ～*ing*. 労働力が減少してきている ❸（恐怖・嫌悪感などで）〈…から〉後ずさりする，遠ざかる，ひるむ《***back, away***》〈**from**〉‖ She *shrank back from* the terrible sight of the car accident. 彼女は自動車事故の恐ろしい光景に身がすくんだ ❹《(+**from** 名)》《しばしば否定文で》(危険・不快などを考えて)難事[義務]からしり込みする，…(するの)をいやがる ‖ Bart doesn't ～ *from* his responsibilities. バートは責任逃れをしない / ～ *from* speaking in public 人前で話すのをいやがる ―他 ❶ …を縮ませる；〔布地〕を(縮むのを防ぐためにあらかじめ)地のしする，防縮加工する(preshrink) ❷〔量・規模・価値など〕を減らす，減少させる

shrìnk into onesélf 自分の殻に閉じこもる

―名 ❶ U 収縮；しり込み ❷ C ⊗《口》《ときに蔑》精神科[分析]医，精神療法医[士](psychiatrist)

～·a·ble 形 **～·er** 名 **～·ing·ly** 副

▶▶**～ing víolet** 名 C《口》はにかみ屋，内気な人

shrink·age /ʃríŋkɪdʒ/ 名 U C（布などの）収縮，縮小，減少；低落；縮小量[度]，減少量[度]

shrínk-wràp 動 他〔品物〕を(ラップフィルムで)収縮[真空]包装する ―名 U 収縮包装用のラップ

shrínk-wràpped 形（品物が）収縮包装された

shrive /ʃraɪv/ 動（**～d** /-d/ OR **shrove** /ʃroʊv/；**shriv·en** /ʃrívən/ OR **～d** /-d/）《古》他（司祭が）…のざんげを聞き罪の許しを与える；…に償いの苦行を課す；《～ oneself で》ざんげして罪を償う

*__shriv·el__ /ʃrívəl/ 動（**～ed**,《英》**-elled** /-d/；**-el·ing**,《英》**-el·ling**）自 ❶（乾燥・老齢などで）しわが寄る，（熱・霜などで）しなびる，しぼむ《***up***》‖ In the long drought, the leaves ～*ed up*. 長い日照りで，葉はしなびた ❷ 縮み上がる，（勢い・気力が）なくなる；使い物にならなくなる ❸ 小さく[少なく]なる ―他 ❶（乾燥などで）…にしわを寄らせる，…をしなびさせる，しぼませる《***up***》❷ …に身が縮む思いをさせる ❸ …を小さく[少なく]する

shrív·el(l)ed 形 しわが寄った，しなびた ‖ an old man with a ～ face 顔がしわだらけの老人

shroom, 'shroom /ʃruːm/ 名 C《口》❶ キノコ(mushroom の略称) ❷《俗》マジックマッシュルーム[幻覚キノコ]の略称 ―動 自《俗》幻覚キノコを食べる

Shrop·shire /ʃrɑ́(ː)pʃər | ʃrɔ́p-/ 名 シュロップシャー《イングランド西部の州．州都 Shrewsbury》

shroud /ʃraʊd/ 名 C ❶ 死体を覆う布，経帷子(きょうかたびら) ❷ 包み隠すもの，〈…の〉幕，覆い〈**of**〉‖ in a ～ *of* mist 霧のとばりに包まれて ❸《～s》（船のマストを支える）横静索(よこせいさく) ❹ パラシュートのひも ―動 他 ❶ …に経帷子を着せる ❷《通例受身形で》〈…で〉覆い隠される，包まれる〈**in, by**〉‖ an incident ～*ed in* mystery なぞに包まれた出来事 ❸〔物〕を〈…から〉隠す〈**from**〉

Shrove·tide /ʃróʊvtàɪd/ 名 ざんげ節《灰の水曜日(Ash Wednesday)の前の日・月・火曜の3日間．昔はこの3日間にざんげして赦免を受けた》

Shròve Túesday 名 U C ざんげ火曜日《ざんげ節(Shrovetide)の最終日》

*__shrub__¹ /ʃrʌb/ 名 C 低木（⇨ TREE 類語P）‖ flowering [evergreen] ～*s* 花のついた[常緑の]低木

shrub² /ʃrʌb/ 名 U シュラブ《果汁に砂糖とラム酒またはブランデーを加えた飲料；《米》果汁に水を加えたやや酸味のある(ノンアルコールの)飲料》

shrub·ber·y /ʃrʌ́bəri/ 名（複 **-ber·ies** /-z/）❶ U《集合的に》低木 ❷ C（公園などの）低木の植え込み

shrub·by /ʃrʌ́bi/ 形 低木[状]の；低木の茂った

:**shrug** /ʃrʌɡ/

―動（**shrugs** /-z/；**shrugged** /-d/；**shrug·ging**）

―他〔両肩〕をすくめる（♥ 無関心・疑惑・軽蔑・不快などを表す）‖ He simply *shrugged* his **shoulders** when I asked him where Ed was. エドがどこにいるか尋ねたところ彼はただ肩をすくめただけだった ―自 両肩をすくめる

shrùg asíde ... / ***shrùg ... asíde***〈他〉= *shrug off* ①(↓)

shrùg awáy ... / ***shrùg ... awáy***〈他〉…を肩で振り払う

shrùg óff ... / ***shrùg ... óff***〈他〉① …を一笑に付す，無視する ‖ ～ *off* their complaints 彼らの苦情を無視する ②〔負担・眠気・病気など〕を振り払う ③〔衣服〕を体をよじって脱ぐ

―名 C ❶《通例単数形で》肩をすくめること[動作] ‖ **give** a ～ of disbelief 信じられないというように肩をすくめる / **with** a ～ of one's shoulders 肩をすくめて ❷（女性用の）前が広く開いた短い上着[カーディガン]

shrunk /ʃrʌŋk/ 動 shrink の過去・過去分詞の1つ

shrunk·en /ʃrʌ́ŋkən/ 動 shrink の過去分詞の1つ（♦ まれ）―形 縮んだ，しなびた

sht., sht 略 sheet

shtetl, shtetel /ʃtétl/ 名（複 **～s** /-z/ OR **shtet·lach** /-lɑːx/）《イディッシュ》C（昔の東欧・ロシアの）ユダヤ人町[村]

shtg., shtg 略 shortage

shtick, shtik /ʃtɪk/ 名 U C《口》（軽演劇などの）お決まりのギャグ[見せ場]；特技，趣向（♦ イディッシュ語より．schti(c)k ともつづる）

shuck /ʃʌk/ 名 C《主に米》❶（カキ・ハマグリなどの）殻(から)；（トウモロコシ・豆・クルミなどの）さや，殻，外皮 ❷《口・俗》価値のない人[もの] ‖ It's not worth ～*s*. それは三文の価値もない / I don't care a ～. ちっとも構わない

―動 他《主に米》❶ …の殻[さや，皮]をむく ❷《口》〔衣服など〕を脱ぐ；…を捨て去る《***off***》―間《～s》《主に米口》ちぇっ，ばかな（♥ 失望・不快・じれったさなどを表す）

*__shud·der__ /ʃʌ́dər/ 動 自 ❶ 身震いする，震えおののく，ぞっとする〈**with** …で；**at** …に / **to do** …して〉（⇨ SHAKE 類語P）‖ ～ *with* cold [rage, fright] 寒さ[怒り，恐怖]で震える / ～ *at* the sight [news] of a serious accident 大きな事故を目撃して[聞いて]ぞっとする / I ～ *to* think what might happen if Mom finds out. ママにばれたら何が起こるかと思うとぞっとする ❷（機械・乗り物・建物が）がたがた揺れる，振動する ‖ The truck ～*ed* to a halt. トラックががたがたと揺れて停まった

―名 C ❶ 身震い，戦慄(せんりつ)；《the ～s》震え(の発作) ‖ give a ～ of fear 恐怖に震える / a ～ goes [OR passes, runs] through ... …に震え[戦慄]が走る / send ～*s* through the audience 聴衆を震え上がらせる / give him the ～*s* 彼を身震いさせる ❷ 激しい震動，揺れ ‖ with a ～ がたがた揺れながら

～·ing·ly 副 **～·y** 形

*__shuf·fle__ /ʃʌ́fl/ 動 他 ❶〔足〕を引きずる；（緊張・困惑・退屈して）〔足〕をもぞもぞ動かす《***around***》❷〔トランプ札など〕を切って混ぜる，切る ❸ …をごちゃ混ぜにする；…(の順序[位置])を移し[並べ]替える；…をあちこち動かす；〔人〕を別のポスト[職場，仕事]へ異動する，回す ‖ ～ the papers from one pile to another 書類を片方の山から別の山へ移す ❹（隠す・ごまかすために）…をわきへのける；…を〈…に〉(急いで)隠す〈**into, under**〉❺〔手足など〕を〈そで・ズボンなどに〉不器用に入れる〈**into**〉

―自 ❶ **a**《(+副句)》足を引きずる[引きずって歩く]（♦ 副句は方向を表す）（⇨ WALK 類語P）‖ The old woman ～*d* across [along, down] the street. 老婆が足を引きずって通りを渡って[歩いて]行った **b** すり足で踊る ❷ トランプを切る；ごちゃごちゃに混ぜる ❸（緊張・退屈して）もぞもぞ動く[足を動かす]；あちこち動き回る《***around***》❹《古》〈困難な場面から〉ずるく[巧妙に]抜け出す〈**out of**〉；ずるい[あいまいな]態度をとる，言い逃れをする

shùffle óff〈他〉《***shùffle óff ...*** / ***shùffle ... óff***》① …を除く，捨てる；〔問題・責任など〕を避ける ‖ ～ *off* one's former companions 以前の仲間を捨てる ②〔責任など〕を〈…に〉転嫁する〈**onto**〉―〈自〉足を引きずって立ち去る

shúffle through ...〈他〉〔書類の山など〕を急いで分類する，…に急いで目を通す

―名 C《通例単数形で》❶ 足を引きずること[音]；足を引

きずる歩き方 ❷ シャッフル《すり足のダンス[ステップ]》;(そのダンス用の)曲;(シャッフルのステップに基づく)旋律, モチーフ ❸ トランプを切ること[権利, 番], シャッフル ‖ give the cards a good ～ トランプをよく切る ❹ ごちゃ混ぜ;(書類などの)移し替え;(人員などの)総入れ替え, 人事異動(reshuffle) ‖ a ～ in the Cabinet 内閣改造 ❺ ずるい[あいまいな]態度, 言い逃れ

be [OR ***gèt***] ***lòst in the shúffle*** 《米口》どさくさに紛れて見落とされる

shúffle·bòard 名 U シャッフルボード《床上の円盤を棒で突いて点数表示部分に入れるゲーム》

shuf·ty, shuf·ti /ʃúfti/ 名 C《単数形で》《英口》(素早く)見ること, 一見 ‖ take [OR have] a ～ at ... …を一目見る

shul, schul /ʃuːl/ 名(複 **s(c)huln** /ʃúːln/) C ユダヤ教会(synagogue)(♦ イディッシュ語より)

***shun** /ʃʌn/ 動 他 (**shunned** /-d/; **shun·ning**)(嫌悪・警戒などから日常的に)…を避ける, 忌避する ‖ Fathers are often *shunned* by their teen-aged daughters. 父親たちは十代の娘たちにしばしば敬遠される / ～ publicity 人目を避ける / ～ homework 宿題をいやがる / ～ looking back at all 昔のことを一切振り返ろうとしない

～·ner 名

'shun /ʃʌn/ 間《英口》気をつけ(♦ attention から)

shún·pìke 名 C《米》有料高速道路を避けるための裏道

-pìker 名

shunt /ʃʌnt/ 動 他 ❶〔問題など〕を棚上げにする, 回避する;〔人・物〕を〈…に〉追いやる《*off*》〈**to**〉;〔人〕をのけ者にする《*aside, off*》;〔責任など〕を〈…に〉押しつける〈**to, onto**〉‖ be ～*ed off to* a small branch office 小さな支局に左遷(せん)される ❷〚鉄道〛〔列車〕を〈別の線路に〉入れ換える〈**to, onto**〉❸〚電〛〔電流〕を分路に流す;〚医〛〔血液〕を(側路を作って)別の血管へ流す, …に分路を作る ❹ …を押す, わきへ寄せる ―自 ❶ わきへ寄る, それる ❷(列車などが)側線[待避線]に入る, 転轍(てつ)する(《米》switch)

―名 C ❶ わきへそらす[それる]こと ❷《英》〚鉄道〛転轍機(points) ❸〚電〛分路;〚外科〛(血液の)側路, バイパス, シャント ❹《主に英口》(車の)追突

～·er 名 C《英》転轍手;入れ換え機関車

shush /ʃuʃ, ʃʌʃ/ 間 しーっ(hush), 静かに ―動《口》他 …にしーっと言う, …を静かにさせる ―自 静かになる

***shut** /ʃʌt/ 動 形

―動 (**～s** /-s/; **shut** /ʃʌt/; **shut·ting**)

―他 ❶ …を**閉める**, 閉じる, …にふたをする(↔ open)(⇨ CLOSE[1] 類語) ‖ My girlfriend *shut* the **door** 「on me [OR in my face]. 恋人は僕の目の前でドアを閉めた / He *shut* the **door** behind [OR after] him. 彼は中に入って戸を閉めた / I *shut* my **eyes** and prayed. 私は目を閉じて祈った / ～ a drawer [window] 引き出し[窓]を閉める / ～ a lid ふたを閉める

❷〔目・耳など〕を〈…に〉**閉ざす**(↔ open)〈**to**〉‖ He *shut* his ears *to* others. 彼は他人の言うことに耳を貸さなかった / ～ one's **eyes** [heart, mind] *to* ... …に目[心]を閉ざす

❸《主に英》〔店・工場など〕を**閉鎖する**, 終業[休業, 廃業]にする, 閉める(↔ open) ‖ They decided to ～ the office for a week. 彼らは1週間事務所を閉鎖することに決めた / We ～ the shop from one to two. 当店は1時から2時まで閉まります

❹〔本・財布など〕を畳む, 閉じる(↔ open) ‖ ～ a book [wallet] 本[財布]を閉じる / ～ an umbrella 傘を畳む

❺〔穴・通路など〕をふさぐ, 遮断する ‖ ～ a road to all traffic 道路を全面通行禁止にする

❻ …を〈…に〉閉じ込める《*away*》〈**in**〉;…を〈…から〉締め出す《*out*》〈**out of, from**〉‖ The boss *shut* himself *in* his office. 上司は事務所に閉じこもった / They *shut* the cats *out* (*of* the dining room). 彼らは猫を(食堂から)締め出した

❼〔指など〕を〈…の間に〉挟む〈**in**〉‖ He *shut* his finger *in* the drawer. 彼は引き出しに指を挟んだ

―自 (↔ open) ❶ **閉まる**, 閉じる, 閉められる ‖ The front door *shut* loudly. 玄関のドアが大きな音を立てて閉まった / The lid [door] won't ～ (properly). ふた[ドア]が(きちんと)閉まらない

❷《主に英》閉店する, 終業[休業, 廃業]する, 閉鎖される ‖ Most shops ～ at eight. ほとんどの店が8時に閉まる

gèt [OR ***be***] ***shút of ...*** 〈他〉《口》…を取り除く, 追い払う

shùt awáy ... / shùt ... awáy 〈他〉…を隔絶する, 孤立させる, 閉じ込める;…をしまい込む ‖ ～ oneself *away* in the country 田舎に引きこもる

****shùt dówn*** 〈他〉《***shùt dówn ... / shùt ... dówn***》① 〔店など〕を休業させる,(一時的または永久に)閉鎖する ②〔工場・原子炉など〕の**操業を停止する**;〔都市など〕の機能を停止させる;〔コンピューター・OS〕を終了[シャットダウン]させる ‖ New York City was virtually *shut down* by the blizzard. 猛吹雪によりニューヨーク市の機能は事実上停止した ③《米口》〔相手チーム・選手〕の動きを封じる, …を抑える ―〈自〉①(工場・機械設備などが)閉鎖される;機能を停止する;(コンピューター・OSが)終了する ②(霧・夜などが)立ち込める, おりる

shùt ín ... / shùt ... ín 〈他〉① …を閉じ込める(shut up;imprison, confine), 締め出す ②(山・建物などが)…を取り囲む, 取り囲んで視界[通行]を遮る ‖ The house is *shut in* by trees. 家は樹木に囲まれている

Shút it! 《英俗》黙れ(→ CE 2)

****shùt óff*** 〈他〉《***shùt óff ... / shùt ... óff***》① …(の運転)を止める ‖ ～ *off* a motor モーターを切る ② …の供給を妨げる;…(の流れ)を止める ‖ ～ *off* the gas [electricity] ガス[電気]を止める ③〔通路など〕をふさぐ;〔眺めなど〕を遮る ④〈世間などから〉…を隔絶[孤立]させる〈**from**〉‖ ～ oneself *off from* the rest of the world 世間と没交渉になる ―〈自〉(機械などが)停止する

****shùt óut ... / shùt ... óut*** 〈他〉① …を〈…から〉締め出す, 排除する〈**of**〉(→ 他 ❻) ② …を入って来ないようにする(block out;exclude),〈…から〉遮る〈**of**〉‖ ～ *out* immigrants 移民が入って来ないようにする / ～ *out* the light [draft] 光を遮る[隙間(すき)風を遮断する] / He tried in vain to ～ all thoughts of his lost wife *out of* his mind. 彼は亡くなった妻のことを一切考えまいと無駄な努力をした ③ …を視界から遮る, 見えなくする ④《米》(野球・サッカーなどで)〔相手〕を完封する

shùt tó 〈他〉《***shùt ... tó***》…をぴたりと閉める ‖ ～ a door *to* ドアを閉める ―〈自〉閉まる, 閉じる

****shùt úp*** 〈他〉 I 《***shùt úp ... / shùt ... úp***》①〔家など〕をすっかり戸締まりする, 閉め切る;〔箱など〕を密閉する ‖ ～ *up* shop 店を畳む;活動を停止する ②〔人〕を〈…に〉閉じ込める(shut in;imprison, confine), 監禁する〈**in**〉 II 《***shùt ... úp***》 ③《口》…を黙らせる(silence) ―〈自〉《口》《しばしば命令文で》**黙る** ‖ *Shut up!* 黙れ(♥ 非常に乱暴で失礼な表現) / Just ～ *up* about it. そのことは黙っていてくれ

COMMUNICATIVE EXPRESSIONS

1 **Kèep your móuth shùt (about it).** (そのことについては)黙っていて;人に話さないで

2 **Shùt your fáce** [OR **móuth, tráp**]**!** 《俗》黙れ(= Shut up [OR it]!)

―形《比較なし》《叙述》(♦《限定》では closed を用いる)(↔ open) ❶ **閉まった**, 閉じた ‖ She sat with her eyes tight ～. 彼女はしっかり目を閉じて座っていた / The gate clicked ～ behind him. 彼が入ると門がカチッと音を立てて閉まった / **slam** [OR bang] a door ～ ドアをバタンと閉める

❷《主に英》(店などが)終業した, 閉まった

❸〚音声〛閉鎖音の

shút·dòwn 名 ❶ C (工場などの)一時休業, 操業停止

❷ Ⓤ 💻シャットダウン, 終了(して電源を切ること)

shút·èye 名 Ⓤ《口》睡眠, 眠り(sleep) ‖ get [OR catch] some ～ ひと眠りする

shút-ìn (→ 形) 〈ジ〉名 Ⓒ《米》(病気などで家に)閉じこもりきりの人; 寝たきりの人; 引きこもりの人
— 形 /ˊ-ˊ/ 閉じこもりきりの; 寝たきりの; 引きこもりの

shút·òff 名 Ⓒ 停止, 遮断(器), 切り止め(器), 栓

shút·òut 名 Ⓒ ❶《米・カナダ》〖野球〗完封(試合), シャットアウト ❷ 締め出し; 工場閉鎖(lockout)

***shut·ter** /ʃʌ́ṭər/ 名 Ⓒ ❶ 閉じる人[もの]; 《通例 ～s》(窓・店などの)シャッター, よろい戸, 雨戸; 心を閉ざす扉 ‖ open [close, pull down] the ～*s* シャッターを開ける[閉める, 下ろす] / a rolling ～ ロールシャッター ❷ (カメラの) シャッター; (オルガンの増音箱の) 開閉器, シャッター ‖ adjust the ～ speed シャッタースピードを調整する / release [OR press] the ～ (カメラの)シャッターを押す
bring* [OR *put*] *dòwn the shútters 考え[気持ち]を表に出さない; 考えることをやめる
pùt ùp the shútters 《英》(閉店時に)シャッターを閉める; (永久に)閉店する, 廃業する
— 動 他〔窓・店など〕のシャッターを閉める; 〔窓など〕にシャッターを取りつける; 《～ed で形容詞として》(建物・窓などが)シャッターを閉めた; (建物・窓などが)シャッターのついた ‖ The drugstore is ～*ed* for a national holiday. 薬局は祝日のため閉まっている
▸▸ ～ **relèase** 名 Ⓒ (カメラの)シャッターボタン

shútter·bùg 名 Ⓒ《主に米口》写真狂, カメラ好き

***shut·tle** /ʃʌ́ṭl/ 名 Ⓒ ❶ (短距離間を往復する) シャトル便; シャトル便の飛行機[バス, 列車, 船など]; 頻繁な往復 ‖ There is a ～ bus (service) between the hotel and the airport. ホテルと空港との間にはバスの往復便がある ❷ スペースシャトル (space shuttle) ❸ (織機の) 杼(ひ)《左右に往復させて横糸を通す用具》; (ミシンの) シャトル, 下糸入れ ❹ =shuttlecock
— 動 自《+副句》〈…の間を〉(定期的・頻繁に)往復する〈**between**〉; 左右に動く ‖ The aircraft ～*s between* the two cities. その飛行機は2都市間を往復する
— 他《+目+副句》…を(往復便などで)輸送する; …を頻繁に往復させる
▸▸ ～ **diplòmacy** 名 Ⓤ シャトル外交《調停者が関係国間を行き来して交渉する》

***shúttle·còck** 名 Ⓒ (バトミントンなどの)羽根, シャトル; Ⓤ 羽根つき遊び(→ battledore)

:shy¹ /ʃaɪ/
— 形 (～**er**, **shi·er**; ～**est**, **shi·est**)
❶ (性格が)内気な, **恥ずかしがりの**, はにかみ屋の, 引っ込み思案の; (態度が) 恥ずかしそうな, はにかんだ (⇨ 類語) ‖ I was too ～ to speak to the exchange student. 私は恥ずかしくてその留学生に話しかけることができなかった / be very ～ with strangers 人見知りが激しい / a ～ girl 内気な女の子 / feel [look] ～ 恥ずかしがる [恥じらいの色を見せる] / go all ～ 《英口》急にひどく恥ずかしくなる
❷《叙述》〈…に〉**用心深い**, 用心して…しない; 気が進まない, 〈…するのを〉いやがる, ためらう〈**of, about**〉(♦ of, about の目的語はしばしば *doing*); 《複合語で》…をいやがる ‖ Don't be ～ *of* [OR *about*] asking questions. 遠慮なく質問してください / camera-～ カメラをいやがる
❸《叙述》《口》〈…が〉不足している, 足りない〈**of**〉‖ We are ～ *of* working funds. 我々には運転資金が足りない / She is just a week ～ *of* her 20th birthday. 彼女は20歳の誕生日まであとわずか1週間だ
❹ (動物などが)おびえやすい, 人慣れしない
❺ (植物が)あまり実をつけない; (動物が)あまり子を産まない

COMMUNICATIVE EXPRESSIONS
① He**'s twò brìcks shỳ of a lóad.** あいつ頭がいかれてるぜ(♥「脳みそが足りない」の意のぶしつけな表現)

— 動 (**shies** /-z/; **shied** /-d/; ～**·ing**) 自 (馬が)〈…におびえて〉飛びのく, 後ずさりする〈**at**〉
shỳ awáy 〈自〉(人が) (恐れて)〈…から〉しり込みする, 〈…を〉敬遠する, 避ける〈**from**〉‖ She will ～ *away from* (accepting) a position abroad. 彼女は海外赴任を受けることはしないだろう
— 名 Ⓒ (複 **shies** /-z/) (馬の)飛びのき, 後ずさり
～·er 名 Ⓒ ① すぐ物におびえる馬, 後ずさりする馬 ② しり込みする人

類語《形 ❶》**shy** 内気で, 特に他人や異性などとの会話や付き合いをためらう.
bashful 人目につくことをためらい, 人前ではにかんだり赤面したりする.
diffident 自信がないために言動をためらう. 〈例〉a *diffident* youth 引っ込み思案の青年
modest 謙虚で控えめな(→ humble). 〈例〉a *modest* woman 慎み深い女性
timid おく病で自信がなく内気な. 〈例〉a *timid* child (おずおずとした)気の小さい子供

shy² /ʃaɪ/ 《旧》動 (**shies** /-z/; **shied** /-d/; ～**·ing**) 他 …をさっと投げる [ほうる] — 名 (複 **shies** /-z/) Ⓒ ❶ さっと投げること ❷《古》試み ❸《古》あざけり, 冷やかし

Shy·lock /ʃáɪla(ː)k | -lɔk/ 名 ❶ シャイロック《Shakespeare の *The Merchant of Venice* 中の冷酷なユダヤ人金貸し》❷《また s-》Ⓒ《a ～》冷酷な高利貸し

shy·ly /ʃáɪli/ 副 はにかんで, 恥ずかしがって, 内気に

***shy·ness** /ʃáɪnəs/ 名 Ⓤ 内気, はにかみ, おく病

shy·ster /ʃáɪstər/ 名 Ⓒ《口》悪徳弁護士; いかさま師

si /siː/ 名 Ⓤ Ⓒ〖楽〗シ(ti)

Si 記号〖化〗silicon(珪素(けいそ))

SI 略《フランス》〖理〗Système *I*nternational d'Unités (国際単位系)

Si·am /saɪǽm/ 名 シャム《タイ(Thailand)の旧称》

Si·a·mese /sàɪəmíːz/ 〈ジ〉《旧》形 シャムの, シャム人[語]の (♦ 今日では Thai を用いる) — 名 (複 ～) ❶ Ⓒ シャム人; Ⓤ シャム語(→ Thai) ❷ =Siamese cat
▸▸ ～ **cát** 名 Ⓒ〖動〗シャムネコ ～ **twíns** 名 複 結合双生児, シャム双生児(conjoined twins)《体の一部が接合して生まれた双生児》; 密接に結びついた人[もの]

Si·an /ʃɑːn/ 名 =Xi'an

sib /sɪb/ 名 ❶ Ⓒ〖動〗兄弟姉妹 (sibling) ❷ Ⓤ《集合的に》親族, 親類; 血縁者 ❸ Ⓒ 氏族

Si·be·li·us /sɪbéɪliəs/ 名 **Jean** ～ シベリウス (1865–1957)《フィンランドの作曲家》

Si·be·ri·a /saɪbíəriə/ 名 シベリア《ロシア連邦ウラル山脈以東の地域》

Si·be·ri·an /saɪbíəriən/ 形 名 Ⓒ シベリアの(住民)
▸▸ ～ **húsky** 名 Ⓒ〖動〗シベリアンハスキー《シベリア原産の中型犬. 犬ぞり用に飼育される》

sib·i·lant /síbɪlənt/ 形 しゅうしゅういう(hissing), しゅうしゅういう音を発する; 〖音声〗歯擦音の — 名 Ⓒ〖音声〗歯擦音《/s/, /z/, /ʃ/, /ʒ/ など》 **-lance** 名

sib·i·late /síbɪlèɪt/ 動 自 しゅうしゅういう(hiss)
— 他〖音声〗…を歯擦音で発音する

***sib·ling** /síblɪŋ/ 名 Ⓒ 兄弟姉妹(の1人) ‖ ～ rivalry 兄弟姉妹間の(主に親の愛情を求めての)争い

sib·yl /síbɪl/ 名 Ⓒ (古代ギリシャ・ローマの)シビラ, 巫女(みこ); 《文》女性占い師, 魔女

sib·yl·line /síbɪlàɪn/ 形《主に文》シビラ(sibyl)の(書いた[語った]); 予言的な, 神秘的な, なぞめいた

sic¹ /sɪk/ 副《ラテン》(=so, thus) 原文のまま《誤りや疑わしい語句などをそのまま引用するときに, その後に通例 [ ] に入れて用いる. 〈例〉I knowed [*sic*] it. knew とあるべきところを原文は knowed となっていることを示す》

sic² /sɪk/ 動 (**sicced**, **sicked** /-t/; **sic·cing**, **sick·ing**) 他 ❶〔犬など〕を〈…に〉けしかける〈**on**〉❷《口》(犬に対する命令として)…を攻撃する ‖ *Sic* him! やつにかかれ

Si·chuan /sɪtʃwɑ́ːn/ 名 四川(スーチョワン)省《中国中西部長江上流にある省. 省都 Chengdu(成都)》

Si·cil·ian /sɪsíliən/ 形 シチリア[シシリー]島[人, 方言]の
―名 C シチリア[シシリー]人；U (イタリア語の)シチリア方言

Sic·i·ly /sísəli/ 名 シチリア [シシリー] 島《イタリア半島先端沖にある地中海最大の島》

*****sick**[1] /sɪk/ 形 名 動

中心義 気分が悪い

―形 (～·er；～·est)

❶ **病気の**, 〈…の〉病気にかかっている(↔ well)〈**with**〉；月経中で；《the ～ で集合名詞的に》《複数扱い》病人(たち)(♦「病気である」の意では《英》ではふつう ill を使うが, 名詞の前に置くときには《米》《英》共に a sick person のように sick を使う方が一般的)(⇨ ILL 類語)(⇨ HEALTH メタファーの森) ‖ My son has been ～ in bed for two weeks. 息子は病気で2週間寝込んでいる / Ellen is out [OR off] ～ now. エレンは今病気で欠勤している / I'm ～ *with* the flu. インフルエンザにかかっています / How ～ is Nick? ニックの病気はどんなですか / a ～ person 病人

❷ 《限定》病気に伴う, 病気を思わせる；病人(用)の；病人を対象とした ‖ a ～ complexion (いかにも病気らしい)青ざめた顔色 / a ～ ward 病棟

❸ 《叙述》 **a** 《通例 feel ～で》**吐き気がして**, むかついて ‖ feel ～ (to one's stomach) 気分が悪い, 吐き気がする **b** 《be ～で》《英》吐いて, 嘔吐(おうと)して (→ *get sick* ②(↓)) ‖ He was *sick* three times. 彼は3回吐いた / I think I'm going to *be* ～. 吐きそうな気がする

❹ 《叙述》〈…に〉うんざりして, いやになって〈**of**〉(♦ of の目的語はしばしば *doing*) ‖ I'm ～ *of* you. おまえにはうんざりだ / He was ～ *of* having rows with his colleagues. 彼は同僚と口論するのがいやになっていた

❺ 《通例叙述》《口》〈悲しみ・嫌悪感などに〉心乱されて, 狼狽(ろうばい)して, 失望して, 不愉快になって〈**at**〉；〈心配事などで〉悩んで, 〈恐怖などに〉おののいて〈**with**〉‖ Pete was ～ *at* being rejected by her. ピートは彼女に振られてくさくさしていた / be ～ *with* fear 恐怖におののいている

❻ 《叙述》《古》あこがれて, 恋しがって(→ homesick)

❼ 《限定》《口》(精神・道徳面で)病める；(思想などが)ゆがんだ, ねじれた；(冗談などが)残酷な, ぞっとするような ‖ a ～ mind 病める心 / ～ ideas 不健全な考え / a ～ joke (人の不幸や障害を笑いものにするような) 病的な [趣味の悪い]冗談

❽ (社会などが)病んで；(商売などが)不振で；修理を要する ‖ a ～ economy 病める経済

❾ 〖農〗(土地が)(ある作物を)生産する力のない

❿ (建物などが)(人々にとって)不健康な(→sick building syndrome) ⓫ 《複合語で》…に酔って気分が悪い ‖ be [OR get] travel-～ 乗り物に酔う (→ airsick, carsick, motion-sick, seasick) ⓬ 《口》素晴らしい

(as) sick as a dog ⇨ DOG(成句)

(as) sick as a parrot [OR *pig*] ⇨ PARROT(成句)

càll in sick 病気で休むと電話する

fàll sick 病気になる

gèt sick ① 病気にかかる ② 《米》吐く(vomit)

gò [OR ***repòrt***] ***síck*** 〖軍〗病気届けを出す

****màke a pèrson síck*** 〔人〕をうんざりさせる；〔人〕の気分を悪くさせる

on the sick 《英口》疾病手当金の給付を受けて

sick 「***and tired*** [OR ***to déath***] ***of ...*** 《口》…にはもういい加減腹が立って ‖ I'm ～ *and tired of* 「this nasty weather [doing the same thing day after day]. このひどい天気[同じ毎日の繰り返し]にはほとほとうんざりだ

sìck at héart 悲しんで, 取り乱して

tàke sick 《口》病気になる

wòrried síck ひどく心配して

―名 U 《英口》吐くこと, 吐いたもの, 嘔吐物(vomit)

―動 他 《次の成句で》

sìck úp ... / ***sìck ... úp*** 〈他〉《英口》…を吐く, もどす

▸▸ **～ bàg** 名 C (飛行機・船などの)嘔吐袋 **～ bènefit** 名 U C 《英口》=sickness benefit **～ búilding sỳndrome** /, ̶ ̶ ̶ ̶ ̶/ 名 U シックハウス症候群《断熱性能が高く新鮮な空気の導入が少ないビルで働く人に見られる症状. 頭痛・眼の炎症・無気力など. 略 SBS》 **～ càll** 名 C ① 〖軍〗診療呼集(時間) ② (医師の)往診；(牧師の)病人訪問 **～ héadache** 名 C 〖医〗偏頭痛(migraine), 嘔吐性頭痛 **～ lèave** 名 U 病気休暇 ‖ She's on ～ *leave.* 彼女は病気休暇をとっている **～ lìst** 名 C (軍隊などの)病人名簿 **～ nòte** 名 C 《英》病欠届け **～ paràde** 名 C 《英》=sick call ① **～ pày** 名 U 病気休暇中の給与, 疾病手当

sick[2] /sɪk/ 動 =sic[2]

síck·bày 名 C (船内・基地などの)診療室, 保健[医務]室

síck·bèd 名 C 《単数形で》病床, 病の床

***sick·en** /síkən/ 動 他 ❶〔人〕をうんざりさせる, ぞっとさせる, …に嫌悪感[不当感, 憤りなど]を抱かせる(♦ しばしば受身形で用いる) ‖ I am becoming ～*ed* by your obvious lies. 見えすいたうそばかり言うので君にはいや気が差してきた ❷ …に吐き気を催させる, むかむかさせる

―自 ❶ 《+of 名》…にうんざりする, …がいやになる ‖ He ～*ed of* his monotonous life. 彼は単調な生活に飽き飽きした ❷ 《古》吐き気を催す, むかつく〈**at** …に / **to** *do* …して〉‖ She ～*ed at* the stink hanging over the room. 彼女は部屋に立ち込めた悪臭に胸がむかついた / I ～*ed to* think of it. それを考えると気分が悪くなった ❸ **a** (次第に)病気になる **b** 《+for 名》《主に英》…の病気の兆候を示す, 病気にかかりかけている ‖ Is he ～*ing for* something [the flu], doctor? 先生, 彼は何かの病気[インフルエンザ]ですか **～·er** 名 C うんざりさせるもの

sick·en·ing /síkənɪŋ/ 形 吐き気を催させる, 胸が悪くなる；《英口》いらいら[がっかり]させる, 嫉妬(しっと)させる **～·ly** 副

sick·ie /síki/ 名 C 《口》 ❶ ⊗ 《蔑》変質者 ❷ 《主に英・豪》(病気を理由にした)ずる休み

sick·ish /síkɪʃ/ 形 ❶ 少し気分が悪い [吐き気がする] ❷ 胸が悪くなるような ❸ 《古》病気気味の

***sick·le** /síkl/ 名 C ❶ (草刈り用などの) 円形鎌(がま), 小鎌(→ scythe) ❷ (コンバインなどの)鎌型装置

―動 他 ❶ …を鎌で切る ❷ 〖医〗〔赤血球〕を鎌の形に病変させる

―自 〖医〗(赤血球が)鎌状に変形する

―形 《文》鎌状の, 鎌の形に曲がった

▸▸ **～ cèll anémia** [**diséase**] 名 U 〖医〗鎌状赤血球性貧血《アフリカの黒人に多い遺伝病》

sickle ❶

***sick·ly** /síkli/ 形 ❶ 病気がちの, 病身の, 病弱の ❷ 病気からくる, 病気を思わせる；青ざめた；(光・色などが) 弱い, 弱々しい, かすかな；気の抜けた ‖ His face was a ～ color. 彼は病人のような顔色をしていた / give a ～ smile 弱々しく笑う / a ～ purple light 陰気臭い紫色の明かり / a ～ plant 弱々しい植物 ❸ (におい・味などが) 吐き気を催させるような, 気分を悪くさせる；《文》(気候・場所・時などが)健康に悪い, 病気にかかりそうな；病気の多い[はやる] ‖ the ～ odor of decaying fish 腐りかけの魚の放つ異臭 / a ～ climate 体に悪い気候 ❹ (感情表現が)いやらしいほどの, 鼻につく, 不快なほどの；いやに感傷的な ‖ a ～, sentimental movie お涙ちょうだい式の感傷的な映画 ―副 病的に, 病んで, 弱々しく

síck·li·ness 名

***sick·ness** /síknəs/ 名 U ❶ 病気 (の状態), 不健康 (↔ health)；U/C 《通例 a ～》(特定の)病気, …病(⇨ ILLNESS 類語) ‖ His ～ is due to overwork. 彼の病気は過労によるものだ / in ～ and in health 病めるときも健康なときも / suffer from a serious ～ 重い病気に苦しむ / radiation ～ 放射能症 ❷ 吐き気, むかつき (nausea) (→ airsickness, carsickness, motion sickness, seasickness) ‖ A wave of ～ washed over me. 吐き気

が込み上げてきた / ～ in one's stomach 胃のむかつき ❸ (政治・社会の)病理, ひずみ；腐敗[不健全](の状態) ‖ a sign of the economic ～ 経済不況の兆候

▸▸ ～ **bènefit** 名Ⓤ ((英国の)国民保険の)疾病手当

sick·o /síkou/ 名 (複 **～s** /-z/) Ⓒ 《口》精神病者；倒錯者

síck-òut 名Ⓒ 動 自 《主に米口》病気が理由の非公式ストライキ(をする)

síck·ròom 名Ⓒ 病室, (学校などの)医務室

side /saɪd/ 名 形 動

中心義 側(面)

> 名 側(がわ)❶ わき❷ へり❸ 横❹ 面❺❻❼❽ (一方の)側❾

―名 (複 **～s** /-z/) Ⓒ ❶ 《通例単数形で》(左右・上下・前後などの)**側**；(川・道などの)片側；方向, 方面, 地区 ‖ You are wearing your sweater wrong ～ out. セーターを裏返しに着ていますよ / **on** this [the other, the right] ～ of the street 通りのこちら[あちら, 右]側に / opposite ～*s* of a room 部屋の反対側 / **on both** ～*s* of the Atlantic 大西洋の両側に；英米両国で / live **on** [×in] the east ～ of a town 町の東側[東地区]に住む / stretch to all ～*s* 四方に広がる

❷ 《通例単数形で》(人・物の)**わき**, 傍ら, すぐ近く ‖ Will you stay by [or at] my ～ forever? ずっと私のそばにいてくれますか / I stepped to the boy's ～. 私はその少年のわきに歩み寄った / never leave her ～ 彼女の傍らを離れず世話をする

❸ **へり**, 端, わき(↔ middle) ‖ I pulled my car to the ～ of the street. 私は通りの端に車を寄せた / From the ～ of his mouth dangled a cigarette. 彼の口(の端)からたばこがぶら下がっていた / sit down on the ～ of a bed ベッドの端に腰かける

❹ (正面・裏面・上面などに対して)**横**, 側面 ‖ There are two entrances at the ～ of the building. そのビルの側面には入口が2つある / His hair began to go gray at the ～*s*. 彼の髪は横が白くなり始めていた

❺ (山・谷などの)傾斜面, 斜面, 山腹 ‖ The town is on the east ～ of the mountain. 町は山の東斜面にある / a valley with steep ～*s* 急斜面のある谷

❻ (物体の)**面**, 表面, (容器などの内側の)面；《数》(平面図形の)辺, (立方体の)面 ‖ The ～*s* of a square are all the same length. 正方形の辺はすべて同じ長さだ / A cube contains six equal square ～*s*. 立方体には6個の等しい正方形の面がある

❼ (紙・布など薄いものの)表面, **面**；(紙の)書き込んである面, 《英》ページ；(レコードなどの)片面 ‖ the right [wrong] ～ of a piece of cloth 布の表[裏]面 / the reverse ～ of a form 申し込み用紙の裏面

❽ (問題などの)**面**, 相, 様相, 局面；《通例単数形で》(人の性格の)一面 ‖ There are positive and negative ～*s* to everything. 何事にもプラス面とマイナス面がある / look at both ～*s* of a matter 問題を両面から見る / on the plus [wage] ～ プラス[賃金]面では / Her cruel ～ came out. 彼女の残酷な一面が現れた

❾ (対立する)**(一方の)側**(の立場[主張]), 派；《集合的に》《英》チーム (→ no side) ‖ Which ～ is winning? どちら側が勝っているのか / Which ～ are you on? 君はどちらの味方か / His grandfather fought on the ～ of France. 彼の祖父はフランス側について戦った / I have no ill feeling on my ～. 私の方に悪意はない / change ～*s* ほかの党[陣営]にくら替えする / retire the ～ 《野球》スリーアウトをとる / strike the ～ out 3者3振にとる

❿ 《通例単数形で》(人間・動物の体の)側面；(特に)横腹, わき腹 ‖ lie on one's ～ 横向きに寝る / feel a pain in one's right ～ 右のわき腹に痛みを感じる

⓫ (父方・母方の)血統, …方 ‖ a cousin on my mother's ～ 母方のいとこ ⓬ 《主に米口》=side dish ⓭ Ⓤ 《通例否定文で》《英口》もったいぶった態度, 尊大さ, いばること ‖ There is no ～ to him.＝He has no ～. 彼には偉ぶったところがない ⓮ 《主に英》《ビリヤード》ひねり, スピン ⓯ 《通例単数形で》《英口》(テレビの)チャンネル, 局 ⓰ (食肉用家畜の)片側半頭分

by [or ***at***] ***the side of ...*** ① …のそば[わき, 近く]に ② …に比べて

err on the side of ... ⇨ ERR(成句)

from 「***àll sídes*** [or ***èvery síde***] 四方八方から, あらゆる立場の人から

****from sìde to síde*** 左右に, 横に；端から端まで

gèt on the bàd [or ***wròng***] ***side of a pèrson*** 〔人〕に嫌われる, 〔人〕を怒らせる

gèt on the gòod [or ***rìght***] ***side of a pèrson*** 〔人〕に好感を持たれる, 気に入られる；〔人〕を喜ばせる

laugh on the other side of one's face ⇨ LAUGH (成句)

lèt the síde dòwn 《英》仲間[味方]の足を引っ張る

lòok on the brìght síde (努めて)楽観的に考える

on 「***àll sídes*** [or ***èvery síde***] 至る所に[で]

on a pèrson's síde ; ***on the sìde of a pérson*** ① (人に)味方して, (人の)有利になって ‖ Luck is *on* my ～. 運は私の方にある / You have time *on* your ～. 君には時間が十分ある ② ⇨ 名 ⓫

on the rìght [***wròng***] ***síde of ...*** (数, 特に年齢について)…を越えないで[越えて] ‖ He is *on the right* [*wrong*] ～ *of* 40. 彼は40の坂を越えていない[いる]

on the rìght [***wròng***] ***sìde of the láw*** 《口》法を守って[に反して]

on the sáfe side 大事をとって, 念を入れて ‖ (just) to be *on the safe* ～ 念のため

****on the síde*** ① (主要なものに)付け加えて, おまけに；副業として ② 添え料理として, 付け合わせに ③ こっそりと, 違法で[に](⇨ *a* BIT *on the side*)

on the ... síde いくぶん…で, …気味で (♦ ... には big, small, high などの形容詞が入る) ‖ She is *on the* heavy ～. 彼女は太り気味だ

****on the sìde of the ángels*** 正当な立場に立って

pùt [or ***sèt, lèave***] ***... to*** [or ***on***] ***òne síde*** …をわきへのけておく；…を(一時)無視する, 忘れる

****sìde by síde*** ① **並んで** ‖ sit ～ *by* ～ 並んで座る ② 一緒に(協力して)；共存して

spéak [or ***tálk***] ***òut of bòth sìdes of one's móuth*** 《米》(同じことについて)相手によって違う話をする, いい加減な話をする

splìt [or ***shàke, bùrst***] ***one's sídes*** 腹を抱えて笑う, 抱腹絶倒する

tàke sìdes with a pérson ; ***tàke a pèrson's síde*** 〔人〕の味方をする, 〔人〕の側につく

tàke [or ***dràw***] ***a pèrson to*** [or ***on***] ***òne síde*** (内緒で話をするため)〔人〕をわきへ呼ぶ

the rough side of one's tongue ⇨ TONGUE(成句)

thìs síde of ... ① …の手前の[で], …に至る以前の[で] ② 《口》《しばしば最上級とともに》…のこちら側では ‖ the best French food *this* ～ *of* Paris パリよりこっちじゃ[パリを除いては]最高のフランス料理 / (on) *this* ～ *of* the grave この世で

wòrk bòth sides of the stréet 二枚舌を使う

COMMUNICATIVE EXPRESSIONS

1 **The óther sìde of** the màtter is that they làcked cápital. もうひとつ問題なのは彼らには資金が不足していたということだ(♥ 別の論拠・観点などを指摘する)

2 **Trý and lòok on the brìght sìde.** よい方に解釈しなさいよ；元気出しなよ(♥ 物事のよい面・明るい面を見るよう励ます)

―形 《比較なし》《限定》 ❶ 側面の, 横の, わきの；側面からの ‖ a ～ path わき道 / a ～ entrance 横の入口 / a

narrow ～ yard 狭い横の庭 / a ～ blow 横殴りの一発 ❷ 副次的な, 二次的な, 付け足しの ‖ a ～ remark ひと言付け加えて言った言葉 / a ～ salad 付け合わせのサラダ
—動 (**～s** /-z/ ; **sid·ed** /-ɪd/ ; **sid·ing**) 自 〈…に〉味方する, …の肩を持つ〈**with**〉; 〈…に〉反対する〈**against**〉‖ He usually ～*d with* his mother *against* his father. 彼はたいてい父親に反対して母親に味方した
▸▸ **～ àrms** 名 複 腰につける武器《刀・銃剣・ピストルなど》 **～ dìsh** 名 Ⓒ (主要料理に添えて別皿で出す)添え料理, サイドディッシュ ; その皿 **～ dòor** 名 Ⓒ 横[わき]のドア ; 間接的な接近手段, 裏道 **～ drùm** 名 Ⓒ (軍楽隊・ジャズバンドの)サイドドラム, 小太鼓(snare drum)《もと, わきにつるした》 **～ effèct** (↓) **～ ìssue** 名 Ⓒ 第二義的な問題, 枝葉の問題 **～ mìrror** 名 Ⓒ (自動車の)サイドミラー (《英》 wing mirror) **～ òrder** 名 Ⓒ (コース以外の料理の) 追加注文 **～ ròad [strèet]** 名 Ⓒ わき道, 間道 **～ stèp** (↓) **～ tàble** 名 Ⓒ 補助テーブル, サイドテーブル《壁際などに置く》 **～ vìew** 名 Ⓒ 側面からの眺め, 側景 ; 横顔(profile) **～ whìskers** 名 複 (長い)頬(ほお)ひげ **～ wìnd** 名 Ⓒ 横風 ; 間接的な影響[作用]

síde·àrm 形 副 横手の[で] ; 〖野球〗サイドスローの[で] ‖ ～ delivery サイドスローの投球(⚠「サイドスロー」は和製語)

síde·bànd 名 Ⓒ 〖通信〗側波帯《変調搬送波の周波帯》

síde·bàr 名 Ⓒ 《主に米》 ❶ (新聞・雑誌などの) 主要記事を補助する短い記事, 関連[囲み]記事 ❷ 補足, 後日談 ❸ 〖法〗サイドバー《陪審員に聞かれないように行われる裁判官と検察官・弁護士との協議》

síde·bòard 名 Ⓒ ❶ サイドボード, 食器棚(《米》 buffet) ❷ (～s) 《英》 =sideburns

síde·bùrns 名 複 頬ひげ ; もみあげ

síde·càr 名 ❶ Ⓒ (オートバイの) サイドカー ❷ Ⓤ Ⓒ サイドカー《ブランデーとレモンジュースで作るカクテル》

-sid·ed /-sáɪdɪd/ 形 …の辺[側, 面]のある ‖ a many-*sided* figure 多辺形 / one-*sided* 一面的な ; 一方的な

***síde effèct** 名 Ⓒ ❶ 《通例 ～s》 (薬などの) 副作用 ‖ Does this medicine have any ～*s*? この薬は副作用はありませんか ❷ 不測の事態, 思いがけない結果, 副産物

síde-fòot 動 他 [ボール]を足の内側でける

síde-glànce 名 Ⓒ 横を(ちらっと)見ること, 横目遣い ; 付随的[軽い]言及

síde·kìck 名 Ⓒ 《口》仲間, 同僚 ; (自分より役柄が下の)相棒, 助手

síde·lìght 名 ❶ Ⓤ 側光, 側面からくる明かり ❷ Ⓒ (明かり取りの)横窓 ; 舷窓(げんそう) ; (船の)舷灯(げんとう)《左舷は赤, 右舷は緑》; 《英》(自動車の)サイドライト(《米》 parking light) ❸ Ⓤ Ⓒ 側面的な情報[説明]

síde·lìne 名 Ⓒ ❶ (～s) (テニスコートなどの)サイドライン ; サイドラインの外側 ; (一般に)周辺部, 傍観的見地 ❷ (専門外の)副業, 内職 ; (専門外の)取り扱い商品
on the sídelines 傍観して, そばで待機して ; (活動から)外されて
—動 他 《通例受身形で》[選手]が(試合に)出られなくなる ; [人]が(仕事などから)外される

síde·lòng 形 ❶ 《限定》横(の方)への ; 間接の, 遠回しの ‖ give her a ～ glance 彼女をちらっと横目で見る ❷ 傾いた, 傾斜している —副 横(の方)へ ; 横から ; 横を向けて ; 斜めに ; 傾いて ‖ look ～ 横目で見る

síde·màn 名 (複 **-mèn** /-mèn/) Ⓒ (バンドの) 伴奏楽器奏者《主演奏者を助ける奏者》(中立 band member)

sìde-ón ⟨ ⟩ 副 形 側面を向けて(の), 横向けに[の] ; 側面から[の] ; (衝突が)側面で[の]

síde·pìece 名 Ⓒ (物の)側面部 ; 側部に添えるもの

si·de·re·al /saɪdíəriəl/ 形 〖天〗星の, 恒星の, 星座の ; 恒星の運動を基準に計測された ‖ ～ time 恒星時 / a ～ day 恒星日(じつ)《23時56分4.091秒》/ a ～ year 恒星年《365日6時間9分9.54秒》

sid·er·ite /sídəràɪt | sáɪd-/ 名 Ⓤ 〖鉱〗菱(りょう)鉄鉱 ; 隕鉄(いんてつ)

síde·sàddle 名 Ⓒ 横鞍(くら), 片鞍《両足を馬の片側に垂らして座る女性用の鞍》 —副 横鞍[片鞍]乗りで

síde·shòw 名 Ⓒ ❶ (サーカスなどの) 付け足しの出し物, 余興 ❷ 付随的な出来事, 小事件 ; 枝葉の問題

síde·slìp 動 (**-slipped** /-t/ ; **-slip·ping**) 自 (スキーヤー・航空機・自動車などが)横滑りする —名 Ⓒ 横滑り

sides·man /sáɪdzmən/ 名 (複 **-men** /-mən/) Ⓒ 《英国国教会》教区委員補, 教会世話役

síde·splìtting 形 《口》腹の皮がよじれるほどおかしい, 抱腹絶倒させる(⇨ *split one's* SIDES)

síde·stèp 動 (**-stepped** /-t/ ; **-step·ping**) 他 横に1歩寄って…をかわす ; [問題など]を回避する
—自 1歩横に寄る, わきに寄る ; (問題などを)回避する

síde stèp 名 Ⓒ (ぶつからないように)横へ寄ること ; 回避

sìde·strèam smóke 名 Ⓤ 副流煙《たばこの先から出る煙》

síde·stròke 名 Ⓤ 〖水泳〗横泳ぎ, のし

síde·swìpe 動 他 《主に米》…をなでる[かする]ように横から打つ ; (車が)…を横からこする
—名 Ⓒ ❶ 《主に米》 (かするような) 横打ち, なで打ち ❷ (事のついでに口にする)〈…への〉非難〈**at**〉

síde·tràck 動 他 ❶ 《主に米》〖鉄道〗…を側線[待避線]に入れる ; [車など]を側路に入れる ❷ …を(本題から) そらす, 棚上げにする ; 《通例受身形で》(人が)(話しながら)脱線する, 横道にそれる ‖ He is easily ～*ed*. 彼は(話しながら)脱線しやすい
—名 Ⓒ ❶ 《主に米》(鉄道の)側線, 待避線 ❷ (本題からの)脱線

síde-vìew mìrror 名 =side mirror

***síde·wàlk** 名 Ⓒ 《米》(舗装した)歩道, 人道(《英》 pavement) (⇨ ROAD 類語P) ‖ run on to the ～ (車が)歩道に乗り上げる ▸▸ **～ àrtist** 名 Ⓒ 《米》大道画家 (《英》 pavement artist)《歩道にチョークで絵を描いて通行人から金をもらう》 **～ superintèndent** 名 Ⓒ 《米》建築[解体作業]現場の見物人

síde·wàll 名 Ⓒ 側壁 ; (タイヤの) サイドウォール《接地面とリムとの間の側面》

side·ward /sáɪdwərd/ 副 形 横へ(の), 斜めへ(の)

side·wards /sáɪdwərdz/ 副 =sideward

síde·wày 名 Ⓒ ❶ わき道, 横道 ❷ 人道, 歩道
—形 副 =sideways

***síde·wàys** 副 ❶ 横へ ; 斜めに, はすかいに ; 横向けに, 横ざまに ; 横から ‖ look ～ at him 彼を横目で見る / Take two steps ～ and two steps forward. 横に2歩, それから前に2歩ステップを踏みなさい / light the sculpture ～ 彫刻に側面から照明を当てる / ～ on (to the house) (その家に対して) 横向きに ❷ (人事異動で) 同レベルのポストへ, 横滑りで ❸ 間接的に, 遠回しに ; 回り道をして ‖ I tried to communicate with my daughter ～, through my wife. 妻を通して間接的に娘と意思の疎通を図ろうとした
knòck ... sídeways 《英口》[人]をあたふたさせる ; [考えなど]を根底から覆す
—形 《限定》 ❶ 横への, 横向きの ; 横からの ‖ shoot her a ～ glance 彼女をちらと横目で見る ❷ (人事が) 横滑りの ❸ ふだんとは違う目で見た, 常識にとらわれない視点からの

síde-whèeler 名 Ⓒ 《米》外輪船《両側に推進用の車輪をつけた蒸気船》

síde·wìnder 名 Ⓒ ❶ 〖動〗サイドワインダー《ガラガラヘビの一種で, 斜めに進む. 北米産》 ❷ 《米》横からのこぶしの強い一撃 ; 〖ボクシング〗サイド(ワインダー)

síde·wìse 副 形 =sideways

sid·ing /sáɪdɪŋ/ 名 ❶ Ⓒ 〖鉄道〗 側線, 待避線 (sidetrack) ❷ Ⓤ 《集合的に》《米・カナダ》(建物の外壁の防水用の)羽目板

si·dle /sáɪdl/ 動 自 横歩きで進む, 〈…に〉(こっそり)にじり寄る《***up, along***》〈**to**〉; 〈…から〉そっと離れる《***away, off***》〈**from**〉 —名 Ⓒ 《単数形で》横歩き, にじり寄り

S

SIDS /sɪdz/ 略 *s*udden *i*nfant *d*eath *s*yndrome (乳幼児突然死症候群)

*__siege__ /siːdʒ/ 名 C U ❶ (軍隊・警察などによる) 包囲 (攻撃), 攻城 ; 包囲期間 ; 《形容詞的に》包囲の ‖ The town is under [OR in a state of] ～. 町は包囲されている / raise [OR lift, end] a ～ 包囲を解く / withstand a ～ of six months 6か月にわたる包囲攻撃に耐える / ～ warfare 包囲戦 ❷ (愛情・顧客などを得ようとする) 執拗(しつよう)な努力 ❸ しつこく悩ますこと ; しつこい病気, 次々に起こる面倒 ; (病気・困苦などの) 長く苦しい[うんざりする]期間 ‖ a ～ of asthma なかなか治らない喘息(ぜんそく)

__lày síege to ...__ ① …を包囲する ② (報道記者などが) 〔家など〕を取り囲む, …をしつこく攻め立てる

__under síege__ ① ⇨ ❶ ② 批判を浴びて, 質問攻めになって

—動 他 …を包囲(攻撃)する (besiege)

▸▸ ～ **mentàlity** 名 U/C 《単数形で》〘心〙被包囲心理 《常に攻撃にさらされていると感じる精神状態》

Sieg·fried /síːɡfriːd/ 名 ジークフリート 《ドイツの伝説上の英雄で *Nibelungenlied* 「ニーベルンゲンの歌」の前編の主人公. 巨竜を退治しニーベルング族の宝を得た》

sie·mens /síːmənz/ 名 C 〘電〙ジーメンス 《電気伝導度の国際単位》(♦ ドイツの技術者 Werner von Siemens (1816–92) の名から)

si·en·na /siénə/ 名 U シエナ土 《酸化鉄などを含む黄褐色の土. 顔料用》; シエナ色, 黄褐色 (♦ イタリア中部の都市 Siena の名から)

si·er·ra /siérə/ 名 C ❶ 《しばしば ～s》(スペインや南米の) のこぎり歯状の山並 ❷ 〘魚〙サワラ (♦ スペイン語より)

Si·ér·ra Clùb /siérə -/ 名 《the ～》シエラクラブ 《米国の自然保護団体. 1892年設立》

*__Si·er·ra Le·one__ /sièrə lióun/ 名 シエラレオネ 《アフリカ西部の共和国. 公式名 the Republic of Sierra Leone. 首都 Freetown》

Si·er·ra Ne·va·da /sièrə nɪvǽdə | -vɑ́ː-/ 名 《the ～》シエラネバダ山脈 ❶ 米国カリフォルニア州東部の山脈 (♦ the Sierras ともいう) ❷ スペイン南部の山脈

*__si·es·ta__ /siéstə/ 名 C (スペイン・ラテンアメリカ諸国の) 午睡, 昼寝 (♦ スペイン語より) ‖ take [OR have] a ～ 昼寝をする

sieve /sɪv/ 名 C ふるい, こし器, (目の細かい) ざる

__hàve a mémory__ [OR *__héad, mínd__*] *__like a síeve__* 物覚えが悪い, 忘れやすい

—動 他 …をふるいにかける, こす ; …をふるい分ける《*out*》

▸▸ ～ **tùbe** 名 C 〘植〙ふるい管 《細胞組織》

sie·vert /síːvərt/ 名 C 〘理〙シーベルト 《放射能被爆による生体への生物学的影響の大きさを表す単位. 略 Sv》(♦ スウェーデンの物理学者 Rolf M. Sievert より)

*__sift__ /sɪft/ 動 他 ❶ …をふるいにかける, ふるう ‖ ～ flour 粉をふるう ❷ …を〈…から〉ふるい分ける, より分ける, 選別する《*out*》〈**from**〉‖ The software ～*ed out* the important information *from* the useless. そのソフトによって重要な情報が役に立たないものからより分けられた / ～ gravel *from* the sand 砂から砂利をより分ける ❸ …を(ふるいで)〈…に〉振りかける〈**over, on, onto**〉; …を(ふるい・指の間などを通して) ふるい落とす, こぼす〈**through**〉‖ ～ sugar *on*(*to*) a cake ケーキに砂糖を振りかける / ～ sand *through* one's fingers 砂を指の隙間(すきま)からこぼす ❹ …を入念に調べる, 精査する

—自 ❶ ふるいにかける, ふるう ❷ ふるいを通して落ちる ; (雪・灰・光などが) (ふるいにかけたように) 細かく降り注ぐ, 落ちてくる ‖ Outside the dusk was ～*ing* down through the sky. 外では夕闇(ゆうやみ)が空から忍び寄っていた ❸ 《+ **through** 名》…を入念に調べる

sift·er /síftər/ 名 C (小型) ふるい ; (こしょうなどの) 振りかけ容器 (shaker)

⁑**sigh** /saɪ/ 《発音注意》

—動 (～**s** /-z/ ; ～**ed** /-d/ ; ～**·ing**)

—自 ❶ 〈疲れ・悲しみ・安堵(あんど)などで〉**ため息をつく**, 吐息をつく, 嘆息する〈**with**〉‖ He ～*ed* at the uneasy prospect. 彼は暗い先行きのことを考えてため息を漏らした / ～ **deeply** [**heavily**] 深い[(悲しみや心配などで) 大きな]ため息をつく / ～ *with* relief ほっとしてため息をつく

❷ (風などが) ため息のような音を立てる, そよと吹く

❸ 《+ **for** 名》《文》…に思い焦がれる ‖ ～ *for* the days of one's happiness 幸せだった日々を恋しがる

—他 《直接話法で》…をため息をついて[交えて]言う ‖ "Oh, what a relief!" she ～*ed*. 「やれやれ, ほっとした」と彼女はため息交じりに言った

—名 (複 ～**s** /-z/) C ❶ **ため息**(の音), 吐息, 嘆息 ; ふーっ, はぁっ, ほっ (♦ ため息の音) ‖ What happened? You and your **deep** ～s. どうしたんだ, 大きなため息なんかついたりして / **with a** ～ **of relief** 安堵のため息をついて / **give** [OR **breathe, heave,** let out] a ～ of disappointment 失意のため息をつく

❷ (風などの) そよ[ひゅう]と吹く音

⁂**sight** /saɪt/ 《発音注意》(♦ 同音語 cite, site) 名 動

中心義 ▶ 見えること[もの]

名 視力❶ 見ること❷ 視野❸ 光景❹ 名所❹

—名 (複 ～**s** /-s/) ❶ U **視力**, 視覚 ‖ The girl has no ～ in her left eye. 少女の左目は視力がない / **lose** one's ～ 失明する / have good [poor] ～ 目がよい[悪い] / have long [short] ～ 遠[近]視である / have one's ～ tested 視力検査を受ける

❷ U/C 《a ～》〈…を〉**見ること**, 見えること ; 一見, 一瞥(いちべつ)〈**of**〉‖ The ～ *of* the poor refugees made her weep. かわいそうな難民を見ると彼女は泣き出した / I「can't stand [OR hate] the ～ of blood. 私は血を見るのが大嫌いだ / I know him by ～, but I can't think of his name. 彼の顔は知っているが, 名前を思い出せない

❸ U **視野**, 視界, 見える所 ‖ In an instant the airplane was lost to ～. あっという間に飛行機は見えなくなった / They were playing「out of [**in, within**] their mother's ～. 彼らは母親から見えない[見える]所で遊んでいた / come into ～ 見えてくる / disappear [OR vanish] from ～ 見えなくなる

❹ C 見えるもの, 見かけるもの, **光景**, 景色, 眺め ; (特に) 見もの, 壮観 ; 《the ～s》**名所** (⇨ VIEW 類語) ‖ The sunset over the harbor is a ～ to see. その港からの日没は見ものだ / see the ～*s* of [OR in] Rome ローマ見物をする / do the ～*s* 《口》名所見物をする

❺ C 《a ～》《口》(見た目の) ひどい[異様な, ぞっとする, ぶざまな]人[もの], 見もの (→ CE 3) ‖ The room was a ～ after the party. パーティーの後その部屋はひどいありさまだった / a sorry ～ 哀れな姿

❻ C 《しばしば ～s》(銃などの) ねらい, 照準 ; (光学器械などによる) 観測 ; (銃・光学器械の) 照尺, 照星 ‖ take a ～ ねらいをつける

❼ C 《a ～》《副詞的に比較級を修飾して》《口》とても, 非常に ‖ This is a (long [OR damn, darn]) ～ better. こちらの方がずっとよい ❽ U 《旧》(物の) 見方, 考え, 見解

__a sìght for sòre éyes__ 《口》見て楽しいもの, 目の保養となるもの, (特に) 珍客, 珍品 (→ eyesore)

__at fírst síght__ **一見したところ**(では) ; 一目見て ‖ The problem is more complicated than it may appear *at first* ～. その問題は一見したところより複雑だ / I fell in love with him *at first* ～. 彼に一目ぼれした

__at síght__ ① 見てすぐに, 初見で ‖ play music *at* ～ 楽譜を初見で演奏する ② 〘商〙提示[要求](され)次第, 一覧で ‖ a draft payable *at* ～ 一覧払い為替手形

__at (the) síght of ...__ …を見ると

__càtch síght of ...__ …を見つける ; …に(突然)気づく

__hàve ... in one's síghts__ …をねらう, 目標にする (→ 名 ❻)

hèave in [OR ***into***] ***síght*** (♦ 過去・過去分詞は hove) 〖海〗(船などが)見えてくる

in síght ① 目に見える範囲に[で] ‖ There was no one *in* ~. だれも見当たらなかった ② すぐ近くに ‖ An agreement was *in* ~. 協定は間近であった

in [OR ***within***] ***síght of ...*** ① …の見える所に ‖ The ship is *in* ~ *of* land. 船は陸地の見える所にいる ② …が実現に近づいて, …を期待して

kèep síght of ...; ***kèep ... in síght*** (近くにいて)…から目を離さない, …を見失わない

knòw a pèrson by síght 〔人〕の顔は見て知っている

*****lòse síght of ...*** **…を見失う**; …の消息がわからなくなる; …を見落とす, 忘れる ‖ I *lost* ~ *of* her in the crowd. 人込みで彼女を見失った

lòwer one's síghts 望み[目標]を下げる

nòt a prètty síght とても見られたざまではない

on síght ① 見つかり次第, 見(つけ)られるとすぐに ② =*at sight*(↑)

*****òut of síght*** ① **見えない所に**; 遠く離れた所に (→ 名 ❸, CE 1) ‖ go *out of* ~ 見えなくなる / put ... *out of* ~ …を見えなくする, 隠す(hide); …を無視する / *Out of* ~, *out of mind.* 《諺》去る者は日々に疎し ② 《米口》(値段・基準が)ものすごく高い, 過度な ③ 《口》とても素晴らしい(♦ outta sight ともつづる)

ràise one's síghts 望みを高くする

*****sèt*** [OR ***hàve***] ***one's síghts on ...*** …に照準を合わせる[合わせている]; …を得ようと努力する ‖ She's *set* her ~*s on* entering medical school. 彼女は医学部に入ろうと努力した

sight unséen 現物を見ないで

COMMUNICATIVE EXPRESSIONS

1 **Dón't lèt it òut of your síght.** 目を離さないでね; なくしちゃいやだからね(♥ 大事なものを人に貸すときに)

2 **(Gèt) òut of my síght!** 消えうせろ(♥ ぶしつけ)

3 **You're** [OR **You lòok**] **a síght.** ひどいなりだな

— 動 (~**s** /-s/; ~**·ed** /-ɪd/; ~**·ing**)

— 他 ❶ 〔遠くのもの〕を(やっと)見つける, 認める; …を(初めて)見かける, 発見する ‖ ~ land (船から)陸地を認める ❷ (照準装置で)…にねらいをつける; 〔銃など〕の照準を合わせる; …の照準装置を調節する; …に照準装置を取りつける ‖ ~ a target 的をねらう ❸ (器械で)…を観測[測定]する

— 自 ❶ ねらいをつける, 照準を定める ❷ (ある方向を)じっと見る ‖ ~ along a line (真っすぐかどうか)線に沿って視線を走らせる

▸▸ ~ **gàg** 名 C 《口》(言葉でなく)視覚に訴えるギャグ[冗談] ~ **lìne** 名 C 視線, 見通し

sight·ed /sáɪtɪd/ 形 ❶ (人が)目の見える ❷ 《複合語で》…眼の, …視の ‖ long-~ 遠視の / short-~ 近視の / partially-~ 弱視の

síght·hòund 名 C サイトハウンド《視覚で獲物を追跡する快足の猟犬. greyhound など》

sight·ing /sáɪtɪŋ/ 名 C U (特にまれなものの)目撃, 発見; 見聞; 観測

sight·less /sáɪtləs/ 形 ❶ 目の見えない (blind) ❷ 《文》目に見えない(invisible)

sight·ly /sáɪtli/ 形 ❶ 見た目に快い ❷ 見晴らしのよい

síght-rèad 動 (**sight-read** /-rèd/; ~**·ing**) 他 自 (楽譜を)初見で演奏する[歌う]; (外国語を)予習なしで読む ~**·er** 名 C 視奏[唱]者 ~**·ing** 名

síght·scrèen 名 C 《英》〖クリケット〗サイトスクリーン《打者にボールがよく見えるようにするため, ウイケット(wicket)の後ろに置く白い板[幕]》

síght·sèe 動 (**-saw** /-sɔ̀ː/; **-seen** /-sìːn/; ~**·ing**) 自 《通例進行形で》見物する, 観光する **síght·sèer** 名

***síght·sèeing** 名 U 観光, 遊覧, 見物 ‖ go ~ in [×to] Kyoto 京都へ観光に出かける / do some [a lot of] ~ いくらか[方々を]見物して回る(❗「観光地」は the sights といい, ×sightseeing places とはいわない)

— 形 観光[遊覧](用)の ‖ take a ~ tour of the city 市内観光をする / a ~ bus 観光バス

sig·ma /sígmə/ 名 C ❶ シグマ《ギリシャ語アルファベットの第18字. Σ, σ, ς. 英語の S, s に相当》 ❷ ❶の文字で表される子音(/s/) ❸ 〖数〗Σ記号

*****sign** /saɪn/ 名 動

中心義 **意味を持ったしるし(を記す)**

名 **表れ❶ 形跡❷ 身振り❸ 標識❹ 記号❺**
動 他 **署名する❶**

— 名 (複 ~**s** /-z/) C (⇨ BYB) ❶ **表れ**, しるし, 前兆, 兆し; 〖医〗兆候 (symptom) 〈**of** …の / **that** 節 …という〉 ‖ Mother is **showing** ~*s of* old age. 母には寄る年波の兆候がいくつか見られる / This is a sure ~ *of* improvement in the economy. これは経済回復の確かな兆しだ / That he did not protest was interpreted as a ~ *that* he approved. 彼が抗議しなかったことは同意の表明と解釈された / a telltale ~ 隠そうとしても表れるしるし / without a ~ *of* disappointment 失望の色は全く見せずに

❷ 《通例否定文で》**形跡**, 痕跡(こんせき) ‖ There is almost no ~ of life in this place. ここには生物のいる[人が住んでいる]形跡はほとんどない

❸ **身振り**, 手振り, 手まね; 合図(❗野球の「サイン」は signal) ‖ The teacher nodded as a ~ of approval. 先生は同意のしるしにうなずいた / She gave us a ~ that dinner was ready. 彼女は私たちに食事の用意ができたと合図した / The receptionist made a ~ to me to

Boost Your Brain!

sign と symbol

sign「記号」とは「ある事象や内容を, 知覚可能な別の形で示しているもの」のことを言う. 狭い意味では, モールス信号や道路標識のような符号や標識を指すが, 広い意味では, 顔の表情や動作, 音や映像, 味や匂いなども, なんらかの情報を伝える sign であると言える. 例えば, 深くお辞儀をすることは相手に対して敬意を表する sign であり, 言語 (language)は音声や文字で意味を伝える sign の体系である.

人間は物事を sign として把握し, sign を通して思考する. 黒雲は雨の予兆を伝える sign であり, 犯行現場に残された指紋はその場所にだれがいたかを明らかにする sign だが, こうした因果関係 (causal relation) に基づくものは natural sign「自然的記号」と呼ばれる. 一方, 制服がある職業を示し, ピリオドが文の終わりを示すように, 約束事として決められているものを conventional sign「人為的記号」と呼ぶ.

sign には一義的で直接的な意味を持つものと, 多義的で間接的な意味を持つものがある. 前者を signal「シグナル」または狭義の sign と呼び, 後者を symbol「シンボル, 象徴」と呼び区別する場合もある. 信号機の赤信号は止まれを意味する signal. 一方, 星条旗はアメリカ合衆国の symbol であり, 自由, 民主主義, 独立, 愛国心, 帝国主義など, 意識の持ち方によってさまざまな意味を象徴するものとして受け取られる.

sign について考察する学問が semiotics「記号論」である. 記号論では一般的に sign を the signifier「記号表現, 記号」と the signified「記号内容, 意味」との結びつきであると考える. 例えば, レストランの扉に掲げられた「OPEN」という掲示は記号表現であり, 「現在営業中である」という記号内容と結びついている. 記号表現と記号内容の結びつきを signification「意味作用」と言う.

follow. 受付係は私について来いと合図した / converse by ～(*s*) 身振り手振りで会話する / a ～ and countersign (「山」「谷」というような)合言葉

❹ **標識**, 標示, 掲示, 信号; (店などの)看板(signboard) ‖ road ～*s* 道路標識 / traffic ～*s* 交通標識 / The ～ said WALK. 信号は「進め」となっていた

❺ **記号**, 符号; 音楽記号 ‖ algebraic ～*s* 代数記号 / ÷ is the ～ for division. ÷は割り算の記号だ / the positive [OR plus] ～ 正号《+》/ the negative [OR minus] ～ 負号《−》 ❻ 〚占星〛宮(star sign)《黄道の12区分の1つ》(→ CE 3) ❼ 《通例 ～s》《米》獲物の通ったしるし《足跡・臭跡・糞(ふん)など》 ❽ (聖書で)神意のしるし, 奇跡

❾ =sign language

a sign of the times 時代の流れ[表れ] (♥ 通例悪い意味で用いる) ‖ The high divorce rate is *a* ～ *of the times.* 離婚率の高さは時代の表れだ

COMMUNICATIVE EXPRESSIONS

1 **It's a (gòod [bàd]) sígn.** これは何か(よい[悪い])ことの兆候だ(♥ 予感)

2 **Pléase obsèrve the nò-smóking sìgn.** ここは禁煙となっております(♥ 機内アナウンスなどで用いる丁寧で堅い命令表現)

3 **Whàt's your sígn?** (星座は)何座ですか(♥ 異性に近づくきっかけを作る. =What sign are you?)

―動 (▶ signature 名) (～**s** /-z/; ～**ed** /-d/; ～**·ing**)

―他 ❶ **a** 《+目》〔手紙・書類など〕に**署名する**, 〔契約書・協定など〕に署名調印[承認]する; 〔名前〕をサインする (♦「署名すること」は signing, 書かれた「署名」は signature という) ‖ The President ～*ed* the bill into law. 大統領が署名してその法案は成立した / ～ a **contract** [letter] 契約[手紙]にサインする / ～ one's work (画家などが)自分の作品に署名する / ～ one's name on a check 小切手にサインする / ～ one's autograph (歌手・俳優などが)サインする(❗日本語の名詞としての「サイン」は signature あるいは autograph という)

b 《+目+補》…(の名前)を…と署名する ‖ She ～*ed* herself "Margaret Mion." 彼女はマーガレット=ミオンと署名した

❷ (契約書署名により)〔選手・歌手など〕を雇い入れる, …と契約する ‖ ～ a new player 新しい選手と契約する

❸ 合図する **a** 《+目》…を身振り手振り[合図など]で伝える ‖ ～ one's wish to leave 帰りたいと合図[目くばせ]する **b** 《+目+**to** *do*》…に…するように合図する ‖ Mother ～*ed* me *to* carry the dog away. 母は私にその犬を連れて行きなさいと合図[目くばせ]した **c** 《(+**to** 名)+**that** 節》(…に)…であると合図する ‖ I ～*ed to* her *that* it was time to go. 私は彼女にもう行く時間だと合図した

❹ …を手話で話す; 《受身形で》(番組などが)手話付きである

―自 ❶ 署名する, 署名調印する ‖ Would you please ～ here? ここに署名願えますか / ～ on the dotted line 点線の上に[契約書に]サインする; 正式に契約する

❷ 〈…と〉契約する〈**with, for**〉‖ ～ *with* another team 別のチームと契約する

❸ **a** 《+**to** 名》(身振り手振りで)…に合図する ‖ The soldier ～*ed to* the prisoner with his rifle. 兵士は捕虜に銃で合図した **b** 《+**to** [**for**] 名+**to** *do*》…に…しろと合図する ‖ The guard ～*ed to* [OR *for*] me *to* go away. 警備員は私に立ち去れと合図した ❹ 手話で話す

sìgn awáy ... / sìgn ... awáy 〈他〉〔権利など〕を書類に署名して手離す[処分する]

****sígn for ...*** 〈他〉① …を署名して受け取る ② ⇨ 自 ❷

****sìgn ín*** 〈自〉(会社・ホテル・クラブなどに到着時に)署名する(book in; register), 署名して入る; 💻(サービスに)IDとパスワードでログインする(↔ *sign out*) ―〈他〉《***sìgn ín ... / sìgn ... ín***》署名をして…を(クラブなどに)入れる; …の到着[入場]を記帳する

sìgn óff 〈自〉①《口》(テレビ・ラジオで)(アナウンサーなどが)(1日の)放送の終了を知らせる; (局が)放送を終了する ②《口》仕事(など)をやめる; 手紙を(署名で)終える ③ 契約を解除する ④《英》(失業者が)再就職を(役所に)登録する ―〈他〉**I** 《***sígn off ...***》①〔手紙〕を署名して終える ②《英》(失業者が)再就職して〔失業手当〕の登録を取り消す **II** 《***sìgn óff ... / sìgn ... óff***》③《英》(医者が)(署名して)〔人〕に仕事を休ませる ④ (署名して)…を承認する

sìgn óff on ... 〈他〉《米口》…を承認する, 認める

sìgn ón 〈他〉**I** 《***sìgn ón ... / sìgn ... ón***》契約署名して〔人〕を雇う ‖ He ～*ed* her *on* as his secretary. 彼は秘書として彼女を(正式に)雇った **II** 《***sígn on ...***》《英》失業者として〔失業手当〕の登録をする ―〈自〉① 署名契約して〈…に〉雇われる, 入隊する, 〈…と〉契約する〈**with**〉②《英》失業者として(役所に)登録する ③《米》その日の放送を始める

****sìgn óut*** 〈他〉《***sìgn óut ... / sìgn ... óut***》① 署名して…を退出させる, …の退出を記録する ‖ ～ oneself *out* at 00:22 in the book 台帳に0時22分に退出したことを書き記す ② 〔本・車など〕を署名して借り出す, 持ち出す ―〈自〉(会社・ホテル・クラブなどから)署名して出る, 退出する; 💻(サービスから)ログアウトする(↔ *sign in*)

sìgn óver ... / sìgn ... óver 〈他〉〔権利・財産など〕を書類に署名して〈…に〉譲渡する〈**to**〉

****sìgn úp*** 〈自〉① 署名契約して〈…に〉雇われる〈**with**〉② (署名して)〈…に〉参加する, 〈受講などの〉**届けを出す**〈**for**〉③ 💻〈…に〉ユーザー登録をする, サインアップする〈**for, with**〉―〈他〉《***sìgn úp ... / sìgn ... úp***》① 契約署名して〔人〕を雇う ② (署名して)…を〈…に〉参加させる, …に〈…を〉受講させる〈**for**〉‖ ～ one's son *up for* a contest 息子をコンテストに参加させる

signed and séaled; ***sìgned, sèaled and delívered*** (文書などが)正式に署名されて, 発効されて

▸▸ **～ lànguage** 名 U C ① 身振り[手まね]言語 ② 手話(法) **～ of the cróss** 名 《the ～》十字架の印, 十字を切ること ‖ make the ～ *of the cross* 十字を切る **～ pàinter** 名 C 看板描き[職人]

sign·age /sáɪnɪdʒ/ 名 U 標識類, 信号類

‡sig·nal[1] /sígnəl/

―名 (複 ～**s** /-z/) C ❶ **信号**; **合図**, サイン ‖ That bell is a ～ that a train is coming. あのベルは列車が来るという合図だ / a ～ of danger [distress]=a danger [distress] ～ 危険[遭難]信号 / a fog ～ 濃霧警報 / finger ～*s* (キャッチャーなどの)指でのサイン / at [on] a ～ 合図をきっかけに[によって] / **send** [OR make] ～*s* with flags 手旗で信号を送る[合図する] / **give** the ～ for an attack [OR to attack] 攻撃の合図をする

❷ 信号を伝えるもの, 信号機, シグナル ‖ stop at the red ～ 赤信号で停止する / traffic ～*s* 交通信号

❸ (直接の)きっかけ, 動機, 導火線; しるし, 表れ; 前触れ, 前兆, 兆候 ‖ The rise in prices was a ～ for rebellion. 物価上昇が反乱の口火であった

❹ 〚無線〛信号(波)《テレビ・ラジオの電波など》

―動 (～**s** /-z/; **-naled**, 《英》**-nalled** /-d/; **-nal·ing**, 《英》**-nal·ling**)

―他 ❶ **合図する a** 《+目+**to** *do*》〔人〕に…せよと合図する ‖ The policeman ～*ed* him *to* stop. 警察官は彼に止まれと合図した **b** 《(+(**to**) 目)+(**that**) 節 / **wh** 節 / **wh to** *do*》(…に)…だと[…かを]合図する ‖ She ～*ed* (her friends) *that* the star was coming. 彼女は(仲間に)スターが来ると合図した / The boy ～*ed where* I should park my car. その少年は車をどこに駐車させたらよいか合図した **c** 《+目》…に合図する; …を合図で示す ‖ Ross ～*ed* me with a lift of his hand. ロスは手を挙げて私に合図した

❷ **a** 《+目》…を(信号で)伝える, (通信で)連絡する; (言動で)…を伝える ‖ Fishing boats ～ their positions by radio. 漁船は無線で居場所を連絡する **b** 《(+(**to**) 目)+(**that**) 節》(…に)…だと伝える ‖ She ～*ed* (*to* us) *that* she was ready to go. 彼女は(我々に)出かける用

意はできていると伝えてきた
❸ a 《+目》…のしるしである, …を示す ‖ Here, quotations are ~*ed* by italics. ここでは, 引用句はイタリック体で示されている b 《+that 節》…ということを示す ‖ His departure ~*ed that* the company was in trouble. 彼の退任は会社の状況の悪化を示していた
— 自 a 信号を送る, **合図する**〈to …に; for …を求めて〉; (車などが) 曲がる方向を合図する ‖ He ~*ed for* silence by clearing his throat. 彼はせき払いをして静粛にしてくれるよう合図した / ~ right [left] (車などが) 右折 [左折]の表示を出す / ~ with flags 手旗で信号を送る
b 《+to [for] 名+to *do*》…に…するよう合図する ‖ The catcher ~*ed to* the pitcher *to* throw a curve. 捕手はカーブを投げるよう投手にサインを出した
▸▸ ~ **cràyfish** 名 C ザリガニ

sig·nal² /sígnəl/ 形 《限定》顕著な, 際立った, 目覚ましい, 注目すべき ‖ a ~ victory [defeat] 大勝利 [敗北] / a ~ example 顕著な例 **~·ly** 副 目立って, 著しく
▸▸ ~ **tòwer** [《英》**bòx**] 名 C (鉄道の)信号所

sig·nal·er, 《英》**-ler** /sígnələr/ 名 C 信号係, 信号手; 信号兵; 信号機

sig·nal·ize /sígnəlàɪz/ 動 他 ❶ …を目立たせる, 著名にする; …を特徴づける ❷ …をはっきり知らせる[示す], はっきり指摘する ❸ 《米・豪》…に信号機をつける

sig·nal·man /sígnəlmən/ 名 (複 **-men** /-mən/) C (鉄道の)信号係, 信号手; 〖軍〗通信兵 (中立 signal(l)er, signal operator)

sìgnal-to-nóise ràtio 名 C U 〖電子〗信号対雑音比, SN比

sig·na·to·ry /sígnətɔ̀ːri | -tə-/ 名 (複 **-ries** /-z/) C 署名[調印]者; 〈条約などの〉調印[加盟]国〈of, to〉
— 形 (条約などに)署名した

:sig·na·ture /sígnətʃər/ 《発音注意》
— 名 [◁ sign 動] (**~s** /-z/) C ❶ **署名** (の代用となるもの), サイン(♦ 芸能人・有名スポーツ選手などのサインは autograph); U 署名すること ‖ The treaty bore the president's ~. その条約文書には大統領の署名があった / put [OR write, affix] one's ~ on [OR to] a typewritten letter タイプした手紙に署名する / **collect** [OR gather] 5,000 ~*s* 5,000人の署名を集める
❷ 《通例単数形で》(顕著な)しるし, 特徴
❸ 〖楽〗調[拍子]記号 ❹ 〖製本〗折, 折丁(おりちょう); 〖印〗折丁番号, 背丁; (折丁番号のついた)刷紙 ❺ 《米》〖医〗(処方箋(せん)に書いた)薬の使用法 (略 S, Sig.)
— 形 (人・物などの)特徴をよく表した, 特徴的な
▸▸ ~ **tùne** 名 C 《英》(放送などの)テーマ音楽

sígn·bòard 名 C (店などの)看板; 掲示板

sign·er /sáɪnər/ 名 C ❶ 署名者; 《S-》《米》独立宣言の署名者 ❷ 手話(sign language)を使う人

sig·net /sígnɪt/ 名 C (昔, 特に指輪に彫った)印, 印形; 捺印(なついん); 〖英国史〗《the ~》玉璽(ぎょくじ)
▸▸ ~ **rìng** 名 C 印鑑付き指輪

:sig·nif·i·cance /sɪgnífɪkəns/ 《アクセント注意》
— 名 [◁ signify 動] U/C 《a ~》❶ **重要性**, 重大さ〈of …の; for …にとっての〉(♥ 特にこれから起こることやほかの事柄に影響を与えるという意味を含む) (⇨ IMPORTANCE 類語) ‖ a matter of **great** (educational) ~ (教育上)とても重大な問題 / be **of no** [little] ~ 全く取るに足りない[大して重要でない]
❷ (特別な)**意味**, **意義**, 趣旨〈of …の; for …にとっての〉(⇨ MEANING 類語) ‖ understand the real ~ *of* European Unity 欧州統合の真の意義を理解する
❸ 意味深長, 意味ありげ
❹ 〖統計〗有意(性)(statistical significance)

:sig·nif·i·cant /sɪgnífɪkənt/ 《アクセント注意》
— 形 [◁ signify 動] (**more ~; most ~**)
❶ a 〈…にとって〉**重要な, 重大な**; 注目に値する; 意義深い(↔ insignificant)〈for, to〉; 《文修飾》重要なことには ‖ Watch out for ~ **changes** in the condition of the patient. 患者の病状の重大な変化に注意しなさい / Independence Day is ~ *for* the nation. 独立記念日は国民にとって意義深い日だ / More ~, they are not aware of the danger they are in. もっと重大なことは, 彼らが自分たちが置かれている危機的状況に気づいていないことだ (♦ more [most] significant の形で, more [most] significantly と同様, 文修飾副詞のような働きをする) / **highly** ~ 非常に重要な
b 《It is ~ to *do*/It is ~ that 節 で》…する[である]ことは重要である ‖ It's ~ *to* remember how they got involved in the war. いかに彼らが戦争に巻き込まれたのか覚えておくことが肝心だ
❷ 意味のある; 意味を表す(↔ meaningless) ‖ actions ~ of one's real intentions 本当のねらいを示す行動
❸ 《通例限定》意味ありげな, 暗示的な ‖ a ~ glance 意味深長な一瞥(いちべつ) ❹ かなりの (数量の), 相当の ‖ a ~ number of people かなりの数の人々 ❺ 〖統計〗有意の ‖ **statistically ~ differences** 統計的に有意な違い
▸▸ ~ **dígits** [《英》**fígures**] 名 複 〖数〗有効数字 (位取りのための0を除いた1から9まで) ~ **óther** 名 C 大切な相手 (配偶者・同棲(どうせい)中の恋人など)

***sig·nif·i·cant·ly** /sɪgnífɪkəntli/ 副 (**more ~; most ~**) (♦ ❷ 以外比較なし) ❶ 著しく, かなり, 相当, はっきりと ‖ Their aims are ~ different from mine. 彼らの目標は私のとは著しく異なっている ❷ 《文修飾》重要なことには ‖ Most ~, nobody has taken notice of it. 最も重要なことは, だれもそのことに気づいていないことだ ❸ 意味ありげに, もったいぶって

sig·ni·fi·ca·tion /sɪ̀gnɪfɪkéɪʃən/ 名 [◁ signify 動] ❶ U C 表示, 表明; 通告, 通知 ❷ U 意味(作用); C 語義

***sig·ni·fy** /sígnɪfàɪ/ 《発音注意》動 [▶ significance 名, signification 名, significant 形] (**-fies** /-z/; **-fied** /-d/; **~·ing**) 《通例進行形不可》他 ❶ a 《+目》…を意味する; …を表す, 示す; …の前兆となる ‖ A lunar halo *signifies* rain. 月のかさは雨の前触れだ b 《+ (that) 節》…であることを意味する ‖ His absence *signifies that* he is not interested in our proposal. 彼の欠席は彼が我々の提案に関心がないことを物語っている
❷ a 《+目》(旗・身振り・合図などで)…を知らせる, 表明する ‖ I *signified* my approval with a nod. 私はうなずいて同意を示した b 《+ (that) 節》…であると知らせる[表明する] ‖ With that smile, Flora *signified that* she had no further use for him. いつものあの微笑を浮かべて, フローラはそれ以上彼には用のないことを伝えた
— 自 ❶ 《主に否定文・疑問文で》重要な意味を持つ, 重要である, 問題である ‖ It *signifies* little. それはほとんど問題ではない ❷ 《米俗》(黒人が) (言葉遊びとして)ほらを吹いたり侮辱し合ったりする, ののしりごっこをする
-fì·a·ble 形 **-fì·er** 名 C 記号(表現), 記号内容

si·gnor /síːnjɔːr/ 名 (複 **~s** /-z/ OR **-gno·ri** /siːnjɔ́ːri/) 《イタリア》C ❶ 《S-》…氏, …様 (英語の Mr., Sir に相当) ❷ (イタリアの)男性; 紳士, 貴族

si·gno·ra /siːnjɔ́ːrə/ 名 (複 **~s** /-z/ OR **-re** /-reɪ/) 《イタリア》C ❶ 《S-》…夫人; 奥様 (英語の Mrs., Madam に相当) ❷ (イタリアの)既婚女性; 貴婦人

si·gno·ri·na /sìːnjəríːnə/ ◁シ 名 (複 **~s** /-z/ OR **-ne** /-neɪ/) 《イタリア》C ❶ 《S-》…嬢; 令嬢, お嬢さん (英語の Miss に相当) ❷ (イタリアの)未婚女性; 令嬢

sígn·pòst 名 C ❶ 道しるべ, 道標, 案内標識, 看板柱 ❷ 明確な手がかり, 指針, 指標 — 動 他 ❶ 道標を立てる (♦ しばしば受身形で用いる) ‖ The road is well [badly] ~*ed*. その道路は標識が完備している [不備である] ❷ …をはっきりわかるように示す **~·ing** 名

sígn-ùp 名 U C 💻 サインアップ, ユーザー登録; (登録による)加入

sígn·wrìter 名 《英》=sign painter

Sikh /siːk/ 名 C シーク教徒 — 形 シーク教(徒)の

Síkh·ìsm 名 U シーク(教)《ヒンドゥー教の改革派》

si·lage /sáɪlɪdʒ/ 名 U サイロ(silo)貯蔵の牧草
—動 他〔草・馬草〕をサイロに入れる

⁑si·lence /sáɪləns/ 名 動 間
—名〔◁silent 形〕(複 **-lenc·es** /-ɪz/) U C ❶ 声[音]を立てないこと, **沈黙**(の一瞬), 無言; 無口, 寡黙; 黙禱(もくとう) ‖ I maintained a polite ～. 私は失礼にならないようじっと黙っていた / Meg was shocked into ～. メグはショックで黙り込んでしまった / *Speech is silver, ～ is golden.* 《諺》雄弁は銀, 沈黙は金 / **break** [keep] (one's) ～ 沈黙を破る[守る] / put [OR reduce] her to ～ 彼女を(言いくるめて) 黙らせる / (an) embarrassed [OR awkward] ～ 気まずい沈黙 / observe [OR pause for] 「a one-minute [OR one minute's] ～ 1分間の黙禱をする / There was a **long** ～. 長い沈黙があった
❷ **静寂**, 静けさ(↔ noise) ‖ There was ～ in the house. 家の中は森閑としていた / A dead ～ reigned over the hall. 場内は水を打ったように静まり返っていた
❸ U/C《単数形で》〈…について(の)〉黙殺, 言及しないこと; 沈黙を守ること, 黙秘〈**on**〉‖ His ～ *on* the issue puzzled me. その件に関して彼が沈黙を守っていることが私を困惑させた / My proposal was met with ～. 私の提案は黙殺された / buy his ～ 金で彼の口止めをする / the right to ～ 黙秘権 ❹ 音信不通 ‖ After five years of ～ he suddenly came back home. 5年間の音信不通の後に彼は突然故郷に戻って来た
in sílence 黙って, 静かに
—動 (**-lenc·es** /-ɪz/; **～d** /-t/; **-lenc·ing**) 他 ❶〔人〕を黙らせる, 静かにさせる(⤳ shut up, cut off) ‖ Bob was ～*d* by his teacher's stern look. ボブは先生に怖い顔をされて押し黙った ❷〔騒音など〕を静める;〔敵の砲火〕を沈黙させる ❸〔批判・疑念など〕を抑える, 封じる
—間 静かに, しっ ‖ *Silence*, please. お静かに

si·lenc·er /sáɪlənsər/ 名 C ❶ (拳銃(けんじゅう)などの)消音器, サイレンサー; 沈黙させる人[もの] ❷《英》(内燃機関の)マフラー(《米》muffler)

⁑si·lent /sáɪlənt/
—形〔▶ silence 名〕(**more ～; most ～**)(♦❶❷❹以外比較なし)
❶ (人が)**黙っている**, 声を立てない, 無言の;《限定》(特に男性が) 口数の少ない, 無口な ‖ Be ～! 静かにしなさい / keep [OR **remain**] ～ 黙っている, 沈黙を守る / **fall** ～ 黙り込む / a strong, ～ type 無口な怪力男
❷ (場所・物・動作などが)**静かな**, 音がしない, しんとした(↔ loud) (⇨ CALM 類語) ‖ All the village was dark and ～. 村中が暗くしんとしていた / read books in the ～ hours of the night 夜の静かな時間に読書する / walk with ～ (foot) steps 足音を立てずに歩く
❸《限定》(動作が)無言で行われる, 口に出さないで[黙って]…する ‖ a ～ prayer 黙禱 / ～ reading 黙読 / ～ consent 暗黙の了解 / shake with ～ laughter 体をゆすって忍び笑いする
❹《叙述》(人・記録などが)〈…について〉何も言及しない, 黙殺した; 口を閉ざしている, 黙秘する〈**about, on**〉(→ CE 1) ‖ Eric was ～ *on* that subject. エリックはその件には一言もふれなかった ❺ 休止している, 活動していない ‖ a ～ volcano 休火山 ❻《言》(文字が)発音されない, 黙音の, 黙字の ‖ The "b" in "debt" is ～. "debt"の"b"は発音されない / a ～ letter 黙字 ❼《限定》《映》無声の, サイレントの ‖ a ～ movie [OR film] 無声映画

COMMUNICATIVE EXPRESSIONS
1 **You hàve the ríght to remàin sílent.** あなたには黙秘権があります(♥ 警察官などが容疑者に対して用いる)

—名《the ～s で集合的に》無声映画
～·ness 名
▶▶ **～ majórity** 名《the ～》声なき大衆 **～ mòde** 名 C サイレントモード《携帯電話などで着信音・バイブレーター共に切られた状態》 **～ pártner** 名 C《米》出資だけして業務に関与しない社員; 匿名社員(《英》sleeping partner) **～ trèatment** 名 C (けんかなどの後で) 口をきかないこと

＊si·lent·ly /sáɪləntli/ 副 黙って; 静かに, 音もなく ‖ He shook his head ～. 彼は黙って首を横に振った / read ～ 黙読する

si·lex /sáɪleks/ 名 U ❶ =silica ❷ (silica で作った) 耐熱性ガラス

＊sil·hou·ette /sɪ̀luét/ 《発音・アクセント注意》名 C ❶ (明るい光を背景にした)影法師, シルエット, (黒い)影; 輪郭, 形, 姿 ‖ I saw a ～ through the curtain. カーテン越しに人影を見た / the ～ of an airplane against the evening sky 夕空を背景にした飛行機のシルエット
❷ C U シルエット《輪郭内を黒く塗りつぶした横顔などの画像》, (切り抜きなどの)影絵, 影像 ❸ (洋服の)(外)型, 輪郭線, シルエット
in silhouétte シルエットで, 輪郭だけで ‖ We saw it only *in* ～. 私たちにはその輪郭だけが見えた
—動 他《通例受身形で》〈…に〉シルエットで映し出される[見える, 描かれる]〈**against, on**〉‖ He stood ～*d against* an early dawn sky. 夜の明けきらない空を背に黒い影にしか見えない彼が突っ立っていた **-ét·ted** 形
語源 倹約政策を唱え, 肖像画は黒い影で十分としたフランスの大臣 Etienne de Silhouette(1709–67)の名から.

sil·i·ca /sílɪkə/ 名 U《化》シリカ, 無水珪酸(けいさん)(SiO_2)
▶▶ **～ gèl** 名 U《化》シリカゲル(乾燥剤)

sil·i·cate /sílɪkeɪt, -kət/ 名 C U《化》ケイ酸塩, シリケート

sil·i·con /sílɪkən/ 名 U《化》珪素(けいそ), シリコン(非金属元素. 元素記号 Si)
▶▶ **～ cárbide** 名 U《化》炭化珪素 **～ chìp** /英 ←–/ 名 C《電子》シリコンチップ(microchip)《集積回路のシリコンの小片》 **Sìlicon Válley** 名 シリコンバレー《米国サンフランシスコの南東にある先端技術産業の中心地》

sil·i·cone /sílɪkòun/ 名 U シリコーン《珪素樹脂・シリコーンゴム[油]などの総称》
▶▶ **～ ímplant** 名 C (豊胸用の)シリコン注入物

sil·i·co·sis /sɪ̀lɪkóusəs | -sɪs/ 名 U《医》珪肺(けいはい)症
-có·tic /-kátɪk/ 形 名 C 珪肺症の(患者)

⁑silk /sɪlk/
—名〔▶ silky 形〕(複 **～s** /-s/) ❶ U 生糸, **絹糸**; **絹(布)**, 絹織物;《形容詞的に》**絹(製)の**, 絹状の ‖ raw ～ 生糸 / a piece of ～ 絹布1反(たん) / a ～ dress [handkerchief] 絹のドレス[ハンカチ]
❷ C《しばしば ～s》絹の衣服, 絹物;《～s》(競馬の)騎手[ジョッキー]服(帽子と対になる)
❸ C《英》《法》(法廷で勅選弁護士の着る)絹のガウン;《英口》勅選弁護士 (King's [OR Queen's] Counsel) ‖ take ～ 勅選弁護士になる ❹ U 絹糸状のもの《クモの糸, トウモロコシの毛(corn silk)など》
▶▶ **～ còtton** 名 U パンヤ, 絹綿, ジャワ綿 **～ hát** 名 C シルクハット《絹のフラシ天仕上げの円筒形帽子. 男子の礼装用》 **Sìlk Róad** 名《the ～》《史》シルクロード, 絹の道 **～ scrèen** (↓)

silk·en /sílkən/ 形《通例限定》❶ 絹の, 絹製の; 絹(の服)をまとった ❷ =silky ❶, ❷

sílk-scrèen 動 他 シルクスクリーン法で…を捺染(なっせん)する
—形《限定》シルクスクリーン(法)の —名 =silk screen
▶▶ **～ prìnting [pròcess]** 名 =silk screen ❶

sílk scrèen 名 ❶ U シルクスクリーン(捺染法[印刷法])《絹布・紙・ガラスなどへの印刷法》(→ serigraphy); (シルクスクリーン印刷用の) 絹(状)のスクリーン ❷ C シルクスクリーン印画[印刷物, 作品]

sìlk-stócking 形《米》富裕な, 貴族的な, 上品な

sílk·wòrm 名 C《虫》カイコ

silk·y /sílki/ 形〔◁silk 名〕❶ 絹の(ような); 柔らかい, 滑らかな, 光沢のある ❷《通例限定》(人・態度・声などが)柔和な, 物柔らかな; 取り入る[こびる]ような ‖ ～ flattery 猫な

で声のへつらい ❸〘植〙(葉などが)絹毛のある
sílk·i·ly 副 **sílk·i·ness** 名

*__sill__ /sɪl/ 名 Ⓒ ❶ 敷居(doorsill);窓敷居(window sill);車のドアの下枠 ❷(柱の下の)土台 ❸〘地〙シル《ほかの岩石の層の間に貫入した火成岩層》

‡**sil·ly** /síli/
── 形 (-li·er; -li·est)
❶ **a** 愚かな,思慮[常識]のない,**ばかげた**(↔ clever);つまらない,取るに足りない;ぼけた,もうろくした(⇨ FOOLISH 類語)‖ You replied to an email from a stranger? That was a ~ thing to do. 知らない人からのメールに返信した? ばかなことをしたね / I felt ~ asking such a basic question. そんな基本的な質問をしてばかみたいな気分だった / (as) ~ as a sheep [OR goose] まるで愚かな / He became *sillier* as he grew older. 彼は年とともにもうろくした
b《It is ~ of *A* to *do* / *A* is ~ to *do*で》*A*(人)が…するとはばかげている ‖ It is ~ *of* you *to* work yourself up about the exams.=You are ~ *to* work yourself up about the exams. 試験のことなんかで騒ぎ立てるなんてばかげている
❷《通例他動詞の目的格補語として》(殴られたりして)気絶して,目を回して;すっかり…で ‖ The fall knocked me ~. 私は転倒して失神した / drink [laugh] oneself ~ 気が変になるほど飲む[笑う] / I'm bored ~ with my job. 自分の仕事にすっかり飽きてしまった ❸《限定》〘クリケット〙(野手(の守備位置)が)打者に非常に近い

COMMUNICATIVE EXPRESSIONS
1 **Dòn't be sílly.** ばかなことを言うなよ;冗談でしょ
2 **Sílly mé!** 私としたことが(♥ そそっかしいミスをした自分を自嘲(じちょう)して)
3 **Yés, sílly of me.** そうだね,ばかだね私(♥ 相手に指摘され,自分が間違っていたことを認めるくだけた表現)

── 名 (複 -lies /-z/) Ⓒ《通例単数形で》《口》ばか(者),おばかさん(♥ 子供に対する呼びかけ.または子供同士で使用)‖ Don't you understand this, ~? こんなことがわからないの,ばかだね / You ~! このおばかさん
語源 古英語で「幸せな」「祝福された」から「無邪気な」が生まれ,「哀れな」→「無知な」→「愚かな」に意味が変わった.
síl·li·ly 副 **síl·li·ness** 名
▸▸ **~ bílly** /,ˊ---ˊ-/ 名 Ⓒ《主に英口》ばか,あほう(♦ 英国王 William IV のあだ名から) **~ sèason** 名《the ~》(新聞で)ニュースの夏枯れ時《重要なニュースが少なく,つまらない記事が載る8,9月のころ》

si·lo /sáɪlou/ 名 (複 ~s /-z/) Ⓒ ❶ サイロ《牧草などを貯蔵する気密性の塔状建造物》❷(穀物などの)(地下)貯蔵室,室(むろ) ❸〘軍〙サイロ《発射設備のある地下ミサイル格納庫》
── 動 他〔牧草・穀物など〕をサイロに貯蔵する

silt /sɪlt/ 名 Ⓤ (河口などの底の)沈泥(ちんでい),シルト
── 動 自 (河口などが)沈泥でふさがる《*up*》 ── 他 …を沈泥でふさぐ《*up*》 **sil·tá·tion** 名 **sílt·y** 形

Si·lu·ri·an /saɪlʊ́əriən/〘地〙形 シルル[シルリア]紀の
── 名《the ~》シルル紀,シルリア紀《最初の空気呼吸動物と陸生植物が出現した古生代の一時期》

sil·van /sílvən/ 形 =sylvan

Sil·va·nus /sɪlvéɪnəs/ 名〘ロ神〙シルワヌス《森と原野の神.〘ギ神〙の Pan に相当》

‡**sil·ver** /sílvər/
── 名〔▶ silvery 形〕(複 ~s /-z/)(❗「高齢者」「高齢の」の意味で silver を使うのは日本独自の用法.英語で高齢者は senior citizen, elderly people などを用いる.「シルバーエイジ」は old age,《婉曲的》golden years,「シルバーシート」は priority [OR courtesy] seating(個々の座席は seat を用いる))Ⓤ ❶〘化〙**銀**《金属元素.元素記号 Ag》‖ pure ~ 純銀 / sterling ~ 法定純銀 / solid ~ (めっきではなく中までが)完全な銀,銀むく
❷(商品・通貨基準としての)銀;《集合的に》銀貨,(銀色の)白銅貨(など);《主にスコット》金銭 ‖ He paid for it in ~. 彼はその代金を銀貨で払った
❸《集合的に》銀製品,**銀器**,銀食器類(silverware);(一般に)ステンレス(など)の食器類;Ⓤ Ⓒ《口》=silver medal ‖ polish the ~ 銀器を磨く / sell (off) the family ~ 家に伝わる銀食器を売り払う
❹ 銀色(の光沢);銀色のもの ❺〘写〙硝酸銀,臭化銀
── 形《比較なし》❶ 銀の;銀でできた,**銀製の**;銀めっきした;銀を含む;銀を産出する ‖ The teaspoon is ~. そのティースプーンは銀製だ / ~ coins 銀貨
❷ 銀色の,銀のような光沢を持つ,銀白色の,銀色に光る ‖ wavy, ~ hair 波打つ銀髪 / ~ stars 銀色に輝く星
❸(音・声が)銀鈴のような,朗々とした;雄弁な(silver-tongued) ❹(記念日などが)25年目の(→ golden 形 ❽)‖ a ~ anniversary 銀婚式;25周年記念
be gìven ... on a sìlver plátter …を労せずして手に入れる
── 動 (~s /-z/; ~ed /-d/; ~·ing)
── 他 ❶ …に銀(のようなもの)をかぶせる,銀めっきをする(♦ しばしば受身形で用いる);〘写〙…に硝酸銀を塗る
❷《文》…を銀のように光らせる;〔髪〕を白くする ‖ Old age has ~*ed* his hair. 年をとって彼は髪が白くなった
── 自 銀色になる[光る];(髪が)白くなる
~·er 名 Ⓒ 銀めっき職人,銀をかぶせる職人
▸▸ **~ áge** 名 ①《the ~》〘ギ神〙白銀時代《黄金時代より少し劣るが次に来る青銅時代より勝るとされる第2の時代.→ golden age, Bronze Age, Iron Age》②《the S- A-》(ラテン文芸史上の)銀の時代《紀元18–138年ごろの文芸活動が盛んな時代》③ Ⓒ Ⓤ (一般に)(進歩・繁栄・文芸などの)銀の時代《最盛期に次ぐ時代》(→ 名 の ❗ 注記) **~ bánd** 名 Ⓒ 銀色の楽器で編成されたブラスバンド **~ bírch** 名 Ⓤ Ⓒ〘植〙シラカバ **~ búllet** 名 Ⓒ《米口》(問題に対する)魔法の解決策《銀には魔力があると信じられていた》**~ dóllar** 名 Ⓒ (米国・カナダの)1ドル銀貨 **~ fòil** 名 Ⓤ《英》銀箔(ぎんぱく);アルミ箔(はく) **~ fóx** 名 Ⓒ〘動〙ギンギツネ;Ⓤ その毛皮 **~ gílt** 名 Ⓤ 金めっきした銀 **~ íodide** 名 Ⓤ〘化〙沃化(ようか)銀《感光剤・防腐剤・人口降雨剤》**~ júbilee** 名 Ⓒ《通例単数形で》(国王の即位などの)25周年記念祭 **~ líning** 名 Ⓒ (絶望や不幸の中に見いだす)明るい希望 ‖ *Every cloud has a ~ lining.*《諺》どの雲にも銀白の裏がついている;憂いの反面には喜びがある **~ médal** (↓) **~ nítrate** 名 Ⓤ〘化〙硝酸銀《写真乳剤・防腐剤》**~ páper** 名 Ⓤ《主に英》(チョコレートなどを包む)銀紙《実際はアルミ箔など》**~ pláte** ⌫ (↓) **~ scréen** 名 Ⓒ 銀幕,映写幕;《the ~》《集合的に》映画(界) **~ sérvice** 名 Ⓤ 銀器サービス《高級レストランで銀のスプーンとフォークを片手で使って給仕すること》**~ stàndard** 名《the ~》〘経〙(昔の)銀本位制 **Sìlver Stár** 名 Ⓒ〘米軍〙銀星勲章 **~ súrfer** 名 Ⓒ《口》ネットサーフィンをする高齢者 **~ tóngue** (↓) **~ wédding (annivèrsary)** 名 Ⓒ《英》銀婚式《結婚後25年目》

sílver·bàck 名 Ⓒ〘動〙シルバーバック《成熟して背中の毛が銀白色に変じた雄のマウンテンゴリラ.通例群のリーダー格》

sílver·fìsh 名 (複 ~ OR ~·es /-ɪz/) Ⓒ ❶〘虫〙セイヨウシミ《本・衣服などにつく》❷〘魚〙シュウキン《銀色の金魚》;(一般に)銀白色の魚

sìlver-gráy [《英》**-gréy**] 名 Ⓤ 形 銀白色(の)

sìlver médal 名 Ⓒ (2等賞の)銀メダル
silver médalist 名

sil·vern /sílvərn/ 形《古》銀の(ような);銀製の

sìlver-pláte 動 他 …に銀めっきする
-pláted 形 銀めっきした

sìlver pláte ⌫ 名 Ⓤ ❶ 銀めっき ❷《集合的に》銀(めっき)の食器類,銀器

sílver·sìde 名 ❶ Ⓤ《英》ランプ(肉)《牛のもも肉の上端の最良部分》❷ Ⓒ《しばしば ~s》〘魚〙トウゴロウイワシ

sílver·smìth 名 Ⓒ 銀細工師,銀器製造人

sílver·tàil 名 Ⓒ《豪口》有力者,大物

sìlver tóngue 名 Ⓒ 雄弁,説得力 ‖ have a ~ 雄弁で

ある **sìlver-tóngued** 形 雄弁な，説得力のある

sílver·wàre 名U ❶《集合的に》銀製品，銀器，銀の食器類；(一般に)ステンレス(など)の食器類 ❷《英口》(スポーツでもらう)銀カップ[トロフィー]

sil·ver·y /sílvəri/ 形〔◁ silver 名〕《通例限定》❶ 銀の；銀を含んだ；銀で飾った[覆われた] ❷ (色・光沢が)銀のような，銀色の ‖ a ~ blue 銀色がかった青色 / ~ hair 銀髪 ❸ (声・音が)銀鈴のような，柔らかくてさえた

-ver·i·ness 名

sil·vi·cul·ture /sílvɪkʌ̀ltʃər/ 名U 造林法；林学

si·ma /sáɪmə/ 名U【地】シマ《大陸地殻下部や海洋地殻の構成物質でシリカやマグネシウムが豊富》(♦ *si*licium＋*ma*gnesium より)

SIM càrd /sím-/ 名《また s- c-》C シムカード《使用者に関するデータを記憶する携帯電話機内のプラスチックカード》(♦ *s*ubscriber *i*dentity *m*odule *card* より)

sim·i·an /símiən/ 名C 形【動】猿(の)，類人猿(の)；⊗《蔑》猿に似た

sim·i·lar /símələr/

— 形〔▶ similarity 名〕(more ~ ; most ~)

❶ **似ている**，類似した；同様の，同種の(↔ different)〈to …と[に]；in …において[で]〉(⇨ SAME 類語) ‖ My taste *in* clothes isn't ~ *to* my big sister's. 姉とは服の好みが似ていない / The two children had strikingly ~ faces. 2人の子供は顔がとても似通っている / Peggy and I have ~ tastes *in* music. ペギーと私は音楽の好みが似ている

❷《比較なし》【数】相似の ‖ ~ figures 相似形 / ~ triangles 相似三角形

sim·i·lar·i·ty /sìməlǽrəṭi/ 名〔◁ similar 形〕(複 -ties /-z/) ❶ U/C《単数形で》似ていること，類似(性)，相似(↔ difference)〈between …の間の；to …との〉(⇨ LIKENESS 類語) ‖ I recognized the ~ *between* his family and my own. 彼の家族と私の家族が似ているとに気づいた / Their culture has [OR bears] a striking ~ *to* ours. 彼らの文化は私たちの文化に極めてよく似ている ❷ C《通例 -ties》類似[相似]点〈in, of …での；to, with …との〉‖ Korean and Japanese have some *similarities in* grammar. 韓国語と日本語は文法面でいくつか類似点がある

sim·i·lar·ly /símələrli/ 副 (more ~ ; most ~) ❶ 同じように(して)(↔ differently) ‖ dress ~ 同じような服装をする / ~ painted houses 同じようにペンキを塗った家々 ❷《文修飾》NAVI 同様に，同じく(♦ 位置は文頭)(⇨ NAVI表現 8) ‖ A bat and ball are used in baseball. *Similarly*, cricket is played with a ball and a differently shaped bat. 野球ではバットとボールが用いられる. 同様に，クリケットはボールと，違う形のバットを用いる

sim·i·le /síməli/ 《発音注意》名UC【修】直喩(ちょくゆ)，明喩《She is like a rose., (as) black as pitch などのように，like や as などを用いて直接にほかのものと比較する修辞法》(→ metaphor, metonymy)；直喩表現

si·mil·i·tude /sɪmílətjù:d | -mɪlɪ-/ 名 ❶ U《堅》類似，相似；C 類似[相似]点 ❷ U《堅》《文》姿，外形 ‖ the demon in the ~ of a man 人間の姿をした悪魔

SIMM /sɪm/ 略 💻 *s*ingle *in*-line *m*emory *m*odule (シム)《コンピューター用のメモリーモジュールの規格名》

sim·mer /símər/ 動 自 ❶ (スープ・煮物などが)(煮立たない程度に)ぐつぐつ煮える，(湯などが)ふつふつ沸く(⇨ BOIL[1] 類語P) ‖ The stew is ~*ing* on the gas range. シチューがガスレンジの上でぐつぐつ煮えている / leave the soup to ~ スープをとろ火にかけておく ❷《通例進行形で》(抑圧された感情が)胸の中で煮えたぎる；〈怒り・いら立ちなどで〉今にも爆発しそうである〈with〉‖ She'll be ~*ing with* rage. 彼女は怒りで煮えくり返る思いだろう ❸ (争い・議論などが)(激しく表面化せずに)しばらくくすぶり続ける

— 他 …を(ぐつぐつ)とろ火で煮る；…を(とろ火で)煮立たない程度に保つ

sìmmer dówn 〈自〉① 煮詰まる ② (怒り・興奮などの)気持ちが静まる，落ち着く(♥ 興奮している人や落ち着きのない子供に対して命令形で用いることが多い)；(事態が)収まる ‖ *Simmer down*, Mike! そう怒るなよ，マイク

— 名C《単数形で》ぐつぐつ煮えている状態 ‖ Keep the mixture at a ~ for half an hour. (料理法で)混ぜ合わせた材料をとろ火で30分間煮込みます

sím·nel càke /símnəl-/ 名CU《主に英》シムネルケーキ《フルーツケーキの一種. 復活祭・クリスマスなどに焼く》

Si·mon /sáɪmən/ 名 ❶ (= ~ Péter)【聖】シモン＝ペテロ(?–67?)《キリスト十二使徒の1人》❷【聖】シモン《キリスト十二使徒の1人；通称 Simon the Canaanite(カナン人シモン)または Simon the Zealot(熱心党のシモン)》

▶▶ **~ Le·grée** /-ləgrí:/ 名 ① サイモン＝リグリー《Stowe 作の小説 *Uncle Tom's Cabin* (1852)中の残酷な奴隷監視人》② 《また s- l-》C《米》人使いの荒い人 **~ Sáys** 名U サイモン＝セズ(“Simon says ...”で始まる命令に従って動作をする遊び. “Simon says ...”と言っていない命令に従うと負け)

sìmon-púre ⊲ 形 本物の，正真正銘の，紛れもない

si·moom /sɪmú:m/, **-moon** /-mú:n/ 名C シムーム《アラビア砂漠の熱い乾燥した砂嵐(すなあらし)》(♦ アラビア語より)

sim·pa·ti·co /sɪmpá:ṭɪkòu | -pǽt-/ 形 (人が)気心の合う，馬の合う；親しみの持てる(♦ イタリア語より)

sim·per /símpər/ 動 自 (ばかみたいに)にたにた笑う，照れ[作り]笑いする — 他《直接話法で》にたにた[にやにや]笑いながら…を言う[表す] — 名C《通例単数形で》にたにた笑い，照れ[作り]笑い **~·ing·ly** 副

sim·ple /símpl/ 形 名

中心義 凝ったところのない

形 簡単な❶	質素な❷	素朴な❸	愚かな❹	全くの❺

— 形〔▶ simplicity 名, simplify 動〕(通例 -pler ;

NAVI 表現 8. 類似を表す

これから述べようとする事柄が前述のものと同じ，または似ていることを示す場合，**equally**, **similarly**, **by the same token** などの類似を表す表現が用いられる.

‖ The host family should make an effort to learn about the culture of the visitor they take into their home. *Equally*, it is the responsibility of the visitor to become familiar with the customs of the host family's culture. ホストファミリーは受け入れる相手の文化を学ぶ努力をするべきだ. 同様に，訪問する側はホストファミリーの文化習慣に慣れ親しむ責任がある / The number of smokers is decreasing in the United States. *Similarly*, there are many people who have given up smoking in Japan. アメリカでは喫煙者の数が減ってきている. 同様に，日本でも多くの人が禁煙している / It is difficult for Japanese learners of English to master the right English pronunciation because Japanese and English have different phonetic systems. *By the same token*, Japanese pronunciation is difficult for English learners of Japanese. 英語と日本語では音韻体系が異なるので，日本人の英語学習者にとって正しい発音を身につけることは難しい. 同じ理由で，日本語の発音は日本語を学習する英語話者にとって難しい(♥ 原因・理由などがすでに述べた事柄と同じであることを示す)

▶ 文形式の表現

The same goes for ...(同じことが…についても言える)

-plest)
❶ **簡単な**, 平易な, わかりやすい ; 《通例限定》単純な (↔ complicated) ; 〈…するのが〉容易な 〈**to *do* / *doing***〉 ‖ There is no ～ explanation for his behavior. 彼の振る舞いは簡単には説明できない / The matter is not as ～ as you think. その件は君が考えるほど単純でない / This problem is ～ *to* solve. = It is ～ *to* solve this problem. この問題を解くのは簡単だ / ～ cooking 手軽な料理法 / in ～ English 易しい英語で / ～ tools 単純な作りの［原始的な］道具 / ～ forms of life 下等生物 / 《to-不定詞との複合形容詞で》a ～-*to*-sew pattern 簡単に縫える型紙
❷ **質素な**, 地味な, 飾り気のない, シンプルな ‖ a ～ dress 地味なドレス / in ～ beauty 清楚(せいそ)な美しさの / lead a ～ life 簡素な生活を送る / a person of ～ tastes 地味な人
❸ (人・態度などが)**素朴な**, 飾らない, 自然な, 率直な ; 無邪気な ‖ Mrs. Lloyd is (as) ～ as a child. ロイドさんの奥さんは子供のように無邪気な人だ / a ～ manner 気さくな態度 / a ～ room 飾り気のない部屋
❹ 《通例叙述》**愚かな**, 頭の弱い, お人よしの ‖ I'm not so ～ as to suppose she loves me. 僕も彼女が愛してくれていると考えるほどおめでたくはない / Jane is too ～ to fully understand his intention. 彼の意図をすっかり見抜くにはジェーンはお人よしすぎる
❺ 《比較なし》《限定》**全くの**, 純然たる ; そのままの, それだけの ; ちょうどの ‖ He regarded my remark as a ～ insult. 彼は私の発言を全くの侮辱とみなした / The ～ truth [OR fact] is (that) we're cousins. ただひとつはっきりしていることは私たちはいとこ同士ということだ［いとこ同士ということだけは紛れもない事実だ］ / reply with a ～ "yes" or "no" ただ単に「はい」か「いいえ」で答える / the ～ facts 純然たる事実
❻ 《限定》ふつうの, 当たり前の, 並の ; 身分の低い ‖ Betty is just a ～ housewife. ベティーはごくふつうの主婦だ / a ～ soldier 一介の兵士
❼ 《比較なし》［化］単一の, 単体の ‖ a ～ substance 単体 ❽ 《比較なし》［植・動］単式の, 単独の ❾ 《比較なし》［文法］(時制が) 単純時制の ; (文が) 単文の (→ compound, complex) ❿ 《比較なし》［数］単純な, 単一の ⓫ 《比較なし》［光］単レンズの ⓬ 《比較なし》［経］(利子が) 単利の

COMMUNICATIVE EXPRESSIONS
1 **It would be símplest to** lòok ùp the Wéb sìte. いちばん簡単なのはウェブサイトを調べてみることです (♥ 手っとり早い方法を薦める)
2 You fáiled becàuse you dídn't trỳ hárd enòugh. **It's as sìmple as thát.** 君の頑張りが足りなかったから失敗したんだ. 単にそれだけのことだ (♥ 理由・事情・打開策が簡単あるいはわかりきったことだと結論をまとめる表現)

—名 (複 ～s /-z/) Ⓒ 《古》薬草, 薬草から採取する薬
～·ness 名
▸▸ ～ **éye** 名 Ⓒ (昆虫・クモなどの) 単眼 (↔ compound eye) ～ **frácture** 名 Ⓒ ［医］単純骨折 ～ **harmònic mótion** 名 Ⓤ ［理］単振動 ～ **ínterest** 名 Ⓤ ［商］単利 (↔ compound interest) ～ **machíne** 名 Ⓒ ［機］単純機械 《作業を助ける基本的装置. 滑車・ねじなど》 ～ **séntence** 名 Ⓒ ［文法］単文 《節1つだけの文》 **Sìmple Símon** 名 Ⓒ ⊗ 《蔑》間抜けのサイモン, 愚か者 (simpleton) (♦ 英国の伝承童謡の主人公の名より) ～ **tíme** 名 Ⓤ ［楽］単純拍子 《2拍子・3拍子》

sìmple-mínded ＜⊴ 形 ❶ だまされやすい, お人好しの, 単純な ❷ ⊗《蔑》知的障害の, 精神遅滞の ❸ 素朴な, 飾り気のない ～**·ly** 副 ～**·ness** 名

sim·ple·ton /símpltən/ 名 Ⓒ ⊗《蔑》ばか, 間抜け

sim·plex /símpleks/ 形 (通信システムが) 単信の 《双方向時に送信できない》 ; 単一 (構造) の —名 Ⓒ ［言］単純語 《ほかの語を合成してできたのではない語》 (↔ compound)

***sim·plic·i·ty** /sɪmplísəṭi/ 《アクセント注意》 名 〔◁ simple 形〕 (複 **-ties** /-z/) Ⓤ ❶ 簡単, 平易, 容易 (↔ complexity) ‖ speak with ～ 易しく話す / for「the sake of ～ [OR ～'s sake] わかりやすくするために ❷ 単純, 単一性 ‖ His idea is ～ itself. 彼の考えは単純そのものだ ❸ 簡素, 質素, 飾らないこと ; Ⓒ 《通例 -ties》飾り気のないもの ‖ lead a life of ～ 質素な生活をする ❹ 素朴, 純真 ‖ with childlike [OR a child's] ～ 子供のように無邪気に

***sim·pli·fy** /símplɪfàɪ/ 動 〔◁ simple 形〕 (**-fies** /-z/ ; **-fied** /-d/ ; ～**·ing**) 他 ❶ …を簡単にする, 平易にする ; …を単純化する ‖ Could you ～ your commentary for the children? 子供たちのために解説は易しくしていただけませんか ❷ ［数］…を簡約する
sìm·pli·fi·cá·tion 名 Ⓤ/Ⓒ 《単数形で》簡易化 ; 単純化 ; Ⓒ 簡易［単純］化されたもの **-fì·er** 名

sim·plis·tic /sɪmplístɪk/ 形 過度に単純化した, 簡単に割り切った, 短絡的な **-ti·cal·ly** 副

*****sim·ply** /símpli/
—副 (**more** ～ ; **most** ～)
❶ 《比較なし》**単に**, ただ (…にすぎない), …だけ ‖ The solution is ～ a matter of money. 解決法は単に金の問題だ / I ～ wanted to help. 私は助けたい一心だった / She was not hired ～ because she was a woman. 彼女は女だというだけの理由で雇われなかった
❷ **簡単に**, 平易に ; 簡単に言えば ‖ speak ～ 易しく話す /「To put it ～ [OR *Simply* put], we have no budget. NAVI 簡単に言えば予算がないのです
❸ 《比較なし》《強調》 **a 全く**, とても, ただただ…というよりほかない ‖ That's ～ great! それは全く大したものだ / This is ～ ridiculous. これは本当にばからしい / I'm ～ too busy to reply to emails. 全く忙しすぎてメールに返信する暇がない
b 《否定文で》全然 (♦ しばしば否定形の (助) 動詞の前に置かれる) ‖ I ～ couldn't believe my ears. ただただ自分の耳が信じられなかった / I ～ don't know who they are. 彼らがだれだか私は本当に知らないのです
❹ 地味に, 質素に ‖ The band members were ～ dressed. バンドのメンバーは簡素な身なりをしていた / live ～ 質素な暮らしをする

Simp·sons /símpsənz/ 名 《the ～》シンプソンズ 《米国のアニメ漫画. Matt Groening 作》

sim·u·la·crum /sìmjuléɪkrəm/ 名 (複 **～s** /-z/ OR **-cra** /-krə/) Ⓒ ❶ 像, 似姿 (likeness) ❷ 面影, 幻影 ❸ にせ物, まがい物, 模造品 (♦ ラテン語より)

***sim·u·late** /símjulèɪt/ 動 他 ❶ (実験・訓練などのために) …の模擬装置を作る, …を模擬実験する, シミュレーションする ‖ ～ zero gravity 無重力状態のシミュレーションをする / under mathematically ～*d* conditions 数学的にシミュレーションしてみたところでは ❷ …のふりをする, …があるように見せかける (⇨ PRETEND 類語) ‖ ～ surprise [interest, enthusiasm] 驚いた［興味ありげな, 乗り気な］ふりをする ❸ …をまねる, …に似せる ‖ a material which ～*s* silk 絹まがいの生地 **-là·tive** 形 〈…を〉まねる, 装う, 〈…の〉振りをする 〈**of**〉 **-là·tive·ly** 副

sím·u·làt·ed /-ɪd/ 形 《限定》まねた, 似せた, 模造の

***sim·u·la·tion** /sìmjuléɪʃən/ 名 Ⓤ Ⓒ ❶ 💻 シミュレーション, 模擬実験［演習］ ‖ computer ～*s* コンピューターによるシミュレーション ❷ 見せかけ, まねること ; にせ物 ; 仮想現実 ❸ ［生］擬態

sim·u·la·tor /símjulèɪṭər/ 名 Ⓒ ❶ シミュレーター 《訓練や実験用に実際と同じ状況を作り出す模擬装置》 ‖ a flight ～ 航空機シミュレーター 《飛行士訓練のための模擬装置》 ❷ まねる人［もの］; 擬態生物

si·mul·cast /sáɪməlkæ̀st | síməlkɑ̀ːst/ 名 Ⓤ Ⓒ ❶ (テレビ・ラジオの) 同時放送 (番組) ; (AMとFMまたはいくつかの言語での) 多重放送 (番組) ❷ 《米》(スポーツやイベントの) 生放送 —動 (**si·mul·cast** OR ～**·ed** /-ɪd/) 他 …を同時放送する (♦ しばしば受身形で用いる)

S

si·mul·ta·ne·i·ty /sàɪməltəníːəṭi | sìməltənéɪ-/ 名 U 同時に起こる[存在する, 作用する]こと, 同時性

*__si·mul·ta·ne·ous__ /sàɪməltéɪniəs | sì-/ 〈シ 形 ❶〈…と〉同時に起こる[行われる, 存在する], 一斉の〈**with**〉‖ Her engagement to a young doctor was ~ *with* her graduation from college. 彼女が若い医者と婚約したのは大学卒業と同時だった / ~ events 同時に起こった出来事 / ~ broadcasting [interpretation, translation] 同時放送[通訳] ❷〖数〗連立の ‖ ~ equations 連立方程式 **~·ness** 名

*__sì·mul·tá·ne·ous·ly__ /-li/ 副〈…と〉同時に〈**with**〉; 一斉に

*__sin__[1] /sɪn/ 名 ❶ U C (宗教上・道徳上の) 罪 (を犯すこと), 罪業, 罪悪 (⇨ CRIME 類語) ‖ commit a ~ 罪を犯す / be punished for past ~*s* 過去の罪で罰せられる / original [an actual] ~ 原罪 [(原罪に対する) 現実の罪] / a deadly [OR mortal] ~ (死に至る) 大罪 (→ deadly sins) ❷ C 《単数形で》 (常識的に) いけないこと, ばかげたこと ‖ It's a ~「to waste [OR that you waste] so much time. そんなに時間を無駄にするのは罰当たりだ / a ~ against good manners 不作法

(as) ùgly [mìserable, guìlty] as sín 《口》 ひどく醜い [惨めな, やましい]

for one's síns 《主に英》《戯》何の因果か[で]

live in sín 《旧》《口》〈…と〉(結婚せずに) 同棲(どうせい)している, 不倫関係にある〈**with**〉

— 動 (**~s** /-z/; **sinned** /-d/; **sin·ning**) 自 ❶〈…に対して〉(宗教・道徳上の) 罪を犯す〈**against**〉‖ ~ *against* God 神に背く ❷〈礼儀などに〉背く, 違反する〈**against**〉

be mòre sìnned agàinst than sínning 自分が犯した罪以上の罰を受けている[Shak. *KL* 3 : 2]

▸▸ **~ bìn** 名 C 《口》〖アイスホッケー〗ペナルティーボックス; 〖ラグビー〗反則行為に対する10分間の退場処分 **~ tàx** 名 C 《口》(たばこ・酒類・賭博(とばく)などに課される)悪行(あくぎょう)税

PLANET BOARD 67

It has been ... since ... か It is ... since ... か.

問題設定 「…してから…になる」の意味で It has been ... since ... (現在完了形) と It is ... since ... (現在形)のどちらを使うか調査した.

Q 次の表現のどちらを使いますか.

(a) **It's been** a long time since the last meeting.
(b) **It is** a long time since the last meeting.
(c) 両方
(d) どちらも使わない

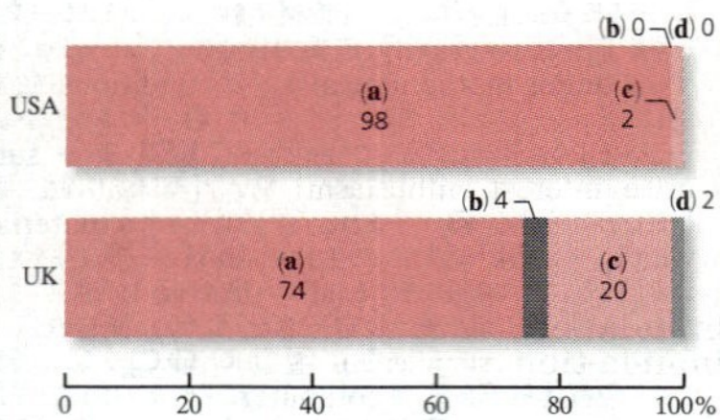

《米》ではほぼ全員が現在完了形の (a) It's been ... のみを使うと答えている. 《英》でも (a) のみを使うという人が多数を占めたが, 現在形の (b) It is ... も使うという人も全体の¼近くいた.

(a) のみを使うと答えた人の多くは, (b) を「文法的に誤り」とした. 両方使うと答えた人の中には,「2つの間には意味の違いがある」とした人もいたが, その解釈はさまざまだった.

学習者への指針 《米》《英》ともに It has been ... since ...(現在完了形)が一般的である.

sin[2] /saɪn/ 略〖数〗sine(正弦)

Si·nai /sáɪnaɪ/ 名 ❶ **the ~ Peninsula** シナイ半島《紅海の北端に位置し, スエズ湾とアカバ湾の間にある》❷ **Mount ~**〖聖〗シナイ山《シナイ半島の山. モーセが神から十戒を授かった所》

Sin·bad /sínbæd/ 名 =Sindbad

⁝**since** /sɪns/ 接 前 副

— 接 ❶ **a** …**して以来**, …したときから(ずっと)(♦通例主節では完了時制を用いる. ⇨ 副 語法) ‖ I have lived in Japan ~ I was ten years old. 私は10歳のときから日本に住んでいる / He's changed jobs twice ~ he got married. 彼は結婚して以来2度職を変えた / We have known each other ever ~ we were kids. 私たちは子供のころからずっとお互いに知っている / Many things have happened ~ I came [OR have been] here. ここに来てからいろいろな出来事があった (♦ since 節 内では通例過去形を用いる. ただし since 節 の内容が現在まで継続している場合は現在完了形を用いることがある)

b 《It is [OR has been] ... ~ ... で》…してから…になる (♦この構文では主節に完了形だけでなく現在形や過去形も用いる. since 節 は通例過去形. ⇨ 副 語法) (⇨ PB 67) ‖ It is [OR has been] three years ~ I last saw Becky. (=Three years have passed ~ I last saw Becky.) 最後にベッキーに会ってから3年になる (=I haven't seen Becky for three years.) / How long is it ~ your father died? お父さんが亡くなってからどのくらいになりますか

❷ …**だから**, …である以上は (♦ since 節 は主節の前に置かれることが多い) (⇨ BECAUSE 類語, SAKE[1] 類語P) ‖ *Since* I was in the same class as Sasha, I know her very well. 同じクラスにいたので, サーシャのことはとてもよく知っている / It must be true, ~ you say so. あなたがそう言うのだから, きっと本当に違いない

— 前 …**以来(ずっと)**, …から今[その時]まで (♦通例完了時制とともに用いる. ⇨ 副 語法) ‖ I have not seen Sue ~ last Sunday. この前の日曜日以来スーには会っていない / When I first met her in 1990, she had worked in the office ~ 1985. 1990年に初めて彼女に出会ったとき, 彼女はその職場で1985年から働いていた / Ever ~ the earthquake, safety awareness has risen. その地震以来, 安全に対する意識が高まっている / My father has been working hard ~ leaving school. 父は学校を出てから懸命に働いてきた / We've been friends ~ then. それ以来私たちは友達です / *Since* when have you known the truth? 君はいつから真実を知っていたんだ (♦ (1) Since when ...? で驚き・怒りなどを表す. (2) ×When have you known the truth since? は不可)

語法 ☆☆ (1) since ... ago の形は避けた方がよいとされる.「彼は3日前から体の具合が悪い」は He has been sick since three days ago. よりも He has been sick for three days. とする方がよい (⇨ PB 68).
(2)「3月から5月まで」は, from March to May のように from ... to を使い, since は使わない.

— 副 《比較なし》❶ **それ以来**, その後 (♦通例完了時制とともに用いる. ⇨ 語法) ‖ I have not seen her ~. それ以来彼女に会っていない / He moved to Tasmania in April and has been there **ever** ~. 彼は4月にタスマニアへ移り, それ以来ずっとそこにいる / Carol was seriously ill, but has ~ recovered. キャロルは重病だったがその後よくなった

❷ 《通例 long ~ で》…前に ‖ The word has **long** ~ been out of use. その言葉はずっと前から使われなくなっている (♦過去形・現在完了形とともに用いる)

語法 ☆☆ since を 前 副 および 接 として使う場合, 主節では通例完了時制を用いるが, 以下のような場合, 現在[過去]時制を用いることがある.
(1) It is [was] ... since の構文で (→ 接 ❶ b).

(**2**) 現在[過去]の習慣・状態を表す場合.〈例〉Things aren't going very well *since* he retired. 彼が退職してから物事はあまりうまくいっていない / *Since* when do you let her do the work? 君はいつから彼女にその仕事をさせているのか
(**3**) since 節[句]が最上級(または序数詞)を含む語句を修飾する場合.〈例〉She spoke for the first time *since* his arrival. 彼女は彼が来てから初めて口をきいた

*__sin·cere__ /sɪnsíər/《アクセント注意》形 (人が)〈…に〉誠実な, 偽りのない, 正直な〈**in**〉; (感情・言動などが)表裏(ひょうり)のない, 真実の, 本物の, 心からの(↔ false) (⇨ EARNEST[1] 類語) ‖ I'd like to offer my ~ condolences to you for your loss. (肉親を)亡くされたことに心からお悔やみ申し上げます / He is ~ *in* his love for Sarah. サラに対する彼の愛は心からのものだ / I have a ~ admiration for you. あなたを心から賞賛しています / The president was ~ about his promise to retire. 社長は引退するという約束を守った **~·ness** 名

*__sin·cere·ly__ /sɪnsíərli/《アクセント注意》副 誠実に, 心から ‖ I ~ hope that your mother will recover soon. お母様が早く回復されるよう心から願っております
*__*Sincérely* (*yòurs*),__《米》; (__*Yòurs*__) __*sincérely,*__《英》敬具《手紙の結び文句》

sin·cer·i·ty /sɪnsérəṭi/ 名 U 誠実, 偽り[表裏]のないこと, 真摯(しんし), 誠心誠意 (⇨ HONESTY 類語) ‖ in all ~ 心から, 衷心より / a person of ~ 誠実な人

Sind·bad /síndbæd/ 名 シンドバッド《*The Arabian Nights*(「千夜一夜物語」)中の登場人物. Sindbad the Sailor(船乗りシンドバッド)ともいう》

sine /saɪn/ 名 C〘数〙サイン, 正弦《略 sin》

si·ne·cure /sínɪkjùər, sáɪn-/ 名 C (有給の)閑職; 名目だけの聖職禄(ろく) **-cùr·ism** 名 **-cùr·ist** 名

si·ne di·e /sàɪni dáɪiː/ 副《ラテン》(=without fixing a day)日を限らずに, 無期限に

si·ne qua non /sìni kwɑ̀ː nɑ́(ː)n | -nɔ́n/ 名 C《単数形で》〈…に〉必要欠くべからざるもの, 必須条件〈**far, of**〉‖ a ~ *of* mental growth 精神的成長に欠かすことのできないもの(♦ ラテン語より)

sin·ew /sínjuː/ 名 ❶ C U〘解〙腱(けん) (tendon) ❷ C《通例 ~s》筋肉, 体力, 活力; 資力; 頼みの綱 ‖ the ~*s* of war 軍資金; 運用資金 ─動 他《文》…を強靭(きょうじん)にする, 強化する; …を元気づける

sin·ew·y /sínjuːi/ 形 ❶ 腱の多い, (肉などが)筋張った, 硬い ❷ 筋肉の発達した, 筋骨たくましい ❸《文》(文体などが)力強い **-ew·i·ness** 名

sin·fo·ni·a /sɪnfəníːə | -níə/ 名 (複 **-ni·e** /-níːeɪ | -níeɪ/) C〘楽〙❶ シンフォニア《初期イタリア歌劇の序曲・間奏曲》❷ 交響曲; 交響楽団(♦ イタリア語より)

sin·fo·niet·ta /sìnfənjéṭə | -founiétə/ 名 C〘楽〙❶ シンフォニエッタ《小編成のオーケストラのための小規模な交響曲》❷ 小編成の交響楽団(♦ イタリア語より)

sin·ful /sínfəl/ 形 罪深い, 邪悪な; 不届きな, 恥ずべき **~·ly** 副 **~·ness** 名

***__sing__** /sɪŋ/ 動 名
─動 (~**s** /-z/; **sang** /sæŋ/; **sung** /sʌŋ/; **~·ing**)
─自 ❶ (歌を)**歌う**; 〈…に合わせて〉歌う〈**to**〉; 〈人のために〉歌う〈**to, for**〉‖ You ~ well. 歌がお上手ですね (=You are a good singer.) / Michael had been ~*ing* in bars. マイケルは(歌手として)バーで歌っていた / ~ softly *to* a baby 赤ん坊に優しく歌いかける / ~ *to* 「the guitar [a piano accompaniment] ギター[ピアノの伴奏]に合わせて歌う / ~ like a bird [lark, nightingale] (女性の声などが)小鳥[ヒバリ, ナイチンゲール]のさえずるように響く / ~ in [out of] tune 正しい調子で[調子外れで]歌う / *It's not over until the fat lady ~s.*《諺》太った女性が歌うまでは終わりではない; 勝負は最後まであきらめるな(♦ オペラの最後に歌うプリマドンナに太った女性が多いことから)
❷ 歌うような音を立てる; (鳥・虫が)鳴く; (風が)ひゅうひゅういう; (やかんなどが)ちんちんいう; (虫などが)ぶんぶんうなる; (耳が)耳鳴りがする ‖ **Birds** are ~*ing* happily in the trees. 木々の間で鳥が楽しそうにさえずっている / The bullet *sang* past his ear. 弾丸が彼の耳元をひゅうとかすめていった / The kettle is ~*ing* on the stove. やかんがこんろでちんちんいっている
❸《+**of** 名》…を詩[歌]でたたえる[語る] ‖ ~ *of* Rome's glory ローマの栄光を詩[歌]に託してたたえる ❹ (心が)浮き立つ, わくわくする ‖ The sight made my heart ~. その光景に私の心は弾んだ ❺《俗》(警察に)密告する, 自白する(squeal) ‖ ~ like a canary あっさり口を割る
─他 ❶ **a**《+目》〔歌〕を**歌う**, 歌唱[唱和]する ‖ Mom likes to ~ **songs** [karaoke]. ママは歌を[カラオケで]歌うのが好きだ / *The Star-Spangled Banner* was *sung* to the accompaniment of a brass band. ブラスバンドの伴奏で米国国歌が歌われた / Ellen couldn't ~ a note. (音符一つも駄目なほど)エレンは音痴だった / ~ a short piece of tune 短い曲を1曲歌う
b《+目 *A*+目 *B* ⇄ +目 *B*+**for** [**to**] 目 *A*》*A* (人)に *B* (歌)を歌ってやる(♦ 目 *A* を主語にした受身形は可能だがあまり一般的ではない. (⇨ PB 13)) ‖ Will you ~ me a **song**? = Will you ~ a **song** *for* [OR *to*] me? 1曲歌ってくれませんか
❷ …を詠唱する, 唱える ‖ ~ prayers 祈りを唱える
❸ …を称賛する; …を詩[歌]でたたえる[語る] ‖ ~ the praises of a rookie 新人選手を褒めたたえる
❹ 歌を歌って〔人〕を〈…の状態〉にさせる〈**to**〉‖ ~ a baby *to* sleep 歌を歌って赤ん坊を寝かしつける(♦ sleep は名詞) ❺ (鳥・虫が)〔鳴き声〕を発する ‖ The birds *sang* their merry notes. 鳥たちは楽しそうにさえずった

sìng alóng 〈自〉〈…と〉一緒に歌う〈**with**〉; 〈…に〉合わせて歌う〈**to, with**〉

sìng awáy 〈他〉《**_sìng awáy ..._** / **_sìng ... awáy_**》歌を歌って…を取り去る ‖ ~ one's grief *away* 悲しみを歌で紛らす ─〈自〉歌い続ける; 音を立て続ける

sìng ín [**_óut_**] **_..._** / **_sìng ... ín_** [**_óut_**] 〈他〉…を歌を歌って迎え入れる[送り出す] ‖ ~ the old year *out* and the new year *in* 歌を歌って旧年を送り新年を迎える

sìng óut 〈他〉《**_sìng óut ..._** / **_sìng ... óut_**》① …を大声で言う, どなる(♦ 直接話法にも用いる) ‖ ~ *out* a warning 大声で警告する ② …を大きな声で歌う ─〈自〉大声で歌う[言う]

PLANET BOARD 68

since ... ago と言うか.

問題設定 動作や状態の継続を表す場合, since ... ago は避けるべきとされるが, 実際に使われることがあるか調査した.

Q 次の表現を使いますか.
He's been ill **since** a week **ago**.

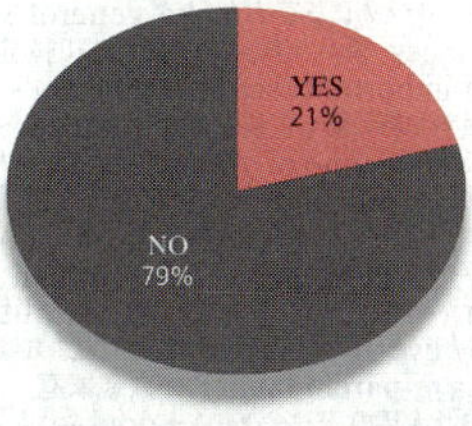

大多数の人が使わないと答えた. He's been ill for a week. または He's been ill since last week. がふつうという意見が大多数であった.

学習者への指針 since ... ago の形は避けた方がよい.

S

sìng úp 〈自〉《通例命令文で》《英》(もっと)大きな声で歌う
—名 (複 **~s** /-z/) C ❶《単数形で》《口》歌うこと, 歌唱 ❷《米》(特にアマチュアの)コーラス会, 歌の集い(《英》singsong)

sing. 略 singular

sing·a·ble /síŋəbl/ 形 歌える, 歌いやすい

síng-alòng, síng·alòng 名 C 《米》歌の集い(《英》singsong), (形式ばらない)合唱会

***Sin·ga·pore** /síŋgəpɔ̀ːr | ━́━/ ⟨シ⟩ 名 シンガポール《マレー半島南端の共和国. 公式名 the Republic of Singapore. またその首都》 **Sìn·ga·pó·re·an** 名 C 形

***singe** /sɪndʒ/ 《発音注意》 動 (**singed** /-d/ ; **~·ing**) 他 ❶ …の表面を軽く焼く, …を軽く焦がす ❷〔動物・鳥など〕を毛焼きする; (美容の手順として)〔髪の毛〕の先を焼く; (製造過程で)〔布〕のけばを焼き取る **—自** 表面が焼ける, 少し焦げる **—名** C U 軽い焦げ

S

****sing·er**[1] /síŋər/ 《発音注意》
—名 (複 **~s** /-z/) C ❶ 歌う人; **歌手**, 声楽家 ‖ Are you a good ~? あなたは歌が上手ですか / an opera ~ オペラ歌手 / a pop ~ 流行歌手, ポップシンガー ❷ 鳴き鳥(songbird) ❸《文》詩人

sing·er[2] /síndʒər/ 名 C 焦がす人[もの], 毛焼きする人[もの]

sìnger-sóngwriter 名 C シンガーソングライター《歌手兼作曲[作詞]家》

Sin·gha·lese /sìŋgəlíːz/ ⟨シ⟩ 形 名 =Sinhalese

***sing·ing** /síŋɪŋ/ 名 U ❶ 歌うこと; 歌唱法, 声楽; 歌声 ‖ ~ lessons 声楽のレッスン ❷ (鳥・虫の)鳴き声, さえずり; (風などの)鳴る音; 耳鳴り **—形** 歌う, 鳴く **~·ly** 副

***sin·gle** /síŋgl/ 形 名 動

中心義 1つ[1人]だけの

> 形 たった1つ[1人]の❶ 個々の❷ 独身の❸ 1人用の❹ 片道の❽
> 動 他 選び出す❶

—形 《比較なし》 ❶《限定》**たった1つ[1人]の**, 単一の, 単独の(♦ 強調形では one single を用いる); 《否定文で》1つ[1人]も(…ない)(⇨ NOT *a*, ONLY 類語) ‖ It was a pity we lost the game by a ~ goal. 残念ながらたった1ゴール差で試合に敗れた / I couldn't understand a ~ word of the announcement. そのアナウンスはただの一言も理解できなかった / Not a ~ one of the countries disputes the decision. その決定に異を唱える国は一国としてない / a ~ god 単一神 / change from thirteen independent states into a ~ nation 13の各々独立した州から単一の国家に生まれ変わる
❷《限定》**個々の**, 各々の; 格別の, 顕著な(♦ しばしば every single, 「the single+最上級形容詞」の形で強調する) ‖ Every ~ time Bob comes, we quarrel. ボブが来るといつもけんかになる / make general rules from ~ instances 個々の例から一般的な規則を定める / the ~ most important factor in children's education 子供の教育で特に最も重要な要素 / every ~ day 毎日毎日 / every ~ one of you 君たち一人一人
❸ **独身の** (→ married); (肉体的)異性関係を持たない; (配偶者なしに)一人で子供を扶養する ‖ George is still ~. ジョージはまだ独り者だ / a ~ woman 独身女性 / remain ~ 独身でいる / enjoy one's ~ life 独身生活を楽しむ / live in ~ blessedness 《戯》気楽な独身生活を送る / a **~-parent** family 一人親家庭
❹《限定》**1人用の**, シングルの(→ double) ‖ a ~ bed シングルベッド, 1人用ベッド / reserve a ~ room with (a) bath バス付きのシングルルームを予約する
❺《限定》(競技などで)1対1の, シングルスの ‖ a ~ competition 1対1の試合
❻ 1つの部分[要素, 質]からなる, 一重の, 単式の; 画一的な, 一様の; 一致団結した; 〔植〕(花弁が)一重の(→ double); (ウイスキーなど蒸留酒が)シングルの《約30ミリリットル》‖ a ~ thread (針に通して2本にしていない)1本糸 / a ~ track 〔鉄道〕単線 / a ~ lens 1眼レンズ / form a ~ front 統一戦線を張る / a ~ gardenia 一重のクチナシの花 / a ~ whiskey シングルのウイスキー
❼ 誠実な, 二心のない, 正直な ‖ a ~ devotion ひたむきな献身 / a ~ heart [OR mind] 誠実な心 / judge with a ~ eye 公平な目で裁く[判断する]
❽《限定》《英》**片道の**(《米》one-way) ‖ a ~ ticket 片道切符(→ return ticket)
—名 (複 **~s** /-z/) C ❶ 1人, 1つ(のもの) ‖ The guests arrived in ~*s*. 客は1人ずつ到着した
❷ (部屋・座席などの)1人用, シングル
❸ (CD・レコードの)シングル盤, (それに録音された)曲; (定期刊行物の)(各)号 ‖ **release** a new ~ (歌手などが)新しいシングル盤を出す
❹《米口》1ドル札
❺《英》片道切符(《米》one-way) ‖ Two ~*s* to Victoria Station, please. (切符売場で)ビクトリア駅まで片道2枚下さい
❻《~s》独身者たち ‖ a ~*s* club 独身者用クラブ ❼〔野球〕シングルヒット, 安打, 単打(❗「シングルヒット」は和製語); 〔クリケット〕1点打 ❽〔ゴルフ〕=twosome (→ foursome) ❾《~s》《単数扱い》〔テニスなど〕シングルス(→ double 名 ❻) ‖ play ~*s* シングルスの試合をする ❿ (ウイスキーなど蒸留酒の)シングル
—動 (**~s** /-z/ ; **~d** /-d/ ; **-gl·ing**)
—他 ❶《+目+**out**》…を(特に)**選び出す** 〈**as** …として; **for** …のために / **to *do*** …するよう〉‖ Why was he ~*d out for* praise [punishment]? なぜ彼だけが選ばれて褒められた[罰せられた]のか ❷〔野球〕シングルヒットで〔打点(run)〕をあげる《*in*》; 〔走者〕をヒットで進める
—自 〔野球〕シングルヒットを打つ ‖ ~ to left field レフトへシングルヒットを打つ

▶▶ **~ bónd** 名 C 〔化〕単結合, 1重結合 **~ cómbat** 名 U 一騎打ち **~ créam** 名 U 《英》シングルクリーム《18%の乳脂を含む低脂肪クリーム. コーヒーなどに用いる》(→ double cream) **~ cúrrency** 名 C 《単数形で》(複数の国の)単一通貨 **~ éntry** 名 C 〔簿記〕単式簿記[法](→ double entry) **~ fígures** 名 複 1桁(ひと)の数 **~ fíle** 名 U/C 《単数形で》1列縦隊(Indian file) ‖ march (in) ~ *file* 1列縦隊で行進する **~ hónours** 名 U 《英》(大学の)単一専攻課程 ‖ a ~ *honours* degree 単一専攻優等学位 **~ lèns réflex (càmera)** 名 C 一眼レフ(カメラ) **~ màlt** 名 U C 形 シングルモルトウイスキー(の) **~ márket** 名 C 《通例単数形で》単一市場《国家間の自由貿易市場》 **~ párent** (↓) **~ tráck ròad** 名 C 《英》1車線道路 **~ transfèrable vóte** 名 U 単記移譲式投票《投票者が好みの候補者に順位をつけ, 当選標準点に達した候補者の得た余剰票を2位以下の候補に移譲する制度》

sìngle-áction ⟨シ⟩ 形 (銃が)単発式の

sìngle-bréasted ⟨シ⟩ 形 〔服〕(上着などが)シングルの(→ double-breasted)

sìngle-décker ⟨シ⟩ 名 C 《主に英》2階なしのバス[電車](→ double-decker)

sìngle-hánded ⟨シ⟩ 副 形 《限定》 ❶ 片手で[の]; 片手操作で[の] ❷ 独力で[の], 単独で[の], 1人で[の] ‖ The world cannot be changed ~. 1人で世の中は変えられない **~·ly** 副 **~·ness** 名

sìngle-mínded ⟨シ⟩ 形 ❶ 1つの目的に邁進(まい)する, 二兎を追わない ❷ ひたむきな, いちずな; 誠実な, 二心のない **~·ly** 副 **~·ness** 名

sin·gle·ness /síŋglnəs/ 名 U ❶ 単一(性), 単独; 孤独; 独身(の身) ❷ 誠実さ; 一意専心, ひたむきさ

sìngle párent 名 C 一人で子育てをする親

sìngle-párent 形 一人親の

síngle-sèx ◁ 形 男女どちらか一方だけの ‖ a ～ school 男女別学の学校

síngle·sìt 名 C 《英》1人用家屋[アパート]

sìngle-spáce 動 他 自 (…を)行間をあけずにタイプする **-spáced** 形

sin·glet /síŋglət/ 名 C ❶《主に英》(男性用の)(そでなしの)アンダーシャツ ❷〖理〗一重項《電磁場をかけても分離しない線スペクトル》

sin·gle·ton /síŋgltən/ 名 C ❶1人ずつの人；1つずつのもの ❷一人っ子；《口》独身者 ❸〖トランプ〗1枚札 ❹〖数〗単集合

sìngle-tráck ◁ 形 ❶〖鉄道〗単線の；(道が)車1台分の幅しかない ❷(頭の)単純な, 融通がきかない

sìngle-úse /-jú:s/ 形《限定》1度だけ使用する, 使い捨ての

sin·gly /síŋgli/ 副 ❶1人[1つ]で, 単独に[で], それだけで ❷1人[1つ]ずつ(one by one), 別々に ‖ ～ or in pairs 1人ずつかあるいはペアを組んで ❸独力で

síng·sòng 名 ❶U/C《単数形で》抑揚のない話し方[歌い方, 声], 単調；単調な詩歌 ‖ speak in a ～ 一本調子で話す ❷C《英》(即席)コーラス会, 歌の集い(《米》sing-along) **—**形《限定》単調な, 抑揚のない ‖ in a ～ voice 単調な声で **—**動 他 自 (…を)一本調子に読む[歌う, 話す]

***sin·gu·lar** /síŋgjulər/ 形 ❶〖文法〗単数(形)の ‖ What is the ～ form of "geese"? geese の単数形は何ですか / a ～ noun [verb] 単数(形の)名詞[動詞] ❷《限定》《堅》異例の；驚くべき, 並外れた, 注目すべき(↔ ordinary) ‖ have a ～ success with one's first novel 処女小説で異例の成功を収める ❸《限定》風変わりな, 奇妙な, 異常な(↔ conventional) ‖ She dressed herself in the most ～ fashion. 彼女はこの上なく奇妙な服装をしていた / in a ～ state of excitement 異様な興奮状態で ❹《限定》(同種の中で)ただ1つの, 単独の ‖ a ～ specimen ただ1つの標本 ❺〖数〗特異な ❻〖論〗(命題などが)単称の **—**名 ❶《通例 the ～》〖文法〗単数；単数形(の語)(↔ plural) ‖ Some nouns like "physics" do not occur in the ～. 名詞の中には physics のように単数形で用いられないものもある / "Man" is the ～ of "men." man は men の単数形だ / the first person ～ 一人称単数 ❷C〖論〗単称命題 **～·ness** 名

sin·gu·lar·i·ty /sìŋgjulǽrəṭi/ 名 (複 **-ties** /-z/) ❶U 風変わり, 特異, 異常；非凡；C 風変わりなところ, 特異な点, 奇行 ❷(＝～ **póint**) C〖数〗特異点《複素変数関数における点》；〖天〗特異点《超密度に圧縮されブラックホールを作るとされる宇宙の仮説上の点》

sin·gu·lar·ize /síŋgjuləràɪz/ 動 他 ❶…を目立たせる, 顕著にする；…を風変わりにする ❷〖文法〗…を単数(形)にする **sìn·gu·lar·i·zá·tion** 名

sín·gu·lar·ly /-li/ 副 ❶際立って, ことのほか ❷一風変わって, 奇妙に

Sin·ha·lese /sìnhəlí:z/ ◁ 形 シンハリ人[語]の；スリランカ(Sri Lanka)の **—**名 (複 ～) C シンハリ人《スリランカの主要民族》；U シンハリ語《スリランカの公用語》

***sin·is·ter** /sínɪstər/ 形 ❶邪悪な, よこしまな, 陰険な ‖ a ～ plot to kidnap a child 子供を誘拐しようとする邪悪なたくらみ / a ～ smile 陰険な微笑 ❷不吉な；無気味な, 恐ろしげな ‖ ～ happenings 不吉な出来事 ❸《限定》左の, 左側の；《古》〖紋章〗(盾の)左方の《見る者から見て右側》(↔ dexter) **～·ly** 副 **～·ness** 名

sin·is·tral /sínɪstrəl/ 形 ❶左側の, 左の；左向きの；左利きの ❷〖動〗(貝などが)左巻きの(↔ dextral)

‡**sink** /sɪŋk/ (♦同音語 sync, synch)

中核 (Aが)下方に向かっていく(所) (★Aは具体的な「物」に限らず, 「気持ち」「評判」など抽象的なものまで多様)

—動 (～s /-s/；**sank** /sæŋk/, 《ときに》**sunk** /sʌŋk/；**sunk**, 《過去分詞の形容詞用法で》**sunk·en** /sʌ́ŋkən/；**～·ing**)

—自 ❶(水面下に)**沈む**, 沈没する(↔ float)；(泥などの中に)埋もれる；(表面下に隠れて)見えなくなる ‖ The wrecked ship *sank* (to the bottom). 難破船は(底に)沈んだ / My sandals *sank* deep into the mud. サンダルが泥の中深くにはまり込んだ / ～ like a stone (石のように)すぐに沈む；(人気などが)なくなる；(提案が)支持されない / ～ without a trace 跡形もなく消える

❷(太陽・月が)没する(go down) ‖ The sun was ～*ing* in the west. 太陽は西に沈みかけていた

❸徐々に[ゆっくりと]下がる, 下降する；沈下する, 下方に傾斜する ‖ The lake has *sunk* two inches. 湖は水面が2インチ下がった / The foundations began to ～. 土台が沈下し始めた / His head *sank* on his chest. 彼は胸に頭を垂れた

❹《+副句》(人が)(崩れるように)倒れる；身を沈める, 腰を下ろす, 横になる(♦副句は主に方向を表す) ‖ She *sank* (**back** [OR **down**]) into the armchair with exhaustion. 彼女は疲れきってひじかけいすに身を沈めた

❺(徐々に)〈特に悪い状態に〉陥る；ふける〈**into**〉(↔ improve) ‖ The economy has *sunk into* chaos. 経済は混乱状態に陥っている / ～ *into* a deep sleep 深い眠りに落ちる

❻(程度・強さなどが)弱まる；(量・額などが)少なくなる, 下がる, 安くなる；(声などが)小さくなる ‖ The stock *sank* to nothing. 在庫がなくなった / The yen has *sunk* three percent against the dollar. 円はドルに対し3%下がった / His voice *sank* to [OR into] a whisper. 彼の声は小さくなってささやきに変わった

❼(気持ちなどが)沈む, 落ち込む；(病人が)容態が悪化する；(目が)くぼむ；(頬(ほお)が)こける《*in*》(⇨ HAPPY メタファーの森, HEALTH メタファーの森) ‖ My **heart** [OR spirits] *sank* even lower. 私はますます落ち込んだ / He's ～*ing* fast. 彼は急速に容態が悪化している / have a [OR that] ～*ing* feeling 不吉な予感がする / Jane's cheeks have *sunk in*. ジェーンは頬がこけた

❽(人が)落ちぶれる(↔ improve)〈**into, to** …に / **to do·ing** …するほど〉；〈地位・名声などが〉下がる〈**in**〉 ‖ How could you ～ so low [OR *to* this]? どうすればそこまで身を落とすことができるのか / ～ *into* extreme poverty 極貧に陥る / ～ *in* the estimation of one's colleagues 同僚の間での評価が落ちる ❾〈…に〉しみ込む；貫く, 入り込む《*in*》〈**into**〉 ‖ The rain *sank into* the dry ground. 雨は乾いた大地にしみ込んだ

—他 ❶…を**沈める**, 沈没させる；…を(穴に)落とす ‖ ～ a battleship 戦艦を沈没させる

❷《+目+**into** 名》〔歯・つめなど〕を〈…に〉食い込ませる, 〔くいなど〕を〈地面などに〉打ち込む[埋め込む] ‖ ～ one's teeth *into* an apple リンゴにかぶりつく(⇨ TOOTH (成句)) / ～ a spade *into* the ground 大地にすきを入れる / ～ the foundations deep *into* the earth 土台を地中深く打ち込む

❸〔井戸・鉱山など〕を掘る；…を彫る, 刻む ‖ ～ a well 井戸を掘る

❹《+目+**into** [**in**] 名》〔金・資本・精力〕を…に投下する ‖ They have *sunk* all their capital *in* mining. 彼らは資本金をすべて鉱山業に投下した

❺〔人など〕を破滅させる, 駄目にする；〔計画など〕を失敗させる(♦しばしば受身形で用いる) ‖ I'm *sunk*. 困ったことになった；身の破滅だ

❻《be sunk in … で》…に没頭する, …(の気分)に落ち込む ‖ be *sunk* in gloom [thought] すっかり憂うつな気分になる[考え込んでいる]

❼…を抑える, 不問にする, 言わずにおく, 無視する, 隠す ‖ ～ one's differences 意見の違いを棚上げにする；小異を捨てる / ～ one's identity 素性を隠す ❽《英口》〔酒〕をあおる, 素早く飲む ❾〖ゴルフ・ビリヤードなど〗〔ボール〕を沈める, 入れる ‖ He *sank* the winning putt. 彼はパットを沈めて勝利を収めた ❿《口》(試合で)〔相手〕に楽勝する

sìnk ín 〈自〉① ⇨ 自 ❼, ❾ ② (十分に)理解される, わか

S

ってもらう ‖ It took a moment for his words to ~ *in*. 彼の言葉を理解するのに一瞬の間を要した

sink or swim (他人に頼らず)成否を自分の努力で決める;《副詞的に》のるかそるかやってみる ‖ Without much guidance, we were left to ~ *or swim*. 大した指導もなく我々はとにかく自分たちでやってみるしかなかった

―名 (複 **~s** /-s/) C ❶ (台所などの)**流し**, シンク;《米》洗面台の流し(washbowl) ‖ a **kitchen** ~ 台所の流し ❷ 汚水だめ;下水溝 ❸ 水はけの悪い低地 ❹ (悪の)掃きだめ, 巣 ‖ a ~ of iniquity 悪の巣窟(そうくつ) ❺ (熱などの)吸い込み(装置)

―形《英》(家屋などが)ひどくうらぶれた

sink·a·ble /síŋkəbl/ 形 沈められる;沈没の恐れのある

sink·er /síŋkər/ 名 C ❶ (釣り糸の)おもり ❷《米口》ドーナツ ❸〖野球〗シンカー

sínk·hòle 名 C ❶ 汚水だめ, (流しなどの)排水口;悪の巣 ❷〖地〗ドリーネ(doline)《石灰岩台地の浸食によって生じたすり鉢状のくぼ地》

sink·ing /síŋkɪŋ/ 名 U C ❶ 沈むこと, 沈没;掘削(くっさく), 掘り下げ ❷ 意気消沈;衰弱 ▸▸ **~ fùnd** 名 C〖経〗減債基金《公債・社債返済用の基金》

sin·less /sínləs/ 形 罪のない **~·ly** 副 **~·ness** 名

sin·ner /sínər/ 名 C (宗教・道徳上の)罪人(つみびと), 罪深い者, 不信心者(→ criminal)

Sinn Fein /ʃìn féɪn/ 名 シンフェイン運動《20世紀初頭に起こった, アイルランドの英国からの独立と文化の復興を目的とする運動》;シンフェイン党(員)

Sino- /sàɪnoʊ-, -nə-/ 連結形「中国の(Chinese)」の意 ‖ *Sino*logy(中国学), *Sino*-Japanese(日中の)

Sìno-Jàpanese Wár 名《the ~》❶ 日清戦争(1894-95) ❷ 日中戦争(1937-45)

Si·nol·o·gy /saɪná(ː)lədʒi | -nɔ́l-/ 名 U 中国学《中国の言語・文化・歴史などの研究》 **-gist** 名

Sìno-Tibétan ⟨シ⟩ 名 U 形 シナ=チベット語族(の)《チベット・中国・インドシナ半島に分布の語族》

sin·ter /síntər/ 名 U ❶ 湯の花《鉱泉中の石灰・ケイ酸などの沈殿物. 薬用》❷〖冶〗焼結物

―動 自 他〖冶〗(…が[を])焼結する[させる]

sin·u·os·i·ty /sìnjuá(ː)səti | -ɔ́s-/ 名 (複 **-ties** /-z/) U 曲がりくねり, 湾曲;C (川・道などの)湾曲部, 曲がり角

sin·u·ous /sínjuəs/ 形 ❶ 曲がりくねった;(動きの)しなやかな ❷ 遠回しの;ひねくれた **~·ly** 副

si·nus /sáɪnəs/ 名 C ❶〖医〗瘻瘻(ろうかん)《化膿腔へ通じる狭い通路》;〖解〗洞(どう), 静脈洞;《しばしば ~es》副鼻腔[洞] ❷〖植〗(葉の裂片間の)くぼみ

si·nus·i·tis /sàɪnəsáɪtəs | -tɪs/ 名 U〖医〗洞炎(どうえん);(特に)静脈洞炎;副鼻腔[洞]炎

-sion /-ʃən, -ʒən/ 接尾《主に動詞につけて》《名詞語尾》「動作・状態;結果」などを表す ‖ discus*sion*

Siou·an /súːən/ 名 形 =Sioux

Sioux /suː/ 名 (複 **Sioux** /-z/) C スー族《北米先住民の一種族》;U スー語 ―形 スー族[語]の

***sip** /sɪp/ 動 (**sipped** /-t/; **sip·ping**) 他 …を少しずつ[ちびちび]飲む, すする(⇨ DRINK 類語P) ‖ ~ hot chocolate 熱いチョコレートをすする

―自 ⟨…を⟩少しずつ[ちびちび]飲む, すする⟨**at, on**⟩

―名 C 少しずつ[ちびちび]飲むこと;(飲み物の)一口(の量) ‖ take [OR have] a ~ of wine ワインを一口飲む

COMMUNICATIVE EXPRESSIONS

1 **The first sip is the bést.** 最初の一口が最高だ(♥ ビールなどを飲んで)

2 **"Would you like a síp?" "ÒK, thèn (I'll have) jùst a síp."** 「一口いかが」「じゃあ一口だけ」(♥ 酒やスープなどの味見. 液体でない場合は taste を用いる)

~·per 名

***si·phon** /sáɪfən/ (発音注意) 名 C ❶ サイフォン, 吸い上げ管 ❷ (= **~ bòttle**)(炭酸水を入れる)サイフォン瓶(soda-siphon) ❸〖動〗(貝などの)水管, 呼吸管

―動 他 ❶ …をサイフォンで吸う[移す], サイフォンを通す《*off*》⟨**from, out of** …から;**into** …へ⟩ ‖ ~ gasoline *from* [OR *out of*] the car's tank *into* a can 車のタンクからガソリンをサイフォンで抜き取って缶に移す ❷〔利益・人など〕を吸い上げる, 横取りする《***away, off***》;〔資金など〕を横領する《*off*》⟨**from** …から;**into** …へ⟩ ‖ ~ *off* profits *into* one's account 利益を自分の口座に移す

―自 サイフォンを通る;横領する

~·age 名 U サイフォン作用, サイフォンで吸い出すこと

~·al, si·phón·ic 形

sip·pet /sípɪt/ 名 C (肉汁・ミルクなどに浸す)パンの小片(crouton)

⁑sir /弱 sər;強 səːr/ (発音注意)(→ 名 ❸, ❺)

―名 (複 **~s** /-z/) U ❶《呼びかけ》**あなた**, 先生, お客様, 閣下(→ madam, ma'am)(♦ 男性に対する敬称. 目上の男性および議会では議長に, 店では男性客に対して用いる. また, 見知らぬ男性を呼び止めるときにも使う. 文頭以外では通例弱形で発音する. 訳す必要のないことが多い);君, おい, こら(♥ 目下の者に対する叱責(しっせき)または皮肉) ‖ Yes, ~. はい(さようでございます) / Thank you, ~. ありがとうございます / May I help you, ~? (店員が客に)いらっしゃいませ(何にしましょう) / Stop that, ~! おい, やめろ ❷《S-(s)》C《正式の手紙の冒頭で》拝啓 ‖ **Dear** *Sir* 拝啓(♦ 商用文で, だれあてにしたらよいか不明な場合などに用いる) / **Dear** *Sirs* 拝啓, 各位(♦ 前者の複数形で「御中」として会社・団体などへあてる手紙文に用いる. 《米》では Gentlemen を多く用いる. ⇨ *To whom it may* CONCERN) ❸ /弱 sər/《S-》サー…, …卿(きょう)《英国でナイト爵・准男爵に対する尊称. 名または姓名の前につける. 呼びかけの場合には名前だけにつける》(→ lord) ‖ *Sir* Randolph ランドルフ卿 / *Sir* Winston Churchill ウィンストン=チャーチル卿(♦ Mr. とは異なり, ×Sir Churchill とはいわない) ❹ C《英口》(学校の)男の先生(♥ 呼びかけにも用いる) ‖ *Sir*'s watching us! 先生がこっちを見ているよ ❺《米口》《性別に関係なく肯定・否定を強めて》(♦ 通例発音は強形 /səːr/. sir(r)ee /səríː/ という形もある) ‖ "Will you snap a shot of us?" "Yes, ~." 「私たちの写真撮ってもらえますか」「ええ, いいですとも」/ "Shall I call the police?" "Police? No, ~!" 「警察呼ぼうか」「警察だって? とんでもない」

sire /sáɪər/ 名 C ❶ (動物の)雄親, (特に)種馬(↔ dam) ❷《古》陛下《呼びかけの敬称. Your Majesty と同じ》

―動 他 (種馬などが)〔子〕をもうける;(男性が)〔子〕の父親となる

sir·ee, sir·ree /səríː | səːríː/ 間 ⇨ BOB (CE 2)

***si·ren** /sáɪərən/ 名 C ❶ サイレン, (空襲などの)警報(装置) ‖ a factory ~ 工場のサイレン / an air-raid ~ 空襲警報のサイレン / an ambulance ~ 救急車のサイレン ❷《しばしば S-》〖ギ神〗セイレン《半人半鳥の海のニンフ. 岸辺の岩から美しい歌声で船人を誘って死に導いた》❸ (妖しいまでに)魅惑的な女性, 妖婦(ようふ);《形容詞的に》魅惑的な, 誘惑的な ‖ ~ charms 妖しい魅力 / a ~ call [OR song] (悪い結果をもたらす)甘い誘惑

si·re·ni·an /saɪəríːniən/ 形 名 C〖動〗カイギュウ目の(動物)(sea cow)《ジュゴン・マナティー》

Sir·i·us /síriəs/ 名〖天〗シリウス《大犬座(Canis Major)のα星. 恒星の中で最も明るい》

sir·loin /sə́ːrlɔɪn/ 名 U C サーロイン《牛の腰上部の最上肉》‖ ~ steak サーロインステーキ

si·roc·co /sɪrá(ː)koʊ | -rɔ́k-/ 名 (複 **~s** /-z/) C シロッコ(scirocco)《サハラ砂漠から地中海を渡り南ヨーロッパに吹きつける熱風》

sir·up /sírəp/ 名《米》=syrup

sis /sɪs/ 名《口》《通例呼びかけ》=sister;sissy

si·sal /sáɪsəl/ 名 C U〖植〗サイザル[シザル]麻《メキシコ原産の繊維植物;その葉から採る繊維. ロープ・袋用》

sis·kin /sískɪn/ 名 C 〘鳥〙マヒワ《アトリ科の鳥》

sis·sy /sísi/ 名 (複 **-sies** /-z/) C 《口》めめしい男, 柔弱(じゅうじゃく)な少年；おく病者, 意気地なし(♥ 性差別的と感じられることが多く, 代わりに timid, sensitive などを使う傾向にある)
— 形 《口》めめしい, 柔弱な, 意気地なしの

⁑sis·ter /sístər/
— 名 (複 **~s** /-z/) C ❶ **姉妹**(→ brother), **姉**, **妹**；異父[異母]姉妹(half sister)；継父[継母]の娘, 継(まま)姉妹(stepsister)；義理の姉妹(sister-in-law)(♦ 通例, 英語では「姉」「妹」を単に sister という. 特に区別する必要がある場合, 姉は an older [《英》 elder] sister, 《口》 a big sister, 妹は a younger [《口》 little] sister という. 日本語の「姉さん」「お姉ちゃん」のような呼びかけには用いない) ‖ Helen was like a ~ to us. ヘレンは私たちにとって姉[妹]のような存在だった / my father's ~ 私の(父方の)おば / the three Brontë ~*s* ブロンテ3姉妹 / a soul ~ (黒人から見て同胞の)黒人の女性
❷ 姉妹のように親しい友, 女の親友；同じ教会員の女性, 同僚の女性；女性の権利拡張運動家[支持者]
❸ 《しばしば S-》修道女, シスター(♥ 敬称. 呼びかけにも用いる)；《the S-s》修道女会 ‖ *Sister* Ursula シスター＝アーシュラ / the *Sisters* of Mercy 慈悲の修道女会《1827年ダブリンで創立され, 教育と慈善を目的とする》
❹ 《しばしば S-》《英》女性の看護師長 (head nurse) (♥ 呼びかけにも用いる) (→ charge nurse) ‖ a ~ on Ward 3 第3病棟(担当)の看護師長 ❺ 《主に米口》黒人女性
❻ 《形容詞的に》姉妹関係の, 同系統[同型]の；〘遺伝〙対の ‖ ~ cities 姉妹都市 / ~ companies 同系[同族]会社 / ~ chromatids 対になる染色分体

sís·ter·hòod /-hʊ̀d/ 名 ❶ U 姉妹の(ような)間柄, 姉妹関係[愛] ❷ C 女性団体, (特に)修道女会

***síster-in-làw** 名 (複 **sisters-** /sístərz-/ OR **~s** /-z/) C 義理の姉[妹]

sís·ter·ly /-li/ 形 姉妹の(ような), 姉妹らしい；親切な, 優しい ‖ ~ love 姉妹愛 **-li·ness** 名

Sis·y·phe·an /sìsɪfíːən/ ＜シ 形 シシュフォス(Sisyphus)の；(仕事が)果てしなく骨の折れる, 無駄骨折りの

Sis·y·phus /sísɪfəs/ 名 〘ギ神〙シシュフォス《貪欲(どんよく)なコリント(Corinth)の王. 地獄で重い岩を丘の上に上げる仕事を課せられたが, 岩は必ず転げ落ちるので, その苦役は果てることがなかった》

⁑sit /sɪt/ 動 名

中心義 **座る[座っている]** (★座っているように動かず安定した状態も表す)

— 動 (**~s** /-s/；**sat** /sæt/；**sit·ting**)
— 自 ❶ **座る** **a** 〈…に〉座る, 腰かける, 着席する《*down*》；〈…に〉座っている(↔ stand)〈**in, on, at, etc.**〉(♦「座る」動作・「座っている」状態いずれにも用いる) ‖ Please ~ *down*. お座りください(♦ 場所などを示さず, 単に「座る」という動作だけを表すときは通例 sit down を用いる. ⇨ SEAT 動 ❶**b**) / Let's ~ and talk. 座って話をしましょう / She was *sitting at* the dressing table. 彼女は鏡台に向かって(化粧をして)いた(♦ 単純形でも状態を表すが, 一時的な状態であることを明確にするときは進行形を用いる) / ~ *in* an armchair ひじかけいすに座る (♦「体が包まれるように座る」の意では in を用いる) / ~ *in* a car 車の座席に座る / ~ *on* a stool [sofa] スツール[ソファー]に座る / ~ *on* the ground [floor] 地面[床]に腰を下ろす / ~ *at* the desk (勉強などのため)机に向かう (♦ sit on the desk は「机の上に座る」の意) / ~ (*down*) *at* (the) table 食卓につく(♦「何かの近くに座る」の意では at を用いる. 《米》では the をつけることが多い)
b 《+補〈形〉》…の状態で座っている ‖ The dog was *sitting* still beside me. 犬は私の傍らにじっと座っていた / ~ cross-legged 足を組んで腰かける
c 《+*doing*》…しながら座っている ‖ My grandpa would ~ staring into the fire. おじいちゃんはよく座ってじっと(暖炉の)火を見つめていたものだ
❷ **a** 《+副句》(場所に)ある, 載っている, 置いてある ‖ There was a family photo *sitting* on his desk. 1枚の家族の写真が彼の机の上に置かれていた / Our house ~*s* back from the street. 我が家は通りから引っ込んだところにある(♦ 移動できないものが主語の場合は進行形不可)
b 《+補〈形〉》…の状態で(場所に)ある ‖ The letter *sat* unopened on her desk. その手紙は開封されないまま彼女の机の上に置かれていた
❸ (動物が)座る, うずくまる；(鳥が)(枝などに)とまる；(鳥が)卵を抱く, 巣につく (♦ 通例場所を表す 副句 を伴う) ‖ The cat *sat* happily on her lap. 猫は気持ちよさそうに彼女のひざの上にうずくまった / A bird is *sitting* on the branch. 鳥が1羽枝にとまっている / a turtledove *sitting* on its eggs 卵を抱いているキジバト
❹ (会議などの)一員[メンバー]である, (議)席を占め(てい)る〈**on** 委員会などの；**in** 議会などの；**as** …として〉；〈選挙区代表の〉議員である〈**for**〉 ‖ ~ *on* a committee 委員会の席に着く；委員である / ~ *in* Congress [OR Parliament, the National Diet] 国会議員である / ~ *for* a constituency (議員として)選挙区を代表する
❺ (議会・法廷などが)開会[開廷]する ‖ The court is still *sitting*. 法廷はまだ開廷中である
❻ 《+**for** 名》《受身形不可》〔画家など〕のためにポーズをとる ‖ ~ *for* a famous photographer 有名な写真家のモデルになる[に写真を撮ってもらう]
❼ 《+**for** 名》《英》〔試験〕を受ける, 受験する ‖ ~ *for* an entrance exam 入学試験を受ける
❽ 何もしないでじっとしている；(物が)そのままである ‖ Roger would often ~ at home. ロジャーは何もしないで家にいることがよくあった / The authorities let the matter ~. 当局はその件をそのままにしておいた ❾ 《+**for** 名》〔赤ん坊〕の子守をする, 〔子供など〕の世話をする(babysit)
❿ 《+副》(食べ物が)〈胃に〉収まる；(責任などが)〈…に〉のしかかる, 影響を与える〈**on**〉(♦ 副 は様態を表す) ‖ This food ~*s* heavily *on* the stomach. この食べ物は胃にもたれる / Cares ~ lightly *on* him. 気苦労は彼にはこたえない / His principles ~ loosely *on* him. 彼の主義主張は自分自身に対してはルーズだ ⓫ 《+副》(衣類などが)〈…に〉合う〈**on**〉；(態度などが)調和する, しっくりする〈**on** …に；**with** …と〉(♦ 副 は様態を表す) ‖ That dress ~*s* well *on* Jean. そのドレスはジーンによく似合う ‖ My comments didn't ~ well *with* the committee members. 私の発言は委員たちに気に入られなかった
— 他 ❶ …を座らせる, 着席させる《*down*》(→ CE 5) ‖ He *sat* me *down* on the ground. 彼は私を地面に座らせた ❷ 《英》〔試験〕を受ける ‖ ~ a French exam フランス語の試験を受ける ❸ 《進行形不可》(部屋・劇場などが)…人分の(座)席がある ❹ 〔馬など〕にまたがる(→ astride)

be sitting pretty ⇨ PRETTY(成句)

****sit aróund*** [OR ***abóut***] 〈自〉何もしないで(座って)いる, ぶらぶらしている

****sit báck*** 〈自〉① (いすに)深く座(ってもたれかか)る ② (仕事の後で)くつろぐ ③ 何もしないで[手をこまねいて]いる

sit bý 〈自〉(悪い事態を)手をこまねいて傍観している

****sit dówn*** 〈自〉① ⇨ 自 ❶**a** ② 〈仕事などに〉熱心に取りかかる〈**to**〉 ‖ ~ *down to* dinner 座って食事に取りかかる ③ 〈人と〉協議する, 話し合う〈**with**〉 —〈他〉《***sit dówn …*** / ***sit … dówn***》⇨ 他 ❶

sit dówn and … 腰を落ち着けて…する

sit dówn under … 〈他〉《英口》〔侮辱・非難など〕を甘んじて受ける

****sit ín*** 〈自〉① 〈…に〉参加する, 〈…を〉見学[参観]する〈**on**〉 ‖ I'd like you to ~ *in on* the meeting. 会議に(オブザーバーとして)ご出席願いたい ② 〈…の〉代理を務める〈**for**〉 ③ (抗議などの目的で)座り込む

sit on … 〈他〉① ⇨ 自 ❹, ❿, ⓫ ② 《口》〔申し込み・問い

合わせなど]をほうっておく, …に着手しない;〔情報など〕を押さえる, 握りつぶす ‖ ～ *on* a proposal 提案を握りつぶす ③《口》〔生意気・出しゃばりな人など〕を押さえる, たしなめる ‖ His father would ～ *on* him whenever he was fresh. 彼が生意気を言うといつでも父からやり込められたものだった ④《進行形で》(しばしば価値に気づかずに)〔貴重なもの〕を所有している

sìt óut 〈他〉(*sìt óut ...* / *sìt ... óut*) ①〔退屈な劇など〕を最後まで座って見て[聞いて]いる;〔悪い事態〕が過ぎ去るまでじっと待つ;〔ほかの客〕より長居をする ‖ He managed to ～ the concert *out*. 彼は何とかコンサートに最後まで付き合った ②〔ダンスなど〕に加わらずにいる ━〈自〉① 戸外に座(ってい)る ②(ダンスなどに)加わらずにいる

sít through ... 〈他〉〔退屈な劇など〕を終わりまでじっと(我慢して)座って見て[聞い]ている

sìt tíght ①《口》腰を据える, 動かずにいる ② 行動を控える

sìt úp 〈自〉① **起き上が**(って座)**る**;きちんと座る;(犬が)ちんちんをする(⇨ GET UP 類語P) ‖ *Sit up* straight! (背中を伸ばして)きちんと座りなさい / ～ *up* in bed ベッドで起き上がる ②(寝ずに)**起きている** ‖ We *sat up* late talking. 僕らは遅くまで話をしながら起きていた ③《口》驚いてしゃんとする(⇨ *sit up and take* NOTICE) ━〈他〉(*sìt ... úp*)〔人〕を起こして座らせる

sìt wéll [OR *ríght*] *with ...* 〈他〉《否定文・疑問文で》《主に米》(話・考えなどが)…に受け入れられる, しっくりくる

sít with ... 〈他〉…の子守をする;〔病人など〕を世話する

COMMUNICATIVE EXPRESSIONS

1 **Are you jùst gòing to sít thère (like a bùmp on a lóg)?** そこにただ座って何もしないでいるつもりなの;何かしなさい(♥「丸太のこぶみたいにいるだけで何もしない」態度を非難し, 行動を促すくだけた表現)

2 **Còme ín and sìt dówn.** どうぞ入って, 座ってください(♥ 来客にくつろぐよう勧める気取らない表現)

3 **Dó sìt dówn.** まあおかけください(♥ 座ることを躊躇(ちゅうちょ)[遠慮]している人に対して「どうぞ座ってください」と勧める丁寧な表現)

4 **Sít!** お座り(♥ 犬に対する命令)

5 **Sìt yoursèlf dówn.** まあ, 座りなさい

━名 C《単数形で》座ること, 座って(待って)いる時間

si·tar /sɪtɑ́ːr/ 名 C〘楽〙シタール《さお(neck)の長いインドの撥弦(はつげん)楽器》

sit·a·tun·ga /sìtətúŋgə/ 名 C〘動〙シタツンガ《中央アフリカ産の中型のレイヨウ. 湿地を好む》

sit·com /sítkɑ̀(ː)m | -kɒ̀m/ 名《口》=situation comedy

sít-dòwn 名 C ❶(=～ **stríke**)座り込みストライキ;(=～ **prótest**)座り込みデモ[抗議] ❷《単数形で》《口》座ること, くつろぎ(の時) ━形《限定》❶ 座って行う, 座り込みの ❷ 座って食べる(↔ buffet)

***site** /saɪt/(♦ 同音語 cite, sight) 名 動

━名(複 **～s** /-s/) C ❶《しばしば複合語で》(都市・建物などの)**用地**, 敷地, **場所**, 跡地;予定地;=building site;camping site ‖ A nursing home will be built **on** the ～ of the school. 学校の跡地に老人ホームを建てる予定だ / a dump ～ ごみ捨て場 / a launching ～ (ロケットなどの)打ち上げ場所 / a ～ for a new power plant 新しい発電所の建設予定地

❷〈事件などのあった〉場所;遺跡〈**of**〉‖ the ～ *of* a murder 殺人現場 / historic ～*s* 史跡 ❸ サイト(Web site)《インターネット上で参照できるページ群. 個々のページは(web) page》‖ visit her ～ 彼女のサイトを訪問する / information **on** a ～ サイト上の情報

on síte 現場に(あって), 現場で

━動 他《+目+副句》《通例受身形で》(ある場所に)置かれる, 位置する

sít-ìn 名 C 座り込み抗議;座り込みストライキ ‖ hold [OR stage] a ～ 座り込みを行う

sit·ter /sítər/ 名 C ❶ 座る人, 着席者;モデル(としてポーズをとる人) ❷ =babysitter;付添人, 看護人 ❸ 卵を抱く鳥 ❹《英口》〘サッカー〙簡単に得点できるチャンス

***sit·ting** /sítɪŋ/ 名 ❶ C モデルとして(座って)ポーズをとること ‖ give an artist three ～*s* 画家のモデルになって3回座ってポーズをとる ❷ C 一座り(の時間);ひと仕事;一気 ❸ C《英》(議会・法廷などの)開会, 開廷, 会期(session) ‖ during a long ～ 長い会期中に ❹ C(船中などの)食事時間[場所];(多人数用の)1回分の食事の用意 ‖ Supper is served in two ～*s*. 夕食は2回に分けて供される ❺ U C 抱卵, 巣ごもり;C 1回の抱卵数

at [OR *in*] *òne* [OR *a*] *sítting* 一気に, 一度 ‖ read a book *at one* ～ 一気に本を読む

━形《限定》❶ 座っている;(獲物などが)うずくまっている, (木に)とまっている;(鳥が)卵を抱いている, 巣ごもりしている ❷ 在職[現職]の;現住の ‖ a ～ politician 現職政治家 / a ～ tenant 現借家人, 店子

▸▸**Sìtting Búll** 名 シッティング=ブル(1834?–90)《北米先住民の指導者. スー族(Sioux)の長. 1876年 Little Bighorn の戦いで G. H. Custer 将軍の率いる軍を全滅させた》 **～ dúck** [**tárget**] 名 C《口》だましやすい人[もの] **～ ròom** 名 C《主に英》居間, 茶の間(living room)

***sit·u·ate** /sítʃuèɪt/《アクセント注意》動 他 ❶ …を〈ある場所に〉置く;《通例受身形で》〈…に〉ある, 位置する〈**at, in, on**〉‖ Our school is ～*d on* the east side of town. 我々の学校は町の東側にある / The orchard is ～*d on* the hillside. 果樹園は山腹にある ❷ …を〈…の中で〉位置づける〈**in**〉

***sit·u·at·ed** /sítʃuèɪtɪd/《アクセント注意》形《通例修飾語を伴って》❶ …に位置する ‖ a conveniently ～ school 便利な所にある学校 ❷《叙述》(人が)(経済的・家庭的に)…の境遇[立場]にある ‖ The artist was comfortably [awkwardly] ～. そのアーティストは何不自由ない境遇[困った立場]にあった

***sit·u·a·tion** /sìtʃuéɪʃən/

中心義▸ 周囲とのかかわりの様子

━名(複 **～s** /-z/) C ❶(物事の)(ある時・場所における)状況, **情勢**, **事態**, 形勢;危機的な状況, 難局 ‖ The economic ～ is rapidly improving [worsening]. 景況は急速によくなっている[悪化している] / The ～ is seen to be unfavorable to us in the election. 選挙では形勢は我々に不利と見られている / **in** the present ～ 目下の情勢では / save [OR settle] the ～ 事態を収拾する / the world [international] ～ 世界[国際]情勢 / the political ～ 政局

❷(人の置かれた)状態, **立場**, 境遇(⇨ STATE 類語) ‖ I am **in** a delicate ～. 私は微妙な立場にある / What would you do if you were **in** my ～? もしあなたが私の立場だったらどうしますか / put oneself **in** an awkward ～ 苦しい立場に立たされる

❸(建物・町などの)(周囲との関連で見た)**位置**, 場所, 所在地, 立地条件;用地, 敷地 ‖ The museum stands in a pleasant ～. 博物館は快適な所にある / a convenient ～ for shopping 買い物に便利な場所

❹《堅》勤め口, 職(⇨ POST³ 類語) ‖ find a ～ as librarian 司書としての勤め口を見つける / *Situations* Vacant [Wanted]《主に英》人[職]を求む(♦ 新聞広告の文面)

❺(小説・劇などの)場面;きわどい場面, クライマックス

COMMUNICATIVE EXPRESSIONS

1 **What a tèrrible situátion for you!** まあ, 何てひどいことでしょう(♥ 相手の不幸などに同情を示すやや形式ばった表現. ↘How terrible for you! / ↘Oh, dear! (Oh, dear! は女性が使うことが多い))

▸▸**～ cómedy** 名 C U (テレビの)連続ホームコメディー(略 sitcom) **～ éthics** 名《単数扱い》〘哲〙状況倫理《各状況の倫理は個別的であるべきで, 普遍的原則は不要とする説》 **～ ròom** 名 C (政府・軍隊などの)緊急司令室;

《S- R-》(米国ホワイトハウス内の)危機管理室
sìt·u·á·tion·al /-əl/ 形 場面[状況]による
sit·u·a·tion·ism /sìtʃuéɪʃənìzm/ 名 U 〖心〗状況主義《人間の行動は状況で決められるとする説》
sít-ùp 名 C シットアップ《あお向けになった姿勢から手を使わずに上体を起こす腹筋運動》
si·tus /sáɪṭəs/ 名 (複 ~) C ❶《主に米》〖法〗(課税・裁判管轄などのための, 人[もの]の所在する)位置, 場所 ❷ (身体・植物などの器官の)正常な位置, 原位置; 胎位
~ invérsus 名 U 〖医〗内臓逆位《内臓が正常の位置とは異なった位置にあること》
sítz bàth /síts-/ 名 C 座浴, 腰湯《治療用》; そのための浴槽
Si·va /ʃíːvə/ 名 (ヒンドゥー教の) シバ《三主神の1人で破壊と創造をつかさどる神》(→ Brahma, Vishnu)
six /sɪks/
— 形《限定》6の, 6つの, 6人[個]の; 《叙述》6歳で (⇨ FIVE 用例)
— 名 (❶, ❷, ❸ ⇨ FIVE 用例) ❶ U C《通例無冠詞で》6; C 6の数字《6, vi, VI など》
❷《複数扱い》6つ, 6人[個] ❸ U 6時[分]; 6歳 ❹ C 6人[個]1組のもの; (Cub Scouts, Brownie Guides の) チーム; 6気筒エンジンの自動車 ‖ in ~*es* 6人[個]ずつ
❺ C 6番目のもの; (トランプ・さいころなどの)6; 6号サイズ(のもの); 《~s》6号サイズの靴
at sìxes and sévens 《口》(人が)混乱して, (場所が)乱雑で; (考え・意見などが)不一致で
knòck [OR ***hìt***] ***... for síx*** 《英口》〔人〕をひどく驚かす, 〔人〕にショックを与える; 〔計画など〕をぶち壊す
sìx of óne and hàlf a dózen of the óther 似たり寄ったり, 五十歩百歩
Sìx Cóunties 名《the ~》北アイルランド6州 **Sìx Nátions** 名《the ~》① 六部族連邦, イロコイ連邦《北米先住民6部族で構成される》② シックス=ネーションズ《欧州6か国による国際ラグビー大会》
six·er /síksər/ 名 C (Cub Scouts, Brownie Scouts の)6人組のリーダー
síx-fìgure 形《限定》(数字が)6けたの
síx·fòld 形 副 6重の[に], 6倍の[に]; 6個[部]からなる
sìx-fóoter 名 C 身長[長さ]6フィートはある人[もの]
síx-gùn 名 =six-shooter
síx-pàck 名 C ❶ (ビールなどの) 半ダース入りパック, 6本入りケース ❷《口》しっかり鍛え(て6つに割れ)た腹筋
six·pence /síkspəns/ 名 ❶ U《英》旧6ペンス(の金額); C 旧6ペンス貨《1971年の10進法施行により廃止》❷ C《単数形で》《通例否定文で》《英口》わずかな値; つまらないこと ‖ I don't care (a) ~ about it. そんなことはちっとも気にかけない
síx-shòoter 名 C《口》6連発拳銃(けんじゅう)
six·teen /sɪ̀kstíːn/ ⊲シ (⇨ -TEEN) 形《限定》16の, 16人[個]の; 《叙述》16歳で(⇨ FIVE 用例)
— 名 (❶, ❷, ❸ ⇨ FIVE 用例) ❶ U C《通例無冠詞で》16; C 16の数字《16, xvi, XVI など》❷《複数扱い》16人[個] ❸ U (24時間制の)16時; 16分; 16歳 ❹ C 16人[個]1組のもの; 16号サイズ(のもの)
six·teenth /sɪ̀kstíːnθ/ ⊲シ 《略 16th》形 ❶《通例 the ~》第16の, 16番目の ❷ 16分の1の
— 名 ❶《通例 the ~》16番目の人[もの]; (月の) 16日; (ゴルフの)16番ホール ❷ C 16分の1
~ nòte 名 C《主に米・カナダ》〖楽〗16分音符
sixth /sɪksθ/《略 6th》形 ❶《通例 the ~》第6の, 6番目の ❷ 6分の1の — 名 ❶《通例 the ~》6番目の人[もの]; (月の)6日 ❷ C 6分の1 ‖ five ~*s* ⅚ ❸《the ~》〖楽〗6度(音程) **~ fòrm** (↓) **~ sénse** 名 C《単数形で》第六感, 直感
síxth fòrm 名《the ~》(英国中等教育での) 第6学年《大学進学に必要な A-level 試験の準備クラス. 通例2年間にわたる》 **síxth-fòrmer** 名 C 6年生
síxth fòrm còllege 名 C《英》第6学年カレッジ《A-level 試験を受ける16歳以上の学生を対象とした学校》
six·ti·eth /síkstiəθ/《略 60th》形 ❶《通例 the ~》第60の, 60番目の ❷ 60分の1の — 名 ❶《通例 the ~》60番目の人[もの] ❷ C 60分の1
six·ty /síksti/ 形《限定》60の, 60人[個]の; 《叙述》60歳で
— 名 (複 **-ties** /-z/) ❶ U C《通例無冠詞で》60; C 60の数字《60, lx, LX など》❷《複数扱い》60人[個] ❸ U 60歳 ❹ C 60人[個]1組のもの ❺ C《-ties》(数の) 60代《60–69》; 《the -ties》(世紀の)60年代(♦ the 60s [OR '60s] とも表す); 《one's -ties》60歳代; (温度の)60度台 ‖ I guess she is in her early [mid, late] *sixties*. 彼女は60代前半[半ば, 後半]だと思う
sìxty-fóurth nòte 名 C 〖楽〗64分音符
sìxty-fòur thòusand dòllar quéstion 名《the ~》《口》非常に重大な問題《1950年代の米国のクイズ番組で最後の問題に賭(か)けられた金額から》
sìxty-níne 名 U ⊗《俗・卑》シックス(ティ)ナイン《互いの性器に対する口腔(こうこう)性行為》
siz·a·ble /sáɪzəbl/ 形 かなり大きい, 相当の, かなりの ‖ a ~ town かなり大きい町 **-bly** 副
size[1] /saɪz/ 名 動
— 名 (複 **siz·es** /-ɪz/) ❶ U C **大きさ, 寸法** ‖ What's the ~ of the city? その町の大きさはどれくらいですか (=How large is the city?) / These wooden dolls are priced according to their ~*s*. この木彫りの人形は大きさによって値段がつけられている / A baby lion is [*has] about the ~ of a cat. 赤ちゃんライオンは猫くらいの大きさだ (♦ be the size of ... で be the same size as ... の意) / This box is half [twice] the ~ of that one. この箱はあの箱の半分[2倍]の大きさだ(=This box is half [twice] as large as that one.) / This suitcase is a handy ~. このスーツケースは手ごろな大きさだ / Cars are all different shapes and ~*s*. 車はすべて形も大きさもいろいろだ / a diamond (of) that ~ そのくらいの大きさのダイヤモンド (♦ 名詞の後の of はしばしば省略される) / the apparent ~ of the sun 太陽の見掛けの大きさ / a small TV the ~ of a pack of cigarettes たばこの箱の大きさの小型テレビ / a life ~ 等身大
❷ U C 規模, 程度, 量, 範囲 ‖ Our plant is second in ~. 我々の工場は規模において第2位である / a firm of small ~ 規模の小さい会社 / a national undertaking of great ~ 大規模な国家的事業 / **increase** [**reduce**] **in** ~ 規模が大きく[小さく]なる
❸ U かなりの大きさ [規模] ‖ The ~ of the problem alarmed us. その問題の大きさに我々は恐れをなした / We're surprised at the ~ of the Grand Canyon. グランドキャニオンのスケールの大きさにはびっくりしている / a person of ~ 大柄な人
❹ C (衣類・靴などの) **サイズ**; …号の服を着る人 ‖ What ~ are you? サイズはいくつですか / Do you have a smaller ~ in this color? この色でもっと小さいサイズはありますか / These shoes are just my ~. この靴は僕にぴったりのサイズだ / a blouse, ~ 38 (=a ~ 38 blouse) 38号のブラウス / try on a skirt in ~ 10 スカートの10号を試着する / the next ~ up [down] 1つ上[下]のサイズ / She's a ~ 8. 彼女の服のサイズは8号だ
cùt a pèrson dòwn to síze 〔人〕に身のほどを知らせる
of a síze 同じ大きさの
to síze 望みのサイズに合わせて
trỳ ... (òn [OR ***òut]) for síze*** ① …を慎重に考える ② …を使ってみる, 試してみる

COMMUNICATIVE EXPRESSIONS

1 **That's about the size of it.** まあ, そんなところだ(♥ 相手が示した状況の説明や評価が妥当であると肯定する. しばしば悪い状況の場合に「痛手の程度・問題の大きさなどはおっしゃるとおり」の意で用いる)

S

—動 (siz·es /-ɪz/ ; sized /-d/ ; siz·ing) 他《通例受身形で》❶大きさに従って分類される
❷(所定の)寸法に合わせて作られる[調節される]
*sìze úp ... / size ... úp 〈他〉①〔物〕の寸法を測る ②《口》…を(よく見て)評価[判断]する ‖ ~ *up* the situation 状況を判断する / ~ a newcomer *up* 新人を値踏みする
~d 形 大きさの順に並べた
▸▸~ zéro 名 ①U《米》サイズ0《婦人服で最も小さいサイズ》 ②C《口》非常にやせた女性

size² /saɪz/ 名 U サイズ, 陶砂(どうさ)《紙や布のにじみ止めやつや出しに塗る》 —動 他 …にサイズを塗る

-size /-saɪz/, **-sized** /-saɪzd/ 連結形 「(ある)大きさ[規模]の」の意 ‖ a small-*sized* house 小型の家 (→ good-sized, life-size(d))

size·a·ble /sáɪzəbl/ 形 =sizable

size·ism /sáɪzìzm/ 名 U 体格による差別《身長・肥満度などで人を差別すること》 **-ist** 名 形

siz·ing /sáɪzɪŋ/ 名 U サイズ (size) を塗ること；にじみ止め材料

***siz·zle** /sízl/ 動 自 ❶(揚げ物をするときなどに)しゅうしゅう[じゅうじゅう]という音を立てる ‖ fish *sizzling* in a pan なべの中でじゅうじゅういっている魚 ❷《口》焼けるほど暑い (→ sizzling) ❸《口》(怒り・激情などで)煮えくりかえる；刺激的である (→ sizzling) —名 ❶C《単数形で》しゅう[じゅう]という音 ❷U 酷暑 ❸U《口》激情

siz·zler /sízlər/ 名 C ❶じゅうじゅういうもの；ものすごく熱いもの ❷《口》じりじり照りつける日

siz·zling /sízlɪŋ/ 形《口》❶焼けつくように暑い ❷極めてエキサイティングな

SJ 略 Society of Jesus (イエズス会)

sjam·bok /ʃæmbɑ́(ː)k | ʃǽmbɒk/ 名 C《南ア》サイの皮のむち —動 他 …をサイの皮のむちで打つ

SJD, S.J.D. 略《ラテン》*Scientiae Juridicae Doctor* (=Doctor of Juridical Science) (法学博士)

ska /skɑː/ 名 U〘楽〙スカ《ジャマイカ発祥のポピュラー音楽》

skag, scag /skæg/ 名 U《主に米口》=heroin

skank /skæŋk/ 名 C ❶スキャンク《レゲエ音楽に合わせて踊るダンス》 ❷U レゲエ音楽 ❸《米口》ひどく自堕落[不愉快]なやつ —動 他《口》…をだます, …からだまし取る —自 スキャンクを踊る

skank·y /skǽŋki/ 形《主に米口》❶ひどく不愉快な ❷自堕落な, 不道徳な

***skate¹** /skeɪt/ 動 自 ❶スケート[ローラースケート]で滑る, スケート[スケートボード]をする ‖ go *skating* on [×to] a frozen lake 凍った湖へスケートに行く ❷滑るように(速く)走る ❸《米口》いい加減にやる
—他〔(スケートの)演技・種目〕をスケートで滑る ‖ ~ a figure of eight スケートで8の字を描いて滑る
skàte óver [OR *aróund, róund*] ... 〈他〉〔問題など〕を避けて通る, よける (skirt around ; evade)
skáte through ... 〈他〉①…を素早く簡単にやる, 難なくうまくやる ②〔仕事など〕をいい加減にする
—名 C ❶スケート靴 (ice skate) (♦用具を指す. スポーツとしての「スケート」は skating) ; ローラースケート靴 (roller skate) ‖ a pair of ~*s* スケート靴1足 / move across the ice on ~*s* スケートで氷の上を縦横に滑る ❷アイススケート靴の刃 ❸(スケートの)ひと滑り
gèt [OR *pùt*] *one's skátes òn*《英口》急ぐ
skát·er 名 C スケートをする人, スケーター

skate² /skeɪt/ 名 (複 ~ OR ~s /-s/)〘魚〙C ガンギエイ ; U ガンギエイの肉

skáte·bòard 名 C スケートボード —動 自 スケートボードで滑る ~·er 名

***skáte·bòarding** 名 U スケートボード遊び

skáte·pàrk 名 C スケートボード競技場

***skát·ing** /-ɪŋ/ 名 U スケート ; スケート競技
▸▸~ rìnk 名 C スケートリンク, (ローラー)スケート場

ske·dad·dle /skɪdǽdl/《口》動 自 急いで逃げる
—名 U C 慌てて[急いで]逃げること

skeet /skiːt/ 名 (=~ shòoting) U《米》スキート射撃《クレー射撃の一種. 左右から打ち上げられる標的を撃つ》

skee·ter /skíːtər/ 名 C《主に米口》蚊 (mosquito)

skein /skeɪn/ 名 C ❶糸のかせ, かせに巻いた糸 ; 巻いたもの ‖ a ~ of hair 巻き毛 ❷もつれ, 混乱 ‖ a twisted ~ of lies 支離滅裂なうそ ❸(V字型に並んで空を飛ぶ)野鳥の群れ

skel·e·tal /skélətəl | skélɪ-/ 形 ❶〘解〙骨格の ‖ ~ muscles 骨格筋 ❷骸骨のような, 骨と皮ばかりにやせた ❸概略の ; 骨格となる, 根幹をなす ‖ a ~ framework 骨組み, 骨子

***skel·e·ton** /skélɪtən/ 名 C ❶骨格, 骸骨 ; 骨格模型 ❷《口》やせこけた人[動物] ‖ be reduced to a ~ 骨と皮ばかりになる ❸《通例単数形で》(建物・船などの)骨組み ; 骨格となるもの, 基幹 ‖ the steel ~ of a building 建物の鉄骨 ❹残骸(ざんがい), 抜け殻 ❺《通例単数形で》(計画・作品などの)骨子, 輪郭, 概略 ‖ the ~ of a project 計画の概略 ❻《形容詞的に》骸骨の(ような) ; 中の見える, 半透明の ; (人数が)必要最小限の ; 基幹の ; 概略の ‖ a ~ staff (最小限の)基幹スタッフ / a ~ crew〘海〙基幹乗組員 / a ~ service 必要最小限の業務 ; (鉄道・バスなどの)間引き運転 ❼💻骨組, 構造《具体的な内容が記述される前の, 最低限の情報が書かれたファイルなど》 ❽〘スポーツ〙スケルトン《そり競技の1つ》
a skèleton in the [OR *one's*] *clóset* [《英》*cúpboard*] 他人に知られたくない秘密[恥]
▸▸~ kèy 名 C 親鍵(おやかぎ), マスターキー

skell /skel/ 名 C《米俗》(主にニューヨーク地下鉄構内の)ホームレス (♦ skeleton の短縮)

skep·tic, 《英》**scep-** /sképtɪk/ 名 C 懐疑的な人, 疑い深い人 ; (宗教的)懐疑論者, 無神論者 ; 《S-》〘哲〙(古代ギリシャの)懐疑派哲学者《Pyrrho /pírou/ (360?–270B.C.) とその追随者》 —形 =skeptical

***skep·ti·cal,** 《英》**scep-** /sképtɪkəl/ 形 ❶〈…に〉懐疑的な, 疑い深い ; 疑っているような 〈of, about〉 ‖ I was very ~ *about* the whole affair. 私はその件全般について大変懐疑的だった / I remain ~. 私はまだ信じられない (♥ 不信を表す) ❷(宗教的)懐疑論的な ; 《S-》〘哲〙懐疑派の ~·ly 副 疑い深く ; 懐疑的に

***skep·ti·cism,** 《英》**scep-** /sképtɪsìzm/ 名 U ❶懐疑心, 疑い深さ ❷(宗教的)懐疑論 ; 《S-》(古代ギリシャの)懐疑派の哲学

sker·ry /skéri/ 名 (複 -ries /-z/) C《スコット》岩の多い小島, 岩礁

***sketch** /sketʃ/ 名〔▶ sketchy 形〕C ❶スケッチ, 写生図 ; 素描, 下絵, デッサン ; 略図 ‖ make a ~ of an elephant 象を写生する / I drew ~*es* of the clowns. ピエロの下絵を描いた ❷(文学作品などの)下書き, 草稿 ❸〈…の〉概略, 大要 〈of〉 ‖ give a ~ *of* one's plan 計画の粗筋を示す ❹小品, 短編 ; (ピアノのためのスケッチ風の)小曲, 素描曲 ; 喜劇風の寸劇 ❺《旧》《口》滑稽(こっけい)な[面白い]人[もの] ; 異様な人
—動 他 ❶…をスケッチ[写生]する ; …の下絵を描く ❷…の概略を述べる《*out*》 ‖ He ~*ed* only the outlines of his plan. 彼は自分の計画の概略だけを述べた ❸(身振り手振りで)〔しぐさ〕をちょっとしてみせる
—自 スケッチ[写生]する ‖ go out ~*ing* 写生に出かける
skètch ín ... / *skètch ... ín* 〈他〉①…について(詳細を加えて)より念入りに説明する ②スケッチに…を描き加える
▸▸~ màp 名 C 略図, 見取図

skétch·bòok 名 C スケッチブック, 写生帳 ; (文芸作品などの)小品集, 随筆集

skétch·pàd 名 =sketchbook

sketch·y /skétʃi/ 形〔◁ sketch 名〕❶スケッチ風の, 素描の ; 略図の ; 概略だけを示す ❷大ざっぱな, 粗略な, 不完全な **skétch·i·ly** 副 **skétch·i·ness** 名

skew /skjuː/ 形《通例叙述》斜めの, ゆがんだ, 曲がった ;

〖数〗非対称の ━名UC 斜め, ゆがみ, 曲がり
on the skéw 斜めに, 曲がって(askew)
━動自 斜めに進む, それる；ゆがむ；〈…を〉横目で見る〈**at**〉
━他 …を斜めにする, 曲げる；ゆがめる

skéw·bàld 形名C (白と褐色の)まだらの(馬)

skew·er /skjúːər/ 名C (料理用の)串, 焼き串；(一般に)串状のもの ━動他 ❶…を(焼き)串で留める[刺す] ❷《口》…を鋭く批判する

skèw-whíff 〈シ〉形副《英口》斜めの[に]

***ski** /skiː/ 動(**~ed** OR **ski'd** /-d/；**~·ing**) 自 スキーで滑る, スキーをする ‖ I *~ed* down the slope. 私は斜面をスキーで滑り降りた / go *~ing* in [*to] Hokkaido 北海道へスキーに行く ━他…をスキーで滑る
━名(複 **~s** /-z/ OR《まれ》**~**) C ❶スキー(板) (♦用具を指す. スポーツとしての「スキー」は skiing)；水上スキー(waterski, water-ski, water ski) ‖ a pair of *~s* 1組のスキー(板) / go on *~s* スキーを履いて行く ❷(ヘリコプターなどの下につけた)そり ❸《形容詞的に》スキーの, スキー用の
~·a·ble 形 (斜面などが)スキーに適した[のできる]
▶▶ **~ bòot** 名C《通例 ~s》スキー靴 **~ jùmp** (↓) **~ lìft** 名C (スキー場の) リフト **~ màsk** 名C 目出し帽, スキーマスク《目・鼻・口の部分のみ穴が開いた頭からすっぽりかぶるニット帽》 **~ pànts** 名複 スキーズボン **~ pòle** 名C (スキーの) ストック (《英》ski stick) **~ rùn** 名C スキー用スロープ, ゲレンデ **~ slòpe** 名C =ski run **~ tòw** 名C スキートー《スキーリフトの一種. スキーを履いたままロープにつかまって引き上げられる》；=ski lift

skí·bòb 名C スキーボブ《車輪の代わりにスキー板のついた自転車のような乗り物》 ━動自 スキーボブに乗る

***skid** /skɪd/ 動(**skid·ded** /-ɪd/；**skid·ding**) 自 (車などが)スリップする, 横滑りする；(飛行機が)(旋回時に)外側に滑る(⇨ SLIP[1] 類語P) ‖ Our car *skidded* to a halt. 車はスリップして止まった ━他 ❶《主に米》…を滑り材の上に載せ(て滑らせ)る ❷〔車輪〕に輪止めをかけ(て止め)る ❸〔車など〕をスリップ[横滑り]させる ‖ ~ one's car into a turn 車を横滑りさせてターンする
━名C ❶横滑り, スリップ ‖ The car went into a ~. 車は横滑りした / long ~ marks on the road surface 路面についた長いスリップ跡 ❷(車輪の) 輪止め, 滑り止め ❸《~s》(重いものを動かすときの)滑り材, ころ ❹(車輪のついた) 低い荷台 ❺(飛行機・ヘリコプターなどの着陸用の)そり, 滑走部 ❻《~s》船の木製の舷側(げんそく)の緩衝装置
grèase the skíds 《主に米口》円滑に[すらすら] 運ばせる, 促進する
hìt the skíds 《口》急落[悪化]する；(金・家・職などを失い)惨めな状態になる
on the skíds 《口》落ち目で[の]；(多くの問題を抱えて)破滅へ向かって
pùt the skíds under ... 《口》…を失敗[挫折(ざせつ)]させる；…を中止させる
▶▶ **~ róad** 名C ①《米・カナダ》(木材を滑り落とす)木馬(きんま)道, ころ道 ②《米方》きこりの集まる町 ③《米口》=skid row **~ rów** 名U《主に米口》スラム街；うらぶれた状態 ‖ be on ~ *row* うらぶれた状態にある

skid·dy /skídi/ 形 (道路などが)滑りやすい

skíd·lìd 名《英口》=crash helmet

skíd·pàd, 《英》**-pàn** 名C (車の)横滑りテスト用コース

skíd·pròof 形 (タイヤなどが)横滑り防止措置をした

***ski·er** /skíːər/ 名C スキーヤー

skiff /skɪf/ 名C (1人乗りの)小型ボート

skif·fle /skífl/ 名U〖楽〗スキッフル ❶ 1920-30年代に米国で流行したジャズ ❷ 1950年代に英国で流行したフォークソング

***ski·ing** /skíːɪŋ/ 名U スキー, スキーで滑ること[技術]；スキー競技 ‖ go ~ スキーをしに行く

ski·jor·ing /skíːdʒɔːrɪŋ/ 名U スキージョーリング《馬・犬・車などに引かせて雪や氷の上を滑るスキー競技》

skí jùmp 名C ❶スキー競技のジャンプ ❷スキーのジャンプ台[場], シャンツェ(♦「シャンツェ」はドイツ語の Schanze から) **~·er** 名 **~·ing** 名

***skil·ful** /skílfəl/ 形《英》=skillful

****skill** /skɪl/
━名(複 **~s** /-z/) ❶U **熟練**, 熟達；優れた腕前, うまさ〈**in, at** …の / **in** [**at**] ***doing*** …することの〉‖ This forklift **requires** a lot of ~ to operate. このフォークリフトは操作に熟練を要する / His ~ *at* hitting the ball is outstanding. 彼のボールを打つうまさは際立っている / The dancers performed with ~. 踊り子たちは上手に踊った / show great ~ [*at* a game [*in* playing the violin] 試合で[バイオリンの演奏に]立派な腕前を見せる
❷C (特殊な)**技能**, 技術, わざ, 特技, 芸；(特殊な)能力[訓練, 経験]を要する仕事[商売] ‖ What ~*s* do you have other than web designing? ウェブデザイン以外にどんな特技をお持ちですか / She has excellent technical ~*s* on the piano. 彼女のピアノの演奏テクニックは素晴らしい / **learn** the basic ~*s* of reading and writing 読み書きの基本的技術を身につける / **develop** communication ~*s* コミュニケーション能力を磨く / an agent with good negotiating ~*s* 交渉上手な代理人 / the ~*s* **needed** for secretarial work 秘書の仕事で必要な技能

skilled** /skɪld/ 形 (**more ~**；**most ~**) ❶熟練した, 腕がよい, 上手な (↔ unskilled)〈**in, at** …に[の] / **in** [**at**] ***doing …するのに[が]〉‖ ~ workers 熟練労働者たち / He is ~ *in* carpentry. 彼は大工仕事が上手だ ❷《比較なし》《限定》熟練を要する ‖ highly ~ work 高度に熟練を要する仕事

skil·let /skílɪt/ 名C《米》フライパン (⇨ PAN[1] 図)；《英》《旧》長柄のシチューなべ《通例3-4本の脚がついている》

***skill·ful,** 《英》**skil-** /skílfəl/ 形 ❶(人が)〈…に〉熟練した；〈…が〉巧みな, 上手な〈**at, in**〉‖ a ~ fisherman 老練な漁師 / be ~ with one's hands [fishing rod] 手先が器用である[釣りがうまい] (♦ with の後には道具を表す語がくる) / The new manager is ~ [*at* negotiation [*in* coping with difficulties]. 新マネージャーは交渉[難局に対処]するのがうまい ❷ (動作などが) 巧みになされた ‖ make a ~ debating speech 巧みな弁論をする
~·ly 副

skil·ly /skíli/ 名U《英》《旧》薄いスープ[かゆ]

skim** /skɪm/ 動(**skimmed** /-d/；**skim·ming**) 他 ❶〔脂・泡などの浮遊物〕を〈液体表面から〉すくい取る, 取り除く《off***》〈**off, from**〉；…の表面(の浮遊物)をすくい取る ‖ ~ the fat *off* (one's soup) with a spoon スプーンで(スープの表面から) 脂をすくい取る / ~ milk 牛乳の乳脂を取り除く ❷〔本など〕にざっと目を通す, …を拾い読みする ‖ ~ a site for interesting articles 面白い情報はないかとサイトにざっと目を通す ❸《受身形不可》…にすれすれに飛ぶ；〔小石〕を水面を水切りするように投げる ‖ The plane *skimmed* the water. 飛行機は水面すれすれに飛んだ ❹《口》〔金〕を横領[着服]する；《米》〔収入の一部〕を(税金逃れのために)隠す ❺(不正コピーで)〔他人のカード番号〕を入手する ━自《+副句》❶〈…を〉表面すれすれに飛ぶ；軽やかに滑る〈**across, over, along**〉‖ The skater *skimmed over* the ice. スケーターは氷上を軽やかに滑った ❷〈本などに〉ざっと目を通す, 〈…を〉拾い読みする〈**through, over**〉❸《米口》金を着服する；(税金逃れのために)収入の一部を申告しない
skìm óff ... / skìm ... óff 〈他〉①⇨他❶ ②〔金〕をかすめ取る, 着服する ③〔最良の部分〕をより抜く[取り去る]
skím over ... 〈他〉①⇨自❶ ②…を表面的に扱う
skìm thróugh ... 〈他〉①⇨自❷ ②…を表面的に扱う, 議論する
━名 ❶C 液体表面の薄膜, 薄い層 ‖ a ~ of ice 薄氷 ❷U (液体表面から)浮遊物をすくい取ること；すくい取った浮遊物[上澄み, 浮きかす]；スキムミルク ❸U ざっと目を通

す[読む]こと ❹Ⓤ かすめて飛ぶこと
▶▶～ [skìmmed] mílk 名Ⓤ スキムミルク, 脱脂乳

skim·mer /skímər/ 名Ⓒ ❶ 上澄みをすくい取る道具[人]；網杓子(じゃくし)；スキマー《流出油をすくい取る器具》❷〘鳥〙ハサミアジサシ《下くちばしが上くちばしより長い》;〘虫〙ベッコウトンボ ❸《主に米》平たい麦わら帽子 ❹ 他人のカード番号を不正入手する人

skí·mobìle 名《米》=snowmobile

skimp /skɪmp/ 動 他 ❶ …をちびちび与える, 出し惜しむ；〔人〕に惜しみ与える ❷〔仕事〕をぞんざいにやる
—自〈時間・金・材料を〉節約する；〈…を〉出し惜しむ〈on〉‖ ～ *on* a budget 予算を切り詰める

skimp·y /skímpi/ 形 ❶(衣服が)寸足らずの, 窮屈な ‖ a ～ swimsuit 肌もあらわな水着 ❷(数量などが) 乏しい, 不十分な, 貧弱な

S

⁝skin /skɪn/ 名 動
—名〔▶ skinny 形〕(複 ～s /-z/) (⇨ 類語P) ❶ⓊⒸ (人間・動物の)(薄い)皮, **皮膚**, 肌；肌の色, 顔色 ‖ The ～ on my shoulders came [OR peeled] off. 肩の皮がむけた / Nick has really bad ～. ニックはとても顔色が悪い(どこか悪いのでは) / The cold makes the ～ smart. 寒さで肌がひりひりする / Snakes shed [OR cast off] their ～(*s*). 蛇は脱皮する / her beautifully tanned ～ 彼女の見事に日焼けした肌 / have (a) fair [dark, pale] ～ 肌が白い[浅黒い, 青白い] / a delicate [rough] ～ 弱い[荒れた]肌 / oily ～ 脂性の肌 / a ～ **cancer** [disease] 皮膚癌(がん)[病] (❗「スキンシップ」は和製語. 英語では body [OR bodily, physical] contact のようにいう)
❷ⒸⓊ (装飾・衣類用などに小動物からはぎ取った)**皮**, 皮革, 毛皮(pelt)；Ⓒ (ワインなど液体を入れる)革袋
❸ⒸⓊ (物の) 外[表] 皮；(果物・野菜・ソーセージなどの)皮；(ビル・航空機の)外板, 外殻；(液体の表面の)薄膜(⇨ PEEL 類語) ‖ eat「a potato with the ～ on [an apple ～ and all] ジャガイモ[リンゴ]を皮ごと食べる / banana [onion] ～ バナナ[タマネギ]の皮
❹《形容詞的に》《口》ポルノ文学[映画]の, ヌード[セックス]を扱った ❺Ⓤ《口》(マリファナたばこの) 巻き紙 ❻Ⓒ《英口》(頭を丸刈りにした)ちんぴら少年 ❼Ⓒ《通例 ～s》《口》(特にジャズで)ドラム, 太鼓の皮 ❽Ⓒ 💻 スキン《色やボタンの配置などの表示方法を変えられるソフトウェアで, それぞれの表示方法を指す》

*__*be nò skín off a pérson's nòse*__ [《米》 ***bàck***] 《口》(人に)全然影響を与えない ‖ It's *no* ～ *off* my *nose* if he doesn't come. 彼が来なくても何てことない

*__*by the skín of one's téeth*__ 《口》辛うじて(barely), きわどいところで

gèt under a pèrson's skín 《口》①(人を) 怒らせる, いらいらさせる(irritate) ②(人の)心を強く打つ, (人を)感銘させる

*__*hàve (a) thìck [thìn] skín*__ (侮辱・非難などに) 鈍感[過敏]である, 面(つら)の皮が厚い[厚くない]

have gòt a pèrson ùnder one's skín 《口》〔人〕に強く引かれる, 〔人〕を好きになる

in [OR ***with***] ***a whòle skín*** 無傷で, 無事に

*__*jùmp*__ [OR ***lèap***] ***òut of one's skín*** 《口》飛び上がるほど驚く, ショックを受ける

màke a pèrson's skín cràwl (人を)ぞっとさせる

sàve one's (òwn) skín 《口》(危険・死などから)何とか無事に逃れる

skìn and bóne(s) 《口》骨と皮ばかりで, やせこけて ‖ He's all ～ *and bone*(*s*). 彼は骨と皮ばかりだ

under the skín 一皮むけば, 本質的には

—動 (～s /-z/ ; **skinned** /-d/ ; **skin·ning**)
—他 ❶〔動物〕の皮をはぐ, 〔果物・野菜など〕の皮をむく ‖ ～ a bear クマの皮をはぐ / ～ a tomato トマトの皮をむく ❷〔ひざ・ひじなど〕をすりむく ‖ ～ one's hand on a brick wall ブロック塀で手をすりむく
❸〔傷口など〕を皮膚で覆う；〔骨組み〕を覆う
❹《俗》〔人〕から〈金などを〉奪う《*out*》〈of〉‖ The loan shark *skinned* him (*out*) *of* his whole paycheck. 高利貸しは彼の給料を残らず巻き上げた
❺《俗》〔相手〕を完全に打ち負かす, やっつける
—自 (傷口が)新しい皮膚で覆われる；(皮状のもので)覆われる《*over*》〈with〉‖ The puddle *skinned over with* ice. 水たまりに氷が張った

skìn a pèrson alíve 《戯》〔人〕を厳しくしかる；やっつける

skìn úp 《英口》マリファナ入りのたばこを巻く

COMMUNICATIVE EXPRESSIONS

[1] **Skín me!** やあ (♥ お互いの手のひらと手のひらをパンとたたき合わせてあいさつすることを促す. 親しい友人などに対して男性が用いることが多いくだけたあいさつ. =Slip me some skin! / =Give me five!)

皮・毛皮	動物の	**fur**	(キツネ・ウサギなどの)柔らかい毛皮
		hide	大きな動物の生皮・なめした革
		pelt	小さな動物の(特に毛のついた)皮
	人間の	**skin**	(人間の)皮膚, (動物の)皮革, (バナナ・トマトなどの)皮
	食物の	**rind**	(メロン・レモンなどの)厚くて硬い皮, (ベーコンの)皮
		peel	(ミカン・オレンジ・リンゴなどの)薄い皮
	木の	**bark**	樹皮

♦「なめし革」は leather である.

▶▶～ **dìving** (↓) ～ **flìck** 名Ⓒ《俗》ポルノ映画 ～ **gàme** 名Ⓒ《米口》詐欺, ぺてん ～ **gràft** 名Ⓒ〘医〙移植用皮膚片；皮膚移植手術 ～ **gràfting** 名Ⓤ〘医〙皮膚移植(術)

skín·càre 名Ⓤ形 肌の手入れ(用の), スキンケア(の)

skìn-déep <ジ 形《通例叙述》皮一重の；うわべだけの, 皮相な ‖ *Beauty is only* [OR *but*] ～. 《諺》美人というも皮一重；美しさは人間の真価に関係ない / ～ civility うわべだけの丁重さ

skín dìving 名Ⓤ スキンダイビング《潜水服をつけずに行うダイビング》 **skín-dìve** 動 自 スキンダイビングをする **skín dìver** 名Ⓒ スキンダイバー

skín·flìnt 名Ⓒ《口》けちんぼう(miser)

skin·ful /skínfʊ̀l/ 名Ⓒ《単数形で》革袋1杯(分)；《英口》腹いっぱい；酔っ払うほどの酒量 ‖ have a [OR one's] ～ 酔っ払うほど酒を飲む

skín·hèad 名Ⓒ ❶ 頭を丸刈りにした人 ❷ スキンヘッド(族)《暴力的で人種差別的な考えを持つ白人の若者》

skink /skɪŋk/ 名Ⓒ〘動〙スキンク《スキンク科のトカゲの総称》

skin·less /skínləs/ 形 皮なしの；敏感な

skinned /skɪnd/ 形《通例複合語で》皮膚が…の ‖ dark-～ 肌の色が黒い / thin-～ (批判や中傷に)敏感な

skin·ner /skínər/ 名Ⓒ ❶ 皮はぎ人；皮革商, 毛皮商 ❷ 詐欺師, ぺてん師 ❸《米西部》ラバを追う人

*__skin·ny__ /skíni/ 形〔◁ skin 名〕(-**ni·er** ; -**ni·est**) ❶《口》やせこけた, 骨と皮ばかりの (↔ fat) (♥ 褒める場合は slender (女性) や slim (男女共) などを用いる) (⇨ THIN 類語) ❷ (衣服が) 体にぴったりの ‖ ～ jeans 細身のジーンズ ❸《米口》脂肪分が少ない
—名《the ～》《米口》〈特定の人などの〉内密の情報, ゴシップ〈on〉 -**ni·ness** 名

skínny-dìp《口》動 (-**dìpped** /-t/ ; -**dìp·ping**) 自 丸裸で泳ぐ —名Ⓤ 丸裸で泳ぐこと -**dìpping** 名

skint /skɪnt/ 形《叙述》《英口》一文なしの

skìn·tíght <ジ 形《限定》(衣服などが)体にぴったりした

*__skip__[1] /skɪp/ 動 (**skipped** /-t/ ; **skip·ping**) 自 ❶ (子供・

動物などが)ぴょんと跳ぶ, 飛び跳ねる, スキップする；跳ね回る；飛び跳ねて行く；急いで移動する(♦通例方向を表す副句を伴う) (⇨ JUMP 類語) ‖ The children are *skipping* about in the playground. 子供たちは遊び場で跳ね回っている / ～ over a gutter 溝をぴょんと飛び越す / She *skipped* down the path. 彼女はスキップしながら小道を進んだ / I *skipped* over [OR across, off] to France for Christmas. クリスマスにふらっとフランスに行った
❷ (石などが) 水面を切って飛ぶ (《英》 skim), (ボールなどが) 表面をはねて飛ぶ ‖ The stone *skipped* six times over the water before it sank. 石は6回水面を切って飛んでから沈んだ
❸ (ある箇所などを) 飛ばす, 抜かす〈**over** …を；**through** …のところどころを；**to** …へ〉‖ Let's ～ *to* page sixty. 飛ばして60ページへ行きましょう / ～ *over* dull passages 退屈な部分を飛ばして読む ❹ (ある話題・仕事などに) 急に移る, 変わる《***around***》〈**from** …から；**to** …へ〉‖ He [His speech] *skipped from* one subject *to* another. 彼[彼の演説]は次から次へと話題が変わった ❺《米》(学生が)飛び級する ❻《口》〈支払いなどをせずに〉さっと[こっそり]姿を消す, ずらかる, 高飛びする《***off, out***》〈**on, of**〉‖ ～ *out on* [OR *of*] utility bills 公共料金を払わずに姿を消す
❼《英》縄跳びをする
—他 ❶ …を抜かす, 飛ばす；〔授業など〕をサボる ‖ Don't ～ breakfast. 朝食を抜かしちゃ駄目よ / He *skipped* the problems he couldn't solve. 彼は解けない問題を飛ばした / My heart *skipped* a beat when I heard about the accident. 事故のことを聞いたときは心臓が一瞬止まった / ～ school [an English class] 学校[英語の授業]をサボる / ～ work 仕事を休む[サボる]
❷〔学年〕を飛ばして進級する；《米》〔学生〕を飛び級させる
❸《口》…を素早く[ひそかに]去る, …からずらかる, 高飛びする ‖ ～ town [the country] 町から[国外へ] 逃げ出す
❹ …をぴょんと飛び越える ‖ ～ rope 《米》縄跳びをする
❺〔石など〕を水面を切って飛ばす(《英》 skim)
skìp óff [OR ***óut***] ***with ...*** 〈他〉《口》…を取って[盗んで]行ってしまう, 持ち逃げする
skìp óut on ... 〈他〉《米口》①〔夫・妻など〕を捨てて逃げる ② ⇨ 自 ❻

COMMUNICATIVE EXPRESSIONS
[1] **Skíp it!** その話はもうするな；(そのことは)忘れろ
—名 C ❶ 軽く跳ぶこと, 跳躍；スキップ ‖ a hop, ～ and jump ⇨ HOP¹(成句) ❷ 飛ばす[抜かす]こと, 省略, 割愛；飛ばされた[抜かされた]もの, 省略箇所[部分]
▶▶**skípping ròpe** 名 C 《英》縄とびの縄 (《米》 jump rope)

skip² /skɪp/ 名 C (curling などのチームの)キャプテン

skip³ /skɪp/ 名 C 《英》 ❶ (建築現場の) 廃棄物を入れる大型容器 ❷ (炭鉱などの) 巻き上げ式の運搬容器

skíp·jàck 名 (複 ～ OR ～**s** /-s/) C ❶〔魚〕水中から飛び上がる魚, カツオ(skipjack tuna) ❷〔虫〕コメツキムシ ❸〔海〕(米国の)1本マストの小型帆船

skí·plàne 名 C〔空〕雪上機

***skip·per** /skípər/ 《口》 名 C (漁船・小型商船などの) 船長；(航空機の)機長；《主に英》(スポーツチームの)主将, コーチ —動 他 …の船長[主将]を務める

skirl /skəːrl/ 動 自 バグパイプ(bagpipe)を吹く；(バグパイプが)ぴーぴーいう；甲高い声を出す
—名 C《単数形で》バグパイプの音；甲高い声

***skir·mish** /skə́ːrmɪʃ/ 名 C ❶〔軍〕(小部隊間の)小競り合い ❷〈政敵・論敵間の〉小衝突〈**between**〉,〈…との〉小論争〈**with**〉‖ *Skirmishes between* border guards are common. 国境警備隊間の小競り合いはよくあることだ / He had a ～ *with* his boss about the commission. 彼は歩合のことで上役と衝突した / There were ～*es between* rival fans. 敵対するファンの間でちょっとしたいさかいがあった —動 自〔軍〕〈…と〉小競り合いをする, 衝突する；小論争する〈**with**〉 ～**·er** 名 ～**·ing** 名

‡skirt /skəːrt/ 《発音注意》
—名 (複 ～**s** /-s/) C ❶ **スカート** ‖ a pleated [divided, flared] ～ プリーツ[キュロット, フレア]スカート(❗「キュロットスカート」はフランス語＋英語の和製語) / a girl **wearing** [OR **in**] a checked ～ チェックのスカートをはいている少女
❷《しばしば ～s》(コートやドレスなどの)スカート(部)《腰から下の部分》‖ a dress with a flared ～ 下がフレア(スカート)になっているドレス
❸ スカート状のもの；(馬の)くらの垂れ；(いすの脚を覆う)スカート；(ホバークラフトの)スカート；(車・航空機などの)下部覆い, 基部の張り出し部 ❹《通例 ～s》(町などの)周辺, 外れ, 郊外(outskirts) ❺ U《俗》(性的欲望の対象としての)女性 ❻ U (肉牛などの)横隔膜, その他の膜《食用》；C《英》(肉牛などの)わき腹肉の切り身
—動 (～**s** /-s/；～**·ed** /-ɪd/；～**·ing**)
—他 ❶ …のへり(沿い)にある, …を巡る, …のへりに沿って行く ‖ The highway ～*s* the mountain. 幹線道路はその山のすそ野に沿って通っている
❷ …を避けて通る；…を危うく免れる ‖ I ～ the downtown area during the rush hour(s). 私はラッシュの時間帯はダウンタウンを避けて通る / ～ disaster 災難を危ういところで逃れる ❸〔問題など〕を避けて通る, 回避する
—自 ❶〈…の〉へり(沿い)にある, へりを通る；〈…の〉へりに沿って進む〈**along, around**〉‖ The train ～*ed along* the lake. 列車は湖に沿って進んだ ❷〈…を〉よけて通る；〈問題を〉回避する(skate around；evade)〈**around**〉
▶▶**～ chàser** 名 C 女の尻(しり)を追う男, 女たらし **∠ing (bòard)** 名 C U《英》〔建〕(壁の下端の)幅木(はばき)(《米》 baseboard)

skit /skɪt/ 名 C〈…についての〉軽い風刺文；寸劇〈**on**〉

skit·ter /skít̬ər/ 動 自 ❶ (水面などを) 軽やかに飛んで[走って]行く ❷〔釣〕流し釣りをする
—他 …をかすめるように飛ばす

skit·tish /skít̬ɪʃ/ 形 ❶ (馬が) 驚きやすい ❷ (人が) おてんばな；気まぐれな, 移り気な ❸ (市場の) 変動が激しい；(投資家が)弱気な ～**·ly** 副 ～**·ness** 名

skit·tle /skít̬l/ 名 C《英》❶ (～s)《単数扱い》九柱戯(ninepin)《木製の円盤[球]で9本の柱(pins)を倒す, ボウリングに似た英国のゲーム》❷ 九柱戯の柱[ピン]
—動 他〔クリケット〕〔打者〕を次々にアウトにする《***out***》

skive /skaɪv/ 動 自《英口》(仕事などを)怠ける《***off***》

skiv·vy¹ /skívi/ 名 (複 **-vies** /-z/) C ❶ (＝ ∠ **shìrt**)《米・豪》(ハイネックで長そでの薄手の)シャツ；Tシャツ ❷ (-vies)《米》《商標》(Tシャツとパンツからなる)下着

skiv·vy² /skívi/ 《英口》 名 (複 **-vies** /-z/) C お手伝い(housemaid)；下働き, 雑用係 —動 (**-vies** /-z/；**-vied** /-d/；～**·ing**) 自 (家の中の)雑用をする

skí·wèar 名 U スキー服, スキーウエア

skoal, skol /skoʊl/ 間 (健康を祝して)乾杯

Skop·je /skɑ́(ː)pji | skɔ́ːp-/ 名 スコピエ《マケドニア共和国の首都》

Skr., Skt., Skrt. 略 Sanskrit

SKU /skjuː/ 略 *s*tock (-)*k*eeping *u*nit(在庫商品識別番号)

sku·a /skjúːə/ 名 C〔鳥〕トウゾクカモメ(jaeger)

skulk /skʌlk/ 動 自 ❶ こそこそ忍び歩く, こそこそ隠れる[逃げる]；(悪事をたくらんで)こそこそする《***about, around***》‖ ～ off こそこそと立ち去る ❷《英》(仕事を)怠ける, ずるける；仮病を使う —名 C ❶ こそこそする人 ❷ キツネの群れ ～**·er** 名

***skull** /skʌl/ (♦同音語 scull) 名 C ❶ 頭骨, 頭蓋(ずがい)骨(cranium) ❷《口》頭, 頭脳 ‖ have 「a thick [an empty] ～ 頭が悪い [空っぽだ] / I can't get it into his (thick) ～ that he must come on time. 時間どおりに来るべきだということが彼の石頭にはわからない ❸ どくろ, しゃれこうべ ❹ (かぶとの)鉢
òut of one's skúll 《口》① 気が狂って ② ひどく酔った
▶▶**～ and cróssbones** 名 U どくろ図《大腿骨を十字

に組みその上に頭蓋骨を配した図形；昔は海賊の旗印，現在は毒薬瓶の警告の印） ～ **sèssion** 名 C 《米口》会議；政策討論会；作戦[戦略]会議

skúll·càp 名 C ❶ スカルキャップ《ユダヤ人男性やカトリックの聖職者がかぶる頭にぴったりした縁なし帽．ユダヤ人のものは yarmulke ともいう》 ❷ 頭蓋骨のてっぺん ❸ 〖植〗多年生ミントの類

skullcap ❶

skul(l)·dug·ger·y /skʌldʌ́ɡəri/ 名 U 《戯》不正行為，いんちき，ごまかし，ぺてん(trickery)

skunk /skʌŋk/ 名 ❶ C 〖動〗スカンク；U その毛皮 ❷ C 《俗》全く見下げ果てたやつ，いやなやつ(♥ you skunk で呼びかけにも用いられる) ❸ U 《俗》強力なマリファナ
── 動 他 《米・カナダ口》 ❶ (ゲームで)…を零敗させる，完敗させる ❷ 《旧》〔勘定など〕を踏み倒す；〔人〕をだます
▶▶ ～ **càbbage** 名 C 〖植〗(北米東部産の)ザゼンソウ，(北米西部産の)アメリカミズバショウ《湿地帯に多いサトイモ科の多年草．ハエを誘うため全草から悪臭を放つ》

skúnk·wèed 名 ❶ C 〖植〗テキサスクロトン《トウダイグサ科の一年草》；=skunk cabbage ❷ U 《英》(麻薬成分の多い)大麻(cannabis)

skúnk·wòrks 名 《通例単数扱い》《米口》スカンクワークス《企業の秘密の新製品開発部門または施設》

⁝**sky** /skaɪ/ 名 動
── 名 (複 **skies** /-z/) ❶ 《通例 the ～》**空**，大空，天(♦ 形容詞がついて冠詞が a になることもある．また「空の広がり」を強調するのに (the) skies も用いる) ‖ The ～ cleared (up) after the rain. 雨がやんで空が晴れ上がった / The ～ suddenly turned [OR went] dark. 空が急に暗くなった / The sun was high **in** the ～. 太陽は空高く昇っていた / a clear **blue** ～ 澄みきった青空 / a cloudy [dull] ～ 曇り[どんよりした]空 / a cloudless ～ 雲一つない空 / starry *skies* (一面の)星空 / The ～ above us was full of stars. 上空は満点の星空だった
❷ C 《しばしば skies》空模様，**天気**；気候，風土 ‖ There will be clear *skies* for the hike tomorrow. 明日は晴れてハイキングにはよい天気になるでしょう / threatening *skies* 雨[荒れ]模様 / under heavy *skies* どんよりした天候の下で / the sunny *skies* of Southern California 南カリフォルニアのうららかな気候
❸ 《the ～, the skies》《文》天，天国 ‖ be raised to the *skies* 昇天する，死ぬ
(as) hìgh as the ský =(as) *high as* a KITE
òut of a clèar (blùe) ský 不意に，出し抜けに ‖ His complaints came *out of a clear blue* ～. 彼は出し抜けに文句を言った
pràise ... to the skíes 〔人・物〕を褒めちぎる
rèach for the ský ① 望みを高く持つ，大志を抱く ② 《命令文で》《俗》手を上げろ(さもないと撃つぞ)
**The skỳ is the límit.* 《口》(成功・勝利などが)とどまる所を知らない；(金額などが)制限[上限]がない
── 動 (**skies** /-z/; **skied** /-d/; **～·ing**) 他 ❶ 《口》〔ボールなど〕を高く打ち[投げ]上げる ❷ (展覧会で)〔絵など〕を(壁の)高い所に掲げる
▶▶ ～ **blúe** (↓) ～ **màrshal** 名 C 《米》連邦航空警官(air marshal)《民間航空機のハイジャック防止に当たる政府の取締官》 ～ **pìlot** 名 C 《俗》(特に従軍の)聖職者 ～ **sùrfer** 名 C スカイサーファー ～ **sùrfing** 名 U スカイサーフィン《ボードを足につけて飛行機から飛び下り落下傘で降下するスポーツ》

skỳ blúe 名 U 空色 **skỳ-blúe** 形 空色の(azure)

ský·bòx 名 C 《米》(競技場などの)特別観覧席；ゴンドラ放送席

ský·càp 名 C 《米》(空港の)ポーター

ský·dìve 動 自 スカイダイビングをする

ský·dìver 名 C スカイダイバー

ský·dìving 名 U スカイダイビング

Skýe térrier /skaɪ-/ 名 C 〖動〗スカイテリア《毛が長く脚の短いスコットランド原産のテリア犬》

skỳ-hígh <シ> 副 ❶ 空高く，非常に高く；法外に ❷ 粉々に ‖ His theory was blown ～. 彼の説はこっぱみじんに論破された ── 形 非常に高い；法外な

ský·jàck 動 名 =hijack **～·er** 名

ský·làrk 名 C 〖鳥〗ヒバリ(lark)
── 動 自 ばか騒ぎする《*about*》

ský·lìght 名 C 天窓，(屋根・天井の)明かり取り

ský·lìne 名 C ❶ (建物・連山などの)空を背景としたシルエット，スカイライン ❷ 地平線(horizon)

Skype /skaɪp/ 名 《商標》スカイプ《Microsoft 社が提供するインターネット利用による電話サービス》
── 動 他 自 (…と)スカイプで話す

ský·ròcket 動 自 他 《口》(物価などが[を])急騰する[させる]，跳ね上がる[らせる]；(名声などが[を])急激に高まる[める] ── 名 C ロケット花火，のろし

ský·scàpe 名 C 空の景色(の写真[絵])

***sky·scrap·er** /skáɪskrèɪpər/ 名 C 超高層ビル，摩天楼

ský·wàlk 名 C スカイウォーク《建物と建物を空中で結ぶ連絡通路．skybridge, skyway ともいう》

sky·ward /skáɪwərd/ 副 形 空の方へ[の]，空へ向かって[た]

sky·wards /-wərdz/ 副 =skyward

ský·wày 名 C 《主に米》 ❶ 航空路 ❷ 高架式高速道路 ❸ =skywalk

ský·wrìting 名 U (飛行機の発煙による)空中文字(広告)
ský·wrìter 名

ŠL, Š.L. 略 *s*ource *l*anguage(起点言語)

***slab** /slæb/ 名 C ❶ (石・木・金属などの四角形の)厚板，平板；(パン・ケーキなどの)厚切り ‖ a road paved with 「～*s* of concrete [OR concrete ～*s*] コンクリート板で舗装された道路 / a ～ of cheese チーズの厚切り ❷ 背板(せいた)《丸太をひいたときに出る外側の部分》 ❸ 《the ～》《英》死体置き台 ❹ 〖野球〗ピッチャーズプレート(rubber) ❺ 〖登山〗スラブ《傾斜の緩やかな平らな岩》
── 動 (**slabbed** /-d/; **slab·bing**) 他 ❶ …を厚板にする；〔材木〕から背板をとる ❷ 〔屋根など〕を厚板で覆う

***slack**[1] /slæk/ 形 ❶ たるんだ，緩んだ，締まりのない(↔ tight)；弛緩(しかん)した；手ぬるい ‖ a ～ rope たるんだロープ / ～ screws 緩んだねじ / ～ skin たるんだ肌 / Her mouth went ～. (驚きなどで)彼女の口がぽかんと開いた / ～ control 手ぬるい統制 ❷ (商売などが)不活発な，不景気な，暇な，閑散とした ‖ Business is ～ these days. 商売はこのところ不振だ / a ～ market 緩慢な市場 / a ～ period 不況期 ❸ (人が)不注意な；いい加減な；怠慢な，だらけた ‖ a ～ worker だらけた労働者 / a ～ piece of work いい加減な仕事 ❹ のろい，緩慢な；元気のない，非活動的な ‖ Fred is always ～ in answering emails. フレッドはいつもメールに返信するのが遅い / at a ～ pace ゆっくりした足取り[ペース]で / I feel ～ this morning. 今朝はだるい ❺ (潮・流れなどが)よどんだ
── 副 緩く；のろのろと，緩慢に；いい加減に；不活発に
── 名 ❶ U (ロープ・帆などの)たるみ，緩み ❷ C U 不況期，不振期；《口》暇，息抜き ❸ U 余剰金；余剰スペース；余剰人員 ❹ U 石炭くず，粉炭 ❺ C 《～s》=slacks
cùt [OR *gìve*] *a pèrson sòme sláck* 《米口》(状況を考慮して)〔人〕を大目に見る，そっとしておく
tàke [OR *pìck*] *ùp the sláck* ① (ロープなどを)ぴんと張る ② (企業活動で)引き締める，活性化を図る ③ ほかの人がしていたことを引き受ける
── 動 他 ❶ 〔ロープなど〕を緩める，たるませる ❷ …を緩慢にする(slacken)；〔仕事など〕をいい加減にする，怠ける《*off*》 ❸ 〔速度など〕を落とす，緩める《*off*》 ❹ 〔石灰〕を消和する ── 自 ❶ (ロープなどが)緩む，たるむ ❷ 〈仕事などを〉いい加減にする，怠ける《*off, up*》〈**on**〉 ❸ (勢いなどが)

弱まる；(速度が)遅くなる，ゆっくり進む《*off*》❹(商売などが)不振になる

COMMUNICATIVE EXPRESSIONS

1 **You're slàcking óff.** 手を抜いてますね；サボってるな

~·ly 副 緩く，だらけて；沈滞して **~·ness** 名 U 緩み，怠慢；不景気，不振

slack[2] /slæk/ 名 U 粉炭(coal dust)

*__slack·en__ /slǽkən/ 動 他 ❶〔ロープ・握りなど〕を緩める，たるませる《*off*》(↔ tighten) ❷…を弱める，緩和する；…を遅くする；…を不活発にする ‖ ~ speed [one's pace] 速力[ペース]を落とす ―自 ❶弱まる，緩和する；遅くなる；不活発になる；仕事を怠ける《*off, up*》‖ The heavy rain ~*ed* (*off*) into a drizzle. 激しい雨が弱まって霧雨になった / Business is ~*ing*. 商売は不振になってきている ❷(ロープ・握りなどが)緩む

slack·er /slǽkər/ 名 C ❶《口》怠け者，仕事をずるける人，責任回避者；《米》兵役忌避者 ❷《主に米俗》(特に1990年代の目的意識を失った)無気力・無感動な若者

slàck-jáwed 形 口をぽかんと開けた

*__slacks__ /slæks/ 名 複 スラックス ‖ a pair of ~ スラックス1本 / a woman in ~ スラックスをはいた女性

slag /slæg/ 名 ❶ U 〖冶〗鉱滓(こうし)，スラグ；岩滓(がんし)(scoria)；(炭鉱の)ぼた ❷ C ⊗《英俗》《蔑》身持ちの悪い女 ―動 (**slagged** /-d/；**slag·ging**) 他 …のスラグを生じる，スラグ状にする ―自 スラグ状になる

slàg óff ... / slàg ... óff 〈他〉《英口》…をぼろくそに言う，中傷する

▸▸ **~ hèap** 名 C (鉱山などの)鉱滓の山，ぼた山

slain /sleɪn/ 動 slay の過去分詞(♦新聞の見出しなどでは killed より好まれる)

slake /sleɪk/ 動 他 ❶〔渇き・欲望など〕をいやす，満たす；〔怒りなど〕を和らげる ❷〔石灰〕を(水をかけて)消和する ―自 (石灰が)消和する

▸▸ **~d líme** 名 U 〖化〗消石灰(↔ quicklime)

sla·lom /slɑ́ːləm/ 《発音注意》名 C U (スキーの)スラローム，回転競技；(自動車・カヌーなどの)スラローム競技 ―動 自 スラロームをする(♦ノルウェー語より)

*__slam__[1] /slæm/ 動 (**slammed** /-d/；**slam·ming**) 他 ❶ a 《+目》〔ドアなど〕をばたん[ぴしゃり]と閉める ‖ Don't ~ the window. 窓をばたんと閉めないで b 《+目+補〈形〉》〔ドアなど〕を音を立てて…にする ‖ ~ a door shut ドアをばたんと閉める ❷《+目+副句》…をどしん[どさり]と置く《*down*》；…を〈…に向かって〉勢いよく投げつける[ぶつける]〈**into, against**〉；〔ブレーキなど〕を急に[勢いよく]動かす《*on*》‖ He *slammed* his bag *down* on the floor. 彼は床にバッグをどさりと置いた / ~ one's racket on the ground ラケットを地面に投げつける / ~ the brakes *on* 急ブレーキをかける ❸《口》〈…のことで〉…を酷評する〈**for**〉(♦主に新聞用語) ❹ …を強く打つ，襲う ❺《主に米口》…に楽勝する ❻《米口》(電話会社が)〔契約会社〕を顧客に無断で変更する

―自 ❶ばたん[ぴしゃり]と閉まる(♦ときに形容詞補語を伴う) ‖ The door *slammed* (shut) in the wind. ドアが風でばたんと閉まった ❷《+副句》〈…に〉激しい勢いで動く[突っ込む]〈**into, against, etc**〉‖ The truck *slammed into* [OR *against*] the wall. トラックがすさまじい勢いで壁に突っ込んだ

―名 C ❶《通例単数形で》ばたんと閉めること；ばたん[ぴしゃり，がーん](という音) ❷酷評

▸▸ **~ dàncing** (↓) **~ dùnk** (↓)

slam[2] /slæm/ 名 C 〖トランプ〗(bridge などでの)全勝(→ grand slam)

slàm-báng 形 副《主に米口》ばたん[どしん]と；激しい[く]，猛烈な[に]，向こう見ずな[に]

slám dàncing, slám-dàncing 名 U《主に米》スラムダンス《ロックに合わせて体をぶつけ合って踊る激しい踊り》

slám-dànce 動 自

slám dùnk 名 C ❶〖バスケットボール〗スラムダンク《強烈なダンクシュート》❷《米口》確実なこと；本命

slám-dùnk 動 他 ①〖バスケットボール〗〔ボール〕を強烈にダンクシュートする ②《米口》…を徹底的に打ちのめす

slám·mer 名 ❶ (the ~)《俗》刑務所(prison) ❷ C テキーラスラマー《テキーラをレモンソーダで割った飲み物》

slam·ming /slǽmɪŋ/ 名 U《米口》スラミング《電話会社が顧客に無断で契約会社を変更すること》

*__slan·der__ /slǽndər | slɑ́ːn-/ 名 C U ❶中傷，誹謗(ひぼう)，悪口 ‖ a ~ on his good name 彼の名声に対する中傷 ❷〖法〗口頭誹毀(ひき)，名誉毀損(きそん)(→ libel) ‖ sue one's colleague for ~ 自分の同僚を名誉毀損で訴える

―動 他 …を中傷する，…の名誉を毀損する，〔人〕についてうそを言う **~·er** 名

slan·der·ous /slǽndərəs | slɑ́ːn-/ 形 中傷的な，口の悪い，名誉を毀損する **~·ly** 副

*__slang__ /slæŋ/ 名 U ❶俗語(用法)，スラング(♦個々の俗語は a slang word [OR expression, term] という) ‖ use ~ 俗語を使う / in ~ 俗語で(は) ❷(ある社会・仲間特有の)通用語，専門語(jargon)；(犯罪者などの)隠語 ‖ college ~ 学生用語 / teenage ~ ティーンエイジャー用語 / army ~ 軍隊用語 ―動 自 ❶スラングを使う ❷口汚くののしる ―他《口》…を口汚くののしる

▸▸ **~ing màtch** 名 C《主に英》ののしり合い

slang·y /slǽŋi/ 形 俗語(的)な，俗語めいた；(人が)俗語を使いたがる **sláng·i·ly** 副 **sláng·i·ness** 名

*__slant__ /slænt | slɑːnt/ 動 他 ❶…を斜めにする；…を〈ある方向に〉傾ける〈**to**〉❷ a〔情報など〕をゆがめる，ゆがめて伝える〈**against** …に批判的に；**in favor of** …に好意的に〉‖ ~ the news *in favor of* the administration ニュースを政府よりに(ゆがめて)報道する b〔小説など〕を〈特定の読者向けに〉編集する，書き直す〈**toward, for**〉‖ a story ~*ed toward* [OR *for*] children 子供向けに書かれた物語 ―自《文》〈ある方向に〉傾斜する〈**to**〉；斜めになる[進む] ‖ An autumn sun was ~*ing* through the window. 秋の日差しが窓から斜めに差し込んでいた / ~ *to* the left 左に傾く

―名 C ❶《単数形で》斜め，傾斜(度)，勾配(こうばい)；斜線，斜面，坂 ‖ The roof has a sharp ~. その屋根は勾配が急だ / on [OR at] a ~ 傾斜して，斜めに ❷《単数形で》〈…に関する〉観点，意見，見解，見地〈**on**〉‖ put a new ~ *on* the Constitution of Japan 日本国憲法に関する新しい見解を示す ❸偏向，偏見；歪曲(わいきょく)

―形《限定》斜めの，傾斜した

slànt-éyed 形 目じりのつり上がった，つり目の(♥しばしば東アジア人に対して軽蔑的に用いる)

slánt·ing·ly /slǽnṭɪŋli | slɑ́ːnt-/ 副 =slantwise

slánt·wìse 副 形 斜めに[の]，はすに[の]，傾いて[た]

*__slap__ /slæp/ 動 (**slapped** /-t/；**slap·ping**) 他 ❶(手のひらなどで)〔人(の体の部分)〕をぴしゃりと打つ，ぽんとたたく(⇨ HIT 類語P) ‖ The audience *slapped* their knees with delight. 聴衆はひざをたたいて喜んだ / She *slapped* Tim's face (in anger). = She *slapped* Tim in [OR across] the face (in anger). 彼女は(怒って)ティムに平手打ちを食らわせた(→ *a slap in the face*(↓)) / ~ him on the back 彼の背中をぽんとたたく(♥親愛の情・賞賛の意を込めて)(→ *a slap on the back*(↓))

❷…を勢いよく[ぞんざいに]〈…に〉置く[投げる]，たたきつける，どんと置く《*down*》〈**on, into, etc.**〉‖ Fred *slapped* the money *down on* the table. フレッドはその金をテーブルの上にたたきつけた / ~ a hat *on* one's head 勢いよく帽子をかぶる ❸〔ペンキ・化粧など〕を〈…に〉べたべた[勢いよく]塗る《*on*》〈**on, onto**〉‖ ~ one's makeup *on* 素早く化粧をする ❹〔税など〕を(不当に)〈…に〉課する〈**on**〉；〔命令など〕を下す《*on*》；《米》〔人〕に〈罰などを〉科する〈**with**〉‖ Export controls should be *slapped on* grains. 穀物に輸出統制を課すべきだ

―自〈…に〉ぴしゃりと音を立てて当たる〈**against**〉‖ The waves *slapped against* the pier. 波が防波堤にぴしゃ

ぴしゃ打ち寄せた
slàp a pèrson aróund [OR ***abóut***] 〈他〉《口》〔特に女性〕を繰り返し平手打ちする；〔人〕を手荒く扱う
slàp dówn ... / slàp ... dówn 〈他〉① ⇨ 他 ❷ ②《口》…を厳しくしかる，非難する，こき下ろす(♥通例人前で恥をかかせるような状況を意味する)
slàp togéther ... / slàp ... togéther 〈他〉…を急いで[慌てて]作り上げる ‖ ～ *together* a meal out of leftovers 残り物で急いで食事を作る
━名 Ⓒ ❶ 平手打ち，(平たいもので)ぴしゃりと打つこと；(肩を)ぽんとたたくこと；ぴしゃり(という音) ‖ give him a ～ on the cheek 彼の頬(ほお)をぴしゃりと打つ ❷ 非難，侮辱；拒絶 ‖ a ～ at our honorable school 名誉ある本校に対する侮辱 ❸ Ⓤ《口》(舞台用の)メーキャップ；化粧
a slàp and tíckle 《英口》(男女の)いちゃつき
a slàp in the fáce ①(顔への)平手打ち ②《口》きっぱりとした拒絶；侮辱
a slàp on the báck 《口》賞賛；祝福
a slàp on the wríst 《口》軽い叱責，処罰
━副《口》❶ 直接に，まともに；ぴしゃりと，強く ‖ He ran ～ into the post. 彼は柱にまともにぶつかった ❷ まさに，正しく ‖ ～ in the middle of the street 通りの真ん中で
～·per 名 Ⓒ ⊗《英口》《蔑》ふしだらな女性
▸▸**～ shòt** 名 Ⓒ 『アイスホッケー』スラップショット《フルスイングの強いシュート》

slàp-báng 副《英口》=slap 副
sláp·dàsh 形 副 ぞんざいな[に]，いい加減な[に]；でたらめな[に]，行き当たりばったりの[に]
sláp·hàppy 形《口》❶ 上機嫌の；無責任な ❷ パンチを食らってふらふらの(punch-drunk)，グロッキーの
sláp·hèad 名 Ⓒ《英口》はげ頭；はげた人
sláp·jàck 名《米》Ⓤ Ⓒ パンケーキ(flapjack)
sláp·stìck 名 ❶ Ⓤ どたばた喜劇，スラップスティック；《形容詞的に》(喜劇などが)どたばたの ❷ Ⓒ (コメディーで用いる先の割れた)打ち棒《大きな音はするが痛くない》
sláp-ùp 形《限定》《主に英口》(特に食事が)素晴らしい；豪勢な；一流の ‖ a ～ meal 豪華な食事
***slash** /slæʃ/ 動 他 ❶(ナイフなどで)…をさっと切る，かき切る，切り裂く；…を深く切り込む ‖ ～ a tire (with a knife) (ナイフで)タイヤを切り裂く / ～ one's wrists (自殺を図って)手首を切る ❷《口》〔価格・給料・コストなど〕を大幅に切り下げる[詰める](♦しばしば受身形で用いる) ‖ Our budget has been ～*ed*. 予算は大幅に削減された / ～ prices 値段を大幅に切り下げる / ～ expenditures by 50 percent 出費を50%削減する ❸〈…を〉切り開いて〔道〕を進む，〈…に〉〔道〕を切り開く〈**through**〉‖ The group ～*ed* their way *through* the dense jungle. 一団はうっそうとしたジャングルを切り開いて進んだ ❹(ドレスなどに)スリット[切り込み]を入れる ‖ a ～*ed* skirt スリットの入ったスカート **━自**〈…を〉(ナイフなどで)さっと切る，めった切りにする，〈…に〉切りつける〈**at**〉
━名 Ⓒ ❶(ナイフなどで)さっと切りつけること，切り裂き；(むちでの)ひと打ち；一撃；すらー，さーっ，すぱっ《切る音》❷(深い)切り傷 ‖ a deep ～「across his left cheek [on his arm] 彼の左頬(ほお)[腕]の深い切り傷 ❸(衣服の)スリット，切り込み ❹(=～ **màrk**)斜線，スラッシュ(virgule)(/) ‖ one ～ two 1/2 ❺ 大幅削減[削除] ‖ a ～ in the budget 予算の削減 ❻ Ⓤ《米》(森林内の)伐採した枝など ❼《a ～》《英口》排尿 ‖ have [OR take] a ～ 小便をする ❽《しばしば ～es》《米》沼地
～·er 名 Ⓒ ① ナイフで切りつける人；切り裂く道具 ② 切り裂くシーンの多いホラー映画
slàsh-and-búrn 形 ❶《限定》焼き畑式の ‖ ～ farming 焼き畑農業 ❷《口》強引な，あこぎな
slásh·ing /-ɪŋ/ 形《限定》《口》❶ 辛辣(しんらつ)な，容赦ない，厳しい ❷ 威勢のよい，張りきっている
slat /slæt/ 名 Ⓒ ❶(木・金属・プラスチックなどの)細長い薄板；(ブラインドなどの)羽根板，よろい板 ❷《～s》《主に米俗》肋骨(ろっこつ) **━動** (**slat·ted** /-ɪd/；**slat·ting**) 他 …に羽根板をつける；…を羽根板で作る **～·ted** 形
***slate** /sleɪt/ 名 ❶ Ⓤ『地』粘板岩 ❷ Ⓒ (屋根ふき用の)スレート ‖ a ～ roof スレートの屋根 ❸(=～ **blúe**) Ⓤ スレート色《青みがかった灰色》❹ Ⓒ (昔の筆記用の)石板 ❺ Ⓒ 候補者名簿；《主に米》(映画制作などの)予定表 ❻ Ⓒ (映画撮影現場で用いられる)シーン識別板《シーン番号などの情報を提供する》❼《形容詞的に》粘板岩の，スレートの；青みがかった灰色の
a clèan sláte 《口》非の打ち所のない経歴 ‖ start off with *a clean* ～ 新規まき直しを図る
clèan the sláte =*wipe the slate clean*(↓)
hàve a slàte lóose 《英口》風変わりである
on the sláte 《英口》つけで，かけで ‖ Put the bill *on the* ～, please. 勘定はつけにしておいてください
****wìpe the slàte cléan*** 《口》過去を清算する[水に流す]，新規にやり直す
━動 他 ❶〔屋根など〕をスレートでふく ❷《通例受身形で》《主に米》候補者名簿に載る，候補者に選ばれる[指名される]〈**for** …の / **to do** …する〉‖ She is ～*d to* be the next governor. 彼女は次の知事候補に指名されている ❸《通例受身形で》《主に米口》(事が)〈ある日時に〉予定される〈**for**〉；(人・事が)予定される，予定である〈**for** …に / **to do** …する(よう)〉‖ The conference is ～*d for* [×on] June 3. 会議は6月3日の予定である / She was ～*d for* assignment to our school library. 彼女は本校の図書館で司書として働くことになっていた / The election is ～*d to* take place in August. 選挙は8月に行われる予定だ ❹《英口》(新聞などで)…を〈…の理由で〉酷評する，こき下ろす〈**for**〉(♦しばしば受身形で用いる) ‖ His play was ～*d* by many reviewers. 彼の戯曲は批評家の多くに酷評された
▸▸**～ péncil** 名 Ⓒ (石板に書くための)石筆
slàte-gráy, 《英》**-gréy** 形 スレート色の《青みがかった灰色》
slath·er /slǽðər/ 動 他《口》…を〈…に〉厚く塗る〈**on**〉；…に〈…を〉厚く塗る〈**with**〉；〈…を〉ふんだんに使う，浪費する〈**on**〉‖ ～ butter *on* toast＝～ toast *with* butter トーストに厚くバターを塗る / ～ praise *on* her 彼女をべたほめする **━名** Ⓒ《しばしば ～s》《米口》たっぷり，多量 ‖ ～*s* of money 大金
slat·tern /slǽtərn/ 名 Ⓒ ⊗《旧》《蔑》(なりふり構わない)だらしのない女[娘]；身持ちの悪い女
slát·tern·ly /-li/ 形 副 だらしない[なく]，無精な[に]；自堕落な[に] **-li·ness** 名
slat·y /sléɪti/ 形 スレートの(ような)；青みがかった灰色の
***slaugh·ter** /slɔ́ːtər/ 《発音注意》名 Ⓤ ❶(家畜の)食肉処理，畜殺 ❷(大規模な)虐殺，殺戮(さつりく)；(戦争時などの)大量殺戮 ‖ the Nazi ～ of the Jews ナチスによるユダヤ人虐殺 / indiscriminate ～ 無差別虐殺 / wholesale ～ 大虐殺 ❸ Ⓒ《口》(競技などでの)大敗，完敗
━動 他 ❶〔動物〕を畜殺する ❷ …を虐殺する，大量に殺す(⇨ KILL 類語P) ❸《口》(競技などで)…を完敗させる ‖ We got ～*ed*, ten to zero. 10対0の完敗だった
～·er 名 Ⓒ 食肉処理業者；虐殺者 **～·ous** 形 殺戮を好む；破壊的な
sláughter·hòuse 名 (複 **-hous·es** /-hàuzɪz/) Ⓒ 食肉処理場，畜殺場(abattoir)
Slav /slɑːv/ 名 Ⓒ スラブ人；《the ～s》スラブ民族
━形 =Slavic
****slave** /sleɪv/
━名〔▶ slavery 名, slavish 形, enslave 動〕(複 **～s** /-z/) Ⓒ ❶ **奴隷** ‖ Stop treating me like a ～. 僕を奴隷のように扱うのはやめてくれ / make a ～ of one's friend 友達を(奴隷のように)こき使う
❷(奴隷のように)あくせく働く人
❸〈因襲・欲望などに〉とらわれる人；〈人の〉言いなりになる人，〈…の〉とりこ〈**of, to**〉‖ be a ～ *to* [OR *of*] fashion [su-

perstition, tradition] 流行[迷信, 伝統]のとりこになっている / a ～ *of* one's wife's caprices 妻の気まぐれに振り回される人 ❹〘機〙従属制御装置；Ⓤ💻スレーブ《上位のシステムに制御を受けているシステム》
―動 (**～s** /-z/; **～d** /-d/; **slav·ing**)
―自 〈仕事などで〉(奴隷のように)**あくせく働く**《*away*》〈**at, over**〉‖ He was *slaving away* to complete the task. 彼は仕事を完了させるためあくせく働いていた / ～ *away at* one's desk 机に向かってあくせく働く / ～ *over* a hot stove 《戯》料理をする
―他 [装置]をほかの装置の制御化に置く
▸▸**Sláve Còast** 名《the ～》奴隷海岸《西アフリカGuinea 湾北岸. 16‐19世紀の奴隷貿易の中心地》 **～ drìver** 名Ⓒ〘史〙(黒人の)黒人奴隷監視人(♦「白人の黒人奴隷監視人」は overseer)；《口》人使いの荒い監督[親方], 部下をこき使う上司；学生に厳しい教師 **～ lábor** [《英》**lábour**] 名Ⓤ ① 奴隷労働, 強制労働 ②《口》低賃金の重労働 **～ shìp** 名Ⓒ〘史〙奴隷船 **Sláve Stàte** 名《しばしば s- s-》Ⓒ〘米国史〙奴隷州《南北戦争まで奴隷制度が認められていた南部諸州》(→ Free State) **～ tràde** 名《the ～》〘史〙奴隷貿易；(特に南北戦争前の米国における)奴隷売買

sláve·hòlding 名Ⓤ形 奴隷所有(の)

slav·er¹ /sléɪvər/ 名Ⓒ〘史〙❶(主に昔の)奴隷商人[所有者] ❷ =slave ship

slav·er² /slǽvər/ 動 自 ❶〈…を見て〉よだれを垂らす〈**over**〉❷〈…に〉夢中になる, 〈…を〉渇望する〈**over**〉
―名Ⓤ よだれ

*__slav·er·y__ /sléɪvəri/ 《発音注意》名〔◁ slave 名〕Ⓤ ❶奴隷制度；奴隷所有 ‖ abolish ～ 奴隷制度を廃止する ❷奴隷の身分[境遇] ‖ be sold into ～ 奴隷に売られる ❸(因習などに)とらわれた状態, とりこの状態, 隷属 ‖ ～ to heroin ヘロインへの耽溺(たんでき) ❹つらい仕事, 苦役 ‖ be freed from ～ 苦役から解放される

Slav·ic /slɑ́:vɪk/ 形 スラブ人[民族]の；スラブ語の
―名Ⓤ スラブ語派《インドヨーロッパ語族の1語派》

slav·ish /sléɪvɪʃ/ 形〔◁ slave 名〕❶奴隷の(ような), 奴隷根性の ‖ ～ submission 奴隷的服従 ❷むやみに模倣する, 独創性のない；直訳の(↔ original) ‖ ～ adherence to rules 規則への隷従 **～·ly** 副 **～·ness** 名

Sla·von·ic /sləvɑ́(:)nɪk | -vɔ́n-/ 形 =Slavic

slaw /slɔ:/ 名《米・カナダ》=coleslaw

slay /sleɪ/(♦同音語 sleigh) 動 (**slew** /slu:/; **slain** /sleɪn/; **～·ing**) 他 ❶…を殺害する(♦《英》では文語またはおどけた表現で, 《米》では kill の婉曲語として新聞で用いられることが多い)(⇨ KILL 類語P)；《文》虐殺する ❷《口》(面白さで)…を圧倒する, …をひどく驚かせる[面白がらせる]；〔女性〕を悩殺する **～·er** 名 **～·ing** 名

SLBM 略 *s*ubmarine-*l*aunched *b*allistic *m*issile (海上[潜水艦]発射弾道ミサイル)

SLCM 略 *s*ea- [*s*ubmarine-] *l*aunched *c*ruise *m*issile(海上[潜水艦]発射巡航ミサイル)

sld., sld 略 sailed；sealed；sold

sleaze /sli:z/ 名 ❶Ⓤ 安っぽいこと, 低俗；だらしなさ, 薄汚さ ❷Ⓒ《主に米口》不道徳な人, 見下げたやつ
―動 自《口》だらしなく振る舞う；あくどいことをする

slea·zy /slí:zi/ 形 ❶(場所が)安っぽい, 低俗な；みすぼらしい, 薄汚い；お粗末な ‖ a ～ bar 安酒場 ❷(人が)自堕落な, 不道徳な, だらしない **-zi·ly** 副 **-zi·ness** 名

sled /sled/ 名Ⓒ(遊び用の)小型そり；(動物が引く運搬用の)そり, 犬ぞり, トボガン(《英》sledge)(→ sleigh)
―動 (**sled·ded** /-ɪd/; **sled·ding**) 自 そりに乗る, (小型)そりで滑る ‖ go *sledding* そり滑りに行く
―他 …をそりで運ぶ

sled·ding /slédɪŋ/ 名Ⓤ《米》❶そりの使用；(そり使用に適した)雪の状態 ❷(仕事などの)進行状況 ‖ The work was hard [OR tough] ～. その仕事は難航した

sledge /sledʒ/ 名 動《英》=sled

slédge·hàmmer 名Ⓒ(鍛冶屋が両手で使う)大槌(おおつち), 大型ハンマー(♦ sledge ともいう)；《形容詞的に》大槌で打つような, 圧倒的に強力な；残酷な, 破壊的な ‖ in a ～ voice 大音声で
ùse [OR *tàke*] ***a slèdgehammer to cràck a nút*** 《英口》簡単なことを大げさにする, やりすぎる

sleek /sli:k/ 形 ❶(毛皮・皮膚などが)滑らかでつやつやした, すべすべした ‖ ～ black hair つややかな黒髪 ❷(動物などが)栄養のよい, 手入れの行き届いた, 健康そうな；(服装などが)(飾り気がなく)小ぎれいな；(人が)金のありそうな ❸(自動車などが)優美な, 形のいい ❹物柔らかな, 人当たりのよい, 如才のない ‖ (as) ～ as a cat とても人当たりがよい ―動 他 …を滑らかにする, なでつける《***down, back***》‖ ～ one's hair *down* 髪をなでつける ―副 滑らかに, 円滑に **～·ly** 副 **～·ness** 名 **～·y** 形

****sleep** /sli:p/ 動 名

―動 (▶ sleepy 形)(**～s** /-s/; **slept** /slept/; **～·ing**)
―自 ❶**眠る**, 寝る, 寝ている(♦「寝床に就く」は go to bed,「眠りに入る, 寝つく」は go [OR get] to sleep. → 名)(⇨ 類語P) ‖ "Did you ～ **well** [OR soundly]?" "Yes, like a baby [OR log, top]." 「よく眠れましたか」「ええ, ぐっすり」/ I usually ～ late on [《英》at] weekends. 私は週末はたいてい遅くまで寝ている(♦ sleep late は「夜遅く寝る」ではなく「朝寝坊する」の意. → *sleep in* ②(↓)) / I couldn't ～ a wink last night. ゆうべは一睡もできなかった / The bed had never been *slept* in. そのベッドにはだれも寝た形跡がなかった / ～ badly [lightly] よく眠れない[眠りが浅い]
❷〈…に〉泊まる, 夜を過ごす〈**at, in, with**〉‖ ～ *at* an inn 旅館に泊まる
❸眠っているようである, 活動していない, 静止している；ぼうっとしている；(手足などが)無感覚である；(植物が)(夜間葉や花弁を閉じて)睡眠運動をする ‖ The city *slept*. 街は眠ったように静かだった / After sitting for so long, my feet were ～*ing*. 長い間座っていたので, 足がしびれていた / a ～*ing* valley 静まりかえっている谷
❹《文》死んでいる, 永眠している
❺💻(コンピューター・OSが)スリープモードに入る
―他 ❶《～ a [one's] ... sleep で》〔…の眠り〕を眠る ‖ ～ a sound sleep 熟睡する, ぐっすり眠る
❷《進行形・受身形不可》〔人数〕を宿泊させる(だけの設備がある) ‖ Our villa ～*s* more than twenty people. うちの別荘には20人以上泊まれる
❸ **a** 《+目》眠って〔夜など〕を過ごす ‖ He *slept* the night with us. 彼は1晩うちに泊まった
b 《+目+補〈形〉》眠って…を(ある状態に)する ‖ ～ oneself sober 眠って酔いをさます
slèep aróund 〈自〉《口》だれとでも寝る(♥ be promiscuous の婉曲表現)
slèep awáy ... / slèep ... awáy 〈他〉①〔時間など〕を眠って過ごす ‖ She *slept* the day *away*. 彼女はその日1日を寝て過ごした ② …を眠って除く[直す] ‖ ～ *away* one's hangover 寝て二日酔いを直す
*__*slèep ín*__* 〈自〉①(雇われた先に)住み込んでいる ②(ふだんより)遅くまで寝ている, 朝寝坊をする(♦うっかり寝過ごす場合には oversleep を用いる)
*__*slèep óff ... / slèep ... óff*__* 〈他〉眠って…を直す[除く] ‖ ～ *off* a headache 眠って頭痛を直す / ～ it *off* 眠って酔いをさます
*__*sléep on ...*__* 〈他〉〔結論など〕を(1晩考えて)翌日に出す[延ばす](♦目的語はしばしば it) ‖ Let me ～ *on* it. I'll give you my answer tomorrow. 1晩考えさせてくれ, 明日返事するよ
slèep óut 〈自〉①戸外で眠る；(テントで)野営する ②外泊する ③(雇用人が)(住み込みでなく)通いで働く
*__*slèep óver*__* 〈自〉《口》(よその家に)泊まる, 外泊する
*__*slèep thróugh ...*__* 〈他〉〔物音など〕にも目を覚まさず眠り続

ける；眠っていて…に気づかない ‖ ～ *through* an earthquake 地震にも目を覚まさず眠り続ける

slèep togéther 〈自〉《口》《婉曲的》（通例結婚していない2人が）ベッドを共にする，寝る

sléep with ... 〈他〉《口》《婉曲的》〔通例結婚相手でない人〕とベッドを共にする，寝る

COMMUNICATIVE EXPRESSIONS

[1] **I slèpt from dùsk to dáwn.** よく寝た（♥「夕方から夜明けまで寝た」の意）

[2] **Slèep tíght.** ぐっすり眠るんですよ（♥ 子供に対して）

[3] **Slèep wéll.** ゆっくりおやすみなさい（=Good night.）

―名（複 **～s** /-s/）U ❶ **眠り**，睡眠（→ beauty sleep）；眠気；C《通例単数形で》ひと眠り；睡眠時間 ‖ I didn't get much ～ last night. ゆうべはあまり眠れなかった / I had a hard time getting to ～. なかなか寝つけなかった / I need at least six hours' ～. 私には少なくとも6時間の睡眠が必要だ / She had a good night's ～. 彼女は1晩ぐっすり眠った / I've been short of ～ for a week. この1週間睡眠不足だ / cry oneself to ～ 泣きながら寝入る / read [sing] a child to ～ 本を読んで［歌を歌って］子供を寝かしつける / a short [light] ～ 短い［浅い］眠り / fall into a deep ～ 深い眠りに落ちる / the ～ of the just （やましいところのない者の）安眠，熟睡
❷ 休止［静止］状態；（手足の）無感覚［麻痺(ひ)］状態；昏睡(こん)状態；（動物の）冬眠状態；（植物の）睡眠
❸《主に文》永眠，死 ❹《口》目やに

****gò to sléep*** ① **寝入る**，寝つく ‖ *go* back *to* ～ 再び寝入る ② （手足が）**しびれる**，麻痺する，感覚を失う

in one's sléep ① 寝ている間に ‖ talk [walk] *in one's* ～ 寝言を言う［夢中歩行する］ ② 《口》眠っていても ‖ I could drive *in* my ～. 眠っていても運転できるよ

****lòse sléep over ...*** 《否定文で》…が心配で眠れない，…のことで気をもむ ‖ I won't *lose* (any) ～ *over* such a thing. そんなことはちっとも心配していない

****pùt ... to sléep*** ① …を眠らせる，寝つかせる；〔人〕をひどく退屈にさせる ② …に麻酔をかける ③《婉曲的》〔動物〕を（薬で）安楽死させる ④ 💻〔コンピューター〕をスリープ［待機状態］にする

COMMUNICATIVE EXPRESSIONS

[4] **(I've) gòt to gò hóme and gèt my béauty slèep.** 家に帰って寝ないと美容によくないわ（♥ いとまを告げるおどけた表現. =I need my beauty sleep.）

[5] **Sómebody dìdn't gèt enòugh sléep.** だれかさんはゆうべ寝不足だったようだね（♥ 機嫌の悪い子供を諭す）

寝る	床に就く	**go to bed**	
	眠る	**go to sleep**	寝入る
		get to sleep	やっと寝入る
		fall asleep	ぐっすり寝入る
		sleep	睡眠をとる
		be asleep	眠っている
		be sleeping	

♦ go to bed（就寝する）の反対は get up（起床する），go to sleep（寝入る）の反対は wake (up)，awake（目覚める）.

♦「昨夜は11時に寝た」という場合 I went to bed at eleven last night. といい，×I *slept* at eleven last night. とはいえない.

▸▸ ～ **apnèa** /-æpnìːə/ 名 U〖医〗睡眠時無呼吸 ～ **mòde** 名 C 💻スリープモード《使用しないとき自動的に電力消費を抑える方式》

sleep·er /slíːpər/ 名 C ❶ 眠る［眠っている］人［動物，植物］；冬眠動物；寝坊 ‖ a good [bad]～ 眠れる［眠れない］人 / a light [heavy]～ 眠りの浅い［深い］人 ❷〖建〗横木，根太(ねだ)；《主に英》（鉄道の）枕木(まくらぎ)（《米》tie） ❸ 寝台車（の寝台）（sleeping car） ❹（=～ **hìt**）《口》思いがけなく成功した人；予想外にヒットした作品《演劇・本など》 ❺（=～ **àgent**）《口》（緊急事態に備えて潜んでいる）冬眠スパイ ❻《通例 ～s》《主に米》幼児用パジャマ《足が出ないようになっている》 ❼《英》スリーパー《耳たぶにあけた穴が閉じないようにつけるピアス》 ❽〖魚〗スリーパー《ハゼ科やカワアナゴ科の魚の総称》 ❾《口》睡眠薬；（一般に）鎮痛剤 ❿〖ボウリング〗スリーパー《ほかのピンで見えないピン》

sléep-ìn 名 C ❶ スリープイン《一定区域を集団で占拠して眠り込む抗議運動》 ❷ 住み込みの雇い人 ❸ 朝寝（坊）
―形《限定》（家政婦などが）住み込みの；（看護人などが）泊まり込みの

***sleep·ing** /slíːpɪŋ/ 形《限定》眠っている；休止している（⇨ ASLEEP）‖ a ～ child 眠っている子供
―名 U 睡眠；休止

▸▸ ～ **bàg** 名 C（登山用などの）寝袋 **Slèeping Béauty** 名《the ～》眠り姫，眠りの森の美女《魔法で100年間眠り続ける. フランスの作家 C. Perrault (1628–1703) の童話より》 ～ **càr** [《英》**càrriage**] 名 C 寝台車（sleeper） ～ **dràught** 名 C《英》《旧》睡眠薬《水薬》 ～ **pártner** 名 C《英》=silent partner ～ **pìll** 名 C 睡眠薬《錠剤・カプセル》 ～ **polícеman** 名 C《英口》スピード抑止帯（《英》(speed) hump，《米》(speed) bump）《運転者にスピードを落とさせるために路上に設けたこぶ状の出っ張り》 ～ **sìckness** 名 U〖医〗① 眠り病《熱帯アフリカの伝染病》 ② 嗜眠(しみん)性脳炎（《英》sleepy sickness）《脳が冒されるウイルス性の病気》

sleep·less /slíːpləs/ 形 ❶ 眠れない，不眠症の；油断のない，注意怠りない ‖ a ～ night 眠れぬ夜 ❷《主に文》絶えず活動している，休むことのない ‖ the ～ river たゆまず流れる川 **～·ly** 副 **～·ness** 名

sléep-òut 名 C 屋外での睡眠

sléep·òver 名 C（子供たちが）だれかの家に泊まり込みで行うパーティー，お泊まり会；《主に米口》外泊（する人）

sléep·wàlk 〖医〗名 C 動 自 夢中歩行（する）

sléep·wàlker 名 C 夢遊病者

sléep·wàlking 名 U〖医〗夢遊病

***sleep·y** /slíːpi/ 形〔◁ sleep 名〕❶ 眠い，眠たがる；眠そうな ‖ feel ～ 眠い / ～ eyes 眠そうな目 / look ～ 眠そうに見える ❷ 眠ったような，静かな，活気のない；だらけた，寝ぼけたような ‖ a ～ little hill 静かな小さな丘 ❸ 眠気を催させる ‖ the ～ heat of the afternoon 午後のけだるい暑さ **sléep·i·ly** 副 **sléep·i·ness** 名

▸▸ ～ **sìckness** 名 U《英》=sleeping sickness ②

sléepy·hèad 名 C《口》眠たがりや，寝坊（の子供）；ぼんやりした人，怠け者 ‖ Get up, ～. 起きなさい，寝ぼすけ

sleet /sliːt/ 名 U ❶ みぞれ；あられ ❷《米》雨氷（glaze）《雨が樹木などに凍りついたもの》 ―動 自《it を主語として》みぞれが降る ‖ It is ～*ing*. みぞれが降っている

sleet·y /slíːṭi/ 形 みぞれの（ような）；みぞれの降る

***sleeve** /sliːv/ 名 C ❶（衣服の）そで，たもと ‖ a shirt with long ～*s* 長そでのシャツ / *Every man has a fool in his* ～. 《諺》弱点のない人はいない ❷《主に英》（レコードの）ジャケット（《米》jacket） ❸〖機〗スリーブ，軸さや，筒状カバー《機械の軸などを保護するカバー》 ❹（風見用の）吹き流し（windsock）；（飛行機が引く）吹き流し標的

hàve [OR ***kèep***] ***... ùp one's sléeve*** （いざという時に備えて）〔策略・奥の手など〕を隠し持つ

làugh ùp one's sléeve (at ...) （…を）陰でこっそり笑う

****ròll ùp one's sléeves*** 《口》（仕事を始めるために）そでをまくり上げる，腕まくりをする；本気で仕事を始める態勢をとる

―動 他 ❶ …にそでをつける ❷〖機〗…にスリーブをつける

▸▸ ～ **nòtes** 名 複《英》（CD・レコードの）ジャケットの説明書き［解説文］，ライナーノート（《米》liner notes）

sleeved /sliːvd/ 形《しばしば複合語で》（…の）そでのついた ‖ long-～ 長そでの / half-～ 半そでの

sleeve·less /slíːvləs/ 形 そでなしの，ノースリーブの

sleigh /sleɪ/ 《発音注意》（♦ 同音語 slay）名 C 馬車ぞり

S

《ふつう1頭立ての乗用・荷物運搬用》(→ sled, sledge)
—動 自 そりに乗る，そりで行く

sleight /slaɪt/(♦同音語 slight) 名《次の成句で》
slèight of hánd 《文》① (手品などの) 巧妙で早い手さばき；手品，奇術，トリック ② 巧みなごまかし

***slen·der** /sléndər/ 形 (**~·er** ; **~·est**) ❶ (優美で)ほっそりした，すらりとした(→ slim)；(きゃしゃで)細長い(⇨ THIN 類語) ‖ The actress was ~, but not thin. その女優はほっそりしていたが，やせてはいなかった / a ~ body [arm] ほっそりした体つき[腕] / ~ fingers ほっそりした指 / a wineglass with a ~ stem 細い脚のついたワイングラス ❷ (量・規模などが)乏しい，わずかな(↔ large)；(価値・根拠などが)薄弱な，心もとない，かすかな(↔ strong) ‖ a ~ budget わずかな予算 / people of ~ means 資力の乏しい人々 / by only a ~ margin ほんのわずかの差で / a ~ chance of winning 勝利のわずかな見込み
~·ly 副 **~·ness** 名

slen·der·ize /sléndəràɪz/ 動 他 《主に米》(減食・運動などで)…をほっそりさせる，細くする；…をほっそり[細く]見せる
—自 ほっそりする，すらりとなる，やせる

****slept** /slept/ 動 sleep の過去・過去分詞

sleuth /sluːθ/ 名 C 《口》❶ =sleuthhound ❷ 刑事；探偵(detective)
—動 自 《口》探偵として働く —他 《旧》…を調査する

sléuth·hòund 名 C ❶ 《旧》警察犬 ❷ 《口》=sleuth ❷

slew[1] /sluː/ 動 slay の過去

slew[2] /sluː/ 動 名 《英》=slue

slew[3] /sluː/ 名 C 《a ~》《主に米口》〈…の〉多数，多量，たくさん(a lot)〈**of**〉‖ a ~ *of* bills 請求書の山

****slice** /slaɪs/
—名 (複 **slic·es** /-ɪz/) C ❶ (パン・ケーキ・肉・果実などの)**薄切り**，1片，1切れ ‖ a ~ of bread 1切れのパン / a ~ of watermelon スイカ1切れ / cut a lemon into ~*s* レモンを薄切りにする
❷ 《口》一部分，分け前；代表的な面(cross section) ‖ a ~ of land 土地の一部 / a ~ of the profits 利益の分け前
❸ 薄刃のへら(spatula)，フライ返し；魚切りナイフ ❹ 〘ゴルフ〙スライス(ボール)《打球が利き腕の方向へ曲がる》(→ hook)；〘テニス〙スライス《ボールに逆回転を与える打ち方》
a slìce of lífe (映画・劇・本での)人生の一断面
a slìce [OR ***pìece***] ***of the áction*** 分け前
a slìce of the píe 《米》[《主に英》***cáke***] 利益(の分け前)，取り分
—動 (**slic·es** /-ɪz/ ; **~d** /-t/ ; **slic·ing**)
—他 ❶ **薄切りにする** a 《+目》…を〈…(の形)に〉薄切りにする，スライスする《***up***》〈**into**〉；…を〈…から〉薄く切り取る，切り落とす《***off, away***》〈**from, off**〉(⇨ CUT 類語P) ‖ ~ a lemon (*up*) レモンを薄く切る / ~ *off* a piece of meat 肉を1切れ切り取る / ~*d* ham スライスハム
b 《+目 *A*+目 *B* ≒+目 *B*+**for** 目 *A*》*A*(人)に*B*(物)を切り取ってやる ‖ He ~*d* me a piece of roast beef.=He ~*d* a piece of roast beef *for* me. 彼は私にローストビーフを1切れ切り分けてくれた
c 《+目+補》…を…に切る ‖ ~ a radish thin ラディッシュを薄切りにする
❷ …を〈…に〉分ける，分割する〈**in**〉‖ ~ an apple *in* half リンゴを半分に切る
❸ (飛行機・船などが)〔空気・水〕を切って進む ‖ A jet ~*d* the air. ジェット機が空を切り裂くように飛んで行った
❹ 《米口》…を減らす，削減する；〈記録などを〉…だけ短縮する〈**off**〉‖ ~ a second *off* the record 記録を1秒縮める
❺ 〘ゴルフ〙〔ボール〕をスライスさせる；〘テニス〙〔ボール〕にスライスをかける
—自 ❶ 〈…を〉ナイフで切る；(船などが)〈水などを〉切るように進む〈**into, through**〉‖ ~ *into* a wedding cake ウエディングケーキに入刀する / ~ *into* one's finger ナイフで指を切る / a motorboat *slicing through* the water 水面を切るように進むモーターボート ❷ 〘ゴルフ・野球〙(打球が)スライスする；〘テニス〙(ボールに)スライスがかかる
「***àny wày*** [OR ***nò màtter hòw***] ***you slíce it*** 《主に米口》どう考えても
the best [OR ***greatest***] ***thing since sliced bread*** ⇨ BREAD(成句)
~·a·ble 形

slìce-and-díce 名 U 形 (多角的に分析するための情報などの)切り分け(の)；💻データの削除・更新処理

slic·er /sláɪsər/ 名 C スライサー《パン・肉などを薄く切る機械》；薄く切る人

***slick** /slɪk/ 形 ❶ 《ときにけなして》巧みな，見事な，そつのない；深みのない ‖ a ~ performance 見事な演技 / ~ writing 深みのない文章 ❷ 《ときにけなして》口先のうまい，如才ない；巧妙に仕組まれた ‖ a ~ shopkeeper 如才ない店主 / a ~ alibi 巧妙なアリバイ ❸ 滑らかな，つやつやした；(油・氷などで)つるつるした，滑りやすい ‖ the ~ surface of the road つるつるした路面 ❹ 《米》素晴らしい，一流の，利口な ‖ That's a ~ way to peel an apple. それは実にうまいリンゴの皮のむき方だ
—名 C ❶ (水面・路面の)油膜(oil slick)；(静かな海面のような)滑らかな場所；つるつる滑る所 ❷ 《米口》(光沢のある上質紙を使った) 高級雑誌 (《英》glossy magazine) ❸ スリックタイヤ《表面に凹凸のないレース用タイヤ》❹ 表面を滑らかにする道具，広刃のみ ❺ (非武装の) 軍用機《偵察機・ヘリコプターなど》
—動 他 ❶ …を滑らか[つやつや]にする；〔髪の毛など〕を〈水・油などで〉なでつける《***down, back***》〈**with**〉‖ his ~*ed-back* hair 彼のなでつけた頭髪 ❷ 《米口》〔身なりなど〕をきれいにする《***up***》 **~·ly** 副 **~·ness** 名

slick·en·side /slíkənsàɪd/ 名 C 《しばしば ~s》〘地〙鏡肌(かがみはだ)《摩擦などで生じた岩石の滑らかな面》

slick·er /slíkər/ 名 C 《主に米》❶ (長いゆったりとした)防水のレインコート ❷ 《口》ずる賢い人，ぺてん師 ❸ =city slicker

***slid** /slɪd/ 動 slide の過去・過去分詞

****slide** /slaɪd/
—動 (**~s** /-z/ ; **slid** /slɪd/ ; **slid**, 《米》**slid·den** /slídən/ ; **slid·ing**)
—自 ❶ a 〈滑らかな表面上を〉**滑る**，滑走する；滑って移動する〈**on, along, etc.**〉‖ ~ *on* the ice 氷の上を滑る
b 《+補〈形〉》滑って…の状態になる ‖ The door *slid* open by itself. ドアはひとりでに滑るように開いた
❷ 《+副句》滑るように[するすると]動く；(人目につかないように) そっと [こっそり] 動く (♦ 副句 は方向を表す) ‖ The cat *slid* from her lap. 猫は彼女のひざの上からそっと離れた / The secretary *slid* into [out of] our room. 秘書がそっと部屋に入って来た[から出て行った]
❸ (人が)足を滑らせる，滑って転ぶ；(車などが)スリップする，横滑りする (⇨ SLIP[1] 類語P) ‖ The mailman *slid* on the icy steps. 郵便配達人は凍った階段で足を滑らせた / My car skidded and *slid* into a ditch. 車がスリップして溝に(滑り)落ちた
❹ 滑り落ちる，ずり落ちる〈**down** …を；**from, out of** …から〉‖ The spoon *slid from* her hand. スプーンが彼女の手から滑り落ちた / Tears *slid down* her cheeks. 涙が彼女の頬(ほお)をこぼれ落ちた
❺ 〈習慣・状態などに〉いつの間にか陥る〈**into, to, toward**〉‖ The economy *slid* from recession *to* depression. 経済はいつしか景気後退から不景気へと移った / ~ *into* bad habits いつしか悪習にはまり込む
❻ (価値・物価などが)(徐々に)下落する〈**from** …から；**to** …へ〉❼ 〘野球〙〈…に〉滑り込む〈**into**〉‖ ~ *into* second base 2塁に滑り込む
—他 ❶ a 《+目》…を〈…へ〉滑らせる，滑走させる〈**toward, along, etc.**〉‖ He *slid* his curling stone *toward* the target. 彼はカーリングのストーンを的に向かって

S

滑らせた / The bartender *slid* the glass *along* the bar. バーテンダーはカウンターにグラスを滑らせた
b 《+目+補〈形〉》…を滑らせて…の状態にする ‖ ~ a door open ドアを滑らせて開ける
❷《+目+副句》…を(ある方向に)そっと動かす；…を〈…に〉滑り込ませる〈**into**〉‖ Henry *slid* his letter over to her. ヘンリーは手紙をそっと彼女に手渡した / He *slid* his **hands** *into* his pocket. 彼は両手をポケットに滑り込ませた
lèt ... slíde [OR ***slìde bý***] …をほうっておく，サボる，忘れる (→ CE 1) ‖ He's *let* things ~ lately. 近ごろ彼は何事につけほったらかしにしている
slìde óver ... 〈他〉〔微妙な問題など〕をいい加減に扱う

COMMUNICATIVE EXPRESSIONS
1 **I'll lèt it slíde this tìme.** 今回は見逃してやる(♥許可を与えるくだけた表現)

—名 (複 **~s** /-z/) C ❶《通例単数形で》**滑ること**，滑走，スリップ；滑り落ちること ‖ The car went into a ~ on the slick road. つるつるした路面で車がスリップした / have a ~ on the ice 氷の上をひと滑りする
❷ (子供の遊び用の)滑り台；(そり用などの)滑走路，滑り道[坂]；(丸太などの)滑降運搬装置
❸ (幻灯・顕微鏡の)スライド，検鏡板；(スクリーンに投影する)スライド ‖ a ~ projector スライド映写機
❹《通例単数形で》陥ること，突入すること；〈物価・水準などの〉下落，低下〈**in**〉‖ a ~ into war [recession] 戦争[不況]に突入すること / a ~ *in* 「oil prices [living standards] 石油価格の下落[生活水準の低下] / on the ~ (事態などが)悪化して ❺ 地滑り，山崩れ (landslide)，なだれ (snowslide) ❻《英》髪留め (hair slide, barrette) ❼ (機械の)滑動部，滑り座；滑り弁；スライド《トロンボーンのU字管》❽〔野球〕滑り込み，スライディング ❾ (競漕(きょうそう)用ボートの)スライディングシート ❿〔楽〕ポルタメント《ある音からほかの音へ滑らかに移る奏法》；(2音以上の)装飾音；(ギターの)スライド奏法
slíd·a·ble 形 滑ることができる，滑走できる
▶▶ **~ fàstener** 名 C《米》ジッパー，ファスナー **~ rùle** 名 C 計算尺 **~ shòw** 名 C スライド上映；スライドショー《画像や資料を順番に表示する機能》

slid·er /sláɪdər/ 名 C ❶ 滑る人[もの]；(機械の)滑動部 ❷〔野球〕横に曲がる速球(♦「スライダー」「シュート」の両方) ❸ スライダー《画面をスクロールさせるためのバー》❹〔動〕アカミミガメ《北米原産の淡水カメ》❺《米》小さなハンバーガー

slìding dóor 名 C 引き戸

slìding scále 名 C〔経〕スライド制《賃金・税金などを物価の変動などに応じて上下させる方式》

:slight /slaɪt/(♦同音語 sleight)
—形 (**~·er**；**~·est**)
❶ (量・程度などが) **わずかな**，少しの，かすかな，軽い (↔ large) ‖ I've got a ~ headache this morning. 今朝は少し頭が痛い / The ~*est* error can be fatal. ほんのささいな間違いが致命的になることがある / I 「don't have [OR haven't] the ~*est* idea. 私にはさっぱりわかりません (♦この表現では《米》でも haven't を使うことがある) / with a ~ smile かすかにほほ笑んで / without the ~*est* doubt ほんの少しの疑いもなく / set a monitor at a ~ angle モニターをわずかに角度をつけて置く
❷ ほっそりとした，きゃしゃな(↔ plump)；(物が)もろい，壊れやすい (↔ sturdy) ‖ a ~ figure きゃしゃな体つき ❸ つまらない，取るに足りない ‖ ~ reading つまらない読み物
*****nòt ... in the slíghtest*** 少しも…ない (not ... at all) ‖ I do *not* care *in the* ~*est* about my clothes. 私は着るものには全く気を使わない
—動 (**~s** /-s/；**~·ed** /-ɪd/；**~·ing**) 他 …を侮る，軽蔑する；…を無視する，軽視する(↔ respect, compliment)；〔仕事など〕をなおざりにする，怠る ‖ He felt ~*ed* because he was not asked to join the project. 彼はその計画への参加を要請されず無視されたように感じた
—名 (複 **~s** /-s/) C U 無視，軽視；〈…に対する〉侮辱，軽蔑；なおざり〈**on, to**〉‖ I suffered many ~*s* from you. 私はあなたからずいぶんと侮辱された / Joe interpreted her remark as a ~ *on* his honor. ジョーは彼女の発言を彼の名誉に対する侮辱ととった
~·ness 名

slight·ing /sláɪṭɪŋ/ 形《限定》(言葉などが) (人を)侮辱する，(人を)ばかにした，見くびった **~·ly** 副

:slight·ly /sláɪtli/
—副 (**more ~**；**most ~**)
❶《比較なし》**少し**，わずかに，軽く(⇨ VERY 類語P) ‖ My son is already ~ taller than me. 息子はすでに私より少し背が高い / The girl was (**only**) ~ injured. 少女はかすり傷を負った (だけだった) / I feel ~ ill. 私はちょっと気分が悪い / Try arranging the pictures in a ~ **different** way. 少し違う方法で写真を整理してみたら / a ~ better position 今より少しよい地位
❷ ほっそりと，きゃしゃに ‖ a ~ built man きゃしゃな体つきの男性

sli·ly /sláɪli/ 副 =slyly

***slim** /slɪm/ 形 (**more ~**；**most ~**) ❶ ほっそりとした，すらりとした (↔ chubby, plump) (♦slender と同じように使われることが多いが，特にダイエットなどの結果についてよい意味で用いる) (⇨ THIN 類語) ‖ I'm going on a diet to get ~. スリムになるためにダイエットを始めるつもりだ / a ~ figure すらりとした体つき ❷ (物が) 細い，細長い；(衣服が) 細身用の；(本などが) 薄い ❸ (事業などが) 縮小された ❹ (量・程度などが)わずかな，少しの ‖ a ~ chance わずかな見込み
—動 (**slimmed** /-d/；**slim·ming**) 自 ❶ (ダイエットなどで)やせる，細く[スリムに]なる，減量する《***down***》‖ a *slimming* diet スリムになるためのダイエット，減量食 ❷ (規模などが)縮小する，(数などを)削減する《***down***》
—他 ❶〔人〕を(ダイエットなどで)やせさせる；…を細くする《***down***》❷〔規模など〕を〈…に〉縮小する，〔数など〕を削減する《***down***》〈**to**〉‖ ~ *down* the workforce 従業員(数)を削減する
—名 ❶ C《単数形で》減量コース[期間] ❷ (=~ **disèase**) U エイズ (♦アフリカ大陸での呼称. 体重が激減する症状から) **~·ly** 副 **~·ness** 名

slime /slaɪm/ 名 U (川床などの)軟泥(なんでい)，ヘドロ；ぬるぬるするもの；(魚・カタツムリなどの)粘液，ぬめり；泥鉱(でいこう)《泥状に粉砕した鉱石》；悪臭のするもの —動 他 …を泥で覆う，…に泥を塗る；(調理する前に)…からぬめりをとる
▶▶ **~ mòld** [《英》**mòuld**] 名 U C〔生〕粘菌，変形菌

slíme·bàll 名 C《口》いやなやつ

slím·lìne 形《限定》スリムなデザインの；無駄のない，小規模の，経済的な

slim·mer /slímər/ 名 C《英》(やせるために)ダイエットをしている人

slim·y /sláɪmi/《発音注意》形 ❶ ねば土のような，粘液性の，ヘドロのような ❷《口》全くいやな ❸ ⊗《蔑》へつらう，ぺこぺこする **slím·i·ly** 副 **slím·i·ness** 名

sling**[1] /slɪŋ/ 動 (**slung** /slʌŋ/；**~·ing**) 他 ❶ **a**《+目+副句》…を〈…に〉(ほうり)投げる，投げつける〈**at, into,** etc.〉‖ The boys were ~*ing* stones *at* a dog. 少年たちは犬に石を投げつけていた **b**《+目 *A*+目 *B*》*A* (人) に *B* (物など) を投げる，投げてやる ‖ *Sling* me the car key. 車のキーを投げてくれ ❷ (投石器で) …を投げる ❸《+目+副句》…を(ゆったり)つるす；(つり革などで)…をつり上[下]げる，移動させる；〔洋服など〕を〈…に〉引っかける，つるす〈**over, across, between,** etc.〉‖ a hammock *slung between* two trees 2本の木の間につるされたハンモック / ~ one's raincoat *over* one's shoulder レインコートを肩に引っかける ❹《口》〔人〕を〈…から〉ほうり出す，追い出す《out***》〈**out of**〉
slìng óff 〈自〉《豪・ニュージ口》〈…を〉あざ笑う〈**at**〉

—名 C ❶ 三角巾(きん);(荷物などをつるす)つり鎖[索, 網];(銃などの)つり革, 負い革;〘海〙(帆桁(ほげた)の)つり索[鎖] ‖ have one's injured arm in a ～ けがをした腕を三角巾でつっている (→ CE 1) ❷ 投石器《原始的な武器》;《米》=slingshot;(投石器による)投石;投げ飛ばすこと ❸ (乳幼児用の)子守帯 ❹ =slingback

slíngs and árrows 手厳しい批判;避けて通れない不快なこと[Shak.*HAM* 2:1]

COMMUNICATIVE EXPRESSIONS

1 **My áss is in a slíng.** 《俗》困ったことになった;問題に巻き込まれた(♥「けつをけがしちまった」の意から「困った状態に身を置いてしまった」を表す)

～·er 名 C 投石器で武装した兵士

sling² /slɪŋ/ 名 U C スリング《ジン・ウイスキーなどを水でわって砂糖を入れた飲料》

slíng·bàck 名 C 《通例 ～s》バックベルトの靴《かかとにひもをかけて固定する婦人靴》 —形 バックベルト付きの

slíng·shòt 名 C 《主に米》(石を飛ばす)ゴムぱちんこ(《英》catapult)

slink /slɪŋk/ 動 (**slunk** /slʌŋk/; **～·ing**) 自 こそこそと歩く[逃げる], こっそり動く[入る, 出る]《***off, away, by, in, out,*** etc.》

slink·y /slíŋki/ 形 ❶ 《口》(体型が)スリムな, スマートな;(衣服が)体の線がきれいに出る, 体の線にぴったり合う;(体の動きなどが)セクシーな ❷ こそこそした, 人目を忍ぶ

slínk·i·ly 副 **slínk·i·ness** 名

‡slip¹ /slɪp/

—動 〔▶ slippery 形〕(**～s** /-s/; **slipped** /-t/; **slip·ping**)

—自 ❶ (人が)**滑る**, 足を滑らせる, 滑って転ぶ, 足を踏み外す(❗「車がスリップする」は skid. ⇨ 類語P) ‖ Be careful not to ～. 滑らないように注意しなさい / I lost my balance and *slipped* sideways on my skates. スケートをしていてバランスを失い横ざまに滑って転んだ

❷ (物などが)**滑り落ちる**, ずり落ちる(◆ 通例方向を表す 副句 を伴う) ‖ Oops! My napkin has *slipped* from my lap. おっと, ナプキンがひざからずり落ちてしまった / The soap *slipped* out of my hand. 石けんが手から滑り落ちた / Ellery's pince-nez *slipped* down his nose. 鼻眼鏡がエラリーの鼻をずり落ちた

❸ 《+副句》こっそり移動する, そっと出る[入る];滑るように動く[進む] (◆ 副句 は方向を表す) ‖ Meg *slipped* **away** without being seen. メグはだれにも見られずそっと立ち去った / The boat is *slipping* through the water. ボートは水面を滑るように進んでいる / ～ into [out of] a room こっそり部屋に入る[から出て行く] / ～ through a police cordon 警察の非常線をこっそり通過する

❹ (景気などが)悪化する;(順位などが)〈…まで〉落ちる〈**to**〉;《進行形で》《口》(人が)ふだんのようでない, ふだんより悪い[能力が落ちている] ‖ Sales were *slipping* badly. 売り上げはひどく落ちていた / The team *slipped to* the bottom of the league. チームはリーグの最下位まで落ちた / Kevin has been *slipping* lately. ケビンは最近どうかしている

❺ 〈服などを〉するりと着る[脱ぐ]〈**into, out of**〉 ‖ ～ *into* one's pajamas 手早くパジャマを着る / ～ *out of* one's shoes 靴をするりと脱ぐ

❻ いつの間にか〈…の〉状態になる〈**into**〉 ‖ ～ off *into* sleep いつの間にか眠り込む / ～ *into* a coma 昏睡状態に陥る ❼ (時・機会が)いつの間にか過ぎる《***away, by***》

—他 ❶ **a** 《+目+副句》…を滑らせるように動かす, 素早く置く[移す], 滑り込ませる (◆ 副句 は方向を表す) ‖ She *slipped* the ring off [onto her ring finger]. 彼女は指輪をするりと外した[薬指にはめた] / I *slipped* a tip into his hand. 私はチップをそっと彼の手に握らせた / ～ a shawl over one's shoulders ショールを肩にさっと羽織る **b** 《+目 *A*+目 *B* ⇄ +目 *B*+**to** 目 *A*》*A* (人) に *B* (物) をそっと手渡す ‖ Ruth *slipped* me a five-pound note. ルースはそっと5ポンド札を私によこした

❷ 〔心・記憶など〕からするりと消える ‖ I was going to phone my mother, but it *slipped* my mind. 母に電話をするつもりだったのに, うっかり忘れてしまった

❸ 〔服など〕を(手早く)するりと着る[脱ぐ]《***on, off***》 ‖ ～ *on* denim slacks 手早くデニムのスラックスをはく

❹ 〔関節〕を脱臼(だっきゅう)する

❺ (模様編みなどのため)〔編み目〕を抜かす ❻ …から抜け出る[脱する, 外れる];…から逃げる ‖ ～ one's pursuers 追っ手から逃げる / ～ the collar (犬が)首輪を外して逃げる ❼ (獲物を追うため)〔犬〕を放つ;〔いかり〕を外す;〔クラッチ〕を外す ❽ (牛などが)〔子〕を早産[流産]する

****lèt slíp ... / lèt ... slíp*** 〈他〉① 〔機会など〕を逃す ‖ I *let* my birthday ～ (by). うっかり自分の誕生日を忘れていた ② (口を滑らせて)…をうっかり漏らす ‖ She *let* it ～ (out) that she had won the lottery. 彼女は宝くじに当たったことをうっかり口にしてしまった

slìp awáy 〈自〉① ⇨ 自 ❼ ② 徐々に消える ③ 《婉曲的》死ぬ

slìp dówn 〈自〉① ⇨ 自 ❷ ② 《口》(飲み物などが)のどごしがいい

slìp ín ... / slìp ... ín 〈他〉〔言葉など〕を〈…に〉差し挟む〈**into**〉 ‖ ～ *in* a few questions 質問を2, 3差し挟む

slìp òne [OR ***sòmething***] ***óver on a pèrson*** 《口》〔人〕をだます, 出し抜く

slìp óut 〈自〉(秘密などが)うっかり漏れる

slìp thróugh 〈他〉《***slìp thróugh ...***》〔チェック機構など〕に見過ごされて[引っかからずに]通る ‖ ～ *through* a net 網に引っかからずに通る —〈自〉(誤りなどが)見過ごされる

slìp úp 〈自〉《口》うっかり間違える ‖ Everyone *slipped up* on the last question. みんな最後の問題で間違えた

—名 (複 **～s** /-s/) C ❶ 滑ること;滑って転ぶこと ‖ take a ～ on the ice 氷の上で滑って転ぶ

❷ うっかりした誤り[過ち], ちょっとしたミス;事故, 災難 ‖ I've made a ～ in my math. 計算をうっかり間違えた

❸ スリップ《女性用下着》;ペチコート;枕(まくら)カバー ‖ Your ～ is showing. スリップが出てますよ;《口》ぼろが出ますよ, お里が知れますよ

❹ 《通例単数形で》〈質・量・価格などの〉低下〈**in**〉 ❺ (着脱の容易な)犬の鎖 ❻ 《通例 ～s》(造船所の傾斜した)造船台(slipway);船が停泊する水面 ❼ 〘クリケット〙スリップ《打者の右後方の野手》;《通例 ～s》スリップの守備位置

a slìp of the pén 書き損じ

****a slìp of the tóngue*** [OR ***líp***] 言い間違い

****give a pèrson the slíp*** 《口》〔人〕から逃れる, 〔人〕をまく

滑る	意図的に	**slide**	人が	氷の上などを(表面を接触したまま)滑らかに
		glide	人・物が	空中・水上などを滑らかに
	意図せず	**slip**	人・物が	つるっと
		skid	車が	スリップする

▸▸**slipped dísk** [《英》**dísc**] 名 C 《通例単数形で》ぎっくり腰, 椎間板(ついかんばん)ヘルニア **～ rìng** 名 C 〘電子〙スリップリング, (発電機・モーターなどの)集電[滑動]環 **～ ròad** 名 C 《英》(高速道路につながる)進入[退出]路(《米》ramp)

***slip²** /slɪp/ 名 C ❶ (紙・布・木材などの)細長い1片, 紙片;伝票, メモ用紙, 付箋(ふせん);〘印〙(棒組みの)校正刷り ‖ a ～ of paper 細長い紙片(⇨ PB 53) / 「an order [a sales] ～ 注文[売上]伝票 / a credit ～ 《英》入金票 / a deposit 《米》[《英》paying-in] ～ 預け入れ伝票 ❷ 〘園芸〙接ぎ穂, 挿し枝 ❸ 《a ～》《戯》ほっそりした子供[若者] ‖ a ～ of a girl [boy] ほっそりした女[男]の子 ❹ 《米》(教会の)細長い座席 —動 (**slipped** /-t/; **slip·ping**)

㊉〔木〕から接ぎ穂[挿し枝]を取る
slip[3] /slɪp/ 名 U スリップ《陶芸に使う上塗り用の粘土液》
slíp·càse 名 C 本の外箱, ケース
slíp·còver 名 C 《米》(布製の) 家具覆い (《英》 loose cover)
slíp·knòt 名 C 引き結び《一端を引けばすぐほどける》; 引いて締められる結び目(running knot)
slíp-òn 名 C スリップオン《簡単に履いたり脱いだりできるひもなしの靴や, 頭からかぶって着るセーターなど》
—形 スリップオンの ‖ ～ shoes スリップオンシューズ
slíp·òver 名 =pullover
slip·page /slípɪdʒ/ 名 U ❶ 滑ること; 滑りの量[範囲]; 〘機〙(歯車などの)滑り量, 仕事損失量 ❷ 仕事の締め切りが守れないこと, 仕事の未完了 ❸ (人気などの)下落, 低下
***slip·per** /slípər/ 名 C 《通例 ～s》(通例室内・舞踏用) 短靴; 室内履き, スリッパ(❗米英ではかかとのついた軽くてひもなしで履ける靴を指す. 日本でいう「スリッパ」には slippers のほか mules, 《米》 scuffs を用いる) ‖ house ～*s* 室内履き / a pair of ～*s* スリッパ1足
—動 ㊉〔子供など〕をスリッパでたたく
～ed 形 スリッパを履いた
***slip·per·y** /slípəri/ 形 〔◁ slip[1] 動〕 ❶ (道・床などが) 滑りやすい, つるつるした ‖ a ～ floor 滑りやすい床 ❷ 手から滑り落ちる, つかみにくい ❸ つかみ所のない, ぬらりくらりとした; (人が)当てにならない, 信頼できない ‖ The argument is ～. その論議はつかみ所がない / a ～ customer 当てにならない人 ❹ 不安定な ‖ a ～ condition 不安定な状態
-per·i·ly 副 **-per·i·ness** 名
▸▸**～ élm** 名 C 〘植〙アカニレ《北米東部産》; その内樹皮《鎮痛剤》
slip·py /slípi/ 形 《口》=slippery ❶
slíp·shòd 形 (服装・言葉などが)だらしのない; (人・仕事などが)ずさんな, ぞんざいな
slíp·strèam 名 C 《通例単数形で》 ❶ 〘空〙後流《プロペラが後方に押す空気の流れ》 ❷ 〘自動車レース〙伴流《レーシングカーの後方にできる低気圧空間》
slíp-ùp 名 C 《口》ちょっとした誤り, ミス
slíp·wàre 名 U スリップで装飾を施した陶器
slíp·wày 名 C 〘海〙造船台, 船架(slip)
***slit** /slɪt/ 動 (**slit**; **slit·ting**) (→ ❸) ㊉ ❶ **a** 《+目》…を(縦に)真っすぐに切る[切り開く]; 〔衣服〕にスリット[切り込み]を入れる《*up*》 ‖ The skirt is *slit* to the knee. そのスカートはひざまでスリットが入っています **b** 《+目+補》…を切り開いて…にする ‖ ～ an envelope open with a knife ナイフで封筒を切り開く ❷ …を〈…に〉細長く切り裂く〈**into, to**〉 ‖ ～ a sheet (of paper) *into* strips 1枚の紙を何片かに細長く切り裂く ❸ (**slit·ted** /-ɪd/)〔目〕を細める —名 C ❶ 細長い切り込み, 裂け目; (衣服の)スリット ‖ make a ～ in a skirt スカートにスリットを入れる ❷ 細長い隙間(すきま); (自動販売機などの)(硬貨)投入口 ‖ a ～ in the curtains カーテンの隙間
～·ter 名 **～·ty** 形 (目が)細長い
▸▸**～ trènch** 名 C 〘軍〙たこつぼ壕(ごう)(foxhole)
slith·er /slíðər/ 動 ㊀ (♦ 通例方向を表す 副句 を伴う) ❶ ずるずる滑る; 〈…を〉滑り降りる〈**down**〉 ❷ (蛇のように)滑るように進む —㊉…をずるずる滑らせる —名 C 《単数形で》(ずるずる)滑って行くこと, 滑行, 滑走
～·y 形 つるつるした, 滑りやすい
sliv·er /slívər/(→ 動) 名 C (木材・ガラス・砲弾などの)(とげ状の)細長い破片, かけら, 切片; 〘紡績〙スライバー《帯状の繊維》 ‖ a ～ of light under the door ドアの下から漏れる光 —動 / +《米》 sláɪvər/ ㊉ ㊀ (…を[が]とげ状に細長く)裂く[裂ける], 割る[割れる]
sliv·o·vitz /slívəvɪts/ 名 U スリボビッツ《プラムから造る東欧産のブランデー》
slob /slɑ(:)b | slɔb/ 名 C ⊗《口》《蔑》だらしのない人, がさつ者, うすのろ, でぶ
slob·ber /slɑ́(:)bər | slɔ́bə/ 動 ㊀ ❶ よだれを垂らす; 〈…を〉こぼしながら食べる[飲む]〈**over**〉 ❷ 〈…を〉溺愛(できあい)[べたぼめ] する〈**over**〉 ‖ keep ～*ing over* each other in public 人前もはばからず互いにべたべたする
—㊉…をよだれでべたべたにする, …を汚す
—名 U ❶ よだれ; 口から垂れる飲食物; つば(saliva) ❷ ひどく感傷的な言葉[動作], 泣き言
～·y 形 よだれを垂らす; よだれでべたべたの
sloe /sloʊ/(♦ 同音語 slow) 名 C 〘植〙リンボク(の実) (blackthorn)
▸▸**～ éyes** 名 複 (リンボクの実のように) 黒く切れ長の目
～ gín 名 U スロージン《リンボク風味のジン》
slòe-éyed ⊲シ 形 (リンボクの実のような) 黒く切れ長の目の
slog /slɑ(:)g | slɔg/ 動 (**slogged** /-d/; **slog·ging**) ㊉ ❶ (ボクシングなどで) …を強打する ❷ …を殴って追い立てる, …を力ずくで駆り立てる —㊀ ❶ 〈…を〉辛抱強く[苦労して]進む〈*on*〉〈**through**〉 ‖ ～ *on* up a hill 山道を1歩1歩登り続ける / ～ *through* a book こつこつ本を読む ❷ 〈勉強・仕事などに〉辛抱強く精を出す《*away, on*》〈**at, with**〉 ‖ ～ [*away at* [OR *on with*] one's work こつこつと仕事に精を出す ❸ 強打する
slòg it óut 《英口》決着がつくまで戦う[やり抜く]
slòg one's wáy 〈…を〉苦労して進む, 〈…に〉辛抱強く取り組む〈**through**〉
—名 U/C 《通例単数形で》 ❶ (延々と続く) つらい仕事 [行進](の期間), 強行軍 ❷ (ボクシングなどでの)強打
***slo·gan** /slóʊgən/ 名 C ❶ (政党・団体・個人などの) スローガン, 標語, 合い言葉, モットー; (商品宣伝用の) 短いキャッチフレーズ ‖ an antidrug campaign using the ～, "Say No to Drugs" 「麻薬にノーと言おう」というスローガンの下の反麻薬キャンペーン / chant antiwar ～*s* 反戦スローガンを唱える ❷ (昔のスコットランド高地人などの) ときの声, おたけび
slo·gan·eer /slòʊgəníər/ 名 C スローガン制作[使用]者
—動 ㊀ スローガンを制作[使用]する **～·ing** 名
slo-mo /slóʊmoʊ/ 名 U 形 《口》 スローモーション (の) (♦ *slo*w *mo*tion より) ‖ in ～ スローモーションで
sloop /slu:p/ 名 C 〘海〙 スループ《1本マストの縦帆式帆船》; 〘英国史〙スループ型砲艦
slop /slɑ(:)p | slɔp/ 動 (**slopped** /-t/; **slop·ping**) ㊉ ❶ 〔液体〕をこぼす, はねかす(→ spill[1], splash); 〔床・衣服など〕に液体をこぼす[はねかす]; …を〈…で〉ぐしょぐしょにする〈**with**〉; 〔食べ物〕を不器用に盛りつける ❷ 〔動物〕に残飯を与える —㊀ ❶ (液体が) こぼれる《*out, over*》; (液体が) (容器の中で) はねる《*about, around*》 ‖ The juice *slopped over* onto the tray. ジュースが盆の上にこぼれた ❷ (水をはねながら)ぬかるみ[水たまり]の中を歩く《*about, through, along, around*》 ‖ ～ *about* in puddles 水たまりの中をばしゃばしゃと歩き回る
slòp abóut [OR ***aróund***] ① ⇨ ㊀ ❶, ❷ ② 《主に英口》(人が)(怠けて)ぶらぶらする, うろつく
slòp óut 〈自〉《英》(囚人が)(監房から)汚水[汚物など]を外に捨てる —〈他〉〔容器〕を空にする
slòp óver 〈自〉 ① ⇨ ㊀ ❶ ② 《主に米口》(…のことで)感傷的に[オーバーに]しゃべり立てる
—名 U C ❶ こぼれた[はねた]液体(による水たまり); ぬかるみ, 水たまり ❷ 《通例 ～s》汚水; (容器に入った) 汚物, 糞尿(ふんにょう) ❸ 《通例 ～s》(豚などにやる)残飯; 水っぽくてまずい食べ物 ❹ U 《主に米口》安っぽい感傷的な話しぶり[文章, 場面]
▸▸**～ bòwl** 名 C 《米》茶こぼし(《英》 slop basin)
****slope** /sloʊp/
—名 (複 **～s** /-s/) ❶ C 傾斜地, **坂**, **斜面**, スロープ; 《通例 ～s》丘, 山腹; スキー場, ゲレンデ ‖ run up [down] a **steep** [gentle] ～ 急な[緩やかな]坂を走って上る[下りる] / a ski ～ (スキー場の) スロープ, ゲレンデ / **on a** ～ 傾斜地 [斜面] に / the **lower** ～*s* of Mount Fuji 富士山の斜面下部[ふもと]

❷ Ⓤ/Ⓒ《通例単数形で》傾斜，傾き；傾斜度，勾配(こうばい)；〘数〙傾き，勾配 ‖ at a slight ～ 軽い勾配で / a 15 degree ～=a ～ of 15 degrees 15度の勾配 / give a ～ to ... …を傾斜させる，…に勾配をつける
❸《the ～》〘軍〙担え銃(つつ)の姿勢
❹ Ⓒ ⊗《米口》《蔑》アジア人，(特に)ベトナム人(♦目じりがつり上がって見えることより)

a* [OR *the*] *slippery slópe 先行き不安[危機的]な状態

―動 (**～s** /-s/；**～d** /-t/；**slop·ing**)

―自 ❶ (水平なものが)〈の方に〉**傾斜する**，坂になる《***down, up,*** etc.》〈**toward, to**〉；(立っているものが)〈…に〉傾く〈**to**〉‖ The land ～*s* (*down*) *to* [OR *toward*] the sea. その土地は海の方に傾斜している / The road ～*s* sharply [gently]. その道路は急な[緩やかな]傾斜をしている ❷《主に英口》(当てもなく)ぶらつく ―他…に傾斜[勾配]をつける，…を傾ける ‖ ～ a roof 屋根に勾配をつける

slòpe óff 〈自〉《英口》(こっそり)立ち去る，ずらかる

slóp·er 名

slop·ing /slóupɪŋ/ 形 傾斜した，斜めの ‖ ～ shoulders なで肩 **～·ly** 副

***slop·py** /slɑ́(ː)pi | slɔ́pi/ 形 ❶ (仕事などが)いい加減な，ずさんな；(服装などが)だらしない；(衣服が)ゆったりした，だぶだぶの ‖ ～ work いい加減な仕事 / a ～ dresser だらしない服装の人 / a ～ sweater だぶだぶのセーター ❷《口》ひどく感傷的な，めそめそした ‖ a ～ love story いやに感傷的な[お涙ちょうだいの]恋愛小説 ❸ (食べ物などが)水っぽい，うすくてまずい；《口》(キスが)ぬれた ❹ (道路などが)ぬかるみだらけの，泥んこの；(床などが)水などがこぼれた，びしょぬれの **-pi·ly** 副 **-pi·ness** 名

▸▸ **～ jóe [Jóe]** 名 Ⓒ《米口》スロッピージョー《トマトソースなどで味つけしたひき肉をバンズに挟んで食べる料理》

slosh /slɑ(ː)ʃ | slɔʃ/ 動 自《口》❶ (ぬかるみ・水たまりの中を)ばしゃばしゃ[はねかして]歩く《***about, around***》❷ (液体が)(容器の中で)ばしゃばしゃはねる《***about, around***》

―他 ❶《口》(液体(の中で))〔物〕をかき回す《***about, around***》❷〔液体〕をはねかす，〔ペンキ・泥など〕を〈…に〉塗りたくる〈**on**〉❸ …を慌てて[不器用に]注ぐ ❹《英口》…を強打する ―名 Ⓒ ❶ 解けかけた雪，ぬかるみ(slush) ❷《口》水っぽい飲み物；ビール ❸ (水などが)ばしゃばしゃはね返ること[音] ❹《英口》強打

～ed 形《叙述》《口》酔っ払った(drunk)

***slot**[1] /slɑ(ː)t | slɔt/ 名 Ⓒ ❶ (機械などの)細長い隙間(すきま)[溝，穴]，(硬貨)投入口(slit)《特に自動販売機・郵便受けなど》‖ put coins in a ～ 硬貨を投入口に入れる / a mail ～ 郵便受けの投入口 ❷ (組織・系列中で)占める位置[地位]，(特に放送・飛行機の離着陸の)時間帯[枠] ‖ a TV program in the nine o'clock time ～ 9時台のテレビ番組 ❸〘航空〙スロット《飛行機の主翼前べりにある空気制御用の隙間》❹ 🖳 拡張スロット(expansion slot)

―動 (**slot·ted** /-ɪd/；**slot·ting**) 他 ❶ …を〈溝・口・穴に〉差し込む，はめる《***in, together***》〈**into**〉‖ ～ plates *together* 板をはめ合わせる ❷ …を〈しかるべき位置・時間などに〉組み入れる[はめ込む]《***in***》〈**into**〉‖ They *slotted* the show *into* their Friday program. 局ではそのショーを金曜日の番組に組み込んだ ❸ …に溝[細長い穴]をつける ❹《英口》〘サッカー〙(正確なキックで)〔ゴール〕を決める；〔ボール〕を(正確にキックして)ゴールへ入れる《***in***》

―自〈…に〉はまる《***in***》〈**into**〉

▸▸ **～ cányon** 名 Ⓒ スロットキャニオン《浸食などで深く削り取られてできた渓谷》 **～ càr** 名 Ⓒ《米》スロットカー《リモコンで溝(slot)の上を走るおもちゃのレーシングカー》 **～ machìne** 名 Ⓒ ①《主に米》スロットマシーン，自動賭博(とばく)機(《英》fruit machine) ②《英》自動販売機(vending machine)

slot[2] /slɑ(ː)t | slɔt/ 名 Ⓒ (シカなどの)足跡

sloth /slɔːθ | slouθ/ 名 ❶ Ⓤ 怠惰 ❷ Ⓒ〘動〙ナマケモノ

～·ful 形 怠惰な **～·ful·ly** 副

▸▸ **～ bèar** 名 Ⓒ〘動〙ナマケグマ《インド産の長毛のクマ》

slót·ted /-ɪd/ 形《通例限定》溝のついた ‖ a ～ head screw マイナスねじ

slotted spoon

▸▸ **～ spóon** 名 Ⓒ〘料理〙溝穴あきスプーン《水や油を切るのに用いる》

slouch /slautʃ/ 動 自 前かがみのだらけた姿勢で座る[立つ，歩く] ‖ ～ along [OR about, around] だらだらとうろつき回る ―他 ❶〔背中・肩〕を丸める ❷《旧》〔帽子の縁〕を垂らす(↔ cock)

―名 Ⓒ《単数形で》❶ 前かがみのだらけた姿勢[座り方，歩き方]；だらけた態度 ‖ walk with a ～ (疲れたように)背を丸めて歩く ❷ (帽子の縁の)垂れ(↔ cock) ❸《通例否定文で》《口》ぐうたらでぶきっちょな人，役立たず，能なし

be nò slóuch 〈…が〉とてもうまい，巧みである〈**at, on**〉

～·i·ly 副 前かがみの(だらけた)姿勢で **～·y** 形 (歩き方・姿勢が)前かがみの，だらしない

▸▸ **～ hát** 名 Ⓒ (縁の垂れた)ソフト帽

slough[1] /sluː | slau/《発音注意》名 Ⓒ ❶ 沼地，湿地；ぬかるみ，泥道，泥沼；《米・カナダ》(ぬかるんだ)入江，河口 ❷《a ～》希望のない状態，奈落の淵(ふち) ‖ a ～ of despair [misery] 絶望の淵[悲惨な状態]

slough[2] /slʌf/《発音注意》名 Ⓤ ❶ (蛇などの)脱け殻，脱皮した皮 ❷〘医〙かさぶた(scab) ❸ 脱ぎ捨てたもの《習慣・偏見など》❹〘トランプ〙捨て札

―動 他 ❶ (蛇などが)〔古い皮〕を脱ぎ落とす；〔かさぶた〕をはぐ《***off***》‖ Snakes ～ their skins *off* once a year. 蛇は年に1回脱皮する ❷〔悪習など〕を脱ぎ捨てる《***off, away***》；〘トランプ〙〔不要な札〕を捨てる ―自 (古い皮・かさぶたなどが)脱げ落ちる，とれる《***off, away, down***》

***Slo·vak** /slóuvæk/ 名 Ⓒ スロバキア人；Ⓤ スロバキア語

―形 スロバキアの；スロバキア人[語]の(♦ Slovakian ともいう)

***Slo·va·ki·a** /slouvǽkiə, -vɑ́ːk-/ 名 スロバキア《ヨーロッパ中央部の共和国. 旧チェコスロバキアの一部. 1993年分離独立. 公式名 the Slovak Republic. 首都 Bratislava》

Slo·vá·ki·an /-ən/ 名 形 =Slovak

slov·en /slʌ́vən/ 名 Ⓒ《旧》⊗《蔑》(身なりなどが)だらしない[汚らしい]男；(仕事などが)いい加減な男(→ slut)

Slo·vene /slóuviːn/ 形 スロベニアの；スロベニア人[語]の

―名 Ⓒ スロベニア人；Ⓤ スロベニア語

***Slo·ve·ni·a** /slouvíːniə/ 名 スロベニア《ヨーロッパ東南部の共和国. 公式名 the Republic of Slovenia. 旧ユーゴスラビアの一部. 首都 Ljubljana》 **-an** 形 名

slov·en·ly /slʌ́vənli/ 形 (人・服装などが)だらしのない；(人・仕事などが)いい加減な，ずさんな **-li·ness** 名

*****slow** /slou/(♦ 同音語 sloe) 形 副 動

中心義 **(Aが)遅い**(★Aは「動作」「進行」「理解」など)

―形 (**～·er**；**～·est**)

❶ (速度の)**遅い**，のろい，ゆっくりした(↔ fast, quick, rapid, swift) (⇨ QUICK 類語) ‖ The river is ～ here. ここでは川の流れが緩やかだ / Don't be ～, or you'll miss the train. ぐずぐずしていると列車に乗り遅れるよ / My girlfriend is a ～ walker. 僕の彼女は歩くのが遅い / a ～ train 鈍行列車 / a ～ procession of cars 数珠つなぎになってのろのろ進む車 / a ～ song テンポの遅い歌 / at a ～*er* rhythm もっと遅いリズムで / *Slow and* [OR *but*] *steady wins the race.* 《諺》のろくても着実な方がレースに勝つ；急がば回れ

❷ (いつもより・思った以上に)**時間のかかる**，徐々になされる；(効き目などの)遅い ‖ Social reform is always ～. 社会を改革するにはいつも時間がかかる / ～ progress [growth] はかばかしくない進歩[成長] / a ～ journey ゆっくりと回る旅 / a ～ poison 回りの遅い毒薬 / a ～ answer とっさには出ない返答 / a ～ smile ゆっくりと浮かんでくる微笑

❸ (ぐずぐずして)**手間取る**，時間がかかる〈**in, about** …に / **to do** …するのに〉；なかなか…しない(♥「…するのがいやで」と

S

いうニュアンスが含まれることもある) ‖ "Why were you so ~ *to* answer my e-mail?" "My computer crashed."「私のメールの返事にどうしてそんなに時間がかかったの」「コンピューターが故障してね」/ Brian is not ~ *to* state his views. ブライアンはすぐに自分の見解を述べる / The government was ~ (*in*) taking action. 政府はなかなか行動を起こさなかった / be ~ *to* anger たやすく怒らない
❹《叙述》(時計が)**遅れている**(↔ fast) ‖ Your watch is (two minutes) ~. 君の時計は(2分)遅れているよ(♦ この意味で late は用いない)
❺(人が)物わかりの悪い, 鈍い, ばかな, のろまな(↔ bright)(♥ foolish, stupid, dumb などより婉曲的) ‖ a ~ learner [mind] 覚えの悪い生徒[頭] / be ~ of understanding 理解が遅い / be ~ at accounts 計算が遅い / be ~ in movement 動作がのろい
❻(商売などが)活気のない, 不振の;(商品が)売れ行きの悪い ‖ Business has been ~ recently. 最近は商売が振るわない / a ~ town 沈滞した町 ❼(退屈で)時のたつのが遅い;退屈な, 面白くない ‖ a ~ afternoon 時のたつのが遅い午後 / a ~ news day これといったニュースのない日 ❽〖スポーツ〗(ボールなどの)スピードを減ずる ‖ a ~ (tennis) court 球足の遅いテニスコート / a ~ track 重い走路 ❾火力の弱い, (オーブンが)温度の低い ‖ a ~ fire 弱火 ❿〖写〗感光度の低い;(レンズが)口径が小さい
—副 (**~·er** ; **~·est**)
遅く, のろのろ(と);ゆっくり(と)(♦ 道路標識のほか,《口》では slowly の代わりに命令文・感嘆文などでしばしば使われる. 位置はふつう動詞の直後) ‖ Drive ~. 徐行せよ / Please read ~*er*. もっとゆっくり読んでください / Trains are running ~. 電車はのろのろと走っている / How ~ you work! あなたは何て仕事が遅いの! / ~-going ゆっくりと行く[やる] / ~-spoken ゆっくりしゃべる(♦ 分詞とともに複合語を作る)
gò slów ① ゆっくり行く;(健康・年齢を考えて)(仕事などを)ゆっくりやる;〈…に〉慎重である〈**on**〉 ② (労働者が)サボタージュする

COMMUNICATIVE EXPRESSIONS
1 **Tàke it slów.** 落ち着いて;ゆっくりね(♥ リラックスして物事に取り組むよう促す)

—動 (**~s** /-z/ ; **~ed** /-d/ ; **~·ing**)
—自 ❶ 速度を緩める, スピードを落とす, 減速する《***down, up***》(↔ *speed up*) ‖ *Slow down* at the curve. カーブの所ではスピードを落としなさい / The taxi ~*ed* to a stop. タクシーは徐行して止まった / The express passed through the station without ~*ing down*. 急行列車は減速せずにその駅を通過した
❷(仕事・活動などが)停滞する, ペースが落ちる《***down, up***》
❸《**+down**》(体力の衰えなどで)生活のペースが落ちる[ペースを落とす] ‖ Grandfather has ~*ed down* considerably. 祖父はかなり活動のペースが落ちた
—他 ❶〔乗り物など〕の速度を遅くする《***down, up***》(↔ *speed up*) ‖ The wind ~*ed* the car. 風で車の速度が落ちた / He ~*ed down* his pace. 彼は歩調を緩めた
❷〔仕事・活動など〕を停滞させる, 遅らせる **~·ness** 名
▸▸ **~ búrn** (↓) **~ còoker** 名 C スロークッカー《長時間煮込む料理に使う電気なべ》 **~ fóod** 名 U スローフード(運動)《fast food に対してゆっくり食事を楽しむこと》‖ ~ *food* movement スローフード運動 **~ láne** 名 C ① (高速道路の) 低速用レーン ② 遅れ ‖ in the ~ *lane* 遅れて **~ lóris** 名 C〖動〗スローロリス(→ loris) **~ mátch** 名 U (昔の) 火縄;導火線[索] **~ mótion** (↓) **~ néutron** 名 C〖理〗低速中性子 **~ vìrus** 名 C〖医〗スローウイルス《潜伏期間が長いウイルス》

slòw búrn 名 C《口》次第に腹が立ってくること
dò [OR ***gò into***] ***a slòw búrn*** だんだん腹が立ってくる

slów·còach 名 C《英口》=slowpoke

slów·dòwn 名 C ❶《通例単数形で》減速;(経済活動の)鈍化 ❷《米》(労働者の)怠業(たいぎょう)[戦術], サボタージュ(《英》go-slow)

***slow·ly** /slóʊli/
—副 (**more ~** ; **most ~**)
ゆっくり(と)(↔ fast);のろのろ(と)(↔ quickly);徐々に ‖ Please speak more ~. もっとゆっくり話してください / The sky ~ lightened. 空が次第に明るくなった / You're making progress ~ but surely. 君はゆっくりとしかし着実に上達している

slòw mótion 名 U (映画などの) スローモーション ‖ in ~ スローモーションで[の]
slòw-mótion 形 スローモーションの;(動作の)のろい

slòw-móving 形 ❶ のろい, 動きの遅い;進歩の遅い ❷ (商品が)売れ行きの悪い

slów·pòke 名 C《米口》のろま(《英口》slowcoach)

slòw-wítted 形 理解の遅い, ばかな

SLR 略 *s*ingle-*l*ens *r*eflex (camera) (1眼レフカメラ), *s*elf-*l*oading *r*ifle(自動装填(そうてん)式ライフル)

slub /slʌb/ 名 C ❶ スラブ《毛糸の不均整な部分 [むら]》‖ ~ yarn スラブ毛糸 ❷ (撚糸(ねんし)前の) 粗糸, 始紡糸
—動 (**slubbed** ; **slub·bing**) 他 …を始紡する

sludge /slʌdʒ/ 名 U ❶ 泥, ぬかるみ;軟泥(なんでい), ヘドロ, (下水タンク・ボイラーなどの) おり ❷〖海〗小浮氷, 軟氷 ❸〖医〗血泥, 血のかたまり **slúdg·y** 形

slue, slew /slu:/ 動 自 (乗り物が) ぐるっと回る, 向きを変える —他 …を方向転換させる
—名 C《単数形で》回転, 旋回, ねじれ

slug¹ /slʌg/ 名 C ❶〖動〗ナメクジ;〖虫〗(昆虫の柔かい無毛の)幼虫 ❷ ⊗《蔑》怠け者, のろま

slug² /slʌg/ 名 C ❶《主に米》(特に鉛の) 銃弾;(空気銃の) 弾丸 ❷《米口》(自動販売機で不法使用される) にせ硬貨 ❸〖印〗(6ポイント以上の) インテル《行間に詰める金属板》;(ライノタイプの)活字の1行

slug³ /slʌg/ 動 (**slugged** /-d/ ; **slug·ging**) 自 他《口》(げんこつ・バットなどで) (…を)強打する
slùg it óut《口》決着がつくまで戦う(♦ 主に《米》で用いる)
—名 C (こぶしによる) 強打 ‖ put the ~ on him 彼に1発食らわす / give him a ~ in the face 彼の顔を殴る
▸▸ **slúgging àverage** [**percèntage**] 名 C〖野球〗長打率《塁打数を打数で割ったもの》

slug·fest /slʌ́gfèst/ 名 C《米口》(ボクシング・野球の) 乱打[打撃]戦;けんか, 論争

slug·gard /slʌ́gərd/ 名 C 怠け者, 無精者

slug·ger /slʌ́gər/ 名 C〖野球〗強打者, スラッガー;〖ボクシング〗ハードパンチャー

***slug·gish** /slʌ́gɪʃ/ 形 ❶ 怠惰な, 無精な, ものぐさな ❷ (動き・反応などが) 遅い, のろい, 緩やかな ❸ (商況などが) 不活発な, 不振な ‖ a ~ economy 停滞した景気
~·ly 副 **~·ness** 名

sluice /slu:s/ 名 C ❶ 水門, せき;(水門のある) 人工水路, 放水路 ❷ (水門からの) 奔流, せき水 ❸ (水はけ用の) 水路, 排水溝 ❹〖鉱〗(金鉱石を洗う)流し樋(とい);(材木などを流し落とす) 用水路, 斜溝 —動 他 ❶ (水門を開いて)〔水〕を放出する[引く];…から水を放出する ❷ …を流水で洗う《***out, down***》 ❸〔材木〕を斜溝で流す;〔金など〕を流し樋で洗う —自 (水が) (水門などから) ほとばしり出る《***out***》

slúice·wày 名 C (水門のある) 人工水路, 放水路

***slum** /slʌm/ 名 C ❶《しばしば the ~s》スラム(街), 貧民街(♥ 少数民族の居住区は ethnic neighborhood) ‖ inner-city ~*s* 都心のスラム街 ❷《通例単数形で》《口》乱雑で汚い場所[部屋, 家]
—動 (**slummed** /-d/ ; **slum·ming**) 自《通例進行形で》《口》(好奇心などで)スラム街を訪ねる, スラム街で暮らす;惨めな暮らしをする
slúm it《口》ふだんより惨めな環境[状態]に甘んじる, 落ちぶれる ‖ We had to ~ *it* in economy-class seats. 私たちはエコノミー席で我慢しなければならなかった

~·mer 名 C スラム街の住人；スラム街の奉仕[見学]者
slum·ber /slʌ́mbər/ 《文》 動 自 ❶ (すやすや)眠る, まどろむ ❷ (火山などが)無活動状態にある, 休止している
— 名 U/C 《しばしば ~s》 ❶ 眠り, まどろみ ‖ fall into a deep ~ 深い眠りに落ちる ❷ 休眠状態 ‖ The volcano has woken from its long ~. その火山は長い休眠状態から覚めた ▸▸ ~ pàrty 名 C 《米》パジャマパーティー, お泊まり会 (pajama party) 《10代の女の子が友達の家に泊まりパジャマ姿で遊ぶ会》
slum·ber·ous /slʌ́mbərəs/, **-brous** /slʌ́mbrəs/ 形 ❶ (人が)眠い, 眠そうな；(物事が)眠りを誘う ❷ 眠っているような, 静かな；不活発な
slúm·lòrd 名 C 《米口》(法外な家賃をとる)スラム街の(不在)家主, 貸家の大家(slum holder [OR owner])
slum·my /slʌ́mi/ 形 《口》スラム街の(ような), 不潔で治安の悪い
*__slump__ /slʌmp/ 動 自 ❶ (物価・売り上げ・人気などが)急に落ち込む, 暴落する, がた落ちする(↔ soar) ‖ The stock prices may ~ in the near future. 近いうちに株価が暴落するかもしれない ❷ (健康が)衰える；(気力・元気が)なくなる；スランプに陥る ❸ 《+副句》どさっと倒れ込む, くずおれる, 座り込む《*down*》；前かがみの姿勢になる《*over*》(♦ 副句 は方向・場所を表す) — 他 《受身形で》〈…に〉前かがみになって座る, ぐったりとなる〈**in, against**〉
— 名 C ❶ 〈物価・売り上げなどの〉落ち込み, 急落, 暴落〈**in**〉；低落, 不調；不景気；不況(期)(↔ boom) ‖ a serious ~ *in* sales 深刻な売り上げの落ち込み / 「a business [OR an economic] ~ 不況(期) ❷ 《米》(選手・チームなどの)不調[不振]期, スランプ ‖ Our team is in a ~. 我々のチームはスランプに陥っている / 「get through [OR come out of] a deep ~ 深刻なスランプから抜け出る ❸ どさっと倒れ込む[落ちる]こと；前かがみの姿勢
slung /slʌŋ/ 動 sling の過去・過去分詞
slunk /slʌŋk/ 動 slink の過去・過去分詞
slur /sləːr/ 動 (**slurred** /-d/; **slur·ring**) 他 ❶ 〔言葉・文字など〕を不明瞭(ふめいりょう)に続けて発音する[書く](♦ 直接話法にも用いる) ❷ 『楽』(スラーの指示で)〔音符〕を滑らかに続けて演奏する[歌う]；〔音符〕にスラーをつける (→ 名 ❷) ❸ 〔事実・過失など〕を(かばうように)ごく軽く扱う, 巧妙に処理する《*over*》‖ Her friend tried to ~ *over* her mistake. 友達は彼女のミスを簡単に片づけようとした ❹ 〔人・物〕をけなす, 中傷する；《英・方》…を汚す — 自 不明瞭に続けて発音する[書く, 歌う] — 名 C ❶ 不明瞭な発音(の仕方), 不明瞭なつづり字(の書き方) ❷ 『楽』スラー, 孤線(の記号)(‿, ⁀)；スラーによる演奏[歌唱] ❸ 〈…に対する〉中傷, そしり, 誹謗(ひぼう)〈**on**〉‖ cast [OR put] a ~ *on* his reputation 彼の評判を傷つける
slurb /sləːrb/ 名 C ⊗《蔑》郊外のスラム街
slurp /sləːrp/ 動 自 他 (…を)(くちゃくちゃ[ずうずう])音を立てて食べる[飲む]
— 名 C 《通例単数形で》音を立てて食べる[飲む]こと
slur·ry /slə́ːri | slʌ́ri/ 名 U スラリー《粘土・セメントなどに水を混ぜたどろどろしたもの》
slush /slʌʃ/ 名 U ❶ 溶けかけた雪[氷]；軟泥, ぬかるみ ❷ 《口》ばかげた[くだらない]感傷；いたずらに感傷的な話[作品, 映画] ❸ 潤滑油 ❹ C U かき氷 — 動 他 ❶ 〔機械〕に潤滑油を塗る ❷ 〔継ぎ目〕に漆喰(しっくい)[セメント]を詰める ❸ …に雪水[泥]をはねつける — 自 ❶ 雪解け[ぬかるみ]の中を歩く《*along*》❷ ぴちゃぴちゃ音を立てる
▸▸ ~ fùnd 名 C ① 買収資金, 賄賂 ② 娯楽費 ③ 『海』船の廃物を売って得た資金
slush·y /slʌ́ʃi/ 形 ❶ (道などが)雪解けの, ぬかるみの；(雪が)溶けかけた ❷ 《口》安手で感傷的な, 甘ったるい
slut /slʌt/ 名 C ⊗《蔑》❶ だらしない身なりの女 (→ sloven) ❷ ふしだらな女, 売春婦 ~·tish 形
*__sly__ /slaɪ/ 形 ❶ (人・動物が)ずる賢い, ずるい, 陰険な ‖ play a ~ trick on ... …に悪巧みをする / as ~ as a fox キツネのようにずる賢い / a ~ dog 陰険な人 ❷ 《通例限定》ひそかになされる, 人目を盗む；率直でない, ごまかしの；暗に知っているふうの ‖ a ~ glance いわくありげな視線 ❸ いたずらっぽい ‖ a ~ wink [smile] ちゃめっ気のあるウインク[笑い]
__on the slý__ ひそかに, こっそりと, 隠れて
~·ness 名
sly·ly /sláɪli/ 副 ずる(賢)く；こっそりと；いたずらっぽく
SM 略 sadomasochism；*s*ergeant *m*ajor (《米陸軍》特務曹長)；*s*ervice *m*ark (職章)；*s*tage *m*anager；stationmaster
s-m, S-M 略 sadomasochism
*__smack__[1] /smæk/ 動 他 ❶ 〔人・体の部位〕を(平手で)ぴしゃりと打つ；ぱしっと激しく打つ (⇨ HIT 類語P) ‖ Nelly ~*ed* me across the face. ネリーは僕の顔をぴしゃっとたたいた / ~ a fastball over a fence 速球を打ってホームランにする ❷ …を〈…に〉ぱしっと当てる, どしんと置く〈**against, into, etc.**〉‖ ~ a fist *into* the palm of a glove グローブの掌(たなごころ)にこぶしをぱしっと当てる ❸ 〔人〕にちゅっと音を立ててキスをする ‖ Meg ~*ed* her father on the forehead. メグは父親の額にちゅっとキスをした
— 自 〈…に〉どしんとぶつかる〈**into, against**〉
__smàck dówn ...__ / __smàck ... dówn__ 〈他〉① …をどしんと置く；〔人〕をぱしっと打ち倒す ② 《米口》…を叱責(しっせき)する
__smàck one's líps__ 舌つづみを打つ
— 名 C ❶ 平手打ち, 強打；(平手打ち・むちなどの)ぴしゃっ[ぴしっ](という音)；《口》(げんこつでの)一撃；(バットでボールを)打つこと ‖ give him a ~ on the jaw 彼のあごに一撃を食らわせる / a ~ in the eye [OR face] 顔面をぴしゃりと打つこと；《口》きっぱりとした拒絶 ❷ 舌つづみの音 ❸ ちゅっと音を立てるキス；ちゅっ(という音) ‖ give him a ~ on the cheek 彼の頬(ほお)にちゅっとキスをする
— 副 《口》❶ ぴしゃっ[どしん]と；まともに ‖ I ran ~ into the door. 私はドアにまともにぶつかった ❷ まさに, ちょうど (《米》smack-dab) ‖ The stadium is ~ in the middle of the city. そのスタジアムは町のちょうど真ん中にある
smack[2] /smæk/ 名 C ❶ 〈…の〉味[風味, 香味]〈**of**〉❷ 〈…の〉気味, …風, …じみたところ〈**of**〉‖ There is a ~ *of* optimism in him. 彼にはどこか楽天的なところがある
— 動 自 ❶ 〈…の〉味[風味, 香味]がする〈**of**〉❷ 〈…の〉気味[色合い]がある〈**of**〉
smack[3] /smæk/ 名 C ❶ (1本マストの)小型帆船 (→ sloop, cutter) ❷ (いけすを備えた)小型漁船
smack[4] /smæk/ 名 U 《俗》ヘロイン(heroin)
smàck-báng 副 《口》= smack[1] 副 ❶, ❷
smàck-dáb 副 《米口》= smack[1] 副 ❷
smack·er /smǽkər/ 名 C 《口》❶ ちゅっと音を立てるキス ❷ 《通例 ~s》《米》ドル；《英》ポンド
smack·ing /smǽkɪŋ/ 名 U 《主に英》平手打ち(の罰)
***__small__ /smɔːl/ 形 副 名

中心義 (大きさ・数量・程度が)小さい

形 小さい❶ 少ない❷ 重要でない❸ 小規模の❹

— 形 (~·er; ~·est)
❶ (大きさが) **小さい**, 小ぶりの；狭い, 細かい (↔ large, big) (⇨ LITTLE 類語, NARROW 類語P) ‖ This jacket's too ~ for me. この上着は私には小さすぎる / It's a ~ world, isn't it? 世間は狭いですね / a ~ car with two seats 2座席の小型車 / ~ animals 小動物 / a ~ room 狭い部屋 (♦「面積が狭い」の意味では small を用いる. a narrow room は「細長い部屋」の意) / a ~ man 小柄な男性 (♥「背が低い」の意味での使用は避けた方がよい. → short) / a ~ waist ほっそりしたウエスト
❷ (量・数が) **少ない**, わずかな (↔ ample) ‖ The number of women in this company is ~. この会社の女性社員の数は少ない (♦ number には small を用い, few は使わない) / My knowledge of Japanese history is

~. 私の日本史の知識は貧弱だ / He has only the ~*est* vocabulary. 彼にはほんのわずかの語彙(ごい)しかない(♦ 最上級による強調) / a ~ class [family] 少人数クラス[小家族] / a ~ salary わずかな給料 / a ~ amount of money 少額の金 / ~ quantities of food 少量の食料 / a ~ eater 少食家
❸ **重要でない**, 取るに足りない, ささいな(↔ important) ‖ The difference between our opinions is actually very ~. 我々の意見の食い違いなど実際にはどうということはない / Don't get hung up on a ~ matter like that. そんなささいなことでくよくよするなよ / make a few ~ changes to the plan 計画に2, 3のちょっとした変更を加える / play a ~ part [OR role] in a movie 映画の中で端役を演じる / a ~ mistake 取るに足りない誤り
❹ 《通例限定》(事業などが)**小規模の**, ささやかな, 小資本の (↔ grand) ‖ a ~ farmer [trader] 小規模農家 [貿易業者] / a ~ restaurant 小さな食堂 / a ~ company [OR business] 小企業 / on a ~ scale 小規模に[の]
❺ 幼い ‖ a ~ child about five 5歳くらいの幼い子供
❻ 《比較なし》《通例限定》小文字の (↔ capital) ‖ write in ~ letters 小文字で書く
❼ (音・声が) 小さい, 低い, か細い ‖ He said in a ~ voice, "I'm going out." 彼は小声で「ちょっと出かけてくる」と言った / make a ~ noise 小さな物音を立てる / the still, ~ voice 〖聖〗静かな小さい声《良心の声》
❽ 《限定》《不可算名詞とともに》ほとんどない (little) ‖ I have ~ interest in sports. 私はスポーツにはほとんど興味がない / It is ~ wonder (that) the project failed. そのプロジェクトが失敗したことは少しも不思議ではない
❾ 控えめな, つつましい ‖ make a ~ living つつましい生活をする ❿ 狭量な, けちな;卑しい ‖ have a ~ mind 心が狭い ⓫ (アルコール飲料の度数が)低い

fèel smáll 肩身の狭い思いをする
in a [OR ***sòme***] ***smàll wáy*** 小規模に[の];控えめに;つつましく ‖ a farmer *in a ~ way* 小(規模)農家 / live *in a ~ way* つつましく暮らす
lòok smáll 肩身の狭い様子をしている
nò smáll 少なからぬ, なかなかの ‖ *no* ~ sum of money なかなかの額の金 / in *no* ~ measure 少なからず

COMMUNICATIVE EXPRESSIONS
1 **Do you hàve ànything smáller?** もっと細かいのはありませんか(♥ 少額の貨幣を持っているか尋ねる)
2 **Smàll is béautiful.** 小さいことはよいことだ

── 副 (~·er;~·est)
❶ 小さく;細かく ‖ write very ~ とても小さく (文字を) 書く ❷ 控えめに ‖ live [think] ~ つつましく暮らす [考える] ❸ 小声で, 弱々しい声で
── 名 (複 **~s** /-z/) ❶ 《the ~》〈…の〉小さい [細い] 部分 〈**of**〉 ‖ the ~ *of* the [OR one's] back 腰のくびれた部分
❷ C 《~s》《口》小間物, 小物類;《英口》下着
❸ U 衣類のSサイズ;C Sサイズの服
~·ness 名 U 小さいこと;狭量 ‖ the ~ of the city その市の小ささ / ~ of mind 心の狭さ

▶▶ **~ àd** 名 C 《通例 ~s》《英口》=classified ad **~ árms** /英 ニーー/ 名 複 《集合的に》携帯兵器《ピストル・小銃など》 **~ béer** 名 U 《英口》 ① 《集合的に》 大したことのないもの[人], つまらないもの, 小者 (《米口》small potatoes) ② 《古》弱いビール **~ cálorie** 名 C 〖理〗小カロリー (gram calorie) 《1グラムの水を1℃高めるのに必要な熱量. 記号 cal》(→ calorie) **~ cápital** 名 C 《~s》〖印〗スモールキャピタル《小文字の大きさの大文字》 **~ chánge** 名 U ① 小銭 ② 大したことのないもの[人, 話] **~ cláims còurt** 名 C 〖法〗少額裁判所《少額の訴訟を扱う簡易裁判所》 **~ fórtune** 名 C 《通例 a ~》《口》大金, 高額の費用 ‖ It cost me a ~ *fortune*. それにはうんと金がかかった **~ frỳ** (↓) **~ hòurs** 名 複 《the ~》深夜, 深更《午前1時から4時ごろまで》(↔ long hours) ‖ in the ~ *hours* 深夜に **~ intéstine** 名 《the ~》〖解〗小腸 **~ létter** 名 C 小文字 (↔ capital letter) **~ potátoes** 名 《しばしば単数・複数扱い》《米口》=small beer ❶;はした金 **~ prínt** /, ニー/ 名 《the ~》《英》細字部分 (《米》 fine print) 《契約書などで契約者に不利な条項を細かい字で印刷した注意事項の部分》 ‖ in ~ *print* 細かい字で印刷された **~ scréen** /, ニー/ 名 《the ~》《口》(映画に対して)テレビ **~ tàlk** 名 U 雑談, 世間話, おしゃべり

smáll-bòre 形 ❶ 小口径の ❷ 《米口》ささいな, 取るに足らない
smàll-cáp 名 C 形 小資本会社の株(の) (↔ large-cap)
smáll frỳ 名 U 《単数・複数扱い》 ❶ 《口》子供たち ❷ 幼魚;動物の子 ❸ つまらぬ人たち, 雑魚(ざこ) (→ fry²)
smáll·hòlder 名 C 《英》小自作農, 小農
smáll·hòlding 名 C 《英》小自作農地《farm より狭く, ふつう50エーカー以下》
small·ish /smɔ́ːlɪʃ/ 形 やや小さい, 小さめの, 小ぶりの
smàll-mínded 〈シ〉 形 心の狭い, 頑迷な **~·ly** 副
smàll-míndedness 名 U 心が狭いこと, 狭量, 卑劣
smáll·pòx 名 U 〖医〗天然痘(とう), 疱瘡(ほうそう)
smàll-scále 〈シ〉 形 ❶ 小規模の ‖ a ~ plan 小規模計画 ❷ 縮尺率の小さい(↔ large-scale)
smàll-tíme 〈シ〉 形 《限定》《口》取るに足りない, 二流の, けちな, ちゃちな ‖ a ~ thief けちな盗人(ぬすっと)
smàll-tímer 名 C 取るに足りない人, 小者
smàll-tówn 〈シ〉 形 《限定》 ❶ 小都市の;田舎町風の ❷ 田舎じみた, あか抜けしない;(価値観などが)偏狭な
smarm·y /smáːrmi/ 形 《口》お世辞たっぷりの, 口先のうまい, べたべたした **-i·ly** 副 **-i·ness** 名

‡smart /smaːrt/
中心義 **(Aの)切れがよい**(★Aは「頭」「身なり」「動き」など)
── 形 [▶ smarten 動] (~·er;~·est)
❶ 《口》**頭のよい**, 利口な, 賢い, 才気あふれる;頭の切れる (↔ stupid);《反語的に》抜け目のない, ずる賢い(⇨ CLEVER 類語);(薬などが) 人を賢くする, 知力を高める ‖ a ~ fellow 頭のいいやつ / It was ~ of you to ask for a receipt. 領収書を請求したとは君は賢明だったよ / make a ~ move 賢明な手段をとる / a ~ answer 気のきいた答え / a ~ lawyer 切れ者の弁護士
❷ 《主に米口》生意気な, こしゃくな(→ CE 1)
❸ (身なり・外見などが)さっそうとした, **ぱりっとした;しゃれた**, 粋な, 洗練された, 流行の;上流(社会)の ‖ You look ~ in your new suit. 新しいスーツを着てさっそうとして見えるよ / make oneself ~ きちんとした身なりをする / a ~ mansion しゃれた邸宅 / a ~ car かっこいい車 / ~ society 上流社会(❗体型が「ほっそりした」という意味は英語の smart にはない. slender, slim を用いる)
❹ (動作などが)きびきびした, 元気のよい, 活発な ‖ at a ~ pace きびきびした足取りで / She made a ~ job of interpreting. 彼女は通訳の仕事をてきぱきとやってのけた / Look ~! 《主に英》急げ, 早くしろ
❺ (痛みなどが)ずきずき[ひりひり]する, 鋭い, しみる;(平手打ちなどが)鋭い痛みをもたらす;(罰・打撃などが)厳しい ‖ a ~ pain 鋭い痛み, 疼痛(とうつう) / a ~ rebuke 厳しい譴責(けんせき) / a ~ blow 強打
❻ (機械などが)コンピューター制御の;(ミサイルなどが)レーザー光線(など)で誘導される;💻(端末が)独立処理機能を持つ, 高性能の ❼ コンピューター内蔵の, コンピューターで自動化されている ❽ (物事が)周到になされた ❾ 《英》《旧》見事な, 素晴らしい ❿ 《方》かなりの ‖ a ~ price 相当の値段 / a ~ few かなりたくさん(の)

COMMUNICATIVE EXPRESSIONS
1 **Don't gèt smárt with me.** こしゃくなまねをするな;生意気な口をきくな
2 **You thìnk you're sò** [OR **prètty**] **smárt.** [OR **smárt, dón't you?**] 自分を何様だと思ってるんだ

── 副 《古》=smartly ‖ talk ~ 気のきいた[こざかしい]口をきく
── 動 自 ❶ (傷などが)ずきずき痛む, ひりひりする, 〈…で〉う

ずく〈**from**〉‖ My eyes ～*ed from* the exhaust (gas). 排気ガスで目がひりひりした
❷〈…に〉憤慨する, ひどく腹を立てる ;〈…のことで〉苦悩する, ひどく気に病む〈**from, under, over, at**〉‖ Matt ～*ed under* our remarks. マットは私たちの言葉を聞いて感情を害した / The girl was still ～*ing over* the accident. 少女はまだその事故のことを気に病んでいた
❸〈…のために〉厳しく罰せられる〈**for**〉
smàrt óff 《自》《米口》(ふざけて)生意気な口をきく
―名 ❶ U (傷・打撲などの)ずきずきする痛み, 疼痛, うずき ;《古》心の痛み, 苦悩 ; 後悔
❷ C 《～s》《単数扱い》《米口》知性, 分別
▶▶～ **àlec(k)** (↓) ～ **bómb** 名 C スマート爆弾《レーザー光線やコンピューターで誘導される空対地爆弾》～ **càrd** 名 C スマートカード《集積回路を組み込んだプラスチック製カード. クレジットカードや身分証明書などに用いられる》～ **dùst** 名 C U スマートダスト《環境モニター用の極小サイズのセンサー》～ **grìd** 名 C スマートグリッド《通信・制御機能を付加して省エネ・停電回避などを自律的に行う新型電力網》～ **mòb** 名 C スマートモブ《携帯電話などを活用して賢く行動する人々》～ **móney** 名《the ～》① 情報通の投資家の投資金 ;《集合的に》情報通の投資家 ②《米》【法】損害賠償金 ; 負傷手当《雇い主が使用人に支払う》～ **mòuth** (↓) ～ **qùotes** 名 複 スマート引用符《同一のキーを用いるが引用句の開始箇所終了箇所で異なる形状に表示[印刷]される引用符》

smárt àl·ec(k) /-ælɪk/ 名 C 《口》鼻持ちならぬうぬぼれ屋, 利口ぶる人, 知ったかぶりをする人 **-àlecky** 形

smárt-àss, smártàss 名 C 《米俗》=smart alec(k) (《英》smartarse, smart-arse)

smart·en /smáːrtən/ 動〔◁ smart 形〕他 ❶ …をきちんと整える, 小ぎれいにする《***up***》‖ ～ oneself *up* 身なりをきちんとする ❷ …を教育する, 仕込む《***up***》❸ …を活発にする ;〔歩調など〕を速める
―自 きちんとする, 小ぎれいになる《***up***》

smárt·ly /-li/ 副 ❶ 賢明に, 抜け目なく ; きちんと, 小ぎれいに ; 粋に, しゃれて ❷ きびきびと, 素早く ❸ 力強く

smárt mòuth 名 C 《米口》生意気な口(をきくやつ)
smárt-mòuth 動 自 他 (人に)生意気な口をきく
smárt-mòuthed 形 生意気な口をきく

***smárt·ness** /-nəs/ 名 U 小ぎれい ; 粋 ; 抜け目なさ, 機敏 ; (痛みなどの)激しさ

smárt·phòne 名 C スマートフォン

smart·y /smáːrṭi/ 名《口》=smart alec(k)

smárty-pànts 名 複 《口》=smart alec(k)

smash** /smæʃ/ 動 他 ❶ **a** 《+目》…を(ぶつけたりして)粉々に打ち壊す, 粉砕する《up***》; …を打ち砕いて倒す《***down***》(break down ; demolish) ; …を(穴があくほど)強打して壊す《***in***》(⇨ CRASH[1] 類語) ‖ ～ *up* a car 車をぶつけてめちゃめちゃにする / ～ *down* a barricade バリケードを打ち壊す / The explosion ～*ed in* all the windows. 爆発で窓ガラスがみな割れた **b** 《+目+補》〔物〕を打ち砕いて…の状態にする ‖ ～ a door open ドアを打ち破って開ける ❷ …を(へこむほどに)強打する《***in***》; …を〈…に〉激突させる, たたきつける〈**into, against**〉‖ I wanted to ～ his head [face] *in*. 彼の頭[顔]をぶん殴ってやりたかった / ～ a chair *against* the wall いすを壁にたたきつける ❸ (テニスなどで)〔ボール〕をスマッシュする, 打ち込む, 上から強く打つ(→ lob) ❹ …を撃破する ;〔有害な組織など〕を撲滅する ;〔敵・記録など〕を(たやすく)破る ‖ ～「a drug ring [terrorism] 麻薬組織[テロ]を撲滅する
―自 ❶ (粉々に)壊れる《***up***》‖ The vase ～*ed up* on the floor. 花瓶が床に落ちて粉々に割れた ❷ 〈…に〉激突する, 激しくぶつかる〈**into, against**〉;〈…を〉突き破る,〈…に〉突入する〈**through**〉‖ The car ～*ed into* a telephone pole. 車は電柱に激突した / The mob ～*ed in through* the windows. 暴徒たちは窓から乱入した ❸ 《旧》《口》破産[倒産]する
―名 C ❶ 《単数形で》粉々に壊れること[音] ‖ I heard the window break with a ～. 窓ガラスががちゃんと割れる音が聞こえた ❷ 激突(音) ; (自動車・列車の)衝突事故 ❸ 強打(音) ; (テニスなどの)スマッシュ ❹ 《旧》《口》破産, 倒産 ❺ 《口》(演劇・映画・歌などの)大成功, 大ヒット ❻ スマッシュ《ブランデーベースのカクテル》
gò [OR ***còme***] ***to smásh*** 《旧》《口》① めちゃめちゃに壊れる ② 破産する ; 完敗する
―副 がちゃんと, 激しく, もろに ‖ His car went [OR ran] ～ into a truck. 彼の車はトラックに激突した
▶▶～ **hít** 名 C (本・映画などの)大ヒット, 大当たり

smàsh-and-gráb /smæʃənd-/ 形 《限定》《英》(強盗が)店のウインドーを破って(高価な)商品を盗む

smashed /smæʃt/ 形 ❶ 《叙述》《口》ぐでんぐでんに酔っ払った ‖ get ～ 酔う ❷ 粉々に割れた, 打ち壊された

smash·er /smǽʃər/ 名 C ❶ 《通例複合語で》粉砕者, 破砕者 ; 粉砕機 ❷ 《英口》素敵な人, 素晴らしいもの

smash·ing /smǽʃɪŋ/ 形 ❶ 粉砕する, 破壊的な ; 猛烈な ❷ 《主に英口》素敵な, 素晴らしい

smásh-mòuth 形 副 【スポーツ】攻撃的な[に], 荒々しい[く]

smásh·ùp 名 C ❶ 《口》(自動車・列車などの)衝突, 激突 ‖ a head-on ～ 激しい正面衝突 ❷ 《米》破産, 破綻(はたん), 破滅 ; (経済の)暴落 ; (健康の)衰え

smat·ter·ing /smǽṭərɪŋ/ 名 C 《通例 a ～》❶〈語学などの〉生かじり(の知識)〈**of**〉‖ have a ～ *of* Russian ロシア語を少しかじっている ❷〈…の〉少量〈**of**〉‖ a ～ *of* snow 少しばかりの雪 ―形 生かじりの

SMÉ 略 *S*mall (and) *M*edium *E*nterprise(s) (中小企業(部門))

***smear** /smɪər/ 動 他 ❶ …に〈べたつくものを〉塗りつける, …を〈べたつくもので〉汚す〈**with**〉;〔べたつくもの〕を〈…に〉塗りつける〈**on, over**〉‖ The child ～*ed* his hands *with* mud. = The child ～*ed* mud *on* his hands. その子は手に泥を塗りたくった[手を泥で汚した] / Your clothes are all ～*ed with* paint. 服がペンキだらけじゃないか ❷〔文字など〕をこすって不鮮明にする ❸ …の名声[評判]を傷つける[汚す], …を中傷する ‖ ～ one's opponent ライバルの名声を傷つける ❹ 《通例受身形で》《米口》完敗する
―自 ❶ (べたつくもので)汚れる, (汚れなどが)広がる ❷ (字などが)こすれて不鮮明になる
―名 C ❶ (べたつくものの)汚れ, しみ ❷ 中傷, 誹謗(ひぼう) ‖ ～ tactics 中傷戦術 ❸ (顕微鏡で調べるための)塗布標本 ❹ (=～ **tèst**) 《英口》【医】パップテスト (《米》Pap smear [OR test])《子宮癌(がん)検査法の一種》
▶▶～ **campàign** 名 C (政敵などに対する)中傷合戦

smear·y /smíəri/ 形 ❶ 汚れた ❷ べとべとする

smeg·ma /smégmə/ 名 U 【医】スメグマ, 恥垢(ちこう)

smell /smel/ 動 名

―動 (～**s** /-z/ ; ～**ed** /-d/, 《主に英》**smelt** /smelt/ ; ～**·ing**)
―自 ❶ 《進行形不可》 **a** 《+補〈形〉》…の**においがする** ; …のにおいを思わせる ‖ This soap ～*s* **sweet** [×sweetly]. この石けんは甘いにおいがする (♦ 疑問文は How does this soap smell?) / The dish ～*s* **good**. その料理はおいしそうなにおいがする
b 《+**of** [**like**] 名》…の[…のような]においがする ‖ This perfume ～*s like* roses. この香水はバラのようなにおいがする (♦ 疑問文は What does this perfume smell like?) / Dad's breath ～*ed* **strongly** *of* garlic. パパの息はすごくニンニク臭かった
❷ 《進行形不可》いやな[悪い]においがする, 臭い ‖ This chemical ～*s* unbelievably. この化学物質は信じられないほどの悪臭を放つ
❸ 《進行形不可》嗅覚(きゅうかく)がある, においがわかる ‖ I can't ～ because I've got a cold. 風邪をひいているのでにおいがわからない

❹〈…の〉においをかぐ〈**at**〉‖ The dogs are ～*ing at* each other. 犬がにおいをかぎ合っている
❺《進行形不可》〈…の〉気味がある，〈悪事などの〉においがする，〈…〉くさい〈**of, like**〉‖ His words ～*ed*「*of* dishonesty [OR *like* a hoax]. 彼の話はうそくさかった / The story didn't ～ right. その話は本当とは思えなかった ❻〈話などが〉あやしい，うさんくさい ‖ The rumor really ～*s*. そのうわさは実にうさんくさいな

一他 ❶《受身形・進行形不可》**においを感じる**（◆しばしば can, could とともに用いる） **a**《＋目》…のにおいを感じる，〈におい・気配で〉…に感づく；…をかぎつける（◆主語は一人称の場合が多い）‖ I ～ gas. ガス臭いね（◆ I smell of gas. とすると「私がガス臭い」の意になるので注意） / ～ trouble 面倒なことが起こりそうな予感がする
b《＋*doing*》…するにおいがする ‖ I can ～ cooking. 料理をしているにおいがする
c《＋wh 節》…かをにおいで知る ‖ Dogs can ～ *where* food is hidden. 犬はどこに餌(ㇾ)が隠してあるかにおいでわかる
d《＋目＋*doing*》〔物〕が…するにおいがする，…しそうな気配に気づく ‖ I can ～ something burning [×burn]. 何か焦げているにおいがする / ～ trouble coming 面倒なことになりそうな気がする
e《＋that 節》…ということをにおい[気配]で知る ‖ I could ～ *that* the fish wasn't fresh. その魚は新鮮でないことがにおいでわかった / She could ～ *that* there was trouble. 彼女は何か問題があったのだと感じた
❷《通例受身形不可》…のにおいをかぐ，かいでみる ‖ *Smell* the milk to see if it's all right. 大丈夫かどうか牛乳のにおいをかいでみて

smell blood ⇨ BLOOD(成句)
smèll óut ... / ***smèll ... óut*** 〈他〉① (犬が)…をかぎ出す；(人が)…をかぎつける，探り出す ‖ The dog ～*ed out* the drug. その犬は麻薬をかぎ当てた / ～ *out* a conspiracy 陰謀をかぎつける ②《英》＝*smell up*(↓)
smèll úp ... / ***smèll ... úp*** 〈他〉《米》…を悪臭で満たす

COMMUNICATIVE EXPRESSIONS
1 **Do you smèll sómething?** 何かにおわない？（♥しばしば「あやしくないか」という意味にもなる）
2 **Thát smèlls (to hìgh héaven).** (ひどく)臭いな（♥しばしば「おかしい」「うそでしょう」という疑念の意味にもなる）
3 **Whàt smélls?** 何のにおい？(＝What's that smell?)

一名〔▶ smelly 形〕(複 **～s** /-z/) ❶ C U **におい**，香り ‖ The air had a delicious ～. 空気は芳しい香りがした / The streets are full of foul ～*s*. 通りにはいやなにおいが充満している

連語【形＋～】a faint [strong] ～ かすかな[強い]におい / a sweet ～ 甘いにおい / a musty [sour, stale, pungent] ～ かび臭い[酸っぱい，すえた，鼻につんとくる]におい / a strange ～ 変なにおい / a bad ～ ひどいにおい / an unpleasant ～ 不快臭

❷ C《単数形で》悪臭 ‖ What a ～! 何という悪臭だ
❸ U 嗅覚 ‖ a keen sense of ～ 鋭い嗅覚
❹ C《通例単数形で》かぐこと ‖ take a ～ at [OR of] ... …をかいでみる ❺ C U 気味，…くさい感じ；雰囲気 ‖ There was no ～ of bribery in his offer. 彼の申し出には贈賄くさいところは何もなかった / enjoy the sweet ～ of success 成功の喜びを味わう

におい	よい(香り)	smell	**perfume**	香水のような
			fragrance	花などが発する
			scent	かすかに漂う
			aroma	香ばしく漂う
	悪い		**odor**	化学的特性としての，強烈な
			stink	腐ったような

◆「におい」を表す最も一般的な語は smell と odor で，しばしば同じように用いられる. odor はやや改まった語で，科学的・専門的な文脈などに多く用いられ，また芳香よりも，鼻につくような強い不快なにおいに用いることが多い.〈例〉body odor 体臭
◆ scent はあるものの持つ性質としての「におい」の意であるが，特に嗅覚が鋭くなければわからないようなかすかなよい香りの意.

smell·ing /smélɪŋ/ 形《複合語で》…のにおい[香り]のする ‖ sweet-～ flowers 甘い香りの花 ▸▸**～ bòttle** 名 C かぎ薬の瓶 **～ sàlts** 名 複 かぎ薬，気付け薬

＊**smell·y** /sméli/ 形〔◁ smell 名〕悪臭を放つ，臭い ‖ ～ feet 臭い足 **sméll·i·ness** 名

smelt[1] /smelt/ 名（複 **～** OR **～s** /-s/）C【魚】ワカサギ

smelt[2] /smelt/ 動 他〔鉱石〕を溶融する；(鉱石を溶融して)〔金属〕を取り出す，製錬する 一自 溶解する
～·er 名 C ① 製錬工[業者] ② 製錬所；溶鉱炉

＊**smelt**[3] /smelt/ 動《主に英》smell の過去・過去分詞の1つ (→ smell)

Sme·ta·na /smétənə/ 名 **Bedřich ～** スメタナ(1824–84)《チェコの作曲家》

smid·gen, smid·gin, smid·geon /smídʒən/ 名 C《a ～》《口》〈…の〉少量，少額(bit)〈**of**〉；非常に小柄な人[小さなもの] ‖ a ～ *of* jam ごく少量のジャム

smi·lax /smáɪlæks/ 名 C【植】サルトリイバラ；クサナギカズラ《共にユリ科の植物》

＊＊＊smile /smaɪl/ 動 名

一動（**～s** /-z/；**～d** /-d/；**smil·ing**）
一自 ❶〈…に〉**ほほ笑む，微笑する**，にっこり笑う〈**at**〉(⇨ LAUGH 類語P) ‖ The salesclerk ～*d at* [×to] me broadly [politely, sweetly]. 店員は私を見てにっこり[上品に，愛らしく]ほほ笑んだ / I ～*d* to myself *at* my own silly mistakes. 自らのばかな間違いにひとりで苦笑した / The boy ～*d* to see his mother. 少年は母親を見てにっこりした / ～ bitterly 苦笑いする / ～ **back** ほほ笑み返す / ～ into a mirror 鏡の中にほほ笑みかける / ～ from ear to ear 満面に笑みを浮かべる
❷〈神・運などが〉〈…に〉好意を示す，ほほ笑みかける；〈好運・天候などが〉〈…に〉向いて[開けて]くる；〈人が〉〈他人(の行為など)を〉好意的に見る，容認する〈**on, upon, at**〉(→ CE 1) ‖ Fortune ～*d on* the candidate. その候補者に運が向いてきた
❸〈…を〉あざけるような笑みを浮かべる，せせら笑う；〈苦境などを〉笑ってやり過ごす〈**at**〉‖ Louise ～*d at* his poisonous tongue. ルイーズは彼の毒舌にも笑って耐えた
❹《文》〈風景などが〉晴れやかである ‖ *smiling* green hills 明るい緑の丘

一他 ❶《～ a ... smile で》…なほほ笑み方をする ‖ ～ a sweet [wan] **smile** にこやかに[弱々しく]ほほ笑む
❷ …をほほ笑みで表す；《直接話法で》…と言ってほほ笑む ‖ She ～*d*「her thanks [a welcome]. 彼女は感謝[歓迎]の笑みを浮かべた / "Congratulations!" my father ～*d*. 「おめでとう」と言って父はほほ笑んだ
❸ ほほ笑んで…をふり払う《***away, off***》；ほほ笑んで…に〈…〉させる〈**into, out of**〉‖ ～ *away* one's embarrassment 笑ってきまり悪さを払いのける / Kate tried to ～ him「*out of* his anger [*into* composure]. ケートはにっこり笑って彼に怒りを忘れさせよう[彼を落ち着かせよう]とした

còme up smíling 《口》逆境などから立ち直り元気よく立ち向かう

COMMUNICATIVE EXPRESSIONS
1 **Fórtune [OR Gód] smíled on me.** 運がよかった（♥ the weather を主語にすると「天候に恵まれた」の意になる. ＝I had good luck [OR fortune].）
2 **Kèep smíling.** お元気で（♥別れ際に用いる励まし）
3 **Smíle when you sáy thàt.** 冗談でしょ（♥「冗談なら(それとわかるように)笑いながら言ってよ」の意）

[4] **Whàt're you smíling about?** 何をにこにこしているの

—名 (複 **~s** /-z/) C ❶ **ほほ笑み, 微笑**, 笑顔, (あざけりなどの) 笑み ; ほほ笑むこと ‖ A ~ flashed across the girl's face. 少女は一瞬ほほ笑んだ / I tried to bring a ~ to his face. (=I tried to make him ~.) 彼を何とかにっこりさせようとした / **give** him a brilliant ~ 彼に明るくほほ笑む / Lisa's lips twisted in a sad ~. リサは唇をゆがめて悲しげにほほ笑んだ / nod **with** a broad ~ on one's face 満面の笑みでうなずく / **smile** a wry ~ 苦笑する ❷《しばしば ~s》(運命などの)好意, 恩恵, 恵み ‖ the ~*s* of fortune 幸運のほほ笑み

be àll smíles 《口》喜色満面である
cràck a smíle 《米口》にこりとする, 笑う
wìpe the smíle òff a pèrson's fáce (人に)(うれしげ・満足げに)にこにこ顔をするのをやめさせる
smíl·ing 形

smil·ey /smáɪli/ 名 C 💻 フェース[笑顔]マーク(の絵文字)《主にEメールで使用. 英語ではほほ笑み (:-))・笑い (:-D) など》(→ emoticon) —形《口》ほほ笑んだ

***smil·ing·ly** /smáɪlɪŋli/ 副 ほほ笑んで, にこにこして

smirch /smə:rtʃ/ 動 他《文》❶ (すす・ほこりなどで) …を汚す ❷〔名声など〕を汚す —名 C《文》❶ 汚れ, しみ ❷ (名声などの)けがれ, 汚点, 不名誉

smirk /smə:rk/ 動 自 にやにや笑う, 作り笑いをする, 気取ってほほ笑む (⇨ LAUGH 類語P) —名 C にやにや笑い, 作り笑い **~·ing·ly** 副

smite /smaɪt/ 動 (**smote** /smoʊt/ ; **smit·ten** /smítən/, +《米》**smote**) 他 ❶《文》…を〈手・武器などで〉強く打つ, 打ちのめす〈**with**〉; …を殴って (ある状態に) する ‖ ~ him dead 彼を殴り殺す ❷《文》(打ちのめすかのように) …を罰する, 打ち負かす, 殺す ❸《通例受身形で》〈魅力・感情などに〉圧倒される, まいる ;〈災害・病気などに〉倒れる, 打ちのめされる《***down***》〈**with, by**〉‖ a country *smitten* (*down*) *with* famine 飢饉(ききん)に打ちひしがれている国
—自 ぶつかる ; 強打する ;〔光・音など〕が強烈に襲う ‖ ~ on a door ドアをどんどんたたく / A strange sound *smote* upon his ears. 奇妙な音が彼の耳を打った

smith /smɪθ/ 名 C《通例複合語で》❶ 金属細工人 (→ goldsmith, silversmith, tinsmith) ; 鍛冶(かじ)屋(blacksmith) ❷ 製造人, 創作者(→ gunsmith)

Smith /smɪθ/ 名 スミス ❶ **Adam ~** (1723–90)《スコットランドの経済学者. *The Wealth of Nations*「国富論」(1776)》❷ **Joseph ~** (1805–44)《モルモン教会の創設者(1830)》

smith·er·eens /smìðərí:nz/ 名 複《口》小破片
smàsh [OR ***blòw***] ***... to smitheréens*** …を粉々に破壊する[吹き飛ばす]

Smith·sò·ni·an Institútion /smɪθsòʊniən-/ 名《the ~》スミソニアン協会《1846年に設立されたワシントンD.C. にある学術協会》;(同協会所属の)国立博物館

smith·y /smíði/ 名 (複 **smith·ies** /-z/) C 鍛冶屋 [金属細工職人]の仕事場, 鍛冶場

smit·ten /smítən/ 動 smite の過去分詞の1つ

smock /smɑ(:)k | smɔk/ 名 C ❶ スモック《画家・女性・子供などが着る》❷ (=~ **fròck**) (昔のヨーロッパの農民が着た) ゆったりした仕事着 —動 他 …にスモックを着せる ; …にスモッキング(smocking)をつける

smock·ing /smɑ́(:)kɪŋ | smɔ́k-/ 名 U スモッキング《等間隔の小さなひだをかがって留める飾り刺繍(ししゅう)》

***smog** /smɑ(:)g, smɔ:g | smɔg/ 名 U C スモッグ, 煙霧 (⇨ FOG[1] 類語) ‖ photochemical ~ 光化学スモッグ / ~ warning スモッグ警報(♦ *smo*ke+*fog* より) **~·gy** 形

*****smoke** /smoʊk/ 名 動

—名 (▶ smoky 形) (複 **~s** /-s/) U ❶ **煙** ‖ The child was smothered [OR choked] to death by ~. 子供は煙に巻かれて死んだ / *There's no ~ without fire.* ; *Where there's ~ there's fire.* 《諺》火のない所に煙は立たぬ / The chimney is giving off ~. 煙突から煙が出ている / The ~ irritated my eyes. 煙が目にしみた / **blow cigarette** ~ たばこの煙を吐く / a thick cloud of ~ もうもうたる煙
❷ 煙に似たもの《もや・霧・蒸気・しぶきなど》
❸ (煙のように)実体のないもの, むなしいもの
❹ C《通例 a ~》一服(する間), 喫煙(時間) ;《口》(1本の)たばこ, 葉巻 ;《俗》マリファナ, ハシシ ‖ have a ~ 一服する / go out for a ~ 一服するために外に出る
❺《the S-》《英》《旧》大都市, (特に)ロンドン
❻ 煙のような色, うす青色

blòw smóke (***ùp a pèrson's áss***) (〔人〕を)だまそうとする, おだてる
****gò ùp in smóke*** 《口》① 煙となって消える [なくなる] ② (望み・計画などが)むなしい結果[水泡]に帰する

COMMUNICATIVE EXPRESSIONS

[1] **Do you hàve a smóke?** たばこ持ってますか (♥ しばしば異性に声をかける口実として用いる)

—動 (**~s** /-s/ ; **~d** /-t/ ; **smok·ing**)
—自 ❶ **たばこを吸う**, 喫煙する ; マリファナを吸う ‖ I don't ~. たばこは吸いません / 「Do you mind if [OR May] I ~? たばこを吸ってもいいですか (♥ 米英では他人と食事をするとき, 食事中は言うまでもなく, 食事が済んだ場合であっても, 相手に許可を得ずにたばこを吸うのは非常に失礼なこととされる. 食後に席を離れて吸うのが一般的) / ~ like a chimney ひっきりなしにたばこを吸う
❷ **煙を出す**, 噴煙する ; (火・ランプなどが)いぶる, くすぶる ; (煙のように) 湯気 [蒸気など] を出す ‖ Heat the oil in the frying pan until it ~*s*. フライパンの油を煙が出るまで熱しなさい / The fire is *smoking*. 火がくすぶっている / *smoking* volcanoes 煙を吐いている火山
—他 ❶〔たばこ・マリファナなど〕を吸う ‖ ~ a **cigarette** [**pipe**] たばこ[パイプ]をふかす
❷ …を煙で汚す, いぶす, …に煙で色をつける ❸〔魚・肉など〕を燻製(くんせい)にする (♦ しばしば受身形で用いる) ‖ ~*d* herring 燻製ニシン ❹ …をいぶして消毒する ; …をいぶし出す ;〔ミツバチなど〕を煙で麻痺(まひ)させる ❺《米俗》…を撃ち殺す ; (試合などで)…を打ち負かす, やっつける

smòke óut ... / smòke ... óut 〈他〉① …を〈隠れ場所などから〉いぶし出す, 追い出す〈**from**〉‖ He was ~*d out from* his privileged position. 彼は特権的な地位から追い出された / ~ *out* a fox *from* its hole キツネを巣穴からいぶし出す ②〔悪人など〕を探り出す ;〔悪事など〕を(探り出して) 暴露する ‖ ~ *out* official corruption 官僚の汚職を暴露する

COMMUNICATIVE EXPRESSIONS

[2] **Whàt have you been smóking?** 何ぼうっとしているの(♥「薬物などを吸う」の意味から. くだけた表現)

▶▶ ~ **alàrm** 名 C =smoke detector (↓) ~ **and mírrors** 名 複《米》(ある事柄から注目をそらすための)偽装, 煙幕, 隠蔽(いんぺい)工作 ~ **bòmb** 名 C 発煙弾[筒] ~ **detèctor** 名 C 煙感知器 ~**d glàss** 名 U いぶしてすすをつけたガラス《太陽の観察用》; 曇りガラス ~**d sàlmon** 名 U 燻製のサケ, スモークサーモン ~ **scrèen** (↓) ~ **shòp** 名 C《米》たばこ店 ~ **sìgnal** 名 C (北米先住民が用いた)のろし ; (人の)姿勢[意図]の表れ

smóke-drìed 形 燻製の

smóke·èasy, smóke-èasy 名 C (禁煙法に違反した)もぐりのバー, クラブ(♦ speakeasy からの造語)

smòke-filled róom 名 C (ホテルなどの) 政治的な裏取引の行われる部屋

smóke-frèe 形 (場所が) 禁煙の ‖ a ~ workplace 禁煙の職場

smóke·hòuse 名 C《主に米》(魚・肉の)燻製小屋[室]

smóke·jùmper 名 C (パラシュート降下の) 森林消防隊員

smóke·less /-ləs/ 形 (燃料などが) 煙の出ない, 無煙の ‖

S

〜powder 無煙火薬 / 〜coal [fuel] 無煙炭[燃料]
▸▸〜 zóne 名 C 《英》(都市の)煤煙(ばいえん)規制地域《無煙燃料しか使えない地域》

*__smok·er__ /smóʊkər/ 名 C ❶ 喫煙者；発煙物；燻製業者；燻煙器 ‖ a heavy 〜 ヘビースモーカー ❷ =smoking car；smoking compartment；(建物内の)喫煙所 ❸《主に米》(男性だけの)集まり[会合]
▸▸〜's cóugh 名 C 〘医〙過度の喫煙から起こるせき

smóke·scrèen, smóke scrèen 名 C ❶ 〘軍〙煙幕 ❷ 偽装, カモフラージュ

smóke·stàck 名 C (工場などの)高い煙突(《英》chimneystack)；(汽船・蒸気機関車の)煙突
▸▸〜 ìndustry 名 C U 《主に米》重工業界

Smòk·ey the Béar /smòʊki-/ 名 ❶ クマのスモーキー《米国森林警備隊が用いる森林火災防止のシンボル》❷ C 《米口》幹線道路担当の警官

‡**smok·ing** /smóʊkɪŋ/
―名 U ❶ **喫煙**(→ passive smoking) ‖「**give up** [or **stop**, quit] 〜 禁煙する / No *Smoking*. 《掲示》禁煙 ❷ いぶすこと
―形 《比較なし》❶ 《限定》(場所などが)喫煙用の；煙[湯気]の出ている(♦「禁煙の」は non(-)smoking, smoke-free という) ‖ the 〜 section of an office 職場の喫煙所 / 〜 **habits** 喫煙の習慣
❷ 《口》活発な, わくわくするような
▸▸〜 càr [《英》càrriage] 名 C 喫煙車両 〜 cessàtion 名 U 禁煙(のための努力) 〜 compàrtment 名 C (列車の)喫煙室 〜 gún 名 C 《通例単数形で》(犯罪の)決定的証拠(♦「煙の出ている銃」の意から. ときに smoking pistol ともいう) 〜 jàcket 名 C スモーキングジャケット《室内用男性用上着》 〜 ròom 名 C 喫煙室

*__smok·y__ /smóʊki/ 形 〔◁ smoke 名〕❶ もくもくと煙を出す；くすぶる, いぶる ‖ a 〜 fire (煙ばかり出して)くすぶっている火 ❷ 煙でいっぱいの[かすんだ]；かすんだ, ぼんやりした ‖ a 〜 room 煙の立ち込めている部屋 / 〜 recollections of my childhood 私の子供時代のぼんやりした思い出 ❸ 煙で汚れた, すすけた；(外観・色などが)煙のような, 曇った, くすんだ, 煙色の ‖ a 〜 ceiling すすけた天井 ❹ 煙のにおい[風味]がする, 燻製風の
smók·i·ly 副 **smók·i·ness** 名

smol·der, 《英》**smoul-** /smóʊldər/ 動 自 ❶ くすぶる, いぶる ‖ 〜*ing* fire くすぶっている火 ❷ (感情などが)心の中でくすぶる, うっ積する ❸ (うっ積した怒り・憎しみなどの)感情を示す, (抑圧された感情が)外に出る ‖ His eyes 〜*ed* with hostility. 彼の目にはうっ積した敵意がにじみ出ていた ―名 U/C 《単数形で》くすぶり, いぶり, くすぶる火；(感情の)うっ積

smolt /smoʊlt/ 名 C 〘魚〙スモルト《海へ下る段階に成長したサケ・マスの幼魚》

smooch /smuːtʃ/ 動 自 《口》キスする, 愛撫(あいぶ)する, 抱擁(ほうよう)する；《英》チークダンスをする
―名 C 《単数形で》キス, 愛撫
〜·y 形 《英》(ダンス音楽が)ゆっくりしてロマンチックな

‡**smooth** /smuːð/ 《発音注意》
中心義 **(Aが)滑らかな**(★Aは「(物の)表面」に限らず,「物事の動き」「態度」「口当たり」など多様)
―形 (〜·er；〜·est)
❶ (表面が)**滑らかな**, すべすべした, 平らな(↔ uneven)；凸凹のない(↔ rough)；(水面などが)波立たない, 静かな(⇨ FLAT[1] 類語) ‖ The stone is 〜 to the touch. その石は手触りが滑らかだ / 〜 skin 滑らかな肌 / a 〜 road 平坦(へいたん)な道 / a 〜 cheek (ひげをそった)すべすべの頬(ほお) / a 〜 tire すり減ったタイヤ / as 〜 as silk [glass, a baby's bottom] (絹[ガラス, 赤ん坊のお尻(しり)]のように)とても滑らかな[すべすべした] / the 〜 water of a lake 静かな湖面
❷ (バター・ソースなどが)よく練り混ぜた, むらのない, 滑らかな(↔ lumpy) ‖ a 〜 paste よく混ぜて滑らかな練り粉
❸ (物事が)順調な, 障害のない, 平穏無事な ‖ We're in 〜 water now. 我々は目下順調だ / make things 〜 (障害をなくし)物事を容易にする / the 〜 running of a hospital 病院の順調な経営 / a 〜 journey 平穏な旅
❹ 《限定》(動きなどが)円滑な, 軽快な, 流麗な；(飛行機が)揺れない(↔ bumpy) ‖ The airplane made a 〜 landing. 飛行機は滑らかに着陸した / She leapt over the rock in [or with] one 〜 movement. 彼女は軽々と岩を跳び越えた / 〜 skating 軽快なスケーティング
❺ (態度などが)愛想のよい, 人当たりのよい, 柔和な；口のうまい, 愛想のよすぎる(♥ しばしば悪い意味で用いる) ‖ 〜 manners 人をそらさない態度 / a 〜 talker 口のうまい人 / a 〜 face うわべだけ親切そうな顔(♦ 文脈により「(ひげをそった)すべすべの顔」の意にもなる. → ❶)
❻ (飲食物が)口当たりのよい, まろやかな味の
❼ (声・音が) 耳障りでない, 快い；〘音声〙気息音のない ‖ the 〜 clatter of a sewing machine ミシンのリズミカルなかたかたという音 / a 〜 voice 耳に快い声 ❽ (身のこなし・着こなしが)優美な, 上品な, 洗練された；魅力的な, いかす ‖ a 〜 dresser 粋な着こなしをする人 ❾ 〘テニス・スカッシュ〙(ラケット面が)スムースの, 表の(↔ rough)
―動 (〜s /-z/；〜ed /-d/；〜·ing)
―他 ❶ **a** 《+目》…を滑らかにする, 平らにする《*out*》；〔しわなど〕をのばす, とる《*out, away*》；〔髪など〕をなでつける《*down, back*》‖ The caddies 〜*ed out* the bunkers. キャディーはバンカーをならした / 〜 *away* the wrinkles in a dress ドレスのしわをのばす / 〜 (*down*) one's **hair** 髪の毛をなでつける
b 《+目+補〈形〉》…のしわをのばして(…の状態)にする ‖ 〜 a crumpled bill flat しわくちゃの紙幣を平らに伸ばす
❷ …を〈…に〉塗る, すり込む〈**into, over, on**〉‖ 〜 suntan lotion *over* her arms and legs 日焼けローションを彼女の手足に塗る
❸ (事態の解決などへの)〔道筋〕を円滑にする, 容易にする ‖ 〜 the way [or path] to [or toward] a solution of a problem 問題の解決を容易にする
❹ 〔感情〕を鎮める, なだめる《*down*》‖ 〜 his ruffled feathers 彼の怒りをなだめる
❺ 〔統計などのでこぼこ〕を調整する[ならす]《*out*》
―自 滑らかになる, 平らになる, 円滑になる
smòoth awáy ... / smòoth ... awáy 〈他〉① ⇨ 他 ❶ ② =*smooth out .../smooth ... out* ②(↓)
smòoth óut ... / smòoth ... óut 〈他〉① ⇨ 他 ❶, ❺ ② (話し合いをして)〔障害など〕を取り除く, 解決する ‖ I'll call the client tomorrow and 〜 things *out*. 明日クライアントに電話して何とか問題を解決します
smòoth óver ... / smòoth ... óver 〈他〉(話し合いをして)〔問題・困難など〕を和らげる, 処理しやすくする, …の解決を容易にする(→ 他 ❸) ‖ She 〜*ed* the problem *over* by talking to her superior. 彼女は上役と相談して問題を楽に処理できるようにした
―副 (〜·er；〜·est)
=smoothly ‖ *The course of true love never did run* 〜. まことの恋になだらかな道のあったためしはない [Shak *MND* 1:1]
―名 U C 滑らかにすること, (髪などを)なでつけること
〜·ness 名
▸▸〜 bréathing 名 U (ギリシャ語の語頭母音の) 気息音を伴わない発音；それを示す符号(') 〜 múscle 名 U 〘解〙平滑筋

smóoth·bòre 形 (銃が)旋条のない, 滑腔(かっこう)の
―名 C 滑腔銃(smoothbore gun)(↔ rifle)

smòoth-fáced 形 ❶ ひげのない；ひげをきれいにそった ❷ 表面が滑らかな；うわべだけ愛想のよい, 猫をかぶった

smooth·ie, -y /smúːði/ 名 C ❶ 《口》愛想のよい[口先のうまい]人；女たらし ❷ スムージー《凍らせた果物や野菜・牛乳などで作る飲み物》❸ 《米口》(上質紙の)高級雑誌

*__smooth·ly__ /smúːðli/ 副 (more 〜；most 〜) ❶ 滑らか

に, 平坦(へいたん)に ❷ (動きなどが)円滑に；(物事が)順調に, スムーズに ‖ All went (on) ～. すべてがうまく運んだ ❸ (リズム・音などが)よどみなく, 流暢(りゅうちょう)に ❹ 愛想よく；口先うまく

smóoth-tàlking 形 口のうまい；甘言で人を釣る

smòoth-tóngued 形 口先のうまい, お世辞のうまい

s'more /smɔːr/ 名 C スモア《焼いたマシュマロをチョコレートとともにグラハムクラッカーで挟んだもの. キャンプでよく作る》(♦ "Some more!"(もっと欲しい)より)

smor·gas·bord /smɔ́ːrgəsbɔ̀ːrd/ 名 U C ❶ 〖料理〗スモーガスボード《北欧のビュッフェ式料理. 日本でいう「バイキング料理」》；そのレストラン ❷ 寄せ集め, ごちゃまぜ

smote /smout/ 動 smite の過去, 過去分詞の1つ

***smoth·er** /smʌ́ðər/ 《発音注意》 動 他 ❶ …を窒息(死)させる, 息苦しくさせる ‖ The skier was almost ～*ed* by the snowslide. スキーヤーは雪崩(なだれ)で窒息死するところだった ❷ …を〈…で〉覆いくるむ, …に〈…を〉たっぷりかける〈**in, with**〉‖ get ～*ed with* soot and ashes すすだらけ灰だらけになる / tomatoes ～*ed in* mayonnaise マヨネーズをたっぷりかけたトマト ❸ 〔人〕を〈キス・愛情などで〉息をつけなくする, 息苦しくさせる〈**in, with**〉‖ She ～*ed* her daughter「*with* kisses [*in* compliments]. 彼女は娘をキス[賛辞]攻めにした ❹ 〔火など〕を〈砂・灰などで〉覆い消す〈**with**〉‖ ～ fire *with* sand 砂をかけて火を消す ❺ …を覆い隠す；〔感情など〕を押し殺す, 抑制する《*up*》；…の成長[発展]を阻止する；〔敵対者など〕を抑える ‖ ～ *up* a scandal スキャンダルをもみ消す / ～ a yawn [smile] あくび[笑い]をかみ殺す ❻ 〖料理〗…を蒸す, 蒸し焼きにする ❼ 《米》〔相手〕を完敗させる

—自 ❶ 窒息(死)する, 息が詰まる ❷ (火が)消える

—名 C ❶ (息詰まるほど)濃い煙[ほこり, 霧など] ❷ 混乱

smoul·der /smóuldər/ 動 名 《英》=smolder

SMS 略 *s*hort *m*essaging *s*ystem [OR *s*hort *m*essage *s*ervice]((携帯電話などの)短信受送システム)

SMTP 略 💻 *s*imple *m*ail *t*ransfer *p*rotocol

smudge /smʌdʒ/ 名 C ❶ (輪郭がぼやけた)汚れ, しみ ‖ a ～ of ink インクのしみ ❷ (遠方や水中の物体など)輪郭のはっきりしないもの, おぼろなかたまり[斑点(はんてん)] ❸ 《米・カナダ》(虫・霜よけの)いぶし火, 蚊やり火

—動 他 ❶ 〔書き物など〕をこすって汚す, にじませる, 不鮮明にする；…を汚す, …にしみをつける；〔名声・記録など〕に汚点をつける ‖ ～ his fame 彼の名声を汚す ❷ 《主に米・カナダ》(虫・霜よけのために)〔果樹園など〕にいぶし火をたく

—自 (インク・書き物などが)こすれて汚れる；煙る

▸▸ **～ pòt** 名 C 《米》(いぶし火をたく)いぶしつぼ

smudg·y /smʌ́dʒi/ 形 汚れた, しみだらけの；にじんだ, 不鮮明な **-i·ly** 副 **-i·ness** 名

smug /smʌg/ 形 自己満足した, 独りよがりの, 悦に入った, うぬぼれている；気取った, 独善的な, とりすました (→ complacent) **～·ly** 副 **～·ness** 名

***smug·gle** /smʌ́gl/ 動 他 ❶ …を密輸する, 密輸入[輸出]する；〔人〕を密入国[出国]させる《*in, out*》〈**into, to** …へ；**from, out of** …から〉‖ ～ cocaine *from* Colombia *to* Florida コカインをコロンビアからフロリダへ密輸する / ～ arms *into* [*out of*] a country 武器をある国へ[から]密輸入[輸出]する ❷ …をこっそり持ち込む[持ち出す]；〔人〕を忍び込ませる[こっそり抜け出させる]《*in, out*》〈**into, to** …へ；**from, out of** …から〉‖ ～ drugs through customs 税関を通って麻薬を持ち込む / ～ notes *into* an examination room 試験場にメモをこっそり持ち込む —自 密輸する

smúg·gler /-ər/ 名 C 密輸業者；密輸船

smúg·gling /-ɪŋ/ 名 U 密輸

smut /smʌt/ 名 ❶ C U すす, 煤煙(ばいえん)(の小片)；C (すすなどの)汚れ, しみ ❷ U みだらな言葉, 猥談(わいだん), 猥褻(わいせつ)画[文書, 映画] ‖ talk ～ 猥談をする ❸ U 〖植〗(麦などの) 黒穂(くろぼ) 病(菌) —動 (**smut·ted** /-ɪd/；**smut·ting**) 他 自 ❶ (すすなどで)汚す[汚れる] ❷ 〖植〗(麦などを[が])黒穂病にかからせる[かかる]

smut·ty /smʌ́ţi/ 形 ❶ すすで汚れた, すすけた, 汚い ❷ 《口》猥褻な, みだらな ‖ a ～ story 猥談 ❸ 〖植〗(麦などが)黒穂病にかかった **-ti·ly** 副 **-ti·ness** 名

Sn 記号 〖化〗tin(すず)(♦ ラテン語 *stannum* より)

***snack** /snæk/ 名 C ❶ 軽食, 間食；簡単な食事(❗「食事を出す酒場」の意味の「スナック」は和製語) ‖ The journalist grabbed a ～ and dashed out of the coffee shop. その記者は急いで軽食をとると喫茶店から飛び出して行った / ～ foods スナック(食品) ❷ 《豪口》たやすい仕事, 朝飯前 —動 自 〈食べ物で〉軽食をとる, 〈…を〉間食で食べる〈**on,** 《米》**off**〉‖ ～ *on* biscuits 間食にビスケットを食べる ▸▸ **～ bàr** [**còunter**] 名 C (カウンター式の)軽食堂, スナック

snaf·fle /snǽfl/ 名 (=～ **bìt**) C (馬の)はみ, 小勒(しょうろく)

—動 他 ❶ …にはみをつける；…をはみで制御する ❷ 《英口》…をくすねる, 失敬する(pilfer)

sna·fu /snæfúː/ 形 名 C 《主に米口》混乱状態(の)

—動 他 …を混乱状態に陥れる, …を台無しにする

snag /snæg/ 名 C ❶ 先のとがった[ぎざぎざの]突起物；(折れ残った)枝株；欠け歯 ‖ nail ～*s* 突き出たくぎ ❷ 《主に米・カナダ》(航行を妨げる)水中に沈んだ木；隠れ岩 ❸ 隠れた障害, 思いがけない困難 ‖ Our plans hit [OR struck] a ～. 我々の計画は思わぬ障害にぶつかった ❹ (衣類の)かぎ裂き ❺ 《豪・ニュージ俗》ソーセージ

—動 (**snagged** /-d/；**snag·ging**) 他 ❶ 水中に沈んだ木[暗礁]に乗り上げる；…を〈鋭い突起物に〉引っかけてかぎ裂きにする〈**on**〉‖ She *snagged* her stocking *on* a nail. 彼女はストッキングをくぎに引っかけて破った ❷ 《米》…を妨げる, 妨害する ❸ 《米》〔水路など〕から沈んでいる木[折れた枝]を取り除く ❹ 《米口》…を素早く得る[捕まえる]

—自 《米》〈突起物に〉引っかかる〈**on**〉

～·gy 形 切り株の多い；沈み木の多い；障害の多い

snag·gle /snǽgl/ 名 C もつれたかたまり

—動 自 もつれる

snag·gle·tooth /snǽgltùːθ/ 名 (複 **-teeth** /-tìːθ/) C 乱杭(らんぐい)歯, そっ歯 **-tòothed** 形

***snail** /sneɪl/ 名 C ❶ 〖動〗カタツムリ ‖ a Roman ～ 食用カタツムリ, エスカルゴ (escargot) / (as) slow as a ～ (カタツムリのように)のろい[のろく] ❷ のろまな人[動物] ❸ 〖機〗渦形車輪(cam)

▸▸ **～ màil** 名 U 《口》でんでん虫メール, 通常の郵便《Eメールなどの高速通信と対照していう》 **～'s pàce** 名 C 《単数形で》のろのろしたペース ‖ at a ～*'s pace* ひどくのろのろと

snàil-páced 形 非常にのろのろした

‡snake /sneɪk/

—名 〔▶ snaky 形〕(複 **～s** /-s/) C ❶ 蛇 ‖ The ～ coiled around her neck. 蛇が彼女の首に巻きついた / a poisonous [OR venomous] ～ 毒蛇

❷ 《けなして》邪悪[陰険]な人, 油断のならない人

❸ 排水管用掃除棒(plumber's snake)

❹ 《the ～》(ヨーロッパの)共同通貨変動制, スネーク《グラフで幅を示す部分が蛇のように見える》

—動 (**～s** /-s/；**～d** /-t/；**snak·ing**)

—自 《+副句》くねくね進む, 蛇行する(♦ 副句 は方向を表す) ‖ The road ～*d* through the forest. 道は森の中を蛇行していた

—他 ❶ …をくねりながら進む, 蛇行する(♦ 目的語は主に one's way. 通例方向を表す 副句 を伴う) ‖ a train *snaking* its way along the bank 土手沿いにくねって進む列車 ❷ 《米》〔丸太など〕を引きずる；…をぐいと引く, ロープや鎖などで引きずる

▸▸ **～ chàrmer** 名 C 蛇使い **～ dànce** 名 C 蛇踊り, スネークダンス《北米先住民の宗教的儀式》；ジグザグ行進 **～ èyes** 名 U 《米俗》さいころの2点《1の目が2つ》, ピンぞろ；さいころの2の目 **～ in the gráss** 名 C (親しげにする)油断[信用]のならない人, 隠れた敵；目に見えない

S

危険 **~ òil** 名 U《主に米口》(ガマの油のような) あやしい妙薬 **~ pìt** (↓) **~s and ládders** 名 U《英》蛇とはしご《すごろく遊びの一種》

snáke·bìrd 名 C【鳥】ヘビウ(蛇鵜)(darter)

snáke·bìte 名 ❶ C (毒)蛇にかまれた傷, 咬傷(こうしょう); U その症状[痛み] ❷ U《英》スネークバイト《ラガービールとリンゴ酒を混ぜた飲み物》

snáke·hèad 名 C ❶【植】ジャコウソウモドキ ❷【魚】スネークヘッド, ライギョ《熱帯アフリカ・アジアに生息する淡水魚》 ❸ 蛇頭, スネークヘッド《中国の犯罪者集団》

snáke pìt, snáke·pìt 名 C ❶ 毒蛇を飼う穴倉 ❷ ひどく不快な場所; 修羅場 ❸ ⊗《米俗》《蔑》(患者を詰め込みすぎた)精神科病院

snáke·skìn 名 U 蛇皮

snak·y /snéɪki/ 形〔◁ snake 名〕❶ 蛇の(ような); 蛇行する, 曲がりくねった ❷ (蛇のように)邪悪な, 油断ならない, 陰険な ❸ 蛇の多い **snák·i·ly** 副 **snák·i·ness** 名

S

‡snap /snæp/

—動 (**~s** /-s/; **snapped** /-t/; **snap·ping**)

—自 ❶ **ぽきっと折れる**, (糸・ゴム・電球などが)ぷっつり切れる《*off*》‖ The needle *snapped off*. 針がぽきんと折れた

❷ **a ぱちん[ぴしっ, ぱきぱき, かちゃっ]と音を立てる**; ぱちんと音を立てて閉じる[はまる] ‖ The whip *snapped* down on the horse's back. 馬の背にむちがぴしっと鳴った **b**《+補〈形〉》(戸・錠などが)ぱちん[かちゃっ]と音を立てて…の状態になる ‖ The lock *snapped* shut [open]. 錠がかちゃっとかかった[開いた]

❸〈…に〉がみがみ言う〈**at**〉‖ Don't ~ *at* him for no reason. 訳もなく彼にかみつくな

❹ (神経・我慢などが)ぷつんと切れる, かっとなる, 自制できなくなる, まいる ‖ His nerves at last *snapped* after a long series of troubles. 長い間トラブルが続いた結果彼の神経はついにまいってしまった

❺ (動物が)〈…に〉ぱくっとかみ[食い]つく〈**at**〉‖ The dog was *snapping at* the thief's ankles. 犬は泥棒の足首にかみつこうとしていた

❻ (体が)素早く動く ‖ ~ to attention ぱっと気をつけの姿勢をとる / ~ into battle mode 素早く臨戦態勢に入る

❼《口》【写】スナップ写真を撮る, 〈…を〉早撮りする《*away*》〈**at**〉 ❽ (目が)きらりと光る(♥ 怒り・皮肉などを表す)

—他 ❶ **…をぽきっと折る**, ぷつっと切る《*off*》‖ He *snapped* the pretzel in two. 彼はプレッツェルを2つにぽきっと折った / ~ a twig *off* 小枝を切り取る

❷ **a**《+目》**…をぱちん[ぴしっ, かちゃっ]と鳴らす**; …をぱちん[かちゃっ]と閉じる[開ける, はめる]; 〔明かり・テレビなど〕をぱっとつける[消す]《*on, off*》‖ ~ one's fingers 指をぱちんと鳴らす / ~ a whip むちをぴしっと鳴らす / ~ *on* [*off*] a switch スイッチをぱちんと入れる[切る] / ~ a clasp 留め金をぱちんと閉める

b《+目+補〈形〉》…をぱちん[かちゃっ]と音を立てて…の状態にする ‖ ~ a lid shut ふたをぱたんと閉じる

❸《直接話法で》…とがみがみ言う, どなる; 〔返答・命令など〕を鋭い調子で[どなるように]言う《*out*》‖ "Don't be late for school!" the teacher *snapped* (*out*). 「遅刻するな」と先生は強い口調で言った / ~ *out* a reply [refusal] かみつくような調子で返答[拒絶]する / ~ *out* an order (鋭い口調で)命令する

❹ …を〈…へ〉素早く動かす[投げる]〈**to**〉‖ ~ a ball *to* second 2塁へ素早くボールを投げる

❺《口》…のスナップ写真を撮る; 〔写真〕を速写する

❻ …を終わりにする, …に終止符を打つ ‖ ~ a five-game losing streak 5連敗に終止符を打つ

❼【アメフト】〔ボール〕をスナップする《センターが両足の間からボールをクォーターバックに投げる. プレーの始まり》

snáp at 〈他〉① ⇨ 自 ❸, ❺ ②〔機会・買い得品など〕にぱっと飛びつく

snàp báck 〈自〉① (ばね・ゴムなどが) 急に跳ね返る ②《口》素早く回復する ③ 素早く[鋭く]言い返す

snáp on a person 〈他〉《米俗》〔人〕に対してかっとなる

*__*snàp óut of ...__* 〈他〉《受身形不可》《口》〔惨めな状態・憂うつな気分〕から立ち直る, 元気を取り戻す; (景気などが)回復する

Behind the Scenes **Snap out of it! しっかりして; 目を覚まして** ロマンティックコメディー映画 *Moonstruck* (邦題「月の輝く夜に」)で, 主人公 Loretta は自分の婚約者の弟 Ronny と一夜を共にしてしまったことを後悔し, 「このことは忘れましょう」と頼むが, Ronny は彼女を愛していると返す. すると, Loretta は Ronny をひっぱたいてこのせりふを言う. ほかの多くの映画でもしばしば使われている表現 (♥ 何らかの思い[思い込み, 混乱, 落胆など]に浸っている人に, 気持ちを切り替えるよう促すときに)

snàp tó it《通例命令形で》《口》さっさと始める[やる]

*__*snàp úp ... / snàp ... úp*__* 〈他〉〔申し出など〕をすぐに受ける; 〔機会〕に飛びつく; 〔特売品・入場券など〕をひったくるようにして買う, 買いあさる; (人より先に)…を雇う[獲得する] ‖ ~ *up* any opportunity that comes one's way 巡ってきたどんな機会も絶対逃さない

—名〔▶ snappy 形〕C ❶《通例単数形で》ぱちん[かちゃっ, ぱたん]と鳴ること[音]; ぽきっと折れること[音], ぷつっと切れること[音] ‖ give a ~ of a whip むちをぴしっと鳴らす / close a lid **with** a ~ ふたをぱたんと閉める / a ~ of the fingers 指をぱちんと鳴らす音

❷《米》スナップ, 留め金, 締め金(snap fastener) ‖ fasten the ~ of a purse 財布の留め金を留める

❸ スナップ写真(snapshot)

❹《通例複合語で》薄くて固いクッキー ‖ a ginger*snap* ジンジャースナップ《ショウガ味のクッキー》

❺《単数形で》ぱくっとかみつくこと, さっと飛びつくこと ‖ make a ~ at ... …にかみつく

❻《単数形で》がみがみ言うこと, かみつくような言い方; 小言

❼ (天気の)急変; 急変によるひどい寒さ ‖ a cold ~ 急な寒波 ❽ U《英》【トランプ】スナップ《子供の合い札遊びの一種》 ❾ U (行動・文体などの)活力, 元気, きびきびした動作 ‖ Put some ~ into it! 少し元気を出して頑張れ ❿《a ~》《米口》楽な仕事, お手のもの ‖ Don't worry. The checkup will be a ~. 心配いりませんよ. 検査は簡単なものです ⓫【アメフト】スナップ《センターからクォーターバックへのパス. プレーの始まり》 ⓬ U《北イング》食べ物, 弁当

in a snáp《主に米口》すぐに(at once)

—形《限定》❶ 不意の, 即座の; 急な ‖ a ~ decision 即決 / a ~ test 抜き打ちテスト

❷ (開閉が)スナップ式の ‖ a ~ lock (かちゃっと締まる)ばね錠 ❸《米口》簡単な, 楽な ‖ a ~ job 楽な仕事

—副 ぱちんと, ぴしっと, かちゃっと; ぽきっと, ぷつっと

—間《英》❶ スナップ (♦ トランプのスナップゲームで同じカードが2枚出たときに言う)

❷《口》あ, 同じだ(♦ 同じものを2つ発見したときに言う)

Óh snàp!《口》へぇー, どひゃっ(♥ 驚きやショックを表す)

▸▸ **~ bèan** 名 C《米》【植】=string bean ❶ **~ brìm hat** 名 C =snap-brim **~ elèction** 名 C 抜き打ち選挙 **~ fàstener** 名 C (衣服などの)スナップ(留め), ホック(《英》press stud) **~ hòok** 名 C = spring hook **snápping tùrtle** 名 C【動】カミツキガメ《北米の淡水産の獰猛(どうもう)なカメ》

snáp-brìm 名 C (つばが自由に折り曲げられる)男性用ソフト帽《ふつうは前を下げ後ろを上げてかぶる》

snáp·dràgon 名 C【植】キンギョソウ《花冠が竜の口に似る》

snáp-frèeze 動 (**-froze**; **-frozen**) 他 自 (…を)急速冷却[冷凍]する, チルドにする(→ cook-chill)

~·freez·ing 名

snáp-òn 形 スナップで留める方式の

snap·per /snǽpər/ 名 C ❶【魚】フエダイ ❷ がみがみ言う人; 《米》(パーティーなどで用いる)クラッカー; かんしゃく玉

❸ =snapping turtle ❹《英口》写真家, カメラマン

snap·pish /snǽpɪʃ/ 形 ❶（犬などが）かむ癖のある ❷ がみがみ言う；ぶっきらぼうな **~·ly** 副 **~·ness** 名

snap·py /snǽpi/ 形〔◁snap 名〕《口》❶ 活発な, きびきびした ‖ at a ~ pace きびきびとした足取りで ❷ スマートな, しゃれた ‖ a ~ dresser スマートな着こなしの人 ❸ = snappish ❷

COMMUNICATIVE EXPRESSIONS

1 **Màke it snáppy!** 急げ；すぐに(やって) (=Make it quick!)

-pi·ly 副 **-pi·ness** 名

*__snáp·shòt__ 名 C ❶ スナップ写真 (snap) ‖ take a ~ of ... …のスナップを撮る ❷ 寸評, 寸描；断片, 片鱗(へんりん)

*__snare__ /sneər/ 名 C ❶（小動物・鳥などを捕らえる）(特に輪縄仕掛けの) わな ‖ set [OR lay] a ~ for rabbits ウサギにわなを仕掛ける ❷（人を陥れる)わな, 落とし穴, 誘惑 ‖ His kind offer was a ~. 彼の親切な申し出はわなだった ❸《しばしば ~s》(小太鼓の) さわり弦, 響線；=snare drum ❹〖医〗係蹄(けいてい)《ポリープを除去する器具》

— 動 他 ❶〔小動物など〕をわなで捕らえる ❷〔人〕をわなにかける, 陥れる ‖ I was ~d by her honeyed words. 彼女の甘い言葉に引っかかった ❸ …を巧妙に手に入れる ‖ ~ a rich husband 金持ちを引っかけて夫にする

▸▸ ~ **drùm** 名 C スネアドラム《響線付きの小太鼓》

snarf /snɑːrf/ 動 他《主に米口》…を急いで食べる[飲み込む]

snar·ky /snάːrki/ 形《米口》批判的な, 辛辣(しんらつ)な

*__snarl__[1] /snɑːrl/ 動 自 ❶（犬などが）〈…に〉(歯をむき出して) うなる〈at〉；(機械などが)うなるような音を立てる ‖ The dog ~*ed at* the salesman. 犬はセールスマンに向かってうなった ❷〈…に〉がみがみ言う, どなる〈at〉

— 他 …をがみがみ[どなって]言う《*out*》(♦ 直接話法にも用いる) ‖ "Get out," he ~*ed*.「出て行け」と彼はどなった / ~ (*out*) an answer どなり声で答える

— 名 C《通例単数形で》❶（犬などの）うなり声, うなること；(機械などの) うなるような音 ‖ in a ~ うなり声を上げて ❷ がみがみ言うこと[声], どなり声 ‖ answer with a ~ どなり声で答える **~·er** 名 **~·ing·ly** 副

snarl[2] /snɑːrl/ 名 C ❶（糸・髪の）もつれたかたまり ‖ hair full of ~*s* ひどくもつれた髪 ❷《通例単数形で》(交通などの) 混乱状態 ‖ a traffic ~ 交通渋滞 — 動 他 ❶〔糸・髪の毛など〕をもつれさす《*up*》❷ …を混乱させる《*up*》

— 自（糸などが)もつれる；(交通などが)混乱する《*up*》

snárl-ùp 名 C《英口》混乱；交通渋滞

*__snatch__ /snætʃ/ 動 他 ❶ …を〈…から〉ひったくる, 強奪する；…をさっと取る, ひっつかむ《*away, up*》〈**from, out of**〉；…を〈…から〉盗む〈**from**〉(⇨ TAKE 類語) ‖ Clarissa ~*ed* the letter *from* [OR *out of*] her mother's hand. クラリッサは母親の手からその手紙をひったくった / ~ one's hand *away from* a heated kettle 熱いやかんからぱっと手を引っ込める / The child was ~*ed from* the jaws of death. その子は危うく死を免れた ❷ …のチャンス[時間]を素早くつかむ；〔食事・睡眠など〕を急いでとる；〔勝利など〕をもぎ取る ‖ I managed to ~ a meal between tasks. 仕事の合間に何とか飯をかき込むことができた / ~ some rest 暇を見つけて少し休む / ~ a kiss from her 彼女からキスを奪う / ~ victory (from the jaws of defeat) (敗北を脱して) 勝利をつかむ ❸《口》〔人〕を〈…から〉連れ去る, 誘拐する《*away*》〈**from**〉‖ Joe was ~*ed* (*away*) *from* us in an accident. ジョーは事故のため私たちのもとから (あの世に) 連れ去られてしまった / Ben was ~*ed from* his school. ベンは学校から誘拐された — 自〈…を〉ひったくろうとする；〈チャンスなどを〉素早くつかもうとする, 〈申し出・機会などに〉飛びつく〈**at**〉‖ The man ~*ed at* my bag. その男は私のバッグをひったくろうとした / ~ *at* a chance チャンスに飛びつく

— 名 C ❶ ひったくり, ひっつかみ；《口》誘拐, 泥棒 ‖ make a ~ at her purse 彼女の財布をひったくろうとする ❷《通例 ~es》ひととき, 短時間；《しばしば ~es》〈歌・話などの〉断片, かけら〈**of**〉‖ I had only slept in ~*es*, an hour at the most. ちょっとの間, せいぜい1時間ほど眠っただけだ / a ~ *of* rest ひと休み / read books in [OR by] ~*es* ときどき(思い出したように)読書する / overhear ~*es of* a conversation 会話のところどころを立ち聞きする ❸〖重量挙げ〗スナッチ《バーベルを床から頭上へ一気に上げる動作. その競技》(→ jerk[1], press[1]) ❹ ⊗《卑》女性性器 **~·y** 形 途切れ途切れの, ときどきの

▸▸ ~ **squàd** 名 C《英》(警察・軍隊の)暴動鎮圧部隊

snatch·er /snǽtʃər/ 名 C《しばしば複合語で》ひったくり犯 ‖ a purse ~ ハンドバッグのひったくり犯

snaz·zy /snǽzi/ 形《口》かっこいい, しゃれた；けばけばしい, 趣味の悪い

*__sneak__ /sniːk/ 動 (~s /-s/; ~ed /-t/, 《主に米口》**snuck** /snʌk/; ~·ing) (♦ snuck は誤りとされることもあり, 書き言葉では sneaked を用いるのがよい) 自 ❶《+副句》こっそり動く, 忍び歩く, うろうろする (♦ 副句 は方向を表す) ‖ He ~*ed* out of the room through the window. 彼は部屋の窓からこっそりと出た / ~ away [OR off] こっそり立ち去る / ~ into a house こっそりと家に入る / ~ around a house 家の周りをうろつく ❷ こそこそする, 卑劣なまねをする ‖ ~ out of one's duty 任務をうまく逃れる ❸《英口》(子供などが)〈…のことを〉告げ口する〈**on**〉

— 他 ❶ **a**《+目+副句》…をこっそり置く[与える, 持ち出す, 持ち込む]；〔人〕をこっそり連れ去る(♦ 副句 は方向を表す) ‖ He ~*ed* out some food to give to the kitten. 彼は子猫にやるための食べ物をこっそり持ち出した / They ~*ed* some spies into the company. 彼らは会社にスパイを忍び込ませた / ~ drugs through customs 税関を通って麻薬をこっそり持ち込む **b**《+目 *A*+目 *B* ⇄ +目 *B*+**to** 目 *A*》*A*(人)にこっそり*B*(物など)を渡す ‖ He ~*ed* the man a ten-dollar bill. 彼はその男に10ドル札をこっそり渡した ❷《口》〔ちょっとしたもの〕を〈…から〉こっそり盗む[取る], くすねる〈**from**〉‖ ~ a bottle of beer *from* the fridge 冷蔵庫からビールを1本くすねる ❸ …をこっそり[隠れて]する ‖ The detective ~*ed* a look over the wall. 刑事は塀越しに盗み見した / ~ a drink ひそかに一杯やる

snèak úp 〈自〉① 〈…に〉こっそり忍び寄る〈**on, behind, to**〉② (物事が)(予期せぬときに)〈人に〉訪れる, 起こる〈**on**〉

— 名 C こそこそする人, 卑劣な人；《英口》(子供などの)告げ口屋, 密告者

— 形《限定》こっそり行われる, 予告なしの, 思いがけない ‖ make a ~ attack [OR raid] on ... …を奇襲する

▸▸ ~ **préview** 名 C 覆面試写会《観客の反応を見るために内容の予告なしで行われる》 ~ **thìef** 名 C こそ泥, 空巣ねらい

sneak·er /sníːkər/ 名 C ❶ 忍び歩く人[動物], こそこそする人, おく病で卑劣な人 ❷《~s》《主に米・カナダ・豪・ニュージ》運動用シューズ, スニーカー(《英》plimsolls)

sneak·ing /sníːkɪŋ/ 形《限定》❶《口》こそこそする, ずるい ❷ 胸に秘めた, ひそかな, 口に出せない ‖ have a ~ longing for ... ひそかに…にあこがれている / have a ~ suspicion that ... …だとひそかに疑っている **~·ly** 副

sneak·y /sníːki/ 形 こっそり行われる, 卑劣な(sneak) **snéak·i·ly** 副 **snéak·i·ness** 名

*__sneer__ /snɪər/ 動 自 ❶〈…を〉冷笑する, あざ笑う〈**at**〉(⇨ LAUGH 類語P) ‖ Everybody ~*ed at* the ugly duckling. だれもが醜いアヒルの子をあざ笑った ❷（言葉・文書で)〈…を〉あざける, 皮肉る〈**at**〉

— 他《直接話法で》…を冷笑して言う ‖ "Who would believe that you wrote this?" he ~*ed*.「君がこれを書いたなんてだれが信じるものか」と彼はあざけるように言った

— 名 C《通例単数形で》あざけり；あざけりの表情[言葉], 冷笑 ‖ with a ~ あざけるように

~·er 名 **~·ing·ly** 副

*__sneeze__ /sniːz/ 動 自 くしゃみをする ‖ The pepper made

me ～. こしょうでくしゃみが出た / When the US ～*s*, Japan catches a cold. 《主に英》米国がくしゃみをすると日本が風邪をひく(♥「米国に起こったことでより大きな影響を日本が受ける」の意) / When someone ～*s*, you're supposed to say, "Bless you!" だれかがくしゃみをするとよく「お大事に」と言う

nòt to be snéezed at ; ***nòthing to snéeze at*** 《口》(金額・作品などが)侮れない, 無視できない

― 名 C くしゃみ(の音)(→ ahchoo) ‖ give [OR make] a ～ くしゃみをする **snéez·er** 名

snert /snərt/ 名 《口》 💻 (インターネットのチャットルームなどの)荒らし《ルールに従わず粗野な言動を繰り返す人》; (掲示板などに)くだらない書き込みをする人

snick /snɪk/ 動 他 ❶ …に刻み目を入れる, …をちょっと切る ❷ 【クリケット】〔球〕を斜めに打つ ❸ …をかちり[ぱちん]と鳴らす ― 名 C 小さな切れ目[刻み目]; 【クリケット】斜め打ち(の球); かちり[ぱちん]という音

snick·er /sníkər/ 動 自 ❶ 《主に米》〈…のことで〉忍び笑いする〈**at, over**〉 ❷ 《主に英》(馬が)低くいななく

― 名 C 忍び笑い; 《主に英》(馬の)いななき

snícker·dòodle 名 C 《米》スニッカードゥードル《シナモンシュガーをまぶしたクッキー》

snide /snaɪd/ 形 皮肉な, 当てこすりの, いやみな ‖ make a ～ remark about ... …についていやみなことを言う

***sniff** /snɪf/ 動 自 ❶ 〈…を〉(くんくん)かぐ〈**at**〉 ‖ I ～*ed at* the meat to see if it was all right. その肉が大丈夫かどうか(くんくん)かいで確かめてみた ❷ 〈…に〉ふんと鼻を鳴らす, 〈…を〉鼻であしらう〈**at**〉(♥ 軽蔑・軽視を表す) ‖ ～ *at* his plan 彼の計画を一笑に付す ❸ 鼻をすする; 鼻をすすって泣きじゃくる ‖ Blow your nose instead of ～*ing*. 鼻をすすらないでかみなさい

― 他 ❶ 〔空気・コカインなど〕を鼻から吸い込む《*up*》 ‖ ～ glue 接着剤のにおいを吸う, シンナー遊びをする(→ glue sniffing) ❷ …のにおいを(くんくん)かぐ ‖ ～ a flower 花の香りを(くんくん)かぐ ❸ 〔悪い兆候など〕をかぎつける, 感じ取る ❹ (直接話法で)ふんと鼻を鳴らして…と言う(♥ 軽蔑・不満・開き直りを表す) ‖ "I'm unlucky in love," she ～*ed*. 「私って恋愛運がないの」と彼女は鼻を鳴らして言った

nòt to be sníffed at ; ***nòthing to sníff at*** 《口》…はばかにできない, なかなかのものだ ‖ But the money is *not to be* ～*ed at*, Jim. でもその金はばかにはできないよ, ジム

snìff aróund [OR ***róund***] 《口》〈他〉《***snìff aróund*** [OR ***róund***] ...》 ① …の辺りをかぎ回る ② 《受身形不可》《主に英》(恋人・従業員などとして)〔人〕を手に入れようとする, 〔人〕にご執心である ― 〈自〉〈…の〉情報を得ようとかぎ回る〈**about**〉

snìff óut ... / ***snìff ... óut*** 〈他〉 ① (犬が)においで…を見つけ出す, かぎつける ② 《口》〔探し求めているもの〕をかぎつける, …に感づく; …を探し出す ‖ I have ～*ed out* their plot. 私は彼らの陰謀を察知した

― 名 (複 ～**s** /-s/) C ❶ くんくんかぐこと[音]; 鼻をすすること[音]; 鼻をふんと鳴らすこと[音]; (鼻で)吸い込むこと ‖ give a ～ of contempt ばかにしたようにふんと鼻を鳴らす / take a ～ of the country air 田舎の空気を吸い込む / with a ～ 鼻をくんくん鳴らして / have a (good) ～ around 特定の場所(など)をよく調べる ❷ 《通例単数形で》わずかの量; 《単数形で》《口》〈危険などの〉兆候〈**of**〉 ‖ the first ～ *of* trouble トラブルが起きる最初の兆候 ❸ 《単数形で》《口》〈…の〉わずかなチャンス〈**of**〉 ❹ 鼻で吸ったもの, かいだにおい

▸▸ ～**er dòg** 名 C 《口》麻薬[爆発物, 生存者]探索犬

snif·fle /snífl/ 動 自 (風邪をひいたりして)鼻をすする; すすり泣く ― 他 〔鼻〕をすする

― 名 ❶ C 鼻をすすること[音] ❷ 《the ～s》《口》鼻風邪, 鼻詰まり ‖ He's got the ～*s*. 彼は鼻風邪をひいている

sniff·y /snífi/ 形 《口》お高くとまった, 高慢な, 鼻であしらう, 軽蔑的な

snif·ter /sníftər/ 名 C ❶ 《主に米》ブランデーグラス ❷ 《口》少量の強い酒, ほんの1杯

snig·ger /snígər/ 動 名 《主に英》=snicker 動 ❶ 名

snip /snɪp/ 動 (**snipped** /-t/ ; **snip·ping**) 他 …を〈…から〉(はさみで)ちょきん[ちょきちょき]と切る[切り取る]《*off*》〈**off, from**〉; 〔穴〕をはさみで切って開ける ‖ ～ a hole 穴を切り抜く / ～ dead leaves *from* [OR *off*] a tree 枯れ葉を切り取る ― 自 〈…を〉ちょきん[ちょきちょき]と切る〈**at**〉

― 名 C ❶ ちょきん[ちょきちょき]と切ること[音]; ちょきん, ぱちん; 切り目[口] ❷ 切り取った小片, 切れ端; 少量 ‖ ～*s* of cloth 布の切れ端 ❸ 《～s》金切りばさみ ❹ 《米口》取るに足りない人, 青二才; ⊗《米口》《蔑》(小生意気な)女の子 ❺ 《a ～》《英口》買い得品(bargain) ❻ 《英口》《旧》楽にできること, 確実なこと; 楽勝

snipe /snaɪp/ 名 (複 ～ OR ～**s** /-s/) C ❶ 【鳥】シギ, タシギ ❷ (隠れた場所からの)狙撃(そ), ねらい撃ち

― 動 自 ❶ 【軍】〈…を〉(隠れた所から)ねらい撃ちする, 狙撃する〈**at**〉; 〈…を〉(陰険な手段で)攻撃する[非難する], 〈…の〉あら探しをする〈**at**〉 ❷ 💻 (ネットオークションで)最後を待って最高値をつける ― 他 ❶ …を狙撃する; (陰険な手段で)攻撃する ❷ 💻 (ネットオークションで)最後を待って…に最高値をつける **sníp·ing** 名

snip·er /snáɪpər/ 名 C ❶ 【軍】(隠れた所からの)狙撃兵; (一般に)狙撃者 ❷ 💻 (ネットオークションで)最後に最高値をつける人

snip·pet /snípɪt/ 名 C ❶ (切り取った)小片, 切れ端 ❷ 《しばしば ～s》(情報・会話などの)断片, 抜粋 ‖ ～*s* of information 断片的な情報 ～**·y** 形 断片的な

snip·py /snípi/ 形 《口》ぶっきらぼうな, 横柄な

snit /snɪt/ 名 C 《主に米口》腹立ち, 動揺 ‖ have [throw] a ～ fit かんしゃくを起こす[当たり散らす]

be [OR ***gèt***] ***in a snít*** 腹を立てる, いら立つ

snitch /snɪtʃ/ 《俗》動 他 …をかっぱらう, くすねる

― 自 告げ口をする〈**on** 人の(ことを) ; **to** …に〉

― 名 C 密告者(snitcher)

sniv·el /snívəl/ 動 (《英》 **-elled** /-d/ ; 《英》 **-el·ling**) 自 ❶ 鼻水を垂らす; 鼻をすする ❷ すすり泣く, しくしく泣く; 涙声を出す ❸ 泣き言を言う ― 名 U ❶ 鼻水 ❷ 鼻をすすること; すすり泣き ～**·er**, 《英》～**·ler** 名

***snob** /snɑ(ː)b | snɒb/ 名 C スノッブ, 俗物《地位・家柄・富・教育などによって人を判断し, 自分より上の人にこび, 下を見下す人物》; 《修飾語を伴って》(趣味・教養などを)鼻にかける人, 学者[権威者]ぶる人 ‖ an intellectual ～ 知的スノッブ / a music [wine] ～ 音楽[ワイン]通ぶる人 / ～ appeal [OR value] 購買者の虚栄心に訴える要素

***snob·ber·y** /snɑ́(ː)bəri | snɒ́b-/ 名 (複 **-ber·ies** /-z/) U 俗物根性; C 《-beries》俗物的言動

snob·bish /snɑ́(ː)bɪʃ | snɒ́b-/ 形 俗物(根性)の, 俗物的な, 紳士気取りの ～**·ly** 副 ～**·ness** 名

snob·by /snɑ́(ː)bi | snɒ́bi/ 形 《口》=snobbish

SNOBOL, Snobol /snóʊbɔ(ː)l/ 名 U 💻 スノーボル《記号列処理用のプログラム言語》(♦ *str*ing-*o*riented sym*bo*lic *l*anguage の略)

snog /snɑ(ː)g | snɒg/ 《英口》動 (**snogged** /-d/ ; **snog·ging**) 自 ネッキングする, 首を抱き合っていちゃつく ― 他 〔人〕とネッキングする ― 名 C 《単数形で》ネッキング

snol·ly·gos·ter /snɑ́(ː)ligɑ̀(ː)stər | snɒ́ligɒs-/ 名 C 《米俗》無節操で抜け目のない人, 私欲で動く政治家

snood /snuːd/ 名 C (後ろ髪用の)袋型ヘアネット; スヌード《幅広のニットを輪状にした襟巻き》

― 動 他 〔後ろ髪〕をヘアネットで包む

snook /snuːk/ 名 C 《主に英口》スヌーク(♥ 親指を鼻に当てほかの4本の指を広げる軽蔑のしぐさ)(♦ 通例次の成句で用いる)

còck a snóok at ... …をばかにする, あざける

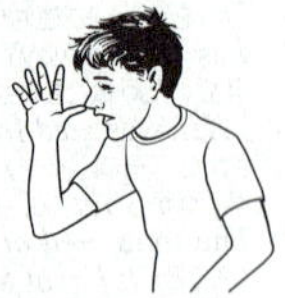

snook

snook·er /snúkər | snúːkə/ 名 U スヌーカー《玉突きの一種》 ―動 他《英口》〔人〕をにっちもさっちもいかない状態にする；…の邪魔をする；《米口》…をだます

snoop /snuːp/ 《口》 動 自 こそこそとのぞき回る，うろつき回る《*around, about*》；〈人を〉こそこそ探る，詮索(せんさく)する〈**on**〉 ―名 ❶ C 詮索する人；私立探偵 ❷ U/C《単数形で》のぞき回ること，詮索

~·er 名 **~·y** 形 こそこそのぞき回る，詮索好きの

snoot /snuːt/ 名 C《口》 ❶ 鼻 ❷ 高慢なやつ
―動 他《口》〔人〕をばかにする，見下す

snoot·y /snúːṭi/ 形《口》高慢な，横柄な(snobbish)
snóot·i·ness 名

snooze /snuːz/ 《口》 名 C《単数形で》居眠り，うたた寝 ‖ take a ~ 居眠りをする ―動 自 うたた寝する，眠る
▶▶ **~ bùtton** 名 C (目覚ましの)アラーム一時停止ボタン

*__snore__ /snɔːr/ 動 自 いびきをかく ‖ a cure for *snoring* いびきの治療 ―名 C いびき(の音) ‖ give a loud ~ 大きないびきをかく **snór·er** 名 **snór·ing** 名

snor·kel /snɔ́ːrkəl/ 名 C ❶ シュノーケル《潜水用の呼吸器具》 ❷ (潜水艦の)換気装置 ―動 (《英》 **-kelled** /-d/；《英》 **-kel·ling**) 自 シュノーケルをつけて泳ぐ

snort /snɔːrt/ 動 自 ❶ (馬などが)鼻息を荒くする，鼻を鳴らす ❷ (怒り・軽蔑などで)〈…に〉鼻息を荒くする；〈…を〉鼻先でせせら笑う〈**at**〉
―他 ❶《直接話法で》鼻息荒く…と言う；〔怒り・軽蔑など〕を鼻を鳴らして表す《*out*》 ‖ He ~*ed out* his retort. 彼は鼻息荒く言い返した ❷《俗》〔粉状の麻薬〕を吸飲する
―名 C ❶ 荒い鼻息，鼻を鳴らすこと[音] ‖ give a ~ of laughter ぶっと吹き出す ❷《口》(酒の)一気飲み；《俗》(粉状の麻薬の)吸飲 **~·er** 名 C 鼻息の荒い人[動物]

snot /snɑ(ː)t | snɔt/ 名 ⊗《俗》《蔑》 ❶ U 鼻水 ❷ C 横柄なやつ，いやな[生意気な]やつ

snót-nòsed 形 ⊗《俗》《蔑》 ❶ 青二才の，未熟な ❷ うぬぼれた，高慢な

snot·ty /snɑ́(ː)ṭi | snɔ́ti/ 形 ⊗《俗》《蔑》 ❶ 鼻水を垂らした，鼻水で汚れた ‖ a ~ nose 鼻水で汚れた鼻 ❷ 横柄な，鼻持ちならない，生意気な

snòtty-nósed 〈ジ〉 形 =snot-nosed

snout /snaut/ 名 C ❶ (豚などの)鼻面；(ゾウムシなどの)口吻(こうふん) ❷《俗》(人の大きくて不格好な)鼻 ❸ 鼻のように突き出たもの《銃口・筒口など》 ❹《英口》=cigarette；tobacco ❺《英口》密告者

snow /snou/
―名 〔▶ snowy 形〕 (複 **~s** /-z/) ❶ U 雪；積雪 ‖ Flecks of ~ are **falling**. 雪がちらちら降っている / The ~ lay [OR was] one meter deep. 雪が1メートル積もっていた / (The summit of) Mont Blanc is always covered with ~. モンブラン(の頂上)はいつも雪に覆われている / a blanket [OR sheet] of ~ 一面の雪 / a hut deep in ~ 雪に埋もれた小屋 / **in** the ~ 雪の(降る)中
❷ U C (1回の)降雪；《しばしば the ~s》降雪量；《the ~s》降雪期，冬 ‖ We had 「a lot of [little] ~ last year. 去年は雪がたくさん降った[ほとんど降らなかった] / The ~s came early this year. 今年は雪が早かった / Vermont is well known for 「getting a lot of [OR having heavy] ~. バーモント州は大雪で有名だ / the first ~ of the year [OR season] 初雪
❸ U 雪に似たもの；真っ白い肌，白髪；《文》雪白，純白
❹ C U (テレビ画面の)白いちらつき
❺ U《俗》(粉末状の)コカイン，ヘロイン
(as) pùre [OR *clèan*] ***as the drìven snów*** 純粋な，純真無垢(く)な，高潔な(♥ しばしば反語的に用いる)
(as) ***white as snów*** 雪のように白い，純白の
―動 (**~s** /-z/；**~ed** /-d/；**~·ing**)
―自 ❶《it を主語にして》**雪が降る** ‖ It began to ~. 雪が降り始めた / It ~*ed* all night. 一晩中雪が降った
❷ 雪のように降る，殺到する ‖ Volcanic ashes ~*ed* on the village. 火山灰がその村に降り注いだ
―他 ❶ …を(雪のように)降らせる ‖ The ceiling is ~*ing* dust. 天井からほこりがいっぱい降っている
❷《主に米俗》〔人〕を〈巧みな言葉などで〉だます〈**with**〉；〔人〕を(言葉巧みに)だまして〈…〉させる〈**into** *doing*〉
be snòwed ín 雪に閉じ込められる
be snòwed óff (試合などが)大雪のために中止になる
be snòwed únder ① 雪に埋まる[覆われる] ②《口》〈仕事などに〉圧倒[忙殺]される〈**with**〉；《米》(選挙・試合などで)大差で負ける，完敗する
be snòwed úp ① =*be snowed in* (↑) ② (道路が)雪のために封鎖される
▶▶ **Snów Bèlt** 名 =Snowbelt **~ bùnting** 名 C 〘鳥〙ユキホオジロ《北半球の寒冷地方産》 **~ cànnon** 名 =snow gun **~ chàins** 名 複 (雪道用の)タイヤチェーン **~ còne** 名 C《米・西インド諸島》スノーコーン《円錐(えんすい)状の紙コップに入ったかき氷》 **~ cràb** 名 C 〘動〙ズワイガニ **~ fènce** 名 C 防雪さく，雪よけ **~ gòose** 名 C 〘鳥〙ハクガン《白色で翼の先だけが黒い，北極地方で繁殖するガン》 **~ gùn** 名 C 人工降雪機，スノーガン **~ jòb** 名 C《通例単数形で》《米・カナダ俗》聞こえのいい話，手の込んだうそ **~ lèopard** 名 C 〘動〙ユキヒョウ(ounce)《中央アジア産》 **~ lìne** 名《the ~》雪線《万年雪が残っている場所の下方限界を示す線》 **~ pèa** 名 C《通例 ~s》《主に米・カナダ・豪・ニュージ》〘植〙サヤエンドウ **~ ròute** 名 C《米》スノールート《降雪時に除雪のために車の移動を求められる市街道路》 **~ shòvel** 名 C 雪かき用シャベル **~ tìre** 名 C スノータイヤ

snów·bàll 名 C ❶ (雪合戦用の)雪玉，雪つぶて ❷ 雪だるま式に大きくなっていくもの ‖ a ~ effect 雪だるま式[加速度的]効果[増加] ❸《米》シロップをかけた氷菓子 ❹ スノーボール《リキュールとレモネードで作るカクテル》
nòt hàve a snòwball's chànce in héll 《米口》全く〈…する〉見込みがない〈**of** *doing*〉 ‖ He does*n't have a ~'s chance in hell of* getting into college. 彼はとても大学に入れそうにない
―動 自 (大きさ・重要性などが)雪だるま式に大きくなる
―他 …を目がけて雪玉を投げる
▶▶ **Snówball Eàrth** 名《ときに s- E-》 U 全球凍結(仮説)《8～6億年前に氷が地球全体を覆っていたとする説》

snów·bànk 名 C 雪の吹きだまり

Snów·bèlt 名《the ~》(北米北東部の)豪雪地帯

snów·bèrry 名 (複 **-berries** /-z/) C 〘植〙スノーベリー，セッコウボク《北米産のスイカズラ科の低木. 実が白く観賞用》

snów·bìrd 名 C ❶ 〘鳥〙ユキヒメドリ(junco)；ユキホオジロ(snow bunting) ❷《米口》避寒客；《俗》避寒労働者

snów-blìnd 形 雪盲(せつもう)の《雪の反射光線で一時的に目が見えなくなる》 **snów blìndness** 名 U 雪盲

snów·blòwer 名 C (噴射式)除雪機

*__snów·bòard__ 名 C スノーボード(の板) **~·er** 名

snów·bòarding 名 U スノーボードで滑ること；スノーボード競技

snów·bòund 形 雪で閉じ込められた[立ち往生した]

snów·càp 名 C 山頂の雪，雪の帽子

*__snów-càpped__ 形 (山などが)雪を頂いた

snów·càt 名 C 雪上車

snów-clàd 形 雪に覆われた

snów-còvered 形《通例限定》雪に覆われた

snów·drìft 名 C 雪の吹きだまり

snów·dròp 名 C 〘植〙スノードロップ

*__snów·fàll__ 名 U C 降雪；降雪量

snów·fìeld 名 C (高山・極地の)(万年)雪原

*__snów·flàke__ 名 C ❶ 雪片 ❷ 〘植〙スノーフレーク

*__snów·màn__ /-mæ̀n/ 名 (複 **-mèn** /-mèn/) C ❶ 雪だるま《欧米の雪だるまは3段重ねがふつう》 ‖ build [OR make] a ~ 雪だるまを作る ❷ (ヒマラヤに住むといわれる)雪男(Abominable Snowman)

snów·mèlt 名 U《主に米》雪解け；雪解け水

S

snów·mo·bìle /-məbìːl/ 名 C 雪上車, スノーモービル (《米》 snow machine)
snów·pàck 名 C スノーパック《積雪が自重で固まってできた雪塊》
snów·plòw, 《英》 **-plòugh** 名 ❶ C 除雪機[車] ❷ U 〘スキー〙全制動 ── 動 自 〘スキー〙全制動をかける
snów·scàpe 名 U 雪景色; C 雪景画
***snów·shòe** 名 C 《通例 ~s》雪靴, かんじき
── 動 自 雪靴を履いて歩く
snów·slìde, 《英》 **-slìp** 名 C 雪崩(なだれ)
***snów·stòrm** 名 C 吹雪
snòw-whíte ⟨シ⟩ 形 雪のように白い, 純白の
***snow·y** /snóui/ 形 〔◁ snow 名〕 ❶ 雪の降る, 雪の多い ‖ one ~ morning ある雪の朝 / It will be ~ today. 今日は雪が降るでしょう ❷ 《通例限定》雪に覆われた, 雪の積もった ‖ a ~ garden 雪の積もった庭 ❸ 雪のように白い, 純白の; 清らかな **snów·i·ly** 副 **snów·i·ness** 名
▸▸ **~ ówl** 名 C 〘鳥〙シロフクロウ《北極圏に生息する昼行性のフクロウ》
SNP 略 *S*cottish *N*ational *P*arty(スコットランド国民党)
Snr, 略 《英》Senior
SNS 略 *s*ocial *n*etworking *s*ervice [*s*ite]
***snub** /snʌb/ 動 (**snubbed** /-d/; **snub·bing**) 他 ❶〔人〕に素っ気ない[軽蔑的な]態度をとる, …を冷たくあしらう, 無視する; 〔申し出など〕を(すげなく)はねつける ❷〔くり出し中の綱など〕を急に止める; 〔船・馬など〕を(綱を杭(くい)などに結びつけて)止める ❸ 《米》〔たばこなど〕をもみ消す《*out*》
── 名 C 〈…への〉軽蔑的な扱い, 冷遇, ひじ鉄砲, 無視〈**to**〉 ‖ a deliberate ~ *to* … …をわざと無視すること ── 形 《限定》(鼻が)低くてあぐらをかいた ‖ a ~ nose 獅子(しし)鼻
snùb-nósed ⟨シ⟩ 形 ❶ 低くてあぐらをかいた鼻の, 獅子鼻の ❷ (ピストルなどの)銃身が非常に短い
snuck /snʌk/ 動 《主に米口》sneak の過去・過去分詞の1つ
snuff[1] /snʌf/ 動 他 ❶ …を鼻から吸い込む (sniff) ❷ (動物が)…(のにおい)をくんくんかぐ; …をかぎ分ける, かぎ出す
── 自 (動物が)くんくんかぐ
── 名 ❶ C 《通例単数形で》鼻でかぐこと, 鼻から吸い込むこと ❷ U かぎたばこ
ùp to snúff 《しばしば否定文で》《口》(質などが)満足のいく, (健康が)良好で ‖ This report isn't *up to* ~. このレポートはあまり感心しないな
snuff[2] /snʌf/ 動 他 ❶〔ろうそく〕の芯(しん)を切る ❷〔ろうそく〕を(芯を切って)消す
snúff it 《英口》死ぬ
snùff óut … / snùff … óut 〈他〉 ①〔ろうそく〕を消す (extinguish) ②〔生命〕を奪う; 〔希望など〕を消滅させる; 〔敵など〕を鎮圧する(crush)
── 名 U (ろうそくの芯の)燃えて黒くなった部分
▸▸ **~ fìlm [mòvie]** 名 C 《口》スナッフ=フィルム《実際の殺人を撮影したとされる猟奇的ポルノ映画》
snúff·bòx 名 C かぎたばこ入れ
snuff·er /snʌ́fər/ 名 C (柄付きの)ろうそく消し; 《通例 ~s》ろうそくの芯切りばさみ
snuf·fle /snʌ́fl/ 動 自 ❶ (動物が) 鼻でくんくんにおいをかぐ ❷ (風邪などで)鼻をすする, 鼻を鳴らす; 鼻声で話す
── 他 …を鼻声で言う《*out*》 ── 名 ❶ C 鼻声; 鼻をふんふんいわせること[音] ❷ 《通例 the ~s》《口》鼻詰まり, 鼻風邪 ‖ get [OR have] the ~*s* 鼻風邪をひく
***snug** /snʌg/ 形 ❶ (天候・寒さなどから守られて)居心地のよい, 暖かくて気持ちのよい; (人が)安楽にしている ‖ be ~ in bed 心地よくベッドに(寝て)いる ❷ 小ぎれいな, きちんとした; (船などが)よく整備された ‖ a ~ little store こぢんまりした店 ❸ (衣服などが) (心地よく)ぴったり合った ❹ 《古》(収入などが) 安楽に暮らせるだけの, 不自由のない ❺ 隠れた, 秘密の ‖ lie ~ 身を隠す
(as) snug as a bug (in a rug) ⇨ BUG(成句)
── 動 (**snugged** /-d/; **snug·ging**) 自 くつろぐ, 心地よくうずくまる[寝る]
── 他 《主に米》…を心地よくする, 心地よく整える
── 名 C 《英》(パブ・宿屋の)小さく快適なラウンジ, 個室
~·ly 副 **~·ness** 名
snug·gle /snʌ́gl/ 動 自 (暖かさ・心地よさなどを求めて)〈…に〉すり寄る, 寄り添う《*up, together*》〈**to**〉; 心地よく横になる《*down*》 ‖ ~ *up* in a blanket 毛布にくるまる
── 他 …を〈…に〉すり寄せる, 抱き寄せる〈**to**〉 ‖ She ~*d* her child *to* her breast. 彼女は我が子を抱き寄せた

*****so**[1] /sou/ (♦ 同音語 sew, sow[1]) 副 接
── 副 《比較なし》 ❶ 《程度》 **a** 《通例形容詞・副詞および形容詞化した分詞を修飾して》**それほど, そんなに**, これほど, あれほど ‖ Don't be ~ angry. そんなに怒るなよ / The guard walked ~ slowly. その衛兵は実にゆっくりと歩いた / Why are you ~ tired? なぜそんなに疲れているんだい / Don't worry ~ (**much**). そんなに心配することはない (♦ 動詞を修飾する場合通例 so much を用いる) / Never have I eaten ~ delicious a dinner. 《堅》こんなにおいしいディナーを食べたことがない (✎ I have never eaten such a delicious dinner. ⇨ 語法, PB 69) / The situation is not quite ~ simple. 状況はそれほど単純ではない

語法 ★☆ (1) so が「形容詞＋単数形の名詞」を修飾する場合, 形容詞が冠詞 a の前に置かれ so beautiful a flower のような語順になる. ただしこれは《堅》で, 《口》では such を用いた such a beautiful flower の方が一般的. 複数名詞や不可算名詞とともに用いる場合には, ×so beautiful flowers や ×so clear water などとはいわずに, 代わりに such を用いる. ただし「数量詞＋名詞」の場合は, so many people, so much money のように so を用いる(→ such).
(2) 比較級を修飾する場合には, so much を用いる. 〈例〉He looks *so much* [×so] better. 彼はずっと元気そうだ
(3) the, this [these], that [those], および所有格形の名詞・代名詞の後では so ではなく very を用いる. 〈例〉This is my first visit to this very [×so] old city. このとても古い都市を訪れるのは初めてだ / He sold his very [×so] expensive car. 彼は自分のすごく高価な車を売った

b 《形容詞を修飾して》《口》(手で大きさなどを示し)この程度の, これくらいの(→ this 副) ‖ Well, the fish I caught was about ~ big. ええと, 私が釣った魚はこれくらいの大きさでした
❷ 《強調》 **a** 《通例形容詞・副詞および形容詞化した分詞を修飾して》**とても**, 非常に, 大変(very) (♦ ふつう肯定文で用い, so には強勢が置かれる. この場合でも「それほど」という意味が暗示されていて ❶ と区別し難い場合がある. 一般的な強調語としては very の方がふつう) ‖ I'm ~ sorry. 大変申し訳ありません / Thank you ~ **much.** どうもありがとうございます / He's ~ kind! 彼は何て親切なんだ (♥ 感嘆の意がこもることも多い) / The movie was ~ boring. 映画はとても退屈だった / Beth looked ever ~ disappointed. 《英》ベスはことのほか落胆した様子だった / The way you dress is ~ very American. 君の服の着こなしは大変アメリカ的だ
b 《動詞・文を修飾して》《口》とても ‖ I ~ wanted to visit Antwerp. ぜひアントワープを訪れたかったんです / Richard hates us ~. リチャードは私たちをとても憎んでいる
c 《名詞句・固有名詞を修飾して》《口》まさに, いかにも ‖ His outfit was just ~ Elvis. 彼の服装はいかにもエルビスらしいものだった
d 《否定語を修飾して》《口》とても ‖ They were ~ not lucky. 彼らはとても運がよくなかった (＝They were so unlucky.)
❸ 《代用語》**そう** **a** 《動詞の目的語として, また if の後に用いて, 前文の内容を受けて》 ‖ "Will I see you again?" "I don't **think** ~." 「また会えるかな」「それはないと思う

わ」(=I don't think you'll see me again.) / "Do you think he is running for election?" "I hope ～." 「彼は立候補すると思いますか」「そうなるとよいのですが」/ "Is Mr. Simpson guilty?" "I'm afraid ～." 「シンプソン氏は有罪だろうか」「残念ながらそうだと思います」/ I wonder if he will quit the club. If ～, I will have to quit, too. 彼は退部するのだろうか. そうだとすれば, 私もやめざるを得ないだろう

語法☆☆ (1) この用法の so を伴う動詞は think, hope, believe, suppose, guess などの思考の動詞が中心で, ほかに say, seem, be afraid, fear がある.
(2) think などでは, so は肯定の節の代わりに用い, 否定の代わりには not が用いられる. しかし, I think not. は《堅》であり, 《口》では I don't think so. を使う. ただし ×I don't hope so. と ×I am not afraid so. は不可(⇨ NOT).

b 《文頭で動詞の倒置目的語として前文の内容を受けて》‖ "Tony is going to resign." "*So* I hear." 「トニーは辞任するらしいね」「そういううわさだね」/ It will rain tomorrow, or ～ it says in the papers. 明日は雨だろう, そう新聞には書いてある(♦ so を文頭に置く動詞は hear, say のほか notice, see, tell, understand などがある)

c 《do の後に置いて動詞句の代用》(⇨ DO[1] 代動 語法) ‖ If you want to talk to me, please **do** ～ now. お話があるのなら, 今どうぞ(=..., please talk to me now.)

d 《補語として名詞・形容詞の代用》‖ "Is your boyfriend tall?" "Very much ～." 「あなたの彼氏, 背が高いの?」「すごくね」(=Yes, he is very tall.) / He is loyal to his boss, and will remain ～ to the end. 彼は上司に忠実であり, また最後までそうであり続けるだろう

❹《補語として》《口》(状況などについて) **そのとおりで**, 本当で ‖ The fridge is not working? It cannot be ～. 冷蔵庫が故障してるって? そんなはずはない

❺《肯定文に続く文で》 **a** 《～+助動詞[be動詞]+主語》 **…も同じく** (→ CE 4) ‖ Paul likes spicy dishes and ～ does Bill. ポールは辛い料理が好きだしビルもそうだ(=... and Bill ⌈likes spicy dishes [OR does], too) / "He can play chess." "*So* can I." 「彼はチェスができる」「私もだ」/ "Susan is married." "*So* is her sister." 「スーザンは結婚しているんだね」「お姉さんもよ」

語法☆☆ (1) 第1強勢は主語に置き, so には第2強勢を置く.
(2) 否定文に続く場合は neither, nor を用いる.

b 《～+主語+助動詞[be動詞]》 そのとおりで, 全くで (♥ 気づかなかった[忘れていた]ことなどに対して賛意や驚きを表す. 第1の強勢は助動詞や be 動詞に置き, so には第2の強勢を置く) ‖ "Kent graduated last year." "*So* he did." 「ケントは去年卒業したよ」「そうだったね」/ "There's a hole in your jacket." "*So* there is." 「上着に穴があいていますよ」「本当だ」/ He was one of the greatest novelists, ～ he was. 《アイル》本当に彼は, 最も偉大な小説家の1人でした(♦ 文末に置いて内容を強調する)

❻《否定文に続く文で》《主語+助動詞[be動詞]+～》《口》(反対意見として) そのように (♥ しばしば子供が用いる) ‖ "You can't skate." "I can ～." 「君にはスケートはできないだろ」「できるよ」

❼《様態》 その[この]ように, そう[こう] ‖ *So* it was that the princess was rescued. そのようにして王女が救出された / He's not a child and shouldn't be ～ treated. 彼は子供じゃないのだからそのように扱われるべきではない / Hold your pen (like) ～. ペンをその[この]ように持ちなさい(♦ この場合は like that [OR this] や (in) that [OR this] way の方がふつう)

****and so forth*** [OR ***on***] ⇨ FORTH(成句)

as A, so B ⇨ AS(成句)

just so ⇨ JUST(成句)

nòt sò À as B́ BほどAではない(♦《口》では not as *A* as *B* の方が一般的) ‖ He is *not* ～ tall *as* his brother. 彼は兄ほど背が高くない / I am *not* ～ happy *as* you might think (I am). 私はあなたが思っているほど幸せではありません / This is *not* ～ cold an area *as* that. ここはあそこほど寒い地域ではない

not so much A as B ⇨ MUCH(成句)

****... or so*** ⇨ OR(成句)

****sò as to dó*** **…するように**, するために(♦ 主に書き言葉で使われるが, in order to *do* の方が使用頻度は高い. in order to *do* は明確に「目的」を表すが, so as to *do* は「結果」を意味する傾向がある) (⇨ SAKE[1] 類語P) ‖ We all whispered ～ *as* not *to* wake the baby. 赤ん坊を起こさないように皆ひそひそ声で話した(♦ not の位置に注意)

sò ... as to dó …するほどに…で ‖ His explanation is ～ vague *as to* be meaningless. 彼の説明はあいまいで意味をなさない / Would you be ～ kind *as to* drop me off at my office? 事務所のところで降ろしていただけませんか(♥ 非常に丁寧な表現. ときに皮肉)

****so much for ...*** ⇨ MUCH(成句)

sò mùch só that ... …であるほど…, 大いに…なので…(♦ 最初の so は 副 ❷**a**, 後の so は 副 ❸**d**) ‖ She's brilliant, ～ *much* ～ *that* she won a scholarship. 彼女は抜群によくできる, それで奨学金をもらった

****só that ...*** ①《目的》 **…するために** (in order that ...) (♦ (1)《口》ではしばしば that が省略される. (2) that 節 内では通例 can [could], will [would] を用いる. may [might] を用いるのは《堅》) ‖ The lecturer spoke slowly ～ *that* everyone could understand him. 講師は皆にわかってもらえるようにゆっくり話した / I stood behind the door ～ *that* no one would see me. だれにも見られないようドアの後ろに立った / Leave early ～ *that* you won't [OR don't] miss the plane. 飛行機に遅れないように早めに出なさい(♦ so that の後の節では未来を表すのに現在形が使われることがある) ②《結果》 **それで**, そのため, したがって(♦ (1)《口》ではしばしば that が省略される. (2) 通例 so の前にコンマを置く. (3) 後の節の主語が前の節の主語と同じ場合, 接続詞が so であれば後の節の主語を省略できるが, so that であれば省略できない) ‖ The storm was approaching, ～ (*that*) the game was canceled. 暴風雨が接近していたため試合は中止になった

PLANET BOARD 69

so delicious a cake と言うか.

問題設定 such a delicious cake と同じ意味で, so delicious a cake という言い方がどの程度使われるか調査した.

Q 次の表現を使いますか.
(a) I'd never eaten **such a delicious cake**.
(b) I'd never eaten **so delicious a cake**.

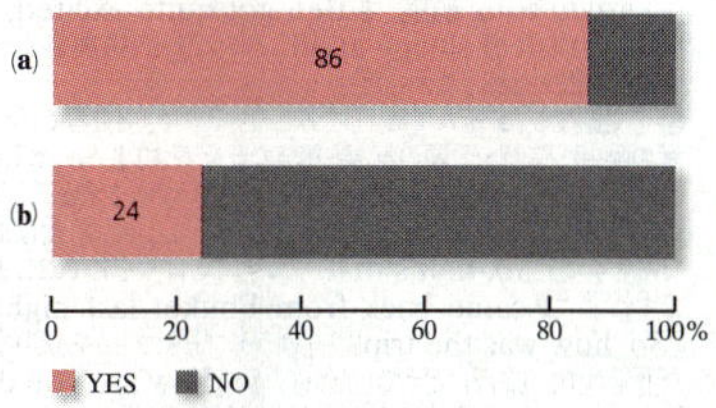

(a) の such a delicious cake はほとんどの人が使うと答え, (b) の so delicious a cake は全体の約¼が使うと答えた. (b) を使うと答えた人のほとんどは, これを《堅》とした. 使わないと答えた人も, その理由として, 「きわめて《堅》または《旧》である」とした人が目立つ.

学習者への指針 日常的な書き言葉や会話では such a ... を使うのが無難である.

sò À that B́ とてもAなのでB（♦《口》では that がしばしば省略される）‖ I was ～ tired (*that*) I couldn't keep my eyes open. とても疲れていたので目を開けていられなかった（♦「目を開けていられないほど疲れていた」と後ろから訳すことも可能. that 以下が否定文のときは, このように「程度」の意味に訳す方が自然なことが多い）/ He explained the point ～ well *that* everyone understood it. 彼は要点をとてもうまく説明したので皆が理解できた / The book was ～ good *that* I couldn't put it down. その本はとてもよかったので途中で読むのをやめることができなかった（=It was such a good book that I ...）/ The lake was not ～ cold *that* we could not swim in it. 湖は泳げないほど冷たいわけではなかった（♦ 主節が否定文の場合も「程度」を表す. 前から訳すと意味に矛盾が生じるので後ろから訳す）

語法☆☆ (1)《口》では so を含む節が後にきて, 付加的な表現になることがある.〈例〉We couldn't sleep, it was *so* hot. 我々は眠れなかった, なにしろとても暑かったので
(2)《堅》では強調のために so が文頭にきて, その後が「動詞＋主語」の倒置語順になることがある.〈例〉*So* hot was the night *that* no one could sleep. その晩はとても暑かったのでだれも眠れなかった

COMMUNICATIVE EXPRESSIONS

1 **Hòw só?** ⇨ HOW（CE 8）
2 "I hèard they're hàving a báby." "**Is thát sò?**" 「彼らに赤ちゃんが生まれるんですって」「そうですか」（♥「本当」「そうなの」という意味の相づち）
3 If thàt's what the majórity wànts, **sò bé it.** 大多数の人がそうしたいのなら仕方あるまい（♥ 消極的で少し投げやりな感じの賛成を示す）
4 "I èxercise régularly." "**Sò do Í.**"「私は定期的に運動しています」「私もです」（♥ 自分もそうだと同調する際のくだけた表現）
5 **Sò thén?** それで；だから何（♥ 話の続きや結論を促す）
6 Sày what you líke. I'm nòt bóthered by what ígnorant pèople sày, **sò thére!** 何とでも言え. 私は無知な人の言うことなんか気にしないんだ, わかったか（♥ 強調的に「おあいにくさま」「ほうら見ろ」の意）
7 "You drínk tòo mùch." "**Sò (whát)?**"「飲みすぎだよ」「それで(どうしたっていうんだ)」（♥「だからって何が言いたいんだ」の意の開き直った返答. =So what if I do?）
8 **Sò you sáid.** それはもう聞きましたよ（♥ 繰り返しが多い人に対して.「すでにあなたはその話をした」の意）

— 接 ❶《目的》…**するために**（→ *so that* ... ①(↑)）‖ We will leave early ～ we won't miss the train. 列車に遅れないように早く出るつもりです
❷《結果》**それで**, そのため, だから（→ *so that* ... ②(↑)）（⇨ THEREFORE 類語）‖ Ben got quite excited, ～ he didn't feel sleepy at all. ベンはすっかり興奮したので少しも眠いと感じなかった
❸《文頭で》**a** それでは, してみると, それで, ところで（♥ 注意の喚起・確認・話題の転換・驚きなどを表す）‖ *So*, when can I see you? それでは, いつお会いできますか / *So*, you haven't had breakfast yet. それじゃ, 朝食はまだなんですね / *So*, that's that. ということは, それでおしまいですね / "I came back from Phuket last night." "*So*, how was the trip?"「ゆうべプーケットから戻りました」「それで, 旅行はどうでしたか」/ *So*, how are you doing these days? ところで最近はいかがですか
b《感嘆詞的に》おい, ねえ ‖ *So!* You're getting married soon! おい, もうじき結婚するんだって
c《返答》そのとおりですが（♥ 相手の発言に対して「大したことではない」という意を含めて批判的に言い返す）‖ *So*, I told her about it. What's wrong with that? おっしゃるように, 彼女にそのことについて話しました. それのどこがいけないのでしょうか

so² /soʊ/（♦ 同音語 sew, sow¹）名〔楽〕=sol¹

s.o. 略〔野球〕strikeout（三振）; seller's option（売方選択(取引)）

***soak** /soʊk/《発音注意》動 他 ❶ …を〈液体に〉浸す, つける〈**in**〉; …を〈液体で〉びっしょりぬらす〈**with**〉‖ *Soak* the clothes *in* water before washing. 洗う前に服を水につけておきなさい / ～ bread *in* milk パンを牛乳に浸す / ～ a brush *with* paint ブラシにペンキをたっぷり含ませる
❷（雨・汗などが）…をずぶぬれにする, びしょびしょにぬらす《***through***》（♦ しばしば受身形で用いる）‖ I got [OR was] ～*ed through* in the shower. にわか雨に遭ってびしょぬれになった / My shirt is ～*ed* in sweat. ワイシャツが汗でびっしょりだ
❸《～ oneself で》〈…に〉没頭する〈**in**〉‖ He ～*s* himself *in* ancient history. 彼は古代史(の研究)に没頭している ❹《口》…に法外な代金を吹っかける; …に途方もなく重い税金をかける ‖ ～ the rich 金持ちに重税をかける ❺《口》〔人〕を大酒で酔わせる;《～ oneself で》大酒を飲む
— 自 ❶〈液に〉浸る, つかる〈**in**〉; びしょぬれになる ‖ We left the dirty dishes to ～ overnight. 私たちは汚れがこびりついた皿を1晩(水に)つけておいた / ～ *in* a hot bath 熱いふろにつかる ❷〈…に〉しみ通る, しみ込む《***in***》〈**through, into**〉‖ The rain ～*ed through* my coat. 雨がコートにしみ通った / The water ～*ed into* the ground. 水が地面にしみ込んだ ❸（物事が）〈心などに〉しみ込む《***in***》〈**into**〉‖ The fact ～*ed into* my head. 事実が飲み込めてきた ❹《口》大酒を飲む

sòak óff ... / sòak ... óff〈他〉〔切手・ラベルなど〕を水に浸してはがす, はがす
sòak óut ... / sòak ... óut〈他〉〔汚れなど〕を水に浸してしみ出させる, 抜き取る, 吸い出す
****sòak úp ... / sòak ... úp***〈他〉① …を吸い込む, 吸い取る（absorb）‖ The sponge ～*ed up* the spilled juice. スポンジがこぼれたジュースを吸い取った ②〔日光・雰囲気など〕を吸収する, 浴びる, たっぷり楽しむ ‖ ～ *up* the sun 日光浴をする / ～ *up* the atmosphere 雰囲気になじんで楽しむ ③〔知識・やり方など〕を吸収[理解]する ‖ ～ *up* knowledge 知識を吸収する ④《口》〔金・予算など〕を(過度に)使う

— 名 ❶ U/C《通例単数形で》浸す[つける]こと, しみること, 浸透; ふろに入る[つかる]こと, 入浴; ずぶぬれ; 浸し液, つけ汁 ‖ Give the beans a good ～ before cooking. 豆を煮る前に十分水に浸しなさい / have a long ～ in the bath ゆっくりふろにつかる ❷ C《俗》大酒飲み ❸ C《豪・ニュージ》(一時的にできる)沼, 水たまり

***soaked** /soʊkt/ 形 ❶ びしょぬれの, ずぶぬれになって ❷《複合語で》…のしみ込んだ ‖ a blood-～ shirt 血のにじんだシャツ

soak·er /sóʊkər/ 名 C ❶ 浸す[つける]人[もの] ❷《口》大酒飲み ❸《口》豪雨, どしゃ降り ❹《～s》おむつカバー

soak·ing /sóʊkɪŋ/《口》形 ❶ ずぶぬれの[になる] ❷《副詞的に》ずぶぬれに（♦ 通例 soaking wet で用いる）
— 名 U C 浸すこと; ずぶぬれにすること
▸▸ ～ **solùtion** 名 C U コンタクトレンズの保存液

só-and-sò 名（複 **～s** /-z/）《口》❶ U だれそれ, 何々（♥ 名称を知らない, 忘れた, あるいは明示するまでもない場合に用いる）‖ He told me to do ～. 彼は私にこれこれのことをするように言った / Mr. ～ だれそれさん ❷ C ⊗《蔑》いやなやつ（♥ 口汚いののしり言葉の使用を避けるために用いる）‖ Sue is such a ～. スーは本当にいやなやつだ / that disagreeable ～ あの何とかといういけ好かないやつ

:soap /soʊp/《発音注意》
— 名 〔▶ soapy 形〕（複 **～s** /-s/）❶ U **石けん** ‖ Make a lather with the ～, and wash gently. 石けんをよく泡立ててそっと洗いなさい / a bar [OR cake] of ～ 石けん1個 / toilet ～ 化粧石けん / liquid ～ 液体石けん
❷ U 金属石けん《脂肪酸の金属塩》❸ =soap opera
nò sóap《米口》①（申し出・提案などについて）受け入れられない, 駄目(である)‖ "I need some money." "*No*

～!"「少し金が要るんだけど」「駄目だ」❷かいなく, 無駄で
—動 他 ❶…を石けんでこする[洗う], …に石けんをつける《*down*》‖ *Soap* yourself *down* and rinse off all the suds. 石けんで体を洗い泡をきれいに流しなさい
❷《米俗》…にへつらう(flatter)
▸▸～ **bùbble** 名C シャボン玉 ～ **dìsh** 名C (浴室などの)石けん入れ[皿] ～ **flàkes** 名複 薄片状の(洗濯)石けん ～ **òpera** 名C《口》(テレビ・ラジオの)連続メロドラマ(♦かつて米国で石けん会社がしばしばスポンサーになったことから) ～ **pòwder** 名UC 粉末洗剤

sóap·bòx 名C ❶(街頭演説用などに使う即席の)演台 ‖ a ～ orator 街頭演説者 ❷石けんを詰める木箱
gèt on one's* [OR *a*] *sóapbox 自分の意見を力説する

soap·er /sóupər/ 名 =soap opera

sóap·stòne 名U〖鉱〗石けん石(steatite)

sóap·sùds 名複(泡立った)石けん水;石けんの泡

*__soap·y__ /sóupi/ 形〔◁ soap 名〕《通例限定》❶石けん(質)の, 石けんを含んだ;石けんの泡だらけの ‖ ～ water 石けん水 ❷(におい・味などが)石けんのような ❸《俗》ご機嫌取りの, 愛想のよい, お世辞たっぷりの, 口先のうまい ❹《口》メロドラマ(soap opera)風の **sóap·i·ness** 名

*__soar__ /sɔːr/《発音注意》(♦同音語 sore) 動 自 ❶(物価・価値などが)急上昇する, 急騰する, 跳ね上がる;(温度・数値などが)急上昇する ‖ Medical expenses have continued to ～. 医療費が上昇し続けている / The temperature is ～*ing*. 気温がうなぎ上りだ / ～*ing* unemployment 上昇し続ける失業率 ❷(ロケットなどが)空高く昇る, 飛行する《*up*》‖ The rocket ～*ed* (*up*) into the air. ロケットが空中高く飛び立った ❸(鳥が)(羽を広げたまま)空高く飛ぶ, 飛翔(ひしょう)する, 舞う;(特にグライダーが)同一の高度を滑空する ❹《進行形不可》(山・建造物などが)高くそびえる ‖ ～*ing* skyscrapers そびえ立つ超高層ビル ❺(希望・気分などが)高まる, 高揚する ❻(音楽などの)音が大きく[高く]なる
—名C 高く飛ぶこと, 飛翔

soar·a·way /sɔ́ːrəwèɪ/ 形《限定》《英》素晴らしい, 目覚ましい, とんとん拍子の

*__sob__ /sɑ(ː)b | sɔb/ 動 (**sobbed** /-d/; **sob·bing**) 自 ❶しゃくり上げながら(激しく)泣く, むせび泣く, 泣きじゃくる(⇨ CRY 類語) ‖ ～ bitterly 激しく泣きじゃくる ❷(風が)ひゅうひゅういう;(波などが)ざあざあいう
—他 ❶…をむせび泣き[泣きじゃくり]ながら言う[話す], 涙とともに語る《*out*》(♦直接話法にも用いる) ‖ She *sobbed out* her own story. 彼女は涙ながらに身の上話をした / "Where is my teddy?" the child *sobbed*. 「私のクマちゃんはどこ」とその子は泣きじゃくりながら言った ❷むせび泣いて…を(ある状態に)する ‖ The girl *sobbed* herself to sleep. 少女は泣き(じゃくり)ながら寝入った
—名C むせび泣き, すすり泣き;むせび泣くような音;(通例 sob, sob で)しくしく, くすんくすん《泣く音》‖ break into ～*s* 突然むせび泣きを始める **sób·bing·ly** 副
▸▸～ **sìster** 名C《口》感傷的な記事を書くひどく涙もろい(女性)ジャーナリスト(中立 sob story writer [journalist]) ～ **stòry** 名C《口》お涙ちょうだいの物語

SOB, s.o.b. 名C⊗《米俗》《蔑》= SON of a bitch

*__so·ber__ /sóubər/《発音注意》形 (通例 **～·er**; **～·est**) ❶《通例叙述》酔っていない, しらふの(↔ drunk) ‖ You're so jovial when drunk and so quiet when ～. 君は酔うととても陽気で, しらふのときはとても静かだね / I am stone cold ～. 私は全くのしらふだ ❷節度[思慮]のある;平静な, まじめな, 謹厳な ‖ a ～ life まじめな生活 / in ～ earnest 大まじめで;全く本気で / on ～ reflection よく考えてみると ❸(色などが)地味な, 落ち着いた, 沈んだ(↔ bright) ‖ ～ colors 落ち着いた色 / a ～ gray dress 地味なグレーのドレス ❹誇張のない, ありのままの ‖ the ～ truth 偽りのない真相 / in ～ fact 実際は
(*as*) ***sober as a judge*** ⇨ JUDGE(成句)
—動 他 ❶…の酔いをさまさせる《*up*》‖ His long wait at the bar ～*ed* him *up*. バーで長い間待っているうちに彼は酔いがさめてしまった ❷…を落ち着かせる, 冷静にさせる《*down*》;…をまじめに[真剣に]する《*up*》‖ ～ *down* noisy children 騒がしい子供たちを静める / His mother's death has ～*ed* him *up* a lot. 母親の死で彼はずいぶんまじめになった —自 ❶酔いがさめる《*up*》❷落ち着く, 静かになる《*down*》;まじめになる《*up*》
～·ing 形 まじめにさせる, 思慮深くさせる **～·ness** 名

so·ber·ly /sóubərli/ 副 まじめに, 落ち着いて;しらふで

sóber·sìdes 名《単数・複数扱い》《主に米口》落ち着いたまじめな人, まじめ人間

so·bri·e·ty /soubráɪəṭi/ 名U ❶酔っていないこと, しらふ ❷禁酒, 節酒 ❸まじめ ❹平静, 落ち着き
▸▸～ **chèckpoint** 名C 酒気帯び運転検問所

so·bri·quet /sóubrɪkèɪ/, **sou-** /súː-/ 名C あだ名;仮名

Soc., soc. 略 socialist;society

so·ca, so·kah /sóukə/ 名U〖楽〗ソカ《ソウルの要素を混ぜたカリプソ音楽》(♦ *so*ul+*ca*lypso より)

*__so-called__ /sòukɔ́ːld/ ◁ 形 ❶《限定》(こう呼べるかどうか疑わしいが)いわゆる(♥疑問・軽蔑の意を含む) ‖ His ～ friend actually dislikes him. 彼のいわゆる友人とやらは実は彼を嫌っている / ～ "fundamentalists" いわゆる「原理主義者」(♦ so-called の後の語句はしばしば引用符で包まれるが, これを誤用とする人もいる) ❷《通例限定》(一般に)…と呼ばれる, いわゆる ‖ This is one of the ～ "bank transfer scams" widespread in Japan. これは日本で広まっているいわゆる「振り込め詐欺」の1つだ

soc·cer /sɑ́(ː)kər | sɔ́kə/
—名U **サッカー**(association football)(♦《英》では football の方がふつう. ⇨ FOOTBALL)
語源 association football の短縮形に -er(名詞語尾)がついたもの.
▸▸～ **mòm** 名C《米口》サッカーママ《子供のスポーツ参加に熱中する都市郊外在住の典型的な母親》

so·cia·bil·i·ty /sòuʃəbíləṭi/ 名U 社交性, 交際好き, 愛想のよいこと

so·cia·ble /sóuʃəbl/ 形 ❶社交的な, 交際好きな;人付き合いのよい, 愛想のよい ❷(会合などが)和やかな, 親睦(しんぼく)の ‖ a ～ evening 親睦の夕べ —名C《米》(特に教会信者の)親睦会, 懇親会 **-bly** 副

so·cial /sóuʃəl/ 形 名

—形〔◁ society 名 | ▶ socialize 動〕(**more ～**; **most ～**)(♦❹❺❻以外比較なし)
❶《限定》**社会の**, 社会に関する, 社会生活の[に関する] ‖ Your ～ life begins in your kindergarten sandbox. 社会生活は幼稚園の砂場から始まる / We used to believe in ～ progress. 私たちは以前は社会の進歩を信じていた / a ～ system 社会制度 / ～ reforms 社会改革 / ～ problems 社会問題 / ～ order 社会秩序
❷《限定》社会(集団)の中の地位などに関する, 社会的な ‖ one's ～ equals 同じ(社会)階層の人々 / people in the lower ～ groups 下層階級の人々 / ～ advancement 社会的地位の上昇, 立身出世
❸《限定》**社交の**, 交際の, 社交的な, 親睦の(ための) ‖ a ～ gathering 親睦会 / a ～ evening 親睦の夕べ / I'm just a ～ drinker. (酒は)付き合いで飲むだけだ / have little ～ life ほとんど人と付き合わない
❹《限定》〖動〗群居する, 社会性のある;〖植〗群生する, 群落をなす ‖ Ants are ～ insects. アリは社会性昆虫である / ～ plants 群生植物
❺上流社会の, 社交界の ‖ a ～ event 社交界の催し / a big ～ wedding 盛大な上流社会の結婚式
❻(人・性質が)社交的な, 人付き合いのよい(sociable) ‖ a person of ～ nature 社交性のある人
❼社会(福祉)事業の

━名 (複 ~s /-z/) Ⓒ 懇親会(《米》 sociable) ; (親睦のための) パーティー ; 《the ~》《英口》 社会保障 (制度) ‖ church ~*s* 教会の懇親会
語源 *soci-* companion (仲間) + *-al* (形容詞語尾) : 仲間の
▶▶ ~ **áudit** 名 Ⓒ 社会的行動監査 《会社が従業員や環境などに対しどのような意識で対応しているかを見る監査. ethical audit ともいう》 ~ **clìmber** /英 ⌣⌣⌣/ 名 Ⓒ ⊗《蔑》上流階級の仲間入りをねらう人[野心家], 立身出世主義者 ~ **clìmbing** /英 ⌣⌣⌣⌣/ 名 Ⓤ ⊗《蔑》上流社会の仲間入りをしたがること, 立身出世を求めること ~ **clúb** 名 Ⓒ 社交クラブ ~ **cónscience** 名 Ⓤ/Ⓒ 《単数形で》 社会的な責任感 [良心] ~ **cóntract** [**cómpact**] 名 《the ~》 社会契約説 《Rousseau などが唱えた》 ~ **Dárwinism** 名 Ⓤ 社会ダーウィン主義 《社会秩序は現存する生活条件に最も適した人間の自然淘汰(とうた)の産物であるとする19世紀の社会理論》 ~ **demócracy** 名 ① 《しばしば S- D-》 Ⓤ 社会民主主義 ② Ⓒ 社会民主主義国 ~ **démocrat** 名 Ⓒ 社会民主主義者 ; 《S-D-》 (特にヨーロッパ諸国の) 社会民主党員 ~ **disèase** 名 Ⓒ 《口》《婉曲的》性病(venereal disease) ~ **enginéering** 名 Ⓤ 社会工学 ~ **exclúsion** 名 Ⓤ 《英》 社会的排除 《失業・貧困などでまともな社会生活に参加できないこと》 ~ **fùnd** 名 Ⓒ 《通例単数形》 生活保護基金 ~ **hóusing** 名 Ⓤ 《英》 (住宅協同組合などの) 低価格住宅 ~ **insúrance** 名 Ⓤ 社会保険 **Sòcial Insúrance Nùmber** 名 Ⓒ 《カナダ》 社会保障番号 《略 SIN》 ~ **ládder** 名 《the ~》 (成功への) 社会的階段 ~ **média** 名 《集合的に》《通例複数扱い》 ソーシャルメディア 《オンライン上で利用者同士が情報を発信・共有することで成り立つ媒体. 電子掲示板・ブログ・動画配信サービス・SNSなど》 ~ **nétworking** 名 Ⓤ ソーシャルネットワーキング 《人と人との交流をインターネットを使って構築または補助すること》 ~ **promótion** 名 Ⓤ Ⓒ 自動進級 《成績に関係なく同年の生徒を平等に進級させること》 ~ **psychólogy** 名 Ⓤ 社会心理学 ~ **réalism** 名 Ⓤ 社会派リアリズム 《社会や政治状況の実態をリアルに描く芸術上の一様式》 ~ **scále** 名 Ⓒ 《通例単数形で》 社会の序列的構造 ~ **scìence** /英 ⌣⌣⌣/ 名 ① Ⓤ 社会科学 (→ natural science) ② Ⓒ (その一部門としての) 社会学, 政治学, 経済学 ~ **scìentist** /英 ⌣⌣⌣⌣/ 名 Ⓒ 社会科学者 ~ **sécretary** 名 Ⓒ (個人・団体の) 社交活動担当秘書 ~ **secúrity** 名 Ⓤ ① 社会保障 (制度) ‖ be on ~ *security* 社会保障を受けている ② 《英》 生活保護 **Sòcial Secúrity Nùmber** 名 Ⓒ 《米》 社会保障番号 《略 SSN》 ~ **sèrvice** /英 ⌣⌣⌣/ 名 ① Ⓤ 社会奉仕 ② Ⓒ 《~s》 (政府の) 社会福祉事業 《教育・医療・住宅などの総称》 ~ **stùdies** 名 Ⓤ (小・中学校の) 社会科 ~ **wòrk** 名 Ⓤ 社会福祉事業 ~ **wòrker** 名 Ⓒ ソーシャルワーカー, 社会福祉事業家 ; 民生委員

***so·cial·ism** /sóuʃəlìzm/ 名 《しばしば S-》 Ⓤ ❶ 社会主義 ❷ 社会主義政策, 社会主義運動

***so·cial·ist** /sóuʃəlɪst/ 名 Ⓒ ❶ 社会主義者 ❷ 《通例 S-》社会党員
━形 社会主義(者)の ; 《通例 S-》社会党(員)の
sò·cial·ís·tic 形 《通例限定》社会主義(者)の, 社会主義的な **sò·cial·ís·ti·cal·ly** 副
▶▶ ~ **réalism** 名 Ⓤ 社会主義リアリズム 《スターリン時代のソ連で提唱され多くの共産主義国家で公認された芸術理論. あらゆる芸術は社会主義社会の理想実現のためとする》

so·cial·ite /sóuʃəlàɪt/ 名 Ⓒ (社交界の) 名士

so·ci·al·i·ty /sòuʃiǽləṭi/ 名 (複 **-ties** /-z/) Ⓤ ❶ 交際好き, 社交性 (sociability) ❷ Ⓒ 《-ties》 社交的な行動 ❸ 社会性, 群居性

***so·cial·ize** /sóuʃəlàɪz/ 動 〔◁ social 形〕 自 〈…と〉 (社交的に) 交際する 〈**with**〉 ‖ ~ *with* one's colleagues 同僚と仲よく交際する ━他 ❶ …を社会生活に適するようにする, …を社会に役立つようにする, 社交的にする (♦ しばしば受身形で用いる) ‖ He needs to be more ~*d*. 彼はもっと世慣れる必要がある / ~ science 科学を社会に役立つようにする ❷ 《通例受身形で》 (体制などが) 社会主義化される ; (産業などが) 国営化される
sò·cial·i·zá·tion 名 Ⓤ 社会主義化 ; 社会化 **-ìz·er** 名
▶▶ ~**d médicine** 名 Ⓤ 《米》医療社会化制度

***so·cial·ly** /sóuʃəli/ 副 ❶ 社会的に ❷ 社交的に (sociably), 社交上

so·ci·e·tal /səsáɪəṭəl/ 形 社会の, 社会に関する

*****so·ci·e·ty** /səsáɪəṭi/

中心義 人の集まり

名 社会❶❷ 協会❸ 社交界❹ 交際❺

━名 〔▶ social 形〕 (複 **-ties** /-z/) ❶ Ⓤ (人間の集まりとしての) **社会** (の人々), 世間 (の人々) (♦ 無冠詞で用いる) ‖ The relationship between the individual and ~ varies from culture to culture. 個人と社会との関係は文化によって異なる / a menace to ~ 社会にとっての脅威 / modern ~ 現代社会
❷ Ⓒ Ⓤ (法律・制度・慣習などを共有する) **社会** (集団), (経済上などの) 社会層 (social community) ‖ **in** a democratic ~ 民主主義社会で (は) / technologically advanced *societies* 高度技術社会 / the consumer ~ 消費社会
❸ Ⓒ (共通の仕事・目的・関心などによる) 会, **協会**, 組合, 団体, 組織 《略 soc., Soc.》 ‖ a medical ~ 医師会 / a learned ~ 学会 / a geographic ~ 地理学会 / a stamp-collecting ~ 切手収集クラブ / a cooperative ~ 協同組合 / the *Society* of Jesus イエズス会 / the Royal *Society* 王立協会
❹ Ⓤ (富・家柄・教育などの点での) 上流社会 (の人々 [生活]), **社交界** ; 《形容詞的に》上流社会の, 社交界の ‖ high [OR polite] ~ 上流社会 / be introduced into ~ 社交界にデビューする / a ~ woman 上流社会の女性 / ~ gossip 社交界のゴシップ / the ~ page 社交界欄
❺ Ⓤ 同席, 同伴 ; **交際**, 付き合い ‖ I enjoy his ~. 彼と一緒にいると楽しい / spend an afternoon in the ~ of the Johnsons ジョンソン一家と一緒に午後を過ごす / seek [avoid] the ~ of others 他人との交際を求める [避ける] ❻ Ⓒ 【生態】 (アリ・ハチ・哺乳(ほにゅう)類などの) 動物社会, 生物社会 ; (植物の) 群落 ; (動物の) 群居

socio- /sousiou-, -siə- | -ʃiou-, -ʃiə-/ 連結形 「社会の (social), 社会学の (sociological)」 の意 ‖ *socio*logy, *socio*economic

sòcio·biólogy 名 Ⓤ 社会生物学
-biólogist 名 Ⓒ 社会生物学者

sòcio·cúltural 形 社会文化的な

sòcio·económic 形 《限定》社会経済的な

sòcio·histórical 形 社会歴史学的な

so·ci·o·lect /sóusioulèkt | sóuʃi-, sóus-/ 名 【言】 社会方言, 階級方言 (social dialect) 《特定の社会・階級に固有の方言》

sòcio·linguístics 名 Ⓤ 社会言語学

***so·ci·o·log·i·cal** /sòusiəlá(:)dʒɪkəl | -ʃiəlɔ́dʒ-/ ⊲シ 形 社会学的な, 社会学 (上) の ; 社会問題を扱う **~·ly** 副

***so·ci·ol·o·gy** /sòusiá(:)lədʒi | -ʃiɔ́l-/ 名 Ⓤ 社会学
-gist 名 Ⓒ 社会学者

so·ci·om·e·try /sòusiá(:)mətri | -ʃiɔ́mɪ-/ 名 Ⓤ 社会測定学, 計量社会学 **sò·ci·o·mét·ric** 形

so·ci·o·path /sóusioupæ̀θ | -ʃi-/ 名 Ⓒ 反社会的行為者
sò·ci·o·páth·ic 形

sòcio·polítical ⊲シ 形 社会政治的な

****sock**[1] /sɑ(:)k | sɔk/
━名 (複 **~s** /-s/, ときに 《米》 で **sox** /sɑ(:)ks | sɔks/) Ⓒ ❶ 《通例 ~s》 **ソックス**, 短い靴下 ‖ wear one's ~*s* in-

side out 靴下を裏返しにはいている / a pair of ～*s* ソックス1足 / knee [OR knee-high] ～*s* ひざまでのソックス, ハイソックス /「put on [take off] ～*s* 靴下をはく[脱ぐ] ❷ (靴の)中敷き ❸ =windsock

knòck [OR ***blòw, bèat***] ***a pèrson's sócks òff*** 《口》(人を)圧倒する(ほど素晴らしい), (人に)強い印象を与える(→ CE 2)

knòck the sócks òff ... 《口》…を打ち負かす, …よりはるかに優る

pùll one's sócks ùp ; ***pùll ùp one's sócks*** 《口》いっそう心を引き締めて事に当たる, 褌(ふんどし)を締めてかかる

one's sócks òff 《口》精いっぱい ‖ work [dance] *one's* ～*s off* 精いっぱい働く[踊る]

COMMUNICATIVE EXPRESSIONS

1 **Stùff** [OR **Pùt**] **a sóck in it!** 無駄口をたたくな

2 **This'll knòck your sócks òff.** まあ飲めよ ; これは効くぜ(♥強い酒を勧めるくだけた表現)

── 動 他 …に靴下をはかせる

sòck awáy ... / ***sòck ... awáy*** 〈他〉《米口》〔金〕を蓄える

sòck ín ... / ***sòck ... ín*** 〈他〉《通例受身形で》《米》(霧・雪などで)(空港などが)閉鎖される, (飛行機が)足止めされる

sock[2] /sɑ(ː)k | sɒk/ 《口》 動 他 …を強く打つ, (こぶしなどで)殴る ; 〖野球〗…を強打する

sóck it to a pèrson 《口》(暴力・言葉によって)〔人〕に一撃を与える, やっつける, 強く非難する

── 名 C 強打, 一撃 ‖ give him a ～ on the jaw 彼のあごに1発見舞う ── 副 まともに, もろに(directly)

***sock·et** /sá(ː)kət | sɔ́kɪt/ 名 C ❶ 〖電〗(電球の)ソケット ; (差し込みプラグ用の) 壁ソケット [コンセント] (→ outlet, point)(⇨ PLUG 図) ❷ 受け口, 軸受け ; (ゴルフクラブの)ソケット《ヘッドとシャフトをつなぐ部分》(❗この部分にボールを当てることを「ソケット」というのは和製語) ‖ a ～ for a candle ろうそく受け ❸ 〖解〗窩(か), 腔(こう) ‖ the eye ～ 眼窩 ❹ 💻 ソケット《IPアドレスとポート番号の組》

── 動 他 …にソケットをつける ; …をソケットにはめる

▸▸ ～ **wrénch** 名 C ソケットレンチ, ボックスレンチ

sóck·èye 名 (複 ～ OR ～**s** /-z/) (=～ **sálmon**) C 〖魚〗ベニザケ ; U その肉

sock·ing /sá(ː)kɪŋ | sɔ́k-/ 副 《英口》非常に(very)

Soc·ra·tes /sá(ː)krətìːz | sɔ́k-/ 名 ソクラテス (470?–399B.C.)《古代ギリシャの哲学者》

So·crat·ic /səkrǽtɪk | sɒ-/ 形 ソクラテス(哲学)の

── 名 C ソクラテス学徒

▸▸ ～ **írony** 名 U ソクラテス的反語法《無知を装って相手の論理の誤りを暴露する論法》 ～ **méthod** 名 《the ～》ソクラテス式問答法《問答を続けていき相手を論理的に結論に導く》

***sod**[1] /sɑ(ː)d | sɒd/ 名 U ❶ 芝土, 芝生 ; C (四角く切り取られた)芝生 ❷ 《文》土地, 草地

under the sód (死んで)葬られて

── 動 (**sod·ded** /-ɪd/ ; **sod·ding**) 他 …に芝を敷く, …を芝土で覆う

sod[2] /sɑ(ː)d | sɒd/ 名 C ⊗《主に英卑》❶ いやなやつ, 野郎 ❷ やっかいなもの ❸ やつ(♥ときに同情・愛情を示す)

nòt gìve [OR ***càre***] ***a sód*** ⊗《英卑》ちっとも構わない

sòd áll ⊗《英卑》全く何もない(こと), 皆無(none [OR nothing] at all)

── 動 自 他 ⊗《主に英卑》《命令形で》(…を)ののしる

Sód (it)! ⊗《主に英卑》こん畜生(Damn (it)!)

Sòd óff! ⊗《主に英卑》出て行け, うせろ

▸ **Sòd's láw** 名 U 《英口》《戯》=Murphy's Law

***so·da** /sóʊdə/ 名 ❶ (=～ **wàter**) U C ソーダ [炭酸] 水 (carbonated water) ‖ a dash of ～ 少量のソーダ水 / (a) whisky and ～ 炭酸水で割ったウイスキー (1杯) ❷ C 《主に米》(アイス)クリームソーダ ; (=～ **pòp**) C U 《米》炭酸清涼飲料 ‖ a chocolate ～ チョコレート(クリーム)ソーダ ❸ U ソーダ《ナトリウム化合物. 炭酸ソーダ・重曹など》‖ baking ～ 重曹 / caustic ～ 苛性(かせい)ソーダ

▸▸ ～ **brèad** 名 U ソーダブレッド《イーストの代わりに重曹を使うパン》 ～ **cràcker** 名 C 《米》ソーダクラッカー《薄く甘味のないクラッカー》 ～ **fòuntain** 名 C 《米》❶ 《旧》ソーダ水売場《清涼飲料・軽食などを売る》❷ ソーダサイフォン《ソーダ水を入れるサイフォン瓶 ; ソーダ水を作る器具》 ～ **jèrk(er)** 名 C 《米俗》《旧》ソーダ水売場の従業員 [店員] ～ **lìme** 名 U ソーダ石灰 ～ **sìphon** 名 C 《英》=soda fountain❷

sód·bùster 名 C 《米口》農民, 農場労働者

sod·den /sá(ː)dən | sɔ́d-/ 形 ❶ (水などに) つかった, びしょぬれの ❷ 《複合語で》(雨などで)びしょぬれの ❸ 《複合語で》(飲みすぎなどで)ぼんやりした ‖ whisky-～ ウイスキーを飲みすぎた ～**·ly** 副 ～**·ness** 名

sod·ding /sá(ː)dɪŋ | sɔ́d-/ 形 《限定》⊗《英卑》ひどい, いまいましい

***so·di·um** /sóʊdiəm/ 名 U 〖化〗ソジウム, ナトリウム《アルカリ金属元素. 記号 Na》(♦「ナトリウム」はドイツ語から)

▸▸ ～ **bénzoate** 名 U 〖化・薬〗安息香酸ナトリウム《食品保存剤などに用いる》 ～ **bicárbonate** 名 U 〖化〗重炭酸ナトリウム, 重曹 ～ **cárbonate** 名 U 〖化〗炭酸ナトリウム, 炭酸ソーダ ～ **chlóride** 名 U 〖化〗塩化ナトリウム, 食塩(common salt) ～ **hydróxide** 名 U 〖化〗水酸化ナトリウム, 苛性(かせい)ソーダ ～ **nítrate** 名 U 〖化〗硝酸ナトリウム ～ **súlfate** 名 U 〖化〗硫酸ナトリウム

sódium-vàpor làmp 名 C 〖電〗ナトリウム灯《街灯などに用いる》

Sod·om /sá(ː)dəm | sɔ́d-/ 名 〖聖〗ソドム《死海の近くにあった古代都市. 住民の邪悪さのため隣接都市ゴモラ (Gomorrah)とともに神の火により滅ぼされたといわれる》

sod·om·ite /sá(ː)dəmàɪt | sɔ́d-/ 名 C 鶏姦(けいかん)者 ; 男色者

sod·om·ize /sá(ː)dəmàɪz | sɔ́dəm-/ 動 他 …とアナルセックスをする, 男色行為をする

sod·om·y /sá(ː)dəmi | sɔ́d-/ 名 U アナルセックス, 鶏姦 ; 男色

so·ev·er /soʊévər/ 副 《古》《文》❶ いかに…とも ‖ how clever ～ he may be どんなに彼が利口でも ❷ 《否定語を強調して》全然…でない ; どんな…も ‖ I had no luck ～. 全くついていなかった ❸ 《the+最上級の後で》この上はないほど ‖ the most beautiful ～ in the world 世界で一番の美女

***so·fa** /sóʊfə/ 名 C ソファー, 長いす(→ couch[1]) ‖ This ～ converts into a bed. このソファーはベッドにもなる / sit on [×in] a ～ ソファーに座る

▸▸ ～ **bèd** 名 C ソファーベッド, 寝台兼用ソファー

sof·fit /sá(ː)fət | sɔ́fɪt/ 名 C 〖建〗低面, 下端(したば)《ひさし・アーチ・バルコニーなどの下面》

So·fi·a /sóʊfiə/ 名 ソフィア《ブルガリアの首都》

S. of S. 略 〖聖〗*Song of Songs*

S. of Sol. 略 〖聖〗*Song of Solomon*

*****soft** /sɔ(ː)ft/ 形 副 名 間

中心義 **(Aが) 柔らかい** (★Aは五感でとらえるものに加え,「性格」や「態度」などまで多様)

> 形 **柔らかい❶ 滑らかな❷ 穏やかな❸ ❺ 落ち着いた❹ 優しい❼ 甘い❽**

── 形 〔▶ soften 動〕(～**·er** ; ～**·est**)

❶ **柔らかい**, 柔軟な ; (材質がほかと比べて) 柔らかい (↔ hard) ‖ Boil the beans till they become ～. 豆を柔らかくなるまで煮なさい / A sapphire is ～*er* than a diamond. サファイアはダイヤよりも柔らかい / a ～ chair 柔らかいいす / ～ foods 柔らかな[消化のよい]食べ物 / ～ cheeses ソフトチーズ / a ～ pencil (芯(しん)の)柔らかい鉛筆 / (as) ～ as butter [OR down, wax] 非常に柔らかい ❷ すべすべした, (手触りの) **滑らかな** (↔ rough) ‖ This cloth is ～ to the touch. この布は手触りが滑らかだ /

～ fur 滑らかな毛皮 / ～ skin きめの細かい肌 / (as) ～ as velvet [silk] (ビロード[絹]のように)とても滑らかな
❸ (声・音などが)**穏やかな**, 耳障りでない, (快く)静かな(↔ loud) ; (眠りが) 安らかな ‖ ～ music 静かな音楽 / in a ～ voice 静かな声で / ～ sleep 安らかな眠り
❹ 《通例限定》(色・光などが)**落ち着いた**, 柔らかな, 目に優しい (↔ harsh, bright) ‖ be lit with ～ lights 柔らかな明かりに照らされている / ～ green 落ち着いた緑
❺ (風・雨などが)**穏やかな**, 静かな ; (天候などが)温和な, 快い ‖ a ～ breeze そよ風 / a ～ winter 温暖な冬 / on a ～ spring night ある気持ちのよい春の夜に
❻ (線・輪郭などが)柔らかな, きつくない, なだらかな ; (写真の焦点などが)ぼやけた, 甘い ‖ a ～ outline 柔らかな輪郭 / a ～ slope なだらかな坂 / ～ shadows ぼんやりした影
❼ (人の気性などが)**優しい**, 思いやりのある, 温和な, 哀れみ深い (⇨ GENTLE 類語) ‖ have a ～ heart 心の優しい, 情にもろい(→ soft-hearted)
❽ 《通例けなして》〈人に〉**甘い**, 寛大な〈**with**〉; 〈物事・人に対して〉手ぬるい〈**on**〉(↔ hard) ‖ You are too ～ *with* the younger members of the club. 君は部の後輩に甘すぎる / be ～ *on* crime [criminals] 犯罪 [犯罪者] に対して手ぬるい
❾ (言葉などが)優しい, 和らげるような ; 口のうまい ; 色っぽい ‖ Her ～ words soothed me. 彼女の優しい言葉になだめられた / a ～ smile 甘い微笑 / a ～ glance 色目 / *A* ～ *answer turneth* [OR *turns*] *away wrath.* 《諺》柔和な応答は怒りをかわす (♦ turneth は turn の三人称単数現在の古い形. → -eth²)
❿ (水が)硬度が低い, 軟水の(↔ hard) 《ミネラル分が少ない》
⓫ 《けなして》(筋肉・身体などが)たるんだ, なまった, 軟弱な ; (性格などが) めめしい, 決断力に欠ける, 辛抱の足りない ‖ My muscles have gone ～. 筋肉がたるんでしまった
⓬ 《口》《けなして》(仕事・生き方などが)楽な, 楽に金のもうかる, 苦労[努力]を伴わない(↔ hard) ‖ a ～ job 楽な仕事
⓭ 《口》《けなして》ばかな, 愚かな ; だまされやすい ‖ She seems to have gone a bit ～ in the head. 彼女は少し頭がおかしくなったようだ / a ～ idea ばかな考え
⓮ 《比較なし》《限定》(飲み物が) アルコール分を含まない ; (麻薬が) 習慣性の少ない, 弱い ; (ポルノが) 過激でない (↔ hard) ⓯ 《比較なし》〚音声〛軟音の《city の /s/, gin の /dʒ/ など》; (特に)有声軟音の(↔ hard) ⓰ (人・場所が) 攻撃しやすい ; 核攻撃に対して無防備な ‖ a ～ target ねらいやすい標的 ⓱ 〚商〛(市場・価格が)弱気の, 軟調の ; (貸し付けが) 長期金利の ; (通貨が) (金または外国通貨と交換できない)軟貨の ; (金銭が)(硬貨でなく)紙幣の ⓲ (放射能などが) 透過性の弱い ‖ ～ X-rays 透過力の弱いX線 ⓳ (洗剤が) 生物分解性の ⓴ (データなどが) 確度が低い, 推論的な, 主観的な ㉑ 《英方》雨の, 霧の ; 雪解けの

be sóft on [OR ***about***] ... ① …に対して手ぬるい (→ ❽) ② 《口》…に恋している, うつつを抜かしている

── 副 (～·**er** ; ～·**est**)静かに, 穏やかに(♦ softly より《口》) ‖ Please speak ～*er*. もっと穏やかに話してください

── 名 Ⓒ ❶ 柔らかいもの[部分] ❷ =softy

── 間 《古》ちょっと待て ; 静かに ; しっ

▸▸ ～ **cóal** 名 Ⓤ 瀝青(れきせい)炭 (bituminous coal) ～ **cópy** 名 Ⓒ 💻ソフトコピー《印刷物に対して, ディスプレー装置に写し出される情報》(↔ hard copy) ～ **cráb** 名 Ⓒ =soft-shell crab ～ **crédit** 名 Ⓤ Ⓒ =soft loan ～ **cúrrency** 名 Ⓒ Ⓤ 〚経〛軟貨《金または外貨と交換できない通貨》(↔ hard currency) ～ **drìnk** /英 ⌐⌐/ 名 Ⓒ ソフトドリンク, 清涼飲料 ～ **drúg** 名 Ⓒ 習慣性の少ない麻薬《マリファナなど》(↔ hard drug) ～ **érror** 名 Ⓒ 💻ソフトエラー《一過性の動作不良》 ～ **fócus** 名 Ⓤ 〚写〛ソフトフォーカス, 軟焦点《軟焦点レンズやフィルターでぼかした調子を出す方法》‖ a *soft-focus* lens ソフトフォーカスレンズ ～ **frúit** 名 Ⓒ Ⓤ 《英》種のない小果実《イチゴなど》 ～ **fúrnishings** 名 複 《英》(布製の) 室内装飾用品《カーテン・敷き物など》 ～ **gòods** 名 複 《英》非耐久材, 織物類(↔ hard goods) ～ **hýphen** 名 Ⓒ ソフトハイフン《行末の単語を分綴(ぶんてつ)するためのハイフン》 ～ **lánding** 名 Ⓒ 軟着陸 ～ **lóan** 名 Ⓒ 〚金融〛(通例発展途上国への) 長期低利貸付, ソフトローン ～ **móney** 名 Ⓤ (インフレで)価値の下がった通貨 ; 《米》選挙法の規制に触れない選挙運動資金《候補者個人ではなく所属の政党への寄付金》(↔ hard money) ～ **pálate** ⇨ PALATE ～ **pèdal** (↓) ～ **pórn** 名 Ⓤ ソフトポルノ (↔ hard porn) 《性描写が露骨でないポルノ》 ～ **róe** 名 Ⓤ Ⓒ (魚の)白子(しらこ) (milt) ～ **séll** 名 Ⓒ 《単数形で》《口》穏やかな売り込み (方法) (↔ hard sell) ～ **shóulder** 名 Ⓒ 《主に米》舗装してない路肩 ～ **sóap** (↓) ～ **spòt** /英 ⌐⌐/ 名 Ⓒ 弱点, もろい箇所, 不利な立場 ; 愛着 ‖ He has a ～ *spot* for his daughter. 彼は娘に甘い ～ **tárget** 名 Ⓒ たやすく攻撃できる人 [もの] ～ **tíssue** 名 Ⓤ Ⓒ 〚解〛柔組織 ～ **tóy** 名 Ⓒ 《英》ぬいぐるみのおもちゃ ～ **wáter** 名 Ⓤ 軟水(↔ hard water)

sóft·bàck 名 形 =paperback(↔ hardback)

sóft·bàll 名 Ⓤ ソフトボール ; Ⓒ ソフトボール用のボール
～·er 名 Ⓒ ソフトボール選手[ファン]

sòft-bóiled ⊲ 形 (卵が)半熟の(↔ hard-boiled)

sóft·bòund 名 形 =paperback

sòft-córe ⊲ 形 (ポルノなどが)あまり露骨でない(↔ hard-core)

sóft·còver ⊲ 名 Ⓒ ソフトカバーの本(↔ hardcover)
── 形 ソフトカバーの

***soft·en** /sɔ́(ː)fən/ 《発音注意》 動 〔◁ soft 形〕 他 ❶ …を柔らかくする, 柔軟にする《*up*》(↔ harden) ‖ Add a piece of apple to ～ the meat. 肉を柔らかくするためにリンゴを1切れ加えなさい ❷ 〔苦痛・ショック・影響など〕を和らげる ; 〔態度・表情など〕を優しくする ; 〔音・光・色など〕を穏やかにする ‖ Her grandson's angelic smile ～*ed* her anger [grief]. 孫息子の天使のようなほほ笑みが彼女の怒り [悲しみ] を和らげた / ～ one's voice 声を和らげる ❸ …を柔弱[軟弱]にする, めめしくする ‖ The luxurious life has ～*ed* his vitality. ぜいたくな暮らしをしているうちに彼の活力は衰えてしまった ❹ 〔硬水〕を軟水にする ❺ 〔市況など〕を衰えさせる
── 自 ❶ 柔らかくなる, 柔軟になる《*up*》 ❷ (苦痛などが) 和らぐ ; (音・光・色などが)穏やかになる ‖ His voice ～*ed* almost to a whisper. 彼の声は弱まってほとんどささやき声になった ❸ (態度・表情などが) 優しくなる, なごむ《*up*》 ❹ 柔弱になる ❺ (物価・市況が)下がる, 衰える
sòften úp 〈他〉《***sòften úp*** ... / ***sòften*** ... ***úp***》 ① ⇨ 他 ❶ ② 《口》〔説得などをしたい相手〕の気持ちを和らげる ③ 〔敵〕の抵抗力を弱める ──〈自〉⇨ 自 ❶, ❸

sof·ten·er /sɔ́(ː)fənər/ 《発音注意》 名 Ⓒ ❶ 柔らかくするもの ; 和らげる人 ❷ 軟化剤 ; 硬水軟化剤 ; (洗濯物の)柔軟(仕上げ)剤(fabric softener)

sòft-fóoted 形 静かな歩き方をする

sòft·héaded 形 頭の弱い, ばかな

sòft-héarted ⊲ 形 心の優しい, 思いやりのある, 情にもろい　**～·ness** 名

soft·ie /sɔ́(ː)fti/ 名 《口》=softy

soft·ish /sɔ́(ː)ftɪʃ/ 形 いくらか柔らかい, 柔らかめの

sóft-lànd 動 自 他 (…が[を])軟着陸する[させる]

sòft-líner 名 Ⓒ 穏健派の人

***soft·ly** /sɔ́(ː)ftli/
── 副 (more ～ ; most ～)
柔らかに ; 穏やかに, 静かに, そっと ; 優しく ; 寛大に ‖ talk ～ 穏やかに話をする / knock ～ at the door ドアをそっとノックする / He kissed me ～ on the cheek. 彼は頬(ほお)に優しくキスしてくれた

sòftly-sóftly 形 《限定》注意深い, 慎重な

sòftly-spóken ⊲ 形 =soft-spoken

sòft-pédal 動 (～**ed**, 《英》-**pedalled** /-d/ ; ～·**ing**, 《英》-**pedal·ling**) 他 ❶ 〔ピアノの音〕を弱音ペダルを踏んで和

らげる ❷《口》…の調子を和らげる, 軽く扱う

sóft pèdal 名C (ピアノなどの)弱音ペダル

sóft-shèll 形 (脱皮直後で)殻[甲]の柔らかい

▸▸ **～ cráb** 名C〘料理〙ソフトシェルクラブ《脱皮直後のガザミ類のカニ》 **～ed túrtle** 名C〘動〙スッポン

sòft-shóe 名U (金具のついていない靴で踊る)タップダンス
―動自 (金具のつかない靴で) タップダンスを踊る；(他人からの注意を引きつけないように)おとなしく行動する

sòft-sóap 動他《口》…をうまくおだてる, …におべっかを使う(flatter) **～ed** 形 **～·ing** 名

sòft sóap 名U ❶ (半液体状の)軟石けん ❷《口》おべっか, お世辞

sòft-spóken ⟨シ⟩ 形 優しい口調の, 穏やかな話し方をする；(言葉が)物柔らかな

sóft-tòp 名C コンバーチブル, ほろ付き乗用車(のほろ)

‡sóft·wàre
―名U ❶ ソフトウェア, ソフト《コンピューターのプログラム(体系)・技術の総称》(→ hardware) ‖ **develop new** ～ 新しいソフトウェアを開発する / install [download] ～ ソフトをインストール[ダウンロード]する / run ～ ソフトを起動させる / write ～ ソフトを書き込む
❷ (視聴覚機器などの)教材
▸▸ **～ engineèr** 名C (コンピューターの) プログラマー **～ pàckage** 名C パッケージソフト, 市販ソフト ‖ I bought a new ～ *package*. 新しいパッケージソフトを買った(♦ ×I bought a new software. とはいわない)

sòft-wítted 形《口》ばかな, 間抜けな

sóft·wòod 名U 軟木材；軟木《容易に切れる松材など》；針葉樹(材)

soft·y /sɔ́(ː)fti/ 名 (複 **soft·ies** /-z/) C《口》情にもろすぎる人, 信じやすい人, ばかな人；軟弱な人

sog·gy /sɑ́(ː)gi | sɔ́gi/ 形 ❶ びしょぬれの, 水浸しになった ❷ (パンなどが)生焼けの, ふやけた ❸ 活気のない, つまらない ‖ a ～ film 退屈な映画 **-gi·ness** 名

soh 名〘楽〙=sol[1]

So·ho /sóuhou/ 名 ソーホー《ロンドンの中央ウェストミンスター区にある歓楽街》

So·Ho /sóuhou/ 名 ソーホー《ニューヨーク市マンハッタンにある音楽・芸術などの中心地》(♦ Soho ともつづる)
語源 *so*uth of *Ho*uston Street の短縮形. おそらくロンドンの Soho にちなんだもの.

SOHO /sóuhou/ 略 *s*mall *o*ffice *h*ome *o*ffice《コンピューターネットワークの活用によって小規模化され, 在宅勤務が可能となる業務形態, またはその場所》

soi-di-sant /swɑ̀ːdiːzɑ́ːn | -díːzɔn/ ⟨シ⟩ 形《フランス》(=self-saying)自称の, いわゆる(so-called)

soi·gné /swɑːnjéɪ | ⌐-⌐/ 形《フランス》(=to take care of)(♦ 女性形 soignée)(人が)身なりのよい；しゃれた, 品のよい, (配慮の)行き届いた

‡soil[1] /sɔɪl/
―名 (複 **～s** /-z/) ❶U (♦ 種類をいうときはC)土, 土壌；《the ～》耕作地, 農耕(生活), 農業 ‖ rich [poor] ～ 肥えた[やせた]土 / a sandy ～ 砂質の土 / till the ～ 土を耕す / make one's living from the ～ 農業で生計を立てる / ～ erosion 土壌の浸食 / ～ science 土壌学
❷UC (生育・発達に適した)場所[環境]；(悪事などの)温床 ‖ the ～ for crime 犯罪の温床 ❸UC (特定の)国, 国土, 土地 ‖ one's native ～ 故国, 故郷 / set foot on American ～ アメリカの土に足を踏み入れる
～·less 形 (農業などが)土壌を用いない

∗soil[2] /sɔɪl/ 動他 ❶ …を〈…で〉汚す, …にしみをつける(↔ clean)；…を大便で汚す；〔手〕を〈悪事などで〉汚す〈**with**〉(♦ しばしば受身形で用いる) ‖ Her skirt was ～*ed with* mud. 彼女のスカートは泥で汚れていた / I would never ～ my hands *with* embezzlement. 横領で手を汚したりはしない ❷〔名声・名誉など〕を傷つける, 汚す ‖ ～ a family name 家名を汚す
―名UC ❶ 汚れる[汚す]こと；《文》汚点, しみ, 色汚れ ❷ 汚物, 下水汚物；糞(ふん), 肥料(→ night soil) ❸ 堕落, 不品行 **～ed** 形 汚れた
▸▸ **～ pìpe** 名C (水洗便所の)汚水管

soi·ree, soi·rée /swɑːréɪ | ⌐-⌐/ 名C《堅》(音楽・談話などのための)夕べ(の集い), 夜会(♦ フランス語より)

so·journ /sóudʒəːrn | sɔ́dʒən/《堅》動自 (一時)滞在する, 逗留(とうりゅう)する ‖ ～ with one's uncle=～ at one's uncle's おじの家に逗留する
―名C (一時的な)滞在, 逗留 **～·er** 名

sol[1] /sɑ(ː)l | sɔl/ 名UC〘楽〙ソ《全音階の第5音》(so, soh)

sol[2] /sɑ(ː)l | sɔl/ 名U〘化〙ゾル《液体の中にコロイド粒子が分散して自由に動ける状態》

Sol /sɑ(ː)l | sɔl/ 名〘ロ神〙ソル《太陽の神. 〘ギ神〙の Helios に相当》

∗sol·ace /sɑ́(ː)ləs | sɔ́l-/ 名U〈…での〉慰め, 慰安〈**in**〉；C 慰めとなるもの ‖ find [seek] ～ *in* traveling 旅に憩いを見つける[求める] / Music was a great ～ to me. 音楽は私を大いに慰めてくれた
―動他 …を〈…で〉慰める；〔苦痛・悲しみなど〕を和らげる〈**with**〉‖ He ～*d* himself *with* brandy. 彼はブランデーでうさを晴らした **-ac·er** 名 **～·ment** 名

‡so·lar /sóulər/
―形《比較なし》《限定》❶ **太陽の**, 太陽に関する(→ lunar) ‖ ～ radiation 太陽輻射(ふくしゃ), 日射 / a ～ spot 太陽黒点
❷ 太陽の運行によって測られる ‖ the ～ calendar 太陽暦 / a ～ hour 太陽時間 ❸ 太陽から生じる；太陽熱[光線]を利用した ‖ ～ energy 太陽エネルギー / ～ heating 太陽熱暖房 / a ～ house [OR home] ソーラーハウス《暖房などに太陽熱を利用する住宅》
語源 *sol-* sun+*-ar*(形容詞語尾)：太陽の
▸▸ **～ báttery** 名C 太陽電池《solar cell の集まったもの》 **～ céll** 名C 太陽電池 **～ cóoker** 名C 太陽熱調理器 **～ dáy** 名C ①〘天〙太陽日(じつ)《太陽が2回同一子午線を通過するのに要する時間》(→ lunar day) ②《通例単数形で》〘法〙昼間《日の出から日没までの間》 **～ eclípse** 名C〘天〙日食 **～ fàrm** 名C ソーラーファーム, 太陽光発電ファーム **～ fláre** 名C〘天〙太陽面爆発, フレア **～ pánel** 名C ソーラーパネル, 太陽電池板 **～ pléxus** 名《the ～》①〘解〙太陽神経叢(そう)《胃の後部, 腹部大動脈の前にある》 ② みぞおち **～ sýstem** 名《the ～》〘天〙太陽系 **～ wínd** 名C〘天〙太陽風, 太陽プラズマ, 太陽微粒子流 **～ yéar** 名《the ～》〘天〙太陽年《地球が太陽を1周するのにかかる時間. およそ365日5時間48分45秒》(→ lunar year)

so·lar·i·um /səléəriəm | -léər-/ 名 (複 **～s** /-z/ OR **-i·a** /-iə/) C 日光浴室, サンルーム

so·lar·ize /sóuləràɪz/ 動他〘写〙…を露出過度にする；…を太陽にさらす **sò·lar·i·zá·tion** 名U〘写〙反転現象, ソラリゼーション《画像の明暗が逆になる現象》

sòlar-pówered 形 太陽熱[エネルギー]で動く

so·la·ti·um /souléɪʃiəm/ 名 (複 **～s** /-z/ OR **-ti·a** /-ʃiə/) C〘法〙(精神的損害に対する)慰謝料

‡sold /sould/ 動 sell の過去・過去分詞

sol·der /sɑ́(ː)dər | sɔ́l-/ 名 ❶U はんだ ❷C 接合するもの, きずな, かすがい ―動他 ❶ …をはんだ付けする ❷ …を結合する ―自 はんだ付けする；結合する
▸▸ **～ing ìron** 名C はんだごて

‡sol·dier /sóuldʒər/《発音注意》名 動
―名 (複 **～s** /-z/) C ❶ (陸軍の)**軍人**, 兵隊 ‖ a career ～ 職業軍人 / ～*s* and sailors 陸海軍人 / enlisted ～*s* 志願兵 / go for a ～ 兵隊になる / children playing (at) ～*s* 兵隊ごっこをしている子供たち
❷ 兵卒, 兵士(common soldier, private soldier)(→ officer)；下士官 ‖ officers and ～*s* 将校と兵卒
❸《通例形容詞を伴って》歴戦のつわもの, 将軍, 指揮官 ‖

He was a great [poor] ～. 彼は偉大[無能]な将軍だった

❹ (主義・主張のために闘う) 闘士, 戦士 ‖ a ～ in the cause of justice 正義のために闘う闘士 / a ～ of Christ [OR the cross] 熱心なキリスト教伝道者 ❺《米》犯罪組織の手下, 三下(さんした), 兵隊 ❻ (＝～ ànt)〘虫〙兵隊アリ ❼《英口》(半熟の卵につけて食べる)薄切りのパン

━動 (～s /-z/ ; ～ed /-d/ ; ～·ing) 自 ❶ 兵役を務める, 軍人になる ‖ Kenny ～*ed* in the Iraq War. ケニーはイラク戦争に従軍した / go ～*ing* 軍人になる ❷〈仕事を〉しているふりをして怠ける〈on〉‖ The miners were ～*ing on* the job. 炭鉱作業員たちは実際は仕事を怠けていた

sòldier ón 〈自〉《口》(困難にもめげず)断固仕事を続ける

▸▸**～ of fórtune** 名 C (金目当ての)傭兵(ようへい)

sól·dier·ing /-ɪŋ/ 名 U 軍人としての活動[生活]

sol·dier·ly /sóʊldʒərli/ 形 軍人らしい; 勇ましい

sol·dier·y /sóʊldʒəri/ 名 U ❶《集合的に》軍人, 兵隊 ❷ 軍事教練; 軍事的知識 ❸ 軍人の職業[身分]

sòld-óut 形 (切符・商品などが)売り切れの

***sole**[1] /soʊl/ (♦ 同音語 soul) 形 [▶ solitude 名]《限定》❶ 唯一の, ただ1つの, たった1人の(⇨ ONLY 類語) ‖ The child is her ～ relative. その子は彼女の唯一の親類だ / That's the ～ reason I don't approve of your marriage. それが私がおまえたちの結婚に賛成しない唯一の理由だ ❷ 単独の, 独力の, 独自の ‖ He had ～ responsibility for publicity. 彼ひとりが広報の責任を負っていた / Let him be the ～ judge. 彼の一存に任せよう ❸ 独占的な ‖ We have the ～ right to translate this book. この本の独占翻訳権は我が社が持っている ❹〘法〙(特に女性が)未婚の ❺ 他人に邪魔されない;《古》孤独の **～·ness** 名

***sole**[2] /soʊl/ (♦ 同音語 soul) 名 C ❶ 足の裏 (⇨ FOOT 図) ❷ (特にかかとを除いた) 靴底; (靴下の) 底 ‖ put (new) ～*s* on shoes 靴に(新しい)底をつける / a half ～ (靴の)半底(土踏まずからつま先まで) ❸ (一般に物の)底の部分;〘ゴルフ〙クラブヘッドの底

━動 他 ❶《通例受身形で》(靴などが)底張りされる, 底を張り替えられる ‖ have one's shoes ～*d* 靴の底を張り替えてもらう / rubber-～*d* shoes ゴム底の靴 ❷〘ゴルフ〙(球を打つ前に)〔クラブ〕のソールを地面につける

sole[3] /soʊl/ (♦ 同音語 soul) 名 (複 ～ OR ～s /-z/) C〘魚〙シタビラメ, ウシノシタ; U その肉

sol·e·cism /sá(ː)lɪsɪzm | sɔ́l-/ 名 C ❶ 文法違反, 語法違反 ❷ 無作法, 無礼

***sole·ly** /sóʊlli/ 副 ❶ 単独で, ただひとりで ‖ I am ～ responsible for the accident. その事故の責任はすべて私にある ❷ ただ, 単に ‖ He lost the job ～ because he didn't dress neatly enough. 彼はただ服装がきちんとしていないというだけの理由で職を失った

***sol·emn** /sá(ː)ləm | sɔ́l-/ 《発音・アクセント注意》形 ❶《限定》厳粛な, 重々しい, 荘重な, 荘厳な ‖ You looked ～ throughout the ceremony. 君は式の間ずっとしかつめらしい顔をしていたね / ～ music 荘重な音楽 / a ～ ceremony 厳かな儀式 ❷ まじめな, 真剣な; もったいぶった ‖ a ～ promise (口先だけでない) 誠意ある約束 / ～ warnings まじめな警告 / put on a ～ air もったいぶる ❸ 宗教的儀式を伴う, 宗教上の, 神聖な ‖ a ～ hymn 聖歌 ❹〘法〙正式の, 公式の ‖ a ～ oath 正式の宣誓 / a will in ～ form 正式の遺言 **～·ness** 名

▸▸**Sòlemn Máss** 名《また s- m-》U C (カトリックの)荘厳ミサ(High Mass)

so·lem·ni·ty /səlémnəṭi/ 名 (複 -ties /-z/) ❶ U 厳粛, 荘重 ❷ C《通例 -ties》(厳粛な)儀式, 儀礼

sol·em·nize /sá(ː)ləmnàɪz | sɔ́l-/ 動 他 ❶ (形式・儀式にのっとって)…を祝う;〔結婚式など〕を挙げる ❷ …を厳粛[荘重]にする, 重々しくする **sòl·em·ni·zá·tion** 名

sol·emn·ly /sá(ː)ləmli | sɔ́l-/ 副 厳粛に, まじめに

so·le·noid /sóʊlənɔ̀ɪd | sɔ́-/ 名 C〘電〙ソレノイド, 筒形コイル

sóle·plàte 名 C アイロンの底面;〘機〙底板;〘建〙床板

sol-fa /sòʊlfáː | sɔ̀l-/ 名 U C〘楽〙(音階の)ドレミファ《do, re, mi, fa, sol, la, ti》; 階名で歌うこと, ドレミファ唱法

━動 自 他 (…を)ドレミファで歌う

sol·fa·ta·ra /sòʊlfətáːrə | sɔ̀l-/ 名 C〘地〙ソルファタラ, 硫気孔《硫黄分を含む火山ガスを噴出する噴気孔》

so·li /sóʊliː/ 名 複 solo の複数の1つ

***so·lic·it** /səlísət | -ɪt/ 動 他 ❶〔援助など〕を〈人から〉強く求める, 懇願[請願]する〈from〉;〔人〕に〈援助などを〉請う〈for〉,〔人〕に〈…するように〉せがむ〈to do〉(♦ ask より堅い語) ‖ We ～*ed* financial aid *from* the company. 会社に資金援助を要請した / The present state of affairs ～*s* our attention. 現状に注目する必要がある / My neighbor ～*ed* me *for* a contribution. 近所の人に寄付をせがまれた ❷ …に悪事をそそのかす ❸ (売春婦が)〔客〕を誘う ━自 ❶〈…を〉懇願する, 請願する〈for〉; 取り引き[注文, 愛顧]を請う; 施しを請う ‖ ～ *for* advice 助言を求める ❷ (売春婦が)客を誘う

so·lic·i·ta·tion /səlìsɪtéɪʃən/ 名 U C ❶ 懇願; (ビジネス上の)勧誘 ❷ (売春婦が)客を誘うこと, 客引き; (悪事への)誘惑

***so·lic·i·tor** /səlísəṭər | -lísɪ-/ 名 C ❶《英》事務弁護士《法廷弁護士と依頼人との間に立って訴訟事務を取り扱う》(⇨ LAWYER 類語) ❷《米》(市・町・郡などの)主任法務官 ❸ 懇願者, 請願者 ❹《米》注文取り, 勧誘員; 運動員

～·shìp 名 U solicitor の地位

▸▸**～ géneral** 名 (複 ～s g-)《しばしば S- G-》C ① (米国の) 司法 [法務] 次官《司法長官 (Attorney General) の次の位》; (州の) 法務長官 ② (英国の) 法務次官, 検事長

so·lic·i·tous /səlísəṭəs | -lísɪ-/ 形 ❶〈…を〉案じる, 気にかける, 心配する〈about, of〉‖ She is ～ *about* her son's future. 彼女は息子の将来を案じている ❷《古》熱心な, 切望する **～·ly** 副 **～·ness** 名

so·lic·i·tude /səlísɪtjùːd/ 名 ❶ U 案じること, 気遣い ❷ C《しばしば ～s》心配の種 ‖ the ～*s* of daily life 日常生活の心配事

‡sol·id /sá(ː)ləd | sɔ́lɪd/

━形 [▶ solidarity 名, solidity 名, solidify 動] (～·er ; ～·est)

❶《通例比較なし》固形状の, **固体の** (⇨ HARD, LIQUID 類語) ‖ Ice is the ～ state of water. 氷は水が固体になった状態だ / ～ food 固形食 / a ～ fuel (ロケットの) 固形燃料

❷ (質が)密で固い, 堅固な, しっかりした; 濃い, 厚い ‖ ～ rock 固い岩 / a ～ fog 濃霧

❸ (材質・構造の)頑丈な, **がっしりした**, どっしりした; (食事が)充実した, 食べでのある; 栄養たっぷりの ‖ ～ furniture がっしりした家具 / a man of ～ build がっしりした体格の男性 / a ～ meal 食べごたえのある食事

❹ 基礎のしっかりした, 揺るぎない, 確実な(↔ unstable); (忠告などが)役に立つ, 頼りになる; 健全な; 真正の, 本物の (↔ unsound) ‖ ～ reasoning しっかりした推論 / ～ conviction 揺るぎない信念 / ～ facts 確固たる事実 / ～ satisfaction 心からの満足

❺ 判断のしっかりした, 堅実な, 信頼の置ける (↔ unreliable); (財政的に)堅実な ‖ a ～ citizen 堅実な市民 / a ～ character しっかりした性格 / a ～ investment 堅実な投資

❻《比較なし》《限定》**等質の**, むくの, (金属素材が)めっきでない; 同一色調の ‖ a ～ walnut table むくのクルミ材のテーブル / be made of ～ gold 純金でできた / a ～ silver spoon 銀むくのスプーン / a carpet of ～ green 緑一色のじゅうたん

❼ 深みのある, まじめな, いい加減でない ‖ a ～ work of scientific scholarship 科学的成果の盛り込まれた内容の充実した作品 / ～ reading 熟読

❽《比較なし》《限定》中味の詰まった, 中空でない(↔ hollow) ‖ a ~ ball of rubber 芯(しん)までゴムのボール / a ~ tire (チューブなしの)ソリッドタイヤ(↔ pneumatic tire) ❾《比較なし》切れ目なしの, 1枚続きの；中断なしの, 連続的な；(時間が)ぶっ通しの ‖ a ~ wall around a castle 城をぐるり取り巻く城壁 / a ~ line of houses 切れ目なしに続く家並 / a ~ series of successes 成功につぐ成功 / seven ~ wins 7連勝 / work for eight ~ hours 丸8時間ぶっ通しで働く ❿(複合語が)ハイフンなしの(1語でつづられた)；〖印〗べた組みの ‖ a ~ compound (1語としてつづられる)ハイフンなしの複合語 ⓫《比較なし》《限定》〖数〗立体の；立方の(cubic) ‖ a ~ figure 立体 / ~ measure 体積 / A ~ foot contains 1,728 ~ inches. 1立方フィートは1,728立方インチである ⓬ 一致団結した；全員[満場]一致の ‖ The business community is ~ for the proposed economic reforms. 経済界は一致して提案された経済改革を支持している / a ~ vote of approval 満場一致の賛成投票 ⓭〈…と〉揺るぎない関係の, 確固たる；《叙述》《米口》親しい間柄の〈with〉(♦ しばしば in solid で) ‖ a ~ friendship 固い友情 / a ~ Tory 確固たる保守党員[支持者] / Bill is (in) ~ *with* her brothers. ビルは彼女の兄弟とうまくいっている ⓮ 全くの, 強烈な(♦ しばしば good などの後で) ‖ a *good* ~ blow 強烈な一撃

—副 ❶《英方》《米口》全く, 完全に, すっかり, 余す所なく ‖ We're crammed ~. ぎゅうぎゅう詰めだ / be booked ~ すべて予約済みである ❷ 連続して, ぶっ通しで ‖ drive for three hours ~ 3時間ぶっ通しで運転する

—名(複 **~s** /-z/) C ❶〖数〗立体 ‖ a regular ~ 正多面体 ❷ 固体, 固形物(→ liquid, gas¹)；《通例 ~s》固形食 ❸《通例 ~s》同一色調, 無地

~·ly 副 **~·ness** 名

▸▸ **~ ángle** 名 C〖数〗立体角 **~ geómetry** 名 U 立体幾何学 **Sòlid Sóuth** 名《the ~》堅固なる南部《南北戦争以後民主党を固く支持した米国の南部諸州》

***sol·i·dar·i·ty** /sà(ː)lədǽrəṭi | sɔ̀lɪ-/ 名〔◁ solid 形〕U ❶(共通の利害・立場などから生まれる)団結, 結束, 一致, 〈…との〉連帯〈with〉‖ express [OR show] ~ *with* the striking employees ストライキ中の従業員との連帯を表明する / family ~ 家族の結束 ❷《S-》連帯《ポーランドの自主管理労組》

so·lid·i·fy /səlídɪfàɪ/ 動〔◁ solid 形〕(**-fies** /-z/；**-fied** /-d/；**~·ing**) 他 ❶ …を固める, 凝固させる；…を結晶させる ‖ ~ concrete コンクリートを固める ❷ …を結束させる

—自 固まる, 凝固する；結束する ‖ a ~*ing* point 凝固点

so·lid·i·ty /səlídəṭi/ 名〔◁ solid 形〕U ❶ 固いこと, 固体性 ❷ 実質的なこと；中が詰まっていること ❸(性格・財政などが)しっかりしていること, 堅実；堅固

sòlid-státe ◁ 形〖電子〗ソリッドステートの《真空管を使わず, 固体の半導体を用いる》；〖理〗固体物理の

so·lil·o·quize /səlíləkwàɪz/ 動 自 他(…と)独り言を言う, (劇中で)(…を)独白する

so·lil·o·quy /səlíləkwi/ 名(複 **-quies** /-z/) C 独り言；(劇中の)独白

sol·ip·sism /sá(ː)ləpsìzm | sɔ́lɪp-/ 名 U〖哲〗唯我論

-sist 名 **sòl·ip·sís·tic** 形

sol·i·taire /sá(ː)lətèər | sɔ̀lɪtéə/ 名 ❶ U《米》ソリティア(《英》patience)《トランプの一人遊び》❷ U《英》ソリテール《盤上の石などを用いる一人遊び》❸ C(指輪などの)1つはめの宝石[ダイヤモンド] ❹ C〖鳥〗(北・中米産の)ヒトリツグミ ❺ C〖鳥〗ソリティア《インド洋のロドリゲス島にいたドードー(dodo)に近縁の飛べない鳥. 18世紀末に絶滅》

***sol·i·tar·y** /sá(ː)lətèri | sɔ́lətəri/ 形(**more ~**；**most ~**)(♦ ❷ 以外比較なし) ❶《通例限定》ひとりの, 孤独の, ひとり暮らしの；ひとりでする；(物が)1つだけの(⇨ ALONE 類語) ‖ lead a ~ life ひとり暮らしをする / a ~ old man 独居老人 / a ~ walk ひとりで行く散歩 ❷ 孤独を好む, 独居癖の(ある)；ひとりで時間を過ごす(のが好きな) ‖ a ~ child ひとりで時間を過ごす子供 ❸(場所などが)めったに人の行かない, 孤立した；寂しい(↔ busy) ‖ a ~ place 人里離れた場所 ❹《限定》《通例否定文・疑問文で》唯一の, たった1つの ‖ There was not a ~ exception to that rule. その規則に対する例外は一つもなかった ❺〖動〗群居しない；〖植〗1個の花をつける, 単生の

—名(複 **-tar·ies** /-z/) ❶ C 独居者；隠者 ❷(= ~ confinement) U《口》独房監禁

-tar·i·ly 副 **-tar·i·ness** 名

***sol·i·tude** /sá(ː)lətjùːd | sɔ́l-/ 名〔◁ sole¹ 形〕❶ U ひとりぼっちでいること, 独居；孤独(♥ 通常ひとりでいることを楽しんでいるという意味で使う. → loneliness) ‖ On the beach, you may walk in perfect ~ for miles. その砂浜ではたった1人で何マイルも歩ける / enjoy ~ in the country 田舎でのひとり住まいを楽しむ / live in ~ ひとりで暮らす ❷ U 人里離れていること, 人気(ひとけ)のないこと ❸ C《文》人里離れた場所, 閑静な場所

***so·lo** /sóuloʊ/《発音注意》名(複 **~s** /-z/ OR **so·li** /sóuliː/) C ❶〖楽〗独唱[独奏]曲[部], ソロ(→ duet) ‖ a violin ~ バイオリンソロ ❷(一般に)独演 ❸ 単独飛行；単独登山 ❹ U〖トランプ〗1人対3人でするホイスト(whist)

—形《通例限定》独唱[独奏]の, ソロの；独演の；(一般に)単独の ‖ a ~ album ソロアルバム / a ~ comedian 独演のコメディアン / a ~ flight 単独飛行

—副 ひとりで, 単独で ‖ go ~ ソロ活動する / fly ~ 単独飛行する / perform ~ 独演する

—動 自 独奏[独唱, 独演]する；単独飛行[登山]をする

so·lo·ist /sóulouɪst/ 名 C ソリスト, 独奏[独唱]者

sò·lo·ís·tic 形

Sol·o·mon /sá(ː)ləmən | sɔ́l-/ 名 ❶ ソロモン《紀元前10世紀に活躍したイスラエルの賢明な王. David の子》❷ C(ソロモンのような)大賢者

Sòl·o·món·ic 形 ソロモンの；賢明な, 道理にかなった

▸▸ **~ Íslands** (↓) **~'s séal** 名 C ① ソロモンの封印《2つの正三角形を重ね合わせた六星形で, 神秘的な力があるとされた》② 〖植〗ナルコユリ《ユリ科の多年草》

Solomon's seal ①

***Sòlomon Íslands** 名《the ~》ソロモン諸島《南太平洋ニューギニア島東方の諸島からなる国. 首都 Honiara》

So·lon /sóulən | -lɔn/ 名 ❶ ソロン(638?–558? B.C.)《古代アテネの立法家. ギリシャの七賢人の1人》❷《しばしば s-》C 賢明な立法家

sol·stice /sá(ː)lstəs | sɔ́lstɪs/ 名 C〖天〗至(し)《太陽が赤道から北または南に最も離れたとき》‖ the summer [winter] ~ 夏至[冬至] **sol·stí·tial** 形

sol·u·ble /sá(ː)ljubl | sɔ́l-/ 形 ❶〈…に〉溶ける, 溶解できる, 可溶性の〈in〉❷ 解決できる, 説明できる

sòl·u·bíl·i·ty 名 **-bly** 副

sol·ute /sá(ː)ljuːt | sɔ́l-/ 名 C〖化〗溶質 —形 溶解した

*****so·lu·tion** /səlúːʃən/

—名〔◁ solve 動〕(複 **~s** /-z/) ❶ C 解決法, **解答**；〖数〗解法, 解；U〈問題・疑問などを〉解くこと, 〈…の〉**解決**, 解明〈**for, to**〉‖ There is no simple ~ *to* global warming. 地球温暖化に対する単純な解決法はない / I have **found** an immediate ~ *to* [OR *for*] the problem. その問題を即座に解く方法を見つけた / The question did not allow for any ~. その疑問はどうしても解けなかった / **provide** a ~ *to* a problem 問題の解決法を与える

❷ U〖化〗溶ける[溶かす]こと, **溶解**；C U 溶液；液剤, 水薬 ‖ a ~ of soap powder 粉石けんの溶液 / a strong salt ~ 濃い塩水 ❸ C 問題解決策, ソリューション《ハードウェアやソフトウェアなどを組み合わせてシステムを構築し, 提供するサービス》❹ U《文》分解, 解体

solv·a·ble /sá(ː)lvəbl | sɔ́l-/ 形 解決[解答]できる

⁑solve /sɑ(ː)lv | sɔlv/

—動 〔▶ solution 名〕(**~s** /-z/ ; **~d** /-d/ ; **solv·ing**) 他

❶ …を**解く**，解明する；〔数学の問題など〕を解答する (↷ puzzle out) ‖ ~ a puzzle なぞを解く / ~ a math **problem** 数学の問題を解く

❷〔困難など〕を**解決する**，…の解決策を見いだす(⇨ PROBLEM 類語P) ‖ ~ a crime 犯罪を解決する / ~ the **problem** of drug abuse 薬物乱用の問題を解決する

sólv·er 名 C 解く[解決する]人

***sol·vent** /sá(ː)lvənt | sɔ́l-/ 形 ❶《通例叙述》支払い能力がある ‖ a ~ company 支払い能力のある会社 ❷ 他の物質を溶かす，溶解力のある ‖ ~ action 溶解作用

—名 ❶ C U 溶剤，溶媒 ❷ C 解決[説明]するもの，解決策 **-vency** 名 U 支払い能力

▸▸**~ abùse** 名 U《英》シンナー吸引[遊び]

Sol·zhe·ni·tsyn /sòuldʒəníːtsɪn | sɔ̀l-/ 名 **Aleksander Isayevich ~** ソルジェニーツィン(1918–2008)《旧ソ連生まれの作家．ノーベル文学賞受賞(1970)》

so·ma /sóumə/ 名 (複 **~·ta** /-t̬ə/) C【生】❶ (精神に対して)身体 ❷ (生殖細胞以外の)体細胞

So·ma·li /səmáːli/ 名 (複 ~ OR **~s** /-z/) ❶ C ソマリ人《ソマリランド地方に住むハム族》❷ U ソマリ語

***So·ma·li·a** /səmáːliə/ 名 ソマリア《アフリカ東端にある連邦共和国．公式名 the Federal Republic of Somalia．首都 Mogadishu》

-li·an 名 C 形 ソマリアの(人)

So·ma·li·land /səmáːlilæ̀nd, +《米》soumáli-/ 名 ソマリランド ❶ 現在のソマリア・ジブチ・エチオピアの一部を含むアフリカ大陸東端の地域 ❷ ソマリランド共和国《1991年ソマリアから分離独立した共和制国家．国際的には未承認》

so·mat·ic /soumǽt̬ɪk/ 形 ❶ 身体の，肉体の ❷【解】体腔(たいこう)の，体腔壁の **-i·cal·ly** 副

▸▸**~ céll** 名 C【生】体細胞

so·mat·o·tro·phin /səmæ̀t̬ətróufɪn | sòumətou-/ 名 U【生化】ソマトトロピン《脳下垂体から分泌される成長ホルモン》 **-tró·phic** 形

so·ma·to·type /səmǽt̬ətàɪp | sóumətou-/ 名 C 体型，体格

***som·ber,**《英》**-bre** /sá(ː)mbər | sɔ́m-/ 形 ❶ 憂うつな，陰気な；(見通しなどが) 暗い，暗たんとした ‖ be in a ~ mood 気がめいっている / a person of ~ character 陰気な人 / a ~ prospect 暗い見通し ❷ 薄暗い，どんよりした；(色が)くすんだ，黒ずんだ ‖ a ~ sky どんよりした空 / a ~ old castle 薄暗い古城 / a curtain of ~ colors くすんだ色のカーテン

~·ly 副 **~·ness** 名

som·bre·ro /sɑ(ː)mbréərou | səm-/ 名 (複 **~s** /-z/) C ソンブレロ《メキシコなどで用いられる広縁のフェルト帽》

sombrero

⁑some /弱 səm；強 sʌm/ (♦ 強形の同音語 sum) (→ any) 形 代 副

中心義▶ 対象や数量が不特定の

—形《比較なし》❶ /通例 səm/《肯定文で不可算名詞または複数の可算名詞とともに》**いくつか**[いくらか]**の**，多少の(♦ 不特定の数量を表し，日本語訳を要しない場合もある)(⇨ 類語) ‖ The realtor showed the young couple ~ cozy little apartments. 不動産業者は若い夫婦にこぢんまりした部屋をいくつか見せた / There's ~ cake in the fridge, but we're going to have dinner soon, so maybe you should wait. 冷蔵庫にケーキが少しあるけど，もうすぐ夕食だから後にした方がいいかもね / You can trust Ted to ~ extent. テッドはある程度まで信用できる / I need ~ new sunglasses. 新しいサングラスが必要だ (♦ この some は a pair of の代わりで，サングラスが複数の意味ではない) / for ~ years to come 今後数年間

語法 ★★ **some と any** some は肯定文で用い，否定文・疑問文・条件節では any を用いるのが原則．しかし，勧誘・依頼の場合のように yes の答えを期待する発言では some が用いられる．〈例〉Would you like *some* more wine? ワインをもう少しいかがですか

❷ /通例 sʌm/《不可算名詞または複数の可算名詞とともに》**中には(…もある[いる])**，**一部の**(♦ しばしば other(s), the rest, all, もう1つの some などと対比させて用いる) ‖ *Some* stores were still open, but most of them were closed. まだ開いていた店もあったが，ほとんどの店は閉まっていた / *Some* **people** go on an extreme diet while some [OR others] overeat. 過度なダイエットをする人もいれば食べすぎる人もいる (♦ 後の some は代名詞．→ 代 ❷) / *Some* birds can't fly. 鳥の中には飛べないものもいる / in ~ cases 場合によっては

❸ /通例 sʌm/《単数の可算名詞とともに，不特定の事物につけて》**ある**，何[だれ，どこ，いつ]かの(♦ しばしば some ... or other として用いる) (♥ 詳しくは知らない場合に用いる．しばしば無関心・いら立ち・軽蔑の意を含む) ‖ Matthew went to ~ place in America. マシューはアメリカのどこかへ行った / in ~ way (or other) 何らかの方法で，何とかして，どうにかして / for ~ reason 何かの理由で，どういう訳か / in ~ magazine or other 何かの雑誌で

❹ /sʌm/ (数量・程度などが) 相当な，かなりの ‖ We still have ~ miles to walk. まだ何マイルも歩かなければならない / The committee has discussed the problem in ~ detail. 委員会はその問題を相当詳しく論じた

❺ /sʌm/《口》**a** 大した，大変な ‖ That was ~ party! それはすごいパーティーだった **b** とんでもない，全然…でない (♥ しばしば文頭に用いて皮肉を表す) ‖ *Some* friend you are! 君は大した友人だよ(♥「友人なんかではない」の意)

some one ① /ˊ-ˊ-/ どれか1つ (の)，だれかひとり (の) ② /ˊ-ˊ-/ だれか，ある人(someone)

sòme òther tíme いつかまた

sòme tíme ① しばらくの間(→ 形 ❶)；かなりの時間(→ 形 ❹) ② /ˊ-ˊ-/ (未来の) いつか，そのうち；(過去の) ある時 (sometime)

—代 /sʌm/ ❶《不特定の数量を表して》**いくつか**，いくらか，**何人か**，多少 ‖ *Some* of my friends go to college in Kyoto. 私の友人の何人かは京都の大学に通っている / Have ~ of this beer. このビールを(ちょっと) 飲んでごらん (♦ some of の後の名詞は定冠詞・指示形容詞 (this, that, these, those)・所有格などを伴う) / If you need more water, I'll give you ~. もしもっと水が必要なら，分けてあげます / "Do you have any sugar?" "Yes, I have ~."「砂糖はありますか」「ええ，少しあります」/ I lost my sunglasses. I must buy ~. サングラスをなくしたので買わなければ

❷ 中には…の人[もの]もいる[ある](♦ しばしば others やもう1つの some などと対比させて用いる) ‖ *Some* were ready to fight；some [OR others] were frightened. 戦う覚悟の者もいたし，おびえている者もいた / Many universities are worried about the decrease in applicants, but ~ are quite optimistic. 多くの大学は志願者の減少を心配しているが，全く楽観しているところもある

語法 ☆☆ (1) 形容詞用法の後ろの名詞が脱落したものと考えられ不可算名詞または複数の可算名詞の代わりとして用いられる．したがって用法は形容詞に準じる．
(2) some が不可算名詞に対応する場合には単数扱い，複数の可算名詞に対応する場合には複数扱いとなる．

and thén some《口》その上，もっと，さらにそれ以上

—副 /sʌm/《比較なし》❶《通例数詞の前で》**おおよそ**，約(♦ about に比べて正確さの意識がなくあいまいな数を表す) ‖ *Some* thirty people attended the party. 30名ほどがパーティーに参加した / for ~ ten days 約10日間

❷《動詞を限定》《主に米口》いくぶん，**多少**；大いに(♦ 位置は動詞の後ろ) ‖ I walk ~ every day. 私は毎日少し散歩する / Ed was going ~. エドはうんとスピードを上げて

走っていた
❸《形容詞の比較級の前で》《主に米口》いくぶん, 多少, やや ‖ I feel ～ better today. 今日はいくらか気分がいい

類語 《形 ❶》 **some, a few, several** いずれも不特定の「多くない」数を表す. これらの語句は話者の主観によるので, 実際の数がいくつなのかは文脈に大きく左右される(♦ some は可算名詞・不可算名詞のいずれにもつくが, a few と several は可算名詞の複数形だけにつく).
some「不特定」の意味がいちばん強く,「いくつかの」という訳が最も近い. 具体的な数は文脈によりかなりの幅があり, a few や several が表す数から(many に達しない)かなりの数を表すことがある.
a few 不特定の少ない数を表し,「2, 3」から「4, 5」ぐらいまでが中心になる. ただし,「少数の」が基本的意味なので Only a few people have visited the place.(そこを訪れた人はごく少ない)のように「(一般的に)少ない」ことだけを表し具体的な数が問題にならないこともある.
several 日本語の「数個[人]の」の「数…」に近く, 3以上10に満たない程度の数を表す. 一般的には「a few よりも少し多い数」という感じで「3, 4」から「6, 7」ぐらいが中心になる.

-some /-səm/ (→ 連結形) 接尾 ❶《名詞・形容詞・動詞につけて》《形容詞語尾》「…の傾向がある, …しやすい, …を生じる」などの意 ‖ burden*some*, lone*some*, cuddle*some* ❷《数詞につけて》《形容詞・名詞語尾》集合体や「…の組(の)」の意 ‖ two*some*
— 連結形 /-soum/「…体」の意 ‖ chromo*some*

:some·bod·y /sʌ́mbədi/ 代 名
— 代《通例肯定文で》**だれか**, ある人(someone) ‖ There's ～ at the door. 玄関にだれか来ています / We need ～ reliable for this job. この仕事には信頼できる人が必要だ(♦ 形容詞は後ろにつく) / I'm in love with ～ else. 私にはほかに好きな人がいます(♦ 日本語の「だれか」と違い, 特定の人を指す場合もある) / Beth wants ～ to talk to. ベスは話し相手を欲しがっている / That must be the milkman or ～. あれは牛乳配達かだれかに違いない / *Somebody* forgot his [OR their] hat. だれかが帽子を忘れて行った(⇨ 語法 (3)) / There was ～ or other walking around the cars. 車の周りをだれか知らない人が歩き回っていた / ～ else's shoes だれかほかの人の靴(→ else ❶)

語法 ☆☆ (1) 意味・用法は someone と同じ. somebody の方が《口》. また somebody は《英》より《米》で使われる傾向が強い.
(2) some に準じ, 疑問文・否定文・条件節では原則として anybody を用いるが, 肯定の気持ちが強い場合には somebody を用いる. 〈例〉Didn't you see *somebody* at the station? 駅でだれかに会いませんでしたか(会ったでしょう)(♥ 肯定の答えを期待) / If you want *somebody* to help you, let me know. だれかに手伝ってもらいたいときは, 教えてください(♥ 手伝ってもらいたいはずだという含みがある)
(3) 主語になったときの動詞は単数形だが, 代名詞で受けるときは単数(he, she), 複数(they)のいずれも可能. 特に性別が不明な場合,《口》では they で受けることが多い(⇨ PB 81). 〈例〉*Somebody* seems [×seem] to have touched this book after he [OR they] played with mud. だれかが泥遊びをした後でこの本を触ったようだ
(4) 名を隠して Mr. — とあるのを Mr. Somebody(なにがし)と読むことがある.

— 名 (複 **-bod·ies** /-z/) C《しばしば無冠詞で》ひとかどの人, 大した人物 ‖ Paul always wanted to be (a) ～. ポールはいつもひとかどの人物になりたがっていた

***sóme·dày** 副 (将来)いつか, そのうち(に)(♦(1) 特に《英》では some day とも書く. (2) 過去の「いつか」は one day)

:some·how /sʌ́mhàu/ 《アクセント注意》
— 副《比較なし》❶ **何とかして**, どうにかして, とにかく ‖ We must finish the work ～. 何とかしてその仕事を終わらせなければ / *Somehow* or other he managed to pay off his debt. どうにかこうにか彼は借金を返済した
❷ **どういうわけか**, なぜか, 何となく ‖ *Somehow*, I knew that Meg would leave me. 何となくメグに振られるのはわかっていた

:some·one /sʌ́mwʌ̀n/ 代 名
— 代《通例肯定文で》**だれか**, ある人(somebody)(⇨ PB 81) ‖ *Someone* (else) has taken my umbrella. だれか(ほかの人)が私の傘を持って行ってしまった

語法 ☆☆ (1) 意味・用法は somebody と同じ(⇨ SOMEBODY 語法).
(2)「…のうちのだれか(1人)」を意味するときは one of ... を用いる. 〈例〉One [×Someone] of us has to go. 私たちの中のだれかが行かなくてはならない

— 名 =somebody

***sóme·plàce** 《主に米・カナダ口》(♦ somewhere と意味・用法は同じ) 副《通例肯定文で》どこかに[で, へ] ‖ You should have taken the boy ～ else. その男の子をどこか別の場所に連れて行くべきだった
— 名 U《通例肯定文で》どこか(♦ some place と2語につづる方がよいとされる) ‖ I was looking for ～ to hide the wallet. どこか札入れを隠す場所を探していた

som·er·sault /sʌ́mərsɔ̀:lt/ 名 C ❶ とんぼ返り, 宙返り ‖ turn [OR do] a ～ 宙返りする ❷ (意見・態度などの)180度の転換 — 動 自 とんぼ返りをする, 宙返りする

Som·er·set /sʌ́mərsèt/ 名 サマセット《イングランド南西部の州. 州都 Taunton /tɔ́:ntən/》

:some·thing /sʌ́mθɪŋ/ 代 名 副
— 代 ❶《通例肯定文で》**何か**, あるもの[こと] ‖ I have ～ to tell you. 君に話したいことがある(♦ 日本語の「何か」と違い, 具体的内容がわかっている場合にも用いる. この例では話したい内容が何なのか話し手にはわかっている) / I've got ～ to do this afternoon. 今日の午後は用事がある / There is ～ wrong with this machine. この機械はどこかおかしい(♦ 形容詞は後ろにつく) / There is ～ comical about Fred. フレッドにはどこか笑えるところがある / That's not what we want. Let's look for ～ else. それは私たちの求めているものではない. ほかのを探そう / *Something* or other seems to be missing from the room. 部屋から何かがなくなっているようだ

語法 ☆☆ some に準じ, 疑問文・否定文・条件節では原則として anything を用いるが, 肯定の気持ちが強い場合や, 何かを頼んだり勧めたりするときには something を用いる. 〈例〉Would you like *something* to drink? 何か飲み物を召し上がりますか(♥ 肯定の答えを期待) / If you need *something*, just let me know. 何か必要なものがあればお知らせください(♥ あるはずだという含みがある)

❷ …か何か(♦ 数詞・人名などの後につけて, はっきりしないときやぼかすときに用いる) ‖ The train leaves at six ～. 列車は6時何分かに出る / Her name is Jane ～. 彼女の名前はジェーン何とかだ / I think she's forty-～. 彼女は40何歳かだと思う(♦ That band is popular among twenty-somethings.(あのバンドは20代の人々の間で人気がある)のように名詞的にも用いる)
— 名 (複 **～s** /-z/) C《通例単数形で》❶《無冠詞で》《口》**大した[結構な]こと**, 注目[考慮]すべきもの[こと]; ひとかどの人物 ‖ It's quite [OR really] ～ to run a business these days. 近ごろ商売をやっていくのは大したことだ / At least he's still alive. That's ～, isn't it? ともかく彼はまだ生きている. それは喜ぶべきことですね / Ron thinks he is ～. ロンは自分が偉い人間だと思っている

S

❷ あるもの, 贈り物, 食べる[飲む]もの ‖ I've got a little ～ for you. 君にちょっとしたプレゼントがあるんだ / ～ a little stronger もう少し強いもの《アルコールを指す》

*__*have* [OR *be*] *something to do with ...*__ ⇨ DO[1](成句)

__*máke sòmething of ...*__ ① …を活用する, 向上させる ‖ Josh *made* ～ *of* himself. ジョッシュは(自分の才能を十分活用して)成功した ② …を不必要に重大視する, …について文句を言う(→ CE 1)

__... or sòmething* (*like thát*)__ 《口》…か何か(そのようなもの[人]) (♥ はっきり思い出せないときなどに用いる) ‖ He is a lawyer *or* ～. 彼は弁護士か何かだ / It costs about 85 dollars *or* ～ *like that*. 85ドルかそれぐらいかかる

__*sòmething élse*__ ① ⇨ 代 ❶ ② 《口》とりわけ素晴らしいもの[人], 並外れたもの[人](♥ 悪い意味にも用いる) ‖ There are many fine singers in the world, but she is ～ *else*. 世界には素晴らしい歌手がたくさんいるが彼女はまた特別だ

__*sómething of a ...*__ 相当な, ある程度の… ‖ He's now ～ *of a* public figure. 彼は今やちょっとした有名人だ

__*Sòmething télls me that ...*__ (何となく)…のような気がする ‖ *Something tells me that* she's going to leave home. 僕には何となく彼女が家を出て行くような気がする

COMMUNICATIVE EXPRESSIONS

1 **Are you trỳing to stárt sòmething?** どういう意味だよ; 何か文句あるのか (♥ けんかを吹っかける. =Care [OR Want] to make something of it?)

2 **(Could I) gèt you sómething (to drínk)?** 何か(お飲み物は)いかがですか(♥ 客に飲み物などを勧める)

3 **((Do) you) wànt to knów sòmething?** ねえ, 知ってる?; 聞いてよ(♥面白い話・情報を言う前に人の注意を引くくだけた前置き. =You know something?)

4 **I knòw sòmething about** chéss. チェスのことならちょっとわかりますよ(♥ 自分に何らかの能力があると言う)

5 **Ìsn't thàt sómething!** へえ, 大したもんだ(♥ 感心)

6 **Sómething has to be dóne about** his áttitude. 彼の(悪い)態度については何とかしなければならない

7 **Sòmething's gòt to gíve.** 何とかしないことには (♥ 人間関係などが緊張状態にあり, 一触即発の場面で使う)

8 **Thère's sòmething in what you sáy.** あなたが言うことにも一理あります(♥ 発言が妥当であることを認める)

9 **You sàid sòmething about** the sèarch éngine? (インターネットの) サーチエンジンについて何かおっしゃいましたよね(♥ 相手の前述の発言を取り上げ, 説明を求める)

10 **You sàid sòmething dífferent.** あなたは違うことを言いましたよ(♥ 話が違うことを指摘する)

―副 《比較なし》 ❶ いくらか, やや ‖ That cost ～ over $500. その費用は500ドルをやや超えていた

❷ 《口》《後ろの形容詞を強調して》大いに, 全く ‖ My neck hurts ～ terrible. 首がひどく痛む

*__*something like ...*__ ⇨ LIKE[1](成句)

*__some·time__ /sʌ́mtàɪm/ 《アクセント注意》 副 (♦ sometimes と区別)(未来の)いつか, そのうち;(過去の)ある時, かつて ‖ I will visit my friend in Canada ～ in June. 6月中のいつかカナダの友人に会いに行きます / This machine was invented ～ during the war. この機械は戦時中のある時期に発明された

語法 ☆☆ 《英》では some time と2語でつづることがあるが, その場合は「しばらくの間」の意味もある. ⇨ SOME 形 (成句)

―形 《限定》 ❶ 以前の, 元の ‖ a ～ professor at Harvard University 元ハーバード大学教授 ❷ 《米》時折の ‖ a ～ contributor ときどき投稿する人

⁑**some·times** /sʌ́mtàɪmz/

―副 《比較なし》ときどき, ときには, たまに(⇨ 類語) ‖ We ～ went out boozing. 私たちはときどき大酒を食らいに出かけた / I play squash ～ after work, but not very often. それほど頻繁にではないがときには終業後にスカッシュをする / *Sometimes* you just have to wait and see. 成り行きを見守るしかないこともある / *Sometimes* I drink coffee, and ～ tea. コーヒーを飲むときもあれば紅茶を飲むときもある

類語 sometimes のような「頻度の副詞」を頻度の高い順に示せば次のようになる. always と never 以外は文脈により, 頻度にいくらかの幅がある.

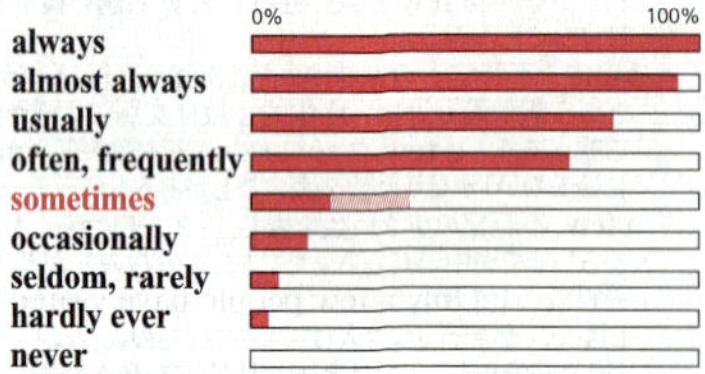

♦ sometimes は文脈により頻度の幅はかなり大きい.

♦ occasionally は sometimes と同意語のように扱われることもあるが, sometimes より改まった語で一般に sometimes より頻度は低い. 同じ程度の頻度を表す句に now and then, once in a while, from time to time, at times がある.

sóme·wày 副 《主に米口》何とかして, どうにかこうにか (somehow)

⁑**some·what** /sʌ́mhwʌ̀t | -wɔ̀t/ 《アクセント注意》

―副 《比較なし》 **多少, いくぶん**, やや (⇨ VERY 類語P) ‖ We were ～ tired. 我々は多少疲れていた / He was ～ taller than I had expected. 彼は思っていたよりいくぶん背が高かった

__*sómewhat of ...*__ ちょっとした…, 多少

⁑**some·where** /sʌ́mhwèər/ 《アクセント注意》 副 名

―副 《比較なし》《通例肯定文で》 ❶ **どこかに[で, へ]** ‖ I have left my umbrella ～. どこかに傘を置き忘れてきた / She lives ～ in Scotland. 彼女はスコットランドのどこかに住んでいる / He went over to Chile or ～. 彼はチリかどこかへ行った / Let's go ～ **else**. 場所を移そう

❷ (時・年齢・数量・度合いなどが)およそ; …のころ(♦ about, around, between, in などを後ろに伴う) ‖ He is ～ **between** 40 and 45 years of age. 彼の年齢は40歳から45歳の間だろう / ～ about [OR around] 8 o'clock 8時ごろに

―名 U 《通例肯定文で》**どこか** ‖ We had to find ～ we could meet safely. どこか安全に会える所を探さなくてはならなかった / They all have ～ to go back to. 彼らは皆どこか帰るべき場所がある / from ～ warm どこか暖かい所から(♦ something などと同様, 形容詞は後ろにつく)

語法 ☆☆ some に準じ, 疑問文・否定文・条件文では原則として anywhere を用いるが, 肯定の気持ちが強い場合には somewhere を用いる.

__*gèt sómewhere*__ 《口》成功する, 何とかなる

COMMUNICATIVE EXPRESSIONS

1 **Dòn't I knów you from sòmewhere?** ⇨ KNOW (CE 8)

Somme /sɑ(ː)m | sɔm/ 名 《the ～》ソンム川《北フランスを流れ英仏海峡に注ぐ川》

som·me·lier /sʌ̀məljéɪ | sɔméliə/ 名 C (複 ～ OR ～s /-z/) (レストランなどの)ワイン係, ソムリエ

som·nam·bu·lism /sɑ(ː)mnǽmbjulìzm | sɔm-/ 名 U 夢遊病 **-list** 名 C 夢遊病者

som·nif·er·ous /sɑ(ː)mnɪ́fərəs | sɔm-/ 形 催眠の; 眠気を催す, 眠くする ‖ a ～ drug 催眠剤 **～·ly** 副

som·no·lent /sɑ́(ː)mnələnt | sɔ́m-/ 形 ほとんど眠っているような; 眠い; 眠気を誘う **-lence, -lency** 名 **～·ly** 副

⁑**son** /sʌn/ 《発音注意》(♦ 同音語 sun)

—名 (複 ~s /-z/) C ❶ **息子**(→ daughter), 男の子供；義理の息子, 養子 (♥ 英米では友人の息子でも your son と呼ぶのは失礼で, 通例ファーストネームを用いる) ‖ Jeremy is his father's ~. ジェレミーは父親に(性格が)よく似ている / Carol has a grown-up ~. キャロルには成人した息子が1人いる / He's Kevin's「~ and heir [eldest ~]. 彼はケビンの跡取り息子[長男]だ / her **younger** [**youngest**] ~ 彼女の下の[いちばん下の]息子
❷ (通例 ~s) (男の) **子孫** ‖ the ~*s* of the first colonists 最初の植民者の子孫 / the ~*s* of Abraham アブラハムの子孫, ユダヤ人
❸ 〈ある国の〉人, 住人；〈…の〉子, 後継者, 落とし子〈**of**〉‖ Our country is proud of her brave ~*s*. 我が国は勇敢な国民を誇りにしている / a ~ *of* Britain 英国人 / a ~ *of* the soil 農民；土地[地元]の人 / ~*s of* toil 労働者たち / a ~ *of* the revolution 革命の落とし子
❹ (単数形で) おまえ, 君 (♥ 年下の者への呼びかけ)；《my ~》そなた, あなた (♥ 聖職者の信徒への呼びかけ) ‖ Wake up, (my) ~. お若いの, 目を覚ませ / *Son*, where do you want to go? おいおまえ, どこへ行きたいのだ
❺ 《the S-》=Jesus Christ
a favorite son ⇨ FAVORITE SON
a sòn of a bítch ; ***sòns of bítches*** 《主に米俗》① ⊗ 《蔑》下種(げす) 野郎, 畜生；(形容詞を伴って) …なやつ (♦ SOB と略す) ② くそっ, 畜生 (♦ sonofabitch, sonuvabitch と1語にも書く) (♥ 驚き・怒りを表す) ③ やつ, 野郎 (♥ 親しみを込めて) ④ やっかい事, 難問
a sòn of a gún ; ***sòn(s) of gúns*** 《米・カナダ口》① いやなやつ, 野郎 ② やっかいなもの, ろくでもないもの ③ 何てこった, ちぇっ (♥ 驚き・いら立ちを表す) ④ 《戯》心の友, 仲間
~·less, **~·lìke** 形 **~·shìp** 名
▶▶**Sòn of Gód** 名 《the ~》=Jesus Christ

so·nant /sóunənt/ 形 〖音声〗有声(音)の
—名 C 有声音

so·nar /sóunɑːr/ 名 U C ソナー, 水中音波探知機 (♦ *so*und *na*vigation and *r*anging の略)

***so·na·ta** /sənáːṭə/ 名 C 〖楽〗ソナタ, 奏鳴曲 ‖ a piano [violin] ~ ピアノ[バイオリン]ソナタ
▶▶**~ fòrm** 名 U 〖楽〗ソナタ形式

sonde /sɑ(ː)nd | sɔnd/ 名 C ゾンデ (高層気象観測用；ロボット；体内検査用微粒子)

son et lu·mi·ère /sɑ̀ːn eɪ luːmjéər | sɔ̀n eɪ lúːmieə/ 名 《フランス》(=sound and light) U ソンエリュミエール (史跡などで夜間に照明・録音を使って行う野外劇式演出)

*****song** /sɔ(ː)ŋ/
—名 (複 ~s /-z/) ❶ C **歌**, 唱歌, 歌曲, 声楽曲 ‖ The band's new ~ topped the charts. そのバンドの新曲はヒットチャートのトップに躍り出た / **sing** a popular [love] ~ 流行歌[ラブソング]を歌う / She produced a chain of hit ~*s*. 彼女はヒット曲を連発した / **write** a ~ 作曲[作詞]する
❷ U 歌うこと, 歌唱 ‖ What puts me off about musicals is how they break [OR burst] into ~ even when they are sad. ミュージカルでいやになってくるのは登場人物たちが悲しいときでも突然歌い出すことだ
❸ U C (歌唱用の)叙情詩(lyric), バラード；《文》詩歌, 詩 ‖ be renowned in ~ 詩(うた)に名高い
❹ U C (鳥・鯨・昆虫などの)鳴き声, さえずり ‖ the ~ of birds 小鳥のさえずり
a sòng and dánce ① (劇場などの) 歌と踊り, おしゃべり ② 《英口》(無駄な) 大騒ぎ ‖ make *a ~ and dance* about ... …のことで大騒ぎする ③ 《米口》くどくどした説明, 言い訳 ‖ Don't give me *a ~ and dance* about why you were late. 遅刻した言い訳をくどくどするな
****for a sóng*** 《口》二束三文で, 捨て値で ‖ He sold his car *for a ~*. 彼は車を二束三文で売った / My house went *for a ~*. 私の家は捨て値で売られた
on sóng 《英口》(絶) 好調で, 最高の出来で ‖ Our team was certainly *on ~* tonight. 今夜, 我々のチームは確かに絶好調だった
sìng a dìfferent sóng =*change one's* TUNE
sìng from the sàme sóng shèet [OR ***bòok***] =*sing from the same* HYMN *sheet* [OR *book*]
Sòng of Sólomon ; ***Sòng of Sóngs*** 《the ~》(旧約聖書の) 雅歌
▶▶**~ cỳcle** 名 C 〖楽〗連作歌曲 **~ thrùsh** 名 C 〖鳥〗ウタツグミ (ヨーロッパ産の鳴き鳥)

Song /suŋ/ 名 =Sung

sóng·bìrd 名 C ❶ 鳴き鳥 ❷ 女性歌手, 歌姫

sóng·bòok 名 C 唱歌集, 讃美歌集

sóng·fèst 名 C 《米》(フォークソングなどの)歌の集い

sóng·smìth 名 C 《口》作曲[作詞]家

song·ster /sɔ́(ː)ŋstər/ 名 C ❶ 歌手, 巧みな歌い手 ❷ 《文》詩人, 作詩家 ❸ 鳴き鳥(songbird)

song·stress /sɔ́(ː)ŋstrəs/ 名 C 《英》《旧》女性歌手 [詩人, 作詞家]

sóng·writer 名 C (特にポピュラーソングの) 作詞 [作曲] 家, 作詞作曲家 ‖ a singer-~ シンガーソングライター

son·ic /sɑ́(ː)nɪk | sɔ́n-/ 形 ❶ 《限定》音の；音波の ❷ 音速の (→ supersonic, subsonic, transonic)
▶▶**~ bárrier** 名 《the ~》=sound barrier **~ bóom** [《英》**báng**] 名 C 〖理〗衝撃音, ソニックブーム (飛行機が音速を超えるときに生じる爆発音に似た音)

***són-in-làw** 名 (複 **sons-**) C 娘の夫, 娘婿

***son·net** /sɑ́(ː)nət | sɔ́nɪt/ 名 C 〖韻〗(通例弱強五歩格の) ソネット, 14行詩

son·ny /sʌ́ni/ (♦ 同音語 sunny) 名 (複 **-nies** /-z/) C 《口》❶ (少年への親しみのある呼びかけで) 坊や, 僕 ❷ (=**Sònny Jím**) 兄ちゃん, あんちゃん (♥ 少年や若者への親しみのある呼びかけ)

son·o·buoy /sóunəbùːi | -bɔɪ/ 名 C ソノブイ, 無線浮標 (海面下の音を探知し発信する)

son·o·gram /sóunəgræ̀m/ 名 C 超音波検査図

son·o·graph /sóunəgræ̀f | -grɑ̀ːf/ 名 C 超音波検査装置, ソノグラフ

so·no·rant /sóunərənt | sɔ́-/ 名 C 〖音声〗共鳴音 (母音や /l/ /r/ /m/ /n/ など)

so·nor·i·ty /sənɔ́(ː)rəṭi/ 名 (複 **-ties** /-z/) U C ❶ 響き渡ること, 鳴り響くこと ❷ 〖音声〗(音の)聞こえ

so·no·rous /sənɔ́ːrəs | sɔ́nə-/ 形 ❶ (声が)よく響く, 朗々とした ❷ 音を出す；鳴り響く ❸ (文体・演説などが)音調の豊かな, 堂々とした **~·ly** 副

*****soon** /suːn/
—副 (**~·er** ; **~·est**)
❶ **間もなく**, **すぐに**, そのうちに ‖ I'll be back ~. すぐに戻ります / See you ~, then. それじゃ, そのうちまたね / *Soon* **after** I received the letter, the parcel arrived. その手紙をもらってすぐ小包が届いた / ~ **after** [OR **afterward**] そのすぐ後に
❷ **早く**, 早めに, 速かに ‖ Why did the guest leave so ~? どうしてお客さんはそんなに早く帰ったの / How ~ will the meeting begin? 会はどのくらいしたら始まりますか / He'll give up ~*er* than you think. 彼は君が考えているよりもっと早くあきらめるだろう / The ~*er* you finish your math exercises, the ~*er* you can go home. 数学の練習問題を早く終えればその分早く家に帰れるよ / The ~*er* the better. 早ければ早いほどよい
****as sóon as ...*** …するとすぐに, …するかしないうちに ‖ She went home *as ~ as* she heard the news. その知らせを聞くと彼女はすぐに家に帰った
as sòon as póssible [OR *one cán*] できるだけ早く ‖ I'll come back *as ~ as possible* [OR I *can*]. できるだけ早く戻って来ます
Nò sòoner sáid than dóne. すぐにします [しました] (♥

S

特に質問や要求への返事として用いる)

*__nò sòoner Á than B́__ *Aするかしないうちに*B*, *A*するとすぐに*B* (hardly [OR scarcely] *A* when [OR before] *B*) ‖「I had *no* ～*er* [OR *No* ～*er* had I] arrived *than* it began to rain. 到着するとすぐに雨が降り出した (♦ as soon as より《堅》. 通例 no sooner の後には過去完了, than の後には過去形を用いるとされるが, 両方とも過去形のこともある. no sooner が文頭に出ると倒置が起こる)

*__sòoner or láter__ 遅かれ早かれ, そのうち ‖ You'll see my point ～*er or later*. そのうち君にも僕の言っていることがわかるよ

__sòoner ràther than láter__ (むしろ)早めに

__would (jùst) as sòon Á (as B́)__ (*B*するより)むしろ*A*したい[してほしい](♦ *A*は動詞の原形または節. 節の場合 that はつけない. 節内では仮定法を用いる. would rather *A* than *B* の方がふつう. ⇨ RATHER) ‖ I'*d just as* ～ stay home *as* go shopping. 買い物に出かけるより家にいたい / I'*d just as* ～ people didn't talk about it. 人にそのうわさをしてもらいたくない

__would sòoner Á (than B́)__ (*B*するより)むしろ*A*したい[してほしい] (♦ 用法は前の成句と同じ. sooner の代わりに rather を使う方がふつう) ‖ I'*d* ～*er* die *than* give up. 降参するくらいなら死んだ方がましだ / I'*d* ～*er* not discuss that, if you don't mind. 構わなければそのことについて話し合いたくない (♦ 否定の場合は動詞の直前に not をつける) / I'*d* ～*er* you told him the truth. 君が彼に真実を言ってくれた方がいい

COMMUNICATIVE EXPRESSIONS

1 "Would you gò instéad?" "**I would júst as sòon nót.**"「代わりに行ってくれないか」「いやだね」

soot /sʊt, +米 suːt, sʌt/ 名 U すす, 煤煙(ばいえん)
―― 動 他 …をすすで汚す, すすだらけにする

PLANET BOARD 70

「遅れてすみません」をどう言うか.

問題設定 遅れたことを謝る表現には I'm sorry の後に不定詞, 節, for＋動名詞が続く3つの形がある. それぞれの使用率を調査した.

Q 次の表現のうちどれを使いますか. (複数回答可)

(a) I'm sorry **to be** late.
(b) I'm sorry **I'm** late.
(c) I'm sorry **for being** late.
(d) どれも使わない

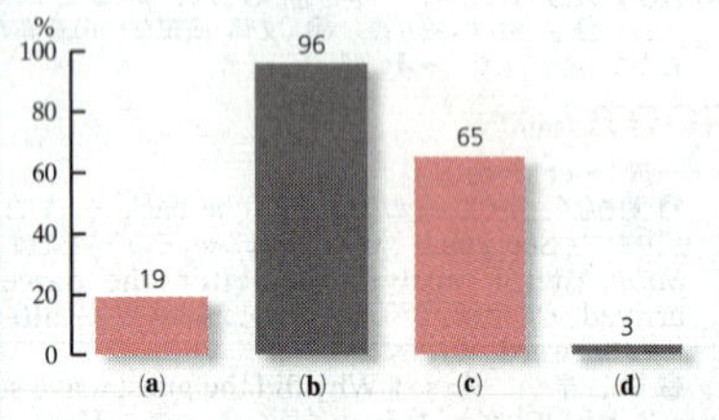

(b) の I'm late はほぼ全員がを使うと答えた. (c) の for being late も半数以上の人が使うとしているが, (a) の to be late を使うと答えた人は2割弱であった.

「(b) が《口》で, (c) は《堅》または丁寧な表現」とする人が多い. (a) を使うと答えた人もこれをやや《堅》とした. 「(b) と (c) の間には意味の違いはない」とのコメントも多いが, 「(b) は遅れて着いた時にその場で言うのに対し, (c) は後になってから謝る場合に使う」と述べた人もいた. いずれも使わないと答えた人はすべて, 「文頭の I'm を省略した Sorry I'm late. を使う」と述べている.

学習者への指針 遅れたことを謝る場合は (I'm) sorry I'm late. と言うのが最も一般的である.

sooth /suːθ/ 名 U《古》《文》真実(truth)

***soothe** /suːð/ 動 他 ❶〔動揺している人〕を落ち着かせる, なだめる (↔ irritate) ‖ A mother's embrace ～*s* an upset child. 母親が抱くと興奮した子供は落ち着く ❷〔苦痛・痛み(の部分)〕を和らげる;〔神経など〕を鎮静させる《*away*》‖ ～ his nerves 彼のいらいらを静める / ～ a headache 頭痛を和らげる **sóoth·er** 名

sooth·ing /súːðɪŋ/ 形 なだめるような, 心を落ち着かせる; 痛みを和らげる **～·ly** 副

sooth·say /súːθsèɪ/ 動 (**-said** /-sèd/; **～·ing**) 自 予言する **～·er** 名 C 占い師 **～·ing** 名 U 予言, 占い

soot·y /sʊ́ṭi/ 形 ❶ すすで覆われた, すすけた ❷ (特に鳥・動物が)すすのように黒い

sop /sɑːp | sɒp/ 名 C ❶《通例単数形で》機嫌をとるために与えるもの;《比喩的に》餌(えさ), あめ ❷ (牛乳・スープなどに浸した)パン切れ ―― 動 (**sopped** /-t/; **sop·ping**) 他 ❶ …を吸い取る《*up*》❷《古》…をびしょぬれにする

soph·ism /sɑ́(ː)fìzm | sɒ́f-/ 名 U C 詭弁(きべん)(法), 屁(へ)理屈

soph·ist /sɑ́(ː)fəst | sɒ́fɪst/ 名 C ❶《しばしば S-》ソフィスト《古代ギリシャの哲学・修辞学の教師》, 詭弁学者 ❷ 詭弁家, 屁理屈屋

so·phis·tic /səfístɪk/, **-ti·cal** /-tɪkəl/ 形 詭弁の, もっともらしい; 詭弁家の **-ti·cal·ly** 副

so·phis·ti·cate /səfístɪkèɪt/ (→ 名) 動 他 ❶ (教育などによって) …を世慣れさせる; …を洗練させる ❷〔機械など〕を複雑化する, 精巧にする ❸〔人〕を詭弁で惑わせる[堕落させる]
―― 名 C /səfístɪkət, -kèɪt/ 世慣れた人; 洗練された人, (都会的な)教養人

‡so·phis·ti·cat·ed /səfístɪkèɪṭɪd/《アクセント注意》
―― 形 (**more ～; most ～**)
❶ (経験や教育を積んで)(知的に)**洗練された**, 高い教養のある, 都会的な; 世慣れた(↔ unsophisticated)(♥ ときに皮肉にも用いる) ‖ develop ～ tastes 洗練されたセンスを培う / ～ listeners 耳の肥えた聴衆 / a ～ writer 洗練された作家
❷ 洗練された人々の好みに合う, しゃれた, 凝った, 高級志向の ‖ ～ shoes しゃれた靴 / a ～ little restaurant 気のきいた小さなレストラン
❸ (機械・技術などが)**精巧な**, 先端技術を駆使した, 高度な; (文体などが)凝った ‖ highly ～ computer systems 最先端のコンピューターシステム / ～ weapons 最新兵器
～·ly 副

***so·phis·ti·ca·tion** /səfìstɪkéɪʃən/ 名 U ❶ (知的)洗練, 洗練された趣味[生活様式]; 高度の知識[教養] ‖ That musician possesses great ～. そのミュージシャンは非常に洗練されている / require political ～ 政治的識見を必要とする ❷ 複雑化, (技術の)高度化 ‖ The ～ of computers is rapidly increasing. コンピューターの高度化が急速に進んでいる

soph·ist·ry /sɑ́(ː)fɪstri | sɒ́f-/ 名 (複 **-ries** /-z/) C 詭弁; U 詭弁法

Soph·o·cles /sɑ́(ː)fəkliːz | sɒ́f-/ 名 ソフォクレス (496?–406 B.C.)《古代ギリシャの悲劇詩人》

soph·o·more /sɑ́(ː)fəmɔ̀ːr | sɒ́f-/ 名 C《米・カナダ》❶ (大学・高校の) 2年生 (→ freshman, junior, senior) ❷ (活動などの) 2年目の人 ‖ a ～ in Congress 2年生議員
語源 ギリシャ語 *sophos*-(賢い) ＋ *-moros*(愚かな): 賢い面もあれば愚かな面もある学年

soph·o·mor·ic /sɑ̀(ː)fəmɔ́(ː)rɪk | sɒ̀f-/ 形《米・カナダ》(大学などの) 2年生の; 未熟な

sop·o·rif·ic /sɑ̀(ː)pərífɪk | sɒ̀p-/ ⟨シ⟩ 形 ❶ 眠気を誘う, 眠くする, 催眠の; 眠い ❷ 退屈な, つまらない
―― 名 C 催眠剤, 睡眠薬

sop·ping /sɑ́(ː)pɪŋ | sɒ́p-/ 形 ずぶぬれの, びしょびしょの
―― 副 (～ wet で) ぐっしょりと ‖ His clothes were ～

wet. 彼の衣服はびしょぬれだった

sop·py /sɑ́(:)pi | sɔ́pi/ 形 ❶《英口》いやに感傷的な；(ペットなどに)めろめろの，うつつを抜かす ❷びしょぬれの，ずぶぬれの ❸雨降りの(rainy)

so·pra·ni·no /sòuprəníːnou | sɔ̀-/ 名 (複 **~s** /-z/) Ⓒ〖楽〗ソプラニーノ楽器《ソプラノより高音》

***so·pra·no** /səprǽnou | -prɑ́ː-/ 名 (複 **~s** /-z/ OR **-ni** /-niː/)〖楽〗❶Ⓤソプラノ《女声の最高音》；ソプラノ音域 ❷Ⓤ(曲の)ソプラノ声部；最高音部 ❸Ⓒソプラノ歌手；最高音部楽器 ―形《限定》ソプラノの，最高音(向き)の ‖ a ~ saxophone ソプラノサクソフォン

▸▸**~ recórder** 名Ⓒ《米》ソプラノリコーダー(《英》descant recorder)

sor·bet /sɔ́ːrbət | -beɪ/ 名《英》=sherbet ❶

sor·bi·tol /sɔ́ːrbətɔ̀(ː)l | -bɪ-/ 名Ⓤ〖化〗ソルビトール《甘い結晶状炭水化物. 甘味料や化粧品の原料》

Sor·bonne /sɔːrbʌ́n | -bɔ́n/ 名《the ~》ソルボンヌ大学《1968年の大学制度改革前のパリ大学文・理両学部. 現在のパリ第一・第四大学の別称》

sor·cer·er /sɔ́ːrsərər/ 名(♦女性形は sorceress /-sərəs | -res/ だが男女共に sorcerer がふつう) Ⓒ魔法使い，魔術師

sor·cer·y /sɔ́ːrsəri/ 名Ⓤ魔法，魔術

sor·did /sɔ́ːrdəd | -ɪd/ 形 ❶(人・行為などが)浅ましい，卑しい，強欲な ❷汚い，不潔な **~·ly** 副 **~·ness** 名

***sore** /sɔːr/ (♦同音語 soar) 形 (**sor·er**；**sor·est**) ❶〈炎症・傷・使いすぎなどで〉痛む，(触ると)痛い〈**from**〉‖ I am ~ all over. 体中が痛い / My feet were ~ *from* dancing. ダンスをし(すぎ)て足が痛んだ / have a ~ throat のどが痛む ❷《通例叙述》《主に米口》いらいらして，怒って〈**at** 人に対して；**about** …のことで〉‖ Don't get ~ *at* me. 僕に腹を立てないでくれ / I got quite ~ *about* his rudeness. 彼の不作法には全く腹が立った ❸《通例限定》感情を害する，怒らせる ‖ a ~ subject 不愉快な話題 ❹《通例限定》苦しい，ひどい，はなはだしい ‖ in ~ need ひどく困窮して / a ~ trouble ひどい難儀

a sòre póint* [OR *spót*]〈…にとって〉ふれられるといやなこと，古傷〈with**〉‖ Don't talk about his business failure. It's *a ~ point* [OR *spot*] *with* him. 彼の事業の失敗のことを話すな. そいつは彼の古傷なんだから

stick* [OR *stand*] *out like a sore thumb ⇨ THUMB (成句)

―名Ⓒ ❶(触ると)痛い所，はれ物 ❷悲しみ[苦痛]の種，恨み ‖ open up old ~*s* 古傷を暴く **~·ness** 名

sóre·hèad 名Ⓒ《米・カナダ口》怒りっぽい人

sore·ly /sɔ́ːrli/ 副 激しく，非常に，ひどく

sor·ghum /sɔ́ːrgəm/ 名Ⓤ ❶〖植〗サトウモロコシ ❷サトウモロコシのシロップ

so·ror·i·ty /sərɔ́(ː)rəṭi/ 名 (複 **-ties** /-z/) Ⓒ《米》(大学の)女子学生友愛会(→ fraternity)

sor·rel¹ /sɔ́(ː)rəl/ 名Ⓤ〖植〗❶スイバ ❷カタバミ

sor·rel² /sɔ́(ː)rəl/ 名 ❶Ⓤくり色 ❷Ⓒ栗毛(くりげ)の馬 ―形くり色の

***sor·row** /sɑ́(ː)rou/ 名Ⓤ ❶〈…に対する〉(長く深い)悲しみ，悲哀，哀惜；悲嘆，〈…を〉悲しみ嘆くこと(↔ joy)〈**at, for, over**〉(♦人の死などによる深い悲しみを表す. grief はさらに深い悲しみ. sadness はいろいろな程度の悲しみを表し得る) ‖ Sean was overcome with ~ *at* the death of his friend. ショーンは友人の死を悼んで悲しみに打ちひしがれていた / in ~ and in joy 悲しいにつけうれしいにつけ / more in ~ than in anger 怒ってというよりむしろ悲しんで / to his great ~ 彼が大変悲しんだことに

❷Ⓤ/Ⓒ《しばしば ~s》悲しい出来事，悲しみのもと，不幸；難儀，苦労 ‖ He has had ⌈many ~*s* [OR much ~]. 彼はいろいろな不幸を経験してきた / His ~*s* hastened his end. 苦労が彼の死期を早めた / Her husband's unfaithfulness was a ~ to her. 夫の浮気が彼女の嘆きの種だった ❸悔恨，遺憾 ‖ Did Paul express his ~ for [OR over] his mistake? ポールは自分の誤りに遺憾の意を表明したのか

COMMUNICATIVE EXPRESSIONS

[1] **I shàre your sórrow.** お気持ちお察しします；お悔やみ申し上げます(♥弔辞の言葉)

―動 自《文》〈…を〉悲しむ，嘆く，残念に思う〈**at, for, over**〉；〈…を〉名残惜しく思う〈**for, after**〉‖ ~ *at* [OR *for*, *over*] a misfortune 不幸を悲しむ **~·er** 名

sor·row·ful /sɔ́ːrəfəl | sɔ́rou-/ 形 ❶(人が)悲しんでいる，悲嘆に暮れた ❷(物事が)悲しませる，悲しみを誘う，哀れな(⇨ SAD 類語) **~·ly** 副 **~·ness** 名

***sor·ry** /sɑ́(ː)ri, sɔ́ːri | sɔ́ri/ 形 間

中心義》(Aについて)心を痛めて(★Aは「(自分の)行為」「状況」など)

―形 (**-ri·er, more ~；-ri·est, most ~**)

❶《叙述》**すまないと思って**，悪かったと思って〈**for, about** …のことで / **to** *do* …して/(**that**) 節…ということを〉(⇨ PB 70) ‖ Oh, I'm ~. Did I step on your foot? あ，すみません，足を踏みましたか(♥ I'm sorry. は Excuse me. よりも深刻な謝罪で用いられるが，何かの責任を問われるような場面で用いると責任を認めたことになりかねないので注意が必要) / I'm ~ if I hurt your feelings. お気持ちを傷つけたならごめんなさい / Say (you are) ~ to your father. お父さんにごめんなさいと言いなさい / I'm ~ *for* waking you up. 起こしてしまってすみません / I'm ~ *about* all the trouble I gave you. いろいろご面倒をおかけして申し訳ありません / I'm ~ *to* trouble you, but could you save my place? お手数をおかけしてすみませんが，席をとっておいていただけませんか(♥丁寧な依頼の前で用いる. ⇨ 間 ❶) / I'm ~ I'm no good. 何の役にも立たずにすみません

❷《叙述》**残念[遺憾]に思って**；残念ながら…で，悪いけれど…で〈**to** *do* …するのを/(**that**) 節…ということを〉‖ I'm ~ *to* say that I can't accept your offer. 残念ですが，お申し出は受けられません / I'm ~ they objected. 彼らが反対したのが残念だ / "Can you come again tomorrow?" "I'm ~, I can't." 「明日もう一度来られますか」「悪いけど駄目なんです」(♥相手の依頼を丁寧に断るときに用いる. I'm を省略すると失礼な響きになることが多い)

語法 ☆☆ (1) ❶❷は I'm sorry の形で使うことが多いが，I'm は《口》ではしばしば省略される(→ 間).
(2) that 節を伴う場合，that は省略されることが多い.
(3) I'm afraid などと異なり，文末や文中にくることはない.〈例〉*They objected, I'm sorry.

❸《叙述》**後悔して**，悔やんで〈**for, about** …のことで / **to** *do* …するのを/(**that**) 節…ということを〉‖ You'll be ~ *for* your conduct some day. いつか自分の行いを後悔するだろうよ / Jim is ~ he hasn't given up smoking. ジムは禁煙しなかったのを悔やんでいる / Susan was ~ *to* have mentioned the subject. スーザンはその問題にふれたことを後悔した

❹《叙述》**気の毒に思って**，かわいそうに思って〈**for** 人を；**about** …のことで / **to** *do* …して/(**that**) 節…ということを〉(→ CE 1) ‖ We felt deeply ~ *for* her. 我々は彼女を心から気の毒に思った / I'm ~ *about* your accident. 事故のことはお気の毒です / I'm ~ your dog got hurt. あなたの犬がけがしたことは気の毒に思う / "I've lost my purse somewhere." "Oh, I'm ~ *to* hear that." 「どこかで財布を落としてね」「まあそれはお気の毒に」(♥同情を表す. That's too bad. と同じ意味)

❺《限定》哀れむべき，哀れな，惨めな；情けない，ひどい，お粗末な，役立たずの ‖ in a ~ state 惨めな状態で，哀れなありさまで / come to a ~ end 惨めな結果に終わる / cut a ~ figure 惨めな姿を呈する / a ~ fellow ろくでなし / a ~ excuse お粗末な言い訳

fèel sórry for onesèlf 自己憐憫(れんびん)に浸る

―間 ❶**すみません**，失礼，ごめんなさい(♥謝ったり，断ったり，違う意見を述べたり，相手の体に接触してしまったときなど

S

に使う. 日本語の「すみません」と違い, 感謝を表す意味はない) ‖ *Sorry*, have you been waiting long? すみません, 長くお待ちでしたか / *Sorry*, could you open the window? 悪いんだけど窓を開けてくれる? (♥ 依頼では相手が引き受けると決めつけたことになるので失礼になることがある. ⇨ EXCUSE *me.*)
❷ 悪いけど, 残念だが ‖ *Sorry*, you can't come in here. 申し訳ありませんがここには入れませんよ
❸ 《Sorry? で》(聞き返して) すみませんがもう一度言ってもらえませんか(=Pardon (me)?) (♦ 上昇調で発音する. ⇨ PARDON) ‖ "She's hypocritical." "*Sorry*?" "I said she's hypocritical."「彼女は偽善的だね」「すみません, もう一度言ってもらえますか」「彼女は偽善的だと言ったんですよ」
❹ いや, ではなくて (♥ 発言を訂正するときに言う) ‖ They are going back to China next Wednesday, ~, next Friday. 彼らは今度の水曜日, いや, 今度の金曜日に中国に帰国します

COMMUNICATIVE EXPRESSIONS

1 **I am déeply [OR extrémely] sòrry to héar thàt.** ① それは何ともお気の毒なことです(→ 形 ❹) (♥ 深い同情を表す形式ばった表現. =What a terrible situation for you!/↘Oh, that's awful.) ② それは大変残念なことです (→ 形 ❷) (♥ 落胆を表す形式ばった表現. =What a disappointment!/↘That's a real shame [OR pity, let-down].)
2 **I càn't tèll you hòw sórry I àm.** 申し訳なくて言葉もありません (♥ 深い謝罪を表す形式ばった表現. ↘I'm really so sorry.)
3 **(I'm) sòrry you ásked (thàt).** ⇨ ASK (CE 7)
4 **Sòrry (that) I ásked.** 聞いて悪かったね; 聞くんじゃなかったよ (♥ 返事を聞いて質問したことを後悔したときに)
5 **You'll be sòrry (you ásked).** (聞いて) 後悔するよ (♥ よくない返事・結果が待っている質問・要求をされたときに「聞かなきゃいいのに」という気持ちで用いる)

***sort /sɔːrt/ 名 動

—名 (複 **~s** /-s/) Ⓒ ❶ **種類** (kind), 部類, タイプ (⇨ 類語, KIND[1] 語法) ‖ What ~ of job [OR jobs] are you looking for? 一体どんな仕事を探しているの / Ben is 「some ~ **of** systems engineer [OR a systems engineer **of** some ~]. ベンは何かシステムエンジニアのようなことをしている / Microwaves are the same ~ of thing as radio waves. マイクロ波は電波と同じ種類である / Everyone loves music **of** one ~ or another. だれしもなにがしかの音楽が好きなものだ / They are the ~ of mistakes that people often make. それは人がよく犯すタイプの間違いだ / work closely with 「all ~*s* of scientists [OR scientists **of** all ~*s*] さまざまな科学者たちと肩を並べて働く / this ~ of (a) car=a car **of** this ~ この種の車 (♦ 前者で a をつけるのは《口》) / flowers **of** this ~=this ~ of flowers=《主に口》these ~ of flowers この種類の花 (♦ 種類は1つで花は複数) / those ~*s* of flowers それらの種類の花(♦ 種類も花も複数. flowers of those sorts はまれ)
❷《通例単数形で》《修飾語を伴って》《口》(…の) 種類の人[もの] ‖ Jean is his ~ (of woman). ジーンは彼の好みのタイプだ / Sam is not a bad ~. サムは悪いやつではない / a good ~ 性格[感じ]のよい人
❸ 性質, たち, 性格; 品質 ‖ What ~ of a child were you? あなたはどんな子供だったの / Chris is a decent ~ (of chap). クリスはちゃんとした[まともな]男だ
❹《単数形で》(データの) 並べ替え, ソート
❺《通例 ~s》《印》同種の型[フォント]の活字
a sórt of ... 《口》一種の…, まあ…と言っていいような ‖ I've got *a* ~ *of* theory about love. 私は恋愛については, まあ言ってみれば持論のようなものがある
after* [OR *in*] *a sórt 《旧》いくぶん, (不十分ながら)どうにか
nòthing of the sórt ① そんなこと[もの]は…ない; (予想などとは) 全く違うもの ‖ I heard *nothing of the* ~. そんなことは何一つ聞いていない ②《単独で》そんなことは全然ない, とんでもない, そんなばかな
of a sórt ① ある種の ‖ a disappointment *of a* ~ ある種の失望 ②《口》=*of sorts*(↓)
of sórts 《口》大したことのない, お粗末な ‖ He is a doctor *of* ~*s*. (=He is a doctor of a ~.) 彼はお粗末な医者だ(♦「医者と言うにはいくぶん抵抗がある」という意味合いを持つ. He is a sort of doctor. は「彼はまあ医者と言ってもよい」の意で, 医者であることは認めている)
òut of sórts ① 元気がない, 気分がすぐれない ‖ Robert looked *out of* ~*s* from the start. ロバートは最初から元気がないようだった ② 不機嫌な
****sórt of*** 《口》いくぶん, 多少(somewhat), やや, まあ, ある程度(♥ 次に続く語句の本来の意味を弱めたり, 言いよどむときに用いる. sorter, sorta, sorto' などとも書く. ⇨ KIND[1] *of*) ‖ It's ~ *of* cold today. 今日はちょっぴり寒い / It was ~ *of* a secret. それはまあ秘密みたいなものだった / I ~ *of* expected it. 何だかそうなりそうな予感がした / I'm in a hurry, ~ *of*. 急いでるんだ, 少しばかり / "Did you like the show?" "*Sort of.*"「ショーは気に入ったの?」「まあね」
sórt of lìke 《英口》何と言うか, よく言い表せないが
—動 (~s /-s/; ~ed /-ɪd/; ~·ing) 他 ❶ …を〈…に〉分類する, 区分け[仕分け]する, 整理する; 💻〔データ〕を並べ替える, ソートする, 〈…に〉分類する〈**into**〉‖ We were ~*ed into* different groups. 私たちは別々のグループに分けられた / ~ the mail 郵便物を区分けする / ~ the papers *into* the file 書類を分類してファイルに入れる
❷ …を〈…から〉えり分ける, 選び出す《*out*》〈**from**〉‖ ~ (*out*) the good ones *from* the bad (ones) よいのと悪いのをえり分ける
❸《英口》〔問題など〕を解決[処理]する (♦ しばしば受身形で用いる); 《受身形で》(人に)必要なものが提供される
****sòrt óut*** 〈他〉《*sòrt óut ...* / *sòrt ... óut*》① ⇨ 他 ❷ ② …を**整理**[整頓(せいとん)]**する** (arrange) ③ (相談して, またはよく考えて)〔問題・混乱など〕を解決する(resolve), 処理する; 〈…かを〉決める〈**wh** 節, **wh to do**〉‖ The coach asked me to ~ *out* the matter. コーチはその問題の解決を私に求めた / Let's ~ *out where* we'll be camping. どこでキャンプするか相談で決めよう ④《英口》〔人〕を懲らしめる, とがめる ⑤《主に英》…の手はずを整える
sòrt onesèlf óut 《英口》(問題などが) 自然に解決する; 自分で問題を解決する; 気持ちを整理する; 身支度する
****sórt through ...*** 〈他〉〔いろいろなものの集まり〕(の中)を仕分けて整理する [必要なものを探す] ‖ She ~*ed through* her wardrobe. 彼女は洋服だんすを整理した

類語 《名 ❶》 **sort** 「種類」の意で kind とほぼ同じように用いるが, sort の方が《口》で, 分類の基準がより漠然としている感じを与える. また主観的で, しばしば否定的な評価・判断を示すこともある. 〈例〉the wrong *sort* of person for one's son to be associating with 息子が付き合うにはふさわしくないような種類の人物
kind 「種類」の意を表す最も一般的な語. 〈例〉the *kind* [OR sort] of people I admire 私が尊敬する種類の人々
type sort, kind と交換可能な場合もあるが, よりはっきりとした客観的な基準によって分類できる「種類」を表すことが多い. 〈例〉the four basic *types* of blood 4つの基本的な血液型 / What *type* [OR sort, kind] of books do you read? どんな種類の本を読みますか
species はっきりとした共通の特徴によって分類される種類. 漠然と前記3語と同じ意味で用いられることも多い. 〈例〉an endangered *species* 絶滅危惧(きぐ)種 / many *species* of flowers 多くの種類の花

category 最も改まった語で，性質や型によって系統的に分類された種類．〈例〉What *category* does the writing belong to? その著作はどういう部類に入りますか

▶▶～ **còde** 名 C 銀行[金融機関]コード

sort·a /sɔ́ːrṭə/ 副 ⇨ SORT *of*

sor·ta·tion /sɔːrtéɪʃən/ 名 U C (データの) 分類，仕分け，ソート

sort·er /sɔ́ːrṭər/ 名 C ❶ 分類する人，選別する人；(郵便物を)仕分ける人；選別機，分類機，ソーター ❷ (印刷物の)順序並べ替え機能；並べ替え装置

sor·tie /sɔ́ːrṭi/ 名 C ❶ (被包囲陣地からの) 反撃，出撃，突撃 ❷ (軍用機の) (単機) 出撃 ❸ (不慣れな場所への) 小(探検)旅行；〈…への〉新たな試み〈**into**〉 ―自 反撃する

sort·ing /sɔ́ːrṭɪŋ/ 名 U 並べ替え ▶▶～ **òffice** 名 C 《英》区分け所[室]《手紙などの区分け所》

sórt-òut 名 C 《単数形で》《英口》整理，区分け

SOS /ès oʊ és/ 名 (複 **～'s** /-ɪz/) C 《単数形で》(無線による)(国際)遭難信号，エスオーエス；(一般に)救助を求める声 (♦ 船舶・航空機からの無線電話によるときは Mayday という) ‖ send (out) an ～ 遭難信号を発信する

so-so /sóʊsòʊ/ 形 《口》《叙述》よくも悪くもない，中くらいの，まあまあの ‖ a ～ film まずまずの映画

―副 《口》まあまあ，どうにか ‖ "How's your business going?" "Just ～." 「景気はどうですか」「まあまあです」

sos·te·nu·to /sɑ̀(ː)stənúːtoʊ | sɔ̀s-/ 〖楽〗形 副 ソステヌートの[で]，音を保持した[て]，音を伸ばした[て]

―名 (複 **～s** /-z/, **-ti** /-tiː/) C ソステヌートの演奏 [部分] (♦ イタリア語より)

sot /sɑ(ː)t | sɔt/ 名 C ⊗《文》《蔑》飲んだくれ

Soth·e·by's /sʌ́ðəbiz/ 名 サザビーズ《ロンドンに本拠を置く世界最古の競売会社》

So·thic /sóʊθɪk/ 形 シリウス(星)の(→ Sirius)

sot·to vo·ce /sɑ̀(ː)ṭoʊ vóʊtʃi | sɔ̀t-/ 副 小声で (♦ イタリア語より)

sou /suː/ 名 C ❶ スー《もとフランス銅貨．1/20フラン》❷ 《単数形で》《英口》ごくわずかな金

sou·bri·quet /súːbrɪkèɪ/ 名 =sobriquet

sou·chong /sùːtʃɑ́(ː)ŋ | -tʃɔ́ŋ/ ⊲シ 名 U スーション《インドやスリランカ産の上等な紅茶》

souf·flé /suːfléɪ | súːfleɪ/ 名 C U 〖料理〗スフレ《卵黄・ホワイトソース・チーズなどを混ぜ合わせたものに泡立てた卵白を加えて焼いた料理》(♦ フランス語より)

sough /saʊ/ 動 自 《古》《文》(風が) ひゅうひゅう鳴る；(木の葉などが) ざわざわいう ―名 C 《通例単数形で》《古》《文》ひゅうひゅう[ざわざわ]いう音

***sought** /sɔːt/ 《発音注意》動 seek の過去・過去分詞

sóught-àfter 形 《通例限定》需要が多い，引っ張りだこの

souk /suːk/ 名 C (北アフリカ・中東の)青空市場

****soul** /soʊl/ 《発音注意》(♦ 同音語 sole)

中心義 魂(が宿るところ)

名 魂❶ 精神❷ 気迫❸ 人❹

―名 (複 **～s** /-z/) C ❶ **魂**，霊魂 (↔ body)；死者の魂[霊] ‖ I believe in the immortality of the ～. 私は霊魂の不滅を信じている

❷ 《単数形で》**精神**，心 (⇨ MIND 類語) ‖ The matter weighed heavily on her ～. その問題は彼女の心に重くのしかかっていた / Deep down in her ～ Barbara didn't feel satisfied with the result. 心の奥底ではバーバラは結果に満足していなかった / Reading is good for the ～. 読書は精神によい

❸ U C 生気，**気迫**，熱情；(芸術家・芸術作品の)精神的深み ‖ He has the ～ of a pianist. 彼にはピアニストの魂がある / I felt the drawing lacked ～. その絵は深みに欠けると感じた

❹ **人**，人間(♦ 通例否定語または形容詞を伴う)；《～s》人口 ‖ Not a (living) ～ was to be seen along the main street. 大通りには人っ子一人見えなかった / Debby has lost her pet dog, poor ～. デビーは愛犬を失ってしまった，かわいそうに / a generous ～ 気前のいい人 / a small town of 1,000 ～*s* 人口1,000人の小さな町

❺ 精髄，生命 ‖ *Brevity is the ～ of wit.* 簡潔は機知の生命だ [Shak *Ham* 2 : 2] ❻ 《the ～》〈…の〉化身，権化，典型〈**of**〉 ‖ George is the very ～ *of* discretion. ジョージは慎重そのものだ ❼ 中心人物，指導者 ‖ the life and ～ of the party 一座の花形，座をもり立てる人 ❽ U 《米》黒人魂，黒人文化 ❾ =soul music

bàre one's sóul [OR ***héart***] 心中を打ち明ける，気持ちをさらけ出す

sèll one's sóul (***to the dévil***) 〈…のために〉(悪魔に)魂を売る，どんな悪いことでもやってのける〈**for**〉

upon my sóul 《旧》これは驚いた

COMMUNICATIVE EXPRESSIONS

1 **Dòn't tèll a sóul.** ⇨ TELL (CE 7)

―形 《比較なし》《限定》黒人(文化)の

▶▶～ **bròther** 名 C 《旧》(黒人から見て同胞の) 黒人男性 ～ **fòod** 名 U (米国南部の伝統的な) 黒人の食べ物《豚の足肉・サツマイモ・トウモロコシパンなど》 ～ **kìss** 名 C 情熱的なキス ～ **màte** 名 C (特に異性の) 気の合う人，心の友 ～ **mùsic** 名 U ソウルミュージック《リズムアンドブルースやゴスペルの影響を受けた黒人音楽》 ～ **sìster** 名 C 《旧》(黒人から見て同胞の)黒人女性

sóul-destròying 形 《限定》《英》(仕事・状況などが)気力をそぐ，うんざりするような，ひどく退屈な

soul·ful /sóʊlfəl/ 形 魂 [感情] のこもった，感動を与える；悲しみのこもった **～·ly** 副 **～·ness** 名

soul·less /sóʊlləs/ 形 魂の (こもってい) ない；感情のない；生気のない；退屈な **～·ly** 副 **～·ness** 名

sóul-sèarching 名 U 自己分析[観察]

*****sound**[1] /saʊnd/ 名 動

中心義 音

―名 (複 **～s** /-z/) ❶ U C **音**，音響，物音 ‖ *Sound* travels better in water than in air. 音は大気中より水中の方がよく伝わる / *Sound* carries well in this hall. このホールは音響効果がよい / Tony went up the steps without a ～. トニーは物音一つ立てずに階段を上がった / I **heard** the ～ of something falling on the floor. 何かが床に落ちる音を聞いた / **make** a ～ 音を立てる / a clear ～ 澄んだ音 / the speed of ～ 音速

❷ U (映画・テレビ・レコードなどの)音，再生音；《the ～》音量 ‖ stereophonic (recorded) ～ ステレオ録音による音 / turn the ～ down [up] on the TV テレビの音量を下げる[上げる]

❸ C 《通例単数形で》**印象**，**感じ**，響き ‖ The story has a sinister ～. その話には気味悪さがある / Next year's budget will be reduced. I don't like the ～ of that. 来年度の予算は削減される．どうもそのことが気に入らない / Your grandpa is hale and hearty by [OR from] the ～ of it. (聞いた感じでは) おじいさまはお達者なようですね

❹ C 《通例単数形で》サウンド《歌手・演奏グループ・指揮者・特定地域の独特の演奏スタイルによる音》 ‖ have a unique ～ 独特のサウンドを持っている

❺ U 音の聞こえる範囲 ‖ within ～ of the train whistles (列車の)汽笛の聞こえる所に

❻ U 騒音(noise)，ざわめき ❼ C 〖音声〗音(おん)，音声，音価 ‖ The words "key" and "quay" have the same ～. key と quay は同じ音だ / a vowel [consonant] ～ 母[子]音 / a voiced [voiceless] ～ 有声[無声]音 ❽ C (～s)《口》音楽，(特に)ポップス

―動 (**～s** /-z/; **～·ed** /-ɪd/; **～·ing**)

―自 ❶ 《通例進行形不可》(⇨ SEEM 語法) **a** 《＋補》…の(ような)**音がする**；…に**聞こえる**；(聞いた感じが)…のように

思われる, …らしい ‖ The organ ～*ed* fantastic in that church. あの教会のオルガンの響きは素晴らしかった / That ～*s* **good.** それはいいね / That ～*s* a good idea. (=That ～*s* like a good idea.) それは聞いたところ名案のようだ (♦《米》では like を入れる形がふつう) / Raising your TOEFL score is not as easy as it ～*s.* TOEFLの点数を上げるのは言うほど簡単ではない / Your request ～*s* foolish [ˣfoolishly]. 君の要求はばかげているように思われる / Her **voice** ～*ed* sad. 彼女の声は悲しげに聞こえた

b 《+**like** 名 / **like** 節 / **as if** [**though**] 節》…のように聞こえる; …のように思われる(♦ like 節 は主に《米》で,《英》では通例避けられる) ‖ It ～*ed like* a child crying. 子供が泣いているようだった / Roger ～*s as if* he is unwell. (声の調子からして) ロジャーは具合がよくないようだ / It ～*s* 「*as if* [OR *as though, like*] Switzerland is a paradise. スイスはまるで天国みたいだね

❷ **音を出す**, 音を立てる; 鳴り響く; 〈…を告げて〉**鳴る**〈**for**〉 ‖ The alarm bell began to ～ in the hall. ホールで非常ベルが鳴り出した

━他 ❶ …を**鳴らす**, …に音を出させる, …の音を出す ‖ The driver ～*ed* his horn twice. 運転手はクラクションを2度鳴らした / ～ a trumpet トランペットを吹く

❷ (音などで) …を知らせる, 告げる, 合図する; 〔警報など〕を発する ‖ The clock ～*ed* noon. 時計が正午を知らせた / ～ (the) retreat (らっぱなどで) 退却の合図をする / ～ a tsunami warning 津波警報を発する / ～ a note of caution 警告する

❸ 〘音声〙…を発音する ‖ The "b" in "numb" is not ～*ed.* numb の b は発音されない

❹ …を聴診[打診]する; 〔壁・車輪など〕をたたいて調べる

sòund óff 〈自〉 ① 《口》〈…について〉意見をはっきり[声を張り上げて]言う, 声高に不平[苦情]を言う; 〈…のことを〉自慢げに言う〈**about, on**〉 ‖ The demonstrators ～*ed off about* their high taxes. デモ参加者たちは高い税金のことで騒ぎ立てた [不平を言った] ② 《米》 (行進中に "One! Two! Three! Four!" のように) 声を出しながら歩調をとる; (点呼などで) 名前[番号]を大声で言う

～·er 名 C 鳴らす人; 鳴るもの; 〘通信〙音響機

▸▸ **～ bàrrier** 名 《the ～》音速障壁, 音の壁 《飛行体の速度が音速に近いときに生じる空気抵抗》 **～ bìte** 名 C (政治家の演説から抜粋してニュース番組などで繰り返し放送される) 短い文[句] **～ càrd** 名 C 💻 サウンドカード 《コンピューターで音声を鳴らすための機能拡張ボード》 **～ chèck** 名 C (マイク・録音器具の) 音響テスト **～ effècts** 名 複 音響効果 **～ engineèr** 名 C 音響技師, 音響係 **～ shìft** 名 C 〘言〙音韻推移 **～ stàge** 名 C サウンドステージ 《特に映画のサウンド・フィルム制作用のスタジオ》 **～ sỳstem** 名 C (公演などで使う) 大型音響装置 **～ wàve** 名 C 《通例 ～s》〘理〙音波

‡sound² /saʊnd/ 中心義 **健全[完全]な**

形 健全な❶ 傷のない❶ 堅実な❷ 筋の通った❸

━形 (～·er; ～·est)

❶ (心身の) **健全な**, 健康な, 元気な; **傷**[傷み, 腐食]**のない**, 完全な (⇨ HEALTHY 類語) ‖ The machine is basically ～. その機械は基本的に悪いところはない / a ～ man 健康な男 / ～ teeth 虫歯のない歯 / be of ～ mind 精神的に健康である / *A ～ mind in a ～ body.* 《諺》健全な身体に健全な精神 (が宿らんことを(願う))

❷ 安定した, どっしり[しっかり]した, 堅固な; **堅実な** ‖ This house is built on a ～ foundation. この家はしっかりした基礎 [土台] の上に築かれている / His finances are ～. 彼の家計は堅実だ / judge on a ～ basis 手堅く判断する / a ～ economy 堅実経済 / a ～ investment 手堅い投資

❸ **筋の通った**, 適切な, 妥当な, 信頼できる ‖ give ～ advice 適切な忠告を与える / ～ reasoning 筋道の通った推理 / ～ judgment 的確な判断

❹ 《通例限定》 (眠りが) 深い ‖ have a ～ sleep ぐっすり眠る / a ～ sleeper 熟睡できる人

❺ 《限定》完全な, 徹底的な; (打撃・処罰などが) 強烈な, したたかな ‖ a ～ knowledge of medicine 完璧(かんぺき)な医学知識 / suffer a ～ defeat 完敗を喫する

❻ 注意深く正確な; 有能な ‖ a ～ piece of writing 正確な文書 / a ～ golfer 優れたゴルファー

❼ 通説に合致する, 正統的な ‖ ～ doctrine 正統派の教義 ❽ 《英口》素晴らしい

(*as*) *sound as a bell* ⇨ BELL(成句)

(*as*) *sound as a dollar* ⇨ DOLLAR(成句)

━副 (眠りについて) ぐっすりと ‖ be ～ **asleep** ぐっすり眠っている / sleep ～ ぐっすり眠る

～·ness 名

sound³ /saʊnd/ 動 他 ❶ (測鉛線・音波探知機で) …の水深を測る ❷ 〔人の意見・気持ち〕を打診する, 当たってみる, 探りを入れる《*out*》 ❸ 〘医〙 (外科用の消息子で) 〔膀胱(ぼうこう)など〕を調べる ━自 ❶ 水深を測る ❷ (鯨などが) 急に潜る ━名 C 〘医〙 (外科用の) ゾンデ, 消息子 **～·er** 名

sound⁴ /saʊnd/ 名 C ❶ 海峡; 入り江 ❷ 〘魚〙浮き袋

sóund·alìke 名 C (声・歌の) そっくりさん (→ look-alike)

sóund·bòard 名 =sounding board ①

sóund·bòx 名 C (弦楽器の) 共鳴箱

sound·ing¹ /sáʊndɪŋ/ 形 《古》《文》音の出る[大きい], 鳴り響く; 仰々しく聞こえる

sound·ing² /sáʊndɪŋ/ 名 U C ❶ 《～s》打診 (結果), 意向調査 ‖ take ～*s* 打診する ❷ 《通例 ～s》水深を測ること, 測深 ‖ take ～*s* 測鉛で水深を測る ❸ 《～s》(測鉛で) 測深可能な水域 《180メートル》; 測量された水深 ❹ (ラジオゾンデによる) 高層気象観測 ▸▸ **～ bòard** 名 C ① (弦楽器の) 共鳴板 ② (舞台などの) 反響板 《聴衆の方に音を反響させるための装置》 ③ (意見などの) 普及手段[機関]; (考えなどの) 反響を求めるために利用される人[グループ] **～ lìne** 名 C 測鉛線 《測鉛につけた糸》

sound·less /sáʊndləs/ 形 音のしない, 静かな **～·ly** 副

sound·ly /sáʊndli/ 副 ❶ 完全に; 深く ‖ sleep ～ ぐっすり眠る ❷ しっかりと, 堅実に ❸ ひどく, 散々に ‖ beat him ～ 彼を散々に殴る

sóund·pròof 形 防音の, 防音装置を施した ━動 他 …に防音装置を施す

sóund·tràck 名 C サウンドトラック 《映画フィルムの端の音声録音帯》; サウンドトラック音楽

‡soup /suːp/ 《発音注意》

━名 (複 **～s** /-s/) ❶ U **スープ** (♦ 種類をいうときは C) ‖ Would you like some more ～? スープをもっと召し上がりませんか / They offer three ～*s* every day at the restaurant. あのレストランでは毎日3種類のスープを出している / eat ～ スープを飲む (♦ スプーンを使う場合 drink は用いない) / drink ～ (スプーンを使わずにカップから) スープを飲む / make chicken ～ チキンスープを作る / a bowl of hot ～ 熱いスープ1杯 / clear [thick] ～ 透明な[濃い]スープ / rich [thin] ～ 味の濃い[薄い]スープ

❷ U とろりとしたもの; 濃霧

❸ U 《米俗》ニトログリセリン ❹ U 〘写真〙現像液

from sòup to núts 《米口》初めから終わりまで; 完全に, 余すところなく (♦ soup は食事の初めに, nuts は最後のデザートに出ることから)

****in the sóup*** 《口》困って, 苦境に立って

COMMUNICATIVE EXPRESSIONS

1 **Sóup's òn!** 食事の準備ができましたよ (♥ 食事の始まりを告げるくだけた表現. =Dinner's ready.)

━動 (**～s** /-s/; **～ed** /-t/; **～·ing**) 他 《+目+**up**》《口》〔エンジンなど〕の出力を上げる, 性能を高める (tune up); …を活気づける, より大きく[魅力的に]する

▸▸ **～ kìtchen** 名 C (ホームレス・困窮者のための) 無料給食所 **～ plàte** 名 C スープ皿

soup·çon /súːpsɑːn | -sɔn/ 名 C 《a ～》少し, 少量 ; 気配, 気味 (♦ フランス語より) ‖ a ～ of gray in his hair 彼の髪にほんの少し交じる白髪

sòuped-úp 形 《限定》改造した, 高性能な ; より魅力のある(→ soup 動)

sóup·spòon 名 C スープ用スプーン

soup·y /súːpi/ 形 ❶ スープのような, どろっとした ❷ 霧の濃い ; じめじめした ❸ 《口》感傷的な

***sour** /sáuər/ 《発音注意》 形 (～·er ; ～·est) ❶ 酸っぱい ; (発酵して)酸っぱくなった ; 酸っぱいにおいのする(↔ sweet) (⇨ 類語) ‖ This apple tastes ～. このリンゴは酸っぱい味がする / have a ～ smell 酸っぱいにおいがする ❷ (人・性格が)不機嫌な, 気難しい ; 敵意のある, 嫌っている ‖ The doorman gave me a ～ look. ドアマンは私を不機嫌そうな目で見た / Her voice was ～. 彼女の声はとげとげしかった / a ～ temper 気難しい気性 ❸ いやな, 不愉快な ‖ a ～ experience いやな体験 ❹ (土地が) 酸性の ❺ (ガソリンが)硫黄分の多い

****gò*** [OR ***tùrn***] ***sóur*** ① 酸っぱくなる ② 〈…にとって〉うまくいかなくなる, まずくなる〈**on, for**〉‖ Everything *went* ～ *on* me. 何もかも私に裏目に出た

─名 ❶ C U サワー《ウイスキーなどをレモンなどで割った飲み物》‖ a whiskey ～ ウイスキーサワー ❷ U 酸っぱさ

─動 自 ❶ 酸っぱくなる ❷ 不機嫌になる ; 《主に米口》〈…が〉嫌いになる〈**on**〉‖ Her temper has ～*ed*. 彼女は機嫌が悪くなった ❸ (関係などが)悪くなる, 気まずくなる

─他 ❶ …を酸っぱくする ❷ 《米口》〔人〕を〈…のことで〉不機嫌にする〈**on**〉 ❸ 〔関係など〕を悪くする, 気まずくする

～·ly 副 **～·ness** 名

類語 《形 ❶》 **sour** 発酵・腐敗・未熟などで酸っぱい. 〈例〉 *sour* milk 腐敗して酸っぱくなった牛乳
acid 化学的特性として酸味がある. 〈例〉 an *acid* substance 酸味のある物質
tart ぴりっとした酸味があって快い. 〈例〉 a *tart*, crisp apple 酸っぱくてさくさくするリンゴ

▶▶ **～ crèam** 名 U サワークリーム《乳酸発酵させて酸っぱくしたクリーム》 **～ grápes** 名 U 酸っぱいブドウ, 負け惜しみ (♦ *Aesop's Fables*「イソップ物語」でキツネが欲しいのに手の届かないブドウをこうけなしたことから) **～ másh** 名 U 《米》サワーマッシュ《ウイスキー蒸留用に穀物をすりつぶしたもの ; これで造ったウイスキー》 **～ sált** 名 U 結晶クエン酸《料理用》

*****source** /sɔːrs/ (♦ 《英》同音語 sauce) 名 動

─名 (複 **sourc·es** /-ɪz/) C ❶ 〈…の〉**源**, 根源 ; **原因**, もと〈**of**〉(⇨ ORIGIN 類語) ‖ Lemons are a very good ～ *of* vitamin C. レモンはビタミンCの非常によい供給源である / a ～ *of* heat 熱源 / energy ～*s* エネルギー源 / trace [OR track down] the ～ *of* pollution 汚染源を突き止める / have a limited ～ *of* income 収入源が限られている / a light ～ 光源 / a ～ *of* pleasure [anger] 喜び[怒り]のもと
❷ 《通例 ～s》〈…の〉**出所**, 情報源 ; 《～s》**資料**, 出典〈**of**〉‖ information **from** a reliable ～ 信頼筋からの情報 / ～ **materials** (研究・調査などの) 資料 / historical ～*s* 史料 / primary ～*s* 第1次資料 / consult various ～*s* さまざまな資料に当たる / disclose one's ～*s* 出所を明らかにする / list one's ～*s* 出典を明示する
❸ 《通例単数形で》**水源** (地) ‖ the ～ of the Thames テムズ川の水源
❹ 〖電子〗ソース《電界効果トランジスターの端子の1つ》

at sóurce ① 源で, もとのところで ‖ stop a rumor *at* ～ うわさをもとから断つ ② (課税が) 源泉で ‖ My pay is taxed *at* ～. 私の給料は源泉課税されている

COMMUNICATIVE EXPRESSIONS
1 **I hàve my sóurces.** 私にも情報源はありますよ (♥ 情報源を聞かれて明答せずに「ちょっとね」とほのめかす返答)

─動 (**sourc·es** /-ɪz/ ; **～d** /-t/ ; **sourc·ing**) 他 ❶ 〔部品・資材〕を〈…から〉調達する〈**from**〉(♦ しばしば受身形で用いる) ; …の入手先を見つける ❷ …の出典を明らかにする

▶▶ **～ còde** [**prògram**] 名 U 〖コンピュータ〗ソースコード《プログラム作成時にプログラム言語で書いた元コード》

sóurce·bòok 名 C 原典 ; 史料集

sóur·dòugh 名 ❶ U サワードウ《パン種として用いる発酵させた練り粉》; サワードウを使って作ったパン ❷ C 《米》〖史〗(カナダ・アラスカなどの)探鉱者

sour·puss /sáuərpùs/ 名 C 《口》気難し屋, 陰気な人

Sou·sa /súːzə/ 名 **John Philip ～** スーザ (1854–1932) 《米国の吹奏楽作曲家. 「マーチ王」として有名》

sou·sa·phone /súːzəfòun/ 名 C 〖楽〗スーザフォン《ブラスバンドで用いる大型の低音金管楽器》

souse /saus/ 名 U ❶ 《米・西インド諸島》塩漬け食品《特に豚の足・耳・頭など》 ❷ 塩漬け汁 ❸ C 《俗》飲んだくれ, 大酒飲み **─**動 他 ❶ 《通例受身形で》水(など)に浸される ; ずぶぬれになる ❷ …を塩漬けにする (♦ しばしば受身形で用いる) ‖ ～*d* mackerels 塩漬けのサバ ❸ 《通例受身形で》《俗》酔っ払う **─**自 ずぶぬれになる

sou·tane /sutáːn/ 名 C 〖カト〗スターン《司祭の着る長い法衣》

*****south** /sauθ/ 名 形 副

─名 〔▶ southern 形〕 ❶ 《通例 the ～》**南**, 南方《略 s, s., S, S.》; 南部 (↔ north) ‖ Toronto faces Lake Ontario on the ～. トロントは南はオンタリオ湖に面している / Spain is **to** the ～ of France. スペインはフランスの南方にある / Cannes is **in** the ～ of France. カンヌはフランスの南部にある / The wind was blowing from the ～. 風は南から吹いていた
❷ 《the ～》南部 (地方) ; 《通例 the S-》《米》南部 (諸州) (→ Deep South) ; 《通例 the S-》《英》英国[イングランド]南部 ; 《通例 the S-》(南半球の)発展途上の国々

sòuth by éast 南微東《略 SbE》
sòuth by wést 南微西《略 SbW》

─形 《比較なし》《限定》 ❶ 南(方)の, 南部[南側]の, 南向きの ; (風が)南からの ‖ the ～ **side** of a mountain 山の南斜面 / a ～ wind 南風
❷ 《S-》(大陸・国などについて)南… ‖ *South* Africa 南アフリカ (♦ Southern Africa は「アフリカ南部」)

─副 《比較なし》南(方)に[へ], 南部に ‖ My room faces ～. 私の部屋は南向きだ / go ～ 南へ行く

dòwn sóuth [OR ***Sóuth***] 《口》南(部)の方へ[に], 南下して
gò [OR ***hèad***] ***sóuth*** ① 南へ行く (→ 副) ② 《主に米口》(株価などが)下落する ; 価値がなくなる, 品質が落ちる ; うまくいかない

▶▶ **Sòuth África** (↓) **Sòuth Áfrican** (↓) **Sòuth América** (↓) **Sòuth Austrália** 名 南オーストラリア《オーストラリア南部の州. 州都 Adelaide》 **Sòuth Carolína** (↓) **Sòuth Dakóta** (↓) **Sòuth Ísland** 名 南島《ニュージーランドの2大島の1つ》(→ North Island) **Sòuth Koréa** (↓) **Sòuth Póle** 名 ① 《the ～》南極 (圏) ; 〖天〗(天の) 南極 ② 《the s- p-》(磁石の) 南極 **Sòuth Sèa Íslands** 名 《the ～》南洋諸島 **Sòuth Sudán** (↓) **Sòuth Yórkshire** 名 サウスヨークシャー《イングランド北部の大都市圏州》

***Sòuth África** 名 南アフリカ共和国《アフリカ南端の共和国. 公式名 the Republic of South Africa. 首都 Pretoria(行政上), Cape Town(立法上), Bloemfontein (司法上)》

***Sòuth Áfrican** 形 南アフリカ(共和国)の
─名 C 南アフリカ共和国の住民

Sòuth América 名 南アメリカ(大陸)
Sòuth Américan 形 名

South·amp·ton /sauθhǽmptən/ 名 サウサンプトン《イングランド南部の港湾都市》

sóuth·bòund 形 南行きの, 南に向かう

Sòuth Carolína 名 サウスカロライナ《米国南東部の州. 州都 Columbia. 略 S.C., 〘郵〙SC》
Sòuth Carolínian 形 名
Sòuth Dakóta 名 サウスダコタ《米国中北部の州. 州都 Pierre. 略 S.Dak., S.D., 〘郵〙SD》
Sòuth Dakótan 形 名
Sóuth·dòwn 名 C 〘動〙サウスダウン《良質の肉を持つ英国産の羊》
***sòuth·éast** 名 ❶《通例 the ～》南東《略 SE, S.E.》‖ in [on, to] the ～ 南東に[に接して, の方角に] ❷《the ～》南東部, 南東地域; 《the S-》《米》南東部(地域); 《英》(ロンドンを中心とした)南東部(地域)
southèast by éast 南東微東(に)《略 SEbE》
southèast by sóuth 南東微南(に)《略 SEbS》
── 形《限定》南東の, 南東に面した; (風が)南東からの ‖ a ～ wind 南東風 ── 副 南東に[へ]
▸▸ **Sòutheast Ásia** 名 東南アジア
south·east·er /sàuθí:stər, 〘海〙sauí:stər/ 名 C 南東の(強)風
south·east·er·ly /sàuθí:stərli/ 形《通例限定》南東(へ)の; (風が)南東からの ── 副 南東へ[に]; 南東から
── 名 (複 **-lies** /-z/) =southeaster
***sòuth·éastern** 形 ❶ 南東の, 南東への, 南東に向いた; (風が)南東からの ❷《S-》(米国)南東部(地域)の
south·east·ward /sàuθí:stwərd/ 副 形 南東へ(の)
── 名《the ～》南東方向[地方]
sòuth·éast·wards /-z/ 副 =southeastward
south·er /sáuðər/ 名 C 南風, 南から吹く強風
south·er·ly /sʌ́ðərli/《発音注意》形《通例限定》南(へ)の, 南方にある; (風が)南からの ── 副 南へ[に]; 南から
── 名 (複 **-lies** /-z/) C 南風
:south·ern /sʌ́ðərn/《発音注意》
── 形 〔◁ south 名〕《比較なし》《通例限定》❶ **南の**, 南方の, 南向きの, 南へ向かう; (風が)南からの ‖ a ～ breeze 南風
❷ 南部(地方)の; 南部特有の; 《S-》《米》南部(諸州)の ‖ speak with a *Southern* accent 南部なまりで話す / the *Southern* States (米国の)南部諸州
▸▸ **Sòuthern Cóne** 名《the ～》サザンコーン《南米大陸南部地域, ブラジル・アルゼンチン・チリ・パラグアイ・ウルグアイを含む》 **Sòuthern Cróss** 名《the ～》〘天〙南十字星 **～ hémisphere** 名《the ～》南半球 **～ líghts** 名 複《the ～》オーロラ, 南極光(aurora australis)
***sóuth·ern·er** /-ər/ 名 C ❶ 南部(出身の)人 ❷《S-》(米国の)南部(諸州)の人; (英国の)南部の人
sóuthern·mòst 形《通例限定》最南(端)の, 最も南の
sóuthern·wòod 名 C 〘植〙サザンウッド《南ヨーロッパ産のニガヨモギの一種. ビールの味つけに使われる》
***Sòuth Koréa** 名 韓国《公式名 the Republic of Korea(大韓民国). 首都 Seoul. → Korea》
south·paw /sáuθpɔ̀:/ 名 C《口》左利き(の人); 〘野球〙左腕投手; サウスポーのボクサー
south-south·east /sàuθsàuθí:st, 〘海〙sàusauí:st/ 名《通例 the ～》南南東《略 SSE》 ── 副 形 南南東に(ある), 南南東へ(の); (風が)南南東から(の)
south-south·west /sàuθsàuθwést, 〘海〙sàusàuwést/ 名《通例 the ～》南南西《略 SSW》 ── 副 形 南南西に(ある), 南南西へ(の); (風が)南南西から(の)
Sòuth Sudán 名 南スーダン共和国《2011年にスーダンより分離独立. 公式名 the Republic of South Sudan. 首都 Juba》
***south·ward** /sáuθwərd, 〘海〙sʌ́ðərd/ 副 形 南へ(の), 南方へ(の) ── 名《the ～》南方, 南部(地方) ‖ sail to the ～ 南へ向かって航海する
sóuth·wards /-z/ 副 =southward
***sòuth·wést** 名 ❶《通例 the ～》南西《略 SW, S.W.》‖ in the ～ 南西に / on the ～ 南西に接して / to the ～ 南西の方角に ❷《the ～》南西部, 南西地域; 《the S-》《米》南西部(地域)
southwèst by sóuth 南西微南(に)《略 SWbS》
southwèst by wést 南西微西(に)《略 SWbW》
── 形《限定》南西の, 南西に面した; (風が)南西からの ‖ a ～ wind 南西風 ── 副 南西に[へ]
south·west·er /sàuθwéstər, 〘海〙sàuwéstər/ 名 C ❶ 南西の(強)風 ❷ =sou'wester ❶
south·west·er·ly /sàuθwéstərli, 〘海〙sàuwésərli/ 形《通例限定》副 南西の, 南西へ(の); (風が)南西から(の)
── 名 (複 **-lies** /-z/) =southwester ❶
***south·western** /sàuθwéstərn, 〘海〙sàuwéstərn/ 形 ❶《通例限定》南西の, 南西への, 南西に向いた; (風が)南西からの ❷《S-》(米国)南西部(地域)の
south·west·ward /sàuθwéstwərd, 〘海〙sàuwéstwərd/ 副 形 南西へ(の)
── 名《通例 the ～》南西(方向), 南西地方
sòuth·wést·wards /-z/ 副 =southwestward
***sou·ve·nir** /sù:vəníər, ╴╴╴/《発音・アクセント注意》名 C 記念品, 土産; 形見, 思い出の品(♦ フランス語より. 他人への「土産」に限らず, 自分の思い出にするものも含む) ‖ a ～ of my trip to Italy イタリア旅行のお土産
sou·vla·ki /suvlɑ́:ki/ 名 U 〘料理〙スブラキ《小さく切った羊肉を串焼きにしたギリシャ料理》
sou'·west·er /sauwéstər/ 名 C ❶ (後ろのつばが広い)防水帽 ❷ =southwester ❶
***sov·er·eign** /sɑ́(:)vrən | sɔ́vrɪn/《発音注意》名 C ❶ 君主, 元首, 統治者 (⇨ KING 類語) ❷《英》ソブリン(金貨)(旧1ポンド金貨) ── 形 ❶ 主権を有する, 統治する; 最高位の; 《古》《文》君主の ‖ have ～ power 最高権力を持つ / a ～ ruler 君主 ❷《限定》(国が)独立した ‖ a ～ state 独立国家 ❸《旧》優れた; (薬が)特効のある ‖ ～ intelligence 優れた知力 **～·ly** 副
▸▸ **～ débt** 名 C 公的債務
***sov·er·eign·ty** /sɑ́(:)vrənti | sɔ́v-/《発音注意》名 (複 **-ties** /-z/) ❶ U 〈…の〉主権, 統治権〈**over**〉‖ claim [establish] ～ *over* an island 島の主権を主張[確立]する / violate a country's ～ ある国の主権を侵す / economic ～ 経済的主権 / national ～ 国家主権 ❷ C 独立国, 主権国家 ❸ U 自治, 自己統治
***so·vi·et** /sóuvièt, sɑ́(:)- | sóuviət, sɔ́-/ 名 C ❶ (ソ連の)(代表者)会議, 評議会 ‖ the Supreme *Soviet* ソ連邦最高会議 ❷《S-》ソ連国民; 《the S-s》ソ連政府; 《集合的に》《複数扱い》ソ連国民 ❸ 〘ロシア史〙(1917年以前の)革命会議
── 形《限定》❶ 会議の, 評議会の ❷《S-》ソ連(国民)の
▸▸ **Sòviet Rússia** 名 ① the Soviet Union の通称 ② Russian Soviet Federated Socialist Republic の通称 **Sòviet Únion** (↓)
so·vi·et·ism, So·vi·et·ism /sóuviətìzm/ 名 U ソビエト式政治組織[制度]; ソビエト式やり方 **-ist** 名
so·vi·et·ize, So·vi·et·ize /sóuviətàɪz/ 動 他 …をソビエト化する, ソビエトの支配下に置く
***Sòviet Únion** 名《the ～》ソビエト連邦《公式名 the Union of Soviet Socialist Republics (ソビエト社会主義共和国連邦). 略 USSR. 1991年解体》
***sow**[1] /sou/《発音注意》(♦ 同音語 sew, so) 動 (**～ed** /-d/; **～ed** /-d/ OR **sown** /soun/) 他 ❶ 〔種・作物〕を〈畑などに〉まく〈**in, on**〉; 〔畑など〕に〈種・作物を〉まく, 植える〈**with**〉‖ ～ seed(s) 種をまく / ～ corn *in* a field=～ a field *with* corn 畑にトウモロコシの種をまく ❷ 〔もめごと・憎しみなどの種〕をまく; 〔もめごとなど〕の種をまく; …を広める ‖ ～ the seeds of hatred [discontent] 憎悪[不満]の種をまく / ～ discord 不和の種をまく / ～ rumors うわさを広める ❸《通例受身形で》〈…を〉敷き詰められる, ちりばめられる〈**with**〉‖ The sky was *sown with* stars. 空には星がちりばめられていた ── 自 種をまく ‖ *As you ～, so shall you reap.* 《諺》まいた種は刈らねばならぬ; 自業自得(♦ 聖書の言葉) **～·er** 名

sow² /saʊ/ 《発音注意》 名 C ❶ (成長した)雌豚(→ boar, hog, swine)；(ほかの哺乳(ほにゅう)動物の)雌(⇨ PIG 類語P) ‖ *You cannot make a silk purse out of a ～'s ear.* 《諺》豚の耳で絹の財布は作れない，悪い素材でよいものは作れない；うりの蔓(つる)に茄子(なす)はならぬ ❷ 〖冶〗大鋳型；大型鋳鉄

sown /soʊn/ 動 sow¹ の過去分詞

sox /sɑ(ː)ks | sɔks/ 名 《主に米口》sock¹ の複数の1つ(♦ 非標準的)

soy /sɔɪ/, 《英》 **soy·a** /sɔ́ɪə/ 名 ❶ (= ～ **sàuce**) U しょうゆ ❷ U 〖植〗大豆；C 大豆(の豆)；大豆を材料にした食品

▸▸ ～ **mìlk** 名 U 豆乳(soybean milk)

sóya bèan 名 C 《英》=soybean

***sóy·bèan** 名 C 大豆

soz·zled /sɑ́(ː)zld | sɔ́z-/ 形 《叙述》《口》酔っ払った

SP 略 *S*hore *P*atrol；*s*ingle *p*ole；*s*pecialist；*s*tandard *p*lay；*s*tarting *p*rice；*S*ubmarine *P*atrol

sp. 略 species；specimen；spelling；spirit

Sp. 略 Spain, Spaniard, Spanish

***spa** /spɑː/ 名 C ❶ 鉱泉，温泉(場) ❷ 高級保養地；リゾートホテル ❸ ヘルスセンター，スパ(health spa)《サウナ・プールなどのあるスポーツ施設》 ❹ ジャグジー，泡ぶろ

語源 ベルギー東部の鉱泉保養地の町 Spa から.

*****space** /speɪs/ 名 動

中心義 (何もない)空間

名 場所❶❷ 空間❸ 宇宙❹ 余白❺

──名 〔▶ spacious 形, spatial 形〕(複 **spac·es** /-ɪz/) ❶ U C (空いている・利用できる)**場所**，空間，隙間(すきま)，余地，スペース；(列車・バスなどの)座席 ‖ Is there ～ in your car for another person? あなたの車にもう1人分の余地がありますか / This new sofa takes up too much ～. この新しいソファーは場所をとりすぎる / I left [made] enough ～ **for** a computer on my desk. 机の上にコンピューターを置く十分なスペースを残した[作った] / clear a ～ on the table テーブルの上を片づけて場所を作る / a narrow ～ 狭いスペース / a large ～ ゆったりしたスペース / a sense of ～ 広々とした感じ

❷ C U (特定の用途のための)**場所**，区域，置場 ‖ a parking ～ 駐車場 / open ～(*s*) 空き地

❸ U (3次元の)**空間** ‖ time and ～ 時間と空間 / stare (off) into ～ (物思いなどをして)虚空をにらむ

❹ U **宇宙**(空間) (⇨ UNIVERSE 類語) ‖ launch a rocket into ～ 宇宙にロケットを打ち上げる / travel through ～ to Mars 宇宙を旅行して火星まで行く / a ～ flight 宇宙飛行 / ～ exploitation 宇宙開発

❺ C **余白**，欄；U 紙面 ‖ Write your name and address in the ～. 余白に住所と氏名を書きなさい / advertising ～ 広告欄

❻ C 《通例単数形で》間隔，距離；(時間的)間隔；(特定の長さの)時間；(特にテレビ・ラジオの)コマーシャルの放送時間 ‖ The two trees are separated by a ～ of five feet. その2本の木は5フィートの間隔で隔てられている / after a short ～ (of time) しばらくして，ちょっとして / **in the** ～ **of** eight years 8年の間に

❼ U 自由に発言できる場[機会]，やりたいことをやれる自由 ‖ give one's son plenty of ～ 息子にやりたいようにさせてやる

❽ U 〖印〗スペース《語間をあけるための詰め物》；C 語間，行間；文字の幅 ❾ U 〖電信〗信号と信号の間の時間 ❿ C 〖楽〗譜線の間 ⓫ U 〖数〗空間

Wàtch this spáce. 《口》(新聞などで)この欄の続報にご注目ください；今後の展開に請うご期待

──動 (**spac·es** /-ɪz/；**～d** /-t/；**spac·ing**) 他 …の間隔を(一定に)あける；…の語間[行間]をあける(♦ しばしば受身形で用いる) ‖ ～ the seedlings in a line 間をおいて苗木を1列に並べる / be widely [closely, evenly] ～*d* 間隔が広くあいている[狭い，等間隔にあいている]

spàce óut 〈他〉(*spàce óut ... / spàce ... óut*) ① …の間隔を十分にあける ‖ *Space out* the figures clearly. 数字と数字の間をはっきりあけなさい ② 《受身形で》《口》(薬・疲れなどで)〔人〕がぼんやりする(→ spaced-out) ─〈自〉《口》(薬・疲れなどで)ぼんやりする

▸▸ ～ **àge** 名 《ときに S- A-》《the ～》宇宙時代 ～ **bàr** 名 C スペースバー《字間をあけるためのキーボードの横長のキー. space key ともいう》 ～ **blànket** 名 C スペースブランケット《軽量で持ち運びに便利な防寒用ビニールシート》 ～ **cadèt** 名 C 《俗》(麻薬で)ぼうっとした人；(現実感覚をなくして)いい気分になっている人 ～ **càpsule** 名 C 宇宙カプセル ～ **debrìs** 名 U =space junk ～ **hèater** 名 C スペースヒーター《小部屋用持ち運び可能の暖房器具》 ～ **jùnk** 名 U 宇宙ごみ ～ **òpera** 名 C U 《主に米口》宇宙冒険劇[映画] ～ **pròbe** 名 C (無人)宇宙探査船[ロケット] ～ **ràce** 名 《the ～》(国家間の)宇宙開発競争 ～ **shùttle** 名 C スペースシャトル ～ **stàtion** [**plàtform**] 名 C 宇宙ステーション，宇宙基地 ～ **tràvel** 名 U 宇宙旅行

***spáce·cràft** 名 (複 **～** OR **～s** /-s/) C =spaceship

spàced-óut <ジ 形 《叙述》《口》(麻薬・疲れで)ぼうっとした；現実感覚をなくした

***spáce·flìght** 名 U C 宇宙飛行

spáce·less /-ləs/ 形 《文》無限の，限りのない；場所を占めない

spáce·màn /-mæ̀n/ 名 (複 **-mèn** /-mèn/) C ❶ 宇宙飛行士(中立 astronaut) ❷ 宇宙人，地球外生物(中立 extra-terrestrial)

spáce·pòrt 名 C 宇宙船基地

***spáce·shìp** 名 C 宇宙船

spáce·sùit 名 C 宇宙服

spàce-tíme 名 U 時空の連続体，第四次元

spáce·wàlk 名 C 宇宙遊泳 **～·er** 名

spáce·wòman 名 C 女性宇宙飛行士(中立 astronaut)

spac·ey, spac·y /spéɪsi/ 形 《口》=spaced-out

spa·cial /spéɪʃəl/ 形 =spatial

spac·ing /spéɪsɪŋ/ 名 U 間隔(をあけること)；語間，行間 ‖ type with [OR in] double ～ 行間を1行あけて打つ

***spa·cious** /spéɪʃəs/ 形 〔◁ space 名〕 ❶ (部屋などが)広々とした，ゆったりした ‖ a ～ kitchen [lobby] 広々とした台所[ロビー] ❷ 壮大な，雄大な；大規模な ‖ a ～ landscape 広大な景色 **～·ly** 副 **～·ness** 名

***spade¹** /speɪd/ 名 C ❶ すき《足をかけて土を掘り起こす道具》(⇨ HOE 類語) ❷ すきの形に似た道具

càll a spàde a spáde そのものをずばりと言う，率直に言う，あからさまに言う(♦「すきをすきと呼ぶ」から)

──動 他 …をすきで掘る[運ぶ]；…を掘り返す《*up*》

～·fùl 名 C すき1杯分；一すき

spade² /speɪd/ 名 C ❶ 〖トランプ〗スペード(の札)；《～s》スペードの組 ❷ ⊗《俗》《蔑》黒人

in spádes 《口》極端に，極度に；大いに，大量に

spáde·wòrk 名 U ❶ (困難[退屈]な)予備作業[調査]，根回し ❷ すき仕事

***spa·ghet·ti** /spəɡéṭi/ 《アクセント注意》 名 ❶ U スパゲッティ ❷ C 〖電〗(配線用の)細い絶縁チューブ

▸▸ ～ **bolognése** 名 U C スパゲッティ=ボロネーゼ《ミートソースをかけたスパゲッティ》 ～ **pòt** 名 C 深い大なべ ～ **stràp** 名 C 〖服〗スパゲッティ=ストラップ《婦人服に使用される細い肩ひも》 ～ **wéstern** 名 C 《口》マカロニウエスタン《イタリア製西部劇》

*****Spain** /speɪn/

──名 スペイン《ヨーロッパ南西部の立憲君主国. 首都 Madrid. 略 Sp.》

spall·a·tion /spɔːléɪʃən/ 名 U 〖理〗破砕《原子核から核粒子が放出される核反応》；〖地〗破砕《隕石(いんせき)の衝突によ

り岩石の表面の層が砕けること》

spam /spæm/ 名 U 迷惑メール，スパム《(広告などの)大量に送信される不要なメール》‖ a ～ filter スパムフィルター ━動 他 [大勢の人など]に同じ(不要な)メール[スパム]を送りつける **spám·ming** 名 **spám·mer** 名 C スパムを送る人[会社]

Spam /spæm/ 名 U《商標》スパム《豚の加工肉の缶詰》

*__span__ /spæn/ 名 C ❶ 継続[経過]時間，期間 ‖ continue over a ～ of four years 4年という期間にわたって続く / have a short concentration ～ 集中力の継続時間が短い / one's life ～ 寿命 / in a brief ～ of time 短期間に ❷ (端から端までの)長さ，全長，幅；〘空〙翼スパン《翼端から翼端までの長さ》；(鳥の)翼長(wingspan) ‖ the ～ of a bridge 橋の全長 ❸〘建〙スパン，張間(はりま)《橋脚間の距離[部分]；アーチなどの支柱間の距離[部分]》❹ (事の及ぶ)範囲 ‖ the whole ～ of Roman history ローマ史の全範囲 ❺ スパン《親指と小指を張った長さ. 約9インチ＝約23cm》

━動 (**spanned** /-d/；**span·ning**) 他 ❶ …(の期間)に渡る；…(の範囲)に及ぶ，広がる ‖ His teaching career *spanned* four decades. 彼の教員歴は40年にわたった ❷ (橋などが)…にまたがる；…に〈橋・アーチを〉かけ渡す〈**with**〉‖ A footbridge ～*s* the road. 歩道橋がその道路にかかっている / ～ the river *with* a new bridge その川に新しい橋をかける ❸ 親指と小指を張って…の長さを測る；…を(広げた)手で囲む[覆う]

Span. 略 Spaniard, Spanish

spa·na·ko·pi·ta /spɑ̀ːnəkóupɪṭə/ 名 C スパナコピタ《パイ皮にホウレンソウやチーズを詰めて焼いたギリシャ料理》

span·dex /spǽndeks/ 名 U《商標》スパンデックス《ポリウレタンの弾性繊維》

span·drel /spǽndrəl/ 名 C〘建〙(アーチの)三角小間(こま)；隣接したアーチの間の三角形の部分

span·gle /spǽŋgl/ 名 C ❶ スパンコール《衣装につける装飾用金属片や宝石類》❷ ぴかぴか光る小さいもの ━動 他《通例受身形で》ぴかぴか光るもので飾られる，〈光るもので〉きらきらしている〈**with**〉‖ a sky ～*d with* stars＝a star-～*d* sky 星のきらめく空 **span·gly** 形

Span·glish /spǽŋglɪʃ/ 名 U スパングリッシュ《特に米国のヒスパニック系住民が使うスペイン語と英語の混成語》

Span·iard /spǽnjərd/ 名 C スペイン人

span·iel /spǽnjəl/ 名 C〘動〙スパニエル《愛玩(あいがん)用の小型犬》(♥ 卑屈でおべっか使いな人のたとえにも用いる)

*__Span·ish__ /spǽnɪʃ/ 形 スペインの；スペイン人[語]の ━名 ❶ U スペイン語 ❷《the ～》《集合的に》《複数扱い》スペイン人[国民](♦ 個々の人を指すときは Spaniard)

▸▸ ～ **América** 名 (スペイン語圏の)中南米諸国 ～ **Armáda** 名《the ～》スペイン無敵艦隊 (the Invincible Armada) ～ **Cìvil Wár** 名《the ～》スペイン内乱[市民戦争] (1936-39) ～ **flú** 名 U《口》＝Spanish influenza ～ **flý** 名 ① C ハンミョウ科の昆虫《ヨーロッパ南部産. 薬用》② U〘薬〙カンタリス《ツチハンミョウ類の昆虫を乾燥させて作る薬剤. 媚薬(びやく)，反対刺激剤》～ **influénza** 名 U スペイン風邪《1918-19年に世界中で大流行したインフルエンザ》～ **Inquisítion** 名 C《単数形で》①〘史〙スペインの異端審問《1478年から19世紀前半まで続いた宗教裁判》②《しばしば戯》質問攻め (♥ しつこく質問されることへの不快感を表明するときに用いる) ～ **máckerel** 名 C〘魚〙サワラ ～ **Máin** 名《the ～》①〘史〙(もとスペイン領の)カリブ海沿岸の南米北部地域の旧称 ② カリブ海(の南米北部海域)《もとスペイン商船の航路で海賊が出没した》～ **móss** 名 U C〘植〙サルオガセモドキ《米国南部産の樹上着生植物》～ **ómelet** 名 C〘料理〙スペイン風オムレツ《通例折り返さず丸く焼き上げる》～ **ónion** 名 C スペインタマネギ《生食用の甘口のタマネギ》～ **ríce** 名 U スパニッシュライス《タマネギ・トマトなどが入り，通例チキンスープで煮た炊き込みご飯》

Spànish-Américan 形 ❶ (スペイン語圏の)中南米の ❷ スペインとアメリカの ━名 C ❶ (スペイン語圏の)中南米の住民 ❷ スペイン系アメリカ人

▸▸ ～ **Wár** 名《the ～》〘史〙米西戦争(1898)

spank[1] /spæŋk/ 動 他 (特に罰のために)…(の尻(しり))を平手[スリッパなど]で打つ ━名 C ぴしゃりとたたくこと，平手打ち

spank[2] /spæŋk/ 動 自 きびきび動く；(馬が)疾走する

spank·er /spǽŋkər/ 名 C ❶〘海〙スパンカー《横帆船の最後檣(こうしょう)に張る縦帆》❷《口》《旧》素晴らしい人[もの]

spank·ing[1] /spǽŋkɪŋ/ 名 U C 平手打ち，平手で尻を打つこと ‖ Do you want a ～? お尻をたたかれたいの?

spank·ing[2] /spǽŋkɪŋ/ 形《限定》❶ 速い，敏速な；活発な ❷《口》素晴らしい，素敵な ‖ have a ～ time 素晴らしい時を過ごす ━副《口》全く，非常に(♦ new, clean, fine などの形容詞を修飾する) ‖ a ～ clean floor すごく清潔な床

span·ner /spǽnər/ 名 C《主に英》スパナー(《米》wrench)

thròw [OR *pùt*] *a spánner in the wòrks*《英》＝*throw a* (*monkey*) WRENCH *in the works*

spar[1] /spɑːr/ 名 C〘海〙スパー《マストや帆桁(ほげた)などに使う円材》；〘空〙(飛行機の)翼桁(よくけた)

spar[2] /spɑːr/ 動 (**sparred** /-d/；**spar·ring**) 自 ❶ (ボクサーが)こぶしで攻防の動作をする；練習試合をする，スパーリングをする ❷ 口論する，論争する ❸ (闘鶏が)足やけづめで戦う ━名 C スパーリング；論争

▸▸ **spárring pàrtner** 名 C スパーリングパートナー《ボクシングの試合向けの練習相手》；議論の相手

spar[3] /spɑːr/ 名 C〘鉱〙スパー，閃光(せんこう)鉱石《方解石などの透明あるいは半透明の結晶性の鉱石》

‡**spare** /speər/ 中心義 使わずにとっておく

形 予備の❶ 余分の❷
動 他 割く❶ 免れさせる❷ 使い惜しみする❸

━形 (**spar·er**；**spar·est**)

❶《比較なし》《限定》**予備の**，いざというとき用の，スペアの ‖ a ～ bedroom (来客用の)予備の寝室

❷《比較なし》《通例限定》**余分の**，別の用途に使える，空いている ‖ ～ cash 余分な現金

❸《限定》切り詰めた，簡素な ‖ a ～ diet 切り詰めた食事

❹ (人・体つきが)やせた，ほっそりした；(文体などが)無駄のない；(部屋・服装などが)質素な ‖ a man of ～ build やせた体つきの男性 / a ～ style of writing 簡潔な文体

gò spáre《英口》① ひどく怒る[心配する] ② (ほかに必要とされていないので)使える，手に入る ‖ Is this seat *going* ～? この席は空きますか

━動 (**～s** /-z/；**～d** /-d/；**spar·ing**)

━他 ❶ **a** (+目)…を分け与える，**割く**，貸し与える；…なしで済ませる，…を割愛する ‖ Can you ～ a cup of sugar? 砂糖を1カップ分けてくれませんか / We cannot ～ that part-timer today. 今日はあのアルバイトの人の手がないと困る / I cannot ～ the **time** to sew on the button. ボタンを縫いつける暇がない

b (+目 *A*+目 *B*≒+目 *B*+**for**+目 *A*) *A* (人)に*B* (物など)を割く(♦ この意味で 目 *A*を主語にした受身は不可) ‖ Can you ～ me a few minutes?＝Can you ～ a few minutes *for* me? 私に2，3分時間を割いてくれませんか / *Spare* a thought *for* the earthquake victims. 地震の被災者のことを考えてみなさい

❷ **a** (+目 *A*+目 *B*) *A* (人)に*B* (いやなこと)を**免れさせる**，免じてやる，…の目に遭わせない ‖ Josh did the work to ～ you the trouble. 君に手数をかけまいとジョシュがその仕事をした / The children were ～*d* unnecessary sorrow. 子供たちは無用の悲しみを味わわずに済んだ

b (+目+**from** 名)…に…を免れさせる ‖ His assistance ～*d* me *from* too much stress. 彼が助けてくれたのであまりストレスを感じずに済んだ

❸《主に否定文で》…を**使い惜しみする**，けちけち使う；〔道

具・手段など〕の使用[行使]を控える ‖ The host ~*d* no pains to please his guests. 主催者はゲストを喜ばせようと骨身を惜しまなかった / Don't ~ yourself. 労を惜しまず最善を尽くしなさい / ~ no expense 金に糸目をつけない / *Spare the rod and spoil the child.* 《諺》むちを惜しむと子供を駄目にする；かわいい子には旅をさせよ
❹ **a** 《+目》〔言動など〕を差し控える, 省く ‖ ~ no details どんなささいなことも省かない, 細大漏らさない
b 《+目 *A*+目 *B*》*A*(人)に*B*(言葉など)を控える ‖ *Spare* me your complaints. 愚痴は勘弁してくれ
❺ **a** 《+目》…に危害[処罰]を加えない, …を助ける, 容赦[勘弁]する；…に情けをかける(♦しばしば受身形で用いる) ‖ ~ one's enemy 敵を見逃してやる / ~ her feelings 彼女にいやな思いをさせない
b 《+目 *A*+目 *B*》*A*(人)の*B*(命など)を助けてやる ‖ *Spare* me my life! 命ばかりはお助けください
―自 《古》倹約する, つつましくする
**to spáre* 余分の ‖ He has no money *to* ~. 彼には余分の金はない / enough and *to* ~ 有り余るほどの

COMMUNICATIVE EXPRESSIONS
1 **Spàre (me) nóthing.** 洗いざらい話してください

―名 (複 **~s** /-z/) C ❶ 予備の品, **スペア**(タイヤなど)；《~s》《英》予備の部品 ❷〖ボウリング〗スペア(の得点) ‖ pick up a ~ スペアをとる
~·ly 副 切り詰めて；やせて **~·ness** 名
▸▸ **~ párt** 名 C スペアパーツ, 予備(部)品 **~ tíme** 名 U 《通例 one's ~》余暇 ‖ in one's ~ *time* 空き時間に **~ tíre** [《英》**týre**] 名 C ① スペアタイヤ ② 《口》腰の辺りのぜい肉 **~ whéel** 名 C 予備の車輪

spáre·rìbs 名 複 スペアリブ《豚の肉付きあばら骨》

spar·ing /spéərɪŋ/ 形 ❶ 倹約な, つましい；出し惜しみする, 控えめな ‖ ~ use of sugar 砂糖を控えめに使うこと / be ~ with [OR in] one's praise = be ~ of praise むやみに褒めない ❷ 限られた；乏しい ‖ a map ~ of information 情報不足の地図
~·ly 副 つましく；控えめに

spark* /spɑːrk/ 名 C ❶ 火花, 火の粉 ‖ *Sparks* flew out of the wood fire. たき火から火花が飛び散った / a shower of ~*s* 火の粉の雨 ❷〖電〗(放電の)火花, スパーク, 閃光(せんこう) ❸ 《通例 a ~》《しばしば否定文で》〈…の〉わずかな量[痕跡(こんせき)]〈of**〉 ‖ There wasn't a ~ *of* anger in her face. 彼女の顔に怒りの表情は微塵(みじん)もなかった ❹ U/C 《a ~》生気, 活気；(才能・機知などの)ひらめき ‖ The team lacks [has plenty of] ~. チームには活気がない[みなぎっている] / the ~ of genius 天才のひらめき ❺ (事件などの)きっかけ, 火種 ‖ the ~*s* of revolution 革命の火種 ❻ (宝石などの)きらめき ❼ 《~s》《通例単数扱い》《口》(船・飛行機の)無線[電気]技師
a bright spark ⇨ BRIGHT SPARK
spàrks flý 《比喩的に》火花が散る；激論を戦わせる
strìke spàrks óff* 「*èach óther [OR ***òne anóther***] 互いによい刺激を与え合う, 切磋琢磨(せっさたくま)する
―動 他 ❶ …を引き起こす, …の引き金になる《***off***》 ‖ ~ *off* a crisis 危機のきっかけとなる ❷ …を活気づける, 刺激する《***up***》；…を〈行動へ〉奮起させる〈**to, into**〉 ‖ Going to a concert ~*ed* her interest in classical music. コンサートに行って彼女はクラシック音楽に興味がわいた / His speech ~*ed* us *into* action. 彼の話に刺激されて私たちは行動を起こした ❸ …を点火させる ―自 火花が飛ぶ, 閃光を発する；活気づく；〖電〗スパークする
~·y 形 元気な, 快活な
▸▸ **~ gàp** 名 C 火花ギャップ《放電が行われる電極間の間隔》 **~ing plùg** 名 C 《英》=spark plug ① **~ plùg** 名 C ① 点火プラグ ② 《主に米口》(事業などの)中心人物, 鼓舞する人

**spar·kle* /spɑ́ːrkl/ 動 自 ❶ (宝石・目などが)きらきら光る, 輝く；火花を散らす(⇨ SHINE 類語) ‖ The leaves are *sparkling* with morning dew. 葉が朝露で光っている / Her eyes ~*d* with hope. 彼女の目は希望で輝いた ❷ (才能などが)ひらめく；(人が)(才気などで)際立つ, 光る；(会話などが)活気にあふれる ‖ The young pianist's performance ~*d*. その若いピアニストの演奏は際立っていた ❸ (ワインなどが)泡立つ
―他 …をきらきら光らせる, きらめかせる
―名 ❶ C U きらめき, 輝き；火花；閃光 ‖ There was a ~ in his eyes. 彼の目は輝いていた / the ~ of sunlight 日差しの輝き ❷ C U (会話などの)活気；(才気などの)ひらめき ‖ The ~ went out of her. 彼女から生気が消えた / lack ~ 活気に欠ける ❸ U (ワインなどの)泡立ち

spar·kler /spɑ́ːrklər/ 名 C ❶ 手で持つ花火, 線香花火 ❷ 《口》宝石, ダイヤモンド ❸ 《口》発泡性ワイン

spar·kling /spɑ́ːrklɪŋ/ 形 ❶ 火花を発する；きらめく ❷ 元気のよい, 生き生きとした ❸ (飲み物が)発泡性の ‖ (a) ~ wine スパークリング[発泡]ワイン ❹ 質の高い

**spar·row* /spǽrou/ 名 C 〖鳥〗スズメ

spárrow·hàwk 名 C 〖鳥〗ハイタカ《ユーラシア産の猛禽(もうきん)》；チョウゲンボウ《ハヤブサの一種》

**sparse* /spɑːrs/ 形 ❶ まばらな, 希薄な；散在する ‖ ~ vegetation まばらな草木 / a ~ rural population 田舎の少ない人口 ❷ 薄い；乏しい ‖ ~ hair 薄い髪の毛 / Research funds are ~. 研究資金が乏しい
~·ly 副 **~·ness, spár·si·ty** 名

Spar·ta /spɑ́ːrtə/ 名 スパルタ《古代ギリシャの都市国家. 厳格な教育と軍国主義で知られる》

Spar·tan /spɑ́ːrtən/ 形 ❶ (古代)スパルタの；スパルタ人の ❷ スパルタ式の；《しばしば s-》質実剛健な
―名 C ❶ スパルタ人 ❷ 質実剛健で質素な人

spasm* /spǽzm/ 《発音注意》 名 ❶ C U けいれん, 引きつり ‖ Her leg went into a ~. 彼女の脚が引きつった / a muscle [muscular] ~ 筋肉けいれん ❷ C 〈せきなどの〉発作；〈感情の〉激発, 発露〈of**〉 ‖ have a ~ *of* coughing 発作的にせき込む

spas·mod·ic /spæzmɑ́(ː)dɪk | -mɔ́d-/ 形 ❶ けいれん性の, 引きつるような ❷ 発作的な；断続的な ‖ a ~ worker 三日坊主 **-i·cal·ly** 副

spas·tic /spǽstɪk/ 形 ❶ 〖医〗けいれん性の；けいれんによる ‖ ~ paralysis けいれん性麻痺(まひ) ❷ ⊗《口》《蔑》ばかな, どじな；とんまな(♥ 小児語)
―名 C けいれん性麻痺患者；⊗《口》《蔑》どじな人；とんま(♥ 小児語) **-ti·cal·ly** 副

spat[1] /spæt/ 動 spit の過去・過去分詞の1つ

spat[2] /spæt/ 名 C 《通例 ~s》スパッツ《くるぶしの上まで覆う短いゲートル》

spat 2

spat[3] /spæt/ 名 C ❶ 《口》口げんか ❷ ぱらぱら(という音)
―動 (**spat·ted** /-ɪd/；**spat·ting**) 自 ❶ 《口》口げんかをする ❷ ぱらぱらと音を立てる

spat[4] /spæt/ 名 (複 ~ OR **~s** /-s/) C 貝類の卵, (特に)カキの卵

spátch·còck 名 C 即席の鳥肉料理《鳥を殺してすぐに料理したもの》 ―動 他 ❶ 〖鳥〗を殺してすぐ料理する ❷ 《主に英口》〔後で思いついたことなど〕を不適切なやり方で書き込む, 雑に挿入する

spate /speɪt/ 名 C 《単数形で》❶ 多量, 多数；続発 ‖ a ~ of information 情報の洪水 ❷ (言葉・感情などの)ほとばしり, 爆発 ‖ a ~ of angry words 怒りの言葉の連発 ❸ 《主に英》洪水, 氾濫(はんらん) (flood)
in fùll spáte 《英》=*in full* FLOW

spa·tial* /spéɪʃəl/ 《発音注意》 形 〔◁ space 名〕(more ~ ; most ~**) 空間の；空間的な；空間に存在する[起こる]
~·ly 副

spat·ter /spǽtər/ 動 他 ❶ 〔泥・水など〕を〈人・物に〉はねかける〈**on, over**〉；〔人・物〕に〈泥水などを〉はねかける〈**with**〉 ‖ A car ~*ed* mud *on* my dress. = A car ~*ed* my dress *with* mud. 車が服に泥をはねかけた ❷ …をまく, 振りかける ❸ …に〈非難などを〉浴びせる, …を中傷する〈**with**〉 —自 ❶ (泥・水などが)はねる, 散らばる ❷ (雨などが)ぱらぱらと降る, 降りかかる

—名 C 《通例単数形で》 ❶ (多数の)しずく, 水滴, 雨滴; はねかけること, 散らばっていること ❷ 《通例単数形で》 はねる音, ぱらぱら; 少量 ‖ a ~ of applause まばらな拍手

spat·u·la /spǽtʃələ | spǽtju-/ 名 C へら, (調理用の)ゴムべら; 《医》舌を押さえるへら **-lar** 形

spawn /spɔːn/ 名 U 《しばしば集合的に》 ❶ (魚・カエル・貝・エビ・カニなどの)卵; 《植》菌糸 ❷ (たくさんの)子供たち; 子孫; 所産 —動 他 ❶ (魚・カエルなどが)〔卵〕を産む ❷ 《植》…に菌糸を植えつける ❸ 《しばしば蔑》…を(大量に)生み出す; …を引き起こす —自 (魚・カエルなどが)放卵する; (卵・子供などを)たくさん産む

▸▸ **~ing gròund** 名 C 産卵場所

spay /speɪ/ 動 他 〔動物〕の卵巣を除去する

SPCA 略 《米》*S*ociety for the *P*revention of *C*ruelty to *A*nimals(動物虐待防止協会)

⁝speak /spiːk/ 中心義 言葉を発する

—動 〔▶ speech 名〕(**~s** /-s/; **spoke** /spoʊk/; **spo·ken** /spóʊkən/; **~·ing**)

—自 ❶ **話す**, しゃべる, 口をきく(⇨ 類語, TELL 類語) ‖ Could you ~ more slowly? もっとゆっくり話していただけませんか / The baby can't ~ yet. その赤ちゃんはまだ口がきけない / I was in such shock that I could hardly ~. あまりのショックにほとんど言葉が出なかった / ~ in English 英語で話す / ~ with a Japanese accent 日本語なまりで話す

❷ (人と)**話をする**, 話す, 相談する〈**to, with** 人と; **about, of** …について〉(♦《英》では to を用いる方が一般的で, with はやや改まった長い話を連想させる. talk, say, tell との違いについては ⇨ 類語) ‖ Did you ~ *to* [OR *with*] your parents *about* your problem? 君の問題のことでご両親と相談しましたか / The witness *spoke of* the accident very sadly. 目撃者はとても悲しげにその事故の話をした / *Speak of* the devil, here comes Ron now. うわさをすれば影で, ロンがやって来たよ / *Speak* only when you are *spoken to*. 話しかけられたときだけ話しなさい (♦ speak to は受身形が可能) / We *spoke* on the phone last week. 私たちは先週電話で話し合った / It has been six months since their quarrel, and they're still not ~*ing* (*to* each other). 彼らはけんかをしてから6か月になるが, いまだ(互いに)口をきかないでいる

❸ **演説[スピーチ]をする**, 講演する〈**to** …に; **on, about** …について〉 ‖ Who is going to ~ at the convention this year? 今年は大会でだれが講演しますか / He *spoke to* the whole school *about* the harmful effects of smoking. 彼は全校生徒にたばこの害について話した

❹ **意見[考え]を述べる**〈**as** …として; **in favor of** …に賛成の; **against** …に反対の〉(→ *speak for* ... (↓)); (文章の中で)〈…について〉述べる〈**of**〉 ‖ *Speaking as* a parent, I think these TV programs are harmful to young people. 親の立場から言うと, このようなテレビ番組は若者に有害だと思う / ~ *in favor of* [*against*] a proposal 提案に賛成[反対]意見を述べる / ~ *of* the threat of global warming in one's book 本の中で地球の温暖化の脅威について述べる

❺ (表情・行為などが)〈…を〉表す, 物語る, 伝える〈**of**〉; 〈…に〉訴える〈**to**〉 ‖ Her eyes *spoke of* deep sorrow. 彼女の目には深い悲しみが表れていた / The story ~*s* directly *to* our hearts. その話は私たちの心に直接訴える / *Actions* ~ *louder than words.* 《諺》行動は言葉より雄弁である ❻ (楽器・銃などが)音を発する, 鳴る; (犬が)ほえる ‖ The cannons *spoke*. 大砲が鳴った

—他 ❶ 《進行形不可》〔ある言語〕を話す, 使う(ことができる) (⇨ 類語) ‖ Do you ~ English? 英語をお話しになりますか (♥ 相手の能力を直接的に聞く Can you speak English? より丁寧) / My boss ~*s* good [fluent] Japanese. 私の上司は日本語を話すのが上手[流暢(りゅうちょう)]だ / They ~ Portuguese in Brazil. = Portuguese is *spoken* in Brazil. ブラジルではポルトガル語を話す / I can't ~ a word of Chinese. 中国語は一言も話せない

❷ 〔言葉・考えなど〕を言う, 話す, 述べる ‖ She *spoke* a few **words**. 彼女は二言, 三言話した / These are the exact words he *spoke*. これが彼の言ったとおりの言葉です / ~ the truth 事実を語る / ~ one's mind 自分の心の内を率直に言う ❸ (表情・行為などが)…を表す, 物語る, 伝える ❹ 《海》〔船〕と交信する, …に信号を送る

***gènerally** [**bròadly, strìctly**] **spéaking** 《文修飾》一般的に[大ざっぱに, 厳密に]言えば[言って](♦ speaking の前にくる副詞はほかに properly (正確に), relatively (相対的に), roughly(大ざっぱに)など)

nòt to spéak of ... …は言うまでもなく ‖ The agreement included economic cooperation, *not to* ~ *of* food aid. 協定には食料援助はもちろんのこと, 経済協力も含まれていた

nòthing** [**nò ...**] ***to spéak of 取り立てて言うほどのもの[…]ではない ‖ He had *no* academic background *to* ~ *of*. 彼にはこれという学歴はなかった

******sò to spéak* いわば, ある意味で(♦ 奇抜な比喩(ひゆ)・誇張表現とともに用いる) (→ CE 6) ‖ He is, *so to* ~, a mouse in a trap. 彼はいわば袋のねずみだ

spèak dówn to ... 〈他〉〔相手〕にレベルを合わせて話の程度を落とす, 見下した話し方をする

******spéak for ...* 〈他〉① …を代弁する; …を弁護する ‖ ~ *for* the minority 少数派の意見を代弁する ② …に賛成意見を述べる, …への支持を表明する ‖ ~ *for* protecting tropical rain forests 熱帯雨林保護の支持を唱える ③ 《通例受身形で》予約されている, 申し込まれている; 恋人[結婚相手]がいる ‖ This car has already been *spoken for*. この車はもう予約済みです / I didn't know she was already *spoken for*. 彼女にすでに恋人がいるとは知らなかった

spèak for onesélf ① (人に頼らず)自分の意見を述べる, 自己弁護する ‖ He is so shy he can't ~ *for* himself. 彼はあまりにも内気で自分の考えをしっかり言えない ② 《口》(他人のことは別として)自分自身のことを言う; 《命令形 Speak for yourself. で》人のことまで言うな (→ CE 7) ③ (~ for itself [OR themselves] で)自明である, それ以上の説明はいらない

spèak ill [OR ***bádly, évil***] ***of ...*** …の悪口を言う, …をけなす; …が悪いことの証明になる ‖ Never ~ *ill of* the dead. 死んだ人の悪口を言うものではない; 死者にむち打つな(♦ 決まり文句)

******spéak of ...* 〈他〉① …について話す(→ 自 ❷, CE 8); …について述べる (→ 自 ❹) (♦ speak about ... より《堅》) ② …を表す, 物語る(→ 自 ❺)

******spèak óut* 〈自〉① (聞こえるように)**はっきり言う**, もっと大きな声で話す ② はっきりと[大胆に, 自由に]意見を述べる〈**about, on** …について; **for** …を擁護して; **against** …に反対して〉 ‖ Consumers are *speaking out against* genetically modified foods. 消費者は遺伝子組み換え食品に反対の声を上げている

******spéak to ...* 〈他〉① …に話しかける; …と話をする, …に相談する(→ 自 ❷) ② …に注意を与える, 忠告する, …をしかる ‖ I'll ~ *to* him about his drinking. 酒のことで彼に一言注意しておこう ③ …に演説する, 講義する (→ 自 ❸) ④ 〔問題など〕について論じる, 意見を述べる, …にふれる ⑤ …に訴える(→ 自 ❺)

******spèak úp* 〈自〉 = *speak out* (↑)

spèak wéll for ... …をよく示す, 見事に物語る

spèak wéll [OR ***híghly***] ***of ...*** …を褒める, よく言う; …がよいことを物語る

******spéak with ...* 〈他〉① …と話をする, 相談する(→ 自 ❷)

② …に注意を与える，忠告する，…をしかる ‖ He *spoke with* his daughter about her cigarette smoking. 彼は娘の喫煙をたしなめた

to spéak of ... 《通例否定文で前の(代)名詞を修飾する形容詞句として》特にこれというほどの ‖ We've had no rain *to* ～ *of* the whole summer. 夏の間中，雨らしい雨は降らなかった

COMMUNICATIVE EXPRESSIONS

1 We're wórking on it, **as we spéak.** 今まさに取り組んでいるところです（♥ 作業が遅れている言い訳としても用いる）

2 **Dón't spéak tòo sóon.** ちょっと待った（♥ 反論の前置き）

3 **I wàsn't spéaking to you.** あなたに話していたわけではありません；余計な口を挟まないでください

4 "**I'd lìke to spèak to** Ms. Jóhnson(, **plèase**)." "**Spéaking.**"「ジョンソンさんとお話ししたいのですが」「私ですが」（♥ 電話口で. =This is she.）

5 **In a mànner of spéaking.** そうですね；そういう言い方もできますね（♥ 漠然とした同意. 文頭では「このように言ってよろしければ」と，意見を述べる際の控えめな前置きになる）

6 **Sò to spéak.** ですね；言ってみればね（♥ だれかの発言を受けて漠然と同意する）

7 "I dón't thìnk he trústs us." "**Spèak for yoursélf.**"「彼は私たちのことを信頼してないと思うな」「一緒にしないでよ」（♥「自分のことだけを言え」から，「人のことまで一緒にするな，あなただけのことで私は違う」の意）

8 **Spèaking of** dátes, are you still séeing her? NAVI デートといえば，まだ彼女と付き合っているの？（♥「そういえば」というニュアンスで話題を変えるときなどに用いる. ⇨ NAVI表現 11）

9 **Whó do you wìsh to spéak to?** どなたにご用ですか（♥ 電話口や受付窓口などで用いるやや堅い表現）

類語 《自 ❶，他 ❶》 **speak**「言葉を話す，発話する」. 言語活動として，例えば「書く」に対して話す，ある特定の言語を話す. 主として 自 だが，他 としては人を目的語にとらない.

talk「話す，しゃべる」. 用法は speak と似ているが，speak は一方が改まった陳述を行い相手が耳を傾けるような場合に用いることが多く，talk は互いにおしゃべりを交わす場合に用いることが多い. 人を目的語にとることはなく，speak と同じく to または with を用いて相手を表す. 〈例〉Could I *talk* [OR *speak*] *to* [OR *with*] the manager? 支配人と話したいのですが（♦ to は「話しかける」，with は「話し合う」の意に重点が置かれることもある）

say「（ある内容を）述べる，言う」. 通例 他 で目的語は人でなく，言葉・意見などの内容を表すものをとる.

tell「（人に）話す，言う」. 通例 他 で，人に話を伝えること. 〈例〉*say* nothing 何も言わない / *tell* nobody だれにも話さない / What did he *say to* you? 彼は君に何と言ったのか / What did he *tell* you? 彼は君に何を話したのか（♦ ふつう say の場合は「言った言葉そのもの」が，tell は「話した内容」が問われる）

以上のうち tell だけは二重目的語をとったり，「命令」の意味を表すことができる. また慣用的表現に注意すること. 〈例〉*speak* [OR *say, tell*] the truth 本当のことを言う / *say* [OR *speak*] a word ひとこと言う / *tell* a story 話をする（♦ ×say [OR speak] a story とはいわない）/ *speak* English 英語をしゃべる（♦ ×say [OR tell] English とはいわない）/ *talk* nonsense たわごとを言う

-speak 連結形 「（特定の分野・職業などにつけて）…用語，…言葉」の意 ‖ computer*speak*（コンピューター用語），techno*speak*（技術専門語）

spéak·èasy 名（複 **-eas·ies** /-z/）C《米俗》《旧》（禁酒法時代の）酒類密売店，もぐり酒場

speak·er /spíːkər/

―名（複 **～s** /-z/）C ❶ **話す人**，話し手；スピーチをする人，**演説者**，講演者 ‖ a good [bad, poor] ～ 話の上手[下手]な人 / a guest ～ 来賓演説者 / a public ～ 演説家 / an after-dinner ～ テーブルスピーチをする人

❷（ある言語を）**話す人** ‖ She is a good ～ of English and French. 彼女は英語とフランス語を上手に話す（= She speaks English and French well.）/ a **native** ～ of German ドイツ語を母語として話す人

❸ スピーカー，拡声器（loudspeaker）

❹ スポークスマン，代弁者，代表者（spokesperson）

❺《しばしば S-》（議会の）議長；《the S-》（米・英国会の下院の）議長（♦ 上院の議長は the President）‖ the *Speaker* of the House （米国議会の）下院議長 / Mr. [OR Madam] *Speaker*!《呼びかけ》議長

～·shìp 名 U 議長の職[任期]

▶▶ **Spéaker's** [**Spéakers'**] **Còrner** 名 スピーカーズ=コーナー《公園などに設置された，だれでも自由に演説ができる広場. London の Hyde Park のものが発祥》

spéaker·phòne 名 C《主に米》（耳に当てずに通話ができる）拡声器・マイク付き電話

***speak·ing** /spíːkɪŋ/ 名 U 話すこと，話し方；談話，会話（術）；演説，講演，弁論（術）‖ ～ skills 話し方の技術 / public ～ 公の場での演説 / plain ～ 歯に衣(きぬ)着せぬ物言い / teach ～ 話し方を教える

―形《限定》❶ 話をする（ことができる），話をするときの；《複合語で》…語を話す ‖ a ～ robot 言葉を話せるロボット / have a good ～ voice 話すときの声がよい / a Japanese-～ guide 日本語を話すガイド / English-～ countries 英語圏の国々 ❷ 話をするかのような；表現力豊かな，雄弁な；生き生きとした，真に迫った ‖ give her a ～ look 彼女を表情豊かな目で見る / a ～ likeness （今にも口をききそうな）真に迫った肖像画

be on spéaking tèrms with ... 《しばしば否定文で》…と（会えば）話をする[口をきく]仲である ‖ He has not *been on* ～ *terms with* her for months. 彼は彼女と何か月も口をきかなくなっている

▶▶ **～ clóck** 名《the ～》《英》電話時刻案内 **～ trùmpet** 名 C（旧式の）らっぱ型拡声器 **～ tùbe** 名 C 通話管，伝声管

***spear** /spɪər/ 名 C ❶ やり，（戦闘・狩猟用の）投げやり；（魚を突く）やす ‖ hurl [OR throw] a ～ at a deer シカを目がけてやりを投げる / a fish ～ やす ❷（草などの）（細い）葉身，芽；若芽 ‖ asparagus ～*s* アスパラガスの芽

―動 他 ❶ …をやり[やす]で突く；…を〈フォークなどで〉突き刺す〈**with**〉 ❷【球技】〔ボール〕を腕を突き出してとる

▶▶ **～ gùn** 名 C 水中銃，やす発射銃

spéar·fìsh 名（複 **～** OR **～·es** /-ɪz/）C【魚】マカジキ

―動 自（水中で）やすを用いて魚を捕らえる

spéar·hèad 名 C ❶《通例単数形で》（攻撃・運動などの）最前線に立つ人[集団]，先鋒(せんぽう)，前衛，第一線 ❷ やりの穂先 ―動 他〔攻撃・運動など〕の先頭に立つ

spéar·mìnt 名 U【植】スペアミント，オランダハッカ

spec /spek/（♦ 同音語 speck）名 ❶ C《通例 ～s》《口》仕様書（specification） ❷ U C《口》投機（speculation），思惑

on spéc 《口》投機的に；《英口》山をかけて，当てずっぽうで

―動（**specced, spec'd** /-t/；**spec·cing, spec'ing**）他 …の仕様書を書く；〔機械〕に所定の性能を与える

spe·cial /spéʃəl/ 形 名

中心義 ふつうではない

形 特別な❶ 並外れた❷ 独特の❸ 大切な❹ 臨時の❺

―形〔▶ specialty 名，speciality 名，specialize 動〕

《通例比較なし》❶《通例限定》(ほかのものと違って)**特別な**, 特殊な(↔ general, normal)(♥ handicapped の婉曲語として好まれる. →special education)(⇨ PARTICULAR 類語) ‖ This word is used in a ～ sense. この語は特殊な意味で用いられている / I didn't notice anything ～ about his manner. 彼の態度で特に気づいたことはない / a ～ case 特例 / for ～ reasons 特別の理由で

❷《限定》例外的な, 格別の, **並外れた** (↔ ordinary) ‖ Our school pays ～ attention to English-language teaching. 我が校では英語教育に格別の注意を払っている / deserve ～ consideration 特別に考慮する価値がある

❸《限定》**独特の**, 特有の ‖ He has his own ～ way of studying languages. 彼には独特の言語学習法がある

❹ 特別に親しい ; **大切な** ‖ a ～ friend of mine 私の大の親友 / You are very ～ to me. 君は僕にとってとても大切だ / Champagne is drunk on ～ occasions. シャンパンは大事な行事のときに飲まれる

❺《限定》特別用[仕立て]の, **臨時の** ‖ a ～ train 特別[臨時]列車 / a ～ flight 臨時便 / a ～ correspondent 特派員 / a ～ issue (雑誌の)臨時増刊号

❻ 専門の, 専攻の ❼ (教育内容が)障害児のための

COMMUNICATIVE EXPRESSIONS

1 **(Is [Was] there) ànything spécial?** ① (状況などに)変わりはないか ② 何か特に注目すべき情報はあるか

2 **Ìsn't thàt spécial?** まあ何て格別でしょう ; つまらないこと(♥ 珍しくもないもの[こと]に対する皮肉)

3 "This pàinting is spléndid." "**(Oh,) it's nóthing spécial àctually** [OR **rèally**]." 「この絵は見事ですね」「いいえ, そんな大したものではありませんよ」(♥ 称賛・賛辞に対する謙遜した応答)

4 **Whàt màkes you sò spécial?** 何様のつもりだ (♥ 我慢ならない態度の人を非難するくだけた表現)

— 名 (複 **～s** /-z/) C ❶ 特別[臨時]の人[もの] ; 臨時[特別]列車 ; 号外 ; 特使 ; 特派員 ; 《英》臨時警官 (special constable) ❷ (テレビの) 特別番組 ‖ a TV ～ on the Olympics テレビのオリンピック特別番組 ❸ (レストランの)本日のお勧め, 特別料理 ‖ I'd like the daily ～ and a cup of tea. 本日のお勧めと紅茶を下さい ❹ 《口》特売(品) ‖ have [OR offer] a ～ on meat 肉の特売をする / The ～ today is fish. 今日の特売品は魚です

on spécial 特価で ‖ Dairy products are *on* ～ this weekend. この週末は乳製品がお買得だ

▸▸ **～ ágent** 名 C 《米》特別捜査官 **Spècial Bránch** 名 《ときに the ～》《単数・複数扱い》(政治犯などを取り締まる英国の警察の) 公安部 **～ cónstable** 名 C (緊急時に任命される英国の) 臨時警官 **～ delívery** 名 U 速達(便) **～ dráwing rìghts** 名 複 〖経〗(国際通貨基金の) 特別引き出し権 (略 SDRs) **～ educátion** 名 U (障害者・遅進児などのための) 特殊教育 **～ effécts** 名 複 (映画・テレビの) 特殊効果 **～ fórces** 名 複 《しばしば S-F-》特殊部隊 **～ ínterest (gròup)** 名 C 《米》特殊利益集団 **～ lícence** 名 C 《英》〖法〗特別結婚許可証 《通例認められない時・場所での結婚に対して英国国教会が発行するもの》 **～ néeds** 名 複 (障害児に対する) 特別な配慮 [養護] **～ óffer** 名 C U 割引価格, 特価提供(品) **Spècial Olýmpics** 名 《the ～》《単数・複数扱い》スペシャルオリンピック《知的障害者の国際スポーツ大会》 **～ pléading** 名 U ① 〖法〗特別訴答《相手方の陳述を否定する代わりに行う新事実の申し立て》 ② (自分に不利なことは無視する) 手前勝手な議論 [陳述] **～ schòol** 名 C (障害児などのための英国の)特殊学校

spe·cial·ism /spéʃəlìzm/ 名 C 専門(分野), 専攻 (specialty) ; U 専門化 (specialization)

‡spe·cial·ist /spéʃəlɪst/ 《アクセント注意》
— 名 (複 **～s** /-s/) C ❶ 〈…の〉**専門家** ; 専門医 (↔ generalist) 〈**in, on**〉 ‖ call in [consult] a ～ 専門家を招く[に相談する] / a computer ～ コンピューターの専門家 / a heart [cancer] ～ 心臓[癌(がん)]専門医 / a ～ *in* biotechnology バイオテクノロジーの専門家 / a ～ *on* Shakespeare シェークスピアの専門家

❷ 〖米陸軍〗技術兵

— 形 《限定》 専門 (家) の ‖ ask for ～ advice 専門家の助言を求める

spe·ci·al·i·ty /spèʃiǽləṭi/ 《アクセント注意》 名 〔◁ special 形〕《英》=specialty

spe·cial·i·za·tion /spèʃələzéɪʃən | -ʃəlaɪ-/ 名 C U 専門[特殊]化 ; (意味の)限定 ; 〖生〗分化

·spe·cial·ize /spéʃəlàɪz/ 動 〔◁ special 形〕 自 ❶《英》〈…を〉専攻する(《米》major)〈**in**〉; (商売・活動などで)〈…を〉専門とする〈**in**〉 ‖ ～ *in* economics at college 大学で経済学を専攻する / This restaurant ～*s in* Italian food. このレストランはイタリア料理が専門だ ❷ 〖生〗(器官などが) 分化する — 他 ❶ …を専門[特殊]化する ❷ 〖生〗〔器官など〕を分化させる **～d** 形

·spe·cial·ly /spéʃəli/ 副 (⇨ ESPECIALLY 語法) ❶ (ある目的のために) 特に, わざわざ ‖ This lotion is ～ designed for a person with sensitive skin. このローションは敏感肌の人向けに特に作られたものだ ❷ 《口》(ほかのものと区別して)ことのほか, とりわけ(♦ especially を用いる方がふつう) ‖ a ～ good navigation system 特別に優れたナビゲーションシステム ❸ 特別な方法で, 格別に ‖ treat his friends ～ 彼の友達を特別に扱う

·spe·cial·ty /spéʃəlti/ 名 〔◁ special 形〕 (複 **-ties** /-z/) C (♦ 《英》では ❹ を除いて speciality がふつう) ❶ 名物, 特製品, 特別品 ‖ Steak is a ～ of this restaurant. ステーキがこのレストランの自慢料理です / a ～ dish 特別[名物]料理 ❷ 専門, 専攻 ‖ My ～ is social psychology. 私の専門は社会心理学です ❸ 特色, 特質, 特(異)性 ❹ 〖法〗捺印(なついん)契約(証書)

spe·ci·a·tion /spìːʃiéɪʃən, -si-/ 名 U 〖生〗種形成

spe·cie /spíːʃi/ 名 U 正金(しょうきん), 正貨(↔ paper money)

in spécie 正金で ; 同じように ; 〖法〗指定された形式で

‡spe·cies /spíːʃiːz, -siːz/ 《発音注意》
— 名 (複 **～**) C ❶ 〖生〗**種**《genus「属」の下位分類》 ‖ a rare ～ of butterfly チョウの珍種 / 「an endangered [a protected] ～ 絶滅危惧(きぐ)[保護]種 / an extinct ～ 絶滅種 / the (human) ～=our ～ 人類

❷ 種類(⇨ SORT 類語)

❸ (ある特徴を持つ)人, もの ‖ The record player is now a rare ～. レコードプレーヤーは今ではまれなものとなった ❹ 〖論〗種, 種概念, 部(→ genus) ❺ 〖化・物〗核種 ❻ 〖カト〗ミサ用のパンとワイン(の聖別された後の形態)

▸▸ **～ bàrrier** 名 《the ～》種の障壁《病気が別の種に感染することを防ぐと考えられている自然の防御機能》

spe·cies·ism /spíːʃiːzìzm/ 名 U 種差別, 種による生き物の差別(思想)《人がほかの動物を虐待したり勝手に利用したりすること》 **-ist** 名

specif. 略 specific, specifically

spec·i·fi·a·ble /spésəfàɪəbl/ 形 明示[明記]できる

‡spe·cif·ic /spəsífɪk/ 《アクセント注意》
— 形 (**more ～ ; most ～**)

❶《限定》**特定の**, 一定の(↔ general) (⇨ PARTICULAR 類語) ‖ a ～ aim [OR purpose] 特定の目的 / a ～ sum of money 一定の金額

❷ **明確な**, はっきりした, 具体的な(↔ vague) ‖ Let's get ～ about our share of the profit. 利益の分け前をはっきりさせよう / ～ instructions 明確な指示

❸ 〈…に〉特有の, 独特の〈**to**〉 ‖ These customs are ～ *to* this area. こうした習慣はこの地方特有のものだ / a ～ trait 特性 ❹ 〖生〗種(しゅ)の, 種特有の ❺ 〖医〗(薬などが) 特効のある ; (病気が) 特殊な原因で起こる ‖ a ～ remedy 有効な治療法 ❻ (課税が) 従量の《品目の数・重量・容積をもとに課される》 ❼ 《複合語の第2要素として》…に特有の,

…に限定した ‖ gender-～ 一方の性に特有の

COMMUNICATIVE EXPRESSIONS

[1] Consúmers should be cáreful when they bùy próducts. **To bè (mòre) specífic**, they should rèad the làbels thóroughly. 消費者は商品を買う際に注意すべきです. (もっと)具体的に言うと, ラベルを入念に読むべきです(♥ 具体的な説明などを加える)

—名 Ⓒ ❶《通例 ～s》詳細, 細部 ‖「get down to [OR go into] ～s 細目に入る ❷《主に旧》特効薬, 特殊治療

▸▸ ～ grávity 名 Ⓤ〖理〗比重 ～ héat 名 Ⓤ/Ⓒ《通例単数形で》《米》〖理〗比熱(《英》specific heat capacity)

***spe·cif·i·cal·ly** /spəsífɪkəli/ 副 (more ～ ; most ～) ❶ **特に**, とりわけ ‖ This play is written ～ for TV. この戯曲はテレビ向けに特別に書かれたものだ ❷ 明確に, はっきりと ‖ I ～ asked you not to be late. 君にははっきりと遅刻をしないよう言ったはずだ ❸ NAVI もっと正確に言えば, 具体的には (⇨ NAVI表現 2) ‖ in the west of France, ～, in Brittany フランス西部で, 厳密にはブルターニュで

***spec·i·fi·ca·tion** /spèsəfɪkéɪʃən/ 名 ❶ Ⓤ 明細に述べること, 明記 ; 詳述 ❷ Ⓒ《通例 ～s》明細書 ; (建築物などの) 仕様書 ; 製品仕様, スペック ‖「conform to [OR meet, match] an architect's ～s 建築家の仕様どおりである / ～s for a garage ガレージの仕様書 ❸ Ⓒ 明細事項, 細目, 内訳 ❹ Ⓒ〖法〗特許説明書

spec·i·fic·i·ty /spèsəfísəṭi/ 名 (複 -ties /-z/) Ⓤ Ⓒ 特性を有すること ; 特性, 特徴

***spec·i·fy** /spésəfàɪ/ 動 (-fies /-z/ ; -fied /-d/ ; ～·ing) 他 ❶ a (+目)…を明細[具体的]に述べる[記す], (明確に)…を指定[指示, 特定]する(✎ pin [OR nail] down) ‖ ～ the time and place 時間と場所をはっきり指定する / a *specified* date 指定の日時 b (+that 節 / wh 節)…と[…かを]明細に記す[述べる] ‖ ～ *who* is to blame だれの責任かはっきりさせる / The curriculum *specifies that* students must take two foreign language courses. カリキュラムでは学生は2つの外国語科目をとらなくてはならないことになっている ❷ (仕様書などに)…を記入[指定]する ‖ The contract *specifies* slates for the roof. 契約書には屋根はスレートにするように指定してある

***spec·i·men** /spésəmɪn/ 名 Ⓒ ❶ 見本, 実例 ; 《形容詞的に》見本の ‖ a fine ～ of manhood 男らしさの見本みたいな人 / a ～ page (本の)見本ページ ❷ (動植物の)標本 ; 〖医〗(検査用の血液・尿などの)標本, サンプル(⇨ SAMPLE 類語) ‖ take a ～ of blood [urine] 血液[尿]のサンプルをとる ❸《通例形容詞を伴って》《口》《戯》(…な)人 ‖ He's a poor ～. 彼は駄目なやつだ

spe·cious /spíːʃəs/ 形 もっともらしい, 見掛け倒しの ‖ ～ logic もっともらしい理屈 ～·ly 副 ～·ness 名

***speck** /spek/ (♦ 同音語 spec) 名 Ⓒ ❶ 小さなしみ, 小斑点(はんてん) ; (果物などの) 傷 ‖ a ～ of ink インクのしみ ❷ 微小片 ; 《通例否定文で》少量 ‖ There is not a ～ of sincerity in him. 彼には誠実さのかけらもない —動 他《通例受身形で》〈…の〉しみ[斑点]がついている〈with〉 ～·less 形

speck·le /spékl/ 名 Ⓒ (鳥の羽・卵などの)斑点, 斑(ふ), まだら ; (皮膚などの) しみ —動 他《通例受身形で》…に斑点[しみ]がついている, まだらになっている

▸▸ ～d tróut 名 Ⓒ《米》〖魚〗カワマス

speck·led /spékld/ 形 斑点のある, まだらの

spec·ky, spec·cy /spéki/ 形《英》眼鏡をかけた

specs /speks/ 名 複 ❶《口》眼鏡 (glasses) ❷ =specification ❷

***spec·ta·cle** /spéktəkl/ 《アクセント注意》名 〔▶ spectacular 形〕Ⓒ ❶《通例単数形で》(際立った・印象的な) 光景, 壮観, 眺め, 見もの ; 不快な[哀れな, 奇妙な]光景 ‖ The sunset today was quite a ～. 今日の夕焼けは実に素晴らしい光景だった / a fine [deplorable] ～ 素晴らしい[哀れな]光景 / make a lovely ～ 素晴らしい眺めである ❷ Ⓒ Ⓤ (大がかりで豪華な) 見世物, ショー ❸《～s》《英》眼鏡(glasses) ‖ a pair of ～s 眼鏡1つ

màke a spéctacle of onesèlf 人前で愚かな振る舞い[みっともない服装]をする, 恥をさらす

spec·ta·cled /spéktəkld/ 形 眼鏡をかけた ; (動物が) 眼鏡のような模様の ▸▸ ～ béar 名 Ⓒ〖動〗メガネグマ《南米産》 ～ cóbra 名 Ⓒ〖動〗メガネヘビ, インドコブラ《南アジア産で首の背面に眼鏡のような模様がある》

***spec·tac·u·lar** /spektǽkjələr/ 《アクセント注意》形 〔◁ spectacle 名〕(more ～ ; most ～) 見世物の(ような) ; 壮観な, 豪華な ; 素晴らしい, 劇的な ‖ a ～ display of fireworks 素晴らしい花火大会 —名 Ⓒ (テレビの) 豪華ショー, 大がかりな見世物 ～·ly 副

spec·tate /spékteɪt | ─́─/ 動 自 (スポーツを)観戦する

***spec·ta·tor** /spékteɪṭər | ─́─, ─́──/ 《アクセント注意》名 Ⓒ 観客, 観衆, 見物人(↔ participant)(♦ 主に試合・イベントについていう. → audience)(⇨ VISITOR 類語P)

▸▸ ～ spòrt 名 Ⓒ 見て楽しむスポーツ

***spec·ter,** 《英》**-tre** /spéktər/ 名 Ⓒ ❶ 幽霊, 亡霊 ❷ 恐ろしいもの, 〈…の〉恐怖〈of〉 ‖ the ～ *of* nuclear war 核戦争の恐怖

the spècter at the féast =*the* GHOST *at the feast*

spec·tra /spéktrə/ 名 spectrum の複数の1つ

spec·tral /spéktrəl/ 形 ❶ 幽霊の(ような) ❷〖理〗スペクトルの ‖ ～ analysis スペクトル分析 ～·ly 副

spec·tro·gram /spéktrəgræ̀m/ 名 Ⓒ スペクトル[分光]写真

spec·tro·graph /spéktrəgræ̀f | -gràːf/ 名 Ⓒ スペクトル[分光]写真機

spec·trom·e·ter /spektrá(ː)məṭər | -trɔ́mɪ-/ 名 Ⓒ 分光計 **spèc·tro·mét·ric** 形 **-try** 名

spec·tro·scope /spéktrəskòup/ 名 Ⓒ 分光器 **spèc·tro·scóp·ic** 形 **-scóp·i·cal·ly** 副

spec·tros·co·py /spektrá(ː)skəpi | -trɔ́s-/ 名 Ⓤ 分光学

***spec·trum** /spéktrəm/ 名 (複 ～s /-z/ OR -tra /-trə/) Ⓒ ❶〖理〗スペクトル ‖ a solar ～ 太陽スペクトル ❷ (X線・無線・音声などの)波長 ; (波動の) 範囲 ❸ (変動) 範囲, (連続した) 広がり ‖ a wide ～ of opinions 広範囲にわたる意見 ▸▸ ～ ànalyzer 名 Ⓒ スペクトラムアナライザー, スペアナ《周波数別の信号レベルを表示する計測器》

spec·u·lar /spékjulər/ 形 ❶ 鏡の, 鏡のような, (鏡のように) 反射する ❷〖医〗検鏡の

***spec·u·late** /spékjulèɪt/ 動 〔▶ speculation 名, speculative 形〕自 ❶〈…について〉(十分な知識なしに) (あれこれ)思索する, 推測する〈on, about〉 ‖ ～ *on* the criminal's motive 犯人の動機についてあれこれ考える / ～ *about* his past 彼の過去についてあれこれ推測する ❷ 投機する〈in 株・商品に ; on 市場で〉

—他 (+that 節 / wh 節)…ということ[…かどうか]を考える, 推測する ‖ He ～*d that* life might exist on Mars. 火星には生物が存在するかもしれないと彼は考えた

COMMUNICATIVE EXPRESSIONS

[1] **Spéculating** [OR **If I may spéculate**] **for a mòment**, whàt would you dó in the evènt of a hùge éarthquake? ここで少し想定してみたいのですが, 大きな地震があったらあなたはどうしますか (♥ 仮想を表す形式ばった表現)

***spec·u·la·tion** /spèkjuléɪʃən/ 名 〔◁ speculate 動〕Ⓤ Ⓒ ❶ 思索, 熟考 ; 推測, 憶測 ; 推論, 考え〈about, over …についての / that 節…という〉 ‖ new ～*s about* the origin of the universe 宇宙の起源についての新考察 ❷ 投機, 思惑買い ‖ ～ in lands 土地の思惑買い / on ～ 投機的に, 思惑で

***spec·u·la·tive** /spékjulèɪṭɪv | spékjulə-/ 形 〔◁ speculate 動〕❶ 思索的な ; 推測の ❷ 投機の, 投機的な ‖ a ～ land boom 投機的な土地ブーム ❸ (まなざしなどが) 問いかける[詮索(せんさく)する]ような ～·ly 副

spec·u·la·tor /spékjulèɪṭər/ 名 C ❶ 投機家，相場師 ❷ 思索家，理論[空論]家

spec·u·lum /spékjuləm/ 名 (複 **~s** /-z/ OR **-la** /-lə/) C ❶ 〖医〗(目・耳などを診断する)検鏡 ❷ (望遠鏡などの)反射鏡 ❸ 〖鳥〗(翼の)目玉模様，翼鏡(よくきょう)

‡sped /sped/ 動 speed の過去・過去分詞の1つ

‡speech /spiːtʃ/

—名〔◁ speak 動〕(複 **~·es** /-ɪz/) (⇨ BYB) ❶ C U 〈…についての〉**演説**(の原稿)，講演，スピーチ〈**on, about**〉(⇨ 類語) ‖ an after-dinner ~ テーブルスピーチ (❗「テーブルスピーチ」は和製語.「スピーチ」は食事中にはしないので(食後のみ)，単に speech でもよい) / **make** [OR **give, deliver**] a ~ *on* [OR *about*] cultural exchanges 文化交流について演説をする

❷ U **話すこと**，発言，言論 ‖ break into ~ 突然しゃべり出す / be slow of ~ 話し方がゆっくりである[のろい] / freedom of ~＝**free** ~ 言論の自由

❸ U **話す力**，言語能力 ‖ Animals lack ~. 動物には言語能力がない / Fear deprived the girl of ~. 恐怖のあまり少女は口がきけなくなった / have the power of ~ 言語能力を有する / lose one's ~ 口がきけなくなる

❹ U 話し方，**話しぶり** ‖ I can tell from your ~ that you are Welsh. あなたの話し方でウェールズ人だとわかります / his slovenly ~ 彼のだらしない口のきき方

❺ U 話し言葉；(特定の国・地域・団体などの)言語，言葉，方言《特に話し言葉についていう》(⇨ LANGUAGE 類語) ‖ These expressions are used in ~. これらの表現は話し言葉で使われる / the ~ of the common people 一般民衆の言葉 / His native ~ is Spanish. 彼の母語はスペイン語だ

❻ U 〖文法〗話法(narration) (♦ 語られた言葉をそのまま引用する直接話法(direct speech)と，語られた言葉の趣旨を伝える間接話法(indirect speech)に大別される)

❼ C (役者の)(長い)せりふ

a figure of speech ⇨ FIGURE OF SPEECH

a part of speech ⇨ PART OF SPEECH

類語《❶》**speech**「演説」の意の一般的な語.
address ある特定の主題・機会にふさわしい，やや改まった準備された演説.
talk 打ち解けた談話調の speech または lecture.
lecture 知識を与える目的の speech.「講演，講義」.

▶▶ **~ áct** 名 C 〖言〗発話行為 **~ bùbble** 名 C (漫画の)吹き出し **~ commùnity** 名 C 〖言〗言語共同体 **~ dày** 名 C《英》スピーチデイ《演説が行われ，賞品が授与される年に1度の学校の式典日》 **~ màrks** 名 複 引用符(quotation marks) **~ recognìtion** 名 U 💻 音声認識 **~ sỳnthesis** 名 U 〖電子〗音声合成 **~ sýnthesizer** 名 C 〖電子〗音声合成装置 **~ thèrapist** 名 C 言語(障害)治療士 **~ thèrapy** 名 U 言語(障害)治療[療法]

Boost Your Brain!

speech

数えられる名詞の a speech は「演説，講演，スピーチ」などを指すが，数えられない名詞の speech は「話すこと，発話，言葉」を意味する. language と対比的に用いられることが多く，language が音声・語彙・文法の規則を持つ言語という記号体系を俯瞰(ふかん)的な視点からとらえた語であるのに対して，speech は個別的な一人一人の発話行為や言語活動により焦点が当てられている.「言語能力」は the power of speech,「言論の自由」は freedom of speech と言う.

"Speech is so familiar a feature of daily life that we rarely pause to define it. ... Yet it needs but a moment's reflection to convince us that this naturalness of speech is but an illusory feeling." (Edward Sapir—米国の人類学者，言語学者)「言葉は日常生活の極めてありふれた特徴なので，私たちはわざわざそれを定義しようとはめったにしない. … しかしほんの少し考えてみれば，こうした言葉の自然さは幻想でしかないことがわかる.」

speech·i·fy /spíːtʃɪfàɪ/ 動 (**-fies** /-z/；**-fied** /-d/；**~·ing**) 自《口》(長々と)演説をぶつ，もったいぶった[冗長な]話し方をする

speech·less /spíːtʃləs/ 形 ❶《叙述》(驚き・怒りなどで)(一時的に)口がきけなくなって，言葉を失って ‖ ~ with surprise 驚きのあまり絶句して ❷《限定》言葉に表せない ‖ ~ terror 言語に絶する恐怖 ❸ 口のきけない，言語能力を持たない

COMMUNICATIVE EXPRESSIONS

1 **I'm spéechless.** (感激で)何と言ったらいいかわかりません(♥ 非常に感激したり驚いたりしたときに感極まって)

~·ly 副 **~·ness** 名

spéech·writer 名 C (職業として)演説の原稿を書く人

‡speed /spiːd/ 名 動

—名〔▶ speedy 形〕(複 **~s** /-z/) ❶ C U **速度**，速力，スピード (⇨ 類語) ‖ The maglev train has a top ~ of over 500 kph. リニアモーターカーは最高速度が時速500キロを超える / fly **at the** ~ of sound 音速で飛ぶ / gather [OR pick up, gain] ~ 速度を増す / reduce ~ 速度を落とす / **at low** ~ 低速で / **at high** [OR great] ~ 高速で / (**at**) full [OR top] ~ 全速力で / ~ restrictions スピード制限 / the processing ~ of a CPU CPUの処理速度 / increase the ~ of delivery 配送のスピードを上げる

❷ U (動作などが)**速いこと**，速さ ‖ Ken made his escape by ~ rather than cleverness. ケンが逃げおおせたのは機転よりも逃げ足の速さのおかげだった / Monica was stunned by the ~ of events. モニカは事態の進展の(予想外の)速さにぼう然とさせられた / **with** ~ 迅速に

❸ C (自転車・自動車の)変速装置，ギア ‖ a 5-~ bicycle 5段変速の自転車 ❹ U《俗》スピード《覚醒(かくせい)剤アンフェタミン》 ❺ C 〖写〗(レンズの)集光能力(f-number)；(フィルムの)感(光)度；露光速度，シャッタースピード ❻ C《主に米口》お気に入りのもの

at spéed 高速で，スピードを出して

fùll spèed ahéad 全速力で，全力で

ùp to spéed ① できるだけ速く[効率よく]動いて，最高速度を出して ‖ bring a system *up to* ~ システムを有効に稼働させる ② (人が)〈…について〉最新情報を持って，〈…を〉すっかり知って〈**about, on, with**〉‖ The principal is *up to* ~ *with* what's going on in the class. 校長先生はクラスで起きていることをよく知っている

—動 (**~s** /-z/；**~·ed** /-ɪd/ OR **sped** /sped/；**~·ing**) (♦ 自 ❶, 他 ❶ では sped も使われる)

—自 ❶ (**+副句**)**急ぐ**，速く動く[進む] (↔ crawl) (♦ 副句 は方向を表す) (⇨ HASTEN 類語) ‖ The time *sped* by [OR past]. 時があっという間に過ぎた / The robbers *sped* away [OR off] in the car. 強盗犯たちは車で急いで去った / ~ down [OR along] a street 通りを急ぐ

❷《通例進行形で》スピード違反をする(♦ 過去・過去分詞は speeded) ‖ I was ~*ing* in a forty-kilometer-per-hour area. 私は40キロ制限区間でスピード違反をしていた ❸《俗》覚醒剤を打つ，覚醒剤がきいている

—他 ❶ …を**急がせる**，速く動かす；(特に車で)〔人〕を急いで連れて行く(♦ しばしば方向を表す 副句 を伴う) ‖ I'll ~ you on your way. お見送りしましょう / ~ one's boat forward ボートを素早く前進させる / ~ her into the center of the city (車で)彼女を市の中心に急いで送る

❷〔仕事など〕を促進する，進める(♦ 過去・過去分詞は speeded)

spèed úp (♦ 過去・過去分詞は speeded)〈自〉スピードを上げる(↔ slow down) ‖ The train soon ~*ed up*. やがて列車はスピードを上げた —〈他〉《***spèed úp ...*** / ***spèed ...***

úp)…のスピードを上げる，…をはかどらせる(accelerate) ‖ ～ *up* one's reading 読書のスピードを上げる / ～ *up* production 生産のピッチを上げる

類語 《名❶》 **speed**「速さ，速度」の意のふつうの語. **velocity** 専門的な語で一定の方向に［高速で］進むものの速度. 〈例〉the *velocity* of light 光の速度

▶～ **bàg** 名 C 〖ボクシング〗スピードバッグ《パンチのスピードを高めるためのパンチバッグ》 ～ **bùmp** 名 C スピードバンプ《車の速度を落とさせるために道路や駐車場などに設けた段差》 ～ **càmera** 名 C スピード違反監視カメラ ～ **dàting** 名 U スピードデート《多くの異性と数分間ずつ話をして気の合う相手を見つけるイベント》 ～ **dìal** (↓) ～ **hùmp** 名 C 《主に英》=speed bump (《英口》sleeping policeman) ～ **lìmit** 名 C (自動車などの)(最高)制限速度 ～ **mèrchant** 名 C 《英口》スピード狂 ～ **rèading** 名 U 速読 ～ **skàting** 名 U スピードスケート競技 ～ **tràp** 名 C (道路の)スピード違反監視区間

spéed·bàll 名 U スピードボール ❶ 《米》サッカーに似たゲーム《ボールは手でパスする》 ❷ 《俗》コカインとヘロインの混合注射液

spéed·bòat 名 C 高速モーターボート，快速艇

spéed dìal 名 C (電話機などの)短縮ダイヤル

spéed-dìal 動 他〔番号〕を短縮ダイヤルを使ってかける

speed·er /spíːdər/ 名 C スピード違反者

speed·i·ly /spíːdɪli/ 副 速く，急いで，直ちに

*__speed·ing__ /spíːdɪŋ/ 名 U スピード違反 ‖「be fined [get a ticket] for ～ スピード違反で罰金をとられる［切符を切られる］

speed·o /spíːdoʊ/ 名 (複 **～s** /-z/) C ❶ 《英口》=speedometer ❷ 《通例 S-》《商標》スピード《英国Speedo 社製の競泳用水着》

speed·om·e·ter /spɪdɑ́(ː)məţər | -dɔ́mɪ-/ 《アクセント注意》 名 C (自動車などの)速度計

spéed-rèad 動 (**-read** /-rèd/ ; **～·ing**) 他 …を速読する **～·er** 名

speed·ster /spíːdstər/ 名 C 《口》 ❶ 高速で走る車［運転者］ ❷ 《米》《旧》スピード違反者

spéed·ùp 名 U C スピードアップ；生産能率向上

spéed·wày 名 ❶ C オートバイ［自動車］レース場；U オートバイ［自動車］レース ❷ C 《米》高速道路

spéed·wèll 名 C U 〖植〗クワガタソウ属の植物

spéed·wrìting 名 U 《商標》速記術

*__speed·y__ /spíːdi/ 形〔◁ speed 名〕 ❶ 速い，迅速な (⇨ QUICK 類語) ‖ a ～ runner 走るのが速い人 / a ～ worker 仕事の速い人 ❷ 即座の，猶予なしの ‖ a ～ reply 即答 **spéed·i·ness** 名

spe·le·ol·o·gy /spìːliɑ́(ː)ləd͡ʒi | -ɔ́l-/ 名 U 洞穴学；洞窟(どうくつ)調査［探検］ **-gist** 名

*__spell__[1] /spel/ 名 C ❶ 呪文(じゅもん)，まじない(の文句) ‖ recite a ～ 呪文を唱える ❷ 魔力；呪縛(じゅばく) ‖ cast a ～ on the princess 王女に魔法をかける / break the ～ 呪縛を解く ❸ 魅惑，魅了

under a [OR ***a pèrson's***] ***spéll*** ① (人に)呪文で縛られて，まじないをかけられて ② (人に)魅せられて ‖ I fell *under* her ～. すっかり彼女のとりこになった

***__spell__[2] /spel/

━動 (**～s** /-z/ ; **～ed** /-d/, 《主に英》**spelt** /spelt/ ; **～·ing**)

━他 ❶〔語〕を**つづる**，…のつづりを書く［言う］ ‖ How do you ～ your **name**? お名前はどうつづるのですか / The British ～ "color" with an "ou." 英国人は color を ou としてつづる / ～ a **word** wrong [OR wrongly] 単語のつづりを間違える

❷ 《受身形不可》(ある順序でつづられた文字が)…という語を形作る，…と読む ‖ R-a-t ～*s* rat. R-a-t とつづると rat と読む ❸〈…にとって〉…という結果を招く；…を意味する〈**for**〉 ‖ His extravagance ～*ed* ruin *for* him. 彼は浪費で身を持ち崩した

━自 (正しく)字をつづる

spèll dówn ... / spèll ... dówn 〈他〉《米》スペリング競技で〔人〕を負かす

spèll óut ... / spèll ... óut 〈他〉 ① …を1字1字きちんと書く［言う］ ② …を(1語1語)ゆっくり［苦労して］読む ③ …を詳しく説明する(explicate)；〈…かを〉詳しく説明する〈**wh** 節〉 ‖ Let me ～ *out why* we need more rest. なぜ我々にもっと休息が必要なのかを詳しく説明しましょう ④ (よく調べて)…を理解する，解明する

▶～ **chèck** (↓)

*__spell__[3] /spel/ 名 C ❶ 短時間，しばらく(の間) ‖ rest (for) a ～ しばらく休息する ❷ 活動［勤務］期間，勤務の順番；(特に交替で行う)ひと仕事 ‖ I had a two-year ～ in sales. 2年間営業で勤務した / take [OR have] ～*s* at the wheel 交替でハンドルを握る［車を運転する］ ❸ (ある天候の続く)期間 ‖ a cold ～=a ～ of cold weather 寒気続き ❹ (病気の)発作，不快な時 ‖ a coughing ～ せきの発作 / a dizzy ～ 一時のめまい ❺ 《豪・ニュージ》休憩時間

COMMUNICATIVE EXPRESSIONS

[1] **Còme ín and sít** [OR **sét**] **a spèll.** まあ，入って入って(♥a spell は「しばらくの間」の意で，「ちょっと寄っていってよ」という誘いの表現. set の方がより気取らない感じ)

━動 他 《主に米》(交替して)〔人〕を休息させる

━自 交替する；《豪》(短時間)休憩する，ひと息つく

spéll·bìnd 動 (**-bound** /-bàʊnd/ ; **～·ing**) 他 …を魅惑する，うっとりさせる

spéll·bìnder 名 C (聴衆を魅了する)雄弁家；人を夢中にさせる本

spéll·bìnding 形 魅了する，うっとりさせるような

spéll·bòund 形 魅せられた，うっとりした

spéll·chèck, spéll chèck 動 他 自 (スペルチェッカーを用いて)(…の)スペルをチェックする

━名 C スペルチェック；スペルチェッカー

spéll·chècker 名 C スペルチェッカー

spéll·dòwn 名 《米》=spelling bee

spell·er /spélər/ 名 C ❶ 《通例修飾語を伴って》(字を)つづる人 ‖ a good [bad] ～ つづりを間違えない［よく間違える］人 ❷ 《主に米》つづり字教本 ❸ =spellchecker

*__spell·ing__ /spélɪŋ/ 名 ❶ U (字を正しく)つづること［能力］；語のつづり方，正字［書］法 ‖ My ～ is terrible.=I am poor at ～. 私のつづりはひどい / a ～ mistake つづりのミス ❷ C (語の)つづり，スペル (❗ spelling の意味の「スペル」は和製語. 英語の spell は「つづる」という動詞) ‖ "Colour" is the British ～ of "color." colour は color のイギリス式のつづりだ

▶～ **bèe** 名 C つづり字競技会 ～ **bòok** 名 C つづり字教本 ～ **chècker** 名 C =spellchecker

*__spelt__[1] /spelt/ 動 spell[2] の過去・過去分詞の1つ

spelt[2] /spelt/ 名 U スペルト小麦《飼料用》

spel·ter /spéltər/ 名 U 亜鉛；(亜鉛入りの)半田

spe·lun·ker /spɪlʌ́ŋkər/ 名 C 《米》(主に趣味としての)洞窟(どうくつ)探検家(《英》potholer)

spe·lunk·ing /spɪlʌ́ŋkɪŋ, spiː-/ 名 U 洞窟探検

spen·cer /spénsər/ 名 C スペンサー《19世紀初期の女性・子供用の短い上着；《英》ウールの女性用そでなし下着》

Spen·cer /spénsər/ 名 **Herbert ～** スペンサー(1820–1903)《英国の哲学者》

***__spend__ /spend/ 動 名

中心義 **Aを費やす**(★Aは「金」「時間」「労力」など)

━動 (**～s** /-z/ ; **spent** /spent/ ; **～·ing**)

━他 ❶〔金〕を**使う**，費やす(↔ save)〈**on, for** …に；(**in**) ***doing*** …することに〉 ‖ Billy ～*s* his allowance as soon as he gets it. ビリーは小遣いをもらうとすぐ使ってしまう / Carrie *spent* all her **money** *on* brand-name goods. キャリーは有り金全部をブランド品にはたいた

❷ (ある目的などに)〔時間〕を**費やす**，使う；(ある場所・状況などで)〔時〕を過ごす〈**on** …に/ ***doing*** …するのに〉 ‖ My

brother *spent* hours *on* his homework. 弟は宿題に何時間もかけた / Andy *spent* some **time** each day studying French. アンディはフランス語の勉強に毎日少し時間を費やした (♦ studying の前に in をつけるのはまれ. ⇨ **PB** 71) / His family *spent* the holidays in Majorca. 彼の家族は休日をマジョルカ島で過ごした / ～ a sleepless night 眠れぬ一夜を過ごす / ～ a night with one's girlfriend ガールフレンドと一夜を共にする
❸ **a** 《+目》〔労力など〕を費やす, 消費する (↔ save) 〈**on** …に/(**in**) *doing* …して〉 ‖ He *spent* great efforts *on* this piece of writing. 彼はこの著作に大変力を入れた / Dorothy *spent* a lot of energy (*in*) collecting data. ドロシーは資料の収集に多大な力を注いだ
b 《通例受身形または ～ oneself で》力などを使い果たす, 尽き果てる ‖ The storm finally *spent* itself [OR its force].=The storm was finally *spent*. 嵐(あらし)はようやく収まった
─自 (金などを) 費やす, 浪費する ‖ Earn before you ～. 使う前に稼げ

COMMUNICATIVE EXPRESSIONS

1 **Dón't spènd it áll in òne pláce.** いっぺんに使ってしまいなさんなよ (♥ 子供に小遣いをやる際の決まり文句)
2 I'd bètter **spènd a pénny.** 《英》トイレに行かなくては (♥ 婉曲表現. 公共トイレが有料なことから)

─名 Ⓒ《単数形で》《英口》使われる金, 支出, 消費額

spend·er /spéndər/ 名 Ⓒ 金を使う人 ‖ She is a big ～. 彼女は浪費家だ / (The) last of the big ～s! 《戯》(けちけちしている人を笑って)せこいなあ

*__spend·ing__ /spéndɪŋ/ 名 Ⓤ Ⓒ 支出 ; 消費
▸▸ ～ **mòney** 名 Ⓤ 小遣い銭 (pocket money)

PLANET BOARD 71

spend ... in *doing* と言うか.

問題設定 「…(時間)を…するのに費やす」という時, spend ... **in** *doing* のように in をつけることがあるか調査した.

Q 次の表現のどちらを使いますか.
(a) We spent almost three hours **in discussing** the matter.
(b) We spent almost three hours **discussing** the matter.
(c) 両方
(d) どちらも使わない

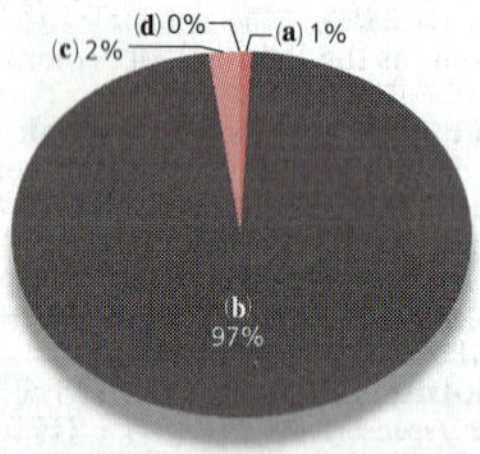

ほぼ全員が (b) の in をつけない形のみ使うと答えた. 「(a) のように in をつけるのは不自然, あるいは誤りで, in をつける場合は, We spent almost three hours *in discussion* about [OR on] the matter. のように名詞形が続く」という指摘が多かった.

参考 I had a hard time (**in**) **figuring** out the right answer. についても調査したが, spend の場合と同様に, 86%が in をつけないと答えた. 《英》では15%が in をつけた形も使い, 「in の有無で意味に違いはない」と答えた.

学習者への指針 「…して時間を過ごす」を表すとき, 「spend+時間を表す語句」の後には直接 *doing* が続き, in は使わないのがふつう.

spend·thrift /spéndθrɪft/ 名 Ⓒ 金遣いの荒い人, 浪費家 ─形 《通例限定》金遣いの荒い

Spen·ser /spénsər/ 名 **Edmund** ～ スペンサー (1552?–99) 《英国の詩人》

Spen·se·ri·an /spensíəriən/ 形 スペンサー (風) の ‖ ～ stanza スペンサー詩形 《スペンサーが *The Faerie Queene* で用いた詩形》

**__spent__ /spent/
─動 spend の過去・過去分詞
─形 (**more ～ ; most ～**)
❶ 《比較なし》《通例限定》使い果たされた, 使用済みの
❷ 疲れ果てた, 力を出しきった ‖ I felt ～ after my exams. テストが終わってくたくただ
▸▸ ～ **fórce** 名 Ⓒ 勢力[影響力]を失った人[もの]

*__sperm__[1] /spəːrm/ 名 (複 ～ OR ～**s** /-z/) ❶ Ⓤ 精液 ❷ Ⓒ 精子 ▸▸ ～ **bànk** 名 Ⓒ 精子銀行 《人工受精用精子貯蔵機関》 ～ **còunt** 名 Ⓒ (1回の射精での)精子数

sperm[2] /spəːrm/ 名 ❶ =spermaceti ❷ (=～ **whàle**) Ⓒ 〖動〗マッコウクジラ ❸ (=～ **òil**) Ⓤ 〖化〗(マッコウクジラの)鯨油

sper·ma·ce·ti /spəːrməséṭi/ 名 Ⓤ 鯨ろう 《マッコウクジラの頭部から採れるろう状の物質. もとろうそく・化粧品用》

sper·mat·ic /spəːrmǽṭɪk/ 形 精液の, 精子の ; 精巣の ; 輸精管の ‖ a ～ cord 精索

sper·ma·tid /spə́ːrməṭəd | -tɪd/ 名 Ⓒ 〖生〗精子細胞

sper·mat·o·phyte /spəːrmǽṭəfàɪt | spə́ːmətou-/ 名 Ⓒ 種子植物

sper·ma·to·zo·id /spə̀ːrməṭəzóuɪd/ 名 Ⓒ 〖植〗(藻・こけ類などの)遊動精子

sper·mat·o·zo·on /spə̀ːrməṭəzóuən | -ɔn/ 名 (複 **-zo·a** /-ə/) Ⓒ 〖生〗精子, 精虫

sper·mi·cide /spə́ːrmɪsàɪd/ 名 Ⓒ (避妊用)殺精子剤

spew /spjuː/ 動 他 ❶ 《口》〔食べ物など〕を吐く《*up*》(vomit) ❷ 〔大量の水・溶岩など〕を噴出する, 排出する, 吐き出す ; 〔悪口など〕をぶちまける《*out*》
─自 ❶ 《口》(食べ物などを)吐く《*up*》 ❷ 噴出する, 排出する, 流出する《*out*》

SPF 略 *s*un *p*rotection *f*actor (日焼け防止指数)

sphag·num /sfǽgnəm/ 名 (複 **-na** /-nə/) (=～ **mòss**) Ⓤ Ⓒ 〖植〗ミズゴケ

*__sphere__ /sfɪər/ 《発音注意》 名 〔▶ spherical 形〕 Ⓒ ❶ 球, 球体, 球形, 球面 ‖ a perfect ～ 完全な球 ❷ (活動・勢力・経験などの)範囲, 領域, 領分 ‖ That's within [out of] my ～. それは私の専門領域内[外]だ / remain in one's proper ～ 自己の本分を守る / a ～ of influence (国などの)勢力圏 ❸ 《主に文》天体 ; 地[天]球儀 ; 〖天〗天球 (celestial sphere) ‖ a heavenly ～ 天体 ❹ 《文》空, 天, 天空 ❺ (社会的)地位, 階級, 身分

-sphere 連結形 〖気象〗「…球, …層」の意 ‖ hemi*sphere*, ozono*sphere*

spher·i·cal /sférɪkəl/ 形 〔◁ sphere 名〕 ❶ 球形の, 丸い ❷ 球(面)の ‖ a ～ mirror 球面鏡 ❸ 天体の, 天球の
～**·ly** 副 ▸▸ ～ **aberrátion** 名 Ⓒ Ⓤ 〖光〗球面収差

sphe·roid /sfíərɔɪd/ 名 Ⓒ 〖数〗回転楕円(だえん)体[面]
sphe·rói·dal 形

spher·ule /sféərjuːl/ 名 Ⓒ 小球(体)

sphinc·ter /sfíŋktər/ 名 Ⓒ 〖解〗括約筋

sphinx /sfɪŋks/ 名 (複 ～**·es** /-ɪz/ OR **sphin·ges** /sfíndʒiːz/) ❶ 《S-》〖ギ神〗スフィンクス 《胴体はライオン, 頭と胸は女性で翼の生えている怪物. 通行人に「朝は4本足, 昼は2本足, 晩は3本足の生き物は何か」となぞをかけ, 解けない者を殺していたが, Thebes の王の子オイディプス (Oedipus) に「人間」と正しく答えられて自殺したという》 ❷ 《the S-》(古代エジプトの)スフィンクス(の像) 《胴体はライオン, 頭は人間・雄羊・タカなど》 ; (=**the Sphínx at Gìza**) (エジプトのギザ (Giza) の大ピラミッドの付近にある) スフィンクス像 ❸ Ⓒ なぞの人物, 不可解な人間

sphyg·mo·ma·nom·e·ter /sfɪ̀gmoumənɑ́(ː)məṭər |

-nɔ́mɪ-/ 名 C 血圧計

spic /spɪk/ 名 C ⊗《米俗》《卑》ラテンアメリカ[特にメキシコ]系アメリカ人

spi·ca /spáɪkə/ 名 (複 ~s /-z/ OR -cae /-siː/) C ❶《医》麦穂[スパイカ]包帯 ❷《S-》《天》スピカ《乙女座の1等星》

spic·ca·to /spɪkɑ́ːt̬oʊ/ 《楽》名 U スピッカート《弦楽器の弓を弦上で跳躍させて音を細かく刻む奏法》
— 形 副 スピッカートの[で](♦イタリア語より)

***spice** /spaɪs/ 名 ❶ U C 薬味, スパイス;《集合的に》香辛料 ‖ add ~ to curry カレーにスパイスを加える ❷ U/C 《単数形で》ぴりっとさせるもの, 興趣[情味]を添えるもの;(…)気味 ‖ a story that lacks ~ 面白みのない物語 / There is a ~ of irony in his writing. 彼の書くものには皮肉っぽいところがある ❸ U C 香り, 芳香
— 動 他 ❶ …に〈…で〉香辛料を加える;〈…で〉…に味をつける《*up*》〈**with**〉‖ a green salad ~*d with* garlic ニンニクの薬味がきいたグリーンサラダ ❷〈…で〉…に興趣[香り]を添える《*up*》〈**with**〉‖ ~ a conversation *with* humor and wit ユーモアとウイットで会話を面白くする

spíce·bùsh 名 C 《植》(北米産の)クロモジ属の低木

spic(k)-and-span /spɪ̀kənspǽn/ 〈◁〉 形 (家・部屋などが)きちんとした, こざっぱりとした;真新しい, 傷一つない(♦spic(k) and span ともつづる)

spic·ule /spɪ́kjuːl/ 名 C ❶ 針状体 ❷《動》(海綿・ナマコなどの)針骨, 骨片 ❸《天》スピキュール, 針状体《太陽の反彩層から突出するガスの噴流》

spic·y /spáɪsi/ 形 ❶ 薬味を入れた, 薬味の効いている ❷ ぴりっとした;生き生きした;気のきいた ❸《口》(話などが)きわどい, 猥褻(わいせつ)な **spíc·i·ly** 副 **spíc·i·ness** 名

***spi·der** /spáɪdər/ 名 C ❶《動》クモ;(ハダニ・ツツガムシなどの)蛛形(ちゅけい)類(arachnid)
❷ 形がクモに似た道具;三脚台, 五徳;《主に米》(脚付きの)フライパン;《英》(車の荷台などにつける)放射状のゴムネット;《ビリヤード》スパイダーレスト《手前の球を避けて手球を打つときに用いる足の高いレスト》 ❸ 💻スパイダー《ネットワーク上で自動で新しい情報を検索し続けるプログラム》
語源 古英語 *spithra*(紡ぐもの)から. spin と同語源.
▶▶ ~ **cràb** 名 C 《動》クモガニ ~ **màn** 名 C 《英口》(ビル建築現場の)高い所で働く人 ~ **mìte** 名 C 《動》ハダニ ~ **mònkey** 名 C 《動》クモザル ~ **plànt** 名 C 《植》① オリヅルラン ② フウチョウソウ ~**'s wèb** 名 C 《主に英》=spiderweb

spíder·wèb 名 C クモの巣

spi·der·y /spáɪdəri/ 形 ❶ (クモの足のように)細長い ‖ ~ handwriting ひょろ長い筆跡 ❷ クモのような;クモの巣状の;クモの多い

spiel /ʃpiːl, spiːl/ 《口》名 U C くどい話;客寄せの口上
— 動 自 長々[べらべら]としゃべる — 他 …をまくしたてる

Spiel·berg /spíːlbəːrg/ 名 **Steven** ~ スピルバーグ (1947–)《米国の映画監督・制作者》

spiff /spɪf/ 動 他《米口》…をきちんとした[気のきいた]ものにする;…を小ぎれいにする, めかす《*up*》

spiff·y /spɪ́fi/ 形《米口》粋な, 小ぎれいな, 素敵な

spig·ot /spɪ́gət/ 名 C ❶ (たるなどの)(木)栓, 呑(の)み口 ❷《米》蛇口, コック(faucet)

***spike**[1] /spaɪk/ 名 C ❶ 大くぎ;(鉄道のレール用)犬くぎ;先の鋭くとがったもの[部分];(塀・垣の上部の)忍び返し ❷ (靴底の滑り止め用)スパイク;《~s》スパイクシューズ;スパイクヒールの婦人靴 ❸《バレーボール》スパイク ❹ (折れ線グラフで)上に折れた部分 ❺ 突然の急上昇 ❻《口》(麻薬中毒者の使う)注射針 ❼《主に英》(くぎを立てた形の)伝票差し ❽《英俗》(ホームレス用の)臨時宿泊所
— 動 他 ❶ …を大くぎなどで打ちつける[突き刺す];…に大くぎなどを打ち込む ❷〔計画など〕を妨害[台無しに]する;〔うわさなど〕を封じる;〔記事など〕(の印刷)を差し止める ❸《口》〔飲み物〕に〈アルコール・麻薬を〉加える;…に〈風味・面白さを〉加える〈**with**〉‖ coffee ~*d with* whiskey ウイスキー入りのコーヒー ❹〔人〕を(野球などの競技中に)スパイクで傷つける, スパイクする ❺《バレーボール》〔ボール〕をスパイクする ❻《アメフト》(タッチダウン後)〔ボール〕を地面にたたきつける(♥勝利の合図) — 自 (数量などが)(一時的に)急上昇する;ピークに達する《*up*》
▶▶ ~ **héel** 名 C (婦人靴の)高く先のとがったかかと

spike[2] /spaɪk/ 名 C ❶ (小麦などの)穂 ❷《植》穂状(すいじょう)花序, 花穂

spiked /spaɪkt/ 形 ❶ スパイクのついた ‖ ~ shoes スパイクシューズ ❷ とがった先のある, (髪が)逆立った ‖ ~ hair スパイクヘア《髪を固めて針状に逆立てた髪型》 ❸《口》(飲み物が)酒[麻薬]を加えられた

spike·nard /spáɪknɑːrd/ 名 C 《植》❶ カンショウ(甘松)《インド産》;U カンショウコウ(甘松香)《カンショウの根から採る香油》 ❷《米》(芳香性の根を持つ)ウコギ科の植物

spik·y /spáɪki/ 形 ❶ 大くぎのような;先のとがった ❷《口》怒りっぽい ❸ スパイクのついた **spík·i·ness** 名
▶▶ ~ **háir** 名 U スパイキーヘア《頭髪を立たせた髪型》

‡spill[1] /spɪl/
— 動 (~s /-z/;~ed /-d/, 《主に英》**spilt** /spɪlt/;~·ing)
— 他 ❶〔液体・粉など〕を〈…に〉**こぼす**;〔袋の中味など〕をこぼす, まき散らす《*out*》〈**on, over**〉‖ Oops! I've ~*ed* coffee *on* my shirt. おっと, シャツにコーヒーをこぼしてしまった / The window ~*ed* light into the room. 窓から部屋に光が注いだ
❷〔血〕を流す(♦しばしば受身形で用いる) ‖ A great amount of blood was ~*ed* in the war. その戦争で多くの血が流された
❸《口》〔秘密・情報など〕を漏らす, 暴露する《*out*》‖ ~ (*out*) all one's secrets 自分の秘密をすっかりしゃべる
❹ (馬などが)〔人・荷物など〕を投げ[ほうり]出す, 振り落とす
❺《海》〔帆〕から風を逃す;〔風〕を逃す
— 自 ❶ (水などが)こぼれる;(人・物が)あふれ出る《*out*》〈**from, out of** …から;**into, onto,** etc. …へ〉‖ Beer ~*ed from* the mug. ビールがジョッキからあふれ出た / Crowds ~*ed out of* the park *into* [OR *onto*] the street. 群衆が公園から通りへあふれ出た
❷《口》(言葉・感情などが)漏れる《*out*》
spill óver 〈自〉① (液体・人・物が)あふれ出る ‖ The population of the city is ~*ing over* into the suburbs. その都市の人口は(過剰になって)郊外へとあふれ出している ② (ある状態が)〈…に〉影響を与える, 波及する〈**into, to**〉—〈他〉《*spill óver* …》…からあふれ出る
— 名 C ❶ こぼれる[こぼす]こと;《通例 ~s》こぼれた量 ‖ an oil ~ (海への)石油流出(事故)
❷《口》(馬・自転車などから)投げ出されること, 転落

spill[2] /spɪl/ 名 C (点火用)つけ木, こより

spill·age /spɪ́lɪdʒ/ 名 U C こぼれる[こぼす]こと;こぼれたもの

spil·li·kin /spɪ́lɪkɪn/ 名 C ❶ =jackstraw ❷《~s》《単数扱い》jackstraw を用いた遊戯

spíll·òver 名 U C ❶ あふれ出ること ❷ あふれ出たもの[量] ❸ 余波, 副作用, 波及効果

spíll·wày 名 C (ダムなどの)余水路, 放水路

***spilt** /spɪlt/ 動 spill の過去・過去分詞の1つ

spim /spɪm/ 名 U 💻スピム《インスタントメッセンジャーのユーザーに届く迷惑メール[スパム]》

***spin** /spɪn/ 動 (~s /-z/;**spun** /spʌn/;**spin·ning**) 他 ❶ …をぐるぐる回す, (速い速度で)回転させる;〔人・物など〕の向きをくるっと変える《*around, round*》;(テニス・クリケットなどで)〔ボール〕にスピンをかける ‖ ~ a top こまを回す / ~ a coin (裏か表かで順番を決めるために)硬貨をはじいてくるくる回す(→ toss) / The mother grabbed his shoulder and *spun* him back. 母親は彼の肩をつかんでくるりと振り向かせた
❷〈…から〉〔糸〕を紡ぐ〈**out of, from**〉;〔羊毛・綿など〕を〈糸に〉撚(よ)る, 紡いで〈…に〉する, 紡績する〈**into**〉‖ ~ yarn [OR thread] 糸を紡ぐ / ~ cotton [flax] *into* thread = ~ thread [*out of* [OR *from*] cotton [flax]

綿[亜麻]を紡いで糸にする ❸ (クモ・カイコなどが)〔糸〕を吐く, 〔巣〕をかける, 〔まゆ〕を作る ❹ (糸を紡ぐように)〔物語など〕を作り出す, (作り話を交じえて)…を長々と話す；…を(印象づけるように) 粉飾して話す ‖ Martha *spun* a tale of her life. マーサは身の上話を長々と語った / ～ (him) a yarn (彼に)長話をする ❺ (洗濯機で)〔衣服〕を脱水する (spin-dry) ❻〔CD・レコード〕をかける

―自 ❶ (こまなどが)くるくる回る, (速い速度で)回転する；(人が)くるりと振り向く《*around, round*》；(ボールが)スピンがかかる (⇨ TURN 類語) ‖ The earth ～*s* on its own axis. 地球は地軸を中心に回転している / Sarah *spun around* to see who called her. サラはだれが呼んだのか見ようとくるりと振り向いた

❷ 紡ぐ, 紡績する ❸ (クモ・カイコが)糸を吐く, 巣をかける, まゆを作る ❹《＋副句》(車などが) 疾走する；速く過ぎる (♦副句 は方向を表す) ‖ The car was *spinning* along at 60 mph. 車は時速60マイルで疾走していた ❺ (興奮・病気で)めまいがする；(頭が)くらくらする ❻ 擬餌(ぎじ)針(spinner)で流し釣りをする ❼〖空〗きりもみ降下する

spìn óff 〈他〉《***spìn óff*** ... / ***spìn*** ... ***óff***》 ① …を遠心力で振り飛ばす ② …を〈…から〉副次的に生み出す〈**from**〉；〔会社など〕を (発展的に) 分離新設する (→ spin-off) ―〈自〉① くるくる回りながら外れる ② 〈…から〉副次的に生み出される〈**from**〉

spìn óut 〈他〉《***spìn óut*** ... / ***spìn*** ... ***óut***》〔話・時間〕を長引かせる(drag out；prolong)；〔金など〕を長く持たせる；〔時間〕をつぶす ‖ I have to ～ *out* the 5,000 yen over the whole week. この5,000円で丸1週間持たせなくてはならない / ～ *out* a prepared speech 用意したスピーチを引き延ばす ―〈自〉《米》(自動車が) スリップして制御がきかなくなる[道路から飛び出す]

―名 ❶ U C 回転；(ボールの)スピン；(スケートの)スピン ‖ give (a) ～ to the ball ボールにスピンをかける

❷ U 速く進むこと；C《a ～》《口》(特に楽しむための車・自転車・ボートなどの)ひと走り, ひとこぎ ‖ take a ～ in a car around the town 車で町を一回りする / go [OR take a car] for a ～ ドライブに行く ❸ C《a ～》(急な)下落, 降下 ‖ Prices went into a ～. 物価が急に下落した ❹ C〖空〗きりもみ降下 (tailspin) (→ flat spin ①) ‖ get [OR go, fall] into a ～ きりもみ状態になる / come [OR get] out of a ～ きりもみ状態から抜ける ❺ C《単数形で》《口》(人の)混乱状態 ‖ send [OR put] him into a (flat) ～ 彼を混乱に陥れる ❻ C (脱水機による)脱水 ‖ give shirts a ～ シャツを脱水機にかける ❼ C《単数形で》(特定の人や政党に都合のいい)解釈, 偏向 ‖ put a positive ～ on the tax increase 増税を肯定的に解釈する ❽ C〖理〗スピン《素粒子の角運動量》

「***be in*** [***go into***] ***a*** (***flàt***) ***spín*** 《口》混乱状態である[になる]

▸▸ ～ **bòwler** /英 ーーー/ 名 C〖クリケット〗スピンボウラー[投手] ～ **contròl** 名 U《米口》情報操作 ～ **dòctor** 名 C《俗》(政治家の)情報操作顧問, 報道対策アドバイザー ～ **drýer** [**dríer**] 名 C (洗濯機の)脱水機

spi·na bi·fi·da /spàɪnə bífɪdə/ 名 C〖医〗脊椎(せきつい)破裂

***spin·ach** /spínɪtʃ | -ɪdʒ, -ɪtʃ/ 《発音注意》名 U ホウレンソウ(の葉)

spi·nal /spáɪnəl/ 形〔◁ spine 名 ❶〕《通例限定》背骨の, 脊髄(せきずい)の ―名 U《米口》〖医〗脊髄麻酔 **～·ly** 副

▸▸ ～ **canàl** 名 C〖解〗脊柱(せきちゅう)管 ～ **còlumn** 名 C 脊柱 ～ **còrd** 名 C 脊髄 ‖ *spinal-cord* injuries 脊髄損傷 ～ **tàp** 名 C《米》〖医〗脊髄穿刺(せんし)(《英》lumbar puncture)

***spin·dle** /spíndl/ 名 C ❶ 軸；(旋盤・レコードのターンテーブルなどの)支軸；(車などの)心棒, 車軸；(ドアの取っ手の)心軸 ❷ (手紡ぎ用の) 錘(つむ)；(糸車の)紡錘(ぼうすい)；(紡績機の)スピンドル ❸《米》(くぎを立てた形の卓上用) 紙[伝票]差し ❹〖生〗(有糸分裂の)紡錘体 ❺ スピンドル《綿糸・麻糸の尺度単位》 ❻ 小柱《手すり子・いすの背などのねじり形に彫ったもの》 ―動 他 …に錘を取りつける；《米》〔メモなど〕を紙差しに突き刺す

▸▸ ～ **cèll** 名 C〖生〗紡錘細胞 ～ **trèe** 名 C〖植〗ニシキギの類《錘の材料とした》

spin·dling /spíndlɪŋ/ 形 細長い, ひょろ長い

spin·dly /spíndli/ 形 ひょろ長い；きゃしゃな

spín·drìft 名 U 波しぶき；雪煙, 砂煙

spìn-drý 動 (**-dries** /-z/；**-dried** /-d/；**～·ing**) 他 (洗濯機で)…を(遠心力で)脱水する

***spine** /spaɪn/ 名〔▶ ❶ spinal 形, ❷ spiny 形〕C ❶ 脊柱, 背骨 ‖ injure one's ～ 脊柱を損傷する ❷ とげ状の突起《ヤマアラシのとげ・魚のひれの筋など》；(サボテンなどの)とげ ❸ (山などの)背, 尾根；(本の)背 ❹ 決断力, 勇気, 気骨 ‖ Jim has got the ～ to say what he really thinks. ジムには思ったとおりのことを言う気骨がある

spíne-chìlling 形 身の毛のよだつような, ぞっとする

spine·less /spáɪnləs/ 形 ❶ おく病な, 決断力のない ❷ 脊柱のない, 背骨のない ❸ (動植物が)とげのない

～·ly 副 **～·ness** 名

spin·et /spínət | spɪnét/ 名 C ❶《米》小型アップライトピアノ；小型電子オルガン ❷ スピネット《小型ハープシコード》

spíne-tìngling 形《口》ぞくぞくする, 鳥肌の立つ, スリルのある

spín·mèister /-màɪstər/ 名 ＝spin doctor

spin·na·ker /spínəkər/ 名 C〖海〗大三角帆, スピネーカー《追い風のときに用いるレース用ヨットの前帆》

spin·ner /spínər/ 名 C ❶ 紡ぐ人, 紡績工；紡績機械 ❷〖釣〗スピナー《特にマス釣り用のくるくる動く擬餌(ぎじ)針[ルアー]》 ❸《英》〖クリケット〗回転ボールの投手；〖野球・クリケットなど〗回転ボール

spin·ner·et /spínərèt/ 名 C〖動〗(クモ・カイコなどが糸を吐く)出糸突起, 紡績突起

spin·ney /spíni/ 名 C《英》雑木林, やぶ

spin·ning /spínɪŋ/ 名 U ❶ 紡績(業) ❷ 運動用固定自転車に乗って行う運動 ▸▸ ～ **jènny** 名 C (初期の) 多軸紡績機 ～ **whèel** 名 C (糸を紡ぐのに用いた)糸車

spín-òff 名 U C ❶ 副産物, 派生物；〖放送〗(人気番組などの)続編；(映画などの)焼き直し ‖ ～ merchandise 派生商品 ❷ スピンオフ《親会社が子会社の株を親会社の株主に分配すること》；分割[分離]会社

Spi·no·za /spɪnóʊzə/ 名 **Baruch de ～** スピノザ (1632–77)《オランダの哲学者》

spin·ster /spínstər/ 名 C ❶ ⊗《旧》《蔑》(婚期を過ぎた)未婚女性 ❷〖英法〗未婚女性(→ bachelor)

～·hòod 名 U (女性の)独身, 未婚(中立 singleness)

spìn-the-bóttle 名 U《米》スピンザボトル《横にした瓶を回し瓶の口が止まった方向でキスの相手を決めるゲーム》

spin·y /spáɪni/ 形〔◁ spine 名 ❷〕❶ (動植物が) とげのある[多い]；とげ状の ❷《口》困難な, やっかいな

▸▸ ～ **ánteater** 名 C〖動〗ハリモグラ ～ **lóbster** 名 C イセエビ

spi·ra·cle /spáɪərəkl/ 名 C (鯨の)噴気孔；(昆虫の)気門

***spi·ral** /spáɪərəl/ 名 C ❶ らせん(状のもの)；らせん軌跡 ‖ The leaves are falling in ～*s*. 木の葉がくるくる回りながら散っている ❷ (平面上の) 渦巻き線 ❸〖空〗らせん[きりもみ]降下 ❹〖経〗(賃金・価格などの)スパイラル, 連鎖的変動 ‖ an inflationary ～ 進行性インフレーション / a vicious price-wage ～ 物価と賃金の悪循環 / a downward ～ of interest rates 利率の継続的低下

―形《限定》渦巻き形[状]の；らせん形[状]の ‖ a ～ nebula 渦巻き星雲 / a ～ binding (ノートなどの) らせんとじ / a ～ spring 渦巻きばね / a ～ staircase らせん階段

―動 (**～ed**, 《英》**-ralled** /-d/；**～·ing**, 《英》**-ral·ling**) 自 ❶《＋副句》(ある方向へ)らせん状に動く；(飛行機が)きりもみで降下する ‖ Smoke ～*ed* from the cigarette in her fingers. 彼女が指にしているたばこから煙が渦を巻いて出ていた ❷ (借金・コストなどが) 急速に増加する《*up,* *upward*》; 急速に下降する《*down, downward*》‖ Land prices are ~*ing* (*upward*) out of control. 地価は立て続けに上昇していてコントロールできない —⑯ …をらせん形にする；…をらせん状に動かす ‖ ~ a bandage around the arm 腕に包帯をらせん状に巻く **~·ly** 副

▸▸**~ gálaxy** 名C〖天〗渦状銀河

spìral-bóund 形 (本・ノートが)らせんとじの

spi·rant /spáɪərənt/ 名形 =fricative

spire[1] /spáɪər/ 名C ❶ (教会などの)尖塔(せんとう) ❷ 先の細くとがったもの[部分]；(木の)頂点；山頂 ❸〖植〗細くとがった茎[葉]

spire[2] /spáɪər/ 名C ❶ 渦巻き，らせん(の一巻き) ❷ (巻き貝の)螺塔(らとう)

‡spir·it /spírət | -ɪt/ 名 動

名 精神❶ 霊❷ 活気❹ 気分❺

—名〔▶ spiritual 形〕(複 **~s** /-s/) ❶CU (肉体に対して)**精神**，心(↔ body, flesh, matter) (⇨ MIND 類語) ‖ My grandmother still feels young in ~. 祖母は依然として気が若い / I can't attend the party in person, but I'll be with you in (the) ~. 私自身は会に出席できませんが，気持ちの上ではご一緒するつもりです / body and ~ 肉体と精神 / *The ~ is willing* (*but the flesh is weak*). 心は熱すれども(肉体は弱し)；やる気はあるのだが(体がついていかない)(♦ 聖書の言葉)

❷C (肉体から離れた)**霊**，霊魂，魂 ‖ raise [OR call up] the ~ of the departed 死者の霊を呼び起こす / the abode of ~*s* 霊魂の世界，黄泉(よみ)の国

❸《ときに S-》C 神霊，精霊；超自然的な存在，幽霊，亡霊；悪霊；妖精(ようせい)；天使；悪魔 (→ familiar spirit, Holy Spirit) ‖ The villagers believed that an evil ~ had destroyed the crop. 村人たちは，作物が駄目になったのは悪霊のせいだと信じていた / the ~ world 霊界 / a divine ~ 神霊

❹U **活気**，意気，気概；熱意，勇気；決意 ‖ Jane has ~ and personality. ジェーンには気骨と個性がある / The student answered with ~. 生徒は意気込んで答えた / break his ~ 彼の気をくじく / put ~ into one's work 仕事に気を入れる / get [OR enter] into the ~ 元気を出す / a person of ~ 活気あふれる人，勇気[気骨]のある人

❺C《通例 ~s》**気分**，機嫌 ‖ Pete is rather low in ~*s*. ピートはかなりふさぎ込んでいる / My ~*s* sank [rose up, lifted]. 私は元気をなくした[が出た] / My ~*s* remained depressed. 気がふさいだままだった / The party kept up their ~*s* by singing songs until they were rescued. 救出されるまで一行は歌を歌って元気を保った / in good [OR high, great] ~*s* 上機嫌で / in low [OR poor] ~*s*=out of ~*s* 意気消沈して，元気なく / raise [OR lift] her ~*s* 彼女に元気を出させる

❻C《単数形で》(…の)念，気持ち，意図，態度 ‖ Teresa did it in a ~ of service [revenge]. テレサは奉仕[復讐(ふくしゅう)]の念からそれをやったのだ / He took my comment in the wrong ~. 彼は私の意見を悪くとった / in a patriotic ~ 愛国心から ❼C《形容詞を伴って》…気質の人，…的人物 ‖ Ned is such a strange ~. ネッドはひどく風変わりな人だ / leading ~*s* of a movement 運動の中心人物たち / a kindred ~ 馬の合う人，同好の士 ❽U (…の)精神，心構え，…魂 ‖ the English [Japanese] ~ イギリス[大和]魂 / public ~ 公共心，愛国心 ❾U (団体などに対する)(熱烈な)忠誠心，帰属意識 ‖ school [OR college] ~ 愛校心 / team ~ チーム精神 ❿《the ~》(字句・形式に対して)真意，趣旨，精神(↔ letter) ‖ follow the ~ of the law 法の精神に従う ⓫《the ~》(同じ時代・場所・状況に共通する)精神，気運，風潮 ‖ Originality is the ~ of all his work. 独創性が彼の全作品を貫いている精神だ / the pioneer ~ 開拓者精神 / the ~ of the age [OR times] 時代精神 ⓬C《通例 ~s》スピリッツ《ブランデー・ウイスキー・ジン・ラムなどの強い蒸留酒》⓭U/C《しばしば ~s》〖化〗アルコール；燃料；《古》溶剤，エキス(essence) ‖ wood ~ メチルアルコール / ~ of turpentine テレピン油

ènter [OR ***gèt***] ***into the spírit of ...*** 〔催し事〕の雰囲気に染まる，…に積極的に参加する

when [OR ***as, if***] ***the spìrit móves a pèrson*** 〔人〕の気が向けば ‖ I'll go for a drive this afternoon *if the ~ moves* me. 気が向いたら午後ドライブにでも行くよ

COMMUNICATIVE EXPRESSIONS

1 **That's the spìrit.** そうだ，その意気[調子]だ(♥ 励まし)

—動 (**~s** /-s/; **~·ed** /-ɪd/; **~·ing**) ⑯《+目+副句》…をひそかに運び去る[移す]；誘拐する《*off, away*》‖ The mother ~*ed* her son *off* to bed. 母親は息子をそっとベッドに移した / The witness was ~*ed away* by a spy. 証人はスパイによって拉致(らち)された

▸▸**~ gùm** 名U (つけひげなどの接着用の)アラビアゴム溶液 **~ làmp** 名C アルコールランプ **~ lèvel** 名C〖測量〗(アルコール)水準器，レベル

spir·it·ed /spírəṭɪd/ 形《通例限定》❶ 活発な，元気な，活気[勇気]のある ‖ a ~ discussion 活発な議論 ❷《複合語で》(…の)精神がある；気質[気分]が…の ‖ mean-~ 心の卑しい，卑劣な / high[low]-~ 元気のある[ない]

~·ly 副 **~·ness** 名

spir·it·ism /spírəṭìzm | -ɪt-/ 名U 心霊論；心霊術，降霊術 **spír·it·ist** 名 **spìr·it·ís·tic** 形

spir·it·less /spírətləs | -ɪt-/ 形《堅》活気がない；意気消沈した；気乗りのしない **~·ly** 副 **~·ness** 名

‡spir·it·u·al /spírɪtʃuəl/

—形〔◁ spirit 名〕(**more ~；most ~**)《通例限定》

❶ (肉体・物質に対して)**精神の，精神的な**(↔ material)；霊的な，霊魂の ‖ ~ satisfaction 精神的な満足 / ~ welfare 精神面での幸福 / one's ~ home (自国ではない) 精神的な故国 / ~ healing 精神のいやし / the ~ world 霊界

❷ 宗教(上)の，宗教的な；教会の；神聖な，敬虔(けいけん)な ‖ a ~ court 宗教裁判所 / ~ life 信仰生活 / a ~ leader 教会[宗教界]のリーダー

❸ 精神的なつながりのある ‖ his ~ heir 彼の精神の後継者 ❹ 崇高な(精神の)，気高い ❺ 心霊術の；超自然的な

—名C ❶ 黒人霊歌

❷《しばしば ~s》精神的な事柄，宗教[教会]関係の事柄

spir·it·u·al·ism /spírɪtʃuəlìzm/ 名U ❶ 心霊信仰《霊媒(medium)を通じて霊と意志の疎通ができるとする信仰》；降霊術，心霊術 ❷〖哲〗唯心論，観念論(↔ materialism) **-ist** 名C ① 心霊術者，降霊術者 ②〖哲〗唯心論者 **spìr·it·u·al·ís·tic** 形

spir·it·u·al·i·ty /spìrɪtʃuǽləṭi/ 名U 霊性，霊的であること

spir·it·u·al·ize /spírɪtʃuəlàɪz/ 動 ⑯ ❶ …を精神的なレベルへ高める ❷ …に精神的意味を与える **spìr·it·u·al·i·zá·tion** 名

spir·it·u·al·i·zed /spírɪtʃuəlàɪzd, +英 -ɪtju-/ 形 精神的レベルまで高められた

spir·it·u·al·ly /spírɪtʃuəli/ 副 精神的に(は)；高尚に；神聖に

spir·it·u·ous /spírɪtʃuəs/ 形《古》《堅》アルコール(性)の，アルコール分を(多く)含んだ

spi·ro·chete /spáɪərəkìːt/ 名C〖細菌〗スピロヘータ，らせん状菌

spi·ro·graph /spáɪərəgræ̀f | -grɑ̀ːf/ 名C 呼吸運動記録器

spi·ro·gy·ra /spàɪərədʒáɪərə/ 名C〖植〗アオミドロ

***spit**[1] /spɪt/ 動 (**~s** /-s/; **spit** OR **spat** /spæt/; **spit·ting**) (♦《米》では spit, spat いずれも用いるが，《英》では主に

S

spat) (自) ❶〈…に〉つばを吐く；（侮辱[反抗]して）〈…に向かって〉つばを吐く；〈…を〉（つばを吐くように）軽蔑する，〈…に〉敵意を示す〈**at, on**〉‖ No *Spitting*!《掲示》つばを吐くべからず / ～ *at* [OR *on*] him 彼につばを吐きかける ❷（怒った猫などが）〈…に〉ふーっとうなる〈**at**〉❸《しばしば it を主語にして》（雨・雪が）ぱらつく ‖ It is *spitting* (with rain). 雨がぱらついている ❹（熱した油・火などが）ぱちぱち[しゅーしゅー]と音を立てる ‖ The frying pan was *spitting*. フライパンがじゅーじゅー音を立てていた

—(他) ❶〔つば・血・食べ物など〕を吐く《*out*》；（つばを吐くように）…を出す ‖ The child *spit out* the bitter medicine. 子供は苦い薬を吐き出した ❷〈…に向かって〉〔悪口・毒舌など〕を吐く，…を激しい口調で言う《*out*》〈**at**〉（♦ 直接話法にも用いる）‖ The rock star *spat* (*out*) a scornful comment *at* the reporters. そのロックスターはリポーターに向かってあざけりの言葉を吐き捨てるように言った / "He's such a bore!" she *spat*.「彼はひどく退屈な男よ」と彼女は吐き捨てるように言った

spit blood ⇨ BLOOD（成句）

spìt úp 《米》〈他〉《*spìt úp ...* / *spìt ... úp*》（特に赤ん坊が）〔食べたもの〕を（少し）戻す；…を（せき込んで）吐く —〈自〉（特に赤ん坊が）吐く

within spitting distance ⇨ DISTANCE（成句）

COMMUNICATIVE EXPRESSIONS

1 **I could jùst spít.** 頭にきた；むかつくなあ（♥「つばでも吐きたい気分だ」の意で，怒りやいら立ちを表す）

2 **Spit it óut.** 白状しろ；泥を吐け；はっきり言いなさい

—名 ❶ Ⓤ つば（saliva）❷ Ⓒ《通例単数形で》つばを吐くこと ❸ Ⓒ（雨・雪などが）ぱらつくこと，ぱらつく雨，小雪 ❹《the ～》《口》生き写し（♦ 通例次の成句で用いる）

be the (***dèad*** [OR ***vèry***]) ***spit of ...*** ; ***be the spìt and image of ...*** 《口》…に生き写しである ‖ You*'re the* ～ *and image of* your mother. 君はお母さんにそっくりだ

spìt and pólish 《口》（兵士などが）ぴかぴかに磨きあげること，清潔整頓；（服装などの）めかし立て

spìt and sáwdust 《英口》（小汚い）大衆酒場

▸▸**spìtting cóbra** 名 Ⓒ〔動〕ドクハキコブラ《アフリカ産のコブラ．毒牙から毒液を2メートル以上噴射する》 **spìtting ímage** 名《the ～》《口》〈…の〉生き写し〈**of**〉

spit² /spɪt/ 名 Ⓒ ❶（焼き肉用の）焼き串，鉄串 ❷ 砂嘴（さ），出州（す）《海岸から細長く突き出た砂地》

—動（**spit·ted** /-ɪd/；**spit·ting**）(他) …を（焼き串に）突き刺す

spit³ /spɪt/ 名（複 ～ OR ～**s** /-s/）Ⓒ《英》すきの刃の深さ，ひとすき分の土

spít·bàll 名 Ⓒ ❶ 紙つぶて ❷〔野球〕スピットボール《ボールの一部につばをつけて投げる反則投球》

***spite** /spaɪt/ 名〔▸ spiteful 形〕❶ Ⓤ 悪意，意地悪 ‖ vent one's ～ on ... …に腹いせをする / hide her bag from [OR in, out of] ～ 腹いせに彼女のバッグを隠す ❷ Ⓒ《単数形で》恨み，遺恨

****in spite of ...*** …**にもかかわらず**，…をものともせず（→ despite）‖ I love the old car *in* ～ *of* its dents. へこみだらけなのにもかかわらず私はその古い車が気に入っている

in spite of onesèlf 思わず，我知らず

—動 (他) …に意地悪をする，…をいじめる；…を困らせる（♦ to 不定詞の形で用いる）‖ Did you hide my notebook *to* ～ me? 僕に対する腹いせでノートを隠したのか

spite·ful /spáɪtfəl/ 形〔◁ spite 名〕悪意のある，意地悪い
～·ly 副 **～·ness** 名

spít·fìre 名 Ⓒ《米》（特に女性の）短気な人，怒りっぽい人

spít-ròast 動 (他) …を串焼きにする

spit·tle /spítl/ 名 Ⓤ（吐き出された）唾液（だえき），つば

spit·toon /spɪtúːn/ 名 Ⓒ 痰（たん）つぼ（《米》cuspidor）

spitz /spɪts/ 名 Ⓒ〔動〕スピッツ《愛玩（あいがん）犬の一種》

spiv /spɪv/ 名 Ⓒ《英口》（派手な格好をして）悪知恵で世渡りする男

***splash** /splæʃ/ 動 (他) ❶〔水・泥など〕を〈…に〉（ばしゃっと）はねかける《*about, around*》〈**on, onto, over**〉；…に〈水・泥などを〉はねかける，はねかけて汚す[ぬらす]〈**with**〉；（水・泥などが）…にはねかかる ‖ Drive slowly so we won't ～ water *on* the pedestrians. 歩行者に水をはねかけないようゆっくり運転しなさい / Wine ～*ed* the carpet. ワインがはねかかってカーペットが汚れた / ～ paint *about* ペンキを辺りにはね散らす / He ～*ed* his trousers *with* mud. 彼はズボンに泥をはね上げた ❷《通例受身形で》〈…で〉散らし[まだら]模様になる〈**with**〉‖ a towel ～*ed with* blue 青い散らし模様のついたタオル ❸〔ニュース・写真など〕を〈紙面に〉派手に[目立つように]載せる〈**across, on, over**〉‖ The accident was ～*ed across* the front page. その事故は第1面いっぱいにでかでかと載った ❹〔道〕をざぶざぶ音を立てながら行く[進む]‖ The little boys ～*ed* their way through the puddles. 少年たちはざぶざぶ音を立てながら水たまりを歩いて行った

—(自) ❶（水・泥などが）〈…に〉はねる，はねかかる，飛び散る〈**on, against, over**〉‖ Rainwater is ～*ing on* my head. 雨水が私の頭にはねかかっている ❷ 水[泥など]をはね飛ばす《*about, around*》；水をはね飛ばしながら[ざぶざぶ音を立てながら]〈…を〉進む〈**across, through**〉‖ Children are ～*ing* (*about*) in the bath. 子供たちがふろでばしゃばしゃやっている / The stagecoach ～*ed across* the shallows. 駅馬車はばしゃばしゃと浅瀬を渡った ❸〈水の中に〉ざぶんと落ちる[飛び込む]〈**into**〉

splàsh abóut [OR ***aróund***] ... / ***splàsh ... abóut*** [OR ***aróund***]〈他〉① ⇨ (他) ❶ ②《主に英口》〔金〕を（見せびらかすように）ぱっぱと使う

splàsh dówn〈自〉（宇宙船・ミサイルなどが）着水する

splàsh óut 《英口》〈自〉〈…に〉大金を（惜しげもなく）使う〈**on**〉—〈他〉《***splàsh óut ...*** / ***splàsh ... óut***》〔大金〕を（惜しげもなく）〈…に〉使う〈**on**〉

—名 Ⓒ ❶ はねかけること[音]；ばしゃばしゃ[ざぶざぶ]（いう音）‖ He fell into the lake with a ～. 彼はざぶんと湖に落ちた ❷ はね，しみ；（色・光などの）斑点（はんてん）‖ ～*es* of paint on her apron 彼女のエプロンのペンキのしみ ❸《単数形で》（飲み物に入れる）少量の液体 ‖ tea with just a ～ of milk 少量のミルクを入れた紅茶 ❹《口》（これ見よがしの）見せびらかし；（新聞などが）派手に書き立てること

màke a splásh ① ざぶんと音を立てる ②《口》（特に財産などを見せつけて）注目を集める，世間をあっと言わせる，大評判をとる ‖ He *made a* ～ with his new novel. 彼は新しい小説で大評判をとった

splásh·bàck 名 Ⓒ《英》（流しなどの）はね水よけ

splásh·bòard 名 Ⓒ（車の）泥よけ；（船の）しぶきよけ

splásh·dòwn 名 Ⓤ Ⓒ（宇宙船などの）着水

splash·y /splǽʃi/ 形 ❶ 色鮮やかな（斑点（はんてん）模様の）❷《口》目立つ，人目を引く ❸ はねを上げる，はねやすい

splat¹ /splæt/ 名 Ⓒ（いすの背の）薄板

splat² /splæt/《口》名 Ⓒ《a ～》ぴちゃっ[ぐちゃっ]（という音）
—副 ぴちゃっ[ぐちゃっ]と

***splat·ter** /splǽt̬ər/ 動 (他)〔水・泥など〕を（ばしゃばしゃ）はねかける；…に〈…を〉はねかける〈**with**〉—(自)（水などが）はねかかる —名 Ⓒ はねかけること —形《限定》（映画が）スプラッターものの《血の飛び散る殺人場面が多い》

splátter·pùnk 名 Ⓤ Ⓒ《俗》スプラッターパンク《即物的で残酷な殺人描写が多い小説・映画など》

splay /spleɪ/ 動 (他) ❶〔手足・指など〕を広げる，伸ばす《*out*》‖ with one's arms ～*ed out* 両手を広げて ❷〔建〕〔戸・窓など〕の両側の壁の側面[厚みの部分]を外側に大きく広がるようにする —(自) ❶（手足・指などが）広がる ❷ 外側に広がる —形 ❶（外側へ）広がった ❷ 不格好に広げた —名 Ⓒ〔建〕（窓枠などの）外側への広がり

spláy·fòot 名（複 **-feet** /-fìːt/）Ⓒ 扁平（へんぺい）足
～·ed 形 扁平足の

spleen /spliːn/ 名 ❶ Ⓒ〔解〕脾臓（ひぞう）❷ Ⓤ 不機嫌，短気；悪意 ‖ in a fit of ～ 腹立ち紛れに

vènt one's spléen (***on a pérson***)（人に）当たりちらす
～·ful 形

splen·did /spléndɪd/
—形 (**more ~**; **most ~**)
❶ **素晴らしい**, 素敵な, 申し分ない;《間投詞的に》素敵, 素晴らしい ‖ We had a ~ time. 我々は素晴らしいひとときを過ごした / a ~ fellow 素敵な人 / a ~ plan 素晴らしい計画 / "Can I give you a lift back?" "*Splendid*." 「帰りは車で送りましょうか」「素敵」
❷ 立派な, 華麗な, **壮麗な**, 豪華な, 堂々たる ‖ George looked ~ in full dress. ジョージは礼装を着て堂々として見えた / a ~ palace 壮麗な宮殿 / ~ furniture 豪華な家具 ❸ 見事な, 輝かしい, 目覚ましい ‖ a ~ victory 輝かしい勝利
~·ness 名 **~·ly** 副

splen·dif·er·ous /splendífərəs/ 形《口》《戯》=splendid

splen·dor,《英》**-dour** /spléndər/ 名 ❶ U 豪華, 壮麗;壮大, 壮観;輝き, 光輝, 光彩 ‖ restore a palace to its original ~ 宮殿を元の壮麗な姿に復旧させる / the ~ of the sun 太陽の輝き ❷ C《通例 ~s》豪華[壮麗]なもの, 壮大[壮観]なもの;光輝を放つもの ‖ the ~*s* of Venice ベニスの壮麗さ **~·ous, -drous** 形

sple·net·ic /splənéṭɪk/ 形 ❶ 不機嫌な, 怒りっぽい;意地の悪い ❷《旧》脾臓(ひぞう)の
—名 C 不機嫌な[怒りっぽい]人 **-i·cal·ly** 副

splen·ic /splénɪk/ 形 脾臓の[に関する]

splice /splaɪs/ 動 他 ❶ (端と端を解いて)〔ロープ〕をより合わせて継ぐ《*together*》 ❷〔材木の端〕を重ね継ぎする;〔テープ・フィルムなど〕の両端を合わせてつなぐ ❸《通例受身形で》《俗》結婚する ‖ get [OR be] ~*d* 結婚する ❹〖生化〗〔DNA・遺伝子の断片など〕を接合[移植]する
—名 U C (ロープの)より継ぎ, (材木の)重ね継ぎ;より[重ね]継いだところ;接合(部分)

splic·er /spláɪsər/ 名 C スプライサー《テープやフィルムをつなぐ器具》

splint /splɪnt/ 名 C ❶ (骨折用の) 副木(ふくぼく) ❷ (かご細工などの) 細木;へぎ板 ❸ (点火用の) 細長い木材 ❹〖獣医〗(馬などの)管骨瘤(りゅう)《管骨の内側に生じるふくらみ》
—動 他 (副木で)…を支える, 固定する

splin·ter /splínṭər/ 名 C ❶ (木・ガラス・砲弾などの) 破片, かけら;(木・竹などの)とげ ‖ ~*s* of glass ガラスの破片 / get [have] a ~ in one's finger 指にとげが刺さる[刺さっている] / remove [OR get out] a ~ from a finger 指からとげを抜く ❷ (政治・宗教などの)分派
—動 他 ❶ …を(細くとがった破片に)裂く, 割る ❷ …を分裂[分派]させる —自 ❶ 裂ける, 割れる ❷ (集団などが)〈…に〉分裂[分派]する《*off*》〈**into**〉
▸▸ **~ gròup** 名 C 分派, 少数派

splínter-pròof 形 (ガラスなどが) 砕片になりにくい;弾片よけの

splin·ter·y /splínṭəri/ 形 ❶ 破片だらけの ❷ 裂け[割れ]やすい ❸ 破片の(ような)

split /splɪt/
—動 (**~s** /-s/; **split**; **split·ting**)
—他 ❶ 〔団体・政党など〕を**分裂させる**, 仲間割れさせる《*up*》〈**into** …に;**over, on** …をめぐって〉 ‖ The church was *split* (*up*) *into* three sects. 教会は3つの宗派に分裂した / The class was *split on* where to go on the school trip. 修学旅行の行き先をめぐってクラスで意見が分かれた
❷ …を〈…に〉分ける, **分割する**《*up*》(divide)〈**into**〉;…を分配する, 折半する, 山分けする《*up*》〈**between, among** …の間で;**with** …と〉 ‖ The roommates *split* (*up*) the electricity bill *between* them. ルームメートたちは電気代を分担し合った / We *split* (*up*) the profits three ways. 私たちは利益を3等分にした
❸ **a** 《+目》…を**縦に割る**, 〈…に〉**裂く**, 切る, そぐ〈**in, into**〉;〔布など〕を切り裂く;…を破る, ばらばらにする《*up*》;…を〈…から〉はぎ[裂き]取る《*off*》〈**from**〉 ‖ ~ logs [*into* firewood [*in* two] 丸太を割ってまきにする[二つ割りにする] / ~ (*off*) a piece of wood 木片を切り取る
b 《+目+補〈形〉》…を割って[裂いて]…にする(♦ 補語は通例 open) ‖ ~ a tire open タイヤを裂いて開く / ~ one's head open 頭に切り傷をつけ出血する
❹《俗》…を離れる, …から立ち去る ‖ We'd better ~ this boring party. この退屈なパーティーを抜け出した方がよさそうだ ❺〔ダブルヘッダー・シリーズの試合〕を半分だけ勝つ, 五分で終える ❻〖商〗〔株式〕を分割する ❼〖理〗〔分子〕を原子に分裂させる;〔原子〕を核分裂させる;〖化〗〔化合物〕を分解する ❽《米》(連記投票で)〔票〕を異なる党の人に分散して入れる;《英》(候補者・小数党が)〔得票〕を分け合ってお互いに落選する
—自 ❶ (団体などが) 分裂する, 解散する, 仲間割れする《*up*》〈**into** …に;**over, on** …をめぐって;**with** …と〉;(人が)〈団体などから〉分離[離脱]する《*away, off*》〈**from**〉;《口》〈…と〉離婚する, 別れる《*up*》(break up)〈**with**〉 ‖ The committee *split into* two *over* the revision of the rules. 委員会は規則の改正をめぐって2つに分裂した / He has *split with* his partner. 彼は仲間とたもとを分った / My parents *split up* when I was six. 両親は私が6歳のときに離婚した
❷ 〈…に〉分割される, 分かれる《*up*》〈**into**〉 ‖ The class ~ (*up*) *into* three small groups. クラスは3つの小人数のグループに分かれた
❸ **縦に割れる**, 〈…に〉裂ける〈**into, in**〉;破れる, ばらばらになる《*up*》(♦ 形容詞補語 open を伴うことがある) ‖ The log ~ *in* two. 丸太は2つに割れた / My coat *split* at the seams. コートが縫い目のところで破れた / An apple fell to the ground and ~ open. リンゴが地面に落ちてぱっくりと割れた ❹《通例進行形で》《口》(頭などが)割れるように痛む ❺《俗》《旧》(さっと) 立ち去る;出かける (→ CE 1) ❻《英口》密告する, 裏切る〈**on** …を;**to** …に〉 ‖ Please don't ~ *on* me *to* the teacher. お願いだから先生に言いつけないで

COMMUNICATIVE EXPRESSIONS
1 **Time [OR (I've) gòt] to splít.** 行かなきゃ (♥ いとまを告げる俗語表現)

—名 (複 **~s** /-s/) C ❶ 裂くこと, 割ること;**裂けること**, 割れること;裂け目, 割れ目, ひび ‖ repair a ~ in an umbrella 傘の破れ目を繕う
❷ 〈団体・政党などの〉分裂, 仲間割れ〈**in**〉;分派;離婚 ‖ a ~ *in* a labor union 労働組合の分裂
❸《単数形で》《口》(分捕り品・もうけなどの)分け前, 取り分
❹《単数形で》〈…の〉違い, 相違点〈**between**〉
❺《通例 the ~s》《単数扱い》開脚座《両足を一直線に広げて床に尻(しり)をつける演技》;全開脚跳び《両足を全開させて跳ぶ技》 ‖ do the ~*s* 開脚座をする
❻ スプリット《薄く切ったバナナなどにシロップを添えたアイスクリームをのせたデザート》 ‖ a banana ~ バナナスプリット
❼ (半分に切った)パンやケーキ ❽ (かご細工に使う)柳の割り枝 ❾ (シャンペンなどの) ハーフボトル, ½パイント ❿ (木などの)細長い裂片;(獣皮などの)薄皮 ⓫〖ボウリング〗スプリット《1投目の後で間が離れていてスペアをとりにくいピンの並び方》 ⓬〖株〗株式分割 ⓭《米》(スポーツの) 引き分け ⓮〖スポーツ〗スプリット《陸上・水泳競技などで一定距離に要した時間》;スプリットが測定される地点
—形 ❶ 分裂した, 分離した ❷ 縦に割れた, 裂けた ‖ hair with ~ ends 枝毛のある髪 ❸〖株〗分割の
▸▸ **~ decísion** 名 C〖ボクシング〗スプリットデシジョン《審判の多数決による勝利判定》 **~ énd** 名 C ①《~s》枝毛 ②〖アメフト〗スプリットエンド **~ infínitive** 名 C〖文法〗分離不定詞《to と不定詞の間に副詞 (句) が入った形》 **~ mínd** 名 U 統合失調症 **~ péa** 名 C《通例 ~s》(殻をとり, 乾燥して2つに縦割りした)料理用のエンドウ豆 **~ personálity** 名 C〖心〗二[多]重人格 **~ pín** 名 C〖機〗割りピン **~ scréen** (↓) **~ sécond** (↓) **~ shíft** 名 C 2[3]交替制勤務 **~ tícket** (↓)

split-lével 〈シ〉 形 名 C ❶〘建〙段違い［スキップフロア］の(家)，中2階のある(家) ❷ ガス台とオーブンが分離式の

split-personálity disórder 名 U 二［多］重人格障害

split scréen 名 C〘映・放送〙分割スクリーン；💻(1つのウィンドウ内の)分割表示 **split-scréen** 形 名

split sécond 名 C《a ～》ほんの一瞬 **split-sécond** 〈シ〉 形

splits·ville /splítsvìl/《俗》 名 U 離婚；別居
—形 離婚［別居］した

split·ter /splíṭər/ 名 C ❶ 割る人［もの］ ❷〘生〙(分類学上の) 細分派の学者 (↔ lumper) ❸ スプリットフィンガーファーストボール《フォークボールに似た変化球》

split tícket 名 C《米》(連記投票で複数の政党の候補者に投票する)分割投票 **split-tícket** 〈シ〉 形

split·ting /splíṭɪŋ/ 形 (頭痛が)激しい，ひどい

splosh /splɑ(:)ʃ | splɔʃ/ 名 動《口》＝splash

splotch /splɑ(:)tʃ | splɔtʃ/,《英》**splodge** /splɑ(:)dʒ | splɔdʒ/ 名 C《口》(インキ・汚れなどの)大きなしみ；(光・色などの不規則な)大きな斑点(はんてん) —動 他 …に大きなしみ［斑点］をつける **~·y** 形 大きなしみ［斑点］のある

splurge /splə:rdʒ/《口》 名 ❶ U C 誇示；ぜいたく，派手な金遣い；浮かれ騒ぎ ‖ go on a ～ 派手に金を使う ❷ C《a ～》〈…の〉多量，法外な量〈**of**〉
—動 自〈…に〉湯水のように金を使う〈**on**〉；誇示する，見せびらかす —他〔金〕を湯水のように使う

splut·ter /splʌ́ṭər/ 動 自 ❶ ぱちぱち音を立てる ❷ (興奮したりして)せっかちに［しどろもどろに］しゃべる ❸ (興奮して) つば［食べ物］を口から吐き飛ばす —他 …をせっかちに［しどろもどろに］言う《***out***》 —名 ❶ U C せっかちに［しどろもどろに］しゃべること ❷ C ぱちぱちという音

Spode /spoʊd/ 名 U《商標》スポード焼き《英国の陶芸家 Josiah Spode(1754-1827)が創始した陶磁器》

‡**spoil** /spɔɪl/
—動 (**~ed** /-d/, +《英》**spoilt** /spɔɪlt/；**~·ing**) (→ 他 ❺)
—他 ❶ …を駄目にする，**台無しにする**，…の価値［美など］を損なう，…を役に立たなくする；〔食べ物〕を腐らす ‖ One sandwich won't ～ my appetite. サンドイッチ1個くらいでは食欲は収まらない / The bad weather ～*ed* our vacation. 悪天候で休日が台無しになった
❷ (過度の甘やかしなどで)〔子供(の性格)など〕を駄目にする，損なう，増長させる，甘やかす ‖ ～ a child (rotten)「by indulgence [with toys] 気ままにさせて［おもちゃで］子供を駄目にする / a *spoilt* child 甘ったれっ子，駄々っ子
❸〔人〕(の安楽や欲求)に非常に気を遣う，…によいものを与える；〔客など〕を特別扱いする，…に大サービスする
❹《主に英》(特に抗議のため印をつけたり汚したりして)〔投票用紙〕を無効票にする ❺ (**spoiled**)《古》〔人〕から〈…を〉奪う，強奪する，略奪する〈**of**〉；…を略奪する
—自 ❶ 価値［よさ］がなくなる，台無しになる；(食べ物などが) 駄目になる，傷む，腐る (⇨ DECAY 類語) ‖ Milk ～*s* quickly if it is not kept in a cold place. 牛乳は涼しい場所に置いておかないとすぐに傷む ❷ (+**for** 名)《進行形で》…を熱望する，しきりに…したがる ‖ The drunken man was ～*ing for* trouble [a fight]. その酔った男はひと騒動起こしたくて［けんかをしたくて］むずむずしていた
be spòiled [OR ***spòilt***] ***for chóice***《英》選ぶのが困難なほどたくさんよいものがある［に恵まれる］

COMMUNICATIVE EXPRESSIONS

1 **Spóil yoursèlf (with** anòther piece of cáke). 遠慮なく(ケーキをもう1つ)どうぞ(♥ 楽しいことなどを勧めるときに。「自分の気に入ったように…して」の意)

2 **You're** rèally **spóiling me.** 本当にすっかりお世話になっています(♥「甘やかされている，過保護にされている」の意から「とてもよくしてもらっている」を意味する感謝の表現. You spoiled me. はごちそうになった場合の感謝・賞賛を表す)

—名 ❶ U/C《the ～s》略奪品，分捕り品，戦利品 ‖ be taken as the ～*s* of war 戦利品として取られる
❷ C《～s》《主に米》(選挙に勝った政党が意のままにできる)利権，官職，役得 ❸ C《～s》(努力などの)成果，掘り出し物，収集物；(コンテストなどの優勝者の)獲得した賞品 ❹ U (浚渫(しゅんせつ)機などで掘り出した)土，岩塊
▶▶ **~s sỳstem** 名《the ～》《主に米》猟官制度《政権をとった政党が官職を自党員に分け与えること》 **~ing tàctics** 名《英》(計画の進行に対する)妨害戦術

spoil·age /spɔ́ɪlɪdʒ/ 名 U ❶ 駄目にする［なる］こと，駄目になった状態，損傷，(食べ物の)腐敗 ❷ 駄目になったもの，(損傷・腐敗などによる)廃棄物(の量)

spoil·er /spɔ́ɪlər/ 名 C ❶ 駄目にする人［もの］ ❷〘空〙スポイラー《揚力を減らし，空気抵抗を増加させる装置》；(特にレーシングカーの) スポイラー《気流転向装置》 ❸ 妨害立候補者《選挙でほかの立候補者の勝算を狂わせるために立候補する》；妨害出版物《同業他社の成功を阻むために出版される新聞・雑誌など》；〘スポーツ〙大物食い ❹《古》略奪者，強奪者

spóil·spòrt 名 C 他人の楽しみをぶち壊す人

spoilt /spɔɪlt/ 動《英》spoil の過去・過去分詞の1つ

‡**spoke**[1] /spoʊk/ 動 speak の過去

spoke[2] /spoʊk/ 名 C ❶ (車輪の)スポーク ❷ 舵輪(だりん)の取っ手 ❸ (はしごの)横木
pùt a spóke in a pèrson's whéel《英》(人の) 計画を妨害する

‡**spo·ken** /spóʊkən/
—動 speak の過去分詞
—形 ❶《限定》口に出して言われた，**口頭での**(oral)；**口語(体)の**，話し言葉(として)の(colloquial) (↔ written) ‖ *Spoken* and written **language** differ in style. 話し言葉と書き言葉は文体が異なる
❷《複合語で》話し方が…な ‖ a soft-～ man 物柔らかな口ぶりの男性
spóken fòr 先約のある，売約済みの
▶▶ **～ wórd** 名《the ～》話し言葉

***spokes·man** /spóʊksmən/ 名 (複 **-men** /-mən/) C 〈団体・政府などの〉スポークスマン，報道官，広報官，代弁者；代表者〈**for**〉(♥ 女性形は spokeswoman. 男女差別を避ける表現として spokesperson などが使われる) ‖ the ～ *for* the Pentagon 米国国防総省スポークスマン

spókes·mòdel 名 C《米口》スポークスモデル《企業PRなどのキャンペーンガール》

***spókes·pèrson** 名 (複 **~s** /-z/ OR **-people** /-pì:pl/) C スポークスパーソン，報道官，広報官，代弁者；代表者(♥ 性差別を避ける表現)

spókes·wòman 名 (複 **-wòmen**) C 女性代弁者［報道官，広報官，代表者］

spo·li·a·tion /spòʊliéɪʃən/ 名 U ❶ 強奪，略奪；(交戦国が中立国の船に対して行う) 拿捕(だほ) ❷ 損傷を与えること，破壊；〘法〙文書変造［毀棄(きき)］

spon·dee /spɑ́(:)ndi: | spɔ́n-/ 名 C〘韻〙長長格；強強格

spon·du·licks, -lix /spɑ(:)ndjú:lɪks | spɔn-/ 名 複《英口》金(かね)

***sponge** /spʌndʒ/《発音注意》 名 ❶ C U スポンジ，海綿，スポンジ状のもの ❷ C〘動〙カイメン動物 ❸ C《口》居候，食客 (sponger) ❹ C U《英》＝sponge cake；sponge pudding；U 酵母でふくらませた生地 ❺ C《単数形で》(スポンジなどの) ひと拭き ‖ Give me a ～ with the towel. そのタオルで拭いてください ❻ C《口》大酒飲み ❼ C (手術用の)吸収ガーゼ
thròw in the spónge《口》＝*throw in the* TOWEL
—動 他 ❶ …をスポンジ［ぞうきん］で拭く［ぬぐう］《***down, off***》；〔汚れなど〕を洗い［ぬぐい］落とす《***away, off, out***》‖ ～ oneself *down* スポンジで体を洗う / He ～*d off* [OR *away*] the drops of milk. 彼はミルクのしずくをスポンジでぬぐい去った / ～ *out* the dirt 汚れをスポンジで洗い流す［ぬぐい取る］ ❷ …をスポンジなどで吸い取る《***up***》‖ She ～*d up* the water on the table. 彼女はテーブルの水を

スポンジで吸い取った ❸〔壁・家具〕にスポンジで塗料を塗る；〔塗料〕をスポンジで〈…に〉塗る〈**on, onto, over**〉 ❹《口》…を〈人に〉せびる，たかる〈**from, off**〉‖ ～ a free meal (*from* him) (彼に)ただ飯をせびる
—自 ❶《口》〈…の〉居候になる，〈…に〉たかる〈**on, off**〉‖ ～ *on* [OR *off*] one's relatives 身内の居候になる ❷海綿を採取する
▶▶ **～ bàg** 名C《英》スポンジバッグ《防水の携帯用洗面用具入れ》 **～ bàth** 名C《米》スポンジバス(《英》blanket bath)《シャワーなどが使えないときにぬれたスポンジや布で体を拭くこと》 **～ càke** 名CU スポンジケーキ **～ púdding** 名UC《英》スポンジプディング **～ rúbber** 名U スポンジゴム《詰め物・ゴムボールなどに用いる》

spong·er /spʌ́ndʒər/ 名C ❶《口》居候，食客 ❷海綿採取者[船]

spong·i·form /spʌ́ndʒɪfɔ̀:rm/ 形〘獣医〙海綿状の (→ BSE)

spon·gy /spʌ́ndʒi/ 形 海綿(状)の；小穴の多い；ふわふわした，弾力性のある；吸収力のある **-gi·ness** 名

spon·sor /spɑ́(:)nsər | spɔ́n-/
—名 (複 **～s** /-z/) C ❶(イベント・スポーツ選手などの)**スポンサー**；(テレビ・ラジオ放送の)スポンサー，広告主，番組提供者 ‖ Many ～*s* are eager to advertise during the playoffs. 多くのスポンサーがプレーオフ中に広告を出したがる / act as a ～ **for** the town's orchestra 町のオーケストラのスポンサーになる
❷《英》(チャリティーの)資金提供者 ❸(身元・債務の)保証人，身元引受人；責任者；(法案の)提案者，発起人，後援者 ❹〘宗〙(洗礼・堅信礼での)名づけ親(godparent)
—動他 ❶…のスポンサー[広告主]になる；…を主催する，後援する ‖ ～ a program 番組のスポンサーになる
❷〔チャリティー(活動をする人)〕に資金を提供する
❸〔法案など〕を提出する，支持する；〔交渉・話し合い〕を提案する，仲介する ❹…の保証人になる；…を請け合う
spon·só·ri·al 形

spon·sor·ship /spɑ́(:)nsərʃɪp | spɔ́n-/ 名 ❶U/C (～s)財政援助，資金提供
❷U スポンサーであること；後援，支援；(法案の)発起 ‖ under the ～ of ... …の後援で

spon·ta·ne·i·ty /spɑ̀(:)ntəní:əṭi | spɔ̀ntənéɪ-/ 名〔◁ spontaneous 形〕(複 **-ties** /-z/) U 自発性，自然さ，自然発生 ‖ their lack of ～ 彼らの自発性の無さ

spon·ta·ne·ous /spɑ(:)ntéɪniəs | spɔn-/ 形〔▶ spontaneity 名〕❶(行動などが)自然の感情[衝動など]からの，自然(発生的)な，自発的な；衝動的な ‖ a ～ burst of applause from the audience 期せずして起こる聴衆の拍手 ❷(現象などが)自然発生の；〘生〙本能的な，無意識的な ‖ the ～ movement of limbs 手足の自動運動 ❸(人などが)伸び伸びした，自然な ❹(植物などが)自生の，野生の **～·ness** 名 **～·ly** 副
▶▶ **～ combústion** 名U 自然発火 **～ generátion** 名U 自然発生

spoof /spu:f/《口》名C 悪ふざけ；パロディー
—動他 (冗談半分に)…をだます；…のパロディーを作る

spook /spu:k/《口》名C ❶幽霊，お化け ❷《主に米》スパイ —動自他 (動物などが[を])おびえる[おびえさせる]

spook·y /spú:ki/ 形《口》❶幽霊[お化け]のような[出そうな]，気味の悪い ❷《主に米》(動物が)おびえやすい

spool /spu:l/ 名C ❶(糸・テープ・紙などを巻く)巻き枠，糸巻き(状のもの)；(録音テープなどの)リール；(釣りで使う)スプール ❷1巻きの量 ‖ three ～*s* of tape テープ3巻
—動他 ❶(糸巻きに)…を巻く ❷💻〔データ〕を(一時保存するなどして)並行処理する，スプールする《CPUのジョブ処理を周辺機器での出入力処理の速度に合わせて行うこと》

spoon /spu:n/ 名C ❶スプーン，さじ ‖ a soup ～ スープ用スプーン ❷スプーン1杯分(spoonful) ‖ a ～ of beans 豆1さじ ❸スプーン状のもの；《旧》(ゴルフクラブの)スプーン，3番ウッド(three wood)；〘釣〙スプーン《ルアーの一種》 ❹《米俗》ヘロイン2グラム
be bòrn with a silver spóon in one's mòuth 裕福な家に生まれる
—動他 ❶(+目+副句)〔食べ物・飲み物〕をスプーンですくって〈…へ〉移す[運ぶ]〈**into, over, etc.**〉；…をスプーンですくい上げる《***up***》，すくって配る，すくい分ける《***out***》‖ *Spoon* a little olive oil *over* the chicken. スプーンでオリーブ油を少しすくって鶏肉にかけなさい / She ～*ed* food *out* for her baby. 彼女は赤ん坊に食べ物をスプーンですくって取ってやった ❷(ゴルフ・クリケットなどで)〔ボール〕をすくい上げるように打つ —自《口》《旧》〈…と〉いちゃつく〈**with**〉
▶▶ **～ brèad** 名U《米南部》スプーンブレッド《ひき割りトウモロコシ・ミルク・卵で作りスプーンで食べる菓子パン》

spóon·bìll 名C〘鳥〙ヘラサギ

spoon·er·ism /spú:nərɪzm/ 名UC 頭音転換《2語以上の語の頭音を誤ってまたは故意に転換させること.〈例〉*s*ons of *t*oil → *t*ons of *s*oil》(→ metathesis)

spóon-fèed 動 (**-fed** /-fèd/；**～·ing**) 他 ❶…にスプーンで食べさせる ❷〔人〕を過度に保護する[甘やかす]；(頭を使わなくて済むほどに)…を〈人に〉優しく教える〈**to**〉
-fèd 形 **-fèeding** 名

spoon·ful /spú:nfʊ̀l/ 名C スプーン1杯分

spoon·y /spú:ni/ 形《口》《旧》(ばかばかしいほど)感傷的な；(人に)べたべた甘い，首ったけの，でれでれした

spoor /spʊər, spɔ:r/ 名C (特に野生動物の)足跡

spo·rad·ic /spərǽdɪk/ 形 ❶散発的な，ときどき起こる ❷(病気などが)突発的な，散発的な **-i·cal·ly** 副

spo·ran·gi·um /spərǽndʒiəm/ 名 (複 **-gi·a** /-dʒiə/) C〘植〙胞子嚢(のう)

spore /spɔ:r/ 名C〘生〙胞子，芽胞 ‖ a ～ case 胞子嚢

spork /spɔ:rk/ 名C 先割れスプーン (♦ *spo*on+f*ork* より)

spor·ran /spɔ́(:)rən/ 名C スポーラン《スコットランド高地人が装飾用に kilt の前につるす毛皮製の下げ袋》

sport /spɔ:rt/ 名動
—名〔▶ sportive 形，sporty 形〕(複 **～s** /-s/) C ❶(個々の)**スポーツ**；U《集合的に》スポーツ，運動(♦ スポーツ一般をいう場合，《米》では sports，《英》では sport がふつう. ゴルフ・狩り・釣り・競馬なども含む) ‖ Do you **play** [OR do, go in for] any ～*s*? 何かスポーツをやっていますか / the use of drugs in ～ スポーツでの薬物使用
連語【形/名+～】water ～*s* 水中スポーツ / winter ～*s* 冬のスポーツ / motor ～*s* モータースポーツ《エンジンを使うスポーツ；特に自動車やバイクのレース》/ contact ～*s* 体がぶつかり合うスポーツ / spectator [participant] ～*s* 見て[やって]楽しむスポーツ / indoor [outdoor] ～*s* 屋内[屋外]スポーツ
❷《口》(困った状況下でも)(明るくて人の役に立つ)よい人，頼りになる人；(正々堂々とやる)スポーツマンらしい人，物事にあまりこだわらない人 (→ CE 1) ‖ Will you be a (good) ～ and help me? 頼むから手を貸してくれよ / a good [poor] ～ about losing 負けっぷりのよい[悪い]人
❸《主に豪・ニュージ口》やあ君(♥(若い)男性への呼びかけ)
❹U《旧》楽しみ，娯楽，気晴らし ‖ He thought solving puzzles was great ～. パズルを解くことは彼にとって大きな楽しみだった
❺U《堅》冗談，戯れ，ふざけ，からかい；あざけり，嘲笑(ちょうしょう) ‖ in [OR for] ～ 冗談に，ふざけて ❻〘生〙(突然変異などによる動植物の)変種；変異特質 ❼《通例 the ～》《古》なぶりもの，物笑い(の種)，慰みもの ❽(～s)《英》運動会，競技会 ‖ the school [country] ～*s* 学校の運動会[野外スポーツ] ❾《口》遊び人；(スポーツイベントでの)賭博(とばく)師
màke spórt of ... 《旧》= *make* FUN *of* ...
the spòrt of kíngs 競馬(horse racing)

COMMUNICATIVE EXPRESSIONS
1 **He's a gòod spórt.** あいつは潔いやつだ (♥ 負けたり，難しい状況に置かれても文句を言わずさわやかな人の形容)

―動 他《口》…を(つけて)見せびらかす，誇示する(show off) ‖ ～ a diamond ring ダイヤの指輪を(はめて)見せびらかす ―自 ❶《通例進行形で》(子供・動物などが)遊ぶ，ふざける，戯れる(⇨ PLAY 類語) ‖ The children are ～*ing* about in the garden. 子供たちは庭でふざけ回っている ❷《堅》冗談を言う；からかう，冷やかす；〈…を〉もてあそぶ〈**with**〉 ‖ ～ *with* her affections 彼女の愛情をもてあそぶ ❸突然変異を起こす

▸▸ ～ **físh** 名 =game fish ～ **utílity** (**véhicle**) 名 Ⓒ SUV，スポーツ用多目的車(《米》4WD，四輪駆動車)

spor·tif /spɔːrtíːf/ 形 ❶(人が)スポーツ[運動]好きな ❷(服装が)カジュアルな，スポーツに適した ❸ふざけた，冗談めかした ―名 Ⓒ スポーツ好きな人(♦フランス語より)

***sport·ing** /spɔ́ːrṭɪŋ/ 形 ❶《限定》スポーツ(用)の；スポーツに関する；スポーツ[運動]好きな ‖ ～ goods [events] スポーツ用品[イベント] / a ～ man スポーツ愛好家 ❷スポーツマンらしい，正々堂々とした ‖ It was ～ of Sam to give me a chance. こちらにチャンスを与えてくれるとはサムの態度はスポーツマンらしいものだった ❸賭(か)け(好き)の，冒険的な ‖ ～ blood 冒険心 **～·ly** 副

▸▸ ～ **chánce** 名 Ⓒ《単数形で》かなりの(成功する)可能性

spor·tive /spɔ́ːrṭɪv/ 形〔◁ sport 名〕❶遊び好きの，陽気な ❷冗談での，しゃれでの ❸《古》色好みの

～·ly 副 **～·ness** 名

sports /spɔːrts/ 形《限定》❶スポーツの，運動の ‖ ～ equipment スポーツ用品 ❷(服装などが)スポーツに適した，普段着用の

▸▸ ～ **bàr** 名 Ⓒ スポーツバー《飲食しながらスポーツ観戦ができるバー》 ～ **càr** 名 Ⓒ スポーツカー ～ **cènter** 名 Ⓒ スポーツセンター ～ **còat** [**jàcket**] 名 Ⓒ スポーツジャケット ～ **dày** 名 Ⓒ《主に英》(学校などの)運動会[体育祭]の日(《米》field day) ～ **shìrt** 名 Ⓒ スポーツシャツ(《米》sport shirt) ～ **wrìter** 名 Ⓒ スポーツ記者

spórts·càst 名 Ⓒ《主に米》スポーツ番組

～·er 名 Ⓒ《主に米》スポーツキャスター

***sports·man** /spɔ́ːrtsmən/ 名(複 **-men** /-mən/) Ⓒ ❶スポーツ選手，スポーツ好きな人，いろいろなスポーツをする人(中立 sportsperson, sports lover) ‖ a keen ～ 熱心にスポーツをする人(❗「彼はスポーツマンだ」は He is quite an athlete. や He is good at sports. などを使う方がふつう) ❷スポーツマン精神を持っている人，正々堂々とした人 ❸《旧》狩猟家，(娯楽として)釣りをする人

spórtsman·lìke 形 スポーツマンらしい，正々堂々とした(中立 sporting, fair-minded)

spórtsman·shìp 名 Ⓤ スポーツマンシップ，正々堂々としていること(中立 fair play, fair-mindedness)

spórts·pèrson 名(複 **～s** /-z/ OR **-people** /-pìːpl/) Ⓒ スポーツ愛好家；運動選手(♥男女差別を避ける表現)

spórts·wèar 名 Ⓤ《集合的に》スポーツウエア

spórts·wòman 名(複 **-wòmen**) Ⓒ スポーツウーマン

***sport·y** /spɔ́ːrṭi/ 形〔◁ sport 名〕《口》❶スポーツに適した；スポーツ好きな ❷(車が)高速走行に適した，スポーティーな ❸(衣服などが)派手な，けばけばしい

⁑spot /spɑ(ː)t | spɔt/ 名 動 形 副

中心義 **小さな点(をつける[見つける])**(★「点」は文脈によって1つの場合も複数の場合もある)

名 **斑点**(はんてん)❶ **発疹**(はっしん)❷ **しみ**❸ **場所**❹ 動 他 **見つける**❶ **わかる**❷ **斑点をつける**❸

―名〔▶ spotty 形〕(複 **～s** /-s/) Ⓒ ❶**斑点**，まだら，ぶち ‖ a white dog with black ～*s* 黒い斑点のある白犬 / a red skirt with white ～*s* 白い水玉模様の赤いスカート ❷《通例 ～s》(皮膚などにできる)赤い斑点，**発疹**，《英》にきび(pimple)，吹き出物，ぽつぽつ ‖ The sick baby was covered with ～*s*. 病気の赤ん坊はあちこちに発疹ができていた / His face broke out in [OR with] ～*s*. 彼の顔に吹き出物が(いっぱい)できた

❸**しみ**，汚れ；(人格などの)傷，汚点 ‖ How did I get these ～*s* on my pants? いつの間にズボンにこんなしみがついたんだろう / remove [OR take out] 「an ink ～ [grease ～*s*] from a shirt シャツのインク[油]汚れをとる

❹(特定の)**場所**，地点，地区；名所，遊び場；(空港の)駐機場所；その場，現場，箇所，点 ‖ an ideal ～ for fishing [a picnic] 釣り[ピクニック]にもってこいの場所 / the exact ～ where I stumbled 僕がつまずいたまさにその場所 / a top tourist [OR sightseeing] ～ 最高の観光地，名所 / a scenic [vacation] ～ 景勝[行楽]地 / a night ～ 夜の遊び場 / It's a sore [OR tender] ～ with you. それが君の弱点[泣きどころ]だ

❺(一連のものの中での)位置，順位；(組織・階級・仕事などにおける)序列，地位，立場，役職 ‖ "Sukiyaki" reached the number one ～ in the U.S. charts in 1963. 「上を向いて歩こう」が1963年に全米ヒットチャートのナンバーワンに輝いた / He's hitting in No. 2 ～ today. 彼は今日は(野球の)2番打者で出ています

❻(テレビ・ラジオで)(番組の合間などに入れる)スポット放送(spot announcement)《短いお知らせ・ニュース・広告など》；短い出演(時間(帯))，(ショーの間の)つなぎ ‖ a guest ～ on the show その番組のゲスト出演[コーナー]

❼《通例 a ～ of ... で》《主に英口》少量[ちょっぴり]の…(bit)；《～s》〈雨などの〉しずく，1滴〈**of**〉 ‖ Won't you have a ～ *of* whisky? ウイスキーをちょっぴりやりませんか ❽《口》(ちょっとした)困った[やっかいな]状況[立場]，苦境 ‖ I'm really in a ～. Will you help me? 実はちょっと困っているんだが，手を貸してくれないか ❾《口》=spotlight ❿《数詞との複合語で》《主に米口》(…ドル)紙幣[札] ‖ a five [ten](-)～ 5[10]ドル札 ⓫(トランプ札で)(クラブ・ダイヤなどの)マーク，印；(エース札と絵札を除く2から10までの)数札(spot card)；手札置き場；(さいころ・ドミノ牌(はい)などの)目 ⓬《～s》〘商〙スポット商品《(長期契約でない)単発で取り引きされる商品》，現物(spot goods)，現金 ⓭《口》=nightclub ⓮〘ビリヤード〙スポット，玉を置く場所；黒点付き白玉 ⓯漆喰(しっくい)をこねる板

chànge one's spóts 《通例否定文で》性格[習慣，生き方など]を変える(→ leopard(用例))

hàve a sóft [《米》***wéak***] ***spòt for ...*** ⇨ SOFT spot(用例)

****hìt the spót*** 《口》(飲食物などが)何よりである，申し分ない，実にうまい ‖ A cold glass of beer would *hit the* ～. 冷たいビールがあれば最高だ

in a tìght spót 《口》窮地に陥って

knòck spóts òff ... 《英口》…に楽勝する

****on the spót*** ①その場所[現場]にいて ②**即座に**，その場で ‖ get a job *on the* ～ その場で採用が決まる / be killed *on the* ～ 即死する ③《口》困って，窮地にあって(→ *put a person on the spot*(↓)) ④その場を動かずに ‖ run *on the* ～ (前進せずに)その場で走る

****pùt a pèrson on the spót*** 《口》(質問などが)〔人〕を窮地に追い込む，困らせる ‖ The discovery that he had a second job really *put* him *on the* ～. 副業を持っていることが発覚して彼は窮地に追い込まれた

ròoted [OR ***glùed, rìveted***] ***to the spót*** (恐怖・ショックなどで)その場にくぎ付けになって，立ち尽くして

―動(**～s** /-s/；**spot·ted** /-ɪd/；**spot·ting**)

―他 ❶《進行形不可》**a**《+目》(多くの中から)…を(やっと)**見つける**，見つけ出す，捜し当てる ‖ I eventually *spotted* Ben in the crowd. 人込みの中でついにベンを見つけた / I haven't *spotted* any mistakes in your calculations. 君の計算には一つも誤りが見つからなかった **b**《+目+*doing*》…が…しているのを見つける，目撃する，気づく ‖ Mr. Evans *spotted* her cheating on the exam. エバンズ先生は彼女が試験でカンニングしているのを見つけた

❷《進行形不可》**わかる** **a**《+目》〔正体・国籍・才能など〕

を(すぐに)見分ける, 見抜く, 言い当てる;《受身形で》(スポーツ・ショーなどの) 才能を認められる ‖ He was *spotted* by talent scouts. 彼はスカウトたちに目をつけられていた
b 《+**that** 節 / **wh** 節》…ということ[…か]がわかる[に気づく] ‖ How did you ～ *that* those were counterfeit notes? それらがにせ札だとどうしてわかったのですか
c 《+目+**as** 名》…が…であることに気づく, …を…だと見抜く ‖ I *spotted* him *as* a dummy. 彼が替え玉であることに気づいた
❸ …に〈…の〉**斑点をつける**, …を〈…で〉斑点状に汚す〈**with**〉(♦しばしば受身形で用いる);〔名誉・人格など〕を汚す ‖ Her dress was *spotted with* wine. 彼女の服にはワインのしみがついていた / a blue tie *spotted with* white 白い水玉模様の青いネクタイ
❹ …を(特定の場所に)置く, (適当な間隔に)配置する;(ビリヤードで)〔玉〕をスポットに置く ❺ …のしみ[汚れ]を取り除く《*out*》 ❻ 《+目 *A*+目 *B*》《米口》(スポーツで) *A* (相手)に *B* (点・距離など) のハンディを与える ‖ ～ him three points 彼に3点のハンディを与える ❼ (体操競技などで)(コーチなどが)〔選手〕の介添えをする, 補助する ❽ 《+目 *A* + 目 *B*》《米口》*A* (人) に *B* (金) を貸す[与える] ‖ I'll ～ you 10 dollars. 10ドル出してやろう
—自 ❶ 斑点[汚点]がつく, しみになる, 汚れる;(膣(ちつ)から)微量の血液が出る
❷ 《it を主語にして》《英》(雨が) ぽつぽつ降る ‖ It's *spotting* (with rain). ぽつぽつと雨が降っている
❸ 〚軍〛(空中から)攻撃目標[ねらい]を定める

COMMUNICATIVE EXPRESSIONS
1 **Spòt ón!** 《英》まさしくそのとおり(♥賛同を示すくだけた表現. ⇗Yes, that's right./⇗Exactly.)

—形《限定》❶ その場での;〚商〛スポット[現物]取引の, 即座の, 現金払い[渡し]の ‖ a ～ fine その場での罰金 / ～ cash 即金 / the ～ price for oil スポット原油価格
❷ (テレビ・ラジオで) 番組の合間に入れた, スポットの ‖ ～ announcement スポットアナウンス
❸ (報道などが)現場[現地]からの
—副《英俗》ちょうど, きっかり
▶▶ ～ **chèck** (↓) ～ **kìck** 名 C 《英》=penalty kick ～ **ón** (↓) **spòtting scópe** 名 C スポッティングスコープ(高性能小型地上望遠鏡)

spót chèck /英⌐⌐, ⌐⌐/ 名 C 無作為[見本]抽出検査, 抜き取り検査

spot-check /spɑ́(ː)ttʃèk | spɔ̀ttʃék, ⌐⌐/ 動 他 …の抜き取り検査をする —自 抜き取り検査をする

spot·less /spɑ́(ː)tləs | spɔ́t-/ 形 ❶ しみ[汚れ]のない, (完全に)清潔な ❷ (性格・評判などが)欠点のない, 非の打ち所がない ～**·ly** 副 ～**·ness** 名

*__spót·lìght__ 名 ❶ C (舞台などの)スポットライト;スポットライトの放つ光線;《単数形で》スポットライトの当たる場所 ‖ direct [OR focus, put, shine, train, turn] a ～ on the leading actor 主演俳優にスポットライトを当てる ❷ 《the ～》(世間の)注目, 注視 ‖ Passive smoking is in [OR under] the ～. 受動喫煙が注目を浴びている
stèal the spótlight 主役を食う
—動 (～**·ed** /-ɪd/ OR **-lit** /-lɪt/) (♦ ❷ の過去・過去分詞は spotlighted) 他 ❶ …をスポットライトで照らす, …にスポットライトを当てる ❷ …に世間の注意を向けさせる

spòt-ón, spòt ón ⟨⟩ 形 副《英口》正確な[に]

spot·ted /spɑ́(ː)təd | spɔ́tɪd/ 形《通例限定》まだらの, 斑点(はんてん)のある;しみのある;(名声などが)汚された
▶▶ ～ **díck** 名 U 《英》干しブドウ入りのプディング ～ **dóg** 名 ① C =Dalmatian ② U 《英》=spotted dick ～ **féver** 名 U 〚医〛斑点熱(ロッキー山紅斑(こうはん)熱, 発疹(ほっしん)チフス, 脳脊髄(せきずい)膜炎など) ～ **hyéna** 名 C 〚動〛ブチハイエナ(ハイエナ中の最大種)

spot·ter /spɑ́(ː)tər | spɔ́tə/ 名 C ❶ 《しばしば複合語で》(趣味・仕事として)観察する[探す]人 ‖ a train ～ 汽車を眺める趣味の人 ❷ 敵情偵察員[機] ‖ a ～ plane 偵察機 ❸ 《米口》(従業員・顧客の)監視員 ❹ 斑点をつける人 ❺ 《米》(出場選手を確認する)スポーツアナウンサー助手 ❻ (体操・水上スキーなどの)監視員

spot·ty /spɑ́(ː)ti | spɔ́ti/ 形 [◁ spot 名] ❶ 斑点のある, まだらの ❷ 《英》発疹[吹き出物]のある ❸ 《主に米》(質的に)むらのある, 一貫性のない **-ti·ness** 名

spót-wèld 動 他 〔金属〕をスポット溶接する ～**·er** 名

*__spouse__ /spaus, spauz/ 《発音注意》名 C 〚法〛配偶者(夫または妻) ‖ ～ abuse 配偶者虐待 **spóus·al** 形

*__spout__ /spaut/ 《発音注意》動 他 ❶ 〔液体など〕を(噴出口などから) 噴出させる, 吹き出す《*out*》‖ The volcano ～*ed* lava. その火山は溶岩を噴出させた ❷ …をとうとうと[演説口調で]弁じる, まくし立てる
—自 ❶ (液体などが)〈…から〉噴出する, 吹き出す, ほとばしる《*out*》〈**from**〉;(鯨が)潮を吹き上げる ❷ 〈…を〉べらべらしゃべりまくる, まくし立てる《*off, on*》〈**about**〉
—名 C ❶ (水差しなどの)口;(噴水・ポンプなどの)噴出口;(鯨の) 噴水孔;雨樋(あまどい)(の縦の部分) ‖ the ～ of a kettle やかんの口 ❷ (液体・穀物などの)噴出, 噴流, 噴水;(竜巻などによる)水柱(waterspout), (鯨の)潮の吹き上げ ❸ 荷滑り(chute)(穀物などを下へ送る管など)
ùp the spóut 《英口》① 使い物にならない, 無駄になって ② (うっかり)妊娠して

sprain /spreɪn/ 動 他 〔足首・手首など〕をくじく, 捻挫(ねんざ)する —名 C 捻挫

*__sprang__ /spræŋ/ 動 spring の過去形の1つ

sprat /spræt/ 名 C (ヨーロッパ産の)ニシン属の小魚
thròw [OR ***sèt***] ***a sprát to càtch a máckerel*** 《英》エビでタイを釣る, 少しの出費[労力]で大きな効果を得る

*__sprawl__ /sprɔːl/ 動 自 ❶ だらしなく手足を伸ばす;だらしなく手足を伸ばして座る, 大の字に寝る《*out, about*》(♦通例場所を表す 副句 を伴う) ‖ ～ *out* in the sun 日なたで手足を伸ばして寝そべる / send him ～*ing* 彼をぶざまに殴り倒す ❷ (都市・建物などが) ぶざまに[不規則に] 広がる;(都市の郊外などが)不規則に住宅地化する, スプロール現象を起こす《*out*》‖ a city ～*ing* (*out*) into the suburbs 郊外へ雑然と広がっている都市
—他 《通例受身形で》大の字に横になる《*out*》
—名 U/C 《通例単数形で》❶ 手足を投げ出して座ること, 大の字に寝ること;手足を投げ出した姿勢, 腹ばい, 四つんばい ❷ (建物などの)不規則な広がり[発展];(都市の)スプロール現象;(スプロール現象による)都市化された地域
～**·er** 名 ～**·ing** 形《限定》ぶざまに[不規則に]広がった, はびこった ～**·ing·ly** 副

sprawled /sprɔːld, +米 sprɑ(ː)ld/ 形 手足をだらしなく伸ばして

‡**spray**[1] /spreɪ/
—名 (複 ～**s** /-z/) ❶ U C (容器入りの)**噴霧液**
❷ C 噴霧器, **スプレー**, 霧吹き, 香水吹き, 吸入器 ‖ a perfume ～ 香水吹き ❸ U **しぶき**, 水煙;(消毒液・殺虫剤・ペンキなどの)噴霧;C 噴霧すること
—動 (～**s** /-z/; ～**ed** /-d/; ～**·ing**)
—他 ❶ **a** 《+目》…に薬剤をかける;〔香水など〕を〈…に〉吹きかける[吹きつける]〈**on, onto, over**〉;…に〈香水などを〉吹きかける[吹きつける]〈**with**〉‖ ～ a cockroach ゴキブリに(殺虫剤を)噴霧する / ～ insecticide *on* plants = ～ plants *with* insecticide 植物に殺虫剤を吹きかける
b 《+目+補〈形〉》…にスプレーして…にする ‖ I had my car ～*ed* black. スプレーで車を黒く塗ってもらった
❷ 〔小粒のもの〕を飛び散らす, 〔弾丸など〕を浴びせる;…に〈小粒のものを〉飛び散らす[かける], …に〈弾丸などを〉浴びせる〈**with**〉‖ ～ the crowd *with* bullets 群衆に弾丸を浴びせる ❸ (雄猫などが) (マーキングのため) …におしっこをかける ❹ 〚スポーツ〛〔ボール〕をあらぬ方向に飛ばす
—自 ❶ (液状のものが)しぶきになって噴出する[飛び散る];(しぶき・破片などが)飛び散る;スプレーをかける
❷ (雄猫などが)マーキングのためにおしっこをかける
～**·er** 名 C 噴霧する[霧を吹く]人;噴霧器

▶▶～ **càn** 名 Ⓒ スプレー缶 ～ **gùn** 名 Ⓒ (塗料・ペンキなどの)吹きつけ器, スプレーガン ～ **pàint** (↓)

spray² /spreɪ/ 名 Ⓒ (葉・花・果実などをつけた)小枝；(宝石などの)枝飾り；装飾用の切り花(⇨ BRANCH 類語)

spráy-òn 形 《主に英》スプレー式の

spráy-pàint 動 他 (スプレー吹きつけ器で)…にペンキを塗る[吹きつける] **～·er** 名 **～·ing** 名

spráy pàint 名 Ⓤ スプレーペンキ

⁑**spread** /spred/ 《発音注意》 動 名

中心義 …を(一面に)広げる

―動 (**～s** /-z/ ; **spread** ; **～·ing**)

―他 ❶ …を**広げる**, (人・鳥・植物などが)〔手・翼・枝など〕を(広げて)伸ばす；…を〈一面に〉並べる, 広げて見せる《**out**》〈**on, over, across, etc.**〉‖ We *spread out* the map *on* the desk. 私たちは机の上に地図を広げた / ～ (*out*) one's hands 両手を広げ(て見せ)る(♥ どうしようもないときなどのしぐさ) / ～ one's arms **wide** 両腕を大きく広げる / Don't sit with your legs *spread* (*out*). 足を投げ出して座るな / *Spread* 'em! 《口》(警官などが人に)両手を上げ両脚を開いて立て / The bird *spread* its wings. 鳥は羽を大きく広げた / ～ a deck of cards (*out*) *on* the floor 一組のトランプを床に並べる / the view of the town *spread* (*out*) before us 眼前に広がる町の景観

❷〔うわさなど〕を**流布する**；〔ニュースなど〕を広める, 〔知識・宗教など〕を普及する(↔ suppress)；〔病気など〕を蔓延(まんえん)させる；〔種子・肥料など〕を〈…に〉まく, 散布する, 散在させる〈**on, over**〉‖ My neighbor *spread* the false rumor through the town. 近所の人がありもしない話を町中に言いふらした / *Spread* the word that we're having a meeting tomorrow. 明日会議があるということをみんなに伝えて / ～ ⌈scientific knowledge [a religion]⌉ 科学知識[宗教]を広める / Some diseases are ～ by flies. ハエによって伝染する病気がある

❸ …を〈…に〉(薄く伸ばして)**塗る**, 覆う〈**on, over**〉；…に〈…を〉塗る, 覆う〈**with**〉‖ I *spread* butter *on* my toast. = I *spread* my toast *with* butter. トーストにバターを塗った

❹〔責任・仕事・費用など〕を〈…に〉分散させる, 〈…の間で〉分担する, 分配する《**out**》〈**among**〉‖ The votes were evenly *spread among* the candidates. 票は候補者の間で均等に散らばった / ～ the work between us 仕事を我々の間で分担する

❺〔支払い・試験・行事など〕の期間を〈…に〉引き延ばす[広げる], …の間隔をあける《**out**》〈**over**〉‖ ～ (*out*) the payments *over* six months 支払期間を6か月間に引き延ばす / The exams were *spread over* (a period of) nine days. 試験は9日間にわたって行われた

❻〔食事〕を食卓に並べる；〔食卓〕に〈…を〉並べる〈**with**〉‖ The table is *spread with* appetizing dishes. 食卓に食欲をそそる料理が並んでいる

―自 ❶ 《通例進行形不可》(景色・土地などが)(延々と)**広がる**, (一面に)展開する, 開ける；(枝・根などが)伸びる, 張る, 覆う《**out**》(♦ 通例場所・方向を表す 副句 を伴う) ‖ The suburbs ～ *out* for many miles. 郊外が何マイルにもわたって広がっている / The ivy *spread* all over the wall. ツタが塀を一面に覆った

❷ (うわさ・知識・火事・水などが)広がる, 広まる, 流布する, 普及[波及]する, 蔓延する；(動物・人口などが)分布する；(都市・会社などが)拡大[発展]する, 伸びる ‖ The word *spread* that he was ill. 彼が病気だというううわさが広がった / The cult *spread* before we knew it. そのカルト教団はあっという間に広がった / The flu is ～*ing* ⌈at an alarming rate [throughout this area]⌉. 流感が恐ろしい勢いで[この地域全体に]広がっている / A smile *spread* across her face. 彼女の顔はぱっとほころんだ

❸ 《＋副》(ペンキ・バターなどが)(薄く)のびる(♦ 副 には様態を表す easily, well などの語がくる) ‖ This butter ～*s* easily even when cold. このバターは冷えていてもよくのびる ❹ (支払い・試験・行事などが)〈ある期間・広範囲に〉わたる, 及ぶ〈**over**〉‖ The exams ～ *over* two weeks. 試験は2週間に及ぶ

sprèad ... apárt 〈他〉…(の間隔)を広げる, 開く；〔2人の仲など〕を引き離す, 分ける

sprèad aróund ... / sprèad ... aróund 〈他〉…をまき散らす, …に流布[蔓延]させる；〔うわさなど〕を広める

spreàd it òn thíck [OR ***with a trówel***] 《口》= LAY *it on thick* [OR *with a trowel*]

＊***sprèad óut*** 〈他〉《***sprèad óut ... / sprèad ... óut***》① …を広げる, 広げて伸ばす(→ 他 ❶) ②〔仕事など〕を分散[分担]させる(→ 他 ❹) ③ …の期間[間隔]を引き延ばす[広げる](→ 他 ❺) ④ …を(広範囲に)分散させる, …の間隔をあける；《受身形で》分散している, 散開している ―〈自〉① 広がる, 開ける(→ 自 ❶) ② (広範囲に)分散する, 間隔をあける ‖ *Spread out!* 〖軍〗散らばれ(♦ 弾丸などを避けるための命令) ③ 長々と横になる ‖ ～ *out* on a sofa to rest ソファーに寝そべって休む

spréad onesèlf ① 大の字に寝転ぶ ② 《英》《旧》とくとくとして語る, 自慢する ③ 《主に米口》(相手によく思われようと)奮闘する；《英》《旧》(金を)奮発する

sprèad onesèlf tòo thín 一度に多くのことに手を出しすぎる, 手を広げすぎる

―名 (複 **～s** /-z/) ❶ Ⓤ/Ⓒ 《単数形で》〈ニュース・うわさなどの〉**広まり**, 流布, 波及；〈知識などの〉普及；〈病気の〉蔓延；〈…の〉拡張, 発展；分布(状態)〈**of**〉‖ **prevent** [check, stop] the ～ *of* AIDS エイズの蔓延を防ぐ[食い止める] / retard the ～ *of* a forest fire 山火事の延焼を防ぐ / encourage the ～ *of* knowledge 知識の普及を促す

❷ Ⓒ 《通例単数形で》〈土地などの〉広がり(の度合い), 広大さ, 広さ, 幅〈**of**〉；〖空〗翼幅(wingspan) ‖ the ～ *of* a cornfield トウモロコシ畑の広がり[広さ] / a broad ～ *of* interests 広範囲にわたる趣味 / wings with a six-foot ～ 翼幅6フィートの翼

❸ Ⓤ Ⓒ (パン・クラッカーなどに塗る)スプレッド《ジャム・バターなどの類》‖ cheese ～ チーズスプレッド

❹ Ⓒ 《口》(テーブルいっぱいに広げた)大変なごちそう, 種類の豊富な食事 ‖ lay [OR put] on a lovely ～ 素敵なごちそうを並べる ❺ Ⓒ (新聞・雑誌などの)全[見開き]ページ(の記事[写真, 広告]), (数段抜きの)大見出し記事 ❻ Ⓒ 《米》(家具などの)掛け布；テーブルクロス；(特に)ベッドカバー(bedspread) ❼ Ⓒ 《単数形で》(上下2つの数字の)開き差；(意見・年齢などの)幅；〖商〗値開き[幅]《原価と売価もしくは相場で付け値と言い値の差》❽ Ⓒ 《米》(広大な)農場, 牧場 ❾ Ⓤ/Ⓒ 《単数形で》《口》胴回りが太ること

▶▶～ **bétting** 名 Ⓤ スプレッドベッティング《スポーツの試合の点差などの幅を設定して, その幅の上になるか下になるかを賭(か)けるギャンブルの一種》 ～ **éagle** (↓)

spréad-èagle /英 ́ー ̀ーー/ ⟨ジ⟩ 動 他 《通例受身形で》手足を広げた姿勢になる, 大の字になる, 寝そべる ‖ lie ～*d* on a bed ベッドに大の字に横たわる ―自 ❶ 手足を広げた姿勢をする ❷ 〖フィギュアスケート〗スプレッドイーグルで滑る ―形 《米》❶ 手足を広げた, 大の字になった ❷ 《俗》(米国について)誇張的愛国主義の

sprèad éagle ⟨ジ⟩ 名 Ⓒ ❶ 翼と脚を広げたワシ《米国の紋章》❷ 〖フィギュアスケート〗スプレッドイーグル ❸ 手足を広げた姿勢

spread eagle ❶

sprèad-éagled 形 《英》= spread-eagle

spread·er /sprédər/ 名 Ⓒ 広げる人[もの]；バターナイフ；肥料[種]散布機；(電線などの接触を防ぐ)横棒

spréad·shèet 名 Ⓒ スプレッドシート, 表計算プログ

ラム(の表) —動 自 表計算ソフトを使う **~·ing** 名

Sprech·ge·sang /ʃprékgəzæ̀ŋ/ 名 U 〘楽〙 シュプレヒゲザング, 叙唱《語りと歌の中間的な声楽演奏法》(♦ドイツ語より)

spree /spriː/ 名 C ❶ 豪遊, ばか騒ぎ; 酒宴 ‖ go on a spending ~ 金を湯水のように使う, 散財する ❷ (新聞などで)犯罪行為 ‖ a killing ~ 無差別殺人

sprig /sprɪɡ/ 名 C ❶ (葉などのついた) 小枝 (⇨ BRANCH 類語) ❷ (織物などの) 小枝模様[飾り] ❸ ⊗《古》《主に蔑》若者, 未熟な人 ❹ 頭のない小くぎ
—動 他 …を小枝模様で飾る

spright·ly /spráɪtli/ 形 活発な, 陽気な **-li·ness** 名

***spring** /sprɪŋ/ 名 動

中心義 突然飛び出る(★「春」の意味は芽が出る季節であることから)

名 春❶ 泉❷ ばね❸ 動 自 跳ねる❶

—名 (▶ springy 形) (複 **~s** /-z/) ❶ U C《無冠詞単数形または the ~ で》**春**, 春季[期]《北半球では一般に3, 4, 5月ごろ. 天文学的には春分から夏至前日》(→ autumn, fall); 《形容詞的に》春の, 春特有の, 春向きの ‖ *Spring* is here.=*Spring* has come. 春が来た / We're in the prime [OR midst] of ~. 春は今たけなわである / **in** (the) ~ 春に(は) / during the ~ 春の間に / **in** (the) early [late] ~ 早[晩]春に / this [last, next] ~ この[この前の, 来年の]春(に)(♦前置詞を伴わず副詞的に用いる) / The election took place **in the** ~ of 2013. その選挙は2013年の春に行われた (♦限定語句がつく場合は原則として the を伴う. また in, during など期間を示す前置詞とともに用いると the を伴うことが多い) / ~ flowers 春の花 / (a) ~ rain 春雨 / ~ fashions 春のファッション
❷ C **泉**, 源泉, 源, 源流, わき水(⇨ 類語); 《しばしば ~s》温泉, 鉱泉; (物事の)源, 根源; 起源, 始まり, 発端; 原動力, 動機; 初期(段階) ‖ a hot ~ 温泉 / a mineral ~ 鉱泉 / ~ water わき水 / the ~ of wisdom 知恵の源泉 / the ~*s* of human action 人間の行動の原動力
❸ C **ばね**, ぜんまい, スプリング, 発条; 《形容詞的に》ばねの, ばね仕掛けの ‖ a watch-~ 時計のぜんまい / bed ~*s* ベッドのスプリング / a ~ scale [hinge] ばねばかり[ばね付きちょうつがい]
❹ U 跳ね返り, 反動, 弾力(性), 反発力, (ボールなどの)弾み ‖ There's not much ~ in this sofa. このソファーにはあまり弾力性がない
❺ U/C《a ~》元気, 活力, (心の)弾み, 躍動感; (足取りの) 軽やかさ ‖ walk with a ~ in one's step=have a ~ in one's walk 軽やかな足取りで歩く
❻ C《単数形で》急に跳ねる[跳ぶ]こと, 跳躍, 飛び越し, ジャンプ ‖ make a ~ at [on, over] ... …に飛びかかる[…に飛び乗る, …を飛び越える] ❼ U C 成長[発展]期, 青春期, 更新[再生]期 ‖ in the ~ of one's years 青春期に
❽ C (過度の力による板などの)反り, ゆがみ; 亀裂, 裂け目, 割れ目, ひび ❾ C 〘海〙もやい綱《係留・索引用の大綱》❿ C 〘建〙(アーチなどの)起拱(きょう)点, 迫元(せりもと)
—動 (**~s** /-z/; **sprang** /spræŋ/, +《米》**sprung** /sprʌŋ/; **sprung**; **~·ing**)
—自 ❶《+副句》跳ぶ, **跳ねる**, 飛び上がる[立つ], 飛びかかる, 跳ねるようにして動く(♦ 副句 は方向を表す) (⇨ JUMP 類語) ‖ When the bell rang, he *sprang* up from his seat. 電話が鳴ると彼ははじかれたように席を立った / ~ to one's feet さっと立ち上がる / ~ out of bed ベッドから飛び出す / The dog *sprang* at [OR on] the thief. 犬は泥棒に飛びかかった / I *sprang* at the chance to meet the actor. その俳優に会えるチャンスに飛びついた
❷ **a** (ばねのように)跳ね返る, はじける《*back*》; (ボールなどが) 弾む, 弾力で元に戻る《*back, up*》‖ The branch *sprang back* and hit me in the face. 枝が跳ね返って私の顔に当たった
b 《+補 〈形〉》はじけて…になる, ぱっと…する ‖ The door *sprang* open [shut]. ドアがばたんと開いた[閉まった]
❸ (停止・制止の状態から) 急に〈…〉する〈**to, into**〉‖ ~ 「*into* action [*to* life] (人・機械などが)急に活動し始める[活気づく] / ~ *to* his defense 直ちに彼の弁護[援護]に回る / ~ *to* her assistance さっと彼女を手伝う / ~ *to* attention ぱっと気をつけの姿勢をとる
❹ (人・物が)〈…から〉突然現れる; (植物が)〈…から〉生える, 芽[葉]を出す〈**from, out of**〉; 急に成長[発達]する; (風が)立つ《*up*》; (水などが)わき[吹き, 流れ]出る; (叫び声などが) 上がる; (事態が) 急に起こる ‖ Fast-food restaurants are ~*ing up* everywhere. ファーストフードの店が至る所にできている / These flowers *sprang up* overnight. この花は一夜のうちに開いた / Where did you ~ *from*? 一体どこから現れたのだ
❺ (表情・涙などが) 〈…に〉浮かぶ, 現れる; 〈心に〉浮かぶ〈**into, to**〉‖ Tears *sprang into* [OR *to*] her eyes. 彼女の目に突然涙があふれた / Tell me whatever [whose name] ~*s to* mind. 思いつくことは何でも[思い浮かぶ人だれでも]言ってくれ ❻《+**from** 名》…を源として発生する, …から生じる; (人が)…の出である ‖ A quarrel later *sprang from* his joke. 彼の冗談が後になってけんかを引き起こした ❼《+**for** 名》《米・豪俗》…の費用[金]を払う[持つ], …をおごる ‖ I'll ~ *for* dinner. 夕飯をおごるよ
❽ (板などが)反る, ゆがむ; 割れ[裂け]る, ひびが入る; (機械の一部などが)外れる, 緩む ❾ (地雷が)爆発する
—他 ❶ …を(ばね仕掛けで)跳ね返らせる; 〔機械・仕掛けなど〕を作動[始動]する[させる] ‖ ~ a trap (動物を)わなにかける; (人を)だます[そうとする]
❷ **a** 《+目》…を急に持ち出す[話す]
b 《+目 *A*+**on** 名 *B*》《口》*A*を突然*B*に発表する; *A*を急に*B*(人)に持ち出す[話す, 質問する], 不意の*A*で*B*(人)を驚かす ‖ They *sprang* the news *on* their parents that they're going to marry. 2人は結婚しますと知らせて両親たちをびっくりさせた / ~ a new idea *on* him 彼に新しい考えを明かす / ~ a **surprise** *on* her 彼女をびっくりさせるようなことを言う[する]
❸ (船・容器などが)〔水漏れ〕を起こす, …の穴を大きくする ‖ ~ a leak 水が漏れ出す ❹《口》〔人〕を〈…から〉出獄[脱獄]させる, 釈放する〈**from**〉❺〔板など〕を反らせる, 割る, 裂く ❻〔地雷〕を爆発させる ❼ …を跳ぶ, 飛び越える; 〔鳥・動物など〕を飛び出させる, 急に出てこさせる

類語《名 ❷》**spring** 泉, わき水.
fountain 噴水, (人工・天然の)上方に噴出する泉.
well 井戸, (比喩(ゆ)的に)源泉.

▶▶ **~ bàlance** /+英ーー/ 名 C《英》ばねばかり **~ brèak** 名 C《米》(大学などの)春休み **~ chícken** 名 C ①(料理用)若鶏 ②《通例否定文で》《口》若者, 小娘 **~ équinox** 名《the ~》春分(点) **~ féver** 名 U (何かをしたいとむずむずして落ち着かない) 春先の気分の高揚; 春愁 **~ gréens** 名 複 新キャベツ(の葉) **~ hòok** 名 C スプリングフック **~ lòck** 名 C ばね錠 **~ máttress** 名 C スプリング付きマットレス **~ ónion** 名 C《主に英》春タマネギ《サラダに入れて生で食べる》**~ ròll** /英ーー/ 名 C 春巻き(《米》egg roll) **~ tíde** 名 C ①大潮《新月・満月のころに起こる》②《文》奔流, 洪水; 感情のほとばしり **~ tráining** 名 U《米》(野球の)春季練習

spríng·bòard 名 C ❶ (体操の)踏み切り板; (水泳の)飛び込み台 ❷〈…への〉出発点, 起爆剤〈**for, to**〉

spring·bok /spríŋbɑ̀(ː)k | -bɔ̀k/, **-buck** /-bʌ̀k/ 名 (複 ~ OR ~**s** /-s/) C〘動〙スプリングボック《南アフリカ産のガゼル(gazelle)の一種. 驚いたときに飛び跳ねる習性がある》

spring-cléan ⟨シ⟩ 動 他 自 (春に) (家・部屋などを) 大掃除する —名 C《単数形で》《英》(春の) 大掃除(《米》spring-cleaning)

S

spring-cléaning 名 C《米》(春の)大掃除

spring·er /spríŋər/ 名 C ❶ (=～ **spániel**) スプリンガースパニエル《猟犬の一種》❷ 出産間近の牛 ❸〘建〙(アーチの)迫元(せりもと)石, 台輪 ❹ 跳ぶ人[もの], 跳ねる人[もの]

Spring·field /spríŋfì:ld/ 名 スプリングフィールド《米国イリノイ州の州都で, Abraham Lincoln の埋葬地》

spring-lóaded ◁ 形 (部品が)ばねで固定された

spríng·tìde 名《文》=springtime

spríng·tìme 名 U ❶ 春, 春季 ❷《文》初期；青春

spring·y /spríŋi/ 形〔◁ spring 名〕弾力のある, しなやかな；軽快な **spríng·i·ness** 名

*** sprin·kle** /spríŋkl/ 動 他 ❶〔水・砂・粉など〕を〈…に〉まく, 振りかける〈**on, onto, over**〉；…に〈水・砂・粉などを〉まく, 振りかける〈**with**〉；〔庭など〕に水をまく ‖ ～ bacon bits *on* [OR *over*] the salad＝～ the salad *with* bacon bits サラダにベーコン＝ビッツを振りかける ❷ …を〈…に〉点在させる, ちりばめる〈**on, over, etc.**〉；…に〈…を〉ちりばめる〈**with**〉(♦ しばしば受身形で用いる) ‖ houses ～*d over* the valley 谷間に点在する家々 / the sky ～*d with* stars 星をちりばめた空 / He ～*d* his speech *with* some jokes. 彼はスピーチのところどころにジョークをちりばめた —自《it を主語にして》《主に米》雨がぱらつく

—名 C ❶《a ～》少量, 少数, ほんの少し ❷《通例単数形で》《主に米》ぱらぱら降る雨, 小雨 ❸《～s》《主に米》(ケーキに振りかける, チョコレート・砂糖でできた)トッピング

sprin·kler /spríŋklər/ 名 C 水をまく道具, じょうろ；(芝生の)散水装置, (消火用の)スプリンクラー

sprin·kling /spríŋklıŋ/ 名 C《a ～ of ... で》(散在する)少量[少数]の… ‖ a ～ *of* snow 小雪

sprint /sprınt/ 動 自 (短距離を)全速力で走る[競走する] (⇨ HASTEN 類語) —他〔短い距離〕を全速力で走る

—名 C スプリント, 短距離競走[競泳]；《通例 a ～》全力疾走 ▶▶～ **càr** 名 C スプリントカー《短距離レース用のレーシングカー》

sprint·er /sprínṭər/ (♦ splinter と区別) 名 C 短距離走者[泳者], スプリンター

sprit /sprıt/ 名 C〘海〙斜桁(しゃこう)《縦帆のマストの下部から斜め上方に伸ばして帆を張るのに用いる円材》

sprite /spraıt/ 名 C ❶ 小妖精(ようせい), 妖精, 小鬼 ❷ 💻 (画面表示で)機能によって表示層を区別すること

sprit·sail /sprítsèı | 〘海〙sprítsəl/ 名 C〘海〙斜桁帆

spritz /sprıts/ 動 他 …を吹きつける, 噴霧する

—名 C 吹きつけること, 噴霧

spritz·er /sprítsər/ 名 C U スプリッツァー《ワインにソーダ水を入れた飲み物》

sprock·et /sprá(:)kət | sprɔ́kıt/ 名 C〘機〙スプロケット[鎖歯車]の歯 ‖ a ～ wheel 鎖歯車

sprog /sprɑ(:)g | sprɔg/ 名 C《英口》《戯》赤ん坊, がき

*** sprout** /spraut/ 《発音注意》動 自 ❶ (草木の芽などが)生長し始める, 生える；(草木が) 芽を出す《*up*》‖ The seeds ～*ed* quickly in the warm weather. 暖かい陽気になって種が急に芽を出し始めた / The maples are ～*ing up*. カエデの芽がどんどん出ている ❷ (一般に)急速に[大量に] 成長する[出現する]《*up*》‖ 100-yen shops have ～*ed up* everywhere. 100円ショップが至る所で出現し始めた ❸ (ひげ・髪・角などが)生える

—他 ❶〔草木〕の芽を出させる；(草木が)〔芽・葉・若芽など〕を出す ‖ The rain has ～*ed* the corn. 雨が降ってトウモロコシが芽を出した ❷〔ひげ・羽毛・角など〕を生やす ❸ …を急速に[大量に]出現させる

—名 C ❶《～s》芽キャベツ(Brussels sprouts)；《通例 ～s》アルファルファの芽；モヤシ ❷ 芽, 新芽；若枝 ❸ 新芽を思わせるようなもの；子孫；若者

spruce[1] /spru:s/ 名 C〘植〙トウヒ, エゾマツ；U その木材

spruce[2] /spru:s/ 形 身なりの整った, きちんとした

—動 他 自 (…の)身なりを整える, めかし込む；(…を)きれいにする[なる]《*up*》 **～·ly** 副 **～·ness** 名

‡sprung /sprʌŋ/

—動 spring の過去・過去分詞

—形 ばね[スプリング]のついている ‖ a ～ mattress スプリング入りのマットレス

▶▶～ **rhỳthm** 名 U〘韻〙スプラングリズム《英詩の押韻法の1つで話し言葉のリズムに基づく》

spry /spraı/ 形 (特に年の割に)元気のよい, 活発な；きびきびした **～·ly** 副 **～·ness** 名

spud /spʌd/ 名 C ❶《口》ジャガイモ ❷ (草刈り・除草用の) 小すき；(樹皮や氷を削り取るための)たがねの類 ❸ スパッド《パイプの接続用の短いパイプ》

—動 (**spud·ded** /-ıd/；**spud·ding**) 他〔雑草など〕を小すきで取り除く《*up, out*》；〔油田〕を開坑する

spue /spju:/ 動 =spew

spume /spju:m/ 名 U C《文》(特に波頭の)泡

—動 自《文》泡立つ

spu·mo·ne, -ni /spumóuni/ 名 U《米》スポモーネ《多種の香りと色の層のイタリア風アイスクリーム》

*** spun** /spʌn/ 動 spin の過去・過去分詞

▶▶～ **gláss** (↓) ～ **sílk** 名 U 絹紡糸(で作った織物) ～ **súgar** 名 U 綿菓子(cotton candy)

spùn gláss 名 U ❶ =fiberglass ❷ 糸ガラス, ガラス糸 **spùn-gláss** ◁ 形

spunk /spʌŋk/ 名 U ❶《口》勇気, 気力 ❷ ⊗《英卑》精液 ❸ C《豪口》セクシーな男性 ❹ 火口(ほくち), つけ木

spunk·y /spʌ́ŋki/ 形《口》勇気のある；活発な

*** spur** /spə:r/ 《発音注意》名 C ❶ 拍車 ‖ put [OR set, clap] ～*s* to a horse 馬に拍車をかける, 馬を急がせる ❷《通例単数形で》〈…に対する〉激励, 鼓舞；刺激(物), 誘因, 動機〈**to**〉‖ A sense of justice was [OR acted as] an added ～ *to* his determination to win the election. 正義感が当選するという彼の決意に拍車をかけた ❸ (山・岩石などの) 支脈, 懸崖(けんがい) ❹ (鉄道・道路などの)支線, 側線 ❺ (おんどりなどの)けづめ；(闘鶏の) 鉄けづめ ❻ (登山用) アイゼン ❼ (樹木の) 突き出た根や小枝；〘植〙距(きょ)《スミレ・オダマキなどの花の袋状の部分》；短果枝《果樹の花をよくつける枝》；〘植〙麦角(ばっかく)病

spur ❶

on the spùr of the móment 思いつきで, 前後の見境なく, とっさに

wìn [OR *èarn, gàin*] *one's spúrs* ① 名声を上げる, 手柄を立てる ②〘史〙(武勲によって金の拍車を贈られて)勲爵士(knight)に叙せられる

—動 (**spurred** /-d/；**spur·ring**) 他 ❶ **a**《+目》…を〈…へと〉刺激する, 激励する, 駆り立てる《*on*》〈**to, into**〉‖ Ambition *spurred* him *on to* success. 彼は野心に駆り立てられて成功を収めた / I was *spurred into* action by your advice. 君の助言でやる気が起きた

b《+目+**to do**》刺激して〔人〕に…させる《*on*》‖ What *spurred* him *to* join that cult? 彼をあのカルト教団への入信に走らせたのは何だったのか

❷ (事が)…を促す, 促進する ❸〔馬〕に拍車をかける《*on*》

—自 馬に拍車をかける, 疾駆する；急ぐ

▶▶～ **gèar** [**whèel**] 名 C〘機〙平歯車 ～ **tràck** 名 C (本線からそれる)分岐線

spurge /spə:rdʒ/ 名 C トウダイグサ属の植物《ポインセチアなど》 ▶▶～ **làurel** 名 U C〘植〙ジンチョウゲ科ダフネ属の常緑小低木《樹皮・実とも有毒》

spu·ri·ous /spjúəriəs/ 形 ❶ にせの, 偽造の ❷〘植〙疑似の ❸《古》非嫡出の **～·ly** 副 **～·ness** 名

spurn /spə:rn/ 動 他 …をはねつける；…を鼻であしらう

spùr-of-the-móment ◁ 形《限定》思いつきの, とっさの

spurt /spə:rt/ 動 自 ❶ (液体などが)〈…から〉ほとばしる, 吹き出す《*out, up*》〈**from**〉❷ 全力で走る[泳ぐ, こぐ], スパートする —他〔液体など〕を噴出させる, 吹き出す

—名 C ❶〈液体などの〉噴出〈**of**〉❷ (短時間の) 奮闘；

〈…の〉急増, 急加速, 急上昇〈of〉; スパート ‖ put on a final ~ ラストスパートをかける / in ~*s* 突然, 急に

spu·ta /spjúːtə/ 名 複 sputum の複数

sput·nik /spútnɪk, spʌ́t-/ 名 《ときに S-》 C スプートニク 《旧ソ連の人工衛星》

sput·ter /spʌ́ṭər/ 動 自 ❶ (加熱時や故障の寸前などに)ぱちぱち[ぶつぶつ]と音を立てる ❷ (興奮して)せっかちに[しどろもどろに]しゃべる ❸ (チーム・機械などが)うまく機能しない《***along***》 ❹ つば[食べ物]を口から飛ばす ❺ 〖理〗スパッターされる《正イオン衝撃によって金属原子が飛散し, 付近の物体の表面に金属被膜が形成される》

—他 ❶ …をせっかちに[しどろもどろに]しゃべる《***out***》(♦直接話法にも用いる) ❷ …をぱちぱち[ぶつぶつ]と音を立てて吹き出す[飛ばす] ❸ 〖理〗…をスパッターする

—名 C ❶ ぱちぱち[ぶつぶつ]はねること; その音 ❷ せっかちに[しどろもどろに]しゃべった言葉

spu·tum /spjúːṭəm/ 名 (複 **-ta** /-ṭə/) U C つば; 痰(たん); 〖医〗喀痰(かくたん)

***spy** /spaɪ/ 名 (複 **spies** /-z/) C スパイ, (軍事)探偵, 密偵; スパイ行為; (一般に)ひそかに他人の動静を探る[情報を集める]人 ‖ a military ~ 軍事スパイ / an industrial ~ 産業スパイ / a ~ in the sky 偵察衛星[飛行機]

—動 (**spies** /-z/; **spied** /-d/; **~·ing**) 自 スパイをする; 偵察する, ひそかに見張る〈**on, upon** …を; **for** …の(ために)〉; 〈…を〉秘密に調べる, 注意深く[綿密に]調べる〈**into**〉 ‖ ~ *on* an enemy camp 敵のキャンプを見張る[探る] / ~ *into* the inside affairs of a company 会社の内情をこっそり探る

—他 ❶ …をひそかに見張る, スパイする; …を探り出す, こっそり探る《***out***》 ‖ They *spied out* the exact location of the missile site. 彼らはミサイル基地の正確な位置を探り出した / ~ *out* the land (結論を出す前に)全体の状況をよくつかむ ❷ **a** 《+目》…を見つけ出す ‖ He suddenly *spied* his girlfriend in the street. 彼は通りで思いがけなくガールフレンドを見つけた **b** 《+目+*doing*》…が…するのを見つける ‖ I *spied* suspicious men coming out of the building. あやしい男たちが建物から出てくるのを目にした

spý·glàss 名 C (携帯用)小型望遠鏡

spý·hòle 名 C 《英》(特にドアの)のぞき穴

spý·màster 名 C スパイ網の指揮を執る人

spý·wàre 名 U 💻 スパイウェア《パソコンに侵入し(販売目的などで)情報を収集するソフト》

sq, sq., Sq. 略 squadron; square

SQL 略 💻 *s*tructured *q*uery *l*anguage《リレーショナルデータベース操作用言語》

squab /skwɑ(ː)b | skwɔb/ 名 C ❶ (羽が生えそろっていない)ヒナバト; U その肉《食用》 ❷ 《英》(自動車などの)厚手の柔らかいクッション —形 《古》(人が)小太りの

squab·ble /skwɑ́(ː)bl | skwɔ́bl/ 動 自 言い争う〈**with** …と; **about, over** …のことで〉

—名 C (ささいなことでの)口論 **-bler** 名

squab·by /skwɑ́(ː)bi | skwɔ́bi/ 形 小太りの

***squad** /skwɑ(ː)d | skwɔd/ 《発音注意》 名 C 《集合的に》《単数・複数扱い》 ❶ (特定の任務を帯びた)警察の班, 特捜班, …係 ‖ the drugs [fraud, vice] ~ (警察の)麻薬[詐欺, 風俗犯罪]取締班 ❷ (スポーツの)チーム ‖ a football ~ フットボールチーム ❸ 〖軍〗分隊, 班 ❹ チアリーダーの一団 ❺ (通例政治的な)暗殺団

▸▸ **~ càr** 名 C パトロールカー

squad·die /skwɑ́(ː)di | skwɔ́-/ 名 C 《英俗》新兵, 兵卒

***squad·ron** /skwɑ́(ː)drən | skwɔ́d-/ 名 C 《集合的に》《単数・複数扱い》 ❶ 〖空軍〗飛行中隊《3個以上の飛行小隊(flight)からなる》; 〖陸軍〗騎兵大隊《2個から4個の騎兵中隊(troop)と付属部隊からなる》; 〖海軍〗小艦隊《fleet の1単位》 ❷ 《口》団体, 集団

▸▸ **~ léader** /ˌ ˊ ˌ ˌ/ 名 C (英空軍の)飛行中隊長, 少佐

squal·id /skwɑ́(ː)ləd | skwɔ́lɪd/ 形 ❶ 汚い, むさ苦しい ❷ 浅ましい, 卑しい, 卑劣な **~·ly** 副 **~·ness** 名

squall[1] /skwɔːl/ 《発音注意》 名 C ❶ (しばしば雨・雪を伴う)突風, 疾風(はやて), スコール ❷ (突発的な)騒動, けんか

—動 自 《it を主語にして》突風[疾風]が吹く

~·y 形 嵐(あらし)[スコール]の(ような)

▸▸ **~ lìne** 名 C 〖気象〗スコールライン《寒冷前線に伴って強風や豪雨の見られる狭い帯状の区域》

squall[2] /skwɔːl/ 名 C 動 自 金切り声(を上げる)

squal·or /skwɑ́(ː)lər, skwɔ́ːl- | skwɔ́lə/ 名 U 不潔, むさ苦しさ; 堕落, 下劣

squa·ma /skwéɪmə/ 名 (複 **-mae** /-miː/) C 〖生〗うろこ(scale); 鱗状(りんじょう)構造

squan·der /skwɑ́(ː)ndər | skwɔ́n-/ 動 他 〔金銭・時間など〕を〈…に〉浪費する(↝ fritter away)〈**on**〉

~·er 名 C 浪費家

*****square** /skweər/ 《発音注意》 名 形 動 副

中心義 ➤ **正方形** (★辺や角が同等にそろっていることから「均衡のとれた」のような意味も表す)

—名 (複 **~s** /-z/) C ❶ **正方形**, 四角; 四角いもの ‖ draw a ~ 正方形を描く / a ~ of gauze 四角いガーゼ / break (up) a chocolate bar into ~*s* 板チョコを四角く割る

❷ (市街地の四角い)**広場**(⇨ 類語); スクエア《周囲を建物で囲まれた広場》, 交差点広場; 《S-》《地名に用いて》…スクエア《略 Sq.》; 《米》(四方を街路に囲まれた)1区画, 街区(♦block の方がふつう. ⇨ BLOCK 図) ‖ the town ~ 町の広場 / a public ~ 公共広場 / Times *Square* (ニューヨークの)タイムズスクエア / Trafalgar *Square* (ロンドンの)トラファルガー広場

❸ 〖数〗**平方**, **2乗**《略 sq.》 ‖ The ~ of 5 is 25. 5の2乗は25である

❹ (チェス盤などの)(ます)目, (グラフの)ます目 ‖ That chessboard has sixty-four alternating black and white ~*s*. そのチェス盤には64の白黒交互のます目がある

❺ (直角)定規, 曲尺(かねじゃく) ‖ a T [an L]-(shaped) ~ T[L](字形)定規

❻ 《口》堅物, 旧式[流行遅れ]の人, やぼなやつ ‖ He's a real ~. やつは本当に頭が固い ❼ 〖軍〗方陣 ❽ 《米口》= square meal ❾ 〖占星〗矩(く), クワルトゥス(quartile)

on the squáre ① 直角をなして ② 《口》全く正直な[に]; 公正な[に] (↔ *on the cross*) ③ 《英》フリーメーソン(Freemason)の会員で

òut of squáre ① 直角でない ② 不一致で; 不正確で; 不規則で

—形 (**squar·er**; **squar·est**)

❶ **正方形の**, 四角[長方形]の ‖ a ~ table 四角いテーブル / a ~ piano 角型ピアノ / give a ~ shape to ... …を四角(い形)にする

❷ 直角の, 直角をなす, 直角をなす部分を持った ‖ a ~ corner 直角の角 / draw a line ~ to line A A線に直交する線を引く

❸ 《比較なし》〖数〗**平方の**, **2乗の**《略 sq.》; (長さを表す単位の前後につけて)…平方の, …四方の ‖ This plate is two meters ~. この板は2メートル四方ある / 10 ~ **meters** 10平方メートル(= 10 m²)

❹ 角ばった, 頑丈な, がっしりした ‖ ~ shoulders いかり肩 / a ~ chin [OR jaw] 角ばったあご

❺ 《叙述》《ときに all ~ で》〈…に対して〉精算済みの, 貸借[借金]がない, 帳消しで; 〈…と〉均衡のとれた, 五分五分の; 〖スポーツ〗同点の, タイの(even)〈**with**〉 ‖ make [OR get] an account ~ 貸借を精算する / The two teams are now all ~ at three goals each. 両チームは3ゴールずつあげて目下タイだ ❻ 公平な, 公正な; 〈…に〉正直な; 同意して, 〈…と〉合致して〈**with**〉 ‖ Are you being ~ *with* me? 正直に話してくれているんだろうね / be ~ *with* the court's decision 裁判所の判決に従う ❼ (食事が) 満

足な, 十分な, 内容のある ‖ have a (good) ～ meal ちゃんとした食事をとる ❽《口》古臭い, 頭の固い, 保守的な, 流行遅れの ‖ Don't be so ～. そんなに固いこと言うなよ / ～ ideas for clothes 服装に対する古い考え ❾《叙述》整然とした, きちんとした ; 〈…と〉平ら[水平]な, 平行の〈**with**〉‖ get things ～ 物事をきちんとする / The shelf is ～ *with* the floor. 棚は床と水平になっている ❿ きっぱりした, 断固とした ⓫ (リズムが)シンプルな, 単純な

a square peg in a round hole ⇨ PEG(成句)

bàck to [OR ***at***] ***squàre óne*** 振り出しに戻って

── 動 (**～s** /-z/ ; **～d** /-d/ ; **squar·ing**)

── 他 ❶ …を正方形[四角]にする, …を直角にする, 角ばらせる《***off***》‖ ～ *off* uneven ends でこぼこの端を直角に切って[削って]そろえる

❷〔肩など〕をいからせる, 張る ‖ ～ one's elbows ひじを張る / ～ one's **shoulders** 肩をいからせる / ～ oneself (防御の体勢で)身構える

❸ …の(直角·直線·平面からの)ずれをみる, 直す ; …を真っすぐ[平ら]にする《***up***》‖ Can you ～ *up* the panel a little better? もう少しパネルを真っすぐにしてくれないか

❹〘数〙〔数〕を2乗する ; …の面積を求める(♦ しばしば受身形で用いる) ‖ 5 ～*d* is 25. 5の2乗は25である ($5^2 = 25$) / ～ the surface of a cube 立方体の表面積を求める

❺〔借金·勘定など〕を〈…と〉精算する, 対等にする《***up***》〈**with**〉‖ ～ (*up*) a debt 借金を返済する / ～ a creditor 債権者からの借りを精算する

❻〔得点·試合〕を同点[タイ]にする ‖ The Giants won the fourth game to ～ the series at two each. ジャイアンツは第4試合に勝ってシリーズの対戦成績を2勝2敗のタイとした ❼《俗》〔人〕を買収する

squàre awáy 〈他〉《***squàre awáy ...*** / ***squàre ... awáy***》《米口》…を整える, 準備する ; 〔物事〕をきちんと片づける, 〔問題など〕を処理する ‖ Everything was *squared away* for the party. パーティーの準備は万全だった ── 〈自〉① 《米口》= *square off* (↓) ② 〘海〙(追い風で走れるように)船の帆を直角にする

****squàre óff*** 〈自〉《米》(格闘技·けんかなどで)身構える, 戦う姿勢をとる ; 対戦する〈**for** …のため ; **against, with** …を相手に〉‖ The two men *squared off for* a fight. 2人の男はけんかの構えをとった ── 〈他〉《***squàre óff ...*** / ***squàre ... óff***》⇨ 他 ❶

square the circle ⇨ CIRCLE(成句)

****squàre úp*** 〈自〉① 〈…への借りを〉精算する, 〈…への〉勘定を払う〈**with**〉 ② 《英》(けんかなどで)〈相手に〉身構える〈**to**〉 ③ 〈困難などに〉立ち向かう(confront)〈**to**〉 ── 〈他〉《***squàre úp ...*** / ***squàre ... úp***》⇨ 他 ❸, ❺

squàre with 《進行形不可》〈他〉 **I** 《***squàre wìth ...***》 ① …と適合する, 一致する ‖ Her story doesn't ～ *with* the facts. 彼女の言っていることは事実と反する ② …と和解する ; …にわびる **II** 《***squàre À with B́***》 ③ *A* を*B*と適合させる, 一致させる ‖ How do you ～ what you say *with* what you do? 君は言うこととやることをどう一致させるのかね ④ *A*のことで*B*(人)の了解をとる ‖ Did you ～ the expenditure *with* your boss? 出費のことは上司に話したかい

── 副 (**squar·er** ; **squar·est**)

❶〈…に〉直角に〈**to**〉; 四角に(なるように) ‖ This handkerchief is not cut ～ with the corner. このハンカチは角を四角に切っていない

❷ まともに ; しっかりと, きちんと, 真正面に ‖ He hit me ～ on the jaw. 彼は私のあごをまともに殴りつけた / The car ran ～ into the tree. その車はまともに木にぶつかった / look her ～ in the eye 彼女の目をじっと見る

❸《口》公平に, 公正に ; 正直に, 正々堂々と ‖ play (fair and) ～ 正々堂々と振る舞う[勝負する]

類語 《名 ❷》 **square** 四角い広場.
circus 円形広場.
plaza 本来はスペインの町の広場.

▸▸ **～ brácket** 名 C《通例 ～s》〘印〙角かっこ([ ]) **～ dànce** (↓) **～ déal** 名 C《a ～》公正な取り引き[処置] **～ éyes** 名 複《英》《戯》テレビばかり見ている人 **～ knòt** 名 C《米》こま結び(《英》reef knot) **～ méal** 名 C ちゃんとした食事, 栄養のある食事 **～ méasure** 名 C〘数〙平方積, 面積 **Squàre Míle** 名《the ～》《英口》ロンドン旧市街地(the City) **～ númber** 名 C〘数〙平方数, 2乗数 **～ óne** 名 U 出発点, 振り出し ‖ back to ～ *one* 振り出しに戻って **～ róot** 名 C〘数〙平方根 **～ sàil** 名 C〘海〙横帆

squáre-bàshing 名 U《英俗》軍事教練

squared /skweərd/ 形 ❶ 四角い形をした ; 四角います目のついた ❷ 2乗した

squáre dànce 名 C スクエアダンス(のパーティー)

squáre-dànce 動 自 スクエアダンスを踊る

squáre·hèad 名 C《口》❶ ばか, 間抜け ❷《けなして》ドイツ·オランダ·スウェーデン[スカンジナビア]出身者

***squàre·ly** /skwéərli/ 副 (♦ 動詞の後で用いる) ❶ 真正面に, 真向かいに ; まともに ‖ The Cabinet met the question ～. 内閣はその問題に正面から立ち向かった / look her ～ in the eye 彼女の目をまともに見る / hit a ball ～ ボールを真っ向から打つ ❷ はっきりと, 明白に ; 公正に, 公平に, 正直に ‖ The responsibility lies ～ with us. その責任は紛れもなく我々にある ❸ 四角[直角](になるよう)に ; 角ばって, がっしりとして

squàre-rígged ⟨シ 形〘海〙横帆式[艤装(ぎそう)]の

squàre-rígger 名 C〘海〙横帆船

squàre-shóuldered ⟨シ 形 いかり肩の

squàre-tóed ⟨シ 形 (靴が)つま先が広く角ばった

squar·ish /skwéərɪʃ/ 形 ほぼ正方形の, 角ばった

***squash¹** /skwɑ(:)ʃ, skwɔ:ʃ | skwɔʃ/ 動 他 ❶ **a** (＋目) …を押しつぶす, 踏みつぶす, ぺちゃんこにする(♦ squeeze と異なり押された結果の方に意味の重点がある) ; …を〈…に〉押しつける〈**against**〉‖ Oh no! You've ～*ed* the tomatoes! 何やってるのよ. トマトをつぶしちゃったじゃない **b** (＋目＋補〈形〉) …を押しつぶして…にする ‖ ～ a hat flat 帽子をぺちゃんこにする ❷ (＋目＋副句) …を〈…に〉押し込める, 詰め込む〈**in, into, etc.**〉‖ ～ one's clothes *into* a suitcase スーツケースに服を詰め込む ❸〔提案·考え·感情など〕を抑え込む, 封じる ; 〔人〕を黙らせる, へこます, やり込める ; 〔反乱など〕を鎮圧する ‖ feel ～*ed* 自信をなくす ── 自 ❶ (＋副句) 〈…に〉無理に割り込む, 押し入る, 詰める〈**in, into, etc.**〉‖ We ～*ed into* the back of the bus. 私たちはバスの後部に無理に割り込んだ ❷ つぶれる, ぺしゃんこになる

squàsh úp 〈他〉《***squàsh úp ...*** / ***squàsh ... úp***》…を〈…に押しつけて〉すし詰めにする, 詰めさせる〈**against**〉‖ We were ～*ed up against* each other on the seat. 私たちは座席に互いに詰めて座った ── 〈自〉〈…に押しつけて〉すし詰めになる, 詰める〈**against**〉

── 名 ❶ U スカッシュ(壁に囲まれたコートで2人または4人で行うテニスに似た競技. squash rackets [OR racquets] ともいう) ❷ U C《主に英》スカッシュ(果汁に砂糖と水を加えた清涼飲料) ‖ lemon [orange] ～ レモン[オレンジ]スカッシュ ❸ C《単数形で》ぎゅうぎゅう詰め, 無理に押し込まれた状態, すし詰め状態 ‖ It's a ～ with five in this car. この車に5人ではぎゅうぎゅう詰めだ

～·er 名 C つぶす人[道具] ; スカッシュをする人

▸▸ **～ ràcquets** 名 U = squash¹ ❶

squash² /skwɑ(:)ʃ, skwɔ:ʃ | skwɔʃ/ 名 (複 **～** OR **～·es** /-ɪz/) C ウリ[カボチャ]の類 ; その実をつける植物

squash·y /skwɑ́(:)ʃi, skwɔ́:ʃi | skwɔ́ʃi/ 形 ❶ つぶれやすい ; (果物などが)熟れすぎて柔らかい ❷ (地面などが)ぬかっている **squásh·i·ly** 副 **squásh·i·ness** 名

squat** /skwɑ(:)t | skwɔt/ 動 (**squat·ted** /-ɪd/ ; **squat·ting**) 自 ❶ しゃがむ, うずくまる《down***》‖ ～ *down* on one's knees 両ひざをついてしゃがむ ❷ 空ビル[空家, 土地]に無断で定住する, 空屋[廃屋]を不法占拠する ❸ 《米

俗》排便する ―他〔建物・場所〕を不法占拠する
―形 ❶ ずんぐりした, 低くて幅が広い ‖ a ～ woman ずんぐりした女 ❷ しゃがんだ, うずくまった
―名 ❶ Ⓒ しゃがむ[うずくまる]こと；《単数形で》しゃがんだ[うずくまった]姿勢 ❷ Ⓒ 不法占拠(された建物[場所]) ❸ Ⓤ スクワット《パワーリフティングの一種目》；(体操の) スクワット《股関節とひざの曲げ伸ばしを行う運動》 ❹ Ⓤ 《米俗》《否定文で》少しも
～·ly 副 うずくまるように；どっしりと **～·ness** 名
▶▶ **～ thrùst** 名 Ⓤ =squat ❸

squat·ter /skwɑ́(ː)ţər | skwɔ́tə/ 名 Ⓒ ❶ (空き家・空き地などの)不法滞住[占拠]者 ❷ うずくまる人[動物]

squaw /skwɔː/ 名 Ⓒ ⊗《蔑》❶《旧》北米先住民の女性[妻] ❷《米俗》女, 妻

squawk /skwɔːk/ 動 自 ❶ (鳥などが) があがあ[ぎゃあぎゃあ]鳴く ❷ 大声で不平を言う ―他 大声で…をがなり立てる(♦ 直接話法にも用いる) ―名 Ⓒ ❶ があがあ[ぎゃあぎゃあ]鳴く声 ❷ やかましい不平 **～·er** 名
▶▶ **～ bòx** 名 Ⓒ《主に米口》(通話装置の)スピーカー

***squeak** /skwiːk/ 《発音注意》 動 自 ❶ 金切り声を出す, 甲高い声[音]を出す；(ネズミなどが)ちゅうちゅう鳴く；(赤ん坊などが)ぎゃあぎゃあ泣く；(靴などが)きゅっきゅっと音を立てる；(戸などが) きいきいきしむ ‖ I heard a mouse ～*ing* in the wall. 壁の中でネズミの鳴くのが聞こえた / The gate ～*ed*. 門がぎいと音を立てた ❷《口》辛うじて〈…を〉切り抜ける[通る], 〈…に〉勝つ《*through,* 《米》*by*》〈**through, past**〉‖ She ～*ed by* in her exams.＝She ～*ed through* her exams. 彼女は試験にやっとパスした ❸《俗》〈…のことを〉告げ口をする, 密告する, 裏切る〈**on**〉
―他《直接話法で》…をきいきい声[金切り声]で言う《*out*》‖ "It's just not true!" she ～*ed*. 彼女は「そんなの本当じゃないわ」と金切り声で言った
―名 Ⓒ ❶ 金切り声；きいきいきしむ音；(赤ん坊などの)ぎゃあぎゃあと泣く声；(靴などの)きゅっきゅっという音；(ネズミなどの) ちゅうちゅういう鳴き声；(戸などの) きいきいきしむ音 ‖ give [OR let out] a ～ of fright きゃあという悲鳴を上げる ❷《否定文で》一言, 音沙汰(おとさた) ‖ We haven't had [OR heard] a ～ from our son since he moved out. 家を出て以来息子から音沙汰なしだ ❸《a ～》(敗北・危険・死などから)(辛うじて)逃れること(♦ 通例 narrow, close, near などとともに用いる) ‖ have a narrow [OR close, near] ～ 間一髪で逃れる

squeak·er /skwíːkər/ 名 Ⓒ ❶ きいきい音を立てるもの, 金切り音を上げる人[動物] ❷《主に米口》(選挙・試合などの)辛勝

squeak·y /skwíːki/ 形 金切り声の；きいきい音を立てる, きしる

squèaky-cléan ◁ 形《口》非常に清潔な；(道徳的に)非の打ちどころのない

***squeal** /skwiːl/ 動 自 ❶ (子供・豚などが)〈苦痛・喜びなどのために〉きいきい[ひいひい]言う, きゃあきゃあ言う〈**with**〉；きいっという音を立てる ‖ ～ *with* terror 恐ろしさのあまり悲鳴を上げる / The bus ～*ed* to a stop. バスはきいっという音を立てて止まった ❷ 甲高い声で話す (♦ 直接話法にも用いる) ❸《口》《けなして》(主に警察に)〈…のことを〉密告する, 裏切る〈**on**〉 ❹ (興奮して)不平を言う, 抗議する
―他《直接話法で》…を甲高い声で言う ‖ "Watch out," he ～*ed*.「気をつけろ」と彼は金切り声で言った
―名 Ⓒ ❶ 長く甲高い叫び[金切り]声, 〈苦痛・喜びなどによる〉悲鳴〈**of**〉；きいきい泣く[鳴く]声；(ブレーキなどの)きいっと[きいきい] 鳴る音 ‖ a ～ *of* surprise [fright] 驚き[恐怖]の悲鳴 / a ～ *of* delight 歓喜の声 ❷《俗》密告, 裏切り ❸ 不平, 抗議
～·er 名 Ⓒ ① きいきい鳴く動物 ②《俗》密告者

squea·mish /skwíːmɪʃ/ 形 ❶ (人が) (血などを見て)すぐ吐き気を催す, むかつきやすい ❷〈…について〉ショックを受けやすい〈**about**〉；潔癖すぎる, 気難しい
～·ly 副 **～·ness** 名

squee·gee /skwíːdʒiː/ 名 Ⓒ ❶ スクイージー《窓・床などから水洗い後の水をぬぐうための掃除用具》 ❷【写・印】ゴムローラー ❸《口》《しばしば形容詞的に》(車の) 窓拭き《信号で停車中の車のフロントガラスを勝手に拭き代金を強要する》‖ ～ guys [《英》merchants] waiting at busy intersections 込み合う交差点で待ち構えている窓拭きたち
―動 他 ❶ …をスクイージーで掃除する ❷【写・印】…にゴムローラーをかける

‡**squeeze** /skwiːz/ 《発音注意》
―動 (**squeez·es** /-ɪz/；**～d** /-d/；**squeez·ing**)
―他 ❶ (挟みつけて)…を**強く押す**, 圧搾する, 締めつける, …に圧力を加える ‖ ～ a tube of toothpaste 練り歯磨きのチューブを強く押す / I got my fingers ～*d* in the door. ドアに指を挟まれた
❷ (液体・ジュースなどを抽出するために)〔果物など〕を**搾る**, 押しつぶす；〈…から〉〔液体・ジュースなど〕を搾り出す, 搾り取る《*out*》〈**from, out of**〉‖ ～ a lemon [sponge] レモン[スポンジ] を搾る / **freshly** ～*d* lemon juice 搾りたてのレモンジュース / ～ the courage *out of* one's soul 芯(しん)から勇気を絞り出す
❸ …の手[腕など] をきつく握る (♥ 同情・元気づけなどで)；…をきつく抱き締める；〔引き金〕を力を込めて引く
❹《+目+副句》〔人・物など〕を〈…に〉押し込む, 詰め込む；…を押し分ける《*in*》〈**into, through, etc.**〉‖ Some 200 people were ～*d into* the hall. 200人ほどの人がそのホールに詰め込まれた / I ～*d* myself *into* my jeans. やっとのことでジーンズに足を通した / ～ one's way *through* a crowd 人込みの中を押し分けて行く
❺《口》(圧力・不正な手段によって)〔金・情報など〕を〈人から〉得る, 強要する, 搾取する《*out*》〈**out of, from**〉；〔人〕に〈…を〉強要する〈**for**〉‖ ～ some more information *out of* him＝～ him *for* some more information 彼からもう少し情報を無理やり聞き出す
❻ (強要・取り立て・重税などが)〔人〕を圧迫する, 苦しめる；…の財政を厳しくする, 〔利益・経済など〕を圧迫する, 緊縮させる ‖ Heavy taxes ～*d* the people. 重税が国民を圧迫した / ～ profits 利益を圧迫する / ～ the money supply 通貨の供給量を絞る
❼《米》【野球】スクイズで〔得点〕を上げる
―自 ❶ 圧搾される, 搾れる；圧搾する, 搾る ‖ Oranges ～ quite easily. オレンジはごく簡単に搾れる
❷《+副句》〈…に〉押し入る, 割り込む；〈狭い場所などを〉押し分けて通る《*in, through, past*》〈**in, into, through, past, between, etc.**〉‖ He ～*d in* before we could stop him. 我々が制止できないうちに彼が割り込んできた / ～ *through* a gap in the fence さくの隙間(すきま)から入り込む ❸〈試験などに〉辛うじて通る, 〈…を〉何とか切り抜ける〈**through, into**〉

squèeze ... drý ① …を搾ってからからにする ②〔人〕から金[情報]を搾り取る

squèeze ín 〈他〉《***squèeze in ...*** / ***squèeze ... ín***》① ⇨ 他 ❹ ②〔人・行動など〕を(スケジュールに)割り込ませる ‖ I could ～ you *in* at 10. 10時なら何とかお会いできますが ―〈自〉⇨ 自 ❷

squèeze óff ... / ***squèeze ... óff*** 〈他〉《口》〔弾丸〕を発射する

squèeze óut ... / ***squèeze ... óut*** 〈他〉① ⇨ 他 ❷, ❺ ②〔人など〕を〈…から〉締め出す (exclude)〈**of**〉‖ Some of the part-timers were ～*d out of* their jobs. パートタイマーが何人か仕事を辞めさせられた ③〔勝利など〕を何とか獲得する

squèeze úp 〈他〉《***squèeze úp ...***/***squèeze ... úp***》〔人など〕に席[場所]を〈…の方へ〉詰めさせる〈**against**〉 ―〈自〉(席などを)〈…の方へ〉詰める〈**against**〉

―名 (複 **squeez·es** /-ɪz/) Ⓒ ❶ 圧搾, 搾ること, 激しい圧力 ‖ Give the orange another ～. オレンジをもう一度搾りなさい
❷《a ～》圧搾によって搾り取られたもの (の少量) ‖ a ～ of

S

lemon レモンのひと搾り
❸ 強い抱擁；人の手［腕など］を固く握り締めること ‖ He gave her hand a ～. 彼は彼女の手を固く握った
❹《a ～》ぎっしりと詰め込まれた状態, 押し合い, 混雑, 雑踏 ‖ Everyone fitted in the car, but it was a tight ～. みんな車に乗れたがぎゅうぎゅうだった
❺《a ～》経済的苦境, 引き締め, 不足 ‖ a credit ～ 金融引き締め / a manpower ～ 人材不足
❻《a ～》苦境, 窮地, 危急 ‖ be in a tight [OR serious] ～ 窮地に陥っている / a close [OR narrow, tight] ～ 間一髪, 危うく逃れること ❼《米口》好きな人, ボーイ［ガール］フレンド ‖ her main ～ 彼女の本命の恋人 ❽ =squeeze play ❾《口》ゆすり；(賄賂(わいろ)などの)強要, 強制
pùt the squéeze on ... 《口》…に圧力をかける, 強要する；…を苦境に陥らせる；〔インフレなど〕を抑える
▸▸**～ bòttle** 名 C プラスチック製搾り出し容器 **～ bòx** 名 =squeezebox **～ plày** 名 C ① 《米》〖野球〗スクイズ(プレー) ② 脅迫, 強要

squéeze·bòx 名 C 《口》アコーディオン；コンサーティーナ(concertina)

squeez·er /skwíːzər/ 名 C ❶ (レモンなどの) 搾り器；圧搾器 ❷ 締めつける人, 圧迫者

squelch /skweltʃ/ 動 自 ぴしゃぴしゃ［ぐちゃぐちゃ］音を立てる ‖ ～ through the mud ぬかるみの中をぴしゃぴしゃ音を立てながら歩く —他 ❶〔うわさなど〕を抑え込む；〔人〕をやり込める ❷ …を踏みつぶす, ぺちゃんこにする
—名 C ❶ ぴしゃぴしゃ (という音) ❷《俗》やり込めること ❸〖電子〗スケルチ回路

squib /skwɪb/ 名 C ❶ 爆竹；不発花火(→ damp squib) ❷ (短い)風刺(文) ❸《米》(新聞の)埋め草記事
—動 他 ❶ …を風刺する ❷〖アメフト〗(キックオフで相手に捕球されないよう)転がるように〔球〕をける
—自 風刺する, 風刺文を書く

***squid** /skwɪd/ 名 (複 ～ OR ～s /-z/) C U〖動〗イカ《体内に石灰質の甲を持たない種類を指す. → cuttlefish》

squidg·y /skwídʒi/ 形《主に英口》柔らかくしっとりした

squif·fy /skwífi/ 形《主に英口》ほろ酔いの

squig·gle /skwígl/ 名 C (文字などの) 短くくねった線；(意味不明の) 殴り書き —動 自《主に米口》❶ のたくる ❷ 殴り書きをする **-gly** 形 のたくった；殴り書きの

squil·lion /skwíljən/ 名 C《英口》《しばしば戯》莫大(ばくだい)な数

squinch /skwɪntʃ/ 動 他 自《主に米》(目を) 細める, (顔を)しかめる；(体を)すぼめる

***squint** /skwɪnt/ 動 自 ❶ (よく見えるように［まぶしくて］)〈…を〉目を細めて見る〈at〉‖ ～ *at* his nameplate 彼の名札を目を細めてよく見る / ～ through a telescope 目を細めて望遠鏡をのぞく ❷〈…を〉横目で［斜めに］見る〈at〉❸《進行形不可》(目・人が) 斜視である ‖ His eyes ～ slightly. 彼の目は軽い斜視だ(=He has a slight squint in his eyes.) ❹〈…を〉不信の念を持って見る,〈…に〉非難の目を向ける〈at〉 —他 (よく見えるように［まぶしくて］)〈…に〉〔目〕を細める〈at〉‖ She ～*ed* her eyes *at* the dazzling light. 彼女はまぶしい光に目を細くした
—名 C ❶《a ～》斜視 ‖ correct a ～ 斜視を矯正する ❷《単数形で》《口》ちらっと見ること, 一瞥(いちべつ) ‖ Let me have [OR take] a ～ at the picture. その写真をちょっと見せてください ❸〖建〗(教会の)聖体ののぞき窓 ❹ 横目, 流し目；細目 —形 ❶ 斜視の；横目の ❷《主にスコット》斜めの **～·y** 形 斜視の

squìnt-éyed 形 ⊗《蔑》❶ 斜視の ❷ 細目で見た

squire /skwáɪər/ 名 C ❶《しばしば S-》(英国の地方の)大地主, 郷士 ❷〖史〗騎士の従者《騎士になるため修行中の若者》❸《英口》だんな(♥ 親しみと敬意を込めた呼びかけ) ❹《旧》女性に付き添う男性
—動 他〔女性〕に付き添う(escort)

squir(e)·ar·chy /skwáɪərɑːrki/ 名 (複 **-chies** /-z/)《the ～》《集合的に》(英国の)大地主；地主階級

squirm /skwəːrm/ 動 自 ❶ のたくる, もがく ❷ (恥ずかしさ・困惑などのために)もじもじする
—名 C《単数形で》のたくる［もがく］こと **～·y** 形

***squir·rel** /skwə́ːrəl | skwír-/《発音注意》名 (複 ～ OR ～s /-z/) C リス；U リスの毛皮
—動 (**-reled**,《英》**-relled** /-d/；**～·ing**,《英》**-rel·ling**) 他〔金品・貴重品など〕を(将来のために) 蓄える, とっておく, 隠す《***away***》(stash away；hoard)
▸▸**～ càge** 名 C ① リスかご《運動用の回し車を備えた小動物用飼育かご》② 単調な［繰り返しの多い］生活 ③〖機〗(モーターの) かご形回転子 **～ mònkey** 名 C〖動〗(南米産の)リスザル

squir·rel·ly /skwə́ːrəli | skwír-/ 形 ❶ ⊗《主に米口》《蔑》(言動・行動などが)風変わりな ❷ リスの(ような)

squirt /skwəːrt/ 動 他 ❶〔液体〕を噴出させる《***out***》〈**out of, from** …から；**on** …の上に〉❷ …に〈水などを〉浴びせる, 吹きかける〈**with**〉 —自 (液体が)〈細い口から〉噴出する, 吹き出す《***out***》〈**out of, from**〉
—名 C ❶ (細い) 噴出；少量の噴出した液体 ❷ ⊗《口》《蔑》(生意気な)若造, 小僧；ちび(♥ 子供に対する呼びかけ) ❸ 噴射器, 注射器；水鉄砲 **～·er** 名
▸▸**～ gùn** 名 C《米》水鉄砲

squish /skwɪʃ/ 動 自 ❶ (泥などが) (踏みつけられて) ぴしゃぴしゃ音を立てる ❷《口》つぶれる —他 …を押し［踏み］つぶす —名 C《単数形で》ぴしゃぴしゃ(いう音)

squish·y /skwíʃi/ 形 ❶ 柔らかい, つぶれやすい ❷《米》《けなして》ひどく感傷的な

squit /skwɪt/ 名《英口》C ❶ 取るに足りない人 ❷《the ～s》下痢

Sr, Sr. 略 Senior；señor；〖宗〗Sister

SRAM /ésræm/ 略 💻 *s*tatic *r*andom *a*ccess *m*emory《電源が切れるまで書き込み情報が保持されるRAM》

Sri /sriː, ʃriː/ 名《インド》《男性・男神の名前の前につけて》…様, …殿(♥ 敬意を表す)；《聖典の名の前につけて》尊い…

***Sri Lan·ka** /srɪ lɑ́ːŋkə, ʃrɪ- | -lǽŋ-/ 名 スリランカ《インド半島南東洋上にある民主社会主義共和国. 旧名セイロン. 公式名 the Democratic Socialist Republic of Sri Lanka. 首都 Sri Jayewardenepura Kotte》
Sri Lán·kan 形 名 C スリランカの(人)

Sri·ma·ti /sriːmʌ́ti, ʃriː-/ 名《インド》《女性・女神の名前の前につけて》…様(♥ 敬意を表す)

SRO 略 *s*tanding *r*oom *o*nly(立見席のみ)

SS ⟨ジ⟩ 略 Saints；*S*ocial *S*ecurity；steamship；Schutzstaffel(ナチスの親衛隊)

SSA 略《米》*S*ocial *S*ecurity *A*dministration(社会保障庁)

SSE 略 *s*outh-*s*outh*e*ast

ssh /ʃ/ 間 =sh

SSL 略 💻 *s*ecure *s*ocket *l*ayer《インターネット上での情報転送に関するセキュリティー手法の1つ. 暗号化・認証・電子署名などが可能》

SSN 略 *S*ocial *S*ecurity *N*umber((米国の)社会保障番号)

SST 略 *s*uper*s*onic *t*ransport(超音速旅客機)

SSW 略 *s*outh-*s*outh*w*est

st 略 *s*hort *t*on, stone

st. 略 stanza；start；state；statute；〖重量単位〗stone

St. 略 Saint；Strait；Street

Sta. 略 station

***stab** /stæb/ 動 (**stabbed** /-d/；**stab·bing**) 他 ❶ …を〈短剣などで〉(突き)刺す, 突く〈**with**〉；〔先のとがったもの〕を〈…に〉突き立てる〈**into, at**〉‖ The bank manager was *stabbed* to death. 銀行の支店長は刺し殺されていた / She *stabbed* the potato *with* her fork. 彼女はフォークでジャガイモを突き刺した ❷〔名誉・感情・人など〕をひどく傷つける；…を中傷する —自 ❶〈…を〉刺す；突いてかかる〈**at**〉；〈…に〉突き刺さる〈**into, through**〉‖ ～ *at* a hostage with a knife 人質をナイフで突いてかかる ❷

(苦しみなどが)〈人の心などを〉刺す，傷つける；(痛みなどが)〈…に〉刺されたような感じを与える〈**at**〉(→ stabbing)

stàb a pèrson in the báck ①〔人〕の背中を刺す ②〔人〕を中傷する；〔人〕を裏切る

—名 C ❶ 刺すこと，突くこと ❷ 刺し傷，突き傷 ‖ a ～ in the arm 腕の刺し傷 / ～ wounds 刺し傷 ❸ 胸の痛み，心痛；刺すような痛み ‖ She felt a ～ of love for the children. 彼女は子供たちに胸の痛むような愛情を感じた / a ～ of pain 刺すような痛み ❹ (指・とがったものでの) 突き刺すような動き；素早い動き ❺《通例単数形で》《口》〈…の〉簡単な企て，ちょっとした試み〈**at**〉

****a stàb in the báck*** 中傷；裏切り

a stàb in the dárk =*a* SHOT[1] *in the dark*

****hàve*** [OR ***màke, tàke***] ***a stáb at ...*** 《口》…をやってみる

stáb·ber 名 C 刺す人，暗殺者；刺す物，短刀，きり

stab·bing /stǽbɪŋ/ 形《通例限定》(痛みが)突き刺すような

—名 C 刺傷(事件)

***sta·bil·i·ty** /stəbíləṭi/ 名〔◁ stable[1] 形〕U ❶ 安定(性)，固定(性)(↔ instability)；不変(性)；〖理〗安定性 ‖ political ～ 政治の安定 ❷ 着実，堅実 ❸ (船などの)安定性；復原力

▶▶ ～ **bàll** 名 C バランスボール《フィットネス運動で用いるビニール製の大きいボール》

sta·bi·li·za·tion /stèɪbələzéɪʃən | -bəlaɪ-/ 名 U 安定(化)，固定

***sta·bi·lize** /stéɪbəlàɪz/ 動〔◁ stable[1] 形〕他 ❶ …を安定させる，固定させる；…を不変にする ‖ ～ prices [the pound] 物価[ポンド]を安定させる ❷〔船・飛行機など〕を(安定装置で)安定させる，平衡に保つ

—自 安定する，固定する(↷ level off [OR out]) ‖ The unemployment rate has finally ～*d* at 6%. 失業率は最終的に6%で落ち着いた

sta·bi·liz·er /stéɪbəlàɪzər/ 名 C ❶ (船の) 安定装置；(飛行機の)水平尾翼 ❷〖化〗安定剤 ❸《～s》《英》(子供用自転車の)補助輪(《米》training wheels)

⁑**sta·ble**[1] /stéɪbl/

—形〔▶ stability 名，stabilize 動〕(**-bler**；**-blest**)

❶ **安定した**，しっかりした；変化[変動]しない，永続[持続]性のある；(患者の)容体が安定した(↔ unstable) ‖ get a ～ job 安定した仕事に就く / a ～ regime [state] 安定した体制[国家] / be in (a) ～ condition 安定した容体である(♦ 通例不定冠詞をつける)

❷ (性格・人などが)しっかりした，動じない；理性的な，分別ある；信頼できる；正気の ‖ John is emotionally ～. ジョンは情緒的に安定している / a ～ person しっかりした人物

❸〖理〗安定性のある，復原力のある；〖化〗分解しにくい

～·ness 名 **stá·bly** 副

***sta·ble**[2] /stéɪbl/ 名 C ❶ 馬[家畜]小屋 ❷《しばしば ～s》《単数・複数扱い》《集合的に》厩舎(きゅうしゃ)；(同一厩舎・所有者の) 競走馬 ‖ a racing ～ 競走馬を飼育する厩舎 ❸《通例 a ～》同一組織[コーチ]に属する人々[運動選手，新聞記者など]，…団；(相撲の)部屋；お抱え要員；同一系列のもの，同じメーカーで作られた製品 ‖ a ～ of sumo wrestlers 同部屋の相撲取りたち

—動 他〔馬〕を馬小屋(など)に入れる[入れて飼う]

▶▶ ～ **bòy** 名 C =stableboy ～ **compànion** 名 C =stablemate ～ **dòor** (↓) ～ **làd** 名 C《英》=stableboy, stableman

stáble·bòy 名 C 馬屋番の少年

stáble dòor 名 C オランダ扉，馬屋の扉(《米》Dutch door)《扉が上下に分かれ，上半分だけ開けられる》

clòse [OR ***lòck,*** etc.] ***the stáble dòor after the hòrse has bólted*** =*close* [OR *lock*, etc.] *the* BARN DOOR *after the horse has gone* [OR *escaped, left*]

stáble·man 名 (複 **-men** /-mən/) C《主に米》馬屋番の男性，厩務(きゅうむ)員(中立 stable worker [attendant])

stáble·màte 名 C ❶ 同じ厩舎に属する競走馬 ❷ 似たような[緊密な]関係にあるもの[人]

sta·bling /stéɪblɪŋ/ 名 U 馬を飼うための設備

stac·ca·to /stəkɑ́ːtoʊ/ 形《通例限定》❶〖楽〗スタッカートの，断音的な，断奏の(→ legato, tenuto) ‖ a ～ mark 断音記号 ❷ (話し方などが) 途切れ途切れの —副〖楽〗スタッカートで —名 (複 **～s** /-z/ OR **-ti** /-tiː/) U C〖楽〗スタッカート，断奏，断音；途切れ途切れの話し方

***stack** /stæk/ 名 C ❶〈…の〉積み重ね，堆積(たいせき)〈**of**〉(⇨ PILE[1] 類語) ‖ a magazine ～ 雑誌の積み重ね / a ～ *of* books [papers] 本[書類]の山 / wash ～*s of* dishes 皿の山を洗う ❷《the ～s》(図書館の)書棚，書架；(通常，一般には開放されていない)書庫 ❸《a ～, ～s》《口》〈…の〉多数，多量〈**of**〉‖ have「a ～ [OR ～*s*] *of* work [things to do] 仕事[すること]が山ほどある ❹ 煙突群；(主に汽船・汽車の)煙突，(トラックなどの)排気管，(工場などの)煙突 ❺ U 💻 スタック《後入れ先出し処理を行う記憶領域》❻〖軍〗叉銃(さじゅう)《3丁ほどの銃を立ててピラミッド状に組んだもの》❼〖空〗着陸待ちの飛行機群 ❽《英》スタック《薪炭の計量単位．108立方フィート》❾ (干し草・麦わらなどの)山，稲むら，積みわら ❿《英》(崖(がけ)が浸食して)海中に突き立った岩の柱(sea stack)

blòw one's stáck =*blow one's* TOP

swèar on a stàck of Bíbles 誓って本当のことを言う(♦ 聖書に手を置いて宣誓することから)

—動 他 ❶〔干し草・皿・いすなど〕を積む，積み重ねる《***up***》‖ ～ boxes (*up*) against a wall 壁に寄りかけて箱を積み重ねる ❷〔床・棚など〕に〈…を〉積む，積み重ねる〈**with**〉(♦ しばしば受身形で用いる) ‖ The floor was ～*ed with* magazines. 床に雑誌が山積みされている / ～ a shelf *with* CDs CDを棚に積む ❸〖空〗〔着陸待ちの飛行機〕に(高度差をつけて) 旋回待機させる，…を管制する《***up***》‖ Our plane was ～*ed* (*up*) for some ten minutes. 私たちの飛行機は10分ほど着陸待ちした ❹〔トランプのカード〕を〈…に不利になるように〉不正に切る〈**against**〉(⇨ DECK(成句)) ❺ **a**《+目》《主に米》〔組織・団体〕を決定が有利になるように構成する[人選する]；〔陪審など〕に〈…を〉送り込む，そろえる，〔陪審など〕を〈…で〉かためる〈***with***〉 **b**《受身形で》(状況などが) かなり (…に) なりそうである〈**against** …に不利に；**in favor of** …に有利に〉❻〔銃など〕を組む ‖ *Stack* arms! 組め銃(つつ) —自 ❶ (物が) 山積みになる，積み重なる《***up***》❷ (飛行機が) 着陸待ちで旋回待機する《***up***》❸ (スノーボードで)転倒する

stàck úp 〈自〉① ⇨ 自 ❶, ❷ ② 増え続ける；(車が)渋滞する；(ごみなどが) あふれる ③《米口》事が運ぶ ‖ That's how things ～ *up* today. この節は万事そんなものだ ④《口》〈…に〉匹敵する，〈…と〉比べられる〈**against, to**〉‖ His painting ～*s up* well *to* yours. 彼の絵は君の絵に十分匹敵する ⑤《しばしば否定文で》筋が通る，理解される ‖ Your paper doesn't ～ *up*. 君のレポートは筋が通っていない —〈他〉《***stàck úp ...*** / ***stàck ... úp***》① ⇨ 他 ❶, ❸ ② 渋滞させる ③《口》〔金・利益・点数など〕を集める，蓄積する

The cards are stacked against [***in favor of***] ***....*** ⇨ CARD[1](成句)

～ed 形 ① 山積みになった ② 💻 (処理用のデータが) スタック上に置かれた ③ ⊗《俗》《蔑》(女性が)巨乳の ④ (靴のかかとが)いくつもの層になった

stáck·ùp 名 C〖空〗旋回待機

⁑**sta·di·um** /stéɪdiəm/ (発音注意)

—名 (複 **～s** /-z/ OR **-di·a** /-diə/) C ❶ (陸上) **競技場**，スタジアム；球場 ‖ a baseball ～ 野球場

❷ (古代ギリシャ・ローマの)徒歩競走場 ❸ スタディオン《古代ギリシャ・ローマの長さの単位．約185m》

⁂**staff** /stæf | stɑːf/ 名 動

—名 (複 **～s** /-s/，❶ 以外は **～s** OR **staves** /steɪvz/) ❶ U/C《通例単数形で》《集合的に》《単数・複数扱い》**職員**，部員，局員，社員，スタッフ；《英》教員(♦《米》では教員以外に学校職員も指す)；〖軍〗参謀，幕僚(♦《米》ではふつう単数

S

扱い.《英》では全体に重点を置く場合は単数扱い, 個々の成員に重点を置く場合は複数扱いとなるが, 複数扱いの方が多い);《形容詞的に》(幹部)職員の;会社直属の ‖ The editorial department has 「a ~ of 18 [《英》18 ~, ×18 ~s] 編集部には18名の社員がいる / His ~ were [OR was] waiting outside the door. 彼のスタッフたちはドアの外で待っていた / She is on the ~ of our rival company. = She is a ~ **member** of our rival company. 彼女は我が社のライバル会社の社員だ / Both the Mariners and Yankees have strong pitching ~*s*. マリナーズもヤンキースも共に強力な投手陣を擁する (♦集合体が複数ある場合は staffs もある) / a large [small] ~ 多数[少数]の職員 / a hospital ~ = the ~ of a hospital 病院の職員《医師・看護師・事務職員など》 / the general ~ 参謀本部 / technical ~ 技術要員 / the chief of ~ 参謀長 / be in a ~ meeting スタッフ[職員]会議に参加している / a ~ reporter 正社員の記者(♦free-lance reporter に対して) / ~ development 人材育成, 教員研修

❷ Ⓒ つえ, 棒, さお;旗ざお(flagstaff)

❸ Ⓒ (地位・権力などを象徴する)職杖(しょくじょう), 官杖, 権標;(司教・主教の持つ)牧杖(ぼくじょう) ‖ the pastoral ~ 牧杖

❹ Ⓒ 〖楽〗譜表, 五線(stave) ❺ Ⓒ 〖測〗標尺

the stàff of life 生命の糧(かて), 主食《特にパン》

―動 (~**s** /-s/; ~**ed** /-t/; ~·**ing**)

―他 **a** 《通例受身形で》(会社・団体・職場などが)〈…の〉職員[部員など]を配置されている, スタッフがいる〈**by, with**〉 ‖ a hospital ~*ed with* 30 doctors 30名の医師を擁する病院 **b** 《+目+**up**》…の人員を補強する ―自 《+**up**》人員を補強する **staf·fing** 名

▶▶ ~ **nùrse** 名 Ⓒ 《英》看護師次長《sister の下位》 ~ **òfficer** 名 Ⓒ 〖軍〗参謀将校, 幕僚 ~ **sèrgeant** 名 Ⓒ Ⓤ ① 〖米・英陸軍〗2等軍曹 ② 〖米海兵隊〗2等軍曹 ③ 〖米空軍〗3等軍曹

staff·er /stǽfər | stɑ́:fə/ 名 Ⓒ 《主に米》(組織・団体の)一員, 職員

Staf·ford·shire /stǽfərdʃər/ 名 スタッフォードシャー《イングランド中部の州. 州都 Stafford》

stáff·ròom 名 Ⓒ 《英》(学校の)職員室

***stag** /stæg/ 名 Ⓒ ❶ 雄ジカ ❷ 《主に米口》(社交パーティーで)女性同伴でない男性 ❸ 《英》〖株〗利食い屋, 権利株屋

―形 《限定》《口》男だけの;男性向けの(→stag party)

―副 《主に米口》女性の同伴なしで ‖ go ~ 女性を同伴せずに出かける

―動 (**stagged** /-d/; **stag·ging**) 自 《米口》スタッグパーティーに参加する ―他 《英》(すぐ利食いするつもりで)〔新株〕を買う

▶▶ ~ **bèetle** 名 Ⓒ クワガタムシ ~ **pàrty** [**nìght**] 名 Ⓒ 《米》男性ばかりのパーティー;《主に英》(結婚前の)花婿を囲んで開く男性だけのパーティー(《米》bachelor party) (→ hen party)

***stage /steɪdʒ/ 名 動

名 **段階❶ 舞台❷ 演劇❷**
動 他 **上演する❶**

―名 〔▶ stagy 形〕 (複 **stag·es** /-ɪz/) Ⓒ ❶ (発達・変化の)**段階**, 期, 時期, 過程, 時代 ‖ The project was successful **in** its late ~(*s*). そのプロジェクトは終盤になってうまくいった / Sean is going through a ~. ショーンもじきにまともになるだろう (♦この場合は若者特有の不安定な一時期のこと) / **At** this [one] ~ the doctors weren't sure that she'd ever walk again. この段階では[一時期は]医師たちは彼女が再び歩けるようになるか確信が持てないでいた / **In** the first ~ of a romance, you think your partner is perfect. 恋愛が始まったばかりのころは相手が完璧(かんぺき)に思えるものだ / The new drug cures even those **in** the final ~*s* of cancer. その新薬は癌(がん)の末期患者さえ治せる / **reach** the final ~ 最終段階に到達する / convert to eco cars in ~*s* 段階的に[徐々に]エコカーに転換する

連語 【形+~】「a critical [OR an important, a crucial] ~ 重要な段階 / a preliminary ~ 準備段階 / an advanced ~ 進んだ段階 / an early ~ 初期(の段階) / the last [OR closing] ~ 最後(の段階) / the first [OR initial] ~ 最初の段階 / the next [second] ~ 次[2番目]の段階 / a developmental ~ 発達段階

❷ **舞台**, ステージ, 演壇;Ⓤ《しばしば the ~》**演劇**, 劇;演劇界;俳優業 ‖ appear on the ~ 舞台に立つ / be on ~ 舞台に出る, 出演する (♦無冠詞. a stage は具体的な場所としての「ステージ」) / be [go] on the ~ 俳優である[になる] / bring [OR put] a play on the ~ 劇を上演する / a ~ set [OR setting] 舞台装置 / quit [OR leave] the ~ 舞台から引退する

❸ 《しばしば無冠詞で》《単数形で》(事件・活動の)舞台, 場;注目の的 ‖ Small cars are put on center ~. 小型車に注目が集まっている (= Small cars are given a lot of attention.) / play an important role on the world ~ 世界を舞台に重要な役割を演じる / be at the center of the ~ 注目の的である / hold the ~ = **take center** ~ 注目の的となる / the center of the economic ~ 経済界の中心

❹ (建築現場などの)足場;浮き桟橋 ❺ (道中の)駅, 宿場;宿場間の距離, 旅程;《英》(バスの)一定料金区間(fare stage) ‖ I did the first ~ of my trip by bus. 旅程の最初はバスだった ❻ 《古》= stagecoach ❼ 〖地〗階《年代区分の期(age)に対応する地層》 ❽ (顕微鏡の)ステージ ❾ 〖無線〗増幅段 ❿ (ロケットの)段 ‖ a three-~ rocket 3段式ロケット ⓫ 川の水位 ⓬ (建物の)階, 層

sèt the stáge for ... …のおぜん立てをする, …への道を開く

stàge by stáge 徐々に

―動 (**stag·es** /-ɪz/; ~**d** /-d/; **stag·ing**) 他 ❶ …を**上演する**(↘ put on), 演出する;〔行事など〕を(人々が見るように)主催する ‖ ~ *A Doll's House* 「人形の家」を上演する / Nagano ~*d* the Olympic Winter Games in 1998. 長野は1998年の冬季オリンピックを主催した

❷ …を計画する, 組織する, 実行する;…を(華々しく)成し遂げる ‖ ~ a demonstration [strike] デモ[ストライキ]をする / ~ a comeback [recovery] 劇的にカムバック[回復]する ❸ 〖医〗〔患者・病気〕の進行状況を判断する

▶▶ ~ **dirèction** 名 Ⓒ ト書き;舞台演出(法) ~ **dirèctor** 名 Ⓒ 演出家 ~ **dóor** 名 Ⓒ (劇場の)楽屋口 ~ **fright** 名 Ⓤ (舞台で)あがること, 舞台負け ~ **léft** 名 Ⓤ 副 (観客に向かって)舞台左手(に) ~ **mànager** /英 ˌ-ˈ---/ 名 Ⓒ 舞台監督助手, 助監督 ~ **nàme** 名 Ⓒ 芸名 ~ **ríght** 名 Ⓤ 副 (観客に向かって)舞台右手(に) ~ **ríghts** 名 複 興行[上演]権 ~ **whìsper** /英 ˌ-ˈ--/ 名 Ⓒ ① (観客に聞こえるように話す)わきぜりふ(→ aside) ② 聞こえよがしの私語

stáge·còach 名 Ⓒ 〖史〗(定期の)駅馬車, 乗合馬車;郵便馬車

stáge·cràft 名 Ⓤ 劇作法;演出法

stáge-dìving 名 Ⓤ ステージダイビング《ロックコンサートで熱狂した歌手などが舞台から観客の上に飛び込むこと》
-dìve 動 自 **-dìver** 名

stáge·hànd 名 Ⓒ 舞台係, 裏方

stáge-mànage /英 ˌ-ˈ--/ 動 他 ❶ …の助監督をする ❷ …を陰で演出する[操る] **stáge-mànaged** /英 ˌ-ˈ--/ 形 **stáge-mànaging** /英 ˌ-ˈ---/ 名

stáge-strùck 形 舞台生活にあこがれた, 俳優志願の

stag·y /stéɪdʒi/ 形 = stagy

stag·fla·tion /stæ̀gfléɪʃən/ 名 Ⓤ 〖経〗スタグフレーション《景気停滞下のインフレ》(♦*stag*nation + in*flation* より)

***stag·ger** /stǽgər/ 動 自 ❶ よろめく, ふらつく (♦通例方向

を表す 副句 を伴う) (⇨ WALK 類語P) ‖ He ~*ed* to the police box for help. 彼は助けを求めて交番までよろけて行った / ~ to one's feet よろよろと立ち上がる / ~ about [OR around] よろよろと歩き回る / ~ along よろけながら進む ❷ (不安定な状態で)何とか続く, 持ちこたえる《*on*》 ❸ ためらう, 躊躇(ちゅうちょ)する;たじろぐ, ひるむ

—他 ❶ …を仰天させる, ぼう然とさせる;《受身形で》仰天する, ぼう然とする〈**by, at** …に / **to** *do* …して〉 ‖ It ~*ed* me that Liz declined my proposal of marriage. リズが僕のプロポーズを断ったのでびっくりした / He was ~*ed at* [OR *to* hear] the news of the stock's decline. 株価下落のニュースを知って彼はぼう然とした ❷ (勤務時間・休暇などが重ならないように)…をずらす, …に時間差をつける ‖ ~ business [OR working] hours 時差出勤にする ❸ …を互い違い[ジグザグ]に配列する;(トラック競技で)…のスタート地点[時間]をずらす ❹ 〔歩み・足取りなど〕をよろよろ[ふらふら]と進める

—名 C ❶ 《a ~》よろめく[ふらつく]こと, ぐらつき ‖ walk with a ~ よろよろ歩く ❷ 交互に配置すること;ジグザグ配置 ❸ 時差勤務[出勤] ❹ U スタガー《複葉機の上翼と下翼を前後にずらして配列すること》 ❺ 《~s》《単数扱い》(主に牛馬の)暈倒(うんとう)病;めまい

~·er 名 よろめく人;よろめかせる[びっくり仰天させる]もの, 大事件, 難題

stag·gered /stǽgərd/ 形 時間差のある, 時間をずらした ‖ ~ business hours 時差出勤

stag·ger·ing /stǽgərɪŋ/ 形 驚異的な, 圧倒的な;よろよろする, よろめく **~·ly** 副

stág·hòrn 名 U C ❶ シカの角 ❷ (=**~ córal**) 〖動〗ミドリイシ《シカの角の形をしたサンゴ》 ❸ (=**~ férn**) 〖植〗ビカクシダ, コウモリラン《着生シダの一種》

stag·ing /stéɪdʒɪŋ/ 名 ❶ C 足場 ❷ U 上演 ❸ U 〖宇宙〗(ロケットの)多段化 **▸▸ ~ àrea** 名 C 〖軍〗(戦場へ向かう)集結基地 **~ pòst** 名 C 定期寄港地, 停泊地

***stag·nant** /stǽgnənt/ 形 ❶ (空気・水などが)流れない, よどんで汚い;悪臭のする ‖ a ~ river どぶ川 ❷ (場所などが)活気がない, だれている;不景気な, 停滞した ‖ a ~ economy 停滞した経済 **-nancy** 名 **~·ly** 副

stag·nate /stǽgneɪt | ‐ˊ/ 動 自 ❶ (空気・水などが)よどむ;よどんで腐る ❷ 停滞する;活気がなくなる

***stag·na·tion** /stæ̀gnéɪʃən/ 名 U よどみ, 停滞;不活発, 不振;不況

stag·y /stéɪdʒi/ 形 〔◁ stage 名〕《けなして》芝居がかった, わざとらしい

staid /steɪd/ 形 落ち着いた;まじめな;保守的な **~·ly** 副

***stain** /steɪn/ 動 他 ❶ **a** 《+目》…を〈…で〉汚す, …に〈…で〉しみをつける〈**with**〉 ‖ Your jeans are ~*ed with* paint. ジーンズがペンキで汚れているよ **b** 《+目+補〈形〉》…を汚して…にする ‖ The tomato ketchup ~*ed* the tablecloth red. トマトケチャップでテーブルクロスが赤く染まった ❷ **a** 《+目》〔ガラス・木材など〕に着色する;〔織物〕に染色する;〔顕微鏡の標本〕に着色する **b** 《+目+補〈形〉》…を着色して…にする ‖ He ~*ed* the chairs brown. 彼はそのいすを茶色に塗った ❸ 〔人格・名声など〕に〈…で〉泥を塗る, 傷をつける, …を〈…で〉汚す〈**with**〉 ‖ His reputation was ~*ed with* a scandal. スキャンダルで彼の名声は傷ついた —自 (物に)しみがつく, (物が)汚れる ‖ White shirts ~ easily. 白いシャツは汚れやすい

—名 ❶ C U しみ, 汚れ ‖「an ink [a blood] ~ インクのしみ[血痕] / remove a black ~ 黒いしみを取り除く / stubborn ~*s* しつこいしみ ❷ U C (ガラスなどの)着色剤, 染料;ステイン《木材着色用の溶液》;〖生〗(顕微鏡の標本着色用の)染料 ❸ C 《a ~》〈名声などの〉汚点, 傷〈**on**〉 ‖ The affair left a ~ *on* the school name. その出来事は学校の評判に汚点を残した

stàined gláss 名 U ◁シ ステンドグラス《主に教会の窓用》 **▸▸ stàined glàss céiling** 名 C 《通例単数形で》ステンドグラスの天井《女性であるために教会の指導者になれないなどの宗教組織内の暗黙の障壁;宗教を理由とする企業内の昇進などの差別. → glass ceiling》

stain·less /stéɪnləs/ 《発音注意》 形 ❶ しみ[汚れ]のない ❷ さびない;ステンレス(製)の ❸ (人・評判などが)汚点のない —名 =stainless flatware;stainless steel **▸▸ ~ flátware** (フォーク・スプーンなどの)ステンレス食器類 **~ stéel** 名 U ステンレス(鋼)

‡stair /steər/ 《発音注意》(♦ 同音語 stare)

—名 (複 **~s** /-z/) C ❶ 《通例 ~s》(建物内の)**階段** ‖ Be careful on the ~*s*. 階段の上り下りには気をつけなさい / Use ~*s* instead of the elevator. エレベーターはやめて階段を使いなさい / back ~*s* 裏階段 / at the head [foot] of the ~*s* 階段の上[下]に / go **up** [**down**] three flights of ~*s* 3つの階段を上る[下りる] / come **up** [**down**] the ~*s* to the floor その階まで階段を上って[下って]くる / 「**climb** (up) [**descend**] the ~*s* 階段を上る[下りる] ❷ 階段の1段(step) ❸ 《文》=staircase

belòw stáirs 《英》《旧》使用人部屋で

***stáir·càse** 名 C (手すりなどを含めた一続きの)階段(stairway) ‖ a spiral [OR curving] ~ らせん階段

stáir·clìmber 名 C ❶ クライマー《足踏み運動用のトレーニングマシン》 ❷ 階段昇降台車 ❸ =stairlift

stáir·lìft 名 C (身障者のための)階段昇降機

stáir·wày 名 =staircase

stáir·wèll 名 C (階段を含む)吹き抜け

***stake** /steɪk/ (♦ 同音語 steak) 名 C ❶ 杭(くい), 棒 ‖「drive (in) [pull up] a ~ 杭を打ち込む[抜く] ❷ 《the ~》(昔の)火刑, 火あぶり(用の柱) ‖ Jeanne d'Arc was burned at the ~. ジャンヌ=ダルクは火あぶりの刑に処せられた ❸ 《通例 ~s》賭(か)け金, 賭けられたもの, 賭けの元手 ‖ play for high ~*s* at the casinos カジノで高額を賭ける, 大ばくちを打つ / raise the ~*s* 賭け金を上げる;緊急性を帯びる;注目してもらう ❹ 《~s》(競馬などの)(懸)賞金, 配当金 ❺ 《~s》《単数・複数扱い》(スポーツで)賭けること;(特に)競馬;ステークス(♦ しばしば Stakes でレース名に用いる) ❻ 《単数形で》〈…に関する〉(金銭上・事業上の)利害関係, (経済的)関与, 出資;(事業上の)関心〈**in**〉 ❼ 《~s》(ある分野における)競争 ‖ the popularity ~*s* 人気争い ❽ 《米》=grubstake

at stáke 問題となった[て](at issue);**危なくなった**[て], (のるかそるかの)危機にひんした[て] ‖ The townspeople put their lives *at* ~ to battle the fire. 町の住民は命がけで消火活動を行った / Your future [reputation] is *at* ~. あなたの将来[名声]がかかっている

gò to the stáke 《主に英》(意見などを)あくまでも主張する, 固執する;(人を)断固支持する〈**for, over** …に対して / **to** *do* …することを〉

pùll ùp stákes 《米口》立ち去る;転居[転職]する

—動 他 ❶ 〔金・命など〕を〈…に〉賭ける, 〔名声・希望など〕を〈…に〉賭(と)する〈**on**〉 ‖ I ~*d* a lot of money *on* the race. 競馬に大金を賭けた / He ~*d* his whole career *on* the project's success. 彼はそのプロジェクトの成功に全生涯を賭けた / I'd ~ my life *on* his innocence. 彼が無罪であることに命を賭けてもよい;彼は絶対に潔白だ ❷ …に杭を立てて仕切る, …を杭で囲う《*off, out*》 ‖ ~ *off* [OR *out*] one's land 所有地に杭を打って境界を定める ❸ 〔植物など〕を杭で支える[留める]《*up*》;〔動物など〕を杭につなぐ ❹ 〔権利・(土地の)所有権など〕を主張する《*out*》 ❺ 《米口》〔人・会社など〕に〈…の〉資金を出して[援助して]やる〈**to**〉

stàke óut ... / stàke ... óut 〈他〉① ⇨ 他 ❷, ❹ ② 〔責任・意見など〕をはっきりさせる, 〔立場など〕を明確に主張する ③ 《口》〔容疑者・場所など〕の張り込みをする (→ stakeout) ‖ The police ~*d out* the suspect's hiding place. 警察はその容疑者の隠れ家に張り込んだ

stáke·hòlder 名 C ❶ 賭け金保管者 ❷ 利害関係者, (事業などへの)出資者 ❸ 〖法〗係争中の物品を管理する人

S

〔弁護士〕 ▶▶～ **pénsion** 名Ⓒ《英》ステークホルダー年金《自営業者のための個人年金》

stáke·òut 名Ⓒ《口》（警察などの）張り込み

sta·lac·tite /stəlǽktaɪt | stǽləktàɪt/ 名Ⓒ 鍾乳(しょうにゅう)石

sta·lag·mite /stəlǽgmaɪt | stǽləgmàɪt/ 名Ⓒ 石筍(せきじゅん)

stàl·ag·mít·ic 形 石筍(状[質])の

***stale** /steɪl/ 形 ❶（食べ物などが）鮮度の落ちた，腐りかけた；（ビールなどが）気の抜けた；（パンなどが）堅くなった，ひからびた ‖ The beer went ～. ビールの気が抜けた ❷（空気などが）むっとする，いやなにおいのする ‖ a ～ room むっとする部屋 ❸（ニュース・考えなどが）新鮮味[独創性]を失った，陳腐な（↔ original）‖ tell a ～ joke 陳腐な冗談を言う / go [OR become] ～ マンネリ化する ❹《叙述》（人・選手・競走馬などが）（過労などで）元気[生気]のない，疲れている，無力になった；（仕事などに）飽きた，頭の働かない；（人が）能力的に燃え尽きた ❺〖法〗（小切手などが）（期限切れで）無効の，失効した ━動 自 鮮度が落ちる；陳腐になる ━他 …の鮮度を落とす，…を陳腐にする **～·ness** 名

stale·mate /stéɪlmèɪt/ 名ⓊⒸ ❶〖チェス〗ステイルメート ❷ 行き詰まり，難局 ‖ reach ～ 膠着(こうちゃく)状態に陥る ━動 他《通例受身形で》（人が）行き詰まる

Sta·lin /stáːlɪn/ 名 **Joseph** ～ スターリン（1879–1953）《旧ソ連の共産党書記長(1922–53)，首相(1941–53)》

～·ìsm 名Ⓤ スターリン主義 **-ist** 名 形

***stalk¹** /stɔːk/ 名Ⓒ ❶（植物の）茎，軸；柄(え)，葉柄(→ beanstalk)；花梗(かこう)，胚珠柄(はいしゅへい) ❷（動物の）茎状器官，肉茎 ❸ 細長い支え，軸；（ワイングラスなどの）脚；（自動車のウインカーやライトの）レバー

～ed 形 茎[柄]のある **～·less** 形 茎[柄]のない

***stalk²** /stɔːk/ 《発音注意》動 他 ❶〔獲物など〕にこっそりと近づく，…の後をそっとつける ‖ The detective ～*ed* the suspect. 刑事は容疑者を尾行した ❷ …にストーカー行為をする ‖ I'm being ～*ed* by my ex-husband. 私は前夫にしつこくつけ回されている ❸《主に文》〔場所〕を歩き回る；（疫病・不安などが）…に広がる，蔓延(まんえん)する ━自 ❶（＋副句）もったいぶった[いばった，怒った]足取りで歩く，闊歩(かっぽ)する（♦ 副句 は方向を表す）‖ Since I defeated him in that debate, he just ～*s* past without speaking to me. あの論争で言い負かされて以来，彼は私に声もかけずすたすた歩いて行ってしまうようになった ❷（獲物などを）そっと追跡する ━名Ⓒ ❶ 闊歩すること，もったいぶって歩くこと ❷ こっそり近づく[追跡する]こと

stalk·er /stɔ́ːkər，＋米 stáːkər/ 名Ⓒ ❶ ストーカー ❷ 気取って歩く[闊歩する]人 ❸（獲物などに）忍び寄る人

stalk·er·az·zi /stɔ̀ːkəráːtsi | -rǽtsi/ 名 複《口》ストーカラッチ《有名人をつけ回すフォトジャーナリスト》（♦ *stalker*＋paparazzi より）

stálk·ing /-ɪŋ/ 名Ⓤ ストーカー行為 ▶▶～ **hòrse** 名Ⓒ《単数形で》① 隠れ[忍び]馬《猟師が獲物に近づくとき姿を隠す馬形のもの》② 口実，偽装 ③〖政〗当て馬候補者

***stall¹** /stɔːl/ 名Ⓒ ❶《しばしば複合語で》露店，売店，屋台；商品陳列台，スタンド（⇨ STORE 類語P）‖「set up [run] an ice cream ～ アイスクリームの売店を出す[経営する] / a street ～ 露店 ❷（馬屋・牛舎などの1頭分の）一仕切り，1区画；（特に）馬屋，牛舎，畜舎 ❸《通例 a ～》（エンジン・自動車などが）（不調で）止まること，エンスト（❗「エンスト」は engine stop を略した和製語）；〖空〗空中失速 ‖ Our car went into a ～. 車がエンストした ❹（経済などの）失速，行き詰まり ❺《通例 ～s》（教会内陣の）聖職者[聖歌隊]席 ❻《the ～s》《英》（劇場の）ストール（《米》the orchestra）《1階正面の舞台に近い席》❼ 狭い仕切り部屋；競馬の出走ゲートの一仕切り；シャワー室[トイレ]の一仕切り；《米》（駐車場の）1区画 ❽（手・足の）指サック

sèt òut one's stáll（目標のために）あらゆることをやる，やる決意を示す

━動 他 ❶〔自動車など〕にエンストを起こさせる；〖空〗〔飛行機〕を失速させる ‖ My car got ～*ed* on the expressway. 高速道路で私の車がエンストした ❷〔計画・交渉など〕を頓挫(とんざ)させる，行き詰まらせる ❸〔家畜など〕を（太らせるために）畜舎で飼う ━自 ❶（エンジン・自動車などが）止まる；（飛行機が）失速する；（帆船が）風が不十分で進まない ❷（計画・交渉などが）頓挫する，行き詰まる

stall² /stɔːl/ 動 自 のらりくらりと引き延ばす ━他（引き延ばしによって）〔人・要求など〕をかわす，ごまかす《*off*》━名Ⓒ（引き延ばすための）口実，言い逃れ

stáll·hòlder 名Ⓒ《英》（市場の）屋台店主

stal·lion /stǽljən/ 名Ⓒ 種馬（⇨ HORSE 類語P）

stal·wart /stɔ́ːlwərt/ 形《通例限定》❶ 不屈の，断固とした；忠実な ❷《旧》頑健な，強壮な ━名Ⓒ〈…の〉忠実な支持者[党員]，〈政党などの〉信奉者〈**of**〉

sta·men /stéɪmen/ 名（複 **～s** /-z/ OR **stam·i·na** /stǽmɪnə/）Ⓒ〖植〗雄ずい，雄しべ（↔ pistil）

***stam·i·na** /stǽmɪnə/ 名Ⓤ スタミナ，精力，耐久力

***stam·mer** /stǽmər/ 動（⇨ 類語）自 口ごもる ━他 …を口ごもりながら言う《*out*》（♦ 直接話法にも用いる）‖ ～ (*out*) one's words [apologies] 口ごもる[口ごもりながらわびを言う] / "I ... I was wrong," she ～*ed*. 「わ，私が悪かったわ」と彼女は口ごもりながら言った ━名Ⓒ《単数形で》口ごもり ‖ have a slight [bad] ～ 少し[ひどく]口ごもる

～·er 名 **～·ing·ly** 副 口ごもって

類語《動》**stammer** 恐怖・当惑・緊張などで一時的にすらすらものが言えない．〈例〉*stammer* with confusion 取り乱して口ごもる
stutter 習慣的・先天的に言葉に詰まる．

‡stamp /stæmp/

━名（複 **～s** /-s/）Ⓒ ❶ **切手**（postage stamp）；印紙，証紙 ‖ I forgot to put [OR stick] a ～ on the envelope [card]. 封筒[はがき]に切手をはるのを忘れてしまった / collect ～*s* 切手を収集する / three 50-cent ～*s* 50セントの切手3枚 / a sheet [OR book] of ～*s* 切手1シート / a revenue ～ 収入印紙

❷ 押し[打ち]型，刻印機，圧断機，粉砕機

❸ 印(章)，判；検印，証印，消印，スタンプ ‖ a rubber ～ ゴム印 / a date ～ 日付印 / The government gave its ～ of approval to the project. 政府はそのプロジェクトにお墨付きを与えた

❹《単数形で》〈…の〉痕跡(こんせき)，特徴；性格〈**of**〉‖ His behavior bears [OR carries] the ～ *of* his generosity. 彼の行動には気前のよさが表れている

❺《単数形で》種類，型 ‖ a man of his ～ 彼のようなタイプの男性 / I don't like men of that ～. その手の人は嫌いだ ❻《単数形で》足踏み，踏みつけること[音]，じだんだ(を踏むこと) ❼ 景品引換券(trading stamp)

━動（**～s** /-s/；**～ed** /-t/；**～·ing**）

━他 ❶ **a**（＋目）〔足〕を**踏みしめる**，踏み下ろす；〔地面・床・虫など〕を**踏みつける** ‖ ～ one's **foot** [OR **feet**]（怒り・寒さで）足を踏み鳴らす，足踏みをする / ～ the earth 大地を踏みしめる / ～ an ant to death アリを踏み殺す
b（＋目＋補〈形〉）…を踏んで…にする ‖ ～ the ground smooth 地面を踏みつけて平らにする

❷〔…の刻印・検印など〕を〈…に〉押す〈**on**〉；…に〈…の〉印を押す〈**with**〉（♦ しばしば受身形で用いる）‖ The clerk ～*ed* the date *on* the papers.＝The clerk ～*ed* the papers *with* the date. 事務員は書類に日付印を押した

❸〔印象・感銘・個性など〕を〈…に〉刻みつける〈**on**〉；…に〈印象・感情などを〉刻みつける〈**with**〉（♦ しばしば受身形で用いる）‖ Today's experience will be ～*ed on* my memory forever. 今日の経験は永久に私の心に残るだろう / a face ～*ed with* hostility 敵意の表れている顔

❹（＋目＋**as** 名・形）…に…としての特色を示す，…が…であることを示す ‖ He ～*ed* himself *as* a top-class center forward last season. 彼は昨シーズンに自らがトップクラスのセンターフォワードであることを示した

❺〔手紙・証書など〕に切手[印紙]をはる（♦ しばしば受身形で用いる）‖ ～ a letter 手紙に切手をはる

❻ …を(型で)〈…から〉打ち出す[打ち抜く]《*out*》〈**out of, from**〉‖ ~ *out* a pattern on leather 皮に模様を打ち出す / ~ medals 「*out of* [OR *from*] sheet metal 金属板からメダルを打ち抜く ❼〔鉱石など〕を砕く
―自 ❶〈…を〉踏みつける〈**on**〉；足を踏み鳴らす，じだんだ踏む ‖ ~ *on* a cockroach ゴキブリを踏みつぶす
❷《+副句》足を踏み鳴らして歩く《***about, around,*** etc.》(♦ 副句 は場所・方向を表す) ‖ The wrestler ~*ed around* the ring. レスラーは荒々しい足取りでリングを回った / ~ *about* with impatience いらいらしてどたどた歩き回る
❸《+**on** 目》《主に英》…を断固として阻止[拒否]する ‖ ~ *on* a suggestion 提案をつぶす
stàmp dówn ... / ***stàmp ... dówn*** 〈他〉…を踏み鳴らす ‖ ~ *down* the earth 土を踏み鳴らす
*****stàmp óut ...*** / ***stàmp ... óut*** 〈他〉① ⇨ 他 ❻ ②〔火など〕を踏み消す(extinguish) ③〔反乱など〕を鎮圧(して排除)する；〔疫病・悪弊など〕を根絶する(eradicate)
▸▸**Stámp Àct** 名《the ~》〖米国史〗印紙条令《1765年英国がアメリカ植民地へ課したが1766年に廃止》 **~ collècting** 名 U 切手収集 **~ collèctor** 名 C 切手収集家 **~ dùty** [**tàx**] 名 U《英》印紙税 **~ed addrèssed énvelope** 名 C《英》切手をはった返信用封筒(《米》self-addressed stamped envelope) **~ing gròund** 名 C《口》行きつけの場所，たまり場 **~ mìll** 名 C〖冶〗搗鉱(とうこう)機

*****stam·pede** /stæmpíːd/ 《発音注意》名 C ❶《通例単数形で》(家畜の群れなどが)驚いてどっと逃げ出す[暴走する]こと ❷《通例単数形で》(人々の)殺到 ‖ There was a ~ toward [OR for] the exit. 出口に人が殺到した ❸ スタンピード《米西部・カナダなどで年に1度催されるロデオ(rodeo)のある祭り》
―動 自 ❶(家畜などが)驚いてどっと逃げ出す ❷《+副句》(人が)(ある方向へ)一斉に走る，殺到する，どっと押し寄せる
―他 ❶〔動物・人〕をどっと逃げ出させる，殺到させる ❷《通例受身形で》急いで〈…を〉する〈**into**〉‖ Don't get [OR be] ~*d into* rushing to conclusions. 結論は急ぐな

Stan /stæn/ 名 スタン《Stanley の愛称》

*****stance** /stæns/ 名 C ❶《通例単数形で》立場，態度，対処の姿勢〈**on** …に関する；**against** …に対する〉‖ The government took [OR adopted] an aggressive ~ *on* illegal immigrants. 政府は不法入国者に厳しい姿勢をとった ❷《通例単数形で》立った姿勢，構え；(ゴルフ・野球などの打者の)足の位置，スタンス；姿勢 ‖ take a relaxed ~ ゆったりしたスタンスをとる ❸《スコット》バス停，タクシー乗り場

stanch[1] /stɑːntʃ/ 《主に米》動 他 ❶〔血など〕の流れを止める；〔傷口〕の出血を止める ❷《古》…を阻止する

stanch[2] /stɑːntʃ/ 形 =staunch[1]

stan·chion /stǽntʃən | stɑ́ːn-/ 名 C ❶ 支柱，柱 ❷(畜舎で牛・馬などをつなぐ)仕切り棒

*******stand** /stænd/ 動 名

中心義 (何かに屈することなく)立つ[立っている]

> 動 自 立っている❶ 立ち上がる❷ 位置している❸ …の状態[立場]である❺
> 他 立たせる❶ 我慢する❷
> 名 台❶ 売店❷ 立場❸ 観覧席❺

―動 (~s /-z/；**stood** /stud/；~·ing)
―自 ❶ **立っている a**(人などが)立っている；立つ(♦ 通例場所を表す 副句 を伴う) ‖ I had to ~ all the way to Heathrow on the train. ヒースローまで列車で立ち通しだった / Two people were ~*ing* on the corner when the accident happened. その事故の発生時人が2人角に立っていた(♦ 単純形でも状態を表すが，一時的な状態であることを明確にするときは進行形を用いる) / ~ in line《米》列に並んで待つ(=《英》queue up) / ~ on tiptoe [OR one's toes] つま先立ちをする / ~ on one's hands 逆立ちをする / ~ at ease 休めの姿勢をとる
b《+補〈形〉》…の状態[姿勢]で立っている，立ち続ける ‖ *Stand* still and let me do your tie. じっとしていて，ネクタイを締めてあげるから / ~ clear of a sculpture 彫刻から離れて立つ
c《+*doing*》…しながら立っている(♦ 通例場所を表す 副句 を伴う．《口》では *doing* の代わりに and *do* を用いることもある) ‖ Don't just ~ there grinning! = Don't just ~ there and grin! ただにやにやしてそこに突っ立っているのはやめろ
❷(人などが)**立ち上がる**，起立する《*up*》(↔ *sit down*) ‖ With the help of his cane, the old man slowly *stood up*. つえの助けを借りて老人はゆっくり立ち上がった
❸《+副句》《通例進行形不可》(物が)(…の場所に)**位置している**，ある；立っている，置いてある ‖ A magnificent castle *stood* on the hill. 壮大な城が丘の上にそびえ立っていた / An old grandfather's clock *stood* next to the staircase. 階段の隣には古い大時計があった
❹(建物などが)元のまま残って[建って]いる，持ちこたえる ‖ After the earthquake, only a few houses were left ~*ing*. 地震の後で残った家はわずかしかなかった
❺《+補〈形〉》《進行形不可》(人・物が)**…の状態[立場]である**(♦ この意味の stand は be 動詞に置き換えることができる) ‖ The house has *stood* empty for more than a decade. その家は10年以上もだれも住んでいない / I'm not satisfied with the way things ~ now. 現状には満足していません / ~ in need of ... …を必要としている / ~ ready [OR prepared] to *do* …する用意がある
❻《進行形不可》(人が)〈…について[対して]〉意見[主張]を持つ，…である〈**on**〉；態度[立場]をとる〈**for** …に賛成の，**against** …に反対の〉‖ Where do you ~ *on* the issue of gun control? 銃規制に関してどう思いますか / I will vote for the party that ~*s for* women's rights. 女性の権利を擁護する党に投票します / ~ *against* the use of force 武力の行使に反対する
❼《+補〈名〉》《進行形不可》高さ[身長，寸法]が…である(♦ 補 は測定値を示す) ‖ He *stood* six feet two inches (tall) and weighed more than 200 pounds. 彼は身長が6フィート2インチで体重は200ポンドを越した
❽《+**at** 名》《通例進行形不可》(得点・金額などが)…である，…に達する；(計器などが)…を示して[指して]いる(♦ 名 は数・量を示す) ‖ The score *stood at* 15 to 12. 得点は15対12だった / The thermometer ~*s at* 32°C. 温度計はセ氏32度を指している ❾《+補〈形〉》《進行形不可》(ある順位・地位・水準)にある ‖ My son-in-law does not ~ high in my opinion. 私は娘婿をあまり高く買っていない / Martha *stood* second in her graduating class. マーサは卒業のときには学年で2番の成績だった ❿《進行形不可》(決定・申し出などが)元のままである，変わらない；生きている，有効である ‖ My offer of 300 dollars still ~*s*. 私の300ドルの付け値はまだそのままですよ / Although the circumstances may have changed, my decision still ~*s*. 状況は変わったかもしれないが私の決心に変わりはない ⓫《+**to** *do*》(取り引きなどで)…しそうな状態[立場]にある，(損[得]を)する可能性がある(♦ gain, win, lose, reap などの動詞を伴う) ‖ We ~ *to* lose everything if this deal falls through. この取り引きが駄目になれば私たちはすべてを失う可能性がある
⓬(人・乗り物などが)立ち止まる，(一時)停止する；停止している，動かないでいる；(物が)(使われないで)そのままになっている，(車などが)止めたままである ‖ No ~*ing*.《米》《掲示》停車禁止 / The train ~*ing* at Platform 5 is for Brighton. 5番線に停車中の列車はブライトン行きです
⓭(水が)よどむ，流れない；(汗・涙が)たまる ‖ A great muddy pool *stood* across the road after the rain. 雨の後濁った大きな水たまりが道いっぱいにできていた
⓮(食材などが)そのまま寝かされている(♦ 主に let ... stand,

S

leave ... to stand の構文で使われる) ‖ Put the fish in the marinade and leave it (to) ～ for 10 minutes. 魚をマリネに漬けて10分間そのままにしておきなさい ⓯ 《主に英》(選挙に)立候補する, 出馬する, 立つ(《米》run)〈**for, in** …に；**as** …として；**against** …の対抗馬として〉‖ ～ *for* parliament = ～ *as* a parliamentary candidate = ～ *in* a parliamentary election 国会議員選に出馬する ⓰ 『海』(ある方向に)針路をとる, 保つ

— ㊀ ❶ 《+目+副句》…を〈…に〉**立たせる**, 立てる, (立てて) 置く〈**on, against, etc.**〉‖ She *stood* her son in front of the mirror. 彼女は息子を鏡の前に立たせた / ～ an umbrella *against* the wall 傘を壁に立てかける

❷ 《受身形・進行形不可》(人が)〔いやなもの〕に耐える, …を**我慢する**(♦ 通例 can, could などとともに否定文・疑問文・条件節で用いる) **a** 《+目》…に耐える, …を我慢する(put up with)；…を好きになる (⇨ BEAR¹ 類語) ‖ I can't ～ 「that guy [the sight of that guy]. あいつは嫌いだ [姿を見るのもいやだ] / How can anybody ～ this heat? この熱さにはだれも耐えられないよ / ～ the pressure of hard study 猛勉強のプレッシャーに耐える

b 《+***doing*** / **to** ***do***》…することに耐える, …するのを我慢する ‖ He couldn't ～ being [OR *to* be] screamed at any longer. 彼はどなられることにそれ以上我慢できなかった / I can't ～ seeing [OR *to* see] you so unhappy. 君がそんなに不幸せなのを見るのは耐えられない

c 《+目+***doing***》…が…するのを我慢する, 許す ‖ I can't ～ Cathy sticking her nose into everything. キャシーが何にでも口を挟むのには我慢できない

❸ (物・事柄が)〔試練・困難など〕に耐える, 持ちこたえる(♦ しばしば can, could とともに用いる) ‖ The band's popularity has *stood* the test of time. そのバンドの人気は時がたっても失われなかった

❹〈…の件で〉〔裁判など〕を受ける〈**on, for**〉‖ He *stood* trial *for* murder. 彼は殺人の容疑で裁判にかけられた

❺〔(成功などの)可能性・望み〕がある(♦ 通例 a chance, a hope などを目的語とする) ‖ I think she ～*s* 「a very good [very little] **chance** of being re-elected. 彼女が再選される可能性はかなり高い [まずない] と思う / You don't ～ a **chance**! 君はまず無理だよ

❻〔警備など〕の任務に就く, …の仕事をする ‖ He *stood* guard [OR watch] over the priceless jewels. 彼は高価な宝石の見張りをした / ～ surety for him 彼の (保釈などの)保証人になる

❼ 《受身形不可》 **a** 《+目》〔飲食物など〕をおごる；…を支払う (pay for) ‖ ～「a round of drinks [OR drinks all round] ひとわたり飲み物を振る舞う / ～ bail 保釈金を支払う **b** 《+目 *A*+目 *B* ≒ +目 *B*+**for** 目 *A*》*A* (人) に*B* (飲食物) をおごる ‖ I'll ～ you a glass of beer. 君にビール1杯おごるよ

❽ 《通例 could とともに用いて》 **a** 《+目》…した方がよい；《口》…が欲しい (→ use) ‖ I think you could ～ a little sleep. 君は少し寝た方がよいと思うよ / I could ～ a glass of really cold beer. よく冷えたビールが1杯欲しいな **b** 《+**to** ***do***》…した方がよい, …するべきだ ‖ You could ～ *to* lose a little weight. 少しやせた方がいいんじゃない ❾〔攻撃など〕に (敢然と) 立ち向かう, 抵抗する ‖ ～ battle 応戦する

as it stánds ; ***as thìngs*** [OR ***màtters***] ***stánd*** 現状では；そのままで ‖ The law *as it* ～*s* is very unclear. その法律はそのままではとても不明瞭(ふめいりょう)だ / sell a house *as it* ～*s* 家を現状のままで売る

knòw whère one stánds ① 自分が〈人に〉どう思われているかがわかる〈**with**〉 ② 〈…について〉自分の意見[立場]をわかっている〈**on**〉

stand alone ⇨ ALONE 形 (成句)

Stànd and delíver! 動くな, 有り金を置いて行け (♦ 昔の追いはぎの文句)

stànd apárt 〈自〉〈…から〉離れて立つ；〈…と〉明らかに違う〈**from**〉

*__*stànd aróund*__ [OR ***abóut***] 〈自〉ぼんやり立っている

stànd asíde 〈自〉 ① (邪魔にならないよう) わきに寄る ② 傍観する, かかわりを避ける ③ 《英》辞任する

stànd báck 〈自〉 ① 〈…から〉後ろに下がって立つ, 離れて立つ〈**from**〉‖ Please ～ *back from* the fence. さくから離れてください ② (客観的に考えるために)1歩退く, 距離をおく ③ 傍観する, かかわりを避ける ④ (建物などが)〈通りなどから〉引っ込んだ所にある〈**from**〉

stánd behind ... 〈他〉 ① …の後ろに立つ ② …を支援する, 支持する(support)

*__*stànd bý*__ 〈自〉 ① そば[近く]にある[いる] ② 傍観する, 何もしないでいる (→ bystander) ‖ We can't ～ *by* and watch the rain forest being destroyed. 熱帯雨林が破壊されていくのを手をこまねいて見ているわけにはいかない ③ **待機する**〈**for** …に備えて / **to** ***do*** …するために〉 **—** 〈他〉 《***stánd by ...***》 ① …のそばに立つ [立っている] ② 〔人〕を**支援する**, 支持する(support), 助ける ③〔人・約束・方針など〕に忠実である, …を固く守る (≒ abide by, adhere to)(↔ *go back on*)

stànd dówn 〈自〉 ① 《主に英》〈公職などから〉辞任する, 立候補を辞退する(step down)〈**as**〉 ② 『法』(証人が)証言台を降りる ③ 『軍』(兵士たちが)任務を解かれる, 非番になる；警戒体制を解除する **—** 〈他〉 《***stànd dówn ...*** / ***stànd ... dówn***》『軍』〔兵士たち〕の任務を解く；…の警戒体制を解除させる

stànd fírm [OR ***fást***] 〈自〉 ① しっかりと立つ ② 頑として譲歩しない, 決して考えを曲げない〈**on, over** …に関して；**against** …に反対して〉

*__*stánd for ...*__ 〈他〉《受身形不可》 ① 《進行形不可》 (頭文字・記号などが)…を**意味する**, 表す, …の略である；…を象徴する ‖ TOEFL ～*s for* Test of English as a Foreign Language. TOEFLは外国語としての英語の試験という意味である / The dove ～*s for* peace. ハトは平和を象徴している ② 〔主義・主張など〕を**支持する** (→ 自 ❻) ③ 《口》…を我慢する(put up with；tolerate), 大目に見る(♦ 通例 will, would などを伴って否定文・疑問文・条件文で用いる) ‖ I won't ～ *for* your rude behavior. 失礼な振る舞いは許さないぞ ④ …に候補者として出馬する (→ 自 ⓯)

*__*stànd ín*__ 〈自〉〈…の〉代理を務める〈**for**〉(→ stand-in)

stànd ín with ... 〈他〉《旧》…と友好[協力]関係にある

stànd óff 〈他〉《***stànd óff ...*** / ***stànd ... óff***》 ① …を近寄らせない；《米》…を撃退する, 食い止める ② 《主に英》…を一時解雇する **—** 〈自〉 ① 〈…から〉離れて立つ〈**from**〉 ② 『海』(船が)岸から離れる, 離れている

stánd on [OR ***upon***] 〈他〉《***stand on*** [OR ***upon***] ***...***》 ① …に基づく, …による (depend on) ‖ The destiny of the company ～*s* chiefly *on* your efforts. 会社の命運はもっぱら諸君の努力にかかっている ② 〔格式・権利など〕を守るよう強く要求する ‖ ～ *on* ceremony [OR formality] 格式ばる **—** 〈自〉『海』(船が)針路を保持する

stànd or fáll by [OR ***on***] ***...*** …次第で成功するかどうかが決まる

*__*stànd óut*__ 〈自〉 ① 〈…から〉突き出る, 浮き出ている(stick out)〈**from**〉 ② **目立つ**〈**from** …より；**against** …を背景にして；**as** …として〉‖ Dressed in a bright red dress, she *stood out from* the other girls. 真っ赤なドレスを着て, 彼女の姿は娘たちの間で目立っていた / ～ *out* a mile 非常に目立つ ③ ずば抜けて [傑出して] いる〈**from, above** …から, より；**among** …の中で；**as** …として〉‖ Your essay ～*s out from* the rest *as* being truly original. 君のエッセイは真に独自性に富んでいるという点で傑出している ④ 〈…に対して〉あくまでも反対する, 抵抗する〈**against**〉；〈…を〉あくまでも要求する, 主張する〈**for**〉 ⑤ 『海』(船が)岸から離れ(ている)る

stánd over 〈他〉 **I** 《***stánd over ...***》 ① …を見下ろすようにして立つ ② …を監督する, …の一挙一動を見守る **II**

《*stànd óver* ... / *stànd* ... *óver*》③ …を延期する ━〈自〉延期される
stand still ①(立ったまま)じっとしている(→ 自 ❶b) ② 停滞する；止まる
stand tall ⇨ TALL (CE 1)
stànd tó 〚軍〛〈他〉《*stànd tó* ... / *stànd* ... *tó*》〔兵士〕を戦闘配置に就ける ━〈自〉戦闘配置に就く
stànd togéther 団結する, 結束する
*·**stànd úp*** 〈自〉① 立ち上がる(→ 自 ❷) ②〈…に〉耐える, 持ちこたえる, 持つ〈**to, under**〉‖ He will never ~ *up to* the rigors of winter training. 彼は冬場の訓練の厳しさには到底耐えられないだろう ③ (証拠・論拠などが)正しいと認められる, 真実だと証明される ━〈他〉《*stànd* ... *úp*》《口》〔特に異性〕に待ちぼうけを食わせる, …とのデートの約束を破る
stànd ùp and be cóunted (結果を恐れずに)自分の意見を堂々と述べる
*·**stànd úp for** ...* 〈他〉…の**味方をする**, …を擁護[支持・弁護]する (defend) ‖ Don't be afraid of *~ing up for* what you think is right. 自分が正しいと思うことを主張することを恐れるな
*·**stànd úp to** ...* 〈他〉① …に勇敢に立ち向かう, 抵抗する, 姿勢を示す ② =*stand up*(↑)
stànd úp with ... 〈他〉〔新郎・新婦〕の付添人を務める

COMMUNICATIVE EXPRESSIONS

1 **Are you jùst gòing to stánd thère àll dày?** 何突っ立ってるんだよ；何かしたらどうだ(♥ ぼうっとしている人や躊躇(ちゅうちょ)している人に対して行動を促す)
2 **From whère Í stànd**, her pèrformance has impròved quìte a bít. 私から見ると, 彼女の演奏[仕事ぶり]はかなりよくなりました(♥ 自分の意見を述べる際のくだけた前置き表現. I に強勢を置く)
3 **I stànd corrécted.** ⇨ CORRECT (CE 1)
4 **Stànd cléar (of the (clòsing) dóor).** (閉まるドアに)ご注意ください(♥ 電車やバスなどで車掌が用いる)

━名 (複 **~s** /-z/) Ⓒ ❶《しばしば複合語で》(物を置いたり立てたりする)**台**, …立て, …かけ；台座 ‖ a microphone ~ マイク立て[スタンド] / an umbrella ~ 傘立て / a music ~ 譜面台 / a lamp ~ 電気スタンドの置き台
❷ (駅・道端などでの)**売店**, 屋台, スタンド；(展示用の)カウンター, ブース (stall) (⇨ STORE 類語P) ‖ a hot-dog ~ ホットドッグの売店 / a fruit ~ 果物の売店 / a news ~ 新聞・雑誌売り場 / an information ~ 案内所
❸《通例単数形で》〈問題などに対する〉**立場**, 見解, 態度〈**on**〉‖ What is your ~ *on* this issue? この問題についてあなたはどんな見解をお持ちですか
❹《通例単数形で》強い抵抗, 反抗, 防御 ‖ The rebels made their last ~. 反乱軍は最後の抵抗をした
❺《しばしば the ~s》(野球場などの)**観覧席**, スタンド(→ grandstand)
❻ (タクシー・バスなどの)客待ち場, 乗り場 ‖ a taxi ~ タクシー乗り場 ❼《the ~》証言台, 証人席(witness box) ‖ take the ~ 証言台に着く ❽ (1段高くなっている)台, 演壇, 演奏用ステージ(→ bandstand) ❾ (同種類の樹木などの)群 ❿《米》(劇団などの)公演, 興行；公演地 ‖ The rock group is coming to Tokyo for a two-day ~. そのロックグループは東京で2日間の公演をする ⓫ 立つこと, 立っていること；停止 (stop)；立つ位置[場所] ‖ My feet ached from the three-hour ~. 3時間立っていたので足が痛かった / The car suddenly came to a ~. 車は突然停車した
*·**màke a stánd*** 〈…に〉抵抗する, 断固戦う〈**against**〉；〈…のために〉戦う〈**for**〉
*·**tàke a stánd*** はっきりした態度をとる〈**on** …についての；**for** …に賛成の；**against** …に反対の〉‖ The paper didn't *take a ~ on* the war. その新聞は戦争についてはっきりした態度をとらなかった

stánd·alòne 形 (事業・システムなどが)独立した；💻スタンドアローンの, 独立型の

***stand·ard** /stǽndərd/ 名 形

━名〔▶ standardize 動〕(複 **~s** /-z/) Ⓒ ❶ Ⓤ/Ⓒ《しばしば ~s》〈価値・質・評価などの〉**基準**, **水準**, 標準 (⇨ 類語)；〈工業製品などの〉規格；(道徳的)規範, 模範, 典型〈**of**〉‖ Your paper is below [above] the minimum ~. 君のレポートは最低基準以下だ[は超えている] / Applicants must reach the required ~*s*. 応募者は要求基準に達しなければならない / Having a car is no longer extravagant **by** Japanese ~*s*. 日本人の基準では車を所有することはもはやぜいたくではない (♦ 前置詞は by を使う) / Japanese Industrial *Standards* 日本工業規格《略 JIS》/ Lawyers must have good ethical ~*s*. 弁護士はよい倫理基準を持つべきだ / the moral ~*s of* young people 若者のモラルの水準

連語 【形+~】living ~*s* 生活水準 / a high ~ 高い水準 / safety ~*s* 安全基準 / national [international] ~*s* 国内[国際]基準
【動+~】achieve [maintain] a ~ 基準を達成[維持]する / be up to ~ 水準に達している / reach a ~ 水準に達する / fall short of the ~(*s*) 水準に達しない / raise [lower] ~*s* 水準を上げる[下げる] / set [OR establish] ~*s* 基準を設定する / meet the ~*s* 基準を満たす / provide a ~ 基準を提示する

❷ (度量衡の)**基本単位**, 原器
❸ (貨幣の)法定成分；(貨幣制度の)本位
❹ (指導者・国民・軍隊などの象徴としての)旗 (banner), 軍旗《細長くて先が2つに割れている》；団結の目標, 旗印(♦ 新聞(社)の名前に使われることがある) (⇨ FLAG¹ 類語) ‖ the royal ~ 王旗 / *the Evening Standard* イブニング=スタンダード紙 / raise the ~ of revolt 反旗を翻す
❺〚楽〛スタンダードナンバー(standard number)
❻〚植〛旗弁 ❼ (昔の英国の小学校の)学年(class)《試験の成績で決められた》❽ (ランプ・フロアスタンドなどの) 垂直な支柱；(支柱なしの)立ち木, 自然木；〚園芸〛立ち木仕立て
━形 (**more ~；most ~**)
❶ (形・大きさ・量などが)**標準の**, 一般的な；よく知られた；(公認された)標準(どおり)の；ふつうの, 並の(↔ unusual) ‖ It is ~ practice in libraries to be quiet. 図書館で静かにするのはごく当たり前のことだ / the ~ unit of measurement 度量衡の標準的単位 / a ~ size 標準的大きさ / a ~ design 標準的デザイン / ~ equipment 標準装備 / ~ operating procedure 標準操作手順《略 SOP》/ a PC with ~ business software 標準的なビジネスソフトがインストールされたパソコン
❷《通例限定》(作家・作品などが)権威ある；模範となる ‖ a ~ writer 権威ある作家 / a ~ reference book 定評ある参考書籍
❸〚園芸〛自然木の, スタンダード[立ち木]仕立ての

類語 《名 ❶》**standard** 比較・評価するときの一般に認められた一定の標準・基準.〈例〉*standards* of purity for water 水の純度の標準
criterion 4語の中で最も《堅》. あるものの適否を左右する (しばしば理想としての) 基準.〈例〉Money is not the *criterion* of true happiness. 金は真の幸福の基準ではない
measure (必ずしも固定的な基準はなく, 変化するものなどについての) 評価の尺度.〈例〉Sales are the *measure* of the company's success. 売上高によって会社の成功の度合いが測られる
test「試すもの」の意から, それが当てはまるかどうかを試す基準・尺度.〈例〉the *test* of a good book (= the *test* by which a good book is judged) 良書かどうかを決める試金石となるもの

▶▶**Stàndard & Póor's (500 Stòck) Ìndex** 名《the ~》《米》〚証券〛スタンダード=アンド=プアーズ(500)指数《米国大企業500社の株価指数, 略 S & P500》~

S

deducción 名 C《通例単数形で》(課税所得)基礎控除 ~ **deviátion** 名 C〖統計〗標準偏差 **Stàndard Énglish** 名 標準英語《特にロンドンを中心としたイングランド南部の英語》 ~ **érror** 名 C〖統計〗標準誤差 ~ **gàuge** 名 C〖鉄道〗標準軌間《英米では1.435m》 **Stàndard Gráde** 名 C (スコットランドの)標準級試験《16歳で受ける》 ~ **làmp** 名 C《主に英》フロアスタンド(《米》floor lamp) ~ **módel** 名《また S- M-》《the ~》〖理〗標準模型, 標準モデル ~ **of líving** 名 (複 **~s of l-**) C 生活水準 ~ **tìme** 名《the ~》標準時《グリニッジ標準時をもとに, ある地域・国で公式に定めた時刻》(→local time)

stándard-bèarer 名 C ❶〖軍〗旗手 ❷(政党・社会運動などの)指導者, 主唱者

stàndard-íssue 〈シ〉 形 (軍の装備が)標準(装備)の

stand·ard·i·za·tion /stæ̀ndərdəzéɪʃən | -daɪ-/ 名 U 標準化, 規格化

*****stand·ard·ize** /stǽndərdàɪz/ 動 (◁ standard 名) 他 ❶…を基準に合わせる, 標準[規格]化する, 統一化する ‖ ~ the rules of a game ゲームのルールを統一化する / ~*d* products 規格製品 ❷…(の性能など)を基準と比較(してテスト)する

—自 (+on 名)…を標準(規格)とする, …で統一する

stánd·bỳ 名 (複 **~s** /-z/) C ❶(いざというとき)頼りになる人[もの] ❷予備の(代替)品, 交替要員 ❸(交通機関・公演などの)空席[キャンセル]待ち(の客)

on stándby 待機中で; 空席[キャンセル]待ちで

—形《限定》❶予備の; 待機(中)の ❷(空港などで)空席[キャンセル]待ちの —副 空席[キャンセル]待ちで

▸▸ ~ **tìme** 名 U ① 待機中の時間 ② 🖳 指令実行にかかる時間

stánd-dòwn 名 C 活動休止; (軍隊の)撤退

stand·ee /stændíː/ 名 C《主に米》(乗り物などで席がなく)立っている人, (劇場などの)立見客

stánd-ìn 名 C〖映〗スタンドイン, スタントマン《本番前や危険な場面でのスターの代役》; (一般に)代わりの人[もの]

*****stand·ing** /stǽndɪŋ/ 名 ❶ U C 地位, 身分; 名声, 評判, 信望 ‖ She has a high ~ among her fellow musicians. 彼女は同僚の音楽家[楽団員]の間で高い評価を得ている / a person of high [OR good] ~ 身分の高い人, 名士 / damage her ~ 彼女の評判を傷つける ❷ U 継続, 存続; 持続期間 ‖ an issue of long ~ 長年の問題 / a friendship of many years' ~ 長年の友情 ❸ C《~s》〖スポーツ〗(競技などの)順位表, ランキング表

—形《限定》❶立ったまま行う ‖ a ~ start スタンディングスタート / ~ high [long, broad] jump 立ち高跳び[幅跳び] ❷いつまでも効力を失わない, 永続的な, 不変の; 常備の, 常設の ❸(水が)流れていない, よどんだ ❹立っている, 直立した(姿勢の); (作物などが)刈り取られていない

▸▸ ~ **ármy** 名 C 常備軍 ~ **chárge** 名 C《英》固定費 ~ **commìttee** 名 C 常任委員会 ~ **jóke** 名 C お決まりの冗談[ジョーク] ~ **órder** 名 ① C《~s》軍隊内務規定; (議会の)議事規則 ② C U《英》(銀行口座からの定期的な)自動振り込み[引き落とし] ③ C《英》(新聞などの)継続注文 ~ **ovátion** 名 C スタンディングオベーション《演奏・演劇などに対する観客総立ちの盛大な拍手》 ~ **ròom** 名 U (劇場などの)立見席 ‖ *Standing Room Only* 《掲示》立見席以外満席 (略 SRO) ~ **stòne** 名 C (有史以前の遺跡の)石柱(menhir) ~ **wáve** 名 C〖理〗定常波

stánd·òff 名 C ❶(議論などの)行き詰まり ❷《主に米》(試合の)引き分け, 同点 ❸《英》〖ラグビー〗スタンドオフ《ハーフバックの一員》 ▸▸ ~ **hálf** 名 C =standoff ❸

stand·off·ish /stæ̀ndɔ́(ː)fɪʃ/ 形《口》よそよそしい, 冷淡な **~·ly** 副 **~·ness** 名

stánd·òut 形 名 C《口》(善悪にかかわらず)目立つ(人[もの]); 傑出した(人[もの])

stánd·pìpe 名 C (垂直の)給水[配水]塔

*****stánd·pòint** 名 C《通例単数形で》見地, 観点, (見る者の)立場 ‖ From an ecological ~, we clearly need to protect wilderness areas. 環境保護の見地からすれば, 自然保護区域を守る必要があることは明らかだ / a practical ~ 実際的な観点 / consider a plan from the ~ of employers 雇い主の立場から計画を練る

St. Ándrew ⇨ ANDREW

St. Àndrew's cróss 名 聖アンデレ十字架《X字型》(⇨ CROSS 図)

stánd·stìll 名 C《a ~》停止, 休止; 行き詰まり ‖ be at a ~ 停止して[行き詰まって]いる / come to a ~ 停止する / a ~ agreement (債務返済の)据え置き協定

stànd-tó 名 U〖軍〗戦闘体制

stánd-ùp 形《限定》❶(襟などが)立っている(↔turn-down) ❷立ったままでの ‖ a ~ supper 立食晩餐(ばんさん)会 / a ~ desk 立ち机 / a ~ double〖野球〗滑り込み不要の二塁打 ❸(コメディアンが)独演の ❹《米口》忠実で信頼できる ❺《口》(格闘・議論などで)正面から立ち向かう

—名 (=~ **cómedy**) C (コメディアンによる)独演

stan·hope /stǽnəp, -hòʊp/ 名 C (二輪または四輪の1人乗り)ほろなしの軽馬車

stank /stæŋk/ 動 stink の過去の1つ

Stánley knìfe 名 C《英》《商標》スタンレーナイフ, カッター(ナイフ)

St. Ànthony('s) cróss 名 聖アントニオ十字架《T字形の十字架》(⇨ CROSS 図)

stan·za /stǽnzə/ 名 C〖韻〗連, 節, スタンザ《通例4行以上からなる詩の1単位》

sta·pes /stéɪpiːz/ 名 (複 ~ OR **-pe·des** /stəpíːdiːz/) C〖解〗(中耳の)あぶみ骨

staph /stæf/ 名《口》=staphylococcus

staph·y·lo·coc·cus /stæ̀fɪləkɑ́(ː)kəs | -kɔ́k-/ 名 (複 **-coc·ci** /-kɑ́(ː)ksaɪ | -kɔ́k-/) C〖生〗ブドウ球菌

*****sta·ple**[1] /stéɪpl/ 名 C ❶(ある地域・国などの)主要産物, 特産品 ❷(小麦・塩などの)必需食品 ❸主要部分, 主要素; よくある[見る]もの, 定番 ❹ U (品質・長さなどによって等級をつけられた羊毛・綿などの)繊維 —形《限定》主要な, 重要な; 絶えず大量に生産[取り引き, 消費]される ‖ ~ crops 主要作物 / ~ diet 主要食物, 主食; 定番(のもの)

—動 他 (品質・長さなどによって)〔繊維〕を選別する

*****sta·ple**[2] /stéɪpl/ 名 C ❶ステープル, ホッチキスの針; 製本用の針金 ❷(電線・ボルトなどを留める)U字くぎ

—動 他 …をステープル[U字くぎ]で留める

▸▸ ~ **gùn** 名 C U字くぎ[ステープル]打ちつけ機

sta·pler /stéɪplər/ 名 C ホッチキス(❗「ホッチキス」は考案者 Benjamin Hotchkiss の名にちなむ日本での名称)

*******star** /stɑːr/ 名 動

—名 (▸ starry 形) (複 **~s** /-z/) C ❶**星**; 〖天〗恒星(fixed star)(→planet); (一般に)天体; 《形容詞的に》星の, 星に関する(→stellar, starry) ‖ The sky out here in the country is full of ~*s*. 人里離れたこの辺では空に星がいっぱいだ / under the ~*s* 屋外で, 星空の下で / watch shooting [OR falling] ~*s* from the roof 屋上から流れ星を眺める / make a wish upon a ~ 星に願いをかける / the morning [evening] ~ 明け[宵]の明星(♦ Venus(金星)を指す) / the North *Star* 北極星 / a ~ map 星座表, 星図

❷(映画・演劇・音楽・スポーツ界の)**スター**, 人気俳優; 花形; (映画・演劇の)主役; (各分野での)第一人者, 成功者, 有名人, 花形, 人気者; 《形容詞的に》卓越した, 秀でた; 花形の, 人気者の; スターの, 主役の ‖ **movie** [OR film] ~*s* 映画スター / television ~*s* テレビのスター / a rock ~ ロックのスター / a big [OR top] ~ 大スター / a ~ athlete 花形運動選手 / a ~ personality 人気者のパーソナリティー / a ~ pupil 秘蔵の弟子 / receive ~ billing 主役として名前を載せてもらえる

❸星形(のもの), 星を思わせるもの; (勲章・記章などの)星

章, 星形勲章；(ホテル・レストランなどの格付けを示す)星印《☆, ★など》(→ CE 1)；〖印〗アステリスク (asterisk) ‖ The US flag has 50 ~s representing the 50 states. 合衆国の旗には50の州を表す50個の星がついている / Jeff wore a deputy sheriff's ~. ジェフは保安官代理の星形のバッジをつけていた / The guidebook gives this hotel five ~s. ガイドブックによるとこのホテルには五つ星がついている

❹〖占星〗運星；《通例 ~s》(人の運勢に影響を及ぼすと見られる)星, 星回り ‖ Your ~ is rising. 君の星回りは上向きだ / be born under a lucky ~ 幸運の星の下に生まれる / The ~s are against us. 運星は私たちには不利だ

❺ (馬の額の)白斑(はくはん)

❻《通例単数形で》《口》助けになる人(→ CE 2)

rèach [OR ***shòot***] ***for the stárs*** 得ることの難しいものを得ようとする

sèe stárs (殴られたりして)目から火が出る

stàrs in one's éyes (幸福感などで)夢見るような瞳(ひとみ), うっとりとしたまなざし[様子]；夢見がちな[夢想家的な]様子 ‖ have [OR get] ~s *in one's eyes* 夢見るような気持ちになる, うっとりとする(→ starry-eyed)

thànk one's lùcky stárs 《口》幸運な星回りに感謝する, 運がよくてありがたいと思う

COMMUNICATIVE EXPRESSIONS

1 **I give it fóur stàrs.** 素晴らしい(♥「四つ星をあげてもいいくらいだ」の意の褒め言葉)

2 Thánks — **you're a stár!** ありがとう, 本当に助かりました(♥「(何かにたけていて)素晴らしい」の意の褒め言葉だが, 感謝の表現と併用すると感激の気持ちがこもる)

——動 (**~s** /-z/；**starred** /-d/；**~·ring**)

—自 (役者が)主役を演じる, 主演する〈**in** …(の作品)で；**with** 人と；**opposite** 人の相手役で；**as** …の役で〉‖ He *starred in Macbeth*. 彼は「マクベス」で主役を演じた / take a *starring* role 主役を演じる

—他 ❶《受身形不可》(映画・演劇・映画会社などが)〔人〕を〈…に〉主演させる, 〈…で〉主役にする〈**in**〉‖ The MGM studio *starred* the actress *in* her first movie. MGMのスタジオはその女優をデビュー作で主演させた / a recent Hollywood movie *starring* Natalie Portman ナタリー=ポートマン主演の最近のハリウッド映画

❷《通例受身形で》アステリスク[星印]がついている ‖ a *starred* item アステリスクをつけた項目

❸ …を〈…で〉星をちりばめ(たようにし)て飾る〈**with**〉

▸▸ **~ anís** 名 ① C U スターアニス(の実), ハッカク(八角)《種子は中華料理の香辛料》② C〖植〗ダイウイキョウ(大茴香)《①の実をつけるシキミ科の常緑低木》 **Stár Chàmber** 名 ①《the ~》〖英国史〗星法院《陪審を置かず, 専断・即決で重刑を科した刑事裁判所. 1641年廃止》②《ときに s- c-》C 専断的な法廷 **~ jùmp** 名 C《通例 ~s》スタージャンプ《小さくかがんだ姿勢からジャンプして両手両足を大きく開く跳躍運動》 **~ nètwork** 名 C 💻星状ネットワーク, 星状網《一か所から放射状に配線して端末に接続する》 **Stàr of Béthlehem** 名《the ~》〖聖〗(キリスト降誕の際に現れる東方の三博士(Magi)を導いた)ベツレヘムの星 **Stàr of Dávid** 名《the ~》ダビデの星, 6角星型《✡；ユダヤ教の象徴》 **Stàrs and Bárs** 名《the ~》《単数・複数扱い》〖米国史〗南部連盟旗 **Stàrs and Strípes** 名《the ~》《単数・複数扱い》星条旗《米国国旗》 **~ sápphire** 名 C U〖鉱〗スターサファイア, 星彩青玉 **~ shèll** 名 C〖軍〗照明弾 **~ sìgn** 名 C =sign ❻ **~ sỳstem** 名 ①《the ~》〖映〗スターシステム《主役にスターを配し, その人気で作品を成功させようとする興行方法》② C 銀河系 (galaxy) **~ tùrn** 名 C《通例単数形で》《主に英》主要な出し物；主役 **Stár Wàrs** 名 ① スターウォーズ計画《米国の戦略的防衛構想(Strategic Defense Initiative). 1984年開始, 93年中止》② スターウォーズ《米国の人気SF映画シリーズ》

star·board /stá:rbərd/〖海・空〗名 U C 右舷(うげん)；(飛行機の)右側(↔ port⁴) ‖ to ~ 右舷に ——形 副 右舷の[に] ——動 他〔舵(かじ)〕を右舷にとる, 面舵にする

Star·bucks /stá:rbʌ̀ks/ 名《商標》スターバックス《米国ワシントン州に本拠を持つコーヒー店チェーン》

stár·bùrst 名 C ❶ 星の光のような形状のもの；星形に拡散する光線[爆発] ❷ スターバースト《カメラレンズ用フィルターの一種で明るい被写体の周囲に光条を発生させる》❸〖天〗スターバースト《銀河同士の衝突などのため星の形成が大量に起こる時期》

*__starch__ /sta:rtʃ/ 名 U ❶ でんぷん(質)；U/C《~es》でんぷん質の食品 ‖ cut down on ~ 炭水化物の摂取を減らす ❷ U C (洗濯用の)のり ❸ (態度などの)堅苦しさ, ぎこちなさ ❹ 精力, 活力, スタミナ；勇気, 果断

tàke the stárch òut of a pérson 《米口》〔人〕の面目をつぶす；〔人〕を弱らせる[疲れさせる]

——動 他 ❶ …に(洗濯)のりをつける ❷《米俗》(ボクシングで)…をノックアウトで負かす

starch·y /stá:rtʃi/ 形 ❶ (食品が)でんぷん質の(多い) ❷ (洗濯)のりのきいた ❸ 堅苦しい **stárch·i·ness** 名

stár-cròssed 形《文》星回りの悪い, 不運な

star·dom /stá:rdəm/ 名 U ❶ スターダム《スターの地位[身分]》❷《集合的に》スター界, スター連中

stár·dùst 名 U ❶ (芸能界やスポーツ界のスターが発する)魅力, オーラ, カリスマ性；夢見心地, うっとりした気分 ❷ 星くず, スターダスト

***stare** /steər/(♦同音語 stair) 動 名

——動 (**~s** /-z/；**~d** /-d/；**star·ing**)

—自 ❶ (感嘆・驚き・戸惑いなどで)(目を見開いてまともに)〈…を〉**じっと見つめる**, じろじろ見る, 凝視する, 見入る〈**at, into**〉(⇨ GAZE 類語, LOOK 類語P) ‖ What are you *staring at*? 何でこっちをじろじろ見ているんだ(♥不快感を表す) / It's rude to ~. (人を)じろじろ見るのは失礼だ / ~ *into* ⌈her eyes [the distance] 彼女の目[遠く]をじっと見る / ~ **up** *into* space 中空を見つめる / ~ **back** *at* him 彼をじっと見つめ返す

❷ (目が) (ショックなどで) 大きく見開かれる ‖ Her eyes ~*d* vacantly. 彼女はうつろな目でじっと見つめた ❸ (物事が)いやに目につく, やたら目立つ, はっきりわかる《***out***》

—他 ❶ …をじろじろ見る ‖ *Stare* me straight in the eye [face] and tell me the truth. 私の目[顔]から目をそらさないで, 本当のことを言いなさい / ~ her up and down 彼女を上から下までじろじろ見る

❷ …をじっと見つめて〈…(の状態)に〉する〈**into**〉‖ The new teacher ~*d* the class *into* silence. 新しい先生はクラスの全員を見つめて黙らせた

stàre dówn [《英》***óut***] ... / ***stàre ... dówn*** [《英》***óut***] 〈他〉① (相手が目を背けるまで)…をじっと見つめ返す, にらめっこで負かす, ひるませる ‖ Davy Crockett was famous for being able to ~ *down* bears. デイビー=クロケットはクマとにらみ合って負かすことで有名だった ②《米》…に断固として対処する

——名 (複 **~s** /-z/) C じっと見つめること, 凝視(の視線), じろじろ見ること ‖ My new neighbors gave me a curious ~. 新しい隣人たちは私に好奇の目を向けた / under her hard ~ 彼女の厳しいまなざしを浴びて

stár·er 名 C 見つめる人

sta·re de·ci·sis /stèəri dɪsáɪsɪs/ 名 U〖米法〗先例法理, 先例拘束性の原理(♦ "let the decision stand" の意のラテン語より)

stár·fìsh 名 (複 ~ OR ~·es /-ɪz/) C〖動〗ヒトデ

star·fruit /stá:rfrù:t/ 名 C スターフルーツ, ゴレンシ《輪切りした面が星型の熱帯産果物》

stár·gàze 動 自 ❶ 星を見つめる ❷ 夢想する

stár·gàzer 名 C ❶ 星を眺める人；《口》天文学者；占星家 ❷ 空想家 ❸〖魚〗ミシマオコゼ《上方に向いた目を持つ》；(底生性の)ギンポの類

stár·gàzing 名 U 星を眺めること；空想, 夢想(癖)

star·ing /stéərɪŋ/ 形 ❶ じっと見つめる ❷ (色・形などが) いやに目立つ, けばけばしい ━副 全く ~·ly 副

*__stark__ /stɑːrk/ 形 ❶ (場所などが)荒涼たる, 荒れ果てた, わびしい ‖ a ~ landscape 荒涼たる風景 ❷ 厳しい, 苛酷(ᵏ)な ; 飾り立ててない, あからさまの ‖ ~ reality 厳しい現実 ❸ 《限定》全くの, 純然たる ‖ ~ nonsense 全くばかげたこと / ~ poverty 赤貧 ❹ 輪郭のはっきりした, くっきりした ‖ His lifestyle is in ~ contrast to tradition. 彼の生き方は伝統とはっきり対照をなしている ❺ 《古》《文》(死んで)硬直した, こわばった
━副 全く, 完全に ‖ ~ naked 素っ裸で / ~ mad [OR crazy] 完全に狂った
stark raving [OR *staring*] *mad* ⇨ MAD(成句)
~·ly 副 ~·ness 名

stark·ers /stáːrkərz/ 形 《叙述》《主に英口》素っ裸の

star·less /stáːrləs/ 形 星の出ていない[見えない]

star·let /stáːrlət/ 名 C ❶ 《口》若手女優 ❷ 小さい星

stár·lìght 名 U 星の光, 星明かり

star·ling /stáːrlɪŋ/ 名 C 〖鳥〗ムクドリ ; ホシムクドリ

stár·lìt 形 《通例限定》星の出ている, 星明かりの

stàr-nòsed móle 名 C 〖動〗ホシバナモグラ 《北米産で鼻先に11対の肉質の触手が放射状についている》

stàr-of-Béthlehem 名 (複 **stars-** /-z/) C 〖植〗スターオブベツレヘム, オオアマナ 《ユリ科オルニトガラム属の植物》

Starr /stɑːr/ 名 **Ringo** ~ スター (1940-) 《英国のロック歌手. the Beatles の一員》

star·ry /stáːri/ 形 [◁ star 名] ❶ 星をちりばめた ; 星のように輝く ; 星明かりの, 星の多い ❷ 星の ; 星形の

stàrry-éyed ◁シ 形 非現実的な, 空想[理想]的な

stár·shìp 名 C (SF作品に登場する)巨大星間宇宙船

stàr-spàngled /英 ˌ--ˈ--/ ◁シ 形 《文》星をちりばめた, 星で飾られた ▶▶ **Stàr-Spàngled Bánner** 名 (the ~) ① 星条旗 《米国国旗》 ② 米国国歌

stár-stùdded 形 ❶ 《口》スターがきら星のごとく並ぶ ‖ a ~ cast オールスターキャスト ❷ (夜空が)星がいっぱいの

***__start__ /stɑːrt/ 動 名

中心義 動き始める

━動 (~s /-s/ ; ~·ed /-ɪd/ ; ~·ing)

━他 ❶ a 《+目》…を始める, 開始する ; …に取りかかる (↔ stop) (⇨ BEGIN 類語) ‖ I'm ~*ing* work tomorrow. 明日から働き始めます / Once I ~ a mystery, I can't put it down until I finish it. ひとたびミステリーを読み始めると読み終えるまで止められない / ~ one's meal with soup スープから食事を始める / ~ school 就学する(♦ start a school は「学校を設立する」の意) / ~ married life 結婚生活に入る

b 《+*doing* / *to do*》…することを始める ‖ He ~*ed* playing the piano at the age of six. 彼は6歳でピアノを弾き始めた / Our baby has just ~*ed to* talk. うちの赤ん坊は言葉を口にし始めたばかりだ / Everything ~*ed to* go wrong. 何もかもがうまくいかなくなり始めた

語法 ☆☆ (1) **start** と **begin** 両者はほぼ同じ意味で用いられるが, start には静止・休止状態からの開始の含みがあり, 「突然」の意味が強くなる. また, start の方がやや《口》. なお「出発する」や「(機械が[を])始動する[させる]」の意味では begin ではなく start を用いる.
(2) **start *doing*** と **start to *do*** 意味の違いはあまりないが, 次の場合は to *do* を使う傾向が強い.
(a) start が現在分詞か動名詞で *doing* の重複を避けるとき. 〈例〉 I was *starting to* take a shower when the telephone rang. 電話が鳴ったとき私はちょうどシャワーを浴びようとしているところだった.
(b) know, realize, understand のような認識を表す動詞が続くとき. 〈例〉 I *started to* realize that I had the wrong idea about volunteer work. 私はボランティア活動について誤った考え方をしていることに気づき始めた.
(c) 1回きりの行為のときや開始された行為が継続しないとき. 〈例〉 She *started to* turn in my direction, but stopped and turned back again. 彼女は私の方に向きを変えかけたが, やめてまた向きを戻した

❷ 〔火事・争い事など〕を**引き起こす**, 生じさせる ‖ You ~*ed* all the trouble. このごたごたはみんな君のせいじゃないか / Who ~*ed* the rumor? だれがうわさを立てたのか / "Stop arguing about such stupid things." "She ~*ed* it!" 「そんなばかげたことで言い争うのはやめなさい」「彼女が先に文句をつけたんだ」 / ~ a fire 火事を起こす / ~ a fight けんかを始める

❸ 〔機械など〕を始動させる, 動かす 《*up*》 (↔ stop) ‖ I can't ~ my motorbike. バイクがどうしても始動しない / ~ (*up*) an engine = get an engine ~*ed* エンジンを始動させる

❹ 〔事業など〕を創始する, 興す 《*up*》 (set up ; establish) ‖ ~ (*up*) a new business 新しい事業を始める / ~ a newspaper 新聞を発刊する

❺ a 《+目》〔人〕に〈仕事などを〉手助けして始めさせる 〈**in, on**〉 ‖ His father ~*ed* him *in* his business. 父親は彼に資金を出して事業を始めさせた / My advice ~*ed* her *on* her career as a lawyer. 私の助言で彼女は弁護士の道を歩むようになった

b 《+目+*doing*》〔人など〕に…を始めさせる ‖ The joke ~*ed* the whole class laughing. その冗談でクラス全員が笑い出した

❻ 〔選手〕を〈試合の〉先発メンバーとして出す ; 〔選手〕を〈試合・競技に〉出場させる 〈**in**〉 ; 〔試合・競技〕に先発メンバーとして出る ; 〔走者〕にスタートの合図を出す ❼ …を(静止状態から) 勢いよくさっと動かす ❽ …を発育段階の初期に育てる ‖ ~ seedlings 苗木から育てる ❾ 〔部品・継ぎ目など〕を緩める, 外す ❿ 〔獲物〕を巣から狩り出す

━自 ❶ (人・乗り物が)**出発する**, 進み[動き]始める, スタートする 《*off, out*》 〈**from** …から ; **for** …へ向かって〉 ‖ I ~*ed* (*off* [OR *out*]) early in the morning. 朝早く出発した / The train ~*ed from* Glasgow on time. 列車はグラスゴーから定刻に出発した (= The train left Glasgow on time.) / She turned and ~*ed for* [×to] the door. 彼女は背を向け戸口へ向かった

❷ (事が) **始まる** 〈**with, at,** etc. …から ; **as** …として〉 ‖ School ~*s* in [×from] September in the U.S. アメリカでは学校は9月から始まる / The meeting ~*ed with* his speech. 会合は彼の演説で始まった / Prices ~ *at* [OR from] ten dollars. 値段は10ドルからいろいろある

❸ (車・エンジンなどが) 始動する 《*up*》 ‖ The engine stopped and wouldn't ~ (*up*) again. エンジンが止まってしまい, どうやっても二度とかからなかった

❹ a (人が)(活動などを)**始める**, 取りかかる (↔ end) 〈**in, on** …を ; **with, by** …で〉 ‖ You'd better ~ at once if you want to finish painting the kitchen by noon. 正午までに台所のペンキ塗りを終えたかったらすぐに取りかかった方がよい / We will ~ *on* the project this year. 今年はその事業に着手する / ~ *in* business 商売を始める / We ~*ed with* soup. スープから(食事を)始めた / ~ afresh [OR anew] 新たにやり直す

b 《+補〈形〉 / **as** 名》…の状態で活動を始める [人生を始める] 《*off, out*》 ‖ The violinist ~*ed* young. そのバイオリン奏者は若くしてその道に入った / I ~*ed* (*off* [OR *out*]) *as* a porter at the hotel. 私は最初そのホテルのポーターとして働き始めた

❺ (火事・紛争・うわさなどが)起こる, 発生する ; (《+副句》)(道・川などが)始まる (♦ 副句 は場所を表す) ‖ The fire ~*ed* in the engine room. 火は機関室から出た / An idle rumor ~*ed*. 根拠のないうわさが立った

❻ 《+副句》《文》(静止状態からある方向に)勢いよくさっと動く, 急に飛び出す[現れる] ; (目が)飛び出す ; (涙などが)急に出る ‖ She ~*ed* out of the car. 彼女はさっと車から降りた / ~ to one's feet ぱっと立ち上がる / His eyes

〜*ed* from their sockets. 彼の目は飛び出しそうになった(♥ 誇張表現) / Then, suddenly, tears 〜*ed* in her eyes. すると突然彼女の目に涙があふれた

❼ (人が恐怖・驚きなどで)体をびくっとさせる, 跳び上がる;〈…に〉びくりとする〈**at**〉‖ He 〜*ed* in surprise. 彼はびっくりして跳び上がった / 〜 *at* a sudden noise 突然の物音にぎくりとする ❽ (部品などが)緩む, 外れる ❾〈チームの〉先発メンバーとして出場する〈**for**〉 ❿《口》文句を言い始める, あら探しを始める(→ CE 2)

gèt stárted 〈…を〉始める, 〈…に〉取りかかる;〈…を〉話し始める〈**on**〉 (→ CE 3) ‖ Let's *get* 〜*ed on* today's lesson. さあ今日の練習を始めましょう

stàrt báck 〈自〉① 〈…に〉引き返す〈**to**〉 ② はっとして後ろに跳びのく

stàrt ín 〈自〉① 《口》〈話などを〉始める;《米》〈仕事などに〉着手する, 取りかかる〈**on** / **to do**〉‖ 〜 *in on* supper 夕食を食べ始める / 〜 *in* 「*to* cook [or *on* cooking] a meal 食事の支度を始める ② 《米》〈人を〉非難[攻撃]し始める, 〈…に〉文句を言い始める〈**on**〉‖ Don't 〜 *in on* me. 僕にがみがみ言わないでくれ

*__stàrt óff__ 〈自〉① 出発する, 出かける, 歩き[走り, 動き]出す (→ 自 ❶) ② 〈…に〉取りかかる, 〈話などを〉始める〈**on**〉‖ I'd like to 〜 *off* by introducing today's speaker. 本日の講演者のご紹介から始めます / 〜 *off on* house-hunting 住宅探しを始める ③ 始まる, 開始される ‖ The evening 〜*ed off* as a happy reunion. その晩は(久しぶりの)再会で楽しく始まった / The industry 〜*ed off* small. その産業は初め小規模だった (→ 自 ❹**b**) ④ 〈…しようと〉始める〈**doing**〉‖ She 〜*ed off* singing her most popular number. 彼女は自分の最も評判のよい歌から歌い始めた ━〈他〉 **I** 《***stàrt óff ...*** / ***stàrt ... óff***》① …を始める ‖ He 〜*ed* the story *off* by describing the characters. 彼はまず登場人物の描写から話を始めた **II** 《***stàrt ... óff***》② 〔人〕に〈…を〉始めさせる;〔人〕を手助けして〈活動を〉始めさせる〈**on**〉‖ 〜 him *off on* German 彼にドイツ語を始めさせる ③ 《主に英口》〔人〕を笑わせる[怒らせる] ‖ His jokes always 〜 me *off*. 彼の冗談にはいつも笑ってしまう / His solemn expression 〜*ed* me *off* laughing. 彼のまじめくさった表情に私は笑い出した

stárt on 〈他〉 **I** 《***stàrt ón ...***》① 〔仕事など〕に取りかかる(→ 自 ❹**a**) ② 《口》〔人〕に文句を言う, けんかを吹っかける **II** 《***stàrt À on B̀***》③ *A*(人)を*B*に取りかからせる, *A*(人)に*B*を摂取させる ━〈自〉文句を言う〈**at** 人に;**about** …について〉

*__stàrt óut__ 〈自〉① 出発する, 出かける, 旅立つ (→ 自 ❶) ② 〈…しようと〉始める〈**to do** / **doing**〉 ③ 〈仕事などを〉始める〈**on, in**〉;活動を始める (→ 自 ❹**b**) ‖ 〜 *out in* business 実務に就く ④ 始まる〈**as** …として;**with** …で〉 ━〈他〉《***stàrt ... óut***》〔人〕を仕事に就かせる〈**as** …として;**in** …の職業で〉‖ 〜 her *out as* a secretary 彼女を秘書として使う

*__stàrt óver__ 《主に米》〈他〉《***stàrt ... óver***》…を一からやり直す ━〈自〉一からやり直す

*__stàrt úp__ 〈自〉① (驚いて) 突然立ち上がる ② (エンジンなどが)勢いよく動き始める(→ 自 ❸) ③ 〈…の〉職に就く, 商売を始める〈**in**〉‖ 〜 *up in* teaching 教職に就く ④ 演奏し始める ⑤ 急に出現する, 突如起こる[始まる] ━〈他〉《***stàrt úp ...*** / ***stàrt ... úp***》① 〔商売など〕を始める(→ 他 ❹) ② 〔エンジンなど〕を勢いよく始動させる(→ 他 ❸)

to stárt 《独立不定詞》手初めに, まず初めに(♦ 通例文末で用いる) ‖ have a martini *to* 〜 (食事で)まず初めにマティーニを飲む

*__to stárt with__ 《独立不定詞》① 最初は, 初めは(at first) (♦ 文頭または文末で用いる) ‖ I didn't feel comfortable with my new classmates *to* 〜 *with*. 最初は新しいクラスメートになじめなかった ② NAVI **まず第1に** (to begin with) (♦ 文頭で用いる) ‖ I'm against the plan. *To* 〜 *with*, it costs too much money. 私はその計画に反対だ. 第1に, 金がかかりすぎる

COMMUNICATIVE EXPRESSIONS

1 **Could you stàrt the ròlls aróund?** パンを取って回してください(=Could you pass ...?)

2 **Dòn't (you) stárt (with me)!** 文句を言うな

3 **Lèt's gèt stárted.** さあ, 始めましょう(♥掛け声)

4 **Lèt's stárt with** [or **by**] plànning for the wélcome pàrty. NAVI まず歓迎会の計画から始めましょう(⇨ NAVI表現 1)

5 You should have **stàrted withóut me.** 先に始めてくれてよかったのに(♥ 会食に遅刻した人が待っていた人に)

━名 (複 **〜s** /-s/) C ❶ 《通例単数形で》(旅行などの) **出発**, スタート;〈…の〉**開始**, 始まり, 着手(↔ end)〈**of**〉;(エンジンなどの) 始動 ‖ They **made** an early 〜 to their journey. 一行は朝早く出発した / **make** a fresh 〜 新たにやり直す;新規まき直しをする / business 〜*s* 新規企業 / the number of housing 〜*s* 住宅着工数 / give the motor a 〜 モーターを始動させる

❷ 〈…の〉最初(の部分), 初め, 出だし〈**of**〉‖ Our theory was right **from** the 〜. 当初から我々の理論は正しかった / I missed the 〜 *of* the drama. ドラマの出だしの部分を見逃した / **at** the 〜 *of* the year その年の初めに / a perfect 〜 to the day 絶好調な一日の始まり

❸ 《the 〜》(競争などの)出発点, スタート地点;出発[スタート]時間;スタートの合図

❹ 《通例 a 〜》(静止状態から)突然動き出すこと, ぱっと目覚めること;(驚き・痛みなどで) びくっと [ぎょっと] すること ‖ She gave a 〜 of surprise. 彼女はびっくりして飛び上がった / You gave me quite a 〜! 君は本当にどっきりさせてくれたよ / The shriek pulled [or brought] me up with a 〜. 叫び声を聞いて体がびくっとした / wake with a 〜 ぱっと目が覚める

❺ U/C 《通例単数形で》(世間に出る)機会, チャンス, 有利な状態, (自立などの際の) 援助, 励まし ‖ One of his classmates gave him a 〜 in life. 級友の1人が彼の人生の門出を支援してくれた / **get a good** 〜 in life さい先のよい人生のスタートを切る

❻ U/C 《通例単数形で》〈…に対する〉先行(の有利), 出だしの有利(となる距離[時間])〈**on**〉;機先 ‖ have half an hour's 〜 30分先にスタートする / get the 〜 of ... 《旧》…の機先を制する ❼ 《通例 〜s》出場したレース[競技] ‖ I've never been beaten in ten 〜*s*. 10試合出場してまだ負けていない ❽ 《旧》びっくりする出来事

*__for a stárt__ 《口》まず第1に, 最初は(to start with)

from stàrt to fínish 始めから終わりまで, 終始一貫して

gèt òff to a gòod [***bàd***] ***stárt*** さい先のよいスタートを切る[出だしでつまずく]

COMMUNICATIVE EXPRESSIONS

6 **I gòt a làte stárt.** 出るのが遅くなっちゃって(♥ 遅刻の言い訳)

7 **It's a stárt.** (先はわからないが) ともかくもこれで始まりだ(♥「長い道のりかもしれないが開始できた」ことへの評価)

▸▸ **〜ing blòck** 名 C 《通例 〜s》スターティングブロック《走者がスタート時に足を固定させる器具》 **〜ing gàte** 名 《通例 the 〜》(競馬の)発馬機;(スキー競技などの)スターティングゲート **〜ing gùn** [**pìstol**] 名 C 出発合図用のピストル **〜ing lìne** 名 《the 〜》スタートライン(「スタートライン」は和製語) **〜ing pày** 名 U C 初任給 **〜ing pìtcher** 名 C 〔野球〕先発投手(→ relief pitcher) **〜ing pòint** 名 C 〈…への〉起点, 出発点〈**for**〉 **〜ing pòst** 名 C 《単数形で》(競走などの) 発走地点 **〜ing prìce** 名 C 《英》競馬の発走直前のオッズ **〜ing sàlary** 名 U C =starting pay

START /stɑːrt/ 略 *S*trategic *A*rms *R*eduction *T*alks (戦略兵器削減交渉)

start·er /stɑ́ːrṭər/ 名 C ❶ (競走の)出場者, 出走馬;先発投手 ❷ スタート合図係 ❸ 始める人[もの] ‖ a slow 〜

S

取りかかり[出足]の遅い人, エンジンがかかるのが遅い人 ❹《主に英》(食事で)最初に出される料理 ❺(エンジンなどの)始動装置 ❻スターター《チーズなどの発酵を開始させる菌》
for stárters《口》手初めに, 最初に
under stàrter's órders (走者・騎手などが)スタート位置について;(仕事などの)準備が整って
~ hòme 名 C 手始めに買う家《自立して最初に買うのに手ごろな家[アパート]》 **~ mòtor** 名 C =starter ❺

***star·tle** /stáːrtl/ 動 他 ❶(思いがけぬことで)…をびっくりさせる, ぎくっと[はっと]させる;《受身形で》びっくりする〈**at** …に / **to do** …して〉(⇨ SURPRISE 類語) ‖ The sudden clap of thunder ~*d* us. 突然の雷鳴に我々は驚いた / I was ~*d at* the sight of Edward without his moustache. 私は口ひげのないエドワードの顔を見てびっくりした / She was ~*d* upon awaking *to* find herself in a strange room. 彼女は目を覚ますと知らない部屋にいたのでびっくりした ❷…をびっくりさせて〈…の状態に〉する〈**into, out of, from**〉‖ His sudden appearance ~*d* us *into* temporary paralysis. 彼の突然の登場に私たちはぎくりとして一瞬体が凍りついたようになった / She was ~*d out of* her sleep. 彼女ははっとして目が覚めた
── 名 C とてもびっくりさせること;ぎくっと[はっと]すること ‖ give him a great ~ 彼をひどくびっくりさせる
~d 形 **-tler** 名 C びっくりさせるもの[こと, 人];驚くべきもの[こと]

***star·tling** /stáːrtlɪŋ/ 形 ❶(物事が)とてもびっくりさせるような, ショッキングな ‖ a ~ leap in the price of crude oil 原油価格の驚くべき急騰 / a ~ ⌈new idea [result] びっくりするような新しい発想[結果] ❷(色が)極めて鮮明な ‖ ~ yellow dresses 派手な黄色の服 **~·ly** 副

stárt-ùp, stárt·ùp 名 ❶ C 新会社, 新企業 ❷ U (操業・事業)開始 ❸ U (自動車の)初動発進;(コンピューターの)起動(時) ── 形《限定》操業開始(時)の

***star·va·tion** /stɑːrvéɪʃən/ 名 〔◁ starve 動〕U 飢え, 飢餓, (ほとんど)食べていない状態;餓死 ‖ In that region, a million people are facing ~. その地域では100万人が飢餓に直面している / live on the edge of ~ 食うや食わずの生活をする / die of [OR from] ~ 餓死する / a ~ diet 断食療法 / ~ wages 飢餓賃金《最低以下の薄給》

:starve /stɑːrv/
── 動 〔▶ starvation 名〕(~s /-z/; ~d /-d/; **starv·ing**)
── 自 ❶ 餓死する;**飢える**, 飢えに苦しむ ‖ If you quit your job, your family might ~. 君が仕事を辞めると家族は食べるのも困るかもしれない / ~ to death 餓死する
❷《進行形で》《口》死にそうなほど空腹である, 腹ぺこである(♦ be starved の形もある) ‖ I couldn't eat this terrible food even if I were *starving*. 死ぬほど腹が減っていてもこんなまずいものは食べられない
❸〈…に〉精神的に飢える, 〈…を〉渇望する〈**for**〉‖ The children were *starving for* love. その子供たちは愛情に飢えていた
── 他 ❶…を餓死させる;…を飢えさせる, …に(わずかしか)食べ物[必要なもの]を与えない ‖ ~ oneself to try to lose weight 減量しようとして食べるものも食べない / ~ the home market 国内市場への供給を減らす[断つ]
❷…に〈食べ物などを〉断つ, わずかしか与えない〈**of, for**〉;…を精神的に飢えさせる(♦ しばしば受身形で用いる) ‖ That team was ~*d of* funds and talent. そのチームには資金と人材が不足していた / The patient's brain had been ~*d for* oxygen for too long. 患者の脳はあまりにも長く酸素が欠乏していた / be ~*d for* experience 経験不足である / cash-~*d* 資金不足の
❸…を飢えさせて[食糧を断って]〈…〉させる, 兵糧攻めにして〈…〉させる〈**into**〉‖ ~ the enemy *into* submission 敵を兵糧攻めで降伏させる
stàrve óut ... / *stàrve* ... *óut*〈他〉…を(兵糧攻めにして)〈場所・地域から〉立ち退かせる[追い出す]〈**of**〉

COMMUNICATIVE EXPRESSIONS
1 **Thère are stárving chíldren in África** [OR **Ásia**, etc.]. ちゃんと残さずに食べなさい(♥ 子供が食べ残さないよう親が諭すときなどに用いる)

~d 形 **stárv·er** 名

stash /stæʃ/《口》動 他〔金銭・貴重品など〕を(秘密の場所に)隠して[しまって]おく《**away**》(squirrel away; hoard)(♦ 通例場所を表す 副句 を伴う) ── 名 C《通例単数形で》隠し場所;隠されたもの;隠し持った大量の麻薬

sta·sis /stéɪsɪs/ 名 (複 **-ses** /-siːz/) U C ❶均衡[静止]状態 ❷《医》(体液流の)停止, 血行停止

stat[1] /stæt/ 副《医》直ちに, 即刻(immediately)《診断・治療の手順についていう》

stat[2] /stæt/ 名《口》=statistic;《~s》=statistics

-stat 連結形「静止した, 静止させておく」の意 ‖ thermo*stat*

:state /steɪt/ 名 形 動

中心義 (確立した)状態

名 状態❶ 国家❷ 州❸
動 他 はっきり述べる[言う]❶

── 名 (複 **~s** /-s/) C ❶《通例単数形で》**状態**, ありさま, 情勢, 状況;心身の状態, 健康[精神]状態(⇨ 類語) ‖ His clothes were in a bad ~. 彼の着ているものはひどいありさまだった / The patient is in no (fit) ~ to see anyone. その患者はだれにも面会できる状態ではない / a ~ of mind 心理状態 / His ~ of mind was very good so I can't believe he wrote that email. 彼の精神状態はすこぶる良好だったのであんなメールを書いたなんて信じられない / one's single [married] ~ 独身[所帯持ち]の身 / a liquid [crystalline] ~ 液[結晶]状 / a ~ of equilibrium 平衡状態 / the ~ of his finances=his financial ~ 彼の財政状態 / the ~ of the world 世界情勢 / a ~ of emergency (国家の)非常事態 / a sad ~ of affairs 悲しむべき事態
❷《しばしば S-》C U **国家**, 国;(教会に対する)国家;国事, 国政, 政府 ‖ the *State* of Israel イスラエル国家 / a modern industrial ~ 近代産業国家 / a welfare ~ 福祉国家 / Church and *State* 教会と国家, 政教 / matters [OR affairs] of ~ 国務, 国事 / a **member** ~ (国連などの)加盟国
❸《ときに S-》(米国・オーストラリアなどの)**州**《略 St.》‖ the *State* of Oregon=Oregon *State* オレゴン州
❹《通例 a ~》《口》興奮[動揺, 緊張, 不安]状態;ひどいありさま(→「*be in* [*get into*] *a state*(↓)」)
❺ U 威厳, 威儀;豪奢(ごうしゃ)(な暮らしぶり);(堂々たる)儀式(の様式) ‖ keep (up) one's ~ 威厳を保つ, もったいぶる / in one's robes of ~ 公式の礼装で
❻《the S-s》《口》米国, 合衆国(♦ 主に米国外で用いる) ‖ Are you from the *States*? アメリカご出身ですか
❼ U (社会的な)地位, 身分, 階級;(特に)高位 ‖ persons in every ~ of life あらゆる身分・職業の人たち / live in a style befitting one's ~ 自分の身分にふさわしい生活の仕方をする
*「*be in* [*gèt into*] *a státe*《口》動揺している[する], いらいらしている[する] ‖ He *was in a* real ~ about his exams. 彼は試験のことでひどくいらいらしていた
in a stàte of gráce 神の恩寵(おんちょう)を受けて
in státe 威儀を凝らして, ものものしく;公式に ‖ The Queen received the ambassador *in* ~. 女王は大使を公式に接見した
lie in státe (国家元首などの遺体が)告別のため公の場所に安置されている
the stàte of pláy《英》(論争などの)現段階での形勢[状況];(クリケットなどの)得点状況
── 形《比較なし》《限定》❶国家の, 国の, 国立の;国事の ‖ ~ aid 国庫援助 / a ~ school《英》(church school

に対する)国立学校 / a ～ prisoner 国事犯
❷《しばしば S-》《米》州の, 州立の ‖ a ～ hospital 州立病院 / a ～ flower [bird] 州花[鳥] / California *State* University カリフォルニア州立大学 / the ～ police 州警察 / the *State* legislature 州議会 / a ～ government 州政府
❸ 儀式(用)の, 公式の ‖ a ～ dinner 公式晩餐(ばんさん)会 / a ～ visit [《口》 call] 公式訪問 / the ～ opening of parliament (英国)国会の開会式典
—動 〔▶ statement 名〕 (～s /-s/ ; **stat·ed** /-ɪd/ ; **stat·ing**) 他 ❶ **はっきり述べる[言う]** **a** 《+目》…を(明確[詳細]に)述べる, 陳述する, 言明する, (公式に)表明する, 声明する ‖ The witness ～*d* the facts **clearly**. 証人は事実をはっきりと述べた / ～ the obvious わかりきったことを述べ立てる / as ～*d* above [below] 上述[下記]のとおり
b 《+ (**that**) 節 / **wh** 節》…ということ[…か]を述べる[言う] ‖ He ～*d* (*that*) he saw the politician enter a hotel. 彼はその政治家がホテルに入るのを目にしたとはっきり述べた / 「The report ～*s* [OR It is ～*d* in the report] *that* there will be a further decrease in population. 報告書では人口はさらに減るだろうと述べられている / "We're all equal," ～*d* Martin. 「我々は皆平等だ」とマーティンは述べた
c 《+目+**to be** 補》…が…であると述べる[言う] (♦ しばしば受身形で用いる) ‖ Their claim was ～*d to be* unacceptable. 彼らの主張は受け入れられないと明言された
❷《通例受身形で》(日時・値段などが)決められている, 指定[規定]されている(→ stated) ❸《楽》〔主題など〕を提示する
類語 《名 ❶》 **state** 「状態」を表す一般的な語. 〈例〉 the present *state* of Japan's economy 日本経済の現状
condition ある原因や環境の影響による (一時的な) 状態. 〈例〉 the weather *condition* 天気の状態
situation ある時点において人や物が置かれている周囲の状況. 〈例〉 the difficulties of his *situation* 彼の置かれている立場の難しさ.
3語ともほとんど区別なく用いられることがある.
▶▶ **～ bénefit** 名 C U 《英》(国から困窮者に支払われる) 国家給付金 **～ cápitalism** 名 U 国家資本主義 **～ chúrch** 名 《the ～》 国教会 (established church) **～ còurt** 名 C 《米》 州裁判所 **Státe Depàrtment** 名 《the ～》 (米国の) 国務省 (Department of State, 《英》 Foreign Office) **～ hòuse** 名 C =statehouse **～ líne** 名 C 《米》 州境 **～ of affáirs** 名 (複 **～s of a-**) C 現状, 状勢, 事態 **～ of pláy** 名 《the ～》《英・豪》 現況[状] **～ of the árt** (↓) **Stàte of the Únion mèssage [Addrèss]** 名 《the ～》(米国大統領の)一般[年頭] 教書 **～ párk** 名 C 《米》 州立公園 **～('s) attórney** 名 C 《米》 州代表検事 **～ schòol** 名 C 《英》 公立学校 **～'s évidence** 名 U 《米》 共犯証言 (《英》 King's [Queen's] evidence) ‖ turn ～*'s evidence* (減刑を受けるため法廷で) 共犯者に不利な証言をする **～s' ríghts** 名 複 (米国の) 州権 《連邦政府に委任されずに各州に帰属する権利》 **～ sócialism** 名 U 国家社会主義 **～ tróoper** 名 C (米国の) 州警察の警官 **～ univérsity** 名 C 《米》州立大学

státe·cràft 名 U 国政術 ; 政治的手腕

stat·ed /stéɪt̬ɪd/ 形 《通例限定》 ❶ 定められた ; 定期の ‖ a ～ price 定価 ❷ 表明された ; 正式の **～·ly** 副

state·hood /stéɪthʊ̀d/ 名 U ❶ 国家としての地位 ❷ (米国の)州としての地位

státe·hòuse 名 《ときに S-》 C (米国の)州議事堂

state·less /stéɪtləs/ 形 (人が)市民権[国籍]のない **～·ness** 名

state·let /stéɪtlət, -lɪt/ 名 C 小国, (大国の)衛星国

***state·ly** /stéɪtli/ 形 威厳があって優美な, 風格のある ; 堂々たる ; 悠然とした ‖ a ～ old woman 品格のある老婦人 / at a ～ pace ゆったりとした歩みで **-li·ness** 名
▶▶ **～ hóme** 名 C 《英》(歴史的に価値のある) 田舎の邸宅 《多くは公開されている》

*****state·ment** /stéɪtmənt/ 名 動

—名 〔◁ state 動〕 (複 **～s** /-s/) C ❶ 〈…という〉 **申し立て, 陳述**(書), 供述(書) ; 主張, 説 〈**that** 節〉 ‖ a ～ of fact 事実の申し立て / **make** a full ～ to the police 警察にすっかり供述する / The Prime Minister will **make** a definite ～ on nuclear power in tomorrow's speech. 首相は明日の演説で原子力発電についてはっきりした見解を示すだろう / a clear ～ 明確な陳述
❷ **声明**(書), ステートメント 〈**about, on** …についての / **that** 節…という〉 ‖ **make** [OR **issue**] a government [joint] ～ to the press 新聞に政府[共同]声明を出す
連語 【形+～】 a written ～ 声明書 / 「a public [OR an official] ～ 公式声明 / a policy ～ 政策声明
❸ 《商》計算書, 明細書, (事業)報告書, (銀行の)口座収支報告書 ‖ a ～ of deficit [surplus] 欠損[剰余]金計算書 / financial ～*s* 財務諸表
❹ (意見・気持ちなどを) 間接的に表すもの ‖ Your ring tone makes a ～ about your personality. 着信音はその人の個性を物語る ❺ 💻 (プログラム中の) 命令 (文), ステートメント ❻ 《英》(教育機関による) (子供への) 特別教育の必要性の認定 ❼ 《楽》(主題の)提示
—動 他 《英》(教育機関が)〔特定の生徒〕に特別の教育的配慮が必要だと認める(♦ しばしば受身形で用いる)

Stàt·en Ísland /stǽtən-/ 名 スタテン島 《米国ニューヨーク湾の入口にある島でニューヨーク市の行政区の1つ》

stàte of the árt 名 《the ～》最先端技術
stàte-of-the-árt 〈シ〉 形 最新鋭の, 最先端の

státe-òwned 形 国有の

státe·ròom 名 C ❶ (船・《米》列車などの) 特別室, 個室 ❷ (宮中・大邸宅などの) 大広間

stàte-rún 〈シ〉 形 国営の

státe·sìde 形 副 《主に米口》(海外から見て) 米国の[で], 米国への[へ]

***states·man** /stéɪtsmən/ 名 (複 **-men** /-mən/) C (有能[高潔]な) 政治家 (中立 statesperson) (⇨ POLITICIAN 類語) ‖ an elder ～ (政界などの)長老

states·man·like /stéɪtsmənlàɪk/ 形 (本物の) 政治家らしい, 政治的手腕のある (中立 diplomatic)

státes·man·shìp /-ʃɪp/ 名 U 政治的手腕[力量] (中立 statecraft)

státes·pèrson 名 C (有能[高潔]な)政治家

státes·wòman 名 C (有能[高潔]な) 女性政治家 (中立 statesperson)

stàte·wíde 〈シ〉 形 副 (米国の) 州全体の[に], 州全体にわたる[わたって]

***stat·ic** /stǽt̬ɪk/ 形 ❶ 静止状態の, 静止している (↔ dynamic, moving) ; 静的な, 動きの乏しい ; 停滞した, 変化[進歩]のない ‖ a ～ society 沈滞状態の社会 / remain [OR stay] ～ 静止[停滞]したままである ❷ 《理》静止の ; 静力学の ‖ ～ friction 静止摩擦 ❸ 《電》静電気の ; 《無線》空電の ❹ 💻 静的な, 再書き込みが不必要な
—名 U ❶ 《無線》空電(による電波障害[雑音]) ; 《電》静電気 ‖ get ～ 静電気を帯びる ❷ 《主に米口》 激しい反対[批判] **-i·cal·ly** 副
▶▶ **～ electrícity** 名 U 静電気 **～ elíminator** 名 C 静電気除去器

stat·ics /stǽt̬ɪks/ 名 U 静力学(↔ dynamics)
語源 *status*(状態) + *-ics*(…学)

stat·in /stǽtən/ 名 C 《通例 ～s》《医》 スタチン 《コレステロール降下剤類》

*****sta·tion** /stéɪʃən/ 名 動

中心義 (何かのために) 人が配置された場所

—名 (複 **～s** /-z/) C ❶ (鉄道の)**駅**, 停車駅, (駅舎を含

む) **駅の建物**；(バスなどの) 発着所 (♦ 終着駅は terminal ともいう. また建物のない小さな駅やバスの停留所には stop や《英》halt,《米》depot を用いる) ‖ Can you pick me up **at** the ～? 駅に迎えに来てくれますか / The train「pulled into [left] the ～. 列車は駅に入ってきた [駅を出て行った] / get on [off] a train **at** Victoria *Station* ビクトリア駅で列車に乗り込む [を降りる] (♦ 駅名は原則として無冠詞) / a train [《米》railroad,《英》railway] ～ 鉄道の駅 / a subway ～ 地下鉄の駅 / a bus ～ (待合所・出札所完備の) バスの発着所 / a freight [《英》goods] ～ 貨物(専用)駅 / a ～ platform 駅のホーム

❷《通例複合語で》(公共事業の) …**署**, …局 ‖ a **police** ～ 警察署 / a fire ～ 消防署

❸《通例複合語で》(サービス業の) 事業所；(特定の活動[研究, 観測]機関としての) …所, 基地；(通信システムの) 中継ステーション ‖ fill up the tank **at** a filling [OR service,《米》**gas**,《英》petrol] ～ ガソリンスタンドでガソリンを満タンにする (♦ ×gasoline stand とはいわない) / a gas ～ attendant ガソリンスタンドの従業員 / a polling ～ 投票所 / a first-aid ～ 救護所 / a geophysical ～ 地球物理学研究基地 / a **power** ～ 発電所 / a space ～ 宇宙ステーション

❹ **放送局**；放送スタジオ；放送会社；放送設備[一式]；(ある放送局が使用する) 周波数帯, チャンネル；放送番組 ‖「a **radio** [a TV, a cable, an FM] ～ ラジオ [テレビ, 有線放送, FM] 局 / an all-music ～ 音楽専門放送局 / a pirate ～ 海賊局 / Stay tuned to this ～ for further details. 今後の詳しい情報についてはこのままこの周波数[チャンネル]でお聞き[ご覧]ください

❺ (人・物が常駐的に配置される) (決められた) 場所, 位置；持ち場, 部署 ‖ The guard remained at his ～ all night. 守衛は一晩中部署を離れなかった / The photographer took up his ～ outside the hotel entrance. カメラマンはホテルの玄関の外に陣取った

❻【軍】駐屯地；(艦隊などの) 根拠地, 基地；(開拓時代の) 辺境交易基地 ‖ a naval ～ 海軍基地

❼ U C《旧》(社会的) 地位, 階級, 身分, 職業；(特に) 高い身分 ‖ above one's ～ 身分をわきまえずに / men of ～ 身分の高い男たち ❽ U (艦隊中における艦船の) 位置 ❾《豪・ニュージ》(羊・牛の) 放牧場；(一般に) 大牧場 (土地と建物を含む) ‖ a sheep ～ 羊の放牧場 ❿【生】(気候・土壌などから見た) 生息地, 分布地 ⓫【測】測点

──動 (～s /-z/；～ed /-d/；～·ing) 他 (+目+副句)《通例受身形または ～ oneself で》(ある場所に) 配置される, 位置につく, 駐屯する ‖ A security guard was *～ed* at the entrance to the building. ビルの入口には警備員が立っていた / The executive was *～ed* at the company's Taipei office. その重役は台北(タイペイ)の支社に赴任した / The US army was *～ed* in the area. アメリカ軍はその地域に配置されていた / The riot police *～ed* themselves behind the barricades. 機動隊はバリケードの後ろに陣取った

▶▶ **～ ágent** 名 C《米》小駅の駅長 **～ brèak** 名 C《米》【放送】ステーションブレーク (番組と番組の間の短い時間. この間に放送局が自局の宣伝やCMを流す) **～ hòuse** 名 C《米》警察署；消防署 **Stàtions of the Cróss** 名《the ～》【宗】十字架の道の留(りゅう) (キリストの受難を表す14の像；その前で行う祈り) **～ wàgon** 名 C《主に米》ステーションワゴン (《英》estate car) (後席を折り畳める貨物兼用の乗用車)

***sta·tion·ar·y** /stéɪʃənèri | -ʃənəri/ (♦ 同音語 stationery) 形 ❶ 静止した, 動かない；【天】(惑星が) 留(りゅう)の (静止したように見える) ‖ Traffic was ～ for miles. 交通は何マイルにもわたって停滞していた / ～ visual images 静止画像 / the ～ front 【気象】停滞前線 ❷ 固定した, 移動[携帯]できない, 据え付け式の ❸ (数量・状態・質などが) 変動しない, 一定不変の ‖ The patient's condition remained ～. 患者の容体は変わらなかった

▶▶ **～ bícycle** [**bíke**] 名 C ステーショナリーバイク (自転車型室内運動器具) **～ órbit** 名 C U【宇宙】(人工衛星の) 静止軌道 (周期が地球の自転周期と同調する)

sta·tion·er /stéɪʃənər/ 名 C 文房具店[商]

***sta·tion·er·y** /stéɪʃənèri | -ʃənəri/ (♦ 同音語 stationary) 名 U ❶《集合的に》文房具, 筆記用具 (紙・ペン・鉛筆・インクなど) ❷ (ふつう対の封筒付きの) 便箋(びんせん), 書簡用紙 ‖ engraved ～ 姓名などを刷り込んである便箋 / office ～ 会社の便箋

▶▶ **Státionery Òffice** 名《the ～》(英国の) 政府刊行物発行所 (正式名 Her Majesty's ～. 略 HMSO)

státion·màster 名 C (鉄道の) 駅長 (中立 station manager)

stat·ism /stéɪṭɪzm/ 名 U (政治・経済の) 国家統制 (主義) **-ist** 名 C 形 国家統制主義者(の)

***sta·tis·tic** /stətístɪk/《アクセント注意》名 C ❶ 統計値 ❷ 統計項目[事実] ❸ 統計[データ]のサンプルにしかみなされない人[もの]

***sta·tis·ti·cal** /stətístɪkəl/《アクセント注意》形〔◁ statistics 名〕統計(上)の, 統計を用いた, 統計に基づく；統計学(上)の ‖ a ～ table 統計表 / a ～ survey 統計調査 / ～ results 統計結果

～·ly 副 統計によって；統計的に；統計上(は)

stat·is·ti·cian /stæ̀ṭɪstíʃən/ 名〔◁ statistics 名〕C 統計家[学者]

***sta·tis·tics** /stətístɪks/《アクセント注意》名〔▶ statistical 形, statistician 名〕❶《複数扱い》統計 (資料) ‖ *Statistics* show that the city's population is growing younger. 統計はその町の人口が若年齢化していることを示している / *Statistics* are deceiving. They show us only Ms. or Mr. Average. 統計なんてまやかしだ. それは単に「(現実には存在しない) 人並みさん」を表しているだけだ / collect [OR gather, assemble] ～ 統計をとる / according to government ～ 政府の統計によれば / vital ～ 人口動態統計 / soft [hard] ～ 根拠のない[ある]統計 ❷ U 統計学

sta·tive /stéɪṭɪv/ 形【文法】(動詞が) 状態を表す (〈例〉know, want) **～·ly** 副

stats /stæts/ 名《口》=statistics

stat·u·ar·y /stætʃuèri | -əri/ 名 U ❶《集合的に》彫像 ❷《古》彫像術 ── 形《限定》彫像(用)の

***stat·ue** /stætʃuː/《発音注意》名〔▶ statuesque 形〕C 像, 彫塑像, 鋳像 ‖ carve [cast] a ～ 像を彫る[鋳る] / erect [OR put up] a ～ 像を建てる / unveil a ～ 像の除幕式を行う **stát·ued** 形 彫像で飾った

▶▶ **Stàtue of Líberty** 名《the ～》自由の女神像 (ニューヨーク湾内 Liberty Island にある銅像)

stat·u·esque /stæ̀tʃuésk/ ⟨シ⟩ 形〔◁ statue 名〕彫像のような；均整のとれた；品[風格]のある

～·ly 副 **～·ness** 名

stat·u·ette /stæ̀tʃuét/ 名 C 小彫像[塑像]

***stat·ure** /stætʃər/ 名 U ❶ 身長, 背丈 (height) ‖ a man of tall [medium] ～ 長身[中背]の男性 / be「small in [OR short of] ～ 背が低い ❷ (能力・業績の) 水準, 達成度；名声 ‖ a scholar of medium ～ 中程度の学者 / grow in ～ 成長する, 完成度が上がる / an artist of world ～ 世界的名声をはせた芸術家

‡sta·tus /stéɪṭəs, stæ-/

──名 ❶ U/C《通例単数形で》**身分**, 格；**地位** ‖ What is your marital ～? (公式文書などで) 独身ですか既婚ですか / lose one's amateur ～ アマチュアの身分を失う / a rise in ～ 昇格 / social ～ 社会的地位

❷ U/C《通例単数形で》社会的評価, 高い社会的地位；威信 ‖ His ～ in the group fell. グループ内での彼の評判は下がった / the international ～ of English 英語の国際的地位 / a person of ～ in the community 地域社会の名士

❸ Ⓤ 状態, 事態, 状況 ; (特に)進度状況 ‖ the ~ of an investigation 捜査進捗(しんちょく)状況 / the academic ~ of a student 生徒の学業成績

▶▶ ~ **bàr** 名 Ⓒ ステータスバー《編集中の文書や実行中のプログラムに関する情報を表示する画面上のバー》 ~ **quó** /-kwóu/ 名《ラテン》《the ~》現状 ‖ maintain the ~ *quo* 現状を維持する ~ **quò ánte** /-ǽnti/ 名《ラテン》《the ~》以前の状態, 旧状 ~ **sỳmbol** 名 Ⓒ 地位の象徴《高い社会的地位を示す物·活動など》

***stat·ute** /stǽtʃuːt/ 《発音注意》 名〔▶ statutory 形〕Ⓒ Ⓤ ❶〘法〙制定法, 法令, 法規 (act) ; 法令書 (⇨ LAW 類語) ‖ a public [private] ~ 公[私]法 / a company ~ 会社法 / be laid down by ~ 法令によって制定される ❷ (団体などの)規則, 定款(ていかん) ‖ university ~*s* 大学の学則

▶▶ ~ **bòok** 名《the ~》法令全書 ~ **làw** 名 Ⓤ〘法〙成文法 (↔ common law) ~ **mìle** 名 Ⓒ 法定マイル《1609.3m》 ~ **of limitátions** 名《the ~》〘法〙訴訟提出期限法 ~**s at lárge** 名 複〘法〙(一国の)法律全集《法律を成立順に集めた法令集》

***stat·u·to·ry** /stǽtʃutɔ̀ːri | -tə-/ 形〔◁ statute 名〕《通例限定》法令の ; 法定の ; 法律上罰せられるべき **-ri·ly** 副

▶▶ ~ **hóliday** 名 Ⓒ 法定記念日 ~ **ínstrument** 名 Ⓒ 制定法文書 ~ **offénse** 名 Ⓒ 制定法上の犯罪, 法定犯罪 ~ **rápe** 名 Ⓒ〘米法〙制定法上の強姦(ごうかん)《法的同意年齢未満の者との性交》

staunch[1] /stɔːntʃ/ 形 ❶ 忠実な, 信頼できる(♦ 最上級では用いるが比較級にはしない) ‖ a ~ Democrat 筋金入りの民主党員 ❷ (構造が)強固な, 頑丈な **~·ly** 副

staunch[2] /stɔːntʃ/ 動 =stanch[1]

stave /steɪv/ 名 Ⓒ ❶ おけ[たる]板 ❷ 棒, つえ ❸〘楽〙譜表(staff) ❹ =stanza ❺ (はしごの)段

— 動 (**~d** /-d/ OR **stove** /stouv/ ; **stav·ing**) 他 ❶〔たるなど〕の側板を壊す ; 〔たる·船体など〕に穴をあける ; …をつぶす《*in*》 ❷〔たるなど〕に側板をつける — 自 壊れる, 穴があく

stàve óff ... / stàve ... óff 〈他〉…を防ぐ, そらす, 避ける (avert)(♦ 過去·過去分詞形は staved) ‖ ~ *off* hunger 飢えをしのぐ

staves /steɪvz/ 名 複 staff[1] の複数の1つ

*****stay**[1] /steɪ/ 動 名

中心義 同じ場所[状態]にとどまる

— 動 (**~s** /-z/ ; **~ed** /-d/ ; **~·ing**)

— 自 ❶ (場所に)**とどまる**, (同じ所に)ずっといる, 居続ける (↔ go) (♦ しばしば場所を表す 副句 を伴う) ‖ Won't you ~ till Judy comes? ジュディが来るまでいませんか / *Stay* here, Jim. ジム, ここにいなさい / You can ~ in bed until noon. お昼まで寝てていいですよ / Why don't you ~ for supper? 夕食を食べていきませんか / I ~*ed* (at) **home** all day today. 今日は1日中家にいた / I'll ~ to [《口》 and] see what happens. 居残ってどうなるか見よう / What's the hurry? *Stay* and have a drink. 急ぐことはないだろう, 1杯付き合っていけよ / *Stay*! (犬に)待て ; 動くな / ~ after school (罰として)学校に居残りする / ~ **long** 長居する

❷《+補 / 副句》(ずっと)…**のままである[いる]**(♦ 副句 は状態を表す. remain より《口》) ‖ You won't ~ rich all your life. 一生裕福のままとはいくまい / The airport ~*ed* closed. 空港は閉鎖されたままだった / Her expression ~*ed* the same. 彼女の表情は終始変わらなかった / We'll always ~ close friends. 私たちはいつまでも親友だ / The rules will ~ in effect until September. 規則は9月まで有効の予定 / ~ **awake** ずっと起きている / ~ calm 冷静でいる

❸ **滞在する** ; 泊まる〈**at, in** 場所に ; **with** 人の所に〉; 《スコット·南ア》永住する, 住む ‖ We ~*ed in* New York for two days. 我々はニューヨークに2日間滞在した / She ~*ed at* the Raffles Hotel. 彼女はラッフルズホテルに泊まった / He was ~*ing* 「*with* a friend [*in* Kent's house]. 彼は友人の所[ケントの家]に泊まっていた

❹ 〈…を〉最後まで続ける[持つ] ; (競技などで)〈…に〉ついて行く〈**with**〉 ‖ I hope our class will ~ *with* that project. クラスが最後までその計画を推し進めてくれるといいが / ~ *with* the leader till the very end 先頭の選手に最後の最後までついて行く ❺〘ポーカー〙勝負にとどまる

— 他 ❶ …の間ずっと居続ける《*out*》; 〔期間〕を滞在する ‖ Kevin decided to ~ the week *out*. ケビンはその週いっぱい滞在することに決めた / ~ the **night** at his house 彼の家で1晩泊まる

❷ …の最後まで持ちこたえる ‖ ~ the course 最後まで頑張る / ~ the final lap 最後の1周を持ちこたえる

❸〔判断·決定など〕を延期する, 見送る, 猶予する ‖ ~ the execution of a sentence〘法〙刑の執行を猶予する / ~ a trip 旅行を先に延ばす ❹〔空腹など〕を和らげる, いやす ‖ ~ her appetite with an apple リンゴで食欲をなだめる ❺《文》…を阻止する, 抑制する

be hère to stáy ; have còme to stáy 定着している

stày ahéad 〈自〉〈…に対して〉リードを保つ〈**of**〉

stày aróund 〈自〉《口》出かけないでいる ; (人を)見捨てないでいる

stày awáy* 〈自〉〈…に〉出席しないでいる ; 〈…に〉近づかないで[かかわらないで]いる〈from**〉 ‖ *Stay away from* my daughter! うちの娘に近づくな

**stày behínd* 〈自〉居残る, 後に残る(remain)

stày dówn 〈自〉① 下がった[低い位置の]ままである ‖ Isn't it windy? My hair won't ~ *down*. 風が強いわね, 髪が乱れちゃうわ ② (食べ物が)胃に収まっている ③ ずっと水面下にいる

**stày ín* 〈自〉① 家にこもっている, ずっと家にいる (↔ go out) ; (放課後に)居残る, 居残りの罰を受ける ② (器具などが) (はめた所に)ついている —〈他〉《*stáy in ...*》① ⇨ 自 ❸ ②〔仕事など〕をし続ける ; …のままでいる

stày óff 〈自〉① 離れたままでいる ②《英》(学校などを)休む ③ (体重が)落ちたままで維持される —〈他〉《*stày off ...*》① …から遠ざかっている ; 〔体に悪いもの〕に手をつけずにいる ②《英》〔学校·職場など〕を休む

**stày ón* 〈自〉① (学校·職場などに)残留する, 居続ける ‖ He will ~ *on* as president for some time. 彼はしばらく社長の職にとどまるであろう ② (ふたなどが)ついたままである ; (電灯などが)ついたままである

**stày óut* 〈他〉《*stày óut ... / stày ... óut*》⇨ 他 ❶ —〈自〉① (夜間)外出している ; ずっと外に出ている ②《英》ストライキ続行中である

stày óut of ... 〈他〉…(範囲内)から離れている, …に近づかないでいる ; …とかかわり合わない, …を避ける(→ CE 6)

stày óver 〈自〉〈…で〉一晩泊まる〈**at, in**〉

**stày pút* 《口》じっとしている, 動かずにいる(→ CE 7)

stày úp* 〈自〉① ずっと立っている ② **ずっと寝ずにいる ‖ We ~*ed up* playing mahjong until 3 a.m. 我々はマージャンをしながら午前3時まで起きていた / ~ *up* all night 徹夜する ③ (取りつけた場所に)ずっとついている ‖ That roof won't ~ *up* much longer. あの屋根はそのうちはがれるだろう ④ (値段などが)上がったままである

stáy with ... 〈他〉① ⇨ 自 ❸❹ ②〔人〕の心に残る

COMMUNICATIVE EXPRESSIONS

1 **Còme back when you can stày lónger.** 今度来たときはもっとゆっくりしていって(♥ 訪問客が帰るときに)

2 **Còme ín and stáy a whíle.** まあ入ってゆっくりしていってよ(♥ 突然訪ねて来た人を招き入れる際に)

3 **Dòn't stày awáy sò lóng.** また近いうちに会いに来てください(♥ 久しぶりに訪ねて来た客への別れのあいさつ)

4 **Stáy at it.** あきらめず頑張れ (♥継続を促す. =Stay in there!)

5 **Stày òut of my wáy!** そこをどけ ; 邪魔するな

6 **Stày óut of this.** 口出しするな ; 関係ない人は黙ってて

7 **Stày 「ríght thére** [OR **pút**]**.** 動かないで ; じっとして

S

いて(♥ けが人や危険な場所にいる人に)
8 **Stày to your léft [ríght].** 左[右]側の道をずっと行きなさい(♥ 道順の説明)
―名 (複 **~s** /-z/) ❶ C《通例単数形で》滞在(期間) ‖ have a long ~ **in** London ロンドンに長期滞在する / **during** my hospital ~ 私の入院中に
❷ C U〖法〗延期，猶予 ‖ a ~ of execution (刑の)執行猶予 ❸ C U《文》抑制，停止
▸▸ **~ing pòwer** 名 U《口》耐久力，持久力

stay² /steɪ/ 名 C ❶ 支え，支柱；(コルセット・シャツの襟などの)芯(しん) ❷《~s》(旧式の)コルセット
―動 他《古》〔物〕を支える《*up*》；…を元気づける
▸▸ **~ stìtching** 名 U (布のへりに)ステッチをかけること

stay³ /steɪ/〖海〗名 C ❶ 支索，ステー《マストなどを支えるロープ》❷ 支え綱 ―動 他 …を支索で支える《*up*》

stáy-at-hòme《口》形《限定》出不精の；(働きに出ず)家にいる ―名 C 出不精の人；専業主婦

stay·ca·tion /steɪkéɪʃən/ 名 C《口》(遠出をせず)家[近場]で過ごす休暇(♦ *stay*+*vacation* より)

stay·er /stéɪər/ 名 C ❶ 根気[耐久力]のある人 ❷ ステイヤー《長距離を得意とする競走馬》❸ 滞在者

St. Ber·nard /-bərnɑ́ːrd | -bə́ːnəd/ 名 C〖動〗セントバーナード《もとアルプスの St. Bernard 修道院で，雪に閉じ込められた旅人の救助に当たった大型犬》

STD 略 *s*exually *t*ransmitted *d*isease(性感染症)；《英》*s*ubscriber *t*runk *d*ialling (加入者長距離ダイヤル通話)

std. 略 standard

St. Dávid 名 ⇨ DAVID

St. Dávid's Dày 名 聖ダビデの日(3月1日)

Ste. 略《フランス》*Sainte*(=Saint)(♦ 女性に用いる)

stead /sted/ 名《次の成句で》
in a pèrson's [thìng's] stéad (人[物]の)代わりに(→ instead)
stànd a pèrson in gòod stéad (後になってから)〔人〕の役に立つ

stead·fast /stédfæst | -fɑ̀ːst/ 形 (忠誠心・決意などが)しっかりした，不変の ‖ be ~ to one's principles 信条を貫く **~·ly** 副 **~·ness** 名

*__stead·i·ly__ /stédɪli/ 副〔◁ steady 形〕(**more ~ ; most ~**)しっかりと，安定して；一定不変で，確固として；中断されることなく；着実に ‖ work ~ こつこつ働く[勉強する] / stare ~ じっと見据える / The demand for Chinese will ~ increase. 中国語の需要は着実に増えるだろう

stead·i·ness /stédinəs/ 名〔◁ steady 形〕U 着実；堅実；安定

‡**stead·y** /stédi/《発音注意》中心義 **揺らぐことのない**
―形〔▸ steadily 副, steadiness 名〕(**stead·i·er ; stead·i·est**)
❶ (主に物体が)**固定された**，しっかりした，安定した(↔ unsteady) ‖ Is this ladder ~? このはしごはぐらぐらしませんか / The patient's eyes grew ~. その患者の視線が定まってきた / The baby is ~ on her feet. 赤ん坊の足下はしっかりしている / Ready, ~, go! 位置について，用意，どん(=On your mark(s), get set, go!) / keep a camcorder ~ ビデオカメラをしっかり構える
❷ 確立した，変わることのない；絶え間のない，継続的な；**着実な，一定した** (↔ irregular) ‖ I have a ~ job to support my family. 私は家族を養うための定職を持っている / The ~ rain swelled the river. 降り続いた雨で川が増水した / a ~ supply of food 安定した食料の供給 / at a ~ pace [rate] 一定した歩調[割合]で / a ~ **stream** of visitors 絶え間なくやって来る訪問客
❸ (信条・関係などが)確固とした，揺るぎない ❹ 沈着冷静な，落ち着いた；頼りがいのある ‖ She needs someone ~. 彼女にはだれかしっかりした人が必要だ ❺〖海〗(船が)進路を変えない ‖ (Keep her) ~! ようそろ(宜候)
(*as*) ***steady as a rock*** ⇨ ROCK¹(成句)
Stèady (ón)!《英口》早まるな，落ち着け；気をつけろ
―副 =steadily ‖ **Hold** the ladder ~. はしごをしっかり支えていてくれ / walk ~ しっかりした足取りで歩く
gò stéady《口》〈特定の異性と〉付き合う，恋人同士である〈**with**〉‖ Are you *going* ~ *with* anyone, Bill? ビル，だれか決まった人がいるの？
―名 (複 **stead·ies** /-z/)《通例 one's ~》《口》決まった恋人，ステディ
―動 (**stead·ies** /-z/ ; **stead·ied** /-d/ ; **~·ing**)
―他 …を**安定させる**；…を確固とさせる；…を落ち着かせる ‖ ~ prices 物価を安定させる / ~ a ladder はしごを押さえて揺れないようにする / take a deep breath to ~ oneself 落ち着くために深呼吸をする / ~ one's nerves 気を落ち着かせる
―自 安定する；確固とする；落ち着く
▸▸ **~ státe** 名 C〖理〗定常状態

stèady-stàte thèory 名 C《単数形で》〖天〗定常宇宙論(→ big bang theory)

*__steak__ /steɪk/《発音注意》(♦ 同音語 stake) 名 ❶ U C 厚切り肉，(特に)牛肉の切り身；ステーキ ‖ I like my ~ rare [medium, well done]. ステーキの焼き加減はレア[ミディアム，ウエルダン]が好みだ / broil [OR grill] a ~ ステーキを焼く / a rump ~ ランプステーキ《牛の尻肉(しりにく)を使用》❷ C 魚の厚い切り身 ‖ a salmon [cod] ~ サケ[タラ]のステーキ ❸ U ひき肉ステーキ ‖ hamburger ~ ハンバーグ(ステーキ) ❹ U《英》(シチュー用などの)徳用牛肉
▸▸ **~ Di·áne** /-daɪǽn/ 名 U C〖料理〗ステーキダイアン《ウスターソースなどで作ったソースをかけたステーキ》**~ knìfe** 名 C ステーキナイフ **~ tar·táre** /-tɑːrtɑ́ːr/ 名 U タルタルステーキ《生の牛肉を細かく切り薬味と卵黄を添えたもの》

stéak·hòuse 名 C ステーキハウス[専門店]

‡**steal** /stiːl/《発音注意》(♦ 同音語 steel)
―動〔▸ stealth 名〕(**~s** /-z/ ; **stole** /stoʊl/ ; **sto·len** /stóʊlən/ ; **~·ing**)
―他 ❶ …を〈…から〉**盗む**〈**from**〉；〔アイデアなど〕を盗用する，盗作する(♦ 暴力・脅迫により「奪う」場合には rob を用いるが，用法の違いに注意. ⇨ ROB) ‖ The thief *stole* some jewels *from* her. 泥棒は彼女から宝石を盗んだ / I had my umbrella *stolen*. 私は傘を盗まれた (♦ ×I was stolen my umbrella. とはいわない) / *stolen* goods 盗品 / ~ her heart 彼女の愛を得る / ~ an election 不正工作で選挙に勝つ
❷〔行為〕を〈…の〉知らぬすきにやる〈**from**〉‖ ~ a kiss *from* her 不意に彼女にキスする / ~ a glance at him 彼をちらりと盗み見る
❸ (わき役が)〔ショーなど〕の人気をさらう ‖ ~ the limelight [OR show, spotlight] 主役より人気をとる
❹〖野球〗…に盗塁する；〖スポーツ〗(思いがけなく[巧みに])〔点〕をとる；〔ボールなど〕を奪う ‖ ~ third base 3塁に盗塁する，3盗する
―自 ❶ 〈…から〉盗みをする〈**from**〉‖ The boy was caught ~*ing from* the shop. 少年はその店で盗みを働いているところを見つかった
❷ (+副句)こっそり動く[行く]；いつの間にか過ぎる[生じる] (♦ 副句 は方向を表す) ‖ We *stole* quietly out of the party. 私たちはそっとパーティーを抜け出した / The months *stole* on. 月日がいつしか過ぎ去った / ~ away from one's seat こっそり席を離れる ❸〖野球〗盗塁する
stèal a pèrson blínd《口》〔人〕からすっかり巻き上げる
stèal óver ... 〈他〉(気分などが)知らぬ間に…をとらえる
stèal úp (on ...) 〈自・他〉(…に)こっそりと近づく；(気分などが)いつしか(…に)忍び寄る
―名 (複 **~s** /-z/) ❶ C《単数形で》《口》掘り出し物(bargain) ‖ It's a ~ at that price. その値段なら掘り出し物だ ❷ C〖野球〗盗塁，スチール ❸ U《主に米口》盗み ❹ C《主に米口》盗品；盗作

stealth /stelθ/《発音注意》名〔◁ steal 動〕U こっそりやること，内密 ‖ by ~ こっそりと；内緒で

—形《限定》(航空機が)レーダーで探知し難い
▶▶～ bòmber 名C ステルス爆撃機 ～ tàx 名C《英》ひそかな税, 間接税

stealth·y /stélθi/ 形 ひそかな, 人目を忍んだ
stéalth·i·ly 副 **stéalth·i·ness** 名

‡**steam** /stiːm/
—名〔▶ steamy 形〕U ❶ **蒸気**, 水蒸気；蒸気の力 ‖ produce a lot of ～ 水蒸気をたくさん出す / saturated [supersaturated] ～ 飽和[過飽和]水蒸気 / classrooms heated by ～ スチーム暖房の教室
❷ 湯気, もや, 霧
❸《口》力, 活力, 元気 ❹ 蒸気機関車鉄道
blòw òff stéam =*let off steam*(↓)
full stèam ahéad 全速力で；全力で ‖ go *full ～ ahead* with a project 事業を全面的に推進する
「***gèt ùp*** [OR ***pìck ùp, gàther***] ***stéam*** 蒸気を立てる,(徐々に)動き出す；(計画·事業などが)盛んになる；《口》元気を出す, やる気を示す ‖ The campaign has been *picking up* ～. 選挙運動は盛り上がってきている
hàve stèam còming òut of one's éars 《口》かんかんに怒っている
*****lèt òff stéam*** 《口》精力を発散する, うっぷんを晴らす(⇨ ANGER メタファーの森)
*****rùn òut of stéam*** 《口》活力を失う, やる気をなくす ‖ I *ran out of* ～ after an hour's swimming. 1時間も泳ぐとすっかりへばってしまった
under one's òwn stéam 《口》自力で
—動 (**～s** /-z/; **～ed** /-d/; **～·ing**)
—自 ❶ 水蒸気を出す, 湯気を立てる；(食品が)蒸される ‖ The pot on the stove is ～*ing* away. ストーブの上のなべが盛んに湯気を立てている
❷ 蒸発する, 発散する
❸《+副句》(船·汽車が)蒸気の力で動く[進む]；《口》(人などが)素早く行動する(♦ 副句 は方向を表す) ‖ An old ship ～*ed* into the harbor. 古い汽船が入港した
❹《主に米口》息巻く, かっかとする ‖ He was ～*ing* mad. 彼はかんかんに怒っていた
—他 ❶ **a** 《+目》…を蒸す, ふかす；…に蒸気を当てる
b 《+目+補》…に蒸気を当てて…にする ‖ ～ open an envelope 湯気を当てて封筒を開ける
❷《受身形で》《米口》〈…のことで〉腹を立てる〈**about**〉
stèam ín 〈自〉《英口》けんかに加わる
stèam óff ... / stèam ... óff 〈他〉〔切手など〕を蒸気を当ててはがす
*****stèam úp*** 〈他〉《***stèam úp ... / stèam ... úp***》① …を湯気で曇らせる ②《通例受身形で》《口》〈…のことで〉激怒する, 怒る〈**about, over**〉‖ get (all) ～*ed up about* his conduct 彼の行為にかんかんになる —〈自〉湯気で曇る
▶▶～ **bàth** 名C スチームバス, 蒸しぶろ ～ **bòiler** 名C 蒸気がま, ボイラー ～ **clèan** 動他 …を蒸気洗浄する ～ **clèaner** 名C 蒸気洗浄機 ～ **èngine** 名C 蒸気機関 ～ **héat** 名U スチーム暖房 ～ **ìron** 名C 蒸気アイロン ～ **jàcket** 名C (シリンダーの)蒸気ジャケット ～ **shòvel** 名C 蒸気シャベル《掘削用》 ～ **tàble** 名C《米》スチームテーブル《料理を蒸気で保温する台》 ～ **tràin** [**locomòtive**] 名C 蒸気機関車 ～ **tùrbine** 名C 蒸気タービン

stéam·bòat 名C 汽船, 蒸気船
stèamed-úp <ジ 形《口》息巻いて[興奮して]いる
steam·er /stíːmər/ 名C ❶ 汽船 ❷ 蒸し器 ❸〖貝〗オオノガイ《食用の大型二枚貝》(♦ 蒸して食べることから)
▶▶～ **rùg** 名C《米》(船の旅客用の)ひざかけ ～ **trùnk** 名C (船旅用の)トランク
stéam·ing /-ɪŋ/ 形 ❶ 猛烈に熱い[暑い] ❷《口》かんかんに怒った ❸ 集団強盗をする —名U 集団強盗
stéam·ròll 動《主に米》=steamroller
stéam·ròller 名C ❶ スチームローラー(道路舗装用) ❷ (反対などを押しつぶす)強圧的な力
—動他 ❶〔道路〕を(スチームローラーで)地ならしする ❷〔決議など〕を強引に[力ずくで]採択させる ❸〔人〕に無理やり〈…〉させる〈**into**〉；〔敵など〕を圧倒する, たたきのめす
—自 強引に前進する(♦ 方向を表す 副句 を伴う)
stéam·shìp 名C 汽船
steam·y /stíːmi/ 形〔◁ steam 名〕❶ 蒸気[湯気]を出す；蒸気[湯気]の立ち込めた ❷ 蒸し暑い, 高温多湿の ❸《口》(小説·映画などが)エロチックな **stéam·i·ness** 名
steed /stiːd/ 名C《古》《文》馬, 駿馬(しゅんめ)；乗用馬

‡**steel** /stiːl/(♦ 同音語 steal)
—名〔▶ steely 形〕(複 **～s** /-z/) ❶ U **鋼鉄**, はがね, スチール ‖ a desk made of ～ スチール製の机 / **stainless** ～ ステンレス鋼
❷ U 鉄鋼産業；C《通例 ～s》鉄鋼株
❸ U (はがねのような)堅さ, 強さ, 冷酷さ ‖ There was ～ in his voice. 彼の声には冷酷な響きがあった / nerves of ～ 強靭(きょうじん)な精神力
❹ C (ナイフなどを研ぐ)はがね砥(と) ❺ C 武器, 刀, 剣
—動他 ❶ …に鋼をかぶせる, 鋼の刃をつける ❷《～ oneself で》〈…に〉断固として立ち向かう[対処する]〈**for, against**〉；〈…しようと〉決心する〈**to do**〉‖ Small businessmen ～*ed* themselves *against* the tax increase. 中小企業主たちは増税に歯を食いしばって耐えた / He ～*ed* himself *to* tell his wife the truth. 彼は妻に真実を告げようと決心した
—形 ❶ 鋼鉄(製)の, はがね色の ❷ 鉄鋼産業の ‖ a ～ town 鉄鋼業の町 ❸ (はがねのように)堅い, 堅実な；冷酷な, 無感覚な ‖ a ～ temper 頑固な性質
▶▶～ **bánd** 名C〖楽〗スチールバンド《スチールドラム(steel drum)中心のバンド. 西インド諸島発祥》 ～ **blúe** 名U はがね色, 鋼青色 ～ **drúm** 名C スチールドラム《ドラム缶から作った打楽器》 ～ **engràving** 名U 鋼版彫刻(術)；鋼版印画 ～ **gráy** 名U 鉄灰色, 青みがかった灰色 ～ **guitár** 名C〖楽〗スチールギター ～ **wóol** 名U 鋼綿, スチールウール《鋼を繊維状にした研磨材》

stéel·hèad 名(複 ～ OR **～s** /-z/) C〖魚〗スチールヘッド(トラウト)《降海型のニジマス》
stéel·wòrk 名U 鋼鉄製品；(建築物の)鋼鉄製骨組み
stéel·wòrker 名C 製鋼所従業員
stéel·wòrks 名《しばしば単数扱い》製鋼所
steel·y /stíːli/ 形〔◁ steel 名〕❶ (色·堅さなどが)鋼鉄のような ❷《旧》鋼鉄(製)の ❸ 冷酷な；頑固な
stéel·i·ness 名
steel·yard /stíːljɑ̀ːrd/ 名C さおばかり
steen·bok /stíːnbɑ̀(ː)k | -bɔ̀k/ 名(複 ～ OR **～s** /-s/) C〖動〗スタインボック《アフリカ産の小型のレイヨウ》

‡**steep**[1] /stiːp/
—形 (**～·er**; **～·est**)
❶ (傾斜が)**険しい**, 急な(↔ gradual) ‖ a ～ mountain pass 険しい山道 / a ～ **slope** [**hill**] 急斜面[急な坂道]
❷《通例限定》(数量の増減が)急激な ‖ a ～ decline in the birth rate 出生率の急激な低下
❸《口》(値段·要求などが)不当に高い, 法外な(↔ reasonable) ‖ That's [OR It's] a bit ～. 《口》そりゃむちゃだ
❹《旧》(話などが)大げさな, 信じられない ‖ a ～ story 信じられない話 ❺ (仕事などが)きつい, やっかいな ‖ a ～ undertaking 骨の折れる仕事
—名C 急斜面, 絶壁
～·ly 副 **～·ish** 形 **～·ness** 名

***steep**[2] /stiːp/ 動他 ❶《受身形で》〈…に〉満ちている, 囲まれている〈**in**〉‖ a place ～*ed in* history 歴史にあふれている場所 ❷〔食材など〕を〈液体に〉浸す, 漬ける；〔布など〕を〈水·液体に〉浸す〈**in**〉‖ ～ a tea-bag *in* hot water ティーバッグを熱湯に浸す ❸《～ oneself で》〈…に〉没頭する, 夢中になる〈**in**〉 —自 (液体に)漬かる, 浸る
—名UC (液体に)漬ける[漬かる]こと；浸した液体 ‖ in ～ 浸して, 漬けて **～·er** 名C 浸す人；浸すための容器
steep·en /stíːpən/ 動他 …を険しくする, 急勾配(こうばい)にす

る 一自 険しくなる, 急勾配になる

*stee·ple /stíːpl/ 名 C (寺院·教会などの)尖塔(せんとう); (尖塔の)尖頂(せんちょう) (spire) **~d** 形 尖塔のある

stéeple·chàse 名 C 障害物競馬[競走]
-chàs·er 名

stéeple·jàck 名 C 尖塔[煙突]修理職人

***steer¹** /stɪər/ 《発音注意》 動 他 ❶〔船·車〕を操縦する, …の舵(かじ)をとる ‖ ~ a boat for [OR toward] the pier 船を波止場へ向ける ❷《+目+副句》〔人·事柄·状況など〕を〈ある方向へ〉案内する, 向ける, 導く〈**to, into, etc.**〉‖ Judy always ~*s* the conversation *into* the latest fashion. ジュディはいつも話を最新のファッションに持って行く / ~ a company *to* success 会社を成功へ導く ❸〔コース·進路〕をとる ‖ ~ a middle course 中道を行く

一自 ❶ 舵をとる; 〈…に向けて〉進路をとる〈**for**〉‖ ~ eastward 東へ舵をとる / His yacht was ~*ing for* the island. 彼のヨットはその島へ向かっていた ❷《+副》(乗り物が) 操縦できる ‖ a car that ~*s* well [badly] ハンドルのききがいい[悪い]車

stèer awáy from ... 〈他〉…を避ける

stèer cléar 〈人·面倒などに〉近づかない〈**of**〉

一名 C 《単数形で》《口》(進路などについての)助言, 提言 ‖ a bum ~ 誤った情報

~·a·ble 形 操縦できる **~·er** 名 C 舵取り, 舵手(だしゅ)

steer² /stɪər/ 名 C (特に食用に去勢された) 雄の子牛 (⇨ OX 類語P)

steer·age /stíərɪdʒ/ 名 U (以前の船の) 3等船室

steer·ing /stíərɪŋ/ 名 U 操縦, 操舵

▸▸ **~ còlumn** 名 C (自動車の) ステアリングコラム《ハンドルの主軸部分》 **~ committee** 名 C 運営委員会 **~ gèar** 名 C 操縦[操舵]装置 **~ whèel** 名 C (自動車の)ハンドル(wheel)(❗ handle とはいわない); (船の)舵輪(だりん)

steers·man /stíərzmən/ 名 (複 **-men** /-mən/) C (船の)舵手, 舵取り(中立 navigator, steersmate)

steg·o·saur /stégəsɔ̀ːr/, **-sau·rus** /stègəsɔ́ːrəs/ 名 C 〖古生〗ステゴサウルス, 剣竜

stein /staɪn/ 名 C (陶器製の)ビール用大ジョッキ

Stein·beck /stáɪnbek/ 名 **John** (**Ernst**) ~ スタインベック (1902-68)《米国の小説家. ノーベル文学賞受賞 (1962)》

stein·bock /stáɪnbɑ̀(ː)k | -bɔ̀k/ 名 =steenbok

ste·la /stíːlə/ 名 (複 **-lae** /-liː/) C 〖考古〗石柱, 石碑

stel·lar /stélər/ 形 ❶ 星の(ような) ❷《口》スターの, 花形の ‖ go ~ スターになる ❸《口》優れた, 傑出した

▸▸ **~ wínd** 名 C U 恒星風《恒星から出る帯電粒子の流れ》

stel·late /stéleɪt, -lət/ 形 星形の, 星状の; 放射状の

St. Èl·mo's fíre [**líght**] /-èlmouz-/ 名 U セントエルモの火《雷雨のときにマストの先などに見られるコロナ放電. 船乗りの守護聖人 St. Elmo にちなむ》

‡stem¹ /stem/

一名 (複 **~s** /-z/) C ❶ (草木の)**茎**, 根茎, 幹 ❷ 花柄, へた, 葉柄, 果柄, 花梗(かこう) ❸〖動〗羽軸; 〖機〗軸, 心棒; (パイプ·工具などの) 軸, 柄; (ワイングラスなどの) 脚; 《米俗》(麻薬吸引用の) パイプ; (時計の) 竜頭(りゅうず)の心(しん) ❹〖言〗語幹 ❺〖楽〗符尾《音符につける縦の線》; 〖印〗(活字の) 太縦線 ❻ 船首材; 船首 (↔ stern²) ❼《古》《文》家系, 血統, 系統

from stèm to stérn 船首から船尾まで; すっかり, 至る所くまなく

一動 (**stemmed** /-d/; **stem·ming**)

一他 ❶〔果物·葉〕の茎[軸]を取り去る ❷ …に軸[茎]をつける ❸〔流れ·風〕に逆らって進む

一自《進行形不可》〈…から〉生じる, 起こる, 〈…に〉由来する〈**from**〉

~·less 形 茎[柄]のない

▸▸ **~ cèll** 名 C 〖生〗幹細胞 ‖ an embryonic [adult] ~ *cell* 胚性[成体]幹細胞 / a ~ *cell* line 幹細胞株 **~ gìnger** 名 U 砂糖漬けのショウガ《製菓材料》

stem² /stem/ 動 (**stemmed** /-d/; **stem·ming**) 他 ❶〔流れなど〕を(せき)止める ❷〔穴など〕をふさぐ ❸〖スキー〗〔スキー〕をシュテムさせる 一自 シュテムする 一名 C シュテム《回転·制動などのためにスキーをV字形に開く動作》

stemmed /stemd/ 形 ❶《通例複合語で》茎[軸]のある ‖ a long-~ rose 茎の長いバラ ❷ 茎[軸]を取り去った

stém·wàre 名 U 《米》脚付きグラス

stém-wìnder /-wàɪndər/ 名 C 《米》 ❶《旧》竜頭巻き時計 ❷《口》一流の人[もの], 名演説

stench /stentʃ/ 名 C (強い)悪臭

sten·cil /sténsəl/ 名 C ❶ ステンシル, 型板, 刷り込み型 ❷ ステンシル刷り文字[模様] 一動 他 (《英》 **-cilled** /-d/; **-cil·ling**) …に〈文字·模様を〉(ステンシルで)型付けする〈**with**〉; …を(ステンシルで)型付けする

Sten·dhal /stendáːl | stɔ́ndaːl/ 名 スタンダール (1783-1842)《フランスの小説家》

Stén gùn /stén-/ 名 C ステンガン《英国製短機関銃》

sten·o /sténou/ 名 《米口》=stenographer; stenography

ste·nog·ra·pher /stənɑ́(ː)grəfər | -nɔ́g-/ 名 C 《米》速記者; 速記タイピスト(《英》 shorthand typist)

ste·nog·ra·phy /stənɑ́(ː)grəfi | -nɔ́g-/ 名 U 《米》速記(術) **stèn·o·gráph·ic** 形

ste·no·sis /stenóusɪs/ 名 U 〖医〗狭窄(きょうさく)(症)

stent /stent/ 名 C 〖医〗ステント《血管などの管状器官を内側から支えて狭窄を防ぐ医療器具》

sten·to·ri·an /stentɔ́ːriən/ 形 (声が)非常に大きい

‡step /step/ 名 動

中心義 一歩一歩進める歩み

名 歩み❶ 足取り❷ 処置❸ 段❹
動 自 歩く❶

一名 (複 **~s** /-s/) C ❶ **歩み**, 1歩; 1歩の歩幅; わずかな距離 ‖ Each ~ up the hill gives you a different view. 丘を一歩一歩上がるごとに違った景色が見えてくる / **take** a (further) ~ forward [back] (もう)1歩前に踏み出す[後ろに下がる] / miss one's ~ 足を踏み外す / run a few ~*s* ahead of him 彼の数歩先を走る / It was only a ~ from the station to the hotel. 駅からホテルまではほんのひとまたぎだった

❷《通例単数形で》**足取り**, 歩き方 ‖ The old man walked with a steady ~. その老人はしっかりした足取りで歩いた / move with a springy ~ 弾むような足取りで移動する

❸ **処置**, 手段, 対策 ‖ I have made a false ~. 間違った処置をしてしまった / What's the **next** ~? 次はどうすればいいですか / take ~*s* to promote economic recovery 景気回復を促すために策を講じる

❹ (はしご·階段などの)**段**, 踏み段(⇨ LANDING 図); (入口などの)上がり段; 《~s》(特に屋外の)階段(→ stair); 《~s》《英》脚立(きゃたつ) (stepladder) ‖ a flight of ~*s* 一続きの階段 / go down the ~*s* 階段[はしご]を下りる / the bottom ~ of a staircase 階段のいちばん下の段

❺ (活動·過程などの中の)〈…への〉1段階, 1歩; 前進〈**toward**〉‖ Getting a driver's license is a major ~ for young people. 運転免許を取ることは若者にとって大きな1歩だ / the **first** ~「*toward* peace [in rehabilitation] 平和への[リハビリの]第1歩 / a ~ in the right direction 正しい処置への一段階 / bring a bridge one ~ nearer to completion 橋を完成に1歩近づける / every ~ of the way 途中ずっと, 絶えず

❻ 階級, 地位; (1階級の) 昇進 ‖ a ~ up from the present job 今より1段上の仕事 / advance to a higher ～ in one's career 仕事で出世する ❼ (ダンスの) ステップ ‖ the waltz ～ ワルツのステップ ❽ 足音 (footstep) ; 足跡 (footprint) ‖ hear running ～*s* 走る足音が聞こえる ❾《～s》歩く方向, 道程, 道筋 ; 手本, 模範 ‖ retrace one's ～*s* 引き返す / turn [OR direct] one's ～*s* toward a river 川の方へ足を向ける ❿ (温度計などの) 目盛り ‖ a ～ on the Celsius scale セ氏目盛りの1度 ⓫《米》〖楽〗音程(interval) ⓬〖海〗檣座(しょうざ) ⓭ Ⓤ =step aerobics ⓮ 💻(プログラムの)1行

brèak stép 歩調を乱す

fàll ìnto stép 歩調を合わせる

*****in stép*** 〈…と〉足並みをそろえて, 同一歩調で ; 調和[一致]して (↔ *out of step*) 〈**with**〉 ‖ march *in* ～ 足並みをそろえて行進する / *in* ～ *with* the music 音楽に歩調を合わせて / keep wages *in* ～ *with* economic conditions 賃金を経済状況に合わせる

kèep stép 〈…と〉歩調を合わせて進む〈**with**〉

òne stèp ahéad 〈…より〉1歩先んじて ; 〈…を〉避けて〈**of**〉 ‖ stay *one* ～ *ahead of* the police 警察の追求を逃れている

*****òut of stép*** 〈…と〉歩調[調子]が合わないで ; 調和[一致]しないで(↔ *in step*)〈**with**〉

*****stèp by stép*** **一歩一歩** ; 着実に ‖ Please explain ～ *by* ～. 順を追って説明してください

*****tàke stéps*** 手段を講ずる, 手を打つ (take measures) ‖ *take* ～*s* to promote economic recovery 景気回復を促すために策を講ずる

*****wàtch*** [OR ***mìnd***] ***one's stép*** **足下[言動]に気をつける**

COMMUNICATIVE EXPRESSIONS

1 **Lét's 「gò a [OR tàke thìs] stèp fúrther.** NAVI もう一歩話を進めましょう(♥ 議論をもう少し先に進めようという提案)

2 **Lét's tàke thìs óne stèp at a tíme.** ちゃんと段階を追ってやろう ; 慌てずに問題に対処しよう

── 動 (**～s** /-s/ ; **stepped** /-t/ ; **step·ping**)

── 自 ❶《+副句》**歩く**, 歩を進める ; またぐ ; (短い距離を)歩いて行く (♦ 副句 は方向を表す) ‖ She *stepped* lightly [gracefully] out of the cab. 彼女は軽やか[上品]にタクシーから降りた / I *stepped* aside because there were people taking photos. 写真を撮っている人がいたのでわきへよけた / Please ～ this way. どうぞこちらへ / ～ over a rope ロープをまたぐ / ～ inside (家・部屋などの) 中にちょっと寄る / Would you ～ over to the counter, please? カウンターの方へどうぞ ❷ (ダンスで) ステップを踏む ‖ ～ through a dance ダンスのステップを踏む ❸ 〈…を〉踏む 〈**on**〉 ‖ Sorry! Did I ～ *on* your foot? すみません, 足を踏みましたか / ～ *on* a pedal ペダルを踏む

── 他 ❶ …を歩測する《*off, out*》 ‖ ～ *off* the edge of a field 歩いて畑の縁の長さを測る ❷ …を歩く, 進む ; 〔足〕を踏み入れる ‖ ～ three paces 3歩進む / the first person to ～ foot on the moon 月に最初に降り立った人 ❸〖海〗〔マスト〕を立てる ❹《旧》〔ダンスのステップ〕を踏む(♦ 通例 step it の形で用いる)

stèp asíde 〈自〉① わきへ寄る(→ 自 ❶) ② =*step down* 〈自〉②(↓)

stèp báck 〈自〉① 後ろへ下がる ② (冷静に考えるために) 〈…から〉一歩退く〈**from**〉

*****stèp dówn*** 〈自〉① 〈壇などから〉降りる〈**from**〉 ② 辞任する〈**from** …から ; **as** …を〉 ‖ ～ *down* [*from* the throne [*as* president] 退位する [社長を辞める] ── 〈他〉《***stèp dówn*** **...** / ***stèp*** **...** ***dówn***》〔電圧など〕を下げる

stèp fórward 〈自〉① 前に進み出る ② (情報・援助の提供などを)積極的に申し出る

*****stèp ín*** 〈自〉① 中に入る, ちょっと立ち寄る(→ CE 5) ② (紛糾などの)仲裁に入る(intervene) ; (困難な状況などに) 手を貸す, 一枚かむ ; 代役を引き受ける

stép into ... 〈他〉① …の中に踏み入る ② 〔仕事など〕に(簡単に)ありつく ; …を引き受ける ; 〔困難な状況など〕に手を貸す, 一枚かむ ‖ ～ *into* command 指揮官になる

stèp óff 〈自〉① (乗り物などから) 降りる ② 行進を始める ‖ ～ *off* on the wrong foot 最初にへまをする ── 〈他〉 Ⅰ《***stèp óff*** **...**》〔乗り物など〕から降りる Ⅱ《***stèp óff*** **...** / ***stèp*** **...** ***óff***》⇨ 他 ❶

*****stép on*** **...** 〈他〉 ① ⇨ 自 ❸ ②《口》〔人の気持ち〕を傷つける, 踏みにじる

stép on it [OR ***the gás***] 《口》車のアクセルを踏む, スピードを上げる ; 急ぐ

stèp óut 〈自〉① (家などから) (ちょっと) 外出する ; 席を離れる ② 〈事業・役柄などから〉抜ける, 身を引く〈**of**〉 ③ 大またで[速く]歩く ④《米口》〈異性と〉デートに出かける〈**with**〉 ⑤ (目立つ服装などで) 人前で異彩を放つ ── 〈他〉《***stèp óut*** **...** / ***stèp*** **...** ***óut***》⇨ 他 ❶

stèp óut on **...** 〈他〉《口》《しばしば進行形で》〔配偶者〕を裏切る, …に不倫を働く

*****stèp úp*** 〈自〉① (壇などに) 上がる ; 前方に出る (→ CE 5) ② 〈…へ〉近づく, 歩み寄る〈**to**〉 ‖ *Step* right *up*! 寄ってらっしゃい, 見てらっしゃい (♥ 見世物の呼び込みの口上) ③ 昇進する ④《米》(問題解決などに)手を貸す ── 〈他〉《***stèp úp*** **...** / ***stèp*** **...** ***úp***》…の速度[数・量など]を(徐々に)増す, 上げる, 高める ; 〔活動など〕を促進する ‖ ～ *up* production 増産する

COMMUNICATIVE EXPRESSIONS

3 **(Do you) wànt to stèp outsíde (to sèttle thís)?** 表に出(てこのことに片をつけ)るか(♥ けんかを吹っかける)

4 **Stèp lívely!** 《米》急いで

5 **Stèp úp** [OR **ín**]. 中へお入りください (♥ 混雑した電車やバスに乗ろうとしている乗客に対して車掌が用いる)

▸▸ **～ aeróbics** 名 Ⓤ ステップエアロビクス《踏み台を使うエアロビクス》 **～ chànge** 名 Ⓒ《通例単数形で》《英》大変化, 大変革

step- /step-/ 連結形「異父[異母]の…, 継(まま)…」の意 ‖ *step*child, *step*parent

stép·bròther 名 Ⓒ 異父[母]兄弟, 継兄弟

stèp-by-stép ⟨シ⟩ 形 一歩一歩の, 着実な

stép·chìld 名 (複 **-children**) Ⓒ 継子

stép·dàd 名 Ⓒ《口》継父

stép·dàughter 名 Ⓒ 継娘

stép-dòwn 形 ❶ 段階的に減少[低下]する ❷〖電〗(変圧器が)降圧用の ── 名 Ⓤ Ⓒ 減少, 低下

stép·fàmily 名 (複 **-families** /-z/) Ⓒ 継(親のいる)家族

stép·fàther 名 Ⓒ 継父

Stèp·ford wífe /stèpfərd-/ 名 Ⓒ 従順な妻, 夫に従属して自立できない女性 (♦ 米国映画 *The Stepford Wives* (1975, 2004)より)

steph·a·no·tis /stèfənóuṭəs | -tɪs/ 名 Ⓒ〖植〗シタキソウの類《熱帯産のつる植物》

Ste·phen·son /stíːvənsən/ 名 **George ～** スチーブンソン(1781-1848)《英国の技術者. 蒸気機関車の発明者》

stép-ìn 形《限定》(服・靴などが) 足を突っ込んでそのまま着る[履く] ── 名 Ⓒ《～s》《主に米》《旧》(足を突っ込んで着る)服, パンティー ; 突っかけ靴

stép·làdder 名 Ⓒ 脚立(きゃたつ)

***stép·mòther** 名 Ⓒ 継母

stép·pàrent, stép-pàrent 名 Ⓒ 継親

steppe /step/ 名 Ⓒ ステップ《木立のない大草原》;《しばしば ～s》(ヨーロッパ南東部・中央アジアの) ステップ地帯

stèpped-úp 形 (段階的に)増加させた ; 強化された

stépping·stòne 名 Ⓒ ❶ 飛び石, 踏み石 ❷ 〈目的達成・成功などへの〉手段, 足がかり〈**to**〉

stép·sìster 名 Ⓒ 異父[母]姉妹, 継姉妹

stép·sòn 名 Ⓒ 継息子

stép-ùp 形 ❶ (段階的に) 増加[増大]する ❷〖電〗(変圧器が)昇圧用の ── 名 Ⓤ Ⓒ 増加, 増大

stép·wìse 形 副 段階的な[に]

S

S

-ster 接尾 《名詞語尾》「…である人, …する人；…を作る人, …に関係ある人」などの意 ‖ young*ster*, gang*ster*, team*ster*

stere /stɪər/ 名 C ステール《体積の単位；= 1m³, 35.32立方フィート》

*__ster·e·o__ /stériòu, stíər-/ 《発音・アクセント注意》 名 (複 **~s** /-z/) ❶ C ステレオ[装置]；U ステレオの音, 立体音響 ‖ a car ~ カーステレオ / recorded in ~ ステレオ録音の ❷ =stereoscope ❸ 〖印〗=stereotype
— 形 《限定》 ❶ ステレオの ❷ =stereoscopic
▸▸ **~ càmera** 名 C 立体[ステレオ]カメラ **~ sỳstem** 名 C ステレオ装置

stereo- /stériou-, stɪər-/ 連結形 「立体の, 3次元の」意 ‖ *stereo*scope

stèreo·chémistry 名 U 立体化学《原子の立体構造を研究する》 **-chémical** 形

ster·e·o·gram /stériəgræ̀m/ 名 C ❶ ステレオグラム《立体感を与える合成画像》 ❷ =stereograph

ster·e·o·graph /stériəgræ̀f | -grɑ̀ːf/ 名 C 《立体カメラで撮影した》立体[ステレオ]写真

ster·e·og·ra·ph·ic /stèriəgrǽfɪk/ 形 立体画法の
▸▸ **~ projéction** 名 U 《地図の》平射図法《投影面の正反対の地表平面に光源を置く投射図法》

ster·e·og·ra·phy /stèriɑ́(ː)grəfi | -ɔ́g-/ 名 U 立体画法；立体写真(の技法)

stèreo·ísomer 名 C 〖化〗立体異性体《同じ分子構成要素で立体配置が異なる》 **~·ìsm** 名 **-isoméric** 形

ster·e·o·phon·ic /stèriəfɑ́(ː)nɪk | -fɔ́n-/ 形 ステレオの, 立体音響の **-i·cal·ly** 副

ster·e·o·phon·ics /stèriəfɑ́(ː)nɪks | -fɔ́n-/ 名 U ステレオフォニックス, 立体音響学

ster·e·oph·o·ny /stèriɑ́(ː)fəni | -ɔ́f-/ 名 U 立体音響(効果)

ster·e·o·scope /stériəskòup/ 名 C 立体(写真)鏡《立体写真(stereograph)を見る装置》

ster·e·o·scop·ic /stèriəskɑ́(ː)pɪk | -skɔ́p-/ 形 立体(写真)鏡の；立体的な, 3次元的な

*__ster·e·o·type__ /stériətàɪp/ 名 ❶ C 定型, 紋切り型, 決まり文句；(しばしば不当で誤った)固定観念；固定観念に一致する人[もの] ‖ the prevalent ~ of young people as (being) lazy 若者は怠惰だという一般的な固定観念 / 「conform to [OR fit] the ~ of a teacher 固定化した教師像に合致する ❷ C 〖印〗ステロ版, 鉛版；U ステロ版製造(法), ステロ版印刷(法)
— 動 他 ❶ …を〈…として〉型にはめる, 固定観念に当てはめる〈**as**〉(♦ しばしば受身形で用いる) ‖ Americans are often ~*d as* cheerful. アメリカ人はしばしば陽気だという固定観念で見られる ❷ 〖印〗…をステロ版[鉛版]にする, ステロ版で印刷する **-tỳp·er** **-tỳp·ist** 名

ster·e·o·typed /stériətàɪpt/ 形 定型化した, 紋切り型の, 決まりきった ‖ a ~ phrase 決まり文句

stèreo·týp·ic /-típɪk/, **-i·cal** /-ɪkəl/ 形 ❶ =stereotyped ❷ ステロ印刷[製造]の **-i·cal·ly** 副

ster·e·o·typ·y /stériətàɪpi/ 名 U 〖心〗常同症《同じ動作などを無目的に長時間繰り返すこと》

ster·ic /stérɪk/ 形 〖化〗立体(構造)の

*__ster·ile__ /stérəl | -raɪl/ 形 ❶ (人・動物が)不妊の(↔ fertile) ❷ 無菌の, 殺菌した ❸ (議論などが)実りがない, 不毛の, 無駄な ❹ 内容に乏しい, 無味乾燥な ‖ a ~ lecture つまらない講義 ❺ (土地が)不毛の, やせた(↔ fertile)；〖植〗実のならない, 不実の **~·ly** 副

ste·ril·i·ty /stəríləṭi/ 名 U 不妊；〖植〗不実性；不毛；無菌(状態)；無効；無味乾燥

ster·i·li·za·tion /stèrələzéɪʃən | -laɪ-/ 名 U ❶ 不毛にすること ❷ 不妊にすること, 不妊法, 断種(法) ❸ 殺菌, 消毒

*__ster·i·lize__ /stérəlàɪz/ 動 他 (♦ しばしば受身形で用いる) ❶ …を殺菌[消毒]する ❷ …を不妊にする ❸ 〔土地〕を不毛にする **-lìz·er** 名 C 殺菌(消毒)装置 **-lìz·ing** 形

*__ster·ling__ /stə́ːrlɪŋ/ 名 U ❶ (外国貨幣と区別して)英貨《略 stg.》 ‖ one hundred pounds ~ 英貨100ポンド(♦ £100 *stg.* と書く) ❷ =sterling silver(↓)；《集合的に》純銀製品《ナイフ・フォークなど》 ❸ (英国の金貨・銀貨の)法定純度《金貨は純度92%弱, 銀貨は純度92.5%》
— 形 ❶ 英貨の, 英国ポンドの ❷ 《限定》(法定)純銀の；純銀製の ‖ a ~ spoon 純銀のスプーン ❸ 《限定》正真の, 本物の；非常に優れた, 立派な(excellent) ‖ a ~ character 立派な人格 / his ~ performance 彼の見事な演技
▸▸ **~ àrea** [**blòc**] 名 《the ~》〖経〗ポンド地域[圏] **~ sílver** 名 U (法定)純銀, スターリングシルバー《純度92.5%の銀合金》；《集合的に》純銀製品

*__stern__[1] /stəːrn/ 《発音注意》 形 (**~·er**；**~·est**) ❶ 〈…に対して〉厳格な, 厳しい〈**to, toward, with**〉(⇨ SEVERE 類語) ‖ a ~ discipline [teacher] 厳格な規律[教師] ❷ (顔つきなどが)いかめしい, 怖い, 近づき難い ❸ (事情などが)厳然とした；(要求などが)容赦のない, 苛酷(かこく)な ‖ ~ reality 厳然たる現実 / a ~ rebuke 手厳しい非難 ❹ 動かし難い, 断固とした ‖ ~ determination 堅い決意
~·ly 副 **~·ness** 名

stern[2] /stəːrn/ 名 C ❶ 船尾, とも(↔ bow³, stem¹) ❷ (一般に)(物の)後部；《戯》臀部(でんぶ)(bottom)
▸▸ **~ shèets** 名 複 〖海〗艇尾座

ster·nal /stə́ːrnəl/ 形 胸骨の

Sterne /stəːrn/ 名 **Laurence ~** スターン(1713–68)《アイルランド生まれの英国の小説家》

Ster·no /stə́ːrnou/ 名 U 《商標》スターノ《缶入りの料理用燃料》

stérn·pòst 名 C 〖海〗船尾材

stérn·shèets 名 =stern sheets

ster·num /stə́ːrnəm/ 名 (複 **~s** /-z/ OR **-na** /-nə/) C 〖解〗胸骨(breastbone)；(昆虫・甲殻類の)腹板

stérn-whèeler, stérn·whèeler 名 C 〖海〗船尾外輪船(stern-wheel steamer)(→ side-wheeler)

ster·oid /stíərɔɪd/ 名 C 〖生化〗ステロイド《ステロール・性ホルモンなど脂肪溶解性化合物の総称》

ster·ol /stíərɔ(ː)l/ 名 C 〖生化〗ステロール, ステリン

ster·to·rous /stə́ːrṭərəs/ 形 高いいびきの, 高いびきをかく **~·ly** 副

stet /stet/ 動 (**stet·ted** /-ɪd/；**stet·ting**) 〖印〗 自 《命令形で》イキ《校正用語で消した箇所を生かすという意味》
— 他 〔消した箇所〕を生かす, イキにする

steth·o·scope /stéθəskòup/ 名 C 〖医〗聴診器
stèth·o·scóp·ic 形 聴診器の[による] **-i·cal·ly** 副

Stet·son, stet- /stétsən/ 名 C 《米》《商標》ステットソン帽《カウボーイがかぶるようなつば広のフェルト帽》

Stetson

Steve /stiːv/ 名 スティーブ(Stephen, Steven の愛称)

ste·ve·dore /stíːvədɔ̀ːr/ 名 C (船の)港湾荷役作業員
— 動 他 自 (船荷を)積む[降ろす]

Ste·ven·son /stíːvənsən/ 名 **Robert Louis** (**Balfour**) **~** スティーブンソン(1850–94)《スコットランドの小説家・詩人. 主著 *Treasure Island*(1883)》

*__stew__[1] /stjuː/ 名 ❶ U C シチュー ‖ make beef ~ ビーフシチューを作る ❷ C 《単数形で》《口》不安, 心配
in a stéw 《口》〈…のことで〉やきもきして〈**about, over**〉 ‖ Mary was *in a ~ about* how her cake was going to turn out. メアリーはケーキがどんなふうに出来上がるか気が気でなかった
— 動 他 〔食べ物〕をことこと煮る, シチューにする(⇨ BOIL¹ 類語P) — 自 ❶ ことこと煮える ❷ 《口》〈…のことで〉気をもむ, やきもきする〈**over**〉 ‖ Just 「let her [OR leave her to] ~ for a while. しばらく彼女を助けずにほうっておこう

❸《口》(暑さなどで)うだる ❹《英》(紅茶が)苦くなる
stew in one's own juice ⇨ JUICE(成句)
stew[2] /stjuː/ 名 C《英》養魚池, いけす ; カキ養殖場
stew[3] /stjuː/ 名 C《米俗》=steward, stewardess
*__stew·ard__ /stjúːərd/ 名 C ❶ (旅客機などの) 乗客係, スチュワード(♦女性形は stewardess. 旅客機の場合は男女共に flight [OR cabin] attendant という方がふつう) ❷ 執事, 家令 ; 財産管理人, 支配人 ❸ (レストランなどの)給仕長 ; (病院などの)まかない係 ; 用度係 ; (船の)司厨(しちゅう)員 ❹ (舞踏会・競馬・催しなどの) 世話役, 幹事 ❺ =shop steward ―動 他 自 (…の)steward を務める
~·shìp 名 U steward の地位[仕事] ; 管理 ; 責任
語源 古英語 *stig*(家)+*weard*(管理人, 番人)から.
*__stew·ard·ess__ /stjúːərdəs | stjùːədés, ́–́–/ 名 C《旧》(旅客機などの)スチュワーデス(→ steward 名 ❶)
stewed /stjuːd/ 形 ❶ とろ火で煮た ❷《英》(茶が)出すぎて苦い ❸《叙述》《俗》酔っ払った
stéw·pòt 名 C (シチュー用の深い)なべ
stg. 略 sterling
St. Géorge 名 ⇨ GEORGE
St. Gèorge's Chánnel 名 セントジョージ海峡《アイルランドとウェールズとの間にある》
St. Gèorge's cróss 名 聖ジョージ十字架《白地に赤の十字型. イングランドの旗に用いられている》
St Gèorge's dáy 名 聖ジョージ祭日《4月23日》
St. He·le·na /sèntəlíːnə/ 名 セントヘレナ島《南大西洋上の英国領の島. Napoleon I の流刑地》
sthen·ic /sθénɪk/ 形《旧》活力旺盛(おうせい)な, 力強い
STI 略 *s*exually *t*ransmitted *i*nfection(性感染症)
‡**stick**[1] /stɪk/
―名 (複 **~s** /-s/) C ❶ (木の)**棒**, 棒切れ ; こん棒 ; (スキーの)ストック ; (ホッケー・ポロなどの)スティック ; (ゴルフの)クラブ ; (ビリヤードの)キュー ; 官杖(かんじょう)《官職の象徴》; 指揮棒 (baton) ; (太鼓の) ばち (→ drumstick) ; **つえ**, ステッキ (walking stick) ‖ walk with a ~ つえを突いて歩く
❷ **棒状のもの**[部分], 棒 ; (飛行機の)操縦桿(かん) ; (自動車の)変速レバー ; 〖印〗植字盆(1杯分の組活字), ステッキ ; (バイオリンなどの) 弓 (の木の部分) ; (木の) 柄 (→ broomstick) ; (棒状の)スティックのり ; (セロリなどの)茎(stalk) ; 串 ‖ a ~ of dynamite ダイナマイト1本 / at the ~ (飛行機を) 操縦して / celery ~*s* セロリスティック《棒状に切ったもの》
❸ 木切れ ; 《~s》(たきぎ用の)枝, そだ ‖ pick up ~*s* for firewood たきぎ用の枝を拾う
❹《口》(家具の) 1点 ‖ There isn't a ~ of furniture in the room. その部屋には家具が一つもない
❺ (体罰用の)棒(状のむち) ; 脅し, 強制手段 ; 《(the) ~》《英口》(むち打ちの)罰, 厳罰, 仕置き ; 非難, 批判
❻《古》〖海〗マスト, 帆柱(の円材)
❼《the ~s》⊗《口》《蔑》(へんぴな)田舎, 奥地
❽《the ~s》《口》(サッカーの)ゴールポスト ; (クリケットの)ウィケットの柱 ❾《口》うすのろ, ぐず ; やつ ❿〖軍〗棍状(こんじょう)投下弾《目標物に1列に投下された爆弾》; (パラシュート隊員の)一斉降下 ⓫《俗》マリファナたばこ
a big stick ⇨ BIG STICK
a stìck to bèat a pérson with 《英》〔人〕を攻撃する[やり込める]材料(となる事実[出来事])
dràw [OR *gèt*] *a shòrt stíck* =get [OR draw] the short [《英》dirty] end of the stick
get (*hold of*) *the wrong end of the stick* ⇨ END(成句)
gèt on the stíck 《米口》仕事をてきぱきやる
get [OR *draw*] *the short* [《英》*dirty*] *end of the stick* ⇨ END(成句)
give a pèrson (*a lòt of*) *stíck* 《英口》〔人〕を(厳しく)しかる, 批判する
in a clèft stíck 《英口》進退窮まって
mòre ... than one can shàke a stíck at (数えきれないほど) たくさんの… ‖ There were *more* supporters at the meeting *than* you *could shake a* ~ *at*. 会合には数えきれないほどの支持者が集まった
tàke [OR *gèt*] *stíck* ; *còme in for stíck* 《英口》(厳しく)非難[批判]される ; 嘲笑(ちょうしょう)される
ùp stícks 《英口》他所に移る, 転居する(♦up は動詞)
ùp the stíck 《英口》妊娠して

COMMUNICATIVE EXPRESSIONS
1 **Stìcks and stónes (may brèak my bónes, but námes will nèver húrt me).** そんなこと言われたって平気だい ; 何とでも言えばいい (♥「言葉ではけがしない」の意. 子供の口げんかで用いる言い返しの文句)

―動 他 〔植物など〕に支柱をつける, 添え木する
▸▸ **~ fìgure** 名 C 棒線画 (《主に英》matchstick figure) **~ ìnsect** 名 C 〖虫〗ナナフシ (walking stick) **~ shìft** 名 C ① 《米》(自動車の) 手動変速装置[レバー], シフトレバー (gearshift, 《英》gear lever) ② マニュアル車

stick figure

‡**stick**[2] /stɪk/
中心義 **…を突き刺して, そこから動かないようにする**
(★文脈によって「突き刺す」側面, もしくは「そこから動かないようにする」側面のどちらかに重きが置かれた意味になる)

動 他 **突き刺す❶ 留める❷ 置く❸ 突っ込む❹** 自 **突き刺さる❶ くっつく❷**

―動 (▶ sticky 形) (**~s** /-s/ ; **stuck** /stʌk/ ; **~·ing**)
―他 ❶ 〔針など〕を〈…に〉**突き刺す**〈**in, into, through**〉; …を〈針などで[に]〉突き刺す〈**with** …で ; **on** …に〉‖ The doctor *stuck* a needle *in* my arm. 医師は私の腕に注射針を刺した / I *stuck* my fork *into* the steak. 私はフォークをステーキに突き刺した / She *stuck* her finger *with* a pin. 彼女はピンで指を刺した
❷ …を〈…に〉**留める**, 張りつける〈**in, on, to**〉; …を張り合わせる《*together*》‖ She *stuck* a notice (up) *on* the board with thumbtacks. 彼女は掲示板にビラを画鋲(がびょう)で留めた / ~ a stamp *on* the envelope 封筒に切手をはる / ~ a broken doll *together* with special glue 壊れた人形を特殊のりで元に戻す
❸《口》(+目+副句) (急いで・無造作に) …を (ある場所に) **置く** ‖ Just ~ your bag under the table. かばんはテーブルの下に置いてくだされればいいです
❹ …を〈…に〉**突っ込む**, 差し込む〈**in, into**〉; …を〈…から〉突き出す《*out*》〈**out of**〉‖ She casually *stuck* the flowers *in* a vase. 彼女は無造作に花を花瓶に突っ込んだ / ~ one's hands *in* [OR *into*] one's pocket ポケットに手を突っ込む / Don't ~ your **head** *out of* the window. 窓から顔を出さないで
❺《通例受身形で》(人・車などが)〈…で〉動けなくなる, 立ち往生する, (物が)(くっついて)動かなくなる〈**in**〉; (仕事などで)動きがとれなくなる ‖ I got *stuck in* a traffic jam on my way to work. 出勤途中で渋滞に巻き込まれた / The wheels got *stuck in* the mud. 車輪が泥にはまって動かなくなった / I'm sorry I'm late. I got *stuck* at work. 遅くなってごめん, 仕事を抜け出せなくて
❻《通例受身形で》まごつく, 困惑する ; 〈…に〉詰まる, 窮する〈**for**〉‖ I was doing my math homework, but got *stuck* on the second question. 数学の宿題をやっていたが2問目でつまずいた / He was *stuck for* words. 彼は言葉に詰まった / be *stuck for* money 金に窮する
❼《口》〔人〕に〈…の〉支払いを押しつける〈**for**〉; 《通例受身形で》〈やっかいなどを〉押しつけられる, 〈…から〉逃げられなくなる〈**with**〉‖ How come I'm always *stuck with* the housework? 何で私がいつも家事をしなきゃいけないの?

S

❽《通例否定文・疑問文で》《進行形不可》《英口》…を我慢する ‖ I don't know about you, but I can't ～ her. 君はどうか知らないが，僕は彼女に耐えられない
❾《英口》〔必要とされないもの〕を持ち続ける(→ CE 1)
❿〔動物〕を刺し殺す
―自 ❶〈…に〉**突き刺さる**〈**in, into, through**〉‖ An arrow *stuck in* the bear's leg. 矢がクマの足に刺さった
❷〈…に〉**くっつく**，はりつく《*together*》〈**to**〉(⇨ 類語) ‖ The room was hot, and my wet shirt *stuck to* my skin. 部屋は暑く，ぬれたワイシャツが肌にはりついた
❸〈…から〉突き出る《*out, up*》〈**out of, through, from**〉‖ How his stomach ～*s out*! 彼の腹の出ていることといったら / The antenna ～*s up* above the roof. アンテナが屋根の上に突き出ている
❹〈…に〉くっついたように離れない〈**in**〉；動きがとれなくなる，立ち往生する；(進歩などが) 止まる ‖ A tiny fish bone *stuck in* my throat. 魚の小骨がのどに引っかかった / The rear wheels *stuck* [OR got *stuck*] *in* the mud. 後輪がぬかるみにはまって立ち往生した
❺ (思い出などが) いつまでも残る ‖ His sad expression *stuck* in my mind [OR head, memory]. 彼の悲しそうな表情は忘れることができなかった ❻《口》有効である，説得力がある ‖ They could not make the charges ～. 彼らはその告発を実証できなかった ❼《口》(名前などが) 定着する，受け入れられる ❽ (トランプで)札を取らない

be stúck on ... 《口》…に夢中である，…が大好きである
gèt stúck in [OR ***into***] ***...*** 《英口》…を真剣に始める，…にまじめに取りかかる；…を食べ始める
*＊**stìck aróund*** 〈自〉《口》そこらで待つ，帰らずにいる
*＊**stíck at ...*** 〈他〉① 《口》〔困難なことなど〕をこつこつやる，努力する(keep at；persevere) ②〔…の数・量など〕で抑える，止める，…以上[以下]にしない
stíck at sòmething 断固としてやる
*＊**stíck by ...*** 〈他〉① …を見捨てない，支える ‖ Only a few friends *stuck by* her through her difficult times. 彼女の窮状をずっと支えてくれたのはわずか数人の友人だけだ ②〔約束など〕を守る；〔主義・主張など〕を堅持する(↗ adhere to)
stìck dówn ... / stìck ... dówn 〈他〉①〔封筒など〕をはって留める，のりづけする ② 《口》…を〈…に〉書き留める，走り書きする〈**in, on**〉
Stìck 'em úp! 《口》手を上げろ
stíck it to a pérson 《主に米口》〔人〕をひどく[邪険に]扱う；〔人〕からぼる
stìck ón 〈他〉Ⅰ《***stìck ón ... / stìck ... ón***》① …をはりつける ②〔衣類〕を身につける，着る ③〔電気器具〕のスイッチを入れる Ⅱ《***stìck À on B́***》④ *A*を*B*にはりつける(→ 他 ❷) ⑤ *A*を*B*に置く ⑥ *A*(金額)を*B*(物の値段など)に上乗せする ⑦《口》*A*(罪などのぬれぎぬ)を*B*(人)に着せる
*＊**stìck óut*** 〈自〉① **突き出る**(→ 自 ❸)(poke out；protrude) ② **目立つ**，顕著である ‖ Her performance really *stuck out*. 彼女の演技はひときわ目立った ―〈他〉《***stìck óut ... / stìck ... óut***》① …を突き出す(→ 他 ❹) ②《しばしば ～ it out で》《口》…を最後までやり通す(endure) ‖ He promised to ～ it *out* until he passed the exam. 彼は試験に受かるまでは頑張ると約束した
stìck óut for ... 〈他〉《口》…をあくまで要求する ‖ The union is ～*ing out for* a pay raise. 組合はあくまで賃上げを要求している
*＊**stíck to ...*** 〈他〉① …に**くっつく**(→ 自 ❷) ②〔約束など〕を守る；〔主義・主張など〕を**堅持する**(↗ adhere to) ‖ He *stuck to* his decision to go ahead with the project. 彼はその企画を進める決断を曲げなかった ③ …をやり[使い]続ける ④〔主題〕からそれない，脱線しない ‖ Don't stray from your subject; ～ *to* it. テーマから外れてはいけません ⑤〔人など〕から離れないでついていく；〔道路など〕からそれないようにする ⑥〔規則など〕を守る
*＊**stìck togéther*** 〈自〉① お互いにくっついている(→ 自 ❷) ②《口》互いに協力する，一致団結する ―〈他〉《***stìck ... togéther***》…をはり合わせる(→ 他 ❷)
stíck to it 仕事[勉強など]を投げ出さずにやり続ける
*＊**stìck úp*** 〈自〉(上に)突き立つ[出る](→ 自 ❸)(protrude, project) ―〈他〉《***stìck úp ... / stìck ... úp***》① …を上の方にはりつける ②《英では旧》〔銀行など〕に強盗に入る；〔人〕を襲う(⇨ HAND CE 1，→*Stick 'em up!*(↑)) ‖ A man *stuck up* the post office yesterday. 昨日男が郵便局に強盗に入った ③ …を上げる，突き上げる
*＊**stìck úp for ...*** 〈他〉《口》〔人・主義主張など〕をあくまでも支持する，擁護する
*＊**stíck with ...*** 〈他〉《口》①〔人〕にくっついている，…から離れずにいる ‖ *Stick with* me if you want to get out of this place alive. ここから生きて出たかったら私から離れるな ② …を続けてする；《しばしば ～ with it で》(いやなことなどを) 最後までやり抜く ‖ ～ *with* the original plan 元の計画どおりに進める ③ …の記憶に残る ‖ Her angry words have *stuck with* me for all these years. 彼女の怒りの言葉はこの長い年月ずっと忘れることができない ④ …を支持する，…に忠実でいる

COMMUNICATIVE EXPRESSIONS

1 I tóld him he **can** [OR **could**] **stíck** his jób. 《英》私は彼にそんな仕事は自分でやればいい[私がやるなんてごめんだ]と言った(♥ 人の提案などを「そんなものは私は不要だ」と拒絶するぶしつけな表現)
2 **Hàng ón, can we stìck with thàt póint about** his téstimony? ⇨ POINT(CE 1)

類語《自 ❷》**stick** 文字どおり，または比喩(ゆ)的にぴったり付着して離れない.
adhere stick とほぼ同義だが，より改まった語．「あくまで」「しっかりと」の意味が強められる.
cling 支えを必要とする依存性や，しがみついて離そうとしない執着心を表すことが多い.

▸▸ **～ing plàster** 名 C U 《英》ばんそうこう **～ing pòint** 名 C (交渉などの障害となる)問題点

stick·a·bil·i·ty /stìkəbíləṭi/ 名 U 《口》❶ 持続力，忍耐力(《米》stick-to-itiveness) ❷ (ウェブサイトの) 訪問者を引きつける魅力，興味深さ
stíck·bàll 名 U 《米》(ゴムボールとほうきの柄などを用いた)野球ごっこ **～·er** 名
*＊**stick·er** /stíkər/ 名 C ❶ ステッカー，のり付きラベル ‖ a bumper [price] ～ バンパーステッカー[値札] ❷《口》頑張り屋，粘り屋 ❸ 突く[刺す]人[道具]，突き棒 ❹《米口》とげ，いが
▸▸ **～ prìce** 名 C 《米》(新車などの)値札[希望小売]価格 **～ shòck** 名 U 値札ショック《高い値札価格への驚き》
stíck-in-the-mùd 形 名 C 《口》保守的な(人)
stíckle·bàck 名 C 〖魚〗トゲウオ
stick·ler /stíklər/ 名 C ❶〈…に〉こだわる人〈**for**〉❷ 難問，難題
stíck-òn 形 《限定》のり付きの
stíck·pìn 名 C 《米》タイピン，飾りピン
stick-to-it·ive /stìktúːəṭɪv/ 形 《米口》粘り強い **～·ness** 名 U 《米口》粘り強さ，不屈の精神
stíck·ùp, stíck-ùp 名 C 《口》ピストル強盗
*＊**stick·y** /stíki/ 形〔◁ stick² 動〕(**stick·i·er**；**stick·i·est**) ❶ 粘着性の，ねばねばの；〈…で〉べとつく〈**with**〉❷ (天候が)蒸し暑い；(人が)汗だくの ❸《口》不愉快な；具合の悪い，気まずい；面倒な，やっかいな ‖ a ～ business 面倒な事柄 ❹ 💻《俗》(ウェブサイトが)人を引きつける，興味深い
―名 (＝～ nòte) C のり付き付箋(ふせん)紙(《商標》Post-it)
▸▸ **～ fíngers** 名 複 《口》盗癖 ‖ have ～ *fingers* 手癖が悪い **～ tápe** 名 U 《英》粘着テープ(《米》adhesive tape) **～ wícket** 名 C 《通例単数形で》《口》困難な状況
stícky·bèak 名 C 《豪口》おせっかい焼き，詮索(せんさく)好き
stìcky-fíngered 〈ジ〉形 《口》盗癖のある
＊＊**stiff** /stɪf/

—形〔▶ stiffen 動〕(~·er ; ~·est)
❶ 曲げ[伸ばし]にくい, **堅い**；こわばった(⇨ HARD 類語) ‖ a ~ piece of cardboard 堅いボール紙 / a shirt ~ with starch のりでごわごわのワイシャツ / go ~ with terror 恐怖のあまり体がすくむ
❷ (機械などが) 滑らかに動かない, 引っかかる ‖ My car has ~ gears. 私の車はギアが硬い / a ~ drawer 引っかかって開けにくい引き出し
❸ (筋肉などが)**硬直した**, 凝った, つった ‖ I had ~ muscles after a long walk. 長く歩いたので筋肉が凝った
❹ 断固たる, 強硬な, 頑固な ‖ The manager put up a ~ resistance to the staffing cuts. 部長は人員削減に頑強に抵抗した / a ~ refusal 断固たる拒絶
❺ (粘土・ケーキ生地などが)べとっ[どろっ]とした, 濃厚な
❻ (態度・動作などが) **堅苦しい**, ぎこちない ‖ make a ~ bow 四角ばったおじぎをする / a ~ style 堅苦しい文体 / be ~ with shyness はにかんでかしこまる ❼ 困難な, 骨の折れる, 手ごわい ‖ a ~ climb 骨の折れる登り / a ~ exam 難しい試験 / ~ **competition** 厳しい競争 ❽ (罰などが)厳格な, 苛酷(かこく)な ‖ a ~ sentence 厳しい判決 / a ~ increase in taxes 苛酷な増税 ❾ (風などが)激しい；《限定》(酒などが) 強い；(薬が) よく効く ‖ a ~ breeze 強風 / a ~ dose of medicine 1服の強力薬 ❿ (値段が)法外な ⓫ 〈…で〉いっぱいの〈**with**〉
(*as*) ***stiff as a board*** ⇨ BOARD(成句)
(*as*) ***stiff as a poker*** ⇨ POKER[1](成句)
—副 ❶ 堅く, かちかちに ‖ be frozen ~ (洗濯物などが)かちかちに凍っている；こごえてこわばっている ❷《口》すっかり, 全く(♦ bored, scared, frozen などの形容詞の後で用いる) ‖ be [get] bored ~ ひどく退屈している[する]
—名 Ⓒ《俗》❶ 死体 ❷ ⊗《主に米》《蔑》堅苦しい人物；無骨者 ❸ (…な)男, やつ
—動 他《米俗》❶〔人〕をだます, …の裏をかく；…からだまし取る ❷ …にチップを与えない；〔支払いなど〕を踏み倒す
~·ness 名　**~·ish** 形 やや堅い
▶▶ **~ ùpper líp** 名 Ⓒ《a ~》不屈の精神 ‖ keep a ~ *upper lip* 動じない

stíff-àrm 動 =straight-arm

***stiff·en** /stífən/ 動〔◁ stiff 形〕他 ❶〔関節・筋肉など〕を硬直させる, 凝らせる《*up*》‖ The hard work ~*ed* me (*up*). きつい仕事のせいで体 (中) がこわばった ❷ …を強くする, 強化する, 硬化させる ‖ The severe school rules ~*ed* students' resistance. 厳しい校則は学生の抵抗を強めた ❸〈…で〉…を堅くする, こわばらせる〈**with**〉‖ ~ a collar *with* starch のりでカラーを堅くする —自 ❶〈…で〉堅くなる, こわばる〈**with**〉‖ ~ *with* fear 恐怖で体をこわばらせる ❷ (関節・筋肉などが) 硬直する, 凝る《*up*》❸ (態度などが)堅苦しくなる, 硬化する ❹ 強くなる
~·er 名 Ⓒ 堅くするもの；(襟・表紙などの)芯(しん)；Ⓤ《俗》強い酒, 強壮剤　**~·ing** 名 Ⓤ (襟などの)芯材

stiff·ly /stífli/ 副 堅く；硬直して；ぎこちなく

stìff-nécked ⟨シ⟩ 形 頑固で傲慢(ごうまん)な

stif·fy /stífi/ 名 Ⓒ ⊗《俗・卑》(ペニスの)勃起(ぼっき)

***sti·fle** /stáɪfl/ 動 他 ❶〔息・声・感情など〕を抑える, 押し殺す；〔反乱・暴動など〕を鎮圧する, 〔活動など〕を抑圧する ‖ ~ a yawn [laugh] あくび[笑い]をかみ殺す ❷〔火・音など〕を消す；〔うわさなど〕をもみ消す ❸ …を窒息(死)させる；…を息苦しくさせる ‖ They were almost ~*d* by the smoke. 彼らは煙で窒息しそうだった —自 窒息(死)する, 息苦しくなる　**-fler** 名

sti·fling /stáɪflɪŋ/ 形 息が詰まるほど暑い　**~·ly** 副

stig·ma /stígmə/ 名 (複 **~s** /-z/, ❺では **~·ta** /-tə/) Ⓒ ❶《通例単数形で》汚名, 恥辱 ❷〖医〗(ある病気に特徴的な)兆候；(皮膚に現れる)斑点(はんてん) ❸〖動〗気孔, 気門；(原生動物の) 眼点 ❹〖植〗(花の) 柱頭 ❺《~ta》聖痕(せいこん)《十字架にかけられたキリストの傷に似た傷痕. 聖人の身体に現れたといわれる》

stig·mat·ic /stɪgmǽṭɪk/ 形 ❶ 不名誉な, 恥辱の ❷〖光〗無非点収差の ❸〖動〗気孔の ❹〖植〗柱頭の
—名 Ⓒ 聖痕のある人

stig·ma·tize /stígmətàɪz/ 動 他 ❶《通例受身形で》汚名を着せられる, 非難される ‖ be ~*d* as a coward おく病者だと非難される ❷ …に聖痕を生じさせる
stìg·ma·ti·zá·tion 名

stile /staɪl/ 名 Ⓒ ❶ 踏み越し段《牧場などのさくに設け人は越せるが家畜は通れなくしたもの》❷ =turnstile

stile ❶

sti·let·to /stɪléṭoʊ/ 名 (複 **~s, ~·es** /-z/) Ⓒ ❶ 小剣, 短剣 ❷ (裁縫用の) 穴あけ, 目打ち ❸ (= **~ héel**) スティレットヒール, ピンヒール《婦人靴の高くて先が細いヒール》❹《通例 ~s》スティレットヒールの靴

***still**[1] /stɪl/

—副《比較なし》❶ (今も・そのときも・これから先も)**なお, まだ**, 依然として ‖ The doctor checked his pulse, and found (that) he was ~ **alive**. 医者は彼の脈を調べた. そして彼はまだ生きているとわかった / My parents are ~ deeply in love with each other. 両親は今でも深く愛し合っている / It was ~ raining. まだ雨が降っていた / I can ~ remember what my kindergarten teacher said. 幼稚園の先生が言った言葉をまだ覚えている / Eliza will ~ be there selling flowers tomorrow. イライザは明日もそこで花を売っているだろう / Does your tooth ~ hurt? まだ歯が痛みますか / World peace is [OR has] ~ to be won. 世界平和はまだ達成されていない (♦「be [OR have] still + to 不定詞」で「まだ…していない」を表す. still の代わりに yet を用いても同じ意味. 不定詞はしばしば受身形になる)

語法 ★☆ (**1**) be 動詞, 助動詞の後, 一般動詞の前に置く. ただし Jane loved Tom still. (ジェーンはまだトムを愛していた) のように目的語の後にくることもある. また be動詞・助動詞の前に置いて強調を表す場合もある. 〈例〉I was, and *still* am, grateful to them for their help. 彼らの助力をありがたいと思ったし, 今でもそう思っている
(**2**) 通例肯定文に用いるが疑問文・否定文に用いることもある. 否定文では否定語の直前にくる. 〈例〉The plan 「is *still* not [OR *still* isn't] working out well. その計画は今もまだうまくいっていない (♦ ふつう否定文での「まだ…ない」は not ... yet. → yet)
(**3**) 疑問文で用いる場合, 驚きを表すことがある. Is your aunt *still* here? おばさんはまだこちらにいらっしゃるんですか (♦ ふつう疑問文では yet. → yet)

Behind the Scenes **Generalissimo Francisco Franco is still dead.** フランシスコ＝フランコ総帥はまだ死んでいる；未だにその死が話題になっている スペイン内戦で反乱軍を指揮し, 国家元首に上りつめた独裁者 Franco が長い闘病生活を送っている際, アメリカのニュースで連日「フランコ総帥はまだ生きている」と報道されていたことを, 没後, バラエティー番組 *Saturday Night* がニュースコントで取り上げ, 「フランコ総帥はまだ死んでいる」とパロディーにしたことで広まった表現 (♥ 特に報道番組で, 有名人の死が長く話題になっている状況で, 名前の部分を置き換えて用いる. 新聞の見出しなどでは dead の部分も置き換え, 「自明の状況がまだ続いている」という意味で用いることも)

❷ NAVI **それでもなお**, それにもかかわらず (♦ しばしば but [OR and, yet] still として接続詞的に用い, but, however より強い意味を持つ. ⇨ NAVI表現 5) ‖ It's raining; ~, I'd like to go out. 雨が降っているけれど, それでも私は出かけたい / Cathy has many clothes but [OR and] ~ wants more. キャシーはたくさん服を持っているのに, まだもっと欲しがっている / The bus was 30 minutes late.

I ～ managed to get to the game in time. バスは30分遅れたが, 試合には何とか間に合った
❸《比較級, (an) other を強調して》**なおいっそう**, さらに ‖ It's already very cold, but it'll be 「～ colder [OR colder ～] tonight. 今とても寒いが, 今晩はさらに冷え込むだろう / Hand in your proposal by Friday, or **better** ～, tomorrow. 金曜までに, いや, できれば明日までに企画書を提出しなさい / She had ～ another piece of cake. 彼女はさらにもう1つケーキを食べた
❹《形容詞・副詞などと複合語を作って》「まだ…」の意 ‖ a ～-divided nation 依然として分裂したままの国民 / a ～-young man まだ若い男性
stìll and áll 《口》それでもなお

COMMUNICATIVE EXPRESSIONS
[1] **But I stíll thìnk** the referée trèated them unfáirly. でもやはり審判は彼らを公平に扱わなかったと思います(♥ 譲歩しながらも「やっぱりこう思う」と反論する)

:still² /stɪl/
―形 (**～·er**; **～·est**)
❶《通例叙述》**じっとしている**, 静かにしている, 動かない, 静止した(↔ moving)(♦ be; hold, keep, stay; stand, sit, lie などの補語として)(⇨ CALM 類語) ‖ The children are never ～ for a moment. 子供たちは一瞬たりともじっとしていない / **Keep** [OR Hold] ～. (そのまま)じっとしていろ / The little girl was **standing** very ～ beside her father. 少女は父親のわきに身じろぎもせずに立っていた(♦ 上の2例では副詞とも解される) / deathly [OR perfectly] ～ ぴくりともせずに / (as) ～ as a statue (彫像のように)ぴくりともせずに
❷(水面が)波立たない, 静かな; (天候などが)穏やかな, 風のない; (心が) 平静な ‖ a ～ lake 鏡のような湖 / the ～ air そよともしない大気 / a ～ day 穏やかな1日
❸ひっそりとした, しんとした, 静かな(↔ noisy)(♦ 音も動きもない静けさを表す) ‖ The cathedral was (as) ～ as death [OR the grave]. 大聖堂は森閑としていた / the ～ hours before dawn 夜明け前の静寂に包まれたひととき
❹(音・声などが)押し殺した(ような), ひそかな, 低い ‖ a ～ murmur 押し殺したようなつぶやき / the ～ small voice 静かな細い声; 良心のささやき(♦ 聖書の言葉)
❺(飲み物が)非発泡性の, 泡立たない ❻《映》スチールの
hòld [OR ***stànd***] ***stíll for ...*** …を甘受する, 耐える

COMMUNICATIVE EXPRESSIONS
[1] **Bètter kèep stíll about it.** このことは黙っておいた方がいい

―名 ❶ U 全くの静けさ, 深い静寂 (↔ noise) ‖ in the ～ of the night 夜のしじまに ❷ C 《映》スチール(写真)
―動 他 …を静かにさせる, 静める; …を和らげる, なだめる; …を静止させる ‖ The baby's cries were ～*ed*. 赤ん坊の泣き声が治まった / ～ his fears 彼の恐怖を和らげる
―自 静かになる, 収まる
▶▶ ～ **lífe** (↓)

still³ /stɪl/ 名 C 蒸留酒製造器[所]
stíll·bìrth 名 U C 死産; C 死産児(↔ live birth)
stíll·bòrn 形 死産の; 成功[実現]しなかった
stìll lífe 名 (複 **～s** /-s/) C 静物画; U (画法としての) 静物画 **stìll-lífe** <シ 形
still·ness /stílnəs/ 名 U ❶静けさ, 静寂, 静粛; 沈黙; C 静かな場所 ❷不動, 静止 ❸平穏, 平和
still·y /stíli/(→ 副) 形 《文》静かな, 静穏な
―副 /stílli/ 静かに, 静穏に
stilt /stɪlt/ 名 C ❶《通例 ～s》竹馬 ‖ on ～*s* 竹馬に乗って ❷《通例 ～s》(建物の)脚柱, 支柱 ❸《鳥》セイタカシギ
stilt·ed /stíltɪd/ 形 ❶ (文体などが) 堅苦しい; 大げさな ❷《建》(アーチが)垂脚の, 上心の **～·ly** 副
Stil·ton /stíltən/ 名 U 《商標》スティルトンチーズ《英国産の青カビ入り白色チーズ》
stim·u·lant /stímjulənt/ 名 U C ❶《医》刺激剤, 興奮剤 ❷ (行動などへの) 刺激, 激励 ❸興奮性飲料《アルコール飲料など》 ―形《医》刺激[興奮]性の
***stim·u·late** /stímjulèɪt/ 《アクセント注意》 動 〔◁ stimulus 名 | ▶ stimulation 名〕 他 ❶ **a** 《+目》…を刺激する; …を鼓舞する, 激励する (⇨ PROVOKE 類語) ‖ His book ～*d* my curiosity. 彼の本は私の好奇心をかき立てた / ～ the economy 経済を刺激する **b** 《+目+**to** [**into**] 名 / 目+**to** *do*》…を刺激して…させる ‖ Praise ～*s* us *to* greater efforts. 褒められると励みになっていっそう頑張れる / His lecture ～*d* the students *to* open their eyes to the world. 彼の講演に刺激されて学生たちは世界へ目を向けた ❷《生理・医》〔器官など〕を刺激する, 興奮させる **-là·tive** 形 **-là·tor** 名
***stím·u·làt·ing** /-ɪŋ/ 形 励みとなる; 刺激する, 興奮させる
***stim·u·la·tion** /stìmjuléɪʃən/ 名 〔◁ stimulate 動〕 U 刺激, 興奮; 激励, 鼓舞
***stim·u·lus** /stímjuləs/ 名 〔▶ stimulate 動〕 (複 **-li** /-làɪ/) ❶ U/C 《通例単数形で》刺激, 激励, 鼓舞; C 刺激[励み]になるもの〈**to, for** …の / **to** *do* …する〉 ‖ under the ～ of the IT revolution IT革命の刺激を受けて / give [OR provide] a powerful [OR strong] ～ *to* Japan's economy 日本経済に強力な刺激を与える ❷ U C 《生理・心》刺激(↔ response)
***sting** /stɪŋ/ 動 (**～s** /-z/; **stung** /stʌŋ/; **～·ing**) 他 ❶ (動植物が) …を (針などで) 刺す ‖ He was *stung* by a wasp when he was gardening. 彼は庭の手入れをしているときにスズメバチに刺された ❷ …に刺すような痛みを与える; 〔舌など〕をぴりっと刺激する ‖ The driving rain *stung* my face. 激しい雨が顔に当たって痛かった ‖ The wasabi ～*s* your nose. ワサビは鼻につんとくる ❸ (言葉・批判などが)〔人〕を傷つける, 苦しめる(♦ しばしば受身形で用いる) ‖ I was *stung* by my conscience. 良心の呵責(かしゃく)にさいなまれた ❹《+目+**into** [**to**] 名》…を刺激して…させる, …に駆り立てる ‖ Her words *stung* Eric *into* action. 彼女の言葉に刺激されてエリックは行動を起こした ❺《口》…をだます(cheat); 〔人〕から〈…を〉だまし取る; …に〈法外な代金を〉要求する〈**for**〉(♦ しばしば受身形で用いる) ‖ I was *stung for* $100. 私は100ドルだまし取られた ❻《英口》〔人〕から〈金を〉借りる〈**for**〉
―自 ❶刺す; 針[とげ]を持つ ❷ (体の一部が) 刺すように痛む, ちくちく[ひりひり]する; (薬品が)しみる; (香辛料などが) 舌を刺す ‖ Her cheek *stung* where the sun had caught her. 彼女の頬(ほお)は日に焼けてひりひりした
―名 ❶ C (針などで)刺すこと; 刺し傷, かみ傷; 刺された痛み[跡] ❷ U C 刺すような痛み, 激痛; 苦悩, 苦悶(くもん) ‖ the ～ of the north wind 北風の刺すような痛み / the ～ of love 恋の苦しみ ❸ C (ハチ・サソリなどの)毒針, (蛇などの) 毒牙(どくが) (《米》stinger); (植物の) とげ ❹ U/C 《単数形で》刺激(性); 辛辣(しんらつ)さ, 皮肉, 風刺 ‖ criticism with much ～ in it 非常にとげのある批評 ❺ C 《口》だますこと; (= ～ **operàtion**)おとり捜査
a stìng in the táil (話などで) 最後に述べられる不愉快な[思いがけない]こと[事実], 予期せぬ結末, 悪い後味
tàke the stíng òut of ... 《口》…の痛み[不快感]を和らげる
～·less 形 とげのない **～·ing** 形 **～·ing·ly** 副
▶▶ **～ing nèttle** 名 C 《植》イラクサ《茎や葉にとげがあり, 触れると皮膚が赤くはれる》
sting·er /stíŋər/ 名 C ❶刺す動物[昆虫]《クラゲ・ハチなど》 ❷《米》《動》毒針, 毒牙 ❸皮肉, 毒舌; 《口》痛打, 痛撃 ❹ スティンガー《ブランデーとリキュールのカクテル》 ❺《S-》スティンガー《肩かけ式地対空ミサイル》
stíng·ràỳ 名 C 《魚》アカエイ《尾の基部に大きなとげがあり, 刺されると激痛を起こす》
stin·gy /stíndʒi/ 《発音注意》 形 ❶《口》けちな(↔ generous) ‖ be ～ with one's money 金を出し惜しみする ❷乏しい, わずかな **-gi·ly** 副
***stink** /stɪŋk/ 動 (**stank** /stæŋk/ OR **stunk** /stʌŋk/; **stunk**) 自 《通例進行形不可》 ❶〈…の〉悪臭を放つ, 〈…が原因で〉におう〈**of**〉(⇨ SMELL 類語P) ‖ This meat

~*s*. この肉はにおう / His breath *stank of* whisky. 彼の息はウイスキー臭かった ❷〈悪事・不正などの〉においがする〈**of**〉‖ This deal ~*s of* a setup. この取り引きは詐欺のにおいがする ❸《口》非常に不快である, おぞましい, うさんくさい；ひどい, 劣悪である(→ CE 1) ❹《+**of** [**with**] 名》《口》…をたくさん持っている ‖ He ~*s of* money. 彼は金を腐るほど持っている

stìnk óut ... / ***stìnk ... óut*** 〈他〉①《口》…中に〈…で〉悪臭を充満させる〈**with**〉‖ You're ~*ing* the room *out with* your cigar. 君の葉巻のせいで部屋中ひどいにおいだ ②…を悪臭で追い出す

stink to high heaven ⇨ HEAVEN(成句)

stìnk úp ... / ***stìnk ... úp*** 〈他〉《米口》=*stink out*〈他〉①(↑)

COMMUNICATIVE EXPRESSIONS

1 "Hòw's his nèw sóng?" "**It stínks.**"「彼の新曲はどう」「全然駄目」(♥評価が低く, 気に入らないことを表す)

2 **It stìnks on íce.** おかしいな；くさい [あやしい] (♥俗語)

3 **Whàt stínks?** 何のにおいだ；あやしいな

—名 C ❶《通例単数形で》悪臭 ‖ a ~ bomb 悪臭弾 ❷《単数形で》《口》(一般大衆の)憤り, 抗議

like stínk 《口》猛烈に, 懸命に

ràise [OR ***màke, crèate,*** 《英》 ***kìck ùp***] ***a stínk*** 《口》激しく抗議する

~·y 形《口》悪臭のする；ひどい, 不快な **~·i·ly** 副

▶▶**~ bòmb** 名 C 悪臭弾《割れると悪臭を放つ. 暴動鎮圧などに使う》 **~ bùg** 名 C 〖虫〗カメムシ；ヘッピリムシ《悪臭を放つ昆虫の総称》

stink·er /stíŋkər/ 名 C《口》❶臭い人 [もの] ❷いやなやつ[もの] ❸難問, 難題

stink·ing /stíŋkɪŋ/ 形 ❶悪臭を放つ, 臭い ❷《口》とてもいやな；ひどい ❸《俗》ぐでんぐでんに酔っ払った

—副《口》非常に ‖ ~ rich 途方もない金持ちの

stint[1] /stɪnt/ 動《しばしば否定文で》他…を出し惜しむ, 切り詰める, 制限する ‖ ~ oneself of ... …を切り詰める

—自〈…を〉出し惜しむ；切り詰める〈**on**〉

—名 ❶ C (仕事などの) 割り当て分 ❷ U 制限 ‖ without ~ 無制限に

stint[2] /stɪnt/ 名 C 〖鳥〗オバシギの類

sti·pend /stáɪpend/ 名 C ❶ (聖職者・教師の) 俸給 (⇨ SALARY 類語) ❷ (定期的な)給付金, 手当, 年金

sti·pen·di·ar·y /staɪpéndièri | -əri/ 形 ❶ 俸給を受ける, 有給の ❷俸給で支払われる

—名 (複 **-ar·ies** /-z/) C 有給者

stip·ple /stípl/ 動 他…を点描[点刻, 点彩]する

—名 U 点描[点刻]法；点描[点刻]効果 **-pling** 名

***stip·u·late**[1] /stípjulèɪt/ 動 他 ❶ **a** 《+目》(契約条項中に) …を明記する, 規定する, 明文化する ‖ The treaty ~*s* the return of the islands to Japan. 条約はその島々の日本返還を明記している **b** 《+**that** 節 / **wh** 節》…ということを [···かを] 明記 [規定, 明文化] する (↘ lay down) ‖ It is ~*d that* the payment be [《主に英》should be] in cash. 支払いは現金で行うという約定になっている ❷ …を契約の条件として要求する —自 契約の条件として〈…を〉要求する〈**for**〉‖ ~ *for* an indemnity 賠償を要求する **-là·tor** 名 C 契約者 **-la·tò·ry** 形

stip·u·late[2] /stípjulət/ 形〖植〗托葉(たくよう)のある

stip·u·la·tion /stìpjuléɪʃən/ 名 U C ❶規定, 約定 ❷契約条件[条項] ‖ on [OR under] the ~ that ... …という条件で

:**stir**[1] /stəːr/

動 他 かき回す❶ 揺り動かす❷ 目覚めさせる❸
自 かすかに動く❶

—動 (~**s** /-z/ ; **stirred** /-d/ ; **stir·ring**)

—他 ❶〔液体など〕を**かき回す**；かき混ぜる；〔火など〕をかき立てる；…を〈液体などに〉入れてかき混ぜる《**in**》〈**into**〉(⇨ MIX 類語) ‖ *Stir* the soup well before serving (it). スープはよそう前によくかき混ぜなさい / ~ one's tea with a spoon スプーンで紅茶をかき回す / ~ the fire 火をかき立てる

❷…を(かすかに)**揺り動かす**, 揺るがす, かき乱す；…を(少し)移動させる, (かすかに)動かす ‖ A sea breeze *stirred* the leaves. 海風が木の葉を揺すった

❸ **a** 《+目》…を〈眠り・無関心などから〉**目覚めさせる**, 覚醒(かくせい)させる《**up**》〈**from**〉；…を奮起させて〈行動などに〉駆り立てる〈**to, into**〉‖ The coach's words *stirred* the team *up*. コーチの言葉がチームを目覚めさせた / The news report of the disaster *stirred* many people *into* action. その災害に関する報道によって多くの人々が行動を起こした **b** 《+目+**to** *do*》…を奮起させて…させる ‖ Can't you ~ yourself *to* do something? 発奮して何かしてやろうという気になれないのか

❹…の心を強く動かす, 感動[興奮]させる；〔想像力・記憶など〕をかき立てる, そそる, 呼び覚ます《**up**》‖ He was deeply *stirred* by the news of his mother's death. 母親の死の知らせに彼はひどく動揺した / His story *stirred* my imagination. 彼の話は私の想像力をかき立てた

❺〔人〕を扇動する, そそのかす, …の怒りをかき立てる, 〔騒ぎなど〕を引き起こす《**up**》(→ CE 1) ‖ His speeches *stirred* the workers *up* to revolt. 彼の演説が労働者たちを反乱に駆り立てた

—自 ❶ (人・物が)**かすかに動く**, 身動きする, 揺れる ‖ She didn't ~ a bit in her sleep. 彼女は寝ていてぴくりとも動かなかった

❷動き出す, 活動し始める；(ベッドから)起き出す；〈…から〉出かける, 動く〈**from, out of**〉；(忙しく)動き回る ‖ It was very early, and no one was *stirring* yet. 朝とても早かったため, まだ人の動きはなかった / The market opened and life began to ~. 市場が開いて活気が出始めた / No one *stirred from* their seat during the movie. 映画の上映中, だれも席を離れなかった

❸ (感情などが) 生まれる, 芽生える ‖ Pity *stirred* in his heart. 彼の心に哀れみの情が沸いた

❹《英口》(人が) 騒ぎを起こす ❺《口》(事が) 起こる ‖ Something's *stirring* in the Cabinet. 内閣で何かが起こっている ❻ (物が) かき混ぜられる ‖ The mixture ~*s* easily. その混合液は簡単にかき混ぜられる

stìr úp ... / ***stìr ... úp*** 〈他〉① ⇨ 他❸, ❹, ❺ ②〔ほこり・沈殿物など〕を巻き上げる(disturb)

COMMUNICATIVE EXPRESSIONS

1 **Stòp stìrring thìngs úp.** 事を荒立てるのはやめろ

—名 (複 **~s** /-z/) C ❶かき回す [かき混ぜる] こと ‖ give one's tea a few ~*s* 紅茶を数回かき回す

❷《通例単数形で》かすかな動き；(風の)そよぎ

❸《通例単数形で》感動, 動揺, 混乱 ‖ Her resignation **caused** [OR **created**, made] quite a ~ in the country. 彼女の辞任で国中大騒ぎになった / feel a ~ of anger 突き上げる怒りを感じる

stir[2] /stəːr/ 名 C《俗》刑務所

stìr-crázy ⟨シ⟩ 形《主に米口》(刑務所などでの長い監禁によって)気が変になった；(閉じ込められて)いら立った ‖ go ~ 気が変になる

stìr-frý 動 (**-fried** /-d/ ; **~·ing**) 他…を(かき回しながら)さっといためる(→ deep-fry)

—名 C U さっといためた料理, いためもの

stir·rer /stə́ːrər/ 名 C《英口》問題を起こす人, 扇動者

***stir·ring** /stə́ːrɪŋ/ 形《通例限定》❶感動的な, 興奮させる, 刺激的な ❷《古》活動的な, きびきびした

—名 C《通例 ~s》〈心・感情などの〉兆し, 兆候, 動き〈**of**〉‖ the first ~*s of* love 愛が始まる兆し **~·ly** 副

stir·rup /stə́ːrəp | stír-/ 名 C ❶ (馬の) あぶみ ❷あぶみ形の器具 ❸〖海〗あぶみ綱 ▶▶**~ cùp** 名 C (昔, 旅に出る馬上の人に勧めた) 別れの杯 **~ lèather** 名 U C (あ

ぶみをつる) あぶみ革 **～ pànts** 名 複 スティラップパンツ《足の裏にかけるベルトがついた女性用の細いズボン》 **～ pùmp** 名 C (消火用の)小型手押しポンプ

***stitch** /stɪtʃ/ 名 C ❶ ひと針, ひと縫い, ひと編み;(傷口を縫う)ひと針;(ひと針・ひと縫いの)糸(の環), 針目, 縫い目 ‖ put a ～ in a garment 衣服をひと針縫う / drop a ～ (編み物で) ひと目落とす / have four ～*es* in [OR to] one's head 頭を4針縫ってもらう / take ～*es* out of a wound 傷口から抜糸する / *A ～ in time saves nine.* 《諺》手遅れにならぬうちの一針は九針の手間を省く;今日の一針, 明日の十針 ❷ C U 《通例複合語で》縫い方, 編み方 ‖ a cross-～ クロスステッチ ❸ 《通例単数形で》(走ったり笑ったりした後の) わき腹の痛み, 差し込み ❹ 《通例 a ～》《通例否定文で》《口》ほんの小さい布切れ;ほんの少し ‖ She doesn't have a ～ on.＝She isn't wearing a ～. 彼女は一糸まとわぬ裸だ

****in stítches*** 《口》笑いこけて, 抱腹絶倒して ‖ His jokes had us *in* ～*es*. 彼の冗談に我々は笑い転げた

━動 他 ❶ …を縫う, 縫いとじる;…を〈…に〉縫いつける〈**on, onto, etc.**〉‖ ～ a button *on* a shirt シャツにボタンを縫いつける ❷〔布・傷口など〕を縫い合わせる《*up*》(sew up;suture) ‖ ～ *up* a tear in the dress 服のほころびを縫い合わせる **━**自 縫う

stìtch togéther ... / stìtch ... togéther 〈他〉①〔布〕を縫い合わせる ② ＝*stitch up*〈他〉②(↓) ③〔組織など〕をまとめ上げる, 作り出す

stìtch úp ... / stìtch ... úp 〈他〉① ⇨ 他 ❷ ② 《口》〔取り引きなど〕をうまくまとめる ③ 《英口》〔人〕にぬれぎぬを着せる, …をはめる;〔人〕から(物を)だまし取る

stitch·er·y /stítʃəri/ 名 ＝needlework

stítch·ing /-ɪŋ/ 名 U 縫い目, 縫い合わせ

stítch-ùp 名 C 《英口》でっち上げ《他人が非難されるように, あるいは自分が有利になるように操作する行為》

St. Jàmes's (Pálace) 名 セントジェームズ宮《ロンドンにある宮殿》

St. Jóhn's 名 セントジョンズ《カナダ, ニューファンドランド州の州都》

St. Jóhn's wòrt /-wɔ̀ːrt/ 名 U C 〘植〙セントジョーンズワート《オトギリソウの類. 薬草として用いられる》

St. Láw·rence /-lɔ́(ː)rəns/ 名 《the ～》セントローレンス川《オンタリオ湖からセントローレンス湾に注ぐカナダ最大の川》 ▸▸ **～ Séaway** 名 《the ～》セントローレンス水路《五大湖と大西洋を結ぶ運河》

St. Lóu·is /-lúːɪs/ 名 セントルイス《米国ミズーリ州東部のミシシッピ川に臨む都市》

St. Márk 名 ⇨ MARK

St. Màrtin's súmmer 名 U 《英》小春日和《11月11日の聖マルティヌス祭のころの好天気. → Indian summer》

St. Máthew 名 ⇨ MATTHEW

STN 略 💻 *s*uper *t*wisted *n*ematic《液晶ディスプレー技術の1つ》

sto·a /stóuə/ 名 (複 **～s** /-z/ OR **-ai** /-aɪ/ OR **-ae** /-iː/) ❶ C 〘ギリシャ建築〙柱廊, 回廊, 歩廊 ❷ 《the S-》〘哲〙ストア哲学, ストア学派(→ Stoic)

stoat /stout/ 名 C 〘動〙(特に夏に毛が褐色のときの) オコジョ(→ ermine)

‡**stock** /stɑ(ː)k | stɔk/ 中心義 さらなる繁栄のための根幹

> 名 **在庫品❶ 蓄え❷ 株式❸**
> 動 他 **店に置いている❶**

━名 (複 **～s** /-s/) ❶ C U **在庫品**, ストック ‖ Our ～ of stationery is good [low]. 当店は文房具の在庫が豊富だ[少ない] / be in [out of] ～ 在庫がある[ない]
❷ C 〈…の〉**蓄え**, 備蓄, 備え〈**of**〉‖ I am envious of her ～ *of* knowledge. 彼女の知識の豊富さがうらやましい / The plant has a large ～ *of* fuel. その工場は燃料のストックが大量にある
❸ C U **株式**(資本), 株;(各人の)(保有)株(share);株式証書, 株券;《英》国債, 公債 ‖ *Stocks* have risen [fallen]. 株が上[下]がった / hold [sell, buy] 30% of the ～ in a company 会社の株の30%を保有する[売る, 買う] / common [preferred] ～ 普通[優先]株 / government ～ 国債
❹ C U ストック《肉・魚・野菜などからとった煮出し汁》
❺ C 《しばしば ～s》(一定地域内での)資源;保有量, 供給量 ‖ Overfishing causes the depletion of fish ～*s*. 乱獲が魚資源の減少の原因となる
❻ 《集合的に》《複数扱い》(牧畜用の)家畜(livestock) ‖ A large number of ～ are kept on this farm. この農場では数多くの家畜が飼われている / fat ～ (市場向けに)肥育した家畜
❼ U C 家系, 家柄, 血統;人種, (人類の)系統;(動植物の) 種族;(言語の) 語族, 語群 ‖ come of good [German] ～ 良家の出である[ドイツ人の血を引いている] ❽ U (人・物などの) 評価, 人気, 《比喩的に》株 ‖ His ～ is high [low] with the public. 彼の大衆間での人気は高い[低い] ❾ C (木の)幹(trunk);(接ぎ木の)台木;(挿し穂をとる) 親木 ❿ C 〘植〙ストック《アブラナ科の植物》 ⓫ C (ライフル銃などの)銃床;(器具の)支持部, 支持構造物[枠];(むち・釣りざおなどの)柄;〘海〙(いかりの)ストック《シャンク上部の横棒》;《the ～s》船台《建造中の船を載せておく台》 ⓬ 《the ～s》さらし台《昔の刑具で罪人の両手首または両足首をはめる穴のあいた厚板の台》 ⓭ C U 《修飾語を伴って》(…の)原料, 材料 ‖ paper ～ 紙の原料 / film ～ 未感光フィルム ⓮ C 〘トランプ〙ストック《手札として配らずに置いておく札》 ⓯ C 《米》ストック劇団(→stock company ②);U その公演[出し物] ⓰ C ストックタイ《聖職者がカラーの下に巻く襟飾り;乗馬用襟飾り》 ⓱ ＝rolling stock

on the stócks ① (船などが)建造中で ② (製品・出版物・法案などが)準備中で, 進行中で

****tàke stóck*** ① 〈…の〉在庫品を調べる, 棚卸しをする〈**of**〉 ②〈状況などを〉とくと考える, 判断する〈**of**〉

tàke [OR ***pùt***] ***stóck in ...*** 《通例否定文で》…を信用する, 信じる ‖ His boss does not *put* much ～ *in* his excuses. 上司は彼の言い訳をあまり信用していない

━形 《比較なし》《限定》❶ ありふれた, 月並みな, 陳腐な ‖ a ～ phrase 陳腐な文句 ❷ 常時在庫としてある, 標準の ‖ a ～ item いつも在庫のある品 ❸ 在庫品の[を扱う] ❹ 株式の, 株の ‖ ～ **prices** 株価 ❺ (物語・映画などの人物像・場面設定が)固定[定型]化した, よくある ‖ ～ characters 決まりきった登場人物 ❻ 家畜飼育の;繁殖用の

━動 (**～s** /-s/;**～ed** /-t/;**～·ing**)
━他 ❶〔商品〕を**店に置いている**, 売っている ‖ The megastore ～*s* all kinds of tools. その巨大店にはあらゆる種類の道具がそろっている ❷〔店〕に〈商品を〉仕入れる, ストックする;〔冷蔵庫など〕に〈…を〉補給[補充]する;〔農場〕に〈家畜を〉入れる;〔川・湖〕に〈魚を〉放つ〈**with**〉‖ The river is **well** ～*ed with* fish. その川には魚が大量に放流されている / ～ a refrigerator *with* meat 冷蔵庫に肉をストックする ❸ …に台[銃床など]をつける
━自 (植物が)新芽を出す, 発芽する

stòck úp 〈自〉(大量に)仕入れる, 蓄える, 準備する〈**on, with** …を;**for** …に備えて〉‖ People ～*ed up on* food and water in case the river flooded. 川の洪水に備えて人々は食料と水を蓄えた **━**〈他〉《***stòck úp ... / stòck ... úp***》…を〈…で〉いっぱいにする〈**with**〉

▸▸ **～ càr** 名 C ① ストックカー《ふつうの乗用車を改造したレーシングカー》 ② 《米》家畜運搬用貨車 **～ càr ràcing** 名 U ストックカーレース **～ certìficate** 名 C 《米》記名株券;《英》公債証書 **～ còmpany** 名 C 《米》① 株式会社 ② ストック劇団《一定のレパートリーを持って特定の劇場に出演する劇団》 **～ contròl** 名 U 《英》在庫管理(《米》inventory control) **～ cùbe** 名 C 《英》固形スープのもと(《米》bouillon cube) **～ dòve** 名 C 〘鳥〙ヒ

メモリバト《ヨーロッパ産の野バト》 **~ exchànge** (↓)
~ màrket 名 C =stock exchange **~ òption** 名 C《通例 ~s》《主に米》株式購入権(《英》share option)《自社株の購入権を与える社員優遇制度》 **~ swàp** 名 C〘商〙株式交換《企業が他社を買収するとき両社の株を交換すること》

stock·ade /stɑ(:)kéɪd | stɔk-/ 名 C ❶ 砦柵(さく)《太いくいを並べて打ち込んだ防御さく》 ❷ さくで囲まれた土地 ❸《主に米》営倉 ── 動 他《通例受身形で》さくで囲まれる

stóck·brèeder 名 C 牧畜業者

stóck·bròker 名 C 株式仲買人 ▸▸**~ bèlt** 名 C《単数形で》《英》(大都市近郊の)高級住宅地

stóck·bròking 名 U 株式仲買

*__stóck exchànge__ 名 C《通例単数形で》株式[証券]取引；株式[証券]取引所；《the ~》株式[証券]相場

stóck·fèed 名 U 家畜用飼料

stóck·fìsh 名 (複 **~** OR **~es** /-ɪz/) C (塩引きをしない)干し魚, 魚の干物《干しダラなど》

stóck·hòlder 名 C《主に米》株主(shareholder)

Stock·holm /stá(:)khoum | stɔ́k-/ 名 ストックホルム《スウェーデンの首都》
▸▸**~ sỳndrome** 名 C〘心〙ストックホルム症候群《人質が犯人にある種の連帯感や好意を抱くこと》(♦ 1973年にストックホルムで起きた銀行強盗事件から)

stock·i·net(te) /stɑ̀(:)kɪnét | stɔ̀k-/ 名 U (下着・幼児服用)メリヤス地；メリヤス編み

*__stock·ing__ /stá(:)kɪŋ | stɔ́k-/ 名 C ❶《通例 ~s》ストッキング, 長靴下 ‖ She got a run [《英》ladder] in her ~. 彼女のストッキングが伝線した / a pair of *~s* 1足のストッキング ❷ =Christmas stocking ❸《旧》(男性用)靴下(sock) ❹ ストッキング状のもの；(馬などのほかの部分と異なる毛色の)脚毛
in one's stóckings ; *in one's stòcking(ed) féet* 靴下だけで, 靴を履かないで(♦ 身長について用いる)
~ed, ~less 形
▸▸**~ càp** 名 C ストッキングキャップ《スキー帽など円錐(すい)形の毛糸帽子. しばしば頂点にふさがある》 **~ màsk** 名 C (犯罪者などがかぶる)ナイロンストッキングの覆面 **~ stùffer** 名 C《米》(靴下に入れる)ささやかなクリスマスプレゼント(《英》stocking filler)

stocking cap

stòck-in-tráde 名 U ❶ 在庫品, 手持ち商品 ❷ 商売道具 ❸ 常套(じょうとう)手段, おはこ

stock·ist /stá(:)kəst | stɔ́kɪst/ 名 C《英》(特定の商品の)仕入れ業者

stóck·jòbber 名 C ❶ ⊗《米》《蔑》株屋, 相場師 ❷《英》(業者間だけの)株式仲買人(→ jobber)

stóck·man /-mən/ 名 (複 **-men** /-mən/) C ❶ 牧場で働く人, 牧夫；《米》牧畜業者 ❷《米》倉庫係, 在庫品係

stóck·òut 名 C〘商〙品切れ, 在庫切れ

stóck·pìle 名 C (食糧・武器・原材料などの)(非常用)備蓄 ── 動 他 自 (…を)備蓄する

stóck·pòt 名 C スープ[ソース]なべ, 煮出し汁なべ

stóck·ròom 名 C (商品などの)貯蔵室

stòck-stíll ⌫ 形 完全に静止した, じっとしている

stóck·tàking 名 U ❶ 在庫品調べ, 棚卸し ❷ 現状評価, 実態調査

stock·y /stá(:)ki | stɔ́ki/ 形 (人が)ずんぐりした, 頑丈(がんじょう)な **stóck·i·ly** 副 **stóck·i·ness** 名

stóck·yàrd 名 C《米》(積み出し前などの一時的な)家畜置き場；家畜飼育場

stodge /stɑ(:)dʒ | stɔdʒ/ 《英口》 名 ❶ U (胃にもたれる)こってりした食べ物 ❷ C 退屈な作品

stodg·y /stá(:)dʒi | stɔ́dʒi/ 形 ❶ (食物が)こってりした, 胃にもたれる ❷《主に米》ずんぐりした, どっしりした ❸ (文体が)重苦しい, くどい；(服装が)やぼったい；(人が)退屈な **stódg·i·ly** 副 **stódg·i·ness** 名

stoep /stu:p/ 名 C《南ア》テラス風ベランダ, ポーチ

sto·gy, -gie /stóugi/ 名 (複 **-gies** /-z/) C《米》❶ 細長い安葉巻 ❷ どた靴

Sto·ic /stóuɪk/ 名 C ❶ ストア学派の哲学者 ❷《s-》克己[禁欲]主義者 ── 形 ❶ ストア哲学[学派]の ❷《s-》ストイックな, 克己[禁欲]的な

sto·i·cal /stóuɪkəl/ 形 =stoic **~·ly** 副

Sto·i·cism /stóuɪsìzm/ 名 U ❶ ストア哲学, ストア主義 ❷《s-》禁欲(主義)；克己, 平然

stoke /stouk/ 動 他 ❶〔炉・ボイラーなど〕に燃料を補給する《*up*》 ❷〔感情〕をかき立てる《*up*》
── 自 火をたく；火の番をする, かまたきをする《*up*》

stoked /stoukt/ 形《主に米口》❶〈…に〉大喜びして〈**on, about**〉 ❷〈麻薬で〉ハイになって〈**with**〉

stóke·hòld 名 C (汽船の)ボイラー室, 火たき室

stóke·hòle 名 C ❶ (炉の)燃料補給口, かま口 ❷ =stokehold

stok·er /stóukər/ 名 C (機関車・汽船などの)かまたき, 火夫；(自動)燃料補給装置

STOL /stɑ(:)l | stɔl/ 略〘空〙*s*hort *t*ake*o*ff and *l*anding(短距離離着陸)

*__stole__[1] /stoul/ 動 steal の過去

stole[2] /stoul/ 名 C ❶ ストール《女性用の長い肩かけ》 ❷ ストール, ストラ《司祭・助祭用の長い肩かけ》

*__stol·en__ /stóulən/ 動 steal の過去分詞
── 形 盗まれた ‖ a ~ car 盗難車
▸▸**~ generàtion** 名《通例 the ~》《豪》盗まれた世代《豪政府の1915年ごろから1969年に及ぶ白人同化政策を強制された先住民の子供たち》 **~ idéntity** 名 U C 身元盗用[詐称, 偽装]

stol·id /stá(:)ləd | stɔ́lɪd/ 形 鈍感な, うすぼんやりした, 無神経な **sto·líd·i·ty, ~·ness** 名 **~·ly** 副

stol·len /stóulən | stɔ́l-/ 名 C シュトーレン《フルーツやナッツ入りのドイツの菓子パン》

sto·ma /stóumə/ 名 (複 **~s** /-z/ OR **~·ta** /ṭə/) C〘植〙気孔；〘動〙口, 小孔

**__stom·ach__ /stʌ́mək/《発音・アクセント注意》
── 名 (複 **~s** /-s/) ❶ C 胃 (⇨ 類語) ‖ The thought of the exam made his ~ knot. 試験のことを考えると彼の胃は締めつけられるようだった / Milk upsets my father's ~. 父は牛乳を飲むとおなかを壊す / have an **upset** ~ 胃がもたれる / settle one's ~ 胃を落ち着かせる / have a strong ~ 胃が丈夫である；神経が図太い / fill an **empty** ~ 空腹を満たす / sit heavy on one's [OR the] ~ (食べ物が) 胃にもたれる / on ˹a full [an empty]˺ ~ 満腹[空腹]時に
❷ C《口》腹部, **腹**(♥ belly の婉曲語)(→ body 図)；突き出た腹 (⇨ 類語) ‖ My ~ started growling [OR rumbling]. 腹がごろごろ鳴り始めた / lie on one's ~ 腹ばいになる / What a ~ he's got! 彼の腹の出ていることったら / the pit of the ~ みぞおち
❸ U/C《単数形で》《通例否定文・疑問文, 特に have no ~ for ... の句で》食欲；好み, 意向；気力, やる気 ‖ I have no ~ for heavy food late at night. 夜遅く胃にもたれるものは食べたくない / He had no ~ for confrontation. 彼には対決する気はなかった
sìck to [OR *at*] *one's stómach* ①《米》吐き気がして ‖ I always get [OR feel] *sick to* my ~ in the back seat of a car. 車の後部座席に座るといつも気分が悪くなる ② 憤慨して
tùrn a person's stómach (人の)気分を悪くさせる, むかむかさせる ‖ The smell *turned* my ~. そのにおいで胃がむかむかした
── 動 他《通例 can を伴う否定文・疑問文で》❶ …を受け入れる, 楽しむ；…に耐える, …を辛抱する ‖ I can't ~ scary movies. ホラー映画は好きになれない / I found her hard to ~. 彼女とは馬が合わないと思った

❷ …を(気分が悪くならずに)食べる, 飲む ‖ He can't ～ seafood. 彼はシーフードが食べられない

類語《名 ❶, ❷》**stomach** 元来は「胃」であるが, 腹部全体も指す一般語. 〈例〉*stomach*ache 胃痛, 腹痛
belly「腹, 腹部」の意の口語的な語. ときに下品と感じられ, ふくらみや突き出た状態をほのめかすこともある.
abdomen belly, stomach に対する医学用語.
tummy ぽんぽん(stomach の小児語).

▶▶**～ pùmp** 名 C 胃洗浄器

***stómach·àche** 名 C U 腹痛, 胃痛 ‖ I have a ～. 胃が痛い

stómach-chùrning 形 胃がむかつくような

stom·ach·er /stʌ́məkər/ 名 C ストマッカー《15-17世紀に流行した女性用の豪華な装飾用胸当て》

sto·ma·ti·tis /stòumətáɪţəs | -tɪs/ 名 U〖医〗口内炎, 口腔(こうこう)炎

S

stomp /stɑ(:)mp | stɔmp/ 動 自 ❶ 足を踏み鳴らす, 足でどかどか踏む; どかどか歩く ❷ ストンプを踊る ━他 …を踏み鳴らす, 踏みつける ━名 C ❶ ストンプ《初期のジャズの曲またはそれに合わせたダンス. 激しいリズムとステップが特徴》❷ どしん, どすん, ばん(という音)

▶▶**～ing gròund** 名 C《米口》行きつけの場所, たまり場(《英》stamping ground)

⁑stone /stoun/ 名 形 動

━名 〔▶ stony 形〕(複 **～s** /-z/) (→ ❼) ❶ U (岩石(rock)の構成物質としての)**石**, 石材(→ limestone, sandstone, etc.) ‖ a church (made) of ～ 石造りの教会 / (as) hard as ～ (石のように)とても堅い, (人の心などが)とても非情[冷酷]な

❷ C (ある形状の)**石**, (特に)小石, 石ころ;《米》岩(rock);〖天〗隕石(いんせき) (⇨ 類語P) ‖ a flat ～ 平たい石 / **throw** a ～ into the river 川に石を投げる

❸ C《通例複合語で》(一定の大きさ・形状にした)…石《墓石・石碑など》(→ gravestone, tombstone) ‖ a foundation ～ 礎石

❹ C 宝石, 貴石(precious stone) ‖ a gold ring with a tiny ～ in it 小さな宝石付きの金の指輪

❺ C (小)石状のもの;《英》(ナツメヤシなどの)堅い種;(桃などの)核(さね)(《米》pit);(backgammon や碁の)石; =curling stone; hailstone ‖ a peach ～ 桃の種

❻ C《通例複合語で》〖医〗結石(calculus), 石(♦ 病名の場合は U) ‖ a kidney [bladder, gallbladder] ～ 腎臓[膀胱(ぼうこう), 胆嚢(たんのう)]結石 ❼ (複 **～** OR **～s**) C《英》ストーン《重量単位 =14 pounds. 略 st》❽ C〖印〗整版台, 組付台; 石版石 ❾ U 白っぽい[茶色がかった]灰色

a stone's throw ⇨ STONE'S THROW

be wrìtten [OR ***engràved, càrved, càst, sèt***] ***in*** (***tàblets of***) ***stóne*** 《しばしば否定文で》(方針などが)確定している, 変更不能である ‖ Our plans *aren't cast in* ～. 計画は変更できないというわけじゃない

càst [OR ***thròw***] ***the first stóne*** 《文》最初に石をなげうつ; (自分のことを棚に上げて)(罪ある者などを)真っ先に非難する(♦ 聖書の言葉)

hàve a hèart of stóne : ***be màde of stóne*** (石のように)とても非情[冷酷]である

****lèave nò stòne untúrned*** 石という石はすべてひっくり返す; 目的達成のためにあらゆる手段を尽くす ‖ The police will *leave no* ～ *unturned* to find the killer. 警察は殺人犯を捜すためにあらゆる手段を尽くすだろう

━形《限定》❶ 石の, 石製の; 炻器(せっき)製の ‖ a ～ wall 石の壁 / a ～ vase 炻器のつぼ
❷ 白っぽい[茶色がかった]灰色の

━動 他 ❶ …に石を投げつける; …に石を投げつけて処刑する(♦ しばしば受身形で用いる) ❷ …に石を据える[並べる], …を石で固める[舗装する] ❸ …を(砥)石で磨く ❹《英》〔桃・サクランボなど〕から核[種]をとる(《米》pit)

Stòne mé! = *Stone the* CROWS!

石	大↑	**boulder**	角のとれた大きな丸石
		cobble	道路に敷く玉石
		stone	石
		pebble	川底・海岸などにある丸石
	↓小	**shingle**	海岸・河原などにある小石
		gravel	砂利

♦ rock は「岩」だが,《米》では stone と同じ意味で使われることもある. 〈例〉Stop throwing *rocks*. 投石をやめろ

♦ 日本語の「石」には rock が相当することがある. 〈例〉Beware of falling *rocks*. 落石注意 / *Rocks* are beautifully arranged in the Japanese-style garden. その日本庭園には石が見事に配置されている

▶▶**Stóne Àge** 名《the ～》〖考古〗石器時代 **～ cìrcle** 名 C〖考古〗ストーンサークル, 環状列石 **～ cràb** 名 C〖動〗ストーンクラブ《メキシコ湾・カリブ海地域産の大型食用カニ》**～ fàce** (↓) **～ frùit** 名 C 石果, 核果《桃・梅など核(さね)のある果物》**～'s thrów** 名 C《単数形で》ごく近い距離 ‖ He lives just a ～*'s throw* (away) from the sea. 彼は海のすぐ近くに住んでいる

stone- /stoun-/ 連結形「完全に」の意 ‖ ～-deaf

stòne-blínd ⊲シ 形 ⊗《蔑》全く目の見えない

stòne-bróke ⊲シ 形《叙述》《口》全く一文なしの

stóne·chàt 名 C〖鳥〗ノビタキ《ヨーロッパ・北アフリカ産のヒタキ科の小鳥》

stòne-cóld ⊲シ 形 (食事などが)すっかり冷めた, 冷えきった ━副《口》全く, 完全に ‖ ～ sober 全くのしらふで

stóne·cròp 名 C〖植〗ヨーロッパマンネングサ《塀や岩肌に生え, 黄色や白の星形の花をつける》

stoned /stound/ 形《叙述》《口》泥酔した;《俗》麻薬でぐったりした[興奮した]

stòne-déad ⊲シ 形 完全に息絶えた(♦ stone dead ともつづる)

stòne-déaf ⊲シ 形 ⊗《蔑》全く耳の聞こえない

stóne fàce 名 C《口》無表情な[冷酷そうな]顔
stòne-fáced 形 無表情な顔をした

stóne·flỳ 名 (複 **-flies** /-z/) C〖虫〗カワゲラ

stóne·gròund 形 (小麦粉が)石臼(いしうす)でひいた

Stone·henge /stóunhèndʒ | ⌐⌐/ ⊲シ 名〖考古〗ストーンヘンジ《イングランド南部ウィルトシャー州のソールズベリー平原にある先史時代の環状巨石柱群》

stóne·màson 名 C 石工(いしく), 石屋

stón·er /-ər/ 名 C ❶ C《口》(ドラッグ・アルコールの)常用者 ❷《複合語で》《英》…ストーンの重さの人[もの] ‖ a 12-～ 体重が12ストーンの人

stóne·wàll /英 ⌐⌐/ ⊲シ 動 自 他《口》(議事・討論を)妨害する **～·ing** 名 U 議事妨害

stóne·wàre 名 U 炻器(せっき), ストーンウエア《硬質で不透明の陶器の一種》

stóne·wàshed 形 (ジーンズなどが)ストーンウォッシュの《着古した感じを出すために軽石とともに洗ったもの》

stóne·wòrk 名 U 石細工; (建造物の)石造部分

ston·i·ly /stóunɪli/ 副 感情を表さずに; 冷酷に

stonk·er /stɑ́(:)ŋkər | stɔ́ŋk-/ 名 C《英口》すごい人[もの]

stonk·ing /stɑ́(:)ŋkɪŋ | stɔ́ŋk-/ 形《英口》相当の, すごい

ston·y /stóuni/ 形〔⊲ stone 名〕❶ 石の多い; 石造りの; 石のような; とても固い ❷ 冷酷な; (視線などが)じっと動かない, 無表情な; (恐怖などが)身のすくむような ❸《俗》= stone-broke

stòny-bróke ⊲シ 形《英口》=stone-broke

stòny-fáced ⊲シ 形 無表情な顔をした

stòny-héarted ⊲シ 形 無情な, 冷酷な, 無慈悲な

⁑stood /stud/ 動 stand の過去・過去分詞

stooge /stuːdʒ/ 名 C ❶ (喜劇役者の)引き立て役 ❷ ⊗

《蔑》下働き, 雑役係;《米俗》(警察などの)手先,《比喩的に》犬 ―動自 ❶〈…の〉引き立て役をする〈**for**〉 ❷《口》雑役をこなす;手先となる ❸《口》うろつく;(飛行機が)飛び回る《*about, around*》

***stool** /stuːl/ 名C ❶(背・ひじかけのない)スツール, 腰かけ ❷ 腰かけ式便器, 便座;便所 ❸UC〖医〗大便;排便;《しばしば ~s》便通 ‖ ~ sample (検便用の)大便試料 ❹〖園芸〗切り戻し株 ❺《米》〖狩〗おとり(decoy)

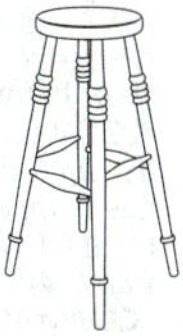

stool ❶

fàll between twò stóols 《英》虻蜂(あぶはち)取らずに終わる(♦「2つのいすの間に落ちる」ことから)

―動自 ❶(植物が)(親株から)若枝を出す ❷(猟鳥の)おとりになる;おとりを使って猟鳥の狩りをする ❸《米俗》おとり[警察の犬]になる ❹ 排便する ―他〔木〕を切り戻す

▸▸**~ pìgeon** 名C ① おとりのハト[鳥] ② おとり, さくら;《俗》(特に)警察の犬[スパイ]

***stoop**[1] /stuːp/ 動自 ❶ 腰をかがめる, 前かがみになる,〈…に〉かがみ込む《*down*》〈**over**〉‖ He ~*ed* to pick up a pebble. 彼は腰をかがめて小石を拾った / The police officer ~*ed down* and talked to the child. 警官は身をかがめてその子に話しかけた / ~ *over* a desk 机の上にかがみ込む ❷(姿勢が)前かがみである;前かがみに歩く[立つ]‖ ~ from [OR with] age 老齢で腰が曲がる / ~ in walking 前かがみになって歩く ❸《+**to** 名》品位を落として[恥を忍んで, 悪いと知りつつ]あえて…をする, …のような恥ずべきことをする(♦しばしば疑問文・否定文で用いる)‖ ~ *to* folly ばかなことをする / ~ *to* stealing 盗みまでやる ❹《+**to** *do*》《古》(身分などに)こだわらずに…する, 格式ばらずに…してやる[くれる]‖ The king would often ~ *to* speak to the workers. 王は労働者にしばしば気さくに声をかけた ❺(タカなどが)〈獲物に〉飛びかかる〈**on, at**〉

―他〔頭・両肩など〕をかがめる ‖ He ~*ed* his head to get into the car. 彼は車に乗り込もうと頭をかがめた

stòop sò lów as to dò …するほど品位を落とす

―名C ❶《通例単数形で》前かがみ(の姿勢), 猫背 ‖ walk with a ~ 前かがみになって歩く ❷(タカなどの)急襲

▸▸**~ làbor** 名U《米》かがんでする作業《作物の栽培・収穫など》

stoop[2] /stuːp/ 名C《米・カナダ》玄関口の階段, 小ポーチ

stooped /stuːpt/ 形 猫背の, 腰の曲がった

stoop·ing /stúːpɪŋ/ 形 前かがみの, 猫背の, 腰の曲がっている **~·ly** 副 前かがみになって, かがんで

*****stop** /stɑ(ː)p | stɔp/ 動 名

中心義》止める[止まる]

> 動 他 やめる❶ 止める❷ 中止させる❸
> 自 止まる❶ 中止する❷
> 名 止ま[止め]ること❶ 立ち寄ること❷ 停留所❸

―動 (▶ stoppage 名)(**~s** /-s/;**stopped** /-t/;**stop·ping**)

―他 ❶(↔ start) **a**《+目》…を**やめる**, 中止する, 中断する ‖ *Stop* all this nonsense! こんなばかげたことはやめてくれ / The carpenters *stopped* work before dark. 大工たちは暗くなる前に仕事をやめた

b《+*doing*》…するのをやめる ‖ *Stop* shouting. どなるのはやめてくれ(♦stop to shout は「どなるために立ち止まる[していたことをやめてどなる]」. → 自 ❷**b**) / The doctor ordered her to ~ smoking. 医者は彼女にたばこをやめるように言った / It has *stopped* raining. 雨がやんだ

❷ …を**止める**, 停止させる ‖ Please ~ the car here. ここで車を止めてください / ~「a video [an engine] ビデオ[エンジン]を止める

❸ **a**《+目》〔行動・出来事など〕を**中止させる**, 制止する, 阻止する;〔人〕に(行動などを)やめさせる(→ CE 3) ‖ She tried to ~ the quarrel between her two sons. 彼女は2人の息子の言い争いを止めようとした / Higher interest rates alone will not ~ inflation. 利上げだけではインフレを止められないだろう / I'm going and you can't ~ me. 行くからね, 止めても無駄だよ / ~ the bleeding 止血する

b《+目+(**from**) *doing*》〔人〕に…するのをやめさせる, 思いとどまらせる;〔物・出来事など〕が…するのを阻止する, 防ぐ, 抑える(↔ facilitate)(♦ **a** ではすでに起こっていることをやめさせるのに対し, **b** ではふつう未然に防ぐことを意味する. ただし **b** で from を省略した場合は **a** の意味になる傾向がある. ⇨ PB 72) ‖ Nobody can ~ the mayor [《堅》mayor's] doing what he wants. 市長がやりたがっていることを阻止することはだれにもできない / I can't ~ myself wanting to see him. 彼に会いたい気持ちを抑えられない / There's no way to ~ the river *from* overflowing. 川の氾濫(はんらん)を防ぐ方法はない

❹〔支払い・供給など〕を差し止める;〔ある金額〕を〈…から〉差し引く, 控除する〈**out of, from**〉‖ After we failed to pay the bill for half a year, our gas was *stopped*. 料金を半年払わなかったらガスを止められた / Her father *stopped* her allowance when she became twenty. 彼女が20歳になると父親は小遣いを打ち切った / ~ (payment on) a check 小切手の支払いを停止する / ~ a certain amount of money *from* his wages for tax

---

PLANET BOARD 72

stop+目的語+from *doing* の from を省略するか.

問題設定 「stop+目的語+from *doing*」の from を省略するか, また from の有無で意味の違いがあるか調査した.

Q 次の表現のどちらを使いますか.

(a) John **stopped** Mary **swimming**.

(b) John **stopped** Mary **from swimming**.

(c) 両方

(d) どちらも使わない

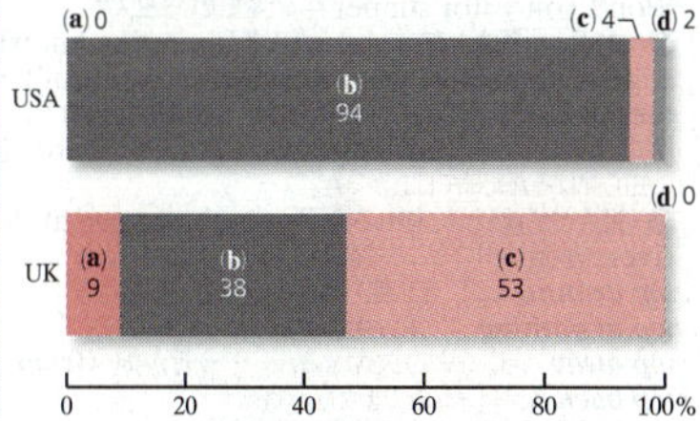

《米》ではほとんどの人が from を省略しない (b) のみを使うと答え, from を省略した (a) のみを使うという人がいないのに対し,《英》では両方使うという人が約半数で最も多く, 省略した (a) のみを使うという人も約1割いた.

両方使うと答えた人の中には,「2つの間に意味の違いはない」とした人もいたが, (a) が「すでに泳いでいる Mary を止めた」のに対し, (b) は「Mary が泳ぎ始める前に止めた」あるいは「今後ずっと水泳をしないように止めた」の意味であるとのコメントが多かった.

参考 (a) Nothing can **stop** me **becoming** an actress. (b) Nothing can **stop** me **from becoming** an actress. についても同様の調査をしたが, この場合は《米》では (a) 0%, (b) 90%, (c) 両方 10%, (d) どちらも使わない 0%,《英》では (a) 7%, (b) 29%, (c) 64%, (d) 0%と, from を省略した形を使う人がやや増えたが, ほぼ同様の結果になった.

学習者への指針 《英》では from を省略することがあるが, その場合, 意味の違いが生じることが多いため注意が必要である.

彼の賃金から税金のため一定額を差し引く
❺〔穴・隙間(すきま)など〕をふさぐ, 埋める,〔管・通路など〕を閉鎖する, …の流れ[通行]を止める;〔容器など〕に栓をする《up》‖ Fallen leaves *stopped up* the drain. 落ち葉で排水溝が詰まってしまった / My nose is *stopped up*. 鼻が詰まっている / He *stopped* his ears. 彼は耳をふさいだ
❻〘楽〙〔弦楽器の弦〕を指で押さえる;〔管楽器の孔(あな)〕を指でふさぐ ❼《口》〔一撃〕を受ける,〔弾〕に当たる ❽〘ボクシング〙〔相手〕をノックアウトで負かす
一自 ❶(動き・活動が)**止まる**,(運転・機能などが)停止する, やむ, なくなる(⇨ 類語) ‖ Please ~ just beyond [OR past] the bridge. (タクシーなどで) 橋を過ぎたら止めてください / The taxi *stopped* at a red light. タクシーは赤信号で停止した / My watch had *stopped* at 5:10 p.m. 時計が午後5時10分で止まっていた / I wish the rain would ~. 雨がやんでくれるといいが / His heart [breathing] *stopped*. 彼の心臓[呼吸]が止まった
❷ **a** 立ち止まる;〈…のために〉途中で[一時的に]止まる,(店などに)立ち寄る〈**for**〉;(活動などを)**中止する**, 中断する(→ 他 ❶**b**) ‖ This train ~*s* at every station. この電車は各駅で止まります / Can you ~ *for* coffee [a bite]? ちょっとコーヒー飲んで[何か食べて]行きませんか / He *stopped* in the middle of a word. 彼は一言言いかけて途中でやめた
b《+to *do* /《口》+and *do*》…するために立ち止まる, 立ち止まって…する,(活動などを)中止して…する(♦ to *do* は目的または結果を表す不定詞.「…することをやめる」の stop *doing* と区別すること. → 他 ❶**b**, CE 1) ‖ Let's ~ *to* [OR *and*] ask the way. 止まって道を聞こう / He *stopped to* drink water from the bottle. 彼は瓶の水を飲むために立ち止まった;立ち止まって瓶の水を飲んだ / You must ~ *to* think about your future. 君は将来のことをよく考えなくてはいけない
❸《英口》(人の家などに)泊まる,(短期間)滞在する;ちょっと寄る, とどまる, 居残る ‖ Are you going to ~ overnight? 今晩泊まっていきますか / I'm *stopping* at my parents' for a week. 両親の家に1週間滞在します / Won't you ~ for supper? 夕食までいませんか
❹(物事・状態などが)終わりとなる ‖ Imparting knowledge is important, but a teacher's job doesn't ~ there. 知識を与えることは重要だが, 教師の仕事はそれだけにとどまらない / The bad news didn't ~ there. 悪い知らせはそれだけではなかった
❺(道などが)終わる, 切れる ‖ The path *stopped* at the river. 小道は川のところで終わっていた
stòp aróund **(...)**〈自・他〉《米》(人の家に)立ち寄る
stop at nothing ⇨ NOTHING(成句)
stòp awáy〈自〉〈…を〉欠席する,〈…へ〉行かない〈**from**〉
stòp báck〈自〉《米》後でまた立ち寄る
stòp behínd〈自〉《英》後に残る, 居残る
****stòp bý***《口》〈自〉(途中で)〈…に〉ちょっと立ち寄る〈**at**〉(→ CE 2) ‖ I *stopped by at* the corner store to buy some milk. 私は角の店に寄って牛乳を買った 一〈他〉《***stóp by ...***》(途中で)…にちょっと立ち寄る
stòp déad [《米口》***cóld***]〈自〉(はっとして)立ち止まる, 動作を止める 一〈他〉《***stòp ... déad***》…を(はっとさせて)立ち止まらせる, 動きを止めさせる
stòp dówn〈他〉《***stòp dówn ...*** / ***stòp ... dówn***》〘写〙〔レンズ〕を絞る 一〈自〉〘写〙レンズを絞る
stòp ín〈自〉①《口》=*stop by*〈自〉(↑) ②《英口》家にいる[とどまる]
****stòp óff***〈自〉途中で〈…に〉寄る,〈…で〉途中下車する〈**at, in**〉‖ I *stopped off at* [OR *in*] Nagoya to see the castle. 城を見ようと名古屋で途中下車した
stòp ón〈自〉予定[ほかの人]よりも長くとどまる
stòp óut〈自〉《英口》夜遅くまで外出する, 外泊する(stay out) 一〈他〉《***stòp óut ...*** / ***stòp ... óut***》〔ある部分〕を(薬品処理・覆いをして)印刷[現像]しない
****stòp óver***〈自〉①(特に空の旅で)途中で立ち寄る ②《英口》〈…に〉短期滞在する〈**at, in**〉
stòp shórt〈自〉急に立ち止まる;〈…を〉やめる, 思いとどまる〈**of**〉‖ He *stopped* just *short of* submitting his resignation. 彼はすんでのところで辞表提出を思いとどまった 一〈他〉《***stòp ... shórt***》…を急に立ち止まらせる;〔人〕にやめさせる, 思いとどまらせる ‖ His wife *stopped* him *short* before he said something irreparable. 妻は彼が取り返しのつかないことを言う前に言葉を遮った
stòp úp〈自〉① 詰まる, ふさがる ‖ My kitchen sink has *stopped up*. 台所の流しが詰まってしまった ②《英口》遅くまで起きている(stay up) 一〈他〉《***stòp úp ...*** / ***stòp ... úp***》…をふさぐ, …に栓をする(→ 他 ❺)

COMMUNICATIVE EXPRESSIONS

1 **Did you èver stòp to thìnk about ànyone élse?** ほかの人のことを考えてみたことはある?(♥ 利己主義な人に)
2 **(I'm) glàd you could stòp bý.** よくおいでくださいました(♥ 不意に訪れてくれた客の帰り際に用いるあいさつ)
3 **May I jùst stòp you thére?** そこでいったん話を打ち切っていただけますか(♥ 相手の話を一時中断させる表現)
4 **Stóp rìght thére.** 今すぐやめろ[止まれ](♥ 不審な行動・言動などを強く制止する)
5 **Stóp thère a mòment** [OR **sècond**]. ちょっと待ってください(♥ 話の途中で疑問を抱いたりして中断させる表現)
6 **Would** [OR **Could**] **you (plèase) stóp (dòing) thàt?** やめてくれませんか(♥ 不愉快なことを繰り返ししてくる相手に対するいら立ちを表す)

一名(複 **~s** /-s/) C ❶ **止まる[止める]こと**, 停止;中止, 中断;終わり, 終了(→ CE 8) ‖ The train came to a gradual ~. 列車はゆっくり止まった / **Put a** ~ **to** that noise! その音を止めろ / There was a ~ in the game when the shower came (down). にわか雨が降って試合は中断された / Our plan is progressing by ~*s* and starts. 我々の計画はときに中断しながら進んでいる / bring one's car to a ~ 車を止める / **make** a ~ 止まる, 停車する / roll to a ~ ゆっくりと止まる
❷(移動・旅の途中などで)**立ち寄ること**, 滞在, 宿泊;立ち寄り[訪問]先(→ CE 7, 9) ‖ I **made** a ~ at the florist's to get some roses. 私は花屋に寄ってバラを数本買った / The plane **made** an unscheduled ~ in Atlanta. 飛行機は臨時にアトランタに立ち寄った / **make** an overnight ~ 1泊する
❸(路線バス・電車などの)**停留所**, 停車駅 ‖ a **bus** ~ バス停 / pass one's ~ 降りる駅を乗り越す / change two ~*s* ahead 2駅先で乗り換える / at the **next** ~ 次の駅で
❹ 障害物;(道路)封鎖 ❺《しばしば複合語で》停止[固定]装置, 止め(金)具, 歯止め ‖ a door ~ 戸当たり / an emergency ~ 非常用停止ボタン ❻ ふさぐもの, 栓 ‖ pull out a ~ 栓を抜く ❼《英》《旧》句読点,(特に)ピリオド, 終止符 ‖ put a ~ at the end of a sentence 文の終わりにピリオドを打つ(→ full stop)(♦ 電報文ではピリオドの代わりに **stop** の文字が使用される) ❽(銀行への)小切手支払停止通知 ‖ put a ~ on a lost check 紛失小切手の支払いを停止させる ❾〘楽〙(楽器の)弦[孔]を指で押さえること;(パイプオルガンの)音管列;(オルガン・ハープシコードなどの)ストップ《音色や音域を変える装置》;(ギターなどの)フレット;(管弦楽器の)孔, 弦 ❿〘写〙(レンズの)絞り
⓫〘音声〙閉鎖音《/p/, /b/, /t/, /d/, /k/, /g/ などの子音》
⓬〘海〙止索 ⓭(犬などの)ストップ《額と鼻の間のくぼみ》
⓮(フェンシングで)カウンタースラスト《相手の攻撃の出鼻をねらっての突き》 ⓯〘建〙(くり形の基部の)飾り彫刻
****pùll òut àll the stóps*** ; ***pùll àll the stòps óut*** できる限りのことをする, 最大限の努力をする(♦ オルガン演奏で音栓を全部開けて最大限の音を出すことから)

COMMUNICATIVE EXPRESSIONS

7 **I nèed a rést stòp.** トイレ休憩が必要です(♥ rest stop はドライブ中に「トイレに立ち寄る」の意)

8 **I'll pùt a stóp to thàt.** 私がやめさせましょう(♥ 望ましくない出来事を目の当たりにしたり訴えられたりしたときに)
9 **Time for a pít stòp.** トイレ休憩の時間です (♥ 旅行や会議の最中に,「手洗いに行きたい」と言う表現)

類語 《自 ❶》 **stop**「止まる」を意味する一般的な語.「突然, 急に」の意を含むことが多い.
cease かなり長く継続していたことが止まる. stop よりは改まった感じの語.「(ついに)完全に終止する」というニュアンスを持つ (♦ Production *stopped*.といえば「生産は止まった(が, また再開されるかもしれない)」. Production *ceased*.といえば「生産は止まってしまった(そして再開されることはないだろう)」といった含みが感じられる).
halt 突然止まる. 格式ばった語で, しばしば命令文で用いる.
discontinue やや改まった語.「続けるのをやめる」の意で, 長い間続いてきたことをやめる.
quit 口語的な語. 意図的に仕事・習慣などをやめる.
pause「ちょっと止まる」の意で, 再び始まるという意味合いを持つ.

▸▸ **~ páyment** 名 C 《米》=stop ❽ **~ préss** ⦅シ⦆ 名 U 《英》(印刷開始後に急きょ挿入する)最新ニュース **~ vòlley** 名 〖テニス〗ストップ[ドロップ]ボレー《ネットの近くに勢いを殺したボールを落とすショット》

stóp·còck 名 C (水道管・ガス管の)止栓

stóp·gàp 名 C 形 《限定》一時しのぎの(穴埋め), 当座の(代用物), 臨時の(代理人);《形容詞的に》一時的な ‖ ~ measures 臨時措置

stòp-gó ⦅シ⦆ 名 U 《英》ストップゴー政策《経済の引き締めと拡大を交互に行う財政政策》

stóp-làmp 名 《英》=stoplight ❷

stóp·lìght 名 C ❶ 《しばしば ~s》《米》交通信号;《英》停止[赤]信号 ❷ 《主に米》(車の)ブレーキランプ, 制動灯 (brake light)

stóp-lòss 形 〖株〗損失防止のための

stóp-mòtion 名 U 〖映〗ストップモーション, こま撮り《静止しているものを少しずつ動かしながら1こまずつ撮影し, 物が動いているように見せる技法》 ‖ a ~ film こま撮り映画

stóp·òver 名 C (旅行先での)途中の立ち寄り(先), 途中下車;(渡り鳥の)中継地

stop·page /stá(:)pɪdʒ | stɔ́p-/ 名 〔◁ stop 動〕 U C ❶ 中止, 休止, 停止(状態);罷業(ひぎょう), スト ❷ ふさがれた[詰まった]状態, 閉塞(へいそく), 遮断 ❸ C 《~s》《英》支払停止;《英》(賃金からの)控除額

▸▸ **~ tìme** 名 U 《英》=injury time

stop·per /stá(:)pər | stɔ́p-/ 名 C ❶ 止める人[もの];(瓶・管などの)栓, 詰め;(機械などの)停止装置 ❷ 《口》〖野球〗ストッパー, 救援投手;抑えの切り札;連敗を止める(先発)投手 ❸ 〖トランプ〗得点阻止札

pùt 「*a stópper* [OR *the stópper(s)*] *on ...*」 《口》…を抑える, やめさせる

— 動 他 …に栓[詰め]をする

stop·ping /stá(:)pɪŋ | stɔ́p-/ 名 U C ❶ 止めること, 停止, 中止 ❷ 《英》《旧》(歯の)詰め物, 充填(じゅうてん)物

▸▸ **~ dìstance** 名 C U 《米》(安全停止に十分な)車間距離 **~ tràin** 名 C 《英》普通[鈍行]列車

stop·ple /stá(:)pl | stɔ́pl/ 《米》 名 C (瓶などの)栓

— 動 他 …に栓をする

stóp·wàtch 名 C ストップウォッチ

***stor·age** /stɔ́:rɪdʒ/ 《発音注意》 名 〔◁ store 動〕 U ❶ 貯蔵(法);(倉庫)保管(→ cold storage) ‖ put furniture in [OR into] ~ at a warehouse 家具を倉庫に保管する / ~ space 収納スペース / a ~ tank 貯蔵タンク ❷ (倉庫の)収容力, 保管量;C 収納場所 ❸ (倉庫の)保管料 ❹ 💻(データの)保存, 格納;一時記憶;C 記憶装置[容量] (memory) ‖ information ~ and retrieval 情報の格納と検索

▸▸ **~ bàttery** [**cèll**] 名 C 蓄電池 **~ devìce** 名 C 💻記憶装置 **~ hèater** 名 C 《英》蓄熱ヒーター

*****store** /stɔ:r/ 名 動

— 名 (複 **~s** /-z/) C ❶ 《主に米》**店**, 小売店, 商店(《英》shop) (⇨ **類語P**) ‖ keep [OR run] a stationery ~ 文房具店を経営する / go to a ~ for some bread パンを買いに店に行く / open a ~ 開店する;新しい店を始める / close [OR shut] a ~ 閉店する;営業をやめる / a **grocery** [liquor, convenience] ~ 食料品店[酒店, コンビニ] / a ~ clerk 店員(《英》shop assistant)
❷ 《英》大型店, デパート(department store);(チェーン店の)支店, 店舗;《しばしば ~s》雑貨店, よろず屋
❸ **蓄え**, 備え;〈知識などの〉蓄積〈**of**〉 ‖ We had a good ~ *of* food in the house. 家には十分な食料の蓄えがあった / his ~ *of* knowledge about the major leagues 大リーグに関する彼の豊富な知識
❹ 《しばしば ~s》倉庫, 貯蔵所
❺ 💻《英》記憶装置[容量](memory) ❻ 《~s》(特定の活動用の)日常必需品, 補給品, 用品《食料・衣類・武器など》 ‖ military ~*s* 軍需品 / marine ~*s* 船舶用品 ❼ 多数, 多量, たくさん ❽ 肥育用家畜《羊・牛・豚など》

in stóre* ① 〈…のために〉蓄えられて**, 用意されて〈**for**〉 ‖ I keep some money *in* ~ *for* a rainy day. まさかのときのためにいくらか貯金している / I have good news *in* ~ *for* you. 君によい知らせがあるよ ② (運命などが)〈…を〉待ち構えて,〈…の身に〉降りかかろうとして〈**for**〉 ‖ There is no knowing what the future holds *in* ~ *for* us. 将来に何が待ち受けているか知るすべはない

mìnd the stóre 《米口》(担当者不在の間)日常の業務を管理する, 家事をみる(《英口》mind the shop)

sèt [OR *pùt, lày*] *stóre by* [OR *on*] ... …を重視する, 尊重する(♦ 通例 store の修飾語として great, much, little, no などを伴う) ‖ *lay* little ~ *on* traditional values 伝統的な価値観をあまり重んじない

店	(主に英) shop	小規模	**kiosk**	(駅・公園などの)売店
			stand	(見本市などの)スタンド
			stall	(移動可能な)露店
			booth	(市場などの)屋台
	store	大規模	**chain store**	チェーンストア
			general store	雑貨店
			department store	デパート
			supermarket	スーパーマーケット

— 動 〔▶ storage 名〕(**~s** /-z/; **~d** /-d/; **stor·ing**)
— 他 ❶ 〈必要なときのために〉…を**とって[しまって]おく**, 貯蔵する;…を蓄える, 備蓄する《*away, up*》〈**for**〉 ‖ We ~ food *for* a disaster. 災害に備えて食料を蓄えている / Squirrels are *storing up* a lot of nuts *for* winter. 冬に備えてリスたちは木の実をたくさん蓄えている / I have some money ~*d away* in the bank. 銀行にいくらかお金をためてある
❷ …を〈…に〉保管する〈**in**〉 ‖ ~ rare books *in* the air-conditioned room 稀覯(きこう)本を空調付きの部屋に保管する ❸ (場所・容器などが)…を収納[収容]する ‖ This refrigerator will ~ three days' supply of food. この冷蔵庫には3日分の食料が入る ❹ 〔場所など〕に〈…を〉詰める, 備える〈**with**〉 ‖ He has a mind ~*d with* trivia. 彼は雑学の大家だ ❺ 💻〔データなど〕を〈記憶装置

に〉保存する〈**in, on**〉‖ ～ confidential **information** *in* a computer 極秘情報をコンピューターに記憶させる
―自《+副》(食品などが)(傷まずに)貯蔵できる(♦ 副 は様態の副詞)‖ Flour ～*s* well. 小麦粉は貯蔵がきく
stòre úp ... / stòre ... úp〈他〉① ⇨ 他 ❶ ②〔憤り・嫉妬(しっと)心・問題など〕をうっ積させる, 胸にためておく
▸▸ **～ brànd**(↓) **～ càrd** 名 C《英》(特定販売店の)専用クレジットカード **～ detèctive** 名 C (デパートなどの)万引き監視員

stóre-bòught 形《米口》店で買った；既製の, 出来合いの(↔ homemade)

stóre brànd 名 C《米》(販売店の)自社ブランド(《英》own brand) **stòre-bránd** 形《米》自社ブランドの(《英》own-brand)

stóre·frònt 名 C《主に米》店の正面, 店頭；路面店(《英》shop front)
―形 (事務所などが)通りに面した；商店街にある

stóre·hòuse 名 (複 **-hous·es** /-hàuzɪz/) C ❶ 倉庫, 貯蔵所(warehouse) ❷《通例 a ～》(…の)宝庫〈**of**〉

stóre·kèeper 名 C ❶《米》小売店主[商人](《英》shopkeeper) ❷ 倉庫管理人；(特に)軍需品担当官

stóre·man /-mən/ 名 (複 **-men** /-mən/) C《英》倉庫番(中立 storekeeper)

stóre·ròom 名 C 貯蔵室, 物置き

***sto·rey** /stɔ́:ri/ 名《主に英》=story[2]

sto·ried[1], 《英》**-reyed** /stɔ́:rid/ 形《数詞との複合語で》…層の, …階建ての ‖ a two-～ house 2階建ての家

sto·ried[2] /stɔ́:rid/ 形《限定》❶《文》歴史[伝説, 物語]で名高い ❷ 歴史[伝説, 物語]の場面を描いた

stork /stɔ:rk/ 名 C〘鳥〙コウノトリ《欧米では赤ん坊を運んでくるという言い伝えがある》

*****storm** /stɔ:rm/
―名〔▶ stormy 形〕(複 **～s** /-z/) C ❶ (雨・雪・強風あるいは雷を伴う) **嵐**(あらし), **暴風(雨)** (→ hailstorm, rainstorm, snowstorm, thunderstorm, windstorm)；(強風を伴わない)激しい雨[雪, 雷]；(一般に)荒天；〘気象〙暴風《gale と hurricane の中間. 時速64-72マイル[秒速約28-32m]の強風》；《米》=storm window ‖ A bad ～ hit the Kyushu area. 九州を激しい暴風雨が襲った / The ship was caught in a ～. 船は嵐に巻き込まれた / a tropical ～ 熱帯性暴風雨
❷《通例単数形で》〈…の〉雨あられと押し寄せるもの；どっと上がる声(など)；〈感情などの〉爆発〈**of**〉‖ provoke a ～ *of* protest 嵐のような抗議を引き起こす / a ～ *of* bullets [arrows] 雨あられと降る弾丸[矢] / a ～ *of* tears どっとあふれる涙 / a ～ *of* anger 怒りの爆発 ❸《通例単数形で》(政治的・社会的な)激動, 騒乱 ‖ A political ～ erupted after the Prime Minister resigned. 首相の辞職後, 政治動乱が起こった ❹〘軍〙急襲(による攻略)
a stòrm in a téacup《英》コップの中の嵐, 内輪もめ, から騒ぎ(《米》a tempest in a teapot)
gò dòwn a stórm 聴衆に熱狂的に受ける
**tàke ... by stórm* ①〔とりでなど〕を急襲する ②〔特定の場所〕で大成功を収める ‖ The play *took* London *by* ～. その芝居はロンドンで大成功を収めた
the calm before the storm ⇨ CALM(成句)
the eye of the storm ⇨ EYE(成句)
ùp a stórm《主に米口》とことんまで, 思う存分
wèather [OR *rìde* (*òut*)] *the stórm* ①〘海〙嵐を乗りきる ② 危機(など)を切り抜ける

COMMUNICATIVE EXPRESSIONS
1 **A stórm is brèwing.** 嵐が来そうだ(♥ 悪い予感)

―動 (**～s** /-z/；**～ed** /-d/；**～·ing**)
―自 ❶《+副句》激しい勢いで突進する[動く], (怒りなどで)荒々しく突き進む；急襲する(♦ 副句 は方向を表す)‖ The delegates ～*ed* into [out of] the meeting. 代表団はどやどやと会議に乗り込んだ[から退場した]
❷〈…に〉激怒する, 〈…を〉どなり散らす〈**at**〉‖ He ～*ed at* me for ten minutes on end. 彼は10分間立て続けに私に雷を落とした ❸《it を主語として》嵐が吹きまくる, 激しく雨[雪]が降る, (天候が)**大荒れになる** ‖ It ～*ed* all day yesterday. 昨日は1日中嵐が吹き荒れた
―他 ❶ (大勢で)〔場所〕を急襲する ‖ A prison was ～*ed*. 刑務所が襲撃された
❷ **a**《直接話法で》…とどなり散らす ‖ "Get out of here!" he ～*ed*.「出て行け」と彼はどなった
b《+目》〔人〕に〈非難・質問などを〉浴びせる〈**with**〉‖ A group of protesters ～*ed* the ambassador *with* rebukes. 抗議集団が大使に非難の声を浴びせた
▸▸ **～ cèllar** 名 C《主に米》暴風避難用地下室 **～ cènter** 名 C 暴風の中心, 台風の目；(騒動などの)中心 **～ clòud** 名 C 嵐雲, しけ雲；《通例 ～s》動乱の前兆 **～ dòor** 名 C 防風防寒ドア《寒冷地で玄関のドアの外側に取りつける》 **～ dràin** 名 C 雨水排水管(♦《米》では storm sewer ともいう) **～ làntern** 名 C《主に英》風防付きランプ **～ pètrel** 名 C =stormy petrel **～ tròops** 名 複 (ナチスなどの)突撃隊 **～ tròoper** 名 C (ナチスなどの)突撃隊員 **～ wàter** 名 U 豪雨[豪雪]であふれた水 **～ wìndow** 名 C 防風防寒窓《通常の窓の外側に取りつける》

stórm·bòund 形 嵐で立ち往生した[孤立した]

stórm·ing /-ɪŋ/ 形《英俗》すごい迫力の, 猛烈な

stórm·pròof 形 暴風雨に耐える, 耐風の

stórm-tòssed 形《限定》《文》❶ 暴風雨に吹きまくられた ❷ 心が激しく動揺した

***storm·y** /stɔ́:rmi/ 形〔◁ storm 名〕❶ 嵐の(ような), 暴風に襲われた, 荒天の；嵐を予告する ‖ ～ weather 荒天 / a ～ night 嵐の一夜 / a ～ sea 荒れた海 / a ～ life 波乱に富んだ一生 / a ～ sunset 嵐を呼びそうな夕焼け ❷ 怒り狂う, 激しい, 騒々しい ‖ ～ passions 激情
stórm·i·ly 副 **stórm·i·ness** 名
▸▸ **～ pétrel** 名 C ①〘鳥〙ヒメウミツバメ《嵐を予知するといわれる》② もめ事を好む人, 物議をかもす人

*****sto·ry**[1] /stɔ́:ri/

物語❶ 話❷ 記事❸ 筋❹ うそ❻ うわさ❼

―名 (複 **-ries** /-z/) C ❶〈…の〉**物語**《おとぎ話・神話・(短編)小説など》〈**about, of**〉(⇨ 類語) ‖ Mommy, **tell** me the ～ *of* Snow White. ママ, 白雪姫の話を聞かせて / This is a ～ *about* three goats. これは3匹のヤギのお話です / read a bedtime ～ to a child 子供に寝る前に(おとぎ)話を読んでやる / an adventure ～ 冒険物語 / a short [long] ～ 短[長]編 / a love [detective, horror] ～ 恋愛[推理, ホラー]小説
❷《口》(事実に基づく)**話**, (人や物事にまつわる)逸話, 顛末(てんまつ), 由来 ‖ I'll tell you the whole ～ of how it happened. そのいきさつを一部始終お話しましょう / It's the same ～ in Tokyo. 東京でも事情は同じだ / a success ～ 成功談, サクセスストーリー / a true ～ 本当の話
❸ (新聞・雑誌などの) **記事**(にふさわしい事件), 新聞種 ‖ Only this newspaper ran a ～ about the incident. この新聞だけがその事件に関する記事を載せた / a cover ～ (表紙写真に関連した)特集記事 / a news ～ ニュース記事 / a front-page ～ 一面記事
❹ (=**～ lìne**) (小説・映画・劇などの) **筋**(plot), 構想 ‖ His novel has a good ～. 彼の小説は筋立てがよい
❺ 所説, 申し立て, 釈明(→ CE 12) ‖ Their ～ was that they were both absolutely innocent. 本人たちの申し立てでは2人とも全く無実とのことだ / That's just her side of the ～. それは彼女の言い分にすぎない
❻《婉曲的》《口》**うそ**, (うその)言い訳 ‖ He made up a ～ about why he was late. 彼は遅刻の理由をでっち上げた / tell a ～ うそをつく(♥ 子供に関して, または子供が用いる表現) ❼ **うわさ**, 風聞(→ CE 8)

tell its own story ⇨ TELL(成句)

COMMUNICATIVE EXPRESSIONS

1 **A líkely stòry!** さあどうだか；本当かしら(♥ 相手の言葉を信じていないときに)

2 **But thàt's anòther stóry.** NAVI (話を中断して) しかしそれは別の話だ(♥ ついでに発言したことなどについて「でもこれは直接関係ないことだ(からもうやめる)」「今は詳しく話さないでおく」の意)

3 **Ènd of stóry.** NAVI 以上；これ以上話すことはない(♥ 話を一方的に打ち切る際に)

4 **It's a lòng stóry.** 話せば長くなります；詳細は省略

5 **It's quìte anòther stóry nòw.** 事情は一変した

6 **It's the sàme òld stóry** (hère [in the còuntry]). (ここでは[田舎では])よくある話だ

7 **It's** [OR **Thàt's**] **the stòry of my lífe.** 私の人生はそんなふうです(♥「不運続きだ」ということを嘆く表現)

8 **Sò the stòry góes.** そういううわさだ (♥ 事情・状況説明の後に用いる. 説明が後に続く場合は The story goes (that) .... を用いる)

9 **Thàt would bè anòther stóry.** それなら話は別だよ；そういうことなら事情が違うね

10 **Thàt's my stóry and I'm stícking to it.** 私はそう思っているんだけどね(♥ 考え・解釈を固持する)

11 **Thàt's nòt the「ènd of the** [OR **whòle**] **stóry.** それだけじゃないんだ(♥「話・事情がまだほかにもある」と話の続きに聞き手の注意を引く表現. =That's only part of the story.)

12 **Thàt's yóur stòry.** それは(あくまで)君の言い分だろう

13 **The stóries I could téll you!** すごい話がたくさんあるんだ；まあ聞いてよ(♥ 自慢話)

14 **To màke** [《英》**cùt**] **a lòng stòry shórt**, he líkes her. NAVI 要するに, 彼は彼女が好きなんだ

類語 《名 ❶》 **story**「物語」を示す最も一般的な語. 長短に関係ない.
novel 近代の(長編)小説 (♦「短編小説」は short story という).
narrative 実際の出来事を物語ったもの.
tale 主に架空または伝説的な物語.
romance 空想の世界で繰り広げられる冒険・英雄・恋愛物語.
anecdote 実在の人物や出来事についての面白い, ちょっとした話. 逸話.
fiction 想像力で創り出す架空の物語.

***sto·ry²**, 《英》 **sto·rey** /stɔ́ːri/ 名 (複 **-ries**；《英》**-reys** /-z/) C ❶ (建物の)階層, 階；同じ階の全室 (2つの floor に挟まれた居住空間を指す) ‖ The building has twenty *stories*.=The building is twenty *stories* high. その建物は20階建てだ ❷ 《数詞との複合語で》…階の, …層の ‖ a fifty-～ skyscraper 50階建ての超高層ビル / a single-～ house 平屋

stóry·bòard 名 C 絵コンテ《映画などの主要場面を描いたパネル》

***stóry·bòok** 名 C 物語[おとぎ話]の本
—形 《限定》おとぎ話の(ような), めでたしめでたしの

stóry·tèller 名 C ❶ 物語を話す[書く]人 ❷ 《口》うそつき

***stóry·tèlling** 形 名 U ❶ 物語をする(こと) ❷ 《口》うそをつく(こと)

stoup /stuːp/ 名 C ❶ 聖水盤《教会の入口内部にある》 ❷ 《古》(種々の形の)大コップ, 飲料容器(1杯の量)

***stout** /staut/ 《発音注意》 形 ❶ でっぷりした, かっぷくのよい；ずんぐりした (↔ slim) (♥ しばしば fat の婉曲的表現. ⇨ FAT 類語) ‖ a ～ old man かっぷくのよい老人 ❷ 《通例限定》頑丈な, 丈夫な；(体の)強壮な, 屈強の ‖ ～ boots がっしりしたブーツ ❸ 《通例限定》勇気のある, 勇敢な；頑強な ‖ a ～ soldier 勇敢な兵士 / put up a ～ resistance 頑強に抵抗する
—名 ❶ U スタウト《ホップのきいた黒ビール》；C スタウト1杯 ❷ C 太った人 ❸ U C 肥満体サイズ(の服)
～·ly 副 **～·ness** 名

stòut·héarted ◁ 形 勇敢な, 不屈の

***stove¹** /stouv/ 名 C ❶ (暖房用の)ストーブ；(料理用の)こんろ, レンジ, (オーブン付きの)ガス台(cooking stove) ‖ a kerosene ～ 石油ストーブ / light a gas ～ ガスこんろに点火する ❷ 乾燥室；(陶芸用)窯；《英》(燃料をたく)温室
—動 他 ❶ 《英》〔植物〕を温室で(促成)栽培する ❷ …を(表面加工のため)加熱する

stove² /stouv/ 動 stave の過去・過去分詞の1つ

stoved /stouvd/ 形 《限定》《スコット・北イング》とろ火で煮込んだ(stewed)

stóve·pìpe 名 C ❶ ストーブの煙突 ❷ (=～ **hát**) 丈高のシルクハット

stóve·tòp 名 U 《米》調理用レンジの天板(《英》hob)
—形 レンジ(の上)で調理する[した]

stov·ies /stóuviz/ 名 複 《スコット》〖料理〗ストビーズ《タマネギと一緒に煮込んだジャガイモ》

stow /stou/ 動 他 ❶ 〔物〕を〈容器などに〉きちんとしまう[しまい込む]〈**in, into**〉；〔容器など〕に〈物を〉きちんと詰める〈**with**〉 ‖ ～ clothes *in* [OR *into*] a trunk=～ a trunk *with* clothes トランクに衣類をきちんと詰め込む ❷ 〖海〗〔船荷〕を〈船倉などに〉きちんと積み込む〈**in, into**〉；〔船倉など〕に〈船荷を〉きちんと積み込む〈**with**〉 ❸ 《通例命令形で》《俗》…をやめる, よす ‖ *Stow* the chatter! おしゃべりをやめろ / *Stow* it! 黙れ, やめろ
stòw awáy 〈自〉〈船・飛行機などに〉こっそり乗り込む, 密航する〈**on**〉 —〈他〉《*stow away* ... / *stow* ... *away*》 ① …をしまい込む ② 〔飲食物〕を(大量に)平らげる

stow·age /stóuɪdʒ/ 名 U ❶ (荷物の) 収納スペース；C 積み込み場所 ❷ (船などへの)荷積み, 積み込み(作業)

stów·awày 名 C 密航者, 潜り込んだ無賃乗客

Stowe /stou/ 名 **Harriet** (**Elizabeth**) **Beecher** ～ ストー夫人(1811-96)《米国の女流作家》

ŚTṔ 略 〖生理〗short-*t*erm *p*otential(短周期電位)；〖化〗*s*tandard *t*emperature and *p*ressure (標準状態)《0℃, 1気圧の気体の状態》

St. Pátrick 名 ⇨ PATRICK

St. Pátrick's Dày 名 聖パトリックの日《3月17日. 緑色のものを身につける習慣がある》

St. Pául 名 ❶ ⇨ PAUL ❷ セントポール《米国ミネソタ州の州都. ミネアポリスと合わせて Twin Cities と呼ばれる》

St. Pàul's Cathédral 名 セントポール寺院《ロンドンの中心部にある英国国教会の大聖堂》

St. Péter 名 =Peter ❷

St. Péter's 名 サンピエトロ大聖堂 (St. Peter's Basilica)《ローマのバチカン市国にあるカトリックの総本山》

St. Pé·ters·burg /-píːtərzbə̀ːrg/ 名 サンクトペテルブルク《ロシア北西部バルト海に臨む都市. 帝政ロシアの首都. ソ連時代はレニングラードと呼ばれた》

Str. 略 Strait；Street

strad·dle /strǽdl/ 動 他 ❶ (人・物が)…にまたがる, …をまたいで立つ[座る] ‖ The mountain ～*s* the Rwanda-Congo border. その山はルワンダとコンゴの国境にまたがっている ❷ (活動分野などが)〔異なる領域〕に及ぶ ❸ 《主に米》〔問題など〕にあいまいな態度をとる ❹ 〔標的〕の前後に発砲する[爆弾を投下する], 夾叉(きょうさ)砲撃[攻撃]をする —自 ❶ またがる, またを広げて立つ[歩く, 座る] ❷ あいまいな態度をとる —名 U C ❶ またがること ❷ あいまいな態度, 日和見 ❸ 〖株〗複合[両建て]オプション

Strad·i·var·i·us /strædɪvéəriəs/ 名 C ストラディバリウス《イタリア人 Antonio Stradivari (1644?-1737) とその一族が17-18世紀に作ったバイオリンなどの弦楽器》

strafe /streɪf | strɑːf/ 動 他 …を(低空飛行で)機銃掃射する —名 C (低空飛行での)機銃掃射

strag·gle /strǽgl/ 動 自 ❶ (広い地域に)不ぞろいに広がる, 点在[散在]する；(植物・髪・衣服などが)だらしなく広がる, 乱れている ‖ a *straggling* hedge 伸び放題の生垣

❷ だらだらと進む；ばらばらに出発[到着]する ❸ (隊列などから)はぐれる，落伍(らくご)する —名C 点在[散在]する一団(の人・物) **-gler** 名C 落伍者

strag·gly /strǽgli/ 形 (列などから) 外れた，落伍した；点在[散在]する；伸び放題の

straight /streɪt/(♦ 同音語 strait) 形 副 名

中心義 **真っすぐに伸びた** (★文脈によって「真っすぐ」という側面，もしくは「伸びた」という側面のどちらかに重きが置かれた意味になる．具体的な「物」に限らず，「性格」や「様子」など抽象的なものについても用いる)

> 形 **真っすぐな❶ 直立した❷ 傾いていない❸ 連続した❹ 正直な❺**
> 副 **真っすぐに❶ 直接に❶ 直立して❷**

—形 (▶ straighten 動)(**~·er**；**~·est**)

❶ **真っすぐな**，一直線の；(髪の毛が)直毛の，縮れていない；(スカートが) フレアのない；(エンジンが) 直列型の ‖ in a ~ **line** 一直線に

❷ **直立した**，真っすぐに体を伸ばした ‖ with one's back (as) ~ as a ramrod 背筋をぴんと伸ばして / ~ posture 直立の姿勢

❸ 《通例叙述》**傾いていない**，水平の，垂直の；(アーチが)上が平坦な ‖ The picture isn't ~. その絵は曲がっている / Is my tie ~? 私のネクタイは曲がっていませんか

❹ 《比較なし》《限定》**連続した**，立て続けの(↔ discontinuous)；〖ポーカー〗ストレートの《5枚続きの手》‖ in ~ succession 切れ目なく続いて / for seven ~ days 7日間ぶっ続けに / ten ~ wins 10連勝 / lose five ~ games 5連敗する / ~ A's (学業成績の)オールA，全優

❺ (人・行動が)**正直な**，誠実な，率直な，包み隠ししない；(性格の)真っすぐな，公正な(↔ dishonest) (⇨ HONEST メタファーの森) ‖ I want a ~ answer. 率直な返答が欲しい / You are not being ~ with me. 私に何か隠してますね / keep ~ 正直な生き方をする / ~ talk(ing) 腹蔵のない話 / ~ dealings 公正な取り引き

❻ 《叙述》(よく)整頓(せいとん)した，整理した(↔ untidy)；《比較なし》精算した，貸し借りなしの ‖ Put [OR Set, Get] your room ~. 部屋を片づけなさい / The accounts are ~. 勘定は精算済みです / keep papers ~ 書類を整理しておく ❼ (ねらい・一撃・視線などが) 真っすぐ目標に向かう；(道路が)直進[直行]する；〖ボクシング〗ストレートの ‖ hold a ~ course 直進コースをとっている / take the ~ way to a station 駅へ直行する / a ~ left 左ストレート《肩から真っすぐくり出すパンチ》 ❽ (考え方が) 理路整然とした，感情に左右されない ‖ ~ reasoning 理路整然とした推論 / a ~ thinker 筋道を立てて物事を考える人 ❾ (情報などが) 確かな ‖ ~ reporting [information] 信頼できる筋からの報道[情報] ❿ 《比較なし》《限定》(選択・対戦が)二者択一の，1対1の；単純な，はっきりした ‖ a ~ choice 二者択一 / a ~ fight 一騎打ち ⓫ (顔つきが) まじめくさった(→ straight face) ⓬ 《比較なし》(酒が) 割って[薄めて]いない，ストレートの(《英》neat) ⓭ 《口》(人が)まともな，正直な；伝統的な，保守的な ⓮ 《比較なし》《口》異性愛の(↔ gay)；麻薬[酒]をやらない ⓯ 《比較なし》《限定》(演劇などが)正統的な《喜劇・音楽を含まない》；(役者が)まじめな役を演じる；《口》(音楽が) 正調の，ジャズっぽくない ‖ ~ news 客観的なニュース / a ~ biography (虚構を交えない)本格的な伝記 ⓰ 《米》(政党などを)無条件に[全面的に]支持する(→straight ticket)

(as) straight as a die 《英》⇨ DIE[2](成句)

(as) straight as an arrow ⇨ ARROW(成句)

gèt ... stráight 《口》…が正しく理解されるようにする，…をはっきりさせる (→ CE 3) ‖ I can't *get* it ~ what he wants. 彼が何を望んでいるのか私にははっきりしない

play a straight bat ⇨ BAT[1](成句)

pùt [OR *sèt*] *... stráight* ① …を整頓する (→ 形 ❻) ② 《口》…(の混乱・誤りなど)を正す(→ CE 2) ‖ He *set* the matter ~. その件は彼がしかるべく処置した

the stràight and nárrow まっとうな生き方 ‖ stray from *the* ~ *and narrow* まともな道を踏み外す

—副 (**~·er**；**~·est**)

❶ 《比較なし》**真っすぐに**，一直線に，直進[直行]して，迂回(うかい)せずに，じかに，**直接に** (directly) (♦ ahead, back, down, at ..., along ..., to ... などの方向を示す 副句 を伴うことが多い) ‖ **Go** ~ along this street. この通りを真っすぐ行きなさい / He is too drunk to walk ~. 彼はひどく酔っ払って真っすぐに歩けない / The ball flew ~ at him. ボールは彼を目がけて一直線に飛んで来た / Does this train **go** ~ to London? この列車はロンドン直通ですか / Her eyes looked ~ **ahead**. 彼女は真っすぐ前方を見た / Shall we get ~ **down** to business? すぐに仕事の話に入りましょうか / drive ~ **on** 真っすぐ運転し続ける / I got the information ~ from his mouth. その情報を彼の口からじかに聞いた

❷ **直立して**，真っすぐに ‖ stand ~ 直立する

❸ 水平に，正しい位置に ‖ The picture isn't hung ~ on the wall. その絵は壁に真っすぐかかっていない ❹ 《比較なし》連続して，立て続けに ‖ He's been watching TV for three hours ~. 彼は3時間ぶっ続けでテレビを見ている ❺ 《比較なし》単刀直入に，率直に《*off, out*》(→ CE 1) ‖ Tell me ~ (*out*) what you think. 君の考えを率直に言ってくれ / talk ~ 包み隠さず話す ❻ 正直に，まっとうに，地道に，罪を犯さずに ‖ live ~ 地道に暮らす / play it ~ 公正にやる，いんちき[いい加減なこと]をしない ❼ 理路整然と ‖ I can't think ~. 私は物事を筋道を立てて考えることができない ❽ 正確に ‖ He was so mixed up he couldn't see ~. 彼はすっかり混乱していて事態を正しくとらえられなかった ❾ (酒を)水で薄めずに，ストレートで

gò stráight ① 真っすぐに行く(→ 副 ❶) ② 《口》(前科者などが)まっとうな暮らしを始める，更生する

stràight awáy 直ちに，即刻(right away)

stràight óff 《口》① 躊躇(ちゅうちょ)せずに，迷わずに，率直に(→ 副 ❺) ② =*straight away*(↑)

stràight óut 《口》=*straight off* ①(↑)

stràight úp ① 《英口》《前後の陳述を強めて》全くのところ，正直な話，本当に；《相手に確かめて》本当か ② 《主に米》(酒を)ストレートで

COMMUNICATIVE EXPRESSIONS

1 **Gìve it to me stráight.** はっきり言ってください；率直なところを聞かせてください(♥ 発言を躊躇している相手に)

2 **Lèt me sèt you stráight.** いいかね，よく聞きなさい(♥ 間違った考えや反対の意見を持っている相手に対して正しい考えや自分の意見を述べる前置きとして)

3 So **lét's** [OR **lét me**] **gèt this stráight**: Í'm the bòss, nòt hér. はっきりさせようじゃないか．ボスは僕であって彼女ではない (♥ 事実や結論をはっきりさせたいときに共通の理解を確認する表現)

4 **Plèase còme stràight to the póint.** ⇨ POINT (CE 9)

—名 (複 **~s** /-s/) C ❶ 直線，直線部分；《主に英》(競走路の)直線コース，ホームストレッチ(《米》straightaway) ❷ 〖ポーカー〗ストレート《5枚続きの手》 ❸ 《口》異性愛者 ❹ 《口》正常[まとも]な人；正統派 ❺ 《俗》麻薬をやらない人 ❻ 《俗》(マリファナに対して)ふつうのたばこ；両切りたばこ

~·ly 副 **~·ness** 名

▶▶ **~ àngle** 名C〖数〗平角《180°の角度》(⇨ ANGLE[1] 図) **~ árrow** (↓) **~ chàir** 名C 背もたれの真っすぐないす **~ fáce** (↓) **~ fíght** 名C《通例単数形で》《英》〖政〗2人の(候補者の)一騎打ち **~ flúsh** 名C〖ポーカー〗ストレートフラッシュ《同種札の5枚続きの手》 **~ màn** 名C (漫才などの)引き立て役，突っ込み役(stooge) (中立 straight) **~ rázor** 名C 《米》折り畳み式かみそり **~ shóoter** 名C 《主に米口》まじめ人間，正直者 **~ stítch** 名C〖裁縫〗ストレートステッチ(↔ zigzag stitch) **~ tíck-**

et 名C《米》同一政党候補者投票《連記投票ですべてに同じ政党の候補者名を記入した票. → split ticket》～ **time** 名U《主に米》正規の就業時間(の給料), 基本給

stràight-ahéad 形(音楽・演奏などが)飾り気のない, 正統派の

stráight-àrm 動他《米口》《アメフト》〔タックルしようとする敵〕を腕を伸ばして押しのける

stràight árrow 名C《米口》まじめな人, 正直な人
stràight-árrow 〈シ〉形

stràight·awáy 形《米》《限定》一直線に伸びる, 真っすぐな —名C《米》(競走路の)直線コース, ホームストレッチ；直線道路 —副 直ちに, すぐに(straight away)

stráight·èdge 名C 直定規

***straight·en** /stréɪtən/ 動〔◁ straight 形〕他 ❶ …を真っすぐにする[伸ばす]《*out*》；水平[垂直]にする ‖ He ～*ed* himself up as the coach approached. 彼はコーチが近づくと直立した / ～ one's tie ネクタイの曲がりを直す ❷ 整頓する, 片づける《*up*》‖ I ～*ed up* my room. 自分の部屋を整頓した
—自 ❶ 真っすぐになる《*out*》；水平[垂直]になる ‖ The road ～*ed* (*out*) after I went over a mountain. 山を越えると道が真っすぐになった ❷ 体[背筋]を伸ばす《*up*》
****stràighten óut*** 〈他〉《***stràighten óut ... / stràighten ... óut***》① ⇨ 他 ❶ ② …(の混乱・困難など)を正す, 調整する, 解決する ‖ ～ *out* relations between them 彼らの間の関係を修復する / ～ *out* his misunderstanding 彼の誤解を解く ③《口》〔人〕の誤り[誤解]を正す；〔人〕の振る舞い[態度]を正す, 〔人〕(の性格)をたたき直す ‖ He has ～*ed* me *out* about a lot of things. 彼は多くのことで私の誤解を正してくれた / *Straighten* yourself *out*. お行儀よくしなさい —〈自〉① ⇨ 自 ❶ ② (問題などが) 解決する ③ 行いを改める
****stràighten úp*** 〈他〉《***stràighten úp ... / stràighten ... úp***》①《～ oneself で》背筋を伸ばす(→ 他 ❶) ② ⇨ 他 ❷ —〈自〉① ⇨ 自 ❷ ② 行儀よくする；まじめになる ③ (回転した船・車などが)直進に戻る

***stràight fáce** 名C《a ～》まじめくさった顔, 真顔
kèep a stràight fáce ((笑いを)抑えて)まじめくさった顔をする
stràight-fáced 〈シ〉形 真顔の

***straight·for·ward** /strèɪtfɔ́ːrwərd/《アクセント注意》〈シ〉形(**more** ～；**most** ～) ❶ 正直な, 率直な, 包み隠ししない, 単刀直入の(⇨ HONEST メタファーの森) ‖ Linda is very direct and ～. リンダはとてもざっくばらんだ / a ～ reply 率直な返事 ❷ 単純な, わかりやすい (↔ complicated) ‖ a ～ job 単純な職務 / The matter is not a ～ question of right or wrong. それは単純な正しいか誤っているかの問題ではない ❸ 真っすぐに進む；直線的な, 直接的な
—副 率直に, 包み隠さずに, 単刀直入に；真っすぐに；直接的に ‖ talk ～ 包み隠さず話す **～·ly** 副 **～·ness** 名

stráight·jàcket 名 動 =straitjacket

stràight-láced 〈シ〉形 =strait-laced

stràight-to-vídeo 名C ビデオ専用映画

stràight-úp 形《米口》正直な, 信用できる, 真実の

stráight·wày 副《英では古》すぐに, 直ちに

****strain**[1] /streɪn/ 中心義 過度の負担(をかける)
—名(複 **～s** /-z/) ❶ U C (心身の)**緊張**, ストレス；〈身体部位にかかる〉負担, 緊張〈**on**〉；緊張関係, 相互不信；心配, 悩み；過労 ‖ Nowadays we live under a lot of ～. 今日我々は多大のストレスにさらされて生きている / Ben had a breakdown because he couldn't **take** the ～ of the divorce. ベンは離婚による心労からノイローゼになった / physical and mental ～ 心身の緊張
❷ C U 〈…に対する〉**重圧**, 重荷, 負担〈**on**〉‖ The recent rise in the yen will **put** a greater ～ *on* the Japanese economy. 最近の円高は日本経済により大きな負担をかけるだろう / **take** [OR bear] the ～ of a job 仕事の重圧に耐える / reduce [OR lessen] the financial ～ 金銭的負担を軽減する
❸ U C 〈…に対する〉引っ張る[曲げる, 押す]力, 圧力〈**on**〉‖ The thread broke under the ～. その糸は引っ張られて切れた / Take the ～ *on* that rope. そっちのロープをぴんと張ってくれ
❹ C U 無理[過労]による変調；捻挫(ねんざ), くじくこと(sprain) ‖ have a ～ in one's leg 足を痛めている / suffer a back ～ 腰痛に苦しむ ❺ U《理》(圧力による)変形, ひずみ ❻ C U 過大な要求；激務 ‖ This investigation is a great ～ on me. この調査は私にはとてもきつい
—動(**～s** /-z/；**～ed** /-d/；**～·ing**)
—他 ❶〔体など〕を(使いすぎで)**痛める**, 悪くする；〔筋〕を違える, くじく(♦「関節をくじく」は sprain) ‖ I ～*ed* my eyes looking at the screen for hours every day. (パソコン)画面を毎日何時間も見ていて目を悪くした
❷〔筋肉・神経・目・耳など〕を〈…しようと〉**最大限に働かせる**, 精いっぱい使う〈**to** ***do***〉；…を緊張させる ‖ ～ one's **eyes** *to* see 目を凝らして見る / ～ one's **ears** for a sound 物音がしないかと耳を澄ます / The runners ～*ed* every nerve [OR sinew] *to* reach the goal within the time limit. ランナーたちは制限時間内にゴールしようと全力を振り絞った
❸ …を〈こし器などで〉こす〈**through**〉；…をこして分離[除去]する, 〔水気〕を〈…から〉切る《***off, away***》〈**from, out of**〉‖ ～ gravy 肉汁をこす / ～ (*off*) water *from* vegetables 野菜の水分を切る
❹ …に過大な要求をする, 極度の負担をかける；…につけ込む ‖ My patience has been ～*ed* to the limit. 私の忍耐力ももう限界だ / He ～*ed* his grandmother's good temper. 彼は祖母の人のよさにつけ込んだ
❺ (事・物が)〔関係・友情など〕をこじらす, 損なう ‖ The dispute has ～*ed* their friendship. その論争で2人の友情にひびが入った ❻ …を(最大限度まで)引っ張る, 〔ひも・弦など〕を〈…に〉ぴんと張る〈**over, on**〉‖ ～ the strings of a guitar ギターの弦をぴんと張る ❼ (拡大解釈して)…をこじつける, 乱用する, 〔事実など〕を曲げる ‖ These statutes ～ the mayor's powers. これらの法令は市長の権限を必要以上に拡大する / ～ the truth 真実を曲げる ❽ (力を加えて)…を傷つける；(圧力を加えて)…を変形させる, ひずませる, ゆがませる ❾ …を(ひしと)抱きしめる
—自 ❶ **全力を出す**；最大限に努力する, 精いっぱい頑張る〈**after, for** …を求めて / **to** ***do*** …しようと〉；緊張する ‖ ～ *for* victory 勝利を目指して頑張る / ～ *to* catch every word 一言も聞き漏らすまいと努力する
❷ 〈…を〉強く引っ張る〈**at**〉；強く引っ張られる, ぴんと張られる ‖ The dog ～*ed at* the leash. 犬は鎖をぐいぐい引っ張った ❸ こされる；〈…から〉にじみ出る；滴る, 流れ出る〈**through**〉‖ Black water is ～*ing through* the soil. 黒い水がその土壌からにじみ出ている ❹ 〈…に〉強い圧力をかける〈**against**〉 ❺ 曲がる, ねじれる, ひずむ
stráin onesèlf ① (精いっぱい) 努力をする, 無理する (→ 他 ❷) ② 無理して体を壊す
▸▸ **～ gàuge** 名C《機》ひずみ計

strain[2] /streɪn/ 名C ❶ (話し方・書き方の) 調子, 口調, 話し[書き]ぶり ❷《通例 ～s》曲[詩]の1節

strain[3] /streɪn/ 名C ❶ (動植物の)品種；変種；人為[改良]種 ‖ a virus of unidentified ～ 種別不明のウイルス ❷ 血統, 家系, 家柄 ‖ come of a good ～ 由緒ある家柄の出である ❸《単数形で》遺伝的性質, 素質；傾向, 気味, …めいたところ

strained /streɪnd/ 形 ❶ 不自然な, わざとらしい；こじつけた ‖ a ～ smile 作り笑い ❷ (状況などが) 緊迫した ‖ ～ relations 緊張した関係 ❸ 疲れきった

strain·er /stréɪnər/ 名C ❶ こし器, ろ過器 ❷ 引っ張るもの

***strait** /streɪt/ (♦同音語 straight) 名C ❶《しばしば ～s で単数扱い》海峡 ‖ the *Straits* of Dover ドーバー海峡

S

❷《通例 ～s》苦境；(特に)(経済的)困窮 ‖ He is in dire [or desperate] ～s for money. 彼はひどく金に困っている ─形《古》❶ 狭い，窮屈な ❷ 厳格な；苛酷(かこく)な
▸▸ **～ gáte** 名《the ～》〖聖〗狭き門

strait·en /stréɪtən/ 動 他《古》…を狭くする

strait·ened /stréɪtənd/ 形《限定》❶ 困窮した ‖ live in ～ circumstances 貧しい生活を送る ❷ (範囲などが)局限された，狭い

stráit·jàcket 名 C ❶ 拘束服《狂暴な囚人・狂人などを拘束する》❷ (自由な成長・発達を)拘束するもの ─動 他 …に拘束服を着せる；…を束縛[阻害]する

stràit-láced ⟨シ⟩ 形 (道徳的に)厳格な，古臭い

***strand**[1] /strænd/ 名 C ❶ より糸，ワイヤー；(より合わせた)ひも，ロープ ‖ a ～ of silk 絹糸 ❷ (髪の毛の)ふさ；(ひも・糸で)連ねたもの ‖ a ～ of pearls 一連の真珠 ❸ 構成要素，成分；(話・問題などの)一部分 ‖ two major ～s of a theory 理論の主要な2つの構成要素 ─動 他〔ロープなど〕をより合わせて作る

strand[2] /strænd/ 動 他《通例受身形で》❶ (船・魚などが)座礁する，岸に乗り上げる，取り残される；〖野球〗(走者が)残塁する ❷ 立ち往生する，途方に暮れる ─自 (船が)座礁する ─名 C《文》(海・湖・川の)岸，浜辺，潟(かた)

***strange /streɪndʒ/《発音注意》形 副

中心義▸ なじみのない

─形 (**strang·er**；**strang·est**)
❶ **a** **奇妙な**，**おかしな**，不思議な；異様な，珍しい(↔ ordinary)(⇨ 類語) ‖ *Strange* **things** happened one after another. 妙なことが次から次へと起こった / His new hairstyle is really ～. 彼の新しい髪型はすごく変だ / There was something ～ about Nick's behavior. ニックの振る舞いにはどこか妙なところがあった / *Truth is stranger than fiction.*《諺》事実は小説より奇なり
b《It is ～ for *A* to *do*/It is ～ that *A* (should) *do*》*A* (人など)が…するとは不思議だ ‖ It isn't (so) ～ *for* my brother *to* be quiet. 弟が静かにしているのは別に珍しいことではない / It is ～ *that* Ellen is [or should be] so late. エレンがこんなに遅いのは妙だ
c《It is ～ how *A do*》*A*がいかに…するかは不思議だ ‖ It is ～ *how* our childhood experiences influence our view of life. 子供のころの体験が人生観にいかに影響するか不思議なものだ
❷〈人にとって〉**未知の**，見知らぬ，初めての(↔ familiar)；異国の，よその〈**to**〉‖ The guests' faces were ～ *to* me. 客たちの顔にはなじみがなかった / arrive in a ～ town 見知らぬ町に着く
❸《叙述》〈…に〉**不慣れな**，**経験のない**，不案内な〈**to**〉‖ He is still ～ *to* the job. 彼はまだその仕事に慣れていない
fèel stránge ① 体調がおかしい，頭がふらふらする ② 勝手が違う，居心地がよくない ‖ I *felt* ～ to be seated with her. 彼女と同席して落ち着かない気分だった
strànge to sáy [《文》***téll***] 妙な話だが ‖ *Strange to say*, catfish can predict earthquakes. 不思議なことに，ナマズは地震を予知できるのです
─副《主に米口》妙に，変に(♦ 通例動詞の後に置かれる)

類語《形 ❶》**strange** 未知でなじみがなく不可解なことを示す．しばしば恐れや好奇心を抱かせるという意味合いを持つ．
curious「人の好奇心をそそるような」の意から「奇妙な」．
odd 異常さを示し，ふつうでない奇妙さを示す．しばしば面白がらせたり興味を抱かせたりするというニュアンスを持つ．
queer 非常に異様で説明もできないさまを示す．「変わっている」感じは odd は軽いものから強度のものまで含まれるが，queer は概して強い．現代ではあまり用いない．
peculiar ほかに比べて独特の(しばしば風変わりな)性質を示す．特異性を強調．
eccentric 特に性格・行動が常軌を逸しているさまを示す．ふつうから外れていることを強調．

***strange·ly** /stréɪndʒli/《発音注意》副 (**more ～**；**most ～**) ❶ 奇妙に，変に ‖ Liz is acting ～ these days. リズは近ごろ変な行動をする ❷《比較なし》《文修飾》奇妙にも，不思議なことに ‖ *Strangely* (enough), Fred knew about our plan. 奇妙なことに，フレッドは我々の計画を知っていた

strange·ness /stréɪndʒnəs/ 名 U ❶ 奇妙，不思議；見知らぬこと；不慣れ ❷〖理〗ストレンジネス《素粒子の量子数》

****strang·er** /stréɪndʒər/
─名 (複 **～s** /-z/) C ❶〈…にとって〉**知らない人**，見知らぬ人〈**to**〉；**よそ者**；部外者 ‖ That woman was a **complete** [or **total**, perfect] ～ *to* me. その女性は私の全く知らない人だった / Although we were ～*s*, we soon became friends. 私たちは知らない者同士だったがすぐに友達になった
❷ (ある土地に) **初めて来た人**，不案内な人 ‖ "Where is the city hall?" "Sorry, I'm a ～ here myself."「市役所はどこですか」「すみません，私もこの辺りは不案内なので[ここの者ではないので]」❸〈…を〉知らない人，〈…に〉なじみのない人，不慣れな人〈**to**〉‖ Young people today are ～*s to* the etiquette of the tea ceremony. 今の若い人たちは茶道のマナーを知らない
be nò stránger to ... …に精通している，…を何度も経験している ‖ I'*m no* ～ *to* poverty. 私は貧乏の味をよく知っている

COMMUNICATIVE EXPRESSIONS
1 **Dòn't be a stránger.** また会いに来て(♥ 別れのあいさつ)
2 **Helló, strànger!** やあ久しぶり(♥ 気さくなあいさつ)
3 **You are quite a stránger hère.** 最近めったに会いませんね

***stran·gle** /strǽŋgl/ 動 他 ❶ …を絞め殺す，絞殺する；…を窒息(死)させる；(襟などが)〔首〕を締めつける ‖ The victim seems to have been ～*d* with a TV cord. 被害者はテレビのコードで首を絞められたようだ ❷〔発展・活動など〕を圧殺する，抑圧する ❸〔叫び・衝動など〕を押し殺す，こらえる ‖ ～ a yawn あくびをかみ殺す ─自 絞めつけられて死ぬ；窒息(死)する **-gler** 名 C 絞殺魔

strángle·hòld 名 C《単数形で》❶ 首を締めること；〖レスリング〗首締め，チョーク《反則技》❷〈自由な活動への〉抑圧，締めつけ〈**on**〉

stran·gu·late /strǽŋgjulèɪt/ 動 他 ❶〖医〗〔血管・腸など〕を絞扼(こうやく)する，縛る ❷《口》…を絞殺する

stran·gu·la·tion /stræ̀ŋgjuléɪʃən/ 名 U ❶ 絞殺 ❷ (発展などの)阻害；締めつけ ❸〖医〗絞扼

***strap** /stræp/ 名 C ❶ (革)ひも；(留め金具付きの)(革)帯，バンド ‖ a watch ～ 腕時計のバンド ❷ (婦人服などの)肩ひも；(ショルダーバッグ・カメラなどの)肩かけひも，ストラップ (shoulder strap)；(婦人靴の)ストラップ《足首のところで留めるひも》‖ a bra ～ ブラジャーの肩ひも / ～ shoes ストラップシューズ ❸ (乗り物の) つり革 ‖ hold on to a ～ つり革につかまる ❹《米》(かみそり用の) 革砥(かわと)，研ぎ革 (strop) ❺ 革むち；《the ～》革むちでの体罰
─動 (**strapped** /-t/；**strap·ping**) 他 ❶《+目+副句》…を(革)ひも[帯]で〈…に〉縛る[留める]，〈…に〉縛りつける《***on, up,*** etc.》〈**to, onto**〉‖ He *strapped* his suitcases *onto* the cart. 彼はスーツケースを手押し車にひもで固定した / ～ *on* one's watch 腕時計を(革)バンドで留めてつける / ～ oneself *up* with a safety belt 体をシートベルトでしっかり固定する ❷《主に英》〔負傷箇所〕に包帯する，テーピングする《***up***》(《主に米》tape) ‖ ～ *up* his shoulder 彼の肩をテーピングして固める ❸ …を革のむちでせっかんする ❹《主に米》〔かみそり〕を革砥で研ぐ
stràp ... ín 〈他〉…を(特に)シートベルトで固定する
stràp À into B 〈他〉*A* (人など)を*B* (座席など)に(ベルト

で) 固定する ‖ She *strapped* herself *into* her seat. 彼女は座席についてシートベルトをした

stráp·hànger 名 C 《口》つり革につかまった乗客；通勤客 **stráp·hàng** 動 自 つり革につかまる

strap·less /strǽpləs/ 形 (婦人服が)肩ひもなしの

strapped /strǽpt/ 形 《叙述》《口》〈金などに〉困っている，貧窮している〈**for**〉

strap·ping /strǽpɪŋ/ 形 《限定》《口》長身でがっしりした —名 U 《集合的に》革ひも類；(負傷箇所を固定する)テープ

strap·py /strǽpi/ 形 《口》革ひものついた

stra·ta /stréɪṭə | strɑ́:-, stréɪ-/ 名 stratum の複数

strat·a·gem /strǽṭədʒəm/ 名 C (軍の)戦略，戦術；(一般的に)策略，計略

*****stra·te·gic** /strətí:dʒɪk/, **-gi·cal** /-dʒɪkəl/ 《発音注意》形 《通例限定》 ❶ 戦略の[に関する]；(行動が)戦術上必要な ‖ a ～ advantage 戦略上の利点 / a ～ retreat 戦略的後退 / ～ planning 作戦計画 ❷ 戦略[目的達成]上重要な；(人・物などが) 戦闘に使われる ‖ a ～ area 戦略上の要地 ❸ (武器・爆撃などが) 敵地破壊のための ‖ ～ bombing 戦略爆撃《敵の産業・通信・交通などを破壊して戦意を喪失させる》/ ～ weapons [OR arms] 戦略兵器 / ～ missiles 戦略ミサイル **-gi·cal·ly** 副

strat·e·gist /strǽṭədʒɪst/ 名 C 戦略[術]家；策士

strat·e·gize /strǽṭədʒàɪz/ 動 自 《米》戦略を練る；(入念に)計画する

:strat·e·gy /strǽṭədʒi/ 《アクセント注意》
—名 (複 **-gies** /-z/) U C ❶ (全体の) **戦略**，戦術 (♦ 実地の戦闘での個々の戦術は tactics)；兵法，用兵術 ‖ military ～ 軍事戦略
❷ (目的達成のための)戦略，戦術，策略〈**for** …のための / **to do** …するための〉‖ work out a long-term ～ *for* improvement 長期の改善計画を立てる / **develop** a ～ *to* win 勝つための戦略を練る / marketing ～ マーケティング戦略 / business ～ 経営戦略

Strat·ford-up·on-A·von /strætfərdəpɑ̀(:)néɪvɑ(:)n | -əpɒnéɪvən/, **-on-** 名 ストラットフォード＝アポン＝エーボン《イングランド中部，ウォーリックシャー州のエーボン川沿いの町．シェークスピアの生地》

strath /stræθ/ 名 C 《スコット》広い谷(間)

strath·spey /stræθspéɪ/ 名 C 《英》ストラスペイ《スコットランドのテンポの遅い踊り(の音楽)》

strat·i·fi·ca·tion /stræ̀ṭɪfɪkéɪʃən/ 名 U ❶ 層状(になること) ❷ 〖社〗(社会)階層化 ❸ U C 〖地〗成層

strat·i·form /strǽṭəfɔ̀:rm | strǽtɪ-/ 形 ❶ 〖地〗(鉱床が)層状の ❷ 〖解〗(軟骨組織が)薄層をなす ❸ 〖気象〗(雲が)層状の

strat·i·fy /strǽṭɪfàɪ/ 動 (**-fies** /-z/；**-fied** /-d/；**～·ing**) 他 ❶ …を層状にする；…を階層化する (♦ しばしば受身形で用いる) ❷ 〔種子〕を(保存・発芽促進のために) 湿った砂[ピート]の層の間に置く —自 ❶ 層状になる；階層化する ❷ (種子が)湿った砂[ピート]の層に置かれて発芽する

stra·tig·ra·phy /strətígrəfi/ 名 U 層位学，層序学《地質学の一部門》；〖考古〗断層

stra·to·cu·mu·lus /strèɪṭoʊkjú:mjələs/ 名 U 〖気象〗層積雲

strat·o·sphere /strǽṭəsfɪər/ 名 《the ～》 ❶ 成層圏 ❷ 《口》最高位[段階] **stràt·o·sphér·ic** 形

stra·tum /stréɪṭəm | strɑ́:-, stréɪ-/ 名 (複 **-ta** /ṭə/) C ❶ (一般的に)層 ❷ 〖地〗地層，岩層；〖生〗層，薄層 ❸ (社会の)階層

stra·tus /stréɪṭəs/ 名 U 〖気象〗層雲

Strauss /straus/ 名 シュトラウス ❶ **Johann ～** ヨハン＝シュトラウス(父)(1804–49)《オーストリアの作曲家．「ワルツの父」と呼ばれる》 ❷ **Johann ～** ヨハン＝シュトラウス(子)(1825–99)《オーストリアの作曲家，❶の子．「ワルツ王」と呼ばれる》 ❸ **Richard ～** リヒャルト＝シュトラウス(1864–1949)《ドイツの作曲家》

*****straw** /strɔ:/ 名 ❶ U 《集合的に》(麦)わら；《形容詞的に》(麦)わらの，(麦)わら色の ‖ a roof thatched with ～ わらぶき屋根 / a ～ hat 麦わら帽子 ❷ C (1本の)(麦)わら ‖ *A ～ will show which way the wind blows.* 《諺》わら1本で風向きがわかる；わずかな兆候で全体の先行きがわかる ❸ C ストロー (drinking straw) ‖ drink coke through a ～ ストローでコーラを飲む ❹ C 麦わら製品；麦わら帽子 (straw hat) ❺ C 《否定文で》取るに足りないもの[こと] ‖ That critic's praise is not worth a ～. あの批評家に褒められてもどうということはない / Judy does not care 「a ～ [OR two ～*s*] about your opinion. ジュディは君の意見など全く気にしない

「***a stràw*** [OR ***stràws***] ***in the wínd*** 先行きを示すわずかな兆候(→ ❷用例)

*****clùtch*** [OR ***gràsp, càtch***] ***at stráws*** 《口》(わらのように)役に立たないものにもすがろうとする (♦ *A drowning man will catch at a straw.* (おぼれる者はわらをもつかむ) の諺(ことわざ)から)

dràw stráws くじ引きで決める

dràw [OR ***gèt***] ***the shòrt stráw*** いやな仕事を割り当てられる(♦ 短いわらを引いた者が負けとなるくじから)

*****the last*** [OR ***final***] ***straw*** ⇨ LAST STRAW

▶▶ **～ bóater** 名 C 《英》(男性がかぶる平らな頂の)麦わら帽子 **～ bòss** 名 C 《米口》(工場の職長・作業長などの)補佐役；監督補佐 **～ còlor** (↓) **～ màn** 名 C ① (麦) わら人形 ② ストローマン《論争相手の主張を故意にねじ曲げて反論する論法，またそのねじ曲げた主張》 **～ vòte** [**pòll**] /英 ⸗⸗/ 名 C (世論調査のための)非公式投票

*****straw·ber·ry** /strɔ́:bèri | -bəri/ 《発音・アクセント注意》名 (複 **-ries** /-z/) ❶ C イチゴ ‖ ～ jam イチゴジャム / a ～ bed イチゴの苗床 / *strawberries* and cream クリームをかけたイチゴ / pick *strawberries* イチゴを摘む (♦「イチゴ摘みに行く」は go (straw)berrying) ❷ U イチゴ色，深紅色

▶▶ **～ blónde** 形 名 C 赤みがかったブロンドの(女性) **～ màrk** 名 C イチゴ状母斑(ぼはん)，紅斑 **～ trèe** 名 C 〖植〗ストロベリーツリー《イチゴのような実をつけるヨーロッパ産の常緑低木》

stráw·bòard 名 U わらボール紙，黄板紙

stráw còlor 名 U 麦わら色，淡黄色
stráw-còlored 形

straw·y /strɔ́:i/ 形 (麦)わらの(ような)，わら製の

*****stray** /streɪ/ 動 自 ❶ 〈場所・進路・仲間などから〉迷い出る，それる，はぐれる《**away, off**》〈**from, off, etc.**〉；〈…に〉迷い込む〈**into**〉‖ Several sheep ～*ed away from* the fields. 羊が数頭牧草地から迷い出た / The boy scout ～*ed from* his company. ボーイスカウトの団員は仲間からはぐれた / ～ *into* a restricted area 立ち入り禁止区域に迷い込む ❷ 《(＋副句)》《文》(当てなく)さまよう，さすらう《**about, around,** etc.》‖ ～ *about* in a strange place 知らぬ土地をさまよい歩く ❸ 《(＋副句)》(視線などが)(無意識のうちに)移動する；(考えなどが)わきへそれる，脱線する《**away**》〈**from** …から；**toward** …の方へ，etc.〉‖ Her eyes ～*ed* absently around the room. 彼女はぼんやりと部屋を見回した / ～ *from* the point 要点から外れる ❹ (正道から)逸脱する，(特に)浮気する
—形 《限定》 ❶ (家畜などが)迷い出た，はぐれた；飼い主のいない；(本来の道から)それた ‖ a ～ sheep 迷える羊《正しき道を見いだせずに迷っている者のたとえ》(♦ 聖書の言葉) / a ～ cat 迷子の[のら]猫 / a ～ bullet 流れ弾 ❷ 時折の，散発的な；まばらな，孤立した；(髪が) ほつれた ‖ ～ showers 時折のにわか雨 / a few ～ houses まばらに建っている数軒の家 / a few ～ hairs 数本のほつれ毛
—名 C ❶ 迷い出た家畜；のら犬[猫] ❷ 迷子；浮浪児 ❸ はぐれた人[もの] ❹ 《～s》〖無線〗空電

*****streak** /stri:k/ 名 〔▶ streaky 形〕 C ❶ 細長い線，筋，しま ‖ There was a ～ of tears on her cheek. 彼女の頬(ほお)に涙が一筋流れた / a black sweater, with ～*s* of gray in it 灰色のしまの入った黒いセーター ❷ (光線な

どの)一筋 ‖ a ~ of lightning 一筋の稲光り ❸ (周囲と異なる)層;鉱脈(層) ‖ a ~ of fat (肉の)脂肪[脂身]の層 ❹ (気質・行動などの)(特に不快な)傾向, たち ‖ Sarah has a「~ of selfishness [OR selfish ~] in her. サラには少しわがままなところがある ❺ (勝ち負けなどの)一続き, ひとしきり, 連続 ‖ The Giants are on a five-game winning [losing] ~. ジャイアンツは目下5連勝[敗]中だ / He's extended his hitting ~ to ten games. 彼は連続ヒットを10試合に伸ばした

like a strèak (of líghtning) 《口》電光石火のごとく, 素早く

talk a blue streak ⇨ BLUE(成句)

—動 他…に(…で)筋[しま]をつける;〔髪〕をしまに染める[脱色する]〈**with**〉(♦しばしば受身形で用い, ときに色を表す形容詞補語を伴う) ‖ His black hair is ~*ed with* gray. 彼の黒髪にはところどころ白髪が交じっている / Tears ~*ed* her cheeks. 彼女の頬をいく筋もの涙が伝った / be ~*ed* red 赤い筋がついている —自 ❶ 筋[しま]になる ❷ 《+副句》素早く動く, 疾走する, 急ぐ(♦副句は方向を表す) ‖ A cat ~*ed* across the street. 猫が通りをさっと横切った ❸ 《口》ストリーキングする《公共の場を裸で駆け抜ける》

~·er 名 C 《口》ストリーキングをする人

streak·y /stríːki/ 形 〔◁ streak 名〕 ❶ 筋の入った, しまになった;層状の ❷ 《主に米口》(性質などが)むらのある, 変わりやすい ▸▸ **~ bácon** 名 U 《英》筋ベーコン《脂肪が筋状に入っている》

:stream /striːm/

—名 (複 **~s** /-z/) C ❶ (地表上の)水流, 川;(特に)**小川**, 細流(⇨ RIVER 類語) ‖ A ~ crosses the park. 小川が公園を横切っている / go down a ~ 小川を下る

❷ 〈液体・気体の〉(一筋の)流れ;《主に米》(流れるように尾を引く)〈…の〉一条(の光)〈**of**〉 ‖ a ~ *of* water [smoke] 一筋の水流[煙] / a ~ *of* moonlight 一条の月光

❸ 〈人・物の〉**流れ**〈**of**〉 ‖ A **steady** ~ *of* refugees crossed the border. 難民の群れが途切れることなく国境を渡った / A ~ *of* pleasant thoughts passed through her mind. 楽しい思いが次々と彼女の脳裏をよぎった / a ~ *of* traffic 車の流れ

❹ (川・海の)流れ, 水流, 海流, 潮流(→ downstream, upstream) ‖ the Gulf *Stream* メキシコ湾流

❺ (時・世論などの) 傾向, 動向, 趨勢(すうせい) ‖ The ~ of history scarcely visited this village. この村には時代の流れもほとんど影響を及ぼさなかった

❻ 《主に英》能力別編成クラス(《米》track) ‖ the A ~ (能力別の)Aクラス ❼ 💻ストリーム《データの流れ》

gò [OR swìm] agàinst [with] the stréam ① (舟・泳ぎなどで)流れに逆らう[乗る] ② 時流に逆らう[乗る]

on stréam (工場などが)稼動して;(制度などが)機能して

—動 (**~s** /-z/;**~ed** /-d/;**~·ing**)

—自 ❶ 《+副句》(液体が)**流れる**, 流れ出る;(光が)差す(♦副句は方向を表す) ‖ **Tears** were ~*ing* **down** her face. 彼女の顔を涙が流れていた / Sunlight ~*ed* in through the windows. 窓から陽光が差し込んだ

❷ 〈…を〉流す;《通例進行形で》(目が)〈涙を〉流している, (鼻が)〈鼻水を〉たらしている〈**with**〉 ‖ His face was ~*ing with* tears. 彼の頬(ほお)には涙が伝っていた

❸ 《+副句》(たくさんの人・物が)**流れるように進む**, 切れ目なく続く(♦副句は場所・方向を表す) ‖ The cargo trucks were ~*ing* across the bridge. 貨物自動車がひっきりなしに橋を渡っていた / Complaints came ~*ing* in. 苦情が殺到した ❹ (旗などが) (風に) 翻る, たなびく ‖ Her hair ~*ed* in the wind. 彼女の髪が風になびいた

—他 ❶ …を流れ出させる, 流す ‖ The cut on her arm ~*ed* blood. 彼女の腕の切り傷から血が流れた

❷ 《通例受身形で》《主に英》(生徒が) 能力別クラスに編成される(《米》track)

❸ 💻ダウンロードしながら〔音楽〕を聞く[〔映画〕を見る]

▸▸ **~ of cónsciousness** (↓)

stream·er /stríːmər/ 名 C ❶ 風になびくもの;吹き流し, 三角旗;(祝賀用などの)色紙テープ, 飾りリボン[幕](♦「こいのぼり」は carp streamers といえる) ❷ 《~s》北極光(aurora borealis) ❸ (新聞の全段抜きの) 大見出し (banner) ❹ 💻ストリーマー (tape streamer) 《磁器テープを用いた記憶装置》;(= **~ tàpe**)ストリーマーの磁気テープ

stream·ing /stríːmɪŋ/ 形 《限定》(涙・鼻水などの)液体が流れて [あふれて] いる —名 U 💻ストリーミング《全データの転送が完了しないうちに順次再生できる技術》

stream·let /stríːmlət/ 名 C 小さな流れ, せせらぎ

stréam·lìne 名 C 流線;流線型 —動 他 ❶ …を流線型にする ❷ 〔組織など〕を合理化する;簡素化する

stréam·lìned 形 《通例限定》❶ 流線型の;最新式の ❷ (組織・業務などが)合理化された;簡素化された

strèam of cónsciousness 名 《the ~》意識の流れ, 内的独白《人間の内面で絶えず移ろう感覚・思考を客観的注釈を加えずに描写する小説上の技法》

strèam-of-cónsciousness 形

:street /striːt/ 名 形

—名 (複 **~s** /-s/) ❶ C **街路**, **(大)通り**;(歩道を除いた)車道《市町村内の舗装された主要道路で, 両側または片側に家屋や商店が立ち並ぶ. 略 St.》(→ backstreet, high street, main street, side street) (⇨ ROAD 類語P, WAY[1] 類語) ‖ Thousands of people were out **on** [《英》**in**] the ~*s* to welcome the gold medalists. 何千人もの人たちが通りに出て金メダリストたちを迎えた(♦on the street は「通りで」「通りに面して」, in the street は「路面(車道)に出て」と区別されることもある) / Watch out for cars when you cross the ~. 通りを横切るときは車に気をつけなさいよ / a narrow ~ 狭い通り / **walk down** [**across**] a ~ 通りを歩いて行く[横切る]

❷ C (建物を含む地域としての) 通り, …**街** ‖ "Which ~ do you live **on** [《英》**in**]?" "Baker *Street*." 「どの通りにお住まいですか」「ベーカー通りです」/ The jewelry shop stands at the corner of 57th *Street* and Fifth Avenue. その宝石店は57番通りと5番街の交差する角にある(♦米国では東西の街路に Street を, 南北の街路に Avenue を用いることが多い. → avenue)

❸ 《the ~》《集合的に》(ある)通りに住む[働く]人々, 街の人々 ‖ The whole ~ was against the regulation. その街の人々はこぞって条例に反対だった

hìt the stréet (雑誌などが)発売される

nòt in the sàme stréet 《英口》(能力などの点で)〈…に〉はるかに負けて;〈…に〉到底及ばない〈**as, with**〉(♦「同じ通りに住む程度の者ではなく」の意から)

on éasy strèet 裕福に, ぜいたくに

on the stréet ① 通りで, 路上で(→ 名 ❶) ② 職なしの, ぶらぶらしていて ③ 宿なしの, 住む所のない ④ 刑務所を出て, 自由の身で

on the stréets ① 売春婦をして ② = *on the street* ②, ③, ④(↑)

(rìght) ùp [OR dòwn] a person's stréet 《主に英口》= *(right) up [OR down] a person's* ALLEY

strèets ahéad 《英口》〈…より〉はるかに優れていて〈**of**〉 ‖ They are ~*s ahead of* the rest of us. 彼らは残りの者よりはるかに優れている

tàke to the stréets 抗議のデモを行う

****the man on [《英》in] a street*** ⇨ MAN(成句)

wàlk the stréets 売春婦をする

—形 《限定》❶ 通りの, 通りにある, 通りに面した;路上に住む[で行われる] ‖ the ~ door (通りに面した)表玄関 / a ~ performance 街頭[路上] 演奏[演技] / a ~ entertainer 大道芸人 / ~ fighting 路上のけんか / on a ~ **corner** 街角で ❷ 都会の若者の間ではやっている ‖ ~ style ストリートスタイル

▸▸ **~ àddress** 名 C (Eメールアドレスに対して) 住所 **~ Àrab** 名 C ⊗《古》《蔑》浮浪児, 宿なし子 **~ chìld** 名

Ⓒ 子供のホームレス ～ **crèd** /英ᐨᐨ/ 名 U《口》=street credibility ～ **credibìlity** /英ᐨᐨᐨᐨᐨ/ 名 U 都会の若者文化[サブカルチャー, ファッションなど]に通じていること; 若者の間での信用[尊敬度] ～ **fùrniture** /英ᐨᐨᐨᐨ/ 名 U ストリートファニチャー《標識・街灯など, 道路に設置する備品》 ～ **màp** 名 C 市街地図 ～ **musìcian** 名 C ストリートミュージシャン ～ **pèople** 名 U《集合的に》《複数扱い》① ホームレス ② 《主に米》露天商, 大道芸人 ～ **smàrts** 名 複《米》(大都会で生きるための)世渡りの知恵 ～ **thèater** /英ᐨᐨᐨ/ 名 U 街頭劇場《街頭や公園などでの反戦劇などの公演》 ～ **ùrchin** 名 C =street Arab ～ **vàlue** 名 U/C《通例単数形で》(麻薬などの)末端価格 ～ **wèar** 名 U 外出着

stréet·bòard 名 U C ストリートボード《板を分割・連結し, 前後が別々に可動するようにしたスケートボード. snakeboard ともいう》

stréet·càr 名 C《米・カナダ》市街[路面]電車(《英》tram)

stréet-lègal 形 (車両が)路上での使用に必要な法的条件を満たした

stréet·lìght 名 C 街灯

stréet·scàpe 名 C U 街の風景(画)

stréet-smàrt 形《米》=streetwise

stréet·wàlker 名 C《口》街の女, 売春婦

stréet·wìse 形《口》都会の庶民の生活をよく知っている; (犯罪の多い貧しい地区の)地元の問題に精通した

stréet-wòrthy 形 街頭[人前]でも使用できる[恥ずかしくない] ‖ ～ gear 外にも着用できる服装

***strength /streŋkθ/《発音注意》

中心義 **(Aの)強さ**(★Aは「肉体」「精神」「度合い」など多様)

—名〔◁ strong 形 | ▶ strengthen 動〕(複 **～s** /-s/) ❶ U/C《単数形で》〈…する〉(肉体的)**強さ**, 力; **体力**(のあること), 元気, 活力(↔ weakness)〈**to *do***〉(⇨ POWER 類語) ‖ I swim once a week to keep up my ～. 私は体力を維持するために週に1回泳ぐ / My daughter ran with all her ～. 娘は力を振り絞って走った / I have no ～ left *to* walk any further. 私にはもう1歩も歩く元気がない / regain [OR recoup] one's ～ 体力を取り戻す / gain ～ 力を増す; 元気になる

❷ U/C《単数形で》〈…する〉**精神力**, 性格的な強さ; (知的)能力, 知力〈**to *do***〉‖ I'm sure something will give me the ～ *to* overcome this difficulty. きっと何かが私にこの困難を乗り越える力を与えてくれるだろう / Cathy has **great** ～ of character. キャシーは非常に性格が強い / an inner ～ 内に秘めた力; 精神力

❸ U C (物理的な)強さ, **強度**, 耐久力, 抵抗力 ‖ check [OR examine] the ～ of the glass ガラスの強度を調べる / the ～ of a rope ロープの強度

❹ U (社会的な)**力**, 権力, 財力, 影響力, 強さ, 勢力 ‖ The movement is gathering ～. その運動は影響力を増しつつある / The economic ～ of China is growing rapidly. 中国の経済力は急成長している / He is now in a position of ～. 彼は今権力のある地位にいる

❺ U (軍事的な)力, 兵力, 戦力; 兵員; (一般に)定数, 人数; 多数 ‖ estimate the ～ of the enemy 敵の兵力を判断する / a show of ～ 軍事力の誇示 / The division is「up to ～ [10% under ～]. その師団は定員に達している[定員に10%足りない] / The ～ of the protesters doubled from 300 to 600. 抗議する人たちの数が300人から600人に倍増した

❻ U (信念・関係などの)強固さ; (感情などの)激しさ; (議論・勧誘などの)説得力; (法などの)効力; (文体などの)迫力 ‖ the ～ of family bonds 家族のきずなの強さ / have the ～ of words [argument] 言葉[議論]に説得力がある / the ～ of public opinion 世論の力

❼ U C (光・色などの)強烈さ; (風・潮流などの)強さ; (声の)力強さ ‖ Her voice recovered its ～. 彼女の声は力強さを取り戻した / the ～ of the sun's rays 陽光の強さ ❽ U (溶液・飲み物などの)濃さ, 濃度, (薬などの)効力 ‖ The ～ of this wine ranges from 12% to 15% alcohol. このワインのアルコール度は12%から15%の範囲だ ❾ C (人・物の)強み, 長所; 《文》支え ‖ the ～*s* and weaknesses of a plan 計画の長所と短所 / The book's ～ lies in its novelty. その本のよいところはその奇抜さにある / He was my ～. 彼は私の支えでした ❿ U (通貨の)力 ⓫ U 〘商〙(相場などの)強含み, 強気 ‖ Stocks show ～ at present. 株価は今のところ強含みだ

a pillar* [OR *tower*] *of strength ⇨ PILLAR(成句)

at* [OR *in*] *fùll stréngth 全員そろって, 勢ぞろいして

from stréngth 強い立場から

gò from strèngth to stréngth 成功を重ねる, ますます強化される

in stréngth 大勢で, 大挙して

****on the stréngth of ...*** …を根拠[理由]にして, 当てにして; …に励まされて ‖ negotiate *on the* ～ *of* samples 見本をもとに商談する

COMMUNICATIVE EXPRESSIONS

1 **Gìve me (the) stréngth!** もういい加減にしてくれ; まいったな(♥ 相手の愚かさ加減にあきれたときなどの怒り・嘆きの表現)

2 **You dòn't knòw your òwn stréngth.** 君は自分の力がわかっていない(♥「もっと力が出せるはずだ」と励ます)

***strength·en** /stréŋkθən/ 動〔◁ strength 名〕他 …を(より)強くする, 強固にする(↔ weaken)(⇨ POWER 類語) ‖ Father's encouragement ～*ed* my resolve. 父の励ましで私は決意を固めた / The Tigers were ～*ed* by bringing in two major leaguers. タイガースは2人のメジャーリーガーの加入により戦力アップした / ～ an argument 議論を有利に導く

—自 強くなる, 強固になる; (貨幣価値が)〈…に対して〉増大する〈**against**〉‖ The relationship between Japan and Korea has ～*ed*. 日韓関係はより強固なものとなっている / The Euro ～*ed against* the dollar. ユーロがドルに対して強くなった

***stren·u·ous** /strénjuəs/ 形 ❶ 多大の努力[精力]を要する, きつい, 激しい(↔ easy) ‖ Avoid ～ exercise. 激しい運動は避けなさい / a ～ schedule きつい予定 ❷ 精力的な, 熱心な; 執拗(しつよう)な ‖ make ～ efforts 懸命に努力する / a ～ worker こつこつ働く人

～·ly 副 **～·ness** 名

strep /strep/ 名《口》=streptococcus

▶▶ **～ thróat** 名 U《米》連鎖球菌咽喉(いんこう)炎

strep·to·coc·cus /strèptəká(:)kəs | -kɔ́k-/ 名 (複 **-coc·ci** /-saɪ/) C 〘生〙連鎖球菌

-cóc·cal, -cóc·cic 形 連鎖球菌の[による]

strep·to·my·cin /strèptəmáɪsɪn/ 名 U 〘薬〙ストレプトマイシン《抗生物質の一種》

***stress /stres/ 名 動

中心義 **強い圧力(をかける)**

—名 (複 **～·es** /-ɪz/) U C ❶ (心身への) **ストレス**, **圧迫感**, 重圧 ‖ Directing the school play put her under (a) great ～. 学校で行う劇の演出をすることは彼女にとって大きな重圧となった / My stomachaches were「due to [OR caused by] ～. 私の腹痛はストレスによるものだった / Everybody suffers from ～. みんなストレスを受けている / escape from the ～*es* and strains of modern life 現代生活のもたらすストレスと緊張から逃れる / ～(-related) diseases ストレスに起因する諸病

❷ U 〈…に対する〉**強調**, 力点〈**on**〉‖ He laid [OR put, placed] much ～ *on* the importance of NGO's. 彼はNGOの重要性を大いに強調した

❸ 〘音声〙(音節・語の) **強勢**, アクセント, ストレス ‖ In "democrat" the ～ is [OR falls] on the first syllable. democrat では第1音節に強勢がある / the primary [secondary] ～ 第1[2]強勢

S

❹〈物体への〉圧力；応力，歪力(わいりょく)(度)〈**on**〉‖ Unsuitable footwear puts a great deal of ~ *on* the knees. 足に合わない履き物はひざに大きな圧力がかかる / warp under ~ 押されてゆがむ
❺〘楽〙強勢(部) ❻〘韻〙(格調の)強勢，揚音
―動 (~·es /-ɪz/；~ed /-t/；~·ing)
―他 ❶ a《+目》…を**強調する**，力説する ‖ The chairperson ~*ed* the ⌈**importance** of finding [**need** to find] (a) consensus. 議長は合意に達する重要[必要]性を強調した
b《+**that** 節》…ということを強調する，力説する(♦直接話法にも用いる)(→ CE 1) ‖ "I want you home before dark," she ~*ed*. 「必ず暗くなる前に帰って来るのよ」と彼女は強調した
❷〔音節·語〕に**強勢を置く** ‖ The word "democratic" is ~*ed* on the third syllable. democratic は第3音節に強勢がある ❸ …に圧迫[緊張]を与える ‖ This exercise ~*es* the knee joints. この運動はひざ関節に負荷を与える ❹《通例受身形で》ストレスがたまっている，ストレスに陥っている《*out*》‖ be ~*ed out* at work 仕事でストレスがたまっている
―自 ストレスを感じる，緊張する《*out*》

COMMUNICATIVE EXPRESSIONS
1 **I mùst [would lìke to] strèss that** we should nòt hùrry them. 彼らをせかさないようにすべきだ，ということを強調しなければなりません[したいと思います]

▸▸ ~ **bàll** 名 C ストレスボール《ストレス解消などのために握る弾力性のある球》 ~ **fràcture** 名 C〘医〙ストレス[疲労]骨折 ~ **mànagement** 名 U ストレス管理 ~ **màrk** 名 C 強勢[アクセント]符号(ˊ，ˋ) ~ **tèst** 名 C ① ストレステスト，負荷検査《機器に通常以上の負荷をかけ耐久性を調べる》② 〘医〙心臓負荷試験《運動による負荷をかけて心臓の状態を調べる》

strèssed-óut 形《限定》《口》ストレスのたまった
***stréss-frèe** 形 ストレスのない，ストレスから解放された
***stress·ful** /strésfəl/ 形 ストレスの原因となる，緊張を強いる ‖ a ~ job ストレスのたまる仕事
stres·sor /strésər/ 名 C ストレス要因，ストレッサー《ストレスを引き起こす物理的·精神的な刺激》

****stretch** /stretʃ/ 中心義 **Aを広く伸ばす**(★Aは「物」や「体の一部」のように具体的なものから，「才能」や「解釈」のように抽象的なものまで多様)
―動 (~·es /-ɪz/；~ed /-t/；~·ing)
―他 ❶ …を(引っ張って)**伸ばす**[広げる]；(限度以上に)…を無理に伸ばす[広げる]；〔会議·滞在など〕を引き延ばす，長引かせる《*out*》‖ ~ a rubber band 輪ゴムを伸ばす / ~ a pair of gloves [shoes] (小さすぎる)手袋[靴]を引っ張って伸ばす / We don't want to ~ the meeting *out*. 会議を長引かせたくはない / I'd like to ~ my stay to a full month. 滞在を丸1か月に延ばしたいのですが
❷ a《+目》〔体·手足など〕を**いっぱいに伸ばす**；〈…を取ろうと〉〔手·足など〕を伸ばす，差し出す《*out*》〈**for**〉‖ Clasp your hands and ~ your arms *out*. 両手をしっかりと組み両腕を伸ばしなさい / I ~ my muscles before running. 走る前に筋肉を伸ばす / She ~*ed out* a **hand** *for* the ticket. 彼女は切符を取ろうと手を伸ばした / ~ *out* a helping hand 援助の手を差し伸べる
b《~ oneself または受身形で》伸びをする；**長々と横になる**，大の字に寝そべる《*out*》‖ *Stretch* yourself when you are tired. 疲れたら伸びをしなさい / He was ~*ed out* on the sofa. 彼はソファーで寝そべっていた
❸ a《+目》…を強く張る，ぴんと張る；…を〈…の間などに〉渡す，広げる〈**between, across,** etc.〉‖ ~ the strings of a violin バイオリンの弦を強く張る / ~ a rope *between* two posts 2本の杭(くい)の間に綱を張る / ~ pipelines *across* Alaska アラスカを横断するパイプラインを敷く b《+目+補》…を引っ張って…にする ‖ ~ a rope tight 綱をぴんと張る / be ~*ed* thin 引き延ばして薄くされている
❹〔人(の才能など)〕を最大限に働かせる，精いっぱい使う ‖ I want a job that will really ~ me. 自分の力が十分発揮できる仕事が欲しい / We're fully ~*ed* as it is. 私たちは現状でも手いっぱいの状況です / ~ the imagination 想像力をたくましくする
❺ …を拡大解釈する，こじつける，乱用する；…を誇張する(→ CE 1) ‖ That report ~*es* the truth [facts]. その報道は真実[事実]を曲げている / ~ a rule to suit oneself 自分の都合のいいようにルールを拡大解釈する / ~ one's powers 権力を乱用する
❻ a《+目》〔金·食糧など〕を何とか持たせる，やりくりする《*out*》‖ I have to ~ my budget this month. 今月は予算をやりくりしなければならない / ~ the food *out* till the end of the week 週末まで食料を持たせる b《受身形で》金に困っている ❼〔資金·資源など〕をほとんど使い果たす ‖ ~ the resources to the limit 資金を限界まで使い果たす ❽〔筋など〕をたがえる，くじく
―自 ❶《進行形不可》**伸びる**；伸縮性がある ‖ Rubber ~*es* easily. ゴムは簡単に伸びる / My sweater ~*ed* when I washed it. セーターを洗ったら伸びてしまった
❷ **伸びをする**，ストレッチをする；大の字に寝そべる《*out*》；〈…を取ろうと〉手を伸ばす〈**for**〉‖ The cat ~*ed* and yawned. 猫は体を伸ばしてあくびをした / The dog ~*es out* on the couch. 犬は寝いすの上に長々と寝そべっている / He ~*ed* over and took a book from the shelf. 彼はぐっと手を伸ばして棚から本を1冊とった / Can you ~ *for* the rope? 手を伸ばしてロープが取れますか
❸《+副句》(距離·時間などが)〈…に〉及ぶ，広がっている，続く《*out*》〈**to, into, over**〉(♦extend より規模が大きい) ‖ The lavender fields ~ *out* as far as the eye can see. 見渡す限りラベンダー畑が延々と広がっている / The town ~*es* along the river. 町は川に沿って伸びている / The course ~*ed over* three months. その講座は3か月にわたって続いた / a tradition ~*ing* **back** to 1700 1700年にまでさかのぼる伝統
❹ (資金·食糧などが)持ちこたえる，持つ《*out*》；《否定文·疑問文で》(財政·資源が)〈ある目的に〉十分まかなえる，足りる〈**to**〉‖ Our budget won't ~ *to* a trip to America. 我々の予算ではアメリカ旅行はまかなえないだろう
strètch one's légs (長時間座った後で)短い散歩をする

COMMUNICATIVE EXPRESSIONS
1 **That's strétching it a little bìt.** それはちょっとやりすぎです；言いすぎです(♥無理な解釈を指摘する)

―名 (複 ~·es /-ɪz/) C ❶〈…の〉**一続きの広がり[距離，長さ]**〈**of**〉‖ a ~ *of* sand dunes 広々と続く砂丘 / a **long** ~ *of* beach 長く続く浜辺
❷〈…の〉**一続きの期間**，連続〈**of**〉‖ The program was broadcast over a ~ *of* ten days. その番組は連続10日にわたって放映された / a **long** ~ *of* bad weather 長く続く悪天候
❸《通例単数形で》**伸ばす[伸びる]こと**，伸長，伸び；伸ばされた状態；(トレーニングの後などの)ストレッチ[柔軟]体操 ‖ He stood up and had [OR gave] a good ~. 彼は立ち上がって思いきり伸びをした
❹ 最大限の行使；無理な使用，拡大解釈，曲解，こじつけ，乱用 ‖ Believing his story is really a ~ for me. 彼の話を信じようとしても私にはとても無理だ / shout for help at the utmost ~ of one's voice あらん限りの声を出して助けを求める / a ~ of the law 法律の拡大解釈
❺ U 伸縮性[度] ‖ a fabric with ~ 伸縮性のある織物
❻《通例単数形で》(競走路の)直線コース；(特に)ホームストレッチ；最後の追い込み ‖ in the final [OR home] ~ 最後の直線コースに入って ❼《通例単数形で》《口》刑期 ‖ do a ~ 刑期を務める / finish a ten-year ~ 10年の刑期を終える ❽《口》困難な仕事[試練] ‖ It's a bit of a ~ to get there by five. 5時までにそこに着くのはちょっと難しい ❾ U C〘野球〙セットポジション ‖ pitch from a

～ (position) セットポジションから投げる
at a strétch ① 一気に, 立て続けに ‖ Don't drive for hours *at a* ～. 何時間もぶっ通しで運転するのはよくない ② 特別に努力して, 無理をすれば ‖ I could get there by six *at a* ～. 無理すれば何とか6時までに着けるだろう
＊at fùll strétch ① いっぱいに伸ばして ‖ have a bow *at full* ～ 弓を引き絞る ② 全力を発揮して
「*nòt by àny* [OR *by nò*] *strètch of the imaginátion*」 いかに想像力をたくましくしても…でない
━形 《限定》 ❶ 伸縮性のある(布地製の), 伸び縮みする, ストレッチの ‖ ～ fabrics for swimsuits 水着用の伸縮性のある織物 ❷ (車両・飛行機が)標準より長い
～·a·ble 形 **strètch·a·bíl·i·ty** 名
▶▶**～ lìmo** [**lìmousine**] 名 C ストレッチリムジン《後席部分を伸ばした高級乗用車》 **～ màrks** 名 複 (急に太ったときにできる)皮膚線条；(特に女性の)妊娠線

stretch·er /strétʃər/ 名 C ❶ 担架, ストレッチャー ❷ (カンバスを張る)木枠 ❸ (手袋・靴などの)伸張具 ❹ 〖建〗 (れんが・石材の) 長手 (→ header) ❺ (ボートのこぎ手の)足かけ, 足架 ❻ 《口》《古》ほら, 誇張した話

strétcher-bèarer 名 C 担架をかつぐ人, 担架兵

stretch·y /strétʃi/ 形 伸びやすい；伸縮性のある
strétch·i·ness 名

strew /struː/ 動 (**～ed** /-d/ ; **strewn** /struːn/ OR **～ed** /-d/) 他 ❶ 〔花など〕を〈場所に〉まき散らす[ばらまく] 〈**on, over, across, etc.**〉；〔場所など〕に〈花などを〉まき散らす[ばらまく] 《**around, about**》 〈**with**〉 (♦ しばしば受身形で用いる) ‖ Flowers were *strewn across* the floor.＝The floor was *strewn with* flowers. 床には花がまき散らされていた ❷ …(の表面)に散らばっている

strewth /struːθ/ 間 《英口》＝struth

stri·a /stráɪə/ 名 (複 **-ae** /-iː/) C 〖生〗〖地〗条線
stri·á·tion 名 C 《～s》条線(のあること)

stri·ate /stráɪeɪt/(→ 形) 動 他 …に筋[溝, 条]をつける
━形 /stráɪət/ 筋[溝, 条]のある

stri·at·ed /stráɪeɪṭɪd | ─ ─́ ─/ 形 ＝striate

strick·en /strɪ́kən/ 動 strike の過去分詞の1つ
━形 ❶ (矢・弾丸などで) 傷ついた ‖ a ～ bear 手負いのクマ ❷ 《しばしば複合語で》〈病気・災難・悲しみなどに〉襲われた, 打ちひしがれた 〈**with, by**〉 ‖ grief-～ 悲しみに打ちひしがれた ❸ (顔・表情などが)苦しそうな, 悲しそうな

⁑strict /strɪkt/
━形 (**～er** ; **～est**)
❶ (人が)**厳格な**〈**with** 人に対して；**about** 事柄に対して〉 (⇨ SEVERE 類語) ‖ The coach is very ～ *with* his players. コーチは選手たちにとても厳しい / Our teacher is ～ *about* outdated grammatical rules. 私たちの先生は旧式の文法規則に厳しい
❷ (法律・規則などが) (要求の)**厳しい**, 厳重な ‖ ～ **rules** [laws] 厳しい規則 [法律] / maintain ～ discipline 規律の厳しさを維持する
❸ (人・行動などが)厳密に規則[基準]を守る ‖ a ～ vegetarian 厳格な菜食主義者
❹ 《通例限定》厳密な, 正確な ‖ in the ～ sense of the word その語の厳密な意味において ❺ 《通例限定》(行動・状態などが)徹底した, 全くの, 完全な ‖ in the ～*est* confidence 極秘に / the ～ truth 全くの真実
～·ness 名

＊strict·ly /strɪ́ktli/ 副 ❶ 厳格に, 厳しく ‖ The use of cellular phones is ～ forbidden here. ここでは携帯電話の使用は固く禁止されている / She was brought up ～. 彼女は厳しく育てられた ❷ 厳密に, まさに, 全く；厳密に言えば ‖ He is not ～ a member of the team. 厳密に言えば彼はチームのメンバーではない
strictly spéaking NAVI 厳密に言えば ‖ *Strictly speaking*, this sentence is not grammatical. 厳密に言えば, この文は文法的には正しくない

stric·ture /strɪ́ktʃər/ 名 C ❶ 《通例 ～s》《堅》〈…に対する〉非難, 批評, 酷評〈**on**〉 ❷ 《堅》〈…に対する〉制限, 拘束〈**against, on**〉 ❸ 〖医〗狭窄(きょうさく)
～d 形 〖医〗狭窄した

＊stride /straɪd/ 動 (**strode** /stroud/ ; **strid·den** /strɪ́dən/ ; **strid·ing**) (♦ 完了形で用いるのはまれ) 自 ❶ 《＋副句》(急いで)大またで歩く(♦ 副句 は方向を表す) (⇨ WALK 類語P) ‖ Mr. Chips *strode* along the street. チップス先生が通りを大またで歩いていた / ～ off [OR away] 大またで立ち去る ❷ 〈…を〉またいで越す〈**across, over**〉 ‖ ～ *over* a ditch 溝をひとまたぎする ❸ 《文》またがる ━他 ❶ …を大またで歩く ❷ …をひとまたぎする ❸ 《文》…にまたがる
━名 C ❶ 大またの1歩(の歩幅)；大またでの足取り, ストライド；ひとまたぎ ‖ He ran with long ～*s*. 彼は大きなストライドで走った / The boy jumped the brook at [OR in] a ～. 少年は小川をひとまたぎで飛び越えた ❷ 《通例 ～s》進歩, 発展, 前進 ‖ We have made great ～*s* in biotechnology. 生物工学は大きな進歩を遂げている ❸ 《～s》《英口》ズボン ❹ 《形容詞的に》(ジャズピアノの演奏方法が) ストライド奏法の《右手のメロディーに左手のベースビートを合わせる奏法》
hìt [OR *rèach*] *one's stríde* 《米》; *gèt ìnto one's stríde* 《英》 (仕事などが)軌道に乗る
knòck [OR *thròw, kèep*] *a pèrson òff stríde* 《米》〔人〕の仕事(など)のリズムを狂わせる, 〔人〕の気を散らす
màtch a pèrson stríde for stríde 〔競争相手など〕に遅れないでついていく, …と互角である
pùt a pèrson òff his/her stríde 《英》＝*knock* [OR *throw, keep*] *a person off stride* (↑)
＊tàke ... in (《英》 *one's*) *stríde* …を苦もなくやる, …に冷静に対処する ‖ When there are difficulties, he *takes* it *in* ～. 彼は難局に直面しても冷静に乗りきれる
without brèaking stríde 《米》中断することなく, 難なく

stri·dent /stráɪdənt/ 《発音注意》 形 ❶ (音・声が) 耳障りな, 甲高い, きいきいいう ❷ (主義・主張が)声高な, 強硬な
-dency 名 **～·ly** 副

strid·u·late /strɪ́dʒəlèɪt | -dju-/ 動 自 (コオロギなどが) 羽をすり合わせて鳴く **strìd·u·lá·tion** 名

＊strife /straɪf/ 名 U 不和, 争い, 衝突；競り合い, 張り合い ‖ He was at ～ with the king of the neighboring country. 彼は隣国の王と角突き合っていた / ～ among the inhabitants 住民同士のいがみ合い / family ～ 家庭内の不和 / political ～ 政争

⁂strike /straɪk/ 動 名

中心義 **急に強い一撃を与える** (★「一撃」は物理的な力によるものに限らず, 「考え」「印象」「災難」など多様)

> 動 他 **打つ❶ 強く当たる❷ (心に)浮かぶ❸ 心を打つ❹ 襲う❺**
> 自 **当たる❶ ストライキを行う❸**
> 名 **ストライキ❶**

━動 (**～s** /-s/ ; **struck** /strʌk/ ; **struck** /strʌk/ OR **strick·en** /strɪ́kən/ ; **strik·ing**) (♦ 過去分詞の stricken は主に 他 ❺, ⓯)
━他 ❶ **打つ a** 《＋目》〔人・物〕を打つ, たたく, 殴る；〔一撃〕を与える (⇨ HIT 類語P) ‖ The victim was *struck* on the head several times with a baseball bat. 被害者は野球のバットで頭を数回殴られていた / ～ the first blow 先に手を出す；先手をとる / ～ a blow with a heavy instrument 鈍器で一撃する / ～ a ball into a net ボールをネットにけり込む
b 《＋目 *A*＋目 *B*》*A* (人) に*B* (一撃など) を加える ‖ The challenger *struck* him two blows in the face. 挑戦者は彼の顔面に2発パンチを見舞った
c 《＋目＋補 〈形〉》〔人〕を殴って…にする ‖ The blow *struck* him unconscious. その一撃が彼を意識不明にした

S

❷（物・人が）…に**強く当たる**；（人が）〔体の部分など〕を〈…に〉ぶつける〈**on, against**〉；〔刃物など〕を〈…に〉刺す〈**into**〉；（雷が）…に落ちる ‖ The car *struck* a tree and overturned. 車は木に衝突してひっくり返った / A boy was *struck* by a car. 男の子が車にはねられた / I *struck* my head *against* the door. ドアに頭をぶつけてしまった / The robber *struck* a knife *into* her breast. 強盗は彼女の胸にナイフを突き刺した / The tree in the park was *struck* by lightning. 公園の木に雷が落ちた
❸《進行形不可》 **a**《＋目》（考えなどが）〔人〕の**（心に）浮かぶ**（dawn on, occur to）‖ A wild idea *struck* me. 途方もない考えが私の心をよぎった
b《It ～＋目＋that 節［wh 節］で》人に…という考えが浮かぶ ‖ It *struck* me *that* he was not telling the truth. ふと彼は本当のことを言っていないという気がした
❹《進行形不可》 **a**《＋目》〔人〕の**心を打つ**，…に強い印象を与える ‖ How does this tie ～ you? このネクタイの印象はいかがですか
b《受身形で》強く〈…に〉心を打たれる，印象づけられる〈**with, by**〉；《英口》〈魅力に〉取りつかれる，大好きになる〈**on**〉‖ The young man was *struck by* the beauty of the lake. 若者はその湖の美しさに打たれた / She doesn't seem to be *struck on* Japanese food. 彼女は日本食に魅力を感じないようだ
c《＋目＋**as** 名・形》人に…という印象を与える ‖ He ～*s* me *as* (being) a competent secretary. 彼は有能な秘書だという気がする / Your plan *struck* me *as* excellent. 君の計画は素晴らしく思えた（♦ この構文では as の後ろの 名・形 は主格補語になる．受身形は不可）
❺（災害・病気・恐怖などが）…を**襲う**（♦ 主に《米》ではこの意味で過去分詞に stricken も用いる）‖ A major earthquake *struck* the Bay Area. 大地震が湾岸地域を襲った / be *stricken* by an outbreak of cholera コレラの発生に見舞われる / Suddenly, panic *struck* me. 突然パニックに襲われた
❻《通例受身形で》《＋目＋補〈形〉》急に…になる ‖ He was *struck* dumb［OR speechless］with shock. 彼はショックのあまり口がきけなくなった
❼《＋目＋**into** 名》〔恐怖など〕を〔人〕に吹き込む，起こさせる ‖ The news *struck* fear *into* my heart. その知らせは私を恐怖の中に突き落とした
❽（光などが）…に当たる，落ちる；（光・音などが）〔目・耳〕に達する，届く ‖ The moonlight *struck* her face. 月光が彼女の顔を照らした / A strange sight *struck* my eyes. 不思議な光景が私の目に飛び込んできた
❾〔取り引き・協定・条約など〕を結ぶ；〔見積もり・損失など〕を算出する ‖ ～ a bargain 契約する，手を打つ / ～ a truce 休戦協定を結ぶ / ～ an average 平均を出す
❿（火打ち石などで）〔火・火花〕を打ち出す；〔マッチ〕をすって火をつける ‖ ～ sparks from［OR out of］a flint 火打ち石で火花を出す / ～ a match on a table テーブルでマッチをすって火をつける
⓫〔道路・場所など〕に到達する，出る；…を偶然見つける；〔石油・鉱脈など〕を掘り当てる，発見する ‖ We *struck* Toledo before noon. 私たちは昼前にトレドに着いた ⓬〔貨幣・メダルなど〕を打ち出す，打って造る；〔電弧〕を成す ⓭（弦楽器・ピアノで）〔音〕を鳴らす；〔曲〕を奏でる；（キーボードなどの）〔キー・文字〕を打つ ‖ ～ a chord on the piano ピアノで和音を出す / ～ a sympathetic［positive］note 同情［楽観］的なことをする［言う］ ⓮（時計が）〔時〕を打って告げる，打ち鳴らす ‖ The clock *struck* five. 時計が5時を打った ⓯〈名簿などから〉…を削除する〈**off, from**〉（♦《米》ではこの意味で過去分詞に stricken も用いる）‖ ～ a remark *from* the record 発言を記録から削除する ⓰〖海〗〔帆・旗など〕を降ろす，下げる《降伏・あいさつなどの印》；〔テント〕を畳む；〔キャンプ〕のテントを畳む；〖劇〗〔舞台装置〕を取り払う；〔荷〕を船倉に降ろす ‖ ～ camp［a set］テント［舞台装置］を畳む ⓱《米》〔工場・会社・雇用主など〕にストライキを打つ ⓲〔態度・姿勢・均衡〕をとる ‖ ～ an attitude of defiance 反抗的な態度をとる / ～ a right **balance** 正しい均衡をとる ⓳（植物が）〔根〕を張る，伸ばす；〔切り枝〕を挿し木する ⓴《カナダ》〔委員会〕を作る

―自 ❶〈…に〉**当たる**，衝突する〈**against, on**〉‖ My shoulder *struck against* the door. 肩がドアにぶつかった / The ship *struck on* a rock. 船は岩に乗り上げた
❷〈…を目がけて〉打つ，たたく；〈…を〉攻撃する〈**at**〉‖ The serial killer *struck* again. 連続殺人犯は再び人を襲った / *Strike while the iron is hot.*《諺》鉄は熱いうちに打て；好機を逃すな
❸**ストライキを行う**〈**for** …を要求して；**against** …に反対して〉‖ The labor union *struck*［*for* higher wages［*against* bad working conditions］. 労組は賃上げを要求して［劣悪な労働条件に抗議して］ストを打った
❹（災害・病気・不幸などが）襲う，起こる ‖ Disaster *struck* soon after their departure. 彼らが出発して間もなく惨事が起こった
❺（光・音などが）〈…に〉当たる，〈…の上に〉落ちる〈**on**〉‖ The sunlight *struck on* the leaves of the tree. 日の光がその木の葉に降り注いだ
❻（鐘・時計などが）鳴る，時報を打つ；（時刻が）打ち鳴らされる ‖ The clock just *struck*. たった今時計が鳴った
❼（マッチが）発火する ❽（寒さなどが）しみ通る ‖ The chill *struck* through my clothes. 冷気が服を通って入ってきた ❾《＋副句》（…の方向へ）進む，行く，向かう ‖ ～ for the coast 海岸の方に向かう ❿（植物・挿し穂が）根を張る［伸ばす］，根づく；（カキが）（岩などに）付着する

strike báck 〈自〉① 〈…を〉殴り返す；〈…に〉反論する〈**at, against**〉 ②（ガスバーナーが）逆火(ぎゃくび)を起こす
strike dówn ... / strike ... dówn 〈他〉①〔人〕を殴り倒す ②《通例受身形で》（病気などで）（人が）倒れる，死ぬ ‖ be *struck down* with a heart attack 心臓発作に倒れる ③《米》（判事・法廷が）〔法律〕を無効とする
strike home ⇨ HOME 副（成句）
strike (it) lúcky 《英口》運よくうまくいく，つきが回る
****strike it rích*** 《口》思わぬ大金をつかむ，ひと山当てる
strike óff 〈他〉 **Ⅰ**《***strike óff ... / strike ... óff***》①…をたたき［切り］落とす ②〔名前など〕を〈リストなどから〉抹消する〈**from**〉；《受身形で》《英》（医者・弁護士などが）名簿から抹消される，除名される **Ⅱ**《***strike À òff B́***》③ *A*（名前など）を *B*（名簿など）から抹消する（→ 他 ⓯） ―〈自〉＝ *strike out* 〈自〉②（↓）
stríke on ［OR ***upon***］***...*** 〈他〉〔考えなど〕を思いつく
****strike óut*** 〈自〉① 〈…に〉殴りかかる；食ってかかる〈**at**〉 ②〈…に向かって〉勢いよく歩き［泳ぎ］出す；出発する〈**for, toward, etc.**〉 ③ 新しい道に踏み出す，自立する ‖ ～ *out* on one's own 独立する ④〖野球〗三振する ‖ ～ *out* looking［swinging］見逃し［空振り］三振する ⑤《米口》失敗する ―〈他〉《***strike óut ... / strike ... óut***》①〔名前など〕を線を引いて消す（cross out；delete） ②〖野球〗〔打者〕を三振させる
strike thróugh ... / strike ... thróugh 〈他〉＝*strike out* 〈他〉①（↑）
****strike úp*** 〈他〉《***strike úp ...***》①〈…と〉〔交友・会話など〕を始める〈**with**〉 ②〔曲〕を演奏し始める ③〔取り引き〕を結ぶ ―〈自〉（楽団などが）演奏を始める；（演奏・歌が）始まる

COMMUNICATIVE EXPRESSIONS
1 **Thàt's nèver strúck me befòre.** それはこれまで思いつきもしませんでした（♥ 意外な意見・解釈に驚きを表す）

―名（複 **～s** /-s/） ❶ Ⓒ Ⓤ（労働者の）**ストライキ**；（ストに似た）抗議行動（strike action）‖ The union members are **on** ～. 組合員はスト中である / a train ～ 鉄道スト / a **general**［**hunger**］～ ゼネスト［ハンスト］/ a buyers' ～ 不買運動
連語【動＋～】begin［end］a ～ ストを始める［終わらせる］/ call off a ～ スト中止を指令する / go (out) on ～ ストをする（♦《英》では come out on a

strike ともいう) / stage a ～ ストを打つ / break a ～ スト破りをする
❷ Ⓒ Ⓤ 打つこと, 殴打 ; (特に空からの) 〈…への〉攻撃 〈**against, on**〉‖ make a ～ at a robber 泥棒に殴りかかる / an **air** ～ 空爆 / a preemptive ～ 先制攻撃 / launch a ～ 攻撃を行う
❸ Ⓒ 《通例単数形で》(石油・鉱脈などの)掘り当て ; 突然の成功, 大当たり ‖ a lucky ～ (石油などの)幸運な発見
❹ Ⓒ 〖野球〗ストライク ; 〖ボウリング〗ストライク ‖ The pitcher can't throw ～*s*. ピッチャーはストライクが入らない
❺ Ⓒ (魚の)引き, 当たり ; (餌(えさ)に当たった魚への糸の)合わせ ❻ Ⓒ (貨幣などの)1回分の鋳造高 ❼ Ⓤ (挿し穂の)活着 ❽ Ⓒ 〖地・鉱〗走向

hàve twò stríkes against one 《主に米口》とても不利な立場にある(♦野球で「ツーストライクをとられている」の意から)

▶▶ **～ fòrce** 名 Ⓒ 攻撃部隊 **～ pày** 名 Ⓤ (労働組合が支払う)ストライキ中の賃金補償 **～ ràte** 名 Ⓒ 《通例単数形で》(スポーツで) 成功率, 得点率 **～ zòne** 名 Ⓒ 〖野球〗ストライクゾーン

stríke·bòund 形 ストライキで機能停止した

stríke·brèaker 名 Ⓒ スト破り(をする人)
-brèaking 名 Ⓤ スト破り(の行為)

stríke·òut 名 Ⓒ 〖野球〗三振

***strik·er** /stráɪkər/ 名 Ⓒ ❶ (ボールなどを)打つ人, 打者 ; (特にサッカーの) ストライカー ❷ ストライキ参加者 ❸ (時計の)打器, (鐘の)舌(clapper) ; 《英》(銃の)撃鉄

strìke-slìp fáult 名 Ⓒ 〖地質〗横ずれ断層

***strik·ing**[1] /stráɪkɪŋ/ 形 (**more ～** ; **most ～**) ❶ 目立つ, 著しい, 際立った ; 人目を引く (↔ unimpressive) ‖ ～ differences 著しい違い / the most ～ example 最も顕著な例 / in ～ contrast to Western civilization 西洋文明とは全く対照的に / a ～ woman 人目を引く (ほど魅力ある) 女性 / bear a ～ resemblance to ... …との著しい類似を呈する ❷ 《限定》ストライキ中の

strik·ing[2] /stráɪkɪŋ/ 名 Ⓤ 打つこと ; (特に)攻撃

strik·ing·ly /stráɪkɪŋli/ 副 著しく, 目立って ‖ a ～ beautiful girl 人目を引く美少女

Strim·mer /strímər/ 名 Ⓒ 《英》〖商標〗ストリマー《ナイロンカッター式草刈り機》

Strine /straɪn/ 《口》名 Ⓤ (癖のある) オーストラリア英語 ; Ⓒ オーストラリア人 ―形 オーストラリアの

:**string** /strɪŋ/
―名 〔▶ stringy 形〕 (複 **～s** /-z/) Ⓒ ❶ (ある長さの) **ひも**, 糸 ; ひも[糸]状のもの ; Ⓤ Ⓒ (細い)ひも, 糸(♦cord より細く, thread より太いもの) ‖ The key was hanging on [OR from] a ～. 鍵(かぎ)はひもにぶら下げられていた / a piece of ～ 1本のひも / a ball of ～ ひも[糸]の玉 / tie up a package with ～ 小包みをひもで縛る / apron ～*s* エプロンのひも / puppet ～*s* 操り人形の糸
❷ 〈…の〉(ひも・糸で連ねた) 一つなぎ, 一連〈**of**〉‖ a ～ *of* pearls 一連の真珠 ; 真珠のネックレス / a ～ *of* sausages 一つなぎのソーセージ
❸ 〈…の〉一続き ; 一連, 1列, 数珠つなぎ ; (連続して生じる) 一連の物事 〈**of**〉‖ a ～ *of* hits 一連のヒット曲 / an interminable ～ *of* cars 切れ目なしに続く自動車の列 / tell a ～ *of* lies 次から次へとうそを並べ立てる / fire a ～ *of* questions 矢継ぎ早に質問を浴びせる
❹ 〖楽〗(弦楽器の) **弦** ; 《the ～s》《集合的に》(オーケストラの)弦楽器(部), 弦楽器奏者 ‖ a violin ～ バイオリンの弦 / a G-～ (バイオリンなどの) G線 / pluck [OR pick] the ～*s* 弦をかき鳴らす
❺ (弓の)つる ; (テニスラケットなどの)ガット, 腸線
❻ 《通例 ～s》(協定・提案などにつける)付帯条件, 制約 ; ひも (→ CE 2) ‖ an offer 「without ～*s* [OR with no ～*s* (attached)]」 付帯条件なしの申し出 / aid with ～*s* attached ひも付きの援助
❼ (同じ厩舎(きゅうしゃ)・馬主の)一連の競走馬 ; (同じ経営に属する) 一連の企業 ; (同じ人間に関係のある) 一連の人々 ‖ a ～ of hotels 同一系列の一連のホテル / Sarah had a ～ of boyfriends. サラには一団のボーイフレンドがいた
❽ 〖スポーツ〗(能力別に分けられた)選手, 競技者 ; 組, グループ ‖ the second ～ of a rugby team ラグビーチームの2軍(→ first-string, second-string)
❾ (植物の)繊維(fiber) ; (特に豆のさやの)すじ ❿ 💻 記号[文字]列 ⓫ 〖理〗弦, ひも 《string theory で素粒子を点としてではなくひも状のものとして記述するための数学的実体》
⓬ 〖建〗(階段の両側の) 化粧側板 ; 蛇腹(じゃばら) 層 (stringcourse) ⓭ 〖ビリヤード〗プレーの順番を決めるための突き ; ボークライン ⓮ 〖ボウリング〗10フレームからなる1ゲーム

hàve màny [OR ***a lòt of, a fèw, sèveral***] ***stríngs to one's bów*** 《英》多芸多才である

****hàve*** [OR ***kèep***] ***a pèrson on a stríng*** 《口》〔人〕を意のままに操る

hàve 「***twò stríngs*** [OR ***anòther stríng, a sècond stríng, mòre than òne stríng***] ***to one's bów*** 《英口》(失敗しても)次の手がある

pùll stríngs 《口》(利益を得るために) 自分の影響力などを行使する, コネを使う

****pùll the stríngs*** 《口》陰で糸を引く, 黒幕として画策する

COMMUNICATIVE EXPRESSIONS

1 **Hów lòng is a pìece of stríng?** 《英》そんなことわかるはずがありませんよ (♥ 大きさや時間などについて明確な解答ができないような質問をされたときに用いる返答)

2 Lèt's gò óut sòme tíme. **Nó stríngs attàched.** いつかデートしようよ, それでどうこうということじゃないから(♥「付帯条件のついていない[他意のない]申し出」のことで, ここでは「気軽に考えてよ」の意)

―動 (**～s** /-z/ ; **strung** /strʌŋ/ ; **～·ing**)
―他 ❶ …に糸 [ひも, 鎖] を通す ‖ ～ the pearls on a chain 真珠に鎖の糸を通す
❷ …をひも[糸]でつるす ; 〔ひもなど〕をぴんと張る, 張り渡す 《*up*》(♦通例場所などを表す 副句 を伴う) ; …に〈…を〉つるして飾る 〈**with**〉‖ Two hammocks were *strung up* on the veranda. ハンモックが2つベランダに (ひもで) つるしてあった / The hall was *strung with* paper lanterns. 広間にはちょうちんがつるされて飾られていた
❸ 《通例受身形で》1列に並ぶ, 一続きに配置される ; (家などが) 連なっている ‖ The old-fashioned houses were *strung* for miles along the coast. 古風な家が海岸沿いに何マイルにもわたって連なっていた
❹ 〔ラケット〕にガットを張る ; 〔弦楽器〕に弦を張る ; 〔弓〕に弦を張る ‖ have one's racket *strung* ラケットにガットを張ってもらう ❺ 《受身形で》(神経・精神などが)張り詰める ; 緊張する, いらいらする 《***out***, 《英》***up***》‖ I always get *strung up* before the examination. 試験の前にはいつも緊張する ❻ 〔野菜など〕の筋 [繊維] を取り除く ‖ ～ beans 豆のさやの筋をとる ❼ …をひも [糸] で縛る [くくる] ❽ 《主に米口》〔人〕をかつぐ, だます ❾ 〖ビリヤード〗〔玉〕を突いてプレーの順番を決める
―自 ❶ 1列に連なる, 一続きになる ; 1列になって進む
❷ (粘り気のあるものが)糸を引く ; 糸(状)になる
❸ 〖ビリヤード〗玉を突いてプレーの順番を決める

strìng alóng 《口》〈他〉《***strìng ... alóng***》〔人〕をずっとだます ; 〔人〕に気を持たせる ‖ ～ one's girlfriend *along* (結婚するつもりがないのに) ガールフレンドをつなぎ留めておく ―〈自〉① 〈人に〉ついて行く ; 〈人と〉一緒にいる 〈**with**〉 ② 〈人(の意見など)に〉同調する 〈**with**〉

****strìng óut*** 〈他〉《***strìng óut ...*** / ***strìng ... óut***》 ① 《通例受身形で》〈…に沿って〉1列に展開される ; (間隔をおいて)長く伸びる 〈**along**〉 ② 〔会議など〕を引き延ばす, 長引かせる ③ ⇨ 他 ❺ ④ 《受身形で》麻薬中毒にかかっている, 麻薬中毒で衰弱している ―〈自〉1列に伸びる[展開する]

strìng togéther ... / ***strìng ... togéther*** 〈他〉〔言葉など〕を意味がつながるように配列する ; 〔物〕をつなぐ, 結びつける ‖ ～ sentences *together* 文をつなげる

strìng úp ... / ***strìng ... úp*** 〈他〉 ① ⇨ 他 ❷, ❺ ②

《口》…を絞首刑にする
▶▶～ **bàss** 名 C 〖楽〗ダブルベース(double bass)(◆主にジャズミュージシャン用語) ～ **béan** /, ⌐⌐/ 名 C ① さや豆(《英》runner bean)《サヤインゲンなど》 ② 《口》背の高いやせた人 ～ **bikíni** 名 C ストリングビキニ《幅が極細の女性用水着》 ～ **órchestra** 名 C 弦楽合奏団 ～ **quartét** 名 C 〖楽〗弦楽四重奏団[曲] ～ **théory** 名 U 〖理〗弦[ひも]理論《粒子はひもであるとする理論》(→ superstring theory) ～ **tìe** 名 C ストリングタイ, ひもタイ《幅の狭いネクタイ. 蝶(ちょう)結びにする》 ～ **vèst** 名 C 《英》網[メッシュ]地のベスト

stringed /strɪŋd/ 形 《しばしば複合語で》弦のある[ついた] ‖ four-～ 4弦の ▶▶～ **ínstrument** 名 C 弦楽器

strin·gen·do /strɪndʒéndoʊ/ 副 形 《イタリア》(=with increasing speed)〖楽〗次第に急速に[な]

strin·gent /stríndʒənt/ 形 ❶ (規則などが) 拘束の厳しい, 厳格な;(行動などが)徹底した, 厳重な ❷ (金融市場が)逼迫(ひっぱく)した, 金詰まりの **-gency** 名 **～·ly** 副

string·er /stríŋər/ 名 C ❶ (船舶・航空機の)横桁(けた), 横ばり;〖建〗(階段の)側桁(けた) ❷ 《口》(新聞社の)臨時雇いの地方通信員 ❸ 《複合語で》…級の選手 ‖ a first-～ 一軍の選手 ❹ 〖釣〗ストリンガー《釣った魚の口に通して留めておくひも》

string·y /stríŋi/ 形 [◁ string 名] ❶ 糸[ひも]の(ような);(髪が)よれよれの ❷ (食物が)繊維質の, 筋の多い;(人・体が)筋張った ❸ (液体が)ねばねばする, 糸を引く

:strip[1] /strɪp/

—名 (複 **～s** /-s/) C ❶ 〈紙・布・金属などの〉**細長い一片**, (同一幅の)細片〈**of**〉;細長い土地;《ときに S-》地区(名) ‖ a ～ *of* paper [cloth] 短冊(たんざく)状の紙[布] 切れ / There is a narrow ～ of fertile land down by the river. 川に沿って細い帯状の肥沃(ひよく)な土地がある / cut bacon into ～*s* ベーコンを細長く切る / the Gaza *Strip* ガザ地区

❷ =comic strip ❸ =airstrip ❹ 《通例単数形で》《英》(サッカー・ラグビーチームなどの)ユニフォーム ❺ 《ときに S-》《主に米》(店などの立ち並ぶ) 街路, 通り ‖ Sunset *Strip* サンセット大通り

tèar a pèrson óff a strìp : ***tèar a stríp òff a pèrson*** 《英口》[人]をしかりつける

—動 (**～s** /-s/ ; **stripped** /-t/ ; **strip·ping**) 他 …を細長く切る

▶▶～ **cartóon** 名 C 《英》=comic strip ～ **cènter** 名 C 《米》ストリップセンター《中核となる店舗がない道路沿いの小型ショッピングセンター》 ～ **lìghting** 名 U 《英》(管状蛍光灯による)帯状照明 ～ **màll** 名 C 《米》大通りのショッピングセンター《店が1列に並び店先に駐車場がある》 ～ **mìll** 名 C 《英》〖冶〗ストリップミル《薄鋼板を圧延する設備》

:strip[2] /strɪp/

—動 (**～s** /-s/ ; **stripped** /-t/ ; **strip·ping**)

—他 ❶ **a** 《+目》[人]を**裸にする**;[服]を脱ぐ《***off***》‖ Pete *stripped* himself to his shorts. = Pete *stripped* his clothes (*off*) to his shorts. ピートは服を脱いで短パン1枚になった / ～ a baby for a bath ふろに入れるため赤ん坊を裸にする

b 《+目+補》…から衣類をとって〈…の〉状態にする ‖ She *stripped* the child **naked** for a bath. 彼女はその子をふろに入れるため素っ裸にした

❷ [外皮・表面(を覆っているもの)]を〈…から〉はぎ取る, 取り去る《***off***》〈**off, from**〉;…から〈外皮・表面(を覆っているもの)を〉はぎ取る, 取り去る〈**of**〉;[家・部屋など]を空にする(◆形容詞補語 bare を伴うことも可能) ‖ ～ the bark *off* a tree = ～ a tree *of* its bark 木の皮をはぐ / ～ *off* wallpaper 壁紙をはがす / ～ a bed ベッドのシーツをはがす / ～ a room *of* furniture 部屋から家具を出して空にする

❸ 《+目+**of** 名》[人]から[財産・地位・肩書きなど]を取り上げる, 没収する ‖ Johnson was *stripped of* his gold medal. ジョンソンは金メダルを剝奪された

❹ (周囲の装備を取り外して)[エンジンなど]を分解[解体]する《***down***》 ❺ [ねじ・ボルトなど]のねじ山をすり減らす;[歯車]の歯をつぶす ❻ [たばこ]の葉を茎から取り分ける ❼ [牛]から乳を搾りきる;[乳]を搾りきる

—自 ❶ 衣類を脱ぐ, 裸になる《***off***》‖ He *stripped* (*off*) to take a shower. 彼はシャワーを浴びるため裸になった / ～ (down) **to the waist** 腰まで[上半身]裸になる

❷ ストリップを演じる ❸ (ねじなどが)ねじ山がすり切れる

strip awáy ... / ***strip ... awáy*** 〈他〉① [表面の覆いなど]を完全に取り除く ② [権利など]をはぎ取る;[習慣など]を取り除く ‖ ～ *away* pretence 見えを張るのをやめる

strìp óut ... / ***strìp ... óut*** 〈他〉① [部屋など]から家具などを取り去る ② (統計の)[変動要素など]を取り除く, 無視する

—名 C 衣類を脱ぐこと;=striptease ‖ do a ～ ストリップをする

▶▶～ **clùb** 名 C ストリップ劇場[クラブ] ～ **jòint** 名 C 《口》=strip club ～ **mìne** (↓) ～ **póker** 名 U ストリップポーカー《負けるごとに服を脱いでいくポーカーゲーム》 ～ **shòw** 名 C ストリップショー ～ **stèak** 名 U C ストリップステーキ《上等な骨なしステーキ. club steak ともいう》

***stripe** /straɪp/ 名 C ❶ (周囲と色・材質などの異なる)しま, すじ, ストライプ ‖ a red tie with white ～*s* 白いストライプの入った赤いネクタイ / the ～*s* of a zebra シマウマのしま ❷ 《～s》〖軍〗(階級を示す)そで章《打ちひもなどを組み合わせてある》‖ get [lose] ～*s* 昇進[降格]する ❸ 《主に米》(性格・考え方などの)タイプ, 種類 ❹ 《しばしば ～s》しま模様の布地 ❺ 《通例 ～s》《古》むち打ち

èarn one's strípes (自分の) 階級[地位]にふさわしいことをする[業績をあげる];努力の末ある地位を得る

—動 他 《通例受身形で》…にしま模様がつく ‖ The wall was ～*d*. その壁にはしま模様がついていた

***striped** /straɪpt/ 形 《通例限定》しまの入った, ストライプ(入り)の ‖ a ～ tie ストライプのネクタイ
▶▶～ **báss** 名 C 〖魚〗ストライプトバス, シマスズキ《北米の沿岸産. 釣りの対象魚》 ～ **hyéna** 名 C 〖動〗シマハイエナ《アフリカ北部・中近東・インド産》

stríp·lìght 名 C ストリップライト《電球の列を細長く並べた舞台照明用ライト》;《英》管状蛍光灯

strip·ling /strípliŋ/ 名 C 《古》《戯》(大人になりかけた)若者, 青二才

stríp mìne 《主に米》名 C (石炭などの) 露天掘り鉱山(《英》opencast mine) **stríp mìning** 名 U 《主に米》露天掘り(《英》opencast mining)

strìpped-dówn 形 《限定》(車などが) 余分な装備を取り除いた;骨子だけに削り落とした

strip·per /strípər/ 名 ❶ =stripteaser ❷ C U (ペンキなどの)剝離器[液]

stríp-sèarch 動 他 [容疑者]を裸にして調べる
stríp sèarch 名

stríp·tèase 名 C U 動 自 ストリップショー(を演じる)

stríp·tèaser 名 C ストリッパー

strip·y /stráɪpi/ 形 しま[筋]の入った, しま模様の

***strive** /straɪv/ 動 (**strove** /stroʊv/ OR **～ed** /-d/ ; **striv·en** /strívən/ OR **～ed** ; **striv·ing**) (◆名詞は strife) 自 ❶ 懸命に努力する, 奮闘する〈**for, after** …を得ようと / **to** *do* …しようと〉(⇨ TRY 類語) ‖ The player *strove for* victory. その選手は勝利のために頑張った / ～ *to* solve a problem 問題の解決に懸命に努力する ❷ 争う, 戦う〈**for** …を求めて;**against** …に対して〉‖ ～ *for* independence 独立を求めて戦う

strív·er 名 C 努力[奮闘]する人, 戦う人

striv·ing /stráɪvɪŋ/ 名 U 懸命の努力, 奮闘

strobe /stroʊb/ 名 C ❶ 《米》(=～ **light**) ストロボ《写真撮影用のフラッシュの一種》 ❷ =stroboscope

stro·bo·scope /stróʊbəskòʊp/ 名 C ストロボスコープ

《回転・振動する物体の運動を静止状態で観測・記録する装置》 **strò·bo·scóp·ic** 形

strode /stroud/ 動 stride の過去

stro·ga·noff /stróugənɔ̀ːf | strɔ́gənɔf/ 名 U C 〘料理〙ストロガノフ《細切り牛肉・タマネギ・マッシュルームをいためて煮込み，サワークリームを加えたロシア料理》‖ beef ～ ビーフストロガノフ

:stroke[1] /strouk/ 中心義 急な強い一撃

―名 (複 **～s** /-s/) C ❶ **脳卒中**；(強い) **発作** ‖ The ～ left him unable to speak. 脳卒中の後遺症で彼はしゃべれなくなった / have [OR **suffer**] a ～ 脳卒中を起こす
❷ (テニス・ゴルフ・クリケットなどの)**ストローク**, 打法；(ゴルフの) 打数 ‖ a backhand ～ バックハンドストローク / win (a match) by three ～*s* (試合に) 3打差で勝つ / a 5-～ handicap ファイブストロークのハンディ
❸《通例 ～s》(水泳・ボートなどの)水をかく[こぐ]動作, ストローク；(水泳の)泳法 ‖ swim with strong ～*s* 力強いストロークで泳ぐ / the back～ 背泳ぎ
❹ (武器などで)打つこと；一打, 一撃 ‖ with a ～ of the sword 一刀の下に / be killed by a ～ of lightning 雷に打たれて死ぬ
❺ (鐘・時計などの)打つ[鳴る]こと, 一打ち；鳴る音, 時報(を打つ音) ‖ on the ～ of midnight 真夜中の12時を打つところで, 真夜中になるところで
❻《a ～》思いもかけぬ出来事, 偶然の巡り合わせ ‖ a ～ of luck 思いがけない幸運 ❼ (ペン・絵筆・彫刻刀などでの)**一筆**, ひとなで, ひと彫り；筆跡；字画, 一画；筆致 ‖ with [OR at] a ～ of the pen 一筆入れれば；署名して / the finishing ～ 仕上げ(の一筆) / thin [thick] ～*s* ほっそりした[肉太の]書体 ❽《a ～》手際, 腕のさえ, 手腕, 手法 ‖ a ～ of genius 天才的手腕 / a ～ of wit さえたウイット / a ～ of business 有利な取り引き / a bold ～ 大胆な手法[手腕] ❾《a ～》(ほんの) ひと働き ‖ That new employee didn't do a ～ of work this morning. あの新入社員は今朝はちっとも仕事をしなかった ❿ (ボートの)整調《最も船尾に近いこぎ手で, ピッチを設定する》 ⓫《英》斜線, スラッシュ《/》 ⓬ 💻 (キーボードの)ストローク《キーを押し下げるときの移動量》；キーを打つこと

at a [OR ***one, single***] ***stróke*** 一挙に, 一撃で, たちまち
Dìfferent strókes for dìfferent fólks.《口》人が違えば好みが違う；十人十色
in bròad (***brùsh***) ***strókes*** かいつまんで, 大まかに
pùt a pèrson òff his/her stróke《英口》＝*knock* [OR *throw, keep*] *a person off* STRIDE

―動 (**～s** /-s/；**～d** /-t/；**strok·ing**) 他 ❶ …に短い1本の線を引く[加える]；…に線を引いて消す《***out***》 ❷ 〔ボール〕を打つ, ける ❸ 〔クルーやボート〕の整調としてこぐ

▸▸ **～ plày** 名 U 〘ゴルフ〙ストロークプレー《合計の打数で勝敗を決める競技法》(→ match play)

:stroke[2] /strouk/

―動 (**～s** /-s/；**～d** /-t/；**strok·ing**) 他 ❶ (手で一方向に優しく)…を**なでる**, さする, 愛撫(あいぶ)する ‖ I ～*d* her **hair gently**. 彼女の髪を優しくなでた / ～ a kitten 子猫をなでる ❷《+目+副句》…を (手で) そっと動かす, 移動させる (♦ 副句 は方向を表す) ❸《米口》〔人〕をおだてる, 丸め込む

―名 (複 **～s** /-s/) C なでること, ひとなで, ひとさすり ‖ He gave his dog a ～. 彼は犬をひとなでした

***stroll** /stroul/ 動 自 ❶《+副句》〈…を〉ぶらぶら歩く, 散歩する 〈**along, around,** etc.〉 (⇨ WALK 類語P) ‖ ～ *around* a park 公園の中をのんびり歩く / ～ *along* the beach 海岸を散歩する ❷ やすやすと手に入れる, 楽勝する ―他 …を散歩する ‖ ～ a park 公園を散歩する

―名 C ❶《通例 a ～》ぶらぶら歩くこと, 散歩 ‖ go for [OR have, take] a ～ 散歩する ❷ 楽勝

stroll·er /stróulər/ 名 C ❶ ぶらぶら歩く[散歩する]人 ❷《古》旅芸人 ❸《米・カナダ・豪》ベビーカー(《英》(baby) buggy, pushchair)《折り畳み式乳母車》(❗この意味で baby car とはふつういわない. baby car は幼児が乗って遊ぶおもちゃの車を指すことが多い)(⇨ BABY CARRIAGE 図)

stroll·ing /stróulıŋ/ 形《限定》旅回りの, 巡業の

stro·ma /stróumə/ 名 (複 **～·ta** /ţə/) ❶ U 〘解〙(赤血球などの)基質, 基組織, 間質 ❷ C 〘植〙子座(しざ)《密集した菌糸》；葉緑帯

:strong /strɔ(ː)ŋ/ 形 副

中心義 (Aが)強い (★Aは「肉体」「意志」「能力」など多様)

―形 [▶ strength 名] (**～·er**；**～·est**)
❶ (肉体的に)**強い**, 力のある, 力強い；丈夫な, 健康な(↔ weak)；強い力でなされた, 力のこもった ‖ My dad is ～ and sturdy. 僕のパパは力が強くがっしりしている / ～ arms 力強い腕 / Mother is getting ～*er* every day. 母は日一日と元気になってきている / a ～ blow 強力な一撃
❷ (意志・信念などが)**強固な**, 強い, 固い, (意見などが)強硬な(↔ weak, timid)；(人が)確固たる信念を持った；熱心[熱烈]な；(知力・記憶力が)優れている；(神経などが)強靭(きょうじん)な ‖ Carol is ～ in her beliefs. キャロルは信念が強固だ / a ～ sense of duty 強い義務感 / a ～ will [faith] 強固な意志[信念] / a man of ～ personality 個性の強い男性 / a ～ socialist 熱烈な社会主義者 / have a ～ memory 記憶力[物覚え]がよい / have ～ nerves 強靭な神経の持ち主である
❸ (物が)**頑丈な**, 丈夫な, しっかりした；〘軍〙(要塞(ようさい)などが)堅固な, 難攻不落の ‖ ～ cloth 丈夫な布 / a ～ chair 丈夫ないす / a ～ fortress 堅固な要塞
❹ 強大な権力[勢力, 財力]を有する, **強力な**；(配役が)豪華な顔ぶれの；(競争相手などが)強い, 手ごわい；《the ～ で集合名詞的に》《複数扱い》強者[富者](たち) ‖ a ～ leader [army] 強力な指導者 [軍隊] / His mother had a ～ influence [OR effect] on his way of thinking. 彼の母親は彼の考え方に強い影響を及ぼした / a ～ team 強いチーム / a ～ challenger 手ごわい挑戦者
❺ (ある分野で)有能な, 優れている；上手な, よくできる；〈…が〉**得意な**, 強い(↔ weak) 〈**in, on**〉 (♦「酒に強い人」は a hard [OR heavy] drinker という) ‖ She's very ～ *in* mathematics. 彼女は数学に大変強い / Geography is my ～*est* subject. 地理は私の最も得意な科目だ / a ～ swimmer 泳ぎの上手な人
❻《比較なし》多数の；《数詞の後に用いて, または複合語で》人員[会員]…(人)の, 総勢…の(♦「…強」の意ではない) ‖ an army 20,000 ～ (総勢) 2万人の軍隊 / about a 3,000-～ crowd およそ3,000人の群集
❼ (可能性が)大きい, 高い(↔ slight)；見込みのある, 有力な ‖ There's a ～ possibility [OR chance] that he might lose his seat. 彼は議席を失う可能性が大きい / Mr. Green is the ～*est* presidential candidate. グリーン氏が次期の最も有力な大統領候補である
❽ (議論・証拠などが) 説得力のある, 強力な, 有力な ‖ ～ evidence 有力な証拠
❾ (手段などが) 厳しい, 強硬な ‖ *Strong* action was taken against the rebels. 反政府勢力に対して強硬な措置がとられた / ～ measures 強硬手段
❿ (言葉などが)強い調子の, 激しい；汚い, 下品な；(なまりが)強い, きつい；(声が)大きい, 力強い ‖ "School stinks!" "That's a bit ～, isn't it?" 「学校なんて最低だ」「それはちょっと言いすぎじゃないかな」 / a ～ Southern accent 強い南部なまり ⓫ (衝動・愛情などが)強い, 激しい, 熱烈な ‖ ～ affection 強い愛情 / a ～ desire to marry her 彼女と結婚したいという強い願望 ⓬ (関係・きずななどが)強い, 固く結ばれた；安定した ‖ a ～ friendship 固い友情 / have ～ links with ... …と強いつながりがある ⓭ (印象が)強い；(輪郭・類似・対比などが)はっきりした, 目立った, 著しい ‖ ～ features 輪郭がくっきりした顔立ち / a ～ resemblance 著しい類似 ⓮ (光・色・においなどが)強烈な(↔ dull)；(食べ物が)におい[香り]の強い(↔ mild) ‖ ～ colors 強烈な色 / ～ cheese においの強いチーズ / a ～ smell of gas ガソリンの強いにおい ⓯ (茶・コーヒーなど

S

が) 濃い；(酒が) 強い；(薬などが) 効き目の強い (⇨ THICK 類語P) ‖ ～ coffee 濃いコーヒー / a ～ painkiller 強力な鎮痛剤 / ～ glue 強力な接着剤 ⓰ (風・流れなどが) 強い，激しい ‖ The wind grew ～*er*. 風はますます強くなった ⓱ (経済が)強い，繁栄している；安定した；(会社などが)堅実[健全]な；〘商〙(通貨・市況が)強気の，上昇気配の ‖ a ～ economy 強い経済 / a ～ stock market 強気の株式市場 ⓲ 《比較なし》《通例限定》〘文法〙不規則変化の，強変化の (↔ weak) ‖ a ～ verb 不規則変化動詞 《swim；swam；swum など》 ⓳ 《通例限定》〘音声〙強勢のある ‖ the ～ form of "and" and の強勢形 (/ǽnd/) ⓴ 〘光〙(レンズなどが)倍率の高い ㉑ 〘化〙(酸・塩基などが) 強い，高濃度の；イオンを多く遊離する

(*as*) ***strong as*** 「***a horse*** [OR ***an ox***] ⇨ HORSE (成句)，OX(成句)

be stróng on ... ① …が得意[上手]な (→ ❺) ② …を多量に含む

COMMUNICATIVE EXPRESSIONS

[1] **A cháin is ònly as stròng as its wèakest línk.** 何事にも弱点はある；団結しているようでも1人弱い者がいれば崩れる(♦「鎖の強さは最も弱い輪によって決まる」の意)

—副 強く，力強く；激しく；盛んに(strongly)

be (***stìll***) ***gòing stróng*** 《口》(人が)元気である；繁栄している；人気がある；(機械などが)(古くても)調子よく動く

còme on stróng 《口》 ① 強引な振る舞いをする，(特に)性的感情をあらわにする ② (競走などで)明らかに優位に立つ

▶▶ ～ **bréeze** 名 C 〘気象〙雄風 《風力6. 毎時25-31マイルの風》 (→ Beaufort scale) ～ **drínk** 名 U アルコール (の多い) 飲料 (↔ soft drink) ～ **fórce** [**interáction**] 名 U 〘物理〙強い相互作用 《原子核内の核子同士を結合している力を指す》 ～ **gále** 名 C 〘気象〙大強風 《風力9. 毎時47-54マイルの風》 (→ Beaufort scale) ～ **lánguage** 名 U 激しい[乱暴な]言葉；悪態 ～ **pòint** 名 ① C 〘軍〙(守備上の) 拠点 ② 《one's ～》《通例否定文で》ほかの人に勝るところ，強い点，強み ～ **sáfety** 名 C 〘アメフト〙ストロングセーフティー 《ディフェンスの後方に位置する守備の選手》 ～ **sùit** 名 ① C 〘トランプ〙ストロングスーツ 《強力な同じ種類の札のそろい》 ② 《one's ～》《通例否定文で》ほかの人に勝る点，得意の分野，得手(えて) ‖ Computers are not my ～ *suit*. コンピューターは苦手だ

stróng-àrm 《口》 形 《限定》暴力を用いる，腕ずくの
—動 他 …に腕力[暴力]を振るう；…から力ずくで奪う；…を強引に〈…〉させる〈**into**〉

stróng·bòx 名 C 小型金庫，貴重品箱

***strong·hold** /strɔ́(ː)ŋhòuld/ 名 C ❶ (思想・活動などの)根拠[本拠地]，(特に政党の)本拠地，(最後の)よりどころ；(特定の動物の)生息地 ‖ a Republican ～ 共和党の本拠地 / a ～ of liberalism 自由主義のとりで / a ～ of pelicans ペリカンの生息地 ❷ とりで，要塞(ようさい)

:strong·ly /strɔ́(ː)ŋli/
—副 (**more** ～；**most** ～)
❶ **強く**，頑丈に ‖ a ～ built bicycle 頑丈な作りの自転車 ❷ 激しく，猛烈に；強硬に ‖ Gandhi was ～ opposed to violence. ガンジーは暴力に強く反対した / I ～ **suggest** that we refuse his merger offer. 彼からの合併の申し入れを拒否することを強く提案します / I **feel** ～ about euthanasia. 安楽死について私は明確な考えを持っている

stróng·màn /-mæ̀n/ 名 (複 **-mèn** /-mèn/) C ❶ (サーカスなどの) 怪力男 (中立 powerhouse) ❷ (独裁的な) 実力者，有力な政治家(中立 dictator)

stròng-mínded ⟨シ⟩ 形 強い意志[固い信念]を持った，断固とした

stróng·ròom 名 C 金庫室，貴重品保管室

stròng-wílled ⟨シ⟩ 形 意志強固な

stron·ti·um /strɑ́(ː)nʃiəm | strɔ́ntiəm/ 名 U 〘化〙ストロンチウム 《アルカリ土類金属元素. 元素記号 Sr》

strop /strɑ(ː)p | strɔp/ 名 C (かみそり用の)革砥(かわと)
—動 (**stropped** /-t/；**strop·ping**) 他 …を革砥で研ぐ

stro·phe /stróufi/ 名 C ❶ ストロペ《古代ギリシャ劇での舞踏合唱隊の左方転回》 ❷ (自由詩の)筋，連
stróph·ic 形

strop·py /strɑ́(ː)pi | strɔ́pi/ 形 《英口》機嫌の悪い，手に負えない

strove /strouv/ 《発音注意》 動 strive の過去

:struck /strʌk/
—動 strike の過去・過去分詞
—形 ストライキで閉鎖された，スト中の

***struc·tur·al** /strʌ́ktʃərəl/ 形 〔◁ structure 名〕《通例限定》 ❶ 構造 (上) の ‖ The earthquake left some major buildings with ～ damage. その地震は主要なビルのいくつかの骨組みにまで損害を与えた / ～ defects 構造上の欠陥 ❷ 建築用の，建材の ‖ ～ steel 構造用の鉄鋼 ❸ 政治[経済]構造による ‖ ～ unemployment 構造的失業 ❹ 〘地〙地質構造の ❺ 〘生〙有機組織の
～**·ly** 副 構造的に(は)
▶▶ ～ **engineér** 名 C 構造工学の技師 ～ **engineéring** 名 U 構造工学 ～ **fórmula** 名 C 〘化〙構造式 ～ **linguístics** 名 U 構造言語学

strúc·tur·al·ism /-ìzm/ 名 U 構造主義；＝structural linguistics **-ist** 名 C 形 構造主義者(の)

:struc·ture /strʌ́ktʃər/
—名 〔▶ structural 形〕 (複 ～**s** /-z/) ❶ C U **構造**，構成，組み立て ‖ the social ～ 社会構造 / sentence ～ 文の構造 / the basic ～*s* of English 英語の基本構文 ❷ C **建造物**，建築物，構造物 ‖ The new concert hall is a fireproof ～. 新しいコンサートホールは耐火式建造物だ / a stone ～ 石造りの建物
❸ C (特定の)体系，システム，方式 ‖ a salary ～ 給与体系 ❹ C U まとまり，体系 ❺ C 〘生〙組織構造
—動 他 …を組織立てる，体系化する，組み立てる，整理する ‖ ～ one's argument 自分の論点を整理する
語源 *struct-* build＋*-ure*(名詞語尾)：積み重ねられたもの

stru·del /strúːdəl/ 名 C U シュトルーデル《果物・チーズなどを薄いパイ皮で巻いて焼いた菓子の一種》

:strug·gle /strʌ́gl/ 動 名

中心義 困難に対抗して奮闘する

—動 (～**s** /-z/；～**d** /-d/；**strug·gling**)
—自 ❶ (逆境にあって)**懸命に努力する**，奮闘する；戦う，取り組む〈**to *do*** …しようと / **for** …を求めて；**against** …を相手に，**with** …と〉 (⇨ TRY 類語) ‖ My parents are *struggling to* keep up with the Joneses. うちの親たちは隣人に負けまいとして奮闘している (→ Joneses) / ～ *for* freedom [power] ＝ ～ *to* get freedom [power] 自由[権力]を得ようと奮戦する / ～ *with* a difficult problem 困難な問題と格闘する / ～ *against* poverty [injustice] 貧困[不正]と闘う
❷ 〈…しようとして〉**もがく**，あがく〈**to *do***〉 ‖ He ～*d to* free himself from his mother's apron strings. 彼は母親から自立しようともがいた
❸ 〈…と〉取っ組み合いをする，もみ合う〈**with**〉 ‖ ～ fiercely *with* a thief 泥棒と激しくもみ合う
❹ 《＋副句》(もがくようにして)苦労して進む，やっとのことで身動きする (♦ 副句 は方向を表す) ‖ I managed to ～ back into my room. やっとこさ部屋に帰り着いた / I ～*d* through the days as best I could. 私は必死の思いで日々をどうにかやり過ごした / ～ out of bed やっと起きる / ～ to one's feet やっと立ち上がる

strùggle ón [OR ***alóng***] 〈自〉苦労して(仕事などを)続ける；何とかやっていく

—名 (複 ～**s** /-z/) C ❶ (長く，激しい)**戦い**，闘争，争い 〈**for** …を求める；**against** …に対抗しての，**with** …との；**between** …との間の〉 ‖ the ～ *for* existence [OR survival] 生存競争 / the ～ *against* poverty 貧困と

の闘い / a bitter ～ *with* the forces of modernization 近代化の波との激しい戦い / a **power** [**class**] ～ 権力[階級]闘争 / an armed ～ 武力闘争 / a tough ～ *between* the government forces and the rebel groups 政府軍と反乱グループとの激烈な闘い
❷《通例単数形で》〈…しようとする〉**懸命の努力**, 奮闘, あがき〈**to** *do*〉(⇨ QUARREL¹ 類語) ‖ With a ～, she held back her tears. 必死になって彼女は涙を抑えた / It was a ～ for him *to* work under the new administration. 彼にとって新経営陣の下で働くことは大変な苦労だった / I made a desperate ～ *to* escape. 逃げようとして必死にあがいた ❸ 格闘, もみ合い ‖ His jacket was ripped in a ～ *with* a dog. 彼の上衣は犬との格闘で裂けた / After a short ～, I robbed him of the knife. 一瞬もみ合った後, 彼からナイフを奪い取った

strúg·gling /-ɪŋ/ 形 もがく, 焦る ; 奮闘する

strum /strʌm/ 動 (**strummed** /-d/ ; **strum·ming**) 他〔弦楽器〕をつま弾く, かき鳴らす ;〔曲〕をいい加減に演奏する
—自〈…を〉いい加減に弾く, かき鳴らす〈**on**〉
—名 C《単数形で》かき鳴らすこと[音] ; つま弾き(の音)

strum·pet /strʌ́mpɪt/ 名 C ⊗《古》《蔑》売春婦

*__strung__ /strʌŋ/ 動 string の過去・過去分詞
—形 ❶ (楽器などが)弦を張った ; (楽器が)ある特定の弦を持った ❷ 疲れきった, 神経質な

strùng-óut 形《叙述》《主に米俗》〈…で〉麻薬中毒にかかった〈**on**〉; 麻薬が切れた(ために衰弱した)

strùng-úp <シ 形《英口》神経質になった

strut¹ /strʌt/ 動 (**strut·ted** /-ɪd/ ; **strut·ting**) 自 気取って歩く
strùt one's stúff ⇨ STUFF(成句)
—名 C《通例単数形で》気取った歩きぶり

strut² /strʌt/ 名 C〖建〗筋かい, 突っ張り, 支柱
—動 (**strut·ted** /-ɪd/ ; **strut·ting**) 他 …を支柱で支える

struth /struːθ/ 間《英口》ひゃー, しまった(♥ 驚き・落胆などを表す)(♦ God's truth の短縮)

strych·nine /stríknaɪn | -niːn/ 名 U〖薬〗ストリキニーネ

Stu·art /stjúːərt/ 名 C ❶《the ～s》スチュアート王家(the House of Stuart)《1371–1603年スコットランドを, 1603–1714年イングランドとスコットランドを統治した》 ❷ スチュアート王家の人

*__stub__ /stʌb/ 名 C ❶ (鉛筆などの)短い使い残り ; (たばこの)吸いさし ; 先が減って丸くなったペン ‖ the ～ of a cigar 短くなった葉巻の吸いさし ❷ (成長を止める目的で) 短く切られたもの, (不自然に) 短いもの ‖ the ～ of a tail 短く切った尾 ❸ (小切手帳などの)控え ; (切符の)半券 ❹ 切り株
—動 (**stubbed** /-d/ ; **stub·bing**) 他 ❶ (うっかり)〔つま先〕を〈…に〉ぶつける〈**on, against**〉‖ I *stubbed* my toe *on* the table leg. テーブルの脚につま先をぶつけた ❷〔雑草など〕を根こそぎ抜く ;〔土地〕から雑草[切り株など]を引き抜く《*up*》‖ ～ (*up*) the weed 雑草を根こそぎ抜く
stùb óut ... / ***stùb ... óut*** 〈他〉〔たばこなど〕をもみ消す(extinguish)

stub·ble /stʌ́bl/ 名 U ❶《集合的に》(収穫後の麦などの)刈り株 ❷ (刈り株のような)無精ひげ **-bly** 形

*__stub·born__ /stʌ́bərn/《アクセント注意》形 ❶ 頑固な, 強情な, かたくなな(⇨ 類語) ‖ Alan is just too ～ to admit he was wrong. アランは全くの頑固者で自分が間違っていたとは認めない ❷ 執拗(しつよう)な, 頑強な ; 不屈の ‖ ～ resistance 執拗な抵抗 / ～ effort 不屈の努力 ❸ 手に負えない, 扱いにくい ‖ This door is ～. このドアは開け[閉め]にくい / ～ stains 落ちにくいしみ / a ～ cold 頑固な風邪 / a ～ horse 扱いにくい馬
～·ly 副 **～·ness** 名

類語《❶》**stubborn** 生来の頑固さを表し, ときとして融通のきかない扱いにくさや, 権威に屈しない頑強さを暗示する. 個々の事例で示される頑固さには obstinate を用いることが多い.
obstinate しばしば不合理に片意地を張って頑固な.

stub·by /stʌ́bi/ 形《通例限定》❶ 太くて短い, ずんぐりした ; (髪が)短くて怖い ❷ 切り株だらけの
—名 (複 **-bies** /-z/) C《豪・ニュージ口》ビールの小瓶

stuc·co /stʌ́koʊ/ 名 U 化粧漆喰(しっくい)
—動 他 …に化粧漆喰を塗る ‖ a ～*ed* house 化粧漆喰を施した家

*__stuck__ /stʌk/ 動 stick² の過去・過去分詞
—形《叙述》〈…で〉動く[動かす]ことができない〈**in**〉; 困難な状況から抜け出せない(⇨ STICK² 動 他 ❺, ❻, ❼)

stùck-úp <シ 形《口》お高くとまった, 生意気な

stud¹ /stʌd/ 名 C ❶ 飾り鋲(びょう) ; (道路の通行帯を示す)鋲, スタッド ; (スノータイヤ・靴底の)鋲, スタッド ❷ (ワイシャツの)飾りボタン《取り外しができる》❸〖建〗(壁などの)間柱(まばしら) ;《米》床から天井までの高さ ❹〖機〗植え込みボルト
—動 (**stud·ded** /-ɪd/ ; **stud·ding**) 他《通例受身形で》❶〈飾り鋲などが〉ついている, 〈…が〉ちりばめられている〈**with**〉‖ denim *studded with* rhinestones ラインストーンをちりばめたデニム ❷ (物が)点在する

stud² /stʌd/ 名 C ❶《集合的に》種馬(stallion) ; (一般に)繁殖用の雄の動物 ❷ (= **～ fàrm**) 馬の繁殖場, 種馬飼育場 ❸《口》(精力絶倫の)若い男 ❹ (= **～ póker**)〖トランプ〗スタッドポーカー《ポーカーの一種》
at stúd (雄の動物が)繁殖用の, 種馬用の

stud. 略 student

stúd·bòok 名 C (馬の)血統台帳, 血統登録簿

stud·ding /stʌ́dɪŋ/ 名 U《集合的に》間柱 ; 間柱用材

stúd·ding·sàil /stʌ́dɪŋsèɪl, 〖海〗stʌ́nsəl/ 名 C〖海〗スタンスル, 補助(横)帆

***__stu·dent__ /stjúːdənt/
—名 (複 **～s** /-s/) C ❶ **学生**, **生徒**(♦《米》では中学以上の生徒・学生を指す. 《英》では以前は大学・専門学校以上の学生を指すことが多かったが, 最近では中学以上の生徒・学生にも pupil ではなく student を用いることが多くなってきている)(⇨ PUPIL¹ 類語) ‖ a college [OR university] ～ 大学生 / a graduate [《英》postgraduate] ～ 大学院生 / a ～ **at** [×of] Harvard ハーバード大学の学生 / a high school ～ 高校生 / a medical ～ 医学生 / an overseas ～ 海外からの留学生
❷〈…の〉研究家, **学者**〈**of**〉‖ a ～ *of* theology 神学者 / a ～ *of* Chinese affairs 中国問題研究家
❸《形容詞的に》勉強中の, 実習中の, 見習い中の ; (大)学生の[による] ‖ I know your wife from our ～ days. あなたの奥さんとは学生時代からの知り合いです / a ～ nurse 看護師見習い
▸▸ **～ bódy** 名 C《米》(1つの大学などの) 全学生 **～ cóuncil** 名 C《米》学生自治委員会(《英》students' union) **～ góvernment** 名 C U《米》学生の自治(活動), 自治会組織 **～ lóan** 名 C 奨学金(方式) **～ núrse** 名 C 看護実習生 **～s' únion** 名 C《英》① =student council ② =student union **～ téacher** 名 C 教育実習生 **～ téaching** 名 U《米》教育実習(《英》teaching practice) **～ únion** 名 C 学生会館(《英》students' union)

stu·dent·ship /stjúːdəntʃɪp/ 名 U ❶ 学生であること, 学生の身分 ❷ C《英》奨学金(scholarship)

stud·ied /stʌ́did/ 形《限定》❶ 考慮した上での, 計画的な ❷ 故意の, わざとらしい ‖ a ～ insult 意図的な侮辱

**__stu·di·o__ /stjúːdiòʊ/《発音注意》
—名 (複 **～s** /-z/) C ❶ (テレビ・ラジオの) **スタジオ**, 放送室, (レコードの)録音室
❷《しばしば ～s》映画撮影所 ; 映画制作会社 ‖ "Was the movie filmed **in** a ～?" "No, on location." 「その映画はスタジオで撮られたものですか」「いいえ, ロケです」
❸ (画家・彫刻家・写真家などの)仕事場, アトリエ
❹ (ダンスなどの文化活動の) 教室, 練習室 ‖ a ceramics ～ 陶芸教室 ❺ =studio apartment [《英》flat]
▸▸ **～ apàrtment** [《英》**flàt**] 名 C (台所とバスルーム

S

付きの）ワンルームマンション **～ àudience** 名 C《集合的に》放送スタジオの観客《公開番組のために拍手したり笑い声を上げたりする》**～ còuch** 名 C《主に米》ベッド兼用ソファー **～ thèater** 名 C 小劇場《実験的・革新的な上演が行われる》

stu·di·ous /stjúːdiəs/《発音注意》形〔◁ study 名〕❶ 研究熱心な，勉学好きな；《文》（環境などが）勉学に適した ❷ 熱心な ❸ 気を配った〈**to** *do* …しようと / **of** …に〉❹ 注意深い；わざとらしい **～·ly** 副 **～·ness** 名

stúd·mùffin 名 C《米口》（たくましくて）セクシーな男性，いかすやつ

stud·y /stʌ́di/ 名 動

―名〔▶ studious 形〕(複 **stud·ies** /-z/) ❶ U **勉強**，学習；C (-ies)（個人の）学業，勉学活動 ‖ You don't have to be fond of ～, but at least do your homework. 勉強好きである必要はないけど，少なくとも宿題だけはしなさいよ / He spent all his evenings in ～. 彼は毎晩勉強した / the ～ of English 英語の勉強 / go on with one's *studies* at Exeter エクセター大学で勉強を続ける / ～ skills 学習技術，勉強の仕方

❷ U C（個々の問題・状況などの）**研究**，調査，検討，考察 ‖ the ～ of dreams 夢の研究 / *studies* **in** ecology 生態学の研究 / Some *studies* have **shown** [confirmed] that young children living with pets have fewer allergies. いくつかの調査［研究］でペットと暮らしている幼い子供たちはアレルギーが少ないことがわかって[確認されて]いる / The problem is under ～. その問題は目下検討中である

❸ C (-ies)《単数・複数扱い》（論文の題名としての）研究，考察 ‖ *Studies* in Contemporary Music 現代音楽研究 / East Asian *studies* 東アジア研究

❹ C 研究論文[書]，調査報告；(-ies)学科，…学 ‖ the experiments reported in this ～ この論文に報告されている実験 / social *studies* 社会科

❺ C **書斎**，勉強部屋，研究室

❻ C《a ～》〈…の〉典型例，見本〈**in**〉；《口》人の注意を引くもの[人]，見もの ‖ Those twins are a ～ *in* contrasts. あの双子は対照的な点では典型例だ / His face was a ～ *in* consternation. びっくり仰天したときの彼の顔は実に見ものだった ❼ C【美・文】習作，スケッチ，試作；【楽】練習曲，エチュード (étude) ‖ a full-length ～ of a sleeping girl 眠れる少女を描いた等身大の習作 ❽ C《通例 quick, slow を伴って》物覚えの早い[遅い]人 ‖ She is a quick [slow] ～. 彼女はせりふを覚えるのが早い[遅い]

in a brown study ⇨ BROWN(成句)

―動 (**stud·ies** /-z/；**stud·ied** /-d/；**～·ing**)

―他 ❶ …を**勉強する**，学ぶ；…を**研究する**；〔学科・科目〕を専攻する，学ぶ (⇨ LEARN 類語P) ‖ How long have you been ～*ing* English? どれくらい英語を勉強していますか / I'm ～*ing* medieval religion at Oxford. 私はオックスフォード大学で中世の宗教を研究している

❷ **a**《+目》…を**調査する**，詳細に検討する ‖ The committee *studied* the matter thoroughly. 委員会はその問題を徹底的に検討した

b《+**wh** 節》…かを調査する ‖ ～ *how* people cope with stress 人々がいかにストレスに対処しているか調査する

❸ …をじっくり観察する，注意して見る ‖ She *studied* the others, wondering what they were thinking. どんなことを考えているのだろうと思いながら彼女は人々をじっくり観察した / ～ the menu メニューをよく見る

❹〔本など〕を熟読する，注意して読む ‖ ～ a phrase book（外国旅行者向けの）慣用表現集を精読する

❺〔せりふなど〕を（覚えようと）練習する ‖ ～ one's part 自分のせりふを練習する ❻ …に気を配る ‖ ～ their convenience 彼らの便宜を図る

―自 **勉強する**，学ぶ；**研究する**〈**for** …のために；**under** …のもとで / **to** *do* …しようと〉；〈大学で〉学ぶ〈**at**〉‖ go to the Sorbonne to ～ ソルボンヌ大学に勉強しに行く / ～ *for* a degree in economics 経済学の学位をとるために勉強する / ～ *under* Prof. Miller ミラー教授の下で勉強する / She is ～*ing at* Juilliard. 彼女はジュリアード音楽院で学んでいる / I'm ～*ing to* be an elementary school teacher. 小学校の先生になろうと勉強している

stùdy úp on ... 〈他〉《米口》…を綿密に調べる，…のことをよく勉強する

▸▸ **～ bèdroom** 名 C《英》勉強部屋兼寝室 **～ gròup** 名 C U（私的な）研究グループ **～ hàll** 名 U《米》（学校の）自習室；自習時間《通例監督の教師がつく》

stuff /stʌf/

―名〔▶ stuffy 形〕U ❶（漠然と）**物**，（名前がわからないものや名指すまでもないものについて）あれ，代物 ‖ I pulled the sticky ～ off the sole. べとつくものを靴底からはがした

❷ **物質**；素材，**材料**；資料；用具[器具]類(一式) ‖ funny colored plastic ～ 奇妙な色のプラスチック製品 / green ～ 青物野菜類 / be built of poor ～ 粗末な材料で建てられている / a bunch of ～ about the university その大学に関する資料の束 / camping ～ キャンプ用品 / good ～ 上物，よいもの[こと]

❸（個人の）動産，**所有物**，持ち物 ‖ collect one's ～ 自分の持ち物をまとめる / Be sure to bring all your ～ with you. 自分の手荷物を全部持って来ること

❹《俗》飲食物，飲み物；麻薬 ‖ the hard ～ 強い酒《ウイスキーなど》；強い麻薬

❺ がらくた，ごみくず；ばかげた考え[談話，作品] ‖ What ～ he writes! 彼の書くものって何てくだらないんだ / *Stuff* and nonsense!《間投詞的に》ばかばかしい，うそばっかり

❻（漠然と）すること；（ある見方ができる）事柄 ‖ I've got a lot of ～ to do today. 今日はすることがたくさんある / The professor's lecture was just the same old ～. その教授の講義は全く旧態依然としたものだった / I love Christmas trees and lights and all that ～. クリスマスツリーとかイルミネーションとか，そういったものが大好きだ

❼《one's ～》（人の）性質，素質，才能；特有の行動；得意分野，本領 ‖ the right ～ （困難に対処できる）優れた資質 / You have good ～ in you. 君はよい素質を持っている

❽ 要素，本質，主題 ‖ Human rights will be the very ～ of world politics. 人権問題が国際政治において非常に重要な要素となるだろう ❾《主に英》《旧》服地；（特に）毛織物 ❿ 文学[芸術，音楽]作品 ‖ He composed some good ～. 彼は優れた曲をいくつか作曲した ⓫《米》【球技】（ボールに加える）ひねり，回転，スピン；（選手の）ボールにひねりを加える技量，投球術

a bit of stuff ⇨ BIT¹(成句)

***and stúff* (*lìke thát*)**《口》そういった類のもの ‖ I like reading *and* ～. 読書などが好きです

dò* [OR *shòw*] *one's stúff《口》① 期待に見事に応える，本領を発揮する ② (薬などが)効き目を表す

knòw one's stúff《口》= *know one's* ONIONS

nòt give a stúff《英口》少しも気にしない[構わない]

strùt one's stúff《口》（注目を集めるために）自分の得意なところをひけらかす，（特にダンスで）得意気に踊る

COMMUNICATIVE EXPRESSIONS

1 **Cùt the fúnny stùff!** ふざけないでくれ；まじめにやれ

2 **Dón't swèat the smáll stùff.** ささいなことにくよくよするな

3 **Thát's the stùff.**《英》そのとおり，まさにそういうことだ

―動 (**～s** /-s/；**～ed** /-t/；**～·ing**)

―他 ❶ …を〈入れ物に〉**詰める**，詰め込む〈**in, into**〉；〔入れ物〕を〈…で〉いっぱいにする，…に〈…で〉詰め物をする〈**with**〉‖ He ～*ed* the papers *into* his attaché case. 彼は書類をアタッシュケースに詰め込んだ / ～ a pillow (*with* feathers) 枕(まくら)に(羽毛の)詰め物をする / The suitcase was ～*ed* **full** of old clothes. スーツケースには古着が

いっぱい詰まっていた(♦ときに補として full ... を伴う)
❷《+目+副句》〈…に〉…を(急いで[無雑作に])押し込む,しまい込む〈in, into, etc.〉‖ I ~*ed* my hands *in* my pockets. 私は両手をポケットに突っ込んだ
❸〔穴・隙間(すきま)など〕を〈…で〉ふさぐ〈with〉;《通例受身形で》(鼻が)詰まる《up》‖ Drop in the medicine, then ~ your ears *with* cotton. 薬を垂らして,それから耳に綿を詰めて / My nose is ~*ed up*. 鼻が詰まっている
❹〔鳥・ピーマンなど〕に〈…で〉詰め物をする〈with〉‖ She ~*ed* the turkey *with* mixed vegetables. 彼女はシチメンチョウにいろいろな野菜を詰めた
❺(剥製にするために)〔動物〕に詰め物をする
❻〔人・頭〕を〈考えなどで〉いっぱいにする,…に〈考えなどを〉詰め込む〈with〉‖ ~ one's head *with* useless knowledge 不要な知識を頭に詰め込む
❼《口》〔人〕に〈…を〉たらふく食べさせる;《~ oneself または受身形で》〈…を〉腹いっぱい食べる〈with〉‖ I ~*ed* myself [OR my face] *with* cake and cookies. ケーキとクッキーを腹いっぱい食べた / No more, thanks. I'm ~*ed*. もう結構です.満腹です ❽《米・カナダ》〔投票箱〕に不正票を投じる ❾《英口》(競技で)〔相手〕を完敗させる ❿《米》(保存したり柔らかくするために)〔皮〕に油脂(など)を塗り込む ⓫⊗《英卑》〔女〕と性交する ⓬《口》《命令形または can とともに》…などごめん[お断り]だ(♥人の申し出に対する強い拒絶を表す.主語には二・三人称代名詞を用いる)‖ You *can* ~ your proposal. 君の提案なんかまっぴらだ
—自《口》がつがつ食う,たらふく食べる
stùff úp 《英・豪口》〈他〉《***stùff úp .../stùff ...úp***》…を失敗する,しくじる —〈自〉へまをする,しくじる

COMMUNICATIVE EXPRESSIONS
4 **Gèt stúffed!** 《主に英》うるさい,あっちへ行け(♥怒り・軽蔑)
5 **Stúff it!** I've gòt nòthing to lòse ánywày. 知るか,どうせ私は何も失うものはないんだ

▸▸**~ed ánimal** 名C ①《主に米》ぬいぐるみの動物 ②剥製の動物 **~ed shírt** 名C《口》もったいぶった人,うぬぼれ屋

stùffed-úp 形(風邪をひいて)鼻詰まりの
stuff·ing /stʌ́fɪŋ/ 名U(鳥・肉などに入れる)詰め物;(クッションなどの)芯(しん)(padding)
knòck [OR ***tàke***] ***the stúffing òut of ...*** 《口》…をこてんぱんにやっつける;すっかりまいらせる

***stuff·y** /stʌ́fi/ 形〔◁ stuff 名〕❶(部屋などが)風通しの悪い,むっとする ‖ It's ~ in here. この中はむっとする ❷(鼻が)詰まった ❸退屈な ❹(人・考えなどが)堅苦しい;保守的な,古臭い **stúff·i·ly** 副 **stúff·i·ness** 名

stul·ti·fy /stʌ́ltɪfàɪ/ 動(**-fies** /-z/;**-fied** /-d/;**~·ing**)他 ❶…を台無し[無意味]にする,無効にする;〔人〕をうんざりさせる ❷…を愚かに見せる,ばかげたものにする ‖ ~ oneself by *doing* …して自分の愚かさをさらす **~·ing** 形 だらけきった **~·ing·ly** 副 **stùl·ti·fi·cá·tion** 名

***stum·ble** /stʌ́mbl/ 動自 ❶〈…に〉つまずく,よろける〈on, over〉‖ The boy ~*d* and fell. 男の子はつまずいて転んだ / ~ *over* a stone 石につまずく
❷《+副句》よろめきながら歩く(♦副句は方向を表す)‖ The old man ~*d* along. 老人はよろよろと歩いて行った / ~ into a tent テントの中に転がり込む / ~ out of bed よろけながらベッドから降りる ❸《+副句》〈…を〉つっかえ[とちり]ながら言う,まごつきながらする〈at, over, through〉‖ ~ *over* one's lines せりふをとちる / ~ *through* one's speech つっかえつっかえ演説する
stúmble across [OR ***on, upon***] ***...*** 〈他〉…に偶然に出くわす;〔事実など〕を偶然見つける ‖ ~ *across* an old friend 偶然旧友に出くわす
stúmble into ... 〈他〉①…によろめきながら入る(→自❷) ②…に偶然巻き込まれる[首を突っ込む]
—名C ❶つまずくこと,つまずき ❷間違い,失策,へま

stúmbling blòck 名C〖聖〗つまずきの石《進歩・相互理解などを妨げるもの》

***stump** /stʌmp/ 名C ❶(木の)切り株(♦稲などの刈り株は stubbles)‖ Mushrooms grew on the tree ~. その木の切り株にキノコが生えていた ❷(一般に)使い残しの切れ端,(たばこの)吸い殻;(四肢などの)切断した残りの部分;(折れた歯の)根 ‖ a ~ of a pencil (使って)短くなった鉛筆 / a ~ of a candle ろうそくの燃えさし ❸〖クリケット〗スタンプ《ウィケットの柱》❹《the ~》《主に米》選挙演説,遊説(♦昔開拓地などで切り株の上で演説したことから)‖ take [OR go on] the ~ 遊説に出る ❺(鉛筆・パステル画用の)擦筆(さっぴつ) ❻《~s》《俗》両脚 ❼重い足音
on the stúmp 選挙運動をして
ùp a stúmp 《米口》当惑して,途方に暮れて,答えに窮して ‖ I'm *up a* ~ over my girlfriend's stubbornness. 彼女の強情なのにはほとほと手を焼くよ
—動自 ❶《+副句》重い足取りで歩く(♦副句は方向を表す)‖ He ~*ed* out of the room. 彼は重い足取りで部屋を出た ❷《主に米》遊説する,遊説して回る ‖ The candidate is ~*ing* around the state. その候補者は州のあちこちを遊説して回っている —他 ❶《通例受身形で》《口》(答えに窮する質問で)…に困る,立ち往生する ‖ be ~*ed* for words 言葉に窮する ❷《主に米》〔地域〕を遊説して回る ❸〖クリケット〗(ウィケットキーパーが)〔(位置を離れた)打者〕をアウトにする ❹…を切り株にする ❺〔土地〕の切り株を取り除く ❻〔描線〕を擦筆でぼかす
stùmp úp 《英口》〈他〉《***stùmp úp ...***》〔請求された金〕を渋々払う —〈自〉請求された金を渋々払う
~·er 名C《口》①難問 ②《英》=wicketkeeper
▸▸**~ spèech** 名C《米》選挙演説

stump·y /stʌ́mpi/ 形 ❶太くて短い,ずんぐりした ❷《米》切り株のような[だらけの]

***stun** /stʌn/ 動(**stunned** /-d/;**stun·ning**)他《進行形不可》❶〔人〕をとてもびっくりさせる,ぼう然とさせる(↝ knock out);〔人〕に強い印象を与える(♦しばしば受身形で用いる)(⇨ SURPRISE 類語)‖ We were *stunned* by his confession. 彼の告白にぼう然となった ❷(殴ったりして一瞬)…を気絶[失神]させる ‖ He was *stunned* by a blow to the head. 彼は頭を殴られ一瞬気を失った ❸(騒音などが)〔耳〕を一時的に聞こえなくする
—名C(人をぼう然とさせる)一撃,ショック **stunned** 形
▸▸**~ grenàde** 名C スタン弾,催涙弾 **~ gùn** 名C スタンガン《電気ショックを与えて一時的に相手の体を動けなくする器具》

***stung** /stʌŋ/ 動 sting の過去・過去分詞
stunk /stʌŋk/ 動 stink の過去・過去分詞
stun·ner /stʌ́nər/ 名C ❶《口》すごい美人;びっくりするほど素晴らしいもの ❷気絶させる[ぼう然とさせる]人[もの] ❸=stun gun

***stun·ning** /stʌ́nɪŋ/ 形(**more ~**;**most ~**)❶とても美しい;素晴らしい,見事な(↔ unimpressive)‖ You look ~ in that dress. そのドレスを着たあなたはとても素敵だ / a ~ woman 美しい女性 ❷(思いもかけないもので)びっくりさせるような,驚くべき **~·ly** 副

stunt[1] /stʌnt/ 動他 …の発育[発達]を妨げる;〔生長〕を妨げる
stunt[2] /stʌnt/ 名C ❶(人目を引く)危険な離れ技,妙技,曲乗り ‖ perform [OR do] ~*s* on horseback 馬上で離れ技を演じる ❷(人目を引く)派手な行為 ‖ pull a ~ ばかみたいな[無謀な]ことをする
—動自 離れ技を演じる,妙技を見せる
▸▸**~ dòuble** 名C =stuntperson

stúnt·man /-mən/ 名(複 **-men** /-mən/)C スタントマン《映画などの危険な場面での代役》(中立 stuntperson, stunt double)
-wòman 名(複 **-wòmen**)C スタントウーマン
stúnt·pèrson 名C スタントパーソン(♥男女を区別せずにいう表現)

stu·pa /stúːpə/ 名C(仏教の)(円形・角錐(かくすい)形の)仏舎

利塔, 卒塔婆(ばとう)

stu·pe·fy /stjúːpɪfàɪ/ 動 (**-fies** /-z/ ; **-fied** /-d/ ; **~·ing**) 他…を無感覚にする, 麻痺(まひ)させる ; …をぼう然とさせる(♦しばしば受身形で用いる) **stù·pe·fác·tion** /-fǽkʃən/ 名 U 無感覚[麻痺]状態 ; ぼう然自失の状態

stú·pe·fỳ·ing /-ɪŋ/ 形 感覚を麻痺させる(ような), しびれるような **~·ly** 副

stu·pen·dous /stjupéndəs/ 形 びっくりするような ; 途方もない **~·ly** 副 あっと驚くほど ; 途方もなく

⁑stu·pid /stjúːpəd | -pɪd/

—形 (**~·er, more ~ ; ~·est, most ~**)

❶ **ばかな**, 愚かな(↔ clever, sensible) ; ばかげた, ばからしい (⇨ FOOLISH 類語) ‖ It's ~ of you to go out in this storm. この嵐(あらし)の中を外出するなんてどうかしてるよ

❷《けなして》(人が)物わかりが悪い, 学習能力が低い, ばかな (↔ intelligent) ‖ This question will make me look ~. こんな質問をするとばかだと思われるだろう

❸《限定》つまらない, 退屈な ; 《口》くだらない, いまいましい ‖ a ~ joke くだらない冗談 / a ~ party 退屈なパーティー / This ~ watch won't work. このいまいましい時計のやつ, ぴくりともしない

❹《通例叙述》〈疲労・眠気などで〉ぼうっとした〈**with**〉‖ I was ~ *with* cold [sleep]. 寒さ[眠気]で頭がぼうっとしていた / get ~ ぼうっとする

COMMUNICATIVE EXPRESSIONS

1 **Dòn't be stúpid.** ばかなまねをするな ; ばかなことを言うな

2 **Hòw can** [OR **could**] **you bè** [OR **dó sòmething**] **sò stúpid?** 君は何てばかなことをするんだ(♥ 非難)

3 **Hów stùpid of me!** 私は何とばかなんだろう(♥ 後悔)

—名 (複 **~s** /-z/) C《単数形で》《口》愚か者, ばか, 間抜け, とんま(♥ 特に呼びかけで)

stu·pid·i·ty /stjupídəṭi/ 名 (複 **-ties** /-z/) ❶ U 愚かさ, 愚鈍 ❷ U/C《通例 -ties》愚かな言動

stú·pid·ly /-li/ 副 ばかみたいに ; 《文修飾》愚かにも

stu·por /stjúːpər/ 名 U C 麻痺, 無感覚[無意識]状態 ; ぼう然自失の状態 ‖ go into a ~ 麻痺状態になる ; 人事不省に陥る / Since I didn't sleep well, I'm in a ~. よく眠れなかったので, 頭がぼんやりしている

***stur·dy** /stə́ːrdi/ 《発音注意》 形 ❶ (建物・家具などが)頑丈な, 丈夫な ‖ ~ furniture がっしりした家具 ❷ (体が)たくましい, 丈夫な, 健康な ‖ He is thin but ~. 彼はやせているが丈夫だ ❸ (考えなどが)不屈の, 健全な ‖ The residents put up a ~ opposition to the plan. 住民たちはその計画に断固として反対を唱えた / ~ resistance 不屈の抵抗 / ~ common sense 健全な常識

-di·ly 副 **-di·ness** 名

stur·geon /stə́ːrdʒən/ 名 (複 **~** OR **~s** /-z/) C 〖魚〗チョウザメ《その卵の塩漬けはキャビア (caviar)》; U チョウザメの肉

Sturm und Drang /ʃtùərm ʊnt dráːŋ | -dræŋ/ 名《ドイツ》(=Storm and Stress)《the ~》シュトルム=ウント=ドランク, 疾風怒濤(どとう)《Goethe, Schiller に代表される18世紀末のドイツのロマン主義的文学運動》

***stut·ter** /stʌ́ṭər/ 動 自 ❶ (特に最初の子音字で)詰まる, 口ごもる(⇨ STAMMER 類語) ❷ (機械などが)断続的な音を立てる **—他** …を口ごもりながら言う《*out*》(♦直接話法にも用いる) **—名** C 言葉に詰まること[癖]

~·er 名 **~·ing·ly** 副 口ごもりながら

stútter stèp 名 C スタッターステップ《テニス・バスケットボールなどで小刻みに足を踏み変える動き》

stútter-stèp 動 自 スタッターステップを踏む ; (なかなか決断できず)もじもじする, (次に進めず)うろうろする

St. Válentine's Dày 名 聖バレンタインの祝日, バレンタインデー《2月14日. 友人や恋人の間でカードを交換したり贈り物をしたりする習慣がある》

St. Vì·tus'(s) dánce /-vàɪṭəs(əz)- | -(ɪz)-/ 名 U 〖病理〗舞踏病

sty¹ /staɪ/ 名 (複 **sties** /-z/) C 豚小屋(pigsty) ; 不潔な場所[家]

sty², stye /staɪ/ 名 (複 **sties, styes** /-z/) C 〖眼科〗麦粒腫(ばくりゅうしゅ), ものもらい

Styg·i·an /stídʒiən/ 形《通例限定》❶〖ギ神〗三途(さんず)の川(Styx)の ; 冥界(めいかい)(Hades)の ❷《しばしば s-》《文》暗黒の, 陰うつな

⁑style /staɪl/ 名 動

中心義 **(Aの)あり方**(★Aは特に限定されない場合もあれば, 文脈によって「服装」や「文章表現」などに限定される場合もある)

—名〔▶ stylish 形〕(複 **~s** /-z/) ❶ C U (ある時代・民族などに特有の) **様式**, やり方, 方法 ‖ The village was filled with Spanish-~ houses. その村はスペイン風の家だらけだった / the modern ~ *of* living 現代風の生活様式 / BBC newsreader ~ BBCのニュースアナウンサー風の口調 / churches **in** the Gothic ~ ゴシック様式の教会 / sit (**in**) Japanese ~ 日本式に座る

❷ C U (服装・髪などの)**型**, スタイル, 種類 ; **流行型**, ファッション (❗style は人の体つきには使わない. 「彼女はスタイルがよい」は She has a good figure. のようにいう) ‖ "That ~ doesn't suit you." "You don't know what ~ is!" 「そのスタイルは君には合わないよ」「君はスタイルの何たるかがわかっていない」/ different ~*s* of cars いろいろな型の車 / every size and ~ of shoes あらゆる大きさと種類の靴 / Paris, Milan and New York set the ~ of dress for the world. パリ, ミラノ, ニューヨークが世界の服飾の流行を作り出している / Her shoes are in [out of] ~. 彼女の靴は流行の[流行遅れの]ものだ / keep up with the latest ~*s* 最新流行に遅れないようにする

❸《one's ~》(人の)やり方, **流儀**, タイプ, 好み ‖ Flattery is not my ~. お世辞を言うのは私の流儀ではない / I like the new coach's ~. 新任のコーチのやり方が好きだ / his ~ of leadership 彼の指導法 / Relaxing on the beach is more my ~. ビーチでくつろぐ方がもっと好きだ

❹ U C **文体**, 口調 ; (内容に対して)表現方法 ; (文芸作品の)表現様式[形式] ; 印刷様式, 体裁 ‖ a colloquial ~ 口語体 / He writes **in** the ~ of Salinger. 彼はサリンジャー風の文章を書く(♦ ... in Salinger's style よりも使われる) / a painting **in** the ~ of Rembrandt レンブラント流の絵 / Please follow our house ~. 当社の書式に従ってください

❺ U (振る舞いなどの)優雅さ, 品のよさ, センスのよさ, エレガンス ‖ She has a great deal of ~. 彼女はとても気品がある / dance with ~ 優雅に踊る

❻ C《堅》呼称, 称号(title) ; 商号 ‖ a business incorporated under the ~ of Globe Manufacturing Co. グローブ製作株式会社という商号の企業

❼ C 尖筆(せんぴつ)(stylus) ; (エッチング用などの)鉄筆 ; 彫刻刀 ; (レコードプレーヤーの)針 ; (日時計の)指針

❽ C 〖植〗花柱 ; 〖動〗(昆虫の)針, 針状突起

cràmp a pèrson's stýle* 《口》(人の)能力を十分に発揮させない, (人の)自由な活動を妨げる, 足手まといになる

in stýle ① ⇨ ❷ ② 品よく, さっそうと ; 派手に, きらびやかに ‖ Do it *in* ~! 堂々とやれ / dress *in* ~ きらびやかに装う / drive up *in* ~ 高級車で乗りつける / live *in* grand ~ ぜいたくに暮らす

like [OR ***as if***] ***it's gòing òut of stýle*** [OR ***fáshion***] 《口》たくさん, 度を越して

—動 (**~s** /-z/ ; **~d** /-d/ ; **styl·ing**) 他 ❶〔服・家具など〕を(流行の型に合わせて)作る[整える, デザインする] ;〔髪〕を(流行のヘアスタイルに) セットする ‖ Her new dress was ~*d* by a famous designer. 彼女の新しいドレスは有名なデザイナーがデザインした / I had my hair ~*d*. 髪をセ

ットしてもらった
❷《+目+補〈(as) 名〉》《堅》〔人〕を…と呼ぶ, 称する, 命名する ;《～ oneself で》自称する ‖ Lincoln was ～*d* the Great Emancipator. リンカーンは偉大なる解放者と称された / Octavian ～*d* himself Augustus. オクタビアヌスは自らをアウグストゥスと称した
❸ …を〈…に〉ならって作る, 模倣する, ならう〈**on, after**〉;《～ oneself で》〈…を〉模倣する〈**on**〉‖ a bar ～*d on* an English pub イギリスのパブを模倣したバー
▸▸ **～ shèet** 名 C (電子印刷のための) 仕様要請 [指定] 書 (◆ style book [OR guide] ともいう)

-style 接尾「…風の[に], …スタイルの[で]」の意 ‖ Japanese-*style*

stýle·bòok 名 C ❶ 文書作成規則集《句読 [略字] 法などを定めた本》; 印刷便覧 ❷ (流行の服装の)スタイルブック

styl·ing /stáɪlɪŋ/ 名 U 様式, 調整, 調髪, ある様式[形式]に合わせること
— 形《米俗》《叙述》かっこいい ; 流行の先端をいく
▸▸ **～ brùsh** 名 C スタイリングブラシ

*__styl·ish__ /stáɪlɪʃ/ 形 〔◁ style 名〕 流行の, ファッショナブルな, しゃれた, 粋な ‖ a ～ outfit 流行の服装 / a ～ woman おしゃれな女性 **～·ly** 副 **～·ness** 名

styl·ist /stáɪlɪst/ 名 C ❶ 美容師 (hairdresser) ❷ 独特な文体を持った人[作家], 名文家 ; 名演説家 ❸ スタイリスト《服飾・髪型・インテリアなどのデザイナー》

sty·lis·tic /staɪlístɪk/ 形《限定》文体(上)の, 文体論(上)の **-ti·cal·ly** 副 文体[様式]的に(は)

sty·lis·tics /staɪlístɪks/ 名 U 文体論

styl·ize /stáɪlaɪz/ 動 他 〔芸術作品(の手法)など〕を一定の様式に従わせる, 様式化する **stỳl·i·zá·tion** 名

Sty·lo·phone /stáɪləfòʊn/ 名 C《商標》スタイロフォン《小型の電子楽器. 尖筆(stylus)で鍵盤に触れて音を出す》

sty·lus /stáɪləs/ 名 (複 **～·es** /-ɪz/ OR **-li** /-laɪ/) C ❶ (謄写版などに使う)鉄筆 ; 尖筆(せんぴつ) (style) ❷ (レコードプレーヤーの)針 ; (レコードの溝を刻む)カッターの針 ❸ 💻 スタイラス《データ入力用のペン》

sty·mie /stáɪmi/ 動 (**～d** /-d/ ; **～·ing** OR **-my·ing**) 他《口》…を妨害する, 邪魔する
— 名 C《旧》〔ゴルフ〕スタイミー(球)《グリーンで打者のボールとホールの間に相手のボールがある状態, またはそのボール》

styp·tic /stíptɪk/ 形 名 C 止血性の(薬), 止血剤
▸▸ **～ péncil** 名 C 口紅型の血止め剤《軽い切り傷用》

sty·rene /stáɪriːn/ 名 U〔化〕スチレン, スチロール

Sty·ro·foam /stáɪərəfòʊm/ 名 U《米》《商標》スタイロフォーム《包装などに用いる発泡スチロール材》

STYS 略《英》*s*peak *t*o *y*ou *s*oon (◆ 主にEメールで「すぐに返信します」の意)

Styx /stɪks/ 名《the ～》〔ギ神〕ステュクス川, 三途(さんず)の川 ‖ cross the ～ 三途の川を渡る, 死ぬ

sua·sion /swéɪʒən/ 名 U《堅》説得, 勧告(persuasion) **-sive** 形 説得する, 説得力のある

suave /swɑːv/ 《発音注意》形 (表面上は) 物腰の柔らかな, 人当たりのよい ; (飲み物など) 口当たりのよい ‖ ～ manners 物腰の柔らかな態度 **～·ly** 副 **～·ness** 名

suav·i·ty /swɑ́ːvəti/ 名 (複 **-ties** /-z/) U 人当たりのよさ ; 口当たりのよさ ; C《-ties》物腰の柔らかな言動

*__sub__ /sʌb/ 名 C《口》(◆ sub で始まる種々の語の短縮形) ❶ 潜水艦(submarine) ❷ 交替選手, 補欠(substitute) ❸ (クラブなどの) 会費 (subscription) ❹《英》給料の前払い分 ❺《米》(ロールパンを縦割にした) 大型サンドイッチ (submarine sandwich) ❻《米》代用教員 (substitute teacher) ❼《英》=subeditor
— 動 (**subbed** /-d/ ; **sub·bing**)《口》自 ❶〈…の〉代わりをする〈**for**〉❷ 下請けする
— 他 ❶〔選手〕を交替させる ❷《英》〔人〕に給料を前貸しする ;〔人〕に金を貸す ❸《英》…の原稿整理をする

sub. 略 subscription ; substitute ; suburb, suburban ; subway

sub- /səb-, sʌb-/ 接頭「下, 下位, 副 ; やや, 半, 亜」の意 ‖ *sub*soil, *sub*way, *sub*divide, *sub*aquatic, *sub*tropical (◆ ラテン語起源の語の場合, c, f, g, m, p, r の前ではそれぞれ suc-, suf-, sug-, sum-, sup-, sur- となり, また, c, p, t の前ではしばしば sus- と変化する)

sub·al·pine /sʌ̀bǽlpaɪn/ ◁ 形 ❶ 亜高山帯の ; アルプス山麓(さんろく)の ❷〔植〕亜高山性の

sub·al·tern /səbɔ́ːltərn | sʌ́bəltən/ 名 C《英》陸軍中尉[少尉] — 形 下級の, 次位の, 副の

sùb·antárctic 形 亜南極(圏)の

sub·a·qua /sʌ̀bǽkwə/ 形《限定》(スポーツなどが) 水中の, 潜水の

sub·a·quat·ic /sʌ̀bəkwǽtɪk/ 形 半水性の

sub·a·que·ous /sʌ̀béɪkwiəs/ 形 水中にある[で起こる], 水中(用)の

sub·a·rach·noid /sʌ̀bərǽknɔɪd/ ◁ 形〔解〕くも膜下の ‖ ～ hemorrhage くも膜下出血

sùb·árctic 形 亜北極(圏)の

sùb·atómic ◁ 形〔理〕原子内部で生じる ; (粒子が) 原子より小さい

súb·bàsement 名 C (建物の)地下2階

súb·brànch 名 C (支社・支店の下の)出張所

sùb·cátegory 名 (複 **-ries** /-z/) C 下位区分

súb·clàss 名 C ❶ 下層階級 ❷〔生〕亜綱

súb·clàuse 名 C ❶ (契約などの) 下位条項 (subsidiary clause) ❷〔言〕従属節(subordinate clause)

súb·commìttee 名 C 小委員会, 分科(委員)会

sùb·cómpact /英 ---́-/ ◁ 名 C《米》サブコンパクトカー《compact car より小型で日本の小型自動車に相当》

*__sub·con·scious__ /sʌ̀bkɑ́(ː)nʃəs | -kɔ́n-/ 形《通例限定》潜在意識の, 意識下の ; ぼんやり意識している — 名《the ～, one's ～》潜在意識 **～·ly** 副 **～·ness** 名

sub·con·ti·nent /sʌ̀bkɑ́(ː)ntənənt | -kɔ́ntɪ-/ 名 C 亜大陸《大陸の一部をなす広大な地域》
sùb·con·ti·nén·tal 形

sub·con·tract /sʌ̀bkɑ́(ː)ntrækt | -kɔ́n-/ (→ 動) 名 C 下請け(契約) — 動 /sʌ̀bkəntrǽkt/ 他〔仕事〕を〈…に〉下請けに出す《*out*》〈**to**〉;〔人・会社など〕に(下請けとして)〈…するよう〉発注する〈**to** *do*〉‖ We ～*ed* the highly skilled work *to* the firm. (=We ～*ed* the firm *to do* the highly skilled work.) 熟練を要する仕事をその会社に下請けに出した — 自 下請けをする

sub·con·trac·tor /sʌ̀bkɑ́(ː)ntræktər | -kəntrǽk-/ 名 C 下請け人, 下請け業者

sùb·crítical 形〔理〕臨界前の

*__súb·cùlture__ 名 C〔社〕サブカルチャー, 下位文化(集団)《社会の特定小グループの文化(行動)》

sub·cu·ta·ne·ous /sʌ̀bkjutéɪniəs/ ◁ 形《通例限定》〔医〕皮下の ; 皮下に寄生する ‖ ～ fat 皮下脂肪 / a ～ injection 皮下注射 **～·ly** 副

sub·dea·con /sʌ̀bdíːkən/ 名 C〔宗〕副助祭, 副輔祭(ほさい), 副執事

sùb·diréctory 名 C 💻 サブディレクトリー

sub·di·vide /sʌ̀bdɪváɪd/ 動 他 …をさらに分割する, 再分割する, 細分する, 下位区分する ;《米》〔土地〕を分筆する, 分譲する — 自 さらに分かれる, 再分割される

sub·di·vi·sion /sʌ̀bdɪvíʒən/ 《アクセント注意》(→ ❷) 名 ❶ U 再分割, 細分(化), 小分け ;《米》(土地の)分筆, 分譲 ❷ /-́---/ C 再分割[細分]されたもの, 1区分 ;《米・豪》分譲地

sub·do·main /sʌ̀bdouméɪn/ 名 C U 💻 (URLでの) 下位ドメイン, サブドメイン

sub·dom·i·nant /sʌ̀bdɑ́(ː)mɪnənt | -dɔ́m-/ 名 C 形〔楽〕下属音(の), 下属音的な《各音階の第4音》

sub·duct /səbdʌ́kt/ 動 他 ❶《古》…を取り除く, 減じる ❷〔地〕(プレートが)〔ほかのプレート〕の下に潜り込む
sub·dúc·tion 名

*__sub·due__ /səbdjúː/ 《アクセント注意》動 他 ❶〔敵・反乱・

地域など〕を制圧する；〔人〕をおとなしくさせる(⇨ CONQUER 類語) ‖ ～ the enemy [rebels] 敵[反乱軍]を制圧する ❷〔感情など〕を抑える ‖ ～ a desire to laugh 笑いたい気持ちを抑える ❸〔音・光・色など〕を和らげる；〔勢いなど〕を弱める **-dú·a·ble** 形 **-dú·a·bly** 副 **-dú·er** 名

***sub·dued** /səbdjúːd/ 形 ❶ (人・態度が)沈んだ, ひどくおとなしい, 控えめな ‖ He was in a ～ mood. 彼は気分が落ち込んでいた ❷ (光・色などが)和らげられた, 柔らかな, 弱められた, 地味な ‖ ～ colors 落ち着いた配色 ❸ (声が)抑えられた, 静かな ‖ in very ～ voices ひそひそ声で ❹ (商取引などが)不活発な, 動きの少ない

sub·ed·it /sʌ̀bédət | -ɪt/ 動 他 ❶ …の副主筆を務める ❷《主に英》…の原稿整理をする, 整理部員をする

sub·ed·i·tor /sʌ̀bédəṭər | -édɪ-/ 名 C ❶ 副主筆, 編集次長 ❷《英》原稿整理係, 整理部員

súb·fàmily 名 (複 **-lies** /-z/) C 〖生〗亜科

súb·flòor 名 C (床の下の)下張り床

sùb·fréezing 形 氷点下の(subzero)

sub·fusc /sʌ́bfʌ̀sk/ 形《主に英》黒ずんだ, 鈍い色の；ぱっとしない, さえない ━名 U《英》(大学の)式服

sùb·génus 名 (複 **-gen·er·a** /-dʒénərə/) C 〖生〗亜属

sùb·glácial 形 氷河下の；(昔)氷河下[の底]にあった

súb·gròup 名 C 下位集団, 小群；〖数〗部分群

súb·hèad, -hèading 名 C (論文などの)小見出し；(新聞記事などの)副題

sub·hu·man /sʌ̀bhjúːmən/ 形 ❶ (行動などが)人間以下の；(環境などが)人間に適さない ❷ (動物などが)人間に近い, 類人の ━名 C 人間以下の人

subj. 略 subject；subjunctive

***sub·ject /sʌ́bdʒekt, -dʒɪkt/(→ 動) 名 形 動

中心義 **(Aにおいて)支配される中心となるもの** (★Aは「議論」「勉学」「表現」など多様)

名 **話題❶ 学科❷ 主題❸ 主語❹ 被験者❺**
形 **受けやすい❶**

━名 〔▶ subjective 形〕 (複 **～s** /-s/) C ❶ (⇨ BYB) 〈会話・討論などの〉**話題**, 議題, 論題〈**of**〉(⇨ 類語) ‖ While we are **on** the ～ *of* movies, do you know when the new Johnny Depp movie is coming out? ちょうど映画の話なので聞くけれど, 新しいジョニー＝デップの映画はいつ公開されるか知っているかい (→ CE 4) / an unpleasant ～ *of* conversation 不愉快な話題 / propose a ～ for a debate 討議の議題を提案する / get onto the ～ *of* ... …を話題として取り上げる；…のことを話し始める / get off the ～ 話題からそれる

❷ (学校での) **学科**, 科目 ‖ Mathematics was my favorite ～ in high school. 高校では数学が好きな科目だった / take examinations in four ～*s* 4科目の試験を受ける / an elective [《英》 optional] ～ 選択科目 / a required [《英》 compulsory] ～ 必修科目

❸〈研究・本・映画・芸術作品などの〉**主題**, 題材, テーマ〈**of**〉(⇨ 類語)；(写真の)被写体；〖楽〗(フーガ・ソナタの)主題 ‖ What is the ～ *of* your next book? 次に出す本のテーマは何ですか / The photographer often used her own children as her ～*s*. その写真家は自分の子供たちをたびたび被写体に使った / a ～ area 主題領域

❹〖文法〗**主語**, 主部(↔ predicate) ‖ What is the ～ of this sentence? この文の主語は何ですか

❺ (実験・研究などの)**被験者**, 実験動物, 解剖用の死体；(治療を受けている) 患者 ‖ The ～*s* in this study were all children living in cities. この研究の被験者は都市に在住しているすべての児童だった

❻ (感情・行動などの)原因, 理由；(感情・行動などの)的(まと), 対象 ‖ Water pollution is a ～ of much concern among the residents. 水質汚染は住民の間の心配の種である / become a ～ of criticism [ridicule] 批判[あざけり]の的になる ❼ 臣民, 被統治者(♦ empire や kingdom といった君主国の国民について用いる. ただし, 英国は kingdom であるが, 最近は citizen を用いることが多い) ‖ a British ～ 英国国民 / a loyal ～ 忠実なる臣民 ❽〖論〗主辞, 主語 ❾〖哲〗主体, 主観(↔ object)；自我；実体

COMMUNICATIVE EXPRESSIONS

1 **Can we** [OR **I**] **chànge the súbject?** NAVI 話題を変えていいですか(♥ 話題を変える際の前置き)

2 **Lèt's dróp the sùbject.** NAVI その話はもうやめましょう(♥ 議論などを打ち切りたいときに. ⇨ NAVI表現 11)

3 **Nòt to chànge the súbject, but** hòw are we gòing to páy for this? NAVI 話題を変えるわけではありませんが, 我々はどうやってこれを支払うのでしょうか(♥ 本題に戻ることを前提に話題を一時的に変える)

4 **On the sùbject of** sóccer, whò's your fàvorite pláyer? NAVI サッカーといえば, いちばん好きな選手はだれですか(＝Talking of soccer, who's ...?)

5 **Stòp hárping on thàt súbject.** くどくどと同じことを何度も言わないで(♥ 相手を見下したぶしつけな表現)

━形 《比較なし》 ❶《叙述》〈…を〉**受けやすい**, 〈…に〉なりやすい(♦ 通例好ましくないことに用いる)；〈病気などに〉かかりやすい〈**to**〉‖ Train services may be ～ *to* delay in snowy weather. 列車の運行は雪によって遅れる可能性があります / My father was ～ *to* frequent migraine attacks. 父はよく偏頭痛に苦しんでいた

❷《叙述》〈承認などを〉必要とする, 条件とする；〈…〉次第で〈**to**〉(♦ subject to ... が文末または文頭にきて副詞的に用いられることもある) ‖ Any decision is ～ *to* the chairperson's approval. すべての決定は委員長の承認を必要とする / *Subject to* the weather, the attacks will be carried out tonight. 天気が良好ならば, 攻撃は今夜決行される / You may audit any class, ～ *to* the professor's approval. 教授の許可があればどのクラスも聴講可能です

❸《叙述》〈法律などの〉支配下にある〈**to**〉‖ Foreign nationals are ～ *to* Japanese laws while residing in Japan. 日本に居住している間外国人は日本国内法の適用を受ける ❹《限定》(他国・政府に)支配された ‖ a ～ state 被支配国 / ～ peoples 被支配民族

━動 /səbdʒékt/ (**～s** /-s/；**～·ed** /-ɪd/；**～·ing**) 他 ❶《＋目＋**to** 名》〔人・物〕に〔不快な経験など〕を受けさせる, …にさらす (♦ しばしば受身形で用いる) ‖ He was ～*ed to* a severe scolding for forgetting the video camera. 彼はビデオカメラを忘れてひどくしかられた / Every person who entered the building was ～*ed to* a metal detector. そのビルに入る者はだれでも金属探知器にかけられた / be ～*ed to* criticism [ridicule] 批判される[嘲笑(ちょうしょう)される]

❷〔ほかの国家・民族など〕を(力で)〈…に〉服従させる, 従属させる〈**to**〉‖ They were ～*ed to* foreign rule for over a century. 彼らは1世紀以上にわたって外国の支配を受けた

語源 *sub-* under＋*-ject* throw：…の下に投げる, 従属させる

類語 《名 ❶, ❸》 **subject** 会話・討論・研究・芸術作品などが取り扱う対象・題材. 「主題」を意味する最も一般的な語.

theme 文章・書物・演説・芸術作品・展示などの根底にあり, 題材を統一あるいは要約する中心的思想・主張・主題. 〈例〉 The *theme* of the novel is a protest against racism. その小説の主題は人種差別主義への抗議だ

topic 会話・討論・文章などの(大小さまざまな)題材. 全体の題材(subject)の一部をなす題目を表すこともある. 〈例〉 a *topic* of conversation 会話の話題

▸▸ **～ màtter** 名 U (技法に対して)着想, 題材, テーマ

sub·jec·tion /səbdʒékʃən/ 名 U ❶ 統治[支配]下に置くこと, 征服 ❷〈…への〉従属, 隷属〈**to**〉

***sub·jec·tive** /səbdʒéktɪv/ 形〔◁ subject 名〕(**more ～**; **most ～**) ❶ 主観の, 主観的な(↔ objective); 個人的な, 私的な; 心の, (個人の) 想像上(だけ)の ‖ a ～ judgment 主観的な判断 / ～ interpretation 主観に基づく解釈 / a ～ impression 個人的な印象 / a merely ～ fancy 単なる個人的な空想 ❷《比較なし》〖文法〗主格の, 主語の ‖ the ～ case 主格 ❸〖医〗(症状が)自覚的な **—**名《the ～》〖文法〗主格
sùb·jec·tív·i·ty, ～·ness 名 **～·ly** 副 主観的に(は), 個人的な判断で(は)

sub·jec·tiv·ism /səbdʒéktɪvìzm/ 名 U〖哲〗主観主義, 主観論 **-ist** 名 形

sub ju·di·ce /sʌ̀b dʒúːdəsi/ 形《叙述》〖法〗裁判中の, 審理中の(♦ under a judge の意のラテン語より)

sub·ju·gate /sʌ́bdʒugèɪt/ 動 他 …を征服する; …を隷属させる, 支配下に置く(♦しばしば受身形で用いる)
sùb·ju·gá·tion 名 U 鎮圧, 征服, 隷属 **-gà·tor** 名

sub·junc·tive /səbdʒʌ́ŋktɪv/ 〖文法〗形 仮定法の, 叙想法の ‖ the ～ mood 仮定法
—名《the ～》仮定法; C 仮定法の動詞

súb·kìngdom 名 C〖生〗亜界

sub·lease /sʌ́blìːs/ (→ 動) 名 C (家屋などの) また貸し, 転貸 **—**動 /sʌ̀blíːs/ 他 …をまた貸しする

sub·let /sʌ̀blét/ 動 (**sub·let**; **-let·ting**) 他 ❶ =sublease ❷〔仕事〕を下請けに出す
—名 C また貸し, 転貸し;《口》また貸し[転貸し]された物件

sùb·lieuténant 名 C (英国の)海軍中尉

sub·li·mate /sʌ́blɪmèɪt/ (→ 形 名) 動 他 ❶〖心〗〔性衝動など〕を昇華させる ❷〖化〗〔物質〕を昇華させる ❸ …を高尚にする, 洗練させる, 純化する
—形 名 /sʌ́blɪmət/ C〖化〗昇華された(物質), 昇華物
sùb·li·má·tion 名 U〖心・化〗昇華

***sub·lime** /səbláɪm/ 形 ❶ 崇高な, 高尚な, 高貴な(↔ lowly); 荘厳な, 壮大な, 感動的な;《口》卓越した, この上なく優れた ‖ ～ truths 崇高な真理 / the ～ beauty of the Alps アルプスの荘厳な美しさ / a ～ performance 全く見事な演技[演奏] / a ～ dinner 最高の夕食 ❷《限定》《しばしば皮肉で》身の程知らずの, あきれるほどの ‖ What ～ ignorance [impudence]! 何たる無知[厚かましさ]
—名《the ～》崇高[荘厳]なもの; 絶頂, 極致, 極み ‖ admire the ～ 崇高なものを賛美する
from the sublíme to the ridículous 崇高なものからつまらないものまで, ピンからキリまで
—動〖化〗他 …を昇華させる **—**自 昇華する
～·ly 副 崇高[荘厳]に; この上なく, 全く **～·ness** 名

***sub·lim·i·nal** /sʌblímɪnəl/ 形〖心〗閾下(いきか)の, 意識に上がらない, 潜在意識の; 潜在意識に働きかける, サブリミナルの ‖ ～ consciousness 閾下意識 **～·ly** 副
▸▸ **～ ádvertising** 名 U サブリミナル広告《潜在意識に働きかけるテレビコマーシャル》

sub·lim·i·ty /səblíməṭi/ 名 (複 **-ties** /-z/) ❶ U 崇高さ, 荘厳さ ❷ C (**-ties**)崇高[荘厳]なもの[人]

sùb·língual 形〖解〗舌下の, 舌下腺(せん)の

sub·lit·to·ral /sʌ̀blíṭərəl/ 形 (海生動植物が) 亜沿岸に生息する; 亜沿岸の **—**名《the ～》亜沿岸帯《低潮線から大陸棚線までの海底》

sub·lu·nar·y /sʌ̀blúːnəri/ 形《文》❶ 月下の, 月の引力圏内の ❷ この世の, 現世の

sùb·machíne gùn 名 C 自動小銃

sùb·márginal 形 ❶〖生〗亜縁の ❷ 最低基準以下の; (土地が)耕作限度以下の, 不毛の **～·ly** 副

***sub·ma·rine** /sʌ́bmərìːn, ―――́/ 名 C ❶ 潜水艦(《口》sub) ‖ a nuclear ～ 原子力潜水艦 ❷ (=～ **sànd·wich**)《米》(ロールパンを縦割りにした) 大型サンドイッチ (hero sandwich)
—形《限定》海底[海中]の, 海底[海中]に生活する, 海底[海中]用の; 潜水艦の[による] ‖ a ～ cable 海底ケーブル / a ～ earthquake [volcano] 海底地震[火山]
—動 他 …を潜水艦で攻撃する **—**自 ❶ 潜水艦を操縦する ❷ 下に滑り込む, 潜る, 下をかいくぐる

sub·ma·rin·er /sʌ́bmərìːnər | sʌbmǽrɪn-/ 名 C 潜水艦乗組員

***sub·merge** /səbmə́ːrdʒ/ 動 他 ❶ …を沈める; …を水浸しにする, 浸水させる ‖ At high tide the island is ～*d* in the sea. 高潮のときにはその島は海中に没する / ～ a dish in soapy water 皿を石けん水につける ❷ (水中に沈めるように) …をすっかり覆い隠す ‖ Her talent was ～*d* by her shyness. 彼女の才能は羞恥(しゅうち)心の陰に隠れ表面に出なかった ❸《受身形または ～ oneself で》〈…に〉没頭する; 巻き込まれる〈**in**〉‖ He ～*d* himself *in* his calculations. 彼は計算に没頭した **—**自 水中に沈む; (潜水艦が)潜水する **-mér·gi·ble** 形
語源 *sub-* under ＋ *-merge* dip : …の下に浸す

sub·mérged /-d/ 形 ❶ 水中の, 水没した; 浸水した ❷ 隠された, 目に見えない ❸ 貧困に陥っている, 極貧の ‖ the ～ tenth《英》社会の最下層の人々, どん底生活者

sub·mer·gence /səbmə́ːrdʒəns/ 名 U 潜水; 水没; 浸水

sub·merse /səbmə́ːrs/ 動 他 =submerge
-mér·sion 名 =submergence

sub·mers·i·ble /səbmə́ːrsəbl/ 形 水中用の, 潜水可能

Boost Your Brain!

subject と object

subject の語源はラテン語で sub-「下に」＋ -ject「投げ出されてあるもの」を意味する. そこから「(何かの) 支配や影響を受けているもの」, そして「(下にあって) 変化の中で変わらないもの」と重なり合った大きな2つの円のような意味領域が生じた. さらに object という語と対比的に用いられていく過程で, 複雑に絡み合ういくつもの意味を持つに至った. 日本語では別々な語で訳し分けられる多様な意味が, subject という一語の中に含まれている.

より古い語義の「(何かの) 支配や影響を受けているもの」という意味は,「(国王の配下にいる)臣民」,「(実験の対象となる)被験者」,「(治療を受けている)患者」などの中に今も残っている.

もうひとつの「(下にあって) 変化の中で変わらないもの」という語義は, 料理を載せる皿のようなイメージで考えることができる. 皿は不変だが, その上に載る料理はさまざまだ. それと同様に subject「話題, 議題」の上にさまざまな議論や討論が行われ, subject「学科, 科目」の上にさまざまな考察や研究が成立する.

デカルト以降の近代哲学において, subject という語は大きく意味を変化させる. 確かなものは客観的な世界ではなく,「ものを思う自我」ではないかという根本的なパラダイムの転換 (paradigm shift) が起きる. つまり, 知覚するもの (人間) こそ subject「主体」であり, 知覚される対象として ob-「(精神の)前に」＋ -ject「投げ出されてあるもの」が object「客体」と考えられるようになった. そして subject と object が対比的な語として強く意識されるようになり,「主観と客観」「主体と客体」「主語と目的語」という様々な二元論(dualism)的思考が行われるようになった.

今日, 哲学や科学において人間の認識のあり方を主観と客観, 主体と客体の単純な二元論で考えるということはもはや行われない. しかし「主観的な感じ方」と「客観的な記述」という対比でものごとを把握するやり方はいまだに有効であり, 例えば医療関係者がカルテを書くときの基本である SOAP形式のSは「患者からの主観的な情報 (subjective data)」, Oは「医療者の客観的な所見(objective data)」を指す.

magazine 雑誌を予約購読する / a ～ form 予約申込書 ❷ Ⓒ《主に英》会費(の支払い) ❸ 寄付, 寄付金, 献金 ‖ The monument was erected by public ～. その記念碑は一般からの寄付によって建立された ❹《堅》署名, 記名;(署名による)承認, 認可

▶▶ ～ cóncert 名 Ⓒ 定期演奏会

súb·sèction 名 Ⓒ 小区分《section の下位区分》

sub·se·quence /sʌ́bsɪkwəns/ 名 ❶ Ⓤ《堅》後[次]であること ❷ Ⓒ 後に続くもの[事件], 続き, 結果(sequel) ❸ Ⓒ〔数〕部分列

***sub·se·quent** /sʌ́bsɪkwənt/《アクセント注意》形《限定》(時間的に)それに続く, その後の(↔ previous) ‖ car accidents and ～ traffic jams 自動車事故とその後の交通渋滞 / during ～ decades その後の数10年間に

súbsequent to ... …に続く, …の後で(の) ‖ She left Japan on the day ～ *to* her divorce. 彼女は離婚した翌日に日本をたった

語源 *sub-* under, after＋*-sequ-* follow＋*-ent*(形容詞語尾):…の後に続く

***sub·se·quent·ly** /sʌ́bsɪkwəntli/ 副 その後;〈…に〉続いて, 〈…の〉次に〈**to**〉‖ He was with the Obama administration and ～ a think tank in D.C. 彼はオバマ政権の一員となりそれに続いて連邦政府のシンクタンクの一員となった / ～ *to* her election 彼女が当選した後で

sub·serve /səbsə́ːrv/ 動 他〔目的・行動など〕を成し遂げる手段として役に立つ, …の一助となる

sub·ser·vi·ence /səbsə́ːrviəns/ 名 Ⓤ ❶ へつらい, 追従(ついしょう), 卑屈 ❷ 役立つこと, 貢献

sub·ser·vi·ent /səbsə́ːrviənt/ 形 ❶〈…に〉こびへつらう, 卑屈な〈**to**〉❷(目的達成に)役立つ;〈…の〉補助的役割の〈**to**〉 **～·ly** 副

súb·sèt 名 Ⓒ ❶〔数〕部分集合;小さな1組 ❷ 💻(コンピュータープログラムの)機能制限版, 機能縮小版

***sub·side** /səbsáɪd/ 動 自 ❶(風雨・騒動・感情などが)和らぐ, 静まる(⇘ die down);(人などが)静かになる, 〈静かな状態に〉落ち着く〈**into**〉‖ The panic [pain] soon ～*d*. そのパニック(状態)[痛み]はじきに治まった / ～ *into* silence しーんとなる ❷(洪水が)引く;(土地が)陥没する;(建物が)沈下する;(船が)沈没する;(おりなどが)沈殿する;(はれ物が)引く ‖ The water gradually ～*d*. 水は徐々に引いていった ❸(人が)〈…に〉どっかと腰を下ろす[ひざまずく, 横になる]〈**into**〉‖ ～ *into* an armchair ひじかけいすにどっかと腰を下ろす

sub·sid·ence /səbsáɪdəns, sʌ́bsɪd-/ 名 Ⓤ 鎮静;(土地などの)陥没, 沈下, 沈殿

sub·sid·i·ar·i·ty /səbsɪ̀diǽrəṭi/ 名 Ⓤ サブシディアリティー, 補完原則《中央政府は地方自治で果たせない部分のみを補完するという原則》

***sub·sid·i·ar·y** /səbsídièri | -əri/《アクセント注意》形 ❶ 補助的な, 補足となる ‖ ～ coins 補助貨幣 / ～ budgets 補正予算 ❷《叙述》〈…に〉付随[従属]する〈**to**〉❸(会社が)親会社に支配されている ❹ 補助金の[による], 助成金による

── 名(複 **-ar·ies** /-z/) Ⓒ ❶ 補助となるもの[人], 付属物 ❷ 子会社 ‖ international companies locating their *subsidiaries* in Britain 英国に子会社を置いている国際企業 **-ar·i·ly** 副

***sub·si·dize** /sʌ́bsɪdàɪz/ 動 他 ❶ …に補助金[助成金, 奨励金]を支給する ‖ The government heavily ～*d* highway construction. 政府は幹線道路の建設に莫大(ばくだい)な補助金を与えた / ～*d* housing 助成金を受けている住宅 ❷(経済援助を与えて)…の協力[支持]を得る ‖ ～ allies 同盟国に経済援助を与えて支持を得る

sùb·si·di·zá·tion 名 **-dìz·er** 名

***sub·si·dy** /sʌ́bsədi/《アクセント注意》名(複 **-dies** /-z/) Ⓒ Ⓤ ❶(国庫・公庫から民間などに給付される)補助金, 助成金, 奨励金;(一般に)交付金, 寄付金 ‖ food *subsidies* 食糧補助金 / export *subsidies* 輸出奨励金 ❷ 経済援助, 報奨金《軍事援助や中立などの見返りとして他国に供与される》

sub·sist /səbsíst/ 動 自 ❶〈…で〉(どうにか)生きていく, 暮らしていく〈**on, by**〉‖ ～ *on* a small income わずかな収入で生活する ❷《堅》存続する;(現実に)存在する;内在する ‖ the discords that ～ in the EU EU内部に存在する不協和音

***sub·sist·ence** /səbsístəns/ 名 ❶ Ⓤ/Ⓒ《単数形で》生活の糧(かて)[手段], 生計;(特に)ぎりぎりの生計 ‖ Fishing has provided a means of ～ for the villagers. 村人は漁によって生活の糧を得てきた / a ～ diet やっと生きていけるだけの食生活 ❷ Ⓤ 生きていくこと, 暮らしていくこと;存続, 存在

▶▶ ～ allòwance 名 Ⓒ《主に英》特別手当《出張手当など》 ～ fàrming [OR àgriculture] 名 Ⓤ 自給用作物栽培, 自給農業;生存水準程度の農耕 ～ lèvel 名 Ⓤ/Ⓒ《単数形で》最低生活水準 ‖ live below (the) ～ *level* 食うや食わずの生活をする ～ wàges 名 複 最低生活賃金

súb·sòil 名 Ⓤ 下層土, 心土

sub·son·ic /sʌ̀bsɑ́(ː)nɪk | -sɔ́n-/ 形 ❶ 音速以下の, 亜音速の(↔ supersonic) ❷ ＝infrasonic

súb·spècies 名(複 ～) Ⓒ〔生〕亜種

****sub·stance** /sʌ́bstəns/《アクセント注意》

── 名〔▶ substantial 形〕(複 **-stanc·es** /-ɪz/) ❶ Ⓒ(特定の化学組織を持った)**物質**;禁止[不法]物質, (有害な)薬物 ‖ chemical [toxic] ～*s* 化学[有毒]物質 / radioactive ～*s* 放射性物質 / controlled ～*s* 規制薬物《ヘロインやコカインなど》

❷《the ～》〈談話・報告書などの〉**趣旨**, 要旨〈**of**〉‖ Here is the ～ *of* the professor's lecture. これが教授の講義の要旨です / Would you give me the ～ *of* your report? 君の報告書の骨子を示してくれませんか

❸ Ⓤ **実質**, しっかりした内容[中身];重要性, 意義, 根拠 ‖ There was no ～ in what she said. 彼女の話には聞くべき内容はなかった / These facts will give ～ to his theory. これらの事実は彼の仮説を裏づける / matters [OR issues] of ～ 重要な問題 / a rumor without ～ 根拠のないうわさ

❹ Ⓤ 素材, 構成物質, 材料 ‖ the ～ of architecture 建築材料

❺ Ⓤ(物質的な)豊かさ, 財産 ‖ a person of ～ 資産家

❻ Ⓤ(物質の)実質的な強度;こし, こく ‖ This soup has not much ～. このスープはあまりこくがない

in súbstance (細かい点は別にして)趣旨において;実質的に(は)(↔ in name (only)), 事実上

語源 *sub-* under, near＋*-stance* standing:そばに立っていること[もの], 在るもの

▶▶ ～ abúse 名 Ⓤ〔医〕薬物乱用《アルコールや麻薬への耽溺(たんでき)》 ～ abùser 名 Ⓒ〔医〕薬物乱用者 ～ Ṕ 名 Ⓤ〔生化〕P物質《知覚神経内の痛覚の伝達物質》

***sub·stand·ard** /sʌ̀bstǽndərd/ ◁ 形 標準以下の;〔言〕標準的な語[用語]として受け入れられない, 非標準の(→ nonstandard)

***sub·stan·tial** /səbstǽnʃəl, ＋英 -stɑ́ːn-/《アクセント注意》形〔◁ substance 名〕(**more ～**; **most ～**) ❶(数量などが)かなりの(↔ small);(栄養があって)たっぷりとした ‖ The income generated by tourism can be ～. 観光収入は相当なものとなり得る / give ～ financial support to ... 財政的にかなりの援助を…に与える / The new violinist made a ～ improvement in the orchestra. 新人のバイオリン奏者はそのオーケストラでかなり腕を上げた / a ～ breakfast たっぷりの朝食

❷《通例限定》丈夫な, 頑丈な, こしのある(↔ insubstantial) ‖ ～ buildings がっしりした建物 / a ～ fabric 丈夫な布 / a man of ～ build 頑健な体格の男性

❸《限定》(実際に)重要な, (実質的に)価値のある ‖ ～ evidence 重要な証拠 / a ～ step toward world peace 世界平和に向かっての価値ある1歩 ❹ 裕福な，資産のある，資産内容の申し分ない ‖ a ～ farmer 裕福な農場経営者 / a ～ firm 資産内容のしっかりしている会社 ❺《比較なし》《限定》実質的な，事実上の ‖ We are in ～ agreement over the plan. その計画に関して我々はだいたいにおいて意見が一致している / a ～ lie 事実上のうそ / a ～ "no" vote 事実上の反対票 ❻《比較なし》実体のある，現実の ❼《比較なし》物質の，物質的な

sub·stàn·ti·ál·i·ty 名 U 実質性，実在性；実体性，堅固；(食物中の)主要成分 **～·ness** 名

***sub·stan·tial·ly** /səbstǽnʃəli/ 副 ❶ (実質的に)かなり，相当 ‖ Food prices have ～ declined. 食料品の価格はかなり下落している ❷ だいたいにおいて，実質的に，事実上 ‖ These computers are ～ the same. これらのコンピューターは実質上ほぼ同じだ ❸ 丈夫に，頑丈に

sub·stan·ti·ate /səbstǽnʃièɪt/ 動 他 (証拠により)…を実証[立証]する **-stàn·ti·á·tion** 名

***sub·stan·tive** /sʌ́bstəntɪv/ 名 C《旧》〘文法〙名詞(相当語句)，実詞

―形 (more ～；most ～) ❶ 実質[本質]的な，実在的な ❷ かなりの(数量の)，相当の ❸ 独立した(存在の)，自立した；(動議などが)(独立の議題として)正式な ‖ a ～ nation 独立国 / a ～ motion 正式動議 ❹ (階級が)永続的な，常置の ❺《比較なし》〘文法〙名詞の，名詞的な；(動詞が)存在を表す ‖ the ～ verb 存在動詞《英語ではbe動詞》

sùb·stan·tí·val 形〘文法〙実詞の

súb·stàtion 名 C ❶ 変電所 ❷ (警察・消防署などの)分局，支署，派出所；《米》(郵便局の)出張所

:sub·sti·tute /sʌ́bstɪtjùːt/ 《アクセント注意》

―名 (複 **～s** /-s/) C ❶ 〈…の〉**代わり**(となる人[もの])，代理，代役，代用(食)品；補欠(選手)(《口》sub)〈**for**〉‖ There is no satisfactory ～ *for* this drug. この薬に代わる満足な方法はない / In vegetarian recipes, tofu is often used **as a**「～ *for* meat [OR meat ～]. 菜食主義者のレシピでは肉の代わりに豆腐がよく使われる / act **as a** ～ *for* the stage manager 舞台監督の代理を務める / come on **as a** ～ 交替選手として出場する /「bring on [OR send in] a ～ 交替選手を送り出す ❷〘文法〙代用語《代名詞や代動詞》

―形《限定》代理の，代役の，補欠の，代用の ‖ a ～ goalkeeper 補欠のゴールキーパー / a ～ food 代用食品

―動 (**～s** /-s/；**-tut·ed** /-ɪd/；**-tut·ing**)

―他 ❶ …を〈…の〉**代わりにする**[使う]，…に〈…の〉代理をさせる〈**for**〉；…の代わりに〈…を〉使う，…を〈…と〉取り替える〈**with**〉‖ ～ sweetener *for* sugar＝～ sugar *with* sweetener 砂糖の代わりに人工甘味料を使う (♦ 目的語が入れ替わることに注意. for を用いる形の方がふつう) / ～ Hank *for* Mike at second base マイクの代わりにハンクを2塁手に使う ❷ …に取って代わる ❸〘化〙…を置換する；〘数〙…を置換する

―自 〈…の〉代わりをする，代理[代役]を務める〈**for**〉‖ He ～*d for* the injured player. 彼はけがをした選手の代わりを務めた

-tùt·a·ble 形 **sùb·sti·tùt·a·bíl·i·ty** 名

語源 *sub-* in place of＋*-stitute* set, put：…の代わりに置く

▸▸ **～ téacher** 名 C《米》代用教員

sub·sti·tu·tion /sʌ̀bstɪtjúːʃən/ 名 U C 〈…の〉代理，代用〈**for**〉；〘文法〙代用(語)

sub·sti·tu·tive /sʌ́bstɪtjùːtɪv/ 形 代わりとなる，代用できる

sub·strate /sʌ́bstrèɪt/ 名 C《生化》❶ 基質《酵素の作用を受けて化学反応を起こす物質》；培養基 ❷ ＝substratum ❸〘電〙回路基盤

sub·stra·tum /sʌ́bstrèɪtəm | -strὰː-, -strèɪ-/ 名 (複 **-ta** /ṭə/) C 下層，基層；基礎，土台

súb·strùcture 名 C 下部構造，基礎，土台

sub·sume /səbsjúːm/ 動 他 …を〈より大きな区分け[部門]に〉包含[包括]させる〈**under**〉(♦ しばしば受身形で用いる. 進行形はまれ) **-súmp·tion** 名 U 包摂，包含；C 包摂された命題，(三段論法の)小前提

sùb·ténancy 名 U (土地などの)また借り，転借

sùb·ténant 名 C (土地などの)また借り人，転借人

sub·tend /səbténd/ 動 他〘数〙(辺・弦が)〔角・弧〕に対する，向かい合う ‖ A hypotenuse ～*s* a right angle. 直角三角形の斜辺は直角に対する

sub·ter·fuge /sʌ́btərfjùːdʒ/ 名 C U ごまかし，口実，言い逃れ

sub·ter·ra·ne·an /sʌ̀btəréɪniən/ ⊲ 形《通例限定》❶ 地下の，地中の ❷ 秘密の，隠れた

súb·tèxt 名 U サブテキスト《文学作品などの中に隠された意味》，言外の意味 **sùb·téxtual** 形

sub·til·ize /sʌ́ṭəlàɪz/《古》動 他 …を高尚にする，洗練させる ―自 (微細な区別を立てて)緻密(ち)に論じる

***súb·tìtle** 名 C ❶ (本などの)副題，サブタイトル ❷《～s》(外国映画などの)字幕，スーパー(インポーズ)(→ caption)

―動《通例受身形で》他 …に副題[字幕]をつける

***sub·tle** /sʌ́ṭl/《発音注意》形〔▶ subtlety 名〕(**-tler**；**-tlest**) ❶ (香り・味などが)かすかな，ほのかな；(気体などが)薄い，希薄な(↔ obvious)；(違いが)とらえにくい，微妙な ‖ a ～ flavor かすかな風味 / the ～ air 希薄な空気 / ～ differences in color 色彩の微妙な差 / a ～ hint of spring かすかな春の兆し / a ～ smile かすかな微笑 ❷ 本音を巧みに隠した；遠回しの ‖ take a ～ approach 遠回しのアプローチをとる ❸ 感覚の鋭い，鋭敏な，明晰(せき)な，繊細な ‖ ～ reasoning 明晰な推論 / a ～ mind 繊細な精神(の持ち主) ❹ 精巧な，手の込んだ，創意工夫にあふれた，器用な；複雑な，込み入った ‖ a ～ design 精巧なデザイン / a ～ craftsman 見事な腕の工芸家 / a ～ argument 複雑な議論 **súb·tly** 副

sub·tle·ty /sʌ́ṭlti/ 名〔◁ subtle 形〕(複 **-ties** /-z/) ❶ U 希薄；微妙，底の深さ；鋭敏，繊細；精巧，巧妙 ❷ C《通例 -ties》微妙なもの；わずかな差異，微細な区別

sub·to·pi·a /sʌbtóʊpiə/ 名 U《英》サブトピア《無計画な宅地造成で景観を損なわれた大都市郊外の田園都市》(♦ *superb* [OR *suburb*]＋*utopia* より)

súb·tòtal 名 C 小計

***sub·tract** /səbtrǽkt/《アクセント注意》動 他 ❶〘数〙…を〈…から〉引く，減じる(↔ add)〈**from**〉‖ *Subtract* 2 *from* 5. 5から2を引け / 2 ～*ed from* 5 gives 3. 5引く2は3 ❷〈全体から〉…を取り去る，引き去る〈**from**〉‖ ～ fifty dollars for his room rent *from* his pay 彼の給料から部屋代として50ドルを差し引く ―自〘数〙引き算をする；取り去る **～·er** 名 C 控除者；〘数〙減数

語源 *sub-* under＋*-tract* draw：下の方へ引く

***sub·trac·tion** /səbtrǽkʃən/ 名 U 引き去ること，控除；C〘数〙引き算，減法(↔ addition)

sub·trac·tive /səbtrǽktɪv/ 形 ❶ 減じる，引き去る ❷〘数〙マイナス符号のついた，負の

sub·tra·hend /sʌ́btrəhènd/ 名 C〘数〙減数(→ minuend)

sub·trop·i·cal /sʌ̀btrɑ́(ː)pɪkəl | -trɔ́p-/ 形 亜熱帯(地方)の ‖ a ～ climate 亜熱帯性気候

sùb·trópics 名 複《the ～》亜熱帯地方

súb·tỳpe 名 C 亜類型，(一般型の中の)特殊型

***sub·urb** /sʌ́bəːrb/《発音・アクセント注意》名 C ❶ 都会に隣接する(住宅)地域，郊外(の一地域)，近郊(住宅地) ‖ They live in a western ～ of Brisbane. 彼らはブリスベーンの西の郊外に住んでいる / On the other side of the city is a new ～. その都市の反対側には郊外の新興住宅地がある ❷《the ～s》《集合的に》《複数扱い》(都会に対して)郊外(住宅地)(♦《米口》では the burbs ともいう)(⇨ 類語) ‖ More and more colleges have moved from the city to the ～*s*. ますます多くの大学が都心から郊外に移っている / transit systems in both cities

な ―名C 潜水艦[艇]

sub·mi·cro·scop·ic /sʌ̀bmaɪkrəskɑ́(:)pɪk | -skɔ́p-/ 形 ふつうの顕微鏡で見えないほど小さい, 極微小の

sub·min·i·a·ture /sʌ̀bmínɪətʃər/ 形 (カメラ・電子装置などが)超小型の

***sub·mis·sion** /səbmíʃən/ 名 〔◁ submit 動〕 ❶ U 屈服, 服従 ‖ The dukes made their ~ to Henry IV. 諸侯はヘンリー4世に屈服した / beat [force, starve] him into ~ 彼を打って[力で, 兵糧(ひょうろう)攻めで]屈服させる ❷ U 屈服[服従]した状態 ‖ He listened in silent ~ to her ravings. 彼は彼女がわめき散らすのを黙っておとなしく聞いていた ❸ U C (決定・裁量などを求めての)提出, 付託; (提出[付託]された)提案, 提議, 計画, 書類, 文書, 原稿 ‖ the final date for the ~ of manuscripts 原稿提出の最終締切日 / make a ~ (意見書・論文などを)提出する ❹ C 〖法〗(法廷で判事や陪審に対して示される弁護士[検事]の)意見[判断] ‖ My ~ is that .... = In my ~, ... 私見によりますと… ❺ C 〖レスリング・柔道〗(対戦相手に対する)降参, まいった(の合図)

sub·mis·sive /səbmísɪv/ 形 (人・言動が)服従する, 柔順な, 素直な, おとなしい **~·ly** 副 **~·ness** 名

****sub·mit** /səbmít/ 《アクセント注意》

―動 〔▶ submission 名〕 (**~s** /-s/; **-mit·ted** /-ɪd/; **-mit·ting**)

―他 ❶ (決定・裁量などを求めて)…を〈…に〉**提出する** (≒ send [OR hand] in), 出す, 付託する〈**to**〉 ‖ He *submitted* his manuscripts *to* the publisher. 彼は出版社に原稿を渡した / ~ a **report** 報告書を提出する / ~ an application for a grant 助成金の申請を出す / ~ one's resignation 辞表を提出する

❷ 《~ oneself で》〈…に〉身をゆだねる, **服する**, **従う**, 服従[屈服]する〈**to**〉 ‖ The player *submitted* himself *to* the referee's judgment. 選手はレフェリーの判断に従った / ~ oneself *to* questioning 尋問に応じる

❸ …に〈処置・影響などを〉受けさせる, …を〈ある条件下に〉置く, ゆだねる〈**to**〉 ‖ The metal was *submitted* to analysis. その金属は分析にかけられた

❹ 《進行形はまれ》《+**that** 節》(特に法廷で)(弁護士・検事が)(うやうやしく)…と意見を述べる ‖ We ~ *that* the charge is not warranted. 我々はその嫌疑は実証されていないと申し上げたい ❺ 💻〔入力データなど〕を送信する

―自 〈…に〉**屈する**, 服従[屈服]する; 〈他人の判断などに〉従う, 甘受する〈**to**〉 ‖ ~ *to* authority 権威に服従する / ~ *to* the terrorists' demands テロリストの要求に屈する / ~ *to* drug tests 薬物検査を受ける

~·ta·ble 形 **~·tal, ~·ter** 名

sùb·nét 名 U 💻 サブネットワーク《1つのネットワークを複数に分割した小規模な各ネットワーク》

sùb·nórmal ⊲シ 形 ❶ 平均以下の ‖ ~ temperatures 異常低温 ❷ ⊗《ときに蔑》(知能が)正常以下の

sub·or·bit·al /sʌ̀bɔ́:rbətəl | -bɪt-/ 形 ❶ (人工衛星などが)軌道に乗らない ❷ 〖解〗眼窩(がんか)下の

súb·òrder 名 C 〖生〗亜目

***sub·or·di·nate** /səbɔ́:rdɪnət/ 《発音注意》(→ 動) 形 ❶ (地位・階級が)〈…より〉下位の, 部下の; (重要性の点で)二次的な, 副次[補助]的な〈**to**〉 ‖ A lieutenant is ~ *to* a captain. 中尉は大尉より位が下だ / a ~ role 補助的な役割 ❷ 〈…に〉服従[従属]する; 付随[依存]する(↔ superior)〈**to**〉 ❸ 〖文法〗従属の

―名 C 従属する人, 従者, 部下; 従属物(↔ superior)

―動 /səbɔ́:rdənèɪt | -dɪ-/ 他 ❶ …を〈…より〉下位に置く; …を二次[補助]的なものとして扱う, 〈…より〉軽く考える〈**to**〉 ‖ People who ~ work *to* pleasure don't get promoted in this company. 仕事より遊びを優先させる者はこの会社では出世できない ❷ …を〈…に〉従属させる, 従わせる〈**to**〉 ‖ ~ passion *to* reason 感情より理性を優先させる

~·ly 副 **-nà·tive** /英 -nə-/ 形 **~·ness** 名

▶▶ **~ cláuse** 名 C 〖文法〗従(属)節 (dependent clause) (↔ main clause) 《〈例〉He will come *if he can.*》 **~ [subòrdinating] conjúnction** 名 C 〖文法〗従位接続詞 (if, when, as, though など)

sub·or·di·na·tion /səbɔ̀:rdənéɪʃən | -dɪ-/ 名 U ❶ 下位に置くこと; 従属, 従位; 従順 ❷ 〖文法〗従属関係

sub·orn /səbɔ́:rn/ 動 他 〖法〗〔証人など〕に(賄賂(わいろ)を使って)偽証をさせる; …を買収する **sùb·or·ná·tion** 名 **~·er** 名 C 買収者; 〖法〗偽証教唆者

sùb·pár 形 副 標準以下の[に]

súb·plòt 名 C (劇・小説などの)わき筋

sub·poe·na /səpí:nə/ 名 C 〖法〗召喚状 ‖ serve a ~ on ... …に召喚状を送達する

―動 (**~ed, ~'d** /-d/; **~·ing**) 他 …に召喚状を送達する, 〔人〕を〈…するために〉召喚する〈**to do**〉

sùb-póst òffice 名 C (英国の)小郵便局

sùb·príme 形 〖経〗サブプライムの《低所得者など向けのプライムレートより高い貸付金利についていう》 ‖ a ~ borrower サブプライム金利での借り手

▶▶ **~ lóan** 名 C サブプライムローン

súb·règion 名 C ❶ (地域内の)小区域 ❷ 〖生〗(分布の)亜区《region 中の小区域》

sub·ro·ga·tion /sʌ̀brougéɪʃən/ 名 U ❶ 代理(行為) ❷ 〖法〗代位《他人の法律上の地位に代わってその権利を取得すること》

sub ro·sa /sʌ̀b róuzə/ 副 《堅》内密に (♦ ラテン語で「バラの下で」の意. バラは秘密の象徴) **sùb-rósa** 形

súb·routìne 名 C 💻 サブルーチン《プログラム内の小規模な論理的まとまり》, 子プログラム

sùb-Saháran 形 《限定》サハラ(砂漠)以南の

***sub·scribe** /səbskráɪb/ 動 〔▶ subscription 名〕 自 ❶ 〈新聞・雑誌などを〉予約(購読)する, 〈…に〉予約金を払う, 〈有料のテレビ放送などを〉視聴する; 《英》〈協会・クラブなどの〉会費を払う〈**to**〉; 〈新刊本・新株などを〉予約(購入)する, 〈購入を〉申し込む, 応募する〈**for**〉 ‖ What newspaper do you ~ *to*? 新聞は何を購読していますか / ~ *for* 10,000 shares in a new company 新会社の株式を1万株申し込む ❷ (署名して)寄付[出資]を約束する, 〈…に〉(定期的に)寄付[出資]する〈**to**〉 ‖ ~ liberally *to* a charity 慈善団体に気前よく寄付する ❸ 《堅》〈書類などに〉署名する; 〈…に〉署名(して同意・認可)する, 調印する〈**to**〉 ‖ ~ *to* a contract 契約書にサインする ❹ 《しばしば否定文・疑問文で》〈…に〉同意[賛成]する, 〈…を〉承諾[認可]する〈**to**〉 ‖ Who could ~ *to* such an opinion? そのような意見にだれが同意できるというのだ

―他 ❶ (署名して)〔金額〕の寄付[出資]を約束する, …を〈…に〉寄付[出資]する〈**to, for**〉 ‖ He ~*d* $100 *to* the hospital fund. 彼は病院の基金に100ドル寄付した ❷ 〔催し事など〕に応募する; 〔新刊本・新株など〕を予約する, 申し込む (♦ しばしば受身形で用いる) ‖ The issue [course] was fully ~*d*. その新株[コース]には十分な応募者があった ❸ 《堅》〔名前〕を〈書類などに〉署名する〈**to**〉; 〔書類など〕に署名する, 調印する ‖ ~ one's name (*to* a contract) (契約書に)サインする / ~ a petition [will] 請願書[遺書]に署名する

***sub·scrib·er** /səbskráɪbər/ 名 C ❶ 〈新聞・雑誌などの〉予約購読者; 〈新株などの〉予約購入者, 申込者; 〈電話・インターネットなどの〉加入者〈**for, to**〉 ❷ 寄付者, 出資者 ❸ 署名者, 調印者 ▶▶ **~ trúnk dìalling** 名 U 《英》加入者長距離ダイヤル通話

sub·script /sʌ́bskrɪpt/ (↔ superscript) 形 (数字・文字が)下に書いてある; 〖印〗下付きの (inferior)

―名 C 下付き数字[文字, 記号] ((Y_2, X_b の 2 や b など))

***sub·scrip·tion** /səbskrípʃən/ 名 〔◁ subscribe 動〕 U C ❶ 〈新聞・雑誌などの〉予約購読(料); 〈定期演奏会の切符などの〉予約購入; 予約出版; 〈新株・新会社への〉申し込み[引き受け], 出資〈**to, for**〉 ‖ cancel [renew] one's ~ 予約を取り消す[更新する] / take out a ~ *to* a and ～*s* 都心と郊外両方の輸送網 (♦ cities と対比的に用いられているので冠詞が省かれている)

語源 *sub-* under, near＋*-urb* city：都市の近くの (場所)

類語 《❷》**suburbs** 都市に隣接した地域. 主に住宅地として考えられ, 特に中流家庭が住み, そこから市内に通勤する地域を指す.
outskirts 外を取り巻く地域. 町や都市の周辺部で, 中心から[遠く]離れた地域の意が強い. 〈例〉He has a farm on [OR in] the *outskirts* of town. 彼は町外れに農園を持っている

*__sub·ur·ban__ /səbə́ːrbən/ 《アクセント注意》 形 《限定》 ❶ 郊外の, 郊外にある [住む] ‖ ～ houses 近郊の住宅 / urban and ～ mass transit 都心と郊外の大量輸送 ❷ 郊外(居住者)特有の；何となくあか抜けしない, 偏狭な；退屈な, ありふれた ──名 C 郊外居住者

sub·ur·ban·ite /səbə́ːrbənàɪt/ 名 C 郊外居住者

sub·ur·ban·ize /səbə́ːrbənàɪz/ 動 他 自 (地域を [が]) 郊外化する **sub·ùr·ban·i·zá·tion** 名

sub·ur·bi·a /səbə́ːrbiə/ 名 U ❶ 《集合的に》郊外；郊外居住者 ❷ 郊外での生活様式[慣習]

sub·ven·tion /səbvénʃən/ 名 C 《堅》(政府からの) 補助金, 助成金(subsidy)

sub·ver·sion /səbvə́ːrʒən, -ʃən/ 名 U (特に政府・政治体制の) 転覆, 打倒(overthrow)

sub·ver·sive /səbvə́ːrsɪv/ 形 〈秩序・政府などを〉破壊[転覆]させる, 打倒を目指す 〈**of**〉 ‖ ～ activities 破壊活動 / ～ *of* law and order 法と秩序を乱す
──名 C 破壊活動家, 不穏分子 **～·ly** 副 **～·ness** 名

sub·vert /səbvə́ːrt/ 動 他 〔政府など〕を転覆[打倒]する, 破壊する；〔宗教・道徳など〕を腐敗[堕落]させる

sub·vo·cal·ize /sʌ̀bvóukəlàɪz/ 動 他 (自分だけに聞こえるように) 〔語・音など〕を小さな声で発音する

*__sub·way__ /sʌ́bwèɪ/ 名 C ❶ 《通例 the ～》《米》地下鉄 (《英》underground, 《英口》tube) (→ metro) (♦ 特に「車両」をいうときは subway train [car] のようにいう) ‖ I met my classmate on the ～. 地下鉄でクラスメートに会った / get on the ～ 地下鉄に乗る / take [OR ride] the ～ 地下鉄を利用する / go [OR travel] by ～ 地下鉄で行く ❷ 《英》(鉄道・道路の下の) 地下(横断歩)道(《米》underpass) ❸ 地下トンネル《電線や水道・ガス管が埋設されている》 ❹ 《S-》《商標》サブウェイ《米国のファーストフードチェーン店の1つ》

sùb·wóofer 名 C サブウーファー《超低音再生用スピーカー》

sùb-zéro ⊲ｼ 形 《通例限定》零下の, 氷点下の

suc- /sək-, sʌk-/ 接頭 《c の前で》＝sub- ‖ *suc*cumb

⁑**suc·ceed** /səksíːd/ 《アクセント注意》

中心義 **後に(ずっと)続くような, よい結果となる** (★文脈によって「後に続く」という側面, もしくは「よい結果となる」という側面のどちらかに重きが置かれた意味になる)

──動 (▶ 自 ❶❷❸ success 名, 自 ❹❺ 他 succession 名) (**～s** /-z/ ; **～·ed** /-ɪd/ ; **～·ing**)

──自 ❶ (人が) 〈…(すること) に〉**成功する**, うまく[首尾よく]…する (↔ fail) 〈**in, at**〉 (♦ in の目的語はしばしば *doing*) ‖ If at first you don't ～, try and try again. 初めうまくいかなくとももう一度やってみなさい (♦ もとは児童向けの習字帳などに書かれていた文句) / He ～*ed in* getting into the school of his choice. 彼は首尾よく志望校に入学した / Our CEO ～*ed at* the task of establishing ties with a U.S. company. 我が社の社長は米国の会社との関係を確立することに成功した / I only ～*ed in* making him angry. 彼を怒らせることになってしまった / ～ *in* one's efforts 努力が効を奏する

❷ (物事が) (予期したとおりに) **うまくいく**, 効を奏する 〈**with** 人に対して；**in** …の点で〉 ‖ The attack ～*ed*. 攻撃は成功した / The treatment did not ～ *with* him. その治療は彼には効かなかった / The policy ～*ed in* reducing public expenditure. その政策は公共支出削減に効を奏した

❸ 社会的成功を収める, 立身出世する 〈**in** …で；**as** …として〉 ‖ ～ *in* life [business] 出世する [事業に成功する] / ～ *as* a doctor 医者として成功する

❹ (選挙・相続などによって) 〈…の〉跡を継ぐ, 〈…を〉相続する 〈**to**〉 ‖ The youngest son will ～ *to* the family business. 末の息子が家業を継ぐだろう ❺ 〈… (の後) に〉続く, (すぐに) 続いて起こる (↔ precede) 〈**to**〉

──他 ❶ **a** 《＋目》… (の跡) を継ぐ, …の後任[後継者]となる ‖ The princess ～*ed* her father to the throne. 王女は父の跡を継いで王位に就いた

b 《＋目＋**as** 名》…として… (の跡) を継ぐ, (…として) …の後任[後援者]となる ‖ He ～*ed* Macleod *as* artistic director of the orchestra. 彼はそのオーケストラの音楽監督としてマクラウドの跡を継いだ

❷ … (の後) に続く, (すぐに) 続いて起こる (⇨ PROCEED 類語) ‖ The cold winter was ～*ed* by a warm spring. 寒い冬の後にはうららかな春が巡ってきた

～·a·ble 形 **～·er** 名

語源 *suc-* under＋*-ceed* go：…の下に行く；従う；代わりをする

suc·ceed·ing /səksíːdɪŋ/ 形 《限定》(その後に) 続く, 続いて起こる **～·ly** 副

suc·cès d'es·time /suksèɪ destíːm/ 名 《フランス》 (＝success of esteem) C (一般受けはしないが) 批評家からの賛辞(を受けた芸術作品)

⁑**suc·cess** /səksés/ 《アクセント注意》

──名 (◁ succeed 動 自 ❶❷❸ | ▶ successful 形) (複 **～·es** /-ɪz/) ❶ U/C 《a ～》〈…における〉**成功**, 成果をあげること, うまくいくこと, 効を奏すること, 上出来, 上首尾；社会的成功, 立身出世 (↔ failure) 〈**in**〉 ‖ I wish you ～. ご成功をお祈りします / The treatment **had** some ～. その治療はいくらか効いた / We didn't **have** much ～ *in* persuading our son. 息子を説得しようとしたがあまりうまくはいかなかった / Have you **had** any ～ with your dot-com business? ネットビジネスのお仕事は順調ですか / He scored a **great** ～ with his first book. 彼は1作目の本で大成功を収めた / The key to ～ is to work harder than others. 成功の鍵(ｶｷﾞ)は他人より努力することだ / with ～ 首尾よく (successfully) / without ～ うまくいかないで (unsuccessfully) / **achieve** ～ *in* the development of solar energy 太陽エネルギーの開発に成功する / **have great** ～ *in* life 大いに出世する / *Nothing succeeds like* ～. 《諺》成功ほど続くものはない；一時成れば万事成る

❷ C **成功した人[こと]**, 成功者；うまくいった物事, 成功したもの, 大当たり ‖ If you want to be a ～ in this business, you've got to listen to what the customers say. もし君がこの商売で成功したいなら顧客の言うことに耳を傾けなければならない / He was a **great** ～ as an actor. 彼は俳優として大成功した / The new musical was a roaring [OR smash, box-office] ～. その新作ミュージカルは大当たりだった

màke a success of ... …を成功させる, 首尾よくやる ‖ I don't pretend I've *made a* ～ *of* my life. 私は人生の成功者だと言うつもりはない

▶▶ **～ stòry** 名 C 《口》成功者；立身出世物語

⁑**suc·cess·ful** /səksésfəl/

──形 (◁ success 名) (**more ～ ; most ～**)
(人が) 〈…に〉**成功した** 〈**in, at, with**〉 (♦ in, at では目的語はしばしば動名詞をとる)；(事が) 〈…に〉**うまくいった**, 上出来の, 大当たりした 〈**with**〉；立身出世した (↔ unsuccessful) ‖ His grandfather was a ～ banker. 彼の祖父は銀行家として名を成した人物だった / Brian was ～ *in* passing his driving test. ブライアンは車の運転試験に

S

合格した / Liz was **highly** ～ *in* [OR *at*] her job. リズはその任務を見事に果たした / The operation to remove her cancer was ～. 彼女の癌(がん)摘出手術は成功した / That learning method was most ～ *with* my students. その学習方法は私の生徒にはとてもうまくいった / a ～ applicant for the job その仕事に(応募して)首尾よく採用された人 / turn out a number of ～ comedies 数多くの喜劇のヒット作を世に出す

～·ness 名

:suc·cess·ful·ly /səksésfəli/
—副 (**more ～; most ～**)
成果をあげて, 効果的に, **うまく**, 首尾よく, 成功して(with success) (↔ unsuccessfully) ‖ The Space Shuttle was ～ launched. スペースシャトルは打ち上げに成功した / ～ **complete** a course (無事に)コースを修了する

***suc·ces·sion** /səkséʃən/ 名 〔◁ succeed 動 自 ❹❺ 他〕 ❶ C 《a ～》《ときに複数扱い》連続して起こる物事, 一続きのもの[人] ; 〈…の〉連続〈**of**〉(♦ of の後には複数名詞を伴う) ‖ There has been a ～ *of* rainy days since last week. 先週以来雨続きだ / a ～ *of* victories 連勝 ❷ U 続くこと ‖ the ～ of the seasons 季節が次々に巡ってくること ❸ U 〈地位・身分・財産などの〉継承[相続](権) ; 継承[相続]順位〈**to**〉‖ The prince is first in line [OR order] of ～ *to* the throne. その王子が王位継承順位第1位である / a struggle for ～ 継承[相続]権をめぐる争い / break the ～ 継承[相続]順位を破る ❹ U C 《生態》遷移, 更新

***in succéssion** 連続して ‖ There were earthquakes three days *in* ～. 3日続けて地震があった

in succéssion to ... …の後任[後継者]として, …の跡を継いで

suc·ces·sion·al /səkséʃənəl/ 形 ❶ 連続した, 引き続く ❷ 相続[継承, 世襲]による

***suc·ces·sive** /səksésɪv/ 形 〔◁ succeed 動 自 ❹❺ 他〕《限定》引き続く, 連続する, 連続的な ‖ I stayed home from the office for three ～ days. 3日間続けて会社を休んだ / three ～ holidays 3連休 / ～ devaluations of the dollar ドルの連続的な切り下げ

～·ly 副 **～·ness** 名

***suc·ces·sor** /səksésər/ 名 C 後にくる人[もの], 後継者, 後任, 継承者, 相続人(↔ predecessor)〈**to** …の; **as** …としての〉‖ the [OR a] ～ *to* the throne 王位継承者 / his most likely ～ *as* chairperson 最も有力な彼の後任の議長 / in that book and its ～ その本とそれに続く本の中で **～·ship** 名 U 相続人の資格[身分]

suc·cinct /sʌksíŋkt/ 形 (話・文体などが)簡潔な, 簡単明瞭(めいりょう)な **～·ly** 副 **～·ness** 名

suc·cìn·ic ácid /sʌksìnɪk-/ 名 U 《化》琥珀(こはく)酸

suc·cor, 《英》**-cour** /sʌ́kər/ (♦ 同音語 sucker) 《文》 名 U (危急の際の)援助, 救援 —動 他 …を援助する

suc·co·tash /sʌ́kətæʃ/ 名 U 《米》 サッコタシュ 《リマ豆(lima beans)とトウモロコシを煮た料理》

Suc·coth /sʊ́kəs/, **-cot** /-kət/ 名 =Sukkoth

suc·cu·bus /sʌ́kjubəs/ 名 (複 **-bi** /-bàɪ/) C (睡眠中の男性と情を交わすという)女の夢魔(→ incubus)

suc·cu·lence /sʌ́kjuləns/ 名 U ❶ 水分の多いこと, 多汁質; 《植》多肉質 ❷ 興味深さ

suc·cu·lent /sʌ́kjulənt/ 形 ❶ (果物・肉が)水分の多い, 多汁質の; (水分が多くて)おいしい; 《植》多汁組織の, 多肉質の ❷ 《口》興味の尽きない, 活力にあふれた
—名 C 《植》多肉植物(サボテンなど) **～·ly** 副

***suc·cumb** /səkʌ́m/ 《発音注意》 動 自 ❶ 〈…に〉屈する, 屈服する, 負ける〈**to**〉‖ ～ *to* 「parental pressure [her charms, the temptations to smoke] 親の説得[彼女の魅力, 喫煙の誘惑]に負ける ❷ 〈…がもとで〉死ぬ, 倒れる〈**to**〉‖ ～ *to* one's injuries 傷がもとで死ぬ

:such /弱 sətʃ; 強 sʌtʃ/ 形 代

—形 《比較なし》 ❶ 《既出の文脈に呼応して》**そのような**, あのような, それと同様[同種]の(♦ 名詞の後に like this [that, these, those] をつけた表現の方が, such を使うよりも《口》. 話し手の目の前にあるものを指していう場合には such はふつう用いず, like this などを使う) ‖ I would oppose ～ a decision. 私はそのような決定には反対するつもりだ / I have never heard ～ a thing. そんなことは聞いたことがない / I said no ～ thing. そんなことは言わなかった / There were roses or some ～ flowers in the garden. 庭にバラかバラに似た花が咲いていた(♦ 語順については ⇨ 語法)

❷ 《後に形容詞+名詞を伴って》**そんなに**, これほどの, 非常に, とても(♦ 後続の as, that と呼応することがある. → *such (A) as ...*(↓), *such A (that) ...*(↓), ⇨ PB 69) ‖ I have never heard ～ a sweet voice. あんなに甘い声は聞いたことがない / We had ～ a good time. とても楽しかった / Our next-door neighbors are ～ nice people. お隣さんはとてもよい人たちだ

❸ 《単独の名詞を伴って》それほどの, これほどの, とてもよい[悪い], 程度のはなはだしい(♦ ❶ が「種類」を表すのに対し, この意味では「程度」を表す) ‖ He was in ～ a panic. 彼はひどくうろたえていた / I cannot afford ～ a price. そんな値段には手が出ない / I've never seen ～ a mess. こんなにひどい散らかりようは見たことがない / I practiced my flute ～ a lot. 私はフルートをすごく練習した

語法 ★★ (1) such が限定する名詞は, 不可算名詞, 複数名詞, 不定冠詞(a, an)を伴う名詞であり, 定冠詞や指示形容詞(this, that など), 所有格(my, your など)を伴う名詞とともには用いない.
(2) 不定冠詞の a, an は such の後に置く.
(3) 数詞や all, many, some, any, no などは such の前に置く. 〈例〉 all [many] *such* books そういう本すべて[の多く] / three *such* students そのような生徒3人 / one *such* example そのような例の1つ

sùch (Á) as ... …するような(A) (♦ (1) as は関係代名詞 (2) Aを省略した場合 such は代名詞) ‖ He is ～ a great statesman *as* we all admire. 彼は我々みんなが尊敬するような偉大な政治家だ / I will send him ～ *as* I have. 手元にあるものを彼に送ろう

sùch À as B́ BのようなA ‖ ～ people *as* these = people ～ *as* these このような人々(→ 代 *such as ...*(↓)) / *Such* a tragedy *as* this has never occurred here before. このような悲劇は今までここで起きたことがない

sùch (À) as to dó ... …するような(A) (♦ Aを省略した場合 such は代名詞) ‖ The error was not ～ *as to* cause any trouble. その過失は何ら問題を引き起こすほどではなかった / He is not ～ a fool *as to* believe every word she says. 彼は彼女の言うことすべてを信じるようなばかではない

sùch Á (that) ... 大変A(状態)なので…, …ほどのA (♦ Aの部分には必ず名詞句がくる. 形容詞や副詞だけのときは so を用いる. 《口》では that を省略することもある. ⇨ so[1](成句)) ‖ The mayor spoke for ～ a long time (*that*) the audience fell asleep. 市長はあまりに長い時間話したので聴衆は寝入ってしまった / He is ～ a good lecturer (*that*) his classes are always full. 彼は講義がとてもうまいので教室はいつも満員だ(♪ He is so good a lecturer that ....)

COMMUNICATIVE EXPRESSIONS

1 **There's nò sùch pérson** [OR **thíng**] **as** a pèrfect lànguage spéaker. 完璧(かんぺき)な言語を話す人などというものは存在しない

—代 ❶ **そのような人[もの, こと]**(♦ 指すものによって単数・複数どちらにもなる) ‖ all ～ そのような人[もの]すべて / another ～ もう1つのそんなもの

❷ **そんなこと[もの, 人]**(♦ 文頭に出て, 主語とbe動詞[助動詞]は倒置語順になることが多い) ‖ *Such* is life. 人生とはそんなものだ / *Such* being the case, the meeting was put off till tomorrow. そういうわけで会合は明日まで延期された / I may have offended, but ～ was not my intention. 気に障ることを言ったかもしれないが, それは私の本意ではなかった / Most people would be shocked to hear it. I am one ～. 多くの人はそれを聞いたらショックを受けるだろう. 私もその1人だ

... and súch …など (and so on, and suchlike) ‖ He asked my name, age, address, *and* ～. 彼は私の名前, 年齢, 住所などを尋ねた

*****as súch*** ① **そういうものとして**, そういう資格で ‖ She is an adult, and should be treated *as* ～. 彼女は大人なんだから, そのように扱われるべきだ ② それ自体では, それだけで ‖ Success, *as* ～, does not always bring happiness. 成功はそれだけで必ずしも幸福をもたらすわけではない ③《否定文で》厳密に[正確な意味で]そういうものではないが ‖ We don't serve Japanese cuisine *as* ～, but we do have food with tofu. 厳密に日本食というものは扱っておりませんが, 豆腐を使った料理ならございます (♦「本当の…ではない」の意)

*****súch as ...*** 例えば, …のような ‖ I've been to several countries in Europe, ～ *as* France, Germany and Italy. 私はフランス, ドイツ, イタリアなどのヨーロッパの国々を訪れたことがある / "I am interested in Japanese things." "*Such as*?"「私は日本のものに興味があるの」「例えばどんな」

sùch as 「***it ís*** [OR ***they áre***] ご覧のとおりのものですが, 大したものではありませんが ‖ You can use my car, ～ *as it is*. こんな車ですが, お使いください

súch that ... 程度のはなはだしいものなので…, …ほどのものである (♦ such は so great の意) ‖ His condition was ～ *that* no one thought he would survive. 彼の容態はだれもが助からないと思うくらいだった (♦ 強調のため such が文頭に出て Such was his condition that .... のように後ろは倒置語順になることがある)

súch-and-sùch, súch and sùch 形《限定》これこれの, しかじかの (♥ 具体的なことや明言を避けるときに用いる) ‖ Your report can be brief, ～ a place and met with so-and-so. 報告は簡潔にね, どこそこの場所へ行って, だれそれに会ったかだけをね (♦「どこでだれに会ったかだけを報告しなさい」の意) ―代 これこれのこと[人, もの]

súch·like 形《限定》代《口》その[この]ような種類の(人々[もの])

****suck** /sʌk/

―動 [▶ suction 名] (～s /-s/ ; ～ed /-t/ ; ～ing)

―他 ❶ a 《+目》〔液体など〕を**吸う**, すする, 〔果物・容器など〕の汁[中身]を吸う ‖ ～ (milk from) one's mother's breast 母親の乳を吸う / ～ (the juice from) an orange オレンジの果汁をすする / ～ advantage from [OR out of] ... …から利益を吸収する[得る]

b 《+目+補〈形〉》…を吸って(ある状態に)する ‖ ～ an orange dry オレンジを汁がなくなるまで吸う

❷ 〔指・あめなど〕をしゃぶる, なめる ‖ Don't ～ your thumb. 親指をしゃぶってはいけませんよ

❸ 《+目+副句》(吸引力などで)…を巻き込む, 吸い込む, 吸い上げる《*up, down,* etc.》‖ A few swimmers were ～*ed* under by the currents. 数人の遊泳者が海流に飲み込まれた / A vacuum cleaner ～*s up* dirt. 掃除機はほこりを吸い込む

❹ 〔人〕を〈好ましくないものに〉無理やり引き込む, 巻き込む 〈**into**〉‖ I didn't want to be ～*ed into* a religious cult. 僕はカルト教団に巻き込まれたくなかった

―自 ❶ 〈…を〉吸う, 吸い込む, すする, しゃぶる;〈乳を〉吸う[飲む] 〈**at, on**〉‖ The baby was ～*ing at* its mother's breast. その子はお母さんのおっぱいを飲んでいた / ～ *on* a cough drop せき止めキャンディーをしゃぶる

❷ (故障したポンプが)(空気を吸う)音だけで水を吸い上げない; 吸う(ような)音を立てる

❸ 《俗》不快感を与える; 〈…が〉下手くそ[最低]である 〈**at**〉 ‖ This car really ～*s*. この車は本当にむかつく / He ～*s at* tennis. 彼のテニスは最低だ

sùck a person drý 〔人〕の精気をすっかり吸い取る

sùck ín 〈他〉《***sùck ín ...*** / ***sùck ... ín***》① …を吸い込む; 〔知識など〕を吸収する ② (渦巻きなどが)…を巻き込む ③《口》息を吸って…を引っ込める ④《口》《受身形で》(好ましくないことに)引き[巻き]込まれる

sùck it and sée 《英口》(いいか悪いか実際に)試してみる

sùck it úp 《米口》文句を言わずに(困難なことを)やる

sùck óff ... 〈他〉⊗《卑》…にフェラチオをしていかせる

sùck úp to ... 〈他〉《口》…におべっかを使う, ごまをする

―名 (複 ～s /-s/) ❶ U/C 《通例単数形で》吸うこと, 吸引; 乳を飲むこと; (渦の)巻き込み; 吸引力; 吸い込む音; 吸われるもの ‖ take a ～ from an orange オレンジの果汁をすする

❷ C 《通例 a ～》一度に吸い込む量, ひと吸い, 一口 ‖ Can I have a ～ of your milkshake? 君のミルクセーキを一口飲んでもいいかい ❸ C 《～s》《英俗》失望, 失敗 ‖ *Sucks* (to you)! ざまあ見ろ, いい気味だ (♥ 主に小児語)

suck·er /sʌ́kər/ (♦ 同音語 succor) 名 C ❶《口》だまされやすい人, かも; 〈…の〉魅力に抗しきれない人, 熱狂的ファン〈**for**〉‖ a ～ *for* a mystery ミステリーファン ❷ 吸う人[もの], 乳飲み子, (特に豚・鯨の)生まれて間もない子 ❸ 吸い込み管; (吸い上げポンプの)ピストン(弁); (ゴム製の)吸着盤 ❹《主に米口》(人・物を指して)やつ, こいつ ❺〘動〙(魚・タコなどの)吸盤; 〘植〙吸根 ❻〘魚〙サッカー《口が吸盤状の北米産淡水魚》 ❼《米口》=lollipop

There's a sucker born every minute. ⇨ BORN (CE 2)

―動 他《米口》〔人〕をだます ‖ be ～*ed* into ... だまされて…する ―自 (植物が)吸根を生じる

▸▸ ～ **pùnch** (↓)

súcker-pùnch 動 他《口》〔人〕に不意打ちを食らわす

súcker pùnch 名 C《口》不意打ち

suck·ing /sʌ́kɪŋ/ 形 吸う; 乳を吸う, 乳離れしていない

suck·le /sʌ́kl/ 動 他 …に乳を飲ませる, 授乳する; …を育てる ―自 乳を飲む[吸う]

suck·ling /sʌ́klɪŋ/ 名 C 乳飲み子, 乳児; (乳離れしていない) 幼獣 ▸▸ ～ **pìg** 名 U C (まだ母親の乳を吸っている)生まれて間もない子豚《特に丸焼き用》

Su·cre /súːkreɪ/ 名 スクレ《南米ボリビア中南部の都市. 司法上の首都》

su·crose /sjúːkrous/ 名 U〘化〙蔗糖(しょとう)

suc·tion /sʌ́kʃən/ 名 (◁ suck 動) U 吸うこと, 吸い込み; 吸引(力) ―動 他 …を吸引して取り除く ▸▸ ～ **cùp** [《英》**càp**] 名 C 吸盤 ～ **pùmp** 名 C 吸い上げポンプ

suc·to·ri·al /sʌktɔ́ːriəl/ 形 ❶ 吸入の; 吸うのに適した ❷〘動〙吸入[吸着]器官のある

***Su·dan** /sudǽn | -dɑ́ːn/ 名《the ～》❶ スーダン《アフリカ北東部の共和国. 公式名 the Republic of the Sudan. 首都 Khartoum. 2011年7月, 南スーダン共和国が分離独立》❷ スーダン(地方)《サハラ砂漠の南, アフリカ中部の地域名》

Sù·da·nése 形 名 (複 ～) C スーダン(人)の; スーダン人

****sud·den** /sʌ́dən/

―形 (more ～ ; most ～)

突然の, にわかの, 予想外の, 意外な, 出し抜けの, 急な (↔ gradual) (⇨ 類語) ‖ I was caught in a ～ shower. にわか雨に遭った / My father's death was very ～. 父の死は全く突然だった / The car made a ～ turn to the left. 車は左へ急カーブした / a ～ change of heart 思いもしない心変わり

―副《文または口》=suddenly

―名《次の成句で》

*(***àll***) ***of a súdden*** 突然に, 不意に, 出し抜けに, 急に (suddenly) ‖ *All of a* ～ the baby began to cry. 赤ん坊が急に泣き出した (♦ 位置は文頭か文末)

～·ness 名

S

類語 《形》sudden「突然の」の意を表す一般語.
abrupt 予告・前兆もなくいきなりの意を強調し, しばしば不快感を伴う. 〈例〉*abrupt* resignation 唐突な辞任

▸▸ ~ déath 名U ① 急死, ぽっくり病(死) ② 《口》(さいころやコインを投げての)1回勝負 ③ 《口》〘スポーツ〙サドンデス(方式)《延長戦で先に得点した方が勝つ》 ~ ìnfant déath sỳndrome 名U〘医〙乳児突然死症候群《略 SIDS》

sud·den·ly /sʌ́dənli/
—副 (more ~ ; most ~)
突然, 急に, 不意に, 出し抜けに (↔ gradually) ‖ *Suddenly* I heard a scream. 突然叫び声が聞こえた / I ~ remembered his name. 彼の名前を急に思い出した / The accident happened so ~. 事故はあっという間の出来事だった / I ~ realized what I'd done. 自分が何をしでかしたのかふと気づいた / She ~ started crying. 不意に彼女が泣き出した

S

su·do·ku /sudóuk/ 名U 数独《9×9の枠内に1から9までの数字を当てはめるパズル》(♦日本語より)

su·do·rif·ic /sùdərífɪk/ 〈ジ〉 形 発汗を促す
—名C 発汗剤

suds /sʌdz/ 名 複 ❶ 泡立った石けん水;石けんの泡 ❷ 《米・カナダ俗》ビール(beer) —動 自 泡立つ —他 《主に米口》…を石けん水で洗う **~·y** 形 泡立った

sue /sjuː/ 動 他 〔人〕を〈…のかどで, …を求めて〉告訴する, 訴える〈**for**〉‖ The publisher was ~*d for* libel. その出版社は名誉毀損(きそん)のかどで訴えられた / ~ a company *for* damages 損害賠償を求めて会社を訴える / ~ a doctor *for* malpractice 医師を医療ミスで訴える
—自 ❶ 〈…を求めて〉訴訟を起こす, 告訴する〈**for**〉‖ ~ *for* divorce 裁判所に離婚訴訟を起こす ❷ 《堅》懇願する, 請い求める ‖ ~ for peace 和睦(わぼく)を請う

COMMUNICATIVE EXPRESSIONS
1 (**Sò,**) **súe me.** じゃあ, 私を訴えれば (♥ 興奮して非難してきた相手などに対して「大げさだな」という感じで用いる)

sú·er 名C 訴える人, 提訴者, 懇願する人

Sue /sjuː/ 名 スー《Susan, Susannah の愛称》

suede, suède /sweɪd/ 《発音注意》名U スエード(革)《裏側をけば立てた, 子ヤギ・子牛などのなめし皮》; (=~ clòth)スエード(クロス)《スエード革に似せた布》

suéde·hèad 名C 《主に英》丸刈り族(の一員)《乱暴な若者の一派》(→ skinhead)

su·et /súːɪt/ 名U スエット《牛・羊などの腎臓(じんぞう)・腰部の脂肪. 料理・ろう製造用》 **~·y** 形 スエットのような[を含む]
▸▸ ~ púdding 名UC 《英》スエットプディング《スエットと小麦粉にレーズン・スパイスなどを混ぜて蒸す[ゆでる]料理》

Su·ez /sùːéz | súːɪz/ 名〈ジ〉 ❶ スエズ《エジプト北東部, スエズ運河に臨む都市》 ❷ **the Gùlf of ~** スエズ湾 ▸▸ ~ Canál 名 《the ~》スエズ運河《地中海と紅海を結ぶ》

suf. 略 suffix

suff. 略 sufficient; suffix

suf·fer /sʌ́fər/
中心義▸ 苦痛を受ける
—動 (~s /-z/; ~ed /-d/; ~·ing)
—自 ❶ **苦しむ**, 悩む〈**from** …に[が原因で]; **for** …のことで〉‖ We ~*ed* through the committee meeting for over an hour. 私たちは1時間以上にわたる委員会に閉口した / The country is ~*ing from* overpopulation. その国は人口過剰に悩んでいる / I'll ~ for the rest of my life *for* what I've done. 自分がしてきたことで残りの人生を苦しむことになるだろう
❷ (+from 名) …の**病気になる**, …を患う ‖ The whole family is ~*ing from* (the) flu. 家族全員がインフルエンザにかかっている (♦一時的な病気のときは通例進行形を用いる) / ~ *from* cancer [emotional trauma] 癌(がん)[精神的外傷]を患う
❸ 〈…が原因で〉損害を受ける, 痛手をこうむる〈**from**〉; 質が落ちる, 悪くなる ‖ Our bank is ~*ing from* bad loans due to the economic recession. 当行は不況による不良債権で苦しんでいる / "Our relationship will not ~ because of this?" "I hope not." 「こんなことで私たちの関係は悪くならないだろうね」「そうだといいけどね」/ No wonder your studies are ~*ing*. 道理で成績が思わしくないわけだ ❹ 〈…を〉欠点[弱点]として持つ, 〈…に〉陥る傾向がある〈**from**〉‖ His planning ~*s from* a lack of vision. 彼の立案には未来像が欠如している
—他 ❶ 〔苦痛・苦難など〕を**経験する**, こうむる; 〔病気〕にかかる ‖ ~ intense pain 激痛に襲われる / ~ a memory lapse 度忘れを起こす / ~ punishment 罰を受ける / ~ death 死刑に処せられる; (殉教者として)殉死する
❷ 〔損害・損傷など〕を受ける, **こうむる** ‖ The car ~*ed* severe damage. 車は重大な損害を受けた / Public confidence in the presidency ~*ed* many blows. 大統領の地位に対する社会の信頼は多くの痛手をこうむった / ~ a heavy loss 大損害をこうむる / ~ a crushing defeat in an election 選挙で壊滅的な大敗北を喫する
❸ 《主に否定文・疑問文で》…を我慢する, …に耐える ‖ How could you ~ such an outrage! そんな非礼によく我慢できるね ❹ 《文》…に黙って〈…させて〉おく〈**to do**〉‖ *Suffer* me *to* speak. 黙って私に話をさせてくれ
語源 *suf-* under+*-fer* bear: …の下で耐える

suf·fer·a·ble /sʌ́fərəbl/ 形 耐えられる, 許容できる

suf·fer·ance /sʌ́fərəns/ 名U 黙認, 黙許, 寛容
on* [OR *by*] *súfferance 黙認により, 大目にみてもらって, お情けで

suf·fer·er /sʌ́fərər/ 名C 苦しむ人, 悩む人; 罹災(りさい)者, 被災者; 病人, 患者 ‖ flood ~*s* 洪水の被災者 / allergy ~*s* アレルギー患者

suf·fer·ing /sʌ́fərɪŋ/ 名 ❶U 苦しむこと, 苦しみ, 苦悩, 悲惨 (⇨ DISTRESS 類語) ‖ inflict ~ on him 彼に苦しみを与える / bear ~ 苦しみに耐える / alleviate [OR ease] ~ 苦しみを和らげる / chronic [untold] ~ 長期にわたる[言語に絶する]悲惨 ❷C 《しばしば ~s》(受ける)苦痛, 苦難, 難儀 ‖ physical ~*s* 肉体的苦痛

suf·fice /səfáɪs/ 《発音・アクセント注意》動 〔▸ sufficient 形〕《進行形不可》自 (物・事が)十分である(✎ be enough), 足りる〈**for** …に / **to do** …するのに〉‖ Fifty dollars will ~ *for* the purpose. そのためには50ドルで足りるでしょう / No words can ~ *to* express my gratitude. どんな言葉も私の感謝の気持ちを十分に表せない —他 …に十分である, …の必要を満たす ‖ Two meals a day will ~ him. 1日2食で彼には十分だろう
***suffice* (*it*) *to sáy* (*that*) ...** …と言えば十分である (♥ もったいぶった言い方) ‖ *Suffice it to say that* he is a coward. 彼はおく病者であるとだけ言っておこう

suf·fi·cien·cy /səfɪ́ʃənsi/ 名U 十分なこと, 充足; 十分な供給[食糧, 財産]; C 《通例 a ~》〈…の〉十分な数(量)〈**of**〉‖ a ~ *of* time 十分な時間

suf·fi·cient /səfɪ́ʃənt/ 《アクセント注意》
—形 〔◁ suffice 動〕(more ~ ; most ~)
十分な, 足りる (↔ insufficient)〈**for** …に; **to do** …するのに〉‖ Is $3,000 ~ *for* your trip? 3,000ドルで旅費は十分ですか / There is ~ food *for* the refugees *to* live a month. 難民が1か月生きられるだけの食糧はある / ~ money [time, information] 十分な金[時間, 情報] / His income isn't ~ *to* support his family. 彼の収入では家族を養いきれない / Do we have to inform the police, or is the insurance report ~? 警察に通報した方がいいか, それとも保険会社への報告だけで十分だろうか
—名U 十分(な数量) ‖ Have you had ~? 十分召し上がりましたか(♦ Have you had enough? がふつう)
▸▸ ~ condítion 名C〘論〙十分条件; (一般に)十分な

条件(↔ necessary condition)

*suf·fi·cient·ly /səfíʃəntli/ 副 十分に, 〈…するのに〉足りるほど〈to do〉‖ What he means is ～ clear. 彼が言いたいことは十分明快だ / He recovered ～ *to* go to school. 彼は学校に行けるほど回復した / The case was ～ serious for her *to* go to court. その件は彼女にとって訴訟を起こすほど深刻なものだった (♦ enough と異なり, sufficiently は形容詞の前にくる)

suf·fix /sʌ́fɪks/ 名 C ❶ 〚文法〛接尾辞 (↔ prefix) ❷ 末尾に付加したもの;〚数〛=subscript

── 動 他 …を接尾辞としてつける;…を末尾につける

*suf·fo·cate /sʌ́fəkèɪt/ 動 他 ❶〔人〕を窒息(死)させる‖ The firefighter was ～*d* by the fumes. 消防士は煙で窒息死した ❷ …の呼吸を困難にする, 息を詰まらせる;…を息苦しくさせる‖ I always felt ～*d* by the school regulations. いつも校則に縛られていると感じていた / My husband is *suffocating* me. 夫といると気詰まりなんです ❸ …の発展を抑圧する, …を押さえる‖ ～ students' creativity and freedom 生徒たちの創造力や自由を抑圧する ── 自 ❶ 窒息(死)する ❷ 《進行形で》(暑さや汚れた空気などで)息苦しい, 息が詰まる

-cà·tive 形 **sùf·fo·cá·tion** 名 U 窒息

súf·fo·càt·ing /-ɪŋ/ 形 窒息(死)させる(ような);息の詰まる(ような) **～·ly** 副

Suf·folk /sʌ́fək/ 名 サフォーク《イングランド東岸の州. 州都 Ipswich /ípswɪtʃ/》 ▸▸ **～ pùnch** 名 C サフォーク種《栗毛(くりげ)で脚が短い使役用馬の一品種》

suf·fra·gan /sʌ́frəgən/ 〚宗〛名 C 属司教, 属主教, 副監督 ── 形 《限定》属司教[属主教, 副監督](区)の

suf·frage /sʌ́frɪdʒ/ 名 U 選挙権, 参政権(franchise)‖ universal ～ 普通選挙権 / women's ～ 女性参政権

suf·fra·gette /sʌ̀frədʒét/ 名 C (特に20世紀初頭の英国における)(女性の)婦人参政権論者‖ the ～ movement (20世紀初頭の)婦人参政権運動

suf·fra·gist /sʌ́frədʒɪst/ 名 C 参政[選挙]権拡張論者, (特に)女性参政権論者

suf·fuse /səfjúːz/ 動 他 (光・色・水分などが)…をすっかり覆う, いっぱいに広がる(♦ しばしば受身形で用いる)

suf·fu·sion /səfjúːʒən/ 名 U いっぱいに広が(ってい)ること, みなぎ(ってい)ること, 充満;紅潮

Su·fi /súːfi/ 名 C スーフィー《スーフィズムの実践者》

Su·fism /súːfɪzm/ 名 U スーフィズム, イスラム神秘主義

‡**sug·ar** /ʃúgər/ 《発音注意》

── 名 (複 **～s** /-z/) ❶ U **砂糖**;C (1個・1杯の)砂糖‖ You'll never lose weight if you don't cut out all that ～! あれやこれやで砂糖をとるのをやめない限り減量は不可能だろう /「a spoonful [two spoonfuls] of ～ スプーン1杯[2杯]の砂糖 / a cube [OR lump] of ～ 角砂糖1つ / "How many ～*s* (do you take) in your coffee?" "Two, please."「コーヒーに砂糖をいくつ入れましょうか」「2杯[個]お願いします」/ Could you pass me the ～? 砂糖を取っていただけますか

❷ U C 〚化〛糖, 糖分‖ Cake is high in fat and ～. ケーキは脂肪と糖分が多い / My blood ～ level dropped [OR fell] low. 血糖値が下がった / examine urine for ～ 尿の糖分を検査する / fruit ～ 果糖

❸ U 甘言, お世辞 ❹ C 《口》《呼びかけ》おまえ, あなた ❺ U 《俗》麻薬《LSD, ヘロインなど》

── 動 他 ❶ …に砂糖を入れる[振りかける, かぶせる];…を砂糖で甘くする‖ He ～*ed* his tea liberally. 彼は紅茶に砂糖をたっぷり入れた ❷ …の見掛け[口当たり]をよくする, …を受け入れやすくする

── 自 糖化する;(砂糖のように)粒状になる

sùgar óff 〈自〉《米・カナダ》(カエデ糖蜜(とうみつ)を煮詰めて)カエデ糖を作る

── 間 《通例 Oh ～! で》《主に英俗》畜生, くそ, ちぇっ(♥ shit と言うのを避けて)

▸▸ **～ àpple** 名 C 〚植〛バンレイシ(sweetsop)の果実 **～ bèet** 名 U テンサイ, サトウダイコン **～ bòwl** 名 ❶ C 砂糖入れ《食卓用》 ❷ 《S- B-》シュガーボウル《米国ルイジアナ州 New Orleans のフットボール球場;毎年1月1日に同所で開催される招待大学チームによる試合》 **～ cándy** 名 C ❶ 《英》氷砂糖(《米》rock candy);《米》(硬い)キャンディー ❷ 感じのよい人 **～ càne** 名 U サトウキビ **～ cùbe** 名 C =sugar lump **～ dàddy** 名 C 《口》(若い女性に金品を気前よく与える)金持ちの中年男性, パパ **～ lòaf** 名 C (円錐(えんすい)形に固めた)棒砂糖 **～ lùmp** 名 C 角砂糖 **～ màple** 名 C サトウカエデ《北米産. 樹液から蔗糖(しょとう)を採る》 **～ of léad** /-léd/ 名 U 《旧》〚化〛酢酸鉛, 鉛糖 **～ pèa** 名 C 〚植〛サヤエンドウ(♦ sugar snap, snap pea ともいう) **～ sòap** 名 U 《英》アルカリ石けん《塗装面の洗浄に使う》

súgar-còat 動 他 …の口当たりをよくする **～·ed** ⊲ 形 砂糖をまぶした;糖衣にくるんだ;体裁をよくした

sug·ared /ʃúgərd/ 形 砂糖で甘くした;甘美な, 甘ったるい‖ ～ words 甘言 / ～ almond 糖衣アーモンド

sùgar-frée 形 砂糖を含まない

su·gar·ing /ʃúgərɪŋ/ 名 U ❶ (カエデ糖蜜(とうみつ)から)カエデ糖を作ること ❷ 砂糖脱毛法《砂糖とレモン果汁で作るワックスによって脱毛する》

súg·ar·less /-ləs/ 形 砂糖の入っていない, 無糖の;(食品などが)人工甘味料を使った

súgar·plùm 名 C シュガープラム《ドライフルーツの糖衣菓子》

sug·ar·y /ʃúgəri/ 形 ❶ 砂糖の(ような);砂糖を含んだ ❷ 甘ったるい, あまりにも感傷的な **-ar·i·ness** 名

‡**sug·gest** /səgdʒést/

── 動 (▶ suggestion 名, suggestive 形)(**～s** /-s/; **～·ed** /-ɪd/; **～·ing**) 他 ❶ **提案する**(♥「やや控えめに言ってみる」という含みがある. より積極的に, または正式に提案するときは propose を用いる) **a** 《+目》〔考え・計画など〕を〈…に〉提案する, 提唱する〈**to**〉;〔人・場所など〕を〈…に適切だと〉推薦する〈**for**〉(→ CE 1)‖ He ～*ed* a new marketing plan *to* his clients. 彼は新しいマーケティングのプランを顧客に提案した(♦ ×He suggested his clients a new marketing plan. とはいえない) / She ～*ed* a blue tie *to* the customer. 彼女はその客にブルーのネクタイはどうかと勧めた / Could you ～ a nice Indian restaurant around here? この辺りでいいインド料理の店を教えてくださいませんか / I ～*ed* you *for* the job. 君をその仕事に推薦しておいた

b 《(+**to** 名) + (**that**) 節 / **wh** 節 / **wh to** *do*》(…に)…してはどうかと言う, 提案する‖ He ～*ed* (*to* us) *that* we try [《主に英》should try] a different approach. 彼は私に違った方法でやってみようと言った(♦ (1) ×He suggested (to) us to try ... とはいえない. (2) that 節内に should を使わず仮定法現在を用いる形は《米》に比較的多い) / Everybody is tired. I ～ *that* we break [《主に英》should break] for 10 minutes. みんな疲れているから, 10分間休憩しよう(♥ この言い方はやや《堅》. 会話で何かを提案するときには Why don't we [you] ...?, Let's ...., How about ...? などの表現を使うことが多い) / What do you ～ we do [《主に英》should do] next? 次に何をしたらいいと思いますか / Can you ～ *where to* start? どこから始めたらよいか教えてください

c 《+*doing*》…することを提案する‖ My father ～*ed* going for a walk. 父は散歩に行こうと言った

❷ **暗示する** **a** 《+目》(人・物・事が)…を暗示する, 示唆する;…をほのめかす(⇨ HINT 類語)‖ The baby's expression ～*ed* curiosity. 赤ん坊の表情には好奇心がうかがえた / Something about the way he talked ～*ed* his indifference toward the issue. 話し方で何となく彼がその問題に関心のないことがわかった

b 《+(**that**) 節》(人・物・事が)…だと暗示する, 示唆する;…ということをほのめかす, それとなく言う‖ The latest eco-

S

nomic figures **strongly** ～ *that* the economy is finally headed for recovery. 最近の経済統計は景気がようやく上向いてきたことを強く示唆している(♦ ❶b とは違い that 節 の中は直説法) / Are you ～*ing that* this is all my fault? これはみんな私のせいだと言うのですか
❸ (物が)…を〈…に〉連想させる〈**to**〉‖ The bold strokes and vivid colors almost ～ van Gogh. 大胆な筆使いと強烈な色はファン＝ゴッホを思わせるほどだ
suggést itsèlf (考えなどが)〈…に〉思い浮かぶ〈**to**〉‖ A simple solution suddenly ～*ed itself to* me. 簡単な解決策が突然私の頭に浮かんだ

COMMUNICATIVE EXPRESSIONS
1 **May I suggèst thís?** こちらなどはいかがでしょう(♥ 店員が客に商品を勧める)

sug·gest·i·ble /səgdʒéstəbl/ 形 暗示にかかりやすい

sug·ges·tion /səgdʒéstʃən/ 《発音注意》
— 名 〔◁ suggest 動〕(複 **～s** /-z/) ❶ Ⓒ **提案**, 提言, 忠告〈**about, on** …についての / **that** 節…という〉; Ⓤ 提案する[される]こと (⇨ PROPOSAL 類語) ‖ I will follow your ～. あなたの言うとおりにします / What should we do? Have you got any ～*s*? 何をしようか, 何かいい案あるかい / My boss is open to ～*s*. 私の上司は聞く耳を持っている / She **made** ～*s about* [OR *on*, as to] how we could reduce waste. ごみを少なくする方法について彼女はいろいろと提案した / He **made** the ～ *that* we share [《主に英》should share] the responsibility. 彼は皆で責任を分担したらどうかと提案した
❷ Ⓤ (それとなく)ほのめかすこと, 示唆すること ‖ The ～ of a vacation abroad made her jump with joy. 海外での休暇をほのめかすと彼女は小躍りして喜んだ
❸ Ⓒ 《通例単数形で》かすかに示すもの, 気配, 様子, 可能性〈**of** …の / **that** 節…という〉‖ There was no ～ *of* trouble ahead. 前途には何の困難も待ち受けていないように思えた / There was no ～ *that* he was bribed. 彼が買収されたということを示すものは何もなかった
❹ Ⓤ 連想させること, 思い起こさせること; Ⓒ 連想されたこと, 連想観念 ‖ The smell of burning leaves was a ～ *of* autumn. 木の葉を燃やすにおいは秋を思わせた
❺ 〖心〗 Ⓤ (催眠術などによる)暗示; Ⓒ 暗示されたもの; 暗示を起こすもの ‖ hypnotic ～ 催眠による暗示 / the power of ～ 暗示力

COMMUNICATIVE EXPRESSIONS
1 **I have a suggéstion to màke.** ひとつ提案があるんですが(♥ 提案を申し出る)
2 **If Í may màke a suggéstion,** you míght wànt to pràctice your sérve a líttle mòre. 提案してよろしければですが, サーブをもう少し練習した方がいいかもしれません(♥ 提案を申し出る形式ばった表現)

sug·ges·tive /sədʒéstɪv/ 形 〔◁ suggest 動〕 ❶ 示唆に富む; 暗示的な; 〈…を〉連想させる, 思い起こさせる〈**of**〉 ❷ 色情をそそる, みだらな(♥ obscene の婉曲的表現) ‖ ～ jokes きわどい冗談 **～·ly** 副

sug·ges·to·pe·di·a /səgdʒèstəpí:diə/ 名 Ⓤ サジェストペディア教授法《外国語教授法の1つ》

su·i·cid·al /sù:ɪsáɪdəl/ ⌫ 形 ❶ 自殺の; 自殺する恐れのある ❷ (方針などが)自滅的な; (運転などが)無鉄砲な **～·ly** 副

su·i·cide /sú:ɪsàɪd/
— 名 (複 **～s** /-z/) ❶ Ⓤ Ⓒ **自殺(すること)**; 自殺事件 ‖ Why is ～ considered wrong? 自殺はよくないものと思われているのはなぜだろう / **commit** ～ 自殺する (✎ kill oneself) / **attempt** ～ 自殺を試みる / an **attempted** ～＝a ～ **attempt** 自殺未遂
❷ Ⓤ 自殺[自滅]的行為; 《形容詞的に》自殺[自滅]的な ‖ It would be ～ to try to surf in this weather. この天気でサーフィンしようとするなんて自殺するようなものだ / commit political ～ 自ら政治的生命を断つような行為をする / a ～ attack 自滅的攻撃, 特攻 ❸ Ⓒ 自殺者
— 動 自 自殺する
語源 *sui-* self＋*-cide* cut, kill: 自分を殺す
▸▸ **～ bòmber** 名 Ⓒ 自爆テロリスト **～ bòmbing** 名 Ⓒ Ⓤ 自爆テロ, 爆弾自殺 **～ gène** 名 Ⓒ 〖遺伝〗自殺遺伝子《癌(ガン)細胞が死滅するように導入される遺伝子》 **～ pàct** 名 Ⓒ 心中の約束

su·i ge·ne·ris /sù:aɪ dʒénərɪs/ 形 (その種)独特の, 独自の(♦ ラテン語より)

su·i ju·ris /sù:aɪ dʒúərɪs/ 形 〖法〗(法律上責任を負う)能力のある, 自主権者の(♦ ラテン語より)

suit /su:t/ 《発音注意》 名 動

中心義 …に合う, (組み)合わせて使うもの

名 スーツ❶ 衣服❷ 組札❸ 訴訟❹
動 他 都合がよい❶ 似合う❷

— 名 (複 **～s** /-s/) Ⓒ ❶ **スーツ**, 上下そろいの服(♦ 男性用は上着(jacket), ズボン(《米》pants, 《英》trousers)の上下, またはそれにベスト(《米》vest, 《英》waistcoat)を加えた三つぞろい. 女性用は上着にスカート(skirt)あるいはズボンを組み合わせたもの) ‖ He was **wearing** a dark ～ for the interview. 彼は面接のために黒っぽいスーツを着ていた / a business ～ 背広 / a three-piece ～ 三つぞろいのスーツ
❷ 《通例複合語で》(ある目的のための)**衣服**, …服, …着(⇨ CLOTHES 類語) ‖ a bathing [OR swim] ～ 水着 / a sweat ～ ジャージーの運動着の上下, トレーナー(♦ ジャージーの上は a sweat shirt, 下は sweat pants という) / a space ～ 宇宙服
❸ 〖トランプ〗**組札**, スーツ《スペード・ハート・ダイヤ・クラブの13枚組のいずれか》; 手持ちの組札 ‖ a long [short] ～ 4枚以上[以下]の同種のそろった持ち札 / one's strong ～ 強い手; 長所
❹ Ⓤ Ⓒ (主に民事)**訴訟**, 告訴(lawsuit) ‖ He brought a $10 million malpractice ～ against the hospital. 彼は病院を相手取り, 1千万ドルの損害賠償を求める医療過誤訴訟を起こした / bring [OR file] (a) ～ against him 彼を訴える / lose [win] a ～ 訴訟に負ける[勝つ] / a criminal [civil] ～ 刑事[民事]訴訟
❺ 《口》(会社・組織などの)お偉方; 背広族(♦ 会社や組織のエリートたちが背広をいつもきちんと着ていることから. しばしば軽蔑的) ‖ movie stars and TV ～*s* 映画スターとテレビ局のお偉方 ❻ Ⓤ Ⓒ 《文》(身分の高い人などに)懇願すること; 嘆願, 請願 ❼ Ⓤ Ⓒ 《文》求婚すること, 求愛 ‖ press [OR plead] one's ～ 求婚する ❽ (よろい・馬具・道具などの)ひとそろい; (帆の)ひと組
fòllow súit ① 〖トランプ〗前に出されたのと同じ組のカードを出す ② **人のするとおりにする** ‖ He walked out of the conference room, and his supporters *followed* ～. 彼が会議室から退室すると支持者も続いて出た
men in (gray) suits ⇨ MAN(成句)
— 動 〔▸ suitable 形〕(**～s** /-s/; **～·ed** /-ɪd/; **～·ing**)
— 他 ❶ 《受身形・進行形不可》(事が)〔人〕にとって**都合がよい**, …の気に入る; 〔(人の)ニーズ〕にぴったりする ‖ What day ～*s* you **best**? いちばんご都合のよい日はいつですか / Would it ～ you to come next Tuesday? 来週の火曜日はご都合いかがですか / That would ～ your **needs**. それならご要望にぴったりでしょう
❷ 《受身形・進行形不可》(色・服などが)…に**似合う** ‖ Red really ～*s* you. 赤がよく似合いますよ
❸ **a** 《＋目＋to 名》…を…に適合させる, 合わせる ‖ ～ one's clothes *to* the occasion 服装をその場にふさわしいものにする / ～ the action *to* the word 言行を一致させる **b** 《be ～ed で》適している, 向いている〈**to, for** …に / **to** *do* …するのに〉‖ She was **ideally** ～*ed to* [OR *for*] the job. 彼女はその仕事に本当に向いていた / Computers are ～*ed to* [OR *to* do] this sort of work. コ

ンピューターはこういった仕事をするのに適している
❹《主に否定文で》(気候・食べ物・生活様式などが)…に適している, 合う ‖ I don't think life in a big city will ~ me. 大都会での生活は私には向かないと思う
一自 都合がよい, 適する ‖ Tuesday will ~ **well.** 火曜日が好都合です
sùit úp 《主に米》〈他〉(***sùit úp ... / sùit ... úp***)〔人〕に特別な服[ユニホーム]を着せる 一〈自〉特別な服[ユニホーム]を着る

COMMUNICATIVE EXPRESSIONS

1 "I dòn't wànt to èat thìs sálad. I háte spìnach." **"Sùit yoursélf."** 「このサラダ食べたくないよ. ホウレンソウは嫌いなんだ」「好きになさい」(♥ 不満・怒りを表す)
2 **Thát sùits me (fíne).** それで私は結構ですよ；いいですよ(♥ 誘いや提案などに対する同意・承諾)
3 **Thís dòesn't quìte súit me.** こういうのが欲しいのではありません(♥ 店員が勧めてきた商品などが不満なときに)
4 A chòcolate súndae **would jùst súit me.** チョコレートサンデーがあればちょうどいいんだけどなあ(♥ 何かが欲しいということを表すくだけた表現)

suit·a·bil·i·ty /sù:ṭəbíləṭi/ 名 U 適合, 適当
‡suit·a·ble /sú:ṭəbl/
一形〔◁ suit 動〕(**more ~ ; most ~**)
(状況・条件などに)**適した**, 適切な(↔ unsuitable)；(要求・条件などを満たして)満足のいく, 適格の；(目的などに)合致した；都合のよい〈**for, to** …に / **to** ***do*** …するのに〉(⇨ FIT[1] 類語) ‖ His speech was ~ *for* the occasion. 彼のスピーチはその場にふさわしかった / a ~ movie *for* children＝a movie ~ *for* children 子供向けの映画 / Can you recommend a ~ place for us *to* spend this weekend? この週末を過ごすのにいい場所を教えてくれませんか
~·ness 名 **-bly** 副 ふさわしく, 適当に；かなり
***suit·case** /sú:tkèɪs/ 《発音注意》名 C スーツケース, 旅行かばん(《英》case)(⇨ TRUNK 類語) ‖ pack [unpack] a ~ 荷物をスーツケースに詰める[から取り出す]
live òut of a súitcase (仕事で)いつも旅をしている

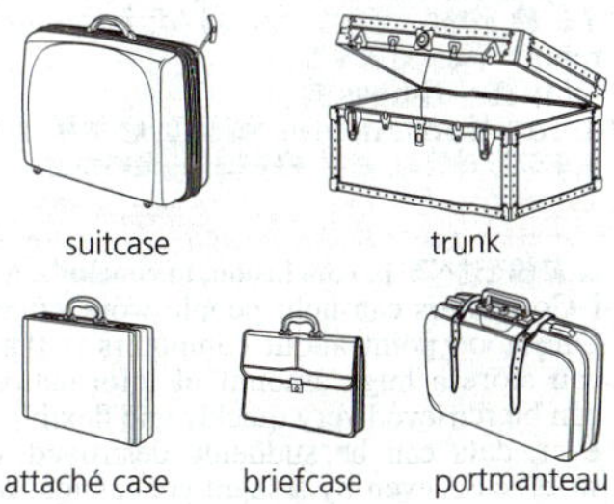

suitcase

***suite** /swi:t/ 《発音注意》(→ ❷)(♦ 同音語 sweet) 名 C
❶ (ホテルなどの)一続きの部屋, スイート(ルーム)；《米》アパート ‖ a honeymoon ~ ハネムーン用スイートルーム / a ~ of rooms (ホテル・アパートなどの)一続きの部屋
❷ /+米 su:t/ 一組の家具 ‖ a bathroom [bedroom] ~ 浴室[寝室]用の家具一式 / a three-piece ~ ソファーの3点セット《ひじかけいす2つとソファー》 ❸ (一般に)一組, ひとそろい ❹〘楽〙組曲 ‖ orchestral ~*s* 管弦楽組曲 ❺《通例単数・複数扱い》従者の一行, 随(行)員 ‖ in the ~ of ... …に随行して ❻ 💻スイート製品《ワープロ・表計算・データベースなど複数のアプリケーションが組み合わされた製品パッケージ》
suit·ing /sú:ṭɪŋ/ 名 U 服地, スーツ地
suit·or /sú:ṭər/ 名 C ❶《堅》(女性への)求婚者 ❷〘経営〙企業を買収(しようと)している人[会社] ❸〘法〙起訴者, 原告
su·ki·ya·ki /sù:kijá:ki/ 名 U すき焼き(♦ 日本語より)
Suk·koth /súkəs/, **-kot** /sukɔ́:t/ 名 (ユダヤ教の) 仮庵(かりいお)の祭り《秋の収穫を祝い, 祖先がエジプト脱出後荒野をさまよったことを記念する》
sul·fa, 《英》**-pha** /sʌ́lfə/ 形〘化〙スルファニルアミドの；〘薬〙サルファ剤の
sul·fa·nil·a·mide /sʌ̀lfəníləmàɪd/ 名 U〘薬〙スルファニルアミド《細菌感染症治療薬》
sul·fate, 《英》**-phate** /sʌ́lfeɪt/ 名 C U〘化〙硫酸塩 ‖ copper [zinc] ~ 硫酸銅[亜鉛] / magnesium ~ 硫酸マグネシウム
sul·fide, 《英》**-phide** /sʌ́lfaɪd/ 名 C U〘化〙硫化物 ‖ ~ of iron 硫化鉄, 黄鉄鉱 / hydrogen ~ 硫化水素
sul·fite /sʌ́lfaɪt/ 名 C U〘化〙亜硫酸塩 ‖ sodium ~ 亜硫酸ナトリウム
sul·fon·a·mide /sʌlfá(:)nəmàɪd | -fɔ́n-/ 名 U〘薬〙スルホンアミド剤, サルファ剤
***sul·fur,** 《英》**-phur** /sʌ́lfər/ 名 U ❶〘化〙硫黄《非金属元素. 元素記号 S》(♦ 米英共に化学用語としては sulfur とつづるのが標準) ‖ Those hot springs stink of ~ all the time. あの温泉はいつも硫黄のにおいがする ❷ 硫黄色, 黄緑色 ❸ C〘虫〙モンキチョウ
一動 他〘化〙…を硫黄で処理する
▸▸ **~ dióxide** 名 U〘化〙二酸化硫黄, 亜硫酸ガス
sul·fu·re·ous /sʌlfjúəriəs/ 形 硫黄の(ような), 硫黄を含む；硫黄色の
sul·fu·ret·ed /sʌ́lfərèṭɪd | -fju-/ 形 硫化した ‖ ~ hydrogen 硫化水素
sul·fu·ric /sʌlfjúərɪk/ 形 硫黄の, (6価の)硫黄を含む
▸▸ **~ ácid** 名 U〘化〙硫酸
sul·fu·rous /sʌ́lfərəs/ 形 ❶ 硫黄の(ような), 硫黄を含む ❷ 硫黄[淡黄]色の ❸ 地獄の火の(ような), 激しい
▸▸ **~ ácid** 名 U〘化〙亜硫酸
sulk /sʌlk/ 動 自 (へそを曲げて)物も言わない, すねる, ふくれる 一名 C《しばしば the ~s》《英》すねること, ふくれっ面 ‖ get the ~*s*＝go into a ~ すねる / have [OR be in] a ~ すねている
sulk·y /sʌ́lki/ 形 不機嫌な, ふくれた, むっつりした；すぐすねる ‖ a ~ child 駄々っ子 一名 (複 **sulk·ies** /-z/) C サルキー《特にレース用の, 1人乗り1頭立て二輪軽馬車》
súlk·i·ly 副 **súlk·i·ness** 名
sul·lage /sʌ́lɪdʒ/ 名 U ❶ ごみ, 下水, 汚物, 廃物 ❷ 沈泥, おり
***sul·len** /sʌ́lən/ 形 ❶ むっつりした；怒って黙り込んだ, 不機嫌に押し黙った, 気難しい, すねた(↔ genial) ‖ a ~ look 不機嫌な顔つき / a ~ disposition 気難しい気質 / ~ teenagers 世をすねたティーンエイジャー ❷《文》(天候などが)陰うつな, 陰気な；(色などが)くすんだ, 地味な；(音などが)沈んだ；(川の流れなどが)のろい, 不活発な ‖ a ~ sky どんよりした空 **~·ly** 副 **~·ness** 名
sul·ly /sʌ́li/ 動 (**-lies** /-z/ ; **-lied** /-d/ ; **~·ing**) 他《文》〔純潔・名誉など〕を傷つける, 汚す(disgrace)；…を汚くする
***sul·phur** /sʌ́lfər/ 名《英》＝sulfur **~·ous** 形
sul·phu·ric /sʌlfjúərɪk/ 形《英》＝sulfuric
***sul·tan** /sʌ́ltən/ 《発音注意》名 C ❶ スルタン《イスラム教団の君主》 ❷《the S-》(昔の)トルコ皇帝 ❸〘鳥〙スルタン《トルコ原産の白い鶏》 **sul·tán·ic** 形 **~·shìp** 名
sul·tan·a /sʌltǽnə | -tá:nə/ 名 ❶ C スルタンの妻[側室, 母, 姉妹, 娘] ❷ U サルタナ《地中海地方産の種なしブドウ；その干しブドウ》
sul·tan·ate /sʌ́ltənèɪt | -ət/ 名 C スルタンの位[治世]；スルタンの領土, イスラム教国
sul·try /sʌ́ltri/ 形 ❶ 蒸し暑い, うだるように暑い；焼けつくような ‖ ~ weather 蒸し暑い陽気 ❷ (特に女性が)情熱的な, 激しい；官能的な **-tri·ly** 副 **-tri·ness** 名
‡sum /sʌm/(♦ 同音語 some《強》)

―名 (複 ~s /-z/) C ❶《通例形容詞を伴って》金額 ‖ a **large** [small] ~ of money 多額[少額]の金 / 「a huge [OR an enormous] ~ 巨額の金 / I was fined the ~ of £500. 500ポンドの罰金を科せられた / for the ~ of $30 30ドルで
❷《the ~》〈…の〉**合計**, 総計, 総数[量], 総額; すべて, 総体 (sum total) 〈**of**〉 ‖ So what's the grand ~? それで総計はいくらになりますか / This is the ~ (**total**) *of* my entire life. 私の全生涯はこんなものだったんだ (♥ 総じて不満足な結果に終わったときに「集約」の意味で) / The whole is greater than the ~ *of* its parts. 全体は個々の部分の総和より大である / a **lump** ~ 総額 / the ~ due 支払総額
❸《the ~》(加算の結果としての) **和**;〖数〗(無限級数の)和; 和集合 ‖ The ~ of 1 and 2 is 3. 1と2の和は3である ❹ 算数の問題; 計算;《~s》算数(arithmetic) ‖ do a ~ in one's head 暗算をする / I can't do my ~*s*. 簡単な計算ができない / I have never been good at ~*s*. 昔から算数が苦手だった ❺《the ~》要点, 要旨, 骨子; 概要, 梗概(こう がい) ‖ the ~ and substance of his argument 彼の主張の骨子
in súm NAVI 要するに (⇨ NAVI表現 9) ‖ *In* ~, there is no place like home. 要するに, 我が家に勝る所はないということだ
―動 (~s /-z/; **summed** /-d/; **sum·ming**)
―他 ❶《+目+**up**》…を**要約する**, …の要点を述べる (summarize);〖法〗(裁判官が)〔証拠・事件など〕の要点を(陪審員に) 陳述する ‖ Let me ~ *up* today's main points. NAVI 今日の要点をまとめてみましょう / Please ~ it *up* in one word. それを一言で要約してください
❷《+目+**up**》(事柄などが)…の特徴をよく表す, …の好例である ‖ A real go-getter — that (just) about ~*s* him *up*. なかなかのやり手 — 彼を要約するとそんなところだ
❸《+目+**up**》〔人柄・状況など〕を素早く判断する, 一目で見抜く(size up) ‖ He *summed up* the situation. 彼は状況を素早く見てとった ❹〔数量・金額など〕を**合計する**《***up***》‖ ~ (*up*) bills 勘定を合計する
―自 ❶《+**up**》要約する, 要点を述べる;〖法〗(裁判官が)(事件などの) 要点を (陪審員に) 陳述する ‖ I'd like to ~ *up* by saying that you've all done a fine job this year. 皆さんは今年実に素晴らしい仕事をしたと言ってまとめにしたいと思います ❷ (数量・金額などが) 合計して〈…に〉なる, 総計で〈…に〉達する〈**to, into**〉‖ Your marks ~ *to* 90. あなたの点数は合計で90点です
to sùm úp 《文頭で》NAVI 要約すれば, つまり ‖ *To* ~ *up*, this theory does not hold because it has a circular argument. 要するに, 循環論法になっているのでこの理論は成り立たない
▶▶ **~ tótal** 名《the ~》合計, 総計; すべて, 全部

su·mac(h) /ʃúːmæk, súː-/ 名 C〖植〗ウルシ《ウルシ属の木の総称. ウルシ・ハゼ・ヌルデなど》; U スマック《これらの木の乾燥した葉の粉末. 皮のなめし・染料用》

Su·ma·tra /sumáːtrə/ 名 スマトラ島《インドネシア西部マレー半島の南にある島》 **-tran** 形 名

Su·mer·i·an /sumériən | -mɪ́ər-/ 形 シュメール人[語]の
―名 C シュメール人; U シュメール語

sum·ma cum lau·de /sʌ̀mə kʌm lɔ́ːdi | sʊ̀maː kʊm láudeɪ/ 副 形《主に米》最優等で[の]《大学などの卒業証書に記される語句》(◆ ラテン語より)

sum·mar·i·ly /səmérəli | sʌ́mərɪ-/ 副 ❶ 要約して, 手短に ❷ 即座に;〖法〗略式で

***sum·ma·rize,** +《英》**-rise** /sʌ́məràɪz/ 動〔◁ summary 名〕他 …を要約する (✎ sum up; encapsulate), …の大要を述べる ‖ The present state of affairs is well ~*d* in his review. 現状は彼の論評に余すところなく要約されている
―自 要約する ‖ *To* ~, the present tight condition of Japanese finance may cause serious problems in our daily lives. NAVI まとめると, 現在の日本の財政の窮状は我々の生活に深刻な問題を引き起こしかねないということだ (⇨ NAVI表現 9)
sùm·ma·ri·zá·tion, -rìz·er 名

***sum·ma·ry** /sʌ́məri/ 名〔▶ summarize 動〕(複 **-ries** /-z/) C 要約, 概略, まとめ (⇨ SHORT 類語) ‖ Make a one-page ~ of your report. レポートの要旨を1ページにまとめなさい / give a ~ of a plan 計画の概略を示す / in ~ NAVI 要約すると (⇨ NAVI表現 9) / a news ~ ニュースの要約
―形《限定》❶ 即時の, 即座の;〖法〗(裁判が)略式の, 即決の, 陪審によらない ‖ ~ justice 略式裁判 / a ~ court 簡易裁判所 / take ~ action against ... …を略式起訴する ❷ 概略の, 手短な, かいつまんだ ‖ a ~ financial report 手短な財政報告
-ri·ly 副 **-ri·ness** 名

sum·ma·tion /sʌméɪʃən/ 名 U C ❶ 加算, 合計;《通例単数形で》要約, 総括 ❷《米》〖法〗最終弁論

NAVI 表現 9. 要約・結論を表す

話が長くなった場合, 聞き手・読み手の理解を助けるために, 情報を要約したり, 結論を短く述べたりすることがある. 以下のような要約・結論の表現に着目すると, 話し手・書き手の主張を明確にとらえることができる.

■ **話を要約する in sum, to sum up, to summarize, in summary**
‖ One of the most effective ways of advertising our product is to broadcast a TV commercial. Another way would be to air a radio commercial. Still another strategy is to advertise on the Internet. *To summarize*, there are three main ways to motivate people to buy our product. 我が社の製品を宣伝するのに最も効果的な方法の1つはテレビCMを流すことだ. また, ラジオでCMを流すという方法もある. さらにインターネットで広告を出すという手もある. つまり, 購買意欲をかき立てるのに大きく3つの手段があるということだ

▶ **文形式の表現**
It can be summarized as follows: (以下のように要約することができる)

■ **結論を述べる in conclusion, to conclude, anyway**
‖ Computers can help people work effectively. One good point about computers is that they can store a huge amount of information that can be retrieved very quickly and flexibly. However, data can be suddenly destroyed, in the worst case, even by a slight concussion. *In conclusion*, computers are helpful to us in many ways but one should bear in mind that they are not always perfect. コンピューターのおかげで効率的に仕事ができる. コンピューターの利点の1つは大量の情報を高速かつ柔軟に検索できる形で保存できることだ. しかしながら, 最悪の場合, 少しの衝撃で突然データが消えてしまうことがある. 結論としては, 多くの点でコンピューターは有用だが, 必ずしも完璧(かんぺき)ではないということに留意すべきだ / *Anyway*, you are not allowed to go to the party. とにかく, パーティーへ行くことは許しません (♥ 口語表現. 論点が広がりそうな場合に話をまとめて結論を述べる)

▶ **文形式の表現**
We come to the conclusion that ... (…という結論に達した), **These results lead to the conclusion that ...** (この結果, …という結論が得られる)

‡sum·mer /sʌ́mər/ 名 動

—名 (複 ~s /-z/) ❶ U C《しばしば無冠詞単数形または the ~》夏, 夏季《北半球では通例6-8月. 天文学的には夏至から秋分まで》; 暑い時期; (1年を2分して)暖かい半年 (→ winter); 《形容詞的に》夏の; 夏らしい, 夏向きの (⇨ SPRING) ‖ It's ~! 夏だ / How are you going to **spend** your ~? 夏のご予定は / **in** (the) ~ 夏に[は] / **in** the ~ of 2013 2013年の夏に / during the ~ 夏の間(♦ 通例無冠詞だが, 限定詞がつく場合や in, during の後には the を置くことが多い) / late [early] ~ 晩[初]夏 / this [**last**, next] ~ 今年[昨年, 来年]の夏に[は](♦ 前置詞を伴わず副詞的に用いる) / five ~*s* ago 5年前の夏 / high ~ 真夏 / a long, hot ~ 長くて暑い夏(♥「暴動などが起こりやすい夏」の意味をも表す) / (the) ~ **vacation** [《英》**holidays**] 夏休み, 夏期休暇 / ~ clothes 夏服 / a ~ resort 避暑地 / in the ~ term 夏学期に
❷《the ~》盛り, 壮年期 ‖ in the ~ of one's life 人生の盛りに
❸ C《通例 ~s》《数詞を伴って》《文》(若い人の)年, 年齢 ‖ a girl of seventeen ~*s* 17歳の少女
—動 自〈…で〉夏を過ごす, 避暑をする〈**at, in**〉‖ We usually ~ *at* a beach resort. 私たちはたいてい海辺のリゾートで夏を過ごす
—他〔家畜〕を夏の間〈…に〉放牧する〈**at, in**〉
▶▶ ~ **càmp** 名 C U《主に米》(児童の)サマーキャンプ ~ **hòuse** 名 C ①《米》避暑用別荘 ② =summerhouse ~ **púdding** 名 C U《英》フルーツプディング《夏の果物とパンで作る柔らかいプディング》 ~ **schòol** 名 C U 夏期学校[講習] ~ **sólstice** 名《the ~》夏至 (→ solstice) ~ **squásh** 名 C U セイヨウカボチャ ~ **stóck** 名 U《主に米》(劇・ミュージカルなどの) 夏の出し物[上演] ~ **tìme** 名 U《英》夏時間(《米》daylight-saving time)

súmmer·hòuse 名 C (庭園などにある)あずまや

sum·mer·sault /sʌ́mərsɔ̀ːlt/ 名 動 =somersault

súmmer·tìme 名 U 夏期, 暑中

sum·mer·y /sʌ́məri/ 形 夏の; 夏らしい; 夏向きの

sùmming-úp 名 (複 **summings-**) C 要約; 〘法〙説示《判事が陪審に行う事件の要点の説明》

‡sum·mit /sʌ́mɪt/

—名 (複 ~s /-s/) C ❶ (山などの)**頂上**, 頂, 最高点 (↔ base) ‖ snow-crowned ~*s* 雪を頂いた山頂 / **reach** [climb to] the ~ 頂上まで到達する[登る]
❷ (先進国)**首脳会談[会議]**, サミット; 《the ~》首脳級のレベル; 《形容詞的に》首脳級の ‖ **at** the Geneva ~ ジュネーブサミットにおいて / a ~ **meeting** [OR conference] =~ talks 首脳会談, サミット / the ~ communiqué 首脳会談でのコミュニケ ❸《the ~》〈物事の〉絶頂, 頂点〈**of**〉‖ at the ~ *of* one's powers 権力の絶頂にあって

sum·mit·eer /sʌ̀mɪtíər/ 名 C 首脳会談参加者[国]

sum·mit·ry /sʌ́mɪtri/ 名 (複 **-ries** /-z/) U C《米》首脳会談の開催(による国際的協議)

***sum·mon** /sʌ́mən/ 動 他 ❶ **a** (+目)(特に権威を持つ者が)…を〈…に〉呼びつける, 呼び出す, 呼ぶ; 〈裁判所に〉…の出頭を求める, …を召喚する〈**to**〉‖ The company ~*ed* the shareholders *to* a general meeting. 会社は株主を総会に召集した / ~ a defendant *to* court 被告に法廷への出頭を命じる **b** (+目+**to** *do*)〔人〕に…することを要求する, 勧告する ‖ The witness was ~*ed* *to* appear in court. 証人は出廷するよう要請された
❷〔議会など〕を(緊急に)召集する ‖ A cabinet council was hastily ~*ed*. 急きょ閣議が召集された / ~ the Diet 国会を召集する ❸〔力・勇気など〕を奮い起こす《**up**》‖ He ~*ed up* the courage to ask Sarah for a date. 彼は勇気を奮いサラをデートに誘った ❹ (+目+**up**)〔考えなど〕を呼び起こす, 喚起する (conjure up; evoke) ‖ Her perfume ~*ed up* memories of my mother. 彼女の香水の香りが母の思い出を呼び覚ました ❺〔援助・援軍など〕を求める, 得ようとする
~**·a·ble** 形 ~**·er** 名 C 呼び出す人, 召喚者
語源 *sum-* secretly + *-mon* warn: こっそりと警告する

sum·mons /sʌ́mənz/ 名 (複 ~**·es** /-ɪz/) C 呼び出し, 召集; 〘法〙(法廷への)召喚(状), 出頭命令(書) ‖ serve a ~ on ... …に召喚状を発する
—動 他《通例受身形で》〘法〙召喚される, 出頭を命じられる

sum·mum bo·num /sʊ̀məm bóunəm/ 名《ラテン》(=the highest good)《the ~》至上善, 最高善

su·mo /súːmou/ 《アクセント注意》名 U 相撲(sumo wrestling); C 力士(sumo wrestler)(♦ 日本語より)

sump /sʌmp/ 名 C ❶ (水・油などをためる) 穴; 汚水だめ ❷《英》(エンジンなどの)油だめ, オイルパン(《米》oil pan) ❸〘採〙集水坑

sump·tu·ar·y /sʌ́mptʃuèri | -əri/ 形《限定》❶ ぜいたくを禁止の ❷ (宗教[道徳]的に)行動を規制する

sump·tu·ous /sʌ́mptʃuəs/ 形 ❶ ぜいたくな, 豪華な ❷ 立派な, 壮麗な ~**·ly** 副 ~**·ness** 名

‡sun /sʌn/ (♦ 同音語 son) 名 動

—名〔▶ sunny 形〕(複 ~s /-z/) ❶《the ~, the S-》**太陽**, 日(♦ (1) 関連する形容詞は solar. (2) 代名詞で受けるとき, 《古》や詩では he を使うことがあるが, 現代ではふつう it を用いる) ‖ The ~ rises in [*from] the east and sets in the west. 太陽は東から昇り西に沈む / The ~ was **shining** bright. 太陽が明るく輝いていた / The ~ ⌈came up [went down]. 太陽が昇った[沈んだ] / the ~'s rays 太陽光線 / the rising [setting] ~ 昇る[沈む]太陽, 朝日[夕日, 落日] / a bright [burning, dazzling] ~ 明るい[照りつける, まぶしい]太陽(♦ 修飾語がついて特定の状態の太陽を指す場合にはしばしば不定冠詞を伴う)
❷ U《しばしば the ~》日光, 陽光; 日なた, 日の当たる場所 (↔ shade) ‖ Lying on the beach, he felt the warm ~ on his back. 海岸に寝そべり, 彼は背中に暖かい日差しの当たるのを感じた / Too much ~ can cause skin cancer. あまり日に当たりすぎると皮膚癌(がん)を引き起こすことがある / **in** the ~ 日なたで
❸ C 恒星 (fixed star) ❹ C《文》(輝き・素晴らしさなどで)太陽に比すべきもの; 栄光, 全盛 ❺ C《文》日, 年
a place in the sun ⇨ PLACE(成句)
against the sún 〘海〙左回りに, 時計と反対回りに
càtch the sún 《英》日焼けする(《米》get some sun)
thìnk the sùn shìnes òut (of) a pèrson's árse [OR ***báckside, behínd***] 《英俗》(人を)崇拝する, (人に)欠点がないと思い込む, 後光が差しているように見ている
under the sún ① この世の[で] ‖ *There is nothing new under the* ~. 日の下に新しきものなし(♦ 聖書の言葉) ② すべての, いろいろな ‖ I tried everything *under the* ~. ありとあらゆることをすべて試した
with the sún ① 太陽とともに, 日の出[入り]とともに ‖ I get up *with the* ~. 私は日の出とともに起きる ②〘海〙右回りに, 時計回りに
—動 (~s /-z/; **sunned** /-d/; **sun·ning**) 他 …を日光に当てる, 日光で干す; 《~ oneself で》日光浴をする, 日なたぼっこをする ‖ A cat is *sunning itself* on the roof of the car. 1匹の猫が車の屋根で日なたぼっこをしている
▶▶ ~ **bèar** 名 C〘動〙マレーグマ (Malay(an) bear) **Sún Bèlt** 名《the ~》=Sunbelt **Sún Bòwl** 名〘アメフト〙サンボウル《米国テキサス州エル=パソで毎年開催される大学対抗フットボール試合》 ~ **crèam** 名 C U《英》日焼け止めクリーム ~ **dànce** 名 C (北米先住民の)太陽の踊り ~ **dèck** 名 C ① (客船の)上甲板 ② 日光浴用のベランダ[テラス] ~ **gòd** 名 C 太陽神, 日の神 ~ **hàt** 名 C 日よけ帽 ~ **hèlmet** 名 C 日よけヘルメット ~ **lòunge** 名 C《英》=sunroom ~ **pòrch** 名 C =sunroom ~ **protéction fàctor** 名 C 日焼け防止指数《日焼け止めをつけているときとつけていないときの日

S

焼けにかかる時間の割合》 ~ **vìsor** 名 C (自動車の)日よけ板, サンバイザー

Sun. 略 Sunday

sún·bàked 形 ❶ (れんがなどが)日干しの;天日で乾燥させた ❷ (場所が)日差しの強い

sún·bàth 名 C 日光浴 ‖ take a ~ 日光浴をする

*__sún·bàthe__ 動 自 日光浴をする

-bàther 名 **-bàthing** 名 U 日光浴

sún·bèam 名 C 太陽光線, 日光

sún·bèd 名 C =tanning bed

Sún·bèlt 名 《the ~》サンベルト《米国南部から南西部の陽光に恵まれた温暖な地域》

sún·blìnd 名 C 《英》(窓の)日よけ

sún·blòck 名 U C 日焼け止めクリーム[オイル]

sún·bònnet 名 C (子供や昔の女性用の)日よけ帽

*__sún·bùrn__ 名 U (炎症を起こすほどの)日焼け

― 動 (**-burnt** /-t/ OR **~ed** /-d/; **~·ing**) 自 他 《受身形で》(炎症を起こすほど)日焼けする

sún·bùrned, sún·bùrnt 形 ❶ (炎症を起こすほど)日焼けした ❷ 《英》(人・肌が)日焼けして魅力的な

sún·bùrst 名 C ❶ (雲の切れ間などから急に差す)日差し ❷ 日輪型;日輪型のブローチ

sun·dae /sʌ́ndeɪ, -di/ 名 C サンデー《ナッツ・生クリームなどをのせてシロップをかけたアイスクリーム》

:Sun·day /sʌ́ndeɪ, -di/

― 名 (複 **~s** /-z/) ❶ U/C 《しばしば無冠詞単数形で》**日曜日**《週の第1日で, キリスト教徒の主日で安息日. 略 Sun.》‖ We go to church on ~*s*. 私たちは毎週日曜日に教会に行く / October 31 is on a ~ this year. 今年は10月31日は日曜日に当たる / on ~ 日曜日に (♦ 文脈によって「毎週日曜日」「前の日曜日」「次の日曜日」のいずれにもなる. ⇨ PB 73) / on a ~ ある日曜日に / every ~ 毎週日曜日に / next ~ = 《英》on ~ next 次[来週]の日曜日に / last ~ = 《英》on ~ last この前[先週]の日曜日に / the ~ 「after next [before last] 再来週[2週間前]の日曜日

❷ C 《通例 ~s》《英口》日曜新聞

❸ 《形容詞的に》日曜日の, 休日の;日曜日(のみ)に行われる;(衣服などが)(日曜日の礼拝に出かけるときのような)よそ行きの, とっておきの;(日曜日だけにする)素人の ‖ on ~ nights 毎週日曜日の夜に (♦《米口》では on を省略することがある) / ~ newspapers 日曜新聞 / a ~ carpenter 日曜大工 / a ~ painter 日曜画家

― 副 《主に米口》日曜日に;《~s》日曜日ごとに, 毎週日曜日に ‖ See you ~. じゃあ日曜日にね / Few stores are open ~*s* here. ここでは日曜日に開いている店はほとんどない

▸▸ ~ **bést** [**clóthes**] 名 《one's ~》《英》晴れ着, よそ行きの着物 ~ **dríver** 名 C (休日にしか運転しない)下手なドライバー ~ **púnch** 名 C 《主に米口》〖ボクシング〗最強打;(一般に)最も効果的な対抗措置 ~ **schòol** 名 C U (教会の)日曜学校

Sùnday-gò-to-méeting 形 《米口》(服装などが)よそ行きの, 最上の

sun·der /sʌ́ndər/ 動 《文》 他 …を〈…から〉分ける;…を裂く, 切断する〈**from**〉 ― 自 分かれる, 分離する;裂ける

sún·dèw 名 C 〖植〗モウセンゴケ《食虫植物》

sún·dìal 名 C 日時計

sún·dòwn 名 《主に米》=sunset

sún·dòwner /-dàʊnər/ 名 C 《口》❶ 《英・南ア》夕暮れ時に飲む1杯の酒 ❷ 《豪・ニュージ》放浪者《特に夕暮れ時に牧場に着いて宿を求める人を指す》

sundial

sún·drènched 形 《限定》(場所が)さんさんと陽光を浴びた

sún·drèss 名 C サンドレス《肩や背中を開けた夏用のワンピース》

sún·drìed 形 《限定》(果物などを)天日で乾かした, 日干しにした

sun·dries /sʌ́ndriz/ 名 複 雑多なもの, 雑事

*__sun·dry__ /sʌ́ndri/ 形 《限定》種々の, いろいろな;雑多な ‖ ~ goods [OR articles] 雑貨 / pencils, erasers and ~ items 鉛筆, 消しゴムその他いろいろなもの

― 名 (複 **-dries** /-ɪz/) ❶ ⇨ SUNDRIES ❷ 《豪》〖クリケット〗=extra

all and sundry ⇨ ALL 形 (成句)

sún·fìsh 名 (複 ~ OR **~·es** /-ɪz/) C 〖魚〗❶ マンボウ (mola) ❷ サンフィッシュ《北米原産の淡水魚》

*__sún·flòwer__ 名 C 〖植〗ヒマワリ ‖ ~ seeds ヒマワリの種

:sung /sʌŋ/ 動 sing の過去分詞

Sung /sʊŋ/ 名 形 〖中国史〗宋(の)

sún·glàss 名 C ❶ 《~es》サングラス ❷ 集光レンズ

*__sunk__ /sʌŋk/ 動 sink の過去・過去分詞の1つ

― 形 《叙述》《口》お手上げの, 破滅した, 途方に暮れた ‖ If he doesn't pay me the money he owes me, I'm ~. 彼が貸した金を返済してくれなければ, 私はお手上げだ

*__sunk·en__ /sʌ́ŋkən/ 形 ❶ 《限定》水底に沈んだ, 沈没した ‖ a ~ ship 沈没船 / search for ~ treasure 沈んだ宝物を探す ❷ 《限定》沈下した, (周囲より)1段低い ‖ a ~ garden 沈床園《テラスなどに囲まれ周囲より低い庭園》 ❸ (頰(ほお)が)やせこけた, (目が)落ちくぼんだ ‖ He has ~ cheeks. 彼は頰がこけている / an old man with deep-~ eyes 目の落ちくぼんだ老人

sún-kìssed 形 《通例限定》(場所・気候が)陽光が降り注ぐ;(人が)日焼けした

sún·làmp 名 C ❶ 太陽灯, 紫外線ランプ《医療・美容用》 ❷ 反射鏡付きランプ《写真・映画撮影用》

sun·less /sʌ́nləs/ 形 ❶ 太陽が差さない;日の当たらない ❷ 暗い, 陰気な

:sún·light

― 名 U 太陽の光, **日光**, 陽光 ‖ Our garden gets a lot of ~. うちの庭は日当たりがよい / bright ~ 明るい日の光 / direct ~ 直射日光 / a shaft [OR ray] of ~ (一条の)太陽光線 / a pool of ~ 日だまり

sún·lìt 形 《通例限定》日光に照らされた, 日の当たる

sun·loun·ger /sʌ́nlàʊndʒər/ 名 C 《英》日光浴用の折り畳み式いす

sunlounger

Sun·ni /sʊ́ni/ 名 (複 ~ OR **~s** /-z/) U スンニ[スンナ]派《イスラム教の二大宗派の1つ》;C スンニ派信徒(→ Shia)

▸▸ ~ **Tríangle** 名 《the ~》スンニ派三角地帯《イラクのバグダッド北西にあるスンニ派住民が多数を占める地域》

sun·nies /sʌ́niz/ 名 複 《豪口》=sunglasses

Sun·nite /sʊ́naɪt/ 名 =Sunni ― 形 《通例限定》スンニ派信徒の

*__sun·ny__ /sʌ́ni/ (♦ 同音語 sonny) 形 〔◁ sun 名〕(**-ni·er**; **-ni·est**) ❶ 太陽の照っている, (雲一つない)晴天の (↔ dull) ‖ ~ skies 晴れ渡った空, 晴天 / a ~ spring day うららかな春の日 ❷ 日当たりのよい (↔ shady) ‖ a ~ room facing (the) south 南向きの日当たりのよい部屋 ❸ 明るい, 快活な, 陽気な(↔ gloomy) ‖ David takes a ~ view of things. デービッドは物事をいい方にとる / a ~ disposition [OR nature] 明るい性格 / with a ~ smile 明るくほほ笑んで **-ni·ly** 副 **-ni·ness** 名

▸▸ ~ **sìde** 名 《the ~》① 日の当たる側 ② (事態の)明るい面 ‖ look on the ~ *side* of life 人生を楽観視する

sùnny-sìde úp 形 《叙述》《米》(卵が)目玉[片面]焼きの ‖ fry an egg ~ 卵を目玉焼きにする

sún·ràay 名 C 日光;太陽光線

*__sún·rìse__ 名 C 《通例単数形で》日の出(の光景), 朝焼け;U 日の出時, 暁(↔ sunset) ‖ go to work before [at]

～ 日の出前[時]に仕事に出かける

▶▶**～ industry** 名 C 成長産業

***sún·ròof** 名 C ❶ サンルーフ《自動車の開閉式屋根》 ❷ 日光浴のできるビルの平らな屋上

sún·ròom 名 C 《主に米》日光浴室, サンルーム

***sún·scrèen** 名 U C 形 日焼け止め(の) ‖ a ～ lotion 日焼け止めローション

***sún·sèt** 名 ❶ C 日没, 日暮れ ; 日没の光景, 夕焼け(空) ; U 日没時, 日暮れ時(↔ sunrise) ‖ watch a beautiful ～ 美しい夕焼けを眺める / come home after [at about] ～ 日が暮れてから[日没ごろに]帰宅する ❷ C 《the ～》終末, 終局, 晩年 ‖ the ～ of his life 彼の晩年 ❸ C (法律の)満了, 満期失効

——動 (**-set·ted** ; **-set·ting**) 自 (法律などが)満了になる, 満期失効する ——他 〔法律〕を満期失効させる

——形 ❶ 日没時の ; (色が)夕焼け色の ❷ 斜陽の, 終わりが近い ❸ 〖法〗満期の ; 満期失効の

▶▶**～ industry** 名 C 斜陽産業 **～ provìsion** 名 C 《米》サンセット条項《更新しない限り満期失効することを定めた法文条項》

sún·shàde 名 C 日よけ用のもの《窓の日よけなど》; 日傘, パラソル ; 《～s》サングラス《特に通常の眼鏡・レンズの上に装着するもの》

:sún·shìne

——名 U ❶ **日光**, 陽光 ; 日の当たる場所, 日なた ‖ There was no ～ in the room. その部屋には少しも日が当たっていなかった / play **in** the ～ 日なたで遊ぶ

❷ 晴天 ‖ in rain or ～ 晴雨にかかわらず

❸ 快活, 陽気, 明るさ(をもたらす人[もの]) ‖ bring ～ into her life 彼女の生活に明るさをもたらす

❹ 《英口》あなた, 君(♥ 親しげに呼びかけたり, ときに威嚇するのに用いる)

-shìny 形

▶▶**～ làw** 名 C 《米》サンシャイン法, 会議公開法《政府・州機関の会議と記録の一般公開を義務づける法律》

sún·spòt 名 C 太陽黒点

sún·stròke 名 U 日射病

sún·sùit 名 C サンスーツ《日光浴のときなどに着る, 子供用の簡単な遊び着》

sún·tàn 名 C 《通例単数形で》(健康的な)日焼け

▶▶**～ lòtion [òil]** 名 C U 日焼けローション[オイル]

sún·tànned 形 日焼けした

sún·tràp 名 C 《英》(風よけのある)日だまり

sun·up /sʌ́nʌp/ 名 U 《主に米》日の出(時)(sunrise)

Sun Yat-sen /sʊ̀n jɑːtsén | -jæt-/ 名 孫逸仙(そんいっせん) (1866-1925)《中国の政治家孫文(Sun Wen)の字(あざな)》

sup[1] /sʌp/ 動 (**supped** /-t/ ; **sup·ping**) 他 自 《北イング》《旧》(スープなどを)すする(sip), ちびちび飲む, さじで(少しずつ)食べる[飲む]《***up***》 ——名 C ひとすすり

sup[2] /sʌp/ 動 (**supped** /-t/ ; **sup·ping**) 自 《旧》夕食をとる

sup. 略 superior ; 〖文法〗superlative ; supplement(ary) ; supply ; supra

***su·per** /súːpər/ 形 《比較なし》《口》極上の, 飛び切りの, 最高の, 並外れた, 素晴らしい ‖ He's the ～ authority on Chinese history. 彼は中国史の最高権威だ / That's ～! それはすごい, 最高だ / You look ～ in that suit. そのスーツを着ると最高に格好いいよ

——副 《口》非常に, とても ; 特別に, 極度に ‖ My girlfriend is ～ smart. 僕の彼女はとても頭がいい

——名 ❶ C 《口》監督[管理]者 ; 《米》(ビル・アパートの)管理人 ; 《英》警視(superintendent) ❷ C 《口》〖劇・映〗エキストラ, 端役(supernumerary) ❸ C 《米》特級品, 極上品, 特大品 ❹ U 寒冷紗(かんれいしゃ)《本の背を補強する目の粗い綿布》 ❺ U ハイオクタンガソリン ❻ U 〖農〗過リン酸肥料 ❼ C (ミツバチの巣の)重ね箱

——間 《口》素晴らしい(excellent)

▶▶**Súper Bòwl** 名 《the ～》スーパーボウル《全米プロフットボールリーグ(NFL)の王座決定戦》 **Sùper Túes·day** 名 U 《米口》スーパーチューズデー《米国の多くの州で大統領選挙の予備選挙が行われる通例3月の第2火曜日》

super- /suːpər-/ 接頭 《名詞・形容詞・動詞などにつけて》 ❶ 「上方, 上部」の意 ‖ *super*impose, *super*structure ❷ 「…を超える ; …より大きい[優れた] ; 過剰に…な」の意 ‖ *super*man, *super*market, *super*sensitive

sùper·abúndance 名 U/C 《通例 a ～》《堅》過剰, 過多 **-abúndant** 形

sùper·án·nu·àte /-ǽnjueɪt/ 動 他 ❶ …を(老齢・病弱のため)退職させる, 年金を与えて退職させる ❷ …を旧式[時代遅れ]として廃する

sùper·án·nu·àt·ed /-ɪd/ 形 《通例限定》 ❶ 老齢で[年金を受けて]退職した ❷ 老朽化した ; 時代遅れの

sùper·àn·nu·á·tion /-ænjuéɪʃən/ 名 U ❶ (老齢・病弱による)退職 ❷ 《英》老齢退職年金 ; (給料から引かれる)年金の掛け金

▶▶**～ schème** 名 C 《英》老齢者年金制度

***su·perb** /supə́ːrb/ 《発音・アクセント注意》 形 ❶ 素晴らしい, 実に見事な, 飛び切り上等の, 優秀な(↔ inferior) ‖ a ～ wine 飛び切り上等のワイン / a ～ performance 実に見事な演技[演奏] ❷ 堂々たる, 壮大な, 荘厳な, 神々しい ‖ a ～ view 壮大な眺め ❸ ぜいたくな, 豪勢な ‖ a ～ dinner 豪勢なディナー **～·ly** 副

súper·bùg 名 C ❶ (抗生物質などの効かない)超耐性細菌 ❷ 《米》(殺虫剤で死なない)害虫 ; (特に)タバココナジラミ

súper·càlender 名 C スーパーカレンダー《紙に高度の光沢と滑らかさをつける機械》

——動 他 〔紙〕に光沢と滑らかさをつける

sùper·cárgo 名 (複 **～s, ～es** /-z/) C (商船の)積み荷監督者, 上(うわ)乗り

súper·càrrier 名 C 〖軍〗超大型航空母艦

súper·cèll 名 C 〖気象〗スーパーセル, 巨大積乱雲《非常

PLANET BOARD 73

on Sunday, on Sundays, on a Sunday のうちどれを使うか.

問題設定 「日曜日に」という意味の表現はいくつかあるが, どれが一般的か, また意味の違いはあるかどうかを調査した.

Q 次の(**a**)～(**c**)のどれを使いますか. (複数回答可)

(**a**) Father goes fishing **on Sunday**.

(**b**) Father goes fishing **on Sundays**.

(**c**) Father goes fishing **on a Sunday**.

(**d**) どれも使わない

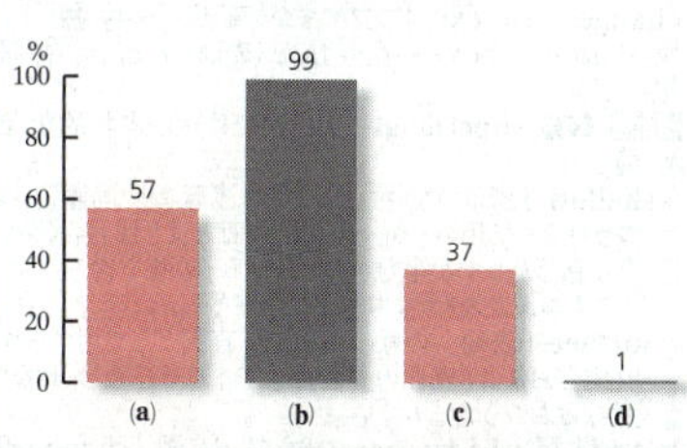

(**b**)の on Sundays はほぼ全員が使うと答えた. (**a**)の on Sunday を使うとした人は57%で, (**b**)と意味は変わらないとした人もいるが, かなりの人は, 「(**a**)は『次の日曜日』の意味であり, (**b**)の『毎週日曜日』と違って1回だけのことである」とした. (**c**)の on a Sunday を使うと答えた人は⅓強にとどまった. (**c**)は(**b**)と同じく「毎週日曜日」だという人が多かったが, 「日曜日に行くが毎週とは限らない」とした人もいた.

学習者への指針 「毎週日曜日に」の意味なら on Sundays を用いるのが一般的である. on Sunday も同じ意味で用いられるが, 文脈により「次の日曜日に」の意味になることもある.

に強い上昇気流を伴った巨大な空気のかたまり. 竜巻の原因にもなる》

sùper·centenárian 名 C 形 110歳以上の(人)

súper·cènter 名 C 《主に米》大型ショッピングセンター

súper·chàrge 動 他 ❶〔エンジン〕に過給する ‖ a ~*d* engine 過給エンジン ❷…に〈力・感情などを〉過剰に込める〈**with**〉

súper·chàrger 名 C (エンジンの)過給機, スーパーチャージャー

sùper·cíl·i·ous /-síliəs/ 形 尊大な, 横柄な, 高慢な **~·ly** 副 **~·ness** 名

súper·clùster 名 C 〘天〙超銀河団[群]《複数の銀河団[群]の集まり》

súper·compùter 名 C スーパーコンピューター, スパコン《高性能・超高速のコンピューター》

sùper·condúctive 形 超伝導の

sùper·conductívity 名 U 〘理〙超伝導《金属の電気抵抗が超低温で急激に減少してゼロに近づく現象》

sùper·condúctor 名 C 〘理〙超伝導体

sùper·cóntinent 名 C 超[原]大陸《現在のように分裂する前に存在していたとされる大陸》

sùper·cóol 動 〘化〙自 過冷却する《液体を凍らせずに氷点以下に冷却する》 ━他…を過冷却する
━形《口》❶非常に魅力的[印象的]な ❷非常に冷静な

sùper·dú·per /-dú:pər/ 形《口》《戯》=super

sùper·égo 名 (複 **~s** /-z/)《通例 the ~》〘精神分析〙超自我《親や社会規範で作られる, 自我を抑える良心》

su·per·er·o·ga·tion /sù:pərèrəgéɪʃən/ 名 U 義務以上の働きをすること

su·per·e·rog·a·to·ry /sù:pərɪrá(:)gətɔ̀:ri | -rɔ́gətəri/ 形 ❶義務以上の働きをする ❷余分の, 余計の

***su·per·fi·cial** /sù:pərfíʃəl/《アクセント注意》形〔▶ superficiality 名〕(**more ~** ; **most ~**) ❶表面的な, うわべだけの(↔ profound) ; 皮相な(↔ thorough) ; 浅はかな(↔ serious)(⇨ 類語) ‖ Don't be deceived by a ~ resemblance. 表面的な類似にごまかされるな / That incident turned our ~ friendship into a deep one. その偶発事が私たちの表面的な友情を深いものにした(♥「偽りの」という意味はない) / a ~ knowledge of modern art 近代美術に関する浅はかな知識 / a ~ reading 浅い読み方 / a ~ young man 軽薄な若者
❷表面の ; (傷などが)表面だけの(↔ deep) ‖ ~ area 表面積 / a ~ wound 外傷
❸(変化などが)ささいな, 重要でない, 影響の少ない ‖ ~ changes in a text 本文のわずかな変更 **~·ly** 副
語源 *super-* above + *-fici-* face (表面) + *-al* (形容詞語尾) : 表面上の

類語《❶》**superficial**「うわべ(だけ)の, 皮相的な, 浅薄な」.
shallow「深みのない, 浅はかな, 浅薄な」. 両語ともふつうけなして用いるが, shallow はしばしば「深く考えたり感じたりする能力が欠けている」の意を含み, マイナスのニュアンスがより強いことが多い.
surface「表面」の意の名詞が形容詞として用いられ, 文字どおりに「表面の」「表面上の」の意を表し, けなす意味はふつう含まれない.

su·per·fi·ci·al·i·ty /sù:pərfɪʃiǽləṭi/ 名〔◁ superficial 形〕U 表面的なこと, 浅薄, 皮相

súper·fìne 形 ❶(商品などが)極上の, 最高級の ❷(粉・繊維などが)非常にきめの細かい ❸洗練されすぎた, あまりに上品ぶる

su·per·flu·i·ty /sù:pərflú:əṭi/ 名 (複 **-ties** /-z/) ❶ U/C《通例単数形で》余分[余計]なこと[量] ; 過剰 ❷ C 余分なもの, 不必要なもの

su·per·flu·ous /supə́:rfluəs/ 形 ❶余分な, 過剰の ❷不必要な, 無駄な **~·ly** 副

súper·fòod 名 C スーパーフード《美容・健康に特によいとされる食品[食材]》

súper·fùnd 名 ❶ C 大型基金《大型プロジェクト用資金》❷《S-》《米》(政府保有の)産業廃棄物除去資金

Sùper-Ǵ, Sùper Ǵ 名 =supergiant ❷

súper·gàlaxy 名 C 〘天〙超銀河団[系]

súper·gèek 名 C スーパーギーク, 超マニア[おたく]

súper·gìant 名 C ❶〘天〙超巨星 (supergiant star) ❷(=~ **slàlom**)〘スキー〙スーパー大回転, スーパージャイアントスラローム《アルペン4種目の1つ》

súper·glùe 名 U《商標》スーパーグルー《瞬間接着剤》

súper·gràss 名 C《英口》(警察への)情報提供者

sùper·héat (→名) 動 他…を過熱する ; 〔蒸気〕を結露しない温度まで熱する ; 〔液体〕を過熱する《蒸発させずに沸点以上に加熱する》 ━名 /ˊ-ˋ-/ U 過熱(状態), 高温域

sùper·héavy·wèight 名 C 〘ボクシング〙スーパーヘビー級の選手

súper·hèro 名 (複 **~es** /-z/) C 超人, スーパーヒーロー

sùper·héterodyne 〘無線〙形 スーパーヘテロダインの《受信電波と装置が出す信号を合成し, その中間の周波数の信号を利用する受信方式》
━名 (=~ **recèiver**) C スーパーヘテロダイン受信装置

sùper·híghway /ˊ-ˋ-/ 名 C ❶《米》=expressway ❷情報スーパーハイウェイ(information superhighway)

sùper·húman 形 ❶超人的な, 人間離れした ❷超自然的な, 神業の

sùper·impóse 動 他 ❶…を〈…の上に〉置く〈**on, upon**〉❷…を〈…に〉付加する〈**on, upon**〉❸〘映〙〔字幕など〕を映像に重ねる **-imposítion** 名

sùper·incúmbent 形《文》上にある, 上に横たわる ; (圧力などが)上から加わる

sùper·inténd 動 他〔作業など〕を監督[管理]する

***sùper·in·ténd·ent** /-ɪnténdənt/ 名 C ❶監督者, 管理者 ‖ a park ~ 公園の管理人 ❷(公共機関の)長, 所長 ‖ a ~ of schools《米》(地方教育委員会の)教育長 ❸《米》警察署長《略 Supt.》;《英》警視(《米》deputy inspector)《略 Supt.》‖ a chief ~《英》警視正(《米》inspector) ❹《米》(建物の)管理人

‡su·pe·ri·or /supíəriər/
中心義 (Aが)より上の(★Aは「質」「数量」「地位」など多様)
━形〔▶ superiority 名〕(**more ~** ; **most ~**) (♦❷❺❼以外比較なし)(↔ inferior)
❶(+to 名)(質・価値・知識などが)…**より優れた**, より勝っている, より上等な, よりよい ‖ This carpet is much [OR far, ×very] ~ *to* [×than] that one. このじゅうたんはあれよりずっと上等だ / The child is far ~ *to* me in drawing. その子は絵を描くことについては私に断然勝る
❷(同種のものの中で)優れた, **優秀な**, 上等な ‖ a ~ wine 上等なワイン / a girl of ~ memory 記憶力の優れた少女 / a ~ conductor 優れた指揮者
❸(数量的に)勝った, より多数[量]の, 優勢な ‖ *Superior* numbers are often essential to victory. 勝利には数の上での優勢が欠かせないことがしばしばある / a large quantity ~ to our needs 我々の必要(量)を上回るたくさんの量
❹(地位・身分などが)〈…より〉**上位の**, 上級の, 高位の(↔ subordinate)〈**to**〉‖ A captain is ~ *to* a lieutenant. 大尉は中尉より上である / a ~ officer 上官, 上司 / a ~ court (of justice) 上級裁判所
❺偉ぶった, うぬぼれた, 高慢な ‖ with a ~ air 偉ぶって / adopt [OR take] a ~ attitude 尊大な態度をとる / give a ~ smile 偉そうな笑みを浮かべる
❻(場所・位置などが)上にある, 上部の ; 〘解〙(器官が)ほかの器官の上部にある, 上位の, より頭部に近い ; 〘植〙(萼(がく)が)子房の上にある, (子房が)萼から遊離している ; 〘天〙(惑星が)地球軌道より太陽から遠い[外側の] ; 〘印〙(数字・文字などが)上付きの《X^2の2など》‖ the ~ maxilla 上あご, 上顎(じょうがく)部 / ~ planets 外惑星
❼《叙述》影響されない, 左右されない, 屈服しない ‖ be ~ to temptation 誘惑に負けない

—名 (複 **~s** /-z/) C ❶より偉い人, 上官, **上役**, 上司; **目上の人**, 先輩 ‖ A captain is a lieutenant's ~. 大尉は中尉の上官である / I'd consult my **immediate** ~ first. 私ならすぐ上の上司に相談するね / a ~ in age 年上の人 ❷ (修道院などの) 長 ‖ the Father [Mother] *Superior* 男子[女子]修道院長 ❸〚印〛上[肩]付きの数字[文字] (superscript)
▸▸**~ plànet** 名 C〚天〛外惑星《地球より太陽から遠い軌道を回る惑星》(↔ inferior planet)

Su·pe·ri·or /supíəriər/ 名 **Lake ~** スペリオル湖《北米五大湖の最西端にある世界最大の淡水湖》

*****su·pe·ri·or·i·ty** /supìəriɔ́(:)rəṭi/ 名 〔◁ superior 形〕 U ❶〈能力・質・数量などの点で〉勝っていること〈**in**〉, 〈…に対する〉優越, 優勢, 優位 (↔ inferiority) 〈**over, to**〉 ‖ We all recognize their ~ *in* producing these components. これらの部品の製造における彼らの卓抜さはだれもが認めるところだ / We're debating the ~ of brains *over* brawn. 知恵は力に勝るかどうか討論中だ / have a sense of (one's own) ~ (*to* others) (他人に対して) 優越感を抱く ❷ 高慢, 尊大 ‖ with an air of ~ 偉そうに
▸▸**~ còmplex** 名 C 優越感; 優越複合

*****su·per·la·tive** /supə́ːrləṭɪv/ 形 ❶最高の, この上ない, 至高の; 過度の, 大げさな ‖ The New York critics gave his work ~ praise. ニューヨークの批評家たちは彼の作品に最大級の賛辞を呈した / a ~ piece of pottery 陶器の最高傑作 ❷〚文法〛最上(級)の (→ positive, comparative) ‖ the ~ degree 最上級 / a ~ adjective [adverb] 最上級の形容詞[副詞]
—名 ❶ C《通例 ~s》最大級の言葉, 誇張した表現 ‖ a string of ~*s* 最大級の賛辞の連発 / speak [OR talk] in ~*s* 誇張して話す, 大げさに言う ❷《the ~》〚文法〛最上級; C 最上級の語(形) ‖ an adjective in the ~ 最上級の形容詞 ❸ C 最高の[完璧(かんぺき)な]人[もの]
~·ly 副 この上なく, 最高に

súper·lìner 名 C 高速の大型豪華客船

súper·majòrity 名 C U (3分の2あるいは5分の3などの)圧倒的多数

súper·màn /-mæ̀n/ 名 (複 **-mèn** /-mèn/) C ❶ 超人, スーパーマン; 《S-》スーパーマン《米国の漫画の主人公》❷〚哲〛(ニーチェの唱えた)超人(Übermensch)

*****súper·màrket** 名 C スーパーマーケット, スーパー (❗「スーパー」は和製語. super と略さない) (⇨ STORE 類語P)

súper·màx 形 (刑務所などが)特に警備の厳しい

súper·mòdel 名 C スーパーモデル《国際的に活躍する人気ファッションモデル》

su·per·nal /supə́ːrnəl/ 形《主に文》❶天の, 天空の ❷ この世のものと思われない, 至上の

*****sùper·nátural** ◁ 形 超自然の; 霊的な, 神秘的な; 信じられないような, 神業的な ‖ ~ beings 超自然的存在 / ~ powers 超自然力 —名《the ~》超自然的現象[存在], 超自然力, 神秘, 不可思議な力, 魔力 ‖ a belief in the ~ 超自然信仰 **~·ism** 名 **~·ly** 副

sùper·nórmal ◁ 形 ❶ ふつう以上の, 並々ならぬ ❷ =paranormal

sùper·nóva 名 (複 **~s** /-z/ OR **-novae** /-nóuviː/) C〚天〛超新星

su·per·nu·mer·ar·y /sùːpərnjúːmərèri | -əri/ ◁ 形 ❶ 定員以上の; 余計な ❷ 臨時(雇い)の, 端役の
—名 (複 **-ar·ies** /-z/) C ❶ 定員外の人 ❷ 臨時雇い; 〚劇〛エキストラ, 端役(《口》super)

sùper·órdinate 形 ❶ (地位・階級が) 上位の (→ subordinate) ❷〚言・論〛上位概念の —名 C〚言〛上位語《car, bus, truck に対する vehicle など》

sùper·phósphate 名 C U 過燐酸(かりんさん)塩[肥料]

sùper·póse 動 他 …を〈…の上に〉置く, 重ねる; 〚数〛〔図形など〕を〈…に〉重ね合わせる〈**on, upon**〉 **-posítion** 名

*****súper·pòwer** 名 C 超大国 ‖ an economic ~ 経済超大国

sùper·sáturate 動 他〚化〛〔溶液・気体〕を過飽和させる **-saturátion** 名

sùper·scálar 形 💻(アーキテクチャーが) スーパースカラーの, 同時に複数の指令が実行できる

súper·scrìbe /ˌ--ˊ-/ 動 他 ❶〔文字など〕を上[表面]に書く[彫る] ❷〔あて名など〕を(封筒などに)書く

súper·scrìpt 〚印〛形 (数字などが) 上付きの —名 C 上付き数字[文字] (X^2 の2, 3^n の n など) (↔ subscript)

sùper·scríp·tion /-skrípʃən/ 名 ❶ U 上に書くこと ❷ C 上書き, あて名, 表題, 銘

*****sùper·séde** /-síːd/ 動 他《堅》…に取って代わる, …の地位を奪う (♦しばしば受身形で用いる)
-séssion 名 U 取り替え, 交替, 更迭, 破棄

súper·sìze 形《限定》超大型の —動 他 自 (…を) 超大型にする[なる], (人を)肥満にさせる[する]

sùper·sónic ◁ 形 超音速の ‖ (a) ~ aircraft 超音速機

sùper·sónics 名 U 超音速学

súper·stàr 名 C スーパースター, 超人気俳優[歌手, スポーツ選手など]

súper·stàte 名 C 超国家《政治的に単一の単位に結びついた国家群》; 超大国(superpower)

*****su·per·sti·tion** /sùːpərstíʃən/ 名 U C 迷信〈**about** …に関する / **that** 節 …という〉; 迷信的行為[習慣] ‖ There's an old ~ *that* cracking a mirror brings you bad luck. 鏡を割ると不幸になるという古い迷信がある / break down a ~ 迷信を打破する

sùper·stí·tious /-stíʃəs/ ◁ 形 迷信の, 迷信に基づく; 迷信深い **~·ly** 副 **~·ness** 名

súper·stòre 名 C スーパーストア, 超大型小売店

súper·strìng thèory 名 C U〚理〛超弦[ひも]理論《弦理論(string theory)を発展させた理論》

súper·strùcture 名 (↔ substructure) U C ❶ 上部構造《建築物の基礎より上の部分, あるいは一般に何かの上に構築されたもの》❷〚海〛上部構造《主甲板より上の構造物》❸ (政治・社会構造の)上部構造

súper·tànker 名 C 超大型タンカー

súper·tàx 名 U C 特別付加税(surtax)

súper·tìtle 名 C《通例 ~s》スーパータイトル《(オペラで) 舞台上方のスクリーンに映し出される字幕》
—動 他 …にスーパータイトルをつける

sùper·unléaded /-ʌnlédɪd/ 名 U 形 ハイオクタン無鉛ガソリン(の)

sùper·véne /-víːn/ 動 自《堅》(支障をきたすようなことが)不意に発生する, 付随して生じる

*****súper·vìse** /-vàɪz/ 動 他〔作業(員)など〕を監督[管理]する, 統率[指揮]する ‖ ~ extracurricular activities 課外活動を監督する —自 監督する, 指揮する

*****sùper·vísion** 名 U 監督, 管理, 統率, 指揮 ‖ under the ~ of a doctor 医師の管理の下に
▸▸**~ òrder** 名 C《英》〚法〛監督命令《保護観察官などによる監督を付託する》

*****súper·vì·sor** /-vàɪzər/ 名 C ❶ 監督[管理]者, 統率[指揮]者 ❷《米》〚教育〛教科指導主事; 《英》(大学(院)生の)個別指導教員, チューター ❸《米》町政行政官

su·per·vi·so·ry /sùːpərváɪzəri/ ◁ 形 監督[管理]の

súper·wòman 名 (複 **-wòmen**) C《口》仕事と家庭を両立させている女性, スーパーウーマン

su·pine /súːpaɪn/ 形 ❶ あお向けの[に寝た] (↔ prone); 手のひらを上にした ❷ 無気力な, 怠惰な **~·ly** 副

‡**sup·per** /sʌ́pər/
—名 (複 **~s** /-z/) ❶ U C **夕食**(の時間), 晩餐(ばんさん)《1日の最後にとる食事. dinner より略式で量の少ないもの》; 夜食 ‖ Why don't you come to ~ tonight? 今夜, 夕食に来ないかい / **have** [OR **eat**] an early ~ 早目に夕食をとる / have sukiyaki **for** ~ 夕食にすき焼きを食べる / **eat** a good ~ おいしい夕食を食べる (♦形容詞がついて内

容・種類を表す場合はⒸ)
❷Ⓒ(社交的な)夕食会 ‖ a church ～ 教会の夕食[晩餐]会, 愛餐会
sìng for one's súpper (食事などの)お返しに働く, 応分の仕事をする
▸▸～ **clùb** 名Ⓒ サパークラブ《高級ナイトクラブ》

súpper·tìme 名Ⓤ 夕食時

suppl. 略 supplement, supplementary

sup·plant /səplǽnt|-plɑ́ːnt/ 動 他 ❶ (特に力ずくや策を巡らして)〔人〕に取って代わる, …の地位を奪う ❷〔物事〕に取って代わる

sup·ple /sʌ́pl/ 形 ❶ しなやかな, 柔軟な ❷ 順応性のある, 融通のきく; (頭が)柔軟な ❸《文》従順な, 素直な; 言いなりになる ―動 他 …をしなやか[柔軟]にする
～·ly 副 =supply² **～·ness** 名

*__sup·ple·ment__ /sʌ́plɪmənt/《発音注意》(→ 動) 名〔▶ supplementary 形〕Ⓒ ❶〈…への〉補足[補充]物, 追加物;〈本などの〉補遺, 増補, (別冊)付録〈**to**〉; (新聞などの)増補版, 特集版 ‖ a ～ *to* an encyclopedia 百科事典の補遺 / read the Sunday ～*s* 日曜の特集版を読む ❷ (ビタミン・ミネラルなどの) 栄養補助剤, サプリメント ‖ take vitamin ～*s* ビタミンの補助剤を飲む ❸ 追加[割増]料金; 付加支給金 ❹《数》補角, 補弧
―動 /sʌ́plɪmènt/ 他 …を〈…で〉補充する, 補う〈**with, by**〉; …に補遺[付録]をつける ‖ ～ one's diet *with* vitamin A 日常の食事をビタミンAで補う / ～ one's income *by* working in the evenings 夜働いて収入を補う **sùp·ple·men·tá·tion** 名ⓊⒸ 補足, 補充(物)

sup·ple·men·tal /sʌ̀plɪméntəl/ ◁ 形 =supplementary

*__sup·ple·men·ta·ry__ /sʌ̀plɪméntəri/ ◁ 形〔◁ supplement 名〕❶ 補充する, 補足の; 追加の; 付録の, 補遺の ‖ ～ reading 補足的読み物, 副読本類 ❷《数》補角の ‖ a ～ angle 補角
―名Ⓒ 補充[追加]する人[もの], 補足質問
▸▸～ **bénefit** 名Ⓤ (英国政府によるかつての) 生活保護 (♦現在は income support)

sup·pli·ant /sʌ́pliənt/ 形 名Ⓒ《堅》嘆願[懇願]する(人)
～·ly 副

sup·pli·cant /sʌ́plɪkənt/ 名 形《堅》=suppliant

sup·pli·cate /sʌ́plɪkèɪt/ 動 自 他《堅》(人・神に)嘆願する〈**for** …を / **to** *do* …することを〉‖ ～ *for* mercy 慈悲を請う

sup·pli·ca·tion /sʌ̀plɪkéɪʃən/ 名《堅》❶Ⓤ 嘆願, 哀願 ❷ⓊⒸ 祈願
súp·pli·ca·tò·ry /, ―――――/ ◁ 形 嘆願の, 哀願の

*__sup·pli·er__ /səpláɪər/ 名Ⓒ 供給者[会社], 供給国, サプライヤー

⁑sup·ply[1] /səpláɪ/《発音注意》動 名

―動 (**-plies** /-z/; **-plied** /-d/; **～·ing**)
―他 ❶〔必要なもの〕を〈人に〉与える, **供給する**, 支給する, 補給する〈**to, for**〉;〔人〕に〈必要なものを〉与える, 供給する〈**with**〉(⇨ PROVIDE 類語) ‖ A journalist's role is to ～ a fair and timely account of events. ジャーナリストの使命はさまざまな事件についての公正かつ迅速な記事を提供することだ / Oxygen must be constantly *supplied to* the brain. 脳には常に酸素が供給されなければならない / Convenience stores ～ customers *with* a wide range of services. コンビニは顧客に広範なサービスを提供している (♦《米》では with を省略した 目+目 の文型をとることもある)
❷〔必要など〕を満たす;〔不足など〕を埋め合わせる, 補う ‖ Parents ～ their children's needs. 親は子供が必要なものを与える / The company *supplies* almost all the city's gas demand. その会社は市のガス需要のほとんどすべてをまかなっている / ～ a deficiency [loss] 不足[損失]を補う
❸《古》(教会などで)〔地位〕を代わって占める
―名 (複 **-plies** /-z/) ❶Ⓤ **供給**, 支給, 補給;《経》供給 (↔ demand) ‖ The U.S. increased its ～ of fuel and food to the country. 米国はその国への燃料と食料の補給を増やした / Prices in free markets are set by the law of ～ and demand. 自由市場の価格は需要と供給の原理によって決まる (♦日本語と逆の語順で使うことが多い) / ～ routes 補給ルート
❷Ⓒ 供給物; 供給数[量];〈供給物の〉蓄え, 備蓄, 在庫〈**of**〉‖ The city's **water** ～ is in grave danger. その町の給水事情は深刻な危機に直面している / cut off oil *supplies* to a country ある国への石油の供給を止める / an increase in the ～ *of* food 食料供給量の増加 / an adequate ～ *of* water 水の十分な供給量 / A new ～ *of* copier paper will be delivered tomorrow morning. 新しいコピー用紙は明日の朝届きます / Your ～ *of* amusing stories is endless. 君は面白い話のねたをいくらでも持っているね
❸Ⓒ (**-plies**) **生活必需品**;《軍》補給品《食糧・衣服・武器・弾薬・器材・輸送機関など》‖ Relief *supplies* reached the stricken areas. 救援物資が被災地に到着した / medical *supplies* 医薬品 / lay in *supplies* for the winter 冬に備えて必要なものを買いだめする
❹Ⓒ (**-plies**)《英》(議会の承認を得た)国費, 歳費
❺Ⓒ (一時的な)代理人; (特に)代理の聖職者[教師]
in shòrt supplý 供給が不足して
▸▸～ **chàin** 名ⒸⓊ《商》サプライチェーン, 供給販売網 ～ **lìne** 名Ⓒ 兵站(へいたん)線 ～ **tèacher** 名Ⓒ《英》臨時教員(《米》substitute teacher)

sup·ply[2] /sʌ́pli/ 副 しなやかに; 従順に

supplý-sìde 形《限定》《経》供給面[側]重視の (↔ demand-side) **-sider** 名 ▸▸～ **económics** 名Ⓤ 供給側(重視)の経済学[経済理論]

⁑sup·port /səpɔ́ːrt/ 動 名

中心義▸ Aを支える(★Aは「精神」「重量」「経済」など多様)

> 動 他 支持する❶ 支える❷ 扶養する❸
> 名 支持❶ 援助❷

―動 (**～s** /-s/; **～·ed** /-ɪd/; **～·ing**)
―他 ❶〔人・団体・考え方など〕を**支持する**(✎ back up), …に賛同する;〔困っている人など〕を支援する;〔人〕を精神的に支える, 力づける (↔ oppose) ‖ "May I ask what party you ～?" "I'm an independent." 「あなたの支持政党はどこですか」「私は無党派です」/ The public **strongly** ～*s* the governor's reforms. 大衆は知事の改革を強く支持している / What ～*s* us in trouble is our hope for the future. 困ったときに支えてくれるのは将来に対する希望だ
❷〔構造物など(の重量)〕を**支える**; (倒れたり落ちたりしないように) …を支える ‖ Massive wooden beams ～ the roof of the temple. 巨大な木の梁(はり)が寺の天井を支えている / The chair collapsed, unable to ～ the sumo wrestler's weight. 力士の体重を支えきれずにいすは壊れてしまった / Feeling dizzy, he leaned against the wall to ～ himself. めまいがしたので彼は壁にもたれて体を支えた
❸〔人・家族など〕を**扶養する**, 養う; …に金を出す ‖ My wife ～*ed* me when I was in college. 僕が大学生のとき妻が養ってくれた / She couldn't ～ herself on her modeling job alone. 彼女はモデルの仕事だけでは自活できなかった / ～ one's family 家族を扶養する / His work with refugees is ～*ed* by donations. 彼の難民支援運動は寄付金によってまかなわれている
❹〔生命・気力など〕を維持する;〔麻薬・ギャンブルなどの悪習〕を続ける ‖ Air and water are necessary to ～ life. 生命を維持するには水と空気が必要だ

❺ (土地が)〔人・動物など〕を養う, 生息させる ‖ The seemingly barren desert can actually ～ various forms of life. 一見不毛に見える砂漠にも実はいろいろな生物が生息している
❻ …を立証する, 裏づける, 確認する ‖ What he said was ～*ed* by physical evidence. 彼の言ったことは物的証拠で裏づけられた
❼〔主役〕の助演をする, わき役を務める ; (コンサートなどで)…の前座を務める (→ supporting) ❽《主に英》〔スポーツのチーム・選手〕を応援する, サポートする ❾《通例 cannot, couldn't とともに》…に耐える, 辛抱する ‖ I cannot ～ the heat. その暑さには耐えられない / She couldn't ～ life without hope. 彼女は希望のない生活に耐えられなかった ❿ 💻 (コンピューター・OSが)〔アプリケーションソフト・特定の言語など〕の利用を可能にする, …をサポートする ; (アプリケーションソフトが)〔特定のOS・プラットフォーム〕を動作環境として指定する, サポートする, …上で動作する
—名 (複 **～s** /-s/) Ⓤ ❶ 〈…への〉**支持**, 支援, 賛同 ; 精神的な支え, 励まし〈**for**〉; Ⓒ 支持者, 励ましてくれる人 (↔ opposition) ‖ The candidate is getting a lot of grass-roots ～. その候補者は草の根レベルで多大な支持を集めている / drum up ～ 多くの支持を得る / My family **gave** me a lot of ～ when I was in the hospital. 私が入院していたとき, 家族が大きな精神的支えになってくれた / Thank you. You have been a great ～. ありがとう. とても励ましてくれたね
❷ (金銭的・物質的な)**援助**, 支援 ; 扶養, 生活の糧 ‖ **provide** financial ～ 財政援助する / Our campaign to raise money for the earthquake victims got a lot of ～. 地震の被災者のための募金運動にはたくさんの支援が集まった
❸ 支える[支えられる]こと ; Ⓒ 支えるもの, 支柱, 土台 ‖ That part of the floor needs extra ～. 床のその部分はもう少し補強が必要だ
❹ 裏付け, 確証 ❺ 援軍, 支援部隊 ‖ air ～ 空からの援軍 ❻ Ⓒ (運動用などの) サポーター ‖ a knee ～ ひざのサポーター ❼ Ⓒ《しばしば the ～》(コンサートなどでの) 前座のバンド[歌手] ❽ 💻 サポート《パソコン・周辺機器などを販売した後の顧客アフターサービス》
·in suppórt of ... …を支持して, …に賛成して
lènd suppórt to ... 根拠[証拠]を与える

COMMUNICATIVE EXPRESSIONS
[1] You **hàve our whóle-hèarted** [OR **fúll**] **suppórt.** 私たちは全面的にあなたを支持していますよ (♥ 支持を表明することで高い評価や応援・励ましを表す形式ばった表現. =We give you our full approval.)

語源 *sup-* under + *-port* carry, bear : …の下を運ぶ, …の下を持つ
▶▶ **～ gròup** 名 Ⓒ 互助[支援]グループ **～ price** 名 Ⓒ (政府補助金による農産物の) 最低保証価格 **～ sỳstem** 名 Ⓒ 支援体制

sup·port·a·ble /səpɔ́ːrṭəbl/ 形 ❶ 耐えられる, 辛抱できる ❷ 支えられる ; 支持できる

⁑sup·port·er /səpɔ́ːrṭər/
—名 (複 **～s** /-z/) Ⓒ ❶ 支持者, 援助者, 擁護者, 味方 (↔ opponent) ; 《主に英》(スポーツチームなどの) サポーター, ファン ‖ The stadium was packed with enthusiastic ～*s*. たくさんの熱狂的なサポーターが競技場に詰めかけていた / strong [OR staunch] ～*s* of a candidate 候補者の熱烈な支持者たち
❷ 支えるもの ; (運動用・治療用) サポーター ‖ an athletic ～ (運動選手用) (局部) サポーター ❸〔紋章〕盾持ち《両側に立って盾を支えている1対の動物[人物]の片方》

·sup·port·ing /səpɔ́ːrṭɪŋ/ 形《限定》❶ 助演の, わき(役)の ; 同時上映の ‖ a ～ actor 助演俳優 / a ～ part [OR role] わき役 ❷ (重さを)支えるための ❸ 裏付けとなる

·sup·port·ive /səpɔ́ːrṭɪv/ 形 (**more ～** ; **most ～**) 〈…を〉支える, 支援する ; 〈…に〉協力的な〈**of**〉‖ The workers were very ～ *of* each other. 労働者たちは互いにしっかりと支え合っていた / a ～ friend 支えになる友人

⁑sup·pose /səpóuz/

—動 (▶ supposition 名) (**-pos·es** /-ɪz/ ; **～d** /-d/ ; **-pos·ing**)《通例進行形不可》
—他 ❶ **a** 《+(**that**) 節》(たぶん)…**だと思う**, 考える, 信じる, 推測する (♦ that はしばしば省略される) ‖ His mother said he'd already left home, so I ～ he will be arriving pretty soon. お母さんがもう家を出たと言っていたから, 彼はもうすぐ着くだろう / When do you ～ we should leave? いつ出発したらいいでしょうか (♦ When should we leave? に Do you suppose がついた形で, ×Do you suppose when we should ...? とはならない) / It's not really your fault, I ～. それは本当はあなたのせいではないと思いますよ (♦《口》では I suppose の形で挿入句的に文中や文末に置かれることがある) / It is generally ～*d that* the senator will seek reelection. その上院議員は再選をねらっていると一般に思われている / There is no reason to ～ *that* he's telling the truth. 彼が本当のことを言っていると信じる根拠はない / "Do you think he will get a divorce?" "Yes, I ～ so. [No, I ～ not. = No, I don't ～ so.]" 「彼は離婚すると思うかい」「うん, たぶんね[いや, たぶんしないよ]」(♦ so, not は共に that 節 の代用)
b 《+目+ (**to be**) 補》…が…であると思う, 信じる ‖ I ～ him (*to* be) about fifty. (=I ～ (that) he is about fifty.) 彼は50歳ぐらいだろうと思いますが (♦《口》では (that) 節 を用いる方がふつう. ただしこの受身形である be supposed to ... は《口》でもよく使われる. → *be supposed to do* (↓)) / People all ～*d* him *to* be a man of integrity. 世間では皆彼が高潔な人物だと信じていた

語法 ☆☆ (1) I don't suppose ... の形で丁寧な依頼表現に使われることがある.〈例〉I don't *suppose* you could wait till tomorrow, could you? 明日まで待っていただけないでしょうか (♥ Could you wait till tomorrow? よりも婉曲的な言い方. またこの場合の付加疑問の主語は従属節の主語と一致する)
(2) suppose が話し手のいら立ちを表す場合がある.〈例〉I *suppose* you expect me to forget all about this. 私にこのことは全部忘れろというのですか
(3) suppose は話し手がしぶしぶ同意するときにも用いられる.〈例〉"We can't wait any longer. We must do it now." "I *suppose* so." 「これ以上は待てない, 今すぐ実行に移さないと」「そうだね(しょうがない)」

❷ **a** 《+**that** 節》…であると**仮定する**, 想像[推測]する (⇨ IMAGINE 類語) ‖ Let's ～, for the sake of argument, *that* he is guilty. 議論を進めるために, 彼が有罪だと仮定してみよう
b 《+目+**to be** 補》…が…であると仮定する ‖ *Suppose* the distance *to be* ten miles. その距離を10マイルと仮定せよ
❸《通例文頭で接続詞的に用いて》**a** もし…であるとすれば(if) (♦ 文型は《+(**that**) 節》で, that は通例省略. suppose が導く節は独立文になる場合と, 従属節になる場合とがある. → supposing) (⇨ IF 類語) ‖ *Suppose* you fail the exam. What then? もし試験に落ちたらどうする / *Suppose* you could have anything in the world, what would that be? もし世界中のどんなものでも手に入れることができるとしたらそれはどういうことか (♦ that 節 の中は実現の可能性があれば直説法, 現実にあり得ない場合には仮定法が使われる) / "Let's skip the afternoon classes." "*Suppose* the teachers find out?" 「午後の授業をサボろうよ」「もし先生に見つかったらどうするの」(=What if the teachers find out?) / "Do you really think it's right to raise taxes?" "*Suppose* I do?" 「増税が正しいと本当に思っているのかい」「思っていたら, どうだっていうの」

b …しよう，…したらどうか ‖ Everybody is tired. *Suppose* we call it a day. 皆疲れているから，今日はこれで終わりにしたらどうだろう（♥ Let's .... や Why don't we ...? よりも控えめな提案）/ "I'm broke!" "*Suppose* you found a job." 「一文なしだ」「仕事を見つけたらどうだい」（♥ found は仮定法過去で，控えめな気持ちを表す）

❹ **a** 《+目》…を前提とする，(必要条件として)…を想定している ‖ The finance minister's new fiscal plan ～*s* a continued increase in tax revenues. 財務大臣の新しい財政政策は税収が増え続けることを前提としている **b** 《+**that** 節》…ということを前提とする ‖ This plan ～*s that* there is enough food to go around. この計画は全体に行き渡るのに十分な食物があることを前提としている

be suppòsed to dó* （♦ この表現では通例 supposed to は /səpòustə/ と発音される）① (法律・約束・習慣などで) **…することになっている，しなくてはならない（→ CE 1）（♥ 言いづらいことや助言をする際に，この形で一般論を述べる言い方が好まれる．⇨ EXPECT 動 ❷b）‖ Doctors *are ～d to* report any child abuse case to the police. 医師は児童虐待があればすべて警察に報告する義務がある / You *were ～d to* wash the dishes. Why didn't you do it? あなたは皿洗いの当番だったのよ．どうして洗わなかったの ② **…するはずになっている** ‖ The government *is ～d to* reduce public spending by 10%. 政府は公共事業投資を10%削減することになっている / What are you doing here? You *are ～d to* be in bed. こんなところで何をしているの？ 寝ていなくては駄目じゃないか（♥ You should [must] ...や命令文の意味に近い）/ He *was ～d to* tell me, but I guess he forgot. 彼が私に知らせてくれるはずだったのですが，忘れてしまったようです（♥ しばしば意図したこと・予期したことが実際には起きなかったことに対するいら立ちを表す）/ *Aren't* you *～d to* be on a diet? ダイエット中ではなかったの？ ③ (一般に) …だと思われている，…といわれている（♦ 主に be supposed to be または be supposed to have *done* の形で用いる）‖ Japan *is ～d to* be one of the safest nations in the world. 日本は世界で最も安全な国の1つだといわれている / She *is ～d to* have finished college with honors. 彼女は大学を優等で卒業したという評判だ ④ 《否定文で》…してはいけない（♥ 婉曲的な禁止を表す）‖ You *are* not *～d to* go inside the building without permission. 許可なしに建物の中に入ってはいけない

COMMUNICATIVE EXPRESSIONS

1 **Am** [OR **Àren't**] **I suppòsed to** tàke òff my shóes in a Jàpanese hóuse? 日本の家では靴を脱ぐことになっているんでしょうか [脱がなくちゃいけないんですよね]（♥ 期待されていることや義務などを確認する．= Am [OR Aren't] I expected to ...?）

2 **What's thát suppòsed to mèan?** それはどういう意味だ；一体どういうつもりでそんなことを言うんだ（♥ 相手の発言が気に障ったり，いら立ちを覚えた際の反発を表す）

語源 *sup-* under + *-pose* put, pose：下に置く，見せかける，代える

:sup·posed /səpóuzd/

—形《比較なし》《限定》**たぶんそうだと思われている**，推定上の；想像上の，仮定の上での（♥「話し手がそれを疑っている」ことを含意）‖ the ～ killer 殺人犯と見られている人物 / a ～ threat 想定される脅威

***sup·pos·ed·ly** /səpóuzɪdli/ 《発音注意》副 たぶん，おそらく；《文修飾》一般に考えられているところでは，推定では ‖ The *Titanic* was ～ an unsinkable ship. タイタニック号は沈まない船と考えられていた / *Supposedly*, the murder took place at 8. 推定では，殺人は8時に起きたと考えられる

***sup·pos·ing** /səpóuzɪŋ/ 接《～ (**that**) 節 で》もし…ならば，…としたら（⇨ IF 類語）‖ "*Supposing* you had a million dollars, what would you do?" "But I don't." 「もし100万ドル持っていたとしたらどうする？」「でも持っていないもの」/ *Supposing* she comes with us. 彼女が一緒に来たらどうしよう（♦ 未来のことでも現在形を用いる）

sup·po·si·tion /sʌ̀pəzíʃən/ 名〔◁ suppose 動〕❶ U 想像；推測，憶測 ❷ C 〈…という〉推測に基づく考え，仮定，仮説〈**that** 節〉 **～·al** 形

sup·pos·i·to·ry /səpɑ́(ː)zətɔ̀ːri | -pɔ́zɪtə-/ 名（複 **-ries** /-z/）C 座薬（⇨ MEDICINE 類語P）

***sup·press** /səprés/ 《アクセント注意》動〔▶ suppression 名〕他 ❶〔暴動など〕を抑圧する，鎮圧する，鎮める，弾圧する（≒ put down）（↔ encourage）；〔団体・人など〕の活動を禁止する ‖ The uprising was soon ～*ed*. 反乱はすぐに鎮圧された / ～ human rights 人権を抑圧する ❷〔本など〕の発行を禁止する，…を発禁にする；〔情報・事実・証拠など〕を隠す（≒ hold back, hush up）（↔ reveal）‖ ～ a newspaper 新聞の発行を禁止する / ～ necessary information 必要な情報を差し止める / ～ the truth 真相を隠す，事実を隠蔽(いんぺい)する ❸〔笑い・あくびなど〕を抑える，こらえる；〔思い・感情など〕を押し殺す，抑圧する（≒ force [OR bite, choke] back）‖ ～ a yawn あくびをかみ殺す / ～ one's anger [appetite] 怒り[食欲]を抑える / ～ one's aggressive urges 攻撃的な衝動を抑える ❹〔出血・成長・機能など〕を止める ❺《無線》〔エコー・雑音など〕を除去する

～·i·ble 形 鎮圧[弾圧，禁止，抑制]できる

sup·pres·sant /səprésənt/ 名 C 反応抑制薬

sup·pres·sion /səpréʃən/ 名〔◁ suppress 動〕U ❶ 鎮圧，抑圧，弾圧；禁止 ‖ the ～ of free speech 言論の自由に対する弾圧 ❷ 発行[発表]禁止 ❸ 隠蔽 ❹ (感情などの)抑制 ❺ (出血・成長などを)止めること；《生》(突然変異の)抑制

sup·pres·sive /səprésɪv/ 形 鎮圧[弾圧]する；(発行などを)禁止する；抑制する

sup·pres·sor /səprésər/ 名 C 鎮圧[弾圧]者；(事実の)隠蔽者；(騒音の)抑制装置；《生》抑制遺伝子；《電》電波妨害防止装置

sup·pu·rate /sʌ́pjurèɪt/ 動 自 (傷が)化膿する，うむ

su·pra /súːprə/ 副《ラテン》(= above)《堅》上に，上方に；上記(↔ infra)

supra- /suːprə-/ 接頭「上に[の]；越えた」の意(↔ infra-) ‖ *supra*national

sùpra·nátional ◁ 形 超国家的な

sùpra·rénal ◁ 形《解》副腎(ふくじん)の，腎臓上の

—名 (= ～ glánd) C 副腎(adrenal gland)

su·prem·a·cist /suprémәsɪst/ 名 C (人種などの) 至上[優越]主義者 ‖ a white ～ 白人至上主義者

***su·prem·a·cy** /supréməsi/ 名〔◁ supreme 形〕U ❶ (ほかのすべてに対する)優越，優位；最高，至高 ❷ (権力などが)最高であること；主権，覇権 ‖ air ～ 制空権

:su·preme /suprí:m/ 《発音注意》

—形〔▶ supremacy 名〕（♦ 最上級の意味を含んでいるので通例比較なし）《通例限定》

❶ (権力・権威・地位などが)**最高の**，至高の(↔ lowest) ‖ a ～ order 至上命令 / the ～ commander 最高司令官 / the ～ law of a nation 国の最高法規 / ～ power 最高権力 / **reign** ～ 実権を握る，制覇する

❷ (質・程度などの点で)**最高の**，最大の，至上の，この上ない(↔ insignificant) ‖ It is of ～ importance that we reduce emissions of greenhouse gases. 温室効果ガスの排出を抑えることが何よりも重要だ / ～ wisdom 最高の英知 / ～ love 至上の愛 / a ～ effort 最大限の努力 / ～ happiness 最高の幸せ，至福 / make the ～ sacrifice 最大の犠牲を払う；一命をささげる

❸ (時機が)最も大事な，決定的な

～·ly 副 この上なく，最高に **～·ness** 名

▶▶**Suprème Béing** 名《the ～》至高の存在，神

Suprème Cóurt 名《the ～》①《米》連邦最高裁

判所；(州の)最高裁判所 ② 《s- c-》(国などの)最高裁判所 **Suprème Còurt of Júdicature** 名 《the ～》《英》(以前の)最高法院《控訴院(Court of Appeal)・高等法院(High Court of Justice)・刑事法院(Crown Court)からなる. 2005年に改組して高等裁判所(Senior Court)と改称》 **Suprème Còurt of the Ùnited Kíngdom** 名 《the ～》《英》連合王国最高裁判所《2009年設立》

su·pre·mo /suprí:mou/ 名 (複 **～s** /-z/) Ⓒ《英口》最高指導[権力]者

Supt., supt. 略 superintendent

sur-[1] /sə:r-/ 接頭 (→ super-)「(…の)上に, (…を)超えて, 付加的な」の意 ‖ *sur*face, *sur*realism, *sur*tax

sur-[2] /sə:r-/ 接頭 《r の前で》=sub- ‖ *sur*rogate

sur·cease /sə:rsí:s/ 《主に米》 名 Ⓤ《文》中止, 休止
—動 自 他 《堅》(…を)やめる, 終わる

sur·charge /sə́:rtʃɑ̀:rdʒ/ 名 Ⓒ ❶ 〈…の〉追加[割増]料金, 特別料金, サーチャージ；(不正申告した税の)追徴金〈**on**〉‖ There's a 20% ～ *on* taxi fares after 11 at night. 夜11時以降タクシー代は20%割増になる ❷ (切手の額面を変更するための)加刷
—動 他 ❶ [人]に〈…に対する〉追加料金[追徴金]を払わせる〈**on**〉 ❷ …に余分な負荷をかける, 荷を積みすぎる ❸ 〔切手〕に額面変更の加刷をする

sur·cin·gle /sə́:rsìŋgl/ 名 Ⓒ (馬の)腹帯

sur·coat /sə́:rkòut/ 名 Ⓒ ❶ (中世に騎士がよろいの上に着た)外衣；(騎士のしるしとして着た)そでなしの短い衣服 ❷ (15–16世紀ごろ女性の用いた)外衣

surd /sə:rd/ 名 Ⓒ 形 ❶ 《数》無理数(の)(irrational) ❷ 《音声》無声音(の)《/p/, /s/, /t/ など》

***sure** /ʃuər, ʃə:r | ʃɔ:, ʃuə/ 形 副

中心義 確かである(と思って)

—形 (**sur·er, more ～ ; sur·est, most ～**)

❶ 《比較なし》**確信して** (↔ unsure) (⇨ 類語) **a** 《叙述》確信して, 自信があって, 確かで ‖ "What's wrong with your girlfriend?" "I'm not ～."「君の彼女どうしたの」「さあ, わかりません」/ "I'm afraid the Dean has gone." "Are you ～?"「学部長はあいにく留守のようです」「確かですか」/ You don't sound very ～. あまり自信がなさそうですね

b 《+**of** [**about**] 名 / (**that**) 節》…を[…と]確信して, 自信があって；…を得られると確信して, 〔人柄など〕を信じて ‖ I'm ～ *of* my husband's innocence.=I'm ～ (*that*) my husband is innocent. 私は夫が無罪であると確信している / We **feel quite** [OR **pretty**] ～ *of* winning. 我々は勝利を確信している / He joined us just a month ago, and we are not really ～ *about* him yet. 彼はほんの1か月前に仲間に加わったばかりなので, まだ信用できるかどうかよくわからない / Are you ～ (*that*) Arthur is from Australia? 確かにアーサーはオーストラリア出身ですか / I'm not ～ *about* that. ちょっとよくわかりません(♥ 親しくない相手に対してや, かしこまった場面で不賛成を表す際に用いることが多い. また, とても褒められたときなどに照れ隠しで用いることもある)

c 《+**wh** 節 / **wh to** *do*》…を確信して(♦ 主に否定文・疑問文で用いる) ‖ I'm not ～「*what* time the show starts [*how* to begin]. 何時にショーが始まるか[どう始めたらよいのか]よくわかりません(♦ wh 節 の前に about, as to(…について)などがつくこともあるが省略されることが多い)

❷ **確かな**, 明確な(↔ uncertain)；しっかりとした；《限定》信頼できる(↔ unreliable) ‖ Ellen's promotion seems ～. エレンの昇進は確かなようだ(=It seems certain (that) Ellen will be promoted.) (♦ ×It seems [is] sure (that) Ellen will be promoted. とはふつういわない) / ～ proof 確かな証拠 / a ～ **sign** [OR indication] of rain 間違いなく雨の降るしるし / have a ～ hold [footing] (滑ったりしないように)しっかりと握る[立つ] / a ～ friend 信頼できる友人

❸ 《話者の確信を示して》 **a** 《+**to** *do*》**必ず[きっと]…する** ‖ She is ～ *to* say yes to your proposal. (=I am ～ (that) she will say ...) 彼女はきっと君のプロポーズにうんと言うよ / It is ～ *to* rain. きっと雨が降る

b 《+**of**》必ず[きっと]…する ‖ You can be ～ *of* setting a new record. 君は絶対に記録を更新するよ

❹ 失敗のない, 確実な ‖ the *surest* way to succeed 成功する最も確実な方法

*__a sùre thíng__ [OR **bét**] 《口》絶対に確かなこと(→ CE 5) ‖ It's *a* ～ *thing*. 確かにそうです；間違いありません(♥ 確信を表す)

be sùre to [《口》 ***and***] ***dó*** 《命令文で》必ず…しなさい ‖ *Be* ～ *to* [OR *and*] lock the door. 必ずドアに鍵(かぎ)をかけてください / I told him to *be* ～ *to* wait for me. 私は彼に必ず待つようにと言った

*__for súre__ 《口》 ① **確かに**, 間違いなく(♦ 位置は動詞の後ろ) ‖ I know *for* ～ he's right. 確かに彼は正しい ② 《叙述》確かで(→ CE 6) ‖ Baseball is more popular than soccer, that's *for* ～. 野球はサッカーより人気がある, 間違いなく / One thing is *for* ～, I'll never date her again. 1つ確かなことは, 彼女とは二度とデートしないということだ

*__màke súre__ ① **確かめる**, 確認する〈**of** …を / **that** 節 …ということを / **wh** 節 …かを〉‖ "Did you turn off the lights?" "I think so, but I'd better *make* ～."「電気を消したかい」「と思うけど確かめた方がいいな」/ I'll go and *make* ～ *when* the next train leaves. 次の列車がいつ出るか確かめてきます(♦ make sure に続く that 節 や wh 節 では未来のことを表すのにも現在形を用いるのがよいとされる) ② 〈…を〉確保する〈**of**〉;〈…であることを〉**確実にする**〈**that** 節〉‖ I *made* ～ *of* two seats for the

PLANET BOARD 74

sure を副詞として用いるか.

問題設定 sure を副詞として用いるかどうかを調査した.

Q "Do you think she is talented?" への応答として, 次の(**a**)～(**c**)のどれを使いますか. (複数回答可)

(**a**) Yes, she **sure** is.
(**b**) Yes, she **surely** is.
(**c**) Yes, she **certainly** is.
(**d**) どれも使わない

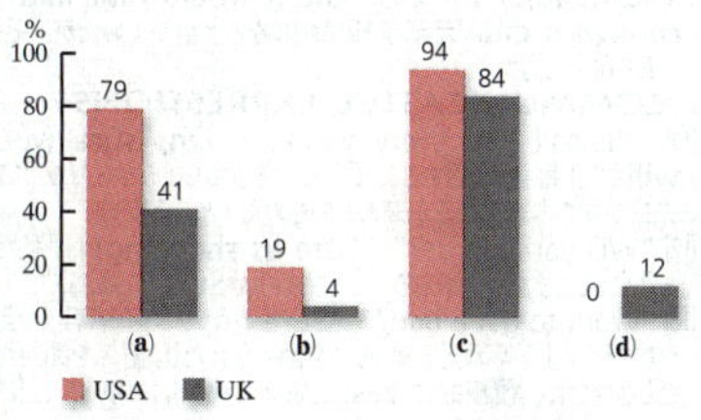

(**c**)の certainly を使うと回答した人が《米》《英》ともに最も多く, 全体の約9割だった. (**a**)の sure を用いる人は《米》で約8割, 全体の6割だった. sure のこの用法は《米》とされており, そうコメントした回答者が多いが, 《英》でも4割の人が使うと回答している. (**c**)は「堅い言い方」「意味が強い」, (**a**)は「くだけた言い方」「文法的に誤りかもしれないが一般によく聞かれる」などのコメントが多い. (**b**) の surely を用いる人は《米》《英》ともに少なく, 全体の1割強だった. 代わりの言い方として, Yes, she *definitely* is. があげられている.

学習者への指針 「確かに」「間違いなく」を表す副詞は正式には certainly だが, 口語では sure も用いられる.

concert. コンサートの席を2つ確保した / Please *make* ~ *that* you fasten your seat belt. 必ずシートベルトを締めてください

súre of onesèlf (自分の能力や考えに)自信がある

~~to be súre~~ ***to be súre*** 《通例 but の前で》**確かに**, なるほど(…だが) ‖ He has a clear head, *to be* ~, but he has no heart. なるほど彼は頭は切れるが心は冷たい

COMMUNICATIVE EXPRESSIONS

1 **Dòn't** [OR **I wòuldn't**] **be tòo súre.** そうじゃないかもよ;そうは言いきれないんじゃない(♥ 自信たっぷりの相手を諭す表現. 相手の見解にそれとなく反論・否定する際にも用いる)

2 **I wòuldn't be tòo súre about** the àccuracy of his éstimates. 彼の予測の正確性には確信が持てない(♥ 確信のないことを述べるややくだけた表現. ✐I'm not (really) sure about ....)

3 I dòn't knów, **I'm súre.** 本当に知らないんだ(♥ 強調)

4 **Lèt me** eláborate a lìttle móre to **màke** [OR **be**] **súre that** thère's nò misunderstánding. 誤解のないようにもう少し詳しい説明をさせてください

5 **Sùre thíng.** もちろんだとも;オーケー(♥ 承諾)

6 **Thàt's for (dàrn) súre.** 全くそのとおりだ(♥ 同意・賛同を表す)

7 **Wèll, I'm súre!** おやおや, おやまあ(♥ 驚きを表す)

8 **Whàt màkes you sò súre?** どうしてそんなに確信が持てるのかな(♥ 相手の思い込みに対する反発を表す)

9 **You can be súre of it.** 確かですよ;安心して(♥ くだけた表現. ✐There's [OR I've] no doubt about it.)

10 **You're àbsolutely** [OR **quìte**] **súre?** (絶対に)本当なの?(♥ 相手が確信を持っているかどうか確認するくだけた表現. =Definitely?)

—副《比較なし》《口》❶ **はい, もちろん**, いいとも(♥ 返答として. certainly よりもくだけた言い方);《米》いいんですよ(♥ お礼を言われた際の返答) ‖ "Can I leave my luggage here?" "*Sure.*" 「荷物をここに置いて行っていいかい」「もちろん」/ "Thank you for your help." "*Sure.*" 「手伝ってくれてありがとう」「いいんですよ」

❷《文頭で》確かに…だが;《米》**確かに**, きっと(⇨ PB 74) ‖ *Sure* Martin is competent, but he's lazy. 確かにマーティンは能力はあるが怠け者だ / Olivia is ~ nice. オリビアは確かに素敵だ / It ~ is cold. 本当に寒い

~~sùre enóugh~~ ***sùre enóugh*** 《口》(予期されたとおり)実際に, 案の定 ‖ The weather forecast said it would rain, and ~ *enough* it did. 天気予報は雨になると言っていたが, そのとおり降ってきた

COMMUNICATIVE EXPRESSIONS

11 "I'll càll you èvery wéek." "**Òh, súre** (you **wìll**)." 「毎週電話するよ」「ええ, そうでしょうとも」(♥「口先ばかりで本当にやるか疑わしいものだ」という皮肉)

12 "Will you jóin us?" "**Sùre as shóoting!**" 「私たちと合流しますか」「もちろんですとも」(♥Sure の強調)

13 "Wànt to gèt a bíte?" "**Sùre dó!**" 「何か(軽く)食べに行く?」「いいねえ」(♥ 何かを勧められたり, 好みを聞かれたときなどに, 積極的に Yes! と答える代わりに用いるくだけた表現)

~·ness 名 U 確信(していること), 自信, 確かさ;間違い[失敗]のないこと;信頼性

類語 《形 ❶》**sure** 「確信して」の意味では certain と互換的に用いられることも多いが, sure は確かだという主観的な確信の強さを表す.〈例〉I'm *sure* he didn't break the window. He is not such a rough boy. 彼が窓を割っていないことを確信している. 彼はそんな乱暴な少年ではないから

certain 裏付けや証拠があって確かだという, 客観的な確信を意味する.〈例〉I'm *certain* he didn't break the window. I did it myself! 彼が窓を割っていないことは確かだ. 僕がやったのだから

ただし次のような否定の文では sure と certain は同じ意味で用いられる.〈例〉I'm not *sure* [OR *certain*] if she will come to the party. 彼女がパーティーに来るかどうかはっきりとはわからない

confident 信念や信頼に基づく確信や自信を表す.

positive 積極的に正しさを信じて疑わない, 絶対にそうだという確信を表す. ときに過信・独断的になることもある.

súre-fìre 形《限定》《口》(方法などが)必ず成功する, 確かな

sùre-fóoted ⟨シ⟩ 形 ❶ 足下のしっかりした ❷ 間違いのない, 自信のある **~·ness** 名

***sure·ly** /ʃʊ́ərli | ʃɔ́ːli, ʃʊ́əli/

—副《比較なし》❶《文修飾》**確かに**, 必ず, きっと(♦ certainly が客観的証拠や事実に基づいているのに対し, surely は主観的希望的判断に基づいているという意味合いを持つ) ‖ This is ~ her best song. 確かにこれが彼女のいちばんいい歌だ(と思わないか) (=I am sure (that) this is her ....) / You're joking, ~? きっと冗談ですよね

❷《否定文で》**まさか**(♥ 疑い・驚きを表す) ‖ You ~ don't mean it? まさか本気じゃないでしょうね / "Keith has refused to help you?" "*Surely* not!" 「キースは君を手伝うのを断ったの?」「まさか断ってないわ」

❸ 間違いなく(きっと), 確実に, 着実に ‖ If he doesn't have an operation now, he will ~ die. 今手術を受けなければ, 彼は間違いなく死ぬだろう / slowly but ~ 徐々にではあるが着実に

❹《主に米方》いいとも, いかにも, もちろん(♥ 返答として)(→ sure 副 ❶) ‖ "Can I borrow your pen?" "*Surely.*" 「ペンを借りていいですか」「もちろん」

❺ 自信を持って ‖ speak ~ 自信を持って話す

COMMUNICATIVE EXPRESSIONS

1 **Thàt's wróng, súrely.** それは絶対に間違っています(♥ 強い反対を表す. =I can't agree.)

2 **You càn't méan thàt, súrely?** ⇨ MEAN[1] (CE 18)

sure·ty /ʃʊ́ərəti | ʃɔ́ːrə-, ʃʊ́ərə-/ 名 (複 **-ties** /-z/) U C ❶ 保証(金), 担保, 抵当(物件) ❷ (連帯)保証人, 身元引受人 ‖ stand ~ for her 彼女の保証人になる

*__surf__ /səːrf/ (♦ 同音語 serf) 名 U 寄せては砕ける波, 打ち寄せる波(のしぶき)(⇨ WAVE **類語**)

—動 自 ❶ 波乗りをする, サーフィンをする ‖ go ~*ing* サーフィンをしに行く ❷💻(ホームページなどを)見て回る

—他 ❶〔波〕に(サーフボードで)乗る ❷💻〔ホームページなど〕を見て回る

▸▸ **~ and túrf** 名 U《主に米》サーフ=アンド=ターフ《シーフードとステーキをセットにした料理. surf 'n' turf ともつづる》

***sur·face** /sə́ːrfəs | -fɪs/ 《発音・アクセント注意》 名 形 動

—名 (複 **-fac·es** /-ɪz/) ❶ C (物体の)**表面**, 外面, 表層;《the ~》**地面**, 地表 ‖ This road has 「a smooth [an uneven, a rough] ~. この道路は表面が滑らか[でこぼこ, ごつごつ]だ / a lot of depressions in the ~ 表面にある多くのくぼみ / explore the ~ of the moon 月面を探索する / the earth's ~ 地表

❷《the ~》**水面**, 海面 ‖ The submarine rose to the ~. 潜水艦は水面に浮上した / About seven-eighths of an iceberg is hidden below the ~. 氷山の約8分の7は水面下に隠れている

❸《the ~》**外見**, うわべ, ちょっと見たところ ‖ Bob looks rough, but you will find him very considerate beneath [OR below] the ~. ボブはがさつに見えるが, 内面はとても思いやりがあることがわかるだろう / Her resemblance to her mother stops at the ~. 彼女が母親に似ているのは表面だけだ

❹ C (家具の)上部の平たい面, (机などの)上板;作業スペース ‖ Keep your work ~ neat and tidy. (作業)机

の上はきちんと整理しておきなさい
❺ Ⓒ〘幾〙(点·線に対し)面;(立方体の)面(face);表面部, 表面積(surface area) ‖ A cube has six ~*s*. 立方体には6面ある / a plane ~ 平面
còme [OR ***rìse***] ***to the súrface*** ① 浮上する(→ 图 ❷) ② (隠れていたものが)表面化する, 明らかになる
on the súrface 表面上は, うわべは, 見たところは ‖ *On the* ~, things went on much the same. 一見事態はほとんど何の変わりもなく運んだ
****scràtch the súrface*** 〈…を〉表面的に扱う, 〈…の〉上っ面をなでる〈**of**〉 ‖ This article barely *scratches the* ~ *of* the issue. この記事はその問題のほんの上っ面を論じているにすぎない
—形《比較なし》《限定》(⇨ SUPERFICIAL 類語) ❶ 外面の, 表面の;水面の, 地表の ‖ a ~ wound (浅い)外傷 ❷ (空·地下·水中に対し) 地上の, 陸路[海路]の ‖ ~ forces (空軍などに対し) 地上部隊 / ~ travel (空路に対し)陸路[海路]の旅
❸ 表面上の, 上っ面の ‖ ~ friendliness うわべだけの友情[好意]
—動 自 ❶ (水面に) 浮上する ‖ A dolphin ~*d* and jumped in the air. イルカが水面に現れて空中にジャンプした
❷ (隠れていたものが) 表面化する, 明るみに出る ‖ Her doubt began to ~ eventually. 彼女の疑いがついに頭をもたげてきた
❸《口》(人が)(起きてから初めて)顔[姿]を見せる;(しばらく姿を見せなかった人が) 現れる(↗ pop up) ‖ He never ~*s* before noon on Sundays. 彼は日曜日は昼前に起きてきたことがない
—他 〈アスファルト·敷石などで〉〔道路〕を舗装する;…に表面をつける〈**with**〉 ‖ ~ a driveway *with* gravel 車道を砂利で舗装する
▸▸ **~ àrea** 图 Ⓒ 表面積 **~ màil** 图 Ⓤ (航空郵便に対して)普通郵便, 船便 **~ nòise** 图 Ⓤ サーフェス=ノイズ, 針音《レコード再生時に出る針の音》 **~ strùcture** 图 Ⓒ〘言〙(文·句の) 表層構造(→ deep structure) **~ ténsion** 图 Ⓤ〘理〙表面張力

súrface-àctive 形〘化〙界面活性の, 表面の抵抗を和らげる

sùrface-to-áir ⟨シ⟩ 形《限定》(ミサイルが)地対空の

sùrface-to-súrface ⟨シ⟩ 形《限定》(ミサイルが) 地対地の

sur·fac·tant /sərfǽktənt/ 图 Ⓒ Ⓤ〘化〙界面活性剤;〘医〙サーファクタント, 界面活性物質《肺胞表面上に分泌されるリポタンパク物質》

súrf·bòard 图 Ⓒ サーフボード, 波乗り板

súrf·càsting 图 Ⓤ 磯釣り

sur·feit /sə́ːrfət | -fɪt/ 图 Ⓒ《a ~》❶ 多すぎる量, 過度 ❷《古》食べ[飲み]すぎ —動 他〔飲食物など〕を過度に与える,〔人〕を〈…で〉飽き飽きさせる〈**with**〉(♦ しばしば受身形または surfeit oneself で用いる)

***surf·er** /sə́ːrfər/ 图 Ⓒ ❶ サーフィンをする人, サーファー ❷ 💻 ホームページを次々と見て回る人

***surf·ing** /sə́ːrfɪŋ/ 图 Ⓤ ❶ サーフィン, 波乗り ❷ 💻 (ホームページなどを)見て回ること, ネットサーフィン ❸ (テレビのチャンネルを)次々と変えて見ること

surg. 略 surgeon, surgery, surgical

surge** /səːrdʒ/ 動 自 ❶《+副句》(群衆などが)押し寄せる, 殺到する(♦ 副句 は方向を表す) ‖ Reporters ~*d* forward toward the minister. 記者団は大臣を目がけて殺到した ❷ (感情などが) わき上がる, 込み上げる《up***》 ‖ Anger ~*d up* within him. 怒りが彼の心の中に込み上げた ❸ (数量·価値などが) 急騰する〈**from** …から;**to** …へ〉 ‖ Our sales have ~*d to* a record high. 過去最高の売り上げを記録した ❹ (海·波が)打ち寄せる, うねる;(船が) 波間に漂う ❺〘電〙(電流·電圧が)急激に増加する, サージする ❻〘海〙(ロープなどが)突然後戻りする
—图 Ⓒ ❶《通例単数形で》〈感情などの〉込み上げ, 高まり〈**of**〉 ‖ feel a ~ *of* anger [pleasure] 怒り[喜び]が込み上げてくるのを感じる ❷《通例単数形で》〈数量·価値などの〉急騰, 急増〈**in, of**〉;(兵力などの)増員 ‖ a ~ *in* stock prices 株価の急騰 / a 15% ~ *in* sales 15%の売り上げ増 ❸《通例単数形で》〈群衆などの〉殺到〈**of**〉 ‖ A ~ *of* spectators poured into the stadium. 観客がどっとスタジアムに押し寄せた ❹《通例単数形で》〈波などの〉うねり〈**of**〉(⇨ WAVE 類語) ‖ a tidal ~ 高潮 ❺《通例単数形で》〘電〙サージ《回路の電流·電圧の急激な増加》❻〘海〙(ロープなどの)突然の後戻り[緩み]
▸▸ **~ protèctor** 图 Ⓒ〘電〙サージ保安器

‡sur·geon /sə́ːrdʒən/《発音注意》
—图 (複 **~s** /-z/) Ⓒ ❶ **外科医**(→ physician, plastic surgeon) ‖ a heart ~ 心臓外科医
❷ 軍医, 船医 ‖「an army [a naval] ~ 陸[海]軍軍医
▸▸ **~ géneral** 图 (複 **~s g-**) ①《S- G-》《the ~》(米連邦政府·州の) 公衆衛生局長 ② Ⓒ (米国の) 軍医総監 **~'s knòt** 图 Ⓒ〘医〙外科結び《縫合の際のこま結びに似た結び方》

‡sur·ger·y /sə́ːrdʒəri/《発音注意》
—图 (複 **-ger·ies** /-z/) ❶ Ⓤ **外科**, 外科医学(→ plastic surgery);Ⓤ Ⓒ (外科)手術(operation)〈**on** …の / **to do** …する〉 ‖ I had ~ *on* my right arm. 右腕の手術を受けた / major [minor] ~ 大手術[簡単な手術] / go in for ~ 手術を受ける / **undergo** [**perform**] heart ~ 心臓の手術を受ける[する] / have ~ *to* remove a brain tumor 脳腫瘍(しゅよう)の除去手術を受ける / clinical [orthopedic, cosmetic] ~ 臨床[整形, 美容]外科
❷ Ⓒ《米》(外科)手術室;《英》(医者·歯科医·獣医の)診療室, 医院(《米》office)
❸ Ⓤ Ⓒ《英》(医者·歯科医の) 診療時間(《米》office hours) ❹ Ⓒ《英》(国会議員·弁護士などに会う)面会時間, 相談時間

***sur·gi·cal** /sə́ːrdʒɪkəl/ 形《限定》❶ 外科(治療)の, 外科的な;外科(手術)用の;外科医の ‖ I've been under ~ treatment. 外科で治療を受けている / ~ instruments [tables] 外科(手術)用器具[手術台] / a ~ ward 外科病棟 ❷ 手術後の, 手術に伴う ‖ cause [OR produce] ~ complications (病気·事柄が)手術後の余病[合併症]を引き起こす ❸〘軍〙(爆撃などが) 正確な, 標的だけをねらった ‖ a ~ strike [OR attack] 的確な攻撃
~·ly 副 外科的に
▸▸ **~ (fàce) másk** 图 Ⓒ 外科医用マスク **~ spírit** 图 Ⓤ《英》(注射や手術のときの) 消毒用アルコール(《米》rubbing alcohol)

***Su·ri·name, -nam** /súrənɑ̀ːm | sʊ̀ərɪnǽm/ 图 スリナム《南米北東岸の共和国. 公式名 the Republic of Suriname. 首都 Paramaribo /pæ̀rəmǽrɪbòʊ/》

sur·ly /sə́ːrli/ 形 不機嫌な, 気難しい
-li·ly 副 **-li·ness** 图

sur·mise /sərmáɪz/ 動 他 **a**《+**that** 節 / **wh** 節》…だと[…かを]推測[推量, 憶測]する **b**《+目》…を推測[推量, 憶測]する —自 推測する —图 Ⓤ/Ⓒ《通例単数形で》(すでに知っている情報に基づく)推測, 憶測

***sur·mount** /sərmáʊnt/ 動 他 ❶〔困難·障害〕を克服する, 乗り越える ‖ Slapstick comedy ~*s* language barrier. どたばた喜劇に言葉の壁はない ❷《通例受身形で》上に〈…が〉ある[載っている],〈…で〉覆われている〈**by, with**〉 ‖ The column is ~*ed* by a copper ball. 円柱の上には銅の玉が乗っている ❸〔山など〕を登って越える, …を乗り越える ‖ ~ a hill 丘を越える
~·a·ble 形 克服できる, 乗り越えられる

***sur·name** /sə́ːrnèɪm/ 图 Ⓒ ❶ (名に対して) 姓, 名字(family [OR last] name) ‖ Jane's ~ is Robertson. ジェーンの名字はロバートソンです ❷《古》異名(epithet)
—動 他《+目+補〈名〉》《通例受身形で》…という姓[異

名] で呼ばれる；…というあだ名がついている ‖ William I of England is ～*d* "the Conqueror". イングランドのウィリアム１世は「征服王」という異名で呼ばれている

*__sur·pass__ /sərpǽs | -pɑ́ːs/ 動 他 ❶ 〈能力などで〉…に勝る；〈数量・程度などで〉…をしのぐ〈**in**〉‖ Martin ～*es* all the others *in* sensitivity. マーティンはほかのだれよりも神経がこまやかだ / Some people say that computers have ～*ed* humans. コンピューターはもはや人間を超えたと言う人もいる / She ～*ed* herself in the game. 彼女は試合で期待を上回る［これまでで最高の］活躍をした ❷ …（の範囲・限度）を越える，〔期待など〕を上回る ‖ The drug's effectiveness ～*ed* all our expectations. その薬の有効性は我々の期待をことごとく上回った

sur·pass·ing /sərpǽsɪŋ | -pɑ́ːs-/ 形《限定》《文》並ぶもののない，秀でた　**～·ly** 副

sur·plice /sə́ːrpləs/ 名 Ⓒ サープリス，短白衣《聖職者や聖歌隊員のゆったりした白衣》　**～d** 形 サープリスを着た

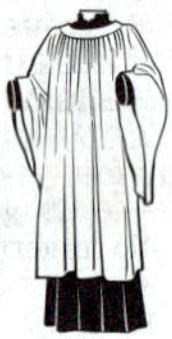
surplice

*__sur·plus__ /sə́ːrplʌs | -pləs/ 《アクセント注意》名 Ⓒ Ⓤ ❶ 必要以上の量，余剰，過剰，余分（↔ shortage）‖ There is a ～ of staff in this electric company. この電力会社は人員が過剰だ / utilization of food ～*es* 余剰食糧の利用 ❷ 〖会計・財政〗剰余金，黒字（↔ deficit）‖ a trade ～ of $40 billion 400億ドルの貿易黒字 / in ～ （収支が）黒字で

―形 〈…にとって〉余剰の，過剰の，余分の（↔ insufficient）〈**to**〉‖ The employees were fearful of becoming ～ *to* requirements. 従業員たちは余剰人員となることを恐れた / a ～ population 過剰人口 / ～ labor 余剰労働力 / get rid of one's ～ fat 余分な脂肪をとる

▶▶ **～ válue** 名 Ⓤ〖経〗剰余価値

⁝sur·prise /sərpráɪz/ 動 名

―動（**-pris·es** /-ɪz/；**～d** /-d/；**-pris·ing**）

―他 ❶（⇨ 類語）**a**《＋目》…を**驚かせる**，びっくりさせる（♦ 進行形はまれ）‖ His answer ～*d* everyone.＝He ～*d* everyone with his answer. 彼の答えは皆を驚かせた / You ～ me! びっくりするじゃないか / It didn't ～ us to hear that Meg had dropped out of school. 私たちはメグが学校を中退したと聞いても驚かなかった / What ～*d* me most when I met the man was his charisma. 彼に会っていちばんびっくりしたのは彼のカリスマ性だった

b《受身形で》**驚く**，びっくりする〈**at, by** …に / **to** *do* …して / (**that**) 節 …ということに / **wh** 節 …であるかに〉（⇨ PB 75）‖ I was pleasantly ～*d at* his healthy appearance. 彼が意外にも元気そうだったのでうれしかった / The candidate was very [OR very much,《堅》much] ～*d at* the election results. 選挙の結果にその候補者はとてもびっくりした（♦ surprised は形容詞的性格が強いので，特に《口》では much よりも very で修飾されることが多い）/ He was ～*d to* be offered the post. 彼はそのポストを提供されて驚いた / The staff were really ～*d that* she had the nerve to show up. スタッフは彼女が厚かましくも姿を現したことにとても驚いた / Mike was ～*d how* smoothly the meeting went. マイクは会議がとてもうまくいったのに驚いた

❷ **a**《＋目》…の不意を打つ；〔敵・敵地など〕を奇襲する ‖ We ～*d* the enemy's camp. 我々は敵の野営地に奇襲攻撃をかけた

b《＋目＋*doing*》…が…するところを（不意に）捕まえる［見つける］‖ Sue ～*d* her daughter trying to sneak into the house past midnight. スーは娘が真夜中過ぎにこっそり家に入ろうとしたところを捕まえた

❸〔人〕を〈贈り物などで〉驚かす，びっくりさせて喜ばす〈**with**〉‖ Her husband ～*d* her *with* a beautiful bouquet of roses on her birthday. 夫は彼女の誕生日に美しいバラの花束を贈って彼女をびっくりさせた

❹ **a**《＋目＋**into** 名》〔人〕の不意を突いて…をさせる ‖ His outburst ～*d* me *into* silence. 彼が突然怒り出したので私は驚いて黙ってしまった

b《＋目＋**from** [**out of**] 名》不意を突いて〔真実など〕を…から入手する［聞き出す］‖ The prosecutor's abrupt question ～*d* the truth *from* the witness. 検察官の突然の質問は証人の不意を突き真実を引き出した

COMMUNICATIVE EXPRESSIONS

1 **Am I (èver) surprìsed to sée you!** やあ，これはこれは，会えてうれしいです（♥ 再会を喜ぶあいさつ）

2 **Dòn't be surprísed if** he spèaks nonstóp for mòre than an hóur! 彼が１時間以上ずっとしゃべり続けても驚かないでね（♥「その可能性が高い」ことを暗示）

3 **I còuldn't be lèss surprísed.** ちっとも驚かないよ

4 **I'd be surprísed if** she recóvers. 彼女が回復するとは思えません（♥ 可能性が低いと思うことを述べる際に用いるくだけた表現. ⤴I don't think she'll recover.）

5 "He was lèt gó." "**I'm nòt surprísed.** His wòrk was mediócre at bést." 「彼が解雇されたよ」「そうなると思ってた. 彼の仕事ぶりはせいぜい並以下といったところだったから」（♥「驚くに足りない」の意）

6 **I'm surprísed you** dìdn't cáll me yèsterday. 昨日電話をくれないとは驚きました（♥ 期待・約束していたことをやらなかった相手を間接的に責める意味を持つことも）

―名（複 **-pris·es** /-ɪz/）❶ Ⓒ **驚くべきこと**，思いがけないこと ‖ What a lovely ～! I didn't think you would be able to make it. 何てうれしいんでしょう. あなたが来られるとは思っていなかったのよ / It was a nice [OR pleasant] ～ to run into you at yesterday's party. 昨日のパーティーでばったり君に会えてうれしかった / The news that he was taken to the hospital came as a **big** ～. 彼が入院したという知らせは大きな驚きだった / You are full of ～*s*. 君がいると飽きないよ

❷ Ⓤ Ⓒ 〈突然のことに対する〉**驚き**〈**at**〉，驚くこと ‖ His failure to show up caused little ～. 彼が姿を見せないのは大した驚きではなかった / She realized **in** [OR with] ～ that no one had noticed her absence. 彼女はだれも自分がいないことに気づかなかったとわかって驚いた / The doctors **expressed** ～ *at* his quick recovery. 彼の回復の早さに医者も驚きを隠さなかった

❸ Ⓒ 思いがけない贈り物 ‖ I've got [OR Here's] a small ～ for you. 君をちょっとびっくりさせるものがあるんだ（♥ 贈り物やよい知らせがあるときの言い方）

❹ Ⓤ Ⓒ 不意打ち，奇襲 ❺《形容詞的に》**不意の**，突然の，予期しない ‖ a ～ visit [visitor] 不意の訪問［訪問者］/ a ～ announcement 突然の声明 / a ～ winner 予期せぬ勝利者 / a ～ attack 奇襲攻撃

càtch ... by surpríse ＝*take ... by surprise*（↓）

It is [OR ***còmes as***] ***nó surpríse that ...*** …ということは驚くに当たらない［当然である］（♦ しばしば No surprise that ... または No surprise, ... の形をとる）‖ *It came as no* ～ *that* his new movie was nominated for five Oscars. 彼の映画がアカデミー賞の５部門でノミネートされたのは予期されたことだった

surpríse, surpríse《口》意外や意外，驚くなかれ（♥ 少しも意外ではないことを皮肉っていう）‖ *Surprise*, ～, we lost to them by two goals. 何と，僕たちは２点差であいつらに負けたんだよ

*__*tàke ... by surpríse*__* ①〔人〕の不意を打つ；〔人〕を驚かす ‖ His sudden appearance *took* us all *by* ～. 彼が急に現れたので皆びっくりした ②〔敵・敵地など〕を奇襲する，奇襲して奪う ‖ The government forces *took* the guerrillas *by* ～. 政府軍はゲリラを奇襲した

*__*to a pèrson's surpríse*__* （人が）**驚いたことには** ‖ *To* everyone's ～, he turned in his resignation. みんなが驚いたのだが, 彼は辞表を出した / 「*to* my great [much *to* my] ～ 私が大いに驚いたことには

COMMUNICATIVE EXPRESSIONS

7 **Surpríse!** じゃーん(♥ 急に姿を現したり, 贈り物を渡すときに)

8 **Whàt** [OR **Thàt is**] **a surpríse!** それはびっくりしたなあ(♥ 驚きを表すくだけた表現. ✐(Well,) that's very surprising.)

類語《他 ❶》**surprise**「驚かせる」の意味を表す一般語. 不意に予期しないことが起こって驚かせる(♦ 以下の語よりも驚きの程度は低い).
astonish 意外さや異常さでひどく驚かせる, (まさかと)びっくりさせる.
amaze 信じ難いこと, 驚異的なことが起こって驚かせる. 驚嘆させる. しばしば感嘆を伴う.
astound 全く予想外のことで, びっくり仰天させる(♦ 驚きの強さは astonish や amaze よりも astound の方がさらに大きい).
flabbergast astound と同じような信じ難い強い驚きを表すが,《口》でかつ誇張的. 受動態で多く用いる. 驚き入る, 肝をつぶす, おったまげる.
dumbfound 口もきけなくなるほど驚かせる.
startle 突然はっと[ぎょっと]させるほど驚かせる.
stun 思考も行動も一時停止させるほど驚かせる. 唖然(あぜん)とさせる(♦《口》knock out に近い).

▸▸**～ pàrty** 名 C ① (主賓(しゅひん)に知らせずに行う)不意打ちパーティー ② 驚かせる出来事

:sur·prised /sərpráɪzd/
―形 (more ～ ; most ～)
驚いた, びっくりした ‖ What happened? You look ～. どうしたんだ, びっくりした顔をして / with a ～ look 驚いた様子で / in a ～ voice 驚いた声で
-prís·ed·ly /-práɪzədli/ 副 驚いて, びっくりして

:sur·pris·ing /sərpráɪzɪŋ/
―形 (more ～ ; most ～)
a 驚くべき, びっくりするような, 意外な, 不思議な, 異常な ‖ The sudden resignation of the prime minister was a ～ development. 首相が突然辞任したのは驚くべき展開だった / a ～ **number** of obstacles 驚くほど多数の障害 / What's ～ about it? それのどこが意外なのか
b 《It is ～ (that) [how, what, etc.] で》…であるということ[(どんなに)…か]には驚くばかりだ, …なのは意外だ ‖ It is ～ [**hardly** ～] (*that*) he won all the races. 彼がすべてのレースに勝ったのは意外だ[当たり前のことだ] / It was ～ *how* often he had deceived people. 彼がそれまでに何度も人をだましていたのは驚きだった
c 《It is ～ (for *A*) to *do* で》(*A*が)…するのは驚きだ, 意外な気がする ‖ It is ～ *for* him *to* be late. 彼が遅刻するなんて意外だ

:sur·pris·ing·ly /sərpráɪzɪŋli/
―副 (more ～ ; most ～)
❶ **驚くほど**, 意外に ‖ The dinner was ～ cheap. 夕食は驚くほど安く済んだ
❷ 《文修飾》驚いたことに, 意外にも ‖ *Surprisingly*, the wallet I dropped the other day was returned to me with the money still inside. 驚いたことに僕が先日落とした財布が金が入ったまま戻ってきた (=It is surprising that the wallet I dropped ....) / Not ～, they were all pleased with her work. 驚くには値しないが, 彼らは皆彼女の仕事に満足していた (=It is not surprising that they were ....)

sur·re·al /səríːəl | -ríː-/ 形 名 《the ～》超現実的な(もの); 超現実主義の(特性) **～·ly** 副

sur·re·al·ism /səríːəlɪ̀zm | -ríː-/ 名 U 『美·文学』シュールレアリスム, 超現実主義
-ist 名 形 **sur·rè·al·ís·tic** 形

·sur·ren·der /səréndər/ 動 他 ❶ (強要されたりして)…を〈…に〉引き渡す ; …を譲り渡す〈**to**〉‖ The commander ～*ed* his forces *to* the enemy. 司令官は軍隊を敵に引き渡した / ～ ownership of land *to* one's creditor 土地の所有権を債権者に引き渡す / He ～*ed* his seat *to* an old lady. 彼は席を老婦人に譲った ❷〔切符·パスポートなど〕を(当局に)差し出す ❸ …を(あきらめて)放棄する, 断念する,〔望み〕を捨てる ‖ ～ one's claim to the (right of) succession 相続権を放棄する ❹ (スポーツで)〔点·ゲーム·セット·アドバンテージ〕を落とす ❺〔賃貸契約〕を満期前に解約する ❻〔保険〕を解約する ❼ 《～ oneself で》〈感情などに〉身をゆだねる, ふける, 浸る ; 〈…に〉降伏[降参]する, 投降[自首]する(↘ give up)〈**to**〉‖ ～ oneself *to* grief [despair] 悲しみ[絶望]に浸る / ～ oneself *to* sleep 眠り込む
―自 ❶ 〈…に〉降伏[降参]する, 〈…に〉投降[自首]する〈**to**〉‖ I ～ — don't shoot! 降参だ, 撃つな / The town ～*ed to* the enemy. 町は敵に降伏した / ～ *to* the police 警察に自首する ❷〈…に〉身をゆだねる, 屈する, 負ける(↘ give in)〈**to**〉‖ ～ *to* temptation 誘惑に負ける / ～ *to* persuasion 説得に屈する
―名 U/C 《単数形で》❶〈…への〉降伏, 降参, 投降 ; 自首〈**to**〉‖ The hostage-takers were forced into unconditional ～. 人質犯たちは無条件降伏をせざるを得なかった ❷ 明け渡し, 引き渡し ; 譲渡 ; 身をゆだねること, 屈すること ; 放棄, 断念〈**of** …の ; **to** …への〉‖ the ～ *of* a fugitive 亡命者の身柄の引き渡し ❸ (保険の)解約 ; 賃貸契約の満期前の解約
▸▸**～ vàlue** 名 U C (保険の)解約[満期]払戻金

sur·rep·ti·tious /sə̀ːrəptíʃəs | sʌ̀r-/ 〈シ〉 形 秘密の ; 不正の ‖ ～ meetings 秘密の会合 **～·ly** 副

sur·rey /sə́ːri | sʌ́ri/ 名 C 《米》(4人乗りの)四輪馬車

Sur·rey /sə́ːri | sʌ́ri/ 名 サリー《イングランド南東部の州.

PLANET BOARD 75

be surprised の後は at か by か.

問題設定 「…に驚く」は be surprised at ... とされることが多いが, be surprised by ... も使われることがある. それぞれの使用率を調査した.

Q 次の表現のどちらを使いますか.
(a) I was surprised **at** his reaction.
(b) I was surprised **by** his reaction.
(c) 両方
(d) どちらも使わない

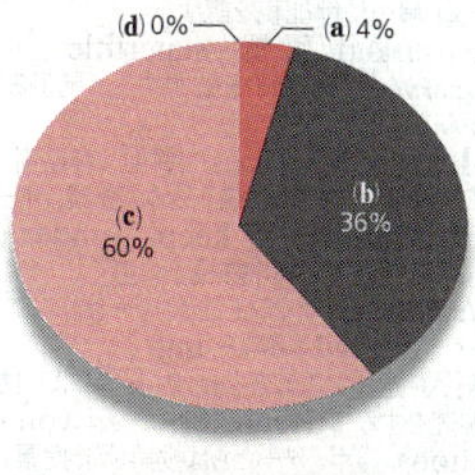

(a) の at のみを使うという人はきわめて少なかった. (b) の by のみを使うという人が約4割で, 最も多いのは両方使うという人で半数以上を占めた. どちらも使わないという人はいなかった. 両方使うと答えた人の多くは「2つの間に意味の違いはない」とした. ただし, at [by] の後にくる語句によって多少違いがあり, 「(a) の文は使わないが, I was surprised at how he reacted. のように wh 節がくれば at を使う」という人もいた.

学習者への指針 一般には be surprised at ... / be surprised by ... のどちらを使ってもよい.

S

州都 Kingston-upon-Thames》

sur·ro·ga·cy /sə́ːrəgəsi | sʌ́r-/ 名 U 代理母制(度)

sur·ro·gate /sə́ːrəgət | sʌ́r-/ (→ 動) 名 C ❶ 代理(人) ❷ (米国の) 遺言検認裁判官 ❸ 《英》(結婚の許可を与える)司教代理 ❹ 代用品 ❺ =surrogate mother(↓)

― 形 《限定》代理の, 代わりの ‖ ～ parenting 代理親になること ― 動 /sə́ːrəgèɪt | sʌ́r-/ 他 …に代理をさせる

▶▶ ～ **móther** 名 C ① 母代わりの人[動物] ② 代理母 《他人である夫婦のために子宮を貸して子供を産む》

⁑sur·round /səráund/

― 動 (～s /-z/ ; ～·ed /-ɪd/ ; ～·ing)

― 他 ❶ (物・人が) …を**取り囲む**, 取り巻く (✎ crowd around) ; …(の周り)を⟨…で⟩**囲む**⟨**with**⟩ ; 《受身形で》⟨…に⟩ 囲まれている ⟨**by, with**⟩ ‖ Large trees ～ the house. = The house is ～*ed by* [OR *with*] large trees. 大きな樹木が家を囲んでいる / He ～*ed* the garden *with* fences. 彼は庭をさくで囲った / Our school is ～*ed by* a quiet and healthy environment. 私たちの学校は静かで健全な環境に置かれている

❷ (軍隊・警察などが) …を包囲する ‖ The town was completely ～*ed* by enemy troops. 町は敵軍に完全に包囲された

❸ …に伴う, 密接に結びつく, まつわる ‖ Mystery still ～*s* the cause of his death. 彼の死因は今なおなぞに包まれている

❹ 《～ oneself with ... で》いつも身近に…を置く ‖ She likes to ～ herself *with* teddy bears. 彼女はいつも身近にぬいぐるみのクマを置いておくのが好きだ

― 名 (複 ～s /-z/) C ❶ 囲むもの, 囲い《垣・塀など》; (鏡などの)飾り縁, 外枠 ; (暖炉・浴槽などの)周りの造作, 縁取り ❷ (物・場所・目などの)周り, 外周部分 ; (特に)じゅうたんの周りの床(に敷く敷物) ❸ 《通例 ～s》周囲, 周辺地域, 環境(surroundings) ❹ 《主に米》包囲猟法《獲物を逃げられない場所へ追い込む狩猟法》

▶▶ ～ **sòund** 名 U サラウンドサウンド《2組以上のスピーカーを使った立体的な再生音》

⁑sur·round·ing /səráundɪŋ/

― 名 (複 ～s /-z/) C 《～s》(人・物の)周囲の状況, (地理的[生活])環境, 周辺の事物[人々] (⇨ ENVIRONMENT 類語) ‖ The new museum blends in well with the ～*s*. 新しい博物館は周囲とよくなじんでいる / move out to healthy ～*s* 健康によい環境の所に移る

― 形 《限定》周囲の, 近辺の ‖ ～ countries 近隣諸国

sur·tax /sə́ːrtæ̀ks/ 名 U C 付加税 ; (特に)高額所得付加税 ― 動 他 …に付加税を課す

sur·ti·tle /sə́ːrtàɪtl/ 名 動 =supertitle

sur·veil /sərvéɪl/ 動 他 …を監視する, 見張る (♦ surveillance からの逆成)

***sur·veil·lance** /sərvéɪləns/ 名 U (容疑者・犯人・事件現場などの)監視, 見張り, 張り込み, 査察, サーベイランス ‖ ～ cameras 監視カメラ / keep ... under (constant) ～ …を(絶えず)監視する[監視下に置く]

⁑sur·vey /sərvéɪ/ 《アクセント注意》(→ 名)

― 動 (～s /-z/ ; ～ed /-d/ ; ～·ing)

― 他 ❶ [人・意見・考え方など]を(質問により)**調査する**, …の統計調査をする ‖ Reporters ～*ed* voters at polling stations. リポーターたちは投票所で投票した人に質問による調査[出口調査]をした / ～ population growth in a region 地域の人口増を調査する

❷ (品定めするように) …をじろじろ見る, しげしげと眺める ‖ The customs officer ～*ed* me from head to foot. 税関吏は私を頭のてっぺんからつま先までじろじろ眺め回した

❸ …を**概観する**, 大ざっぱに眺める[把握する] ; …を概説する

❹ (離れた所から)…を**見渡す**, 見晴らす ; …を何気なく[ゆったりと]眺める ‖ ～ the panorama of the town below 下の町の全景を見渡す

❺ … (の実態・実情など) を綿密に調査する, 吟味 (の上評価)する ; 《英》[家屋・地所など]を検分する, (特に買い手のために) [建物]を査定する ‖ ～ evidence 証拠を入念に吟味する / ～ the damage by a flood 洪水による被害を詳しく調べる

❻ (地図製作・建設計画などのために) [土地・地域など]を(詳しく)測量する

― 名 /sə́ːrveɪ/ (複 ～s /-z/) ❶ U C (詳細な) **調査**, (意見・考え方を知るための)**意識調査**, 統計調査 ; (調査のための) 質問表[書] ‖ One ～ reports that smoking is on the increase among young women. ある調査では若い女性の喫煙が増えていると報告している / A recent ～ **showed** [OR **found**] that the number of elephants has decreased over the years. 最近の調査により近年象の数が減少していることがわかった / **carry out** a ～ of public opinion 世論調査を行う / **conduct** [OR **do**, make] a dioxin pollution ～ ダイオキシン汚染調査を行う / launch a nationwide ～ of the disease その病気の全国的調査に乗り出す / a consumer ～ 消費者 (の意識) 調査 / respond to the ～ on ... …の調査(表)に答える

❷ U C **測量** ; C 測量図[報告書] ; 測量部(→ Ordnance Survey) ; 測量地 ‖ make an aerial ～ of the coast その海岸を航空測量する

❸ U C 綿密な調査, 吟味 ; 《英》(建物などの)検分, 査定 ; 調査報告書 ‖ a ～ of the damage 被害状況調査 / The house is still under ～. その家屋はまだ査定中だ

❹ C ⟨…を⟩見渡すこと ; ⟨…の⟩**概観**, 概説⟨**of**⟩ ‖ make a general ～ *of* the situation 情勢を概観する

▶▶ ～ **còurse** 名 C 《米》《教育》概況講義

sur·vey·ing /sərvéɪɪŋ/ 名 U 測量(術)

***sur·vey·or** /sərvéɪər/ 名 C ❶ 測量技師 ; (家屋の)調査官 ❷ 《英》検査鑑定官

sur·viv·a·ble /sərváɪvəbl/ 形 生き残り得る, (攻撃などに)耐えられる **sur·vìv·a·bíl·i·ty** 名

⁑sur·viv·al /sərváɪvəl/

― 名 (◁ survive 動) (複 ～s /-z/) ❶ U **生き残る[延びる]こと**, 生存(能力), サバイバル ; 存続 ‖ We confirmed [prayed for] the ～ of all. 全員の生存を確認した[祈った] / have no [a 50/50] chance of ～ 生存の見込みはない[五分五分である] / the struggle [OR battle, fight] **for** ～ 生存競争 / fight **for** one's political ～ 政治生命をかけて戦う / **ensure** the ～ of ... …の生存[存続]を保証する

❷ C ⟨…の⟩生き残り, 残存物, 遺物, 遺風, 遺習⟨**from**⟩ ‖ That curious custom is a ～ *from* old times. あのおかしな習慣は昔の名残だ

❸ 《形容詞的に》生存の ; 救急用の, 非常時用の ‖ a ～ curve 生存曲線《手術後の患者などの生存率を示すカーブ》 / ～ equipment 非常用装置, 救命備品

the survival of the fittest ① 《生》適者生存 (→ natural selection) ② 生き残り競争, 優勝劣敗

▶▶ ～ **kit** 名 C (非常用の食料・薬などを入れた) 救急袋, サバイバルキット

sur·viv·al·ism /sərváɪvəlìzm/ 名 U ❶ 生存主義《戦争・災害などに生き残れる準備を整えようとすること》 ❷ (スポーツ・趣味としての)サバイバル技術の習得・実践

sur·viv·al·ist /sərváɪvəlɪst/ 名 C 生存主義者《災害などに遭っても生き残れるように準備を整えている人》

⁑sur·vive /sərváɪv/ 《アクセント注意》

― 動 (▶ survival 名) (～s /-z/ ; ～d /-d/ ; -viv·ing)

― 自 ❶ **a** (人・生物が)**生き残る[延びる]**, 生きながらえる ‖ The polluted water flowed into the river and not even bacteria have ～*d*. 汚染された水が川に流れ込んでバクテリアさえも生き残っていない

b 《+on 名》[不十分な金・食糧など]で何とかやっていく, 生き延びる ‖ We can barely ～ *on* our income. 私たちの収入では生き延びるのがやっとだ

❷ (物が)**存在し続ける**, 残存する ‖ Many of the country's traditions **still** ～. その国の伝統の多くはまだ存続している / These traditions have ～*d* from earlier times. これらの伝統は古い時代から残存している / The interview ～*s* on film. そのインタビューはフィルムに残っている

❸《戯》(困難にもめげず)何とかやっていく ‖ "Hi, how are you?" "*Surviving.*" 「やあ, 元気」「何とかやってるよ」/ "We're so late this morning that you'll have to go off without breakfast." "I'll ～." 「今朝はすっかり遅くなっちゃったから朝食抜きで出かけなきゃならないわよ」「何とかなるさ」

―[他] ❶ (人・生物が)…を**切り抜けて生き残る**, …にもかかわらず生き延びる, …に耐え抜く ‖ By some miracle only four of the passengers ～*d* the plane crash. その飛行機墜落事故では乗客のうち4人だけが奇跡的に助かった / My aunt ～*d* two divorces. おばは2度の離婚を乗り越えた / ～ one's illness 病気に打ち勝つ

❷ (物が)…の後も存在し続ける, …を乗り越えて残存する(♦ときに形容詞補語を伴う) ‖ My company managed to ～ the financial crisis. 私の会社は何とか財政危機を乗り越えることができた / His reputation ～*d* the rumor **intact**. そのうわさにもかかわらず彼の名声は傷つくことがなかった / This building will ～ any earthquake. このビルならどんな地震にも耐えられるだろう

❸ (人が)〔家族の者〕の死後も生き残る, より生きながらえる ‖ She ～*d* her husband for many years. 彼女は夫の死後も長い間生きた / He is ～*d* by his wife and two sons. 彼の死後には奥さんと2人の息子が残った

survive to tell the tale ⇨ TALE(成句)

[語源] *sur-* beyond＋*-vive* live：…を越えて生きる

sur·viv·ing /sərváɪvɪŋ/ [形] 生き残って[残存して]いる

***sur·viv·or** /sərváɪvər/ [名] [C] ❶ 生存者, 生き残った人；残存物, 遺物 ‖ the only [OR sole] ～ of the plane crash その飛行機墜落事故の唯一の生存者 ❷ 困難を乗り越えて生きる人 ❸ (チームなどの) 残存者《グループの中で以前から残っている人[もの]》 ❹《one's ～》遺族 ❺〘法〙(相手の死亡により全権利を帰属された)共同の賃借者

sus /sʌs/ 《英俗》 [動] [他] ＝suss ―[名] [U] 疑い(suspicion)；[C] 容疑者(suspect) ―[形] 疑わしい

sus- /səs-, sʌs-/ [接頭] ＝sub-

sus·cep·ti·bil·i·ty /səsèptəbíləṭi/ [名] (複 **-ties** /-z/) ❶ [U] 感じやすさ, 多感；〈…の〉影響を受けやすい性質, 〈…に〉感染しやすい体質〈**to**〉 ❷ [C]《-ties》繊細な感情, 感じやすいところ

***sus·cep·ti·ble** /səséptəbl/ 《発音注意》 [形] ❶《叙述》〈…の〉影響を受けやすい, 〈…に〉動かされやすい；感染しやすい〈**to**〉 ‖ Children are ～ *to* TV violence. 子供たちはテレビの暴力場面の影響を受けやすい / a golfer ～ *to* pressure プレッシャーに弱いゴルファー ❷ 感じやすい, 多感な ‖ a boy of a ～ nature 感受性の強い少年 / a ～ girl 多感な女の子 ❸《叙述》〈…の〉余地のある, 〈…を〉許す, 〈…が〉可能な〈**of,**《米》**to**〉 ‖ This proverb is ～ *of* another interpretation. この諺(ことわざ)はもう1つ別の解釈ができる / ～ *to* proof 証明できる **-bly** [副] 感じやすく

su·shi /súːʃi/ [名] [U] 寿司(すし) ‖ a ～ bar 寿司屋[店]

Su·sie /súːzi/ [名] スージー《Susan, Susanna(h) の愛称》

‡sus·pect /səspékt/ 《アクセント注意》(→ [形][名])

[中心義] …を疑わしく思う

―[動] (▶ suspicion [名], suspicious [形]) (～s /-s/；～·ed /-ɪd/；～·ing) 《進行形はまれ》

―[他] ❶ **思う**(♦基本的には「確証はないがおそらく…ではないかと思う」の意(→ doubt). ふつうは悪いことについて用いる) **a** 《＋[目]》(たぶん)…(があるの)ではないかという感じがする[気がする] ‖ I ～*ed* cheating in [OR on] the examination. 私はその試験でカンニングがあったのではないかという気がした / ～ murder [OR foul play] 殺人が行われたのではないかと思う

b 《＋(**that**) [節]》(たぶん)…ではないかと思う, …のような気[感じ]がする(♦しばしば I suspect で挿入句的に用いる) (⇨ DOUBT [類語]) ‖ I **strongly** ～*ed that* the detective in question had been bribed. 私は問題の刑事は買収されていたのではないかと強く感じた / He ～*ed* (quite correctly) *that* Sebastian was interested in Susan. 彼は(全くそのとおりだったのだが)セバスチャンがスーザンに関心があるのではないかと思った / I ～ (*that*) we will have snow before nightfall. 夜にならないうちに雪が降るのではないかしら / It's too late, I ～. 遅すぎるのではないだろうか

c 《＋[目]＋**to** *do* / [目]＋**to be** [補]》〔人など〕を…するのではないかと思う ‖ I ～ him *to* be a liar. 私は彼をうそつきではないかと思う / The officer was ～*ed to* have suppressed evidence. その役人は証拠隠滅をはかったのではないかと思われていた(♦ that [節] を用いる方がふつう)

❷〔人〕を〈罪・不法行為を犯したのではないかと〉**疑う**；〔人〕を〈犯罪・不法行為について〉疑う〈**of**〉 ‖ The clerk is ～*ed of* having leaked the information to a rival company. その社員はその情報を競争相手の会社に漏らしたのではないかと疑われている

❸ …を信じない, …(の真実性)を疑う(↔ trust)(♦この意味では doubt に近い) ‖ I ～ the truth of his words. 彼の言葉の真実性を疑っている

―[自] あやしむ, 疑いを抱く

COMMUNICATIVE EXPRESSIONS

[1] "Will they còme and hélp us?" "**I suspèct nót [só].**" 「彼らは助けに来てくれるだろうか」「たぶんそれはないだろう[たぶんね]」(♥ 漠然とした否定[肯定]を表す)

―[形] /sʌ́spekt/ (**more** ～；**most** ～)

❶ 疑わしい, 疑問の余地がある, 信用できない ‖ The evidence against the young man is highly ～. その若者に不利となるその証拠はとても信用できない / This egg looks a bit ～. この卵は見たところちょっとあやしい(♦「新鮮ではないようだ」の意)

❷《限定》(包み・物品などが)危険物[違法品]が入っていそうな, あやしい, 不審な ‖ Customs inspectors seized the ～ packages. 税関検査官は不審な荷物を押収した

―[名] /sʌ́spekt/ (複 ～**s** /-s/) [C] 被疑者, 容疑者 ‖ arrest [interrogate, question] a ～ 容疑者を逮捕する[尋問する] / the **prime** ～ in a murder case 殺人事件の最も疑わしい容疑者 / round up the usual ～*s* (ブラックリストに載っている)要注意人物を一斉検挙する

[語源] *sus-* from below＋*-spect* look：下から見る

sus·pect·ed /səspéktɪd/ [形] 疑われている, 疑いのある

‡sus·pend /səspénd/ 《アクセント注意》

―[動] (▶ suspension [名], suspense [名]) (～s /-z/；～·ed /-ɪd/；～·ing)

―[他] ❶ …を**一時的に中止[停止]する**, 一時中断する, 延期する (↔ continue)；…の効力を一時停止する ‖ The golf tournament was ～*ed* because of a thunderstorm. 激しい雷雨のためにゴルフトーナメントは中断された / ～ train service 列車の運行を一時ストップする / ～ the proceedings 議事を一時中断する / ～ payment (資金不足などで)(負債・賃金などの)支払いを一時停止する / ～ a rule 規則の実施を一時中断する / ～ a driver's license for speeding スピード違反で運転免許を一時停止する

❷ (罰として)…を〈職・地位・権限から〉一時的に解く, …を〈…から〉停職[停学]処分にする, …の活動を一時的に禁止する〈**from**〉(♦しばしば受身形で用いる) ‖ The athlete was ～*ed* for two years for doping. その選手はドーピングで2年間の出場停止処分となった / ～ a student *from* school 学生を停学処分にする

❸ …を〈…から〉**つるす**, ぶら下げる〈**from**〉 ‖ A large chandelier was ～*ed from* the ceiling. 大きなシャンデリアが天井からつるされていた

❹〔判断など〕を見合わせる, 保留する；〘法〙〔刑〕の執行を猶予する ‖ ～ judgment 判断を保留する

S

❺《通例受身形で》(粒子・物体が)〈流体中・空中に〉漂う, 浮遊している〈in〉‖ A cloud of sand was ~*ed in* the air. 砂煙が雲のように空中に漂っていた / The Ferris wheel stopped, and we were ~*ed in* midair for two hours. 観覧車が止まって, 我々は2時間宙ぶらりんの状態にあった ❻〘楽〙〔音〕を掛留(けいりゅう)する ❼💻…を省電力モードへ移行する, …をサスペンド状態にする(↔ resume)
━自 ❶ (一時的に) 中止する, 止まる ❷ 支払いを停止する ; (負債などが) 支払い不能になる ❸💻省電力モードへ移行する, サスペンド状態になる(↔ resume)
語源 *sus*- under, down＋-*pend* hang : つり下げる
▶▶ **~ed animátion** 名U 仮死状態, 人事不省 **~ed séntence** 名C 執行猶予

sus·pend·er /səspéndər/ 名C ❶《~s》《米》サスペンダー, ズボンつり(《英》braces) ❷《~s》《英》靴下止め, ガーター(《米》garters) ❸ つるす人[もの]
▶▶ **~ bèlt** 名C《英》＝garter belt

＊**sus·pense** /səspéns/ 名〔◁ suspend 動〕U ❶ 不安な状態, 気がかりな状態 ; (小説・映画などの)サスペンス ‖ The audience were kept in ~ until the last scene. 観客は最後のシーンまでずっとはらはらさせられた / a moment of ~ 緊張の瞬間 ❷ (事件などが) 未解決 [未決定] の状態, 判然としない状態 ‖ The outcome of the trial was still in ~. 裁判の結果は依然として判然としなかった ❸〘法〙(権利などの)一時的停止(suspension)
~·ful 形 はらはらさせる
▶▶ **~ accòunt** 名C〘簿記〙仮勘定, 仮記入

＊**sus·pen·sion** /səspénʃən/ 名〔◁ suspend 動〕❶ U/C《単数形で》〈…の〉一時的中止[停止] ; 〈判断・意見・決定の〉保留 ; 〈負債などの〉支払停止〈of〉‖ announce a ~ *of* nuclear tests 核実験の一時中止を発表する / ~ *of* publication 休刊 / ~ *of* a driver's license 運転免許の停止(処分)
❷ UC 停職[停学, 試合出場停止]処分 ‖ a five-day ~ from school 5日間の停学処分 / The player was hit with fines and (a) ~. その選手は罰金と試合出場停止処分を受けた ❸ UC (自動車の) サスペンション, 車体懸架装置 ❹ CU〘化〙懸濁液 [気体] ; U 懸濁状態 ❺ C (橋などを)つるすための道具[掛け具]《ワイヤー・スプリングなど》; つるす[つるされる]もの ❻ U つるす[つるされる]こと, 宙づり ❼ C〘楽〙掛留《音を次の和音まで響かせて不協和音状態を作ること》; (掛留による)不協和音
▶▶ **~ bridge** 名C つり橋

sus·pen·sive /səspénsɪv/ 形 ❶ 中止の, 停止の ❷ (言葉・句などが)(人を)不安にさせる, (人に)気をもませる

sus·pen·so·ry /səspénsəri/ 形 ❶ (ひも・帯などのように)つるす ; 懸垂の ❷ 停止の, 中止の ━名C つり包帯

＊**sus·pi·cion** /səspíʃən/《アクセント注意》名〔◁ suspect 動〕❶ C《通例 a ~》〈…に〉気づくこと, 感づくこと〈of〉; 〈…ではないかという〉感じ, 思い, 考え, 疑い〈(that) 節〉‖ I had a ~ *that* Roy was lying. 私はロイがうそをついているのではないかと疑っていた / have a ~ *of* danger 危険をうすうす感じる ❷ UC 〈…ではないかという〉容疑, 嫌疑, 疑念, 疑惑〈that 節〉‖ There was a strong ~ *that* Billy was guilty. ビリーは有罪であるという強い容疑がかけられていた / He was regarded [OR looked upon] with ~. 彼は疑いの目で見られていた / *Suspicion* fell on Sue. スーに嫌疑がかかった / The finger of ~ points at you. 嫌疑はあなたにかかっている / arouse [OR raise] her ~ 彼女に疑念を起こさせる / dispel [OR clear oneself from] ~ 疑念を晴らす / He was arrested on ~ of breach of trust. 彼は背任容疑で逮捕された / The mayor came under ~ of receiving a bribe. 市長は収賄の嫌疑をかけられた ❸ UC 不信感, 猜疑(さいぎ)心 ‖ Her voice was full of ~. 彼女の声は猜疑心に満ちていた ❹ C《a ~ of ... で》ほんの少量[微量]の…, …のかすかな兆候 [気配] ‖ There is a ~ *of* spring in the air. かすかに春の気配が漂っている / with a ~ *of* a smile かすかに笑みを浮かべて
above [OR ***beyond***] ***suspicion*** (善良で)罪があるとは考えられない

＊**sus·pi·cious** /səspíʃəs/ 形〔◁ suspect 動〕(**more ~ ; most ~**) ❶ 疑惑を起こさせる, 疑わしい, 不審な, うさんくさい ‖ That used-car salesman was a ~ character. あの中古車セールスマンはあやしげなやつだったな / The banker died under [OR in] ~ circumstances. その銀行家は不審な状況下で死んだ / Investigate all ~ points about me, if there are any. 私に不審な点があるなら, 徹底的に調べてくれ / his ~ manner [behavior] 彼の不審な態度[挙動] ❷ 疑惑を表す, 疑いの ‖ All those present gave her a long ~ stare. 居合わせた人たちは皆彼女を疑わしげにじろじろと見た / a ~ question [《英》query] 不審尋問 ❸ 〈…に対して〉疑い深い, 嫌疑をかける〈of, about〉‖ Everybody is ~ *about* her excuse. だれも彼女の言い訳を信じようとしない
~·ness 名

＊**sus·pi·cious·ly** /səspíʃəsli/ 副 ❶ 疑わしげに, 不審そうに, うさんくさそうに ; 疑惑を招くように, 不審な態度で ‖ "Where were you tonight?" my wife asked ~. 「今夜はどこにいたの」と妻は疑わしげに尋ねた / The bearded man was acting very ~. そのひげ面の男は大変不審な挙動をとっていた ❷ 不審なことに, いぶかしいことに, 不思議にも ; 《しばしば戯》ひどく(♦ look [OR sound] suspiciously like ... の形で用いられる) ‖ This bag was ~ cheap. このバッグは不思議と安かった / The woman over there looks ~ like your wife, doesn't she? あそこにいる女の人, 君の奥さんとうり二つじゃないか

suss /sʌs/《英口》動 他〔理由・実体など〕に気づく, …を突き止める ; …を慎重に調べる《*out*》 ━名 形 ＝sus

sussed /sʌst/ 形《英口》(特定のことについて) (よく) 知って[わかって]いる, 気づいている

Sus·sex /sʌ́sɪks/ 名 サセックス《イングランド南東部の旧州. 1974年イーストサセックスとウェストサセックスに分割》

‡**sus·tain** /səstéɪn/《アクセント注意》
━動〔▶ sustenance 名〕(**~s** /-z/ ; **~ed** /-d/ ; **~·ing**)
━他 (♦ support より《堅》であるが, ❷, ❸, ❺, ❻ ではしばしば support に置き換えられる) ❶ …を**持続させる**, 維持する, 保ち続ける ; 〘楽〙〔音〕を長く響かせる ‖ I found it difficult to ~ an interest in their talk. 彼らの話にずっと興味を失わずにいるのは難しいと思った / make a ~*ed* effort たゆまぬ努力をする
❷〔人〕の体力を維持する ; (飲食物などを)…に供給する, 与える, …を扶養する ‖ ~ one's family 家族を養う / ~ life 生命を維持する
❸〔人(の気持ち)〕を(精神的に)**支える**, 勇気づける, 励ます, 慰める ‖ What ~*ed* her in her misery was hope for the future. ひどく惨めな気持ちの彼女を支えたのは将来に対する希望だった
❹〔傷害・損害など〕をこうむる, 受ける ‖ ~ fractures 骨折する / ~ heavy losses 大損害をこうむる / ~ a defeat 敗北を喫する / the **injury** ~*ed* in the accident その事故で負ったけが
❺ …を(下から)支える, …(の重量)に耐える ‖ Will these beams ~ (the weight of) the roof? この梁(はり)で屋根 (の重量) を支えられるだろうか ❻〔意見・理論など〕を確証する, 裏づける ❼ (裁判所などが)…(の正当性)を支持する, …を (正当と) 認める ‖ The court ~*ed* his claim. 法廷は彼の (権利の) 主張を認めた / (Objection) ~*ed*. 異議を認めます (♦ 裁判官が異議を認める場合に言う. ↔ (Objection) overruled.) ❽ (屈服せずに)…に耐える
━名 U〘楽〙サステイン《キーボードや電子楽器でキーを放した後もその音を響かせる効果・手際》
語源 *sus*- under, from below＋-*tain* hold : 下から持つ, 支える
▶▶ **~ed yíeld** 名U 維持収量《資源が枯渇しない程度

の収穫[捕獲]量》
sus·tain·a·bil·i·ty /səstèɪnəbíləṭi/ 名 U 持続可能性；環境保全
*__sus·tain·a·ble__ /səstéɪnəbl/ 形 ❶ 持続[維持]できる；一様な；耐え得る；確認できる ❷ (資源が)環境を破壊せず利用できる ▸▸~ **devèlopment** 名 U 環境保全開発
sus·táin·ing /-ɪŋ/ 形 ❶ (団体などを)維持するのに貢献する，支える ❷ (食物などが)体力をつける
sus·te·nance /sʌ́stənəns/ 名 〔◁ sustain 動〕 U ❶ 生命を維持するもの，栄養(物)，滋養(物)；食物 ❷ 生計(の手段)，暮らしの糧(かて) ❸ 支え(られ)ること，維持
su·tra /sú:trə/ 名 C ❶ (仏教の)経典，仏典 ❷ (ヒンドゥー教の)スートラ《文法·律法などを簡潔に記したもの》
sut·tee /sʌtí:/ 名 ❶ U 寡婦の殉死《亡夫の火葬の際，妻が火中に身を投じて殉じたヒンドゥー教の習慣》 ❷ C 夫の死に殉じる妻(♦ sati ともつづる)
su·ture /sú:tʃər/ 名 ❶ 〖外科〗 U 縫合(術)；C 縫合糸，縫い目 ❷ C 〖解〗(特に頭蓋(とうがい)骨の)縫合線
—動 他 〔傷〕を縫い合わせる(↷ sew [OR stitch] up)
SÙV 略 *s*port *u*tility *v*ehicle(スポーツ万能車)
Su·va /sú:və/ 名 スバ《フィジーの首都》
su·ze·rain /sú:zərèɪn/ 名 C ❶ 宗主(国) ❷ 〖史〗封建君主 **~·ty** 名 U 宗主権，宗主の地位
Sv 略 sievert
s.v. 略《ラテン》*sub verbo* [OR *voce*] (=under the word [OR heading])(…の語を見よ)
svelte /svelt, sfelt/ 形 (女性が)ほっそりした，すらりとした；上品な；優雅な
SW 略 shortwave；southwest, southwestern
Sw. 略 Sweden, Swedish
swab /swɑ(:)b | swɔb/ 名 C ❶ 〖医〗綿棒，綿球，消毒綿；(綿棒で採取した)患部分泌物の標本 ❷ (甲板·床用の)モップ，棒ぞうきん ❸ (銃腔(じゅうこう)掃除用の)洗い矢
—動 (**swabbed** /-d/；**swab·bing**) 他 ❶ …をモップで掃除する《*down*》 ❷ (綿棒などで)〔傷口など〕を清潔にする[消毒する]《*out*》
swad·dle /swɑ́(:)dl | swɔ́dl/ 動 他 ❶ 〔新生児〕を(産着で)くるむ；(包帯などで)…をしっかり巻く ❷ …を束縛する
swáddling clòthes 名 複 ❶ (新生児をくるんだ)細長い布，産着 ❷ (未成年者への)厳しい束縛
swag /swæg/ 名 C ❶ ひも飾り，花綱，(装飾用の)花束や果物 ❷ U《俗》盗品，略奪品，戦利品 ❸《豪·ニュージ》(身の回り品を入れた)包み《徒歩旅行者などが持ち歩く》
—動 自 ❶ ぶらぶら揺れる ❷《豪·ニュージ》(身の回り品を持って)徒歩で旅行する
swage /sweɪdʒ/ 名 C 〖機〗 ❶ スウェージ《金属を必要な型に曲げる道具》 ❷ =swage block —動 他 〔金属〕をスウェージで曲げる，型どる ▸▸~ **blòck** 名 C 〖機〗ハチの巣金敷《型付けする鉄製の台で種々の孔がある》
swag·ger /swǽgər/ 動 自 ❶ いばって[ふんぞり返って]歩く ❷ 〈…について〉豪語する，自慢する〈**about**〉
—名 C《単数形で》いばって歩くこと，これ見よがしの態度；豪語 —形《英口》《旧》粋な，しゃれた **~·er** 名
▸▸~ **stìck** 名 C (軍人が使う)短いステッキ
swág·màn /-mæ̀n/ 名 (複 **-mèn** /-mèn/) C《豪·ニュージ口》(身の回りのものを入れた包み(swag)を持った)徒歩旅行者，出稼ぎ労働者(中立 vagrant)
Swa·hi·li /swəhí:li/ 名 (複 ~ OR ~**s** /-z/) ❶ C スワヒリ族《アフリカのザンジバル地方に住む一族》 ❷ U スワヒリ語《アフリカ東部で広く共通語として用いられる》
swain /sweɪn/ 名 C ❶《文》(女性に対する男性の)恋人，求婚者 ❷《古》田舎の若い衆[色男]
swale /sweɪl/ 名 C《英では方》くぼ地；低湿地
swal·low¹ /swɑ́(:)loʊ | swɔ́l-/
—動 (~**s** /-z/；~**ed** /-d/；~**·ing**)
—他 ❶ 〔飲食物など〕をぐっと飲む，**飲み込む** (⇨ DRINK 類語P) ‖ He ~*ed* his breakfast and rushed for the bus. 彼は朝食をかき込むとバス目指して駆け出した / ~ a pill 丸薬を飲み込む
❷《口》…を疑いもせずに信じ込む，真(ま)に受ける，うのみにする ‖ Andy ~*ed* the story (whole). アンディはその話を(すっかり)真に受けた
❸ 〔感情〕を抑える，押し殺す，表に出さない ‖ ~ one's pride to apologize 自尊心を抑えて頭を下げる / ~ one's anger 怒りを押し殺す / ~ one's disappointment 失望の色を見せないようにする
❹ …を我慢する，耐え忍ぶ，こらえる ‖ ~ an insult 侮辱に耐える
❺ 〔金·資金など〕を使い果たしてしまう《*up*》 ‖ My earnings were ~*ed up* by [OR in] social expenses. 稼いだ金を全部付き合いにつぎ込んでしまった
❻《通例受身形で》(群衆·雲などに)吸い込まれて姿がすっかり見えなくなる《*up*》 ‖ She was ~*ed up* by the darkness [crowd]. 彼女は暗闇(くらやみ)[群衆]の中に吸い込まれて見えなくなった ❼ …を吸収合併する《*up*》 ❽ 〔前言〕を取り消す，撤回する ‖ ~ one's words 前言を引っ込める
❾ 〔言葉〕をぼそぼそと口にする，小声でつぶやく
—自 ❶ 飲み込む ‖ ~ at [OR in] one gulp 一口に飲む
❷ (特に緊張して)ぐっとつばを飲み込む ‖ She ~*ed* **hard** and told him the truth. 彼女はぐっとつばを飲み込んで彼に真実を告げた
swàllow dówn ... / swàllow ... dówn 〈他〉…をぐっと飲み込む，(しぶしぶ)飲み下す
*__*swàllow úp ... / swàllow ... úp*__* 〈他〉① …を飲み込む；(地震などが)…をすっかり飲み込む ‖ The earthquake ~*ed up* the town. 地震はその町をすっかり破壊してしまった ② ⇨ 他 ❺, ❻ ③ (大きな組織·国などが)〔小さなもの〕を吸収合併する
—名 (複 ~**s** /-z/) C ぐっと飲むこと，**飲み込むこと**；一度に飲み込む[ひと飲みの]量 ‖ drink one's tea at [OR in] one ~ 紅茶を一気に飲む / **take** an enormous ~ 一度にたくさん飲む / **take** another ~ of one's whisky ウイスキーをもうひと飲みする / a ~ of pie ひと口分のパイ
*__swal·low²__ /swɑ́(:)loʊ | swɔ́l-/ 名 C 〖鳥〗ツバメ(♦ 鳴き声は twitter) ‖ *One ~ does not make a summer.*《諺》ツバメが1羽来たからといってすぐ夏が来るわけではない；早合点は禁物
▸▸~ **dìve** 名 C《英》=swan dive
swállow·tàil 名 C ❶ ツバメの尾；(ツバメの尾のように)二またに分かれたもの ❷ 〖虫〗アゲハチョウ(類)
*__swam__ /swæm/ 動 swim の過去
swa·mi /swɑ́:mi/ 名 C スワーミ《ヒンドゥー教の行者·学者の尊称》
*__swamp__ /swɑ(:)mp, swɔ:mp | swɔmp/ 名 U C ❶ 低湿地，沼地(♦ 通例 swamp には木が生え，marsh には草が生えている) ‖ A continuous rain has turned the grass into a ~. 降り続く雨で草地は沼地と化してしまった ❷ 窮地
—動 他 ❶《通例受身形で》〈手に負えないほど多くの人·物·仕事などで〉埋め尽くされる，ごった返す；〈物·感情などで〉圧倒される〈**with, by**〉 ‖ We were ~*ed with* work. 我々は仕事に忙殺された ❷ …を水浸しにする，浸水させる；〔船〕を浸水させ(沈没させ)る ‖ The flood ~*ed* the coastal area. 洪水で海岸地帯は水浸しになった / The boat was ~*ed* by a big wave. ボートは大波をかぶって沈没した —自 (船が)水浸しになる，浸水(して沈没)する
▸▸~ **féver** 名 U ① 沼沢熱，馬伝染性貧血病 ②《旧》マラリア
swámp·lànd 名 U (耕作可能な)沼地
swamp·y /swɑ́(:)mpi, swɔ́:mpi | swɔ́mpi/ 形 沼地の(ような)，じめじめした；湿地の多い **swámp·i·ness** 名
*__swan__ /swɑ(:)n | swɔn/ 名 ❶ C 〖鳥〗ハクチョウ(白鳥)(→ cygnet) ‖ (as) graceful as a ~ ハクチョウのように優美な ❷《the S-》〖天〗白鳥座(Cygnus)
—動 (**swanned** /-d/；**swan·ning**) 自《+副句》《英口》ぶらぶらと気ままに歩く，当てもなくさまよう《*around, off,* etc.》

S

⏩～ **dìve** 名C《米》スワンダイブ(《英》swallow dive)(両腕を肩の高さで横に広げ，入水の直前に頭上に一直線に伸ばす飛び込み) ～ **sòng** 名C《単数形で》①(詩人・音楽家・俳優などの)最後の作品[演技]，絶筆 ②白鳥の歌(白鳥が死ぬ前に歌うとされる美しい歌)

swank /swæŋk/《口》動自 気取る，もったいぶる
—名 ❶U(服装・態度などの)派手さ，きざっぽさ，これ見よがし ❷C きざなやつ —形《米》=swanky

swank·y /swǽŋki/ 形《口》❶派手な，気取った，これ見よがしの ❷しゃれた，粋な **swánk·i·ness** 名

swan·ner·y /swɑ́(ː)nəri | swɔ́n-/ 名(複 **-ner·ies** /-z/) C《英》白鳥の飼育所

swán's-dòwn, swáns·dòwn 名U ❶白鳥の綿毛(衣装の縁取りや化粧パフなどに用いる) ❷(ウール・綿などの)厚手で柔らかい布地(産着用) ❸=flannelette

swán-ùp·ping /-ʌ̀pɪŋ/ 名U 白鳥調べ(英国のテムズ川で毎年行われる12世紀以来の行事で，白鳥のひなのくちばしに所有者の印をつける)

*__swap__ /swɑ(ː)p | swɔp/ 動(**swapped** /-t/；**swap·ping**) 他 ❶ **a**《+目》…を交換する〈**with** 人と；**for** 物と〉‖ Would you ～ seats [《英》places] *with* me? 席を替わっていただけますか / ～ an apple *for* a banana リンゴをバナナと交換する **b**《+目 *A*+目 *B*+**for** 名》*A*(人)と*B*(物)を…に交換する，*A*(人)に*B*(物)を…と取り替えてやる ‖ I'll ～ you my comic *for* your candy. 僕の漫画雑誌と君のキャンディーを取り替えっこしよう ❷…を〈別のものに〉取り替える；…を〈…に〉着替える〈**for**〉‖ She *swapped* her school uniform *for* jeans and a T-shirt. 彼女は学校の制服をジーンズとTシャツに着替えた ❸〔意見・情報など〕を〈人と〉互いに交わす，交換する〈**with**〉 ❹💻〔メモリー上のデータ〕をスワップファイルに書き出す，スワップアウトする〈*out*〉；〔スワップファイルのデータ〕をメモリーに読み込む，スワップインする〈*in*〉 —自〈人と〉交換する〈**with**〉

swàp óver 〈自〉①(場所・仕事などを)入れ替わる，交替する ②〈…へ〉移行する〈**to**〉 —〈他〉(*swàp óver ...* / *swàp ... óver*) ①…の場所[仕事など]を取り替える，…を置き換える ②…を〈…に〉移行させる〈**to**〉

swàp róund [OR *aróund*] 〈自・他〉=*swap over*〈自・他〉①(↑)

—名C ❶《通例単数形で》(物々)交換，取り換え ‖ do a ～ 交換する / 「a fair [an even] ～ 公平な[対等の]交換 ❷交換物，交換に適したもの ❸〖金融〗スワップ(企業・銀行間で互いに債務を交換すること)

⏩～ **mèet** 名C《主に米》(古物などの)交換会；バザー

swáp·fìle 名C 💻スワップファイル(ハードディスクに一時的に作られたデータ保存領域)

swa·raj /swərɑ́ːdʒ/ 名U スワラージ；独立，自治(インド独立運動の中心目標の1つ) **～·ist** 名

sward /swɔːrd/ 名U 草地，芝地，芝生

swarf /swɔːrf/ 名U(金属などの)削りくず

*__swarm__[1] /swɔːrm/《発音注意》名C《集合的に》《単数・複数扱い》❶〈昆虫などの〉(特に動いている)大群〈**of**〉‖ a ～ *of* ants アリの群れ / locusts in great ～*s* イナゴの大群 ❷(巣分かれ[分封]する)ミツバチ[アリ，シロアリ]の群れ(⇨ FLOCK[1] 類語P) ❸《しばしば ～s》〈人などの〉群れ，群衆，大勢；〈…の〉多数，たくさん〈**of**〉(⇨ CROWD 類語) ‖ ～*s of* spectators 大勢の観客 / a ～ *of* hacking attacks 多くのコンピュータープログラムへの不法侵入 ❹群発地震 ❺〖天〗流星群 —動自 ❶(昆虫などが)群れをなして動く[飛ぶ]；(ミツバチ・アリ・シロアリが)巣分かれ[分封]する ❷《+副》(人・動物などが)群れ集まる，群がる，群れをなして動く；群がって行く(♦副は場所・方向を表す) ‖ The commuters ～*ed* into the train. 通勤客が群がるように電車に乗り込んだ ❸《+**with** 名》《通例進行形で》(場所が)…(の動く群れ)でいっぱいになる，あふれる ‖ The park was ～*ing with* cherry blossom viewers. 公園は花見客であふれていた —他…に群れをなす，〔場所〕を人でいっぱいにする，(群衆が)〔人〕に群がる

swarm[2] /swɔːrm/ 動自〈…を〉よじ登る〈**up**〉；〈…を〉ずり降りる〈**down**〉

swarth·y /swɔ́ːrði/ 形(人・顔が)浅黒い，日に焼けた

swash /swɑ(ː)ʃ, swɔːʃ | swɔʃ/ 動自 ❶(水などが)勢いよくぶつかる，はねる ❷《古》いばって歩く —他〔水など〕を勢いよくぶつける —名C ❶(水などが)勢いよくぶつかること[音] ❷浅瀬，瀬戸

swásh·bùckler 名C(映画などに登場する)いばり散らす人(軍人・冒険家など)；そのような人を扱った作品

swásh·bùckling 形《通例限定》からいばりの；(映画などが)冒険に満ちた —名U からいばり

swas·ti·ka /swɑ́(ː)stɪkə | swɔ́s-/ 名C ❶卍(まんじ)，変形十字型 ❷かぎ十字章(卐，ナチスドイツの紋章)

swat /swɑ(ː)t | swɔt/(♦同音語 swot) 動(**swat·ted** /-ɪd/；**swat·ting**) 他…を強く打つ，ぴしゃりとたたく
—名C 強く打つこと，ぴしゃりとたたくこと

SWAT /swɑ(ː)t | swɔt/ 名C スワット((米国の)特別機動隊)(♦ *S*pecial *W*eapons *a*nd *T*actics の略. しばしば SWAT team [OR unit] の形で用いる)

swatch /swɑ(ː)tʃ | swɔtʃ/ 名C(布地などの)見本，サンプル，見本帳

Swatch /swɑ(ː)tʃ | swɔtʃ/ 名C《商標》スウォッチ(スイス製の安価でファッション性の高い腕時計)

swath /swɑ(ː)θ, swɔːθ | swɔθ/ 名(複 **～s** /-s/) C ❶(大鎌(がま)・草刈り機の)ひと刈り分の幅，ひと刈り分の草，(刈られた)草などの1列，刈り跡 ❷帯状のもの[場所]

cùt a swáth through ... …を広く破壊する，…に大打撃を与える

cùt a wíde swáth 《米》派手に振る舞う，強い印象を与える，人目を引く

swathe /sweɪð/ 動他 ❶《通例受身形で》〈…で〉巻かれる，包まれる，包帯をされる〈**in**〉 ❷…を取り囲む
—名C 巻き布，包帯

swat·ter /swɑ́(ː)ṭər | swɔ́t-/ 名C ❶ぴしゃりと打つ人[もの]；〖野球〗強打者 ❷ハエたたき(fly swatter)

*__sway__ /sweɪ/ 動自 ❶(前後・左右にゆっくりと)揺れる，揺れ動く，揺らぐ；ふらつく，よろける；しとやかに動く ‖ The branches were ～*ing* in the breeze. 木の枝が風に揺れていた / The dancers ～*ed* to the music. ダンサーたちは音楽に合わせて体を揺り動かした / A glass of beer made her ～ on her feet. ビール1杯で彼女は足下がふらついた ❷(意見・気持ちなどが)揺らぐ，動揺する，ぐらつく ❸(物が)片一方に動く，〈…へ〉傾く，かしぐ；(人・判断・意見などが)〈ある方向に〉傾く〈**to, toward**〉
—他 ❶(前後・左右にゆっくりと)…を揺り動かす，揺する；…をふらつかせる ‖ The wind ～*ed* the trees. 風が木々を揺り動かした / ～ one's hips 腰を揺する ❷〔意見・気持ちなど〕を動揺させる，ぐらつかせる ❸〔人・意見・行為など〕を(ある方向に)傾かせる；…に影響を与える，…を左右する(♦しばしば受身形で用いる) ‖ Independent thinkers are not easily ～*ed* by the opinion of the group. 自分なりの考えを持つ人は簡単には集団の意見に左右されない ❹…を片一方に動かす，傾ける，かしがせる ❺《文》…を支配[統治]する
—名U ❶揺れ動くこと，揺れ，振動 ‖ the ～ of a boat 船の揺れ ❷支配力，影響力；主権，統治，支配 ‖ moved by the ～ of passion 激情に駆られて / the region under the ～ of rebel forces 反乱軍の支配下にある地方 / fall under his ～ 彼の支配下に入る

hòld swáy 〈…を〉支配[統治]する；〈…に〉勢力を振るう，影響力を持つ〈**over**〉‖ He still *holds* ～ *over* the Conservative Party. 彼は今でも保守党に幅がきく

swáy·bàck 名C(特に馬の)背の異常なくぼみ；脊柱(せきちゅう)湾曲症 **～ed** 形

Swa·zi /swɑ́ːzi/ 名(複 **～** OR **～s** /-z/) ❶C スワジ族(スワジランドに住むバンツー系の民族) ❷U スワジ語

*__Swa·zi·land__ /swɑ́ːzilæ̀nd/ 名 スワジランド(アフリカ南東部の王国. 公式名 the Kingdom of Swaziland. 首

都 Mbabane)

*swear /sweər/ 動 (~s /-z/ ; swore /swɔːr/ ; sworn /swɔːrn/ ; ~·ing) 自 ❶〈…を〉ののしる；〈…に〉悪態をつく，口汚い言葉を使う〈at〉(♥日本語の「畜生」「くそっ」「この野郎」などに当たる Damn (it)!, (My) God!, Jesus!, Fuck (it)!, Shit! など，腹を立てたときや驚いたときの表現を用いることを指す) ‖ He *swore* loudly when he noticed a big dent in the side of his new car. 彼は自分の新車の横腹に大きなへこみがあるのに気づき大声で悪態をついた / Eric *swore at* the driver who cut in front of him. エリックは急に前に割り込んできた車の運転手に罵声(ばせい)を浴びせた

❷〈神・神聖なものにかけて〉誓う，宣誓する〈on, by, to〉‖ ~ *to* God 神にかけて誓う / ~ *on* the Bible 聖書に手を載せて誓う / ~ *on* [OR *by*] one's honor 名誉にかけて誓う ❸《+to 名》《通例否定文・疑問文で》…を断言する，誓って…だと言う ‖ I'm quite sure that's what he meant, but I wouldn't [OR couldn't] ~ *to* it. 彼が言わんとしたことはこういうことだと思うが断言はできない

―他 ❶《受身形不可》(神・神聖なものにかけて) 誓う **a** 《+目》…を誓う；(法廷などで)…を宣誓証言する，〔証言など〕が真実であることを証言する ‖ The knights *swore* allegiance to the queen. 騎士たちは女王に忠誠を誓った / ~ an oath to tell the truth 真実を述べると誓う

b 《+to *do*》…すると誓う ‖ I ~ on [OR by] all I hold dear never *to* harm anybody. 私は決してだれも傷つけないことを誓います(♦ on [OR by] all I hold dear は「自分が大切にしているものすべてにかけて」の意味)

c 《+that 節》…(だ)と誓う，(法廷などで)…(だ)と宣誓証言する ‖ He *swore* solemnly *that* he would never let his children go hungry. 彼は子供たちを飢えさせはしないと固く誓った

❷《+(that) 節》《通例進行形不可》…(だ)と断言する(♦しばしば I swear の形で文末でも用いる) ‖ I ~ I've never set my eyes on her in my life. 断じて彼女と会ったことなどない / I had nothing to do with the robbery, I ~. 私は強盗事件とは全然関係ありません，本当です / I could have *sworn* I heard a gunshot around 10. 確か10時ごろに銃声を聞いたと思ったけれど (=I was almost certain I ....)

❸〔人〕に〈…を〉宣誓させる，誓わせる〈to〉‖ We *swore* our roommates *to* secrecy [silence]. 我々はルームメートたちに秘密[沈黙]を守ることを誓わせた

*swéar by ... 〈他〉① ⇨ 自❷ ②《口》…に全幅の信頼を寄せる ‖ He ~*s by* his diet of brown rice and tofu. 彼は玄米と豆腐の食事が絶対だと信じている

*swèar in ... / swèar ... ín 〈他〉…を宣誓させて就任させる；〔陪審員〕を宣誓させる(♦しばしば受身形で用いる) ‖ The new governor was *sworn in* on Tuesday. 新知事は火曜日に就任の宣誓をした

swèar óff ... 〈他〉〔酒・たばこなど〕を誓って断つ

swèar óut ... / swèar ... óut 〈他〉《米》《法》〔令状など〕を宣誓請求する

swèar 「*ùp and dówn* [《英》*blínd*] (*that*) ... 《口》…だと言い張る，断言する ‖ He *swore up and down that* he was forced to steal the money. 彼は無理やりその金を盗まされたと言い張った

swèaring-ín 名 U/C《単数形で》宣誓就任 ‖ a ~ ceremony 宣誓就任式

swéar·wòrd 名 C 口汚い言葉，ののしりの言葉

*sweat /swet/ 《発音注意》名 ❶ U 汗；C《~s》(病気などの)ひどい汗 ‖ *Sweat* poured off the runner's face. その走者の顔から汗が吹き出た / His body was dripping [OR pouring] with ~. 彼の体からは汗が滴っていた / wipe the (beads of) ~ off *one's* forehead 額の汗をぬぐう / night ~*s* 寝汗

❷ C《通例 a ~》汗をかくこと，汗をかいている状態 ‖ Let's work up a good ~. ひと汗かこう / break out in a ~ (恐怖などで)汗をかき始める

❸ C《a ~》《口》不安，心配 ‖ Don't get into such a ~ about it. そのことでそんなに心配しなくてもいいよ (♂ Don't worry so much about it.) / He was in a real ~ waiting for his turn to be up on the stage. 彼は舞台に上がる番を待ちながらとても不安だった

❹ U/C《a ~》《口》骨の折れる仕事，つらい労働 ‖ Are you trying to fix the old TV? It's not worth the ~. あの古いテレビを修理するつもりかい．そんなの骨折り損だよ / Cleaning this room will be a bit of a ~. この部屋をきれいにするのはちょっと大変そうだな

❺ C《~s》《主に米口》=sweat suit, sweatpants

❻ U (物の表面に生じる) 水滴，結露 ‖ the ~ on a cold pitcher 冷たい水差しについた水滴

❼ C《主に米》(レース前の競走馬の)準備運動，足ならし

brèak 「*a swéat* [《英》*swéat*] 《口》激しい運動をする，激しく体を動かす[使う]

**by* [OR *from*] *the swèat of one's brów* 額に汗して，(体を動かして)まじめに働いて

in a (*còld*) *swéat* ① 冷や汗をかいて ② 心配して，不安になって ‖ When he heard the news, he broke out *in a* ~. その知らせを聞いて彼は不安になった

nò swéat 《口》簡単なこと(→ CE 1)

COMMUNICATIVE EXPRESSIONS

1 "Can you finish this by tomòrrow mórning?" "**Nò swéat!**"「この仕事を明日の朝までに仕上げられるかな」「お安いご用です」(♥「朝飯前だ，何でもない」の意)

―動 (~s /-s/ ; sweat OR ~·ed /-ɪd/ ; ~·ing) 自 ❶ 汗をかく；(恐怖などで) 冷や汗をかく (⇨ 類語) ‖ He was ~*ing* profusely [OR heavily] in the overheated room. 彼は暖房の効きすぎた部屋で汗だくになっていた / ~ like a pig 《口》大汗をかく

❷《口》〈…で〉汗水たらして働く，懸命に努力する〈over〉‖ He ~*ed over* the report for more than an hour. 彼はその報告書を書くのに1時間以上も苦労した

❸《口》心配する，はらはらする；罰を受ける，苦しむ ‖ Beth let him ~ a while before agreeing to date him. ベスは彼とのデートをすぐにはOKせず，しばらくの間気をもませておいた ❹ (食べ物・物の表面などが) 湿気を帯びる，水滴がつく，汗をかく；(水分などが)にじみ出る ❺ (たばこの葉・生の皮などが) 発酵する ❻ (野菜・肉などが) 蒸し煮になる

―他 ❶〔汗・水分など〕を出す ‖ ~ buckets 《口》大量に汗をかく ❷〔水滴・露など〕をつける，出す ❸ (運動・薬などで)〔人・動物〕に汗をかかせる ❹ …を汗でぬらす ❺《米口》…を心配する，…にくよくよする(→ CE 2) ❻《口》〔人〕を厳しく尋問する；〔情報・金など〕を〈人から〉強要して引き出す〈out of〉‖ The police couldn't ~ a confession *out of* him. 警察は彼から自白を引き出すことはできなかった ❼《口》〔人・動物〕を酷使する，搾取する ❽〔野菜・肉など〕を蒸し煮にする ❾《冶》〔金属〕をはんだで接合する

swèat it óut 《口》① (いやなことを) 最後まで我慢する [頑張る] ② はらはらして待つ ③ 運動をして汗をかく

swèat óff ... / swèat ... óff 〈他〉①〔体重など〕を汗をかいて落とす ② =*sweat out* ③(↓)

swèat óut ... / swèat ... óut 〈他〉①《口》〔いやなこと〕を最後まで我慢する [頑張る]，…を苦労して解決する [得る] ② …をはらはらして待つ ‖ She had to ~ *out* the long wait alone until the news finally came. 彼女は知らせが来るまで1人ではらはらしながら長い時間待たなくてはならなかった ③ (汗をかいて)〔風邪など〕を治す；〔悪いもの〕を体から出す

COMMUNICATIVE EXPRESSIONS

2 **Don't swéat it.** Thíngs will wòrk themsèlves óut in the ènd. 心配するな，物事というものは最後には何とかなるものだから

類語《自 ❶》**sweat**「汗をかく」の意の一般的な語．
perspire (名詞は perspiration) 生理学上の用語．また sweat より上品な語．

▶▶ ~ **èquity** 名 U《米口》労働提供持ち分《住宅の改修に労働提供した住人の持つ持ち分》；労働による付加価値 ~ **glànd** 名 C〘解〙汗腺(かんせん) ~ **lòdge** 名 C スウェットロッジ《北米先住民が治癒と浄化の儀式に使う小屋》 ~ **sòcks** 名 複（厚手の運動用）ソックス ~ **sùit** 名 C スウェットスーツ《sweatshirt と sweatpants のひとそろい》

swéat·bànd 名 C（頭や手首に巻く）汗取りバンド；（帽子の）汗よけ, 滑り革

sweat·ed /swéṭɪd/ 形 ❶ 低賃金重労働で酷使される ❷（製品が）低賃金重労働で作られた
▶▶ ~ **lábour** 名 U《英》低賃金重労働（従事者）

***sweat·er** /swéṭər/《発音注意》名 C ❶ セーター（♦《米》では前開きのカーディガンなども指すが,《英》では頭からかぶるものを指す）❷《旧》（低賃金で重労働を強いる）労働搾取者

swéat·pànts 名 複 スウェットパンツ

sweats /swets/ 名 複《主に米》=sweatpants

swéat·shìrt 名 C スウェットシャツ, トレーナー

swéat·shòp 名 C 搾取工場《労働者を低賃金で長時間働かせる工場など》

***sweat·y** /swéṭi/ 形 ❶ 汗をかいた, 汗まみれの；汗臭い ❷（天候などが）汗をかかせる, 非常に暑い ❸ 骨の折れる, 重労働の **swéat·i·ly** 副 **swéat·i·ness** 名

Swed. 略 Sweden, Swedish

Swede /swiːd/ 名 C ❶ スウェーデン人 ❷《s-》《英》〘植〙カブハボタン（《米》rutabaga）

***Swe·den** /swíːdən/《発音注意》名 スウェーデン《スカンジナビア半島にある王国. 公式名 the Kingdom of Sweden. 首都 Stockholm》

Swe·den·borg /swíːdənbɔ̀ːrg/ 名 **Emanuel** ~ スウェーデンボリ（1688–1772）《スウェーデンの科学者・神秘思想家》

***Swed·ish** /swíːdɪʃ/ 形 スウェーデンの；スウェーデン人[語]の；スウェーデン風の ——名 ❶《the ~》《集合的に》《複数扱い》スウェーデン人[国民] ❷ U スウェーデン語
▶▶ ~ **masságe** 名 U スウェーデン式マッサージ《体操と組み合わせたマッサージ療法》

***sweep** /swiːp/ 動（~s /-s/；**swept** /swept/；~·ing）他
❶ **a**《+目》〔床・部屋など〕を掃く, 掃除する《*out*》‖ Could you ~ *out* the porch before the guests arrive? お客さんが着く前に玄関ポーチを掃いてくださいませんか **b**《+目+補》…を掃いて…にする ‖ ~ a floor clean 床を掃いてきれいにする
❷《+目+副句》〔ほこり・ちりなど〕を掃いて[たたいて, 振って]払う, 取り除く；（手・腕で）〔物〕をさっと払う, 動かす〈**from, off** …から；**into** …へ, etc.〉‖ She *swept* the cookie crumbs *off* her skirt. 彼女はスカートからクッキーのくずを払い落とした / ~ dust *into* a dustpan ほこりをちりとりに掃き入れる
❸《+目+副句》（風・波などが）…を（ある方向に）押し流す, 吹きやる；（風・波がするように）…をさっと動かす, 押しやる ‖ A high wave *swept* the surfer further out to sea. 高波がサーファーをさらに沖にさらった / He *swept* me along to the principal's office. 彼は私を校長室へ連れて行った
❹（波・風などが）〔ある地域〕を**さっと通過する**, 痛撃する；（ニュース・流行などが）〔ある地域〕に広がる ‖ The huge tornado *swept* the city, claiming five lives. 巨大な竜巻が市を襲い, 5人の犠牲者を出した / Anti-war sentiment *swept* the nation. 反戦ムードが国中に広がった
❺〔場所〕から〈障害物などを〉一掃する〈**of**〉；…を掃射する ‖ ~ the sea *of* enemy mines 掃海して敵の機雷を除去する ❻〔場所など〕を徹底的に捜索する；〔場所・配線など〕に盗聴器が仕掛けられていないか調べる ‖ The police *swept* the whole neighborhood for the murder weapon. 警察は殺人の凶器を探して近隣をくまなく調べた ❼ …をさっと見渡す；（光・視線などが）…をさっと走る ‖ The sniper *swept* the area with his binoculars. 狙撃(そげき)手は双眼鏡で辺りを見回した ❽ …の表面をかするようにして動く)；…を〈…の表面に〉さっと動かす〈**over, around**〉‖ Her long skirt *swept* the floor. 彼女の長いスカートが床をこすった / The guitarist *swept* his fingers *over* the strings. ギタリストは弦の上に指を軽く走らせた ❾《米》〔試合・選挙など〕に圧勝する, 連勝する ‖ Republican candidates *swept* all the Southern States. 共和党の候補者はすべての南部の州で大勝した ❿〔長い髪〕を〈あるスタイルに〉する〈**into**〉‖ ~ one's hair back *into* a ponytail 髪をポニーテールにする
——自（♦ ❷–❻ は方向を表す 副句 を伴う）❶ 掃く, **掃除する**《*up*》‖ ~ with a broom ほうきで掃く / *A new broom ~s clean.*《諺》新しいほうきはきれいに掃ける；新任者は熱心に改革を行う
❷ さっと過ぎる, 動く, 通過する；（ニュース・流行などが）〈…に〉さっと広がる〈**through, across,** etc.〉；（感情などが）〈…を〉激しく襲う〈**over**〉‖ A typhoon *swept through* northern Japan. 台風が北日本を通過した / A deep sense of loss *swept over* me. 深い喪失感が私を襲った / The scandal *swept across* the nation. その醜聞は国中にさっと広まった ❸（人が）さっそうと進む, 堂々として歩く ‖ The queen *swept* into the room clad in a silver gown. 女王は銀色のドレスに身を包み昂然(こうぜん)と部屋に入って来た ❹（服が）すそを引く ❺（道路・海岸線などが）優美な曲線を描いて伸びる, 大きく広がる ❻（目・視線などが）ずっと見渡す, 届く ‖ His gaze *swept* across the large crowd in search of the assassin. 彼は暗殺者の姿を捜して大群衆を見渡した

swèep ... alóng 〈他〉=sweep away ④(↓)

swèep asíde ... / ***swèep ... asíde*** 〈他〉① …を掃いてわきへ寄せる ②〔批判・異議・提案など〕を一蹴(いっしゅう)する, 無視する ③ …を簡単にやっつける

swèep awáy ... / ***swèep ... awáy*** 〈他〉① …を掃き出す, 払いのける ② …を押し流して破壊する ③〔規則・慣習など〕を一掃する, 捨て去る（eradicate）④《通例受身形で》我を忘れる, 夢中[有頂天]になる

swèep úp 〈他〉《***swèep úp ...*** / ***swèep ... úp***》①〔ごみなど〕を掃き集める[集めて捨てる] ②〔髪の毛〕をすき[かき]上げる ③〔子供など〕をひょいと抱き上げる ④〔票など〕を獲得する,〔金など〕をごっそり集める[稼ぐ] ⑤《通例受身形で》〈感情などに〉とらわれる, 熱中する〈**in**〉——〈自〉⇨ 自 ❶

——名 C ❶《通例単数形で》**掃くこと**, 掃除；一掃 ‖ give one's room a quick ~ 部屋をさっと掃除する
❷（腕・武器などの）ひと振り ‖ with a ~ of one's arm 腕をさっと振って
❸《単数形で》〈道路・土地・川などが〉緩やかな曲線を描きながらずっと続くこと, 広がること；（緩やかな）曲線〈**of**〉‖ We could see the long ~ *of* the road. 道路が緩やかに曲がりながらずっと続いているのが見えた
❹ U〈…の及ぶ〉範囲〈**of**〉‖ His knowledge included the whole ~ *of* Japan's political history. 彼の知識は日本の政治史のすべてに及んでいた / within [beyond] the ~ *of* a telescope 望遠鏡で見える[見えない]範囲で
❺《通例単数形で》（広範囲の）捜索, 盗聴器の捜索；（広範囲の）攻撃 ❻《米》（選挙などでの）圧勝, 大勝；（試合などでの）連勝, 完勝 ‖ The Lions won the Japan Series in a clean ~. ライオンズは日本シリーズに完勝した ❼《the ~s》《米》テレビ[ラジオ]番組の視聴率調査；視聴率調査期間 ❽《口》=sweepstakes ❾ 煙突掃除人（chimney sweep）❿《通例 ~s》掃き集めたごみ ⓫ 長いオール；はねつるべのさお；風車の翼

at òne [OR ***a***] ***swéep*** 一挙に

màke a clèan swéep ①〈不要な人員・物などを〉一掃する；大規模な改革をする〈**of**〉②（試合・選挙などで）〈…に〉完勝[圧勝]する〈**of**〉

sweep·er /swíːpər/ 名 C ❶ 掃除する人 ❷ 掃除機 ❸〘サッカー〙スイーパー《ゴール前で守備をする選手》

***sweep·ing** /swíːpɪŋ/ 形 ❶《通例限定》広範囲に及ぶ, 包括的な, 全般的な ‖ ~ reforms 全面的改革 / ~

changes 広範囲に及ぶ変化 ❷《通例限定》大ざっぱな, 大まかな ‖ He always makes ～ criticisms of young people. 彼はいつも若者を十把ひとからげに非難する / a ～ statement 大ざっぱな陳述 ❸《限定》大きく弧を描くように動く; ゆったりと伸びる ‖ a ～ curve 大きく弧を描くカーブ / take a ～ glance ざっと見渡す ❹《限定》完全な, 圧倒的な ‖ a ～ victory 圧勝
—名C ❶ 掃除; 一掃 ❷《～s》掃き集めたもの, ごみ, くず ‖ the ～s from a workshop 作業場から出たごみ
～·ly 副

swéep·stàke 名 =sweepstakes

swéep·stàkes 名《単数・複数扱い》スイープステークス《競馬などで, 勝者がすべての賭(か)け金を得る方式》, ステークス競走; その総賭け金[賞金]

‡sweet /swiːt/(♦ 同音語 suite) 中心義 (Aが)甘く快い(★Aは「味」に限らず,「性質」「香り」「音声」など多様)
—形 (～·er; ～·est)
❶ 甘い, 甘味がある, 砂糖が入った(↔ sour); (酒が)甘口の(↔ dry); 美味の ‖ He likes his tea ～. 彼は紅茶を甘くするのが好きだ / ～ fruit 甘い果実 / a ～ wine 甘口のワイン
❷ (性質・態度などが) 優しい, 親切な, 思いやりのある(↔ nasty)(♥ 主に女性語. → kind²) ‖ It is very ～ of you [OR You are very ～] to pick me up. = How ～ of you to pick me up! 迎えに来てくれてどうもありがとう / have a ～ temper 気立てが優しい / give one's ～ smile to children 子供たちに向かって優しくほほ笑む / a ～ elderly lady 年配の優しい女性
❸ (小さくて) かわいい, きれいな, 魅力的な ‖ Your baby looks so ～. お宅の赤ちゃんはとてもかわいらしいわね / What a ～ little puppy! 何てかわいい子犬だこと / You're looking real ～ today. 今日の君はとてもきれいだよ / a ～ little shop しゃれた[小ぎれいな]小さな店
❹ 気持ちのよい, 快い, 愉快な, 楽しい, 満足な(↔ unpleasant) ‖ Good night, ～ dreams. おやすみ, いい夢見てね / Julia is enjoying the ～ smell of success. ジュリアは成功の甘い香り[満足感]に酔っている / How ～ this victory is! うれしいね, この勝利は / a ～ home 楽しい家庭
❺ 香りのよい, 芳香のある(↔ stinking) ‖ This flower smells ～. = This is a ～-smelling flower. この花はよい香りがする / The ～ scent of her perfume attracted him. 彼女の香水のかぐわしい香りが彼をとりこにした
❻ (音・声などが) 耳に快い, 美しい響きの, 美妙な(↔ harsh) ‖ His cello sounds ～. 彼のチェロは甘美な響きがある / a ～ voice 美しい声 / a ～ singer 声のきれいな歌手 ❼ 新鮮な, おいしい, 腐っていない, 変質していない; 塩気がない ‖ ～ milk 新鮮な牛乳 / keep a room clean and ～ 部屋をすっきりきれいにしておく / the ～ air of a mountain district 山国の新鮮な空気 / ～ water 淡水, 真水 / ～ butter 無塩バター ❽ (土地が)酸性を帯びていない; (ガソリンが) 硫黄化合物を含まない ❾《主に米》(ジャズ・ビッグバンド音楽が)スイートな《即興を交えず曲に忠実に一定のテンポで演奏する》(↔ hot) ❿ 取り扱いが簡単な, 楽に動く ⓫ 愛する, いとしい, 大事な(♥ 呼びかけ) ‖ my ～ John 愛するジョン / one's ～ wife 最愛の妻 ⓬《強調》まさに, 全くの ‖ "What happened?" "*Sweet* nothing." 「何か起きたの」「何も」 ⓭《S-》《口》よろしい, 素晴らしい(♥ 相手の言ったことへの賛成・満足などを示す) ‖ Complimentary tickets? *Sweet!* 招待券ですね, よろしいです(どうぞお通りください)

be swéet on ... 《旧》《口》…がとても好きである, …に夢中である, ほれている

in one's òwn swèet tíme [wáy] 自分の都合のよいときに[やり方で]

kèep a pèrson swéet 《英口》〔人〕の機嫌をとる, 〔人〕にごまをする

—名 (複 ～s /-s/) ❶ U 甘さ, 甘味 ❷ C《しばしば ～s》甘いもの; (砂糖) 菓子, キャンディー(《米》candy, 《英》sweetie, 《豪》lolly)
❸ C U《英》(甘い)デザート(《米》dessert)《プディング・タルト・アイスクリームなど》; 甘い肉料理, 果実の砂糖漬け
❹ C《通例 ～s》《文》楽しみ, 喜び, 快いもの ‖ the ～*s* and bitters of life 人生の苦楽 / taste the ～*s* of office [success] 役職のうまみ[成功の喜び]を味わう
❺《通例 my ～》いとしい人, 愛する人; 《呼びかけで》あなた, おまえ ‖ Good night, my ～. おやすみ, あなた
❻ C《米口》サツマイモ(sweet potato)
—副 甘く, 快く, 優しく(sweetly)

▸▸ ～ **còrn** 名 U スイートコーン《甘味の強いトウモロコシ》 ～ **Fànny Ádams**, ～ **FÁ** 名 U《俗》全く何もないこと(nothing at all)(♥ 同じ意味の fuck all を避ける表現) ‖ I know ～ *Fanny Adams* about the accident. その事故のことは何も知らない ～ **nóthings** 名 複 (恋人同士の)甘いささやき, 睦言(むつごと) ～ **pèa** /英 ⸗⸗/ 名 C スイートピー ～ **pépper** 名 C ピーマン ～ **potàto** /英 ⸗⸗⸗/ 名 C U ① サツマイモ ② 《米口》=ocarina ～ **ròll** 名 C《米》小型の甘いロールパン ～ **spót** 名 C《口》〖スポーツ〗スイートスポット《ラケット・バット・クラブなどで球の飛びが最もよい箇所》 ～ **tàlk** (↓) ～ **tòoth** /英 ⸗⸗/ 名 C《通例単数形で》甘いものに対する好み ‖ have a ～ *tooth* 甘いものが好きだ, 甘党だ ～ **wílliam** [W-] 名 C U〖植〗アメリカナデシコ

swèet-and-sóur <ℑ 形《限定》甘酸っぱく味つけした ‖ ～ pork 酢豚

swéet·brèad 名 C《通例 ～s》(食用としての) (子羊・子牛などの)膵臓(すいぞう), 胸腺(きょうせん)

swéet·brìer, -brìar 名 C〖植〗スイートブライアー《新葉に芳香のあるノバラの一種でバラの原種の1つ》

***sweet·en** /swíːtən/ 動 他 ❶〔飲食物〕を甘くする ❷〔味・においなど〕をよくする, 好ましい感じにする ❸〔人・気分など〕を和らげる《*up*》 ‖ I hope the vacation in Hawaii will ～ him *up*. ハワイでの休暇で彼の気持ちが和らぐことを願っている ❹〔悪いことなど〕を受け入れやすくする, 〔苦痛など〕を軽くする, 和らげる ❺《口》〔人〕を甘言でだます, …の機嫌をとる《*up*》 ‖ He ～*ed* his girlfriend *up* with a gift. 彼は贈り物で恋人の機嫌をとった ❻〔土地など〕の酸性を和らげる; 〔ガソリンなど〕の硫黄化合物を取り除く ❼《口》〔取り引き〕に色をつける《*up*》; 〔担保〕を増す
—自 甘くなる, 甘味が増す; 甘美になる; 和らぐ
▸▸ ～**ed condénsed mìlk** 名 U《主に米》=condensed milk

***swéet·en·er** /-ər/ 名 ❶ C U (人工)甘味料 ❷ C《主に英口》賄賂(わいろ), そでの下

swéet·en·ing /-ɪŋ/ 名 U 甘味料; 甘くすること

***swéet·hèart** 名 C ❶《単数形で》《呼びかけで》あなた, おまえ, いとしい人 ❷ 恋人, 愛人(♦ 特に女性についていう) ‖ They have been ～*s* for many years. 彼らは長年の恋人同士だ ❸ 素敵な[優しい]人; 素晴らしいもの ‖ You're a real ～ for coming to pick me up. 迎えに来てくれるなんて本当にいい人ね
▸▸ ～ **còntract [agrèement, dèal]** 名 C《口》当事者に有利で他者に不利な協定《特に経営者と労働組合のなれ合いによる労働者に不利な協定》, 談合

sweet·ie /swíːṭi/ 名 C ❶ 恋人; 《口》かわいい人[もの](♥ 女性語) ❷ (=～ **píe**)《単数形で》《呼びかけ》ねえ君, あなた ❸《英口》お菓子(sweet) ❹ スウィーティー《グレープフルーツの一種》

sweet·ish /swíːṭɪʃ/ 形 やや甘い

swéet·ly /-li/ 副 ❶ 楽しく, 気持ちよく ❷ 甘く, 優しく ❸ スムーズに, 簡単に

swéet·mèal 名 U《英》甘く味つけした全粒粉

swéet·mèat 名 C《古》砂糖菓子; 果物の砂糖漬け

***sweet·ness** /swíːtnəs/ 名 U ❶ 甘さ, 甘味 ❷ (音・声の)美しさ ❸ 新鮮 ❹ 快さ, 美しさ ❺ 愛らしさ; 親切

be (àll) swèetness and líght (人が) 楽しく親しみやす

S

い；(場所・状況が) 楽しく気楽である (♥ しばしば皮肉) ‖ She *was all* ～ *and light* at the party. 彼女はパーティーでとても楽しそうに振る舞っていた

swéet·shòp 名 Ⓒ《英》菓子店(《米》candy store)

swéet-tàlk 動《口》他〔人〕におべっか[甘言]を使って〈…〉させる〈**into**〉 ―自 おべっか[甘言]を使う

swéet tàlk 名 Ⓤ《口》おべっか, 甘言

swèet-témpered ⟨ジ⟩ 形 気立てが優しい

*__swell__ /swel/ 動 (**～s** /-z/; **～ed** /-d/; **swol·len** /swóʊlən/ OR **～ed**; **～·ing**) 自 ❶ ふくれる, 膨張する (↔ shrink) ; (打撲・病気などで)はれる《***up***》; (帆が)ふくらむ《***out***》‖ The balloon ～*ed* as hot air was pumped into it. 気球は暖かい空気がポンプで送り込まれるにつれてふくれた / His broken ankle has already started to ～ (*up*). 彼の骨折した足首はすでにはれ始めている

❷ (数量・程度などが)〈…まで〉増大する, 増加する(↔ decrease)〈**to**〉‖ This year's profits will ～ *to* over 10 million dollars. 今年の利益は1千万ドル以上まで増えるだろう

❸ (音が) 次第に大きくなる, 〈…まで〉 高まる 〈**to**〉 ‖ The sound of the organ ～*ed* around us. オルガンの音が私たちを包みうねるように高まった / The applause ～*ed to* a roar. 喝采(かっさい)は叫びにまで高まった

❹ (人・心が)〈感情で〉いっぱいになる〈**with**〉; (感情が)高まる, 込み上げる《***up***》‖「Her heart [OR Her breast, She] ～*ed with* pride at the news that her son had saved a little girl's life. 彼女は息子が幼い少女の命を救ったと聞いて誇りで胸がいっぱいになった / Anger ～*ed* within her. 彼女は怒りが込み上げてきた

❺ (海面などが)うねる, 波立つ; (河川などが)水かさを増す, 増水する; (涙などが)あふれる; (雲が)沸き立つ《***up***》‖ The river ～*ed up* with heavy rain. 大雨で川の水かさが増した / Tears ～*ed up* in her eyes. 彼女の目に涙があふれた ❻ 得意になる, うぬぼれる(→ swellhead)

―他 ❶ …をふくらませる, 膨張させる; …をはれさせる《***up***》; 〔帆など〕をふくらませる《***out***》‖ The wind ～*ed out* the sails. 風が帆をふくらませた

❷〔数量・程度など〕を増大させる, 増加させる ‖ The inflow of refugees ～*ed* the country's population. 難民の流入でその国の人口は大幅に増えた / ～ the ranks of the unemployed 失業者(層)の数を増やす ❸〔人・心〕を〈感情で〉いっぱいにする〈**with**〉‖ Her heart was *swollen with* pride at her daughter's performance. 彼女は娘の演奏を聞いて誇りで胸がいっぱいになった

―名 Ⓒ ❶《通例単数形で》ふくらみ, 膨張; はれ ‖ The column has a ～ in the middle. その柱は中央にふくらみがある / the gentle ～ of her breasts 彼女の胸のなだらかなふくらみ / a slight ～ in the left ankle 左足首のかすかなはれ ❷《単数形で》増大, 増加; (感情などの)高まり ‖ a huge ～ in the nation's defense spending 国の防衛費の大幅な増加 / a ～ in population 人口の増加 / A ～ of anger overtook him. 彼は怒りに我を忘れた ❸《通例単数形で》(海面の) 大きなうねり ‖ The heavy ～ made us all seasick. 海が大きくうねり私たちは皆船酔いした ❹《単数形で》(特に楽器の出す) 音の高まり;〖楽〗音量の増減《音がクレッシェンドで大きくなり, その後ディミヌエンドで小さくなること》; Ⓒ その記号 (<>) ❺〖楽〗(オルガン・ハープシコードなどの)増音器 ❻《旧》《口》名士, 偉い人; めかし屋

―形《米口》《旧》❶ 素晴らしい, 素敵な ‖ That's ～! それは素敵だ / a ～ idea [time] 素晴らしいアイデア [時間] ❷ しゃれた, おしゃれな

―副《米口》《旧》うまく, 素晴らしく ‖ Things are going ～. 物事が順調にいっている

▶▶ **～ bòx** 名 Ⓒ〖楽〗スエルボックス《オルガンの強弱音装置》

swelled /sweld/ 動 swell の過去・過去分詞

―形 =swollen

swéll·fish 名 (複 **～** OR **～·es** /-ɪz/) Ⓒ〖魚〗フグ

swéll·hèad 名 Ⓒ《口》思い上がった人, うぬぼれ屋

*__swell·ing__ /swélɪŋ/ 名 ❶ Ⓤ はれ[ふくれ]ること, はれ上がった状態, はれ, 盛り上がり, 膨張, 隆起, 増大 ‖ reduce the ～ with ice 氷ではれを引かせる / the ～ of the sea 海のうねり ❷ Ⓒ はれ物, 腫瘍(しゅよう), おでき, こぶ; 突起(物) ‖ He has a nasty ～ above his eye. 彼は目の上にひどいはれ物ができている

swel·ter /swéltər/ 動 自 暑さにうだる; 汗だくになる

―名 Ⓒ《単数形で》うだるような暑さ, 酷暑

swél·ter·ing /-ɪŋ/ 形 うだるような, 酷暑の

*__swept__ /swept/ 動 sweep の過去・過去分詞

swèpt·báck ⟨ジ⟩ 形《限定》❶ (翼が) 後退角を持つ; (飛行機が)後退翼のある ❷ (髪が)オールバックの

swèpt-úp ⟨ジ⟩ 形 (髪が)アップの(upswept)

swépt·wìng ⟨ジ⟩ 名 Ⓒ 形 後退翼(のある)

swerve /swəːrv/ 動 自 向きを(急に)変える; 〈…から〉進路を外れる, それる〈**from**〉 ―他 …の向きを(急に)変える

―名 Ⓒ 外れる[それる]こと, 曲がり

*__swift__ /swɪft/ 形 (**～·er**; **～·est**) ❶《限定》(行動・反応などが) 即座の, 即刻の, 短期間での, 速やかな ‖ make [OR give] a ～ reply すぐに返事をする / pass a ～ judgment 素早い判断を下す / have a ～ wit 頭の回転が速い ❷ 非常に速い, 快速の; (動きなどが)素早い(↔ slow) (⇨ QUICK 類語) ‖ a ～ vessel 快速船 / with a ～ movement 素早い動きで / a ～ horse [runner] 足の速い馬 [ランナー] / be ～ of foot 俊足である ❸《叙述》《(+**to** *do* / **to** 名)》すぐに…する, …しやすい ‖ She is ～ *to* see others' faults. 彼女は人の欠点をすぐに見抜く / He is ～ *to* anger. 《堅》彼はすぐに腹を立てる

―副 ❶《文》速く, たちどころに (swiftly) ‖ This river runs very ～. この川は流れが非常に速い ❷ (しばしば複合語で)速く, 素早く ‖ a ～-flowing stream 流れの速い川(♦ この場合 swiftly とは置き換えられない)

―名 Ⓒ ❶〖鳥〗アマツバメ ❷ 糸巻き ❸〖動〗スイフトトカゲ(ハリトカゲの一種. 中米産) ❹ (= ～ **móth**)〖虫〗コウモリガ **～·ness** 名

Swift /swɪft/ 名 **Jonathan** ～ スウィフト (1667-1745) 《アイルランド生まれの英国の風刺作家》

*__swíft·ly__ /-li/ 副 (**more ～**; **most ～**)速やかに, 直ちに

swig /swɪɡ/ 《口》動 (**swigged** /-d/; **swig·ging**) 自〈…を〉がぶ飲みする, ぐいっと飲む〈**at**〉 ―他 …をがぶ飲みする, ぐいっと飲む (knock back) ―名 Ⓒ がぶ飲み, 痛飲 ‖ take a ～ (of ...) (…を)がぶ飲みする

swill /swɪl/ 動 他 ❶ …をすすいで洗う, 水を注いで洗い流す《***down, out***》❷ (けなして) …をがぶ飲みする《***down***》❸ (容器の中で)〔液体〕を回す

―自 ❶ (けなして)がぶ飲みする ❷ (液体が)こぼれる

―名 ❶ Ⓤ (台所の)ごみ, 残飯; (豚などに与える)残飯 ❷ Ⓒ《単数形で》洗い流し ❸ Ⓒ がぶ飲み, 暴飲

:swim /swɪm/

―動 (**～s** /-z/; **swam** /swæm/; **swum** /swʌm/; **swim·ming**)

―自 ❶ 泳ぐ, 水泳する, 遊泳する ‖ Let's go *swimming* (in the lake) this afternoon. 午後は (湖へ) 泳ぎに行こう(♦ in の代わりに to や on は用いない. ⇨ GO¹ 動 自 ❷) / The spy *swam* across the river. スパイはその川を泳いで渡った / Andy ～*s* like a fish. アンディは泳ぎがとてもうまい / ～ on one's back [stomach] 背泳ぎ [平泳ぎ] をする / ～ for [to] an island 島を目指して [島まで]泳ぐ

❷ (頭が) くらくら [ふらふら] する, 混乱する; めまいがする; (物が) ぐるぐる回る (ように見える) ‖ The drink made her head ～. 飲んで彼女は頭がふらふらした / The room *swam* before his eyes. 彼の目の前で部屋がぐるぐる回っているように見えた

❸《通例進行形で》〈液体などに〉つかる〈**in**〉; 〈液体などで〉あふれる〈**with, in**〉‖ He's *swimming in* money. 彼は

金に埋もれている / meat *swimming in* gravy たっぷり肉汁のかかった肉 / Her eyes were *swimming with* tears. 彼女の目には涙があふれていた
❹ (液体に)浮く, 浮かぶ, 浮遊する ‖ Oil ~*s* on water. 油は水に浮く
❺ 漂うように動く；滑らかに[滑るように]動く, (空中に)浮かぶ ‖ His arms *swam* for balance. 彼の腕はバランスをとろうとして空(くう)を泳いだ / A good idea *swam* into my mind. いい考えが私の頭に浮かんだ
━他 ❶〔川・海峡など〕を**泳いで渡る**, 泳ぐ ‖ Many people try to ~ the Straits of Dover. 多くの人がドーバー海峡を泳いで渡ることに挑戦する
❷ …の泳ぎ方をする, …を泳いで行く ‖ She can't ~ a stroke. 彼女は全然泳げない / ~ the backstroke [breaststroke, crawl] 背泳ぎ[平泳ぎ, クロール]で泳ぐ
❸〔ある距離〕を泳ぐ ‖ ~ two lengths of a pool プールを1往復する / ~ 100 meters 100メートル泳ぐ
❹〔競泳〕に参加する ‖ ~ a race 競泳に出る
❺《通例受身形不可》…を泳がせる；…を浮かばせる ‖ ~ a horse across a river 馬を泳がせて川を渡らせる
━名 (複 **~s** /-z/) Ⓒ ❶《通例 a ~》**水泳**, 泳ぐこと, **ひと泳ぎ**；泳ぐ距離[時間] ‖ have [OR take] a long-distance ~ 遠泳をする / go for a ~ in a river 川に泳ぎに行く
❷ 滑らかな動き ❸ めまい, 失神 ‖ My head is all (of) a ~. 頭がひどくくらくらする ❹ (川などで)魚の多い所
in* [*òut of*] *the swím 事情に通じて[うとくて]；時流に乗って[取り残されて]
▸▸ ~ **blàdder** 名 Ⓒ 〘魚〙浮き袋(air bladder)

*__swim·mer__ /swímər/ 名 Ⓒ 泳ぐ人, 泳ぎ手；競泳選手；泳いでいる人 ‖ a good [OR strong] ~ 泳ぎのうまい人 / a poor ~ 泳ぎの下手な人

*__swim·ming__ /swímɪŋ/ 名 Ⓤ 泳ぐこと, 泳ぎ, 水泳 ‖ He's good at ~. 彼は泳ぎが上手だ ━形《限定》水泳用の
▸▸ ~ **bàth** 名 Ⓒ《しばしば ~s》《英》屋内水泳プール ~ **càp** 名 Ⓒ《英》水泳帽 ~ **còstume** 名 Ⓒ《英》= swimsuit ~ **pòol** 名 Ⓒ 水泳プール ~ **sùit** 名 Ⓒ《米》= swimsuit ~ **trùnks** 名 複 (男性用)水泳パンツ

swím·ming·ly /-li/ 副 とんとん拍子に, すらすらと ‖ Everything went ~. すべてが順調に進んだ

swím·sùit 名 Ⓒ (女性用)ワンピース型水着

swím·wèar 名 Ⓤ《集合的に》水着

*__swin·dle__ /swíndl/ 動 他 (金品などを巻き上げる目的で)〔人〕をだます；〔人〕から〈金品を〉だまし取る〈**out of**〉；〔金品〕を〈人から〉だまし取る〈**out of, from**〉 ‖ They ~*d* the investors *out of* millions of dollars.＝They ~*d* millions of dollars 「*out of* [OR *from*] the investors. 彼らは投資家たちをだまして数百万ドルを巻き上げた / ~ one's partner 共同経営者をぺてんにかける
━名 Ⓒ ❶《通例単数形で》詐欺, かたり, ぺてん ‖ an insurance ~ 保険金詐欺 ❷ いんちき, でっち上げ

swín·dler /-ər/ 名 Ⓒ 詐欺師, ぺてん師

swine /swaɪn/ 名 (複 ~, ❷では OR **~s** /-z/) Ⓒ ❶《英では堅》豚(→ pig, hog) ‖ *cast* [OR *throw*] *pearls before* ~ 豚に真珠を投げ与える；価値のわからない者に貴重なものを与える(♦ 聖書の言葉) ❷ ⊗《口》《蔑》下劣な男, いやなやつ ❸《口》いやな[不快な]もの
▸▸ ~ **fèver** 名 Ⓤ《英》〘獣医〙豚コレラ(hog cholera) ~ **flù** 名 Ⓤ 豚インフルエンザ(pig [hog] flu)

swíne·hèrd 名 Ⓒ《古》豚飼い, 養豚者

‡**swing** /swɪŋ/
━動 (**~s** /-z/；**swung** /swʌŋ/；**~·ing**)
━自 ❶ (つるしたものが)(前後・左右に)**揺れる**, ぶらぶら動く ‖ A Japanese lantern was ~*ing* gently in the breeze. 堤灯(ちょうちん)がそよ風にゆっくりと揺れていた
❷ **a** 《+副句》(弧を描くように)**動く**；(物につかまって)勢いをつけて動く；(支点を中心に)くるりと回転する(♦ 副句 は方向を表す) ‖ The car *swung* sharply around the corner. 車が角を鋭く弧を描くようにして曲がった / The monkey *swung* from branch to branch. 猿は枝から枝へと飛び移った
b 《+補〈形〉》動いて[回転して]…になる ‖ The door *swung* open [shut]. ドアが勢いよく開いた[閉まった]
❸ (態度・意見・気持ちなどが)急に変わる, 一変する〈**from** …から；**to** …へ；**between** …の間で〉 ‖ Her mood *swung* suddenly *to* deep depression. 彼女は急にひどく落ち込んだ / Voters seem to be ~*ing* in favor of the Republicans. 有権者は共和党支持に変わりつつあるようだ / ~ *from* happiness *to* tears 幸せから悲しみへと気持ちが揺れる
❹ ぶらんこに乗る
❺ 《+副句》(体で調子をとるなどして)軽い足取りで(ある方向へ)歩く；〈行動に〉さっと移る, 取りかかる〈**into**〉 ‖ The marching band *swung* down the road. 鼓笛隊は軽快な足取りで通りを進んで行った / ~ *into* action さっと行動を開始する
❻〈…に〉打ちかかる, 殴りかかる；(バットなどで)〈…をねらって〉スイングする〈**at**〉 ‖ She *swung at* the assailant with her attaché case. 彼女は襲ってきた相手にアタッシュケースで殴りかかった / The batter *swung* wildly *at* the ball and struck out. バッターは大きく空振りをして三振になった / Nagashima ~*s* late *at* the fastball. 長嶋は速球に振り遅れました ❼〘楽〙(音楽・バンドなどが)軽快でリズミカルである, スイングしている ❽《口》〈…で〉絞首刑になる〈**for**〉 ❾《口》流行の最先端をいっている；刺激的で活気がある ❿《俗》フリーセックス[スワッピング]をする
━他 ❶ (振り子のように)…を**揺らす**, **振る**, ぶらぶらさせる (⇨ 類語P) ‖ The child on the bench was ~*ing* his **legs**. ベンチに座ったその子は足をぶらぶらさせていた / ~ one's arms 腕を振る
❷ **a** 《+目+副句》(弧を描くように)…を**動かす**, (つかんだところを支点にして)…を勢いをつけて動かす, 振り回す；…をくるりと回転させる(♦ 副句 は方向を表す) ‖ The man *swung* his car into a dark alleyway. 男は急に車の向きを変え暗い路地に入った
b 《+目+補〈形〉》…を(くるりと)動かして…(の状態)にする ‖ ~ a door open [shut] ドアを開ける[閉める]
❸〔態度・気持ちなど〕を〈…に〉一変させる〈**to**〉；〔票・選挙など〕に影響力を持つ ‖ The doctor's words quickly *swung* his mood back *to* optimism. 医者の言葉で彼の気持ちはまたすぐ楽観的になった / His energetic speech *swung* public opinion in his favor. 彼の熱っぽい演説は世論を味方につけた ❹ …をぶらんこに乗せる
❺〔武器など〕を振りかざして〈…に〉打ちかかる；〔バットなど〕を〈…をねらって〉スイングする〈**at**〉 ‖ The policeman *swung* his club *at* the man's shoulder. 警官は警棒をその男の肩目がけて打ち下ろした / ~ a bat [golf club] バット[ゴルフクラブ]を振る / ~ a punch *at* ... …にパンチを放つ ❻〔ハンモックなど〕をつるす, ぶら下げる ❼《口》〔仕事など〕を何とかうまく処理する, (思いどおりになるように)うまくやる, 手配する；…を何とか手に入れる ‖ I need 200 extras for the shooting tomorrow. Can you ~ it? 明日の撮影に200人のエキストラが必要だが, 何とかしてくれないだろうか ❽〘楽〙〔曲〕をスイング調で演奏する
còme òut swínging 《主に米》強気に出る
*__*swìng aróund*__* 〈他〉《***swìng ... aróund***》① …の向きを回転させる, …を後ろ向きにする ‖ He *swung* his boat *around* and headed back to port. 彼はボートの向きをくるりと変え港に向かって戻った ②〔態度・話題など〕を一変させる, 〈…の方に〉変える〈**to**〉 ━〈自〉① 向きが反対になる, くるりと回転する, 後ろ向きになる, 振り向く ‖ She *swung around* to face the man who had been following her. 彼女はさっと振り返り自分を尾行していた男と向かい合った ② (風・態度・話題などが)一転する, 〈…に〉向きが変わる〈**to**〉
swìng bóth wàys 《口》両性愛である

***swìng bý* (...)** 〈自・他〉《米口》(…に)ちょっと立ち寄る

—名 (複 **~s** /-z/) ❶ C U 揺れる[振れる]こと，**揺れ**；振幅 ‖ walk with a slight ～ of the hips お尻(しり)をわずかに揺らしながら歩く

❷ C U 揺らす[振る]こと；打ち下ろすこと，打撃；《単数形で》(ゴルフ・野球などの)スイング ‖ take a ～ at ... …に殴りかかる / practice one's golf ～ ゴルフのスイングを練習する / He has a good ～. 彼はいいスイングをしている

❸ C ぶらんこ ‖ play [OR ride] on a ～ ぶらんこに乗る

❹ C (世論・感情などの)変化，変動 ‖ The opinion polls showed a 5% ～ to the ruling party. 世論調査は与党への支持が5%増えたことを示した / mood ～*s* (更年期に見られるような)激しい気分の変化

❺ U 行動[采配(さいはい)]の自由 ‖ His son is given full [free] ～ in the conduct of the business. 彼の息子は商売の采配を全面的に[自由に]任されている

❻ U 《楽》スイング；U/C《単数形で》軽快なリズム

❼ C 《米》(各地を急いで回る)小旅行 ‖ go on a two-week ～ around the nation 2週間の国内の旅に出る

****gèt* [*gèt bàck*] *into the swíng of ...*** 〔仕事など〕の調子をつかむ[取り戻す]，…に慣れる[再び慣れる]

gò with a swíng 《主に英口》① (パーティーなどが)盛り上がる，成功する ② (音楽が)リズミカルでテンポがよい

****in fùll swíng*** 最高潮で，真っ最中で，たけなわで ‖ By the time I arrived, the party was already *in full* ～. 僕が着いたときにはもうパーティーは最高潮だった

swìngs and róundabouts 《英》一方で損をしても他方でもうけて埋め合わせること；長所も短所もあること

振る	shake	上下または左右に小刻みに速く	びん・缶・シェーカーなど
	swing	一点を軸に大きく(半)円を描いて	バット・ラケット・ぶらんこなど
	wave	合図やあいさつのためにゆっくりと	旗・手・帽子・ハンカチなど

♦ 犬などが体を小刻みに揺するのは shake.

♦ swing の自動詞の意味(「揺れる」)での類語：
rock 前後・左右にゆっくりと揺れる.
sway ゆっくり静かに揺れる.
waver ゆらゆら動く，揺れ動く.
roll(船などが)横に揺れる.
pitch(船などが)縦[上下]に揺れる.
oscillate 専門的な語で，2点間を規則的に揺れる.
fluctuate 不規則に頻繁に揺れ動く，変動する.

▶▶ **～ brídge** 名 C 旋回橋 **～ dóor** 名 C 《英》＝swinging door **～ sèt** 名 C ぶらんこセット《フレームとぶらんこ(と滑り台)の一式》 **～ shìft** 名 C 《単数形で》《米》半夜勤；《集合的に》半夜勤の労働者《通例午後4時から11[12]時まで》 **～ stàte** 名 C 浮動州《米国大統領選挙で浮動票が多い州》 **～ vòte** 名 C 浮動票 **～ vòter** 名 C 浮動票投票者

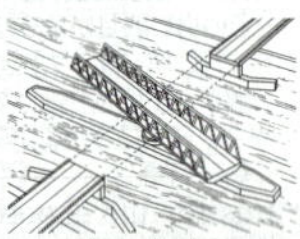
swing bridge

swíng·bòat 名 C 《主に英》船形のぶらんこ

swinge·ing /swíndʒɪŋ/ 形 《通例限定》《主に英》❶ (数量・大きさなどが)巨大な，莫大(ばくだい)な ❷ (打撃などが)強烈な，強力な

swing·er /swíŋər/ 名 C ❶ 揺れる人，(バットなどを)振る人 ❷ 《口》派手で流行の先端を行く人 ❸ 《俗》フリーセックス[スワッピング]をする人

***swing·ing** /swíŋɪŋ/ 形 《通例限定》❶ 揺れる，揺れ動く；(歌・歩調などが)軽快な ❷ 《口》陽気で活発な；流行の先端を行く ❸ 《俗》フリーセックス[スワッピング]をする

▶▶ **～ dóor** 名 C 《米》自在戸《前後に開きばねで自動的に閉じるドア》

swíngle·trèe /swíŋgl-/ 名 《主に英》＝whiffletree

swìng-wíng ⟨シ⟩ 形 《限定》名 C 可変後退翼の(ある飛行機)

swin·ish /swáɪnɪʃ/ 形 ❶ 豚の(ような) ❷ 下品な，下劣な，汚らわしい，いやらしい **～·ly** 副 **～·ness** 名

swipe /swaɪp/ 《口》動 他 ❶ …を強打する，力任せに打つ ❷ …をかっぱらう，失敬する ❸〔磁気カード〕を読み取り機に通す —自 〈…を〉強打する〈**at**〉

—名 C ❶ (ボールなどの)強打，大振りの一打；ぶん殴ること ❷ 非難 ‖ take a ～ at ... …を非難する

▶▶ **～ càrd** 名 C 磁気カード

swirl** /swəːrl/ 《発音注意》動 自 ❶ (水・空気・ほこりなどが)〈…の周りに〉渦を巻く，旋回する《around, about***》〈**around, about**〉‖ The dust ～*ed* (*around*) in the streets. 通りにほこりが舞った ❷ (頭が)くらくら[ふらふら]する，めまいがする；混乱する —他 ❶ …に渦を巻かせる；…を渦巻き状に動かす[運ぶ] ‖ The wind ～*ed* up smoke from the fire. 風で火から煙がもくもくと立ち上った ❷ …を渦巻き状にする ‖ ～ whipped cream on a pudding プディングにホイップクリームを渦巻き状に飾る

—名 C ❶ 渦，渦巻き ‖ a ～ of smoke 渦巻く煙 ❷ 渦巻き状の動き；渦巻き形 ❸ 混乱

swish /swɪʃ/ 動 自 (むちなどが)ひゅっと[しゅっと]鳴る；ひゅっと音を立てて動く；(絹などが)衣(きぬ)ずれの音を立てる —他 ❶〔むちなど〕をひゅっと[しゅっと]いう音を立てて振る；…に衣ずれの音を立てる ❷ …をさっと切り落とす《***off***》 ❸ …をむち打つ(whip)

—名 C ❶ ひゅっ[しゅっ，ぴゅっ，さっ](という音[動き])；衣ずれの音；(むちなどの)ひと振り，一撃 ❷ ⊗《米口》《蔑》ゲイの男性 —形 ❶ 《英口》(服装・ホテルなどが)しゃれた，最新流行の ❷ ⊗《米》《蔑》ゲイの，なよなよした **～·y** 形

***Swiss** /swɪs/ 形 スイスの，スイス人の；スイス風[製，産]の

—名 (複 **～**) ❶ C スイス人 ❷ 《the ～》《集合的に》《複数扱い》スイス人[国民]

語法 ☆☆ 国は Switzerland. したがって「スイス製の」は Swiss-made または made in Switzerland といい，×made in Swiss とはならない.

▶▶ **～ ármy knífe** 名 C スイスアーミーナイフ《多機能の携帯用ナイフ》 **～ chárd** 名 U ＝chard **～ chéese** 名 U C スイスチーズ《穴が多く硬いチーズ》 **～ róll** /ˌ-ˈ-/ 名 C 《英》ロールケーキ(《米》jelly roll)《ジャム・クリームなどを入れて巻いたケーキ》 **～ stéak** 名 U C 《米》スイスステーキ《野菜とともに蒸し煮にした牛肉》

:switch /swɪtʃ/

—名 (複 **～·es** /-ɪz/) C ❶ (電気回路の)**スイッチ**，開閉器 ‖ a light ～ 電灯のスイッチ / turn on [off] a ～ スイッチをひねって入れる[切る] / throw [OR flick, flip] a ～ スイッチを入れる / press the on [off] ～ on a remote リモコンの「入」[「切」]スイッチを押す

❷ (位置・役割・戦術などの)(突然の)**変更**，転換，切り替え，入替え；逸脱〈**in, of** …の；**from** …からの；**to** …への〉‖ a ～ *in* opinion 意見の変更 / The opposition pressured the government to make a policy ～. 野党は政府に政策の変更を迫った / That's a ～! どういう風の吹き回しだ，それは珍しい ❸ 《～es》《米》転轍(てんてつ)機，ポイント(《英》points) ❹ (むちなどに用いる)細くしなやかな若枝[棒]；むち；(むちなどの)ひと振り，ひと打ち ❺ (女性用)入れ毛，ヘアピース ❻ (牛などの)尾のふさ毛

aslèep at the swítch 《米口》義務を怠って；注意散漫で

—動 (**～·es** /-ɪz/；**～ed** /-t/；**～·ing**)

—他 ❶〔電気回路など〕を**スイッチで**〈…へ〉**切り替える**〈**to**〉(→ *switch off* (↓)，*switch on* (↓)) ‖ He ～*ed* the lever *to* the "on" position. 彼はスイッチを「入」の位置に切り替えた

❷〔考え・話題・仕事など〕を**変える**，切り替える；…を移す〈**from** …から；**to** …へ〉‖ He quickly ～*ed* the talk (*to* another subject). 彼は素早く話を(ほかの話題に)切り替えた / *Switch* your attention *to* the screen.

画面にご注目ください / ～ jobs 仕事を変える
❸〔場所・物・意見など〕を〈…と〉交換する, 取り替える〈**with**〉‖ He ～*ed* seats *with* me. 彼は私と席を交換した
❹〖鉄道〗《主に米》〔列車・車両〕を転轍する, 入れ替える (《英》shunt) ❺…を〈むちなどで〉打つ〈**with**〉 ❻〔むち・尾・釣り糸など〕をひゅっと振る, さっと動かす
━自 ❶**転じる**, 変える, 切り替える, 切り替わる, 転換する, 移る〈**from** …から ; **to** …へ ; **between** …間で〉‖ The conversation ～*ed from* plays *to* movies. 話題は演劇から映画へと移った
❷取り換える, 交換する, 〈…と〉執務時間を交替する〈**with**〉‖ Could you ～ *with* me on Friday night? 私と金曜日の夜の勤務を替わっていただけませんか
❸《主に米》(列車が)転轍する, 入れ替えになる(《英》shunt)
❹(尾などが)あちこちへ動く

switch around 〈自〉(席・場所などを)(順繰りに)取り替える ━〈他〉《***switch around ...*** / ***switch ... around***》〔要員・家具など〕の配置を(順繰りに)替える

switch back 〈自〉〈元の状態に〉戻る〈**to**〉━〈他〉《***switch back ...*** / ***switch ... back***》…を〈元に〉戻す〈**to**〉

****switch off*** 〈他〉《***switch off ...*** / ***switch ... off***》①〔電気・電気器具など〕のスイッチを切る, …を止める, 消す ②《口》〔人〕に興味を失わせる ━〈自〉①(電気・電気器具などの) スイッチを切る[消す] ; スイッチが切れる, 消える ②《口》(人が)興味を失う, 関心を示さなくなる ; 急に黙り込む ; (仕事のことなどを忘れて)気を休める

****switch on*** 〈他〉《***switch on ...*** / ***switch ... on***》①〔電気・電気器具など〕のスイッチを入れる, …をつける ②《口》〔魅力・笑顔など〕を(わざと)見せ始める, 突然表す ‖ ～ *on* the charm 急に愛想よくなる ③《通例受身形で》《俗》(麻薬・酒などの影響で) 興奮している ; ハイになっている ④《受身形で》《口》流行に敏感である, 流行の先端をいく ; 周囲の状況に敏感でさとい ━〈自〉①(電気・電気器具などの) スイッチを入れる[つける] ; スイッチが入る, つく ②(麻薬などで)興奮する, 刺激を受ける

****switch over*** 〈自〉①スイッチで切り替える ; 《英》(テレビの)チャンネルを切り替える〈**from** …から ; **to** …へ〉②切り替える, 切り替わる, 転換する〈**from** …から ; **to** …へ〉③(仕事・役割などを) 交替する ━〈他〉《***switch over ...*** / ***switch ... over***》①…をスイッチで切り替える ②…を(すっかり)変更する, 転換する, 切り替える〈**from** …から ; **to** …へ〉

switch round 〈自・他〉=*switch around*(↑)

switch ... through 〈他〉〔電話・人〕を〈内線の人につなぐために〉切り替える〈**to**〉

▸▸**Switch card** 名 C 《英》《商標》スイッチカード《キャッシュカードの一種》

switch·back 名 C ❶ジグザグの道路 ❷スイッチバック《列車が険しい坂を上るためのジグザグの線路》❸《英》= roller coaster

switch·blade (knife) 名 C 《主に米》飛び出しナイフ(《英》flick knife)

switch·board 名 C 〖電〗配電盤 ; 電話交換機[台]

switched-on 〈シ〉形 ❶《口》流行に敏感な ❷《俗》(麻薬で)興奮した

switch·er·oo /swɪtʃərúː/ 名 C 《米口》不意の変化 [逆転], どんでん返し

switch·gear 名 U 《英》〖電〗開閉装置

switch·grass 名 U 〖植〗スイッチグラス《米国西部原産のイネ科の草本類. エタノールの原料となる》

switch-hitter 名 C ❶〖野球〗スイッチヒッター(switch-hitting player) ❷《米俗》両性愛の人
switch-hit 動 自 右打ち[左打ち]に変える

switch·man /-mən/ 名 (複 **-men** /-mən/) C 《米》鉄道の転轍(てんてつ)手(《英》pointsman) (中立 switch operator)

switch·over 名 C (制度などの)転換, 切り替え

switch·yard 名 C 《主に米》(鉄道の)操車場

Switz. 略 Switzerland

***Switz·er·land** /swítsərlənd/ 《発音注意》名 スイス《ヨーロッパ中西部の共和国. 公式名 the Swiss Confederation. 首都 Bern》(♦形容詞は Swiss. ⇨ SWISS 語法)

swiv·el /swívəl/ 名 C ❶〖機〗回り継ぎ手, さる環(かん) ❷(回転いすなどの) 台 ; 旋回砲 ━動 (**-eled** /-d/ ; **-el·ing**, 《英》**-elled** /-d/ ; **-el·ling**) 他 ❶…を (回り継ぎ手で) 旋回[回転]させる《***around***》❷…に回り継ぎ手を取りつける ━自 (回り継ぎ手で)旋回[回転]する《***around***》
▸▸～ **chair** 名 C 回転いす(⇨ CHAIR 図)

swiz, swizz /swɪz/ 名 C 《単数形で》《英口》期待外れ(のもの), 当て外れ ; まやかしもの, いんちき

swiz·zle /swízl/ 名 ❶ U C スウィズル《ラムまたはジンをベースにしたカクテルの一種》❷《英口》=swiz
━動 他 〔カクテルなど〕をかき混ぜる
▸▸～ **stick** 名 C (カクテル用の)かき回し棒, マドラー

***swol·len** /swóulən/ 動 swell の過去分詞の1つ
━形 ❶(身体の一部が)はれた, ふくれた ❷(川・海などが)増水した ❸大げさな, 誇張した ‖ ～ rhetoric 誇張したレトリック ❹うぬぼれた, 得意になった

swoon /swuːn/ 動 自 ❶うっとりする, 恍惚(こうこつ)となる ❷気絶する, 卒倒する ━名 C 気絶, 卒倒

swoop** /swuːp/ 動 自 ❶(猛禽(もうきん)類が)〈獲物に〉急降下して襲いかかる〈**on, upon**〉; (飛行機などが) 急降下する《down, in***》❷〈…を〉急に襲撃する, (軍隊・警察などが)〈人・場所を〉急襲する, 〈…に〉飛びつく《***down, in***》〈**on, upon**〉‖ Armed police ～*ed on* the flat of the suspect. 武装警官が容疑者のアパートを急襲した / ～ *down on* the cake ケーキに飛びつく ━他 …をひったくる ; …を急につかむ《***up, away***》‖ A mugger ～*ed up* her purse. ひったくりが彼女のハンドバッグを奪った
━名 C ❶さっと舞い降りること, 急降下 ❷〈…に対する〉急襲 ; ひったくり ; (警察などの) 一斉取り締まり〈**on**〉‖ make a ～ *on* ... …を急襲する / arrest a man in a ～ 急襲して男を逮捕する
at [OR ***in***] ***one fell swoop*** 一撃の下に, 一挙に

swoosh /swuːʃ/ 動 自 しゅー[びゅー, しゃー]という音を立てて動く ━名 C しゅー[びゅー, しゃー](という音)

swop /swɑ(ː)p | swɒp/ 名 動 =swap

***sword** /sɔːrd/ 《発音注意》名 ❶ C 剣, 刀, サーベル ; (礼装用の) 佩剣(はいけん) ‖ a double-edged [OR two-edged] ～ 両刃(りょうば)の刀[刃物] ; 《比喩的に》もろ刃の剣(つるぎ) / draw [sheathe] a ～ 刀を抜く[さやに収める] ❷《文》《the ～》(紛争解決などの手段としての)武力, 軍事力, 兵力 ; 武力の行使 ‖ appeal to the ～ 武力に訴える / *The pen is mightier than the* ～. 《諺》ペン[文]は剣[武]よりも強し / *He who lives by the* ～ *dies by the* ～. 《諺》剣に生きる者は剣によって滅びる ❸《the ～》死 [破壊]をもたらすもの[手段, 道具] ; 暴力, 殺戮(さつりく), 戦争 ❹ C 剣に似たもの

at sword point ; ***at the point of the sword*** 剣 [暴力, 戦争]の脅威にさらされて

beat [OR ***turn***] ***swords into plowshares*** [《英》***ploughshares***] 剣をすきに打ち直す ; 戦いをやめて平時の活動に戻る ; 戦争に使っていた資源などを人々のために使う(♦聖書の言葉)

cross swords ①〈人と〉剣を交える, 戦う〈**with**〉②〈人と〉言い争う, 論争する〈**with**〉

fall on one's sword 自刃する ; 責任をとって辞任する

put a person to the sword ①《文》〔人〕を刀にかける, 切り殺す ②(戦争で)〔人〕を殺戮する

the [OR ***a***] ***sword of Damocles*** ダモクレスの剣, 身に迫った危険(⇨ DAMOCLES)

the sword of justice 司法権

▸▸～ **cane** 名 C 仕込みづえ ～ **dance** 名 C ソードダンス《スコットランド高地に伝わる舞踏の1つ. 地面に横たえた剣の上で飛び跳ねる》

sword-bearer 名 C (儀式のときの)剣持ち

S

swórd·fish 名 (複 ～ OR ～·es /-ɪz/) C〘魚〙メカジキ；U その肉(→ marlin[1])

sword·plày 名 U ❶ 剣術, 剣さばき, フェンシング ❷ 当意即妙の応答, 火花を散らす議論

swords·man /sɔ́ːrdzmən/ 名 (複 **-men** /-mən/) C 剣士, 剣客, フェンシングの選手(♦通例形容詞を伴う)(中立 fencer) ‖ a fine ～ 剣の達人

～·shìp 名 U 剣術, 剣道

swórd-swàllower 名 C 剣を飲み込む芸人

swórd·tàil 名 C〘魚〙ソードテール《中米原産のカダヤシ科の淡水魚. 雄の尾びれの一部が剣状に伸びる》

*__swore__ /swɔːr/ 動 swear の過去

*__sworn__ /swɔːrn/ 動 swear の過去分詞
— 形《限定》❶ (証言などが) 宣誓した (上での) ‖ a ～ statement 宣誓供述 ❷ 誓った, 誓って約束した, 契った ‖ ～ brothers [OR friends] 盟友 ❸ 公然の, 絶対の, 不変の ‖ ～ enemies 不倶戴天(ふぐたいてん)の敵

swot /swɑ(ː)t | swɔt/(♦同音語 swat)《英口》動 (**swot·ted** /-ɪd/；**swot·ting**) 自〈…を〉猛勉強する, がり勉する《*up*》(mug up；revise)〈**on**〉‖ ～ *up on* mathematics 数学の猛勉強をする — 他 …を猛勉強する《*up*》
— 名 C 猛勉強家, がり勉(《米》grind)

SWOT /swɑ(ː)t | swɔt/ 略〘経営〙*s*trengths, *w*eaknesses, *o*pportunities, *t*hreats《会社・従業員・製品などの強み・弱みを吟味するための機能》
▶▶ **～ anàlysis** 名 C スウォット分析

*__swum__ /swʌm/ 動 swim の過去分詞

*__swung__ /swʌŋ/ 動 swing の過去・過去分詞
▶▶ **～ dásh** 名 C〘印〙スワングダッシュ；波形記号(～)

syb·a·rite /síbəràɪt/ 名 C 快楽にふける人, 遊蕩(ゆうとう)児

sỳb·a·rít·ic 形《通例限定》快楽にふける

syc·a·more /síkəmɔ̀ːr/ 名 C〘植〙❶《米》アメリカスズカケノキ, プラタナス；U その木材 ❷ (= **～ máple**) セイヨウカジカエデ《欧州産のカエデ科の高木》；U その木材 ❸ (中近東産の)イチジク

syc·o·phan·cy /síkəfənsi/ 名 U おべっか, 追従

syc·o·phant /síkəfənt/ 名 C 追従者, おべっか使い

sỳc·o·phán·tic 形 追従する, おべっかを使う

:Syd·ney /sídni/
— 名 シドニー《オーストラリア, ニューサウスウェールズ州の州都で港湾都市》

syl- 接頭《l の前で》= syn-

syll. 略 syllable；syllabus

syl·la·bar·y /síləbèri | -bəri/ 名 (複 **-bar·ies** /-z/) C 音節文字表《日本語の五十音図など》

syl·lab·ic /sɪlǽbɪk/ 形 ❶ 音節の；音節よりなる ❷〘音声〙音節の中核をなす, 音節主音の ‖ ～ consonants 音節主音的子音《英語の /l/, /m/, /n/ など》❸ 各音節をはっきりと発音する ❹〘韻〙音節数に基づく
— 名 C〘音声〙音節主音 **-i·cal·ly** 副

syl·lab·i·cate /sɪlǽbɪkèɪt/ 動 = syllabify

syl·làb·i·cá·tion 名 = syllabification

syl·lab·i·fy /sɪlǽbɪfàɪ/ 動 (**-fied** /-d/；**～·ing**) 他 …を音節に分ける

syl·làb·i·fi·cá·tion 名 U 音節に分けること, 分節法

*__syl·la·ble__ /síləbl/ 名 (複 **～s** /-z/) C ❶ **音節**, シラブル ‖ "Dictionary" [has four ～*s* [OR is a word of four ～*s*]. dictionary という語には4つの音節がある ❷ 音節を表すつづり(字) ❸《通例否定文で》ひとこと, 一句 ‖ She didn't utter a ～. 彼女はひとことも口をきかなかった
— 動 他 …を音節ごとに[はっきり]発音する

sýl·la·bled /-d/ 形《通例複合語で》…音節の

syl·la·bub /síləbʌ̀b/ 名 U C《英》シラバブ《牛乳またはクリームに砂糖・ワインなどを混ぜたデザート》

syl·la·bus /síləbəs/ 名 (複 **～·es** /-ɪz/ OR **-bi** /-bàɪ/) C ❶ (講義・講演などの) 要綱, 概要 ❷ (専攻科目などの) 時間割 ❸〘法〙判決要旨, (判決の) 頭注

syl·lep·sis /sɪlépsɪs/ 名 (複 **-ses** /-siːz/) C U ❶〘修〙一語双叙法《1つの語に両義を持たせる表現法. 例えば He *took* the oath and his seat. で took は「誓う」と「(席に) 着く」の2つの意味で用いられている》❷〘文法〙兼用法《1つの語に2つの統語的機能を持たせること. 例えば Neither he nor we *are* wrong で are は we だけでなく, he を受ける述語でもある》(→ zeugma)

syl·lo·gism /sílədʒɪ̀zm/ 名 C ❶〘論〙三段論法 ❷ U 演繹(えんえき)(法)(deduction) ❸ 詭弁(きべん)

syl·lo·gis·tic /sɪ̀lədʒístɪk/ ⊲ 形 ❶ 三段論法の ❷ 演繹的な **-ti·cal·ly** 副

syl·lo·gize /sílədʒàɪz/ 動 自 他〘論〙(…を) 三段論法で論じる[推論する]

sylph /sɪlf/ 名 C ❶ (空気中に住むと想像される) 大気の精 ❷ ほっそりした優美な女性[少女]

sýlph·lìke 形 ほっそりして優美な

syl·van /sílvən/ 形《主に文》❶ 森の；森に住む[ある] ❷ 樹木の繁った ❸ 田舎の, 牧歌的な
— 名 C 森の住人[精]

sym. 略 symbol；symmetrical；symphony

sym- 接頭《m, p, b の前で》= syn-

sym·bi·o·sis /sìmbaɪóusɪs/ 名 (複 **-ses** /-siːz/) C U ❶〘生〙共生 ❷ 共存, 相互依存

-ót·ic 形 共生の[する] **-ót·i·cal·ly** 副

:sym·bol /símbəl/(♦同音語 cymbal)
— 名〔▶ symbolic 形, symbolical 形, symbolize 動〕(複 **～s** /-z/) C ❶〈…の〉**象徴**, **シンボル**, 表象〈**of**〉(⇨ SIGN BYB) ‖ The limousine for him is a ～ *of* his wealth. リムジンは彼にとって富の象徴だ / the dove as the ～ *of* peace 平和の象徴としてのハト / a status ～ 地位の象徴
❷ (数学・化学・音楽などで用いられる)〈…の〉**符号**, **記号**〈**for**〉‖ a chemical ～ 化学記号 / a phonetic ～ 発音記号, 音標文字 / "C" is the ～ *for* carbon. Cは炭素の(原子)記号である
❸ (団体などの) 標章 ‖ The red cross is a ～ of the International Red Cross. 赤十字章は国際赤十字社の標章である

*__sym·bol·ic__ /sɪmbɑ́(ː)lɪk | -bɔ́l-/《アクセント注意》形〔⊲ symbol 名〕(**more ～**；**most ～**)(♦❶以外比較なし)
❶ 象徴的な, 象徴の；〈…を〉象徴[表象]する〈**of**〉‖ The skull is ～ *of* death. しゃれこうべは死を象徴する / ～ significance 象徴的意味 / a ～ gesture 象徴的な(宣伝的)行為, 見せかけの所作
❷ 符号[記号]の, 記号を用いる, 記号的な；💻機械語への翻訳が必要な, 文字で書かれた ❸ (文学・芸術で) 象徴主義[派]の
▶▶ **～ lánguage** 名 C U ① 記号言語 ② 💻プログラミング言語 **～ lógic** 名 U 記号論理学

sym·bol·i·cal /sɪmbɑ́(ː)lɪkəl | -bɔ́l-/《アクセント注意》形〔⊲ symbol 名〕= symbolic **～·ly** 副

sym·bol·ism /símbəlɪ̀zm/ 名 U ❶ 象徴的表現；記号[符号]による表現 ❷ C 記号[符号]体系 ❸ 象徴性, 象徴的意味 ❹《しばしば S-》〘美・文〙象徴主義

sym·bol·ist /símbəlɪst/ 名 C ❶《しばしば S-》〘美・文〙象徴主義者 ❷ 象徴[記号]を用いる人
— 形 ❶ 象徴の, 象徴[記号]を使った ❷ 象徴主義(者)の

sym·bol·i·za·tion /sìmbələzéɪʃən | -bəlaɪ-/ 名 U 象徴[記号]で表すこと, 象徴[記号]化

*__sym·bol·ize__ /símbəlàɪz/ 動〔⊲ symbol 名〕他 ❶ …を象徴する, …の象徴[記号]である ‖ The reunification of West and East Germany ～*s* the end of the Cold War. 東西ドイツの再統一は冷戦の終結を象徴するものだ ❷ …を象徴化する, 記号[符号]で表す
— 自 象徴[記号]を用いる

sym·bol·o·gy /sɪmbɑ́(ː)lədʒi | -bɔ́l-/ 名 U ❶ 象徴[表象]学；象徴[記号]論 ❷ 記号の使用；記号体系

sỳm·bo·lóg·i·cal 形 **-gist** 名

*__sym·met·ri·cal__ /sɪmétrɪkəl/, **-ric** /-rɪk/ 形〔⊲

symmetry 名〕(↔ asymmetrical) ❶(左右)対称の，相称の，対称的な ‖ A person's face is never completely ～. 人間の顔は厳密には左右対称ではない ❷ 均整[釣り合い]のとれた **-ri·cal·ly** 副

sym·me·trize /símətràɪz/ 動 他…を対称的にする

***sym·me·try** /símətri/ 名〔▶ symmetric 形, symmetrical 形〕U ❶(左右)対称，相称(↔ asymmetry) ❷ 均整(美)，釣り合い，調和 ❸〖数·理〗対称(性)

語源 *sym-* together, same + *-metry* measure：同じ寸法

***sym·pa·thet·ic** /sìmpəθéṭɪk/《アクセント注意》◁シ 形〔◁ sympathy 名〕(**more ～**; **most ～**) ❶〈人·苦しみなどに対して〉同情を表す，同情的な，思いやりのある〈**to, toward**〉‖ Social critics were ～ [*to* the workers' complaints [*toward* the workers]. 社会評論家たちは労働者の不満[労働者]に同情的だった / with a ～ look 同情的なまなざしで / lend a ～ ear *to* him 彼の話に親身になって耳を傾ける

❷《叙述》〈…に〉好意的な，賛成の，同感[共感]である〈**to, toward**〉‖ My boss was ～ *to* my idea. 上司は私の考えに好意的だった ❸(状況などが)好ましい，好み[性分]に合った，気に入った ‖ a ～ environment 好ましい環境 ❹《比較なし》〖解·生理〗交感神経(系)の(→ parasympathetic) ❺《比較なし》〖理〗共鳴[共振]による ‖ ～ vibration 共振 ❻ 人に好かれる ‖ a ～ character in a novel 読者の共感を呼ぶ小説中の人物

-i·cal·ly 副

▶▶ **～ mágic** 名 U 共感呪術(じゅじゅつ)《敵の人形(ひとがた)を作ってそれを打ち，敵に傷を負わせるような魔術》 **～ nérvous sỳstem** 名 C〖解·生理〗交感神経系

***sym·pa·thize** /símpəθàɪz/《アクセント注意》動〔◁ sympathy 名〕自 ❶〈人·事柄に〉同情する，〈…を〉気の毒に思う〈**with**〉(✎ feel for) ‖ I really ～ *with* you about the hardships you've gone through. 君が味わった苦痛には心から同情するよ ❷〈気持ち·意見に〉共感[共鳴]する，賛成する，同感である；〈…を〉支持する〈**with**〉‖ I like her, but I can't ～ *with* her beliefs. 彼女のことは好きだがあの考えには共感できない

COMMUNICATIVE EXPRESSIONS

1 **I dó sỳmpathize(, I assúre you).** 大変同情します(本当に)(♥ 深い同情を表す形式ばった表現)

sým·pa·thìz·er /-ər/ 名 C 同情者；支持者，共鳴者，シンパ

****sym·pa·thy** /símpəθi/

— 名〔▶ sympathetic 形, sympathize 動〕(複 **-thies** /-z/) ❶ U/C《通例 -thies》〈人の悲しみ·苦しみなどを〉気の毒に思う気持ち，**同情**，思いやり，哀れみ(↔ antipathy, indifference)〈**for, with**〉；《通例 -thies》悔やみ(の言葉)(⇨ PITY 類語) ‖ The story aroused a profound ～ *with* the victim. その話は犠牲者に対する深い同情を誘った / If you had any ～ toward me, you might help me. 君が少しでも私に同情するなら助けてくれよ / You have my deepest ～. (手紙文などで)心からお悔やみ申し上げます / Popular *sympathies* are on his side. 人々の同情は彼の側にある / have no ～ *for* ... …に同情しない / express *sympathies* on the death of ... …の死を悼んでお悔やみを述べる / play on her ～ 彼女の同情心につけ込む / a letter of ～ 悔やみ状

❷ U/C《通例 -thies》〈…に対する〉**共感**，同感，共鳴，賛成，支持〈**with, for**〉‖ I have every ～ *with* [OR *for*] your viewpoint. 君の見解に全面的に賛成です / My *sympathies* are [OR lie] *with* the residents. 私は住民側を支持する / I felt no ～ *for* the ideas of the group. 私はそのグループの考えには何の共感も覚えなかった

❸ C《しばしば -thies》忠誠(心)，忠実，忠義

❹ U 呼応(関係)，交感

****in sýmpathy*** (***with ...***) ① (…に)同情して ② (…に)共鳴して，賛成して，支持して ③ (…に)呼応して，(…の)反動で

òut of sýmpathy (***with ...***) (…に)不賛成で，共感できなくて ‖ I'm completely *out of* ～ *with* rap music. ラップミュージックは全く理解できない

COMMUNICATIVE EXPRESSIONS

1 **I hàve sòme sýmpathy with your posítion [situátion].** あなたの立場[置かれている状況]には同情します(♥ 心からの同情というよりは客観的に理解を示す)

語源 *sym-* together, same + *-pathy* feeling：同じ気持ち

sym·phon·ic /sɪmfá(:)nɪk | -fɔ́n-/ 形 ❶ 交響曲[シンフォニー]の，交響(曲)的な ❷ 協和音の，協和音的な

***sym·pho·ny** /símfəni/ 名 (複 **-nies** /-z/) C《略 sym.》❶〖楽〗交響曲，シンフォニー ❷〖楽〗声楽曲中の器楽部分 ❸ (= **～ òrchestra**)《主に米》交響楽団(♦ 主に楽団名に用いる) ‖ the Boston *Symphony* ボストン交響楽団 ❹ 交響楽団の演奏会 ❺〖文学〗(音や色の)調和

語源 *sym-* together, same + *-phony* sound：同じ音

sym·po·si·ast /sɪmpóuziæ̀st/ 名 C 討論会[シンポジウム]の参加者

***sym·po·si·um** /sɪmpóuziəm/ 名 (複 **～s** /-z/ OR **-si·a** /-ziə/) C ❶〈特定の主題についての〉討論会，シンポジウム〈**on**〉‖ a ～ *on* global warming 地球温暖化に関するシンポジウム ❷ (特定の主題に関する)論文集，寄稿集 ❸ (古代ギリシャの)酒宴，饗宴(きょうえん)

***symp·tom** /símptəm/ 名 C ❶〖医〗〈病気などの〉兆候，症候，症状〈**of**〉‖ unexplained ～*s of* dizziness 原因不明のめまいの症状 / [a subjective [an objective] ～ 自覚[他覚]症状

❷〈よくないことの〉兆候，兆し，しるし〈**of**〉‖ The crime rate is one of the ～*s of* social unrest. 犯罪率は社会不安の兆候の1つだ

symp·to·mat·ic /sìmptəmǽṭɪk/ ◁シ 形 ❶ 〈…の〉特徴を示す，〈…を〉表す〈**of**〉‖ Riots are ～ *of* social unrest. 暴動は社会不安の表れである ❷ 兆候[症状]の[を示す]，兆候による **-i·cal·ly** 副

symp·tom·a·tol·o·gy /sìmptəmətá(:)lədʒi | -tɔ́l-/ 名 U〖医〗症候学；症候群 **-to·lóg·ic(al)** 形

symp·tom·ize /símptəmàɪz/ 動 他《主に米》…の兆候を示す[表す]

syn. 略 synonym, synonymous, synonymy

syn- 接頭「共に，一緒に」の意(♦ b, m, p の前では sym-, l の前では syl-, s の前では sys- を用いる) ‖ *syn*opsis, *syn*chronize, *syn*onym

***syn·a·gogue** /sínəgà(:)g | -gɔ̀g/ 名 C ❶ シナゴーグ，ユダヤ教会[礼拝堂] ❷ ユダヤ教徒の集会

syn·apse /sínæps | sáɪn-/ 名 U〖生理〗シナプス《神経細胞の連接部》

syn·ap·sis /sɪnǽpsɪs/ 名 (複 **-ses** /-si:z/) C〖生〗染色体接合，シナプシス

syn·ap·tic /sɪnǽptɪk/ 形 ❶〖生理〗シナプスの ❷〖生〗シナプシスの

sync, synch /sɪŋk/《口》名 U 同調，共起(synchronization) ‖ in [out of] ～ (with ...) (…と)同調して[しないで]，一致して[しないで]

— 動 = synchronize

syn·chro /síŋkrou/ 名 (複 **～s** /-z/) C ❶〖機〗セルシン(selsyn)《回転または並進の変位を遠方に伝送する装置》 ❷ = synchromesh ❸ = synchronized swimming

— 形 同時作動の

syn·chro·mesh /síŋkroumèʃ/ 名 U 形 自動車の等速かみ合い変速装置(の)

syn·chron·ic /sɪnkrá(:)nɪk, sɪŋ- | -krɔ́n-/ 形〖言〗共時的な《ある時期の言語事実を静止した体系として記述的に扱う》(↔ diachronic) **-i·cal·ly** 副

syn·chro·nic·i·ty /sìŋkrənísəṭi/ 名 U 共時性，同時発生，シンクロニシティー

S

syn·chro·nism /síŋkrənìzm/ 名 U ❶ 同時性, 同時発生 ❷ (歴史的事件・人物の)年代別対照表示 ; C 対照歴史年表

*__syn·chro·nize__ /síŋkrənàɪz/ 動 自 ❶ (2つ以上のことが)同時に起こる ;〈…と〉時間的に一致する, 同時に進行する[行われる]〈**with**〉 ❷ (時計が)同一時刻[標準時]を示す, 同じ時刻を指す ❸ (見解などが)〈…と〉一致する〈**with**〉
—他 ❶ …を〈…と〉同じ速度で動かす, 同時に起こるようにする[行う, 進行させる]〈**with**〉 ❷〔時計〕を同一時刻にする ❸〔歴史上の事件・人物〕の年代[同時代における前後関係]をはっきりさせる, 年代順に整理[配列]する ❹〘映・放送〙〔音〕を映像と一致させる ; 💻〔ファイルなど〕を同期させる
sỳn·chro·ni·zá·tion 名
▸▸ **~d swímming** 名 U シンクロナイズドスイミング

syn·chro·nous /síŋkrənəs/ 形 ❶ 同時に起こる, 同時性の ❷ 同じ速度で同時に動く ❸ (衛星などが)静止の ❹〘理〙同期の, 同位相の

syn·chro·ny /síŋkrəni/ 名 U ❶ =synchronism ❷ 共時的研究

syn·chro·tron /síŋkrətrà(:)n | -trɔ̀n/ 名 C〘理〙シンクロトロン《環状の粒子加速器》

syn·co·pate /síŋkəpèɪt/ 動 他 ❶〘楽〙〔強弱拍〕を移勢させる, シンコペーションにする, 切分する ❷〘文法〙〔語〕の中間音を省略して縮める《〈例〉never→ ne'er》

syn·co·pat·ed /síŋkəpèɪṭɪd/ 形〘音〙切分した

syn·co·pa·tion /sìŋkəpéɪʃən/ 名 ❶ U C〘楽〙切分(音), シンコペーション ❷ =syncope ❶

syn·co·pe /síŋkəpi/ 名 U ❶〘文法〙語中音[文字]消失《〈例〉ever→ e'er》 ❷〘医〙意識喪失, 失神

syn·cret·ic /sɪŋkréṭɪk/ 形 ❶ 諸説[諸派]統合の ❷〘言〙語形融合の

syn·cre·tism /síŋkrətìzm/ 名 U ❶ (哲学・宗教などの)諸説[諸派]統合, 諸派混合主義 ❷〘言〙語形融合
-tist 名 **sỳn·cre·tís·tic** 形

syn·cre·tize /síŋkrətàɪz/ 動 他 自 (諸説・諸派などを)統合(しようと)する

synd. 略 syndicate

syn·det·ic /sɪndéṭɪk/ 形 ❶ 連結[接続]する ❷〘文法〙接続詞で結合された

syn·dic /síndɪk/ 名 C ❶ (特に英国の大学の)理事 ; (ケンブリッジ大学の)特別評議員 ❷ 地方行政官

syn·di·cal·ism /síndɪkəlìzm/ 名 U サンジカリズム《ゼネストなどの直接行動によって生産と分配を労働組合が掌握しようとする運動》 **-ist** 名 形

*__syn·di·cate__ /síndɪkət/ 《発音注意》(→ 動) 名《略 synd.》C ❶〘経〙シンジケート, 企業組合《カルテルの発達した企業独占の形態》;〘金融〙シンジケート(団)《国債など有価証券の引き受けに当たる》 ❷ シンジケート組織《犯罪を支配するギャング団》 ❸ 通信社《ニュース・論説・写真などを買い上げて, 各地の新聞や雑誌に同時記事として配信する企業》 ❹ 同一系列下の新聞, 系列新聞 ❺ 理事(会), 評議会(員) ; 理事[評議員]の職務
—動 /síndɪkèɪt/ 他 ❶《通例受身形で》(記事・論説・漫画・写真などが)通信社を通して(各新聞社・テレビ局などに)配信される, 同時に掲載[放送]される ; (テレビ番組などが)各テレビ局に直接配給される ❷ …をシンジケートに組織する
—自 シンジケートを組織する

syn·di·ca·tion /sìndɪkéɪʃən/ 名 U シンジケート組織(にすること)

*__syn·drome__ /síndroum/ 名 C ❶〘病理〙症候群《いくつかの症候よりなる病的な状態》, シンドローム ‖ Down's ~ ダウン症候群 ❷ 思考・行動の型[様式] ; (社会状況などを特徴づける)兆候, …現象 ; 一連の事柄[出来事]

syne /saɪn/ 接 前 副《スコット》=since ‖ auld lang ~(=old long since) 往時, 今は昔(→ auld lang syne)

syn·ec·do·che /sɪnékdəki/ 名 U〘修〙提喩(ていゆ), シネクドキ《部分で全体を, 全体で部分を表す修辞法. 例えば sail で ship, bread で food を表すなど》

syn·er·gism /sínərdʒìzm/ 名 U ❶ =synergy ❷〘宗〙神人協力説 **sỳn·er·gís·tic** 形

syn·er·gy /sínərdʒi/ 名 U ❶ (器官の)共働作用 ❷ (薬品などの)相乗作用 ; (個人または団体間の)協調(効果), シナジー **syn·ér·gic** 形 共働の, 相乗作用の

syn·es·the·sia, -aes- /sìnəsθí:ʒə | sìni:sθí:ziə/ 名 U〘生理〙共感《刺激を受けた部分より別のところに感じる》;〘心〙共感覚 **sỳn·es·thét·ic** 形

syn·gas /síngæ̀s/ 名 C U 合成ガス (♦ synthesis gas の短縮形)

syn·od /sínəd/ 名 C ❶ 教会[宗教]会議, 長老会 ❷ (一般に)会議, 議会 **~·al** 形

syn·od·ic /sɪná(:)dɪk | -ɔ́d-/, **-i·cal** /-kəl/ 形 ❶ 教会[宗教]会議の ❷〘天〙相合の

*__syn·o·nym__ /sínənɪm/ 名 C ❶ 同義[意]語, 類(義)語 (↔ antonym) ❷〈…の〉別名〈**for**〉 ❸〘生〙(学名上の)異名, シノニム
sỳn·o·ným·i·ty 名 U 同義, 類義
語源 *syn-* same＋*-onym* name : 同じ名

syn·on·y·mous /sɪná(:)nɪməs | -ɔ́n-/ 形〈…と〉同義(語)の, 類義(語)の〈**with**〉 **~·ly** 副

syn·on·y·my /sɪná(:)nəmi | -ɔ́n-/《アクセント注意》名 (複 **-mies** /-z/) U ❶ 同義(性), 類義(性) ❷ 同義語研究 ❸ C 同義語集[表] ;〘生〙異名表

syn·op·sis /sɪná(:)psɪs | -ɔ́p-/ 名 (複 **-ses** /-si:z/) C 概要, 要約, シノプシス, (小説・映画などの)粗筋

syn·op·tic /sɪná(:)ptɪk | -ɔ́p-/ 形 ❶ 概要の, 要約の ;〘気象〙概況の ❷《ときに S-》〘聖〙共観的な, 共観福音書の
—名 C〘聖〙共観福音書(の著者)
▸▸ **Synòptic Góspels** 名 複《the ~》共観福音書《マタイ・マルコ・ルカの3福音書》

*__syn·tac·tic__ /sɪntǽktɪk/, **-ti·cal** /-tɪkəl/ 形 統語論の, 統語的な, 統語法にかなった **-ti·cal·ly** 副

syn·tax /síntæks/ 名 U ❶〘言〙統語論[法], 構文論, シンタックス《文中の語順や配列を扱う言語学の一部門》 ❷ 💻(プログラミング言語の)シンタックス, 構文

synth /sɪnθ/ 名《口》=synthesizer ❷

*__syn·the·sis__ /sínθəsɪs/ 名 (複 **-ses** /-sì:z/) U (⇨ ANALYSIS BYB) ❶ 総合, 統合, 合成 (↔ analysis) ❷ C 総合[統合]体 ❸〘化〙合成 ‖ Nylon is produced by ~. ナイロンは合成(化工)して作られる ❹〘哲〙(弁証法の)総合, 合 ❺〘言〙総合《語形変化などによって文法関係を示すこと》; 語の合成, 複合 ❻ (音の合成装置による音声などの)合成

*__syn·the·size__ /sínθəsàɪz/ 動 他 …を統合[総合]する (↔ analyze) ;〔音〕を合成する ;〘化〙…を合成する

sýn·the·sìz·er /-ər/ 名 C ❶ 総合[合成]する人[もの] ❷ シンセサイザー《音の合成装置》

syn·thes·pi·an /sɪnθéspiən/ 名 C シンセスピアン《アニメなどに登場するコンピューターグラフィックスで合成したキャラクター》(♦ *synthe*tic＋the*spian* より)

*__syn·thet·ic__ /sɪnθéṭɪk/《アクセント注意》形 ❶ 総合の, 統合の, 総合的な (↔ analytic) ❷〘化〙合成の, 人造の (↔ real) ‖ ~ chemistry 合成化学 ❸ 作り物の, 見せかけの, 偽りの, うわべだけの ‖ ~ enthusiasm 見せかけの熱狂 ❹〘言〙(言語が)総合的な《ラテン語のように語尾変化によって統語関係を示す言語についていう》(↔ analytic) ‖ a ~ language 総合言語 ❺〘哲〙総合的な
—名 C《通例 ~s》合成物質 ; 模造品 **-i·cal·ly** 副
▸▸ **~ résin** 名 C U 合成樹脂

syn·thet·i·cal /sɪnθéṭɪkəl/ 形 =synthetic

syph·i·lis /sífəlɪs/ 名 U 梅毒

syph·i·lit·ic /sìfəlíṭɪk/ ⟨シ⟩ 形 梅毒(性)の, 梅毒に感染した —名 C 梅毒患者

sy·phon /sáɪfən/ 名 動 =siphon

Syr·a·cuse 名 ❶ /sáɪərəkjù:z/ シラクサ《イタリアのシチリア島南東岸の港湾都市》 ❷ /sírəkjù:s/ シラキューズ《米国ニューヨーク州中部の都市》

*Syr·i·a /síriə/ 名 シリア《地中海東岸の共和国. 公式名 the Syrian Arab Republic. 首都 Damascus》
-an 形 名 C シリアの(人)

Syr·i·ac /síriæk/ 名 U 形 古代シリア語(の)

*sy·ringe /sɪríndʒ/ 《アクセント注意》 名 C ❶ 注射器(《米》 needle); 洗浄器, 浣腸(かんちょう)器 ‖ a hypodermic ~ 皮下注射器 ❷(液体)注入器, スポイト; (園芸用の)灌水(かんすい)器; 注射器状の器具
—動 他 ❶〔患部・傷など〕を洗浄器で洗浄する; …に注射する ❷〔液体・薬など〕を注射器[洗浄器]で注入する ❸〔草木など〕に灌水する

*syr·up /sírəp, +米 sə́ːr-/ 《発音注意》 名 U ❶ シロップ, (濃厚な)砂糖(溶)液 ❷ 薬用シロップ ‖ cough ~ せき止めシロップ ❸(植物・果物の)濃縮液, (サトウキビなどの)糖蜜(とうみつ) ‖ maple ~ メープルシロップ ❹ 感傷的で甘ったるいこと

syr·up·y /sírəpi, +米 sə́ːr-/ 形 ❶ シロップの(ような); ねばねばした; 甘い ❷ 感傷的で甘ったるい

sys·op /sísɑ(ː)p | -ɔp/ 名 C 💻シスオペ, システムオペレーター, システム管理者(♦*sys*tem *op*erator より)

syst. 略 system

⁂sys·tem /sístəm/

中心義 (うまく機能するように)まとまりを成したもの

名 系統❶ 系❸ 体系❹ 制度❺ 体制❺ 方法❻

—名〔▶ systematic 形, systemic 形, systematize 動〕(複 ~s /-z/) C ❶(通信・運輸などの)**系統**, 組織網, 体系; (機械などの)系統, 機構, 装置, システム; 💻システム; (しばしば ~s)(システム工学での)システム, 組織 ‖ a railway ~ 鉄道系統[体系]; (国などの)鉄道網 / a transportation [OR transport] ~ 輸送網 / a municipal sewer and water ~ 市の上下水道網 / a telephone ~ 電話網 / a central-heating ~ セントラルヒーティング装置 / a data processing ~ 情報処理システム / a life-support ~ 生命維持装置 / a stereo ~ ステレオシステム / ~ building (プレハブ式の)システム建築(法)
❷(自然の事物・現象などの)系統; 『地』(地層区分の)系; 『理』系, 系列; 『天』(天体の)系 ‖ a mountain ~ 山系 / a river ~ (河川の)水系; (国などの)河川網 / the solar ~ 太陽系
❸『生』(身体器官などの)**系**, 系統; (the [OR one's] ~)(組織体としての)身体, 五体, 体; 性格, 感情 ‖ the nervous [digestive, circulatory] ~ 神経[消化器, 循環器]系統 / the immune ~ 免疫系[機構] / You must not drive until all the alcohol is out of your ~. アルコールが完全に身体から抜けるまでは車を運転してはならない / be good [bad] for the [OR one's] ~ 体によい[悪い]
❹(知識・思想・学問などの)**体系**, 学説 ‖ a ~ of grammar 文法体系 / the Ptolemaic ~ プトレマイオス説; 天動説 / the British legal ~ イギリスの法体系
❺(政治・経済・社会などの)(組織的)**制度**, 機構, 組織; (通例 the ~, ときに the S-)(既存の)**体制**, 支配[管理]体制, 組織, 構造 ‖ a ~ of government 政治組織[制度], 政体 / a feudal ~ 封建制度 / the capitalist ~ 資本主義制度 / an educational ~ 教育制度 / the monetary ~ 貨幣[通貨]制度 / a pension ~ 年金制度 / go against the ~ 体制に逆らう / surrender to the *System* 体制に屈する
❻(体系的・組織的)**方法**, 方式 ‖ the metric [decimal] ~ メートル法[十進法] / the Linnean ~ of plants リンネの植物分類法 / a new ~ for dealing with customers' complaints 顧客の苦情を処理する新しい方式
❼ U 体系[組織]的であること, 系統性; 秩序立ったやり方, 一貫した方法, 順序, 規則 ‖ There is no ~ in his work. 彼の仕事は組織立っていない / study with [without] ~ 秩序立てて[漫然と]勉強する
❽『楽』(ピアノ譜・オーケストラ譜などの)譜表

bèat the sýstem (政治・経済・社会などの)体制を打ち破る, 構造を覆す; 法律[制度]の裏をかく, 抜け道を見つける ‖ *beat the* ~ at a gambling table 賭博場(とばくじょう)のからくりを見破る

****gèt ... òut of one's sýstem*** 《口》〔悩み・感情など〕を追い払う, 吐き出す

(It's) àll sỳstems gó! すべて準備完了

▸▸**~ admìnistrator** 名 C 💻システム管理者 **~ òperator** 名 C 💻システムオペレーター **~ prògram** 名 C 💻システム全体を管理する[で使われる]プログラム《OSそのものや必須のプログラムなどを指す》 **~s anàlysis** 名 U システム分析《情報処理の効率を上げるための分析》 **~s ànalyst** 名 C システム分析者 **~s engineèring** (↓) **~ ùnit** 名 C 💻システムユニット《コンピューターシステムの中心となる装置. CPUなどを含む》

*sys·tem·at·ic /sìstəmǽṭɪk/ 《アクセント注意》 <ジ 形〔◁ system 名〕❶ 組織的な, 系統立った, 体系的な, 用意周到な, 計画性のある ‖ ~ learning of English 英語の体系的学習 / a ~ method of learning 系統立った学習方式 / a ~ election campaign 用意周到な選挙運動
❷(人が)規則正しい, きちょうめんな ‖ a ~ worker きちょうめんに働く人
❸《英》(悪い意味で)計画的な, 故意の ‖ a ~ intrigue 計画的陰謀 ❹『生』分類(上)の; 分類学的(な) ‖ ~ botany 分類植物学
▸▸**~ èrror** 名 U C 『統計』系統誤差 **~ nàme** 名 C 『天・生・化』組織名《構造や分類上の位置を表す名称. 例えば水(water)の組織名は酸化水素(hydrogen oxide)》

sys·tem·at·i·cal /sìstəmǽṭɪkəl/ 形 =systematic

sys·tem·at·i·cal·ly /sìstəmǽṭɪkəli/ 副 組織的に, 体系的に, 系統立てて, 計画的に

sys·tem·at·ics /sìstəmǽṭɪks/ 名 U 分類学, 分類法; 体系学

sys·tem·a·tize /sístəmətàɪz/ 動〔◁ system 名〕他 …を組織[体系]化する, 系統[順序]立てる; …を分類する
sỳs·tem·a·ti·zá·tion 名 U 組織[体系]化; 分類

sys·tem·ic /sɪstémɪk | -tíːm-/ 形〔◁ system 名〕❶ 組織[体系, 系統]的な ❷『生理』全身の, 全身に影響する ❸(殺虫剤などが)浸透性の **-i·cal·ly** 副

sýstems engineèring 名 U システム工学
sýstems engineèr 名 C システムエンジニア

sys·to·le /sístəli/ 名 U C 『生理』(心臓の)収縮(期)(↔ diastole) **sys·tól·ic** 形

Sze·chwan /sètʃwɑ́ːn/ 名 =Sichuan

T

I **think**, therefore I am. 我思う，ゆえに我あり（⇨ DESCARTES）

t

t, T[1] /tiː/ 名（複 **t's, ts** /-z/；**T's, Ts** /-z/）C ❶ ティー《英語アルファベットの第20字》❷ t［T］の表す音 ❸（活字などの）t［T］字 ❹（連続するものの）第20番目
to a T 完全に，申し分なく，ぴったりと ‖ This job fits me *to a* 〜. この仕事は私にぴったりだ

T[2] /tiː/ 名（複 **T's, Ts** /-z/）C T字形のもの；《複合語で》T字形の（→ T-bone, T-shirt, T-square）

T[3] 記号 surface tension（表面張力）；temperature；〖化〗tritium（トリチウム）

T[4] 略 tera-；tesla；Thailand

't /-t/ it の短縮形 ‖ 'tis /tɪz/ ＝it is, do't /duːt/ ＝do it

t. 略 teaspoon, teaspoonful；temperature；tempo；tenor；〖文法〗tense；time；ton(s)；town；township；transit；transitive；troy

T. 略 tablespoon, tablespoonful；Territory；Testament；Tuesday

*__ta__ /tɑː/ 間《英口》ありがとう（thank you）（♥ 小児語に由来する．大人が使うと無教養と思われることがある）

Ta 記号〖化〗tantalum（タンタル）

TA 略 💻 *t*erminal *a*daptor《通信回線，特にISDN回線とコンピューターや電話を接続する機器》；*T*erritorial *A*rmy（《英国の》国防義勇軍）；*t*eaching *a*ssistant；*t*ransactional *a*nalysis；*T*ransit *A*uthority

*__tab__ /tæb/ 名 C ❶ はり札，荷札，ラベル；（帳簿などの）索引用つまみ ❷（衣服などの）襟づり，たれ飾り ❸《主に米》（缶の飲み口の）つまみ（pull-tab，《英》ring pull）❹《主に米口》（レストランなどの）勘定（書），つけ ‖ Put it on my 〜. それは私のつけにしておいて ❺ 💻 タブ《指定した桁（けた）位置までカーソルを進める機能》；（＝〜 **kèy**）タブキー；＝tabulator ❷ ❻（＝〜 **stòp**）タブストップ《タブキーによって決められる入力位置》❼（薬の）錠剤；《俗》LSD錠剤（♦ tablet より）❽《英》〖軍〗（将校・参謀の）襟章 ❾〖空〗タブ《補助翼についた小翼》❿ ＝tabloid ❶ ⓫《英口》紙巻きたばこ ⓬ ＝tablature
*__*kèep* 「(*clòse*) *tábs* [OR *a* (*clòse*) *táb*] *on* ...__（口）…に注意を払う，…を監視する，…に目を光らす
*__*pìck ùp the táb*__（口）〈…の〉勘定を払う，〈他人の〉費用を負担する〈**for**〉
── 動（**tabbed** /-d/；**tab·bing**）他 ❶《通例受身形で》《主に米》（多くの中から）選ばれる，指名される ❷ …に札［たれ，つまみ］をつける ── 自（パソコンなどで）タブキーを押す

tab·ard /tǽbərd | -ɑːd/ 名 C ❶（中世の騎士が武具の上に着た紋章入りの）羽織 ❷（主君の紋章入りの）伝令官服

tab·a·ret /tǽbərət | -rɪt/ 名 U タバレット《カーテンなどの室内装飾品に使う丈夫な生地》

Ta·bas·co /təbǽskou/ 名（＝〜 **sáuce**）U《商標》タバスコ（ソース）《赤唐辛子から作る辛いソース》

tab·bou·leh /təbúːlə/ 名 U タブーラ《野菜とひき割り小麦を混ぜた中東諸国のサラダ》

tab·by /tǽbi/ 名（複 **-bies** /-z/）C ❶（＝〜 **càt**）とら猫，ぶち猫 ❷（一般に）飼い猫，（特に）雌猫（↔ tomcat）❸ ⊗《文》《蔑》詮索（せんさく）好きなおしゃべり女 ❹ U タビー織り《波紋のある絹織り》；平織り（plain weave）
── 形 ❶ ぶちの ❷ タビー織りの

tab·er·nac·le /tǽbərnæ̀kl/ 名 C ❶《しばしば the T-》〖聖〗幕屋（まくや）《ユダヤの民がエルサレムに神殿を建立するまでの移動式聖所》；ユダヤ教の神殿 ❷（教会以外の）礼拝所；（非英国国教会・モルモン教などの）（大）会堂 ❸〖宗〗（聖体を納める）聖櫃（せいひつ）❹（帆船の）マスト受け台

tab·la /tɑ́ːblə | tǽb-/ 名 C〖楽〗（インドの）手太鼓

tab·la·ture /tǽblətʃər/ 名 U C〖楽〗（ギターなどの）タブ譜《音符を使わず押弦位置を数字や記号で示す記譜法》

***__ta·ble__ /téɪbl/ 名 動
── 名（複 **〜s** /-z/）C ❶ **テーブル**，食卓；（脚付きの）卓，台《遊戯台・仕事台・手術台など》‖ Please be seated **at** (the) 〜, everybody. 皆さんテーブルに着いてください．（♦《米》では the をつけることが多い）/ A 〜 for four, please. （レストランで）4人用の席をお願いします / lay [OR set] the 〜 食卓の用意をする / clear the 〜 食卓の後片づけをする / sit (down) **at** the conference 〜 会議の席に着く / get [book, reserve] a window 〜 in the restaurant レストランの窓際の席をとる［予約する］/ a dining 〜 食卓 / an operating 〜 手術台 / a 〜 and chair いす付きのテーブル1脚
❷ **表**（の内容），一覧表，計算表，目録；（スポーツの）順位表 ‖ Refer to the attached 〜 I. 添付の表Iを参照のこと / a 〜 of weights and measures 度量衡表 / a 〜 of contents （書物の）目次［一覧］/ a conversion 〜 換算表 / a chronological 〜 年表
❸《しばしば 〜s》九九の表（multiplication table）（♦ 米英では12×12まである）‖ My little sister knows her multiplication 〜 up to the three. 妹は九九の3の段まで覚えている / learn one's 〜*s* 九九を覚える
❹《the 〜, a 〜》（食卓に出される）料理，食事 ‖ the pleasures of the 〜 飲食の楽しみ，食道楽 / talk over the 〜 食事をしながら話す / keep [OR set] a good 〜 ごちそうを出す
❺《the 〜》《集合的に》《単数・複数扱い》（食事・会議などで）テーブルを囲む人々，一座の人々 ‖ The whole 〜 was listening to what she said. 満座の人は彼女の言葉に聞き入っていた / keep the 〜 amused 座を取り持つ
❻ 💻（データベースソフトでの）データ保存用配列（表），テーブル；（HTMLでの）表形式の表示書式
❼（石・木・金属の）平板，薄板，画板；銘板（の文・絵）；《〜s》《古》法典，法律（を刻んだ板）
❽ 西洋すごろく（backgammon）盤の（四）半面
❾ 台地，高原；〖宝石〗テーブル《上部のカットされた平面》；テーブル面のある宝石 ❿〖建〗額板，蛇腹 ⓫〖解〗頭蓋（とうがい）骨板 ⓬（手相を見る）手のひら ⓭〖楽〗（弦楽器の）共鳴板
at* (*the*) *táble 食事中に（♦《米》では the をつけることが多い）‖ learn to behave *at* 〜 テーブルマナーを学ぶ
brìng ... to the táble ＝*bring ... to the* PARTY
drìnk a pèrson under the táble （飲み比べして）〔人〕を酔いつぶす
on the táble ① 審議［上程］中の ‖ put [OR lay] a bill *on the* 〜 議案を上程する ②《主に米》（議案などの審議が）棚上げされて
rùn the táble《米口》（試合・ゲームで）勝ち続ける
*__*tùrn the tábles*__ 〈…に対して〉形勢を一変［逆転］させる〈**on**〉‖ Brazil scored three times in the second half, *turning the 〜s on* England. ブラジルは後半に3点を挙げイングランドに逆転した
*__*under the táble*__（口）①（特にビジネスで）不正に，賄賂（わいろ）として ‖ The companies are rumored to have made a deal *under the* 〜. それらの会社は裏取引をしたといううわさだ ② 酔いつぶれて
── 動 他 ❶《主に米》〔法案・動議など〕を延期［棚上げ］する（shelve）‖ 〜 a legislative motion 立法動議を棚上げにする
❷《英》…を審議に付す，上程する
❸ …を（一覧）表にする，表に書き込む

▶▶**～ dàncing** 名 U テーブルダンス《ナイトクラブなどでダンサーが客のテーブル近くで踊るセクシーなダンス》 **～ d'hôte** (↓) **～ fòotball** 名 U 《英》＝foosball **～ làmp** 名 C 卓上(電気)スタンド **～ lìcence** 名 C 《英》(食事と一緒の場合に限っての)酒類提供許可証 **～ lìnen** 名 U 食卓用リネン《テーブルかけ・ナプキンなど》 **～ mànners** 名 複 テーブルマナー, 食事作法 **～ màt** 名 C (食卓用の)テーブルマット **～ nàpkin** 名 C ＝napkin ❶ **～ sàlt** 名 U 食卓塩 **～ tàlk** 名 U ① 食卓での会話；座談 ② 〖ブリッジ〗テーブルトーク《作戦などについてパートナーと相談すること. 違反行為》 **～ tènnis** /, ←́←́/ 名 U 卓球, ピンポン **～ wìne** 名 C U テーブルワイン《食事をしながら飲む手ごろなワイン》

tab·leau /tǽblou, ─́/ 名 (複 **～s** /-z/ OR **～x** /-z/) C ❶ 絵のような描写, 絵画 ❷ 劇的場面 ❸ 活人画
▶▶**～ vi·vánt** /-vɪvɑ́ːŋ/ 名 (複 **～x vi·vants**) C 《フランス》(＝living tableau)＝tableau ❸

***táble·clòth** 名 C (特に食卓用の)テーブルかけ

table d'hôte /tɑ̀ːbl dóut/ 名 (複 **tables d'-**) C 形 定食(の)(↔ a la carte) ‖ a ～ dinner 定食式のディナー

táble-hòp 動 (**-hopped** /-t/ ; **-hop·ping**) 自 《主に米口》(レストランやナイトクラブで)テーブルの間を歩き回って人と雑談をする **táble-hòp·per** 名

táble·lànd 名 C 《しばしば ～s》高原, 台地

***táble·spòon** 名 C ❶ 食卓用大さじ《給仕用》; スープ用さじ ❷ (計量用)大さじ ❸ ＝tablespoonful

táble·spòon·fùl /-fùl/ 名 (複 **～s** /-z/ OR **table·spoons-**) C 大さじ1杯(分)《ふつう小さじ3杯分. 略 tbsp》

***tab·let** /tǽblət/ 名 C ❶ (薬の)錠剤 (⇨ MEDICINE 類語P)；(化学薬品などの)錠剤 ‖ Take two ～*s* three times a day after meals. 1日3回2錠ずつ食後に服用のこと / sleeping ～*s* 睡眠薬の錠剤 / throat ～*s* (せき・のど荒れ用の)トローチ ❷ 《英》(石けんなどの)板状の固形物 ‖ a ～ of soap 石けん1個 ❸ (石・木・金属などの)銘板, 平板；〖建〗額板, 蛇腹(table) ❹ (木・粘土・金属などの)書字板 ❺ はぎ取り式便箋(びんせん) ❻ (＝～ PC)💻タブレットコンピューター《キーボード入力の代わりにタッチパネルで文字などを入力する小型コンピューター》
be sèt [OR ***càst, wrìtten***] ***in tàblets of stóne*** 絶対不変である

táble·tòp 名 C テーブルの上面 ──形《限定》卓上用の

***táble·wàre** 名 U 《集合的に》食卓用食器類《皿・グラス・ナイフ・フォーク・スプーンなど》

***tab·loid** /tǽblɔɪd/ 名 C ❶ タブロイド版新聞《ふつうの新聞の半分大で, 通俗的な記事・写真が中心》 ❷ 要約
──形《限定》タブロイド版の；通俗的な, 扇情的な

***ta·boo** /təbúː/ 名 (複 **～s** /-z/) C U ❶ タブー, 禁忌《特定のもの・人・言葉・行為などを神聖または不浄なものとして, ふれたり口にすることを禁じる風習》；タブーとされるもの；禁句, 禁忌語 ‖ an incest ～ 近親相姦(そうかん)の禁忌 ❷ 〈…の〉禁制, 禁止, 法度 〈**against, on, about**〉 ‖ There is a ～ *on* asking women their age. 女性に年齢を聞くのはタブーだ / break [OR violate] a ～ タブーを破る
──形 タブーの, 禁忌の；禁止の ‖ Some words are ～ in ordinary conversation. いくつかの単語は通常の会話ではタブーである / a ～ subject 口にしてはいけない話題
──動 他 …をタブー[禁制]にする, 厳禁とする ‖ The subject is ～*ed*. その話は厳禁だ
語源 トンガ(Tonga)語 *tabu* (神聖な, 禁じられた) から. Captain James Cook が英語に持ち込んだ.
▶▶**～ wòrd** 名 C 禁忌語, 禁句《cunt, fuck, shit, piss, 《主に英》sod, mother-fucker など性や排泄(はいせつ)物などに関するものが多い. → four-letter word》

ta·bor /téɪbər/ 名 C 〖楽〗テーバー《(中世の)小太鼓. 片手で演奏し, もう一方の手で笛を吹く》

tab·o·ret, 《英》**-ou-** /tæ̀bərét | tǽbərɪt/ 名 C ❶ 床几(しょうぎ), (低い)スツール ❷ 刺繍(ししゅう)枠 ❸ 小太鼓

tab·u·lar /tǽbjulər/ 形 《通例限定》❶ (一覧)表の, 表にした ‖ in ～ form 表形式の[に] ❷ 平らな, 卓状の

ta·bu·la ra·sa /tæ̀bjulə rɑ́ːzə/ 名 (複 **ta·bu·lae ra·sae** /-liː rɑ́ːziː/) C ❶ (精神の)白紙状態, 無垢(むく)；先入観[固定観念]のない状態 ❷ 新たに始める機会(♦ ラテン語より)

tab·u·late /tǽbjulèɪt/ 動 他 ❶ 〔統計など〕を(一覧)表にする ❷ 〔表面〕を平らにする ──形 平らな
tàb·u·lá·tion 名 U C 表作成, 図表化

tab·u·la·tor /tǽbjulèɪtər/ 名 C ❶ 図表作成者 ❷ タビュレーター《コンピューターなどの図表作成装置》

ta·cet /téɪsət, tǽ-/ 動 自 《ラテン》〖楽〗休止せよ

tach /tæk/ 名 《米口》＝tachometer

tach·o /tǽkou/ 名 《英口》＝tachograph, tachometer

tach·o·graph /tǽkəgræ̀f | -grɑ̀ːf/ 名 C タコグラフ《自動車などの回転速度記録装置》, 運行記録計

ta·chom·e·ter /tækɑ́(ː)mətər | -kɔ́mɪ-/ 名 C タコメーター《特にエンジンなどの回転速度計》

tach·y·car·di·a /tæ̀kikɑ́ːrdiə/ 名 U 〖医〗心悸亢進(しんきこうしん)(症), 頻脈

ta·chym·e·ter /tækímətər | -kímɪ-/ 名 C 〖測〗タキメーター, 視距儀

tac·it /tǽsɪt/ 形 《通例限定》暗黙の(⇨ BYB) ‖ a ～ understanding 暗黙の了解 / by ～ agreement 暗黙の同意によって **～·ly** 副 暗に, 暗黙のうちに

tac·i·turn /tǽsɪtə̀ːrn/ 形 無口な, 寡黙な **～·ly** 副

tac·i·tur·ni·ty /tæ̀sɪtə́ːrnəti/ 名 U 無口, 寡黙

Tac·i·tus /tǽsətəs | tǽsɪ-/ 名 **Publius Cornelius ～** タキトゥス(55?–120?)《ローマの歴史家》

***tack**[1] /tæk/ 名 ❶ U/C 《単数形で》(従来と異なる)方針, 政策 ‖ change ～ 方針を変更する / try [take] a different ～ 異なった方針を試す[とる] / be on the right [wrong] ～ 方針が正しい[間違っている] ❷ C 鋲(びょう), 留め金；《米》画鋲(thumbtack, 《英》drawing pin) ❸ C (裁縫の)しつけ, 仮縫い ❹ 〖海〗C 帆の下隅(かく)(の索)；C U 開き《風に対する帆の向き》, 開きの転換；船の進路；C U 上手回し, 間切り《風に向かってのジグザグ進路》 ‖ sail on the port [starboard] ～ 左[右]舷開きに帆走する ❺ U (ペンキ・ニスなどの)粘り気, 粘度
(as) sharp as a tack ⇨ SHARP(成句)

COMMUNICATIVE EXPRESSIONS

1 **Gò sìt on a táck.** おしゃべりはやめて向こうへ行け

──動 他 ❶ (＋目＋副句) …を鋲[留め金]で留める[取りつける](♦ 副句 は主に場所を表す) ‖ ～ (up) a calendar to the wall カレンダーを壁に鋲で留める ❷ …を仮に縫いつける, しつける ‖ She ～*ed* the sleeves onto the dress. 彼女はドレスにそでを仮縫いした ❸ 〖海〗〔帆船〕を上手回しにする, ジグザグに進ませる ──自 ❶ 〖海〗上手回しにする, (船が)間切る ❷ 方針[政策, 態度]を変更する
tàck ón ... / ***tàck ... ón*** 〈他〉《口》…を〈…に〉添える, 付加する(add)；…を〈…の一部に〉加える〈**to**〉(♥ 通例「急いで」

Boost Your Brain!

tacit knowledge

「暗黙知」と訳される. ハンガリー出身の物理化学者で哲学者のポランニー(Michael Polanyi 1891－1976)が社会科学に導入した用語. tacit knowing とも言う.

私たちは自分の友人の顔を瞬時に識別できるが, なぜそれが可能なのかをうまく説明できない. 自転車に乗ることはできても, 自分が何を行っているかは言葉にできない. こうした認識や身体能力として身についた「言葉で表現できない知識」を tacit knowledge と言う. 科学者や芸術家の創造的活動, スポーツ選手の卓越したプレイにおいて tacit knowledge は重要な役割を果たしている.

経営学(business administration)では, 企業などの組織の中で代々受け継がれていくノウハウや伝統が tacit knowledge であるとされ, 一方, マニュアルや文書などで明示化されている知識を explicit knowledge「形式知」と言う.

T

「十分考えずに」というニュアンスを伴う)
tàck Á ònto B́ AをBに付加する[加える] ‖ ～ an amendment *onto* a bill 法案に修正案を付加する
～·er 名 C 鋲を打つ人;仮縫いをする人
tack² /tæk/ 名 U 馬具(類)《鞍(くら)・手綱など》
▸▸**～ ròom** 名 C 馬具室
tack³ /tæk/ 名 U《口》❶(粗悪な)食べ物(→ hardtack) ❷くず, がらくた, 粗悪品
***tack·le** /tǽkl/ 動 他 ❶〔問題・仕事など〕に取り組む(≒ go about) ‖ She ～*d* her new responsibilities with confidence. 彼女は新しい職責に自信満々で取り組んだ ❷〔人〕と渡り合う;〔人〕と〈…のことで〉話をつける〈**about, over, on**〉‖ It is high time we ～*d* him *about* the heritage. 相続財産の件で彼と話をすべき時だ ❸…に組みつく, 取り押さえる;〖ラグビー・アメフトなど〗〔人〕にタックルする;〖サッカーなど〗〔人〕からボールを奪おうとする
—自〖ラグビー・アメフトなど〗タックルをかける
—名 ❶ C〖ラグビー・アメフトなど〗**タックル** ‖ a hard ～ 強烈なタックル ❷ C〖アメフト〗タックル《攻撃線位置の2選手の中の1人》‖ play right ～ 右翼タックルを務める(♦ play の目的語の場合は通例無冠詞) ❸ U(仕事・スポーツのための)用具, 道具;(特に)釣り道具 ❹ U C 滑車装置, 複滑車, 巻き上げ機 ❺ U C〖海〗テークル《動索の通った操帆用滑車装置》, 索具 ❻ U ⊗《英俗・卑》男根(wedding tackle) **-·ler** 名 C(スポーツで)タックルする選手
tack·ling /tǽklɪŋ/ 名 U ❶組みつくこと;〖ラグビー・アメフトなど〗タックル ❷《古》用具, 道具;(船の)索具
tack·y¹ /tǽki/ 形(ニスなどが)(生乾きで)ねばつく, 粘着する
táck·i·ness 名
tack·y² /tǽki/ 形《口》みすぼらしい, むさくるしい;やぼな, 悪趣味の;安ぴかの **táck·i·ness** 名
ta·co /tɑ́:koʊ | tǽ-/ 名(複 **～s** /-z/) C タコス《肉・チーズ・レタスなどの具をトルティーヤに挟んだメキシコ料理》
tac·o·nite /tǽkənàɪt/ 名 U タコナイト鉄鉱石
***tact** /tækt/ 名 U(人を不愉快にさせない)如才なさ, 機転, 要領のよさ, こつ ‖ He shows ～ in dealing with difficult customers. 彼はやっかいな客のあしらいにそつのなさを発揮する / Our teacher has great ～ in teaching. 我々の教師は教えるこつをよく心得ている
tact·ful /tǽktfəl/ 形 如才ない, 機転のきく, そつのない ‖ a ～ hostess 如才のない女主人 **～·ly** 副 **～·ness** 名
***tac·tic** /tǽktɪk/ 名 C ❶ = tactics ❷兵法, 作戦
***tac·ti·cal** /tǽktɪkəl/ 形《通例限定》❶戦術(上)の, 用兵の;戦術的な ‖ ～ nuclear weapons 戦術核兵器 ❷駆け引き[策略]にたけた, 抜け目のない;策略的な, 計算ずくの ‖ for ～ considerations 駆け引きを考えて / a ～ error 戦術の誤り **～·ly** 副 戦術的に, 策略を持って
▸▸**～ vóting** 名 U《英》戦術的投票《いちばん強い候補者を当選させないため2番目に強い候補者に投票すること》
tac·ti·cian /tæktíʃən/ 名 C 戦術家, 用兵者;策士
tac·tics /tǽktɪks/ 名 ❶《単数扱い》戦術, 戦法, 用兵学;《複数扱い》戦術的展開, 作戦行動(→ strategy) ❷《単数・複数扱い》策略, 駆け引き, 術策 ‖ consider ～ 策を練る / delaying ～ 引き延ばし作戦
tac·tile /tǽktəl | -taɪl/ 形《通例限定》❶触覚の, 触感の[による];触感のよい ‖ a ～ organ 触覚器官 / a ～ sensation 触感 ❷触知できる;立体感のある ❸(他人に)触りたがる;触られたがる **tac·tíl·i·ty** 名
tact·less /tǽktləs/ 形 機転のきかない, 駆け引き[芸]のない ‖ a ～ remark 無神経な発言 **～·ly** 副 **～·ness** 名
tac·tu·al /tǽktʃuəl/ 形 触感の, 触覚の(tactile);触感による[から生じる] **～·ly** 副
tad /tæd/ 名 C ❶《口》《単数形で》(量・程度の)わずか ‖ a ～ of salt わずかの塩 ❷《a ～》《副詞的に》《口》わずかに ‖ His son looked *a* ～ bigger than him. 彼の息子は彼よりちょっぴり大きく見えた ❸《主に米》男の子, 少年
ta-da, -dah /tɑdɑ́:/ 間(ジャ)ジャーン(♥ 人・物を紹介・披露するときの陽気な発声)
tad·pole /tǽdpòʊl/ 名 C〖動〗オタマジャクシ
語源 中英語 *tadde*(ヒキガエル)+*poll*(頭)から. 体が頭だけのように見えるので.
Ta·dzhik·i·stan /tɑ:dʒì:kɪstɑ́:n/ 名 = Tajikistan
tae kwon do /tàɪ kwɑ(:)n dóʊ | -kwɒn-/ 名 U テコンドー《空手に似た韓国起源の武術》
taf·fe·ta /tǽfəṭə | -ɪtə/ 名 U タフタ, (絹・レーヨンなどの)琥珀(こはく)織り(の布)
taff·rail /tǽfrèɪl/ 名 C〖海〗船尾手すり;船尾甲板
taf·fy /tǽfi/ 名 U C ❶《米・カナダ》タフィー(《英》toffee)《砂糖や糖蜜(とうみつ)を煮詰めて作る柔らかいキャンディー》❷《米口》《旧》おべっか, 甘言, 追従
Taf·fy /tǽfi/ 名(複 **-fies** /-z/) C ⊗《英俗》《しばしば蔑》ウェールズ人(Welshman)(♦ Taff ともいう)
Taft /tæft/ 名 **William Howard ～** タフト(1857–1930)《米国第27代大統領(1909–13)》
***tag¹** /tæg/ 名 C ❶《しばしば複合語で》(価格・住所などを記した)下げ札, 荷札, 値札, タグ, はり札, 付箋(ふせん);(動物の)鑑札;《米》(自動車の)ナンバープレート;《米》(軍隊などの)標識札 ‖ a name [claim, price] ～ 名[(荷物の)預かり, 値]札 / an electronic ～ 電子タグ《仮釈放中の受刑者などにつける位置確認のための信号発信装置》❷(靴ひもなどの)先端の金具 ❸あだ名, 通り名;(壁などに落書きされた)人の名[シンボル] ❹陳腐な引用句, 常套(じょうとう)句;(演説・物語などの)締めくくりの文句;〖劇〗納め口上(tag line);(音楽・歌の)折り返し ❺一房の頭髪;(羊毛の)もつれたふさ ❻(動物の)尾の先端 ❼(蚊針の)タグ《毛の下につける光る金属片》❽ 💻 タグ《コマンドやデータ特性などを表示するためにつけられる識別標識. HTMLなどで <center> English</center> とあれば, English はセンタリングされる》❾〖文法〗付加語(句);= tag question
—動(**tagged** /-d/;**tag·ging**)他 ❶…に札[付箋, 印, タグ]をつける;〖生・化〗…に(放射性同位元素などで)追跡用の標識[マーカー]をつける ‖ The birds were *tagged* and released by the researchers. 鳥は研究者に標識をつけられてから放された / The watch was *tagged* at 50,000 yen. その時計には5万円の値札がついていた ❷《+目+(**as**) 補〈名・形〉》…に…というレッテルをはる, 烙印(らくいん)を押す ‖ He was *tagged as* a troublemaker. 彼はいつもごたごたを起こすやつだというレッテルをはられた ❸…を〈…に〉付加する, 添える《*on*》〈**to, onto**〉‖ ～ an apology *onto* the end of an email メールの末尾におわびの言葉を添える ❹…にぴったりついて行く ❺《米》〔人〕に交通違反切符を渡す;〔車〕に駐車違反のシールをはる;…を〈…の罪で〉告発する〈**for**〉❻〔羊〕のもつれ毛を刈る ❼〔犯罪者など〕に電子タグをつける ❽ 💻 …にタグをつける
—自 つきまとう, (ぴったり)ついて行く《*along, on*》〈**after, behind** …の後に;**with** …に〉‖ My daughter always ～*s along with* me. 娘はいつも私について来る
▸▸**～ dày** 名 C《米》街頭募金日(《英》flag day)《寄付者は小札(tag)を受け取る》**～ énd** 名 C ①切れ端, 断片, 残余 ②《主に米》最後(の部分), 末尾 **～ lìne** 名 C《主に米口》①(演説などの)締めくくりのせりふ, 結びの文句;(冗談の)落ち ②スローガン, 決まり文句 **～ quèstion** 名 C〖文法〗付加疑問《平叙文や命令文の後に付け加える簡単な疑問形の文. 〈例〉It's a nice day, *isn't it*? / He didn't come, *did he*? など》**～ sàle** 名 C《米》(家庭の)不要品販売(garage sale)
tag² /tæg/ 名 U ❶鬼ごっこ ‖ play ～ 鬼ごっこをする ❷〖野球〗タッチ(アウト)
—動(**tagged** /-d/;**tag·ging**)他 ❶(鬼ごっこの鬼が)…を捕まえる ‖ *Tag!* (You're it!) 捕まえた!(今度は君が鬼だ!) ❷〖野球〗〔ランナー〕をタッチアウトにする《*out*》;〔ピッチャー〕にヒットを浴びせる ❸〖レスリング〗(タッグマッチで)〔パートナー〕の手にタッチして交替する
tàg úp〖野球〗タッチアップする
▸▸**～ tèam** 名 C(プロレスなどでの)タッグチーム《2人(以上)で組み, 交代しながら試合を進める》**～ wrèstling**

名U(プロレスの)タッグマッチ
TAG 略〖米軍〗The Adjutant General(軍務局長)
Ta·ga·log /tɑgɑ́:lɔg, -lɔ(:)g/ 名(複 ～ or ～s /-z/) C タガログ人《フィリピンのルソン島中部の民族》; U タガログ語《フィリピンの公用語》
tág-alòng 形名C《米》人につきまとう(人)
tag·ger /tǽgər/ 名C ❶(鬼ごっこの)鬼(→ it¹ 名❷) ❷《俗》(壁などに)ペンキで落書きする人, 落書き画家 ❸《～s》薄い鉄片, 薄いブリキ
ta·gine, -jine /tədʒáɪn/ 名C〖料理〗タジン《北アフリカで使われる円錐形のふた付き土なべ》; U C それで作る料理
ta·glia·tel·le, -li /tɑ̀:ljətéli | tæ̀-/ 名U タリアテッレ《平打ちの細長いパスタ》
Ta·gore /təgɔ́:r/ 名 **Sir Rabindranath ～** タゴール(1861–1941)《インドの詩人》
ta·hi·ni /təhí:ni/, **-na** /-nə/ 名U タヒーニ, 練りゴマ
Ta·hi·ti /təhí:ṭi/《アクセント注意》名 タヒチ(島)《南太平洋のソシエテ諸島の主島. フランス領》 **Ta·hí·tian** 形 タヒチ島の, タヒチ人[語]の ─名C タヒチ人; U タヒチ語
tahr, thar /tɑ:r/ 名C〖動〗タール《野生ヤギ》; (特に)ヒマラヤタール
Tai /taɪ/ 名形 =Thai
t'ai chi ch'uan /tàɪ tʃì: tʃuɑ́:n | -ǽn/ ⟨ジ⟩ 名U 太極拳(たいきょくけん)《中国の拳法》
tai·ga /táɪgə/ 名U/C《しばしば the ～》タイガ《シベリアなどの針葉樹林帯》
:tail /teɪl/(♦同音語 tale)
─名(複 **～s** /-z/) C ❶(動物などの)**尾**, しっぽ ‖ The dog **wagged** its ～. 犬が尾を振った
❷尾状のもの; (ワイシャツ・上着の)すそ; 〖天〗(彗星(すいせい)の)尾; (凧(たこ)の)しっぽ; おさげ髪, 弁髪; 〖楽〗(音符の)符尾; 〖印〗テール《g など活字の底線より下に出る部分》
❸《通例 the ～》(物の)**後部**, 尾部, 末端; 最後, 終わり; 下部; (ページの)下端(の余白) ‖ the ～ of an airplane (航空機の)機尾 / the ～ of a procession 行列の最後 / the ～ of the eye 目尻(めじり)
❹《～s》《単数扱い》(貨幣の)裏 ‖ He tossed the coin and it came down ～*s*. 彼がコインを投げ上げると落ちて裏が出た(♦この tails は副詞的に用いられている) / Heads or ～*s*? (コインを投げて)表裏どっち
❺《～s》《口》燕尾(えんび)服(tailcoat); (男性の)正装 ❻《口》尾行者 ‖ The police put a ～ on him. 警察は彼に尾行をつけた ❼(追われている人の)足跡, 足取り ❽《主に米口》尻(しり) ‖ fall on one's ～ 尻もちをつく ❾ U ⊗《俗・卑》性交; 女性の性器; 《俗》(性交の対象としての)女性
chàse one's (òwn) táil 《口》無駄な努力を重ねる
chàse táil 《米口》女を追っかける
on a pèrson's táil (人の)すぐ後ろについて, 尾行して
****the tàil (is) wàgging the dóg*** 《口》主客転倒する; 小が大を制する
tùrn táil (危機・困難などを恐れて)背を向ける, おじけづく, (しっぽを巻いて)逃げ出す
****with one's tàil between one's légs*** しっぽを巻いて, すごすごと ‖ He left the room *with* his ～ *between* his *legs*. 彼はすごすご部屋を出て行った
with one's tàil úp 意気軒昂(けんこう)で

COMMUNICATIVE EXPRESSIONS
1 **Gèt òff my táil.** ①《俗》後ろからくっついて来るんじゃない ②邪魔するな; ほっといて(=Get off my back.)
2 **Gèt òff your táil!** 怠けずにちゃんとやれ; サボるな

─動 他 ❶《口》…を尾行する, つける
❷〔羊など〕の尾を切る(dock); 〔果実〕の軸を切る(→ TOP¹ 他❺) ❸…の尾部につなぐ, …を(尾部で)つなぎ合わせる
❹〔石・れんがなど〕を〈壁に〉はめ込む〈**in, into**〉
─自 ❶〈…の〉すぐ後について行く〈**after**〉; (尾のように)列を作る ❷〖海〗(いかりを下ろした船が)船尾が(水流である方向に)流れる
tàil báck 〈自〉《英》(車が)渋滞する
tàil óff [or ***awáy***] 〈自〉(数量・大きさなどが)徐々に減少する; (需要などが)先細りになる, 下火になる; (話・声などが)だんだん小さくなる ‖ His voice ～*ed off* into silence. 彼の声はだんだん小さくなりやがて聞こえなくなった
▸▸ **～ énd** 名《通例 the ～》①〈…の〉後部, 末端, しんがり; 終末部, 末尾〈**of**〉‖ at the ～ *end of* a procession 列の最後に ②《米口》尻(buttocks) **～ fín** 名C ①(魚の)尾びれ(caudal fin) ②(飛行機の)垂直安定板 ③(自動車などの)テールフィン《車の尾部のひれ状装飾》 **～ làmp** 名C =tail light **～ lìght** 名C (自動車などの)尾灯, テールランプ
táil·bàck 名C ❶《英》車の渋滞の列, 数珠つなぎの車 ❷〖アメフト〗テールバック(のポジション), 後衛
táil·bòard 名《英》=tailgate ❶
táil·bòne 名C〖解〗尾椎(びつい); 尾骨(coccyx)
táil·còat 名C《英》燕尾(えんび)服, モーニング
tailed /teɪld/ 形《通例複合語で》尾のある; …の尾をした
tàil·énder 名C《口》びり, 最下位者
táil·gàte 名C ❶(トラックなどの荷台の)後部開閉板(《英》tailboard); (ハッチバック車の)後部ドア ❷(運河の)放水閘門(こうもん) ─動 自 ❶《口》(前の車に)ぴったりつけて運転する ❷《米口》テールゲートパーティーをする ─他〔通過許可証を持つ人〕にぴったりついて不正通過する
▸▸ **～ pàrty** 名C《米》テールゲートパーティー《駐車場でハッチバック車の後部ドアを開けて行うパーティー》
tail·ing /téɪlɪŋ/ 名C ❶《～s》穀物くず; 選鉱くず ❷〖建〗(れんがなどの)際梁(きわばり)受け
tail·less /téɪlləs/ 形 尾のない
***tai·lor** /téɪlər/ 名C (主に紳士服などの)洋服屋, テーラー, 仕立屋(→ dressmaker)
─動 他 ❶《通例受身形で》(服が)(あつらえで)仕立てられる; (人が)服を仕立ててもらう, あつらえの服を着る ‖ Martin is well ～*ed*. マーティンは仕立てのよい服を着ている / He had a summer suit ～*ed*. 彼は夏服を仕立ててもらった ❷ **a** (+目)…を〈要求・条件などに〉適合させる, 合わせて作る〈**to, for**〉‖ The company ～*ed* its products *to* every local demand. その会社は自社製品を地元のあらゆる需要に合わせた **b** (+目+**to** *do*)…を…するように合わせる ‖ This software is ～*ed to* meet the needs of international business. このソフトは国際ビジネスの要求に合うように作られている
─自 服を仕立てる, 仕立屋を営む
語源 *tail-* cut+*-or*(「人」を表す名詞語尾): 裁断する人
▸▸ **～'s chálk** 名U (仕立て用)チャコ
tai·lored /téɪlərd/ 形 ❶ 洋服屋仕立ての, あつらえの; 《修飾語を伴って》仕立てが…の ‖ a well-～ suit 仕立てのよい服 ❷ 仕立ての立派な, きちっとした ❸(要求・条件に)適合した
tai·lor·ing /téɪlərɪŋ/ 名U ❶(洋服)仕立業 ❷ 仕立て方, 仕立ての腕
tàilor-máde ⟨ジ⟩ 形 ❶(服が)注文仕立ての, あつらえの ❷目的に合わせた, 〈…に〉おあつらえ向きの〈**for, to**〉
─名C 注文服
táil·pìece 名C ❶末尾の付加物, 付加項目, 後書き ❷(弦楽器の)緒止(おどめ)板 ❸(書物のページの下や章末の余白につける)装飾用カット ❹〖建〗半端根太(ねだ)
táil·pìpe《主に米》名C (自動車などの)後部排気管
táil·plàne 名C《英》〖空〗水平尾翼, 水平安定板
táil·ràce 名C ❶(水車などの)放水路 ❷〖鉱〗(鉱石くずの)流し樋
táil·spìn 名C《単数形で》❶〖空〗きりもみ降下[落下] ❷《口》狼狽(ろうばい); (経済的な)混乱 ‖ The stock market went into a ～. 株式市場は大崩れした
táil·stòck 名C (旋盤などの)心押し台
táil·wìnd 名C (航空機・船などの)追い風
***taint** /teɪnt/ 動 他《通例受身形で》❶堕落する, 〈…に〉毒される〈**with, by**〉‖ This administration is ～*ed by* scandal. この政権はスキャンダルまみれだ ❷〈…で〉汚染

される，汚される〈**with, by**〉‖ The water in this tank is ~*ed with* germs. このタンクの水は病原菌に汚染されている　**—自** 汚染する；(食べ物が)腐敗する，傷む

—名 ❶ Ⓤ/Ⓒ《通例 a ～》〈害などの〉気味，痕跡(こんせき)〈**of**〉‖ No government is free from the ~ *of* corruption. 汚職のにおいのない政府などない / the lingering ~ *of* creosote なかなか消えないクレオソートのにおい ❷ Ⓒ《通例単数形で》汚点；汚名，不名誉 ‖ a ~ on his honor 彼の名声についた汚点　**~·ed** 形

táint·less /-ləs/ 形《文》汚れのない；純潔な，潔白な

tai·pan /táɪpæn/ 名 Ⓒ〖動〗タイパン《オーストラリア北部・ニューギニア産の猛毒蛇》

Tai·pei /tàɪpéɪ/ 名 台北(タイペイ)《台湾の中心都市》

Tai·wan /tàɪwɑ́ːn/ 名 台湾《公式名 the Republic of China》

Tai·wan·ese /tàɪwəníːz/ ⟨シ⟩ 形 台湾(人)の

—名 (複 ~) Ⓒ 台湾人；Ⓤ 台湾語

Ta·jik, -dzhik /tɑːdʒíːk/ 名 (複 **~** OR **~s** /-s/) Ⓒ タジク人《タジキスタンおよびその周辺に住む民族》；Ⓤ タジク語

Ta·jík·i, -dzhík·i /-i/ 名 Ⓤ タジク語

—形 タジク語の，タジク人の

***Ta·jik·i·stan** /tɑːdʒìːkɪstɑ́ːn/ 名 タジキスタン《中央アジアの共和国．公式名 the Republic of Tajikistan．首都 Dushanbe》

Taj Ma·hal /tɑ̀ːdʒ məhɑ́ːl/ 名《the ～》タージ＝マハル《インド中部の都市アグラにある白大理石の霊廟(れいびょう)》

ta·ka /tɑ́ːkə/ 名 (複 ~) Ⓒ タカ《バングラデシュの通貨単位》

⁑take /teɪk/ 動 名

中心義 **Aを自分の領域に入れる** (★Aは具体的な「人」や「物」に限らず，「時間」「労力」「事柄」など多様)

> 動 他 **連れて[持って]行く❶　導く❷　必要とする❸　取る❹　取り去る❺　捕らえる❻　引き受ける❼　受け取る❽　する❾　解釈する⓴**

—動 (**~s** /-s/；**took** /tʊk/；**tak·en** /téɪkən/；**tak·ing**)

—他 ❶ **連れて[持って]行く** (⇨ DRIVE, FETCH 類語) **a** 《+目》〔人〕を〈…へ〉連れて行く，案内する，〔物〕を〈…へ〉持って行く〈**to**〉(♦(1) 話し手・聞き手のいる場所以外へ連れて[持って]行くことをいう．聞き手のいる場所へ連れて[持って]行く場合は bring を使う(→ bring)．(2) to ... 以外の 副句 を伴うことも多い) ‖ I *took* my girlfriend *to* the movies. 私はガールフレンドを映画に連れて行った / The porter *took* my baggage up *to* my room. ポーターは私の荷物を部屋まで運んでくれた / Would you please ~ me home? 家まで送っていただけませんか / You might ~ an umbrella with you. 傘を持って行った方がいいですよ (♦「携帯する」の意味のときはしばしば with ... を伴う) / You can't ~ him anywhere. 《口》(みっともなくて)彼を人前には出せない

b 《+目 ***A***+目 ***B*** ⇄ +目 ***B***+**to** 目 ***A***》*A*(人)に*B*(物)を持って行く ‖ Bill *took* his fiancée 100 roses on her birthday. ビルは婚約者の誕生日にバラを100本持って行った

c 《+目+***doing***》〔人〕を…しに連れて行く ‖ Father *took* us swimming. 父は私たちを泳ぎに連れて行ってくれた

❷ 《+目+副句》(道路などが)〔人〕を〈…へ〉**導く**；(乗り物などが)〔人〕を〈…へ〉連れて行く；(仕事などが)〔人〕を〈…へ〉行かせる；(才能などが)〔人〕を〈…の状態に〉する；(事が)…を〈…まで〉進める〈**to**〉‖ That road [bus] ~*s* you *to* the center of the town. あの道[バス]で町の中心部まで行けます / Business ~*s* me *to* France several times a year. 私は仕事で年に数回フランスへ行く / Her musical talent *took* her *to* stardom. 彼女は音楽的才能によってスターの座を獲得した / Religious conflicts *took* the two countries *to* the brink of war. 宗教上の争いで両国は一触即発の事態に陥った

❸ 《受身形不可》**必要とする** **a** 《+目》(人が)〔時間〕をかける，必要とする；(物事が)〈…するのに〉〔時間・労力など〕をとる，必要とする〈**to *do***〉(♦「お金がかかる」は通例 cost を用いる) ‖ He *took* a whole day *to* write the report. 彼はその報告書を書くのに丸一日をかけた (♦ 動作主が一定の時間を意図的に費やしたことを含意する．→ **d**) / *Take* your time. どうぞごゆっくり / These puzzles will ~ hours *to* solve. このパズルを解くには何時間もかかるだろう / Golf ~*s* concentration and precision. ゴルフは集中力と正確さが必要だ / His story ~*s* 「a lot of [OR some] believing. 彼の話はとても[ちょっと]信じ難い (♦ 目 に *doing* がくる場合は a lot of，some，much などを伴う)

b 《+目 ***A***+目 ***B***》(物事が)*A*(人)に*B*(時間・労力など)をとる，かかる，必要とする ‖ Washing the car *took* me an hour. 車を洗うのに1時間かかった

c 《It ～+目+to *do* で》…するのに〔時間・労力など〕がかかる，必要だ ‖ It ~*s* courage *to* admit your faults. 自分の非を認めるには勇気がいる / It doesn't ~ a professional *to* figure that out. プロでなくてもそれくらいわかる / It ~*s* two *to* make a quarrel. けんかをするには2人いる；けんか両成敗

d 《It ～+目 *A*+目 *B*+to *do*/It ～+目 *B*+for 名 *A* +to *do* で》…するのに*A*(人など)に*B*(時間・労力など)がかかる ‖ It *took* him a whole day *to* write that report.＝It *took* a whole day *for* him *to* write that report. 彼がその報告書を書くのに丸一日かかった (♦ 前者は動作主が出来事に(意図的に)かかわったこと，後者は結果的にある時間がかかったことに重点がある)

❹ …を(手に)**取る**，つかむ；…を〈…から〉取り出す〈**from, out of**〉；…を抱く(⇨ 類語) ‖ The baby *took* whatever he could lay his hands on. 赤ちゃんは手当たり次第何でも手に取った / The guard *took* me by the arm. ガードマンは私の腕をつかんだ (♦ The guard took my arm. よりも「私」という人間に重点が置かれる) / She *took* a $100 bill *from* her purse. 彼女はハンドバッグから100ドル札を取り出した / I *took* her in my arms. 私は彼女を抱きしめた

❺ …を〈…から〉**取り去る**，取り除く〈**from, off**〉；…を盗む(↔ return)(♥ steal の婉曲語)；…を(勝手に[間違えて])持ち去る；《進行形不可》〔数〕を〈…から〉引く〈**from**〉‖ ~ a pot *off* the stove こんろからなべを下ろす / Someone *took* my wallet while I was having a shower. シャワーを使っている間にだれかが僕の財布を持って行った / If you ~ 4 *from* 10, you get 6. 10引く4は6

❻ 《通例進行形不可》 **a** 《+目》〔獲物・人など〕を**捕らえる**(↔ release)；〔都市など〕を占領する，攻略する；〔財産〕を押収する；〔賞・議席など〕を勝ち取る；〖チェス〗〔こま〕をとる；〔対戦相手〕を負かす；〔打球など〕を捕る ‖ The killer tiger was finally *taken* in a trap. 人食いトラはついにわなにかかった / The rebel army has *taken* the national TV station. 反乱軍は国営テレビ局を占拠した

b 《+目+補〈名〉》…を捕らえて…にする ‖ be *taken* prisoner 捕虜となる (♦ この表現では prisoner は常に無冠詞で単数形)

❼ 《通例進行形不可》〔仕事・役目など〕を**引き受ける**；〔責任など〕を負う；〔官職など〕に就く；〔クレジットカードなど〕を受け付ける；〔人〕を(患者・依頼人などとして)受け入れる；〔電話〕に出る；〔金額・答えなど〕に納得する；《英》〔金額〕を売り上げる ‖ Ted *took* the job even though it pays less than his previous one. 前の仕事より給料が低かったがテッドはその仕事に就いた / Barack Obama was the first African-American to ~ office as President of the United States. バラク＝オバマは米国大統領に就任した最初のアフリカ系アメリカ人だった / Do you ~ credit cards? クレジットカードは使えますか / Will you ~ $10,000 for the car? 1万ドルでその車を売りますか

❽ 《進行形・受身形不可》〔賄賂(わいろ)・贈り物・申し出など〕を

受け取る, 受け入れる;〔収入〕をもらう;〔忠告など〕に従う(↔ reject) (⇨ ACCEPT 類語P) ‖ ~ a bribe 賄賂を受け取る / ~ $400 a week in wages 週給400ドルもらう
❾ 《主に動作名詞を伴って》…**する** (→ have 動 ⓫) (♦「take a＋動作名詞」と同じ意味で「have a＋動作名詞」も使えることが多い. 《米》では take, 《英》では have が多く用いられる) ‖ ~ a look at a map 地図を(一目)見る / ~ a walk 散歩する / ~ a rest 休息する / ~ a sudden leap 急に飛び跳ねる / ~ action 行動を起こす / ~ notice of an announcement 発表に注目する / ~ pity on him 彼を気の毒に思う / ~ a big bite out of a hot dog ホットドッグにかぶりつく
❿〔休暇〕をとる;〔旅行〕をする ‖ ~ a week's holiday 1週間の休暇をとる / ~ a short trip 短い旅行をする
⓫〔学科〕を履修する;〔レッスン〕を受ける;〔試験〕を受ける;《英》〔学位〕をとる ‖ ~ a computer course コンピューターのコースをとる / ~ tennis lessons テニスを習う / ~ a driving test 運転の試験を受ける
⓬ 《英》〔学科〕を教える;〔人〕に〈学科を〉教える〈**for**〉 ‖ Mr. Jones ~*s* us *for* comparative literature. ジョーンズ先生は比較文学を教えている
⓭〔情報・タイトルなど〕を〈…から〉とってくる, 借りる, 引用する〈**from, out of**〉 ‖ His novels often ~ their titles *from* popular songs. 彼の小説はよくポピュラーソングから題名をとっている
⓮〔写真・ビデオなど〕を撮る;〔人〕の写真を撮る ‖ Let me ~ a picture of you. 写真を撮ってあげよう / She had her picture *taken* with Mt. Fuji in the background. 彼女は富士山を背景に写真を撮ってもらった
⓯〔人〕の命を奪う;〔植物〕を枯らす;…を急襲する;《通例受身形で》(気分などに)襲われる;(病気に)かかる(♦ときに形容詞補語 ill, sick を伴う) ‖ The earthquake *took* thousands of victims. その地震で何千人もの犠牲者が出た / The enemy forces were *taken* by surprise. 敵軍は不意を突かれた / I was *taken* by a fit of anger. 急に腹が立った / be *taken* sick [《英》ill] 病気になる(♦《口》では get sick [《英》ill])
⓰ 《進行形・受身形不可》〔数・量〕を入れる能力がある ‖ The hall ~*s* only 500 people. そのホールには500人しか入れない / How much water does this bottle ~? この瓶には水がどれくらい入りますか
⓱ 《通例進行形不可》〔損害・暴力など〕を受ける;〔力・重さ〕を受ける;〔処理〕を受ける ‖ The village *took* the full force of the hurricane. その村はハリケーンの猛威をもろに受けた / ~ a terrible beating 大敗を喫する
⓲ 《受身形不可》《通例進行形不可》…を我慢する, …に耐える(→ CE 2) ‖ You can't ~ criticism, can you? あなたは人にとやかく言われるのがいやなんでしょう
⓳ 《＋目＋副》《進行形不可》…を(あるやり方で)受け止める ‖ Don't ~ his words so **seriously**. 彼の言うことはあまり深刻に受け止めなくていいよ / I didn't ~ the loss too hard. 負けてもそれほどがっかりしなかった
⓴ 《進行形不可》**解釈する**, 思う **a** 《＋目＋**as** 名・形》…を…と解釈する, みなす, 思う ‖ She *took* what I said *as* an insult. 彼女は私が言ったことを侮辱ととった **b** 《＋目＋**for** 名 / 目＋**to be** 補》(しばしば誤って)…を…だと思う, …を…だと思い違いする ‖ Do you ~ me *for* a fool? 私をばかにしているのか / What do you ~ me *for*? 私を何だと思っているんだ(♥「見損なうな」の意) / I *took* his words *to* be true. 彼の話を真に受けた **c** 《＋目＋**to** *do*》…が…すると思う ‖ I ~ the situation *to* require careful handling. 状況は慎重に扱う必要があると思う **d** 《~ it＋(that) 節 で》…であると思う[了解する](♦it は that 節 を指す) ‖ I ~ *it* you already know about his promotion. 彼の昇任の話はもうご存じですよね
㉑ …を買う;…を選ぶ;〔席など〕を予約する;〔新聞・雑誌など〕を定期購読する;〔部屋など〕を(通例短期間)借りる ‖ I'll ~ this one. (物品を指し示して)これを頂きます / She *took* two tickets at the Opera. 彼女はオペラ座の切符を2枚買った / He is already *taken*. 《戯》彼はもう売れてしまいました(♦「恋人がいる, 婚約している」の意) / Which newspaper do you ~? どの新聞を購読していますか / I'm going to ~ the mountain villa for a week. 私はその山荘を1週間借りるつもりだ
㉒〔砂糖・ミルクなど〕を入れる;〔薬など〕を飲む;〔麻薬など〕をやる;…を飲む, 食べる(♦飲食の場合は have, eat, drink を用いるのがふつう. ⇨ DRINK, EAT 類語) ‖ I don't ~ sugar in my coffee. 私はコーヒーに砂糖を入れない / *Take* two (tablets) after each meal. この薬は毎食後2錠服用のこと
㉓ …を書き留める, コピーする ‖ The professor spoke so fast that we couldn't even ~ notes. 教授はとても早口でしゃべったのでメモもとれなかった / ~ a student's name 学生の名前を書き留める
㉔ 《受身形・進行形不可》〔あるサイズの服・靴など〕を身につける;〔特定タイプのもの〕を使う;〖文法〗〔語尾・目的語など〕を従える, とる ‖ She ~*s* a size 6 dress. 彼女の服のサイズは6号だ / This remote ~*s* two batteries. このリモコンは電池を2本使う / The verb "give" usually ~*s* two objects. 動詞 give は通例目的語を2つとる
㉕〔脈拍・体温・寸法など〕を計る;…を調べる ‖ The nurse *took* his pulse and temperature. 看護師は彼の脈拍と体温を計った / ~ a poll 世論調査をする
㉖〔乗り物〕で行く;〔道〕を行く(⇨ GET ON 類語P) ‖ You should ~ the A train if you want to go to Harlem. ハーレムへ行きたいのなら(地下鉄の)A線に乗りなさい / ~ an elevator エレベーターに乗る / *Take* a left at the next corner. 次の角を左折しなさい
㉗〔席〕に着く;(物が)〔空間〕を占める ‖ Please ~ a seat. どうぞおかけください / This cupboard ~*s* (up) too much space. この食器棚は場所をとりすぎる
㉘ 《通例受身形で》〈…に〉夢中になる〈**by, with**〉 ‖ He is totally *taken with* [OR *by*] his granddaughter. 彼は孫娘に夢中だ
㉙ 《通例進行形不可》〔意見など〕を持つ;〔感情・態度など〕をとる ‖ He ~*s* the view that school reform is of the utmost importance. 彼は学校改革が最重要と考えている / Don't ~ offense at what she said. 彼女が言ったことに腹を立てるな
㉚〔対策など〕を実施する, 〔手段など〕を講じる ‖ The government *took* measures to improve the economy. 政府は景気浮揚策を講じた ㉛〔問題など〕を処理する, 取り上げる;《命令形で》…を用意する;《通例命令形で》…を例として取り上げる ‖ Let's ~ the issues one at a time. 問題を1つずつ片づけていきましょう / *Take* two eggs and break them into a bowl. 卵を2つ用意してボウルに割り入れなさい / People at the top can be lonely. *Take* Frank, for example. 出世しても孤独な人もいる. 例えばフランクを考えてごらん ㉜ 《＋目＋副》〔障害物など〕を(あるやり方で)越える ‖ The driver *took* the curve without slowing down and crashed into the wall. 運転者はスピードを落とさずカーブを曲がって壁に激突した ㉝ 《進行形不可》…を正しく理解する ‖ I wonder if she *took* my meaning. 私の真意が彼女に伝わっただろうか / I ~ your point. おっしゃることはごもっともです ㉞ (サッカーなどで)〔フリーキック・スローインなど〕をする ㉟〔会・式など〕を運営する, 執り行う ‖ The priest *took* the morning service. 司祭は朝の礼拝を執り行った ㊱ 《文》…とセックスする, やる ㊲〔外気など〕を浴びる ‖ ~ some sun 日光浴をする ㊳〔人〕をだます;〔人〕から〈金を〉巻き上げる〈**for**〉 ‖ ~ him *for* $200 彼から200ドルをだまし取る ㊴ 〖野球〗〔投球〕を見送る

—自 ❶ 手に入れる, とる ❷ (植物・種・挿し穂などが)つく, 根づく;(注射などが)効く;〔輸血・皮膚移植などが〕うまくいく ❸ (番組などが)〈…の〉人気を得る, 受ける〈**with**〉 ‖ Variety shows are now *taking with* the viewers. バラ

T

エティー番組が今視聴者に受けている ❹(染料などが)のる, つく ❺(魚が)餌(え)に食いつく ❻《+補〈形〉》《口》(病気)になる ❼『野球』(投球を)見送る
be taken aback ⇨ ABACK(成句)
hàve (gòt) whàt it tákes 《口》必要なもの[能力]を持っている(→ 他 ❸c) ‖ He *has what it* ~*s* to be a politician. 彼は政治家の素質を備えている
tàke a lòt óut of a pèrson =*take it out of a person* ①(↓)
·*tàke áfter ...* 〈他〉《受身形不可》①《進行形不可》〔親など〕に**似ている**(♦ 特に血縁関係のある年長者に似ていることを指す. 一般的に「似ている」は resemble) ‖ Bob ~*s after* his father not only in looks but also in character. ボブは見た目だけでなく性格も父親に似ている ②…を追跡する ③…を手本とする
tàke agáinst ... 〈他〉《受身形不可》《英》…を(訳もなく)嫌いになる(↔ *take to ...*)
tàke alóng ... / tàke ... alóng 〈他〉…を連れて[持って]行く
·*tàke apárt ... / tàke ... apárt* 〈他〉①〔機械〕を分解する(dismantle)(↔ *put together*) ②〔対戦相手〕を一方的に破る;〔人〕を打ちのめす ③〔人・作品など〕をこき下ろす, ぼろくそに言う ‖ His latest novel was *taken apart* by the critics. 彼の最新作は批評家に酷評された ④…を徹底的に捜す
tàke aróund ... / tàke ... aróund 〈他〉〔人〕を案内する
tàke a pèrson asíde 〈他〉(内緒話をするために)〔人〕をわきに呼ぶ
·*tàke awáy* 〈他〉**I**《***tàke awáy ... / tàke ... awáy***》①…を〈…から〉どける, 持ち去る, 片づける〈**from**〉‖ Not to be *taken away*. 持ち出しを禁ず(♦ 図書館などの掲示) ②…を〈…から〉奪う〈**from**〉‖ His license to practice as a lawyer was *taken away*. 彼の弁護士資格が剝奪された ③〔人〕を〈刑務所・精神科病院などへ〉連れて行く〈**to**〉;〔人〕を誘拐する ④〔数・金額〕などを〈…から〉引く, 減じる〈**from**〉‖ 10 ~ *away* 3 is [OR leaves] 7. 10引く3は7 ⑤《英》〔ファーストフード〕を持ち帰る(《米》take out)(→ *to* GO) ‖ Two burgers to ~ *away*, please. 持ち帰り用でハンバーガー2個下さい ⑥〔印象・メッセージなど〕を〈経験などから〉受ける, 学ぶ〈**from**〉⑦〔苦痛・喜びなど〕を〈…から〉取り去る〈**from**〉 **II**《***tàke ... awáy***》⑧〔人〕を連れ出す ⑨〔人〕を〈…から〉引き離す;〔恋人など〕を〈…から〉奪い取る〈**from**〉
tàke awáy from ... 〈他〉《受身形不可》…の価値を減ずる(≒ detract from) ‖ Don't pay too much attention to details. It will ~ *away from* the enjoyment. あまり細かいことにこだわってはいけません. 面白みがなくなりますよ
·*tàke báck* 〈他〉**I**《***tàke báck ... / tàke ... báck***》①…を持ち帰る ②〔買ったもの〕を返品する;〔借りたもの〕を〈…に〉返却する〈**to**〉③〔売ったもの・あげたもの〕を引き取る, …の返品に応じる ④〔以前の所有物〕を取り返す;〔領土など〕を奪還する ⑤〔人〕との関係を修復する, …を再び受け入れる ⑥〔前言など〕を取り消す, 撤回する(retract) ⑦『印』〔字句〕を前行に戻す **II**《***tàke ... báck***》⑧〔人〕を連れて帰る ⑨(事柄が)〔人〕を〈過去に〉連れ戻す, 〔人〕に〈…を〉思い出させる〈**to**〉
·*tàke dówn* 〈他〉**I**《***tàke dówn ... / tàke ... dówn***》①…を下へ連れて[持って]行く ②…を(高い所から)降ろす;取り外す(↔ *put up*) ③〔構築物〕を**解体する**, 取り壊す(dismantle)(↔ *put up*) ④…を**書き取る** ⑤〔ズボンなど〕をずり下げる **II**《***tàke ... dówn***》⑥〔人〕の高慢の鼻をへし折る ⑦〔人〕の士気をくじく(demoralize)
·*tàke À for B́* **AをBだと思う**(→ 他 ⑳b)
·*tàke ín ... / tàke ... ín* 〈他〉①…を連れて[持って]中へ入る ②〔人〕を下宿人として置く;〔困っている人〕を泊めてやる ③〔会員・学生・患者など〕を受け入れる ④《通例受身形で》**だまされる** ‖ He is completely *taken in*. 彼は完全にだまされている ⑤《通例否定文・疑問文で》〔見聞したこと〕を**理解する** ‖ I didn't ~ *in* the situation at that time. 当時は事情が飲み込めなかった ⑥〔光景など〕を観察する, 見てとる ⑦《受身形不可》…を(内容・範囲として)含む(embrace) ‖ The tour ~*s in* the British Museum. その旅の日程には大英博物館が入っている ⑧〔外にあるもの〕を取り込む ⑨〔車など〕を整備工場へ持ち込む ⑩〔服〕を詰める ⑪〔主に米〕〔収益〕をあげる ⑫〔人〕を(警察へ)連行する ⑬《受身形不可》〔映画・芝居など〕を見に行く ⑭〔裁縫・洗濯など〕の賃仕事を家でやる ⑮〔飲食物など〕を摂取する;〔空気〕を吸い込む
tàke À ìnto B́ 〈他〉①*A*(人・物)を*B*(場所)へ持って行く[連れて行く, 入れる](→ 他 ❶) ②*A*(人)を*B*(団体・施設など)に受け入れる ‖ ~ a child *into* care 《英》子供を施設に入れる ③*A*を*B*(状態・時代など)に引き入れる ④*A*(食物など)を*B*(体内)に摂取する
táke it ①《通例 can を伴って》(非難などに)耐える(→ 他 ⑱) ②思う, 考える(→ 他 ⑳d) ③信じる
táke it on [OR ***upon***] ***oneséIf*** [OR ***one***] 〈…することを〉独断で決める〈**to do**〉
tàke it or léave it ①《通例命令形または you can を伴って》(申し出を)受け入れるか拒むかはあなた次第だ(→ CE 15) ②《can を伴って》どちらでも構わない ‖ "Would you like some coffee?" "I *can* ~ *it or leave it.*" 「コーヒーはいかが」「どっちでもいいよ」
tàke it óut of a pèrson ①〔人〕をひどく疲れさせる(♦ この意味で it の代わりに a lot も使われる) ②《英》〔人に〕仕返しする
tàke it óut on a pèrson =*take A out on B*(↓)
·*tàke óff* 〈他〉**I**《***tàke óff ... / tàke ... óff***》①…を**外す**, 取り除く, 離す(↔ *put on*) ②〔服〕を**脱ぐ**, 〔眼鏡〕を外す(↔ *put on*);〔髪〕をカットする, 〔ひげ〕をそる;〔体の一部〕を切り落とす ③《受身形不可》〔期間〕を休暇としてとる ‖ ~ a week *off* 1週間の休暇をとる ④〔金額・点数など〕を値引く, 差し引く ⑤《英口》〔人〕の物まねをする(mimic) ⑥《通例受身形で》(バス・列車などが)運行をやめる, 中止する ⑦《通例受身形で》(公演などが)打ち切りとなる ⑧〔選手〕を(試合から)退ける;〔役者〕を(舞台から)降ろす ⑨《米俗》…から金品を強奪する ⑩〔人〕を〈病院・刑務所などへ〉連れ去る〈**to**〉⑪《~ oneself off で》急いで出かける[立ち去る] **II**《***tàke À òff B́***》⑫*B*から*A*をとる;*A*(人)を*B*(仕事・役職など)から外す(♦ しばしば受身形で用いる) ‖ Detective Foley was *taken off* the case. フォーリー刑事はその事件の担当を降ろされた ⑬*A*(人)に*B*(治療など)をやめさせる ⑭*A*(金額・パーセントなど)を*B*(値段など)から差し引く ⑮*A*を*B*から救出する ⑯*A*を*B*からはがす;*A*(項目など)を*B*(リスト)から除く ⑰*A*(商品)を*B*(市場・棚など)から回収する(♦ しばしば受身形で用いる) ⑱*B*(人)を*A*(…年)だけ若く見せる ━〈自〉①(飛行機が)**離陸する**(↔ land);(鳥・虫が)飛び立つ;(スキージャンパーが)踏み切る ②《口》(商品が)急に売れる;(活動が)急にうまくいく;(売り上げが)急増する ‖ The show *took off* after she joined it. 彼女が出演してからその番組は急に人気が出た ③《口》急にいなくなる, 出かける ④《米俗》(仕事を)休む(♦ しばしば from work を伴う) ⑤やせる, 体重を減らす
·*tàke ón* 〈他〉**I**《***tàke ón ... / tàke ... ón***》①〔特にきつい仕事・責任〕を**引き受ける** ②〔人〕を**雇う** ③《受身形不可》〔特に手ごわい相手〕と〈…で〉対戦する〈**at**〉;…と張り合う ‖ She will ~ *on* the defending champion in the quarterfinals. 彼女は準々決勝で前回優勝者と対戦する ④(乗り物が)〔客〕を乗せる;〔荷物・燃料など〕を積み込む ⑤〔金〕を借りる **II**《***tàke ón ...***》⑥《受身形不可》〔性質・外観など〕を**帯びる**(assume) ━〈自〉《通例否定文で》《英口》(不必要に)腹を立てる
·*tàke óut* 〈他〉**I**《***tàke óut ... / tàke ... óut***》①〔物〕を取り出す;…を外に持ち出す[連れ出す] ②〔物〕を除去する;〔体の一部など〕を切除する, 摘出する;〔歯〕を抜く ‖ The splinter [stain] was hard to ~ *out*. そのとげ[しみ]はなかなか抜けなかった ③〔人〕を〈食事などに〉連れ出す〈**to,**

for, on〉‖ I want to ～ her *out*「*to* dinner [*on* a date]. 彼女と食事[デート]に行きたい ④《口》〔人〕を殺す, たたきのめす;〔建物など〕を破壊する ⑤〔免許〕を取得する;〔保険〕に入る;〔ローン〕を借りる ⑥〔金〕を(口座から)引き出す, 引き落とす ⑦〔本〕を(図書館から)借り出す ⑧《主に米》〔ファーストフード〕を持ち帰る(《英》take away) ⑨〔召喚状〕を〈…に〉出す〈**against**〉 **II** 《*tàke ... óut*》 ⑩〔時間〕を〈…に〉割く〈**for, to** ***do***〉 ━〈自〉出発する

tàke À òut of B̀ ① BからAを取り出す(→ 他 ❹) ② BのA(心配・楽しみなど)を減らす[取り除く] ③ A(金)をB(銀行など)から引き出す;A(税金など)をB(給料など)から差し引く

tàke a pèrson óut of himsèlf/hersèlf 〔人〕のつらさを忘れさせる ‖ Her music ～*s* me a little bit *out of* myself. 彼女の音楽を聞くといくらか気が晴れる

tàke À óut on B̀ A(怒り・いらいらなど)をB(人)にぶちまける(→ CE 1)

****tàke óver*** 〈他〉 **I** 《*tàke óver ... / tàke ... óver*》 ①〔職・責任など〕を**引き継ぐ** ②〔会社・事業など〕を買収する ③ …を**支配する**;〔国・都市など〕を占領する;〔場所など〕を占拠する(occupy), …を横取りする ④〔建物など〕を(抗議のために)占拠する ⑤〔家・アパートなど〕に入居する ⑥ …を〈…へ〉連れて[持って]行く〈**to**〉‖ His mother *took* coffee *over to* him. 母親は彼のところにコーヒーを持って行った ⑦〖印〗〔字句〕を次行に送る **II** 《*tàke óver ...*》 ⑧ (仕事などが)〔人の生活〕を支配する, …にゆとりを与えない **III** 《*tàke ... óver*》 ⑨ (仕事・感情などが)〔人〕を支配する, …にほかのことをする[考える]ゆとりを与えない ━〈自〉 ① 権力[政権]を握る ② 引き継ぐ〈**as** …として;**from** …から〉‖ He *took over as* CEO of the company. 彼はその会社の最高経営責任者の職を継いだ ③〈…より〉優勢になる〈**from**〉‖ DVDs have *taken over from* VCRs. DVDはビデオに取って代わった ④ (仕事・感情などが) 人を支配する, ほかのことをする[考える]ゆとりを与えない

tàke róund ... / tàke ... róund 〈他〉= *take around ...* (↑)

tàke a pèrson thróugh ... 〈他〉〔人〕に…の指導をする;よくのみ込めるように〔人〕に…を説明する

****táke to ...*** 〈他〉《受身形不可》 ① …が**好きになる**, 気に入る(↔ *take against ...*) ‖ I *took to* her at first glance. 私は一目で彼女が好きになった ② …がめきめき上達する ③ …する**癖**[習慣]**がつく**(♦目的語はしばしば *doing*) ‖ He *took to* drink after he was dumped by her. 彼は彼女にふられてから酒にふけるようになった(♦ drink は名詞) ④ (危険などから逃れるために)〔森など〕へ行く, 逃げ込む

****tàke úp*** 〈他〉 **I** 《*tàke úp ... / tàke ... úp*》 ① …を**趣味**[職業, 学問]**として始める** ‖ I *took up* gardening when I moved to the suburbs. 郊外に移り住んだのをきっかけに園芸を始めた ②〔責任ある地位・任務〕に就く ‖ ～ *up* a directorship 役員になる ③〔時間・空間など〕を**占める**(occupy) ④ …を取り上げる, 持ち上げる ⑤〔問題など〕を取り上げる;…のことで〈…と〉話し合う〈**with**〉‖ Mr. Stevens *took* his problems *up with* his doctor. スティーブンズ氏は自分の抱える問題を医師と相談した ⑥〔申し出〕を受け入れる;〔提案〕を採用する;〔挑戦〕に応ずる ⑦〔活動〕を中断したところから再開する ⑧《通例受身形で》(考え・デザインなどが) 使われる, 採用される ⑨〔歌〕に加わる, 唱和する ⑩〔マット・床〕をはがす ⑪〔スカート・ズボンなど〕のすそを上げる(↔ *let down*) ⑫〔才能ある若者など〕に目をかけてやる(patronize) ⑬ (動植物が)〔湿気・気体〕を吸収する ⑭〔ローン〕を完済する **II** 《*tàke úp ...*》 ⑮〔位置〕につく ⑯〔態度・信条など〕を身につける, 取り入れる(adopt) ⑰〔寄付金〕を集める ━〈自〉(中断したところから)再び始める, 再開する

****tàke À ùp on B̀*** 〈他〉 ① A(人)のB(申し出など)を受け入れる ‖ He *took* his company *up on* their offer of early retirement. 彼は会社の早期退職の申し出を受け入れた ② A(人)にB(言動)の釈明を求める

tàke úp with ... 〈他〉 ①《受身形で》…に忙しい;…でいっぱいである ②〔よからぬ連中〕と付き合う

COMMUNICATIVE EXPRESSIONS

1 **Dòn't tàke it òut on mé.** 私に八つ当たりしないで

2 **I càn't**「**táke it anymòre** [OR **tàke anòther próblem**]. もうこれ以上我慢できない(♥ ストレスや心配事で)

3 **I gòt táken (to** the cléaners). (クリーニング店に)だまされた(♥ 期待外れの結果に文句を言うくだけた表現. 実際に「だまされた」わけではなく「損した」「やられた」の意)

4 **I'd lìke to tàke thìs opportúnity to** thánk èveryone. この場を借りて皆さんにお礼を申し上げます(♥ スピーチ・あいさつなど形式ばった場面で)

5 **I'm tàking you downtówn.** 連行します(♥ 警察官が容疑者や犯人などを警察署まで連れて行く際に)

6 **(Is) thìs (sèat) táken?** ⇨ SEAT(CE 2)

7 **It's táken.** ① この席は空いていません ② 使用中です(♥ トイレのドアをノックされたときの返事)

8 **I've gòt to tàke óff.** 行かなきゃ(♥ 去るときのくだけた表現. = I've got to run [OR shove off, 《俗》 split].)

9 **Plèase táke** one. おひとつどうぞ(♥ 食べ物や飲み物を勧める. ↗Would you like one?/↘Have one.)

10 **Tàke a (chill-)píll** [OR **tránquilizer**]. まあ落ち着いて(♥ 興奮している人にリラックスするよう勧めるくだけた表現)

11 **Tàke a shót** [OR **stáb, cráck, wháck**] **at it.** ちょっとやってみたら(♥ 挑戦するよう勧めるくだけた表現)

12 **Tàke it awáy.** 始めてください;出発しましょう(♥ 催しや乗り物などを「始動させよう」という意味の掛け声)

13 **Tàke it éasy.** ⇨ EASY(CE 7)

14 **Tàke it from mé.** 私の言うことを信じてください

15 This is the lówest prìce we can óffer. **Tàke it or léave it.** これが私たちがご提供できる最低の価格です. これで決めるかやめるかです(♥「これで限界[全部]なので選択肢はほかにない」ことを表す)

16 **Tàke thát!** これでもくらえ(♥ 決定的な行動をとる際に)

17 **Tàke thìngs as they cóme.** まあ焦らずだんだんとやればいいよ(♥ 状況に応じて取り組むよう勧める)

18 **Tàke your píck.** どうぞ好きなものを選んでください

19 You're **tàking**「**tòo màny thíngs òn** [OR **on tòo múch**]. いろいろ引き受けすぎだよ(♥ 多忙な人に)

20 She **wòuldn't tàke nò for an ánswer.** 彼女はいくら駄目だと言っても聞き入れようとしなかった

21 **(You) càn't tàke it with you.** あの世にまでお金を持ってはいけないよ(♥ けちらず人生を楽しむよう勧める)

━名 (複 **～s** /-s/) C ❶ (映画・テレビ番組の)テイク, 1ショット《カメラを止めずに撮影した分量》;(曲の録音の) テイク《1曲分の録音》‖ The first ～ was the best. (何度かやったうちで)最初のテイクがいちばんよかった ❷《通例単数形で》《主に米口》売上高 ❸〈…に対する〉意見, 解釈, 反応〈**on**〉‖ What's your ～ *on* the new car? 今度出た車をどう思いますか ❹《通例単数形で》漁獲高, 捕獲高 ❺〖印〗1回で活字に組む原稿

on the táke 《口》賄賂をとって

類語 《他 ❹》 **take**「手に取る」を意味する最も一般的な語. 〈例〉 *take* a pen in one's hand ペンを手に取る

catch 動いているものをとらえる. 〈例〉 *catch* a ball 捕球する

snatch 素早くとる, ひったくる. 〈例〉 *snatch* a purse ハンドバッグをひったくる

(「つかむ」の意を表すほかの類語は→ hold)

táke·awày 形 名 《英》= takeout

táke·dòwn 形 取り外し[解体]できる

━名 C U 《主に米》 ❶ 分解式の機械[火器] ❷《口》鼻っ柱を折られること, 屈辱 ❸《口》(警察による)逮捕, 急襲 ❹〖レスリング〗テイクダウン《立っている相手をマットに倒す技》

táke-hòme 形 (家に)持ち帰る, 持ち帰り用の

▸▸ **～ pày** 名 U (家へ持って行ける)手取り収入

:tak·en /téɪkən/ 動 take の過去分詞
tàke-nò-prísoners 形 情け容赦のない, 非常に攻撃的な(⇨ *take no* PRISONERS)
***táke·òff** 名 C U ❶ (飛行機などの)離陸, 離水(↔ landing); (自動車などの) 発進 ❷ (跳躍などの) 踏み切り (点) ❸ 景気上昇の始まり ❹ C 《口》まね, パロディー
***táke·òut** 形 《限定》《米》持ち帰り用の(軽食を売る) (《英》takeaway) ‖ ~ coffee テイクアウトのコーヒー
——名 C U 《主に米》持ち帰り用の軽食(を売る店)
***táke·òver** 名 C U (会社などの)買収, 乗っ取り; (事業などの) 引き継ぎ; (国・地域・機関などの) 接収, 占拠 ‖ a ~ bid 〖株〗株式公開買付 《略 TOB》
tak·er /téɪkər/ 名 C ❶ 《複合語で》取る人 ‖ a risk-~ 向こう見ずな人 ❷ 《通例 ~s》受取人, 購入者; (新聞などの) 購読者 ❸ 賭(か)け[挑戦]に応ずる人 ❹ 自分のことしか考えない人
táke-ùp 名 ❶ U/C 《通例単数形で》《英》(株などの)引き受け, 買い取り ❷ U 取り上げる[受け入れる]こと ❸ U (フィルム・テープの)巻き取り装置
tak·ing¹ /téɪkɪŋ/ 形 ❶ 《旧》魅力ある, 愛嬌(あいきょう)のある (attractive) ❷ 《口》伝染する **~·ly** 副
tak·ing² /téɪkɪŋ/ 名 ❶ U 取る[捕らえる]こと ❷ C 《~s》《主に英》収益, 売上高
for the táking (欲しければ)簡単に手に入る
talc /tælk/ 名 U ❶ 〖鉱〗タルク, 滑石(talcum) ❷ 《口》= talcum powder ——動 他 滑石で…をこする[処理する]
tal·cum /tælkəm/ 名 ❶ =talcum powder ❷ =talc ❶ ▸▸ **~ pòwder** 名 U タルカムパウダー, ベビーパウダー
:tale /teɪl/ (♦ 同音語 tail)
——名 〔◁ tell 動〕(複 **~s** /-z/) C ❶ (事実・伝説・架空の) **話**, 物語 (→ story¹); (文学作品としての)物語(⇨ STORY¹ 類語) ‖ He **told** us a ~ of his voyage. 彼は我々に航海の話をしてくれた / *The Tale of Genji* was written in the Heian period. 「源氏物語」は平安時代に書かれた / a ~ of woe [OR misery] 悲しい身の上話
❷ たわごと; うそ; (悪意のある) うわさ; 中傷, 告げ口 ‖ a wild ~ とっぴな作り話
lìve [OR *survìve*] *to tèll the tále* (危険などから) 生き延びる, 生き証人となる
tell its own tale ⇨ TELL(成句)
**tèll tάles* (*òut of schóol*) 人の秘密を漏らす, 悪いうわさを広げる, 告げ口をする
tèll the tále おのずと物語る, 説明を要しない
COMMUNICATIVE EXPRESSIONS
1 **Therebỳ hàngs a tále.** それには少しいわくがある
Tal·e·ban /tá:ləbà:n | tǽlɪbæn/ 名 =Taliban
tále·bèarer 名 C 《旧》うわさを広める人; 告げ口屋 **-bèaring** 形 名
:tal·ent /tǽlənt/ (アクセント注意)
——名 (複 **~s** /-s/) ❶ U C (生まれつきの)〈…に対する〉**才能**, 素質, 天分; 技能; 手腕〈**for**〉(⇨ ABILITY 類語) ‖ She already showed a ~ *for* drawing in her teens. 彼女は10代ですでに絵の才能を見せた / Great ~*s* mature late. 大器晩成 / develop one's ~ 才能を伸ばす / a person of ~ 才能のある人, 逸材
❷ U C 《集合的に》才能のある人 (々), 人材 (❗芸術・科学・スポーツやその他の分野についても用いる. 芸能人を指して「タレント」というのは和製用法. 英語では personality, celebrity, entertainer などを用いる. 「テレビタレント」は a TV personality [OR celebrity, star] という) ‖ He is looking out for local ~. 彼は地元の人材を探している / As an actress, she's a great ~. 女優として彼女はとても才能がある
❸ U 《集合的に》《英俗》性的魅力のある女性
❹ C タラント 《古代ギリシャ・ローマなどの重量・貨幣の単位》
▸▸ **~ scòut** [《英》**spòtter**] 名 C スカウト, 人材発掘係 **~ shòw** 名 C 素人演芸大会 《のど自慢など》
***tal·ent·ed** /tǽləntɪd/ 形 (**more ~; most ~**) 才能[手腕]のある, 有能な ‖ a ~ man 才能のある人 / be ~ at games ゲームの才能がある, 勝負事に才能がある
ta·les·man /téɪli:zmən/ 名 (複 **-men** /-mən/) C 〖法〗補欠陪審員(中立 substitute juror)
tále·tèller 名 C ❶ 物語をする人 (storyteller) ❷ = talebearer **-tèlling** 名
Ta·li·ban /tá:ləbà:n, tǽləbæn | tǽlɪbæn/ 名 U 《集合的に》《複数扱い》タリバン《アフガニスタンのイスラム原理主義者による武装集団》(♦「学生」の意のパシュトゥ語より)
***tal·is·man** /tǽləsmən | -ɪz-/ 名 (複 **~s** /-z/) C お守り(の石[指輪]), 魔よけ; 魔力を持つもの **tàl·is·mán·ic** 形

⁝talk /tɔ:k/ 動 名
中心義 (相手に向かって)話をする
——動 (**~s** /-s/; **~ed** /-t/; **~·ing**)
——自 ❶ 〈…について〉**話す**, **語る**, しゃべる〈**about, of**〉; 〈人に〉話しかける〈**to, with**〉 (⇨ SPEAK 類語) ‖ Can we ~ privately? 2人だけで話ができますか / Will you please ~ a little louder? もう少し大きな声で話してくれますか / Brenda ~*s* too much. ブレンダはおしゃべりだ / My grandfather and father often ~*ed about* politics. 祖父と父はしばしば政治について語り合った / The brothers aren't ~*ing to* each other. 兄弟は仲たがいして口もきかない / Fathers also need to play with and ~ *to* [OR *with*] their children. 父親も子供たちと遊んだり話をする必要がある / ~ past each other 話がかみ合わない / ~ in one's sleep 寝言を言う
Behind the Scenes **You talkin' to me? 俺様に話しかけているのか; 俺に何か用か** 元海兵隊の主人公 Travis がニューヨークでタクシー運転手をするうちに, 精神的に病んでいき, 過激な行動に走る姿を描いた映画 *Taxi Driver* で, Robert De Niro 演じる主人公が, 鏡に拳銃を向けて独白する場面より (♥「恐れ多くもこの私に話しかけてくるとは何様のつもりだ」とふざけて言うときなどに)
語法 ☆☆ (1) **talk と speak** 両者はしばしば交換可能. ただし speak は集団に向かって一方的に話すことを意味することが多いのに対し, talk は2人以上の人が話し合う場合に多く使われる. また speak がしばしば公式の場での話を指すのに対し, talk は一般にくだけた会話を意味する. ただし talk には❸のような意味もある(↓).
(2) **talk about ... と talk of ...** 話題を示すには about がふつうであり, of はそのことに軽くふれるような場合に用いる. しかし交換可能な場合もある.
(3) **talk to ... と talk with ...** 《米》では to, with ともふつうに使われるが, 《英》では to の方がふつう.
❷ **相談する**; (正式に)協議する〈**to, with** 人と; **about, of** …について〉(⇨ 類語P) ‖ We'll ~ *about* this later. 後でこのことを話し合おう / *Talk about* your problems *to* a close friend. 親しい友人に悩みを相談しなさい
❸ 講演[演説]をする〈**about, on** …について; **to** 人々に〉‖ He ~*ed on* the stresses of modern life *to* a group of businessmen. 彼は会社員のグループに現代生活のもたらすストレスについて講演した
❹ ものを言う, 口をきく, しゃべる ‖ Babies usually learn to ~ at two. 赤ん坊はたいてい2歳で話せるようになる / ~ in Chinese 中国語でしゃべる
❺ 〈…について〉うわさ (話) をする, 話題にする〈**about, of**〉(♦ about の方がふつう) ‖ They are always ~*ing* behind her back. 連中はいつも彼女の陰口ばかり言っている / *Talk of the devil*(*, and he is sure to appear*). 《諺》うわさをすれば (影が差す) / The movie is being ~*ed about*. その映画が話題になっている / one of Britain's most ~*ed-about* TV programs 英国でもっとも評判になっているテレビ番組の1つ (♦ talk about が受身形を作り, このような複合形容詞になることもある)
❻ (警察などに)(渋々)白状する; 口を割る, 秘密を漏らす ‖ The spy they caught wouldn't ~. 彼らが捕まえた

スパイは口を割ろうとしなかった ❼〈言葉以外の方法で〉意思を伝える，合図する〈**with, by, in**〉‖ Lovers ～ *with* their eyes. 恋人たちは目と目で語り合う / ～ *in* sign language 手話で話す ❽〈動物などが〉話をするような音[声]を立てる ‖ Her parrot ～*s* all day long. 彼女の飼っているオウムは1日中しゃべっている ❾《口》〈事物が〉ものを言う，説得力を持つ ‖ The American dollar still ～*s* clearly in the world market. 米ドルは世界市場でまだ明らかに力がある ❿💻〈データの〉伝送をする

―㊍ ❶《受身形不可》〔仕事・政治・音楽など〕について**話す**，…を論じる ‖ I won't ～ politics with you. 君と政治を論じるつもりはない / ～ business ビジネスの話をする；まじめな話をする / ～ shop (場違いのところで)自分の仕事の話をする

❷〔ある言葉〕をしゃべる，使う (♦ speak の方がふつう) ‖ They were ～*ing* French. 彼らはフランス語を使っていた / ～ slang 俗語を使う

❸〔筋の通ったこと・ばかなことなど〕を口にする，言う ‖ ～ (some) sense into him 彼に道理を説いてわかわらせる

❹ **説得して…させる a** 《＋目＋**into** 名》〔人〕を説得して…させる (✍ argue into, persuade ... to *do*) ‖ I ～*ed* her *into* going out with me. 僕は彼女を口説いてデートに連れ出した

b 《＋目＋**out of** 名》〔人〕を説得して…をやめさせる (✍ argue out of, persuade ... not to *do*)；《米》〔人〕をだまして…を巻き上げる ‖ I tried to ～ him *out of* quitting school. 私は彼を説得して退学を思いとどまらせようとした / Bob ～*ed* Susan *out of* her money. ボブはうまいこと言ってスーザンから金を巻き上げた

c 《～ oneself＋補 で》話して…(の状態)になる；《～ oneself out of ... で》自分に言い聞かせて…(の状態)から脱却する ‖ The candidate ～*ed* himself hoarse. 候補者は話しすぎで声をからした / She ～*ed* herself *out of* smoking. 彼女は自分に言い聞かせてたばこをやめた

d 《＋目＋**to** 名》〔人〕に話をして…(の状態)にする

❺《口》《進行形で》〈金額などを強調して〉…を意味している，…が関係している ‖ We are ～*ing* big money. 大金がかかっているんだ

a tàlking* [OR *tàlk*] *shóp 《英》何の結果ももたらさない無駄な会議[組織]

knòw what one is tálking about ① 自分が何を言っているのかわかっている (→ CE 24) ②《口》(経験から)そのことについてよく知っている，その方面の専門家である

****tálk about ...*** 〈他〉① …について話す[相談する] (→ 自 ❶, ❷)；…のうわさをする (→ 自 ❺) ② …するつもりだと言う，…しようかと話す ‖ We are ～*ing about* moving the piano. 私たちはそのピアノを動かそうかと話し合っている ③《口》《強意的に》これこそまさに…だ，…とはこのことだ；《皮肉で》何という…だ，こんな…なんてあるものか ‖ *Talk about* kindness! She lent me $500. 親切なこと！ 彼女は500ドルも貸してくれたよ

tàlk aróund 〈他〉**I** 《*tàlk aróund ...* / *tàlk ... aróund*》〔人〕を説得して自分の意見に従わせる，説得して〈…に〉同意させる〈**to**〉 **II** 《*tàlk aróund ...*》…について回りくどく論じる，(本題に移らず)一般論ばかり述べる

tálk at a pèrson 〈他〉〔人〕に一方的にしゃべりまくる

tàlk awáy 〈他〉《*tàlk awáy ...* / *tàlk ... awáy*》おしゃべりして〔時など〕を過ごす ―〈自〉話し続ける

****tàlk báck*** 〈自〉①〈人に〉口答えする〈**to**〉 ②(視聴者参加番組で)(視聴者が)〈…に〉電話で応答する〈**to**〉

tàlk bíg 《口》大ぼらを吹く(boast)，偉そうな口をきく

tàlk dírty 《口》卑猥(ひわい)な話をする

tàlk dówn ...* / *tàlk ... dówn 〈他〉①〔相手〕を言い負かす，大声で議論して…を黙らせる，…に一方的に大声で話す ② …を大したことではないと言う，軽視して話す (↔ *talk up*) ‖ ～ *down* the importance of his report 彼の報告書の重要さを軽く見る ③(商談で)〔相手の要求額〕を値切る；〔相手〕に(金銭を)負けさせる；交渉して〔給料など〕の額を抑える；〔為替レートなど〕を下げる必要を説く，下げるよう誘導する ‖ ～ *down* the dollar ドル安の必要を説く ④〔人〕を説得して飛び降り自殺をやめさせる ⑤《空》〔飛行機・操縦士〕に無線誘導で着陸位置を指示する

****tàlk dówn to ...*** 〈他〉〔人〕を見下した調子で話す

tàlk a pèrson's eár* [OR *árm, héad*] *òff 話が長くて〔人〕をうんざりさせる

tàlk ín ...* / *tàlk ... ín 〈他〉《米》＝*talk down ...* ⑤(↑)

****tálk of ...*** 〈他〉① …について話す[相談する](→ 自 ❶, ❷)；…のうわさをする(→ 自 ❺) ② ＝*talk about ...* ②(↑)

tàlk ón 〈他〉《*tálk on ...*》…について講演をする (→ 自 ❸) ―〈自〉＝*talk away*〈自〉(↑)

tàlk óut ...* / *tàlk ... óut 〈他〉①〔問題など〕を徹底的に話し合う；…を話し合って解決する ②《英》(議会で)討議を閉会時間まで引き延ばして〔法案など〕を葬る ③《～ oneself out で》語り尽くす

****tàlk óver*** 〈他〉**I** 《*tàlk óver ...* / *tàlk ... óver*》…について〈人と〉相談する，よく話し合う[語り合う] (discuss) 〈**with**〉 ‖ Elizabeth ～*ed* things *over with* him. エリザベスは事態について彼に相談した **II** 《*tàlk ... óver*》〔人〕を説得する；〔人〕を説得して〈…に〉同調させる〈**to**〉

tàlk róund 《英》＝*talk around*(↑)

tàlk thróugh 〈他〉**I** 《*tàlk thróugh ...* / *tàlk ... thróugh*》〔問題・計画など〕について〈人〉とよく話し合う〈**with**〉 **II** 《*tàlk À thròugh B́*》*A* (人)に*B*をよく説明してわからせる；*A*(俳優)に*B*(場面・せりふ)の演技指導をする

****tálk to ...*** 〈他〉① …と話す，…に話しかける(speak to)；…と相談する(→ 自 ❶, ❷) ②《口》…をしかる，…に意見する(scold)

tálk to onesèlf 独り言を言う(♦ say to oneself は「心の中で思う」)

tàlk tóugh 《口》〈…に関して〉強硬な措置を唱える，強硬に自分の要求を主張する〈**on, about**〉

tàlk úp 〈他〉《*tàlk úp ...* / *tàlk ... úp*》(↔ *talk down*) ①〔人・物〕を実際以上に興味深いもののように話す；〔商品など〕を売り込む(promote)；…を褒めそやす；〈…に〉…を推薦する〈**to**〉；〔可能性・見込み〕を誇張する ‖ I ～*ed* you *up to* the man who does the hiring. 雇用係に君のことをよく言っておいたよ ②《英》(交渉で)〔値段〕をつり上げる ―〈自〉率直に話す

tàlk one's wáy òut of ... 《口》〔困難な状況など〕をうまく話して切り抜ける，…を言い逃れる

COMMUNICATIVE EXPRESSIONS

1 **(But) we're [we're nòt] tálking about** the pást nòw. (しかし)我々は今，過去の話をしているんです[しているのではありません]

2 **Can I tálk (to you)?** ちょっとお話がしたいんですが(♥ 相談事など. ＝Let's [OR I need to] talk.)

3 **Dòn't tàlk rúbbish [nónsense].** そんなばかな (♥ 相手の発言を一笑に付す表現)

4 **Dòn't tálk to me about it.** その話にはふれないで

5 **Dòn't tálk with your móuth fùll.** 口に物を入れたまま話をするんじゃありません(♥ テーブルマナーの注意)

6 **(I'll) tàlk to you sóon.** また近いうちに連絡します(♥ 電話での別れの表現)

7 **I'm rèady to tálk.** 話し合いには応じますよ

8 **I'm tálking to yòu.** あなたに話をしているんですよ；ちゃんと話を聞くように(♥ 話を聞いていない相手に)

9 "**((It's) been) gòod [OR nìce] tálking to you.**" "Sàme hére [OR with me]." 「お話しできて楽しかったです」「こちらこそ」(♥ 会話が終わり，別れ際の表現)

10 **Lòok whò's tálking.** 自分も同じなのによく言うよな；人のことを言えた柄じゃないだろう (＝You're (a fine) one to talk. / ＝You can [OR can't] talk.)

11 **Mòney tálks.** 金がものを言う；地獄の沙汰も金次第

12 **Now you're [OR we're] tàlking.** そうこなくっちゃ；それなら話がわかる (♥ 煮え切らなかったり期待した反応を見せなかった人がようやく筋の通ったことを言ったときに)

T

13 **Pèople will tálk.** 世間は口がうるさい；人の口に戸は立てられない(=People are talking.)
14 **Tàlk about rích [fúnny, stúpid, etc.].** ① 全く本当に金持ちだな[おかしなことだ，ばかなことだ](♥「まさに…だ」という強調) ② 金持ち[おかしなこと，ばか]だなんてよく言うよ(♥ 皮肉)
15 **Tàlking of** [OR **about**] súpermarkets, do you brìng your òwn shòpping bág? 《英》 NAVI スーパーといえば，自分の買い物袋を持って行きますか(♥ 通例文頭に置いて「それで思い出したが」と話題を変えるときに. ⇨ NAVI表現 11)
16 He's àlways **tàlking thròugh his hát.** 彼はいつもほらを吹いている(♥ 自慢話，たわいないうそ)
17 **We are nót hère to tàlk about** sùch mìnor détails. 私たちはそんなささいなことを話すためにここに集まっているわけではありません(♥ 本題は別にあると指摘する)
18 **We nèed to tálk (about sòmething).** 話をする必要があります(♥ 話し合いを持ちかける. しばしば別れ話)
19 **Were you tàlking to mé?** え，私に話しかけていたんですか(♥ 相手の意図を確認する)
20 **Whàt are you tálking about?** 一体何を言っているんですか(♥ 文字どおりの意味にも用いるが，しばしば「一体何のつもりだ」と反発して相手の意図を尋ねる意味に)
21 **Whò do you thìnk you're tálking to?** だれに向かって話しているつもりだ；何だ，その口のきき方は(♥ ぶしつけな態度の人などに対して)
22 **Whò do you wish** [OR **wànt**] **to tálk to?** どなたにおかけですか(♥ 電話をかけてきた人に対して)
23 **You càn't jùst tàlk about** the góod pòints of the nèw sỳstem. 新しい体制についてよい点だけを話題にするのは間違っています(♥ 別の側面の検討も勧める)
24 **You dòn't knòw what you're tálking about!** あなたは自分が何を言っているのかわかっていない(♥ 異論を唱え，相手を批判する)
25 **You jùst lìke to hèar yoursèlf tálk.** 思い上がっているな；自分に酔っているんだろう(♥ うぬぼれた態度の人を非難するくだけた表現)

—名 ❶ Ⓒ Ⓤ (打ち解けた)**話**，語らい，**会話**；相談，討議，話し合い；Ⓤ 無駄話，おしゃべり〈**with** 人との；**about, of** …についての〉‖ I **had** a nice ～ *with* him. 彼と楽しく語り合った / I just came to **have** a little ～ *with* you. ちょっとお話したくて来ました / Let's **have** a ～ *about* the details later on. 詳しいことは後で話し合おう / There is always ～ *of* changing the electoral system. 選挙制度改革の論議はいつもある / small ～ 世間話，おしゃべり / big [OR tall] ～ 大ぼら，大言壮語
❷ Ⓒ《～s》(国家間・労使間などの，正式の)**会談**，協議，会議，交渉〈**with** 人との；**on, about** …についての〉‖ The Japanese Foreign Minister **had** [OR **held**] *～s with* U.S. top officials *on* a number of issues. 日本の外務大臣は米国の高官たちといくつかの問題に関して協議した / call for ～*s* 話し合いを要求する / pay [OR salary] ～*s* 賃上げ交渉 / **peace** ～*s* 和平交渉 / ～*s on* nuclear non-proliferation 核拡散防止会談
❸ Ⓒ (略式の)**講演**，演説，講義〈**on, about** …についての〉(⇨ SPEECH 類語) ‖ The speaker **gave** [OR delivered] a ～ *on* growing herbs. その講演者はハーブの栽培について話した
❹ Ⓤ (事実・行動を伴わない)空論，無駄話；空手形 ‖ Until yesterday it was all ～. 昨日まではそれは話だけだった (♥「今日からは現実味を帯びてきた」ということ) / It's just [OR only] ～. それはただの話だ[本当ではない]
❺ Ⓤ うわさ(話)；風説〈**of, about** …に関する / **that** 節 …という〉；《the ～》〈…の〉うわさの種[人，もの]〈**of**〉‖ There is ～ *of* [OR *about*] him stepping down from the presidency. 彼が社長の座から退くというううわさがある / The new restaurant became the ～ *of* the town. 新しいレストランは町で話題の種となった
❻ Ⓤ 話の種，話題 ‖ At the pub, all the ～ was of horse racing. パブでは競馬の話でもちきりだった / talk guy ～ 男同士の話をする ❼ Ⓤ 話し方，口調，言葉(遣い) ‖ baby ～ 赤ちゃん言葉 (での話し方) / imitate the ～ of Cockneys コクニーの口調をまねる
tàlk the tálk 《口》言うことは[もっともらしいことを]言う ‖ He can ～ *the* ～, but he can't walk the walk. 彼は言うことは言うが，実行が伴わない

COMMUNICATIVE EXPRESSIONS
26 He's **all tálk (and nò áction).** 彼は口先ばかり(で実行を伴わない)
27 **I'd lìke to hàve a hèart-to-hèart tálk with you.** 腹を割ってお話がしたいんですが

相談する	talk 自	consult 他	個人的に	専門家の意見を求める
		consult 自		意見を交わして話し合う
		confer 自	会議などで	意見を出し合って協議する

♦ 上記 自 の場合，各々後に「with＋相談相手」の形をとる.
♦ confer は格式ばった語.
▶▶ **～ ràdio** 名 Ⓤ トークラジオ《リスナーも参加するラジオの討論番組》 **～ shòp** 名 Ⓒ ＝talking shop **～ shòw** 名 Ⓒ (テレビ・ラジオの)トークショー《有名人のインタビューや一般の人々による討論が中心》 **～ tìme** 名 Ⓤ (携帯電話の受送信の)使用時間

talk·a·thon /tɔ́:kəθɑ̀(:)n | -θɔ̀n/ 名 Ⓒ《口》長時間にわたる討論会(♦ *talk*＋mar*athon* より)
talk·a·tive /tɔ́:kəṭɪv/ 形 口数の多い，よくしゃべる，話好きな **～·ly** 副 **～·ness** 名
talk·er /tɔ́:kər/ 名 Ⓒ ❶ 話す人，話者 ‖ a good [poor] ～ 話のうまい[下手な]人 ❷ おしゃべり好きな人
tálk·fèst 名 Ⓒ《主に米口》長たらしい会話[議論]《特にテレビ討論会》
talk·ie /tɔ́:ki/ 名 Ⓒ《通例 ～s》《口》トーキー，発声映画
talk·ing /tɔ́:kɪŋ/ 名 Ⓤ 話すこと；談話，おしゃべり；議論
—形《限定》❶ ものを言う，話のできる ❷ 表情に富んだ ‖ ～ eyes 語りかけるようなまなざし
▶▶ **～ bóok** 名 Ⓒ トーキングブック《本などを録音した目の不自由な人用のレコード[テープ]》 **～ héad** 名 Ⓒ《口》テレビ画面で語りかける話し手 **～ pòint** 名 Ⓒ ① (議論などで)ある主張を有利にする事実；(人・物などの)セールスポイント ② 話題，論点 **～ shòp** 名 Ⓒ《英》① 何の結果ももたらさない無駄な会議[組織] ② おしゃべりの場
tálking-tò 名 Ⓒ《a ～》《口》小言，お目玉 ‖ give him a (good) ～ 彼に(うんと)小言を言う
talk·y /tɔ́:ki/ 形 ❶ おしゃべりな(talkative) ❷ (小説などで)会話の多すぎる

tall /tɔ:l/ 形 副
—形 (**～·er**；**～·est**)
❶ (人が) (平均よりも) **背(丈)が高い** (↔ short) (⇨ HIGH 類語P) ‖ She is ～ by Japanese standards. 彼女は日本人の標準からすると背が高い / John is as ～ as Tom. ジョンの身長はトムと同じだ(♦ この文は「ジョンはトムと同じように背が高い (2人とも背が高い)」という意味にもなる) / Let's see which is (the) ～*er*. 背比べをしよう
❷ (木・建物などが) (細長く)高い，長めの ‖ a ～ building 高層ビル / a ～ glass トールグラス《カクテル用》 / a ～ book 天地の長い本
❸《数量を表す語とともに》身長[高さ]が…の ‖ "How ～ are you?" "I'm 5 feet 4 inches (～)." 「身長はどのくらいですか」「5フィート4インチです」
❹ (数量・程度が)多い，法外な，大変な；(値段が)高い ‖ a ～ price 法外な値段
❺ (誇張・うそのようで)信じ難い；大げさな，誇大な，とっぴな
—副 意気揚々と，いばって ‖ walk ～ 意気揚々となる

COMMUNICATIVE EXPRESSIONS
1 **Stànd táll.** 真っすぐ立ちなさい（♥ 姿勢の悪さを注意する. 比喩(ひゆ)的に「堂々としなさい」と励ますときにも）
～·ness 名 U 高いこと, 高さ
～ órder 名《a ～》無理難題, 非常に難しい仕事 **～ stóry [tále]** 名 C まゆつばものの話

Tal·la·has·see /tæləhǽsi/ 名 タラハシー《米国フロリダ州の州都》

táll·bòy 名 C ❶《英》=highboy ❷ 16オンス分入るビール缶

Tal·linn /tá:lɪn | tǽl-/ 名 タリン《エストニアの首都》

tall·ish /tɔ́:lɪʃ/ 形 背が高めの, やや高い

tal·lith /tǽlɪθ/ 名 C タリス《ユダヤ教徒の男子が礼拝時に着用する肩かけ》

tal·low /tǽlou/ 名 U 獣脂, 動物性脂肪 ‖ ～ candle 獣脂ろうそく **～·y** 形 獣脂の(ような)；脂ぎった

***tal·ly** /tǽli/ 名 (複 **-lies** /-z/) C ❶（貸借・取得などの）記録（したもの）；勘定［計算］書；（ゲームの）得点（記録）‖ keep a ～ of one's debts 借金の記録をつけておく ❷ 数を記録する符号（卌または卌で表し日本の「正」の字に当たる）❸〖史〗割り符《借金・支払いの額を示す刻み目をつけた棒. これを縦に2つに割り双方が保管した》❹（受け渡しのときの）計算の単位《1ダース・1束など》；ちょうど（♦ 数を数えて 18, 19, tally というと20のこと）❺ 符合するもの, 対の片一方 ❻ 合札, つけ札, 荷札, 付箋(ふせん)
—動 (**-lies** /-z/；**-lied** /-d/；**～·ing**) 自 ❶〈…と〉符合する, 一致する〈**with**〉‖ Parts of the report did not ～ *with* the known facts. 報告書の何か所かは周知の事実と合致しなかった ❷（ゲーム・スポーツなどで）得点を記録する；得点する —他 ❶〔計算・得点など〕を記録する, 勘定する；…の総計を出す《*up*》‖ ～ (*up*) the exact amount of damage suffered こうむった被害の正確な総額を集計する ❷（ゲーム・スポーツなどで）〔得点〕を記録する, 上げる ❸ …につけ札をつける

tal·ly·ho /tælihóu/ 間 ほーほー《キツネを見つけたときの狩人の猟犬への掛け声》 —名 (複 **～s** /-z/) C ❶ ほーほー（という掛け声）❷（昔の）4頭立て馬車 —動 自 ほーほーと声をかける

tal·ly·man /tǽlimən/ 名 (複 **-men** /-mən/) C ❶ 記録係（中立 tally keeper）❷《英》分割払い商品の訪問販売業者

Tal·mud /tǽlmud/ 名《the ～》タルムード《ユダヤの律法とその注解集》 **Tal·múd·ic(al)** 形

Tál·mud·ist /-ɪst/ 名 C タルムードの編者［学者］

tal·on /tǽlən/ 名 C ❶《通常 ～s》（猛禽(もうきん)類などの）かぎづめ；（かぎづめ状に曲げた）人の指［手］（⇨ NAIL 類語P）❷（錠前の）舌 ❸〖トランプ〗（配った後の）めくり札（の山）, 山札 ❹ =ogee **～ed** 形 つめのある

ta·lus /téɪləs/ 名 C U ❶ 斜面 ❷〖城〗城壁の斜面 ❸〖地〗崖錐(がいすい)

tam /tæm/ 名《口》=tam-o'-shanter

TAM /tæm/ 略《英》*t*elevision *a*udience *m*easurement（テレビの視聴率調査）

tam·a·ble /téɪməbl/ 形 飼いならせる, 従わせられる

ta·ma·le /təmá:li/ 名 U〖料理〗タマーリ《トウモロコシ粉の生地にひき肉を詰めトウモロコシの皮で包んで蒸したメキシコ料理》

tam·a·rack /tǽməræk/ 名 C〖植〗アメリカカラマツ；U アメリカカラマツ材

tam·a·rin /tǽmərɪn, -ræn/ 名 C〖動〗タマリン《中南米産の小型の猿》

tam·a·rind /tǽmərɪnd/ 名 C〖植〗タマリンド《マメ科の熱帯産常緑樹》；その果実《食用・飲用・薬用》

tam·a·risk /tǽmərɪsk/ 名 C〖植〗ギョリュウ(御柳)

tam·bour /tǽmbuər/ 名 C ❶（円形の）刺繍(ししゅう)枠；刺繍製品 ❷（昔の）太鼓 ❸（机などの）蛇腹式扉 ❹〖建〗丸屋根を支える環状壁
—動 他 自（刺繍枠で）(…に)刺繍をする

tam·bou·rine /tæmbərí:n/（アクセント注意）名 C〖楽〗タンバリン

***tame** /teɪm/ 形 ❶（動物が）飼いならされた, 人になれた, おとなしい ❷ 退屈な, 平凡な ‖ a ～ election campaign 盛り上がらない選挙運動 ❸《口》（人・性質などが）他人の言いなりになる, 意気地のない ❹《米》（自然力などが）管理［制御］された；（農作物などが）改良種の
—動 他 ❶〔野生動物など〕を飼いならす ❷ …を服従させる, 懐柔する；〔気力など〕をくじく,〔反抗心など〕を和らげる ‖ ～ inflation インフレを鎮静化する ❸〔自然力など〕を管理［制御］する,〔天然資源など〕をうまく利用できるようにする ‖ Human beings learned to ～ fire. 人類は火を治めることを学んだ **～·ly** 副 **～·ness** 名

táme·a·ble /-əbl/ 形 =tamable

táme·less /-ləs/ 形 なれていない, 飼いならせない

tám·er /-ər/ 名 C《通例複合語で》（野獣などを）ならす人 ‖ a lion ～（サーカスなどの）ライオン使い

Tam·il /tǽmɪl/ 名 C タミル人《南部インドとスリランカに住む人種》；U タミル語 —形 タミル人［語］の

Tám·ma·ny (Hàll) /tǽməni (hɔ̀:l)/ 名《the ～》タマニー派, タマニー協会《1789年ニューヨーク市に組織された民主党の政治団体. ボス政治と腐敗で有名》

tam·my /tǽmi/ 名《口》=tam-o'-shanter

tam-o'-shan·ter /tæməʃǽnṭər/ 名 C タモシャンター《スコットランドの縁なし帽子》

ta·mox·i·fen /təmá(:)ksəfən | -mɔ́ksɪfen, tæ-/ 名 C U〖薬〗タモキシフェン《乳癌(がん)治療剤》

tamp /tæmp/ 動 他 ❶ …を突き固める, たたいて詰める；…を封じ込める《*down*》❷〔発破孔〕を粘土(など)でふさぐ
—名 C（たばこ）詰め具

Tam·pax /tǽmpæks/ 名 (複 **～**) C《商標》タンパックス《生理用品の一種》；=tampon

tam·per[1] /tǽmpər/ 動 自 ❶〈…に〉（害を与えるような）手を加える,〈…を〉みだりに改変する, いじくる, ひねくり回す〈**with**〉❷〈…に〉裏から手を回す, 買収する〈**with**〉

tam·per[2] /tǽmpər/ 名 C ❶ 突き固める人［もの］；《英》込め棒, 突き棒 ❷〖理〗（原子力の）タンパー, 反射材

tàmper-évident 〈シ〉形（包装が）不正な改変をすればすぐわかる

támper-pròof 形（包装が）不正な改変防止の

tàmper-resístant 形（包装が）不正な改変をしにくい

tam·pon /tǽmpɑ(:)n | -pɒn/ 名 C〖医〗止血栓；タンポン《生理用品》 —動 他〔傷口〕にタンポンを詰める

tam-tam /tǽmtæm/ 名 C ❶ どら ❷ =tom-tom

***tan**[1] /tæn/ 動 (**tanned** /-d/；**tan·ning**) 他 ❶〔皮膚〕を日焼けさせる ‖ ～ one's back 背中を日に焼く ❷〔生皮〕をなめす ❸《旧》《口》（主に罰として）（皮膚が硬くなるほど）…をたたく, お仕置きをする ‖ ～ a person's hide（懲らしめのために）人をたたく（⇨ HIDE[2]（成句））
—自 日焼けする ‖ She [OR Her skin] ～*s* easily. 彼女［彼女の肌］は日焼けしやすい
—名 ❶ U 黄褐色 ❷ C 日焼け（の色）, 日焼けした肌 ‖ get a ～ 日焼けする ❸ =tanbark ❹ =tannin
—形 (**tan·ner**；**tan·nest**) ❶ 黄褐色の ❷ 日焼けした

tan[2] 略〖数〗tangent

tan·a·ger /tǽnədʒər/ 名 C〖鳥〗フウキンチョウ《南北アメリカ大陸産のホオジロ科の鳴鳥. 雄の羽は美しい》

tán·bàrk 名 U タン皮, タンニン樹皮《皮なめし用》；タン皮殻《屋内演技場などに敷く》

tan·dem /tǽndəm/ 名 C ❶（=～ **bícycle**）（縦並びの座席のある）2人乗り自転車 ❷（人・機械などの）縦並び；協力して働く2人 ❸ 縦に2頭(以上)つないだ馬［馬車］
in tándem ① 縦に並んで ②〈…と〉連携［協力］して, 並行して〈**with**〉
—副 縦に並んで ‖ drive horses ～ 2頭の馬を縦につないで走らせる

tan·door /tɑ:ndúər | tǽnduə/ 名 C〖料理〗タンドール《インド料理に用いる粘土製かまど》

T

tan·door·i /tɑːndʊ́əri | tæn-/ 〖料理〗 形 《限定》タンドールで調理した, タンドリーの ‖ ～ chicken タンドリーチキン
—名 U タンドールで調理した料理《鶏肉・子羊の肉など》; C タンドール料理を出すレストラン

tang[1] /tæŋ/ 名 C ❶《単数形で》(あるものに特有の)強い味[風味], つんと鼻にくるにおい;〈…の〉風味, 香り〈**of**〉 ❷《単数形で》気味, らしさ; 特徴 ❸ 中子(なかご)《やすりなどの柄に入る部分》 —動 他 ❶ …に中子をつける ❷ …に強い味[におい]をつける

tang[2] /tæŋ/ 名 U ガランガラン(鳴る音)
—動 他 自 (…を)ガランガラン鳴らす[鳴る]

Tang /tɑːŋ | tæŋ/ 名 唐(とう)《中国の王朝(618–907)》

tan·ge·lo /tǽndʒəlòu/ 名 (複 **～s** /-z/) C 〖植〗タンジェロ(の実)《ミカンとグレープフルーツの交配種》

tan·gen·cy /tǽndʒənsi/ 名 U 接触(状態)

tan·gent /tǽndʒənt/ 形 ❶ 〖数〗接線の, 接平面の ❷ 〈…に〉接する〈**to**〉 ❸ 本筋からそれた
—名 C ❶ 〖数〗接線, 接面; タンジェント, 正接 ❷ 本筋からそれること, 脱線 ❸ (カーブした線路などの)直線距離 ❹ 〖楽〗タンジェント《クラビコードの弦を打つ金属の小片》
gò [OR ***flỳ***] ***òff on*** [OR ***at***] ***a tángent*** (話・行動などが)急にわき道にそれる, 脱線する

tan·gen·tial /tændʒénʃəl/ 形 ❶ 接線[正接]の; 接線の方向の ❷ それた, 脱線した; 別方向(へ)の ❸ わずかに触れるだけの, 付随的な **～·ly** 副

tan·ge·rine /tæ̀ndʒəríːn/ 名 C ❶ 〖植〗タンジェリン(の木[実])《タンジール原産のミカン》; (一般に)ミカン ❷ U 濃いオレンジ色, だいだい色 —形 ミカン色の

***tan·gi·ble** /tǽndʒəbl/ 形 ❶ 《通例限定》明白な, 確実な, 実際の, 具体的な ‖ ～ evidence 動かぬ証拠 ❷ 触れることのできる, 触れて感じられる ❸ 〖法〗(財産が)有形の ‖ the ～ assets [OR property] 有形資産
—名 C 触知できるもの; 《～s》有形資産
tàn·gi·bíl·i·ty 名 **-bly** 副

***tan·gle**[1] /tǽŋgl/ 動 他 ❶ 〔枝・糸・髪など〕をもつれさせる, 絡み合わせる《*up*》‖ The strong wind ～*d* her hair. 強風で彼女の髪が乱れた / His leg has got ～*d* in the rope. 彼の足にロープが絡まってしまった ❷ 〔事態など〕を混乱[紛糾]させる;〔人など〕を困難に巻き込む, 困惑させる ‖ get ～*d* in a hopeless controversy 泥沼化した論争に巻き込まれる / a ～*d* web of intrigue 複雑に絡んだ陰謀のわな —自 ❶ (枝・糸などが)もつれる, 絡み合う《*up*》; 混乱[紛糾]する ❷ 《(+**with** 名)》《口》…と〈…のことで〉けんか[口論]する〈**over**〉
—名 C ❶ (枝・糸などの)もつれ, 絡まり ‖ a ～ of threads 糸のもつれ ❷ もつれた状態, 混乱, ごたごた ‖ His business is in a ～. 彼の商売はにっちもさっちも行かなくなっている / a traffic ～ 交通麻痺(まひ) ❸ 《口》〈…との〉けんか, 口論, いざこざ〈**with**〉

tan·gle[2] /tǽŋgl/ 名 (=**～ wèed**) U 昆布

tan·gly /tǽŋgli/ 形 もつれた; 込み入った, 混乱した

tan·go /tǽŋgou/ 名 (複 **～s** /-z/) 《通例 the ～》タンゴ《南米起源の踊り》; その音楽 ‖ dance the ～ タンゴを踊る
—動 自 タンゴを踊る ‖ *It takes two to tango.* 《諺》タンゴは1人では踊れない; 事態の責任はどちらにもある

tan·gram /tǽŋgræm/ 名 C タングラム, 知恵の板《正方形を分割した7枚の板を組み合わせる中国のパズル板》

tang·y /tǽŋi/ 形 強い味[風味]のある, ぴりっと[つんと]する

:tank /tæŋk/
—名 (複 **～s** /-s/) C ❶ **タンク**《液体・気体用の大型容器》, 水[油]槽 ‖ a gasoline ～ ガソリンタンク / a fish ～ (魚の)水槽 ❷ タンク1杯分の量 (tankful) ❸ 〖軍〗**戦車**, タンク (♦ 第1次世界大戦中に英軍が新兵器であることを隠すために(水運搬用の)水槽 (watertank) と呼んだことから) ❹ 《インド・豪・ニュージ》貯水池 ❺ 《the ～》《米口》(泥酔者を収容する)留置場 ❻ =tank top
be bùilt like a tánk 頑健だ, 丈夫だ
in the tánk 《米口》うまくいかない; (株価などが)下落して
—動 他 ❶ …をタンクに入れる[蓄える] ❷ 《米口》(スポーツなどで)〔試合〕にわざと負ける
—自 (経済的に)うまくいかない, 落ち込む
tánk it 試合にわざと負ける
tànk úp 〈自〉 ① (車などを)〈ガソリンで〉満タンにする〈**on**〉 ② 《米口》〈…を〉大量に飲む, 〈…で〉酔っ払う〈**on**〉(♦《英》では be [get] tanked up (on ...) がふつう) —〈他〉《***tànk úp ...*** / ***tànk ... úp***》 ① 〔車など〕を〈…で〉満タンにする〈**on**〉 ② 《主に英》⇨〈自〉②
▸▸**～ càr** 名 C タンク貨車《液体運搬用》 **～ fàrm** 名 C 石油貯蔵タンク場 **～ fàrming** 名 U 水耕法 (hydroponics) **～ tòp** 名 C タンクトップ《そでなしで襟ぐりの深い上衣》 **～ tòwn** 名 C 《米》小さな町《列車が給水のために停車したことから》 **～ trèad** 名 C 《通例複数形で》《主に米》キャタピラー **～ trùck** 名 C 《米》タンク車

tank·age /tǽŋkɪdʒ/ 名 U ❶ タンクの容量 ❷ タンクによる貯蔵; タンク使用料 ❸ タンクかす《畜殺場の廃棄物から脂肪を抽出した残りかす. 肥料用》

tank·ard /tǽŋkərd/ 名 C タンカード《取っ手・ふた付きで主に金属製のマグカップ》; タンカード1杯の量

tankard

tanked /tæŋkt/ 形 《俗》ひどく酔っ払った (♦ tanked-up ともいう)

***tank·er** /tǽŋkər/ 名 C ❶ タンカー, 油槽船 ❷ タンク車, タンクローリー ❸ 空中給油機, 油送機
▸▸**～ càr** 名 C =tank car

tank·ful /tǽŋkfʊ̀l/ 名 C タンク1杯(分)

tan·ki·ni /tæŋkíːni/ 名 C タンキニ《上がタンクトップ, 下がビキニの女性用水着》

tan·ner /tǽnər/ 名 C ❶ 皮なめし工; 製革業者 ❷ 日焼けローション[クリーム]

tan·ner·y /tǽnəri/ 名 (複 **-ner·ies** /-z/) C 皮なめし[製革]工場

tan·nic /tǽnɪk/ 形 〖化〗タンニン(性)の
▸▸**～ ácid** 名 U =tannin

tan·nin /tǽnɪn/ 名 U 〖化〗タンニン(酸) (tannic acid)《皮なめし・染色・インキ製造などに用いる》

tan·ning /tǽnɪŋ/ 名 U ❶ 皮なめし(法), 製革(法) ❷ 日焼け ❸ U C (むちなどで)ぶつこと[音], 一打ち
▸▸**～ bèd** 名 C (日焼けサロンなどの)日焼け用ベッド

tan·noy /tǽnɔɪ/ 名 《しばしば T-》C 《英》《商標》タノイ《講堂・屋外などの拡声装置》 —動 他 …を拡声装置で知らせる;〔人〕を拡声装置で呼び出す

tan·sy /tǽnzi/ 名 (複 **-sies** /-z/) C 〖植〗ヨモギギク《もと葉は薬・料理用》

tan·ta·lize /tǽnṭəlàɪz/ 動 他 (差し出しては引っ込めて)…をじらして苦しめる, じらす(⇨ BOTHER 類語)
tàn·ta·li·zá·tion 名 **-lìz·er** 名

tán·ta·lìz·ing /-ɪŋ/ 形 じらす, じれったい **～·ly** 副

tan·ta·lum /tǽnṭələm/ 名 U 〖化〗タンタル《金属元素. 元素記号 Ta》

Tan·ta·lus /tǽnṭələs/ 名 ❶ 〖ギ神〗タンタロス《Zeus の息子. 罰を受けて地獄に落とされ, 永遠の飢えと渇きに苦しんだ》 ❷ 《t-》C 《英》(鍵(かぎ)のかかる)酒瓶棚

tan·ta·mount /tǽnṭəmàunt/ 形 《叙述》(力・価値・効果などが)〈…と〉同等の(equal), 同然の〈**to**〉

tan·tra, Tan- /tʌ́ntrə | tǽn-/ 名 C (ヒンドゥー教・仏教の) タントラ (経典); U タントラに基づいた行動《祈り・瞑想(めいそう)など》 **-tric** 名 形

tan·trum /tǽntrəm/ 名 C (特に子供の)かんしゃく, 不機嫌 ‖ go into a ～ かんしゃくを起こす

***Tan·za·ni·a** /tænzəníːə/ 名 タンザニア《アフリカ東部の連合共和国. 公式名 the United Republic of Tanzania. 首都 Dar es Salaam(公式には Dodoma)》
Tàn·za·ní·an 形 名 C タンザニア(人)の; タンザニア人

Taoi·seach /tíːʃək, -ʃəx/ 名 《the ～》(アイルランド共和国の)首相(♦ アイルランド語より)(=chief)

Tao·ism /táuìzm/ 名 U 道教
　-ist 名 C 形 道教信者(の)；道学者(の)

:tap¹ /tæp/
　━名 (複 **~s** /-s/) C ❶ (水道・ガスなどの) コック, **蛇口**, 栓 (《米》 faucet) ‖ turn on [off] the cold [hot] ～ 栓をひねって水[湯]を出す[止める] / open a ～ 栓をひねって水を出す
　❷ (たるなどの)栓, 飲み口 ❸ (たる出しの)ビール ❹ (電話などの) 盗聴(器) ❺ 《英》 〖電〗 タップ 《巻線などの中間口出し》 ❻ 〖医〗穿刺(せんし) 《胸水や髄液などを吸い出すこと》 ❼ タップ 《雌ねじを切る道具》 ❽ 《英》 =taproom
　__on táp__ ① 飲み口がついて, (ビールなどが)たるからすぐ注げる ‖ beer *on* ～ たる入りビール ② 《口》 必要なときにすぐ使用[利用]できるようになって ③ 《米》 予定[計画]されて (→ CE 1)

COMMUNICATIVE EXPRESSIONS
1 **What's on táp (for) today?** 今日の予定は？

　━動 (**~s** /-s/ ; **tapped** /-t/ ; **tap·ping**)
　━他 ❶〔資源・市場・知識など〕を有効利用[開発]する；〔金・情報など〕を引き出す ‖ ～ the student market 学生市場を開拓する / ～ their professional expertise 彼らの専門知識を活用する
　❷〔電話(線)など〕に盗聴器をつける；〔電話・電信〕を盗聴[傍受]する ‖ I suspect this telephone is (being) *tapped*. どうもこの電話は盗聴されているらしい
　❸〔たるなど〕に飲み口をつける；〔たるなど〕の栓から液体を出す；〔液体〕をたるから出す ‖ ～ a cask of cider リンゴ酒のたるの口を切る[に飲み口をつける]
　❹〔木〕から樹液を採る ‖ ～ maple trees サトウカエデの樹液を採る ❺ 〖医〗〔体の部位〕から体液などを抜く ❻ 《口》〔人〕から〈金・情報などを〉手に入れる[引き出す, 借りる]〈**for**〉 ‖ I managed to ～ my father *for* another 10,000 yen. 父にせがんで何とかもう1万円を手に入れた / Information stored in memory can be *tapped* in a number of ways. メモリーに格納してある情報はいくつかの方法で取り出すことができる ❼〔ガスなどの本管・電気の本線など〕と(通例違法に)接続する, 〔本管〕から枝管を引く ❽ 〖機〗…に雌ねじを切る
　━自 《+**into** 名》…を利用する, 活用する
　__tàp ... óut__ 〈他〉《米口》〔人〕を文なしにする；〔人〕の精力を消耗させる (♦ しばしば受身形で用いる) ‖ I'm all *tapped out*. すっからかんだ
　▶▶ **~ wàter** 名 U 水道の水

:tap² /tæp/
　━動 (**~s** /-s/ ; **tapped** /-t/ ; **tap·ping**)
　━他 ❶ …を〈…で〉**軽くたたく**〈**with**〉 ‖ Someone *tapped* me on the shoulder. だれかが私の肩を軽くたたいた / ～ a table *with* a pencil 鉛筆でテーブルをこつこつたたく
　❷〔手・足など〕を〈…に〉軽く打ちつける〈**on, against**〉；…でとんとん拍子をとる ‖ ～ a heel *on* the pavement かかとを敷石にこつこつ打ちつける
　❸ …を軽くたたいて作る；…を打ち込む, 打ち出す；〔情報など〕を入力する ‖ ～ a message with the fingers 指でとんとんたたいて合図する / ～ tablets out of a packet 小箱をとんとんたたいて錠剤を取り出す / ～ data into a computer コンピューターにデータを打ち込む
　❹ 《米》〔靴のかかと・底〕に革を張る, 金具を打ちつける
　❺ 《米口》《通例受身形で》〈会員・役職などに〉選ばれる〈**as, for**〉 ❻ 〖音声〗 =flap ❸
　━自 ❶ 〈…を〉軽くたたく[打つ]〈**on, at**〉 ‖ ～ *on* [OR at] a door ドアをとんとんとノックする / ～ away at one's computer コンピューターに打ち込む
　❷ こつこつと足音を立てて歩く；タップダンスをする
　__tàp ín ... / tàp ... ín__ 〈他〉 ①〔くぎなど〕を打ち込む ② (キーの操作で)〔情報など〕を打ち込む ③ 〖ゴルフ〗〔ボール〕に軽く触れてホールに入れる；〖サッカー〗〔ボール〕を軽くキックしてゴールに入れる
　__tàp óut ... / tàp ... óut__ 〈他〉 ① (指先で物の表面をたたきながら)〔リズミカルな音〕を出す ② (キーの操作で)〔数字など〕を打ち込む；〔文章など〕を打ち出す
　━名 (複 **~s** /-s/) C ❶ 〈…を〉軽くたたく[打つ]こと[音]〈**on, at**〉；こつこつ, とんとん, こんこん, ぱちぱち(という音) ‖ give a ～ *on* a door ドアをとんとんとたたく
　❷ 《~s》《単数・複数扱い》《米》(軍隊の)消灯合図[らっぱ]；軍葬らっぱ ‖ play ～*s* らっぱを吹く
　❸ タップダンス(tap-dancing) ❹ 《米》(靴底の)張替革；(靴底に打つ)タップダンス用の金属片 ❺ 〖音声〗 =flap ❻
　▶▶ **~ dànce** (↓)

tap·as /tǽpæs/ 名 複 タパス 《スペイン料理の前菜》

táp-dànce 動 自 タップダンスを踊る
　táp-dàncing 名　**táp-dàncer** 名

táp dànce 名 U C タップダンス

:tape /teɪp/
　━名 (複 **~s** /-s/) ❶ U (録音・録画用の) **磁気テープ** (magnetic tape)；C ビデオテープ(video tape), カセットテープ (cassette tape)；録音[画]済みのテープ ‖ record a concert **on** ～ コンサートをテープに録音[画]する / an audio ～ 録音テープ
　連語 【動+～】 make a ～ 録音[録画]テープを作る；ダビングする / play (back) a ～ テープを流す[上映する] / watch a (video) ～ ビデオを見る
　❷ C U (布・紙製の)平ひも, **テープ**, リボン；《the ～》(競走の) 決勝テープ ‖ breast [OR break] the ～ 決勝テープを切る, 1番[着]になる ❸ C U 粘着テープ；絶縁テープ；💻 (穿孔(せんこう)用)紙テープ, データ記録用の磁気テープ；〖電信〗(受信用)印字テープ ❹ =tape measure
　━動 他 ❶ …をテープに録音[画]する ‖ ～ a TV program テレビ番組を録画する ❷〔包みなど〕をひもでくくる《*up*》；…を〈…に〉粘着テープで留める〈**onto, to**〉 ‖ a ～*d-up* room 粘着テープで目張りした部屋 ❸ 《主に米》〔負傷箇所〕を包帯で巻く, テーピングする(《主に英》 strap)《*up*》 ❹ …を巻尺で測る **━自** (テープに)録音[画]する
　__hàve__ [OR *__hàve gòt__*] *__... táped__* 《英口》〔人〕の性格[能力]を見抜く, 〔物〕の本質を見抜く
　▶▶ **~ dèck** 名 C テープデッキ **~ machìne** 名 C (電信の) 自記受信機；《英》(株式取引の) 相場受信機 (《米》 ticker) **~ mèasure** 名 C 巻尺, テープメジャー **~ recòrder** 名 C テープレコーダー **~ recòrding** 名 C U テープ録音[画]；録音テープ

ta·pe·nade /tɑ̀ːpənɑ́ːd | tæ̀pə-/ 名 U 〖料理〗 タプナード 《黒オリーブ・アンチョビーなどを用いる南フランスのペースト》

·ta·per /téɪpər/ 動 自 ❶ 先細になる ‖ Her jeans ～ to her ankles. 彼女のジーンズは足首に向かって細くなっている ❷ 次第に減少する《*off*》 **━他** ❶ …を先細にする ❷ …を次第に減らす《*off*》 **━名** ❶ U/C 《通例単数形で》先が細くなること；先細のもの ❷ C (細長い)ろうそく, 小ろうそく ❸ C (着火用の)ろう引き灯心

tápe-recòrd 動 他 …をテープに録音[画]する ‖ ～*ed* music テープに録音した音楽

tap·es·tried /tǽpɪstrid/ 形 つづれ織りで飾った；つづれ織りをかけた

·tap·es·try /tǽpɪstri/ 名 (複 **-tries** /-z/) ❶ C U つづれ織り(の布[織物]), タペストリー；《英》つづれ織り風の刺繍(ししゅう) ❷ C (出来事・事件などの) 複雑さ, 複雑な背景 ‖ the rich ～ of life 豊かな人生模様

tápe·wòrm 名 C 〖動〗条虫, サナダムシ

tap·i·o·ca /tæ̀pióukə/ 名 U タピオカ 《キャッサバ (cassava)の根から採ったでんぷん》

ta·pir /téɪpər/ 名 (複 ～ OR **~s** /-z/) C 〖動〗バク

tap·pet /tǽpɪt/ 名 C 〖機〗タペット 《カム(cam)に断続的に打たれて運動をほかに伝える桿(かん)》

táp·ròom 名 C 《英》(ホテルなどの)酒場, バー

táp·ròot 名 C 〖植〗主根, 直根

ta·que·ri·a /tɑ̀ːkəríːə/ 名 C タコス料理店[スタンド] (→ taco)

*tar¹ /tɑːr/ 名 U ❶ タール《石炭・木材の乾留時にできる黒色の油状物質. 主に道路舗装に用いる》‖ coal ～ コールタール ❷ (たばこの)タール, やに ‖ low-～ cigarettes 低タールの紙巻きたばこ

bèat [OR *knòck, whàle*] *the tár òut of ...* 《米口》…を情け容赦なくやっつける, 高慢の鼻をへし折る

── 動 (tarred /-d/ ; tar·ring) 他 ❶ …にタールを塗る, …をタールで汚す ❷ …の名前[評判]を傷つける

be tàrred with the sàme brúsh 〈…と〉同じ欠点を持っている[同罪だ]と非難される〈as〉

tàr and féather a pèrson 〔人〕の体一面にタールを塗りその上を鳥の羽で覆う《私刑の一種》;〔人〕を公然と非難する[罰する]

▸▸ ～ bàby 名 C 《口》(解決しようとするといっそう難化する)やっかいな問題 ～ pìt 名 C タールピット《天然アスファルトがにじみ出た穴. 特に動物がそこにはまりやすい》;《比喩的に》泥沼 ～ sànd 名 C U 〖地〗タールサンド《高粘度の石油を含む砂(岩). oil sand ともいう》

T

tar² /tɑːr/ 名 C 《旧》《口》水夫, 船乗り

tar·a·did·dle /tǽrədìdl/ 名 C 《主に英口》たわいない[罪のない]うそ; U もったいぶったたわごと

ta·ra·ma·sa·la·ta /tɑ́ːrəməsəlɑ̀ːṭə | tæ̀rəməsəlɑ́ːtə/ 名 U 〖料理〗タラモサラダ (taramosalata)《魚卵から作るギリシャ風ペースト料理》

tar·an·tel·la /tæ̀rəntélə/, -telle /-tél/ 名 C タランテラ《イタリア南部の活発な踊り》;〖楽〗その曲

tar·ant·ism /tǽrəntìzm/ 名 U 〖史〗タラント病《15–17世紀南イタリアで流行した舞踏病の一種》

ta·ran·tu·la /tərǽntʃələ | -tjʊ-/ 名 (複 ～s /-z/ OR ～lae /-liː/) C 〖動〗 ❶ タランチュラ, オオツチグモ《熱帯産の大型の毒グモ》 ❷ 舞踏グモ《タラント病の原因と信じられていた南欧産の毒グモ》

語源 ❷の毒グモが多く見られたイタリア南部の都市 Taranto から. tarantella も同語源.

Ta·ra·wa /tərɑ́ːwə/ 名 タラワ《太平洋中部ギルバート諸島中の島. キリバスの首都》

tar·boosh /tɑ̀ːrbúːʃ/ 名 C タルブーシュ《イスラム教徒男子の赤いフェルト製のトルコ帽》(→ fez)

tár·brùsh 名 C タール刷毛(ばけ);《the ～》⊗《蔑》黒人[インド人]の祖先

tar·dive dys·ki·ne·sia /tɑ̀ːrdɪv dɪ̀skəníːʒiə, -kaɪ-/ 名 U 〖医〗晩発性ジスキネジー《顔やあごの運動障害》

tar·dy /tɑ́ːrdi/ 形 ❶ 遅れた; 遅刻した(♦ 生徒が自分の遅刻をいう場合は I was late for school. がふつう) ‖ a ～ guest 遅参した客 ❷ 《文》〈…が〉緩慢な, のろい, 〈…に〉手間取る〈in〉 -di·ly 副 -di·ness 名

tare¹ /teər/ 名 C ❶ 〖植〗カラスノエンドウ, ヤハズエンドウ (vetch) ❷ 《～s》〖聖〗(麦畑の)有害な雑草, 毒麦

tare² /teər/ 名 U ❶ 風袋(ふうたい)の目方《品物の包装や梱包(こんぽう)の容器などの重さ》 ❷ (積荷などを除いた)車体重量

── 動 他 …の風袋をはかる[差し引く]

:tar·get /tɑ́ːrgət | -ɪt/

中心義 A が向かう先(★Aは「攻撃」「努力」「非難」など)

── 名 (複 ～s /-s/) C ❶ 〈攻撃などの〉目標〈for〉; (射撃などの)標的, 的(まと) ‖ The airfield was a prime ～ *for* enemy bombs. その飛行場は敵の爆撃の第一目標だった / aim at a ～ 的をねらう / hit [miss] the ～ 的に当たる[的を外す] / ～ practice 射撃練習

❷ 到達目標, 目標額 ‖ achieve [OR meet] a sales ～ 販売目標を達成する / set ～*s* 目標を設定する

❸ 〈非難・軽蔑などの〉的, 中心; 〈物笑いの〉種〈for, of〉 ‖ Anyone can be a ～ *for* bullying. だれでもいじめの対象になる可能性がある / a ～ *for* scorn 軽蔑の的 / 「an easy [OR a sitting] ～ 格好の的

❹ 〖史〗(小型の)丸い盾

❺ 〖理〗ターゲット《(X線管の)対陰極; (中性子などを照射する)標的物質》 ❻ 〖測量〗視標

on tárget 予想[予定]どおり, 目標に近づいて, 的を射て

── 動 他 ❶ (商品・批判などが)…を目標[対象]とする; 《通例受身形で》対象を〈…に〉する, 〈…を〉対象にする〈at, on〉 ‖ Our new book ～*s* college students. 我々の新刊書は大学生を対象にしている / Their ad campaign is ～*ed at* teenagers. 彼らの宣伝キャンペーンはティーンエイジャーを対象としている

❷ (攻撃などが)…を目標とする; 《通例受身形で》〈…を〉攻撃目標[的]とする〈at, on〉 ‖ missiles ～*ed on* a specific country 特定の国を標的とするミサイル

▸▸ ～ àudience 名 C 《集合的に》(広告などの)ターゲットとなる層 ～ dàte 名 C 〈計画実行などの〉目標期日[日時]〈for〉 ～ lànguage 名 C (学習・翻訳の)目標言語; 対象言語《原語に対し訳文の言語. 和文英訳の際の英語など》 ～ shòoting 名 U ターゲット射撃

*tar·iff /tǽrɪf/ 名 (複 ～s /-s/) C ❶ 〈…にかかる〉関税〈on〉; 関税率(表); 関税法[制度] ‖ a ～ *on* liquor 酒税 ❷ 《主に英》(ホテル・ガス・携帯電話などの)料金表 ❸ 〖法〗(その犯罪に対する)最低限の刑罰を基準に下された判決

── 動 他 ❶ …に関税をかける; …の関税率を定める ❷ …の料金を定める

tar·la·tan /tɑ́ːrlətən/ 名 U 薄地モスリン

tar·mac /tɑ́ːrmæk/ 名 U 《英》《商標》 ❶ = tarmacadam ❷ 《the ～》ターマック舗装面《道路・滑走路・空港のエプロン (apron) など》 ── 動 (-macked /-t/ ; -mack·ing) 他 …をターマックで舗装する

tar·mac·ad·am /tɑ̀ːrməkǽdəm/ 名 U タールマカダム(舗装)《タールに小砕石を混合した舗装材料》

tarn /tɑːrn/ 名 C 山中の小湖

tar·nal /tɑ́ːrnəl/ 形 副 《主に米俗》とてつもない[なく], べらぼうな[に](♦ eternal から)

tar·na·tion /tɑːrnéɪʃən/ 《主に米口》(♥ damnation の婉曲用法) 間 畜生, ちぇっ, くそ; 一体全体

── 名 U 地獄に落ちる[落とす]こと, 破滅

tar·nish /tɑ́ːrnɪʃ/ 動 他 ❶ 〔金属など〕の表面を曇らせる, 退色させる ❷ 〔名声など〕を損なわせる, 汚す; 〔思い出など〕を台無しにする ── 自 ❶ (金属面などが) 曇る, 退色する ❷ (名声などが)損なわれる, 汚れる; 台無しになる

── 名 U/C 《単数形で》 ❶ (金属面の)曇り, 退色; 酸化被膜 ❷ (名声などの)汚点, 汚れ ～·a·ble /-əbl/ 形

ta·ro /tɑ́ːroʊ/ 名 (複 ～s /-z/) U C 〖植〗タロイモ《サトイモ科の熱帯性植物》; その塊茎《食用》

tar·ot /tǽroʊ/ 《発音注意》 名 《the T-》タロットカード《主に占いに用いる》; C タロットカードの1枚

tarp /tɑːrp/ 名 《主に米口》= tarpaulin

tar·pau·lin /tɑːrpɔ́ːlɪn/ 名 C U ❶ (タール・ペンキなどを塗布した) 防水布 [シート] ❷ (もと水夫のかぶった) 防水帽 ❸ 《古》水夫

tar·pon /tɑ́ːrpɑ(ː)n | -pɒn/ 名 (複 ～ OR ～s /-z/) C 〖魚〗ターポン《西大西洋産のニシンに似た大型釣魚》

tar·ra·did·dle /tǽrədɪdl/ 名 《口》= taradiddle

tar·ra·gon /tǽrəgən/ 名 U 〖植〗タラゴン, エストラゴン《ニガヨモギの類》; その葉《香草, サラダ・スープ用》

tar·ry¹ /tǽri/ 動 (-ried /-d/ ; ～·ing) 自 《文》 ❶ (行動などが)遅れる, 手間取る ❷ 〈…に〉(予定より長く)とどまる, 逗留(とうりゅう)[滞在]する〈at, in, on, etc.〉 ❸ 〈…を〉待つ〈for〉

── 名 (複 -ries /-z/) C 《文》短い滞在

tar·ry² /tɑ́ːri/ 形 タールの(ような); タールを塗った[で汚れた] -ri·ness 名

tar·sal /tɑ́ːrsəl/ 形 〖解〗足根骨の; 瞼板(けんばん)の

── 名 C 〖解〗足根骨

tar·si·er /tɑ́ːrsiər/ 名 C 〖動〗メガネザル

tar·sus /tɑ́ːrsəs/ 名 (複 tar·si /-saɪ/) C 〖動〗足根(骨); (鳥の)跗蹠(ふしょ)骨; (昆虫の)跗節(ふせつ); 〖解〗瞼板(けんばん)

tart¹ /tɑːrt/ 形 ❶ (味などが)ぴりっとする, 酸っぱい(⇨ SOUR 類語) ‖ a ～ apple 酸っぱいリンゴ ❷ 《通例限定》辛辣(しんらつ)な, 鋭い, 痛烈な ～·ly 副 ～·ness 名

tart² /tɑːrt/ 名 C U タルト《果物・ジャムをのせた小型のケーキ》;《英》小型のパイ《果物・ジャムを包んだもの》

tart³ /tɑːrt/ 名 C ⊗《俗》《蔑》ふしだらな女；売春婦
━ 動 他《主に英口》…をけばけばしく飾り立てる《**up**》；《～ oneself で》めかし込む《**up**》(doll up；☞ dress up)

tar·tan /tɑ́ːrtən/ 名 U ❶ タータン《スコットランド高地人などの着用する格子じまの毛織物》；U C (各氏族に特有の) 格子柄模様 ❷ 格子じまの布地；タータンチェック(の服)
━ 形 格子じまの(ような)；格子じまの布地で作った

tartan ❶

tar·tar /tɑ́ːrṭər/ 名 U ❶ 歯石 ❷ (ワインのたるに付着する) 酒石；酒石英《ベーキングパウダーの原料・薬用》
▸▸ **～ emétic** 名 U 吐酒石《染色・医療に用いる》 **tàr·tar** [**tàrtare**] **sáuce** /tɑːrṭər-/ 名 U 〖料理〗タルタルソース《マヨネーズにピクルスなどを混ぜたソース》

Tar·tar /tɑ́ːrṭər/ 名 ❶ C タタール人, 韃靼(だったん)人《中央アジアのトルコ系住民》；U タタール語 ❷《しばしば **t-**》C ⊗《ときに蔑》気性が激しく気難しい人, 手に負えない人
càtch a Tártar [OR *tártar*] 予想外に手ごわい相手にぶつかる
━ 形 タタール人[語]の

tar·tàr·ic ácid /tɑːrtǽrɪk-/ 名 U 〖化〗酒石酸

Tar·ta·rus /tɑ́ːrṭərəs/ 名 〖ギ神〗タルタロス《冥府(めいふ)(Hades)の最下層》；C (一般に)冥府, 地獄

tart·let /tɑ́ːrtlət/ 名 C 小さなタルト(→ tart²)

tart·y /tɑ́ːrṭi/ 形 ⊗《俗》《蔑》売春婦の(ような)

Tar·zan /tɑ́ːrzæn | -zən/ 名 ターザン《米国の作家 E. R. Burroughs 作の冒険小説の主人公》；《ときに **t-**》C 強くて野性味のある男性

Tash·kent /tæʃként/ 名 タシケント《ウズベキスタンの首都》

⁑task
/tæsk | tɑːsk/ 名 動
━ 名 (複 **～s** /-s/) C ❶ (課せられた)**仕事**, 課業；(やっかいな骨の折れる)任務, 作業；(学習の)課題(⇨ 類語, JOB 類語P) ‖ She **performed** the important ～ of being MC at the party. 彼女はパーティーの司会という重要な仕事をこなした / a thankless ～ 割に合わない仕事 / the learning ～ 学習課題 / the ～ of the police 警官の職務

連語【形＋～】a difficult ～ 困難な仕事 / a daunting ～ きつい仕事 / today's main ～ 本日の主な仕事 / an easy ～ 簡単な仕事
【動＋～】「carry out [OR do] a ～ 仕事を行う [実行する] / undertake [OR take on] a ～ 仕事を引き受ける / complete a ～ 仕事を仕上げる

❷ 💻 タスク《OSが管理し実行する作業の単位》
tàke a pèrson to tásk 〈…のかどで〉〔人〕を非難する, とがめる〈**for, about, over**〉
━ 動 他 ❶《通例受身形で》〈…の〉仕事[任務]が課される〈**with**〉
❷ (仕事などが)…に負担をかける, 〔体力・知能など〕を酷使させる ‖ Excessive computer use ～*s* our eyesight. 過度のコンピューター使用で我々の目は酷使されている

類語《名 ❶》**task** 明確に定めて課せられた (しばしば厳しい) 仕事.
job 広義の語で, 定職としての仕事から一時的な半端仕事にまで用いられる.
chore 重要でない, 決まりきった, 細かい (しばしば骨の折れる, あるいは煩わしい) 仕事, 雑用.
assignment 権限を持った立場の人から割り当てられた仕事・課題.
これらはいずれも可算名詞であるが, 不可算名詞として広い意味で「仕事」を表すのは **work** で, 上記の語はいずれも a piece of *work* (数えられる 1 つの仕事) の意において共通する.

▸▸ **～ bàr** 名 C 💻 タスクバー《Windows で使用中のプログラムのボタンなどが並ぶ帯状部分》 **～ fòrce** [**gròup**] 名 C ❶〖軍〗特別任務部隊, 機動部隊 ❷ 対策委員会[本部]

tásk·màster 名 C (困難な) 仕事を課す人；(厳格な) 監督者

Tas·ma·ni·a /tæzméɪniə/ 名 タスマニア《オーストラリア南東の島および州. 州都は Hobart /hóubɑːrt/》

Tas·ma·ni·an /tæzméɪniən/ 形 名 C タスマニアの(人)；U タスマニア語 ▸▸ **～ dévil** 名 C 〖動〗タスマニアデビル《タスマニア産の肉食性有袋類》 **～ wólf** 名 C 〖動〗フクロオオカミ《タスマニア産の絶滅した肉食性有袋類》

Tass /tɑːs | tæs/ 名 (旧ソ連の) タス通信《現在は ITAR-Tass》

tas·sel /tǽsəl/ 名 C ❶ ふさ, 飾りふさ《衣服やカーテンなどにつける》 ❷ ふさ状のもの；〖植〗(トウモロコシの)雄穂(ゆうすい)
━ 動 (**-seled**, 《英》**-selled** /-d/；**-sel·ing**, 《英》**-sel·ling**) 他 …にふさをつける
━ 自《米》(トウモロコシが)穂を出す
～ed, 《英》**～led** 形 (飾り)ふさのついた

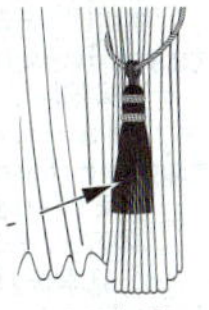
tassel ❶

⁑taste
/teɪst/ 名 動

中心義 味(を感じる)

━ 名 〔▶ tasteful 形, tasty 形〕(複 **～s** /-s/) ❶ C U **味**, 風味 ‖ This soup 「has no ～ at all [doesn't have much ～]. このスープはまるで味がない [味が薄い] / Put some salt and pepper in the soup to give it more ～. スープに塩とこしょうを少し入れてもっと味をつけなさい
❷ U《しばしば the ～》**味覚** ‖ This herb is bitter [sweet, hot] to the ～. このハーブは苦い[甘い, 辛い]味がする / lose one's sense of ～ 味覚をなくす
❸ C U 〈…の〉**好み**, 嗜好(しこう), 趣味(↔ dislike)〈**for**〉(⇨ HOBBY 類語) ‖ Keith has expensive ～ in clothes. キースは着るものの好みがぜいたくだ / *There is no accounting for* ～(*s*).= *Tastes differ.* 《諺》好みは人それぞれ；十人十色, 蓼(たで)食う虫も好き好き / a question of personal ～ 人それぞれの好みの問題 / a ～ *for* learning 好学心
❹ C《通例 a ～》味見, 試食, 試飲；(味見のための)少量の飲食物, 一口, ひと飲み ‖ Have a ～ of this cake. このケーキを一口食べてみて ❺ U 美的感覚, 審美眼, 趣味のよしあし, センス；判断力, 見識, たしなみ ‖ She shows good ～ in clothes. 彼女は着るものの趣味がよい ❻ C《通例単数形で》ちょっとした[初めての]経験, 〈成功などの〉味〈**of**〉‖ She had a ～ *of* office work. 彼女は事務の仕事を初めてした / a ～ *of* success 成功の味

**in gòod* [*bàd, pòor*] *táste* 趣味のよい[下品な, たしなみのない] ‖ That joke was *in bad* ～. その冗談は品の悪いものだった
lèave a bàd [OR *nàsty, bìtter*] *táste in the* [OR *a pèrson's*] *mòuth* 《口》(物事・経験などが) 後味の悪い[不快な, 腹立たしい]感じを残す
to táste 適当な, 好みに応じて(♦ 調理法の説明で) ‖ Add salt *to* ～. 塩はお好みで加えてください
to a pèrson's táste (人の)気に入って, 好みに合って

━ 動 (**～s** /-s/；**tast·ed** /-ɪd/；**tast·ing**)
━ 自《進行形不可》**a**《＋補〈形〉》…の**味**[風味]**がする** ‖ This sausage ～*s* **good**. このソーセージはおいしい / "How does it ～?" "It ～*s* sweet [×sweetly]." 「それはどんな味がしますか」「甘い味がします」
b《＋of [like] 名》…の[…のような] 味がする ‖ This soup ～*s* strongly *of* garlic. このスープはニンニクの味が強い / What does this tea ～ *like*? このお茶はどんな味がしますか
━ 他 ❶〔飲食物〕の**味をみる**, 試食する, 試飲する ‖ She ～*d* the stew and added more salt. 彼女はシチューの味をみて塩を足した / ～ wine ワインを味見する
❷《進行形不可》…の味を感じ取る[見分ける], 味がわかる

(♦ しばしば can, could を伴う) ‖ You can't ～ anything when you have a cold. 風邪をひいているときは味が全くわからない / I can ～ mint in this tea. この茶はミントの味がする ❸ ((進行形不可)) ((しばしば否定文で)) 〔飲食物〕を口にする ‖ Never have I ～*d* such a wonderful meal. こんな素敵な食事は味わったことがない ❹ …を初めて体験する, …の味を知る ‖ ～ the joys of freedom 自由の喜びを享受する
▸▸～ **bùd** 名 C ((通例 ～s)) 味蕾(みらい) ((舌の表面にある味覚をつかさどる感覚細胞)) ～ **tèster** 名 C (食品会社などの)味見をする人

taste·ful /téɪstfəl/ 形 〔◁ taste 名〕 趣味のよい, 上品な, 審美眼のある **～·ly** 副 **～·ness** 名

taste·less /téɪstləs/ 形 ❶ (食べ物が) 味のない, まずい ; 無味乾燥な, 退屈な ❷ 美的感覚のない ; 趣味の悪い, 下品な ‖ a ～ joke 悪趣味な冗談 **～·ly** 副 **～·ness** 名

tast·er /téɪstər/ 名 C ❶ 味見をする人 ; (酒・茶などの)鑑定家 ; 〚史〛毒味役 ❷ (味見用の)少量の食べ物[飲み物] ; (内容がわかる) 見本 ❸ (きき酒用の) 鑑定杯 ; (チーズなどの)見本抜き取り棒

tast·ing /téɪstɪŋ/ 名 C (ワインなどの) テイスティング, 試飲[食]会

***tast·y** /téɪsti/ 形 〔◁ taste 名〕 ❶ (食べ物などが)味のよい, 風味のある ❷ 趣味のよい ❸ ((主に英口)) 興味をそそる, 面白い ; (性的に)魅力のある **tást·i·ly** 副 **tást·i·ness** 名

tat[1] /tæt/ 動 (**tat·ted** /-ɪd/ ; **tat·ting**) 他 自 (…を) タッチング(tatting)で作る[をする]

tat[2] 名 U ((英口))みすぼらしい衣服[装飾品] ; ぼろ, がらくた

ta-ta /tætáː/ 間 ((主に英口))バイバイ(♥ 小児語)

ta·ta·mi /tətáːmi/ 名 (複 ～ OR **～s** /-z/) C 畳 (♦ 日本語より)

Ta·tar /táːṭər/ 名 =Tartar ❶ ―形 =Tartar

ta·ter /téɪṭər/ 名 C ((通例 ～s))((口))ジャガイモ(potato)

tat·ter /tǽṭər/ 名 C ((通例 ～s)) (布・紙などの) 切れ端, ぼろ, ぼろ切れ ; ((～s))ぼろ服 ‖ to ～*s* ずたずたに
in tátters ((口))ぼろぼろになって ; (徹底的に)破壊されて
―動 他 自 (…を[が])ぼろぼろにする[なる]

tat·ter·de·ma·lion /tæ̀ṭərdɪméɪliən/ 形 名 C ぼろを着た(人)

tat·tered /tǽṭərd/ 形 (衣服などが)ぼろぼろの ; (人が)ぼろを着た ; みすぼらしい

tat·ting /tǽṭɪŋ/ 名 U タッチング ((縁飾りなどのレース編みの一種)) ; タッチングで作ったレース

tat·tle /tǽṭl/ 動 自 ❶ 無駄口をたたく ❷ 漏らす, 告げ口をする〈**on** 人の(ことを) ; **to** 人に〉 ―他 〔無駄話〕をする ; 〔秘密〕をおしゃべりして漏らす ―名 U 無駄話 ; うわさ話

tat·tler /tǽṭlər/ 名 C ❶ おしゃべり (屋), 無駄口きき ❷ 〚鳥〛メリケンキアシシギ

táttle·tàle 名 C ((米)) (特に子供の先生などへの) 告げ口屋, 秘密漏らし(((英)) telltale)

tat·too[1] /tætúː/ 名 (複 **～s** /-z/) C 入れ墨, タトゥー
―動 他 …の入れ墨を〈…に〉する〈**on**〉 ; …に〈…の〉入れ墨を彫る〈**with**〉 **～·er, ～·ist** 名 C 入れ墨師, 彫師
▸▸～ **àrtist** 名 C =tattooist ～ **pàrlor** 名 C 入れ墨師の店, タトゥースタジオ

tat·too[2] /tætúː/ 名 (複 **～s** /-z/) ❶ (the ～) 〚軍〛 (夜の)帰営太鼓 [らっぱ] ❷ C (夜間に催す) 軍楽隊パレード ❸ C ((通例単数形で)) (指などによる)連打, とんとんたたく音
―動 他 自 (…を)こつこつたたく

tat·ty /tǽṭi/ 形 ((口))ぼろの, むさくるしい, みすぼらしい ; 安っぽい, 下等な **-ti·ly** 副 **-ti·ness** 名

tau /taʊ, tɔː | tɔː, taʊ/ 名 C タウ ((ギリシャ語アルファベットの第19字. Τ, τ. 英語の T, t に相当))
▸▸～ **cròss** 名 C T字形十字

taught /tɔːt/ ((発音注意)) (♦ 同音語 taut) 動 teach の過去・過去分詞

taunt /tɔːnt/ 動 他 〔人〕を〈…を種に〉あざける, 嘲笑(ちょうしょう)[愚弄(ぐろう)]する, ののしる〈**with**〉 ―名 C ((しばしば ～s)) あざけり, 嘲笑, ののしり **～·ing·ly** 副 あざけって

taupe /toʊp/ 名 U 灰褐色 ―形 灰褐色の

Tau·rus /tɔ́ːrəs/ 名 ❶ ((無冠詞で)) 〚天・占星〛牡牛(おうし)座 ; 金牛宮 ((黄道十二宮の第2宮)) (the Bull) (⇨ ZODIAC 図) ❷ (複 ～) C 〚占星〛牡牛座生まれの人
-re·an 形 名 C 牡牛座生まれの(人)

***taut** /tɔːt/ (♦ 同音語 taught) 形 ❶ (綱が) ぴんと張った(↔ slack) ‖ The washing line wasn't ～ enough. 物干しロープがぴんと張られていなかった ❷ (筋肉・神経などが)張り詰めた, 緊張した ‖ ～ with nerves 神経が張り詰めて ❸ (船が) 整備された, きちんとした ❹ (文章・映画・音楽が)引き締まった **～·ly** 副 **～·ness** 名

taut·en /tɔ́ːtən/ 動 他 自 (…を)ぴんと張る

tau·tol·o·gize /tɔːtá(ː)lədʒàɪz | -tɔ́l-/ 動 自 無用な類語を反復する

tau·tol·o·gy /tɔːtá(ː)lədʒi | -tɔ́l-/ 名 (複 **-gies** /-z/) U C ❶ 類語反復 (〈例〉 necessary essentials) ❷ 類語反復の表現, 重複語 ❸ 〚論〛同語反復, トートロジー
tàu·to·lóg·i·cal, -gous 形 類語反復の[を用いた]

***tav·ern** /tǽvərn/ 名 C ❶ ((米))酒場, バー ; ((英では旧))居酒屋(pub) ❷ ((米)) ((英では旧))宿屋(inn)

taw /tɔː/ 名 ❶ C (大型で模様の入った) はじき石 ❷ U おはじき遊び ; おはじき遊びの開始線

taw·dry /tɔ́ːdri/ 形 安ぴかの ; 趣味の悪い ; ふしだらな
―名 U ((古))安ぴかの装飾品 **-dri·ly** 副 **-dri·ness** 名

taw·ny /tɔ́ːni/ 名 U 黄褐色 ―形 黄褐色の
▸▸～ **ówl** 名 C 〚鳥〛モリフクロウ

tawse, taws /tɔːz/ 名 ((単数・複数扱い)) ((スコット)) (昔, 子供のしつけに学校で用いられた)革のむち

⁝tax /tæks/ 名 動

―名 (複 **～·es** /-ɪz/) ❶ C U 〈…への〉**税金**, 税, 租税〈**on**〉 ‖ I paid $100 **in** ～. 私は税金として100ドル払った / One fifth of my salary goes in ～. 私の給料の5分の1は税金で持っていかれる / levy [OR impose] a ～ *on* imports 輸入品に課税する / free of ～ 無税で(の), 免税で(の) / profits before [after] ～ 税引き前[税引き後]利益

連語 【動+～】 pay ～ 税金を支払う / raise [OR increase] ～*es* 増税する / cut [OR reduce] ～*es* 減税する / collect a ～ 税を徴収する / avoid a ～ 脱税する / introduce ... ～ …税を導入する
【名/形+～】 corporation ～ 法人税 / council ～ ((英)) (地方自治体) 住民税 / direct [indirect] ～ 直接 [間接] 税 / income ～ 所得税 / inheritance ～ 相続税 / property [((米)) estate] ～ 固定資産税 / sales ～ 売上税 / value-added ～ 付加価値税 / federal [state] ～ ((米)) 連邦政府 [州] 税 / luxury ～ 奢侈(しゃし)税 / capital gains ～ 資本所得税 / poll ～ 人頭税 ; ((英口)) 地方負担金 / payroll ～ 支払給与税

❷ C (a ～) 〈…への〉重い負担, 苛酷(かこく)な要求〈**on**〉 ‖ a ～ *on* his endurance 彼の我慢の限界を超えるような厳しい要求 ❸ C ((米)) (組合などの)分担金, 会費

―動 (▶ taxation 名) (**～·es** /-ɪz/ ; **～ed** /-t/ ; **～·ing**)
―他 ❶ 〔人・物〕に税金を課する, 課税する ; 〔人〕から税金を徴収する ‖ Luxuries are **heavily** ～*ed*. ぜいたく品には高い税金がかけられる / ～ imports 輸入品に課税する
❷ ((英)) 〔車など〕の税金を納入する
❸ …に重荷を負わせる, …を酷使する ‖ The job ～*ed* her strength. その仕事で彼女の体力は消耗した / ～ one's patience いらいらさせられる
❹ …を〈…で〉 非難する, とがめる〈**with**〉 ‖ He ～*ed* me *with* neglect of duty. 彼は私が義務を怠ったことを非難した ❺ 〚法〛〔訴訟費用など〕を査定する
▸▸～ **avòidance** 名 U (合法的な) 税金回避, 節税 (→ tax evasion) ～ **bràcket** 名 C 税率区分 ～ **brèak** 名 C ((口)) 税の軽減[優遇]措置 ～ **collèctor**

名 C 収税吏 ～ crèdit 名 C 税額控除 ～ cùt 名 C 《米》減税 ～ dìsc 名 C 《英》自動車税納付済ラベル ～ dòdge 名 C 《口》税金逃れ, 脱税［節税］(法) ～ dòdger 名 C 《口》脱税者 ～ evàsion 名 U (非合法な) 税金不払い, 脱税 ～ èxile 名 C 税金逃れのための国外移住者 ～ hàven 名 C 税金回避地《企業などが税金逃れに利用する税の安い国・地域》～ hòliday 名 C (経済活性化のための)タックスホリデー, 課税猶予［軽減］期間 ～ inspèctor 名 C 《英》課税査察官 ～ lòss 名 C (税控除の目的で設定する) 資本損失《投下資本などを損失として利益から差し引く》～ ràte 名 C 税率 ～ rèfund 名 C 税の戻り ～ relìef 名 U 《英》所得税控除 ～ retùrn 名 C 納税［所得］申告(書) ～ shèlter (↓) ～ yèar 名 C 課税年度, 会計年度《《米》では1月1日, 《英》では4月6日より1年間》

tax·a·ble /tǽksəbl/ 形 税を課せられる, 課税対象の
―名 C 《通例 ～s》課税対象者 ; 課税物品
tàx·a·bíl·i·ty 名

táx-and-spènd 名 U 形 増税支出拡大政策(の)

*__tax·a·tion__ /tækséɪʃən/ 名 〔◁ tax 動〕 U ❶ 課税, 徴税, 税制 ‖ progressive ～ 累進課税 / a ～ office 税務署 ❷ 課税金, 課税額 ; 租税収入

tàx-dedúctible ◁ジ 形 所得から控除できる

tàx-deférred 形 《米》納税猶予の

tàx-exémpt ◁ジ 形 (収入・資産などが)免税の ; (債券などの利子が)非課税の

tàx-frée ◁ジ 形 副 ❶ 非課税の[で], 免税の[で] (duty-free) ❷ (配当金などが)税引きの[で]

tax·i /tǽksi/
―名 (複 **～(e)s** /-z/) C ❶ **タクシー** (cab) ‖ We took a ～ to the theater. 劇場までタクシーに乗った / go by ～ タクシーで行く(♦ この表現では通例無冠詞) / hail [OR flag down] a ～ タクシーを止める / pick up a ～ タクシーを拾う
❷ 《南ア》(小型) タクシーバス《路線は決まっているが乗客の望む所で乗り降りできる》
―動 (**～(e)s** /-z/ ; **～ed** /-d/ ; **～·ing** OR **tax·y·ing**)
―自 ❶ (飛行機が) (離着陸時に) 誘導路をゆっくり移動する, タキシングする ‖ The jumbo was ～*ing* down the runway at walking speed. そのジャンボ機は滑走路を歩くような速度で移動していた ❷ タクシーに乗って行く
―他 ❶ (パイロットが) 〔飛行機〕をゆっくり移動させる ❷ …をタクシーに乗せる[乗せて行く] ; 《口》…を車に乗せて行く
▶▶ ～ dàncer 名 C 《主に米》(ダンスホールの) 職業ダンサー ～ drìver 名 C タクシー運転手 ～ rànk 名 C 《英》= taxi stand ～ stànd 名 C 《米》タクシー乗り場

táxi·càb 名 = taxi

tax·i·der·my /tǽksɪdə̀ːrmi/ 名 U 剥製術
tàx·i·dér·mal, tàx·i·dér·mic 形 剥製(術)の **-mist** 名 C 剥製師

táxi·mèter 名 C タクシーの(料金)メーター

tax·ing /tǽksɪŋ/ 形 (精神的・肉体的に) 重荷となる, 苛酷な ‖ a ～ business schedule 苛酷な職務予定

táxi·wày 名 C タクシーウェイ《飛行場の誘導路》

táx·màn /-mæ̀n/ 名 (複 **-mèn** /-mèn/) C 《主に英口》収税吏 ; 《the ～》税務署

tax·o·nom·ic, -i·cal /tæ̀ksənɑ́(ː)mɪk(əl) | -nɔ́m-/ ◁ジ 形 分類の, 分類学[法]上の **-i·cal·ly** 副

tax·on·o·my /tæksɑ́(ː)nəmi | -sɔ́n-/ 名 (複 **-mies** /-z/) U 分類学 ; C U 分類(法) **-mist** 名

*__táx·pàyer__ 名 C 納税者, 課税対象者

táx shèlter 名 C (株主・企業などの) 税金逃れ[節税] 手段 **táx-shèltered** 形

táy·bèrry /téɪ-/ 名 C 《主に英》テイベリー《blackberry と raspberry の交配種. 発祥地 Tay 川より》

Tay·lor /téɪlər/ 名 **Zachary ～** テーラー (1784-1850) 《米国第12代大統領(1849-50)》

Tb 記号 〖化〗terbium(テルビウム) ; 略 terabyte(s)

TB[1] /tìː bíː/ 名 U 〖医〗結核(♦ tuberculosis の略)

TB[2] 略 〖簿〗(または **t. b.**) *t*rial *b*alance(試算表) ; *t*ubercle *b*acillus ; terabyte(s)

t.b.a., TBA 略 *t*o *b*e *a*nnounced(未定)

T-bàck 名 C Tバック(の下着[水着])《尻(しり)の部分がT字形に深くカットされたビキニ. thong, G-string ともいう》

T-bàll 名 U 《米》《商標》ティーボール《ティー(tee)の上にボールを置いて打つ幼児用野球練習器具》

T-bàr 名 C ❶ (= ～ lìft) (スキー場の) T字形リフト ❷ T字形鋼 (T-beam) ❸ 《形容詞的に》(靴・サンダルが) T字形止め金(付きの)

TBD 略 *t*o *b*e *d*etermined(未決定, 後日決定)

Tbi·li·si /təblíːsi/ 名 トビリシ《ジョージアの首都》

T-bìll 名 C 《米》米国財務省短期証券(Treasury bill)

T-bond /tíːbɑ̀(ː)nd | -bɔ̀nd/ 名 = Treasury bond

T-bòne (stéak) /tìːbòʊn-/ 名 C (T字形) 骨付きステーキ ―動 他 《米口》(車が)〔ほかの車〕の側面にぶつかる

tbsp, tbs 略 tablespoon(s), tablespoonful(s)

Tc 記号 〖化〗technetium(テクネチウム)

T cell, T-cell /tíː sèl/ 名 C 〖免疫〗T細胞, 胸腺(きょうせん)依存性細胞《体を病原菌から守る白血球細胞》

Tchai·kov·sky /tʃaɪkɔ́ːfskiː, -kɑ́(ː)- | -kɔ́f-/ 名 **Pyotr (Ilich) ～** チャイコフスキー(1840-93)《ロシアの作曲家》

tchotch·ke /tʃɑ́(ː)tʃkə | tʃɔ́tʃ-/ 名 C 《米口》❶ 小さな飾り物, 安ぴか物(trinket) ❷ かわいい女性[少女]

TCP/IP 略 💻 *T*ransmission *C*ontrol *P*rotocol/*I*nternet *P*rotocol《インターネット接続で使われる通信プロトコル体系》

TD 略 *t*ank *d*estroyer ; (アイルランドの) *T*eachta *D*ála (=Member of the Dáil) ; *t*echnical *d*rawing ; 《英》*T*erritorial (Officer's) *D*ecoration ; 〖アメフト〗touchdown(s) ; *T*reasury *D*epartment(財務省)

TDY 略 《米》〖軍〗*t*emporary *d*uty(派遣勤務)

te, ti /tiː/ 名 C 〖楽〗シ(si)(全音階の第7音)

Te 記号 〖化〗tellurium(テルル)

***__tea__ /tiː/(♦ 同音語 tee)
―名 (複 **～s** /-z/) ❶ U (飲料としての) **茶**, (特に) 紅茶 ; C 1杯の茶 ‖ Two ～*s*, please. 紅茶を2つお願いします (♦ 店で注文するときは two cups of tea としなくてよい) / strong [weak] ～ 濃い[薄い]茶 / iced ～ アイスティー / green [black] ～ 緑[紅]茶 (♦ 米英では tea といえば紅茶を指すので black tea とはあまりいわない) / **make** [OR brew] ～ お茶を入れる
❷ U 茶の葉, (加工した)茶 ; C 茶の木 ‖ oolong (～) ウーロン茶 / coarse ～ 番茶 / grow ～ 茶を栽培する
❸ U C (紅茶・緑茶以外の)茶 ; (茶に似た)煎(せん)じ汁 ; 茶に似た植物 (♦ 種類を示すときは C) ‖ herb [OR herbal] ～ ハーブティー / beef ～ 《英》(病人用の)牛肉のスープ
❹ U C 《通例無冠詞で》《主に英》午後のお茶, ティー(afternoon tea, cream tea)《午後4時前後にとる紅茶とケーキ類などの軽食》; (午後6時前後の)軽い夕食(high tea) ‖ have ～ at five 5時にお茶にする
❺ C (お茶・コーヒーなどが出される)午後のお茶会, ティーパーティー ❻ 《俗》= marijuana

tèa and sýmpathy 気の毒な人へのいたわり

COMMUNICATIVE EXPRESSIONS

1 **I wòuldn't** trável with him **for àll the tèa in Chína.** どんな見返りがあろうと彼とは旅行をしません
2 **(I'm afràid)** cóoking **jùst ìsn't my cùp of téa.** (残念ながら) 料理にはあまり興味がありません (✎ I'm not very interested in cooking.)

語源 中国語の廈門(アモイ)方言 *te*(茶)から.

▶▶ ～ bàg 名 C ティーバッグ ～ bàll 名 C ティーボール《中に茶葉を入れる球状の茶こし器》～ brèak 名 C 《英》お茶の時間, 休憩 (→ coffee break) ～ càddy 名 C (小型の) 茶入れ(箱)

tea ball

~ **càrt** 名C《米》=tea wagon ~ **cèremony** 名C(日本の)茶の湯, 茶道, 茶会 ~ **chèst** 名C《英》(大型)茶箱 ~ **clòth** 名C =《英》tea towel ~ **còzy** [《英》**còsy**] 名Cティーポット(の保温用)カバー ~ **dànce** 名C午後の(お茶の時間に開く)ダンスパーティー ~ **gàrden** 名C ① 茶店のある庭園 ② 茶畑 ~ **lèaf** 名(複 **~leaves**)C ①茶葉;《通例 ~ leaves》(特に)茶がら ‖ read (the) ~ *leaves* (飲み終えた後の茶がらの形から)占う ②《英俗》泥棒(thief)(♦ tea leaf と thief で韻を踏んでいる) ~ **pàrty** (↓) ~ **plànter** 名C 茶の栽培者[農園主] ~ **ròse** 名C〖植〗ティーローズ, コウシンバラ《中国原産の紅茶に似た芳香を持つバラ》 ~ **sàndwich** 名C 茶会用サンドイッチ《小ぶりなものが多い》 ~ **sèrvice** [**sèt**] 名C 茶器(一式), ティーセット《カップ・皿・ポットなど》 ~ **shòp** 名C 喫茶室[店](tearoom);軽食堂 ~ **stràiner** 名C 茶こし ~ **tàble** 名C ティーテーブル, 茶卓 ~ **tòwel** 名C《主に英》ふきん(dishcloth) ~ **trày** 名C 茶盆 ~ **trèe** 名C〖植〗ティーツリー《オーストラリア産小高木. 葉は薬用》 ~ **tròlley** 名C《英》=tea wagon ~ **ùrn** 名C(茶を入れる注ぎ口のついた)湯沸かし ~ **wàgon** 名C《米》ティーワゴン《脚輪付きの茶道具運搬台》

tea cozy

téa·càke 名 ❶CU《英》(トーストしバターを塗って食べる)平たいパン ❷UC 小型のケーキ, クッキー

teach /tiːtʃ/

中心義 **知識や技能などを与える**

—動 (**~·es** /-ɪz/; **taught** /tɔːt/; **~·ing**)

—他 ❶ **教える**(↔ learn)(⇨ 類語) **a**《+目》〔学科・人など〕を教える, 教授する(♦ 道順などを「教える」には tell, show などを用いる) ‖ Judy ~*es* English at a high school. ジュディは高校で英語を教えている / Tony *taught* us about the computer system. トニーはコンピューターシステムについて私たちに教えてくれた / ~ violin バイオリンを教える / ~ school《米》学校で教える, 学校の教師をする / ~ oneself 独学する

b《+目 *A*+目 *B* ⇄ +目 *B*+**to** 目 *A*》*A*(人)に*B*(学科など)を教える(♦ 目 *A*, 目 *B*のいずれを主語にした受身形も可能) ‖ Miss Thomas *taught* us history. トマス先生は私たちに歴史を教えてくれた / She *taught* us singing. 彼女は私たちに歌唱法を教授してくれた(♦ この singing は動名詞)

c《+目+**to** *do*》〔人〕に…するように教える, …することを教える ‖ My father *taught* me *to* swim. 父が私に泳ぎを教えてくれた / The teacher *taught* the children never *to* be disrespectful to elders. 先生は子供たちに年上の人たちに失礼であってはならないと教えた

d《(+目)+**that** 節》(〔人〕に)…ということを教える, 悟らせる ‖ That'll ~ him *that* he can't do everything he wants. それで彼も望んだことは何でもできるわけではないことがわかるだろう

e《(+目)+**wh to** *do* / **wh** 節》(〔人〕に)…の仕方を教える;〔人〕に…かを教える ‖ He *taught* me *how to* write a research paper. 彼は私に研究論文の書き方を教えてくれた / That *taught* me *what* her love was. そのことで彼女の愛がどんなものかがわかった

❷《+目+**to** *do*》《受身形不可》《口》〔人〕に…するとひどい目に遭わせる ‖ I'll ~ you *to* do that again. 二度とそんなことをしたら承知しないぞ(♥ 反語的な表現) ❸ …を教導[唱導]する ‖ ~ the love of God 神の愛を説く

—自 教える;(特に)教師をする ‖ He has been ~*ing* for 10 years. 彼は10年間教職に就いている / *Those who can, do; those who can't, ~.* 《諺》できる者は行う. できない者は教える.

COMMUNICATIVE EXPRESSIONS

1 That's like **tèaching your grándmother to sùck éggs.** 《英》釈迦(しゃか)に説法だ(♥「それじゃまるでおばあさんに卵の吸い方を教えるようなものだ」の意)

2 "He gòt suspénded for chèating on the exám." "**Thát'll tèach** him **a lèsson.**" 「彼は試験でカンニングをして停学になったよ」「それで彼も思い知るだろう」(♥「いい薬だ」の意)

類語 《他 ❶》 **teach**「教える」を意味する最も広義の語. learn(学ぶ)に対応する.
instruct ある学科・分野で組織的系統的に教える.
educate 正規の学校教育や経験により人格・能力を発達させる.
train 特定の技能を集中的に訓練して覚え込ませる. 〈例〉*train* pilots パイロットを養成する
coach 学科やスポーツなどを教える.
discipline 規律や自律を身につけさせるよう訓育する.
drill 決まったやり方を反復練習させたりして, 厳格に指導・訓練する.

teach·a·ble /tíːtʃəbl/ 形 ❶(人が)よく教えを聞く, よく学ぶ ❷(学科が)教えられる, 教えやすい

teach·er /tíːtʃər/

—名(複 **~s** /-z/)C **教師**, **先生**, 教える人(♦ 米国の初等・中等教育では女性の先生が多いので, 一般的な言い方で先生を指すときも she で受けることが多い. また呼びかけには通例 Teacher を用いず, Miss [Mrs., Mr.] White のように名を呼ぶ)(⇨ 類語) ‖ Ms. White is a「~ of music [OR music ~]. ホワイトさんは音楽の教師をしている(⇨ PB 76) / a stern ~ 厳しい先生 / a full-time [part-time] ~ 常勤[非常勤]の先生 / ~ **training** [OR education] 教職課程

~·ly 形 教師らしい[にふさわしい]

類語 **teacher** 一般的な語.
master 《英》(特に私立学校の)男性の先生. やや《旧》. 女性形は mistress.
instructor 特定の技能や実技を教える人. 〈例〉a driving *instructor* 自動車教習所の教官 また《米》では大学の講師も指す. 〈例〉an *instructor* in history 歴史の講師
lecturer (大学などの)講師.
professor 大学教授.

▸▸ **~s còllege** 名C《米》教員養成大学(♦ teachers' college ともつづる) **~'s pèt** 名C《単数形で》《口》① 先生のお気に入り(の生徒) ② 権威に気に入られた人

téach-ìn 名C《口》ティーチイン《通例大学内で行われる政治・社会問題などの討論集会》;(一般に)討論会

teach·ing /tíːtʃɪŋ/ 名 ❶U 教えること, 教授, 授業;教職 ‖ go into ~ 教職に就く ❷U/C《しばしば ~s》教え, 教訓 ‖ the ~*s* of Gandhi ガンジーの教え

▸▸ **~ assìstant** 名C ①(教職免許を持たない)教員助手 ② =teaching fellow **~ fèllow** 名C 教官助手《学部生の授業を担当する大学院生》 **~ hòspital** 名C 大学医学部付属病院 **~ machìne** 名C ティーチングマシン, プログラム学習器 **~ pràctice** 名U《主に英》教育実習(《米》student teaching)

téa·cùp 名C ❶ティーカップ, 紅茶茶わん ❷ =teacupful

téacùp·fùl 名(複 **~s** /-z/ OR **teacups-**)C ティーカップ1杯分(の量)

téa·hòuse 名C(特に中国・日本の)茶店, 喫茶店

teak /tiːk/ 名C〖植〗チーク(の木);U チーク材《家具材》

téa·kèttle 名C やかん, 湯沸かし

teal /tiːl/ 名(複 ~ OR **~s** /-z/) ❶C〖鳥〗コガモ ❷U 暗い青緑色(teal blue)

team /tiːm/(♦ 同音語 teem) 名 動

―名 (複 ~s /-z/) Ⓒ 《集合的に》《単数・複数扱い》 ❶ (競技などの)チーム, (一方の)組(♦《米》では通例単数扱い. 《英》では全体を一つの集団とみる場合単数扱い, 個々のメンバーに重点を置く場合複数扱い) ‖ Our ~ is [《英》 are] winning. 我々のチームは勝っている / Our ~ was [《英》 were] wearing red shirts. 我々のチームは赤シャツを着ていた / make the ~ 《米》チームメンバーに選ばれる / be **on** [《英》 **in**] an ice hockey ~ アイスホッケーチームのメンバーである / play for the Olympic soccer ~ オリンピックのサッカーチームのメンバーとして試合に出る / a ~ **manager** チームの監督
❷ (同一の) 仕事仲間, 専門家集団 ‖ a ~ of doctors [attorneys] 医師[弁護士]団
❸ (馬車・すきなどにつないだ) 1組の馬[牛など] ; 馬車, 牛車 ; (ショーに出る) 1組の動物
―動 他 ❶〔馬・牛など〕を1組にしてつなぐ ; …を(1組の)馬[牛] に引かせて運ぶ ❷〔特に衣服〕を〈…と〉調和させる〈**with**〉 ❸ …を〈…と〉組にする, …に〈…と〉組[チーム]を組ませる〈**with**〉(♦しばしば受身形で用いる)
tèam úp 〈自〉〈…と〉チームを組む, 組になる, 共同[協力]する〈**with**〉 ‖ ~ *up with* another specialist for a project 計画に向けてもう1人の専門家と協力体制を組む / We ~*ed up* to clean the park. 私たちは協力して公園を清掃した ―〈他〉《***tèam úp***... / ***tèam*** ... ***úp***》…を〈…と〉チームを組ませる〈**with**〉
▸▸ ~ **plàyer** 名 Ⓒ チームプレーヤー《チームの和を保つため協調する人》 ~ **spírit** 名 Ⓤ チームワークの精神, 団結心

***téam·màte** 名 Ⓒ チームメート, チームの仲間

team·ster /tíːmstər/ 名 Ⓒ ❶《米・カナダ》輸送トラックの運転手 ; 《米》全米トラック運転手組合(the Teamsters Union)の組合員 ❷ (荷馬車などの)御者

tèam(-)téaching 名 Ⓤ 〖教育〗チームティーチング《2人以上の教師が共同で教える教授法》 **téam-tèach** 動

téam·wòrk 名 Ⓤ チームワーク, 協同作業, 協力

téa pàrty 名 ❶ Ⓒ (午後の) お茶の会, 茶話会 ❷ 《T-P-》《the ~》ティーパーティー《2009年ごろから米国で始まった保守派の市民による政治運動》
be nò téa pàrty 《米口》生易しくはない

téa·pòt 名 Ⓒ ティーポット, 急須(きゅうす)

:tear¹ /tɪər/ 《発音注意》(♦同音語 tier)
―名 (複 ~s /-z/) Ⓒ ❶ 《通例 ~s》**涙** ; 涙のしずく ; 泣くこと ‖ The sad news **brought** ~*s* to his eyes. 悲しい知らせに彼は涙ぐんだ / ~*s* of joy [regret] うれし[悔し] 涙 / He **burst** [OR broke] **into** ~*s* when he read the message from his friends. 友人たちからのメッセージを読んで彼はわっと泣き出した / be moved to ~*s* 心を動かされて涙を流す / be ⌈close to [OR on the verge of]⌉ ~*s* 涙が出そうになる / smile through ~*s* 泣き笑いする / She looked at me **with** ~*s* in her eyes. 彼女は目に涙を浮かべて私を見た / in floods of ~*s* 泣きぬれて / be reduced to ~*s* 泣かされる / a course without ~*s* (涙なしで)楽に学習できるコース

連語 【形/名+~】 angry ~*s* 怒りの涙 / bitter ~*s* つらい涙 / crocodile ~*s* 空涙, にせの涙 / unshed ~*s* 目にたまった涙
【動+~】 shed [OR weep] ~*s* 涙を流す / ⌈wipe away [OR dry] (one's) ~*s* 涙を拭く / hold [OR fight] back (the) ~*s* 涙をこらえる / blink back [OR away] (the) ~*s* まばたきをして涙をこらえる
【~+動】 ~*s* come 涙が出てくる / ~*s* well up 涙が湧き出る / ~*s* flow [OR stream] (out) 涙が流れ出る / ~*s* fall 涙がこぼれ落ちる / ~*s* run [OR roll, pour] down a person's cheeks 涙が(人の)頬(ほお)をつたう / ~*s* dry (up) 涙が乾く

❷ 涙状のもの《水滴・樹脂の小玉など》
be [OR ***gèt***] ***bòred to téars*** すっかり退屈する
****in téars*** 〈…のことで〉涙を浮かべて, 泣いて〈**over**〉(→ **CE** 1) ‖ She broke down *in* ~*s*. 彼女は泣き崩れた

COMMUNICATIVE EXPRESSIONS
1 **It'll (àll) ènd in téars.** 《英》自分たちが泣く羽目になりますよ(♥ 警告)

―動 自 (目が)涙であふれる
tèar úp 涙が出そうになる
▸▸ ~ **dùct** 名 Ⓒ 〖解〗涙管 ~ **gàs** (↓)

:tear² /teər/ 《発音注意》
―動 (~s /-z/ ; **tore** /tɔːr/ ; **torn** /tɔːrn/ ; ~**·ing**)
―他 ❶ **a** 《+目》〔紙・布など〕を**裂く**, 引き裂く, 破る《**up**》; …を引き裂いて〈…に〉する〈**into, to, in**〉 ‖ She *tore up* her unfinished manuscript. 彼女は書きかけの原稿を引き裂いた / I *tore* the photo of my ex-boyfriend *into* pieces. 元恋人の写真を細かく引き裂いた / ~ one's skirt on a nail くぎに引っかけてスカートを破る
b 《+目+補 〈形〉》…を引き裂いて…にする ‖ ~ a package open 包みを破って開ける(♦ tear open a package の語順になることもある)
❷ **a** 《+目+副句》…を〈…から〉**無理に引き離す**, 引きはがす, もぎ[むしり] 取る《***off, away,*** etc.》〈**from, out of, off**〉 ‖ He *tore off* his drenched shirt. 彼はぬれたワイシャツを脱ぎ捨てた / The last page had been *torn* ⌈*out of* [OR *from*] the book. 本の最後のページが引きちぎられていた / The boy *tore* the doll *away from* the girl. その少年は少女から人形をもぎ取った
b 《+目+補 〈形〉》…を引き離して…の状態にする ‖ ~ oneself loose [OR free] 束縛を振りきって自由の身になる
❸〔穴・裂け目など〕を〈…に〉裂いてあける〈**in**〉 ‖ I've *torn* a hole *in* the knee of my pants. ズボンのひざに穴をあけてしまった
❹ …に裂傷を負わせる, 〔筋肉など〕を傷める

PLANET BOARD 76
「…高校の先生」を表すのに用いる前置詞は何か.
問題設定 「…高校の先生」という場合の teacher に続く前置詞に何を用いるかを調査した.
Q 次の(a)～(d)のどれを使いますか. (複数回答可)
(a) He is a teacher **at** Asahi High School.
(b) He is a teacher **of** Asahi High School.
(c) He is a teacher **in** Asahi High School.
(d) He is a teacher **from** Asahi High School.
(e) どれも使わない

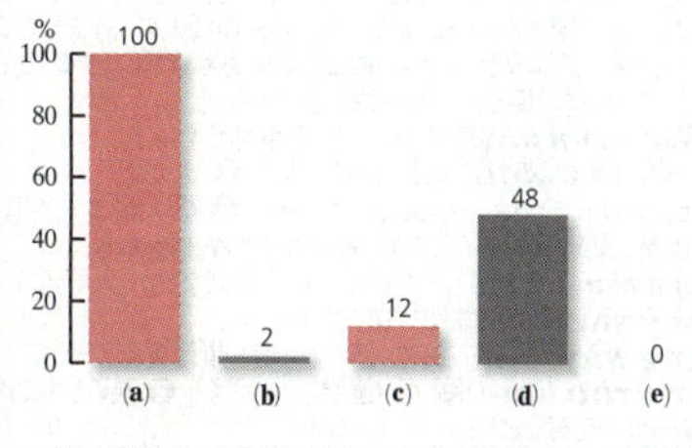

全員が(a)の at を用いるとしている. (d)の from を使う人は約半数いる一方, (b)の of と(c)の in の使用率は非常に低い. 大多数が「『…高校に勤めている』という意味では at がふつう」と答えた. 「from を用いるのは, その人を勤務校以外の場所でだれかに紹介する場合や, 過去に…高校で働いていたが現在は別の学校で教師をしている場合, あるいは『…高校の出身である』と言いたい場合などである」とするコメントが目立った. teacher の代わりに student を用いた場合についても調査したが, 同様の結果だった.
学習者への指針 ある人の職業について「…高校の先生」という場合は, a teacher *at* ... がふつう. of や in は使わない. from を用いる場合, 「その人の(現在または過去における)所属先が…高校である」ことに重点が置かれる.

❺《通例受身形で》(国・党などが)分裂する；(人が)ひどく悩む，苦しむ

━自 ❶裂ける，破れる ‖ This cloth ～*s* easily. この布は裂けやすい ❷《+副句》《口》突進する，疾走する(◆副句は方向を表す) ‖ ～ into a room 部屋に駆け込む / ～ down the stairs 階段を駆け下りる

be tórn between À and B́ AとBのどちらを選ぶべきかで迷う ‖ She *was torn between* doubt *and* hope. 彼女は疑念と希望の狭間(はざま)で板挟みになっていた

***tèar apárt ... / tèar ... apárt** 〈他〉①…を引き裂く；…をばらばらに壊す；(捜すために)〔家など〕を引っかき回す ②〔人〕を悲しませる ③〔人〕の仲を引き裂く，〔国など〕を分裂させる ④〔他人の作品など〕をこき下ろす

tèar aróund [OR ***abóut***] **(...)** 〈自〉〈他〉(…を)騒がしく[忙しく]動き回る

téar at ... 〈他〉…を激しく引っ張る；…をちぎろう[破ろう]とする ‖ ～ *at* his heart 彼の心をかきむしる

tèar awáy 〈他〉《***tèar awáy ... / tèar ... awáy***》①…を引きはがす[ちぎる](→ 他 ❷**a**) ②〔人〕を〈…から〉無理に立ち去らせる；〔人など〕に〈…を〉無理にやめさせる〈**from**〉(◆目的語はしばしば oneself) ‖ She couldn't ～ herself *away from* her book. 彼女はその本を途中でほうり出すことができなかった ③〔見せかけ・上っ面〕を引きはがす ━〈自〉《口》〈…から〉急いで走り去る〈**from**〉

***tèar dówn ... / tèar ... dówn** 〈他〉①〔掲示など〕を引きはがす ②〔建物など〕を**取り壊す** ③〔機械など〕を分解する ④〔考え・議論など〕を打ち砕く；《米口》〔人〕をこっぴどくけなす[懲らしめる]

téar into ... 〈他〉①…を引き裂く；…に穴をあける ②〔人など〕を激しく攻撃する ③…を激しく非難する，しかる ④…を勢いよく始める；…をがつがつ食べ始める ⑤…に駆け[飛び]込む(→ 自 ❷)

tèar óff 〈他〉《***tèar óff ... / tèar ... óff***》①…を引きはがす；〔衣服〕を脱ぎ捨てる(→ 他 ❷**a**) ②〔記事など〕を大急ぎで書く ③《口》〔見せかけ〕をはぐ ━〈自〉大急ぎで去る

tèar óut 〈他〉《***tèar óut ... / tèar ... óut***》…を引きはがす，引き抜く ‖ ～ a person's heart *out* (人の)心をひどく悲しませる ━〈自〉大急ぎで立ち去る

tèar ... to shréds [OR ***píeces, bits***] …をびりびりに引き裂く；…を厳しく批判する

***tèar úp ... / tèar ... úp** 〈他〉①…を(細かく)**ちぎる**[破る](→ 他 ❶**a**) ②〔道路・森林など〕を掘り起こす，(掘り起こして)破壊する；…を根こそぎにする ③〔人の心〕を悲しませる ④〔部屋など〕を(捜し物などで)めちゃめちゃにする，ひっくり返す ⑤〔協定など〕を反古(ほご)にする

Thàt's tórn it. 《英口》(それで)万事休すだ

━名 ❶Ⓒ裂け目，破れ目，ほころび ❷ⓊⒸ(引き)裂くこと，裂けること(⇨ WEAR[1] *and tear*) ❸Ⓒ大慌て；突進，猛進；激怒 ❹Ⓒ《主に米・豪・スコット俗》ばか騒ぎ

on a téar ばか騒ぎして；激怒して；(景気などが)大好況な

▸▸～ **shèet** 名Ⓒ切り取りページ

téar·awày /téər-/ 名Ⓒ《英》よた者，非行少年

***téar·dròp** /tíər-/ 名Ⓒ ❶涙(のしずく) ❷涙のしずく状のもの《宝石など》

tear·ful /tíərfəl/ 形 ❶涙ぐんだ，泣いている，悲嘆に暮れる；(人が)涙もろい ❷(出来事・ニュースなどが)涙を誘う，悲惨な **～·ly** 副 **～·ness** 名

téar gàs /tíər-/ 名Ⓤ催涙ガス

téar-gàs 動 他 …に催涙ガスを浴びせる

tear·ing /téərɪŋ/ 形《限定》猛烈な，すさまじい；慌ただしい ‖ in a ～ hurry ひどく急いで

téar·jèrker /tíər-/ 名Ⓒ《口》(小説・劇・映画などの)お涙ちょうだいもの，感傷的な話 **téar-jèrking** 形

tear·less /tíərləs/ 形 涙を流さない，泣かない；(悲しみなどが)涙も出ない(ほどの)

téar-òff /téər-/ 名Ⓒ(切り取り線のある紙片の)切り取り部分 ━形《限定》切り取り式の

téa·ròom 名Ⓒ ❶喫茶室[店]；軽食堂 ❷《南ア》雑貨店 ❸(同性愛者が出会いの場として利用する)公共トイレ

téar-òut /téər-/ 形《限定》(雑誌などにつけた)折り畳み式の ‖ a ～ map 折り畳みの地図

téar-stàined /tíər-/ 形 涙にぬれた

tear·y /tíəri/ 形 ❶泣いている，涙ぐんでいる(tearful) ❷涙の(ような) ❸涙を催させる(ような)

***tease** /tiːz/ 動 他 ❶〔動物・人〕をしつこくいじめる，うるさがらせる；〔人〕を〈…のことで〉からかう，冷やかす〈**about**〉(◆直接話法にも用いる)(⇨ BOTHER 類語) ‖ Don't ～ the girl *about* her new hairdo. 新しい髪型のことでその女の子をからかうのはやめなさい / "You're afraid of frogs," she ～*d*. 「カエルが怖いんだ」と彼女はからかった ❷《主に米》…にしつこくせがむ，うるさくねだる(importune)〈**for** …を / **to do** …してくれと〉；…にしつこく言って〈…を〉させる〈**into**〉‖ The girl ～*d* her mother *for* a new dress. 少女は母親に新しいドレスをねだった / He ～*d* his father *to* buy him a car. 彼は父親に車を買ってくれとせがんだ ❸(見せびらかして)…をじらす，なぶる；…をじらして性的に興奮させる ❹〔羊毛・麻など〕をすく ❺〔布〕にけばを立てる ❻《主に米》〔髪〕に逆毛を立てる(backcomb) ❼(顕微鏡観察用に)…を薄く[細かく]そぐ ━自 ❶いじめる；からかう ❷(性的にその気にさせておいて)じらす

tèase óut ... / tèase ... óut 〈他〉①〔羊毛・麻・髪の毛など〕をすいてほつれをとる ②〔複雑な意味・真実など〕を解明する，理解する；〔情報など〕を〈…から〉引き出す，探り出す(extract)〈**of**〉③…を注意深く取り出す

━名Ⓒ《通例単数形で》❶《口》人をからかうのが好きな人，いじめっ子；いじめ(られ)ること，からかい；からかいの言葉 ❷好奇心を誘うもの ❸(相手を性的に興奮させる)じらし屋，(性的な)じらし **téas·ing** 形 **téas·ing·ly** 副

tea·sel, -zel, -zle /tíːzəl/ 名Ⓒ ❶〖植〗チーゼル，オニナベナ，ラシャカキグサ《マツムシソウ科の多年草》❷チーゼルの乾燥頭状花《もと毛織物のけば立て用》；(一般に)起毛機

teas·er /tíːzər/ 名Ⓒ ❶《口》難問，難題 ❷いじめる[悩ます，からかう]人；おとり ❸起毛機 ❹景品付き広告 ❺《米口》〖放送〗番組の初めに見せるハイライト場面；＝teaser ad ▸▸～ **ád** 名Ⓒティーザー広告《商品について詳しく説明せず逆に関心を引こうとする方法》

***téa·spòon** 名Ⓒ ❶茶さじ，ティースプーン ❷茶さじ1杯(分)(teaspoonful)《tablespoonful の⅓，5ml》‖ a level ～ 茶さじですり切り1杯分

téaspòon·fùl /-fʊ̀l/ 名(複 **～s** /-z/ OR **teaspoons-**)Ⓒ茶さじ1杯(の量)(略 tsp)

teat /tiːt/ 名Ⓒ ❶(動物の)乳首，乳頭(→ nipple ❶) ❷《英》(哺乳(ほにゅう)瓶の)乳首(nipple)

téa·tìme 名Ⓤ《主に英》(午後・夕方の)お茶の時間

tec /tek/ 名Ⓒ《旧》《口》探偵

tech /tek/ 名Ⓒ《口》❶《英》テクニカルカレッジ(technical college) ❷技術者；Ⓤ技術 ▸▸～ **suppòrt** 名 ＝technical support

tech. 略 technical(ly)；technician；technology

tech·ie /téki/ 名Ⓒ《口》(特に)エレクトロニクス専門家[研究家，愛好家]

tech·ne·ti·um /tekníːʃiəm/ 名Ⓤ〖化〗テクネチウム《金属元素．元素記号 Tc》

tech·nic /téknɪk/ 名Ⓒ ❶《主に米》《旧》＝technique ❷＝technology ❸《～s》専門用語，術語；専門的な事柄[方法]

:tech·ni·cal /téknɪkəl/

━形 (**more ～；most ～**)

❶《比較なし》《通例限定》**工業技術の**，応用科学の，工学の ‖ a ～ institute 工科大学

❷《通例限定》**技能(上)の**，技術的な，技巧の ‖ a ～ adviser 技術顧問 / ～ skill 技巧

❸**専門(上)の**，専門的な ‖ His explanation was too ～. 彼の説明は専門的すぎた / ～ terms 専門用語，術語

❹(人が技・芸などに)精通した，熟達した

❺《比較なし》《通例限定》厳密な規則[法解釈]による

~·ness 名
▸▸~ cὸllege 名C《英》テクニカルカレッジ(《英口》tech)《学位の取得はないが, 情報・科学技術・ビジネスなどの実務的技術を教える専門学校》 ~ dráwing 名U 製図 ~ fóul 名C〖バスケットボール〗テクニカルファウル《相手選手との身体的接触によらないファウル》 ~ hítch 名C 一時的な機械の故障; 不慮の障害 ~ knóckout 名C〖ボクシング〗テクニカルノックアウト, TKO ~ sérgeant 名C〖米空軍〗2等軍曹 ~ suppórt 名U ①(パソコンなどに対する)技術支援 ②(会社内の)技術支援部

tech·ni·cal·i·ty /tèknɪkǽləṭi/ 名(複 **-ties** /-z/) ❶U 専門的であること ❷C 専門的表現[方法]の使用 ❸C(**-ties**)専門的事項; (解釈上での)瑣末(さまつ)な問題

*__tech·ni·cal·ly__ /téknɪkəli/ 副(**more ~; most ~**) ❶《比較なし》《しばしば文修飾》NAVI 厳密に(言えば); 事実に即して(言えば) ‖ *Technically* (speaking), there is a very small difference between the two. 厳密に言えば, その2つにはわずかな違いがある ❷ 専門[技術]的に ‖ ~ advanced tools 技術面で進んだ道具類 ❸ 技巧[技能]の点では

*__tech·ni·cian__ /teknɪ́ʃən/ 名C ❶ 専門家, 技術者 ❷(音楽・絵画などの)技巧家 ❸(実験室などの)実務担当者

Tech·ni·col·or /téknɪkʌ̀lər/ 名U《商標》テクニカラー《天然色映画技術の1つ》; 《t-》《口》鮮やかな色; けばけばしさ —形《t-》色鮮やかな

***__tech·nique__ /tekníːk/《発音・アクセント注意》
—名(複 **~s** /-s/) ❶C(科学・芸術などの)**技術**, 技法 ‖ a new ~ **for** curing cancer 癌(がん)治療のための新技術 / management [marketing] ~*s* 経営法[マーケティング術]
❷U/C《単数形で》(表現・制作上などの)**技巧**, テクニック, 技量, 腕前; **手法**, 画風, 演奏法 ‖ a violinist with superb ~ 素晴らしい技巧のバイオリン奏者 / a player who has a good hitting ~ ヒットを打つ技術にたけた選手
連語 ❶❷【動+~】use [OR apply, employ] the same ~*s* 同じ技術を用いる / learn [OR acquire] the latest ~*s* 最新技術を身につける / develop [improve] one's ~*s* 技術を開発する[磨く]
❸C(目的達成のための)方法, 手段; こつ, 要領 ‖ an effective advertising ~ 効果的な宣伝手法

tech·no /téknoʊ/ 名U〖楽〗テクノ《電子楽器やエフェクトを用いた速いテンポのダンス音楽》

techno- /teknə-, -noʊ-/ 連結形「科学技術(technology)」の意 ‖ *techno*crat

téchno·bàbble 名U《口》(ふつうの人には理解しにくい)技術専門語(technospeak)

tech·noc·ra·cy /teknɑ́(ː)krəsi | -nɔ́k-/ 名(複 **-cies** /-z/) U C テクノクラシー《専門技術者集団が支配する政治・社会体制》; C 技術者支配国

tech·no·crat /téknəkræ̀t/ 名C テクノクラシーの主唱者; 専門技術系出身の行政官 **tèch·no·crát·ic** 形

téchno·frèak 名C =technogeek

téchno·gèek 名C《口》ハイテクマニア, コンピューターおたく

tèchno·indústrial 形 ハイテク産業(界)の; コンピューター関連(界)の

*__tech·no·log·i·cal__ /tèknəlɑ́(ː)dʒɪkəl | -lɔ́dʒ-/ ⟨⟩ 形(科学)技術(上)の, 工業技術の; (生産方法の)技術革新による ‖ ~ innovation 技術革新 / ~ unemployment 技術革新による失業 **~·ly** 副

tech·nol·o·gist /teknɑ́(ː)lədʒɪst | -nɔ́l-/ 名C 科学技術者

***__tech·nol·o·gy__ /teknɑ́(ː)lədʒi | -nɔ́l-/《アクセント注意》
—名(複 **-gies** /-z/) U C ❶**科学技術**, 工業技術; 応用科学, 工学(♦この意味では通例無冠詞) ‖ advances in information ~ 情報工学の進歩 / Massachusetts Institute of *Technology* マサチューセッツ工科大学(略 MIT)
❷(科学・工学上の)応用技術, 技術的な方法; U 科学技術を用いて開発した機械類[設備] ‖ **new** *technologies* for recycling 再生利用のための新技術
連語 ❶❷【形+~】modern ~ 現代の(科学)技術 / advanced [OR high] ~ 先端技術
【動+~】have the medical ~ 医療技術を持っている / introduce [adopt, apply, use] the latest ~ 最新技術を導入する[採用する, 応用する, 用いる] / create [develop] new energy ~ 新しいエネルギー技術を創造[開発]する
❸U テクノロジー, (文明の)技術体系
▸▸~ trànsfer 名U 技術移転《特に先進国から発展途上国への新技術の移動をいう》

tech·no·phile /téknəfàɪl/ 名C 先進技術愛好家 **tèch·no·phíl·i·a** 名U 先進技術愛好 **tèch·no·phíl·ic** 形

tech·no·phobe /téknəfòʊb, -noʊ-/ 名C 先進技術恐怖症の人 **tèch·no·phóbia** 名U 先進技術恐怖症 **tèchno·phóbic** 形

téchno·pὸp 名U〖楽〗テクノポップ《シンセサイザーを多用したポップ音楽》

téchno·strèss 名U《口》テクノストレス《先端技術の多い環境によってもたらされる心理的ストレス》

téchno·strùcture 名C《単数・複数扱い》技術者中心の大規模企業[社会支配]組織; それを管理・運営する技術者[科学者]集団

téchno·thrìller 名C テクノスリラー《ハイテク技術をプロットに利用したスリラー小説・映画》

tech·y /téki/ 形 =tetchy

tec·ton·ic /tektɑ́(ː)nɪk | -tɔ́n-/ 形 ❶ 構造の; 建築(学)の ❷〖地〗地殻変動の
▸▸~ pláte 名C〖地〗構造プレート

tec·ton·ics /tektɑ́(ː)nɪks | -tɔ́n-/ 名 ❶U 構造[建築]学 ❷U 構造地質学 ❸《複数扱い》地質構造

ted /ted/ 動(**ted·ded** /-ɪd/; **ted·ding**) 他〔刈り草〕を広げて乾かす

Ted /ted/ 名 ❶ テッド《男子の名. Edward, Theodor(e)の愛称》 ❷《英口》=Teddy boy

*__ted·dy__ /tédi/ 名(複 **-dies** /-z/) C ❶ =teddy bear ❷《しばしば -dies》女性用のワンピース型下着[寝室着]
▸▸~ bèar 名C テディベア《ぬいぐるみのクマ. 狩猟中クマの子を助けた米国大統領 T. Roosevelt の愛称 Teddy から》

Ted·dy /tédi/ 名 テディ(Edward, Theodor(e) の愛称)
▸▸~ bὸy 名《しばしば t-》C《英》テディボーイ《1950-60年代の英国で Edward 7世時代風の服装を模倣し反社会的な態度を示した若者》

Te De·um /tìː díːəm/ 名C〖宗〗テ=デウム, 謝恩歌(“Te Deum laudamus”(我ら神をたたえまつる)で始まる賛美歌); その曲; テ=デウムを歌う礼拝式(♦ラテン語より)

*__te·di·ous__ /tíːdiəs/《発音注意》形(長くて)退屈な, 飽き飽きする, 冗長な(↔ exciting) ‖ a ~ lecture 退屈な講義 / a ~ job 単調でつまらない仕事
~·ly 副 **~·ness** 名

te·di·um /tíːdiəm/ 名U 退屈, 冗漫, 飽き飽きすること

*__tee__[1] /tiː/(♦同音語 tea) 名C ❶〖ゴルフ〗ティー《球をのせるくぎ状の小台》; ティーグラウンド《第1打を打つ場所》 ❷〖アメフト〗ティー《キックオフ・プレースキックの際にボールをのせる台》 ❸(カーリング・輪投げなどの)的
—動 自 他〖ゴルフ〗(球を)ティーにのせ打つ準備をする; (一般に)(…の)準備をする《*up*》
tèe óff〈自〉①ティーにのせた球を打つ, ゴルフのラウンドを始める ②《口》新しいことを始める(start) ③《米口》〈…に〉いらいらする, むっとなる〈**at, on**〉—〈他〉《*tèe óff ...* / *tèe ... óff*》…をいらいらさせる, むっとさせる

T

⏩～ **bòx** 名C〖ゴルフ〗ティーボックス《第1打を打つ場所》

*__tee__² /tiː/ (♦同音語 tea) 名C ❶T字, t字 ❷T字形(のもの)

to a tée =*to a* T

⏩～ **shìrt** 名C =T-shirt

Tée-bàll 名U =T-ball

tee-hee, te-hee /tìːhíː/ 間 名C ひっひ(という笑い), くすくす(笑い) ━動自 ひっひと[くすくす]笑う

teem¹ /tiːm/ (♦同音語 team) 動自〈…に〉富む, 満ちている〈**with**〉

teem² /tiːm/ (♦同音語 team) 動自《通例進行形で》(水などが)注ぐ; (雨が)どしゃ降りに降る《***down***》‖ The rain is ～*ing down.* 雨が激しく降っている

━他〔容器など〕を空にする

*__teem·ing__ /tíːmɪŋ/ 形《限定》❶人通りの多い, あふれている, 満ちている; 生物が豊富な ❷(動植物などが)多産の

teen /tiːn/ 《口》名 =teenager ━形 =teenage(d)

-teen 接尾「10＋…」の意の13-19の基数詞・名詞を作る‖ four*teen*, eigh*teen*

*__teen·age__ /tíːnèɪdʒ/, **-aged** /-èɪdʒd/ 形《限定》❶10代の(♦語尾に -teen のつく thirteen (13歳) から nineteen(19歳)までをいう.「13歳未満の」は preteen) ❷(ファッション・音楽・問題などが)10代向けの; 10代の若者に特有の‖ ～ magazines 10代の若者向けの雑誌

:téen·àger

━名 (複 **～s** /-z/) C ティーンエイジャー(《口》teen)《13歳から19歳までの若者》(♦10-12歳まで含む「10代の人」は someone between the ages of ten and nineteen などという) (⇨ CHILD 類語P)

*__teens__ /tiːnz/ 名複 13から19までの数; 13-19歳, 10代‖ She's not yet out of her ～. 彼女はまだはたちになっていない / in one's ～ 10代の, 10代で / reach [OR enter, hit] one's ～ 10代になる

teen·sy-ween·sy /tìːnziwíːnzi/ 〈シ〉 形《口》=teeny

tee·ny /tíːni/ 形《口》ちっちゃい, ちっぽけな(tiny)

téeny·bòp·per /-bɑ̀(ː)pər | -bɔ̀pə-/ 名C《口》(ロック音楽などに熱中する)10代の少女

teeny-weeny /tìːniwíːni/ 〈シ〉 形《口》=teeny

tee·pee /tíːpiː/ 名 =tepee

tee·ter /tíːt̬ər/ 動自 ❶よろめく, ふらふらする ❷〈…に〉躊躇(ちゅうちょ)する, 決心しかねる〈**between**〉

tèeter on the brínk [OR *édge*] 危険がすぐそこに迫っている, 瀬戸際に立たされている

téeter·bòard 名C《米》❶《東部》=seesaw ❶ ❷(曲芸用の)スプリングボード

téeter-tòt·ter /-tɑ̀(ː)t̬ər | -tɔ̀tə/ 《英では方》名 =seesaw ❶

*__teeth__ /tiːθ/ 名 tooth の複数

teethe /tiːð/ 動自《進行形で》(乳)歯が生え始める

teeth·ing /tíːðɪŋ/ 名U 歯が生え始めること

⏩～ **rìng** 名C (プラスチック・ゴム製の)輪形のおしゃぶり, 歯固め ～ **tròubles** [**pròblems**] 名複 乳歯が生え始める時期のむずかり; (事業などの)初期の困難

tee·to·tal /tìːtóʊt̬əl/ 〈シ〉 形 ❶絶対禁酒(主義)の ❷完全な, 全くの **～·ly** 副

tèe·tó·tal·er, 《英》**-tal·ler** /-ər/ 名C 絶対禁酒主義者

tèe·tó·tal·ism /-ìzm/ 名U 絶対禁酒主義

TEFL /tefl/ 略 *t*eaching *E*nglish as a *f*oreign *l*anguage(外国語としての英語教授)

Tef·lon /téflɑ(ː)n | -lɔn/ 名U《商標》テフロン《合成樹脂の一種》 ━形 スキャンダルに負けない, 打たれ強い

Te·gu·ci·gal·pa /tegùːsɪgǽlpə/ 名 テグシガルパ《中米ホンジュラスの首都》

te·hee /tìːhíː/ 間 名 動 =tee-hee

Teh·ran, Te·he- /tèərɑ́ːn/ 名 テヘラン《イランの首都》

tel. 略 telegram; telegraph(ic); telephone (number)

tel·a·mon /téləmɑ̀(ː)n | -mən/ 名 (複 **-mo·nes** /tèləmóuniːz/ OR **～s** /-z/) C〖建〗男像柱

Tel A·viv /tèl əvíːv/ 名C テル＝アビブ《イスラエル最大の都市. 第2次大戦後のユダヤ人移住の中心地. 公式には Tel Aviv-Jaffa》 **Tèl Avívan** 名C テル＝アビブ市民

telco 略 *tel*ecommunications *co*mpany (電気通信会社)

tele- /telə-, telɪ-/ 連結形 ❶「遠い, 遠く離れて」の意‖ *tele*gram, *tele*vision ❷「電信の」,「テレビジョンの[による]」の意‖ *tele*typewriter, *tele*cast ❸「電話を用いて行う」の意味‖ *tele*marketing

téle·bànking 名U =telephone banking

téle·càmera 名C テレビカメラ

tel·e·cast /téləkæ̀st | -ikɑ̀ːst/ 名UC テレビ放送[放映]

━動 (**tel·e·cast** OR **～·ed** /-ɪd/) 他《通例受身形で》テレビで放送[放映]される ━自 テレビで放送[放映]する **～·er** 名

tel·e·com /téləkɑ̀(ː)m | -ikɔ̀m/ 名《口》=telecommunication(s)

*__tèle·commùnicátion__ 名 ❶U (電信・電話・テレビなどによる)(遠距離)電気通信, テレコム; C《～s》《単数・複数扱い》遠距離通信手段[網]‖ a ～*s* satellite 通信衛星 ❷C《通例 ～s》《単数扱い》電気通信[技術] ❸C《堅》テレコムによって送信されたメッセージ

tele·commuting /⌐⌐⌐⌐⌐ | ⌐⌐⌐⌐⌐/ 名U (コンピューターの端末機やファクシミリを自宅に置いて行う)在宅勤務 **-commute** /⌐⌐⌐⌐ | ⌐⌐⌐⌐/ 動自 在宅勤務する **-commuter** /⌐⌐⌐⌐⌐ | ⌐⌐⌐⌐⌐/ 名C 在宅勤務者

téle·còms 名《口》=telecommunications

téle·cònference 名C (テレビ電話などを使って行う)遠隔(地間)会議, テレビ会議 ━動自 遠隔(地間)会議をする[に参加する] **-cònferencing** 名 形

téle·còttage 名C《英》テレコテージ《農村などにある電子通信機器を共同利用できる施設》 **-còttaging** 名

téle·cògurse 名C《米》(大学などの)テレビ通信講座

tèle·dìagnósis 名 (複 **-ses** /-siːz/) UC テレビ遠隔診断[診察]

téle·film 名C テレビ映画

teleg. 略 telegram; telegraph; telegraphic; telegraphy

tel·e·gen·ic /tèlədʒénɪk | tèli-/ 〈シ〉 形 (人などが)テレビ映りのよい, テレビ向きの(→ photogenic)

*__tel·e·gram__ /téligræ̀m/ 名C 電報, 電文(♦ telegram は電報による通信内容. telegraph は電報の設備・制度を表す.《米口》では wire を用いることが多い)‖ send a ～ of one's congratulations [condolences] to her 彼女に祝電[弔電]を打つ / by ～ 電報で

語源 *tele-* far(遠い)＋*-gram*(書いたもの): 遠くへ送る文字

*__tel·e·graph__ /téləgræ̀f | -ɪgrɑ̀ːf/ 名 ❶U (通信手段としての)電信, 電報; C 電信機[装置]‖ The news was sent by ～. そのニュースは電信[電報]で送られた / a ～ office [OR station] 電報局 ❷C (送信される)電報, 電文(telegram) ❸C (競技得点などの)速報掲示板 ❹《T-》U …テレグラフ《しばしば新聞名》‖ The Daily *Telegraph* デイリーテレグラフ《英国の新聞名》

━動他 ❶電報を打つ(♦《米口》では wire を用いることが多い) **a**《+目》〔人〕に電報を打つ; …を打電する‖ ～ him for help 彼に電報を打って援助を要請する **b**《+目 *A*+目 *B* ⇄+目 *B*+**to** 目 *A*》*A*(人)に*B*(ニュースなど)を電報で知らせる‖ I ～*ed* him the result. 私は彼に結果を電報で知らせた **c**《(+目)+**that** 節》〔人〕に…と電報を打つ‖ She ～*ed* (me) *that* she had arrived in Milan. 彼女はミラノに着いたと(私に)電報をよこした **d**《+目+**to** *do*》〔人〕に…するように電報を打つ‖ Father ～*ed* me *to* come home at once. 父は私にすぐ帰れと電報してきた ❷(無意識に)…の合図を送る; (身振り・目つきなどで)〔次の手・意図など〕を指示する

━自 ❶〈…に〉電報を打つ, 打電する〈**to**〉❷信号[合図]

する ‖ ～ by glance 目で知らせる
▸▸～ plànt 名 C 〘植〙マイハギ《熱帯アジア原産. 葉が音に反応して上下に動く》 ～ pòle 名 C 《英》=telephone pole

te·leg·ra·pher /təlégrəfər/ 名 C 電信技手

tel·e·graph·ese /tèləgræfí:z | -ɪgrɑ:f-/ 名 U 《口》電文体, 極端に簡潔な文体[調子]

*__tel·e·graph·ic__ /tèlɪgræfɪk/ 〈シ〉 形 ❶ 電信[電報]の, 電信による ‖ a ～ address 電報用の(省略した)住所氏名, 電略 / a ～ picture 電送写真 ❷ 電文体の, 簡潔な
-i·cal·ly 副 電信[電報]で; 信号で; 簡潔に

te·leg·ra·phist /təlégrəfɪst/ 名 =telegrapher

*__te·leg·ra·phy__ /təlégrəfi/ 名 U 電信技術, 電信法

tel·e·ki·ne·sis /tèlɪkaɪní:sɪs/ 名 U 〘心〙念力, 念動(現象) **tèl·e·ki·nét·ic** 形

tel·e·mark /téləmà:rk | téli-/ 名 C 〘スキー〙テレマーク《回転技術の一種》 ── 動 自 テレマーク回転をする

téle·màrketing 名 U (電話による)通信販売[宣伝]

téle·mèdicine 名 U (通信システム使用の)遠隔医療

tel·e·me·ter /téləmì:ţər, təlémətər | təlémɪtə/ 名 C ❶ テレメーター, 遠隔計測通信装置 ❷ 測距儀, 測遠器 (rangefinder) ── 動 他 …をテレメーターで送信する

te·lem·e·try /təlémətri/ 名 U 遠隔計測(技術)
tèl·e·mét·ric 形

te·le·o·log·i·cal /tì:liəlá(:)dʒɪkəl | -lɔ́dʒ-/ 〈シ〉 形 目的論の[的な] **-i·cal·ly** 副

te·le·ol·o·gy /tì:liá(:)lədʒi | -ɔ́l-/ 名 (複 **-gies** /-z/) U C 〘哲〙目的論, 目的観 **-gist** 名

tel·e·path /télɪpæθ/ 名 C テレパシー能力を持つ人

tel·e·path·ic /tèlɪpǽθɪk/ 〈シ〉 形 テレパシー能力のある; テレパシーの[で送られた] **-i·cal·ly** 副

te·lep·a·thy /təlépəθi/ 名 U テレパシー, 精神感応《相手の心情などを第六感で感知すること》

***tel·e·phone** /téləfòun | télɪ-/ 《発音注意》 名 動

(♦《口》では phone がふつう. 略は tel.)
── 名 (複 **～s** /-z/) ❶ U **電話**; C **電話機**; 受話器(♦携帯電話は《主に米》cellphone, 《主に英》mobile phone) ‖ You can always reach me **by** ～. いつでも私に電話で連絡してください / May I **use** your ～? 電話をお借りしていいですか / answer the ～ 電話に出る / call him to the ～ 彼を電話口に呼び出す / pick [hang] up the ～ 受話器を取る[置く] / talk with him over the ～ 彼と電話で話をする / a public ～ 公衆電話 / make a ～ **call** 電話をかける / Then the ～ **rang**. その時電話が鳴った ❷ =Chinese whispers

on the télephone ① 電話で ‖ You are wanted *on the* ～. あなたに電話ですよ ② 電話中で ‖ He is *on the* ～ at the moment. 彼は今電話中です ③《英》(人・企業などが) 電話を引いて ‖ We are not *on the* ～ yet. 私たちはまだ電話を取りつけていません

── 動 (**～s** /-z/; **～d** /-d/; **-phon·ing**)
── 他 **電話する** (♦「人に電話する」の意味では特に《米》では call がふつう. 《英》では日常語としては phone がふつうで, ring も用いる) **a** 《+目》…に電話をかける; …を電話で伝える ‖ My boyfriend ～*s* me every night. ボーイフレンドから毎晩電話がある
b 《+目 *A*+目 *B* ⇄ +目 *B*+**to** 目 *A*》 *A* (人)に *B* (用件など)を電話で伝える ‖ I ～*d* him the message. 私は彼に電話で伝言を伝えた
c 《+目+**to** *do*》〔人〕に…するよう電話する ‖ She ～*d* me *to* come as soon as possible. 彼女は私にできるだけ早く来るようにと電話をよこした
d 《(+目) +**that** 節》〔人〕に…だと電話する ‖ She ～*d* (me) *that* she would be late. 彼女は遅れると電話で伝えてきた
── 自 電話する, 電話をかける 〈**to** …に; **for** …を求めて〉 ‖ ～ *to* the police 警察に電話する / ～ *for* a doctor 電話で医者を呼ぶ **-phòn·er** 名
語源 *tele-* far off+*-phone* sound
▸▸～ bànking 名 U テレフォンバンキング《銀行の電話顧客サービス》 ～ bòok 名 C =telephone directory (↓) ～ bòoth 《米》 [《主に英》 bòx, kìosk] 名 C (公衆) 電話ボックス ～ dirèctory 名 C 電話帳 ～ exchànge 名 C 電話交換局[室] ～ lìne 名 C 電話線 ～ nùmber 名 C ① 電話番号 ②《～s》《口》桁(けた)の多い金額 ～ pòle 名 C 《米》電柱 ～ tàpping 名 U 電話の盗聴(phone tapping)

tel·e·phon·ic /tèləfá(:)nɪk | -ɪfɔ́n-/ 〈シ〉 形 電話の[による]

te·leph·o·nist /təléfənɪst/ 名 C 《英》電話交換手

te·leph·o·ny /təléfəni/ 名 U 電話通信 (技術[システム, 事業])

tel·e·pho·to /tèləfóuţou | tèli-/ 〈シ〉 形 望遠 (写真) の, 望遠レンズの ‖ a ～ lens 望遠レンズ ── 名 (複 **～s** /-z/) C ❶ 望遠レンズ ❷ =telephotograph

tèle·phótograph 名 C ❶ 望遠写真 ❷ 電送写真

tèle·photógraphy 名 U ❶ 望遠撮影 ❷ 写真電送
-photográphic 形

téle·plày 名 C テレビドラマ(の脚本)

tel·e·port[1] /téləpɔ̀:rt | téli-/ 動 自 他 (…が[を]) 念力で動く[動かす] **tèl·e·por·tá·tion** 名

tel·e·port[2] /téləpɔ̀:rt | téli-/ 名 C 〘通信〙テレポート《衛星による通信を可能にするための地上センター》

téle·prèsence 名 U テレプレゼンス《仮想現実技術の利用による遠隔操作や離れた場所でのイベントへの参加》; (離れた場所にいるという) 仮想臨場感 ‖ a ～ meeting [OR conference] 遠隔地にいる人との会議

téle·prìnter 名 C 《英》=teletypewriter

Tel·e·Promp·Ter /téləprà(:)mptər | -ɪprɔ̀mp-/ 名 (しばしば t-p-t-) C 《米》《商標》テレプロンプター《テレビ出演者に台本を拡大して見せる装置》

téle·sàles 名 U 《主に英》電話セールス

*__tel·e·scope__ /téləskòup | télɪ-/ 《アクセント注意》 名 C 望遠鏡 ‖ look at ... through a ～ 望遠鏡で…を見る / an astronomical ～ 天体望遠鏡 / a radio ～ 電波望遠鏡
── 動 他 ❶ (望遠鏡の筒のように) …を畳み込む ❷ …を 〈…に〉短縮する, 圧縮する〈**into**〉 ‖ ～ a long novel *into* a one-act play 長編小説を1幕物の戯曲に縮める ❸ (衝突で)〔列車・車など〕を押しつぶす, めり込ませる
── 自 ❶ (順次に)はまり込む ❷ 短縮[圧縮]される
語源 *tele-* far+*scope*: 遠くから見る器械

tel·e·scop·ic /tèləská(:)pɪk | -ɪskɔ́p-/ 〈シ〉 形 ❶ 望遠の; 望遠鏡の[で見た] ‖ a 200 mm ～ lens 200ミリ望遠レンズ ❷ 〘天〙望遠鏡でやっと見える ‖ ～ stars 肉眼では見えない星 ❸ 遠目のきく ❹ 入れ子式の ‖ a ～ drinking tumbler 伸縮式コップ **-i·cal·ly** 副
▸▸～ sìght 名 C (銃の)望遠照準器

téle·shòpping 名 U テレビショッピング; 電話 [Eメールなど]による通信販売

téle·sùrgery 名 U 遠隔外科《通信網を使って行う外科治療》

téle·tèxt 名 U 《商標》〘放送〙テレテキスト, 文字多重放送 (♦英国ではときに T-)

tel·e·thon /téləθɑ̀(:)n | -θɔ̀n/ 名 C (募金などのための) 長時間テレビ番組(♦ *tele*vision+mara*thon* より)

Tel·e·type /télətàɪp | téli-/ 名 C ❶《商標》テレタイプ ❷ (しばしば t-) テレタイプ通信文 ── 動 (しばしば t-) 他 自 テレタイプで送信する **-tỳp·ist** 名

tèle·týpewrìter 名 C 《米》テレタイプ, 印刷電信機

tèle·ván·ge·list /-vǽndʒəlɪst/ 名 C 《主に米》テレビ伝道[説教]師 **-lìsm** 名 U 《主に米》テレビ伝道

tel·e·view /téləvjù: | téli-/ 動 自 テレビを見る
～·er 名 C テレビ視聴者

*__tel·e·vise__ /téləvàɪz | télɪ-/ 動 他 …をテレビで放送する (♦

T

しばしば受身形で用いる) ‖ The President's inaugural address was ~*d* live. 大統領の就任演説はテレビで生放送された **-vìs·a·ble** 形

*****tel·e·vi·sion** /téləvìʒən | télɪ-/ 《アクセント注意》

— 名 (複 **~s** /-z/) (♦ TV と略す. 《英口》では telly という) ❶ U テレビジョン, テレビ (放送) ; テレビ番組 ; テレビの映像 ; 《形容詞的に》テレビの[による] ‖ **watch** [×see, ×look at] ~ テレビを見る / What's **on** ~ tonight? 今夜はテレビでどんな番組がありますか / He will go [OR appear] on ~ tonight. 彼は今夜テレビに出ます / a ~ **program** [**show**, commercial] テレビ番組 [(特に娯楽) 番組, コマーシャル] / a ~ producer テレビプロデューサー / a ~ anchor テレビ番組の統合司会者
❷ (= **~ sèt**) C テレビ (受像機) ‖ a digital ~ デジタルテレビ / switch [OR turn] on [off] a ~ テレビのスイッチを入れる [切る] ❸ U テレビ放送システム ; テレビ産業 [業界] ‖ work in ~ テレビ業界で働く
tèl·e·ví·sion·al, tèl·e·ví·sion·ar·y 形 **-ví·sion·al·ly** 副
語源 *tele-* far + *-vision* to see
▸▸ **~ lìcence** 名 C 《英》テレビ受信許可証《英国でテレビ所有者が取得を法的に義務づけられている》

tel·e·vis·or /téləvàɪzər | télɪ-/ 名 C ❶ テレビ送 [受] 信装置 ❷ テレビキャスター, テレビ放送者

tel·e·vis·u·al /tèləvíʒəl | -ɪvíʒuəl/ 〈ジ〉 形 《主に英》テレビ放送の

téle·wòrk 動 自 = telecommute
-wòrker 名 **-wòrking** 名

tel·ex /téleks/ 名 ❶ U テレックス《加入者がテレタイプで交信する国際通信システム》; C テレックス装置 ‖ by ~ テレックスで ❷ C テレックス通信文 — 動 他 自 (…を) テレックスで送る ; (…と)テレックスで交信する
語源 *tele*printer + *ex*change

*****tell** /tel/

中心義 ある内容を相手に言葉で伝える (★「わかる」の意味は, 伝えられるくらい理解しているということから)

— 動 (▶ tale 名) (**~s** /-z/ ; **told** /tould/ ; **~·ing**)

— 他 ❶ 話す, 知らせる (⇨ 類語, SPEAK 類語) **a** 《+目+(**that**) 節》…に…であると言う (♦ 通例 that 節の前の目的語を省略することはできない (⇨ PB 64). **c** でも同様) ‖ Yesterday Tom *told* me *that* 「he'd leave [OR he was leaving] Japan today. きのうトムは今日日本をたつと言った / "You don't need to answer now," he *told* her. 「今すぐ答える必要はないんだよ」と彼は彼女に言った / I was *told* you wanted to see me. 君が私に会いたがっていると聞いたが / He *told* himself *that* he had no right to judge. 自分には裁く権利はないと彼は自分に言い聞かせた / So I've been *told*. そう聞いています
b 《+目 *A*+目 *B* ⇌ +目 *B*+**to** 目 *A*》*A* (人) に *B* (物語など) を話す [教える, 知らせる] ‖ The old man *told* the children an amusing **story**. 老人は子供たちに面白い話をした (♦ 受身形は直接目的語を主語にした An amusing story was told to the children by the old man. と, 間接目的語を主語にした The children were told an amusing story by the old man. の2つが可能) / *Tell* me the truth. 本当のことを言ってくれ / He *told* his children good night. 彼は子供たちにおやすみと言った / Can you ~ me the way to the Plaza? プラザホテルまでの道を教えてくれませんか / I've got something to ~ you. 君に話したいことがあるんだ (♥ 言いづらい話を始める際などに I'm going to tell you this. と切り出すと一方的に相手に宣告することになって失礼. I'd like to discuss this with you. などとする方が丁寧)
c 《+目+**wh** 節》〔人〕に…かを話す [教える] ‖ I can't ~ you *how* much I've enjoyed this evening. 今晩私がどれほど楽しかったか口では言い表せません / My son never *told* me *why* he needed the money. 息子はなぜその金が必要なのか決して言わなかった
d 《+目》…を話す, 言う, 教える, 知らせる ; 〔人〕に 〈…のことを〉 話す 〈**about,** 《堅》**of**〉 ‖ Don't ~ lies. うそを言うな / ~ 「a **story** [the truth] 話をする [本当のことを言う] / As he *told* you, we left town together. 彼が言ったように, 我々は一緒に町を出たのです / He *told* the police *about* the accident. 彼は警察に事故のことを話した
❷ …するように言う **a** 《+目+**to** *do*》〔人〕に…するように言う, 命じる, 指図する (⇨ ORDER 類語) ‖ The doctor *told* her *to* stay home. (= The doctor *told* her that she should stay home.) 医者は彼女に家にいるように言った / I *told* her not *to* believe Fred. 彼女にフレッドを信じるなと言った
b 《+目+(**that**) 節》〔人〕に…するように言う ‖ Sam was *told that* he had to appear at the attorney's office. サムは弁護士事務所に出向くように言われた
c 《+目+**wh** 節 / **wh to** *do*》〔人〕に…かを言う ‖ Don't ~ me *what* 「*to* do [OR I should do] all the time. 何をするかいちいち私に指図するな
❸ 《進行形不可》《通例 can, be able to を伴って》 **a** 《+(**that**) 節 / **wh** 節 / **wh to** *do*》…であること […であるか] が 〈…で〉 わかる 〈**from, by**〉 ‖ I could ~ (*that*) he needed my help. 彼は私の助けを必要としているのがわかった / I can ~ *from* [OR *by*] her face *what* she is thinking about. 顔つきで彼女が何を考えているかわかる
b 《+目》…が 〈…で〉 わかる 〈**from, by**〉 ‖ I could ~ him *from* [OR *by*] his footsteps. 足音で彼だとわかった
❹ 《進行形不可》《通例 can, be able to を伴って》 **a** 《+目》…を 〈…から〉 見分ける, 区別する 〈**from**〉 (→ *tell ... apart* (↓)) ‖ Can you ~ British people *from* Americans? イギリス人とアメリカ人の区別がつきますか
b 《+**wh** 節》どちらが…かを見分ける [区別する] ‖ I couldn't ~ *which* umbrella was mine. どちらが自分の傘か見分けられなかった
❺ **a** 《+目+(**that**) 節 / 目+**wh** 節》(物・事が) …に…であることを教える [示す] ‖ This green light ~*s* you *that* you can use the printer. この緑の点灯はプリンターが使えるという合図だ / His face *told* me *how* ill his son was. 息子さんの病気がどれほど重いか彼の顔つきでわかった **b** 《+目》(物・事が) …を教える, …のしるしである ‖ The facts ~ a completely different story. 事実はこれまでの話[思っていたこと]と全く違う
❻ 《古》〔投票数など〕を数える

— 自 ❶ 〈…のことを〉 話す, 報告する 〈**about,** 《堅》**of**〉 ‖ I'm going to ~ *about* myself. 自分のことを話しましょう / The poem ~*s of* the history of an ancient nation. その詩は古代国家の歴史を伝えている
❷ (秘密などを) しゃべる ‖ I won't ~. 黙っているよ (→ *tell on ...* ②(↓))
❸ 《進行形不可》《通例 can, be able to を伴って》わかる, はっきり言う, 確信する ‖ Who can ~? だれにもわからない / You cannot always ~ from appearances. 見掛けからでは必ずしも断言できない / as far as I can ~ 私のわかる限りでは ❹ 効き目がある, 影響する ‖ The business deal may ~ in our favor. その取り引きは我々に有利に働くかもしれない

àll tóld 結局のところ ; 合計で, 全部で (in total)
tèll agáinst ... 〈他〉《英堅》…の不利[妨げ]になる
****tèll ... apárt*** 〈他〉…の違いがわかる, …を見分ける
tèll its ówn tále [OR ***stòry***] 実情をよく伝える ‖ All the mud on the children's clothes *told its own tale*. 泥だらけの服から, 子供たちが何をしていたかは明らかだった
****tèll óff ... / tèll ... óff*** 〈他〉 ① …を 〈…で〉 しかる (tick off, dress down ; scold, reprimand) 〈**for**〉 ‖ The coach *told* her *off for* being late for practice. コーチは彼女が練習に遅れたことでしかった ② 〔人〕を任務に就ける 〈**for** …の / **to** *do* …するように〉

*téll on ... 〈他〉① …にこたえる, 響く ‖ This heat will ~ *on* sick people. この暑さは病人にはこたえるだろう ② (特に子供が先生・親などに)…のことを告げ口する, 言いつける ‖ He skipped the class and Mary *told on* him. 彼が授業をサボったのでメアリーはそのことを言いつけた (♦ ... and Mary *told* his mother *on* him. (メアリーは彼の母親にそのことを言いつけた) の形も可)

tèll a pèrson 「whère to gèt óff [OR ***whère he/she gèts óff***] 《口》〔人〕に身の程をわきまえさせる

tèll a pèrson whère to pút [OR ***stíck***] ***...*** ; ***tèll a pèrson 「whàt to dó*** [OR ***whàt he/she can dó***] ***with ...*** 《口》〔人〕に…のことなんか知るものか[勝手にしろ]と言う

to tèll (you) the trúth 実を言うと (⇨ TRUTH **CE** 8)

COMMUNICATIVE EXPRESSIONS

1 **Can** [OR **Could**] **ànyone tèll me (about)** his qualificátions? 彼の資格についてだれか知りませんか

2 **Dìdn't I téll you?** ① あれ, 言いませんでしたっけ (♥ 情報などを伝えたかどうか確認する表現) ② だから言ったでしょ (♥ 指示や注意を無視した人に)

3 **Dò as** [OR **whàt**] **you are tóld.** 言われたとおりにしなさい; 言うことを聞きなさい

4 **Dó tèll.** まさか; 本当に (♥ 相手の発言内容に対する驚き・懐疑心を表す. 無関心を表すことも)

5 **(Do) you mèan to tèll me** that shè's àctually a "hé"? つまり彼女は本当は男だっていうのか (♥ 相手が本気なのか, または自分の解釈が正しいのかを確かめる)

6 **Dòn't màke me tèll you agáin.** また同じことを言わせるんじゃありません (♥ 子供などに. =Don't make me say it again.)

7 **Dòn't tèll a sóul.** だれにも決して言わないでください

8 **Dón't tèll me.** (その先はわかってるから) 言わなくていい

9 **Dón't tèll me** you overslépt agàin. まさかまた寝坊したんじゃないでしょうね (♥ いら立ちや落胆を表す)

10 He **has tòld me àll** [OR **só mùch**] **abóut you.** 彼からあなたのことはよく聞いてます (♥ 人を紹介されたときに)

11 **I càn't téll you.** ① 何て言ったらいいのか (言葉にならないほどだ) ② そのことは (秘密なので) 話せません

12 **I càn't tèll you mòre thàn thát at the mòment.** 今はそれ以上のことは言えません (♥ 意見・回答の保留)

13 **I còuldn't téll you.** (それは) わかりかねます

14 **I háte** [OR **dòn't knòw how**] **to téll you this, but** she's pássed. どう言ったらいいかわかりませんが, 彼女は亡くなりました (♥ 言いにくいニュースなどを切り出す)

15 **I mùst téll you,** he's nò héro. 言っておくが, 彼は英雄なんかじゃない (♥ 「あえて言わせてもらうが」の意)

16 **I tóld you 「(sò).** [OR **(sò), dídn't I?**] だから言ったでしょ; だから言わんこっちゃない (♥ 指示や忠告を無視したことを非難する. =Didn't I tell you?)

17 **If I've tòld you ónce, I've tòld you a thóusand tìmes.** 何度言わせるの; これまでも散々注意したでしょ (♥ しばしば子供などをしかるときの前置き)

18 **I('ll) tèll you what :** break up with Alex. いい? アレックスとはもう別れちゃいなさい (♥ 提案をする際のくだけた前置き)

19 **I'm nòt télling (you).** 教えない; 答えたくありません

20 **I'm tèlling (Móm).** (ママに) 言いつけてやる (♥ 子供のけんかなどで. =I'm telling on you.)

21 **I'm télling you,** he's a rèal dóll. 彼って本当にかわいいのよ (♥ 「本当に, 確かに」という意味の強調表現)

22 **Lèt me tèll you stráight.** Your dràwing's nò góod. はっきり言いますね. あなたの絵はまるで駄目です

23 **Sò I've been tóld.** そのように聞いています (♦ so は that 節 の代用)

24 **Sòmebody tóld me** that you ùsed to lìve in Róme. ローマに住んでいたことがあるんだってね

25 I have nó chòice but to **tèll it lìke it ís.** (悪いことでも) ありのままを話すほかありません

26 **Téll me,** is he márried? ちょっと教えて, 彼結婚してる?

27 **Téll me about it.** わかる, わかる (♥ 相手の不快な体験や文句などに共感を示す表現だが, 「今さら言われなくてもわかっている」という皮肉を込めて使うことも多い)

28 **Tèll me anóther (one).** ほんとかよ; うそつけ (♥ 冗談やほら話に対するユーモアのある相づち)

29 **Tèll me móre (about it).** もっと聞かせて (♥ 詳細を促す)

30 **Thàt would be télling.** それは (言いふらすことになってしまうので) 言えません; 秘密です

31 **Thère's nó tèlling what** she'll thìnk about the plán. その計画を彼女がどう思うか見当がつかない

32 **(Thère's) nò way to téll.** (だれにも) わからないよ (♥ 「(今その答えを) 知る方法はないので何とも言えない」の意)

33 **Thís is** the gùy **I was télling you abòut.** こいつが前々から君に話をしていたやつだ (♥ くだけた紹介の表現)

34 **Whàt can I téll you?** ① 何をお尋ねですか; 何が知りたいのですか ② 何とも言いようがありません; じゃあ何て言えばいいんですか (♥ 非難されたりした際の反論)

35 "Do you thìnk he'll cóme?" "**You 「can nèver** [OR **nèver can**] **téll.**" 「彼は来ると思う?」「何とも言えないな」 (♥ 「ひょっとしたら」という含みを持つこともある)

36 **You dìdn't téll me** your dàd was a pílot. 君のお父さんがパイロットだったなんて聞いてないよ (♥ 初耳のときに「なぜ教えてくれなかったんだ」という含みを持つことも)

37 **You jùst wòn't be tóld!** 君は言うことを聞かない [聞き分けのない] 人だね

38 **Yòu're tèlling mé!** よく言った; 全くだね (♥ 強い賛同を表すが, 「とっくに知ってるよ」という意味で使うこともある. you と me に強勢を置く)

類語 《他 ❶》 **tell** 「告げる, 知らせる, 報告する」 の意で最も口語的な一般語.
inform 「知らせる, 通知する」 の意で tell よりは改まった語.
report 報告する.

Tell /tel/ 名 **William** ~ テル 《スイスの伝説的英雄》

tèll-áll 名 C 形 暴露本[記事] (の), (暴露的な) 自伝 (の) ‖ a ~ account of a star スターの (私生活) 暴露記事

***tell·er** /télər/ 名 C ❶ (銀行などの) 出納係, 窓口係 ❷ 現金自動預払機 (⇨ ATM) ❸ (議会などの) 投票集計係 ❹ 話す人, 語り手 ‖ a fortune-~ 占い師

tell·ing /télɪŋ/ 形 ❶ 効果的な, 強烈な, 際立つ ‖ a ~ blow 強力な一撃 ❷ (真相などを) 表す, 多くを物語る
~·ly 副

tèlling-óff 名 (複 **tellings-**) C 《通例単数形で》《主に英口》しかること ‖ give him a good ~ 彼に大目玉を食らわせる

téll·tàle 形 《限定》(秘密などを) 暴露する, 隠そうとしても表れる ‖ the ~ mud on the shoes 靴についた動かぬ証拠の泥 **─** 名 C ❶ 告げ口屋 ❷ 自動表示[記録] 装置; (鉄道の) 警告装置

tel·lu·ri·um /telúəriəm/ 名 U 〖化〗 テルル 《非金属元素. 元素記号 Te》

***tel·ly** /téli/ 名 (複 **-lies** /-z/) U C 《英口》=television

tel·net, Tel·net, TELNET /télnèt/ 名 U テルネット 《TCP/IP上で実行される端末型入力プロトコル》; C テルネットのコマンド [仮想端末ソフトウェア]
─ 動 (**t-**) (**telnet·ted** /-ɪd/ ; **telnet·ting**) 自 《口》テルネットで 〈…に〉 接続する 〈**to**〉 (♦ *tele*communication *net*work の略)

tel·o·mere /téləmɪr | tíːloumɪə/ 名 C 〖生〗 テロメア, 末端小粒 《染色体の末端部分にある特殊な塩基配列》

tel·o·phase /téləfèɪz | tíːl-/ 名 U 〖生〗 (有糸核分裂の) 終期 **tèl·o·phás·ic** 形

tel·pher /télfər/ 名 C テルハ 《空中ケーブル式荷物運搬車[装置]》 (♦ telfer ともつづる)

Tel·star /télstàːr/ 名 C テルスター 《米国の通信衛星. 第1号の打ち上げは1962年》

T

tem·blor /tèmblɔ́ːr/ 名 C 《米》地震

tem·er·ar·i·ous /tèməréəriəs/ <シ 形 《文》向こう見ずな(reckless), 無分別の, 無鉄砲な

te·mer·i·ty /təmérəṭi/ 名 U 向こう見ず, 無鉄砲

temp /temp/ 《口》名 C 一時雇い, 臨時職員
—動 自 一時雇いで働く

temp. 略 temperature ; temporary ; temperance ; template ; temporal

***tem·per** /témpər/ 名 ❶ U/C 《通例単数形で》(特に怒りっぽい)気質, 気性 ; 性向 ‖ Greg has got quite a ～. グレッグはひどいかんしゃく持ちだ / improve one's ～ 短気を直す / 「a calm [OR an even] ～ 落ち着いた気性 / a quick [OR hot, short] ～ 短気 ; 激しい気性
❷ C 《通例単数形で》(一時的な)機嫌 ; 怒り, かんしゃく, 立腹 ‖ Judy was in a bad [good] ～ this morning. ジュディは今朝不[上]機嫌だった / His ～ was a bit frayed. 彼はちょっとかんしゃくを起こしていた / get [OR go, fly] into a ～ かっとなる / out of ～ (with ...) (…に)怒って, かっとなって / be in a (fit of) ～ かっと頭に血が上っている ❸ U (特定の時代・土地の)特質, 風潮 ❹ U 〘冶〙焼戻し(された状態) ; (鋼などの)硬度, 靭性(じんせい) ❺ C (物質の性質を変化させる)添加[混合]物
lòse [*kèep*] *one's témper* 冷静さを失う[保つ]

COMMUNICATIVE EXPRESSIONS
1 **Témper! (Témper!)** 落ち着いて ; まあ抑えて

—動 他 ❶ …を〈…で〉和らげる, 軽減する, 調節する〈**with**〉‖ A wise man ～*s* his emotions *with* reason. 賢い人は感情を理性で抑える
❷ …を〈混ぜ物で〉望ましい状態にする〈**with**〉; 〔粘土〕を水でこねる ; 〔絵の具など〕を油で薄める ‖ ～ strong drink *with* water 強い酒を水で薄める ❸ 〔金属・ガラスなど〕を熱処理する, 焼き入れ[戻し]する, 鍛える ; 〔人〕を鍛錬する ‖ ～*ed* steel 鍛鉄 ❹ 〘楽〙〔楽器〕を平均律に調律する
～·a·ble 形 **tèm·per·a·bíl·i·ty, ～·er** 名

tem·per·a /témpərə/ 名 U テンペラ画法 ; テンペラ絵の具 (顔料を水と卵黄などで溶く) ; C テンペラ画

***tem·per·a·ment** /témpərəmənt/ 名 ❶ U C 気質, 気性, 性分 ; (中世医学でいう)気質, 体質 (4体液(cardinal humors)の比率によって決まるとされた. ⇨ HUMOR 名 ❹, 語源) ‖ She's realistic by ～. 彼女は現実的にものを考えるたちだ / an easygoing ～ のんきな性分 / a person with an artistic ～ 芸術家肌の人 ❷ U 激しい気性, (強い)感受性 ‖ That actress has ～. あの女優は熱情タイプだ ❸ U 〘楽〙音律, (特に)平均律

tem·per·a·men·tal /tèmpərəménṭəl/ <シ 形 ❶ 気性の激しい, 興奮しやすい, 移り気な ; (車・機械などの作動が)不安定な ❷ 気性の[に起因する], 気質的な **～·ly** 副

tem·per·ance /témpərəns/ 名 U ❶ (言行などの)自制, 慎み ❷ 禁酒, 禁煙

***tem·per·ate** /témpərət/ 形 ❶ 《通例限定》(気候・風土が)穏やかな, 温和な ; 温帯(産)の ‖ a ～ climate 温暖な気候 / ～ plants 温帯植物 ❷ (人・思想・行動などが)節度のある, 穏健な ; (飲酒・喫煙などが)度をわきまえた ‖ Be more ～ in your behavior. もっと節度のある振る舞いをしなさい ❸ (ウイルスの増殖・転移などが)緩やかな, 穏やかな **～·ly** 副 **～·ness** 名
▶▶**Tèmperate Zóne** 名 《the ～》温帯

*****tem·per·a·ture** /témpərətʃər/
—名 (複 **～s** /-z/) ❶ U C **温度** ; 気温 (♦ temp., t と略す) ‖ Warm ～*s* will continue. 暖かい陽気が続くだろう / Keep sweet potatoes **at room** ～. サツマイモは室温で保存しなさい / 「an increase [a decrease] in ～ 温度の上昇[低下]
連語 【形+～】high [low] ～ 高[低]温 / the average [OR mean] ～ 平均気温 / water [air] ～ 水[気]温 / the surface ～ 表面温度
❷ C **体温**(body temperature) ; 《a ～》《口》熱, 高熱(状態) ‖ The nurse took his ～. 看護師は彼の体温を計った / one's normal ～ 平熱 / have a ～ (of 40 degrees Celsius) (セ氏40度の)熱がある (♦ 温度や体温の単位は《米》では Fahrenheit (カ氏), 《英》では Celsius (セ氏) が一般的) / run a ～ 発熱する ❸ U C (感情・議論などの)激しさ(の度合い) ‖ The ～ of the discussion started to rise. 議論が激しくなり始めた
ràise [*lòwer*] *the témperature* 興奮を高める[弱める]

tèmperature-humìdity índex 名 C 温湿度指数, 不快指数

tem·pered /témpərd/ 形 ❶ 《複合語で》…の気質の ‖ ill-[short-]～ 気難しい[気の短い] ❷ うまく混ぜ合わされた ; 和らげられた ❸ (鋼などが)鍛えられた ❹ 〘楽〙(平均律に)調律された

tem·pest /témpɪst/ 名 C ❶ 《文》(雨・あられ・雪などを伴う)大嵐(おおあらし), 暴風 ❷ 《比喩的に》(…の)嵐 ; 大騒ぎ, 大騒動 ‖ a ～ of laughter 爆笑
a tèmpest in a téapot 《米》(ささいなことでの)内輪もめ, 空騒ぎ(《英》a storm in a teacup)

tem·pes·tu·ous /tempéstʃuəs/ 形 ❶ 大嵐の(ような) ❷ (人・振る舞いなどが)激しい, 狂暴な ; 騒乱の, 激動の ‖ a ～ debate 激論 **～·ly** 副 **～·ness** 名

tem·pi /témpiː/ 名 tempo の複数の1つ

Tem·plar /témplər/ 名 C ❶ (中世の)テンプル騎士団員 (→ Knights Templars) ❷ 《t-》(ロンドンの)法学院(the Temple)所属弁護士[法学生]

tem·plate /témpleɪt, -plət/ 名 C ❶ 型板 ❷ 〘建〙梁(はり)受け, 桁(けた)受け ❸ 〘生〙(遺伝子複製の)鋳型 ❹ 💻 (アプリケーションに付属した) ひな形, 定型書式例, テンプレート ❺ 💻 テンプレート (特定のソフトウェアの各キーの機能を表す早見表)

****tem·ple**[1] /témpl/
—名 (複 **～s** /-z/) C ❶ (古代エジプト・ギリシャ・ローマなどの)**神殿**, 聖堂 ; (ヒンドゥー教・仏教などの)**寺**, 寺院(♦ 日本の神社は shrine) ‖ the *Temple* of Apollo アポロ神殿 / the Todaiji *Temple* 東大寺
❷ 《the T-》(古代エルサレムのソロモン王またはヘロデ王の)ユダヤ教神殿
❸ 《主に米》シナゴーグ(synagogue) 《ユダヤ教の礼拝堂》
❹ (キリスト教の) 教会堂, 礼拝堂 (現在は通例 church, chapel) ❺ 〘聖〙神の宿る場所, (特に)キリスト教徒(の肉体) ❻ (芸術などの) 殿堂 ‖ a ～ of art 芸術の殿堂 ❼ 《the T-》(中世の)聖堂[テンプル]騎士団(Knights Templars)の殿堂 ; (その跡地にある英国の)法学院(会館) ❽ (モルモン教の)教会

***tem·ple**[2] /témpl/ 名 C ❶ こめかみ(⇨ FACE 図) ❷ 《米》眼鏡のつる

***tem·po** /témpou/ 名 (複 **～s** /-z/ OR **-pi** /-piː/) C U ❶ 〘楽〙速度 ; 拍子, テンポ ‖ at a fast [slow] ～ 速い[ゆっくりの] テンポで / a tune in quick ～ テンポの速い曲 ❷ (仕事・生活などの)速さ, 進み具合, ペース ‖ the busy ～ of modern living 現代生活の目まぐるしいテンポ / 「step up [slow down] the ～ テンポを速める[緩める]

***tem·po·ral**[1] /témpərəl/ 形 ❶ この世の, 俗世の, 現世(だけ) の (↔ spiritual) ‖ ～ interests 浮世の享楽 ❷ 一時的な, つかの間の, はかない ❸ 時の, 時間の ❹ (教会・聖職者に対し)世俗の, 俗界の, 僧籍のない ‖ the ～ power of the Pope 教皇の世俗上の権限 / ～ lords = lords ～ 《英》聖職に就いていない上院議員 ❺ 〘文法〙時を表す, 時制に関する **～·ly** 副
語源 *tempor-* time + *-al*(形容詞語尾) : 時の

tem·po·ral[2] /témpərəl/ 形 《限定》〘解〙こめかみの, 側頭の
▶▶**～ lòbe** 名 C 〘解〙(大脳の)側頭葉

tem·po·ral·i·ty /tèmpərǽləṭi/ 名 (複 **-ties** /-z/) ❶ U 一時的なこと, 一過性 ❷ U 世俗的権力 ; C 《通例 -ties》(教会などの)世俗的財産[収入]

***tem·po·rar·i·ly** /tèmpərérəli | témpərər-/ 《アクセント注意》副 一時的に, しばらくの間 ; 仮に

:tem·po·rar·y /témpərèri | -pərəri/
—形 《比較なし》 **一時的な**, 当座の, 臨時の (↔ permanent) ‖ ~ amnesia 一時的記憶喪失 / a ~ job [OR position] 臨時の仕事 / ~ passions ひとときの情熱 / a ~ bridge 仮設橋 / a ~ office 仮事務所
—名 (複 **-rar·ies** /-z/) Ⓒ 臨時雇いの人, アルバイト
-rar·i·ness 名
語源 *tempor-* time + *-ary* (形容詞語尾) : 一時の
▶▶ **~ émployment àgency** 名 Ⓒ 人材派遣会社 **~ file** 名 Ⓒ 💻一時[テンポラリー]ファイル 《データの一時的保存のため主として自動的に作られるファイル》 **~ stáff(ing) àgency [còmpany]** 名 Ⓒ =temporary employment agency

tem·po·rize /témpəràɪz/ 動 自 時間稼ぎをする, 煮えきらない態度をとる ; 〈人に〉のらりくらり応対する〈**with**〉

***tempt** /tem*p*t/ 動 〔▶ temptation 名〕 他 ❶ **a** 《+目》〔人〕を〈…に〉引きつける, 誘惑する〈**into, to**〉 ‖ I am ~*ed* by that apple pie. あのアップルパイが欲しいな / The fine morning ~*ed* me *into* going out. 朝の好天に誘われて外出した **b** 《+目+**to** *do*》〔人〕を…する気にさせる ; 《受身形で》…したくなる (↔ discourage) ‖ The smell of yakitori ~*ed* them *to* enter the bar. 焼鳥のにおいにつられて彼らはその飲み屋に入った ❷ **a** 《+目》〔人〕に勧める 〈**into** …するように ; **out of** …しないように〉 ‖ He was ~*ed out of* retirement. 彼は退職を思いとどまるように言われた **b** 《+目+**to** *do*》〔人〕に勧めて…させる ‖ Nothing could ~ me *to* do what I think is not right. 何と言われても正しいと思わないことはしない

tempt·a·ble /tém*p*təbl/ 形 誘惑できる[されやすい]

***temp·ta·tion** /tem*p*téɪʃən/ 名 〔◁ tempt 動〕 ❶ Ⓒ Ⓤ 誘惑, 〈…したい〉衝動〈**to** *do*〉 ‖ I somehow resisted the ~ *to* eat another piece of cake. ケーキをもう1つ食べたい衝動を抑えた / put ~ in his way 彼を誘惑する / yield [OR give away, give in] to ~ 誘惑に負ける ❷ Ⓒ 誘惑するもの, 欲望をそそるもの ‖ She couldn't overcome the many ~*s* of urban life. 彼女は都会生活のさまざまな誘惑に勝てなかった ❸ 《the T-》〖聖〗(キリストが悪魔から受けた)荒野の試み

tempt·er /tém*p*tər/ 名 Ⓒ 誘惑する人[もの] ; 《the T-》サタン, 悪魔

tempt·ing /tém*p*tɪŋ/ 形 誘惑する, 欲望をそそる, 魅力的な ‖ a ~ meal うまそうな食事 **~·ly** 副

tempt·ress /tém*p*trəs/ 名 Ⓒ 誘惑する女, 妖婦(ようふ)

tem·pu·ra /tempúərə/ 名 Ⓤ Ⓒ 天ぷら (♦日本語より)

tem·pus fu·git /tèmpəs fjúːdʒɪt/ 《ラテン》 (=time flies) 光陰矢の如し

:ten /ten/
—形 《限定》10の, 10人[個]の ; 《叙述》10歳で ‖ The youngest boy is ~ (years old). 最年少の男の子は10歳です / ~ servants [countries] 10人の使用人[10か国] / ~ thousand 1万
—名 (❶, ❷, ❸ ⇨ FIVE 用例) ❶ Ⓤ Ⓒ 《通例無冠詞で》10 ; Ⓒ 10の数字 ❷ 《複数扱い》10人[個] ❸ Ⓤ 10時[分] ; 10歳 ❹ Ⓒ 10人[個]1組のもの ❺ Ⓒ 10ドル[ポンド]紙幣 ‖ two ~「-dollar bills [-pound notes] 2枚の10ドル[ポンド]紙幣 ❻ Ⓒ (トランプの)10 ; 10号サイズ(のもの) ❼ Ⓒ 《~s》数十のもの ‖ ~*s* of millions of people 何千万人もの人々 ❽ Ⓒ 《a ~》10点満点, 最高の評価 ; 最上の人[もの]
be tèn a pénny 《主に英》ありふれている, あまり価値がない
tèn òut of tén 《英》10点満点 (♥ 相手を褒める場合にも皮肉にも使われる)
tèn to óne 十中八九 ‖ *Ten to one* what this man is after is your money. この男がねらっているのはあなたのお金に間違いない
▶▶ **Tèn Commándments** 名 《the ~》〖聖〗十戒 《モーセが神より授かった10の戒め》 **~ kéys** 名 複 💻 (0から9までの)数字入力キーボード, テンキー **~ pénce** 名 Ⓒ (英国の)10ペンス(貨) (ten pence piece)

ten. 略 tenor ; tenuto

ten·a·ble /ténəbl/ 形 ❶ (理論などが) 批判に耐え得る, 擁護できる, 筋道立った ; (陣地などが) 攻撃に耐え得る ❷ 《叙述》(役職・地位などが) 〈ある期間〉保持できる〈**for**〉 ‖ a scholarship ~ *for* three years 3年間支給される奨学金 **tèn·a·bíl·i·ty, ~·ness** 名

ten·ace /ténèɪs/ 名 Ⓒ 〖トランプ〗テナス 《間が飛んでいる高位の札の2枚組》

***te·na·cious** /tɪnéɪʃəs/ 形 ❶ (性格・性質が)粘り強い, 意志堅固な, しつこい ‖ The ~ efforts of our team finally won us the championship. 我がチームの粘り強い頑張りがとうとう優勝をもたらした ❷ (考え・信念などが) 頑固な, 根深い ; 〈…に〉固執する, 執着心の強い〈**of**〉 ‖ He is ~ *of* old habits. 彼は頑固でなかなか古い習慣を捨てようとしない ❸ くっついて離れない, 粘着力のある ❹ (記憶力などが)強い, よい **~·ly** 副 **~·ness** 名

te·nac·i·ty /tɪnǽsəṭi/ 名 Ⓤ 固執, 執着 ; 粘着性 ; 強靭(きょうじん) ; 粘り強さ, 頑強 ; 記憶力のよさ

ten·an·cy /ténənsi/ 名 (複 **-cies** /-z/) ❶ Ⓒ (土地・家屋などの)借用 ; 借用期間 ❷ Ⓒ Ⓤ 不動産の保有[占有] ; (地位などの)保持, 在職

***ten·ant** /ténənt/ 《アクセント注意》 名 Ⓒ ❶ 借地人, 借家人, テナント, 間借り人 ; 小作人 ❷ 〖法〗(賃借による)不動産保有者 ❸ 占有者, 居住者
—動 他 《通例受身形で》 (土地・家屋が) 賃借されている ‖ This house is ~*ed* by my friend. この家は私の友人が借りて住んでいる —自 居住する, 住む
▶▶ **~ fármer** 名 Ⓒ 小作人, 小作農

ten·ant·ry /ténəntri/ 名 (複 **-ries** /-z/) Ⓤ Ⓒ ❶ 《集合的に》借地[借家]人, 小作人 ❷ =tenancy

tench /tentʃ/ 名 (複 **~** OR **~·es** /-ɪz/) Ⓒ 〖魚〗テンチ 《ヨーロッパ産のコイの一種》

:tend[1] /tend/
—動 〔▶ tendency 名〕(**~s** /-z/ ; **~·ed** /-ɪd/ ; **~·ing**) 自
❶ 《進行形不可》 **a** 《+**to** *do*》…する**傾向がある**, …しがちである ‖ Cellphone conversations ~ *to* be louder than ordinary ones. 携帯電話での会話は通常より声が大きくなりがちだ / It ~*s to* rain a lot during the summer. 夏にはとかく雨がよく降る
b 《+**to** [**toward**] 名》…になりがちである ‖ She ~*s to* plumpness. 彼女は太りやすい体質だ / All governments ~ *toward* tyranny. どんな政権も専制政治に陥りがちだ
❷ 《+副句》 (ある方向に) 向かう, 進む, 傾く ‖ The road ~*s*「(to the) north [toward the coast]. この道路は北へ[海岸へ]向かっている / Prices are ~*ing* upward [downward]. 物価は上昇[下落]傾向にある
❸ 《+**to** *do*》…したい気がする (♥ 特に自分の発言の語調を和らげる表現) ‖ I ~ *to* think [OR believe, find] lowering unemployment is rather difficult. 私としては失業者を減らすのはちょっと難しいような気がします / ~ *to* agree [disagree] どちらかというと賛成[反対] (♦ アンケートなどでよく使われる表現)

***tend**[2] /tend/ 動 他 ❶ 〔人・動物など〕を世話する, 看護する ; 〔機械・植物など〕の手入れをする ‖ ~「the wounded [a flock] 負傷者の介護[羊の群れの世話]をする / a nicely ~*ed* lawn 手入れの行き届いた芝生 ❷ 《米》〔店など〕で客の応対をする ‖ ~ bar バーで働く
—自 ❶ 《+**to** 名》…に注意を払う, …の世話をする ‖ *Tend to* your own affairs. まず自分のことを心配せよ / ~ *to* a child 子供の世話をする ❷ 《古》 〈…に〉仕える〈**on, upon**〉

:ten·den·cy /téndənsi/
—名 〔◁ tend[1] 動〕(複 **-cies** /-z/) Ⓒ ❶ **傾向**, 趨勢(すうせい), 風潮 〈**to, toward** …への / **to** *do* …する〉 (⇨ 類語) ‖ Business shows a ~「*to* improvement [OR *to*

improve]. 景気はよくなりつつある / There is a ～ for prices *to* rise. 物価は上昇傾向だ / the ～ *toward* a diminishing birthrate 出生率低下の傾向

連語 【形＋～】 a clear ～ 明らかな傾向 / a great ～ 大きな傾向 / a strong ～ 強い傾向 / an increasing ～ to *do* ますます…する傾向 / a growing ～ 強まる傾向 / a general ～ 一般的傾向 / a natural ～ to *do* 自然に…する傾向

❷ 性向, 性癖, 素質, 体質〈**to, toward** …の / **to *do*** …する〉‖ She has a ～ ｢*toward* exaggeration [OR *to* exaggerate]. 彼女は大げさに言う癖がある / Iron has a ～ *to* rust. 鉄はさびやすい性質がある / have artistic *tendencies* 芸術的素質がある ❸《集合的に》《単数・複数扱い》《英》(政党内の)反対派, 急進派

類語 《❶》 **tendency** 「傾向」を意味する一般語. 個人および物事の両方の傾向について用いる. しばしば内在的な性質や習性などから生まれる傾向を示唆し, trend に比べより長期にわたる傾向を指すことが多い.
trend 個人の傾向については用いず, しばしば一定の期間や範囲に限られ, 固定的でない傾向を指す. 〈例〉 The rise in violent crime is a disturbing new *trend*. 暴力犯罪の増加は憂慮すべき新傾向である
drift 外部の影響力に流されるような傾向. 〈例〉 a *drift* toward miniskirts ミニスカートがはやる傾向
inclination 個人の性質や好みの傾向.

ten·den·tious, -cious /tendénʃəs/ 形 (演説・著作が)特定の意図のある, 偏向した **～·ly** 副 **～·ness** 名

***ten·der**[1] /téndər/ 形 (**～·er** ; **～·est**) ❶ (人の性質・表情などが)優しい, 思いやりのある, 親切な(↔ harsh) ‖ Meg is very ～ toward children. メグは子供たちにとても優しい / a ～ smile 優しいほほ笑み / ～ loving care 心のこもった接し方 ❷ (傷などが)触ると痛い ‖ The wound is still ～. 傷口はまだ触ると痛い / a ～ spot 痛いところ ; 弱点 ❸ (肉・豆などが)柔らかい(↔ tough) ‖ a ～ steak 柔らかいステーキ ❹ 弱い, か弱い ; (植物などが) 傷みやすい ; (体などが)きゃしゃな ; (物が)もろい ‖ have a ～ stomach 胃が弱い ❺《限定》幼い, いたいけな, 未熟な(↔ experienced) ‖ She was left an orphan at the ～ age of five. 彼女は5歳という幼なさで孤児になった ❻ (問題などが) 取り扱いに注意を要する, 微妙な ‖ a ～ situation [subject] 微妙な立場 [デリケートな話題] ❼《海》(船が)風で傾きやすい **～·ly** 副 **～·ness** 名

***ten·der**[2] /téndər/ 名 Ⓒ 入札 (bid) ‖ ｢an open [a competitive] ～ 一般 [競争] 入札 / win a ～ 入札で仕事を得る / put construction work out to ～ その建設工事の入札を募る

— 動 自 〈…に〉入札する〈**for**〉 ‖ ～ *for* a new public works project 新規の公共事業に入札する

— 他 ❶ …を〈…に〉差し出す, 提出する, 申し出る〈**to**〉 ‖ ～ one's resignation *to* ... …に辞任を申し出る ❷ 〔金など〕を支払う ; 《法》〔借金など〕を返済する

ten·der[3] /téndər/ 名 Ⓒ ❶ 補給船 ; はしけ ❷ (蒸気機関車の)炭水車 ❸《通例複合語で》世話人, 看護人 ; 番人 ‖ a ～ of sheep 羊番(→ bartender)

ténder·fòot /-fʊt/ 名 (複 **-feet** /-fiːt/ OR **～s** /-s/) Ⓒ ❶《主に米口》(開拓地などへの)新参者 ❷ 新入り, 新米, 初心者 ; 《旧》(ボーイスカウトの)新入団員

tènder·héarted 〈シ〉 形 心の優しい, 情にもろい, 同情心のある **～·ly** 副 **～·ness** 名

ten·der·ize /téndəràɪz/ 動 他 〔肉など〕を柔らかくする
-iz·er 名 Ⓤ (食肉の)軟化剤 ; Ⓒ 肉たたき棒

ténder·lòin 名 Ⓤ ❶ テンダーロイン (牛・豚などの腰肉の最も柔らかい部分) ❷《米口》(悪徳のはびこる)歓楽街

ten·di·ni·tis, -do- /tèndənáɪṭəs | -dɪnáɪtɪs/ 名 Ⓤ 《医》腱炎(けんえん)

ten·di·nous /téndənəs | -dɪ-/ 形 腱(けん)の, 腱質の

ten·don /téndən/ 名 Ⓒ 《解》腱 (→ Achilles(') tendon)

ten·dril /téndrəl/ 名 Ⓒ ❶《植》巻きひげ ❷《文》巻きひげ状のもの, 巻き髪(など)

te·neb·ri·ous /tənébriəs/ 形 ＝tenebrous

ten·e·brous /ténəbrəs/ 形《文》暗い, 陰気な

ten·e·ment /ténəmənt/ 名 Ⓒ ❶《主にスコット・米》安アパート(❷の中の一区分) ❷ (＝～ hòuse) 棟割(むねわり)長屋 ❸《法》保有財産(tenant の保有する土地・家屋など)

ten·et /ténɪt/ 名 Ⓒ 教義, 信条, 主義

tén·fòld 形 ❶ 10倍の ❷ 10の部分からなる
— 副 10倍に

tèn-gàllon hát 名 Ⓒ (カウボーイの)テンガロンハット
語源 スペイン語 *galon* (帽子のつばに巻いてあるリボン) から. 「水が10ガロンも入るほど大きい帽子」は俗説.

Tenn. 略 Tennessee

ten·ner /ténər/ 名 Ⓒ《米・カナダ・豪・ニュージ口》10ドル紙幣 ; 《英口》10ポンド(紙幣)

Ten·nes·see /tènəsíː/ 〈シ〉 名 ❶ テネシー (州) (米国南東部の州. 州都 Nashville. 略 Tenn., 《郵》TN) ❷ (the ～)テネシー川 (米国南東部の川)
-sé·an, ～·an 形 名 Ⓒ テネシー州の(人)
▸▸ **～ Válley Authòrity** 名 (the ～) テネシー川流域開発公社 (1933年 New Deal 政策の一環として設立. 略 TVA) **～ wálking hòrse** 名 Ⓒ 《動》テネシーウォーキングホース(Tennessee walker)(乗馬用の馬)

ten·nies /téniz/ 名 複 《口》テニスシューズ

:ten·nis /ténɪs/
— 名 Ⓤ **テニス**, 庭球(lawn tennis) ‖ Wimbledon is a mecca for ～ players. ウィンブルドンはテニス選手にとってあこがれの場所だ / **play** (a game of) ～ テニスをする / a ～ match テニスの試合
▸▸ **～ còurt** 名 Ⓒ テニスコート **～ élbow** 名 Ⓤ テニスひじ (テニスなどで酷使したために起こるひじの炎症) **～ ràcket** 名 Ⓒ テニスラケット **～ shòe** 名 Ⓒ (通例 ～s) テニスシューズ, スニーカー

Ten·ny·son /ténɪsən/ 名 **Alfred ～** テニスン (1809–92)(英国の桂冠詩人(1850–92))

ten·on /ténən/ 名 Ⓒ 《建》ほぞ
— 動 他 …にほぞを作る ; …をほぞでつなぐ

***ten·or** /ténər/ 名 ❶《楽》Ⓤ テナー, テノール (男声の最高音) ; Ⓒ (単数形で)テナー(声)部 ❷ Ⓒ 《楽》テナー歌手 ; テナー楽器 ❸ (通例 the ～)(文書・話などの)大意, 概要 ; (人生などの) 流れ, 進路, 行路 ‖ the ～ of his speech 彼の話の要旨 / the even ～ of one's life 波風の少ない人生行路 ❹ Ⓒ 《法》(文書の)正確な表現, 意味 ; 写し, 謄本 — 形 《限定》《楽》テナーの ; (楽器などが)テナー音域を持つ ‖ a ～ sax テナーサックス
▸▸ **～ cléf** 名 Ⓒ 《楽》テナー記号 (第4線上に C を置く)

ten·o·syn·o·vi·tis /tènousàɪnəváɪṭəs | -tɪs/ 名 Ⓤ 《医》腱鞘(けんしょう)炎

tén·pìn 名 Ⓒ ❶ (～s) 《単数扱い》《米》10柱戯 (ボウリングに似たゲーム) ❷ 10柱戯のピン
▸▸ **～ bówling** 名 Ⓤ 《英》＝tenpin ❶

ten·rec /ténrèk/ 名 (複 ～ OR **～s** /-s/) Ⓒ 《動》テンレック (マダガスカル島産のハリネズミに似た小獣)

TENS /tenz/ 名 Ⓤ (電気刺激を送る) 疼痛(とうつう)治療術 (♦ *t*ranscutaneous *e*lectrical *n*erve *s*timulation より)

:tense[1] /tens/
— 形 (**tens·er** ; **tens·est**)
❶ (精神的に)**張り詰めた**, 緊張した(↔ lax) ; (事態などが)緊迫した ; 堅苦しい ‖ There was a ～ **silence** between them. 2人の間に張り詰めた沈黙があった / His face was ～ with excitement. 彼の顔は興奮で引きつっていた / The ～ atmosphere of the conference was relaxed by his joke. 会議の緊迫した雰囲気が彼のジョークでほぐれた
❷ (筋肉などが)張った(↔ relaxed), (ロープなどが)ぴんと張った ‖ My neck is ～. 首が張っている / ～ fingers こわばった指 ❸《音声》緊張音の(↔ lax)

―動〔▶ tension 名〕他〔人・体・筋肉など〕を緊張させる《*up*》(↔ relax) ‖ get [be] ~*d up* 緊張する[している]
―自 緊張する《*up*》
~·ly 副 **~·ness** 名

***tense²** /tens/ 名 U C 〘文法〙(動詞の)時制，テンス ‖ This sentence is written in the present [past] ~. この文は現在[過去]時制で書かれている / the sequence of ~*s* 時制の一致

ten·sile /ténsəl | -saɪl/ 形 ❶《限定》張力の[を伴う]，伸張の ❷引き伸ばせる **ten·síl·i·ty** 名 U 張力
▶▶**~ stréngth** 名 U 〘理〙抗張力

:ten·sion /ténʃən/
―名〔◁ tense¹ 動〕(複 **~s** /-z/) ❶ U C (精神的)**緊張**，(内心の)不安；緊張[緊迫]感；《通例 ~s》〈敵対者間などの〉緊張状態〈**between**〉‖ Laughing helps us release some of our ~. 笑いは私たちの緊張をいくらかほぐしてくれる / feel ~ 緊張する / lessen international [racial] ~*s* 国際[人種]間の緊張を和らげる
❷ U (綱・ひも・筋肉などの)張り ‖ the ~ of a tennis racket テニスラケットの張り具合 / relieve muscle ~ 筋肉の緊張をほぐす
❸ U/C《単数形で》〈…の間の〉対立[矛盾]する状況〈**between**〉‖ lessen the ~ *between* work and family life 仕事と家庭生活の間の対立を和らげる
❹ U C 〘機〙(織機などの)張力(装置) ❺ C U 〘理〙張力，(気体の)膨張力，圧力 ‖ surface ~ 表面張力 ❻ U 〘電〙電圧，起電力 ‖ a high ~ wire 高圧線
―動 他〔ロープ・帆など〕をぴんと張る
~·al 形 緊張の；張力の

ten·si·ty /ténsəṭi/ 名 (複 **-ties** /-z/) C U 張り，緊張(度)

ten·sor /ténsər/ 名 C ❶〘解〙張筋 ❷〘数〙テンソル《ベクトルより総合的に示す量》

tén-spèed 形 名 C 10段ギア付きの(自転車)

tén-strìke 名 C ❶〘ボウリング〙ストライク ❷《米口》大当たり，大成功

:tent /tent/
―名 (複 **~s** /-s/) C ❶**テント**，天幕 ‖ **pitch** [OR put up, erect] a ~ テントを張る / ⌐take down [OR strike] a ~ テントを畳む
❷テント状のもの ‖ an oxygen ~ 酸素吸入テント
❸ =tent dress(↓)
―動 他 ❶…をテントで覆う ‖ a ~*ed* camp (テント張りの)収容所，野営地 ❷…をテントに住まわせる ❸…をテント型にする ―自 テント生活をする，野営する
▶▶**~ cìty** 名 C (難民などが暮らす)テント村 **~ drèss** 名 C テントドレス《テントのように肩からすそに向かってゆったり広がるドレス》 **~ pèg** 名 C テント固定用杭(くい) **~ stìtch** 名 U テントステッチ《平行に斜めにかがる刺繍(ししゅう)の一種》 **~ tràiler** 名 C テントトレーラー《自動車に引かせるテント用2輪トレーラー》

ten·ta·cle /ténṭəkl/ 名 C ❶〘動〙触手，(イカなどの)触腕，(カタツムリなどの)触角；〘植〙(食虫植物の)触毛 ❷《~s》(悪い影響力を及ぼす)触手，魔の手；(逆らえない)影響力
~d 形 触手[触毛]のある

ten·tac·u·lar /tentǽkjulər/ 形 触手[触毛](状)の

***ten·ta·tive** /ténṭəṭɪv/ 形 ❶ 試験的な，試みになされた，仮の，一時的な(↔ confirmed) ‖ a ~ plan 試案 / reach a ~ agreement 仮協定を結ぶ ❷おずおずした，自信のない，不確かな(↔ confident) ‖ ~ steps 覚つかない足取り **~·ness** 名

***tén·ta·tive·ly** /-li/ 副 試験的に，試しに，仮に；おずおずと

ten·ter /ténṭər/ 名 C 張り枠《布地を張って乾かすもの》，幅出し機 ―動 他〔布〕を張り枠に張る

ténter·hòok 名 C 張り枠用かぎ針
on ténterhooks 〈…のことが〉不安で，気がかりで，〈…に〉やきもきして〈**about, over**〉

***tenth** /tenθ/ 《略 10th》形 ❶《通例 the ~》第10の，10番目の ❷10分の1の ―名 ❶《通例 the ~》10番目の人[もの]；(月の)10日 ❷ C 10分の1 ‖ three ~*s* 10分の3 ❸《the ~》〘楽〙10度(音程)

te·nu·i·ty /tenjúːəṭi/ 名 U ❶細さ；(気体などの)希薄さ ❷薄弱，貧弱，不十分さ

***ten·u·ous** /ténjuəs/ 形 ❶(関係・つながりなどが)希薄な；(根拠などが)薄弱な ‖ a ~ relationship 希薄な関係 / ~ evidence 不十分な根拠 ❷(繊維などが)細い ❸(気体などが)薄い，希薄な **~·ly** 副 **~·ness** 名

***ten·ure** /ténjər/ 《アクセント注意》名 U ❶在職[保有]期間 ‖ during his ~ of office 彼の在任期間中に ❷(大学教員などの定年までの)在職権 ‖ hold [be granted] ~ 定年までの在職権を保有する[与えられる] ❸〘法〙保有権，居住権，土地使用権 ‖ have (the) security of ~ 居住権の保証がある
―動 他 …に(定年までの)在職権を与える

ténure-tràck 形《限定》《主に米》(大学教員の職などが)終身的雇用につながる

te·nu·to /tənúːtou/ 副 形 〘楽〙テヌートで[の]，長さを十分保って(の)

te·pee, tee- /tíːpiː/ 名 C ティーピー《北米先住民の獣皮製円錐(すい)形テント．→ wigwam》(♦ tipi ともつづる)

tepee

tep·id /tépɪd/ 形 ❶(液体が)生ぬるい，微温の ❷熱意のない，煮え切らない，中途半端な ‖ a ~ anticlimax 中途半端で間の抜けた結末
te·píd·i·ty 名 **~·ly** 副 **~·ness** 名

te·qui·la /tɪkíːlə/ 名 U C テキーラ《メキシコ産の蒸留酒》
▶▶**~ súnrise** 名 C U テキーラサンライズ《テキーラ・オレンジジュース・グレナディンで作るカクテル》

ter. 略 terrace；territorial, territory

tera- /terə-/ 連結形「10^{12}，1兆」の意《略 T》

ter·a·byte /térəbàɪt/ 名 C 💻テラバイト《コンピューターのデータ記憶容量を表す場合は2の40乗》

téra·flòps 名 C 💻テラフロップス《1秒間に1兆回の演算能力》(→ megaflop)

te·rat·o·gen /tərǽṭədʒən/ 名 C 〘生・医〙催奇要因，奇形発生因子 **tèr·a·to·gén·ic** 形

ter·a·tol·o·gy /tèrətá(ː)lədʒi | -tɔ́l-/ 名 U 〘医〙奇形学
tèr·a·to·lóg·i·cal 形

ter·bi·um /tə́ːrbiəm/ 名 U 〘化〙テルビウム《希土類金属元素．元素記号 Tb》

ter·cen·te·nar·y /tə̀ːrsenténəri | -tíː-/ 名 (複 **-nar·ies** /-z/) C 形 300年祭[周年](の)；300年間(の)

ter·cen·ten·ni·al /tə̀ːrsenténiəl/ ⦅シ⦆ 名 形 =tercentenary

ter·cet /tə́ːrsət | -sɪt/ 名 C 〘韻〙3行押韻連句

ter·e·binth /térəbìnθ/ 名 (複 ~ OR **~s** /-s/) C 〘植〙テレビンの木《南欧産．テレビン油を採る》

ter·e·bin·thine /tèrəbínθən | -θaɪn/ 形 ❶テレビンの木の ❷テレビン油の(ような)

ter·gi·ver·sate /təːrdʒívərsèɪt | ⌐－－－⌐/ 動 自《堅》❶言い逃れをする，ごまかす ❷変節する，裏切る
ter·gì·ver·sá·tion /英 －－－⌐－/ 名

ter·i·ya·ki /tèrijáːki | -jǽ-/ 名 U C 照り焼き料理(♦日本語より)

:term /təːrm/ 名 動

中心義 **限られたもの，限りを定めるもの**

名 **専門用語❶ 期間❸ 学期❺ 条件❻ 間柄❼**

―名 (複 **~s** /-z/) C ❶**専門用語**，術語，語 ‖ **use** a technical [medical, legal] ~ 専門[医学，法律]用語を使う / explain in simple ~*s* 簡単な用語で説明する / a colloquial ~ 口語

❷《しばしば ～s》言い方, 口ぶり, 言葉遣い ‖ praise her in glowing ～*s* 彼女を褒めちぎる / a ～ of abuse ののしりの言葉, 暴言
❸ Ⓒ Ⓤ **期間**, 任期 ; 服役期間, 刑期 ‖ a ～ of validity 有効期間 / a **long**-～ effect 長期的影響 / a ～ of [OR in] office 任期 / serve a 10-year ～ 10年の刑期を務める
❹ Ⓤ/Ⓒ《通例単数形で》期限, (支払いなどの)期日 ; 妊娠期間, 出産予定日 ; 〘法〙(不動産の)賃貸借期間, 定期不動産権 ‖ She had her baby at full ～. 彼女は月満ちて出産した
❺ Ⓒ Ⓤ (学校などの) **学期** (→ quarter, semester, trimester, session) ; 《英》(裁判所の)開廷期間(♦米国に多い2学期制度の学期 (9月-1月と2月-6月) は semester という. session は《米・スコット》で(大学の)学期, 授業時間をいう. 〈例〉the summer session 夏学期, サマースクール) ‖ He has attended all my classes this ～. 彼は今学期私の授業に皆勤した / the end of (《米》the) ～ 学期末 / the summer [autumn, spring] ～ 夏[秋, 春]学期 / in ～ time 学期中
❻《～s》(契約などの) **条件**, 条項 ; 料金, 値段 ‖ on favorable ～*s* 好条件で / on easy ～*s* 簡単な条件で ; 分割払いで / on one's own ～*s* 思いどおりの条件[言い値]で / at reasonable ～*s* 手ごろな価格で / ～*s* of trade 交易条件《輸出入品の価格の比率》
❼《～s》(人の)**間柄**, 仲(♦「on+形容詞[分詞]+terms」の形になることが多い) ‖ They are on first-name ～*s*. 彼らは(名字でなく)名前で呼び合う(ほど親しい)仲だ / be on friendly [nodding, speaking, visiting] ～*s* with ... …と親しい[会釈する, 会えば口をきく, 行き来する]仲だ ❽〘数〙項 ❾〘論〙名辞 ❿〘建〙境界(柱), 境界像
brìng a pèrson to térms 〔人〕に条件をのませる, 承服[同意]させる
****còme to térms*** ①〈…と〉**合意に達する**, 折り合いをつける〈**with**〉 ②〈困難などを〉甘受する〈**with**〉
****in nò uncèrtain térms*** ずけずけと, きっぱりと ‖ I was told *in no uncertain* ～*s* I was not welcome. あなたを歓迎しないとはっきり言われた
****in térms of ... : in ... térms*** ① …に特有の言い方で (→ ❷) ② **…の観点から**, …的に言えば ‖ GDP *in* real ～*s* 実質国内総生産 / *in* their ～*s* 彼らの意見では ③《think [talk] in ～s of *doing* で》…することを考える[話し合う] ‖ We've got to think *in* ～*s of* raising the company's productivity. 我々は会社の生産性を高めることを考えねばならない
****in*** [OR ***over***] ***the lòng*** [***shòrt, mèdium***] ***térm*** 長期[短期, 中期]的に見て ‖ The investment will benefit the company *in the long* ～. その投資は長期的に見れば会社のためになるだろう
── 動 他《+目+補〈(**as**) 名・形〉》…を…と呼ぶ, 称する, 名づける(♦しばしば受身形で用いる) ‖ Shakespeare is ～*ed* the Bard of Avon. シェークスピアはエイボンの詩人と呼ばれている
be tèrmed òut of óffice 《米》任期満了で(政治的)職責を辞する
▸▸ ～ **lìmits** 名 複《主に米》(議員の)在職任期制限 ～**s of réference** 名 複 (委員会などの)付託範囲, 調査範囲[権限] ～ **pàper** 名 Ⓒ《米》学期末レポート[論文]

ter·ma·gant /tə́ːrməɡənt/ 名 Ⓒ ⊗《文》《蔑》口やかましい女, がみがみ女 ; (T-) 荒ぶる神《中世のイスラム教徒の崇拝対象》

ter·mi·na·ble /tə́ːrmɪnəbl/ 形 ❶《堅》解消できる, 終えることのできる ❷ 期限付きの

***ter·mi·nal** /tə́ːrmənəl | -mɪ-/ 形 ❶ (病気・病人などが)末期の, 末期患者のための ; (状態・状況などが)絶望的な, ひどい ‖ ～ cancer 末期癌(がん) / a ～ patient 末期患者 / ～ care 末期医療 / be in a ～ decline 救いようのないほど衰退している / ～ boredom ひどい退屈 ❷ 終点の, 起点の, ターミナル(駅)の ‖ a ～ station 終着駅, 始発駅 ❸ 末端の[にある] ; 境界の ❹《限定》(連続するものの)最後の, 終わりの, 最終的な (⇨ LAST[1] 類語) ‖ a ～ payment 最終(回の)支払い ❺ 一定期間の ; 定期の, 毎期の, 期末の ❻《限定》〘植〙頂生の ; 〘動〙末端の
── 名 Ⓒ ❶ (鉄道・バスなどの)終点, 終着駅 ; 起点, 始発駅 ; (空港の)ターミナルビル(❗「ターミナルビル」は和製語. 単に terminal でよい) ; ターミナル都市 ❷〘電〙端子, ターミナル ❸ 💻(ネットワーク上の)端末 ; (画面とキーボードからなる)端末入力装置 ; (キーボードから文字コマンドを入力する)仮想端末プログラム ‖ Technology has enabled people to trade from their home ～. 科学技術のお陰で家庭の端末を使って売買ができるようになった ❹ (港などの)ガス[石油]の備蓄施設 ❺〘建〙境界像 ; (柱などの)端飾り ～**·ly** 副
▸▸ ～ **adáptor** 名 Ⓒ 💻ターミナル=アダプター《通信回線, 特にISDN回線と通信機器を接続する装置 ; 略 TA》 ～ **velócity** 名 (複 ～ **-ties** /-z/) Ⓤ Ⓒ〘理〙(落下体などの)最終[限界]速度

***ter·mi·nate** /tə́ːrmɪnèɪt/ 動 他 ❶ …を終結させる, 止める(↘ break off) (↔ begin) ‖ ～ a contract 契約を終結させる ❷《主に米》《婉曲的》…を暗殺する ❸《主に米》…を解雇する ❹〔妊娠〕を人工中絶する
── 自 〈…で〉終わる, 終了する〈**in, with**〉; (バス・列車などが)〈…で〉終点となる〈**at, in**〉 ‖ Their marriage ～*d in* divorce. 彼らの結婚は離婚という結末になった / The road ～*d in* the woods. その道は林の中で途切れていた

ter·mi·na·tion /tə̀ːrmɪnéɪʃən/ 名 ❶ Ⓤ Ⓒ 終わること, 終了 ; Ⓒ 結果 ❷ Ⓒ 妊娠中絶 (♥ abortion の婉曲語) ❸ Ⓒ《主に米》解雇 ❹ Ⓒ《主に米》(特にスパイの) 暗殺 ❺ Ⓒ〘文法〙接尾辞

ter·mi·na·tor /tə́ːrmənèɪtər | -mɪ-/ 名 Ⓒ ❶《堅》終わらせる人[もの] ❷〘天〙(月・惑星などの)明暗界線 ; 〘生化〙終結部

ter·mi·no·log·i·cal /tə̀ːrmənəlɑ́(ː)dʒɪkəl | -mɪnəlɔ́dʒ-/ 〈シ〉 形 術語の, 用語(上)の ～**·ly** 副

***ter·mi·nol·o·gy** /tə̀ːrmənɑ́(ː)lədʒi | -mɪnɔ́l-/ 名 (複 **-gies** /-z/) ❶ Ⓤ Ⓒ 術語, (専門)用語 ‖ technical ～ 専門用語 ❷ Ⓤ 術語学, (専門)用語論 **-gist** 名

ter·mi·nus /tə́ːrmɪnəs/ 名 (複 **-ni** /-naɪ/ OR ～**·es** /-ɪz/) Ⓒ ❶《主に英》=terminal❶ ❷ 終着地, 目的地 ; 出発点 ❸ 末端 ❹ 境界 ; 境界標識 ; 〘建〙胸像柱《かつて境界柱として使われた》 ▸▸ ～ **ad quém** /-ɑːd kwém | -æd-/ 名《ラテン》(=end toward which) Ⓒ (議論などの)到達点, 目標 ～ **a quó** /-ɑː kwóʊ/ 名《ラテン》(=end from which) Ⓒ (議論などの)出発点, 起点

ter·mi·tar·i·um /tə̀ːrmətéəriəm | -mɪ-/ 名 (複 **-i·a** /-iə/) Ⓒ シロアリの巣

ter·mite /tə́ːrmaɪt/ 名 Ⓒ〘虫〙シロアリ

term·less /tə́ːrmləs/ 形 ❶《文》無期限の, 無限の ❷《堅》無条件の

term·ly /tə́ːrmli/ 形 副《英》各学期ごとの[に]

tern /təːrn/ (♦同音語 turn) 名 Ⓒ〘鳥〙アジサシ《カモメ科》

ter·na·ry /tə́ːrnəri/ 形 ❶《堅》3部からなる, 3重の, 3つ組の ❷ 第3位の ❸〘数〙3元の ; 3進法の ; 〘化〙3元の ; 3原子からなる

Terp·sich·o·re /təːrpsíkəri/ 名〘ギ神〙テルプシコラー《ミューズ9女神の1人. 歌舞の女神》

terp·si·cho·re·an /tə̀ːrpsɪkəríːən/ 〈シ〉《堅または戯》形《限定》舞踊の[に関した] ── 名 Ⓒ 踊り子

terr. 略 terrace ; territorial, territory

ter·ra /térə/ 名 (複 **-rae** /-riː/)《ラテン》(=earth) Ⓒ Ⓤ 土 ; 地, 大地 ; (月・惑星の)灰白色の山岳地帯
▸▸ ～ **fír·ma** /-fə́ːrmə/ 名《ラテン》(=firm land)《通例戯》Ⓤ (空気・水に対して)陸地, 大地, 地面 ～ **in·cog·ni·ta** /-ɪnkɑ́(ː)ɡnɪtə, -ɪnkɑ(ː)ɡníːtə | -kɔ́ɡ-/ 名《ラテン》(=unknown land) Ⓤ 未踏の地 ; 未知の分野[領域] ～ **núl·li·us** /-nʊ́liəs/ 名《ラテン》(=no-man's-land) Ⓤ 無主の地

*ter·race /térəs/ 名 C ❶ (家・レストラン・ホテルなどの)テラス；(アパートなどの)バルコニー；回廊, 柱廊玄関(→ balcony, patio) ❷《主に英》連棟式集合住宅(道路に面した2, 3階建て集合住宅)(♦しばしば Maple Terrace (メープル=テラス)のように, 街路名にも用いる) ❸《the ~s》《英》(ラグビー場などの) 立見席 (terracing) ❹ (斜面に作られた)段状台地(terracing)；高台；〖地〗(海岸・河岸の)段丘

tér·raced 形 テラス付きの；《限定》台[段]状の

▶▶~ **hóuse** 名 C《英》テラスハウス(《米》row house) (庭付きの2階建て棟続き住宅の1戸分)

ter·ra·cot·ta /tèrəkɑ́(ː)t̬ə | -kɔ́tə/ ◁ 名 ❶ U テラコッタ(色), 赤土焼 (赤褐色の堅い素焼の焼物)；赤褐色 ❷ C テラコッタ製品 ―形 テラコッタ(製)の；テラコッタ色の

ter·rain /tərém/ 名 C U (地理的特徴・戦略面から見た)地形, 地勢

ter·ra·pin /térəpɪn/ 名 (複 ~ OR ~s /-z/) C ❶〖動〗ダイヤモンドガメ(北米産. 肉は食用)；U その肉 ❷《T-》《英》《商標》テラピン (仮設平屋プレハブ住宅)

ter·rar·i·um /təréəriəm/ 名 (複 ~s /-z/ OR -i·a /-iə/) C テラリウム (陸生小動物の飼育器；小植物栽培用のガラス製容器)

ter·raz·zo /terǽzou | -rǽts-/ 名 U テラゾー (大理石の砕石をセメントに混ぜて磨いた床材)

*ter·res·tri·al /təréstriəl/ 形《通例限定》❶ 地球 (上)の(↔ celestial) ‖ a ~ globe 地球儀 / ~ magnetism 地磁気 ❷ (水・空気に対し)陸地の[からなる], 陸上の；(動植物などが) 陸生の (↔ aquatic) ‖ the ~ parts of the world 世界の陸地部分 / ~ transportation 陸上輸送 ❸〖テレビ〗(衛星放送に対し)地上波放送の ❹ この世の, 地上の, 現世の(↔ heavenly) ❺〖天〗(惑星などが)地球型の ―名 C 地球上の生物；人間(↔ extraterrestrial)
~·ly 副

⁑ter·ri·ble /térəbl/

―形 〔◁ terror 名〕(more ~ ; most ~)
❶ **猛烈な**, 厳しい, 過酷な(↔ mild)；ひどく悪い(↔ wonderful) ‖ The traffic jams are absolutely ~. 交通渋滞はとてもひどい (♦強調の意味を含むので ˣvery terrible とはいわない. ⇨ PB 93) / the ~ heat of summer 夏の猛暑 / ~ pain ひどい痛み
❷ **恐ろしい**, 怖い ‖ a ~ accident [sight] 恐ろしい事故[ぞっとする光景]
❸ お粗末な, 非常に下手な ‖ I'm ~ at Japanese chess. 私の将棋は下手もいいとこだ / a ~ singer お粗末な歌手
❹《叙述》気分が大変悪い ‖ feel ~ 気分がひどく悪い
❺《比較なし》《限定》非常な, 大変な ‖ a ~ mistake とんでもないミス / in a ~ hurry ひどく急いで
~·ness 名

⁑**ter·ri·bly** /térəbli/
―副 (more ~ ; most ~)
❶《比較なし》**とても**, 非常に, 大変 ‖ I'm ~ **sorry**. 大変申し訳ない / Falling ill abroad can be ~ expensive. 外国で病気になるととてつもなく高くつくことがある
❷ 恐ろしく, ものすごく；ひどく悪く；下手に ‖ The champion was beaten ~ by the challenger. チャンピオンは挑戦者にめった打ちにされた

*ter·ri·er /tériər/ 名 C ❶〖動〗テリア犬 ❷《T-》《英口》国防義勇軍兵士(→ Territorial Army)

*ter·rif·ic /tərífɪk/ 形 ❶《口》ものすごくよい, 素晴らしい, 素敵な ‖ *Terrific!* 素晴らしい；いいね (♥いやなことについて「上等じゃないか」という意味で用いることもある) / a ~ party 素敵なパーティー / feel absolutely ~ すごく気分がいい ❷ (大きさ・程度などが)ものすごい, 大変な ‖ drive a minibike at a ~ speed ミニバイクを猛スピードで運転する ❸《古》恐ろしい **-i·cal·ly** 副

*ter·ri·fy /térəfàɪ/ 動 〔◁ terror 名〕(-fies /-z/ ; -fied /-d/ ; ~·ing) 他 ❶ **a** (＋目)…を恐れさせる, 怖がらせる (⇨ FRIGHTEN 類語) ‖ Snakes ~ her. 彼女は蛇を見ると怖がる **b**《受身形で》怖がる, 恐れる〈of, at …を / to *do* …することを/(that) 節…ということを〉‖ I was *terrified of* losing her. 私は彼女を失うのが怖かった / Kenny was *terrified at* what he had done. ケニーは自分のしたことが恐ろしくなった ❷ …をおびやかす；…を脅して〈…を〉失わせる〈out of〉；…を脅して〈…〉させる〈into〉‖ Lisa was *terrified out of* her wits. リサは驚いて気が動転してしまった **-fied** 形

*tér·ri·fy·ing /-ɪŋ/ 形 恐ろしい, ぞっとさせる ~·ly 副

ter·rine /teríːn/ 名 ❶ U C テリーヌ (肉・魚・野菜の蒸し焼き料理) ❷ C テリーヌ料理用なべ (陶製)

*ter·ri·to·ri·al /tèrətɔ́ːriəl/ ◁ 形 〔◁ territory 名〕(more ~ ; most ~) (♦❹以外比較なし) ❶ 領土の[に関係する] ‖ ~ rights 領土権 / ~ air [waters, seas] 領空 [海] ❷ 土地の ‖ ~ possessions 土地財産 ❸ 地域的な, 一地方の ❹〖動〗縄張りを守る(習性の) ❺《T-》《限定》(主に米・カナダ・豪の) 準州の ❻《しばしば T-》《限定》(国防のための)地方守備の
―名《しばしば T-》C《英》国防義勇軍兵士
-tò·ri·ál·i·ty 名 ~·ly 副 ▶▶**Territòrial Ármy** 名《the ~》(英国の)国防義勇軍 (略 TA)

⁑**ter·ri·to·ry** /térətɔ̀ːri | -tə-/
―名〔▶ territorial 形〕(複 -ries /-z/) C U ❶ (領海を含む) **領土**, 領地, 版図；属領 ‖ the **occupied** *territories* 占領地域
❷ (広大な)土地, 地域, 地方
❸《T-》C (主に米・カナダ・豪の)準州
❹ (学問・思想・活動などの)領域, 分野 ‖ Biochemistry is outside my ~. 生化学は私の専門外だ
❺〖動〗縄張り, テリトリー ❻ (外交員などの)担当地域, 管轄 ❼ (スポーツの)守備範囲 ‖ the opponent's ~ 敵陣
còme [OR ***gò***] ***with the térritory*** (立場上)やむを得ない, 避け難い ‖ When you play ice hockey, you have to think injuries *come with the* ~. アイスホッケーをやれば, 負傷はつきものと思わねばならない
語源「町を囲む地域」の意のラテン語 *territorium* から.

*ter·ror /térər/ 名 〔▶ terrible 形, terrify 動〕❶ U/C《a ~》(非常な)恐れ, 恐怖(心), 恐ろしさ(⇨ FEAR 類語) ‖ Jill has a ~ of spiders. ジルはクモをひどく怖がる / His heart pounded in ~. 彼は怖くて胸がどきどきした / He was in ~ of losing his job. 彼は失業するのではと恐れた / strike ~ into her heart 彼女を恐怖に陥れる ❷ C 恐ろしいもの [こと], 恐怖の種 ‖ Mathematics is not a ~ for me. 僕は数学なんか怖くない / The apparition became the ~ of the town. その幽霊は町の人たちの恐怖の的となった ❸ U C テロ (行為) (terrorism) ❹ C《口》手に負えぬ人, (特に)いたずらっ子(holy terror) ❺ U 恐怖政治[時代]；《the T-》⇨ REIGN *of terror*
hòld nò térrors for a pérson 〔人〕を怖がらせない

*ter·ror·ism /térərɪzm/ 名 U ❶ テロ (行為), テロリズム ‖ fight ~ テロと闘う ❷ 恐怖政治 ❸ 恐怖状態

*ter·ror·ist /térərɪst/ 名 C テロリスト, テロ行為者 ‖ a ~ attack [camp] テロリストの攻撃[陣地, 陣営]

ter·ror·ize /térəràɪz/ 動 他 ❶ …を怖がらせる；…を怖がらせて〈…〉させる〈into doing〉❷ …をテロにより支配する **tèr·ror·i·zá·tion** 名

térror-strìcken, -strùck 形 恐怖におびえた

ter·ry /téri/ 名 (複 -ries /-z/) C 輪奈(わな)(タオル地などの輪状のけば)；(= ~ clòth) U 輪奈織り, テリークロス

Ter·ry /téri/ 名 テリー ❶ 男子の名 (Terence の愛称) ❷ 女子の名 (Teresa, Theresa の愛称)

terse /təːrs/ 形 (話者・表現などが)簡潔な, 素っ気ない
~·ly 副 ~·ness 名

ter·tian /tə́ːrʃən/ 形《限定》〖医〗(マラリア熱などが)1日おきに起こる；三日熱の ―名 U 三日熱

ter·ti·ar·y /tə́ːrʃièri, -ʃəri | -ʃəri/ 形 ❶《堅》3番目の, 第3位[次]の, 第3段階[期]の；(産業が)第3次の ❷〖化〗第3の；第3炭素の ❸《T-》〖地〗第3紀の

―名 (複 -ar·ies /-z/) C ❶《the T-》【地】第3紀 ❷【鳥】(翼の)第3風切(羽) ❸《T-》【カト】第三会員
▶▶ ～ còllege 名 C (英国の) 専門学校 ～ índustry 名 U C 第3次産業《商業・金融・運輸通信などのサービス業》

Ter·y·lene /térəlìːn/ 名 U《英》【商標】テリレン《ポリエステル系合成繊維.《米》【商標】は Dacron》

TESL /tesl/ 略 *t*eaching (of) *E*nglish as a *s*econd *l*anguage(第2言語としての英語教授)

tes·la /téslə/ 名 C【理】テスラ《磁束密度の単位. 略 T》(♦ クロアチア生まれの米国の発明家 Nikola Tesla (1856–1943)の名より)

TESOL /tíːsɑ(ː)l | -sɔl/ 略「*T*eaching (of) [*T*eachers of] *E*nglish to *S*peakers of *O*ther *L*anguages (他言語話者への英語教授(法)[英語教師の会])

Tess /tes/ 名 テス《Teresa, Theresa の愛称》

tes·sel·late /tésəlèɪt/ 動 他〔床など〕をモザイク模様にする ―自【数】(同一図形が)隙間(すき)なく連なる
tès·sel·lá·tion 名 U 切りばめ(法); C モザイク模様

tes·ser·a /tésərə/ 名 (複 -ae /-rìː/) C ❶ (モザイク用の)大理石片, ガラス片, タイル片(など) ❷ (古代ギリシャ・ローマの)骨片, 木片《さいころ・切符などに用いた》

tes·si·tu·ra /tèsɪtúərə/ 名 C【楽】音域, 声域(♦ イタリア語で「織り物」の意より)

⁝test[1] /test/ 名 動

―名 (複 ～s /-s/) ❶ C〈学科などの〉**試験** (exam)〈**in, on**〉;(能力などの)検査(⇨ EXAMINATION 類語P, TRIAL 類語) ‖ How did you do **in** your biology ～? 生物の試験の出来はどうでしたか / a ～ *in* math [《英》maths] 数学の試験 / a ～ *on* the Industrial Revolution 産業革命に関する試験 / **take** [《英》sit (for)] a driving ～ 運転免許試験を受ける / **pass** [fail,《米》flunk] a ～ 試験に合格[落第]する / the IQ ～ 知能テスト / a written [practical] ～ 筆記[実地]試験 / a true-false ～ ○×式テスト
❷ C U **検査**, 試すこと, テスト ‖ Can I take this car for a road ～? この車を試運転してみていいですか / I'd like to run some ～*s*. (医者が患者に対して)いくつか検査をしたいと思います / **have** [OR undergo] a ～ 検査を受ける / a blood [urine, drug] ～ 血液[尿, 薬物]検査 / a nuclear ～ 核実験 / a ～ **for** radioactivity 放射線検査 / a ～ boring 試掘 / a ～ flight 試験飛行
❸ C (人・物を)試すもの, 試金石, 試練, (判断の)基準(⇨ STANDARD 類語) ‖ Time is the true ～ of friendship. 時は友情の真の試金石である
❹ U C【化】試験, 分析;(試験用の)試薬, 試剤;試験結果
❺《T-》=Test match ❻ C【冶】(金銀抽出用の)るつぼ
pùt ... to the tést …を試験する, 試す
stànd the tèst of tíme 時の試練に耐える, 長く人気を保つ

COMMUNICATIVE EXPRESSIONS
1 **Whàt do you wànt us to knòw for the tést?**
テスト範囲は?(♥ 教室などで生徒が教師にする質問)

―動 (～s /-s/; ～·ed /-ɪd/; ～·ing)
―他 ❶〔人(の能力)〕を**試験する**〈**in** 科目の; **on**(…の)知識などを〉‖ I'm being ～*ed in* physics tomorrow. あしたは物理の試験がある
❷〔人(の体)〕を**検査する**,〈…の病気があるかどうか〉調べる〈**for**〉‖ ～ her *for* cancer 彼女に癌(がん)の検査をする
❸〔物体・物質・機械など〕を検査する, 調べる〈**for** …について; **on** …に使用して(みて)〉;…を〈…を求めて〉調べる〈**for**〉‖ ～ a material *for* durability 素材の耐久性をテストする / ～ a hypothesis 仮説を検証する / ～ the ground *for* oil 石油を探して地面を試掘する
❹ …(の能力など)を(厳しく)試す, …の試練となる ‖ These rough roads really ～ a car's tires. このでこぼこ道は車のタイヤの強度を試すには格好の場所だ
❺【化】(試薬などで)…を試験[分析]する
―自 ❶〈…の〉試験[検査]を行う[受ける]〈**for**〉‖ ～ *for* fingerprints 指紋の検証を行う / *Testing*, ～*ing*. ただ今マイクのテスト中
❷ **a**《+補》試験[検査]で…と結果が出る ‖ ～ **positive** [negative] for HIV エイズ検査の結果が陽性[陰性]と出る **b**《+副》試験の出来が…である(♦ 副 は様態を表す) ‖ ～ poorly in math 数学のテストの出来が悪い
tèst óut ... / tèst ... óut 〈他〉〔製品・理論など〕を〈…で〉検証する〈**on**〉;…を(徹底的に)実地試験[検査]する;〔人〕の反応などをテストする
語源 ラテン語 *testu(m)* (土器)から. 金属の精錬・試金に用いたことによる.
▶▶ ～ bàn 名 C (大気圏内) 核実験停止協定 ～ bèd 名 C (航空機のエンジンなどの)試験台 ～ càrd 名 C《英》=test pattern ～ càse 名 C ①【法】テストケース《判例となるべき訴訟事件》;《米》試訴《法令の合憲性を試すために行う訴訟》② (前例となる)初めての試み, テストケース ～ certìficate 名 C《英》(自動車の) 安全証明書 ～ drìve (↓) ～ màrket (↓) **Tést màtch** 名 C《英》(クリケット・ラグビーなどの)国際試合 ～ pàper 名 C ① 試験問題[答案]用紙 ②【化】試験紙 ～ pàttern《米》(テレビの) テストパターン《受像調整用図形》～ pìlot 名 C 試験飛行士 ～ rùn 名 C =trial run ～ tràck 名 C (自動車などの)試験走行路 ～ tùbe (↓)

test[2] /test/ 名 C (無脊椎(せきつい)動物の)外殻, 甲殻

test. 略 testator; testimony

Test. 略 Testament

tes·ta /téstə/ 名 (複 -tae /-tiː/) C【植】外種皮

*__tes·ta·ment__ /téstəmənt/ 名 ❶ U/C《通例単数形で》〈…の〉証左, あかし, 証拠〈**to**〉❷ C【法】遺言(書)(♦ ふつう last will and testament の句で用いる) ❸ C 信条 (creed), 信念 ❹ C【聖】(神と人間との)契約, 誓約 ❺《the T-》聖書(→ Old Testament, New Testament)

tes·ta·men·ta·ry /tèstəménṭəri/ 〈シ〉 形《堅》【法】遺言の;遺言に述べられた

tes·tate /téstèɪt/ 形《叙述》有効な遺言(書)を残した(↔ intestate) ―名 C 有効な遺言を残して死んだ人
-ta·cy 名 U【法】遺言を残す[残して死ぬ]こと

tes·ta·tor /téstèɪṭər | testéɪ-/ 名 C 遺言を残して死んだ人;遺言者(↔ intestate)

tes·ta·trix /testéɪtrɪks/ 名 (複 -tri·ces /-trɪsìːz/) C 遺言を残して死んだ女性;女性の遺言者(中立 testator)

tést drìve 名 C 試乗, 試運転;(商品購入[発売]前の)試用
tést-drìve 動 他 …に試乗する;〔製品〕を試用する

test·ed /téstɪd/ 形 検査[試験]済みの;信頼できる

test·ee /testíː/ 名 C 受験者, 被験者

test·er[1] /téstər/ 名 C 検査人;検査装置[器], テスター;試供品

test·er[2] /téstər/ 名 C (ベッドの上などの)天蓋(てんがい)

tes·tes /téstiːz/ 名 testis の複数

tést-fìre 動 他〔ロケット・ミサイルなど〕を試射する[の発射実験をする]

tes·ti·cle /téstɪkl/ 名 C【解】睾丸(こうがん)
tes·tíc·u·lar 形

tes·ti·fi·er /téstɪfàɪər/ 名 C 証言者, 証人

*__tes·ti·fy__ /téstɪfàɪ/ 動 (-fies /-z/; -fied /-d/; ～·ing) 自
❶ (法廷などで宣誓して) 証言する〈**against** …に不利に; **for** …に有利に; **to** …であることを; **about** …について〉;〈…(の真実性など)を〉証明[立証]する〈**to**〉‖ The witness *testified against* the accused. 証人は被告に不利な証言をした / I can ～ *to* your innocence. あなたの無実を立証できます ❷〈…の〉証拠[証明]となる,〈…を〉如実[端的]に示す〈**to**〉‖ Bullet scars on the walls ～ *to* close fighting. 壁の弾痕(だんこん)が激戦を物語っている ❸ (キリスト教徒としての)信仰体験を語る
―他 ❶〔信仰など〕を公言する ❷《+**that** 節》…ということを証言する(♦ 直接話法にも用いる) ‖ He *testified* (under oath) *that* he had seen her on the crime scene. 彼は彼女を犯行現場で見たと(宣誓の上)証言した

❸《+that 節》…だと証明する ‖ An open window *testified that* someone had entered the room. 窓が開いていたことはだれかが部屋に入った証拠だった

*__tes·ti·mo·ni·al__ /tèstɪmóʊniəl/ 〈シ 名 C ❶（人物・能力・品質などの）証明書, 保証書, 推薦状 ❷（功労表彰の）記念品, 表彰状, 感謝状；感謝［賞賛］の言葉；功労金
── 形《限定》感謝の, 表彰の ‖ a ～ banquet 謝恩会 / a ～ match 表彰試合《売り上げの一部を表彰選手または家族に贈呈する》

*__tes·ti·mo·ny__ /téstəmòʊni | -tɪməni/ 名（複 **-nies** /-z/）❶ C U（法廷での）宣誓証言；（一般に）証言, 証明, 言明 ‖ conflicting ～ 矛盾する証言 / give false ～ 偽証する / bear ～ to ... …を証言する / call him in ～ 彼を証人に立たせる / the ～ of history 歴史の証明（するところ）❷ U/C《a ～》証拠（となるもの）, あかし〈**of, to** …の / **that** 節…という〉‖ His smile was the ～ *of* his warm-heartedness. 彼の笑顔は心の温かいことの証拠だった / produce ～ *to* ... …の証拠を提出する ❸《the ～》【聖】モーセの十戒 ❹ C（キリスト教徒としての信仰・体験などの）表明
語源 *testi-* witness＋*-mony*（名詞語尾）：証言すること

*__test·ing__ /téstɪŋ/ 名 U 試験［テスト］（すること）, 検査, 実験 ‖ nuclear ～ 核実験 / drug ～ 薬物検査
── 形 ❶ 試練となる ‖ Those were ～ times for us. 当時は我々にとって試練の時だった ❷（問題などが）頭を悩ませる ▸▸～ **gròund** 名 C（車や機械などの性能を見る）試験場；（新しいことを）試す場

__tes·tis__ /téstɪs/ 名（複 **-tes** /-ti:z/）C【解】精巣, 睾丸（こうがん）

__tést-màrket__ 動 他〔製品〕を試験販売する

__tést màrket__ 名 C 試験販売

__tes·tos·ter·one__ /testá(:)stəròʊn | -tɔ́s-/ 名 U【生化】テストステロン《ステロイド系の男性ホルモン》

__tést-tùbe__ 形 試験管内でできた；実験段階の；体外受精の
▸▸～ **bàby** /英 ╌╌╌/ 名 C 試験管ベビー

__tést tùbe__ 名 C 試験管

__tes·ty__ /tésti/ 形《口》（人が）怒りっぽい, 短気な；（発言などが）怒りを含んだ **-ti·ly** 副 **-ti·ness** 名

__te·tan·ic__ /tetǽnɪk/ 形【医】破傷風の；強直性けいれんの［を起こす］

__tet·a·nus__ /tétənəs/ 名 U【医】❶ 破傷風 ❷（筋肉の）強直性けいれん, 強縮

__tetch·y__ /tétʃi/ 形《口》いらいらした；怒りを含んだ
tétch·i·ly 副 **tétch·i·ness** 名

__tête-à-tête__ /tèɪtətéɪt/ 名 C ❶（2人だけの）密談, 密会 ❷ S字形ソファー
── 副 形 2人だけで［の］, 差し向かいで［の］；内密に［の］（◆ "head to head" の意のフランス語より）

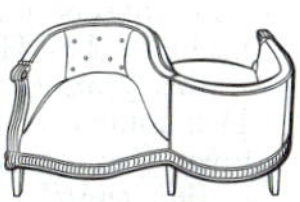
tête-à-tête ❷

*__teth·er__ /téðər/ 名 C ❶（家畜などをつなぐ）綱, 鎖 ❷（能力・権限などの）範囲, 限界 ‖ During exam week I was at the end of my ～. 試験の週, 私はせっぱ詰まっていた / beyond one's ～ 力が及ばない, 権限外で ── 動 他 …を〈…に〉綱［鎖］でつなぐ；《受身形で》〈…に〉束縛される〈**to**〉

__Te·thys__ /tí:θɪs/ 名 ❶【ギ神】テテュス《海の女神》❷【天】テテュス《土星の衛星》❸《the ～》【地】テチス海《大陸漂流前のアフリカ大陸とユーラシア大陸の間にあったとされる三角形の海. 現在の地中海》

__tet·ra__ /tétrə/ 名 C【魚】テトラ《カラシン科の小型熱帯魚の総称》

__tetra-__ /tetrə-/ 連結形「4（four）」の意（◆母音の前では tetr- を用いる）‖ *tetra*pod；*tetr*oxide（4酸化物）

__tétra·chòrd__ 名 C【楽】❶ 4音音階 ❷【史】（古代ギリシャの）四弦琴

__tet·rad__ /tétræd/ 名 C ❶ 4つ組 ❷【生】4分染色体；4分子 ❸【化】4価の元素

__tet·ra·eth·yl lead__ /tètrəi:θəl léd | -aɪl-/ 名 U 4エチル鉛《自動車などのノッキング防止剤》

__tet·ra·gon__ /tétrəgà(:)n | -gən/ 名 C 四角形, 四辺形
te·trág·o·nal 形 四角形の, 四辺形の

__Tet·ra·gram·ma·ton__ /tètrəgrǽmətà(:)n | -tən/ 名【聖】（ヘブライ語の）神を表す4字《JHVH, YHWH など》

__tet·ra·he·dron__ /tètrəhí:drən/ 名（複 **～s** /-z/ OR **-dra** /-drə/）C【数】四面体 **-dral** 形

__te·tral·o·gy__ /tetrǽlədʒi/ 名（複 **-gies** /-z/）C ❶（劇・小説・音楽などの）4部作 ❷（古代ギリシャの3悲劇と1風刺劇からなる）4部劇 ❸【医】（病状を特徴づける）4つ組, 4徴候

__te·tram·e·ter__ /tetrǽməṭər | -ɪtə/ 名 C【韻】4歩格（の詩行）

__Tétra Pàk__ /-pæk/ 名《商標》テトラパック《飲料用紙パック（メーカー）. もとは四面体の三角パックを指していた》

__tet·ra·pod__ /tétrəpà(:)d | -pɔd/ 名 C ❶【動】四肢動物 ❷《商標》（護岸工事などに使う）テトラポッド, 4脚消波ブロック

__tet·rath·lon__ /tetrǽθlà(:)n, -lən | -lən/ 名 C 四種競技《通常は馬術・射撃・水泳・競走》

__tet·ra·va·lent__ /tètrəvéɪlənt/ 形【化】4価の

__Teu·ton__ /tjú:tən/ 名 C ❶《～s》チュートン族《古代北ヨーロッパのゲルマン民族・ケルト族などの総称》❷ チュートン人；⊗《口》《しばしば蔑》ドイツ人

__Teu·to·nic__ /tjutá(:)nɪk | -tɔ́n-/ 形 チュートン族［人］の；《通例限定》⊗《口》《しばしば蔑》ゲルマン民族（風）の；ドイツ（風）の ── 名 U《古》ゲルマン語

__Teu·ton·ism__ /tjú:tənìzm/ 名 ＝Germanism

__Teu·to·nize__ /tjú:tənàɪz/ 動 ＝Germanize

__Tex.__ 略 Texas

__Tex·as__ /téksəs/ 名 テキサス《米国南部の州. 州都 Austin. 略 Tex.,【郵】TX》 **-an** 形 名 C テキサス州の（人）
▸▸～ **léaguer** 名 C【野球】テキサス［ポテン］ヒット ～ **Ránger** 名 C テキサス州ハイウェイパトロール警官；《the ～s》テキサス騎馬警備隊 ～ **tòast** 名 U《米》テキサストースト《厚切り食パン》

__Tex-Mex__ /tèksméks/ 〈シ 形《限定》（料理・音楽などが）テクス＝メクスの《テキサスとメキシコ文化の混合》
── 名 U 英語混じりのスペイン語；メキシコ風アメリカ料理

‡__text__ /tekst/《発音注意》
── 名〔▸ textual 形〕（複 **～s** /-s/）❶ U（脚注・序文・図版などと区別して）**本文**；文章
❷ U 🖳テキスト（文字列）, 文書 ‖ edit ～ テキスト［文字列］の編集をする / ～ to speech software テキスト音声変換ソフト
❸《the ～》（要約・翻訳などと区別して）**原文**（の字句）‖ the full ～ of his speech 彼の演説の全文
❹ C 版本, 校訂本 ‖ the original ～ 原本, 原典
❺ C《米》教科書（textbook）；（授業などに用いる）指定参考図書 ‖ a set ～ 指定図書
❻ C（説教の主題として引用される）聖書の一節, 聖句；（文などの）一節；（試験問題の）本文 ❼ C 主題, 話題 ‖ stick to one's ～（話などが）脱線しない ❽ C（歌などの）歌詞
❾（＝～ **hànd**）（筆写本の肉太の）写本字体
── 動 他〔携帯電話〕にメールを送る
～·er 名 C《主に英》テキストメッセージを送る人
▸▸～ **dàta** 名 U 🖳テキストデータ《《特に ASCII code で規格された》数字と文字のみからなるデータ》～ **èditor** 名 C 🖳テキストエディター《テキストファイル作成のためのアプリケーションソフト》～ **fìle** 名 C 🖳テキストファイル《テキストデータで構成されるファイル》～ **mèssage**（↓）

‡__téxt·bòok__
── 名（複 **～s** /-s/）C **教科書**, テキスト, 教本（《米》text）‖ a ～ on criminal law 刑法の教科書 / open the ～ to［《英》at］page 15 テキストの15ページを開ける
── 形《比較なし》《限定》教科書的な, 的確な, 模範的な, 典型的な ‖ a ～ example［case］of what not to do してはいけないことの典型例

***tex·tile** /tékstaɪl/ 名 C ❶ 織物, 布地;(織物用)繊維, 織糸 ‖ silk ～*s* 絹織物 / the synthetic ～ industry 合成繊維産業 ❷ (～s)繊維産業

téxt mèssage 名 C テキストメッセージ《携帯電話などへのメール》 **téxt-mèssage** 動 自 他 (人に)(携帯電話で)メールを送る **téxt(-)mèssaging** 名

téxt·phòne 名 C テキストフォン《ディスプレーとキーボードのついた視覚障害者用電話》

tex·tu·al /tékstʃuəl/ 形 〔◁ text 名〕《通例限定》本文の, 原文の;原典に基づいた ‖ ～ criticism 本文批評《文芸作品·聖書などの本文分析や原典の校合をすること》
～·ìsm 名 U (特に聖書の) 原典固執 [主義] **～·ist** 名 C 原典主義者 **～·ly** 副

tex·tur·al /tékstʃərəl/ 形 肌理(きめ)の;織地の

***tex·ture** /tékstʃər/ 名 ❶ C U (布地·皮膚·木材などの)感触, 手[肌]触り, 肌理;(食べ物などの)食感, 舌触り;(布地の)織りの感じ, 織地 ‖ the smooth ～ of silk 絹の滑らかな手触り / a cloth of rough ～ ごわごわした布 / twilled ～ あや織り ❷ U C 本質, 特性, 特徴, 肌合い ❸ U C (絵画·彫刻などの)質感;(音楽·文芸作品などの)テクスチャー《部分の組み合わせにより独特の全体効果を出す手法》;あや, 文体 **—** 動 他 〔織物など(の表面)〕を独特[ざらざら]の手触りにする

tex·tured /tékstʃərd/ 形 ざらざらの手触りの;《通例複合語で》織り方が…の ‖ coarse-～ 粗織りの
▸▸ **～ vègetable prótein** 名 U 大豆タンパク《大豆製の代用肉. 略 TVP》

T-formàtion 名 C 〖アメフト〗T フォーメーション《バックが逆T字形に並ぶ攻撃隊形》

TFT 略 🖳 *t*hin *f*ilm *t*ransistor(薄膜トランジスタ)

TG 略 *t*ransformational *g*rammar;Togo

TGIF 略 《口》*T*hank *G*od *i*t's *F*riday.(やれやれやっと金曜日だ)

PLANET BOARD 77

... than I, ... than me, ... than I am. のどれを使うか.

問題設定 「彼女は私より背が高い」は She is taller than I am. がふつうで,《口》では ... than me. も使われるというのが通説である. その妥当性を検証した.

Q 次の(a)～(c)のどれを使いますか.(複数回答可)
(a) She is taller **than I.**
(b) She is taller **than me.**
(c) She is taller **than I am.**
(d) どれも使わない

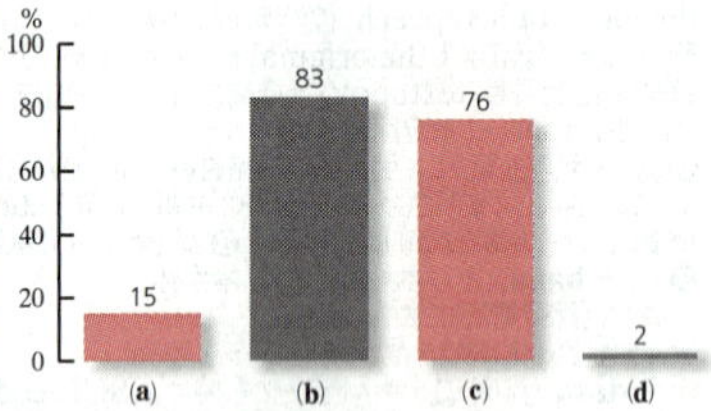

(a)を使う人は15%と少なかった.「文法的には正しいが, ふつうは使わない」「非常に《堅》あるいは《旧》」とのコメントが多かった. (b)を使うと答えた人は83%と最も多く, 次いで(c)が76%だった.「(b)と(c)で意味の違いはない」という回答が多いが,「(c)は(b)よりも《堅》」「文法的には(c)が正しいが, (b)もよく使う」などの指摘も目立った.

学習者への指針 多くの人が「文法的に正しく一般的」と答えた ... than I am を使うのが無難であるが, ... than me も《口》ではふつうである.

T-gròup /tíː-/ 名 C 〖心〗人間関係訓練グループ(♦ *t*raining *group* の略)

TGWU 略 *T*ransport & *G*eneral *W*orkers' *U*nion ((英国の)運輸一般労働組合)

Th 記号 〖化〗thorium(トリウム)

Th. 略 Thursday

-th /-θ/ 接尾 ❶ 《形容詞·動詞につけて》抽象名詞を作る ‖ grow*th*, warm*th* ❷ 《four 以上の基数につけて》序数を作る ‖ four*th*, fif*th* ❸ 《古》三人称単数現在形の動詞語尾(⇨ -ETH²) ‖ do*th*(=does), ha*th*(=has)

Thad·dae·us /θǽdiəs/ 名 〖聖〗タダイ《キリストの12使徒の1人で Saint Jude の別名》

***Thai** /taɪ/ 名 ❶ (複 ～ OR ～s /-z/) C タイ人 ❷ U タイ語 **—** 形 タイの;タイ語[人]の

:Thai·land /táɪlænd/
— 名 **タイ**《アジア南東部の王国. 公式名 the Kingdom of Thailand. 首都 Bangkok. 旧称 Siam》

thal·a·mus /θǽləməs/ 名 (複 **-mi** /-màɪ/) C ❶ 〖解〗視床 ❷ 〖植〗花托(かたく) **tha·lám·ic** 形

tha·las·so·ther·a·py /θəlæ̀səθérəpi, +英 -sou-/ 名 U 海洋療法, 海水[海藻]療法

Tha·les /θéɪliːz/ 名 ターレス(624?–545? B.C.)《ギリシャの哲学者·数学者·天文学者. 七賢人の1人》

Tha·li·a /θəláɪə, θéɪliə/ 名 タレイア ❶ 〖ギ神·ロ神〗ミューズ9女神(the Muses)の1人《喜劇と牧歌をつかさどる》 ❷ 〖ギ神〗美の3女神(the three Graces)の1人

tha·lid·o·mide /θəlídəmàɪd/ 名 U サリドマイド《鎮静·催眠·抗癌(がん)剤. 胎児の四肢に悪影響を与える》

thal·li·um /θǽliəm/ 名 U 〖化〗タリウム《金属元素. 元素記号 Tl》

Thames /temz/ 《発音注意》名 《the ～》テムズ川《ロンドンを貫流して北海に注ぐ》
sèt the Thámes on fire =*set* the WORLD *on fire*
▸▸ **～ Embánkment** 名 《the ～》テムズ河岸通り

:than /弱 ðən;強 ðæn/(♦ ふつうは弱形を用いる) 接 前

— 接 ❶ 《形容詞·副詞の比較級に続いて》…**よりも**, …と比べて ‖ I am taller ～ he (is). 私は彼より背が高い(♦ 後ろの動詞を省略しない方がふつうで, ... than he とするのはかなり《堅》. ⇨ PB 77) / Susie is two years older ～ I am. スージーは私より2歳年上です(♦ Susie is older than I am by two years. も可能だがあまり使わない. ふつう by を使うのは, by 以下が長い場合や複雑な場合である) / She sings better ～ her mother (does). 彼女は母親より歌がうまい / He earned more money last year ～ this year. 彼は今年より去年の方が稼ぎがよかった / That church is older ～ any other building in the town.=No (other) building in the town is older ～ that church. あの教会は町のどの建物よりも古い(♦ any other の後は単数名詞)

語法 ☆☆ (1) than の直後に代名詞がくるとき《口》では, 主格より目的格を用いることが多く(⇨ PB 77), その場合 than は前置詞(→ 前 ❶). また, than と代名詞の間に副詞などが入った場合も目的格を用いる.〈例〉I am taller *than* even him [×he].
(2) 主節に to 不定詞があるときは than の後の to は省くことができる.〈例〉It's quicker *to* walk *than* (*to*) take a taxi. タクシーに乗るよりは歩く方が早い
(3) 一般に than の後で「…すること」の意味を表すには不定詞より動名詞を用いる.〈例〉That will be much quicker *than* taking a taxi. それはタクシーに乗るよりずっと早いでしょう
(4) I know John better *than* Bill. では,「ビルがジョンを知っているより私の方がジョンをよく知っている」の意味と,「私はビルよりもジョンの方をよく知っている」の2つの意味がある. 前者は I know John better *than* Bill (knows John). の省略形, 後者は I know John better *than* (I know) Bill. の省略形である.

意味をはっきりさせるためには，前者は I know John better *than* Bill does. といい，後者は省略しないでいえばよい.

❷《rather, sooner などとともに》…**するよりは**，…するくらいなら(むしろ)(♦ than の後の動詞は原形になる) ‖ I'd rather walk ～ drive. 車で行くよりは歩こう / I prefer to read rather ～ watch television. 私はテレビを見るよりも読書の方が好きです / I'd sooner resign ～ fire that many people. 私はそんなに多くの人を解雇するよりは辞職を選ぶ

❸《other, different, else などの後で》…よりほかの，…**以外の**，…とは違う ‖ There was nothing else to do ～ (to) wait. 待つよりほかなかった / I have no other method ～ this. 私にはこれ以外の方法はない / It was none [OR no] other ～ the Queen. それはほかならぬ女王であった

❹《同じものの2つの性質を比較して》…というよりはむしろ ‖ He is more shrewd ～ wise.＝He is shrewd rather ～ wise. 彼は賢いというよりは抜け目がない (♦ この場合は -er の形を用いないのがふつう) / He is a writer rather ～ a teacher. 彼は教師というよりは作家だ

❺《no sooner, hardly の後で》…するとすぐに，…するかしないうちに (♦《口》では no sooner の代わりに hardly を用いることがあるが，正用法と認めない人も多い) ‖ No sooner had I come home ～ the phone rang. 家に帰り着くなり電話が鳴った

❻《関係代名詞的に用いて》…よりも，…以上に ‖ There is more space between lines ～ is needed. 行間が必要以上に空いている

—前 ❶《形容詞·副詞の比較級に続いて》《口》…よりも，…と比べて(→ 接 ❶，⇨ PB 77) ‖ Judy is more clever ～ me. 私よりジュディの方が頭がいい / I can swim faster ～ him. 私は彼より早く泳げる

❷《数量を示す語を伴って》《口》…よりも(→ 接 ❶) ‖ drive at more ～ 60 miles per hour 時速60マイル以上で車を走らせる ❸《～ which [whom] ... で》《文》…よりも ‖ a country ～ which there is none more powerful ほかに比べるものがない強力な国

than·a·tol·o·gy /θæ̀nətɑ́(ː)lədʒi | -tɔ́l-/ 名 U タナトロジー《死についての心理的·社会的研究》; 死(生)学
-to·lóg·i·cal 形 **-gist** 名

thane /θeɪn/ 名 C ❶ 従士《アングロサクソン時代に，軍功により王または領主の土地を授与された自由民階級の一員》 ❷ (スコットランドの昔の)豪族，領主，族長

***thank** /θæŋk/ 動 名

—動 (**～s** /-s/; **～ed** /-t/; **～·ing**)

—他 …に〈…のことで〉**感謝する**，礼を言う〈**for** (*doing*)〉(♥ 通例感謝の気持ちを言葉で表すことを意味し，単に感謝の気持ちを抱いているという場合は (be) grateful などで表す) ‖ Steve *～ed* me *for* the present. スティーブは私に贈り物のお礼を言った / I *～ed* him *for* coming all the way to see us. 私は彼に遠路はるばる訪ねてくれたお礼を言った / I don't know how to ～ you.＝How can I ～ you? お礼の申し上げようもありません / *Thank* God [OR goodness]! ありがたい

hàve* (*ònly*) *onesèlf to thánk 〈…は〉自業自得である〈**for**〉‖ You *have only* yourself *to* ～ *for* failing the test. 君が試験に落ちたのは自業自得だ

hàve a pèrson to thánk 〈…は〉〔人〕のおかげである; 〔人〕のせいである〈**for**〉(♦ よい意味にも悪い意味にも用いる) ‖ We *have* him *to* ～ *for* this lawsuit. この訴訟はもとはあいつのせいなんだ

Thánk you. ①〈…を〉ありがとう〈**for**〉(♥ より丁寧には「I would [OR I'd] like to thank you (for ...) や I thank you (for ...) を使う. → 他) ‖ *Thank you* (very much) *for* your present. 贈り物(どうも)ありがとう / "Had a good day?" "Very nice, ～ *you*." 「楽しい1日だった?」「とてもよかったわ，どうもね」/ "Would you like another cup of tea?" "Yes [No], ～ *you*." 「お茶をもう1杯いかが」「ええ，頂きます[いいえ，結構です]」(♥ 申し出や誘いを断る場合は No, thank you. の後や Thank you, but ... として具体的な理由を言う方が丁寧. ここで No をつけずに Thank you. とだけ言うと承諾したことになるので注意) / *Thank you* 「just the same [OR all the same, anyway]. ともかくありがとう(♥ 依頼したことが相手の努力にもかかわらずかなえられなかったときや，相手の誘いをやむを得ず断るときの感謝の言葉) / "Excuse me, you dropped your handkerchief." "Oh, ～ *you*." 「あの，ハンカチを落とされましたよ」「あら，すみません」(♥ 相手に世話をかけた場合などは日本語の「すみません」に相当することも多い. この場合 I'm sorry. は使わない) / *Thank you* in advance for your kind help. 前もってご協力に感謝いたします; ご協力よろしくお願いいたします (♦ 依頼状などの最後に添える) ② (アナウンスなどの最後で)以上です ③ (おせっかい)ありがとう; もう結構[いい](♥ 拒絶を表す)

> **語法** ☆☆ (1) Thank you. (↘) は心からの感謝を，Thank you. (↗) は軽い感謝の気持ちを表す.
> (2) Thank you. に対する返答には次のようなものがある. That's OK [OR all right]. /《主に米》You're welcome. /No problem. /(It's) my pleasure. より丁寧には Don't mention it. /《主に英》Not at all. またお互いに Thank you. と言うこともある. 小さなことに対する感謝には特に返答しない場合も多い.

COMMUNICATIVE EXPRESSIONS

1 **(I) (rèally) càn't thànk you enóugh.** (本当に)何とお礼を言えばいいかわかりません
2 **I'll thánk you** to kèep your móuth shùt. 黙ってくれないか(♥ ぞんざいな要望·命令)
3 **Thànk your lùcky stárs.** 自分の幸運に感謝するべきですよ(♥ 運よく悪い状況から脱出できたときなど)
4 **You'll thánk me** (for it one day). (いつかそのことで)私に感謝することになりますよ(♥ 恩を売る)

—名〔▶ thankful 形〕(複 **～s** /-s/) C 《～s》 ❶ **感謝**(の表現)，謝意，謝辞〈**to** …人に対する; **for** 事·物に対する〉‖ I'd like to **express** my sincere *～s for* what you've done. あなたのしてくれたことに心からの感謝を申し述べたい / Monica smiled her *～s*. モニカはほほ笑んで謝意を表した / Small *～s* I got for it. それに対しては感謝されるどころの話じゃなかった / stammer one's *～s* 口ごもってお礼を言う / a letter [word] of *～s* お礼の手紙[言葉] / **give** *～s to* ... …に感謝する

❷《間投詞的に》**ありがとう**(♥ Thank you. よりくだけた言い方) ‖ "How are you?" "Fine, *～s*." 「お元気ですか」「ありがとう，元気です」/ *Thanks* for the ride. Please drop me off here. 乗せてくれてありがとう，ここで降ろしてください / I think I'd really better be off, *～s* all [OR just] the same. 本当にもうおいとましなくちゃ，ご好意どうもありがとう(♥引き止める相手などに対して) / *Thanks* 「a lot [OR very much, awfully, a million]. (♂ Many [OR A thousand, ×Much, ×Very] *～s*.) どうもありがとう / "Would you like a drink?" "No, *～s*." 「飲み物はいかがですか」「いえ，結構です」

nò thánks to ... …のおかげではなく ‖ It's *no ～s to* you that we won the game. 試合に勝ったのは何も君のおかげではない

thánks to ... …**のおかげで**，せいで (♥ ふつうはよいことに用いるが，反語的に悪いことにも用いる) ‖ *Thanks to* a good teacher, she improved her pronunciation. よい先生のおかげで彼女は発音がよくなった / *Thanks to* a sudden storm, the game was called off. 突然の嵐(あらし)のせいで試合は中止された

COMMUNICATIVE EXPRESSIONS

5 **Thánks, but nó thànks.** ありがとう，でも結構です (♥ ありがた迷惑なことを拒む)

T

6 **Thánks** [OR **Thánk you**] **for nóthing!** 余計なお世話だ

***thank·ful** /θǽŋkfəl/ 形〔◁ thank 名〕❶《叙述》(人が)感謝して, ありがたく思って〈**for** …を ; **to** 人に / **to** *do* …することを / **that** 節 …ということを〉(♦ 人に対する感謝を表す語としては grateful の方が一般的. thankful は何かよいことが起こったり悪いことが起こらなかったりして安心した場合に多く用いる) ‖ I am ～ *to* my parents *for* giving me a good education. よい教育を受けさせてくれたことを両親に感謝している / He was ～「*to* be safe [OR *that* he was safe]. 無事でありがたいと彼は思った ❷《限定》(言動・表情などが)感謝の意を表す ‖ a ～ look 感謝のこもったまなざし **～·ness** 名

thank·ful·ly /θǽŋkfəli/ 副 ❶ 感謝して, ありがたく思って ❷《文修飾》《口》ありがたいことに

thank·less /θǽŋkləs/ 形 ❶ (仕事などが) 感謝されない, 報われない ❷ (人が)感謝の気持ちのない
～·ly 副 **～·ness** 名

thánk-òffering 名 C (慈善・宗教団体への)感謝のささげ物[贈り物]

***thanks·giving** /⌐́⌐⌐ | ⌐⌐́⌐/ 名 ❶《T-》(＝**Thanksgíving Dày**)感謝祭(の日)《米国では11月の第4木曜日, カナダでは10月の第2月曜日》‖ a *Thanksgiving* turkey 感謝祭の(ごちそうの) シチメンチョウ ❷ U C (特に神への)感謝の表現, 感謝の祈り

***thánk-yòu** 形《限定》感謝を表す ‖ a ～ card [OR note] 礼状 ── 名 C《通例単数形で》〈…への〉感謝の言葉, お礼(のしるし)〈**for**〉‖ as a ～ お礼に

*****that** /弱 ðət, 強 ðæt/《発音注意》(→ 代, 形, 副, 接) 代 形 副 接

中心義 **空間的・心理的に遠い対象**(★対象は「物」「人」「事」など多様. 節を導く用法は, その節の内容をまとまった事柄として客観的にとらえているところに「遠さ」がある)

── 代 (複 **those** /ðouz/) **I 【指示代名詞】**(♦ 発音は /ðæt/. 日本語では, 話し手の近くにある「これ」に対し, 話し手の遠くにあるのをさらに2つに分け, 聞き手の近くにあるのを「それ」といい, 聞き手の遠くにあるのを「あれ」という. 英語では「これ」は this に相当するが, that は「それ」と「あれ」に相当する. 人称代名詞 it との違いについては ⇨ IT¹ ❶)

❶ **あれ, それ**(♦ this に対し, 話し手にとって空間的・心理的に遠い物・事・人を指す) ‖ *That*'s our house. あれが我々の家です / Where did you get ～? それをどこで手に入れましたか / Who is ～, please? 《英》(電話で) どちら様ですか (♦《米》では this が使われる. ⇨ THIS (CE 5)) / Some say this and some say ～. こう言う人もいれば, ああ言う人もいる

❷ それ, あれ, あのこと[もの, 人](♦ 前に述べられた, またはすでに知られていること[もの, 人, 考えなど]を指す) ‖ "I'm sorry to trouble you." "*That*'s all right."「面倒をおかけしてすみません」「いいんですよ」(♥ 謝罪やお礼に対する応答表現) / "How's this?" "*That* will do."「これはどうですか」「それで結構です」

❸《「the＋前出の単数名詞」の代わりに》**それ** ‖ The population of Japan is larger than ～ (＝the population) of France. 日本の人口はフランス (のそれ) より多い (♦「a＋単数名詞」の代わりには one を用いる. 〈例〉A house built of bricks is more durable than *one* [×that] made of wood. れんがで建てられた家は木の家より耐久性がある) / His behavior was ～ of a child. 彼の振る舞いは子供のようだった

❹《関係代名詞 which の先行詞として》《堅》(…する)もの ‖ *That* which we need most is forceful leadership. 我々に最も必要なのは強力な指導力だ(♦ that which は《堅》で, ふつうは what が使われる)

❺《this と対比して》《堅》前者 (♦ この用法はまれで, the former を用いるのがふつう. → this 代 ❺) ‖ Health is above wealth; this does not give so much happiness as ～. 健康は富に勝る. 後者は前者ほどに幸福を与えない

II 【関係代名詞】(♦ 発音は /ðət/) ❻ …する…

語法 ☆☆ (1) 先行詞は物・動物・人いずれの場合にも使われる.
(2) 原則として非制限的用法はない.
(3) 特に先行詞が最上級の形容詞や all, the first, the only, the very などで修飾される場合や, 先行詞が all, little, much などの場合, 不定代名詞や疑問代名詞の場合はふつう that が使われるとされる. ただし, 実際には which, who(m) も用いる(⇨ PB 78).
(4) that は前置詞の後にはこない(→ **b**).

a《主格》＝who, which ‖ Being able to swim was the only thing ～ saved me. ただ泳げたおかげで私は助かった / What's happened to the pictures ～ were on the wall? 壁にかかっていた絵はどうしたの / He is the last person (～) I think would deceive you. 彼はあなたをだますような人とは到底思えない (♦ I think や I hear などが挿入されている場合は, 主格でも省略できる) / There's a man at the door (～) wants to see you. 君に会いたいという人が玄関に来ているよ (♦《口》の There [Here] is ... の構文では主格の that が省略されることもある)

b《目的格》＝whom, which (♦ 省略が可能) ‖ This is the room (～) I was born in. これが私が生まれた部屋です (♦ that が前置詞の目的語になる場合は whom や which の場合と異なり, 前置詞は必ず動詞の後にくる) / Is there anything (～) I can do for you? 私にできることが何かありますか / Have you found the wallet (～) you lost? なくした財布は見つかりましたか

c《補語》(♦ まれな用法) ‖ I am not the man (～) I was. 私は昔の私ではない (♦ 非制限的用法ではこのような場合, 先行詞が人でも which を用いる. 〈例〉They accused him of being a traitor, which he was. 彼らは彼を裏切り者だと責めたが, 本当にそうだった)

❼《関係副詞的に》(♦ where, when, in which, why などに相当し, 《口》では省略されることが多い) ‖ The police told her the place (～) he was staying. 警察は彼女に彼の居場所を教えた (♦ that ＝where) / That was the day (～) he left. それが彼の出発した日だった (♦ that ＝when) / This is the reason (～) he came. これが彼の来た理由です (♦ that ＝why) / Read the textbook aloud the way (～) I showed you. 私がやって見せたようにテキストを声に出して読んでごらん (♦ that ＝in which)

❽《it is ... ～ の強調構文で》…なのは…だ (⇨ IT¹ 代 ❻) ‖ It is you ～ are to blame. 悪いのは君だ (＝It is you who ....) (♦ 主語の強調) / It is spring (～) I like best. 私がいちばん好きなのは春だ (♦ 目的語の強調. that は省略されることもある) / What was it ～ you saw there? 君がそこで見たのは何だったんだい (♦ 疑問代名詞の強調) / It was not until I came to Hokkaido ～ I learned the meaning of cold. 北海道に来て初めて寒さとは何かを知った(♦ 副詞句[節]の強調)

❾《否定文で》…する限り (♦ しばしば that I know of の形で) ‖ There are no objections ～ I know of to their plan. 私の知る限り彼らの計画に対して反対はない / "Are you allergic to anything?" "No, not ～ I know of."「何かにアレルギーがありますか」「いいえ, 知る限りではありません」

and* (*àll*) *thát《口》などなど(and so on)

and thát しかも(♦ 先行する節を受けて強調) ‖ He makes mistakes, *and* ～ very often. 彼は間違いを犯す, しかもしょっちゅうだ

at thát ① おまけに, その上(♦ and ... at that の形で用いる) ‖ I spilled coffee on my shirt, and a brand-new one *at* ～. シャツにコーヒーをこぼしてしまった. しかも新品のに ② そのままで[に] ‖ Let's leave the discussion *at* ～ for the moment. 今のところ議論はそこまでにしておこう

③ それでも，やはり

bè thàt as it máy それはそれとしても，いずれにせよ

****thàt is*** (***to sáy***) 《文頭・文中で》 NAVI ① すなわち ‖ The accident occurred just a week ago, ～ *is*, on January 27. 事故はちょうど1週間前，つまり1月27日に起こった ②より正確に言えば ‖ I bike to school — when it's not raining, ～ *is*. 私は自転車で登校します，もっとも雨の降っていないときだけれど

with thát そう言った[した]後ですぐに

COMMUNICATIVE EXPRESSIONS

1 **Dón't bè lìke thát.** そんなふうにするもんじゃない (♥ 相手の否定的・消極的な態度や言動をいさめたり，慰めたりする．励ましの意味でも使う．＝Come on. / ✍ Are you quite sure you can't try again?)

2 **Is thàt só** [OR **ríght**]**?** 本当なの？ (♥ 聞き返しの表現．上昇調で言うと確認する意味に，下降調で言うと相手を疑うぶしつけな感じに)

3 **Thàt being só** [OR **the cáse**], I've decìded to móve. NAVI というわけで私は引っ越すことに決めました (♥ 事情・状況など理由を説明した後で，結論を述べる際に)

4 **Thát dòes it!** ① よし，できた ② もういやだ；これで懲りた

5 **Thàt was thát.** それで終わりだった；それっきりだった

6 **Thàt's àll there ís to it.** それだけのことです；そういうことです (♥ 事情や経過などを説明し終わった後に用いる)

7 **Thàt's ít(, thèn).** ⇨ IT¹ (CE 2)

8 **Thàt's (jùst) about ít.** ⇨ IT¹ (CE 3)

9 **Thàt's lífe.** ⇨ LIFE (CE 5)

10 **Thàt's mòre líke it.** ⇨ MORE (CE 9)

11 **Thàt's thát.** 決まりだ；そういうことだ (♥ 解決・決定済みのことなので，「それ以上どうにもならない」の意)

12 **Whàt was thát agáin(, please)?** ⇨ WHAT (CE 18)

13 **You can sày thát agàin.** ⇨ SAY (CE 77)

―形 《指示形容詞》 (♦ 発音は /ðæt/) ❶ **あの，その，**例の (♦ this に対し，話し手にとって空間的・心理的に遠い物・事・人を指す) ‖ *That* coat is mine. あのコートは私のです / Give me ～ bat. そのバットをよこしなさい / He couldn't control ～ temper of his. 彼は例のかんしゃくを抑えられなかった (♦ ×that his temper とはしない．⇨ 語法 (2))

❷ 《関係代名詞の先行詞を修飾して》 …である (ような) … ‖ Show me ～ picture (which) you are boasting of. 君が自慢している (あの) 絵を見せてくれ (♦ すでに話題に上っていて「あの」と訳せる場合もあるが，特定化されてなくて「あの」とは訳せない場合もある)

語法 ☆☆ (1) 複数名詞の前につくときは those を用いる．(2) 一般の形容詞とともに用いるときはその前にくる．冠詞や some，any などとともには用いない．また所有格の (代) 名詞とともに用いる場合は that book of yours [Tom's] の形をとる．

―副 《指示副詞》 (♦ 発音は /ðæt/) ❶ 《形容詞・副詞を修飾して》 《口》 **それだけ，**それほど ‖ I guessed ～ much. そこまではわかっていた / None of us could carry the bag. It was ～ heavy. 私たちのだれもその袋を運べなかった．それほど重かった / The view was ～ much more beautiful because the cherry trees were in full bloom. 桜が満開だった分，景色はいっそう美しかった (♦ The view was all the more beautiful because .... とほぼ同義．→ the 副 ❷) / He is about ～ tall. 彼はこれくらいの背の高さだ (♦ 身振りなどで実際に高さを示しながら言う．→ this 副, so 副)

❷ 《否定文で》 あまり，それほど ‖ The temple was not all ～ big. その寺はあまり大きくなかった / It's not ～ late. そんなに遅くない / If you ask me, it isn't ～ good an idea. 僕が思うに，それはあまりよい考えじゃない

❸ 《結果を表す節を伴って》 《英口》 《米方》 とても ‖ I was ～ tired I couldn't get up. とても疲れていたので起きられなかった

―接 (♦ 発音は /ðət/) **I** 【**名詞節を導いて**】 **…という(こと)**

❶ 《主語節を導いて》 (♦ 形式主語 it を立てるのがふつう) ‖ *That* you would fail was certain from the beginning. 君が失敗するだろうことは最初からわかっていた (♦ It was certain that .... がふつう) / It is possible (～) he'll be late. 彼は遅れるかもしれない (♦ 主語節用法で形式主語 it があるとき that は省略できるが，❷の場合に比べると省略は少ない) / Is it true ～ you are going abroad? あなたが外国へ行くというのは本当ですか (♦ 疑問文の場合には必ず形式主語 it を用いる) / It seems [OR appears] ～ he has forgotten the appointment. 彼は約束を忘れたらしい (♦ seem，appear，happen などが動詞の場合は必ず it を用いる．→ it 代 ❺)

❷ 《動詞・形容詞に続く節を導いて》 (♦ 《口》 では know，think，say；afraid，sure，glad，sorry などよく使われる動詞，形容詞の後の that は省略されることが多い) **a** 《他動詞の目的語節》 ‖ I know (～) I am to blame. 私が悪いことはわかっています / I told him yesterday ～ I

PLANET BOARD 78

先行詞に the only，all がつく場合の関係代名詞は who，which よりも that がふつうか．

問題設定 先行詞が the only，all などに修飾されると，関係代名詞は who や which よりも that がよく用いられるとされる．その妥当性を検証した．

Q 次の表現のどちらを使いますか．

(1) (a) John is the only student **who** can solve the problem.
(b) John is the only student **that** can solve the problem.
(c) 両方
(d) どちらも使わない

(2) (a) All the prisoners **who** tried to escape were punished.
(b) All the prisoners **that** tried to escape were punished.
(c) 両方
(d) どちらも使わない

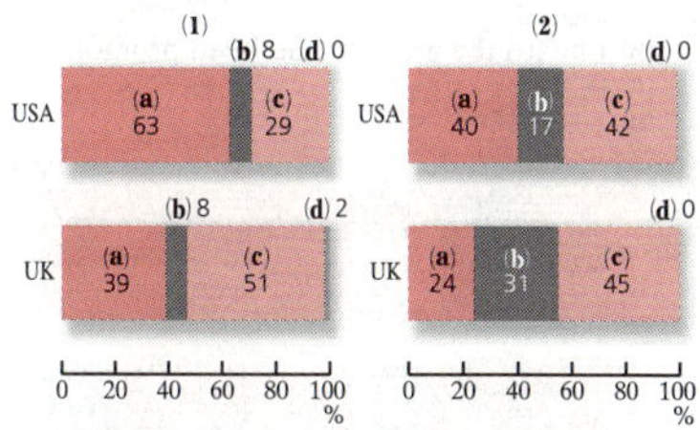

(1) では，(a) の who のみと答えた人が全体の約半数，次いで両方と答えた人が4割だった．《米》では6割以上が (a) のみ使うと答えたが，《英》では約半数が両方使うと答え，差が見られた．「人が先行詞だから who を使うのがふつう」という人が多く，「the only がついているので that を使う」と明確に答えた人はいなかった．さらに，「who を使うと John という人物に焦点があるのに対して，that を使うと John が解ける という問題や，John が学生であるという事実に焦点がある」とするコメントもあった．

(2) の all がついた場合は，両方が《米》《英》あわせて44% で最も多く，次いで (a) のみ，(b) のみの順だった．この場合も「that を用いると，囚人全体を1つの集団ととらえている」とのコメントがあった．

学習者への指針 先行詞に the only，all がついている場合も，先行詞が人である場合は関係代名詞は who が一般的である．

was going home. 私は帰郷するつもりだと昨日彼に言った (♦ that 節 の前に副詞などが入ると that はふつう省略しない) / The doctor suggested (～) she take [《主に英》should take] more exercise. 医者は彼女にもっと運動をしたらどうかと言った / I think it probable ～ she is dead. 彼女はたぶん亡くなっているだろうと思う (♦ 動詞が目的格補語(この場合は probable)を伴う場合, 通例形式目的語 it を用いて that 節 は文末に置く. このとき that はふつう省略しない)

b 《形容詞の後で》‖ I'm afraid (～) no guests will come. 一人も客が来ないのではないかと心配だ / I'm sorry (～) the committee objected. 委員会が反対したとは残念だ / The residents were angry (～) they had been neglected. 住民たちはないがしろにされて怒っていた (＝The residents were angry to have been neglected.) (♦ 後の2例では主語の感情の理由を表しているとも考えられる)

語法 ☆☆ (1) 前置詞の後に that 節 はこないので ˣI'm afraid of that ... とはならない. また count on などの前置詞で終わる句動詞の後にも that は使えず, 形式目的語の it を用いて, You can count on it *that* he will come. (彼が来るのを当てにしていいよ) (＝You can count on his coming.) という. ただし except と in は後に that 節 がくることがある (⇨ EXCEPT *that*, IN *that*).

(2) 意味があいまいになることを防ぐために, that の省略を避けることがある. He said (*that*) something urgent had come up and *that* he had to go back to the office immediately. (彼は緊急の用件が生じたので急いで社に戻る必要があると言った)で, 2番目の that は省略しない. これを省くと,「彼は緊急の用件が生じたと言った. それで急いで社に戻る必要があった」となり, 後の文が, 彼が言った内容ではなく, 話し手の判断になってしまう.

PLANET BOARD 79

名詞の同格節を導く that を省略するか.

問題設定 idea, belief, fact, news などの名詞の後で同格節を導く接続詞 that は, 他の用法と異なり省略されないとされることがある. 実際の省略可能性を調査した.

Q 次の表現のどちらを使いますか.

(1) (a) What gave you **the idea that** he was a genius?
(b) What gave you **the idea** he was a genius?
(c) 両方
(d) どちらも使わない

(2) (a) I heard **the news that** he had been promoted.
(b) I heard **the news** he had been promoted.
(c) 両方
(d) どちらも使わない

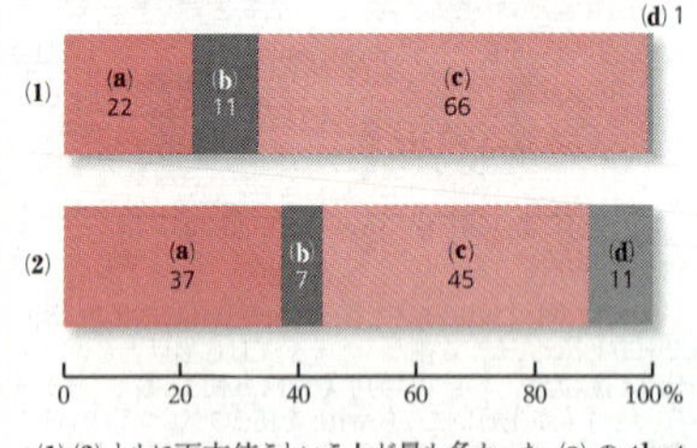

(1) (2) ともに両方使うという人が最も多かった. (a) の that を省略しない形のみを使うという人は (1) が約2割, (2) が約4割であった. (b) の省略した形のみを使うという人も少数いた.

両方使うと答えた人の多くは,「2つの間に意味の違いはない」とし,「(a) は《堅》あるいは《文》で, (b) は《口》」とした.

なお, (2) でどちらも使わないと答えた人のほとんどは,「the news は不要で, I heard (that) he had been promoted. と言う」と述べている.

学習者への指針 名詞の同格節を導く that の省略可能性は, その名詞によって異なるが, 《口》では idea や news のときは省略されることが多い. ただし, 《文》では省略しない方が無難である.

❸ 《補語節を導いて》‖ The trouble with Brian is (～) he has no patience. ブライアンの困ったところは忍耐力のなさだ (♦《口》では that が省略されたり, コンマで代用されたりすることがある. 〈例〉(The) truth is, I didn't sleep a wink. 実は, 私は一睡もしなかった)

❹ 《名詞の同格節を導いて》(♦《口》では省略されることがあるが ❷❸ よりは少ない. ⇨ PB 79) ‖ I have just received the news ～ my sister has had her baby. 姉に子供が生まれたという知らせをちょうど受けたところだ / The idea ～ we should break up is absurd. 私たちが解散すべきだなどという考えはばかげている / There's a good chance ～ our team will win. 我がチームが勝つ見込みは十分にある (♦ (1) 同格節が名詞から離れている場合は that は省略しない. (2) この that 節 を伴う名詞はほかに fact, claim, rumor, possibility, belief, suggestion, decision, feeling, report, opinion, view など)

❺ 《願望・嘆きなどを表す節を導いて》《文》‖ Oh ～ I could see her again. ああ, 彼女にもう一度会えたらなあ (＝I wish I could see her again.) (♦ that 節 内は仮定法) / *That* it should come to this! こんな結末になろうとは

❻ 《It is ～ ... で》…ということである (♦ 主に否定文や just などの副詞, may などの助動詞を伴った文で) ‖ It's not ～ she doesn't know what to say ; it's just [OR simply, only] ～ she doesn't know how to say it. 彼女は言うべきことがわからないのではなく, 単にどう言えばよいかわからないだけだ (⇨ NOT *that* ...) / It may be ～ he no longer feels for his children. 彼はもう子供に対する感情がないのかもしれない

Ⅱ【副詞節を導いて】 ❼ 《目的を表す節を導いて》…**するように** (♦ 主に so that ... can [OR will, 《堅》may など] ... の形で用い, that 単独はまれ) ‖ She hid behind the curtain so (～) no one could see her. 彼女はだれにも見られないようカーテンの陰に隠れた (♦《口》では that は省略されることがある. 《堅》では so that の代わりに in order that も使われる)

❽ 《結果・程度を表す節を導いて》 **a** 《so ～ で》**それで** (♦《口》では that はしばしば省略される) ‖ I had a headache, so (～) I went to bed early. 頭痛がしたので早く床に就いた **b** 《so [such] ... ～ で》**とても…なので** (♦ so の後は形容詞・副詞. such の後は名詞(句). 《口》では that は省略されることが多い) ‖ She was *so* tired (～) she collapsed on the floor. 彼女は疲労のあまり崩れるように床に倒れた / It was *such* a long lecture (～) many people in the audience fell asleep. あまりにも長い講演だったので多くの聴衆が眠ってしまった

❾ 《話者の判断の根拠》…とは, …なんて (♥ 遺憾・驚きなどの感情を表す) ‖ He must be extremely angry ～ he should refuse to meet us. 我々との面会を断るとは, 彼はひどく怒っているに違いない / Do you have nothing to do, ～ you are sitting idle? 何もせずに座っているなんて君は仕事がないのか

❿ 《譲歩》《文》…であるが (♦ ふつうは as か though を用いる) ‖ Young ～ he was, he was courageous. 彼は若いが勇敢だった

except that ⇨ EXCEPT(成句)
in that ⇨ IN 前 (成句)

thatch /θætʃ/ 名 ❶ U 屋根ふき材《わら・かや・イグサ・シュロの葉など》; わらぶき屋根 ❷ C 《口》(ふさふさした)頭髪, も

じゃもじゃ頭 ―動 他〔屋根〕を草[わら, かや]でふく ~ed 形 わらぶき(屋根)の ~·er 名 C 屋根をふく人

Thatch·er /θǽtʃər/ 名 **Margaret** (**Hilda**) ~ サッチャー(1925–2013)《英国の女性政治家, 首相(1979–90)》

*__that'll__ /ðǽtl/ 《口》 that will の短縮形 ‖ *That'll* be fine. それで結構でしょう

*__that's__ /ðæts/ ❶ that is の短縮形 ‖ *That's* it. そのとおり, これで終わりだ (→ that 代) ❷ that has の短縮形 ‖ *That's* been done. それは終わった

thau·ma·turge /θɔ́ːmətə̀ːrdʒ/, **-tur·gist** /-tə̀ːrdʒɪst/ 名 C 奇術師 ; 魔術師

*__thaw__ /θɔː/ 動 自 ❶ (氷・雪・川・池などが) 溶ける《*out*》(⇨ MELT 類語) ❷ 《it を主語にして》 (氷などが) 溶けるほどに暖かくなる ‖ It will ~ tomorrow. 明日は雪解けの陽気になるだろう ❸ (冷凍食品が) 解凍される, 戻る《*out*》 ❹ (凍えた体が) 暖まる《*out*》 ❺ (態度・感情などが) 打ち解ける, (緊張などが)和らぐ《*out*》

―他 ❶〔氷・雪など〕を解かす《*out*》 ❷〔冷凍食品〕を解凍する《*out*》 ❸〔凍えた体〕を暖める《*out*》 ❹〔人〕を打ち解けさせる, 〔緊張など〕を和らげる《*out*》

―名 C 《通例単数形で》 ❶ (氷・雪などが) 溶けること, 雪解け ; 雪解けの季節[陽気], 融氷期 ‖ The ~ has set in. 雪解けの季節が始まった ❷ (態度・感情などが) 打ち解けること, 〈国際間などの〉緊張緩和, 雪解け〈**in**〉 ‖ a ~ *in* relations between the two nations 2国間の関係の緩和

Th.D. 略 《ラテン》 *Theologiae Doctor* (=Doctor of Theology) (神学博士)

***__the__ /弱 ðə, 《母音の前》ði ; 強 ðiː/ 冠 副

中心義 自分も相手も特定できるもの

―冠

語法 ☆☆ (1) 不定冠詞 a, an に対し定冠詞と呼ばれる.
(2)「(形容詞+) 名詞」の前に置かれるが, all, both, half, double などではその後にくる. 〈例〉 all *the* good books (すべての良書)
(3) ほかの限定詞 (this, that, no, every, each, such など) や(代)名詞の所有格とともには用いない.
(4) 日本語に訳出しなくてよい場合も多い.

❶ 《前述の名詞につけて》**その**, あの, 例の ‖ I have a dog and a cat, and ~ dog is ill. 犬と猫を飼っているが, 犬の方は病気だ (♦ 同じ名詞を2度以上用いる場合でも同じものを指すのでなければ the は用いない. 〈例〉 His house has a beautiful garden. I'd like to have *a* [×the] garden like that. 彼の家には素敵な庭がある. あんな庭を持ちたいものだ)

❷ 《前後関係・状況によってそれとわかる名詞につけて》**その** ‖ Shut ~ door. (その) ドアを閉めろ / He called ~ doctor. 彼は (かかりつけの) 医者を呼んだ / Take these letters to ~ post office. この手紙を (いつもの) 郵便局まで持って行きなさい

❸ 《修飾語句によって特定される名詞につけて》 **a** 《前置詞句, 特に of 句を伴う名詞につけて》 ‖ ~ name of that restaurant そのレストランの名前 / ~ history of China 中国史 (=Chinese history)
b 《関係詞節・不定詞句を伴う名詞につけて》 ‖ ~ book you gave me 君がくれた本 / This is not ~ Paris I remember. これは私が覚えているパリとは違う (♦ 限定語句を伴う場合, 固有名詞にも the がつく) / He didn't have ~ time to write. 彼には手紙を書く暇がなかった
c 《序数詞・形容詞の最上級の前で》 ‖ ~ second of July=July (~) second 7月2日(♦ the を省くのは《米》) / one of ~ most difficult problems to solve 解決の最も難しい問題の1つ (♦ (1) 副詞の最上級につく場合については → 副 ❸ (2) 限定用法の最上級は必ず the を伴うが, 叙述用法の場合はつけなくてもよい. 〈例〉 He is (*the*) tallest of all. 彼は全員の中でいちばん背が高い しかし, the を伴う場合と伴わない場合とでは意味に違いの生じることもある. 〈例〉This lake is *the* deepest around here. この湖はこの辺りでいちばん深い湖だ / This lake is deepest around here. この湖はこの辺りがいちばん深い (3) first [second, etc.] place (第1[2, …]位) や first [second, etc.] prize (1[2, …]等賞) のような場合には冠詞を省くことが多い. ⇨ PB 57)
d 《名詞を限定する形容詞の前で》 ‖ We both go to ~ same school. 私たちは同じ学校に通っている
e 《二者の比較》 ‖ Andy is ~ bigger of the two. 2人のうちアンディの方が大きい

❹ 《一つしか存在しないと考えられるものを指す名詞につけて》 ‖ ~ sun 太陽 / ~ moon 月 / ~ earth 地球 / ~ sky 空 / ~ world 世界 / ~ east 東 (の方角) / ~ left 左 / ~ king 王 / ~ Bible 聖書 (♦ 形容詞を伴って冠詞が a になることもある. 〈例〉 *a* full moon/*a* cloudy sky 曇り空)

❺ 《代名詞所有格の代用》《体の一部・所有物》 ‖ Somebody patted me on ~ shoulder. だれかが私の肩をたたいた / I have a pain in ~ back. 背中が痛い / How's ~ leg today? 今日は足の具合はどうだい (=How's your leg today?) (♦ 状況からだれの足か明らかなので the が用いられる)

語法 ★☆ (1) 初めの2例で the の代わりに所有格を使うのは非標準的とされる.
(2) I took him by the hand. と I took his hand. はほぼ同じ意味であるが, 前者では him に, 後者では hand に重点がある.
(3) I took them by the hand. のように目的語が複数の場合でも hand は単数形がふつう.

❻ 《単数名詞につけて》《総称》**…というもの** ‖ *The* lion has always been regarded as the king of beasts. ライオンは常に百獣の王とみなされてきた

語法 ☆☆ **総称表現**
(1) the 以外に, 不定冠詞または無冠詞複数形を用いることもできる. 〈例〉 *A cow* is a useful animal. / *Cows* are useful animals. これらの中では無冠詞複数形を用いるのが最も一般的で, the を用いるのは《やや堅》である (⇨ A² ❸ 語法, PB 02).
(2) 物質名詞・抽象名詞を総称的に用いるときは無冠詞. 〈例〉 Life is not easy. 人生は楽ではない

❼ 《楽器・通信手段・交通手段・発明品などを表す名詞につけて》 ‖ *The* violin was very difficult for me. バイオリンは私にはとても難しかった (♦ 用法については → play 他 ❸, ⇨ PB 55) / talk on ~ telephone 電話で話す / listen to ~ radio ラジオを聞く / find information on ~ Internet インターネットで情報を見つける / take ~ bus [train] バス[電車]に乗る (⇨ 語法 the の省略 (4) (↓)) / the operation of ~ computer コンピューターの操作

❽ 《固有名詞につけて》 **a** 《川・海・半島・海峡・運河・特定の地名など》 ‖ ~ (River) Thames テムズ川 / ~ Pacific (Ocean) 太平洋 / ~ Izu Peninsula 伊豆半島 / ~ Suez Canal スエズ運河 / ~ Argentine アルゼンチン (共和国) / *The* Hague ハーグ (♦ Tは大文字) / ~ Far East 極東 **b** 《建物・団体名・官公庁など》(♦ 駅名・空港名・公園名などは無冠詞) ‖ ~ British Museum 大英博物館 / ~ White House ホワイトハウス / ~ Ford Foundation フォード財団 / ~ Ministry of Foreign Affairs 外務省 / ~ University of Tokyo 東京大学 (♦ Kyoto University のように表す場合は the をつけない)
c 《船・飛行機・列車》 ‖ ~ Orient Express オリエント急行(列車) **d** 《新聞・書物・作品など》 ‖ *The Times* タイムズ紙 / *The Oxford English Dictionary* オックスフォード英語辞典 (♦ 上記2例の T は大文字) / ~ *Mona Lisa*「モナ=リザ」 **e** 《歴史上の事件など》 ‖ ~ (American) Civil War 南北戦争 / ~ Renaissance ルネサンス **f** 《称号など》 ‖ ~ Prince of Wales 英国皇太子 **g** 《形容詞を伴う人名》 ‖ ~ young Edison 若き日のエジソン / ~ late Mr. Smith 故スミス氏 / ~ wise Helen 賢いヘレン **h** 《複数形の固有名詞 ; 家族・国家・

群島・山脈など》‖ ～ Wilsons ウィルソン家（の人たち）/ ～ United States (of America) (アメリカ) 合衆国 / ～ Philippines フィリピン諸島 / ～ Alps アルプス山脈 **i** 《米国のスポーツチーム名》‖ ～ New York Mets ニューヨークメッツ《プロ野球の球団名》/ ～ (Utah) Jazz (ユタ・)ジャズ《プロバスケットボールチーム名》

❾《形容詞・分詞につけて》 **a** 《複数扱い》…の人々（♦「その性質を持った人々」を包括的に表現する）‖ ～ young 若い人々（=young people）（♦ 対句では the が省略されることもある.〈例〉(*the*) rich and (*the*) poor 富んだ人々と貧しい人々）/ ～ sick and ～ wounded 病人たちやけが人たち（♦ the accused（被告）, the deceased（故人）など単数扱いのものもある） **b** 《単数扱い》…のもの（♦ 抽象概念を表す）‖ ～ true 真実（=truth）/ accomplish ～ impossible 不可能なことをやり遂げる

❿《単数普通名詞につけて》《本来の機能・特徴》（♦ 比喩(ひゆ)的・抽象的な意味になる）‖ *The pen is mightier than ～ sword.* 《諺》ペンは剣より強し（♦ the pen は言論の力, the sword は武力を表す）/ She chose ～ stage as a career. 彼女は職業に俳優を選んだ

⓫《国民・政党全体を指して》一般の, …全般 ‖ *The* English are rather conservative. イギリス人はどちらかというと保守的である / ～ Americans [Japanese] アメリカ人[日本人](全般) / ～ Democrats 民主党

⓬《病気を表す名詞につけて》‖ (～) flu インフルエンザ / (～) measles はしか / ～ plague ペスト / (～) mumps おたふく風邪 / ～ blues 憂うつ（♦ the のつく病名は一部のものに限られ, 多くの病名は無冠詞）

⓭《単位を表す名詞につけて》…単位で, …につき ‖ I get paid by ～ hour. 私は時給で給料をもらっている

PLANET BOARD 80

役職名が補語になる場合に the を常に省略するか.

問題設定 役職名が補語になる場合, ふつう the は省略するとされるが, それが of our school のような句によって限定されている場合の省略可能性を調査した.

Q 次の表現のどちらを使いますか.

(a) She is **principal** of our school.
(b) She is **the principal** of our school.
(c) 両方
(d) どちらも使わない

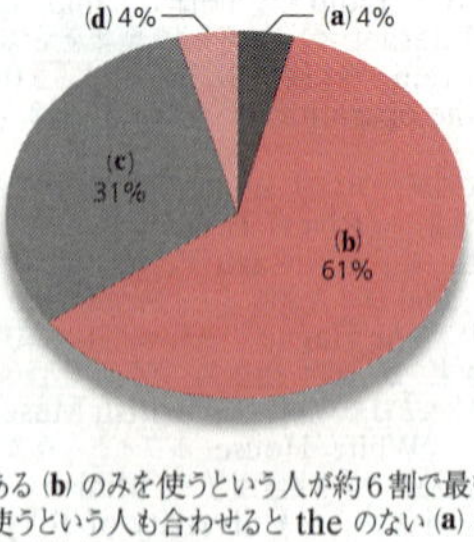

the のある (b) のみを使うという人が約6割で最も多かったが, 両方使うという人も合わせると the のない (a) を使うという人も全体の約⅓いた.

両方使うと答えた人のほとんどは「2つの間に意味の違いはない」としたが,「(b) の方が《堅》」「(b) は校長が1人だけであることを強調する」という意見もあった. どちらも使わないと答えた4人のうち3人は《英》であり,「principal は《米》用法であるため, 自分は She is the headmistress of our school. を使う」と述べ, 残りの1人は She's our principal. を代替表現としてあげた.

学習者への指針 「私たちの学校の校長」のように限定されている役職名では, the をつける方がよい.

⓮《10 [100] 年をまとめて指して》‖ ～ sixties 1960年代 / the great scientists of ～ nineteen hundreds 1900年代の偉大な科学者たち

⓯《時を表す語につけて》現在の ‖ What's ～ time? 今何時ですか / questions of ～ day 今日の諸問題 / the best seller of ～ year 今年のベストセラー

⓰《否定文で》…するだけの (enough) ‖ I didn't have ～ money to take care of him. 私には彼の面倒を見るだけのお金がなかった

⓱ /しばしば ðiː/《強調用法》（♦ 印刷物では通例斜字体や大文字で示される） **a** 典型的な, 理想の ‖ This is *the* life. これぞ人生だ / This is *the* book for children. これこそ子供たちにうってつけの本だ **b** 《固有名詞につけて》あの有名な, …まさにその人 ‖ Are you *the* George Clooney? あなたはあの有名なジョージ=クルーニーなんですか（♦「同姓同名の別人ではなく」の意）

⓲《強い感情》あの ‖ That dog is barking again, ～ wretched thing! あの犬がまたほえている, あの畜生め

語法 ☆☆ the の省略

(1)《会話の冒頭》〈例〉(The) fact [trouble] is (that) I have no money with me. 実は[困ったことに]金の持ち合わせがないのだ（♦ (1) の the は《口》で省略されることがある. 次の (2) 以下の場合はふつう the を省略する）

(2)《対句的な慣用表現》〈例〉mother and child 母と子 / arm in arm 腕を組み合って / face to face 向かい合って / from door to door ドアからドアへ / day by day 日ごとに / from beginning to end 初めから終わりまで / between husband and wife 夫婦の間で

(3)《場所が本来の機能のために使われる場合》〈例〉go to bed 寝る / go to school [church] 学校 [教会] へ行く / be in (《米》the) hospital 入院中である / appear in court 出廷する

(4)《by の後の交通・通信手段》〈例〉by bus [car, train, plane] バス [車, 列車, 飛行機] で / by「air (mail) [telephone] 航空便[電話]で

(5)《at, before, after など+食事名・時の名》〈例〉at dinner 夕食時に / at night 夜に

(6)《官職名が補語になる場合》〈例〉He was elected President. 彼は大統領に選ばれた（⇨ PB 80）

―副《比較なし》❶《the +比較級 ..., the+比較級 ... の形で》…すればするほど… ‖ *The* harder you pedal, ～ faster you'll go. 勢いよくペダルをこげばこぐほど速く進む / "What time shall we leave?" "*The* sooner ～ better."「何時に出発しましょうか」「早ければ早いほどいいよ」（♦ この例のように比較級の後の「主語+動詞」が省略される場合もある. またこの構文では, -er のついた比較級を作る語でも more のついた形を用いることがある.〈例〉The more noble, ～ more humble.）

❷《the+比較級の形で》**それだけ**, ますます, いっそう ‖ You will feel (all) ～ better for taking a vacation. 休暇をとればますます気分も一新するだろう（♦ all は強意）/ We respect him all ～ more because he thinks about the whole class. 彼はクラス全体のことを考えてくれるので, いっそう尊敬する / They were none ～ wiser for the seminar. 彼らはそのセミナーを受けたがそれでもわかるようにはならなかった

❸《the+副詞の最上級》‖ She attracted him (～) most strongly. 彼女が彼をいちばん強く引きつけた（♦ この the は通例省略）/ He can run (～) fastest of all these boys. 彼がここにいる男の子の中でいちばん速く走れる（♦ 副詞の最上級の前では the をつけないことが多いが, 第2例のように of ... などの語句がついて比較の範囲が限定されている場合はつけることが多い）

the·an·throp·ic /θiːænθrá(ː)pɪk | -θrɔ́p-/ 形 神人両性の, 神人両性を有する **the·án·thro·pìsm** 名 U 神人一体説, キリスト神人説 **-pist** 名

theat. 略 theater, theatrical

the·a·ter, 《英》**-tre** /θíːəṭər | θíː-/ 《発音注意》
―名〔▶ theatrical 形〕(複 **~s** /-z/) C ❶ **劇場**;《米・豪》映画館(《英》cinema)(♦《米》でも劇場名としては theatre のつづりが多い) ‖ a **movie** ~ 映画館 / go to the ~ 芝居[映画]を見に行く
❷ U《しばしば the ~》演劇(活動);演劇界;《集合的に》(ある作家・国・時代などの)演劇作品, 戯曲 ‖ (the) modern ~ 近代劇 / work in the ~ 演劇界で働く / a ~ company 劇団
❸ U 上演効果 ‖ That story wouldn't make good ~. その話は上演向きではない[舞台映えがしない]
❹ 階段教室[講堂] ❺《英》手術室(operating theatre)
❻《通例単数形で》(事件・活動などの)舞台, 現場, 場面(scene);〖軍〗戦域 ‖ The Balkan Peninsula was often the main ~ of war. バルカン半島はしばしば主戦場となった / ~ nuclear weapons 戦域核兵器
語源 ギリシャ語 *theatron*(見る場所)から.

théater·gòer 名 C 芝居の常連, 芝居通
théater·gòing 名 U 形 観劇(好きの)
thèater-in-the-róund 名 (複 **theaters-**) C 円形劇場

the·a·tre /θíːəṭər | θíː-/ 名《英》=theater

***the·at·ri·cal** /θiǽtrɪkəl/ 《アクセント注意》形〔◁ theater 名〕❶《限定》劇場の, 演劇の;上演向きの ‖ a ~ production 演劇の上演 / ~ performances 演劇 / ~ celebrities 演劇界の有名人 ❷(人・しぐさ・態度などが)芝居がかった, 仰々しい(♥ 批判的に用いる) ‖ ~ gestures 芝居がかったしぐさ, 大げさなジェスチャー
―名 C(~s) ❶ 演劇, 芝居;(特に)素人芝居 ❷ 芝居じみたしぐさ **~·ly** 副 劇的に;芝居がかって

the·at·ri·cal·i·ty /θiæ̀trɪkǽləṭi/ 名 U 芝居がかっていること, わざとらしさ

the·at·rics /θiǽtrɪks/ 名 =theatricals

The·ban /θíːbən/ 形 名 C テーベ(Thebes)の(人)

Thebes /θiːbz/ 名 テーベ ❶ 古代エジプトの都市 ❷ 古代ギリシャの都市国家

thee /弱 ði ; 強 ðiː/ 代 ❶《thou[1]の目的格》《方》《古》汝(なんじ)を[に] ❷ =thou[1]《クエーカー教徒が主語として用いる. 動詞は三人称単数形》

***theft** /θeft/ 名 ❶ U C 盗み, 窃盗;U 窃盗罪(→ thief)(⇨ ROBBERY 類語) ‖ Bicycle ~ is on the increase. 自転車泥棒が増えている / commit (a) ~ 盗みを働く ❷ C〖野球〗盗塁(steal)

their /弱 ðər ; 強 ðeər/(♦ 同音語 there, they're)
―代《人称代名詞 they の所有格》(単数 **his**, **her**, **its**)
❶ **a**《名詞の前で》**彼[彼女]らの**, その人たちの, **それらの**(→ they, his) ‖ The exchange students introduced ~ countries. 交換留学生たちは自分の国のことを紹介した / vehicles with ~ engines in the back 後部にエンジンのある乗り物
b《動名詞の意味上の主語として》彼[彼女]らが[は], それらが[は] ‖ Susan objected to ~ joining the party. スーザンは彼らが仲間に入ることに反対した
❷《anybody, everybody などの不定代名詞を受けて》《口》彼[彼女](ら)の, その人(たち)の(♥ 特に性別が不明である場合や, 性差別を避けたい場合に his, her の代わりとして用いる. ⇨ PB 81) ‖ Everyone must hand in ~ assignment by the deadline. だれもが宿題を締め切りまでに提出しなければならない / Someone has forgotten ~ umbrella. だれか傘を忘れていった人がいる

***theirs** /ðeərz/(♦ 同音語 there's) 代《they の所有代名詞》(単数 **his**, **hers**)(♦ 語尾の s は複数を示すものではない. 指すものが単数なら単数扱い, 複数なら複数扱い) ❶ 彼[彼女]らのもの, その人たちのもの ‖ The house is ~. その家は彼らのものだ ❷《anybody, everybody などの不定代名詞を受けて》《口》その人のもの(♥ 特に性別が不明である場合や, 性差別を避けたい場合に his, hers の代わりとして用いる) ‖ I'll do my duty, expecting everyone else to do ~. ほかのみんなもそれぞれの義務を果たすものと期待しつつ私は自分の義務を果たそう ❸《名+of ~ で》彼[彼女]らの, それらの(♦ 名詞の前に their を a, this, that などと重ねて用いることはできないので of theirs として名詞の後に置く) ‖ This is a favorite picture of ~. これは彼らのお気に入りの絵だ(♦ ×a their favorite picture は不可)

the·ism /θíːɪ̀zm/ 名 U 有神論;一神論
the·ist /θíːɪst/ 名 C 有神論者;一神論者
the·ís·tic 形 **the·ís·ti·cal** 形

them /弱 ðəm ; 強 ðem/
―代《人称代名詞 they の目的格》(単数 **him**, **her**, **it**;《口》**'em**) ❶ **a**《動詞・前置詞の目的語として》**彼[彼女]らを[に], それらを[に]** ‖ There were thirty applicants for the job. And I interviewed all of ~. その仕事に30人の応募があり, 私は全員に面接した / The students never read the books, even though much money had been spent to buy ~. それらの本を買うために多額の金が費やされたにもかかわらず, 生徒たちは全く読まなかった
b《動名詞の意味上の主語として》(♦《口》で their の代用) ‖ Martin didn't like ~ joining the party. マーティンは彼らが一行に加わるのを好まなかった
❷《主格の they の代わりに》《口》**a**《be動詞の後で》‖ That's ~. それは彼らだ
b《as, than などの後で》‖ mightier than ~ 彼らより強力な(♦ than を前置詞と見れば ❶**a**)
c《単独で》‖ "Who made this mess?" "*Them*." 「だれが散らかしたの」「あの連中よ」(♦《口》では they より them を用いることが多い)
❸《anybody, everybody などの不定代名詞を受けて》《口》彼[彼女](ら)を[に], その人(たち)を[に] ‖ Whenever anyone was sick, she made ~ some chicken soup. だれかが病気になるといつも彼女はその人にチキンスープを作ってやった(♥ 特に性別が不明である場合や, 性差別を避けたい場合に him, her の代わりとして用いる)
❹《方》《俗》=those ‖ ~ cakes それらのケーキ
thèm and ús 彼らは彼ら, 私たちは私たち《集団間の不一致》

the·mat·ic /θɪmǽṭɪk/ 形《通例限定》❶ 主題[論題, テーマ]の ❷《英》(切手収集が)テーマ[項目]別の(《米》topical) ❸〖楽〗主題の ❹〖文法〗語幹の **-i·cal·ly** 副

***theme** /θiːm/ 名 C ❶ 主題, 論題, テーマ(❗日本語の「テーマ」はドイツ語から);話題(⇨ SUBJECT 類語) ‖ the main ~ of the discussions 議論の主題 / various stories on the ~ of happiness 幸福をテーマにしたさまざまな物語 ❷〖楽〗主題, 主旋律, テーマ ❸(=**~ mùsic** [**sòng, tùne**])(テレビ・ラジオ番組・映画などの)テーマ音楽, 主題歌[曲] ❹《米》(課題による)作文, 小論文 ‖ write a six-page ~ on whaling 捕鯨について6ページの作文を書く ❺〖文法〗語幹(stem)
―形(レストラン・遊園地などが)あるテーマで統一された
―動 他《通例 ~d で形容詞的に》(娯楽施設・行事などが)テーマで統一された(♦ 純粋な動詞として用いることはまれ) ‖ a church-~*d* story 教会をテーマにした物語
▸▸ **~ pàrk** 名 C テーマパーク《あるテーマで統一されたレジャー施設》 **~ pàrty** 名 C テーマパーティー《参加者は皆テーマに合わせた服装をして集まる》

The·mis /θémɪs, θíː-/ 名〖ギ神〗テミス《正義と秩序の女神》

them·self /ðəmsélf/ 代 =themselves ❹

them·selves /ðəmsélvz/
―代(they の再帰代名詞. 成句については ⇨ ONESELF)

(単数 **himself, herself, itself**) ❶《再帰用法》**彼[彼女]ら自身を[に]**, それら自体を[に] (♦ 他動詞や前置詞の目的語として用いる) ‖ They hid ~ in the bushes. 彼らは草むらに身を隠した / *Heaven helps those who help ~.* 《諺》天は自ら助くる者を助く

❷《強調用法》**彼[彼女]ら自身(で)**, それら自体(で) (♦ 主語や目的語などを強調. 強勢を置いて発音する) ‖ I met the rock singers ~. 私はそのロック歌手たち本人に会った / These data ~ are problematic. これらのデータ自体問題がある

❸ 本来の自分, 通常の彼ら ‖ The team members are not ~ today. チームのメンバーたちはいつもの状態ではない

❹《anybody, everybody などの不定代名詞を受けて》(♦《口》でときに themself が使われるが非標準的) ‖ Everybody has a right to enjoy ~. だれもが楽しむ権利がある (♥ 特に性別が不明である場合や性差別を避けたい場合に himself, herself の代わりとして用いる)

⁑then /ðen/ 副 形 名

中心義 **Aの区切り** (★Aは「時の流れ」「順番」「論理の流れ」など. 「論理の流れ」においては結論を導く)

— 副《比較なし》❶ (過去・未来の) **そのとき(に[は])**, そのころ(は), 当時(は) ‖ Just ~ the principal entered the room. ちょうどそのとき校長先生が教室に入って来た / I'll look forward to seeing you ~. そのときお目にかかるのを楽しみにしています / **Only** ~ did he start telling the truth. その時になってやっと彼は本当のことを話し始めた (♦ only then が文頭に出ると主語と助動詞または be 動詞が倒置になることが多い) / Things were quite different **back** ~. 当時は事情がだいぶ異なっていた

❷ NAVI (時間・順番などについて) **それから**, 次に (♦ しばしば and の後で用いる. ⇨ NAVI表現 3) ‖ First, go up this street for three blocks, ~ turn right. まずこの通りを3ブロック行って, それから右に曲がりなさい / She walked up, looked at the car, and ~ at me. 彼女は近づいて来ると, 車を見て, それから私を見た / And what happened ~? それでそれから何が起きたの

Behind the Scenes **And then I ate the bowl.** **そしてスープ皿まで食べちゃった** カナダ最大のファーストフードチェーン店 Tim Hortons の人気メニューである Bread Bowl のCMより. スープがあまりにもおいしいので, スープが入っている皿まで食べてしまうという内容. 実はスープ皿もパンでできていて食べられる (♥ とても面白い話をした後に, さらにその場を盛り上げようとして最後につけ足すせりふ. 類似表現が多く, And then I found five [OR ten, twenty, fifty] dollars [OR bucks, euros, pounds].「そしたらお金を拾ったんだよ」は, 面白いと思って話し出した話がつまらないと気づいた話者が話の最後につけ足す. And then a skeleton popped out.「そしたら骸骨が飛び出してきた」は, ありきたりの話を盛り上げるため, あるいは聞き手の注意を引くためにつけ足す)

❸《口》NAVI ということは; **それでは**, そう言うなら; 《間投詞的に》では, じゃあ, それで (♦ 直前に述べられたことから論理的に導き出されることを述べるときに用いる. 通例文頭・文末に置く) (⇨ THEREFORE 類語) ‖ *Then* how do you explain the bloodstained shirt under your bed? それではあなたのベッドの下の血のついたシャツはどう説明しますか / Shall we meet around 3:30, ~? じゃあ3時30分ごろに会いましょうか

❹《条件や命令の後で接続詞的に》その場合は; そうすれば ‖ If I am late, ~ go on **ahead**. 私が遅れた場合は先に行ってください (♦ if と相関的に用い, if の意味を強調する) / Work hard, ~ you'll succeed. 一生懸命働きなさい, そうすれば成功するでしょう

❺ その上, さらにまた (♦ しばしば and の後で用いる) ‖ She has a part-time job after school, and ~ she has to prepare for an exam tonight. 彼女は放課後アルバイトをしているし, その上今夜は試験勉強をしなければならない

❻《複合語の第1要素として形容詞を作って》当時… ‖ a ~-obscure author 当時無名だった作家 / ~-prevailing exchange rates 当時一般的だった為替レート

and thén sòme それ以上, もっと ‖ I did my best *and ~ some.* 私は自分にできること以上のことをした

thèn and thére ; ***thère and thén*** すぐに, そのときその場で ‖ I made up my mind (right) ~ *and there.* 私はその場で決心した

COMMUNICATIVE EXPRESSIONS

1 Perháps you dìdn't hàve enòugh tìme to prepáre. (**But**) **èven thén**, your presentàtion was áwful. 準備する時間が十分なかったのかもしれないが, それにしても君の発表はひどかったね

2 **But thàt was thén, and thìs is nów.** だがそれはそのときの話で, 今は状況が変わっている

3 He's nò góod at hìding sécrets. **But thèn (agáin)** we could álso sày that he's hónest. 彼は秘密を隠しておくことができない. だが(また)別の言い方をすれば彼は正直だとも言える (♥ 違う言い方に換えるときに)

4 **Nów thèn**, lèt's gèt stárted, shál we? NAVI さて, それでは始めましょうか (♥ 新しい話題や本題に入ることを示す)

5 **Sò thén?** ⇨ so¹ (CE 5)

6 **Whàt thén?** ① その場合[それから]どうなりますか ② そうしたら何だ[どうだ]というのだ

— 形《比較なし》《限定》当時の ‖ the ~ Prime Minister 当時の首相 / my ~ husband 当時の私の夫

— 名 U そのとき (♦ 主に前置詞の目的語として用いる) ‖ before ~ そのとき以前 / by ~ そのときまでには / from ~ on そのとき以来 / since ~ そのとき以来 / until ~ そのときまで(ずっと)

thence /ðens/ 副 ❶《堅》そこから ❷《堅》それがもとで; それゆえ ❸《古》そのときから

thènce·fórth 副《古》《堅》そのときから, それ以来

thènce·fórward 副 =thenceforth

The·o /θíːoʊ/ 名 シーオー (Theodore の愛称)

theo- 連結形「神(々) god(s)」の意 (♦ 母音の前では the- /θiː-/) ‖ *theo*logy, *the*ism

the·oc·ra·cy /θiá(ː)krəsi | -ɔ́k-/ 名 (複 **-cies** /-z/) ❶ U 神政[神権]政治; 聖職政体 ❷ C 神政国家 ❸《the T-》(古代イスラエルの)神政政治(時代)

the·o·crat /θíːəkræt/ 名 C 神政政治家; 神政主義者

the·o·crat·ic /θìː(ː)əkrǽṭɪk/ ⟨シ⟩ 形 神政主義の

the·od·o·lite /θiá(ː)dəlàɪt | -ɔ́d-/ 名 C《測量》経緯儀

The·o·do·si·us /θìːədóʊʃəs | -si-/ 名 ～ I テオドシウス1世 (ローマ帝国皇帝 (379–395). 通称 Theodosius the Great. 本名は Flavius Theodosius)

theol. 略 theological, theology

*__the·o·lo·gian__ /θìːəlóʊdʒiən/ 名 C 神学者

the·o·log·i·cal /θìːəlá(ː)dʒɪkəl | -lɔ́dʒ-/ ⟨シ⟩ 形 神学の[に関する]; 宗教学の; 神の啓示に基づく ‖ ~ virtues キリスト教基本徳目 (faith, hope, charity)

~·ly 副

▸▸ **~ séminary** 《米》[《英》**~ cóllege**] 名 C 神学校

*__the·ol·o·gy__ /θiá(ː)lədʒi | -ɔ́l-/ 名 (複 **-gies** /-z/) ❶ U 神学 ❷ U C (特定の宗教・宗派の)神学体系, 教理

語源 *theo-* god + *-logy* (「学」「論」を表す名詞語尾): 神に関する学問

the·o·rem /θíːərəm | θíərəm/ 名 C ❶《数・論》定理; (公式・等式で表した)法則 ❷ (一般)原理; 定説

*__the·o·ret·i·cal__ /θìːəréṭɪkəl, θìː-/, **-ret·ic** /-réṭɪk/ ⟨シ⟩ 形《通例限定》❶ 理論(上)の, 理論に基づく, (純)理論的な (↔ practical) ‖ a ~ physicist 理論物理学者 ❷ 仮説の, 空論的な

*__the·o·ret·i·cal·ly__ /θìːəréṭɪkəli, θìː-/ ⟨シ⟩ 副 ❶ 理論的に ❷《文修飾》理論上は, 理論的に言えば

the·o·re·ti·cian /θìːərətíʃən, θìː-/ 名 C (特に科学・芸術などの)理論家

the·o·ret·ics /θìːəréṭɪks, θìː-/ 名 U (科学・芸術に関する)理論(的部分), 原理

***the·o·rist** /θíːərəst, θíː-|θíərɪst/ 名 C 理論家

the·o·rize /θíːəràɪz, θíː-/ 動 自 〈…について〉理論づける, 学説を立てる〈**about, on**〉 ━他 …を理論づける；〈…という〉理論[学説]を立てる〈**that** 節〉
thè·o·ri·zá·tion 名 U 理論化 **-rìz·ing** 名

the·o·ry /θíːəri, θíː-/

━名 (複 **-ries** /-z/) ❶ C **理論, 学説**；(推測的な)説, 仮説 ‖ the Freudian *theories* フロイト学説 / a cyclical 〜 of history 歴史循環説
❷ C U (科学・技術などの, 実践に対する)**理論**, 原理(↔ practice)；(学問の) 理論, 学理；理屈 ‖ The plan sounds perfect **in** [×on] 〜, but will it work in practice? その計画は理論上は完璧(かんぺき)のようだが, 実行となるとうまくいくだろうか / the 〜 and practice of language teaching 言語教授の理論と実践
❸ C (個人的な)意見, 考え；〈…という〉推測, 憶測〈**that** 節〉‖ He has a 〜 *that* yoga is the most effective way of coping with stress. 彼はストレスを解消するにはヨガがいちばん効果的だと考えている
❹ U 〚数〛…論 ‖ the probability 〜 確率論

the·os·o·phy /θiá(ː)səfi|-ɔ́s-/ 名 ❶ U C 〚哲〛神智論《神性への神秘的洞察に基づく宗教的哲学》❷ 《T-》U 神智学《1875年に米国で創設された宗教結社神智学協会の教義》
-pher, -phist 名 C 神知論者 **thè·o·sóph·i·cal** 〈シ〉形 神知論の

the·o·ter·ror·ism /θìːoutérərìzm, θìːə-/ 名 U 宗教に起因する[を利用した]テロ行為

ther·a·peu·tic /θèrəpjúːṭɪk/, **-ti·cal** /-ṭɪkəl/ 〈シ〉形 ❶ 《通例限定》治療の[に関する], 治療力のある；健康保護のための ‖ the 〜 community (薬物中毒患者などの) 集団治療所 / a 〜 index 治療指数《薬剤の有効治療量と確実致死量との比率》❷くつろいだ気分にさせる, 気分を落ち着かせる **-ti·cal·ly** 副

ther·a·peu·tics /θèrəpjúːṭɪks/ 名 U 治療学[術]

ther·a·peu·tist /θèrəpjúːṭəst|-tɪst/ 名 C 治療学者

***ther·a·pist** /θérəpɪst/ 名 C ❶ セラピスト, 治療士 ‖ a speech 〜 言語矯正専門家 ❷ =psychotherapist

***ther·a·py** /θérəpi/ 名 (複 **-pies** /-z/) ❶ U C 《しばしば複合語で》治療, 療法(♦特に薬や手術によらないもの) ‖ have 〜 治療を受ける / speech 〜 話し方の矯正 ❷ U 心理療法 ‖ He is in 〜. 彼は心理療法を受けている

Ther·a·va·da /θèrəvɑ́(ː)də/ 名 (=〜 **Búddhism**) 上座部仏教, 小乗仏教(Hinayana)

there /ðeər/ 《発音注意》(→ 副 ❻) 副 間

中心義 空間的・心理的に離れた所

━副 《比較なし》❶ 《位置》 **a そこに [で, へ], あそこに [で, へ]** ‖ I'm from Utah. My parents live 〜. 私はユタ州出身で, 両親はそこに住んでいます / Don't just stand 〜! Help me! そこに突っ立ってないで, 手伝ってよ / Who is waving over 〜? あそこで手を振っているのはだれですか(♦over there の方が there だけよりも「向こう側, あちら」の意味が強い) / Ireland? I've always wanted to go 〜. アイルランドだって? 前からずっと行きたいと思っていたんだ (♦×go to there とはいわない) / Are you looking for the bus stop? I'll take you 〜. バス停をお探しですか. 私がそこまで連れて行ってあげましょう
b 《形容詞的に》そこの ‖ Can you pass me that book 〜? その本を取ってくれますか(♦that there book も用いられるが, 正用法と認めない人が多い)
c 《名詞的に》そこ ‖ Put the box in [on, under] 〜. その箱をその中 [上, 下] に置きなさい / How far is it from「〜 to Manhattan [here to 〜]? そこからマンハッタンまで[ここからそこまで]どのくらいの距離ですか / Greg left 〜 yesterday. グレッグは昨日そこをたった
❷ 《論点》**その点で(は)** ‖ I agree with you 〜. その点に関しては君と同じ意見だ / *There* you are wrong. その点で君は間違っている
❸ **a** 《文頭に置き, 人の注意を引いて》ほら(♦(1) There に強勢を置く. (2)「There＋動詞＋名詞」と「There＋人称代名詞＋動詞」の語順の違いに注意. (3) 動詞は be, go, come などが多い) ‖ *There* he comes! ほら, 彼がやって来る(♦×There comes he! とはいわない) / *There* goes the bus! ほら, バスが行く / *There's* Kimura. ほら, 木村君だ
b 《Hello などの呼びかけの言葉とともに》やあ
❹ 《段階》その段階[点]で, そこの所で ‖ The MC paused 〜 for applause. 司会者はそこでひと息つき拍手を待った
❺ 存在している, 利用可能である ‖ The chance is 〜 in front of you. その機会は君の目の前にあるよ / The car's 〜 if you need it. 車が必要なら使っていいよ / **out** 〜 厳然として[確かに]存在して
❻ /弱 ðər；強 ðeər/ (♦同音語 their, they're) **a** 《There is [are] ... の形で存在を表して》**…がある [いる]** (♦「There＋be 動詞＋主語」の後に通例場所などを表す副詞(句)がくる) ‖ *There*「is a credit card [are some credit cards] in my purse. 財布の中にクレジットカードが1枚 [数枚] ある / *There* must be something wrong with my car. 私の車はどこか調子が悪いに違いない / *There* was an earthquake yesterday. 昨日地震があった / Was 〜 anybody in the house? 家の中にはだれかいましたか / What's (〜) in the box? その箱には何が入っていますか (♦「What is [OR What's] の後の there は省略されることが多い) / *There* was nobody in the house, was 〜? 家の中にはだれもいませんでしたよね / *There* are doctors and doctors. 医者といってもいろいろいます(♦「There are 複数名詞＋and＋複数名詞」の形で「…といってもいろいろいる[ある]」という意味を表す) / *There* is a page missing. 1ページ抜けている / *There* were two people killed in the accident. その事故で2名の死者が出た(♦上記2例では主語の後の現在分詞・過去分詞は補語の働きをする) / *There* are thought to be more than 500 species in the lake. = It is thought that 〜 are .... その湖には500種以上の生物がいると思われている (♦think, believe, say, report, feel などの動詞では there を主語にした受身形が可能) / *There* is a man (who) wants to see you. あなたに会いたいという人がいます(♦「There＋be 動詞＋主語」に続く主格の関係代名詞 who, which, that は《口》では省略が可能) / I don't want 〜 to be any misunderstanding. 誤解はあってほしくない(♦不定詞の主語として) / No one would have dreamed of 〜 being such a place. こんな場所があるとはだれも思わなかっただろう (♦動名詞の主語として) / *There* being no survivors, the exact cause of the accident will never be known. 生存者が一人もいないため, 事故の厳密な原因は絶対に判明しないだろう(♦分詞の主語として)

語法 ☆☆ (1)「There＋be 動詞＋名詞」の構文で, there は文法的・形式的な主語であり, 弱形で発音され,「そこに[へ]」の意味はない. 一方, 名詞は意味上の主語を示す.
(2) There is [are] 構文は,「新情報」を導入するための構文である. したがって意味上の主語になるのはふつう不特定のものを表す名詞(不定冠詞, 数詞, some, any, all, (a) few, (a) little, no などを伴うことが多い), あるいは不定代名詞(someone, nothing など)である. これらの場合に「主語＋be 動詞」の構文を使うのは不自然である. ×A book is on the desk. ではなく There is a book on the desk. という. 特定の事物を表す語(the, this, that や所有格を伴う名詞, 固有名詞など)は原則として There is [are] 構文の意味上の主語に

ならないので，×There is Mt. Aso in Kumamoto Prefecture. や ×There is my [the] pen on the desk. とはいわず Mt. Aso is in Kumamoto Prefecture.（阿蘇山は熊本県にある）や My [The] pen is on the desk.（私の［その］ペンは机の上にある）という．ただし ❶ の意味で Oh, there /ðéər/ is my pen!（あっ，あそこに私のペンがある）とはいえる．
(3) 次のような場合には例外的に，特定のもの［人］を表す語句や the, this を伴った名詞句が There is [are] 構文の意味上の主語になる．
(a) 名詞を列挙する場合．〈例〉"Is there anyone to help you?" "Yes, *there's* Tom, or Harry, or Jim, ..."「手伝いはいるの？」「うん，トムかハリーかジムか…」
(b) 名詞に長い修飾語句がつく場合．〈例〉In a foreign country *there is* the delight of not knowing what one might discover next. 外国に行くと次は何を発見するかわからないという楽しみがある
(c) 物語の初めなどに There was this ... の形で．（⇨ THIS 形 ❹）〈例〉*There* was this woman with short brown hair. 短い茶色の髪の女性がいた
(4) be動詞の人称・数は意味上の主語の人称・数に一致するのが原則だが，《口》では主語が複数でも単数動詞で There's some people in the room. ということがある．また名詞を列挙するときは最初の名詞が単数だとしばしば be動詞も単数になる．〈例〉*There was* a table, two chairs, and some books in the room. 部屋の中にはテーブルが1つ，いすが2つ，そして本が数冊あった
(5) It appears [seems, happens] that there is [OR are] .... は There appear(s) [seem(s), happen(s)] to be .... で書き換えられる．この場合，《口》では単数形の動詞の後に複数形の主語がくることがある．〈例〉*There seem(s)* to be two other reasons for this. これにはほかに2つの理由があるらしい

b 《There＋存在・出現などの動詞＋主語の形で》…が…する ‖ Once upon a time ～ lived a king called Arthur. 昔々アーサーという名の王様がいました / *There* remains much to do. なすべきことがたくさん残っている

語法 ☆☆ (1) この構文の動詞は appear, occur, come, run, remain, arrive, exist, live など「出現・到来・存在・様態」を表す自動詞が多い．
(2) 意味上の主語は原則として不特定のものを表す名詞である（⇨ ❻ **a** 語法 (2)）．
(3) 動作動詞の場合，通例過去時制で用いる．
(4) ❻ **a** と同じく there は弱形で発音され，「そこに［へ］」の意味はない．

be thére ① ⇨ 副 ❺ ② そこにいる（→ CE 2） ③ 目標を成し遂げた状態である ‖ We had hoped to finish the project by now, but we'*re* not ～ yet. そのプロジェクトを今ごろまでには終わらせたかったのですが，まだそこまで至っておりません ④（そばにいて）〈…を〉喜んで助ける気がある〈**for**〉（→ CE 3） ⑤〈…する〉役割になっている〈**to do**〉

nòt àll thére 《口》正気ではない，頭がおかしい

thère agáin その上，あるいは

thère and báck 往復で；《形容詞的に》往復の

＊***thère and thén*** ＝ THEN *and there*

thère ... gò agáin 《口》ほらまた始まった（♥ 批判的に）（→ CE 14 ②） ‖ *There* he *goes again* with his silly jokes. ほらまた始まったよ，彼のくだらない冗談が

Thére is mòre to À thàn B̀. AにはB以外の要素がある ‖ *There is more to* living *than* just eating and sleeping. 生きるとはただ食べて眠るだけのことではない

There is nó dòing .... …することはできない ‖ *There is no* telling what will happen next. 次に何が起こるかわからない

thère or thereabóuts 《場所・数量などを表して》その辺，そのくらい

COMMUNICATIVE EXPRESSIONS

1 **Are we thère yét?** もうすぐ着くの？（♥ 到着が間近か尋ねる．＝Are we almost there?）
2 **Are you thére?** もしもーし（聞こえて［聞いて］いますか）（♥ 電話で）
3 I'll àlways **be thére for you.** 私はいつだってあなたの味方です；常にあなたの力になりますよ
4 **Béen thère, dóne thàt.** 知ってる（から説明しなくていい）よ（♥「経験済みなのでよく知っていて珍しくない」の意）
5 We'll **gét thère.** ①（やがては目標を）達成できますよ；（そのうち）成功しますよ ② それについては後で取り上げます（♥ 現在の問題とは別の話題を出したり，後で説明する予定のことについて質問・言及した人に対して）
6 **Héy** [OR **Óy**]**! Yóu, (over) thère!** ちょっと，そこの人（♥ 人を呼び止めるぶしつけな表現．注意する場合などに）
7 **Is** Kèvin **thére?** ケビンはいますか（♥ 電話の呼び出し）
8 **I've béen thère (befòre).** 私にも経験があります；よくわかりますよ（♥ 同情・共鳴を表す）
9 **Pút it** [OR **'er**] **thère!** ⇨ PUT（CE 4）
10 Óh wèll, **thére gòes** our chànce to convínce him. あーあ，これで彼を説得するチャンスはなくなったな（♥ 好機を逃したときなどの落胆を表す）
11 **Thére it ìs.** ① あった，あった（♥ 捜し物を見つけて） ② ＝CE 13 ③（↓）
12 **Thére we àre.** ＝CE 13 ②，③（↓）
13 **Thére you àre.** ① はい，どうぞ（♥ 物などを手渡したり出したりする際に） ② ほらね，言ったとおりでしょ ③ そういうことだ（からあきらめるしかない）；仕方ないんだ ④ それだけでいいんです；簡単でしょ ⑤ そこにいたの，やっと見つけた
14 **Thére you gò.** ① ＝CE 13 ①，②，③（↑） ② ほらまたそれだ（♥ あまりよくない癖が出たときにあきれて言うくだけた文句．いら立ちなどを表す．しばしば again を伴う） ③ そうだその調子（♥ のみ込みの悪い人がやっとできた際の励まし）

Behind the Scenes **There you go again.** またそれか 1980年の米国大統領選で，候補者 Ronald Reagan が，討論中にさまざまな論点を同じ調子でぶつけてきた現職大統領 Jimmy Carter に対して言ったせりふ．攻め込んできた相手を軽くいなすことに効果的だったこの表現を，Reagan は大統領就任後の記者会見やスピーチ，また1984年の大統領選でも使った（♥ 政治的な文脈に限らず，同じような主張・攻撃・過ちなどを繰り返す相手に対してあきれた気持ちで言う）

15 **Thère you háve it.** ① 確かに；まさにそうなんだ（♥ 強調表現．他人の発言に対して用いると賛同を表す） ② それだけのことです；これで話は全部です（♥ 物事の容易さについて説明した後などに）
16 **Thére's a** ⌈**gòod bòy** [**clèver dòg, etc.**]. ああ，いい子だね（♥ 子供やペットなどに対して）
17 **Thére's** gràtitude **for you.** それが感謝というものだ（♥ しばしば皮肉で「あれで感謝といえるのか」の意）
18 **Whò's thére?** だれですか（♥ ドア越しなど相手の姿が見えないときに用いる質問．＝Who is it?）
19 **You('ve) gót me thère.** ①（返事で）知りません；わかりません ② これはまいった，一本とられた

―間 **そうら**，それ，さあできたぞ，まあまあ，それ見ろ（♦ 満足・同情・励まし・困惑などを表す）‖ *There* now! ほうらごらん / *There*! I've finished my homework. さあ，宿題が終わったぞ / Hi, ～. こんちは

COMMUNICATIVE EXPRESSIONS

20 You'll nèver wín, **sò thére**! あんたなんか絶対勝てないさ，絶対にね（♥ 態度や考えを変える気がないことを示す）
21 **Thére, thère.** まあまあ（♥ なだめ・慰め）

thère·abóut(s) /ˌ--ˈ-/ 副 ❶（場所・時期・数量・程度などについて）その辺りに［で］，その近くで［に］ ❷《通例 or ～ で》およそ，そこら ‖ fifty *or* ～ 50かそこら

＊**thère·áfter** 副《堅》その後は，それ以来 ‖ soon [OR shortly] ～ その後間もなく（して）

thère·át 副《古》《堅》その場所で，そこで；その時（に）；それ

ゆえに

*there·by /ðèərbáɪ/ 《アクセント注意》 副 それによって，その結果… ‖ She got married to an American in 2000, ～ gaining US citizenship. 彼女は2000年にアメリカ人と結婚して，それによりアメリカの市民権を得た

there'd /弱 ðərd；強 ðeərd/ 《口》 ❶ there had の短縮形（♦ had が助動詞の場合）‖ *There'd* been nothing wrong. （その時まで）変わったことは何もなかった ❷ there would の短縮形 ‖ He said ～ be an earthquake. 彼は地震が起きるだろうと言った

⁝there·fore /ðéərfɔ̀ːr/ 《アクセント注意》

—副《比較なし》NAVI **それゆえに**，したがって，その結果（♦ 推論の結果を表す. so より《堅》. so と違って前に文が必要. ⇨ NAVI表現 10, 類語）‖ *I think;* ～ *I am.* 我思う，ゆえに我あり（♦ デカルトの言葉）/ A thermos can be used repeatedly and is ～ easier on the environment. 魔法瓶は繰り返し使うことができ，したがって環境により優しい

類語 **therefore** 前記の理由に必然的に伴う結論を示す.「それゆえに…ということになる」.
hence therefore より格式ばった語で，前記の理由の重要さを強調する.「この理由により…となる」.
accordingly 当然の論理・因果関係によって起こることを述べる.「したがって当然…だ」.
consequently あることの直接の結果として起こることを述べる.「その結果…だ」.
so 上記の4語に代わり得るくだけた語. 厳密な論理的帰結という形ではなく，あることに伴う結果を述べる.「だから［そこで，それで］…だ」.
then 主として条件文に対応する帰結文を導く.「そうならば…だ」.

thère·fróm 副《古》《堅》そこから，それから

thère·ín 副 ❶《古》《堅》そこで［に］，その中で［に］ ❷ その点で［に］‖ *Therein* lies a problem. そこに問題がある

thère·in·áfter 副《古》《堅》（法律文書で）後文に，以下に

there'll /弱 ðərl；強 ðeərl/ 《口》 there will [shall] の短縮形 ‖ *There'll* be no change. 何の変化もないだろう

thère·óf 副《堅》❶ それの，それについて ❷ そういう原因［理由］で，そこ［それ］から

thère·ón 副《堅》その上に；それについて［関して］

*there's /弱 ðərz；強 ðeərz/（♦ 同音語 theirs）《口》❶ there is の短縮形 ‖ *There's* a book on the desk. 机の上に本が1冊ある（♦ /ðərz/）（⇨ THERE 副 ❻a）/ *There's* no business like show business. ショービジネスほど素敵な商売はない / *There's* Tom! あれ，トムだ（♦ /ðeərz/）（⇨ THERE 副 ❸a）/ Oh, ～ my pen! あっ，私のペンだ（♦ /ðeərz/）❷ there has の短縮形（♦ has が助動詞の場合）‖ *There's* been no news about his whereabouts. 彼の居所についてこれまで何の情報もない

The·re·sa /tərí:zə, -sə/ 名 **St.～ (of Avila)** 聖テレジア（1515-82）《スペインの修道女》

thère·tó 副《古》《堅》❶ そこへ，それに ❷ その上，それに加えて

thère·to·fóre 副《古》《堅》それまでは，それ以前は

thère·únder 副《古》《堅》（法律文書などで）以上述べたことに従って［の下に］；その権威の下に

thère·upón 副《堅》❶ そのすぐ後に ❷ その結果として ❸ それに関して

thère·wíth 副《古》《堅》❶ それとともに ❷ その方法［手段］によって ❸ そのすぐ後に

therm /θəːrm/ 名 C サーム《ガスの使用量に用いる熱量単位. 100,000 British thermal units に相当》

therm. 略 thermometer

therm- 連結形 =thermo-

*ther·mal /θə́ːrməl/ 形《通例限定》❶ 熱の，温度の；熱による ‖ a ～ power station 火力発電所 ❷ 保温用の，保温性のよい ‖ ～ underwear 保温［防寒］下着 ❸（地熱で）暖かい，熱い；温泉［温水］の ‖ ～ springs（天然）温泉 —名 C ❶［気象］上昇温暖気流 ❷《～s》保温［防寒］下着 **～·ly** 副

▸▸ **～ capácity** 名 C［理］熱容量 **～ ímage** 名 C 熱画像 **～ ímaging** 名 U 熱画像化（赤外線による画像化） **～ páper** 名 U（感熱式プリンターなどで使う）感熱紙 **～ prínter** 名 C 💻（パソコンなどの）感熱式プリンター **～ reáctor** 名 C［理］熱中性子増殖炉 **～ tíle** 名 C 耐熱タイル（♦ insulating [OR heat-shielding] tile ともいう） **～ ùnit** 名 C［理］熱（計量）単位

ther·mic /θə́ːrmɪk/ 形 =thermal

therm·i·on /θə́ːrmiən/ 名 C［理］熱電子［イオン］

therm·i·on·ic /θə̀ːrmiá(ː)nɪk | -ɔ́n-/ ⦅シ⦆ 形［理］熱電子［イオン］の ‖ a ～ tube［《英》valve］熱電子管

therm·i·on·ics /θə̀ːrmiá(ː)nɪks | -ɔ́n-/ 名 U［理］熱電子［イオン］学

ther·mis·tor /θəːrmístər/ 名 C［電子］サーミスター《温度が変わると著しく電気抵抗が変わる半導体》

ther·mite /θə́ːrmaɪt/ 名 U テルミット《酸化鉄と粉末アルミの混合物. 高熱を発し，溶接や焼夷（しょうい）弾用》

thermo- /θə́ːrmə-, -moʊ-/ 連結形「熱（heat）」の意（♦ 母音の前では therm-）‖ *thermo*stat, *therm*ion

thérmo·còuple 名 C 熱電対（つい）《温度測定用》

thèrmo·dynámic ⦅シ⦆ 形 ❶ 熱力学の ❷ 熱動力で動く［を用いる］；熱を発生する

thèrmo·dynámics 名 U［理］熱力学

thèrmo·eléctric ⦅シ⦆ 形 熱電気の
-eléctrically 副 **-electrícity** 名 U 熱電気

ther·mo·graph /θə́ːrməgræ̀f | -grɑ̀ːf/ 名 C ❶ 自記温度計 ❷［医］サーモグラフ

ther·mog·ra·phy /θəːrmá(ː)grəfi | -mɔ́g-/ 名 U ❶［医］サーモグラフィー，皮膚温測定グラフ ❷［印］隆起印刷
-pher 名 **-mo·gráph·ic** 形

thèrmo·luminéscence 名 U［理］熱ルミネッセンス ‖ ～ dating［考古］熱ルミネッセンス年代測定法
-luminéscent 形

*ther·mom·e·ter /θərmá(ː)məṭər | -mɔ́mɪ-/ 《アクセント注意》名 C 温度計，寒暖計；体温計（clinical thermometer）‖ This morning the ～ fell below freezing. 今朝温度計は氷点下まで下がった / The ～ reads [OR stands at, indicates] 40°C. 温度計はセ氏40度を示している（♦ 40°C は forty degrees centigrade [Celsius] と読む）

ther·mo·met·ric /θə̀ːrməmétrɪk/ 形 温度測定（上）の

ther·mom·e·try /θərmá(ː)mətri | -mɔ́mɪ-/ 名 U 温度測定（学）；検温

thèrmo·núclear ⦅シ⦆ 形［理］熱核（反応）の，核融合の；熱核兵器の，水素爆弾の ‖ a ～ reactor 熱核融合炉

ther·mo·phile /θə́ːrməfàɪl/ 名 C 好熱有機体

ther·mo·pile /θə́ːrməpàɪl/ 名 C［理］熱電対列，サーモパイル《熱電対をいく組か直列に連結した装置. 放射温度計，放射エネルギーを電流に変換するのに用いる》

thèrmo·plástic ⦅シ⦆［化］形 熱可塑性の（↔ thermosetting） —名 C《通例 ～s》熱（可塑性）プラスチック《ポリエチレンなど》

Thér·mos (**bòttle** [《英》**flàsk**]) /θə́ːrməs/ 名 C《しばしば t-》《商標》サーモス《魔法瓶》

thérmo·sètting 形［化］熱硬化性の（↔ thermoplastic）

thérmo·sphère 名《the ～》熱圏，温度圏《地球大気圏の80kmより上で高度に伴って温度が上昇する部分》

ther·mo·stat /θə́ːrməstæ̀t/ 名 C サーモスタット，自動温度調節装置

ther·mo·stat·ic /θə̀ːrməstǽṭɪk/ ⦅シ⦆ 形 自動温度調節（装置）の **-i·cal·ly** 副

the·ro·pod /θíərəpɑ̀(ː)d, -pɔ̀d/ 名 C［古生］獣脚類恐竜《肉食性の2足歩行恐竜. ティラノサウルスなど》

T

the·sau·rus /θɪsɔ́ːrəs/ 名 (複 **~·es** /-ɪz/ OR **-ri** /-raɪ/) C ❶ シソーラス, 分類語彙(ご)辞典, 類義語辞典(⇨ DICTIONARY 類語) ❷ (専門)用語辞典 ❸ 宝庫 ❹ 💻 シソーラス《情報検索用の索引語辞典》

these /ðiːz/ 《this の複数》代 形

—代《指示代名詞》**これら**, これ(♦ 話し手にとって空間的・心理的に近い複数の物・事を指す. ⇨ THOSE) ‖ *These* are all my CDs. これらはみんな私のCDです

—形《指示形容詞》**これらの**, この(→ those) ‖ Ian comforted her with ~ words. イアンはこういった言葉で彼女を慰めた / I have been living in London ~ (past) ten years. ここ10年ロンドンに住んでいる(♦ ... for the last [OR past] ten years の方がふつう) / (in) ~ **days** 近ごろは(♦ in はつけない方がふつう)

The·seus /θíːsiəs, -sjuːs/ 名 〔ギ神〕テセウス《クレタ島の怪物ミノタウロスを退治したアテネ王》

the·sis /θíːsɪs/ 《発音注意》名 (複 **-ses** /-siːz/) C ❶ 〈…に関する〉論文; 学位論文, 卒業論文〈**on**〉‖ write a ~ *on* local dialects 方言に関する論文を書く / a Ph.D. ~ 博士論文 ❷ (討論・作文などの) 主張; 論題 ❸ 〔哲〕命題, 定立, テーゼ ❹ U 〔韻律〕(ギリシャ・ラテン詩の)弱音部[節] ❺ 〔楽〕強拍, 下拍《小節の強部》

thes·pi·an /θéspiən/ 《堅》《戯》形 演劇の, 戯曲の; 悲劇の —名 C (男・女の)俳優

Thess 略 〔聖〕Thessalonians

Thes·sa·lo·ni·ans /θèsəlóʊniənz/ 名 《the ~》《単数扱い》〔聖〕テサロニケ書《新約聖書中の書. 前書・後書の2書. 略 Thess》

the·ta /θéɪṭə, θíː- | θíːtə/ 名 U C シータ《ギリシャ語アルファベットの第8字. Θ, θ. 英語の th に相当》

the·ur·gy /θíːəːrdʒi/ 名 (複 **-gies** /-z/) U C ❶ (新プラトン学派の人たちによって行われた)魔法, 魔術 ❷ 神業, 奇跡 **the·úr·gic** 形 **the·úr·gi·cal** 形 奇跡の; 魔術の **-gist** 名 C 魔法使い; 奇跡を行う人

PLANET BOARD 81

someone をさす代名詞は he か they か.

問題設定 性別が不明な someone をさす代名詞として, he [his, him] のかわりに they [their, them] を使うことがある. 実際の使用率を調査した.

Q 次の表現のどちらを使いますか.

(a) Someone forgot **his** umbrella.
(b) Someone forgot **their** umbrella.
(c) 両方
(d) どちらも使わない

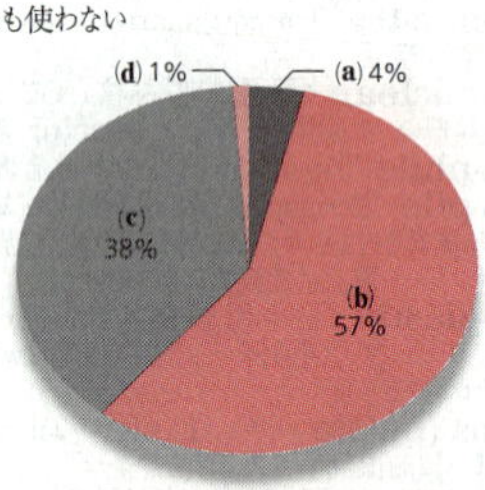

(b) の their のみを使うという人が半数以上で最も多く, 両方使うという人も4割弱いた. (a) の his のみを使うという人はきわめて少なかった.

性差のない表現として (b) が適切という意見が多い. 両方使うと答えた人の多くも「his を使うのは someone が明らかに男性とわかる場合である」としている.

学習者への指針 性別が不明な場合, someone は they [their, them] でさすのが一般的である.

they /ðeɪ/ 《発音注意》(→ they're)

—代《三人称・複数・主格の人称代名詞》(所有格 **their**; 目的格 **them**; 再帰代名詞 **themselves**) (単数 **he, she, it**) ❶ **彼[彼女]らは[が], それらは[が]** ‖ He has four sons. *They*'re all doctors. 彼には息子が4人いる. 彼らはみんな医者だ / "Whose shoes are these?" "*They* are mine." 「これはだれの靴ですか」「私のです」

❷ (一般の) **人々は[が]**, (話し手・聞き手を除く) みんなは[が], その筋では, そこの人は[が], 当局は[が] (♦ ふつう日本語に訳す必要はない)(⇨ WE 語法) ‖ *They* say that he can play that piano concerto, but no one is really sure. 彼はそのピアノ協奏曲が弾けるという話だが, だれも確信しているわけではない / In Mexico ~ speak Spanish. メキシコでは (人々は) スペイン語を話す / *They* sell good shoes at that store. あの店ではよい靴を売っている / *They* have raised the fees. 当局は料金を上げた

❸ 《anybody, everybody などの不定代名詞や any [every] +名詞を受けて》《口》(その) 人(たち)は[が], それ(ら)は[が] (⇨ PB 81) ‖ No one means what ~ say when ~ pay compliments. お世辞を言うときにはだれも本気で言っている人はいない / "Which bus do I have to catch?" "Any bus. *They* all go to the station." 「どのバスに乗らなくてはいけないの」「どれでも. みんな駅まで行くよ」

they'd /ðeɪd/ 《口》❶ they would の短縮形 ‖ He said ~ ring again later. 彼らはまた電話するだろうと彼は言った ❷ they had の短縮形 (♦ had が助動詞の場合) ‖ *They'd* already been there when I arrived. 到着したとき彼らはすでにそこにいた / They said ~ lived there for ten years. 彼らはそこに10年住んでいると言った

they'll /ðeɪl/ 《口》they will [shall] の短縮形 ‖ *They'll* be forgotten in a short time, won't they? それらのことはじきに忘れられるだろうね

they're /ðeər/ (♦ 同音語 their, there)《口》they are の短縮形 ‖ *They're* all (so) nice to me. 彼らはみんな私に親切です / *They're* waiting for me. 彼らは私を待っている

they've /ðeɪv/ 《口》they have の短縮形 (♦ have が助動詞の場合) ‖ That is the biggest statue ~ ever seen. それは彼らが今まで見た中でいちばん大きな像だ / *They've* lived here for over 10 years. 彼らは10年以上ここに住んでいる

thi·a·mine /θáɪəmìːn, -mɪn/, **-min** /-mɪn/ 名 U 〔生化〕サイアミン《ビタミン B_1》

thick /θɪk/ 形 副 名

中心義 **幅や密度が大きい**

形 厚い❶ 太い❷ 密な❸ 濃い❺❻

—形 (▶ thicken 動) (**~·er**; **~·est**)

❶ **厚い**, 厚みのある(↔ thin); (数量名詞の後で)厚さ…の ‖ a ~ slice of bread 厚切りのパン / ~ lips 厚い唇 / a ~ wallet ぶ厚い札入れ / a ~ spread of jam 厚く塗ったジャム / How ~ is the board? 板の厚さはどれくらいありますか / The wall is five inches ~. その壁は5インチの厚さだ

❷ **太い**; ずんぐりした; (書体・活字などが)肉太の(↔ thin) ‖ a ~ neck [wire cable] 太い首[鋼索]

❸ **密な**, ぎっしり詰まった; (髪などが)豊かな; (植物などが)生い茂った(↔ thin); 込み合った ‖ a ~ forest 密林 / ~ hair ふさふさした髪 / a ~ crowd 密集した群衆

❹ 《叙述》〈…で〉いっぱいの, 厚く覆われた (↔ empty) 〈**with**〉‖ The floor was ~ *with* litter. 床はごみだらけだった / air ~ *with* tobacco smoke たばこの煙でよどんだ空気

❺ (液体などが)**濃い**, 濃厚な, どろどろした; 濁った(⇨ 類語P) ‖ ~ soup とろみのあるスープ(♦ ポタージュなど)
❻ (霧・煙などが)**濃い**, 深い(⇨ 類語P); (天気が)霧のかかった, 曇った; (空気などが)よどんだ, 重苦しい ‖ a ~ morning fog 深い朝霧 / a ~ cloud 厚い雲 / a ~ odor of perfume 香水のきついにおい ❼ (闇(やみ)・夜などが)深い, 濃い ‖ (a) ~ silence 深い静寂 / the ~ shadow of night 夜の厚いとばり ❽ (声・音などが) 〈…の理由で〉しわがれた, こもった; 不明瞭(ふめいりょう)な(↔ clear) 〈**with**〉 ‖ His voice was ~ *with* emotion. 彼の声は感情が高まってかすれていた ❾ 《ときにけなして》(なまりなどが)強い, 目立つ ‖ speak with a ~ Irish accent 強いアイルランドなまりで話す ❿ (病気・二日酔いで)(頭が)ぼんやりした ‖ have a ~ head 頭がぼうっとしている ⓫ ⊗《口》《蔑》頭の鈍い, 愚鈍な ‖ He's ~ about this sort of thing. 彼はこういうことには鈍感だ ⓬ 《叙述》《口》〈…と〉仲がよい, 親密な 〈**with**〉 ‖ Those two are very ~ *with* each other. あの2人はとても仲がよい ⓭ 《叙述》《口》ひどすぎる, 我慢できない, たまらない(♦ 通例 a bit, rather などを伴う)
(*as*) ***thick as thieves*** 《口》⇨ THIEF(成句)
(*as*) ***thick as two*** (***short***) ***planks*** ⇨ PLANK(成句)
get [***give a person***] ***a thick ear*** 《英口》⇨ EAR¹(成句)
have (***a***) ***thick skin*** ⇨ SKIN(成句)
—副 (**~·er** ; **~·est**)
❶ 厚く; 濃く; 密に, びっしり; しきりに ‖ spread butter nice and ~ バターをこってり厚く塗る
❷ 不明瞭な声で; だみ声で
lay [OR ***spread***] ***it on thick*** ⇨ LAY¹(成句)
thìck and fást 次から次へと, しきりに, どんどん
—名 《通例 the ~》最も密集した部分; 最も厚い[太い]部分 ‖ the ~ of the traffic 交通のいちばん激しい所 / the ~ of the thumb 親指のいちばん太い所
****in the thíck of ...*** (活動など)の真っ最中に; …に深くかかわって ‖ *in the* ~ *of* a fight 戦いの真っ最中に
****through thìck and thín*** よいときも悪いときも, いかなるときも ‖ I will back you up *through* ~ *and thin*. どんなときもあなたを支持します

濃い	**strong** (↔weak)	茶・コーヒー	
	thick (↔thin)	スープ・血・オイル (どろっとした液体)	
		毛・髪・ひげ・まゆ毛	
	dense (↔thin)	霧	
	deep (↔light)	色・色調	鮮やかで強い
	dark (↔light)		暗さの強い

♦ 霧の濃さには dense のほか thick も用いられる.
♦「濃い」の意で heavy が用いられることもある. 特にひげ(beard)が垂れ下がる感じになると, heavy が用いられる. また, 化粧が濃いのも heavy という.

***thick·en** /θíkən/ 動 〔◁ thick 形〕 他 ❶ …を厚く[太く]する ❷ 〔液体〕を〈…で〉濃くする 〈**with**〉 ‖ ~ gravy *with* flour 小麦粉で肉汁にとろみをつける ❸ …を密にする ❹ 〔話など〕を複雑にする; 〔言葉など〕を不明瞭に話す
—自 ❶ 厚く[太く]なる ❷ (液体が)濃くなる; (霧などが)深くなる ❸ 密になる, 密集する ❹ 複雑になる; (言葉などが)不明瞭になる ‖ The plot ~*s*. 話(の筋)が込み入ってきた
~·er 名 C U 厚く[濃く, 太く]するもの; 濃縮剤
thick·en·ing /θíkənɪŋ/ 名 ❶ U 濃厚に[太く, 厚く]すること ❷ C 厚い[太い]部分 ❸ C 濃縮させるもの
—形 厚く[濃く, 密に]なる
***thick·et** /θíkɪt/ 名 C ❶ 低木の茂み, 小やぶ ❷ 込み入った[複雑な]もの
thíck·hèad 名 C 《口》頭の鈍い人, ばか
thíck·hèaded 形 ❶ 頭の鈍い ❷ (酔いなどで)頭がぼうっとした

thick·ly /θíkli/ 副 ❶ 厚く, 太く; 濃く, 密に, ぎっしりと; おびただしく ❷ 不明瞭に, だみ声で
thick·ness /θíknəs/ 名 ❶ U C 厚いこと, 厚さ; 太いこと, 太さ ❷ 《通例 the ~》厚い[太い]部分 ❸ C 層, 重ね; (一定の厚さの) 1枚 ‖ two ~*es* of cardboard 2枚重ねのボール紙 ❹ U 濃密(度); 密集; (霧などの)深さ, (空気などの)汚れ ❺ U (言葉の)不明瞭; 愚鈍
thick·o /θíkoʊ/ 名 (複 **~s** /-z/) C 《英口》= thickhead
thìck·sét ◁ 形 ❶ (体格などが) がっしり[ずんぐり]した ❷ 密生した, 生い茂った
thìck-skínned ◁ 形 皮膚が厚い; (非難・侮辱などに対して)無神経な, 鈍感な; 神経の太い
thìck-skúlled [**-wítted**] 形 ⊗《蔑》頭の鈍い
***thief** /θi:f/ 名 〔▶ thieve 動〕 (複 **thieves** /θi:vz/) C 泥棒, こそ泥, 盗人(⇨ 類語) ‖ a car ~ 自動車泥棒 / like a ~ in the night (夜盗のように)こっそりと / *Set a ~ to catch a ~.* 《諺》泥棒は泥棒に捕まえさせよ; 蛇(じゃ)の道は蛇(へび)
*(*as*) ***thick as thíeves*** 《口》 (何かをたくらんでいるかのように)非常に親密で

類語 **thief** (暴力を用いないで)こっそり金品を盗む人, 泥棒(「盗む」という動詞は steal, 盗む行為を表す名詞は theft).
robber 暴力や脅しで金品を奪い取る人, 強盗 (→ robbery).
burglar 家や建物に押し入り (ふつう住人との対面を避けて)金品を盗む泥棒. housebreaker ともいう.
mugger 辻強盗. 路上で (しばしばナイフ・ピストルを用いて)金を脅し取る強盗.

thieve /θi:v/ 動 〔◁ thief 名〕 自 盗みを働く —他 …を盗む
thiev·er·y /θí:vəri/ 名 U 盗み, 窃盗(theft)
thiev·ing /θí:vɪŋ/ 名 U 盗むこと, 窃盗
—形 《限定》盗癖のある
thiev·ish /θí:vɪʃ/ 形 ❶ 盗癖のある ❷ こそこそする **~·ly** 副 **~·ness** 名
***thigh** /θaɪ/ 名 C (人間の)もも, 大腿(だいたい)部(→ body 図); (動物の後肢・鳥などの)もも; (昆虫の)腿節

thimble

thígh·bòne 名 C 大腿骨
thim·ble /θímbl/ 名 C (裁縫用の) 指ぬき, シンブル; 金属筒; 《海》はめ輪
thim·ble·ful /θímblfʊ̀l/ 名 C 〈酒などの〉少量 〈**of**〉
thímble·rìg 名 U 指ぬき手品, カップアンドボール《カップとボールを使うテーブルマジック》; C 《米》指ぬき手品師
—動 (**-rigged** /-d/ ; **-rig·ging**) 他 …を指ぬき手品でだます; …をぺてんにかける **~·ger** 名 C いかさま師
Thim·phu /θímpu:, tɪ́m-/, **-bu** /-bu:/ 名 ティンプー《ブータンの首都》
‡**thin** /θɪn/ 中心義 幅や密度が小さい

形 **薄い**❶❻ **細い**❷ **やせた**❸ **まばらな**❺

—形 (**thin·ner** ; **thin·nest**)
❶ (厚さが) **薄い** (↔ thick) (⇨ THICK 類語P) ‖ a ~ slice of bread 薄切りのパン / ~ summer clothes 薄い夏服
❷ (綱・棒などが)**細い**, 細長い; (書体・活字などが)肉細の (↔ thick) ‖ ~ wire 細い針金
❸ **やせた** (↔ fat) (⇨ 類語) ‖ The patient became *thinner* and *thinner* every day. 患者は日ごとにやせ細っていった / ~ lips 薄い唇
❹ (利益・商いなどが) 少ない, 薄い ‖ ~ profits 少ない利益
❺ (人・物が)密でない, **まばらな**; (動植物が)散在する; (髪などが) 薄い(↔ thick) ‖ a ~ meeting 人のまばらな集会 / ~ beard 薄いひげ / ~ hair 薄毛
❻ (液体などが)さらさらした; **薄い**, 水っぽい; (酒などが)こくのない; (気体などが) 希薄な (↔ thick) ‖ ~ soup 薄いスープ / ~ wine 水っぽいワイン / a ~ mist 薄いもや

❼ 内容のない，浅薄な；説得力のない (↔ convincing) ‖ a ～ excuse 見えすいた言い訳 / a novel with ～ plot 薄っぺらな筋立ての小説 / a ～ disguise すぐにばれる変装[ごまかし] ❽ (音・声などが)弱い，か細い；(色彩・光線などが) 薄い，弱い，淡い；〘写〙コントラストの乏しい ‖ a ～ voice か細い声 / a ～ smile かすかなほほ笑み / ～ October sunlight 10月の淡い陽光

be thin on the ground ⇨ GROUND[1](成句)

hàve a thìn tíme (***of it***) 《口》(金などに困って) 惨めな思いをする，物事がうまくいかない

into thin air ⇨ AIR(成句)

on thin ice ⇨ ICE(成句)

「***òut of*** [OR ***from***] ***thìn áir*** 突然，どこからもなく

thin on top 頭のてっぺんが薄くなって

━副 (**thin·ner ; thin·nest**)

薄く(thinly)；まばらに ‖ cut bread ～ パンを薄く切る

━動 (**～s** /-z/ ; **thinned** /-d/ ; **thin·ning**)

━自 まばらになる，減少する《***out***》；やせる；(液体などが) 薄くなる《***down***》；薄く[細く]なる ‖ My father's hair is *thinning.* 父の頭髪は薄くなりつつある / The traffic [crowd] has *thinned out.* 交通[群集]はまばらになった / He has *thinned down* a lot. 彼は相当やせてしまった

━他 …をまばらにする，減少させる；〔苗など〕を間引く《***out***》；…をやせさせる；〔液体など〕を薄める《***down***》；…を薄く[細く]する ‖ The soup is too thick, so add more water to ～ it *down.* スープが濃すぎるからもっと水を入れて薄めなさい / ～ *out* the flowers 花を間引く

～·ness 名

類語 《形 ❸》 **thin** 「やせた」の意では一般的な語だが，褒め言葉としては用いない.〈例〉Girls like looking *thin.* 女の子はやせて見えることを好む

slim よい感じにやせている意味をはっきり表す一般語で「(しなやかで)ほっそりとした」.

slender 「ほっそりした」の意だが，均整のとれた優美さのニュアンスが強められる.〈例〉a *slender* and graceful figure すらりとして優雅な容姿

skinny, scrawny 「がりがりにやせた」の意で口語的.

underweight 重量不足で「やせすぎの」.

delicate 柔らかさと弱さを感じさせる語.

lean 「脂肪がなく(健康的に)やせている」.〈例〉a *lean* dancer (締まった体の)細身のダンサー

▸▸**～ clíent** 名 C 💻 シンクライアント《ほとんどの処理をサーバー側で行うため機能を絞ったクライアント端末》

thine /ðaɪn/ 代《古》thou[1]の所有代名詞 [所有格] ❶ 汝(なんじ)のもの ❷ 汝の (thy) (♦ 母音で始まる語の前で thy の代わりに用いる)

thing /θɪŋ/

中心義 **物や事**(★具体的な対象も抽象的な対象も表す)

名 物❶ 事❷❸ 持ち物❻ 事情❾

━名 (複 **～s** /-z/) C ❶ **物**，物体；何か(あるもの)(♦ 具体的な明示を避ける場合に用いる) ‖ The baby was fiddling with ～*s* on the desk. 赤ん坊は机の上のものをいじくっていた / What's that ～ over there? 向こうにあるものは何ですか / There are lots of ～*s* to see in Rome. ローマには見どころがたくさんある / I didn't have a ～ to wear. 私には着るものが何もなかった / Throw that ～ away! そんなものさっさと始末しろ

❷ **事**，事柄；点；性質，特質；項目；問題；話題 ‖ For us the most important ～ is to have a dream. 我々にとって最も重要なことは夢を持つことだ / amount [OR come] to the same ～ 結局同じことになる / I don't know even the simplest ～ about cricket. クリケットについては最も単純なことさえ知らない / The ～ I like about Sam is his sense of humor. サムのことが気に入っているのは彼はユーモアがわかるからです / That is quite another ～. それは全く別のこと[問題]だ

❸ 〈…すべき〉**事**，行為，仕事，用事〈**to *do***〉；出来事，事実 ‖ I have several ～*s to* do today. 今日はやることがいくつかある / Dad liked to do the carpenter ～. パパは大工仕事をするのが好きだった / When is this wedding ～ happening? この結婚とやらはいつなの / The hurricane was a terrible ～. そのハリケーンは恐ろしい出来事だった

❹ 意見，考え；言葉，言いたいこと；情報，ニュース ‖ He feels he has to say ～*s.* 彼は何か言わなくてはならないと感じている / What sort of ～ did you have in mind? 君はどんなことを考えていたの / It's the only ～ I can think of. 私が思いつくのはそれだけだ

❺ 《通例形容詞を伴って》人，やつ(♥ 愛情・軽蔑・哀れみなどを込めて，通例女性や子供などに使う)；生き物，動物 ‖ His daughter is a pretty little ～. 彼の娘はかわいい子だ / Poor ～! Her husband was killed in a car accident. かわいそうに，彼女は夫を交通事故で亡くしたんだ / You silly ～! この愚か者めが / all living ～*s* on earth この世のすべての生き物

❻ 《one's ～s》**持ち物**，身の回り品；着るもの，衣服(♦ 特にコート・帽子など上に着るもの) ‖ I have left my ～*s* in the car. 車の中に荷物を置いてきてしまった / My wife got our summer ～*s* out. 妻は夏物衣料を取り出した / Put your ～*s* on and get out. 着るものを着てさっさと出て行ってくれ / pack one's ～*s* 荷物を詰める

❼ 《～s》道具，用具，食器 ‖ They were very much interested in Japanese tea ～*s.* 彼らは日本の茶道具にとても興味があった / tennis ～*s* テニス用品 / clear the breakfast ～*s* away 朝食の食器類を片づける

❽ 《a ～》《否定文で》何も(anything) ‖ I haven't eaten a ～ since yesterday. 昨日から何も食べていない

❾ 《～s》**事情**，事態，状況；物事(一般)，(世間の)事柄 ‖ *Things* are getting better. 事態は好転しつつある (→ CE 27) / It was thrilling to watch ～*s* progress. 事態の進展を見守るのはわくわくすることだった / the present state of ～*s* 現状，現況 / take ～*s* easy 気楽に構える，のんきにやる(♦ take it easy ともいう) / as [OR the way] ～*s* are [OR stand] 目下の情勢では，現状では

❿ 《～s》風物，文物，事物 (♦ 形容詞を後に置く) ‖ Mr. Hughes has been studying ～*s* Japanese. ヒューズさんは日本の風物を研究してきた / feel nostalgic for ～*s* long past とうの昔に過ぎ去ったことに郷愁を感じる

⓫ 《the ～》大事[必要]なもの，望ましいこと；要点，当面の問題；目標 ‖ Enthusiasm is the ～. 熱意こそが大切だ / (The) ～ is, is he going to help us? 問題は彼が力を貸してくれるかどうかだ

⓬ 《one's ～》《口》関心事，特に興味のあるもの；いちばん好きな [合っている] こと ‖ He's making a lot of money. That's just his ～. 彼は大金を稼いでいる，それこそ彼の一番の関心事なのだ / Cooking's not really my ～. 実は料理には関心がないんです ⓭ 《the ～》《口》(行動・発言などの) 適切なもの；(服装などの) 流行 (のもの [品]) ‖ That was not the ～ to say. それは言うべきことではなかった / Rock'n'roll was then the ～. ロックンロールが当時流行していた ⓮ 《a ～》やや異常な好み [嫌悪，恐怖](の対象)，こだわり〈**about** …についての；**for** …に対する〉‖ I have a ～ *for* coffee and chocolate. 私はコーヒーとチョコレートには目がない ⓯ 《～s》〘法〙財産，物件，所有物 ‖ ～*s* personal [real] 動産[不動産] ⓰ 〘哲〙(言葉・象徴などに対する)(事物の)実体，実在

àll thìngs consídered NAVI あれこれ考えて，結局 ‖ *All ～s considered,* I decided to move. あれこれ考えた結果，引っ越すと決めた

and thìngs (***like thát***) 《口》…など ‖ belts and bracelets *and ～s* ベルトやブレスレットなど

be àll thìngs to àll mén [OR ***péople***] すべての人に満足感を与えられる；どの人にも適切に対応する

be nò bàd thíng かえってよい[好都合だ]
be on to a good thing 《口》うまいもうけ口にありついている
dò one's own thíng 《口》自分の好きなことを[好きなように]する(→ CE 30)
dò thíngs to ... 《口》…に大きな影響を及ぼす
for óne thing NAVI 1つには(♥ 理由の列挙. ⇨ NAVI表現 2, → CE 6)
hèar thíngs 《通例進行形で》幻聴を聞く
knòw a thìng or twó 《口》〈…を〉よく知っている, いろいろ経験している〈**about**〉
last thing (***at night***) ⇨ LAST[1] 形 (成句)
màke a (***bìg***) ***thíng of*** [OR ***òut of, about***] ***...*** …を大げさに考えすぎる, …で大騒ぎする
màke a gòod thíng (***òut***) ***of ...*** …でもうける, …をうまく利用する
of áll thìngs 事もあろうに, よりによって(♥ 驚き・憤慨などを表す. 人の場合は of all people という) ‖ She selected the most expensive bag in the store, *of all ~s.* よりによって彼女は店にあるいちばん高価なバッグを選んだ
òne thìng and anóther 《口》あれこれのこと ‖ I'd meant to visit him in the hospital but what with *one ~ and another,* I never got there. 病院に彼を見舞いに行こうと思っていたのだが, あれやこれやでとうとう行かずじまいだった
òther [***àll***] ***thìngs being équal*** ほかの[すべての]条件が同じならば[だとして]
quìte the thíng ① 流行のもの, 人気が集中しているもの ② 《否定文で》《旧》当を得た行為;健康[正常]な状態
sèe thíngs 《通例進行形で》幻を見る, 幻覚を起こす ‖ You're reading! I must be *seeing ~s.* 君が読書をしてるなんて, 私は幻を見ているに違いない
tèll a pèrson a thìng or twó 《口》〔人〕にいろいろ話して聞かせる;〔人〕に小言を言う
the best [OR ***greatest***] ***thing since sliced bread*** 《口》 ⇨ BREAD(成句)
(***the***) ***first thing*** ⇨ FIRST 形 (成句)

COMMUNICATIVE EXPRESSIONS

1 **And there is anòther thíng.** NAVI それからもう1つ(言いたいことが)あります(♥ 意見を付け加える際の前置き. =Just one other thing./ Another thing is ..../ There is something to add to this [that].)
2 **(Are) thìngs gètting you dówn?** うまくいってないの?;どうしたの?(♥ 元気のない相手に向かって)
3 I **don't knòw the first thíng about** antìque fúrniture. 骨董(こっとう)家具のことなんて何一つ知りません
4 **Dòn't wòrry about a thíng.** 何も心配はいらないよ
5 **First thìngs fírst.** まずやらなきゃいけないことからやろう;物事には優先順位がある(♥ 作業に取りかかる際に「まずはこれから」の意で)
6 I cán't becòme a dóctor. **For óne thìng,** I'm afràid of blóod. **For anóther (thìng),** I càn't affórd médical schòol. NAVI 私は医者にはなれないよ. 血が怖いし, 医学部に行くお金の余裕もないし(♥ 理由の列挙. ⇨ NAVI表現 3)
7 **Hòw are thíngs (with you)?** どう, 元気かい
8 **Ìsn't he [she] the swèetest thíng!** まあ, 何てかわいいんでしょう(♥ 赤ちゃんや小さな子供を褒める)
9 **It's a hàrbinger** [OR **sìgn, pòrtent**] **of thìngs to cóme.** これから起こることの前兆だ(♥(悪い)予感)
10 **It's jùst òne of thòse thíngs.** まあ, そういうこともあるさ;仕方ないよ(♥ 悪い状況を肯定的にとらえる)
11 **It's (jùst) óne thìng after anóther.** 次々といろいろあって大変なんだ;全く踏んだりけったりだ
12 **I've been hèaring sòme góod thìngs about you.** 君についてはいろいろとよいうわさを聞いてるよ
13 **I've gòt thíngs to dò.** 私にはやらなければならないことがあるんだ;忙しいんだ(♥ 用事・使命など)
14 That's **jùst the thìng** we néeded. それこそまさしく私たちが必要としていたものだ
15 **(Nòw) thére's a thìng.** そうか, そういうこともあるな(♥ 見落としていたことを思いついた[指摘された]ときに)
16 **Òne fìnal thíng:** dòn't forgèt to cóntact the ágent. NAVI 最後に一言, 代理店に連絡するのを忘れないでください(=One final word, ... / =One more thing, ...)
17 It's **óne thìng** to be cáreful, **(and)** it's **(quìte) anóther (thìng)** to be tímid. 注意深いこととおく病であることは別のことだ
18 **Óne thìng I would lìke to màke cléar is that** our inténtion is to hélp you. ひとつはっきりさせておきたいのはあなたを助けることが我々の意図だということです
19 **Óne thìng lèd to anóther and** he quìt the jób. いろいろあって(結局)彼は仕事を辞めた(♥ 因果関係の詳細を省略して述べる)
20 My són is ìnterested in ròck and púnk and **thát sòrt** [OR **kìnd**] **of thìng.** うちの息子はロックだのパンクだのそんなようなことに興味を持っている
21 I nèed to gèt **thàt** líght bùlb **thìng.** あの電球みたいなものを手に入れなきゃいけないんだ(♥ 正確な名称がわからない品物を「そんな感じのもの」と漠然と表す表現)
22 **Thát's a dìfferent thíng.** それは別の話だ(♥ 関係のない話・関連づけるべきではない事柄を持ち出した相手の発言を却下する)
23 **Thàt's óne thìng I cán't dò ánything about.** それだけは私にはどうにもならない(♥ 対処のしようがないときっぱりと断る)
24 **The thìng with** his ácting **is that** it's sòmetimes tòo exággerated. 彼の演技の問題はときどき大げさすぎることだ(♥ 問題点・留意点などを取り上げる)
25 **Thère's ònly óne thìng for it.** そのことに対してとるべき行動は1つしかない;解決法はこれしかない
26 **Thìngs hàven't been éasy.** いろいろと大変だったものでね(♥ 苦労が続いたことを述べる)
27 **Thíngs will gèt bétter.** そのうち(事態は)よくなるさ(♥ 望ましくない状況にいる人への励まし)
28 **(Wèll,) thàt's the thíng.** そう, それなんだよ(問題は)(♥ 重要な問題点などを指摘されたときに)
29 **(Wèll,) the thìng ís** we dòn't hàve the slíghtest clùe who he ís. NAVI と言いますのは, 彼が何者なのかまるで手がかりがないんですよ(♥「なにしろ…だから」の意. 弁解・釈明する, または重要点を指摘する際に)
30 **You can dò your òwn thíng.** 好きなようにしていいよ(♥「気の済むようにやれば」という意味のくだけた表現)
31 **You càn't be àll thíngs to àll péople.** すべてを完璧(かんぺき)にやることはできないよ;何もかもやろうとしすぎだ(♥ 多忙な人に「無理をしすぎだ」と指摘する)
32 **You're jùst imágining thìngs.** 考えすぎだよ

語源 古英語で「集会」の意から「集会で論じられる問題, 事柄」→「事物」と意味が変わった.

thing·a·ma·bob, -u·m·a·bob /θíŋəməbɑ̀(ː)b | -bɔ̀b/ 名 《口》=thingamajig
thing·a·ma·jig, -u·m·a- /θíŋəmədʒìg/ 名 C 《口》何とかいうもの[人](♥ 名前を忘れたり伏せておくときに用いる)
thing·um·my /θíŋəmi/ 名 《口》=thingamajig
thing·y /θíŋi/ 名 (複 **thing·ies** /-z/) 《口》=thingamajig

think /θɪŋk/ 動 名 形

― 動 〔▶ thought[1] 名〕(**~s** /-s/; **thought** /θɔːt/; **~·ing**)
― 他 ❶ **思う a** 《(+(**that**)節)》…だと思う, 考え(てい)る;信じている(♦ that は省略されることが多い) ‖ I ~ (*that*) you're right. あなたの言うとおりだと思う / I *thought* I heard the doorbell. 玄関のベルの音を聞いたと思った / He's lying, I ~. 彼はうそをついていると思う / The Beatles are, I ~, the greatest British rock group. ビートルズは英国の最も偉大なロックグループだと思う(♦ 主語+think, 特に I think は挿入句的に用いられたり, 文末に

置かれたりすることが多い) / Linda looks a bit tired, don't you ～? リンダは少し疲れているようだと思いませんか / It is *thought* that the prisoner escaped by climbing over a wall. 囚人は塀を乗り越えて逃亡したものと思われる / I don't ～ he is American. 彼は米国人ではないと思う (⇨ **語法** (4)(5)(6)) / "Will he come to the party?" "I ～ so [not]." 「彼はパーティーに来るだろうか」「来る[来ない]だろうね」(♦ 反復を避けるため肯定文の that 節 には so を，否定文の that 節 には not を代用する．なお，I think not. と答えるより No, I don't think so. の方が《口》) / I *thought* you said you'd be careful. 君は気をつけますと言ったと思ったが (♥ 非難・叱責(しっせき)の意を含む) / Do you ～ you could look after my dog while I'm away? 留守の間に犬の世話をしていただけますか(♥ 丁寧な依頼を表す)

Behind the Scenes **Just when you thought it was safe to go back into the water.** 水に入るのが安心だと思ったとたんに… 平和なビーチを襲う巨大人食いザメを描いたパニック映画 *Jaws* が当たったのを受けて作られた *Jaws 2* のキャッチコピー.「やっと安心して海に戻れると思ったらジョーズ再来」の意(♥ go back into the water は可変.「やっと安心して…できると思ったらそうはいかなかった」というような期待が外れた状況で. Just when you thought it was safe to sit back and relax(, tons of work came in). やっとゆっくりできると思ったとたんに(大量の仕事が入ってきた))

語法 ☆☆ **(1)** 現在形は自分の考えを控えめに述べたり，丁寧に言ったりする場合にも用いられる．〈例〉I *think* you should call the police right away. すぐ警察に電話すべきだと思います

(2) 過去形はより丁寧な表現となる．〈例〉I *thought* you might be interested. ご関心がおありかと思いまして

(3) 過去完了形は過去の事実の反対を表すことがある．〈例〉I *had thought* we were going to be invited. 我々は招待されるだろうと思っていたのに (されなかった)

(4) I think (that) he is not American. という言い方も可能だが，ふつうは I don't think (that) he is American. と主節を否定して「…でないと思う」の意味を表す (⇨ **PB** 82). believe, expect, imagine, suppose などの動詞でも同様. ただし, hope, know, be afraid などでは主節の否定と従属節の否定とで明確に意味が異なるので当てはまらない.

(5)《口》では I don't think (that) he is American. と同じ意味で, He is not American, I don't think. のように，文末に I don't think を用いてかつ主節にも否定語をつけることがある．He is not American, I think. も同じ意味で使う．

(6) I think, I don't think などで始まる文につく付加疑問の形は従属節に基づいて決まる．〈例〉I think Jane wants to be a doctor, doesn't she? ジェーンは医者になりたいんでしょうね / I don't think Jane wants to be a doctor, does she? ジェーンは医者になりたくないんでしょうね (♦ 以上の例ではふつう付加疑問に don't I? や do I? を使わない)

PLANET BOARD 82 **I think ... の後に否定文を使うか.**

問題設定 I think (that) ... の従属節にはふつう否定文は使わず I don't think (that) ... のように主節を否定にするとされる．実際の使用率を調査した．

Q 次の表現のどちらを使いますか．

(a) I **think** Bob **won't** come to the party.
(b) I **don't think** Bob **will** come to the party.
(c) 両方
(d) どちらも使わない

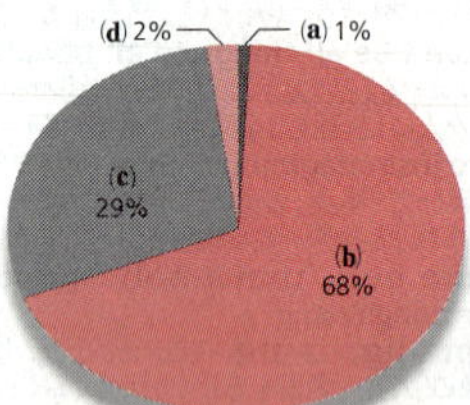

(b) の I don't think ... のみを使うという人が約7割と多く，両方使うという人は約3割であった．(a) の I think Bob won't ... のみを使うという人はほとんどいなかった．

両方使うと答えた人の中には，「2つの間に意味の違いはない」とした人もいたが，「(a) の方が否定の意味が強く，より断定的」というコメントもあった．どちらも使わないと答えた人が2人いたが，2人とも「I don't think Bob is coming to the party. を使う」と述べている．

学習者への指針 I think (that) ... の後に否定文を使うのではなく，I don't think (that) ... を使う方がよい．

b《疑問詞・関係代名詞の後で挿入句的に》…と**思う** ‖ When do you ～ you can start work? いつから仕事を始められると思いますか (♦ ×Do you think when you can start work? は誤り. 疑問詞を含む文に do you think が結びついた場合，疑問詞が文頭にくる) / I saw a woman who I *thought* was a friend of my aunt's. 私はおばの友人だと思われる女性を見かけた

c《＋目＋(**to be**) 補》…を…だと思う，考える，みなす (♦ to be 補 は主に think の受身形で用いる. be thought to have *done* の形も可能) ‖ Everybody *thought* him very attractive. みんな彼をとても魅力的だと思った (♦ 受身形は He was thought (to be) very attractive by everybody.) / She ～*s* her husband a great father. 彼女は夫は立派な父親だと思っている (♦ She thinks (that) her husband is a great father. の方が《口》) / I ～ it better not to know the truth. 真実を知らない方がいいと思う / We *thought* it unlikely that he would reach the finals of the 100m dash. 彼が100m競走の決勝に進むことはありそうにないと思っていた(♦ 上の2例では it は形式目的語)

❷ …を**考える**，心に抱く，思いつく ‖ I don't ～ anything of the sort. 私はそのような類(たぐい)のことは考えない / That's what I *thought*. そうだと思った / What are you ～*ing* (about)? 何を考えているのか / What do you ～ of Ross? 君はロスをどう思うか(♦ ×How do you think of Ross? とはいわない. ⇨ **PB** 83) / ～ happy [sad] thoughts 楽しい[悲しい]ことを考える (♦ thoughts は同族目的語)

❸《＋**wh to** ***do*** / **wh** 節》《しばしば進行形で》…かをよく考える，思い巡らす，思案する《***out, over, through***》‖ I am ～*ing out* 「*what to* do [OR *what* I should do] next. 次はどうしたらいいかよく考えているところだ / We are ～*ing how to* avoid raising the price. 我々はどうしたら値上げをしないで済むか考えている

❹《＋**wh to** ***do*** / **wh** 節 / (**that**) 節》《受身形・進行形不可》…かを想像する，見当がつく，わかる(♦ cannot を伴う) ‖ You can't ～ *how* scared I was at that time. そのときどんなに怖かったかあなたには想像もつかないでしょう / I can't ～ *what* you want all this junk for. 何のためにこんながらくたが欲しいのか見当もつかない / He couldn't ～ *what to* do. 彼はどうすべきかわからなかった

❺ a《＋**wh** 節 / **wh to** ***do***》…かを思い出す[起こす] (♦ 通例 cannot または try [want] to を伴う) ‖ I can't ～ now *what* his name was. 今はもう彼の名前が何だったか思い出せない **b**《＋**to** ***do***》…することを思い出す[覚えて

いる〕‖ I didn't ～ *to* tell him. 彼に言うのを忘れた

❻《通例否定文・疑問文で》《進行形はまれ》 **a** 《＋(**that**) 節》…を予想［予期］する ‖ I never *thought* I'd live to see the day. 長生きしてその日を目の当たりにするとは予想もしなかった / Who would have *thought* he would end up as a director? 彼が結局重役になるなんてだれが予想しただろうか **b** 《＋**to do**》…することを予想［期］する ‖ I did not ～ *to* see you here. ここで君に会うとは思わなかった（♦ I did not expect to see you here. または I did not think (that) I would see you here. の方がふつう）

❼《進行形はまれ》 **a** 《＋(**that**) 節》…しようかなと思う［思っている］，(何となく)…するつもりである（♦ この意味の I think は通例文頭に置く）‖ I ～ I'll go (to) see him. 彼に会いに行こうかなと思っている（♦ やや漠然とした意図を表す. よりはっきりとした意図を表すには I'm going (to go) to see him. などという） **b** 《文》《＋**to do**》…しようと思う［思っている］‖ She *thought to* save the money. 彼女はその金をとっておこうと思った（♦ She thought she would save the money. がふつう）

❽ …のことばかり考え(てい)る ‖ ～ business all day 1日中商売のことで頭がいっぱいである ❾ 考えて…を〈…ある状態に〉する〈**into, out of**〉（♦ ときに形容詞の補語などを伴う. 目的語はしばしば oneself）‖ He *thought* himself *out of* the difficulty. 彼は頭を働かせ難局を切り抜けた / He *thought* himself sick. 彼は苦慮の末病気になった

―自 ❶ **a** **考える**，(理性的に)思考する，思う ‖ Could we ～ without language? 我々は言葉なしに考えることができるだろうか / ～ in English 英語で考える

b 《＋副 / 補 《形》》(…のように)考える（♦ 副 は様態を表す語・句・節）‖ ～ hard よく考える / ～ positive [OR positively] 前向きに考える / ～ straight 《通例否定文で》筋道を立てて考える / ～ like old-timers 老人のような考え方をする

❷ 予想［予期］する ‖ He proved less intelligent than I had *thought*. 彼は私が考えていたより頭がよくなかった / when I least ～ 思ってもみないときに

❸ よく考える，熟考する

I dón't thìnk 《口》《文末につけて》…なんてとんでもないよ；《皮肉を込めて》全くだね ‖ He'll pay you back — I *don't* ～! 彼が金を返すなんてありっこないね

I should [OR ***would***] ***have thóught ...*** 当然［てっきり］…と思っていた(のだが)

I should [OR ***would***] ***think ...*** …だろうと思う，予想する（♥ I think ... より控えめな表現）‖ I *would* ～ he'll get angry. たぶん彼は怒るでしょう

*****thínk about ...*** 〈他〉 ① …(のこと)をじっと考える；…を回想する ‖ What are you ～*ing about*? 何を考えているのか / ～ *about* one's childhood 子供のころを思い浮かべる ② …について考慮する；(実行可能かどうかなど)を調べる（♦ *think of ...* ② よりも綿密に考えることを意味する）‖ The problem needs to be *thought about* carefully. その問題は入念に考える必要がある ③ =*think of ...* ③(↓)

thìnk agáin 考え直す，考えを変える

thìnk ahéad 前もって〈先のことを〉考える〈**to**〉

thìnk alóud 頭に浮かんだことを口に出す，考えながら独り言を言う

thìnk báck 〈自〉〈…を〉思い出す，振り返って考え(てみ)る〈**to, on, over**〉‖ ～ *back to* one's younger days 若かったころを思い出す

thìnk bádly [OR ***léss***] ***of ...*** …を悪く思う

thìnk better of ... ⇨ BETTER[1] 副 (成句)

thìnk big ⇨ BIG 副 (成句)

thìnk for onesélf 自分で［自主的に］考える

thìnk íll of ... …を悪く思う(↔ *think well of ...*)

thìnk líttle of ... =*think nothing of ...*(↓)

*****thìnk múch*** [OR ***híghly, a lót***] ***of ...*** 《通例進行形不可》…を重んじる，高く評価する ‖ I don't ～ *much of* that idea. その考えは大したものと思わない（♦ much は主に否定文で用いられる）/ She is *highly thought of* by her students. 彼女は学生たちに尊敬されている

*****thìnk nóthing of ...*** 《通例進行形不可》 ①（→ CE 17） ② …を軽んじる ③ 〈…すること〉を何でもない［容易だ］と思う〈*doing*〉‖ I ～ *nothing of* walking 20 kilometers a day. 1日20キロ歩くのは全く苦にならないよ

*****thínk of ...*** ① **…(のこと)を考える**，(ふっと)思い浮かべる（♦ think about のように綿密に考えることを意味しない）‖ Whenever I ～ *of* her, I remember walking along a moonlit beach. 彼女のことを考えるといつも月の浜辺を歩いたことを思い出す ② 《進行形はまれ》…を考慮に入れる，〔家族など〕を思いやる ‖ I have my wife and children to ～ *of*. 妻や子供たちのことを考えねばならない ③ 《しばしば進行形で》(漠然と)…しようかなと思う，…を計画する（♦ 目的語はしばしば *doing*. → CE 12）‖ Is she ～*ing of* a divorce? 彼女は離婚を(しようと)考えているのか ④ 《通例 can (not) とともに》**…を思い出す** ‖ I can't ～ *of* his name. 彼の名前を思い出せない ⑤ **…を思いつく**，考えつく ‖ I could ～ *of* nothing to say. 何も言うことが思い浮かばなかった / ～ *of* a way out of a difficulty 困難から抜け出す道を考えつく ⑥ …を夢想する，予想する（♦ 通例 will, would, could, should などを伴う否定文で強意を表す）‖ He would never ～ *of* revealing his sources. 情報源を漏らすなど彼には思いもよらないだろう ⑦ …を〈…と〉思う［みなす］〈**as**〉‖ Kierkegaard is *thought of as* the first existentialist. キルケゴールは最初の実存主義(哲学)者だと考えられている ⑧ …を想像する ‖ Just ～ *of* the running costs of that car! あの車の維持費をちょっとは考えろ ⑨ 《what do you ～ of ... で》…をどう思う(→ 他 ❷)

PLANET BOARD 83

「…についてどう思いますか」をどう言うか.

問題設定 「…についてどう思いますか」と意見をたずねる場合，think と feel を使ってどのように表現するかを調査した.

Q 次の (a) ～ (d) のどれを使いますか.（複数回答可）

(a) **What** do you **think** about his idea?
(b) **How** do you **think** about his idea?
(c) **What** do you **feel** about his idea?
(d) **How** do you **feel** about his idea?
(e) どれも使わない

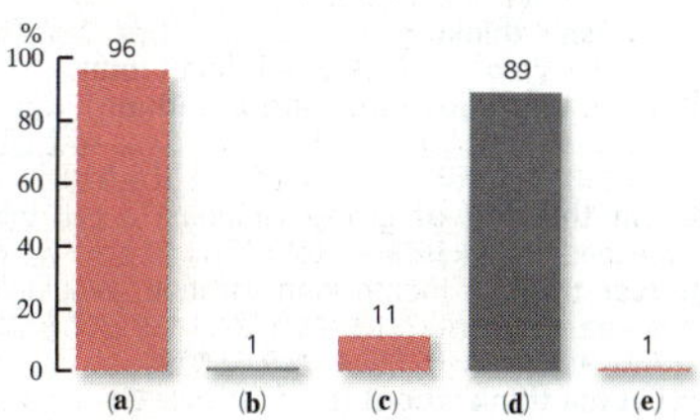

(a) の What do you think ...? と (d) の How do you feel ...? はほとんどの人が使うと答えた. (c) の What do you feel ...? を使うという人は約1割いたが，誤りとされる (b) の How do you think ...? を使うという人はほとんどいなかった.

「(a) と (d) の間には意味の違いがない」とする人も少なくないが，「(a) は客観的・分析的・論理的な意見を，(d) は主観的・直観的・感情的な意見を求めている」というコメントが多かった.

学習者への指針 客観的意見を聞く場合は What do you think about ...?，主観的意見を聞く場合は How do you feel about ...? を使うのがよい.

thìnk óut ... / thìnk ... óut 〈他〉 ①…を考え抜く, 十分に考える(→ 他 ❸) ②〔計画・方策など〕を考え出す, 案出する
thìnk òut lóud =think aloud(↑)(→ CE 11)
thìnk óver ... / thìnk ... óver 〈他〉(決定する前などに)…を**慎重に考える**, 熟考する, じっくり吟味する；…を再考する(reconsider)(→ 他 ❸, CE 2) ‖ I'll ～ it *over.* 考えておきます(♥ 遠回しの断りとしても用いる)
thìnk onesélf into ... ①自分を…の立場に置いて考え(てみ)る ②考えすぎて…の状態になる(→ 他 ❾)
thìnk the bést [*wórst*] *of a person* 〔人(の行動)〕を善意に[悪意を持って]解釈する
thìnk thróugh ... / thìnk ... thróugh 〈他〉 =*think out ... / think ... out* ①(↑)
thínk to onesèlf 〈…と〉内心ひそかに考える〈**that** 節〉
thínk twìce よく考える, 再考する〈**about** (*doing*) …(すること)について；**before** …する前に〉
thìnk úp ... / thìnk ... úp 〈他〉《口》…を考え出す, 思いつく(devise) ‖ ～ *up* an excuse 言いわけを思いつく
thìnk wéll of ... …をよく思う(↔ *think ill of ...*)

COMMUNICATIVE EXPRESSIONS

1 **Ànyone** [OR **You**] **would thínk** [OR **have thóught**] (**that**) he hàs the qualificátions. 彼はその資格を持っているとだれもが思う[思った]でしょう(♥ だれもが思い込んでしまうことを「実はそうではない[なかった]」と否定する)
2 **Could you thìnk it óver?** 考え直していただけませんか
3 **Do you thìnk I could** tàke a dày óff? 1日お休みを頂けますか(♥ 許可を求める丁寧な表現)
4 **Dòn't èven thínk about** pàrking hère. ここに駐車しようなんて考えるな(♥「想像すらするな」という意味の強い禁止表現)
5 **I dòn't knòw what to thínk of** [OR **about**] his sùdden chànge in áttitude. 彼の態度が急変してしまったことをどう解釈したらいいかわかりません(♥戸惑い)
6 **I dòn't thìnk I cán.** (残念ながら)できないと思います(♥ 依頼・要求・誘いなどを断る丁寧な表現)
7 **I néver thòught** (**that**) I'd pàss the qualificátion exàm. 資格試験に受かるなんて思いもよらなかった
8 **I should thínk sò** [**nòt**]. ①そうだ[そうではない]と思いますがね ②そうして[そうしないで]当然でしょうね
9 "He gòt càught spéeding agàin." "**I thóught as mùch.**"「彼はまたスピード違反で捕まったんだ」「だろうと思ったよ」(♥ 予想・期待の的中)
10 **I wàsn't thínking.** ちゃんと考えていませんでした(♥ 思慮が足りなかったことを認める. =I didn't think.)
11 (**I'm** [**I was**]) (**jùst**) **thìnking òut lóud.** 口に出して考えている[いた]だけです(♥まだまとまっていない考えを思いつくままに述べるときや失言の後を取り繕うときなど)
12 **I'm thìnking of** gìving Grándma a càll thìs wèekend. 今週末おばあちゃんに電話しようと思っています
13 **Jùst thínk**, a mònth lòng vacátion. Wòuldn't thàt be wónderful? 1か月の休暇なんて考えてもみてごらんよ, 素敵じゃない(♥「想像してみて」の意)
14 **Lèt me thínk** (**about it**). (それについては)もう少し考えさせてください(♥ 検討する時間を求める)
15 (**Nòw that I**) **còme to thínk of it**, she's nèver cálled me. (今になって)考えてみると彼女の方から電話してきたことはなかったな(♥「思い返してみると」の意)
16 **Plèase thínk about it.** まあ, 考えておいてください
17 (**Plèase**) **thìnk nóthing of it.** どうぞ気にしないで；どういたしまして(♥ 感謝・謝罪に対する返答)
18 **Shòuldn't you thìnk twíce** [OR **agáin**]? もう一回(よく)考えてみた方がいいんじゃない？(♥ 再考を促す)
19 **Thàt's what yóu thìnk.** それはあなたの(勝手な)考えでしょう；それは違うんじゃないかな(♥ 相手の思い込みを指摘する. you に強勢を置く)
20 **Thìnk before you áct** [**spéak**]. 行動する[口に出す]前によく考えろ(♥ 冷たい言動や仕打ちをした人を諭す)
21 **Thìnk on** [OR **of**] **it nò móre.** もうそのことは忘れてください(♥ 謝罪してきた相手を許す堅い表現)
22 **To thínk** (**that**) we've been frìends for yéars and I dìdn't knòw your máiden nàme! 長年の友人なのにあなたの旧姓を知らなかったなんて
23 It's scáry **to thínk** (**that**) we were on the brìnk of gètting kílled. 私たちは殺される寸前だったと考えると恐ろしいですね
24 **Whàt do you thìnk of** [OR **about**] **thát?** ①どうですか, すごいでしょう(♥ 自慢気な感じ) ②どう思いますか(♥ 意見を求める. しばしば「何か言いたいことがあるでしょ」という含みを持つ)(⇨ PB 83)
25 **Whàt do you thìnk you're dóing hère?** ここで何をしているんだ(♥ 本来そこにいてはならないはずの人に対して「どういうつもりだ」と尋ねる警告・脅迫の表現)
26 **Whàt màkes you thínk sò?** なぜそう思うんですか(♥ 根拠を尋ねる.「わかりきったことなのに」という皮肉にも)
27 **When** [OR **If**] **you thínk about it**, there's rèally nòthing tó it. 考えてみると大したことじゃないんですよね
28 **Whò** [OR **Whàt**] **do you thìnk you áre!** 一体何様のつもりだ(♥ 傲慢(ごう)・横柄な態度への非難)
29 **Whò do you thìnk you're tálking to?** ⇨ TALK(CE 21)
30 **Whò would have thóught** he could wìn the góld at the Olýmpics? 彼がオリンピックで金メダルを勝ち取れるなんてだれが考えたろう(♥ 意外なことに対する驚き)
31 **You knòw what I thínk?** Í thìnk he's a spý. ねえ, 彼はきっとスパイよ(♥ 考えを述べる前に注意を引くくだけた表現. ✍In my opinion, he's a spy.)

── 名 C 《a ～》《口》〈…について〉考えること, 一考〈**about**〉‖ Have a ～ *about* my request. 私のお願いについて考えてみてください / give a matter a good ～ 問題についてよく考える
hàve (*gòt*) *anòther thìnk cóming* 《口》大間違いをしている ‖ If you think you can get away with it, you'*ve got another* ～ *coming*! それで済むと思ったら大間違いだ
── 形 《比較なし》《限定》思考の, 人に考えさせる, 知的な ‖ a ～ book 考えさせられる本
▸▸ **～ pìece** 名 C (記者の署名入りの)解説記事 **～ tànk** 名 C 頭脳集団, シンクタンク

think·a·ble /θíŋkəbl/ 形 《叙述》❶ 考えられる ❷ (可能性として)あり得る

***think·er** /θíŋkər/ 名 C ❶ 考える人；思想[思索]家 ❷ 《通例形容詞とともに用いて》…の考えをする人 ‖ an original ～ 独創的な考え方の持ち主

***think·ing** /θíŋkɪŋ/ 名 U ❶ 考えること, 思考, 思索 ‖ different modes of ～ さまざまな考え方 / positive [negative] ～ 積極的[消極的]な考え方 / creative ～ 創造的思考 / wishful ～ 希望的観測 ❷ 意見, 見解, 判断 ‖ What is your ～ on this matter? この件に関してあなたの意見はどうですか / Good [OR Nice] ～. それはいい考えだ；そのとおりだ / to my (way of) ～ 私の考えでは
── 形 《限定》考える(ことのできる)；理性的な, 理知的な；思慮深い ‖ a ～ reed 考える葦(あし)(♦ Pascal の言葉より)
～·ly 副 ▸▸ **～ càp** (↓)

thínking càp 名 《口》《次の成句で》
**pùt* [OR *gèt*] *one's thínking càp òn* 考え込む, とくと考える, 知恵を絞る

thin·ly /θínli/ 副 薄く, 細く；まばらに ‖ a ～ populated area 人口希薄な地域

thin·ner /θínər/ 名 U C (ペンキなどの)薄め液, シンナー

thin·ness /θínnəs/ 名 U 薄い[細い]こと, やせていること；まばら；希薄

thìn-skínned <シ 形 皮膚[表皮]の薄い；(非難などに)敏感な(sensitive), 傷つきやすい

thi·o·sul·fate, 《英》**-phate** /θàɪəsʌ́lfeɪt/ 名 U 〖化〗

チオ硫酸塩

*third /θəːrd/ 《略 3rd》 形 ❶ 《通例 the ～》第3の, 3番目の；3位の, 3等の ‖ She was the ～ person to arrive. 彼女は3番目に到着した / for the ～ time 3度目に / the ～ floor 《米》3階, 《英》4階 / the ～ largest city in Japan 日本で3番目に大きい都市 / *Third time lucky.* 《諺》3度目の正直 / The stress is on the ～-from-last syllable of the word. その単語の強勢は後ろから3つ目の音節にある ❷ 《a ～》3分の1の ‖ a ～ portion of the land 土地の3分の1 ❸ (自動車の) サード(ギア)の, 第3速の

COMMUNICATIVE EXPRESSIONS

1 **The thìrd tìme's lúcky** [OR **a chárm**]. 3度目の正直

— 名 ❶ 《通例 the ～》3番目[3位](の人[もの])；(月の)3日；《the T-》3世 ‖ She was (the) ～ in line. 彼女は列の3番目だった / finish a triumphant ～ 意気揚々と3着でゴールする / the ～ of October=October (the) ～ 10月3日 / Richard the *Third* リチャード3世(♦ 通例 Richard III と書く) ❷ C 3分の1 ‖ a ～ of the cost 費用の3分の1 / two-～*s* 3分の2 (分子が複数の場合, 分母は複数形) / fold a towel in ～*s* タオルを3つに折り畳む ❸ C 《英》3級《優等学位の中でいちばん低い；大学の単位試験で最低の及第成績》 ❹ U (自動車の)サードギア, 第3速 (third gear) ❺ U (野球の) 3塁 ❻ C 《主に英》(学校・大学の) 第3学年 ❼ 《the ～》〘楽〙3度(音程) ‖ major [minor] ～ 長[短]3度

— 副 ❶ 3番目に, 3等で ‖ come [OR finish] ～ in a race 競争で3位になる ❷ 《文修飾》NAVI 第3に(thirdly) (♦ 文末では用いない) ‖ *Third,* you need to improve your pronunciation. 第3に, 発音をよくする必要があります

▸▸ **～ áge** 名 《また T- A-》《the ～》第三世代《主に50代後半以降の退職して活動的な中高年》 **～ báse** 名 C 《単数形で》《通例無冠詞》《米》〘野球〙3塁 (の守備位置) **～ cláss** (↓) **～-cùlture kíd** 名 《ときに T- C- K-》 C 第3文化の子供《複数の文化圏で育った子女；略 TCK》 **～ degrée** (↓) **～ diménsion** 名 《the ～》第3次元；現実性[味] **～ estáte** 名 ① 《the ～》《単数・複数扱い》平民 《中世の3身分の中で僧・貴族以外》 ② 《the T- E-》(フランス革命以前の) 中産階級 **～ fínger** 名 C 薬指(ring finger) **～ fórce** 名《ときに T- F-》C《しばしば the ～》第3勢力《相対立する2大政治勢力などの中間に位置する勢力》 **～ mán** 名 C 〘クリケット〙サードマン(の守備位置) **～ párty** 名 ① C 〘法〙(当事者以外の)第三者 ② 《the ～》(2大政党制下の) 第3党；少数党 ③ C 〘保険〙第三者 **～ pérson** 名 《the ～》〘文法〙三人称 (の語形) **～ ráil** 名 C ① 第3軌条 《電車の走行レールに併設する送電用レール》 ② 《米口》(政治家にとって) 異論が多く扱いにくい問題 **Thìrd Réich** 名 《the ～》 (ナチスドイツの) 第三帝国 **～ wáy** 名《また T- W-》C 《単数形で》(特に政治上の) 中道路線 **Thìrd Wórld** 名 《通例 the ～》第三世界 《特にアフリカ・アジア・ラテンアメリカの発展途上国》

thìrd-cláss ⟨シ⟩ 形 ❶ (乗り物で)3等の ❷ 《米・カナダ》〘郵〙第3種(郵便)の ❸ 三流の

— 副 3等で；第3種郵便で

thìrd cláss 名 U ❶ (乗り物の)3等 ❷ 《米・カナダ》〘郵〙第3種(郵便物) 《広告印刷物などの低料金郵便》 ❸ 《英》(大学試験の)3級；(等級別の)第3グループ, 3等級

thìrd-degrée ⟨シ⟩ 形 《限定》(やけどが)第3度の, 最重度の；〘米法〙(犯罪が) 第3級の《重犯罪の中では最も軽い》

▸▸ **～ búrn** 名 C 《～s》第3度[重症の]やけど

thìrd degrée 名 《the ～》《口》(警察などの)厳しい尋問

give a pèrson the thìrd degrée (警官などが) 〔人〕を厳しく尋問する, 問い詰めて白状させる

thírd-generàtion 形 (工業製品が)第3世代の, 最先端(技術)の

*third·ly /θə́ːrdli/ 副 《文修飾》NAVI 第3に, 3番目に (→ third 副 ❷)

thírd-pàrty insùrance 名 U 《英》第三者損害賠償保険 《被保険者以外の第三者に生じた損害を補償する》

thìrd-ráte ⟨シ⟩ 形 三流の, 劣った **-ráter** 名

thìrd-stríng 形 《米》(スポーツ選手が)三流の, 控えの

*thirst /θəːrst/ 《発音注意》 名 ❶ U/C 《a ～》(口・のどの) 渇き；飲みたい欲求；(酒などを) 一杯やりたい気分 ‖ have a ～ (for drinking) のどが渇く / quench one's ～ with cold water 冷たい水を飲んで渇きをいやす / a raging ～ 猛烈なのどの渇き ❷ U (渇きによる) 脱水状態 ‖ die of ～ のどの渇きで死ぬ ❸ C 《単数形で》〈…への〉渇望, 熱望〈**for**〉 ‖ a ～ *for* knowledge 知識欲

— 動 自 ❶ 《+**for** [**after**] 名》…を渇望[熱望]する ‖ ～ *for* fame 名声を渇望する ❷ 《古》のどが渇く

*thirst·y /θə́ːrsti/ 《発音注意》 形 ❶ のどの渇いた ‖ I am ～. のどが渇いた / Potato chips make me ～. ポテトチップスを食べるとのどが渇く ❷ (土地・季節などが) 干上がった；(植物などが) 水をよく吸う, 吸収性のある ❸ 《通例限定》《口》渇きを覚えさせる ‖ ～ work のどの渇く仕事 ❹ 《通例叙述》〈…を〉渇望している〈**for**〉 ‖ be ～ *for* power 権力を渇望する

thírst·i·ly 副 のどが渇いて；渇望して **thírst·i·ness** 名

*thir·teen /θəːrtíːn/ ⟨シ⟩ (⇨ -TEEN) 形 《限定》13の, 13人[個]の；《叙述》13歳で(⇨ FIVE 用例)

— 名 ❶ U C 《通例無冠詞で》13；C 13の数字 《13, XIII, xiii など》 ‖ unlucky ～ 不吉の13 ❷ 《複数扱い》13人[個] ❸ U (24時間制の)13時；13分；13歳 ❹ C 13人[個]1組のもの ❺ C 13番目のもの；13号サイズ(のもの)

*thir·teenth /θəːrtíːnθ/ ⟨シ⟩ 《略 13th》形 ❶ 《通例 the ～》第13の, 13番目の ❷ 13分の1の

— 名 ❶ 《通例 the ～》13番目の人[もの]；(月の) 13日；〘楽〙《the ～》13度(音程) ❷ C 13分の1

*thir·ti·eth /θə́ːrtiəθ/ 《略 30th》 形 ❶ 《通例 the ～》第30の, 30番目の ❷ 30分の1の

— 名 ❶ 《通例 the ～》30番目の人[もの]；(月の)30日 ❷ C 30分の1

*thir·ty /θə́ːrti/ 《発音注意》 形 《限定》30の；30人[個]の；《叙述》30歳で

— 名 (複 **-ties** /-z/) ❶ U C 《通例無冠詞で》30；C 30の数字 《30, XXX, xxx など》 ❷ 《複数扱い》30人[個] ❸ U 30分；30歳 ‖ He is over ～. 彼は30歳を越えている ❹ C 30人[個]1組のもの ❺ C 《the -ties》(世紀の) 30年代；《one's -ties》30(歳)代；《-ties》(数の) 30代 (30–39), (温度の) 30度台 ‖ She was in her early *thirties*. 彼女は30代前半だった ❻ U 〘テニス〙サーティ (試合での2点目)

Thìrty-nìne Árticles 名 《the ～》(英国国教会の) 信仰39か条 《教理に関する要綱》

thìrty-sécond nòte 名 C 《主に米・カナダ》〘楽〙32分音符(《英》 demisemiquaver)

thírty-sòmething 名 U C 30歳代 (の人) — 形 30歳代の 《特に教育を受けて職業・収入に恵まれた世代》

thir·ty-two·mo /θəːrtitúːmoʊ/ 名 (複 **～s** /-z/) C 32折り判(の本)(略 32 mo, 32°) — 形 32折り判の

***this** /ðɪs/ 代 形 副

中心義 **空間的・心理的に近い対象** (★対象は「物」「人」「事」など多様)

— 代 (複 **these**) 《指示代名詞》 ❶ **これ**, この人, このこと, ここ (♦ 話し手にとって空間的・心理的に近い物・事・人を指す) ‖ *This* is better than that. これはあれよりもよい / "Show me how to use chopsticks." "Hold your chopsticks like ～." 「箸(はし)の使い方を教えて」「こうやって持つんだよ」

❷ こちら (♥ 紹介・電話などで) ‖ *This* is Mr. Chamberlain. (紹介で) こちらはチェンバレンさんです (♦ 人を紹介するときは ×He [She] is ... とはいわない) (→ CE 1, 5)

T

T

❸ 今(まで)述べたこと, これから述べること(♦「今(まで)述べたこと」の意味では, that も用いることができる.「これから述べること」の意味では this のみ) ‖ *This* is why he quit. こういう訳で彼は辞めたのだ / *This* is what he said: people are selfish by nature. 彼は次のように言った, 人間は生まれつき利己的であると
❹ 今, 今日, 今度 ‖ *This* is his birthday. 今日は彼の誕生日だ / *This* is 2013. 今年は2013年だ / *This* is my first visit here. ここに来たのは今回が初めてです
❺ 《that と対比して》《堅》後者(♦ この用法はまれ)(→ that 代 ❺)
thìs and thát ; ***thìs, thàt and the óther*** 《口》あれやこれや

COMMUNICATIVE EXPRESSIONS
1 **Helló? Thìs is** Kélly **(spèaking).** もしもしケリーですが(♥ 電話で自分を名乗る際の表現)
2 **Thìs is hé [shé].** はい, 私ですが(♥ 電話の呼び出しに対して, 出ているのが「本人です」と伝える. he [she] の代わりに自分の名前を言ってもよい. =Speaking.)
3 **Thìs is ít!** ⇨ IT¹(CE 4)
4 **Whàt's (àll) thís (abòut)?** 何だこれは; 一体どうしたんだ(♥ 状況・事情が把握できないときなどに)
5 **Whò ís thìs** [《英》 **thàt**](, plèase)? どちら様ですか(♥ 電話の相手を確認する表現)

―形 《指示形容詞》 ❶ **この** ‖ ~ box この箱 / ~ camera of mine 私のこのカメラ(♦ ˣmy this camera, ˣthis my camera とはいわない) / ~ one, not that one あれでなく, これ
❷ この, **今の**, 最も近い ‖ ~ **morning** 今朝 / ~ **year** [week] 今年[今週](♦ 前置詞は伴わずそのまま副詞として用いる) / at ~ time (of the year) (1年の)この時期 / Come here ~ minute [OR second]! 今すぐここに来なさい
❸ 《口》(既知のものについて)この, 話題の, 例の(♥ 賞賛・非難を表すことが多い. しばしば「of+独立所有格」を伴う) ‖ I got ~ letter from Grace. グレースからこんな手紙をもらったんだ / ~ wide land of ours かかる広々とした我が国土
❹ 《口》(物語などで初めて話題に出る人・ものについて)ある ‖ When I was driving a car, ~ deer appeared suddenly out of nowhere. 車を運転しているとシカが突然どこからともなく現れた
this hére 《口》(強調して)この(♦ この用法を誤りとする人も多い) ‖ ~ *here* car この車

COMMUNICATIVE EXPRESSIONS
6 **Thìs òne's on mé.** これは私のおごりです

―副 **これほど**, こんなに ‖ I know ~ much. このくらいまでは知っている / The fish was about ~ big. 魚はこれくらいの大きさだった(♦ 身振りなどで実際に大きさを示しながら言う. → so 副)

this·tle /θísl/ 名 C 〖植〗アザミ《スコットランドの国花》‖ the Order of the *Thistle* (スコットランドの)アザミ勲章[勲位]
thístle·dòwn 名 U 〖植〗アザミの冠毛
this·tly /θísli/ 形 ❶ アザミが生い茂った ❷ 扱いにくい
thith·er /θíðər | ðíðə/ 副 《古》《文》そこへ, あちらに (↔ hither) ―形 《古》《文》反対側の; 遠く離れた
THNQ 略 💻thank you(♦ Eメールで用いる)
tho, tho' /ðou/ 接 副 《口》=though
thole /θoul/, **thóle·pìn** 名 C 櫂座(かいざ)(ピン)《オールを支える軸》
Thom·as /tá(ː)məs | tɔ́m-/ 名 〖聖〗トマス《キリストの12使徒の1人. 初めはイエスの復活を疑っていた》
thong /θɔ(ː)ŋ/ 名 C ❶ (ひも・むち用の)革ひも; むち ❷ 《~s》《米・豪》ゴムぞうり ❸ (性器を辛うじて隠す程度の)水着(T-back) ―動 他 …にひもをつける; …を革ひもで打つ
Thor /θɔːr/ 名 〖北欧神話〗トール《雷神》
tho·rac·ic /θərǽsɪk | θɔː-/ 形 〖解〗胸部の, 胸の
▸▸ **~ dúct** 名 C 〖解〗胸管

tho·rax /θɔ́ːræks/ 名 (複 **~·es** /-ɪz/ OR **-ra·ces** /-rəsìːz/) C 〖解〗胸部, 胸郭; 〖昆〗胸部
Tho·reau /θəróu | θɔ́ːrou/ 名 **Henry David ~** ソロー (1817-62)《米国の著述家・思想家》
tho·ri·um /θɔ́ːriəm/ 名 U 〖化〗トリウム《放射性金属元素. 元素記号 Th》
***thorn** /θɔːrn/ 名 C ❶ (植物の)とげ, 針 ‖ (*There is*) *no rose without a* ~. 《諺》とげのないバラはない; 世に完全な幸福はない ❷ U C 《主に複合語で》とげのある植物; イバラ・サンザシの類 (→ hawthorn) ❸ 苦痛を与えるもの, 悩みの種; 障害 ❹ ソーン《古英語の文字. 近代英語の th に相当》
a thórn in a pèrson's síde [OR ***flésh***] 苦痛の種
the cròwn of thórns (キリストの)イバラの冠; 苦難
▸▸ **~ àpple** 名 C 〖植〗 ① 《英》チョウセンアサガオの類 ② サンザシの実
thorn·y /θɔ́ːrni/ 形 ❶ とげのある[多い] ❷ 《通例限定》(問題などが)困難な; やっかいな
thórn·i·ly 副 **thórn·i·ness** 名
***thor·ough** /θɔ́ːrou | θʌ́rə/ 《発音注意》 形 (**more ~**; **most ~**) ❶ 完璧(かんぺき)な, 徹底的な ‖ ~ research 徹底的研究 / a ~ man 完璧主義者 ❷ 《限定》《英》(悪い意味で)徹底した, 全くの, 完全な ‖ a ~ rascal 根っからの悪党 / a ~ mess 完全な混乱状態 / a ~ nuisance 全くのやっかい者 ❸ 《通例叙述》(人が)きちょうめんな; 労をいとわない ‖ She is ~ in her work. 彼女は仕事が綿密だ
thórough·bàss /-bèɪs/ 名 U 〖楽〗通奏低音(法)
thórough·brèd 形 ❶ (特に馬が)純血種の; 《T-》サラブレッド種の ❷ (人が)育ち[生まれ]のよい; 教養[気品]のある; 第一級の ―名 C ❶ 純血種(の動物); 《T-》サラブレッド(馬) ❷ 《口》卓越した一流の人[もの]
thor·ough·fare /θɔ́ːroufèər | θʌ́rə-/ 名 ❶ C (両端がほかの通りに通じている)道路, 通り; 大通り ❷ U 往来, 通行 ‖ No ~. 《掲示》通行[通り抜け]禁止
thòrough·góing ⟨シ⟩ 形 《限定》 ❶ 徹底的な, 徹底した ❷ 全くの, 完全な
***thor·ough·ly** /θɔ́ːrouli | θʌ́rə-/ 《発音注意》 副 (**more ~**; **most ~**) ❶ 全く, 完全に ‖ I ~ enjoyed the party last night. 昨夜のパーティーは心ゆくまで楽しんだ ❷ 徹底的に; 周到に
thor·ough·ness /θɔ́ːrounəs | θʌ́rə-/ 名 U 完全; 徹底, 周到
thórough·pàced 形 ❶ (馬などが)すべての歩調を仕込まれた ❷ 《限定》全くの, 完全な

***those** /ðouz/ 《that の複数》 代 形

―代 《指示代名詞》 ❶ **それ(ら)**, あれ(ら) (♦ 話し手にとって空間的・心理的に遠い複数の物・事を指す. ⇨ THESE) ‖ *Those* are better than these. それらはこれらよりよい
❷ 《「the+前出の複数名詞」の代わりに》〈…の〉それら〈**of**〉(→ that 代 ❸) ‖ Her eyes are like ~ *of* a leopard. 彼女の目はヒョウの(目の)ようだ / This year's fashions are very different from ~ *of* last year. 今年の流行は去年の(流行)と大いに違う
❸ 《~ who ... で》…**する人たち** ‖ Have you thought of the psychology of ~ who commit crimes? 犯罪者の心理について考えたことがありますか / Of ~ (who were) expected, only a few turned up. 来ると思われていた人たちのうちほんのわずかしか現れなかった (♦「who+be動詞」は省略されることがある)

―形 《指示形容詞》 ❶ **それらの**, あの, 例の ‖ *Those* apples are rotten. それらのリンゴは腐っている / I don't like ~ sisters of his. 例の彼の姉妹連中は気に入らない (♦ ˣthose his sisters, ˣhis those sisters とはいわない) / ~ worst enemies of the nation 国にとって最悪のあの敵ども(♥ those が軽蔑・怒りなどの感情を含む場合もある)
❷ あのころの, 当時の ‖ in ~ **days** あのころは, その当時
❸ 《関係代名詞の先行詞を修飾して》…である (ような) …

(♦「あの, その」といった指示性は薄れる. → that 形 ❷) ‖ *Those* books (which) I borrowed from you were very interesting. 君から借りた本はとても面白かった

thou[1] /弱 ðə ; 強 ðaʊ/ 代 (複 **ye** /jiː/) (所有格 **thy** /ðaɪ/ OR **thine** /ðaɪn/ ; 目的格 **thee** /ðiː/ ; 所有代名詞 **thine** /ðaɪn/) 《二人称単数主格》《方》《古》汝(なんじ)(は)

語法☆☆ (1) 動詞は art (<are), hast (<have), go*est* (<go) などが用いられる. 〈例〉*thou* art = you are
(2)《方》《古》のほか祈禱(きとう)に用い, また Quaker 教徒間で相互の呼称に用いる. 後者の場合, 今日(こんにち)では主語には thee (動詞は三人称単数形) を用いる.

thou[2] /θaʊ/ 名 (複 ~ OR ~**s** /-z/) 《俗》= thousand

though /ðoʊ/ 《発音注意》 接 副

—接 ❶ **…だけれども**, …にもかかわらず (→ although) ‖ *Though* I tried hard, I couldn't finish the assignment in time. 一生懸命やったが間に合うように宿題を終えられなかった (= I tried hard, but I couldn't finish the assignment in time.) / *Though* (he was) tired, he stayed up all night. 彼は疲れていたが一晩中起きていた / The food was good, ~ rather expensive. 食べ物は安くはなかったがおいしかった (♦ though 節 の主語の代名詞が主節の主語を指し, 動詞が be 動詞であるとき「主語 + be 動詞」はしばしば省略される) / Strange ~ it may seem, I like rainy days. 奇妙に思われるかもしれないが, 私は雨の日が好きだ (♦ 補語や副詞が強められ though の前にくることがある. → as 接 ❽)

語法☆☆ 節だけでなく語や句を though でつなぐことがある. この場合は but と同じ意味になる. 〈例〉a short *though* interesting story 短いが面白い話

❷ 《追加・補足的に》**もっとも…ではあるが**, …とはいえ (♦ 主節の内容を弱める) ‖ Probably she will say no, ~ it's worth asking. おそらく彼女は断るだろう, もっとも聞いてみる価値はあるけれどね / He was always interested in politics, ~ not very seriously. 彼は常に政治に関心を持っていた, もっともそれほど真剣ではなかったが / I'm a good swimmer, ~ I say so myself. 僕は泳ぎがうまいんだ, 自分で言うのもおかしいけれど

❸ **たとえ…でも** (♦ しばしば even though の形で用いる) ‖ I'll go even ~ it rains [OR should rain]. たとえ雨が降っても私は行きます (♦《文》では even though 節 の中で仮定法現在形 rain を用いることもある. ×even although とはいわない)

as thóugh = AS *if*

What though …? = what if …? (⇨ WHAT (CE 15))

—副 《比較なし》《文修飾》 ❶ でも, **やっぱり**, もっとも (♦ 通例文末・文中に用いて, 前の文の内容を弱めたり前とは異なる内容であることを示す. although にはこの用法はない) ‖ It's not going to rain. It may get windy, ~. 雨は降りそうにないね, 風は吹くかもしれないが (♥ But it may get windy. よりやわらかく, 決めつけない言い方) / A new contract was drawn up. The band, ~, refused to sign it. 新しい契約書が作られたが, バンドは署名するのを拒んだ ❷ 《口》本当に (♥ 強調) ‖ "I ate my carrots." "Did you eat them all, ~?" 「ニンジン食べたよ」「本当に全部食べたの?」

thought[1] /θɔːt/ 《発音注意》

—名 〔◁ think 動 | ▶ thoughtful 形〕 (複 ~**s** /-s/) ❶ C U **考え** ; 思いつき ; C 《通例 ~s》意見, 見解, 所信 〈**on, about** …についての / **of** (*doing*) …という / **that** 節 …という〉 (⇨ 類語) ‖ My first ~ was to ask for his advice. まず思いついたのは彼のアドバイスを求めることだった / He felt uneasy at the ~ 「*of* losing [×to lose] his post. 彼は職を失うのではないかと考えて不安になった / A good ~ 「crossed my mind [OR occurred to me]. 名案が浮かんだ / She was bothered by the ~ *that* she might not have locked the door. 彼女はドアの鍵(かぎ)をかけ忘れたかもしれないと心配していた / I will give my ~*s on* your proposal. ご提案について私の意見を申し上げます / Do you have any ~*s on* how we should proceed with the negotiation? この交渉をどう進めたらよいか何かお考えはありますか

❷ U C 考えること, **思考**, 思索 ; 熟考, 熟慮 (⇨ 類語) ‖ I gave your offer a lot of ~. お申し出についてよく考えました / The girl was lost [OR deep] in ~. 少女は物思いにふけっていた / after 「a moment's [much] ~ ちょっと [ずいぶん] 考えてから / in ~ and action 思考と行動において / act without ~ よく考えずに行動する

❸ U 考える力, 思考力, 想像力 ‖ a person of ~ 思考力に富む人 / beauty beyond ~ 想像を絶する美しさ

❹ C 〈…に対する〉**思いやり**, 配慮, 顧慮, 心遣い 〈**for**〉 ‖ You are always in my ~*s*. いつもあなたのことを心に留めています / without a ~ *for* the future 将来のことを考えずに / show no ~ *for* others 他人に思いやりがない

❺ U C 〈…する〉つもり, 考え, **意図**, 意向 ; 期待, 予期 〈**of** *doing*〉 ‖ with no ~ *of* apologizing to him 彼に謝罪するつもりもなく

❻ U (ある時代・学派・個人などの) 考え方, **思想**, 思潮 ‖ Habits of ~ cannot change quickly. 考え方の癖はすぐには変わり得ない / modern ~ 近代思想 / scientific ~ in the 20th century 20世紀の科学思潮

❼ C 《a ~》《副詞的に》《旧》少し, ちょっと, 心持ち ‖ Be a ~ more careful. もう少し気をつけなさい

(as) quick* [OR *swift*] *as thóught 即座に, 直ちに

second thought(s) ⇨ SECOND THOUGHT

spàre a thóught for … …を思いやる

COMMUNICATIVE EXPRESSIONS

1 **Don't gìve it anòther** [OR **a sècond**] **thóught.** 気にしないでください (♥ 感謝・謝罪に対して)

2 **I'll give it a thóught.** 考えてみます (♥ 回答の保留. = Let me give some [OR more] thought to that.)

3 **It's jùst a thóught.** ほんの思いつきです (♥ 提案などをする際に, たまたま思いついたことにすぎないと断る)

4 **It's the thóught that cóunts.** 大切なのは気持ちですよね (♥ 親切な行為を受けたときに用いると感謝を表す)

5 I've **lòst** my **tràin of thóught.** 何を考えていたか忘れてしまった ; 何だっけ (♥ 中断後に話を続けようとして)

6 **Nìce thóught, but** thàt requìres tòo mùch tíme to pùt into práctice. いい考えですが, 実行するには時間がかかりすぎます

7 **Pèrish the thóught!** そうなってほしくないね ; 冗談じゃない

8 **Thát's a thòught.** それはいい考えだ

9 **The thòught escáped me.** 何だっけ (♥ ど忘れ)

10 **You must gìve ùp áll thòughts of** hàving fún. 楽しい思いをしようなどという考えは捨てなくてはなりません

類語 《❷》 **thought** 思考や思慮によって理性的に形成された考え. 「突然の思いつき」の意味もある.
idea 「考え」を表す最も一般的な語. 思考や想像によって生まれた考えから, ふと心に浮かぶ考えまで広く用いる.
concept, conception あるものがどんなものである「べき」かという考え ; 概念, 観念. しばしば concept の方が広い一般的な考えを, conception は個人的に抱く考えを表す.
notion しばしば明確または十分に形成されていない, 漠然とした考え (♦ idea, conception, notion が同じように用いられる場合もある). 〈例〉I have no *idea* [OR *notion, conception*] of what it is like. それがどんなものだかわからない (♦ idea が最も一般的, conception はやや改まった語)

▶▶ ~ **lèader** 名 C 思想的指導者 ~ **políce** 名 《(the) ~》《複数扱い》思想警察 《反体制的運動・思想を取り締まる警察組織》 ~ **transfèrence** 名 U 思考伝達, テレパシー

:thought² /θɔːt/ 《発音注意》 動 think の過去・過去分詞

thóught·crìme 名 U C 思想犯罪, 反社会的考え (♦ George Orwell の造語)

***thought·ful** /θɔ́ːtfəl/ 形 〔◁ thought¹ 名〕 (**more ~** ; **most ~**) ❶ 考えにふける, 思案する ‖ a ~ expression 思案げな表情 ❷ 思慮深い, 熟慮した ; 綿密な (↔ shallow) ❸ **a** 〈…に〉配慮 [思いやり] のある, 親切な 〈**about, of**〉 **b** 《It is ~ of *A* to *do* で》 *A* (人) が…して親切である ‖ It was ~ *of* you *to* bring me the flowers. お花を持って来てくださるなんてお心遣いありがとうございました / That's very ~ *of* you. ご親切にどうもありがとう (♦ to *do* を省略した言い方) ❹ 〈行いなどが〉注意深い 〈**of**〉

~·ness 名 U 思慮深いこと ; 親切

thought·ful·ly /θɔ́ːtfəli/ 副 考え込んで ; 思いやり深く

thought·less /θɔ́ːtləs/ 形 ❶ 軽率な, 不注意な, 思慮のない ❷ (人・言葉などが) 思いやりのない, 不親切な

~·ly 副 **~·ness** 名

thòught-óut ⟨シ⟩ 形 考え抜いた, 周到な (♦ carefully, well, badly などの副詞を伴う)

thóught-provòking 形 (論文などが) 示唆に富む, 考えさせる

thóught-rèader 名 C 読心術者

thóught-rèading 名 U 読心術

***thou·sand** /θáuzənd/ 名 (複 **~** OR **~s** /-z/) ❶ C U 1,000, 千 (♦ 数詞や a few, several などの数を表す形容詞とともに用いるときは -s をつけない) ‖ a [OR one] ~ 1,000 (♦ one thousand の方が《堅》) / ten ~ 1万 / a [OR one] hundred ~ 10万 / two ~ 2,000 (♦ ×two thousands とはいわない) ❷ C 1,000を表す記号 (1,000, ローマ数字の M など) ❸ C 1,000個 [人] 1組のもの ‖ by the ~ 千単位で ❹ 《複数扱い》 1,000個, 1,000人 (など) ❺ C 〖数〗 1,000の位 (thousand's place) ❻ C 《~s》 何千, 数千 ; 《口》 (漠然と) 多数 ‖ ~*s* of birds 何千羽もの鳥 / many ~*s* of men and women 何千人もの男女 / tens of ~*s* of insects 数万の虫 / by the ~(*s*) 何千となく, 無数の / in (the) ~*s* 何千にもなって ❼ 《the ~s》 4けたの数字 (1,000から9,999)

a thòusand to óne 確実な [に], ほぼ間違いない [く]

bàt a [OR *òne*] *thóusand* 《米口》 常に成功する

òne in a thóusand 千に一つ (あるかないかのもの [人])

— 形 《通例限定》 ❶ 1,000の, 千の ; 1,000人 [個] の ‖ a [OR one] ~ people 1,000人の人々 / three ~ trees 3,000本の木々 ❷ 《a ~》 無数の, 多数の ‖ A ~ thanks for your kindness. ご親切本当にありがとう

(*a*) *thòusand and óne ...* 無数の…, たくさんの…

▶▶ **Thòusand Ìsland dréssing** 名 U サウザンアイランドドレッシング (マヨネーズにケチャップその他を加える)

Thòusand Íslands 名 《the ~》 サウザンド諸島 (米国・カナダ国境のセントローレンス川に浮かぶ約1,500の島々 ; 避暑地)

thóusand·fòld 形 1,000倍の

— 副 1,000倍に (♦ 通例 a または数詞を伴う)

thou·sandth /θáuzəntθ, -zəndθ/ 形 《通例 the ~》 1,000番目の ; 1,000分の1の — 名 ❶ 《通例 the ~》 1,000番目の人 [もの] ❷ C 1,000分の1

thrall /θrɔːl/ 名 ❶ U 《文》 奴隷状態 (slavery) ; 束縛 ‖ in ~ (to ...) (…の) とりこになって ❷ C 《古》 奴隷

thrall·dom, 《英》 **thral-** /θrɔ́ːldəm/ 名 U 《文》 奴隷状態 ; 束縛

***thrash** /θræʃ/ 動 他 ❶ (棒・むちなどで) …を激しく打つ, たたく ; …をぶつ ❷ 《口》 〔競技の相手など〕を簡単に打ち負かす ‖ The Pirates ~*ed* the Cubs 8–0. パイレーツがカブスを8対0で打ち負かした ❸ 〔腕・足〕を振り回す, 〔手・足〕をばたつかせる ‖ ~ one's arms around in the water 水中で腕をばたばたさせる ❹ 〔穀物〕を脱穀する (thresh) ❺ 〖海〗 〔船〕を逆風 [逆潮] に抗して押し進める

— 自 ❶ 激しく動き回る, のたうち回る, 七転八倒する 《***about, around***》 ‖ The fish is ~*ing about* in the bucket. 魚がバケツの中でぴちぴちはねている / ~ *around* in pain 痛くてのたうち回る ❷ 〈…を〉激しく打つ 〈**at**〉 ❸ 〖海〗 (船が) 風や潮流に逆らって進む

thràsh óut ... / *thràsh ... óut* 〈他〉 (議論などを重ねて) 〔結論など〕を引き出す ; 〔問題など〕を十分検討して解決する (☞ argue out)

— 名 C ❶ (繰り返し) 激しく打つ [打ち当たる] こと ; 激しく動き回る [揺れ動く] こと ❷ 《口》 (騒々しい) パーティー ; スリリングなゲーム [レース] ❸ (= ~ **mètal**) U 〖楽〗 スラッシュメタル (激しいロックの一種) ❹ 〖水泳〗 ばた足

thrash·er /θrǽʃər/ 名 C ❶ むち打つ人 ❷ =thresher ❶ ❸ 〖鳥〗 ツグミモドキの類の鳥

thrash·ing /θrǽʃɪŋ/ 名 U C ❶ むち打ち ❷ 《単数形で》 (競技などでの) 完敗 ‖ give him a ~ 彼を完敗させる

:thread /θred/ 《発音注意》

— 名 (複 **~s** /-z/) ❶ U **糸**, 縫い糸 ; C (1本の) 糸 ‖ a spool [《英》 reel] of cotton [silk] ~ 一巻きの木綿 [絹] 糸 / a needle and ~ 糸を通した針 ❷ C (話・議論の) 筋道, 脈絡 ; 一貫する要素 [特徴] ‖ lose [OR miss] the ~ of conversation 話の筋がわからなくなる / resume [OR take up] the ~ of a story 話の穂を継ぐ / A ~ of humor marked all his writing. 彼の書き物全体に一貫してユーモアが漂っていた ❸ C (ガラス・金属の) 繊維 ; (クモなどの) 糸 ; (シロップなどの引く) 糸 ; 《主に文》 〈光線・煙などの〉一筋 ; 〈川などの〉細い流れ ; 〈鉱石などの〉細脈 〈**of**〉 ‖ the ~*s of* a spider web クモの巣の糸 / a ~ *of* light 一筋の光 / a ~ *of* hope 一縷(いちる)の望み ❹ C 〖機〗 ねじ山, ねじ筋 (screw thread) ❺ C 《~s》 《主に米俗》 衣服, 着物 ❻ C 💻 スレッド (1つの話題やテーマについてやりとりされた一連の電子メールやBBSでの発言) ; スレッド (コンピューターのCPUの処理の単位) ❼ U C 寿命 ‖ the ~ of life 人間の寿命

**hàng by a thréad* 危機にひんしている

pìck ùp the thréads =pick up the PIECES

— 動 (**~s** /-z/ ; **~·ed** /-ɪd/ ; **~·ing**)

— 他 ❶ 〔針〕に糸を通す ; …に〈…を〉通す 〈**with**〉 ; …を〈…に〉通す 〈**through**〉 ‖ ~ a needle *with* silk = ~ silk *through* a needle 針に絹糸を通す ❷ 〔フィルム・テープなど〕を装着する ; 〔ミシン・織機など〕に糸をかける ‖ ~ a film onto the projector フィルムを映写機に装塡(そうてん)する ❸ 〔ビーズなど〕に糸を通す ; 糸を通して…を作る ; 《通例受身形で》 〈特定の糸が〉縫い込まれる, 織り込まれる 〈**with**〉 ‖ a robe ~*ed with* gold 金糸の縫い込まれたローブ ❹ 〔人込み・狭い通路など〕を縫うように進む ❺ 〔髪など〕に筋を入れる ‖ dark hair ~*ed* with silver 銀髪の混じった黒髪 ❻ …に一貫して流れる, 行き渡っている ‖ Sorrow ~*ed* her novel. 彼女の小説には一貫して悲しみが流れていた ❼ 〖機〗 …にねじ山をつける

— 自 ❶ 〈…を〉縫うようにして進む 〈**across, through, etc.**〉 ‖ The path ~*s through* the woods. 林の中を小道が縫うようにして続いている ❷ 《米》 (シロップなどが) (スプーンから) 糸状に垂れる

thrèad one's wáy through ... …を縫うように進む

▶▶ **~ cóunt** 名 C 〖織物〗 打ち込み本数 (1インチ平方の生地に織り込まれた縦糸と横糸の本数. 数字が大きいほど高級) ‖ a 500-*thread-count* sheet 打ち込み本数500の生地 **~ vèin** 名 C (皮膚上に透けて見える) 細い静脈

thréad·bàre 形 ❶ (衣服が) すり切れた ❷ (人が) ぼろを着た ; みすぼらしい ❸ (議論・冗談などが) 陳腐な

thread·er /θrédər/ 名 C 糸通し (器) ; ねじ切り機 ; 紡ぎ糸を織機に取りつける工場労働者

thréad·lìke 形 糸のような ; ほっそりした

thréad·wòrm 名 C 〖動〗 ギョウチュウ (寄生虫)

thread·y /θrédi/ 形 ❶ 糸の (ような) ; (液体などが) 糸を引く ❷ (声などが) か細い ❸ 〖医〗 (脈が) 弱々しい

:threat /θret/ 《発音注意》

— 名 〔▶ threaten 動〕 (複 **~s** /-s/) ❶ C U **脅し**, 脅迫, 威嚇 〈**to do** …するという / **that** 節 …だという〉 ; 〖法〗 恐喝 ‖

He will never「give in [OR succumb] to ～*s*. 彼は絶対脅しなどには屈しない / The monkey made [OR issued] ～*s* against the boys. 猿が少年たちを威嚇した / It's not good to carry out your ～ *to* hit your child. 子供をぶつぞと脅すのはよくない / He only complied **under** (the) ～ of punishment. 彼は罰するぞと脅されて従っただけだ / an empty ～ こけおどし / receive a death ～ 殺すという脅しを受ける
❷ Ⓤ/Ⓒ《通例単数形で》〈悪いことの〉兆し, 気配, 恐れ, 予兆〈**of**〉;〈…の〉脅威〈**from, of**〉‖ The village is **under** ～ *of* eruption. 村は噴火の危機に見舞われている ❸ Ⓒ《通例単数形で》〈…にとって〉脅威(となるもの),〈…を〉おびやかすもの[人]〈**to**〉‖ Global warming is a **serious** [major] ～ *to* the human race. 地球温暖化は人類にとって深刻[重大]な脅威である / **pose** a ～ 脅威となる

⁑threat·en /θrétən/《発音注意》
—動〔◁ threat 名〕(～s /-z/; ～ed /-d/; ～·ing)
—他 ❶ **a**《+目》…を〈…で〉**脅す**, 脅迫する, 威嚇する〈**with**〉; …をすると脅す(⇨ 類語) ‖ The robber ～*ed* us with a knife. 強盗はナイフで我々を脅した / He ～*ed* the people *with* the news of a wolf approaching. 彼はオオカミが来るぞと告げて人々を脅した / ～ an indefinite strike 無期限ストを打つと脅す
b《+to *do* / that 節》…すると脅す ‖ The manager ～*ed to* make the scandal public. 部長はそのスキャンダルのことを公にするぞと脅した
❷ (危険・災害などが)…に脅威を与える, …をおびやかす, 危険にさらす;《受身形で》〈…の〉恐れがある〈**with**〉‖ The forest fire ～*ed* the villagers. 山火事が村人を危険にさらしていた / Unrestricted industrial growth ～*s* the natural environment. 無制限の産業の発達が自然環境を脅かしている / be ～*ed with* extinction (動物などが)絶滅の危機にある
❸ **a**《+目》…の恐れがある, 前兆である ‖ The sky ～*s* a storm. 嵐(あらし)になりそうな空模様だ
b《+to *do*》…しそうである, …する恐れがある ‖ Tears ～*ed to* spill down her cheeks. 涙が今にも彼女の頬(ほお)をこぼれ落ちそうだった
—自 ❶ 脅す, 脅迫する ❷ (悪いことが)迫っている, 起こりそうである ‖ The weather ～*s*. 天気が崩れそうだ / There ～*s* to be a tornado.=There's a tornado ～*ing*. 竜巻が起こりそうな気配だ
～ed 形 絶滅の危機にさらされている ‖ a ～ species [animal] 絶滅の危機にある種[動物]　**～·er** 名

類語《他 ❶》**threaten**「脅す」の意の一般語. 特に「言うとおりにしなければ危害を加えるぞ」と言って脅す.
menace 表情・動作・武器などで凄(すご)みをきかせて脅す. 脅威・危険・敵意などがより強く感じられる; やや文語的.〈例〉Nuclear weapons *menace* the human race. 核兵器が人類を脅かしている

***threat·en·ing** /θrétənɪŋ/ 形 ❶ 脅迫の, 脅すような, 威嚇的な ‖ a ～ letter 脅迫状 ❷ (天候などが)荒れ模様の
～·ly 副

⁑three /θriː/
—形《限定》3の, 3つの, 3人[個]の;《叙述》3歳で ‖ *Three* fours are twelve. 4が3つで12, 3×4＝12 / a ～-year-old boy 3歳の男の子 / ～ quarters of a year 1年の4分の3
—名 (❶, ❷, ❸ ⇨ FIVE 用例) ❶ ⓊⒸ《通例無冠詞で》3; Ⓒ 3の数字(3, III, iii など)(♦ 序数は third; 関連する形容詞形には tertiary, triple がある. 3を表す接頭辞には tri- がある)
❷《複数扱い》3つ, 3人[個] ❸ Ⓤ; 3時[分]; 3歳 ❹ Ⓒ 3人[個]1組のもの ❺ Ⓒ 3番目のもの;(トランプ・さいころなどの)3; 3号サイズ(のもの);《～s》3号サイズの靴
the Thrèe Wìse Mén〖聖〗東方の三博士(the Magi)
▸▸**Thrèe Mìle Ísland** 名 スリーマイル島《ペンシルベニア州ハリスバーグに近いサスケハナ川にある島. 1979年にこの島の原子力発電所で事故があった》**～ stríkes (and you're óut) làw** 名 Ⓒ《米》〖法〗三振即アウト法《2度重罪の判決を受けた者は3度目には終身刑になる》

thrèe-bàse hít, thrèe-bágger /-bǽgər/ 名 Ⓒ《米》〖野球〗3塁打(triple)
thrèe-càrd món·te /-mɑ́ːnṭi | -mɔ́n-/ 名 Ⓤ〖トランプ〗スリーカードモンテ《3枚のカードを示してからよく切って伏せ, 特定のカードを当てさせる賭(か)け》
thrèe-càrd tríck 名 Ⓤ《英》〖トランプ〗(3枚カードのうちの)クイーン当て
thrèe-córnered ◁ 形《通例限定》❶ 三角形の ❷ (争いなどが)三つどもえの
thrèe-D̀ ◁ 名 Ⓤ 形 3次元(の), 立体(の); 立体映像(の)(♦ three-dimensions, three-dimensional の短縮形. 3-D とも書く)
thrèe-dày evént(ing) 名 Ⓤ《英》(3日間の)総合馬術競技会(eventing)
thrèe-décker ◁ 名 Ⓒ ❶ 3層甲板船,(昔の)3層甲板戦艦 ❷ 3階[段, 層]からなるもの; 3枚重ねのサンドイッチ ❸ 3巻物の小説
***thrèe-diménsional** ◁ 形 ❶ 3次元の, 立体の;(映画などが)立体感のある ❷ (表現などが)十分表されている; 現実味のある, 迫真の
thrèe-fígure 形 (数字が)3桁(けた)の(three-digit)
thrée·fòld 形 3重[倍]の; 3つの部分からなる
—副 3重[倍]に
thrèe-fóurths 名 複《主に米》4分の3
thrèe-hánded 形 (遊戯などが)3人でする
thrée-làne 形 (道路が)3車線の
thrèe-légged ◁ 形 3脚の,(スクーナ船が)3本マストの
▸▸**～ ràce** 名 Ⓒ 2人3脚(競走)
thrèe-lìne whíp 名 Ⓒ (英国の)政党の登院命令《3本線で目立つようにしてある》(→ whip)
thrée-pèat《米口》〖主にスポーツ〗名 Ⓒ 3連勝
—動 自 他 (…に)3連勝する(♦ *three*+*repeat* より)
three·pence /θrépəns/《発音注意》名 (複 ～ OR **-penc·es** /-ɪz/)《英》❶ Ⓤ《旧》3ペンス(の金額)《1971年廃止》❷ Ⓒ 旧3ペンス硬貨
three·pen·ny /θrépəni/《発音注意》形《限定》《英》《旧》3ペンスの; 安っぽい
▸▸**～ bít [píece]** 名 Ⓒ 旧3ペンス銅貨
thrèe-píece ◁ 形《限定》(服が)3つぞろいの;(家具などが)3点セットの　—名 Ⓒ ❶ (=～ **súit**) 3つぞろいの服 ❷ 3部からなる品物 ❸ 3人の演奏家からなるバンド
thrée-plỳ 形 3枚合わせの, 3重に織った;(綱などが)3本よりの　—名 Ⓤ 3重織りの毛織物; 3枚張りの合板
thrèe-póinter, 3̀-póinter 名 Ⓒ〖バスケットボール〗3点シュート(three-point shot)
thrèe-pòint lánding 名 ⒸⓊ〖空〗3点着陸《3つの車輪を同時に接地させる理想的着陸法》
thrèe-pòint túrn 名 Ⓒ 3点方向転換《狭い道などで車を前進・後退・前進させて方向転換する方法》
thrèe-quárter ◁ 形《限定》❶ 4分の3の; 7分(丈)の ‖ a ～ sleeve 7分そで ❷ (肖像などが)頭から腰までの;(顔が)半横向きの
thrèe-quárters 名 複〈…の〉4分の3〈**of**〉‖ ～ *of* an hour 4分の3時間, 45分
thrèe-ring círcus 名 Ⓒ ❶ 3つの演技場で同時進行するサーカス ❷《単数形で》《米口》目まぐるしいもの, てんやわんやの大騒ぎ
thrèe·scóre ◁ 形 名 Ⓤ《文》60(の) ‖ ～ and ten〖聖〗70歳《人間の寿命》
three·some /θríːsəm/ 名 Ⓒ《通例単数形で》❶ 3人1組 ❷ 3人1組でする競技;〖ゴルフ〗スリーサム《1人対2人で行う》
thrèe-stár ◁ 形《限定》(ホテルの設備などが)3つ星の, 中の上の《通例最高は5つ星》;《米》(将校が)中将の
thrèe-wáy ◁ 形 3方向の, 3過程の, 3者間の

T

thrèe-whéeler 名C 3輪(自動)車, サイドカー付きオートバイ

thren·o·dy /θrénədi/ 名 (複 **-dies** /-z/) C 悲歌, 哀歌, 挽歌(ばんか) **thre·nó·di·al, thre·nód·ic** 形

thresh /θreʃ/ 動 他 ❶ (殻ざおなどで)〔穀物〕を脱穀する ❷ …を激しく打つ(thrash) ❸ …を検討[議論]する《*over*》
━自 ❶ 脱穀する ❷ のたうち回る《*about*》
thrèsh óut = THRASH *out*

thresh·er /θréʃər/ 名C ❶ 脱穀する人;脱穀機 ❷ (= ~ **shàrk**)〖魚〗オナガザメ

thresh·ing /θréʃɪŋ/ 名U 脱穀
~ **machìne** 名C 脱穀機

***thresh·old** /θréʃhould/ 名C ❶ 敷居;玄関,(家・建物の)入口 ‖ The groom carried his bride over the ~. 花婿が花嫁を抱えて敷居をまたいだ / stand at [OR on] the ~ 戸口に立つ / cross the ~ 敷居をまたぐ, 家に入る ❷《通例単数形で》端緒, 発端, 物事の始まり;(飛行場の)滑走路の末端《着陸への入口》‖ We are on the ~ of a new era in medical science. 私たちは医学の新時代の入口に立っている ❸(何かが生じ始める)限界(点), 基準, 水準;〖心〗閾(いき)《刺激で反応が起こり始める境界》;〖理〗しきい値《反応などを起こさせるのに必要な最小の物理量》‖ have a high [low] pain ~ 苦痛をよくこらえる[こらえられない] ❹《主に英》(年収の)課税最低限《課税が始まる年収水準》;(物価スライド制による賃金の)引き上げ分岐点 ❺《形容詞的に》予備的な, 初めての

:threw /θruː/(♦同音語 through) 動 throw の過去

thrice /θraɪs/ 副《主に堅・文》❶ 3度, 3回;3倍(♦通例 three times を用いる) ❷《主に複合語で》大いに ‖ ~-blessed 非常に恵まれた

***thrift** /θrɪft/ 名 ❶U 倹約, 節約 ‖ practice ~ 倹約する ❷C〖植〗ハマカンザシ(sea pink) ❸C《米》貯蓄銀行, 貯蓄貸付組合
語源「繁栄」の意の古期北欧語 *thrifask* から, その手段「倹約」へと意味が変化した. thrive と同語源.
~ **shòp** [**stòre**] 名C《米》リサイクルショップ,(慈善)中古品[古着]市[店]

thríft·less /-ləs/ 形 金遣いの荒い;浪費する
~**·ly** 副 ~**·ness** 名

thrift·y /θrífti/ 形 ❶ 倹約する, つましい(♦よい意味で) ❷《主に古・方》(植物・家畜などが)繁茂する;よく成長している ❸《古》繁栄している **thríft·i·ly** 副

:thrill /θrɪl/
━名 (複 **~s** /-z/) C ❶〈興奮・喜び・恐怖などで〉ぞくぞく[わくわく]する感じ, 戦慄(せんりつ), **スリル**, 身震い〈**of** (*doing*)〉;ぞくぞく[わくわく]させるもの ‖ We got a ~ from [OR out of] riding a roller coaster. 私たちはジェットコースターに乗ってスリルを味わった / It is a ~ to watch a great champion play. 名チャンピオンが試合をするのを見るとわくわくする / a ~ *of* fear 恐怖の戦慄
❷《古》動悸(どうき), 脈拍;(体に感じる)震動 ❸〖医〗振せん
(*the*) *thrills and spills* [OR *chills*]《口》(スポーツ観戦などの)手に汗握る興奮, ぞくぞくする経験
━動 (**~s** /-z/; **~ed** /-d/; **~·ing**)
━他 ❶ (興奮・恐怖・喜びなどで)…を**ぞくぞく[わくわく]させる**;《受身形で》わくわくする, 大喜びする〈**at, with** …で / **to do** …して / **that** 節 …ということで〉‖ The film ~*ed* young girls all over the world. その映画は世界中の若い女性の胸をときめかせた / She will be ~*ed to* hear the news. その知らせを聞いたら彼女は感激するよ
❷ …を震わせる, 震動させる
━自 ❶〈…で〉ぞくぞく[ぞっと, わくわく]する〈**at, to**〉‖ He ~*ed at* the good news. 彼はよい知らせに目を輝かせた / She ~*ed to* the sound of his footsteps. 彼女は彼の足音に胸を踊らせた(♦「ぞっとした」の意味にはふつうならない) ❷ (感情などが)〈…に〉ぞくっと走る〈**through**〉‖ Good spirits ~*ed through* him. 元気が彼の体中にみなぎった ❸《文》(興奮などで)震える, 震動する
be thrìlled to bíts [*píeces*]《口》喜びのあまり興奮する

thríll·cràft 名C《米》《集合的》高速水上娯楽用乗り物《jet skis, parasail など》

***thrill·er** /θrílər/ 名C スリラー小説[映画, 劇など], 犯罪[探偵, スパイ]小説[映画] ‖ a ~ writer スリラー作家

***thrill·ing** /θrílɪŋ/ 形 ❶ ぞくぞく[わくわく]させる, スリルに満ちた ❷ 震える ~**·ly** 副

thrips /θrɪps/ 名 (複 ~) C〖虫〗スリップス, アザミウマ《花などを食害する微小な昆虫》

***thrive** /θraɪv/ 動 (**~d** /-d/ OR **throve** /θrouv/; **~d** OR **thriven** /θrívən/; **thriv·ing**) 自 ❶ (事業・産業などが)栄える, 繁栄する;成功する;盛んになる ‖ Las Vegas is *thriving* in the desert. ラスベガスは砂漠の中で繁栄している / Nursing-care services will ~ in the future. 介護サービスの仕事は今後成長するだろう ❷ (人・動植物などが)丈夫に育つ, 成長する, 繁茂する
thríve on ... 〈他〉① …でよく育つ ②〔人が敬遠するようなこと〕を楽しむ, …にとてもうまく対処できる
thrív·er 名 **thrív·ing** 形

thro', thro /θruː/ 前 副 形《口・文》=through

:throat /θrout/
━名〔▶ throaty 形〕(複 **~s** /-s/) C ❶ **のど**, 咽頭(いんとう), 喉頭(こうとう);《口》咽喉(いんこう)炎 ‖ I have a **sore** ~. のどが痛い / I felt my ~ go dry. のどがからからに渇いた / I quenched my ~ with water. 水を飲んでのどの渇きをいやした / A fish bone got stuck in my ~. 魚の骨がのどに引っかかった / **clear** one's ~ せき払いをする / gargle one's ~ うがいをする
❷ (あごの下の)のど, のどもと, のど笛 ‖ A pearl is glittering at her ~. 真珠が1粒彼女の首で輝いている
❸ のど状のもの;(物の)首, のど, 口;狭い通路;(植物の)管状器官の開口部 ❹《文》(人・鳴き鳥の)声 ❺〖海〗=nock
be at [*èach òther's* [OR *òne ànother's*] *thróats* けんかして[争って]いる
cùt [*èach òther's* [OR *òne anòther's*] *thróats* (過度の競争で)共倒れになる
cùt one's (*òwn*) *thróat* のどをかき切る, 自殺する;(ばかなまねをして)自滅する
fòrce [OR *ràm, shòve, thrùst*] *... dòwn a pèrson's thróat*《口》(人に)〔考えなど〕を無理やり押しつける
gràb ... by the thróat ① =*take ... by the throat* ①(↓) ②〔人〕を夢中にさせる, 魅了する ‖ The movie will *grab* you *by the* ~. その映画は君の心をつかんで離さないだろう
stìck in a pèrson's thróat ① のどに引っかかる(→❶);(言葉などが)感情が高ぶって出てこない ②(提案・状況などが)納得できない, 心に引っかかる
tàke ... by the thróat ①(人の)首を絞める ② …を完全に支配する[負かす, 掌握する] ‖ Brazil *took* the game *by the* ~ from the start. ブラジルは試合開始からゲームを完璧(かんぺき)に支配した

COMMUNICATIVE EXPRESSIONS
1 Don't **jùmp dòwn my thróat.** 突然そんなこと言われたって(♥「(発言の途中で)唐突に強く非難する」の意)

語源「ふくらんだところ」の意の古英語 *throte* から,「のどぼとけ」→「のど」のように意味が変化した.

-throat·ed /θróuṭɪd/ 形《複合語で》のどが…の;…ののどをした ‖ white-~ のどが白い

throat·y /θróuṭi/ 形〔◁ throat 名〕(声が)のどで発せられた;喉音(こうおん)の;しわがれた ‖ in a ~ voice しわがれ声で
thróat·i·ly 副 **thróat·i·ness** 名

***throb** /θrɑ(ː)b | θrɔb/ 動 (**throbbed** /-d/; **throb·bing**) 自 ❶ (頭・傷口などが)ずきずきする ‖ My tooth is *throbbing* with pain. 歯が痛くてずきずきしている ❷ (心臓・脈などが)激しく打つ, どきどきする ‖ His heart *throbbed* with sudden shock. 彼の心臓は突然のショックで激しく動悸(どうき)を打った ❸ (音楽・機械が)(律動的に)震動する, 鼓動する ❹ (興奮などで)うち震える, 胸が鳴る

―名 ❶ U/C《通例単数形で》(心臓などの)鼓動；(特に)動悸，どきどき(heartthrob)；興奮，胸のときめき；ずきずき痛むこと ‖ My heart gave a ～. 心臓がどきっとした / ～*s* of pleasure 歓喜による胸のときめき / a ～ of pain ずきんとする痛み ❷ C 震動，震え，響き

throb·bing /θrá(ː)bɪŋ | θrɔ́b-/ 形 鼓動する，動悸のする，震動する；躍動する

throe /θroʊ/ 名 C《通例 ～s》激しい痛み；陣痛；《比喩的に》産みの苦しみ；断末魔(のもがき)(⇨ PAIN 類語)

in the thróes (*of* ...) (問題・仕事などに)苦闘して，必死に取り組んで

throm·bin /θrá(ː)mbɪn | θrɔ́m-/ 名 U 〘生化〙トロンビン《血液の凝固酵素》

throm·bo·sis /θrɑ(ː)mbóʊsəs | θrɔmbóʊsɪs/ 名 (複 **-ses** /-siːz/) U C 〘医〙血栓症 **-bót·ic** 形

throm·bus /θrá(ː)mbəs | θrɔ́m-/ 名 (複 **-bi** /-baɪ/) C 〘医〙血栓

***throne** /θroʊn/ (♦ 同音語 thrown) 名 C ❶ 王座，玉座；教皇[司教]座《儀式用の座席》 ❷《the ～》王位；王権，王威；国王，君主，王権者 ‖ be on the ～ 王位に就いている / 「come to [OR ascend, mount] the ～ 王位に就く / succeed to the ～ 王位を継承する / the heir to the ～ 王位継承者 / be next in line to the ～ 次期王位継承者である ❸《口》《戯》便座，便器 ❹《～s》〘宗〙座天使《9天使中の第3位》(→ order 名 ⓬)

―動《文》他《通例受身形で》王位に就く ―自 王位に就く

***throng** /θrɔ(ː)ŋ/ 名 C ❶《集合的に》群衆；雑踏，人だかり(⇨ CROWD 類語) ‖ I pushed my way through the ～. 私は群衆の中をかき分けて進んだ ❷ 多数，大勢 ‖ A ～ of tourists is [OR are] walking up and down the street. 大勢の旅行客が通りを往来している / ～*s* of chickens 鶏の群れ

―動 自〈…に〉押しかける，殺到する，群がる〈**to, into, around**〉‖ The people ～*ed around* the film star. 人々はその映画スターの周りに群がった ―他〔場所など〕にぎっしり詰まる，殺到する；〔人〕に群がる；《通例受身形で》〈…で〉満たされる〈**with**〉‖ Young boys and girls ～*ed* the narrow street. 若い男女がその狭い通りに押し寄せた / The newly-opened store was ～*ed with* shoppers. 新規開店の店には買い物客が殺到した

***throt·tle** /θrá(ː)ṭl | θrɔ́tl/ 動 他 ❶ …ののどを絞める，窒息(死)させる ❷ …の発言を封じる；〔組織・行動など〕を抑圧する ‖ ～ the press 報道機関に圧力をかける ❸〔内燃機関(の燃料)など〕を絞り弁で調節する；〔車など〕を減速する《*back, down*》 ―自 (車を)減速する《*back, down*》

―名 C ❶〘機〙スロットル(バルブ)，絞り弁《エンジンに送り込むガソリンや蒸気の量を調節する装置》‖ open [close] a ～ スロットルを開く[閉じる] ❷〘機〙スロットルレバー[ペダル] ❸《古》のど，のど笛，気管

(*at*) *fùll thróttle* 全速力で，全力で

-tler 名

*****through** /θruː/《発音注意》(♦ 同音語 threw) 前 副 形

中心義 **Aを通り抜けて**(★通り抜ける過程の「通過することそのもの」「経路全体」「結果」のどこに視点を置くかによって多様な意味となる. Aは具体的な「場所」に限らず「時間」「手段」「経験」など多様)

―前 ❶《貫通・通過》**…を通って**，通り抜けて，貫いて ‖ A cool breeze came ～ the window. 涼しい風が窓から入ってきた / The Thames runs ～ London. テムズ川はロンドンを貫流している / drive ～ a red light 赤信号を無視して走り抜ける / 「push (one's way) [OR make one's way] ～ a crowd 人込みを押し分けて進む

❷《場所》**…の至る所に**，…中に[を] ‖ She searched ～ her purse. 彼女はハンドバッグの中をくまなく探した / That beautiful melody keeps running ～ my mind [OR head]. その美しい旋律が頭から離れない / travel ～ Italy イタリアをあちこち旅行する

❸《時間》**a** **…の始めから終わりまで**，…中ずっと(throughout)(⇨ FOR 類語) ‖ It rained all [OR right] ～ the night. 雨は一晩中降り続いた(♦ all や right は意味を強める) / (all) ～ (the) winter 冬中ずっと

b《米》(…から)…まで ‖ We are open five days a week, (from) Monday ～ Friday. 月曜日から金曜日までの週5日営業しています(♦(1) 金曜日を含む(⇨ TO¹ 語法(2)). (2) この用法のとき，thru と簡略化して書くこともある. (3)「…から」を表す from はしばしば省略される)

❹《手段・原因》**…を通じて**，…によって ‖ I located my old high-school friend ～ the Internet. インターネットで高校時代の友人の所在を突き止めた / speak ～ an interpreter 通訳を介して話す / learn ～ trial and error 試行錯誤を通して学ぶ / fail ～ ignorance 無知ゆえに失敗する

❺《経験・克服》…を経験して，克服して，切り抜けて，終わって ‖ go [OR put oneself] ～ misery 惨めな思いをする / live ～ a war 戦争を生き抜く / read ～ a book 本を通読する ❻ (騒音に)かき消されずに ‖ speak ～ the noise of a plane 飛行機の騒音に負けないように大声で話す

―副《比較なし》❶ **通して**，通り抜けて ‖ I opened the door and let the visitor ～. 私はドアを開けてその訪問者を通した / I looked [OR glanced] the newspaper ～. 新聞にざっと目を通した

❷ (始めから)**終わりまで**；(目的地まで)直通で ‖ We had lovely weather all (the) winter ～. 冬の間中素晴らしい天気だった(→ 前 ❸ **a**) / sleep right ～ ずっと寝ている / read a book ～ 本を通読する(→ 前 ❺) / take a plan ～ 計画をやり遂げる

❸ **全く**，すっかり(♦ 叙述用法の形容詞の後で用いる) ‖ I got wet [OR soaked] ～. 全身ずぶぬれになった / The fish is cooked ～. 魚は中まで火が通っている

❹ (法案・提案などが)通って ‖ His application didn't go ～. 彼の応募は通らなかった / The bill got ～. その法案は(議会を)通過した ❺《英》電話がつながって ‖ I tried to call him, but I couldn't get ～. 彼に電話しようとしたがつながらなかった / I'll put you ～ to customer service. お客様係におつなぎします ❻ (困難・テスト・試合などを)切り抜けて，勝ち進んで ‖ All the seeded teams **got** ～ to the third round. シードのチームはすべて3回戦まで進んだ / come [OR pull, sail] ～ 何とかなる，持ちこたえる / **get** [OR **make it**] ～ 苦労の末たどり着く ❼ じっくりと，注意深く ‖ You should think it ～ before putting down a deposit on that house. その家の手付金を払う前にじっくり考えた方がいいよ

thròugh and thróugh 全く，徹底的に，筋金入りの ‖ She is a New Yorker ～ *and* ～. 彼女は生っ粋のニューヨーカーだ / I know this neighborhood ～ *and* ～. 私はこの辺りのことを知り尽くしている

―形《比較なし》❶《叙述》〈…を〉終わって；〈…と〉関係が切れて〈**with**〉‖ I'm ～ for the day. 今日の仕事は終わった / After the last election, he is ～ in politics. 前回の選挙の後で彼の政治生命は終わった / Are you ～ *with* that magazine? その雑誌は読み終わりましたか / Mary and I are ～. メアリーとの関係は終わった

❷《限定》直通の；通り抜けられる ‖ a ～ train to London ロンドン行き直通電車 / No ～ traffic [OR road]. 通り抜け禁止；行き止まり(dead end)

*****through·out** /θruːáʊt/《アクセント注意》前 副

―前 ❶《場所》…**の至る所に**，隅々まで ‖ That player is known ～ Japan. その選手は日本中に知られている

❷《時間》…**中ずっと**，…の始めから終わりまで ‖ We camped at the lake ～ the summer. 私たちはその湖で夏中ずっとキャンプをした / Hawaii is warm ～ the year ハワイは1年中暖かい

―副《比較なし》《通例文末で》❶ 至る所に，全く，**すっかり** ‖ This apple is rotten ～. このリンゴは芯(しん)まで腐っている

❷ (始めから) **終わりまで** ‖ She remained silent ～. 彼女はずっと黙っていた

thróugh·pùt 名 U (原料・製品などの一定時間内の) 処理量；(コンピューターの)効率

thróugh·wày, +《米》**thrú-** 名 C 《米》高速道路

throve /θroʊv/ 動 thrive の過去の1つ

*****throw** /θroʊ/(♦ 同音語 throe) 動 名

中心義 **Aを投げる** (★Aは「物」や「人」に限らず, 「光」「責任」など多様)

── 動 (**～s** /-z/ ; **threw** /θruː/ ; **thrown** /θroʊn/ ; **～·ing**)

── 他 ❶ (⇨ 類語) **a** 《+目》…を**投げる**, ほうる〈**at** …を目がけて ; **to, toward** …の方に〉‖ The fielder *threw* the ball quickly. 野手はボールを素早く投げた / He *threw* a dart *at* the board. 彼はボード目がけてダーツを投げた (♦ 必ずしも的に当たったとは限らない. この例のように攻撃的な行動のときは前置詞は to でなく at) / The neighbor *threw* back the ball. 隣の人がボールを投げ返した

b 《+目 *A*+目 *B* ≒ +目 *B*+**to** 目 *A*》*A* (人・物) に *B* (物) を投げる ‖ *Throw* me an apple. = *Throw* an apple *to* me. リンゴを投げてくれよ

❷ 《+目+副句》…を (ある場所に) ほうり投げるようにして置く[入れる] ; (波・風などが) …を (ある場所に) (強く) 飛ばす, 打ち上げる ‖ I *threw* my dirty T-shirt into the washing machine. 汚れたTシャツを洗濯機にほうり込んだ / He *threw* the cover over his bike. 彼は自転車にカバーを投げかけた / A lot of logs were *thrown* up on the shore by last night's storm. 昨夜の暴風でたくさんの丸太が岸に打ち上げられた / The twister *threw* the truck into a field. 竜巻でトラックは畑の中に飛ばされた

❸ **a** 《+目》…を急に〈ある状態などに〉**投げ入れる**, 陥れる ; …を〈…に〉する〈**into, in**〉; …を〈…から〉追い出す〈**out of**〉(♦ しばしば受身形で用いる) ‖ He was *thrown into* [OR *in*] jail for the night. 彼は一晩留置所にほうり込まれた / The power cut *threw* the city *into* chaos. 停電で町は大騒ぎになった / be *thrown out of* a job 突然仕事を失う

b 《+目+補》(押したりして) …を…の状態にする ‖ He *threw* the window open. 彼は窓をぱっと開けた

❹ (レスリング・柔道などで)〔相手〕を**投げ倒す** ; (馬が)〔騎手〕を振り落とす ‖ The wrestler *threw* his opponent to the mat. レスラーは相手をマットに投げつけた

❺ 《+目+副句》〔体の一部〕をさっと (強く) 動かす, 向ける《**out, up,** etc.》; 〔腕など〕を〈人・首などに〉回す〈**around**〉; 《～ oneself で》体をさっと投げ出す, 投げかける〈**into, onto,** etc.〉‖ She *threw out* her chin and walked off. 彼女はあごを突き出して行ってしまった (♥ throw out one's chin は開き直り, 虚勢, 自尊心の誇示を表すしぐさ) / She *threw up* her arms and cheered. 彼女は両手を力強く上げて喝采(かっさい)を送った / The boy *threw* his arms *around* the dog's neck. 男の子は犬の首に抱きついた / She *threw* herself *into* her mother's arms. 彼女は母親の胸に飛び込んだ / ～ oneself *onto* the bench ベンチにどかっと座る

❻ **a** 《+目+副句》〔光・影など〕を〈…に〉投げかける, 落とす〈**on, across,** etc.〉; 〔責任・影響など〕を〈…に〉投げかける, 向ける, 与える〈**on, upon**〉‖ The tree was ～*ing* a cool shadow down *on* the ground. その木は地面に涼しい影を落としていた / The members of the team *threw* the blame *on* each other. チームのメンバーたちは互いに責任をなすりつけ合った / Don't ～ so much responsibility *on* me! そんなに僕に責任を押しつけるなよ / ～ **light** *on* ... …に光を当てる

b 《+目 *A*+目 *B* ≒ +目 *B*+**at** 目 *A*》*A* (人) に *B* (言葉・視線など) を投げかける, 向ける ‖ He *threw* me an angry look. 彼は怒りのまなざしをこちらに向けた

❼〔人〕をまごつかせる, 面食らわせる《*off*》‖ Her reply *threw* me (*off*). 彼女の返事にまごついた

❽〔人材・資材など〕を(急いで)〈…に〉投入する〈**into**〉; 〔橋など〕を(急ごしらえで)〈…に〉かける〈**across, over**〉‖ ～ an army *into* battle 軍隊を戦闘に投入する / ～ a bridge *across* [OR *over*] a river 川に橋をかける

❾〔スイッチなど〕を入れる[切る], さっと動かす ; レバーをさっと動かして…を接続 [遮断] する ‖ The short *threw* the breaker. (電気が)ショートしてブレーカーが作動した / The mayor *threw* the switch on to light up the Christmas tree. 市長はスイッチを入れてクリスマスツリーに点灯した

❿〔衣服など〕をさっと[無造作に]着る《*on*》, さっと[無造作に]脱ぐ《*off*》; (馬が)〔蹄鉄(ていてつ)〕を落とす

⓫ 《口》〔試合など〕にわざと[八百長(やおちょう)で]負ける

⓬ 《口》〔パーティー〕を開く, 催す ‖ A party was *thrown* to celebrate his success. 彼の成功を祝してパーティーが開かれた

⓭〔発作・かんしゃくなど〕を起こす ‖ ～ a fit [OR tantrum] かんしゃくを起こす ⓮〔さいころ〕を振る, (さいころを振って) …の目を出す ; 〘トランプ〙〔カード〕を出す, 捨てる ‖ ～ a five さいころを振って5の目を出す ⓯ (腹話術などで)〔声〕を自分の口以外から聞こえるようにする ⓰ ろくろを回して…を作る ; 〔材木など〕を旋盤にかける ⓱〔生糸〕をより合わせ(て糸にす)る ⓲〔パンチ〕を加える ⓳ (家畜が)〔子〕を産む

── 自 投げる, ほうる ; 〘野球〙投球する ‖ Can you ～ as far as that tree? あの木まで投げられるかい

***thròw aróund* [OR *abóut*] ... / *thròw* ... *aróund* [OR *abóut*]** 〈他〉① …を四方八方に投げる, 投げ散らかす ; 〔腕など〕を振り回す ② 《口》〔金〕をぱっぱと使う, 浪費する ③ (警察・軍隊が)〔非常線など〕を張る

thròw asíde* ... / *thròw* ... *asíde 〈他〉① …をわきに押しやる ②〔主義・態度など〕を捨てる ; 〔人〕を見捨てる

****thròw awáy* ... / *thròw* ... *awáy*** 〈他〉① (不要として) …を(投げ)**捨てる**, 処分する ; 〘トランプ〙〔カード〕を捨てる ② 〔好機など〕をむざむざ逃す ‖ ～ *away* one's chances of winning 勝てるチャンスをみすみす逃す ③ …を〈…に〉無駄に使う, 浪費する〈**on**〉‖ Don't ～ *away* your money *on* that junk! そんなくだらないものにお金を浪費するなよ ④〔せりふなど〕をさりげなく言う

thròw báck 〈他〉 **I** 《***thròw báck* ... / *thròw* ... *báck***》① …を〈…に〉投げ返す〈**to**〉; 〔光・音〕を反射する[反響させる] ; 〔体の一部〕をさっと後ろに向ける ②〔カーテンなど〕をさっと引く, 〔毛布・掛け布団など〕をさっと取り去る ③〔敵など〕の前進を食い止める, 撃退する ; …(の進展)を遅れさせる ‖ ～ *back* his recovery 彼の回復を阻む ④ 《通例受身形で》(事態の変化などで) やむを得ず〈自分の能力などに〉依存する〈**on**〉‖ They were *thrown back on* their own resources. 彼らは自分たちの力でやるより仕方なくなった ⑤〔問題など〕を〈…に〉差し戻す〈**at, to**〉⑥ 《口》…をぐっと飲み干す **II** 《***thròw* ... *báck***》⑦ 《口》〔過去の事柄など〕を思い出させて〈…を〉とがめる〈**at**〉‖ His earlier remarks were *thrown back at* him. 彼は以前の発言のことで責められた ─〈自〉〈…に〉後戻りする〈**to**〉

thròw dówn* ... / *thròw* ... *dówn 〈他〉① …を投げ落とす[倒す], 投下する ‖ ～ oneself *down* 急にひれ伏す, しゃがみ込む ②〔食べ物など〕をのどにほうり込む ③〔武器など〕を(投げ)捨て(て降伏す)る, 投げ出す ④〔挑戦など〕を果敢に仕掛ける ‖ ～ *down* a challenge to ... …に挑戦する

****thròw ín* ... / *thròw* ... *ín*** 〈他〉① …を投げ込む ; 〘スポーツ〙〔ボール〕をライン内に投げ入れる, スローインする ②〔クラッチ・ギアなど〕をさっと入れる ③ (店などが) (客に) …をおまけにつける ④〔言葉など〕を挟む, 言い添える (♦ 直接話法にも用いる) ⑤〔新しい戦力〕を投入する

***thròw ín with* ...** 〈他〉《口》…と仲間にな(って協力す)る, …に手を貸す

thròw óff 〈他〉《***thròw óff* ... / *thròw* ... *óff***》①〔衣服など〕をさっと脱ぐ, 脱ぎ捨てる(→ 他 ❿) ②〔節度など〕をかなぐり捨てる ③〔邪魔者・束縛など〕を払いのける, 振りほどく ; 〔病気・癖など〕を治す, なくす ‖ ～ *off* a cold 風邪を治す /

～ *off* the shackles of convention 因習の束縛を払いのける ④〔追っ手など〕をまく；…(の目)をごまかす，…の注意をそらす ‖ ～ *off* one's pursuers 追っ手をまく ⑤…を困惑させる，まごつかせる，誤らせる(→他❼) ⑥〔光・熱など〕を発する(emit)；〔汚染物質など〕を出す ⑦〔詩・警句など〕をすらすら書き上げる[言う] ―〈自〉猟を始める

thròw ón ... / thròw ... ón 〈他〉…をさっと着る[身につける]，〔リュックなど〕をさっと背負う(→他❿) ‖ "That's a nice sweater." "(Oh, this?) I just *threw* it *on*." 「素敵なセーターですね」「(ああ，これですか.)大したものじゃありませんよ」(♥「そこにあったものをさっと着ただけ」の意)

thròw ópen ... / thròw ... ópen 〈他〉①⇨他❸b ②〔非公開であったもの〕を〈…に〉開放する；〔競技・議論など〕に〈人を〉自由に参加させる〈**to**〉

thròw óut ... / thròw ... óut* 〈他〉①〔体の一部〕をさっと(前に)出す(→他❺) ②(不要として)…を(投げ)捨てる，処分する ③〔提案・法案など〕を拒否する，はねつける；〔訴訟〕を却下する ‖ ～ *out* a proposal [bill] 提案[法案]をはねつける ④〈場所・職などから〉…を追い出す，たたき出す〈of**〉 ‖ ～ him *out* on the street 彼を表へ追い出す ⑤…を派遣する；〘軍〙〔部隊〕を展開する；《英》〔増築部分など〕を建て直す，広げる ⑥〔ヒント・脅迫文句など〕をそれとなく言う，ほのめかす ⑦〔熱・煙・光など〕を放つ，出す(emit)；(植物が)〔芽など〕を出す ⑧〔人〕を困惑[混乱]させる；〔計算など〕を狂わせる ‖ Continual interruptions *threw* me *out*. 何度も話の腰を折られて混乱してしまった ⑨〘野球・クリケット〙〔打者・走者〕をボールを送ってアウトにする ‖ The runner was *thrown out* stealing. ランナーは盗塁失敗でアウトになった ⑩〔網など〕を繰り出す

thròw óver ... / thròw ... óver 〈他〉①〔物〕を向こうに投げる；…をぞんざいに投げる ②《旧》〔友人・恋人など〕を捨てる，…と手を切る(chuck, jilt；♪ give up) ③…を拒否する

thrów onesèlf at a pérson ①〔人〕に飛びかかる ②《口》(女性が)〔人〕の気を引こうとする，〔人〕に色目を使う

thròw onesèlf ínto ... ①⇨他❺ ②〔仕事・勉学など〕に打ち込む，…に身を入れる，…を熱心に始める

thròw onesèlf ón [OR *upón*] *...* ①…にすがる，頼る ②…を攻撃する

thròw togéther ... / thròw ... togéther 〈他〉《口》①…を急いで作り上げる，ぞんざいに仕上げる ‖ ～ *together* a nest (小鳥が)巣を作る ②〔人々〕を偶然一緒[知り合い]にさせる(♦しばしば受身形で用いる)

thròw úp* 〈他〉《*thròw úp ... / thròw ... úp*》①…を投げ**[噴き]**上げる**；(車などが)〔泥・水など〕をはね上げる，巻き上げる；…を(岸に)打ち上げる ②…をさっと持ち上げる；〔腕・窓など〕をさっと上げる(→他❺) ③…を急にやめる，放棄[断念]する ‖ She *threw up* her studies and started work. 彼女は学業を断念して働き始めた ④《口》…を**吐く**，あげる(♪ bring up；vomit) ⑤〔家など〕を急いで建てる ⑥…を生み出す，出現させる；〔結果など〕をもたらす；…を目立たせる，明らかにする ‖ Every year, the high school baseball tournament ～*s up* a few really good players. 毎年，高校野球選手権では実にいい選手が幾人か輩出する ⑦〔スライドなど〕を映写する，〔メッセージなど〕を画面に出す ―〈自〉《口》吐く，もどす

―名 (複 **～s** /-z/) Ⓒ ❶投げること，投球，一投，…スロー；〘クリケット〙反則投球；さいころを振ること[振って出た目]；ダーツを投げて得た得点 ‖ make a wild ～ past first base 1塁へ暴投する / a free ～ (バスケットの)フリースロー

❷投げて届く距離 ‖ a stone's ～ 石を投げれば届く距離，至近距離

❸(ベッド・ソファーなどの)上がけ，カバー；(薄い)スカーフ，ショール ❹〘機〙動程 ❺〘地〙(断層の)垂直落差 ❻《単数形で》《口》1つ，1単位 ‖ sell at $5 a ～ 1個5ドルで売られている ❼〘陶芸〙ろくろ；旋盤

～·a·ble 形　**～·er** 名

類語 《他❶》**throw**「投げる」を意味する最もふつうの語.〈例〉*throw* a ball ボールを投げる
cast 軽いものを投げる；ふつう慣用的または比喩(ゆ)的表現に用いられる語.〈例〉*cast* a die さいを振る / *cast* suspicion on him 彼に嫌疑をかける
fling 乱暴に力任せに投げる.〈例〉*fling* a dish on the floor 床に皿を投げつける
hurl 遠くへ飛ばすように力を込めて投げる.
pitch はっきりねらいをつけて投げる.〈例〉*pitch* a ball ボールを投げる
toss 軽く[無造作に，ぽいと]投げる，投げ上げる.〈例〉*toss* a coin コインを投げ上げる

▶▶ **～ pìllow** 名Ⓒ(いすやソファーの上に置く)装飾用小型クッション **～ wèight** 名ⒸⓊ(核ミサイルの)投射重量

thrów·awày 形《限定》❶使い捨ての ❷(芝居のせりふなどが)さりげない ―名Ⓒ ❶ちらし，宣伝ビラ ❷使い捨てのもの ❸(芝居の)さりげないせりふ

thrów·bàck 名Ⓒ ❶《通例単数形で》投げ返し；逆転，逆説；〈過去への〉逆戻り(を思わせるもの)〈**to**〉 ❷〘生〙先祖返り，隔世遺伝；先祖返りしたもの

thrów-ìn 名Ⓒ ❶(野球で)(外野から内野などへ)投げられた球 ❷(バスケット・サッカーなどの)スローイン

****thrown** /θroun/ (♦同音語 throne) 動 throw の過去分詞

thrów-òff 名Ⓤ(競争・狩猟などの)開始，出発

thru /θru:/ 前副形《主に米口》=through

thrum[1] /θrʌm/ 名Ⓒ 織り端(の糸)《織り物を織機から切り取った後の縦糸(の列)》；(布の端の)ほぐれ糸，縁糸 ―動 (**thrummed** /-d/；**thrum·ming**) 他…に織り糸をつける

thrum[2] /θrʌm/ 動 (**thrummed** /-d/；**thrum·ming**) 他 ❶〔弦楽器〕をつま弾く ❷…をだらだらと話す ❸…を指でこつこつたたく ―自 ❶〈弦楽器を〉つま弾く〈**on**〉 ❷〈机などを〉指でこつこつたたく〈**on**〉 ❸(大型機械が)単調な音を立てる ―名Ⓒ つま弾くこと[音]；こつこつたたく音

thrush[1] /θrʌʃ/ 名Ⓒ〘鳥〙ツグミの類

thrush[2] /θrʌʃ/ 名Ⓤ〘医〙(小児などの)鵞口瘡(がこうそう)；膣炎(ちつえん)；〘動〙(馬の)蹄叉(ていさ)腐乱

***thrust** /θrʌst/ 動 (**～s** /-s/；**thrust**；**～·ing**) 他 ❶《+目+副句》…を(ある方向に)ぐいと押す，押しつける，突く；〔人・物〕を割り込ませる ‖ Mother *thrust* the money into my hand. 母はその金を私の手に押し込んだ / He *thrust* himself forward into the bus. 彼は強引にバスに乗り込んだ ❷《+目+**on** [**upon**] 名》〔責任・仕事など〕を…に押しつける(♦しばしば受身形で用いる) ‖ The decision was *thrust on* us last week. その決定は先週私たちに押しつけられた ❸…を〈ある状態・行動に〉追いやる，…に強いる〈**into**〉 ‖ The vice president was suddenly *thrust into* power. 副大統領は突然権力の座に置かれた / She was *thrust into* the limelight. 彼女は期せずして脚光を浴びることになった ❹〔手・足など〕を(ぐいと)伸ばす[突き出す]；〔枝など〕を伸ばす，広げる《*out*》 ‖ ～ *out* one's arm 腕をぐいと突き出す ❺〔剣・短刀など〕を〈…に〉突き刺す〈**at, into**〉；(剣などで)…を突き刺す，刺し通す ❻〔発言・質問など〕を差し挟む

―自 ❶ぐいと押す，突く ❷《+副句》〈…を〉押し分けて進む；〈…に〉押し入る，割り込む〈**into, through, etc.**〉 ‖ ～ *through* a crowd 人込みの中を押し分けて進む ❸伸びる，広がる；成長する；(建物などが)突き出る《*up, out*》 ❹(剣などで)〈…を〉刺す，突く，〈…に〉突きかかる〈**at**〉

thrùst asíde ... / thrùst ... asíde 〈他〉①…をわきへ押しやる ②〔苦情・反対など〕を押しのける

thrúst onesèlf ①出しゃばる《*forward*》 ②〈…に〉割り込む〈**in, into**〉(→他❶)

thrùst one's wáy 〈…を〉押し分けて進む〈**into, through**〉

―名 (複 **～s** /-s/) ❶Ⓒ ぐいと押す[突く]こと，強いひと押し[突き] ❷Ⓤ 前進，推進；精力，推進力，押し ❸Ⓒ 突撃，攻撃；(鋭い)批判，非難 ❹《the ～》〈発言などの〉主旨，要点〈**of**〉 ❺ⓊⒸ〘機〙(プロペラ・噴射ガスなどの)推力；〘建〙推圧力；〘地〙衝上(しょうじょう)(断層)(thrust fault)

~·ful 形
▶▶ ~ stàge 名 C 張り出し舞台

thrust·er /θrʌ́stər/ 名 C ❶ 押す[突く, 刺す]人[もの] ❷ (宇宙船の)軌道修正ロケット ❸ (船の)補助プロペラ

thrú·wày 名 《主に米口》=throughway

Thu·cyd·i·des /θjusídədìːz/ 名 トゥキュディデス, ツキジデス(?460-?400 B.C.)《古代アテネの歴史家》

thud /θʌd/ 名 C ずしん[どしん, どさっ](という音); ずしんという一撃 ━動 (**thud·ded** /-ɪd/; **thud·ding**) 自 ずしん[どしん, どさっ]と音を立てる, どさっと落ちる

thug /θʌg/ 名 C ❶ 悪漢, 殺し屋, 盗人 ❷ 《ときに T-》〖史〗(もとインドの)暗殺団員 **thúg·gish** 形

thug·ger·y /θʌ́gəri/ 名 U 暴行, 殺人

thu·li·um /θjúːliəm/ 名 U〖化〗ツリウム《希土類金属元素. 元素記号 Tm》

:thumb /θʌm/ 《発音注意》
━名 (複 **~s** /-z/) C ❶ (手の)**親指**(⇨ HAND 図); (動物の) 第1指 (⇨ GREEN THUMB) ‖ He sucks his ~ like a small child. 彼は幼い子供のように親指をしゃぶる / raise [OR stick out] one's ~ 親指を立てる(♥ 勝利・同意を表すジェスチャー) / We have a ~ and four fingers on one hand. 1つの手には5本指がある (♦ 英語では finger に含めないのがふつう)
❷ (手袋などの)親指 ❸〖建〗丸身くり形

be àll* (《英》*fingers and*) *thúmbs 不器用である, ぎこちない(be clumsy) ‖ My fingers *are* [OR I *am*] *all* ~*s*. 私は本当に不器用だ

gèt the thúmb 《口》〖野球〗(審判により)退場させられる

stìck* [OR *stànd*] *òut like a sòre thúmb ひどく場違いである, 人目につく

***tùrn thùmbs úp* [*dówn*]** 〈…に〉満足[不満]の意を表す, 賛成[反対]する《**on**》

twìddle one's thúmbs ① (親指以外の指を組み) 親指同士をくるくる回す (♥ 退屈しているときのしぐさ) ② 何もしないで(待って)いる

ùnder a pèrson's thúmb (人の)言いなりになって, (人に)あごで使われて

COMMUNICATIVE EXPRESSIONS

1 **(It gèts) twò thùmbs úp.** 最高だ(♥ 高い評価・承認・賛成. 親指を立てるしぐさが「よし」を意味することから)
2 **Thùmbs dówn!** 駄目だ, なってないぞ(♥ 拒絶・不賛成を表す)
3 **Thùmbs úp!** よし, うまいぞ(♥ 承認・賛成を表す)

━動 他 ❶ (親指を立てて)〔車への便乗〕を頼む, 便乗させてもらう ‖ ~ a ride [《英》lift] (ヒッチハイクで) 車に便乗させてもらう / ~ one's way to Chicago シカゴまでヒッチハイクで旅行する ❷〔ページなど〕を親指でめくる, …にさっと目を通す; 《通例受身形で》(本などが)たびたびめくられて汚れる ‖ a well-~*ed* telephone book ひどく手あかで汚れた電話帳 ❸ …を親指で押す[動かす, 演奏する] ‖ ~ out an e-mail message Eメールを送信する
━自 ❶ 《+**through** 名》…のページをぱらぱらめくる, …にさっと目を通す ‖ ~ *through* a dictionary 辞書をぱらぱらとめくる ❷ ヒッチハイクする
▶▶ ~ **drìve** 名 C 💻サムドライブ, USBメモリー《USB flash drive の別名》 ~ **ìndex** (↓) ~ **piàno** 名 = kalimba

thúmb ìndex 名 C (辞書などにつける)つめかけ, 切り込み
thúmb-ìndex 動 他 〔本〕につめかけをつける
thúmb-ìndexed 形 (本が)つめかけがついた

thúmb·nàil 名 C ❶ 親指のつめ ❷ 《形容詞的に》《限定》ごく小さな[簡潔な] ‖ a ~ sketch 簡単な描写 ❸ 💻サムネイル《一覧表示したときの縮小画像》

thúmb·nùt 名 C〖機〗つまみナット(wing nut)

thúmb·prìnt 名 C 親指の指紋; 特質

thúmb·scrèw 名 C ❶ 《通例 ~s》親指締め《昔の拷問具》 ❷〖機〗ちょうねじ

thùmbs-dówn 名 C 《単数形で》《口》不賛成, 拒否 ‖ get the ~ 拒否[否定]される

thúmb·stàll 名 C 親指サック; 指ぬき

thùmbs-úp 名 C 《単数形で》《口》賛成, 承認; (=~ **sígn**) 賛成のしるし《親指を上に上げる》 ‖ get the ~ 賛成[承認]される

thúmb·tàck 《米・カナダ》名 C 画鋲(がびょう) (push pin, 《英》drawing pin) ━動 他 …を画鋲で留める

thump /θʌmp/ 動 他 ❶ (こん棒・こぶしなどで) …をごつんと打つ [たたく]; …をひっぱたく ‖ ~ a table with one's fist こぶしでテーブルをどんとたたく ❷ 《+目+副句》〔物〕をどしんと置く (♦ 副句 は場所・方向を表す) ‖ ~ a suitcase down on the floor スーツケースを床にどしんと置く ❸ 《口》…を徹底的に打ち負かす, …に大勝する ❹〔曲〕をがんがん演奏する《*out*》 ‖ ~ *out* a tune on the piano ピアノで曲をがんがん弾く ━自 ❶ 〈…を〉ごつんと打つ〈**at, on**〉; 〈…に〉どしんとぶつかる〈**against, into**〉; どしん[ごつん]という音を立てる ‖ ~ *on* a door ドアをどんどんとたたく ❷ どしんどしん歩く《*along, around*》 ❸ (心臓が) どきどきする; (頭が)がんがんする
━名 C ❶ ごつんと打つこと; どしんとぶつかること ‖ He gave me a ~ in the stomach. 彼にみぞおちの辺りを思いきり殴られた ❷ どしん[ごつん, どん, ぽんぽん](という音) ❸ (心臓の)(興奮などによる)どきどき, 強い鼓動

thump·er /θʌ́mpər/ 名 C ❶ ごつんと打つ人[もの] ❷ 《口》途方もない人[もの]; 大うそ, 大ぼら

thump·ing /θʌ́mpɪŋ/ 《口》形 《限定》途方もなく大きい[多量の] ━副 ものすごく, 途方もなく (extremely)
━名 C 楽勝, ひとひねり

thun·der /θʌ́ndər/ 名 ❶ U 雷, 雷鳴 (♦ thunder は雷鳴のみで, 稲妻は lightning) ‖ The ~ is rumbling [OR booming, rolling, roaring]. 雷が鳴っている / We will have ~ toward evening. 夕方雷がきそうだ / a clap [OR peal] of ~ 雷鳴 ❷ U C 雷のような音, 轟音(ごうおん) ‖ ~*s* of applause 万雷の拍手 ❸ U C 《旧》威嚇, 非難; 怒号

(By) thúnder! 《旧》全く, 本当に; いまいましい, 畜生(♥ 驚き・満足などを表す)

in thúnder 《疑問詞を強めて》《口》《旧》一体全体 ‖ What *in* ~ is that? あれは一体何だ

like* [OR *(as) blàck as*] *thúnder 《口》(表情が)怒り狂って

stèal a pèrson's thúnder (人の) 考え[方法]を横取りする, (人の)お株を奪う; (人を)出し抜く

━動 自 ❶ 《it を主語にして》雷が鳴る ‖ It stopped ~*ing* as the storm moved away. 嵐(あらし)が去って雷もやんだ ❷ **a** 大きな音を立てる, とどろく **b** 《+副句》大きな音を立てて〈…を〉動く[走る]〈**across, through, etc.**〉 ‖ The express train came ~*ing through* the station. 急行列車が轟音を立てて駅を通過した ❸ どなる; 〈…を〉激しく非難する〈**against**〉 ‖ ~ *against* smoking 喫煙に非を鳴らす
━他 ❶ …を大声で言う《*out*》(♦ 直接話法にも用いる) ‖ The crowd ~*ed out* the candidate's name. 群衆は大声で候補者の名前を呼んだ / "Get out!" he ~*ed*. 「出て行け」と彼はどなった ❷ …を激しい勢いで打つ

thúnder·bìrd 名 C〖北米神話〗サンダーバード《北米先住民族が雷鳴を起こすと考えた巨鳥》

thúnder·bòlt 名 C 《文》❶ 雷電, 落雷, 稲妻 ❷ 雷霆(らいてい)《神々によって放たれるとされた稲妻の矢》 ❸ 予期せぬ出来事; 驚くべき[ショッキングな]こと ❹ 突然狂暴になる人

thúnder·clàp 名 C ❶ 雷鳴 ❷ 雷鳴を思わせるもの, 青天の霹靂(へきれき), 突然の出来事, 凶報

thúnder·clòud 名 C 雷雲, 積乱雲

thund·er·er /θʌ́ndərər/ 名 ❶ C どなる人 ❷ 《the T-》=Jupiter, Zeus; 《T-》〖神話〗雷の神 ❸ 《The T-》《英》《戯》タイムズ紙(The Times)の異名

thúnder·hèad 名 C U〖気象〗雷雲, 入道雲

thun·der·ing /θʌ́ndərɪŋ/ 形 ❶ 《限定》雷鳴の; 雷のようにとどろく ❷ 《口》非常に大きい, 途方もない

—副《口》非常に, 途方もなく ～·ly 副

thun·der·ous /θʌ́ndərəs/ 形 ❶ 雷のきそうな ❷《口》とどろき渡る；とても怒った ～·ly 副

thúnder·shòwer 名 C 雷雨

***thúnder·stòrm** 名 C 激しい雷雨, 雷を伴う暴風雨

thúnder·strùck 形《叙述》❶《古》雷に打たれた ❷ びっくり仰天した

thun·der·y /θʌ́ndəri/ 形 ❶ (天候などが) 雷になりそうな；険悪な ❷ 雷のような音を立てる

thunk /θʌŋk/ 名 C 動 自 ずしっ[どすっ](と音を立てる)

Thur(s). 略 Thursday

:Thurs·day /θə́ːrzdeɪ, -di/

—名 ❶ U/C《しばしば無冠詞単数形で》木曜日《略 Th., Thur(s).》(♦ 用法・用例については ⇨ SUNDAY)

❷《形容詞的に》木曜日の ‖ ～ evening 木曜日の夕方

—副《主に米口》木曜日に；《～s》木曜ごとに, 毎週木曜日に

⁝thus /ðʌs/

—副《比較なし》《堅》❶ **このように** (in this way)；次の[上の] ように ‖ He explained it ～ "Those are last year's models." 彼はそれを次のように説明した.「それは去年のモデルなんです」

❷ NAVI **したがって** (therefore, so), だから(♦ この意味では《口》ではふつう so を用いる. ⇨ NAVI表現 10) ‖ The team lost every game. *Thus*, the coach was fired. チームは全敗だった. だからコーチは解雇された

❸《形容詞・副詞を修飾して》ここまで, **この程度まで**

❹《例示の前に》例えば(for example)

thús fàr これまでのところ(では)(until now, so far)

thus·ly /ðʌ́sli/ 副《口》=thus

thwack /θwæk/ 動 名 =whack

***thwart** /θwɔːrt/ 動 他〔計画・人の希望など〕をくじく, 阻止する, 挫折(ざせつ)させる；〔人〕の〈計画などを〉妨げる〈**in**〉(♦ しばしば受身形で用いる) ‖ I was ～*ed in* my plans by the bad weather. 悪天候に計画を阻まれた

—名 C〘海〙(ボート・丸木舟の)こぎ座, 腰かけ梁(はり) —形 横切る, 横たわる —前 副《古》《文》横切って(athwart)

～·ed·ly 副 **～·er** 名 C 妨害する人[もの]

THX 略 thanks(♦ Eメールなどで使用)

thy /ðaɪ/ 代《方》《古》《thou[1]の所有格》汝(なんじ)の, そなたの (your)(♦ 用法などについては → thou[1], my)

thy·la·cine /θáɪləsiːn/ 名 C〘動〙フクロオオカミ(Tasmanian wolf)

thyme /taɪm/《発音注意》(♦ 同音語 time) 名 U〘植〙タイム, タチジャコウソウ《シソ科の多年草. 葉は香味料・薬用》

thy·mine /θáɪmiːn/ 名 U〘生化〙チミン《DNAの一部を構成》

thý·mus /θáɪməs/ 名 (複 **～·es** /-ɪz/ OR **-mi** /-maɪ/) (= **～ glànd**) C〘解〙胸腺(きょうせん)

thy·my /táɪmi/ 形 タイム(thyme)の香りがする；タイムの生い茂った

***thy·roid** /θáɪərɔɪd/ 名〘解〙❶ (= **～ glànd**) C 甲状腺(せん)；甲状軟骨；甲状腺動脈[静脈, 神経] ❷ U〘薬〙甲状腺剤 —形〘解〙甲状腺の；甲状軟骨の

thy·rox·ine, -rox·in /θaɪrɑ́(ː)ksiːn | -rɔ́ks-/ 名 U〘生化〙チロキシン《甲状腺ホルモン(剤)》

thy·self /ðaɪsélf/ 代《古》thou[1]の再帰代名詞 ❶《再帰目的語》汝自身を[に](♦《方》では theeself /ðiːsélf/ などが用いられる) ❷《強調用法》汝自身, 汝自ら

ti /tiː/ 名 U/C《単数形で》《米》〘楽〙シ(te)《全音階の第7音》

Ti 記号〘化〙titanium(チタン)

Tiàn·an·men Squáre /tiɑ̀ːnənmèn- | -æ̀n-/ 名 (中国北京の) 天安門広場 ‖ the ～ Massacre 天安門事件[大虐殺]《1989年6月4日発生》

Tian·jin /tiɑ̀ːndʒín | tiæ̀n-/ 名 天津(テンシン)《中国北東部の港湾都市》

ti·ar·a /tiǽrə | -ɑ́ːrə/ 名 C ❶ (宝石を散りばめた) 女性用頭飾り ❷ (ローマ教皇の)三重冠；教皇冠；《the ～》教皇職 ❸〘史〙(古代ペルシャ王の)ターバン

Ti·bet /tɪbét/ 名 チベット《中国南西部, ヒマラヤ山脈北部の山岳地域. 現在は自治区. 主府 Lhasa》

Ti·bet·an /tɪbétən/ 形 チベットの, チベット人[語]の

—名 C チベット人；U チベット語

tib·i·a /tíbiə/ 名 (複 **～s** /-z/ OR **-ae** /-iː/) C〘解〙脛骨(けいこつ)(shinbone)；〘虫〙(昆虫の)脛節 **-al** 形

tic /tɪk/ 名 C〘医〙チック《特に顔面けいれん》

▸▸ **～ dòu·lou·réux** /-dùːlərúː | -rɔ́ː/ 名 U〘医〙顔面けいれん, 三叉(さんさ)神経痛(facial neuralgia)(♦ フランス語より)

***tick**[1] /tɪk/ 名 C ❶ (時計などの) かちかちいう音 ❷《英口》瞬間, 短い時間 ‖ I'll be with you in「a ～ [OR two ～s]. すぐに戻ります / Half a ～! ちょっと待って ❸《英》チェック [点検済み] の印 (《米》check (mark)) (✓の印) ❹〘株〙(小幅な)変動, 動き

—動 自 ❶ (時計・メーターなどが) かちかちと (規則正しく) 音を立てる, 刻々と時を刻む《**away**》‖ the regular ～*ing* of a clock 時計の規則正しくかちかちいう音 ❷《口》(うまく)機能[作動]する, 進行する —他 ❶ (かちかち音を立てて) …を知らせる [示す]；〔時など〕を刻む《**away**》❷《主に英》…に点検済みの印をつける, …をチェックする, 照合する

NAVI 表現 10. 帰結・結果を表す

前後の文に論理的結びつきがあることを示す場合, 帰結・結果を表す表現が用いられる.

■ **帰結を表す hence, therefore, thus, consequently**

前の文から論理的に予測されることを述べる場合, 日本語では「したがって, そのため」などを用いるのが一般的だが, これに相当する英語の表現は多い (意味の違いに関しては ⇨ THEREFORE 類語).

‖ The speech of a politician has a powerful influence on public opinion. *Hence*, it must be sophisticated and balanced. 政治家の発言は世論に大きな影響を与える. したがって, 洗練され, バランスがとれたものでなくてはならない / Men and women are biologically different. *Therefore*, it is no wonder that they cannot understand each other in some cases. 男と女は生物学的に異なる. それゆえ, ときにはわかり合えなくても不思議ではない / The constitution prohibits censorship in order to ensure freedom of speech. *Thus*, the nation's people are allowed to express their thoughts freely in print. 憲法は言論の自由を保障するため検閲を禁じている. したがって, 国民は出版物を通して自由に考えを表明できる

▶ **文形式の表現**

It follows (from what has been said) that ... ((ここまでの議論の結果)…ということになる)

■ **結果を表す as a result, in the end**

前で述べられていた事柄についての結果を表す場合は as a result や in the end などが使われる. これらの表現は「結果」に重点があり, 帰結を表す表現に比べると論理的結びつきはそれほど強くない.

‖ Rika studied very hard for the entrance examination all year long. *As a result*, she passed the test at her school of choice. リカは丸1年入試に向けて一生懸命勉強した. その結果, 志望校に合格した(♥「一生懸命勉強すること」と「合格すること」には論理的結びつきがあるわけではなく, 結果的に合格したという事実を表している) / The flight was canceled due to the bad weather. *In the end*, they had to stay in Japan for one more night. 悪天候で飛行機がキャンセルになり, 結局, 彼らはもう一晩日本にとどまらざるを得なかった

《*off*》‖ ～ *off* the items in [OR on] a list 一覧表の項目をチェックする

tìck bý [OR *pást, ón*] 〈自〉(時間などが)刻々と過ぎる

tìck dówn 〈自〉(株価などが)下落する

**tìck óff ...* / *tìck ... óff* 〈他〉① ⇨ 他 ❷ ②《主に英口》…をしかる, 叱責(しっせき)する(tell off ; scold) ③《米口》…をかっとさせる, 怒らせる ‖ That got me *ticked off*. それには腹が立った

tìck óver 〈自〉《通例進行形で》《主に英》① (エンジンなどが)ゆっくり空転する, アイドリングする(idle) ②《口》(組織・仕事などが)まあまあの状態で進行する, ぼちぼちである

tìck úp 〈自〉(株価などが)上昇する

**whàt màkes a pèrson tíck* 《口》〔人〕が行動する理由[動機]

tick[2] /tɪk/ 名 C ❶ (犬・家畜・鳥などにつく)ダニ ❷《英口》いやなやつ

(as) fúll [OR *tíght*] *as a tíck* 《口》満腹で；すっかり酔っぱらって

tick[3] /tɪk/ 名 C (マットレス・まくらの)カバー

tick[4] /tɪk/ 名 U 《英口》信用貸し, 掛け；つけ

tick·er /tíkər/ 名 C ❶《口》心臓 ❷《米》チッカー《株式市況・ニュースを自動的に紙テープに印字する装置》；自記受信機 ❸《口》時計 ▶▶ **～ tàpe** 名 U チッカー受信用紙テープ；(窓から投げる)歓迎用紙テープ

tícker-tàpe paràde 名 C (歓迎・祝勝などの)紙テープ[紙吹雪]の舞うパレード

:tick·et /tíkət | -ɪt/(アクセント注意)

—名 (複 **～s** /-s/) C ❶ 〈…行きの〉**切符**, 乗車券〈**for**, **to**〉；〈…の〉入場券〈**to**〉；(宝くじなどの)券, (質などの)札；《比喩的に》切符, 手段[方法]〈**to** …を得るための；**out of** …から逃れるための〉‖ I'd like a one-way [round-trip, 《英》return] ～ *to* Boston(, please). ボストンまでの片道[往復]切符を下さい / I'm sorry, I lost my ～. すみません, 切符をなくしてしまいました(♦乗り物の切符のほか, クリーニングの預り証などについても用いる) / *Ticket*, please. 切符を拝見します / Admission by ～ only. 《掲示》切符のない方入場お断り / No stopover is allowed on this ～. この切符は途中下車前途無効です / get one's ～ punched 切符にはさみを入れてもらう / inspect [《米》check] ～*s* 検札する / a ～ *to* success 成功への切符 / a season ～ (交通・スポーツ観戦・観劇などの)定期券 / a lottery [OR raffle] ～ 宝くじ(の券)

❷ (交通違反者に対する)呼び出し状, 交通違反切符 ‖ I got a ～ for speeding. スピード違反切符を切られた

❸ (価格・品質などを示す)札, ラベル；はり札 ‖ a price ～ 値札, 正札

❹《通例単数形で》《主に米》(政党の)公認候補者名簿；(候補者名を列記した)投票用紙；《集合的に》公認候補者；(政党の)政策, 綱領 ‖ a straight [split] ～ 全部の公認[非公認も加えた]候補者名簿 / run on the Democratic ～ 民主党公認候補として出馬する ❺《the ～》《口》あつらえ向きのこと, 適当[正当]なもの(→ CE 1) ‖ A hot bath after a long day's work is just the ～ for me. 長い1日の仕事の後の熱いふろは願ったりかなったりだ

❻ (船長・機長などの)免許状, 資格証明書 ❼《英》除隊証明書 ‖ get one's ～ 除隊になる ❽【銀行】(略式)伝票 ❾《米口・スコット》《形容詞を伴って》特殊な(種類の)人

wrìte one's (òwn) tícket 《主に米口》自分の思いどおりに選択する

COMMUNICATIVE EXPRESSIONS

1 **That's the tìcket.** まさにそのとおり；おあつらえ向きだ

—動 他 ❶《通例受身形で》〈…をして〉交通違反切符を渡される〈**for**〉‖ He was ～*ed for* illegal parking. 彼は違法駐車をして違反切符を切られた

❷《通例受身形で》(商品などに)値札[ラベル]がついている

❸ …に切符を発売する ❹《受身形で》《主に米》〈ある目的・地位などに〉予定される, 指定[任命]される〈**for**〉

～·less 形

語源 古期フランス語 *etiquet*(はられたもの→はり札, ラベル)の語頭音が消失した形. etiquette と同語源.

▶▶ **～ àgency** 名 C 切符取扱所, プレーガイド **～ bàrrier** [**gàte, wìcket**] 名 C 改札口 **～ collèctor** 名 C (鉄道の)集札[改札]係 **～ òffice** 名 C (駅・劇場などの) 切符売り場 (《英》booking office) **～ scàlper** [《英》**tòut**] 名 C ダフ屋

tícket·ing /-ɪŋ/ 名 U 切符販売[印刷](制)

tick·et·y-boo /tìkəṭibúː/ 形《叙述》《英・カナダ口》《旧》素晴らしい, おあつらえ向きの

tick·ing /tíkɪŋ/ 名 U ティッキング《マットレスのカバーに用いる丈夫な綿布》

tìcking-óff 名 (複 **tickings-**) C《英口》叱責(しっせき)

***tick·le** /tíkl/ 動 他 ❶ (指先・羽根などで)〔人・体(の一部)〕をくすぐる；…をむずがゆくさせる ‖ ～ a baby in the ribs 赤ん坊のわき腹をくすぐる / ～ the soles of his feet 彼の足の裏をくすぐる ❷ …を喜ばせる；…を面白がらせる, 笑わせる；《受身形で》うれしがる, 喜ぶ〈**at** …を / **to do** …して / **(that)** 節 …ということで〉‖ ～ her vanity 彼女の虚栄心をくすぐる / My parents will be ～*d* to hear that I've received a scholarship. 両親は私が奨学金を獲得したと聞いて喜ぶだろう / We're ～*d* (*that*) you'll be at our party. あなたがパーティーに来てくださるようでうれしいです —自 ❶ むずがゆくなる, くすぐったい ❷ くすぐる

**be tìckled pínk* [OR *to déath*] 《口》大喜びする

tìckle a person's fáncy 《口》(人を)喜ばせる, (人の)興味をかき立てる

—名 U/C《通例単数形で》くすぐり；むずがゆい感じ

tick·ler /tíklər/ 名 C ❶ くすぐる人[もの] ❷ (=～ **file**)《米》備忘録 ❸ (=～ **còil**)【通信】再生コイル

tick·lish /tíklɪʃ/ 形 ❶ くすぐったがりの；(のどが)(炎症を起こしているように)ひりひりする ❷ (問題・事態などが)扱いにくい, 慎重を要する ❸ (人などが)気難しい, 怒りっぽい **～·ly** 副 **～·ness** 名

tick·tack, tic·tac /tíktæ̀k/ 名 C ❶《米》(時計などの)かちかち(いう音)；心臓の鼓動 ❷ (窓に仕掛けて遠くから鳴らす)いたずら鳴子 ❸ U《英》(競馬場で)賭屋(かけや)同士が手で交わす合図(♦「賭屋」は ticktack man)

tìck-tàck-tóe, tìc-tàc-tóe 名 U《米》三目並べ(《英》noughts and crosses)

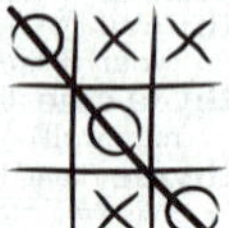

tick-tack-toe

tick·tock /tíktɑ̀(ː)k | -tɔ̀k/ 名 C 《単数形で》チックタック, かちかち《柱時計などの音》

—動 自 (柱時計が)かちかちいう

tick·y-tack·y /tìkitǽki/, **-tack** /-tæ̀k/ 《主に米口》形 (建売住宅のデザインや建材が)代わり映えのしない, 画一的な, 安っぽい —名 U (建材などの)安材料, 代わり映えのなさ, 安っぽさ, 画一性

t.i.d. 略《ラテン》*ter in die*(=three times a day)《処方箋(せん)で》1日に3回

tid·al /táɪdəl/ 形〔◁ tide 名〕❶ 潮の(作用による)；干満のある ‖ a ～ river (河口から潮の差す)感潮河川 ❷ (船などが)潮の状態に依存する **～·ly** 副

▶▶ **～ bàsin** 名 C (満潮時のみ水をたたえる河口などの)人工池 **～ flàt** 名 C 潮湿地《潮の干満で海面下に没したり現れたりする湿地》 **～ wáve** /, ╌╌/ 名 C ① 津波；高波, 高潮 ② 潮汐(ちょうせき)波 ③ 〈世論などの〉高まり, 大きな動き〈**of**〉

tid·bit /tídbɪ̀t/ 名 C《米》❶ うまい食べ物の一口 ❷ ちょっとした[面白い]ニュース[うわさ話](《英》titbit)

tid·dle·dy·winks /tídldiwɪ̀ŋks/ 名《米》=tiddlywinks

tid·dler /tídlər/ 名 C《英口》❶ 小さな魚《トゲウオなど》❷ 小さな人[もの]；取るに足りない人[もの]

tid·dly /tídli/ 形《主に英口》❶ ほろ酔いの ❷ ちっぽけな, 取るに足りない

tid·dly·winks /tídliwɪ̀ŋks/ 名 U ティドリーウィンクス

《小さいおはじきを大きなおはじきではじいてはね上がらせ, 遠くのカップに入れるゲーム》;(このゲームで使う)おはじき

:tide /taɪd/

—名〔▶ tidal 形〕(複 **~s** /-z/) ❶ Ⓒ Ⓤ **潮(の干満)**, 潮汐(ちょうせき); Ⓒ 潮流 ‖ The ~ is rising [falling]. 潮が満ちて[引いて]きている / The ~ is in [out]. 満潮[干潮]である / the ebb and flow of the ~*s* 潮の干満 / at **high** [**low**] ~ 満潮[干潮]で / spring [neap] ~ 大潮[小潮]
❷ Ⓒ《通例単数形で》大量に押し寄せるもの[人] ‖ the rising ~ of crime どんどん増える犯罪
❸ Ⓒ《通例単数形で》(世論などの)趨勢(すうせい), 動向, 風潮, 時流;《単数形で》(押し寄せる感情などの)高まり ‖ The ~ turned. 形勢が一変した
❹ Ⓒ 栄枯, 盛衰; 絶頂期; どん底; 決定的な時点 ‖ at the high ~ of fortune 好運の絶頂期に
❺ Ⓤ《複合語で》時, 時節, 季節;《古》潮時, 好期 ‖ Christmas~ クリスマスの時期[季節] / noon~ 真昼時

stèm the tíde (of ...) (…の)高まり[広がり]を抑える
swìm [OR ***drìft, gò,*** etc.] ***with*** [***against***] ***the tíde*** 世の中の風潮に従う[逆らう]
tùrn the tíde (of ...) (…の)形勢を一変させる

—動 自 潮に乗って[潮のように]流れる
—他 …を潮に乗せて運ぶ

tìde ... óver 〈他〉(金銭的援助で)〔人〕に困難などを乗りきらせる ‖ Can you lend me some money to ~ me *over* till payday? 給料日までしのげるよういくらかお金を貸してくれませんか
tìde À òver B́ 〈他〉*A*(人)に*B*(困難)を乗りきらせる

~·less 形 潮汐のない, 潮の影響のない
▸▸ ~ pòol 名 Ⓒ《米》(海岸の岩の間の)潮だまり(《英》rock pool) **~ tàble** 名 Ⓒ 潮汐表《干満時を表示する》

tíde·lànd 名 Ⓤ《米》干潟; Ⓒ《しばしば ~s》(干潮で現れる)領海内の海底地域

tíde·màrk 名 Ⓒ ❶ 満[干]潮線, 潮汐点; 潮水標 ❷ (人・物が達する)最高[最低]点[水準] ❸《英口》(浴槽の)湯あか線; 体の洗い残しの汚れのあと

tíde·rìp 名 =rip[3]

tíde·wàter 名 Ⓤ ❶ (満潮時に干潟に差す)水; (河川などの)潮汐の影響を受ける水 ❷《米》潮汐の影響を受ける沿岸低地帯《特にバージニア州東部沿岸》

tíde·wày 名 Ⓒ 潮路; (急な)潮流

ti·di·ly /táɪdɪli/ 副 きちんと, 小ぎれいに

tid·ings /táɪdɪŋz/ 名 複《ときに単数扱い》《文》報道(news), 音信, 便り, 消息, 情報

·ti·dy /táɪdi/ 形 (**-di·er**; **-di·est**) ❶ (人(の身なり・習慣)などが)きちんとした, 身ぎれいな; きれい好きな, きちょうめんな(↔ untidy) (⇨ NEAT[1] 類語) ‖ a ~ person きれい好きな人 ❷ (場所などが) きちんとした, 整然とした ‖ keep a room neat and ~ 部屋をきちんと片づけておく / a ~ solution きちんとした解決 ❸《限定》《口》(特に金銭が)かなりの, 満足できる ‖ a ~ sum of money 相当な金

—動 (**-dies** /-z/; **-died** /-d/; **~·ing**) 他 …をきちんとする, 片づける《*up*, 《英》*out*》(↔ disorder) ‖ ~ one's desk *up* 机の片づけをする —自 きちんとする, 片づける《*up*》

tìdy awáy ... / ***tìdy ... awáy*** 〈他〉…を(元の所へ)片づける, しまい込む
tìdy úp 〈他〉《***tìdy úp ...*** / ***tìdy ... úp***》① ⇨ 他 ②《主に英》〔人〕に身づくろいをさせる, …を身ぎれいにする ‖ ~ oneself *up* 身づくろいする ③《主に英》〔書きもの・手続きなど〕をきちんとまとめる, 仕上げる —〈自〉⇨ 自

—名 (複 **-dies** /-z/) Ⓒ ❶《単数形で》《英》整理, 整頓 ❷《通例複合語で》がらくた[小物]入れ; (台所の流しの)くず入れ ❸《主に米》(いすなどの)背カバー **tí·di·ness** 名

:tie /taɪ/ 動 名

中心義 …を縛って留める(もの)

—動 (**~s** /-z/; **~d** /-d/; **ty·ing**)
—他 ❶ (ひも・綱などで)…を**縛る**, 束ねる, くくる; …を結びつける, つなぐ《*up*》〈**with** …で; **to, onto,** etc. …に〉‖ Nancy ~*d* her hair back *with* a ribbon. ナンシーはリボンで髪を後ろで束ねた / The stacks of paper were ~*d up with* red tape. 書類の束は赤いテープでくくってあった / ~ a dog *to* a tree 犬を木につなぐ
❷〔靴・帽子などのひも〕を**結ぶ**; 結んで…を作る; 〔リボン・ネクタイなど〕を結ぶ; 〔結び目〕を作る (↔ untie) ‖ ~ one's shoes 靴のひもを結ぶ / ~ a fishing fly 蚊針を作る / ~ a ribbon in [OR into] a bow リボンを蝶(ちょう)結びにする / ~ a knot at the end of a rope ロープの端に結び目を作る / ~ a pretty bow on a package 包みにかわいい蝶結びをかける
❸ (試合などで)〔相手〕と**同点[タイ]になる**; 〔得点など〕をタイにする;《通例受身形で》〈…位・着で〉(試合を)引き分ける〈**for**〉‖ The score is ~*d* at 2-2. 得点は2対2の同点だ / I was ~*d* with him *for* second place. 私は彼と2位タイになった / a game-*tying* run 試合を同点にする得点 / ~ the world record 世界タイ記録を出す
❹ …を〈…に〉つなぐ, 関連[関係]させる, 強く結びつける〈**to**〉(♦しばしば受身形で用いる) ‖ My promotion is **closely** ~*d to* the result of this project. 私の昇進はこの企画の結果と密接にかかわっている
❺ …を〈…に〉束縛する, 拘束する, 縛りつける(↔ free)〈**to**〉(♦しばしば受身形で用いる) ‖ I'm tightly ~*d to* time. 私は全く暇がない
❻〖楽〗〔音符〕をタイ[連結符]でつなげる《2つの同じ高さの音を結ぶ. ⇨ 名 ❿》(→ slur)

—自 ❶ 結べる, 結ばれる, 縛られる; 結び目を作る ‖ This dress ~*s* at the back. このドレスは背中で結ぶ
❷ (試合・選挙などで) 同点[タイ]になる〈**for** …位・着で; **with** …と〉‖ ~ *for* first place in an examination 試験でトップを分ける / Our team has ~*d with* the visitors. 私たちのチームは遠征チームと引き分けた

·tìe dówn 〈他〉**Ⅰ**《***tìe dówn ...*** / ***tìe ... dówn***》① …を縛って押さえる ②〖軍〗〔敵〕をくぎ付けにする **Ⅱ**《***tìe ... dówn***》③ …の行動を制限する; 〈義務・仕事・約束などに〉…を縛りつける, 束縛する〈**to**〉‖ He hates being ~*d down to* an office desk. 彼は会社の机に縛りつけられるのを嫌う / ~ oneself *down* (約束などで)拘束される
·tìe ín 〈自〉① (事実・情報などが) 〈…と〉密接に結びつく〈**with**〉② 〈…と〉一致する; 〈…と〉同時に起こる〈**with**〉‖ Does this ~ *in with* what you said? これはあなたが言ったことと一致していますか —〈他〉《***tìe ín ...*** / ***tìe ... ín***》① …を〈…と〉結びつける〈**with**〉② …を〈…と〉一致させる; …を〈…と〉同時に起こるようにする〈**with**〉
tìe ínto ... 〈他〉《米口》…をひどく攻撃する; …に猛烈に取り組む; …をがつがつ食う
tìe óff ... / ***tìe ... óff*** 〈他〉〔ひも・血管など〕を結わえる[くくる]
tìe òne ón 《米口》酔っ払う ‖ Let's ~ *one on*. 飲もうぜ
·tìe úp 〈他〉《***tìe úp ...*** / ***tìe ... úp***》① …を**固く縛る**[結ぶ], 包装する; 〔人など〕を縛り上げる; …をくくりつける (→ 他 ❶) ②〔人〕を拘束する;《通例受身形で》忙しくて身動きできない, 手がふさがる ‖ He is ~*d up* just now. 彼は今忙しくて動きがとれない ③ …を動けなくする; 〔交通など〕を不通にする; 〔電話など〕を独り占めする ‖ The traffic was ~*d up* by the accident. その事故で交通が止まった ④〔金〕を〈…に投資して〉自由に使えないようにする〈**in**〉; 〔資産など〕を一定の条件下に凍結する (♦しばしば受身形で用いる) ⑤〔準備など〕を整える, 完成する; 〔詳細など〕を手配する ‖ ~ *up* the loose ends 物事を完結させる ⑥〔船〕をつなぐ, 停泊させる(moor) ⑦《通例受身形で》〈…と〉結びつく, 関連する; 一致する〈**with**〉⑧ …を〈…と〉連合[提携]させる〈**with**〉 —〈自〉① 〈…と〉結びつく, 一致する〈**with**〉② 〈…と〉連合する, 提携する〈**with**〉③ (船が)停泊する

—名 (複 **~s** /-z/) Ⓒ ❶ タイ, **ネクタイ**(necktie) ‖ **wear** a ~ ネクタイをしている / a bow ~ 蝶ネクタイ / a striped ~ しま模様のネクタイ / a blue polka dot ~ 青い水玉模様のネクタイ

❷(物を縛ったりくくるための)ひも, 綱, リボン, ワイヤー(など);靴ひも(shoelace)
❸《通例 ~s》つながり, 結びつき, 縁, きずな(⇨ RELATIONSHIP メタファーの森, LOVE メタファーの森) ‖ family ~s 家族のきずな / ~s of blood 血縁 / have close ~s to [OR with] the global economy 世界経済と密接なつながりがある
❹《通例単数形で》(得点・得票などの)同点, タイ;(試合・選挙などの)引き分け;引き分け試合 ‖ play [OR shoot] off a ~ (引き分け後の)決勝試合をする
❺束縛[拘束]となるもの, 重荷 ❻《英》(トーナメントなどの)1試合 ‖ a cup ~ 優勝杯戦 ❼〚建〛つなぎ材, 梁(はり) ❽《米》(鉄道の)枕木(まくらぎ)(《英》sleeper) ❾《~s》《米》ひも付きの浅い靴 ❿〚楽〛タイ, 連結符(⌒, ‿)(→ slur)
▸▸ **~ bèam** 名 C〚建〛つなぎ[小屋]梁 **~ clìp** [**clàsp**] 名 C ネクタイ留め **~ lìne** 名 C (PBX方式の)内線間連絡線;〚電〛(電力を送る)連結[接続]線 **~ ròd** 名 C〚建〛引っ張り鉄《構造のつなぎ材》 **~ tàck** [**tàc**] 名 C =tiepin

tíe·bàck 名 C ❶ (カーテンの) 止め飾り (の帯) ❷《通例 ~s》止め飾りのあるカーテン

tíe·brèak(er) 名 C〚テニス〛タイブレーク《ゲームカウントが6対6のタイになったときにセットの勝者を決めるゲーム》

tied /taɪd/ 形《英》❶ひも付きの;(パブなどが)特定の会社の酒だけを出す ‖ a ~ loan (国家間の) ひも付き融資 ❷(住宅などが)雇われている者しか入居できない
▸▸ **~ cóttage** 名 C《英》従業員用住居, 社宅 **~ hóuse** 名 C《英》① =tied cottage ②(特定の酒造会社の)直営パブ(↔ free house)

tíe-dỳe 名 C U 絞り染め (の布 [衣服]) ──動 他…を絞り染めにする **~d** 形 **~·ing** 名 U 絞り染め

tíe-ìn《主に米》形《限定》(販売などが)抱き合わせの ──名 U C ❶抱き合わせ販売[商品] ❷関係, つながり

Tien·tsin /tìentsín, tìn- | tjèn-/ 名 =Tianjin

*__tíe·pìn__ 名 C (ネク)タイピン

tier /tɪər/(♦ 同音語 tear¹) 名 C (ひな段式座席の)列, 段;(段々に積み重なっている)層;(組織などの)階層, 段階 ‖ in ~s 層をなして ──動 他…を段々に積み重ねる

tierce /tɪərs/ 名 U ❶〚フェンシング〛ティエルス《防御姿勢の第3の構え》 ❷〚トランプ〛同じ組の3枚続き ❸〚教会〛(聖務日課の)3時課(terce)《午前9時に行う祈り》 ❹ティアス《昔のワインなどの計量単位. 42ガロンに相当》

tiered /tɪərd/ 形《しばしば複合語で》(…)段[層]の

Ti·er·ra del Fue·go /tièərə del fwéɪgoʊ/ 名 フエゴ諸島《南米大陸南端の諸島》

tíe-ùp 名 C ❶結びつき;(企業などの) 提携, タイアップ〈**with** …との;**between** …の間の〉 ❷《米》(夜間の)牛小屋;(ボートの)係留場 ❸《米》(交通の)渋滞, 不通;(業務などの)停滞

tiff /tɪf/ 名 C《単数形で》《口》(友人・恋人間の)ささいな口げんか, いさかい ──動 自 ささいな口げんかをする

TIFF /tɪf/ 略 💻 *t*agged *i*mage *f*ile *f*ormat《ティフ. 画像形式の1つ》

tif·fa·ny /tífəni/ 名 (複 **-nies** /-z/) U C ティファニー《絹などの目が粗く薄い織物》

Tif·fa·ny's /tífəniz/ 名《商標》ティファニー《ニューヨーク5番街の宝石店. 1839年 Charles Tiffany が創業》

tif·fin /tífɪn/ 名 U《旧またはインド》軽食, (特に)ランチ

tig /tɪg/ 名 動《主に英》=tag²

*__ti·ger__ /táɪgər/ 名 (複 ~ OR **~s** /-z/) C (♦ 女性形 tigress)
❶〚動〛(雄の)トラ(♦ 鳴き声は growl, roar);トラに似た動物《ジャガー・クーガーなど》 ❷精力的な人, 猛者(もさ);凶暴[残忍]な人;《the ~》勇猛, 残忍さ ‖ He's a ~ for work. 彼は猛烈な仕事人間だ / arouse the ~ in him 彼の凶暴性をかき立てる ❸ (= **~ mòth**)〚虫〛ヒトリガ ❹ =tiger economy(↓)
hàve a tiger by the táil: ***be riding a*** [OR ***the***] ***tíger*** 予想外の困難な羽目に陥る
▸▸ **Tíger bàlm** 名 U《商標》タイガーバーム《メントール入りの塗り薬》 **~ bèetle** 名 C〚虫〛ハンミョウ **~ càt** 名 C〚動〛①タイガーキャット《中・南米産の斑紋(はんもん)のあるヤマネコ類》②フクロネコ《オーストラリア産の有袋類》③とら猫《しまのある飼い猫》 **~ ecónomy** 名 U タイガーエコノミー《東アジア諸国の1980年代に急成長した経済. 主にシンガポール・台湾・韓国についていう》 **~ lìly** 名 C〚植〛オニユリ **~ shàrk** 名 C〚魚〛イタチザメ

ti·ger·ish /táɪgərɪʃ/ 形 トラのような;残忍[猛烈]な

‡**tight** /taɪt/ 中心義 **緩み[隙間(すきま)]のない**
──形 (▶ tighten 動)(**~·er**;**~·est**)
❶ (衣服などが) **ぴったりした**, きつい, 窮屈な (↔ loose, full) ‖ These jeans are too ~ for me. このジーンズは私にはきつすぎる / This T-shirt is a ~ fit. このTシャツは体にぴったりした作りだ
❷ **締まった**, きっちりした, 堅く結んだ ‖ The little girl kept a ~ hold [OR grip] on his hand. 少女は彼の手をしっかりつかんでいた / ~ screws しっかり締まったねじ / make a ~ knot 堅く結ぶ
❸ (綱などが) **ぴんと張った**, 緊張した (↔ slack) ‖ a ~ wire [rope] ぴんと張ったワイヤー[ロープ] / My thigh muscles became ~. ももの筋肉が張った
❹ (表情などが) 引きつった ‖ give a ~ smile こわばった笑みを浮かべる
❺ (水・空気などの)漏れない(↔ leaky);《複合語で》…の漏れない, 耐[防]…;(布地などが)目の詰んだ ‖ a ~ boat 水の漏らないボート / water~ 防水の / air~ 気密の
❻ (法・統制が) 厳しい, 厳重な ‖ Security was ~ in Manhattan after the terrorist attack. テロリストの攻撃を受けてからマンハッタンは警備が厳重になった / ~ **control** of media coverage 厳しい報道管制 / keep a ~ rein on ... …を厳しく監督[管理]する
❼ (金が)不足した, 金詰まりの;(市場が)逼迫(ひっぱく)した;(取り引きで) もうけのない ‖ I'm on a ~ budget for food. 食べ物にかけるお金があまりない / Money is ~ because of high interest rates. 高金利のせいで金詰まりだ / a ~ money market 厳しい金融市場 / a ~ bargain もうけの少ない取り引き ❽《口》〈金などに〉けちな, 締まり屋の(↔ generous)〈**with**〉‖ He is ~ *with* his money. = He is ~-fisted. 彼は金に細かい ❾ (予定などが) ぎっしり詰まった, (人が) 時間のゆとりがない ‖ I'm ~ for time. 私には時間のゆとりがない / a ~ schedule ぎっしり詰まった予定 ❿《通例限定》身動きがとれないほどの, びっしりの, きっちりした (↔ roomy) ‖ Seven people in one tiny car was a ~ fit [OR squeeze]. 1台の小型車に7人が乗ってすし詰めだった / wear one's hair in a ~ bun 髪をきっちりまげに結っている ⓫《限定》(勝負が)接戦の, 互角の ‖ a ~ match [race, game] 接戦の勝負[レース, 試合] ⓬無駄のない, 簡潔な ‖ a ~ style of writing 簡潔な文体 ⓭ (恐れ・病気などで)体の一部が締めつけられるような ‖ My chest feels ~. 胸が締めつけられる感じがする ⓮ (カーブなどが) 急な ‖ a ~ bend in a road 道路の急カーブ ⓯《口》(状況・局面などが)やっかいな, 難しい ⓰《叙述》《口》酔って (↔ sober) ‖ get ~ on whiskey ウイスキーで酔っ払う ⓱ (人が)団結した;《米口》〈…と〉親密な〈**with**〉(→ CE 1) ‖ a ~ knot of people 結束の堅い人々の集団
*__*in a tight còrner*__ [OR ***spòt***] 窮地に陥って

COMMUNICATIVE EXPRESSIONS
1 **We're prètty tíght.** 私たちはけっこう仲がいいんです

──副 (**~·er**;**~·est**)
しっかりと, 固く, きつく, ぎっしり ‖ The boy clung [OR held] on ~ to his mother. 少年は母親にしっかりしがみついた (♦《口》では動詞の後でしばしば tightly ではなく tight を用いる) / keep one's eyes ~ **shut** [OR closed] 目をしっかり閉じている (♦ この例のような一部の表現以外では過去分詞の前では tightly を使う方がふつう) / pack a bag ~ かばんにぎっしり詰め込む
*__*sit tight*__《口》⇨ SIT(成句)

COMMUNICATIVE EXPRESSIONS
② **Slèep tíght.** ⇨ SLEEP (CE 2)

~·ness 名Ⓤ きつさ, 堅さ；金融逼迫
~ énd 名Ⓒ〘アメフト〙タイトエンド《タックルのすぐ外側に位置をとる攻撃側のポジション》 **~ óil** 名Ⓤ = shale oil

tíght-àrse 名Ⓒ《英口》❶ けち, 締まり屋 ❷ = tight-ass **~d** 形

tíght-àss 名Ⓒ《米口》石頭の人, 堅物 **~ed** 形

*__tight·en__ /táɪtən/ 動〔◁ tight 形〕他（↔ loosen）❶ …を固く締める, 引き締める, 堅くする, ぴんと張る《*up*》(↔ unfasten) ‖ *Tighten* your seat belt, please. シートベルトをしっかりお締めください / ~ one's lips 唇を固く閉じる / ~ the nuts on a wheel 車輪のナットをしっかり締める / ~ *up* one's stomach muscles お腹の筋肉を引き締める ❷〔法律・取り締まりなど〕を強化する, 厳しくする《*up*》‖ ~ (*up*) security [economic sanctions] 警備［経済制裁］を強化する —自 ❶ しっかり締まる, 固くなる, ぴんと張る《*up*》❷（法律などが）より厳しくなる,〈…を〉より厳しく取り締まる［管理する］《*up*》〈**on**〉‖ The police are going to ~ *up on* illegal parking. 警察は不法駐車を厳しく取り締まろうとしている ❸（組織・チームなどが）気を引き締める, 緊密に協力し合う《*up*》

tìght·físted ◁ 形《口》けちな, 締まり屋の

tìght·fítting 形（衣服などが）ぴったりと合う, きつい

tìght·knít, tìght-knít ◁ 形《限定》固く編んだ；（集団が）固く結ばれた；（計画が）よく準備された

tìght-láced 形（道徳的に）厳格な

tìght-lípped ◁ 形 口を固く結んだ；口数の少ない；（怒り・苦痛で）口をへの字にした

tight·ly /táɪtli/
—副（more ~ ; most ~）
きつく, 堅く；ぴんと張って；ぎっしりと（→ tight 副）‖ ~ controlled しっかり制御された

tìghtly-knít 形 = tightknit

tíght·ròpe 名Ⓒ（ぴんと張った）綱渡りの綱
trèad [OR ***wàlk***] ***a tíghtrope*** 綱渡り［危険なこと］をする
—動自 綱渡りをする

*__tights__ /taɪts/ 名 複 ❶《英》パンティーストッキング, タイツ（《米》pantyhose）（❗「パンティーストッキング」は和製語）‖ a pair of ~ パンティーストッキング1足 ❷ タイツ, レオタード

tíght·wàd 名Ⓒ ⊗《米口》《蔑》《けなして》けちん坊

tigh·ty-whi·ties /tàɪtihwáɪtiz/ 名 複《口》（男性用の）白のコットンブリーフ

ti·glon /táɪglən/ 名Ⓒ〘動〙タイグロン, タイゴン《雄のトラと雌のライオンとの間に生まれた雑種》（→ liger）

ti·gress /táɪgrəs/ 名Ⓒ ❶ 雌トラ ❷ 猛女

Ti·gris /táɪgrɪs/ 名《the ~》チグリス川《西南アジアを流れペルシャ湾に注ぐ川. その流域メソポタミアはオリエント文明発祥の地》

tike /taɪk/ 名 = tyke

ti·ki /tíːki/ 名Ⓒ ❶ ティキ《ポリネシアの人々が身につける先祖の姿をしたお守り》❷ ティキを表すポリネシアの神像

tik·ka /tíːkə/ 名Ⓤ〘料理〙ティーカ《香辛料でマリネした肉や野菜をくしに刺して焼いたインド料理》

til, 'til /tɪl/ 前 接 = till¹, until

til·de /tíldə/ 名Ⓒ ❶ ティルデ, ティルド《スペイン語のnの上, ポルトガル語の母音の上につける波形符（˜）》❷ 波ダッシュ（swung dash）（〜）❸ 💻 ティルダ《インターネットのURLなどで用いられる上付きの˜記号の名称》

*__tile__ /taɪl/ 名Ⓒ ❶（床・壁などの）タイル, かわら（♦ときに集合的にも用いる）‖ put up the ~*s* タイルを張る / roof ~*s* 屋根がわら / cork ~ walls コルク製タイルを張った壁 ❷（排水用）土管 ❸（マージャンなどの）牌(ぱい)
be [OR ***gò***] ***òut on the tíles*** : ***hàve a nìght*** (***òut***) ***on the tíles***《主に英口》（パーティーなどに出て）夜遊びする
—動他 ❶〔屋根〕をかわらでふく,〔床など〕にタイルを張る ‖ ~ a bathroom 浴室にタイルを張る / a floor ~*d* in blue 青タイルを張った床 / a ~*d* roof かわらぶきの屋根 ❷ 💻〔ウィンドウ〕を画面上で重ならないように配置する

til·er /táɪlər/ 名Ⓒ タイルはり［かわらふき］職人

til·ing /táɪlɪŋ/ 名Ⓤ ❶（床・壁・屋根などの）タイル［かわら］面；タイル張り（工事）；《集合的に》タイル［かわら］類（tiles）❷ 💻 タイリング, 画面分割利用（法）

till¹ /tɪl/（♦意味・用法は until とほぼ同じ. till の方が《口》. ⇨ UNTIL）
—前 ❶《肯定文で》〔特定のとき〕**まで**（ずっと）‖ My parents work hard from morning ~ night for us. 両親は私たちのために朝から晩まで一生懸命働いてくれる（♦この場合 till の代わりに to を用いることができるが, from ... がない場合は to は使えない）/ Closed ~ Monday.《店の掲示》日曜日まで閉店［休業］（♦一般に till の後にくる期間を含む場合と含まない場合があるが, この掲示では月曜日を含まない. until でも同様. ⇨ PB 90）
❷《否定文で》…まで（…しない）, …になって初めて（…する）‖ Our visitor did not arrive ~ five o'clock. 客は5時になってやっと着いた / It was not ~ the next day that he got better. 翌日になってやっと彼は回復した
—接 ❶《主に肯定文で》…（するとき）**まで**；…（するほど）まで ‖ Wait here ~ it stops raining. 雨がやむまでここで待ちなさい（♦ till 節内では未来のことは現在形で表す）/ ~ death do [OR does] us part 死が私たちを分かつまで《結婚式の誓いの文句の一部》
❷《否定文で》…するまで（…しない）, …して初めて（…する）‖ He did not go home ~ years had passed. 何年もたってからやっと彼は帰郷した / We do not know the blessing of health ~ we lose it. 健康を失って初めてそのありがたさを知る
❸《程度・結果》…するほどまで, …してとうとう ‖ The light became dimmer and dimmer, ~ it disappeared. 明かりは次第に弱くなり, ついに消えた（♦結果の意味では till の前にコンマがあることが多い）

till² /tɪl/ 動他〔土地〕を耕す
~·a·ble /tíləbl/ 形 耕せる, 耕作に適する

till³ /tɪl/ 名Ⓒ ❶（レジの）現金保管用の引き出し［箱］❷（スーパーなどの）レジ ❸（当座用の）現金

till·age /tílɪdʒ/ 名Ⓤ ❶ 耕作 ❷ 耕された土地, 耕地

till·er¹ /tílər/ 名Ⓒ〘海〙舵柄(だへい)

till·er² /tílər/ 名Ⓒ ❶ 耕作者, 農民 ❷ 耕作機

till·er³ /tílər/ 名Ⓒ（幹［茎］の基部から出る）若枝, ひこばえ
—動自 若枝［ひこばえ］を出す

*__tilt¹__ /tɪlt/ 動他 ❶ …を傾ける, 斜めにする（tip up）, 倒す ‖ ~ one's chair backwards [OR back] いすを後ろへ傾ける / ~ one's head upward [to the right] 頭をあお向けにする［右へかしげる］/ ~ a cabinet over 戸棚を倒す ❷〔意見など〕を（一方に）傾けさせる ‖ ~ the balance of opinion in the opposition's favor 意見を敵側に有利に傾ける ❸〘鋼鉄〙を動力ハンマーで鍛える ❹〔カメラ〕を垂直方向に動かす —自 ❶ 傾く, かしぐ,（意見・立場が）〈一方に〉傾く《*away*》〈**to, toward**〉‖ A large number of voters are ~*ing away* from the party. 大多数の有権者はその党から離れつつある ❷（文章・言葉で）〈…を〉攻撃する,〈…と〉戦う〈**at**〉‖ ~ *at* injustice [public figures] 不正と闘う［公人を攻撃する］❸（昔の馬上やり試合で）〈相手を〉突く〈**at**〉；《古》〈…と〉争う〈**with**〉
—名 ❶ⒸⓊ 傾き, 傾斜 ‖ She wears her hat at a ~. 彼女は帽子を傾けてかぶっている / The ~ is 25 degrees from the vertical. 傾斜は垂直線から25度だ / The course has a ~ to the west. コースは西寄りだ / give a ~ to a barrel たるを傾ける ❷Ⓒ〈…への〉偏向〈**to, toward**〉‖ ~*s* of the press ジャーナリズムの偏向 / the ~ *to* [away from] the left among people 人々の左傾化［左翼離れ］❸Ⓒ（議論などによる）〈…への〉攻撃, 論争〈**at**〉；試合, 争奪戦 ‖ have [OR make] a ~ *at* the government 政府を非難する ❹Ⓒ（中世の）馬上やり試合；（やりの）突き ❺（= ~ **hàmmer**）Ⓒ（鍛造用の）はねハ

ンマー，落としハンマー ❻ Ⓒ カメラの垂直方向の調整
(*at*) **full tilt** 全速力で
tilt² /tɪlt/ 名 Ⓒ (馬車・船・露店などの)覆い，ほろ，日よけ
── 動 他 …にほろ[日よけ]をかける
tilth /tɪlθ/ 名 Ⓤ ❶ 耕作 ❷ 耕された土地(の状態)
tílt·yàrd 名 Ⓒ 〘史〙(中世の)馬上やり試合場
Tim 略 〘聖〙Timothy
tim·bale /tímbəl/ 名 Ⓒ タンバール《鶏肉・魚・クリームなどを混ぜて丸い型に入れて焼いた料理》
***tim·ber** /tímbər/ 名 Ⓤ ❶ 《集合的に》立木，樹木；森林(地) (⇨ TREE 類語P) ‖「cut down [OR fell] ～ 立木を切り倒す ❷ 《英》材木，木材 (《米》lumber) ‖ a piece of ～ 材木1本 ❸ Ⓒ 《通例 ～s》構造用材《梁(はり)，桁(けた)などに使用される木材》；(船の)肋材(ろくざい) ‖ roof ～*s* 屋根の梁 ❹ 《通例形容詞を伴って》《主に米》(地位・職などにふさわしい)人物，人材；人柄，資質 ‖ He's possible Presidential ～. 彼は大統領になり得る人物である
── 形 材木(用)の ‖ a tiny ～ cottage 小さな木の家 / a ～ forest 用材林
── 間 木が倒れるぞ (♥ 伐採作業員の警告の叫び声)
▸▸ ～ **wòlf** 名 Ⓒ 〘動〙シンリンオオカミ《北米産》
tim·bered /tímbərd/ 形 ❶ 木造の；(部屋の壁が)板張りの ❷ 樹木の茂った，森の(多い)
tim·ber·ing /tímbərɪŋ/ 名 Ⓤ ❶ 《集合的に》建築用材 ❷ 木組み，木造
tímber·lànd 名 Ⓤ 《米》(材木用)森林地
tímber·lìne 名 《the ～》《主に米》樹木限界線(tree line)《高山・極地の生育限界線》
tímber·yàrd 名 Ⓒ 《英》材木置場(《米》lumber-yard)
tim·bre /tǽmbər, tím-/ 名 Ⓤ Ⓒ 《堅》音色，音質

⁂time /taɪm/ (♦ 同音語 thyme) 名 動 形

> 名 時❶❺ 時間❶ 時刻❷ 機会❸ 期間❹ 暇❻ 回❽ 倍❾ 時代⓫

── 名 〔▸ timely 形〕 (複 **～s** /-z/) ❶ Ⓤ 《通例無冠詞で》(過去・現在・未来と連続して続く) **時**，**時間**；時の経過［流れ］，歳月，月日 ‖ As ～「went by [OR passed], his sorrow disappeared. ＝With the passage of ～, his sorrow .... 時がたつにつれて彼の悲しみは次第に消えていった / At this point in ～, we expect to finish on schedule. 今この時点では，予定どおりに終わる見込みだ / ～ and space 時間と空間，時空 / *Time flies.* 《諺》光陰矢のごとし / *Time and tide wait for no man.* 《諺》歳月人を待たず / *Time is money.* 《諺》時は金なり / stand the test of ～ 時の試練に耐える
❷ Ⓤ (時計によって示される) **時刻**，…時 (→ CE 4) ‖ What ～ does the next train arrive? 次の列車は何時に着きますか (♦ ×At what time ...? とはふつういわない) / The ～ is 8:30. 時刻は8時半です / Young children have trouble telling (the) ～. 小さい子は時計の読み方がわからない
❸ **a** Ⓒ **機会**，時点，折 ‖ I'll show you the place some ～. いつかその地をご案内しましょう / one ～ かつて，前に1度 / This is the **first** [second] ～ (that) I've drunk vodka. 私がウオツカを飲むのはこれが初めて[2度目]です (♦ This is the first [second, third, etc.] time (that) の後は通例現在完了形を用いる) / That was the only ～ I saw her. それが彼女を見た唯一の機会だった / The last ～ we met was seven years ago. 私たちが最後に会ったのは7年前だった
b 《接続詞的に》…するときに (♦ 通例 any, each, every, (the) last, (the) next などを伴う) ‖ Their team was beaten every [OR each] ～ they had a match. 彼らのチームは試合をするたびに負け続けた / (The) next ～ we meet, I won't be late. 今度会うときは遅れないようにします
❹ Ⓒ 《通例 a ～》**期間**；(ある長さを持った)時間，間 ‖ It's a **long** ～ since they got married. 2人が結婚してからずいぶんになる / He learned the rules of American football in a short ～. 彼は短期間でアメフトのルールを覚えた / Some ～ ago he got a job as a truck driver. ちょっと前に彼はトラック運転手の仕事に就いた /

メタファーの森 time 時間

time ⇨ *money* (時⇨お金)

「時間」は「お金」に例えられる．invest, cost, budget など，お金に関する語彙が時間の表現でも多く用いられる．

- **I spent** a lot of time with her. 彼女とはたくさんの時間を過ごした
- The company has **invested** a lot of time in this project. その会社はこのプロジェクトに多くの時間を費やしてきた(♦ invest は文字どおりには「(お金を)投資する」の意)
- In programming, a simple mistake can **cost** you hours of wasted time. プログラミングでは単純なミスのせいで何時間も空費することがある
- You should **budget** your time for each question properly. それぞれの問題に適切な時間を配分すべきだ(♦ 動詞 budget は「…の使用計画を立てる」の意)
- This software will **save** you a lot of time. このソフトで多くの時間を節約できるだろう
- I'm **running out of** time for the deadline. 締め切りまでもう時間がない

time ⇨ *motion* (時間⇨動き)

「時間」は「動き」としても捉えられる．時間自体が動くものであるという捉え方と，主体が時間に向かって動くという捉え方がある．

【時間が動く表現】
- The New Year is **approaching**. 新年が近づいてきている
- The exam period is **drawing near**. テスト期間が近づいてきている(♦ draw near は「(だんだんと)近づく」の意)
- Spring is **coming**. 春が近づいている
- Time **passed** [OR **went by**] very quickly. 時間はあっという間に過ぎた
- The time has **come** for us to change. 変わるべき時がきた
- Time really **flies**. 光陰矢の如し(♦「時間が過ぎるのは速い」という意味の諺(ことわざ))
- Time **marches on**. 時は刻々と過ぎゆく

【主体が動く表現】
- We're **approaching** the end of the year. 私たちは年の瀬に向かっている
- We are **heading for** Christmas. もうすぐクリスマスだ
- We are **getting close to** the summer vacation. 夏休みに近づいている

In five days' ～, we'll be in Hawaii. (今から)5日後には我々はハワイにいる(♦ ふつう未来のことについて用い, in five days より漠然とした表現. ⇨ PB 41)

❺ Ⓒ Ⓤ (特定の)**時**, 時点《特定の分・時・日など》; 時期, 時節 ‖ All the runners started **at** (around) the same ～. 走者たちは皆(ほぼ)同じ時刻に出発した / **At** this ～ of (the) year, we have a lot of rain. 一年のこの時期は雨が多い / fix a ～ for the next date 次のデートの日時を決める / Youth is the best ～ of life. 青春は人生で最良の時期だ / **At** that ～ I was in high school. そのとき私は高校生だった / the ten-o'clock opening [closing] ～ 10時の開店[閉店]時間 / this ～ tomorrow [yesterday, last year] 明日[昨日, 昨年]の今ごろ(に) / **at** Christmas ～ クリスマスの時期に / I'll pay this [the next] ～ around. 今回[次回]は僕が払うよ(♦ 定期的に巡ってくる場合に使う)

❻ Ⓒ Ⓤ (必要な, 自分で使える)時間, **暇**, 余裕; 時間, 所要時間〈**for** …のための / **to *do*** …をする〉‖ Thank you for your ～. 時間を割いていただいて感謝しています / Do you have ～ *for* a drink? 1杯飲む時間はありますか / We have no ～ *to* lose. ぐずぐずしている時間はない / Why don't we go shopping if there's ～? 時間があったらショッピングに行きませんか / She seems to **spend** most of her ～ drawing. 彼女は余暇のほとんどを絵を描くことに費やしているようだ / We don't have much ～ *to* prepare lunch. 昼食の支度をする時間があまりない / flight ～ 飛行所要時間

❼ Ⓤ/Ⓒ《単数形で》時機, ころ合い; 適当な時期, 好機〈**for** …をすべき / **to *do*** …をする〉(→ CE 8, 17) (♥ We should ... という提案よりは Maybe it's about time to ... といった表現の方が間接的) ‖ It's ～ *for* your medicine. 薬の時間だ / It's ～ for me *to* go to the meeting. 会議に行く時間だ / It's (high) ～ (that) you went to bed. もう寝る時間ですよ(♦ that は通例省略. (that) 節 内ではふつう仮定法過去形が用いられる) / This is no ～ *to* worry about little things. 今はささいなことを心配している時ではない / When would be a good ～ for me *to* call at your office? 貴社に伺うのはいつがよいでしょうか / Now is the ～. 今がチャンスだ / at a good [bad] ～ 都合のよい[悪い]ときに(♥ 急に話題を変えなくてはならないときに This might [OR may] not be a good time, but .... といった断りを入れると失礼さが多少和らぐ. → CE 30) / say the right thing at the right ～ 適切なときに適切なことを言う

Behind the Scenes **The time is now.** 今がそのときです

1980年の米国大統領選で Ronald Reagan が使ったスローガン. 表現そのものは1950年に共和党員 Joseph McCarthy が赤狩りに乗り出し反共旋風を巻き起こした際に使ったもの. Reagan が当選した1980年の選挙では, A.B.C. — Anyone But Carter「カーター大統領以外ならだれでもいい」という Carter 下ろしの非公式なスローガンも使われた(♥「今が好機であるから変革のために動くべきだ」と促す際に広く使われる)

❽ Ⓒ (頻度を表して)…**回**, …度 ‖ How many ～*s* have you been [《主に米》gone] to Disneyland? 今まで何回ディズニーランドへ行ったことがありますか / I have visited my mother's home town several ～*s*. 母の生まれ故郷を何度か訪れたことがある / Take two of these tablets three ～*s* a day. この錠剤を2錠ずつ1日に3回飲みなさい / pay two dollars a ～ 1回に(つき)2ドル払う / a four-～ Oscar nominee 4度アカデミー賞にノミネートされた人

❾ Ⓒ《～s》(倍数を表して)…**倍**(♦ (1)「…の2倍…」を表すには twice as ... as ... を用いるのが最も一般的で, two times は比較級の前か, または two or three times(2, 3倍)のような表現以外ではふつう用いない. ⇨ PB 84 (2) 直後に名詞(句)を伴う場合は times を前置詞と考えることもできる) ‖ Jack earns three ～*s* as much as I do. = Jack earns three ～*s* my salary. ジャックは私(の給料)の3倍稼ぐ / How many ～*s* larger is China than Japan? 中国は日本の何倍の広さですか(♦ ×How many times is China larger than Japan? とはふつういわない) / Three ～*s* four is [OR are] twelve. 4の3倍[3かける4]は12(♦ 日本語では3×4は「3の4倍」を指すが, 英語の three times four は「4が3個集まった」ことを指す)

❿ Ⓒ《a+形容詞を伴って》(人が経験する)時間, ひととき (→ CE 10) ‖ We had [×spent] a good [OR great] ～ playing video games. テレビゲームをして楽しく過ごした / The news was a long ～ coming. その知らせはなかなか届かなかった / have a hard [OR rough, tough] ～ (of it) つらい目に遭う; 不当な扱いを受ける

⓫ Ⓒ《通例 ～s》(歴史上の区分としての)**時代**; 《しばしば単数形で》(代表的な人物・特徴を持つ)時代 ‖ prehistoric ～*s* 先史時代 / modern ～*s* 近代, 現代 / in ancient [medieval] ～*s* 古代[中世]に / in older ～*s* 昔(は) / in Shakespeare's ～ シェークスピアの時代に

⓬ Ⓒ《通例 ～s》(生活条件と関連しての)時代, 時世, 時流; 景気, 経済環境 ‖ It's not easy to run a business in these ～*s*. こういう時世に商売を営むのは楽ではない / Those were good [bad] ～*s* for young people looking for jobs. 当時は職を探す若者にはよい[悪い]時

PLANET BOARD 84

「…の2倍の大きさ」をどう表すか.

問題設定「…の2倍の大きさ」を表す表現の使用率を調査した.

Q 次の表現のどちらを使いますか.

(1) (a) The new apartment is **twice** as large as our old one.
(b) The new apartment is **two times** as large as our old one.
(c) 両方
(d) どちらも使わない

(2) (a) The new apartment is **twice** larger than our old one.
(b) The new apartment is **two times** larger than our old one.
(c) 両方
(d) どちらも使わない

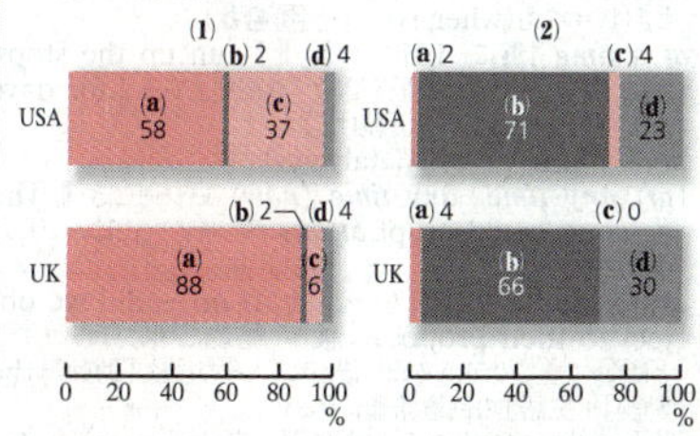

原級比較(as ... as ...)を用いた(1)では, (a)の twice のみを使うという答えが最も多く, 特に《英》では9割近くが「twice しか使わない」と答えた. これらの人の中では, two times を「文法的に誤り」とする意見が多い. 一方, 《米》では37%が両方使うと答えており, 「両者で意味は変わらない」とするコメントが多かった.

比較級を用いた(2)では, (b)の two times のみを使うという答えが全体の約7割で最も多く, 「twice を使うのは明らかな誤りである」とする意見が多い. また, 約¼の人がどちらも使わないと答え, その大半が「The new apartment is twice as large [OR big] as our old one. / ... is twice the size of our old one. という」と答えている.

学習者への指針「…の2倍の大きさ」を表すには twice as large [OR big] as ... が最も一般的である.

代だった / go through hard ～*s* 苦難の時代を経験する
⓭《ときに T-》Ⓤ(計時法上の)…時, …タイム ‖ solar [astronomical] ～ 太陽[天文]時 / standard ～ 標準時 / Greenwich (Mean) *Time* グリニッジ標準時《略 GMT》/ daylight saving ～ 夏時間, サマータイム
⓮ Ⓒ Ⓤ(競技の)所要時間, タイム; 一時中止, タイム(→ timeout) ‖ The winner's ～ was 10.4 seconds. 優勝者のタイムは10.4秒だった / win the 400 meters in record ～ 新記録のタイムで400メートルに優勝する / call ～ 《米》(審判が) タイムを宣する(→ 图 ㉒) / (A) ～ is called. タイムがかかりました(♥スポーツ放送などで)
⓯《one's ～》一生, 生涯; (人生の)盛り, 充実した時期 ‖ The house will last our ～. 家は私たちの代は持つだろう / I've known a lot of celebrities in my ～. 私は生涯[若いころ]に多くの有名人と知り合いになった
⓰《one's ～》死期; 出産予定日 ‖ His ～ is close at hand. 彼の死 (期) は間近に迫っている / She is near her ～. 彼女は出産間近だ
⓱《通例 one's ～》徒弟[奉公]期間, 年季; 兵役, 軍役; 刑期 ‖ serve one's ～ in the navy 海軍で兵役を勤める / serve ～ for robbery 強盗罪で服役する(→ *do time*(↓)) ⓲ Ⓤ〖楽〗拍子(→ common time); テンポ, 速度; リズム, 調子 ‖ double [triple, quadruple] ～ 2 [3, 4]拍子 / waltz [march] ～ ワルツ[行進曲]の拍子 / beat ～ (タクト・手・足などで)拍子をとる ⓳ Ⓤ 労働時間(→ full-time, part-time); 時間給, 日給 (→ double time) ⓴ Ⓤ(行進・作業・自動車などの)速度(→ double time, quick time) ㉑《The ... T-s》…タイムズ《新聞名》‖ *The Times*「(ロンドン)タイムズ」㉒ Ⓤ《英》(パブの)閉店時間 ‖ call ～ 客に閉店時間を伝える(→ 图 ⓮)

against time (間に合うように)時間と競争で, 大急ぎで
ahèad of tíme 約束[予定]時間より早く(↔ *behind time*), 定刻[期限]前に, 早めに
ahèad of one's tíme (人・思想などが)時代に先駆けていて, 時代よりも進みすぎていて(人に理解されない)
àll in gòod tíme 《口》(急がなくとも)いずれ, そのうち, やがて(時がくれば); 適切なときに(→ CE 1)
****àll the tíme*** ① その間ずっと; **いつも**, 頻繁に ②《接続詞的に》…している間ずっと
àny tíme ① いつでも (anytime) ②《接続詞的に》…するときはいつでも(whenever)(→ 图 ❸ b)
****at a tíme*** **1度に**, 1回に (つき) ‖ I run up the steps, two *at a* ～. 僕は階段を2段ずつ駆け上がる / for days *at a* ～ 1度に何日間も(続けて)
at àll tímes いつも, 常に(always)
(at) àny tíme; àny time (nów) いつ何どき ‖ The volcano could erupt *at any* ～. その火山はいつ噴火するかわからない
at nò tíme どんな時にも…ない ‖ *At no* ～ did we object to their proposal. 彼らの提案に一度も反対したことはない(♦この句が文頭に置かれるとその後は「助動詞[be動詞]+主語」の倒置語順になる)
****at óne time*** ① かつて, 以前に(は), 昔(は)(once)(♦ at は省略されることもある) ② 同時に, いちどきに
at òne time or anóther 時折, 折に触れて
at the best of times ⇨ BEST(成句)
at the sàme tíme ① 同時に, 1度に;《that 節 を伴って》…する[した]と同時に ② NAVI (それ)にもかかわらず, けれども ‖ This suit is well made; *at the same* ～, it's awfully expensive. このスーツはよくできているが, とても高い
at a pérson's tìme of lífe (人)の年齢では
at times ときどき, 時折(⇨ SOMETIMES 類語P)
before a person's [OR ***one's***] ***time*** ① (人が) 生まれる前に, 思い出せないほど昔に; (人が)ある場所で働く[勉強する] 以前に ‖ "Were you taught by Mr. Cassidy?" "No, he was *before* my ～."「キャシディー先生に教わりましたか」「いや, 僕のときはもういらっしゃいませんでした」② 時[寿命, 出産日]がこないうちに; (老化などが)年齢より早く ‖ My father is getting old *before* his ～. 父は年より早く老けてきている ③ =*ahead of one's time*(↑)
****behind the tímes*** 時代遅れで, 旧式で; 頭の古い
behind tíme ① (時計・列車などが)(定刻より)遅れて(↔ *ahead of time*) ② 遅れて〈**with** 期限などに / **in doing** …するのに〉
bìde one's tíme 時機[好機]を待つ
bùy tíme 決断 [行動] を遅らせる; 時間をかせぐ ‖ The student tried to *buy* ～ by asking some questions. その生徒は質問をして時間をかせごうとした
by the tíme 《接続詞的に》…するときまでに (は) ‖ The concert will be over *by the* ～ we get to the hall. ホールに着くまでにコンサートは終わっているだろう
by thìs tíme 今ごろは ‖ She will have arrived at the hotel *by this* ～. 彼女は今ごろはもうホテルに着いているだろう
dò tíme 《口》服役する, 刑期を務める
every time ⇨ EVERY(成句)
every time a person turns around ⇨ EVERY(成句)
「***fàll òn*** [OR ***hìt***] ***hàrd tímes*** 急に金に困る
find tíme =*make time* ①(↓)
for a tíme しばらく(の間), ちょっとの間
****for the tìme béing*** **当分の間**(は), さしあたり(♥《口》では now, at present, at this moment などを用いるのがふつう)
from [OR ***since***] ***tìme immemórial; from tìme òut of mínd*** (いつとは知れぬ)大昔から
from tìme to tíme ときどき, 時折(⇨ SOMETIMES 類語P)
gàin tíme ① (時計が)進む(↔ *lose time* ①) ② (口実などを設けて)時間稼ぎをする, 時間を引き延ばす
give a pèrson a hàrd tíme 《口》〔人〕をわざと困らせる, 〔人〕に文句を言う
given time =*with time*(↓)
hàlf the tíme ① (その) 半分の時間 ②《口》しょっちゅう, ほとんどいつでも
hàve a hìgh (òld) tíme 《口》とても楽しい時を過ごす, 熱狂する
hàve a lòt of tíme for ... 《口》…が大好きである, …に大変興味がある
hàve an èasy tíme (of it) 《口》楽な生活をする
hàve nò tíme for ... 《口》…にかかわり合っている暇はない, …に用はない; …はごめんだ
hàve the tíme of one's lífe 《口》とても楽しい思いをする, とても興奮する
hàve tìme on one's hánds 《口》自分の自由な時間が有り余っている
hàve tìme to kíll =*have time on one's hands*(↑)
(in) between tìmes ほかの仕事の合間に
in due time ⇨ DUE(成句)
in gòod tíme ① ぴったりの時間に ② (定刻・予定時間より)早めに ③ =*all in good time*(↑)
in 「***lèss than*** [OR ***nèxt to***] ***nó tìme*** =*in no time (at all)*(↓)
in nó tìme (at áll) 《口》あっという間に, すぐに
in one's òwn (gòod) tíme 《口》都合のよいときに; 自分のペースで (急がずに) ‖ Then he rose *in* his *own* ～. それから彼はゆっくりと立ち上がった
in one's òwn tíme ① =*in one's own (good) time*(↑) ②《英》=*on one's own time*(↓)
****in tíme*** ① **遅れずに**, 間に合うように〈**for** …に / **to do** …するのに〉‖ get back *in* ～ *for* supper 夕食に間に合うように戻る / We got to the station just *in* ～ *to* catch the train. 我々はちょうど列車に間に合う時間に駅に着いた ② **そのうちに**, やがて, 結局 ③〖楽〗正しいテンポで; 〈…の〉リズムに合わせて〈**to, with**〉(↔ *out of time* ②) ‖ dance *in* ～ *to* [OR *with*] the music 音楽 (のリズム) に合わせて踊る
it's about time ... そろそろ [もういい加減に] …する時間

［時期］だ(→ ❼, CE 17)
kèep gòod [***bàd***] ***time*** (時計が)正確な時間を示す[示さない]；(人が)時間を守る[守らない]
kèep time ① (時計が)時を刻む，正しく動く ② テンポを守る，正しいテンポで歌う[踊る]；(一斉に)〈…に〉リズムを合わせる〈**with**〉 ③ (手などを使って)拍子をとる
kèep ùp with the times ＝*move with the times*(↓)
**kill time* 時間[暇]をつぶす
live [OR ***be***] ***on bòrrowed time*** ① (病人などが)奇跡的に生き延びる ② (職を失うなど)危ない状態にある(♦ live の場合は通例進行形)
lòse nò time (***in***) ***dóing*** 直ちに…する ‖ The government *lost no* ～ (*in*) sending food to the flood victims. 政府は直ちに洪水の被害者たちに食料を送った
lòse time ① (時計が)遅れる(↔ *gain time* ①) ② 時間を無駄にする，ぐずぐずする
màke gòod [***bàd***] ***time*** (旅行で)(思ったより)早く[遅く]進む，快調に飛ばす[時間がかかる]
màke time ① 時間をこしらえる〈**for** …に必要な / **to do** …する〉 ② (遅れを取り戻すために)急ぐ
màke time with ... 《米口》…といい仲になる
màke ùp for lòst time 遅れを取り戻す，(埋め合わせのため)熱心に取り組む
màny a time 《堅》何度も，しばしば
màrk time ① 〖軍〗(前進せずに)足踏みする ② (行動をとらずに)ぐずぐずする
mòst of the time たいてい(は)，ほとんどいつも
mòve with the times 時流に合わせて考え方を変える
nòt gìve a pèrson the tìme of dáy 〔人〕にあいさつすらしない，〔人〕を無視する
nòt hàve (***mùch***) ***time for ...*** ＝*have no time for ...* (↑)
... of àll time 古今を通じて(♦ 最上級の形容詞を伴う名詞の後に用いる) ‖ one of the greatest geniuses *of all* ～ 史上最も偉大な天才の1人
on one's òwn time 《米》勤務時間外に，空いている時間に(《英》in one's own time)
on time* ① 〈…の〉時間どおりに**，定刻に〈**for**〉 ‖ She is always *on* ～ *for* an appointment. 彼女はいつも約束の時間を守る ② 《米》分割払いで
once upon a time ⇨ ONCE(成句)
òut of time ① 時節[季節]外れで[に]；(生まれてくる)時代を間違えて ② テンポを外して，調子外れで[に](↔ *in time* ③) ③ (テレビ・ラジオで)放送時間がなくなって
over time 時間がたてば，時間をかけて，やがて
pàss the tìme of dáy 〈人と〉ちょっとあいさつ[言葉]をかわす〈**with**〉
plày for time (口実を設けるなどして)時間をかせぐ
shòw a pèrson a gòod time (見学などをさせて)〔人〕をもてなす
sóme tìme or òther 《口》(未来・過去の)いつか
tàke [OR ***gèt, hàve***] (***the***) ***time óff*** [OR ***óut***] 〈…のために〉時間を割く〈**for, to do**〉 ‖ I *got* ～ *off to* go to the dentist. (勤務時間中に)時間を取って歯医者に行った
tàke time 時間がかかる
tàke one's time* (時間をかけて)ゆっくりやる**，急がない；必要以上に時間をかける〈**over, about** …に / **to do** …するのに〉(→ CE 28) ‖ He *took* his ～ *over* the paper. 彼は論文にゆっくり時間をかけた
tèll (《英》***the***) ***time*** ① (時計の)時刻を読む ② (時計が)時刻を示す
the time is rípe ふさわしい時がきた，機が熟する
the whòle time ＝*all the time* ①(↑)
**time after time ; tìme and (tìme) agáin* いく度となく，再三再四
tìme and a hálf 5割増し時間給[賃金](→ 名 ⓳)
tìme hàngs héavy (***on*** [OR ***upon***] ***one's hánds***) 暇な時間がたくさんある，(何もしないで)時間を持て余す
Tìme wás (***when***) .... 昔は…(したもの)だった(There was a time when ....) ‖ *Time was* (*when*) we didn't need to advertise. 昔は宣伝する必要はなかった
whèn it còmes [***càme***] ***tíme*** (***for a pèrson***) ***to dò*** 《米口》(人が)…するようになる[なった]とき
with tíme 時間とともに，やがて

COMMUNICATIVE EXPRESSIONS

1 **Àll in dùe** [OR **gòod**] **tíme.** そのうちね(♥ 辛抱を促す)
2 "Your dáughter jùst cálled." "**(And) abóut tìme (tóo).**" 「お嬢さんからたった今電話がありました」「やっとか」(♥ 散々待たされた後で. ＝Not before time.)
3 **Ány tìme.** いつでも，お安い御用です(♥ 感謝に対して)
4 **Do you hàve the tíme?** 今何時でしょう(♥ 時間を尋ねる表現. ＝Have you got the time?/＝What time is it?/＝What's the time?/ Could you give me the time?/ Do you know the time? など)
5 **Dòn't wàste my tíme.** (つまらないことで)私の時間を無駄にしないでください
6 **Dòn't wàste your tíme.** そんなことしたって時間が無駄なだけですよ(♥「どうにもならないことだから」の意)
7 **Dóuble tìme!** はやく；急いで(＝Hurry!)
8 **Èverything hàs** [OR **in**] **its tíme.** ものには時期がある(♥「辛抱して待つように」の意. ＝There's a time for everything.)
9 **Gìve it tíme.** まあ焦らないで；時間がたてばできるようになりますよ(♥ 経験が浅い人への励まし，あるいは第三者に向かって「(経験の浅い人を)長い目で見るように」の意)
10 **Hàve a gòod tíme.** 楽しんでおいで
11 We **hàve áll the tìme in the wórld.** 時間はたっぷりある
12 **(I'm) hàving quíte a tìme.** ① 楽しんでるよ(♥ 愉快) ② いろいろ大変でね(♥ 苦労)
13 **Hów màny tímes do I hàve to téll you?** 何回言えばわかるの(♥ 子供をしかるときなどに)
14 **I hàd a lóvely** [OR **níce**] **tìme.** とても楽しかったです(♥ 招待してくれた相手に対するお礼)
15 **I scàrcely hàve tìme to bréathe.** 息つく暇もありません(♥ 多忙を極めている状態)
16 **Is it tìme alréady?** もうそんな時間ですか(♥ いとまを告げる. ＝Looks like it's that time.)
17 **It's about tíme** you gòt a jób. もういい加減仕事に就くべきじゃないか(♥ 潮時を表すくだけた表現)
18 **It's ònly a màtter** [OR **quèstion**] **of tíme.** 時間の問題だ(♥「いつとは言えないが必ずそうなる」の意)
19 **(It's) tìme for a chánge.** 変わる時がきました；変えよう

Behind the Scenes 1944年の米国大統領選で使われたスローガン. 12年間大統領を続けた Franklin D. Roosevelt の再選を阻もうと共和党候補の Thomas E. Dewey が用いた. 党のスローガンとしては成功したが，Dewey は選挙に負けた(♥「変化を求める時期が来た」ことを呼びかける際に広く使われる)

20 **It's tìme to gó** [OR **rún, mòve alóng, pùsh alóng, shòve óff,** 《俗》**splít**]. もう行かなくては(♥ いとまを告げる. It's time we should be going.)
21 **Lòng tìme nò sée.** 久しぶりですね(♥ しばらく会わなかった人へのあいさつ. 目上の相手に対しては (It's) nice to see you again. などと言う方がよい)
22 **Lòok at the tíme.** あれ，もうこんな時間だ(♥ 会話を切り上げることをそれとなく持ちかける)
23 **Màybe「sòme óther** [OR **anóther**] **tìme.** またの機会にね(♥ 誘われた際の断り文句)
24 **(Mý,) hòw the tìme flíes.** (まあ)何て時間がたつのは早いんでしょう(♥ いとまを告げる前置きとして，あるいは久しぶりに会った子供が成長したのを見たときなどに用いる)
25 **Nòt thís tìme, thánks.** 今回は結構です，どうも(♥ 誘いなどを断る)

26 **Òne mòre tíme.** もう一回お願いします(♥ 同じことをしてもらう, またはさせてもらうよう頼む. =Once more.)
27 **Ònly tíme will tèll.** 時間がたてばわかります
28 **Tàke your tíme.** どうぞごゆっくり(♥ 準備など)
29 **There's nó tìme like the présent.** 今こそその時だ；思い立ったが吉日
30 **Thís might** [OR **may**] **nót bè a gòod tíme, but** can we discúss anòther poínt? このタイミングでなんですが, もう1つ別の点についても話し合えますか；話の腰を折るようですみませんが, 別件について話してもいいですか(♥ 特にあることで議論などが盛り上がっているときに, 別の話題だがその場で取り上げておかないといけないことを遠慮がちに導入する前置き)
31 **Tìme (óut)!** ちょっとタイム；もうやめて(♥ スポーツの試合に限らず進行中の何かを中断・中止させる際に)
32 **Tìmes are chánging.** 時代は変わっているんだなあ[いるんですよ](♥ 驚くようなニュースを聞いたときの感想として, あるいは古い考えなどに固執する人に対して)
33 **Whèn's a gòod tíme for you?** そちらはいつ都合がいいですか(♥ 相手を訪ねる時間などを決める際に)
34 **(Your) tìme is úp.** 時間です；時間終了(♥ 試験・試合などで時間切れを告げる)
35 **You've gòt tóo mùch tíme on your hànds.** ぶらぶらしているからろくなことをしないんだ

— 動 (**~s** /-z/；**~d** /-d/；**tim·ing**)
— 他 ❶《通例受身形で》**a**《+目》(予定)時間が〈…に〉決められる〈**for**〉‖ The concert was ~*d for* [×at] half past eight. コンサートは8時半(開演)の予定だった / His remark was well [ill] ~*d*. 彼の発言はタイミングがよかった[悪かった]
b《+目+**to** *do*》(行事・列車などが)…するように時刻が組まれている ‖ The bus was ~*d to* connect with the 7:00 train. バスは7時の列車に接続の予定になっていた
❷ **a**《+目》…の時間を測定[記録]する, タイムをとる ‖ The winner was ~*d* at 9.90 seconds. 勝者のタイムは9秒90と記録された / ~ a race [horse] レース[競走馬]のタイムを測定[記録]する
b《+**wh** 節》…かを測定する
❸〔時計・機械など〕の時間を調節する[合わせる]；…のテンポを〈…に〉合わせる〈**to**〉 ❹〔ボールなど〕をタイミングよく打つ[投げる] ❺(コンピューターやプログラムが)…のオペレーションを自動的に終了する《***out***》
— 形《比較なし》《限定》❶ 時間の；経過時間を示す ❷ 所定時間に作動する, 時限装置付きの ❸ 分割払いの
▸▸ **~ bànk** 名 C〖社会〗タイムバンク《一定時間のサービスの提供と引き換えに同時間のサービスを受けられる取引システム》 **~ bòmb** 名 C 時限爆弾；将来問題となるもの[状況] **~ càpsule** 名 C タイムカプセル《未来に残すために時代を代表する文書・記録を入れた容器》 **~ càrd** 名 C タイムカード, 勤務[就業]時間記録票 **~ clòck** 名 C タイムレコーダー **~ còde** 名 C〖電子〗タイムコード《編集のためにデジタル方式で時間を記録するビデオテープのトラックの1つ》 **~ depòsit** 名 C《通例単数形で》定期預金 **~ expòsure** 名〖写〗① U タイム露光《ふつう½秒以上》② C タイム露光による写真 **~ fràme** 名 C (あることが起きる[行える])時間枠 **~ fùse** 名 C 時限信管 **~ làg** [**làpse**] 名 C (2つの関連した現象などの間の)時間のずれ **~ lìmit** 名 C 期限, 時限, 日限 **~ lìne** (↓) **~ lòck** 名 C 時限錠 **~ machìne** 名 C タイムマシン《未来や過去に行ける架空の装置》 **~ òut** 名 U =time-out **~ shàring** (↓) **~ shèet** 名 C =time card **~ sìgnal** 名 C 時報 **~ sìgnature** 名 C〖楽〗拍子記号 **~ spàn** 名 C 一定の期間；時間枠 **Tìmes Squáre** 名 タイムズスクエア《ニューヨーク市の中心にある繁華街》 **~ swìtch** 名 C《英》タイムスイッチ, タイマー **~ tràvel** 名 U C タイムトラベル《過去や未来へ自由に移動すること》 **~ trìal** 名 C タイムトライアル《特に自転車競技で, 一定の距離を決め競技者個々のタイムを測り, 順位を決めるレース》 **~ wàrp** 名 C《単数形で》タイムワープ《SFで過去や未来の世界に移動すること；停止したように感じられる時間》‖ be stuck [OR caught, locked] in a ~ *warp* 時の流れから取り残されている **~ zòne** 名 C (標準)時間帯《同一標準時を用いる地域》

tìme-and-mótion 形《限定》(生産能率向上のための)時間と作業に関する ▸▸ **~ stùdy** 名 C 作業研究

***tíme-consùming** 形 時間のかかる, 時間を無駄にする

tímed-relèase 形 =time-release

tíme-expìred 形 (食品などが)賞味期限の過ぎた；兵役[服役]期間満了の

tíme-hònored,《英》**-hònoured** 形《限定》(慣習・伝統など)昔からの；由緒ある

tíme·kèeper 名 C ❶ (競技などの)時間記録員, 計時係；作業時間記録係 ❷ 時計 ❸《形容詞を伴って》時間を守る[守らない]人 ‖ be a good [bad] ~ 時間厳守である[時間に遅れる]

tíme·kèeping 名 U ❶ 時間を守ること ❷ 時間の計測

tíme-làpse 形《限定》低[微]速度撮影の

***time·less** /táɪmləs/ 形 ❶ 永遠の；悠久の, 時間[時代]を超越した ❷《古》時機の悪い **~·ly** 副 **~·ness** 名

tíme·lìne, tíme lìne 名 C 時間経過表；スケジュール；時刻表；(ある時代・事柄に関する)歴史年表

***time·ly** /táɪmli/ 形〔◁ time 名〕時を得た, タイミングのよい ‖ on a ~ basis for ... …に間に合う[わせる]ように / a ~ intervention 時宜を得た仲裁 / a ~ hit タイムリーヒット(◥ 日本語の「タイムリーヒット」は「得点を入れる」ヒットを指すが, 英語では単に「チャンス時のヒット」の意で, 必ずしも得点とは関係しない. 「得点につながるヒット」は run-scoring [OR clutch] hit という)
— 副 ❶ 時を得て, 折よく ❷《古》早く **-li·ness** 名

tìme·óut 名 ❶ U《口》(仕事・研究からの)小休止 ❷ C (試合などの)タイム(アウト) ❸ C 🖳 タイムアウト《処理に時間がかかりすぎるとき, 一定時間が経過した後に処理を打ち切ること》

tíme·pìece 名 C 計時器；時計

tíme-pòor 形《英》(多忙で)時間の余裕のない

tim·er /táɪmər/ 名 C ❶ 時計, (特に)ストップウォッチ ❷ =timekeeper ❸ (内燃機関の)点火(調節)装置 ❹ 自動作動装置, タイムスイッチ ❺《通例複合語で》時間労働者 ‖ a full-[part-]~ 常勤[非常勤]の人

tíme-relèase, tíme-relèased 形《通例限定》(薬剤などが)少し時間がたってから成分が放出される

tíme·sàving 形《通例限定》時間節約の(ための)

tíme·scàle 名 C 時間的尺度；期間

tíme-sèrver 名 C 時流の迎合者, 日和見[ご都合]主義者 **-sèrving** 形 名 U 日和見[ご都合]主義(の)

tíme-shàre 動 他 ❶ 🖳〔コンピューター〕を時分割方式で使用する；…を同時に用いる ❷〔別荘など〕を共同所有する — 名 ❶ C 共同所有の別荘 ❷ =time sharing

tíme-shàring, tíme shàring 名 U ❶ 🖳 タイムシェアリング, 時分割《CPUの処理時間を使用者に割り振って1台のコンピューターで多数のプログラムを並行的に処理すること, また複数の使用者が同時に利用すること》❷ 共同所有者の別荘使用

***time·ta·ble** /táɪmtèɪbl/ 名 C ❶《主に英》(乗り物の)時刻表, 運行予定表(《米》schedule) ‖ a railway [OR train] ~ 列車の時刻表 ❷〈物事・行動などの〉予定表, 計画表〈**for**〉‖ work to a ~ 予定表に従って働く / work out a ~ *for* a trip 旅行の計画表を作る / a ~ of events *for* the day 当日の行事予定表 ❸《英》授業の時間割(表)(《米》schedule) ‖ a school ~ 学校の時間割 / alter a ~ 時間割を変更する
— 動 他《主に英》《通例受身形で》予定される；予定表[時間表]に組まれる(schedule)〈**for** 特定の時刻などに / **to** *do* …するように〉‖ The meeting is ~*d for* [×at] 3 o'clock. 会議は3時に予定されている **-tà·bling** 名

tíme-tèsted 形《米》長い使用[経験]で保証済みの

tíme-to-lìve 名 U 生存可能時間《パケットが通過可能なルータ数の定義値；略 TTL》
tíme·wòrk 名 U 時給[日給]の仕事
tíme·wòrn 形 ❶ 使い古した；古ぼけた, 傷んだ ❷ 昔(ながら)の；陳腐な
***tim·id** /tímɪd/ 形 ❶ おく病な, 気の弱い；おどおどした；内気な, 恐れる〈**about** …に；**with** 人に対して〉(⇨ SHY[1] 類語) ‖ a ～ child 内気な子 / (as) ～ as a rabbit (ウサギのように) 非常におく病な ❷ (言動などが) 自信のない, 勇気[度胸]のない, ためらいがちの ‖ a ～ reply 煮えきらない返事 **ti·míd·i·ty** 名 U おく病 **～·ly** 副
***tim·ing** /táɪmɪŋ/ 名 ❶ U C 速度[テンポ]の調節；好機を見計らうこと, タイミング(のとり方) ‖ with perfect ～ 完璧なタイミングで ❷ C 何かが起こる瞬間 ❸ U (車の) エンジン点火の間のとり方
▸▸ **～ device** 名 C 時限装置
ti·moc·ra·cy /taɪmá(:)krəsi | -mɔ́k-/ 名 U 〔哲〕❶ 金権政治 ❷ 名誉至上政治 **tì·mo·crát·ic(al)** 形
***Ti·mor-Les·te** /tiːmɔːrlésti/ 名 東ティモール《インドネシア西部ティモール島東部の民主共和国. 2002年5月にインドネシアから独立. 公式名 the Democratic Republic of Timor-Leste. 首都 Dili》
tim·or·ous /tímərəs/ 形 びくびくしている, おどおどした；おく病な, 怖がりの **～·ly** 副 **～·ness** 名
tim·o·thy /tíməθi/ 名 (＝**～ gràss**) U 〔植〕オオアワガエリ, チモシー《ヨーロッパ原産の牧草》
Tim·o·thy /tíməθi/ 名 ❶ 〔聖〕テモテ《使徒パウロの弟子》 ❷ 〔聖〕テモテ書《新約聖書中の書簡》
tim·pa·ni /tímpəni/ 名 複 (単数 **-no** /-nòʊ/) 《しばしば単数扱い》〔楽〕ティンパニー(kettledrums) **-nist** 名
***tin** /tɪn/ 名 U ❶ 〔化〕すず《金属元素. 元素記号 Sn》 ❷ ブリキ(tinplate) ❸ C 《主に英》缶詰(の缶), ブリキ缶(tin can)；缶1杯 (《米》can) ‖ open a sardine ～ サーディンの缶詰を開ける / a ～ of soup [paint, beans] 1缶のスープ[ペンキ, 豆] ❹ C 《英》(オーブン調理用の)ブリキ製の容器[型, 皿, 平なべ](《米》pan)；(菓子などを保存する) 密閉容器；(ブリキ製の型で焼いた) 角型のパン ‖ a roasting ～ 焼き肉用ブリキ皿 / a cake ～ 菓子型 / a biscuit [tobacco] ～ ビスケット[たばこ]缶 ❺ 《俗》金(かね), 銭(ぜに)
(*it*) ***dòes*** (***exàctly***) ***whàt it sàys on the tín*** 《口》宣伝どおりの価値[効能]がある；看板に偽りなしである
── 形 ❶ すず[ブリキ](製)の；すずでめっきをした, すず板を張った ‖ a ～ box ブリキ缶 / a ～ roof トタン屋根 / a ～ mine すず鉱山 ❷ 安っぽい, まがいの
hàve a tìn éar 生まれつき〈…の〉才能がない〈**for**〉；音痴である
── 動 (**tinned** /-d/；**tin·ning**) 他 ❶ …にすずでめっきする, すずをかぶせる ❷ 《主に英》…を缶詰めにする (《米》can) (→ tinned)
▸▸ **～ cán** 名 C (缶詰の) (特に空になった) 缶；《口》駆逐艦 **～ gód** 名 C (実際の地位より) 偉そうに振る舞う人(♦ しばしば a little tin god で用いる) **～ hát** 名 C 《主に英口》鉄かぶと **～ òpener** 名 C 《主に英》缶切り (《米》can opener) **Tìn Pàn Álley** 名 《旧》① ティンパン横町《以前ニューヨークで音楽関係の会社が密集していた地域》 ② 《通例修飾語として》ポピュラー音楽界(の) **～ plàte** (↓) **～ shèars** 名 複 《米》金切りばさみ **～ sóldier** 名 C (おもちゃの) ブリキの兵隊 **～ whìstle** 名 C すず笛《金属パイプに穴をあけた楽器》
Ti·na /tíːnə/ 名 ティーナ《女子の名. Christina の愛称》
tinc·ture /tíŋktʃər/ 名 ❶ C U 〔薬〕チンキ ❷ C 《単数形で》色調, 色合い；気味,〈知識などの〉生かじり〈**of**〉；特性 ❸ U 〔紋章〕紋章の色の総称 (原色 (colors), 金属色 (metals), 毛皮模様 (furs) の3種類) ── 動 他 《通例受身形で》〈…の〉色合いがつく, 特性[気味]を帯びる〈**with**〉
tin·der /tíndər/ 名 U 火口(ほくち)；(紙·木のような)火のつきやすいもの
tínder·bòx 名 C ❶ 火口箱 ❷ 一触即発の事態[地域]；切れそうな人
tine /taɪn/ 名 C (フォーク·くしなどの)尖端(せんたん), 叉(また), 歯；(シカなどの)枝角(prong)
tin·e·a /tíniə/ 名 U 〔医〕タムシ(ringworm)
tined /taɪnd/ 形 《複合語で》…の叉[歯, 枝]のある
tín·fòil 名 U (食べ物を包む)すず箔(はく), ホイル
ting /tɪŋ/ 名 C ちりんちりん[りんりん](と鳴る音)
── 動 自 他 ちりんちりん[りんりん]と鳴る[鳴らす]
ting-a-ling /tìŋəlíŋ/ 名 C ちりんちりん(と鳴る音)
tinge /tɪndʒ/ 動 他 (♦ しばしば受身形で用いる) ❶ …を〈…で〉薄く染める〈**with**〉(⇨ COLOR 類語) ❷ …に〈…を〉帯びさせる, …を〈…の〉気味にする〈**with**〉‖ a voice ～*d with* sorrow 悲しみを帯びた声 / a vanilla-*tinged* cognac バニラ風味のコニャック ── 名 C 《a ～》ほのかな色合い；かすかな香り[味]；〈…の〉気味〈**of**〉
***tin·gle** /tíŋgl/ 動 自 ❶ (体(の部分)が)〈…で〉ひりひり[きりきり, ちくちく] 痛む, うずく〈**with**〉‖ My face ～*d with* cold. 顔が寒さでひりひりした ❷ (人·体の部分が)〈興奮·恐怖·怒りなどで〉うずうずする, ぞくぞくする〈**with**〉；(ぞくぞくした感じが)〈体に〉伝わる, 感じられる〈**through, down, etc.**〉‖ That horror movie made my spine ～. あのホラー映画を見て背筋がぞくぞくした ── 他 …をぞくぞくさせる ── 名 C 《a ～》ひりひりする痛み, うずき；ぞくぞくすること, 興奮 ‖ have a ～ in one's fingertips 指先がひりひり痛む / feel a ～ of anticipation 期待で胸がうずうずする / a ～ of fear 恐怖の戦慄(せんりつ)
tin·gly /tíŋgli/ 形 ひりひり[ちくちく]させる
tín·hòrn 名 C 《米口》虚勢を張る人, はったり屋 (の賭博(とばく)人)
tin·ker /tíŋkər/ 名 C ❶ (巡回している) 鋳かけ屋 ❷ 便利屋, よろず屋(jack-of-all-trades)；へぼ職人 ❸ 《単数形で》下手な修繕；いじくり回すこと ❹ ⊗《英》《主に蔑》放浪者 ❺ 《英口》いたずらっ子, わんぱく
nòt give a tìnker's dámn [OR ***cúrse,*** 《英》***cúss***] 《口》全く気にかけない
── 動 自 ❶ 鋳かけ屋をする ❷ 〈…の〉下手な修繕をする；〈…を〉いじくり回す〈**with, at**〉 ── 他 ❶ …の鋳かけをする ❷ …を(間に合わせに)修繕する **～·er** 名
tin·kle /tíŋkl/ 動 自 ❶ ちりんちりん鳴る ❷ 《口》おしっこする ── 他 …をちりんちりん鳴らす；ちりんちりん鳴らして…を知らせる[合図する]《*out*》‖ ～ a bell ベルを鳴らす
── 名 C 《通例単数形で》❶ ちりんちりん(鳴る音)；《英口》電話(の呼び出し音) ❷ U/C 《単数形で》《口》おしっこ, 放尿 ‖ go ～ おしっこに行く
tinned /tɪnd/ 形 《通例限定》❶ 《主に英》缶詰めにした (《米》canned) ❷ すずをめっきした[張った], ブリキの
tin·ni·tus /tínɪtəs, tənáɪtəs/ 名 U 〔医〕耳鳴り
tin·ny /tíni/ 形 ❶ すずの(ような)；すずを含む[の多い] ❷ (音などが)甲高い ❸ 価値のない, 安ぴかの；(ブリキのように)貧弱な ❹ 缶臭い **-ni·ly** 副 **-ni·ness** 名
tín·plàte 動 他 …にすずめっきする **-plàter** 名 C
tín·plàte, tín plàte 名 U ブリキ(板)
tín-pòt 形 《限定》⊗《口》《蔑》(国·指導者が)指導力[組織力]が弱い, 取るに足りない
tin·sel /tínsəl/ 名 U ❶ (特にクリスマスの) ぴかぴか光る飾り ❷ 見掛け倒しのもの ── 形 《限定》❶ ぴかぴかに飾った ❷ 見掛け倒しの ── 動 (**-seled** /-d/, 《英》**-selled** /-d/；**-sel·ing**, 《英》**-sel·ling**) 他 …を金ぴか物で飾る
Tínsel·tòwn 名 U 《やゆして》金ぴかの町《映画産業の中心地ハリウッドの俗称》
tín·smìth 名 C ブリキ屋[職人]
tín·stòne 名 U すず(鉱)石
***tint** /tɪnt/ 名 C ❶ 色合い, 色調；…がかった色；(特に白を混ぜた)ほのかな色, 淡い色(♦ 黒を混ぜた色を shade として tint と区別することがある) (⇨ COLOR 類語) ‖ The evening sky is pink with a bluish ～. 夕空は青みがかったピンク色だ / take on autumnal ～*s* 秋色を帯びる /

T

in all ～*s* of red 濃淡さまざまな赤色で ❷ 染毛料；《a ～》染毛 ‖ She used a brown ～ on her hair. 彼女は髪を茶色に染めた ❸ 〘エッチング〙線ぼかし《細い平行線で陰影をつける技法》 ❹ 〘印〙チット《挿絵などの下刷りに用いる薄い地色》

━動 他 (♦しばしば受身形で用いる) **a** 《+目》…に(薄い)色合いをつける, …を(薄く)染める ‖ ～ one's hair 髪を染める / ～*ed* glasses 色付きの眼鏡 **b** 《+目+補》…を…色に染める, …色にする ‖ She had her hair ～*ed* red. 彼女は髪を赤く染めてもらった

T̀-intersèction 名 C 《米》丁字路(《英》T-junction)

tin·tin·nab·u·la·tion /tìntɪnæ̀bjuléɪʃən/ 名 C ちりんちりんと鳴る音；鈴の音

tín·wàre 名 U 《集合的に》ブリキ[すず]製品[器具]

‡ti·ny /táɪni/ 《発音注意》 形 名

━形 (**-ni·er**；**-ni·est**)

とても小さな, ちっぽけな；わずかな(↔ huge) (→ teeny) (⇨ LITTLE 類語) ‖ I feel **a ～ bit** better today. 今日はほんのちょっぴり気分がよい (♦a tiny bit が1つの副詞句として better を修飾する) / a ～ little girl とてもちっちゃな女の子 / a ～ minority ごくわずかの少数派 / a ～ amount of cinnamon ほんの少量のシナモン / a ～ 1% increase わずか1%の増加

━名 (複 **-nies** /-z/) C 《口》幼児

-tion /-ʃən/ 接尾 《名詞語尾》動詞から動作・状態・結果などの抽象名詞を作る ‖ correc*tion*, starva*tion*

-tious /-ʃəs/ 接尾 《形容詞語尾》-tion に対応して形容詞を作る ‖ cau*tious*

‡tip[1] /tɪp/

━名 (複 **～s** /-s/) C ❶ **先**, 先端, 頂点 ‖ I stood on the ～*s* of my toes to see the parade. 私はパレードを見るためにつま先立ちになった / have the ～ of one's finger caught in the door 指先をドアに挟まれる / the lighthouse on the southern ～ of the island 島の南端にある灯台 / leaves with acute ～*s* 先のとがった葉 / from ～ to toe 頭のてっぺんからつま先まで；何から何まで全部

❷ (つえ・傘などの)石突き, 先端につけるもの[金具], 先端部 ‖ a walking stick with an iron ～ 鉄の石突きがついたつえ / cigarettes with filter ～*s* フィルター付きたばこ

on the tìp of one's tóngue ① (名前などが) (のどまで出ているが) 思い出せない ② (批評・質問が) 危うく口から出かかって, 言う寸前で (思いとどまって) ‖ Telling her the truth was *on the* ～ *of* my *tongue.* 危うく彼女に本当のことを言ってしまうところだった

the tip of the iceberg ⇨ ICEBERG(成句)

━動 (**～s** /-s/；**tipped** /-t/；**tip·ping**) 他 ❶ …の先を〈…で〉飾る, 覆う；…の先に〈…を〉つける〈**with**〉；…に先をつける (♦しばしば受身形で用いる) ‖ table legs *tipped with* rubber ゴムのキャップがはめられたテーブルの脚

❷ …の先端を切る

❸ 〔髪・毛皮〕の毛の先端を〈…色に〉染める〈**with**〉

❹ 〘製本〙〔折り込み〕を〈…に〉張り込む〈**in**〉

tip**[2] /tɪp/ 動 (**tipped** /-t/；**tip·ping**) 他 ❶ …をひっくり返す, 倒す《over, up***》‖ Be careful not to ～ your glass *over*! グラスを倒さないように気をつけて / ～ *up* a wastebasket to empty it くずかごをひっくり返して空にする

❷ …を傾ける《***up***》‖ She *tipped* the milk bottle *up* to feed the kitten. 彼女は子猫に飲ませようとミルクの瓶を傾けた / A tax increase may ～ the economy into recession. 増税によって経済不況になるかもしれない

❸ (傾けて)〔中味〕を空ける, 移し入れる, 捨てる《***out***》〈**out of** …から；**into, onto** …へ[に]〉；《英》〔ごみ〕を外に捨てる(《米》dump) ‖ ～ the flour *out of* a bag *into* a bowl 小麦粉を袋からボウルに入れる / ～ dirty water down a drain 汚水を排水管に流す / No rubbish to be *tipped* here.(=No *tipping*.) 《英》ごみ捨て禁止

❹ (あいさつのために)〔帽子〕を軽く傾ける

━自 ❶ 傾く《***up***》 ❷ ひっくり返る, 倒れる《***over, up***》‖ The boat [glass] *tipped over*. ボート[グラス]がひっくり返った ❸ 《英》ごみを外に捨てる

It's típping (it) dòwn. 《英口》大雨[どしゃ降り]だ

━名 C ❶ 傾く[傾ける]こと, 傾斜 ❷ 《英》ごみ捨て場(dump) ‖ the municipal refuse ～ 市のごみ捨て場 / take rubbish to a ～ ごみをごみ捨て場に持って行く ❸ 《英口》汚い場所[部屋] ‖ His room is an absolute ～. 彼の部屋ときたらまるでごみ捨て場だ

▸**típping pòint** 名 C 転換点, 分岐点

‡tip[3] /tɪp/

━名 (複 **～s** /-s/) C ❶ **チップ**, **心づけ** ‖ He left a big [15%] ～ for the waiter. 彼はウエーターに多額 [15%] のチップを置いて行った

❷ (役に立つ)情報, アドバイス, ヒント, 秘訣(ひけつ)〈**on, about** …についての；**for** …のための〉‖ She gave me some good ～*s about* [OR *on*] filing. 彼女は書類整理のうまい秘訣を教えてくれた / a useful ～ *on* how to remove stains from clothing 服のしみ抜きの仕方についての役立つアドバイス

❸ 〈競馬・相場・犯罪などに関する〉(秘密)情報, 内報, 助言〈**for, on**〉‖ get a ～ *on* the next race 次のレースの秘密情報を得る / a hot ～ *for* the Oaks オークスに関する耳よりな情報 / an anonymous ～ 匿名の内報

━動 (**～s** /-s/；**tipped** /-t/；**tip·ping**)

━他 ❶ **a** 《+目》〔ウエーター・ポーターなど〕にチップをやる ‖ Don't forget to ～ the driver. 運転手にチップを渡すのを忘れないように **b** 《+目 *A*+目 *B*》*A*(人)に*B*(金額)をチップとして与える ‖ We *tipped* the waitress five dollars. ウエートレスにチップとして5ドル渡した

❷ 《英》**a** 《+目》…を予想する ‖ ～ a winner 優勝者を予想する **b** 《+目+**as** [**for**] 名 / 目+**to *do***》〔人〕が…になる[…する]と予想する ‖ She was widely *tipped as* the winner in the election. 彼女が選挙に勝つだろうと多くの人が予想していた

❸ (競馬・投機・犯罪などで)…に内報する

━自 ❶ チップを与える

❷ (競馬・投機などで)内報する

****tìp óff ... / tìp ... óff*** 〈他〉《口》〔警察など〕に内報[密告]する；〔人〕に警告する, 知らせる〈**about, to** …について / **that** 節 …ということを〉

▸**～ shèet** 名 C 《口》株式情報紙；(一般の)告知板

tip[4] /tɪp/ 名 C 軽くたたくこと, 軽打；〘野球・クリケット〙チップ

━動 (**tipped** /-t/；**tip·ping**) 他 …を軽くたたく[打つ]；〘野球・クリケット〙〔ボール〕をチップする, かする

ti·pi /tíːpiː/ 名 =teepee, tepee

típ-ìn 名 C 〘バスケットボール〙チップイン《リバウンドのボールを指先でタッチして入れる得点》

típ-òff, típ·òff 名 C ❶ 《口》(不法行為などの)内報, (秘密)情報；警告 ‖ an anonymous ～ 匿名の内部告発 ❷ 《米口》根拠, 手がかり；予兆 ❸ 〘バスケットボール〙チップオフ《ジャンプボールでプレーを開始すること》

tip·per /típər/ 名 C ❶ (=～ lòrry [trùck]) 《英》ダンプカー ❷ チップを出す人 ❸ 不法ごみ投棄者

tip·pet /típɪt/ 名 C ❶ (女性用の)肩かけ, 襟巻き ❷ (聖職者・裁判官などの)肩衣

Tipp-Ex /típèks/ 名 U 《英》《商標》修正液

━動 他 …を修正液で消す《***out***》

tip·ple /típl/ 名 U/C 《通例単数形で》《口》酒

━動 他 〔酒〕を(常習的に・過度に)飲む ━自 (常習的に・過度に)酒を飲む **-pler** 名 C 飲んだくれ, 飲んべえ

tip·py /típi/ 形 《米》傾きやすい, ぐらぐらする

típ·stàff 名 (複 **～s** /-s/ OR **-staves** /-stèɪvz/) C ❶ 先端に金具のついた官杖 ❷ 官杖を持った役人；(特に昔の)巡査；廷吏

tip·ster /típstər/ 名 C ❶ (競馬・相場などの)情報屋, 予想屋 ❷ 密告者, 内報者

tip·sy /típsi/ 形《口》ほろ酔いの **-si·ly** 副 **-si·ness** 名
▶▶**〜 càke** 名 C《英》ワインに浸したスポンジケーキ

***tip·toe** /típtòu/ 名 C つま先(立ち)
on (one's) típtoe(s) ① つま先で；こっそり ‖ walk *on* 〜(*s*) 忍び足で歩く ② 期待して, 待ち望んで ‖ The children were *on* 〜 before Christmas. 子供たちはクリスマスを心待ちにしていた
— 動 自 つま先[忍び足]で歩く；静かに[注意深く]動く[進む] (♦ 通例方向を表す 副句 を伴う) ‖ The robber 〜*d* into [out of] the room. 泥棒は忍び足で部屋へ入った[から出た] — 副 つま先で；こっそりと — 形 つま先立ち[歩き]の；こそこそした, ひそかな

tìp·tóp 〈シ〉《口》 名《通例 the 〜》❶ 頂上 ❷ 絶頂, 最高(級), 極上 — 形《通例限定》❶ 頂上の ❷ 最高(級)の, 最上の, 極上の ‖ in 〜 condition 絶好調で

típ-ùp 形 (いすなどが)上げ起こし式の

TIR 略《フランス》*T*ransports *I*nternationaux *R*outiers (=International Road Transport)(国際道路輸送)

ti·rade /taɪəréɪd, ＋米 ⌐⌐/ 名 C 〈…に対する〉長い非難演説〈**against**〉

ti·ra·mi·su /tìrəmí:su: | -mɪsú:/ 名 U【料理】ティラミス《イタリアのデザート》

Ti·ra·në, -na /tɪrá:nə/ 名 ティラナ《アルバニアの首都》

***tire**[1] /táɪər/ (♦ 同音語 tyre) 動 (▶ tired 形, tiresome 形) 他 ❶〔人〕を疲れさせる (↔ refresh) (→ tired ❶) ‖ The long journey 〜*d* my grandmother. 長旅で祖母は疲れてしまった (♦ ... made my grandmother tired. の方がふつう) ❷〔人〕をうんざりさせる, 飽きさせる (→ tired ❷)
— 自 ❶ 疲れる, くたびれる (♦ get [OR be] tired の方がふつう) ‖ I 〜 easily. 私は疲れやすい ❷《＋of 名》…に飽きる ‖ The children will soon 〜 *of* video games. 子供たちはすぐにテレビゲームに飽きてしまうだろう
nèver tìre of dóing 飽きずに…する (♥ しばしば「周りの人にとってはうんざりだが」といったニュアンスで用いる) ‖ She *never* 〜*s of* talking about her days as an actress. 彼女はとめどもなく女優だったころの話をする
tìre óut ... / ***tìre ... óut*** 〈他〉…をへとへとに疲れさせる ‖ 〜 oneself *out* working long hours 長時間働いて疲れきる

***tire**[2] /táɪər/ 名 C タイヤ (《英》tyre) ‖ I think my 〜*s* are low. タイヤの空気が抜けかけているようだ / I've got a flat 〜. タイヤがパンクしてしまった / His bike's back 〜 blew out. 彼の自転車の後輪のタイヤがパンクした / place [OR put] a spare 〜 on a wheel 予備のタイヤを車(輪)につける / inflate a 〜 タイヤに空気を入れる / change a 〜 タイヤを交換する
kìck the tíres 《口》(物を購入する前に)見て触ってよく確かめる (♦ 中古車を買うときの慣用表現より)
▶▶**〜 ìron** 名 C《米》タイヤレバー《タイヤ着脱時に使う》

*****tired** /táɪərd/
— 形〔◁ tire[1] 動〕(通例 **more 〜**；**most 〜**)
❶〈…で〉**疲れた**, くたびれた〈**from, after**〉(⇨ 類語) ‖ He was dead 〜 at the end of the day's work. 彼は1日の仕事を終えてくたくただった / The children came home hungry and 〜 out. 子供たちはおなかをすかせ疲れ果てて帰宅した / He was 〜 *from* visiting museums. 彼は美術館巡りで疲れていた / **I got** 〜 *after* working all day. 一日中働き通しで疲れた / You **look** quite 〜. だいぶお疲れのようですね / a 〜-looking woman 疲れた表情の女性 / 〜 feet 歩き疲れた足
❷《＋of 名》…に**飽きた** (♦ 名 はしばしば *doing*) ‖ I got 〜 *of* the food in the cafeteria. 食堂の食事には飽き飽きしてきた / I am 〜 *of* reading. 私は読書に飽きた / You made me 〜. 君にはうんざりしたよ
❸ **新味のない**, 陳腐な (↔ original) ‖ Dad often makes a 〜 (old) joke. 父はよく陳腐な冗談を言う
sick and tired of ... ⇨ SICK[1](成句)
tìred and emótional 《英》《戯》酔って
〜·ly 副 **〜·ness** 名

類語《❶》**tired**「疲れた」を意味する最も一般的な語で, さまざまな程度の疲れを表す.
weary 倦(う)み疲れた, 疲れて[飽きて]続けるのがいやになった.
fatigued tired や weary よりも強度の疲労を表す, やや改まった語. 〈例〉be *fatigued* after a hard day's work 1日一生懸命働いてすっかり疲れ果てる
exhausted 完全に疲れきった. 〈例〉be too *exhausted* to move an inch くたくたに疲れて全く動けない
worn out 疲れ果てた, すっかり消耗したということで, exhausted とほぼ同意の口語的表現.

***tire·less** /táɪərləs/ 形 (人が)疲れを知らない, 精力的に…する；(行為が)不断の, たゆみない ‖ The rescue workers were 〜 in searching for survivors. 救助隊員たちは不眠不休で生存者を捜した / 〜 efforts 不断の努力
〜·ly 副 **〜·ness** 名

***tire·some** /táɪərsəm/ 形〔◁ tire[1] 動〕煩わしい, やっかいな, うんざりする ‖ It's 〜 answering the same questions again and again. 何度も同じ質問に答えるのはうんざりだ / 〜 children 煩わしい子供たち
〜·ly 副 **〜·ness** 名

tir·ing /táɪərɪŋ/ 形 ❶ 疲れさせる, 骨の折れる ❷ 退屈な, うんざりする

ti·ro /táɪərou/ 名 =tyro

Tir·ol /tɪróul/ 名 =Tyrol

Ti·ro·lé·an /tɪrəlí:ən, -rou-/ 〈シ〉 形 名 =Tyrolean

'tis /tɪz/《主に文》it is の短縮形

ti·sane /tɪzǽn/ 名 U (薬草などの)煎(せん)じ汁

***tis·sue** /tíʃu:/《発音注意》名 ❶ U【生】組織 ‖ nerve [muscle] 〜 神経[筋肉]組織 / various 〜*s* in the body 体のさまざまな組織 (♦ 種類を表すときは C) ❷ C ティッシュペーパー, ちり紙 (《英》paper handkerchief) (❗ 日本語でいう「ティッシュペーパー」は英語では (facial) tissue でよい. また商標名である Kleenex を普通名詞として用いる場合も多い. 英語の tissue paper は「薄葉紙」の意) ‖ a box of 〜*s* ティッシュペーパー1箱 / bathroom [OR toilet] 〜 トイレットペーパー (toilet paper) / blow one's nose into a 〜 ティッシュペーパーで鼻をかむ ❸ (=〜 **pàper**) U (包装用の)薄葉紙 ‖ a glass wrapped in 〜 薄葉紙に包まれたグラス ❹ U C (紗(しゃ)など)薄く透き通った織物 ❺ C《a 〜》〈うそなどの〉連続, かたまり〈**of**〉‖ a 〜 *of* lies うそ八百
▶▶**〜 cùlture** 名 U【生】培養された組織[細胞]；組織[細胞]培養(法) **〜 engineéring** 名 U 組織再生工学《再生医学の一分野》

tit[1] /tɪt/ 名 =titmouse；《米》chickadee

tit[2] /tɪt/ 名 C ❶ ⊗《卑》乳房；乳首 ❷《英俗》間抜け
gèt on a pèrson's títs ⊗《英俗・卑》(人を)ひどくいら立たせる (⇨ *get on a person's* NERVES(成句))
tìts and áss [《英》***búms***] ⊗《卑》お色気を売り物にするテレビ番組, ストリップショー

Ti·tan /táɪtən/ 名 (♦ 女性形は Titaness) ❶【ギ神】タイタン神《Uranus(天の神)と Gaea(地の神)の間に生まれた巨人族の1人》❷《t-》C 巨漢, 大力の人；大物；偉才 ‖ a 〜 of British industry 英国産業界の大物 ❸【天】タイタン《土星最大の衛星》

Ti·ta·ni·a /tɪténiə | -tá:-/ 名 ❶ ティターニア《中世の伝説の妖精の女王. Oberon の妻》❷【天】チタニア《天王星最大の衛星》

ti·tan·ic /taɪtǽnɪk/ 形【化】チタンの

Ti·tan·ic /taɪtǽnɪk/ 形 ❶ タイタン神の(ような) ❷《t-》巨大な, 怪力の；大物の；重要な
— 名《the 〜》タイタニック号《1912年処女航海中北大西洋で氷山に衝突し沈没した英国の豪華客船》

ti·ta·ni·um /taɪtéɪniəm/ 名 U【化】チタン, チタニウム《金

属元素. 元素記号 Ti)
▸▸~ **dióxide** 名U〘化〙二酸化チタン
tit·bit /títbìt/ 名《英》=tidbit
titch /tɪtʃ/ 名C《英口》ちび, ちびっこ
titch·y /títʃi/ 形《英口》ちっぽけな；ごくわずかな
ti·ter, 《英》**-tre** /táɪṭər, tí:-/ 名U〘化〙力価, 滴定濃度
tit·fer /títfər/ 名C《英俗》帽子(hat)
tìt for tát 名U しっぺ返し, 報復；売り言葉に買い言葉 ‖ give [OR play] ~ (人に)仕返しをする **tìt-for-tát** 形
tithe /taɪð/ 名C ❶《しばしば ~s》〘史〙10分の1税《教会維持のため教区民が収入の10分の1を納めた》❷(一般に)10分の1の税；(わずかな)税 ❸《単数形で》《古》10分の1 ❹《単数形で》《否定文で》少しも…ない
―動 他…に10分の1の税を課する；…を10分の1税として納める ―自 10分の1の税を納める
▸▸~ **bàrn** 名C《英》〘史〙10分の1税の穀物貯蔵用の納屋
tith·ing /táɪðɪŋ/ 名 ❶U 10分の1税の徴収[納入] ❷C〘英国史〙10人組《10戸1組の隣組. 行政地区単位》
ti·ti /tití:/ 名(=~ **mònkey**) C〘動〙(南米産の)オマキザル
ti·tian /tíʃən, tíʃiən/ 《しばしば T-》名U形 金[赤]褐色(の), とび色(の)
Ti·tian /tíʃən, tíʃiən/ 名 ティツィアーノ(1488?–1576)《イタリアルネサンスのベネチア派を代表する画家》
Ti·ti·ca·ca /tìtikɑ́:kə/ 名 **Lake** ~ チチカカ湖《ペルーとボリビアとの国境にある世界最高所の湖》
tit·il·late /títəlèɪt | -ɪl-/ 動 他 ❶…を(性的に)興奮させる, …を快く刺激する ❷…をくすぐる **tit·il·lá·tion** 名
tit·i·vate /títɪvèɪt/ 動 他《~ oneself で》おしゃれする, 着飾る **tit·i·vá·tion** 名
tít·làrk 名C《方》=pipit
***ti·tle** /táɪṭl/ 中心義▸ **位置づけを示す名**
―名〔▶ entitle 動, titular 形〕(複 **~s** /-z/) C ❶ **題名**, 表題, タイトル；書名, 曲名；(本の章などの)見出し ‖ What's the ~ of this week's best-selling book? 今週のベストセラーの書名は何ですか / the film under the ~ of *The Fugitive*「逃亡者」という題名の映画
❷本, 雑誌, 出版物；ビデオ(♦特に出版社・書店での用語として用いられる) ‖ They publish about 30 new ~*s* a year. あの社は年に30点の新刊(本)を出す
❸ **肩書き**, 称号, 敬称；爵位, 学位(♦ 肩書き・称号は mayor, judge, king, queen など. 敬称は Mr., Miss, Mrs., Ms. など. 爵位は duke, earl, baron など. 学位は Ph.D., M.A. など) ‖ the ~ of manager [Duke, deputy prime minister] マネージャーの肩書き[公爵の称号, 副首相の官職名] / an official ~ 公式の肩書き / have [inherit] a ~ 爵位を持つ[継承する] / a person of ~ 肩書き[爵位]のある人
❹(競技の) **選手権**, タイトル ‖ **win** the heavyweight ~ ヘビー級選手権で優勝する / a ~ fight タイトル戦 / hold [defend, lose] a ~ タイトルを保持する[防衛する, 失う]
❺U/C《a ~》〈不動産などの〉所有権〈**to**〉；(正当な)権利〈**to** …に対する / **to do** …する〉‖ have [OR hold] (a) ~ *to* the property [land] 不動産[土地]の所有権を持つ
❻〘法〙権利証書
❼〘映画・テレビ〙《通例 ~s》字幕；クレジットタイトル《字幕に出る監督・製作者・出演者・スタッフなどの名》
❽UC〘宗〙聖職資格；C〘カト〙名義聖堂《司教または枢機卿(すうきけい)が名義上の主任司祭になっているローマ(周辺)の聖堂》
―動 他《+目+補〈名〉》《通例受身形で》…という表題がついている ‖ a report ~*d In the Middle East*「中東にて」と題されたレポート(♦ called, entitled の方がふつう)
▸▸~ **bàr** 名C 💻タイトルバー ~ **dèed** /, ˌ-ˈ-/ 名C〘法〙(不動産などの)権利証書 ~ **pàge** 名C(本の)扉, タイトルページ《本の題名・著者名・出版社名などが書かれた最初のページ》~ **ròle** /, ˌ-ˈ-/ 名C〘映・劇〙主題役《劇や映画の題名になっている主役》~ **tràck** 名C(CD・レコード・テープの)表題楽曲
***ti·tled** /táɪṭld/ 形(特に貴族の)称号のある, 爵位のある
títle·hòlder 名C ❶選手権保持者[チーム] ❷法的に正当な所有者
ti·tlist /táɪṭlɪst/ 名=titleholder ❶
tít·mòuse 名(複 **-mice** /-màɪs/) C〘鳥〙エボシガラ《米国南部産のシジュウカラ科の小鳥》
Ti·to /tí:toʊ/ 名 **Marshal** ~ チトー(1892–1980)《ユーゴスラビアの政治家・大統領(1953–80)》
ti·trate /táɪtreɪt | -ˈ-/ 動 他〘化〙…を滴定する
-trat·a·ble 形 滴定できる **ti·trá·tion** 名UC〘化〙滴定《溶液の濃度を測定すること》
tit·ter /títər/ 動 自 くすくす笑う ―名C 忍び笑い
tit·tle /títl/ 名C ❶〘印〙(文字の上・下につける)点, 小点《i の(˙), é の(´)など》❷《単数形で》《否定文・疑問文で》ごくわずか, 微少
títtle-tàttle /+英 ˌ-ˈ-ˌ-/ 名U動 自 (…の)うわさ話(をする), (くだらない)おしゃべり(をする)
tit·ty /títi/ 名=tit[2]
tit·u·lar /títʃələr | -tʃu-/ 形〔◁ title 名〕《限定》❶名前[肩書き]だけの, 有名無実の ❷題名の[に関する]；表題の ❸肩書き[称号]を有する ❹正当な権利[資格]のある
Ti·tus /táɪṭəs/ 名 ❶〘聖〙テトス《使徒パウロの弟子》❷〘聖〙テトス書《新約聖書中の一書簡》
tiz·zy /tízi/ 名C《通例 a ~》《口》取り乱した状態, 興奮状態 ‖ in a ~ 気持ちがすっかり舞い上がって

COMMUNICATIVE EXPRESSIONS
1 **Dòn't wòrk yoursèlf into a tízzy.** そんなに興奮しないで；落ち着いて

T-jùnction /tí:-/ 名C《英》=T-intersection
TKÓ 略〘ボクシング〙*t*echnical *k*nock*o*ut
Tl 記号〘化〙thallium(タリウム)
TLÁ 略 *t*hree *l*etter *a*cronym ((Eメールの) 3文字頭字語)；*t*ime *l*ag *a*djuster((テレビなどの)時間差調整器)
TLC /tì: el sí:/ 名U《口》優しい世話(♦ *t*ender *l*oving *c*are の略)
Tlin·git /tlíŋgɪt, -kɪt/ 名(複 ~ OR **~s** /-s/) C ❶トリンギット族(の人)《北米先住民の一部族》❷U トリンギット語
TLŚ 略 💻 *t*ransport *l*ayer *s*ecurity《ネットワークセキュリティープロトコルの1つ》
Tm 記号〘化〙thulium(ツリウム)
TM 略 *t*rade*m*ark；*t*ranscendental *m*editation
T-màn /-mæ̀n/ 名(複 **-men** /-mèn/) C《米口》(米国財務省の)特別税務調査員(♦ *T*reasury+*man* より)
TŃ 略〘郵〙Tennessee
TNT /tì: en tí:/ 名U 高性能爆薬(trinitrotoluene)
***to**[1] /弱《子音の前》tə, 《母音の前》tu；強 tu:/ (♦強形の同音語 too, two) 前 副
中心義▸ **…へ[まで]** (★視線が向かう先, またそこまでの範囲を表す)
―前 ❶(到達点)…に, …**まで** ‖ He went ~ Cardiff on business. 彼は仕事でカーディフに行った / The tree fell ~ the ground. 木は地面に倒れた / give her a ride [《主に英》lift] ~ the station 彼女を駅まで車で送る / a trip ~ Canada カナダへの旅行 / go [come] ~ dinner 夕食に行く[呼ばれて行く]
❷(方向・方角)…に, …**の方に** ‖ Turn ~ the right and you'll see the main gate. 右に曲がれば正門が見えますよ / The wind is blowing from east ~ west. 風は東から西へ吹いている / Lake Biwa is 10 kilometers ~ the east of Kyoto. 琵琶(びわ)湖は京都の東10キロの所にある
❸(時間・期間の終点)…**まで** (till, until) ‖ Office hours are from nine ~ five. 営業時間は9時から5時までです / from morning ~ night 朝から晩まで / It's (a) quarter ~ five. 5時15分前だ(♦この場合 until は不可)

語法 ☆☆ (1) to を till [OR until] の意味で用いるのはふつう from ... を前に伴う場合と，未来の出来事までの時間を表す場合に限られる．〈例〉She will be staying from Monday *to* [OR till, until] Friday. 彼女は月曜日から金曜日まで滞在します / It's two weeks *to* [OR till, until] the festival. 祭りまであと2週間だ (♦ We waited for him till [OR until] six. (彼を6時まで待った) では to は用いない)
(2) from April to July (4月から7月まで) のような場合，7月が含まれるのがふつうだが，含まれることを明確にしたい場合，《米》では to の代わりに through を用い，《英》では ... to July inclusive または ... till [OR until] the end of July とする．

❹《動作などの対象》…に，…と ‖ Our class contributed 50,000 yen ~ the disaster relief fund. 私たちのクラスは災害義援金に5万円を寄付した / Listen ~ me. 私の話を聞きなさい / Who did you talk ~? だれと話をしたの / I leave the rest ~ you. あとは君に任せるよ
❺《適用範囲・方向》…に(とって)，**…に対して** ‖ My host family was always kind ~ me. ホストファミリーはいつも私に親切だった / It sounded like a human voice ~ me. それは私には人の声のように聞こえた / He appeared ~ me to be a gentleman. 彼は私には紳士に見えた / a threat ~ the national security 国の安全に対する脅威
❻《範囲・限度》**…まで**，…に至るまで ‖ This pear is rotten ~ the core. このナシは芯(しん)まで腐っている / The water came (up) ~ our knees. 水は我々のひざの所まで来た / ~ a certain extent ある程度(まで) / all kinds of sports from baseball ~ basketball ~ martial arts 野球からバスケットボールや格闘技に至るまでのあらゆるスポーツ (♦ to ... は複数回現れることがある) / The overnight snow accumulation should be two ~ three inches. 夜間の積雪量は2インチから3インチでしょう
❼《結果》…まで，…に至るまで，結局…になって ‖ She tore the letter ~ pieces. 彼女はその手紙をずたずたに引き裂いた / The house burned down ~ ashes. その家は全焼した / He was moved ~ tears. 彼は感動して涙を流した / sing a baby ~ sleep 歌って赤ん坊を寝かしつける / be frozen ~ death 凍死する
❽《対抗・接触》…に，…に対して；…に接して ‖ face ~ face 向かい合って / back ~ back 背中合わせで；交互に / stick [OR cling] ~ old ideas 古い考えに固執する / tie a dog's lead ~ a tree 犬のひもを木につなぐ
❾《所属・関係・付加》**…に，…の**；…に加えて ‖ She is married ~ a German. 彼女はドイツ人と結婚している / belong ~ a club クラブに所属する / the key ~ a door ドアの鍵(かぎ) / an adviser ~ the President 大統領顧問 / the U.S. Ambassador ~ Japan 駐日アメリカ大使 / You have no right ~ this land. あなたにこの土地の権利はない / a claimant ~ the estate 財産の権利者 / That's all there is ~ it. それだけのことだ / There's more ~ it than that. 事はそれだけでは済まない / add 2 ~ 3 3に2を加える
❿《比較・比例》**…と比べて，…に対して**；…につき(per) ‖ This dictionary is superior [inferior] ~ that one. この辞書はそれより優れて[劣って]いる / I prefer baseball ~ soccer. サッカーより野球の方が好きだ / This film is nothing ~ the one I saw last week. この映画は先週見たのに比べてつまらない / This car runs 30 miles ~ the gallon. この車は1ガロン当たり30マイル走る / We get 90 yen ~ the dollar right now. 現在，1ドル90円です / There are twelve inches ~ the [OR every] foot. 1フィートは12インチだ / France beat Germany by (the score of) two ~ one. 2対1(のスコア)でフランスがドイツに勝った
⓫《適合・合致・随伴》…に一致する，…に合わせて ‖ a job ~ one's liking 好みに合った職 / made ~ order 注文製の / true ~ life 実物そっくりの / dance ~ music 音楽に合わせて踊る / wake up ~ the sound of an alarm 目覚ましの音で目が覚める
⓬《感情》**…と感じることには** (♦「to＋所有格＋感情を表す語」の形でしばしば文頭に置く) ‖「*To* my (great) [OR (Much) ~ my] surprise, he succeeded. 私が(大変)驚いたことには，彼はうまくやった；彼がうまくやったので私は(大変)驚いた / ~ her disappointment [delight] 彼女ががっかりした[喜んだ]ことには
⓭《目的・意図》…のために ‖ The firefighters came ~ our rescue. 消防隊員が我々の救助に来た / The family sat down ~ dinner. 家族は夕食の席に着いた / ~ no purpose 無駄に ⓮《乾杯・記念》…のために，…を祝して，…を記念して ‖ I propose a toast ~ the newlyweds. 新婚の2人を祝して乾杯したいと思います / *To* your health! あなたの健康を願って ⓯《数学の指数》…乗 ‖ Two ~ the third (power) is eight. 2^3は8 / ten ~ the minus twenty-five 10^{-25}

—副 /tuː/《比較なし》❶ 閉まって ‖ She pushed the door ~. 彼女はドアを閉めた ❷ 意識を取り戻して (♦ come to, bring ... to の形で) ‖ He didn't come ~ for several days. 彼は数日間意識が戻らなかった ❸ 活動状態に ‖ Let's turn ~. さあ，仕事に取りかかろう ❹ 前方にして；《海》風上に ‖ wrong side [OR end] ~ 後ろ前

**tò and fró* 前後に，あちらこちらに，行ったり来たり ‖ The children ran ~ *and fro* between the trees. 子供たちは木の間をあちこち走り回った

****to**[2] /弱《子音の前》tə，《母音の前》tu；強 tuː/

《不定詞記号》(♦ (1) 元来は前置詞であるが，本来の「方向」の意味を失って，不定詞であることを示す記号となっている．

PLANET BOARD 85

主格補語の不定詞は to 不定詞か原形不定詞か．

問題設定 be 動詞の後などの主格補語の位置に不定詞がくる場合，しばしば原形不定詞が使われるとされる．実際の使用率を調査した．

Q 次の表現のどちらを使いますか．

(a) All she could do was **to wait**.
(b) All she could do was **wait**.
(c) 両方
(d) どちらも使わない

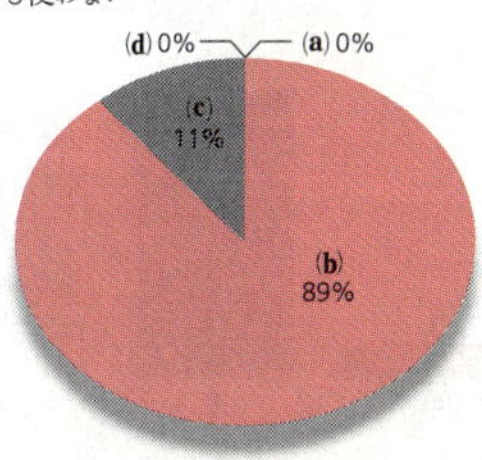

(b) の原形不定詞のみを使うという人が約9割と圧倒的に多く，両方使うという人は約1割であった．(a) の to 不定詞のみを使うという人と，どちらも使わないという人はいなかった．

両方使うと答えた人の多くは「2つの間に意味の違いはない」とし，「(a) の方が《堅》」とのコメントが目立った．(b) のみを使うと答えた人の多くは「(a) は文法的に誤り」としたが，「The only option available to her now was to wait. や All she could do was to wait for ... ならよい」とのコメントもあった．

学習者への指針 主格補語の位置に不定詞がくる場合は，to 不定詞より原形不定詞を使う方が一般的である．

⑵ 不定詞には to のつかない原形不定詞もあり, see, hear, let, make, have, help などの動詞とともに, また except や rather than の後などに用いられる. 各語参照)

❶《名詞的用法》…**すること** **a**《主語》‖ *To* obey the law is everyone's duty. 法に従うことは万人の義務である / It is difficult for us ～ persuade our parents. 我々が両親を説得するのは難しい (♦ ⑴ for us が不定詞の意味上の主語を表す. ⑵ 不定詞句を文末に置いて形式主語 it を用いる方がふつう. ⇨ IT¹ 代 ❹ **a**)

b《目的語》‖ We found it impossible ～ cross the river. その川を渡ることは不可能だとわかった (♦ 目的格補語があるときは不定詞句を文末に置いて形式目的語 it を用いる. ⇨ IT¹ 代 ❹ **a**)

c《主格補語》‖ Her ambition is ～ become an actress. 彼女の念願は女優になることだ / All she could do was (～) wait. 彼女にできるのは待つことだけだった (♦ 前に do があると to が省略されて原形不定詞になることが多い. ⇨ PB 85)

d《疑問詞または whether に続いて》…すべき ‖ I don't know what ～ do. 何をすべきかわからない / We haven't decided「where ～ go [which way ～ take]. どこへ行く[どちらの道をとる]か決めていない (♦ which, what の場合はその後に名詞を伴うこともある) / I'm learning how ～ cook. 料理を習っているところだ

❷《動詞・一部の形容詞の直後に用いて》 **a**《特定の他動詞・一部の自動詞とともに》‖ He tried ～ open the door. 彼はドアを開けようとした / We decided ～ travel to Europe. ヨーロッパに旅行に行くことに決めた / She managed not ～ mention her plan. 彼女は何とか自分の計画のことを言わずに済ませた (♦ 不定詞の否定. → 語法 ⑵, ⇨ PB 87) / How did you come ～ know his name? どうして彼の名前を知るようになったのですか

b《seem, appear, happen, be certain, be likely などとともに》(♦ ⑴ to が導く動詞は be を始めとする状態動詞, または動作動詞の進行形か完了形. ⑵ It ... that ... の形で言い換えられる (⇨ IT¹ 代 ❺ **a**). ❷ **a** (↑) ではそれが不可能) ‖ Susan seems ～ be competent. スーザンは有能なようだ (=It seems that Susan is competent.) / The investigation appears ～ have revealed some new facts. その調査によっていくつかの新しい事実が明らかになったらしい (♦ 完了不定詞. → 語法 ⑶ ⑷) / Dan is likely ～ know the answer. ダンはその答えを知っていそうだ

❸《動詞+目的語の後に用いて》 **a**《believe, consider, find, suppose などとともに》(♦ ⑴ to が導く動詞は, be など状態動詞または動作動詞の進行形か完了形. ⑵ that 節を用いた言い換えが可能) ‖ I believe Jeff ～ be a man of his word. ジェフは約束を守る男だと信じている (=I believe that Jeff is a man of his word.) / I consider the referee ～ have been in the wrong. 審判は間違っていたと思う (=I consider that the referee was in the wrong.) / The drug has been shown ～ have no side effects. その薬は副作用がないことがはっきりした

b《persuade, force, ask, order などとともに》(♦ ❸ **a** (↑) と異なり通例 to が導くのは動作動詞) ‖ We persuaded him ～ buy a new TV. 彼を説得して新しいテレビを買わせた / He was forced ～ accept the conclusion. 彼はその結論を受け入れざるを得なかった / The doctor urged Kim ～ stop drinking. 医者はキムに酒をやめるよう強く促した

c《want, prefer, like, hate などとともに》(♦ この類は ❸ **a** **b** (↑) と異なり ˣ He was wanted to ... のような受身文が不可能) ‖ We want Sally ～ be happy. サリーに幸せになってもらいたい / I'd prefer you ～ stay here. 君にここにいてほしい

❹《形容詞的用法》《名詞の後に》…**する(もの)**, …すべき(もの) ; …という ‖ Please give me something ～ drink. 何か飲むものを下さい / There is nothing ～ worry about. 心配することは何もありません (♦ 以上は, 修飾される(代)名詞が to の後にきた動詞・前置詞の意味上の目的語である例. 最初の例では, something は drink に対し目的語の関係にある) / He has no friend ～ support him. 彼には援護してくれる友達がいない (♦ 修飾される名詞が不定詞の意味上の主語である例) / Do you have something ～ write with? 何か書くものをお持ちですか (♦ Do you have something to write? だと,「何か書くことがありますか」の意. 前置詞で終わる不定詞については ⇨ PB 86) /「an intention [a decision] ～ leave 帰ろうという考え[決定] (♦ それぞれ intend [decide] to leave という動詞句からの派生名詞句)

❺《副詞的用法》 **a**《目的》…**するために**, …しようとして ‖ I've come to Japan ～ learn judo. 私は柔道を習いに日本に来た / We eat ～ live, not live ～ eat. 我々は生きるために食べるのであって, 食べるために生きるのではない (♦ 目的を強調するときは in order to ..., so as to ... を用いる. ⇨ 語法 ⑵)

b《結果》‖ My grandmother lived ～ be 100. 祖母は100歳まで生きた / I awoke ～ find myself in a strange room. 目を覚ますと私は見知らぬ部屋にいた

c《原因・理由・根拠・条件》…して, …するとは, …すれば ‖ I am glad ～ see you. お会いできて光栄です / I'm sorry ～ hear that. それはお気の毒に / You must be mad ～ invite Jason. ジェーソンを招待するなんて, 君もどうかしている

d《形容詞に続いて》…するのを, …するのが ‖ I am not afraid ～ die. 私は死ぬのが怖くない / The book is easy ～ understand. その本はわかりやすい / Julie is

---

PLANET BOARD 86

He has no house to live. などと言えるか.

問題設定「住むための家」などの意味で自動詞の to 不定詞を形容詞用法で用いる場合, 後に前置詞を必要とするかどうか調査した.

Q 次の (a)～(c) を使いますか.

(a) The old man said he had **no house to live.**
(b) The shelter was crowded with refugees and he had **no place to sleep.**
(c) There were a few benches on each side of the road, but there was **no space to sit.**

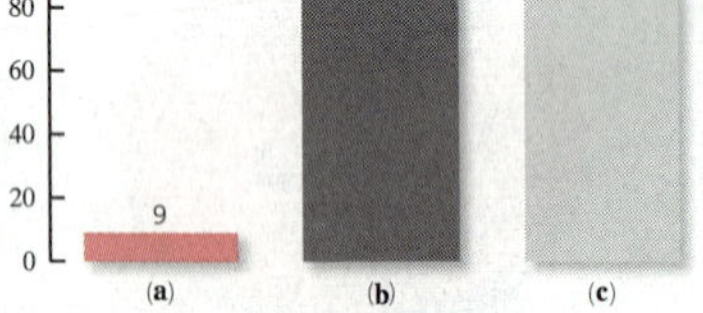

(a) の使用率は非常に低く,「... no house to live *in*. としなければならない」という意見が圧倒的に多かった. 一方,「場所」という意味を持つ place や space を用いた (b) と (c) では, ほとんどの人が「前置詞をつけない文を使う」と答えた.

参考 We don't have **enough money to buy the piano (with)**.「ピアノを買うためのお金が足りない」についても調査したが, ほぼ全員が「with をつけない文を使う」としている. ただし, この場合「ピアノを買うために」と副詞的な解釈をしている可能性もある.

学習者への指針「場所」の意味を持つ place や space の後では前置詞をつけなくてよいが, それ以外の house などの後では前置詞が必要である.

hard ～ please. ジュリーは喜ばせにくい[気難しい](♦この2例はそれぞれ It is easy to understand the book. と It is hard to please Julie. に言い換えられる)

e 《too, enough に続いて》…するのに(は) ‖ She was *too* tired ～ walk any more. 彼女はとても疲れていたのでそれ以上歩けなかった / My little brother is old *enough* ～ go to school. 弟はもう学校へ行く年ごろだ

f 《文全体を修飾して》…であると, …すると(♦慣用的な表現) ‖ *To* be frank with you, we need someone braver for this mission. 率直に言えば, この任務にはだれかもっと勇気のある者が必要だ / ～ tell the truth 実を言うと / ～ make a long story short 要点だけ言うと / strange ～ say 妙な話だが / ～ begin with まず第1に

❻ 《特殊用法》…なんて(♥驚き・憤慨・願望を表す) ‖ For her ～ marry such a man! 彼女がそんな男と結婚するなんて(♦for her は marry の意味上の主語)

語法★☆ (1) be to, have to, ought to, used to のように助動詞の後に to のついた不定詞がくる表現についてはそれぞれの助動詞参照. また不定詞は ❷❸ で種々の動詞とともに使われるが, 用法についてはそれぞれの動詞参照.

(2) 不定詞の否定は, not [never] to *do* のように否定語を to の前に置く. 〈例〉She told him *not to* come back. 彼女は彼に戻って来ないでと言った

実際には ... *to not* come back のように to の後ろに not が置かれる例も見られるが, 使用しない方がよい. また否定の目的では, be careful, take care などの後以外は so as not to, in order not to を用いるのがふつう(⇨ PB 87).

(3) 受身形の不定詞は to be *done*, 完了形は to have *done*, 受身の完了形は to have been *done*, 進行形は to be *doing* である.

(4) 不定詞自体には時制はないが, to have *done* で文の述語動詞よりも前の時を表すことができる. (→ have 助 ⓮) 〈例〉I'm sorry *to* have left work so early. あんなに早く仕事を辞めたのは残念だ

(5) 完了の不定詞は「実現しなかった過去」を表すことがある. 〈例〉I meant *to* have called her, but I forgot. 彼女に電話するつもりだったが忘れた / I would like *to* have gone to the meeting. 会に出たかったのだが(出なかった)

(6) 文脈から明らかなときは動詞を省略して to だけを用いることがある. 〈例〉You can go if you want to. 行きたければ行っていいよ(♦to の後に go を補って解釈する)

(7) 不定詞を修飾する副詞は, 本来は to の前か動詞の後に置かれるが, to と動詞の間に入ることがある. これを分離不定詞と呼び, 避けるべきだといわれたこともあったが, 今では広く使われている. 〈例〉I want you *to* really enjoy yourself. あなたには本当に楽しんでもらいたい

***toad** /toud/ 《発音注意》 名 C ❶ ヒキガエル ❷ ⊗《蔑》いやなやつ[もの] ‖ What a ～! 何ていやなやつだ

tóad·fìsh 名 (複 ～ OR ～·**es** /-ɪz/) C 《魚》(カエルのような頭と大きな口を持つ)カジカの類の魚の総称

tóad·flàx 名 C 《植》ウンランの一種

tòad-in-the-hóle 名 U 《英》ソーセージのパイ生地包み焼き

tóad·stòne 名 C ガマ石《昔ヒキガエルの頭や身体の中で作られると信じられ, 災厄や病気のお守りとして首にかけた》

tóad·stòol 名 C (傘形の)キノコ, (特に)毒キノコ

toad·y /tóudi/ 名 (複 **toad·ies** /-z/) C おべっか使い, へつらう人 ━動 (**-ies** /-z/ ; **-ied** /-d/ ; ～·**ing**) 自 〈…に〉へつらう, おべっかを使う〈**to**〉

to-and-fro /tùːənfróu/ 形 《限定》前後に動く, 行ったり来たりの ━名 《the ～》行ったり来たりする動き ; (議論などの)堂々巡り(♦to-ing and fro-ing ともいう)

***toast**[1] /toust/ 名 U トースト ‖ I'll make some ～ [×toasts] for you. トーストを作ってあげましょう / "What would you like on your ～?" "I usually have marmalade [jam, jelly]." 「トーストには何をつけますか」「たいていマーマレード[ジャム]をつけます」 / a slice [OR piece] of ～ トースト1枚 / buttered [dry] ～ バターを塗った[何もつけていない]トースト

*(**as**) **wàrm as tóast*** 暖かくて気持ちがいい

be tóast 《口》(身の)破滅である, 救いようがない

hàve a pèrson on tóast 《英口》〔人〕を意のままにする

━動 他 ❶ 〔パン・チーズなど〕をこんがり焼く, トーストする (⇨ BAKE 類語P) ‖ I like my bread ～*ed*. パンはトーストしたのが好きだ ❷ 〔体・足など〕を(火で)十分に暖める ‖ ～ one's feet by a fireplace 足を暖炉で暖める ━自 きつね色に焼ける, こんがり焼ける ; 十分暖まる ‖ This bread doesn't ～ well. このパンはよく焼けない

▸▸ **～ing fòrk** 名 C (柄の長い)パン焼きフォーク **～ ràck** 名 C (卓上)トースト立て

***toast**[2] /toust/ 名 ❶ C 〈…のための〉乾杯, 祝杯をあげること ; 乾杯の呼びかけ[あいさつ]〈**to**〉 ‖ I'd like to propose a ～ *to* our team. 我がチームのために乾杯しましょう / drink a ～ 乾杯する ❷ 《the ～》乾杯を受ける人[もの] ❸ 《the ～》〈…での〉感嘆[尊敬, 人気]の的〈**of**〉

━動 他 〔人〕に乾杯する ; 〔健康など〕を祝して乾杯する ‖ ～ a 「young couple [new home] 若い2人[新居]のために乾杯する ━自 〈…に〉乾杯する〈**to**〉

toast·er /tóustər/ 名 C トースター, パン焼き器

▸▸ **～ òven** 名 C オーブントースター

tóast·màster 名 C 宴席の司会者 ; 乾杯の音頭をとる人 (♦女性形は toastmistress)

toast·y /tóusti/ 形 トーストのような ; 《口》ほかほかと心地よく暖かい[快適な]

TOB 略 takeover bid((株式の)公開買付)

****to·bac·co** /təbǽkou/

━名 (複 **～s** /-z/) ❶ U (パイプに詰める)たばこ(♦種類をいうときは C. 「紙巻きたばこ」は cigarette, 「葉巻き」は

PLANET BOARD 87

不定詞の to と動詞の間に not を入れることができるか.

問題設定 不定詞の否定は, not to *do* の形になるのがふつうであるが, to not *do* の形も使われることがある. それぞれどの程度使われているかを調査した.

Q 次の表現のどちらを使いますか.

(a) It's impossible for me **not to like** him.
(b) It's impossible for me **to not like** him.
(c) 両方
(d) どちらも使わない

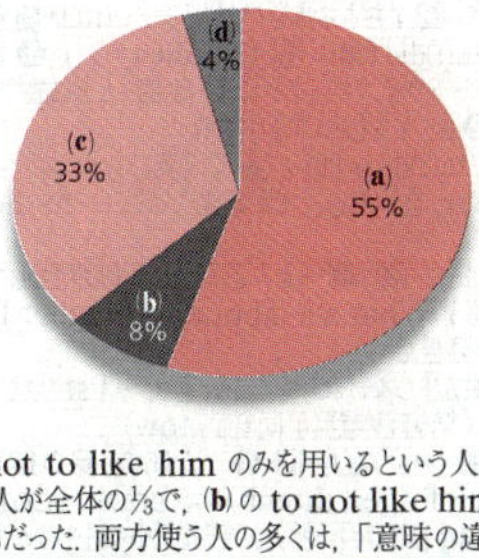

(a) の not to like him のみを用いるという人が5割強, 両方使う人が全体の⅓で, (b) の to not like him のみという人は8%だった. 両方使う人の多くは, 「意味の違いはない」と答えた. どちらも使わないとした人は代替表現として, It's impossible for me to dislike him. / I can't not like him. をあげた.

学習者への指針 不定詞の否定形は not to *do* の形を使うのがよいが, to not *do* も実際には見られる.

cigar); たばこの葉, 刻みたばこ ‖ I can't stand the smell of ～ smoke. 私はたばこの煙のにおいに耐えられない
❷ Ⓤ Ⓒ 〘植〙たばこ(の草) ❸ Ⓤ たばこを吸うこと, 喫煙(の習慣) ‖ give up ～ 禁煙する(=give up smoking)

to·bac·co·nist /təbǽkənɪst/ 名 Ⓒ 《主に英》たばこ店の主人; たばこ店(tobacconist's)

To·ba·go /təbéɪɡoʊ/ 名 ⇨ TRINIDAD AND TOBAGO

-to-be /-təbiː/ 連結形 「(近い) 将来…になる (人)」の意 ‖ a bride-*to-be* もうすぐ花嫁になる人

To·bit /tóʊbɪt/ 名 〘聖〙 ❶ トビト書《聖書外典の一書》 ❷ Ⓒ トビト《トビト書に記されている信心深いイスラエル人》

to·bog·gan /təbá(ː)ɡən | -bɔ́ɡ-/ 名 Ⓒ トボガン《先端が巻き上がった細長いそり》 ━ 動 自 ❶ トボガンで滑る ‖ go ～*ing* トボガン乗りに行く ❷ 《口》(相場などが) 急落する **～·ing** 名

To·by /tóʊbi/ 名 トビー《Tobias の愛称》

tó·by (jùg) /tóʊbi-/ 名 (複 **-bies** /-z/) 《ときに T-》 Ⓒ トビー(ジョッキ), 翁(おきな)型ビールジョッキ

toby (jug)

toc·ca·ta /təkáːṭə/ 名 Ⓒ 〘楽〙トッカータ《演奏者の技巧を示すことを意図した鍵盤(けんばん)楽器の即興風楽曲》

to·coph·er·ol /toʊká(ː)fərɔ̀ːl | tɔkɔ́fərɔ̀l/ 名 Ⓤ 〘生化〙トコフェロール《ビタミンEの本体》

toc·sin /tá(ː)ksən | tɔ́ksɪn/ 名 Ⓒ 《古》警鐘; 警報

tod /tɑ(ː)d | tɔd/ 名 《次の成句で》
on one's tód 《英口》ひとりで(alone)

⁑to·day /tədéɪ/ (♦ to-day とつづるのは《古》) 副 名
━ 副 《比較なし》 ❶ **今日(は), 本日(は)** ‖ I'm not feeling well ～. 今日は気分がよくない / a month ago ～ 先月の今日 / a month from ～ 来月の今日 / ～ week =a week ～ 《英》来週の今日
❷ **今日(こんにち)では, 現代(で)は** ‖ *Today* many people make hotel reservations via the Internet. 今日では多くの人がインターネットでホテルの予約をしている / Japan ～ 現在の日本
━ 名 Ⓤ 《無冠詞で》 ❶ **今日, 本日** ‖ *Today* is Sunday [payday]. 今日は日曜日[給料日]です / Here's ～'s newspaper. ほら, 今日の新聞ですよ(♦ newspapers of today は「現代の新聞」. → ❷(↓))
❷ **現代**, 今日 ‖ young people of ～ 現代の若者たち

tod·dle /tá(ː)dl | tɔ́dl/ 動 自 ❶ (幼児が) よちよち歩く ❷ 《口》ぶらぶら歩く; ぶらりとでかける (♦ 方向を表す 副句 を伴う)(⇨ WALK 類語P)
━ 名 Ⓒ 《単数形で》よちよち歩き; 《口》ぶらぶら歩き
-dler 名 Ⓒ よちよち歩きの幼児(⇨ CHILD 類語P)

***tod·dy** /tá(ː)di | tɔ́di/ 名 (複 **-dies** /-z/) ❶ Ⓤ Ⓒ トディ《ブランデー・ウイスキーなどに湯・砂糖, ときに香料を混ぜた飲み物》 ❷ Ⓤ ヤシ[シュロ]の樹液

tod·ger /tá(ː)dʒər | tɔ́-/ 名 Ⓒ 《英口》ペニス

to-díe-for 形 《口》とても素晴らしい (♦ to die for ともつづる)

to-do /tədúː/ 名 (複 **～s** /-z/) Ⓒ 《通例単数形で》《口》大騒ぎ, 騒動 ‖ What a ～ about nothing! つまらないことに何という騒ぎだ
━ 形 《限定》しなければならない ‖ a ～ list やることリスト

⁑toe /toʊ/ 《発音注意》(♦ 同音語 tow)
━ 名 (複 **～s** /-z/) Ⓒ ❶ (人間の) **足の指**; つま先 (↔ heel) (→ finger, thumb) (⇨ BODY, FOOT 図) ‖ hurt one's **big** [**little**] ～ 足の親指[小指]をけがする / stand on one's ～*s* つま先立ちする / touch one's ～*s* 身をかがめる / stub one's ～ つま先をぶつける
❷ (靴・靴下の)つま先 ❸ (動物の)指; ひづめの前部; 足の指に似たもの ❹ 先端; 〘機〙軸趾(じくし); (ゴルフクラブのヘッドの)先端; (堤防・ダムの)基部
dig one's tóes in =dig one's HEELS *in*
dìp one's tóe in [OR *into*] *the wáter* ① (温度をみるため)つま先を水の中に入れる ② 慎重に新しい試みに挑戦する
from top to toe ⇨ TOP[1](成句)
**màke a pèrson's tóes cùrl* 《口》(人に)恥ずかしい思いをさせる, (人を)当惑させる
**on one's tóes* ① つま先(立ち)で ② 用意[心構え]ができた, 油断のない ‖ The coach keeps us *on* our *toes*. コーチは私たちが気を抜かないようにさせている
stèp [OR *trèad*] *on a pèrson's tóes* ① (人の)つま先を踏む ② (人の領分を侵して)(人の)感情を害する
**tòe to tóe* つま先を合わせて, (人と) 面と向かって ‖ go ～ *to* ～ with one's rival ライバルと面と向かってやり合う
tùrn ùp one's tóes 《英口》《戯》死ぬ
━ 動 他 ❶ …をつま先[足の指]で触る[ける] ‖ ～ a ball ボールをける
❷ 〔くぎ〕を斜めに打ち込む; くぎを斜めに打ち込んで…を留める ❸ 〘ゴルフ〙〔ボール〕をクラブヘッドの先端で打つ
━ 自 つま先をある方向に向けて歩く ‖ ～ in [out] 内また[外また]で歩く
**toe the line* [OR *mark*] ⇨ LINE[1](成句)
▶▶ **～ dànce** (↓) **～ lòop** 名 Ⓒ 〘アイススケート〙トウループ《後ろ向きに滑りながら片足で回転するジャンプ》

tóe·càp 名 Ⓒ トウキャップ《靴のつま先を覆うカバー》

tóe-cùrling 形 《英口》ひどく感傷的な; 当惑させられる

tóe dànce 名 Ⓒ (バレエなどで)(つま先で踊る)トウダンス
tóe-dànce 動 自

TOEFL /tóʊfl/ 《発音注意》 名 Ⓒ Ⓤ 《商標》トーフル《主に英語圏の大学に留学するための英語検定テスト》(♦ *T*est *o*f *E*nglish as a *F*oreign *L*anguage の略)

tóe·hòld 名 Ⓒ ❶ (登山などで) 足がかり; 《単数形で》(一般に)足がかり, きっかけ ❷ 〘レスリング〙トウホールド

TOEIC /tóʊɪk/ 《発音注意》 名 Ⓒ Ⓤ 《商標》トーイック《国際コミュニケーションのための英語能力テスト》(♦ *T*est *o*f *E*nglish for *I*nternational *C*ommunication の略)

tóe·nàil 名 Ⓒ ❶ 足指のつめ (⇨ NAIL 類語P) ❷ 斜め打ちにしたくぎ ━ 動 他 …にくぎを斜めに打ち込む

toe·rag /tóʊræɡ/ 名 Ⓒ 《英俗》いやなやつ, あん畜生

toff /tɑ(ː)f | tɔf/ 名 (複 **～s** /-s/) Ⓒ ⊗《英口》《蔑》(身なりのよい)上流階級の富裕な人

tof·fee /tá(ː)fi | tɔ́fi/ 名 Ⓤ Ⓒ タフィー《砂糖とバターなどで作ったキャンディー》
càn't dò for tóffee 《英口》全然…できない
▶▶ **～ àpple** /ˌ－－－－/ 名 Ⓒ 《英》タフィーアップル, リンゴあめ(《米》candy apple)《薄くタフィーをかけて棒に刺したリンゴ》

tóffee-nòsed 形 《主に英口》気取った, 紳士気取りの
tóffee nòse 名 Ⓒ 気取り屋

to·fu /tóʊfuː/ 名 Ⓤ 豆腐(bean curd)(♦ 日本語より)

tog /tɑ(ː)ɡ, tɔːɡ | tɔɡ/ 名 Ⓒ ❶ 《通例 ～s》《口》衣服 ‖ running ～*s* ランニング着 ❷ 《英》(衣服・キルティングなどの)暖度を示す単位
━ 動 (**togged** /-d/; **tog·ging**) 他 《受身形で》《口》衣服を着る; (特定の行事・活動のため)盛装する《*up, out*》

to·ga /tóʊɡə/ 名 Ⓒ ❶ トーガ《古代ローマ市民のゆったりとした外衣》 ❷ (裁判官などの)職服

to·gaed, -ga'd /tóʊɡəd/ 形 トーガを着た

⁑to·geth·er /təɡéðər/ 《発音注意》 副 形
━ 副 《比較なし》(♦ 位置は通例文末あるいは文頭だが, 一般動詞の直前にくることもある) ❶ **一緒に**, 共に, 連れ立って; **協力して**, 一致して(↔ separately) ‖ Let's go ～. 一緒に行きましょう / Poverty and high crime rates often go ～. 貧困と高犯罪発生率はしばしば相伴う / The whole class worked closely ～ on the project. クラス全体で協力してそのプロジェクトに取り組んだ / come ～ 協力する, 一致する
❷ **一緒[一つ]になるように**, 合わせて, 集まって; お互いに ‖ Mix the flour and the cream ～ well. 小麦粉とクリ

ームをよく混ぜ合わせなさい / Her lips were pressed tightly ～. 彼女は唇をぐっと引き締めていた / The policemen **put** their heads **close** ～. 警官たちは額を寄せ合った / The opposition parties have ～ won a majority. 野党各党は合わせて過半数の票を獲得した / He received more chocolate than all the others **put** ～ on Valentine's Day. 彼はほかの全員を合わせた以上のチョコをバレンタインデーにもらった(♦ put together は all the others を修飾する過去分詞句) / (All) his grandchildren **got** ～ to celebrate his 90th birthday. 彼の90歳の誕生日を祝うため孫たちが全員集まった
❸ 同時に, 一斉に ‖ All these troubles came ～. こうした面倒なことが一斉に起こった / All ～ now! さあ, 皆で一緒に
❹ 総合して, ひっくるめて ‖ Taken ～, these facts prove his innocence. 総合的に判断すると, これらの事実は彼の無実を立証している
❺ 結婚して；性的関係を持って ‖ They have been ～ for five years now. 彼らは一緒になってもう5年になる
❻ 連続して, 立て続けに；休みなく ‖ It rained for five days ～. 5日間も雨が降り続いた
get it (all) together ⇨ GET(成句)
*****togéther with ...*** ① …と一緒に；…に加えて ‖ The books have arrived, ～ *with* a bill. 本は請求書と一緒に届いた / Pasta, ～ *with* a glass of wine, makes a decent meal. パスタとワイン1杯でまずまずの食事になる (♦ 動詞は通例 together with の前の名詞の数に一致する. しかし《口》では together with の前の名詞が単数であっても動詞は複数形を用いることがある. 〈例〉 Tom, *together with* his wife, *are* at the door. トムが奥さんと一緒に玄関に来ています) ② …を含めて
── 形 《口》落ち着いている, 自信に満ちた, しっかりした ‖ He seems to be quite a ～ person. 彼はかなり有能な人物のようだ

to·géth·er·ness /-nəs/ 名 U (仲間・家族の) 一体感；連帯感 ‖ the sense of family ～ 家族の一体感

tog·gle /tá(:)gl | tɔ́g-/ 名 C ❶ 装飾用棒型ボタン ❷ 🖳 モードの交互切り替えキー[コマンド], トグルスイッチ ❸ トグル, (鎖や綱の輪に通して固定させる) 留め木[棒, くぎ]；〖機〗=toggle joint
── 動 自 🖳 モードの交互切り替えを行う
── 他 …にトグルをつける, …をトグルで留める；🖳 …のモードの交互切り替えを行う
▶▶ **～ swìtch** 名 C ① トグルスイッチ《つまみを上下[左右]に動かす方式のスイッチ》 ② =toggle ❷

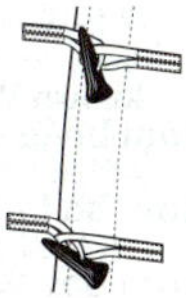
toggle ❶

*****To·go*** /tóugou/ 名 トーゴ《アフリカ西部の共和国. 公式名 The Republic of Togo. 首都 Lomé》
～·lese /-lí:z, -lí:s/ 〈ジ 名 形

*****toil***[1] /tɔɪl/ 動 自 ❶ 〈…に〉精を出して働く, 骨折って働く《*away*》〈**over, at, on**〉 ‖ The workers ～*ed away* to complete the bridge. 労働者たちはその橋を完成させるためせっせと働き続けた / ～ for money [children] お金[子供たち]のために必死に働く ❷ (＋副句) (ある方向に) 苦労して進む, 骨折って移動する ‖ We ～*ed* up a steep hill. 我々は険しい丘を苦労して登った
── 名 U C 骨折り, 苦労；骨の折れる[いやな]仕事 ‖ with ～ and moil あくせく働いて **～·er** 名

toil[2] /tɔɪl/ 名 C《しばしば ～s》《文》わな, 網 ‖ be caught in the ～*s* of the law 法の網にかかる

toile /twɑ:l/ 名 ❶ C (安い布地でできた) 試作衣服 ❷ U 薄いリンネル[木綿]布地

****toi·let** /tɔ́ɪlət/
── 名 (複 **～s** /-s/) ❶ C トイレ, 便所 (♥ ふつうは bathroom, washroom, restroom などという)；便器(toilet bowl) ‖ Where can I find the ～? トイレはどこですか (♥ 《米》では直接的な表現とみなされるのでふつうは遠回しに Where can I wash my hands? や Where is the bathroom?, May I use your bathroom? などの表現を使う) / flush a ～ トイレの水を流す / go to the ～ トイレに行く / a public ～ 公衆便所
❷ C **洗面所**, 《米》(浴室のついた)**化粧室**, 浴室；《英》トイレを備えた部屋, 個室
❸ U 身づくろい, 化粧；《形容詞的に》化粧の ‖ make one's ～ 化粧[身支度]する / ～ articles 身づくろい用品《ヘアブラシ・くし・鏡など》
❹ U 〖外科〗(手術・分娩(ぶんべん)後に行う傷の)洗浄
down the tóilet =*down the* DRAIN
▶▶ **～ bàg** 名 C 《英》=toiletry bag **～ pàper** 名 U トイレットペーパー **～ ròll** 名 C (一巻きの)トイレットペーパー **～ sèt** 名 C 化粧道具一式 **～ sòap** 名 C 化粧石けん **～ tìssue** 名 U =toilet paper **～ wàter** 名 U C 化粧水

toi·let·ry /tɔ́ɪlətri/ 名 (複 **-ries** /-z/) C 《通例 -ries》洗面用品《石けん・歯磨き・ひげそりクリームなど》
▶▶ **～ bàg** 名 C 《米》携帯用洗面用具入れ

toi·lette /twɑ:lét/ 名 =toilet ❸

tóilet-tràin 動 他 〔幼児〕に用便のしつけをする
tóilet-tràined 形 **tóilet-tràining** 名

toil·some /tɔ́ɪlsəm/ 形《文》骨の折れる, つらい

to-ing and fro-ing /tù:ɪŋ ən fróuɪŋ/ 名《the ～》=to-and-fro 名

to·ka·mak /tóukəmæk/ 名 C 〖理〗トカマク《核融合用プラズマ閉じ込め装置》

To·kay /toukéɪ/ 名 ❶ U トカイワイン《ハンガリーのトカイ産の甘口ワイン》 ❷ C 〖植〗トカイ《トカイワインの原料となる大粒のブドウ》

toke /touk/ 名 C 《俗》(特にマリファナたばこの)一服；マリファナたばこ ── 動 自 他 (マリファナたばこを)一服吸う《*up*》

*****to·ken*** /tóukən/ 名 C ❶ (乗り物料金などの) 代用貨幣[硬貨], トークン ‖ a parking ～ 駐車コイン ❷ (事実・行動・気持ちなどを表す)しるし, 象徴, 証拠；(権威・真正さなどの)しるし, 証拠品 ‖ Please accept this small gift as a token of my gratitude [appreciation]. わずかですが, 私の感謝[お礼]のしるしとしてお受け取りください ❸ 記念品；形見 ❹ 商品 (引換) 券 ‖ a book ～ 図書券 / a gift ～ ギフト券 ❺ 目立つ特徴；〖言〗トークン《1つの語・句などの具体的な使用例. → type》 ❻ 🖳 トークン, アクセス・送信許可《LAN上での各端末が得るアクセスやデータ送信の権利》
by* ⌈*the sàme* [OR *this*]⌉ *tóken NAVI その上, さらに；同じ理由で, 同様に(⇨ NAVI表現 8)
── 形《限定》証拠[しるし]としての；形だけの, わずかばかりの, 名目の ‖ a ～ black on a committee (人種差別がないことを示すために) 申し訳に委員会に加えられた黒人 / a ～ strike (警告としての) 短いストライキ / a ～ resistance ささやかな抵抗
▶▶ **～ mòney** 名 U 名目貨幣, 代用貨幣 **～ ríng sỳstem [nètwork]** 名 C 🖳 トークンリング接続《コンピューターネットワークでの接続形態の1つ》

to·ken·ism /tóukənɪzm/ 名 U 名目主義, 名目上の施策《法に触れないように申し訳程度の (差別撤廃などの) 努力をすること》 **tò·ken·ís·tic** 形

Tok Pis·in /tà(:)k pízɪn | tɔ̀k-/ 名 U トックピシン語《パプアニューギニアで使用する英語を基にした混合語》

To·ky·o·ite /tóukiouàɪt/ 名 C 東京都民

****told** /tould/ 動 tell の過去・過去分詞

To·le·do /təlí:dou, -léɪ-/ 名 (複 **～s** /-z/) ❶ トレド《スペイン中部の都市》 ❷ トレド《米国オハイオ州の都市》 ❸ C トレド剣 (❶ 製の良質の剣)

*****tol·er·a·ble*** /tá(:)lərəbl | tɔ́l-/ 形 ❶ 耐えられる, 我慢できる (↔ intolerable) ‖ ～ pain (どうにか) 耐えられる痛み / a ～ situation 我慢できる状況 ❷ まあまあよい, まずまずの ‖ His English was ～. 彼の英語はまあまあだった
～·ness 名

tól·er·a·bly /tá(:)lərəbli | tɔ́l-/ 副 ❶ 耐えられるように ❷ まあまあ, まずまず；なかなか

*__tol·er·ance__ /tá(:)lərəns | tɔ́l-/ 名〔◁ tolerate 動〕❶ U〈異なる考え・行為・信仰などに対する〉寛大, 寛容, 容認(↔ intolerance)〈**for, of, toward**〉‖ Life in the city requires ~ *for* traffic congestion. 都会生活には交通渋滞に対する寛容さが必要だ / religious [racial] ~ 宗教［人種］に対する寛容さ / ~ *for* nonstandard accents 非標準的ななまりに対する寛容さ ❷ U C〈苦痛・困難・寒暖などに対する〉耐性, 忍耐(力), 我慢〈**for, of, to**〉(↔ intolerance) ‖ have a high ~ *for* pain 痛みにとても我慢強い ❸ U C〖医〗〈薬物・毒物などに対する〉耐性〈**to**〉‖ ~ *to* antibiotics 抗生物質への耐性 ❹ U C〖機〗許容誤差；(規格値と実際の数値の間の)公差；〖造幣〗公差

*__tol·er·ant__ /tá(:)lərənt | tɔ́l-/ 形〔◁ tolerate 動〕❶〈…に対して〉寛容な, 寛大な, 包容力のある〈**of, toward, to**〉‖ Society has become less ~ *of* workplace harassment. 社会は職場でのいやがらせを容認しなくなってきている / ~ in one's attitude 態度が寛大な ❷ (機械・動植物が) 耐性のある；〖医〗〈薬・毒などに〉耐性のある〈**of**〉‖ a thermo-~ plant 熱に強い植物 **~·ly** 副

*__tol·er·ate__ /tá(:)lərèɪt | tɔ́l-/ 動〔▶ tolerance 名, toleration 名, tolerant 形〕他 ❶ 許容する **a** 《+目》〔ほかの意見・行為・信仰など〕を許容する, 容認する(↔ forbid)；〔不愉快なこと・苦痛など〕を我慢する, 耐え忍ぶ(↘ put up with, stand for) (⇨ BEAR[1] 類語) ‖ The director ~*d* my rudeness. 監督は私の無礼を許してくれた / ~ isolation 孤独に耐える **b** 《+*doing*》…するのを大目にみる；…することに耐える ‖ I will not ~ being called a coward. おく病者と呼ばれることは我慢できない **c** 《+目+*doing* / *one's doing*》〔人〕が…するのを大目にみる［容認する］‖ I cannot ~ your being so lazy. あなたがそんなに怠惰なのを大目に見るわけにはいかない ❷ (動植物が)〔寒さなど〕に耐える；〖医〗〔薬など〕に対して耐性がある

tol·er·a·tion /tà(:)ləréɪʃən | tɔ̀l-/ 名〔◁ tolerate 動〕U ❶ (異なる意見に対する)寛容, 黙認 ❷ (国家による)異教の容認

*__toll__[1] /toʊl/ 《発音注意》名 C ❶ (橋・道路・港などの)使用［通行］料金；《しばしば ~s》料金(徴収)所；《形容詞的に》有料の ‖ pay a ~ of $5 5ドルの通行料を払う ❷ 《通例単数形で》(災害・戦争・病気などによる)損失(の程度), 損害；犠牲, 死傷者数 ‖ The death ~ has now reached [OR risen to] 5,000. 死亡者数は今のところ5,000人に達した / Automobile accidents take a heavy ~ of human lives. 自動車事故で多数の人命が失われる ❸ 《米》長距離通話料；(運搬などのサービスに対する)料金

tàke one's [a hèavy] tóll (on ...) (…に)［重大な］悪影響を及ぼす, (…を)［大いに］害する

── 動 他〔橋など〕の使用料［通行料］を徴収する (♦ 通例動名詞 tolling で用いる)

▸▸ **~ brìdge** 名 C 有料橋 **~ càll** 名 C 《米》長距離電話, 市外電話 **~ plàza** 名 C 《米》(有料道路の)通行料徴収所が並ぶ所 **~ ròad** 名 C 有料道路

*__toll__[2] /toʊl/ 《発音注意》動 自 (鐘が)ゆっくり規則正しく鳴る ── 他 ❶〔鐘〕をゆっくりと規則的に鳴らす ❷ (鐘が)〔時刻・人の死など〕を告げる；〔時刻・弔いなど〕を鐘を鳴らして知らせる ‖ Bells ~*ed* the death of the king. 国王の死を告げる鐘が鳴った

── 名 C 《しばしば the ~》鐘の音

tóll·bòoth 名 C (有料道路［橋］などの)料金徴収所

tòll-frée ⟨シ⟩ 形 副 ❶ 《米》フリーダイヤル式の［で］(→ Freefone) ‖ call a ~ phone number フリーダイヤルの番号に電話する ❷ (通行料・使用料などが)無料の［で］

tóll·gàte 名 C 通行料金徴収所(のゲート)

tóll·hòuse 名 C 通行料金徴収所［徴収係詰所］

▸▸ **~ cóokie** 名 C 《米》トールハウスクッキー《チョコチップ・ナッツなどを入れたクッキー》

Tol·stoy /tóʊlstɔɪ | tɔ́l-/ 名 **Leo Nikolayevich ~** トルストイ(1828–1910)《ロシアの小説家》

to·lu /tɔ(:)lú:/ 名 U トルーバルサム《南米産の芳香樹脂で, 香料・薬として用いられる》

tol·u·ene /tá(:)ljuì:n | tɔ́l-/ 名 U〖化〗トルエン《無色で可燃性の液体. 火薬, 染料などに用いる》

tom /tɑ(:)m | tɔm/ 名 C ❶ (動物の)雄；(特に)雄猫(tomcat)(↔ tabby) ❷ 《英俗》売春婦

Tom /tɑ(:)m | tɔm/ 名 ❶ トム《Thomas の愛称》❷ 《米口》= Uncle Tom

Tòm, Dìck and* [OR *or*] *Hárry だれも彼も, 猫も杓子(しゃくし)も(♦ しばしば every, any とともに用いられる)

▸▸ **~ and Jérry** 名 《米》① トム=アンド=ジェリー《ラム酒の卵酒》② トムとジェリー《米国の漫画映画；その主人公の猫とネズミの名》 **~ Cól·lins** /-ká(:)lɪnz | -kɔ́l-/ 名 U トムコリンズ《ジン・レモン汁・炭酸水・砂糖のカクテル》 **~ Thúmb** 名 ① 親指トム《英国の童話などの小人の主人公》② 非常に小さい人［もの］

tom·a·hawk /tá(:)məhɔ̀:k | tɔ́m-/ 名 C ❶ トマホーク《北米先住民が武器・道具として用いたおの》❷ 《T-》トマホーク《米国の巡航ミサイル》

── 動 他 …をトマホークで打つ［切る, 殺す］

tom·al·ley /tá(:)mæli | tɔ́m-/ 名 C タマリー《ロブスターの肝臓. 煮ると緑色になる珍味》

*__to·ma·to__ /təméɪṭoʊ | -má:-/ 《アクセント注意》名 (複 **~es** /-z/) ❶ C U トマト(の実) ‖ ~ salad [ketchup, juice] トマトサラダ［ケチャップ, ジュース］❷ C U (植物としての)トマト ❸ C ⊗《俗・卑》《旧》性的魅力のある女性

*__tomb__ /tu:m/ 《発音注意》名 C ❶ 墓, 墓穴, 納骨所［室］；墓石, 墓碑, 墓標(⇨ 類語) ‖ bury him in the family ~ 彼を一家の墓に埋葬する ❷ 《the ~》《文》死 ❸ 静かで暗い場所

> **類語《❶》tomb** grave より改まった語で, 特に墓石・墓標のある墓.
> **grave**「墓」を表す一般語. 死体が葬られたどんな場所にも用いられる.

▸▸ **Tómb of the Unknòwns** 名 《the ~》《米》無名兵士の墓 (♦ the Tomb of the Unknown Soldier ともいう) (→ Unknown Soldier) **Tómb of the Unknòwn Wàrrior** 名 《the ~》《英》無名戦士の墓

tom·bo·la /tɑ(:)mbóʊlə | tɔ́m-/ 名 C 《英》トンボラ《ドラムを回転してくじ札を取る富くじの一種》

tom·bo·lo /tá(:)mbəlòʊ | tɔ́m-/ 名 C〖地〗トンボロ《陸地と島を連絡する砂州》

tóm·bòy 名 C おてんば娘(中立 active [agile] girl)

*__tómb·stòne__ 名 C 墓石, 墓碑

tóm·càt 名 C ❶ 雄猫(↔ tabby) ❷ ⊗《蔑》女たらし

tome /toʊm/ 名 C 《主に戯》(学術書などのような)大型の分厚い本, 大冊；(数巻からなる大作の)1巻, 1冊

to·men·tum /təménṭəm/ 名 (複 **-ta** /-ṭə/) U〖植〗ビロード毛, 綿毛

tòm·fóol ⟨シ⟩ 《旧》名 C 愚か者, 間抜け

── 形 《限定》ばかな, 愚かな

tòm·fóol·er·y /-fú:ləri/ 名 (複 **-er·ies** /-z/) ❶ U 《口》ばかげた振る舞い ❷ C 《旧》ばかげた行為［意見］

Tom·my /tá(:)mi | tɔ́mi/ 名 (複 **-mies** /-z/) C ❶ トミー《Thomas の愛称》❷ 《ときに t-》《英口》英国兵《英国陸軍兵士の代名詞として Tommy Atkins を用いたことから》

▸▸ **~ [tómmy] gùn** 名 C 《口》(トムソン式)軽機関銃

tom·my·rot /tá(:)mirà(:)t | tɔ́mirɔ̀t/ 名 U 《旧》《口》たわごと, くだらないこと(rubbish)

to·mog·ra·phy /toʊmá(:)grəfi | -mɔ́g-/ 名 U X線断層写真撮影(術)

⁑**to·mor·row** /təmá(:)roʊ, -mɔ́:r- | -mɔ́r-/ 副 名

── 副 《比較なし》❶ **明日(は)** ‖ See you ~! ではまた明日 / *Tomorrow*, temperatures in Tokyo will rise to 20 degrees by midday. 明日は東京の気温は正午ま

でに20度に上がるでしょう / ～ week =a week ～ 《英》来週の明日 / this time ～ 明日の今ごろ(は)
❷ (近い)将来に(は)
—名 ❶ Ⓤ (無冠詞で) **明日** ‖ *Tomorrow* is Rena's birthday. 明日はレナの誕生日だ / My flight was canceled, and I can't leave until ～. フライトがキャンセルになって明日まで出発できない / I'm studying for ～'s math test. 明日の数学の試験勉強をしているところだ / ～ morning [afternoon] 明日の午前中[午後]に(♦前置詞をつけず副詞的に) / (the) day after ～ あさって(♦副詞的にも用いる. the を省くのは《口》)
❷ Ⓤ/Ⓒ 《a ～》(近い)未来, 将来 ‖ The dream of yesterday is the reality of ～. 昨日の夢は明日の現実だ / the world of ～=～'s world 明日の世界 / a better ～ よりよき未来
like there's nò tomórrow ; ***as if*** [OR ***though***] ***there were*** [OR ***was***] ***nò tomórrow*** 先のことなど考えもせずに, すぐに ‖ She spends money *like there's no* ～. 彼女は先のことなど考えないで金を使う

COMMUNICATIVE EXPRESSIONS

1 **Tomòrrow is anòther dáy.** 明日があるさ
Behind the Scenes **After all, tomorrow is another day! 結局, 明日は別の日なのだから** 映画 *Gone with the Wind*(邦題「風と共に去りぬ」)で, 主人公 Scarlett O'Hara が最後に言ったせりふ. 「明日は明日の風が吹く」という訳で有名(♥「気持ちを切り替えて過去ではなく未来志向で頑張ろう」と自分や他人に言い聞かせるとき)
2 **Tomòrrow nèver cómes.** 今日できることは今日のうちにやろう(♥明日が来たときにはすでに「今日」であるから)

tóm·tìt 名 Ⓒ 〘鳥〙シジュウカラ類(titmouse)の総称 ; 《英》アオガラ(blue tit)

tom-tom /tá(:)mtà(:)m | tɔ́mtɔ̀m/ 名 Ⓒ ❶ トムトム《北米先住民などが用いる胴の長い手太鼓》 ❷ とんとんという単調な太鼓の音[リズム]

-tomy 連結形 「分割, 切断, 切開」の意 ‖ appendec*tomy* ; dicho*tomy* ; lobo*tomy*

tom yum /tà(:)m jʌ́m | tɔ̀m-/ 〈シ〉 (♦後ろに goong がくるときは tòm yum góong) 名 Ⓤ 〘料理〙トム=ヤム《タイの辛いスープ》

:ton /tʌn/ 《発音注意》
—名 (複 ～ OR ～**s** /-z/) Ⓒ ❶ **トン**《重量単位. 《米》では小[米]トン(short ton ; 2,000ポンド, 907.2kg)を, 《英》では大[英]トン(long ton ; 約2,240ポンド, 1,016kg)を用いる. 日本やフランスではメートルトン(metric ton ; 1,000kg)を使う》 ‖ **weigh a** ～ 1トンの重さがある
❷ 〘海〙総トン《船舶の大きさ・積載量の単位. 軍艦の大きさの単位を排水トン(displacement ton ; 35立方フィートの海水の重量)といい, 船舶などの貨物容積単位を容積トン(measurement [OR freight] ton ; 40立方フィート)という. 船の容積単位を登簿トン, 登録トン(register ton ; 100立方フィート)という》 ‖ a 4,000-～ ship 4,000トンの船
❸ トン《貨物の容積単位. 特に材木については40立方フィート》; トン《クーラーの冷却能力単位》
❹ 《口》多量, 多数, かなりの重量 ; 《副詞的に》とても, 大変 ‖ ～*s* of money [books] たくさんの金[本] / I have a ～ to do today. 今日はしなければならないことがたくさんある / weigh a ～ とても重い ❺ 《a ～, the ～》《英俗》時速100マイルの速度 ‖ do a ～ 時速100マイル出す
like a tòn of bricks 《口》厳しく, 猛烈に ‖ The news report hit her *like a* ～ *of bricks*. その報道は彼女に大きなショックを与えた

ton·al /tóunəl/ 形 〔◁ tone 名〕 ❶音の, 音調の ; 〘楽〙調性の ❷ 色調の, 色合いの ～**·ly** 副

to·nal·i·ty /tounǽləṭi/ 名 (複 **-ties** /-z/) ❶ Ⓤ 〘楽〙調性, 調 ❷ Ⓤ Ⓒ 色調, 色の配合

ton·do /tá(:)ndou | tɔ́n-/ 名 (複 ～**s** /-z/ OR **-di** /-di:/) Ⓒ 〘美〙トンド《円形の絵や浮き彫り》

:tone /toun/ 中心義 **Aの調子**(★Aは「音」「語り」「色」など)

名 **音色❶ 調子❷ 気風❸ 色調❹**

—名 (▶ tonal 形) (複 ～**s** /-z/) ❶ Ⓒ Ⓤ (高低・強さ・質などからみた)**音色**, 音調, 音 ; (特に声・楽器の)音質, トーン ‖ the sweet ～ of a violin バイオリンの美しい音色 / speak **in** a low ～ 低い声で話す / a pure ～ 〘楽〙(音叉(おんさ)が出す)純音
❷ Ⓒ (話し手の感情などを表す声の)**調子** ; 口調, 語調, 話し[書き]方 ‖ Roger always speaks **in** a 「friendly ～ [～ of command]. ロジャーはいつも気さくな[命令]口調で話す / I could tell from her ～ of voice that she was cross. 彼女の口調からするとどうも彼女はご機嫌斜めらしかった
❸ Ⓤ/Ⓒ 《単数形で》(全般的な)感じ, **気風**, 傾向, 雰囲気 ; 風格, 気品 ‖ the cultured ～ of their house 彼らの家の洗練された雰囲気 / raise the ～ 品位を高める / set a new ～ for the school 新しい校風を作る
❹ Ⓒ **色調**, 色合い, 色の濃淡, 明暗 ; 〘写〙(白黒写真の)色調 ‖ various ～*s* of gray さまざまな色調のグレー
❺ Ⓤ 〘生理〙(筋肉・皮膚などの) 弾力性, 張り ; (一般に)(体・精神の)正常な調子, 健康な状態 ‖ improve one's muscle [skin] ～ 筋肉[皮膚]を強くする / lose [recover] mental ～ 精神の安定を失う[取り戻す]
❻ Ⓒ (電話器・時報などの)信号音, ツーという音 ‖ Please leave a message after the ～. 信号音の後でメッセージをお願いします(♦留守番電話の指示) / the dial [《英》dialing] ～ (ダイヤルする前[通話可能]の) 信号音 / the busy [《英》engaged] ～ 話し中の信号音
❼ Ⓒ 〘楽〙楽音(《米》note) ; 全音(程) (《主に米》whole step) ‖ a fundamental ～ 基音 ❽ Ⓒ 〘音声〙音の高低(pitch) ; 抑揚, アクセント ; 〘言〙音調, 声調 ‖ a rising [falling] ～ (音の) 上昇[下降] 調 / Mandarin Chinese has four ～*s*. 標準中国語には四声(しせい)がある

COMMUNICATIVE EXPRESSIONS

1 **Dón't tàke thàt tóne with me.** 私に対してそういう(失礼な)口のきき方をするな

—動 他 ❶ 〔体・筋肉など〕を強化する, 引き締める《*up*》 ‖ ～ *up* the abdomen 腹部(の筋肉)を強化する
❷ …の調子[色調]を変える ❸ 〘写〙(薬品で)〔陽画〕の色を和らげる, 色調を変える —自 (色などが)〈…と〉調和する《*in*》〈**with**〉 ‖ The furniture ～*s in* well *with* the curtains. 家具はカーテンとよく調和している
tòne dówn 〈他〉(***tòne dówn ...*** / ***tòne ... dówn***) ① …の色調を弱くする ② 〔表現〕の調子を和らげる (moderate) —〈自〉 ① (色調が)弱くなる ② (調子が)和らぐ
tòne úp 〈自〉(体・筋肉などが) 強化される, 調子が上がる —〈他〉(***tòne úp ...*** / ***tòne ... úp***) ⇨ 他 ❶
語源 「ぴんと張った弦→声の調子」の意のギリシャ語 *tonos* から. tune と同語源.
▶▶ ～ **àrm** 名 Ⓒ (レコードプレーヤーの) アーム ～ **còlor** 名 Ⓒ Ⓤ 〘楽〙音色 (timbre) ～ **gròup** 名 〘音声〙音調群《発話におけるイントネーションの基本単位を形成する音節》 ～ **lànguage** 名 Ⓒ 〘言〙声調[音調]言語《中国語のように声調の変化によって意味を区別する言語》 ～ **pòem** 名 Ⓒ 〘楽〙交響詩 (symphonic poem) ～ **ròw** 名 Ⓒ 〘楽〙音列 ～ **ùnit** 名 Ⓒ 〘音声〙音調単位(tone group)

tòne-déaf 〈シ〉 形 音痴の ～**·ness** 名 Ⓤ 音痴

tone·less /tóunləs/ 形 ❶ 音調[色調]のない ; 抑揚のない ❷ 単調な, 活気のない ～**·ly** 副

ton·eme /tóuni:m/ 名 Ⓒ 〘音声〙トニーム, 音調[声調]素《音調言語において弁別要素となる音単位》

ton·er /tóunər/ 名 ❶ Ⓤ スキンケア用ローション [クリーム] ❷ Ⓤ (複写機などの) トナー ❸ Ⓒ (フィルムの色調を変えるための)現像液

tong /ta(:)ŋ, tɔ:ŋ | tɔŋ/ 名 Ⓒ (米国における中国人の) 秘密結社《しばしば組織犯罪との関係を指摘される》

ton·ga /tá(:)ŋgə | tɔ́ŋ-/ 名 C (インドの)小型の二輪馬車

*__Ton·ga__ /tá(:)ŋgə | tɔ́ŋ-/ 名 トンガ《南太平洋フィジー諸島南東の群島からなる王国. 公式名 the Kingdom of Tonga. 首都 Nuku'alofa》 **-gan** 名 形

tongs /tɑ(:)ŋz, tɔ:ŋz | tɔŋz/ 名 複《ときに単数扱い》トング, 物を挟む[つかむ]道具(⇨ FIREPLACE 図); (=**cúrling ~**)頭髪用のこて ‖ (a pair of) sugar ~ 角砂糖ばさみ

⁑**tongue** /tʌŋ/《発音注意》

—名 (複 **~s** /-z/) C ❶ 舌 (⇨ FACE 図) ‖ click one's ~ 舌打ちする (♥ 不満を表すしぐさ) / put [OR stick] out one's ~ at him 彼に舌を出す (♥ 軽蔑のしぐさ) / pronounce one's r's by rolling the ~ 巻き舌でrを発音する

❷ U C (牛などの)舌肉, タン ‖ stewed ~ タンシチュー

❸《単数形で》(話す能力を象徴する)舌, 口 ; **話す能力** ; **話しぶり**, 弁舌, 言葉遣い ‖ make a slip of the ~ (うっかり)口を滑らす ; 言い間違いをする / have「a ready [OR an eloquent, a silver] ~ 弁舌さわやかである / have a sharp ~ 口が悪い, 毒舌家である / guard one's ~ 《旧》口を慎む / ignore wagging ~*s* うわさを無視する (→*set* [OR *start*] *tongues wagging*(↓))

❹ (一国民・民族の) **言語**, 国語 ; 方言 (⇨ LANGUAGE 類語) ‖ the German ~ ドイツ語 / one's **mother** [OR native] ~ 母語 / a foreign ~ 外国語 / the gift of ~*s* 言葉の賜り物《キリスト教徒に与えられたという未知の言語を話す能力》(♦ 聖書の言葉)

❺ 舌状のもの ; (靴の)舌皮 ; (鐘・鈴の)舌 ; (バックルの)留め針 ; (馬車の)長柄(pole) ; (さねはぎ板の)さね ; (機械の)凸縁(flange) ; (パイプオルガン・木管楽器の)リード(reed) ; (細長い)岬 ; 狭い入江(inlet) ; (転轍(てんてつ)機の)先端軌条 ; (炎の)舌 ; (はかりなどの)針(pointer)

*__*bìte one's tóngue*__ ① 発言を控える[慎重にする] (→ CE 1) ② 発言を後悔する《*off*》(♦ 通例仮定法で用いる)

find one's tóngue (恥ずかしさ・驚きなどの後で) やっと口がきけるようになる

gèt one's tóngue ròund [OR ***aròund***] **...** 〔難しい言葉など〕を正しく発音する

gìve tóngue ① (猟犬が) (におい・獲物を見つけて) ほえる ② しゃべる, 話す ; 〈…を〉口にする〈**to**〉

kèep a cìvil tòngue in one's héad 言葉遣いに気をつける, 言葉を慎む

lòosen a pèrson's tóngue (飲酒・状況などが) (人の) 口を軽くさせる, (人に) 打ち解けて話をさせる

lòse one's tóngue (恥ずかしさ・驚きなどのあまり)口がきけなくなる (→ CE 2)

sèt [OR ***stàrt***] ***tóngues wàgging*** ; ***tòngues wág*** [OR ***are wágging***] (人の行動・事柄などが) うわさになる

spèak in tóngues (宗教体験の一部として) 奇妙な言葉を話す

spèak [OR ***tàlk***] ***with*** (***a***) ***fòrked tóngue*** 《戯》うそをつく, いい加減なことを言う

the ròugh sìde [OR ***èdge***] ***of one's tóngue*** 《英》《旧》しかること ‖ She gave the boy *the rough side* [OR *edge*] *of* her ~. 彼女は少年をどなりつけた

a pèrson's tòngue is hànging óut (人が) のどが渇いている ; 〈…を〉待ち望んでいる〈**for**〉‖ Their ~ *is hanging out for* her next novel. 彼らは彼女の次の作品を待ち望んでいる

trìp [OR ***ròll, slìp***] ***òff the tóngue*** 《口》(名前・言葉などが) 言いやすい, 口を突いて出る

wàg one's tóngue しゃべりまくる

*(***with***) (***one's***) ***tòngue in*** (***one's***) ***chéek*** 冗談半分で, 皮肉たっぷりに

COMMUNICATIVE EXPRESSIONS

1 **Bìte your tóngue!** お黙り ; うるさいな (♥ 相手の発言が的中したが, 自分に好ましくない事柄であったときに)

2「**Càt gòt** [OR **Lòst**] **your tóngue?** どうしたの, 黙っちゃって ; 答えたらどうだ (♥「話せないのか, 怖いのか」の意)

3 **Hòld your tóngue!** 黙りなさい ; 口を慎め

4 **It's on the tìp of my tóngue.** ここまで出かかってるんだけど (♥ 思い出せそうで思い出せないとき)

5 **Wàtch your tóngue!** 口のきき方に気をつけなさい

—動 他 ❶〖楽〗〔管楽器・音符〕をタンギングで奏する《舌を使って1音ずつスタッカートで奏する》❷〔板〕にさねをつける ❸ …を舌でなめる[触る] —自〖楽〗タンギングする

▸▸ **~ and gróove** (**jòint**) 名 U〖建〗さねはぎ継ぎ《片方の材木の突起部を他方の材木の溝に差し込む接合法》 **~ deprèssor** 名 C《米》(医者の用いる)舌押しへら, 舌圧子(《英》spatula) **~ twìster** 名 C 早口言葉(She sells seashells by the seashore. の類)

tongued /tʌŋd/ 形《複合語で》「…の舌のある, 話しぶりが…の」の意 ‖ double-~ 二枚舌の / sharp-~ 毒舌の

tòngue-in-chéek 形 副 冷やかし半分の[に], 冗談の[で] ; 皮肉の[に]

tóngue-làshing 名 C《単数形で》厳しい叱責(しっせき)

tongue·less /tʌ́ŋləs/ 形 舌のない ; 口がきけない

tóngue-tìe 名 U〖医〗短舌(舌小帯が短いため話すことが難しい障害), 舌足らず —動 他 …を口をきけなくさせる

tóngue-tìed 形 ❶ (恥ずかしさ・困惑などで)ものが言えない, 口がきけない ❷〖医〗短舌の, 舌足らずの

*__ton·ic__ /tá(:)nɪk | tɔ́n-/ 名 ❶ (=**~ wàter**) U C トニックウォーター(《米》quinine water)《キニーネ入りの炭酸水.

PLANET BOARD 88

The bag was too heavy for me to lift it. は可能か.

問題設定 too ... to ... 構文で, 不定詞の目的語が文の主語と同一の場合, 不定詞の目的語をつけるかどうかを調査した.

Q 次の表現のどちらを使いますか.

(1) (a) The bag was too heavy for me **to lift it.**
(b) The bag was too heavy for me **to lift.**
(c) 両方
(d) どちらも使わない

(2) (a) She was too young for me **to marry her.**
(b) She was too young for me **to marry.**
(c) 両方
(d) どちらも使わない

(3) (a) He spoke too fast for me **to understand him.**
(b) He spoke too fast for me **to understand.**
(c) 両方
(d) どちらも使わない

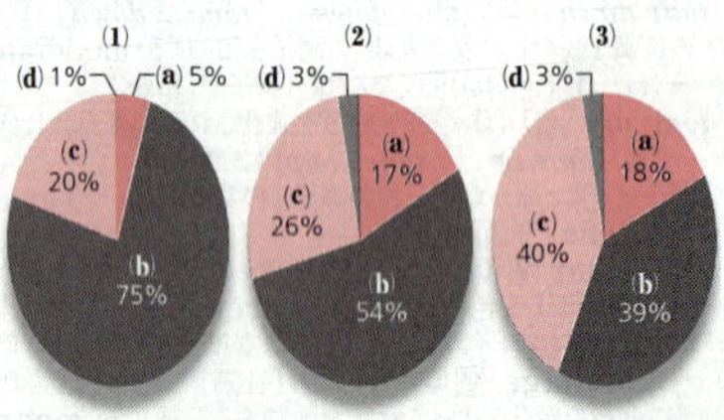

(1)〜(3) のいずれの場合も, (b) の目的語をつけない形のみ使うという答えが最も多かったが, その割合は (1)⇨(2)⇨(3) の順で下がり, 代わりに (a) のみ使うや両方使うという答えが増えている. いずれの文でも,「目的語をつけても誤りではないが, つけなくても文の意味は明確なので目的語は不要」とのコメントが多い. ただし, (3) においては「目的語がないと『私』が何を理解できなかったのかが不明確になる場合もあるので, (1), (2) とは違って, 目的語をつけるべきだ」という人もいた.

学習者への指針 too ... to ... 構文では, 不定詞の目的語をつけない形が一般的である.

ジンなど強い酒と混ぜる》; 炭酸飲料 ‖ I'd like a gin and ~. 私はジントニックがいい ❷ Ⓤ Ⓒ (保健)強壮剤[薬], 精力剤 ; Ⓒ《通例 a ~》元気づけるもの, 刺激(剤) ‖ A holiday in the country was a wonderful ~ for us. 田舎での休日は我々にとって素晴らしい保養になった ❸ Ⓤ Ⓒ 養毛剤, ヘアトニック ; スキントニック ❹ Ⓒ 〖楽〗主音(keynote) ❺ Ⓒ 〖音声〗強勢のある音節 ―形 ❶ (医薬などが)強壮にする ; 元気づける, 鼓舞する ‖ ~ medicine 強壮剤 ❷ 〖楽〗主音の ‖ a ~ chord 主和音 ❸ 〖音声〗(音節が)強勢のある ❹ 〖生理〗(けいれんなどが)緊張性の

▸▸**~ sòl-fá** /-sòulfá: | -sɔ̀l-/ 名 Ⓤ 〖楽〗トニックソルファ(記譜法), 階名唱法《移動ド唱法》

to·nic·i·ty /tounísəṭi/ 名 Ⓤ ❶ (心身の)強壮, 強健 ❷ 〖生理〗(筋肉の)緊張性[状態]

ton·i·fy /tóunɪfàɪ, +米 tá(:)n-, +英 tɔ́n-/ 動 他 〔身体〕の調子を整える, …に張り[活力]を与える

***to·night /tənáɪt/ 副 名

―副《比較なし》**今夜(は)** ‖ I'll be home at nine ~. 私は今夜は9時に家に帰ります

―名 Ⓤ《無冠詞で》**今夜** ‖ *Tonight* will be cloudy. 今夜は曇るでしょう / Do you have any plans for ~? 今夜何か予定がありますか

tòn-míle 名 Ⓒ トンマイル《1トンの貨物を1マイル運ぶ貨物の輸送単位》

ton·nage /tʌ́nɪdʒ/ 名 Ⓤ ❶ トン数, 積量 ; (特に船舶の容積・積載)トン数 ❷ (1国の)船舶総トン数 ❸ トン税《登簿トン数に応じて入港時に徴収される》

***tonne** /tʌn/ 名 =metric ton

ton·neau /tənóu | tɔ́nou/ 名 (複 **~s**, **~x** /-z/) Ⓒ (オープンカーの)後部座席部(の覆い)

to·nom·e·ter /tounɑ́(:)məṭər | -nɔ́mɪ-/ 名 Ⓒ ❶ トノメーター, 音振動測定器 ❷ (眼圧計などの)圧力計

ton·sil /tɑ́(:)nsəl | tɔ́n-/ 名 Ⓒ 〖解〗扁桃腺(へんとうせん)

~·lar 形

ton·sil·lec·to·my /tɑ̀(:)nsəléktəmi | tɔ̀n-/ 名 (複 **-mies** /-z/) Ⓒ 〖医〗扁桃腺摘出

ton·sil·li·tis /tɑ̀(:)nsəláɪṭəs | tɔ̀nsəláɪtɪs/ 名 Ⓤ 〖医〗扁桃腺炎

ton·so·ri·al /tɑ(:)nsɔ́:riəl | tɔn-/ 形《堅》《戯》理髪(師)の ‖ a ~ artist 理髪師

ton·sure /tɑ́(:)nʃər | tɔ́n-/ 名 Ⓒ ❶《単数形で》(修道士などの)剃髪(ていはつ) ; 剃髪式 ❷ 頭髪をそった部分

―動 他 …に剃髪(式)を行う **~d** 形

ton·tine /tɑ́(:)ntiːn | tɔ́ntaɪn, tɔ́ntiːn/ 名 Ⓤ トンチ(Tonti)式年金法《死亡した加入者の配当分が生存加入者間で分けられていく方式. 創始者 Lorenzo Tonti より》

tòn-úp ⟨シ⟩ 形《限定》《英口》(オートバイで100マイル以上で走る)スピード狂の, 暴走族の(→ ton ❺)

―名 Ⓒ ❶《単数形で》時速100マイルの速度 ❷ 暴走族

ton·y /tóuni/ 形《米口》しゃれた ; ぜいたくな

To·ny¹ /tóuni/ 名 トニー《Anthony の愛称》

To·ny² /tóuni/ 名 (複 **~s** /-z/) (= ~ **Awàrd**) Ⓒ《米》トニー賞《年間の優秀な演劇・演出に対して与えられる》

***too /tu:/ (♦ 同音語 two)

中心義 **基準を超えていることを表す** (★「度合いの高さ」を表す場合と「付加」を表す場合がある)

―副《比較なし》❶《形容詞・副詞を修飾して》**あまりにも**, …すぎる ⟨**for** …にとって / **to** *do* …するには⟩ ‖ These jeans feel ~ tight. このジーパンはぴったりしすぎる感じだ / Unfortunately, he's ~ academic. 残念だけど, 彼は学究的すぎる(♥ 実務向きでないというニュアンスを持つ) / Don't carry ~ many dishes at once. 一度にあまりにも多くの皿を運んではいけない (♦ too many の強調には ×quite too many や ×much too many ではなく far too many を用いる) / This watch is [a little [much, **far**, ×very] ~ expensive *for* me. この時計は私にはちょっと[あまりにも]高すぎる / That's ~ small a hat *for* you. その帽子は小さすぎて君にはかぶれない (⇨ 語法 (1)) / *Too much for one, and not enough for two.* 《諺》帯に短し, たすきに長し / This box is ~ heavy *for* me *to* lift (it). この箱は重すぎて私には持ち上げられない (♦ for me がなければ it は必ず省略する. ⇨ PB 88) / His offer is ~ good *to* be true. 彼の申し出は話がうますぎて本当とは思えない / This room is ~ hot *to* study in. この部屋は勉強するには暑すぎる

語法 ★☆ (1) 限定用法の形容詞を修飾するときは, 通例「too + 形容詞 + 不定冠詞 (a, an) + 名詞」の語順になるが, 語調などの関係で「不定冠詞 (a, an) + too + 形容詞 + 名詞」とすることもある. ただし後者の用法を認めない人もいる (⇨ PB 89).

(2) 不可算名詞や複数名詞を修飾する形容詞の前では too は使わない. したがって, This soup is too salty for me. (このスープは私には塩分がきつすぎる) とはいえるが, ×This is too salty soup for me. (これは私には塩分がきつすぎるスープだ) とはいえない. また ×too small cars ともいえない.

❷《通例肯定文で》…**もまた** (♦ also との比較は ⇨ ALSO 語法 (1). 命令文や簡単な応答では also より too が多く用いられる) ‖ I know her, ~. 私も彼女を知っている ; 私は彼女も知っている (⇨ 語法 (1)) / He not only sings; he plays the piano ~. 彼は歌うだけでなく, ピアノも弾く / I think so, ~. 私もそう思います / "I like baseball." "Me, ~." 「私は野球が好きです」「私も」(♦ 慣用的に me を用い, ×"I, too." とはいわない) / You, ~, are against me. あなたも私に反対なのですね (♦ このように too を主語の直後に置くのは《堅》)

PLANET BOARD 89 **too +形容詞+ a +名詞か, a + too +形容詞+名詞か.**

問題設定 「too+形容詞」が不定冠詞のついた名詞を修飾する場合の語順を調査した.

Q 次の (a) ~ (c) のどれを使いますか. (複数回答可)

(a) That's **too small a hat** for you.
(b) That's **a too small hat** for you.
(c) That's **a hat too small** for you.
(d) どれも使わない

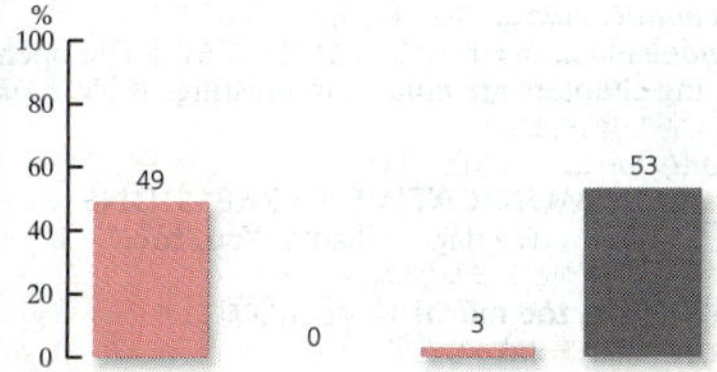

どれも使わないという人が最も多いが, (a) の too small a hat を使うという人も約半数で同じくらいいた. (b) の a too small hat を使うという人はおらず, (c) の a hat too small を使うという人もきわめて少なかった.

どれも使わないと答えた人はすべて, 代替表現として That hat is too small for you. をあげている. 「(a) はかなり《堅》」との意見が多く, (a) を選んだ人の中にも「ふつうは That hat is too small ... を使う」と述べた人が少なくない. また, That is too small of a hat for you. を代替表現としてあげた人もいた.

学習者への指針 不定冠詞のついた名詞を「too+形容詞」が修飾する時は「too+形容詞+a+名詞」の語順になる. ただし, これは《堅》であり, 《口》では「too+形容詞」が名詞を修飾する形は避ける方がよいだろう.

T

語法 ☆☆ (1) I am a musician, too. のように too が文末で用いられると，「私も音楽家だ」とも「私は音楽家でもある」とも解釈できる. 実際には文脈あるいは強勢の位置でどちらかに決定される. 前者では I, 後者では musician に強勢が置かれる.
(2) 否定文では too を用いず, not ... either または neither を用いる. 〈例〉I didn't go. He didn't either [ˣtoo]. 私は行かなかったし, 彼も行かなかった
(3) 次のような場合は否定文でも too を用いる.
(a) too が not などの否定語の前にあって, その否定語の影響外にあるとき. 〈例〉He, *too*, has never seen it before. 彼もそれを以前に見たことがない
(b)「…もまた…というわけではない」のように too の入った肯定文の内容全体を否定するとき. 〈例〉He went to London. She did not go to London, *too*. 彼はロンドンへ行った. 彼女もロンドンへ行ったわけではない (♦ She went to London, too. という文は成り立たない, ということ)
(c) 文の形式は否定であるが意味上は修辞疑問や依頼・勧誘・命令を表す場合. 〈例〉Won't you come with me, *too*? 君も来ないか

❸《形容詞・副詞を修飾して》《口》**とても**(very), 本当に; 《否定文で》あまり (…ない) (♥ 否定文ではしばしば控えめな表現として用いる) ‖ That's ~ true. (残念ながら) それは全く事実なのだ / It's ~ kind of you. 本当にありがとうございます / I am out of a job — but it isn't ~ bad. 今失業中だけど, そんなに悪いもんじゃないよ(♥「かなりよい」の控えめな言い方) / Paul, if you are not ~ busy, could you lend me a hand for a second? ポール, あまり忙しくないならちょっと手伝ってくれないかな
❹ しかも, おまけに ‖ I broke my arm last week — and on my birthday, ~! 先週腕を骨折した, しかも自分の誕生日に / Jean is intelligent and nice, ~. ジーンは頭がいいし, おまけに優しい
❺《相手の否定に対して》《主に米口》(それどころか)本当に, 実際に ‖ "You didn't tell the truth." "I did, ~!"「君は本当のことを言わなかった」「ちゃんと言ったよ」/ "It's not yours." "It is, ~!"「それは君のじゃないよ」「いや, 僕のだよ」

àll tòo ... (残念ながら)とても…, 非常に… ‖ Our holidays ended *all* ~ soon. 休暇が終わるのがあまりにも早すぎた
cannot ... too ... ⇨ CAN¹(成句)
nóne tòo ... あまり…でない; 少しも…でない ‖ The opening chapters are *none* ~ interesting. 最初の方の章はあまり面白くない
only too ... ⇨ ONLY(成句)

COMMUNICATIVE EXPRESSIONS
1 "Hàve a nìce dáy." "Thánks. **You, tóo.**"「よい一日を」「ありがとう, あなたもね」
2 **You're tòo múch!** ⇨ MUCH(CE 3)

:took /tʊk/ 動 take の過去

:tool /tuːl/ 《発音注意》
―名 (複 **~s** /-z/) C ❶ (手)**道具**, 用具, 工具 (→ implement); 工作機械(machine tool)(⇨ 類語) ‖ garden ~*s* 園芸用具 / an edged ~ (旋盤などの)切れ物, 刃物
❷ (仕事などに) 欠かせないもの, 手段; 商売道具 ‖ The Internet is a useful ~ for collecting information. インターネットは情報収集に便利な手段だ
❸ (他人の)道具に使われる人, 手先, お先棒 ‖ He is just a ~ for our boss. 彼はボスの道具にすぎない / make a ~ of a child＝use a child as a ~ 子供をだしに使う
❹ 🖳ツールプログラム《小さな処理を行うために用意された専用プログラム》❺〖製本〗型押し(器) ❻ ⊗《俗・卑》陰茎
dòwn tóols《英》ストをする
―動 他 ❶ …を道具を用いて作る［細工する, 仕上げる］; 〖製本〗〔表紙・革〕に型押しする
❷ …に道具類を与える ❸《俗》〔車〕を走らせる
―自《+副句》《俗》〈…を〉(楽しむために)ドライブする〈**along, around, etc.**〉‖ We ~*ed along* (the country road) at 50 miles per hour. 私たちは(田舎道を)時速50マイルでドライブした
tòol úp〈他〉(***tòol úp ...*** / ***tòol ... úp***) ① 〔工場など〕に機械を備えつける ②《受身形で》《英口》(犯罪を行うため) 武器を持っている ―〈自〉機械を備えつける
~·er 名

類語 《❶》**tool** 手に持って使う簡単な道具.
instruments 精密さや正確さを要する器具・器械. 〈例〉medical *instruments* 医療器械
implement 特定の目的に使う道具. 〈例〉farming [gardening] *implements* 農具[園芸用具]
utensil 家庭用の器具. 〈例〉kitchen *utensils* 台所用具

▸▸ **~ kìt** 名 C ① 工具一式 ② 🖳ツール一式

tóol·bàr 名 C 🖳ツールバー《頻度の高い機能を画面上にボタン化して並べたメニュー》

tóol·bòx 名 C ❶ 道具箱 ❷ 🖳ツールボックス

tool·ing /túːlɪŋ/ 名 U ❶ (石・木・皮革に道具で施す) 細工, 仕上げ; 飾り彫り; (革表紙の)型押し ❷ (特定の製造工程のための)工作機械一式

tóol·màker 名 C 工作機械製造者[会社]; (工場などの) 機械管理者

tóol·shèd 名 C 道具[工具]小屋

toon /tuːn/ 名 C 《口》漫画映画, アニメ; アニメのキャラクター (♦ cartoon の短縮)

too·nie /túːni/ 名 C 《カナダ口》2ドル硬貨 (♦ townie ともつづる)

toot /tuːt/ 動 自 ❶ (警笛・笛などを)短く鳴らす; (警笛・笛などが) 短く鳴る ❷《主に米口》コカインを吸う ❸《口》おならをする ―他 ❶〔警笛・らっぱ・笛など〕を短く鳴らす, 吹く ❷《口》〔コカイン〕を吸う ―名 ❶ C (警笛・らっぱ・笛などが) 短く鳴る音 ❷ C《米口》どんちゃん騒ぎ ❸ C《口》コカインを吸うこと; U コカイン

:tooth /tuːθ/
―名 (複 **teeth** /tiːθ/) C ❶ **歯** (⇨ FACE 図) ‖ Brush [OR Clean] your *teeth* after each meal. 毎食後に必ず歯を磨きなさい / Brrrr ... my *teeth* are chattering. おお寒い, 歯ががちがち鳴っている / My baby is just cutting his [OR her] *teeth*. うちの子はちょうど歯が生えてきているところだ / One of my upper *teeth* has come out. 上の歯が1本抜けてしまった / have a decayed ~ pulled (《英》out) at the dentist's 歯医者で虫歯を抜いてもらう / a milk [OR baby] ~ 乳歯 / a wisdom ~ 親知らず / a canine ~ 犬歯 (→ eyetooth) /「a permanent [OR an adult] ~ 永久歯 /「a false [OR an artificial] ~ 入れ歯
❷ (歯車・くしなどの)歯; (のこぎり・やすりなどの)目; (フォーク・熊手(ぐ)などの) 叉(さ); 〖植〗(葉などの)歯状突起, 鋸歯(きょし) ‖ the fine *teeth* of a comb くしの細かい歯 / put *teeth* on a saw (blade) のこぎりの目を立てる
❸《単数形で》(食物の)好み, 嗜好(しこう) ‖ He has a ~ for fruit. 彼は果物好きだ
❹ (かみつくような)力, 威力, 破壊力,《比喩的に》(…の)きば ‖ the *teeth* of the storm 嵐(あらし)の猛威
❺《teeth》(法律・機関・官職などの)強制力, 権限 ‖ Legislation without *teeth* is useless. 強制力のない法律は役に立たない ❻ (紙・金属などの)ざらざらした表面

an eye for an eye (and) a tooth for a tooth ⇨ EYE(成句)
àrmed to the téeth 〈…で〉完全武装して, 過剰に準備を整えて〈**with**〉‖ There were soldiers in the streets *armed to the teeth*. 路上に完全武装の兵士がいた
bàre one's téeth 怒って歯をむく; 敵意を表す
be ［***fèd ùp*** [OR ***sìck***] ***to the (bàck) téeth*** 《英口》うんざり［飽き飽き］している〈**with** …に / **of** *doing* …することに〉‖ We *are fed up to the teeth with* rising taxes. 税

金の引き上げにはうんざりだ
càst [OR *thròw, flìng*] *... in a pèrson's téeth* …について(人を)(面と向かって)責める
cùt one's téeth [《米》*éyeteeth*] ①〈…で〉最初の経験を積む,〈…から〉学び始める〈**on**〉 ② 小さいときから〈物事に〉慣れ親しむ〈**on**〉
(*fight*) *tòoth and náil* [OR *cláw*] 必死に(戦う)
flỳ in the téeth of ... …に真っ向から歯向かう
**gèt* [OR *sìnk*] *one's téeth into ...* 《口》〔仕事など〕に真剣に取り組む, …に打ち込む
gnàsh one's téeth 〈人・物事に〉歯ぎしりして悔しがる〈**at, over**〉
grìnd one's téeth (歯ぎしりして)悔しがる
grìt one's téeth (困難に立ち向こうため)歯を食いしばる
hàve a swèet tóoth 甘いものに目がない, 甘党である
hàve téeth (法律などが)強い威力[効力]を持つ(→ ❺)
in the téeth of ... ①〔風など〕に面と向かって ② …にもかかわらず, …をものともせず
kìck a pèrson in the téeth 《口》〔人〕にひどい仕打ちをする
lìe through [OR *in*] *one's téeth* ぬけぬけと[見えすいた]うそをつく
like pùlling téeth 《口》けっこう骨の折れる, 困難で[な]
lòng in the tóoth (人が)年をとって;(物が)古くなって
pùt téeth into [OR *in*] *...* …を強める, 強化[補強]する
rèd in tòoth and cláw 苛酷(かこく)な, 弱肉強食の
sèt [OR *clènch, clàmp*] *one's téeth* 歯を食いしばる;(困難などに立ち向かう)決意を固める
sèt a pèrson's téeth on èdge (いやな音・味などが)(人に)不快感を与える;(人を)いらいらさせる
shòw one's téeth ①(笑顔のときに)歯を見せる ② 歯をむき出す, 怒り[敵意]を示す;断固たる処置をとる
━動 (**~s** /-s/; **~ed** /tuːθt, tuːðd/; **~·ing**)
━他 〔のこぎりなど〕に歯をつける, …の目を立てる
━自 (歯車が)かみ合う
▶▶ **~ fàiry** 名《the ~》歯の妖精(ようせい)《子供がまくらの下に抜けた乳歯を置いておくと, それと交換にお金を置いていくという》 **~ pòwder** 名U 歯磨き粉

***tóoth·àche** 名U/C《通例単数形で》歯痛 ‖ have (a) ~ 歯が痛む

***tóoth·brùsh** 名C 歯ブラシ ‖ a ~ moustache (歯ブラシのように)短く堅い口ひげ, ちょびひげ

toothed /tuːθt, tuːðd/ 形 ❶《限定》歯のある;歯状の, ぎざぎざの ❷《複合語で》歯が…の ‖ buck~ そっ歯の
▶▶ **~ whále** 名C〔動〕ハクジラ《マッコウクジラ・シャチ・イルカ類など》

tooth·less /túːθləs/ 形 ❶ (老齢で)歯がない ❷ 鋭さに欠けた;威力のない;強制力のない

***tóoth·pàste** 名U 練(ね)り歯磨き

tóoth·pìck 名C (つま)ようじ

tooth·some /túːθsəm/ 形 ❶ (食物が)おいしい ❷《口》魅力的な;(人が)(性的)魅力のある

tooth·y /túːθi/ 形 出っ歯の, 歯をむき出した ‖ a ~ smile [OR grin] 歯をむき出した笑い **tóoth·i·ly** 副

too·tle /túːtl/ 動 自 ❶ (笛などを)緩やかに吹く, 緩やかに鳴る ❷ ゆっくり行く, 車をゆっくり走らせる(♦ 通例場所・方向を表す 副句 を伴う) ━他 〔笛など〕を緩やかに吹く
━名C《通例単数形で》(笛などの)緩やかな音

tòo-tóo 形 副《旧》《口》非常な[に], あまりの[にも];気取りすぎた[て] ‖ ~ tiring あまりにも疲れて

toots /tuːts, tuts/ 名C ⊗《米口》《旧》《ときに蔑》娘さん, ねえちゃん(♥ 呼びかけ)

toot·sie /tútsi/ 名C ❶ (特にだれとでも寝るような) 若い女の子 ❷《米俗》売春婦 ❸ =toots ❹ =tootsy
▶▶ **Tóotsie Ròll** 名C《米》《商標》トッツィーロール《チョコレート味のキャンディー》

toot·sy /tútsi/ 名 (複 **-sies** /-z/) C《口》あんよ, 足 (♥ 小児語)

*****top**[1] /tɑ(ː)p | tɒp/ 名 形 動

中心義 いちばん上(にあるもの)

名 頂上❶ 上部❷ 表面❸ 最高位❹ 極限❺ ふた❼

━名 (複 **~s** /-s/) ❶《通例 the ~》最高部, **頂上**, 頂点, 頂, てっぺん(↔ bottom)(♦ summit よりも《口》);(人の)頭 ‖ The ~ of Mt. Mauna Kea was covered with clouds. マウナケア山の頂上は雲に隠れていた / the ~ of the wave 波頭 / **reach** the ~ of a tree 木のてっぺんまで登る / at the ~ of the hour 正時に
❷《通例 the ~》上の部分, **上部**;(ページなどの)上段, (本の)上縁;(坂道などの)上端, 上手;《主に英》(街路・部屋・テーブルなどの)いちばん遠い所, (向こう)端;(食卓などの)上座 ‖ Write your name **at the** ~ of the page. ページのいちばん上に自分の名前を書きなさい / Art books are **at** the very ~ of the stack. 美術書は書架の最上段にある / He looked at his wife over the ~ of his newspaper. 彼は新聞の上端越しに妻を見た
❸《通例 the ~》(最)上面, **表面** ‖ A faded memory rose to the ~ of my mind. 薄れかけていた記憶が私の脳裏に浮かんだ / the ~ of the ground 地表面 / the ~ of a table テーブルの天板
❹《通例 the ~》〈…の〉**最高位**(の人[もの]), 首位[首席](の人);最優秀[最高級, 最重要](の人[もの]), 精髄〈**of**〉‖ He graduated **at the** ~ *of* the class. 彼はクラスの首席で卒業した / Repairing the faucet is **at the** ~ *of* the list. (やることはたくさんあるが) まずは蛇口の修理が最優先だ / **reach** the ~ 頂点に立つ
❺《the ~》最高度, (力の)限り, **極限**;絶頂;《~s》《数字の後で》《口》(あり得る)最高額 ‖ The little girl ran **at** the ~ of her speed. 少女は全力疾走した / The team is **at** the ~ of its game. そのチームは最高の状態にある / shout **at** the ~ of one's voice [OR lungs] 声を限りに叫ぶ / It'll cost £20, ~*s*. 高くても20ポンドだろう
❻《通例 the ~》初め, 最初, 冒頭 ‖ Take it from the ~. 《口》もう一度最初から(通して)やってくれ(♦ 歌・演技などについていう) / Your name is **at** the ~ of the list. 君の名は名簿のトップに載っている
❼《通例 the ~》**ふた**, キャップ;(瓶の)栓;(自動車などの)屋根, ほろ ‖ put the ~ back on a box [bottle] 元どおりに箱のふた[瓶の栓]をする / a screw ~ ねじぶた / the big ~ 大テント;サーカス
❽ C《ときに ~s》トップス, 上着《Tシャツやブラウスなど, 特に女性が上半身に着る服》
❾ C《通例 ~s》(根菜などの) 地上に出た部分, 葉っぱ ‖ turnip ~*s* カブの葉っぱ
❿ U《英》(自動車の)トップギア(top gear, 《米》high) ‖ I climbed the hill in ~. トップギアで丘を登った
⓫ C〔海〕檣楼(しょうろう)
⓬ C〔トランプ〕手中の最高札;《~s》(続きの) 高位カード
⓭ C〔野球〕(イニングの)表(おもて)(↔ bottom) ‖ in the ~ of the third 3回の表に
⓮ C〔ゴルフ・テニス〕球の上半分を打つこと(による球の前回転[トップスピン])
⓯ C (再生音の)高周波部
blòw one's tóp 《口》① かんしゃくを起こす, かっとなる(⇨ ANGER メタファーの森) ② 気が変になる
còme òut on tóp 首位を占める, 勝ちを収める
(*from*) *tòp to bóttom* (場所・組織などを)上から下まで;徹底的に ‖ I've searched this room *from* ~ *to bottom*. この部屋は隅々まで探しました
from tòp to tóe (人について) 頭のてっぺんからつま先まで;すっかり, 徹底的に ‖ The girl was dressed in black *from* ~ *to toe*. 少女は黒ずくめの装いだった
**gèt on tóp of ...* ①〔人〕の手に余る ‖ Things are *get-*

ting on ～ *of* us. 事態は我々の手に負えなくなってきている ②〔仕事など〕をうまく処理する

on tóp ①上に(above)；《英》(2階建てバスの)上階に[で] ②勝って, 成功して；優位に立って(→ *come out on top* (↑)) ③加えて, その上 ④頭のてっぺんが ‖ go bald *on* ～ 頭のてっぺんがはげてくる

****on tóp of ...*** ①…の(いちばん)上に ‖ Put your hands *on* ～ *of* your head and freeze. 両手を頭の上に上げたまま動くな ②…に加えて ‖ Her comments were not helpful. *On* ～ *of* that she was rude to me. NAVI 彼女の意見は役に立たなかった. その上私に対して失礼な態度だった / *on* ～ *of* everything else おまけに, ほかの何よりも ③…に接近して；…に寄せ合わさって ‖ We lived *on* ～ *of* one another in that tiny house. 私たちはあの小さな家で肩寄せ合って暮らしていた ④…を支配して；…に精通して ‖ He is *on* ～ *of* the budget issue. 彼は予算の問題に精通している

on tòp of the wórld 《口》幸せいっぱいで, 有頂天になって

****over the tóp*** (♦《英》では OTT と略す) ①《口》度を越して, やりすぎで, 大げさに ‖ Your comments are a bit *over the* ～. 君のコメントは少々言いすぎだよ / You have gone *over the* ～ decorating this room. この部屋はごてごて飾りすぎだ ②《米》目標を越えて ③《旧》塹壕(ざんごう)の胸壁を越えて ④表面を覆って

the tòp and bóttom of it 《口》事のすべて

the tòp of the héap [OR ***píle***] (社会・組織などの)頂点, 最高位

the tòp of the trée [OR ***ládder***] その道の第一人者

ùp tóp 《英口》頭が, 知性が ‖ He doesn't have much *up* ～. 彼はおつむが弱い

── 形 《比較なし》❶《限定》最も高い, いちばん上の；上端の；表面の, 上方の(↔ lowest) ‖ on the ～ floor [step] 最上階[段]で / the ～ half of a sheet (of paper) 紙の上半分

❷首位の, 首席の, トップの, 一流の；(順位が)最優先の, 先頭の ‖ He came out ～ in the exam. 彼は試験で一番になった / the ～ management トップ経営陣 / ～ priority 最優先

❸《限定》(質量・程度などが)最高の, 最大の(⇨ HEALTH メタファーの森) ‖ Our team is on ～ form now. 我がチームは目下最高の状態にある / at ～ speed 最高スピードで / ～ secret 極秘事項 / be in the ～ ten トップ10位以内に入っている

❹《主に英》向こう(端)の ‖ the ～ end of the garden 庭の向こう端

❺《通例限定》《口》《旧》上流階級(出身)の

── 動 (**～s** /-s/；**topped** /-t/；**top·ping**)

── 他 ❶(数量・高さ・程度において)…を超す, …以上である；…をしのぐ, …に勝る ‖ He *topped* the previous record. 彼は記録を更新した / That ～*s* everything. それは何物にも勝る / a fish *topping* 50 pounds 50ポンド以上ある魚

❷…の頂上を〈…で〉覆う, …に覆い[ふた]をつける；…の上に〈…を〉かぶせる[のせる, 飾る]〈**with, by**〉(♦しばしば受身形で用いる) ‖ The cake was *topped with* strawberries. ケーキにはイチゴがのっていた / ～ a building *with* a television antenna 建物の上にテレビのアンテナを据える

❸〔山など〕の頂上に達する[登る]；〔頂上〕を越えて行く；(太陽などが)…より上に昇る ‖ The sun *topped* the horizon. 太陽は地平線上に昇った

❹…の首位を占める, …の先頭に立つ ‖ He ～*s* his English class. 彼は英語のクラスでトップだ / ～ a list 筆頭になる

❺〔植物など〕の先端を切る, 枝を下ろす；〔果実・野菜〕の両端の堅い部分を切り落とす(♦《英》では通例 top and tail) ‖ ～ turnips カブの葉の部分を切り落とす

❻《俗》…を殺す ‖ ～ oneself 自殺する

❼〖テニス〗〔球〕の上半分を打ってトップスピンをかける；〖ゴルフ〗〔球〕を(ミスして)トップする

to tòp it áll；***to tòp it*** (***àll***) ***óff*** NAVI なお悪いことに, 挙げ句の果てに (♦ときに topping it all または topping it (all) off) ‖ *To* ～ *it all*, our hotel reservation got cancelled because we were late. おまけに遅れてしまったためにホテルの予約も取り消されてしまった

tòp óff 〈他〉《***tòp óff ...*** / ***tòp ... óff***》①〈…で〉…の仕上げをする, …を締めくくる〈**with**〉‖ He *topped off* the game *with* a home run. 彼はホームランで試合を締めくくった ②《米》〔自動車など〕に(ガソリンを)補充する ‖ No *topping off*. 《掲示》給油(タンク使用)禁止 ③ = *top up* ② ──〈自〉《***tòp óff***》(数量・生産高などが)〈…で〉最高値に達する, 上げ止まる〈**at**〉

tòp óut 〈他〉《***tòp óut ...*** / ***tòp ... óut***》〔高層建築など〕の最高階を完成する；…の落成を祝う ──〈自〉= *top off*〈自〉

tòp úp ... / ***tòp ... úp*** 〈他〉《主に英》①〔容器〕に液体を満たす ②〔人・グラスなど〕に(少量になった)飲み物をなみなみとつぐ, 〔飲み物〕をつぎ足す ‖ Let me ～ you *up*! 僕につがせてください ③(必要な額まで)〔収入など〕を補てんする, 追加する

COMMUNICATIVE EXPRESSIONS

1 **(You) càn't tóp thàt.** それ以上のことはあり得ないでしょう；それよりうまくできる人はいないだろう(♥人や物が「最高だ」と評価する. =(You) can't beat that.)

▶▶ **～ banána** 名 C 《米口》(コメディーの)主役, 主演喜劇役者；(一般に)(グループの)ボス, 最重要人物 **～ bòot** 名 C 《通例 ～s》トップブーツ《上部に装飾的な折り返しのある乗馬[狩猟]靴》 **～ bráss** 名《the ～》《集合的に》《単数・複数扱い》《口》高級将校；高官；幹部 **～ dóg** 名 C 《通例単数形で》《口》(激しい競争の)勝者；権力者 **～ dóllar** 名 U 《口》(支払われる)最(高)値 **～ dráwer** (↓) **～ drèssing** 名 U C 敷肥(を施すこと)；(路面に敷いた)砂利, 道床 **～ géar** 名 U 《英》(自動車の)トップギア(《米》high gear) **～ hát** 名 C シルクハット《男子の礼装用》 **～ líne** 名 C 〖経〗売上(高)(→ bottom line) **～ sérgeant** 名 C 《米》(陸軍・海兵隊の)曹長, 先任下士官 **～ táble** 名 C 《英》(祝宴などでの)メインテーブル(《米》head table) **～ tén** 名《the ～》《複数扱い》(レコード売り上げの)上位10曲

top[2] /tɑ(ː)p | tɔp/ 名 C こま ‖ spin a ～ こまを回す

slèep like a tóp ぐっすり眠る, 熟睡する

to·paz /tóupæz/ 名 ❶ U C 〖鉱〗黄玉(おうぎょく)；トパーズ ❷ C 〖鳥〗(南米産のトパーズ色の)ハチドリ

tòp-cláss 形 (質・基準などが)最高の

tóp·còat 名 ❶ C (軽い)オーバーコート ❷ U C (ペンキの)仕上げの上塗り(→ undercoat)

tòp-dówn 〈シ〉 形 ❶(組織などが)上意下達式の(↔ bottom-up) ❷(研究などが)全体的なものから細部へ至る ❸ 💻 トップダウンの《システムの構成要素を上位のものから下位のものへ詳細化していくプログラミング手法》

tòp dráwer 名 ❶ C いちばん上の引き出し ❷《the ～》《口》トップクラス, 最高位；(社会の)上流階級

òut of the tòp dráwer 《口》最高質[水準]の；(人が)特権階級の, 名門の

tòp-dráwer 形 《口》トップクラスの, 最高の

tóp-drèss /英 ⌐⌐/ 動 他 ❶〔土地〕に上から敷肥(しきごえ)を施す ❷〔道など〕に砂利を敷く

to·pee /tóupiː/ 名 C トーピー《インドの日よけ用ヘルメット帽》(♦ topi ともつづる)

To·pe·ka /təpíːkə/ 名 トピーカ《米国カンザス州の州都》

tòp-énd 形 《限定》最高級の, 最高価格の

tòp·flíght 〈シ〉 形 《限定》最高の, 一流の

top·gal·lant /tɑ̀(ː)pgǽlənt | tɔ̀p-；〖海〗 təgǽlənt/ 名 C 〖海〗❶(= **～ màst**) トゲルンマスト《横帆船でトップマストの上の帆柱》 ❷(= **～ sàil**) トゲルンスル《トゲルンマストにかかる帆》

tóp-gròssing 形 《限定》(映画などが)興行収入トップの

(highest-grossing)

tóp-hèavy /英 ⸗⸗⸗/ 〈ジ 形 ❶ 頭[上部]が重すぎる, 頭でっかちの；不安定な；(組織などの)幹部が多すぎる ❷ 資本過大[過剰]の ❸《口》(女性の)胸が豊かすぎる

To·phet /tóufet/ 名 ❶〘聖〙トペテ《昔ユダヤ人が偶像 Moloch に子供をいけにえとして供したエルサレム近くの土地》❷ U (焦熱)地獄

to·pi[1] /tóupi:/ 名 ＝topee

to·pi[2] /tóupi:, ＋米 ⸗⸗/ 名 (複 ～ OR ～s /-z/) C〘動〙トピ《アフリカ中西部産の大型のレイヨウ》

to·pi·ar·y /tóupièri | -əri/ 名 (複 -ar·ies /-z/) U トピアリー《庭木を鳥や動物の形に装飾的に刈り込む技法》；C その作品[庭園]

―形 トピアリーの[を施した] **tó·pi·a·rist** 名

⁑top·ic /tá(:)pɪk | tɔ́p-/

―名〔▶ topical 形〕(複 ～s /-s/) C ❶ (会話・議論などの)**話題**, 中心的問題, トピック, 話の種(⇨ SUBJECT 類語) ‖ The weather is a neutral ～ of conversation. 天候は会話には無難な話題である / current ～s＝～s of the day 時の話題, 時事問題を扱う / change the ～ 話題を変える / have a rich stock of ～s 話題が豊富である / speak on the ～ of nuclear accidents「原発事故」という演題で話をする

❷ (論説・講演などの)論題, 主題, 題目, テーマ；(論題の)細目, 項目, 要旨 ‖ a ～ sentence (パラグラフなどの)要旨を述べた文, 主題文 ❸〘論・修辞〙前提論；議論, 論法

***top·i·cal** /tá(:)pɪkəl | tɔ́p-/ 形〔◁ topic 名〕❶ 時事を扱った, 時事的な, 今日的な, 話題の ‖ ～ issues 時事問題 ❷ 題目に関する；項目別[式]の ‖ set down in ～ form 項目別に書き記された ❸ 局部的な；〘医〙局所の **～·ly** 副

top·i·cal·i·ty /tà(:)pəkǽləṭi | tɔ̀pɪ-/ 名 (複 -ties /-z/) ❶ U 話題性, 今日性 ❷ C《-ties》時事問題

tóp·knòt 名 C ❶ (頭の頂の)丸く結った髪；まげ；蝶(ちょう)結びのリボン ❷ (鳥の)冠毛(crest)

top·less /tá(:)pləs | tɔ́p-/ 形 (女性・衣服が)トップレスの, 上半身[胸部]をあらわにした；トップレス女性のいる ‖ a ～ beach [bar] トップレスの女性がいる砂浜[バー] ―副 上半身裸で ‖ sunbathe ～ 上半身裸で日光浴をする

tòp-lével 〈ジ 形《限定》最高(水準)の, トップレベルの, 首脳の

tòp·lófty 形《米口》尊大な, 横柄な, もったいぶった

tóp·màst 名 C〘海〙トップマスト, 中檣(ちゅうしょう)

tóp·mòst 形《限定》いちばん高い[上の], 最上級の

tòp-nótch 〈ジ 形《口》最高級の, 超一流の

top·o /tá(:)pou | tɔ́p-/ 名 (複 ～s /-z/) (＝⁓ máp) C《主に米口》地形[勢]図

tòp-of-the-ránge [-líne] 形《限定》(同製品の中で)最も高価な

topog. 略 topography

to·pog·ra·pher /təpá(:)grəfər | -pɔ́g-/ 名 C 地形学者, 地誌学者；地形図作製者, 地誌作者

top·o·graph·ic, -i·cal /tà(:)pəgrǽfɪk(əl) | tɔ̀p-/ 〈ジ 形 地形学の；地勢上の；地誌の **-i·cal·ly** 副

to·pog·ra·phy /təpá(:)grəfi | -pɔ́g-/ 名 (複 -phies /-z/) ❶ U 地形(学), 地勢(学)；C 地形図 ❷ U (機構・機関などの)形態, 特徴, 概略

to·pol·o·gy /təpá(:)lədʒi | -pɔ́l-/ 名 U ❶〘数〙位相幾何学, トポロジー ❷ 地勢学 ❸ 💻 トポロジー《ネットワークなどの形状》❹〘医〙局所解剖学 **tòp·o·lóg·i·cal** 形

top·o·nym /tá(:)pənɪm | tɔ́p-/ 名 C 地名；地名に由来する名[語]

to·pon·y·my /təpá(:)nəmi | -pɔ́n-/ 名 U ❶ 地名研究 ❷〘解〙(身体の)局所命名法

top·per /tá(:)pər | tɔ́pə/ 名 C ❶《英口》《旧》いちばん優れた人[もの]；とてもいいやつ[もの]；《口》最高のジョーク ❷《口》＝top hat ❸ トッパー《女性用の短いコート》❹ (草などの)先端を刈り取る機械

top·ping /tá(:)pɪŋ | tɔ́p-/ 名 ❶ U C トッピング, 上飾り《料理・ケーキなどの仕上げにのせる具やソース類》；(モルタルなどの)化粧塗り ❷ C《～s》(木の)上部を刈り取った枝葉

―形 ❶ (地位などが)飛び抜けて高い, 卓越した ❷《主に英口》《旧》優れた, 最高の

***top·ple** /tá(:)pl | tɔ́pl/ 動 自 ❶ 頭から倒れる, 前につんのめる, ぐらつく《*over, down*》‖ The stack of blocks ～*d over*. 積み木の山が崩れた ❷ (今にも倒れそうに)前に傾く

―他 …をぐらつかせる；〔政府・権力者など〕を倒す(bring down) ‖ The bloodless revolution ～*d* the dictator. 無血革命によって独裁者を倒した

tòp-ránked 形 (スポーツ選手・チームが)一流の

tòp-ránking 形《限定》最高位の, 一流の

tòp-ráted 形《限定》(大衆に)人気の高い, 評判の

tops /tɑ(:)ps | tɔps/《口》名 複《the ～》最高(のもの[人])

―形《叙述》最高の, 最上の ―副《数詞の後で》最大で, 最高で ‖ It should cost about £50, £60 ～. その費用は50ポンドくらいか, 高くても60ポンドでしょう

top·sail /tá(:)psèɪl | tɔ́p-；〘海〙tá(:)psəl | tɔ́p-/ 名 C〘海〙トップスル, 中檣(ちゅうしょう)帆

tòp-sécret 〈ジ 形 極秘の；最高機密の

tóp-shèlf 形《米・豪》一流の, 最上の

tóp·sìde 名 ❶ C 上側 ❷ C〘海〙《通例 ～s》(喫水線以上の)上部舷側(げんそく) ❸ U《英》(牛の)もも肉の外側(《米》top round) ❹ U《米》最高幹部(の地位)

―形 副 ❶ 上部舷側の[で] ❷《米》首脳部の[で]

tóp·sòil 名 U 表土(↔ subsoil)

―動 他 …に表土をかぶせる；…の表土を取り去る

tóp·spìn 名 U〘テニス・卓球〙トップスピン《ボールの上部を打って前回転を与えること》

tóp·stìtch 動 自 他 (衣服の縫い目の外側を)装飾的に縫う, ステッチをする **～·ing** 名 U 飾り縫い

top·sy-tur·vy /tà(:)psitə́:rvi | tɔ̀p-/ 〈ジ 形 副 ❶ 混乱した[して], めちゃくちゃの[に] ‖ The world has turned ～. 世の中がめちゃくちゃになってきた ❷ 逆さまの[に], 逆の[に] ―名 (複 -vies /-z/) U C 混乱(状態)

tóp-ùp 名 C《英》(飲み物などの)つぎ足し(の量)；補充(の量) ―形《限定》付加の, 補充の ‖ ～ benefits (年金などの)付加給付

toque /touk/ 名 C ❶ トーク《つばの狭い頂部のふくれた女性用の帽子》❷ 料理長の帽子 ❸ ＝tuque

tor /tɔ:r/ 名 C (山頂がとがった)岩山, 小高い山(♦ しばしば地名に用いられる)

To·rah /tɔ́:rə/ 名 ❶《the ～》モーセの五書(Pentateuch)；C (モーセの五書を含む)羊皮紙巻物 ❷《しばしば t-》C (ユダヤ教の)全律法, おきて, 教え

***torch** /tɔ:rtʃ/ 名 C ❶ たいまつ, トーチ ‖ carry [OR bear] the Olympic ～ オリンピックのトーチを運ぶ ❷ (知識・文化などの)光, 光明, 灯 ‖ the ～ of knowledge 知識の光 / pass the ～ of civilization to posterity 文明の灯を絶やさず後世に伝える ❸《主に米》(金属溶接用の)トーチランプ(blowtorch,《英》blowlamp) ❹《主に英》懐中電灯(《米》flashlight) ❺《米俗》放火犯

càrry a [OR *the*] *tórch for a pèrson*《口》〔人〕に愛の火を燃やす, 片思いをする

càrry the tórch of ... 〔主義・運動など〕を主導[擁護, 強化]する

pùt ... to the tórch；*pùt a tórch to ...* …に放火する

―動 他《口》…に放火する

▸▸ ⁓ **rèlay** 名 C 聖火リレー ⁓ **sìnger** 名 C (特に女性の)トーチソング歌手 ⁓ **sòng** 名 C トーチソング《片思い・失恋を主題にした感傷的な歌》

tórch·bèarer 名 C ❶ たいまつを持つ人；聖火ランナー ❷ 先導者, リーダー；先覚者, 啓蒙(けいもう)家

tórch·lìght 名 U たいまつの明かり；C たいまつ ‖ a ～ procession たいまつ行列

tòr·chon láce /tɔ̀:rʃɑ(:)n- | -ʃɔn-/ 名 U (幾何学模様の)目の粗い麻レース

***tore** /tɔ:r/ 動 tear[2] の過去

T

to·re·a·dor /tɔ́(ː)riədɔ̀ːr/ 名 C (騎馬)闘牛士
to·re·ro /təréərou | tɔ-/ 名 (複 **~s** /-z/) C (騎乗しない刺殺役の)闘牛士(matador)
to·reu·tics /tərúːṭɪks/ 名 U (金属などの)浮き彫り細工術, 彫金術
*__tor·ment__ /tɔ́ːrment/ (→ 動) 名 ❶ U C (精神的・肉体的な)激しい苦痛, 苦悩 ‖ I was in great ~ over the decision. 私は決断を迫られとても苦しんでいた / suffer the ~*s* of doubt 疑心暗鬼にさいなまれる ❷ C 苦痛[悩み]の種, やっかいなもの, うるさい人[もの] ‖ That child is a ~ to his family. あの子は家族にとって悩みの種だ
── 動 /tɔːrmént/ 他 ❶ …に(精神的・肉体的)苦痛を与える, …を苦しめる ‖ She is ~*ed* by [OR with] remorse. 彼女は良心の呵責(かしゃく)にさいなまれている ❷ …を〈…で〉困らせる, 悩ませる, うるさがらせる, いじめる〈**with**〉‖ Don't ~ your mother *with* silly questions. ばかな質問をしてお母さんを困らせるんじゃないよ **~·ing·ly** 副
tor·men·tor, -ter /tɔːrménṭər/ 名 C ❶ 苦しめる人[もの], 悩ます人[もの] ❷ (舞台の両そでに張り出した)そで幕[書割り] ❸ (撮影用の)反響防止スクリーン
*__torn__ /tɔːrn/ 動 tear² の過去分詞
*__tor·na·do__ /tɔːrnéɪdou/ 《発音注意》名 (複 **~(e)s** /-z/) C ❶ (米国中西部などの)トルネード, 大竜巻 ; (アフリカ西海岸に起こる)大雷雨 ❷ (一般に)大暴風, 大旋風 ❸ (歓呼・非難などの)嵐(あらし) ; 感情の激発, 激高した人 ‖ raise a ~ of criticism 非難の嵐を引き起こす **tor·nád·ic** 形
▶▶**Tornádo Àlley** 名 《米》竜巻街道 《米国サウスダコタ州からテキサス州にかけての竜巻多発地帯》
to·roid /tɔ́ːrɔɪd/ 名 C 【数】環状面 ; 環状体
To·ron·to /tərɑ́(ː)nṭou | -rɔ́n-/ 名 トロント 《カナダ, オンタリオ州の州都》 **To·ron·tó·ni·an** 名 形
tor·pe·do /tɔːrpíːdou/ 《発音注意》名 (複 **~es** /-z/) C ❶ 魚雷 ; 水雷, 機雷 ❷ 《米》(鉄道の危険を知らせる)発雷信号 ; かんしゃく玉 ❸ (油田の掘削に用いる)爆薬筒, 発破(はっぱ) ❹ 《米》=hero (sandwich) ❺ 【魚】シビレエイ (electric ray) ❻ 《俗》殺し屋 ── 動 他 ❶ 〔艦船〕を魚雷[水雷]で撃沈[攻撃]する, 爆破する ❷ 〔計画・制度など〕をぶち壊す, 台無しにする, 無力にする
▶▶**~ bòat** 名 C 魚雷艇, 水雷艇
tor·pid /tɔ́ːrpəd | -pɪd/ 形 ❶ (心・身体の動きが)鈍い, 不活発な, 無気力な ❷ (動物が)休眠[冬眠]した ❸ 無感覚の, 麻痺(まひ)した
tor·píd·i·ty 名 **~·ly** 副 **~·ness** 名
tor·por /tɔ́ːrpər/ 名 U/C 《単数形で》❶ 不活発, 無気力 ❷ (動物の)休眠[冬眠]状態 ❸ 無感覚, 麻痺
torque /tɔːrk/ 名 ❶ U 【機】トルク, ねじりモーメント ; 回転力 ❷ C トルク《古代ゴール人・ブリトン人などが金属をねじって作った首飾り・腕輪など》── 動 他 …に回転力を与える ; …を回転させる, ねじる ▶▶**~ convèrter** 名 C 【機】トルクコンバーター, 流体変速機
torr /tɔːr/ 名 (複 ~) C トール 《圧力の単位》
*__tor·rent__ /tɔ́(ː)rənt/ 名 C ❶ 奔流, 激流, 急流 ; 《~s》どしゃ降り ‖ a ~ of lava 溶岩の大流出 / The rain ⌈poured down [OR fell] in ~*s*. どしゃ降りだった / Applications for membership came in ~*s*. 会員募集への応募が殺到した ❷ (感情などの)ほとばしり ; (言葉などの)連発 ‖ a ~ of questions 質問の雨
tor·ren·tial /tɔːrénʃəl | tə-/ 形 ❶ 奔流の(ような) ; どしゃ降りの ; 急流の作用で生じた ‖ ~ rains 豪雨 ❷ (感情などが)激しい, 強烈な, (行動などが)圧倒的な ‖ ~ anger 激怒 **~·ly** 副
Tor·ri·cel·li /tɔ̀(ː)rɪtʃéli/ 名 **Evangelista** ~ トリチェリー(1608–47)《イタリアの物理学者・数学者》
Tor·ri·cèl·li·an vácuum /tɔ̀(ː)rɪtʃèliən-/ 名 C トリチェリーの真空《温度[気圧]計水銀柱の上部にできる真空》
tor·rid /tɔ́(ː)rəd | -ɪd/ 形 《通例限定》❶ (太陽の熱で)焼けた, 炎熱にさらされた ; 焼けつくように暑い, 炎熱の ❷ 熱烈な, 情熱的な ❸ 難局の, 苦境の **tor·ríd·i·ty, ~·ness** 名
▶▶**Tórrid Zòne** 名 《ときに t- z-》《the ~》熱帯
tor·sion /tɔ́ːrʃən/ 名 U ❶ ねじり, ねじれ ❷ 【機】ねじり(力) ; 【数】ねじれ率 **~·al** 形 ねじれの **~·al·ly** 副
▶▶**~ bàlance** 名 C ねじりばかり《ねじり力を利用してごく微小の重力・磁力などを測定する装置》**~ bàr** 名 C ねじれ棒《自動車の車体懸架装置に用いる》
*__tor·so__ /tɔ́ːrsou/ 名 (複 **~s** /-z/ OR **-si** /-siː/) C ❶ (人体の)胴(trunk) ❷ トルソー《頭・手足のない胴部の像》❸ 未完成の[不完全な]作品
tort /tɔːrt/ 名 C 【法】(契約の不履行以外の)不法行為 ‖ ~ liability 不法行為に対する(賠償)責任 / ~ law 不法行為法 / ~ reform 《米》不法行為法改革
torte /tɔːrt/ 名 (複 **~s** /-s/ OR **tor·ten** /tɔ́ːrtən/) C トルテ《ケーキの一種》
tor·tel·li·ni /tɔ̀ːrṭəlíːni/ 名 U トルテリーニ《肉やチーズを詰めた小さな輪形のパスタ》
tor·ti·col·lis /tɔ̀ːrṭəkɑ́(ː)ləs | -tɪkɔ́lɪs/ 名 U 【医】斜頸(しゃけい)
tor·til·la /tɔːrtíːjə/ 名 C トルティーヤ《トウモロコシ粉または小麦粉をこねて薄く平たく焼いたメキシコのパンケーキ》
▶▶**~ chìp** 名 C トルティーヤチップ《トルティーヤの生地を三角形などの形に切って揚げたもの》
tor·tious /tɔ́ːrʃəs/ 形 【法】不法行為の
*__tor·toise__ /tɔ́ːrṭəs/ 《発音注意》名 (複 ~ OR **-tois·es** /-ɪz/) C ❶ カメ(♦ 主に陸生のものを指す. → turtle) ❷ (動きが)のろい人[もの]
tórtoise·shèll 名 ❶ U カメの甲 ; べっ甲 ; 人造べっ甲 ❷ (= ~ **bútterfly**) C 【虫】ヒオドシチョウ《タテハチョウ科のチョウの一種》❸ (= ~ **cát**) C 三毛猫
── 形 《限定》べっ甲(製)の ; べっ甲色[模様]の
tor·tu·os·i·ty /tɔ̀ːrtʃuɑ́(ː)səṭi | -ɔ́s-/ 名 (複 **-ties** /-z/) U C ❶ ねじれ, 曲がり, 曲折 ❷ 不正, 心のねじれ
tor·tu·ous /tɔ́ːrtʃuəs/ 形 《通例限定》❶ ねじれた, 曲がりくねった ❷ (話などが)回りくどい, 遠回しの ❸ 人を欺く[惑わす] ❹ 複雑な, 手の込んだ **~·ly** 副 **~·ness** 名
*__tor·ture__ /tɔ́ːrtʃər/ 名 ❶ U 拷問, 責め苦 ; C 拷問の方法 ‖ He was put to the ~. 彼は拷問にかけられた ❷ C U (肉体的・精神的な)苦痛, 苦悩 ; C 苦痛[苦悩]の種(↔ bliss) ‖ He suffered terrible ~ from a stomachache. 彼は腹痛でひどく苦しんだ / be in ~ 苦悶(くもん)している
── 動 他 (♦ しばしば受身形で用いる) ❶ 〔人〕を拷問にかける ; 〔動物〕を虐待する ‖ They ~*d* the spy to extract a confession. 彼らはスパイを拷問して自白を強要した ❷ 〔人〕を〈…で〉苦しめる, 悩ます(↔ comfort)〈**with**〉‖ I was *torturing* myself *with* guilt. 私は罪の意識に苦しんでいた ❸ 〔庭木など〕を無理に曲げる ; 〔規則など〕をねじ曲げる **-tur·er** 名 **-tur·ous** 形 拷問の(ような), 苦痛[苦悩]を与える
語源 *tort*- twist+-*ure*(名詞語尾) : ねじ曲げて苦痛を与えること
tor·tured /tɔ́ːrtʃərd/ 形 《限定》ひどく苦しんだ, 苦悩する
To·ry /tɔ́ːri/ 名 (複 **-ries** /-z/) C ❶ 【英国史】トーリー党員《トーリー党(the Tories)は1689年に結成され, 王権・既存の社会・政治体制を支持し, 民権派のホイッグ党(the Whigs)と対立した. 今日の保守党の前身》(→ Whig) ; (英国・カナダの)保守党員 ❷ 【米国史】(独立戦争当時の)英国支持者, 王党派 ❸ 《しばしば t-》保守主義者, 反動主義者
── 形 ❶ トーリー党(員)の ❷ 英国王党派の ❸ 《しばしば t-》保守主義者の **~·ìsm** 名 U トーリー主義 ; 保守主義
▶▶**~ Pàrty** 名 《the ~》トーリー党 ; 英国保守党
tosh /tɑ(ː)ʃ | tɔʃ/ 名 U 《英口》たわごと, ナンセンス
*__toss__ /tɔ(ː)s/ 動 他 ❶ **a** (+目) …を(軽く・無造作に)投げる, ぽんとほうる ; …を投げ[ほうり]上げる(♦ 通例方向を表す副句を伴う) ; …を投げ捨てる《*out, away, aside*》(⇨ THROW 類語) ‖ They ~*ed* a ball back and forth. 彼らはキャッチボールをした / ~ a pancake (フライパンの)パンケーキをほうり上げて裏返す **b** (+目*A*+目*B* ≒ +目*B*+to 目*A*)

A(人)に*B*(物)を投げてやる ‖ Please ~ me the towel. そのタオルを投げてください ❷〔体の一部〕を急に上げる, ぐいと反らす;(馬が)〔乗り手〕を振り落とす;(雄牛などが)…を角(つの)で突き上げる ‖ ~ one's head (back) 頭をつんと後ろに反らす(♥ いら立ち・怒り・軽蔑などのしぐさ) / ~ (back) one's hair 髪を(後ろに)振り払う ❸(何かを決めるために)〔硬貨〕を投げる《*up*》;〔人〕とトスで〈…を〉決める〈**for**〉 ‖ I'll ~ you *for* (who gets) the cake. だれがケーキをもらうか硬貨を投げて決めよう ❹(風・波などが)〔船・枝など〕を激しく揺さぶる, 上下させる《*around, about*》 ‖ a boat ~*ed* by a storm 嵐(あらし)にもてあそばれる船 ❺〔人(の気持ち)など〕を動揺させる, かき乱す ❻〔意見・言葉など〕を差し挟む《*out, in*》;〔意見・議論など〕を(軽い気持ちで)論じ合う, かわす《*around, about*》 ‖ ~ a few ideas *around* いくつかの考えを話し合う ❼〔サラダなど〕を〈ドレッシングなどで〉軽く混ぜる, あえる〈**in**〉 ❽《米俗》(不法所持品などを調べるため)〔人・場所〕を捜索する

—自 ❶(海・船・枝などが)(上下左右に)揺れる, もまれる;(ベッドなどで)転げ回る, 寝返りを打つ《*around, about*》 ‖ ~*ing* waves うねる波 / She ⌈~*ed* and turned [OR ~*ed around*] all night. 彼女は(眠れなくて)一晩中寝返りを打ち通しだった ❷硬貨投げをする;〈…を〉トスで決める《*up*》〈**for**〉 ‖ Let's ~ (*up*) *for* who goes first. だれが最初に行くかトスで決めよう

tòss báck ... / tòss ... báck 〈他〉①〔頭〕を後ろに反り返らせる;〔髪〕を後ろに振り払う(→ 他❷) ② =*toss down*(↓)

tòss dówn ... / tòss ... dówn 〈他〉〔酒など〕を一気に飲み干す

tòss ín ... / tòss ... ín 〈他〉(贈り物などとして)…を加える, 一緒に入れる

tòss óff 〈他〉(***tòss óff ... / tòss ... óff***) ① =*toss down*(↑) ②〔文章など〕をすらすらと[手軽に]書き上げる[言う];…をさっと作り上げる ③⊗《英卑》〔人〕の性器をこする —〈自〉⊗《英卑》自慰をする

tòss óut ... / tòss ... óut 〈他〉①…を片づける, 処分する, 捨てる(→ 他❶) ②(欠点などにより)…を〈場所・団体から〉除外する, たたき出す〈**of**〉 ③〔意見など〕を気軽に差し挟む(→ 他❻)

COMMUNICATIVE EXPRESSIONS

1 **Tóss it.** そんなものやめてしまえ(♥ くだけた表現)

—名 ❶ C《通例単数形で》投げる[ほうる]こと, ほうり上げ;(頭などを)ぐいと動かすこと ❷《the ~》(上下左右に)揺れること, うねり ‖ the ~ of the wave 波のうねり ❸《the ~》硬貨投げ(による決着), コイントス ‖ win [lose] the ~ 硬貨投げに勝つ[負ける];うまくいく[いかない]

àrgue the tóss 《英口》(いったん決められたことに)難癖をつける, 延々と議論する

nòt give [OR ***càre***] ***a tóss*** 《英口》少しも気にしない〈**about** …を / **wh** 節…かを〉

▶▶ **~ed sálad** 名 C〖料理〗トス=サラダ《あらかじめドレッシングであえた野菜サラダ》 **~ pìllow** 名 C =throw pillow

toss·er /tɔ́(ː)sər/ 名 C《英俗》いやなやつ, ろくでなし

tóss·pòt 名 C ❶酔っ払い, 飲んだくれ ❷⊗《英俗》《蔑》能なし

tóss·ùp 名 C ❶《口》(勝負・選択権などを決めるための)コイントス, 硬貨投げ ❷《単数形で》五分五分(の見込み)

tot¹ /tɑ(ː)t | tɔt/ 名 C ❶《口》小さな子供, ちび ‖ a tiny ~ おちびちゃん ❷《主に英》(強い酒の)一口, 1杯, 少量

tot² /tɑ(ː)t | tɔt/ 動 (**tot·ted** /-ɪd/; **tot·ting**)《主に英口》他〔数・金額など〕を加える, 合計する《*up*》(reckon up; calculate) —自 (金額などの)合計が増える, 合計が〈…に〉なる《*up*》〈**to**〉

⁑to·tal /tóuṭəl/《発音注意》形 名 動

—形〔▶ totality 名〕《比較なし》❶《限定》**総計[合計]の, 総…**;総体としての, **全体の**(↔ partial)(⇨ WHOLE 類語) ‖ the ~ population 総人口 / the ~ **cost** 総費用 / the ~ amount of damage 被害総額

❷《限定》全体として見た, **全体的な**, 総体的な(↔ partial) ‖ a ~ impression of her features 彼女の顔立ちの全体的な印象

❸ **完全な**, 徹底した;《限定》全くの ‖ The destruction was ~. 破壊は完膚(かんぷ)なきものだった / in ~ darkness 真っ暗闇(くらやみ)の中で / a ~ absence of freedom 全く自由のないこと / a ~ failure 完全な失敗

—名 (複 **~s** /-z/) C **総計, 合計**, 総数, 総額(→ sum);全体(↔ part) ‖ A ~ of 350 people got together in the square. 総数350名が広場に集合した / The ~ ⌈came to [OR was] about $150. 合計で150ドルくらいになった / the grand ~ 総計

in tótal 総計[合計]で

—動 (**~s** /-z/; **~ed**,《英》**-talled** /-d/; **~·ing**,《英》**-tal·ling**)

—他 ❶ 総計[合計]で…の数量に達する ‖ The number of arsons ~*s* sixteen in the past five months. 放火事件は過去5か月で総計16件に上る

❷ …を合計する《*up*》(add up) ‖ *Total* that column of figures. その列の数字を合計しなさい ❸《主に米俗》〔車など〕を完全に破壊[駄目に]する;〔人〕を殺す, ひどく傷つける —自 総計で〈…の数量に〉達する《*up*》〈**to**〉 ‖ The bills ~ *up to* $80. 勘定は合計80ドルになる

▶▶ **~ eclípse** 名 C〖天〗皆既食(→ annular eclipse, partial eclipse) **~ fertílity ràte** 名 C 合計特殊出生率《女性が出産可能な年齢の間に産む子供の数》 **~ phỳsical respónse** 名 U〖教育〗全身反応教授法《学習に関係した活動によって言語を習得させる教授法. 略 TPR》 **~ quálity mànagement** 名 U〖経営〗総合的品質管理(total quality control)《略 TQM》 **~ wár** 名 C 総力戦

***to·tal·i·tar·i·an** /toutæ̀lətéəriən | -tælɪ-/ 〈ジ〉形 全体主義の, 一党独裁主義の —名 C 全体主義者

~·ìsm 名 U 全体主義(的支配)

to·tal·i·ty /toutǽləṭi/ 名〔◁ total 形〕(複 **-ties** /-z/) ❶ U 全体性, 完全性 ‖ study a problem in its ~ 問題を(1つの)全体として調べる ❷ C 全体, 総計 ❸ U C〖天〗皆既食の継続時間

to·tal·i·za·tor /tóuṭələzèiṭər | -təlaɪ-/ 名 C 総計[総額]計算器;(競馬などの)賭(か)け率表示板, トータリゼーター

to·tal·ize /tóuṭəlàiz/ 動 他 …を合計する, しめる

tò·tal·i·zá·tion 名

to·tal·iz·er /tóuṭəlàizər/ 名 =totalizator

⁑to·tal·ly /tóuṭəli/

—副《比較なし》❶ **全く**, 完全に;全体として(↔ partly) ‖ I ~ **agree** with you. 全く同感です / He isn't ~ convinced that I was right. 彼は私が正しかったと完全に納得しているわけではない(♦ 部分否定) / be ~ destroyed 全滅する / two ~ **different** things 2つのおよそ異なった事物

❷《口》とても, すごく, 実に(♥ 強調);《間投詞的に》《米口》全くだ, そのとおり, 同感だ ‖ It's ~ impossible. そんなことはとてもできない / "How stubborn he is!" "*Totally*!" 「強情だなあ, あいつ」「全くだ」

tote¹ /tout/ 動 他《口》〔特に銃〕を持ち運ぶ, 携帯する;〔重いもの〕を運ぶ《*around*》 —名 C ❶ 重い荷物 ❷ (= ~ **bàg**)(大型の)手提げ袋, トートバッグ

tote² /tout/ 動 他《米口》…を合計する, 加える《*up*》

tote³ /tout/ 名《しばしば T-》《the ~》《英口》(競馬で)賭(か)け高基準配当方式, トート《全賭け金をもとに計算して支払われる方式の賭け》

to·tem /tóuṭəm/ 名 C ❶ トーテム《北米先住民などが部族の守護神として崇拝する自然物, 特に動物》;トーテム像 ❷ (社会などで)あがめられるもの;象徴 **to·tém·ic** 形 トーテム(崇拝)の ▶▶ **~ pòle** 名 C ①トーテムポール《トーテム像を彫刻・彩色した柱》②《米》階級制[組織]

tó·tem·ìsm 名 U ❶ トーテム崇拝［信仰］ ❷ トーテム制度［組織］(hierarchy)
tó·tem·ist 名 C トーテム制度の社会の構成員
tò·tem·ís·tic 形
t'oth·er /tʌ́ðər/ 形 前《英方》《戯》=the other
tot·ter /tá(:)t̬ər | tɔ́tə/ 動 自 ❶ よろよろ歩く，よろめく（♦通例方向を表す 副句 を伴う）❷（建物などが）ぐらぐらする；（制度などが）崩壊しそうになる
— 名 C《単数形で》よろよろした足取り；ぐらつき
tot·ter·y /tá(:)t̬əri | tɔ́t-/ 形 よろよろする；ぐらつく
tòtting-úp 名 U《英》(個々の細目の)総計，累計；(交通違反の)合計点数
tot·ty, -tie /tá(:)t̬i | tɔ́ti/ 名（複 **-ties** /-z/）C《英俗》性的魅力のある女性；U《集合的に》(性的対象としての)女
tou·can /tú:kæn | -kən/ 名 C『鳥』オオハシ(大嘴)《大きなくちばしを持ち羽毛の美しい熱帯アメリカ産の鳥》

touch /tʌtʃ/《発音注意》動 名

中心義 **Aに触れる**（★Aは具体的な「人」や「物」に限らず，「心」のように抽象的なものも含む）
— 動（**~·es** /-ɪz/；**~ed** /-t/；**~·ing**）
— 他 ❶〈手・指などで〉…に**触れる**，触る〈**with**〉；…を〈…に〉触れ合わせる，接触させる〈**to**〉；〔2つのもの〕を接触させる ‖ I ~*ed* the rough bark of the tree. その木のごつごつした樹皮に触ってみた / He ~*ed* Helen on the shoulder. 彼はヘレンの肩に手を触れた / ~ one's hat (in greeting)（あいさつで）帽子に手をかける / Kevin ~*ed* his lips *to* her cheek. ケビンは彼女の頬(ほお)に唇を触れた
❷（物が）…に**接触する**［している］，触れる；…に境を接する，隣接する；『数』…に接する ‖ These creatures live just where the sea ~*es* the land. これらの生物は海がちょうど陸に接する所に生息している / The fringes of her shawl almost ~*ed* the floor. 彼女のショールのふさ飾りは床につきそうだった
❸ …を**軽くたたく**［押す］；〔ピアノなどのキー〕をたたく，〔ギターなどの弦〕をつま弾く ‖ Don't ~ that button! そのボタンを押すな / ~ a doorbell ドアのベルを軽く押す
❹《通例否定文で》…に手を触れる；〔資金など〕に手をつける；〔仕事〕に従事する，…を処理する ‖ Don't ~ anything until the police come. 警察が来るまで何にも手を触れるな / He hasn't been able to ~ his work all day. 彼は一日中仕事に手をつけられなかった
❺《通例否定文で》〔飲食物〕に手をつける，食べる，飲む ‖ She did not ~ her breakfast. 彼女は朝食に手をつけなかった
❻〔人(の心)〕を**感動させる**，ほろりとさせる；〔人(の気持ち)〕を傷つける，怒らせる（♦しばしば受身形で用いる）〈**by** …で；**that** 節 …ということで〉‖ The story ~*ed* her deeply. その話に彼女はいたく心を動かされた / He was ~*ed by* his staff's devotion to him. 彼は自分に対するスタッフの献身にほろりとした / I was ~*ed that* he remembered me. 彼が私のことを覚えていたので私は感動した / His pride was slightly ~*ed by* her remark. 彼女の発言で彼のプライドはいささか傷ついた
❼《通例受身形で》〈…が〉少しだけある，〈色合いなどが〉うっすらかかる〈**with**〉‖ a sky ~*ed with* pink うっすらとピンク色がかった空 ❽（表情が）…に現れる ‖ A faint smile ~*ed* her lips. かすかな笑みが彼女の口元に浮かんだ ❾《口》(瞬間的に)…(の数量)にまで達する，及ぶ ‖ The temperature ~*ed* 90°. 温度は90度にまで達した ❿《通例否定文で》…に(力量などが)及ぶ，比肩する，匹敵する ‖ No one can ~ her for speed. スピードの点ではだれも彼女に及ばない ⓫〔物・人など〕に触れて作用［影響］する；〔人〕に手を上げる；…を虐待する；〔物〕を害する ‖ The plants were ~*ed* with [OR by] frost. 植物は霜に当たって傷んだ ⓬ …に関係する，かかわる；…に（悪い）影響を及ぼす ‖ These problems don't ~ your life. こういう問題はあなたの生活にはかかわりがない / The fall in prices has not yet ~*ed* this company. 価格の下落はまだこの会社には影響がない ⓭ …に簡単にふれる，ざっと言及する ⓮《俗》〔人〕に〈…を〉無心する，せびる〈**for**〉‖ ~ him *for* ten dollars 彼に10ドルねだる
— 自 ❶（手・指などで）触れる，触る ‖ Don't ~! 触るな ❷ 触れ合う，接触する；隣接する
tóuch at ... 〈他〉（船が）〔港〕に立ち寄る，寄港する
****tòuch dówn*** 〈自〉①（航空機が）着陸する(land) ②『ラグビー・アメフト』タッチダウンする(→ touchdown)
tòuch ín ... / tòuch ... ín 〈他〉〔絵の細部など〕を書き入れる［加える］，加筆する
tòuch óff ... / tòuch ... óff 〈他〉① …を発射［発砲］する，爆発させる ②〔暴動・悪い状況など〕を引き起こす，誘発する(set off) ‖ His arrest ~*ed off* an uproar. 彼の逮捕は大騒動を引き起こした ③ …を正確に描く［表す］，…を絵にかいたようである
****tóuch on*** [OR ***upon***] ***...*** 〈他〉① …に軽くふれる，（ついでに）言及する ② …に関係する，かかわりがある ③〔性質・状態など〕に極めて近い，迫る
tòuch úp 〈他〉(***tòuch úp ... / tòuch ... úp***) ①〔絵・文章・化粧など〕に手を加えて仕上げる，…を手直しする，修正する ‖ Can you ~ *up* the gray? ちょっと白い所を染めてください（♥理容師・美容師などに対して）/ ~ *up* one's makeup 化粧を直す ②《主に英口》…にいやらしく触る
—〈自〉『野球』帰塁する，塁に達する

COMMUNICATIVE EXPRESSIONS
1 **Did I sày you could tóuch thàt?** 触っていいっていつ言った？（♥「触るな」と伝える皮肉な表現）

— 名（複 **~·es** /-ɪz/）❶ U/C《通例単数形で》**触れる［触る］こと**；触れ合うこと，スキンシップ，接触；軽くたたく［押す］こと ‖ I felt a ~ on my shoulder. 私は肩に触れられるのを感じた / It's hard to the ~. それは触ると堅い / at the ~ of a button ボタン操作ひとつで
❷ U/C《単数形で》触覚；感触，手［肌］触り ‖ the sense of ~ 触覚
❸ C《通例 a ~》ごくわずかの量，ちょっぴり；(ごくわずかの)形跡，気配，気味，…がかったところ；(病気の)軽い兆候；《副詞的に》いくぶん，やや ‖ I think I've got a ~ of fever. ちょっと熱が出てきたようだ / Her chatter had a ~ of hysteria. 彼女のしゃべり方はヒステリー気味だった / need a ~ of salt 塩味が少し足りない / He looks a ~ thinner. 彼はいくらかやせて見える
❹ C（筆・鉛筆などでの）一触れ，一筆；加筆(の一筆)，修正(の作業)（→ finishing touches）‖ add a few ~*es* 2，3筆を加える
❺ C《単数形で》独特の手法［やり方］；《a ~》(ピアニスト・ピアノの)タッチ；(芸術作品などの)作風，筆致，タッチ，手際 ‖ A house needs a woman's ~. 家には女の手［女性らしいこまやかな配慮］が必要だ / get service with a personal ~ 親しみのこもったサービスを受ける / She has a delicate ~ on the piano. 彼女はピアノのタッチが柔らかい / a painting with a bold ~ 大胆なタッチの絵
❻ U〈…との〉連絡，接触，交渉；〈事件・世情などに〉通じていること〈**with**〉(→ *in touch*(↓))
❼ U C 知覚力，理解力，こつ ‖ He has a good ~ for kicking the ball. 彼はボールをけるのがうまい ❽《俗》C 金の無心；金を貸してくれそうな人 ‖ make a ~ 金を無心する / a soft [OR an easy] ~ 金をせびりやすい人 ❾ U『医』触診 ❿ U『ラグビー・サッカー』タッチ ‖ He kicked the ball into ~. 彼はボールをタッチにけり出した
****in tóuch*** ①〈…と〉(特に手紙や電話による)**接触［連絡］があって**〈**with**〉(→ CE 2, 3) ‖ I have no means of getting *in* ~ *with* him now. 彼と今連絡をとるすべがない ②〈最新の情報・知識などを〉知っていて，通じていて〈**with**〉‖ keep [OR stay] *in* ~ *with* the latest sports news 最新のスポーツニュースに通じている ③〈気持ちなどに〉気づいて，共感して〈**with**〉
kick ... into tóuch 《主に英》…を拒否する，延期する

*lòse tóuch ①〈…と〉連絡がなくなる〈with〉 ②〈情報などに〉うとくなる〈with〉‖ *lose ~ with* reality 現実にうとくなる

lòse one's tóuch 〈…の〉腕が鈍る,〈…を〉うまく操れなくなる〈with〉‖ I seem to have *lost* my ~ *with* soufflés. スフレ作りの腕が落ちたようだ

òut of tóuch ①〈…と〉接触[連絡]がなくなって〈with〉 ②〈…に〉うとくなって, かけ離れて〈with〉 ③〈気持ちなどに〉気づかないで〈with〉

tòuch and gó 危うい状況 (⇨ TOUCH-AND-GO) ‖ It was ~ *and go* whether he would be fired. 彼は解雇されるかどうかきわどいところだった

COMMUNICATIVE EXPRESSIONS

2 **I'll be in tóuch.** (別れ際に)また連絡するよ

3 **Kèep** [OR **Stày**] **in tóuch.** 欠かさず連絡してね (♥ 別れのあいさつ)

▶▶ **~ fóotball** 名 U タッチフットボール《タックルの代わりに体にタッチするアメリカンフットボール》 **~ jùdge** 名 C 〖ラグビー〗線審, タッチジャッジ **~ pàd** 名 C 💻タッチパッド《指などで操作するマウスの代用となる装置》 **~ pànel** [**scrèen**] 名 C 💻タッチパネル《画面上に表示されるメニューを指やペンで押すことで指定できる装置》

tóuch·a·ble /-əbl/ 形 ❶ 触れることのできる ❷ 感動させ得る

tòuch-and-gó ⊲シ 形《通例叙述》きわどい, 危ない ‖ a ~ situation 一触即発の事態
— 名 C《~es》〖空〗離着陸訓練

tóuch·bàck 名 C〖アメフト〗タッチバック《球を自陣のエンドゾーンにつけること》

tóuch·dòwn 名 ❶ C タッチダウン (〖アメフト〗相手のエンドゾーンに球を持ち込むこと, またその得点(6点); 〖ラグビー〗攻撃側がけり込んだボールを防御側の選手が自軍のゴール内で押さえること) ❷ C U (飛行機の)着地, 着陸

tou·ché /tuːʃéɪ|ニー/ 間 一本とられた, まいった《本来はフェンシング用語》(♦ フランス語より)

touched /tʌtʃt/ 形《叙述》❶ 感動した, 心を動かされた ❷《旧》《口》少し頭が変な, 気のふれた

***touch·ing**[1] /tʌ́tʃɪŋ/ 形 感動させる, 胸を打つ; いじらしい (⇨ MOVING 類語) ‖ a ~ story 感動的な話 **~·ly** 副

touch·ing[2] /tʌ́tʃɪŋ/ 前《文》…に関する

tóuch·lìne 名 C〖ラグビー・サッカー〗タッチライン, 側線

tóuch-me-nòt 名 C〖植〗ホウセンカ《さやに触れると種子がはじけ飛ぶ》

tóuch·pàper 名 U (花火・爆薬用の)導火紙
lìght the (*blùe*) *tóuchpaper* 《英》激しい怒りを買う, 大変な事態を招く

tóuch·stòne 名 C ❶ (金銀の純度を調べる) 試金石 ❷ (判断などの)基準

tóuch-tòne, Tóuch-Tòne 《商標》形 (電話が)プッシュホン式の《各数字が異なった音を出す》‖ a ~ phone プッシュホン — 名 C プッシュホン

tóuch-tỳpe 動 自 (キーを見ないで)タイプを打つ

tóuch-ùp 名 C (小さな)修正[修復](による仕上げ)

touch·y /tʌ́tʃi/ 形 (**-i·er**; **-i·est**) ❶《通例限定》怒りっぽい, 神経過敏な; (身体の一部が)過敏な ❷《通例限定》(問題などが)扱いにくい, やっかいな ❸ (化学製品などが)燃えやすい, 引火性の **tóuch·i·ly** 副 **tóuch·i·ness** 名

touch·y-feel·y /tʌ̀tʃifíːli/ ⊲シ 形 ⊗《口》《しばしば蔑》(特に身体に触れるなどで)大げさに愛情を表現する

:tough /tʌf/ 《発音注意》

中心義 **強くしっかりとしていて, なかなか動かせない** (★文脈によって「強くしっかりとしている」という側面,「なかなか動かせない」という側面のどちらかに重きが置かれた意味になる)

— 形 〔▶ toughen 動〕(**~·er**; **~·est**)

❶ **しなやかで丈夫な**, 折れ[切れ, 裂け]にくい, **強靭**(きょうじん)**な**, 耐久性のある (↔ fragile); (食べ物, 特に肉が)かみ切れない, 堅い (↔ tender) ‖ a ~ material 丈夫な材料 / a ~ steak 堅いステーキ

❷ (粘土などが)粘りのある, 腰の強い

❸ (体が)たくましい, 頑健な; (意志が)強固な, 不屈の, タフな (↔ weak) ‖ physically [spiritually] ~ 肉体[精神]的にタフな / ~ soldiers 屈強な兵士たち / a ~ body 頑丈な体

❹ かたくなな, 頑固な, 一筋縄ではいかない, 手ごわい ‖ He's a ~ man to convince. (=It's ~ to convince him.) 彼は頑固者で納得させるのが骨だ

❺ **困難な**, 難しい, **骨の折れる**, やっかいな〈**for** …にとって / **to do** …するのに〉‖ She's been having a ~ time of it since her mother entered the hospital. 母が入院して以来彼女は大変苦労している / The mountain is ~ *to* climb. その山は登るのに骨が折れる / a ~ job やっかいな仕事 / a ~ call 簡単に下しかねる判定 / 《to-不定詞との複合形容詞で》a ~-to-open package 開けるのがやっかいな包み ❻〈…に対して〉**厳しい**, 強硬な, 容赦しない (↔ soft)〈**on, with**〉‖ She is ~ *on* her daughter. 彼女は娘に厳しい / take a ~ line *on* drunk driving 飲酒運転を厳しく取り締まる / get ~ *with* terrorists テロリストに対して強硬に対処する ❼ (人が)乱暴な, 無法な; (場所が) 無法者の出入りする, 柄の悪い ‖ a ~ guy 《口》腕っぷしの強い荒くれ者 ❽ (戦いなどが)激しい, 激烈な ‖ a ~ struggle 激烈な闘争 / a ~ winter 厳しい冬 ❾〈…にとって〉不運な, ついてない; 不愉快な, つらい〈**on**〉(→ CE 1, 2) ❿《米俗》素晴らしい, 素敵な, 最高の

(*as*) *tough as* 「*old boots* [OR *nails*] ⇨ BOOT[1] (成句), NAIL (成句)

hang tough ⇨ HANG (成句)

COMMUNICATIVE EXPRESSIONS

1 **That's tóugh (on you)!** それはついてないねえ

2 **Tòugh lúck.** ① それは運が悪かったね; 残念だな (= That's tough.) ② いい気味だ; 自業自得だよ

— 副 頑強に, しぶとく

— 名 C《口》乱暴者, 与太(よた)者, ごろつき

— 動 〔▶ toughen 動〕他《通例 ~ it out で》《口》耐え抜く, 頑張り通す

~·ly 副 **~·ness** 名

▶▶ **~ cóokie** [**cústomer**] 名 C 頑張り屋, しぶといやつ **~ gúy** 名 C《口》荒くれ者, タフガイ, 不屈の男 **~ lóve** 名 U 愛のむち《問題を抱えている人を強固な態度をとることで更生させること》

tough·en /tʌ́fən/ 動〔◁ tough 形〕他 ❶ …を強靭(きょうじん)にする; …をたくましくする《*up*》❷〔規則・政策など〕を厳しくする, 強化する《*up*》— 自 強靭になる, たくましくなる; 厳しくなる, 強化される《*up*》

tough·ie /tʌ́fi/ 名 C《口》❶ 頑強な人; 頑固者; 乱暴者; たくましい子 ❷ 難問, 難物, 難局

tòugh-mínded ⊲シ 形 ❶ 感情に流されない, (考え方が)現実的な ❷ 意志の強い, 断固とした

tou·pee /tuːpéɪ|ニー/ 名 C (男性用)かつら, 入れ毛

:tour /tʊər/ 《発音注意》

— 名 (複 **~s** /-z/) C ❶〈…の〉**(周遊)旅行**, 観光旅行, ツアー〈**of**〉(⇨ TRAVEL 類語P) ‖ We made a three-week ~ *of* Europe. 私たちは3週間のヨーロッパ旅行をした / a wedding ~ 新婚旅行 / a package [group] ~ パック[団体]旅行 / go on a ~ 旅行に出かける

❷ 見学, 視察; ひと巡り〈**of** …の; **through, around** …を巡る〉‖ take a ~ *of* an art gallery 画廊を見て回る / a **guided** [OR conducted] ~ ガイド付き見学

❸ U C (劇団などの)巡業, 旅回り; (スポーツチームなどの)転戦, 遠征, ツアー; (要人の)歴訪 ‖ The ballet company is currently **on** a world ~. バレエ団は現在世界をツアー中だ / a concert ~ コンサートツアー

❹ (兵士・外交官などの) 海外勤務期間 ‖ serve a two-year ~ (of duty) in Peru ペルーに2年間赴任する

— 動 自〈…を〉周遊する, 観光旅行する; 見学する, 見て回る; (劇団・俳優などが)〈…を〉巡業する〈**around**〉

— 他 ❶〔場所〕を周遊する, 観光旅行する; …を見て回る;

…を巡業する ❷〔劇団など〕を巡業に出す
語源 古期フランス語 *tourner*(回る)から. turn と同語源.
▶▶～ **guìde** 名Ⓒ 旅行案内業者, 観光ガイド **～ing càr** 名Ⓒ (1920年代に流行の)ほろ型観光自動車 **～ of dúty** 名Ⓒ (軍隊などで)(外地における)勤務時間 **～ of inspéction** 名Ⓒ 視察 **～ òperator** 名Ⓒ《英》(主に団体旅行を扱う)旅行業者

tou·ra·co, tu- /tʊ̀ərəkóʊ/ 名 (複 **～s** /-z/) Ⓒ【鳥】エボシドリ(鳥帽子鳥)《羽毛の美しいアフリカ産の鳥》

tour de force /tʊ̀ər də fɔ́ːrs/ 名 (複 **～s de f-**) Ⓒ 力業, 離れ業；(芸術上の)傑作, 力作(♦ フランス語より)

Tour de France /tʊ̀ər də frǽns | -frɑ́ːns/ 名 ツール＝ド＝フランス《フランスで行われるプロの自転車レース》

Tou·rétte('s) sỳndrome /tuərét(s)-/ 名Ⓤ【医】トゥーレット症候群《顔などのけいれんや発作的に叫んだり卑猥(ひわい)な言葉を発するのが特徴の神経疾患》

***tour·ism** /tʊ́ərɪzm/ 名Ⓤ ❶ 旅行, (特に)観光旅行 ❷ 観光事業, 旅行案内業 ‖ The island is still untouched by ～. その島はまだ観光ずれしていない

T

⁑**tour·ist** /tʊ́ərəst | -ɪst/ (発音注意)
—名 (複 **～s** /-s/) Ⓒ ❶ **旅行者**, (特に)**観光客**
❷ (ツアーに出た)スポーツ選手
❸《形容詞的に》観光(客)用の ‖ a ～ bureau 旅行社 / a ～ ticket 周遊券 / a ～ visa 観光ビザ
▶▶～ **attràction** 名Ⓒ 観光名所 **～ clàss** 名Ⓤ ツーリストクラス《客船・旅客機の低料金の席》(♦ 副詞的にも用いる) ‖ travel ～ *class* ツーリストクラスで旅行する **～ ìndustry** 名Ⓤ 観光産業 **～ informátion òffice** 名Ⓒ 旅行案内所 **～ tràp** 名Ⓒ《口》観光客を食いものにする所《土産物店・ホテル・レストランなど》 **Tòurist Tróphy** 名 ツーリストトロフィー《毎年マン島で行われるオートバイレース. 略 TT》

tour·ist·y /tʊ́ərɪsti/ 形《口》観光客を当て込んだ, 観光客でごった返す

tour·ma·line /tʊ́ərməlìːn/ 名Ⓤ【鉱】トルマリン, 電気石

⁑**tour·na·ment** /tʊ́ərnəmənt, tɔ́ːr-/ (発音注意)
—名 (複 **～s** /-s/) Ⓒ ❶ **選手権試合[大会]**, 勝ち抜き試合, トーナメント ‖ Our team **won** [entered, played **in**, took part in] the ～. 我がチームはトーナメントで優勝[に出場]した / Japan made it to the second round of the World Cup soccer ～ in 2010. 日本は2010年のサッカーワールドカップで決勝トーナメントまで進んだ / conduct [OR hold] a tennis ～ テニストーナメントを催す ❷ (中世の騎士の)馬上試合[大会] ❸ (軍事訓練を模した)軍隊の競技大会

tour·ne·dos /tʊ̀ərnədóʊ | ╘‐╘/ 名 (複 ～ /-z/) Ⓒ 厚くて丸い牛ヒレ肉の切り身

tour·ney /tʊ́ərni/ 名 ＝tournament ❶ —動 自 トーナメント[馬上試合]に参加する

tour·ni·quet /tɔ́ːrnəkət | tɔ́ːnɪkèɪ/ 名Ⓒ 止血具[帯]

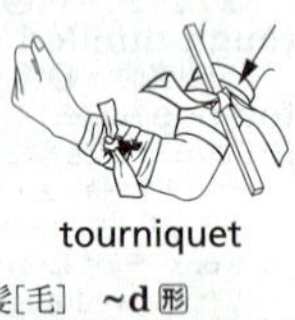
tourniquet

tou·sle /táʊzl/ 動 他〔髪〕を乱す, くしゃくしゃにする(♦ しばしば受身形で用いる) —名Ⓤ 乱れ髪[毛] **～d** 形

tout /taʊt/ (発音注意) 動 自 ❶ 〈客などを〉しつこく勧誘する, 〈投票・取り引きなどを〉しつこく求める〈**for**〉 ‖ ～ *for* orders 注文をせがむ ❷《米》競馬の予想屋をやる；競馬の情報を探る ❸《英》切符をプレミアをつけて売る, ダフ屋をやる(《米》scalp) —他 ❶〔物〕をしつこく勧める ❷《主に英》〔勝馬の情報〕を探る ❸《英》(ダフ屋が)〔切符〕を売りつける ❹ …を〈…だと〉褒めちぎる, 推奨する〈**as**〉
—名Ⓒ ❶ しつこい勧誘者, 客引き；《英》ダフ屋(《米》scalper) ❷《米》(競馬の)予想屋；《英》情報屋

tout en·sem·ble /tùːt ɑːnsɑ́ːmbl | -ɔnsɔ́m-/ 名《フランス》(＝all together) Ⓤ (芸術作品の)全体的効果

to·va·rish, -rich /təvɑ́ːrɪʃ/ 名Ⓒ《しばしば呼びかけ》タワリシチ, 同志(♦ 主に旧ソ連で用いた. ロシア語より)

***tow**[1] /toʊ/ (♦ 同音語 toe) 動 他〔船・自動車〕を綱[鎖]で引く, 牽引(けんいん)する；〔子供・犬など〕を引いて行く；〔駐車違反車・故障車〕を撤去する《*away*》(⇨ PULL 類語) ‖ ～ a ship out of the harbor 船を港から曳航(えいこう)する
—名 ❶ Ⓤ/Ⓒ《通例単数形で》引く[引かれる]こと, 牽引, 曳航 ‖ Give us a ～! 引っ張ってくれ / We need a ～. 牽引してもらう必要があるんですが(♥ 車の故障の際に) ❷ Ⓒ 引かれるもの[船, 自動車] ❸ Ⓒ 引くもの, 牽引車, 引き船 ❹ Ⓒ 引き綱, 牽引用チェーン
****in tów*** ①《口》引き連れて ‖ She「always has [OR is always with] several admirers *in* ～. 彼女はいつも何人か取り巻きを従えている ②(別の車や船に)引かれて(♦《英》では on tow ともいう) ‖ The disabled car was taken *in* ～ by a tow truck. 故障車はレッカー車で牽引された ③《米》世話[指導, 保護]して
▶▶～ **bàr** 名Ⓒ (自動車の後部に取りつける)牽引用バー **～ ròpe** (↓) **～ trùck** 名Ⓒ《米》レッカー車(wrecker, 《英》breakdown truck)

tow[2] /toʊ/ (♦ 同音語 toe) 名Ⓤ 麻くず；粗麻糸；Ⓒ 撚(よ)る前の繊維の束

tow·age /tóʊɪdʒ/ 名Ⓤ ❶ (船・車などの)牽引, 船引き ❷ 引き賃, 引き船料

⁑**to·ward** /tɔːrd, təwɔ́ːrd | təwɔ́ːd/, ＋《英》**to·wards** /tɔːrdz, təwɔ́ːrdz | təwɔ́ːdz/
—前 ❶《方向・方角》**…の方へ**, …に向かって, …に面して(♦ to と違って必ずしも到達を意味せず, 単に方向を表す) ‖ She stood up and walked ～ me. 彼女は立ち上がって私の方へ歩いて来た / She glanced ～ the window, hoping her son would come home soon. 彼女は窓の方を見つめ, 息子が早く帰って来ることを願っていた / All the rooms of the condominium face ～ the south. そのマンションの部屋はすべて南向きだ
❷《目的・傾向》**…のために[の]**, …を成し遂げるために[の]；…に向けて(の) ‖ They collaborated ～ the goal. 彼らはその目標のために協力した / negotiations ～ peace 和平のための交渉
❸《対象》**…に対して(の)**, …について(の) ‖ I'm not sure how I should behave ～ him. 彼に対してどういう態度をとればよいのか私はわかりません / Americans and Japanese seem to have quite different attitudes ～ drinking. アメリカ人と日本人は飲酒についての考え方がかなり違うようだ
❹《補助・寄与》**…のために[の]**, …の足し(となるよう)に ‖ A lot of money was raised ～ (the cost of) repairing the church. 教会修理の(費用をまかなう)ために多額のお金が集められた ❺《時間的・数量的近接》**…ごろ**, …くらい；《場所的近接》…近く(に) ‖ His memoirs will be published ～ the end of the year. 彼の回想録は年末ごろに刊行されるだろう / There was an earthquake ～ morning [midnight]. 明け方[真夜中]近くに地震があった / *Toward* the top of the hill the road is narrower. 山頂近くでは道はもっと狭い

tów-away zòne 名Ⓒ《米》違法駐車撤去区域, 駐車違法地帯《違反車はレッカー車で撤去される》

tów·bàr 名Ⓒ (自動車後部の)牽引(けんいん)用バール[鉄棒]

tów·bòat 名Ⓒ ❶ 引き船 ❷ (はしけ用の)押し船

tòw-cólored 形 (髪が)亜麻色の

⁑**tow·el** /táʊəl/ (発音注意)
—名 (複 **～s** /-z/) Ⓒ (紙・布製の)**タオル**, 手拭き, 手ぬぐい；ふきん；《英》(生理用)ナプキン(sanitary towel)(❗「タオルケット」は towel＋blanket の和製語) ‖ a bath ～ バスタオル / a dish [OR tea] ～ ふきん / a **paper** [OR kitchen] ～ 紙タオル, キッチンペーパー
thròw [OR ***tòss, chùck***] ***in the tówel*** ①【ボクシング】(敗北を認めて)タオルを投げ入れる, 試合(の続行)を中止させる ② 敗北を認める；難しいと知ってあきらめる
—動 (**～ed**, 《英》**-elled** /-d/；**～·ing**, 《英》**-el·ling**)

—㊀…をタオルで拭く[乾かす]《*down, off*》‖ ～ oneself (dry) 体をタオルで拭く[拭いて乾かす]
—㊁ 体をタオルで拭く[乾かす]《*down, off*》
▸▸ **～ bàr** [《英》**ràil**] 名C (棒状の)タオルかけ **～ hòrse** [**ràck**] 名C (枠状の)タオルかけ

tow·el·ette /tàʊəlét/ 名U 小さなペーパータオル, おしぼり

tówel·hèad 名C ⊗《口》《蔑》(しばしばアラブ人[イスラム教徒]をけなして)頭にターバン[頭布]を巻いたやつ

tow·el·ing, 《英》**-el·ling** /táʊəlɪŋ/ 名U タオル地

:tow·er /táʊər/
—名 (複 **～s** /-z/) C ❶ (城・教会などの)**塔**(⇨ CHURCH 図); (電波送信・観察など特定の機能を持った)(鉄)塔, **タワー**; 高層建築[ビル] ‖ a bell ～ 鐘楼 / a clock ～ 時計台 / a television ～ テレビ塔
❷ (塔のある)とりで, 城塞(じょうさい) ❸《通例複合語で》(機械・CDなどの)収納ケース, 入れ物 ❹ 安全な場所, とりで (→ ivory tower) ❺ 🖥タワー型コンピューター
a tòwer of stréngth 《口》= *a* PILLAR *of strength*
the Tòwer (of Lóndon) ロンドン塔《昔の城塞・王宮・牢獄(ろうごく). 現在は博物館》
—動 (**～s** /-z/ ; **～ed** /-d/ ; **～·ing**) ㊁ ❶ 〈…の上に〉高くそびえる, そそり立つ, 〈周囲の人・ものより〉はるかに高い〈**above, over**〉‖ He ～*s* a full head *above* me. 彼は丸々頭1つ分私より背が高い
❷ (才能などで)〈…より〉抜きん出ている, 〈…を〉はるかにしのぐ〈**over, above**〉‖ Michelangelo ～*s over* all his contemporaries. ミケランジェロは同時代のだれよりもはるかに優れている
❸ (ワシなどが)(獲物を襲うために)高く舞い上がる
▸▸ **～ blòck** 名C 《英》高層建築[ビル, 住宅] **Tòwer Brídge** <ジ>名《しばしば the ～》タワーブリッジ《ロンドンのテムズ川にかかる両端に塔のある跳開橋》 **～ of sílence** 名《または T- of S-》C 沈黙の塔《インドのパルシー族が死者を鳥葬するために遺体を置く石の塔》

tow·er·ing /táʊərɪŋ/ 形《限定》❶ 非常に高い, そびえ立つ ❷ 抜きん出た, 非常に優れた ‖ a ～ intellect 素晴らしい知性 ❸ (感情などが)激しい, 強烈な **～·ly** 副

tów·hèad 名C ❶ 亜麻色の髪 (の人) ❷ (特に立ち木のある)川の砂州 **～·ed** 形

tow·hee /tóʊhiː/ 名C【鳥】トウヒチョウ《北米産》

tów·lìne 名 =towrope

:town /taʊn/
—名 (複 **～s** /-z/) ❶ C **町**(♦ village より大きく, city より小さい行政区域. 《英》では, 実際には city でも, 行政関係以外では town と呼ぶことが多い); U/C《単数形で》(田舎・郊外に対して人口の密集した)町, 都会 ‖ a seaside ～ 海辺の町 / At that time the ～ was a coal-mining village. 当時その町は石炭採掘の村だった
❷ U 都心(の繁華街), 中心[商業]地区 ‖ go into ～ to buy a new dress 新しいドレスを買いに町に出かける
❸《the ～》《集合的に》《単数扱い》(全)町民, (全)市民; (大学町の)住民(たち)(→ gown 名❺) ‖ All the ～ took part in this festival. 全町民がこのフェスティバルに加わった / the talk of the ～ 町中のうわさ (の種) / ～ and gown (大学町の)一般市民と大学関係者
❹ C《無冠詞単数形で》(近くの・話題の)町[都市], この町, 主要な町[都市] (♦《英》では特に London を指すことがある) ‖ He lives in the country, but goes to ～ twice a week. 彼は田舎に住んでいるが, 週に2回 (近くの) 町へ行く / The Yankees are coming to ～ tomorrow. ヤンキーズが明日この町にやって来る / leave [be out of] ～ 町を離れる[離れている] ❺ C《米・カナダ》=township ❶; 《英》《旧》(定期的に)市の立つ町, 地方の中心地 ❻ U《通例 the ～》町(の暮らし), 都会生活
go to tówn* ① 町へ行く(→ ❷, ❹) ② 〈…を〉(金をかけて)派手にやる; 徹底的に[熱心に]やる〈on**〉(→ CE 2) ③《口》〈…を〉てきぱき[どんどん]片づける〈**on**〉‖ The police really *went to* ～ *on* the rioting crowd. 警官隊は暴徒の集団を実に手際よく鎮圧していった
**(òut) on the tówn* 《口》(盛り場に)繰り出して, 遊びに出かけて ‖ go *out on the* ～ 盛り場に繰り出す
pàint the tòwn réd 《口》(酒を飲んだり派手に遊んで)大いに楽しむ, ばか騒ぎをする

COMMUNICATIVE EXPRESSIONS
1 **Gèt òut of tówn!** ええっ, うっそー (♥とっぴなことや信じ難いことを言った人に対して)
2 Mán, thát kìd'**s gòing to tówn!** すごいね, あの子はエネルギッシュで(♥熱意があふれているの意)

▸▸ **～ càr** 名C リムジン; 大型タクシー **～ céntre** 名C 《英》町[都市]の中心部[街](《米》downtown) **～ clérk** 名C《米》町役場の書記[記録係] **～ cóuncil** 名C 町議会 **～ cóuncillor** 名C 町議会議員 **～ críer** 名C (昔の)町の触れ役 **～ gás** 名U《英》(以前用いた)都市用石炭ガス **～ háll** (↓) **～ hòuse** 名C ① (田舎に本邸のある人の)町屋敷 ② タウンハウス(《米》row house, 《英》terraced house)《隣と共通の壁でつながった2-3階建ての住宅》③ 市中の高級住宅 **～ méeting** 名C《米》(町政の諸事項を決定するために町の有権者が集まる)町民会議, 市民集会 **～ plánner** 名C《英》都市計画者 **～ plán·ning** 名U《英》都市計画(《米》urban planning)

town·ee /taʊníː/ 名 =townie

***tòwn háll** 名C 町役場, 市役所; 公会堂
▸▸ **～ méeting** 名C《米》(一般市民との)対話集会《選挙戦でもよく使われる》

town·ie /táʊni/ 名C ❶ ⊗《口》《主に蔑》(田舎を知らない)都会人 ❷ (大学街で大学とは関係ない)一般市民 ❸《英口》都会の不良グループの一員

tówn·scàpe 名C 都市風景(画)

***tówns·fòlk** 名 =townspeople

***tówn·shìp** 名C ❶《米・カナダ》郡区《county の下位行政区分》❷【南ア史】かつての非白人居住区; (投機家によって新しく開発された)産業・住宅地区 ❸《豪・ニュージ》小さな町, 村 (の人々) ❹ タウンシップ《米国の土地測量の単位. ふつう36区画を含む6マイル平方の広さ》❺ (イングランドの昔の)町区《教区の(小)区画》

***tówns·pèople** 名《集合的に》《複数扱い》❶《the ～》(特定の町の)住民, 町民 ❷《無冠詞で》町育ち(の人たち), 都会生活者

tów·pàth 名C (運河・川沿いの)引き船道

tów·ròpe, tów ròpe 名C 牽引(けんいん)用の綱, 引き綱

tox·e·mi·a, 《英》**-ae-** /tɑ(ː)ksíːmiə | tɔks-/ 名U【医】毒血症; 妊娠中毒症

***tox·ic** /tá(ː)ksɪk | tɔ́k-/ 形 (**more ～ ; most ～**) ❶ 毒(素)の[による]; 中毒(性)の ‖ ～ symptoms 中毒症状
❷ 有毒な, 毒害の(↔ harmless) ‖ be highly ～ to the human body 人体に極めて有毒である / a ～ drug [chemical] 毒薬[有害化学物質]
❸【金融】(負債などが) 返済されない[焦げつく]可能性が高い, 不良資産の ❹《通例限定》(人が)いやな性格の
—名UC 有害物質, 毒物 **-i·cal·ly** 副
▸▸ **～ shóck sỳndrome** 名U (生理用品からの感染で生じる)毒物ショック症候群《略 TSS》

tox·i·cant /tá(ː)ksɪkənt | tɔ́k-/ 形 有毒な; 中毒性の
—名C (殺虫剤などの)毒物

tox·i·ci·ty /tɑ(ː)ksísəṭi | tɔk-/ 名UC (有)毒性

tox·i·col·o·gy /tà(ː)ksɪká(ː)lədʒi | tɔ̀ksɪkɔ́l-/ 名U 毒物学 **-co·lóg·ic(al)** 形 **-gist** 名C 毒物学者

tox·in /tá(ː)ksən | tɔ́ksɪn/ 名C トキシン, 毒素

tox·oid /tá(ː)ksɔɪd | tɔ́ks-/ 名U【医】変性毒素, トキソイド《抗原性を保ったまま無毒化したものでワクチンとして用いる》

tox·o·plas·mo·sis /tà(ː)ksəplæzmóʊsəs | tɔ̀ksoʊplæz-móʊsɪs/ 名U【医】トキソプラズマ症《鳥や哺乳(ほにゅう)類に寄生している微生物トキソプラズマによる感染症》

:toy /tɔɪ/
—名 (複 **～s** /-z/) C ❶ **おもちゃ**, 玩具(がんぐ) ‖ a soft [OR

cuddly] ～ ぬいぐるみ / **play with** one's *～s* おもちゃで遊ぶ
❷ 慰みもの, (大人にとっての)おもちゃ ❸ (真剣でない)お遊びの相手, もてあそばれる人(→ toy boy) ❹ おもちゃ同然のもの, 価値のないもの, くだらないもの, 子供だまし, 安ぴか物, 小さな安物の装身具 ❺ 小さな人[もの, 動物]; (特に愛玩(あいがん)用の)小型犬, トイドッグ ❻《米南部方》(はじき用)ビー玉
━動 (**～s** /-z/ ; **～ed** /-d/ ; **～·ing**) 自 ❶ (+**with** 名)…について漠然と [当てもなく] 考える ‖ He *～ed with* the idea of going back to his hometown. 彼は何となく故郷に帰ってみようかと考えた
❷《+**with** 名》〔物〕をもてあそぶ, いじる ; (食べる気がないのに)〔食べ物〕にちょっと口をつける ; 〔人の気持ちなど〕をもてあそぶ ‖ ～ *with* a pencil 鉛筆をいじる / Stop *～ing with* her affections. 彼女の愛情をもてあそぶのはやめなさい
━形《比較なし》《限定》❶ おもちゃの, 模型の ‖ a ～ car おもちゃの車 / a ～ soldier おもちゃの兵隊
❷ (愛玩犬などが)小型種の ‖ a ～ poodle トイプードル
▸▸ ～ **bòy** 名 C《俗》(年上の女性にかわいがられる) 若い男, つばめ

Toyn·bee /tɔ́ɪnbi/ 名 **Arnold Joseph ～** トインビー (1889-1975)《英国の歴史家》

t.p. 略 *t*itle *p*age ; *t*oilet *p*aper

tpk., Tpk 略 turnpike

TPP 略 *T*rans-*P*acific (Strategic Economic) *P*artnership (Agreement) (環太平洋 (戦略的経済) 連携協定)

TQM 略 *t*otal *q*uality *m*anagement(総合的品質管理)

tr. 略 transitive ; translated, translation, translator ; transpose, transposition ; treasurer ; trill ; troop ; trust, trustee

:trace¹ /treɪs/ 中心義 跡(をたどる)
━名 (複 **trac·es** /-ɪz/) ❶ C U (人・事物・事件などの残した)**跡**, **形跡**, 名残, 痕跡(こんせき) ; 影響, 結果 ‖ Sorrow has **left** its *～s* on her face. 悲しみが彼女の顔にその跡をとどめていた / The man has disappeared **without** (a) ～. 男は跡形もなく姿を消した / He lost all ～ of his French accent. 彼のフランス語なまりは全くなくなった / a ～ of blood 血痕 / the *～s* of war 戦争の傷跡
❷ C 〈…の〉わずかな量, 微量 ; 兆し, 気味〈**of**〉;《形容詞的に》わずかな ‖ There was a ～ *of* irony in his voice. 彼の声には皮肉っぽさがあった / a ～ *of* poison found in a glass コップから検出された微量の毒物 / some ～ amounts of PCB わずかな量のPCB
❸ C (記録計の描く)記録図 ; (ディスプレー上の)掃引(そういん)線
❹ C U (人・動物・物の通った)**跡** ; 《～s》(連続する)**足跡**(♦《米》ではこの意味では track の方がふつう) ‖ *～s* of a fox in the snow 雪についたキツネの足跡 / lose all ～ of a boy 少年の足跡を見失う ❺ C 描かれたもの, 線, 図形, 見取図 ❻ C《米》(人・動物などが踏みならしてできた)小道, 道筋 ❼ C 〈電話の〉逆探知〈**on**〉‖ put a ～ *on* the call 通話を逆探知する ❽ C 追跡 (調査), 尾行, 究明 ❾ C《心》(記憶の)痕跡 ❿ C《数》跡(せき), トレース ⓫ C《化》痕跡《定量できないほどの極微量》;《気象》微量降雨量
━動 (**trac·es** /-ɪz/ ; **～d** /-t/ ; **trac·ing**)
━他 ❶ …の(足)跡を〈…まで〉たどる, 追跡する〈**to**〉; …を捜し出す (run down) ‖ The criminal was *～d to* his hiding place. 犯人は隠れ家まで追跡された / ～ a missing child 行方不明の子供を捜す
❷ 〔…の起源・由来など〕をさかのぼって調べる, 〈…まで〉たどる《**back**》〈**to**〉; …を調べて知る [発見する] ‖ He can ～ his descent *back to* Elizabethan times. 彼の家系はエリザベス朝時代までさかのぼることができる / ～ the source of a drug 麻薬の出所を探る
❸ 〔…の過程・歴史〕をたどる [明らかにする] ‖ ～ the history of space exploration 宇宙探検の歴史をたどる
❹ 〔図形など〕を敷き写す, 透写 [複写] する, トレースする《**over**》‖ ～ *over* an illustration イラストを敷き写す
❺ 〔線・輪郭・地図上のルートなど〕を(指などで)引く, なぞる, 描く《**out**》; 〔軌跡など〕をたどる ; 〔計画など〕の概略を明らかにする, …を立案する《**out**》‖ She *～d* a complex pattern on the paper. 彼女は紙の上に複雑な模様を描いた / ～ route on a map 地図でルートをたどる
❻ 〔電話〕を〈…まで〉逆探知する〈**to**〉
❼ 〔文字など〕を丁寧に書く《**out**》
━自 (歴史的・時間的に)〈…まで〉さかのぼる, 〈…に〉由来する《**back**》〈**to**〉‖ His ancestors ～ *back to* the 17th century. 彼の先祖は17世紀にまでさかのぼる
▸▸ ～ **èlement** 名 C《生化》(生体維持に不可欠の)微量元素 ～ **fòssil** 名 C《地》(動物の足跡などの) 生痕(せいこん)化石

trace² /treɪs/ 名 C ❶《通例 ～s》(牛馬を荷車などにつなぐ)引き革[鎖, 綱](⇨ HARNESS 図) ❷《機》連接棒
kìck òver the tráces 束縛を脱する, 慣習[規則など]を無視する, 反抗的になる

trace·a·ble /tréɪsəbl/ 形 ❶ 透写できる, 写せる ❷ 〈…に〉跡をたどれる, さかのぼれる ; 起因[由来]する, 帰すべき〈**to**〉
tràce·a·bíl·i·ty 名 **～·ness** 名 **-bly** 副

trac·er /tréɪsər/ 名 C ❶ 追跡者 [物] ; 追跡装置 ❷ 紛失品[行方不明者]捜索係 ; 紛失積み荷[郵便物]捜索照会状 ❸ トレーサー, 写図者 ; 透写用具 ❹ (=～ **bùllet**)《軍》曳光(えいこう)弾 ❺《化》追跡子, トレーサー《生化学反応の追跡に用いる放射性元素》❻ 💻 追跡ルーチン《プログラムが正常に実行されるかどうかを調べる》

trac·er·y /tréɪsəri/ 名 (複 **-er·ies** /-z/) ❶ U《建》トレーサリー, 狭間(はざま)飾り《ゴシック建築の窓の上部に見られる装飾格子》❷ C (刺繍(ししゅう)などの)網目模様

tra·che·a /tréɪkiə | trəkíːə/ 名 (複 **～s** /-z/ OR **-che·ae** /-kiiː | -kíːiː/) C《解》気管 (windpipe) ;《虫》呼吸管 ;《植》導管 **-al** 形 気管の(ような)

tra·che·ot·o·my /treɪkiá(ː)t̬əmi | trækiɔ́t-/, **-os·to-** /-á(ː)st̬ə- | -ɔ́stə-/ 名 (複 **-mies** /-z/) U C《外科》気管切開(術)

tra·cho·ma /trəkóʊmə/ 名 U《眼科》トラコーマ

tra·chyte /tréɪkaɪt, trǽ-/ 名 U《地》粗面岩

trac·ing /tréɪsɪŋ/ 名 C ❶ 透写, 複写 ; 透写図, 写し, トレース ❷ (地震計など自動記録計の) 記録 ❸《スケート》(氷面についた)滑り跡, トレース
▸▸ ～ **pàper** 名 U トレーシングペーパー, 透写紙

:track /træk/ 名 動
中心義 Aが通った跡(★Aは「人」「動物」「車」など多様)
━名 (複 **～s** /-s/) C ❶《通例 ～s》(人・動物・車の)**通った跡**, 轍(わだち) ; (人・動物などの)足跡 ; (獣の)臭跡 ‖ tire *～s* in the mud 泥の中に残るタイヤの跡 / follow the *～s* of deer シカの足跡を追う
❷ (車・人・動物などの踏みならした) **(小) 道** ‖ a rough mountain ～ でこぼこの山道
❸ (陸上競技・競馬・自動車レースなどの)**(競)走路**, トラック ; U《集合的に》《米》トラック競技 ; (フィールド競技を含む)陸上競技 (track and field) ‖ She ran ～ in college. 彼女は大学ではトラック競技をした / a running ～ 走路 / a ～ team 陸上競技のチーム
❹ C U (鉄道の)**線路**, 軌道 ;《米》(鉄道のプラットホームの)番線 ‖ a single ～ 単線 / The train for New York is on ～ 4. ニューヨーク行きの列車は4番線です
❺ (物の) 進路, 通路 ; (人生の) 行路 ; (飛行物の) 航跡 ‖ the ～ of a comet 彗星(すいせい)の軌道 / be on the fast ～ to promotion 出世が早い
❻ (CDなどの)収録曲 ; サウンドトラック ; (磁気テープの)録音帯, トラック ; 💻 (磁気ディスクの)トラック
❼ (ブルドーザー・戦車などの)キャタピラー, 無限軌道
❽ (行為などの)やり方, 方法, 流儀 ❾ (出来事・思考などの) 続き, 連続 ‖ My pen goes in the ～ of my thoughts. 私のペンは私の考えを追って動く ❿ (タイヤの)接地面(tread) ;《米》(自動車などの)両輪の間隔, 輪距 ⓫

(カーテン・戸棚などの)レール ⓬《米》能力別編成学級(《英》stream) ⓭《～s》《俗》麻薬常用者の注射跡
*còver [OR hìde] one's trácks ① 跡[行方]をくらます[隠す] ② 証拠[意図など]を隠す
*in one's trácks 《口》その場で;直ちに
jùmp the tráck ① (列車が)脱線する ②《米》本題からそれる,(話題などが)急に変わる
*kèep tráck of ... …の跡をたどる;…を見失わないようにする;〔人の動向・情勢など〕に注意している ‖ We have to keep ～ of our expenses closely. 私たちは経費の使われ方に厳重に注意していなくてはなりません
*lòse tráck of ... …の跡を見失う;〔人の動向・情勢など〕がわからなくなる(→ CE 1)
*màke trácks 《口》① (急いで) 立ち去る (→ CE 2) ② 〈…に〉急いで行く[出かける]〈for〉
*off the bèaten tráck ① 人里離れて静かな, 人気(ひと)がない ② ふつうとは違った
off (the) tráck 間違って;本題からそれて ‖ Your question has gotten [OR put, thrown] me off the ～. 君が質問したので考えていたことがわからなくなった
*on the rìght [wròng] tráck (考え・行動などが) 正しく[間違って]
on the tráck of ... =(hot) on the TRAIL of ...
òn tráck 軌道に乗って;順調に;本題からそれずに ‖ He's trying to get the talks back on ～. 彼は交渉を再び軌道に乗せようとしている / China is on ～ to surpass the U.S. as the world's largest economy. 中国はアメリカを抜いて世界一の経済大国になりそうな勢いだ
the rìght [òther, wròng] sìde of the trácks 金持ちの[貧しい]人々の住む区域

COMMUNICATIVE EXPRESSIONS
1 **I lòst tràck of tíme.** 時間がたつのを忘れてしまった
2 **Lèt's màke trácks.** さあ, 行こうか;急ごうぜ

―動 (～s /-s/; ～ed /-t/; ～·ing)
―他 ❶ 〈…まで〉〔人・動物など〕の(足)跡を追う[たどる], …を追跡する;〔道など〕をたどる;…を追い詰める〈to〉;…を突き止める ‖ ～ a fox to its den キツネを巣穴まで追跡する
❷〔航空機・船舶など〕を(レーダーで)追跡[観測]する ‖ ～ a plane by radar 飛行機をレーダーで追う
❸ (形跡をもとに)〔過程・発達など〕をたどる
❹《米》〔床など〕に足跡をつける《up》;〔泥など〕を足につけて持ち込む《in》‖ Don't ～ mud in the house. 泥を家の中に持ち込まないように ❺《米》〔生徒〕を能力別クラスに分ける(《英》stream) ❻ …を横切る
―自 ❶ (映画カメラなどで)移動撮影する《in, out, etc.》
❷ (後輪が)前輪の跡をたどる;車輪間が一定幅を保つ
❸ (レコード針が)溝を走る ❹ 進路をとる;旅をする
tràck dówn ... / tràck ... dówn 〈他〉① …を追跡して捕らえる, 追い詰める, やっと探し出す(run down) ②〔原因など〕を突き止める, 探し出す
▸▸ ～ and fíeld 名 U《米》陸上競技(《英》athletics)
～ evènt 名 C《通例 ～s》トラック競技[種目] (↔ field event) ～ lìghting 名 U トラック=ライティング, 移動照明《レール上のダクトの上の電球を自由に移動できる照明法》
～ mèet 名 C《米》陸上競技会 ～ pànts 名 複 トラックパンツ, トレパン(♦ 数えるときはふつう a pair of ...) ～ rècord 名 C (特定の競技場での) 最高記録;(個人・企業などの)業績, 実績
～ shòe 名 C《通例 ～s》トラックシューズ, スパイクシューズ

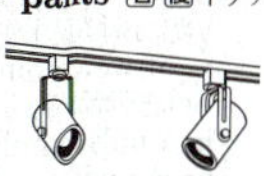
track lighting

track·age /trǽkɪdʒ/ 名 U《米》❶《集合的に》鉄道総線路, 総軌道 ❷ (他会社の)軌道使用権[料]
tráck·bàll 名 C 💻 トラックボール《ノートパソコン用のポインティングデバイス》
tracked /trækt/ 形 (戦車などが)キャタピラー付きの
tráck·er /-ər/ 名 C 追跡者;(=～ dòg)警察犬;猟犬

track·ing /trǽkɪŋ/ 名 C ❶ 追跡, 跡をたどること ❷《米》能力別学級編成制度 ❸ (ビデオの)トラッキング《最高画質を得るための調節機能》❹ (車の)車輪の位置調節
▸▸ ～ pòll 名 C 追跡調査 ～ stàtion 名 C (宇宙船・人工衛星などの)追跡基地
tráck·less /-ləs/ 形 ❶ 足跡[道]のない, 人跡未踏の;跡を残さない ❷ 無軌道の
tráck·man /-mən/ 名 (複 -men /-mən/) C《米》(鉄道の)保線作業員(《英》platelayer)(中立 tracklayer)
tráck·sùit 名 C トラックスーツ, トレーニングウエア (jogging suit,《米》sweat suit)
***tract**[1] /trækt/ 名 C ❶〖解〗(人体組織の)…系, …管;(神経組織の)束, 索 ‖ the digestive ～ 消化管 ❷ (土地・海などの)広がり;(広い)地域, 区域 ‖ a 300-acre ～ 300エーカーの土地 / a wide ～ of desert 広大な砂漠地帯
▸▸ ～ hòuse [hòme] 名 C《米》(住宅団地の) 規格型住宅
tract[2] /trækt/ 名 C (宗教・政治問題などの)パンフレット
trac·ta·ble /trǽktəbl/ 形 ❶ 扱いやすい, 御しやすい;従順な, 素直な ❷ 細工しやすい,(金属が)展性のある
tràc·ta·bíl·i·ty 名 ～·ness 名 -bly 副
Trac·tar·i·an·ism /træktéəriənìzm/ 名 U トラクト運動《オックスフォード運動の別称》(→ Oxford Movement)
trac·tile /trǽktəl | -taɪl/ 形 引き伸ばしのできる
trac·til·i·ty /træktíləṭi/ 名 U 伸張性, 延性
trac·tion /trǽkʃən/ 名 U ❶ 引っ張(られ)ること;牽引(けんいん);牽引力 ❷ (道路に対するタイヤなどの) 粘着摩擦 ❸〖医〗(骨折治療のために行う) 牽引 ❹ (商品などの) 人気, 魅力, 成功 ‖ gain ～ 成功する[広く受け入れられる] / lose ～ 人気を失う ～·al 形
▸▸ ～ èngine 名 C (昔の)蒸気[ディーゼル]牽引車
***trac·tor** /trǽktər/ 名 C ❶ (農耕用)トラクター ❷ (運転席だけで荷台のない) トレーラー牽引用トラック ❸ 牽引式飛行機(のプロペラ) ❹ 💻 (=～ fèed)トラクターフィード《連続印刷が可能なプリンターの紙送り方式の1つ》
tráctor-tràiler 名 C 大型トレーラートラック
trad /træd/《口》形 (音楽が) トラッドな, 伝統的な ‖ ～ jazz トラッドジャズ ―名 U トラッドジャズ, 伝統的ジャズ[フォークミュージック](♦ traditional より)
trad·a·ble, trade·a·ble /tréɪdəbl/ 形 売買できる, 換金できる,(物々)交換できる

***trade /treɪd/ 名 動

中心義 (商業的に)やりとりすること
―名 (複 ～s /-z/) ❶ U C **貿易**, 通商;(商品などの)取り引き, **商売**, 商業;取引高 ‖ Our company does a lot of ～ **with** China. 我が社は中国と大量の貿易をしている / the barriers to ～ 通商障壁 / the American ～ deficit [surplus] with Japan 米国の対日貿易赤字[黒字] / the ～ negotiations 通商交渉 / *Trade* has been rather good [poor] this year. 商売は今年はまあまあ順調だ[かなり悪い] / *Trade* **in** arms should be banned. 武器の貿易は禁止されるべきである / carry on ～ 商売をする
連語 【形/名+～】free ～ 自由貿易 / foreign ～ 外国貿易 / fair ～ 公正取引 / international [OR global] ～ 国際貿易
❷《the ～》(特定の商品・時期などの)商売, 市場;…業 ‖ the Christmas ～ クリスマス商戦 / the tourist ～ 観光業
❸ C **職業**;(熟練を要する)(手)仕事(⇨ JOB 類語P);《旧》生計のための商売(♦ 科学・文芸などの知的職業 (profession)や土地資産からの収入源に対して, かつて軽蔑的に扱われた) ‖ He's a jeweler by ～.=He is in the jewelry ～. 彼の職業は宝石商だ (♦ by の後では無冠詞) / learn a ～ 手に職をつける / *Jack of all ～s and master of none.*《諺》何でも屋は何もできない;多芸は無芸 / the tools of the [OR one's] ～ 仕事道具, 七つ道具

❹ Ⓤ Ⓒ《しばしば the ～》《集合的に》《単数・複数扱い》業者仲間, 同業者, 業界；《英》(免許を持つ)酒類販売業者 ‖ The publishing ～ is having hard times. 出版業界は厳しい時代に入っている / *Two of a ～ never [seldom] agree.* 《諺》同業者同士は決して気が合わない[めったに気が合わない] / allow discounts to the ～ 同業者割引をする
❺ Ⓤ Ⓒ 交換；《米》(野球選手などの)トレード ‖ I made a ～ of my camera for his watch. 自分のカメラを彼の時計と交換した
❻ Ⓤ Ⓒ (業務の) 処理, 取り引き ‖ make ～*s* on a stock exchange 株取引をする ❼《通例 the ～》《集合的に》顧客, 得意先 ‖ The gift shop is losing its ～. あのギフトショップは客足が減っている / the passing ～ (なじみでない)振りの客 ❽ Ⓒ《通例 the ～s》=trade wind
dò a ròaring tráde =do a roaring BUSINESS
the tricks of the trade ⇨ TRICK(CE 2)
—動 (～**s** /-z/; **trad·ed** /-ɪd/; **trad·ing**)
—自 ❶ 商売を営む, 貿易をする；売買する, 取り引きをする〈**in** 商品を；**with** 相手(国)と〉‖ ～ *in* cosmetics 化粧品を商う / Japan ～*s with* many European countries. 日本は多くのヨーロッパ諸国と貿易をしている / The U.S. is our biggest *trading* partner. アメリカは我が国の最大の貿易相手国だ
❷〈人と〉交換する〈**with**〉‖ If you like my pen, I'm willing to ～ *with* you. 僕のペンが気に入ったのなら, 君のと交換してもいいよ
❸〈…商店[会社]として〉商売[取り引き]する, 営業する〈**as**〉
❹ (株・通貨が) 取り引きされる ‖ The yen was *trading* at 90 to the dollar. 円は1ドル90円で取り引きされていた
❺《米》〈…の店で〉よく買い物をする, 得意客である〈**at**〉‖ I ～ *at* his store when I am in town. 町にいるときはいつも彼の店で買い物をする
—他 ❶〔物〕を売買する, …と商売する ‖ Our products are ～*d* all over the world. 我が社の製品は世界中で売買されている ❷《通例受身形で》(株・通貨が)取り引きされる ‖ a publicly ～*d* firm 株式公開会社 ❸〈人と〉〔場所・物〕を取り替える, 交換する；…をやりとりする〈**with**〉；〔野球選手など〕をトレードする ‖ I ～*d* seats *with* him. 彼と席を替わった / Syrian and Israeli forces ～*d* cannon fire. シリア軍とイスラエル軍は砲火を交えた / ～ insults [jokes, blows] 《口》互いにけなし[冗談を言い, 殴り]合う ❹ **a**《+目》〔商品など〕を〈…と〉(物々)交換する〈**for**〉 **b**《(+目 *A*)+目 *B*+**for** 名 *C*》(*A* (人)との間で) *B* (物)と *C* (物)を交換する ‖ I'll ～ (you) my camera *for* your glove. 僕のカメラを君のグローブと交換しよう
tràde dówn 〈自〉(高いものを下取りに出して)〈より安いものに〉買い換える(↔ *trade up*)〈**to**〉；(これまでよりも)安いものを買う —〈他〉《***tràde dówn*** ... / ***tràde*** ... ***dówn***》(安いものを買うために)〔高いもの〕を下取りに出す
****tràde ín*** 〈他〉Ⅰ《***tráde ín*** ...》⇨ 自 ❶ Ⅱ《***tràde ín*** ... / ***tràde*** ... ***ín***》…を〈…を買うために〉下取りに出す〈**for**〉‖ I'd like to ～ *in* my car *for* a new model. 車を新型車の下取りに出したい
tràde óff ... / ***tràde*** ... ***óff*** 〈他〉《口》…を〈…を得るために〉手離す, …を〈…と〉交換する〈**for**〉；…を〈…と〉比較して得失を考える, …を〈…で〉埋め合わせする〈**against**〉‖ You have to ～ *off* the cost of research *against* the benefits. 君は研究費が利益と見合うか考える必要がある
tráde on [OR ***upon***] ... 〈他〉…につけ込む, 乗じる, …を利用する(exploit)
tràde úp 〈自〉(安いものを下取りに出して)〈より高価なものに〉買い換える(↔ *trade down*)〈**to**〉 —〈他〉《***tràde úp*** ... / ***tràde*** ... ***úp***》〔安いもの〕を高価なものに買い換える
▸▸ ～ **bàlance** 名 Ⓒ《単数形で》貿易収支 ～ **bàrrier** 名 Ⓒ 貿易障壁 ～ **bòok** 名 Ⓒ 一般書籍；=trade edition ～ **cỳcle** 名 Ⓒ 景気循環 (business cycle) ～ **dèficit** 名 Ⓒ 貿易赤字 **Tràde Descríptions Àct** 名《the ～》(英国の)取引表示法 ～ **dìscount** 名 Ⓒ Ⓤ 同業者間割引 ～**d óption** 名 Ⓒ【株】売買可能オプション ～ **edìtion** 名 Ⓒ (教科書版・限定版などに対し)市販版, 普及版 ～ **fàir** 名 Ⓒ (産業)見本市 ～ **gàp** 名 Ⓒ =trade deficit ～ **jòurnal** [**pàper**] 名 Ⓒ 業界誌 ～ **nàme** 名 Ⓒ ① 商品名；商標名(brand name) ② 商号, 屋号 ～ **plàte** 名 Ⓒ《通例 ～s》《英》(未登録車の)仮ナンバープレート ～ **ròute** 名 Ⓒ 通商(航)路 ～ **schòol** 名 Ⓒ《米》実業高校 ～ **sécret** 名 Ⓒ 企業秘密；《口》(一般的に)秘密 ～ **shòw** 名 Ⓒ =trade fair ～(**s**) **únion** (↓) **Tràdes Ùnion Cóngress** 名《the ～》(英国)労働組合会議(略 TUC) ～ **únionism** 名 Ⓤ 労働組合主義[理論, 運動] ～ **únionist** 名 Ⓒ 労働組合員[主義者] ～ **wàll** 名 =trade barrier ～ **wìnd** 名 Ⓒ《しばしば the ～s》貿易風

tráde-ìn 名 Ⓒ 形《限定》下取り(の), 下取り品(の) ‖ ～ price [terms] 下取り値[条件]

tráde-làst 名 Ⓒ《米口》(相手が自分についての第三者の褒め言葉を伝えてくれたときに相手に伝える)第三者への褒め言葉(略 TL)

***tráde·màrk** 名 Ⓒ ❶ (登録) 商標 ‖ ～ protection [piracy] 商標の保護[盗用] ❷ (ほかと区別できる) はっきりした特徴[性格], トレードマーク —動 他〔製品など〕に商標を入れる[つける]；…を商標登録する

tráde-òff 名 Ⓒ〈…の間の〉妥協〈**between**〉；〈…を得るための〉代償〈**for**〉

***trad·er** /tréɪdər/ 名 Ⓒ ❶ 貿易業者；商人 ‖ a ～ in silk 絹商人 ❷《米》(利食いの短期売買をする)株の仲買人, トレーダー；投機家 ❸ 商船

trádes·fòlk 名 =tradespeople

***trádes·man** /-mən/ 名 (複 **-men** /-mən/) Ⓒ (♥ 女性形は tradeswoman だが, 性差を示さない場合は男女共に tradesperson, tradespeople を用いる) ❶《主に英》(小売) 商人, 商店主；(店の) 配達人, 御用聞き ‖ the *tradesmen's* entrance 勝手口 ❷《主に米》職人

trádes·pèople 名 Ⓤ《集合的に》《複数扱い》商人；(特に)小売商人

***tràde(s) únion** /, ⌐⌐–⌐/ 名 (複 **～s** /-z/) Ⓒ《主に英》労働組合(《米》labor union)；職能別組合

tráde-ùp 名 Ⓤ 下取り販売

***trad·ing** /tréɪdɪŋ/ 名 Ⓤ 貿易, 通商；売買, 取り引き
▸▸ ～ **càrd** 名 Ⓒ (子供が交換しながら収集する)写真[絵]入りカード, トレーディングカード ～ **còmpany** 名 Ⓒ 商事会社, 貿易会社, 商社 ～ **èstate** 名 Ⓒ《英》商工業団地 ～ **flòor** 名 Ⓒ (株式取引所の) 立会場 ～ **pòst** 名 Ⓒ ① (辺境地などの)交易所 ② 【株】(取引所の)業種別立ち合い場 ～ **stàmp** 名 Ⓒ 景品引換券, 割戻し券

⁝**tra·di·tion** /trədɪ́ʃən/《アクセント注意》
—名〔▸ traditional 形〕(複 **～s** /-z/) ❶ Ⓤ Ⓒ〈…という〉**伝統**(→ convention)；慣例, しきたり, 習わし；文化遺産〈**that** 節〉‖ The ～ *that* only women do housework「has been broken [continues today]. 家事はもっぱら女性がするというしきたりはなくなりつつある[今日でも続いている] / the American ～ of democracy アメリカにおける民主主義の伝統 / Our school has a long ～ of welcoming foreign visitors. 我が校には外国からの訪問者を歓迎するという長きにわたる伝統がある / a ～ in one's family 家のしきたり / by ～ 慣例により / break with ～ 慣例を破る / keep up a ～ 慣例を守る
❷ Ⓤ Ⓒ (習慣・信仰・話などの) **伝承**, 言い伝え, 伝説 ‖ The story has been preserved by ～. その物語は代々言い伝えられてきた / oral ～*s* 口頭伝承, 言い伝え
❸ Ⓒ (芸術上の) 伝統様式, 流儀 ‖ His paintings are in the ～ of Impressionism. 彼の絵は印象主義の伝統様式にそったものだ ❹ Ⓒ【宗】教外伝説, 聖伝 ❺ Ⓒ【法】(財産権の)引き渡し, 移転, 譲渡
語源「手渡すこと」の意のラテン語 *traditio* から.

:tra·di·tion·al /trədíʃənəl/
—形〔◁ tradition 名〕(more ~; most ~)
❶ **伝統的な**, 伝統の; 慣習の, しきたりの; 因襲的な (↔ revolutionary) ‖ the ~ American view of education アメリカの伝統的な教育観 / Turkey is the ~ Thanksgiving dinner dish. シチメンチョウは昔からの感謝祭のごちそうだ
❷ 伝説の, 伝承の, 伝説的な, 伝承に基づく
❸ (ジャズが)(20世紀)初期の
~·ly 副 伝統的に(は), 伝統に従って; 伝承によって

tra·di·tion·al·ism /trədíʃənəlìzm/ 名 U ❶ 伝統尊重主義 ❷ (宗教上の)伝統主義《すべての道徳・宗教的真理は伝統によって正しく継承された神の啓示に由来するとする宗教体系》 **-ist** 名

tra·duce /trədjúːs/ 動 他 …を中傷する, …の悪口を言う **~·ment** 名 U 中傷; 悪口 **tra·dúc·er** 名

Tra·fal·gar /trəfǽlgər/ 名 **Cape ~** トラファルガー岬《スペイン南西岸の岬. 1805年この沖合でネルソン率いる英国艦隊がフランス・スペイン連合艦隊を破りナポレオンの野望を断った》 ▶▶**~ Squáre** 名 トラファルガー広場《ロンドンにある広場. ネルソン提督の像がある》

:traf·fic /trǽfɪk/
—名 U ❶ (人・車・船・飛行機などの)通行, **交通**, 往来; 交通[通行]量; 《形容詞的に》交通の ‖ The streets are closed to ~ for repairs. 通りは補修のため通行止めになっている / get stuck in ~ (車が)立ち往生する / There is heavy [light] ~ on this road. この道は交通量が激しい[少ない] / a ~ officer 交通警官 / a ~ sign 交通標識 / pedestrian ~ prohibited 歩行者通行禁止
連語 【名+~/~+名】 road [air] ~ 道路[航空]交通 / a ~ accident 交通事故 / ~ control 交通整理 / ~ flows 交通の流れ / ~ management 交通管理
【動+~】 stop ~ 交通を遮断する / direct ~ 交通整理をする / reduce ~ 交通量を減らす
❷ (貨物・乗客などの)輸送(量); 乗客, 貨物; 運輸[輸送]業; (通信・電話などの)交信(量), 通話(量) ‖ commuter [freight, goods] ~ 通勤客[貨物]輸送(量) / passenger ~ 旅客運送業 / telephone ~ 通話量
❸ 〈…の〉不正[不法]取引, 密売買〈**in**〉 ‖ the ~ *in* arms [drugs, stolen goods] 武器[麻薬, 盗品]の不正取引
❹ 〈…との〉交渉, 関係〈**with**〉; 〈…の〉(相互)交換〈**in**〉 ‖ I should have no ~ *with* a person of his reputation if I were you. 僕が君なら, やつのような評判の(悪い)人間とは付き合わないね
❺ 🖳 トラフィック《ネットワーク上のデータの移動・転送量》

COMMUNICATIVE EXPRESSIONS
1 **Tráffic was slòw.** 道が込んでいてね (♥ 遅刻の言い訳)

—動 (**~s** /-s/; **-ficked** /-t/; **-fick·ing**)
—自 売買[取り引き]する; (特に)不正品の取り引きをする, 密売買をする〈**with** 人と; **in** 物の〉 ‖ He was found guilty of *trafficking in* stolen goods. 彼は盗品売買をして有罪となった
—他 …を売買[取り引き]する; …を交換[やりとり]する
-fick·ing 名 U (麻薬などの)密売買
▶▶**~ càlming** 名 U 《英》交通低速措置《住宅地や学校近辺の道路に凹凸をつけたり道幅を狭めるなどして車の速度を抑制する措置》 **~ circle** 名 C 《米》環状交差点, ロータリー(《英》roundabout) **~ còne** 名 C (道路工事などを示す)円錐(えんすい)形標識 **~ còp** 名 C 《口》交通巡査 **~ còurt** 名 C 交通裁判所 **~ ìsland** 名 C (道路中央の)安全地帯(《米》safety island, 《英》refuge) **~ jàm** 名 C 交通麻痺(まひ)[渋滞] **~ lìght(s)** [**sìgnal**] (↓) **~ wàrden** 名 C 《英》交通違反取締官

traf·fi·ca·tor /trǽfɪkèɪtər/ 名 C 《英》(昔の車の)方向指示器

traf·fick·er /trǽfɪkər/ 名 C 不正取引をする人, 密売人 ‖ drug [human] ~*s* 麻薬密売人[人身売買人]

***tráffic lìght(s)** [**sìgnal**] 名 C 交通信号(《米》stoplight)(♦《英》では通例複数形, 《米》では単数形)

trag·a·canth /trǽgəkæ̀nθ/ 名 U トラガカントゴム《製薬・染色用》; C トラガカントゴムノキ

tra·ge·di·an /trədʒíːdiən/ 名 C 悲劇作家; 悲劇役者

tra·ge·di·enne /trədʒìːdién/ 名 C 《旧》悲劇女優

:trag·e·dy /trǽdʒədi/
—名〔▶ tragic 形〕(複 **-dies** /-z/) ❶ C U **悲劇的な事件[事態]**, (特に死を伴うような)惨事 ‖ *Tragedy* struck the family when their son was killed in a car accident. 息子が交通事故で亡くなるという不幸が一家を襲った
❷ C 悲しむべきこと, 痛ましいこと ‖ It was a ~ for the country that civil war broke out. 内戦が起きたのはその国にとって悲しむべきことだった
❸ C (1編の)悲劇; 悲劇的な文学作品; U (劇の一分野としての)悲劇(↔ comedy) ‖ Greek ~ ギリシャ悲劇
❹ U (文学作品・人生の)悲劇的要素
語源 ギリシャ語 *tragos*(ヤギ) + *ōidē*(歌)から. 古代ギリシャで悲劇を演じた役者がヤギの皮を着ていたことに由来するなどの説がある.

***trag·ic** /trǽdʒɪk/ 形〔◁ tragedy 名〕(more ~; most ~)
❶ 悲劇的な, 悲壮な, 悲惨な; 痛ましい ‖ Six lives were lost in the ~ accident. その痛ましい事故で6人の命が失われた / It is ~ that even new graduates cannot find jobs. 新卒ですら仕事が見つからないのは悲しいことだ
❷ 《限定》悲劇(風)の(↔ comic); 悲劇向きの; 悲劇を書く[演じる] ‖ the ~ drama 悲劇 / a ~ hero 悲劇の主人公
▶▶**~ fláw** 名 C 悲劇的欠陥《悲劇の主人公を破滅に導く性格上の欠陥》 **~ írony** 名 U 悲劇的アイロニー《悲劇の主人公が自分の運命を知らずにいるのに観客は知っていること》

trag·i·cal /trǽdʒɪkəl/ 形 =tragic
~·ly 副 悲劇的に; 悲劇的なことに(は)

trag·i·com·e·dy /trædʒɪkɑ́(ː)mədi | -kɔ́m-/ 名 (複 **-dies** /-z/) U C 悲喜劇; 悲喜劇的な状況[事件]

trag·i·com·ic, -i·cal /trædʒɪkɑ́(ː)mɪk(əl) | -kɔ́m-/ 〈シ〉 形 悲喜劇的な **-i·cal·ly** 副

:trail /treɪl/
—動 (**~s** /-z/; **~ed** /-d/; **~ing**)
—他 ❶ 〔軽いものなど〕**を引きずる**; …を引きずって行く; 〔足・体〕を引きずるように歩く ‖ The bride ~*ed* a long satin train behind her. 花嫁は長いサテンのすそを引きずって歩を進めた / The soldier was ~*ing* his wounded leg. 兵士は傷ついた足を引きずっていた
❷ …の足跡[臭跡]をたどる, …を〈…まで〉追跡する〈**to**〉 ‖ ~ suspects *to* their hideout 容疑者の後をつけて隠れ家を突き止める
❸ 〔煙・ほこり・雲など〕をたなびかせる ‖ a truck ~*ing* a cloud of sand 砂煙を上げるトラック ❹ 《通例進行形で》(試合・競争・選挙などで)…に〈…の差で〉後れをとる, …にリードを許す〈**by**〉 ‖ be ~*ing* Italy *by* 10-5 10対5でイタリアに負けている ❺ …の後ろをゆっくりついて行く ❻ 〔映画など〕を予告編で宣伝する ❼ 〔軍〕〔銃〕を下げる
—自 ❶ 《+副句》(服などが)(すそを)引きずる, (髪などが)垂れ(下が)る《*along*》(♦ 副句 は場所を表す) ‖ Her evening gown was ~*ing along* behind her. 彼女の夜会服はすそを引きずっていた / her wet hair ~*ing* over her cheek 頬(ほお)に垂れかかる彼女のぬれた髪
❷ (枝が)〈…に〉垂れる, (ツタ類が)〈…を〉はう〈**over, along, by**〉 ‖ The vine ~*ed over* the wall. (植物の)つるが壁にはっていた
❸ 足を引きずって歩く, のろのろ進む; ぶらつく; のろのろついて行く《*along*》〈**after, behind** …の後ろを; **around** …の辺りを〉 ‖ I ~*ed around* the shops all day. 一日中あちこち店を見て回った

❹《通例進行形で》(競争などで)後れをとる, 試合に負けている《*behind*》〈**behind** …に；**by** …の差で〉‖ be ～*ing* 「(*by*) 7-4 [*by* 3 points] 7対4 [3点差] で負けている / be ～*ing behind* (others) in anti-terrorist legislation (ほかと比べて)テロ対策法整備が立ち遅れている
❺〈…に〉だらだらと広がる, 長く伸びる；(煙などが)尾を引く, たなびく〈**across, over, along**〉
tràil óff [OR ***awáy***]〈自〉(声などが)次第に弱くなる, 弱くなって最後には〈…に〉なる〈**to, into**〉‖「Her voice [OR She] ～*ed off into* silence. 彼女の声はだんだんか細くなりついには黙り込んでしまった
—名 (複 **～s** /-z/) C ❶ **跡**, 通った跡；(獣などの)足跡, 臭跡；痕跡(こんせき), (捜査などの) 手がかり ‖ The bear's ～「is still warm [has gone cold]. クマの足跡がまだはっきり残っている [ほとんど消えてしまった] / a ～ of blood 血痕(けっこん) / **leave** [follow, lose] the ～ (of ...) (…の) 足跡を残す[追う, 見失う]
❷ 踏み固められてできた道；(山中などの)**小道**；(ある目的のための) ルート ‖ The ～ branches off toward the woods. 小道が林に向かって枝分かれしている / lay out a (ski) ～《米》(滑降・クロスカントリーの)スキーコースを敷設する / a **nature** ～ 自然遊歩道 / on the **campaign** ～ 遊説中に[で]
❸ (ほこり・煙などの)たなびき；(人・車などの)列；(流星などの)尾；名残, 余波 ‖ a ～ of clouds たなびく雲 / a ～ of destruction (災害による) 破壊のつめ跡, 戦禍 / The garbage truck left a ～ of litter on the street. 清掃車は道路にごみを点々と残していった ❹ (悪事・災害などの)連続, 一続き ❺ (火砲の)架尾(かび) ❻ 引きずるもの；垂れかかったもの；(衣服の) 長すそ；(地をはう) つる (など) ❼〘軍〙下げ銃(つつ)(の位置) ‖ at (the) ～ 下げ銃の姿勢で
blàze a [OR ***the***] ***tráil*** 先駆者になる ‖ His research *blazed a* ～ for new kinds of gene therapy. 彼の研究は新しい遺伝子治療の先駆けとなった
hìt the tráil《口》=*hit the* ROAD
(***hòt***) ***on the tráil of ...*** (ぴったり) …の跡をつけて, (ぴったり) …を追跡して ‖ a reporter *on the* ～ *of* a story ねたを追う記者
▸▸ **～ bìke** 名 C トレイルバイク《オフロード用の小型オートバイ》 **～ing édge** 名 C ① (飛行機のプロペラ・翼などの)後縁 ②〘電子〙パルス波の減衰部 **～ mìx** 名 U (キャンプなどに持って行く) スナック菓子《ナッツ・ドライフルーツなどを混ぜたもの》

tráil·blàzer 名 C (荒野・未踏の地で道しるべとなるように)通った道に目印をつける人；(新分野などの)草分け, 先駆者 **-blàzing** 形《限定》先駆的な

*__trail·er__ /tréɪlər/ 名 C
❶ (トラクター・車などで引く)トレーラー, (荷物を積む) 付随車 ❷ 引きずるもの；後についていく人[もの]；追跡者 ❸《米》(車で移動可能な) トレーラーハウス, 移動住宅 (《英》 caravan) ❹〈映画・テレビの〉予告編〈**for**〉‖ a ～ *for* a new movie 新作[着]映画の予告編 ❺ つる植物(のように伸びるもの)

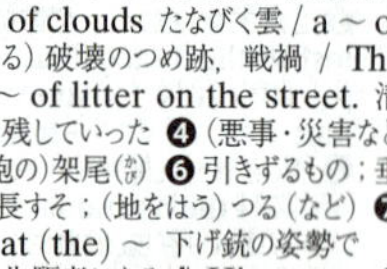
trailer ❸

—動 他 ❶ …をトレーラーで運ぶ ❷ [映画・テレビ] の予告編を流す **—自**《米》移動住宅に住む[で旅行する]
▸▸ **～ pàrk** [**còurt**] 名 C《米》トレーラーキャンプ場(《英》 caravan site [OR park]) **～ tràsh** 名 U ⊗《米口》《蔑》(トレーラーハウスに住むような) 貧しい白人 (poor white) **～ trùck** 名 C《米》=tractor-trailer

tráil·hèad 名 C《米》登山口, (小)道の起点

⁑**train** /treɪn/ 名 動

中心義▶ 引っ張って[連なって]行くもの (★「訓練する」の意味は目標まで引っ張って行くことから)

> 名 列車❶ 行列❷ 連続❹
> 動 他 訓練する❶

—名 (複 **～s** /-z/) C ❶ **列車**, 汽車, 電車(♦1台ごとの車両は《米》car, 《英》carriage または coach) ‖ This is the right [wrong] ～. 乗る列車はこれでよい[ではない] / This ～ is running late [on time]. この列車は今遅れている [定刻どおりに走っている] / a commuter ～ 通勤[学] 列車 / a freight ～ 貨物列車 /「**get on** [OR board] a ～ 列車に乗る / **get off** a ～ 列車を降りる / miss [**catch**, make] the last ～ 最終列車に乗り遅れる[間に合う] / **take** [ride] the 10:00 a.m. express ～「up to [OR for] Tokyo 午前10時発東京行き急行に乗る[で行く] / travel by ～ 列車で旅する(♦by の後では無冠詞) / **take** a ～ to school 列車で登校する
❷ (移動中の人・車・動物などの) 長い列, **行列**, 隊 (列) ‖ Wagon ～*s* crossed the prairie. ほろ馬車隊 (の列) が平原を横切って行った / a camel ～ ラクダの隊列
❸《集合的に》随員, 従者, お供(の一団), 取り巻き ‖ a ～ of admirers [followers] 崇拝者 [お供] の一団 / in the ～ of a CEO CEOのお供をして
❹《通例単数形で》〈思考・出来事などの〉**連続**, つながり, 連鎖, 一連の…〈**of**〉‖ follow his ～ *of* thought 彼の思考の流れについていく / lose one's ～ *of* thought 考えていたことを思い出せない / put a ～ *of* events in motion 一連の事件の口火となる ❺ (事件などの)結末, 続き, 余波 ‖ One person's simple request brought a series of good changes in its ～. 1人の人間のちょっとした要望が結果として一連の好ましい変革をもたらすに至った ❻ 引きずるもの；(衣服などの長い) すそ；(クジャクなどの) 垂れ尾；(煙などの)たなびき ❼〘軍〙軍需物資輸送隊 ❽ (爆薬などの)導火線, 口火 ❾〘機〙(歯車などの)列
in tráin 準備 [手はず] が万端整って, 始動しようとして ‖ Everything is now *in* ～. もう準備万端整っている / The popular singer's first pitch set [OR put] the new baseball season *in* ～. 人気歌手の始球式で新しい野球シーズンが開幕した
—動 (**～s** /-z/；**～ed** /-d/；**～ing**)
—他 ❶ **a** (+目)〔人・動物〕を**訓練する**, 教育する, 養成する；…を鍛える, 一人前に育て上げる〈**for** …に備えて；**as** …として〉；…に〈能力・技術・知識などを〉身につけさせる, 教え込む〈**in**〉；…に〈習慣・作法などを〉仕込む〈**to**〉(⇨ TEACH 類語) ‖ She was ～*ed as* a tour guide. 彼女はツアーガイドとしての訓練を受けた / All our staff are ～*ed* in first aid. 当社のスタッフは全員応急処置の訓練を受けています / ～ one's children *to* good habits 子供たちによい習慣をしつける / ～ a horse *for* a race レースに備えて馬を調教する / a **highly** [**specially**, **well**] ～*ed* pilot 高度な[特別な, 十分な]訓練を受けたパイロット
b (+目+**to** *do*)〔人・動物〕を…する [できる] ように訓練[教育] する ‖ Young people should ～ themselves *to* be more assertive. 若い人はもっと自己主張ができるように訓練を積むべきだ
❷〔心・体の機能・能力〕を鍛える, 育成する ‖ ～ one's mind 心を鍛える
❸〔植木など〕を (剪定(せんてい)したり結わえたりして) 好きな [よい] 形に仕立てる；…を〈ある場所・方向に〉伸ばす〈**over, around, up, etc.**〉；〔髪〕にくせをつける ‖ ～ roses *over* a trellis バラを格子垣にはわせる ❹〔銃・カメラなど〕を〈…に〉向ける, …の照準を合わせる〈**on, upon, at**〉‖ ～ binoculars *on* [OR *upon*] a bird 双眼鏡を鳥に向ける
—自 ❶ 訓練[教育]を受ける, 仕込まれる, 演習する〈**as** …として；**in** 能力・技術の / **to be** …になるために〉‖ She's ～*ing to be* a dental hygienist. 彼女は歯科衛生士になる教育を受けている ❷〈運動選手などが〉〈競技などに備えて〉体調を整える, トレーニングする〈**for**〉‖ They are ～*ing for* the boat race. 彼らはボートレースに備えて練習して

いる ❸《旧》《口》列車で旅する
tràin dówn (*to* ...) トレーニングで(…まで)減量する
tràin úp ... / **tràin** ... **úp** 〈他〉《主に英》〈一定の水準に達するよう〉…を訓練する, 仕込む〈**to**〉
語源 「引っ張る」の意のラテン語 *trahere* から. 「訓練する」は「植物の枝を好きな形に仕立てる」の意を比喩(ゆ)的に用いたもの.
▸▸ ~ **òil** 名 U 鯨油, 魚油 ~ **sèt** 名 C 鉄道模型一式 ~ **shèd** 名 C 電車[列車]庫

tráin·a·ble /-əbl/ 形 訓練[教育]できる

tráin·bèarer 名 C (花嫁や儀式のときの)すそ持ち

trained /treɪnd/ 形 (人が)訓練[教育]を受けた, (動物などが) 訓練された ‖ an American-~ Japanese lawyer 米国で教育を受けた日本人弁護士

***train·ee** /trèɪníː/ 《アクセント注意》 名 C (職業・軍事などの)訓練生, 研修生 **~·shìp** 名 U 職業[軍事]訓練

***train·er** /tréɪnər/ 名 C ❶ 訓練者; (競走馬・犬などの)調教師; (競技の)トレーナー, コーチ
❷《通例 ~s》《英》トレーニングシューズ(《米》sneaker) (❗運動着の意味の「トレーナー」は和製語. 英語では sweat shirt という. 「トレーニングパンツ」は sweat pants, 上下そろいは sweat suit) ❸ (パイロット訓練用の)訓練装置; 練習機 ❹ 練習[トレーニング]用具

***train·ing /tréɪnɪŋ/

―名 U ❶ 〈…の〉**訓練**, 教育, 指導〈**in**〉; 〈馬などの〉調教; 〈スポーツの〉練習, トレーニング〈**for**〉‖ I **had** no formal ~ *in* how to use a computer. コンピューターの使い方について正式な指導を受けなかった / **provide** [**receive**, get] proper ~ *in* ... …のきちんとした訓練を提供する[受ける] / vocational ~ 職業訓練 / go into ~ *for* a marathon マラソンの練習を始める
❷ よい体調[コンディション]
in tráining ① 〈…のために〉練習[調整]している〈**for**〉 ② コンディションがよい
òut of tráining ① 〈…のために〉練習[調整]していない〈**for**〉 ② コンディションが悪い
▸▸ ~ **càmp** 名 C 訓練[トレーニング]キャンプ ~ **còllege** 名 C U 《英》(教員)養成大学 ~ **pànts** 名 複 (幼児の)用便訓練パンツ (→ trainer) ~ **schòol** 名 C 《米》① 訓練学校, 専門学校 ② 少年院 ~ **shìp** 名 C 練習船[艦] ~ **shòes** 名 複 《英》トレーニングシューズ(trainer) ~ **whèels** 名 複 (自転車の)補助輪

tráin·lòad 名 C 1列車分の貨物[旅客]

tráin·man /-mən/ 名 (複 **-men** /-mən/) C (車掌助手などの)列車乗務員(中立 train worker)

tráin·spòtter 名 C 《英》❶ 機関車[列車]観察者, 鉄道マニア ❷ ⊗《しばしば蔑》凝り屋, おたく
-spòt·ter·ly 副 **-spòt·ting** 名

traipse /treɪps/ 動 自 だらだら歩く (♦ 通例方向を表す副句を伴う) ―名 C 《単数形で》だらだら歩き

***trait** /treɪt, +英 treɪ/ 名 C ❶ (性格・文化などの)特徴, 特色, 特性 (⇨ QUALITY, FEATURE 類語) ‖ have positive ~*s* よい特質がある / personality ~*s* 個性 / a genetic ~ 遺伝特性[形質] ❷ 《a ~ of ... で》《文》…の気味

***trai·tor** /tréɪtər/ 名 C 〈…への〉裏切り者, 反逆者〈**to**〉‖ He was branded a ~ *to* his country. 彼は売国奴の烙印(らくいん)を押された / turn ~ *to* ... …を裏切る(♦ turn の後では通例無冠詞)

trai·tor·ous /tréɪtərəs/ 形 裏切る, 反逆の; 背信的な, 不忠の **~·ly** 副

tra·jec·to·ry /trədʒéktəri/ 名 (複 **-ries** /-z/) C ❶ (ロケットなどの)弾道, 軌道; (一般に)道筋, コース ❷ 〖数〗定角軌道

***tram** /træm/ 名 C ❶ 《英》路面[市街]電車(《米》streetcar, trolley); 市電軌道 ‖ go by ~ 市電で行く / take a ~ 市電に乗る ❷ (鉱山の)トロッコ; ケーブルカー

trám·càr 名 =tram

trám·lìne 名 C 《通例 ~s》《英》❶ 市電軌道 ❷ 《口》トラムライン《テニスコートのシングルス・ダブルス用を区別する左右2本のサイドライン》

tram·mel /trǽməl/ 名 C ❶ 《通例 ~s》《文》障害, 束縛 ‖ the ~*s* of materialism 物質主義の束縛 ❷ 引き網 《目の粗い2つの網の間に細かい目を張った3重魚網》 ❸ 《米》(暖炉の)自在かぎ ❹ 楕円(だえん)コンパス; さおコンパス ❺ (馬の側対歩調教用)足かせ
―動 (**-meled** /-d/; **-meling**; +《英》**-melled** /-d/; **-melling**) 他 ❶ …の自由を妨げる, …を拘束する ❷ …を網で捕らえる

***tramp** /træmp/ 動 自 ❶ 《+副句》どしんどしんと歩く, 重い足取りで歩く (♦ 副句 は方向を表す) ‖ Why are the children ~*ing* about upstairs? なぜ子供たちは上の階をどしんどしんと歩き回っているのだろう ❷ 〈…を〉踏みつける〈**on**〉‖ Someone ~*ed on* my toes on the bus. バスの中でだれかが私のつま先を踏みつけた ❸ 《+副句》(長い距離を)てくてく歩く, さまよう(♦ 副句 は方向を表す)
―他 ❶ …をてくてく歩き回る, さまよう ‖ ~ it 徒歩で行く ❷ …をどしんどしん歩く; …を踏みつける ‖ ~ grapes for wine ワインを造るためにブドウを踏みつぶす
―名 C ❶ 放浪者, (定職のない) 流れ者 (《米》hobo) ‖ on the ~ 渡り歩いて, 放浪して / a ~ dog 野良犬 ❷ 《the ~》〈…の〉重い足音〈**of**〉; (馬などの)ひづめの音; 重い足取り ‖ the ~ *of* the marching soldiers 行進する兵士の踏み鳴らす足音 ❸ 《通例 a ~》《英》長い歩行; 徒歩旅行, ハイキング ‖ take a ~ through the countryside 田舎を歩き回る ❹ ⊗《主に米口》《蔑》ふしだらな女; 売春婦 ❺ (靴の)底金; 踏みすきの足踏み(の部分) ❻ (=~ **stèamer**)不定期貨物船 **~·er** 名

***tram·ple** /trǽmpl/ 動 他 ❶ …を踏みつぶす, 踏み荒らす《*down*》‖ The cows ~*d* the wheat (*down* [OR underfoot]). 牛が小麦を踏みつけた / ~ out the fire 火を踏み消す ❷ 〔権利・人間性など〕を踏みにじる ‖ I will ~ anyone who gets in the way. 邪魔するやつはみんな押さえつけてやる ―自 〈…を〉踏みつける, 踏み荒らす; 〈人(の権利・感情)などを〉踏みにじる, 無視する〈**on, upon, over**〉‖ ~ *on* flowers 花を踏みつける / ~ *on* human rights 人権を踏みにじる ―名 C 《文》踏みつけること[音]; どすんどすん歩くこと[音] **-pler** 名

tram·po·line /trǽmpəliːn/ 名 C トランポリン
―動 自 トランポリンをする **-lìn·ing** 名

trám·ròad 名 C (鉱山の)トロッコ用軌道

trám·wày 名 C ❶ 《英》市電軌道 ❷ 《米》(ケーブルカーなどの)索道, ケーブル ❸ =tramroad

trance /træns | trɑːns/ 名 C ❶ (催眠術などによる) 昏睡(こんすい)[催眠]状態 ‖ go [OR fall] into a ~ 昏睡状態に陥る ❷ 恍惚(こうこつ), 有頂天 ❸ ぼう然自失 ❹ トランス《霊媒が霊魂との交信中に陥る神がかり状態》 ❺ (=~ **mùsic**) U トランス《テクノ音楽を利用した催眠的なダンス音楽》
―動 他 《文》…を恍惚とさせる, うっとりさせる(♦ しばしば受身形で用いる)

tranche /trɑːnʃ, trɔːnʃ, trænʃ/ 名 C 部分, 切片; 〖金融〗トランシェ《分割による取り引きなどでの1回分, 一部分》

tran·ny, -nie /trǽni/ 名 (複 **-nies** /-z/) C 《口》❶ 服装倒錯者 ❷ 《主に英》トランジスターラジオ ❸ (写真の) スライド

***tran·quil** /trǽŋkwɪl/ 《発音注意》 形 穏やかな, 平和な; (心が) 平静な, 落ち着いた (⇨ CALM 類語) ‖ a ~ smile 穏やかな微笑 / lead [OR live] a ~ life in the country 田舎でのんびり暮らす / ~ waters 静かな海 **~·ly** 副

tran·quil·(l)i·ty /træŋkwílətì/ 名 U 平穏, 静けさ, 落ち着き, 安らかさ

tran·quil·(l)ize /trǽŋkwəlàɪz/ 動 他 自 (…を[が])静かにする[なる]; 鎮静させる[する]

***tran·quil·izer,** 《英》**-lizer, -liser** /trǽŋkwəlàɪzər/ 名 C 気を静めるもの[人]; 〖薬〗鎮静剤, 精神安定剤, トランキライザー

T

trans. 略 transaction; transitive; translated, translation; transportation; transfer; transverse

trans- /træns-, trænz-/ 接頭 ❶「向こう側の(に)」,「横切って」,「貫いて」の意 ‖ *trans*atlantic ❷「全く別の状態[所]へ」の意 ‖ *trans*form ❸「超越して, 超えて」の意 ‖ *trans*polar

*__trans·act__ /trænsǽkt, trænz-/ 動 〔▶ transaction 名〕 他〔業務・取り引き・交渉など〕を〈…と〉行う, 処理する〈**with**〉 ―自〈…と〉取り引きを行う〈**with**〉

*__trans·ac·tion__ /trænsǽkʃən, trænz-/ 名 〔◁ transact 動〕 ❶《the ～》《堅》(業務・取り引きなどの)処理, 処置 ‖ the ～ of business 商取引 ❷ Ⓒ〈…の間の〉(個々の)業務, (商)取引, 売買;〈人と人との〉やりとり, 交流〈**between**〉 ‖ Cash ～*s* only. お支払いは現金で / conduct [OR carry out] ～*s* with ... …と取り引きを行う / major [futures] ～*s* 大口[先物]取引 ❸ Ⓒ《～s》議事録; 会報, (学会の) 紀要 ❹ Ⓒ 💻トランザクション《端末とホストの間の一連の処理のまとまり》 **～·al** 形

transàctional análysis 名 Ⓤ〘心〙交流分析《親・子供・大人としての役割に応じて変化する個人の行動・対人関係の分析をもとにした精神療法の1つ》

trans·al·pine /trænsǽlpaɪn, trænz-/ 形 (特にイタリアから見て)アルプスの向こう側の; アルプス越えの ―名 Ⓒ アルプスの向こう側の住人

trans·am·i·nase /trænsǽmənèɪs, trænz- | -ǽmɪ-/ 名 Ⓤ〘生化〙トランスアミナーゼ, アミノ基転移酵素

*__trans·at·lan·tic__ /trænsətlǽnṭɪk, trænz-/ ◁ 形《限定》❶ 大西洋横断の; 大西洋を挟んだ米英間の ‖ a ～ flight 大西洋横断飛行 ❷ 大西洋の向こう側の; (アメリカから見て)ヨーロッパの, (ヨーロッパから見て)アメリカの

trans·ceiv·er /trænsíːvər/ 名 Ⓒ〘通信〙トランシーバー; 💻データ送受信装置, モデム(modem)

*__tran·scend__ /trænsénd/ 動 他 ❶〔経験・理解などの限界〕を越える (✎ go beyond) ‖ The news ～*s* belief. そのニュースはとても信じられない / ～ description 筆舌に尽くし難い ❷ …に勝る, …をしのぐ ‖ His latest novel ～*s* all his past works. 彼の最新小説は過去の全作品をしのぐ出来だ ❸〔時・次元・宇宙・物質界など〕を超越する

tran·scend·ence /trænséndəns/, **-en·cy** /-ənsi/ 名 Ⓤ 卓越, 超越;〘宗〙(神の)超越性

tran·scend·ent /trænséndənt/ 形 ❶ 卓越した, 並外れた ❷〘哲〙(カント哲学で)経験を超越した; (スコラ哲学で)超越的《アリストテレスの十範疇(はんちゅう)に包摂されない》❸〘宗〙(神が)宇宙・時間を超越した, 超絶的な(↔ immanent) **～·ly** 副

tran·scen·den·tal /trænsendénṭəl/ ◁ 形《通例限定》❶ 卓越した, 優れた ❷ 超自然的な, 人知の及ばない ❸ 抽象的な, 形而(けい)上学的な ❹〘哲〙(カント哲学で)先験的な ❺〘数〙超越的な ‖ a ～ number 超越数(π など)
▶▶～ **meditátion** 名《しばしば T- M-》Ⓤ《商標》超越瞑想(めいそう)法《略 TM》

tràn·scen·dén·tal·ìsm /-ɪ̀zm/ 名 Ⓤ〘哲〙(カントなどの)先験論; (エマーソンの)超絶論 **-ist** 名

trans·con·ti·nen·tal /trænskɑ̀(ː)ntənénṭəl | trænzkɒ̀ntɪ-, træns-/ 形《通例限定》❶ 大陸横断の ‖ a ～ railroad 大陸横断鉄道 ❷ 大陸の向こう側の

*__tran·scribe__ /trænskráɪb/ 動 他 ❶ …を(そっくりに)書き写す〈**from** …から; **into** …に〉 ‖ ～ ancient documents 古文書を書き写す ❷〔発言など〕を(正確に)書き取る; …を〈録音などから〉文章に起こす〈**from**〉 ‖ ～ an interview *from* a tape インタビュー(の内容)をテープから文字に起こす ❸〔著作物など〕を〈他国語の文字・点字などに〉転写する〈**into**〉 ❹〘音声〙〔音声〕を音標文字[発音記号]で書き表す ❺〘楽〙〔曲〕を〈他楽器・声楽用に〉編曲する〈**for**〉 ‖ ～ a children's song *for* full orchestra 童謡をフルオーケストラ用に編曲する ❻〔録音された音楽など〕を(テープなどに)移し換える; 💻〔データ〕を別の記憶装置に[から]移し換える ❼〘放送〙〔番組など〕を録音[録画]する ❽〘遺伝〙〔遺伝情報〕を(DNAからRNAに)転写する
語源 *tran(s)*- over, across (一方から他方へ) + *-scribe* write

*__tran·script__ /trǽnskrɪ̀pt/ 名 Ⓒ ❶ (文書などの)写し, 複写, コピー; (公式の)謄本, 写本, 転写; (口述・録音などの)書写 (transcription) ‖ a ～ of a trial 裁判記録の写し ❷《米》(学校の)成績証明書 ❸〘遺伝〙転写物, 写し《DNAからRNAに転写された遺伝情報》

*__tran·scrip·tion__ /trænskrípʃən/ 名 ❶ Ⓤ 書写, 転写; Ⓒ 書写物; 写本 ❷ Ⓤ Ⓒ〘楽〙編曲[改曲](されたもの) ❸ Ⓤ〘生化〙転写《メッセンジャーRNAがDNA鋳型で合成されRNAへ転写される過程》❹ Ⓤ Ⓒ〘放送〙(ラジオ・テレビの)録音[録画](放送)

trans·der·mal /trænsdə́ːrməl, trænz-/ 形 (感染・接種・投薬などが) 皮膚を通じての, 経皮性の ‖ a ～ patch 経皮貼付(ちょう)剤

trans·duc·er /trænsdjúːsər, trænz-/ 名 Ⓒ エネルギー変換器

tran·sect /trænsékt/ 動 他 …を横に切開する; …を横断する

tran·sept /trǽnsept/ 名 Ⓒ〘建〙(十字形教会堂の)翼廊

tran·sex·u·al /trænsékʃuəl, trænz-, -ʃəl/ 名 Ⓤ = transsexual

tràns-fát 名 = trans-fatty acid

tràns-fátty àcid 名 Ⓤ 変性脂肪酸《体内に蓄積され心臓病などの原因になるとされる》

trans·fec·tion /trænsfékʃən/ 名 Ⓤ〘生〙遺伝子移入

‡**trans·fer** /trænsfə́ːr, ＋米ーー/《アクセント注意》(→ 名)
―動 (**～s** /-z/; **-ferred** /-d/; **-fer·ring**)
―他 ❶ …を**移す**, 移動[移転]させる;〔人〕を乗り換えさせる〈**from** …から; **to** …へ〉 ‖ Our head office was *transferred from* Osaka *to* Tokyo. 私どもの本社は大阪から東京へ移転しました / I *transferred* $500 into my checking account. 当座預金に500ドル移した / ～ oneself *to* another bus 別のバスに乗り換える
❷〔愛情・忠誠心・権力など〕を移す;〔経験・伝承など〕を伝える〈**from** …から; **to** …へ〉 ‖ She *transferred* her support *to* the rookie candidate. 彼女は新人候補支持に変えた / ～ experience *from* generation *to* generation 経験を世代から世代へ伝える
❸〔人〕を転任[校, 部]させる;〔選手〕を移籍させる;〔病人〕を転院させる〈**from** …から; **to** …へ〉
❹〘法〙〔財産・権利など〕を**譲渡する**, 移譲する〈**from** …から; **to** …へ〉 ‖ ～ assets *to* one's son 資産を息子に譲渡する ❺〔絵・デザイン・データなど〕を〈…に〉転写[模写]する, …を〈…に〉再録する〈**to, onto**〉;〔小説など〕を〈映画・劇〉化する〈**to**〉 ‖ ～ a design *to* a T-shirt (熱やプレスで) Tシャツにデザインを転写する
―自 ❶ **移る**, 移転する; 転任[校, 部]する; (選手が)移籍する〈**from** …から; **to** …へ〉 ‖ ～ *from* a junior college *to* a state university 短期大学から州立大学へ転学する ❷ (バス・電車などを)**乗り換える**〈**from** …から; **to** …へ〉 ‖ I *transferred to* another plane at Paris. パリで私は別の飛行機に乗り換えた
―名 /trǽnsfəːr/ (複 **～s** /-z/) ❶ Ⓤ Ⓒ **移転**, 移動; 転任, 転校, (選手の)移籍; 転院 ‖ a technology ～ 技術供与 / ask for a ～ **to** sales 営業部への異動を申請する / a ～ student 《米》(大学の)転校生
❷ Ⓒ 転任者, 転校生 ❸ Ⓤ Ⓒ **乗り換え**; Ⓒ《主に米》乗り換え切符; 乗り換え地 [駅] ‖ ～ passengers 乗り換え客 ❹〘法〙Ⓤ Ⓒ (財産など)**譲渡**, 引き渡し, (株券などの)名義書き換え; Ⓒ 譲渡証 (明) 書 ‖ The citizens called for a swift ～ of political power. 国民は速やかな政権の移譲を要求した ❺ Ⓒ《英》写し絵, 転写 [模写] 画 (《米》decal); Ⓤ (データなどの)転送 ❻ Ⓤ〘心〙転移
～·(r)al 名 = transference **～·rer, ～·or** 名 Ⓒ (財産・権利などの)譲渡人
▶▶～ **àgent** 名 Ⓒ〘株〙名義書き換え代理人 ～ **fèe** 名

Ⓒ《英》(選手の)移籍料 **～ list** 名Ⓒ《英》(プロサッカーなどの)移籍要員名簿 **～ RNA** 名Ⓤ〖生化〗転移RNA

trans·fer·a·ble, -fer·ra·ble /trænsfə́ːrəbl, ＋英 trǽnsfə-, trɑ́ːns-/ 形 移動可能な；転写できる；譲渡できる **trans·fèr·(r)a·bíl·i·ty** 名

trans·fer·ee /trænsfəːríː/ 名Ⓒ ❶〖法〗(財産などの)譲受人 ❷ 転任[転校, 移籍]者

trans·fer·ence /trænsfə́ːrəns | trǽnsfərəns/ 名Ⓤ ❶ 移動, 移送, 移転；転任, 転校, 移籍；譲渡；転写 ❷〖心〗感情転移

trans·fer·ral /trænsfə́ːrəl, ＋英 trɑːns-/ 名Ⓤ 移動, 移籍；譲渡；転写

trans·fig·u·ra·tion /trænsfìgjəréɪʃən/ 名 ❶ⓊⒸ 変容, 変貌(ぼう) ❷《the T-》〖聖〗山上のキリストの変容；変容の祝日《8月6日. 東方正教会では8月19日》

trans·fig·ure /trænsfígjər/ 動 他《通例受身形で》❶ 変貌する ❷ 美しくなる

trans·fix /trænsfíks/ 動 他 ❶《通例受身形で》〈恐怖などで〉動けなくなる〈with〉‖ stand ～*ed* 「*with* horror [by a spectacle] 恐怖で立ちすくむ[壮観に立ち尽くす] ❷ …を突き刺す ❸ …を突き刺して動けなくする

:trans·form /trænsfɔ́ːrm/ 《アクセント注意》(→ 名)
—動 (▶ transformation 名)(～s /-z/; ～ed /-d/; ～·ing)
—他 ❶ …を**(大きく)変える**, 変形[変質]させる, 改良する〈**from** …から；**into, to** …に〉(⇨ CHANGE 類語) ‖ Her professional hand ～*ed* our living room. 彼女のプロの手にかかって我が家のリビングは見違えるようになった / Ten years in India have ～*ed* him. インドにいた10年間で彼は変わってしまった / The log was ～*ed into* tables and chairs. その丸太がテーブルやいすになった / She ～*s* herself *into* a powerful actress on the stage. 彼女は舞台に立つと存在感ある女優に変貌(ぼう)する ❷〖理〗[エネルギー]を〈…に〉変換する〈**into**〉；〖電〗[電流]を変圧する ‖ ～ wind [solar energy] *into* electrical power 風力[太陽エネルギー]を電力に変える ❸〖数〗[式など]を変換する ❹〖言〗[基底形など]を変形する ❺〖遺伝〗[細胞]に形質転換を起こさせる
—自 変わる, 変形[変質, 変換]する
—名 /trǽnsfɔːrm/ Ⓒ〖数〗変換；〖言〗変形 (transformation)；変換の規則
～·a·ble 形 変形[変換]できる, 変えられる

·trans·for·ma·tion /trænsfərméɪʃən/ 名 (◁ transform 動) ⓊⒸ ❶ 変化, 変質, 変容 ‖ undergo a dramatic ～ 劇的な変化を遂げる ❷〖生〗変態；(DNAの付加による)細胞の形質転換 ❸〖言〗変形；〖数〗変換；〖理〗(原子の)変換 ❹ (＝～ scène)〖劇〗場面転換；早変わり

tràns·for·má·tion·al /-ʃənəl/ ◁ 形 変形の；変形文法の **▶▶～ grámmar** 名Ⓤ〖言〗変形文法

trans·fórm·er /-ər/ 名Ⓒ ❶〖電〗変圧器, トランス ❷ 変化させる人[もの]

trans·fuse /trænsfjúːz/ 動 他 ❶〖医〗…に輸血する, [血液・食塩水など]を静脈に注入する ❷ [液体など]を容器に注ぎ移す ❸ [思想・気分など]を〈…に〉吹き込む〈**to**〉；…を〈…で〉あふれさせる〈**with, by**〉

trans·fu·sion /trænsfjúːʒən/ 名ⓊⒸ ❶〖医〗輸血 (blood transfusion)；輸液 ❷ (資金の)注入, 融資 ❸ 移入, 注入；浸透

tràns·génder 名Ⓒ形 トランスジェンダー(の)
tràns·géndered 形 **～·ìsm** 名

trans·gen·ic /trænsdʒénɪk, trænz-/ ◁ 形〖生〗移植遺伝子の[による] ‖ a ～ animal トランスジェニック[遺伝子組み換え]動物

trans·gen·ics /trænsdʒénɪks, trænz-/ 名Ⓤ 移植遺伝子学

trans·gress /trænsgrés, trænz-/ 動 他 ❶ [限界・限度]を超える, 逸脱する ❷ [法律・戒律など]に背く, 違反する —自 法に背く, 罪を犯す **-grés·sor** 名

trans·gres·sion /trænsgréʃən, trænz-/ 名ⓊⒸ 逸脱；違反, 罪 **-grés·sive** 形

tran·ship /trænʃíp/ 動 ＝transship

trans·hu·mance /trænshjúːməns | trɑːns-/ 名Ⓤ (低地と山地間で季節ごとにする)飼育者と家畜の移動

·tran·sient /trǽnziənt, trǽnʃənt/ 形 ❶ 一時的な, つかの間の, その場限りの (↔ enduring), 一過性の (↔ lasting) ‖ All living things are of ～ nature. すべて生あるものははかないものだ / ～ relationships その場限りの交友関係 / a ～ pain 一過性の痛み ❷ (滞在客・学生・労働者などが)短期の
—名Ⓒ ❶ 一時的な人[もの]；短期滞在客[者]；渡り労働者 ❷《口》放浪者 ❸〖電〗(突発的な)過渡電流
-sience, -siency 名 **～·ly** 副

·tran·sis·tor /trænzístər, ＋英 trɑːn-/ 名Ⓒ ❶〖電子〗トランジスター ❷ (＝～ rádio) トランジスターラジオ

tran·sis·tor·ize /trænzístəràɪz/ 動 他 …に(真空管でなく)トランジスターを使う

·trans·it /trǽnsət, trǽnz- | -ɪt/ 《アクセント注意》名 ❶Ⓤ/Ⓒ《通例単数形で》通過, 通行；《形容詞的に》通過(旅客)の, 乗り継ぎの ‖ make a ～ across [through] a country 国を横断[通過]する / a ～ passenger 乗り継ぎ客 ❷ⓊⒸ (人・荷物の)輸送, 運送, 運搬；通路, 輸送路[機関]；《米》都市輸送網 ‖ We wasted a whole day in ～. 私たちは移動で丸1日つぶしてしまった / a suitcase lost in ～ 輸送中に紛失したスーツケース / use an overland ～ 陸上輸送路を使う ❸ⓊⒸ〖天〗(天体の)子午線通過；〖占星〗(天体の)通過 ❹Ⓒ《口》〖天〗子午線儀 (transit theodolite)
—動 他 ❶ …を通過する, 横切る ❷〖天〗(天体が) [別の天体・子午線・望遠鏡の視野など]を通過する, 横切る
▶▶～ ágency 名Ⓒ 輸送[運送]会社；(公共団体などの)交通局 **～ cámp** 名Ⓒ (兵隊・難民などの) 臨時宿泊設備, 一時収容所 **～ dúties** 名 複 (貨物などの) 通過税 **～ lóunge** 名Ⓒ (空港の) 乗り継ぎロビー **～ vísa** 名Ⓒ 通過ビザ

·tran·si·tion /trænzíʃən, ＋英 trɑːn-, -síʃən, -síʒən/ 名 ❶ⓊⒸ 移り変わり, 変遷, 転換；過渡期, 変わり目〈**from** …から；**to** …への〉‖ The whole world is in a state [OR period] of ～. 全世界が過渡期にある / make a smooth ～ *to* democracy 民主主義へ順調に移行する ❷Ⓒ〖楽〗一時的転調 ❸Ⓤ〖建〗様式の変化 ❹Ⓒ〖理〗転移 —動 自《主に米》移る, 転じる, 変わる〈**from** …から；**to** …へ〉
▶▶～ èlement 名Ⓒ〖化〗遷移元素, 遷移金属 (transition metal) **～ hòuse** 名Ⓒ 社会復帰訓練所[施設], ハーフウェイハウス **～ pòint** 名Ⓒ〖化〗転移点

·tran·si·tion·al /trænzíʃənəl, -síʃən-, -síʒənəl, ＋英 trɑːn-, trən-/ 形 ❶ 移り変わる, 過渡的な, 臨時の ‖ This plan is only ～. この設計図は暫定的なものだ / a ～ government 暫定政府 ❷ (T-)〖建〗ロマネスク様式末期の《ゴシック様式の片鱗(りん)が見え始める》 **～·ly** 副

tran·si·tive /trǽnsəṭɪv, -zə-/ 形 ❶〖文法〗他動的な (→ intransitive) ‖ a ～ verb 他動詞 ❷〖論・数〗推移的, 移行する —名Ⓒ 他動詞 **～·ly** 副

tran·si·tiv·i·ty /trænsətívəṭi, trænz-, ＋英 trɑːns-/ 名Ⓤ〖文法〗他動詞性

tran·si·to·ry /trǽnsətɔ̀ːri, -zə- | -tə-/ 形 一時的な, つかの間の, はかない **-ri·ly** 副 **-ri·ness** 名

:trans·late /trǽnsleɪt, trǽnz- | ―́, trɑːns-, trænz-/
—動 (▶ translation 名)(～s /-s/; ～d /-ɪd/; -lat·ing)
—他 ❶ [文章など]を**翻訳する**, 訳す；[人の言葉など]を通訳する〈**from** ある言語から；**into** 異なる言語に〉；《通例受身形で》(外国語が)〈…と〉訳される〈**as**〉‖ Soseki's novels have been ～*d into* more than ten languages. 漱石の小説は10以上の言語に翻訳されている
❷ …を易しく説明する；…を〈平易な言葉に〉言い換える〈**into**〉‖ ～ a technical term for the layman 専門用語を素人向けにわかりやすく説明する
❸ …を〈別の形・方法に〉変える, 移す〈**into**〉‖ ～ ideas

T

into action 考えを行動に移す
❹〔言葉・態度など〕を〈…と〉解釈する〈**as**〉‖ I ～*d* his silence *as* approval. 私は彼の沈黙を承認と解釈した
❺…を移す, 移動させる〈**from** …から ; **to** …へ〉
❻《堅》【宗】〔司教・主教〕を転任させる ; 〔聖人の遺体・遺品〕を移す ; 《文》…を(生きたまま)昇天させる
❼〔電信〕を中継する ❽【理】〔物体〕を(回転させずに)並進させる ; 【数】…を平行移動させる ❾【生】…を翻訳する《メッセンジャーRNAの遺伝情報からアミノ酸を合成する》 ❿ 💻〔プログラムコード〕を逐次変換処理する
―自 ❶ 翻訳する, 通訳する〈**from** …から ; **into** …へ〉‖ ～ *from* Russian *into* Japanese ロシア語から日本語に翻訳する ❷ (作品などが) 翻訳できる, 訳せる (♦ 通例様態を表す 副句 を伴う) ; (外国語が)〈…と〉訳される, 〈…という〉意味を表す〈**as**〉‖ "Judo" literally ～*s as* "gentle way." 「柔道」は文字どおりには「柔らかな道」という意味である ❸〈…と〉解釈される〈**as**〉 ❹ (結果として)〈…に〉なる, 変わる〈**to, into**〉
trans·lat·a·bíl·i·ty 名 **trans·lát·a·ble** 形

:trans·la·tion /trænsléɪʃən, trænz-/
―名〔◁ translate 動〕U ❶ **翻訳** ‖ His novels lose a lot **in** ～. 彼の小説は翻訳すると原作の味が相当失われる / read Hemingway **in** ～ ヘミングウェイを翻訳で読む / literal [free] ～ 直訳[意訳]
❷ C 翻訳書, 訳文, 訳語〈**from** …からの ; **into, to** …への〉‖ a German ～ of *the Tale of Genji* 「源氏物語」のドイツ語訳 / a ～ *from* Chinese 中国語からの翻訳
❸ 解釈, 言い換え ❹《堅》移すこと, 転換, 変形 ; 変容, 変質 ‖ the ～ of ideas into action 考えを行動に移すこと
❺【理】並進運動 ❻【遺伝】(遺伝情報の) 翻訳《RNA情報に基づくアミノ酸合成》
～·al 形

***trans·la·tor** /trænsléɪt̬ər, trænz-, +米ニ－－/ 名 C ❶ 翻訳者 [家], 訳者 ; 通訳者 (interpreter) ; 翻訳機 ❷【無線】自動中継器 [盤] ❸ 💻 (異なるプログラム言語への) 変換プログラム **tràns·la·tó·ri·al** 形

trans·lit·er·ate /trænslít̬ərèɪt, trænz-/ 動 他 …を〈別の文字体系に〉書き直す, 字訳する, 音訳する〈**into**〉《例えば東京を Tokyo とローマ字で表すこと》
trans·lìt·er·á·tion 名 U C 字訳, 音訳

trans·lo·cate /trǽnzloukèɪt, trǽns-/ 動 他 …を移動させる, 置き換える ; 【生化】〔染色体の一部〕を転位させる
tràns·lo·cá·tion 名

trans·lu·cent /trænslúːsənt, trænz-/ 形 ❶ 半透明の (→ transparent) ❷ 明快な **-cence, -cency** 名

trans·lu·nar /trænslúːnər, trænz-/ 形 ❶ (地球から見て)月より遠い[の向こうの] ❷ この世のものではない, 天上の

trans·mi·grate /trænsmáɪgreɪt, trænz-|-maɪgréɪt/ 動 自 (魂が)(死後ほかの肉体に)生まれ変わる, 転生する

trans·mi·gra·tion /trænsmaɪgréɪʃən, trænz-/ 名 U C (魂の)生まれ変わり, 転生, 輪廻(りんね)

trans·mis·si·ble /trænsmísəbl, trænz-/ 形 伝えられる, 伝達できる, 送ることができる

***trans·mis·sion** /trænsmíʃən, trænz-/ 名 ❶ U 伝達, 伝送 ; 伝染 ; C 伝達[伝送]されたもの ‖ the ～ of news [disease] ニュースの伝達 [病気の伝染] ❷ U (テレビ・ラジオなどの) 送信, 放送 ; C (放送された) 番組 ‖ a live ～ from New York ニューヨークからの生放送 ❸ C U【機】(自動車の) 変速装置 ‖ an automatic ～ 自動変速機 **-sive** 形 ▸▸～ **elèctron micróscope** 名 C 透過性電子顕微鏡

***trans·mit** /trænsmít, trænz-/《アクセント注意》動 (**-mit·ted** /-ɪd/ ; **-mit·ting**) 他 ❶〔電波・信号など〕を送る, 送信する ; 〔番組〕を放送する〈**from** …から ; **to** …に〉(♦ しばしば受身形で用いる) ‖ images *transmitted from* a satellite 衛星から送られてきた画像 ❷〔知識・感情など〕を伝える ; 〔病気など〕を伝染させる ; 〔性質など〕を(子孫に)伝える(⤳ pass on), 遺伝させる〈**from** …から ; **to** …に〉‖ ～ knowledge *from* generation *to* generation 知識を代々伝える / sexually *transmitted* diseases 性感染症 ❸〔光・音・熱など〕を伝導する, 伝える ; 【機】〔力・運動など〕を伝動する ‖ Copper ～*s* heat well. 銅は熱をよく伝導する ❹〔品物など〕を〈…に〉送る, 発送する, 渡す〈**to**〉‖ I'll ～ the money *to* you soon. そのお金はすぐにお送りします
―自 信号を送る ; 放送する
～·ta·ble 形 **～·tal, ～·tance** 名
語源 *trans-* across, over(向こうへ) + *-mit* send(送る)

trans·mit·ter /trænsmít̬ər, trænz-/ 名 C ❶【電信】発信器 ; 送信器 ; 送話器 ❷ 伝える人[もの] ; 媒体

trans·mog·ri·fy /trænsmɑ́(ː)grəfàɪ, trænz-|-mɔ́grɪ-/ 動 (**-fied** /-d/ ; **～·ing**) 他《主に戯》…を〈…の姿に〉がらりと変える, 一変させる〈**into**〉(♦ しばしば受身形で用いる)
trans·mòg·ri·fi·cá·tion 名

trans·mu·ta·tion /trænsmjutéɪʃən, trænz-/ 名 U C ❶ (性質・種類の)変形, 変質, 変性 ❷【理】変換, 変形 ; 【生】変異 ❸【錬金術】変成《卑金属が金に変化すること》
trans·mút·a·tive 形 変形[変質, 変性]の

trans·mute /trænsmjúːt, trænz-/ 動 他 ❶ …を〈…に〉変える〈**into**〉‖ ～ water power *into* electric power 水力を電力に変える ❷【錬金術】〔卑金属〕を金に変成させる ―自 (形・性質・状態などの点で)変わる
-mút·a·ble 形 変形[変質]できる

trans·na·tion·al /trænsnǽʃənəl, trænz-/ ◁シ 形 国際的な, 多国籍の ―名 C 多国籍企業

trans·o·ce·an·ic /trænsòuʃiǽnɪk, trænz-/ 形《限定》❶ 大洋の向こう側の ❷ 大洋横断の

tran·som /trǽnsəm/ 名 C ❶【建】無目(むめ)《ドア・窓と明かり取り窓を仕切る横木》; (= ～ **wìndow**)《米》(ドア上部の)明かり取り窓 ❷【海】船尾梁(りょう), 船尾肋(ろく)

tran·son·ic /trænsɑ́(ː)nɪk|-sɔ́n-/ 形【空】音速に近い

transp. 略 transport, transportation

trans·pa·cif·ic /trænspəsífɪk/ 形 ❶ 太平洋横断の ‖ a ～ flight 太平洋横断飛行 ❷ 太平洋の向こう側の

trans·par·en·cy /trænspérənsi/ 名〔◁ transparent 形〕(複 **-cies** /-z/) ❶ U 透明 (状態), 透明性 [度] ❷ C (**-cies**)透明なもの ; 透かし絵[模様] ; 透明陽画, スライド ❸ C 💻 (データ転送における) 透過性《使用者がネットワークの存在を意識せずにデータを転送できること》

***trans·par·ent** /trænspérənt, -pέərənt/《アクセント注意》形〔▶ transparency 名〕(**more ～ ; most ～**) ❶ 透明な, 透き通った(↔ opaque) ; (織物などが)透けるほど薄い ‖ a ～ glass 透明なガラス / ～ skin 透き通るような肌 ❷ (変装・口実などが) 見えすいた ❸ (言葉などが) 明快な, 平明な ❹ 包み隠しのない, 気取らない, 率直な ; (会社経営などが)透明性のある, 公開度が高い ❺ 💻 (装置・ソフトウェアなどが) 透過型の, 即応型の《利用者が意識しなくて済む》 ❻【理】透明な《電磁放射線などをひずみなく通過させる》
～·ly 副 **～·ness** 名
語源 *trans-* across, through + *-par-* appear + *-ent* (形容詞語尾) : …を通して現れる[見える]

tran·spi·ra·tion /trænspəréɪʃən/ 名 U C (水分の)蒸発, 発散作用 ; 【植】(気孔からの)蒸散

***tran·spire** /trænspáɪər/ 動 自 ❶ (It ～ that 節 で)《通例進行形不可》…ということが判明する ‖ It ～*d that* he had embezzled two hundred million yen. 彼が2億円横領していたことが発覚した ❷ (事件などが) 起こる, 生じる ❸ (植物などが)水分を発散する[排出する] ; (水分が)発散する ―他 (植物・皮膚などが)〔水分・汗など〕を発散する **-spír·a·ble, -spí·ra·to·ry** 形

***trans·plant** /trænsplǽnt|-pláːnt/ (→ 名) 動 他 ❶【外科】〔器官・組織など〕を移植する〈**from** …から ; **into, in** …に〉‖ ～ a heart *into* a child 心臓を子供に移植する ❷〔植物〕を植え替える, 移植する〈**from** …から ; **to** …へ〉‖ ～ flowers *from* a pot *to* a garden 鉢から庭に花を移植する ❸〔人など〕を移住させる ; 〔人・物など〕を移動させる, 移転させる ; 〔制度など〕を移植[移入]する〈**from** …から ; **to** …へ〉

—名 /trǽnsplæ̀nt | -plɑ̀ːnt/ ❶ U C 〖外科〗移植(手術) ‖ a bone marrow ～ 骨髄移植 ❷ C 移植された器官[組織]；植え替えた植物；移住[移動]させられた人[もの]
～·a·ble 形 **～·er** 名

trans·plan·ta·tion /trӕ̀nsplæntéɪʃən | -plɑːn-/ 名 U 移植；移住, 移民

trans·po·lar /trӕ̀nspóulər | trӕnz-, trӕns-/ ⊲ 形 北極[南極](地域)を越える, 極地横断の

tran·spond·er /trӕnspɑ́(ː)ndər | -spɔ́ndə/ 名 C 自動応答無線(♦ *trans*mit＋res*pond*＋*er* より)

‡trans·port /trӕnspɔ́ːrt/ 《アクセント注意》(→ 名)
—動 [▶ transportation 名] (**～s** /-s/；**～·ed** /-ɪd/；**～·ing**) 他 ❶ …を**輸送する**, 運ぶ〈**from** …から；**to** …へ〉‖ ～ cargo by ship 船で積み荷を輸送する
❷ 《通例受身形で》(人が)〈別の時代・世界に〉いる[いざなわれた]ような気持ちになる〈**to, into**〉‖ I was ～*ed* back *to* my school days. 学生時代に戻ったような気がした
❸ 《通例受身形で》〈喜び・怒りなどで〉我を忘れる, 有頂天[夢中]になる〈**by, with**〉‖ be ～*ed by* her song 彼女の歌に夢中になる
❹ (昔の刑罰で)〔罪人〕を流刑に処する, (国外)追放する
—名 /trǽnspɔːrt/ (複 **～s** /-s/) ❶ U 《主に英》**輸送**, 運送, 運輸(《米》transportation) ‖ the ～ of troops by ship 船による軍隊の輸送 / air ～ 空輸 / freight ～ 貨物輸送 / ～ charges 輸送料
❷ U 《主に英》輸送機関, 交通機関(《米》transportation)；《英》乗り物の便 ‖ on [OR by] **public** ～ 公共の交通[輸送]機関で / means of ～ 交通[輸送]手段 / My wife is using my car, so I have no ～. 妻が私の車を使っているので私には足がない
❸ C (軍隊・物資などの)輸送船[車, 機] ❹ C 《通例 a ～》忘我, 有頂天, 夢中 ‖ The crowd reeled in a ～ of joy. 群衆は喜びに沸き立っていた / be in ～*s* of rage 怒りに我を忘れる ❺ C 〖史〗流刑囚, (国外)追放犯
語源 *trans-* across, over＋*-port* carry：向こうへ運ぶ
▸▸ **～ café** /,´-´-´-/ 名 C 《英》(長距離トラック運転手用)軽食堂(《米》truck stop) **～ plàne** 名 C 軍用輸送機

trans·port·a·ble /trӕnspɔ́ːrt̬əbl/ 形 ❶ 輸送できる ❷ 〖史〗(罪人などが)流刑にできる

***trans·por·ta·tion** /trӕ̀nspərtéɪʃən | -pɔː-/ 名 [◁ transport 動] U ❶ 《主に米》輸送, 運送, 運輸；《米》運送業, 輸送業務(《英》transport) ‖ the ～ of mail 郵便物の輸送 / ground [ocean] ～ 陸上[海上]輸送 / a ～ plan 輸送計画 ❷ 《主に米》輸送[交通]機関；乗り物の便(《英》transport) ‖ No ～ is available to the village. その村へ行く交通機関は何もない / A bus provides my ～ to school. バスが私の通学の足となっている / public ～ 公共の交通機関 / a means of ～ 交通[輸送]手段
❸ 〖史〗流刑, (国外)追放(昔の刑罰) ❹ 《米》運送料, 運賃；C 輸送[旅行]許可証, 切符 ▸▸ **Transportàtion Secúrity Administràtion** 名 (米国の)運輸保安局(2001年9月の同時多発テロ後, 運輸省内に設置. 略 TSA)

trans·port·er /trӕnspɔ́ːrt̬ər/ 名 C (自動車を運ぶ)大型輸送車, 大型輸送機；運送する人[もの]

***trans·pose** /trӕnspóuz/ 動 他 《しばしば受身形で》❶〔複数のもの〕を置き換える, 入れ換える ❷ 〖楽〗…を移調する ❸ …を翻訳する ❹ 〖数〗…を移項する

trans·po·si·tion /trӕ̀nspəzíʃən/ 名 ❶ U C 置き[入れ]換え, 転置, 置換；〖文法〗転置(法)；〖数〗移項；〖楽〗移調；〖遺伝〗(DNAの)転置；言い換え, 翻訳 ❷ C 置換[転調]されたもの

trans·sex·u·al /trӕnsékʃuəl/ 形 性倒錯の, 性転換(願望)の —名 C 性倒錯者；性転換(願望)者 **～·ism** 名

trans·ship /trӕnsʃíp/ 動 (**-shipped** /-t/；**-ship·ping**) 他〔乗客・貨物〕を別の輸送機関に移す, 積み換える —自 別の輸送機関に移る, 乗り換える **～·ment** 名

trans-Si·ber·i·an /trӕ̀nssaɪbíəriən | trӕnz-/ ⊲ 形 シベリア横断の

trans·son·ic /trӕnsɑ́ːnɪk | -sɔ́n-/ 形 ＝transonic

tran·sub·stan·ti·ate /trӕ̀nsəbstǽnʃièɪt/ 動 他 《通例受身形で》❶ 〖宗〗実体変化する ❷ 《堅》変質する

tran·sub·stan·ti·a·tion /trӕ̀nsəbstæ̀nʃiéɪʃən/ 名 U ❶ 〖宗〗実体変化(説)《聖餐(せいさん)のパンとぶどう酒がキリストの血と肉に変わること》 ❷ 変質

trans·u·ran·ic /trӕ̀nsjuərǽnɪk, trӕnz-/ ⊲ 形 〖化〗超ウランの《原子番号が uranium より大きい》‖ a ～ element 超ウラン元素《原子番号93以上》

Trans·vaal /trӕnsvɑ́ːl, trӕnz- | trǽnzvɑːl, trɑ́ːnz-/ 名 《しばしば the ～》トランスバール《南アフリカ共和国北東部の州. 金の産地》

trans·ver·sal /trӕnsvə́ːrsəl, trӕnz-/ 形 横断の —名 C 〖数〗(2本以上の線を横切る)横断線

trans·verse /trӕnsvə́ːrs, trӕnz-/ 形 《通例限定》横の, 横断する —名 C ❶ 横断物, 横断部；(公園などを横切る)横断道路 ❷ 〖数〗横軸, 交軸 **～·ly** 副
▸▸ **～ wáve** 名 C 〖理〗横波(↔ longitudinal wave)

trans·ves·tism /trӕnsvéstɪzm, trӕnz-/ 名 U 服装倒錯

trans·ves·tite /trӕnsvéstaɪt, trӕnz-/ 名 C (特に男性の)服装倒錯者, 異性の服装を好む人

Tran·syl·va·nia /trӕ̀nsɪlvéɪniə, trɑːn-/ 名 トランシルバニア《ルーマニア北西部の山岳地帯》

‡trap¹ /trӕp/
—名 (複 **～s** /-s/) C ❶ (動物を捕らえる)**わな** ‖ **set** [OR lay] a ～ **for** mice ネズミ捕りを仕掛ける / a fox caught in a ～ わなにかかったキツネ
❷ (人を陥れる)わな, **計略**, 策略 ‖ **You fell** [OR **walked**] straight **into** our ～. 君はまんまと我々の計略にはまった / **set** a ～ **for** him 彼にわなを仕掛ける

Behind the Scenes **It's a trap!** わなだ；やられた SF映画 *Star Wars* に登場する惑星モン＝カラマリ出身の反乱同盟軍提督 Ackbar が, 敵の帝国軍の戦略にはまったと気づいたときに言う. 多くの人がふざけて真似る *Star Wars* の名場面の一つで, このフレーズは, 特にインターネットで広く使われるようになった(♥ だまされたと気づいたときなどにおどけて用いる)

❸ 《通例単数形で》逃れ難い苦境(→ poverty trap) ‖ be **caught in** the ～ of unemployment 失業の苦境にはまり込む
❹ (排水管の)トラップ, 防臭弁《U[S]字管など》；(水蒸気・ガスなどの)防出装置；(排水口の)ごみ受け
❺ (クレー射撃などの)標的発射装置；(トラップボールの)球飛ばし器；(グレーハウンドレースの)出走ゲート
❻ 軽2輪馬車 ❼ ＝trapdoor ❽ 《俗》口(→ CE 1) ‖ Shut your ～! 黙れ ❾ 《主に米》〖ゴルフ〗バンカー(bunker) ❿ 《通例 ～s》(ジャズバンドなどの)打楽器類 ⓫ 《～s》(特に改造自動車のスピードレースでの)速度測定区間
fàll into [**avòid**] **the tràp of dóing** …する(ような)過ちを犯す[避ける]

COMMUNICATIVE EXPRESSIONS
1 **Kèep your tráp shùt.** 黙っていろよ；秘密だぞ(♥ 無礼な言い方)

—動 (**～s** /-s/；**trapped** /-t/；**trap·ping**)
—他 ❶〔人〕を〈危険な場所などに〉**閉じ込める**；〔人〕を〈苦境などに〉陥れる；〔体・衣服の一部〕を〈…に〉挟む〈**in**〉(♦ しばしば受身形で用いる) ‖ Several people were *trapped in* the burning building. 数人が燃えている建物の中に閉じ込められた
❷ 〔動物〕を**わなで捕らえる**；〔犯罪者など〕をわなにかける；〔場所〕にわなを仕掛ける ‖ A wild boar was *trapped* in the woods. 森でイノシシが捕獲された
❸ 〔人〕を〈…するように〉だます, わなにかける〈**into**〉‖ ～ him *into* confession 彼をだまして白状させる
❹ 〔気体・液体など〕を逃げないようにする, 閉じ込める
❺ 〖サッカー〗〔ボール〕をトラップする；〖野球〗〔打球〕をショートバウンドで捕る ❻ 〔排水管など〕にトラップを取りつける
—自 わなを仕掛ける；わな猟をする

trap[2] /træp/ 名 U 《米》火成岩(traprock)

trap[3] /træp/ 名 C 《しばしば ～s》《口》身の回り品, 携帯品, 手荷物 ‖ pack up one's ～*s* 持ち物をまとめる ―動 (**trapped** /-t/; **trap·ping**) 他 《古》…に馬飾りをつける

tráp·bàll 名 C トラップボール《18-19世紀に流行した, 木のバットで球を打って遠くに飛ばす球戯. → trap[1]❺》

tràp·dóor 名 C ❶ (天井・床・屋根などの)上げぶた, 落とし戸 ❷ (システムやプログラムなどへの)侵入口

▸▸ ～ **spíder** 名 C 〖動〗トタテグモ《上げぶたのある巣を作る》 ～ **fùnction** 名 C 落とし戸関数《データの暗号化に使われる》

tra·peze /træpíːz | trə-/ 名 C ❶ 空中ぶらんこ ‖ a ～ artist 空中ぶらんこ乗り[曲芸師] ❷ 〖ヨット〗トラピーズ《艇から体を乗り出してバランスを保つ器具》

tra·pe·zi·um /trəpíːziəm/ 名 (複 **-zi·a** /-ziə/ OR **～s** /-z/) C ❶ 〖数〗《米》不等辺四辺形; 《英》台形 ❷ 〖解〗(手首の)大多稜(りょう)骨

tra·pe·zi·us /trəpíːziəs/ 名 (複 **～·es** /-ɪz/ OR **-zi·i** /-ziaɪ/) C 〖解〗僧帽筋

trap·e·zoid /trǽpɪzɔ̀ɪd/ 名 C ❶ 〖数〗《米》台形; 《英》不等辺四辺形 ❷ 〖解〗(手首の)小多稜骨

trap·per /trǽpər/ 名 C わなを仕掛ける人; (特に毛皮をとる目的の)わな猟師

trap·pings /trǽpɪŋz/ 名 複 ❶ (服装などの)飾り, 装飾具; (官位・役職などを示す)装い; (権力・富などの)象徴《高級車・別荘など》 ❷ 馬飾り(caparison)

Trap·pist /trǽpɪst/ 形 名 C 〖カト〗トラピスト修道会の(修道士)

tráp·shòoting 名 U トラップ射撃《クレー射撃の1つ》

***trash** /træʃ/ 名 U ❶ 《主に米》くず, がらくた, ごみ(garbage, 《英》rubbish) ‖ Please sort out your ～ into combustibles and incombustibles. ごみは可燃物と不燃物に分けてください / Will you take out the ～? ごみを外に出してくれる? ❷ 《口》くだらないもの; 駄作, つまらない作品[番組]; ばかげた話[考え], たわごと ‖ How can you watch that ～? そんなくだらないもの[番組]をよく見てるね / talk ～ くだらないおしゃべりをする ❸ ⊗《主に米口》《蔑》くだらないやつ(ら), 人間のくず(♦ 個人にも集団にも用いる) ❹ 切り落とした枝[小枝, 葉]; サトウキビの搾りかす《燃料用》 ❺ C ごみ箱(アイコン)

COMMUNICATIVE EXPRESSIONS

1 **Òne màn's trásh is anòther màn's tréasure.** 人それぞれ(♥「ある人のごみはほかの人の宝」から)

―動 他 ❶ 《口》〔公共施設など〕を破壊[破損]する, めちゃめちゃにする ❷ 《口》…をこき下ろす ❸ 《主に米口》…をくずとして処分する, 捨てる ❹ 〔サトウキビ〕の外葉をとる; 〔木〕の枝を下ろす ❺ 〔ファイル〕を消去する, ごみ箱に捨てる ❻ 《受身形で》《口》(アルコール・麻薬に)酔っている

COMMUNICATIVE EXPRESSIONS

2 **Trásh it.** 捨ててしまえ; そんなのやめてしまえ(♥ 取り組んでいることなどを放棄するよう勧めるくだけた表現)

▸▸ ～ **càn** [**bìn**] 名 C 《米口》くず入れ(《英》dustbin); (公共施設の)ごみ箱(《英》litter bin) ～ **compàctor** 名 C 《米》(家庭用)ごみ圧縮器 ～ **tàlk** [**tàlking**] (↓)

trásh tàlk [**tàlking**] 名 U 《米口》(相手をおじけさせるための)ののしり, 大口 **trásh-tàlk** 動 自 他

trash·y /trǽʃi/ 形 《口》くずの; くだらない, 価値のない

trásh·i·ness 名

trat·to·ri·a /trɑ̀ːṭəríːə | trӕt-/ 名 (複 **～s** /-z/ OR **-ri·e** /-ríːiː/) C (イタリア料理の)大衆レストラン, トラットリア

***trau·ma** /tráumə | trɔ́ː-/ 名 (複 **～s** /-z/ OR **～·ta** /-ṭə/) U C ❶ 〖精神医〗トラウマ, 精神的外傷; 精神的痛手; (一般に)ショック; おぞましい体験 ‖ the ～ of war 戦争による精神的外傷 ❷ 〖医〗外傷; 外傷性障害

trau·mat·ic /trəmǽṭɪk, trau- | trɔː-/ 形 ❶ 《限定》〖精神医〗精神的外傷を引き起こす; トラウマ症の ❷ 精神的に深く傷つける ❸ 〖医〗外傷の, 外傷治療(用)の

-i·cal·ly 副

trau·ma·tism /tráumətɪ̀zm | trɔ́ː-/ 名 U C ❶ 〖精神医〗精神的外傷 ❷ 〖医〗外傷, 創傷(trauma)

trau·ma·tize /tráumətàɪz | trɔ́ː-/ 動 他 《通例受身形で》〖精神医〗精神的外傷を受ける; 〖医〗外傷を受ける

tra·vail /trǽveɪl, trəvéɪl/ 名 U/C 《～s》《文》❶ 労苦, 骨折り; 苦痛, 苦悩 ❷ 陣痛

―動 自 ❶ 骨折る, 苦労する ❷ 陣痛に襲われる

***trav·el** /trǽvəl/ 動 名

―動 (**～s** /-z/; **～ed**, 《英》**-elled** /-d/; **～·ing**, 《英》**-el·ling**)

―自 ❶ **a** (遠方または外国へ)**旅行する**, 旅をする(♦ しばしば場所・方向を表す 副句 を伴う); (乗り物などで)〈…に〉**行く**, 移動する, 通う〈**to**〉 ‖ That photographer has ～*ed* all over the world. その写真家は世界中を回っている / ～ abroad [in Africa] 海外[アフリカ]旅行をする / ～ by air [sea, land] 空[海, 陸]路で旅行する / go ～*ing* (for two weeks) (2週間の)旅行に出かける / She ～*ed* *to* Scotland by train. 彼女は列車でスコットランドへ行った / ～ *to* work by car 車で通勤する

b (+副句)…の距離を[…で]旅行[移動]する ‖ They ～*ed* two thousand miles. 彼らは2,000マイル旅行した(♦ 距離を表す語句が副詞的に用いられている) / ～ a long **distance** 長距離を移動する / ～ first class 1等で旅行する

❷ (+副 / 副句)(音・光・ニュースなどが)**伝わる**, 進む; (本・思想などが)受け入れられる; (乗り物などが)〈ある速度で〉**進む**, 走る〈**at**〉(♦ 副・副句 は様態・方向などを表す) ‖ Light ～*s* **faster** than sound. 光は音より速く進む / The news ～*ed* through international financial circles like a shock wave. そのニュースは国際金融界を衝撃波のように駆け抜けた / His music ～*s* well. 彼の曲は海外でも広く受け入れられている / The car was ～*ing* at 100 kph. その車は時速100キロで走っていた

❸ (セールスマンとして)〈会社の〉外交をして回る〈**for**〉; 〈商品の〉セールスをして回る〈**in**〉 ‖ ～ *for* an auto dealer 車販売店の外交をする / ～ *in* cosmetics 化粧品のセールスをして回る

❹ 《口》(車などが)速く動く[走る] ❺ (目・視線などが)次々と移っていく; (考えなどが)巡る ‖ The detective's gaze ～*ed* over the ceiling. 刑事の視線は天井を走った ❻ (機械(の部分)が)一定範囲を動く; 往復運動をする ❼ 進む ‖ The world ～*ed* further and further toward disaster. 世界はますます破滅に向かって突き進んだ ❽ 《+副》(ワイン・食品などが)輸送に耐える(♦ 副 は様態を表す) ‖ This wine doesn't ～ well. このワインは長距離輸送がきかない ❾ 〈…と〉付き合う〈**with**〉, 〈…との〉付き合いがある〈**in**〉 ‖ ～ *with* [OR *in*] a wealthy crowd 裕福な連中と付き合う ❿ 〖バスケットボール〗トラベリングを犯す

―他 …を**旅行する**; 〔道路など〕を通過する, 通って行く ‖ We ～*ed* Europe from Italy to Portugal. 我々はイタリアからポルトガルまでヨーロッパを旅行した / ～ 「the world [a country] 世界[国]を旅行する

tràvel líght 身軽な旅をする

COMMUNICATIVE EXPRESSIONS

1 **I've tràveled the glóbe from pòle to póle.** 私は世界中の隅々まで旅をしました

2 **Wòrd [(Bàd) nèws] tràvels fást.** うわさ[(悪い)知らせ]は伝わるのが早いんだ(♥「なぜ知っているの」への返答)

―名 (複 **～s** /-z/) ❶ U (一般に)**旅行**(すること); 《形容詞的に》旅行(用)の(⇨ 類語P) ‖ *Travel* is much cheaper than it used to be. 旅行は昔よりずっと安上りだ / a ～ bag 旅行かばん

❷ C 《通例 one's ～s》(遠方・外国への)**旅行**, 旅 ‖ tell them about one's ～*s* **in** Egypt 彼らにエジプト旅行の話をする

❸ C 《～s》旅行記, 紀行文 ‖ *Gulliver's Travels* 「ガリバー旅行記」 ❹ U (人・車などの)往来, 交通(量); (光・音などの)動き, 運動, 進行, 運行; 〖機〗行程, 動程(stroke)

	不可算	可算	
旅・旅行	**travel** 一般に「旅」	**trip**	長さ・目的・方法もさまざまな往復の旅行について広く用いるが, 概して比較的短い旅行
		journey	目的地への比較的長い旅・旅行
		tour	観光・見物などの周遊旅行
		excursion	観光などの比較的短い団体旅行
		voyage	海の旅, また宇宙旅行なども

♦ travel は「遠く離れた(見知らぬ)土地への旅」, journey は「長い道のりの(ときに骨の折れる)旅」という意味合いを持つことがある.

♦ travel は「1回の旅行」ではなく, 一般的に「旅(すること)」を意味し, a をつけない. ただし各地を巡る旅を表す場合は複数形 travels を用いる. 〈例〉She loves *travel.* 彼女は旅が大好きだ / air *travel* 空の旅(1回の飛行としていう場合は a flight) / *an* air *trip* 飛行機旅行 / space *travel* 宇宙の旅 / *a* space *trip* [OR *journey, voyage*] 宇宙旅行 / Did you go to Rome during your *travels*? 今度の旅でローマへは行きましたか

♦ tour は「周遊の旅」なので前置詞は of や around などを用いる. 〈例〉a *trip* [OR *journey*] *to* York ヨークへの旅行 / a *tour* 「*of* China [*around* the world]」 中国[世界]旅行

語源 「拷問台」の意のラテン語 *trepalis* から. この道具が3本(tres)の棒(palus)でできていたことに由来する. 「(拷問の)苦しみ」の意から「苦労してする旅」に転じたもの.

▶▶ **~ àgency** [**bùreau**] 名 C 旅行会社 **~ àgent** 名 C 旅行代理業者 **~ kìt** 名 C 旅行用洗面用具(一式)

trav·e·la·tor /trǽvəlèɪtər/ 名 C 《英》動く歩道(moving walkway)

trav·eled, 《英》**-elled** /trǽvəld/ 形 《しばしば複合語で》❶ 旅行経験に富んだ, 旅慣れた ‖ a widely ~ person 見聞の広い人 ❷ (場所・道路が)旅行者[車]の多い

***trav·el·er,** 《英》**-el·ler** /trǽvələr/ 名 C ❶ 旅行者, 旅人 ; 旅行家 ‖「an experienced [OR a seasoned] ~ 旅慣れた人 / a fellow ~ 旅の道連れ ❷ 《主に英》= traveling salesman ❸ 〖機〗往復運動装置, 走行台 ❹ 《英》ニューエイジトラベラー(→ New Age traveller) ❺ 〖海〗滑り環(ゎ) ; 滑り環付きロープ[円材, 棒] ❻ 《英》移動生活をする人 ; ロマ(Romany)

▶▶ **~'s chèck,** 《英》**tràveller's chéque** 名 C 旅行者用小切手 **~'s jòy** 名 C 〖植〗クレマチス(clematis) **~'s tále** 名 C 信用できない話, ほら話

***trav·el·ing,** 《英》**-el·ling** /trǽvəlɪŋ/ 形 《限定》❶ 旅行する ; 巡回[巡業]する ‖ a ~ circus 巡回サーカス ❷ 旅行(者)用の ‖ ~ expenses 交通費

── 名 U ❶ 旅行 ; 巡業 ❷ 〖バスケットボール〗トラベリング

▶▶ **~ bàg** 名 C 旅行かばん **~ clòck** 名 C トラベルウォッチ **~ fèllowship** 名 C (海外)研修奨学金 **~ lí·brary** 名 C 移動[巡回]図書館 **~ sálesman** 名 C 巡回販売員, セールスマン(中立 traveling salesperson, commercial traveler)

***trav·el·ler** /trǽvələr/ 名 《英》= traveler

trav·e·logue, + 《米》**-e·log** /trǽvəlɔ̀(ː)g/ 名 C (写真・スライドなどを用いての)旅行談 ; 紀行[観光]映画

trável-sìck 形 乗り物酔いの

~·ness 名 U 乗り物酔い(motion sickness)

***tra·verse** /trəvə́ːrs/ (→ 名) 動 他 ❶ …を横切る, 横断する, 渡る ; …を通過する, 通り抜ける ‖ the distance to be ~*d* 横断距離 ❷ …を行ったり来たりする, 行き交う ‖ Searchlights ~*d* the sky. サーチライトが空をあちこち行き来した ❸ 〖登山・スキー〗〔急斜面など〕を斜めに登降する, トラバースする ❹ (橋などが)〔川など〕を横切る, …に架かる ❺ 《文》〔意見・計画など〕に反対する, …を妨害する ❻ 〔問題など〕を慎重に考察する, 詳細に検討する ❼ 〖法〗〔相手の主張〕を否定する, …に反論する ❽ (ねらいをつけるために)〔砲口〕を左右に旋回する, 〔銃口〕をあちこちに向ける

── 自 ❶ 横切る, 横断する ❷ 行ったり来たりする ❸ (砲口などが)旋回する ❹ 〖登山・スキー〗斜めに登る[降りる]

── 名 /trǽvəːrs/ C ❶ 〖登山・スキー〗斜登降, 斜滑降 ; トラバース(地点) ❷ 横断(旅行), 横切ること ❸ 横切るもの, 横断物 ; 横木 ; 桟, 大梁(はり) ❹ 横牆(おうしょう) ; 〖軍〗防護壁 ; 〖建〗横断回廊 ; 中2階 ❺ 〖海〗(風上への)ジグザグ航路 ❻ 横断路 ; 〖数〗横断線 ; 〖測〗トラバース, 多角線 ; トラバース測量(された地域) ❼ 〖法〗否認訴答, 反論 ❽ 障害(物) ; 《文》障害, 妨害 ; (障害用の)手すり, 垂れ幕, 隔壁 ❾ U C 〖砲術〗旋回(装置) ; 〖機〗トラバース, あや振り(装置)

── 形 横切る, 横断する

-vérs·a·ble 形 **-vérs·al** 名 **-vérs·er** 名

trav·er·tine /trǽvərtìːn | -tɪn/ 名 U トラバーチン, 石灰華《温泉付近に多い石灰質の緻密(ちみつ)な沈殿物》

trav·es·ty /trǽvəsti/ 名 (複 **-ties** /-z/) C ❶ (文学作品などの)戯作, 戯画, パロディー ❷ 下手な模倣, にせ物 ; こじつけ, 曲解 ‖ a ~ of justice 偽りの正義 ── 動 (**-tied** /-d/ ; **~·ing**) 他 …を滑稽(こっけい)化する, 戯画化する

tra·vois /trəvɔ́ɪ/ 名 (複 **~, ~es** /-z/) C トラボイ《2本の棒を犬や馬に結びつけた運搬用のそり. 北米先住民が用いた》

trawl /trɔːl/ 名 C ❶ (= **~ nèt**) 底引き網, トロール網 ❷ (= **~ lìne**) 《米》はえ縄(setline) ❸ 《主に英》〈情報などの〉徹底的な探索, 調査(trawling)〈**through**〉

── 動 自 ❶ トロール漁をする ; 《米》はえ縄漁をする ❷ くまなく探す[調べる]〈**through** …の中を ; **for** …を求めて〉

── 他 ❶ 〔魚〕をトロール網で捕る ; 〔トロール網〕を引く, 引きずる ❷ …を〈…を求めて〉くまなく探す[調べる]〈**for**〉 ❸ …を水[液体]に入れて横に動かす

trawl·er /trɔ́ːlər/ 名 C トロール船 ; 底引き網漁業者

:tray /treɪ/

── 名 (複 **~s** /-z/) C ❶ **盆,** 盛り皿, 受け皿 ; 料理[菓子など]を盛った盆[皿], 盆[皿]にのせた[盛った]もの ‖ Your tea's there **on** the ~. あなたのお茶はそこの盆にのっています / a pen ~ ペン皿 / a ~ of food 盆ひと盛り分の食べ物 / a ~ of drinks 飲み物をのせた盆

❷ (トランク・戸棚などの)仕切り箱, かけご

❸ 《主に英》書類整理箱 ‖ an in [out] ~ 未決[既決]用の箱

~·fùl 名 C 〈…の〉盆1杯の量〈**of**〉

***treach·er·ous** /trétʃərəs/ 形 ❶ 〈…に対して〉不誠実な, 二心ある, 不忠の〈**to**〉 ‖ He has been ~ *to* his friend. 彼は友人を裏切ってきた / a ~ act 裏切り行為 ❷ (見た目と違って)危険な, 油断できない ; 信頼できない ; (天候などが)不安定な, 崩れそうな ‖ ~ branches 丈夫そうに見えて折れやすい枝 / ~ weather 急変しそうな天気

~·ly 副 裏切って, 不実に **~·ness** 名

treach·er·y /trétʃəri/ 名 (複 **-er·ies** /-z/) ❶ U 裏切り, 背信 ; 反逆, 謀反 ❷ C 《通例 -eries》裏切り行為

trea·cle /tríːkl/ 名 U ❶ 《主に英》糖蜜(とうみつ)(《米》molasses) ; (製菓用の)黄色の糖蜜 ❷ 甘ったるい感情

trea·cly /tríːkli/ 形 ❶ 《英》糖蜜のような ❷ (言葉などが)甘ったるい, ひどく感傷的な

***tread** /tred/ 《発音注意》動 (**~s** /-z/ ; **trod** /trɑ(ː)d | trɒd/ ; **trod·den** /trɑ́(ː)dən | trɒ́d-/ OR **trod** ; **~·ing**) 自 ❶ **a** 《+**on** [**upon**] 名》…を踏む, 踏みつける, 踏みつぶす ; (人・感情など)を踏みにじる ‖ ~ *on* earth with bare feet はだしで土を踏む / ~ *on* her heels 彼女の(かかとを踏むくらいに)すぐ後を追う **b** 《+副句》(場所に)足を踏み入れる ‖ ~ in mud 泥の中に足を突っ込む ❷ 《+副》歩く, 行く(♦ 副 は様態を表す. しばしば方向を表す 副句 を伴う) ‖ ~ heavily [quietly] into a room 重い足取りで[そっと]部屋に入る ❸ 《+副》(ある態度・やり方で)振る舞う, 行動する ‖ ~ carefully [OR cautiously] on sensitive issues 微妙な問題を慎重に処理する ―⑩ ❶〔道・場所など〕を踏む, 歩く, 行く, 通る ‖ ~ a「perilous path [OR tightrope]《比喩的に》危険な道を歩く, 危ない橋を渡る ❷ …を踏みつける, 踏みつぶす《*down*》;〔道〕を踏み固めて作る;《英》〔足〕を〈…に〉踏み入れる, 〔泥など〕を踏みつけて〈…に〉食い込ませる〈**into, over**〉‖ ~ grapes (ワインを造るために) ブドウを踏みつぶす / Hunters have *trodden* a path through the woods. 猟師たちは歩いて森の中に道を作ってきた ❸〔人・感情など〕を抑えつける, 踏みにじる;〔権利など〕を蹂躙(じゅうりん)する《*down*》

―名 C ❶《単数形で》歩くこと;歩き方, 足取り;足音 ‖ walk with a heavy ~ 重い足取りで歩く ❷ (=~**bòard**)(階段の)踏み板, 踏面;踏み幅 ❸ C U (タイヤ・車輪などの)接地面;(タイヤの)溝(の形);(レールの)接輪面 ❹ C U 靴底(sole);足の裏 ❺ (自動車の)輪距, トレッド《左右のタイヤ間の距離》 **~·er** 名 **~·less** 形

trea·dle /trédl/ 名 C (足踏みミシン・陶工ろくろなどの) 踏み板[木], ペダル ―動 自 ペダルを踏む

tréad·mìll 名 C ❶ トレッドミル《トレーニング用のランニングマシン》 ❷ 単調[退屈]な仕事 ❸ (足)踏み車《人・馬に踏ませて回転させる;昔は罰として囚人に踏ませた》

treas. 略 treasurer;treasury

***trea·son** /trí:zən/ 名 U ❶〈国家などに対する〉反逆(罪)〈**against**〉‖ high ~ (国家に対する) 大逆罪 / petty ~ (親方・夫殺しなどの昔の) 軽反逆罪 / commit [plot] ~ *against* the state 国家に対する反逆罪を犯す[反逆をたくらむ] ❷〈…に対する〉裏切り(行為)〈**against, to**〉

trea·son·a·ble /trí:zənəbl/ 形 反逆の, 大逆の;裏切りの, 背信的な **-bly** 副

trea·son·ous /trí:zənəs/ 形 =treasonable

⁑treas·ure /tréʒər/《発音注意》

―名 (複 **~s** /-z/) ❶ U C (金銀・宝石などの) 財宝, **宝物**;U (蓄積された)富, 財産, 財貨 ‖ look for buried ~ 埋もれた財宝を探す

❷ C《通例 ~s》貴重品, 大切なもの ‖ national ~*s* 国宝 ❸ C《単数形で》《口》貴重な人, またとない人;最愛の人;かわいいおまえ(♥ 子供などへの呼びかけ) ‖ My secretary is a real ~. 私の秘書はかけがえのない宝物だ

―動〔▶ treasury 名〕他 ❶ …を貴重と思う, 大切にする ‖ You cannot ~ your friends too much. 友人はどんなに大事にしてもしすぎることはない

❷〔物〕を大事にしまい込む, 取っておく;〔言葉など〕を心に銘記する《*up*》‖ I shall ~ *up* these memories of you. あなたの思い出は大切に胸にしまっておきます / my most ~*d* possession 私が最も大事にしているもの

-ur·a·ble 形

▶▶ **~ hòuse** 名 C 宝庫, 宝物(ほうもつ)庫 ‖ a ~ *house* of knowledge 知識の宝庫 **~ hùnt** 名 C 宝探し(ゲーム)

***treas·ur·er** /tréʒərər/ 名 C (会社・クラブなどの) 会計係, 経理担当者;(自治体などの)出納者, 収入役;《豪》大蔵大臣 ‖ the *Treasurer* of the United States 米国財務省出納局長 **~·shìp** 名 U 会計係の職

tréasure-tròve 名 ❶ U/C《通例単数形で》〖英法〗(所有者不明の)埋蔵物,(特に金・銀の)発掘物 ❷ C《通例単数形で》(情報などの)宝庫 ❸ C 貴重な発見(物), 掘り出し物

***treas·ur·y** /tréʒəri/ 名〔◁ treasure 動〕(複 **-ur·ies** /-z/) ❶《the T-》《単数・複数扱い》《米》財務省;《英》大蔵省 ‖ the Secretary of the *Treasury*《米》財務長官 / the First Lord of the *Treasury*《英》大蔵総裁《ふつう首相が兼任》 ❷ C 宝庫, 財宝保管所 ❸ C 国庫, 公庫;(政府・団体の)基金, 資金 ‖ the public ~ 公庫

▶▶ **Tréasury Bènch** 名《the ~》(英国議会下院の)大臣席《議長の右手前列》 **Tréasury bìll** 名 C《米》(短期の)財務省証券;《英》大蔵省証券 **Tréasury bònd** 名 C《米》(長期の)財務省債券, 国債 **Tréasury nòte** 名 C《米》(中期の)(財務省)利付債券 **Tréasury se·cùrities** 名 複《米》財務省証券《bill, bond, note を含めた総称. 単に Treasuries ともいう》

⁑treat /tri:t/《発音注意》動 名

中心義 **Aを扱う**(★Aは「物」「人」「事柄」など多様. Aが同じ「人」であっても, 文脈によって「治療する」や「おごる」のように扱い方が限定された意味になる)

> 動 他 **取り扱う❶ 治療する❷ みなす❸ おごる❹ 論じる❺**
> 名 **楽しみ❶ おごり❷**

―動〔▶ treatment 名, treaty 名〕(**~s** /-s/;**~·ed** /-ɪd/;**~·ing**)

―他 ❶《+目+副句》…を**取り扱う**, 遇する〈**like, with**〉(♦ 副句 は様態を表す語・句・節) ‖ Our teacher ~*s* us fairly. 先生は私たちを公平に扱う / Don't ~ me *like* a baby. 私を赤ん坊扱いしないで / Almost all legal systems ~ children differently from adults. ほぼすべての法体系で子供を大人と違う扱い方をしている / ~ one's seniors *with* respect 年長者を敬意をもって遇する / The boss ~*s* his staff「as if [《口》*like*] they had no feelings. 上司は部下たちをまるで感情を持っていないかのように扱う

❷〔人・病気〕を〈…で〉**治療する**, 手当てする(⤳ patch up)〈**with**〉;〔人〕の〈病気を〉治療する〈**for**〉(♦ treat は単に「治療・手当てをする」の意. cure は「完治させる」の意) ‖ The doctor ~*ed* the **patient** *with* a new drug. 医者はその患者を新薬で治療した / I had my cavity ~*ed*. 虫歯を治療してもらった / ~ an injury けがの手当てをする

❸《+目+**as** 名・形》〔物事〕を…と**みなす**, 考える ‖ He ~*ed* my joke *as* serious. 彼は私の冗談を本気にした

❹〔人〕に〈…を〉**おごる**, ごちそうする;〔人〕を〈…で〉楽しませる〈**to**〉;〔有権者〕を供応する;《~ oneself で》(奮発して)〈…を〉手に入れる, 買い求める;〈…を〉楽しむ〈**to**〉‖ He ~*ed* me *to* a lavish dinner at the Ritz. 彼はリッツホテルで豪華な食事をごちそうしてくれた / Let me ~ you tonight. 今晩は僕におごらせてくれ / I ~*ed* myself *to* a new car. 私は奮発して新しい車を買った

❺《+目+副》〔問題など〕を(あるやり方で)**論じる**, 扱う;(文学・美術などで)…を扱う, 表現する ‖ These two issues should be ~*ed* separately. これら2つの問題は別個に扱われるべきだ / ~ a subject thoroughly [briefly] 問題を徹底的[簡潔]に扱う ❻ …を〈薬品などで〉処理する〈**with**〉‖ ~ a metal *with* acid 金属を酸で処理する

―自 ❶《+**of** 名》…を扱う, 論じる ‖ This book ~*s of* air pollution. この本は大気汚染について論じている

❷《+**with** 名》《堅》〔敵など〕と〈…の〉取り引き[交渉]する, 談判する〈**for**〉‖ They ~*ed with* the enemy *for* peace. 彼らは敵と和平交渉をした ❸ おごる, ごちそうする ‖ It's my turn to ~. 私がおごる番だ

COMMUNICATIVE EXPRESSIONS

1 **Hòw's the wòrld (been) tréating you?** ⇨ WORLD (CE 2)

2 **I've trèated you lìke a kíng [quéen].** あなたのことを王[女王]様のように扱ってきました(♥ 特別扱い・配慮をしてきたことを伝える)

3 **We àim to trèat you ríght.** ご満足いただけるよう努力いたしております(♥ サービス業の人などが用いる)

―名 (複 **~s** /-s/) ❶ C (思いがけない)**楽しみ**, 喜び;楽しい催し, お祝い;ごちそう, もてなし ‖ His old friend's visit was a great ~ for him. 旧友の来訪は彼にとって大きな喜びだった / a birthday ~ 誕生日の催し[お祝い] / a schoolchildren's ~ 学童の楽しみ《遠足・運動会など》/ A cup of coffee can be a ~. 1杯のコーヒーでも立派なごちそうになることがある

❷《one's ~》**おごり**;おごる番 ‖ This is my ~. これは私のおごりだ(=This is on me.)

❸ C《a ~》《副詞的に》《英口》満足のいくように, 申し分なく, うまく ‖ work [look] a ~ (物事が)うまくいく[いきそうだ]

gò down a tréat 《英口》(物が)喜ばれる, 好評である；うまくいく
lòok a tréat とてもきれいに見える
stànd tréat 《口》〈…に〉ごちそうする, おごる〈**to**〉
~·er 名

***treat·a·ble** /tríːṭəbl/ 形 扱い得る, 処理[治療]できる

trea·tise /tríːṭəs|-tɪz/ 名 C 〈…に関する〉(学術)論文〈**on**〉

treat·ment /tríːtmənt/
—名〔◁treat 動〕(複 **~s** /-s/) U C ❶〈…の〉**治療**, 処置；治療法[薬]〈**for, of**〉‖ He is **receiving** [OR get-ting] ~ *for* alcoholism. 彼はアルコール依存症の治療を受けている / a new ~ *for* cancer 癌(がん)の新しい治療法 / receive medical ~ 治療を受ける / respond to ~ (人が)治療の効果が出る / **need** urgent ~ 緊急の治療を要する
❷ U 〈…の〉**取り扱い**, 扱い(方), 待遇, 処遇〈**of**〉‖ kind [equal] ~ 親切[平等]な扱い / special [OR preferen-tial] ~ 特別待遇 / get [OR **receive**] rough ~ from a policeman 警官から手荒な扱いを受ける / give him the full ~ 彼を手厚くもてなす / give him the silent ~ 彼を無視[黙殺]する
❸ (問題などの)論じ方, 扱い方；(芸術上の)表現法 ‖ The problem requires a more scientific ~. その問題はもっと科学的に論じる必要がある
❹ (物質などの)処理, 加工 ‖ the ~ of industrial [haz-ardous] waste 産業[危険な]廃棄物の処理 / a ~ plant 加工工場 ❺ C 《映》台本[シナリオ]の概要版

trea·ty /tríːṭi/ 《発音注意》
—名〔◁treat 動〕(複 **-ties** /-z/) ❶ C (国家間の)**条約**, 協定；条約[協定]文(書) ‖ a commercial ~ 通商条約 / Comprehensive Test Ban *Treaty* 包括的核実験禁止条約 / a ~ on global warming 地球温暖化に関する条約 / conclude a **peace** ~ with neighboring countries 近隣諸国と平和条約を結ぶ / **sign** a ~ 条約に調印する / **ratify** [break] a ~ 条約を批准[破棄]する
❷ U (個人間の)協約, 交渉；(特に不動産などの)売買契約
▸▸ **~ pòrt** 名 C (かつて日本・中国などが条約によって開港した)条約港

***tre·ble** /trébl/ 形 ❶ 3倍の, 3重の；3部分からなる(three-fold)；3様の(♦ しばしば所有格, 定冠詞などのついた名詞の前に置く) ‖ He earns ~ my salary. 彼は私の給料の3倍稼ぐ / It was sold for ~ the going rate. それは相場の3倍で売れた ❷《限定》〖楽〗(声・楽器などが)最高音部の, ソプラノの ❸《限定》(声などが)甲高い
—名 ❶ U〖楽〗最高音部, ソプラノ；C 最高音部の声[歌手, 楽器]；ボーイソプラノ ❷ C 甲高い声[音] ❸ C 3倍[重]のもの, 3部分からなるもの；〖ダーツ〗トレブル《得点が3倍になる部分(への当たり)》；〖スポーツ〗(1シーズンでの)3大会制覇, 3冠；〖競馬〗3重勝 ❹ U〖録音〗高音(域), トレブル；C 高音域調整用つまみ ❺ C《単数形で》《英》〖競馬〗3重賭(か)け —動 他 …を3倍にする —自 3倍になる
-bly 副 3倍[重]に；高音で
▸▸ **~ cléf** 名 C〖楽〗高音部記号, ト音記号(G clef)

tree /triː/ 名 動
—名(複 **~s** /-z/) C ❶ (高い)**木**, 樹木, 立木；立木のような草木[低木] (⇨ 類語P) ‖ an apple [elm] ~ リンゴ[ニレ]の木 / a deciduous ~ 落葉樹 / an evergreen ~ 常緑樹 / a memorial ~ (planted) in a park 公園の記念樹 / 「cut down [**plant**, grow] a ~ 木を切り倒す[植える] / climb (up) a ~ 木に登る
❷ 樹木状のもの；木材, 木製のもの；(建築物・道具などの)木材部, 木部《棒, 柱, 梁(はり)など》‖ an axle ~ 車軸, 心棒 / a boot ~ (靴の型崩れ防止の)木型 ❸ 樹形図；系統樹, 系譜(→ family tree)；木構造, ツリー構造；〖化〗樹状結晶 ‖ a genealogical ~ 系統樹 ❹ 《古》《文》絞首台；《the T-》(キリストがはりつけにされた)十字架
òut of one's trée 《口》(酒や麻薬のために)頭がどうかして

COMMUNICATIVE EXPRESSIONS
1 **Mòney dòesn't gròw on trées.** ⇨ MONEY (CE 3)
2 Nów we'**re ùp a (gúm) trée.** 困ったなあ；追い詰められてしまった(♥ 進退窮まってどうすることもできない様子)
3 **You're bàrking úp the wròng trée.** あなたは見当違いをしている；それはお門違いの非難だ

—動 (**~s** /-z/；**~d** /-d/；**~·ing**) 他 ❶ 《米》〔獲物〕を木の上に追い上げる ❷ 《主に米口》〔人〕を追い詰める, 窮地に追い込む ❸〔靴〕を木型に入れる

木	立ち木	一般の木	tree C	
		低　木	bush C	
			shrub C	
	用材	丸　太	log C	
		木　材	wood U	《米》lumber U 《英》timber U (製材加工したもの)

♦ bush と shrub は幹(trunk)のない低木で, 根元近くで多くの枝(ふつう branch でなく stem と呼ぶ)に分かれている. しばしば同じように用いられ, 例えば rose(バラ)には bush も shrub も用いられるが, 日常語としては bush が, 園芸用語としては shrub が多く用いられる. bush は名詞の後に置いて用いるが, shrub はそのようには用いない. 〈例〉a rose *bush* バラの木

▸▸ **~ dìagram** 名 C 樹形図 **~ fèrn** 名 C U〖植〗(熱帯産の)木生シダ《ヘゴなど》 **~ fròg** 名 C〖動〗アマガエル **~ hòuse** 名 C 樹上の家《子供の遊び用. 森林伐採阻止のために環境保護運動家が作るものも指す》 **~ lìne** 名《the ~》(高地・極地の)樹木限界線(timberline) **~ of knówledge** 名《the ~》〖聖〗(善悪を知る)知恵の木《エデンの園にある禁断の実をつける木. アダムとイブはその実を食べて園を追われた》 **~ of lífe** 名《the ~》〖聖〗命の木《エデンの園にあり, その実は永遠の命を与えるとされる》；(進化を表す)樹形図, 系統樹；C〖植〗ニオイヒバ(arbor vitae) **~ rìng** 名 C《通例 ~s》年輪 **~ shrèw** 名 C〖動〗ツパイ《東南アジア産のリスに似た原始的な哺乳(ほにゅう)動物》 **~ strùcture** 名 C 木構造, ツリー構造 **~ sùrgeon** 名 C 樹木医 **~ sùrgery** 名 U 樹木管理 **~ tòad** 名 C =tree frog **~ trùnk** 名 C 木の幹

trée-hùgger 名 C ⊗《口》《主に蔑》環境保護運動家(tree-sitter)《木を切らせまいとして木に抱きつくところから》
-hùgging 名

tree·less /tríːləs/ 形 木のない

tree·nail /tríːnèɪl/ 名 C (造船などに用いる)木釘(きくぎ)

trée-sìtting 名 U 樹上座り込み《木を切らせまいとして枝の間の台座に座り込みをすること》 **trée-sìtter** 名

trée·tòp 名 C《通例 ~s》こずえ, 木の頂

tre·foil /tréfɔɪl/ 名 C ❶〖植〗ツメクサの類《3枚の葉からなるシロツメクサ, ウマゴヤシなど》 ❷〖建〗(トレーサリーなどの)三つ葉飾り[模様], トレフォイル(→ tracery)

***trek** /trek/ 動 (**trekked** /-t/；**trek·king**) 自 ❶ のろのろ[骨折って](徒歩で)進む；徒歩旅行[トレッキング]をする(♦ 通例場所・方向を表す 副句 を伴う) ‖ ~ up a long flight of stairs 長い階段を苦労して登る / go *trekking* in Peru ペルーにトレッキングに行く / ~ through a jungle ジャングルを通り抜ける ❷《南ア》《通例命令形で》(牛が)荷車を引く ❸《南ア》〖史〗牛車で旅をする；(集団)移住する ❹ (歩いて)行く
—名 C ❶ のろのろした[骨の折れる]旅(の一行程)；徒歩旅行, トレッキング ‖ go on [OR for] a ~ トレッキングに出かける / make a ~ to the South Pole 南極へ徒歩旅行をする ❷ 歩くには長い距離 ‖ It's a bit of a ~ to the city hall. 市役所は歩いて行くにはちょっと遠い
~·ker 名 C 徒歩旅行者

語源 アフリカーンス語の「牛車で停車場間を行く旅」から「(徒歩)旅行」に意味が拡大したもの.

Trek·kie /tréki/ 名 C (テレビ番組・映画の)スタートレック(Star Trek)のファン

trel·lis /trélɪs/ 名 C ❶ 格子(lattice) ❷ (ツル性植物用の)格子垣[棚], トレリス
— 動 他 ❶ …に格子をつける；…を格子造りにする ❷ 〔ツル性植物〕を格子垣にはわせる, 格子で支える

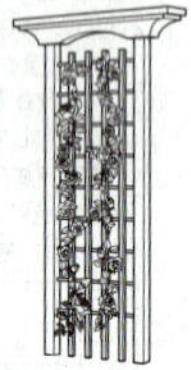
trellis ❷

tréllis·wòrk 名 C 格子細工(latticework)

trem·a·tode /trémətòud/ 名 C 〚動〛吸虫

:**trem·ble** /trémbl/
— 動 (~s /-z/；~d /-d/；-bling) 自 ❶ (体・声などが)〈恐怖・怒り・寒さ・病気などで〉**震える**, 身震いする, おののく〈**at, with, from**〉(⇨ SHAKE 類語P) ‖ He was *trembling* all over *with* fear [rage]. 彼は恐怖[怒り]で全身を震わせていた / ~ *at* a terrifying sight 恐ろしい光景を見て身震いする / ~ *from* 「(the) cold [the strain] 寒さ[緊張]で震える
❷ (大地・木・葉・光などが) 揺れる, 揺れ動く, 震動する ‖ The ground ~*d* as a big truck went by. 大型トラックが通ったとき地面が揺れた
❸ 〈…を〉ひどく心配する, 〈…に〉気をもむ〈**for**〉；〈…すると〉心配になる〈**to *do***〉‖ I ~ *for* his safety. 彼の安否がひどく気がかりだ / I ~ *to* think what may happen. 何が起こるか考えると不安でたまらない
in fèar and trémbling 《口》恐怖におののいて
— 名 C ❶ 《通例単数形で》揺れ, 震動；震え, 身震い；おののき ‖ a ~ of fear 恐怖で震えること
❷ 《~s》《単数扱い》(病的な)震え；(牛馬の)振顫(しんせん)病
àll of a trémble 《口》(心配などで)ぶるぶる震えて
-bling 名 形　**-bling·ly** 副 震えながら；恐れおののいて

trem·bly /trémbli/ 形 《口》(恐怖・寒さ・興奮などで)震える；揺れている

:**tre·men·dous** /trəméndəs/
— 形 (**more ~；most ~**)
❶ (大きさ・数量・程度などが)**途方もない**, とてつもない, ものすごい(↔ tiny)(⇨ HUGE 類語) ‖ a ~ appetite [talker] 大変な食欲[ひどくおしゃべりな人] / at a ~ speed 猛スピードで / a ~ **amount** of work 莫大な量の仕事
❷ 《口》素晴らしい, 素敵な(↔ terrible) ‖ We had a ~ time yesterday evening. 昨夜はとても素晴らしい時を過ごした / a ~ performance 素晴らしい演技
❸ 《古》畏怖(いふ)させる, 恐れ多い
~·ness 名

tre·mén·dous·ly /-li/ 副 ❶ 《口》とてつもなく, ものすごく；素晴らしく ‖ They were all ~ interested in music. 皆音楽にはすごく関心を持っていた ❷ すさまじく

trem·o·lo /tréməlòu/ 名 (複 **~s** /-z/) C 〚楽〛❶ トレモロ(→ vibrato) ❷ (オルガンなどの)トレモロ装置

*****trem·or** /trémər/ 名 C ❶ (地面などの)震動, 揺れ；微震(earth tremor)；(光・音などの)微動；(声などの)震え ‖ There was a slight ~ in his voice. 彼の声はかすかに震えていた ❷ (手足の) 震え；(病気による) 震えの発作 ❸ ぞくぞく[わくわく]する感じ, おののき ‖ in a ~ of delight [excitement] 喜び[興奮]でわくわくして / a ~ of fear 恐怖のおののき

trem·u·lous /trémjʊləs/ 形 ❶ (手足などが)震える；(声などが)震える ‖ in a ~ voice 震えた声で ❷ おく病な, おびえた, びくびくした　**~·ly** 副　**~·ness** 名

*****trench** /trentʃ/ 名 〔▶ entrench 動〕C ❶ (深く狭い) 溝, 堀, 掘り割り ‖ dig a ~ 溝を掘る ❷ 〚軍〛塹壕(ざんごう)；《~es》塹壕陣地 ‖ in the ~*es* 最前線に立って ❸ 〚海洋〛海溝
— 動 他 ❶ 〔地面など〕に溝[堀, 塹壕]を掘る；〔畑など〕を掘り返す ❷ 〚軍〛…を塹壕で囲む[防御する]
— 自 溝[堀, 塹壕]を掘る
▶▶ **~ còat** 名 C トレンチコート **~ fèver** 名 U 塹壕熱(塹壕内のシラミが媒介する伝染病) **~ fòot** 名 U 塹壕足炎(塹壕内の兵士がかかる足の病気) **~ mòrtar** 名 C 迫撃砲 **~ wárfare** 名 U 〚軍〛塹壕戦

tren·chan·cy /tréntʃənsi/ 名 U (批評などの) 鋭さ, 辛辣(しんらつ)さ；(輪郭などの)明瞭(めいりょう)さ

tren·chant /tréntʃənt/ 形 ❶ (批評などが) 鋭い, 痛烈な, 辛辣な ❷ 力強い, 効果的な ‖ a ~ analysis 鋭い分析 ❸ (輪郭など) が明瞭な ‖ a ~ pattern くっきりした模様　**~·ly** 副

tren·cher[1] /tréntʃər/ 名 C (昔用いられた)木皿

trén·cher[2] /tréntʃər/ 名 C 溝を掘る人[もの]；(特に) 溝掘り機

trén·cher·man /-mən/ 名 (複 **-men** /-mən/) C 《戯》大食家, 健啖(けんたん)家(中立 heavy [hearty] eater)

:**trend** /trend/
— 名 (複 **~s** /-z/) C ❶ 〈事態・世論などの〉**傾向**, 動向, トレンド, 趨勢(すうせい)〈**in, of** …の；**toward(s)** …への〉(⇨ TENDENCY 類語) ‖ There has been a growing ~ *toward* hybrid cars in recent years. 近年ハイブリッドカーを求める傾向が増している / The current global ~ is positively *toward* nuclear disarmament. 現在の世界の趨勢は確実に核軍縮に向かっている / predict economic ~*s* 経済動向を予測する / a downward ~ *in* share prices 株価の下落傾向 / the ~ *of* public opinion 世論の動向
❷ 流行, はやり ‖ follow the latest ~*s* in fashion ファッションの最新流行を追う
❸ (山・川などの)方向, 向き, 傾き
— 動 (**~s** /-z/；**~·ed** /-ɪd/；**~·ing**) 自 (+副句) ❶ (事態・世論などが)(ある方向に)傾く, 傾向を示す ‖ ~ toward conservatism 保守主義へ傾く ❷ (ある方向へ)向かう, 伸びる；向きをとる ‖ The river ~*s* westward at that point. その川はその地点で流れを西に変える

trénd·sètter 名 C 流行を作り出す人[もの], 流行をリードする人[もの]　**-sètting** 形

*****trend·y** /tréndi/ 形 《口》流行の先端をいく, しゃれた
— 名 (複 **trend·ies** /-z/) C 《ときにけなして》流行の先端をいく人　**trénd·i·ly** 副　**trénd·i·ness** 名

Tren·ton /tréntən/ 名 トレントン《米国ニュージャージー州の州都》

tre·pan /trɪpǽn/ 名 C ❶ 〚機〛トレパン《金属板などを丸くくり抜く工具》；=trephine ❷ 〚採〛縦穴開さく機
— 動 (**-panned** /-d/；**-pan·ning**) 他 ❶ 〔金属板など〕を丸くくり抜く ❷ =trephine　**trèp·a·ná·tion** 名

tre·pang /trɪpǽŋ/ 名 C 〚動〛ナマコ類

tre·phine /trɪfáɪn, trɪfíːn/ 名 C 〚医〛トレフィン, 穿孔器(昔, 頭蓋(とうがい)手術に用いた筒状ののこぎり) — 動 他 〔頭蓋〕にトレフィンで穴をあける　**trèph·i·ná·tion** 名

trep·i·da·tion /trèpɪdéɪʃən/ 名 U (身震いするような)恐れ, 不安, おののき；(心の)動揺, 狼狽(ろうばい)

*****tres·pass** /tréspəs/ 動 自 ❶ 〈他人の土地・住宅に〉(不法) 侵入する；〈権利などを〉侵害する〈**on, upon**〉‖ ~ *on* one's neighbor's land [rights] 隣人の土地に侵入する[権利を侵害する] / No *Trespassing*. 《掲示》立入禁止 ❷ (+**on** [**upon**] 名)〔好意など〕につけ込む, 〔時間・私生活など〕に立ち入る, …を邪魔[侵害]する ‖ I hope I am not ~*ing on* your time. お邪魔でなければいいのですが ❸ (+**against** 名)《古》《文》〔法律・社会道徳など〕に違反する, 背く；〔人〕に悪事を働く
— 名 U C ❶ 〚法〛(財産・権利などの) 侵害；(身体に対する)侵害, 暴力行為；(土地などへの)不法侵入；侵害訴訟 ❷ (他人の時間・生活などへの)侵害, 邪魔 ❸ 《古》《文》(道徳上の)罪, 違反；(宗教上の)罪(sin)
語源 ラテン語 *trans-*(横切って)+*passus*(通る)から.

trés·pass·er /-ər/ 名 C 不法侵入者, 侵害者

tress /tres/ 名 C ❶ 《通例 ~es》(女性の) 長いふさふさした髪 ❷ 《古》一房の頭髪；編んだ髪

tressed /trest/ 形《通例複合語で》…の髪の ‖ black-～ ふさふさした黒髪の

tres·tle /trésl/ 名 C ❶ 架台, 脚立, 踏み台 ❷〖土木〗(橋などを支える)構脚;(＝～ bridge)構脚橋, トレッスル橋 ❸ (＝～ tàble)架台式テーブル

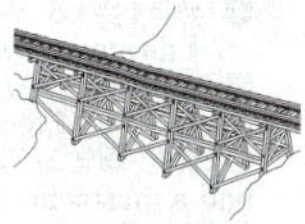
trestle ❷

tréstle·trèe 名 C〖海〗檣頭(しょうとう)[マストヘッド]縦材

tréstle·wòrk 名 C〖土木〗(陸橋などを支える)構脚構造, トレッスル

trews /truːz/ 名 複《主に英》(格子じまの)細身ズボン《昔スコットランドの兵士が着用》(→ tartan)

trey /treɪ/ 名 C (さいころ・トランプ・ドミノなどの) 3 (の目); 《米》〖バスケットボール〗3得点

TRH 略 *T*heir *R*oyal *H*ighnesses(《英国の》殿下); *t*hyrotropin-*r*eleasing *h*ormone(甲状腺(せん)刺激ホルモン放出ホルモン)

tri- /traɪ-, trɪ-/ 接頭「3つの」「3重[3倍]の」「3つごとの, 3回の」の意 ‖ *tri*angle, *tri*geminal, *tri*weekly

tri·a·ble /tráɪəbl/ 形 ❶〖法〗公判[裁判]に付すべき ❷ 試みることができる

tri·ac·et·ate /traɪǽsɪtèɪt/ 名 U〖化〗トリアセテート, 三酢酸塩

tri·ad /tráɪæd/ 名 C ❶ 3つ組, 3人組 ❷《しばしば T-》(中国の)犯罪秘密結社 ❸〖楽〗3和音 ❹〖化〗三価の原素
　tri·ád·ic 形

tri·age /triɑ́ːʒ | tríːɑːʒ/ 名 U (戦傷者の)治療順位, トリアージ; (品質による)選別 ─動 他 …を優先[治療]順位で選別する (♦ もと戦場で負傷兵を受傷の程度によって3群に分けて治療の優先順位をつけたことから)

:tri·al /tráɪəl/

─名〔◁ try 動〕(複 **~s** /-z/) ❶ C U〈犯罪などについての〉**裁判**, (事実)審理, 公判(手続)〈**for**〉‖ Any defendant has a right to receive [OR get] a fair ～. 被告人はだれでも公正な裁判を受ける権利がある / The suspect is「going on [OR **standing**] ～ *for* theft. 容疑者は窃盗罪で裁判を受けることになっている / The case is now under ～. その訴訟は現在公判中である / a criminal [civil] ～ 刑事[民事]裁判 / come [OR go] to ～ (事件が) 公判に付される /「bring him to [OR put him on] ～ 彼を裁判にかける

❷ U C (品質・性能などの)**試験**; 試用[見習い]期間; 《主に英》(オートバイの) 走行性能テスト(⇨ 類語) ‖ conduct **clinical** ～*s* on a new drug 新薬を臨床試験する / a ～ of strength 力試し / a flight ～ 飛行試験

❸ C 企て, 試み ‖ He passed the exam on his second ～. 彼は2度目で試験に合格した

❹ C U 試練, 苦しみ, 苦難, 苦労; C〈…にとって〉うるさい人[もの], やっかいの種〈**to**〉‖ the hour of ～ 試練の時 / Billy is a ～ *to* his teacher. ビリーは先生にとって手の焼ける子だ ❺ C《通例 ～s》予選[選抜]試合(《米》tryout); (国際大会などの)代表選考会 ‖ Olympic ～*s* オリンピック代表選考会 ❻ C《～s》(動物の)コンテスト, 品評会

on tríal ①〈…の罪で〉裁判にかけられて, 裁判[公判]中で〈**for**〉‖ The man is *on* ～ *for* murder. その男は殺人罪で裁判にかけられている ② 試験中で ‖ The machine is *on* ～. その機械は試運転中だ ③ 試しに, 試験的に; 試してみると ‖ You can take this mower *on* ～ *for* a week. この芝刈機は1週間試用できます

trìal and érror 試行錯誤 ‖ I learned to operate a computer by ～ *and error*. 私は試行錯誤を重ねてコンピューターの操作を修得した

trìals and tribulátions 艱難(かんなん)辛苦

─形《限定》❶ 試しの, 試験的な ‖ a ～ period 試用期間 / on a ～ basis 試しに, 試験的に
❷ 裁判の, 公判の, 事実審理の ‖ a ～ **judge** 事実審裁判官 ❸〖スポーツ〗予選の ‖ a ～ race 予選

─動 (~**s** /-z/; ~**ed**, 《英》**-alled** /-d/; ~**·ing**, 《英》**-al·ling**)《主に英》
─他 [新製品など]を試験[テスト]する
─自 試す; (動物が)コンテストで競う

類語《名 ❷》**trial** 実施の前に価値を確認したり慣れるために行う試し. 〈例〉a free *trial* of a new drug 新薬の無料試用
test 一定の標準に照らして行う性能・真偽などの徹底的な吟味. 〈例〉a *test* of a new appliance 新しい器具の試験

▸▸ ～ **bálance** 名 C〖簿記〗試算表《複式簿記で借り方と貸し方の一致を確認するための計算書》 ～ **ballóon** 名 C 観測気球; (世論の反応を探るための)提案・計画・声明 ‖ send up a ～ *balloon* 観測気球を打ち上げる; 探りを入れる ～ **cóurt** 名 C《主に米》〖法〗第一審[事実審]裁判所 (↔ appellate court) ～ **làwyer** 名 C《米》法廷弁護士 ～ **rún** 名 C 試運転, 試乗; 試行, 実験

***tri·an·gle** /tráɪæ̀ŋgl/ 名 C ❶ 三角形 ‖ an equilateral [isosceles] ～ 正[二等辺]三角形 / a right [《英》right-angled] ～ 直角三角形 ❷ 三角形のもの ‖ fold a piece of paper into a ～ 紙を三角形に折る ❸〖楽〗トライアングル ❹《米》三角定規 (《英》set square) ‖ draw with a ～ and a T square 三角定規とT定規で製図する ❺ 三つどもえ, (特に) 三角関係 ‖ the eternal ～ (男女の)三角関係

語源 *tri*(3つ)＋*angle*(角)

***tri·an·gu·lar** /traɪǽŋgjʊlər/ 形 ❶ 三角(形)の; (基底が)三角(形)の ❷ 三者(間)の, 三つどもえの; 三部分からなる ‖ a ～ relationship 三角関係 / ～ negotiations 三者協議 **tri·àn·gu·lár·i·ty** 名 **~·ly** 副

tri·an·gu·late /traɪǽŋgjulèɪt/ (→ 形) 動 他 ❶〔土地〕を三角測量する; …を三角法で決める ❷ …を三角形に分ける, 三角形にする ─形 /traɪǽŋgjulət, -lèɪt/ 三角形の[からなる]; 三角模様のある

tri·an·gu·la·tion /traɪæ̀ŋgjuléɪʃən/ 名 U〖測量〗三角測量 ▸▸ ～ **pòint** 名 C 三角点(《英》trig point)

tri·ar·chy /tráɪɑːrki/ 名 (複 **-chies** /-z/) U C 三頭政治; C 三頭政治国

Tri·as·sic /traɪǽsɪk/ 形〖地〗三畳紀の
─名《the ～》三畳紀

tri·ath·lete /traɪǽθliːt/ 名 C トライアスロンの選手

tri·ath·lon /traɪǽθlən/ 名 C トライアスロン《遠泳・自転車・マラソンの3種目を連続して行う競技》

tri·bade /tríbəd/ 名 C (特に男役の)女性同性愛者

***trib·al** /tráɪbəl/ 形〔◁ tribe 名〕《通例限定》部族の, 部[種]族関係の ‖ ～ customs 部族独自の習慣 **~·ly** 副

trib·al·ism /tráɪbəlìzm/ 名 U ❶ 部族制[組織] ❷ 部族主義; 《主にけなして》部族[同族, 仲間]意識

trí-bànd 形 (携帯電話が) トライバンドの《3つの周波数帯域で通信可能なこと》

:tribe /traɪb/

─名 (▶ tribal 形) (複 **~s** /-z/) C《集合的に》《単数・複数扱い》❶ **部族**, 種族 ‖ the Masai ～ マサイ族 / a native [nomadic] ～ 先住民族[遊牧民] (♥ 人種差別を連想させることがあるので, community, people などを用いる方が無難)

❷〖生〗(分類学上の)族《亜科(subfamily)と属(genus)または亜目(suborder)と科(family)との中間》; (一般に)…族, 類 ‖ a ～ of cats ネコ族 ❸ ⊗《蔑》(同じ職業・趣味・習慣を持った)仲間, 連中 ‖ I hate the whole ～ of politicians. 政治家連中は皆大嫌いだ ❹《口》大家族, 一族; 《～s》《口》大勢の人々 ‖ the whole Courtney ～ コートニー家の全員 / ～*s* of children 大勢の子供たち ❺〖史〗(古代ローマの)3部族(の1つ)

***tribes·man** /tráɪbzmən/ 名 (複 **-men** /-mən/) C 部族の一員《男性》(中立 tribe [tribal] member)

tríbes·pèople 名 U《集合的に》《複数扱い》部族民

tríbes·wòman 名 (複 **-wòmen**) C 部族の一員の女性

trì·bo·electrícity /tràɪbou-/ 名 U 〖電〗摩擦電気(frictional electricity)

tri·bol·o·gy /traɪbá(:)lədʒi | -bɔ́l-/ 名 U 摩擦学[工学]

trib·u·la·tion /trìbjuléɪʃən/ 名 U C 苦難, 辛苦, 試練; 苦難の種 ‖ bear one's ～*s* 苦難に耐える

*__tri·bu·nal__ /traɪbjú:nəl/ 《発音注意》 名 ❶ C 《単数・複数扱い》裁判所, 法廷; 《英》(家賃・兵役免除などの)裁定委員会, 特別法廷 ‖ an international war crimes ～ 国際戦争犯罪裁判所 / an industrial ～ 労働審判所 / set up a ～ 法廷を開く ❷ 《the ～》《単数・複数扱い》判事席, 裁判官席; 《集合的に》裁判官 ❸ C 裁き(の場), 裁定[審判]を下すもの

trib·une[1] /tríbju:n/ 名 C ❶ (＝**～ of the péople**) 〖ローマ史〗護民官; 軍事司令官(military tribune) ❷ 人民の権利の擁護者 (♦ しばしば the International Herald *Tribune* のように新聞名として用いる)

～·shìp 名 U 護民官の職

trib·une[2] /tríbju:n/ 名 C ❶ (議会などの)演壇, 高座 ❷ (教会の)主[司]教座; 後陣(apse); (教会の)2階席

trib·u·tar·y /tríbjutèri | -təri/ 形 〔◁ tribute 名〕 ❶ (川の)支流の ❷ (国・統治者などに)貢ぎ物を納める; 従属する ‖ a ～ nation 属国 ❸ 貢献[寄与]する; 助成する ❹ 貢ぎ物としての; 貢ぎ物として納められる ―名 (複 **-tar·ies** /-z/) C ❶ 支流 ❷ 貢ぎ物を納める国[人], 属国

*__trib·ute__ /tríbju:t/ 《アクセント注意》 名 〔▶ tributary 形〕 C U ❶ 〈…への〉尊敬[感謝, 栄誉, 賞賛]のしるし, 賛辞 (↔ criticism); ささげ物, 贈り物 〈**to**〉 ‖ This song is a ～ *to* John Lennon. この歌はジョン＝レノンにささげるものです / The mayor paid ～ *to* the firefighters' rescue work. 市長は消防士たちの救援活動に敬意を表した / a floral ～ 花の贈り物; (葬式などの)供花 ❷ C 《a ～》〈…の〉価値の証明, 証拠 〈**to**〉 ❸ 〖史〗(他国への)貢ぎ物; 年貢 ❹ 強制される支払い[寄付]

trice /traɪs/ 名 C 瞬間, 一瞬 (♦ 通例次の成句で用いる)

__in a tríce__ またたく間に, 即座に

tri·cen·ten·ar·y /tràɪsenténəri | -tí:n-/, **-cen·ten·ni·al** /-senténiəl/ 形 300年(間)の ―名 C 300年(記念[祭])(tercentenary)

tri·ceps /tráɪseps/ 名 (複 ～ OR ～**·es** /-ɪz/) C 〖解〗(特に腕の)三頭筋

tri·cer·a·tops /traɪsérətà(:)ps | -tɔ̀ps/ 名 C 〖古生〗トリケラトプス, 三角竜《白亜紀の草食恐竜》

tri·chi·na /trɪkáɪnə/ 名 (複 **-nae** /-ni:/) C 〖動〗センモウチュウ(旋毛虫)《寄生虫の一種》

trich·i·no·sis /trìkɪnóusɪs/ 名 U 〖医〗旋毛虫病

tri·chol·o·gy /trɪká(:)lədʒi | -kɔ́l-/ 名 U 毛髪学 **-gist** 名

trich·o·mon·ad /trìkəmá(:)næd | -mɔ́n-/ 名 C 〖動〗トリコモナス《寄生性鞭毛(べんもう)虫の総称》

trich·o·mo·ni·a·sis /trìkəmənáɪəsɪs | -mou-/ 名 U 〖医〗トリコモナス症

tri·chot·o·my /traɪká(:)ţəmi | -kɔ́t-/ 名 (複 **-mies** /-z/) U C ❶ (区別のはっきりしたものを)3分すること ❷ 〖論〗三分法; 人性三分法《肉体・精神・霊魂の3つに分けること》

tri·chro·mat·ic /tràɪkroumǽţɪk/ 〈②〉 形 ❶ 3色(性)の, 3色使用の ❷ (視覚が)三原色を識別できる

‡**trick** /trɪk/

―名 〔▶ tricky 形〕(複 **～s** /-s/) C ❶ **ごまかし**, たくらみ, 策略, からくり; 卑劣な行為 ‖ There is some ～ behind what he says. 彼の言葉の裏には何かたくらみがある (♦ この some は単数の可算名詞について「ある, 何かの」の意を表す) / political ～*s* 政治的策略 / a **dirty** ～ 汚い策略 / pull a ～ (on him) (彼を)だます

❷ 〈…への〉(通例悪意のない)**いたずら**, 悪さ, 悪ふざけ; 冗談 〈**on**〉 ‖ **play** a ～ *on* him 彼に悪ふざけ[いたずら]をする / the ～*s* of fate [OR fortune] 運命のいたずら

❸ (物事の)うまいやり方, 秘訣(ひけつ), 要領, 呼吸, **こつ**; 優れた技術 ‖ the ～*s* of the trade 商売のこつ (→ CE 2) / get [OR learn] the ～ of making an omelet オムレツをうまく作るこつを学ぶ / a rhetorical ～ 言葉巧みさ

❹ (熟練を要する)早業(はやわざ), **芸当**, 曲芸; **手品**, 奇術; トリック ‖ **do** magic ～*s* with a hat and a handkerchief 帽子とハンカチを使って奇術をする / **do** ～*s* with playing cards トランプを使って手品をする

❺ (視覚・聴覚などの)欺き, 幻覚, 錯覚 ‖ I thought she had a mustache, but it was only a ～ of the light. 彼女にひげがあると思ったが, それは光線のいたずらだった / a ～ of vision 幻覚, 目の錯覚 / a ～ of the senses 気の迷い / a ～ of the mind 錯覚, 思い違い / a ～ of the memory 記憶違い

❻ 〖トランプ〗(ブリッジなどの)一巡; 一巡で出される札《通例4枚》; 一巡での得点 ‖ take [lose] the ～ 場札を取る[とられる] ❼ (言葉・文体などの)癖; 特徴; 〈…する〉癖, 習慣 〈**of** *doing*〉 ‖ a ～ of speech 話し方の特徴 / a ～ *of* tugging one's ear 耳を引っ張る癖 ❽ 〖海〗(舵手(だしゅ)の)交替勤務時間《通例2時間》; (仕事の)当番, 割り当て仕事; (任地での)任期 ‖ the night [dawn] ～ 夜間[早朝]勤務 / a three-hour ～ 3時間交替 ❾ 《米俗》刑期 ❿ 《俗》売春婦の客; 売春[買春]行為 ‖ turn a ～ 売春する

__a tríck wòrth twó of thàt__ (それより)ずっとよい方法

__a (whole) bag of tricks__; *__one's__* [OR *__the whole__*] *__bag of tricks__* ⇨ BAG(成句)

__be ùp to one's (òld) trícks__ 《口》(いつもの)悪さをする, 悪い癖を出す

__can tèach a pèrson a tríck or twò__ 〔人〕より物知りである, 経験豊かである

__dò the tríck__ 《口》目的を達する, うまくいく ‖ My advice *did the* ～ to solve the problem. 私のアドバイスがその問題の解決に効を奏した

__èvery trìck in the bóok__ 《口》あらゆる手段, あの手この手

__nòt__ [OR *__nèver__*] *__miss a tríck__* 《口》(常に状況を把握していて)決して好機を逃さない, 抜け目がない

__the òldest trìck in the bóok__ すっかりねたの割れたたくらみ, よくある手口

__trick or treat__ ⇨ TRICK OR TREAT

__tùrn the tríck__ ＝ *do the trick*(↑)

COMMUNICATIVE EXPRESSIONS

1 **Hòw's trícks?** 調子はどうだい(♥ くだけたあいさつ)

2 **I knòw àll the trìcks of the tráde.** 私にはできるんだ; 私はこつがすべてわかっている(♥ 能力や才能の誇示)

―形 《比較なし》《限定》 ❶ 早業の, 曲芸[手品]の; トリック(用)の ‖ a ～ horse [dog] 曲芸用の馬[犬] / ～ photography トリック写真

❷ (質問などが) 人を引っかけるような; 落とし穴のある ‖ a ～ question 落とし穴のある[引っかけるような]質問 ❸ 《米口》(関節などが)がくっとなる ‖ a ～ knee がくっとなるひざ

―動 他 ❶ 〔人〕をだます, かつぐ; 〔人〕をだまして〈…を〉させる 〈**into**〉; 〔人〕から〈…を〉だまし取る 〈**out of**〉 (⇨ CHEAT 類語) ‖ ～ one's way into [past] ... 策略を用いてまんまと…に入り込む[…を通り抜ける] / ～ a customer *into* consent [buying shoddy goods] 客をだまして同意させる[いんちき商品を買わせる] / ～ a boy *out of* all his money 少年をだまして金を全部巻き上げる ❷ 《通例受身形で》〈…で〉飾り[めかし]立てている《*out, up*》〈**in, with**〉 ‖ The house was ～*ed out with* colorful light bulbs. その家は色とりどりの電球で飾られていた

―自 策略を用いる, だます

～·er 名 **～·less** 形

▶▶ **～ cýclist** 名 C 曲芸自転車[オートバイ]乗り; 《英》《戯》精神科医(psychiatrist) **～ or tréat** (↓)

trick·er·y /tríkəri/ 名 U ごまかし, ぺてん, 詐欺; 策略

*__trick·le__ /tríkl/ 動 自 《+副句》 ❶ (液体が) 滴る, ぽたぽた落ちる; ちょろちょろ流れる (♦ 副句 は方向を示す) ‖ Tears ～*d* down her cheeks. 涙がぽたぽた彼女の頬(ほお)を流れ落ちた / Water is *trickling* 「out of the bath [from the faucet]. 浴槽[蛇口]から水がちょろちょろ流れている

❷ (人・物が)〈ある方向に〉少しずつ[徐々に, ゆっくり]移動する[進む]〈**into, out of, etc.**〉; (情報などが)少しずつ漏れる[伝わる]《*out*》‖ The guests began to ~ *into* the hall. 客がホールにぽつぽつと入り始めた / The information ~*d out*. その情報は少しずつ漏れていった
—他…を滴らす; …をちょろちょろ流す
trìckle dówn 〈自〉(金・富などが)(富裕層から)徐々に貧しい層にまで行き渡る
—名 C 《単数形で》滴り; 細い流れ; ゆっくりした動き; (ぽつぽつと動く)少数[少量]のもの
▶▶ **~ chàrger** 名 C 〖電〗細流充電器

tríckle-dòwn 形〖経〗おこぼれ式経済政策の《政府が投資などで大企業を支援すれば, 結果的に中小企業や公共の福祉に役立つという考え》
▶▶ **~ effèct** 名 C 《単数形で》おこぼれ式経済効果

trick-or-treat /trìkərtríːt/ 動 自 菓子をねだりながら近所を回る **trìck-or-tréating** 名

trìck or tréat 名 U 《主に米》お菓子くれなきゃいたずらするよ《Halloween のときお菓子をねだりながら近所を回る子供たちの決まり文句》

trick·ster /tríkstər/ 名 C 詐欺師, ぺてん師; 手品師

trick·sy /tríksi/ 形 ❶ いたずら好きな ❷ (問題などが) 扱いにくい, 手の込んだ

***trick·y** /tríki/ 形 〔◁ trick 名〕(**trick·i·er**; **trick·i·est**) ❶ (物が)手の込んだ(↔ simple), 巧妙な; (仕事・事態などが) 慎重な扱いを要する, トリッキーな ‖ a ~ situation 慎重を要する事態 / a ~ question 微妙な質問 / a ~ hole (ゴルフの)トリッキーなホール ❷ (人・行為などが)人をだます, ずるい; 策にたけた ‖ a ~ fellow ぺてん師
tríck·i·ly 副 **tríck·i·ness** 名

tri·col·or, 《英》**-our** /tráɪkʌ̀lər | tríkələ/ 名 C ❶ 3色旗; 《the T-》フランス国旗, トリコロール ❷ (黒・黄褐色・白の)ぶちの犬 —形 3色の

tri·cot /tríːkoʊ | trí-/ 名 U トリコット《毛糸・化繊などで編んだ伸縮性のある畝織りの織物. 婦人服・下着用》

tri·cus·pid /traɪkʌ́spɪd/ 形 (歯が) 三尖(さんせん)の; (心臓が) 三尖弁の —名 C (歯の)三尖頭; (心臓の)三尖弁

tri·cy·cle /tráɪsɪkl/ 名 C 三輪車; 三輪オートバイ[自転車] —動 自 三輪車[三輪オートバイ]に乗る

tri·dent /tráɪdənt/ 名 C ❶ 三つまたの道具[武器]; (魚を突く)三つまたのやす ❷〖ギ・ロ神〗(海神 Poseidon [Neptune] の持つ)三つまたの矛(ほこ)《制海権の象徴》 ❸《T-》〖米海軍〗トライデント《潜水艦発射ミサイル》

***tried** /traɪd/ 動 try の過去・過去分詞
—形《限定》試験済みの; 当てになる ‖ a ~ and true method 試験済みの方法

tri·en·ni·al /traɪéniəl/ 形 ❶ 3年ごとの ❷ 3年続く
—名 C 3年ごとの催し; 3年祭 **~·ly** 副

tri·er /tráɪər/ 名 C ❶ 常に最善を尽くす人, 努力家 ❷ 試す人[もの]; 試験官; (食品などの)試験器; 審査官

tri·fect·a /tràɪféktə/ 《米・豪・ニュージ》名 C ❶〖競馬〗3連勝単式 (のレース) ❷《単数形で》3連勝; (大事件の) 3連続

***tri·fle** /tráɪfl/ 名 ❶ C (a ~)少量, 少額の金; 《a ~ で副詞的に》少し (a little) ‖ His painting was sold for a mere ~. 彼の絵は二束三文で売られた / Ben is still a ~ angry. ベンはまだ少し怒っている ❷ C つまらないもの, 取るに足りないこと ‖ Don't waste your time on ~*s*. くだらないことで時間をつぶすな ❸ C U 《英》トライフル《スポンジケーキ・果物・カスタードなどを重ねたデザート》 ❹ U〖冶〗白目(しろめ)(の一種)《すずと鉛その他との合金》; C 《~s》白目製品
—動 自 ❶ (+**with** 名)《しばしば否定文で》〔人・物〕をいい加減に扱う, 軽くあしらう; 〔人の感情など〕をもてあそぶ ‖ You shouldn't ~ *with* him. 彼を丁重に扱うべきだ / She ~*d with* my affections. 彼女は僕の愛情をもてあそんだ ❷ 無駄話をする, ふざける —他〔時間・金など〕を浪費する《*away*》‖ I ~*d away* the whole morning. 私は午前中ずっとのらくらして過ごした

tri·fler /tráɪflər/ 名 C 怠け者; ふざける人

tri·fling /tráɪflɪŋ/ 形 ❶ くだらない, 取るに足りない ‖ ~ details 枝葉末節 ❷ わずかな, 少しの ‖ a ~ sum わずかな額 ❸ 不まじめな; ふざけた; 軽薄な **~·ly** 副

tri·fo·cal /traɪfóʊkəl/ 形 (レンズが) 3焦点の
—名 C 《~s》3焦点眼鏡

tri·fold /tráɪfòʊld/ 形 三重の(triple); 3つに折った

tri·fo·li·ate /traɪfóʊliət/ 形〖植〗3(小)葉の(ある)

tri·fo·ri·um /traɪfɔ́ːriəm/ 名 (複 **-ri·a** /-riə/) C〖建〗トリフォリウム《教会の側廊上部のアーチと高窓の中間部分》

tri·form /tráɪfɔːrm/, **-formed** /-fɔːrmd/ 形 3部からなる; 3形ある

trig[1] /trɪg/ 形 ❶《米》小ぎれいな, さっぱりした, 粋な ❷《主に英古》元気な, 体調のよい —動 (**trigged** /-d/; **trig·ging**) 他《主に英古》…を小ぎれいにする《*up, out*》

trig[2] /trɪg/ 名《口》=trigonometry

tri·gèm·i·nal nérve /traɪdʒèmɪnəl-/ 名 C 三叉神経

trigèminal neurálgia 名 U 三叉神経痛

***trig·ger** /trígər/ 名 C ❶ (銃の) 引き金 ‖ pull [OR squeeze] the ~ 引き金を引く ❷ 〈…を〉誘発する出来事, 〈…の〉誘因, 引き金, きっかけ〈**for**〉‖ His retirement was the ~ *for* the company's collapse. 彼の引退が会社崩壊の引き金となった ❸ (爆弾の) 起爆装置; 制動装置 ❹ 💻 トリガー《プログラムで処理の引き金になるもの》
be quick on the trigger ① 早打ちができる ② 反応が早い
—動 他 ❶〔反応・事件など〕を引き起こす, 誘発する; …のきっかけとなる《*off*》(↔ prevent) ‖ Stress ~*s* chemical changes in the brain. ストレスは脳内に化学的変化を誘発する / The minister's comment has ~*ed off* an economic crisis. その大臣の発言が経済危機の引き金となった ❷ (物事が) 〔感情・記憶など〕を呼び起こす[思い出させる]きっかけになる ❸〔装置〕を作動させる; …の引き金を引く; (引き金を引いて)…を発射する ‖ A sensor ~*ed* the alarm. センサーが警報器を作動させた
▶▶ **~ fìnger** 名 ① C (引き金を引く利き手の) 人差し指 ② U〖医〗引き金指, ばね指《指に起きる腱鞘(けんしょう)炎の一種》

trígger-hàppy 形《口》むやみに発砲したがる; 好戦的な

tríg·ger·man /-mən/ 名 (複 **-men** /-mən/) C 《主に米口》(銃を使う)殺し屋(中立 (professional) killer); (ギャングの)用心棒(中立 hired gun)

tri·glyc·er·ide /traɪglísəràɪd/ 名 C〖生化〗トリグリセリド《炭水化物から合成される中性脂肪》

tri·gon /tráɪgɑ(ː)n | -gɒn/ 名 C ❶ (古代ギリシャの) 三角琴 ❷〖占星〗三宮《十二宮中互いに120度離れた3つの宮》

trig·o·no·met·ric /trìgənəmétrɪk/, ⟨ジ⟩ **-ri·cal** /-rɪkəl/ 形〖数〗三角法の, 三角法による
▶▶ **~ fúnction** 名 C〖数〗三角関数

trig·o·nom·e·try /trìgənɑ́(ː)mətri | -nɒ́m-/ 名 U〖数〗三角法

tri·gram /tráɪgræ̀m/ 名 C ❶ 3文字からなる銘 ❷ (易占の)8組の卦(け)の1つ

tri·graph /tráɪgræ̀f | -grɑ̀ːf/ 名 C 3字1音《might の igh /aɪ/ など》

tri·he·dron /traɪhíːdrən/ 名 (複 **~s** /-z/ OR **-dra** /-drə/) C 三面体 **-dral** 形

tri·jet /tráɪdʒèt/ 名 C ジェットエンジン3基搭載の飛行機

trike /traɪk/ 名《口》=tricycle

tri·lat·er·al /tràɪlǽtərəl/ ⟨ジ⟩ 形 ❶〖数〗3辺の ❷ 3者[国, 党]間の —名 C 三辺形, 三角形 **~·ly** 副

tril·by /trílbi/ 名 (複 **-bies** /-z/) C 《主に英》フェルト中折れ帽

tri·lin·gual /tràɪlíŋgwəl/ ⟨ジ⟩ 形 3言語を話す; 3言語で書かれた —名 C 3言語を話す人(→ bilingual)

tri·lit·er·al /tràɪlítərəl/ ⟨ジ⟩ 形 名 C 3文字[子音]からなる(語[語根])

trill /trɪl/ 名 C ❶ 震える音[声]; (鳥の)さえずり ❷〖楽〗トリル, 顫音(せんおん); ビブラート ❸〖音声〗(舌先の)顫動(せんどう)音

T

《巻き舌発音の r など》 ―動 自 震える音[声]を出す；顫音で歌う[演奏する]；(鳥が)さえずる ―他 ❶…を震え声で発する，顫音で歌う[演奏する]（♦ 直接話法にも用いる） ❷【音声】[r 音など]を巻き舌で発音する

tril·lion /tríljən/ (→ million) 名 (複 ～ OR ～s /-z/) C ❶ 1兆《million の2乗》；《英》《旧》100京(けい)《million の3乗》 ❷《～s》《口》膨大な数，無数

tril·lionth /tríljənθ/ 名 C 形 ❶ 第1兆(の)；《英》《旧》第100京(の) ❷ 1兆分の1(の)；《英》《旧》100京分の1(の)

tri·lo·bite /tráɪləbàɪt/ 名 C【古生】サンヨウチュウ

tril·o·gy /trílədʒi/ 名 (複 -gies /-z/) C (劇・小説・音楽などの)3部作[曲]；(古代ギリシャの)3部悲劇

***trim** /trɪm/ 動 (trimmed /-d/；trim·ming) 他 ❶ (刈り[切り]取って)…をきちんとする，手入れする，…の形を整える ‖ It's my job to ～ the grass. 芝刈りは私の仕事だ / ～ one's nails つめを切る
❷〔余分なもの〕を〈…から〉取り除く《*off, away*》〈**off, from**〉‖ ～ the excess fat *off* meat 肉から余分な脂身を取り去る ❸〔予算など〕を削減する，〔計画など〕を縮減する，〔作品など〕を(一部を削って)短くする，〔体(の線)〕を細くする《*down*》‖ ～ a state budget 国家予算を削減する / ～ a manuscript 原稿を削って短くする / ～ *down* one's waistline ウエストを細くする ❹…を〈…で〉飾る，装飾する〈**with**〉（♦ しばしば受身形で用いる）‖ ～ a Christmas tree クリスマスツリーに飾りつけをする / a dress *trimmed with* bouquets ブーケをあしらったドレス ❺〔船の帆〕を(風受けのいいように)調節する；〔船・飛行機〕のバランスをとる ❻《口》…を打ちのめす，やっつける ❼《口》…をしかる；…をごまかす，だます
―自 ❶《+**down**》体重が減る，やせる ‖ She *trimmed down* from 55kg to 47kg. 彼女は体重が55kgから47kgに落ちた ❷【海】(船が)バランスがとれる；(帆・帆桁(ほげた)を調節して)出航の準備を整える ❸ 中道政策をとる；(大方の意見に)妥協する；意見[方針]を都合のよい方に変える
―名 ❶ C《単数形で》刈り込み，手入れ ‖ Just a ～ (around the ears), please. (耳の辺りを)整える程度でお願いします（♥ 理[美]容師に対して） / The tree needs a ～. その木は刈り込みが必要だ ❷ U (正常な)状態，調子，体調 ‖ We must get in ～ for the race. 我々はレースに備えて体調を整えなければならない / be 「in (good) [out of] ～ 体調がよい[悪い] ❸ U/C《単数形で》(衣服・戸口などの)飾り，縁取り；(自動車の)内装，外部の装飾；ショーウインドーの飾り付け，装飾品 ‖ a dress with lace ～ レース飾りのついたドレス ❹ U C【海】(船が)出航準備の整った状態；(船・飛行機などの)姿勢，釣り合い
in fighting trím 《主に米》体調[状況]がよい；いろいろな事態に対処できる
―形 (～·mer；～·mest) ❶ ほっそりした，魅力的な，均整のとれた ‖ I go swimming regularly to keep ～. スタイルを保つため定期的に泳ぎに行く ❷ きちんとした，よく手入れされた，よい状態の (↔ untidy) (⇨ NEAT¹ 類語) ‖ a ～ garden 手入れの行き届いた庭 **～·ly** 副

tri·ma·ran /tráɪmərӕn/ 名 C トライマラン，三胴船 (→ catamaran)

tri·mer /tráɪmər/ 名 C【化】三量体 **tri·mér·ic** 形

tri·mes·ter /traɪméstər/ 名 C ❶ 3か月間 ❷《米》(3学期制の学校の)学期 ❸ (妊娠期間を3か月ごとに分けた)1期（♦ the first [second, third] trimester の3期ある）

trim·e·ter /trímət̬ər | trímɪ-/ 名 C【韻】3歩格の詩行

trim·mer /trímər/ 名 C ❶ 整える[手入れをする]人[道具]，飾りつける人 ❷ 刈り込み道具 ❸《けなして》日和見主義者 ❹【電子】(小型の)可変コンデンサー ❺【建】口際(くちぎわ)根太(ねだ) ❻ トリマー《船の積み荷・燃料を調整する人》

trim·ming /trímɪŋ/ 名 C ❶《通例 ～s》(衣服などの)飾り，装飾品 ❷《the ～s》《口》(料理の)つけ合わせ ❸《～s》刈り込んだもの，裁ちくず ❹ U 整頓(せいとん)，仕上げ；刈り込み，手入れ；【写】トリミング

tri·month·ly /traɪmʌ́nθli/ 形 副 3か月ごとの[に]

trine /traɪn/ 形 ❶ 3部分からなる，三重[3倍]の ❷【占星】三分の一対座の ―名 C ❶ 三つ組，三つぞろい ❷【占星】三分の一対座 ❸【宗】《the T-》三位(さんみ)一体

***Trin·i·dad and To·ba·go** /trìnɪdӕd ənd təbéɪgou/ 名 トリニダード＝トバゴ《西インド諸島にある共和国．公式名 the Republic of Trinidad and Tobago．首都 Port of Spain》

Trin·i·tar·i·an /trìnətéəriən/ ⟨シ⟩ 形【宗】三位一体説の[を信じる] ―名 C 三位一体説信奉者 **～·ìsm** 名

tri·ni·tro·tol·u·ene /tràɪnàɪtroutá(ː)ljuìːn | -tɔ́l-/ 名 U【化】トリニトロトルエン《強力爆薬．略 TNT》

***trin·i·ty** /trínət̬i/ 名 (複 -ties /-z/) ❶《the T-》【宗】三位一体《父なる神・キリスト・聖霊を一体の神と見ること》；三位一体説；(＝**Trìnity Súnday**)《T-》三位一体の祝日《聖霊降臨祭(Easter)の第8日曜日》 ❷ C 三つ組，3人組，3部分からなるもの ❸ U 3であること ❹ (＝**Trínity tèrm**) C《英》(大学などの)第3学期《Easter に続く学期》；高等法院第4開廷期
▸▸ **Trìnity Hóuse** 名 (英国の)水先案内協会《海岸の維持・管理を行う．1514年設立》

trin·ket /tríŋkɪt/ 名 C ❶ (安物の)小さな装身具 ❷ つまらないもの

tri·no·mi·al /traɪnóumiəl/ 名 C 形 ❶【数】3項式(の) ❷【生】3名法(の)《属名と種名と亜種名》

***tri·o** /tríːou/ 名 (複 ～s /-z/) C ❶《集合的に》《単数・複数扱い》3人組，トリオ，三つ組，三つぞろい ‖ This restaurant is run by a ～ of sisters. このレストランは3人姉妹が経営している ❷【楽】三重奏[唱]曲 (→ solo, duet)，三声部からなる楽曲；《集合的に》《単数・複数扱い》三重奏[唱]団，トリオ ‖ a string [piano] ～ 弦楽[ピアノ]三重奏団 ❸【楽】(メヌエット・マーチ・スケルツォなどの)中間部，トリオ ❹ トリオ《トランプゲームのピケットでエース・キング・クイーン・ジャックあるいは10の3枚そろい》

tri·ode /tráɪoud/ 名 C【電子】3極(真空)管

tri·o·let /tríːəlèt/ 名 C【韻】トリオレ《8行詩．abaa abab と押韻する》

tri·ox·ide /traɪá(ː)ksaɪd | -ɔ́ks-/ 名 C【化】3酸化物

*trip /trɪp/ 名 動

―名 (複 ～s /-s/) C ❶ **旅行，旅**，(特に)小旅行 (→ CE 1) (⇨ TRAVEL 類語P) ‖ Did you have a good ～? 旅行は楽しかったですか / **take** a ～ around [OR round] Tokyo Bay 東京湾を一巡りする / **go on** a day [weekend] ～ 日帰り[週末]旅行に行く / an overnight ～ **to** Izu 伊豆への一泊旅行 / a business [school] ～ 出張[修学旅行] / a ～ **to** the moon 月旅行
❷ (仕事・用事のために)出かけること，**外出**；(短距離の)移動 ‖ **make** a ～ 外出する / **make** three ～*s* (**to** ...) (…まで)3往復する / **make** a ～ **to** the dentist 歯医者に行く / his daily ～ **to** school 彼の毎日の通学 / a delivery ～ (注文品などの)配達
❸ つまずき，踏み外し ❹《俗》(LSDなどによる)幻覚症状[体験]，トリップ ‖ a bad ～ (LSDなどによる)ひどい幻覚体験 ❺ 軽快な足取り ‖ the ～ of children's feet 子供たちの軽快な足取り ❻ つるっ，とん，するっ《つまずく音》 ❼《俗》刺激的な経験；異常な関心；独りよがりの態度[行動]；面白い人 ‖ go on a nostalgic ～ 昔の思い出に浸る ❽ 過ち，間違い ‖ a ～ of the tongue 失言 ❾ (機械の)始動装置 ❿【レスリング】足すくい

COMMUNICATIVE EXPRESSIONS

1 **Háve a sáfe** [OR **níce**] **tríp.** 気をつけて(行ってきて)ね（♥ 旅の安全を願う別れの表現．trip は journey，飛行機の場合は flight，船の場合は voyage と置き換え可）

―動 (～s /-s/；**tripped** /-t/；**trip·ping**)
―自 ❶〈…に〉つまずく，つまずいてよろける，足をとられる《*up, over*》〈**over, on**〉‖ He *tripped over* a stone and fell down. 彼は石ころにつまずいて倒れた
❷〈…で〉間違える，しくじる《*up*》〈**on, over**〉；《進行形で》

《米俗》思い違いをしている，考えが足りない ‖ He *tripped* (*up*) *on* the first question. 彼は最初の問題でしくじった / ～ *over* one's words 言葉を言い間違える / Ken's *tripping* if he thinks she loves him. 彼女が自分のことを愛していると思っているとすれば，ケンは勘違いをしている ❸《＋副句》軽快な足取りで歩く，走る，踊る；動き回る；旅行をする（♦ 副句 は方向を表す）‖ She came *tripping* down the street. 彼女は軽快な足取りで通りを歩いて来た ❹（言葉などが）〈…から〉すらすらと出てくる〈**off, from**〉‖ Some lines of Poe's poem *tripped off* her tongue. ポーの詩の数行が彼女の口からすらすらと出た ❺《俗》〈麻薬などで〉幻覚症状に陥る，トリップする《*out*》〈**on**〉；《米口》とても面白がる[驚く]《*out*》 ❻（止め金が外れるなどして装置が）作動する

— 他 ❶〔人〕をつまずかせる，よろめかせる，〔人〕の足をすくう《*up*》‖ The dog nearly *tripped* me *up*. 犬のおかげでもう少しでつまずくところだった ❷〔人〕を失敗させる，引っかける，間違えさせる；〔人〕の揚げ足を取る《*up*》‖ ～ him *up* with a tricky question 手の込んだ質問で彼を引っかける ❸〔装置など〕の止め金を急に外す，〔スイッチなど〕を誤って始動させる ❹《米口》…をとても面白がらせる[驚かす]《*out*》 ❺〖海〗〔いかり〕を引き上げる；〔帆桁(ほげた)〕を傾ける

▸▸ ～ **hàmmer** 名 C〖機〗はねハンマー（→ tilt hammer） ～ **hòp** 名 U〖楽〗トリップホップ《ヒップホップにサイケデリック効果を加えたダンス音楽》

tri·par·tite /traɪpɑ́ːrtaɪt/ 形《通例限定》❶ 3つに分かれた，3部分からなる ❷ 3者間の ‖ a ～ treaty 3国間条約

tripe /traɪp/ 名 C ❶（食用となる）反芻(はんすう)動物の胃《特に牛》❷《口》くだらないこと[もの]，たわごと

triph·thong /trífθɔ(ː)ŋ/ 名 C ❶〖音声〗三重母音《flour /flauər/ の /auə/ など》（→ diphthong）❷ ＝trigraph **triph·thón·gal** 形

tri·plane /tráɪplèɪn/ 名 C 三葉飛行機（→ biplane）

***tri·ple** /trípl/ 形《限定》❶ 三重の；3部分からなる ‖ a ～ combination 3人組，三つ組 ❷ 3倍の ‖ travel at the ～ speed スピードを3倍に上げて進む ❸ 3度繰り返される，3種類の ‖ ～ wins 3連勝 / a ～ bogey（ゴルフの）トリプルボギー《そのホールの標準打数より3つ多い打数》❹〖楽〗3拍子の

— 名 C ❶ 3倍（の数量）；（ウイスキーなどの）トリプル ❷〖野球〗3塁打；〖競馬〗3連勝単式；〖ボウリング〗ターキー《3連続のストライク》；（体操などの）3回転；《～s》3人組での対戦試合 ‖ hit a ～ 3塁打を打つ

— 動 自 ❶ 3倍になる ❷〖野球〗3塁打を打つ

— 他 …を3倍にする ‖ ～ an output 生産高を3倍にする

▸▸ **Trìple Á** 名 ① ⇨ AAA ②トリプルA《米国プロ野球のマイナーリーグの最上位リーグ》③《通例形容詞的に》〖金融〗トリプルA《貸し付けの場合最も信用度のある会社など》 **Trìple Allíance** 名《the ～》〖史〗三国同盟《特に，ドイツ・オーストリア＝ハンガリー・イタリア間の同盟（1882–1915）》 ～ **áxel** 名 C〖フィギュアスケート〗トリプルアクセル《3回転半ジャンプ》 ～ **crówn** 名 C ①《T- C-》（野球・競馬などの）三冠王 ②（ローマ教皇の）三重冠 **Trìple Enténte** 名《the ～》三国協商《第1次世界大戦前，イギリス・フランス・ロシアの間で結ばれた》 ～ **jùmp** 名《the ～》〖陸上競技〗三段跳び；〖フィギュアスケート〗3回転ジャンプ ～ **pláy** 名 C〖野球〗トリプルプレー，三重殺（→ double play） ～ **tìme** 名 U〖楽〗3拍子

trìple-dígit 形 3桁(けた)台の

trip·let /tríplət/ 名 C ❶ 3つ子の1人；《～s》3つ子 ❷〖楽〗3連音符；〖韻〗3行連句 ❸ 三つ組，三つぞろい ❹〖理〗三重項

trip·lex /trípleks/ 形 3つからなる，三重[3倍]の；（アパートが）1棟3世帯の；3階建ての — 名 ❶ C《米》3階建て[1棟3世帯]アパート ❷ C 三層式映画館 ❸《T-》U《英》《商標》トリプレックス《車の窓用の三重安全ガラス》

trip·li·cate /tríplɪkət/（→ 動）形 3つの同じ部分からなる；3通作成した

— 名 C《古》三つ組の1つ；3通の文書の1通 ***in tríplicate*** 3回行われた；3通作成された

— 動 /tríplɪkèɪt/ 他 ❶〔文書など〕を3通作成する ❷ …を三重[3倍]にする **trìp·li·cá·tion** 名

trip·loid /trípləɪd/ 形〖遺伝〗（染色体が）3倍数の — 名 C 3倍体

trip·ly /trípli/ 副 3倍に，三重に

tri·pod /tráɪpɑ(ː)d | -pɒd/ 名 C ❶（カメラなどの）三脚 ❷《古》三脚台，三脚テーブル **tríp·o·dal** 形

Trip·o·li /trípəli/ 名 トリポリ ❶ リビアの首都 ❷ レバノン北部の港湾都市

tri·pos /tráɪpɑ(ː)s | -pɒs/ 名 C《単数形で》（ケンブリッジ大学での学士号の）優等卒業試験

trip·per /trípər/ 名 C ❶《英口》（短期・日帰りの）旅行者 ❷《米俗》（LSDなどの）幻覚剤使用者

trip·ping /trípɪŋ/ 形 ❶（歩き方・ダンスのステップなどが）軽やかな，軽快な ❷（談話などが）すらすらと運ぶ，よどみなく流れるような **～·ly** 副

trip·py /trípi/ 形（**-pi·er**；**-pi·est**）《口》幻覚を生じる[感じる]ような

trip·tych /tríptɪk/ 名 C ❶ 3枚続きの祭壇画[彫刻]；（美術・文芸などの）3部作 ❷（古代の）三つ折書字板

tríp·wìre 名 C ❶ わなの針金《わな・地雷などにつなげて地上に張る》❷（敵をおびき寄せるための）前衛部隊

tri·reme /tráɪriːm/ 名 C（古代ギリシャ・ローマの）3段オールのガレー船

tri·sect /traɪsékt/ 動 他 …を3つに分ける，3等分する **-séc·tion** 名

tri·shaw /tráɪʃɔː, ＋米 -ʃɑː/ 名 C（インドなどの）人力三輪車（♦ *tri*＋(rick)*shaw* より）

tri·skel·i·on /trɪskéliɑ̀(ː)n | -ən/ 名（複 **-i·a** /-iə/）C 三脚ともえ紋，またでつながっている三脚の図

tri·so·my /tráɪsoumi/ 名（複 **-mies** /-z/）C〖生〗三染色体性 **tri·só·mic** 形

tri·state /tráɪstèɪt/ 形《米》隣接3州の[にまたがる]

Tris·tram /trístrəm/ 名 トリストラム，トリスタン《おじの Cornwall 王の妃(きさき) Isolde（イゾルデ）と宿命的な恋に落ちた中世伝説上の騎士》

tri·syl·la·ble /tràɪsíləbl/ 名 C 3音節語[詩脚]

trite /traɪt/ 形（表現・考えなどが）陳腐な，古臭い **～·ly** 副 **～·ness** 名

tri·the·ism /tráɪθiìzm/ 名 U〖宗〗三神論，三位(さんみ)異体説《三位一体説（Trinity）に対し，父なる神・キリスト・聖霊をそれぞれ別神とする》 **trì·the·ís·tic** 形

trit·i·um /trítiəm/ 名 U〖化〗トリチウム，三重水素《水素の放射性同位元素．元素記号 T》

tri·ton /tráɪtɑ(ː)n | -tɒn/ 名 C〖理〗トリトン，三重陽子《三重水素（tritium）の原子核》

Tri·ton /tráɪtən/ 名 ❶〖ギ神〗トリトン《半人半魚の海神》❷〖天〗海王星の最大衛星 ❸《t-》C〖貝〗ホラガイ

tri·tone /tráɪtòun/ 名 C〖楽〗三全音《増四度音程》

trit·u·rate /trítʃurèɪt/ 動 他 …を粉末にする，粉砕する **trìt·u·rá·tion** 名 U C ① 粉末にすること ②（虫歯に詰める）アマルガムを製錬すること **-rà·tor** 名

***tri·umph** /tráɪʌmf/《発音・アクセント注意》

— 名〔▶ triumphal 形，triumphant 形〕（複 **～s** /-s/）C ❶〈…に対する〉**大勝利**，（特に苦難の末の）勝利，成功〈**over**〉（⇨ VICTORY 類語）‖ It was the ～ of civilization *over* barbarism. それは野蛮に対する文明の勝利であった / achieve [OR gain] a great ～ 大成功[大勝利]を収める ❷ U 勝利[成功，成就]の喜び，満足感，歓喜 ‖ **in** ～ 勝ち誇って，意気揚々と ❸ U C〈…の〉大業績，偉業〈**of**〉‖ the ～*s of* modern science 近代科学の功績 ❹（古代ローマの）凱旋(がいせん)式

— 動 自 ❶（困難を克服して）勝利を得る，成功する；〈…に〉打ち勝つ〈**over**〉‖ He was confident that he would ～ *over* every hardship. 彼にはどんな困難も克服し得るという自信があった

T

❷〈…に〉勝ち誇る, 大喜びする〈**over**〉 ❸ 凱旋式を行う

tri·um·phal /traɪʌ́mfəl/ 形 [◁ triumph 名] 勝利の；勝利を祝う ‖ a ～ arch 凱旋門 **～·ìsm** 名 Ⓤ 勝利主義《ある教義・宗派などが絶対であるとする信念》

*__tri·um·phant__ /traɪʌ́mfənt/《アクセント注意》形 [◁ triumph 名] ❶ 勝利を収めた, 成功した ‖ make a ～ return 凱旋する / the ～ army 勝利軍 ❷ 勝ち誇った, 意気揚々とした ‖ with a ～ smile 得意満面の笑みを浮かべて **～·ly** 副

tri·um·vir /traɪʌ́mvər/ 名 (複 **～s** /-z/ OR **-vi·ri** /-vəràɪ/) Ⓒ ❶ (古代ローマの)三執政官の1人 ❷ (公職・権力を担う)3人組の1人

tri·um·vi·rate /traɪʌ́mvərət/ 名 Ⓒ ❶ (古代ローマの)三頭政治；三執政官の職[任期] ❷ 3人[党]連合政治 ❸ 3人組, 三つ組

tri·une /tráɪju:n/ 形 三位(さんみ)一体の

tri·va·lent /traɪvéɪlənt/ 形〘化〙3価の

triv·et /trívɪt/ 名 Ⓒ ❶ 五徳《なべなどを火にかけるための三脚》 ❷ (短い三脚付きの)なべ[皿]敷台

(*as*) ***right as a trivet***《英口》とても健康[好調]な[で]

triv·i·a /tríviə/ 名《単数・複数扱い》(◆ 本来は trivium の複数形) ❶ ささいな[つまらない]こと ❷ 雑学的知識, トリビア

*__triv·i·al__ /tríviəl/ 形 [▶ triviality 名] (**more ～；most ～**) ❶ ささいな, 取るに足りない, つまらない(↔ important) ‖ a ～ matter ささいな問題 / ～ details 枝葉末節 ❷〘数〙簡明な；すべての変数が0に等しい ❸〘生〙(動植物の名で)種(しゅ)の[を表す] (specific) (→ generic)；通称の ‖ a ～ name 種名；通称 **～·ly** 副

語源「三叉路(さんさろ), 交差点」の意のラテン語 *trivium* (*tri-*(3)+*via*(道))から.「町の交差点で遭遇するようにありふれた」の意から「取るに足りない」に転じた.

triv·i·al·i·ty /trìviǽləṭi/ 名 [◁ trivial 形] (複 **-ties** /-z/) ❶ Ⓤ ささいな[つまらない]こと ❷ Ⓒ つまらないもの

triv·i·al·ize /tríviəlàɪz/ 動 他 …をつまらなくする, 平凡なものにする **triv·i·al·i·zá·tion** 名

triv·i·um /tríviəm/ 名 (複 **-i·a** /-iə/) Ⓒ (中世の大学の)初級3学科《文法・論理学・修辞学》(→ quadrivium)

tri·week·ly /traɪwí:kli/ 副 形 ❶ 3週間ごとに[の] ❷ 週3回(の)

―名 (複 **-lies** /-z/) Ⓒ 3週1回[週3回]の刊行物

-trix 接尾 (複 **～·es** OR **-tri·ces**)《名詞語尾》❶ 女性の行為者[従事者]を表す ‖ administra*trix* ❷ 幾何学的要素を表す ‖ direc*trix*

tRNA 略 *transfer RNA*

tro·cha·ic /troʊkéɪɪk/〘韻〙形 強弱[長短]格の

―名 Ⓒ 強弱[長短]格；《通例 ～s》強弱[長短]格の詩

tro·che /tróʊki: | tróʊʃ/ 名 Ⓒ〘薬〙トローチ(剤)

tro·chee /tróʊki:/ 名 Ⓒ〘韻〙(詩の)強弱格, 長短格

trod /trɑ(:)d | trɒd/ 動 tread の過去・過去分詞

trod·den /trɑ́(:)dən | trɒ́d-/ 動 tread の過去分詞の1つ

trog·lo·dyte /trɑ́(:)glədàɪt | trɒ́g-/ 名 Ⓒ (先史時代の)穴居人；隠者, 世捨て人；無知[時代遅れ]な人 **tròg·lo·dýt·ic** 形

troi·ka /trɔ́ɪkə/ 名 Ⓒ ❶ トロイカ《ロシアの3頭立ての馬車・そり》；(トロイカを引く)3頭立ての馬 ❷ (指導・管理のための)トロイカ体制, 三頭制, 3人組

語源「3人[馬3頭]一組」の意のロシア語から. three と同語源.

Troi·lus /trɔ́ɪləs/ 名〘ギ神〙トロイロス《Troy の王 Priam の王子. Cressida の恋人》

Tro·jan /tróʊdʒən/ 形 トロイ(Troy)の；トロイ人の

―名 Ⓒ ❶ トロイ人 ❷ 精力家, 勇士, 勤勉な人 ❸ ＝ Trojan Horse ③

wòrk like a Trójan 一生懸命に働く

▸▸ **～ hórse** 名 Ⓒ ①《the ～》〘ギ神〙トロイの木馬《ギリシャ軍がトロイの城門に残した, 兵士を詰め込んだ木馬》 ② (敵国などに潜入する)破壊工作員 ③ 💻 トロイの木馬《コンピューターに巧妙に入り込んで不具合を生じさせるコンピューターウイルス》 **～ Wár** 名《the ～》〘ギ神〙トロイ戦争《ホメロスの詩 *Iliad* の主題となったトロイ対ギリシャの戦争》

troll[1] /troʊl | trɒl/ 動 他 ❶〔魚〕を流し釣りで釣る ❷ …を陽気に[朗々と]歌う；輪唱する ❸ 💻 (インターネットで)〔応答する人〕を探す；〔挑発的・不快なメッセージ〕をEメールで流す, 掲示板などに書き込む ❹《英》〔場所〕を歩き回って(人や物を)捜す ―自 ❶ 流し釣りをする ❷ 陽気に[朗々と]歌う ❸《主に英》ぶらつく, 歩き回る ―名 ❶ Ⓤ 流し釣り；Ⓒ (流し釣り用)疑似餌(ぎじえ)(と釣り糸) ❷ Ⓒ 💻 (ネット上の)挑発的[不快]なメッセージ **～·er** 名

troll[2] /troʊl | trɒl/ 名 Ⓒ〘北欧神話〙トロール《洞穴や地下に住む, 巨人またはいたずら好きな小人》

*__trol·ley__ /trɑ́(:)li | trɒ́li/ 名 (複 **-leys**, **-lies** /-z/) Ⓒ ❶ 路面電車(《英》tram) ❷ トロリーバス ❸《主に英》(二輪または四輪の)手押し車(《米》cart) ‖ a supermarket ～ ショッピングカート(《米》shopping cart) ❹《主に英》(料理などを運ぶ)ワゴン(《米》wagon) ❺ (トロリーバスなどのポールの先の)触輪 ❻《英》(病院内で使う)キャスター付きベッド(《米》gurney) ❼ 高架移動式運搬車[つりかご]

off one's trólley《英口》常軌を逸した, 狂っている

―動 他〔乗客など〕を trolley で運ぶ

―自 路面電車で行く

▸▸ **～ bùs** 名 Ⓒ トロリーバス **～ càr** 名 Ⓒ 路面電車(streetcar) **～ dòlly** 名 Ⓒ《英口》(旅客機の)客室乗務員(flight attendant)

trol·ling /tróʊlɪŋ | trɔ́l-/ 名 Ⓤ 💻 挑発的[不快]なメッセージを書く[送る]こと(→ troll[1] 他 ❸)

trol·lop /trɑ́(:)ləp | trɔ́l-/ 名 Ⓒ《旧》《戯》売春婦；ふしだらな女

trom·bone /trɑ(:)mbóʊn | trɒm-/ 名 Ⓒ〘楽〙トロンボーン；(オーケストラの)トロンボーン奏者 **-bón·ist** 名

tromp /trɑ(:)mp | trɒmp/ 動 他《米》❶ …を当てもなく歩く ❷〔人〕を打ちのめす；激しく打つ

―自 ❶ 重い足取りで歩く ❷ 踏みつける

trompe l'oeil /trɔ̀(:)mp lɔ́ɪ/ 名《フランス》(＝trick of the eye) Ⓤ Ⓒ〘美〙トロンプ＝ルイユ, だまし絵

TRON /trɑ(:)n | trɒn/ 略 💻 トロン《*t*he *r*ealtime *o*perating system *n*ucleus の略. 新しい複合的なコンピューターネットワークシステム構築を目指す》

-tron 接尾《名詞語尾》❶「電子より小さい粒子を加速する装置」の意 ‖ cyclo*tron* ❷「真空管」の意 ‖ klys*tron*

‡**troop** /tru:p/ (◆ 同音語 troupe)

―名 (複 **～s** /-s/) Ⓒ ❶《～s》**軍隊**；兵隊 ‖ The UN sent the peace-keeping ～*s* into the trouble area. 国連は紛争地域に平和維持軍を派遣した / demand the withdrawal of government ～*s* 政府軍の撤退を要求する / **ground** ～*s* 地上部隊 ❷ 騎兵中隊；砲兵中隊 ❸ (人・動物などの)群れ, 集まり, 集団, 一隊, 一群(⇨ FLOCK[1] 類語P) ‖ a ～ of tourists [antelopes] 観光客[レイヨウ]の一群 ❹ 大勢, 多数 ‖ ～*s* of friends 大勢の友人 ❺ (ボーイ[ガール]スカウトの)分隊《通例32名からなる》

―動 (**～s** /-s/；**～ed** /-t/；**～·ing**) 自《+副句》集団で進む(◆ 副句 は方向を表す) ‖ The crowd ～*ed* out of the stadium. 群集がスタジアムからぞろぞろ出てきた

***tròop the cólour*(*s*)**《英》軍旗敬礼分列式をする

▸▸ **～ càrrier** 名 Ⓒ 軍隊輸送機[車, 船]

*__troop·er__ /trú:pər/ 名 Ⓒ ❶ 騎兵；戦車兵 ❷《米》州警察官 ❸《主に米》騎馬警官 ❹ 騎兵馬 ❺《主に英》軍隊輸送船(troopship)

swèar like a tróoper 激しくののしる

*__tróop·shìp__ 名 Ⓒ 軍隊輸送船

trop. 略 tropic；tropical

trope /troʊp/ 名 Ⓒ〘修〙比喩(ひゆ)的用法；言葉のあや

troph·ic /tróʊfɪk | trɔ́f-/ 形〘生理〙栄養の[に関する]

▸▸ **～ lével** 名〘生態〙栄養段階《生態系における食物連鎖での生物の役割段階》

*__tro·phy__ /tróʊfi/ 名 (複 **-phies** /-z/) Ⓒ ❶ (競技などの)

優勝記念品, トロフィー, 賞杯, 賞品《カップ・盾など》;《T-》《競技名として》…杯［トロフィー］‖ He was awarded a silver athletic ～. 彼は競技優勝記念の銀杯を授与された ❷ 戦利品, 戦勝記念品《敵の武器など》;（装飾となる）狩猟記念品《獲物の毛皮・頭など》❸（古代ギリシャ・ローマの）戦勝記念碑 ❹〘建〙トロフィー《大理石や青銅で武器をかたどった台座付きの装飾品》

～ chìld 名 C トロフィーチャイルド《その成功によって親の名声を高める子供》 **～ wífe** 名 C ⊗《口》《蔑》トロフィーワイフ《年配の金持ちの男が成功を誇るために結婚する若い美人》

trop·ic /trά(ː)pɪk | trɔ́p-/ 名 C ❶《ときに T-》〘地・天〙回帰線 ‖ the ～ of Cancer 北回帰線, 夏至線 / the ～ of Capricorn 南回帰線, 冬至線 ❷《the ～s》熱帯地方 ―形 熱帯(地方)の

:trop·i·cal /trά(ː)pɪkəl | trɔ́p-/
―形 ❶《限定》**熱帯(地方)の**, 熱帯性[産]の, 熱帯特有の ‖ ～ (rain) forests 熱帯(雨)林 / ～ fish [plants] 熱帯魚[植物] / ～ diseases [medicine] 熱帯病[医学] ❷（気候が）非常に暑い, 酷暑の(↔ cold) ‖ a steamy ～ night むしむしした熱帯夜 ❸ 熱烈な, 情熱的な **～·ly** 副

～ stórm 名 C〘気象〙熱帯暴風雨 **～ yéar** 名 C 太陽年

tro·pism /tróupɪzm/ 名 U〘生〙屈性, 向性

tro·pol·o·gy /troupά(ː)lədʒi | trɔpɔ́l-/ 名 (複 **-gies** /-z/) ❶ U（演説・文章に）比喩(ゆ)を用いること ❷ U 聖書の比喩的[教導的]解釈[引用] ❸ C 比喩に関する論文
trò·po·lóg·i·cal 形

trop·o·pause /tróupəpɔ̀ːz | trɔ́-/ 名 C〘気象〙圏界面《対流圏と成層圏の界面》

trop·o·sphere /tróupəsfɪ̀ər | trɔ́-/ 名 C〘気象〙対流圏《地表から圏界面までの大気層》

trop·po /trά(ː)pou | trɔ́p-/ 副《イタリア》(=too much)〘楽〙あまりに, はなはだしく(→ non troppo)

·trot /trα(ː)t | trɔt/ 動 (**trot·ted** /-ɪd/; **trot·ting**) 自 ❶（馬などが）速歩(はやあし)で駆ける, だくを踏む;（騎乗者が）速歩[だく足]で駆けさせる(→ gallop) ❷《＋副句》（人が）早足で行く, 小走りする; 急ぐ;《口》(さっさと)歩いて行く《*off*》(♦ 副句 は方向を表す) ‖ I'm just *trotting off* to the supermarket. ちょっとスーパーマーケットに行くところだ
―他〔馬〕を速歩で駆けさせる, …にだくを踏ませる

tròt óut ... / tròt ... óut 〈他〉① …を(持ち出して)見せる, ひけらかす ②《口》〔使い古された文句・言い訳など〕を持ち出す, 言う

―名 C ❶《単数形で》（馬などの）速歩, だく足, トロット;（人の）小走り, 急ぎ足 ‖ proceed at a ～ 速歩で進む / break into a ～（人が）小走り[急ぎ足]になる ❷ 速歩での騎乗; 急ぎ足の散歩;《the ～s》《豪・ニュージ口》速歩競馬 ❸《米》(語学教材などの)直訳もの, とらの巻, あんちょこ ❹《the ～s》《口》下痢 ‖ have the ～*s* 下痢をしている

on the trót 《英口》① 立て続けに, 連続して ‖ They lost four games *on the* ～. 彼らは4連敗した ② 忙しく動きどおしで

troth /trɔːθ | trouθ/ 名 U《堅》忠実, 忠誠;《古》真実; 婚約
plèdge [OR ***plìght***] ***one's tróth*** 誓約する; 婚約する

Trot·sky /trά(ː)tski | trɔ́ts-/ 名 **Leon ～** トロツキー(1879–1940)《ロシアの革命家》

Trot·sky·ism /trά(ː)tskiìzm | trɔ́ts-/ 名 U トロツキー主義 **-ist, -ite** 名 C 形 トロツキー主義者(の)

trot·ter /trά(ː)ṭər | trɔ́tə/ 名 C ❶ 速歩で駆ける馬; 速歩競走馬 ❷《通例 ～s》(豚などの食用の)足;《戯》人間の足

trou·ba·dour /trúːbədɔ̀ːr | -dùə/ 名 C ❶ トルバドゥール《11–13世紀に南フランスを中心に騎士道・宮廷恋愛を主題にした詩をうたった叙情詩人兼音楽家》❷（一般に）吟遊詩人(♦ フランス語より)

⁝trou·ble /trʌ́bl/ 名 動

中心義 **煩わす(こと)**

> 名 困難❶ 悩み❷ 骨折り❹
> 動 他 悩ます❶ 面倒[迷惑]をかける❷
> 自 わざわざ…する[しようとする]❷

―名 (▶ troublesome 形)(複 **～s** /-z/) ❶ U 困った事態[事実], 面倒[危険]な状況, **困難**, 迷惑, 災難, 困惑, トラブル, ごたごた, いざこざ ‖ It was unbearably hot and I was having ～ (in) catching my breath. あまりに暑くて息をするのが困難だった (♦《口》ではふつう in を省略する) / Don't say anything that might **get** you **into** ～. 面倒に巻き込まれそうなことは何も言うな / You'll be **in big** ～ when your mother comes home. お母さんが帰って来たらこっぴどくしかられるよ /「The ～ is that [《口》(The) ～ is,] he is lazy. 困ったことに彼は怠け者だ / be **in** financial ～ 財政難である / **get** [OR **run**] **into** ～ through one's own folly 自分の愚かな振る舞いからトラブルを起こす / without so **much** ～ それほど多くの問題もなく / cause a lot of ～ たくさんの問題を引き起こす

❷ U C **悩み**(事),（精神的）苦しみ, 不安, 心配(事)(↔ pleasure) ‖ Her heart was full of ～. 彼女の心中は悩み事でいっぱいだった / You're the only one I can talk to about my ～. 悩みを話せる相手は君だけだ / *A ～ shared is a ～ halved.*《諺》人に話せば悩みも半減する

❸ C《通例単数形で》〈…にとって〉悩み[苦労, 困難]の原因となるもの[人], 悩み[苦労]の種, やっかい事[者], 困り者; 困る点, 悪いところ, 欠点〈**to, with**〉(→ CE 8) ‖ His son is a great ～ *to* him. 彼の頭痛の種は彼の息子だ / You're too clever. That's your ～. 君は頭が切れすぎる, そこが君の困ったところだ

❹ U **骨折り**, 手間, わざわざ(…)すること, 苦労; 迷惑, 面倒 ‖ Dad **takes** a lot of ～ over (his) cooking on Sundays. 父は日曜日には手間をかけて料理をする / He **took** the ～ to drive her home. 彼はわざわざ彼女を車で家に送った / My teacher went to the ～ of seeing me off at the airport. 先生はわざわざ空港まで私を見送りに来てくれた / I went to **much** ～ not to provoke her. 彼女を怒らせないようにとても苦労した / I don't want to give you any ～. あなたに何の面倒もかけたくありません / How much ～ for you is this job? この仕事はどのくらい大変ですか

❺ U 体の不調, 病気, 痛み ‖ have heart ～ 心臓の具合が悪い / suffer from kidney ～ 腎臓(じんぞう)を患っている

❻ U（機械の）不調, 故障 ‖ Our car had engine ～. 我々の車のエンジンが故障した

❼ U C 紛争, もめごと, 騒ぎ, 騒乱, 争議(↔ peace) ‖ border ～ 国境紛争 / labor ～ 労働争議 / cause [OR make] ～ もめごとを起こす

àsk [OR ***lòok***] ***for tróuble***《口》= ASK *for it* [OR *trouble*]

bòrrow tróuble 取り越し苦労をする

gèt (*a pèrson*) ***into tróuble*** ① ⇨ 名 ❶ ②《口》《旧》(未婚の女性が[を])妊娠する[させる]

·in tróuble ① ⇨ 名 ❶, → CE 5 ② 警察沙汰(ざた)になって ③《口》《旧》(未婚の女性が)妊娠して

spèll tróuble 困難な事態を予測させる

tròuble and strífe《英俗》妻 (♦ strife が wife と脚韻を踏んで wife を表す)

COMMUNICATIVE EXPRESSIONS

1 **Dòn't màke** [OR **gò lòoking for**] **tróuble.** おとなしくしていなさい; わざわざ自分から問題を起こさないように

2 **(Have you been) kèeping òut of tróuble?** 問題なくやってる?(♥ 調子や近況を尋ねるくだけたあいさつ)

3 **I**「**dón't wànt to pùt** [**hópe I'm nòt pùtting**] **you to ány tróuble.** ご迷惑をかけたくないんです[かけていないといいのですが](♥ 依頼する[した]ことが相手に迷惑をかける[かけている]かもしれないときに恐縮して)

4 **If you're sùre it's nò tróuble (for you).** お手数でなければお願いします；頼みます，ありがとう(♥ 手助けなどを申し出てくれた人に対する丁寧な感謝の表現. ↗You are most kind./↘Thanks.)
5 **I'm in (bíg [OR déep]) tròuble.** すごく困ったことになった
6 **I'm (só) sórry to pùt you to [OR through]「a lòt of [OR sò mùch] tróuble.** いろいろと迷惑をおかけしてすみません(♥ 真剣な謝罪. =I'm sorry to give you a lot of trouble./=I'm afraid I'm putting you to too much trouble.)
7 **(It's) nò tróuble (at áll).** お安いご用です；とんでもないです(♥ 依頼・感謝・わびなどに対する返答)
8 **The tróuble (with** his desígn) **is that** it's tòo eccéntric. (彼のデザインの)問題は奇抜すぎるということだ
9 You shòuldn't be séeing him. He's **tróuble.** 彼と付き合うべきではないよ. やっかいなやつだから
10 **Whàt's the tróuble (with you)?** ① どうしたの；何があったの ② 一体どうして君はそうなんだ(♥ 問題をよく起こす人などに対する腹立ちを表す. with you を伴う)

―動 (~s /-z/；~d /-d/；-bling)
―他 ❶ …を**悩ます**, 苦しめる, 心配させる；…をいらいらさせる, うるさがらせる, 困らせる(↔ please)〈**with** …で；**about, over** …について〉‖ Her conscience was *troubling* her. 彼女は良心の呵責(かしゃく)にさいなまれていた / I was deeply ~*d* by the thought that I had hurt her pride. 私は彼女のプライドを傷つけたのではないかと考えひどく悩んだ / He was greatly ~*d about* his son's behavior. 彼は息子の行状にひどく心を痛めていた
❷ **a** 《+目》…に**面倒[迷惑]をかける**, …を煩わせる(↔ relieve)〈**for** …を求めて；**with** …のことで〉(→ CE 12) ‖ May I ~ you *for* the salt? 塩を取ってくださいませんか / Let me ~ you *with* one more question. もう1つお尋ねしたいことがあります
b 《+目+**to do**》《堅》…に…してもらうことで面倒をかける, わざわざ…してもらう(♥ しばしば丁寧な依頼に用いる) ‖ May [OR Could] I ~ you *to* shut the window? お手数ですが窓を閉めていただけますか / I'll ~ you *to* be quiet. 悪いけど静かにしてもらいましょうか / He never ~*d* himself *to* write his parents a letter. 彼は両親に手紙1通書く労もとらなかった
❸ …を肉体的に苦しめる, 悩ます ‖ Her arthritis is *troubling* her. 彼女は関節炎に苦しめられている / He has been ~*d* by [OR with] a nasty cold. 彼はひどい風邪をひいている ❹ 〔水面など〕をかき乱す, 騒がす
―自 ❶ 〈…で〉悩む, 心配する, 気をもむ〈**about, over, with**〉‖ Don't ~ *about* small matters. ささいなことで気をもむな
❷ 《通例否定文・疑問文で》 **a** 《+**to do**》**わざわざ…する[しようとする]** ‖ If it's inconvenient to you, don't ~ *to* come. もし都合が悪ければ, わざわざ来るにはおよびません / Why should I ~ *to* apologize? なぜわざわざ謝らなければならないのか / She ~*d to* ask whether I liked yogurt. 彼女はわざわざヨーグルトが好きかどうか聞いてくれた **b** 骨を折る, 労をとる

COMMUNICATIVE EXPRESSIONS
11 **Dón't tróuble yoursèlf (about it).** ① どうかそんなこと気にしないでください(♥ 手助けなどの申し出を断る表現. Please を伴うことが多い. ↘No, thank you.) ② 気にすることはありませんよ；心配ないです(♥ 謝罪に対して, あるいは心配事について)
12 **(I'm) sórry to tróuble you, but** could you chèck thís? お手数をおかけしてすみませんが, ちょっとこれを見ていただけますか(♥ 丁寧な依頼)

▸▸ ~ **spòt** 名 C 紛争多発地域

trou·bled /trʌ́bld/ 形 ❶ 心配[不安]そうな ‖ her ~ face 彼女の心配そうな顔 ❷ 問題の多い；乱れた, 騒然とした ‖ ~ teenagers 問題の多いティーンエイジャー / fish in ~ waters どさくさ紛れに利益を得る；漁夫の利を得る

tròuble-frée 形 故障[問題, 心配]のない

tróuble·màker 名 C トラブルメーカー, 問題ばかり起こす人

tróuble·shòot 動 (-shot /-ʃɑ̀(ː)t | -ʃɔ̀t/；~·ing) 自 ❶ (紛争などの)調停人を務める ❷ (機械などの)トラブル[不具合]に対処する, 故障箇所を修理する ―他 …を調停する；…を修理する(♦ troubleshooter からの逆成) **~·ing** 名

tróuble·shòoter 名 C ❶ (紛争の) 調停者 ❷ (機械などの)修理員

***trou·ble·some** /trʌ́blsəm/ 形 〔◁ trouble 名〕面倒な, やっかいな, 手のかかる, 骨の折れる ‖ a ~ child 手のかかる子供

trou·blous /trʌ́bləs/ 形 《文》《古》騒然とした；乱れた；やっかいな, 面倒な

***trough** /trɔ(ː)f/ 名 C ❶ (家畜用の細長い)飼い葉おけ, 水入れ；(細長い)植木鉢, こね鉢, 洗いおけ ❷ (波と波, 尾根の)谷(間) ‖ the ~*s* of the waves 波間 ❸ (景気などの)谷, 底 ‖ the peaks and ~*s* of the economy 経済の好不況 ❹ 〖気象〗気圧の谷 ❺ (屋根などの) 雨どい ❻ 〖理〗トラフ《波形あるいは交差する信号波の底》

trounce /trauns/ 動 他 ❶ …を大差で敗る, …に圧勝する ❷ 《旧》…を激しく打つ, ぶん殴る

troupe /truːp/ (♦ 同音語 troop) 名 C (役者・踊り子などの)一座, 一団 ―動 自 (座員として)巡業する

troup·er /trúːpər/ 名 C ❶ 座員, 劇団員 ❷ 老練な役者 ❸ 信頼できる[献身的な]人

trou·ser /tráuzər/ 名 C ❶ ズボンの脚 (の片方) ❷ ⇨ TROUSERS ―形 《限定》ズボン(用)の ‖ ~ pockets ズボンのポケット / a ~ press ズボンプレッサー
―動 他 《英口》〔多額の金〕を(不正に)手にする
▸▸ ~ **sùit** 名 C 《英》=pantsuit

:trou·sers /tráuzərz/ 《発音注意》
―名 複 ズボン (♦ 《米》では日常的には pants を用いる) ‖ He「was dressed **in** [OR wore] ~ and a sweater. 彼はズボンにセーターという服装だった / **wear** black ~ 黒いズボンをはいている /「a pair [two pairs] of ~ ズボン1[2]本 / a coat with ~ to match 上着とそろいのズボン / He is in short ~. 彼はまだ子供だ
càtch a pèrson with his/her tróusers dòwn 《英》= *catch a person with his/her* PANTS *down*
wèar the tróusers 《英口》=*wear the* PANTS

trous·seau /truːsóu | ∸∸/ 名 (複 **~s**, **~x** /-z/) C 《旧》嫁入り支度[道具, 衣装]

***trout** /traut/ 《発音注意》 名 (複 ~ OR **~s** /-s/) ❶ C 〖魚〗マス《サケ科ニジマス属の淡水魚》；U マスの肉 ❷ C 《通例 old ~ で》《英口》意地悪ばあさん, 口うるさい老婆

trove /trouv/ 名 C 貴重な収集品；貴重な発見物

tro·ver /tróuvər/ 名 U 〖法〗横領訴訟《他人に不法占有・使用されている動産の損害賠償訴訟》

trow·el /tráuəl/ 名 C ❶ (左官・石工の)こて ❷ (園芸用の)移植ごて, スコップ
lay [OR ***spread***] ***it on with a trowel*** ⇨ LAY[1](成句)
―動 他 …をこてで塗る[なでる]

troy /trɔɪ/ 名 (= ∼ **wèight**) C トロイ衡, 金衡《金・銀・宝石類の衡量》

Troy /trɔɪ/ 名 トロイ《小アジア北西部の古代都市》(♦ 形容詞は Trojan)

tru·an·cy /trúːənsi/ 名 (複 **-cies** /-z/) U C (生徒の) 無断欠席, ずる休み

tru·ant /trúːənt/ 名 C ❶ ずる休み [無断欠席] する生徒 ❷ 《旧》仕事を怠ける[サボる]人
plày trúant 学校をずる休みする；《旧》仕事をサボる
―形 《限定》ずる休みする；怠惰な
―動 自 ずる休みする；サボる

***truce** /truːs/ 名 C U ❶ (一時的)休戦, 停戦, 休戦協定 ‖ make a ~ 休戦する / declare [OR call] a ~ 休戦を宣言する / a flag of ~ 休戦の白旗 ❷ (けんか・苦痛・仕事

などの)一時的中止, 中断

truck[1] /trʌk/

―名 (複 ~s /-s/) C ❶トラック, 貨物自動車(《英》lorry) (⇨ CAR 類語P) ‖ a garbage ~ ごみ収集車 / a fire ~ 消防自動車 / a ~ driver トラックの運転手
❷《英》(家畜や石炭の輸送用の)無蓋(むがい)貨車(《米》car);(鉄道の)台車, ボギー車
❸(荷物を運ぶための)台車, 手押し車, 重量物運搬車 ‖ a forklift ~ フォークリフト ❹(スケートボードの車輪取り付け用の)車軸 ❺檣冠(しょうかん)《旗ざお[マスト]の先端の小木片》

COMMUNICATIVE EXPRESSIONS

1 **You could stòp a trúck.** ひどいなりだな(♥「(人の注目を浴びて)交通を止めることができるほどだ」の意)

―動 他 (+目+副句)《主に米》…をトラックで(…へ)運ぶ ‖ The products were ~*ed* to the market. 生産品は市場までトラック輸送された ―自 ❶トラックを運転する, トラックの運転手をする ❷(+副句)《俗》のんびりと[気ままに]行く;旅をする(♦ 副句 は方向を表す) ‖ Let's ~ on down to San Diego. のんびりサンディエゴまで行こう

gèt trúcking 《主に米口》〈…を〉始める〈**on**〉;出かける, 去る

kèep òn trúcking 《主に米口》気楽にこつこつやる, あきらめない(→ CE 2)

COMMUNICATIVE EXPRESSIONS

2 "Hòw am I dóing?" "**Kèep (on) trúcking.**"「(私の出来は)どうかな」「いいよ, その調子」(♥そのまま続けるよう励ます表現)

▶▶ ~ **stòp** 名 C《米》(長距離トラック運転手用の)ドライブイン(《英》transport cafe) ~ **tràiler** 名 C (トラックが引く)貨物トレーラー

truck[2] /trʌk/ 名 U ❶《口》取り引き, 交際;関係 ❷《米》(市場向けの)農産物 ❸《古》(物々)交換;《主に古》小物, 雑貨;《口》くず, がらくた

hàve [OR ***wànt, hòld***] ***nò trúck with ...*** …と取り引き[交際]をしない, かかわりにならない

―動 他《古》…を(物々)交換する

▶▶ ~ **fàrm** 名 C《米》市場向け野菜栽培農園(《英》market garden) ~ **fàrmer** 名 C《米》市場向け野菜栽培業者 ~ **fàrming** 名 U《米》市場向け野菜栽培(業)

truck·age /trʌ́kɪdʒ/ 名 U トラック輸送(費)

truck·er /trʌ́kər/ 名 C ❶トラック運転手 ❷トラック運送業者[会社]

truck·ing /trʌ́kɪŋ/ 名 U《米》トラック輸送(業) ‖ a ~ company トラック輸送会社

truck·le[1] /trʌ́kl/ 名 C ❶(=~ **bèd**)《英》脚輪付きベッド(《米》trundle bed) ❷小車輪;脚輪, キャスター(caster) ❸(円筒形の)小型チーズ

truck·le[2] /trʌ́kl/ 動 自 〈…に〉屈従する, へつらう〈**to**〉

trúck·lòad 名 C ❶トラック1台分の積み荷 ‖ a ~ of coal トラック1台分の石炭 ❷《口》多数, 多量 ‖ a ~ of money たくさんの金

truc·u·lence /trʌ́kjuləns/, **-len·cy** /-lənsi/ 名 U けんか腰, 辛辣(しんらつ);獰猛(どうもう), 野蛮 ‖ speak with ~ 語気を荒げて話す

truc·u·lent /trʌ́kjulənt/ 形 ❶攻撃的[好戦的]な ❷(言葉・文章などが)辛辣な ❸獰猛な **~·ly** 副

trudge /trʌdʒ/ 動 他 自 (道などを)(とぼとぼと)重い足取りで歩く ―名 C とぼとぼ歩き, 長くてつらい歩行

true /truː/ 形 名 副 動

中心義 (Aに)忠実な(★Aは「事実」「基準」「約束」など)

形 本当の❶ 本物の❷ 正確な❸ 誠実な❹

―形 (▶ truth 名, truly 副)(通例 **tru·er**;**tru·est**)
❶(比較なし)**本当の**, 真実の(↔ false);事実どおりの;《叙述》〈…についても〉(同じことが)言える, 当てはまる〈**of, for**〉‖ Everything they say about Jill is ~. 連中がジルについて言っていることは皆本当だ / Is it ~ (that) she's resigning? 彼女が辞職するというのは本当ですか / His story didn't ring [OR sound] ~. 彼の話はうそっぽかった / What will happen if the rumor turns out to be ~? そのうわさが本当だとわかったらどうなるだろう / Answer whether each of the following statements is ~ or false. 次のそれぞれの記述が正しいか誤りか答えなさい / Jane is very cheerful, and the same is ~ *of* Helen. ジェーンはとても明るいし, ヘレンについても同じことが言える
❷《限定》**本物の**, 正真正銘の;本質の, その名に値する;典型的な;正当な, 合法の(⇨ REAL[1] 類語) ‖ What Lindbergh did was a ~ adventure. リンドバーグのしたことは真の冒険だった / ~ leather 本革 / a ~ gentleman 真の紳士 / ~ gold 純金 / the ~ heir 正統な跡継ぎ
❸**正確な**, 間違いのない, 厳密な(↔ inaccurate);《叙述》標準[原型]と一致した, 〈…と〉寸分たがわない〈**to**〉‖ The film was quite ~ *to* the novel. その映画は原作の小説に極めて忠実だった / He played the part ~ *to* life. 彼はその役を実物そっくりに演じた
❹(人が)〈…に〉**誠実な**, 忠実な, 〈…を〉厳守する(↔ unfaithful)〈**to**〉;頼りになる;(ものが)信頼できる, 確実な ‖ Richard is ~ *to* his word [principles]. リチャードは約束を忠実に守る[自己の信念に忠実である] / a ~ friend 誠実な友 ❺《叙述》(機械・器具などが)正確にできた;正しい位置にある, ぴったりと合う;(ねらいが)正確な;(音などが)調子の合った;《理》(力などが)一定した, 変わらない ❻《海》(方位・針路が)真北を基準にした ❼💻(プログラムの条件分岐での)条件を満たした, 真である

còme trúe (夢・希望などが)**実現する**, かなう, 本当になる ‖ Someday I want to make my dreams *come* ~. いつか夢をかなえたい

hòld trúe =*hold* GOOD

trúe to fòrm [OR ***shàpe***] 案の定, 思ったとおり

COMMUNICATIVE EXPRESSIONS

1 **Hòw trúe!** ごもっとも;本当にそうですね
2 **It càn't be trúe.** まさか;そんなはずはない(♥ショック)
3 **It's trúe that** he's nòt vèry effícient, **but (it's álso trùe that)** he's been màking a lòt of éffort. 彼は確かにあまり手際がよいとは言えないが, 努力をしてきている(というのも事実だ)
4 **(Thàt is ònly) tòo trúe.** 残念ながら全くそのとおりだ(♥同意・賛同を表す. Too true. だけだとくだけた表現)
5 **(Thàt may** [OR **could**] **be) trúe, but** I stìll thìnk hé's to blàme. (それは)そうかもしれませんが, それでもやはり彼に非があると思います(♥遠慮して反論する)
6 **Thát's nòt trúe.** それは違う, うそだ;そんなことはありません
7 **Thìs is tóo gòod to be trúe.** 信じられない;本当であるにはうますぎる話だ(♥不信感あるいは喜びの表現)

―名 ❶《the ~》真実(であること), 真
❷ U 正しい位置;調整された状態

òut of trúe (位置・調整などが)ずれて, 不正確で

―副 ❶《主に文》正しく(rightly), 正直に, 真実に, 忠実に ‖ Tell me ~. 正直に話しなさい / speak ~ 本当のことを言う ❷正確に;真っすぐに ‖ aim ~ 正確にねらいをつける ❸純血種で, 先祖の形質を失わずに ‖ breed ~ 純血種を産む ❹《文修飾》確かに

―動 他 …を正確に合わせる[置く, 調整する]《**up**》

~·ness 名

▶▶ ~ **bíll** 名 C《米法》適正原案《大陪審が裏書きした起訴状案》 ~ **blúe** (↓) ~ **nórth** 名《the ~》真北《磁極ではなく地軸をもとにした北極の方向》(↔ magnetic north) ~ **rìb** 名 C《解》真肋骨(ろっこつ)(→ floating rib) **TrúeTỳpe** 名 💻トゥルータイプ《拡大・縮小に耐えるoutline font の一種》

trùe-blúe ⟨シ⟩ 形《米》極めて忠実な;《英》筋金入り(の保守党員)の

trùe blúe 名 C《英》筋金入りの保守党員

trùe·bórn ⊲シ 形《限定》嫡出の；生粋(きっ)の
trùe-fálse tèst 名 C ○×式テスト，正誤テスト
trùe·héarted ⊲シ 形《文》誠実な；忠実な
trùe-lífe ⊲シ 形《限定》事実に基づいた，実際の，生々しい ‖ a ～ story 実話
trúe·lòve 名 C 最愛の人，恋人(sweetheart)
　▸▸ ～ [**trùe(-)lóver's**] **knòt** 名 C 愛結び《蝶(ちょう)結びの一種．解けにくいことから堅い愛の象徴》
truf·fle /trʌ́fl/ 名 C ❶ トリュフ，フランスショウロ《地中に生じる香りの高い食用キノコ》 ❷ トリュフ《チョコレート菓子の一種》 ‖ a nut [rum] ～ ナッツ[ラム酒]入りのトリュフ
trug /trʌɡ/ 名 (＝～ **bàsket**) C《英》(木製の)園芸用平かご
tru·ism /trúːìzm/ 名 C 自明の理；わかりきったこと
:truly /trúːli/
　— 副 〔⊲ true 形〕(**more ～**；**most ～**)
　❶ **本当に**，真に，まさに；**実に**，全く；完全に(⇨ INDEED 類語) ‖ Our coach doesn't ～ understand us. コーチは私たちのことを本当にはわかっていない / He is ～ a scholar. 彼は間違いなく学者だ / Are you ～ happy with him? 彼と一緒で本当に幸せですか / a ～ remarkable achievement 実に立派な業績 / really and ～ 本当に
　❷ **心から** ‖ I am ～ sorry I forgot to call you. 電話をするのを忘れて本当に申し訳ない / I ～ love my family. 私は家族を心から愛している
　❸ 事実どおりに，正直に，正確に(↔ falsely) ‖ Tell me ～ what you think. 君の考えを正直に言ってくれ / It is ～ said that time is money. 「時は金なり」とはよく言ったものだ / "I'm going to resign." "*Truly?*" 「辞めるつもりだ」「本当に？」/ Spiders are not ～ insects. クモは正確には昆虫ではない
　❹《文修飾》本当を言えば，正直なところ ‖ *Truly*, I should not know what to say. 正直なところ，何と言ってよいのかわかりません
Tru·man /trúːmən/ 名 **Harry S(.)** ～ トルーマン(1884–1972)《米国第33代大統領(1945–53)》
***trump**¹ /trʌmp/ 名 C ❶ (トランプの)切り札；《しばしば～s》《単数・複数扱い》切り札の組(❗日本語の「トランプ(遊び)」は英語では cards という．「トランプをする」は play cards) ‖ This time, diamonds are ～*s*. 今度はダイヤが切り札だ / play a ～ 切り札を出す ❷ 奥の手，最後の手段，切り札 ❸《旧》《口》傑出した人物，好漢，頼りになる人，気前のよい人
　còme [OR *tùrn*] *ùp trúmps*《主に英口》予想以上にうまくいく，ついている；とても親切である，頼りになる
　hòld àll the trúmps ＝*hold* [OR *have*] *all the* ACES
　— 動 他 ❶〔場札〕を切り札で取る，…を〈…で〉取る〈**with**〉 ❷ …をしのぐ，負かす — 自 切り札を使う，切り札で勝つ
　trùmp úp ... / *trùmp ... úp* 〈他〉〔話・口実・罪状など〕を捏造(ねつ)する，でっち上げる ‖ ～ *up* some ridiculous charges against him 彼を陥れようとおかしな罪状をでっち上げる
　▸▸ ～ **càrd** 名 C (トランプの)切り札；奥の手 ‖ play one's ～ *card* 奥の手を使う
trump² /trʌmp/ 名 C《古》らっぱ(の音)(trumpet)
trùmped-úp ⊲シ 形《限定》捏造された，でっち上げの
trump·er·y /trʌ́mpəri/ 名 (複 **-er·ies** /-z/) U C《古》❶ 見掛け倒しのもの，安ぴか物 ❷ くだらないこと，たわごと
　— 形《古》くだらない，安っぽい
***trum·pet** /trʌ́mpət | -pɪt/ 名 C ❶〘楽〙トランペット，らっぱ；(オルガンの)トランペットストップ ‖ blow [sound] a ～ トランペットを吹く[鳴らす] / play the ～ トランペットを吹奏する / a ～ fanfare トランペットのファンファーレ ❷ らっぱ状のもの；(昔の)らっぱ型補聴器(ear trumpet)；(ラッパズイセンの)花冠(など) ❸ らっぱの(ような)音；(特に)象の鳴き声 ❹《～s》〘植〙サラセニア(pitcher plant)《らっぱ状の葉を持つ北米産の食虫植物》
　blòw one's òwn trúmpet《主に英》＝*blow* [OR *toot*] *one's own* HORN
　— 動 自 ❶ (象などが)らっぱのような音を出す ❷ トランペット[らっぱ]を吹く — 他 ❶ …を〈…だと〉大声で告げる，吹聴(ふいちょう)する，ふれ回る〈**as**〉(♦ 直接話法にも用いる) ❷ …をトランペット(のような音)で知らせる
　▸▸ ～ **crèeper** [**vìne**] 名 C〘植〙アメリカノウゼンカズラ ～ **màjor** 名 C (騎兵連隊の)らっぱ長
trum·pet·er /trʌ́mpəṭər | -pɪt-/ 名 C ❶〘楽〙トランペット奏者；(騎兵連隊などの)らっぱ手 ❷ 吹聴者 ❸〘鳥〙ラッパチョウ《南米産》；イエバトの一種；(＝～ **swàn**)ナキハクチョウ《北米産》 ❹〘魚〙フエフキタカノハダイ《豪州近海産．食用》
trun·cate /trʌ́ŋkeɪt | ─́─/ 動 他 (上部[端]を切り取って)…を短くする；〔話など〕を短くする；〘数〙〔数字〕を切り捨てる(♦ しばしば受身形で用いる) — 形 ❶ ＝truncated ❶ ❷〘植〙切形(せっ)の **trun·cá·tion** 名 U 切断，短縮
trun·cat·ed /trʌ́ŋkeɪṭɪd | ─́──/ 形 ❶ (切断されたり切り詰められたりして)短くなった ❷〘結晶〙欠稜(けつりょう)の ❸〘数〙(円錐(えん)などが)頂点が平面で切られた，切頭の ‖ ～ cone 円錐台
trun·cheon /trʌ́ntʃən/ 名 C ❶《主に英》(警官の)警棒(club) ❷ (権威の象徴としての)職杖(しょくじょう)
　— 動 他 …を警棒で打つ
trun·dle /trʌ́ndl/ 動 他 (荷車などに乗せて)…をゆっくりと転がす，運ぶ，移動する — 自 (転がるように)ゆっくりと移動する(♦ 通例方向を表す 副句 を伴う)
　— 名 C ❶ 小輪，脚輪，キャスター ❷《単数形で》ゆっくりと移動すること ❸ (＝～ **bèd**)《米》脚輪付きベッド《使用しないときはほかのベッドの下に押し込む》

trundle ❸

:trunk /trʌŋk/
　— 名 (複 **～s** /-s/) C ❶ (木の)**幹**，樹幹 ‖ the wide gray ～ of a beech ブナの太い灰色の幹
　❷《米》(自動車の)トランク(《英》boot)
　❸ (象の長い)**鼻**
　❹《～s》(男性の)競技用(半)パンツ，トランクス，(男性用の)ズボン下，パンツ；(＝～ **hòse**)(16–17世紀に流行した男性用の)半ズボン
　❺ (人・動物などの)胴，胴体；(昆虫の)胸部；(魚の)軀幹(くかん)部《えらぶたから肛門(こう)まで》；(物の)本体，主要部分
　❻ トランク，大型(旅行)かばん(⇨ 類語)
　❼ 神経幹，血管幹；(＝～ **lìne**)(鉄道などの)幹線；(電信・電話の)中継回線；長距離回線 ❽ 換気坑；導管；雨どい

類語 **《❻》 trunk** suitcase より大型のがっしりした箱形のもの．
suitcase 着替えなどを持ち運ぶ平たい小型のもの．
portmanteau《主に英》ふつう左右に開いて両側に物を詰める革製のもの．
attaché case 書類用の平たくて堅固な小型かばん．
briefcase 書類・本・筆記用具などを入れるかばん．(♦ 小型の手提げかばんを表す語は briefcase の方が一般的で，attaché case はその中に含まれ a slim briefcase などと説明されることもある．⇨ SUITCASE 図)

　▸▸ ～ **càll** 名 C《主に英》《旧》長距離電話(long-distance call) ～ **ròad** 名 C《主に英》幹線道路 ～ **shòw** 名 C トランク＝ショー《上得意客が集まる小会場にデザイナーが出向いて開くファッションショー》
truss /trʌs/ 名 C ❶〘建〙(橋・屋根などを支える)桁組(けたぐみ) ❷〘医〙ヘルニア[脱腸]帯 ❸ 束；《英》〘史〙(干し草・わらなどの)束 ❹〘植〙(穂状花(すいじょうか)・果実の)一房 ❺〘海〙トラス《帆桁を固定する帯金》
　— 動 他 ❶ …を縛り上げる《*up*》；(調理前に)〔鳥(の手羽・足)〕を胴に縛りつける《*up*》 ‖ a *trussed-up* victim ぐるぐる巻きに縛られた被害者 ❷〔橋・屋根など〕を桁(けた)で支える
　▸▸ ～ **brìdge** 名 C トラス橋

⁑trust /trʌst/ 名 動

―名〔▶ trustful 形, trusty 形〕(複 ~s /-s/) U ❶〈…に対する〉**信頼**, 信用(↔ distrust)〈in〉; C 信頼[信用]されている人[もの] (⇨ BELIEF 類語) ‖ We can't put much ~ *in* what Matt says. マットの言うことはあまり信用できない / I have complete ~ *in* his ability. 彼の能力を完全に信用している / God is our sole ~. 我らは神のみを信じる
❷ **委託**, 管理, 保管, 保護, 監督; C 委託されたもの ‖ The will was left in his ~. 遺書は彼(の手)にゆだねられた / Public office is a public ~. 公職は公衆より託されたものである
❸ 信頼されていること; 信頼に伴う責任[義務] ‖ She is in a position of ~ at a large company. 彼女は大会社の責任ある地位にいる
❹ 確固たる期待, 希望, 確信〈in …への / **that** 節 …という〉‖ Parents must have ~ *in* the future. 親ならば未来に希望を抱くべきだ / Our ~ is *that* he will soon be well. 我々は彼がじきによくなることを期待している
❺ 〖法〗信託, 信託管理; C 信託財産[物件], 信託団 ‖ an investment ~ 投資信託
❻ C 〖経〗トラスト, 企業合同 ❼ 信用販売, 掛け売り, クレジット ‖ sell goods on ~ 品物を掛け売りする ❽ (= ~ **hòspital**) C 《英》信託病院《国からの資金で運営される》
tàke ... on trúst …を証拠もなしに[調べもせずに]信用する, 真(ま)に受ける, うのみにする ‖ You don't have to *take* everything she says *on* ~. 彼女の言うことをすべて真に受けることはない
―動 (~s /-s/; ~·ed /-ɪd/; ~·ing)
―他 ❶ …を**信頼する**, 信用する (↔ distrust) (⇨ BELIEVE 類語P) ‖ We cannot ~ him completely [OR implicitly]. 彼を全面的には信用できない / ~ one's memory 自分の記憶(力)を信頼する / I'll lend you $10. I can ~ you for it. 10ドル貸してあげるよ. 君ならきっと返してくれるから
❷ 《+目+**to** *do*》〔人〕を**信頼して…させてやる**, 安心して…させておく; 〔人〕が…するものと信じる[当てにする] ‖ You can't ~ Ed *to* keep his promise. エドが約束を守るなんて当てにしてはいけない / *Trust* you *to* be late! 案の定遅れたね(♥ 皮肉な表現) / *Trust* him *to* do something foolish. 彼はきっと何かばかなことをしでかすよ
❸ 《+(**that**) 節》(確信を持って)…だと**期待する**, 確信する; きっと…だと思う(→ CE 1) ‖ I ~ (*that*) you will be successful. うまくいくことを確信しているよ
❹ **a** 《+目 *A*+**with** 名 *B* / 目 *B*+**to** 名 *A*》*A*(人)に*B*(物)を**信頼して託す**, 預ける ‖ Can I ~ the keys *to* the janitor? 鍵(かぎ)を管理人に預けて大丈夫ですか / The child was ~*ed to* his grandparents' care. その子は祖父母の世話にゆだねられた / How do I know you can be ~*ed with* a large sum of money? 君に大金を預けても大丈夫だとどうしてわかるのか / ~ her *with* secrets 彼女に秘密を打ち明ける
b 《+目+副句》…を安心して…に置く ‖ I can't ~ it out of my hands. それを自分の手元に置かないと安心できない
❺ …に〈…を〉信用販売する, 掛け売りする〈**for**〉
―自 ❶ 《+**in** 名》…を信頼する, 信用する; 〈きっと…することと〉当てにする〈**to** *do*〉‖ ~ *in* his judgment [integrity] 彼の判断[誠実さ]を信用する / I ~*ed in* God *to* forgive him. 神はきっと彼の罪を許したもうことと信じた
❷ 《+**to** 名》…を当てにする, …に頼る, …任せにする ‖ Don't ~ *to* luck. 運任せにするな
not trùst a pèrson 「as fàr as [OR fùrther than] one can thrów him/her 《口》〔人〕を全く信用できない

COMMUNICATIVE EXPRESSIONS

1 **I trúst (that)** your propósal is bàsed on a thòrough súrvey. あなたの提案は十分な調査に基づいているんでしょうね(♥ 期待・希望を表す堅い表現)
2 He'll próbably demànd èvery pènny you ówe him. **Trúst him (for thàt).** 彼は君が借りた金全額の返済を要求するよ, そういうやつなんだ(♥ 確信を表す皮肉)
3 **Trúst me!** 信じてください; 本当ですってば

▸▸ ~ **còmpany** 名 C 信託銀行; 信託会社 ~ **fùnd** 名 C (現金・有価証券などの) 信託資金 ~ **mòney** 名 U 委託金 ~ **tèrritory** 名 C (国連の) 信託統治地域 (→ mandate)

trust·a·far·i·an /trʌ̀stəféəriən/ 名 C 《英口》裕福でありながら貧しい服装をしている若者

trúst·bùster 名 C 《主に米口》反トラスト[独占禁止]法取締官 **-bùsting** 名

***trus·tee** /trʌstíː/ 《アクセント注意》 ◁シ 名 C ❶ (他人の財産(管理)などの) 被信託人, 受託者; 保管人, 管財人 ❷ (会社・大学などの) 管理委員, 評議員, 理事 ❸ (国連の) 信託統治地域管理国 ―動 他 〔財産〕を受託者に委託する ―自 受託者[管財人]を務める

trus·tee·ship /trʌ̀stíːʃɪp/ 名 U C ❶ 受託者の地位[職務] ❷ (国連の) 信託統治(→ mandate)

trust·ful /trʌ́stfəl/ 形 〔◁ trust 名〕信じやすい, 信じて疑わない **~·ly** 副 **~·ness** 名

***trust·ing** /trʌ́stɪŋ/ 形 〈人の誠実さなどを〉信じる; 信じて疑わない〈**of**〉 **~·ly** 副 **~·ness** 名

***trúst·wòrthy** 形 信頼[信用]できる, 頼りになる, 当てになる (reliable) ‖ a ~ source of information 信頼できる情報源 **-wòrthily** 副 **-wòrthiness** 名

trust·y /trʌ́sti/ 形 〔◁ trust 名〕《限定》《古》《戯》(長年の実績によって)信頼できる, 頼りになる ―名 (複 **trust·ies** /-z/) C 信頼できる人; (特典の与えられた)模範囚 **trúst·i·ly** 副 **trúst·i·ness** 名

⁑truth /truːθ/

―名〔◁ true 形〕(複 ~s /truːðz, -θs/) ❶ 《通例 the ~》**真実**, 事実, 真相, 本当のこと(↔ falsehood) ‖ What is the ~ **about** the matter? その事件の真相は何か / I don't think she's **telling** me **the whole** ~. 彼女が事実を全部話してくれているとは思えない / *Truth is stranger than fiction.* 《諺》事実は小説よりも奇なり / the hidden ~ 隠された真実
❷ U 真実であること; 真実性[味]; (描写などの)迫真性, 正確さ ‖ Everyone who knows her doubts the ~ of the rumor. 彼女を知る者はみんなそのうわさを信じていない / There is not a grain of ~ in what Lulu says. ルルの言っていることには真実のかけらもない
❸ U/C 《通例 ~s》(立証された)事実; (確立された)原理; 《しばしば T-》真理, 真 ‖ self-evident ~*s* 自明の理 / the universal ~*s* **about** human beings 人間についての普遍の真理 / God is ~. 神は真なり / *Beauty is ~, ~ beauty.* 美は真なり, 真もまた美なり(♦ Keats の詩句)
連語 ❶❸ 【動+~】/ speak the ~ 真実を話す / reveal the ~ 真実を明らかにする / discover [OR find out] the ~ 真相を突き止める, 真理を知る / learn the ~ 真理を知る
❹ U 標準[原型]に合うこと; (位置・調整などの) 正確さ ‖ be out of ~ 調子が狂っている
❺ U 誠実; 正直 ‖ Everybody can rely on his ~. みな彼の誠実さを当てにしてよい
be económical with the trúth (意図的に[わざと])真実[事実]を出し渋っている
if (the) trùth be knówn [OR tóld] 実は
in (áll) trúth 実は, 本当は; 実際(in fact)

COMMUNICATIVE EXPRESSIONS

1 **Àin't it [OR thàt] the trúth?** 全くそのとおり (♥ 同意を示すくだけた表現. あえて非標準形の ain't を用いる)
2 **(Nó.) 「The trúth (of the màtter) is that [《口》(The) trúth is,]** we wèren't nòtified of the chánges. (違います.) 私たちが変更を知らされていなかったというのが事実なんです

3 **Nóthing could be fùrther from the trúth.** それは全くの間違いだ(♥ 強い反論を表す表現)
4 **Tèll the trúth and shàme the dévil.** 思いきって本当のことを言ってしまえ
5 **Thàt's the trúth, the whóle trùth, and nòthing but the trúth.** 真実, 一切の真実を語り, 真実以外の何ものも語らないことを誓います(から信じてください)(♥ 法廷での宣誓の一部を用いた説得表現)
6 **The trùth húrts.** 真実を聞くのは(ときに)耳が痛い
7 **(The) trùth will (còme) óut.** (隠そうとしても)真実はいつかは明らかになるものだ
8 「**Trúth to tèll** [OR **To tèll (you) the trúth**], I dòn't knòw the ánswer. 実は私は答えを知らないのです(♥ しばしば切り出しにくいことを言う際の前置きとして)
9 **You wòuldn't knòw the trúth if it jùmped ùp and bìt you on the nóse.** あなたは事実が目の前にあったとしてもそれが見えない(♥ 強い反論を表す)

▶▶ ~ **drùg** [**sèrum**] 名 C 〖薬〗心理抑制解除薬, 自白薬 ~ **vàlue** (↓)

***truth·ful** /trúːθfəl/ 形 ❶ (人が)本当のことを言う, うそをつかない, 正直な ‖ a ~ person 誠実な人 ❷ (話などが)真実の, 本当の;(芸術・文学的表現が)リアリズムの, リアルな ‖ a ~ answer 偽りのない答え **~·ness** 名

truth·ful·ly /trúːθfəli/ 副 ❶ 正直に, 偽りなく ❷ 正直なところ, 本当を言えば

trúth-vàlue, trúth vàlue 名 C 〖論〗真理値

⁝try /traɪ/ 動 名

— 動 (▶ trial 名) (**tries** /-z/; **tried** /-d/; **~·ing**)

— 他 ❶ (⇨ 類語) **a** 《+**to do**》…しようと**試みる**, 努力する, やってみる (→ ❷**b**) (♦ try to *do* は《口》では try and *do* となることがある. → *try and do* (↓)) ‖ I *tried to* move the bed, but it was too heavy. ベッドを動かそうとしたが重すぎて動かなかった / Do ~ *to* be on time. ぜひ遅れないようにしなさい / She *tried* not *to* laugh, but failed. 彼女は笑うまいとしたがうまくいかなかった / He *tried* vainly *to* persuade Sarah to stay on. 彼はサラにとどまるように説得してみたが無駄だった / "Does he make you happy?" "He *tries to*." 「彼はあなたを幸福にしてくれますか」「努力してくれてるわ」(♦ to の後の make me happy が省略された形)

b 《+目》…を試みる ‖ *Try* your best [OR hardest]. 全力を尽くしなさい

❷ **試してみる a** 《+目》試しに…をやってみる, …を試す, テストする;…を試用[試食, 試飲]する;〔人など〕に尋ねてみる;〔戸・窓など〕を開けてみる ‖ ~ one's hand at ... …をやってみる / I'll ~ anything once. 何でも1度はやってみるつもりだ / ~ one's fortune 運試しをする / ~ a new route 新ルートを通ってみる / ~ some wine ワインを飲んでみる / I *tried* the door, but it was locked. ドアを開けようとしたが, 鍵(かぎ)がかかっていた

b 《+*doing*》試しに…をしてみる ‖ I *tried* moving the bed to the other side of the room. ベッドを部屋の反対側に動かしてみた (♦ 実際に動かしたことを意味するが, 「動かした結果がどんな具合かみる」という含みがある. それに対し, ❶**a** の I tried to move the bed, ... は「動かそうとした」というだけで, 動かせたとは限らない) / I *tried* writing with my left hand. 私は試しに左手で書いてみた

c 《+**wh** 節》…かどうか試しにやってみる (♦ that 節 は不可) ‖ Let's ~ *whether* the rope will break. ロープが切れるかどうか試してみよう

❸ 《通例受身形で》〖法〗(事件が)審理される;(人が)〈…の罪で〉裁判にかけられる〈**for**〉‖ The boys were *tried for* the theft. 少年たちは窃盗罪で裁判にかけられた

❹ 〔人〕を試練に遭わせる, 悩ませる, 苦しめる;…に緊張を強いる, 負担をかける;〔目など〕を疲れさせる ‖ The severe winter *tried* the settlers. 厳冬が入植者たちを苦しめた / His silly behavior *tried* my patience. 彼のばかげた行為に私はいらいらした / His courage was severely *tried*. 彼の勇気は今にもくじけそうだった

❺ 〔脂肪〕を溶かして油を採る《*out*》

❻ 〔木材〕に仕上げかんなをかける

— 自 **努力する**, やってみる;**試みる**, 試す ‖ *Try* **harder**, and you'll better your record. もっと頑張ってごらん, きっと記録は伸びるよ / *Try* as they might, they could never wipe out the disgrace. たとえどんなに努力しても, 彼らはその汚名を消すことはできまい / My failure wasn't for lack [OR want] of ~*ing*. 私の失敗は努力が足りなかったせいではない / If at first you don't succeed, ~, ~ **again**. 最初はうまくいかなくても, 何度も何度もやってみることだ

trỳ and dó 《口》…しようとする (♦ try to *do* と同じ意味だが try と *do* が語形変化をする場合は用いない) ‖ You should ~ *and* get a girlfriend. 彼女ができるように頑張ってみろよ

trỳ báck 〈他〉(***trỳ báck ...*** / ***trỳ ... báck***) 〔つながらなかった相手〕に電話をかけ直す —〈自〉(つながらなかった相手に)電話をかけ直す

trý for ... 〈他〉…を得ようと努める, 求める ‖ ~ *for* a job [scholarship] 仕事[奨学金]を得ようとする

trỳ it ón 《英口》① 〈人を〉だまそうとする〈**with**〉 ② (相手の忍耐力を試すため)〈人に〉図々しい態度をとる〈**with**〉 ③ 〈…と〉性的関係を持とうと言い寄ってみる〈**with**〉

****trỳ ón ...*** / ***trỳ ... ón*** 〈他〉〔衣服・帽子など〕を**着て**[はいて, かぶって]**みる**, 試着する

****trỳ óut ...*** / ***trỳ ... óut*** 〈他〉…を(実地に)**試験する**, …の効果を〈…で〉試す〈**on**〉;〔人〕を試験的に使ってみる ‖ They *tried out* the new treatment *on* the cancer patients. 彼らは癌(がん)患者に新しい治療法を試した

trỳ óut for ... …の地位[メンバー]に選ばれようとテストを受ける[人と争う]

COMMUNICATIVE EXPRESSIONS

1 **Hére. Trý sòme.** ほら, 一口召し上がれ(♥ 味見)
2 **It wòn't hùrt you to trý it.** やってみる分には損はないでしょ(♥ とりあえず挑戦するよう励ます表現)
3 **Jùst you trý!** やれるものならやってみろ(♥ 禁止を表すやや乱暴な脅し文句. = Just you dare! / ♪I wouldn't, if I were you.)
4 **Lèt's trỳ to bè** [OR **gét**] **hère on tíme.** ちゃんと時間どおり来るようにしましょう(♥ 遅刻を叱責(しっせき)する表現)
5 **The impórtant thìng is that you tríed.** やってみたということが大事なんですよ(♥ 失敗した人を励ます表現)
6 **Trý as I mày,** I càn't stòp this cópy machìne from gètting jámmed. 散々やってはみましたが, このコピー機の紙詰まりをなくすことができません
7 **Trỳ (your lúck).** やってごらんよ(♥ 挑戦するよう励ます)
8 **You còuldn't** dò it **if you tríed.** やろうとしたってそんなことできっこないくせに
9 **You're trỳing to dò tòo múch.** 何もかもやろうとしすぎです(♥ 忙しすぎる相手に対して)

— 名 (複 **tries** /-z/) C ❶ 《通例単数形で》〈…に対する〉**試し**, 試み, 努力〈**at, for**〉‖ It's worth a ~. それはやってみる価値がある / She succeeded in opening the door on her second ~. 彼女は2度目の試みでドアを開けることができた / have [OR make] a ~ *at* 「the exam [(learning) Korean] 試験を受けて[韓国語を学んで]みる ❷ 〖ラグビー〗トライ《相手側のゴールライン内にボールを接地することにより得点すること》;〖アメフト〗トライ《タッチダウン後に与えられる追加点のチャンス》‖ **score** a ~ トライを決める

COMMUNICATIVE EXPRESSIONS

10 **(Just) gìve it a** [OR **the òld còllege**] **trý.** やってみたらどう?
11 **Níce trỳ.** 残念だね;惜しいね(♥ しばしば皮肉)

類語 《他 ❶》 **try** 「努力してやってみる」を意味する最もふつうの語.

attempt try よりやや改まった語で,「努力」よりも「試み」に重点が置かれ, しばしば試みが失敗に終わるというニュアンスがある.〈例〉*attempt* to commit suicide 自殺を企てる(が失敗する)
endeavor 最も改まった語で, より大きな努力·困難や崇高な目的に対する献身を表すが, ときにもったいぶって響くこともある.
strive (困難な状況において)ぎりぎり精いっぱいの努力をする.〈例〉*strive* to overcome difficulties 難局を乗りきろうと懸命に努力する
struggle 悪戦苦闘する;もがくような努力を暗示する.

▸▸**～ squàre** 名C(大工·建築用の)直角定規

trỳ-and-búy 形《限定》試用の

try·ing /tráɪɪŋ/ 形 つらい, 耐え難い ‖ a very ～ day とてもつらい一日 **～·ly** 副

trý-òn 名C《単数形で》《英口》相手をだまそうとする試み

trý·òut 名C《米》(選手·俳優などの)予備選抜(テスト), オーディション(《英》trial);(新しい演目などの)試験興行

try·pan·o·some /trípənəsòʊm/ 名C〘生〙トリパノソーマ《脊椎(せきつい)動物の血液に寄生する鞭毛(べんもう)虫》

try·pan·o·so·mi·a·sis /trìpənəsəmáɪəsɪs | -ousou-/ 名U〘医〙トリパノソーマ症《眠り病など》

tryp·sin /trípsɪn/ 名U〘生化〙トリプシン《膵液(すいえき)中のタンパク質分解酵素》

tryp·to·phan /tríptəfæ̀n/ 名U〘生化〙トリプトファン《必須(ひっす)アミノ酸の一種》

try·sail /tráɪsèɪl,〘海〙tráɪsəl/ 名C〘海〙トライスル《荒天時に船首を風上に向けておくための小縦帆》

tryst /trɪst/ 名C《文》(特に恋人同士の)会う約束;会う場所
—動自(恋人同士が)会う約束をする

tsar /zɑːr/《発音注意》名 =czar

tsa·ri·na /zɑːríːnə/ 名 =czarina

tsar·ism /záːrɪzm/ 名 =czarism **-ist** 名形

tset·se /tsétsi/ 名(=～ **flỳ**)C〘虫〙ツェツェバエ《眠り病などを媒介するアフリカの吸血性のハエ》

T.Sgt. 略〘米空軍〙*T*echnical *S*erg*e*an*t*(第3級下士官)

T̀SH 略 *t*hyroid-*s*timulating *h*ormone(甲状腺(せん)刺激ホルモン)

*__T́-shìrt, tée-shìrt__ 名C Tシャツ

tsk tsk /tìsk tísk/ 間 チェッ, チッ《不満を表す舌打ちの音》
tsk-tsk 動自 舌打ちする

tsp. 略 teaspoon; teaspoonful

T́-squàre 名C T定規

TSS 略 *t*ime *s*haring *s*ystem(タイムシェアリングシステム); *t*oxic *s*hock *s*yndrome

tsu·na·mi /tsunáːmi/ 名C 津波(tidal wave)(♦日本語より) **-ná·mic** 形

Tswa·na /tswáːnə/ 名(複 ～ OR ～s /-z/) ❶C(南アフリカ, ボツワナに住む)ツワナ族(の1人) ❷U ツワナ語

T̀T 略 teetotal; teetotaler;〘医〙*t*uberculin-*t*ested(ツベルクリン反応検査をした)

T̀TĹ 略〘光〙*t*hrough-*t*he-*l*ens;〘電子〙*t*ransistor *t*ransistor *l*ogic(トランジスタートランジスター論理)《複数のトランジスターを用いた論理回路の1つ》

T́-tòp 名C Tトップ《取り外し式屋根(の車)》

TU 略 *T*rade *U*nion

Tu. 略 Tuesday

*__tub__ /tʌb/ 名C ❶(木·金属·石·プラスチック製の)おけ, たらい;鉢;容器 ‖ a ～ of ice cream アイスクリームの丸形容器 ❷おけ[たらい]1杯(の量), 容器1杯(の量)(tubful) ❸《主に米口》ふろおけ, 浴槽(bathtub);入浴 ‖ take a ～ ふろに入る ❹⊗《口》《蔑》のろくて不格好な船, ぼろ船 ❺《口》背が低くて太った人, でぶ ❻〘採鉱〙(鉱石を運び上げる)つりおけ;鉱石運搬車
—動(**tubbed** /-d/; **tub·bing**)他 ❶…をおけに入れる, おけに入れて保存する;…を鉢に植える ❷《旧》…をたらいで洗う;…を入浴させる **—**自《英口》入浴する

tu·ba /tjúːbə/ 名C〘楽〙チューバ《大型の金管楽器》;(オルガンの)チューバストップ

tub·al /tjúːbəl/ 形 ❶管(状)の ❷〘解〙輸卵管の
▸▸**～ ligátion** 名C〘医〙卵管結紮(けっさつ)

tub·by /tʌ́bi/ 形 ❶《口》(人が)ずんぐり太った ❷(おけをたたくような)鈍い音を立てる **-bi·ness** 名

:tube /tjuːb/
—名(▸ tubular 形)(複 **～s** /-z/) C ❶(金属·ガラス·ゴムなどの)**管**, 筒, パイプ;(管楽器の)筒状部分;(タイヤの)チューブ(inner tube) ‖ a glass [rubber, lead] ～ ガラス[ゴム, 鉛]管 / a test ～ 試験管
❷(絵の具·練り歯磨きなどの)チューブ ‖ a toothpaste ～ 練り歯磨きのチューブ
❸〘解〙管, 管状器官;《～s》《口》(輸)卵管(Fallopian tubes);〘植〙管, 管状部;筒状部
❹(鉄道などの)トンネル;《ときに the T-》《英口》(特に London の)地下鉄(underground,《米》subway), その車両 ‖ commute by ～ 地下鉄で通勤する
❺《米》電子管;真空管(《英》valve)
❻(テレビなどの)ブラウン管;《the ～》《米口》テレビ ‖ Anything good on the ～ tonight? 今晩テレビで何か面白い番組ある? ❼《豪口》缶ビール ❽〘サーフィン〙チューブ《砕ける直前の波の内部にできるトンネル状の空洞》
dòwn the túbe(s) 《口》=*down the* DRAIN
—動他 ❶…に管[チューブ]をつける;…を管に入れる[通す] ❷[液体·ガス]を管で運ぶ
～·lìke 形
▸▸**～ fòot** 名C《通例 ～ feet》(棘皮(きょくひ)動物の)管足 **～ tòp** 名C《米口》チューブトップ(《英》boob tube)《肩ひものない筒状の上着》 **～ wèll** 名C 掘り抜き井戸 **～ wòrm** 名C〘動〙チューブワーム, ハオリムシ《海底の熱水噴出孔周辺に生息する棲管(せいかん)性生物》

tu·bec·to·my /tjubéktəmi/ 名(複 **-mies** /-ɪz/) U C《口》〘医〙卵管切除(salpingectomy)

túbe·less /-ləs/ 形(タイヤが)チューブレスの

tu·ber /tjúːbər/ 名C ❶〘植〙(ジャガイモ·ダリアなどの)塊茎 ❷〘解〙結節

tu·ber·cle /tjúːbərkl/ 名C ❶〘解〙小結節;〘植〙根粒, 小塊茎 ❷〘医〙結核結節
▸▸**～ bacíllus** 名C 結核菌(略 TB)

tu·ber·cu·lar /tjubə́ːrkjulər/ 形 ❶結核(性)の;結核菌による ❷小結節(状)の, 小結節のある

tu·ber·cu·lin /tjubə́ːrkjulən | -lɪn/ 名U〘医〙ツベルクリン《結核の検査液》 ▸▸**～ tèst** 名C ツベルクリン検査

*__tu·ber·cu·lo·sis__ /tjubə̀ːrkjulóusəs | -sɪs/ 名U〘医〙結核(略 TB), (特に)肺結核 ‖ pulmonary ～ 肺結核

tube·rose[1] /tjúːbəròuz/ 名C〘植〙ゲッカコウ(月下香)《リュウゼツラン属の多年生植物》

tu·ber·ose[2] /tjúːbəròus/ 形 =tuberous

tu·ber·ous /tjúːbərəs/ 形 ❶〘解〙結節(状)の ❷〘植〙塊茎(状)の **tù·ber·ós·i·ty** 名U 結節(状);塊茎状態

tub·ing /tjúːbɪŋ/ 名U ❶《集合的に》管類;管組織;配管;管の材料 ❷《米》チュービング《タイヤのチューブに乗って川を下ったり雪の上を滑り下りること》

tub-thump·ing /tʌ́bθʌ̀mpɪŋ/《口》《蔑》形《限定》(弁論が)激烈で芝居がかった, 大声でがなり立てる
—名U 熱弁を振るうこと **túb-thùmper** 名

tu·bu·lar /tjúːbjulər/ 形(◁ tube 名) ❶管(状)の ❷管のある, 管からなる ❸〘サーフィン〙(波が)トンネル状になる ❹《主に米俗》素晴らしい ‖ totally ～ 全くすげえ
▸▸**～ bélls** 名複〘楽〙チューブラーベルズ, チャイム《長さの異なる金属パイプを枠につり下げた打楽器》

tu·bule /tjúːbjuːl/ 名C 小管;(動植物の)細管

tu·bu·lous /tjúːbjuləs/ 形 =tubular

TUĆ 略 *T*rades *U*nion *C*ongress((英国の)労働組合会議)

*__tuck__ /tʌk/ 動他 ❶[衣服·シーツなど]の端を〈…に〉押し込む, 折り込む《*in*》〈**in, into, under**〉;[そでなど]を折り返す, まくる, まくり[たくし]上げる《*up*》‖ *Tuck in* your shirt.

シャツのすそを（ズボンの）中に入れなさい / ～ *up* one's sleeves [trousers] そで［ズボン］をまくり上げる ❷ …を〈…に〉心地よく巻く，くるむ〈**around, about**〉‖ The lifeguard ～*ed* a blanket *around* me. 救命員が毛布で僕の体をくるんでくれた ❸ …を〈狭い場所などに〉押し込む，詰め込む〈**into, under,** etc.〉;〔手・足など〕を引っ込める，折り曲げる《***up***》;〘体操・飛び込み〙〔体〕を抱え型にする ‖ I ～*ed* the money *into* my pocket. 金をポケットにねじ込んだ ❹〔衣服〕に縫いひだをとる，縫い揚げをする ❺（しわをのばすために）…に美容整形手術を施す

―自 縫いひだをとる，縫い揚げをする

tùck awáy ... / tùck ... awáy 〈他〉① …を（安全な所に）しまい込む，隠す;《通例受身形で》（建物などが）隠れた［引っ込んだ］場所にある ‖ He ～*ed* her name *away* in his memory. 彼は彼女の名を記憶の奥深くしまい込んだ ②《口》〔金など〕をこっそりため込む ③《口》〔食べ物など〕をたらふく食べる，がぶがぶ飲む

tùck ín 〈他〉《***tùck ín ... / tùck ... in***》① ⇨ 他 ❶ ②〔あご・腹など〕を引っ込める ③ ＝*tuck up* ②（↓） ―〈自〉《英口》ぱくぱく食べる［食べ始める］

tùck ìnto ... 〈他〉《口》…をぱくぱく食べる［食べ始める］

tùck úp ... / tùck ... úp 〈他〉① ⇨ 他 ❶, ❸ ②《英》〔子供・病人など〕を毛布などでくるむ ‖ ～ one's child *up* in bed 子供をベッドに入れて布団をかける

―名 ❶ U 縫い上げをすること；C 縫いひだ，上げ，タック；タックしたもの［部分］‖ The waist needs a few ～*s*. ウエストにタックを入れてください（♥ 服の仕立てのときに）/ make [take out] a ～ in a dress ドレスの上げをする［下ろす］❷ U《英口》食べ物《特に子供が学校でおやつとして食べるケーキ・菓子類》❸ C《口》タック《しわをのばした り脂肪をとる美容整形手術》❹ U〘体操・飛び込み〙抱え型(tuck position);〘スキー〙クラウチング(スタイル)

tuck·er¹ /tʌ́kər/ 名 C ❶ U《豪・ニュージ口》食べ物(food) ❷（17-18世紀の女性が着用したレースなどの）襟布，肩かけ ❸（ミシンの）ひだ取り器

tuck·er² /tʌ́kər/ 動 他《通例受身形で》《米口》疲れる，へとへとになる(exhaust)《***out***》

'tude /tju:d/ 名《主に米俗》傲慢（ごうまん）［反抗的］な態度（♦ attitude の省略形）

-tude 接尾《名詞語尾》「状態・性質」などを表す ‖ certi*tude*, soli*tude*

Tu·dor /tjú:dər/ 形 ❶〘英国史〙チューダー王家［王朝］の（Henry VII から Elizabeth I までのイングランド王朝(1485-1603)）❷〘建〙チューダー様式の

―名 C チューダー王家［王朝］の人

Tue. 略 Tuesday

Tues. 略 Tuesday

:Tues·day /tjú:zdeɪ, -di/《発音注意》

―名 ❶ U/C《しばしば無冠詞単数形で》火曜日《略 Tue., Tues.》（♦ 用法・用例については ⇨ SUNDAY）❷《形容詞的に》火曜日の ‖ on ～ morning 火曜日の朝に

―副《主に米口》火曜日に；《～s》火曜日ごとに，毎週火曜日に

tu·fa /tjú:fə/ 名 U〘地〙❶ トウファ《鉱泉などに沈殿する多孔質の炭酸石灰》❷ ＝tuff

tuff /tʌf/ 名 U〘地〙凝灰岩

tuf·fet /tʌ́fɪt/ 名 C ❶ 茂み；小山 ❷ 低いいす，足のせ台

tuft /tʌft/ 名 C ❶（毛髪・羽毛・草などの）小さなふさ ❷ やぶ，茂み ❸〘解〙毛細血管束

―動 他 ❶《通例受身形で》ふさで飾られる ❷〔マットレスなどの詰め物〕を飾りふさで固定する ―自 ふさになる

tuft·ed /tʌ́ftɪd/ 形 ふさのついた；ふさ状になった

▸▸ **～ dúck** 名 C〘鳥〙キンクロハジロ《ヨーロッパ・アジア産のカモの一種》

tuft·y /tʌ́fti/ 形 ふさの多い，ふさふさした

Tu Fu /tù: fú:/ 名 杜甫（712-70）《中国唐代の詩人》（♦ Du Fu ともいう）

***tug** /tʌg/ 動（**tugged** /-d/；**tug·ging**）他 ❶ **a**（＋目）…を強く引く，ぐいと引っ張る；引きずる（⇨ PULL 類語）‖ A young man *tugged* the money from my hand. 若い男が私の手から金をひったくった / ～ her sleeve 彼女のそでを引っ張る / ～ him out of bed 彼をベッドから引きずり出す **b**（＋目＋補）…を引っ張って…（の状態に）する ‖ ～ a door open ドアを引いて開ける ❷〔船〕を引き船で引く ―自 ❶〈…を〉引っ張る，強く引く；引きずる〈**at, on**〉‖ The baby *tugged at* his mother's hair. 赤ん坊は母親の髪を引っ張った / ～ *at* his heartstrings [OR heart] 彼の心の琴線に触れる ❷ 努力する，骨を折る

―名 C ❶《通例単数形で》引っ張ること，引きずること；（感情に）揺さぶられること ‖ give a ～ at a bell 鈴のひもを引っ張る / a ～ of jealousy 嫉妬（しっと）心に揺さぶられること ❷ 引き船，タグボート；（グライダーの）曳航（えいこう）機 ❸ 引き綱［鎖］；（馬具の）引き革 ❹ 大変な努力［骨折り］，奮闘；争い

～·ger 名

▸▸ **～ of lóve** 名 C《単数形で》《英口》親権者争い **～ of wár** 名 C《単数形で》① 綱引き（競技）② 主導権争い，激しい争い

túg·bòat 名 C タグボート，引き船

***tu·i·tion** /tjuíʃən/《アクセント注意》名 U ❶〈…の〉（個人）教授，教育，指導〈**in**〉‖ have [OR receive] private ～ *in* Chinese 中国語の個人指導を受ける ❷（＝～ **fèes**）《主に米》教授料，指導料

～·al 形 教授（上）の；授業料の

tu·la·re·mi·a /tjù:lərí:miə/ 名 U〘獣医〙ツラレミア，野兎（やと）病(rabbit fever)（伝染力が強く，人間や他動物も感染する）**-mic** 形

***tu·lip** /tjú:lɪp | -lɪp/ 名 C ❶〘植〙チューリップ ❷ チューリップの花［球根］

▸▸ **～ trèe** 名 C〘植〙ユリノキ（百合の木），ハンテンボク（半纏木）《チューリップ形の黄緑色の花をつける北米産高木》

tulle /tju:l/ 名 U チュール《ベール・ドレスなどに用いる絹・ナイロンなどの薄い網地織物》

tum /tʌm/ 名 C《口》おなか(stomach)

***tum·ble** /tʌ́mbl/《発音注意》動 自 ❶（＋副句）転ぶ，ひっくり返る，倒れる；つまずく；転がり落ちる（♦ 副句 は方向を表す）‖ I slipped and ～*d* down the stairs. 足を滑らして階段を転げ落ちた / ～ off a horse [bicycle] 馬［自転車］から落ちる / ～ to the floor 床に倒れる / ～ into a pond 池に落ちる

❷（物価などが）暴落する；〈不本意な状況などに〉陥る〈**into**〉‖ The stock market ～*d*. 株式市場が暴落した ❸（建物・組織などが）崩壊する《***down***》❹ 転げ回る《***about***》‖ ～ in one's sleep 寝返りを打つ ❺（＋副句）慌ただしく［どやどやと］動く［行く，出る］（♦ 副句 は方向を表す）‖ Kids ～*d* out of the classroom. 子供たちは教室からどやどやと出て行った / ～ into one's clothes 大急ぎで服を着る ❻（宙返り・トンボ返りなどの）床運動をする；（宙返りバトが）宙返りを繰り返しながら飛ぶ ❼（＋**to** 名）《英口》…をはっと理解する，…にはたと気づく ‖ I ～*d to* what she was really up to. 彼女が本当は何をたくらんでいるのかを悟った ❽（＋**on** [**upon**] 名）《口》…に遭遇する

―他 ❶ …を転がす，つまずかせる，転倒させる，ひっくり返す，倒す；…を投げる，ほうり出す；…を取り壊す，破壊する ‖ ～ logs out of a truck 丸太をトラックから転がして落とす ❷〔衣服・髪など〕をくしゃくしゃにする，引っかき回す，投げ散らかす ‖ ～ bedclothes 寝具をしわくちゃにする ❸ …を転磨機にかける ❹《口》…と性交する

tùmble óver 〈自〉転倒する，転げる

―名 C ❶《通例単数形で》転ぶこと，転倒；つまずき；転落；（株価などの）暴落 ‖ have [OR take] a slight [nasty] ～ ちょっと転ぶ［ひどい転び方をする］/ The company's share price took a ～ today. その会社の株価が今日下がった（＝The company's share price tumbled today.）❷ 宙返り，トンボ返り，曲芸 ❸《単数形で》混乱，乱雑，無秩序 ❹ 散乱物の山 ❺（関心・愛情などを示す）反応，意思表示

▸▸ ~ drýer [dríer] 名 C (洗濯物の)回転式乾燥機

túmble·bùg 名 C 〘虫〙マグソコガネ(の一種)

túmble·dòwn 形 《限定》(建物などが)今にも崩れそうな, 荒廃した

tum·bler /tʌ́mblər/ 名 C ❶ タンブラー《(取っ手・脚のない) 大型のコップ》 ❷ 軽業師, 曲芸師 ❸ (錠前の中の) 回転金具;(銃器の)はじき金 ❹〘機〙(選択式変速機の)伝動装置の可動部 ❺〘鳥〙宙返りバト ❻ =tumble dryer

túm·bler·fùl /-fùl/ 名 C タンブラー1杯(の量)

túmble·wèed 名 U 《米・豪》転がり草《風で根元近くから切れて球状になって転がる草本類》

túmbling bòx [bàrrel] 名 C (材料の混合・研磨用の)回転箱[筒], 転磨機

tum·brel, -bril /tʌ́mbrəl/ 名 C ❶ (フランス革命時ギロチンで処刑される) 死刑囚護送車 ❷ 肥料運搬車 ❸ 弾薬[兵器]運搬車

tu·me·fy /tjú:mɪfàɪ/ 動 (-fied /-d/ ; ~·ing) 他 自 (…を)はれ上がらせる[上がる] **tù·me·fác·tion** 名

tu·mes·cent /tjumésənt/ 形 はれ(上がっ)る;はれた;勃起(ぼっき)した **-cence** 名

tu·mid /tjú:məd | -ɪd/ 形 ❶ (体の一部が)はれ上がった ❷ ふくれた;突き出た ❸ (言葉・文体などが)誇張した

tum·my /tʌ́mi/ 名 (複 -mies /-z/) C 《口》おなか(stomach) (♥ 小児語) (⇨ STOMACH 類語) ‖ a ~ upset おなかの痛み

▸▸ ~ bùtton 名 C 《口》おへそ ~ tùck 名 C 《口》 腹部整形手術《腹部の脂肪やたるみを取る手術》

*__tu·mor, 《英》-mour__ /tjú:mər/ 名 C 〘医〙 腫瘍(しゅよう)(♥ cancer の婉曲語としても用いる) ; はれ物 ‖ a benign [malignant] ~ 良性[悪性]腫瘍 / a brain ~ 脳腫瘍

~·ous 形

tu·mult /tjú:mʌlt/ 名 U/C 《通例単数形で》 ❶ (群集などの)喧噪(けんそう), 大騒ぎ;騒動, 暴動 ❷ 精神的動揺, 心の乱れ

tu·mul·tu·ous /tjumʌ́ltʃuəs/ 形 《通例限定》 ❶ 騒がしい, 騒然とした;騒動を起こす ❷ (感情などが)激しく動揺した, ひどく高ぶった ‖ a ~ life 激動の人生

~·ly 副 **~·ness** 名

tu·mu·lus /tjú:mjʊləs/ 名 (複 -li /-làɪ/) C 古墳, 塚 (barrow) ‖ the *Tumulus* period 古墳時代

tun /tʌn/ 名 C ❶ (ワイン・ビールなどの) 大酒だる ❷ タン《酒類などの容量単位. 252ガロン》

*__tu·na__ /tjú:nə/ 《発音注意》 名 (複 ~ OR ~s /-z/) ❶ C 〘魚〙マグロ ❷ (=~ fish) U (缶詰などの)マグロの肉, ツナ

tun·a·ble, tune·a·ble /tjú:nəbl/ 形 調整[調律]できる **~·ness** 名 **-bly** 副

tun·dra /tʌ́ndrə/ 名 U C ツンドラ, 凍土地帯

⁑**tune** /tju:n, tʃu:n/

—名 (複 ~s /-z/) ❶ C 曲, 楽曲, ふし, 旋律;(一般に)歌 ‖ Sam **played** an old ~ on the piano for me. サムは私のためにピアノで懐かしい曲を弾いてくれた / hit ~*s* ヒット曲 / a catchy ~ 覚えやすい曲 / dance **to** a ~ 曲に合わせて踊る

❷ U (音の) 正しい調子, 調子が合っていること ‖ He always sings **out of** ~. 彼の歌はいつも調子外れだ / hum **in** [**out of**] ~ 正しい旋律で[調子外れに]ハミングする

❸ U 〈…との〉調和, 協調〈**with**〉‖ The monetary policy is **in** [**out of**] ~ *with* current economic conditions. 金融政策は現在の経済情勢に合っている[いない]

❹ U (テレビ・ラジオなどの)整調, 同調

càll the túne 方針を決める, 支配[指図・管理]する

***càn't càrry a túne* (*in a búcket*)** 《米口》正しい調子で歌えない, 調子外れに歌う

**chànge one's túne* (誤りとみなされたり, 反対に遭ったりして)態度[見解]を変える

dànce to anòther túne =*change one's tune*(↑)

dànce to a pèrson's túne 人の言いなりになる

**in* [*out of*] *tune* ⇨ 名 ❷, ❸

màrch to a dìfferent túne 《英》=*march to* (*the beat of*) *a different* DRUMMER

sìng anòther* [OR *a dìfferent*] *túne =*change one's tune*(↑)

sìng the sàme túne 《通例進行形で》みんな同じ考え[意見]である

to the túne of ... ① …の曲に合わせて ② 《口》…もの(多)額[数]の ‖ I received a bill *to the* ~ *of* 50,000 yen. 5万円もの額の請求書を受け取った

—動 (~s /-z/ ; ~d /-d/ ; tun·ing)

—他 ❶ 〔楽器〕の調子を合わせる, …を調律する《*up*》‖ ~ (*up*) a piano ピアノを調律する

❷ 〔エンジン・機械など〕を最良の状態に調整する, 整備する《*up*》‖ You really ought to get this thing ~*d* (*up*). この車は本当に整備が必要です / Her senses were finely ~*d*. 彼女の感覚は研ぎ澄まされていた

❸ 〔テレビ・ラジオ〕を〈局(の周波数)・番組に〉合わせる, …を同調させる〈**to**〉(→ CE 1)

❹ 《通例受身形で》〈…に〉調和する, 適合する, なじむ〈**to**〉‖ She was not ~*d to* the merry atmosphere of the party. 彼女はパーティーの陽気な気分になじめなかった

túne ín* 〈自〉 ① テレビ[ラジオ]のチャンネルを合わせる, 周波数を合わせる〈to** 局・番組などに / **to do** …するために〉‖ ~ *in to* 「a program [CNN] 番組 [CNN] にチャンネルを合わせる ② 〈人の気持ちなどを〉理解する, 〈…に〉注意を向ける〈**to**〉 —〈他〉《*tùne ín ...* / *tùne ... ín*》 ① 《受身形で》〈人の気持ちなどを〉理解している, 〈…に〉気づいている〈**to**〉 ② 〔テレビ・ラジオ〕のチャンネルを〈…に〉合わせる〈**to**〉;〔番組〕を見る[聞く]ためにテレビ[ラジオ]をつける

tùne ínto ... 〈他〉 ① 〔テレビ・ラジオ〕をつける, 〔番組〕を見る[聞く] ② 〔人の気持ちなど〕を理解する, …に気づく

tùne óut 〈他〉《*tùne óut ...* / *tùne ... óut*》 ① 《米口》…に関心を払わない, 耳を貸さない, …を無視する ② 〔特定の周波数・妨害電波など〕が入らないように調整する, …をシャットアウトする —〈自〉《口》関心を払わない

**túne úp* 〈自〉 ① 楽器を調律する ② (オーケストラなどが)(演奏前に)音合わせをする ③ 《米》(試合などに備えて)調子を上げる —〈他〉《*tùne úp ...* / *tùne ... úp*》⇨ 他 ❶, ❷

COMMUNICATIVE EXPRESSIONS

1 **Stày túned.** ① (チャンネル・局を変えずに) そのまま引続きご覧[お聞き]ください(♥ テレビ・ラジオ番組でコマーシャル前に) ② どうぞこの問題に(引き続き)注目してください

tune·ful /tjú:nfəl/ 形 美しい調べの;旋律的な

~·ly 副 **~·ness** 名

tune·less /tjú:nləs/ 形 音楽的でない;調子外れの

~·ly 副

tun·er /tjú:nər/ 名 C ❶ (ピアノなどの)調律師, (一般に)調整をする人 ❷ (ラジオ・テレビなどの)チューナー

túne·smìth 名 C 《口》ポピュラー音楽作曲家

túne-ùp 名 C ❶ (エンジンなどの)チューンアップ, 調整 ❷ 《主に米》準備運動

túng òil /tʌ́ŋ-/ 名 U 桐油(とうゆ)《塗料の乾燥促進用》

tung·sten /tʌ́ŋstən/ 名 U 〘化〙タングステン《金属元素. 元素記号 W》

Tun·gus /túŋgus, tuŋgú:z/ 名 (複 ~ OR ~·es /-ɪz/) ❶ C ツングース人《東部シベリアに広く分布するモンゴル系の人種》 ❷ U ツングース語 **~·ic** 形

tun·ic /tjú:nɪk/ 名 C ❶ チュニック《古代ギリシャ・ローマの男女が着たひざの辺りまでくるゆったりした衣服》 ❷ チュニック《腰の下辺りまでくる女性用上着》 ❸ 《英》(軍人・警官などが制服として着る)短い上着 ❹ 〘解〙(器官などの)被膜 ❺ 〘植〙珠皮, 種皮

tun·ing /tjú:nɪŋ/ 名 U ❶ (楽器の) チューニング, 調律;音合わせ ❷ (受信機の)波長調整, 同調

▸▸ ~ fòrk 名 C 〘楽〙音叉(おんさ)《楽器の調律などに使う》 ~ pèg 名 C 〘楽〙(弦楽器の)糸巻き, ペグ

tuning fork

T

Tu·nis /tjúːnəs | -ɪs/ 名 チュニス《チュニジアの首都》

***Tu·ni·sia** /tjuníːʒə | -níziə/ 名 チュニジア《アフリカ北部の共和国. 公式名 the Republic of Tunisia. 首都 Tunis》
-sian 形 名

:tun·nel /tʌ́nəl/《発音・アクセント注意》
―名 (複 **~s** /-z/) C ❶ **トンネル**；地下道 ‖ The mainland and Hokkaido are connected by an undersea ~. 本州と北海道は海底トンネルで結ばれている / go **through** a lot of ~*s* たくさんのトンネルを通る / a railway ~ 鉄道のトンネル
❷ (動物・昆虫が作る)穴 ❸ (鉱山の)坑道, 横坑 ❹《単数形で》(競技場の)選手専用入退場通路 ❺ 💻トンネル《インターネット上に構築される安全な通信経路》
(the) light at the end of the tunnel ⇨ LIGHT[1](成句)
―動 (**~s** /-z/ ; **~ed**,《英》**-nelled** /-d/ ; **~·ling**,《英》**-nel·ling**)
―他 ❶ …にトンネルを掘る ‖ ~ a hill 山にトンネルを掘る ❷ 掘って…を作る, トンネルを掘って〔道〕を進む ‖ Moles ~ their way through the soil. モグラは土の中を穴を掘って進む ❸ 💻〔プロトコル〕をトンネリングする《安全な経路で通信する》
―自 ❶ トンネル［地下道］を掘る〈**through, into** …に；**under** …の下に〉
❷ 💻 (インターネット上に)トンネルを構築する
語源「小さいたる」の意味の古期フランス語 *tonel* から. 近代になって「地下道, (鉄道の)トンネル」と意味が広がった.
▸▸**~ vísion** 名 U ①〖医〗視野狭窄(きょうさく)症 ②《口》視野が狭いこと

tun·ny /tʌ́ni/ 名 (複 **~** OR **-nies** /-z/) C〖魚〗マグロ, (特に)クロマグロ

tup /tʌp/ 名 C ❶《主に英》雄羊(ram) ❷ (杭(くい)打ち機などの)打ち金(がね) ―動 (**tupped** /-t/ ; **tup·ping**) 他 (雄羊が)〔雌羊〕と交尾する

tu·pe·lo /tjúːpəlòu/ 名 (複 **~s** /-z/) C〖植〗ヌマミズキ《北米産の広葉樹》; U その木材《軽くて柔らかい》

tup·pence /tʌ́pəns/ 名《英》=twopence

tup·pen·ny /tʌ́pəni/ 形《英》=twopenny

Tup·per·ware /tʌ́pərwèər/ 名 U《商標》タッパーウェア《プラスチック製の食品保存容器》

tuque /tjuːk/ 名 C《カナダ》チューク, ニットキャップ《先のすぼまった毛糸の帽子》

tur·ban /tə́ːrbən/ 名 C ❶ ターバン《イスラム教徒などの男性が頭に巻く布》 ❷ ターバン風の婦人帽 **~ed** 形

tur·bid /tə́ːrbɪd/ 形 ❶ (液体が)濁った, 不透明な ❷ (煙などが)濃い, 濃密な ❸ (思考などが)混乱した
tur·bíd·i·ty, ~·ness 名 **~·ly** 副

tur·bi·nate /tə́ːrbɪnət/ 形 ❶ (貝などが)らせん形の, 渦巻き形の ❷〖解〗甲介骨[鼻介骨]の ❸ 倒円錐(すい)形の
―名 C〖解〗甲介骨, 鼻介骨
tùr·bi·ná·tion 名 U C らせん形, 倒円錐形

***tur·bine** /tə́ːrbaɪn, -bɪn/ 名 C〖機〗タービン《蒸気・ガスなどで回転する原動機》‖ a steam ~ 蒸気タービン

tur·bo /tə́ːrbou/ 名 C ❶ =turbocharger ❷ ターボ車

turbo- /tə́ːrbou-/ 連結形「タービン」の意 ‖ *turbo*generator (♦ turbine より)

túrbo·chàrged 形 ターボチャージャー搭載の；力強い, パワフルな

túrbo·chàrger 名 C ターボチャージャー, (エンジンの)過給装置 **túrbo·chàrge** 動 他〔エンジンなど〕にターボチャージャーを搭載する；(車)のスピードを上げる

túrbo·fàn 名 C ターボファンエンジン[航空機]

túrbo·jèt 名 C ターボジェットエンジン[航空機]

túrbo·pròp 名 C ターボプロップエンジン[航空機]

tur·bot /tə́ːrbət/ 名 (複 **~** OR **~s** /-s/) C〖魚〗ターボット《ヨーロッパ産の大型のヒラメ》; U ターボットの肉

tur·bu·lence /tə́ːrbjuləns/ 名 ❶ U (風・波などの)大荒れ；(社会的な)激動, 動乱 ❷ U C〖気象〗(大気の)乱流；〖理〗攪流(かくりゅう)

***tur·bu·lent** /tə́ːrbjulənt/ 形《通例限定》❶ (世情などが)不隠な, 激動する, 騒然とした；(暴徒などが)騒々しい ‖ a ~ period 激動の時代 / a ~ mob 手のつけられない暴徒 ❷ (風・波などが)荒れ狂う ‖ ~ waves 荒れ狂う波 / ~ air currents 乱気流 ❸ (感情が)激しくかき立てられた **~·ly** 副

turd /təːrd/ 名 C ⊗《卑》❶ 糞(ふん) ❷ いやなやつ

tu·reen /təríːn | tjuə-/ 名 C ふた付きの深なべ《ここからスープ・シチューなどを各自の皿によそう》

tureen

***turf** /təːrf/《発音注意》名 (複 **~s** /-s/ OR **turves** /təːrvz/) U ❶ 芝生, 芝土, 芝地；C (切り取った)1片の芝生 ‖ lay ~ 芝を張る ❷《the ~》競馬場 (の芝コース)；競馬；競馬 (業) 界 ❸《口》縄張り；得意分野, ホームグラウンド ‖ on「one's own [OR home] ~ ホームグラウンドで；自分の土俵で ❹ 泥炭, ピート；C (切り出したひとかたまりの燃料用)泥炭
―動 他 …を芝で覆う, …に芝を植える
tùrf À òff (*B*)〈他〉《主に英口》*A*(人)を(*B*から)追い出す
tùrf óut ... / tùrf ... óut〈他〉《主に英口》…を〈…から〉追放する, 追い出す〈**of**〉；〔不要物〕をほうり出す, 捨てる
▸▸**~ accòuntant** 名 C《英堅》(競馬の)賭屋(かけや) (bookmaker) **~ wàr** 名 C《口》(犯罪組織などの)縄張り争い

turf·y /tə́ːrfi/ 形 ❶ 芝で覆われた, 芝の多い ❷ 泥炭質の

Tur·ge·nev /tuərgéɪnjev/ 名 **Ivan Sergeevich ~** ツルゲーネフ(1818–83)《ロシアの小説家》

tur·ges·cent /təːrdʒésənt/ 形 ❶〖医〗はれ上がった；腫脹(しゅちょう)性の ❷《米》(文体などが)大げさな；尊大な

tur·gid /tə́ːrdʒɪd/ 形 ❶ はれ上がった, 膨張した ❷ (文体などが)大げさな **tur·gíd·i·ty, ~·ness** 名 **~·ly** 副

Tú·ring machìne /tjúərɪŋ-/ 名 C〖数〗チューリング機械《無限の記憶・演算能力のある仮想上のコンピューター》(♦ 英国の数学者 A. M. Turing(1912–54)より)

tu·ris·ta /tuəríːstə/ 名 U《主に米口》(外国への旅行者がかかる)下痢(♦ スペイン語より)

***Turk** /təːrk/ 名 (複 **~s** /-s/) C ❶ トルコ人；《the ~》《集合的に》トルコ国民 (the Turkish) ‖ the Great [OR Grand] ~ トルコ皇帝 ❷〖史〗(トルコ系言語を話す)中央アジアの民族 ❸ ⊗《古》《蔑》残忍な人, 横柄な人

Turk. 略 Turkey；Turkish

Tur·ke·stan, -ki- /tə̀ːrkɪstáːn/ 名 トルキスタン《中央アジアのカスピ海からゴビ砂漠まで広がる地域名》

***tur·key** /tə́ːrki/ 名 C ❶ シチメンチョウ；U シチメンチョウの肉(♦ 米国では特に感謝祭, 英国ではクリスマスの料理として食べる)(→ cold turkey, ⇨ MEAT 類語P) ‖ We ate ~ for Christmas dinner. 我々はクリスマスの夕食にシチメンチョウ料理を食べた ❷《主に米俗》(映画・演劇などの)失敗(作) ❸ ⊗《俗》《蔑》間抜け, 駄目なやつ ❹〖ボウリング〗ターキー《3回連続のストライク》
like tùrkeys vòting for (***èarly***) ***Christmas***《主に英口》(行動・計画などが)全く思いどおりに運ばない；(計画などを)実行しそうにない
tàlk túrkey《主に米口》(仕事・商売などで)率直に話し合う
▸▸**~ bùzzard** [**vùlture**] 名 C〖鳥〗ヒメコンドル **~ còck** 名 C ① 雄のシチメンチョウ ② 気取り屋 **~ shòot** 名 C《主に米口》楽勝できる試合[戦闘]

***Tur·key** /tə́ːrki/ 名 トルコ《中東の共和国. 公式名 the Republic of Turkey. 首都 Ankara. 略 Turk.》
▸▸**~ réd** 名 U トルコ赤《鮮紅色》

Turk·ic /tə́ːrkɪk/ 形 テュルク語派の
―名 U テュルク語派《トルコ語を含むアルタイ語族の一派》

***Turk·ish** /tə́ːrkɪʃ/ 形 ❶ トルコ風(の)；トルコ(人[語])の ‖ ~ cooking トルコ風料理 ❷〖史〗オスマン帝国に関する
―名 U トルコ語

▶▶～ **báth** 名C ① トルコぶろ《スチームバスの一種》；その浴場 ② 蒸し暑い所 ～ **cóffee** 名CU トルココーヒー《豆を細かくひいて煮出した濃厚なコーヒー》 ～ **delíght** 名CU ターキッシュディライト《ゼリーに砂糖をまぶした菓子》 ～ **tówel** 名C トルコタオル《厚地で毛羽が長い》

Turk·men /tə́ːrkmen/ 名U トルクメン語《テュルク語派の一種》(◆ Turkoman, Turcoman とも)
―形 トルクメン人の(Turkmenian)

*__Turk·me·ni·stan__ /tə̀ːrkmenɪstáːn/ 名 トルクメニスタン《イラン北方, カスピ海に臨む国. 首都 Ashkhabad》

Tur·ko·man /tə́ːrkəmən/ 名 (複 **～s** /-z/) ❶C トルクメン人《トルクメニスタンのほかイラン・アフガニスタンなどに住む》 ❷U トルクメン語(Turkmen)

tur·mer·ic /tə́ːrmərɪk/ 名U 〖植〗ウコン《ショウガ科の多年草》；ウコンの粉末, ターメリック《調味料・薬用・染料》

*__tur·moil__ /tə́ːrmɔɪl/ 名U/C《a ～》騒ぎ, 騒動, 大きい不安[混乱, 不安定](な状態) ‖ be in (a) ～ 混乱状態である / emotional ～ 情緒不安定 / social ～ 社会不安

***turn** /təːrn/ 《発音注意》(◆ 同音語 tern) 動 名

中心義 **弧を描くように動いて向き［状態］を変える** (★文脈によって「弧を描くように動く」, もしくは「向き[状態]を変える」のどちらかに重きが置かれた意味になる)

> 動 自 向きを変える❶ 回る❷ 進路を変える❸ 向かう❹ 変わる❺ …になる❻
> 他 ひっくり返す❶ 回す❷ 向きを変える❸ 曲がる❹ 向ける❺ 変える❻
> 名 順番❶ 方向転換❷ 曲がり角❸ 回転❹ 変化❺

―動 (**～s** /-z/；**～ed** /-d/；**～·ing**)

―自 ❶ **向きを変える**, 〈…の方を〉向く〈**to**〉；振り返る, 後ろ向きになる《**around**》；寝返りを打つ；逆さま[裏返し]になる, ひっくり返る《**over**》‖ He ～*ed to* his fans and smiled. 彼はファンの方を向いて笑った / She ～*ed* for the door. 彼女は向きを変えると戸口の方へ行った / The detective ～*ed around* to face her. 刑事は振り返って彼女と向かい合った

❷ 〈…の周りを〉**回る**, 回転する；転がる〈**around**〉(⇨ 類語) ‖ The earth ～*s around* the sun. 地球は太陽の周りを回る / The key won't ～. 鍵(かぎ)がどうしても回らない

❸ (人・車などが)〈…へ〉**進路を変える**, 曲がる, 〈わきへ〉それる；(道などが)カーブする, 曲がる〈**to, toward, into**〉‖ Go straight and ～ (*to* your) right at the next corner. 真っすぐ行って次の角を右に曲がりなさい / The cab ～*ed toward* Fifth Avenue. タクシーは5番街の方へ曲がった / ～ *into* a side road 曲がってわき道に入る / The road ～*s to* the right. 道路は右にカーブしている

❹ 〈…の方へ〉視線を向ける〈**to, toward**〉；(考え・注意などが)〈…へ〉**向かう**, 〈…について〉考え[話し]始める〈**to**〉(→ CE 2) ‖ She ～*ed* from the book *to* the window. 彼女は本から目を離して窓の方を見た / The conversation ～*ed* once more *to* the accident. 話はまたその事故のことになった

❺ 〈…に〉**変わる**, 移行する, (変わって)〈…に〉なる〈**to, into**〉‖ The rain ～*ed to* snow at midnight. 雨は夜中に雪に変わった / Their joy quickly ～*ed to* disappointment. 彼らの喜びはすぐに失望に変わった / The season ～*ed* from summer *to* early fall. 季節は夏から初秋に変わった / A caterpillar ～*s into* a butterfly. 毛虫はチョウになる

❻ 《+補》…**になる** ‖ The maple leaves have ～*ed* red. カエデの葉が赤く色づいている / The ocean ～*ed* wild with waves. 海は波が高くなり荒れてきた / He ～*ed* traitor. 彼は裏切った[変節した] / She ～*ed* pro last year. 彼女は昨年プロに転向した(◆ 職業・身分などを表す名詞が補語になるときは無冠詞) / a teacher-～*ed*-politician 教師から転向した政治家(◆ A-turned-B という形の複合語として用いることがある)

❼ (潮流が)方向を変える；(形勢・試合の流れなどが)変わる ‖ The tide has ～*ed*. 潮の流れが変わった；形勢が逆転した / After Bill joined the team, their luck ～*ed* for the better. ビルが入部してから彼らに運が向いてきた

❽ (葉などの)色が変わる；(ミルクなどが)酸っぱくなる, 酸敗[発酵]する ‖ The leaves began to ～. 木の葉が色づき始めた

❾ (胃が)むかつく；(頭が)ふらふらする ❿ (ページが)めくれる；ページをめくる ⓫ 旋盤[ろくろ]を回す[回して作られる]

―他 ❶ …を**ひっくり返す**, 逆さにする；〔ページ〕をめくる；〔衣類〕を裏返す；〔土〕をすき返す ‖ After 5 minutes, ～ the fish and grill the other side. 5分たったら魚を裏返し反対側を焼きなさい / The detective in charge ～*ed* the body with its face upward. 担当刑事は死体を転がしてあお向けにした / ～ a trash can upside down ごみ入れをひっくり返す / ～ a table on its side テーブルを横に倒す / ～ a pocket inside out ポケットを裏返しにする

❷ …を**回す**, 回転させる；〔スイッチ・栓など〕をひねる ‖ ～ a wheel 車輪を回す / ～ a knob ドアノブを回す / ～ a key in the lock 鍵を錠に差し込んで回す / ～ the radio (dial) to an all-music station ラジオのダイヤルを回し音楽専門の局に合わす

❸ …の**向き**[進路, 方針]**を変える**；…をかわす；…を阻止する ‖ He ～*ed* his car toward the city hall. 彼は車を市役所の方へ向けた / We ～*ed* our steps to the north. 私たちは歩(ほ)を北に向けた / He ～*ed* his **head** to look at me. 彼は振り返って私を見た / Nothing will ～ him. 何事があろうと彼の心は変わらないだろう

❹ 〔角など〕を**曲がる**, 迂回(うかい)する ‖ ～ the [OR a] corner 街角を曲がる；状況が好転し始める / ～ the enemy's flank 敵の側面を迂回する

❺ 〔顔・視線など〕を〈…に〉**向ける**；〔注意・考え・努力など〕を向ける〈**to, toward**〉；…を〈…から〉それさせる〈**from**〉；〔銃・怒りなど〕を〈…に〉向ける〈**on**〉‖ She ～*ed* her face *to* the wall. 彼女は顔を壁に向けた / He ～*ed* his attention *to* me. 彼は私に注意を向けた / They ～*ed* their hopes *toward* space exploration. 彼らは宇宙開発に希望を向けた / Emily ～*ed* her back *on* me. エミリーは私に背を向けた(♥ 無視・拒否を表す)

❻ …を〈…に〉**変える**, (変えて)…にする〈**to, into**〉；…を〈…に〉翻訳する, 言い換える〈**into**〉‖ Weaknesses can be ～*ed to* advantages. 弱点は利点に変えられる / *Turn* this sentence *into* English. この文を英語に訳しなさい / ～ a dream *into* reality 夢を実現させる

❼ 《+目+補〈形〉》…を…(の状態)にする ‖ Fear ～*ed* the little girl pale. 恐怖で少女は青ざめた / ～ a dog loose 犬を放してやる

❽ 《受身形・進行形不可》〔年齢・時間・数量など〕を越す, 過ぎる, …に達する ‖ He has just ～*ed* twenty. 彼は20歳になったばかりだ / It had just ～*ed* 5 o'clock when the phone rang. ちょうど5時を回ったときに電話が鳴った(◆ 結果を表す場合に「be+過去分詞」を用いることがある. 〈例〉though I'*m turned* sixty 私は60歳を過ぎているけれども)

❾ 〔利益〕をあげる, 得る ‖ ～ a quick profit すぐに利益をあげる

❿ 〔足首など〕を捻挫(ねんざ)する, ひねる；〔物〕をひねる ‖ ～ one's ankle 足首を捻挫する ⓫ 《受身形不可》〔宙返り・側転など〕の回転動作をする ‖ ～ somersaults [cartwheels] とんぼ返り[側転]をする ⓬ 〔胃〕をむかむかさせる；〔頭〕をふらふらさせる ⓭ (ろくろ・旋盤などを回して)…を丸くする[削る]；(一般に)…を丸くする, …に丸みをつける ⓮ 〔表現など〕をきれい[優雅]にする ‖ ～ a phrase うまい言い回しをする ⓯ 〔人・動物〕を行かせる, 追いやる ‖ ～ cows (out) to pasture 牛を牧草地に追い立てる ⓰ 〔葉など〕を変色させる, 紅葉[黄葉]させる；…を酸敗[発酵]させる

as it [OR ***thìngs***] ***tùrned óut*** 後でわかったことだが；結局のところ

not know 「***which way*** [OR ***where***] ***to turn*** ⇨ WAY[1] (成句)

tùrn abóut 《主に英》〈自〉後ろ[反対方向]を向く(turn around)；くるっと回る，回れ右をする —〈他〉《***tùrn abóut ...*** / ***tùrn ... abóut***》…に後ろ[反対方向]を向かせる，回れ右をさせる；…をくるっと回す

tùrn agáinst 〈他〉**Ⅰ**《***tùrn agáinst ...***》…に反抗[反対]の立場に転じる，背く；(情勢などが)…に不利になる ‖ Many of his friends ～*ed against* him. 友人の多くが彼の敵に回った **Ⅱ**《***tùrn À agàinst B́***》*A*を*B*に反抗させる[背かせる]；*A*を*B*に跳ね返させる ‖ His criticism was ～*ed against* himself. 彼の批判は自分に跳ね返ってきた

****tùrn aróund*** [OR ***róund***] 〈他〉《***tùrn aróund*** [OR ***róund***] ***...*** / ***tùrn ... aróund*** [OR ***róund***]》① …を回転させる；ぐるっと…の向きを変える，…を振り向かせる ‖ He ～*ed* the car *around* and drove off. 彼は車をぐるっと回して走り去った ②〔問題・考え方・主張など〕の方向を変える；〔言葉(の意味)など〕をねじ曲げる ③〔商売・経済など〕を好転させる，立て直す ‖ ～ *around* a team [company] チーム[会社]を立て直す ④〔注文など〕に応じる；手続きを終える，〔製作など〕の作業を終える ⑤〔到着した飛行機・船など〕の帰路につく準備を終える —〈自〉① ぐるっと向きを変える，振り向く；回転する(→ 自 ❶, ❷) ②《and *do* を伴って》《口》不意に態度[考え]を変えて…する ‖ ～ *around* and say [OR tell] ... 急に意見を翻して…と言う ③(商売・経済などが)好転する

tùrn asíde 〈自〉〈…から〉横[わき]にそれる，目[顔，注意など]をそらす(♦ turn away より使用頻度は低い)；〈…を〉避ける，回避する〈**from**〉 —〈他〉《***tùrn asíde ...*** / ***tùrn ... asíde***》…を横[わき]に向ける[寄せる，そらす]；〔攻撃・質問など〕をそらす

****tùrn awáy*** 〈他〉《***tùrn awáy ...*** / ***tùrn ... awáy***》①〔顔・目など〕を〈…から〉**背ける**[そらす]；…を引き離す〈**from**〉 ‖ I met her eyes and she ～*ed* her head *away*. 私と目が合うと彼女は顔を背けた ②〈…から〉…を**追い払う**〈**from**〉；〔客など〕の入場[受け入れ]を断る；〔要請など〕を却下する；〔批判など〕をかわす，そらす —〈自〉〈…から〉顔[目]をそらす；〈…に〉そっぽを向く；〈…から〉離れる〈**from**〉

****tùrn báck*** 〈他〉《***tùrn báck ...*** / ***tùrn ... báck***》① …を追い返す，引き返させる；…を元に戻す ‖ ～ *back* the enemy 敵を追い返す ②〔衣服・ページなど〕を折り返す —〈自〉引き返す，戻る ‖ It's time to ～ *back* now. もう引き返すときだ

****tùrn dówn*** 〈他〉**Ⅰ**《***tùrn dówn ...*** / ***tùrn ... dówn***》①〔人(の提案)など〕を**断る**，拒絶[却下]する(reject) (⇨ REFUSE[1] **類語**) ‖ ～ *down* 「an offer [a request] 申し出[要請]を断る ②〔音量・温度・光など〕を**弱くする**，小さくする(↔ *turn up*) ‖ ～ *down* the TV テレビ(の音)を小さくする / ～ *down* the air conditioning エアコンを弱くする / ～ the lights *down* low 照明を落とす ③ …を折り曲げる[返す]，折り畳む ④〔トランプの札など〕を裏返す **Ⅱ**《***tùrn dówn ...***》⑤〔狭い道〕に曲がって入って行く —〈自〉《英》(市況などが)下向く，低落する(↔ *turn up*)

****tùrn ín*** 〈他〉**Ⅰ**《***tùrn ín ...*** / ***tùrn ... ín***》① …を内側に折る[曲げる，向ける] ‖ ～ *in* the edge of a page ページの端を内側に折り込む ②〔犯人など〕を〈警察などに〉密告する，引き渡す；〔銃など〕を〈当局に〉引き渡す〈**to**〉 ‖ ～ a thief *in to* the police 泥棒を警察に引き渡す(♦ この場合 ˣturn ... into とはしない) / ～ oneself *in* 自首する ③《主に米》〔書類・レポートなど〕を**提出する** ‖ *Turn in* your report by the end of this week. 今週末までにレポートを提出しなさい ④〔不要なもの〕を返却する；〈…と引き換えに〉…を渡す〈**for**〉 ⑤《口》〔仕事・喫煙など〕をやめる(give up)，捨てる **Ⅱ**《***tùrn ín ...***》⑥ …を達成する，記録する ‖ ～ *in* a good performance 役柄を立派にやってのける —〈自〉①(足の指などが)内側に曲がる ②(道からそれて)横道に入る ③《口》《旧》寝る，床に就く ‖ ～ *in* early 早く床に入る

tùrn ín on [OR ***upon***] ***onesèlf*** 自分の殻に閉じこもる，人付き合いをしない；(国際的に)孤立する

turn ... inside out ⇨ INSIDE(成句)

****tùrn óff*** 〈他〉**Ⅰ**《***tùrn óff ...*** / ***tùrn ... óff***》①〔水・蛇口など〕を**止める**，閉める；〔電気器具・スイッチなど〕を消す，切る；〔供給など〕を止める；〔表情など〕を**消す**(↔ *turn on*) ‖ Don't forget to ～ *off* the lights. 電灯を消し忘れないでね ②《口》〔人〕の興味を失わせる，…をうんざりさせる；〔人〕に性的興味を失わせる ‖ Her speech really ～*ed* the audience *off*. 聴衆は彼女の話に本当にうんざりした ③《主に英》〔使用人など〕を解雇する **Ⅱ**《***tùrn À òff B́***》④ *A*を*B*から遠ざける，*A*に*B*への興味を失わせる ‖ What ～*s* children *off* reading? なぜ子供たちは読書に対する関心を失うのか **Ⅲ**《***tùrn óff ...***》⑤《受身形不可》…からわきに入る，それる ‖ *Turn off* the highway at Exit 15. 15番出口で幹線道路をおりなさい —〈自〉① わきにそれる，別の道などに入る；(道が)分かれる ②(電気・エンジンなどが)切れる，止まる ③ 興味を失う

****tùrn ón*** 〈他〉**Ⅰ**《***tùrn ón ...*** / ***tùrn ... ón***》①〔水・ガスなど〕を出す；〔蛇口など〕を開ける；〔電気器具・スイッチなど〕を**つける**，始動させる；〔供給など〕を始める(↔ *turn off*) ‖ Could you ～ *on* the light [switch]? 電灯[スイッチ]をつけていただけますか ②《口》〔人〕をうっとりさせる，熱狂させる；〔人〕を(性的に)興奮させる，刺激する ③《口》…を急に見せ始める，突然表す ‖ ～ *on* the charm 急に愛想よくする **Ⅱ**《***tùrn ... ón***》④〔人〕に〈…への〉興味[関心]を持たせる；〔人〕に〈麻薬を〉覚えさせる〈**to**〉(→ **CE** 4) ‖ ～ him *on to* drugs 彼に麻薬を覚えさせる **Ⅲ**《***túrn on*** [OR ***upon***] ***...***》⑤ …を突然攻撃する；(言葉で)…に食ってかかる ⑥ …次第である(depend on)；(会話などが)…を中心に展開する **Ⅳ**《***tùrn À òn B́***》⑦ *A*(銃・怒りなど)を*B*に向ける(→ 他 ❺) —〈自〉①(ラジオ・電灯などが)つく，始動する ②《口》(性的に)興奮する；麻薬を使用する[吸う]，陶酔状態になる ③〈…に〉関心を持つ〈**to**〉 ‖ ～ *on to* jazz ジャズに関心を持つ

****tùrn óut*** 〈自〉①(結果として)…**になる**；…**であることが判明する**[わかる](prove)(♦ 形容詞・名詞・不定詞などの補語，副詞(節)，that 節 を伴う) ‖ The party ～*ed out* a success. パーティーは成功だった / Things did not ～ *out* as I had expected. 事態は私が予想していたようにはならなかった / His guess ～*ed out* (to be) true. 彼の推測は結局正しいことがわかった / It ～*ed out* that my suspicions were wrong. 私の疑いは間違っていることがわかった(♦ My suspicions were, it turned out, wrong. のように it turns [OR turned] out を挿入的に用いることもある．また it を省略して文頭に Turns out, ... として用いることもある) (→ *as it turned out* (↑)) / It has ～*ed out* nice [OR fine]. 《英口》(意外と)いい天気になりましたね ②(催しなどに)**集まる**，繰り出す ③(指などが)外側へ曲がる ④《口》起床する —〈他〉《***tùrn óut ...*** / ***tùrn ... óut***》①〔火・電灯など〕を消す ‖ ～ *out* the lights 電灯を消す ②《口》…を(大量に)**生産する**；…を世に送り出す，輩出する ③ …を〈…から〉追い出す，解雇する；〔中味〕を〈容器から〉出す〈**of, from**〉 ‖ He was ～*ed out* (*of* his apartment). 彼は(アパートから)追い出された ④〔ポケットなど〕を裏返しにする；〔入れ物など〕の中身を出す；…を空にして掃除する ‖ ～ *out* one's desk 机(の引き出し)をひっくり返(して捜)す ⑤《受身形で》(…な)身なりをする(♦ 通例 well, beautifully, badly などの副詞を伴う) ‖ He was well [badly] ～*ed out*. 彼はよい[ひどい]身なりをしていた ⑥ …を外側に曲げる[向ける] ⑦『軍』〔衛兵〕を集合[整列]させる

****tùrn óver*** 〈他〉**Ⅰ**《***tùrn óver ...*** / ***tùrn ... óver***》① …を**ひっくり返す**，転がす，裏返す；〔ページ〕を**めくる** ‖ A big wave ～*ed* the ship *over*. 大波でその船は転覆した /

～ *over* the pages of a book 本のページをめくる ② …を思い巡らす，熟考する ③〔権利・財産など〕を〈…に〉**譲る**；〔…の管理・執行など〕を〈…に〉ゆだねる，委任する；…を〈警察などに〉引き渡す〈**to**〉‖ He ～*ed over* his business *to* his son. 彼は商売を息子に譲った ④ …を〈…に〉転換［転用］する〈**to**〉⑤〔商品（の在庫）など〕を回転させる ⑥〔エンジンなど〕を始動させる，かける ⑦《英口》〔住居など〕を（引っかき回して）略奪［捜索］する ⑧《英》〔テレビのチャンネル〕を変える Ⅱ《***tùrn óver ...***》⑨〔…の額〕の商売をする，〔金額〕を売り上げる —〈自〉① ひっくり返る，転がる；寝返りを打つ（→ 自 ❶）‖ ～ *over* on one's stomach [OR face] 寝返りを打ってうつぶせになる ②（エンジンが）始動する，かかる ③《英》（テレビの）チャンネルを変える ④（商品（の在庫）などが）回転する；（従業員などが）入れ替わる ⑤（胃が）もどしそうになる

tùrn róund《英》=*turn around*(↑)

****túrn to***〈他〉Ⅰ《***túrn to ...***》① …の方を向く，…へ進路を変える，移る（→ 自 ❶，❸，❹）② …に変わる（→ 自 ❺）③ …に取りかかる，取り組む；〔新しいことなど〕を始める ‖ I ～*ed to* my work again. 再び仕事に取りかかった ④〔本など〕を参照する；〔ページ〕を開く ‖ ～ *to* a dictionary to look up a word 単語を調べるために辞書を引く / *Turn to* page 20. 20ページを開きなさい ⑤〈援助・情報などを求めて〉…に頼る，すがる〈**for**〉⑥〔悪事〕に走る Ⅱ《***tùrn À to B́***》⑦ *A*（注意・視線など）を*B*に向ける（→ 他 ❺）⑧ *A*を*B*に変える（→ 他 ❻）—〈自〉（張り切って）仕事に取りかかる ‖ We'd better ～ *to* and clear up the mess. 散らかったものを片づけ始めた方がよい

****tùrn úp***〈自〉①（不意に）**生じる**，起こる；（偶然）見つかる，出てくる ‖ Something unexpected may ～ *up* in the near future. 何か予期しないことが近い将来に起こるかもしれない ② 姿を現す（show up, appear）；到着する ③ 上を向く；（衣服などが）上に折り返る ④《商》（市況などが）上向く（↔ *turn down*）—〈他〉《***tùrn úp ... / tùrn ... úp***》①〔テレビの音量・エアコン［オーブン］の温度など〕を**強く**［大きく］**する**（↔ *turn down*）②〔衣服など〕を上に折り曲げる，まくり上げる，〔襟など〕を立てる；〔スカートなど〕のすそを折り返して丈を詰める（↔ *let down*）‖ ～ *up* one's shirt sleeves シャツのそでをまくり上げる ③ …を上に向ける；…をあお向けにする ④ …を発見する，探し出す；…を発掘する，掘り起こす ⑤《英口》〔人〕をむかつかせる ⑥《トランプ》〔カード〕の表を出す，開ける

tùrn ... ùpside dówn〈他〉① …の上下を逆さまにする ② =*turn ...* INSIDE *out*

COMMUNICATIVE EXPRESSIONS

1 **(I'm súre) it'll** [OR **thìngs'll**] **àll tùrn òut okáy** [OR **fíne**]. （きっと）すべてうまくいきますよ（♥ 励ましの表現. =Everything will turn ....）

2 **Lèt's tùrn to** the nèxt íssue. NAVI それでは次の問題に移りましょう（♥ 話題を変える. ⇨ NAVI表現 11）

3「**Whàt strèet** [**Whìch còrner**, **Whère**] **do I túrn at** [OR **on**]? どの道［どの角，どこ］で曲がるんですか

4 **Whàtever tùrns you ón.** ① あなたがよければ何でもいいよ（♥ 相手の好みや興味に対して）② どうぞお気に召すままに（♥「好きにやれば」という皮肉な表現）

5 **You're tùrning ìnto (quìte) a lìttle lády** [**géntleman**]. 立派なお嬢さん［青年］に成長しましたね（♥ 子供の成長をたたえる表現）

—名（複 **～s** /-z/）C ❶〈…する〉**順番**，番；機会，チャンス〈**to do**〉‖ Whose ～ is it *to* do the dishes? 皿洗いをするのはだれの番ですか / It's your ～ *to* drive. 今度は君が運転する番だ / His ～ came *to* speak. 彼の演説の番が回ってきた / Your ～ will come soon. 君の番はすぐ回ってくるよ；君にもすぐによい時が巡ってくるよ

❷ **方向転換**，曲がる［引き返す］こと，逆戻り；振り向くこと；《軍》迂回 ‖ make a left ～ 左に曲がる / No Right *Turns*.《掲示》右折禁止 / a sharp ～ 急旋回

❸ **曲がり角**，カーブ，分岐点，湾曲部 ‖ Take the second ～ on your left. 2番目の角を左に曲がりなさい / The path is full of twists and ～*s*. 道はくねくねと曲がっている（♦ twists and turns は比喩(ひゆ)的には「紆余(うよ)曲折」を表すこともある）

❹ **回転** ‖ give a screw a few ～*s* ねじを数回回す / a ～ of the wheel 車輪の1回転

❺（性質・傾向・状況などの突然の［予期せぬ］）**変化**，展開，転換，成り行き；転換期，変わり目 ‖ The argument took a new ～. 議論は新しい展開を見せた / the ～ of events 事の成り行き；事態の変化 / the ～ of the tide 潮の変わり目；形勢の逆転 / at the ～ of the century 世紀の変わり目に

❻ 独特の言い回し，言葉遣い（の才能）‖ a witty ～ of phrase 機知に富んだ言い回し

❼〈…の〉特別な傾向［性向，性癖］〈**for**〉‖ an inquisitive ～ of mind 詮索(せんさく)好きな性格 / Your daughter shows quite a ～ *for* music. お宅のお嬢さんには音楽の才能が見られます

❽《good, bad などを伴って》（人に対する）行為，仕打ち ‖ do her a good [bad] ～ 彼女に親切に［意地悪を］する / *One good ～ deserves another.*《諺》1つの善行は別の善行を受けるに値する；情けは人のためならず

❾《a ～》《旧》はっと［ぎくっと］すること ‖ His glance gave me quite a ～. 彼の一瞥(いちべつ)にぎくっとした

❿《英》《旧》（病気・怒りなどの）発作，発症（期間）

⓫（歌などの）短い演奏［演技，余興］（をする人）（→ star turn）‖ do a ～ on the stage 舞台で演じる

⓬《旧》（出発点に戻る）ちょっとした散歩［ドライブ］

⓭（ロープなどを）巻きつけること；（ロープなどの）一巻き

⓮《楽》回音《装飾音の一種》

⓯（株の）売買，売買価格の差；売買による利益

a tùrn of spéed（場合に応じて一時的に）スピードを上げる能力［こと］‖ This car has *a* fine ～ *of speed*. この車は加速がいい

a tùrn of the scréw（いっそうの）締めつけ，圧力

****at èvery túrn*** 至る所に［で］；あらゆる場合に，いつでも，たびたび

by túrns 代わる代わる，交替で ‖ They took the wheel *by* ～*s*. 彼らは交替でハンドルを握った

****in túrn*** ① その結果 ‖ Increased production will, *in* ～, lead to increased profits. 増産によって利益は増大するだろう ② **順番**（どおり）**に**，次々に；（2人が）交替で ‖ The boys tried diving *in* ～. 少年たちは順番に飛び込みをやった ③ 今度は，（それに対して）もう一方は

in one's túrn 自分の順番になって ‖ I passed the letter to Tim, who *in* his ～ examined it. 手紙をティムに渡すと，今度はティムがそれを調べた

on the túrn 変わり目で，転換期にあって；（牛乳などが）酸っぱくなりかけて，傷み始めて ‖ The tide is *on the* ～. 潮の流れが変わり始めている

òut of túrn 順番を狂わせて；具合の悪いときに；考えなしに，軽率に，無分別に（→ CE 6）‖ play *out of* ～ 自分の番が来ないのにプレーする

sèrve À's túrn A の役に立つ

tàke a tùrn for the bétter [***wórse***]（事態・病状などが）急によく［悪く］なる

tàke it in túrns《英》=*take turns*(↓)

****tàke túrns*** **交替で**［代わる代わる］〈…〉**する**〈**at, in, with**〉‖ *take* ～*s with* the driving 交替で車を運転する / We *took* ～*s* (*at* [OR *in*]) going to the hospital to take care of our mother. 我々は交替で病院に行き母の世話をした（♦ *doing* の前の前置詞はしばしば省略する）

to a túrn（料理などで）申し分なく，ちょうどよい具合に ‖ a steak done *to a* ～ ちょうどよい焼き加減のステーキ

(tùrn and) tùrn abóut《主に英》=*by turns*(↑)

COMMUNICATIVE EXPRESSIONS

6 **I spòke òut of túrn.** あんなこと言うべきじゃありませんでした；軽率なことを言いました（♥ 失言を謝罪する表現）

T

⑦ **(It's) mý tùrn (to pày) (todày).** (今日は)私がおごる番です(♥以前にごちそうしてくれた人に対して)

類語《自❷》**turn**「回る」を意味する最も一般的で広義の語.
revolve ほかのものの周りを軌道に沿って回る. rotate の意味に用いることもある.
rotate そのものの内部の軸を中心に回る.〈例〉The earth, *rotating* on its axis, *revolves* round the sun. 地球は地軸を中心に自転しながら太陽の周囲を回る
circle 円または弧を描いて運動する.
spin 軸を中心に(ふつう連続的に)速く回る.〈例〉A top *spins*. こまは回る
twirl 巧妙・軽快に回る.〈例〉A baton is *twirling* in the hand of a girl. バトンが少女の手の中で回っている
whirl ものすごい勢いでくるくる回る.〈例〉a *whirling* wind つむじ風

▸▸**～ sìgnal** 名C《米》(車の)方向指示器(《英》indicator)

túrn·abòut 名 ❶C 方向転換;(政策・主義などの)急転換;転向 ❷U 仕返し, 報復 ‖ *Turnabout* is fair play. 《米》仕返しは当然だ

túrn·aròund 名C ❶好転,(企業などの)建て直し ❷《米》(自動車の)Uターン場所 ❸UC(航空機・船舶などの)(到着から出発までの)準備(時間);(仕事の)(受注から納品までの)作業(時間) ❹=turnabout❶ ▸▸**～ jùmper** 名C〘バスケットボール〙ターンアラウンドシュート《ディフェンダーに背を向けた状態から振り向いて放つシュート》

túrn·bùckle 名C(索などの)締め金具, ターンバックル

túrn·còat 名C(党・信条などの)裏切り者

túrn·dòwn 形(襟が)折り返せる(↔ stand-up)
━名C ❶拒絶, 却下 ❷(経済などの)下落, 沈滞

turn·er /tə́ːrnər/ 名C ❶(料理用の)フライ返し, ターナー ❷旋盤工

Tur·ner /tə́ːrnər/ 名 **Joseph Mallord William ～** ターナー(1775–1851)《英国を代表する風景画家》

Túr·ner's sỳndrome /tə́ːrnərz-/ 名U〘医〙ターナー症候群《性腺(せいせん)の発育障害を伴う女性特有の染色体異常》(♦米国の内科医 Henry Hubert Turner (1892–1970)より)

turn·er·y /tə́ːrnəri/ 名(複 **-er·ies** /-z/) UC 旋盤作業[工場];ろくろ細工[製品]

*__turn·ing__ /tə́ːrnɪŋ/ 名 ❶U 回転, 方向転換 ❷C《英》道路の分岐点, 曲がり角 ‖ I took a wrong ～. 私は曲がる所を間違えた ❸U 旋盤[ろくろ]細工;C《～s》(旋盤・ろくろの)削りくず ▸▸**～ cìrcle** 名C《英》(自動車などの)最小回転半径 **～ pòint** 名C ①転換点[期], 転機, 変わり目 ‖ a ～ *point* in one's life 人生の転機 ②〘数〙曲線の山の最高[谷の最低]点

tur·nip /tə́ːrnəp | -nɪp/ 名UC〘植〙カブラ[カブ](の根)

túrn·kèy 形《限定》完成品渡しの,(設計から完成まで)一括施工の

túrn·òff 名C ❶(道路の)分岐点;(高速道路から抜ける)ランプ ❷《通例単数形で》《口》うんざりさせるもの[人]

túrn-òn 名C《通例単数形で》《口》興奮させるもの[人], 性的興奮をかき立てるもの[人]

túrn·òut 名C ❶《通例単数形で》(催しの)人出;(選挙の)投票者数 ‖ a high voter ～ 高い投票率 ❷生産高 ❸《米》(路上の車の)待避所,(低速車用の)専用車線;(鉄道の)待避線 ❹《単数形で》着こなし, 装い, 身なり ❺U〘バレエ〙ターンアウト, 外旋《両足のかかとをつけて外側に開く動き》❻馬車と供回り, 供ぞろい

*__turn·over__ /tə́ːrnòuvər/ 名 ❶U/C《単数形で》(一定期間の)総売上[取引]高 ‖ an annual ～ of $20 million 2千万ドルの年間総売上高 ❷C《単数形で》〈人の〉離職者数[率], 労働転職率,〈人員の〉入れ替え[回転]率〈**of**〉‖ a high staff ～ 高い人員の回転率 ❸C 折り重ねパイ, ターンオーバー《ジャムなどを挟んで半円形に折ったパイ》❹C〘スポーツ〙ターンオーバー《アメフト・バスケットボールなどで, ボールが相手方に渡って攻守が入れ替わること》❺C《単数形で》〈商品の〉回転率〈**of**〉❻C(車などの)転覆, 転倒
━形《限定》折り返しのできる ‖ a ～ collar 折り返し襟

túrn·pìke 名C ❶《米》ターンパイク, 有料(高速)道路 ❷通行料金徴収所(tollgate)

túrn·ròund 名 =turnaround

túrn·stìle 名C 回転式木戸[改札口]

túrn·tàble 名C ❶(レコードプレーヤーの)ターンテーブル ❷〘鉄道〙転車台 ❸回転盆(lazy Susan)

túrn·ùp 名C《英》❶《通例 ～s》(ズボンのすその)折り返し(《米》cuff[1]) ❷《単数形で》《口》意外な出来事(♦a turn-up for the book(s) の形で用いる)

tur·pen·tine /tə́ːrpəntàɪn/ 名U テレピン《マツ科の木から採れる樹脂》;テレピン油《塗料・ニス・塗布用》
━動他…にテレピン油を塗る;〔松の木〕からテレピンを採る

tur·pi·tude /tə́ːrpətjùːd | -pɪ-/ 名U《堅》卑劣, 下劣, 堕落;卑劣な行為

turps /təːrps/ 名 =turpentine

tur·quoise /tə́ːrkwɔɪz/《発音注意》名U形 ❶トルコ石(の) ❷トルコ石[青緑, ターコイズグリーン]色(の)

*__tur·ret__ /tə́ːrət | tʌ́rɪt/ 名C ❶(建物・城などにつけた装飾用の)小塔 ❷(戦艦・タンク・とりでなどの)旋回砲塔;(戦闘機の)銃座 ❸〘機〙(旋盤の)タレット **～·ed** 形

*__tur·tle__ /tə́ːrṭl/《発音注意》名(複 **～** OR **～s** /-z/) C ❶《米》(一般に)カメ(♦陸生のカメを含む総称. → terrapin, tortoise) ❷《主に英》ウミガメ;(ウミガメ以外の)水生のカメ ❸U(食用の)アオウミガメの肉 ❹=turtleneck
tùrn túrtle (ボート・車などが)転覆する, ひっくり返る

túrtle·dòve 名C〘鳥〙コキジバト

túrtle·nèck 名C《米》タートルネック[とっくり襟](のセーター)(《英》polo neck)

turves /təːrvz/ 名 turf の複数の1つ

Tus·can /tʌ́skən/ 形 トスカーナの, トスカーナ人[語]の;〘建〙トスカーナ様式の ━名C トスカーナ人;U トスカーナ語《イタリアの標準文語》

Tus·ca·ny /tʌ́skəni/ 名 トスカーナ《フィレンツェを中心とする地方. イタリア語名は Toscana》

Tus·ca·ro·ra /tʌ̀skərɔ́ːrə/ 名(複 **～** OR **～s** /-z/) C(北米先住民の)タスカローラ族(の人);U タスカローラ語

tush[1] /tʌʃ/ 間《古》《戯》ちぇっ(♥軽い非難・軽蔑)

tush[2] /tʌʃ/ 名C ❶(馬の)犬歯 ❷牙(tusk)

tusk /tʌsk/ 名C(象・イノシシ・セイウチなどの)牙(きば);牙状のもの ━動他自(…を)牙で突く[掘る]

tusk·er /tʌ́skər/ 名C 牙のある動物

tus·sah /tʌ́sə/, **-sore** /-sər/ 名 ❶C〘虫〙サクサン《大型のガ(蛾)》❷U サクサン絹糸[絹布]

tus·sle /tʌ́sl/ 動自 取っ組み合いをする, 乱闘[格闘]する〈**with** …と;**for** …を得ようと;**about, over** …をめぐって〉
━名C 格闘, 争い

tus·sock /tʌ́sək/ 名C ❶草むら, 茂み ❷(=**～ mòth**)〘虫〙ドクガ(毒蛾) **～·y** 形 ▸▸**～ gràss** 名C タソックグラス《南米産のイネ科の牧草》

tus·sore /tʌ́sər/ 名 =tussah

tut /tʌt/ 間 ちぇっ(♥いら立ち・不満・困惑などを表す舌打ち音. しばしば tut, tut! と繰り返す) ━名C 舌打ち(音)
━動(**tut·ted** /-ɪd/;**tut·ting**)自 舌打ちする

Tut·ankh·a·men /tùːtənkɑ́ːmen/ 名 ツタンカーメン(?–1352 B.C.)《紀元前14世紀の古代エジプトの王》

tu·tee /tjuːtíː/ 名C 家庭[個人]教師についている生徒;大学で tutor の指導を受けている学生

tu·te·lage /tjúːtəlɪdʒ/ 名U 後見, 保護, 監督;指導, 教授

tu·te·lar·y /tjúːtəlèri | -ləri/ 形 守護の;保護[後見]の

*__tu·tor__ /tjúːtər/ 名C ❶家庭教師, 個人教師 ❷《米》(大学の)準講師(instructor の下位) ❸《主に英》(学部学生の)個別指導教員 ❹《英》(特に音楽の)指導書, 教本, 手引書 ‖ a violin ～ バイオリンの指導書

—動 他〔人〕に〈…を〉(家庭教師として)教える，個人指導をする〈in〉 —自 ❶ 家庭教師[個人指導]をする ❷ 家庭教師について勉強する

tu·tor·age /tjúːt̬ərɪdʒ/ 名 U C 家庭教師[《米》準講師，《主に英》個別指導教員]の職[仕事，地位]

tu·to·ri·al /tjutɔ́ːriəl/《アクセント注意》形 家庭教師の；個別指導の ‖ ～ sessions 個別指導授業 —名 C ❶ (大学の)個別指導時間[授業] ❷ (コンピューターやアプリケーションソフトの操作説明用の)個別指導プログラム

tútor·shìp 名 =tutorage

tut·ti /tút̬i/ 形 副〔楽〕全体の[で]，全音声[楽器]の[で] —名 C 総唱，総奏(♦イタリア語より)

tut·ti-frut·ti /tùːt̬ifrúːt̬i/ 名 U C ミックスフルーツ入りのアイスクリーム(♦イタリア語より.「すべての果物」の意)

tut-tut /tʌ̀ttʌ́t/ 間 名 動 =tut

tu·tu /túːtuː/ 名 C チュチュ《バレリーナの短いスカート》

***Tu·va·lu** /tuváːluː/ 名 ツバル《南太平洋の9つの環礁からなる国. もと英領. 首都 Funafuti》 **～·an** 名 形

tu-whit tu-whoo /təhwɪ̀t təhwúː/ 名 C (フクロウの)ほーほー(という鳴き声)

tux /tʌks/ 名《主に米口》=tuxedo

tux·e·do /tʌksíːdoʊ/《発音注意》名 (複 **～s**, **～es** /-z/) C 《主に米》タキシード，(男性用)夜会服一式(《英》dinner suit, dinner jacket and trousers)；夜会服一式の上衣(《英》dinner jacket)，(男性用)略式夜会服

***TV** /tìː víː/ 名 (複 **～s**, **～'s** /-z/) ❶ U テレビ(放送)；C テレビ(受像機) ‖ Ken is going to be **on** ～ tonight. ケンが今夜テレビに出る / **watch** (a lot of) ～ (とてもよく)テレビを見る / turn on [off] the ～ テレビをつける[消す] / cable ～ 有線テレビ ❷《形容詞的に》テレビの ‖ a ～ program [**show**, star, station] テレビ番組[(特に娯楽)番組，スター，局]

▸▸**～ dínner** 名 C テレビディナー《電子レンジで温めるだけで食べられる冷凍食品》

TVA 略 *T*ennessee *V*alley *A*uthority

TVP 名 U《商標》大豆タンパクによる人造肉(♦ *t*extured *v*egetable *p*rotein の略)

TW 略 terawatt

twad·dle /twá(ː)dl | twɔ́dl/ 名 U《口》無駄口，くだらない話[文章]，たわごと —動 自 無駄口をたたく，くだらないことを書く **-dler** 名 C くだらないことを言う[書く]人

twain /tweɪn/ 名 =two

nèver the twàin shall méet 両者は両立し得ない

Twain /tweɪn/ 名 **Mark ～** マーク＝トウェイン(1835–1910)《米国の作家. 本名 Samuel Langhorne Clemens》

twang /twæŋ/ 名 C《通例 a ～》❶ (弦楽器などの)ビーン[ブーン](と鳴る音) ❷ 鼻声
—動 自 ❶ (弦楽器などが)ビーン[ブーン]と鳴る；〈楽器を〉かき鳴らす〈on〉 ❷ 鼻声で言う
—他〔弦楽器など〕をかき鳴らす；…を鼻声で言う

twang·y /twǽŋi/ 形 ブーンという(音のする)；鼻声の

'twas /弱 twəz；強 twʌz | twɒz/《古》《文》it was の短縮形

twat /twɑ(ː)t | twɒt/ 名 C ⊗《卑》❶ いやなやつ，間抜け ❷ 女性器

tway·blade /twéɪblèɪd/ 名 C〔植〕フタバラン

tweak /twiːk/ 動 他 ❶ …をつねる，ひねる；…をぐいと引く ❷《口》〔機械など〕を(性能を高めるために)微調整する
—名 C ❶ つねること，ひねり ❷ 微調整，わずかな手直し

twee /twiː/ 形《主に英口》いやに気取った；感傷的すぎる；かわいく見せた

***tweed** /twiːd/《発音注意》名 ❶ U ツイード《目の粗い毛織りの服地》；《形容詞的に》ツイードの ‖ a ～ suit ツイードのスーツ ❷ C《～s》ツイードの服

twee·dle·dum and twee·dle·dee /twìːdldʌ́m ən twìːdldíː/ 名《しばしば T- and T-》C《複数扱い》非常によく似た2人の人[もの]

tweed·y /twíːdi/ 形 ❶ (服が)ツイード(風)の ❷《口》ツイードの服を着る[好む] ❸《口》(生活様式などが)堅苦しくない；野外活動好きな **twéed·i·ly** 副

tween /twiːn/, **twéen·àg·er** /-èɪdʒər/ 名 C 10代初めの人(pre-teen)《幼少期とティーンエイジャーとの間に当たる10–14歳(未満)の人》

'tween /twiːn/ 前《古》between の短縮形

▸▸**～ dècks** 名 複〔海〕中甲板

tweet /twiːt/ 名 C ❶ (小鳥の)さえずり ❷ ツイート，つぶやき《ソーシャルネットワークサービスの1つ Twitter への投稿》 —動 自 ❶ チュッチュッとさえずる ❷ ツイートする，つぶやく

tweet·er /twíːt̬ər/ 名 C ツイーター，高音用スピーカー(→woofer)

tweeze /twiːz/ 動 他 …をピンセットでつまむ，毛抜きで抜く《*out*》(♦ tweezers からの逆成)

tweez·ers /twíːzərz/ 名 複 ピンセット，毛抜き

***twelfth** /twelfθ/ (略 12th) 形 ❶《通例 the ～》第12の，12番目の ‖ celebrate the ～ anniversary 12周年の記念日を祝う ❷ 12分の1の
—名 ❶《通例 the ～》12番目の人[もの]；(月の)12日 ❷ C 12分の1 ‖ four ～*s* 12分の4 ❸《the ～》〔楽〕第12(音程) ❹《the T-, the Glorious T-》《英》8月12日《ライチョウ猟解禁日》

▸▸**Twélfth Dày** 名 U 12日節，公現祭《クリスマスから12日目の1月6日》(→Epiphany) **～ mán** 名 C〔クリケット〕控え選手 **Twélfth Nìght** 名 U 12日節の(前)夜(→Twelfth Day, Epiphany)

***twelve** /twelv/ 形《限定》12の，12人[個]の；《叙述》12歳で(⇨ FIVE 用例) —名 (❶, ❷, ❸ ⇨ FIVE 用例) ❶ U C《通例無冠詞で》12；C 12の数字(12, XII, xii など) ❷《複数扱い》12人[個] ❸ U 12時[分]；12歳 ❹ C 12人[個]1組のもの ❺《the T-》=Twelve Apostles ❻ C 12番目のもの；12号サイズ(のもの) ❼ C《～s》12折判(の本) ❽ C《英》〔映画〕12歳以上対象の映画

語源 古英語で *twa* (2)＋*lif-*(＝left 残された). つまり「(10数えて)残り2」から.

twelve·mo /twélvmoʊ/ 形 名 (複 **～s** /-z/) =duodecimo

twélve·mònth 名 C《英》《古》1年(year)

twélve-stèp 形 12段階療法の《特にアルコール依存症の治療プログラムについていう》

twèlve-tóne, twélve-nòte 形《限定》〔楽〕12音(組織)の ‖ ～ music 12音音楽

***twen·ti·eth** /twént̬iəθ/ (略 20th) 形 ❶《通例 the ～》第20の，20番目の ‖ the ～ century 20世紀 ❷ 20分の1の —名 (複 **～s** /-s/) ❶《通例 the ～》20番目の人[もの]；(月の)20日 ❷ C 20分の1

***twen·ty** /twént̬i/ 形 ❶《限定》20の，20人[個]の；《叙述》20歳で ❷ (漠然と)多数の ‖ I have heard it ～ times. 何度もそれを聞いたことがある
—名 (複 **-ties** /-z/) ❶ U C《通例無冠詞で》20；C 20の数字(20, XX, xx など) ❷《複数扱い》20人[個] ❸ U (24時間制で)20時；20分；20歳 ❹ C《one's -ties》20歳代；《-ties》(数の)20台(20–29)；《the -ties》(世紀の)20年代；(温度の)20度台 ‖ a man in his mid *twenties* 20代中ごろの男性 / in the *twenties* 20年代に(♦ in the '20s とも書く) ❺ C《米口》20ドル紙幣 ❻ C 20人[個]1組のもの

▸▸**～ pénce** 名 C (英国の)20ペンス硬貨

twènty-fírst 名 C 21歳の誕生日《西欧社会では伝統的にこの日をもって成人と認められる》

twénty·fòld 形 副 20倍の[に]；20の部分からなる

twènty-fòur séven, 24/7 形 副《口》いつも(の)，年中(の)(♦ twenty-four hours a day, seven days a week より)

twènty-óne 名 U〔トランプ〕21(blackjack)

twènty·sómething 形《限定》名 C 20幾歳の(人)

twènty-twénty, 20/20 ⦅シ⦆ 形 ❶ 正常視力の ❷ 洞察力[眼識]のある ‖ ～ hindsight 鋭い後知恵(♥「後からではもっともらしいことが何でも言える」の意味)
▶▶ **～ vísion** 名 U 〖眼科〗正常視力
twènty-twó 名 C 22口径の銃《通例 .22 と書く》
'twere /弱 twər；強 twə:r/《古》it were の短縮形
twerp, twirp /twə:rp/ 名 C《口》ぼんくら, ぼけ, かす
twi·bill /twáɪbɪl/ 名 C《古》両刃のおの《中世の武器》
:twice /twaɪs/
—副《比較なし》❶ **2度**, 2回 ‖ He has visited Paris ～. (✐ He has ～ visited Paris.) 彼は2度パリを訪れたことがある / We eat out ～ a week. 私たちは週に2回外食する / once or ～ 1, 2度 / a ～ monthly meeting 月に2回の会議
語法 ☆☆ 「1回」,「2回」は once, twice を, 3回以上には three [four, etc.] times を用いる. ただし「2, 3回」という場合は two or three times という.
❷ **2倍(に)**(♦ two times との使い分けについては ⇨ PB 84) ‖ He does ～ as much work as his colleagues. 彼は同僚の倍の仕事をしている / The plane can fly at ～ the speed of sound. その飛行機は音速の2倍の速さで飛ぶことができる / This house is ～ the size of that one. この家はあの家の2倍の大きさだ / *Twice* three is six. 3の2倍は6です / She's ～ the woman (that) I am. 彼女は私なんかよりずっと素敵だ
think twice 慎重に考える, 熟慮する
twice óver 2度続けて
twìce-tóld ⦅シ⦆ 形 (何度も話されて)古臭い, 陳腐な
twid·dle /twídl/ 動 他 …をひねくり回す, いじくる, もてあそぶ —自〈…を〉いじくり回す, もてあそぶ〈**with**〉
twiddle one's thumbs ⇨ THUMB(成句)
—名 C いじくり回す[もてあそぶ]こと
twig[1] /twɪg/ 名 C ❶ 小枝, 細枝 (⇨ BRANCH 類語) ❷〖解〗(血管・神経の)枝脈, 小枝
twig[2] /twɪg/ 動 (**twigged** /-d/；**twig·ging**)《英口》自 理解する, わかる —他 …がわかる, …に(はっと)気づく
twig·gy /twígi/ 形 ❶ (小枝のように)ほっそりした ❷ 小枝の多い
***twi·light** /twáɪlàɪt/《発音注意》名 ❶ U (日没後または日の出前の)薄明かり, たそがれ(時), 薄暮 ‖ in the ～ たそがれ時に / in the cold dawn ～ 寒い夜明け前の薄明かりの中で ❷《the ～》(全盛期・成功の後の)〈活動・経歴などの〉衰退(期)；〈歴史などの〉よく知られていない時期[状態], 黎明(れいめい)期〈**of**〉‖ the ～ *of* his life 彼の人生のたそがれ[晩年] / in the ～ *of* history 歴史の黎明期に ❸《形容詞的に》たそがれの, 薄明かりの, ぼんやりとした, 不確かな ‖ a ～ game 薄暮試合 / the ～ world《堅》実態のよくわからない(奇妙[怪しげ]な)世界
▶▶ **～ slèep** 名 U〖医〗(無痛分娩(ぶんべん)などの)半麻酔状態 **～ zòne** 名 C ①(どっちつかずの)中間領域 ②(都市の)老朽化地域 ③ 太陽の光が届く海の最深部
twi·lit /twáɪlɪt/ 形 ほのかに照された, ほの暗い
twill /twɪl/ 名 U あや織り(物)
—動 他《通例 ～ed で形容詞として》…をあや織りにする
'twill /twɪl/《古》it will の短縮形
:twin /twɪn/
—名 (複 **～s** /-z/) C ❶ **双子の1人**,《～s》**双子**, 双生児 (→ triplet, quadruplet, quintuplet) ‖ **identical** [fraternal] *～s* 一卵性[二卵性]双生児
❷ よく似た2人[2つのもの]の一方 ❸《the T-s》〖天〗双子座；双子宮(Gemini) ❹〖結晶〗双晶
—形《比較なし》《限定》❶ 双子の ‖ ～ brothers [sisters] 双子の兄弟[姉妹] / a ～ sister 双子の姉妹の1人
❷ 対の；対の一方の；よく似た；(都市が)姉妹関係にある ‖ ～ problems (同時に発生する)2つの問題
❸〖結晶〗双晶の ❹〖動・植〗双生の
—動 (**～s** /-z/；**twinned** /-d/；**twin·ning**)
—他 ❶ …を対にする, 組み合わせる；…を〈…と〉結びつける〈**with**〉❷《通例受身形で》《英》(都市が)〈外国の都市と〉姉妹都市にある, (団体などが)〈…と〉姉妹関係にある〈**with**〉
—自 ❶ 双子を産む ❷〈…と〉対になる〈**with**〉
▶▶ **～ béd** 名 C ツインベッド(の一方)《1対のシングルベッドの1つ》(→ double bed) **Twìn Cíties** 名《the ～》《米》(米国ミネソタ州の)ミネアポリスとセントポールの2都市 **～ príme** 名 C〖数〗双子素数《11と13のように差が2である2つの素数の組》**～ róom [bédroom]** 名 C (ホテルの)ツインルーム **～ tówn** 名 C《英》姉妹都市(の一方)
twìn-bédded 形 (ホテルの部屋などが)ツインベッドのある
twine /twaɪn/ 名 U C ❶ より糸, 麻糸, 麻ひも ❷ より合わせ；よったもの
—動 他 ❶〔糸・ひもなど〕をよる, より合わせる；〔花輪など〕を編む, 編んで〈…を〉作る〈**into**〉‖ ～ flowers *into* a wreath 花を編んで花輪にする ❷ …を〈…に〉絡ませる, 巻きつける〈**around, round, about**〉
—自 ❶ (植物が)〈…に〉絡みつく, 巻きつく〈**around, round, about**〉‖ the ivy *twining around* a tree 木に巻きついているツタ ❷ (川などが)うねっていく
twìn-éngine(d) 形 (航空機が)双発の
twinge /twɪndʒ/ 名 C 激痛, 刺すような痛み；(心の)痛み ‖ a ～ of guilt 罪悪感, 後ろめたさ
—動 他 …をずきずき痛ませる —自 ずきずき痛む
twin·kie /twíŋki/ 名 C ❶《T-》《米》《商標》トゥインキー《中にクリームが入っている細長いスポンジケーキ》❷ ⊗《口》《蔑》同性愛の男；めめしい男
***twin·kle** /twíŋkl/ 動 自 ❶ (星・光などが)きらきら[ぴかぴか]光る, きらめく, 輝く (⇨ SHINE 類語) ‖ stars *twinkling* in the sky 空にまたたく星 ❷ (目が)輝く〈**with** 喜びなどで；**at** 人に向かって〉❸ (足が)きびきびと動く
—名 C《通例単数形で》❶ (目の)輝き, きらめき, またたき ‖ with a ～ in his eyes 目をきらりとさせて(♥ 喜んだり面白がったりして) ❷ (星・光などの)きらめき, ひらめき ‖ I saw the ～ of light in the distance. 遠くに明かりのまたたきが見えた ❸ (踊る人の足などの) きびきびした動き ❹ またたく間, 瞬間
when a pèrson was just a twínkle in his/her fàther's/mòther's éye (人が)生まれるずっと前に
twin·kler /twíŋklər/ 名 C きらめくもの
twin·kling /twíŋklɪŋ/ 形 きらめく, きらきら光る
—名 ❶ U きらめき ❷ C《a ～》瞬間
in a twínkling ; *in the twìnkling of an éye* あっという間に
twín-lèns 形〖写〗(カメラが)2眼の
twìn-túb ⦅シ⦆ 形 (洗濯機が)2槽式の, 脱水機を備えた
—名 C 2槽式洗濯機
***twirl** /twə:rl/《発音注意》動 他 ❶ …をくるくる回す, 振り回す《**around, about**》‖ The majorettes *～ed* their batons high in the air. バトンガールたちはバトンを空中高くほうり上げて回した ❷ …をいじくり[ひねり]回す ‖ She *～ed* her hair around her fingers. 彼女は髪の毛を指に巻きつけた ❸〖野球〗〔ボール〕を投げる(pitch)
—自 くるくる回る, くるっと向きを変える《**around, about**》(⇨ TURN 類語) ‖ The girl *～ed around* beautifully to the music. 少女は音楽に合わせて見事に回った
—名 C ❶ くるくる回る[回す]こと, (急)回転；くるくる回るもの, 渦巻き ❷ (文字の)飾り書き
twirl·er /twə́:rlər/《発音注意》名 C くるくる回す[回る]人[もの]；= baton twirler；《米口》(野球の)投手
twirp /twə:rp/ 名 = twerp
:twist /twɪst/
—動 (**～s** /-s/；**～·ed** /-ɪd/；**～·ing**)
—他 ❶〔糸・ひもなど〕を**よる**, より合わせる, 編む；…をよって[編んで]〈…を〉作る〈**into**〉‖ ～ thread 糸をよる / ～ one's hair *into* braids 髪を編んでおさげにする
❷ …を**ねじる**, ひねる, (くるくる)回す；…をねじ曲げる；…をねじって[回して]〈…から〉外す[切り取る]《**off**》〈**off, out of**〉‖ ～ a knob to the right ノブを右にひねる / ～ a wet

towel ぬれタオルを絞る / ~ a cap *off* a bottle 瓶のキャップを回して外す
❸ …を〈…の周りに〉巻く, 巻きつける〈**around**〉; …を絡ませる ‖ ~ a cord *around* one's wrist 手首にひもを巻きつける
❹〔足首・手首など〕を捻挫(ねんざ)する ; 〔顔など〕をゆがめる ; 〔体(の部分)〕をねじる, よじる, ひねって振り向く《*around*》‖ I fell and ~*ed* my ankle. 転んで足首を捻挫した / She ~*ed* her mouth in distaste. 彼女は不快さに口をゆがめた / He ~*ed* his head *around* to reverse the car. 彼は車をバックさせようと顔を後ろに向けた
❺〔意味など〕を歪曲(わいきょく)する, 曲解する, こじつける ; 《通例受身形で》(心・性格などが) ひねくれる, ゆがめられる ‖ He ~*ed* what I meant seriously into a joke. 彼は私が本気で言ったことを曲げて冗談にとった / ~ the facts 事実を歪曲する
❻《~ one's way》〈…の中を〉縫って進む〈**through**〉‖ He ~*ed* his way *through* the crowd. 彼は人込みの中を縫うようにして進んだ
❼《英口》…をだます ❽〔球〕をひねる, カーブさせる
―自 ❶ よれる, ねじれる, ねじ曲がる
❷ 身をよじる ; (人が) 〈苦しみで〉もがく, (顔などが) ゆがむ〈**with**〉; 振り向く《*around*》‖ She ~*ed around* to see if her child was following. 彼女は子供がついて来ているか確かめるため振り向いた / His **mouth** [face] ~*ed with* rage. 彼の口[顔]は怒りでゆがんだ
❸ 〈…に〉巻きつく, 絡みつく〈**around**〉 ❹ (道・川などが) 曲がりくねる ; (人が) 縫うように進む ‖ ~ and turn 曲がりくねって進む[流れる] ❺ 回転する ❻ ツイストを踊る

twìst and túrn ① ⇨ 自 ❹ ② (人が) 身をよじる
twìst úp 〈他〉《*twìst úp ...* / *twìst ... úp*》 ① …をゆがめる ‖ He is ~*ed up* with disbelief and jealousy. 彼は不信と嫉妬(しっと)で心がゆがんでいる ② 〔紙など〕をよる, らせん状に巻く ③ …を縫うように上る ―〈自〉らせん状に上る

―名 ❶ Ⓒ よる[よれている]こと, ねじる[ねじれている]こと, より, ねじれ ; (顔などの) ゆがみ ‖ With a sudden ~ he broke free. 彼は急に身をひねって束縛から逃れた / give a towel a ~ タオルをひとひねりする
❷ Ⓒ Ⓤ よった[ねじった]もの ; より糸[ひも], ねじりパン, ひねりたばこ ; Ⓒ《英》(物を入れて両端をひねる) (小さな) 紙袋 ; (飲み物に入れる) 柑橘(かんきつ) 類の小片 ‖ a ~ of whipcord よじったむち縄 / a ~ of bread ひねりパン / soda with a ~ of lemon レモン1片の入ったソーダ水
❸ Ⓒ (状況・事件などの) 意外な発展, 急変 ‖ a ~ at the end of a story 小説の結末のどんでん返し
❹ Ⓤ Ⓒ 捻挫 ❺ Ⓒ Ⓤ 回転, 旋回, らせん(状) ; (球の) 回転, ひねり ❻ Ⓒ (道の) カーブ, 曲がり ❼ Ⓒ (意味の) 曲解, こじつけ, 歪曲 ❽《the ~》ツイスト《1960年代に流行した激しく腰をひねるダンス》‖ do the ~ ツイストを踊る ❾ Ⓒ 新機軸, 新方式, 新工夫 ❿ Ⓤ《英》混合酒

round the twíst 《英口》気が変になって(crazy)
twìst(s) and túrn(s) 曲がりくねり ; 紆余(うよ)曲折

▸▸ ~ **drìll** 名 Ⓒ〔機〕ねじれ錐(きり)

twist·ed /twístɪd/ 形 ❶ (形が) ゆがんだ, ねじ曲がった ❷ (人の心が) ひねくれた, ゆがんだ (⇨ HONEST **メタファーの森**)

twist·er /twístər/ 名 Ⓒ ❶《米口》竜巻, 旋風 ❷《英口》詐欺師 ; 不正直な人 ❸ (糸などを) よる人 ; 糸より機 ❹〔球技〕ひねり球, 曲球

twist·y /twísti/ 形 曲がりくねった

twit /twɪt/ 《口》 動 (**twit·ted** /-ɪd/ ; **twit·ting**) 他 〈欠点などをあげて〉…をとがめる, あざける〈**about, with**〉
―名 Ⓒ《主に英口》ばか, 間抜け

***twitch** /twɪtʃ/ 動 自 ❶ (筋肉・まぶたなどが) ぴくぴく動く, 引きつる ❷ 痛む, うずく ―他 ❶ …をぴくぴく動かす, 引きつらせる ‖ The dog ~*ed* his nose. 犬は鼻をぴくぴくさせた ❷ …をぐいと引く[引っ張る] ; …をひったくる ‖ ~ him by the sleeve [arm] 彼のそで[腕]を引っ張る
―名 Ⓒ ❶ (筋肉・まぶたなどが) ぴくぴく動くこと, 引きつり, けいれん ‖ a nervous ~ 神経性のけいれん ❷ ぐいと引くこと ❸〔獣医〕鼻ねじ器《馬が手術中暴れないようにするための棒》

twitch·y /twítʃi/ 形 ❶《口》神経質な, そわそわした ‖ ~ eyes 落ち着きのない目 ❷ ぴくぴく動く

twit·ter /twíṭər/ 動 自 ❶ (小鳥が) さえずる ❷ 〈…のことを〉早口でしゃべる《*on*》〈**about**〉 ❸ そわそわする, 震える ❹ くすくす笑う ❺ 💻 (ツイッターに) 投稿する, つぶやく (tweet) ―他 …を早口で言う (♦ 直接話法にも用いる)
―名 Ⓒ ❶ (小鳥の) さえずり ❷ 動揺, 興奮 ❸ くすくす笑い ❹ 《T-》《商標》💻 ツイッター《140文字以内のコメントを投稿し合って交流するインターネット上のサービス》

(***àll***) ***in*** [OR ***of***] ***a twítter*** 《口》そわそわして

twit·ter·y /twíṭəri/ 形 さえずる ; 震える ; 興奮した

'twixt /twɪkst/ betwixt の短縮形

:two /tuː/ (♦ 同音語 to, too)
―形 《限定》2の, 2つの, 2人[個]の ; 《叙述》2歳で ‖ our ~ daughters うちの2人の娘 / one or ~ books = a book or ~ 1, 2冊の本 / ~ or three years 2, 3年 ; 数年 / Her daughter is ~ (years old). 彼女の娘は2歳です
―名 (複 **~s** /-z/) ❶ Ⓤ Ⓒ 《通例無冠詞で》2 ; Ⓒ 2の数字 (2, II, ii など) ‖ *Two* and ~ make(s) four. 2+2=4 ; 自明の理 / Lesson *Two*. 第2課 / The player wears (a) number ~ on her uniform. その選手の背番号[ゼッケン]は2だ
❷《複数扱い》2つ, 2人[個] ‖ Only ~ were rescued. 救助されたのは2人だけだった / *Two's company, three's a crowd.* 《諺》2人連れは楽しいが3人寄ると仲たがい
❸ Ⓤ 2時 [分] ; 2歳 ‖ a child of ~ 2歳の子供 / at ~ in the afternoon 午後2時に ❹ Ⓒ 2人 [個] 1組のもの, 対(pair) ❺ Ⓒ (組の) 2番目のもの ; (トランプ・さいころなどの) 2 ; 2号サイズ(のもの) ❻ Ⓒ 《米口》2ドル紙幣

Behind the Scenes **and then there were two** そして2人になったとさ 童謡 *Ten Little Indians* で, 少年が1人ずつ減っていって, 最後は誰もいなくなるという歌詞より. *And Then There Were None*『そして誰もいなくなった』は Agatha Christie の推理小説のタイトルでもある (♥ 決勝戦などで最後の2人になったことを描写して. あるいは, パーティーやコンパなどの集まりで, たまたまよく知らない同士が2人で取り残されたときの気まずい雰囲気をなくすために用いる)

by [OR ***in***] ***twòs and thrées*** 三々五々 ; ちらほら(と)
****in twó*** 2つに ‖ cut a peach *in* ~ モモを2つに切る
It tàkes twó to dò. 《諺》…するには1人ではできない ; 責任はどちらにもある
not hàve twò béans [***bràin céLls***] ***to rùb togéther*** 金がない[頭が悪い]
pùt twò and twò togéther あれこれ考え合わせ(て判断す)る ‖ *put ~ and ~ together* and make five あれこれ考え合わせた挙げ句間違った結論を出す (♦ ... and make four とすると「正しい結論を出す」の意になる)

COMMUNICATIVE EXPRESSIONS
1 **I féel lìke twò cénts.** 恥ずかしい ; 気が引ける
2 **Júst my twò cénts** [OR **cènts' wórth**]. (余計なことかもしれないが) ちょっと一言 (♥ 助言やちょっとした意見を述べる際に)
3 **Thàt màkes twó of us.** 私も同じ意見です ; 私も同様です

▸▸ ~ **bíts** (↓) ~ **fíngers** 名 複 ①《英口》(人差し指と中指を立て手の甲を相手に向ける) 怒り・軽蔑のサイン (♥ 手のひらを相手に向けるVサインは勝利・平和を表す) ② ツーフィンガーズ《指2本の幅ほどグラスに注いだ酒類(の量)》

two-bag·ger /tùːbǽgər/ 名 Ⓒ〔野球〕2塁打
twò-bàse hít 名 Ⓒ〔野球〕2塁打
twó-bìt 形 《限定》《米口》25セントの ; つまらない, 安物の
twò bíts 名 《単数・複数扱い》《米口》25セント ; つまらないもの
twò-by-fóur 名 Ⓒ ツーバイフォー材《2×4インチの木材》

―形 ❶厚さ2インチ幅4インチの；ツーバイフォー工法の ❷《米》(建物などが)小さな，狭い
twoc, TWOC /twɑ(ː)k | twɒk/ 《英口》動 (**twocced** /-d/；**twoccing**) 他〔車〕を盗む ―名 U 車を盗むこと (♦ *t*aking [*t*aken] *w*ithout *o*wner's *c*onsent より)
twó-cỳcle 形《米》=two-stroke
twò-diménsional ⟨シ⟩ 形 ❶2次元の，平面の ❷(作品などが)深みのない，面白みに欠ける
twò-édged ⟨シ⟩ 形 =double-edged
twò-fáced ⟨シ⟩ 形 ❶両面ある ❷表裏のある，偽善的な
two·fer /túːfər/ 名 C《米口》1枚分の料金で2枚買える優待チケット；1個分の値段で2個買えるクーポン券；(5セントで2個買える)廉価品，(特に)安葉巻 (♦ two for (the price of) one より)
twò-fìsted 形 ❶《米口》力強い，本格的な ‖ a ～ drinker 酒豪 ❷両こぶしが使える
twó·fòld 形 副 2倍[重]の[に]；2つの要素[部分]からなる
twò-fóur 形《楽》4分の2拍子の
▸▸ ～ **tìme** 名 U《楽》4分の2拍子
2,4-D /tùːfɔ̀ːrdíː/ 名 U〔化〕2-4ジクロロフェノキシ酢酸(除草剤)
2,4,5-T /tùːfɔ̀ːrfàɪvtíː/ 名 U〔化〕2-4-5トリクロロフェノキシ酢酸(除草剤)
twò-hánded ⟨シ⟩ 形 ❶両手のある；両手のきく；両手用の，両手を使う ❷2人用の
twò-hánder 名 C 2人だけで演じる芝居
twò-íncome 形 (夫婦)共働き[共稼ぎ]の ‖ a ～ family 共働きの家庭(♦ two-earner [OR two-career, two-job, two-payback] family ともいう)
twò-óne, 2-1 名 C《英》優等学位2級一種
two·pence /tʌ́pəns/ 《発音注意》名 (複 ～ OR ～**s** /-ɪz/) 《英》U 2ペンス(→ penny)；C 2ペンス銅貨
two·pen·ny /tʌ́pəni/ 《発音注意》形 (限定) ❶《英》2ペンスの(価値の) ❷安っぽい，つまらない
two·pen·ny-half·pen·ny /tʌ̀pənihéɪpəni/ 《発音注意》⟨シ⟩ 形《英口》つまらない，取るに足りない
twò-pèrcent mílk 名 U《米》(乳脂肪分2%の)低脂肪牛乳(《英》semi-skimmed)
twó-pìece 形 (限定) 名 C ツーピースの(服[水着])
twó-plỳ 形 (糸などが)2本よりの，二子(ふたこ)の，二重の ―名 C 2枚重ねの合板
twò-séamer 名 C《米口》〔野球〕ツーシーム(two-seam fastball)(ボールの縫い目の最も狭い所に人差し指と中指を当て，ボールに回転を与えるように投げる速球)
twò-séater 名 C ❶ツーシーター《2人乗りのスポーツカー》❷2人用のソファー(⇨ LOVE SEAT 図)
twò-síded ⟨シ⟩ 形 ❶両面のある；(紙・布などが)表裏のある ❷(問題などが)2つの面[性質]を持つ；対立する
two·some /túːsəm/ 名 C ❶2人組，1対 ❷〔ゴルフ〕2人でする試合
twó-stàr 形 (限定) ❶二流の，2つ星の ❷(軍隊の階級の)2つ星の，少将の
twó-stèp 名 (the ～) ツーステップ《2拍子の社交ダンス》；2拍子の舞曲 ―動 自 ツーステップを踊る
twó-stròke 形 名 C 2行程[サイクル]の(エンジン)
twó-tìme 動 他《口》〔恋人・夫・妻など〕を裏切る，だます
-**tìmer** 名
twó-tòne 形 (限定) ツートンカラーの，2色(調)の，2音の
'twould /twʊd/ 《古》it would の短縮形
twò-ùp twò-dówn 名 C《英口》1階に2部屋，2階に2つの寝室がある家《19世紀の典型的な労働者向け住宅》
twò-wáy ⟨シ⟩ 形 (通例限定) ❶(道路などが)両面通行の，両方向用の ❷〔放送〕送受信兼用の；〔電〕2路の ‖ ～ switches (2か所で点滅を行える)2路スイッチ ❸相互的な；2者間の；2人[2組]でする ‖ ～ trade 相互貿易
▸▸ ～ **mírror** 名 C (観察用)透視鏡，マジックミラー ～ **stréet** 名 C (通例単数形で)両方向道路(↔ one-way street)；両方向に働くもの[関係]

twò-whéeler 名 C 自転車；オートバイ
TWX 略 teletypewriter exchange(テレックス)
TX 略 〔郵〕Texas
-ty¹ /-ti/ 接尾 (名詞語尾)「性質」「状態」などの意 ‖ beau*ty*, reali*ty*
-ty² /-ti/ 接尾「10倍，10の倍数」の意 ‖ for*ty*, nine*ty*
ty·coon /taɪkúːn/ 《アクセント注意》名 C ❶(実業界の)成功者，有力者，巨頭 ‖ a newspaper ～ 新聞王 ❷大君《徳川幕府の将軍に対する当時の外国人の呼称》
語源 日本語の「(将軍を指した)大君」から．日本の鎖国を解かせたペリー提督が米国に伝えた語．❶はこの語がリンカーンの愛称として用いられて広まったもの．
ty·ing /táɪɪŋ/ 動 tie の現在分詞
tyke, tike /taɪk/ 名 C ❶《口》(やんちゃな)子供 ❷雑種の犬；《主に英》《旧》田舎者，粗野な男
Ty·ler /táɪlər/ 名 **John** ～ タイラー(1790-1862)《米国第10代大統領(1841-45)》
tym·pan /tímpən/ 名 C ❶〔印〕圧紙枠 ❷ =tympanum ❷ ❸太鼓の皮；(電話機の)振動板
tym·pa·ni /tímpəni/ 名 =timpani
tym·pan·ic /tɪmpǽnɪk/ 形 ❶太鼓の(ような) ❷〔解〕鼓膜の，(中耳の)鼓室の ▸▸ ～ **bóne** 名 C〔解〕聴骨，中耳骨 ～ **mémbrane** 名 C〔解〕鼓膜
tym·pa·num /tímpənəm/ 名 (複 ～**s** /-z/ OR **-na** /-nə/) C ❶〔解・動〕中耳；鼓膜(eardrum) ❷〔建〕ティンパヌム《破風(はふ)の蛇腹に囲まれた三角壁；アーチの下の半円形の壁》❸《古》太鼓(drum)
typ. 略 typographer；typographic；typography
***type** /taɪp/ 名 動
―名 (▸ typical 形，typify 動) (複 ～**s** /-s/) C ❶⟨…の⟩型，様式，タイプ，類型；種類⟨**of**⟩(→ kind¹, sort)(⇨ SORT 類語) ‖ "Kevin is aggressive." "I don't like people **of** that ～."「ケビンって強引ね」「あいうタイプの人，嫌いだわ」/ a new ～ *of* criticism 新しい型の批評 / this ～ (*of*) watch = a watch **of** this ～ この型の時計 (♦《米口》では前者の形式で of を省略することもある．type of の次の名詞は無冠詞) / books **of** this ～ = 《口》these ～ *of* books このタイプの本 (♦種類が1つで本が複数あるとき) / Burgundy(-)～ wines ブルゴーニュタイプのワイン / many **different** ～*s of* cancer 多くの異なった種類の癌(がん)
❷模範，典型，代表する人[もの]，《口》…タイプの人 ‖ He is the ～ of the self-made man. 彼はたたき上げの人の典型だ / Charles was not the ～ to break a girl's heart. チャールズは女の子の心を傷つけるような人間でなかった / Judy is (of) a social [poetic] ～. ジュディは社交的な[詩人タイプの]人だ(♦ of はしばしば省略される)
❸(one's ～)(通例否定文で)《口》好みのタイプの人 ‖ She is not my ～. 彼女は僕の好みのタイプではない
❹ U (集合的に)〔印〕**活字**；印刷された文字；字体(typeface)；(コンピューター・ワープロ・写真植字などから)出力された文字；C 1個の活字 ‖ His article is now in ～. 彼の記事はもう活字に組まれている / set ～ 活字を組む / the heading in large [bold, italic] ～ 大活字[ボールド体，イタリック体]の見出し / a piece of ～ 1個の活字
❺〔生〕型，類型；=type specimen；〔医〕血液型；〔化〕基型；〔農〕(家畜などの用途別の)型 ‖ a blood ～ 血液型 / I have ～ O blood. 私の血液はO型だ
❻(貨幣・メダルなどの)図柄，模様，意匠
❼〔神〕(将来起こることの)予型，予表(→ typology ❷)
❽〔言〕タイプ(→ token¹)
❾💻(データや変数などの)型，データ型
trùe to týpe =true to FORM
―動 他 ❶…をキーボード[タイプライター]で打つ，タイプする；(コンピューター・タイプライターで)…を打ち出す⟨***out***⟩；…を(整った文書に)仕上げる⟨***up***⟩；…を⟨…に⟩入力する⟨***in***⟩(key in；input)⟨**into**⟩ ‖ I ～*d* the confidential

report myself. 極秘の報告書を自分でキーボード入力[タイプ]した / ~ an address on a computer パソコンで住所を打つ / *Type in* your password. パスワードを打ち込みなさい

❷ …を(型別に)分類する；〖医〗〔血液など〕の型を検出する ‖ ~ his blood 彼の血液型を調べる

—自 キーボード[タイプライター]を打つ, タイプする ‖ She ~s well [poorly]. 彼女はタイプが上手[下手]だ

▸▸**Tỳpe Á** 名 U 形 〖心〗A型行動様式(の)《競争心が強く行動力があり, 性急なことを特徴とし, 心臓病になりやすいとされる》 **Tỳpe B́** 名 U 形 〖心〗B型行動様式(の)《寛容でゆったりし, 心臓病になる危険性が少ないとされる》 **~ fòunder** 名 C 〖印〗活字鋳造工[業者] **~ fòundry** 名 C 〖印〗活字鋳造所 **~ mètal** 名 U 〖印〗活字用合金《すず・鉛・アンチモンの合金》 **~ spècimen** 名 C 〖生〗基準[模式]標本

-type 連結形 ❶「…型, …タイプ」の意 ‖ proto*type* ❷「…版, 活字」の意 ‖ mono*type*

týpe·càst 動 (-**cast**) 他 《通例受身形で》(俳優が)その人に合った役を当てられる；当たり役を割り振られる

týpe·fàce 名 C 〖印〗(活字の)字面；書体, 字体

týpe·scrìpt 名 C タイプライターで打った原稿[文書]

týpe·sèt 動 (-**set**；-**set·ting**) 他 〖印〗…を活字に組む **~·ter** 名 C 〖印〗植字工；植字機 **~·ting** 形 名 U 〖印〗植字(の), 活字組み(の)

týpe·wrìte 動 (-**wrote** /-ròut/；-**writ·ten** /-rítən/；-**writ·ing**) 《古》 他 …をタイプライターで打つ —自 タイプライターを打つ(♦ 現在は type がふつう)

***type·writ·er** /táɪpràɪṭər/ 名 C タイプライター ‖ type a letter on a ~ 手紙をタイプで打つ

týpe·wrìt·ing 名 U タイプライターを打つこと；タイプ技術；U C タイプ印刷物

týpe·wrìt·ten 形 タイプライターで打った

ty·phoid /táɪfɔɪd/ 名 (= ~ **féver**) U 〖医〗腸チフス **ty·phói·dal** 形

▸▸**Tỳphoid Máry** 名 (複 ~**s** /-z/) C 《口》病気[災い]をまき散らす人(♦ チフス菌の保菌者でありながら料理人として働き, ニューヨーク市の腸チフス流行の原因となった Mary Mallon(1870?–1938)のあだ名より)

***ty·phoon** /taɪfúːn/ 《アクセント注意》 名 C 台風《特に南シナ海で発生する暴風》(→ cyclone, hurricane) (⇨ WIND[1] 類語) **-phón·ic** 形

語源 中国語 *tai fung*(大風)から.

ty·phus /táɪfəs/ 名 (= ~ **féver**) U 〖医〗発疹(ほっしん)チフス **-phous** 形

⁑**typ·i·cal** /típɪkəl/ 《発音注意》

—形 (◁ type 名) (**more** ~；**most** ~)

❶ 〈…の〉**典型的な**, 代表的な, 象徴的な〈**of**〉；通常の, ふつうの (↔ atypical, untypical) ‖ I live in a ~ Japanese house. 私は典型的な日本式の家に住んでいる / Fish and chips is a ~ British dish. フィッシュアンドチップスは代表的な英国料理だ / The wine is fairly ~ *of* the region. このワインはこの地方のまさに代表的なものです / a ~ example 典型例 / a ~ middle-class view 典型的な中産階級の意見 / a ~ working day 通常の出勤日

❷ 〈…に〉**特有の**, 独特の特徴を表す〈**of**〉；《しばしばけなして》(人・物が)予期したとおりに振る舞う[動く], ありそうなことで (→ CE 1) ‖ It was ~ *of* him to decide not to waste money. 無駄遣いしないと決心したのはいかにも彼らしかった / his ~ manner of speech 彼独特の話し方

COMMUNICATIVE EXPRESSIONS

1 "He's láte agàin." "**Týpical.**"「彼はまた遅刻だ」「またか」(♥ 同じような迷惑を何度もこうむったときに)

⁑**typ·i·cal·ly** /típɪkəli/

—副 (**more** ~；**most** ~)

❶ **典型的に**, 代表的に, 象徴的に ‖ a ~ English method 典型的に英国的なやり方

❷ 《文修飾》概して, 一般的に ‖ *Typically*, firstborns have fewer friends. 概して長男[女]は友達が少ないものだ

❸ 通常, いつもどおりに ‖ I ~ watch TV two hours a day. 私はふつう1日2時間テレビを見る

***typ·i·fy** /típɪfàɪ/ 《発音注意》 動 (◁ type 名) (-**fies** /-z/；-**fied** /-d/；~·**ing**) 他 《通例進行形不可》 ❶ …の典型となる, 特徴を表す, …を代表する ❷ …を象徴する

tỳp·i·fi·cá·tion 名

typ·ing /táɪpɪŋ/ 名 U ❶ (パソコンなどの)キーボードを打つこと；キーボードを打つ技能 ❷ ワープロで印刷したもの ❸ 《形容詞的に》ワープロで打った

▸▸**~ pòol** 名 C (会社などの)タイプ課, タイピストグループ

***typ·ist** /táɪpɪst/ 名 (複 ~**s** /-s/) C タイピスト, (タイプライター・キーボードなどを)打つ人

ty·po /táɪpoʊ/ 名 (複 ~**s** /-z/) C 《口》誤植, ミスプリント(♦ *typo*graphical error より)

typo(g). 略 〖印〗typographer, typographic(al), typography

ty·pog·ra·pher /taɪpɑ́(ː)grəfər | -pɔ́g-/ 名 C 印刷[植字]工；(活版)印刷技術者

ty·po·graph·ic /tàɪpəgrǽfɪk/, 〈シ **-i·cal** /-ɪkəl/ 形 印刷(上)の, 印刷技術の **-i·cal·ly** 副

ty·pog·ra·phy /taɪpɑ́(ː)grəfi | -pɔ́g-/ 名 U 活版印刷(術)；植字(術)；印刷の体裁, 刷り上がり

ty·pol·o·gy /taɪpɑ́(ː)lədʒi | -pɔ́l-/ 名 U ❶ 〖哲・言〗類型論, タイポロジー ❷ 〖聖〗予型論《新約聖書での出来事が旧約聖書に予示されているという説》

ty·ran·nic, -ni·cal /tɪrǽnɪk(əl)/ 形 専制君主の, 暴君的な；専制的[圧政的]な；暴虐[非道]な ‖ a ~ regime 専制政体 **-ni·cal·ly** 副

ty·ran·ni·cide /tɪrǽnɪsàɪd/ 名 U C 暴君殺害(者)

tyr·an·nize /tírənàɪz/ 動 自 〈…に〉暴政を行う, 〈…を〉虐げる〈**over**〉 —他 …に対して暴政を行う, …を虐げる

ty·ran·no·saur /tɪrǽnəsɔ̀ːr/, **-sau·rus** /-sɔ́ːrəs/ 名 C 〖古生〗ティラノサウルス《白亜紀の肉食恐竜》

tyr·an·nous /tírənəs/ 形 専制的な, 横暴な **~·ly** 副

***tyr·an·ny** /tírəni/ 《発音注意》 名 (複 -**nies** /-z/) ❶ U 暴虐, 圧制, 横暴；C 《しばしば -nies》暴虐[専横]行為 ‖ ~ over the people 人民に対する暴虐 / bureaucratic ~ 官僚の専横 ❷ U C 専制政治 (despotism), 暴政；専制[独裁]政治国 ❸ U 〖ギリシャ史〗僭主(せんしゅ)政治

***ty·rant** /táɪərənt/ 《発音注意》 名 C ❶ 暴君, 専制君主, 圧制者；暴君のように振る舞う人 ❷ 〖ギリシャ史〗僭主 ❸ (= ~ **flýcatcher**) 〖鳥〗タイランチョウ《米国産のスズメ目タイランチョウ科の鳥の総称》

***tyre** /táɪər/ (♦ 同音語 tire[1]) 名 《英》= tire[2]

Tyre /táɪər/ 名 ティルス, ティール《レバノン南部の地中海に面した港. 古代フェニキア最大の商都として栄えた》

Tyr·i·an /tíriən/ 形 ティルス(人)の

▸▸**~ púrple** 名 U C ティリアンパープル《古代ギリシャ・ローマの紫色または深紅色の染料》

ty·ro /táɪəroʊ/ 名 (複 ~**s** /-z/) C 初心者, 初学者(tiro)

Ty·rol /tɪróʊl/ 名 チロル《オーストリア西部およびイタリア北部にまたがるアルプスの山間地方》

Ty·ro·le·an /tɪrəlíːən/ 〈シ 形 チロル地方の, チロル風[人]の —名 C チロル地方の人

Tyr·rhé·nian Sèa /tɪríːniən-/ 名 《the ~》ティレニア海《イタリア西部の海》

tzar /zɑːr/ 名 = czar

tza·ri·na /zɑːríːnə/ 名 = czarina

tza·tzi·ki /tɑːtsíːki | tæ-/ 名 U ザジギ《ギリシャ料理に添えるキュウリ・ニンニク・ハッカで風味をつけたヨーグルト》

tzét·ze flỳ /tsétsi-/ 名 = tsetse

U u

Peace cannot be kept by force. It can only be achieved by **understanding**. 平和は力によって維持はできない. 理解によってのみ獲得できるものだ (⇨ EINSTEIN)

u, U[1] /juː/ 名 (複 **u's**, **us** /-z/ ; **U's**, **Us** /-z/) C ❶ ユー《英語アルファベットの第21字》❷ U字形のもの ‖ a U-tube U字管(→ U-turn) ❸ u[U]の表す音 ❹ (連続するものの)第21番目

U[2] /juː/ 形 《主に英口》(言葉遣い・振る舞いなどが)上流階級特有の[らしい](↔ non-U)(♦ upper-class より)

U[3] 略 《英》universal ((子供から大人まで)一般向きの(映画))(⇨ PG, X[2])

U[4] 記号 〖化〗uranium(ウラニウム)

U. 略 uncle ; unit(s) ; university ; upper

UAE 略 *U*nited *A*rab *E*mirates

UAV 略 《米》*u*nmanned *a*erial *v*ehicle(無人航空機)

UAW 略 《米》*U*nited *A*utomobile *W*orkers (全米自動車労働組合)

Ú-bènd 名 C (排水管の)U字トラップ(→ trap[1] ❹)

über-, uber- /uːbər-/ 連結形 「超」を表す(♦ over を表すドイツ語より) ‖ *über*model (スーパーモデル), *über*cool (超かっこいい)

Über·mensch /úːbərmènʃ/ 名 (複 **~·en** /-ən/) 《ドイツ》(=superman) C (ニーチェの唱えた)超人

ÙB40 /-fɔ́ːrṭi/ 名 C (英国の雇用省が発行する)失業登録カード(♦ *u*nemployment *b*enefit form 40 の略)

***u·biq·ui·tous** /jubíkwəṭəs | -wɪ-/ 《発音注意》形 (同時に)至る所に存在する, 遍在する, ユビキタスの ; (人が)あちこちに顔を出す **~·ly** 副 **-ui·ty** 名

Ú-bòat /júː-/ 名 C Uボート《第1–2次世界大戦中のドイツ海軍の潜水艦》

u·bun·tu /ubúntu/ 名 U 《南ア》友好, 協力, 思いやり, 助け合い(の精神)(♦ バンツー語より)

U.C. 略 *u*pper *c*ase

UCAS /júːkæs/ 名 (英国の)大学入学志願センター(♦ *U*niversities and *C*olleges *A*dmissions *S*ervice の略)

UCCA /ʌ́kə/ 名 (英国の) 入学に関する大学中央評議会《1994年に UCAS に統合された》(♦ *U*niversities *C*entral *C*ouncil on *A*dmissions の略)

ÙCLÁ 略 *U*niversity of *C*alifornia at *L*os *A*ngeles (カリフォルニア大学ロサンゼルス校)

ÙDÁ 略 *U*lster *D*efence *A*ssociation(北アイルランドの非合法なアルスター防衛組織)

ud·der /ʌ́dər/ 名 C (牛・羊などの垂れた)乳房, 乳腺(にゅうせん)

ÙDÍ 略 *u*nilateral *d*eclaration of *i*ndependence (一方的独立宣言)

ÙDR 略 *U*lster *D*efence *R*egiment (英国陸軍のアルスター防衛隊)

UEFA /juéɪfə/ 略 *U*nion of *E*uropean *F*ootball *A*ssociations (欧州サッカー連盟)

U-ey /júːi/ 名 C 《口》(自動車の)Uターン(U-turn)

***UFO** /jùː ef óu, júːfou/ 名 (複 **~s**, **~'s** /-z/) C ユーフォー, 未確認飛行物体《空飛ぶ円盤など》(♦ *u*nidentified *f*lying *o*bject の略)

u·fol·o·gy /jùːfɑ́(ː)lədʒi | -fɔ́l-/ 名 U 未確認飛行物体[UFO]研究 **ù·fo·lóg·i·cal** 形 **-gist** 名 C 未確認飛行物体[UFO]研究家

***U·gan·da** /jugǽndə/ 名 ウガンダ《アフリカ中東部の共和国. 公式名 the Republic of Uganda. 首都 Kampala》 **-dan** 形 名

***ugh** /ʊx, ʌg, ʌx, ʊə, uː/ 間 《口》うっ, うわっ, うへっ(♥ 嫌悪・恐怖などを表す)

Ug·li /ʌ́gli/ 名 (= ~ **frùit**) C 《商標》〖植〗アグリ《グレープフルーツとミカンを交配させたもの》

ug·li·fy /ʌ́glɪfàɪ/ 動 (**-fied** /-d/ ; **~·ing**) 他 …を醜くする, …の美しさを損なう

:ug·ly /ʌ́gli/

— 形 (**-li·er** ; **-li·est**)

❶ (外見が)**醜い**(↔ beautiful), 不格好な, 見苦しい(♥ 人に使うと失礼に当たるので, not good-looking, not attractive などの遠回しな表現を使う) ‖ You're as ~ as sin. この上もなく醜いな ; ひどいなりだな / an ~ man 無器量な男 / an ~ stain 醜いしみ / an ~ hut 見苦しい小屋

❷ 物騒な, 険悪な, 騒然とした ‖ The mood in the stadium turned ~. 競技場のムードが険悪になった / an ~ situation 不穏な情勢

❸ (道徳的に)忌まわしい, けしからぬ, 醜悪な ; (一般に)不快な, いやな(↔ pleasant) ‖ It was ~ of him to say she was incompetent. 彼女のことを無能だなんて, 彼はけしからんやつだ / Political corruption reared [OR raised] its ~ head. 政治腐敗が顕在化してきた / an ~ habit よからぬ習慣 / ~ rumors 忌まわしいうわさ ❹ (天候などが)険悪な, 荒れ模様の ‖ The sky looks ~. 空模様があやしい ❺ 《口》気難しい, 不機嫌な, けんか好きな ‖ He gets ~ when he's drunk. 彼は酔うとけんかっ早くなる

(*as*) *ugly as sin* ⇨ SIN[1](成句)

-li·ly 副 **-li·ness** 名

▸▸ **~ Américan** 名 《しばしば U-》 C 《口》醜いアメリカ人《現地人やその文化に侮辱的態度をとり, アメリカのイメージを害する在外米国人》 **~ dúckling** 名 C 醜いアヒルの子《みんなに醜い[ばかだ]とされるが後に非常に美しく[立派に]なる子供. Andersen の童話から》

***uh** /ʌ, ə(ː)/ 間 ❶ あー, えー(♥ 次に言う言葉を探したり考えをまとめている間の発声) ❷ =huh

ÙHF 略 *u*ltra*h*igh *f*requency

***uh-huh** /ʌhʌ́, ⌐–/ 間 うんうん (♥ 相手の言葉への同意や相手の話を聞いていることを表す. ただし, 日本人は英語で話すときに相づちを打ちすぎることがあるので注意)

***uh-oh** /ʔʌ́ʔou/ 間 あれれ, おっと(♥ 失敗したり困ったときに発する) ‖ *Uh-oh.* I forgot to call him. おっと, 彼に電話するのを忘れてた

ÙHT 略 *u*ltra *h*eat *t*reated((牛乳などが)超高温処理された)

uh-uh /ʔʌ́ʔʌ, ʔm̀ʔm/ 間 ううん(♥ 否定の返答)

Ui·ghur, Ui·gur /wíːgər, ùːigúər/ 名 (複 ~ OR **~s** /z/) C ウイグル人《トルコ系遊牧民族の1つ. 現在, 中国北西部の新疆(しんきょう)ウイグル自治区に住む》; U ウイグル語 (♦ Uyghur, Uygur とも書く) — 形 ウイグル人[語]の

úil·le·an pìpes /íliən-/ 名 複 〖楽〗ユニオン=パイプ, イリアン=パイプス《アイルランドのバグパイプ》

u·ja·maa /ùdʒæmɑ́ː, ùːdʒɑːmɑ́ː/ 名 U (タンザニアの) 社会主義

:ÙK, U.K. ⌫ 略 *U*nited *K*ingdom (連合王国)

uke /juːk/ 名 C 《口》ウクレレ(ukulele)

***U·kraine** /jukréɪn/ 名 ウクライナ《ロシア南西部に隣接する国. 首都 Ki(y)ev》

***U·krain·i·an** /jukréɪniən/ 形 ウクライナの, ウクライナ人[語]の — 名 ❶ C ウクライナ人 ❷ U ウクライナ語

u·ku·le·le, u·ke- /jùːkəléɪli/ 《発音注意》名 C 〖楽〗ウクレレ

語源 ハワイ語で「飛び跳ねるノミ」の意. ウクレレの名演奏者がおどけた身の動きをしながら奏でたことから.

U·lan Ba·tor, U·laan·baa·tar /ùːlɑːn bɑ́ːtɔːr/ 名 ウランバートル《モンゴルの首都》

-ular 接尾 《形容詞語尾》「…の(ような), …状の」の意(⇨ -AR)

‖ pustular, angular
*ul·cer /ʌ́lsər/ 名 C ❶ 潰瘍(かいよう) ‖ a gastric [OR stomach] ～ 胃潰瘍 ❷(道徳的)腐敗, 病根, 弊害
ul·cer·ate /ʌ́lsərèɪt/ 動 他 自 (…に[が])潰瘍を生じさせる[潰瘍になる] **ùl·cer·á·tion** 名 **ùl·cer·á·ti·ve** 形
ul·cer·ous /ʌ́lsərəs/ 形 潰瘍(性)の；潰瘍のある
-ule 接尾《名詞語尾》「小…」の意 ‖ glob*ule*, pust*ule*
u·le·ma /ù:ləmá: | ú:lɪmə/ 名 (複 ～ OR ～s /-z/) C イスラム教神学者[法典学者]団(ulama)
ul·lage /ʌ́lɪdʒ/ 名 U アレージ, (容器の)空き容量；(たる[瓶]詰めの液体の漏出·蒸発による)目減り量, 漏損量
ul·na /ʌ́lnə/ 名 (複 ～s /-z/ OR -nae /-ni:/) C 〚解〛尺骨《前腕の小指側の骨》 **-nar** 形
ul·ster /ʌ́lstər/ 名 C アルスター外套(がいとう)《厚地の長くゆったりしたコート》
Ul·ster /ʌ́lstər/ 名 ❶ アルスター《アイルランドの旧地方. 現在のアイルランド共和国の一部と北アイルランドを含む》 ❷ 北アイルランド
ult. 略 ultimate；ultimo
ul·te·ri·or /ʌltíəriər/《発音注意》形《限定》❶(動機·目的などが)表に現れない, 隠された ‖ an ～ motive 隠れた動機, 下心 ❷ 範囲外の ❸ 後の, 後々の, 将来の
*ul·ti·mate /ʌ́ltɪmət/《発音注意》形《限定》❶ 最終の, 最後の；究極の, 最終的な《略 ult.》(⇨ LAST[1] 類語) ‖ The refugees' ～ destination was America. 難民たちの最終目的地はアメリカだった / the ～ goal of language learning 言語学習の最終目標 / the ～ decision 最終的な決定 ❷《口》最高の, 最大の, 最良の；最悪の ‖ the ～ luxury foods 最高にぜいたくな食べ物 / the ～ abuse of human rights 最悪の人権侵害 / make the ～ sacrifice 命を犠牲にする ❸ 根本的な, 根源的な ‖ the ～ cause of the problem その問題の根本的な原因 ❹《口》(時間的·空間的に)最も遠い ‖ to the ～ ends of the earth 地の果てまで
—名《the ～》❶ 極限；最終段階[結果]；根本原理 ❷〈…の中の〉極み, 最高のもの〈in〉‖ the ～ *in* luxury [stupidity] ぜいたくの極み[愚の骨頂]
▸▸ ～ **fìghting** 名 U 総合格闘技《パンチ·キック·関節技·絞め技などを駆使する格闘技》
*ul·ti·mate·ly /ʌ́ltɪmətli/ 副 ❶ 最後に, 結局(のところ)；《文修飾》最終的には, 究極的には ‖ *Ultimately*, it is up to you to decide. 最終的には君自身が決めることだ ❷ 根本的に, 根源的に
ul·ti·ma Thu·le /ʌ̀ltɪmə θú:li | -θjú:l/ 名《the ～》《文》はるか遠くの見知らぬ地方；究極の目標
ul·ti·ma·tum /ʌ̀ltɪméɪṭəm, -má:-/ 名 (複 ～s /-z/ OR -ta /-ṭə/) C 最後通牒(つうちょう)[通告], 最終提案 ‖ issue an ～ to ... …に最後通牒を出す
ul·ti·mo /ʌ́ltɪmòu/ 形《名詞の後に置いて》《旧》先月の《略 ult》(♦ 商用文·公用文で ult. と略して用いられる以外はまれ) (→ instant, proximo) ‖ your letter of the 13th ～ 先月13日付の貴簡
ul·tra /ʌ́ltrə/ 形 名 C《口》過激な(人), 急進的な(人)
ultra- /ʌltrə-/ 接頭《形容詞·名詞につけて》「…(の範囲)を越えた, 極端に, 過度に, 超…」の意 ‖ *ultra*compact(超小型の), *ultra*violet, *ultra*sound
ùltra·céntrifuge 名 C 超遠心分離機
—動 他 …を超遠心分離機にかける
ùltra·consérvative 形 名 C 超保守的な(人)
ùltra·high fréquency 名 U〚無線〛極超短波《周波数300–3,000メガヘルツの電波. 略 UHF》
ul·tra·ism /ʌ́ltrəɪ̀zm/ 名 U 極端[過激]論；過激な意見[行動] **-ist** 名 C 極端[過激]論者 **ùl·tra·ís·tic** 形
últra·lìght (→ 形) 名 C《米》超軽量飛行機
—形 /ˌ-ˊ-/ 超軽量の
ùltra·maríne ⊲ 名 U ウルトラマリン, 群青(ぐんじょう)《青色顔料》；群青色 —形 ❶ 群青色の ❷《文》海外の
ùltra·míCroscòpe 名 C 限外顕微鏡, 超顕微鏡
ùltra·módern ⊲ 形 超現代的な
ul·tra·mon·tane /ʌ̀ltrəmá(:)nteɪn | -mɔ́n-/ ⊲ 形 名 C ❶ 山の向こう[アルプスの南]の(住民) ❷ 教皇権至上主義の(人)
ul·tra·mun·dane /ʌ̀ltrəmʌndéɪn, -mʌ́ndeɪn/ 形《文》この世界の外の[にある], 太陽系外の
ùltra·nátionalìsm 名 U 超国家主義
-nátionalist 名 形
ùltra·shórt 形 超短波の；非常に短い
ùltra·sónic ⊲ 形 超音波(利用)の
ùltra·sónics 名 U 超音波学
últra·sòund 名 U (医療·工業用の)超音波, 超音波治療(法)；(= ～ scàn) C 超音波スキャン
últra·strùcture 名 C〚生〛(原形質の)超微細構造, 不可視微細構造 **ùltra·strúctural** 形
ùltra·víolet ⊲〚理〛形《通例限定》紫外線の ‖ ～ rays 紫外線 —名 U 紫外線《略 UV》
ul·tra vi·res /ʌ̀ltrə váɪəri:z/ 形 副《ラテン》(=beyond the powers)〚法〛越権の[して]
ul·u·late /jú:ljulèɪt, ʌ́lju-/ 動 自 号泣する, わめき立てる
ùl·u·lá·tion 名
Ul·ur·u /ù:lərú:/ 名《豪》ウルル《世界最大の一枚岩の山 Ayers Rock に対する先住民の呼び名》
U·lys·ses /julísi:z, jú:lɪsì:z/ 名〚ロ神〛ユリシーズ《Odysseus のラテン名》
*um /ʌm, əm/ 間 =uh ❶
um·bel /ʌ́mbəl/ 名 C〚植〛(傘状の)散形花序
úm·bel·late /ˊ-ˌ-/ 形 散形花序の[を生じる]
um·ber /ʌ́mbər/ 名 U ❶ アンバー《黄褐色顔料用の土》(→ sienna) ‖ raw ～ ローアンバー《黄褐色顔料》/ burnt ～ バーントアンバー《赤褐色顔料》❷ アンバー色《黄褐色または赤褐色》❸ C〚虫〛シャクガ《木の幹に似た色の蛾(が)》 —形 アンバーの；黄褐色の —動 他 …にアンバーで色をつける；…を茶色にする
um·bil·i·cal /ʌmbílɪkəl/ 形 ❶ へそ(状)の；へその緒(状)の；へその所[近く]の ❷ 生命線の
—名 =umbilical cord
umbílical còrd /英 ˌ-ˌ-ˌ-ˊ-/ 名 C ❶ 臍帯(さいたい), へその緒 ❷(ロケットへの燃料などの供給を行う)供給管；命綱《宇宙飛行士·深海ダイバーなどに酸素などを供給する》
cùt [OR ***sèver***] ***the umbílical còrd*** (援助などに)頼るのをやめて独立する
um·bil·i·cus /ʌmbílɪkəs/ 名 (複 ～·es /-ɪz/ OR -ci /-saɪ/) C〚解〛へそ(navel)；〚動〛(巻き貝の)へそ穴；〚植〛(種子の)へそ
um·bra /ʌ́mbrə/ 名 (複 ～s /-z/ OR um·brae /-bri:/) C ❶〚天〛本影《月食[日食]の際の太陽光線が全く当たらない月[地球]の部分》(→ penumbra) ❷〚天〛太陽黒点の中央暗部 ❸ (完全な)陰(かげ), 影 **-bral** 形
um·brage /ʌ́mbrɪdʒ/ 名 U ❶ 立腹 ‖ take ～ at ... …に憤慨する ❷《文》陰を作るもの《木など》
um·brá·geous 形
*um·brel·la /ʌmbrélə, +米 ˊ-ˌ-/
—名 (複 ～s /-z/) C ❶ 傘, 雨傘, こうもり傘 (《英口》brolly)；日傘(→ parasol) ‖ You should take an ～ in case it rains. 雨が降るといけないから傘を持って行きなさい / Would you share my ～? 私の傘にお入りになりませんか / open [OR unfold] an ～ 傘を開く / put up an ～ 傘を差す / shut [OR close, fold] an ～ 傘を閉じる / hold an ～ 傘を差している / carry a collapsible ～ 折り畳み傘を持ち歩く
❷ 保護(する国[組織]) ‖ prosper under the American nuclear ～ アメリカの核の傘の下で繁栄する
❸《形容詞的に》包括的な ‖ an ～ organization 包括的組織, 上部団体 / ～ legislation 包括的立法 / an ～ term [OR word] 包括的用語
❹〚軍〛(地上軍を守る)援護飛行隊；(戦闘機·砲火などによる)上空からの援護；砲火弾幕；《米俗》パラシュート

U

❺〘動〙クラゲの傘
▶▶ ~ **bìrd** 名 C〘鳥〙カサドリ《南米産》 ~ **trèe** 名 C〘植〙① タイサンボク類《北米産》 ② 傘状の木

um·faan /ʌ́mfɑːn/ 名《複 **~s** /-z/ OR **ba·fa·na** /bɑːfɑ́ːnə/》C《南ア》独身の若い黒人男性；黒人の少年

u·mi·ak /úːmiæ̀k/ 名 C ウミアク《木枠に獣皮を張ったイヌイットのボート》

um·laut /ʊ́mlaʊt/ 名〘言〙❶ U ウムラウト, 母音変異《ゲルマン系言語における, 後続の母音の影響による母音変化. a→ä, o→ö, u→ü など》 ❷ C ウムラウトによる変母音；ウムラウト符号 (¨) ── 動 他〔語形・音〕をウムラウトで変化させる；…にウムラウト記号をつける

um·ma, um·mah /ʊ́mə/ 名 C U イスラム共同体, ウンマー

ump /ʌmp/ 名 動《主に米口》=umpire

***um·pire** /ʌ́mpaɪər/《アクセント注意》名 C ❶ (野球・テニスなどの) 審判(員), アンパイア (⇨ JUDGE 類語, REFEREE 類語P) ‖ act as ~ 審判を務める / accept [object to] the ~'s decision 審判の判定を受け入れる [に抗議する] / a chief ~ 主審 ❷ (紛争などの) 仲裁者, 裁定人
── 動 他〔試合〕の審判を務める；〔紛争など〕の仲裁者を務める ‖ ~ a baseball game 野球の試合の審判を務める
── 自〈…の〉審判[仲裁者]を務める〈**in, for**〉
語源 古いフランス語 *nonper* (同等でない人, つまり第三者) から, 英語に入って a numpire が an umpire と誤分析された.

ump·teen /ʌ̀mptíːn/ 〈シ〉 形《限定》《口》数えきれないほどの, たくさんの

ump·teenth /ʌ̀mptíːnθ/ 〈シ〉 形《限定》《口》何番[度]目か数えきれないほどの ‖ his ~ lover (あまりに多すぎて) 何人目かわからない彼の恋人

um·rah /ʊ́mrɑː, ʌ́mrə/ 名 C U ウムラ《イスラム教徒が随時行う聖地メッカへの巡礼. 正式に定められた時期に行う大巡礼(hajji)に対して小巡礼と呼ばれる》

***UN, U.N.** 〈シ〉 略 *U*nited *N*ations

'un /ən/ 代《口》=one ‖ He's a good ~. 彼はいいやつだ

un-[1] /ʌn-/ (♦ しばしば同化により b, p の前では /ʌm-/ に, k, g の前では /ʌŋ-/ の発音になる) 接頭《形容詞・副詞・名詞につけて》「…でない, 不…, 非…, 無…(not)；…に反する, 反… (opposite of)」の意 (⇨ IN-[1], NON-) ‖ *un*common(ly), *un*conscious(ness), *un*definable, *un*contested, *un*heard-of, *un*suspecting, *un*timely, *un*fair

語法 ☆☆ (1) un- をつけない形が常に存在するとは限らない. 〈例〉 an *un*heeded problem や an *un*accounted-for disappearance では対応する ˣa heeded problem や ˣan accounted-for disappearance はない. また, uncouth や unkempt に対応する un- のつかない語はない.
(2) in- による語がほかに存在する場合には, in- と un- とで意味の異なるものがある. 〈例〉 *in*artistic 非芸術的な / *un*artistic 芸術とは関係のない

un-[2] /ʌn-/ (♦ 音の同化については un-[1] に同じ) 接頭 主に他動詞を作る ❶《動詞につけて》「…と逆の動作をする」の意 ‖ *un*cover, *un*fold, *un*lock, *un*wrap (♦ 逆の動作ではなく強調を表す場合もある. 〈例〉 *un*loose) ❷《名詞につけて》「奪う；解き放つ, 取り出す；除く」などの意 ‖ *un*mask, *un*earth (♦ 語根が過去分詞のときは, un-[1] の 形 または un-[2] ❶ の過去分詞のいずれにもとれる場合がある. 〈例〉 She was *un*dressed. (彼女は服を脱いでいた[脱がされた]))

ùn·abáshed 〈シ〉 形 恥じ入らない；厚かましい；平然とした **~·ly** 副

ùn·abáted 〈シ〉 形 (嵐(あらし)・活力などが) 依然として強い, 衰えない

****un·a·ble** /ənéɪbl/《発音注意》
── 形 (▶ inability 名)《比較なし》《叙述》《+ **to do**》(人が) …することが**できない** (↔ able) ‖ I was **quite** ~ *to* answer the interviewer's questions. 面接官の質問に全然答えられなかった / Brenda tried to hide her feelings but was ~ to. ブレンダは気持ちを隠そうとしたができなかった / *Unable to* tell the truth, he kept silent. 真実を話すことができなかったので, 彼は黙っていた (♦ able の場合はこのような分詞構文では用いない)

COMMUNICATIVE EXPRESSIONS
1 **I regrèt to sáy I find mysèlf unáble to** tàke your pláce. 残念ながらあなたの代理は果たせません (♥ 形式ばった断り表現. ↘I'm sorry, I don't think I could take .... / ↘《口》Wish I could, but I can't take ....)

ùn·abrídged 〈シ〉 形 (本・演説などが) 要約[縮約]されていない, 完全な ‖ an ~ edition 無削除版, 完全版

ùn·accénted 〈シ〉 形 ❶ (話し方に) なまりのない ❷ アクセントのない ‖ an ~ syllable アクセントのない音節

***ùn·accéptable** 〈シ〉 形 受け入れられない, 容認[許容]できない, 歓迎できない **-bly** 副

ùn·accómpanied 〈シ〉 形 ❶ 同伴者のない ‖ Children ~ by [ˣwith] an adult will not be admitted. 大人同伴でない子供は入場できません / go to a party ~ 同伴者なしでパーティーに行く ❷ (歌・歌手・楽器が) 無伴奏の ‖ ~ music for violin バイオリンのための無伴奏曲 ❸ (手荷物などが) 持ち主と別に送られる, 別送の ‖ an ~ baggage [《英》luggage] 別送(手)荷物

ùn·accómplished 形 ❶ 未完成の, 実行されていない ❷ (教養・才能などの点で) 洗練されていない, 未熟な

ùn·accóuntable 〈シ〉 形 ❶ 説明のできない；訳のわからない, 不可解な ‖ ~ losses of money 不可解な金の紛失 ❷《叙述》(人などが) 責めを負わない, 責任がなくて〈**for** 物・事に対して；**to** 人に対して〉 ‖ be ~ *for* one's actions 行為の責任を問われない

ùn·accóuntably 副 ❶ 説明できないほど, 不可解なほど ‖ He was ~ late. 彼はなぜかひどく遅れた ❷《文修飾》不可解なことに ‖ *Unaccountably*, she didn't lock the door. どういう訳か彼女はドアに鍵(かぎ)をかけなかった

ùn·accóunted-fòr 〈シ〉 形 説明[釈明]のできない；不明の, 行方[所在]不明の (♦ 補語に用いる場合 unaccounted for とつづる) ‖ Half of the expenditure is ~. 出費の半分については説明がつかない

ùn·accústomed 〈シ〉 形 ❶《叙述》〈…に〉慣れていない, 不慣れな〈**to**〉 ‖ ~ *to* the heat 暑さに弱い ❷《通例限定》ふつう[尋常]でない, いつもと違う；変わった, 珍しい ‖ ~ heat いつにない暑さ

ùn·achíevable 形 達成できない；入手できない

ùn·acknówledged 形 気づかれていない；(一般に) 認められていない；無視される；評価されていない

ùn·acquáinted 形 ❶〈…に〉精通していない, うとい〈**with**〉 ❷〈…と〉面識のない〈**with**〉

ùn·adjústed 形〘統計〙(数字が) 未調整の

ùn·adópted 〈シ〉 形《英》(道路が) 地方自治体の管理に移っていない, 私道の

ùn·adórned 形 装飾の施されていない

ùn·adúlteràted 〈シ〉 形 ❶ (飲食物などが) 混ぜ物のない ❷《限定》純然たる, 全くの

ùn·advénturous 形 冒険しようとしない, 新機軸を取り入れない

ùn·advísable 形 =inadvisable

ùn·advísed 〈シ〉 形 ❶ 熟慮を欠いた, 軽率な, 無分別な ‖ with ~ haste よく考えもせずに急いで ❷ 忠告を受けていない **~·ly** 副

ùn·affécted 〈シ〉 形 ❶ 気取らない, 飾らない, 素直な；心からの ‖ ~ manners 気取らない態度 ❷《叙述》影響を受けない, 変わらない；心を動かされない ‖ ~ by the recession 不況に影響されない **~·ly** 副

ùn·affíliated 形 加入[加盟]していない, 提携していない

ùn·affórdable 形 (高価すぎて) 手が届かない

***ùn·afráid** 形《叙述》恐れない, 怖がらない〈**of** …を / **to do** …することを〉 ‖ be ~ *of* danger 危険を恐れない

*__ùn·aíded__ 形 助けを受けないで，独力で，ひとりで ‖ She can now walk ～. 彼女はもうひとりで歩ける

ùn·áired 形 換気のよくない；今まで放送されていない

ùn·álienable 形 =inalienable

ùn·allóyed ◁シ 形 ❶（金属が）不純物のない，合金でない ❷（感情などが）純粋な(pure)

ùn·álterable 形 変えられない ‖ an ～ fact 変えることのできない事実 **-bly** 副

ùn·ambíguous ◁シ 形 あいまいでない，明確な ‖ The law is ～. 法律ははっきりしている **～·ly** 副

ùn·ámbitious ❶（人が）功名心[野心]のない，大望のない ❷ 新鮮味[刺激]のない，手を抜いた

ùn-Américan ◁シ 形（習慣・伝統などが）米国風でない；《米》米国の国益に反する，反米的な ‖ the *Un-American* Activities Committee 《米》非米活動委員会

u·na·nim·i·ty /jù:nənímət̬i/ 名 U（全員の）合意，（満場）一致 ‖ with ～ 満場一致で

*__u·nan·i·mous__ /junǽnɪməs/《発音・アクセント注意》形 ❶（意見・投票などが）全員[満場]一致の ‖ He was elected chairperson by a ～ vote. 彼は満場一致で議長に選出された / a ～ decision 満場一致の決定 ❷《叙述》（全員）同意見で，合意して〈**in, for** …に / **that** 節 …ということに〉‖ The committee members were ～ *in* their approval of the plan. 委員は一致してその計画を承認した / The meeting was ～ *for* reform. 会議は改革に全員賛成だった / The delegates were ～ *that* the issue needed to be discussed further. 代表たちはその問題はさらに突っ込んで議論する必要があるということで意見が一致した **～·ly** 副

語源 *un-* one＋*anim-* mind＋*-ous*（形容詞語尾）：1つの[同じ]心の

*__ùn·annóunced__ ◁シ 形 ❶（到着などが）予告のない ‖ He turned up ～ on Monday. 彼は月曜日に予告なしに現れた ❷ 発表[公表]されていない

ùn·ánswerable 形 ❶（質問が）答えられない ❷ 反論[反駁(ばく)]できない

ùn·ánswered 形 答え[返事]のない；（愛情などが）報われない ‖ ～ love 片思い

ùn·antícipated 形 予期しない，予知しない；期待しない，思いがけない

ùn·apòlogétic 形 謝罪しない，わびない，悪いことをしたとは思わない

ùn·appéaling 形 魅力のない，人に訴えない

ùn·áppetìzing 形（食物が）まずそうな，食欲をそそらない

ùn·appréciated 形《通例叙述》よさ[真価]が認められない

ùn·appróachable ◁シ 形（人が）近寄り難い，とっつきにくい，よそよそしい

ùn·appróprìated ◁シ 形 専有されていない；（資金などが）特定の用途に充当されていない

ùn·ápt 形 不適当な，不似合いな ‖ an ～ expression 不適当な表現 **～·ly** 副 **～·ness** 名

ùn·árguable 形 議論の対象とならない（ほどの），確かな；論拠にできない **-bly** 副 確かに

ùn·ármed ◁シ 形 ❶ 武器を持たない，非武装の；武器を使わない ‖ an ～ policeman 丸腰の警官 ❷【生】（牙(きば)・角・とげなどの）防護器官のない

u·na·ry /jú:nəri/ 形【数】単一(項)の，一進法の

ùn·ashámed ◁シ 形 恥を知らない，おく面のない；恥じない **～·ly** 副 恥ずかしげもなく，おく面もなく

ùn·ásked ◁シ 形 ❶（質問が）されていない ❷（人が）招かれていない ❸《副詞的に》頼まれないで，自発的に ‖ He performed the song ～. 彼は頼まれもしないのにその曲を歌った ❹ 求められていない(→ unasked-for)

ùn·ásked-fòr 形 求められていない（♦ 補語に用いる場合 unasked for ともつづる）‖ Your advice is quite ～. 君の忠告は大きなお世話というものだ

ùn·assáilable ◁シ 形 ❶ 攻撃できない，難攻不落の ❷ 議論の余地がない，揺るぎない ‖ an ～ alibi 崩すことのできないアリバイ **-bly** 副

ùn·assértive 形（人が）自己主張しない，控えめな **～·ly** 副 **～·ness** 名

ùn·assísted 形 助けを受けない，独力の

ùn·assúming ◁シ 形 気取らない；控えめな

ùn·attáched ◁シ 形 ❶ 特定の組織に所属していない ❷ 婚約[結婚]していない，特定の恋人のいない

ùn·attáinable 形（目標などが）到達[達成]できない ‖ an ～ dream かなわぬ夢

ùn·atténded ◁シ 形 注意[世話]をされていない；放置された；《堅》無視された

ùn·attráctive 形 魅力のない，美しくない；人を引きつけない **～·ly** 副

ùn·attríbuted 形（作品などが）作者不明の，詠(よ)み人知らずの，（引用などが）出典不明の

*__ùn·áuthorized__ 形（公的に）認可されていない，権限のない ‖ No access for ～ personnel.《掲示》無断立ち入りを禁ず

*__ùn·aváilable__ 形 ❶ 入手できない ❷ 利用できない，有効でない ❸（人が）〈面会したり話したり行ったりする〉都合がつかない，時間がない〈**for**〉‖ be ～ *for* comment コメントしている余裕がない **-bílity** 名

ùn·aváiling ◁シ 形（努力などが）効果のない，無駄な

*__ùn·avóidable__ ◁シ 形 避けられない，不可避の，やむを得ない **-bly** 副

*__un·aware__ /ʌ̀nəwéər/ 形（**more ～**；**most ～**）《叙述》気づかないで，知らないで(↔ aware)〈**of** …に / **that** 節 …ということに〉‖ Mobile phone users seem blissfully ～ *of* the disturbance they cause other passengers. 携帯電話の使用者はほかの乗客にかけている迷惑に気づいていないらしい / The children were ～ *that* I was present. = The children were ～ *of* my presence. 子供たちは私がいることに気づかなかった

—副 =unawares **～·ness** 名

un·a·wares /ʌ̀nəwéərz/ 副 ❶ 不意に，思いがけずに ❷ 気づかずに，無意識に ‖ All ～, I had played into his hands. 全く気づかないうちに彼の計略にはまっていた

càtch [OR *tàke*] *a pèrson* ***unawáres*** 〔人〕の不意を襲う，〔人〕を驚かす ‖ The news *took* us ～. そのニュースは寝耳に水だった

ùn·bácked 形 ❶ 支持[支援]のない ❷（競走馬が）賭(か)け手がいない ❸（馬などが）人を乗せたことがない ❹（いすなどが）背のない

ùn·bálance 動 他 ❶ …のバランスを崩す，…を不均衡にする ❷〔人(の情緒)〕を不安定にする，錯乱させる

—名 =imbalance（❗「不均衡」の意味の「アンバランス」は英語では imbalance を用いる）

ùn·bálanced 形 ❶ 釣り合いのとれない，均衡を欠いた；（説明などが）片寄った，不公平な ❷（精神的）安定を欠いた，情緒不安定な，錯乱した

ùn·bán 動 他 …の規制を撤廃する

un·bar /ʌ̀nbɑ́:r/ ◁シ 動（**-barred** /-d/；**-bar·ring**）他 ❶〔門・戸など〕からかんぬきを外す，〔戸など〕を開ける ❷ …の門戸[道]を開く，開放する ‖ ～ the way to peace 平和への道を開く

*__ùn·béarable__ 形 耐えられない，我慢できない **-bly** 副 耐えられないほど(に)

*__ùn·béatable__ 形 打ち負かす[超える]ことのできない，無敵の；最上[最良]の，（最も）優れた

*__ùn·béaten__ 形 ❶ 負け知らずの；（記録などが）破られ（ていない ❷（道などが）人跡未踏の

ùn·becóming ◁シ 形 ❶（服装・色などが）（着る人に）似合わない ‖ Her dress was rather ～. 彼女の服はどうも似合わなかった ❷（言動などが）〈人に〉ふさわしくない，不適当な〈**to, for**〉；無作法な ‖ ～ language 下品な言葉遣い / It is ～ of him to lie. うそをつくとは彼らしくない / behavior [OR conduct] ～ *to* a Christian キリスト教徒ら

しからぬ振る舞い **~·ly** 副

ùn·befítting 形〈…に〉不適当な, ふさわしくない〈**of, for, to**〉

un·be·known /ʌ̀nbɪnóʊn/, **-knownst** /-nóʊnst/ <シ 形《しばしば副詞的に》〈人に〉知られずに, 気づかれずに〈**to**〉‖ *Unbeknownst to* her husband, she had run away with her lover. 夫が知らないうちに彼女は愛人と駆け落ちしていた

ùn·belíef 名 U (特に宗教上の)懐疑, 不信心

***ùn·belíevable** <シ 形 (**more ~ ; most ~**) ❶ 信じられない (↔ believable) (♦ よいことにも悪いことにも用いる) ‖ It's ~ that he refused the position. 彼がその役職を断ったとは信じられない / That's ~! うそでしょう ❷ 信じられないような, 驚くべき ‖ ~ strength 信じられないような力 / an ~ scene 信じ難い光景 **-bly** 副

ùn·belíever 名 C 信じない人 ; (特に)信者でない人

ùn·belíeving <シ 形 信じていない, 懐疑的な ; 不信心な **~·ly** 副

ùn·bélt 動 他 …から帯 [ベルト] を外す **~·ed** 形 ① (服が)ベルトなしの ② (人が)シートベルトをしていない

ùn·bénd 動 (**-bent** /-bént/ ; **~·ing**) 自 ❶ 緊張が解ける, くつろぐ ❷ (曲がったものが)真っすぐになる
— 他 ❶〔心〕の緊張を解く, くつろがせる ❷〔曲がったもの〕を真っすぐにする, 伸ばす ❸〔帆〕を帆桁(ほげた)から外す ;〔ロープ〕を解く, 緩める

ùn·bénding 形 ❶ 硬直した, 曲げられない ❷ (態度・決意などが)断固とした, 確固たる ; 頑固な, 強情な ❸ 堅苦しい, 打ち解けない **~·ly** 副

ùn·bías(s)ed 形 片寄らない ; 偏見のない, 公平な **~·ly** 副

ùn·bídden 形《文》❶ 命じられ[求められ]ていない ; 自発的な ‖ The tears came ~ to her eyes. 涙がひとりでに彼女の目に込み上げた ❷ 招かれない

ùn·bínd 動 (**-bound** /-báʊnd/) 他《文》❶〔縛られていたもの〕を解く ❷〔囚人など〕を解放する, 自由にする

ùn·bléached 形 漂白していない

ùn·blémished 形 傷のない ; 汚点[欠点]のない

ùn·blínking 形 まばたきしない, じっと見つめる ; 動じない **~·ly** 副

ùn·blóck 動 他〔排水管など〕を掃除する, きれいにする

ùn·blúshing <シ 形 恥知らずの, 厚顔の, 図々しい **~·ly** 副

ùn·bólt <シ 動 他〔ドアなど〕の掛け金を外す [外して開ける]

ùn·bórn <シ 形《限定》❶ (赤ん坊が) まだ生まれていない ❷《文》これから現れる, 将来の ‖ ~ generations これからの世代

ùn·bósom 動 他《文》〔意中・秘密など〕を〈…に〉打ち明ける, 告白する〈**to**〉‖ She *~ed* herself *to* her boyfriend. 彼女は恋人に胸の内を打ち明けた

ùn·bóund <シ 動 unbind の過去・過去分詞
— 形 ❶ 縛られていない ; 束縛を解かれた, 解放された ❷ (本・書類などが)とじられていない, 未製本[装丁]の ❸〖化・理〗結合していない, 束縛されていない

ùn·bóunded 形 ❶ 限りない, 際限のない, 無限の ❷ 制限[抑制]されない

ùn·bówed <シ 形 ❶ (体が) 曲がっていない ❷ 屈服しない, 不屈の

ùn·bóx 動 他 …を箱から取り出す, 取り除く

ùn·bráid 動 他 …のよりをほどく[解く]
— 自 (よりが)ほどける

ùn·bréakable 形 壊すことのできない, 頑丈な ‖ ~ determination 断固たる決意

un·bridge·a·ble /ʌ̀nbrídʒəbl/ 形 (対立する2者間の溝が)埋められない ‖ an ~ gulf [OR gap] 埋まらない溝

ùn·brídle 動 他 ❶ …の馬勒(ばろく)を外す ❷ …の拘束を外す, …を解放する

ùn·brídled 形 ❶《通例限定》(言動・感情・性格などが) 抑制の(きか)ない, 節度のない, 放縦な ‖ ~ passion 激情 ❷ 馬勒をつけていない

***ùn·bróken** 形 ❶ (物が) 壊れていない, 無傷の, 完全な ❷ 中断されない, (かき) 乱されない ; 連続した ‖ I had eight hours' ~ sleep last night. 昨夜は8時間ぐっすり眠った / an ~ silence ずっと続く沈黙 ❸ (記録などが) 破られていない ❹ (馬が) 乗りならされていない **~·ly** 副 **~·ness** 名

ùn·búckle 動 他 …のバックル [留め金] を外す ‖ ~ one's seat belt シートベルトの留め金を外す

ùn·búndle 動 他 ❶〔一体となっている商品・サービス〕を単品化して売る[価格をつける] ❷〔企業(体)〕を(再編成または一部を売却するため)分割する,〔事業部門・子会社など〕を切り離して売却する
~d 形 (関連した商品・サービスが)別々に売られる

ùn·búrden 動 他 ❶ …の荷物を降ろす ; …から〈荷物を〉降ろす〈**of**〉❷〔心〕の重荷を降ろす,〔気持ち〕を軽くする ;〔心のうち・内情・秘密など〕を〈人に〉打ち明ける〈**to**〉;《~ oneself で》〈人に〉打ち明ける〈**to**〉,〈…を〉隠さずに話す〈**of**〉‖ ~ one's conscience (ざんげなどで)良心を軽くする ❸〔人(の心)〕から〈重荷を〉取り除く〈**of**〉‖ She decided to ~ herself *of* the whole story. 彼女は洗いざらいしゃべって楽になろうと決めた

ùn·bútton <シ 動 他〔服〕のボタンを外す — 自《口》リラックスする, 打ち解ける **~ed** 形 ① ボタンを外した ②《口》抑制を受けていない ; くつろいだ, 打ち解けた

ùn·cálled-fòr 形 不必要な, 無用の ; 差し出がましい ; (正当な)理由のない, 当を欠いた, いわれのない(♦ 補語に用いる場合 uncalled for ともつづる)

un·can·ny /ʌ̀nkǽni/ 形 ❶ 薄気味悪い, 奇怪な ‖ an ~ silence 不気味な静けさ ❷ (感覚・正確さなどが) 驚異的な, 超人的な **-ni·ly** 副

ùn·cáp 動 (**-capped** /-t/ ; **-cap·ping**) 他 ❶〔瓶など〕のふたを外す ❷ …の上限[制限]を外す

ùn·cáred-fòr 形 (子供・庭などが) 世話[手入れ]をされていない, 放置された, 荒廃した(♦ 補語に用いる場合 uncared for ともつづる)

ùn·cáring 形 思いやりのない ;〈…のことを〉気にかけない〈**of**〉 **~·ly** 副

ùn·céasing 形 やむことのない, 絶え間ない, 打ち続く ‖ an ~ effort たゆまぬ努力 **~·ly** 副

ùn·cénsored 形 検閲を受けない, 無検閲の

ùn·cèremónious 形 ❶ 無作法な, ぞんざいな, ぶっきらぼうな ❷ 儀式[形式]ばらない, くだけた **~·ly** 副 **~·ness** 名

un·cer·tain** /ʌ̀nsə́ːrtən/《発音注意》形〔▶ uncertainty 名〕(**more ~ ; most ~**) ❶《通例叙述》(人が)確信がない, 自信がない, はっきりわからない(↔ certain)〈**of, about** …について / **wh** 節 …かどうか / **wh to *do …するかどうか〉‖ The student was ~ *of* the answer. 学生はその答えに自信がなかった / Japanese parents today seem to be ~ (*about*) how to bring up their children. 今日(こんにち)の日本の親は子供の育て方について自信が持てないようだ / I am ~ *whether* I should go or not. 私は行くべきかどうかよくわからない
❷ (真偽・出所・年齢・言葉などが)はっきりしない, 定かでない, 確かでない, 疑わしい ‖ The truth of the witness's testimony is ~. その目撃者の証言は本当かどうかあやしいものだ / It is ~ how much he knew about the deal. 彼がその取り引きについてどの程度知っていたのかははっきりしない / The source of the jamming remains ~. 電波妨害の源ははっきりしないままだ / a fire of ~ origin 火元不明の火事 / a woman of ~ age《婉曲的》年齢不詳の女性 ; 中年の女性 ❸ (日時などが) 確定していない, 未定の ‖ The date of the festival is still ~. 祭りの日取りは未定だ ❹ (天候などが) 変わりやすい ; (人の気質などが) 気まぐれな, 当てにできない ‖ ~ weather 不安定な天気 / a person with an ~ temper お天気屋

❺ 一定していない, 安定していない ‖ His steps were somewhat ～. 彼の足取りはいくぶんおぼつかなかった

in no uncertain terms ⇨ TERM(成句)

ùn·cér·tain·ly /-li/ 副 確信が持てず[なさそうに], あいまいに; 不確かに, はっきりせずに; 不安定に, ふらふらと

***un·cer·tain·ty** /ʌnsə́ːrtənti/ 名〔◁ uncertain 形〕(複 **-ties** /-z/) ❶ Ⓤ 確信の持てないこと, 確信のなさ(↔ certainty); 確実でないこと, 不確実(性); 変わりやすさ, 不安定 ‖ There is some ～ about the future of society. 人々は社会の未来にかなり不安を抱いている / the ～ of the market 市場の不安定さ / a time of economic ～ 経済の不安定な時期 / a degree of ～ ある程度の不確実さ ❷ Ⓒ《しばしば -ties》確実でないこと[もの], 変わりやすい[不安定な]こと[もの] ‖ Whether she accepts the offer is still an ～. 彼女がその申し出を受けるかどうかまだはっきりしない / the *uncertainties* of life 人生の有為転変

▸▸ ～ **prìnciple** 名《the ～》〖理〗(ハイゼンベルグの)不確定性原理 (the Heisenberg('s) uncertainty principle)

ùn·cháin 動 他 …を鎖から解く; …を解放する

ùn·chállenged 形 ❶ 挑戦されない; 反対されない; (地位などが) 確固たる ❷ 疑問を持たれない, 問題にされない, 議論されない ❸ 質問[尋問]されない

ùn·chángeable 形 変えられない, 変わらない **-bly** 副

***ùn·chánged** 形《通例叙述》変化していない, 変わらない, 元のままの ‖ My hometown still remains ～. 私の故郷は昔のままだ

ùn·chánging 形 変わらない; 安定した

ùn·chàracterístic 形〈…〉らしくない, 〈…には〉珍しい〈**of**〉‖ It's ～ *of* Jim to get upset. 取り乱すなんてジムらしくない **-tically** 副

ùn·chárged 形 帯電していない

ùn·cháritable 形 思いやりのない, 容赦ない ‖ ～ remarks 情け容赦もない言葉

ùn·chárted <シ 形 地図[海図]に載っていない; 未踏の, 未知の ‖ ～ waters 未知の海域

ùn·chécked <シ 形 ❶ 抑制[阻止]されない, 野放しの ❷ 検査[点検]されていない

ùn·chrístian 形 ❶ キリスト教徒でない, 非キリスト教徒の ❷ (行為など)キリスト教精神に反する; キリスト教徒らしくない; 《口》思いやりのない

un·ci·al /ʌ́nʃəl | -siəl/ 名 Ⓒ アンシアル字体の字《4-8世紀のギリシャ・ラテンの写本に用いられた現在の大文字に似た書体》; アンシアル字体で書かれた文書(→ cursive)

── 形 アンシアル字体の

ùn·círcumcìsed <シ 形 割礼を受けていない

ùn·cívil 形 礼儀をわきまえない, 無作法な, 無礼な (⇨ POLITE 類語) ‖ be ～ to ... …に失礼を働く

ùn·cívilìzed 形 ❶ 文明化されていない, 未開の, 野蛮な ❷ 無作法な, 粗野な

ùn·clád <シ 形 衣服を身につけていない, 裸の; 被覆されていない

ùn·cláimed 形 持ち主不明の, (物が) 自分のものであると主張する者のない

ùn·clámp 動 他 …の締め具を外す[取り去る]

ùn·clásp 動 他 ❶ …の留め金を外す ❷ [握りしめた手]を開く, 緩める; [握ったもの]を放す

ùn·clássifìed <シ 形 ❶ 分類されていない ❷ (情報・文書が)機密扱いでない ❸《英》(道が)番号のついていない, 高速道路でない

‡un·cle /ʌ́ŋkl/

── 名 (複 **～s** /-z/) Ⓒ ❶ **おじ**(伯父, 叔父); 義理のおじ(↔ aunt) ‖ He is my ～ on my father's [mother's] side. 彼は父[母]方のおじです / *Uncle* George ジョージおじさん

❷《口》(親戚関係とは無関係に) おじさん (♥ 年配の男性や両親と親しい関係にある男性への親しみを込めた呼称)

❸《古》《俗》質屋の主人

Ùncle Tòm Cóbley [OR ***Cóbleigh***] ***and áll*** だれもかれも

COMMUNICATIVE EXPRESSIONS

[1] **Sày** [OR **Crỳ, Yèll**] **úncle.** 《米》降参しろ; まいったと言え(♥ 負けを認めるときに uncle と言う子供の遊びから)

[2] **Sò's your úncle.** そんなに大騒ぎするようなことじゃない(♥「君のおじさんだって同じじゃないか」つまり「珍しいことではない」の意. 大げさな反応をした人に対して)

語源 ラテン語 *avunculus*(小さな祖父)から. 本来は「母方のおじ」のみを指した.

▸▸ **Ùncle Sám** 名 Ⓒ《単数形で》アンクルサム《典型的な米国人, および米国政府の擬人化. USをもじったもの》(→ John Bull) **Ùncle Tóm** (↓)

Uncle Sam

***ùn·cléan** <シ 形 ❶ 不潔な, 汚い, 汚れた(↔ clean) ❷ (道徳的に)汚れた, 不純な; みだらな ❸ (特に食べ物などが) (宗教儀式上) 穢れた, 不浄の

un·clean·ly¹ /ʌnklíːnli/ 副 ❶ 不潔に, 汚く ❷ みだらに, 不貞に

un·clean·ly² /ʌnklénli/ 形《堅·文》❶ 不潔な, 汚い ❷ みだらな, 不貞な **-li·ness** 名

***ùn·cléar** <シ 形 (**more ～; most ～**) ❶ 不明瞭な, はっきりしない, あいまいな; (説明などが) よく理解できない ‖ His motive for the crime is still ～. 彼の犯行の動機は依然あいまいだ / It was ～ whether our plan would be accepted. 我々の計画が受け入れられるかどうかははっきりしなかった ❷《叙述》(人が)〈…について〉はっきりわからない, 不確かな, 疑問である〈**about, as to**〉

ùn·clénch <シ 動 他 自 (閉じた状態から)(…を[が])緩める[緩む]

Ùncle Tóm 名 Ⓒ ⊗《主に米》《蔑》白人に従順すぎる黒人《H. B. Stowe 作 *Uncle Tom's Cabin* 中の主人公の老黒人より》 **Ùncle Tóm·ism** 名 Ⓤ 白人迎合主義

ùn·clóak 動 他《文》…を暴露する, 明らかにする

ùn·clóg <シ 動 (**-clogged** /-d/; **-clog·ging**) 他〔管など〕に詰まったものを取り除く

ùn·clóse 動 他 ❶ …を開ける ❷ …を明らかにする

── 自 ❶ 開く ❷ 明らかになる

ùn·clóthe 動 (**～d** /-d/, **-clad** /-klǽd/) 他 ❶ …の衣服を脱がせる, …を裸にする ❷ …の覆いをとる

ùn·clóthed 形 衣服を着ていない, 裸の(naked)

ùn·clóuded <シ 形 ❶ 雲のない, 晴れた ❷《比喩的に》曇り[かげり]のない, 晴れ晴れした

ùn·clút·tered 形 整頓されている, 整った; 混乱して[散らかって, ごたごたして]いない

un·co /ʌ́ŋkə/《スコット》形 珍しい, 著しい ── 副 非常に, とても, 著しく ── 名 (複 **～s** /-z/) Ⓒ ❶ 見知らぬ人, よそ者(stranger) ❷ (～s)ニュース(news)

ùn·cóil <シ 動 他 [巻いたもの]をほどく, 解く

── 自 ほどける, 解ける

ùn·colléctéd 形 集められていない, 未徴収の

ùn·cólored <シ 形 ❶ 無着色の ❷ (話などが) ありのままの, 潤色しない, (感情などに)影響されない

ùn·cómbed 形 (髪が)とかしていない, くしを入れていない

‡un·com·fort·a·ble /ʌnkʌ́mfətəbl/《発音注意》

── 形 (**more ～; most ～**)

❶《通例叙述》(人が) **心地よく感じない**, 不快に感じる; 心が安まらない, 落ち着かない (↔ comfortable) 〈**about** …について; **with** 人に対して〉‖ I feel ～ at formal dinners. 私は正式のディナーの席では気詰まりを感じる / I'm ～ *with* my son taking a train by himself. 息子がひとりで電車に乗るのが心配でしょうがない

❷ (物が) 不快に感じさせる, …心地の悪い ‖ a very ～ chair ひどく座り心地の悪いいす / ～ shoes 履き心地の悪い靴 / an ～ day 不快な日

❸ (事態などが)やっかいな, 困った ‖ Such questions are ～ to answer. そのような質問には答えにくい / an ～ situation 困った事態
-bly 副
ùn·commércial 形 ❶ 商業に関係のない ❷ 商業道徳[商慣習]に反する ❸ 商売にならない, 非営利的な
ùn·commítted ⦅シ⦆ 形 ❶〈特定の主義・約束などに〉縛られていない;〈…に〉言質を与えていない〈**to**〉;(資金が)使途の決まっていない ❷ 特定の立場をとらない, 中立的な ‖ an ～ vote 中間票, 浮動票 ❸ 行動に移されない
***ùn·cómmon** 形 ❶ ふつうには見られない[起こらない], まれな, 珍しい ‖ It is not ～ for couples to divorce in their later years. 夫婦が晩年になって離婚するのは珍しいことではない / an ～ bird 珍しい鳥 ❷《限定》(数量・程度などが)異常な, 並外れた, 著しい, 非凡な ‖ a woman of ～ intelligence 並外れて知的な女性
ùn·cómmonly 副 ❶ 異常に, 非常に, 著しく, 並外れて ‖ an ～ gifted artist 並外れて才能豊かな画家 ❷ まれに, 珍しく
ùn·commúnicative ⦅シ⦆ 形 ❶ (人が) 話したがらない, 無口な;口が固い ❷ (芸術作品などが) 語りかけてこない, 意味をなさない
ùn·cómpensàted 形 (人が) 補償を受けていない, (費用が)補償されていない;(行為が)償われていない
ùn·compétitive 形 (製品などが) ほかより高価な, 品質のよい;敵なしの
ùn·compláining ⦅シ⦆ 形 不平を言わない, 忍耐[我慢]強い **～·ly** 副
ùn·compléted 形 未完成の, 未完結の
***ùn·cómplicàted** 形 複雑でない, 繁雑でない, 簡単な, 単純な;(人が)率直な
ùn·còmpliméntary 形 無礼な, (人を)けなす
ùn·comprehénding 形 理解していない, 理解力のない **～·ly** 副
***ùn·cómpromìsing** 形 妥協しない, 頑固な, 強硬な, 断固とした ‖ take an ～ position 断固とした姿勢をとる
～·ly 副
ùn·concéaled 形《通例限定》隠そうとしない, あからさまの, 公然の
ùn·concérn 名 U ❶ 無関心, 冷淡 ❷ 無頓着(とんちゃく), 平然, 平気
ùn·concérned 形 ❶〈…に〉無関心な〈**with**〉;無関係な〈**in, with**〉‖ He was ～ *with* politics. 彼は政治に無関心だった ❷〈…を〉心配しない, 無頓着な〈**about, at, by**〉‖ I am ～ *about* the future. 私は先のことは心配していない **～·ly** 副
***ùn·condítional** ⦅シ⦆ 形 無条件の, 無制限の, 絶対的な ‖ demand ～ surrender 無条件降伏を求める / ～ love 無条件の愛 **～·ly** 副
ùn·condítioned 形 学習によらない, 無条件の;無条件反射を誘起する ‖ an ～ reflex [stimulus] 無条件反射[刺激]
ùn·confírmed 形 (うわさなどが)(真偽が)未確認の
ùn·confórmable 形 ❶ 順応しない ❷《地》不整合の
ùn·congénial 形 ❶ いやな, 不快な ❷ 適さない
ùn·connécted ⦅シ⦆ 形 ❶ つながっていない, ばらばらの ❷〈…と〉関連のない〈**with, to**〉;首尾一貫していない, 支離滅裂の
ùn·cónquerable 形 ❶ (敵などが) 征服し難い;(精神などが)不屈の ❷ (困難などが)克服できない;(感情などが)抑え難い
un·con·scion·a·ble /ʌnkɑ́(ː)nʃənəbl | -kɔ́n-/ 形 ❶ 非良心的な, 非道な ❷ 法外な, 途方もない;ひどい, 不当な ‖ an ～ price 法外な価格 **-bly** 副 途方もなく
‡un·con·scious /ʌnkɑ́(ː)nʃəs | -kɔ́n-/
—形 (**more ～** ; **most ～**)
❶ (一時的に)**意識を失った**, 気絶した ‖ The boxer was **knocked** ～. ボクサーは殴られて気を失った / in an ～ state 意識不明の状態で
❷《叙述》〈…に〉気づいていない,〈…を〉意識[自覚]していない〈**of**〉‖ He was ～ *of* his mistake. 彼は自分の誤りに気づいていなかった ❸ (行動などが) 無意識の, 自分で気づいていない;意図的でない, 何気ない ‖ an ～ habit 無意識の癖 / ～ humor 巧まざるユーモア
—名 (the ～, one's ～)《心》無意識(↔ the conscious)
～·ness 名 U 意識のないこと, 無意識, 気絶
***ùn·cónsciously** 副 無意識のうちに, 気づかずに, 知らず知らずのうちに, うっかりと
ùn·consídered ⦅シ⦆ 形 (言動などが) 思慮を欠いた, 不用意な;考慮されない
ùn·consólable 形 =inconsolable
ùn·cònstitútional 形 憲法違反の, 違憲の
-cònstitùtionálity 名 **～·ly** 副
ùn·constráined 形 ❶ 拘束されない, 自由な ❷ 強制されない, 自発的な ❸ (態度が)自然な, 伸び伸びとした
ùn·construćted 形 ❶《主に米》(服が) 芯地(しんじ)[パッドなど]を使っていない ❷《英》unstructured
ùn·contáminated 形 汚れていない, 汚染されていない
ùn·conténtious 形 異論の出ない, 議論を呼ばない
ùn·contésted 形 異議を唱えられない, 異論のない
ùn·contróllable ⦅シ⦆ 形 抑制できない, 抑えられない;手に負えない **-bly** 副
ùn·contrólled 形 抑制[制御]されていない
ùn·còntrovérsial 形 議論[論争]にならない
ùn·convéntional ⦅シ⦆ 形 因習[慣例]にとらわれない, 変わった;型にはまらない, 自由な
-convèntionálity 名 **～·ly** 副
ùn·convínced 形 確信していない, 納得していない
***ùn·convíncing** 形 説得力のない, もっとも[本当, 当然]と思えない **～·ly** 副
ùn·cóoked 形 (加熱)調理をしていない, 生の
ùn·cóol 形《通例叙述》《俗》かっこよくない, やぼったい
ùn·coóperative 形 非協力的な
ùn·coórdinated 形 (動作が)ぎこちない, ぎくしゃくした;うまく組織[調整]されていない
ùn·córk ⦅シ⦆ 動 他 ❶〔瓶など〕の(コルク)栓を抜く ❷〔感情など〕を吐露する
ùn·corréćted 形 直していない, 正されていない
ùn·corróborated 形 確証されていない
ùn·cóuntable ⦅シ⦆ 形 ❶ 数えきれない, 無数の ❷《文法》(名詞が)不可算の(→ countable)
ùn·cóunted 形 ❶ 数えていない ❷ 数えきれない, 無数の
uncòunt nóun 名 C《文法》不可算名詞 (uncountable noun)
ùn·cóuple 動 他 ❶〔連結したもの〕を外す, 離す,〔特に列車〕を切り離す ‖ ～ a locomotive from a train 機関車を列車から切り離す ❷〔一緒につないだ猟犬〕を革ひもから外す **—**自 外れる;離れる
ùn·cóuth 形 (人・態度などが) 粗野な, 無作法な;ぶざまな, やぼな, ぎこちない;(言葉遣いなどが)洗練を欠く, ぞんざいな
～·ly 副 **～·ness** 名
***ùn·cóver** 動 他 ❶〔秘密など〕を明るみに出す, 暴露する (➹ nose out)(↔ conceal) ‖ The police ～*ed* a terrorist plot. 警察がテロ計画を暴いた ❷ …の覆い[ふた]をとる;(覆い隠しているものを除いて)…をあらわにする, 露出させる;〔遺跡など〕を発掘する ‖ ～ a jar つぼのふたをとる / The archeologists ～*ed* an ancient city. 考古学者たちは古代都市を発掘した ❸《旧》(敬意を表して)〔頭〕から帽子をとる
—自 ❶ 覆い[ふた]をとる ❷《旧》(敬意を表して)脱帽する
ùn·cóvered 形 ❶ 覆いのない;露出した, むき出しの;遮蔽(しゃへい)物のない ❷《旧》帽子をかぶっていない, 無帽の ❸ 保険のかかっていない;担保のない
ùn·crédited 形 (功労などが)認知されていない
ùn·crítical 形〈…に〉批判[批評]的でない, 無批判な〈**of**〉;批評[批判]力がない ‖ She is ～ *of* his behavior. 彼女

は彼の振る舞いをとやかく言わない　**~·ly** 副

ùn·cróss 動 他〔交差したもの〕を元に戻す，外す ‖ ~ one's legs 組んだ足を元に戻す

ùn·crówded 形 混雑していない

ùn·crówned 〈シ〉 形 ❶ 戴冠式を済ませていない ❷ 王[女王]と称されないが実権のある，無冠の

***the uncròwned kìng* [*quéen*]** 無冠の帝王[女王]，〈…界の〉第一人者〈**of**〉

ùn·crúshable 形 ❶ (布などが)しわにならない ❷ くじけない，不屈の

UNCTAD /ʌ́ŋktæd/ 略 *U*nited *N*ations *C*onference on *T*rade *a*nd *D*evelopment(アンクタッド，国連貿易開発会議)

unc·tion /ʌ́ŋkʃən/ 名 U ❶ 《堅》(宗教的儀式のために)油を塗ること；(特にカトリック教会などでの)塗油(式)，注油 ❷ (言葉・態度などに表れる)熱心さ，熱情；(機嫌をとるための)偽りの熱情，うわべだけの感動 ❸ C (塗油用の)聖油；塗薬，軟膏(なんこう) ❹ 慰めとなるもの

unc·tu·ous /ʌ́ŋktʃuəs/ 形 ❶ さも感動したような，熱心ぶった，おもねるような ❷ 油[軟膏]のような，油質の；(鉱物などが)すべすべした；(土が)肥沃(ひよく)で柔らかい，有機物を多く含む　**~·ly** 副　**~·ness** 名

ùn·cúltivàted 形 ❶ 教養のない，粗野な ❷ (土地が)耕されていない，未開墾の(↔ cultivated)

ùn·cúltured 形 教養のない，粗野な，洗練されていない

ùn·cúred 形 ❶ (病気・傷が)まだ治っていない ❷ (肉・魚が)保存加工してない；(たばこ・獣皮が)乾燥させていない

ùn·cúrl 〈シ〉 動 自 (巻かれているものが)真っすぐになる，解ける —他〔巻いてあるもの〕を真っすぐにする，解く

ùn·cút 〈シ〉 形 ❶ 切ってない；刈り込んでない ❷ (本が)ページの縁を裁っていない，ページが切り開かれていない ❸ (宝石が)カットしてない ❹ (映画・本などが)ノーカットの ❺ 《口》(酒・麻薬が)混ぜ物のない，薄めていない

ùn·dámaged 形 損害を受けていない，無傷の

ùn·dáted 形 日付がない，日付がわからない

ùn·dáunted 形 《通例叙述》くじけない，ひるまない，恐れを知らない，豪胆な　**~·ly** 副

ùn·decéive 動 他〔人〕の迷いを冷まさせる，〔人〕に誤りを悟らせる，〔人〕の誤解を解く

*__ùn·decíded__ 〈シ〉 形 ❶ 《通例叙述》(人が)決心がつかない，迷って〈**about, as to** …について / **wh** 節 …かどうか / **wh to *do*** …するかどうか〉‖ I'm ~ *about* my future career. 自分の将来の仕事について腹が決まっていない / He was ~ *whether to* tell the truth or not. 彼は本当のことを言おうかどうか迷っていた ❷ (問題などが)未解決の，未決定の；(勝負などが)決着がついていない ‖ ~ voters だれに投票するか決めていない人　—名 C 決心のついていない人；(選挙で)だれに投票するか決めていない人　**~·ly** 副

ùn·decláred 〈シ〉 形 宣言していない，宣戦布告なしの；(所得・課税品について)申告していない

ùn·deféated 形 敗れたことのない

ùn·defénded 形 ❶ 無防備の；保護されていない ❷ 弁護人のいない，弁護されていない ❸ (訴訟が)抗弁のない

ùn·defíned 形 不明確な，漠然とした

ùn·deléte 動 他 自 (文書・ファイル・テキストなどを)削除するのを取りやめる

ùn·demánding 形 ❶ (仕事などが)あまり労力を必要としない ❷ (人が)あまり多くを要求しない

ùn·dèmocrátic 形 民主(主義)的でない

ùn·demónstrative 〈シ〉 形 感情を表に出さない，控えめな

*__ùn·deníable__ 〈シ〉 形 ❶ 否定できない，論争の余地がない，紛れのない，明白な ‖ It is ~ that he knew about the engine problem. 彼がエンジンの問題のことを知っていたことは否定できない / an ~ fact 紛れもない事実 ❷ 申し分のない，立派な　**-bly** 副 ① 紛れもなく，確かに，間違いなく ② 立派に，申し分なく

ùn·depéndable 形 当てにならない

***__un·der__ /ʌ́ndər/ 前 副 形

中心義 **Aが覆っているすぐ下に** (★Aは広がりを持つもので，具体的な物体に限らず，「導き」「行為」「影響」など抽象的なものまで多様)

—前 ❶ 《位置》**…の(すぐ)下に**，…の真下に(↔ over)；…の下方に；…の下を通って (⇨ BELOW 類語) ‖ The cat crept ~ the bed. 猫がベッドの下に潜り込んだ / It was dark ~ the bridge. 橋の下は暗かった(♦ below the bridge は「橋よりも下流に」の意) / Can I live ~ the same roof with you? 君と同じ屋根の下で暮らせないかな / The ball rolled ~ the table. ボールはテーブルの下へ転がり込んだ(♦ この文は「テーブルの下で転がった」「テーブルの下を転がって通り抜けた」の意味にもなる) / walk ~ a row of tall trees 高い並木の下を歩く / have a scar ~ one's left eye 左目の下に傷あとがある / take a box from ~ the counter カウンターの下から箱を取り出す / dive ~ the water 水中に潜る

> **語法** ☆☆ 「…の下に」を表す前置詞
> (1) **under** は「…の下に」を表す最も一般的な語．上の物と接触している場合にも離れている場合にも用いる．
> (2) **underneath** は under と近い意味だがやや堅い語で，上の物と接触している場合に多く使われる．
> (3) under が基本的に「真下」を表すのに対し，**below** はより広い範囲を指す．below は建物における下の階や山頂から見た谷など，大きなスケールで「…の(はるか)下に」を表すことが多い．また，below は副詞として使う方が頻度は高い．
> (4) **beneath** は under，below いずれの代わりにもなるが，かなり堅い語．

❷ 《位置》**…の内側に**，…の中に；…の表面下に，…に覆われて ‖ He returned with a couple of old books ~ his arms. 彼は2冊の古い本を両わきに抱えて戻って来た / She wore only a silk blouse ~ her fur coat. 彼女は毛皮のコートの下にシルクのブラウスを着ていただけだった / More and more farmland is being buried ~ concrete. ますます多くの農地がコンクリートの下に埋もれていっている / The field was ~ corn. 畑には一面とうもろこしが植わっていた

❸ 《数量》**…未満で[の]**，…より少ない[低い]，…以下で ‖ Her three boys, all ~ (the age of) 6, believe in Santa Claus. 彼女の3人の息子はみな6歳未満で，サンタクロースがいると信じている(♦ under 6 では6を含まない) / You're not allowed to smoke if you're ~ age. 未成年者は喫煙を許されていない / It's ~ 2 km from here to the station. ここから駅まで2キロはない

❹ 《指導・支配・指揮》**…の下に[で]**，…の下で；…を受けて，…に従って ‖ I studied economics ~ Professor Johnson. 私はジョンソン教授の下で経済学を勉強した / It is said that England ~ Roman rule had a high rate of literacy. ローマの支配下にあったイングランドは識字率が高かったという / You have everything ~ control, don't you? あなたは何でもきちんとしているんですね / the orchestra ~ the baton of Yutaka Sado 佐渡裕が指揮するオーケストラ

❺ 《行為・過程》**…中で[の]** ‖ Our school's gym is ~ construction [repair] now. 私たちの学校の体育館は現在建設[修理]中です / The murder is still ~ investigation. その殺人事件はまだ調査中だ / be [come] ~ attack from the enemy 敵の攻撃を受けている[受ける] / the problem ~ consideration [discussion] 考察[審議]中の問題(♦「under＋動詞派生の抽象名詞」は受身の意味であり，under discussion は being discussed と言い換えられる)

❻ 《影響》**…を受けて**；《負担・重圧・圧迫》…をこうむって；…を負って ‖ Don't drive ~ the influence of alcohol. 酒を飲んだら運転をするな / I'm ~ a lot of pressure at work. 私は仕事で大変なプレッシャーを感じている /

U

You're ~ arrest. おまえを逮捕する / I was ~ the impression [OR delusion] that he was in Yangon. 彼はヤンゴンにいるものと私は思い込んでいた / He was ~ orders to improve his work efficiency. 彼は仕事の能率をよくするよう命令されていた / give evidence ~ oath 宣誓の上で証言する / live ~ the threat of disease 病気におびえながら暮らす
❼《地位・階級》…より下の[で] ‖ A major is ~ a colonel. 少佐は大佐より位が下だ
❽《権威・典拠》…に基づいて, したがって ; …によって ‖ raise an objection ~ Article 9 of the Constitution 憲法第9条に基づいて異議を提出する / ~ the President's seal 大統領の認可の下に / equality ~ the law 法の下での平等
❾《事情・条件》…の下で ; 💻…の環境で ‖ I don't agree to their marriage ~ any circumstances. 私はいかなる事情があろうとも彼らの結婚には同意しない / The study suggests that violent crime increases ~ a full moon. その研究によると狂暴な犯罪は満月のときに多く発生するようだ / The program runs ~ UNIX. そのプログラムはUNIXの環境で動作する
❿《分類・所属》…(という項目)のもとに ‖ The book is classified ~ biology. その本は生物学の項に分類されている / look ~ "sports" 「スポーツ」の項で見る / Whales come ~ mammals. 鯨は哺乳(ほにゅう)類に属する / I was born ~ (the sign of) Leo. 私は獅子(し)座生まれです
⓫《仮名・偽装》…(の名)の下に, …をもって ‖ He checked ⌈in at [OR into] the hotel ~ ⌈the name (of) John Smith [a false name]. 彼はジョン=スミスという名前[偽名]でホテルにチェックインした / A robber entered the shop ~ the guise of a customer. 強盗が客を装って店に入った / write ~ a ⌈pen name [OR pseudonym] ペンネームを使ってものを書く
—副《比較なし》❶ **下へ[に]**, 覆われたように ‖ The sun went ~. 太陽は沈んだ / We were snowed ~. 私たちは雪に閉じ込められた
❷ 水中へ[に] ‖ The *Titanic* went ~ on her first voyage. タイタニック号は処女航海の途中で沈没した / stay ~ for one minute 水中に1分いる
❸ より少なくて[低くて], それ以下で(♦ 特に ... and [OR or] under の句で) ‖ This magazine is for children of 15 *or* ~. この雑誌は15歳以下の子供向けです / girls of 12 *and* ~ 12歳以下の少女たち
❹ 気を失って ‖ I felt myself going ~. 私は気を失いそうな感じがした
—形《比較なし》《限定》下の, 下の部分の ‖ the ~ lip 下唇 / ~ layers 下の層

under- /ʌndər-/ 接頭 ❶《動詞(とその派生語)・形容詞につけて》「不十分に, 過少に(too little)」の意(↔ over-) ‖ *under*pay ; *under*developed, *under*nourishment ; *under*ripe(熟しきっていない) ❷《名詞につけて》「下の, 下にある ; 下位の, 従属した」の意 ‖ *under*carriage, *under*secretary, *under*-25s(25歳未満の) ❸《動詞(とその派生語)につけて》「下に ; (…より)低く[少なく]」の意 ‖ *under*signed, *under*sell ❹《名詞につけて》「…の下の[にある]」の意の形容詞を作る ‖ *under*ground

ùnder·achíeve 動 自 〖教育〗期待以下の成績をとる
~·ment 名 U 期待以下の成績をとること
-achíever 名

ùnder·áct 動 他 自 (役を)十分に演じきれない ; (…を)抑えた演技をする

ùnder·áge 形 (人が)未成年の ; 《限定》(行為が)未成年者による ‖ ~ drinking 未成年者の飲酒

únder·àrm 形 ❶〖スポーツ〗《英》下手投げ[打ち]の(underhand) ‖ an ~ throw 下手投げ ❷《限定》わきの下(用)の, わきから下の ‖ an ~ deodorant わきが止め
—副《英》下手投げ[打ち]で —名 C わきの下(armpit)

únder·bèlly 名 (複 **-bellies** /-z/) C ❶ (組織などの)急所, 弱点, 泣きどころ ; (社会の)暗黒部 ‖ attack the soft ~ of ... …の一番の弱点を突く ❷ (動物などの)下腹部

ùnder·bíd 動 (**-bid** ; **-bid·ding**) 他 ❶〔他人〕より低く値をつける[入札する] ❷〖ブリッジ〗〔手持ちのカードの力〕より低くビッド[宣言]する —自 低すぎる値をつける
—名 C 他人より低い値 ; 低すぎる値 **~·der** 名

únder·bòdy 名 C 《the ~》(車などの)底面, ボディー下部 ; (動物の)下腹部

ùnder·bréd 形 ❶《旧》育ちの悪い, しつけの悪い, 無作法な ❷ 純血種でない

únder·brùsh 名 《米》= undergrowth ❶

ùnder·cápitalize 動 他 《通例受身形で》(企業が)資本を十分に供給され(てい)ない

únder·càrd 名 C 〖ボクシング〗前座試合

únder·càrriage 名 C ❶ (自動車などの)車台 ❷ (飛行機の)着陸装置, 機体支持部

únder·càrt 名 《英》《旧》= undercarriage ❷

ùnder·chárge (→ 名) 動 他 ❶〔人〕に代金を少なく請求する(↔ overcharge) ❷〔銃砲〕に十分に装塡(そうてん)しない ; 〔バッテリー〕を十分充電しない —自 代金を少なく請求する —名 /ˊ-ˋ-/ C ❶ 請求不足 ❷ 不十分な装塡

únder·clàss 名 C 《単数形で》社会の底辺, 最下層

ùnder·cláss·man /-klǽsmən | -klɑ́ːs-/ 名 (複 **-men** /-mən/) C 《米》(高校・大学などの)下級生, 1[2]年生(♦ 女性形は underclasswoman だが, 性差を示さない場合は underclass student を用いる)(↔ upperclassman)

únder·clòthes 名 複 下着, 肌着(⇨ SHIRT 類語)

únder·clòthing 名 = underclothes

únder·còat 名 C ❶ 下塗り(用塗料) ; (自動車の下回りの)さび止め塗料 ❷ (動物の)下毛《長い毛の下の短毛》
—動 他 …に下塗りする

ùnder·cóok 動 他 〔料理〕に十分火を通さない, …を生焼け[生煮え]にする(♦ しばしば受身形で用いる)

ùnder·cóunt (→ 名) 動 他 …を実際より少なく数える
—名 /ˊ-ˋ-/ C 実際より少ない数

ùnder·cóver ⟨シ⟩ 形 《通例限定》秘密裏に行う, 内密の ; 諜報(ちょうほう)活動に携わる ‖ an ~ agent 秘密諜報員, スパイ, 秘密[おとり]捜査官 —副 秘密裏に, 地下活動で ‖ go [work] ~ 地下に潜る[地下活動をする]

únder·cròft 名 C (特に教会の)地下室, 地下聖堂

únder·cùrrent 名 C ❶ (感情・意見・時勢などの)底流 ❷ (水流などの)下層の流れ, 底流

ùnder·cút (→ 名) 動 (**-cut** ; **-cut·ting**) 他 ❶〔相手〕より安い値段で売る ; 安い賃金で働く ❷ …の力[効果]を弱める, 損なわせる ‖ ~ consumer buying power 消費者購買力をそぐ ❸ …の下を切り取る[くり抜く] ❹ (ゴルフ・テニスなどで)〔ボール〕を逆回転させて[アンダーカットに]打つ
—名 /ˊ-ˋ-/ C ❶ 下部の切り取り(部分) ❷ 《米》(木を伐採するときにつける)切り込み ❸ 《英》(牛の)ヒレ肉, テンダーロイン ❹ ボールをアンダーカットに打つこと ❺ アンダーカット《ヘアスタイルの一種》

ùnder·devéloped 形 ❶ 十分に発達していない, 発育不全の ❷ (国・地域などが)十分に開発されていない, 低開発の (♦ 現在では developing を使うのがふつう) ❸ (フィルムが)現像不足の **-devélopment** 名

únder·dòg 名 《通例 the ~》❶ (競争・闘争で)勝ちめのない人, 敗(北)者 ❷ (社会的)弱者, 負け犬(↔ top dog)

ùnder·dóne ⟨シ⟩ 形 (食べ物が)火が十分に通っていない, 生煮えの, 《主に英》(肉が)生焼けの(rare)(↔ overdone)

únder·dràwing 名 U C (絵の具を塗る前の)下絵, 下描き

ùnder·dréss 動 自 他 《受身形で》場にそぐわない簡素な[略式の]服装をする ; 十分に厚着しない
—名 C 下着 ; 上着の下に着る服

ùnder·émphasize 動 他 …を十分強調しない

ùnder·emplóyed ⟨シ⟩ 形 不完全就業の ; 能力[技能]を十分に発揮できる仕事に就いていない

un·der·es·ti·mate /ʌ̀ndəréstɪmèɪt/《発音注意》(→ 名) 動 他 **a**《+目》〔人(の能力)など〕を過小評価する(↔ overestimate), 軽く見る, 見くびる；〔数量など〕を少なく見積もる ‖ Don't ~ your opponent. 相手を見くびるな **b**《+wh 節》…かを過小評価する ‖ Don't ~ *what* I'm capable of. 私にどんな力があるか過小評価しないでほしい
—自 過小評価する, 軽く見る
—名 /ʌ̀ndəréstɪmət/ Ⓒ ❶ 過小評価, 軽視 ❷ 過少見積もり(↔ overestimate) **-ès·ti·má·tion** 名

ùnder·expóse 動 他《通例受身形で》〘写〙〔フィルムなど〕を露出不足にする(↔ overexpose)

ùnder·expósure 名 Ⓤ〘写〙露出不足

ùnder·féd ⟨シ⟩ 形 栄養失調の, 食べ物を十分に与えられていない(↔ overfed)

ùnder·fínance 動 他 =underfund

ùnder·fínanced 形 十分な財源を与えられていない

ùnder·flóor ⟨シ⟩ 形《限定》(暖房などが) 床下 (式) の ‖ ~ heating 床下暖房

ùnder·fóot 副 ❶ 足の下に, 足下に；地面に[は] ❷ 踏みつけて ‖ trample ... ~ …を踏みつぶす, 壊滅させる ❸ 邪魔[障害]になって, 足手まといになって

ùnder·fúnd 動 他《通例受身形で》(企画・事業などが)十分な財源が与えられない **~·ing** 名 Ⓤ 財源[資金]不足

únder·fùr 名 Ⓤ (アザラシ・ビーバーなどの長い毛の下にある)柔毛, 下毛

únder·gàrment 名 Ⓒ 下着, 肌着

ùnder·gírd 動 他 ❶ …を下からしっかり締める [留める] ❷《堅》…の基礎を形作る, 強化する, 支える

únder·glàze 形 (顔料・下絵が)陶磁器に上薬を塗る前に施された —名 Ⓒ 下絵；上薬を塗る前につける顔料

un·der·go /ʌ̀ndərgóu/《アクセント注意》動 (**~es** /-z/；**-went** /-wént/；**-gone** /-gɔ́(ː)n/；**~·ing**) 他 ❶〔不快なことなど〕を経験する；〔変化・過程など〕を経る；〔試験・手術など〕を受ける (⤳ go through) ‖ The town has *undergone* many changes in the past few years. この町には過去数年間でいろいろと変化があった / ~ an examination [operation] 試験[手術]を受ける ❷〔苦難など〕に(毅然(きぜん)と)耐える, 耐え忍ぶ

únder·gràd /ˊ‐ˋ‐/ 名《口》=undergraduate

un·der·grad·u·ate /ʌ̀ndərgrǽdʒuət/《発音注意》⟨シ⟩ 名 Ⓒ (卒業生・大学院生と区別して)学部学生, 大学生(→ postgraduate, graduate) (♦ しばしば形容詞的に用いる) ‖ in one's ~ days 大学時代に

un·der·ground /ʌ̀ndərgráund, ˊ‐ˋ‐/ (→ 名) 形《通例限定》❶ 地下の, 地下にある ‖ an ~ passage 地下道 / ~ water 地下水 / an ~ nuclear test 地下核実験 / an ~ parking lot 地下駐車場 ❷ 秘密の, 隠れた, 地下組織の ‖ an ~ political movement 地下に潜行した政治活動 ❸ (出版物などが)反体制的な, 過激な；(演劇などが)前衛的な, 実験的な, アングラの ‖ the ~ press 地下出版 / an ~ movie [theater] 前衛映画[演劇]
—副 ❶ 地下で, 地下に ‖ Rabbits live ~. アナウサギは地下に生息している / nuclear waste buried deep ~ 地中深く埋められた核廃棄物 ❷ 秘密に, 地下に潜って ‖ go ~ 地下に潜伏する
—名 /ʌ́ndərgràund/ ❶《the ~》《英》地下鉄(《米》subway)；《しばしば the U-》ロンドンの地下鉄(the Tube) ‖ go on the ~=go by ~ 地下鉄で行く ❷《the ~》《集合的に》《単数・複数扱い》地下組織[運動]；前衛運動
▸▸**~ ecónomy** 名《the ~》《米》地下経済, アングラ経済《納税を免れるための経済活動》 **~ ráilroad** 名 Ⓒ《米》地下鉄(♦ 一般的には subway)(《英》~ railway)；《通例 the U- R-》〘米国史〙地下鉄道《南北戦争時代の奴隷解放のための秘密組織》

únder·gròwth 名 Ⓤ ❶ 下生え(《米》underbrush)《大木の下に生えている低木・やぶ・シダなど》❷ (動物の長い毛の下の)短い毛 ❸ 発育不全

ùnder·hánd ⟨シ⟩ 形 ❶ 公明正大でない, こそこそした, 不正な (♦《米》では underhanded を使うことが多い) (↔ aboveboard) ❷〘スポーツ〙《米》アンダーハンドの, 下手投げ [打ち] の (↔ overhand) ‖ an ~ throw [OR pitch] 下手投げ
—副 ❶《米》下手投げ[打ち]で ❷ こそこそと, 不正に

ùnder·hánded ⟨シ⟩ 形 =underhand 形 ❶ **~·ly** 副

ùnder·húng ⟨シ⟩ 形 ❶ (下あごが) 上あごより突き出た ❷〘機〙(戸などが)レールの上を動く

ùnder·ínsured 形 十分な額の保険に入っていない, 一部保険の

ùnder·invést 動 自 過少投資する

ùnder·láy[1] (→ 名) 動 (**-laid** /-léɪd/；**-lay·ing**) 他 …の下[底]に置く[敷く](♦ しばしば受身形で用いる)
—名 /ˊ‐ˋ/ Ⓤ (じゅうたんの)下敷き

ùnder·láy[2] 動 underlie の過去

ùnder·lét 動 (**-let**；**-let·ting**) 他 …をまた貸しする

ùnder·líe 動 (**-lay** /-léɪ/；**-lain** /-léɪn/；**-ly·ing**) 他 ❶《受身形不可》…の基礎をなす, 根底にある, 裏にある(⤳ lie behind) ‖ The safety of hostages ~*s* all our decisions. 人質の安全が我々の行うあらゆる決定の根底をなす ❷ …の下にある [横たわる] ❸〘金融〙…に対して優先する権利[担保]となる, …より優先される経済的権利[担保]である

un·der·line /ʌ̀ndərláɪn/《アクセント注意》(→ 名) 動 (**~s** /-z/；**~d** /-d/；**-lin·ing**) 他 ❶ (強調するために)〔語句など〕の下に線を引く, …に下線を施す ❷ **a**《+目》…を強調する ‖ In his speech, he ~*d* the importance of prompt action. 彼は演説の中で迅速な行動の重要性を強調した **b**《+that 節 / wh 節》…であること[…であるか] を強調する ‖ This newspaper ~*s* editorially *how* important it is to reduce energy consumption. この新聞は社説でエネルギーの消費を削減することがどんなに大切かを強調している
—名 /ʌ́ndərlàɪn/ Ⓒ 下線, アンダーライン

un·der·ling /ʌ́ndərlɪŋ/ 名 Ⓒ ⊗《主に蔑》下っ端, 下役

un·der·ly·ing /ʌ̀ndərláɪɪŋ/ ⟨シ⟩ 形《限定》❶ 潜在的な, 暗に存在する ‖ the ~ cause of the accident その事故の裏に潜む原因 ❷ 基礎をなす, 根本的な ‖ ~ values 根本的価値 ❸ 下にある, 下に横たわる ❹〘金融〙(請求権などが)第一順位の, 優先権のある

ùnder·mánned ⟨シ⟩ 形 人員不足の (中立 understaffed)

ùnder·méntioned ⟨シ⟩ 形《限定》《英》以下に述べる, 下記の；《the ~ で名詞的に》《単数・複数扱い》下記の事項[者, 物]

un·der·mine /ʌ̀ndərmáɪn/ 動 他 ❶〔人・名声など〕をひそかに傷つける；〔健康など〕を徐々にむしばむ, 少しずつ阻害する (⤳ eat away at) ‖ Repeated failure ~*d* his confidence. 失敗につぐ失敗で彼は自信を少しずつなくしていった / His drinking habit ~*d* his health. 彼の飲酒癖は徐々に彼の健康をむしばんだ ❷ …の土台を削り取る, 浸食する ‖ The road was ~*d* by the storm. 嵐(あらし)で道路の底の部分が削り取られた ❸ …の下を掘る, …の下に坑道を掘る

un·der·neath /ʌ̀ndərníːθ/《アクセント注意》⟨シ⟩
—前 ❶ …の下に, 真下に；…の下に覆われて, …の内側[裏]に隠されて(♦ under より, 上にあるものとの接触が強調される. under より文語的だが, beneath よりは一般的) ‖ A coin rolled ~ the desk. 硬貨が机の下に転がっていった / *Underneath* his outgoing behavior, David was shy. デイビッドの外向的な振る舞いの裏には内気な面があった
❷ …のもとで, …に隷属して ‖ ~ the new minister 新しい大臣の下で
—副 下に[を], 下部に；内側[裏側]に, 下面に ‖ A translation was written ~. 訳が下に書かれていた / He looks short-tempered but he's quite cool ~. 彼

は一見短気そうだが根はかなり冷静だ / wear a jacket with a T-shirt ～ 下にTシャツを着てジャケットを羽織る
―形 下の, 下にある
―名《the ～》下側, 底, 最底部 ‖ feel the ～ of a table テーブルの下側を触ってみる

ùnder·nóurished 形 栄養不良の
-nóurishment 名

únder·pànts 名 複 (下着の)パンツ(♦《英》では男性用を指すが,《米》では男女両方のものをいう)

únder·pàrt 名 C 下部, 下側 ;《～s》(動物の体の)下部, 下側

únder·pàss 名 C (特に鉄道・道路の下をくぐる)地下道, ガード下 (《英》subway) ‖ a highway ～ 幹線道路[公道]下の地下道

ùnder·páy 動 (-paid /-peɪd/ ; ～·ing) 他〔労働者など〕に十分な支払いをしない, 不当に低い賃金を支払う ; …を全額は支払わない **-páid** 形 不当に給料の安い

ùnder·perfórm 動 他 …ほどうまくいかない, …に及ばない ―自 うまくいかない, 期待外れである
～·ance 名 **～·er** 名

ùnder·pín 動 (-pinned /-d/ ; -pin·ning) 他 ❶《比喩的に》…を支える, 強める ;〔論点など〕を補強する ❷〔建造物など〕を下から支える, …の土台を補強する

únder·pìnning 名 C ❶ (建造物の) 支え, 土台 ❷《通例 ～s》基盤[支え]となるもの ; (議論などの)補強材料

ùnder·pláy 動 他 ❶ …を大したことなさそうに思わせる[見せる] (play down) ‖ ～ one's hand 手のうちをはっきり見せない ❷〔役柄など〕を控えめに演じる
―自 (トランプで)点の高い札を持っていながら低い札を出す

únder·plòt 名 C (小説などの)わき筋, サブプロット ; 秘密の計画

ùnder·pópulated 形 (国土・地域などが) 人口が少ない, 過疎の

ùnder·pówered 形 (機械などが)動力[パワー]不足の

ùnder·prepáred 形 準備不足の

ùnder·príce 動 他 …に (標準より) 安い値をつける ;〔他人〕より安い値をつける

ùnder·príced 形 (実際の価値よりも)値が安い, 安すぎる

ùnder·prívileged ⟨シ 形《通例限定》(人が) (社会的・経済的に)恵まれていない(disadvantaged), 貧しい(♥ poor の婉曲語) ;《the ～ で集合名詞的に》《複数扱い》恵まれない人たち

ùnder·prodúce 動 他 自 (…を) 需要[通常]より少なく生産する ; (映像などを)意図的に粗い仕上げにする
-prodúction 名 U 過少生産, 生産不足

ùnder·próof 形 (酒類が) アルコール含有率が標準強度以下の(→ proof spirit)

ùnder·ráte 動 他〔人・物(の価値・能力)など〕を低く評価する, 過小評価する, 見くびる **-ráted** 形

ùnder-rehéarsed 形 練習不足の

ùnder·repórt 動 他 …を過少に報告する

ùnder-represénted 形 (比率的に) 代表者の少ない, 少数派の **-representátion** 名

ùnder·resóurced 形 財源[財力]不足の

ùnder·scóre 動 他 =underline
―名 /⌐⌐⌐/ =underline

***ùnder·séa** ⟨シ 形《限定》海面下の, 海中の, 海底の ; 海中[海底]用の ‖ ～ life 海中の生物 / an ～ cable 海底ケーブル ―副 海中に[で], 海底に[で]

ùnder·sécretary 名 (複 -tar·ies /-z/)《しばしば U-》C (省庁の) 次官 (♦《米》では正式には under secretary, U- S- と2語に分けて書く) ‖ a parliamentary [permanent] ～ 《英》政務 [事務] 次官 / a deputy ～ of Defense《米》国防副次官[次官代理]

ùnder·séll 動 (-sold /-sóʊld/ ; ～·ing) 他 ❶〔競争相手〕より安く売る ; …を実際の値段より安値で売る ❷ …を控えめに売り込む, …を十分に売り込まない

ùnder·sérved 形 公共事業 (特に社会福祉事業) の供給が十分でない

ùnder·séxed ⟨シ 形 性的欲求[関心]の弱い

únder·shìrt 名 C《主に米》(男性用)肌着, (アンダー)シャツ(《英》vest)(⇨ SHIRT 類語)

ùnder·shóot 動 (-shot /-ʃɑ́(ː)t | -ʃɔ́t/ ; ～·ing) 他 ❶〔標的〕の手前を撃つ,〔的〕に届かない ❷ (飛行機が)〔滑走路〕の手前に着陸する ―自 (標的・的の)手前を撃つ

únder·shòrts 名 複《主に米口》(男性下着の)パンツ

ùnder·shót (→ 形) 動 undershoot の過去・過去分詞
―形 /⌐⌐⌐/ ❶ (水車が)下を流れる水で動く, 下射式の ‖ an ～ wheel 下射式水車 ❷ (下あごが)上あごより突き出た ; (動物などの)下あごが突き出た

únder·sìde 名《the ～》下側, 下面 ; (社会などの)内側, 裏面 ‖ the (city's) seamy ～ (都会の)暗黒面

ùnder·sígn 動 他 …の下[終わり]に署名する

ùnder·sígned ⟨シ 形《限定》《堅》(文書などの) 末尾に署名した[された], 下名の
―名《the ～》《堅》署名者(一同), 下名の者(全員) ‖ We, the ～, agree to these arrangements. 下に連署した者一同はこの協定に合意いたします

ùnder·sízed, ùnder·síze ⟨シ 形 普通 [標準] より小さい, 小形の

únder·skìrt 名 C アンダースカート《ペチコートなどスカートの下にはくスカート》

ùnder·slúng ⟨シ 形 上から支えられた[つり下げた] ; (自動車の車台が)車軸の下側に取りつけられた

ùnder·sóld 動 undersell の過去・過去分詞

ùnder·spénd 動 他〔予算など〕を少ない額しか使わない
―自 節約しながら金を使う

ùnder·stáffed 形《通例叙述》(病院・会社などが) 人員不足の

ùnder·stáffing 名 U 人員不足

******un·der·stand** /ʌ̀ndərstǽnd/《アクセント注意》

―動 (～s /-z/ ; -stood /-stʊ́d/ ; ～·ing)《進行形不可》
―他 ❶ **理解する**(ことができる), **わかる**(♦ understand は能力の意を含むので, can [could] を伴っても意味上の差異はほとんどない) (⇨ 類語) **a**《+目》〔意味・気持ち・価値・本質など〕を理解する[している] ;〔人〕の言うことがわかる ; …に精通している ; … (の扱い方) を心得ている ‖ I can ～ Japanese but I'm not very good at speaking it. 日本語はわかるが話すのは得意でない / Her husband could not **fully** ～ her. 夫は彼女の気持ちが完全には理解できなかった / Our rivals ～ us **well** [perfectly, properly]. ライバルたちは我々のことをよく[完全に, ちゃんと] 理解している / My grandma cannot ～ mechanical things. おばあちゃんは機械のことはわからない / *To ～ all is to forgive all.* 《諺》すべてを理解することはすべてを許すことである / ～ finance 財政に精通している / ～ the meaning of a word 単語の意味を理解する

b《+ **wh** 節 / **wh to** ***do***》…かを理解する[している], わかる ‖ I can't ～ *why* you're so upset. あなたがなぜそんなに動転しているのかわからない / He could not ～ *how* necessary it was to change the political system. 政治体制を変えることがどれほど必要か彼には理解できなかった / ～ *how to* deal with customers 客の扱い方がわかっている

c《+目+***doing***/ ***one's doing***》…が…するのを理解する, わかる (♦ しばしば can または can't を伴う) ‖ I can't ～ them [OR their] neglecting children like that. 彼らが子供をあんなふうにほったらかしておくのが私には理解できない

❷ **a**《+ (**that**) 節》…であると**聞いて知っている**[理解している] (♥ 事実を確認する場合にしばしば用いる) ‖ I ～ (*that*) your brother is studying in America. あなたのお兄さんはアメリカに留学中だそうですね / It is *understood* that he left for Paris on Monday. 彼は月曜日にパリに向かったそうですね

b《(+目+to do)》…が…であると聞いている[理解している] (♦しばしば受身形で用いる) ‖ She is *understood to* have accepted the offer. 彼女はその申し出を受けたものと理解されている

❸ **解釈する** **a**《(+(that)節)》…であると解釈[判断]する, …と解する, みなす, …を当然だと思う ‖ I *understood* from his air *that* he had failed. 彼の様子から失敗したのだなと思った / You didn't know your uncle very well, I ~? あなたはおじさんをあまりよく知らなかったんじゃないですか(♦I understand は文末で, または挿入句として用いられることもある) / He can't ~ it that you dislike him. 彼にはあなたに嫌われていることが理解できないのだ (♦that 節 の前に形式目的語 it を置くことがある)

b《(+目+to do)》…が…するものと解する ‖ Do I ~ you *to* say you cannot help us? あなたは我々を助けることはできないと言うんですか

c《(+目)》…を解釈する, …ととる ‖ ~ a phrase literally 句を文字どおりの意味にとる

d《(+目+as 名)》…を…と(受け)とる ‖ Paul *understood* her silence *as* refusal. ポールは彼女が黙っているのを拒絶ととった / Please don't ~ me *as* having lost hope. どうか私が希望をなくしたと考えないでください

❹ (文法で)〔語など〕を補って解釈する, 省略されているものと解する (♦しばしば受身形で用いる) ‖ In the sentence "She is taller than I," the verb "am" is to be *understood* after "I". "She is taller than I."という文では "I" の後ろに動詞 "am" を補って考えること

—自 理解する(ことができる);〈…について〉わかる〈**about**〉;(同情して)理解できる ‖ He still can't ~ *about* the divorce. 彼はいまだにその離婚のことが理解できないでいる / When we meet again I'll apologize and explain; she will ~. 今度会ったときに謝って説明しよう, 彼女はわかってくれるだろう

give a person to understand ... ⇨ GIVE(成句)

****màke onesèlf understóod*** **自分の考えを人にわからせる** ‖ Can you *make* yourself *understood* in English? 英語で自分の言いたいことを伝えられますか

COMMUNICATIVE EXPRESSIONS

1 **Áh, nów I understànd.** ああ, それでわかりました; そういうことか(♥説明などを聞いて理解・納得したときに)

2 **Am I to understánd that** you're suggèsting I should chànge my jób? あなたは私に仕事を変えてはどうかと言うんですか(♥理解が正しいか確認する表現. しばしば驚き・抗議を表す. =Do I understand that to mean I should ...?/=If I understand you correctly, you are saying I should ....)

3 **Dòn't you understánd?** If we dòn't àct nów, it'll be tòo láte. なんでわからないかな, 今行動しなきゃ手遅れになってしまうんだ(♥理解を示さない相手に歯がゆい気持ちを込めて用いる. しばしば後に説得表現などが続く)

4 **I dòn't** [OR **càn't**] **understánd (it).** 一体どういうことなんだ(♥状況が理解できず困惑しているときの表現)

5 **I dòn't understánd your póint.** おっしゃることの要点がわかりません

6 **I understánd what you're sáying.** おっしゃることはわかります(♥しばしば後に「しかし」という内容が続く)

7 **Is thàt understóod?** (私の言っていることが) わかりましたね(♥しばしば命令調で)

8 **(Nòw,) understánd me.** (さあ)よく聞きなさい(♥警告・脅し・叱責などの前置き)

9 "Her fàther's íll." "**Sò I understánd.**" 「彼女のお父さんは病気なんです」「そのようですね」

10 "Be sùre to lèt me knów as sòon as you gèt the resúlts." "**Understóod.**" 「結果がわかり次第直ちに私に知らせるように」「了解」(♥承諾・了承を表す)

11 **You dòn't (sèem to) understánd.** どうもわかっていない(よう)ですね(♥認識不足を指摘し, 暗に非難する)

類語《他 ❶》**understand**「理解する」を表す最も一般的な語.「頭で」だけでなく「心情的に」理解する場合にも用い, しばしば同情や洞察をほのめかす.
comprehend understand より改まった語で,「頭で」十分に理解する.
apprehend 文語的な語で, この意味ではやや古く, 感覚的または直観的理解を表す.「感づく, 感知する」.
appreciate 真価を正しく理解する.
know 情報あるいは知識として「知っている」.
realize ある事実に「気づいて」その内容を理解する.
see, catch 口語的な語で「(要点などが)わかる」.
grasp 内容や意味合いをしっかりと「把握する」.

***un·der·stand·a·ble** /ʌ̀ndərstǽndəbl/ 形 (**more ~**; **most ~**) ❶ 無理もない;(人の気持ち・行動が)当然の, もっともな ‖ It is quite ~ that our teacher got angry. 先生が怒ったのも無理ないことだ ❷ 理解できる, わかる ‖ The instructions were barely ~. その説明書はほとんどわからなかった

COMMUNICATIVE EXPRESSIONS

1 Your disappòintment **is understándable.** あなたが落胆するのはよくわかります(♥同情を示す)

ùn·der·stánd·a·bly /-bli/ 副《文修飾》無理もないことだが, もっともなことだが; 理解できるほど(に) ‖ *Understandably*, she refused his offer. 無理もないことだが彼女は彼の申し出を断った

U

*****un·der·stand·ing** /ʌ̀ndərstǽndɪŋ/ 名 形

—名 U/C《単数形で》❶ **理解**, 認識;(個人的な)解釈, 判断 ‖ What is your ~ of the hostage situation? 人質の状況についてどう考えられますか / My ~ of the agreement is different from his. その取り決めに対する私の解釈は彼のと異なる / She had a limited ~ of Japanese. 彼女は限られた日本語しかわからなかった (♦形容詞を伴うときは通例 a [an] をつける) / We need to achieve a **better** ~ of the current political situation. 我々は現在の政治情勢をよりよく理解する必要がある

❷ **理解力**, 知性, 知力 ‖ Carol is a person of great ~. キャロルはとても知的な人だ / The book is beyond my ~. その本は私の理解力を越えている

❸〈人などに対する〉理解, 思いやり〈**toward**〉;〈…の間の〉相互理解, 信頼〈**between**〉‖ The problem should be handled with ~. その問題は思いやりを持って扱われるべきだ / show ~ *toward* jobless people 失業中の人々に対して理解[思いやり]を示す / bring about a better ~ *between* the two nations 両国間の理解をいっそう深める

❹ C《通例単数形で》(暗黙の)了解, 合意, 一致(↔ disagreement);(非公式の)協約, 取り決め〈**with** …との / **that** 節 …という〉‖ The player had a tacit ~ *with* the owner about the length of the contract. 選手は契約期間についてオーナーと暗黙の了解があった / The band will「come to [OR reach] an ~ *with* the agency. そのバンドはエージェントと合意に達するだろう

on the understánding that ... …という(暗黙の)了解のもとに; …という条件で

COMMUNICATIVE EXPRESSIONS

1 **My understánding** (**of** the màtter) **is that** he unintèntionally hùrt her féelings. 私の理解するところでは, 彼は意図せずに彼女の気持ちを傷つけてしまったということです(♥解釈を述べる)

—形 (**more ~**; **most ~**)
(人の気持ち・考え方などに)理解のある, 思いやりのある, 物わかりのよい, 寛大な ‖ We expect our teacher to be ~. 私たちは物わかりのよい先生がいいな

~·ly 副

ùnder·státe 動 他 ❶〔数量・重大性など〕を少なく[控えめに]言う ❷ …を控えめな表現で述べる

ùnder·státed 形 控えめで上品な, 派手さを抑えた

ùnder·státement 名 U 控えめに述べること；C 控えめな表現《good を not so bad というなど》(↔ overstatement) ‖ the ～ of the year 大変控えめな言い方

únder·stèer (→ 動) 名 U アンダーステア《自動車がある速度を超えてカーブを曲がるときハンドルを切った量よりも車体が外側へはみ出すこと》
— 動 自 /ˌ-ー-ˊ/(車が)アンダーステアの状態になる

***un·der·stood** /ʌ̀ndərstʊ́d/《アクセント注意》動 understand の過去·過去分詞
— 形 了解[理解]されている, 暗に示された ‖ the ～ meaning of sign サインが暗に示す意味

únder·stòry 名 U『生態』(大木の下に生えている) 低木群, 下層

únder·stràpper 名 C《旧》《口》(役人などの) 下っ端, 下役(underling)

únder·stùdy 名 (複 **-studies** /-z/) C〈…の〉代役の俳優；(一般に)代わりを務める人, 代役〈**to**〉 — 動 (**-stud·ied** /-d/；**～·ing**) 他 ❶〔役柄〕の代役のけいこをする ❷〔俳優など〕の代役を務める — 自 代役のけいこをする

ùnder·subscríbed 形 (講座などが) 応募者が足りない；(新株発行に対する)応募者が少ない

únder·sùrface 名 C 下側, 下面

***un·der·take** /ʌ̀ndərtéɪk/《アクセント注意》動 (**-took** /-tʊ́k/；**-tak·en** /-téɪkən/；**-tak·ing**) 他 ❶ …を引き受ける, 請け負う ‖ I *undertook* the job of watering the plants during his absence. 私は彼のいない間植物に水をやる役目を引き受けた / ～ full responsibility 全責任を負う ❷ **a**《+to *do*》…することを請け合う[引き受ける], …すると保証[約束]する ‖ The carpenter *undertook to* repair the window by Friday. 大工は金曜日までに窓を修理することを請け合った **b**《+**that** 節》…ということを保証[約束]する ‖ The government *undertook that* the bridge would be rebuilt. 政府はその橋を架け替えると約束した ❸〔事業など〕に着手する, 乗り出す；〈…しようと〉努める〈**to** *do*〉‖ ～ *to* campaign against the war 反戦運動に乗り出す

COMMUNICATIVE EXPRESSIONS
1 **(I think) we could undertáke** that. お約束できると思います；わかりました, やりましょう(♥ 依頼を引き受けるときの形式ばった表現. ↘Certainly./↘(口) Why not?)

únder·tàker (→❷) 名 C ❶ 葬儀屋 (♥ funeral director, mortician の方が婉曲的) ❷ /ˌ-ー-ˊ-/ 引受人, 請負者；企業家

***ùnder·táking** (→❸) 名 C ❶《通例単数形で》引き受けたこと[もの], (請け負った)仕事, 任務 ‖ a large ～ 大事業 / a risky ～ 危険な企て ❷ 請け合い, 保証, 約束〈**to** *do* …するという / **that** 節 …という〉‖ a written ～ 確約書 / an ～ *to* finish the job in two months 2か月でその仕事を終えるという約束 ❸ /ˊ-ー-ー/ U 葬儀取扱業

únder-the-cóunter ⟨ジ⟩ 形《限定》《口》(売買などが)違法な；(商品などが)闇取引の

únder·thìngs 名 複 (女性用)下着

únder·tòne 名 C ❶ 潜在する要素, 底流, 根底にある感情 ‖ His offer has ～*s* of dishonesty. 彼の申し出にはうさんくささがある ❷ 低い声, 小声 ‖ talk in an ～ 小声で話をする ❸ 薄い色

ùnder·tóok 動 undertake の過去

únder·tòw 名 C ❶《単数形で》(岸から返す)引き波 ❷《通例単数形で》(感情の)底流, 暗流

únder·trìal 名 C《インド》《口》容疑者, 被疑者

ùnder·úse 動 他 …を十分に利用[活用]しない — 名 U 不十分な利用[活用] **～d** ⟨ジ⟩ 形 利用[活用]不足の

ùnder·útilize 動 =underuse
-utilizátion 名 **-útilized** 形

ùnder·válue 動 他《通例受身形で》低く見積もられる；過小評価される, 軽く見られる **～d** 形 **-valuátion** 名

únder·vèst 名《英》=undershirt

únder·vòte 名 C U《米》無効票[白票]総数

***ùnder·wáter** ⟨ジ⟩ 形《限定》❶ 水面下の, 水中の；水中用の ‖ an ～ camera 水中カメラ ❷ (船の) 喫水(きっすい)線下の — 副 水面下に[で], 水中に[で]

***ùnder·wáy** 形《叙述》❶ 進行中で ‖ The investigation is already ～. 調査はすでに始まっている / get ～ 開始する ❷ (船·電車などが)運行中で

***únder·wèar** 名 U《集合的に》肌着, 下着類 (⇨ SHIRT 類語)

ùnder·wéight ⟨ジ⟩ 形 重量不足の；(人が) 標準体重に達しない, 体重が少なすぎる (↔ overweight) (⇨ THIN 類語)；『金融』投資額が過少の
— 名 U 重量不足；標準体重[重量]以下の人[もの]

ùnder·wént 動 undergo の過去

ùnder·whélm 動 他《戯》〔人〕に感銘を与えない, …を失望させる(♦ しばしば受身形で用いる)

ùnder·whélming 形《戯》感銘を与えない

únder·wìng 名 C『虫』後翅(こうし)；後翅が派手な色のガ(蛾)；(鳥の)翼の下側

ùnder·wíred 形 (ブラジャーが)ワイヤー入りの

únder·wòod 名 =undergrowth ❶

ùnder·wórk 動 他《通例受身形で》(人が) (給料の割に)少ししか仕事を課されない

únder·wòrld 名《the ～》❶ 犯罪の世界, 暗黒街 ❷ (神話の)冥府(めいふ), 黄泉(よみ)の国《地下にあると考えられた》

***un·der·write** /ʌ̀ndəráɪt/ 動 (**-wrote** /-róut/；**-writ·ten** /-rítən/；**-writ·ing**) 他 ❶〔事業など〕への財政支援を引き受ける ❷〔保険〕を署名して引き受ける ❸〔応募者のない社債など〕を一括して引き受ける ❹〔ほかに書かれたもの〕の下に書く[署名する]

únder·wrìter 名 C ❶ 保険(代理)業者 ❷ (株式·社債などの)証券引受人

ùn·descénded 形『医』停留睾丸(こうがん)の

ùn·desérved 形 (賞·罰などが)受けるに値しない, 不当な **～·ly** 副

ùn·desérving 形〈…に〉値しない〈**of**〉‖ He is ～ *of* pity. 彼は同情に値しない

***ùn·desírable** ⟨ジ⟩ 形 望ましくない, 不快な, 好ましくない ‖ ～ consequences 望ましくない結果 — 名 C《通例～s》(社会などにとって)好ましからざる人, 不快な人物
-desirabílity 名 U 望ましく[好ましく]ないこと, 迷惑なこと **～·ness** 名 **-bly** 副

ùn·detéctable 形 探知[検出, 発見]できない

ùn·detécted 形 探知[検出, 発見]されない

ùn·detérmined 形 未定の, 決定していない；不明な

ùn·detérred 形《叙述》くじけない

***ùn·devéloped** ⟨ジ⟩ 形 ❶ (国·地域など) 未開発の ❷ 十分に発育[発達]していない

ùn·díd 動 undo の過去

un·dies /ʌ́ndiz/ 名 複《口》(女性用)下着類

ùn·differéntiated 形 分化していない；特性のない, 画一的な

ùn·digésted 形 ❶ (食べ物が) 未消化の ❷ (情報などが)よく理解[整理]されていない

***ùn·dígnified** 形 威厳を欠いた[失うような], 不体裁な

ùn·dilúted ⟨ジ⟩ 形 (液体が) 薄めてない；(効果などが) 薄め[弱め]られていない

ùn·dimínished 形 減少[低下]していない, 衰えていない

un·dine /ʌ́ndiːn/ 名 C 水の女妖精(ようせい), ウンディーネ

ùn·diplomátic 形 機転のきかない, 無神経な；外交的手腕のない **-diplomátically** 副

ùn·diréctéd 形 ❶ 目標[当てど]のない ❷ (手紙などが)あて名のない

ùn·dischárged ⟨ジ⟩ 形 (負債が)弁済されていない；(債務者が)弁済義務を取り消されていない

ùn·dísciplined 形 訓練されていない, しつけられていない, 無軌道な

ùn·disclósed 形 未公表の, 明らかにされない

ùn·discóvered 形 発見されて[知られて]いない；確かめられていない，調べがついていない
ùn·discríminàting 形 識別力のない，見境がつかない；批判力のない **～·ly** 副
ùn·disguísed 形 隠されていない，あからさまな，公然の
ùn·dismáyed 形《限定》驚かされていない，狼狽(ろうばい)していない，平気な，落ち着いている
ùn·dispúted 形 異論のない，明白な，万人の認める
ùn·distínguishable 形 区別のつかない
ùn·distínguished ⟨シ⟩ 形 ❶ 凡庸な，目立たない，平凡な，ありふれた ❷ 区別されていない
***ùn·distúrbed** 形《通例叙述》かき乱されていない，邪魔されない，平静な ‖ talk ～ 邪魔されずに話をする
ùn·divíded ⟨シ⟩ 形 ❶ 分割されていない ❷《通例限定》全体的な，完全な ❸ 1つに集中した，ひたすらな
***un·do** /ʌndúː/ 動 (**-does** /-dʌ́z/；**-did** /-díd/；**-done** /-dʌ́n/；**～·ing**) 他 ❶〔結び目など〕をほどく，〔かんぬきなど〕を外す；〔包み・戸など〕を(開いて)あける；〔ボタンなど〕を外す；〔衣服〕のボタンを外す(♦「しない」という否定の意味ではない) ‖ ～ one's jacket 上着のボタンを外す ❷〔1度したこと・失敗など〕を元に戻す；〔努力など〕の結果を無駄にする，棒引きにする；💻〔直前のコマンド〕を取り消す，元に戻す ‖ He tried to ～ the past. 彼は過去を抹消しようとした / *What's done cannot be undone.*《諺》1度してしまったことは元に戻せない；覆水盆に返らず ❸《通例受身形で》《堅》(人などが)破滅[零落]する(⇨ UNDONE¹ 形 ❷)
―自 ほどける，外れる，開く
語源 *un-*(「反対動作」を表す接頭辞)＋do：元に戻す
ùn·dóck 動 他 ❶〔船〕をドックから出す ❷〔宇宙船〕のドッキングを解く，…を母船から切り離す ❸💻…のドッキングを解除する
ùn·dócumènted 形 ❶ 書類で立証されていない ❷《米》入国査証[就労証明書]を持っていない
ùn·dóing 名 C《単数形で》❶《one's ～》破滅[零落](の原因) ❷ 元どおりにすること，取り消し
ùn·dóne¹ 動 undo の過去分詞
―形《叙述》❶ ほどけて，解けて，外れて ‖ Your top button is coming ～. いちばん上のボタンが外れそうだ ❷《古》破滅[零落]した ‖ I am ～! おれはもう駄目だ
ùn·dóne² 形《叙述》(仕事などが) なされていない (not done)；完成していない，未完成の ‖ leave one's work ～ 仕事をほったらかしにしておく
***un·doubt·ed** /ʌndáutɪd/ 形《限定》疑いのない，確かな，本物の，正真正銘の ‖ an ～ masterpiece [talent] 紛れもない傑作[才能]
****un·doubt·ed·ly** /ʌndáutɪdli/
―副《比較なし》《しばしば文修飾》疑いもなく，**確かに**，確実に ‖ The painting is ～ genuine. その絵画は正真正銘本物だ / "Is he mistaken?" "*Undoubtedly!*"「彼は勘違いしているのだろうか」「まさにそのとおり」
ùn·dréamed 形 ＝undreamed-of
ùn·dréamed-òf,《英》**-dréamt-** 形 夢にも思わない，夢想だにしない，全く意外な(♦補語に用いる場合 undreamed [undreamt] of とつづる) ‖ ～ success 夢にも思わぬ成功
***ùn·dréss** 動 他 ❶〔人〕の衣服を脱がせる ‖ ～ a child 子供の服を脱がせる / ～ oneself 衣服を脱ぐ ❷ …の飾りを取り去る；〔傷〕の包帯をとる ―自 衣服を脱ぐ
―名 U ❶ 裸(同然)の状態 ‖ in a state of ～ 裸で ❷ 普段着，平服，略装；部屋着
ùn·dréssed 形 ❶《通例叙述》服を脱いだ，裸(同然)の ‖ get ～ 服を脱ぐ ❷(傷口が)包帯をしていない ❸(皮が)なめしてない ❹(肉が)下ごしらえしてない；(サラダが)ドレッシングがかかっていない
ùn·drínkable 形 飲用にならない
ùn·dúe ⟨シ⟩ 形《限定》❶ 必要以上の，過度の ‖ with ～ haste 必要以上に急いで ❷ 不適切な，不当な ❸(手形などが)支払期限がきていない

un·du·lant /ʌ́ndʒələnt | -djʊ-/ 形《堅》波打つ，波状の
▸▸ **～ féver** 名 U《医》波状熱，マルタ熱
un·du·late /ʌ́ndʒəlèɪt | -dju-/ (→ 形) 動 自 (地形などが)緩やかに起伏している，波状を呈する；波のように動く，波打つ，うねる；(音が)大きくなったり小さくなったりする，高くなったり低くなったりする ―他 …を波打たせる，うねらせる
―形 /ʌ́ndʒələt, -lèɪt | -dju-/《生》(縁が)波形の
un·du·la·tion /ʌ̀ndʒəléɪʃən | -dju-/ 名 U C 緩やかな起伏；波動，波立ち，うねり；波形；波形のもの
un·du·la·to·ry /ʌ́ndʒələtɔ̀ːri | -djʊlətə-/ 形 波動(性)の，うねる，起伏する；波形の，波状の
***ùn·dúly** 副 ❶ 過度に，必要以上に，はなはだしく ‖ ～ optimistic ideas あまりに楽観的な考え ❷ 不当に，不法に，不正に
ùn·dýing 形《限定》絶えることのない，永遠の，不滅の，不朽の ‖ ～ fame 不朽の名声
ùn·éarned ⟨シ⟩ 形 ❶(所得などが)働いて得たものではない ‖ ～ income 不労所得 / ～ increment (土地などの)自然増価 ❷(賞罰などが)受けるに値しない，不当な ‖ ～ sympathy 受けるに値しない同情
ùn·éarth 動 他 ❶〔埋もれていたもの〕を掘り出す，発掘する(↔ bury) ❷〔新事実・秘密など〕を明るみに出す，暴く；…を発見する(↘ dig up, search [OR ferret] out) ❸〔なくしたもの〕を発見する ❹〔獲物〕を穴から狩り出す
ùn·éarthly 形《通例限定》❶ この世のものではない(ような)，超自然的な，神秘的な；不気味な，奇怪な ‖ an ～ scream 気味の悪い悲鳴 ❷《口》(時刻が)途方もなく早い[遅い]，常識外れの ‖ get up at an ～ hour とんでもない時刻に起きる **-li·ness** 名
un·éase 名 U 不安，心配，懸念
un·eas·i·ly /ʌníːzɪli/ 副 ❶ 不安を抱いて，心配そうに ❷ 落ち着きなく，そわそわと ❸ ぎこちなく
un·eas·i·ness /ʌníːzinəs/ 名 U/C《単数形で》❶ 不安，心配，懸念 ‖ You have no cause of [OR for] ～. 君は何も心配することはない ❷ 落ち着きのないこと；気まずさ
***un·eas·y** /ʌníːzi/ 形 (**more ～**；**most ～**) ❶〈…について〉不安な，心配な，気がかりな〈**about**〉‖ He felt [OR was] ～ *about* his future. 彼は自分の将来に不安を抱いていた / have an ～ conscience 良心がとがめる
❷ 落ち着かない，そわそわした ‖ I felt ～ in the presence of the boss. 私は上司がいたので落ち着かなかった ❸ 窮屈な，体が楽でない ‖ I feel ～ in tight clothes. きつい服で窮屈だ ❹ 不自然な，ぎこちない ‖ an ～ silence 気まずい沈黙 ❺(状態などが)不安定な，危なっかしい ‖ an ～ peace 危うい平和
ùn·éatable 形 (傷んだりして)食べられない，食用にならない(→ inedible)
ùn·éaten 形 食べられていない，食べ残しの
ùn·èconómic ⟨シ⟩ 形 ❶ もうけにならない，採算の合わない ❷ ＝uneconomical
ùn·èconómical 形 不経済な，無駄の多い
un·ed·i·fy·ing /ʌnédɪfàɪɪŋ/ 形 ❶ 啓発しない，有益でない ❷ いやな，不快な；不道徳な，けしからぬ
ùn·éducàted 形 教育[教養]のない，無学な(人の)(⇨ IGNORANT 類語)
ùn·eléctable 形 (候補者・政党が)当選困難な
ùn·elécted 形 選挙で選ばれていない
ùn·emótional 形 感情的でない，感情を表に出さない，冷静な **～·ly** 副
un·em·ploy·a·ble /ʌ̀nɪmplɔ́ɪəbl/ ⟨シ⟩ 形 名 C (技能がないなどで)雇用に不適格な(人)
***un·em·ployed** /ʌ̀nɪmplɔ́ɪd/《アクセント注意》⟨シ⟩ 形 ❶ 失業中の，職のない (↔ working) ‖ He was ～ for six months. 彼は6か月間仕事がなかった
❷《the ～》《集合名詞的に》《複数扱い》失業者，非就業者 ‖ the long-term ～ 長期失業者 ❸ 使用[活用]されていない；(資本などが)遊ばせてある ‖ an ～ machine 使われてない機械 / ～ capital 遊休資本

U

*un·em·ploy·ment /ʌ̀nɪmplɔ́ɪmənt/ 名 U ❶ 失業(状態)；失業率，失業者数 ‖ In recent years the ~ rate has been increasing in Japan. 近年，日本では失業率が高まっている / high ~ 高失業率 / face ~ 失業に直面する ❷《形容詞的に》失業の ‖ an ~ problem 失業問題 / ~ insurance 失業[雇用]保険 ❸ 失業手当[給付] ‖「be on [collect, receive] ~ 失業手当を受けている[受ける]

▸▸ ~ bènefit 名 U/C《~s》失業手当 ~ compensàtion 名 U《米》=unemployment benefit ~ lìne 名 C《しばしば the ~》《米》失業状態，失業手当を受ける人の列(《英》dole queue) ‖ join the ~ *line* 失業者となる ~ òffice 名 C《米》職業安定所，授産所

ùn·encúmbered 形 ❶ 身軽な格好で ❷ 借金のない，負債のない

un·énding 形 終わる[果てる]ことのない，延々と続く，無限の；(不平などが)ひっきりなしの ‖ I'm tired of your ~ complaints. 君の毎度の愚痴にはうんざりだよ

ùn·endúrable 形 耐えられない，耐え難い
 -bly 副 耐え難いほど

ùn-Énglish 形 英国人らしくない，英国風[的]でない；英語らしくない

ùn·enlíghtened ⟨ジ⟩ 形 啓発されていない，無学の，無知の

ùn·enríched 形 ❶ (食品が) 栄養強化されていない ❷ (ウランが)自然状態の，無強化の

ùn·énviable 形 (仕事などが)やっかいな，だれもやりたがらない；好ましく[望ましく]ない

*ùn·équal 形 (◆ 名詞は inequality) ❶《通例限定》不均衡な；(権利などが) 不平等な；(試合などが) 互角でない，一方的な；(関係が) 対等でない ‖ an ~ distribution of wealth 富の不平等な分配 ❷ 〈大きさ・数量・価値などの点で〉同一[同等]でない，異なる〈**in**〉‖ These rooms are ~ *in* size. これらの部屋は大きさが異なる / persons of ~ capacity (それぞれの) 能力の異なる人々 ❸《通例叙述》(力・能力などが)〈…に〉不相応な，不適当な，不十分な〈**to**〉‖ She is ~ *to* the task. 彼女にはその仕事をこなせない ❹ 均質でない，むらがある；(性質などが)変化しやすい
 ―名 C 同等でない[不適当な，不釣り合いな]人物[事柄]
 ~·ly 副

ùn·équaled 形 匹敵するものがない，比類のない，無比の ‖ The scenery is ~. その風景は抜群だ / ~ cruelty この上ない残忍さ

ùn·equívocal ⟨ジ⟩ 形 あいまいでない，はっきりした，明確な ‖ take an ~ stand against the program その計画にはっきり反対の立場をとる ~·ly 副

ùn·érring 形 誤りを犯さない；確かな，的確な ‖ ~ judgment 的確な判断(力) ~·ly 副

UNESCO /junéskoʊ/ 略 *U*nited *N*ations *E*ducational, *S*cientific and *C*ultural *O*rganization(国連教育科学文化機関，ユネスコ)

ùn·éthical 形 非倫理的な，道義に反する；(特に)職業倫理に反する ~·ly 副

*ùn·éven 形 ❶ 平らでない，でこぼこな，粗い ‖ an ~ surface でこぼこな表面 ❷ (質・形状などが) 一様でない，不ぞろいの，むらのある ‖ an ~ heartbeat 不整脈 ❸ (試合などが)一方的な ❹ (数が) 奇数の(odd) ❺ 不均衡な；不平等な ~·ly 副 ~·ness 名
 ▸▸ ~ bárs 名 複《米》段違い平行棒

ùn·evéntful ⟨ジ⟩ 形 何事も(変わったことの)ない，平穏無事な ~·ly 副

un·ex·am·pled /ʌ̀nɪɡzǽmpld | -ɑ́ːm-/ ⟨ジ⟩ 形《堅》前例をみない，比類のない，空前の

ùn·excéptionable ⟨ジ⟩ 形 異議を唱えようのない，問題のない，申し分のない -bly 副

ùn·excéptional 形 ❶ 例外的でない，ごくふつうの ❷ 例外を認めない ~·ly 副

ùn·excíting 形 退屈な；さえない

‡**un·ex·pect·ed** /ʌ̀nɪkspéktɪd/ ⟨ジ⟩
 ―形 (more ~；most ~)
 思いがけない，予期しない，不意の，意外な(↔ expected)；《the ~》《名詞的に》《単数扱い》予期せぬこと ‖ His divorce was **totally** [OR entirely, quite] ~ to me. 彼の離婚は私にとって全く思いもよらないものだった / an ~ guest 不意の客
 ~·ness 名

*un·ex·pect·ed·ly /ʌ̀nɪkspéktɪdli/ 副 思いがけなく，不意に，突然に；《文修飾》思いがけないことに，意外なことに ‖ Our meeting was ~ called off. 会議は急に中止になった / *Unexpectedly*, Tony asked me for a date. 思いがけないことに，トニーにデートに誘われた

ùn·expíred 形 (契約などが) 期限切れ[満期]になっていない，尽きていない

ùn·expláined 形 説明されていない，定かでない

ùn·explóded 形 不発の

ùn·explóited 形 (資源などが) 開発されていない，有効に利用されていない

ùn·explóred ⟨ジ⟩ 形 ❶ 探査されていない ❷ 論議されていない

ùn·expréssed 形 表現[表明]されていない

ùn·éxpurgàted 形 (本などが) (穏当でないと思われる箇所を)削除されていない

ùn·fáiling 形 ❶ 絶えることのない，尽きない ‖ an ~ source of anxiety 尽きることのない心配の種 ❷ いつでも頼りになる，確かな；間違いのない ~·ly 副

‡**un·fair** /ʌ̀nféər/ ⟨ジ⟩
 ―形 (more ~；most ~)
 ❶ **不公平な**，不当な，片寄った ‖ It was ~ of you to give a present only to Julie.=You were ~ to give a present only to Julie. プレゼントをジュリーだけにあげたのは不公平だ / ~ treatment 不公平な扱い
 ❷ 不正な，規則を守らない，(商業的に)不当な ‖ an ~ labor practice 不当労働行為 / ~ dismissal 不当解雇 / take ~ **advantage** of one's position 立場を不正に利用する / ~ competition 不正[不当]競争
 ~·ly 副 ~·ness 名

ùn·fáithful 形 ❶ 信義を守らない，〈夫・妻に対して〉不貞[不義]を働く，浮気をする〈**to**〉；不誠実な ❷ (原物に)忠実でない，不正確な ~·ly 副 ~·ness 名

ùn·fáltering 形 (足取りなどが)よろよろしない；口ごもらない；(決意などが)揺るがない，衰えない ‖ ~ courage 断固たる勇気 ~·ly 副

*un·famíliar ⟨ジ⟩ 形 (more ~；most ~) (↔ familiar) ❶《叙述》(人が)〈…に〉親しんでいない，不慣れな，精通していない〈**with**〉‖ She is ~ *with* Japanese customs. 彼女は日本の習慣に慣れていない ❷ (物事が)〈…に〉よく知られていない，未知の，見慣れない，珍しい〈**to**〉‖ The newscaster's face is ~ *to* me. そのニュースキャスターの顔にはなじみがない / an ~ sight 見慣れない風景
 -familiárity 名 U 不案内；不慣れ

ùn·fáshionable 形 流行遅れの，はやらない，人気のない
 -bly 副

*ùn·fásten 動 他 …(の留め具)を外す，緩める，解く
 ―自 外れる，緩む，解ける

ùn·fáthomable 形 ❶ 理解できない，不可解な ❷ (海などが)深くて測れない

*ùn·fá·vor·a·ble，《英》-vour- 形 ❶ 〈…にとって〉好ましくない，不都合な，不利な〈**for, to**〉‖ The terms are quite ~ *to* us. その条件は我々にはとても不利だ / ~ winds 逆風 ❷ (意見・批評などが)好意的でない，批判的な；(比較が)不公平な ‖ an ~ comment 批判的なコメント -bly 副

ùn·fázed 形《叙述》《口》動じない，煩わされない

UNFCCC 略 *U*nited *N*ations *F*ramework *C*onvention on *C*limate *C*hange (気候変動に関する国際連合枠組条約)

ùn·féasible 形 実行できない, 実施し難い
ùn·féeling 形 ❶ 無情な, 冷酷な, 思いやりのない ❷ 感覚のない, 無感覚な **~·ly** 副
ùn·féigned 形 (感情などが)偽らない, 本物の, 心からの **~·ly** 副
ùn·fénced 形 垣のない, 囲いのない
ùn·féttered /ʌnfétərd/ ⊲ 形 束縛から解放された, 自由な
ùn·fílled 形 ❶ (地位が)空席のままの, 補充[配置]されていない ❷ (会話が) 途切れた ❸ (ケーキなどが) 中に何も入っていない ❹ (品物が)調達されていない
ùn·fíltered 形 ❶ ろ過されていない, こされていない ❷ (たばこが)フィルター付きでない
*__ùn·fínished__ ⊲ 形 ❶ 出来上がっていない, 未完成の ‖ an ~ story 未完の物語 / The *Unfinished* Symphony 未完成交響曲《シューベルト作曲による未完成の交響曲》 ❷ 仕上げ(加工)をしていない; 洗練されていない
ùn·fít 形 ❶ 適していない, 不適当な; 不適格な, 不適任な〈**for** …に / **to *do*** …するのに〉‖ The ground was ~ *for* football. そのグランドはフットボール向きではなかった / He is ~ *to* be a teacher. 彼は教師には不向きだ / ~ *for* human habitation [consumption] 人が住む[食べる]には適さない ❷ (肉体的·精神的に)不健康な
—動 (**-fit·ted** /-ɪd/; **-fit·ting**) 他《古》…を〈…に〉不適当[不適格]にする〈**for**〉 **~·ness** 名
ùn·fítted 形 適していない, 不適格な, 不似合いな〈**for** …に / **to *do*** …するのに〉
ùn·fíx 動 他 ❶ …を(取り)外す, 解く, 緩める ❷〔精神など〕を不安定にする, 動揺させる
ùn·flágging 形《通例限定》疲れ[衰え]の色をみせない ‖ work with ~ energy うまずたゆまず働く **~·ly** 副
ùn·fláppable 形《口》動揺しない, 取り乱さない, 落ち着き払った **-bly** 副
ùn·fláttering 形 喜ばせない, 褒めない, 好意的でない ‖ an ~ article 好意的でない記事 **~·ly** 副
ùn·flédged 形 ❶ (ひな鳥が) 羽毛が生えそろっていない ❷ (人が)未熟な, 未経験な, 青くさい
ùn·flínching 形 ひるまない, しり込みしない, 断固とした **~·ly** 副
ùn·fócus(s)ed 形 ❶ (視線が) 焦点が定まらない ❷ (計画·作業などが)目標[目的]が定まらない
*__ùn·fóld__ 動 他 ❶〔畳んだもの·閉じたもの〕を開く, 広げる;〔包みなど〕を開ける ‖ ~ a map 地図を広げる / ~ one's arms 腕組みを解く ❷〔考え·状況など〕を明らかにする;〔話(の内容)など〕を説明する ‖ He ~*ed* his plan to us. 彼は我々に彼の計画を明らかにした
—自 ❶ (畳んだもの·閉じたものが)開く; (つぼみなどが)開く ‖ This sofa ~*s* into a bed. このソファーは開くとベッドになる ❷ (真相などが) 明らかになる; (風景などが) 展開する, 開ける; (才能などが)花開く ‖ The whole story ~*ed* as the interview went on. インタビューが進行するにつれて一部始終が明らかになった
ùn·fórced 形 強制的でない, 自発的な; (動作·感情などが) 不自然でない, 無理していない
ùn·foreséeable 形⊲ 形 予期できない
ùn·foreséen ⊲ 形 予期しない, 予見できない, 思いがけない, 意外な ‖ due to ~ circumstances 思いもかけない事情で
*__ùn·forgéttable__ ⊲ 形 忘れ難い, 忘れ得ぬ ‖ an ~ event 忘れ得ぬ出来事 **-bly** 副
ùn·forgívable 形 許せない, 許し難い **-bly** 副
ùn·forgíving 形 (人·物事が) 寛大でない, 容赦しない ‖ an ~ rainstorm 猛威を振るう暴風雨
ùn·fórmed 形 ❶ 十分に発達していない, 未熟の ❷ 形が定まっていない, 定形のない ❸ まだ作られていない
ùn·forthcóming 形 協力的でない, 情報を提供しようとしない
*__ùn·fórtunate__ 形 (♦ 名詞は misfortune) (**more ~**; **most ~**) ❶ 不幸な, 不運な〈**for** …にとって; **in** …の点で〉‖ She was ~ to lose her property. = She was ~ *in* losing her property. 彼女は不運なことに財産を失った / It was ~ that I came across him at the station. たまたま駅で彼に出くわしたのは運が悪かった / an ~ accident 不運な事故 ❷ 不吉な, 不幸な結果をもたらす, 縁起が悪い ❸ (発言·行動などが) 不適切な, ふさわしくない ‖ an ~ action 不適切な行動 / an ~ remark 失言 ❹ 残念な, 嘆かわしい ‖ an ~ lack of self-control 嘆かわしい自制心のなさ

COMMUNICATIVE EXPRESSIONS
[1] **It's unfórtunate that** he fáiled. 彼が失敗したのは残念です(♥ 遺憾の意. しばしば非難を伴う)

—名 C 不運[不幸]な人
*__un·for·tu·nate·ly__ /ʌnfɔ́ːrtʃənətli/
—副 (**more ~**; **most ~**)
❶《文修飾》**不幸にも**, 残念なことに, あいにく ‖ *Unfortunately*, I happened to be there when the accident happened. 事故が起きたときにたまたまその場に居合わせたことは不運だった (=It was unfortunate that I happened to be there ....) / *Unfortunately* for her, she did not get the scholarship. 気の毒なことに彼女はその奨学金を得られなかった
❷ 運に恵まれず, 不幸に; 不適当に ‖ an ~ phrased letter 表現の不適切な手紙
ùn·fóunded 形 ❶ 根拠のない, 事実に基づかない ‖ ~ rumors 事実無根のうわさ ❷ 設立されていない
ùn·fréeze 動 (**-froze** /-fróuz/; **-fro·zen** /-fróuzən/; **-freez·ing**) 他 …を解凍する;〔価格など〕の凍結を解除する
ùn·frequénted ⊲ 形 (場所などが) あまり人が行かない[通らない]
ùn·fríend 動 他《口》💻 …を(ソーシャルネットワーキングサービスなどの)友達リストから外す, 友達解除する(=defriend)
ùn·fríendly 形 ❶〈…に〉不親切な, 冷たい, よそよそしい (↔ friendly)〈**to, toward**〉‖ He is ~ *to* me nowadays. このごろ彼は私につらく当たる / an ~ nation 非友好国 ❷ 都合の悪い, 好ましくない
-fríendliness 名
-unfriendly 連結形「有害な, 不便な, 不適当な」の意 ‖ environmentally-unfriendly (製品などが) 環境に害を与える
ùn·fróck 動 他 ❶ …を聖職から解く ❷〔人〕から専門職を営む権利を剝奪する ❸〔人〕の名誉的地位を剝奪する
ùn·fulfílled 形 ❶ (約束·期待·希望などが)果たされていない, 実現されていない ❷ (人が)達成感を得ていない
ùn·fulfílling 形 満足[納得]のいかない
ùn·fúnny 形 面白くない
ùn·fúrl 動 他〔巻いたもの〕を開く, 広げる;〔国旗など〕を掲げる, 掲揚する —自 開く, 広がる
ùn·fúrnished 形 家具を備えつけていない, 備品のない (↔ furnished)
ùn·gáinly 形 ❶ (人(の動き)などが) 不格好な, ぶざまな ❷ 扱いにくい **-gáinliness** 名
ùn·géntlemanly 形 紳士らしくない
ùn·gíving 形 ❶ (人が) 冷たい ❷ (話·物が) つまらない, 弾力性がない
ùn·glámorous 形 魅力的でない, つまらない
ùn·glúed 形 はがれた;《口》動転した
còme unglúed《米口》① 動転する ② 失敗する, 挫折する(《英》come unstuck)
ùn·gódly 形 ❶ 不信心な, 神を敬わない; 罪深い, 邪悪な ❷《口》《限定》途方もない, 常識外れの ‖ at an ~ hour とんでもなく早い[遅い]時間に
ùn·góvernable 形 ❶ (国·地域が) 統治不能な, 無政府状態の ❷ (人·激情などが) 御し難い, 抑え難い
ùn·grácious 形 ❶ 礼儀知らずの, 無礼な, ぶしつけな ‖ It would be ~ of you to refuse his invitation. 彼の招待を断れば失礼に当たりますよ ❷ (仕事などが) 不愉快

U

な, いやな　~·ly 副
ùn·gráded 形 ❶ 等級分けされていない ❷ (道路が) 勾配(こうばい)のない
ùn·grammátical <シ 形 文法的に正しくない, 非文法的な　~·ly 副
ùn·gráteful 形 (♦ 名詞は ingratitude) ❶ ありがたく思わない, 感謝の意を表さない, 恩知らずの〈**to** 人に対して; **for** 物に対して〉 ❷ (仕事などが) 不愉快な, 骨折り損の
~·ly 副　~·ness 名
ùn·gréen 形 ❶ (人・団体が) 環境に対する配慮がない ❷ (製品・活動が) 環境に悪い
ùn·gróunded 形 ❶ 根拠のない; 無知な ❷ 〖電〗 接地されていない, アースをとっていない
ùn·gúarded 形 ❶ 防護されていない, 無防備の ❷ (発言などが) 不注意な, 軽率な
un·guent /ʌ́ŋgwənt/ 名 C U 軟膏(なんこう)
ùn·guíded 形 導かれていない, 誘導されていない; (ミサイルが) 無誘導の; 案内のない
un·gu·late /ʌ́ŋgjulèɪt/ 形 ❶ ひづめのある; 有蹄(ゆうてい)類の ❷ ひづめに似た ── 名 C 〖動〗 有蹄動物
ùn·hállowed 形 ❶ 神にささげ(られ)ていない, 神聖でない ❷ 神を敬わない, 不信心な; 罪深い
ùn·hánd 動 他 《通例命令形で》《古》《戯》…から手を離す
ùn·hándy 形 ❶ 扱いにくい, 不便な ❷ 不器用な
ùn·háppily 副 ❶ 《文修飾》不幸にも, 残念なことに, あいにく ‖ *Unhappily*, the shop was closed when I arrived. 残念ながら私が着いたときは店は閉まっていた ❷ 不幸(のうち)に, 惨めに
‡un·hap·py /ʌ̀nhǽpi/
── 形 (-pi·er; -pi·est)
❶ **不幸な**, 不運な, 不幸せな; **悲しい**, 惨めな, 不満な (↔ happy) 〈**about, at, with** …で / **to** *do* …して〉 ‖ My daughter was ~ *at* having to move to another city. うちの娘は別の市に引っ越さねばならないのを悲しんでいた / His parents were ~ *with* his performance at school. 彼の両親は彼の学校での成績に不満だった / I was ~ *to* see the misery of the people in the slums. スラム街の人々の悲惨さを見て心が痛んだ
❷ 《通例限定》好ましくない; 不適切な ‖ an ~ coincidence 不運な巡り合わせ / an ~ choice of career [words] 不適切な職業[言葉]の選択
-pi·ness 名
ùn·hármed 形 《叙述》害[傷]を受けていない, 無事な
ùn·hárness 動 他 ❶ 〔馬など〕の装具を外す, 馬具をとる ❷ 〔エネルギー・感情など〕を発散する
ÙNHCR 略 *U*nited *N*ations *H*igh *C*ommissioner for *R*efugees (国連難民高等弁務官(事務所))
***ùn·héalthy** 形 ❶ (人などが) 健康でない, 病弱な; (顔色などが) すぐれない ❷ (場所などが) 健康に有害な, 健康的でない ❸ 道徳的に有害な, 不健全な; (性向などが) 不自然な, 病的な ❹ 《口》危険な
-héalthily 副　-héalthiness 名
***ùn·héard** 形 ❶ (音などが) 聞こえない ❷ 聞いてもらえない ‖ His warning went ~. 彼の警告は聞き流された
ùn·héard-òf 形 (♦ 補語に用いる場合 unheard of ともつづる) ❶ 聞いたことのない ❷ 前代未聞の, 前例のない ❸ 言語道断の, とんでもない
ùn·héated 形 加熱していない; 暖められていない
ùn·héeded 形 注目されない, 顧みられない, 無視された
ùn·hélpful 形 役に立たない, (有害) 無益な; (人が) (人を) 助けようとしない, 非協力的な
ùn·héralded 形 ❶ 警告[予告]なしの, 突発的な ❷ 真価が知られていない, 世に埋もれた
ùn·hésitàting 形 ❶ ためらわない, ぐずぐずしない, 即座の ❷ 揺るぎない, 不変の　~·ly 副
ùn·híndered 形 妨げられていない
ùn·hínge 動 他 ❶ 〔戸など〕をちょうつがいから外す; …からちょうつがいを外す, 引き離す ❷ 《通例受身形で》(人が) 錯乱する, 狂う; 混乱する
ùn·híp 形 《口》流行にうとい, ダサい
ùn·históríical 形 史実に合わない, 歴史を無視する
~·ly 副
ùn·hítch 動 他 〔つないである馬など〕を放す, 〔ほかのものにつないであるもの〕を外す
ùn·hóly 形 ❶ 邪悪な, 有害な ‖ an ~ alliance 不正なつながり ❷ 《限定》《口》途方もない; ひどい ❸ 聖別されていない　-holiness 名
ùn·hóok 動 他 …を鍵(かぎ)[留め金]から外す; 〔服など〕のホックを外す ‖ ~ a picture on the wall 壁の絵を掛け金から外す
ùn·hóped-fòr 形 期待していない, 予想外の, 望外の ‖ ~ success 願ってもみない成功
ùn·hórse 動 他 ❶ …を馬から落とす, 落馬させる ❷ (地位などから) …を追う, 失脚させる
ùn·húrried 形 急がない, ゆっくりとした, 悠長な　~·ly 副
***ùn·húrt** 形 《叙述》無傷の, 損なわれていない
un·hy·gi·en·ic /ʌ̀nhaɪdʒiénɪk | -dʒíːn-/ 《アクセント注意》 <シ 形 非衛生的な; 不健康な
u·ni /júːni/ 名 U/C 《単数形で》《英口》大学 (university)
uni- /juːni-/ 接頭 「1つの (one), 単一の (single)」の意 ‖ *uni*form
U·ni·ate /júːniət/, **U·ni·at** /-æt/ 形 名 C 帰一東方カトリック教会の(教徒) 《ローマ教皇の権威を認めているがギリシャ正教会の儀式・習慣などを守る》
u·ni·cam·er·al /jùːnɪkǽmərəl/ <シ 形 〖政〗 (議会が) 一院制の (↔ bicameral)
úni·càst 名 U 💻ユニキャスト 《ネットワーク上の2つのコンピューター間でのパケットの転送通信技術》
UNICEF /júːnɪsèf/ 略 *U*nited *N*ations *I*nternational *C*hildren's *E*mergency *F*und (国連児童基金, ユニセフ) (♦ 現在の正式名称は United Nations Children's Fund)
ùni·céllular <シ 形 〖生〗 単細胞の
Úni·còde 名 U 💻ユニコード 《多くの言語の文字を包含する統一的な文字コードシステム》
ùni·cólor 形 単色の
u·ni·corn /júːnɪkɔ̀ːrn/ 名 C ❶ 一角獣, ユニコーン 《頭に角が1本ある馬に似た想像上の動物》 ❷ (紋章の) 一角獣
語源 ラテン語 *uni-*(1つの)+*corn*u(=horn(角))から.
úni·cỳcle 名 C 一輪車
ùn·idéntifiable 形 同一と認められない, 確認できない; 身元不明の
***ùn·idéntified** <シ 形 ❶ 確認 [特定] できない; 身元[正体] 不明の (→ UFO) ‖ an ~ victim 身元不明の犠牲者 / an ~ plane 国籍不明機 ❷ 名前を明かされていない ‖ ~ sources 出所が明らかにされていない情報
▶▶ ~ **flỳing óbject** 名 C =UFO
ùni·diréctional 形 1方向のみの
UNIDO /juníːdou/ 略 *U*nited *N*ations *I*ndustrial *D*evelopment *O*rganization (国連工業開発機関)
***u·ni·fi·ca·tion** /jùːnɪfɪkéɪʃən/ 名 U 統一 (化), 単一(化), 統合 ‖ the ~ of Germany ドイツの統合
▶▶ **Ùnificátion Chùrch** 名 《the ~》統一教会, 世界基督(キリスト)教統一神霊教会
‡u·ni·form /júːnɪfɔ̀ːrm/
── 名 (複 ~**s** /-z/) C U **制服**, ユニホーム ‖ The exchange students were **in school** ~. 交換留学生は学校の制服を着ていた / a military ~ 軍服
in úniform ① 制服を着て ② 軍隊に在籍して ‖ Her husband was *in* ~ till last year. 彼女の夫は昨年まで軍隊にいた
── 形 《比較なし》 ❶ **同形 [同型] の**, **同一の**, 同様の (↔ multiform) ‖ a row of ~ houses 同じ型の家並み
❷ **一定の, 不変の** ‖ keep a ~ temperature 一定の温度を保つ / a ~ minimum wage 一律最低賃金
❸ (性質・行動・意見などが) 終始変わらない, 首尾一貫した

‖ a ～ policy 一貫した政策
―動 他 ❶…を均一[同形, 一様]にする ❷《通例受身形で》制服を着ている(→ uniformed)
～·ly 副 **～·ness** 名
語源 *uni-* one＋form(形)：同じ形をした

ú·ni·fòrmed /-d/ 形 制服を着た, 制服組の

u·ni·form·i·tar·i·an /jù:nɪfɔ̀:rmɪtéəriən/ 形 〖地〗斉一観の；斉一観を唱える ―名 C 斉一観者
～·ìsm 名 U 〖地〗斉一観《過去の地質現象は現在の地質現象と同じ作用で行われたという説》

u·ni·form·i·ty /jù:nɪfɔ́:rməṭi/ 名 U 一様[均一]なこと, 画一性；一定, 不変；一律(性)；一貫(性)

***u·ni·fy** /jú:nɪfàɪ/ 動 (**-fies** /-z/ ; **-fied** /-d/ ; **～·ing**) 他 …を統合[統一]する, 一体化する(unite) ‖ ～ a nation 国家を統合する ―自 統合される, 一体化する

ùni·láteral ⦅シ⦆ 形 ❶(当事者のうち)一方だけの, 一方的な ‖ ～ disarmament 一方的軍備縮小 / a ～ declaration of independence 一方的独立宣言《略 UDI》 ❷一方(だけ)の, 片側だけの[に起こる] ❸〖植〗片側だけに生じる, 片側に偏した ❹〖医〗一側(性)の, 偏側の ❺父[母]系に限られた, 単系の ❻〖法〗(契約などが)片務的な(↔ bilateral) ‖ a ～ contract 片務契約
～·ìsm 名 U 一方的外交政策 **～·ist** 名 形 **～·ly** 副

ùni·língual ⦅シ⦆ 形 1言語だけを使用する

ùn·imáginable 形 想像に絶する, 想像できない
-bly 副

ùn·imáginative 形 想像力のない, 創意に欠ける

ùn·impáired 形 損なわれていない, 弱められていない, 減じられていない

ùn·impéachable ⦅シ⦆ 形 非難[疑問]の余地がない, 非の打ち所がない **-bly** 副

ùn·impéded 形 障害のない, 妨げられていない

***ùn·impórtant** 形 重要でない, ささいな, 取るに足りない
-impórtance 名

ùn·impréssed 形 (人が)〈…に〉心を動かされない〈**by, with**〉

ùn·impréssive 形 印象的でない；期待外れの, 取るに足りない

ùn·inflécted 形 ❶〖文法〗(語・言語が)語尾活用のない ❷(声などが)調子の変わらない

ùn·infórmative 形 十分な情報のない, 情報量の少ない

ùn·infórmed ⦅シ⦆ 形 知らされていない, 十分な情報[知識]のない ‖ an ～ opinion 不十分な情報に基づく意見

ùn·inhábitable 形 (土地などが)住むのに適さない, 住めない

ùn·inhábited 形 人の住まない, 無人の

ùn·inhíbited ⦅シ⦆ 形 (言動などが)抑制されない；慣習に縛られない, 自由な；遠慮のない, あけすけな ‖ ～ curiosity 無遠慮な好奇心 **～·ly** 副

ùn·inítiàted 形 手ほどきを受けていない, 経験のない；《the ～》《集合名詞的に》《複数扱い》初心者, 未経験者

ùn·ínjured 形 傷[害]を受けていない, 損なわれていない

ùn·inspíred ⦅シ⦆ 形 霊感を受けない；独創性のない, 陳腐な, 退屈な

ùn·inspíring 形 人を退屈させる, つまらない

ùn·instáll 動 他 ❶〔アプリケーション・ソフトウェア〕をパソコンから削除する, アンインストールする ❷…を解雇する；…を取り外す

un·in·sur·a·ble /ʌ̀nɪnʃʊ́ərəbl, ＋英 -ʃɔ́:r-/ 形 保険をかけられない

ùn·insúred 形 保険をかけていない；《the ～》《集合名詞的に》《複数扱い》保険をかけていない人

***ùn·intélligent** 形 知能[知力]の足りない, 愚鈍な；知性のない **～·ly** 副

***ùn·intélligible** 形 理解できない, 難解な, 不明瞭(ふめいりょう)な
-bly 副

ùn·inténded 形 故意でない, 意図的でない

ùn·inténtional 形 故意ではない, 偶然の, ふとした
～·ly 副

ùn·ínterested 形 興味[関心]を持たない, 無関心な(→ disinterested) (⇨ INDIFFERENT 類語) ‖ He is quite ～ in politics. 彼は政治には全く興味を示さない
～·ly 副

ùn·ínteresting 形 面白くない, 退屈な **～·ly** 副

ùn·interrúpted 形 中断されない, 連続的な；(眺めなどが)遮られない **～·ly** 副

***ùn·invíted** 形 ❶招待されていない ‖ an ～ guest 招かれざる客 ❷余計な, 差し出がましい

ùn·invíting 形 (場所などが)心を引きつけない, 魅力のない

*****un·ion** /jú:njən | -iən/
―名 (複 **～s** /-z/) ❶ C **組合**；労働組合(《米》labor [《英》trade(s)] union) ‖ ～ leaders 労組幹部 / ～ movement 組合運動 / **join** a ～ (労働)組合に加入する
❷ U/C《単数形で》(2つ以上のものの)**結合**, **統合**, 団結；(国家・州などの)連合, 合同；融和, 調和(⇨ UNITY 類語) ‖ in ～ 共同で / the ～ of science and technology 科学と技術の結合 / *Union is* [OR *gives*] *strength.* 《諺》団結は力なり / the ～ between England and Scotland＝the ～ of England with Scotland イングランドとスコットランドの連合 / monetary ～ 通貨統合
❸ U/C《単数形で》**連合国家**, 連邦；(共通の目的による)連合体, 連盟, 同盟, 協会 ‖ the former Soviet *Union* (1991年以前の)旧ソビエト連邦 / the Universal Postal *Union* 万国郵便連合
❹《the U-》アメリカ合衆国(the United States)；〖米国史〗(南北戦争時に連邦制を支持した)北部諸州(the Federal Union)
❺《the U-》(大ブリテン＝北アイルランド)連合王国(the United Kingdom)；〖英国史〗イングランドとスコットランドの統合《1603年の王位統合と1707年の議会統合》；大ブリテンとアイルランドの統合《1801年の議会統合》
❻《しばしば U-》C (大学などの)学生クラブ；学生会館《学生の文化活動・社交・食事などのために設けられた学内施設. Student Union, Students' Union ともいう》
❼ U C 《旧》結婚(による結びつき)；性交 ‖ They live in perfect ～. 彼らはとても仲よく暮らしている
❽ C (国旗などの)連合表象《米国国旗の白星の部分のように「連邦」を表す区画》 ❾ C 〖機〗接合管, ユニオン継手 ❿ C 〖数〗和集合 ⓫ U 〖織〗交ぜ織り(物)
▸▸ **～ càtalog** 名 C (別の図書館・部門との)総合(図書)目録 **Únion flàg** /, ˗ ˗ ˗/ 名 《the ～》＝Union Jack ① **Ùnion Jáck** / 米 ˗ ˗ ˗/ 名 ①《the ～》ユニオン＝ジャック, 英国国旗 ②《u- j-》C (船舶などで掲げる)連合表象旗 **～ shòp** 名 C ユニオンショップ《従業員が一定期間内に労働組合に加入することが義務づけられている事業所》(→ open shop；closed shop) **～ sùit** 名 C 《米》《旧》コンビネーション(《英》combinations)《上下が1つになっている下着》

Union Jack ①

un·ion·ism /jú:njənìzm | -iən-/ 名 U ❶(労働)組合主義 ❷《U-》〖米国史〗(南北戦争当時の)連邦主義 ❸アイルランド統一主義《大ブリテンと北アイルランドの統一を支持》

***un·ion·ist** /jú:njənəst | -iənɪst/ 名 C ❶(労働)組合員；(労働)組合主義者 ❷《U-》〖米国史〗(南北戦争時の)連邦主義者 ❸〖英国史〗アイルランド統一主義者《大ブリテンとアイルランド(後に北アイルランド)の統一を支持》

un·ion·ize /jú:njənàɪz | -iən-/ 動 他 〔労働者〕を労働組合に加入させる；〔職場〕に労働組合を組織する
―自 労働組合に加入する；労働組合を組織する
ùn·ion·i·zá·tion 名

ùni·pólar 形 単極の；(米国中心の)一極の

****u·nique** /juní:k/《発音注意》
―形 (**more ～ ; most ～**) (♦口語, 特に広告などでは more,

most がついたり very に修飾されることもあるが，正用法と認めない人も多い．absolutely, totally, almost による修飾は一般的に可能)(⇨ PB 93)
❶《比較なし》1つしかない，**唯一の** ‖ People are ～ in their features. 人の顔立ちは一人一人違う
❷ 得難い；素晴らしい，**比類のない**，ユニークな，驚くべき ‖ Don't miss this ～ opportunity. この得難い機会を逃すな / a ～ achievement 空前の偉業
❸《比較なし》〈…に〉**独特の**，特有な〈**to**〉‖ Using chopsticks is a custom ～ *to* Asia. 箸(はし)を使うのはアジア独特の習慣だ
～·ly 副 **～·ness** 名

ùni·séx 形 (洋服・髪型などが)男女の区別がない，男女両用の；男女の区別ができない ‖ ～ jeans ユニセックスジーンズ
—名 U ユニセックスの服装[スタイル]

ùni·séxual 〈シ〉 形《生》単性の

u·ni·son /jú:nɪsən, -zən/ 名 U C ❶《楽》斉唱，斉奏；ユニゾン，同音；《the ～》1度(音程) ❷ (声・音などの)一致，調和
in únison ① 斉唱[斉奏]で；同音で ② 〈…と〉調和して，一致して〈**with**〉‖ act *in* perfect ～ 一糸乱れず行動する ③ 同時に，口をそろえて，異口同音に

U

⁑u·nit /jú:nɪt/
—名 (複 **～s** /-s/) C ❶ (全体を構成する) (最小) 単位，**構成単位**，ユニット；(個々の)製品；1個，1人 ‖ The family is regarded as the basic ～ of society. 家族は社会の基本単位と考えられている / a government ～ 行政単位
❷《通例複合語で》(機械・装置などの)構成部分，部品，…部；(家具などの)ユニット ‖ kitchen ～*s* キッチンユニット / ～ furniture ユニット式家具
❸《通例複合語で》一団，一群；(軍隊などの)…部隊 ‖ an AIDS research ～ エイズ研究グループ / an armored ～ 《軍》機甲部隊
❹《通例複合語で》(病院の)…部，…室 ‖ an intensive care ～ (病院の)集中治療室(略 ICU)
❺ (度量衡・通貨などの基準としての)**単位** ‖ a ～ of length 長さの単位 / the C. G. S. system of ～*s* CGS (センチ・グラム・秒)単位制
❻ (教科書などの) 単元 ‖ a ～ on the Civil War 南北戦争についての単元 ❼《薬》(薬品などの) 単位 (量) ‖ six hundred thousand ～*s* of penicillin 60万単位のペニシリン ❽《数》単位 ❾《数》(最小の整数としての)1；1の位の数字(1-9) ❿《米・豪》集合住宅の1戸
▸▸ **～ còst** 名 C 単位原価 **～ prìce** 名 C 単位価格 **～ trùst** 名 C 《英》ユニット型投資信託(会社)(《米》mutual fund)

U·ni·tar·i·an /jù:nɪtéəriən/ 〈シ〉 名 C 《宗》ユニテリアン派の信者《三位一体の教理に反対し，神の単一性を主張するキリスト教一派》；(キリスト教徒でない)一神論者；三位一体説を信じない人 —形 ユニテリアン派[主義]の；(キリスト教以外の)一神論の；三位一体説を信じない **～·ìsm** 名

u·ni·tar·y /jú:nətèri | -nɪtəri/ 形 ❶ 単一の，まとまった ❷ 中央集権の ❸ 単位の，単位に関する

⁑u·nite /junáɪt/
—動 (**～s** /-s/；**u·nit·ed** /-ɪd/；**u·nit·ing**)
—他 ❶ …を**一体化する**，合体させる，統合する，合併させる(↔ separate)〈**into** …に；**with** …と〉(⇨ CONNECT 類語) ‖ Scotland and England were ～*d* in 1707. ＝Scotland was ～*d with* England in 1707. スコットランドとイングランドは1707年に統合された / ～ art and science 芸術と科学を一体化する / ～ two parties *into* one 2党を合併して1つの党にする
❷〔人々〕を**団結させる**，結束させる(↔ split) ‖ The threat of war ～*d* the whole country. 戦争の脅威が国中を結束させた
❸〔複数の性質・特徴など〕を併せ持つ，兼ね備える ‖ She ～*s* beauty and talent. 彼女は才色兼備だ
❹ (聖職者が) …を結婚させる ‖ be ～*d* in matrimony [OR marriage] 式を挙げて夫婦になる
❺ …を接合する，接着する
—自 ❶ (結びついて)**1つになる**；〈…と〉**結合する**，合体する〈**with**〉‖ The two Germanys ～*d* in 1990. 両ドイツは1990年に統合した
❷ 団結する，結束する(⤷ band together)〈**against** …に反対して；**in** …のことで；**behind** …を後押しして / **to** *do* …するために〉‖ Let us ～ *against* the common enemy. 団結して共通の敵に当たろう / ～ *to* form a volunteer group 一体となってボランティア団体を設立する
❸ 接合[接着]する

COMMUNICATIVE EXPRESSIONS
1 **Unìted we stánd(; divided we fáll).** 今こそ団結を(さもなくば倒れん)(♥ スローガンなどとして用いる表現)

語源「1つにする」の意のラテン語 *unire* から．同系語 uniform, union, unique, universe.

⁑u·nit·ed /junáɪṭɪd/
—形 (**more ～；most ～**)
❶ (国などが)**連合した**，統合した ‖ a ～ Germany 統一ドイツ
❷ 力を合わせた，団結した，協力した ‖ a ～ effort to combat global warming 一致団結して地球温暖化と闘う努力 / present a ～ front against terrorism テロに対し共同戦線を張る
❸ (家族などが) まとまった，和合した ‖ a very ～ family とても仲むつまじい家族 ❹《通例 U-》《英》《サッカーチーム・教会・団体などの名称に用いて》‖ Manchester *United* マンチェスター＝ユナイテッド
～·ly 副
▸▸ **Unìted Àrab Émirates** (↓) **Unìted Frée Chùrch** 名《the ～》合同自由教会(1900-1929)《自由教会と合同長老教会の合同によって結成された》 **Unìted Kíngdom** (↓) **Unìted Nátions** (↓) **Unìted Nàtions Secúrity Còuncil** 名《the ～》＝security council **Unìted Prèss Internátional** 名《the ～》UPI通信社《米国の通信社》 **Unìted Státes (of América)** (↓)

***Unìted Àrab Émirates** 名《the ～》アラブ首長国連邦《ペルシャ湾南岸の7つの首長国からなる連邦国家．首都 Abu Dhabi》

⁑Unìted Kíngdom
—名《the ～》**連合王国**，英国，イギリス《公式名は the United Kingdom of Great Britain and Northern Ireland (グレートブリテン及び北アイルランド連合王国)．略 UK, U.K. イングランド・スコットランド・ウェールズ・北アイルランドからなる．首都 London》

***Unìted Nátions** 名《the ～》《通例単数扱い》国際連合，国連《略 UN, U.N. 本部 New York City》

⁑Unìted Státes (of América) 〈シ〉
—名《the ～》《通例単数扱い》**アメリカ合衆国**，米国《略 US, USA, U.S., U.S.A. 50州および Washington, D.C. からなる．首都は Washington, D.C.》(♦ 単に America ともいうが，America は南北アメリカ大陸全体をも指すので，アメリカ人は the (United) States ということが多い)

u·nit·ize /jú:nətàɪz/ 動 他 …を一体化する

***u·ni·ty** /jú:nəṭi/ 名 (複 **-ties** /-z/) U ❶ 1つであること，単一(性)；統合；C 単一[統一]体，個体(↔ disunity) ‖ German ～ ドイツの統合 / racial ～ 民族的単一性 ❷ 一致，調和；結束，団結(↔ disagreement)(⇨ 類語) ‖ national [political] ～ 挙国[政治的]一致 / in [OR at] ～ with others 他人と協調して ❸ (目的・行為などの)一貫性 ‖ ～ of purpose 目的の一貫性 ❹ (芸術作品の部分[素材]の)効果的配置；まとまり，統一的効果 ‖ The design lacks ～. そのデザインには統一性が欠けている ❺ Ⓒ〖劇〗三一致の法則(の1つ) ‖ the (three) *unities* 三統一, 三一致《フランス新古典主義時代の作家によって劇構成の必要条件とされた時・場所・行動の一致》 ❻〖数〗(単位としての)1(の数字)

類語 《❷》 **unity** いろいろの要素からなっているものが目的・利害が同じであるために精神的・感情的に統一されていること.
union 共通の目的のために1つの組織に結合されていること.

⏩**～ càndle** 名 Ⓒ《米》ユニティー=キャンドル《結婚式で新郎新婦がそれぞれ灯したろうそくから点火する大きなろうそく》

univ. 略 universal(ly); university

Univ. 略 Universalist; University

u·ni·va·lent /jùːnɪvéɪlənt/ 形〖生・化〗一価の

‡**u·ni·ver·sal** /jùːnɪvə́ːrsəl/ ＜シ

── 形〔◁ universe 名〕《比較なし》 ❶ **普遍[遍在]的な**, 一般的な, 広く行われている, あらゆる人[事象]に当てはまる ‖ ～ truth 普遍的真理 / ～ superstitions 広く言われ[行われ]ている迷信
❷ (あらゆる人に)**共通の**, 全員の, 全体による, 万人(共通)の ‖ a ～ human interest 人間共通の関心事 / ～ health care 国民皆保険
❸ 全世界の(ための), 万国の; (言語などが)世界中に通用する ‖ a ～ language 世界(共通)語
❹ 宇宙の, 万物の, 万有の, 遍在する ‖ ～ gravitation 万有引力
❺ 完全な体系を構成する, 完全な ‖ the ～ cosmos 全宇宙 ❻ (人が)博識の, 多才な, 万能の; (知識などが)多方面の, 広範な ‖ a ～ genius 万能の天才 / ～ knowledge 博識 ❼〖機〗自在の, 万能の, 汎用(はんよう)の ‖ a ～ spanner 自在スパナ ❽〖論〗全称的な(↔ particular)

── 名 Ⓒ ❶ (特定社会の全成員・全人類の)普遍的特性[行動様式]; 普遍的なもの ❷〖論〗全称命題 ❸《the ～》〖哲〗一般概念 ❹〖言〗(言語の)普遍的特徴

⏩**～ desígn** 名 Ⓤ Ⓒ ユニバーサルデザイン《能力のいかんや障害の有無にかかわらずだれでも利用しやすい製品や環境のデザイン》 **～ dónor** 名 Ⓒ O型の血液提供者 **～ grámmar** 名 Ⓒ Ⓤ〖言〗普遍文法 **～ índicator** 名 Ⓤ〖化〗万能試験紙 **～ jóint [cóupling]** 名 Ⓒ 自在継手(つぎて) **Univèrsal Próduct Còde** 名 Ⓒ 統一商品コード《商品の種類・価格を示すバーコード. 略 UPC》 **～ sét** 名 Ⓒ〖数〗全体集合 **～ súffrage** 名 Ⓤ 普通選挙権 **～ tìme** 名 Ⓤ =Greenwich (mean) time

Ù·ni·vér·sal·ìsm /-ìzm/ 名 Ⓤ ❶〖宗〗普遍[万人]救済説 ❷《u-》(知識などの)広範囲なこと, 包括的なこと

Ù·ni·vér·sal·ist /-ɪst/ 名 Ⓒ 形〖宗〗普遍[万人]救済説の信奉者(の)

u·ni·ver·sal·i·ty /jùːnɪvəːrsǽləṭi/ 名 Ⓤ ❶ 普遍性, 一般性 ❷ (知識などの)広範囲なこと, 包括的なこと

u·ni·ver·sal·ize /jùːnɪvə́ːrsəlàɪz/ 動 他 …を普遍[一般]化する; …を普及させる **ù·ni·vèr·sal·i·zá·tion** 名

*__u·ni·ver·sal·ly__ /jùːnɪvə́ːrsəli/ 副 普遍的に, あまねく, どこでも, だれにでも ‖ His economic theory is ～ accepted. 彼の経済理論は普遍的に受け入れられている

‡**u·ni·verse** /júːnɪvə̀ːrs/ 《アクセント注意》

── 名〔▶ universal 形〕(複 **-vers·es** /-ɪz/) ❶《the ～, the U-》**宇宙**(cosmos)(⇨ 類語); 天地万物, 森羅(しんら)万象 ‖ a theory of how the ～ began 宇宙がどのようにして始まったかという理論 / God made the ～. 神は万物を創造した
❷ Ⓒ **銀河系**, (天文学的な)宇宙 ‖ island ～*s* beyond the Milky Way system 銀河系外の島宇宙
❸ Ⓒ《通例単数形で》(観念上や現実上で独立した体系の)世界, 分野, 領域 ‖ She creates her own ～ in her novels. 彼女は小説の中で自分の世界を作り上げている / the center of the publishing ～ 出版業界の中心
❹《the ～》**全世界**; 全人類 ‖ The whole ～ knows the news. 世界中の人たちがそのニュースを知っている

be the center of a person's universe ⇨ CENTER(成句)

類語 《❶》 **universe** 「宇宙」を表す一般語.
cosmos 特に(chaos に対して)秩序整然たる体系として考えた universe.
space 大気圏外の宇宙空間.

語源 *uni-* one + *-verse* turned: 1つにされたもの

‡**u·ni·ver·si·ty** /jùːnɪvə́ːrsəṭi/ 《アクセント注意》

── 名 (複 **-ties** /-z/) ❶ Ⓒ **大学**, **総合大学**(→ college)《米国では学部・大学院を持つ総合大学を指し, 英国ではそれぞれ独自の伝統と歴史を持つ college の集合体をいう》; 大学の構内[建物](♦ 勉学の場としての意味で《米》ではふつう the がつくが, 《英》では無冠詞の場合が多い) ‖ the *University* of California カリフォルニア大学(♦ 大学の名称として, 人名・地名が先行する場合はふつう the をつけない. 〈例〉Brown *University*) / a women's ～ 女子大

連語 【動(+前)+～】 get into (the) ～ 大学に入る(♦ college の場合は無冠詞で用いる) / graduate *from* a ～ 大学を卒業する / go to a [OR the] ～ 大学へ行く[で学ぶ](♦《英》では無冠詞で go to *university* ともいう) / be *at* (the) ～ 大学に在学中である / leave (the) ～ 大学を中退する(♦《英》では卒業を意味することもある)

❷《形容詞的に》**大学の**, 大学に関係する ‖ a ～ student 大学生 / a ～ education 大学教育 / a ～ town 大学都市 / a ～ library 大学図書館
❸《the ～》《集合的に》大学の構成員《学生と当局》, 大学関係者 ‖ The whole ～ is against the law. 全学がその法律に反対である

語源 *uni-* one + *-verse-* turned : *-ity*(名詞語尾): 1つにまとまった社会

UNIX, U·nix /júːnɪks/ 名 Ⓤ《商標》💻 ユニックス《AT&T社が開発したマルチユーザー・マルチタスクに優れたワークステーション用OS》

*__ùn·júst__ ＜シ 形 (♦ 名詞は injustice) 公正でない, 不公平な, 不正な, 不当な ‖ It is ～ of you to fire him. 君が彼を首にするのは筋が通らない / an ～ trial 不公正な裁判 / ～ laws 不当な法律 **～·ness** 名

ùn·jùstifíable /, ⌐⌐⌐⌐⌐⌐/ 形 正当化できない, 言い訳が立たない, 道理に合わない, 条理の立たない(↔ justifiable) ‖ ～ delays 弁解の余地がない遅延 **-jùstifíably** /, ⌐⌐⌐⌐⌐⌐/ 副

ùn·jústified 形 不当な, 理不尽な

ùn·jústly 副 不当に, 不当にも ‖ The native people of the area were treated ～. その地域の先住民は不当に扱われた

un·kempt /ʌ̀nkémpt/ ＜シ 形 ❶ (髪が)くしを入れていない ❷ (服装などが)だらしない; (庭が)手入れのしていない

*__ùn·kínd__ ＜シ 形 ❶ 〈人に〉不親切な, 薄情な, 思いやりのない〈to〉 ‖ She was ～ *to* her neighbors. 彼女は近所の人たちに不親切だった / It is very ～ of you to leave without a word.＝You are very ～ to leave without a word. 黙って行ってしまうなんてあんまりだ ❷ (天気・気候が)悪い, 厳しい **～·ness** 名

ùn·kíndly 副 不親切に, 薄情に ‖ Don't take it ～ if ... …でも悪くとらないでください ── 形 =unkind

ùn·knít 動 (**-knit** OR **-knit·ted** /-ɪd/; **-knit·ting**) 他〔結び目など〕をほどく ── 自 ほどける, ほぐれる

ùn·knówable 形 知ることのできない, 不可知の
── 名《the ～》不可知のもの

ùn·knówing 形《通例限定》知らない, 気づいていない **～·ly** 副 知らずに, 気づかずに

‡**un·known** /ʌ̀nnóʊn/ ＜シ

── 形《比較なし》 ❶ 〈…に〉**知られていない**, 不明の, なじみのない, 未知の〈to〉 ‖ The motive of the crime **re-**

mains largely ～. その犯罪の動機は依然として大部分が不明だ / That district is ～ *to* me. その辺りはなじみがない / a rumor of ～ origin 出所不明のうわさ / ～ delights 味わったことのない喜び
❷ 名前の知られていない, 無名の (↔ well-known, famous) ‖ The composer of the song is ～. その曲の作曲者は不明である / a **previously** [**virtually**] ～ writer 以前は知られていなかった[ほとんど無名の]作家
unknówn to a person 〔人〕に知られずに, 〔人〕の知らないところで ‖ *Unknown to* the general public, the two companies planned to merge. 一般には知られていなかったが, その2社は合併を計画していた
―名 (複 **~s** /-z/) Ⓒ ❶ 未知の人, 無名の人 ; 未知の事実 ❷ 《the ～》未知の世界 ❸ 〖数〗未知数(の記号)
▸▸ **～ quántity** 名 Ⓒ 未知数の人[もの] **Ùnknown Sóldier** [《英》**Wárrior**] 名 《ときに u- s-》《the ～》無名戦士 《米国では Arlington National Cemetery, 英国では Westminster Abbey に墓がある》

ùn·láce 動 他 〔靴・服など〕のひもを解く ; ひもを解いて〔人〕の服を緩める[脱がせる]

ùn·láden 形 荷物[人]を載せていない

ùn·látch 動 他 〔玄関など〕の掛け金を外す, 掛け金を外して…を開ける ―自 掛け金が外れる, 掛け金が外れて開く

*__ùn·láwful__ 形 違法の, 非合法の **~·ly** 副 **~·ness** 名
▸▸ **～ kílling** 名 Ⓒ 〖法〗(不法)殺人

ùn·léaded /-lédɪd/ <シ 形 ❶ 鉛を含まない, 無鉛の ‖ ～ gasoline 無鉛ガソリン ❷ 〖印〗(活字が)インテルを入れていない 《行間をあけていない》 ―名 Ⓤ 無鉛ガソリン

ùn·léarn 動 (**~ed** /-d/ OR **~t** /-lə́ːrnt/) 他 〔習得した知識など〕を念頭から払う, 忘れ(ようとす)る ; 〔癖・考えなど〕を捨て去る(♦「学ばない」の意ではない)

un·learn·ed[1] /ʌnlə́ːrnɪd/ 形 ❶ (人が) 教育のない, 無学な, 無知な ; 〈…の〉知識が(足り)ない〈**in**〉 ❷ (行為などが)教養のないことを表す

un·learned[2] /ʌnlə́ːrnd/, **-learnt** /-lə́ːrnt/ 形 学んで得たのではない, 生得の

*__ùn·léash__ 動 他 ❶ 〔抑えていた感情・暴力など〕を〈…に〉発散させる, 爆発させる〈**on, upon**〉 ‖ I ～*ed* my anger *on* him. 私は彼に怒りをぶつけた ❷ 〔犬など〕の革ひも[鎖]を外す

un·leav·ened /ʌnlévənd/ 《発音注意》 <シ 形 (パンが)パン種の入っていない

⁝un·less /ənlés, ʌn-/ 《アクセント注意》

―接 **…でなければ**, …でない限り ; …の場合を除いては ; 《発言の後で付加的に》…でなければの話だが ‖ You don't have to tell me your name ～ you want to. 言いたくなければお名前はおっしゃらなくて結構です / *Unless* something unexpected happens [×will happen], we'll take the first train tomorrow. 何か突発的なことでも起きない限り, 明日の始発列車に乗ります(♦ unless 節では will を使わず, 未来のことは現在形で表す) / He wouldn't go to the dentist ～ I told him to. 彼は私が言わない限り歯医者には行こうとしなかった / "Would you like some tea?" "Not ～ you're having some yourself." 「紅茶はいかがですか」「あなたもお飲みになるのでなければ結構です」 / I'd like to see your drawings ― ～ you're busy now. あなたのデッサンを拝見したいですね, 今お忙しくなければの話ですが

語法★☆ unless と if ... not
(1) unless は主節の出来事が起こるための例外的な条件「…でない限り」を表す. したがって unless 節内の出来事は起こる可能性が低い (と話者は考えている) 場合が多い. if ... not にはこのことは当てはまらない. 〈例〉I'll be surprised 「*if* she does*n't* win a prize in the contest [×unless she wins a prize in the contest]. 彼女がコンテストで賞を取らない方が不思議だ(♦「賞を取らない限り」の意味ではない)
(2) unless は if ... not と違って事実と異なる仮定を述べるのには用いない. したがって unless は仮定法を伴わないのが原則である. 〈例〉He would have died 「*if* you had*n't* taken him to the hospital [×unless you had taken him to the hospital]. あなたが病院に連れて行かなかったら彼は死んでいただろう
(3) unless と if ... not がいずれも使えることもあるが, 微妙な意味の差が生じる場合がある. 例えば, I won't go unless he goes. (彼が行かない限り私は行かない) では, 自分には行く意志が乏しいことを示し(場合によっては脅迫的響きを含む), I won't go if he doesn't. (彼が行かないのなら私も行かない) は自分には行く意志のあることを暗示することが多い.

COMMUNICATIVE EXPRESSIONS
1 **I'll néver** coóperate **unlèss** she admìts her mistáke. 彼女が自分の誤りを認めない限り, 私は協力しません(♥ 条件を示す. =I'll cooperate only if she ....)

ùn·léttered <シ 形 (人文学的な) 教養のない, 無学の, 文字の読めない

ùn·lícensed 形 ❶ 無免許の, 無鑑札の ; 《主に英》酒類販売免許のない ❷ 放縦な

⁝**un·like** /ʌnláɪk/ <シ
―前 ❶ **…と異なって**, …と違って ‖ *Unlike* her mother, Mary is very tall. 母親と違ってメアリーはとても背が高い / He is ～ any of my other friends. 彼は私のほかの友人のだれとも違っている
❷ …らしくない ‖ Neglecting to call is ～ him. 電話するのを忘れるなんて彼らしくない / What happened? It is ～ you to be late. どうしたの? 遅刻するなんてあなたらしくもない
―形 《比較なし》《叙述》似ていない, 異なった, 違った (↔ similar)(→ alike) ‖ The twin brothers are **quite** ～ in character. その双子の兄弟は似ても似つかない性格だ
~·ness 名

*__un·like·ly__ /ʌnláɪkli/ 形 (**-like·li·er, more ～ ; -like·li·est, most ～**) (↔ likely) ❶ 《It is ～ (that) *A* ... / *A* is ～ to *do* で》*A*は…しそうもない[ありそうもない, 考えられない] ‖ It is ～ (*that*) she will marry Jim. =She is ～ *to* marry Jim. 彼女がジムと結婚するはずはない (♦ ×It is unlikely for her to marry Jim. とはいわない) / This business seems ～ *to* succeed. この事業は成功しそうもない / Dick is ～ *to* be back before noon. ディックは昼前に戻って来そうもない / It's ～ *to* rain. 雨は降りそうにない ❷ 《限定》ふつう考え[想像]もつかない ; 信じ難い, 本当らしくない ‖ I found the ring in a most ～ place. およそ考えもつかない所でその指輪を見つけた / an ～ story まゆつばものの話 / in the ～ event of fire 万一火災の際には ❸ 《限定》適合しない, 成功しそうにない, 見込みのない ‖ The two are an ～ couple. その二人はうまくいきそうにないカップルだ / a most ～ candidate for the job その仕事にはとても向いていそうもない人
-li·hòod, -li·ness 名

ùn·límber 動 他 ❶ 《主に米》使用できるように…を準備する ❷ 〔砲〕を前車(limber)から外す
―自 (発砲などの)準備をする

*__ùn·límited__ 形 ❶ 際限のない, 果てしない, 無限の ‖ an ～ expanse of sky 広大無辺の空 ❷ 制限のない, 無制限の ; 無条件の ‖ The pass gives you ～ entry for a year. そのパスで1年間何度でも入場できます / ～ access to the information 情報への無制限のアクセス (権) ❸ 〖商〗無限(責任)の ‖ ～ liability 無限責任 **~·ly** 副

ùn·líned 形 ❶ 線のついていない ; (顔などが)しわのない ❷ (上着などが)裏をつけていない

ùn·línk 動 他 ❶ …の環(わ)を外す, 連環を離す ❷ …の連係を解く, …を離す

ùn·lísted 形 表[リスト]に載っていない ; (株などが)非上場の ; 《主に米》(電話番号が)電話帳に載っていない(《英》ex-directory)

ùn·lít 〈シ〉 形 明かりのともっていない；火のついていない

***ùn·lóad** 動 他 ❶〔船・車など〕から積み荷を降ろす；〈…から〉〔積み荷・乗客など〕を降ろす〈**from**〉‖ ～ a ship 船の積み荷を降ろす / ～ furniture *from* a van トラックから家具を降ろす ❷〔悩み・怒りなど〕を〈…に〉ぶちまける；〔心の重荷など〕を降ろす；〔重荷となるもの〕を〈…に〉押しつける，たらい回しにする〈**on, onto**〉‖ Why don't you ～ your worries straight *onto* your husband? 悩みをストレートにご主人にぶつけてみたらどうですか ❸〔銃砲〕から弾薬を抜き取る；〔カメラ〕からフィルムを取り出す ‖ ～ a gun 銃の弾丸を抜く ❹《口》〔不良品・禁制品など〕を手早く処分する；〈…に〉売り払う〈**on, onto**〉

—自 ❶(人・船・車などが)積み荷[乗客]を降ろす ❷銃から弾薬を抜き取る ❸〈人に〉当たり散らす〈**on**〉

***ùn·lóck** 動 他 ❶〔ドア・箱など〕の錠を開ける[外す] ‖ The key didn't ～ the bicycle. その鍵(かぎ)では自転車の錠が開かなかった ❷(錠を開けるように)…を解き放す，放出させる ‖ The shock ～*ed* a flood of tears. ショックのあまり涙が止めどなくあふれ出た ❸〔秘密など〕を明かす；〔なぞなど〕を解明する ‖ ～ the secrets of ... …の重要な事実を発見する —自 ❶錠が外れる[開く] ❷束縛を解かれる

ùn·lócked 形 錠の降りていない，鍵のかかっていない

ùn·lóoked-fòr 形 意外な，予期しない

ùn·lóose, -lóosen 動 他〔結んだもの〕をほどく，緩める；…を解き放つ；〔握りしめた力など〕を緩める

ùn·lóved 〈シ〉 形 だれからも愛されない

ùn·lóvely 形 愛らしくない，無器量な，醜い；不愉快な，いやな **-lóveliness** 名

***ùn·lúckily** 副 ❶《文修飾》運の悪いことに，不運にも，あいにく ‖ *Unluckily* I lost my notes. あいにくなことに私は自分のメモをなくしてしまった(=It is unlucky (that) I have lost ....=I am unlucky to have lost ....) ❷不運(のうち)に

***un·luck·y** /ʌnlʌ́ki/ 形 ❶運の悪い，不運な，ついていない〈**at, in, with** …に関して / **to** *do* …して〉；うまくいかない，不成功の ‖ We were ～ *with* the weather on our wedding day. 私たちは結婚式当日天候に恵まれなかった / I was ～ not *to* get the job. その仕事に就くことができなくて不運だった / It is ～ (for you) that you've lost your wallet. 財布をなくしたなんて運が悪いね / be ～ *in* love 恋愛運が悪い ❷不吉な，縁起の悪い ‖ Thirteen is believed to be an ～ number in Western countries. 西洋諸国では13は不吉な数だと信じられている ❸遺憾な，残念な，あいにくの ‖ The ～ fact is that, even though you won, your time is not an official record. 残念なのは，勝ちはしたが，あなたのタイムが公式記録ではないことだ / in an ～ hour 折あしく
-lúck·i·ness 名

ùn·máde 〈シ〉 形 (ベッドが)整えられていない；《英》(道が)舗装されていない

ùn·máke 動 (**-made** /-méɪd/；**-mak·ing**) 他 ❶…を元の形[状態]に戻す ❷…を破壊する，壊す ❸…を地位から降ろす

ùn·mánageable 形 手に負えない，取り扱いにくい，始末に困る **-bly** 副

ùn·mánly 形 男らしくない，柔弱な，めめしい(中立 cowardly, dishonest)
-mánliness 名 (中立 cowardice, dishonesty)

***ùn·mánned** 形 乗組員のいない(中立 unstaffed)；(宇宙船・飛行機などが)無人の(中立 automatic)

ùn·mánnered 形 ❶無作法な ❷気取らない，率直な

ùn·mánnerly 形 無作法な，粗野な
-mánnerliness 名

ùn·mápped 形 ❶地図に載っていない ❷未踏の

ùn·márked 〈シ〉 形 ❶印のついていない，無印の ‖ an ～ police car 覆面パトカー ❷注目されていない，ノーマークの，目立たない ❸傷のついていない ❹《言》無標の《言語を構成する単位(単語・文など)を対照的に比較したとき，標識(marker)を持たない(より一般的・基本的な)方を無標，標識を持って特定の機能を示す方を有標とみなす．例えばduck(カモ，アヒル)は無標，drake(雄のカモ，アヒル)は有標である》(↔ marked)

ùn·márried 〈シ〉 形 結婚していない，未婚の，独身の ‖ an ～ mother 未婚の母

ùn·másk 動 他 ❶…の仮面[仮装]をはがす ❷…の正体[真相]を暴く，暴露する

ùn·mátched 〈シ〉 形 無比の，無類の，無敵の

ùn·méaning 形 ❶意味[意義]のない，無意味な ❷(表情などが)うつろな，無表情な

ùn·méasured 形 測定されていない；《主に文》限りのない，無限の

ùn·mémorable 形 記憶に残らない，覚えるに値しない

ùn·méntionable 形 《通例限定》人前で口にできない，口にするのもはばかられる ‖ an ～ disease 性病
—名 C《主に戯》❶《通例 ～s》口にすべきでない人[もの] ❷《～s》(特に女性の)下着(underwear)

ùn·mérciful 形 (人・行為が)無情な，冷酷な **～·ly** 副

ùn·mét 形 (要求などが)満足していない，不満足な

ùn·míndful 形 《叙述》〈…を〉心に留めない，〈…に〉不注意な，無頓着(むとんちゃく)な；〈…を〉忘れている〈**of**〉‖ He was not ～ *of* the promise. 彼はその約束を忘れていなかった
～·ly 副

ùn·míssable 形 ❶逃してはならない ❷間違えようのない，明らかな

***ùn·mistákable, -táke-** 〈シ〉 形 間違えようのない，紛れもない，明白な ‖ an ～ symptom 紛れもない兆候
-bly 副

ùn·mítigàted 形 ❶(痛みなどが)和らげられない，軽減されない ❷《限定》全くの，正真正銘の ‖ an ～ villain 極悪非道の悪党 **～·ly** 副

ùn·míxed 〈シ〉 形 混ざり物のない，入り混じっていない

ùn·molésted 形 悩まされない，煩わされない；妨害されない；平穏な

ùn·móor 動 他 ❶…を抜錨(ばつびょう)する，…のいかりを上げる，とも綱を解く ❷(双錨泊の際1錨を揚げて)…を単錨泊にする —自 抜錨する，とも綱を解く

ùn·móral 形 道徳に無関係な，没道徳的な(amoral)(→ immoral) **-morálity** 名

ùn·mótivàted 形 これといった動機のない；刺激[誘因]を与えられていない；やる気のない ‖ an ～ crime 動機なき犯罪

ùn·móunted 形 ❶馬に乗っていない，徒歩の ❷台に据えていない；(宝石を台に)はめていない

ùn·móved 形 《叙述》心を動かされない；平静な，冷静な；決然とした ‖ ～ by her tears 彼女の涙にも心を動かされないで

ùn·móving 形 動かない，固定[静止]した；感動させない

ùn·músical 形 非音楽的な，調子外れの；音楽の素養のない

ùn·múzzle 動 他 ❶〔犬など〕の口輪を外す ❷…の束縛を解く；…に言論の自由を与える

ùn·námable, -námeable 形 口に出して言えない；名状し難い

ùn·námed 〈シ〉 形 氏名不明[不詳]の，名前を明かされていない

***ùn·nátural** 形 ❶自然の理にかなっていない，不自然な；異常な，奇怪な ‖ ～ phenomena [behavior] 不思議な現象[行動] / die an ～ death 変死[横死]する / ～ weather for April 4月にしては異常な天候 ❷作為的な，わざとらしい，気取った ‖ His manner looked forced and ～. 彼の態度は取ってつけたようでわざとらしく見えた / an ～ smile 不自然な[作り]笑い ❸非人間的な，非道な ‖ It's ～ of parents to mistreat their children. 実の子を虐待するとはひどい親だ **～·ness** 名

ùn·náturally 副 ❶不自然に；異常に；《文修飾》不自然なことに ‖ not ～ 無理もないことだが ❷作為的に，わざと

U

らしく ❸ 非人間的に

un·nec·es·sar·i·ly /ʌnnèsəsérəli | -nésəsər-/ 《アクセント注意》 副 不必要に, 必要以上に, いたずらに

‡**un·nec·es·sar·y** /ʌnnésəsèri | -səri/ 《アクセント注意》
—形 (**more** ～; **most** ～)
不必要な, 無用の; 余計な ‖ It is ～ for you to fill in this part of the form. 用紙のこの部分は記入する必要がありません / **quite** [OR **totally**] ～ expenses 全く必要のない出費

ùn·nérve 動 他 …の勇気[自信, 気力]を失わせる, …を弱気にさせる **-nérving** 形 **-nérvingly** 副

ùn·nóticeable 形 人目を引かない, 人目につきにくい

***ùn·nóticed** 形 《通例叙述》目立たない, 気づかれない, 注目されない ‖ His remark went [OR passed] ～ by anybody. 彼の発言はだれにも注目されずに終わった

ùn·númbered 〈シ〉 形 ❶ 番号のついていない ❷ 《文》数えられていない; 数えきれない, 無数の

UNO, U.N.O. /jú:nou/ 略 *U*nited *N*ations *O*rganization (国際連合(機構)) (♦ 現在は UN, U.N. がふつう)

ùn·objéctionable 形 異論のない, 差し支えない

ùn·obsérvant 形 観察力のない, 不注意な

ùn·obsérved 形 気づかれていない; 観察されていない; (規則などが)守られていない

ùn·obtáinable 形 《通例叙述》得難い, 手に入れにくい

ùn·obtrúsive 〈シ〉 形 出しゃばらない, 控えめな, 慎み深い, 地味な **～·ly** 副

ùn·óccupied 形 ❶ (家・部屋などが)空いている ❷ 働いていない, 暇な, ぶらぶらしている ❸ (国・領土などが)占領されていない

***ùn·offícial** 〈シ〉 形 非公式な, 私的な; 非公認の; (報告などが) 公式に確認されていない, 公報でない ‖ an ～ meeting 非公式の会合 / make [OR pay] an ～ visit to Russia ロシアを非公式に訪問する / an ～ record 非公認記録 / ～ reports 未確認情報 **～·ly** 副

ùn·ópened 形 ❶ 開かれていない, 閉じたままの, 未開封の ‖ Her letter lay ～ on his desk. 彼女の手紙は封も切らずに彼の机の上に置いてあった ❷ (一般に) 公開されていない

ùn·oppósed 〈シ〉 形 《通例叙述》反対されていない, 抵抗するもののない, 無競争の

ùn·órganized 形 ❶ 組織(化)されていない, 未組織の ❷ 無機(物)の ❸ (労働者が)労働組合に組織されていない

ùn·oríginal 形 独創的でない; 模倣の; 借り物の

ùn·órthodòx 形 正統でない, 伝統的でない, 異教の, 異端の

ùn·páck 動 他 ❶ 〔包み・荷など〕を解く, …から中身を取り出す ‖ ～ a suitcase スーツケースを開けて中のものを出す ❷ …を〈容器・包みから〉取り出す〈**from**〉
—自 包み[荷]を解く

ùn·páid 〈シ〉 形 ❶ (借金・手形などが) 支払われていない, 未払いの, 未納の ❷ (人・仕事が) 無給の, 無報酬の (↔ paid)

ùn·páired 形 対のない, 配偶者[相手]のいない

ùn·pálatable 形 ❶ おいしくない, 口に合わない ❷ (事実・考えなどが)受け入れられない, のめない, 不愉快な

ùn·párallèled 形 並ぶものがない, 無比の, ほかに例を見ない, 前代未聞の

ùn·párdonable 形 許し難い, 勘弁できない

ùn·pàrliaméntary 形 議院法[議院の慣例]に反する; (言動が) 議院にふさわしくない ‖ ～ language (議院内で許されぬ)不規則発言, 口汚い野次

ùn·pàtriótic 形 非愛国的な, 愛国心のない

ùn·páved 形 (道路などが)舗装されていない, 未舗装の

ùn·péeled 形 皮をむいていない (♦ ただし unpeel 動 他 は「…の皮をむく」(peel)の意)

ùn·pég 動 (**-pegged**; **-peg·ging**) 他 ❶ …から木くぎを抜く, 木くぎを外して開ける ❷ 〔物価・通貨など〕の規制を撤廃する; 《経》〔ほかの通貨〕との固定相場制をやめる

ùn·pérson 名 C (政治的理由などで)葬られた人, 失脚した人

ùn·pertúrbed 形 心を乱されない, 落ち着いた

ùn·píck 動 他 〔縫い物・編み物など〕の縫い目をほどく; 〔縫い目〕をほどく

ùn·pícked 形 ❶ (果実など) を摘んでいない, 収穫されていない ❷ 選ばれていない

ùn·pláced 〈シ〉 形 (競技などで)3位までに入賞しない, 着外の

ùn·plánned 形 設計されていない; 無計画の, 無方針の

ùn·pláyable 形 《主に英》 ❶ 《スポーツ》(テニス・クリケットで)ボールが返球できない, 打てない ❷ (運動場が)競技に適さない ❸ (曲が)うまく演奏できない

‡**un·pleas·ant** /ʌnplézənt/ 《発音注意》
—形 (**more** ～; **most** ～)
❶ **不愉快な**, 不快な, いやな ‖ ～ odors 悪臭 / ～ manners 不愉快な態度 / say the most ～ things 不愉快極まりないことを言う
❷ (人が)〈…に〉不親切な, 無礼な〈**to**〉
～·ly 副

un·pléasantness 名 ❶ U 不愉快, 不快感 ❷ C 不愉快なこと, けんか; U 不和, 仲たがい

ùn·plúg 動 (**-plugged** /-d/; **-plug·ging**) 他 …のプラグを抜く; …の栓を抜く; …をふさいでいるものを除く

ùn·plúgged 形 《しばしば U-》(ロック奏者が) 電気楽器を使わない, 生(なま)楽器を使った, アンプラグドの

ùn·plúmbed 〈シ〉 形 ❶ (深さ・考えなどを)突き止めていない, 底知れない ❷ (部屋などが)(水道・ガスなどの)配管がなされていない ❸ (水深を)測鉛で測っていない

ùn·pólished 形 磨き上げていない, つやを出していない; 洗練されていない, 粗野な

ùn·polítical 形 政治に関与しない[無関心の]

ùn·pólled 形 ❶ 投票を済ませていない ❷ 選挙人名簿に登録されていない ❸ (世論調査で)意見を求められない

ùn·pollúted 形 汚染されていない, 汚れていない, 清い

***ùn·pópular** 形 〈…に〉人気がない, 評判の悪い, 不評の〈**among, with**〉 ‖ The candidate was ～ *among* [OR *with*] the residents of the region. その候補者はその地域の住民に人気がなかった / an ～ policy 評判の悪い政策 **-pòpulárity** 名 **～·ly** 副

ùn·pópulated 形 居住者のいない, 人の住んでいない

ùn·práctical 形 =impractical

ùn·práctised 形 訓練[練習]を積んでいない, 未熟な, 慣れない

***un·prec·e·dent·ed** /ʌnprésədentɪd | -présɪ-/ 形 前例のない, 前代未聞の, 空前の ‖ an ～ economic crisis 未曽有(みぞう)の経済危機 **～·ly** 副

***ùn·predíctable** 〈シ〉 形 ❶ 予測[予言]できない, 変わりやすい ‖ ～ weather 変わりやすい天気 / ～ changes in the market 予測できない市場の変化 ❷ (人が) 何をするか予測できない, 気まぐれな
ùn·predictabílity 名 **-bly** 副

ùn·préjudiced 形 偏見[先入観]のない; 公平な

ùn·prèmèditàted 〈シ〉 形 あらかじめ考えられていない, 意図[計画]的でない

ùn·prepáred 〈シ〉 形 ❶ 準備が不十分な; 用意[心構え]ができていない〈**for** …に / **to** *do* …する〉 ‖ totally ～ 「*for* the cold [*to* face danger] 寒さの準備[危険に立ち向かう覚悟]が全くできていない ❷ 準備なし(で)の, 即興の, 即席の

ùn·prèposséssing 形 (外見が)魅力のない, 印象のよくない, ぱっとしない, さえない

ùn·preténtious 〈シ〉 形 つつましやかな, 控えめな; 見えを張らない(↔ pretentious) **～·ly** 副 **～·ness** 名

ùn·príncipled 形 (人・行為などが)道義心のない, 無節操な, 破廉恥な

ùn·príntable 形 (倫理・公序良俗の見地から) 印刷[出版]するのに適さない, 印刷[出版]をはばかられる

ùn·pròblemátic, -ical 形 問題のない, 問題を起こさない **-i·cal·ly** 副

ùn·prócessed 形 加工されていない, 未処理の

ùn·prodúctive 形 非生産的な, 利益のない; 効果のない **~·ly** 副

ùn·proféssional ⟨シ⟩ 形 ❶ (言動などが) 職業倫理に反する ❷ (仕事・作品などが) 専門家らしくない, 素人くさい; 本職でない, アマチュアの **~·ly** 副

ùn·prófitable 形 ❶ 利益を生じない, もうからない ❷ 無益な, 無駄な **-bly** 副

ùn·prómising 形 (前途の)見込みのない, 将来性のない, (天候などが)思わしくない

ùn·prómpted 形 (答え・行動などが) 促されたものではない, 自発的な

ùn·prónounceable 形 (人名などが) (難しくて) 発音できない

ùn·protécted 形 ❶ 保護を受けていない; 無防備の ❷ (セックスが) コンドームを用いない ‖ ~ sex コンドームを用いないセックス ❸ (データなどが)制限なしにアクセスできる

ùn·próven 形 立証[証明]されていない(↔ proven)

ùn·províded 形 ❶ ⟨…を⟩供給[支給]されていない; 備えつけられていない ⟨**with**⟩ ❷ ⟨…が⟩ 生計の資を与えられていない ⟨**for**⟩ ‖ His family were [OR was] left ~ *for*. (彼が死んで)家族には何の蓄えも残されていなかった

ùn·provóked ⟨シ⟩ 形 (攻撃などが)挑発されたものではない; 正当な理由のない, いわれのない

ùn·públished 形 公に[公表]されていない; (原稿などが)未発表の, 未刊の; (作家が)作品を公表[出版]したことのない

ùn·púnished 形 《叙述》罰を受けない, 処罰されていない, 処分を免れた ‖ go ~ (for ...) (…について) 罰せられないでいる

un·put·down·a·ble /ʌnpʊtdáʊnəbl/ 形 《口》 (本などが) 途中でやめられない(ほど面白い)

ùn·quálified ⟨シ⟩ 形 ❶ 資格のない; 適任でない, 不適格な ⟨**for** …に / **to *do*** …する⟩ ‖ He is ~ *to* work as a math teacher. 彼には数学の教師を務める資格がない / She was totally ~ *for* the job. 彼女はその仕事に全く向いていなかった / an ~ practitioner 無資格の開業医 ❷ 《通例限定》制限[限定]されない, 無条件の, 文句なしの ‖ The film was an ~ success. その映画は文句なしの大当たりだった / give ~ approval 全面的に賛成する

ùn·quénchable 形 消せない, 鎮められない; (欲望などが)抑えられない

ùn·quéstionable 形 ❶ 疑い(よう)のない, 明白な, 確かな ‖ ~ evidence 動かぬ証拠 ❷ 申し分のない

ùn·quéstionably 副 《しばしば文修飾》疑いなく, 明らかに, 確かに ‖ *Unquestionably*, the firefighters deserve to be praised. 間違いなくその消防士たちは賞賛に値する

ùn·quéstioned 形 ❶ 問題[疑問]にされない, 異論のない ‖ pass ~ 問題にされないままで終わる ❷ 調査されない

ùn·quéstioning 形 疑問を抱かない(で行われる), 躊躇(ちゅうちょ)しない, 絶対的な ‖ demand ~ obedience 絶対服従を要求する **~·ly** 副

ùn·quíet ⟨シ⟩ 形 《通例限定》 不安な, 落ち着かない; 不穏な

un·quóte /ʌ́nkwòʊt | ⌐⌐/ 副 以上(そのまま)引用, 引用終わり (♦ しばしば quote と対で用い, 口述などの際の引用文の終わりを示す. → quote)

ùn·rável 動 (~ed, 《英》 **-elled** /-d/; **~·ing**, 《英》 **-el·ling**) 他 ❶ 〔もつれた糸・編み物など〕をほどく, ほぐす ❷ 〔難問・なぞなど〕を解明する, 解決する ─自 ❶ (もつれた糸などが)ほどける; (難問・なぞなどが)解明される, 解ける ❷ (計画などが)つぶれる, 失敗する; 破綻(はたん)する

un·read /ʌnréd/ 《発音注意》⟨シ⟩ 形 ❶ (本などが) 読まれていない, 未読の ❷ 《古》(人が)本を多く読んでいない, 学問のない

ùn·réadable 形 ❶ 読んで面白くない, 読むに堪えない ❷ =illegible ❸ (人の顔色・表情が) 読み取れない, 不可解な

***ùn·réal** 形 ❶ 《通例叙述》現実離れした, 夢のような ❷ 現実的でない; 想像上の, 空想的な ❸ 《口》びっくりするほど素晴らしい ‖ Wow, this is ~! わあ, うそみたい (♥ 驚きと喜びの表現)

***ùn·rèalístic** 形 非現実主義の, 非現実的な; 非写実的な ‖ It is ~ to think you can win every game. どの試合にも勝てると思うのは非現実的だ **-rèalístically** 副

ùn·reálity 名 (複 **-ties** /-z/) U C ❶ 現実性に欠けること, 非現実性, 空想性; 実在しないもの, 空想の産物 ❷ 実際[現実]的でないこと

ùn·réalìzed 形 ❶ 実現されていない; 意識されていない ❷ (利益などが)現金化されていない

ùn·réason 名 U 不合理, 不条理; 愚劣

***ùn·réasonable** 形 (**more ~**; **most ~**) ❶ (人・行動などが)道理をわきまえない, 分別のない, 筋の通らない ‖ It's ~ (of you) to blame everything on him. すべて彼のせいにするのは理不尽だ ❷ (値段・要求などが)理不尽な, 法外な, 途方もない (⇨ IRRATIONAL 類語) ‖ make ~ demands 法外な要求をする **~·ness** 名

ùn·réasonably 副 ❶ 無分別に, 不当に; 無分別にも, 不当なことに ‖ feel ~ guilty 訳もなくやましい気持ちになる ❷ 法外に, 途方もなく

ùn·réasoned 形 道理に基づかない; 不合理な

ùn·réasoning 形 《通例限定》 理性的でない, 分別のない, 不合理な

ùn·récognìzable 形 (変わってしまい)見分けがつかない

ùn·récognìzed 形 ❶ (問題などが) 認識されていない ❷ (人が)価値を認められていない, 正当な評価を受けていない

ùn·rèconstrúcted 形 ❶ 新しい事態[思想]に適応していない, 時代遅れの, 頭の切り替えができない ❷ 再建されていない

ùn·recórded 形 記録され(てい)ない

ùn·redéemable 形 買い戻し[償還]できない, 救済できない

ùn·redéemed 形 ❶ (質物・抵当などが) 回収[償還]されていない ‖ an ~ pawn 質流れ(品) ❷ (約束などが) 履行されていない

ùn·réel 動 他 〔巻いたものなど〕を巻き戻す, くり出す ─自 巻き戻される

ùn·refíned 形 ❶ 精製されていない ❷ (作法などが) 洗練されていない, 下品な; (人が)教育を受けていない

ùn·refléctìng 形 ❶ 反射しない ❷ 反省しない, 無思慮の **~·ly** 副

ùn·regénerate 形 ❶ 悔い改めない, 改心[改宗]しない ❷ 頑固な, 強情な

ùn·régistered 形 登録されていない

ùn·rehéarsed 形 本読み[下げいこ]抜きの

***ùn·reláted** 形 ❶ 無関係の ❷ 血縁関係がない; (動物などが)(分類上)近縁でない

ùn·relénting ⟨シ⟩ 形 ❶ (人が) 譲らない, 断固とした; 情け容赦のない, 冷酷な ❷ (努力・速度などが)弱まらない, 衰えない **~·ly** 副

***ùn·relíable** ⟨シ⟩ 形 当てにならない, 信頼できない **-relìabílity** 名 **-bly** 副

ùn·relíeved ⟨シ⟩ 形 ❶ 変化していない, 単調な ❷ (不安などが)取り除かれていない, 救われていない

ùn·relígious 形 無宗教の; 宗教と無関係の **~·ly** 副 **~·ness** 名

ùn·remárkable 形 注目に値しない, 目立たない, ふつうの

ùn·remárked 形 注目されない, 気づかれない

ùn·remítting ⟨シ⟩ 形 (行動・努力などが)絶え間のない **~·ly** 副

ùn·repéatable 形 ❶ 二度とできない ❷ (言葉などが) 反復するに堪えない(ほどひどい)

ùn·repéntant 形 後悔しない, 改悛(かいしゅん)の情を示さない

U

ùn·repórted 形 報道[報告]されていない；上申されない；議事録に記録されていない

ùn·rèpreséntative 形 〈…の〉典型でない, 〈…を〉代表していない〈**of**〉

ùn·rèpreséntéd 形 (議会などに)代表を出していない

ùn·requíted 〈シ〉 形 (恋・愛情などが) 報われない, 一方的な ‖ ～ love 片思い

ùn·resérved 〈シ〉 形 ❶ (人・態度などが)遠慮のない, 率直な ❷ 制限のない, 無条件の, 全くの ‖ ～ confidence 全幅の信頼 ❸ (座席などが)予約されていない **～·ly** 副

ùn·resólved 形 (問題点・疑問などが)未解決の；決心がついていない

ùn·respónsive 形 〈…に〉反応しない〈**to**〉；答えない, 応答しない

***ùn·rést** 名 U (社会的な)不安, 不穏(状態)；(心の)動揺, 不満 ‖ social ～ 社会不安

ùn·restráined 〈シ〉 形 ❶ 抑制されない, 節度のない ❷ 自然な, 伸び伸びした **～·ly** 副

***ùn·restrícted** 形 制限[拘束]のない, 自由な **～·ly** 副

ùn·revísed 形 未修正の, 未改正[改訂]の

ùn·rewárded 形 報われない

ùn·rewárding 形 報いのない, やりがいのない

ùn·ríddle 動 他 …のなぞを解く

ùn·rípe 〈シ〉 形 ❶ (果物などが)十分に熟していない, 未熟な ❷ 未発達の, 機の熟さない ‖ The time is yet ～. 機はまだ熟していない；時期尚早である

un·ríváled 形 競争相手[並ぶもの]のない, 無比の, 無類の

ùn·róll 動 他 〔巻いたもの〕を解く, 開く, 広げる；…を(徐々に)展開する, 明らかにする ―自 (巻いたものが)解ける, 開く；(事件などが)次々に展開する, 広がる

ùn·róot 動 他 …を根こそぎにする, 根絶させる

ùn·róunded 形 〘音声〙非円唇音の

UNRRA /ʌ́nrə, -rɑː/ 略 *U*nited *N*ations *R*elief and *R*ehabilitation *A*dministration(国連救済復興機関)

ùn·rúffled 形 ❶ 落ち着いた, 冷静な, 動揺していない ❷ (水面などが) 波立っていない, 穏やかな ❸ (衣服が) しわの寄っていない

ùn·rúled 形 ❶ 《文》支配されていない ❷ (紙が) 罫線(けいせん)のない

un·ru·ly /ʌnrúːli/ 形 言うことを聞かない, 手に負えない, 御し難い；(髪が) 扱いにくい **-li·ness** 名

UNRWA /ʌ́nrə, -rɑː/ 略 *U*nited *N*ations *R*elief and *W*orks *A*gency(国連難民救済事業機関)

ùn·sáddle 動 他 ❶ 〔馬〕から鞍(くら)を外す ❷ (馬が)〔人〕を振り落とす, 落馬させる

ùn·sáfe 形 ❶ 安全でない, 危険な；(人が)危機に直面している ❷ 《英》〘法〙(判決などが) 覆される可能性がある ❸ (セックスが)コンドームなしで行われる

un·said /ʌ̀nséd/ 動 unsay の過去・過去分詞 ―形 《叙述》(考えなどを) 口に出さない ‖ *Some things are better left* ～. 《諺》口にしないでおいた方がよいこともある；言わぬが花

ùn·sálable, -sáleable 形 売れない, 売り物にならない

ùn·sálted 形 (食べ物が)塩を加えていない, 無塩の

ùn·sánitary 形 (環境などが)非衛生的な；不健康な

ùn·sàtisfáctory 形 満足できない, 不満足な, 不十分な **-sàtisfáctorily** 副 **-sàtisfáctoriness** 名

ùn·sátisfied 形 ❶ (人が) 〈…に〉不満な〈**with**〉 ❷ (需要などが)十分に満たされていない

ùn·sátisfỳing 形 満足させない, 不満足な, 物足りない

ùn·sáturàted 形 ❶ (溶液が) 不飽和(状態)の ❷ 〘化〙不飽和の

ùn·sávory 形 ❶ (道徳的に) 好ましくない, いかがわしい；不快な, 無礼な ❷ いやな味[におい]のする

un·say /ʌ̀nséɪ/ 動 (**-said** /-séd/；**～·ing**) 他 〔前言〕を取り消す, 撤回する ‖ What's said can't be *unsaid*. (一度)口にしてしまったことは取り消せない

ùn·scáthed 形 《叙述》無傷の, 無事な

ùn·schéduled 〈シ〉 形 ❶ 表に載っていない ❷ 予定にない, 予定外の

ùn·schóoled 形 ❶ (学校)教育を受けていない, 無教育の；訓練されていない, (ある分野で)未経験の ❷ 人為的でない, 生来の

ùn·scìentífic 形 非科学的な；(理論・方法などが)科学に基づかない **-scientífically** 副

ùn·scrámble 動 他 ❶ 〔暗号など〕を解読する, 〔混信電波〕を解除[調整]する ❷ …を混乱状態から元に戻す

ùn·scréw 動 他 ❶ …からねじを外す[抜く]；〔ねじ〕を緩める ❷ …をねじって外す[開ける] ―自 (ねじなどが)外れる[抜ける]

ùn·scrípted 〈シ〉 形 (演説・放送などが)草稿[脚本]なしの, 放談(形式)の

***ùn·scrúpulous** 形 無節操な, 破廉恥な, 恥も外聞もない, あくどい ‖ an ～ salesman 悪徳セールスマン **～·ly** 副 **～·ness** 名

ùn·séal 動 他 …の封印を解く[取り除く]；〔封印したもの〕を開く, 開封する **～ed** 形

ùn·séarchable 形 探すことのできない, 調査できない, 究明できない；《文》計り知れない

ùn·séasonable 形 ❶ 季節[時節]外れの；天候不順の ‖ ～ heat 時ならぬ暑さ ❷ 時宜を得ない, 折[間]の悪い **-bly** 副 季節外れに **～·ness** 名

ùn·séasonal 形 (天候が) 季節にふさわしくない, 季節外れの

ùn·séasoned 形 ❶ (食べ物が) 味つけされていない ❷ (木材などが) 十分乾燥していない, 枯れていない ❸ (人が) (仕事などに)慣れていない, 未熟な, 未経験な

ùn·séat 動 他 ❶ ＝unsaddle ❷ ❷ (選挙などで)〔人〕をある地位〔職〕から退ける ‖ He was *～ed* at the last election. 彼は前回の選挙で議席を失った

ùn·secúred 〈シ〉 形 ❶ (ローンなどが) 無担保の ❷ (ドアなどが) 鍵(かぎ)のかかっていない

ùn·séeded 形 ❶ (スポーツ選手が)シードされていない, ノーシードの ❷ (ブドウが)種のない

ùn·séeing 〈シ〉 形 (目は開いているが)注意して見ていない, うつろな ‖ ～ eyes うつろなまなざし **～·ly** 副

ùn·séemly 形 (振る舞いなどが)見苦しい, 品のない；場所柄をわきまえない, 不適当な **-séemliness** 名

***ùn·séen** 〈シ〉 形 ❶ (目に) 見えない；だれにも見られ[気づかれ]ない；未知の, 予測できない ‖ ～ dangers 目に見えぬ危険 / He came into the room ～. 彼はだれにも気づかれずに部屋に入って来た ❷ 《主に英》(特に試験で) (翻訳などが)初見の ‖ an ～ translation 初見での翻訳 ―名 C 《英》(特に試験で)初見で翻訳する文

ùn·seléctive 形 任意の, 無作為の

ùn·sèlfcónscious 形 自己を意識しない；気取らない **～·ly** 副

ùn·sélfish 形 利己的でない, 無私の；寛大な, 思いやりのある **～·ly** 副 **～·ness** 名

ùn·sèntiméntal 形 感傷的でない, 感情に流されない

ùn·sérviceable 形 (破損・老朽化などにより) 役に立たない, 使用できない

ùn·séttle 動 他 ❶ …を不安定にする, 乱す, 揺るがす ❷ 〔人・心など〕を動揺させる, 不安にする, 落ち着きを失わせる

ùn·séttled 〈シ〉 形 ❶ (情勢などが) 不安定な, 不穏な；変わりやすい, 一定しない ‖ ～ weather 不順な天気 ❷ (人・心などが)落ち着きを失った, 動揺した ❸ (問題などが)未決着の ❹ 未決済の, 未払いの ❺ (土地が) 無人の, 定住者のいない

ùn·séttling 形 (人を)動揺させる, 不安にする

ùn·séx 動 他 〔男・女〕の性の特質を失わせる, (特に)〔女性〕の女らしさを失わせる, 〔女性〕を男性化する

ùn·sháckle 動 他 …をかせから外す；…を自由にする

ùn·sháded 形 ❶ (電灯が) 裸の；日よけ[覆い]がない ❷ (絵画が) 陰影をつけない

un·shak·a·ble, -shake- /ʌnʃéɪkəbl/ 形 (信念など

が)揺るぎない, 不動の **-bly** 副
ùn·sháken 形 揺るがない, 動揺しない
ùn·sháped 形 ❶ 形のない ❷ 不格好な, 醜い;奇形の
ùn·sháven 〈シ〉 形 ひげをそっていない, 無精ひげの生えた
ùn·shéathe 動 他〔剣など〕をさやから抜く
~d 形 さやから抜かれた, 抜き身の;露出した
ùn·shíp 動 (**-shipped** /-t/; **-ship·ping**) 他 ❶〔船荷〕を降ろす, 陸揚げする;〔船客〕を降ろす ❷〘海〙〔舵柄(だへい)など〕を取り外す
━自 ❶ 船荷が降ろされる;下船する ❷ 取り外される
ùn·shód 〈シ〉 形 ❶ 靴を履いていない, はだしの ❷ (馬が)蹄鉄(ていてつ)を打っていない
*__ùn·síghtly__ 形 見苦しい, 目障りな, 醜い ‖ ~ advertisements 目障りな広告 **-síghtliness** 名
ùn·sígned 形 ❶ 署名のない ❷ (音楽バンドが) レコード会社と契約していない;(スポーツ選手が) スポーツチームと契約していない
*__ùn·skílled__ 〈シ〉 形 ❶ (労働者などが) 熟練していない ‖ an ~ labor 未熟練労働者 ❷ (仕事などが) 特別の訓練[技術]を要さない
ùn·skíllful 形 熟練していない;下手な, 無器用な, 拙劣な **~·ly** 副
ùn·smíling 形 笑わない, にこりともしない, 仏頂面の **~·ly** 副
ùn·snáp 動 (**-snapped** /-t/; **-snap·ping**) 他〔衣類など〕のスナップ[止め金]を外す
ùn·snárl 動 他 …のもつれを解く, ほどく
ùn·sóciable 形 人付き合いの嫌いな, 非社交的な, 無愛想な
ùn·sócial 〈シ〉 形 ❶ =unsociable ❷《英》(勤務時間が) 通常の労働時間外の, 社会生活に向かない ‖ work ~ hours 通常の労働時間外に働く《早朝[深夜]勤務など》
ùn·sóld 〈シ〉 形 売れていない, 売れ残りの
ùn·solícited 〈シ〉 形 求めたものではない;(助言などが)大きなお世話の ‖ ~ mail (ダイレクトメールなど) 頼みもしないのに送られてくる郵便物
*__ùn·sólved__ 形 未解決の
ùn·sophísticated 〈シ〉 形 ❶ 世慣れていない, 純真な, 素朴な;洗練されていない, 優雅さに欠ける ❷ (機械などが) 複雑でない, 単純な
ùn·sórted 形 分類されていない, 整理されていない
ùn·sóund 〈シ〉 形 ❶ (心身が) 健全でない, 不健康な ❷ (建物が)状態の悪い;(基礎などが)堅固でない ❸ (議論などが)根拠不十分の;(人·物が)信用できない
of unsòund mínd 〘法〙精神に障害がある(ので責任能力がない)
~·ness 名
ùn·spáring 形 ❶ 出し惜しみしない, けちけちしない, 寛大な ‖ be ~ in one's love 惜しみなく愛情を注ぐ ❷ (人が) 容赦しない〈**in** …に(おいて);**of** …に(対して)〉 **~·ly** 副
ùn·spéakable 形 ❶ 言いようのないほどひどい[悪い], お話にならない ❷ 言葉では言い表せない ‖ ~ horror 言語に絶する恐怖 **-bly** 副 言語に絶するほど
ùn·spécified 形 特定されていない, 明記[明言, 公表]されていない
ùn·spectácular 形 ぱっとしない
ùn·spóiled 〈シ〉, **-spóilt** 形 ❶ (場所などが) 損なわれていない, 昔のままの ❷ (人が) (成功などに)毒されていない
*__ùn·spóken__ 形 口に出さない, 無言の;暗黙の ‖ an ~ agreement 暗黙の了解
ùn·spórting 形 スポーツマンらしくない, フェアでない
ùn·spórtsmanlìke 形 スポーツマンらしくない;スポーツマン精神に反する, 公平でない(中立 unsporting, unfair)
ùn·spótted 〈シ〉 形 ❶ 斑点(はんてん)[汚れ]のない ❷ (道徳上)汚点のない, 潔白な ❸ 観察されない
*__ùn·stáble__ 形 ❶ ぐらぐらする, 不安定な, 倒れそうな ‖ an ~ chair ぐらぐらするいす ❷ 急に変わりやすい, 変動する ‖ ~ prices 変動する物価 ❸ 情緒不安定な, 落ち着かない ❹〘化〙(化合物が)不安定な, 分解しやすい
ùn·stáffed 形 (施設などが)人が配置されていない, 無人の
ùn·stáined 形 汚点のない, 汚れのない;(性格·名声などに)汚点のない
ùn·stámped 形 スタンプ[印など]が押されていない;切手[印紙など]が張られていない
*__ùn·státed__ 形 述べられていない;暗黙の
*__ùn·stéady__ 形 ❶ 不安定な, ぐらぐらする;(手足などが)ふらつく ‖ be ~ on one's feet 足下がふらついている ❷ (状況·気持ちなどが) 変わりやすい, 動揺する ‖ ~ of purpose 目的がはっきりしていない ❸ 一様でない, むらのある **-stéadily** 副 **-stéadiness** 名
ùn·stérile 形 ❶〘医〙殺菌していない ❷ (動物が)不妊手術をしていない
ùn·stíck 動 (**-stuck** /-stʌ́k/; **~·ing**) 他〔くっついているもの〕を引き離す, はがす ━自 はがれる
ùn·stínting 形 出し惜しみをしない ‖ ~ support 惜しみない支持 **~·ly** 副
ùn·stóp 動 (**-stopped** /-t/; **-stop·ping**) 他 ❶〔瓶など〕の栓を抜く, …を開ける ❷ …から詰まったものを除く
*__ùn·stop·pa·ble__ /ʌ̀nstɑ́(ː)pəbl | -stɔ́p-/ 形 止められない, 阻止できない
ùn·stráp 動 (**-strapped** /-t/; **-strap·ping**) 他 …の革ひもを外す;〔ひも〕を緩める, 解く
ùn·stréssed 〈シ〉 形 ❶ 強調されてない ❷〘音声〙(音節が)無強勢の, アクセントのない
ùn·stríng 動 (**-strung** /-strʌ́ŋ/; **~·ing**) 他 ❶〔弓など〕の弦を外す[緩める] ❷ …を糸[ひも]から抜き取る, …の糸を抜き取る;…のひもを解く ❸〔神経〕を弱らせる;…をがっくりさせる, 混乱させる
ùn·strúctured 形 ❶ 組織的でない ❷ 統一されていない, あいまいな ❸ くだけた, 自由な ❹《英》unconstructed
ùn·stúck 〈シ〉 形 (物が)はがれた, とれた
còme unstúck ① はがれる, とれる ②《英口》(計画などが)失敗する
ùn·stúdied 〈シ〉 形 ❶ (品のよさなどが) 自然に身についた;わざとらしくない, 気取らない, 自然な ❷ (ある分野の)知識がない
ùn·subscríbe 動 他 自 🖳〈メーリングリストなどから〉(…の)登録を取り消す〈**from**〉, (…の)購読を解除する
ùn·substántial 形 ❶ 実質[実体]のない;堅固でない, もろい ❷ (議論などが) 事実に基づかない, 根拠のない ❸ 実在しない **-substàntiálity** 名 **~·ly** 副
ùn·substántiàted 形 立証されていない, 確証のない
*__ùn·succéssful__ 〈シ〉 形 (**more ~**; **most ~**)うまくいかない, 不成功の, 不首尾の;(人が)〈…に〉失敗した〈**in**〉 ‖ an ~ writer うだつの上がらぬ作家 / an ~ work 失敗作 **~·ly** 副
ùn·súitable 形〈…に〉不適当な, ふさわしくない〈**for, to**〉 ‖ Narrow winding lanes are ~ *for* motor traffic. 曲がりくねった狭い路地は車の通行には不適当だ
-sùitabílity 名 **-bly** 副
ùn·súited 形 ❶ 適さない, 不適当な〈**for, to** …に / **to *do*** …するのに〉 ❷ (男女が)似合わない, 馬が合わない
ùn·sul·lied /ʌ̀nsʌ́lid/ 形 汚されていない, 無垢(むく)の
ùn·súng 〈シ〉 形《通例限定》(詩歌で) たたえられていない, (当然与えられるべき)賞賛[評価]が与えられていない, 世に埋もれた ‖ an ~ hero 埋もれた英雄
ùn·suppórted 〈シ〉 形 ❶ (建物が) 支えられていない ❷ (主張などが) 立証されていない ❸ (経済的に) 援助されていない
ùn·súre 〈シ〉 形 ❶《叙述》(人が) 自信[確信]がない〈**of, about** …に/ (**of** [**about**]) **wh** 節 …であるか(に) / **wh to *do*** …するか〉 ‖ He was ~ *of* the results of his calculations. 彼は自分の計算の結果に自信がなかった / be ~ *of* oneself (自分に)自信がない ❷ 不確かな, あやふやな;信頼の置けない, 当てにならない
ùn·surpássed 〈シ〉 形 (成績などが)抜群の, 比類がない

ùn·surprísed 形 《通例限定》驚いていない, 平然とした

ùn·surprísing 形 驚くほどのことではない **~·ly** 副

ùn·suspécted 〈シ〉 形 ❶ 疑われていない, 嫌疑を受けていない, あやしまれない ❷ 思いもよらない；知られていない **~·ly** 副

ùn·suspécting 形 《通例限定》疑うことを知らない, 疑ってもみない, あやしまない **~·ly** 副

ùn·sustáinable 形 支えられない；持続[維持]できない；支持[擁護]できない；許し難い

ùn·swéetened 形 砂糖[甘味料]が入っていない

un·swerv·ing /ʌnswə́ːrvɪŋ/ 形 (目的・忠誠心などが)確固とした, 不動の, いちずの

ùn·symmétrical 形 不均整の, 不ぞろいの, 不釣り合いの；非対称的な **~·ly** 副

ùn·sỳmpathétic 形 ❶ 〈人に対して〉同情のない, 思いやりがない, 冷淡な〈**to, toward**〉 ❷ 〈考えなどに〉共鳴[賛同]しない〈**to, toward**〉 ❸ (人が)好きになれない

PLANET BOARD 90 **until の後にくる日は「…まで」の中に含まれるか.**

問題設定 be on vacation [OR holiday] until August 20th という場合, 8月20日が休暇に含まれるかどうか調査した.

Q 次の文で, 彼女の休暇の最終日は何日ですか.

She will be on vacation [OR holiday] **until August 20th.**

(a) August 19th (8月19日)
(b) August 20th (8月20日)
(c) 両方可能

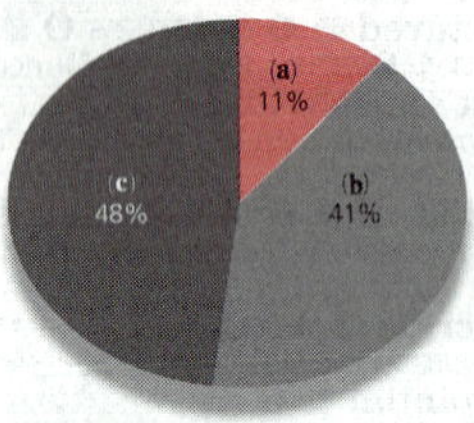

両方可能とした人が約半数で最も多かった. 20日を休暇に含む(b)の解釈のみという人は約4割おり, 20日を含まない(a)の解釈のみという人は約1割と少なかった. なお, 両方可能とした人の中では「20日を含まない方がふつう」とした人が半数以上を占めた.

この文を「あいまいな表現」と認識している人が多く,「聞き手は確認を求める方がよい」という意見が目立つ. 20日が休暇の最終日であることを明確に表す代替表現としては, She will be on vacation「through August 20th [OR until August 20th inclusive, up to and including August 20th]. が, 19日が休暇の最終日であることを明確に表す代替表現としては, She's back at the office on August 20th. / She is gone August 10-19. などがあげられている. また,「文脈による」「何曜日かによる. 20日が月曜日なら19日が休暇の最後の日. 20日が日曜なら20日」などの意見もあった.

参考 She will be away from September **until November**. という文で彼女の帰ってくる時期についても同様の調査をしたが(複数回答可), 10月の終わり 25%, 11月の初め 88%, 11月の半ば 56%, 11月の終わり 51%, その他 6%という結果だった.

学習者への指針 until の後にくる日が「…まで」の中に含まれるかどうかには両方の可能性がある. 含まれることを明確にしたい場合は, 上にあげた through を使った形などを使うのがよいだろう.

ùn·sỳstemátic 形 組織的でない, 非系統[体系]的な, 無秩序な **-sỳstemátically** 副

ùn·táinted 形 汚染されていない

ùn·táken 形 ❶ 占領[奪取]されていない ❷ 実行に移されていない, 実施されていない

ùn·tálented 形 才能がない

ùn·támed 〈シ〉 形 (土地などが)自然のままの；(動物が)飼いならされていない, 野生の

ùn·tángle 動 他 ❶ …のもつれをほどく[解く] ❷ [問題・なぞなど]を解決する, 解明する

***ùn·tápped** 〈シ〉 形 (資源などが)まだ利用されていない；(市場が)未開拓の；(才能が)活用されていない；(たるが)未開栓の

ùn·táught 〈シ〉 形 ❶ 教えられたものではない, 自然に得た ❷ 教育を受けていない

ùn·ténable 形 (理論・議論・立場などが)支持[擁護]できない, 批判に耐えられない

ùn·tésted 形 試されていない；(薬などが) 試験されていない；(人・物が)能力[価値]を試されていない, 未知数の

ùn·thánkful 形 感謝しない, 恩知らずの, ありがたがらない **~·ly** 形 **~·ness** 名

ùn·thínkable 形 想像のできない；とても考えられない, 全くありそうもない；受け入れられない〈**for** 人にとって / **to** *do* …することは / **that** 節 …ということは〉

— 名 《the ~》考えられないこと ‖ do [think] the ~ 常識では考えられないことをする[考える]

ùn·thínking 形 思慮[分別]のない, 不注意な, 軽率な, 不用意な **~·ly** 副

ùn·thóught-of 形 思いもよらない, 意外な, 想像すらできない(♦ 補語に用いる場合 unthought of とつづる)

ùn·tídy 形 ❶ だらしない, 取り散らかした, 乱雑な ❷ (人が)ずさんな, だらしない **-tídily** 副 **-tídiness** 名

ùn·tíe 動 (**-tied** /-d/ ; **-ty·ing**) 他 ❶ [結び目など]をほどく；[小包など]を解く(♦「結ばない」の意ではない) ❷ …を解放する, (束縛から)自由にする

ùn·tíed 形 ❶ (ひもなどが)ほどけた ❷ 【経】(借款・援助が)ひもつきでない

⁝un·til /əntɪ́l/ 《アクセント注意》 前 接

— 前 ❶ 《肯定文で》 **a** 《継続》…まで(ずっと) ‖ The sunny weather will last ~ Sunday. 晴天は日曜日まで続くでしょう (→ 語法 (3)) / Wait ~ [×to] tomorrow morning. 明日の朝まで待ちなさい / This ticket is valid up ~ the first of May. このチケットは5月1日までは有効です (♦ up は強調) / ~ now [then, recently] 今[そのとき, 最近]まで / ~ after seven 7時過ぎまで / from six ~ ten 6時から10時まで (=from six to ten)(♦「ある年齢まで」の意味では up to を使う. 〈例〉「*up to* [×until] the age of six 6歳まで)

b (乗り物が) …に着くまで ‖ Stay [OR Keep] on the train ~ Vienna. ウィーンまで列車に乗っていなさい (♦「…まで歩く」のときには until は用いず as far as を使う. 〈例〉Walk「*as far as* [×until] the station. 駅まで歩きなさい)

語法 ★☆ **(1) until と till** until と till は同じ意味でほとんどの場合交換可能だが, till の方が口語的. しかし出現頻度は until の方がはるかに高い.

(2) until, till と by until, till は, ある状況や動作が「…まで」継続することを表し, by はある事態が「…までには」起こることを表す. 〈例〉He'll have finished his homework *by* [×until, ×till] noon. 正午までには彼は宿題を終えているだろう

(3) until Sunday のような場合, 日曜日を含むのがふつうだが, 文脈によって判断すべき場合もある (→ till[1] 前 ❶ の用例, ⇨ PB 90).

❷ 《否定文で》…までは (…しない), …になって初めて (…する) ‖ I did not know that he was my cousin ~ yesterday. 昨日になって初めて彼が私のいとこだと知った

(✐ Not ～ yesterday did I know that ....) / It was not ～ several days later that I realized my mistake. 私が自分の間違いに気づいたのは数日後のことだった(=It was only several days later that ....)

COMMUNICATIVE EXPRESSIONS

1 **Until thén** [OR **láter, néxt tìme, we mèet agáin**]. じゃあ, また(♥くだけた別れのあいさつ)

—接 ❶《肯定文で》《継続》…**するまで**(ずっと) ‖ Let's wait ～ the rain stops. 雨がやむまで待ちましょう(♦ until 節では will を使わず, 未来のことは現在(完了)形で表す) / We waited ～ he came back. 我々は彼が戻って来るまで待った

❷《否定文で》…**するまで**(…しない), …して初めて(…する) ‖ We cannot leave ～ our work is finished. 仕事が終わるまでは帰れない(=We cannot leave before our work is ....) / You don't know how much money you can earn ～ you try. どのくらい稼げるかやってみるまでわからない / It was not ～ the figure came closer that I saw who it was. その姿がごく近くなって初めてだれがやって来たのかわかった(=It was only after the figure came closer that ....)

❸ **a**《程度・結果》…するまで, …するほど ‖ The fans cheered ～ they were hoarse. ファンたちは声がかれるまで応援し続けた **b**《結果》…してついに(♦ until の前にコンマが置かれることがある) ‖ Up and up rose the balloon, ～ it was seen no more. 風船は高く高く上っていき, ついに見えなくなった

語法☆☆ until [OR till] ... の前に明確な時間の長さを示す語句を置くことはない. before ではそれが可能. 〈例〉Tom studied [slept] three hours *before* [×until] John came. トムはジョンが来るまで3時間勉強した[眠った]

ùn·tímely 形 ❶ 早すぎる ‖ come to an ～ end 早く終わりすぎる;(人が)早世(そうせい)する / his ～ death 彼の早すぎる死 ❷ 折の悪い, 時を得ない, 時機を失した ‖ an ～ joke 時機をわきまえない冗談 ❸(天候などが)時節外れの ‖ an ～ frost 時ならぬ霜 —副《古》❶ あまりにも早く ❷ 折あしく **-tímeliness** 名

ùn·tíring 形 疲れを知らない;たゆまぬ ‖ be ～ in one's efforts たゆまず努力している **～·ly** 副

ùn·títled 形 ❶ 称号[爵位, 肩書]のない ❷(芸術作品が)題名のない, 無題の ❸ 権利のない

un·to /(子音の前) ʌ́ntə, (母音の前) ʌ́ntu, (文末) ʌ́ntu:/ 前《古》❶ =to¹ ❷ …(の時)まで

ùn·tóld <ジ 形 ❶(物語が)語られていない ❷《限定》数えきれない, 莫大(ばくだい)な;(悲惨さなどが)言語に絶する ‖ ～ wealth 巨万の富 / ～ misery 言語に絶する悲惨な状態

ùn·tóuchable 形 ❶ 触ることのできない;手の届かない ❷ 触れてはならない ❸(人が)(高位にいるために)罰せられない, 批判されない ❹ 触るのも汚らわしい ❺ 並ぶ者のない, 無敵の ❻(昔のインドの)不可触民の

—名《しばしば U-》C 不可触民《昔のインドのヒンドゥー教でカースト外の最下層の人》

***ùn·tóuched** 形 ❶ 触れられていない;(飲食物が)手[口]をつけてない ‖ He left his coffee ～. 彼はコーヒーに口をつけないまま残しておいた ❷《叙述》〈…によって〉影響[害]を受けていない;心を動かされない〈**by**〉❸(土地が)未開発の ❹(話題などが)言及されていない;(条文などが)変更されない

un·to·ward /ʌ̀ntɔ́:rd | ʌ̀ntəwɔ́:d/《アクセント注意》<ジ 形 思いもよらない;運の悪い, 都合の悪い;ふさわしくない ‖ ～ circumstances 不運な状況 / unless anything ～ happens 予期せぬ事態が生じない限り

ùn·tráined 形〈…の〉訓練を受けていない〈**in**〉, 未熟な;練習不足の ‖ to the ～ eye 素人目には

ùn·trámmeled 形〈…によって〉束縛[制限]されない〈**by**〉

ùn·tráveled 形 ❶(遠い所へ)旅行したことがない;外国旅行の経験がない;見聞の狭い ❷ 人跡まれな;人跡未踏の;旅行者のない

ùn·tréated 形 ❶ 治療を受けていない ❷(有害物質が)化学処理されていない ❸(木材が)保存処理されていない

ùn·tríed 形 ❶ 試みられたことがない, 試験[実験]されていない ❷ 未経験の ❸〖法〗審問されていない, 未審理の

ùn·tróubled 形 心を乱されない;平静な

***ùn·trúe** 形 ❶ 真実ではない, 事実に反する, 虚偽の ‖ It would be ～ to say that ... …と言ってはうそになるだろう ❷〈…に〉忠実[誠実]でない, 不実の, 不貞の〈**to**〉‖ be ～ *to* one's vows 誓いを守らない ❸(寸法・規則などに)合わない, ぴったりしない

ùn·trústwòrthy 形 信頼できない, 当てにならない

***ùn·trúth** 名 U 真実でないこと, 虚偽;C うそ, 偽り

ùn·trúthful 形 ❶ 真実でない, 偽りの ❷ うそをつく **～·ly** 副 **～·ness** 名

ùn·túrned 形 ひっくり返されていない

ùn·tútored <ジ 形 ❶ 正規の教育を受けていない;知識のない ❷ 朴訥(ぼくとつ)な, 素朴な

ùn·twíst 動 他〔よじれ・もつれなど〕を戻す, ほぐす, 解く —自 よじれが戻る, ほどける, 解ける

ùn·týpical 形 典型的でない;〈…の〉例にはならない〈**of**〉‖ a not ～ weekend ごくありふれた週末 **～·ly** 副

ÙNÚ 略 *U*nited *N*ations *U*niversity(国連大学)

ùn·úsable 形 使い物にならない

***un·used¹** /ʌ̀njú:zd/《発音注意》<ジ 形(まだ)使われていない, 未使用の, 新しい;(現在)使用[利用]されていない

***un·used²** /ʌ̀njú:st/《発音注意》形《叙述》〈…に〉慣れていない〈**to**〉‖ They were ～ *to* crowds. 彼らは人込みに慣れていなかった

‡**un·u·su·al** /ʌnjú:ʒuəl, ʌ̀n-, -ʒəl/

—形(**more ～ ; most ～**)

❶ **ふつうでない**, 異常な;まれな, 珍しい(↔ common, usual);風変わりな ‖ His behavior was rather ～. 彼の行動はかなり風変わりだった / It was ～ for her to be late. 彼女が遅れることはまれだった / an ～ species of butterfly 珍しい種類のチョウ

❷ 並外れた, 著しい ‖ a scholar of ～ ability 非凡な才能を持った学者

～·ness 名

***un·u·su·al·ly** /ʌnjú:ʒuəli, ʌ̀n-, -ʒəli/ 副(**more ～ ; most ～**) ❶ ふつうでないほど, 異常に, とても ‖ ～ high levels of dioxin 異常に高いダイオキシン濃度 ❷ いつになく, 珍しく ‖ *Unusually* for him, Andy came late to the meeting. アンディにしては珍しく会合に遅れて来た

un·ut·ter·a·ble /ʌnʌ́ţərəbl/ 形《限定》❶(感情などが)言葉に表せない, 言語に絶する ❷ 発音しにくい **-bly** 副

un·var·nished /ʌ̀nvá:rnɪʃt/ <ジ 形 ❶ ニスを塗っていない ❷《限定》飾りのない, 粉飾のない, ありのままの ‖ the ～ truth ありのままの真実

ùn·várying 形 変化しない, 不変の, 一定の

***ùn·véil** 動 他 ❶ …のベール[覆い]をとる;〔銅像など〕の除幕式をする ❷〔計画・製品・秘密など〕を明らかにする, 初公開する —自 ベールをとる[脱ぐ];正体を現す **～·ing** 名 U 除幕;(計画などを)明らかにすること

ùn·vénted 形 ❶ 換気されていない ❷(感情などが)内にこもった, 発散されない ‖ ～ rage 内にこもった怒り

ùn·véntilàted 形 ❶(部屋などが)換気されていない ❷(問題が)検討[論議]されない;(意見が)口外[表明]されていない

ùn·vérsed 形《叙述》〈…に〉精通していない, 〈…の〉経験がない〈**in**〉

ùn·vóiced <ジ 形 ❶(考えなどを)口に出さない, 言わない ❷〖音声〗無声(音)の(voiceless)

ùn·wáged <ジ 形《主に英》❶ 定職のない, 失業している;(仕事が)無報酬の ❷《the ～ で集合名詞的に》《複数扱い》失業者(たち);無報酬で働く人《専業主婦など》

***ùn·wánted** 形(**more ～ ; most ～**)必要とされない, 望ま

U

れていない, 不要の ‖ It is unpleasant to feel ～. 人に必要とされていないと感じることは寂しいことだ

ùn·wárrantable 形 正当化できない, 不当な

ùn·wár·rant·ed /ʌ̀nwɔ́(ː)rənṭɪd/ 形 正当化されない, 不当な, 根拠のない

ùn·wáry 形 ❶《限定》注意[用心]の足りない, 不注意な ❷《the ～ で集合名詞的に》《複数扱い》不注意な人々 ‖ There are many traps for the ～. 油断する人々には多くの落とし穴がある **-wárily** 副 **-wáriness** 名

ùn·wáshed <ジ> 形 ❶ 洗っていない;汚い, 不潔な ❷《the (great) ～ で集合名詞的に》《複数扱い》⊗《蔑》庶民, 労働者階級, 下層階級

ùn·wávering 形 動揺しない, 断固とした **～·ly** 副

ùn·wéarying 形 疲れない, 疲れを見せない, 不屈の

ùn·wéd<ジ>**, -wédded** 形 結婚していない, 未婚の, 独身の ‖ an ～ mother 未婚の母

ùn·wélcome 形 歓迎されない, 喜ばれない;ありがたくない ‖ ～ news いやな知らせ

ùn·wélcoming 形 (人を)歓迎しない, (人に)冷たい;(場所が)魅力のない, 居心地の悪い

*__ùn·wéll__ 形《叙述》気分がすぐれない, 具合が悪い (⇨ ILL 類語)

U

ùn·whólesome 形 ❶ 体[健康]に悪い ❷ (顔色などが)不健康そうな ❸ (道徳的に)不健全な, 病的な;いやな, 不愉快な **～·ness** 名

un·wield·y /ʌnwíːldi/ 形 ❶ (物が) (大きさ·重さなどのために)扱いにくい, 動かしにくい ❷ (組織などが)(巨大·複雑で)統制がとりにくい;非効率的な **-wíeld·i·ness** 名

*__un·wílling__ 形 (**more ～ ; most ～**) ❶《叙述》〈…することに〉気が進まない, 〈…することを〉渋って(↔ willing)〈**to** *do*〉‖ She was ～ *to* accept my offer. 彼女は私の申し出を受け入れることを渋っていた(♥ しばしば受け入れなかったことを含意する. → reluctant) / He was ～ for his picture *to* appear in the brochure. 彼は自分の写真がパンフレットに載るのをいやがった ❷《限定》乗り気でない, 不本意な ‖ ～ participants いやいや参加する人たち / ～ approval しぶしぶの承諾

～·ly 副 しぶしぶ **～·ness** 名

un·wind /ʌ̀nwáɪnd/《発音注意》動 (**-wound** /-wáʊnd/; **～·ing**) 他〔巻いたもの〕をほどく;〔もつれたもの〕をほぐす, 解く ━自 ❶ (巻いたものが)ほどける, ほぐれる ❷ 緊張が解ける, くつろぐ(↷ wind down)

un·win·na·ble /ʌ̀nwínəbl/ 形 勝ち取れない;難攻不落の

ùn·wíred 形 ❶ (放送·電線などが)接続されていない, 配線されていない ❷ 無線の(wireless)

*__ùn·wíse__ <ジ> 形 〈…することに〉分別のない, 賢明でない, 愚かな〈**to** *do*〉‖ It is rather ～ of you *to* believe in ghosts.=You are rather ～ *to* believe in ghosts. 幽霊の存在を信じるなんて君も割にばかだな / an ～ decision 愚かな決定 **～·ly** 副

un·wit·nessed /ʌ̀nwítnəst/ 形 ❶ (現場を)目撃されていない, 気づかれていない;(五感に)感知されない ❷ 証人の署名がない

ùn·wítting 形《限定》❶ 気づかない, 知らない ‖ an ～ victim 何も知らない犠牲者 ❷ 故意でない, 無意識の ‖ an ～ mistake うっかりした間違い **～·ly** 副

ùn·wónted 形《通例限定》《文》ふつうでない, いつもと違う ‖ My father spoke with ～ severity. 父がいつになく厳しい話し方をした

ùn·wórkable 形 ❶ 実行できない, うまくいきそうにない ❷ 加工できない

ùn·wórldly 形 ❶ (金銭や物にこだわらず)世俗的でない, 超俗的な ❷ 世事にうとい, うぶな ❸ この世のものとも思えない **-wórldliness** 名

ùn·wórn 形 ❶ 傷んでいない ❷ (服などが)着古してない

ùn·wórried 形 当惑していない, 心配していない

*__ùn·wórthy__ 形 ❶《叙述》値しない, 価値がない〈**of** …に / **to** *do* …するのに〉‖ His proposal was ～ *of* serious attention. 彼の提案はまともな注意を払うに値しなかった / He is ～ *to* receive the award. 彼はその賞を受けるに値しない ❷《叙述》(行為·意見などが)〈人·地位などに〉ふさわしくない〈**of**〉‖ Such shameful conduct is ～ *of* a teacher. そのようなみっともない行為は教師にあるまじきものだ ❸ 価値のない, くだらない, 下劣な ‖ an ～ act 下劣な行為 / an ～ opponent 戦うに値しない対戦相手

-wórthily 副 **-wórthiness** 名

un·wound /ʌ̀nwáʊnd/ 動 unwind の過去·過去分詞

ùn·wráp 動 (**-wrapped** /-t/; **-wrap·ping**) 他〔包装〕を解く, 開ける

ùn·wrítten <ジ> 形 書かれて[記録されて]いない;(法律などが)成文化されていない ‖ an ～ constitution 不文憲法

▸▸**～ láw** 名 Ⓒ ① 不文法, 慣習法, 判例法 ② 不文律

ùn·yíelding 形 ❶ (人が)不屈の, 譲らない, 断固とした, 頑固な ❷ (物が)柔軟さ[弾力]を欠く, 曲がらない, 固い

ùn·zíp 動 (**-zipped** /-t/; **-zip·ping**) 他 ❶ …のジッパーを開ける ❷ 💻〔圧縮したファイル〕を解凍する

━自 ❶ ジッパーが開く ❷ 💻 (圧縮ファイルが)解凍される

****up** /ʌp/ 副 前 形 名 動

中心義 上へ[に] (★動きの方向や, 位置·状態を表す. 物理的な上方に限らず, 比喩(ゆ)的に「数量」「姿勢」「方角」などについても幅広く用いられる)

━副《比較なし》(♦ be動詞の後に続く場合, 形 とも解せる)

❶《運動の方向》**上へ**, 上方へ, 高く, 水面[地面, 地平線など]より上へ (⇨ ON 語法) ‖ She looked ～ at the sky. 彼女は空を見上げた / The kite **went** ～ and ～ into the sky. たこはどんどん空高く上がっていった / Pull your socks ～. 靴下を引き上げなさい / The diver **came** ～ for air. ダイバーは息継ぎのために浮上した / The moon will be ～ by midnight. 夜中の12時までには月が出ているだろう / jump ～ 飛び上がる

Behind the Scenes **Up, up and away.** 高く高く空の彼方へ 1960年代後半に活躍した米国のコーラスグループ The Fifth Dimension のヒット曲のタイトル及び歌詞. 気球が高く飛んでいく様を描いた表現. Jimmy Webb が作ったこの曲はグラミー賞を受賞し, 後に米国航空会社 TWA のイメージソングに採用された. キャッチコピーは Up, up and away, with TWA. (♥ 何かが空高く飛んで去って行くさまを描写して. あるいは比喩的にどんどん飛躍していく人や物事を指して)

❷《位置·状態》**上に**, 上で;階上に;騎乗して ‖ We are flying 10,000 meters ～. 我々は1万メートル上空を飛んでいる / be naked from the waist ～ 腰から上(半身)を露出している / He is ～ in the office. 彼は階上の事務所にいる

❸ (価値·数量·程度などが)**増大して**, 上がって;(地位などが)上がって;(音量·温度などが)上がって;成長して ‖ Prices are **going** ～. 物価は高騰しつつある / The unemployment rate is ～ by 1% over last month. 失業率は先月から1%アップした / move ～ to the advanced class 上級クラスに進む / Speak ～! もっと大きい声で話してください / turn ～ a radio ラジオの音量を大きくする / bring ～ a child=bring a child ～ 子供を育てる

❹ (活動·活気などが)高まって, 活発になって;(コンピューターなどが)作動して, 動いて ‖ The wind is getting ～. 風が強くなってきている / **grow** ～ 成長する / Cheer ～! 元気を出せ / get worked ～ 興奮する, 怒る / The system was down as of yesterday, but it should be ～ by now. システムは昨日の時点ではダウンしていたが, 今はもう回復しているだろう

❺ **直立して**, 真っすぐに, 立って;建てられて ‖ She propped the photograph ～ on the bookshelf. 彼女はその写真を本棚の上に立てかけた / stand ～ 立ち上がる / put ～ a tent テントを張る

❻《方角・方向》 **a** **北へ**[に], 北の方へ[に]; 上流へ[に] ‖ He drove ~ to Canada. 彼はカナダへ向かって北に車を走らせた / There's not much work ~ there and she came south. 北のその辺りにはあまり仕事がないので彼女は南へやって来た **b** (沿岸部から)内陸へ[に] ‖ a few miles ~ from the coast 海岸から数マイル奥に入った所 **c** (地方などから)中心地へ[に]; 《英》(Cambridge, Oxford などの) 大学に ‖ go ~ to London ロンドンへ出る(♦ go up to の後に都市名などがくる場合は, 南北・高低などの地理的条件よりもその場所の重要性を表すのがふつう) / I remain ~ during the vacation. 私は休暇中も大学に残っている / go ~ to Cambridge ケンブリッジ大学に行く[入学する]
❼(話し手・話題の場所の) 方へ, 近づいて ‖ A stranger came ~ to me. 知らない人が私に近づいて来た / **go straight** ~ to a door 真っすぐドアに向かって行く
❽粉々に, 細かく; 均等に; (道路が)工事中で ‖ The ship broke ~ on the rocks. 船は座礁して大破した / tear ~ a letter 手紙をずたずたに引き裂く / blow ~ 爆発する / divide ~ the money 金を均等に分ける / Road *Up* 《掲示》道路工事中
❾(完了に向けて)**すっかり**, しっかり, …し尽くす, 完全に, まとめて, 止まって ‖ Drink ~ now! さあ飲み干して / clean ~ a room 部屋をきれいに掃除する / be dried ~ 干上がる / lock ~ a house 家の鍵(かぎ)を全部閉める / tie ~ a package 荷物をしっかり縛る / fasten [OR do] one's coat ~ コートをしっかり着込む / add ~ figures 数字を合計する / wrap ~ すっぽり包む; 暖かく着込む / **end** ~ in debt 結局借金をしょい込む
❿(時間が)終わって, なくなって ‖ Time is ~. 時間切れです / His term is ~. 彼の任期は終わった
⓫寝ないで, 起きて ‖ I got ~ in the night to go to the lavatory. 夜中に起きてトイレに行った / He was ~ already. 彼はすでに起きていた / stay ~ all night 一晩中起きている
⓬(面などが)上に向いて ‖ lie face ~ あお向けに寝る
⓭《存在・注目》出現して, 起こって; (話題・議題に)上って ‖ **Coming** ~ soon! (映画などが) 近日公開 / show ~ 現れる / bring [OR take] ~ an issue 問題を取り上げる / **set** ~ a special committee 特別委員会を設置する / put ~ a poster ポスターを張り出す
⓮遅れないで, 追いついて ‖ catch ~ (with ...) (…に)追いつく / **keep** ~ with new technologies 新しい技術についていく ⓯保管して, 貯蔵して ‖ lay ~ provisions for a drought 干ばつに備えて食糧を蓄える / save ~ to buy a car 車を買うために貯金する ⓰《数詞の後で》以上 ‖ children of twelve ~ 12歳以上の子供 ⓱(スポーツで)相手より先行して, リードして ‖ two goals [holes] ~ 2ゴール[ホール]リードして / 3-2 ~ 3対2でリードしている ⓲陽気で, 元気で; 興奮して ‖ She's been ~ since changing her section. 部署を変わってから彼女は明るくなった ⓳(食べ物を)もどして, 吐いて ⓴《軍隊・動物への命令》‖ *Up!* 立て / *Up* and at 'em! (目標物・相手・仕事などに)かかれ ㉑《海》風上に向かって; 流れに逆らって ㉒《野球》(打者が)打席に立って

be ùp and abóut [OR ***aróund***] (病後に)起き出す, 体を動かしている
be úp on ... …に精通している, 詳しい
be wèll úp in [OR ***on***] ***...*** = *be up on ...*(↑)
****úp against ...*** 〔困難など〕に直面して, …と反目して; …に接近して, くっついて
úp against it ひどく困って
ùp and dóing ① 忙しく立ち働いて ② = *be up and about* [OR *around*](↑)
****ùp and dówn*** ① **行ったり来たり** ‖ He walked ~ *and down* in the room. 彼は部屋の中を行ったり来たりした ② **上下に** ‖ He shook his fist ~ *and down*. 彼はこぶしを上下に振った / look a man ~ *and down* 男をじろじろ見る[観察する] ③《口》よくなったり悪くなったり; 喜んだり悲しんだり
****ùp and rúnning*** (コンピューターなどが) 正常に作動[機能]して; 使用中で
úp before ... 〔聴聞会〕に出て; …に出廷して
úp for ... ① …の対象として考慮されて; 〔選挙〕に立候補して; 〔売り〕に出されて ‖ The movie is ~ *for* Best Picture of the year. その映画は年間最優秀映画の候補に挙がっている / a candidate ~ *for* reelection 再選に立つ候補者 / The painting will be ~ *for* auction. その絵はオークションに出されるだろう ② …の罪で出廷して ‖ be ~ (before a magistrate) *for* robbery 強盗の罪で裁判にかけられる ③ 期限が来て ‖ My driver's license is ~ *for* renewal. 私の運転免許証は更新の時期だ ④《口》準備ができて, 気が進んで ‖ We're going to karaoke tonight. Are you ~ *for* it? 今夜カラオケに行くんだ. 君もどうだい
****úp to ...*** ①《時間・距離・程度・数量》(最高)…**に**(**至る**)**まで**, …の所まで ‖ The restaurant is open ~ *to* midnight. そのレストランは夜中の12時まで営業している / The water came ~ *to* her waist. 水は彼女の腰の所まできた / The room can hold ~ *to* 30 people. その部屋は30人まで収容できる / I haven't heard from him ~ *to* now. 今までのところ彼からはまだ連絡がない (=... ~ till [OR until] now.) ② **…の責任で**, **…次第で** (→ CE 2,) ‖ It's ~ *to* you to finish the job. その仕事を終えるのは君の責任だ / I leave it ~ *to* you. 後は君に任せる ③《口》〔悪いこと〕をしようとして; …で忙しい(→ CE 1, 5, 8) ‖ What has the child been ~ *to*? あの子は何をやらかしたんだ / He is ~ *to* no good. 彼はよからぬことをたくらんでいる ④《通例否定文・疑問文で》〔仕事など〕ができて, …に耐えられて ‖ He is not ~ *to* 「the job [giving the presentation]. 彼にはその仕事をやる [プレゼンをする] だけの力はない ⑤《通例否定文・疑問文で》…の水準に達していて, …に匹敵して ‖ His new work is not ~ *to* his usual standard. 彼の新しい作品はいつもの水準に達していない / I didn't think the party was ~ *to* much. 《英口》パーティーはいい出来だと思わなかった
úp until [OR ***till***] ***...*** …に至るまで

COMMUNICATIVE EXPRESSIONS

1 **I hàven't been úp to mùch làtely.** 最近特に何もしていないよ; 代わり映えのしない毎日だ(♥「どうしてたの」などと聞かれた際の返答)
2 **If it was ùp to mé, I'd** gàther the stáff mèmbers at ónce. 私なら直ちにスタッフの人たちを集めますが(♥「私に判断が任せられるのなら」の意)
3 **It's àll úp (with** him). (彼は)もう駄目だ; 万事休すだ
4 **It's** [OR **Thàt's**] **ùp to yóu.** それはあなた次第です (♥相手に判断・決定などをゆだねる)
5 **(I've) been ùp to nò góod.** ろくなことしてないよ(♥「どうしてたの」などと聞かれた際のくだけた返答)
6 **Úp (with)** táx cùts! 減税支持[賛成](♥シュプレヒコールやプラカードで用いる)
7 **Whàt are you úp to** thìs wéekend? 今週末どんな予定?(♥しばしばデートなどへの誘いとしても用いる)
8 **Whàt are you úp to nòwadays** [OR **thèse dàys**]**?** 最近どうしてるの(♥相手の近況を尋ねるくだけた表現)
9 **Whàt's úp?** ① 最近どう(♥相手の近況を聞くくだけたあいさつ) ② どうしたの; 何かあったの(=What's 「the matter [OR wrong]?)

—前 ❶《動作の方向》…**を上がって**, 登って ‖ We went ~ the hill. 私たちは丘を上がって行った / climb ~ a tree 木に登る
❷《位置・状態》**…の上方に** ‖ His office is ~ the stairs. 彼のオフィスは階段を上がった所にある / climb ~ the social ladder 社会で高い地位に上る
❸〔川〕の上流に, 上手に(♦ above a river とすると「川の

真上に」の意) ‖ He swam ～ the river. 彼は川の上流に向かって泳いだ / The town is ～ the river. その町は川の上流にある
❹〔道など〕を通って, …に沿って, …の向こうに ‖ Let's walk ～ the road. その道を歩いて行こう(♦坂道でなくても用いる) / He lives ～ the street. 彼はこの通りの先に住んでいる

ùp and dówn … ① …を行ったり来たりして ‖ He walked ～ *and down* the hall. 彼は廊下を行ったり来たりした ② …を上がったり下がったりして ③ …の至る所へ[に] ‖ Children ～ *and down* the country are crazy about this toy. 国中の子供がこのおもちゃに夢中だ

COMMUNICATIVE EXPRESSIONS

⑩ **Ùp yóurs!** くたばれ；このくそったれ(♥ 嫌悪・反感・不信・反抗などを表すぶしつけで野卑な表現)

―形《比較なし》《限定》❶ 上へ向かう ‖ the ～ elevator 上りのエレベーター
❷《米》(列車が)北方面へ行く；《英》(首都などへの)上りの ‖ an ～ train 《米》北方面へ行く列車, 《英》(ロンドン行きの)上り電車

―名 (複 **～s** /-s/) Ⓒ ❶ 上り坂；上昇, 値上がり ‖ There will be no further ～*s* in the rent this year. 今年はもうこれ以上家賃の値上げはないだろう
❷ よいとき, 繁栄 ‖ in times of business ～*s* 景気のよいときに

on the úp うまくいって, 上向いて
on the up and up ⇨ UP-AND-UP(成句)

―動 (**～s** /-s/；**～ped** /-t/；**～·ping**)
―他 ❶〔値段・量〕を上げる, 増やす ‖ He *upped* his offer to $1,000. 彼は提示額を1,000ドルに上げた(❗基準・成績・賃金などを上げる[が上がる]という意味の「アップ」は英語では increase, raise, improve などを用いるのがふつう. 〈例〉「賃金アップを要求する」ask for a pay raise) ❷〔人〕を昇進させる ❸〔グラスなど〕を持ち上げる
―自 ❶《～ and *do* で》《口》急に…する ‖ He *upped* and left the room. 彼は突然部屋から出て行った(♦ up を無変化にして He up and left … のように up and を副詞的に用いることもある) ❷《+with 名》《主に米口》…を持ち上げる, (威嚇して)…を振り上げる

▸▸ **～s and dówns** 名 複 (土地の)起伏；(運勢などの)浮き沈み ‖ Everybody has their ～*s and downs*. だれでもいいときと悪いときがある **～ to dáte** 形 =up-to-date

up- /ʌp-/ 接頭「上へ[の]」「…の上に[へ]」の意 ❶《動詞および動詞派生語につけて》‖ *up*turn, *up*lifted, *up*bringing ❷《名詞につけて》形容詞・副詞・名詞を作る ‖ *up*stairs, *up*country, *up*land, *up*stroke

ùp-ánchor 動 自 (船・船員が)いかりを上げる, 抜錨(ばつびょう)する

ùp-and-cóming ⊲ 形《通例限定》(人が)将来性のある, (先々)有望な **-cómer** 名

ùp-and-dówn 形 ❶ 上下する；起伏のある；浮き沈みのある ❷ (崖(がけ)などが)垂直の

ùp-and-únder 名 Ⓒ『ラグビー』アップ＝アンド＝アンダー《ボールを高くけり上げてその落下地点に密集するプレー》

ùp-and-úp 名《次の成句で》
on the ùp-and-úp ①《英口》着実によくなって, 上向きで ②《主に米口》公明正大で, 正直な(on the level)

U·pa·ni·shads /upáːnɪʃàːdz | upʌ́nɪʃədz/ 名 複 ウパニシャッド《サンスクリット語で書かれた一群の宗教・哲学書》

u·pas /júːpəs/ 名 Ⓒ『植』ウパスノキ《熱帯地方原産のクワ科の高木. 樹液は有毒》；Ⓤ その樹液《毒矢に用いられた》

úp·bèat 名 Ⓒ『楽』上拍, 弱拍《アクセントがなく指揮棒を下から上へ上げて示す》
―形《口》楽観的な, 陽気な(↔ downbeat)

up·braid /ʌ̀pbréɪd/ 動 他 …を〈…のことで〉厳しくしかる, とがめる〈for〉

***úp·brìnging** 名 Ⓤ/Ⓒ《通例単数形で》(子供の)養育, 教育, しつけ ‖ have a strict ～ 厳しいしつけを受ける / by birth and ～ 生まれも育ちも

ÙPĆ 略《米》*U*niversal *P*roduct *C*ode

ùp·cást 名 Ⓒ ❶ 投げ上げること ❷ 投げ上げられたもの[状態] ―形 投げ上げた ―動 (**-cast**；**～·ing**) 他 …を投げ上げる

úp·chànge 動 自 (自動車の)ギアをシフトアップする

ùp·chúck 動《米俗》=vomit

***úp·còming** 形《限定》やがて起ころう[現れよう]としている, 来るべき

ùp·cóuntry ⊲ 形《限定》内陸[内地](から)の, 奥地(から)の ―副 内陸へ, 奥地に ―名 Ⓒ 内陸, 奥地

***up·date** /ʌ̀pdéɪt/ 《アクセント注意》(→ 名) 動 他 ❶ …を最新のものにする；〔人〕に〈…について〉最新情報を与える〈on〉‖ an ～*d* version 最新版 / ～ the prime minister *on* the latest developments 首相に事態の進展の最新情報を与える ❷ 💻〔情報・プログラム〕を最新のものに更新する, アップデートする
―名 /ʌ́pdèɪt/ Ⓒ〈…についての〉最新情報〈on〉；💻(情報・プログラムの)更新, アップデート ‖ an ～ *on* the state of the U.S. economy 米国の経済状態に関しての最新情報 / a weather ～ お天気最新情報

Up·dike /ʌ́pdaɪk/ 名 **John** (**Hoyer**) ～ アップダイク(1932–2009)《米国の作家》

úp·dràft 名 Ⓒ 上昇気流；(株価・景気などの)上向き, 上昇

ùp·énd 動 他 ❶〔たるなど〕を立てる, 逆さまにする[置く] ❷〔意見など〕を覆す, ひっくり返す；〔競争相手〕を打ち負かす ―自 立つ, 逆さまになる

ùp·fíeld 副『球技』(攻撃側が向かう)前方フィールドで

ùp·frónt (口) 形 ❶《限定》前払いの, 前金の ❷《通例叙述》〈…に関して〉率直な, 正直な〈about〉
―副 ❶ 前払いで ‖ demand cash ～ 現金を前払いで要求する ❷ 率直に, 正直に ❸ いちばん先のところで(♦ 副では up front とつづる)
―名 Ⓒ《米》アップフロント説明会《放送会社が広告会社などに対して行う番組編成や方針に関する説明会》

***up·grade** /ʌ̀pgréɪd, ⌐⌐/ 《アクセント注意》(→ 名 形 副) 動 他 ❶ …の質[価値]を高める；💻〔プログラム・ハードウェアなど〕をアップグレードする ❷〔職員・仕事など〕の等級を〈…に〉上げる, 〔人〕を〈…に〉昇格させる(↔ demote, downgrade)〈to〉❸ (飛行機・ホテルなどで)〔客〕に上のクラスの席[部屋など]を提供する
―自 ❶ 💻(プログラム・ハードウェアなどの)アップグレードを行う ❷ (席・部屋など)上のクラスに替わる
―名 /ʌ́pgrèɪd/ Ⓒ ❶ 💻(プログラム・ハードウェアなどの)性能の改良, アップグレード ❷ 上り勾配(こうばい), 上り坂(↔ downgrade) ❸ 改良型
on the úpgrade 進歩[向上]して, 改善されて
―形 /ʌ̀pgréɪd/ 上り勾配の
―副 /ʌ̀pgréɪd/ 坂を上って

up·growth /ʌ́pgròʊθ/ 名 Ⓤ Ⓒ 成長(過程), 成果

up·heav·al /ʌphíːvəl/ 名 Ⓒ Ⓤ ❶ (特に地殻の)隆起 ❷ (社会・政治などの)激変, 大変動

ùp·héave 動 (**～d** /-d/ OR **-hove** /-hóʊv/；**-heav·ing**) 他 ❶ …を持ち上げる, 押し上げる ❷ (火山活動などが)〔土地〕を隆起させる ―自 持ち上がる, 隆起する

up·héld 動 uphold の過去・過去分詞

ùp·híll 形 ⊲ ❶ 上り坂の, 上りの(↔ downhill) ❷《通例限定》努力を要する, 骨の折れる, 困難な ‖ an ～ struggle [OR fight, battle] 骨の折れる闘い ―副 坂を上って, 上り坂で(↔ downhill) ―名 Ⓒ 上り坂

***ùp·hóld** 動 (**～s** /-z/；**-held** /-héld/；**～·ing**) 他 ❶〔判決・決定など〕を支持する, 確認する ❷〔人・行為・立場など〕を擁護する；〔慣習・伝統など〕を維持する ‖ ～ human rights 人権を擁護する **～·er** 名

up·hólster 動 他〔いす・寝台など〕を詰め物をして〈布・革で〉張る；〔部屋など〕に〈じゅうたん・カーテンなどを〉取りつける, 内装する〈in〉(♦ しばしば受身形で用いる) ‖ an ～*ed* sofa

布[革]張りされたソファー **~·er** 名 C 家具張り職人

up·hol·ster·y /ʌphóulstəri/ 名 ❶ U《集合的に》家具張り用材《詰め物・スプリング・張り布[革]など》 ❷ U C 家具張り(業)

ÙPÍ 略 *U*nited *P*ress *I*nternational(UPI通信社)

úp·kèep 名 U〈家・自動車などの〉維持, 補修;〈子供などの〉扶養, 養育〈**of**〉; 維持[修理]費; 扶養[養育]費

úp·land 名 C《通例 ~s》高地(地方), 高台
—形《限定》高地の[にある]

ùp·líft (→名) 動 他 ❶ …の精神[感情]を高揚させる, 意気を高める;(社会的・文化的・道徳的に)…を高める, 向上させる ❷ …を(持ち)上げる, 揚げる;〘地〙(地面)を隆起させる
—名 /ˊ⌒ˋ/ ❶ U 精神的高揚;(社会的・文化的・道徳的な)向上(運動) ❷ U/C《単数形で》(持ち)上げること;〘地〙隆起

ùp·lífted 形 ❶《叙述》楽しい, 希望に満ちた;(気分が)高揚した ❷ 持ち上げられた, 高められた

ùp·lífting 形 (精神を)高揚させる, (意気を)高める

úp·lighter, úp·lìght 名 C《英》アップライト(照明)《下から上に向かって当てるスポットライト》

úp·lìnk (→動) 名 C (地上から衛星・宇宙船への)通信伝送(↔ downlink) —動 /ˊ⌒ˋ/ 他 …を伝送する —形 通信伝送の

úp·lòad 🖳 動 他 自 (端末からホストコンピューターなどに)データを転送する, データをアップロードする(↔ download)
—名 U アップロード(すること); C アップロードしたデータ

ùp·márket ⊲ 形 副《主に英》=upscale

úp·mòst 形 =uppermost

*****up·on** /弱 əpən; 強 əpɑ́(ː)n | əpɔ́n/《アクセント注意》
—前 =on

語法 ☆☆ (1) upon と on はほぼ同義だが upon の方がはるかに堅い語で, 一般的には on を使う. 文末では比較的 upon が使われる傾向がある.〈例〉There is not a bench to sit *upon.* 座るベンチが一つもない
(2) 一部の決まった表現では upon のみが使われる.〈例〉once *upon* a time 昔々 / *upon* my word 誓って
(3) 次の場合には on のみが使われ, upon は用いない.
(a) 時間を表す表現.〈例〉*on* Sunday 日曜日に
(b)「…に関する」の意.〈例〉a book *on* psychology 心理学の本
(c) 手段・道具を表す表現.〈例〉*on* foot 徒歩で / *on* the phone [radio] 電話[ラジオ]で
(d)「身につけて」の意.〈例〉I have no money *on* me. 私はお金を持っていない
(e)「…のおごりで」の意.〈例〉The drink is *on* me. 酒は私のおごりだ
(f) その他の慣用表現.〈例〉*on* sale 売りに出されて / *on* fire 火事で / *on* strike ストをして

(àlmost) upón ... (時・出来事が)…に近づいて(♦ upon の代わりに on は使えない) ‖ The summer vacation is *almost* ~ you. 夏休みが近づいている

A upón A 大量[多数]の*A* ‖ year ~ year 何年間も

****up·per** /ʌ́pər/
—形《比較なし》《限定》❶ (位置・高さなどが)**高い方の**, 上の, 上部の(↔ lower) ‖ the ~ jaw 上あご / the ~ **limit** 上限 / the ~ **floors** 上層階
❷ **上位の**, 上級の, 上層の(↔ lower) ‖ the ~ echelons of a company 会社の上層部 / the ~-middle class 中流階級の上層
❸ 高地の;(川の)上流の; 奥地の; 北部の ‖ the ~ Mississippi ミシシッピ川の上流 / ~ Manhattan 北部マンハッタン
❹ 《U-》〘地〙上部の, 後期の ‖ the *Upper* Cambrian 後期カンブリア紀

hàve* [OR *gèt, gàin*] *the ùpper hánd 〈…より〉優勢である[になる],〈…に〉勝る,〈…を〉制する〈**over, of**〉
—名 (複 **~s** /-z/) C ❶《通例 ~s》(靴の)甲革
❷《~s》《俗》覚醒剤 ❸《~s》上顎(じょうがく)(義)歯

(dòwn) on one's úppers 《口》ひどく貧乏して, 金に困って

Ùpper Cánada 名 アッパーカナダ《五大湖の北, オタワ川の西にある元英領地帯. 現在のオンタリオ州の南部地域》 **~ cáse** (↓) **~ círcle** 名 C《単数形で》《主に英》(劇場の) 2階席, 桟敷席 **~ cláss(es)** (↓) **~ crúst** (↓) **Ùpper Hóuse [Chámber]** 名《the ~》(2院制議会の)上院 **~ líp** 名 C 上唇; 鼻の下部分 ‖ carry [OR have, keep] a stiff ~ *lip* ⇨ LIP (成句) **~ schòol** 名 C《英》(14歳以上の生徒が通う)高等科 **~ stóry** 名 C ① 上の階, 上階(→ story²) ②《the ~》《俗》おつむ, 知能 ‖ be weak in the ~ *story* おつむが弱い

ùpper cáse ⊲ 名 U〘印〙大文字(活字)《略 u. c.》(↔ lower case) **ùpper-cáse** 形

ùpper cláss ⊲ 名《the ~(es)》上流階級(の人々)
ùpper-cláss ⊲ 形

ùpper·cláss·man /-klæsmən | -klɑ́ːs-/ 名 (複 **-men** /-mən/) C《米》(高校・大学の)上級生, 3[4]年生(↔ underclassman) (♦ 女性形は upperclasswoman だが性差を示さない場合は upper-class student を用いる)

ùpper crúst ⊲ 名《the ~ で集合的に》《単数・複数扱い》《口》(最)上流階級, 貴族階級 **ùpper-crúst** 形

úpper·cùt 名 C〘ボクシング〙アッパーカット

úpper·mòst 形 ❶ (位置などが)最も高い, いちばん上の(↔ lowermost) ❷ (地位などが)最高の; 主要な, 最も有力な ‖ the ~ subject of concern 一番の関心事
—副 ❶ いちばん上に[高く] ❷ 最高に; 最も前面に, 真っ先に ‖ Keep this ~ in your mind. これをまず第一に心に留めておきなさい

up·pish /ʌ́pɪʃ/ 形《口》=uppity

up·pi·ty /ʌ́pəṭi/ 形《口》思い上がった, 横柄な; 出しゃばりの; もったいぶった

ùp·ráise 動 他《文》…を持ち上げる

***up·right** /ʌ́pràɪt, ˊ⌒ˋ/ 形 (**more ~; most ~**) ❶ 直立した, (姿勢などが)真っすぐな; 垂直な(↔ horizontal) ‖ an ~ posture 真っすぐな姿勢 / an ~ post 垂直に立っている柱 ❷ 心の真っすぐな, 清廉潔白な, 正直な, 立派な(↔ dishonorable) ‖ He has been ~ in his business affairs. 彼は商取引で正直を通してきた / an ~ man 清廉の士 ❸ (家具などが)縦長の, 垂直(状態で)使用される
—副 直立して, 真っすぐに; 垂直に ‖ stand ~ 真っすぐな姿勢で立つ / walk ~ 真っすぐな姿勢で歩く / straighten oneself ~ 背筋をぴんと伸ばす
—名 C ❶ 直立しているもの; 支柱 ❷ (= **~ piáno**) 竪(たて)型ピアノ, アップライトピアノ **~·ly** 副 **~·ness** 名

ùp·ríse (→名) 動 (**-rose** /-róuz/, **-ris·en** /-rízən/; **-ris·ing**) 自《古》《文》❶ 起き上がる(get up); 立ち上がる ❷ (太陽が)昇る, 上る;(音・声などが)高まる, 大きくなる
—名 /ˊ⌒ˋ/ U 起き上がること; C 上り坂

***up·ris·ing** /ʌ́pràɪzɪŋ/《アクセント注意》名 C〈権力者に対する〉反乱, 暴動, 蜂起〈**against**〉‖ an armed ~ 武装蜂起 / put down an ~ 暴動を鎮圧する

ùp·ríver ⊲ 形 副 (川の)上流の[に](↔ downriver) ‖ farther ~ さらに上流に(さかのぼって)

***úp·ròar** 名 U/C《an ~》❶ 大騒ぎ, 騒動, わめき叫ぶ声 ‖ The classroom was in (an) ~. 教室は大騒ぎだった ❷ 大きな抗議の声, 激しい批判

up·roar·i·ous /ʌprɔ́ːriəs/ 形 ❶ 大騒ぎする, 騒々しい, にぎやかな ❷ (笑い声などが)すごく大きな ‖ burst into ~ laughter どっと大笑いする ❸ 大笑いさせる(ような) ‖ an ~ comedy 抱腹絶倒の喜劇 **~·ly** 副

***ùp·róot** 動 他 ❶〔植物〕を根こそぎにする, 引き抜く(root up) ‖ ~ weeds 雑草を引き抜く ❷〔人など〕を住み慣れた土地から追い立てる;〔家族など〕に家を離れさせる ‖ Many families were ~*ed* from their homes by the war. その戦争で多くの家族が住み慣れた家から追い出された ❸…を根絶する, 絶滅させる

úp·rùsh 名 C ❶ (液体などの)噴出 ❷ (感情・運動などが)わき上がること, 急激な高まり

ÙPS 略 *u*ninterruptible *p*ower *s*upply (無停電電源装置); *U*nited *P*arcel *S*ervice (ユナイテッドパーセルサービス社《米国最大の小口貨物輸送会社》)

up·sa·dai·sy /ʌ̀psədéɪzi/ 間 =upsy-daisy

ùp·scále 〈シ〉 (↔ downscale) 《米》 形 《限定》 (商品などが)高所得者層向けの; 高級な, 高級品市場向けの
—副 高級品市場(向け)に —動 他 〔商品〕を高所得者向けに作る[売る], 高級化する; 〔高級品市場〕に進出する
—名 《the ～》高所得者層, 上流階級の人々

‡up·set /ʌ̀psét/ 《アクセント注意》(→ 名 形)
—動 (～s /-s/; -set; -set·ting)
—他 ❶ **a** 《+目》…を**動転させる**, 慌てさせる, 動揺させる, 狼狽(ろうばい)させる ‖ The accident ～ the passengers very much. その事故で乗客はひどく動揺した / The sight of cockroaches always ～*s* me. ゴキブリを見るといつも慌ててしまう / Don't ～ yourself. うろたえるな
b 《受身形で》取り乱す, 動揺する, 狼狽する〈**about, by, over** …に[で] / **to do** …して / **that** 節 …ということで〉 ‖ I was ～ *by* the result of my math exam. 数学のテスト結果にうろたえた / Your wife is ～ *about* her baby. 奥さんは赤ちゃんのことで気が動転しているんですよ / He got very ～ *to* hear that his car had been damaged. 彼は自分の車が損傷したと聞いて大変に動揺した / Martin is really ～ *that* you suspect him. あなたに疑われてマーティンは本当に動揺しています
❷〔計画・組織・秩序など〕を**駄目にする**, 狂わせる ‖ The rain ～ our plans. 雨で私たちの計画は狂ってしまった / ～ the balance of the natural system 自然の生態系のバランスを崩す
❸ …を**ひっくり返す**, 転倒させる; …をひっくり返してこぼす[散乱させる] ‖ She ～ a cup of tea on the table. 彼女はテーブルの上で紅茶茶わんをひっくり返した
❹〔胃・腹など〕の調子を狂わせる
❺〔優勢と思われている相手〕を(予想に反して)負かす
❻〔熱したボルトなど〕の頭[端]をたたいてつぶす
—自 ひっくり返る, 転倒[転覆]する; ひっくり返ってこぼれる

COMMUNICATIVE EXPRESSIONS
1 **I dòn't wànt to upsét you, but** thère's sòme bàd néws. 落ち着いて聞いてほしいんですが, 悪い知らせがあります(♥ 悪い[残念な]ことなどを知らせる際の前置き)
2 **Thère's (rèally) nò néed to gèt upsét.** 気にする必要なんて(本当に)ありませんよ(♥ 相手を励ます表現. =I wouldn't [OR shouldn't] get upset, if I were you. /↘《口》Don't worry.)

—名 /ʌ́psèt/ (複 ～s /-s/) ❶ U C 混乱, 乱れ; (計画などの)狂い, 挫折(ざせつ)
❷ C U 動転, 動揺, 狼狽; C (体調, 特に胃の)不調 ‖ have a **stomach** ～ 胃の具合が悪い ❸ U C ひっくり返す[返る]こと, 転倒, 転覆 ❹ C (試合などの)番狂わせ
—形 /ʌ̀psét/ 〈シ〉《比較なし》 ❶ 動揺[狼狽]した ❷ (胃腸が)調子の悪い, 消化不良の ‖ have an ～ stomach 胃の調子が悪い
ùp·sétting 形
▸▸ ～ **prìce** 名 C 最低競売価格

úp·shìft 動 自 (自動車の)ギアを高い方に入れる, シフトアップする —名 C シフトアップ

úp·shòt 名 《the ～》〈…の〉結果, 結末, 結論, 終局〈**of**〉

***úp·sìde** (↔ downside) 名 C ❶ 上側, 上部, 上方 ❷ 長所 —前 《米俗》…の側面を[に], …に対して ‖ hit [OR slap] him ～ the head 彼の頭の側面をひっぱたく
▸▸ ～ **dówn** (↓)

ùpside-dówn 形 《限定》逆さまの, ひっくり返った, 転倒した; 混乱した, めちゃめちゃの
▸▸ ～ **càke** 名 C アップサイドダウンケーキ《フルーツを型の底に敷き詰めた上に生地を流し込んで焼き, 出すときにひっくり返すためフルーツが上面にくる》

ùpside dówn 形 《叙述》 副 逆さまの[に], ひっくり返った[て], 転倒した[て]; 混乱した[て], めちゃめちゃの[に]
tùrn ... ùpside dówn ① …を(上下)逆さまにする, ひっくり返す ‖ *turn* a box ～ 箱をひっくり返す ② …をめちゃめちゃにする, 引っかき回す

up·si·lon /jú:psəlɑ̀(:)n | ju:psáɪlən/ 名 C イプシロン《ギリシャ語アルファベットの第20字. Υ, υ. 英語の Y, y または U, u に相当》

úp·sìze 動 他 …を増大[拡大, 複雑]化させる; 〔データベース〕を大型化する —自 増大する, 拡大される, 複雑になる; (データベースなどが)大型化する(↔ downsize)

úp·skìll 動 他 自 (…に)技術訓練を行う **～·ing** 名

úp·slòpe (→ 形 副) 名 C 上り坂
—形 副 /⌐⌐/ 傾斜[坂]の上方の[に]

ùp·stáge (→ 形) (↔ downstage) 副 ❶ 舞台後方で[に]; 観客[カメラ]から遠い方に ❷ 《口》お高くとまって
—形 /⌐⌐/ ❶ 《限定》舞台後方[奥]の ❷ 《口》お高くとまった, 高慢な, 横柄な —名 C 舞台後方 —動 他 ❶ (舞台後方で演技して)〔共演者〕より自分を目立たせる《共演者は観客に背を向けることになるため》 ❷ 〔相手〕の影を薄くする, …より自分を目立たせる

‡up·stairs /ʌ̀pstéərz/ 《アクセント注意》〈シ〉 (↔ downstairs)
—副 《比較なし》 ❶ **階上へ[で]**; 2階へ[で] ‖ The bedroom is ～. 寝室は2階です / **go** ～ 2階[階上]に上がる (♦ ×go to upstairs としない) / live ～ 2階[階上]に住む ❷ いっそう高い地位に, 昇格して ‖ She was promoted ～ to vice-president. 彼女は副社長に昇進した / the man ～ 神様 ❸ 《戯》頭の中は ‖ He is all vacant ～. あいつの頭の中は空っぽだ
kick a person upstairs 《口》⇨ KICK (成句)
—形 《比較なし》《限定》《また upstair》階上の, 2階の ‖ an ～ bedroom 2階の寝室
—名 《the ～》《通例単数扱い》階上, 2階(の部屋) (♦ ある階より上の階全部を示すときは複数扱い) ‖ a noise **from** ～ 2階[階上]からの物音[騒音]
nòt hàve mùch upstáirs 《口》あまり頭がよくない

ùp·stánding 〈シ〉 形 《限定》 ❶ 正直な, 廉直な, 善良な ❷ 直立した; 強健な

úp·stàrt 名 C ⊗《蔑》成り上がり者; 思い上がった人, 高慢ちき; 《形容詞的に》成り上がりの, 急に台頭した; 思い上がった ‖ an ～ family 成金家族

ùp·státe 〈シ〉(→ 名) 《米》 副 州の北部[奥地]に, (特に)ニューヨーク州北部[奥地]に —形 《限定》州北部の(出身の) ‖ in ～ New York ニューヨーク州北部で[に] (♦ ニューヨーク市から遠く離れていれば南部についても使える)
—名 /⌐⌐/ U C 州の北部

ùp·stréam 〈シ〉 副 形 流れに逆らって[た], 上流へ[の] (↔ downstream)

úp·stròke 名 C (手書きでの)上向きのはね

úp·sùrge 名 C 《通例単数形で》〈感情などの〉急な高まり〈**of**〉; 〈…の〉急上昇, 急増〈**in, of**〉

ùp·swéep (→ 名) 動 (**-swept** /-swépt/; **～·ing**) 他 〔髪〕をなで上げる, アップにする —自 上方へ湾曲する; (髪が)アップにされる —名 /⌐⌐/ ❶ (女性の髪の)なで上げ型, アップ ❷ (傾斜などの)急な上り, 急斜面

ùp·swépt 〈シ〉 形 ❶ 上に反った, 上へ曲がった ❷ (髪が)なで上げられた, アップの

úp·swìng 名 C 《通例単数形で》〈商売などの〉上昇傾向; 増加, 向上, 発展(↔ downswing)〈**in**〉

up·sy-dai·sy /ʌ̀psidéɪzi/ 間 そら, よいしょ(ups-a-daisy) (♦ 子供を抱き上げる[起こす]ときに用いる言葉)

úp·tàke 名 ❶ 《the ～》理解力, のみ込み ❷ C U (栄養分などの)吸収(率), 摂取(率)
be quìck [*slòw*] *on the úptake* 《口》理解が早い[遅い]

úp·tàlk 名 U アップトーク, 尻(しり)上がりの話し方

up·tem·po, up·tem·po /ʌptémpou/ ⊲シ 〚楽〛 名 (複 **~s** /-z/ OR **-tem·pi** /-piː/) C アップテンポ
— 形 アップテンポの

úp·thrùst 名 U ❶〚理〛(液体・気体中に浮いている物体に対する)上に押し[突き]上げる力, 浮力 ❷〚地質〛隆起

úp·tìck 名 U C 《米》(株などの)値上がり;(景気・気配などが)上向くこと, 上昇, 改善 ‖ on the ~ 上昇中の[で]

úp·tìght 形《口》❶〈…のことで〉神経をぴりぴりさせた, 非常に緊張した, ひどく心配した〈**about**〉❷ 怒った, 憤慨した

úp·tìme 名 U 💻 耐用時間, 稼動時間(↔ downtime)

*__up-to-date__ /ʌptədéɪt/ ⊲シ 形 (♦ 補語に用いる場合ハイフンなしに up to date とするのがふつう) ❶ 現代的な, 最新式の ‖ ~ clothes 最新の服 ❷ 最新情報を含んだ ‖ ~ information 最新の情報

brìng** [OR **kèep**] **... ùp-to-dáte 〔人〕に最新情報を伝える;〔物〕を最新の状態にする

ùp-to-the-mínute ⊲シ 形《限定》最新式の, 最も現代的な;最新の(情報を盛り込んだ)

ùp·tówn ⊲シ (↔ downtown)《主に米》副 (都会の)住宅地区に[で], 山の手に[で] — 形《限定》住宅地区の, 山の手の — 名 U C 住宅地区, 山の手

úp·trènd 名 C《単数形で》〚経〛上向き, 上昇傾向 (↔ downtrend)

úp·tùrn 名 C《通例単数形で》〈景気・運勢などの〉上昇傾向, 上向き, 好転 (↔ downturn)〈**in**〉‖ an ~ *in* business 商売の好転

ùp·túrned ⊲シ 形《通例限定》ひっくり返った;(顔などが)上に向けた;(鼻などの)先が上を向いた

ÙPÚ 略 *U*niversal *P*ostal *U*nion(万国郵便連合)

ùPVĆ 略 *u*nplasticized *p*olyvinyl *c*hloride(無可塑塩化ビニル)

*__up·ward__ /ʌ́pwərd/《アクセント注意》(↔ downward) 副《主に米》(《英》upwards) ❶ 上の方に[を], 上へ;上向きに ‖ The kite flew ~. 凧(たこ)は上に舞い上がった / look ~ 上の方を見る, 見上げる ❷ (価格・価値などが)上昇して;(地位・身分などが)上位へ ‖ The cost of food has climbed steadily ~. 食品価格がじりじりと上昇してきている / The young actor is moving ~. その若手俳優は羽振りをきかせてきている ❸ (数・量が)より以上 ‖ children of 5 and ~ 5歳(およびそれ)以上の児童 ❹ (川などを)さかのぼって, 奥地に ‖ follow a river ~ 川をさかのぼる

from ... úpward ① …から上 ‖ bare *from* the waist ~ 上半身裸で ② (数量などが)…以上 ‖ hotel rooms *from* $50 ~ 50ドル以上のホテルの部屋 ③ …以来, …以後

úpward of ... …より以上(の)(more than) ‖ earn ~ *of* a million dollars 100万ドル以上稼ぐ

— 形《限定》❶ 上向きの;川上への;上昇する;増加傾向にある ‖ an ~ current of air 上昇気流 / an ~ trend in prices 物価の上昇傾向 ❷ 上方にある ‖ the ~ sky 上天 **~·ly** 副

▸▸ **~ mobílity** 名 U (社会的・経済的な)地位向上, 立身出世

up·ward·ly-mo·bile /ʌ̀pwərdlimóubəl | -baɪl/ ⊲シ 形 地位向上[立身出世]を願う, 上昇志向の

*__up·wards__ /ʌ́pwərdz/ 副 =upward

ùp·wínd /-wínd/ ⊲シ (↔ downwind) 副 形 風上へ[の], 向かい風で[の]

u·ra·cil /júərəsɪl/ 名 U〚生化〛ウラシル《RNA(リボ核酸)の成分》

u·rae·mi·a /juəríːmiə/ 名《英》=uremia

U·ral /júərəl/ 名 ❶《the ~s》ウラル山脈(the Ural Mountains)《ロシア中部を南北に連なり, ヨーロッパとアジアの境界をなす》❷《the ~》ウラル川《ウラル山脈南部に発し, カスピ海に注ぐ》

Ùral-Altáic /-æltéɪɪk/ ⊲シ 形 ウラル=アルタイ地方の;ウラル=アルタイ語族の — 名 U ウラル=アルタイ語族

U·ral·ic /juərǽlɪk/ 名 U ウラル語族《ハンガリー語・フィンランド語・エストニア語など》— 形 ウラル語族の

U·ra·ni·a /juəréɪniə/ 名〚ギ神〛ウーラニアー《天文をつかさどる女神》

U·ra·ni·an /juəréɪniən/ 形 ❶〚天〛天王星の ❷《文》同性愛の — 名《ときに u-》C 同性愛者

u·ran·ic /juərǽnɪk/ 形〚化〛第2ウランの[を含む]

*__u·ra·ni·um__ /juəréɪniəm/《発音・アクセント注意》名 U〚化〛ウラン, ウラニウム《放射性金属元素. 元素記号 U》‖ enriched ~ 濃縮ウラン

語源 Uranus(天王星)+-ium(金属元素語尾). この元素発見の8年前発見された天王星にちなむ.

U·ra·nus /júərənəs, juəréɪ-, +英 jɔ́ːrə-/ 名 ❶〚ギ神〛ウラノス《天を人格化した神》❷〚天〛天王星

‡**ur·ban** /ə́ːrbən/
— 形 (**more ~**; **most ~**)《通例限定》
都市の, 都会の;都市に住む;都市(生活)特有の, 都会的な (↔ rural) ‖ ~ **areas** 都市区域 / ~ dwellers 都市居住者 / ~ life 都会生活 / ~ problems 都市問題 / ~ blight 都市の荒廃

語源 *urb-* city+*-an*(形容詞語尾)

▸▸ **~ dístrict** 名 C《英》準自治都市《地方議会による自治制度を有する小行政区で, 自治都市(borough)よりも権限は狭い. イングランドとウェールズで1888–1974, 北アイルランドで1898–1973実施》**~ guerrílla** 名 C 都市ゲリラ **~ héat ìsland** 名 C U 都市ヒートアイランド(現象) **~ mýth** [《主に米》**légend**] 名 C 都市伝説《都会で語り継がれるもっともらしい逸話や怪談の類》**~ renéwal** 名 U 都市再開発, 都市改造 **~ spráwl** 名 U 都市のスプロール現象《急激な都市発展に伴う郊外部の無秩序な住宅化》

ur·bane /əːrbéɪn/ 形 洗練された, 上品な, あか抜けした **~·ly** 副 **~·ness** 名

ur·ban·ite /ə́ːrbənàɪt/ 名 C 都会人, 都市生活者

ur·ban·i·ty /əːrbǽnəṭi/ 名 (複 **-ties** /-z/) ❶ U 洗練, 上品 ❷ C (-ties)洗練された言動[振る舞い]

*__ur·ban·i·za·tion__ /ə̀ːrbənəzéɪʃən | -bənaɪ-/ 名 U (地方の)都市化;(あか抜けないものの)洗練化, 都会化

ur·ban·ize /ə́ːrbənàɪz/ 動 他 〔田舎など〕を都市化する, 都会風にする

ÙRĆ 略《英》*U*nited *R*eformed *C*hurch

ur·chin /ə́ːrtʃən | -tʃɪn/ 名 C ❶ 少年, (特に)いたずら小僧;浮浪児 ❷ =sea urchin ❸《主に英方》ハリネズミ

Ur·du /ʊ́ərduː/ 名 U ウルドゥー語《パキスタンの公用語》

-ure 接尾《名詞語尾》❶《動作・結果・過程・状態》‖ expo*sure*, enclo*sure*, fail*ure*, compo*sure* ❷《機能・機関・集合体》‖ judicat*ure*, legislat*ure*

u·re·a /juəríːə/ 名 U〚生化〛尿素

u·re·mi·a /juəríːmiə/ 名 U〚医〛尿毒症

u·re·ter /júərəṭər | juəríː-/ 名 C〚解〛尿管, 輸尿管

u·re·thane /júərəθèɪn/, **-than** /-θæn/ 名 U〚化〛ウレタン《無色・無臭の結晶体. 主に殺虫剤・睡眠剤用》

u·re·thra /juəríːθrə/ 名 (複 **-thrae** /-θriː/ OR **~s** /-z/) C〚解〛尿道 **-thral** 形

u·re·thri·tis /jʊ̀ərəθráɪṭəs | -tɪs/ 名 U〚医〛尿道炎

‡**urge** /əːrdʒ/《発音注意》
— 動 (▶ urgent 形)(**urg·es** /-ɪz/; **~d** /-d/; **urg·ing**)
— 他 ❶ **熱心に勧める** (↔ discourage) **a** (+目+**to** *do*)〔人〕に…することを熱心に勧める ‖ My teacher ~*d* me *to* go into nursing. 先生は私に看護の仕事に就くようしきりに勧めた

b (+**that** 節)(人に)…ということを熱心に勧める ‖ We ~*d* *that* he resign [《主に英》should resign]. 私たちは彼に強く辞職を勧めた / "Get down to work," he ~*d*. 「仕事に取りかかれ」と彼は促した

c (+目+**to** 名)〔人など〕を…へと駆り立てる[強く促す] ‖ ~ him *to* greater caution 彼にもっと注意するよう強く促す

❷ **a** (+目)…を〈人に〉**強く主張する**[勧める], 力説する

〈**on, upon**〉‖ She ~*d* the necessity for immediate action *on* us. 彼女は私たちに直ちに行動を起こす必要性を力説した / ~ caution 気をつけるようによく言う
b《+**that** 節》(事物について)…ということを強く主張する(♦ 直接話法にも用いる) ‖ They ~*d that* sign language be [《主に英》should be] taught at school. 彼らは手話を学校で教えるべきであると主張した
❸《+目+副句》…を(前に)押し進める, 駆り立てる, 追い立てる(♦ 副句 は方向を表す) ‖ The guide ~*d* the tourists out of the castle. ガイドは観光客に先を急がせて城から出した
ùrge ón ...* / *ùrge ... ón 〈他〉…を駆り立てる, せき立てる, 励ます, 鼓舞(こ)する(↘egg on ; encourage)〈**to** …へと / **to *do*** …するように〉‖ They ~*d* him *on to* stand for election. 彼らは彼に選挙に出るよう勧めた / ~ him *on to* greater efforts 彼をせき立ててもっと努力させる
── 名 (複 **urg·es** /-ɪz/) Ⓒ 駆り立てる力, 衝動〈**for** …への / **to *do*** …したいという〉‖ sexual ~*s* 性的衝動 / the ~ *for* power 権力への衝動 / **have** [OR **feel**] a sudden ~ *to* go abroad 突然外国に行きたいという衝動に駆られる / **resist** [**fight**] an ~ *to* call her 彼女に電話したいという衝動に耐える[と戦う]

U

•ur·gen·cy /ə́ːrdʒənsi/ 名〔◁ urgent 形〕Ⓤ ❶ 切迫, 緊急 ‖ emphasize the ~ of nuclear disarmament 核軍縮が急務であることを強調する ❷ 執拗(しつよう)さ, 強引さ

:ur·gent /ə́ːrdʒənt/《発音注意》
── 形〔◁ urge 動 | ▶ urgency 名〕(**more ~ ; most ~**)
❶ (事態などが) **急を要する**, 切迫した, 緊急の ‖ *Urgent* action should be taken. 直ちに手を打つべきだ / I am in ~ **need** of money. 私は急な金の必要に迫られている / It is most ~ that he see [《主に英》should see] the CEO right away. 彼が今すぐ最高経営責任者に会うことが一番の急務だ / an ~ conference 緊急会議
❷ しつこく迫る (ような), うるさくせがむ ‖ an ~ plea for financial help 執拗(しつよう)な資金援助の訴え ❸ (声・態度が)差し迫った ‖ in an ~ tone 切迫した口調で
~·ly 副 差し迫って, 緊急に ; しつこく

u·ric /jʊ́ərɪk, +英 jɔ́ː/ 形《限定》〖生化〗尿の, 尿中の, 尿から得た ▸▸**~ ácid** 名 Ⓤ〖生化〗尿酸

u·ri·dine /jʊ́ərɪdìːn/ 名 Ⓤ〖生化〗ウリジン《核酸の成分であるピリミジンヌの誘導体の1つ》

U·rim and Thum·mim /jʊ̀ərəm ən θʌ́məm | -rɪm ən θʌ́mɪm/ 名《複数扱い》ウリムとトンミム《古代ユダヤの高僧が神託を受けるため用いた神聖な物体》

u·ri·nal /jʊ́ərənəl | juəráɪ-, jʊ́ərɪnəl/ 名 Ⓒ ❶ (壁に取りつけた)(男子用)小便器 ; 小便所 ❷ し瓶, 尿器

u·ri·nal·y·sis /jʊ̀ərɪnǽləsɪs/ 名 (複 **-ses** /-sìːz/) Ⓤ Ⓒ 尿分析, 検尿

u·ri·nar·y /jʊ́ərənèri | -rɪnəri, jɔ́ː-/ 形《通例限定》尿の ; 泌尿(器)の

u·ri·nate /jʊ́ərɪnèɪt, +英 jɔ́ː-/ 動 自 排尿する, 小便をする (♥ 遠回しには go to the bathroom というのがふつう. 「お漏らし」は婉曲的に wet one's pants という)
ù·ri·ná·tion 名 Ⓤ

•u·rine /jʊ́ərən | -rɪn, jɔ́ː-/ 名 Ⓤ 尿, 小便 ‖ discharge [OR pass] ~ 小便をする, 排尿する

ÙRL 略 💻 *u*niform *r*esource *l*ocator (インターネット上の情報資源の所在地を指定する方式)

•urn /əːrn/《発音注意》(♦ 同音語 earn) 名 Ⓒ ❶ 骨つぼ ❷ (装飾用の台座や脚のついた) つぼ, かめ ❸ 蛇口付き大型コーヒー[紅茶]サーバー, コーヒーアーン

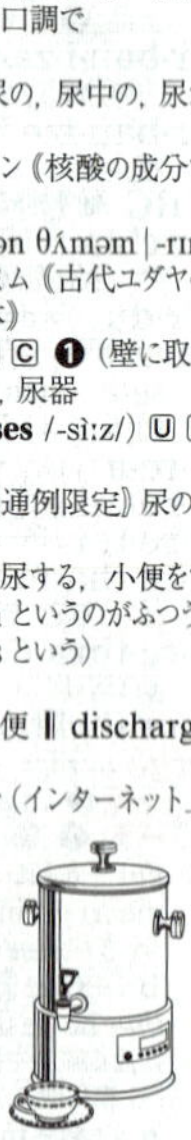
urn ❸

u·ro·gen·i·tal /jʊ̀əroudʒénəṭəl | -dʒénɪ-/ 〈ジ〉 形 泌尿生殖器の

u·rol·o·gy /juərɑ́(ː)lədʒi | -rɔ́l-/ 名 Ⓤ 泌尿器(科)学
ù·ro·lóg·i·cal 形 **-gist** 名

Ùr·sa Májor /ə̀ːrsə-/ 名 =Great Bear

Ùrsa Mínor 名 =Little Bear

ur·sine /ə́ːrsaɪn/ 形《通例限定》クマの(ような) ; クマ科の

ur·text /ʊ́ərtèkst/ 名 原典版, 原譜

ur·ti·car·i·a /ə̀ːrṭəkéəriə | -tɪ-/ 名 Ⓤ〖医〗じんましん (nettle rash)

•U·ru·guay /jʊ́ərəgwàɪ, gwèɪ, ニーー/ 名 ウルグアイ《南米南東部の共和国. 公式名 the Oriental Republic of Uruguay. 首都 Montevideo》
~·an 形 名 Ⓒ ウルグアイの(人)
▸▸**~ Róund** 名《the ~》〖経〗ウルグアイラウンド《GATT 加盟国による多角的貿易交渉(1986–93)》

:us /弱 əs ; 強 ʌs/
── 代 (we の目的格)(単数形 **me**) ❶ **a**《動詞・前置詞の目的語として》**私たち[我々]を[に]** ‖ His stories always make ~ happy. 彼の話を聞くといつも私たちは明るい気分になる / Why don't you join ~? 私たちと一緒にやらないか / He was kind to ~ children. 彼は私たち子供に優しかった
b《動名詞句の意味上の主語として》私たちが[は] ‖ Mother hates ~ [《堅》our] getting up late. 母は私たちが寝坊するのをいやがる
❷《主格 we の代わりに》《口》私たち(♦ be 動詞, than, as などの後で) ‖ It's ~. それは私たちです / You are more respectable than ~. 君は僕らより立派だ (♦ than を前置詞と見れば ❶**a**) / They are as strong as ~. 彼らは私たちと同じぐらい強い / "Who broke the window?" "*Us.*" 「だれが窓ガラスを割ったんだ」「僕たちです」(♦ 独立的にも使われる)
❸《all of us, each of us などの形で》一般の人 (→ we ❷) ‖ All of ~ should care about the future of the earth. だれもが地球の将来を考えるべきだ
❹《英口》私を[に] (♦ 間接目的語の me の代用) ‖ Give ~ a hug. 私を抱き締めて

:ÙŚ¹, Ù.Ś. 〈ジ〉
── 略 *U*nited *S*tates
── 形《比較なし》アメリカ合衆国の ‖ the *US* Army 米国陸軍

ÙŚ² 略《英口》unserviceable ; useless

:ÙSÁ, Ù.S.Á. 略 ❶ *U*nited *S*tates of *A*merica ❷ *U*nited *S*tates *A*rmy(米国陸軍)

•us·a·ble /júːzəbl/《発音注意》形 使える, 使用できる ;(使うのに)便利な, 使用に適した
ùs·a·bíl·i·ty, ~·ness 名 **-bly** 副

ÙSAF 略 *U*nited *S*tates *A*ir *F*orce(米国空軍)

•us·age /júːsɪdʒ, júːz-/《発音注意》名〔◁ use 動〕❶ Ⓤ 使い方, 取り扱い方 ; 使用(の度合) ; 待遇, 処遇 ‖ These tools seem to have had hard [OR rough] ~. この道具は手荒く扱われてきたようだ ❷ Ⓤ Ⓒ (言語の) 慣用法, 語法 ‖ current English ~ 現代英語の語法 / a word in common ~ 一般に使われている語 ❸ Ⓤ Ⓒ (長い間の)慣習, 習わし, しきたり ‖ social ~ 社交上の慣例 / by ~ 慣例により

us·ance /júːzəns/ 名 Ⓤ〖商〗ユーザンス《商慣習によって定められた為替手形の満期までの期間[支払期限]》

ÙSB 略 💻 *u*niversal *s*erial *b*us(汎用シリアルバス)

ÙSCG 略 *U*nited *S*tates *C*oast *G*uard (米国沿岸警備隊)

ÙSDA 略 *U*nited *S*tates *D*epartment of *A*griculture(米国農務省)

:use /juːz/《発音注意》(→ 名) 動 名

中心義 **(目的達成のために) Aを使う** (★Aは「物」「人」「能力」など多様)

動 他 **使う❶ 働かせる❷ 消費する❸**
名 **使用❶ 用途❷ 役立つこと❸**

—動〔▶ usage 名〕(us·es /-ɪz/; ~d /-d/; us·ing)
—他 ❶〔道具・方法など〕を**使う**, 用いる, 使用する, 利用する〈**for** …のために; **as** …として / **to *do*** …するために〉;〔トイレなど〕を使う, 借りる(⇨ BORROW 類語P);〔特殊な言葉・表現〕を使う, 用いる ‖ I usually ~ a notebook computer *for* writing papers. 私はレポートを書くのにふつうノートパソコンを使っている / You should ~ a comma *to* show a pause in this sentence. この文には句切りを示すためにコンマを1つ打った方がよい / His statement will be ~*d as* evidence in court. 彼の申し立ては法廷で証拠として用いられるだろう / Can I ~ the bathroom? トイレをお借りしていいですか / ~ one's time effectively 時間を有効に使う / ~ a bus [library] バス[図書館]を利用する / ~ bad language 汚い言葉を使う / ~ a false name 偽名を使う / Do [or Can] you ~ "small" to mean "thin?"「細い」という意味で small を使うことができますか
❷〔頭・能力など〕を**働かせる**, 使う;〔力など〕を用いる ‖ ~ one's head 頭を使う; 常識を働かせる (→ CE 2) / ~ one's imagination 想像力を働かせる / ~ caution 注意〔用心〕する / ~ military force against ... …に対して軍事力を行使する
❸〔金・燃料・食料など〕を**消費する**, 費やす ‖ My car ~*s* lots of gas. 私の車はとてもガソリンを食う / You should ~ this juice before March 20. このジュースは3月20日までにお召し上がりください / *Use* before [or by] Aug. 31 消費期限8月31日(♦食品のラベルなどで)
❹〔人〕を(不当に)利用する;〔立場・影響力など〕を利用する〈**for** …のために / **to *do*** …するために〉‖ I feel I'm being ~*d* by him. 私は彼に利用されているような気がする / Ellen ~*d* her friends *for* her own ends. エレンは自分の目的のために友人を利用した / ~ one's position *to* get a job for one's son 息子を就職させるのに地位を利用する
❺《+目+副》〔人〕を扱う, 遇する(♦副は様態を表す) ‖ ~ him well 彼を親切に扱う[厚遇する] / ~ her ill [or badly] 彼女をひどく扱う[虐待する] / ~ one's employees with consideration 思いやりを持って従業員を扱う
❻ …をいつも[習慣的に]使っている;〔酒〕を(好んで)飲む;〔麻薬〕を常用する ‖ What brand of soap do you ~? いつもどの銘柄の石けんを使っていますか
❼《could ~で》《口》…があるとありがたい, 欲しい;(物が)…が必要である ‖ I *could* ~ a glass of whisky. ウイスキーを一杯やりたいね / The house *could* ~ a fresh coat of paint. その家はペンキを塗り替える必要がある
—自 ❶ ⇨ USED[1] 語法 (3) ❷《口》麻薬を常用している

ùse it or lóse it 使わないと駄目になる

****ùse úp ...*** / ***ùse ... úp*** 〈他〉① …を**使い果たす** ‖ I ~*d up* all the money I had. 私は持っていた金を全部使い果たした / ~ *up* one's energy 精力を使い果たす ②《通例受身形で》《口》疲れ果てる, へとへと[くたくた]になる ‖ I am ~*d up* now. もうくたくただ

COMMUNICATIVE EXPRESSIONS

1 **Do you ùse the wòrd** "uncónscious" **delíberately?** Dòn't you mèan "subcònscious" instéad? あなたは「無意識に」という単語を考えて使っていますか.「潜在意識の」ということではありませんか(♥相手の使った表現が不適切・不正確であることを指摘する)

2 **Ùse your héad.** ⇨ HEAD(CE 6)

—名 /juːs/ (複 us·es /-ɪz/) ❶ U/C《通例単数形で》〈…の〉**使用**, 利用; 使用[利用]されている状態; 使い方; 使用量; C〈語の〉用法, 意味〈**of**〉‖ The ~ *of* the Internet is increasing rapidly. インターネットの使用が急速に増加してきている / The athletic club is **for** the ~ *of* ladies only. そのスポーツクラブは女性専用です / design book jackets with the ~ *of* a computer コンピューターを使って本のカバーをデザインする / the peaceful ~ *of* nuclear energy 原子力の平和利用 / a ~ *of* force 武力の行使 / drug ~ 麻薬の常用 / new ~*s of* archaic words 古語の新しい用法[意味]
❷ C U〈…の〉**用途**, 使い道, 利用法, 使用目的〈**for**〉‖ This machine has a variety of ~*s*. この機械はいろいろな用途がある / find a new ~ *for* industrial waste 産業廃棄物の新しい利用法を見つける
❸ U《通例否定文・疑問文で》**役立つこと**, 有用(性); 効用, 効果 ‖「What's the ~ of [or What ~ is] discussing it? それを議論して何になるか / There's no ~ (in) complaining about the weather. 天気のことで文句を言っても無駄だ(♦《口》ではしばしば in を省略する) / It isn't any ~ your [《口》you] behaving like that with me. 私にそんな態度をとっても何にもならないよ
❹ U/C〈a ~〉《通例否定文・疑問文および条件節で》〈…を〉使用する必要[機会], 必要とすること〈**for**〉‖ Do you still have any ~ *for* the dictionary? その辞書はまだ必要ですか / You can have this dictionary, if you have a ~ *for* it. 必要ならばこの辞書を差し上げますよ
❺ U〈…を〉使用する能力; 使用[利用]する権利,〈…の〉使用許可〈**of**〉‖ He lost the ~ *of* his right arm after the accident. 彼はその事故の後で右腕が使えなくなった / She gave me the ~ *of* her car on Sundays. 彼女は日曜日ごとに私に車を使わせてくれた / We have the ~ *of* his house in Karuizawa this summer. 私たちはこの夏彼の軽井沢の家を使ってよいことになっている
❻ U 習慣, 習わし, 慣例 ‖ ~ and wont《堅》慣習, 世間の習わし / *Use is* (*a*) *second nature.*《諺》習慣は第二の天性
❼ C〖教会〗(教会・教区などに特有の)祭礼法, 挙式法 ‖ the Roman [Lutheran] ~ ローマカトリック教会[ルーテル教会]の典礼 ❽ C〖法〗(受託者の保有する土地などからの)収益, 利益;(財産などの)享有

brìng ... into úse …を使い始める

còme ìnto úse 使われるようになる

gò òut of úse 使われなくなる

hàve nò úse for ... ① …の必要がない, …には用がない(→❹) ②《口》…には我慢がならない, …は大嫌いである ‖ I *have no* ~ *for* a person who isn't punctual. 時間をきちんと守らない人は大嫌いだ

in úse 使われて ‖ All the telephones are *in* ~ at the moment. 今電話は全部使用中です / kitchen utensils *in* daily ~ 日常使われている台所用品

****It's nò úse dóing ....*** …**しても何にもならない**[無駄である](♦ *doing* の代わりに to *do* も使える) ‖ *It's no* ~ negotiating with them any more.=There's no ~ (in) negotiating with them .... これ以上彼らと交渉しても無駄だ(→❸) / *It's no* ~ *crying over spilt milk.*《諺》こぼれたミルクを嘆いても何にもならない; 覆水(ふくすい)盆に返らず

****màke úse of ...*** ① …**を利用する**, 使う ‖ We must *make* the most effective ~ *of* limited natural resources. 私たちは限りある天然資源を最も効果的に利用しなければならない / *make* (the best) ~ *of* an opportunity 機会を(最大限に)活用する ②〔人〕をうまく利用する

no use to man or beast ⇨ MAN(成句)

(《堅》***of***) ***nò úse*** 〈…にとって〉役に立たない, 無益で〈**to**〉‖ It's *of no* practical ~. それは実際の役には立たない / The recipe book turned out to be *no* ~ at all. その料理法の本は全く役に立たなかった / Sorry, I'm *no* ~ *to* you, Tom. 残念だが, トム, 君の役に立てないよ

****of úse*** 《堅》〈…に〉役に立って(useful)〈**to**〉‖ This book will be *of* great ~ *to* you. この本はとても君のためになるよ / Can I be *of* any ~? (私で)何かお役に立つことがありますか

òut of úse 使われなくなって ‖ The old bridge is *out of* ~ now. その古い橋はもう使われていない

pùt ... to (gòod) úse …を使う, 利用する ‖ He *puts* his knowledge *to* (*good*) ～ in his job. 彼は自分の知識を仕事で(十分に)生かしている

COMMUNICATIVE EXPRESSIONS

3 **It [He, She] hàs its [his, her] úses.** それ[彼, 彼女]なりには役に立つ(♥「あまり役に立ちそうにないもの[人]でも使い道はある」の意のややおどけた表現)

4 **It's nò úse.** 駄目だ; (やっても)無駄だ(♥ 断念)

use·a·ble /júːzəbl/ 形 =usable

úse-bỳ dàte 名 C 賞味[使用]期限

used[1] /juːst/ 《発音注意》

―助 (♦ 否定形については ⇨ 語法)《～ to *do* で》(♦ used to の発音は /júːstə, júːstʊ/)《現在とは異なる過去の習慣・事実を表して》…**するのが習慣だった**, よく…していた, **以前は…だった** (⇨ 類語) ‖ My brother ～ *to* work out a lot. 兄はかつてかなりトレーニングをした (♥「今はそうではない」を含意) / There ～ *to* be a bookstore on that corner. あの角には以前書店があった / Carol is not what she ～ *to* be. 今のキャロルは昔の彼女と違う / I do not eat as much meat as I ～ *to*. 以前ほど肉を食べません / I always ～ *to* be worried about my future. 昔はいつも将来のことで悩んでいた(♦ always, often などの副詞はふつう used の前に置く) / He stood in front of the house where he and his family (had) ～ *to* live. 彼はかつて家族と暮らした家の前に立った(♦ 過去完了形でもふつう used to do を用いるが, ときに had used to も用いられる)

PLANET BOARD 91 **used to の疑問文・否定文にはどのような形を使うか.**

問題設定 used to の疑問文・否定文で did を使うか, あるいは used を助動詞のように使うか, それぞれの使用率を調査した.

Q 次の表現のどちらを使いますか.

(1) (a) **Did** he **use to** smoke?
(b) **Used** he **to** smoke?
(c) 両方
(d) どちらも使わない

(2) (a) You **didn't use to** smoke.
(b) You **used not to** smoke.
(c) 両方
(d) どちらも使わない

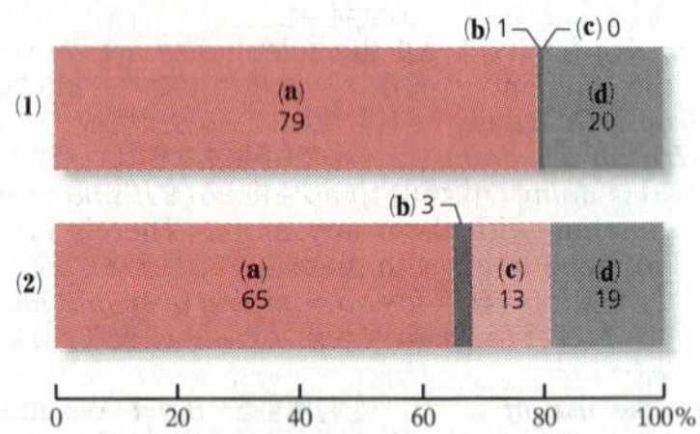

(1) 疑問文では (a) の Did he use to ...? を使うという人が圧倒的に多く, (b) の Used he to ...? を使うという人はほとんどいなかった. (2) 否定文では (b) の used not to ... も使うという人もある程度いたが, やはり (a) の didn't use to ... を使うという人が多数を占めた. 米英差はほとんどなかった.

(1)(2) とも多くの人は (b) を「文法的に間違い」「不自然」などとしている. どちらも使わないと答えた人の多くは, Did he *used* to smoke? / You didn't *used* to smoke. のように did [didn't]の後でも used の形を使う (発音上ほとんど違いはない) と述べた. 他の代替表現として, (1) では Was he a smoker before? / Did he ever smoke?, (2) では You never used to smoke. / You used to not smoke. などがあげられている.

学習者への指針 used to の疑問文・否定文は did, didn't を使う方がよい.

語法 ☆☆ (1) used to は状態の続く期間や行為の頻度を具体的に明示する副詞(句) (for three years, five times など)を伴うことはない.

(2) used to に進行形が続くのはまれであり, また完了形が続くことはない.

(3) 否定文・疑問文を作る場合, より一般的には《米》《英》とも used を本動詞扱いとし, 助動詞 did を用いる. その際, 動詞の形は used ではなく通例 use /juːs/ を用いる (⇨ PB 91). 〈例〉He didn't *use* to like her. 彼は以前は彼女が好きではなかった / Did he *use* to act like that? 彼は以前いつもあんな振る舞いをしていたのですか. また, 否定文の場合しばしば not でなく never を用いる. 〈例〉He never *used* to write to us. 彼は私たちに手紙をくれることは一度もなかった

(4) 否定文・疑問文で did を用いないこともあるが, この用法は《英堅》に限られ, さらに疑問文におけるこの用法はまれである. 〈例〉He「*used* not [OR *use*(*d*)n't /júːsnt/] to smoke. 彼は以前はたばこを吸っていなかった / *Used* you to smoke? 《まれ》前にたばこを吸っていましたか. また, 付加疑問文では used を助動詞として用いることはない. 〈例〉You *used* not to play tennis, 「did you [×*used* you]? 以前はテニスをしませんでしたよね

類語 **used to** 過去における長期の常習的行為・状態を表す. 〈例〉He *used to* visit us on Sundays. 彼は日曜日にはよく私たちを訪ねてきたものだ

would 過去における不規則な反復行為を表す. 話者の追憶などを述べるときによく用い, 状態には用いない(→ would ❸). 〈例〉He *would* visit us from time to time. 彼は時折私たちを訪ねて来たものだ

used[2] /juːst/ 《発音注意》 形 《be [get, become, grow] ～ to で》…に慣れている[慣れる] (♦ accustomed (to) より口語的) ‖ She is not ～ *to* compliments. 彼女は褒め言葉(を言われるの)に慣れていない / You'll soon get [OR become] ～ *to* living in the dormitory. じきに寮の暮らしに慣れるだろう / Living in a new town takes (some) getting ～ *to*. 新しい町での暮らしには(いくらか)慣れが必要だ (♦ (1) ×get used to live ... のように不定詞を伴うのは不可. (2) 次の (a) と (b) を区別: (a) I *was used to* sitting up late. 夜更かしには慣れていた (b) I *used to sit* up late. 以前はよく夜更かししたものだ. → used[1])

used[3] /juːzd/ 《発音注意》 形 《通例限定》 使い古した; 中古の (secondhand) ‖ a ～ car 中古車 / ～ clothes 古着 / a ～ book 古本 / a ～-book store 古本屋 / buy a ～ motorcycle for $400 中古のオートバイを400ドルで買う

use(d)·n't /júːsənt/ 《発音注意》 =used not (⇨ USED[1] 語法 (4))

use·ful /júːsfəl/

―形 (**more** ～; **most** ～)

❶ **a** **役に立つ**, 有用な, 便利な; 有益な; 実用的な (↔ useless) 〈**for** 事物に; **to** 人に〉 (♦ useful は「利用価値がある」, available は「利用し得る」の意) ‖ This dictionary is ～ *for* checking word usage. この辞典は語法をチェックするのに役立つ / This car navigation system is very ～ *to* me. このカーナビはとても私の役に立つ / He makes himself ～ as the family cook. 彼は一家の料理番として役に立っている / give ～ advice 有益な忠告をする / play a ～ part in international affairs 国際問題で有益な役割を果たす / a ～ tool 便利な道具 / the ～ arts 実用芸術[工芸] / **extremely** ～ **information** 極めて有益な情報

b 《It is ～ (for *A*) to *do* で》 (*A*(人)が)…するのは役に立つ ‖ It will be very ～ *for* you *to* learn a little of

the local language. 現地の言葉を少し学んでおくととても役立つでしょう
❷《英口》とても有能な, 申し分のない, とても見事な ‖ a ~ performance 見事な演技
còme in úseful いつか役に立つ
~·ly 副 有効に, 有益に

***úse·ful·ness** /-nəs/ 名 U 役に立つこと, 有用性, 有益性 ‖ survive one's [OR its] ~ 役に立たなくなった後も(生き)残っている

***use·less** /júːsləs/ 形 (**more ~**; **most ~**) ❶ 役に立たない, 無用の(↔ useful)〈**for** 事物に; **to** 人に〉‖ This program is ~ *for* studying English. この番組は英語の勉強には役立たない / The information was entirely ~ *to* us. その情報は私たちには全く無用だった / This medicine is almost ~ in treating hay fever. この薬は花粉症の治療にはほとんど役に立たない / ~ expenditure 無用の出費 ❷ 無益な, 無駄な(↔ worthwhile) ‖ It is ~「to try [OR trying] to bring her back into our group. 彼女を我々のグループに連れ戻そうとしても無駄だ ❸《口》(人が)〈…で〉無能な, 無力な〈**at**〉‖ Jeff is ~ *at* any ball game. ジェフは球技は何をしても駄目だ
~·ly 副 無益に, 無駄に **~·ness** 名 U 無用; 無益

Use·net, USENET /júːznèt/ 名 U ユーズネット《情報やデータを分類化して共有するためのネットワーク》

****us·er** /júːzər/
—名 (複 **~s** /-z/) C ❶ 使う人, **使用者**, **利用者**, ユーザー; 消費者 [国] ‖ a ~ of English 英語使用者 / electricity [computer] ~*s* 電力 [コンピューター] 使用者 / Japan is one of the biggest oil ~*s* in the world. 日本は世界における最大の石油消費国の1つである
❷《口》麻薬常用者(drug addict)
❸ U 〘法〙(権利などの)行使
~ fèe 名 C《米》① (ある種のサービスなどにかかる)使用料金 ② オンラインサービスの使用料 **~ gròup** 名 C (同じ目的で設定されたネットワーク上の)ユーザーのグループ, ユーザー会 **~ ìnterface** 名 C ユーザーインターフェース《利用者がコンピューターを操作する際に接する部分. キーボードなどの機器的要素や表示画面のメニューといった視覚的要素などを指し, 使い勝手全般にかかわる》

***ùser-fríendly** 〈シ〉形 (コンピューターなどが)使いやすい, (解説などが)わかりやすい(↔ user-unfriendly)
-fríendliness 名

úser·nàme 名 C ユーザー名《コンピューターネットワークにアクセスする際の個人識別用の名前. user ID ともいう》

ùser-unfríendly 〈シ〉形 (コンピューターなどが) 使いにくい, 利用者の要求に合わない **-unfríendliness** 名

***ush·er** /ʌ́ʃər/《発音注意》名 C ❶ (劇場・教会などの)座席案内係 ❷ (結婚式での) 花婿の付添役《来客を席に案内する役も務める》❸ (法廷などの) 門衛, 守衛; 廷吏 ❹《主に英》(貴顕・賓客などの)案内[先導]役
—動 他 …を(先に立って)〈…へ〉案内する, 先導する〈**into, to**〉‖ The waiter ~*ed* her *to* a seat. ウエーターが彼女を席に案内した —自 案内役を務める
ùsher ín ...* / *ùsher ... ín 〈他〉① …を中に案内する ② (出来事・天候などが) …の先触れとなる, 到来を告げる ‖ The debut of the iPhone ~*ed in* a new era of smartphone technology. iPhoneの登場はスマートフォン技術の新時代の到来を告げた
ùsher óut ...* / *ùsher ... óut 〈他〉…を〈…から〉(外へ) 送りだす〈**of**〉

ush·er·ette /ʌ̀ʃərét/《アクセント注意》名 C (劇場などの) 案内嬢(♦ usher の女性形)

ÙSMĆ 略 *U*nited *S*tates *M*arine *C*orps (米国海兵隊)

ÙSŃ 略 *U*nited *S*tates *N*avy (米国海軍)

ÙSÓ 略 *U*nited *S*ervice *O*rganizations (米軍慰問協会)

ÙSṔ 略 *U*nited *S*tates *P*harmacopeia (米国薬局方); *u*nique *s*elling *p*roposition (セールスポイント)

ÙSPŚ 略 *U*nited *S*tates *P*ostal *S*ervice (米国郵政公社)

ÙSŚ 略 *U*nited *S*tates *S*enate (米国上院); *U*nited *S*tates *S*hip (米国艦船)

ÙSSŔ, Ù.S.S.Ŕ. 略 *U*nion of *S*oviet *S*ocialist *R*epublics (ソビエト社会主義共和国連邦, ソ連)

usu. 略 usual, usually

*****u·su·al** /júːʒuəl, -ʒəl/《発音注意》形 名
—形 (**more ~**; **most ~**)
a 〈…の〉**いつもの**, 例の, お決まりの〈**with**〉; よくある, ありふれた, **ふつうの**(↔ unusual)(⇨ COMMON 類語) ‖ Andy was his ~ cheerful self. アンディはいつもどおり陽気だった / The shop was displaying the ~ cheap souvenirs. その店にはどこにでもある安っぽい土産物が陳列されていた / She returned home from school earlier than ~. 彼女はいつもより早く学校から帰宅した / ~ February weather 2月の並の陽気 / in the ~ way ふつうのやり方で
b 《It is ~ (for *A*) to *do* で》(*A* (人) が) …するのはふつうだ ‖ It is ~ in European countries *to* tip taxi drivers. ヨーロッパの国々ではタクシーの運転手にチップを渡すのはふつうのことだ / It's not ~ *for* him *to* speak from notes. 彼はふつうメモを見ながら演説することはない (♦ ×It's not usual that he .... のように that 節 をとる形は不可)
as is úsual with ... …にはよくあることだが, …はいつもそうなのだが ‖ *As is ~ with* many spoiled children, he soon began to cry. 甘やかされて育った子供の多くによくあるように, その子はじきに泣き出した
as per usual ⇨ PER(成句)
****as úsual*** **いつものように**, 例によって, 相も変わらず; よくあるとおりに ‖ She was late *as* ~. 彼女は例によって遅れた / *As* ~, he was working at his desk. 例によって彼は机に向かって仕事をしていた
—名 《the ~, one's ~》《口》いつものもの, 例のやつ《酒など》(♦ the usual thing ともいう) ‖ I'll have the ~. (飲食店などで) いつものやつを / do the ~ いつもどおりにする
~·ness 名

*****u·su·al·ly** /júːʒuəli, -ʒəl-/
—副《比較なし》**たいてい**, **ふつうは**, 通常, 通例(♦ 通例助動詞・be動詞の後, 一般動詞の前, あるいは文頭に置く. usu. と略す)(⇨ SOMETIMES 類語P) ‖ School ~ starts in September in the United States. アメリカでは学校は通常9月に始まる / I'm not ~ so late. ふつうはこんなに遅れることはないんです (=It is not usual for me to be so late.) / Do you ~ walk to school? いつも歩いて通学しているのですか / *Usually* I take the 8:15 train. たいてい8時15分の電車に乗ります / I felt more than ~ tired today. 今日はいつになく [いつも以上に] 疲れた

u·su·rer /júːʒərər/ 名 C 高利貸し

u·su·ri·ous /juʒʊ́əriəs | -zjʊ́ə-, -ʒʊ́ə-, -zjɔ́ː-/ 形 ❶ 高利で金を貸す, 暴利をむさぼる ❷ (利息などが)高利の; (価格などが)法外な **~·ly** 副 **~·ness** 名

u·surp /jusə́ːrp, -zə́ːrp/ 動 他 〔権力・地位など〕を不正に奪う, 強奪[横領]する, 侵害する ‖ ~ a throne 王位を簒奪(さんだつ)する

u·sur·pa·tion /jùːsərpéɪʃən, -zər-/ 名 U C (権力・地位などの) 強奪, 横領; (権利の) 侵害 ‖ ~ on the rights of others 他人の権利に対する侵害

u·surp·er /jusə́ːrpər, -zə́ːrp-/ 名 C 強奪者, 簒奪者

u·su·ry /júːʒəri, +英 -ʒuəri/ 名 U ❶ 高利貸し (業) ‖ practice ~ 高利貸しをする ❷《古》高利 ‖ lend money at [OR with] ~ 高利で金を貸す

U

ÙT́ 略〘郵〙Utah
Ut. 略 Utah
U·tah /júːtɑː/ 名 ユタ《米国西部の州. 州都 Salt Lake City. 略 Ut.,〘郵〙UT》 **~·an** 形 名 C ユタ州の(人)
ÙTĆ 略 *U*niversal *T*ime *C*oordinated(協定世界時)
Utd 略 United
ute /juːt/ 名 C《豪・ニュージ口》❶ 小型トラック ❷ =utility vehicle
***u·ten·sil** /juténsəl/《発音注意》名 C (特に台所の) 用具, 家庭用品；(一般に) 道具, 器具 (⇨ TOOL 類語) ‖ kitchen ~*s* 台所用品 / writing ~*s* 筆記用具
u·ter·ine /júːtərὰɪn/ 形《限定》❶ 子宮の ❷ 同母異父の ‖ ~ brothers 異父兄弟
u·ter·us /júːtərəs/ 名 (複 **~·es** /-ɪz/ OR **-ter·i** /-rὰɪ/) C〘解〙子宮(womb)
u·til·i·tar·i·an /jutìlɪtéəriən/ 形〔◁ utility 名〕❶ 実用の［に関する］; 実用的な；実利的な, 功利的な ‖ a ~ furniture design 実用本位の家具のデザイン ❷〘哲〙功利主義(者)の **—**名 C 功利主義者
~·ism 名 U〘哲〙功利主義
***u·til·i·ty** /jutɪ́ləti/ 名〔▶ utilitarian 形, utilize 動〕(複 **-ties** /-z/) C ❶《通例 -ties》(電気・ガス・水道などの) 公益事業(体), 公共の設備 ‖ Our rent includes *utilities*. うちの家賃には公共料金も含まれている ❷ U 役に立つこと, 有用 (性), 実用性 (の度合い) ‖ These goods are of great [no] ~ to us. これらの品物は私たちにとって大いに役に立つ［何の役にも立たない］/ This old computer has limited ~. この古いコンピューターは限られた使い道しかない ❸《通例 -ties》役に立つもの, 実用的なもの ❹ (=**~ trùck**)《豪・ニュージ》小型トラック ❺ (=**~ prò·gram**) ユーティリティプログラム《コンピューターの利便性を高めるために使われる, 各種の(特に使用頻度の高い)作業を行う補助プログラム》❻ U〘経〙効用
—形《限定》❶ 役に立つ；実用本位の, 実用的な ❷ 用途の広い, 万能の；(選手が) どのポジションも守れる
▶▶ **~ knìfe** 名 C 万能ナイフ；カッターナイフ **~ màn** 名 C《主に米》① 雑用係, 何でも屋 ②〘劇〙端役(はやく)をいくつもこなす役者, 下回り ③ 万能(補欠)選手 **~ plàyer** 名 C《米口》(スポーツで) いろいろなポジションをこなす選手；(一般に) いろいろな役目をこなせる人 **~ pòle** 名 C《米》電柱 **~ ròom** 名 C ユーティリティー (ルーム), 家事室《洗濯やアイロンがけなどができるような設備が整っている部屋》 **~ vèhicle** [**trùck**] 名 C ① 業務用［特殊］車両 ② 小型トラック
u·ti·liz·a·ble /júːtəlὰɪzəbl | -tɪ-/ 形 活用できる
u·ti·li·za·tion /jùːtələzéɪʃən | -tɪlaɪ-/ 名 U 利用, 活用 ‖ the ~ of atomic energy 原子力の活用
***u·ti·lize** /júːtəlὰɪz | -tɪ-/ 動〔◁ utility 名〕他 …を〈…として〉(効果的に)利用する(≒ make use of), 実用にあてる, 活用する〈**as**〉‖ ~ waste material 廃物を利用する / ~ a school *as* a public hall 学校を公民館として利用する
***ut·most** /ʌ́tmòust/《アクセント注意》形《限定》❶ 最大限の, 最高(度)の, 極度の, 極限の ‖ Global warming is a problem of the ~ importance. 地球温暖化は最も重要な問題だ / I have the ~ respect for his ability as a lawyer. 私は弁護士としての彼の能力をこの上なく高く買っている / play the violin with the ~ ease いともたやすくバイオリンを弾く / live in the ~ poverty 極貧状態で暮らす ❷ 最も遠い, いちばん端の ‖ the ~ ends of the earth 地の最果て
—名《the ~, one's ~》(能力・力・程度などの) 最大限, 極限, 極度 ‖ That is the ~ I can do. あれが私にできる精いっぱいのところだ
****dò one's útmost*** 〈…しようとして〉最善［全力］を尽くす〈**to** *do*〉
to the útmost 極限まで, この上もなく, 極度に ‖ They enjoyed themselves *to the* ~. 彼らは心ゆくまで楽しんだ
U·to-Az·tec·an /jùːtouǽztekən/ 名 U〘言〙ユト=アステカ語族《米国のアイダホ州からメキシコ地域に分布する北米先住民の大語族》
—形 ユト=アステカ語族の
***U·to·pi·a** /jutóupiə/ 名 ❶ ユートピア《英国の人文主義者 Sir Thomas More (1478–1535) の *Utopia* に描かれた理想郷》❷《しばしば u-》C 理想郷；(空想的な) 理想的政治［社会］体制
語源 ギリシャ語 *ou* ((どこにも) ない) +*topos* (場所) から. Sir Thomas More の造語.
***U·to·pi·an** /jutóupiən/ 形 ❶ ユートピアの(ような) ❷《しばしば u-》理想郷の；空想的理想主義に基づく；空想［夢想］的な, 実現不可能な (♥ しばしば批判的に用いる) ‖ ~ socialism 空想的社会主義
—名 C ❶ ユートピアの住民 ❷《しばしば u-》空想的社会改革家
u·to·pi·an·ism /jutóupiənɪ̀zm/ 名《ときに U-》U ユートピア的理想(主義), 空想的社会［政治］改革計画
u·tri·cle /júːtrɪkl/ 名 C〘解〙小嚢(しょうのう)；〘植〙胞果
u·tríc·u·lar 形 小嚢［胞果］の(ある)
***ut·ter**[1] /ʌ́tər/ 形《限定》全くの, 完全な, 徹底的な (♦ 通例比較変化せず, また very などの副詞を伴わない) ‖ He is an ~ stranger to me. 彼は私にとって赤の他人だ / an ~ failure 完全な失敗 / ~ darkness 真っ暗闇(くらやみ) / ~ folly 愚の骨頂
***ut·ter**[2] /ʌ́tər/ 動〔▶ utterance 名〕他 ❶〔叫び声・ため息など〕を発する, 声に出す ‖ ~ a sigh of relief 安堵(あんど)のため息を漏らす ❷〔言葉など〕を口に出す, 言う；〔考えなど〕を述べる ‖ without ~*ing* a single word 一言も言わずに ❸〘法〙〔偽造貨幣など〕を行使する, 流通させる
~·er 名
***ut·ter·ance** /ʌ́tərəns/ 名〔◁ utter[2] 動〕❶ U 口に出すこと, 発言 ‖ give ~ to one's discontent 不満を口にする ❷ U 話す力, 表現力；話しぶり, 語調 ‖ I have no gift of ~. 私は口下手だ ❸ C (話されたり書かれた) 言葉, 意見；〘言〙発話 ‖ one's public ~ 公の発言 / ~*s* about segregation 人種差別に関する言辞
***ut·ter·ly** /ʌ́tərli/ 副 全く, 完全に, すっかり (♦ 否定的な意味合いを持つ語とともに用いることが多い) ‖ I ~ detest insects. 虫はとにかく大嫌いだ / She looked ~ miserable. 彼女は全く惨めに見えた
ut·ter·most /ʌ́tərmòust/ 形 名 =utmost
Ú-tùrn 名 C (車両の) Uターン；(政策などの) 逆転, 180度の転換 ‖ make [OR do] a ~ Uターンする；方針などを180度変える / No ~!《掲示》Uターン禁止
ÙV́ 略 ultraviolet
ÙVÁ 名 U 長波長［A領域］紫外線
ÙVB́ 名 U 中波長［B領域］紫外線《日焼けの原因となる》
ÙVĆ 名 U 短波長［C領域］紫外線《殺菌作用を持つ》
u·vu·la /júːvjulə/ 名 (複 **~s** /-z/ OR **-lae** /-lìː/) C〘解〙口蓋(こうがい)垂, (俗に) のどちんこ
u·vu·lar /júːvjulər/ 形〘解〙口蓋垂の；〘音声〙口蓋垂音の
ux·o·ri·al /ʌksɔ́ːriəl/ 形 妻の, 妻に関する；妻にふさわしい, 妻らしい
ux·o·ri·cide /ʌksɔ́ːrɪsὰɪd/ 名〘法〙U 妻殺し；C 妻殺しの男
ux·o·ri·ous /ʌksɔ́ːriəs/ 形 妻に (ひどく) 甘い, 奥さん孝行の **~·ly** 副 **~·ness** 名
Uz·bek /úzbek/, **-beg** /-beg/ 名 C ウズベキスタン人；U ウズベク語
***Uz·bek·i·stan** /uzbékəstæ̀n | ùzbekɪstɑ́ːn/ 名 ウズベキスタン《中央アジア西部の共和国. 公式名 the Republic of Uzbekistan. 首都 Tashkent》
U·zi /úːzi/ 名 C ウージー《イスラエル製自動小銃》

V

Virtue is its own reward. 徳行は自ら報いる；徳は報酬を求めない《諺》

v¹, V¹ /viː/ 名 (複 **v's, vs** /-z/；**V's, Vs** /-z/) C ❶ ヴィー《英語アルファベットの第22字》❷ v [V] の表す音 ❸ (活字などの) v [V] 字 ❹ V字形のもの ⇨ V-NECK, V SIGN ❺ (ローマ数字の) 5 ‖ *IV* = 4, *VI* = 6, *VIII* = 8 ❻ (連続するものの) 第22番目 ▸▸**V́ sìgn** 名 C Vサイン《人差し指と中指でV (=victory) の形を作り，勝利・承認・連帯などを表す；《英》では手のひらを内側に向けると軽蔑のしぐさ》

v² 記号 〔理〕velocity (速度)

V² 記号 〔化〕vanadium (バナジウム)；〔理〕volt(s) (電圧)

V³ 略 venerable；very；victory；village；viscount；viscountess；〔電〕volt(s)；vowel

V⁴ 記号 (テレビ番組が) 暴力シーンを含む

v. 略 verb；verse；versus；very；vide (ラテン＝see)；violin；vocative；voice；vowel

V̀Á 略 *V*eterans' *A*dministration ((米国の) 復員軍人局)；〔聖〕*V*icar *A*postolic；*V*ice *A*dmiral；〔郵〕Virginia

Va. 略 Virginia

vac /væk/ 名 C ❶《英口》(大学の) 休暇 (vacation) ❷《口》電気掃除機 (vacuum cleaner)

***va·can·cy** /véɪkənsi/《発音注意》名〔◁ vacant 形〕(複 **-cies** /-z/) ❶ C〈地位・職などの〉空席，欠員，空き〈**for**〉‖ We have two *vacancies* to fill in our office. 我が社には補充しなくてはならない欠員が2名ある / advertise a ～ *for* a receptionist in a newspaper 新聞に受付係の欠員募集広告を出す ❷ C (ホテルなどの) 空き部屋，空き室；(乗り物などの) 空席 ‖ Do you have any *vacancies*? 空室はありますか / No *Vacancies* [OR *Vacancy*]《掲示》満室 / There are no *vacancies* on the flight. その (飛行機) 便には空席が1つもない ❸ U 放心(状態)，ぼんやりしていること ‖ a look of ～ ぽかんとした顔つき ❹ U 空(の状態)，空っぽ；空間，虚空 ‖ stare into ～ 空(くう)を見据える

***va·cant** /véɪkənt/《発音注意》形〔▶ vacancy 名〕❶ (部屋・座席などが) (一時的に) 空いている (↔ full¹)；(土地・家屋などが) 使用されていない (↔ occupied) (♦ vacant は空間を占めるべき人・物が一時的にない状態を指す. vacant room の「空室」に対し，empty room は「空室」と「家具も何もない部屋」の2つの意味を表す) (⇨ EMPTY 類語) ‖ The house is still ～. その家はまだ空き家のままだ / Are there any ～ rooms? 空き部屋はありますか / a ～ seat on a bus バスの空席 (♦「この席は空いていますか」は Is this seat ～? ともいえるが Is this seat free [OR taken, available]?, Is anybody sitting here? の方がふつう) ❷ (地位・職などが) 空席の，空位の，欠員になっている ‖ Three posts became [《英》fell] ～. 3つのポストに欠員が生じた / Situations *Vacant*《主に英》(新聞などの) 求人案内 ❸ (心・頭などが) 空っぽの；(表情・視線などが) 放心したような ‖ a ～ mind [expression] うつろな心 [表情] ❹ (時間などが) 空いている ‖ ～ hours 空いている時間
～·ly 副 放心したように，ぽかんと(して)
▸▸**～ posséssion** 名 U《英》即入居可《不動産の広告》

***va·cate** /véɪkeɪt | vəkéɪt, veɪ-/ 動 他 ❶〔家・部屋など〕を立ち退く，明け渡す，空ける；〔役職・地位など〕を退く，辞任する ❷〔法〕〔契約・判決など〕を無効にする

****va·ca·tion** /veɪkéɪʃən, və-/《発音注意》
—名 (複 **～s** /-z/) ❶ C U (仕事・学校・法廷などの) 休み，休日，**休暇**；(保養・旅行などのための) (有給) 休暇；(職場などで認められる) 有給休暇日数 (♦《米》では日数に関係なくほとんどすべての休暇に用いられ，holiday は通例祝祭日など法定の休日に用いる.《英》では vacation は大学・法廷の休みにのみ用い，それ以外の休暇には holiday(s) を用いる) (⇨ HOLIDAY 類語) ‖ She **took** two weeks of (paid) ～ to Europe. 彼女は2週間の (有給) 休暇をとってヨーロッパへ行った / We had a restful ～ at the beach. 我々は海辺でのんびりした休日を過ごした / She is **on** ～ from her job. 彼女は仕事を休んで休暇をとっている / How much ～ do you get a year at your office? あなたの職場では年にどれくらい有給休暇がもらえますか / (the) Christmas [Easter] ～ クリスマス [復活祭] 休暇 / **during** (the) **summer** ～ 夏期休暇中に [ずっと] / go on ～ 休暇に出かける
❷ U (家などの) 立ち退き，引き払い；辞任，退官
—動 (**～s** /-z/；**～ed** /-d/；**～·ing**) 自《主に米》休暇をとる；〈…で〉休暇を過ごす (《英》holiday)〈**at, in**〉‖ ～「*at* Miami Beach [*in* Switzerland] マイアミビーチ [スイス] で休暇を過ごす
▸▸**～ còlony** 名 C 休暇集落《休暇を利用して児童の体力向上などを目的とした指導が行われる林間・臨海などの集落》 **～ hòme** [**hòuse**] 名 C《主に米》別荘 **～ schòol** 名 C 夏期講習会 [学級]

va·cá·tion·er /-ər/ 名 C《米・カナダ》休暇旅行者，休日の行楽客 (《英》holidaymaker)

vacátion·lànd 名 C《米》行楽地，観光地

vac·ci·nate /væksɪnèɪt/ 動 他 …に〈…の〉ワクチンを接種する〈**against**〉(♦ しばしば受身形で用いる)

vac·ci·na·tion /væksɪnéɪʃən/ 名 C U ワクチン接種

***vac·cine** /væksíːn | ⌐-/《発音注意》名 U C ❶ ワクチン；(天然痘予防の) 痘苗 (とうびょう)，牛痘種 ‖ take a ～ against polio 小児麻痺 (ひ) 予防のワクチン接種を受ける / ～ therapy ワクチン療法 ❷ 💻 (ウイルス感染を防ぐための) ワクチン，アンチウイルスソフト

vac·il·late /væsɪlèɪt/ 動 自 ❶〈…の間で〉ためらう，迷う〈**between**〉‖ ～ *between* hope and despair 一喜一憂する ❷ (左右に) 揺れ動く **vàc·il·lá·tion** 名

vac·u·a /vækjuə/ 名 vacuum の複数の1つ

va·cu·i·ty /vækjúːəṭi/ 名 (複 **-ties** /-z/) U C《堅》❶ 何もないこと；空虚 ❷ 空所；真空 ❸ 放心；愚鈍 ❹《通例 -ties》間の抜けた言動 [考え]，くだらないこと

vac·u·ole /vækjuòʊl/ 名 C〔生〕液胞，空胞
vàc·u·ó·lar 形

vac·u·ous /vækjuəs/ 形 ❶ (考えなどが) 空っぽの，ぼんやりした；うつろな ‖ a ～ smile 間の抜けた笑顔 ❷ (生活などが) 無意味な，無為の **～·ly** 副 **～·ness** 名

***vac·u·um** /vækjuəm/《発音・アクセント注意》名 (複 **～s** /-z/ OR **vac·u·a** /vækjuə/) C ❶ 真空(状態)；真空度 (↔ plenum) ‖ under perfect ～ conditions 完全な真空状態で ❷《通例単数形で》(心の) 空白，空虚 ‖ His wife's death left a ～ in his life. 妻の死で彼の人生にはぽっかりと穴があいた / produce a political ～ 政治の空白状態を生ずる ❸ =vacuum cleaner ❹《単数形で》(掃除機で) 掃除すること ‖ give a room a quick ～ 部屋にさっと掃除機をかける
in a vácuum ① 真空中で (→ 名 ❶) ② (社会などから) 独立して，孤立して ‖ We can't live *in a* ～. 私たちは社会から孤立して暮らすことはできない
—動 他 自 (…を) 電気掃除機で掃除する《*out, up*》‖ ～ *out* one's room 部屋を掃除機ですっかり掃除する
▸▸**～ bàg** 名 C (電気掃除機の) 集塵 (しゅうじん) 袋 **～ bòttle** 名 C《米》魔法瓶 (thermos) **～ bràke** 名 C (列車の) 真空ブレーキ **～ clèaner** 名 C 電気掃除機 **～ flàsk** 名 C《主に英》=vacuum bottle **～ pùmp** 名 C 真空

ポンプ；(真空式)排水ポンプ ～ **tùbe** 名Ⓒ《米》〖電子〗真空管(《英》valve)
vácuum-pàcked 〈シ〉 形 (食品が)真空パックの
vácuum-sèaled 形 真空密閉した
va·de me·cum /vɑ̀:di méɪkəm/ 名Ⓒ 携帯参考書, 必携, 便覧(♦ラテン語より)
Va·duz /vɑ:dú:ts/ 名 ファドゥーツ《リヒテンシュタインの首都》
vag·a·bond /vǽgəbɑ̀(:)nd | -bɒ̀nd/ 名Ⓒ ❶ 放浪者；浮浪者 ❷《旧》《口》悪党 ── 形《限定》❶ 放浪する, さすらいの ❷ だらしない；ごろつきの ── 動 自 放浪する
va·gar·i·ous /vəgéəriəs/ 形 とっぴな；気まぐれな
va·ga·ry /véɪgəri, vəgéə-/ 名 (複 **-ries** /-z/) Ⓒ《通例 -ries》とっぴな行動[出来事]；急変, 気まぐれ
va·gi·na /vədʒáɪnə/《発音注意》名 (複 **～s** /-z/ OR **-nae** /-ni:/) Ⓒ ❶〖解〗膣(ちつ) ❷〖植〗葉鞘(ようしょう)
vag·i·nal /vǽdʒɪnəl | vədʒáɪ-/ 形〖解〗膣の ‖ ～ delivery [OR birth] (帝王切開によらない)経膣[通常]分娩(ぶんべん)
～·ly 副 経膣で
vag·i·ni·tis /vædʒənáɪtɪs/ 名Ⓤ 膣炎
va·gran·cy /véɪgrənsi/ 名 (複 **-cies** /-z/) ⓊⒸ ❶ 浮浪状態[生活]；〖法〗浮浪罪 ❷ (心などが)定まらないこと
va·grant /véɪgrənt/ 名Ⓒ 浮浪者, ホームレス；〖鳥〗迷鳥 ── 形《限定》❶ 浮浪する ❷ 放浪[流浪]する ❸《文》(考えなどが)気まぐれな

***vague** /veɪg/《発音注意》形 (**more ～；most ～**) ❶ (言葉・意味・考えなどが)あいまいな, 不明確な, 漠然とした；(人が)〈…について〉はっきり言わない(↔ clear)〈**about**〉(⇨ AMBIGUOUS 類語) ‖ I have a ～ feeling that I'd better not go out today. 何となく今日は出かけない方がいいような気がする / a ～ explanation あやふやな説明 / a ～ promise [answer] あいまいな約束[返事] / a ～ memory of my grandfather 祖父についてのおぼろげな記憶 / a ～ longing for city life 都会生活への漠然としたあこがれ / She was ～ *about* the reason for her visit. 彼女は訪問の理由についてはっきり言わなかった ❷ (形・色などが)ぼんやりした, おぼろな(↔ distinct) ‖ The building was a ～ shape in the fog. その建物は霧に包まれて形がぼんやりしていた / a ～ view of the island ぼんやりと見える島影 ❸《否定文・疑問文中の最上級で》《口》かすかな ‖ I haven't the *vaguest* idea where I left my cellphone. どこに携帯電話を置き忘れたのかまるで見当がつかない ❹ (表情などが)ぼんやりした, 上の空の ‖ a ～ smile うつろな笑み ❺ (うわさなどが)はっきりしない, 不確実な **～·ness** 名

***vague·ly** /véɪgli/ 副 (**more ～；most ～**) あいまいに, 漠然と, ぼんやりと, 何となく；少し(ばかり) ‖ I remember the outline of the novel ～. その小説の粗筋はおぼろげに覚えている / speak ～ あいまいな話し方をする
va·gus /véɪgəs/ 名 (複 **va·gi** /véɪdʒaɪ, -gaɪ/) (= ～ **nèrve**) Ⓒ〖解〗迷走神経

***vain** /veɪn/ (♦同音語 vane, vein) 形 ❶ 虚栄心の強い, 見えっ張りの, うぬぼれている；〈…を〉鼻にかける, ひけらかす〈**about, of**〉‖ Janet is ～ *about* her beauty [OR good looks]. ジャネットは自分の美貌(ぼう)を鼻にかけている / Brian is too ～ to wear glasses. ブライアンは外見を気にして眼鏡をかけない / (as) ～ as a peacock とてもうぬぼれが強い ❷ 無駄な, 無益な ‖ I waited in the ～ hope that my wife would come back. 妻が戻って来てくれると期待して待ったが無駄だった / He made a ～ attempt to finish on schedule. 彼は予定どおりに終わらせようとしたが駄目だった ❸《通例限定》中身のない, 無意味な, くだらない ‖ a ～ threat [promise] こけおどし[空約束] / a ～ question 愚問

****in váin*** 無駄に, 空しく, 効果なく(♦be動詞の補語として, あるいは fight, search, try, wait などの動詞とともに用いる) ‖ All attempts at rescue were *in* ～. あらゆる救助の試みは徒労に終わった / He tried *in* ～ to open the door. 彼はドアを開けようとしたが駄目だった

take a person's name in vain ⇨ NAME(成句)
vain·glo·ri·ous /vèɪnglɔ́:riəs/ 形《文》うぬぼれ[虚栄心]の強い；うぬぼれを示す **～·ly** 副
vain·glo·ry /vèɪnglɔ́:ri/ 名 (複 **-ries** /-z/) Ⓤ《文》強いうぬぼれ[虚栄心]；虚飾；Ⓒ 誇示
vain·ly /véɪnli/ 副 ❶《文修飾》無駄に, むなしく(in vain) ❷ うぬぼれて, 思い上がって
val·ance /vǽləns/ 名Ⓒ ❶ (ベッド・棚などの下部につける)垂れ布 ❷《主に米》(窓の上部を飾る)カーテンの金具隠し

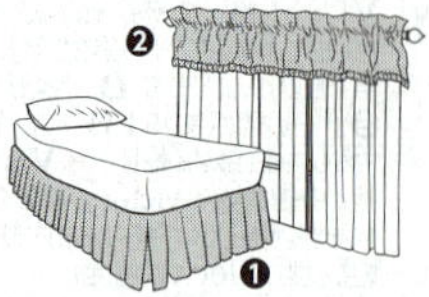

valance

Valdèz Prínci·ples /vældì:z-/ 名《the ～》バルディーズ原則《企業の環境に対する対応の基準を示した諸原則. Valdez はアラスカ沖で原油流出事故を起こした船舶名》
vale /veɪl/ (♦同音語 veil) 名Ⓒ 谷, 谷間(valley)(♦地名の一部として用いる以外では《文》)
a [OR ***this***] ***vàle of téars***《文》浮き世(のつらさ)
val·e·dic·tion /vælɪdíkʃən/ 名《堅》Ⓤ 告別, いとまごい；Ⓒ 別れの言葉, 告別の辞
val·e·dic·to·ri·an /vælɪdɪktɔ́:riən/ 名Ⓒ《米》(答辞を述べる)卒業生総代(→ salutatorian)
val·e·dic·to·ry /vælɪdíktəri/ 〈シ〉 形《通例限定》《堅》告別の, 別れの ── 名 (複 **-ries** /-z/) Ⓒ ❶《米》(特に卒業生総代による)答辞(→ salutatory) ❷ (卒業・退職時などの)公式の別れのあいさつ
va·lence[1] /véɪləns/ 名Ⓒ ❶〖化〗原子価 ❷〖生〗(染色体・血清などの)結合価 ❸〖言〗結合価
val·ence[2] /vǽləns/ 名 = valance
Va·len·ci·a /vəlénʃiə/ 名 バレンシア ❶ スペイン東部の地方, 港湾都市, 旧王国 ❷Ⓒ《通例 ～s》(バレンシア産)アーモンド[干しブドウ, オレンジ]
va·len·cy /véɪlənsi/ 名《主に英》= valence[1]
val·en·tine /vǽləntàɪn/ 名Ⓒ ❶ (= ～ **cárd**) バレンタインカード[プレゼント]《しばしば匿名で送る》❷ バレンタインデーの恋人《St. Valentine's Day に恋人として選ばれた異性》‖ Be my ～. 私の恋人になってください(♦バレンタインカードに書く言葉)
Val·en·tine /vǽləntàɪn/ 名 **St.～** 聖バレンタイン《3世紀に殉教した中部イタリアの司教. 祝祭日は2月14日》
▸▸ **～'s Dày** ⇨ ST. VALENTINE'S DAY
va·le·ri·an /vəlíəriən/ 名 ❶Ⓒ〖植〗セイヨウカノコソウ ❷Ⓤ〖薬〗バレリアン, 吉草根《鎮静剤》
val·et /vǽlɪt, -eɪ, +《米》vǽléɪ/ 名Ⓒ ❶ (貴人などの衣服や身の回りの世話をする)(男性の)従者, 付き人 ❷ (ホテル・客船などで)(客の衣服の世話をする)従業員 ❸《主に米》(ホテル・レストランなどの)駐車係 ❹《米》コート[帽子]かけ ── 動 他 ❶ …に従者[ボーイ]として仕える ❷ (車(の中))を掃除する ── 自 従者[ボーイ]として仕える
▸▸ **～ pàrking** 名Ⓤ《米》(レストラン・ホテルなどの)係員付き駐車サービス **～ sèrvice** 名Ⓤ ① (ホテルなどの)身の回りサービス ②《主に米》= valet parking
val·e·tu·di·nar·i·an /vælɪtjù:dənéəriən/ 名Ⓒ ❶ 病弱者, 病身の人 ❷ 健康を気にしすぎる人 ── 形 ❶ 病弱[病身]の ❷ 健康を気にしすぎる **～·ìsm** 名
val·e·tu·di·nar·y /vælɪtjú:dənèri | -dɪnəri/ 〈シ〉 形 名 = valetudinarian
Val·hal·la /vælhǽlə/ 名〖北欧神話〗ワルハラ《主神 Odin の殿堂. 戦死した勇士の魂が迎えられるという》
val·iant /vǽljənt | -iənt/ 形 (人・行為が)勇敢[勇猛]な, 雄々しい **～·ly** 副

***val·id** /vǽlɪd/ 形 (**more ～；most ～**) (♦❶以外比較なし) ❶ (理論・理由などが)正当な根拠のある, 理にかなった, 論理的な(↔ invalid) ‖ a ～ theory 妥当な理論 / a ～

objection 筋道の通った反対(論) ❷ 法的に有効な, 合法的な; 効力のある ‖ This passport is ～ for 10 years. このパスポートは10年間有効である / a ～ marriage (法的に)正式な婚姻 / a ～ contract 合法的な契約 ❸ (コンピューターで)有効な ‖ a ～ password 有効なパスワード **～·ly** 副

val·i·date /vǽlɪdèɪt/ 動 他 ❶ …の正しさ[妥当性]を立証[確証]する, 検査する ❷ (法的に)…を有効にする, 認可する ❸ …を公式に認証(してその使用を許可)する

vàl·i·dá·tion 名

***va·lid·i·ty** /vəlídəṭi/ 名 U ❶ 〈理論・主張などの〉正当[妥当]性〈**of**〉 ❷ (法的)有効性, 効力

▸▸ **～ chèck** 名 C 妥当性検査《プログラムやデータの論理性・属性が処理に適合しているかどうかを検査する》

va·lise /vəlí:s | -lí:z/ 名 C 旅行用手提げかばん

Val·i·um /vǽliəm/ 名 U C 《商標》バリアム《精神安定剤》

Val·kyr·ie /vælkíri, vǽlkəri | vǽlkəri, -kɪəri/ 名 〖北欧神話〗ワルキューレ《主神 Odin の12人の侍女. 戦死した英雄の霊をワルハラ(Valhalla)の宮殿に導くという》

Val·let·ta /vəlétə/ 名 バレッタ《マルタの首都》

****val·ley** /vǽli/

―名 (複 **～s** /-z/) C ❶ (通例川の流れる)**谷**, 谷間(の低地); 盆地 ‖ an Appalachian ～ アパラチア山脈中の山あい / Death *Valley* 死の谷《米国カリフォルニア州南東部の砂漠の盆地》/ the ～ floor 谷底

❷ (大河川の)**流域** ‖ the Nile ～ ナイル川流域

❸ 〖建〗(屋根の)谷

▸▸ **Válley Gìrl** 名 C 《米口》バレーガール《米国カリフォルニア州南部 San Fernando Valley の高級住宅地に住み, 流行の先端をいく10代の少女. 特有の風俗や言葉遣いで知られる》

val·or, 《英》**-our** /vǽlər/ 名 U 勇気, 武勇, 剛勇

val·or·ize /vǽləràɪz/ 動 他 ❶ (政府が)〔商品〕の価格を安定させる[設定する] ❷ …に価値を与える

val·or·ous /vǽlərəs/ 形 (特に戦闘で)勇敢な, 剛勇な

****val·u·a·ble** /vǽljuəbl/

―形 〔◁ value 名〕(**more ～**; **most ～**)

❶ **高価な**, 値段の高い, 値打ちのある (↔ worthless, valueless) (⇨ EXPENSIVE 類語) ‖ a ～ diamond [antique] 高価なダイヤモンド[骨董(こっとう)品]

❷ 〈…にとって〉**貴重な**, 役に立つ, 有益な(↔ useless)〈**to, for**〉 (⇨ PRECIOUS 類語) ‖ I'm sure you'll prove very ～ *to* our company. あなたは我が社にとって役に立ってくれると確信しています / This tool is ～ *for* cutting out small shapes. この道具は小さな型を切り抜くのに大変重宝だ / **extremely** ～ **information** 極めて貴重な情報 / ～ friendships かけがえのない友情

―名 (複 **～s** /-z/) C 《通例 ～s》高価なもの, 高額商品, 貴重品《宝石・貴金属など》(♦ この意味で valuable things とはいわない) ‖ Don't forget to lock your ～*s* in the safe. 貴重品を金庫にしまうのを忘れないでください

val·u·ate /vǽljuèɪt/ 動 他 《主に米》…を評価[査定]する, 見積もる **-à·tor** 名 C 査定人, 鑑定人

***val·u·a·tion** /væ̀ljuéɪʃən/ 名 ❶ U C (特に資産などの)(金銭的)評価, 査定, 鑑定, 見積もり ‖ carry out a ～ of the land その土地の評価を行う ❷ C 評価額, 査定価格, 値打ち ‖ put a considerable ～ on a painting 絵に相当な評価額をつける ❸ C U (人物・能力などの)評価, 品定め ‖ I set a high ～ on his abilities. 私は彼の能力を高く評価している

*****val·ue** /vǽlju:/ 名 動

―名 〔▸ valuable 形〕(複 **～s** /-z/) ❶ U C (金銭的)**価値**; **価格**, 値段; (貨幣などの)購買力, 交換価値; 評価価格, 査定額 (⇨ 類語) ‖ The yen went up[down] in ～ against the dollar. 円がドルに対して値上がり[下がり]した / What is the ～ of that picture? その絵の価格はいくらですか / These rare stamps will hold their ～ well. こうした珍しい切手はいつまでも価値が下がらない / put a ～ on a picture 絵に評価価格をつける / a jewel with a cash ～ of $30,000 現金にして3万ドル相当の宝石 / exchange ～ 〖経〗交換価値 / land ～*s* 地価 / a street ～ (麻薬などの)末端価格

❷ U C (本質的・相対的な)**価値**, 値打ち; 有用性, ありがたみ(⇨ 類語) ‖ We kept the old table for its sentimental ～. その古いテーブルには思い出があるのでとっておいた / Milk has (a) high nutritional ～. ミルクは栄養価が高い / scarcity ～ 希少価値 / novelty ～ 目新しさからくる価値 / news ～ ニュースバリュー

❸ U C 《主に英》〈値段・労力に対する〉**相応の価値**, 正当な報い, 代償〈**for**〉; (広告で)通常より安い値段(⇨ 類語) ‖ This jacket was **good** [《米》**a good**] ～. このジャケットは(値段の割に)得な買い物だった / You get the best ～ *for* your money at this store. この店ではどこよりも割安なものが手に入る

❹ C 《～s》〖倫〗価値観[基準] ‖ Different generations have different sets of ～*s*. 世代が異なれば価値基準も異なる / cherish traditional ～*s* 伝統的価値観を大事にする / American ～*s* アメリカ的価値観

❺ C 《単数形で》評価(valuation) ‖ I can't see why such a great ～ should be attached to that painter. なぜその画家にそれほど高い評価が与えられるのか私にはわからない / set [OR place, put] a high ～ on education 教育を重んじる

❻ C (語句などの)(正確な)意味, 真意, 趣旨

❼ C 〖美〗色価, バルール; 明度 ‖ out of ～ (絵画が)明暗の調子がとれていない ❽ C 〖楽〗(音符が示す)音の長さ, 時価, 歴時 ❾ C 〖数〗値, 数値 ‖ In this equation, the ～ of x is 5. この等式ではxの値は5だ ❿ C 〖音声〗音質, 音価《文字の表す音声》 ⓫ C (プログラム内で用いられる)値《文字や数字など》

of válue 価値がある; 重要な, 有用な ‖ Nothing *of* ～ was stolen. 値打ちのあるものは何も盗まれなかった / This book will be *of* great [little] ～ to you. この本はあなたにとって価値が大きい[少ない]だろう

―動 (**～s** /-z/; **～d** /-d/; **-u·ing**) 他 ❶ 《進行形不可》…を**尊重する**, 重んじる(↔ undervalue)〈**as** …として; **for** …のことで〉 ‖ He ～*d* work above his family. 彼は家族よりも仕事を大事にした / I ～ him *as* a writer rather than a politician. 私は彼を政治家としてより作家として評価している / The actress doesn't like to be ～*d* *for* her looks alone. その女優は容貌(ようぼう)だけで評価されるのを好まない / be **highly** ～*d* 高く評価されている

❷ 《通例受身形で》(専門家によって)…が〈いくらだと〉査定される, 見積もられる〈**at**〉 ‖ His house was ～*d* *at* $500,000. 彼の家は50万ドルと評価された

類語 《名 ❶ ❷ ❸》 **value** 金銭などで換算できる価値だけでなく, 値段(price)をつけることのできない価値を表すこともある.

worth value よりやや文語的. 形容詞としても多く用いられるが, 名詞としてはしばしば value と同じように用いられる. value は「何かに役立つ」価値に, worth は「本質的な」価値に重点が置かれることが多い. 〈例〉 a book of great *value* to us 我々にとって(役立つ)非常に価値のある本 / a book of great *worth* (本質的な意味で)非常に価値のある本

▸▸ **～ jùdgment** 名 C U (主観的な)価値判断

vàlue-ádded nètwork 名 C 付加価値通信網《略 VAN》

vàlue-ádded tàx /, ╴╴╴/ 名 C U 付加価値税《略 VAT》

val·ued /vǽlju:d/ 形 尊重される, 貴重な

vàlue-frée 形 個人的価値判断に左右されない

val·ue·less /vǽljuləs/ 形 価値のない, つまらない

val·u·er /vǽljuər/ 名 C 評価者; 《主に英》価格査定官

V

*__valve__ /vælv/ 名 (複 __~s__ /-z/) C ❶ (パイプなどの)弁, バルブ ‖ a safety ~ 安全弁 ❷〖楽〗(金管楽器の)弁, ピストン, バルブ ❸《英》真空管(《米》vacuum tube) ❹〖解〗(心臓・血管の)弁, 弁膜 ❺〖動〗(2枚貝の)貝殻の一片；(珪藻(けいそう)の)殻 ❻〖植〗蒴片(さくへん), 葯片(やくへん)

__val·vu·lar__ /vǽlvjulər/ 形 弁の(ある)；弁状の；弁によって動く ‖ ~ heart disease 心臓弁膜症

__va·moose__ /vəmúːs/ 動 自《俗》急いで立ち去る, ずらかる(♦ vamos(スペイン語で let's go の意)の変成より)

__vamp__[1] /væmp/ 名 C ❶ (靴の)つま革, 甲皮 ❷ 継ぎ, はぎ；(本などの)焼き直し ❸〖楽〗(ジャズなどの)即興伴奏
— 動 他 ❶〔靴〕に新しいつま革をつける ❷〖楽〗〔伴奏〕を即興でつける — 自〖楽〗即興で伴奏をつける
vàmp úp 〈自〉①《口》…に継ぎはぎを当てる, …を繕う；…を修復する ②〔口実・醜聞など〕をでっち上げる

__vamp__[2] /væmp/《口》名 C 妖婦(ようふ), 男たらし — 動 他〔男〕をたらし込む — 自 妖婦を演じる __~·ish__ 形

__vam·pire__ /vǽmpaɪər/ 名 C ❶ 吸血鬼, バンパイア《毎夜死体からよみがえり, 眠っている人の生き血を吸うとされる》❷ 他人を食い物にする人 ❸ (=~ __bàt__)〖動〗チスイコウモリ ❹〖劇〗(舞台の)落とし戸

__vam·pir·ism__ /vǽmpaɪərìzm/ 名 U ❶ 吸血鬼の仕業〔所業〕❷ 吸血鬼の存在を信じる迷信

*__van__[1] /væn/ 名 C ❶ 大型有蓋(ゆうがい)トラック, バン；(多目的の)ライトバン ‖ a moving [《英》removal] ~ 引越トラック / a police ~ 囚人護送車 / a baker's ~ パン配達用バン / an advertising ~ 宣伝カー ❷《英》(鉄道の)荷物車；有蓋車両 ‖ a luggage ~ 小型荷物車
— 動 (__vanned__ /-d/；__van·ning__)《米》他 …をバンで運ぶ
— 自 バンで行く〔旅する〕(♦ caravan の短縮形)
▶▶ __~ convèrsion__ 名 C《米》改造バン(conversion van)《運転席の後ろを居住空間にしつらえたバン》

__van__[2] /væn/ 名 =vanguard

__VAN__ 略 💻 *v*alue *a*dded *n*etwork (付加価値通信網)《電話回線網などの通信ネットワークを借り受け, または自社のネットワークを利用し, データ通信・処理などのサービスを付加して提供するサービス》

__va·na·di·um__ /vənéɪdiəm/ 名 U〖化〗バナジウム, バナジン《金属元素. 元素記号 V》

__Van Ál·len (radiátion) bèlt__ /væn ǽlən-/ 名《the ~》バンアレン帯《地球を取り囲む強い放射線帯》

__Van Buren__ /væn bjúərən/ 名 __Martin ~__ バン=ビューレン(1782–1862)《米国の第8代大統領(1837–41)》

__Van·cou·ver__ /vænkúːvər/ 名 バンクーバー《カナダ南西部の都市》 __~·ite__ 名 C バンクーバー市民

__V.& Á.__ 略 *V*ictoria *and A*lbert Museum ((英国の)ビクトリア=アンド=アルバート博物館)

__Van·dal__ /vǽndəl/ 名 C ❶ (v-)(特に公共物の)心なき破壊〔汚損〕者 ❷ バンダル人〔族〕《5世紀にローマを侵略してその文化を破壊したゲルマン民族の1つ》

*__van·dal·ism__ /vǽndəlìzm/ 名 U 公共物〔私物〕の破壊(行為), 蛮行

__van·dal·ize__ /vǽndəlàɪz/ 動 他〔公共物・私物など〕を故意に破壊する(♦ しばしば受身形で用いる)

__vàn der Wàals fórces__ /vprecæn dər wɑ̀ːlz-/ 名 複〖理〗ファン=デル=ワールス力《中性分子間で遠距離まで働く引力》

__Van Dyck, Van·dyke__ /vændáɪk/ 名 __Sir Anthony ~__ バン=ダイク(1599–1641)《フランドル派の肖像画家. 晩年は英国宮廷の首席画家》
▶▶ __Vandỳke (béard)__ 名 C U バン=ダイクひげ, とがりひげ

Vandyke (beard)

__vane__ /veɪn/ (♦ 同音語 vain, vein) 名 C ❶ 風見, 風見鶏, 風向計(weather vane) ❷ (風車・タービン・プロペラなどの)翼, 羽根 ❸〖鳥〗(羽根の)羽板(うばん), 翈(こう) ❹〖測〗(採尺の)指標；(四分儀などの)視準線 ❺ (ミサイルなどの尾翼の)安定板

__van Gogh__ /væn góu | -gɔ́f, -gɔ́x/ 名 __Vincent ~__ ファン=ゴッホ(1853–90)《オランダの後期印象派の画家》

__van·guard__ /vǽngɑ̀ːrd/ 名《the ~》❶〖軍〗前衛, 先鋒(せんぽう) ❷ (運動などの)先駆；先駆〔指導〕者 ‖ be in the ~ of educational reform 教育改革の先頭に立つ

__va·nil·la__ /vənílə/《アクセント注意》名 ❶ C〖植〗バニラ《熱帯アメリカ産のラン科の植物》；(=~ __bèan__)バニラビーンズ ❷ U バニラエッセンス《香味用》
— 形 ❶ ふつうの, ありきたりな(plain vanilla) ❷ バニラ風味の；(バニラアイスクリームのような)クリーム色の

‡__van·ish__ /vǽnɪʃ/《アクセント注意》
— 動 (__~·es__ /-ɪz/；__~ed__ /-t/；__~ing__) 自 ❶ 急に見えなくなる, __消える__, 姿を消す(↔ appear)〈__from__ …から；__in, into__ …(の中)に〉(⇨ DISAPPEAR 類語) ‖ The plane *~ed in* the clouds. 飛行機は雲の中に消えた / ~ *into* thin air 虚空に消える / ~ without (a) trace 跡形もなく消える / ~ *from* sight 見えなくなる
❷ (今まで存在していたものが)〈…から〉消滅する, 消えうせる〈__from__〉‖ Many species of wild birds are *~ing from* the face of the earth. 多くの種類の野鳥が地上から姿を消しつつある / All our hopes for success have now *~ed*. 今や成功の望みは全くなくなってしまった ❸〖数〗ゼロになる
▶▶ __~ing pòint__ 名 C ①《通例単数形で》(透視画法の)消失点, 消点 ②《単数形で》物が消滅する点

*__van·i·ty__ /vǽnəti/ 名 ❶ U〈容姿・能力などについての〉うぬぼれ, 鼻にかけること〈__about__〉；虚栄心, 見え；C 自慢のもの〔種〕‖ Laura「had no [OR was free of] personal ~. ローラは自分の容姿を鼻にかけたりはしなかった / satisfy one's ~ 自分の虚栄心を満足させる / tickle her ~ 彼女の虚栄心をくすぐる / wounded ~ 傷ついた虚栄心 / Her rich blond hair is her only ~. 豊かな金髪が彼女の唯一の自慢だ ❷ U 空しさ, 空虚；無益；C (-ties)空しいもの〔行為〕, 無益なもの〔こと〕‖ the ~ of wealth 富の空しさ / the pomps and *vanities* of the world この世の虚飾と空虚 / *Vanity of vanities, all is ~*. 空(くう)の空なるかな, すべて空なり(♦ 旧約聖書の言葉) ❸ =vanity case ❹《米》=dressing table
▶▶ __~ càse__ 名 C ① 携帯用化粧道具入れ, 化粧バッグ ②《米》《旧》コンパクト __Vànity Fáir, v- f-__ 名 U ①(虚栄に満ちた)この世の中(♦ 虚栄の市(いち)：Bunyan 作 *Pilgrim's Progress* 中の市場の名より) ②《V- F-》バニティー=フェア《米国の雑誌》 __~ mìrror__ 名 C (特に vanity table の上の)小さな化粧用鏡 __~ plàte__ 名 C《米》(自動車の)飾りナンバープレート《所有者自身の好みの文字や数字で飾り立てる》 __~ prèss [pùblisher]__ 名 C《通例単数形で》自費出版専門出版社 __~ tàble__ 名 C =dressing table __~ ùnit__ 名 C《英》洗面台〔ユニット〕

__ván·pòol__ 名 C バンプール《バンに相乗りしての通勤》
— 動 自 バンプールする(♦ car pool からの造語)

__van·quish__ /vǽŋkwɪʃ/ 動 他《文》❶ (戦争などで)…を打ち破る, 征服する；(論争などで)…を負かす；《the ~ed で集合名詞的に》《複数扱い》敗北者, 被征服者 ❷〔感情など〕を抑制する __~·er__ 名

__van·tage__ /vǽnṭɪdʒ | vɑ́ːn-/ 名 ❶ U C 有利(な点), 優勢 ❷ (=~ __pòint__) C 見通しのきく地点；個人的見解

*__Va·nu·a·tu__ /vænuɑ́ːtuː/ 名 バヌアツ《太平洋南西部にある共和国. 公式名 the Republic of Vanuatu. 首都 Port Vila》 __~·an__ 形 名

__vap·id__ /vǽpɪd/ 形 ❶ つまらない, 生気のない ❷ (飲食物が)味〔香り〕のない, 気の抜けた
__vap·íd·i·ty__ 名 __~·ly__ 副 __~·ness__ 名

*__va·por,__《英》__va·pour__ /véɪpər/《発音注意》名 ❶ U C 蒸気《霧・かすみ・湯気など》‖ A cloud is a mass of ~ in the sky. 雲は空中に漂う水蒸気のかたまりである / rise [OR pass off] in ~ 蒸発する ❷ U〖化〗気体, 蒸気《臨界温度以下の気体》‖ water ~ 水蒸気 ❸ U (工業・

医療用などの)気化された液体[固体], 気化ガス;(内燃機関などの) 混合ガス ‖ gasoline ～ 気化ガソリン ❹ Ⓒ《the ～s》《旧》(特に女性の)憂うつ症, 気ふさぎ;めまい
—動 自 ❶ 蒸発[気化]する;蒸気を出す ❷ 自慢げに話す, 大言壮語する —他 …を蒸発[気化]させる
▸▸～ bàrrier 名 Ⓒ 防湿材[層] ～ dènsity 名 Ⓒ Ⓤ〘理〙蒸気密度 ～ lòck 名 Ⓤ 蒸気閉塞《機関内で燃料が蒸気化することに起因する故障》 ～ prèssure 名 Ⓤ Ⓒ〘理〙蒸気圧 ～ tràil 名 Ⓒ 飛行機雲

va·por·ize /véɪpəràɪz/ 動 他 自 (…を[が]) 蒸発[気化]させる[する] **và·por·i·zá·tion** 名

va·por·iz·er /véɪpəràɪzər/ 名 Ⓒ 気化器;噴霧器, 霧吹き;〘医〙吸入器

va·por·ous /véɪpərəs/ 形 ❶ 蒸気の(ような);蒸気を出す;蒸発しやすい ❷ はかない;空想的な **～·ly** 副

vápor·wàre, 《英》**vápour-** 名 Ⓤ《口》💻ベイパーウェア《宣伝されているにもかかわらず市場に出ないソフトやハード》

va·por·y, 《英》**-pour-** /véɪpəri/ 形 =vaporous

va·pour /véɪpər/ 名 《英》=vapor

va·que·ro /vɑːkéərou/ 名 (複 **～s** /-z/) Ⓒ (米国南部・メキシコなどの)カウボーイ, 牛飼い(♦ スペイン語より)

VAR 略 value-added reseller(付加価値再販業者)

var. 略 variable, variant, variation, variety

va·rac·tor /vərǽktər/ 名 Ⓒ〘電子〙バラクター, 可変容量ダイオード

Va·ra·na·si /vərɑ́ːnəsi/ 名 バラナシ《インド北部, ガンジス川沿いのヒンドゥー教の聖地》

var·i·a·bil·i·ty /vèəriəbíləti/ 名 (複 **-ties** /-z/) Ⓤ Ⓒ 変わりやすさ;可変性

***var·i·a·ble** /véəriəbl, +米 vǽr-/《発音注意》形〔◁ vary 動〕(**more ～ ; most ～**) ❶ 変わりやすい, 不定の, 不安定な, 変動する (↔ constant) ‖ ～ weather 変わりやすい天気 ❷ (気分などが)不安定の, 気まぐれの;(出来が)むらのある ‖ His temper is ～. 彼はお天気屋だ ❸ 可変(性)の, 調節できる;(ギアなどが)変速できる ‖ a bicycle with ～ gears 変速ギア付きの自転車 / a ～ interest rate〘経〙変動利率 ❹〘数〙変数の ❺〘生〙変異する, 変異性の ❻〘天〙変光する ❼〘気象〙(風が)方向が変わる
—名 Ⓒ ❶ 変わりやすいもの, 変化するもの;変動要因 ❷〘数〙変数(の記号)(↔ constant);💻(コンピューター・プログラム言語で用いられる)変数《プログラム内で数値や文字のデータを格納する》 ❸ (=～ stár)〘天〙変光星 ❹〘気象〙変風;《the ～s》変風帯 **-bly** 副
▸▸～ cóst 名 Ⓒ〘経〙変動費, 変動原価(↔ fixed cost) ～-ràte mórtgage 名 Ⓤ =adjustable-rate mortgage

var·i·ance /véəriəns/ 名 Ⓤ Ⓒ ❶ 変化, 変動 ❷ 相違, 食い違い ❸ 意見の食い違い;仲たがい ❹〘法〙(2つの主張・証拠などの間の)相違 ❺〘米法〙(違法行為の)特別許可, (特に)違法建築の特例的許可 ❻〘統計〙分散
at váriance 〈…と〉相違して;不和で, 意見が違って〈**with**〉

***var·i·ant** /véəriənt/《発音注意》形〔◁ vary 動〕《限定》❶ (標準のものから)異なる, 違った ‖ ～ spellings 異形つづり ❷ 変化しやすい
—名 Ⓒ〈…の〉変種, 変形〈**of, on**〉;(つづり・発音などの)異形, バリアント

var·i·ate /véəriət/ 名 Ⓒ〘統計〙確率変数

⁑var·i·a·tion /vèəriéɪʃən/《発音注意》
—名〔◁ vary 動〕(複 **～s** /-z/) ❶ Ⓒ Ⓤ〈量・状態・程度などの〉**変化**, 変動;変化[変動]の幅[程度]〈**in, of**〉‖ Seasonal ～*s in* climate are clearly marked in Japan. 日本では季節による気候の変化がはっきりしている / The prices are subject to ～. 価格は変動することがある / sharp ～ *of* the exchange rates 為替相場の急激な変動
❷ Ⓒ Ⓤ (以前の状態との)違い;(同期間での)差異, 相違 ‖ regional ～*s* of [OR in] land prices 地価の地域差 / show price ～*s* in different stores 店による値段の違いを示す
❸ Ⓒ〈…の〉変化したもの, 変型, 変種, 異形〈**on**〉‖ His paintings are all ～*s on* the same theme. 彼の絵はすべて同じ主題を形を変えて描いたものだ ❹ Ⓤ Ⓒ〘楽〙変奏;Ⓒ〈…の主題による〉変奏曲〈**on**〉‖ Beethoven's 33 *Variations on* a theme by Diabelli ベートーベンのディアベリの主題による33の変奏曲 ❺ Ⓤ Ⓒ〘数〙変分 ❻ Ⓤ Ⓒ〘生〙変異;Ⓒ 変種 ❼ Ⓤ Ⓒ〘天〙(天体の軌道の)変差;(磁気)偏差《北極点と磁北点との差》;(月の周期摂動の)2均差 ❽ Ⓒ〘バレエ〙バリアシオン《ソロの踊り》

var·i·col·ored, 《英》**-oured** /véərikʌ̀lərd/ 形 多色の, 多彩な;色とりどりの

var·i·cose /vǽrəkòus | vǽrɪ-/ 形《限定》(脚の静脈が)異常に膨張した;静脈瘤(りゅう)(性)の ▸▸～ véin 名 Ⓒ《通例 ～s》〘医〙静脈瘤 ‖ ～ *vein* removal 静脈瘤除去

***var·ied** /véərid/ 形 (**more ～ ; most ～**) ❶ さまざまな, 種々の;変化に富んだ, 多彩な(♦ 通例よい意味で用いる) ‖ have a ～ career 多彩な経歴を持つ ❷ 色とりどりの, まだら(模様)の **～·ly** 副

var·i·e·gat·ed /véəriəgèɪtɪd/ 形 ❶ (特に花・葉が)雑色の, まだらの ❷ 変化に富んだ, 多様な
vàr·i·e·gá·tion 名 Ⓤ 雑色, まだら;多様性

⁑va·ri·e·ty /vəráɪəti/《発音・アクセント注意》

—名〔◁ various 形〕(複 **-ties** /-z/) ❶ Ⓒ《a ～》〈同一種類のものの〉**いろいろ**, 集合, さまざま〈**of**〉(♦ of の次の名詞は複数形か集合名詞) ‖ The dress is available in a **wide** ～ *of* sizes. その服はいろいろなサイズがそろっている / for a ～ *of* reasons 種々の理由で / a **wide** [OR **great**] ～ *of* social prejudices 多種多様な社会的偏見
❷ Ⓤ **変化**(に富むこと), 多様(性), 多面(性) ‖ His job lacks ～. 彼の仕事は変化に乏しい / I was struck by the ～ of his conversation. 私は彼の会話の話題が豊富なのに驚いた / add [OR lend] ～ to a menu メニューに変化をつける / *Variety is the spice of life.*《諺》変化は人生を楽しくする
❸ Ⓒ〈…の〉種類, 異種;(ある特徴を有する)型[タイプ]〈**of**〉(♦ of の後は単数形でも無冠詞) ‖ a new ～ *of* rice 米の新種 / roses of every ～ あらゆる種類のバラ / rare *varieties of* early postage stamps 初期の郵便切手の珍種 ❹ Ⓒ〘生〙(動・植物分類上の)変種, (人工)品種
❺ (=～ shòw) Ⓤ バラエティー(ショー)(《米》vaudeville) ‖ a ～ artist バラエティー芸人, 寄席芸人
▸▸～ mèats 名 複《米》雑肉, もつ ～ stòre 名 Ⓒ《米》雑貨店 ～ thèater 名 Ⓒ《英》寄席演芸所

var·i·fo·cals /véərifòukəlz, ─────, + 米 vǽri-, ─────/ 名 複 遠近両用眼鏡

var·i·form /véərɪfɔ̀ːrm/ 形 さまざまな形(態)の

va·ri·o·la /vəráɪələ/ 名 Ⓤ〘医〙天然痘, 痘瘡(とうそう)

var·i·om·e·ter /vèəriɑ́(ː)mətər | -ɔ́mɪ-/ 名 Ⓒ ❶〘電〙バリオメーター, 磁力偏差計 ❷ (航空機用の)昇降測定器

var·i·o·rum /vèəriɔ́ːrəm/ 形《限定》諸家の注[原典の異文]を収めた, 集注の —名 Ⓒ 集注本[版]

⁑var·i·ous /véəriəs/《発音・アクセント注意》形 代

—形〔▶ variety 名〕《比較なし》❶《複数名詞とともに》**さまざまな**, いろいろの, 種々の, 多種多様の(↔ similar)(⇨ DIFFERENT 類語) ‖ Her reasons for the divorce were many and ～. 彼女の離婚についての理由はいろいろさまざまであった / roses of ～ kinds いろいろな種類のバラ / from ～ points of view さまざまの見地から
❷《限定》《複数名詞とともに》いくつかの(異なった), 多くの(♦ ❶ とはっきり区別できないことが多い) ‖ He spoke to ～ members of the club. 彼はクラブの何人かの会員に声をかけた / We stopped at ～ towns along the way. 我々は道すがらいくつかの町に立ち寄った
❸《堅》さまざまな要素を持つ ‖ a ～ country 多様な側面を持つ国

V

❹ 個々の, それぞれの ‖ The ～ reports all agreed. それぞれの報告はすべて一致した

—代《複数扱い》〈…の〉いくつかの(異なった)もの, 多数, 数人〈**of**〉(♦ 正用法として認められないことがある) ‖ The police questioned ～ *of* the bystanders. 警察は見物人のうちの数人に職務質問した

***var·i·ous·ly** /véəriəsli/ 副 さまざまに, いろいろに ‖ This phrase can be interpreted ～. この句はいろいろに解釈できる / He is ～ known as a poet, a novelist and a singer. 彼は詩人, 小説家, 歌手とさまざまな肩書きで知られている

var·ix /véərɪks/ 名 (複 **var·i·ces** /-sìːz/) Ⓒ ❶〖医〗静脈瘤(りゅう) ❷〖動〗(巻き貝の)螺層(らそう)隆起

var·mint /vɑ́ːrmɪnt/ 名 Ⓒ《米口》《英方》❶ 有害な野生動物《特にキツネ》❷ やっかい者; いたずら小僧, がき

***var·nish** /vɑ́ːrnɪʃ/《発音注意》名 ❶ Ⓤ ニス, ワニス (♦ 種類をいうときは Ⓒ); (ニスのような) 光沢塗料, エナメル ‖ apply ～ to a table top テーブルの天板にニスを塗る ❷《the ～》(ニスを塗った)光沢(面), つや ‖ the ～ on a car 車の光沢面 ❸ Ⓒ《a ～》《文》うわべだけの飾り, 体裁, 虚飾 ‖ a ～ of good manners うわべの礼儀正しさ ❹ Ⓤ《主に英》マニキュア液(nail varnish,《米》nail polish)

—動 他 ❶ …にニスを塗る; 〔つめ〕にマニキュア〔ペディキュア〕をする (♦ ときに色を表す補語を伴う) ‖ Her fingernails were ～*ed* red. 彼女の手のつめは赤いマニキュアが塗られていた ❷ …に光沢を与える, つや出しをする ❸ …のうわべを取り繕う, 見せかけをよくする《***over***》

va·room /vərúːm/ 名 動 =vroom

var·si·ty /vɑ́ːrsəṭi/ 名 (複 **-ties** /-z/) Ⓒ ❶《主に米》(特に運動競技の)大学〔学校〕代表チーム ❷《英旧》《南ア》=university —形《限定》《英》大学(間)の ‖ the ～ match (オックスフォード・ケンブリッジ)大学対抗試合

:var·y /véəri/《発音注意》

—動 (▶ variable 形, variant 形, variation 名)(**var·ies** /-z/; **var·ied** /-d/; **～·ing**)

—自 (⇨ 類語) ❶ (同種のものが)(相互に)**異なる**, 相異する, さまざまである〈**from** …と; **in** …において; **between** …の間で〉(♦ differ は2種類以上のものが本質的に異なることをいうのに対し, vary は通例同種のものが部分的に異なることをいう) ‖ Your conclusion *varies from* mine. あなたの結論は私のものとは異なる / The restaurants *varied* slightly *in* price. レストランによって値段は少しずつ違った / Gestures ～ from culture to culture. ジェスチャーは文化によってさまざまだ / ～ by age and sex 年令と性別により異なる

❷ (同一のものが)(形・性質・数量などの点で)(さまざまに)**変わる**, 変化する, 変動する〈**with** …によって; **from ... to ...** …から…へ; **between** …の間で〉‖ The prices of the vegetables ～ *with* [OR according to] the season. 野菜の値段は季節によって変動する / The temperature at this season *varies* ⌈*between* 20°C and 30°C [OR *from* 20°C *to* 30°C]. この季節の気温はセ氏20度から30度の間を上下している / "How often do you play tennis in a week?" "It *varies*."「1週間に何回ぐらいテニスをするのですか」「まちまちなんですよ」

—他 ❶ …を(部分的に)変える, 変更する; …を別のものにする ‖ ～ one's steps 歩調を変える / ～ one's methods 方法を変える ❷ …に変化をつける, 多様化する ‖ ～ one's diet 食事に変化をつける

vár·y·ing 形

類語《自》**vary**「変化がある, さまざまである (=be various)」の意. 〈例〉Our opinions *vary*. 我々の考えは各人さまざまだ〔人により異なる〕

change「変化する, 変わる」の意. 〈例〉Our opinions *change*. 我々の考えは(時がたてば)変化する

Vas·co da Ga·ma /vɑ̀ːskou də gɑ́ːmə | væs-/ 名 ⇨ GAMA

vas·cu·lar /vǽskjulər/ 形《通例限定》〖動〗導管〔脈管, 血管〕の(ある); 〖植〗維管束の ‖ the ～ system 血管〔リンパ管〕系; 〖植〗維管束系 ▸▸ **～ búndle** 名 Ⓒ〖植〗維管束 **～ tìssue** 名 Ⓤ/Ⓒ《～s》〖植〗維管束組織

vás·cu·lar·ize 動 他 自 (…に)血管を形成する

vàs·cu·lar·i·zá·tion 名

***vase** /veɪs | vɑːz/《発音注意》名 Ⓒ (金属・ガラス・陶器製の)飾りつぼ〔かめ〕, 花瓶 ‖ a flower ～=a ～ for flowers 花瓶 / put a bunch of wild flowers in a ～ 花瓶に一束の野の花を生ける **～·fùl** 名

va·sec·to·my /vəséktəmi/ 名 (複 **-mies** /-z/) Ⓤ Ⓒ〖医〗精管切断(術); パイプカット

Vas·e·line, vas- /vǽsəliːn/《発音注意》名 Ⓤ《商標》〖化〗ワセリン

va·so·con·stric·tion /vèɪzoukənstríkʃən, væ̀sou-/ 名 Ⓤ〖生理〗血管収縮 **-tor** 名 Ⓒ 血管収縮剤〔神経〕

vas·o·di·la·tion /vèɪzoudaɪléɪʃən, væ̀sou-/ 名 Ⓤ 血管拡張

vas·o·mo·tor /vèɪzəmóuṭər, vèɪzou-, væ̀sou-/ ⟨シ⟩ 形《限定》〖生理〗血管運動(神経)の

vas·sal /vǽsəl/ 名 Ⓒ ❶〖史〗(中世封建時代の)封臣, 領臣 ❷ 奴隷 ❸ 従属者; (=～ **stàte**)属国

:vast /væst | vɑːst/

—形 (**～·er**; **～·est**)

❶ **広大な**, 非常に大きな, 巨大な(↔ tiny)(⇨ HUGE 類語) ‖ A ～ plain extends beyond the river. 川の向こうに広大な平野が広がっている / a ～ iceberg 巨大な氷山 ❷ (数・量・程度などが)**莫大**(ばくだい)**な**, 膨大な; 遠大な, 広範な ‖ a ～ **number** of stars おびただしい数の星 / ～ **amounts** of information 膨大な量の情報 / the ～ **majority** of young people 若者の大多数 / a ～ scheme 遠大な計画

—名 Ⓒ《文》広大な広がり

***vast·ly** /vǽstli | vɑ́ːst-/ 副 ❶ 広大に, 莫大に ❷ 大いに, 非常に ‖ Her violin playing has ～ improved. 彼女のバイオリン演奏は長足の進歩を遂げた / I will be ～ grateful to you all my life. 一生涯ご恩は決して忘れません / ～ different ideas 全く違う考え

vást·ness /-nəs/ 名 Ⓤ ❶ 広大さ ❷《文》広大な空間

vat /væt/ 名 Ⓒ ❶ (液体の)大おけ, 大だる《醸造・染色・製革用》❷ (=～ **dỳe**)建染(たてぞめ)染料 —動 (**vat·ted** /-ɪd/; **vat·ting**) 他《通例受身形で》大おけに入れられる

VAT /vìː eɪ tíː/ 名 Ⓤ (英国の)付加価値税 (♦ *v*alue-*a*dded *t*ax の略)

***Vat·i·can** /vǽṭɪkən/ 名《the ～》❶ (ローマ教皇の) バチカン宮殿, 教皇〔法王〕庁 ❷《集合的に》《単数・複数扱い》(ローマカトリック教会の)教皇〔法王〕政治, 教皇権

▸▸ **～ Cíty** (↓) **～ Còuncil** 名《the ～》バチカン公会議《第1回(1869-70)は教皇の不可謬(ふかびゅう)性を, 第2回(1962-65)は教会の現代化を討議した》

Vàtican Cíty 名 バチカン市国《ローマ教皇の主権下にあるローマ市内の世界最小の独立国家. 公式名 the State of the City of Vatican》

vau·de·ville /vɔ́ːdəvɪl/ 名 ❶ Ⓤ《主に米》ボードビル; 寄席演芸 ❷ Ⓒ (歌と踊りが入った) 軽喜歌劇 ❸ Ⓒ 風刺的俗謡 ▸▸ **～ thèater** 名 Ⓒ《米》(19世紀末から20世紀初めの)演劇場, 寄席

vau·de·vil·lian /vɔ̀ːdəvíliən/ 名 Ⓒ ボードビリアン, 寄席芸人 —形 ボードビル〔寄席演芸〕の

***vault**[1] /vɔːlt/《発音注意》名 Ⓒ

❶ (地下の)丸天井の部屋〔通路〕; (銀行の)(地下)金庫室; (教会・墓地などの)地下納骨所; (ワインなどの)地下(貯蔵)室 ❷〖建〗かまぼこ型の天井または屋根構造, 穹窿(きゅうりゅう), ボールト ❸《the ～》《文》丸天井のようなもの; 大空 ‖ the ～ of heaven 天空, 空 ❹〖解〗蓋(がい) ‖ the cranial ～ 頭蓋

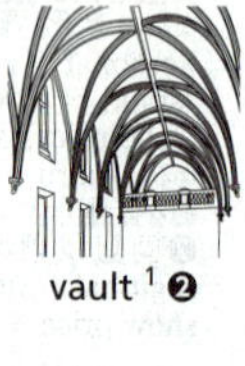

vault[1] ❷

―動 他 …に丸天井をつける ―自 丸天井のように曲がる

vault² /vɔːlt/ 動 自 ❶ (手や棒を支えにして) 跳ぶ, 跳び越える (⇨ JUMP 類語) ‖ ～ over a fence 塀を跳び越える ❷ 一気に成し遂げる[上り詰める] ―他 …を跳び越える
―名 C 跳ぶこと, 跳躍 **～·er** 名

váult·ed /-ɪd/ 形 [建] アーチ型の, 丸天井の; アーチ造りの

váult·ing¹ /-ɪŋ/ 名 U アーチ型丸天井の工事

váult·ing² /-ɪŋ/ 形 《限定》 ❶ 跳躍する, 跳び越える ❷ 《文》 思い上がった, うぬぼれた ―名 U 棒高跳び (pole vault(ing)) ▸▸ **～ hòrse** 名 C (体操用の)跳馬

vaunt /vɔːnt/ 動 他 《通例 ～ed で形容詞として》…を自慢する, 誇る ―自 《文》自慢する, 誇る

va·va·voom /vævəvúːm, vɑ̀ːvɑː-/ 名 U 《口》 刺激的でわくわくすること; 性的魅力があること ―形 性的魅力のある ―間 ぶぉーん 《車のエンジンの擬音語》; うぉーっ 《興奮したときのうなり声》

VB 略 💻 *V*isual *B*asic 《グラフィカルインターフェースを備えた Windows 用プログラム言語》

vb. 略 verb, verbal

VC 略 *V*ice-*C*hairman; *V*ice-*C*hancellor; *V*ice-*C*onsul; *V*ictoria *C*ross; Vietcong; *v*enture *c*apital

V-chìp 名 C 💻 Vチップ 《テレビに組み込んで, 暴力・性描写などを含んだ番組の受信を規制する装置》

vCJD 略 *v*ariant *C*reutzfeldt-*J*akob *d*isease (変異型クロイツフェルト=ヤコブ病)

VCR /vìː siː ɑ́ːr/ 名 C ビデオカセットレコーダー, ビデオデッキ (♦ *v*ideo*c*assette *r*ecorder の略)

VD 略 *v*enereal *d*isease

V-Dày 名 C 勝利[戦勝]の日 (♦ *V*ictory *Day* の略)

VDT 略 💻 *v*ideo *d*isplay *t*erminal 画像[ビデオ, 視覚]表示端末 《CRTなどの表示用モニターを指す》

VDU 略 💻 *v*isual *d*isplay *u*nit

-'ve /v/ 《口》 have の短縮形 ‖ I'*ve*, you should'*ve*

veal /viːl/ 名 U 子牛の肉 《食用》 (⇨ MEAT 類語P)

***vec·tor** /véktər/ 名 C ❶ [数] ベクトル, 方向量 (→ scalar) ❷ [生] 病原菌媒介生物 《蚊・ダニなど》 ❸ [空] (航空機の)進路 ❹ [遺伝] ベクター, 担体 《目的の遺伝子を宿主細胞に運び込む》
―動 他 《通例受身形で》 (航空機などが)電波誘導される

Ve·da /véɪdə/ 名 C 《単数・複数扱い》 ベーダ 《ヒンドゥー教最古の聖典》

V-E Dày 名 (第2次世界大戦の) 欧州戦勝記念日 《1945年5月8日》 (♦ *V*ictory in *E*urope *Day* の略)

Ve·dic /véɪdɪk, víː-/ 形 ベーダ(Veda)の; ベーダ語の; (ベーダの時代の)ヒンドゥー文化の ―名 U ベーダ語

vee /viː/ 名 C V字(形のもの)

vee-jay, vee·jay /vìːdʒéɪ/ 名 C 《口》 ビデオジョッキー (♦ VJ ともつづる)

veep /viːp/ 名 《米口》 =vice-president; 《V-》 米国副大統領 (♦ vice-president の短縮形)

***veer** /vɪər/ 動 自 ❶ (人・道路・乗り物などが)(ある方向へ)(急に)向きを変える, それる (♦ 通例方向を表す 副句 を伴う) ‖ His car ～*ed* onto the sidewalk. 彼の車は歩道に乗り上げた / ～ sharply to the right 急角度に右へ向きを変える / ～ off course 進路を外れる
❷ (話題・意見・方針などが)(急に)変わる, 移る, それる 《*around, away, off*》 〈to, toward …に; from, off …から〉 ‖ The conversation ～*ed from* politics and *around to* the movies. 話は政治問題から一転して映画の話になった / Her scrutiny ～*ed to* the girl. 彼女の詮索(せんさく)するような目はその少女へ移った ❸ (風が) 右回り [時計回り] に向きを変える, 順転する (↔ back) ❹ [海] (船が)針路を(風下などに)変える, 変針する ―他 ❶ 〔乗り物など〕の向きを変える ‖ ～ a car to the right 車を右に向かわせる ❷ [海] 〔船〕の針路を(風下などに)変える
―名 C ❶ 方向転換, 転向 ‖ The car made a sudden ～ to the right. 車は急に右に向きを変えた ❷ [アメフト] ビア 《Tフォーメーションからの攻撃システムの一種》

veer·y /víəri/ 名 (複 **veer·ies** /-z/) C [鳥] ビリーチャツグミ 《米国東部産. 変わった鳴き声で有名》

veg¹ /vedʒ/ 名 (複 **～**) C U 《英口》 野菜(vegetable)

veg² /vedʒ/ (**vegged** /-d/; **veg·ging**) 動 自 《口》 (テレビを見ながら)無為に過ごす, のんびり暮らす(vegetate) 《*out*》

Ve·ga /víːgə/ 名 [天] ベガ, 織女星 《琴座(Lyra)の1等星》

ve·gan /víːgən/ 形 名 C 完全菜食主義者(の)

Veg·e·bur·ger /védʒibə̀ːrgər/ 名 C 《英》 《商標》 野菜バーガー(veggie burger)

Veg·e·mite /védʒəmàɪt/ 名 U 《豪・ニュージ》 《商標》 ベジマイト 《イースト菌から作るペースト. パンなどに塗る》

‡veg·e·ta·ble /védʒtəbl/
―名 (複 **～s** /-z/) ❶ U/C 《通例 ～s》 (食用) **野菜** (《口》 veggie, vegie) ‖ a salad of **fresh** [OR raw] ～*s* 生野菜サラダ / root ～*s* 根菜 《ニンジン・ダイコンなど》 / green ～*s* (根菜に対して) 葉菜, 青物 / forced ～*s* 促成野菜 / **grow** [OR raise] ～*s* 野菜を栽培する / live on ～*s* 菜食する
❷ C ⊗《俗》《蔑》 (脳の損傷などによる) 植物状態の患者 (♦ 《英》では cabbage ともいう) ‖ become a (mere) ～ 植物状態になる ❸ C ⊗《俗》《蔑》 無気力な人, 無為の人 ❹ C (animal, mineral に対し) 植物, 草木
―形 《限定》《比較なし》 ❶ 野菜の, 野菜から作った ‖ a ～ garden 菜園 / a ～ diet (野)菜食 / ～ soup 野菜スープ ❷ (広く) 植物(性)の ‖ the ～ kingdom 植物界 / ～ oil 植物油 / ～ fibers 植物 (性) 繊維 ❸ (生活などが) 無為の, 単調な ‖ lead a ～ life 無為の生活を送る
▸▸ **～ ìvory** 名 U 植物象牙(ぞうげ) 《南米産のゾウゲヤシの胚乳(はいにゅう). 象牙の代用》 **～ márrow** 名 U C 《英》 ナタウリ, 夏カボチャ **～ òyster** 名 U [植] バラモンジン, セイヨウゴボウ 《キク科の宿根草. 根は食用》

veg·e·tal /védʒətəl | védʒɪ-/ 形 ❶ 《堅》 植物 (性) の ❷ 生育上の, 生物作用の

***veg·e·tar·i·an** /vèdʒətéəriən/ 〈シ〉 名 C 菜食 (主義) 者 (《主に英口》 veggie) (→ vegan, pescatarian) ‖ a pesco-*vegetarian* 魚も食べる菜食主義者
―形 (♦「野菜中心の, 菜食者が多い」という意味では比較級 (more vegetarian) を使うことがある) ❶ 菜食主義 (者) の, 菜食者 (用) の ‖ Are you ～? 菜食主義者ですか / a ～ restaurant 野菜料理専門のレストラン ❷ 野菜だけを用いた ‖ a ～ diet 菜食 **～·ìsm** 名

veg·e·tate /védʒətèɪt/ 動 自 ❶ 無為 [無気力] に暮らす ❷ 《旧》 (植物・種などが) 生育する; 発芽する

***veg·e·ta·tion** /vèdʒətéɪʃən/ 名 U ❶ 《集合的に》 (ある地域のすべての) 植物 (plants), 草木; (一地域の) 植生 ‖ There is little ～ in deserts. 砂漠には植物が少ない / a mountaintop bare of ～ 草木一本生えていない (裸の) 山頂 / tropical ～ 熱帯植物 ❷ 植物の生育 ❸ [医] 病的増殖; C 病的な増殖物 《こぶ・いぼなど》

veg·e·ta·tive /védʒətèɪtɪv | -tə-/ 形 ❶ 植物の; 植物の生育 [機能] に関する ❷ (植物が) 生長する, 生長力のある ❸ (繁殖が) 無性の ❹ 無気力な, 無為の ❺ ⊗《蔑》 植物状態の ‖ in a ～ state 植物状態になって[た]

veg·gie, veg·ie /védʒi/ 名 《口》 ❶ =vegetarian ❷ =vegetable ❶
―形 菜食主義の ‖ go ～ 菜食を始める

véggie bùrger 名 C 野菜バーガー

ve·he·mence /víːəməns/ 《発音注意》 名 U ❶ 激しさ, 猛烈 ❷ 熱情, 激情

***ve·he·ment** /víːəmənt/ 《発音注意》 形 (感情・意見・反対などが) 激しい, 熱烈な; (動作・声などが) 力のこもった, 猛烈な ‖ They have been ～ in their opposition to the construction of the dam. 彼らはダム建設に猛反対してきた / ～ patriotism 熱烈な愛国心 / make a ～ protest 激しく抗議する **～·ly** 副 猛烈に

‡ve·hi·cle /víːəkl, -hɪ-, viːhí- | víːɪkl/ 《発音注意》
―名 (複 **～s** /-z/) C ❶ (特に陸上の) **乗り物**, **車**; (車両・船舶・航空機・宇宙船などの) 輸送機関[手段] (⇨ CAR 類語P)

‖ **motor** ～*s* 自動車 / a space [lunar roving] ～ 宇宙船[月面移動車] / a recreational [off-the-road] ～ RV車[オフロード車] / armored ～*s* 装甲車
❷〈思想などの〉伝達手段, 表現手段, 媒体〈**for**〉‖ use the Internet as a ～ of propaganda インターネットを宣伝手段として使う / an effective ～ *for* information 有効な情報伝達手段
❸(特定の役者などの) 持ち味を生かすために作られる映画[ショー]
❹(絵具などの)展色剤, 溶剤《油・水など》
❺(薬を飲みやすくする)賦形(ふけい)剤《乳糖など》

ve·hic·u·lar /viːhíkjulər | vɪ-/ 形 乗り物の, 車(用)の ‖ ～ traffic 車の通行

V-8 /vìːéɪt/ 名 C V型8気筒エンジン

***veil** /veɪl/ (♦ 同音語 vale) 名 C ❶(女性の) ベール ‖ a bridal [OR bride's] ～ 花嫁のベール / wear [OR be in] a ～ ベールをかけている / raise [lower] one's ～ ベールを上げる[下げる] ❷〖宗〗(修道女の)ベール ;《the ～》修道女の誓約 ; 修道生活 ;《the ～》(イスラム教国で) 女性が公の場で顔を隠す慣習 ❸《単数形で》覆い隠すもの, ベール ; 見せかけ, 口実 ‖ The building disappeared behind a ～ of smoke. その建物は煙に隠れて見えなくなった / a ～ of secrecy 秘密のベール / The castle was hidden behind a ～ of mist. 城は霧のベールに覆い隠されていた ❹〖植〗(キノコ類の) 菌膜 ;〖動〗(クラゲの) 縁膜 ;〖解〗大網膜
beyond the véil あの世に, 死後の未知の世界に
dràw a véil over ... 〔不快なこと・都合の悪いこと〕を隠す, …への言及を避ける
tàke the véil 修道女[尼僧]になる
── 動 他 ❶ …をベールで覆う, …にベールをかける ‖ a woman ～*ed* from head to foot 全身をベールで覆った女性 ❷ …を〈…で〉覆い隠す, 包み隠す〈**with, in**〉‖ The top of Mt. Fuji was ～*ed* from view *with* a cap of clouds. 富士山の頂上は笠雲に覆われて見えなかった / The case has been ～*ed in* mystery. その事件はなぞに包まれている ── 自 ベールをまとう

veiled /veɪld/ 形 ❶ ベールをかけた ❷ 隠された, 装った ‖ a thinly ～ threat かなりあからさまな脅迫

veil·ing /véɪlɪŋ/ 名 U ベール(用の薄い生地)

***vein** /veɪn/ (♦ 同音語 vane, vain) 名 〔▶ venous 形〕C ❶ 静脈(↔ artery) ;《口》血管 ‖ the main ～ 大静脈 / have royal blood in one's ～*s* 体に王族の血が流れている ❷ 静脈のような筋, しま模様 ;〖植〗葉脈 ;〖虫〗翅脈(しみゃく) ;〖鉱〗鉱脈, 岩脈(lode) ; 木目 ; (大理石の)石目 ❸《単数形で》〈性格・行為・文章などの〉(やや目立つ)傾向, 特徴〈**of**〉‖ She has a ～ *of* stubbornness. 彼女には頑固なところがある ❹ U/C《単数形で》(一時的な)気分, 気持ち ; 調子 ; 手法, 方法, やり方 ‖ He tells us jokes when he is in the (right) ～. 彼は気が向けば私たちに冗談を言う / speak in (a) humorous [serious] ～ ユーモラス[厳粛]な調子で話す
── 動 他 ❶ …にしま模様をつける ❷ …を脈状に走る

veined /veɪnd/ 形 静脈(状の筋)のある ; 葉脈のある ; 石目[木目]のある

vein·ing /véɪnɪŋ/ 名 U 脈[しま]模様, 筋

vein·ous /véɪnəs/ 形 =veiny

vein·y /véɪni/ 形 静脈[葉脈, 石目]の多い[ある]

ve·lar /víːlər/ 〖音声〗形 軟口蓋(なんこうがい)(音)の
── 名 C 軟口蓋(子)音 (/k/, /g/, /ŋ/ など)

Vel·cro /vélkrou/ 名《ときに v-》U C《商標》ベルクロ《表面に細かい突起があるナイロン製生地. マジックテープなどに用いる》 ── 動 他 …をベルクロで取りつける

veld, veldt /velt/ 名 U C (南アフリカの)草原

vel·le·i·ty /velíːəṭi/ 名 (複 **-ties** /-z/) C《堅》弱い願望

vel·lum /véləm/ 名 ❶ U C ベラム革《子牛[羊]の皮から作り, 本の表紙などに使用》; ベラム革に書かれた文書 ❷ U ベラム紙《透写・手紙用の薄い紙》, 模造皮紙

ve·loc·i·pede /vəlɑ́(ː)səpìːd | -lɔ́s-/ 名 C ❶(両足で地面をけって進む)足けり自転車《自転車の前身》; 前輪ペダルの自転車《初期の自転車》 ❷《米》(子供用)三輪車

ve·loc·i·rap·tor /vəlɑ̀(ː)səræ̀ptər | -lɔ̀sɪ-/ 名 C〖古生〗ベロキラプトル《白亜紀後期の小型肉食恐竜》

***ve·loc·i·ty** /vəlɑ́(ː)səṭi | -lɔ́s-/ (アクセント注意) 名 U C ❶〖理〗(方向性を持つ) 速度 ‖ the ～ of light [sound] 光速[音速] ❷ 速さ, 速力 ; 高速(⇨ SPEED 類語) ‖ approach with an astonishing ～ ものすごい速さで接近する / gain [lose] ～ 速度を増す[落とす] / This CD has a high sales ～. このCDは売れ足が速い ❸〖経済〗(貨幣の)流通速度

ve·lo·drome /véləd̀roum/ 名 C 自転車競走場

ve·lour(s) /vəlúər/ 名 U ベロア《起毛したビロード状の織物》‖ ～ cushions ベロア織りのクッション

ve·lum /víːləm/ 名 (複 **-la** /-lə/) C ❶〖解〗帆, 膜 ; 軟口蓋(なんこうがい) ❷〖動〗(軟体動物の)面盤

***vel·vet** /vélvɪt/ 名 ❶ U ベルベット, ビロード ; C ビロード状のもの ‖ a suit of black ～ 黒のベルベットのスーツ / (as) smooth as ～ 非常に滑らかな / The lawn looked like green ～. 芝は緑のビロードのようだった ❷ C〖動〗(シカの)袋角(ふくろづの)《生えてくる角を覆う柔らかい毛皮》 ❸ U《俗》ばくちで得た金 ; 大もうけ
on vélvet 《旧》《口》有利な[楽な]立場で
── 形《限定》❶ ビロード製の, ベルベットの ‖ a ～ curtain ビロードのカーテン ❷ 滑らかで柔らかい ‖ a ～ voice 滑らかで深みのある声 / a ～ touch 滑らかな手触り
an iron fist in a velvet glove ⇨ FIST(成句)
▶▶ ～ **ànt** 名 C〖虫〗アリバチ《ビロード状の毛で覆われている》

vel·vet·een /vèlvətíːn/ 名 ❶ U 別珍(べっちん), 綿ビロード ❷ C《～s》《旧》別珍製ズボン

vel·vet·y /vélvəṭi/ 形 ❶ ビロードのような ; 滑らかで柔らかい ❷(酒などが)舌触りの柔らかな ; 芳醇(ほうじゅん)な ‖ ～ wine 口当たりのよいワイン

Ven. 略 Venerable ; Venezuela

ve·na ca·va /vìːnə kéɪvə/ 名 (複 **ve·nae ca·vae** /vìːniː kéɪviː/) C〖解〗大静脈(♦ ラテン語より)

ve·nal /víːnəl/ 形 ❶(人が)買収されやすい, 賄賂(わいろ)で動く ‖ a ～ politician 金で動く政治家 ❷(行為などが) 賄賂の絡んだ **～·ly** 副 **ve·nál·i·ty** 名

vend /vend/ 動 他 …を売る ; …を売り歩く ── 自 売る, 行商する ▶▶ **～ing machìne** 名 C 自動販売機

vend·ee /vèndíː/ 名 C 買い手, 買い主(buyer)

vend·er /véndər/ 名《米》=vendor

ven·det·ta /vendéṭə/ 名 C ❶(家同士の代々にわたる)あだ討ち, 血の復讐(ふくしゅう) ❷ 反目, 怨恨(えんこん) ; 報復

***ven·dor** /véndər/ 名 C ❶《通例複合語で》物売り, 行商人 ‖ a news ～ 新聞売り / a popsicle ～ アイスキャンディー売り ❷〖法〗(家・土地などの)売り手, 売り主(↔ vendee) ❸ 自動販売機 (vending machine) ❹ 💻 (特に自社ブランド製品を持つ)製造販売会社

ve·neer /vənɪ́ər/ 名 ❶ C U (木材・家具などに張る) 化粧板 ❷ C (ベニヤ板などの合板の各層を構成する) 薄板, 単板(→ plywood)(❗日本語の「ベニヤ(板)」は合板(plywood) のこと) ❸ C《単数形で》見せかけ, うわべ ‖ a ～ of friendliness うわべだけの友情 ── 動 他 ❶《通例 ～ed で形容詞として》…に化粧板を張る ❷〔薄板〕を張り合わせて合板を作る ❸(うわべを飾って)…を隠す

***ven·er·a·ble** /vénərəbl/ 形 ❶《通例限定》(高齢・地位・威厳などから) 尊敬に値する, 敬うべき, 立派な ‖ a ～ priest 高僧 ❷(建物・樹木など)荘厳な, 神々しい, 由緒ある, 非常に古い ‖ a ～ shrine 荘厳な神社 ❸《the V-》《限定》〖英国国教会〗…師《大執事 (archdeacon) の敬称. 略 Ven.》;〖カト〗尊者…《聖人・福者に次ぐ敬称》

ven·er·ate /vénərèɪt/ 動 他 …を深く尊敬する, 敬う, あがめる(♦ しばしば受身形で用いる)

ven·er·a·tion /vènəréɪʃən/ 名 U 尊敬すること ; 尊敬[崇拝]の念

ve·ne·re·al /vənɪ́əriəl/ 形《限定》❶ 性交によって感染する；性病の[に関する] ❷ 生殖器の[に関する] ▸▸ ～ **di·séase** /, ―́―――――/ 名 C U《旧》性病《略 VD》

ve·ne·re·ol·o·gy /vənɪ̀əriɑ́(ː)lədʒi | -ɔ́l-/ 名 U 性病学 **-o·lóg·i·cal** 形 **-gist** 名 C 性病学者

Ve·ne·tian /vəníːʃən/ 形 ベニス(Venice)の；ベニス人の ―名 C ベニス人

▸▸ ～ **blínd** 名《しばしば v-》C (窓の) ベネチアンブラインド《ひもで板を操作し採光の調整をする》 ～ **gláss** 名 C ベネチアングラス《ベニス産の色模様の装飾ガラス器》

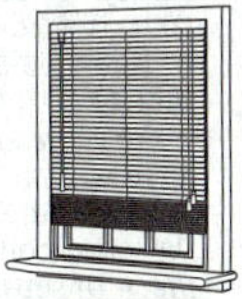
Venetian blind

*__Ven·e·zue·la__ /vènəzwéɪlə/ 名 ベネズエラ《南米北部の共和国. 公式名 the Bolivarian Republic of Venezuela. 首都 Caracas》 **-lan** 形 名 C ベネズエラの(人)

*__venge·ance__ /véndʒəns/《発音注意》名 U C 復讐(ふくしゅう), あだ討ち, 仕返し；《a ～》復讐行為〈**on, upon** 人に対する；**for** 事に対する〉(⇨ REVENGE 類語) ‖ Hamlet sought ～ *for* the murder of his father. ハムレットは父親を殺されたことへの復讐の機会をうかがった / take [OR inflict] ～ *on* him 彼に復讐を果たす / swear ～ against a killer 殺人者に対する復讐を誓う

*__*with a véngeance*__ ① 非常な勢いで, 猛烈に, 激しく ‖ It was snowing *with a* ～ last night. 昨夜は雪が激しく降っていた ② まさに, 文字どおり ‖ He's a coward *with a* ～. やつのおく病なことったらないよ

venge·ful /véndʒfəl/ 形 復讐心に燃えた；報復的な；執念深い **～·ly** 副 **～·ness** 名

ve·ni·al /víːniəl/ 形《通例限定》(過失・罪などが) 軽微な **～·ly** 副 ▸▸ ～ **sín** 名 C【カト】小罪(↔ mortal sin)

Ven·ice /vénɪs/ 名 ベニス, ベネチア《イタリア北東部の港湾都市》

ven·i·son /vénɪsən/ 名 U (食用の) シカ肉 (⇨ MEAT 類語P)

Vénn dìagram /vén-, ―́――――/ 名 C【数・論】ベン図《イギリスの論理学者 John Venn (1834–1923) の考案した集合の相互関係を示す複数の円からなる図形》

ven·om /vénəm/ 名 U ❶ (蛇などの) 毒 ❷ 悪意, 恨み

ven·om·ous /vénəməs/ 形 ❶ (動物が) 毒液を分泌する, 毒のある ‖ a ～ snake 毒蛇 ❷ 悪意に満ちた, 恨みのこもった **～·ly** 副 **～·ness** 名

ve·nous /víːnəs/ 形〔◁ vein 名〕❶【解】静脈の；静脈血の(↔ arterial) ❷【生】葉脈[翅脈(しみゃく)]の(多い)

*__vent__[1] /vent/ 名 ❶ C (空気・液体などを通す) 穴, 口, 排出[取り入れ]口；通気[排気, 換気]孔；(たるの) 空気穴；(火山の) 噴気口；(旧式鉄砲の) 火門 ‖ an air ～ 通気孔；エアコンの吹き出し口 / a steam ～ (アイロンの底板の) 蒸気噴出穴 ❷ C【動】(鳥・魚・昆虫などの) 肛門(こうもん) ❸ U/C《a ～》(感情などの) はけ口 ‖ Children need a ～ for all their energy. 子供たちには活力のはけ口が必要だ

give vént to ... 〔感情など〕にはけ口を与える, …を表に出す, ぶちまける ‖ She *gave* ～ *to* her grief with tears. 彼女は涙を流すことで悲しみを吐き出した

―動 他 ❶〔感情など〕を〈…に向かって〉爆発させる, 発散する, …のはけ口を〈…に〉求める〈**on**〉‖ He ～*ed* his anger *on* the dog. 彼は腹立ち紛れにその犬に八つ当たりした ❷ …に通風孔[空気穴]をあける；〔ビアだるなど〕に通気孔をつける ❸〔ガス・煙・液体など〕を抜く, 排出する

vent[2] /vent/ 名 C ベント《上着などの背・両わきのすその切れ込み》

*__ven·ti·late__ /vénṭəlèɪt | -tɪ-/ 動 他 ❶〔部屋・坑道など〕を換気する, …に換気設備をつける；(空気などが)〔部屋など〕を流れる；…を空気[風]に当てる ‖ This room is well [badly] ～*d*. この部屋は換気がよい[悪い] / a poorly-～*d* room 換気の悪い部屋 ❷〔問題など〕を公の場で議論する；〔意見など〕を表明する ❸【医】…に人工呼吸を施す；《古》〔血液〕に酸素を送る ❹《俗》…を撃ち殺す

ven·ti·la·tion /vènṭəléɪʃən | -tɪ-/ 名 U ❶ 換気, 通風；換気[通風]装置；【医】(補助的手段を用いての) 肺への気体の吸入と呼出 ❷ (意見・感情の) 表出, 公表 ❸ (問題などの) 公開論議

ven·ti·la·tor /vénṭəlèɪṭər | -tɪlèɪ-/ 名 C ❶ 換気[通風]装置 ❷ 人工呼吸器(respirator)

vènti-síze(d) 形 (液体が20オンス入りの) 超大型の (♦「20」を表すイタリア語 venti より)

ven·tral /véntrəl/ 形 ❶【動】腹(部)の；腹側の ❷【植】(花弁の) 内面の, (葉の) 下面の

▸▸ ～ **fín** 名 C (魚の) 腹びれ

ven·tri·cle /véntrɪkl/ 名 C【解】(器官の) 空洞, 小室；(心臓の) 心室；脳室

ven·tril·o·quism /ventrɪ́ləkwìzm/, **-quy** /-kwi/ 名 U 腹話術

ven·tril·o·quist /ventrɪ́ləkwɪst/ 名 C 腹話術師

*__ven·ture__ /véntʃər/ 名〔▶ venturesome 形〕C ❶ (危険の大きい) 冒険的事業, ベンチャー事業, 投機 (⇨ 類語) ‖ A lucky ～ in high-tech stock made his fortune. 運よくハイテク株で一山当てて彼は一財産を作った / a business ～ 冒険的事業 / a joint ～【商】合弁事業, ジョイントベンチャー / invest $200 million in information ～*s* 情報関連ベンチャー事業に2億ドルをつぎ込む ❷ 冒険(的な企て) ‖ a scientific ～ 科学上の冒険

―動 自 ❶《＋副句》危険を冒して(ある方向に)行く[進む] ‖ Don't ～ out after dark. 暗くなってから外へ出るな / ～ into a jungle 危険を冒してジャングルへ行く ❷ 思いきって〈…に〉着手する〈**on, upon, into**〉‖ The upstart company ～*d into* movie production. その新興会社は映画製作に乗り出した / ～ *on* a second voyage 2度目の航海を敢行する

―他 ❶ 思いきってする **a** 《＋目》〔意見など〕を思いきって言う ‖ He ～*d* no objection. 彼はあえて異を唱えなかった **b** 《＋**to** *do*》思いきって…する ‖ No one ～*d to* interrupt the speaker. だれもあえて話し手を遮らなかった / I ～*d to* suggest that we defer the project. 私は思いきってその計画を延期してはどうかと提案した **c** 《＋(**that**) 節》思いきって…だと言う ‖ "But that kind of thing might happen again," Mrs. Johnson ～*d*. 「でもそういうことはまた起こるかもしれません」とジョンソン夫人は切り出した

❷〔財産など〕を危険にさらす, 〈…に〉賭(か)ける〈**on**〉‖ He ～*d* all his capital *on* the new project. 彼は全資産を新事業に投じた ❸ 危険を冒して…を行う, …に敢然と立ち向かう ‖ ～ the stormy sea 荒れ狂う海にあえて乗り出す

類語 《名 ❶》 **venture** (生命や金銭の) 損失の危険を冒して行う (主に商売上の) 企て.
adventure より一般的な語で, ときに危険を伴う, わくわくさせるような, またはスリルに満ちた経験.

▸▸ ～ **càpital** (↓) **Vénture Scòut** 名 C ベンチャースカウト《16–20歳のボーイスカウト》

vénture càpital 名 U【経】投機資本(risk capital)
vénture càpitalist 名 C 投機資本家

ven·ture·some /véntʃərsəm/ 形〔◁ venture 名〕《堅》❶ 冒険好きな, 大胆な ❷ 危険な, 危険を伴う

ven·tur·ous /véntʃərəs/ 形 ＝venturesome

*__ven·ue__ /vénjuː/ 名 C ❶〈会合・試合・コンサートなどの〉開催地, 会場〈**for**〉❷【法】行為地《犯罪・訴因の発生地》❸【法】裁判地《裁判が行われる土地》‖ change the ～ 裁判地を変更する《騒動や陪審員の偏見を避けるため》

Ve·nus /víːnəs/ 名 ❶【ロ神】ビーナス《愛と美の女神. 【ギ神】の Aphrodite に相当》‖ ～ of Milo ミロのビーナス ❷ C《主に文》絶世の美女 ❸【天】金星

Ve·nu·sian /vənjúːʒən, -ʃən | -ziən, -siən/ 形 金星の ―名 C (空想上の) 金星人

Vènus('s)-flýtràp, Vènus flýtrap 名 C【植】ハエジゴク《米国南北カロライナ州原産の食虫植物》

ve·ra·cious /vəréɪʃəs/ 形《堅》❶(人が)正直な(honest) ❷(陳述などが)真実の, 正確な **~·ly** 副

ve·rac·i·ty /vərǽsəṭi/ 名(複 **-ties** /-z/) U C 真実性, 正確さ;正直(honesty)

ve·ran·da, -dah /vərǽndə/ 名 C (屋根付きの)ベランダ, ポーチ

類語 **veranda** 1階部分の側面に張り出した, ふつう屋根や支柱のある場所.
porch 玄関の前の, 屋根のある張り出し;米国ではverandaにもこの語を使う.
balcony 階上の窓・ドアから外に張り出した縁. 屋根や支柱がなく手すりで囲まれている.

‡verb /vəːrb/
—名(複 **~s** /-z/) C《文法》**動詞**《略 v., vb》‖「a transitive [an intransitive] ~ 他[自]動詞 / 「a regular [an irregular] ~ 規則[不規則]動詞 / an auxiliary ~ 助動詞 / a phrasal ~ 句動詞 / conjugate a ~ 動詞を活用させる / a ~ phrase 動詞句
語源 ラテン語 *verbum*(言葉)から. 言葉の中で最も重要なのは「動詞」と考えられていたため. word と同語源.

***ver·bal** /vɔ́ːrbəl/ 形 ❶ 言葉の[に関する, による] ‖ acquire ~ abilities 言語能力を習得する / ~ abuse 言葉の暴力(↔ physical abuse) / ~ communication 言語による意思疎通
❷(書面ではなく)口頭での, 口で言った ‖ make a ~ promise 口約束する / a ~ explanation [message] 口頭説明[伝言] ❸(事実・概念などと区別して)言葉(だけ)の ‖ a ~ difference 言葉の上だけの相違 ❹ 言葉数の多い, 多弁な ❺ 文字どおりの, 逐語的な ‖ a ~ translation 逐語訳 ❻《文法》動詞の, 動詞的な, 動詞から派生した
—名 C ❶《文法》準動詞《動名詞・不定詞・分詞の総称》❷《英口》侮辱(的言動) ❸ =verbiage ❶ ❹《口》(流行歌・ミュージカルの)歌詞;(映画の)対話部分 ❺《通例 ~s》《英口》(警察での)自白, 供述
▸▸ **~ nóun** 名 C《文法》動詞的名詞《動詞から派生した, または動詞的な働きを持つ名詞;動名詞または不定詞》

ver·bal·ism /vɔ́ːrbəlɪzm/ 名 U ❶ 言葉による表現;語句 ❷ 空疎な[形式的な]表現 ❸ 語句拘泥(こうでい)

ver·bal·ize /vɔ́ːrbəlàɪz/ 動 他 ❶〔考え・感情など〕を言葉で表現する ❷《文法》〔名詞など〕を動詞化する
—自 ❶ 言葉を多用する, 冗長である ❷ 言葉で表現する
vèr·bal·i·zá·tion 名

ver·bal·ly /vɔ́ːrbəli/ 副 ❶ 言葉で;口頭で;言葉の上で(は) ❷ 逐語的に ❸《文法》動詞として

ver·ba·tim /vəːrbéɪṭəm | -tɪm/ 副 逐語的に, 一語一語
—形 逐語的な, 言葉どおりの

ver·be·na /vəːrbíːnə/ 名 C《植》バーベナ

ver·bi·age /vɔ́ːrbiɪdʒ/ 名 U ❶ 多言, 饒舌(じょうぜつ), 冗長 ❷ 言葉遣い, 言い回し

ver·bose /vəːrbóus/ 形 言葉数が多い, 回りくどい, 冗長な **~·ly** 副 **~·ness** 名 **ver·bós·i·ty** 名

ver·bo·ten /fərbóutən, vər-/ 形(特に法律・当局により)禁止された(forbidden)(♦ドイツ語より)

ver·dant /vɔ́ːrdənt/ 形 ❶(野原などが)緑に覆われた, 青々とした;緑色の ❷《文》未経験の, 未熟な
-dan·cy 名 **~·ly** 副

Ver·di /véərdi/ 名 **Giuseppe ~** ベルディ(1813-1901)《イタリアの作曲家》

***ver·dict** /vɔ́ːrdɪkt/ 名 C ❶《法》(陪審団による)評決 ‖ The jury returned [OR brought in] a ~ of guilty [not guilty]. 陪審は有[無]罪の評決を答申した / deliver a ~ for the plaintiff 原告勝訴の評決を下す / reach a ~ 評決に至る ❷〈…に対する〉判定, 評価〈**on**〉‖ The general ~ was that the film was a disaster. その映画は大失敗作だというのが大方の意見だった / What is your ~ *on* this wine? このワインはどうですか / give a ~ of accidental death 事故死と認定する
語源 *ver-* true + *-dict* said:真実と言われた(こと)

ver·di·gris /vɔ́ːrdəgrɪs | -dɪgriː/ 名 U 緑青(ろくしょう)

ver·dure /vɔ́ːrdʒər/ 名 U ❶(草木の)緑, 新緑;緑の草木 ❷《文》みずみずしさ **-dur·ous** 形 新緑の, 緑滴る

***verge¹** /vəːrdʒ/ 名 C ❶ 端, 縁, へり;境界(線), 境 ‖ the ~ of the forest 森の外れ ❷《the ~》間際, 瀬戸際, 寸前 ‖ The firm was driven to the ~ of bankruptcy. その会社は倒産の寸前まで追い込まれた ❸《英》(花壇・道路などの)草の生えたへり, 草べり ❹《建》けらば, へり《屋根の切妻部分の端》 ❺(官職を象徴する)権杖(けんじょう), 権標 ❻(時計の)平衡輪の心棒, 軸
* ***on the vérge of ...*** …の間際で, 寸前で, 今にも…しそうで ‖ He was *on the ~ of* tears [laughter]. 彼は今にも泣き[笑い]出さんばかりだった / The government is *on the ~ of* collapse. 政府は崩壊寸前だ / We are *on the ~ of* setting up a new company. 私たちはもうすぐ新会社を立ち上げる
—動 自《+**on** [**upon**] 名》❶ …の状態に近づく, …同然である ‖ His speech ~*d on* the ridiculous. 彼の話はまるでたわごとだった ❷ …の端[縁]にある, …に接する

verge² /vəːrdʒ/ 動 自 ❶〈ある状態・方向に〉向かう, 傾く〈**to, toward**(**s**)〉❷〈…へ〉徐々に変容する〈**into**〉‖ dawn *verging into* daylight 白み行く夜明け

verg·er /vɔ́ːrdʒər/ 名 C《英》❶ 会堂番, 堂守(どうもり)《教会の雑用係》❷(司教・大学総長などの)権標捧持(ほうじ)者

ver·i·fi·a·ble /vérɪfàɪəbl/ 形 証明できる;確認できる

ver·i·fi·ca·tion /vèrɪfɪkéɪʃən/ 名 ❶ U 立証, 証明;確認 ❷ C《法》宣誓供述書

***ver·i·fy** /vérɪfàɪ/ 動 他 ❶ 確認する **a**(+目)…の正しさを(検討・比較・照合などによって)確認する ‖ ~「the figures [his identity] 数字[彼の身元]を確かめる **b**(+**that** 節)…ということを確かめる ‖ The police *verified that* the fingerprints left on the door matched his. 警察はドアに残された指紋が彼の指紋と一致することを確認した **c**(+**wh** 節)…かを確かめる ‖ You should ~ *whether* his story is true. 彼の話が真実かどうか確認すべきだ ❷(証言者・調査などが)…の正しさを証明する, 実証する(confirm) ‖ The driver's report of the accident was *verified* by three witnesses. 事故に関する運転手の報告は3名の証人によって立証された / Later experiments *verified* his theory. 後の実験で彼の理論の正しさが裏づけられた ❸《法》〔訴答内容〕が真実であると宣誓供述する ❹ 💻〔データ〕の照合検査を行う

ver·i·ly /vérəli/ 副《古》本当に, 確かに

ver·i·si·mil·i·tude /vèrɪsɪmílɪṭjùːd/ 名《堅》❶ U 本当らしさ, 迫真性 ❷ C もっともらしいもの[話]

ver·i·ta·ble /vérəṭəbl | vérɪ-/ 形《限定》真の, 正真正銘の, 紛れもない **-bly** 副

vé·ri·té /vèrətéɪ/ 名《フランス》U《映》=cinema vérité

ver·i·ty /vérəṭi/ 名(複 **-ties** /-z/)《堅》❶ U 真実性 ❷ C《通例 -ties》真実の陳述[原理, 信仰], 真理

ver·juice /vɔ́ːrdʒùːs/ 名 U (未熟のブドウ・リンゴなどの)酸味果汁《料理用》

Ver·laine /vərléɪn/ 名 **Paul ~** ベルレーヌ(1844-96)《フランス象徴派の詩人》

ver·meil /vɔ́ːrmeɪl/ 名 U ❶ 金めっきした銀[銅, 青銅] ❷《文》=vermilion 名

ver·mi·cel·li /vɔ̀ːrmɪtʃéli/ 名 U ❶ バーミセリ《スパゲッティより細いパスタ》❷《英》刻みチョコレート《ケーキの飾り用》(♦イタリア語より)

ver·mi·cide /vɔ́ːrmɪsàɪd/ 名 C 殺虫剤

ver·mi·form /vɔ́ːrməfɔ̀ːrm | -mɪ-/ 形 蠕虫(ぜんちゅう)状の
▸▸ **~ appéndix** 名 C《解》虫垂, 盲腸 **~ pròcess** 名 C ① =vermiform appendix(↑) ②《解》小脳虫部

ver·mi·fuge /vɔ́ːrmɪfjùːdʒ/ 名 C 駆虫剤, 虫下し

ver·mil·ion /vərmíljən | -iən/ 名 U C ❶ 朱(しゅ), 辰砂(しんしゃ) ❷ 朱色, 鮮紅色 —形 朱色の

ver·min /vɔ́ːrmən | -mɪn/ 名 U《集合的に》《通例複数扱い》❶ 有害小動物, 害獣《ネズミ・イタチなど》;害虫《シラ

V

ミ・ノミなど》 ❷ ⊗《俗》《蔑》社会の害虫, 有害な人

ver·min·ous /və́ːrmənəs | -mɪn-/ 形 ❶ (病気などが)害虫による ❷ 害虫だらけの ❸ ひどく不快な

Ver·mont /vərmɑ́(ː)nt | -mɔ́nt/ 《アクセント注意》 名 バーモント《米国北東部の州. 州都 Montpelier. 略 Vt., 〖郵〗VT》

ver·mouth /vərmúːθ | və́ːməθ/ 名 U ベルモット《香料で味つけしたワイン. しばしばカクテル・食前酒用》

ver·nac·u·lar /vərnǽkjulər/ 《アクセント注意》 名 ❶ 《通例 the ～》自国語, 土地[お国]言葉, 土着語; (ある地域の) 日常語, 口語 ‖ speak in the ～ お国言葉で話す ❷ C 《口》(ある職業・階級に特有の)専門用語 ‖ the legal ～ 法律用語 ❸ C (動植物の)俗名 ❹ U 〖建〗地方[国]特有の建築様式 ―形 ❶ (言葉が)自国の, 地方[国]固有の, 土着の; 日常口語の ❷ (文学作品などが) 自国語[土地言葉]による ‖ a ～ poem 土地言葉の詩 ❸ (建築様式が)地方[国]特有の ❹ (動植物の名が)通俗的な　**～·ly** 副

ver·nal /və́ːrnəl/ 形 《限定》 ❶ 春の, 春に起こる; (天候などが)春らしい, 春めいた ❷ 《文》若々しい, みずみずしい
▶▶ **～ équinox** 名 《the ～》春分(点) (→ autumnal equinox)

ver·nal·ize /və́ːrnəlàɪz/ 動 他 〖農〗〔植物〕を春化処理する《低温に当てて発育を促す》　**vèr·nal·i·zá·tion** 名

ver·ni·er /və́ːrniər/ 名 C バーニア, 副尺(ふくしゃく), 遊尺

Ver·o·nal /vérənəl/ 名 =barbitone

ve·ron·i·ca /vərɑ́(ː)nɪkə | -rɔ́n-/ 名 C ❶ ベロニカ《St. Veronica が刑場に赴くキリストの血と汗をぬぐった布に浮かびあがったキリストの顔の像; キリストの顔を描いた布》 ❷ 〖植〗ベロニカ, ルリトラノオ《クワガタソウ属の植物》

ver·ru·ca /vərúːkə, ve-/ 名 (複 **-cae** /-siː, -kiː, -kaɪ/ OR **～s** /-z/) C 《英》 ❶ 〖病理〗(足の裏にできる伝染性の)いぼ (《米》plantar wart) ❷ 〖生〗(動植物の)いぼ状突起物

Ver·sailles /veərsáɪ/ 名 ベルサイユ《フランスのパリ南西部の町. Louis 14世の宮殿がある》

ver·sant /və́ːrsənt/ 名 C ❶ 山(脈)の斜面 ❷ (一地方全体の)傾斜面; 傾斜

***ver·sa·tile** /və́ːrsəṭəl | -taɪl/ 形 ❶ (人が)多才な, 多芸な; (能力などが)多方面にわたる ‖ a ～ athlete スポーツ万能選手 / a ～ ability 多面的才能 ❷ (道具・食品などが)用途の広い, 多機能の ❸ 〖動〗(触角などが)反転性の; 〖植〗(葯(やく)が)丁字着(ていじちゃく)の ❹ 変化しやすい, 一定しない
vèr·sa·tíl·i·ty 名 U 多才, 多芸; 多機能(性)

***verse** /vəːrs/ 名 ❶ U 韻文(↔ prose), 詩; 《集合的に》(特定の作者・時代・国などの)詩, 詩歌(⇨ POETRY 類語) ‖ Elizabethan ～ エリザベス朝の詩歌 / express one's feelings in ～ 気持ちを詩に表す ❷ C 詩[歌詞]の一行, 詩句 ‖ a stanza of four ～*s* 4行からなる連 / quote a few ～*s* from Browning ブラウニングから数行詩句を引用する ❸ U 詩形, 詩格 ‖ iambic [trochaic] ～ 弱強[強弱]格詩形 / blank ～ 無韻詩(形) ❹ C 詩節, 連, スタンザ(stanza); (歌などの)節 ‖ a poem of five ～*s* 5連の詩 ❺ C (一編の)詩 ❻ C (聖書などの)節《略 v.》
chapter and verse ⇨ CHAPTER(成句)

versed /vəːrst/ 形 《叙述》〈…に〉精通した, 熟達した〈in〉 ‖ be well ～ *in* … …に造詣(ぞうけい)が深い
▶▶ **～ síne** 名 C 〖数〗(三角法の)正矢(せいし)《略 vers.》

ver·si·cle /və́ːrsɪkl/ 名 C 《通例 ～s》〖宗〗唱和用短句《聖職者が唱え, 会衆が唱和する短文》

ver·si·fi·ca·tion /vəːrsɪfɪkéɪʃən/ 名 U ❶ 作詩(法), 韻律法 ❷ 詩形, 韻律形式 ❸ (作品の)詩化, 韻文化

ver·si·fy /və́ːrsɪfàɪ/ 動 (**-fied** /-d/; **～·ing**) 他 〔散文〕を韻文にする; …を詩で表現する ―自 詩を作る

****ver·sion** /və́ːrʒən, -ʃən/
―名 (複 **～s** /-z/) C ❶ 〈原型の〉変形(物), 異形(物); 〈製品などの〉(特殊な)型, **…版**, …作〈of〉 ‖ the newest [OR latest] ～ *of* a mobile phone 携帯電話の最新型 / a cheaper ～ *of* the book その本の廉価版
❷ 〈事件・問題などについての〉**解釈**, 見解, 説〈of〉 ‖ Each of them gave a different ～ *of* the event. その事件について彼ら一人一人の話は違っていた / What's your ～ *of* this matter? この件についてあなたはどう思いますか
❸ 〈楽曲・役柄などについての〉解釈, 奏法, 演技, 演出〈of〉 ‖ play a skillful ～ *of* a current pop song はやりの歌を巧みにアレンジして演奏する
❹ 〈小説・戯曲などの〉改作(物), 改造(物); 翻案, 脚色, …版; (音楽の) 編曲〈of〉 ‖ an abridged ～ *of Moby Dick* 「白鯨」の縮約版 / a film ～ *of Harry Potter* 「ハリー＝ポッター」の映画版
❺ 翻訳(書), 訳(本[文]); …語版, …訳版 ‖ an English ～ of *The Tale of Genji* 「源氏物語」の英訳版
❻ 《しばしば the V-》…訳聖書 ‖ the Authorized *Version* of the Bible 欽定(きんてい)訳聖書 ❼ U 〖医〗(子宮内の)胎位回転術; 〖病理〗子宮の斜位[位置異常]

vers li·bre /vèər líːbrə/ 名 《フランス》 (=free verse) U 自由詩

ver·so /və́ːrsou/ 名 (複 **～s** /-z/) C (本などの) 左ページ, 裏ページ(recto); (貨幣・メダルなどの)裏面

***ver·sus** /və́ːrsəs/ 前 ❶ (訴訟・競技などで)…対, (…と)…との; …に対して (against) 《略 v., vs.》 ‖ (the case of) Brown ～ Smith ブラウン対スミスの(訴訟)事件(♦ 前者が原告または上訴人) / the Mets ～ the Cubs メッツ対カブス戦 ❷ (二者択一または比較で)…か…か, …と対比して ‖ capitalism ～ communism 資本主義か共産主義か

vert[1] /vəːrt/ 名 U ❶ 〖紋章〗緑色 ❷ 〖法〗(英国森林法で)(シカの隠れ場所になる)森林の下生え; その伐採権

vert[2] /vəːrt/ 名 C 形 (スノーボードで見られるような) 垂直面(の); 垂直面上の演技(の)(♦ vertical より)

ver·te·bra /və́ːrṭɪbrə/ 名 (複 **～s** /-z/ OR **-brae** /-brèɪ, -brìː/) C 〖解〗脊椎(せきつい)骨, 椎骨; 《-brae》脊椎, 脊柱 ‖ the lumbar ～ 腰椎

ver·te·bral /və́ːrṭɪbrəl/ 形 脊椎(骨)の; 脊椎(骨)からなる[を持つ]　▶▶ **～ còlumn** 名 C 〖解〗脊柱

ver·te·brate /və́ːrṭɪbrət, -brèɪt/ 形 ❶ 脊椎のある ‖ ～ animals 脊椎動物 ❷ 脊椎動物の ―名 C 脊椎動物

ver·tex /və́ːrteks/ 名 (複 **～·es** /-ɪz/ OR **-ti·ces** /-ṭɪsìːz/) C ❶ 〖地〗頂点, 最高(地)点 ❷ 〖解〗頭頂 ❸ 〖数〗頂点, 角頂, (2辺の)交点 ❹ 〖天〗天頂

****ver·ti·cal** /və́ːrṭɪkəl/
―形 《比較なし》 ❶ **垂直の**, 水平面[線]と直角をなす; 直立した; 縦(方向)の; 垂直[上下]に移動する(↔ horizontal) ‖ The cliff looked almost ～. そのがけはほとんど垂直に見えた / a ～ line [plane] 垂直線[面] / ～ take-off 垂直離陸
❷ (社会・経済構造などが)縦に連なる, 縦型構造[縦系列]の; (生産・販売の全段階が)縦に一貫した ‖ a ～ management structure 縦(型)の管理組織
❸ 頂点の[にある], 真上の; 〖数〗頂点の; 〖解〗頭頂の
―名 《通例 the ～》 ❶ 垂直線[面]; 鉛直圏 ❷ 垂直(位) ‖ That post is out of the ～. あの柱は垂直でない
▶▶ **～ expánsion** 名 U 〖経〗垂直的拡張《ある企業がその部品提供[取引]企業の事業を始めること》 **～ integrátion** 名 U 〖経営〗垂直統合《合併などにより, 一企業が全生産過程を行うようにすること》 **～ stábilizer** 名 C 〖空〗垂直安定板 **～ thínking** 名 U 垂直思考《水平思考の対立概念で, 常識的・伝統的な思考法のこと》(↔ lateral thinking)

ver·ti·cal·ly /və́ːrṭɪkəli/ 副 垂直に, 縦に
▶▶ **～ chállenged** 形 背が低い (♦ 元来は short を避ける語として使われたが, 現在ではややおどけたニュアンスを持つ. → challenged)

ver·ti·ces /və́ːrṭɪsìːz/ 名 複 vertex の複数の1つ

ver·tig·i·nous /vəːrtídʒɪnəs/ 形 ❶ めまいを起こさせる; めまいがする, 目が回る ❷ 旋回する, ぐるぐる回る ❸ 変わりやすい, 不安定な　**～·ly** 副

ver·ti·go /və́ːrṭɪgòu/ 名 (複 **～s, ～es** /-z/) U C めまい

ver·vain /və́ːrveɪn/ 名 =verbena

verve /vəːrv/ 名 U ❶（芸術・文学作品などの）力強さ，気迫，情熱 ❷ 活気，活力

ver·vet /vɔ́ːrvət | -vɪt/ 名（= ～ mònkey）C〘動〙サバンナモンキー，ミドリザル《アフリカ産のオナガザルの一種》

***ver·y** /véri/ 副 形

― 副《比較なし》❶《形容詞・副詞の原級，形容詞化した現在［過去］分詞を修飾して》**非常に**，とても，大変（⇨ 類語P）‖ That's ～ kind of you. ご親切にどうも / My friends reply to my e-mails ～ quickly. 友人たちは私のメールにとても早く返信してくる / There is ～ little difference between the two rooms. その2つの部屋はほとんど違わない / She was ～ surprised at our sudden visit. 彼女は我々の突然の訪問にとても驚いた / until ～ recently つい最近まで

❷《否定文で》（⇨ PB 92） **a あまり**…（でない），それほど…（でない）‖ "Are you tired?" "No, not ～." 「疲れましたか」「いや，それほどでも」/ I'm not feeling ～ well. 少し気分が悪いんです（♦「とても気分が悪い」の控えめな言い方になることもある．→ **b**）/ That restaurant isn't ～ expensive. そのレストランはあまり高くない

b 全然…（でない），少しも…（ない）‖ I'm not ～ interested. 私は全く興味ないね（= I'm not interested at all.）

❸《one's ～, the ～》**全く**，本当に，まさしく（♦ ～est による最上級，first, last, next, best, worst および same, opposite, own などを強調）‖ This is my ～ lowest price. これ以上はまけられません / one's ～ best dress 一番のドレス / in the ～ same place 全く同じ場所で / the ～ opposite direction 全く逆の方向 / my ～ own house = a house of my ～ own 私専用［私だけ］の家 / at the ～ last moment 最後の土壇場で / at the ～ least 少なくとも，せめて

vèry góod 承知しました（♥ 上の立場の人からの命令・要請に対する承諾を表す）‖ "Could you carry this luggage?" "*Very good*, sir." 「このスーツケースを運んでもらえますか」「承知いたしました」

****vèry múch*** ① 大変，とても（⇨ 語法，類語P） ②《名詞句を強調して》まさに，大いに ‖ He is ～ *much* the English gentleman. 彼はまさに英国紳士だ

vèry múch sò もちろんです（♥ 肯定の答えを強調する）

vèry wéll まあ，いいでしょう（♥ しぶしぶ相手の要求に応じるときに用いる）‖ *Very well*, I'll do as you say. わかりました，おっしゃるとおりにしましょう

語法 ☆☆ **(1)** 比較級・最上級の形容詞・副詞あるいは動詞を修飾するには (very) much を用いる．〈例〉He is *much* [×very] younger than you. 彼は君よりずっと若い / Everybody loves him *very much*. みんなとても彼が好きだ

(2) afraid, alike, ashamed, aware など通例補語として用いられる形容詞には much を使うのが原則だが，《口》では very を使うことも多い．

(3) 形容詞になりきっていない過去分詞を強調するときは (very) much, greatly を使う．〈例〉He is (*very*) *much* loved by everybody. 彼はみんなからとても好かれている（♦ very がないと，やや《堅》）．通例，限定的に名詞を修飾する過去分詞は形容詞化しているとみて very を使う．〈例〉*very* worn clothes ひどく傷んだ服 しかし過去分詞が完全に形容詞として使われているかどうかは明確な基準がなく，はっきりしないときは，very much を使うのが無難である．ただし，口語では amazed, astonished, delighted, disappointed, excited, interested, pleased, worried など感情や心理状態を表す過去分詞には very が用いられることが多い．〈例〉I was *very* surprised at the news. 私はその知らせにひどく驚いた（♦ 感情・心理状態を表す語でも，行為者を表す by ... を伴うときは過去分詞としての性格が強く感じられるので (very) much が正用法とされる．by 以下が人でない場合は very を用いることができる）

(4) 本来的に強意の意味を持つ形容詞や最上級的意味を持つ形容詞(awful, huge, convinced, terrible, true, unique, perfect など)を very で修飾するのは好ましくないとされるが，実際は《口》では very のついた例も見られる．一般にはこれらの形容詞をさらに強調するには absolutely などを用いる（⇨ PB 93）．

(5) 単語によっては very や much 以外の強調語しか用いられない場合がある．〈例〉*fast* [OR *sound*] asleep ぐっすり寝て / *wide* awake すっかり目が覚めて / *far* too many people 多すぎる人

(6) 前置詞で始まる句を強調するには very でなく，very much や greatly を用いる．〈例〉The two statements are 「*very much* [OR *greatly*] at odds with each other. その2つの声明は大きく食い違っている

(7) very を強めるために very が修飾する語の後に indeed を用いることがある．〈例〉Thank you *very* much *indeed*. 本当にありがとうございます / I was *very* shocked *indeed*. 本当にびっくりしました

― 形《比較なし》《限定》❶《同一性・適合性などを強調して》**まさに**，ほかならぬ（♦ this, that, the, one's などの後で用いる）‖ She is the ～ person for the job. 彼女はその仕事にうってつけの人です / That's the ～ opposite of what I said. それは私が言ったことの正反対だ / He knows our ～ thoughts. 彼には我々の心の底までわかっている / The ～ idea! そんな，あんまりだ（♥ 言われたことに

PLANET BOARD 92

not very は「あまり…ない」か「全然…ない」か．

問題設定 not very ... は，「あまり［それほど］…ない」の意味とされることが多いが，「全然［全く］…ない」の意味でも使われる．どちらの解釈が優勢か調査した．

Q 次の文はどのような意味ですか．

His talk was **not very** interesting.

(a) His talk was only slightly interesting.（彼の話はあまり面白くなかった）

(b) His talk was not interesting at all.（彼の話は全然面白くなかった）

(c) 両方

(d) どちらでもない

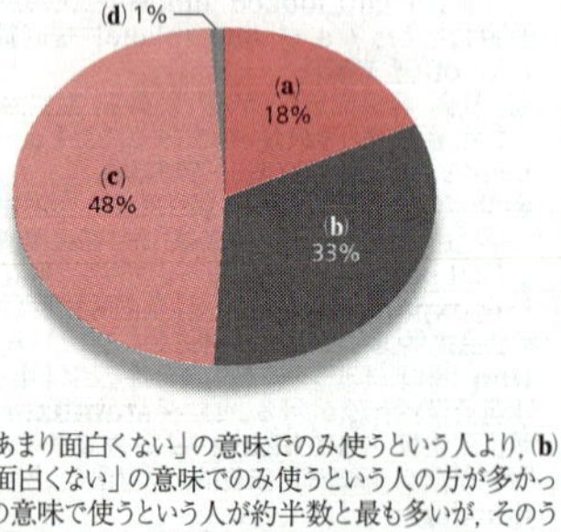

(a) の「あまり面白くない」の意味でのみ使うという人より，(b) の「全然面白くない」の意味でのみ使うという人の方が多かった．両方の意味で使うという人が約半数と最も多いが，そのうち約⅔が「どちらかといえば『全然面白くない』の意味の方がふつう」と答えている．

かなり多くの人が，「問題の文は『彼の話は全然面白くなかった』を丁寧に婉曲的に表現したものだ」と述べている．また，「very を強く発音すると『あまり…ない』の意味になり，not を強く発音すると『全然…ない』の意味になる」というコメントもあった．

学習者への指針 文脈や発音の仕方にもよるが，not very は「全然…ない」の遠回しな言い方である場合が多い．

対するショックを表す) / on this ～ spot まさにこの場所で / this ～ minute 今まさにこの時 (♦この2例では very は意味的には this を修飾している) / the ～ heart of Tokyo [the matter] 東京のど真ん中[問題のまさに核心]
❷ **単なる…だけでも** (mere), …でさえ, …すら ‖ The ～ thought of heights scares me. 高さを考えただけでぞっとする / The document's ～ existence might be denied. その文書の存在自体否定されるかもしれない
❸ 〘極限〙ぎりぎりの ‖ until the ～ **end** 最後の最後まで / from the ～ **beginning** 最初から
❹ 実際の ‖ He was caught in the ～ act of stealing. 彼は盗みの現行犯で捕まった

程度を表す主な副詞

	形容詞を修飾	動詞を修飾
①「とても, 非常に」	**very**	**very much** **a lot** **a great deal**
②「かなり」「やや」	**quite** **fairly** **pretty**	**considerably** **rather** **quite a lot**
③「少し」	**a little** **a bit** **slightly**	

♦ ①は高度に, ②は軽く意味を強め, ③は意味を弱める (♥何かを決める際に自分の推薦するものを very good というと自分の価値観を押しつけているように響くこともある. そういった場合は pretty good の方が無難).
♦ pretty, a lot, quite a lot, a bit は〘口〙.
♦ fairly は「やや ; まあまあ」ぐらいの弱い意味を表すが, rather は「かなり」に近いより強い程度を表し, しばしば「好ましくないほど」の意を含む. 〈例〉It's *rather* warm in here, isn't it? (この部屋はちょっと暖かすぎるよね)
♦ quite は,〘英〙では fairly 程度の弱い意味を表すが,〘米〙では very に近い強い程度を表すことがある.

▸▸ **～ hìgh fréquency** 名 U 〘無線〙超短波 (略 VHF) **Véry Làrge Arráy** 名 (the ～) 超大型干渉電波望遠鏡群 (米国ニューメキシコ州ソコロにある天文観測所. 略 VLA) **～ lòw fréquency** 名 U 〘無線〙超長波 (略 VLF) **Vèry Réverend** 名 (the ～) …師 (教会の官職につける称号)

Vér·y lìght /véri- | víəri-/ 名 C ベリー式信号光 (色彩閃光)

Véry pìstol 名 C ベリー式信号ピストル

Ve·sak /véɪsɑːk, vésæk/ 名 C (通例単数形で) 〘宗〙ウェーサーカ祭 (シャカの生誕・成道・入滅を祝う上座部仏教の祭典) (♦ Wesak ともつづる)

ves·i·cant /vésɪkənt/ 名 C 発疱(はっぽう)剤 ; びらん性毒ガス
── 形 発疱させる

ves·i·cle /vésɪkl/ 名 C 〘解〙小嚢(しょうのう), 小胞 ; 小液胞, 小気嚢 ; 〘医〙小水疱(すいほう) ; 〘地〙小孔, 気孔
ve·síc·u·late 形

ve·sic·u·lar /vəsíkjulər/ 形 ❶ 小嚢[小胞]の ❷ 小嚢[小胞]状の ❸ 小嚢[小胞]からなる

ves·per /véspər/ 名 C ❶ (～s, V-s) (単数・複数扱い) 〘宗〙晩禱(ばんとう), 晩課 ; 晩禱[晩課]の礼拝[時刻] ❷ (V-) 〘文〙宵(よい)の明星 ❸ 〘古〙夕べ, 宵

ves·per·tine /véspərtàɪn/ 形 ❶ 〘文〙夕べ[晩]の, 夕方に起こる ❷ 〘植〙(花が) 夕方に開く[咲く] ❸ 〘動〙夕方活動する, 薄明活動性の

Ves·puc·ci /vespúːtʃi/ 名 **Amerigo ～** ベスプッチ (1451?–1512) (アメリカ大陸を探検したイタリアの探検家. 「アメリカ」の名は彼のラテン語名 Americus Vespucius に由来する)

***ves·sel** /vésəl/ 名 C ❶ 容器, 入れ物 (水差し・コップ・つぼなど) ‖ an earthen ～ 土器 ❷ (比較的大型の) 船, 船舶 ; 飛行船 (⇨ SHIP 類語) ‖ a fishing ～ 漁船 / a naval ～ 軍艦 ❸ 〘解〙管, 脈管 ; 〘植〙導管 ‖ a blood ～ 血管 ❹ (ある特質を授けられた) 人間 ‖ Ken is not the ～ we'd have chosen for the job. ケンは我々ならその職に選ばなかったような人物だ

***vest** /vest/ 名 C ❶ 〘米・豪〙ベスト, チョッキ (〘英〙waistcoat) ❷ (特定の用途の) …チョッキ ‖ a bulletproof ～ 防弾チョッキ / a life ～ 救命胴衣 ❸ 〘英〙(通例そでなしの) 肌着, (アンダー) シャツ (〘米〙undershirt) (⇨ SHIRT 類語) ❹ (婦人服用の) V字型前飾り (vestee)
── 動 他 ❶ 〘通例受身形で〙(権限・財産などが) 〈人に〉与えられる, 付与される 〈**in**〉; (人が) 〈権限・財産などを〉付与される 〈**with**〉 ‖ The power to declare war is *～ed in* the Senate. = The Senate is *～ed with* the power to declare war. 宣戦布告権は上院に付与されている ❷ 〘文〙…に(祭)服を着せる
── 自 ❶ (+in 名) (権限・財産などが) …に帰属する ❷ (祭)服を着る
play* [OR *keep, hold*] *one's cards close to one's vest
⇨ CARD[1] (成句)
▸▸ **～ed ínterest** 名 C ① 〘法〙確定権利 ; 〘通例単数形で〙(特定の個人・団体が享受する) 〈…の〉既得権, 利権 〈**in**〉; 利害関係 ② 既得権所有者, 利権団体

Ves·ta /véstə/ 名 ❶ 〘ロ神〙ウェスタ (炉の女神. 〘ギ神〙の Hestia に相当) ❷ 〘天〙ベスタ (最も明るい小惑星)

PLANET BOARD 93

very awful [huge, terrible, unique, wonderful] などと言うか.

問題設定 awful, huge, terrible, unique, wonderful などは, それ自体が「とても…」の意味を含んでいるので very はつかないとされるが, 実際に使われることがあるか調査した.

Q 次の表現を使いますか.
(a) We had a **very awful** time at the party.
(b) There's a **very huge** building in front of my house.
(c) I felt a **very terrible** pain in my back.
(d) She's a woman of **very unique** talent.
(e) That's **very wonderful** news.

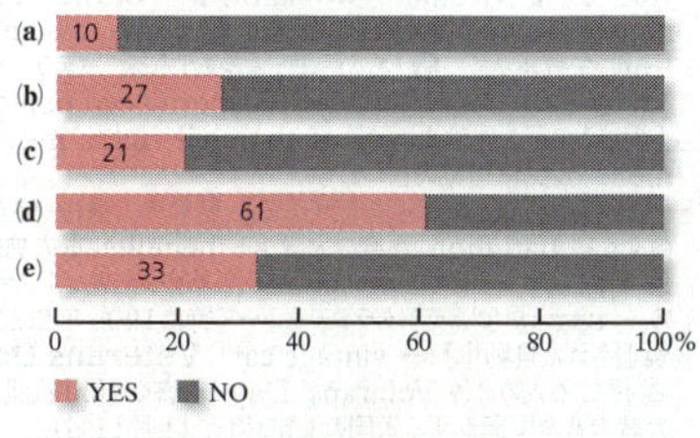

(d) の unique については6割以上の人が very をつけた表現を使うと答えたが, それ以外については使うという人は少なかった. 使わないと答えた人のほとんどは, 「(d) 以外は形容詞自体が『とても…』の意味を含んでいるので, very をつけるのは不自然」としている. 代替表現をあげた人の中では, 「程度を表す very ではなく really をつける」と述べた人が多い.
(d) については, very をつけないと答えた人の中では, 「程度を表すことはできない」「unique であるかないかのどちらかしかない」という意見が多く, very をつけると答えた人の中でも, 「しばしば使われるが正しい表現ではない」と述べた人もいる.
参考 上記の形容詞を補語として用いる用法についても同様の調査をしたが, 結果に大きな違いは見られなかった.
学習者への指針 これらの形容詞には very をつけない方がよいだろう. 強調する場合には, really を使うのが一般的である.

ves·tal /véstəl/ 形 ❶ (女神)ウェスタの ❷《文》純潔な, 処女の ―名 (=~ **vírgin**) C ウェスタの処女《ウェスタの祭壇の聖火を守る6人の処女の1人》;《文》純潔な女性, 処女, (特に)修道女

ves·ti·ar·y /véstièri | -əri/ 形《文》服装の, 衣服の ―名 (複 **-ar·ies** /-z/) C 更衣室;衣類保管室

ves·ti·bule /véstɪbjù:l/ 名 C ❶ (玄関などの)ホール, 入口の間, ロビー ❷ (列車の)デッキ ❸〘解〙(特に内耳の)前庭 **ves·tíb·u·lar** 形

*__ves·tige__ /véstɪdʒ/ 名 C ❶ 痕跡(こんせき), 形跡, 名残 ‖ the last ~*s* of the feudal system 封建制度の最後の名残 ❷《通例否定文で》〈…の〉ほんの少し, ごくわずか〈**of**〉‖ There's not a ~ *of* truth in his testimony. 彼の証言には真実のかけらもない ❸〘生〙痕跡器官

ves·tig·i·al /vestídʒiəl/ 形《通例限定》〘生〙痕跡の, 退化した ‖ a ~ organ 痕跡器官

vest·ing /véstɪŋ/ 名 ❶ U C《米》年金受給権(の授与) ❷ U ベスト用生地

vest·ment /véstmənt/ 名 C ❶《古》衣服, (特に)式服, 礼服 ❷《通例 ~s》(聖職者などの)祭服

vést-pòcket 〈ジ 形《限定》《米》❶ (辞書などが)ポケット版の ❷ 非常に小さな ‖ a ~ park (住宅地の)小公園

ves·try /véstri/ 名 (複 **-tries** /-z/) C ❶ (教会の)聖具室 ❷ (英国国教会の)教区会;(米国聖公会の)教区委員会

véstry·man /-mən/ 名 (複 **-men** /-mən/) C 教区会員 (中立 vestry member)

ves·ture /véstʃər/《文》名 U 衣服, 衣類;C (衣服のように)覆うもの ―動 他 …に衣服を着せる

Ve·su·vi·us /vəsú:viəs/ 名 **Mount ~** ベスビオ山《イタリア南西部, ナポリ近郊の活火山》

*__vet__[1] /vet/《口》名 C 獣医(veterinarian) ―動 (**vet·ted** /-ɪd/; **vet·ting**) 他〔原稿・報告書など〕を審査する;〔人・計画など〕を審査する, 鑑定する(♦しばしば受身形で用いる) ‖ The bank carefully ~*s* everyone who applies for a mortgage. 銀行は住宅ローン申込者をすべて慎重に審査する

vet[2] /vet/ 名《米口》=veteran

vetch /vetʃ/ 名 C〘植〙カラスノエンドウ《マメ科》

*__vet·er·an__ /vétərən/《アクセント注意》名 C ❶ 古参兵, 老(練)兵 ❷《米》退役軍人, 在郷軍人(vet), 兵役経験者 (《英》ex-serviceman, -woman) ‖ a ~ of the Vietnam War ベトナム戦争の兵役経験者 / a ~ association 在郷軍人会 ❸ (ある活動・職業の)古顔, ベテラン(❗この意味での「ベテラン」は expert, experienced person を用いるのがふつう) ‖ a ~ of the civil rights movement 公民権運動の古つわもの
―形《限定》❶ 古参兵の[からなる], 歴戦の;退役(軍人)の ‖ a ~ battalion 歴戦の大隊 / ~ benefits 軍人恩給 ❷ 老練な, ベテランの ‖ a ~ golfer 年季の入ったゴルファー
▸▸ **~ càr** 名 C《英》クラシックカー《特に1905年以前に製造された自動車》(→ vintage car) **Véterans Dày** 名 復員軍人の日(♦ Veterans' Day とも書く)《第1次世界大戦の終結を記念する米国の法定休日, 11月11日》

vet·er·i·nar·i·an /vètərənéəriən | -ərɪ-/ 名 C《米》獣医(vet,《英》veterinary surgeon)

vet·er·i·nar·y /vétərənèri | -nəri/ 形《限定》獣医の[に関する] ―名 (複 **-nar·ies** /-z/) C《旧》獣医 ▸▸ **~ súrgeon** 名 C《英》獣医(vet,《米》veterinarian)

*__ve·to__ /ví:ţou/《発音注意》名 (複 **~es** /-z/) U C ❶〈議案などに対する〉拒否権(の行使)〈**on, over**〉‖ The president exercised his (power of) ~ *on* the tax bill. 大統領は税法案に拒否権を行使した / The permanent members of the Security Council hold the ~. (国連)安全保障理事会常任理事国は拒否権を保有する ❷〈…に対する〉禁止, 拒否〈**on, upon**〉‖ Her parents put [OR placed, set] a ~ *on* her going out with Jim. 両親は彼女がジムと付き合うのを禁じた
―動 他 ❶〔法案など〕に拒否権を行使する, …を拒否する ‖ ~ an arms export bill 武器輸出法案に拒否権を行使する ❷ …を禁じる;…を退ける ‖ The board ~*ed* all wage increases. 役員会は一切の賃上げを認めなかった

vex /veks/ 動 他 ❶ (ささいなことで)…を困らせる, 苦しめる, 悩ませる;…を不安にさせる;…を当惑[困惑]させる(⇨ BOTHER 類語) ❷〔問題など〕を盛んに議論する ❸《詩》〔海など〕を立ち騒がせる

vex·a·tion /vekséɪʃən/ 名 ❶ U いらいら;悩み, 心痛 ‖ in ~ いらいらして ❷ C いらいらさせるもの;悩みの種

vex·a·tious /vekséɪʃəs/ 形 ❶ いら立たしい, しゃくに障る, 煩わしい ❷〘法〙(訴訟などが)いやがらせの, 相手を苦しめる目的の **~·ly** 副

vexed /vékst/ 形 ❶《限定》(問題などが)困難な, 議論百出の, 物議をかもす ❷ いら立った, 困った

vex·ing /véksɪŋ/ 形 いら立たせる, 煩わしい **~·ly** 副

VF 略 *v*ideo *f*requency; *v*isual *f*ield

VFR 略 *v*isual *f*light *r*ules(有視界飛行規則)

VFW 略 *V*eterans of *F*oreign *W*ars《(米国の)海外戦争復員兵協会》

VGA 略 💻 *v*ideo *g*raphics *a*rray《PC/AT互換機の標準のグラフィック表示規格. またその代表的な解像度である640×480ピクセル》

VHF 略〘無線〙*v*ery *h*igh *f*requency

VHS 略《商標》*v*ideo *h*ome *s*ystem(家庭用ビデオテープレコーダー方式)《ビデオ再生規格の1つ》

vi 略 *v*erb *i*ntransitive(自動詞)

VI 略 *V*irgin *I*slands

v.i. 略《ラテン》*vide infra*(=see below)(下記参照)

*__vi·a__ /váɪə, ví:ə/《発音注意》前 ❶ …経由で, …を経て(by way of) ‖ travel from Rome to London ~ Paris パリ経由でローマからロンドンへ旅行する ❷ …(の手段)によって, …の媒介で(by means of) ‖ The news reached me ~ your brother. その知らせは君の弟さんからあった / send a letter ~ airmail 航空便で手紙を送る / send a file ~ e-mail Eメールでファイルを送る

*__vi·a·ble__ /váɪəbl/ 形 (**more ~; most ~**) ❶ (計画などが)実行可能な, 実現性のある ❷《比較なし》〘医〙(胎児・新生児が)発育[生存]可能な;〘生〙(卵・種子などが)生育可能な **vì·a·bíl·i·ty** 名

vi·a·duct /váɪədλkt/ 名 C (谷などをまたぐ)陸橋, 高架橋

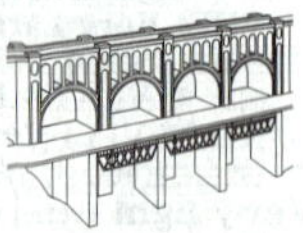
viaduct

Vi·ag·ra /vaɪǽgrə/ 名 U《商標》バイアグラ《男性用性的不全治療薬》

vi·al /váɪəl/ 名 C (水薬・香水用の)小瓶(phial)

vi·a me·di·a /vàɪə mí:diə, vì:ə méɪ-/ 名 U《ラテン》(=middle road) 中道, 中庸《カトリックとプロテスタントの中間と位置づけられる英国国教会を指すこともある》

vi·and /váɪənd/ 名 C《通例 ~s》《堅》食品;食料

vibes /vaɪbz/ 名 複《俗》❶ =vibraphone ❷ =vibration ❸(♦この意味では単数形でも使う)

vi·bra·harp /váɪbrəhà:rp/ 名《米》=vibraphone

vi·brant /váɪbrənt/ 形 ❶ (音声などが)響き渡る, 反響する;震える, 震動する ❷ 活気に満ちた ❸ 精力的な, 活発な ❹ (色彩が)明るい, 鮮烈な **-bran·cy** 名 **~·ly** 副

vi·bra·phone /váɪbrəfòun/ 名 C〘楽〙ビブラフォン

*__vi·brate__ /váɪbreɪt | -ˊ-/ 動 自 ❶ (小刻みに)震える, 震動する;(振り子などが)揺れる ❷ (声が)〈激情などで〉震える〈**with**〉;(音が)鳴り響く ‖ Her voice ~*d with* rage. 彼女の声は怒りに震えた ❸〈…に〉心を揺さぶられる, 感動する〈**to, with**〉 ―他 ❶ …を(小刻みに)震わせる, 震動させる;…を振動させる ❷〔音・光など〕を震動によって発する

vi·bra·tion /vaɪbréɪʃən/ 名 ❶ U C 振動;震動 ❷ C〘理〙振動 ❸ C《しばしば ~s》《口》(人・物・場所から受ける)感じ, 雰囲気 ‖ This guy gives me bad ~*s*. この男は印象がよくない

▶▶～ **whíte fìnger** 名 C U〘医〙振動病《長期の振動による血行不良で指先が白くなる病気》

vi·bra·to /vɪbrɑ́ːtoʊ/ 名 (複 **～s** /-z/) U C〘楽〙ビブラート

vi·bra·tor /váɪbreɪţər/ 名 C ❶ 振動する[させる]もの[人] ❷ バイブレーター,(電気)マッサージ器

vi·bur·num /vaɪbə́ːrnəm/ 名 C〘植〙ガマズミ《白いふさ状の花をつけるスイカズラの近縁種》

***vic·ar** /víkər/ 名 C ❶《米》(聖公会の)会堂牧師《教区内の chapel の責任者》;〘英国国教会〙教区司祭《rector の代理をする司祭》;〘カト〙司教代理 ❷《古》(一般に)代理者

▶▶～ **apostólic** 名 (複 **～s a-**) C〘カト〙代理司教 ～ **géneral** 名 (複 **～s g-**) C (英国国教会の) (大) 主教代理人;〘カト〙司教総代理

vic·ar·age /víkərɪdʒ/ 名 C ❶ 牧師[司祭]館 ❷ 牧師[司祭]の聖職禄(ろく) ❸ U vicar の職(務)

vi·car·i·ate /vaɪkéəriət, vɪ-/ 名 U C vicar の職[権限, 管轄区]

vi·car·i·ous /vɪkéəriəs, vaɪ-/ 形《限定》❶(他人の感情[体験]を通して)自分のことのように感じられる ❷ 身代わりの, 代理の;委任された ❸〘生理〙代償(性)の

～·ly 副 **～·ness** 名

****vice¹** /vaɪs/ (♦ 同音語 vise)

―名〔▶ vicious 形〕(複 **vic·es** /-ɪz/) ❶ C U (道徳的)悪, **悪徳**;悪行, 悪習(↔ virtue)(⇨ CRIME 類語) ‖ ～ and virtue 悪徳と美徳 / sink into (a life of) ～ 悪に陥る / a ～ ring (風俗·麻薬などの)犯罪集団

❷ U 性的不道徳;(特に)売春 ❸ C (性格·品行などの)欠点, 短所, 悪癖 ‖ She has the only ～ of curiosity. 詮索(せんさく)好きなのが彼女の唯一の悪い癖だ ❹ C (制度などの)不備, 欠陥 ❺ U C (馬·犬などの)悪い癖

▶▶～ **squàd** 名 C《通例単数形で》(警察の) 風俗犯罪取締班

vice² /vaɪs/ 名《英》=vise

vi·ce³ /váɪsi/ 前 …に代わって, …の代理として

vice- /vaɪs-/ 連結形《官職の前につけて》「副…, 代理…, 次…」の意 ‖ *vice*-president

vìce ádmiral 名 C 海軍中将

～·ty 名 U vice admiral の地位

vìce cháncellor 名 C ❶ (大学の)副学長(♦ 英国では chancellor は名誉職のため vice chancellor が実務上の学長) ❷ 副長官, 次官 ❸ 副大法官

vìce cónsul, vìce-cónsul 名 C《米》副領事

vice·ge·rent /vàɪsdʒíərənt | -dʒé-/ 名 C《堅》(国王などの)代官, 代理人

více·lìke 形《英》=viselike

vìce-présidency 名 U vice-president の地位

***vìce présidént, vìce-présidént** 名 C 副大統領[総裁, 社長, 頭取など](略 VP, V.P.)

vìce·régal ⟨シ⟩ 形 viceroy の

vice·reine /vàɪsréɪn/ 名 C viceroy の夫人;女性の viceroy

vice·roy /váɪsrɔɪ/ 名 C ❶ (国王の代理として植民地などを統括する)副王, 総督, 大守 ❷〘虫〙(米国産の)タテハチョウ **～·shìp** 名 =viceroyalty

vice·roy·al·ty /vàɪsrɔ́ɪəlti/ 名 (複 **-ties** /-z/) U C viceroy の地位[任期, 権限, 管轄区域]

vi·ce ver·sa /vàɪsi və́ːrsə/ 副《通例 and [or, not] ～》逆に, 反対に;逆もまた同じ(♦ 前文の逆を略形で表す文句) ‖ He blamed me, and ～. 彼は私をなじり, 私もまた彼をなじった / We work to live, and not ～. 私たちは生きるために働くのであって, その逆ではない(♦ ラテン語より)

Vi·chy /víːʃi/ 名 ❶ ビシー《フランス中部の保養都市. 第2次世界大戦中の臨時首都 (1940-44)》❷ (=～ **wàter**) U ビシー水《ビシー産の発泡性鉱泉水》;それに似たミネラルウォーター

vi·chys·soise /vìːʃiswɑ́ːz/ 名 U C ビシソワーズ《ジャガイモの冷製クリームスープ》(♦ フランス語より)

vic·i·nage /vísənɪdʒ/ 名《主に米》=vicinity

***vi·cin·i·ty** /vəsínəţi/ 名 U ❶ 近隣, 近辺, 付近;周辺地域 (neighborhood) ‖ in this ～ この辺りに / Boston and its ～ ボストンとその近郊 ❷ 近接 ‖ two theaters in close ～ 近接している2つの劇場

in the vicinity of ... ① …の近くに ‖ He lives *in the* ～ *of* Chicago. 彼はシカゴの近くに住んでいる ② およそ…, 約… (about) ‖ His annual income is *in the* ～ *of* fifty thousand dollars. 彼の年収は約5万ドルだ

***vi·cious** /víʃəs/《発音注意》形〔◁ vice 名〕(**more ～**; **most ～**) ❶ 乱暴な, 暴力的な;激しい, 猛烈な(↔ gentle);ひどく不快な ‖ a ～ storm 激しい嵐(あらし) / have a ～ headache ひどい頭痛がする ❷ 悪意[敵意]のある, 意地の悪い;むごい, 残酷な ‖ spread a ～ rumor 悪意に満ちたうわさを流す / make ～ remarks 毒のある言葉を口にする ❸ 獰猛(どうもう)な;(動物が)気性の荒い, 御し難い ❹ 悪の, 悪徳の, 不道徳の;悪にふける, よこしまな ‖ lead a ～ life 堕落した生活を送る / ～ habits 悪習 ❺ (言葉·推論などが)欠陥のある, 不正確な ‖ ～ reasoning 誤った推論 **～·ly** 副 **～·ness** 名

▶▶～ **círcle** 名 C《単数形で》① (一般に) 悪循環 ‖ a ～ *circle* of drug addiction and crime 麻薬常用と犯罪の悪循環 ②〘医〙悪循環 ③〘論〙循環論法 ～ **spíral** 名 C《英》〘経〙(物価騰貴(とうき)と賃金上昇の)悪循環

vi·cis·si·tude /vəsísətjùːd, vaɪ-/ 名 ❶ U《文》変わりやすさ, 変動 ❷ C《通例 ～s》(人生·運命などの)移り変わり, 栄枯盛衰, 浮き沈み, 有為転変

Vick·y /víki/ 名 ビッキー《Victoria の愛称》

****vic·tim** /víktɪm/

―名〔▶ victimize 動〕(複 **～s** /-z/) C ❶ (病気·事故などの)**犠牲(者)**(↔ survivor), **被害者** ‖ He is the ～ of his own foolishness. それは彼の身から出たさびだ / ～*s* of war=war ～*s* 戦争犠牲者 / AIDS ～*s* エイズ患者 ❷ (悪者などの)犠牲者, (詐欺などの)餌食(えじき) ❸ (神への)いけにえ

fàll víctim to ... …の犠牲[餌食]になる ‖ A lot of senior citizens *fall* ～ *to* swindlers. 多くの高齢者が詐欺師の餌食になっている

▶▶～ **suppórt** 名 U 犯罪被害者に対する支援

***vic·tim·ize** /víktɪmàɪz/ 動〔◁ victim 名〕他 ❶ …を犠牲にする, 悪者にする(♦ しばしば受身形で用いる) ❷〔人〕を欺く, 食い物にする **vìc·tim·i·zá·tion** 名

vìc·tim·less críme /víktɪmləs-/ 名 U 被害者なき犯罪《売春·麻薬使用など》

***vic·tor** /víktər/ 名 C ❶ (戦争·競技などの) 勝者 ❷ (無線通信で)V字を表す符号

vic·to·ri·a /vɪktɔ́ːriə/ 名 C ❶ 軽四輪ほろ馬車 ❷〘植〙オオオニバス《南米産》❸ (=～ **plúm**)《英》ビクトリア《セイヨウスモモの一種》

Vic·to·ri·a /vɪktɔ́ːriə/ 名 ビクトリア ❶ **Queen ～** (1819-1901) 英国の女王《在位 1837-1901》❷ セイシェルの首都 ❸ オーストラリア南東部の州《州都 Melbourne》❹ カナダのブリティッシュコロンビア州の州都 ❺ **Lake ～** ビクトリア湖《アフリカ最大の湖. ナイル川の水源》

▶▶～ **Cróss** 名 C ビクトリア十字勲章(くんしょう)《英国の最高位の武勲章. 略 VC》 ～ **Fálls** 名《the ～》ビクトリア滝《アフリカ南部のザンベジ川の大滝》 ～ **sándwich** [**spónge**] 名 C U《英》ビクトリアサンドイッチ《スポンジの間にジャムとクリームを挟んだケーキ》

***Vic·to·ri·an** /vɪktɔ́ːriən/《アクセント注意》形 ❶ ビクトリア女王の, ビクトリア朝の ‖ the ～ age ビクトリア時代 (1837-1901) ❷ ビクトリア朝的な《因襲的·頑迷·偽善·上品ぶった態度などを指す》‖ ～ values ビクトリア朝的価値観《仕事·家族·国家などに忠誠心を持つ態度》❸ (建築·家具などが)ビクトリア朝風の《大きく装飾が多い》❹ (オーストラリアの) ビクトリア州の ―名 C ビクトリア朝の人;ビクトリア州[市]の住民 **～·ìsm** 名

vic·to·ri·ous /vɪktɔ́ːriəs/ 形〔◁ victory 名〕❶ 勝利を得た ❷ 勝利を表す;勝ち誇った ‖ a ～ cheer 勝ちどき

V

:vic·to·ry /víktəri/
—名 〔▶ victorious 形〕(複 **-ries** /-z/) U C ❶ 〈…に対する〉(戦争・競技などでの)**勝利**(↔defeat)〈**over, against**〉(⇨ 類語) ‖ His shot past the goalkeeper led his team to ～. ゴールキーパーを抜いた彼のシュートがチームに勝利をもたらした / fight hard for ～ 激しく覇(は)を争う / **win** [OR gain] a narrow ～ *over* the enemy 敵に辛うじて勝つ / a ～ for common sense 良識の勝利；公平な[理にかなった]結論
❷〈障害などの〉克服, 征服〈**over**〉‖ the ～ *over* poverty 貧困の克服
snàtch víctory from the jàws of deféat 最後の最後で逆転勝ちする
類語 《❶》**victory**「勝利」を意味する一般語.
triumph 輝かしい決定的勝利. 賞賛に値する偉業とされ, 勝ち誇った状態.〈例〉a march of *triumph* 凱旋(がいせん)行進
▶▶ **～ làp** 名 C ウイニングラン(《英》lap of honour) **～ sìgn** 名 C =V sign

vict·ual /vítəl/ (発音注意)《旧》名 C 《通例 ～s》(調理した)食料品, 食糧 —動 (**～ed**, 《英》**-ualled** /-d/；**～·ing**, 《英》**-ual·ling**) 他 …に食料を供給する

vict·ual·er, 《英》**-ual·ler** /vítələr, víktʃuələr/ (発音注意) 名 C ❶《旧》(軍隊などへの)食料供給者；糧食運搬船 ❷《英》(酒類販売免許を持つ)飲食店営業者, 酒屋

vi·cu·ña, -na /vɪkjúːnə/ 名 C 〖動〗ビクーニャ《南米産のラマの一種》；U ビクーニャの毛織物

vid. =vide

vi·de /váɪdi/ 動 他 《ラテン》(=see)《命令形で》…を見よ, 参照せよ《略 v., vid.》‖ ～ p. 12 12ページを参照

vìde ín·fra /-ínfrə/ 動 他 《ラテン》(=see below) 下を見よ, 下記参照

vi·de·li·cet /vɪdíːlɪsèt/ 副 《ラテン》(=namely)《堅》すなわち, 換言すれば(→ viz.)

:vid·e·o /vídiòu/ 名 形 動
—名 (複 **～s** /-z/) ❶ C (記録媒体に収録された)映画(videotape), テレビ番組；(撮影された)**ビデオ映像** ‖ In most ～ rental shops, you can't find ～*s* any longer; you can only find DVDs. ほとんどのレンタルビデオ店ではもうビデオは置いておらず, DVDしかない / rent a couple of ～*s* to watch this holiday この休日に見る映画を2, 3本借りる / a ～ store [OR shop] ビデオショップ / They showed us some of their **home** ～*s*. 彼らはホームビデオをいくつか見せてくれた / The ～ of our wedding was made by a professional company. 結婚式のビデオは専門業者に撮ってもらった / the most popular ～*s* on YouTube YouTubeで最も人気のある映像
❷ U ビデオテープ, ビデオカセット ‖ In Japan, ～ was replaced by DVD about ten years ago. 日本では10年ほど前にビデオがDVDに取って代わられた
❸ U ビデオ録画, ビデオ撮影 ‖ A field day is the perfect subject for ～. 運動会はビデオ撮影にうってつけのテーマだ / the use of ～ in school 学校でのビデオ録画の使用
❹ C ミュージックビデオ(music video)；(=**～ clìp**)ビデオクリップ ❺ U (録画された)画像, テレビ画像 ‖ The audio is good but there's a problem with the ～. (録画の)音声はいいが, 画像に問題がある ❻ C =VCR
—形 《比較なし》《限定》❶ ビデオの；ビデオテープの；ビデオソフトの ❷ テレビの；映像の
—動 (**～s** /-z/；**～ed** /-d/；**～·ing**) 他 …をビデオに録画する
▶▶ **～ àrcade** 名 C 《米》ゲームセンター(《英》amusement arcade) **～ càmera** 名 C ビデオカメラ **～ càrd** (↓) **～ dìary** 名 C ビデオ日記《自分の生活や考えたことなどを一定期間ビデオに撮った記録》 **～ displáy tèrminal** 名 C 《米・豪・ニュージ》〖コンピュータ〗画像[ビデオ, 視覚]表示端末《略 VDT》(《英》visual display unit) **～ fèed** 名 C 〖コンピュータ〗(収録済みの)ビデオ目録 **～ gàme** 名 C テレビ[ビデオ]ゲーム(❗「テレビゲーム」は和製語) **～ jòckey** 名 C ビデオジョッキー《略 VJ》 **～ násty** 名 C 《英口》暴力[セックス]もののビデオ **～ pill** 名 C ビデオピル《超小型カメラ入りカプセル. 飲み込むと胃など体内の映像が得られる》 **～ recòrder** 名 C =videocassette recorder **～ survèillance** 名 U ビデオカメラによる監視 **～ tele·cònference** 名 C ビデオ遠隔会議

vídeo·càrd, vídeo càrd 名 C 〖コンピュータ〗ビデオカード《パソコンで画像の表示を可能にする拡張ボード》

vìdeo·cassétte /, ‐‐‐‐‐́/ 名 C ビデオ(カセット)テープ
▶▶ **～ plàyer** 名 C ビデオデッキ **～ recòrder** 名 C ビデオデッキ《略 VCR. a VCRで普通名詞としても使う》

vídeo·cònference 名 C テレビ会議
-cònferencing 名 形

vídeo·dìsc, -dìsk 名 C ビデオディスク《DVDなど》

vídeo·gràphics 名 U 〖コンピュータ〗コンピューター画像

vídeo·phòne 名 C テレビ電話

vídeo·plàyer 名 C ビデオデッキ

***vídeo·tàpe** 名 ❶ C U ビデオテープ ❷ C (映画などの)ビデオ —動 他 …をビデオ(テープ)に撮る(video)

vid·e·o·tex(t) /vídioutèks(t)/ 名 U C ビデオテックス《電話回線を通じて情報をテレビ画面に映し出すシステム》

vie /vaɪ/ 動 (**vied** /-d/；**vy·ing**) 自 競う, 競争する, 張り合う〈**with** 人と；**for** …を得ようと〉‖ ～ *for* leadership 主導権を争う

Vi·en·na /viénə/ 名 ウィーン(ドイツ語名 Wien)《オーストリアの首都》 ▶▶ **～ sáusage** 名 C U ウインナソーセージ

Vi·en·nese /vìːəníːz/ ◁ 形 ウィーン(風)の
—名 (複 **～**) C ウィーンの住民；ウィーン生まれの人

Vien·tiane /vjèntjáːn/ 名 ビエンチャン《ラオスの首都》

Vi·et·cong, Vi·et Cong /vìːetkɑ́(ː)ŋ, -kɔ́ːŋ | -kɔ́ŋ/ ◁ 名 (複 **～**) ❶《the ～》ベトコン《南ベトナム民族解放戦線》 ❷ C ベトコン兵

***Vi·et·nam, Viet Nam** /vìːetnɑ́ːm | -nǽm/ (発音注意) ◁ 名 ベトナム《インドシナ半島東部の国. 公式名 the Socialist Republic of Viet Nam. 首都 Hanoi》
▶▶ **～ Vèterans Memórial** 名 《the ～》ベトナム戦没者慰霊碑《米国ワシントンD.C. のリンカーン記念館近くにあり, 戦没者58,249人の名が刻まれている》 **～ Wár** 名 《the ～》ベトナム戦争(1954–75)

***Vi·et·nam·ese** /vìètnəmíːz/ ◁ 名 (複 **～**) ❶ C ベトナム人 ❷ U ベトナム語
—形 ベトナムの, ベトナム人[語]の

:view /vjuː/ 名 動
中心義 **ある一定の視点からの見方[見える範囲]**
—名 (複 **～s** /-z/) C ❶《しばしば ～s》**意見**, 見解, 考え〈**on, about** …についての / **that** 節 …という〉‖ She has strong ～*s about* [OR *on*] whaling. 彼女は捕鯨について強硬な意見を持っている / The Minister **expressed** [OR gave] his ～*s on* nuclear power. 大臣は原発に関する見解を述べた / I **take** [OR hold] the ～ *that* war can never be justified. 戦争は決して正当化されることはないと私は考えている / **In** my ～, men and women can be just friends. 私の考えでは男と女はただの友達でいることができる / a widely-held ～ 広く受け入れられている考え[見解] / an exchange of ～*s* 意見交換
❷《通例単数形で》〈…に対する〉(特定の)**見方**, 考え方, …観〈**of**〉‖ an optimistic ～ *of* life 楽観的な人生観 / Grandma holds an archaic ～ *of* women. 祖母は女性に対して古風な考え方をしている / Our ～ *of* the world is formed by our circumstances. 我々の世界観は環境によって形成される
❸ U **視野**, 視界；視覚, 視力 ‖ Two airplanes came into ～. 2機の飛行機が見えてきた / His car soon disappeared [OR passed] from [OR out of] ～. 彼の車はじきに見えなくなった / A tall man was blocking my

～ of the stage. 背の高い男性がいて舞台が見えなかった / a field of ～ 視野, 視界
❹ 眺め, 景色, 風景 ; 見晴らし, 眺望, 展望(⇨ 類語) ‖ a room with an ocean ～ 海の見える部屋 / Come up here, and you'll get a better ～ of the parade. こっちにおいで, パレードがもっとよく見えるよ / The restaurant affords [OR gives] a good ～ of the city. そのレストランから街がよく見渡せる / That new building spoils the ～ from our windows. あの新しい建物がうちの窓からの眺めを台無しにしている
❺ 風景画 [写真] ; (特定の位置からの) 面, …図 ‖ This calendar features night ～*s* of major world cities. このカレンダーには世界の主要都市の夜景が載っている / a front [back, rear] ～ of the house 家の正[背]面図
❻ 見ること[機会] ; 見学, 視察 ; 検分 ‖ It was his first ～ of the ocean. 彼が海を見たのはそれが初めてだった / at one ～ 一目で / a private ～ (展覧会などの) 内覧
❼ 《通例単数形で》概観 ; 概説, 概論 ‖ a ～ of Shakespearean literature シェークスピア文学の概論
*∗**a pòint of víew*** 見地, 観点, 視点 (→ CE 2, 4) ‖ see things from *a* practical *point of* ～ 実用的な観点から物事を見る
hèave in [OR ***into***] ***víew*** = *heave in* [OR *into*] SIGHT
*∗**in víew*** ① 見えている, 目の届く範囲に ‖ There was no one *in* ～. 見える範囲にはだれもいなかった / Keep your baby *in* ～. 赤ん坊を目の届く所に置きなさい ② 考慮中の[で] ‖ keep every possibility *in* ～ あらゆる可能性を考慮に入れておく / Do you have anything *in* ～ for tomorrow? 明日は何か計画はありますか
*∗**in víew of ...*** ① …の見える所に ‖ The house is *in* ～ *of* the main street. その家は本通りの見える所にある / *in* full ～ *of* passers-by 通行人に丸見えの所で ② **…を考えて** ; …のために ‖ *In* ～ *of* her strong objection, we decided not to go. 彼女の強い反対を考慮して私たちは行かないことに決めた
on víew 展示されて, 展覧中で ‖ pictures *on* ～ 展示されている絵
tàke a dìm [OR ***pòor***] ***víew of ...*** …を好ましくないと考える, …に反対である
tàke the lóng vìew 〈…を〉長期的に考える〈**of**〉
with a vìew to (***dóing***) ***...*** …する目的で ; …を期待して ‖ She studied hard *with a* ～ *to* becoming a doctor. 彼女は医者になるつもりで勉学に励んだ

COMMUNICATIVE EXPRESSIONS

1 **Do you hàve any partìcular víews on** gày márriage? 同性愛者同士の結婚について特に何か見解をお持ちですか(♥ 意見を尋ねる形式ばった表現. ↘What do you think about ...?/↘《口》How d'you see ...?)
2 「**From mý pòint of** [OR **In mý**] **vìew,** wómen are stìll discrìminated against in Jàpanese socíety. 私の考えでは日本社会において女性はいまだに差別を受けていると思います (♥ 自分の (特に個人的な) 意見を述べる. = As I see it, women are ....)
3 **I càn't sày I hàve** [OR **hòld**] **any** (**partìcular**) **víews on the sùbject** [OR **quèstion**]. そのことに関して(特に)何も意見はありません(♥ 形式ばった表現)
4 **I shàre your pòint of víew.** 私もあなたと同じ見解です(♥ 賛成を示す)
5 **I tàke a víew dìfferent from** yours. 私はあなたとは違った考えです(♥ 異論を唱える)
6 **My ówn vìew of** the pròblem **is that** we should wòrk móre on devèloping nèw énergy sòurces. その問題についての私の見解は, 新たなエネルギー源の開発にもっと力を入れるべきだということです (♥ 見解を述べる際の形式ばった表現. ↘As I see it, we should .... / ↘《口》The way I see it, we should ....)
7 **Whàt are your víews?** あなたの意見はどうですか (= What do you think?/ = Do you have any (particular) views?/↗《堅》What is your reaction?/↘《口》What d'you reckon?)

―動 (**～s** /-z/ ; **～ed** /-d/ ; **～·ing**)
―他 ❶ **a** 《+目+副》…を(ある見方で)見る ‖ Immigration isn't always ～*ed* favorably. 外国人の受け入れは必ずしも好意的に見られてはいない / How do you ～ our proposal? あなたは我々の提案をどう思いますか
b 《+目+**as** 名》…を…とみなす ‖ He ～*s* biogenetics *as* a threat to humankind. 彼は遺伝子工学を人類への脅威とみなしている
c 《+目+**with** 名》…を〔ある見解〕を持って見る ‖ Your behavior will be ～*ed with* suspicion. 君の行動は疑いの目で見られるだろう
❷ …を見る, 眺める, 見物する ‖ ～ the stars through a telescope 望遠鏡で星を眺める ❸ …を注意深く見る ; 〔不動産など〕を検分する (→ viewing) ‖ We went to ～ the house for sale. 私たちは売りに出されている家を見に行った ❹ …を熟考する, 検討する ‖ ～ a question from all sides あらゆる面から問題を考察する ❺〔番組〕をテレビで見る ; 〔映画・ビデオ〕を見る
―自 テレビを見る

類語 《名 ❹》 **view** ある(離れた)場所から見たときに見える眺め. 〈例〉 a fine *view* of the town from the top of the hill 丘の頂から見た町の素晴らしい眺め
sight 目に見える, 見るに値する, あるいは見物の対象となる光景や場所. 〈例〉 see the *sights* 名所見物をする
scene 遠近にかかわらず, 目に見える個々の光景や場面. しばしば人や動きが含まれる. 〈例〉 beautiful *scenes* from the train window 列車の窓から見る美しい風景
scenery ある地域の全体的な風景. 〈例〉 the *scenery* in the Alps アルプス山脈の景観
landscape 山水やその他の自然がまとまって呈する, その地域や土地 (land) の風景. 〈例〉 a *landscape* painting 風景画

▶▶ **～ hallóo** 名 C 動 自 他 〖狩〗「出たぞ」の叫び声(を上げる)(キツネが飛び出したときのハンターの声)

víew·dàta 名 = videotex(t)
∗**víew·er** /-ər/ 名 C ❶ 見る人, 見物人 ; (映画の)観客 ; テレビ視聴者 ‖ the TV show attracting millions of ～*s* 何百万という視聴者を引きつけているテレビ番組 ❷ 点検する人 ❸ ビューアー《スライドなどを拡大透視する装置》
▶▶ **～ ràte** 名 C = viewership
víewer·shìp 名 U 《単数・複数扱い》(テレビ番組の)視聴者, 視聴率 ‖ draw big ～ 高い視聴率を集める
víew·fìnder 名 C 〖写〗(カメラの)ファインダー
view·ing /vjúːɪŋ/ 名 U ❶ 見ること, 眺めること ; テレビの視聴 ❷ 調査, 検分, 検証 ‖ *Viewing* is by appointment only. (売家などが)見学は要予約
∗**víew·pòint** 名 C ❶ 〈…に対する〉視点, 観点, 見地〈**on**〉 ‖ consider a matter from a different ～ 問題を別な視点から考える ❷ 絶景地点
víew·pòrt 名 C ❶ 〖コンピュータ〗 (情報が表示されている) ディスプレー = ウィンドウ ❷ (宇宙船・油田司令塔の)窓
vi·ges·i·mal /vaɪdʒésɪməl/ 形 20を基礎にした, 20進法の
vig·il /vídʒɪl/ 名 ❶ C U (見張り・祈りなどのための) 徹夜, 寝ずの番 ‖ keep ～ over a sick child 病気の子を徹夜で看病する ❷ 《the ～》〖宗〗祝祭日の前夜 ; C 《～s》祝祭日前夜の祈禱(きとう) (evening vigil) ‖ a candlelight ～ (犠牲者の慰霊のための) キャンドル = メモリアル ; (世界平和などを祈る)燭火(しょっか)祈禱会
vig·i·lance /vídʒələns/ 名 U (絶えざる)警戒, 用心
▶▶ **～ committee** 名 C 《米》自警団
vig·i·lant /vídʒələnt/ 形 用心深い, 油断のない **～·ly** 副
vig·i·lan·te /vìdʒɪlǽnṭi/ 名 C 自警団員
-tìsm 名 U 自警(主義[制度])

vi·gnette /vɪnjét/ 《発音注意》 名 C ❶ (本の扉・章頭・章尾につける)飾り模様, カット ❷ ビネット《徐々に背景をぼかした肖像画・写真・絵画》 ❸ 簡潔な人物[場面]描写, 寸描 ; (典雅な)文芸小品 ; (映画・劇などの)挿話シーン
—動 他 ❶ 〔絵画など〕をぼかしにする ❷ …を簡潔に描写する **-gnét·tist** 名 C ビネット画家[写真家]

***vig·or**, 《英》 **vig·our** /vígər/ 名 〔▶ vigorous 形〕 U ❶ (心身の)活力, 元気旺盛(おうせい) ‖ Grandfather is still full of ~. 祖父は今なお元気いっぱいだ / work with ~ 元気に働く ❷ (言葉・議論などの)力, 迫力, 勢い ; (行為・現象などの) 力強さ ‖ express one's feelings with ~ 自分の気持ちを力強く表現する ❸ (動植物の) 生命力, 成長力 ❹ 《主に米》法的効力[拘束力]
語源 *vig-* be strong, be lively + *-or*(「性質・状態」を表す名詞語尾) : 強い[元気な]こと

vig·o·ro /vígərou/ 名 U ビゴロ《クリケットと野球に似たオーストラリアの球技. 主に女性が行う》

***vig·or·ous** /vígərəs/ 形 〔◁ vigor 名〕 (**more ~ ; most ~**) ❶ (行為・手段などが)強力な, 精力的な(↔ weak) ‖ a ~ election campaign 精力的な選挙運動 / make a ~ denial of a rumor うわさを強く否定する ❷ (運動などが) 激しい ❸ (人が) 活力のある, 元気な, はつらつとした(↔ feeble) ❹ (動植物が)よく育つ

vig·or·ous·ly /vígərəsli/ 副 精力的に, 活発に

vig·our /vígər/ 名 《英》= vigor

Vik·ing /váɪkɪŋ/ 名 C バイキング《8-11世紀にヨーロッパ沿岸を略奪したスカンジナビアの海賊》(❗自分で取り分ける料理の「バイキング」は和製用法. 英語では smorgasbord または buffet という)

vile /vaɪl/ 形 ❶ むかつくような ‖ use ~ language 汚い言葉を使う ❷ ひどく不快な ‖ ~ weather ひどい天気 ❸ 下劣な, 恥ずべき ; 邪悪な ‖ a ~ conspiracy 卑劣な陰謀 **~·ly** 副 **~·ness** 名

vil·i·fy /vílɪfàɪ/ 動 (**-fied** /-d/ ; **~·ing**) 他 …を中傷する, けなす **vìl·i·fi·cá·tion** 名 U 中傷, そしり

***vil·la** /vílə/ 名 (複 **~s** /-z/) C ❶ 田舎の(大)邸宅 ❷ (保養地, 特に南欧などの) 別荘 ‖ rent a holiday ~ in Hawaii ハワイの別荘を借りる ❸ 《しばしば V-s》 (住所名として) 《英》 (郊外の) 庭付 (準) 一戸建住宅 ‖ live at 20 Laburnum *Villas* ラバーナム = ビラ20番地に住む ❹ (古代ローマの)荘園

⁝vil·lage /vílɪdʒ/
—名 (複 **-lag·es** /-ɪz/) C ❶ **村**, 村落(♦ hamlet より大きく, town より小さい. 《米》では外国の古い小さな町を意味することが多い) ; 《米》(村議会に自治権がある)村 ; 《形容詞的に》 村の ‖ a fishing ~ 漁村 / the ~ church 村の教会 / the ~ people 村民 / a ~ hall 村の集会所
❷ 《the ~》《集合的に》《単数・複数扱い》(全)**村民**(♦ 村を組織とみる場合は単数扱い, 個々の構成員に重点を置く場合は複数扱い) ‖ The ~ is [OR are] against the bill to build a bypass. 村民はバイパスを作る議案に反対だ
❸ (city や town の中の) まとまりのある地域, …村 ‖ the Olympic ~ オリンピック選手村 ❹ (動物の)小集落
▸▸ **~ gréen** 名 C (英国の村の) 共有緑地 **~ ídiot** 名 C 《主に戯》(村中で知られている)大ばか, あほう

⁝vil·lag·er /vílɪdʒər/
—名 (複 **~s** /-z/) C **村人**, 村民 ‖ All the ~*s* were gathered there. 村民全員がそこに集まっていた

***vil·lain** /vílən/ 《発音注意》 名 (複 **~s** /-z/) C ❶ 悪人, 悪者, 悪党 ; 《英口》犯罪者, 犯人 ‖ a small-time ~ ちんぴら ❷ 《the ~》 (劇・小説などの) 悪玉, 悪役, 敵役 (↔ hero) ‖ play the ~ 悪役を演じる ❸ いたずら野郎 ❹ (問題・やっかい事などの) 張本人, 元凶 ‖ Poverty is the real ~ of crime. 貧困は犯罪の根本原因だ
the víllain of the pìece 《戯》 元凶, 悪玉, 諸悪の根源
víllain·ess 名 C 悪女, 毒婦(中立 villain)

vil·lain·ous /vílənəs/ 形 ❶ 悪党らしい ; 下劣な ❷ 《口》 ひどく不快な ‖ a ~ smell ひどく不快なにおい

vil·lain·y /víləni/ 名 (複 **-lain·ies** /-z/) U 邪悪, 卑劣 ; C 悪行, 悪事

vil·lein /víleɪn/ 名 C 〘英国史〙(中世の) 農奴《領主に対しては農奴であったが, その他の者に対しては自由民の権利を持っていた》(→ serf)

vil·lein·age /víləndʒ/ 名 U 〘史〙 ❶ 農奴の身分 [地位] ❷ 農奴の土地保有(権)

vil·lus /víləs/ 名 (複 **-li** /-laɪ/) C ❶ 〘解〙 (特に小腸粘膜の)絨毛(じゅうもう), 柔突起 ❷ 〘植〙長軟毛形 **-lous** 形

Vil·ni·us /vílniəs/ 名 ビリニュス《リトアニアの首都》

vim /vɪm/ 名 U 《口》 精力, 活力 ‖ full of ~ and vigor 元気いっぱいで

vin /væn/ 名 《フランス》(= wine) U (フランス産)ワイン
▸▸ **~ bláne** /-blá:n | -blɔ́ŋ/ 名 U C 白ワイン **~ de táble** /-də tá:bl/ 名 U C テーブルワイン **~ róuge** /-rú:ʒ/ 名 U C 赤ワイン

vin·ai·grette /vìneɪgrét/ 名 ❶ (= **~ drèssing**) U ビネグレット《油・ワインビネガー・塩・香辛料などで作るサラダドレッシング》 ❷ C (気付け薬などの)小瓶

Vin·ci /víntʃi/ 名 ⇨ DA VINCI

vin·da·loo /vìndəlú:/ 名 U C 〘料理〙 ビンダルー《インドの肉・魚入りの非常に辛いカレー料理》

***vin·di·cate** /víndɪkèɪt/ 動 他 (♦ しばしば受身形で用いる) ❶ …の正しさを示す [証明する] ‖ We are sure this decision will be fully ~*d*. 私たちはこの決断の正しさが完璧(かんぺき)に証明されると確信している ❷ 〔人〕の容疑 [汚名] を晴らす ; …の〈…からの〉潔白を証明する〈**from, of**〉 ‖ The jury ~*d* him. 陪審員は彼を無罪とした / They ~*d* themselves *of* the charges. 彼らは振りかかる非難に身の潔白を証明した ❸ 〔権利・名誉など〕を維持する, 擁護する **-cà·tor** 名 C 擁護者, 弁護者, 立証者

vin·di·ca·tion /vìndɪkéɪʃən/ 名 U/C 《単数形で》 ❶ 非難[嫌疑・不名誉など]を晴らすこと ; 弁護, 弁明 ‖ in ~ of his claim 彼の主張を擁護して ❷ 証拠, 裏付け

vin·dic·tive /vɪndíktɪv/ 形 ❶ 復讐(ふくしゅう)心に燃えた, 執念深い ❷ 報復的な **~·ly** 副 **~·ness** 名

***vine** /vaɪn/ 名 (複 **~s** /-z/) ❶ C ブドウの木 (grapevine) ; 《the ~》《集合的に》ブドウ ‖ products of the ~ ブドウの生産高 ❷ C つる植物《ツタなど》 ; (植物の) つる ‖ Melons grow on ~*s*. メロンはつるになる
wìther* [OR *dìe*] *on the víne 途中でついえる, 挫折(ざせつ)する, 見捨てられる
vín·y 形

***vin·e·gar** /vínɪgər/ 《発音注意》 名 U ❶ 酢, 食用酢, ビネガー ❷ 不機嫌, 気難しさ ; 辛辣(しんらつ)な言葉[態度] ‖ (as) sour as ~ 非常に不機嫌な ❸ 《米》元気, 活力

vin·e·gar·y /vínɪgəri/ 形 ❶ 酢の (ような), 酸っぱい ❷ 不機嫌な, 怒りっぽい

vin·er·y /váɪnəri/ 名 (複 **-er·ies** /-z/) C ブドウの温室, ブドウ園

***vine·yard** /vínjərd/ 《発音注意》 名 (複 **~s** /-z/) C ❶ (特にワイン製造用の) ブドウ畑 [園] ❷ ワイン醸造所 ❸ 活動領域, 活動の場

vingt-et-un /vænteɪʌ́n | -ɜ́:n/ 名 《フランス》 (= twenty-one) U (トランプの) 21, ブラックジャック

vin·i·cul·ture /víníkʌ̀ltʃər/ 名 U (特にワイン醸造のための)ブドウ栽培 **vìnicúltural** 形 **-cúlturist** 名

vi·no /ví:nou/ 名 (複 **~s** /-z/) 《イタリア》 (= wine) U C 《口》ワイン, (特に)イタリアの赤ワイン

vi·nous /váɪnəs/ 形 ❶ ワインの (ような) ; ワイン特有の ❷ ワイン飲みの ; ワインに酔った ❸ ワイン色の

***vin·tage** /víntɪdʒ/ 《発音注意》 名 ❶ U ビンテージ, (ワインの)醸造年, 醸造場所 ‖ What ~ is this wine? このワインは何年ものですか ❷ U C (特にある年に生産された) ワイン ; (特にブドウの当たり年に醸造された) 極上ワイン (vintage wine) ‖ This red wine is of the 1972 ~. この赤ワインは1972年ものだ ❸ C 《通例単数形で》 ブドウ

の収穫(期) ‖ The ~ was earlier than usual last year. 昨年はブドウの収穫期が例年より早かった ❹ Ⓤ Ⓒ《口》ある年度[時期](産のもの[人]), …年製[型] ‖ a camera of 1942 ~ 1942年製のカメラ / our best captain of recent ~ 近年最高の我々のキャプテン
—形《限定》❶(ワインが)極上の, 年号ものの ‖ a ~ wine 極上ワイン ❷代表的な, 最高の, 典型的な ‖ ~ Salinger サリンジャーの代表作 ❸古くて優れた, 古典的な, 往年の名… ‖ ~ short stories (世に残る)珠玉の短編 ❹《英》(乗用車が) ビンテージの (→ veteran car) ‖ a ~ Rolls-Royce ビンテージロールスロイス
▸▸ ~ **cár** 名 Ⓒ《英》ビンテージカー《1917[19]–30年の間に製造されたクラシックカー》 ~ **yéar** 名 Ⓒ ① 優良ワイン醸造の年 ② 実り多き年, 当たり年

vint·ner /víntnər/ 名 Ⓒ ワイン商人[醸造業者]

***vi·nyl** /váɪnəl/《発音注意》名 Ⓒ Ⓤ ❶ ビニール(◆日常語では通例 plastic を用いる. 〈例〉a *plastic* bag ビニール袋) ❷(アナログ)レコード ‖ Compact discs have taken the place of ~*s* in a short time. CDが短期間でレコードに取って代わった ▸▸ ~ **chlóride** 名 Ⓤ〖化〗塩化ビニル, 塩ビ ~ **résin** 名 Ⓒ Ⓤ〖化〗ビニル樹脂

vi·ol /váɪəl/ 名 Ⓒ〖楽〗❶ ビオール, バイオル《中世の弦楽器. バイオリンの前身》❷ =viola da gamba

vi·o·la[1] /vióulə/ 名 Ⓒ〖楽〗ビオラ ▸▸ ~ **da gámba** /viòulə də gá:mbə | -gǽm-/ 名 Ⓒ〖楽〗ビオラダガンバ《16–18世紀に盛んに用いられた低音弦楽器》

vi·o·la[2] /vaɪóulə, váɪə- | váɪə-/ 名 Ⓒ〖植〗ビオラ《スミレ属の植物. violet, pansy など》

***vi·o·late** /váɪəlèɪt/ 動 (▶ violation 名) 他 ❶〔法律・協定・約束など〕を犯す, 破る, …に背く, 違反する(breach) (↔ obey) ‖ ~ an agreement 協定を破る / ~ traffic regulations 交通規則に違反する ❷〔平穏・私生活など〕を乱す, 妨げる;〔権利など〕を侵害する, 侵犯する ‖ ~ his privacy 彼のプライバシーを冒す / ~ the sovereignty of a nation 国の主権を侵害する ❸〔女性〕を犯す, 暴行する(rape) ❹〔神聖なもの〕を汚す, 冒瀆(ぼうとく)する ‖ ~ a grave 墓を暴く

***vi·o·la·tion** /vàɪəléɪʃən/ 名 (◁ violate 動) (複 ~**s** /-z/) Ⓤ Ⓒ ❶ (法律・協定などの) 違反 (行為), 犯罪 (行為), 違反状態;〖スポーツ〗ルール違反, 反則, バイオレーション ‖ in ~ of a contract 契約違反で / a traffic ~ 交通違反 / a ~ of the 3-second rule (バスケットボールの) 3秒ルール違反 ❷ (神聖なものを) 汚すこと, 冒瀆 ❸ (平穏・権利などの)侵害, 侵犯, 妨害 ‖ a ~ of privacy プライバシーの侵害 / a human rights ~ 人権侵害 [蹂躙(じゅうりん)] ❹ (女性への)暴行

vi·o·la·tor /váɪəlèɪṭər/ 名 Ⓒ 違反者;侵害者;冒瀆者;妨害者;(女性に)暴行する人

‡**vi·o·lence** /váɪələns/
—名〔◁ violent 形〕Ⓤ ❶〈…に対する〉**暴力**;暴力行為, 暴行〈**against**〉‖ There is too much ~ on TV nowadays. 最近はテレビ番組に暴力シーンが多すぎる / acts of ~ *against* demonstrators デモ隊に対する暴力行為 / a bank robbery with ~ 銀行強盗 / **domestic** ~ 家庭内暴力《略 DV》/ use [resort to] ~ 暴力を使う[に訴える]
❷ (感情・表現などの)**激しさ**, 荒々しさ ‖ He spoke with ~. 彼は荒々しい口調でしゃべった
❸ (自然現象・動作などの) 激しさ, 猛威, すさまじさ ‖ He slammed the door with ~. 彼は乱暴に音を立ててドアを閉めた / the ~ of a storm 嵐(あらし)の猛威
dò víolence to ... ① …に暴力を加える ②〔権利・感情・美観など〕を踏みにじる, 損ねる ③〔意味・事実など〕を曲げる ‖ The reporter *did* ~ *to* my speech. その記者は私の演説を曲げて報道した

‡**vi·o·lent** /váɪələnt/
—形 (▶ violence 名) (**more** ~ ; **most** ~)
❶ (人・行為が)暴力を用いる, **乱暴な**, 凶暴な (↔ gentle); 《限定》(死が)暴力[事故]による ‖ Don't be ~ towards your classmates. 同級生に乱暴をするものではない / a ~ deed 暴行 / a ~ **crime** 暴力犯罪 / 「resort to [use] (a) ~ means 暴力に訴える[を用いる] / meet a ~ death 惨死[事故死]する
❷ (人・気質などが)**激しい**, 過激な;(言葉などが)荒々しい, 激しい (↔ mild) ‖ a man with a ~ temper 激しい気性の人 / have a ~ quarrel 激しく言い争う
❸ (自然現象・動作などが)強い力を伴う, 激しい, 猛烈な, すさまじい (↔ mild) ‖ a ~ roar of thunder すさまじい雷のとどろき ❹ (程度が)極端な, 猛烈な, (痛み・病気などが)猛烈な, ひどい;(色・輪郭などが)鮮やかな, 過度に明るい ‖ feel a ~ pain 激痛を覚える / have a ~ dislike of [OR for, to] ... …に対して激しい嫌悪を抱く / ~ colors 極彩色 ❺ (意味などが)歪曲(わいきょく)された, 曲解した, こじつけの
▸▸ ~ **stòrm** 名 Ⓒ 激しい嵐(あらし);〖気象〗暴風《ビューフォート風力階級の11》

***vi·o·lent·ly** /váɪələntli/ 副 乱暴に, 手荒に;激しく, 猛烈に, ひどく ‖ They were ~ attacked by their rival supporters. 彼らはライバルチームのサポーターから乱暴を受けた / She ~ detested her mother-in-law. 彼女はしゅうとめをひどく嫌っていた

***vi·o·let** /váɪələt/ 名 ❶ Ⓒ スミレ《スミレ科スミレ属の植物の総称》; スミレの花 ‖ a sweet ~ ニオイスミレ (→ shrinking violet) ❷ Ⓤ スミレ色, 青紫;《形容詞的に》スミレ色の ‖ a ~ dress スミレ色のドレス ❸ Ⓤ スミレ色の衣服[服地] ‖ dressed in ~ スミレ色(の服)を着て

‡**vi·o·lin** /vàɪəlín/《アクセント注意》
—名 (複 ~**s** /-z/) Ⓒ ❶ **バイオリン** (→ fiddle) ‖ play the ~ バイオリンを弾く / play a sonata on the ~ バイオリンでソナタを弾く
❷ バイオリン奏者(violinist) ‖ the first ~ (オーケストラの)第1バイオリン(奏者)
plày fìrst violín 第1バイオリンを弾く;指導的役割を果たす

***vi·o·lin·ist** /vàɪəlínɪst/ 名 Ⓒ バイオリン奏者

vi·o·list /vióulɪst/ 名 Ⓒ ビオール奏者;ビオラ奏者

vi·o·lon·cel·lo /vàɪələntʃélou/ 名《堅》=cello
-cél·list 名 =cellist

VIP /vì: aɪ pí:/ 名 Ⓒ 重要人物, 要人, 大物 (◆ *v*ery *i*mportant *p*erson の略)

vi·per /váɪpər/ 名 Ⓒ ❶ クサリヘビ科の毒蛇;マムシ;(一般に)毒蛇 ❷ 悪意のある人, 腹黒い人
a vìper in one's bósom 恩をあだで返す人

vi·per·ous /váɪpərəs/ 形 ❶ マムシの (ような) ❷ 悪意のある, 腹黒い

vi·ra·go /vərá:gou/ 名 (複 ~**s**, ~**es** /-z/) Ⓒ ❶ ⊗《蔑》口やかましい女, がみがみ女 ❷《古》男勝りの女

vi·ral /váɪərəl/ 形 ウイルスの[による];(インターネットなどで)素早く伝わる[広まる] ▸▸ ~ **màrketing** 名 Ⓤ バイラルマーケティング《口コミを利用するマーケティング戦略》

vir·e·o /víriòu/ 名 (複 ~**s** /-z/) Ⓒ〖鳥〗モズモドキ《北米・中南米産の鳴き鳥》

Vir·gil /vɔ́:rdʒəl | -dʒɪl/ 名 ウェルギリウス (70–19 B.C.)《古代ローマの詩人》

***vir·gin** /vɔ́:rdʒən | -dʒɪn/ 名 (複 ~**s** /-z/) Ⓒ ❶ 処女, (純潔な)乙女;童貞の男子;未婚[独身]の女性 ❷《the V-》聖母[処女]マリア (the Virgin Mary, the Blessed Virgin);聖母[処女]マリアの像[絵] ❸〖宗〗聖処女, 修道女 ❹《the V-》〖天・占星〗=Virgo ❶ ❺ (特に特殊な活動の)未経験者, 無知な人 ‖ a computer ~ コンピューター操作未経験者 ❻〖動〗(動物の)交尾したことのない雌;(昆虫の)単為[処女]生殖をする雌
—形 ❶《限定》処女の;童貞の;処女特有の, 処女らしい ‖ ~ modesty 処女らしい慎み ❷《通例限定》人の手がまだ入っていない, 未利用の, 人跡未踏の, 汚れのない ‖ In parts the forest was still ~. その森林にはあちこちにまだ人跡未踏の部分があった / a ~ peak 処女峰 / ~ wool 刈ったばかりの羊毛 / ~ snow 新雪 ❸ 初めての, 最初の;

V

初めて使われる ‖ a ~ voyage 処女航海 ❹ (オリーブ油などが)最初の圧搾で得た, バージンの ❺ (金属が)鉱石から直接精錬された;(鉱物が)天然のままの

▸▸ ~ **bírth** 名 ①《しばしば V- B-》《the ~》〘宗〙(キリストが処女マリアから生まれたとする)処女生誕説 ② U〘動〙単為[処女]生殖 **Vìrgin Íslands** /英 ‐‐‐‐/ 名《the ~》バージン諸島《西インド諸島中の群島. 西半は米国領, 東半は英国領》 **Vìrgin Máry** 名《the ~》⇨ VIRGIN ❷ **Vìrgin Quéen** 名《the ~》処女王《英国の Elizabeth I のこと》

vir·gin·al[1] /vɔ́ːrdʒɪnəl/ 形 ❶ 処女の, 処女らしい;処女のままの ❷ 汚れのない, 純潔な ❸〘動〙受精しない

vir·gin·al[2] /vɔ́ːrdʒɪnəl/ 名 C《通例 ~s》〘楽〙バージナル《16-17世紀に用いられた卓上型ハープシコード》

Vir·gin·ia /vərdʒínjə | -iə/ 名 ❶ バージニア(州)《米国東部の州. 州都 Richmond. 略 Va.,〘郵〙VA》 ❷ U バージニア産たばこ ❸ バージニア《女子の名. 愛称 Ginny》 **-gín·ian** 形 名 C バージニア州の(人) ▸▸ ~ **créeper** 名 C U〘植〙(北米産の)アメリカヅタ ~ **réel** 名 C バージニアリール《2列に向かい合って踊る米国のフォークダンス》

vir·gin·i·ty /vərdʒínəṭi/ 名 U ❶ 処女[童貞]であること, 処女性 ‖ lose one's ~ 処女[童貞]を失う ❷ 純潔

***Vir·go** /vɔ́ːrgou/ 名 (複 **~s** /-z/) ❶《無冠詞で》〘天・占星〙乙女座;処女宮《黄道十二宮の第6宮》(the Virgin)(⇨ ZODIAC 図) ❷ C〘占星〙乙女座生まれの人

vìrgo in·tác·ta /-ɪntǽktə/ 名 C〘法〙処女

vir·gule /vɔ́ːrgjuːl/ 名 C〘印〙斜線 (slash)《and/or, miles/hour など. また, 詩行の切れ目にも用いられる》

vir·i·des·cent /vìrɪdésənt/ ⟨シ⟩ 形 緑色がかった

vi·rid·i·an /vərídiən, vɪ-/ 名 U ビリジアン《青緑色の顔料》; 青緑色

vir·ile /vírəl | víraɪl/ 形 ❶ (成年)男性の;男らしい ❷ 力強い, 雄々しい ❸ (男性としての)性的能力のある

vi·ril·i·ty /vərílәṭi/ 名 U ❶ (成年)男性であること;男らしさ ❷ 力強さ ❸ (男性の)性的能力

vi·rol·o·gy /vaɪərɑ́(ː)lədʒi | -rɔ́l-/ 名 U ウイルス学 **vì·ro·lóg·i·cal** 形 **-gist** 名 C ウイルス学者

vir·tu /vəːrtúː/ 名 U ❶ 美術品愛好;骨董(こっとう)趣味;美術品に関する知識 ❷《集合的に》美術品, 骨董品 ‖ an article [OR object] of ~ 美術品, 骨董品

***vir·tu·al** /vɔ́ːrtʃuəl/ 形《限定》❶ (名目上はそうではないが)事実上の, 実質では, ほとんど ‖ He is the ~ head of the firm. 彼はその会社の実質上の社長だ / Burning the letter was a ~ admission of guilt. その手紙を燃やしたのは罪を認めたも同然だった / After the rain, our school playground was a ~ lake. 雨の後は, 学校のグランドはほとんど湖になっていた / a ~ certainty [impossibility] ほとんど確実[不可能]なこと
❷〘理〙虚(像)の, 仮の(↔ real[1]) ‖ a ~ image 虚像
❸ 💻 仮想の, コンピューターソフトによって作り出される
▸▸ ~ **commúnity** 名 U/C《単数形で》💻 仮想社会《インターネット上で形成する仮想の社会》 ~ **mémory** [**stórage**] 名 U 💻 仮想メモリー《主メモリーの記憶容量を超える部分をハードディスク内に一時的にファイルの形で保存する技術;そのファイル》 ~ **óffice** 名 C 仮想オフィス《インターネットによる仕事を中心としたオフィス》 ~ **pét** 名 C 💻 バーチャルペット (cyber pet, digital pet)《パソコンで仮想的に飼育するペット, またそのソフトウェア》 ~ **reál·ity** 名 U 💻 バーチャルリアリティー, 仮想現実(感)《高性能コンピューターにより制御される映像や音響が作り出す疑似現実的環境》 ~ **schóol** 名 C U バーチャルスクール, 遠隔教育《インターネットを利用した学習環境または学校》 ~ **schóoling** 名 U 遠隔教育 ~ **spáce** 名 U C 💻 バーチャルスペース《コンピューターが作り出す仮想現実空間》

vir·tu·al·i·ze /vɔ́ːrtʃuəlàɪz, +米 -tʃəl-, +英 -tjuəl-/ 動 自 他 (…を)仮想現実化する **vir·tu·al·i·zá·tion** 名

***vir·tu·al·ly** /vɔ́ːrtʃuəli/ 副 ❶ 実質的に, 事実上(practically); 完全と言えるほど, ほとんど, ほぼ ‖ The meeting was ~ over. 会議はほぼ終わっていた / ~ every household ほとんどの家庭 ❷ 💻 仮想現実として

***vir·tue** /vɔ́ːrtʃuː/《発音注意》名〔▶ virtuous 形〕❶ U (高い)徳, 美徳, 徳行(↔ vice) ‖ a person of ~ 徳の高い人 / a paragon of ~ 美徳の鑑(かがみ) / *Virtue is its own reward.*《諺》徳行は自ら報いる[報酬を求めない] ❷ C 道徳上の美点, 徳目 ‖ Tolerance is a ~. 寛容は美徳である ❸ U C 長所, 美点 ‖ This plan has the ~ of being flexible. この案には変更がきくという長所がある / There's no ~ in keeping silent during the meeting. 会議で黙っていても何もいいことはない / the ~*s* of free trade 自由貿易の長所 ❹ U 効力, 効能 ‖ the ~ of a medicine 薬の効能 ❺ U (女性の)貞節, 純潔 ❻ C《~s》力天使《天使の位階の1つ》

****by*** [OR ***in***] ***vírtue of ...*** …(の力)で, **…のおかげで** (as a result of);…の理由で(because of)

màke a vìrtue of necéssity いやなことや避けて通れぬことを開き直ってすることで何かを得る

vir·tu·os·i·ty /vɔ̀ːrtʃuɑ́(ː)səṭi | -ɔ́s-/ 名 U ❶ (芸術, 特に音楽演奏の)妙技, 神技 ❷ 美術品愛好, 骨董趣味

vir·tu·o·so /vɔ̀ːrtʃuóusou/ ⟨シ⟩ 名 (複 **~s** /-z/ OR **-si** /-siː/) C ❶ (芸術の)大家, 巨匠;(音楽演奏の)名手, 名人 ❷ 美術[骨董]品愛好者 **-ós·ic** 形 達人的な, 名人の

***vir·tu·ous** /vɔ́ːrtʃuəs/《発音注意》形〔◁ virtue 名〕❶ 徳のある, 有徳の;立派な(↔ vicious) ‖ a ~ king 徳の高い王 / lead a ~ life 立派な生活をする ❷《けなして》高徳者ぶった, 独善の ❸ (女性が)貞節な **~·ly** 副
▸▸ ~ **círcle** 名 C 良循環(↔ vicious circle)

***vir·u·lence** /vírjuləns/ 名 U ❶ (毒物の)猛毒性;(病気の)悪性;(微生物の)毒性 ❷ ひどい悪意[敵意], 辛辣(しんらつ)

***vir·u·lent** /vírjulənt/ 形 ❶ (毒物が)毒性の強い, 致命的な;(病気が)悪性の;(微生物などが)伝染力の強い ❷ 悪意[敵意]に満ちた **~·ly** 副

:vir·us /váɪərəs/《発音注意》
—名 (複 **~·es** /-ɪz/) C ❶〘医〙**ウイルス**, ビールス;(一般に)(感染性の)病原体, 病菌 ‖ a ~ **infection** [disease] ウイルス感染[(性)疾患] / be **infected with** the AIDS ~ エイズウイルスに感染している
❷《口》ウイルス(性)疾患
❸ (道徳的・知的腐敗を招く)害悪, 弊害, 悪の種 ‖ the ~ of prejudice 偏見という害悪の種 ❹ C U 💻 (コンピューター)ウイルス(computer virus) ❺ ウイルス《多数の携帯電話に多数の迷惑メールを送信するプログラム》
▸▸ ~ **detèction** 名 U 💻 ウイルス検知

***vi·sa** /víːzə, -sə/ 名 C ビザ, 査証《旅行先の政府が与える出入国の許可証》‖ He went to Australia on a tourist ~. 彼は観光ビザでオーストラリアへ行った / My ~「runs out [OR expires] in May. 私のビザは5月に期限が切れる / apply for「an American ~ [OR a ~ for America] アメリカのビザを申請する / renew [extend] a ~ ビザを更新[延長]する —動 他 〔パスポート〕を査証する, …に査証印を押す;〔人〕にビザを発給する ‖ get one's passport ~*ed* パスポートを査証してもらう
▸▸ ~ **wàiver** 名 C U ビザ[査証]免除 ‖ a *visa(-)waiver* nation ビザ免除国

vis·age /vízɪdʒ/ 名 C《通例単数形で》《文》❶ (人の)顔;容貌(ようぼう), 顔つき ❷ 様相, 外観

vis-à-vis /vìːzəvíː/ 前 ❶ …に関して;…と比較して ❷ …と向かい合って ❸ …に対して, …ではなく(as opposed to)
—副《古》向かい合って, 相対して
—名 (複 **vis-a-vis** /-z/) C ❶ 向かい合っている人 ❷ 対等の関係にある人(counterpart) ❸ 面と向かっての会談, 直談判(◆ "face to face"の意のフランス語より)

Visc. 略 Viscount

vis·cer·a /vísərə/ 名 複〘解〙内臓《特に腸》

vis·cer·al /vísərəl/ 形 ❶〘解〙内臓の;内臓を冒す ‖ ~ fat(s) 内臓脂肪 ❷ 腹の底からの;感情的な;直観[本能]的な **~·ly** 副

vis·cid /vísɪd/ 形 粘りつく；粘着性物質で覆われた
vis·cose /vískòus/ 名 U ❶ ビスコース《セルロースなどで作られる粘着性の溶液. レーヨンなどの原料》 ❷ (=～ **rayon**) ビスコースレーヨン, 人絹
vis·cos·i·ty /vɪskɑ́(:)səṭi | -kɔ́sə-/ 名 (複 **-ties** /-z/) ❶ U 粘着性 ❷ U C 〖理〗(液体の)粘度, 粘性
vis·count /váɪkàunt/ 《発音注意》 名 C (英国の)子爵《earl の下, baron の上に位する貴族. 敬称としては earl の長子にも用いられる. 略 Visc.》
語源 *vis-* vice+count
vis·count·cy /váɪkàuntsi/ 名 U 子爵の地位[身分]
vis·count·ess /váɪkàunṭəs | vàɪkauntés/ ⟨シ⟩ 名 C ❶ 子爵夫人[未亡人] ❷ 女子爵
vis·count·y /váɪkàunṭi/ 名 =viscountcy
vis·cous /vískəs/ 形 ❶ 粘りつく, 粘着性の ❷ 〖理〗粘性を有する **～·ly** 副 **～·ness** 名
vise, 《英》**vice** /vaɪs/(♦ 同音語 vice) 名 C 万力(まんりき)
― 動 他 …を万力で締める；(万力のように)…を締めつける
vi·sé /víːzeɪ, ―´/ 名 動 他 =visa
vise·like, 《英》**vice-** /váɪslàɪk/ 形 万力のような
Vish·nu /víʃnuː/ 名 〖ヒンドゥー教〗ビシュヌ《維持神. Brahma, Siva とともにヒンドゥー教の三大神の1つ》
vis·i·bil·i·ty /vìzəbíləṭi/ 名 〔◁ visible 形〕(複 **-ties** /-z/) ❶ U 目に見えること ❷ U C 視野, 視界；可視度, (大気の)透明度, 視界距離 ❸ U 知名度

⁑vis·i·ble /vízəbl/
― 形 〔▶ visibility 名〕(**more ～**；**most ～**)
❶ 〈目に〉**見える**〈**to**〉；(光線が)可視の(↔ invisible) ‖ The tower is **clearly** ～ from a distance. その塔は遠くからはっきりと見える / stars ～ *to* the naked eye 肉眼で見える星
❷ はっきりとわかる, 見た目に明らかな, 明白な, 歴然たる ‖ He has no ～ means of support. 彼にはこれといった生活の手立てがない / show ～ **signs** of sympathy はっきりと同情の意を示す
❸ 人の目を引く, 目立つ；(テレビ・新聞などに)よく登場する
❹ 手元にある, すぐ利用できる ‖ ～ supplies 手持ち[在庫]品 ❺ (ファイルなどが)見やすく整理された, 一覧式の
語源 *vis-* see(見る)+*-ible*(「…できる」の意味の形容詞語尾)

***vis·i·bly** /vízəbli/ 副 (見た目に)はっきりと, 明らかに
Vis·i·goth /vízɪgɑ̀(:)θ | -gɔ̀θ/ 名 《the ～s》 西ゴート族《4世紀後半にローマ帝国を侵略し, 5–8世紀にスペイン・フランスに王国を建設したゲルマン民族の1つ》；C 西ゴート人

⁑vi·sion /víʒən/
― 名 〔▶ visual 形〕(複 **～s** /-z/) ❶ U **視力**, 視覚；ものが見えること ‖ He has good [poor, normal] ～. 彼は視力がよい[弱い, 正常である] / My ～ is 20/20.=I have 20/20 ～. 私の視力は20/20(で正常)です《20フィートの距離から正常の視力を示す文字記号が見えること. 近視だと20/40のように分母の数字が大きくなる》 / within [beyond] one's field of ～ 視野の内[外]に；見える[見えない]所で
❷ U (将来を)見通す力, **先見の明**, 洞察(力), 想像(力) ‖ He is lacking in ～. 彼は先を見る目がない
❸ C 心に描く像, 空想的な考え, 将来[理想]像；ビジョン, 展望；空想, 夢 ‖ The family had in its mind ～*s* [OR a ～] of building a nice house. その家族は心の中で素敵な家を建てることを思い描いていた / 「a political [an economic] ～ 政治[経済]展望
❹ C (幻覚・幻視・夢などに現れる)幻, 幻想；幻視体験, 幻覚 ‖ An angel appeared to me in a ～. 天使が幻となって私の前に現れた ❺ C 《a ～》《文》〈美などにおいて〉格別な人〈**of**〉；この上もなく美しい人[光景] ‖ a ～ *of* beauty [OR loveliness] この世のものとは思えないほど美しい人 / She was a ～ in black. 黒い衣装の彼女は最高に美しかった ❻ U (テレビ・映画の)映像, 画像
― 動 他 《まれ》…を幻に見る, 思い描く(envision)
語源 *vis-* see(見る)+*-ion*(名詞語尾)
▸▸ **～ quèst** 名 C ビジョンクエスト, 霊探求《北米先住民の少年が自分の守護霊を知るための霊体験》
vi·sion·ar·y /víʒənèri | -ʒənəri/ 形 ❶ 先見の明のある, 洞察力のある ❷ 空想にふける **―** 名 (複 **-ar·ies** /-z/) C ❶ 洞察力[先見の明]のある人 ❷ 空想家, 夢想家

⁑vis·it /vízət | -ɪt/ 動 名
中心義 …を(見るために)訪ねる
― 動 (**～s** /-s/；**～·ed** /-ɪd/；**～·ing**)
― 他 ❶ 〔人〕を**訪ねる**, **訪問する**(✎go to [OR and] see)；〔病人など〕を見舞う(⇨ 類語P) ‖ I have never ～*ed* Sarah at home. 私はサラを家に訪ねたことはない / We ～ each other quite often these days. 私たちは最近頻繁に行き来している
❷ 〔場所〕を**訪ねる**, 見物[見学]する；(一般に)…に行く(✎go to) (⇨ 類語P) ‖ We ～*ed* China last summer. 去年の夏中国を訪れた / A lot of people ～ this museum on weekends. 週末には多くの人がこの博物館を訪れる / ～ a shrine 神社に参詣(さんけい)する
❸ (客として)〔人〕の家に滞在する[泊まる](✎stay with) ‖ I'm going to ～ my aunt for two weeks next month. 来月おばの所に2週間泊まりがけで行きます
❹ (専門的・職業的立場で)…に行く[来る]；…を往診する；〔医師〕に診察[治療]を受けに行く；〔専門家〕に相談に行く ‖ ～ one's patient 患者を往診する / ～ a doctor for a physical checkup 健康診断を受けに医者に行く / ～ a lawyer 弁護士に相談に行く
❺ 💻 〔ウェブサイト〕に接続する ❻ 〔施設など〕を視察[検査]に行く, 巡視する ❼ (災いなどが)…を見舞う, 襲う(♦ しばしば受身形で用いる) ‖ The village was ～*ed* by the plague. その村は疫病に見舞われた ❽ 《古》〈…に〉〔罰・苦しみ〕を科す；〔罪・悪事など〕の報いを返す〈**on, upon**〉；〔人〕に〈罰・苦しみを〉科す〈**with**〉(♦ しばしば受身形で用いる)
― 自 ❶ 訪問する, 訪れる〈**at** 場所を；**with** 人を〉；見物する；(医者が)往診する；視察する ‖ "Do you live here?" "No, we're just ～*ing*." 「あなた方はここにお住まいですか」「いえ, ちょっと訪ねて来ただけです」 / ～ 「*at* his house [*with* a friend] 彼の家[友人]を訪ねる / The doctor is out ～*ing*. 先生は往診に出ています
❷ 《米》〈…に〉滞在する〈**at, in**〉 ‖ The princess is ～*ing in* Rome. 王女はローマを訪れている / She ～*ed at* her grandmother's home. 彼女は祖母の家に泊まった
❸ 《米口》〈…と〉雑談する, おしゃべりする〈**with**〉 ‖ I hope you can stay and ～ *with* me for a while. ゆっくりして少しおしゃべりでもしていってくださいよ
― 名 (複 **～s** /-s/) C ❶ **訪問**；**見物**, 見学〈**from** …からの；**to** …への〉 ‖ We had a ～ *from* your sister. 私たちは君の妹の訪問を受けた / This is my **first** ～ *to* Ireland. アイルランドを訪れるのはこれが初めてです / I **made** a business ～ *to* Europe. ヨーロッパへ出張した / return a ～ 答礼訪問をする / exchange ～*s* 訪問し合う / go on a ～ *to* the zoo 動物園へ見物に行く / **on** the second [next] ～ 2度目[次回]の訪問のときに / an official ～ 公式訪問 / a state ～ (国家元首による)公式訪問, 元首訪問 / a flying ～ 慌ただしい訪問
❷ **滞在(期間)**, 逗留(とうりゅう) ‖ He came for a ～ of five days. 彼は5日間泊まりがけで来た / **during** his ～ to [OR in] New York 彼がニューヨークに滞在している間に / a ship's ～ to a port 船の港への停泊
❸ (患者の)通院；(医師の)往診；視察, 巡視 ‖ a home ～ 往診 ❹ 💻 (ウェブサイトへの)アクセス ‖ *Visits* to my website have more than doubled. 私のサイトへのアクセス数は2倍以上になった ❺ 《米口》〈…との〉おしゃべり, 雑談〈**with**〉 ‖ enjoy a ～ *with* a friend on the phone 電話で友達とのおしゃべりを楽しむ
******pày a vísit to ...* ; *pày ... a vísit* 〔人・場所など〕を**訪問する**, 見物する(♦ pay ... a visit の形は「人」を訪問する場合

V

のみ可能) ‖ We *paid* him *a* ～ yesterday. 我々は昨日彼を訪問した / We *paid a* ～ *to* the Louvre. ルーブル美術館を訪れた

訪問する	比較的長時間	visit	家・人・国・都市などを
	比較的短時間	call at	家・事務所などを
		drop in at	
		call on	(正式に)人を
		drop in on	人を

♦ drop in には「ちょっと立ち寄る」のニュアンスが含まれるが, drop by, stop by も同様で, これらは自動詞句として用いることも, 他動詞句として場所を表す語を目的語にとることもある. 〈例〉Why don't you *drop* [OR *stop*] *by* (my house) on your way home? 帰りにちょっと(うちに)寄って行きませんか
♦ 上記以外では pay a visit to や make a call at [OR on] があるが, いずれも「改まった訪問」のニュアンスがある.
♦ 日常会話では「人を訪ねる」は go to [OR and] see を用いるのがふつう.

vis·it·a·ble /vízɪţəbl/ 形 ❶ 訪問[見物]できる；訪問[見物]に値する ❷ 視察[訪問]を受ける **-a·bíl·i·ty** 名

vis·it·ant /vízɪtənt/ 名 C ❶ 〘動〙渡り鳥 ❷ 《古》訪問者；《文》(超自然界からの)来訪者, 幽霊

vis·it·a·tion /vìzɪtéɪʃən/ 名 C ❶ 視察, 巡視；(司教の)(管轄区) 巡察 ❷ (＝～ **ríghts**) U 《米》〘法律〙訪問権《子供が一方の親の監督権の下に置かれた場合に, 他方の親に認められる子供と会う権利》 ❸ (神の)天罰；(神の)祝福, 恵み ❹ 厄災, 災難；超自然的なものの出現 ❺ 《口》《戯》迷惑な長居 ❻ 《the V-》〘宗〙(洗礼者ヨハネの母エリザベスへの)聖母マリアの訪問；その祝日《7月2日》 **～·al** 形

***vis·it·ing** /vízəţɪŋ | -ɪt-/ 名 U 形 訪問(の)；視察(の) ‖ have a ～ acquaintance with ... ＝be on ～ terms with ... …と訪問し合うほど親しい
▸▸ **～ càrd** 名 C 《英》名刺(《米》calling card) **～ fíreman** 名 C 《米口》① 大事な客 ② (金離れのよい)観光客 **～ hòur** 名 C 《～s》(病院の)面会時間 **～ núrse** 名 C 《米》訪問[巡回]看護師 **～ proféssor** 名 C 客員教授

⁑vis·i·tor /vízəţər | vízɪ-/
―名 (複 **～s** /-z/) C ❶ **訪問者**, 来訪者, (来)客, 見舞客；宿泊客；観光客〈**to** …への；**from** …からの〉(⇨ 類語P) ‖ The manager has a ～ now. 部長はただ今来客中です / I'm expecting a ～ this afternoon. 今日の午後は来客がある予定です / Judy is a frequent ～ *to* the library. ジュディはよく図書館に来ます / **attract** [receive, see] ～*s from* abroad 外国からの客を誘致する[を受け入れる, に会う] / Japanese ～*s* at a hotel ホテルの日本人宿泊客 / a ～ center 観光案内所
❷ 《～s》(スポーツの)遠征チーム, ビジターチーム(❗ゴルフ場などで会員以外の利用者を「ビジター」というのは和製用法. 英語では guest や non-member を使う)
❸ 《英》視察官(員), 巡察官 ❹ 渡り鳥(visitant)

客	visitor	金を払わない	家	訪問者
	guest			招待客
	shopper	金を払う	店	買い物客
	customer			顧客
	client		弁護士	依頼人
	passenger		乗物	乗客
	spectator		劇場・競技場	観客

♦ ホテルの宿泊客は guest, レストランの客は通例 customer を用いる.
▸▸ **～s' bòok** 名 C 《主に英》(美術館などの)訪問者名簿；(ホテルなどの)宿泊者名簿

vi·sor /váɪzər/ 名 C ❶ (ヘルメットの)シールド；〘史〙(かぶとの)面頬(めんぽお) ❷ 《米》帽子のひさし ❸ (自動車の)サンバイザー, 日よけ板

vis·ta /vístə/ 名 C ❶ (家並・並木などを通して見た)眺め, 眺望, 遠景 ❷ (将来への)見通し, 展望；(過去の)回顧, 追憶 ‖ open up new ～*s* 新たな展望を切り開く

VISTA /vístə/ 略 *V*olunteers *i*n *S*ervice *t*o *A*merica (米国貧困地域奉仕活動)

⁑vis·u·al /víʒuəl/ 《アクセント注意》
―形 〔◁ vision 名〕《比較なし》《通例限定》 ❶ **視覚の**, 視力の, 視覚に関する ‖ the ～ sense [OR perception] 視覚 / ～ power 視力 / the ～ organ 視覚器官
❷ 目に見える；視覚によって行われる[得られる] ‖ a ～ ray 可視光線 / a ～ impression 目で見た印象 / 「～ flying [OR (a) ～ flight] 有視界飛行
❸ (情景・姿・形が)はっきりと映し出されるような, 目の前で見るような, ありありと目に浮かぶ ‖ a ～ memory of the scene その光景の(今も目の当たりに見るような)生々しい記憶 ❹ 視覚器具を使った ‖ ～ instruction 視覚教育
―名 (複 **～s** /-z/) C 《通例 ～s》視覚用資料；映像
▸▸ **～ áid** 名 C 《通例 ～s》視覚教材[資料]《スライドなど》 **～ árts** 名 複 《the ～》視覚芸術《絵画など》 **～ córtex** 名 〘解〙視覚皮質《視覚をつかさどる大脳皮質後頭葉の部位》 **～ displáy ùnit** 名 C 《主に英》＝video display terminal **～ fíeld** 名 C 視野(field of vision)

***vis·u·al·ize** /víʒuəlàɪz/ 動 他 ❶ 心に描く **a** 《＋目》…を心に描く, 想像する ‖ I can ～ the scene of the accident clearly. その事故の光景をまざまざと思い浮かべることができる **b** 《＋*doing*》…するのを心に描く ‖ I can't ～ making such a great success of my life. 僕がそんな大出世をする姿なんて考えられない **c** 《＋目＋*doing*》…が…するのを想像する(♦ 目的語の代わりに所有格も可能) ‖ Laura ～*d* him [OR his] proposing to her. ローラは彼がプロポーズしてくる姿を想像した / The boy often ～*d* himself flying in the sky. 少年はよく空を飛んでいる姿を想像した **d** 《＋**wh** 節》…かを心に描く, 想像する ‖ Can you ～ *how* big this tree could be in five years' time? 君はこの木が5年たったらどれくらい大きくなるか思い描けますか **e** 《＋目＋**as** 名・形》…を…だと想像する ‖ Andy could not ～ her *as* a businessperson. アンディは実業家としての彼女を想像できなかった ❷ 〔体内の器官など〕を(X線などによって)見えるようにする
―自 心に描く **vìs·u·al·i·zá·tion** 名

***vi·su·al·ly** /víʒuəli/ 副 ❶ 見たところ, 外見(上)は ❷ 視覚の点で ‖ ～ impaired 目に障害のある

vi·ta /víːţə, váɪ-/ 名 C 《米》履歴書(curriculum vitae)

⁑vi·tal /váɪţəl/ 《発音注意》
―形 〔▶ vitality 名, vitalize 動〕(**more ～**; **most ～**)
❶ 〈…にとって〉必要不可欠な, **肝心の**, 極めて重要な (↔ unnecessary) 〈**to, for**〉(⇨ NECESSARY 類語) ‖ The students' cooperation is **absolutely** ～ *to* [OR *for*] the success of the plan. その計画がうまくいくためには学生たちの協力がどうしても必要だ / It is ～ that the manager and the players trust [《主に英》should trust] each other. 監督と選手たちが互いに信頼し合うことが肝心だ / It was ～ (for us) to know the cause of the failure. (我々は) 失敗の原因をぜひ知る必要があった / a question of ～ importance 極めて重大な問題 / play a ～ **role** [OR **part**] in a project プロジェクトで重要な役割を果たす
❷ **生き生きした**, 活力あふれる, はつらつとした ‖ She has a ～ personality. 彼女は活発な人だ
❸ 《比較なし》《限定》**生命に関する**；生命を示す；生命(維持)に不可欠な, 生命をつかさどる ‖ ～ power 生命力, 活力

/ the ～ organs 生命をつかさどる諸器官《心臓・脳など》 ❹ 生死にかかわる, **致命的な** ‖ a ～ wound 致命傷
—名 (複 **～s** /-z/) 《the ～s》 ❶ 生命に不可欠な諸器官《脳・心臓・肺など》 ❷ (国家・制度の)最重要部分, 核心
語源 *vit-* life(生命)+*-al*(形容詞語尾)
▸▸ **～ capácity** 名 U/C 《通例単数形で》肺活量 **～ sígns** 名 複 〖医〗生命兆候《脈・呼吸・体温など》 **～ statístics** 名 ① 人口動態統計《出生・死亡・結婚などの統計》 ② ⊗《旧》《口》《ときに蔑》女性のスリーサイズ

vi·tal·ism /váɪṭəlìzm/ 名 U 〖哲〗生気論 (↔ mechanism) **-ist** 名 C 形 生気論者(の) **vì·tal·ís·tic** 形

*__vi·tal·i·ty__ /vaɪtǽləṭi/ 名 〔◁ vital 形〕 U ❶ 活力, 活気, 気力, 元気 ‖ a child bursting with ～ 元気いっぱいではち切れそうな子供 ❷ (国家・制度・言語などの)存続性, 持続力 ❸ 生命力, 成長力

vi·tal·ize /váɪṭəlàɪz/ 動 〔◁ vital 形〕 他 ❶ …に生命を与える ❷ …を活気づける **vì·tal·i·zá·tion** 名

vi·tal·ly /váɪṭəli/ 副 ❶ 生命にかかわるほどに, 致命的に ❷ 極めて, 絶対に

:vi·ta·min /váɪṭəmɪn | ví-/ 《発音・アクセント注意》
—名 (複 **～s** /-z/) C ❶ 《通例 ～s》**ビタミン** ; U 《A, B, C などを伴って》ビタミン… ; 《形容詞的に》ビタミンの ‖ contain [take] essential ～*s* 必須のビタミン類を含む[摂取する] / *Vitamin* D is found in fish oils. 魚油にはビタミンDが含まれている / ～ deficiencies [supplements] ビタミン不足[補給剤] ❷ ビタミン(錠)剤(vitamin pill)
語源 *vita-* life+*amine*(アミン)

vi·ti·ate /víʃièɪt/ 動 他 ❶ 《堅》…を不完全なものにする ; …(の質・価値など)を損なう ❷ …を堕落[腐敗]させる ❸ 〔契約など〕を無効にする

vit·i·cul·ture /víṭəkʌ̀ltʃər | víti-/ 名 U ブドウ栽培

vit·re·ous /vítriəs/ 形 ❶ ガラスの(ような), ガラス質[製]の ❷ (眼球の)硝子(しょうし)液の ▸▸ **～ bódy** 名 U 〖解〗(眼球の)硝子体 **～ húmor** 名 U 〖解〗(眼球の)硝子体液

vit·ri·fy /vítrɪfàɪ/ 動 (**-fied** /-d/ ; **～·ing**) 他 自 (熱で)(…を[が])ガラス化する, ガラス(状物質)に変える[変わる](♦ しばしば受身形で用いる)
vìt·ri·fác·tion, vìt·ri·fi·cá·tion 名

vi·trine /vətríːn/ 名 C (博物館などの)陳列用ガラスケース

vit·ri·ol /vítriəl/ 名 U ❶ 〖化〗《古》《文》硫酸 ; 硫酸塩《硫酸銅・硫酸鉄など》 ❷ 辛辣(しんらつ)な言葉, 痛烈な皮肉

vit·ri·ol·ic /vìtriá(ː)lɪk | -ɔ́l-/ ⊲シ 形 ❶ 硫酸塩の(ような) ❷ 辛辣な, 痛烈な

vi·tro /víːtrou/ ⇨ IN VITRO

vi·tu·per·ate /vaɪtjúːpərèɪt/ 動 他 自 (…を)しかりつける, ののしる **-a·tive** 形 **-a·tive·ly** 副 **-à·tor** 名 C

vi·va[1] /víːvə/ 間 《イタリア》万歳

vi·va[2] /váɪvə/ 《英》 名 =viva voce —動 (**～ed, ～'d** /-d/ ; **～·ing**) 他 …を口頭で試験する (♦ しばしば受身形で用いる) ▸▸ **～ vó·ce** /-vóutʃi, -vóusi/ 副 形 《限定》(特に試験が)口頭で[の], 口述で[の] —名 C 《英》口頭試験, 口述試験(♦ ラテン語の「生の声で」の意より)

vi·va·ce /vɪváːtʃi/ 副 形 〖楽〗ビバーチェで[の], 活発に[な] —名 C ビバーチェの楽節(♦ イタリア語より)

vi·va·cious /vɪvéɪʃəs/ 形 (特に女性が) 活発な, 快活な, 陽気な **～·ly** 副 **～·ness** 名

vi·vac·i·ty /vɪvǽsəṭi/ 名 U 活発, 快活, 陽気

Vi·val·di /vɪváːldi | -vǽl-/ 名 **Antonio ～** ビバルディ (1675?–1741)《イタリアの作曲家》

vi·var·i·um /vaɪvéəriəm/ 名 (複 **～s** /-z/ OR **-i·a** /-iə/) C (自然状態に似せた)動物飼育場[室, 容器]

vive la dif·fé·rence /vìːv lɑː dìːferɑ́ːns/ 間 《フランス》《主に戯》(2つの間の)違い万歳 ! (♥ 特に男女の違いについて使われる)

*__viv·id__ /vívɪd/ 形 (**more ～ ; most ～**) ❶ (記憶・描写などが)鮮明な, 生き生きとした ; (想像力が)旺盛な, 活発な(↔ vague) ‖ He gave us a ～ account of his journey to Siberia. 彼はシベリア旅行の生き生きとした話をしてくれた / a ～ image 鮮明なイメージ / a ～ imagination たくましい想像力 / an event ～ in one's memory 記憶に生々しい出来事 ❷ (色・光などが)鮮やかな, 目の覚めるような, 強烈な (↔ dull) ‖ The mountains were a ～ green. 山々は目の覚めるような緑色をしていた / a ～ blue sky 鮮やかな青空(→ bright) ❸ (人・動物などが)生き生きとした, 活発な **～·ness** 名

*__viv·id·ly__ /vívɪdli/ 副 ❶ 鮮明に, 生き生きと ❷ 色鮮やかに ‖ ～ colored fish 色の鮮やかな魚

viv·i·fy /vívɪfàɪ/ 動 (**-fied** /-d/ ; **～·ing**) 他 …に生命を吹き込む ; …を活気づける

vi·vip·a·rous /vɪvípərəs/ 形 ❶ 〖動〗胎生の (→ oviparous) ❷ 〖植〗(種子が)胎生の, 母体発芽の

viv·i·sect /vívɪsèkt/ 動 他 自 (動物を)生体解剖する

viv·i·sec·tion /vìvɪsékʃən/ 名 U 生体解剖[実験] **～·ist** 名 C 生体解剖者 ; 生体解剖擁護者

VIVO /víːvou/ 略 *v*oice *i*n/*v*oice *o*ut computer (音声作動のコンピューター)

vix·en /víksən/ 名 C ❶ 雌ギツネ ❷ 口やかましい女, 意地悪女 **～·ish** 形 (女性が)口やかましい, 意地悪な

Vi·yel·la /vaɪélə/ 名 U 《商標》ビエラ《綿とウールの混紡》

viz. /vɪz/ 副 《ラテン》すなわち, 換言すれば(in other words) (♦ しばしば namely と読む)

vi·zier /vəzíər | vɪ-/ 名 C (イスラム諸国, 特に旧トルコ帝国の)高官, 大臣

VJ 略 *v*ideo *j*ockey

V-J [VJ] dày 名 (第2次世界大戦の) 対日戦勝記念日 (1945年8月15日)(♦ *V*ictory over *J*apan の略)

VLA 略 *V*ery *L*arge *A*rray

Vla·di·vos·tok /vlæ̀dɪvɑ́(ː)stɑ(ː)k | -vɔ́stɔk/ 名 ウラジオストック《ロシア南東部の日本海に面した港湾都市》

VLF 略 〖無線〗*v*ery *l*ow *f*requency

vlog /vlɔ(ː)ɡ/ 名 C 💻ブイログ《ビデオ画像をコンテンツに持つブログ》(♦ *v*ideo+*blog* より)

V.M.D. 略 《ラテン》*V*eterinariae *M*edicinae *D*octor (=Doctor of Veterinary Medicine)(獣医学博士)

VMT 略 *v*ehicle *m*iles *t*raveled [OR of *t*ravel] (乗り物走行マイル)

V-nèck 名 C (セーターなどの) Vネック ; Vネックの衣服 ‖ a ～ sweater Vネックのセーター **～ed** 形

VOA 略 *V*oice *o*f *A*merica

voc. 略 vocational ; vocative

vo·cab /vóukæb/ 名 《口》=vocabulary

vocab. 略 vocabulary

vo·ca·ble /vóukəbl/ 名 C (意味よりも音や文字の構成から見た)語, 単語 —形 発音できる, 話すことができる

*__vo·cab·u·lar·y__ /voukǽbjulèri | -ləri/ 《発音・アクセント注意》 名 (複 **-lar·ies** /-z/) ❶ C U (個人の習得しているすべての)語彙(ごい), 用語数 ‖ The word "impossibility" is not in my ～. 私の語彙には「不可能」という言葉はない / an active ～ 表現語彙《実際に話したり書いたりできる語彙》/ a passive ～ 理解語彙《話したり書いたりはできないが聞いたり読んだりして理解できる語彙》/ have a large [×many] ～ 語彙が豊富だ / have a limited [OR small] ～ 語彙が少ない / build [OR increase, develop] one's ～ 語彙を増やす[豊かにする] / a ～ of 1,000 words 1,000語の語彙 ❷ C U (特定の分野・職業の)語彙, 用語範囲 ‖ the ～ of economics 経済用語 ❸ C (特定の言語で用いられるすべての)語彙(数) ; C U (外国語学習用のテキスト・書籍などの)単語表, 語彙集(glossary, 《口》 vocab) ‖ The word "aerobics" first entered the English ～ late in the 20th century. "aerobics"という語は20世紀の終わり近くに初めて英語の語彙に加えられた ❹ U C (芸術の) 表現形式, 方法 ‖ the ～ of abstract artists 抽象画家の表現方法

*__vo·cal__ /vóukəl/ 形 (▶ voice 名) (**more ～ ; most ～**) (♦ ❸ 以外比較なし) ❶ 《限定》声の, 音声の, 発声の ‖ a ～ range of two octaves 2オクターブの発声域 / the ～

organs 発声器官 ❷《限定》口頭の，声によって発せられる；〘楽〙歌の，声楽の ‖ ～ prayers 口禱(こうとう) (↔ silent prayers) / ～ communication 口頭によるコミュニケーション / a ～ score 声楽譜面 ❸〈…について〉(意見・感情などを) 遠慮なく声高に言う，表明する (↔ quiet)〈**in, about**〉‖ He was ～「*in* criticizing the government [*about* his rights]. 彼は声高に政府を批判した[権利を主張した] ❹〘言〙母音の (voiced)；有声音の (vocalic) ❺ (場所などが)声が満ちている，ざわめいている
―名 Ⓒ《しばしば ～s》(ジャズなどの)声楽曲(の演奏)《伴奏付きの歌唱曲》；(曲の)歌唱部分(❗人を意味する「ボーカル」は vocalist) ‖ Who is on ～*s*? ボーカルはだれですか
～·ly 副 声高に，声に出して；口頭で；ボーカルとして
▸▸**～ còrds** /英 ニーニ/ 名 複〘解〙声帯

vo·cal·ic /voʊkǽlɪk/ 形 母音の[に関する]；母音を含む

vo·cal·ist /vóʊkəlɪst/ 名 Ⓒ (特にジャズ・ポピュラー音楽バンドの)歌手，ボーカリスト

vo·cal·ize /vóʊkəlàɪz/ 動 他 ❶〔語・音など〕を声に出す，発音する ❷〘音声〙〔子音〕を母音化する；〔無声音〕を有声音化する ―自 ❶ 声を出す；話す；(母音で声楽の)発声練習をする ❷〘音声〙母音化する；有声音化する
vò·cal·i·zá·tion 名 Ⓒ 発音された音[語]；Ⓤ 発音(すること)

***vo·ca·tion** /voʊkéɪʃən/ 名 ❶ Ⓒ 職業，仕事；天職，聖職 (⇨ JOB 類語P) ‖ Teaching is regarded as a ～, not just a job. 教職は単なる職業ではなく聖職とみなされている / miss one's ～ 職業(の選択)を誤る ❷ Ⓒ Ⓤ〈職業に対する〉適性，素質；才能，天分〈**for**〉‖ Susie has a ～ *for* nursing. スージーには看護の適性がある / He is a fisherman by ～. 彼は根っからの漁師だ ❸ Ⓒ Ⓤ 使命感，天職意識(♦特に宗教的活動や職業におけるものを指すことが多い) ‖ The doctor had no sense of ～. その医者は全く使命感に欠けていた

***vo·ca·tion·al** /voʊkéɪʃənəl/ 形 ❶ 職業の[に関する] ❷ 職業訓練[指導]の ‖ ～ guidance 職業指導 / ～ training 職業訓練 **～·ìsm** 名 **～·ìze** 動 **～·ly** 副
▸▸**～ schòol** 名 Ⓒ Ⓤ (アメリカの)職業訓練学校

voc·a·tive /vá(:)kətɪv | vɔ́k-/〘文法〙形 (ラテン語などの)呼格の ‖ the ～ case 呼格
―名 ❶《the ～》呼格 ❷ Ⓒ 呼格の語

vo·cif·er·ate /voʊsífərèɪt/ 動 他 自 (特に抗議のために)(…と)大声で叫ぶ，わめく **vo·cìf·er·á·tion** 名

vo·cif·er·ous /voʊsífərəs/ 形 ❶ 大声で叫ぶ ❷ (抗議・要求などが)騒々しい，激しい **～·ly** 副 **～·ness** 名

vod·ka /vá(:)dkə | vɔ́d-/ 名 Ⓤ ウオツカ《ロシア産蒸留酒》

vo·dun /voʊdú:n/ 名 ＝voodoo

***vogue** /voʊɡ/ 名 Ⓤ/Ⓒ《通例 a ～》〈…の〉(一時的な)流行，はやり〈**for**〉；人気，世間の受け(⇨ FASHION 類語) ‖ a ～ *for* long hair ロングヘアの流行 / have [lose] a brief ～ 一時的に流行する[すぐに人気を失う] / be (all) the ～ (大)流行する
còme into vógue 流行する
in vógue 流行して，はやって
out of vógue 流行遅れになって
―形《限定》流行の，人気のある ‖ "Disclosure" is the administration's ～ word.「情報公開」は行政の流行語となっている ―動 自 ボーギング(vogueing)を踊る

vogue·ing, vogu·ing /vóʊɡɪŋ/ 名 Ⓤ ボーギング《ファッションモデルの動きをまねたダンス》

vogu·ish /vóʊɡɪʃ/ 形 ❶ (服装・髪型などが)流行の，はやりの ❷ (一時的に)人気のある

⁂voice /vɔɪs/ 名 動

中心義 声

―名〔▸ vocal 形〕(複 **voic·es** /-ɪz/) ❶ Ⓒ Ⓤ (人の)**声**，音声；(…の質の)声，(…の特徴の)声 ‖ My dog recognizes my ～. 私の犬は私の声がわかる / I picked up her worried tone of ～. 彼女の声から心配している様子を感じとった / **in** a loud ～ 大きな声で

連語【動＋～ / ～＋動】hear a person's ～ (人の)声が聞こえる / a person's ～ breaks 声変わりする / a person's ～ sounds weak (人の)声が弱々しく聞こえる / a person's ～ shakes [OR trembles] with anger 怒りで声が震える / a person's ～ rises 声が大きくなる
【形＋～】a low ～ 低い[小さな]声 / a deep ～ 太い声 / a loud [quiet] ～ 大きな[静かな]声 / a small ～ 小さな声 / a soft ～ 穏やかな声

❷ Ⓤ 声を出す力，発声できる状態 ‖ She lost her ～. 彼女は(のどが荒れて[痛くて])声が出なくなった
❸ Ⓤ (意見・感情などの)表明，発言，表現；Ⓒ (表明された)**意見**，希望 ‖ There were many dissenting ～*s*. 多くの不満の声が上がった / The local residents tried to make their ～*s* heard. 地元住民たちは意見を聞いてもらえるよう努力した / *The ～ of the people is the ～ of God.*《諺》民の声は神の声
❹ Ⓤ/Ⓒ《通例 a ～》〈…における〉**発言権**；投票権〈**in**〉‖ I have a [no] ～ *in* the decision-making process. 自分には意思決定過程での発言権がある[ない]
❺《通例 the ～》(主義・主張などの)代弁者，代理人[機関] ‖ Martin Luther King was the ～ of the black community. マーティン＝ルーサー＝キングは黒人社会の代弁者だった
❻《通例 the ～》内なる[心に呼びかけてくる]声，心の奥底にある感情[思い]，自らを引き止め[戒め]ようとする気持ち[自覚]；お告げ；(人の声を思わせる自然の)音，声 ‖ My inner ～ told me not to open the door. 扉を開けない方がよいと心の声が言った / the ～ of (one's) conscience [reason] 良心[理性]の声 / the ～ of「a skylark [the wind] ヒバリの声[風の音] ❼ Ⓒ Ⓤ〘楽〙歌声，歌声の質；歌手；(楽曲の)声部 ‖ a (musical) piece for five ～*s* 五声部の楽曲 ❽《通例 the ～》〘文法〙(動詞の)態 ‖ the active [passive] ～ 能動[受動]態 ❾ Ⓤ〘音声〙有声音《母音および有声子音など》

a* 「*vòice* (*crỳing*) [OR *lòne vòice*] *in the wilderness 荒野に呼ばわる声；世に受け入れられない(警告などの)叫び(♦聖書の言葉．後にその正しさが他者にも理解されるという含みがある)
at the tòp of one's vóice 声を限りに，大声で
be in* (*gòod*) *vóice 声の調子がよい(♦「声の調子が悪い」は be in poor voice)
find one's vóice ① (驚いた後などに) 声が出るようになる ② (文筆家が)独自のスタイル[文体，様式]を確立する
gìve vóice to ... 〔感情など〕を口に出す，公然と表明する
lòwer one's vóice 声を落とす，小さくする
ràise one's vóice ① 声を大きくする，張り上げる〈**to, at** …に / **to *do*** …するために〉② 〈…に対して〉強く抗議する〈**against**〉
with òne vóice 異口同音に，全員が同意して；同時に ‖ We accepted his proposal *with one* ～. 我々は満場一致で彼の提案を受け入れた

COMMUNICATIVE EXPRESSIONS
1 **(It's) góod to hèar your vóice.** 声が聞けてうれしいよ；久しぶりに話ができてよかった(♥電話でのあいさつ)
2 **Kèep your vóice dòwn.** 声を落としてください；静かに(＝Keep it down.)
3 **You lòve the sòund of your òwn vóice.** 全くうぬぼれているな(♥得意げに話し続ける人に対して用いるくだけた表現)

―動 他 ❶〔意見・感情など〕を表明する，言葉に出して言う ‖ ～ one's concern [opinion] 懸念[意見]を表明する ❷〘音声〙…を有声音で発音する(→ voiced) ❸〘楽〙〔パイプオルガン〕を調律する
～·ful 形
▸▸**～ bòx** 名 Ⓒ 喉頭(こうとう) (→ larynx) **～ màil** 名 Ⓤ ボイスメール(voice mailbox)《電話による伝言システム》；

伝言ダイヤル **Vòice of América** 名《the ～》ボイス＝オブ＝アメリカ《米国政府の海外向け放送. 略 VOA》 **～ recognítion** 名 U 音声認識 ‖ a *voice-recognition* program 音声認識プログラム **～ vòte** 名 C 発声投票 ‖ on [OR by] (a) ～ *vote* 発声投票で

vóice-àctivated 形 音声作動の

voiced /vɔɪst/ 形 ❶《しばしば複合語で》…声の ‖ harsh-*voiced* しゃがれ声の ❷ 声で[言葉に]表した ❸〖音声〗有声(音)の(↔ voiceless)

voice·less /vɔ́ɪsləs/ 形 ❶ 無言の, 沈黙した ❷ (考え・希望などが)言い表せない ❸ 発言権のない ❹ 声が出せない, 口がきけない ❺〖音声〗無声音の(↔ voiced)

vóice·màil 名 =voice mail(↑)

vóice-òver, vóice·òver /ˊ-ˋ-/ 名 C (画面に現れない)ナレーターの声[語り]; (映画などの)吹き替え

vóice·prìnt 名 C 声紋

*__void__ /vɔɪd/ 形 ❶《叙述》〈…が〉欠落した, (完全に)ない(devoid)〈**of**〉‖ She is ～ *of* emotion. 彼女には情緒が欠けている / a story ～ *of* foundation 根拠のない話 ❷〖法〗(契約などが)無効の, 法的効力のない(↔ valid) ‖ The contract was declared null and ～. その契約は無効だと宣言された / a ～ election 無効な選挙 ❸ 空の, 空虚な;《堅》(役職・地位が)空いている, 空席の ‖ a ～ space 空間 ❹ (言動などが)効果のない, 無駄な ❺《叙述》(トランプのブリッジなどで)組札(㊇)がない ‖ ～ in spades スペードの手札がない

―名 C ❶《通例単数形で》何もない空間; 宇宙空間; 虚空, 真空; 空所, 空席; 割れ目, 隙間(㊇) ‖ There are large ～*s* in the universe where no galaxies are found. 宇宙には銀河の全くない広大な空間がいくつもある / stare into the ～ 虚空を見つめる

❷《通例 a ～》(価値あるものなどを)失うこと; (失うことによる)空虚[白]感 ‖ an aching ～ left by the loss of a loved one 愛する人を亡くした後の切ない空虚感 ❸ (トランプで)組札がないこと(→ 形 ❺)

―動 他 ❶〖法〗〔契約・協定など〕を無効にする ‖ The bill was ～*ed*. 法案は無効になった ❷〔大便・小便〕を排泄(㊇)する; 〔腸・膀胱(㊇)〕から排泄する; 〔中身〕を出す; …を空にする ―自 排泄する **～·a·ble** 形 **～·ness** 名

voi·là, -la /vwɑːlɑ́ː | vwæ-/ 間 はい, ご覧ください; はい, どうです(♥ 得意・満足を表す)(♦ フランス語より)

voile /vɔɪl/ 名 U ボイル《目の粗い薄織物》(♦ フランス語より)

VoIP, VOIP /vìːouaɪpíː, vɔɪp/ 略 💻 *v*oice *o*ver *I*nternet *P*rotocol(ボイップ)《インターネットで音声データを送受信する技術》

*__vol.__ 略 *vol*ume(巻), *vol*cano(火山), *vol*unteer(志願者)

vo·lant /vóulənt/ 形 ❶ 飛ぶ; 飛べる ❷《文》機敏な ❸《通例名詞の後に置いて》〖紋章〗(鳥などの)飛ぶ姿を表した

*__vol·a·tile__ /vɑ́(ː)lətəl | vɔ́lətàɪl/ 形 ❶ (状況・情勢などが)不安定な, 波乱含みの ‖ a ～ economic situation 不安定な経済情勢 ❷ (人が)感情の変化が激しい, (気性などが)激しやすい, 移り気な ‖ She has a highly ～ disposition. 彼女は大変激しやすい[気まぐれな]性格だ ❸ (液体・物質が)揮発性の, 蒸発しやすい ‖ a ～ substance 揮発性物質 ❹ 💻 (メモリーが)揮発性の(♦ 電源がオンの間だけ記憶が保持される)

▶▶ **～ òil** 名 U 揮発(性)油

vol·a·til·ize /vɑ́(ː)lətəlàɪz | vəlǽtɪl-/ 動 他 …を揮発させる ―自 揮発する

vol-au-vent /vɔ̀ːlouvɑ́ːn | vɔ́ləvɔn/ 名 C〖料理〗ボローバン《肉・魚などを詰めたパイ》(♦ フランス語より)

*__vol·can·ic__ /vɑ(ː)lkǽnɪk | vɔl-/ 形《通例限定》❶ 火山(性)の, 火山に関する, 火山作用による; 火山の多い ‖ ～ activity 火山活動 / ～ ash [mud, bombs] 火山灰[泥, 弾] / a ～ region [earthquake] 火山地帯[性地震] ❷ (気性・性質が)激しい, 猛烈な, 爆発的な ‖ a person of ～ passions 激しい情熱家

-i·cal·ly 副 火山作用によって; 火山のように(激しく)

vól·can·ìsm 名 U 火山活動

▶▶ **～ glàss** 名 C〖鉱〗黒曜石, 火山ガラス

*__vol·ca·no__ /vɑ(ː)lkéɪnou | vɔl-/《発音・アクセント注意》名 (複 **～s, ～es** /-z/) C ❶ 火山, 噴火口 ‖ an active ～ 活火山 / Submarine [OR Underwater] ～*es* erupted. 海底火山が爆発した ❷ (今にも爆発しそうな)抑圧された感情[状態]

語源〖ロ神〗の *Vulcan*(火の神)から.

vol·ca·nol·o·gy /vɑ̀(ː)lkənɑ́(ː)lədʒi | vɔ̀lkənɔ́l-/ 名 U 火山学 **-gist** 名 **vòl·ca·no·lóg·ic** 形

vole /voul/ 名 C〖動〗ハタネズミ

Vol·ga /vɑ́(ː)lgə | vɔ́l-/ 名《the ～》ボルガ川《ロシア西部を流れてカスピ海に注ぐヨーロッパ最長の川》

vo·li·tion /voulɪ́ʃən, və-/ 名 U ❶ 意志(の働き), 決断, 決意 ❷ 意志力, 決断力

of one's òwn volítion 自分の意志で, 自ら進んで

語源 *vol-* wish＋*-ition*(名詞語尾): 意欲, 意志

vo·li·tion·al /voulɪ́ʃənəl, və-/ 形 意志の[に関する]; 意志による, 決断力のある **～·ly** 副

Volks·wa·gen /vóukswæ̀gən | vɔ́lks-/ 名《商標》フォルクスワーゲン《ドイツの自動車会社. 略 VW》

*__vol·ley__ /vɑ́(ː)li | vɔ́li/ 名 C ❶《しばしば the ～》(特にテニス・サッカーで)ボレー《球が地面に落ちる前に直接打ち[けり]返すこと》‖ hit [kick] a ball on the ～ ボールをボレーで打つ[ける] / the half ～ ハーフボレー《球が地面に弾んだ直後に打つ[ける]こと》❷〈火器・弓などの〉一斉射撃〈**of**〉; 一斉射撃された弾丸[矢, 石, 投げやりなど];〖採〗一斉爆破 ‖ fire a ～ *of* gunfire 一斉砲火を浴びせる ❸〈質問・打撃などの〉集中砲火, 〈悪態・抗議などの〉連発〈**of**〉‖ a ～ *of* questions 矢継ぎ早の質問

―動 他 ❶〔球〕をボレーで打つ[ける] ❷〔弾丸・質問など〕を一斉に浴びせる, 連発する, 力を込めて[大声で, 素早く]言う ‖ The rioters ～*ed* smoke bombs at the police. 暴徒は警官隊目がけて発煙弾を一斉に投げつけた / ～ questions at ... …に質問を浴びせる ―自 ❶ (弾丸・質問などが)一斉に発射される, 連発される, 飛び交う ❷ ボレーを打つ, ボレーシュートをする ‖ He ～*ed* straight at the keeper. 彼はキーパーに向かって真っすぐボレーシュートを放った ❸ 非常な速さで[うなりを上げて]進む, 突進する

*__vol·ley·ball__ /vɑ́(ː)libɔ̀ːl | vɔ́l-/《発音・アクセント注意》名 U バレーボール(の試合); C バレーボールのボール ‖ play ～ バレーボールをする / a ～ court バレーボールコート

vol·plane /vɑ́(ː)lplèɪn | vɔ́l-/ 動 自 (エンジンを止めて地上へ)滑空[滑降]する ―名 C 滑空, 滑降

volt /voult/《発音注意》名 C〖電〗ボルト《電圧の単位. 略 V》(→ ampere, ohm, watt)

語源 19世紀のイタリアの物理学者でボルタ電池を発明した Alessandro Volta の名より.

*__volt·age__ /vóultɪdʒ/《発音注意》名 U C〖電〗電圧(量), ボルト数

vol·ta·ic /vɑ(ː)ltéɪɪk | vɔl-/ 形〖電〗(化学作用によって生じた)電気[電流]の[に関する]

Vol·taire /voultéər | vɔl-/ 名 **François-Marie Arouet ～** ボルテール(1694–1778)《フランスの啓蒙(㊇)思想家・文学者》

volte-face /vɔ̀(ː)ltfɑ́ːs/ 名 (複 **～**) C ❶ 方向転換, 逆転 ❷ (政策・態度・意見などの)転向, 豹変(㊇)

vólt·mèter 名 C〖電〗電圧計

vol·u·ble /vɑ́(ː)ljubəl | vɔ́l-/ 形 ❶ (人が)多弁な, 口の達者な; (話などが)流暢な, よどみのない, 立て板に水の ‖ ～ excuses すらすらと口をついて出る言い訳 ❷〖植〗(ツタなどが)巻きつく **vòl·u·bíl·i·ty** 名 **-bly** 副

vol·ume /vɑ́(ː)ljəm | vɔ́ljuːm/《アクセント注意》

中心義 (本などの)分量

―名〔▶ voluminous 形〕(複 **～s** /-z/) ❶ C (全集・シリーズ本などの)巻, 分冊(略 vol., V.) ‖「the third ～ [OR *Volume* 3] of his autobiography 彼の自叙伝の第3巻

/ *Volumes* One and Two 第1巻と第2巻 (略 *Vols.* I & II) / an anthology in five ~*s* 5巻からなる作品集 / a companion ~ 姉妹編
❷ Ⓒ **本**, 書籍 ‖ a ~ of poetry 詩の本 / have a library of over 5,000 ~*s* 5,000冊以上の蔵書がある / a rare old ~ 古くて手に入りにくい本
❸ Ⓒ (雑誌などの通例1年分の) 合冊, 号 ‖ a bound ~ of a magazine 雑誌の合冊
❹ Ⓤ Ⓒ **分量**, 数量, 総量 ; 豊富さ, かなりの量 ; 《a ~, ~s》 〈…の〉 多量 〈**of**〉 ‖ the ~ *of* business [mail, traffic] 商取引量 [郵便取扱量, 交通量] / 「an increasing [a large] ~ *of* traffic accidents 増加する [大量の] 交通事故 / The greenhouse effect is mainly caused by the sheer ~ *of* CO_2. 温室効果は主に大量の二酸化炭素によって引き起こされる / ~*s of* data 大量のデータ
❺ Ⓤ Ⓒ **体積**, 容積 ‖ When the substance turns into gas, it doubles in ~. その物質は気体になると体積が2倍になる / the ~ of a cube 立方体の体積
❻ Ⓤ **音量**, 声量, ボリューム ; 音量調節のボタン[つまみ] ‖ turn the ~ up [down] on the TV [radio] テレビ[ラジオ] の音量を上げる [下げる] / a voice of great [little] ~ 声量がある [ない] 声 / at full [OR top] ~ 最大音量で, 声を限りに ❼ Ⓒ (羊皮紙・パピルスに文字が記された) 巻物 (scroll) ❽ Ⓒ 💻 ボリューム 《ハードディスクなどデータ保存装置の管理単位》
spèak vólumes 〈…について〉雄弁に物語る, 重要な意味を持つ 〈**about, for**〉 ‖ The minister's expression *spoke* ~*s for* the toughness of the negotiations. 大臣の表情は交渉の難しさを克明に物語っていた
⏩ **~ contròl** 名 Ⓒ 《通例 ~s》 (テレビなどの) 音量調節 (つまみ)

vol·u·met·ric /và(ː)ljumétrɪk | vɔ̀l-/ ⊲ シ 形 体積 [容積] 測定の[に関する] **-ri·cal·ly** 副

vo·lu·mi·nous /vəljúːmɪnəs/ 《アクセント注意》 形 〔⊲ volume 名〕 ❶ (体積・容量が) 大きな, かさばる ; 大量の ‖ a ~ trunk 大型のトランク ❷ (書物などが) 大部の, 膨大な ; (作家などが) 著書の多い **~·ly** 副 **~·ness** 名

vol·u·mize /vá(ː)ljumàɪz | vɔ́l-/ 動 他 〔髪の毛〕 にボリューム感を与える

***vol·un·tar·i·ly** /và(ː)ləntérəli, -tǽr- | vɔ̀l-, -téər-/ 《アクセント注意》 副 自発的に, 自由意志で (↔ involuntarily) ; 無償で ‖ They joined the group ~. 彼らは自ら進んでグループに加わった

vol·un·ta·rism /vá(ː)lənṭərɪzm | vɔ́l-/ 名 Ⓤ ❶ (活動などへの) 自発的参加, ボランティア方式 ❷ 〖哲〗主意主義

***vol·un·tar·y** /vá(ː)lənteri | vɔ́lənṭəri/ 《アクセント注意》 形 ❶ 自発的な ; 自由意志による, 任意の, 志願して, 有志の (↔ compulsory, obligatory) ‖ The suspect made a ~ statement. 容疑者は自供した / a ~ soldier 志願兵 ❷ 《限定》 (仕事などが) 無償の, 無料でする ; (人が) 無償で奉仕する ‖ They took part in this experiment on a ~ basis. 彼らはこの実験に無償で [自発的に] 参加した / do ~ work 無償奉仕の仕事をする / a ~ worker [assistant] 無償奉仕者 [ボランティアの助手] ❸ 《限定》 (学校・教会などの組織が) 有志の寄付で運営される ‖ a ~ hospital 有志の寄付で運営される病院 ❹ 〖生理〗随意の, 意志によって制御できる (↔ involuntary) ‖ ~ muscles 随意筋 ❺ 〖法〗任意の, 無償の ; 意図的な, 故意の (↔ accidental) ‖ ~ manslaughter 故殺 《計画性のない, 衝動的な故意による殺害》
— 名 (複 **-tar·ies** /-z/) Ⓒ ❶ 〖楽〗 ボランタリー 《教会の祈禱(きとう)の前後・途中でのオルガン独奏》 ; 即興曲 ❷ ボランティア (volunteer) ; 《古》志願兵 **-i·ness** 名
⏩ **~ schòol** 名 Ⓒ (英国の) 任意寄付制学校 《教会などが設立し, 維持費は自治体が全額または一部負担する初等・中等学校》

vol·un·tar·y·ism /vá(ː)lənterìɪzm | vɔ́ləntəri-/ 名 = voluntarism

:vol·un·teer /và(ː)ləntíər | vɔ̀l-/ 《アクセント注意》
— 名 (複 **~s** /-z/) Ⓒ ❶ **ボランティア**, 進んでやる人, 率先者, 有志 ; **志願者** 〈**for** …の / **to** *do* …する〉 (❗ volunteer は自ら進んで, あるいは無報酬で仕事をする人を表し, 無報酬の仕事や活動の意味はない. この意味では volunteer activities, 《集合的に》 volunteerism などという. 「ボランティアをする」 は ˣdo a volunteer ではなく, work as a volunteer, engage in volunteer activities などという) ‖ The teacher needed several ~*s for* [OR *to* do] the task. 先生はその仕事を進んで引き受けてくれる人が数人欲しかった
❷ 志願兵, 義勇兵 ‖ A lot of ~*s* were recruited by the army. 陸軍は多くの志願兵を募った
❸ 〖法〗 財産などの無償譲渡の受取人 ❹ 〖植〗 自生植物
❺ 《形容詞的に》 有志の, 志願(兵)の ‖ a ~ fire brigade 自警消防団 / ~ forces 志願兵団, 義勇軍
— 動 他 ❶ 自発的に提供する (↔ refuse) **a** 《+目》 〔意見・情報・役務・技術・時間など〕 を自発的に提供する, 進んで申し出る ; 〈…として〉 〔仕事など〕 を進んで引き受ける 〈**as**〉 ‖ ~ one's advice [help, opinion] 進んで助言する [協力する, 意見を述べる] / ~ one's services *as* a counselor 進んでカウンセラーの仕事を買って出る
b 《+**to** *do*》 …しようと自発的に申し出る ‖ We ~*ed to* donate pencils and notebooks for the poor children. 貧しい子供たちのために進んで鉛筆とノートを寄贈しようと申し出た
c 《~ oneself で》 〈…を〉 自分から申し出る 〈**for**〉 ‖ Ted ~*ed* himself *for* early retirement before he turned 50. テッドは50歳になる前に自ら中途退職を願い出た
❷ **a** 《+目》 〔聞かれもしないこと〕 を進んで話す [告げる, 伝える] ‖ He ~*ed* the information just as I was about to ask. ちょうどこちらが聞こうとしていた矢先に彼の方からそれを知らせてきた
b 《+**that** 節》 …ということを進んで話す [伝える] ‖ Bobby ~*ed that* he had broken the window. = "I broke the window," Bobby ~*ed*. 「僕が窓を割ったんです」 とボビーは自発的に名乗り出た
❸ (本人に相談なしに) 〔人〕 の 〈仕事などを〉 勝手に決めてしまう, 〔人〕 にいや応なしに 〈(…する) 仕事を〉 させる [引き受けさせる] 〈**for** / **to** *do*〉 ‖ Father ~*ed* me 「*for* the lawn-mowing [OR *to* mow the lawn] last Sunday. この前の日曜日は父に芝刈りをさせられた
— 自 ❶ 〈… (の仕事) を〉 進んで引き受ける [申し出る] 〈**for, as**〉 ‖ They ~*ed for* the campaign. 彼らは選挙運動の仕事を進んで引き受けた / ~ at a hospital 病院でボランティアをする / ~ *as* a rescue worker 救助隊員として働くことを申し出る
❷ 兵役 [入隊] を志願する, 志願する 〈**for** …に ; **as** …として〉
~·ìsm 名 Ⓤ 《主に米》 無報酬の仕事 ; ボランティア精神
⏩ **Voluntèer Resérve Fòrces** 名 複 ボランティア予備隊 《英陸軍の組織. 災害時に活動できるように空き時間を利用して訓練を行う》

vol·un·tour·ism /và(ː)ləntúərɪzm | vɔ̀l-/ 名 Ⓤ ボランツーリズム 《ボランティア活動と観光を兼ねた旅行》

vo·lup·tu·ar·y /vəlʌ́ptʃuèri | -əri/ 名 (複 **-ar·ies** /-z/) Ⓒ 官能的快楽におぼれる人, 享楽的な人

vo·lup·tu·ous /vəlʌ́ptʃuəs/ 形 ❶ 官能的快楽の [にふける], 享楽的な ❷ 官能に訴える, 官能的な ; (女性が) セクシーな, 肉感的な **~·ly** 副 **~·ness** 名

vo·lute /vəlúːt/ 名 Ⓒ ❶ (巻き貝などの) 渦巻き ❷ 〖建〗 (特にイオニア・コリント式柱頭などの) 渦巻き (装飾) ❸ 〖貝〗 ヒタチオビガイ科の巻き貝 **-lút·ed** 形

vo·lu·tion /vəlúːʃən/ 名 Ⓒ ❶ 《文》 回転, 旋回 ❷ 渦巻き (形) ❸ 〖貝〗 (巻き貝の) 渦巻き

vo·mer /vóumər/ 名 Ⓒ 〖解〗 鋤骨(じょこつ) 《左右の鼻腔を分ける骨》

***vom·it** /vá(ː)mət | vɔ́mɪt/ 動 他 ❶ …を吐く，嘔吐(おうと)する，もどす《*up*》‖ I ~*ed* (*up*) my lunch. 私は昼食に食べたものを吐いた ❷〔煙・溶岩など〕を勢いよく噴出する；〔悪口など〕を激しく言う《*forth, out*》‖ The volcano ~*ed out* ash and rock. 火山は勢いよく灰と岩石を噴出した
—自 ❶ 吐く，もどす(↘ throw up) ‖ The stinking fish made me feel like ~*ing*. ひどいにおいのする魚のせいで私は吐きそうになった ❷ (煙・溶岩などが) 勢いよく噴出する《*forth, out*》
—名 U 嘔吐物；C 吐くこと

Von Neu·mann /vɑ(ː)n nɔ́ɪmən | vɔn-/ 名 **John** ~ フォン＝ノイマン(1903–57)《ハンガリー生まれの米国の数学者．現在のコンピューターの動作原理を構築した》

voo·doo /vúːduː/ 名 (複 **~s** /-z/) ❶ U ブードゥー教《西インド諸島の黒人などの間で行われている呪術(じゅじゅつ)的宗教》 ❷ C ブードゥー教の呪術師；ブードゥー教の呪術
—動 他 …にブードゥー教の呪術を施す **~·ìsm** 名
▸▸ **~ dòll** 名 C ブードゥー人形《ある人物に似せて作った人形．その人物を傷つける代わりに人形を傷つける》 **~ económics** 名 U《米》ブードゥー経済学《魅力的だが持続しそうにない経済理論(案)》

vo·ra·cious /vəréɪʃəs/ 形 ❶ むさぼるように食べる，食欲旺盛(おうせい)な ❷ 貪欲(どんよく)な **~·ly** 副 **~·ness** 名

vo·rac·i·ty /vərǽsəṭi/ 名 U 大食；貪欲

vor·tex /vɔ́ːrteks/ 名 (複 **~·es** /-ɪz/ OR **-ti·ces** /-tɪsìːz/) C ❶ 渦，渦巻き；旋風，つむじ風 ❷ (社会変動などの) 渦

vor·ti·cal /vɔ́ːrṭɪkəl/ 形 渦巻きの；渦巻く，旋回する

vo·ta·ry /vóuṭəri/ 名 (複 **-ries** /-z/) C ❶ (特定の神・宗教などの) 信奉者；修道者；修道女 ❷ (主義・運動などの) 熱烈な支持者；(趣味などの) 愛好者

***vote** /vout/ 名 動
—名 (複 **~s** /-s/) C ❶ **投票**，票〈**for, in favor of** …に賛成の；**against** …に反対の〉‖ There were 30 ~*s for* the proposal, 10 *against*, and 5 abstentions. その提案に対し賛成票が30，反対票が10，棄権票が5あった / The motion was lost **by** 308 ~*s* to 210. その動議は308票対210票で否決された / I **cast** my ~ *for* [*against*] the motion. 私はその動議に賛成[反対]票を投じた / I'm going to give my ~ to the Labor candidate. 私は労働党の候補者に票を入れます / receive [OR poll, score] 850 ~*s* 850票を得る / count the ~*s* 票を数える / miss a ~ 投票しない[に行かない] / a spoiled ~ 無効票
❷〈…についての〉投票(すること)，**票決**(方法)〈**on**〉‖ The matter was decided by (a) ~. その件は投票で決定された / **take** [OR have] a ~ *on* a motion 動議を採決する / put ... to the ~ …を票決に付する /「an open [a secret] ~ 記名[無記名]投票
❸ **投票結果**；議決事項 ‖ The ~ may go against the government. 投票結果は政府に不利なものとなるかもしれない / The ~ was unanimous. 投票は満場一致だった / **by** a close ~ of 100 to 90 100対90票の僅差(きんさ)で / a two-thirds ~ 3分の2の投票(結果)
❹《the ~》《集合的に》**投票総数**，得票数 ‖ He **won** more than 50% of the ~. 彼は投票数の5割以上を獲得した
❺《通例 the ~》**選挙権**，参政権；(一般に) 投票権，議決権 ‖ get *the* ~ at 20 20歳で選挙権を得る / give women *the* ~ 女性に参政権を与える
❻《the ~》集団票，支持票；投票集団 ‖ the youth ~ 若者の票 / the floating ~ 浮動票 ❼ 投票用紙 ❽ 決議 ‖ a ~ of censure 非難[不信任]決議

COMMUNICATIVE EXPRESSIONS
1 **You've gòt my vóte.** 私はあなたを支持します

—動 (**~s** /-s/; **vot·ed** /-ɪd/; **vot·ing**)
—自 ❶ **投票する**，(賛否を) 投票で表明する〈**for, in favor of** …に賛成の；**against** …に反対の；**on** …について；**with** …と同調して〉‖ The committee ~*d* **unanimously** [overwhelmingly] *for* [*against*] the bill 議会ではその法案に全会一致で[圧倒的多数の]賛成[反対]の投票がなされた / Let's ~ *on* when to go. いつ出発するか投票で決めよう / ~ by a show of hands 挙手で採決する / have the right to ~ 投票[選挙]権がある
❷《口》《I ~ for ... で》…を提案する ‖ I ~ *for* a rest. 一休みしたらどうだろう
—他 ❶ **投票で決める a**《+目》…を投票で決める；…を可決する ‖ ~ a proposal [reform] 提案[改革]を投票にかける[可決する]
b《+**to** *do*》…することを投票で決める，票決する ‖ They ~*d to* go to Okinawa on their class trip. 彼らは修学旅行で沖縄に行くことを投票で決めた
c《+**that** 節》…ということを投票で決める ‖ The council ~*d that* demonstrations in the town be [《主に英》should be] forbidden. 市議会は市中でのデモ禁止を決議した
❷〔特定候補者・政党〕に**投票する**；〔yes か no〕に投票する ‖ ~ Kennedy ケネディに投票する / ~ the Republican ticket 共和党の公認候補に投票する / ~ Democrat(ic) [Republican] 民主党[共和党]に投票する
❸《+目+補》《通例受身形で》投票によって選ばれる ‖ He was ~*d* best actor at the Academy Awards. 彼はアカデミー賞で最優秀男優賞に選ばれた
❹《+目 *A*+目 *B*⇄+目 *B*+**to** [**for**] 目 *A*》*A* (人など) に*B* (金銭的援助) を与えることを議決する ‖ The government ~*d* sufficient money *to* scientific research. 政府は科学研究に十分な資金を出すことを決議した / ~ her a pension 彼女に年金を与えることを承認する
❺《+目+補》《通例受身形で》(多くの人に) …と認められる ‖ The exhibition was ~*d* a great success. 博覧会は大成功だったと認められた
❻《I ~+(that) 節 で》《口》…してはどうかと提案する ‖ I ~ (*that*) we all go home. みんなもう帰ろうじゃないか
❼《米》〔良心・得失など〕に基づいて投票する
vòte dówn ... / *vòte ... dówn* 〈他〉〔議案など〕を否決する；〔議員など〕を落選させる
vòte ín ... / *vòte ... ín* 〈他〉〔政党・議員など〕を投票で選出する(elect)
vòte À ìnto [OR *ònto*] *B́* 〈他〉*A*を投票で*B*に選出する ‖ ~ him *onto* a committee 彼を委員に選出する
vòte À òff [OR *òut of*] *B́* 〈他〉*A*を*B*から投票で解任する
vòte óut ... / *vòte ... óut* 〈他〉〔政党・議員など〕を投票により解任する ‖ The governor was ~*d out*. 知事は投票によって罷免(ひめん)された
vòte thróugh ... / *vòte ... thróugh* 〈他〉〔議案など〕を投票で通過させる
vote with one's feet ⇨ FOOT(成句)
▸▸ **~ fràud** 名 U C 不正投票 (♦ときに voter fraud ともいう) **~ gètter** 名 C《米》多数の票を集められる人 **~ of cónfidence** 名 C《通例単数形で》信任投票 **~ of nò(n)-cónfidence** 名 C《通例単数形で》不信任投票 **~ of thánks** 名 C《通例単数形で》(公式な場での) 感謝決議《聴衆に拍手での賛同を求める》 **~ rìgging** 名 U 不正投票(工作)(ballot-box rigging) **~ stùffing** 名 U 不正投票(ballot-box stuffing)

vote·less /vóutləs/ 形 投票[選挙]権のない

***vot·er** /vóuṭər/ 《発音注意》名 C 投票者；有権者 ‖ undecided ~*s* 浮動票(を有する人たち) / registered ~*s* (選挙人名簿への) 登録有権者 / a ~('s) list 投票者名簿

vot·ing /vóuṭɪŋ/ 名 U 形 投票(の)，選挙(の)
▸▸ **~ bòoth** 名 C《米》投票記入用ブース(《英》polling booth) **~ machìne** 名 C (特に米国の) 投票集計機 **~ stòck** [**shàre**] 名 C〘株〙議決権株《保有者は議決権を与えられる》

vo·tive /vóuṭɪv/ 形 ❶ (祈願・誓いなどのために) ささげられた，奉納の ❷ 祈願を込めた

V

▶▶～ càndle 名 C 灯明《教会内の聖像前や儀式の時に灯される小ろうそく》

vouch /vaʊtʃ/ 動 自 ❶〈人物・真実性などを〉保証する, 請け合う;〈…の〉保証人となる〈**for**〉‖ ～ *for* a friend's trustworthiness 友人が信頼できることを保証する ❷(事柄などが)〈…の〉証明となる, 裏付けとなる〈**for**〉

*__vouch·er__ /váʊtʃər/《発音注意》名 C ❶金券, クーポン券, 商品券(→ coupon) ‖ a luncheon ～《英》昼食(補助)券(《米》meal ticket) / a tuition ～《米》授業料補助券《福祉対策として学費の支払いが困難な家庭に政府から発給される》❷《主に英》(金銭の)領収証, 支払証明(receipt) ❸証明書類;証人

vouch·safe /vàʊtʃséɪf, ⌐⌐/ 動 他 (厚情などにより)〔返事・恩恵など〕を〈目下の人に〉与える, 賜る〈**to**〉(♦しばしば受身形で用いる)

*__vow__ /vaʊ/《発音注意》名 C 誓い, 誓約 ‖ She「made a [broke her] ～ not to smoke again. 彼女は二度とたばこは吸わないと誓った［という誓いを破った］/ exchange marriage ～*s* 婚姻の誓いを交わす / a ～ of chastity 貞節の誓い

tàke vóws (誓いを立てて)修道生活に入る

―動 他 誓う **a** (+目)…を誓う, 固く約束する ‖ He ～*ed* revenge on his persecutors. 彼は自分を迫害した者に復讐(ふくしゅう)を誓った **b** (+**to** *do*)…することを誓う ‖ I ～*ed to* be on time. 時間を厳守すると誓った **c** (+(**that**) 節)…ということを誓う(♦直接話法にも用いる) ‖ The rebels ～*ed that* they would overthrow the government. 反政府勢力は政府の打倒を誓った

―自 誓う

⁑**vow·el** /váʊəl/《発音注意》

―名 (複 **～s** /-z/) C ❶**母音** (vowel sound) (↔ consonant);《形容詞的に》母音の ‖ an indeterminate ～ あいまい母音 (/ə/ のこと. → schwa)

❷母音字《英語では a, e, i, o, u,(ときに)y》

vox·el /vɑ́(:)ksəl | vɔ́ks-/ 名 C 3D画素 (♦ *vo*lume + pi*xel* より)

vox pop /vɑ̀(:)ks pɑ́(:)p | vɔ̀ks pɔ́p/ 名《英口》= vox populi

vox po·pu·li /vɑ̀(:)ks pɑ́(:)pjulàɪ | vɔ̀ks pɔ́-/ 名《ラテン》(= the voice of people)《単数形で》民の声, 世論

⁑**voy·age** /vɔ́ɪɪdʒ/《発音注意》

―名 (複 **-ag·es** /-ɪz/) C ❶(ゆったりした長い)**旅**, 船旅, 航海;空の旅, 宇宙旅行 (⇨ TRAVEL 類語) ‖ The *Titanic* sank on its maiden ～. タイタニック号は処女航海の途中で沈んだ / go [OR set off] on a ～ 航海に出発する / make [OR take] a ～ around the world 世界一周の船旅をする / **on** a ～ to Canada カナダへの航海中に

❷航海記, 旅行記

❸船旅に似たもの, (人生などの)旅路(→ bon voyage) ‖ the ～ of life 人生航路

―動 自 (+副句)《文》(…を)航海する ‖ ～ through the South Seas 南太平洋のあちこちを船旅する

―他 …を航海する

voy·ag·er /vɔ́ɪɪdʒər/ 名 C 航海者;(一般に)旅行者

vo·ya·geur /vwɑ̀:jɑ:ʒɔ́:r/ 名《フランス》(= traveler) C 〔史〕(特にカナダで毛皮などの物資を運んだ)船頭

voy·eur /vwɑ:jɔ́:r | vwaɪɔ́:/ 名 C (性的な)のぞき見趣味の人, 詮索(せんさく)好きな人 **～·ìsm** 名 U のぞき見趣味;詮索好き **vòy·eur·ís·tic** 形

VP 略 *v*erb *p*hrase; *V*ice *P*resident

VR 略 *v*ariant *r*eading ((写本などの) 異文); *V*ice-*Re*gent(副執[摂]政); *v*irtual *r*eality

VRAM /ví:ræm/ 名 C 🖳ビデオRAM (♦ *v*ideo *r*andom *a*ccess *m*emory の略)

VRML 略 🖳 *v*irtual *r*eality *m*odeling *l*anguage《インターネット上に仮想空間を創造するための記述言語》

vroom /vru:m/《口》名 C ぶるるん《エンジンの音》

―動 自 ぶるるんという音を立てる[立てて進む]

*__vs.__ /vɔ́:rsəs/《発音注意》略 *versus* (…対) (against) ‖ Japan ～ Brazil 日本対ブラジル(戦)

v.s. 略 see above (♦ラテン語 *vide supra* より)

V-sìgn 名 C = V sign

VSO 略 *V*oluntary *S*ervice *O*verseas(海外協力隊)

VSOP /ví:sɑ̀(:)p | -sɔ̀p/ 形 ブランデーの貯蔵年数が20–25年の(♦ *v*ery *s*uperior [*s*pecial] *o*ld *p*ale の略)

vt 略 *v*erb *t*ransitive(他動詞)

VT 略 *v*acuum *t*ube; *v*ariable *t*ime; 〔郵〕Vermont

Vt. 略 Vermont

VTOL /ví:tɔ̀(:)l/ 名 C 〔空〕垂直離着陸(♦ *v*ertical *t*ake-*o*ff and *l*anding の略)

VTR 略 *v*ideo*t*ape *r*ecorder

vul·ca·nite /vʌ́lkənàɪt/ 名 U 硬化ゴム;エボナイト

vul·ca·nize /vʌ́lkənàɪz/ 動 他 (硫黄などで処理して)〔生ゴムなど〕を硬化[流化]する

vul·ca·nol·o·gy /vʌ̀lkənɑ́(:)lədʒi | -nɔ́l-/ 名 = volcanology **-gist** 名

Vulg. 略 Vulgate

*__vul·gar__ /vʌ́lgər/《発音注意》形 ❶下品な, 無作法な, 粗野な;卑猥(ひわい)な, いかがわしい;趣味の悪い, 俗悪な(↔ refined) ‖ ～ behavior 下品な振る舞い / a person of ～ tastes 俗悪趣味の人 / a ～ joke 卑猥な冗談 ❷《限定》《旧》一般大衆の, 通俗の;(言語が)俗語の, 一般人が使う ‖ ～ superstitions 世俗の迷信 / the ～ tongue 自国語(♦ラテン語に対して, 特に昔の英国での英語を指す) (→Vulgar Latin)

～·ly 副 下品に;俗に

▶▶～ fráction 名 C《英》常分数 **Vùlgar Látin** 名 U 俗ラテン語《古典ラテン語に対し, ローマの一般庶民が日常語として使ったラテン語で, ロマンス諸語の源》

vul·gar·i·an /vʌlgéəriən/ 名 C 俗物;成り上がり

vul·gar·ism /vʌ́lgərɪzm/ 名 ❶ U C 卑俗な言葉[表現], 卑語, 俗語;一般庶民の日常語 ❷ U 卑俗, 下品

vul·gar·i·ty /vʌlgérəṭi/ 名 (複 **-ties** /-z/) ❶ U 卑俗, 俗悪, 下品 ❷ C 下品な言葉遣い[振る舞い]

vul·gar·ize /vʌ́lgəràɪz/ 動 他 ❶…を俗悪[低俗]にする ❷…を通俗化[大衆化]する

Vul·gate /vʌ́lgeɪt/ 名 ❶ (the ～) ウルガタ聖書《4世紀末に作られたラテン語訳聖書で, 改訂版はローマカトリック教会の公認聖書》❷ (v-) C《単数形で》《堅》日常語, 通俗語 ❸ (v-) C (文学作品などの)定本, 決定版

*__vul·ner·a·ble__ /vʌ́lnərəbl/ 形 (**more ～; most ～**) ❶(感情などが)〈批判などで〉傷つきやすい;〈病気などに〉弱い, かかりやすい (↔ immune)〈**to**〉‖ Her knee was her ～ spot. ひざが彼女は弱点だった / Most people are ～ *to* ridicule. たいていの人はばかにされると傷つくものだ ❷〈批判・非難を〉受けやすい;〈誘惑・説得などに〉動かされる, すぐ負ける, 弱い〈**to**〉‖ Their theories were quite ～ *to* criticism. 彼らの理論は非常に批判を受けやすかった / The price of gold is ～ *to* manipulation. 金の価格は市場操作にかかりやすい ❸(国・基地・施設などが)攻撃を受けやすい;〈攻撃などに〉さらされやすい, 弱い〈**to**〉

vùl·ner·a·bíl·i·ty 名 **-bly** 副

vul·pine /vʌ́lpaɪn/ 形 ❶キツネの(ような) ❷ずる賢い, 狡猾(こうかつ)な

*__vul·ture__ /vʌ́ltʃər/ 名 C ❶〔鳥〕ハゲワシ(の類);コンドル(の類)《動物の死肉を食う大型猛禽(もうきん)類》❷(他人の弱みにつけ込む)ハゲタカのようなやつ, 冷血漢 ‖ a ～ investor ハゲタカ投資家

▶▶～ fùnd 名 C《口》ハゲタカファンド《後に営業権を奪うことなどが目的の投資ファンド》

vul·va /vʌ́lvə/ 名 (複 **～s** /-z/ OR **-vae** /-vi:/) C 〔解〕陰門 **-val, -var** 形 陰門の

vv. 略 verses; volumes

VX (gàs) 名 U VXガス《猛毒の神経ガス》

vy·ing /váɪɪŋ/ 動 vie の現在分詞

W

The **world** only exists in your eyes — your conception of it. You can make it as big or small as you want to. 世界はあなたの目の中，あなたの意識の中にだけ存在する．それはあなたの思いどおりに，大きくも小さくもできる (⇨ FITZGERALD)

w[1], **W**[1] /dʌ́blju:/ 名 (複 **w's**, **ws** /-z/ ; **W's**, **Ws** /-z/) Ⓒ ❶ダブリュー《英語アルファベットの第23字》 ❷ w［W］の表す音 ❸（活字などの）w［W］字 ❹ W字形のもの ❺（連続するものの）第23番目（のもの）

w[2] 略〘野球〙walk（四球）; watt(s) ; west ; western

W[2] 記号〘化〙tungsten（タングステン）（♦ドイツ語の Wolfram より）

W[3] 略 Wales ; watt(s) ; Wednesday ; Welsh ; west ; western ; women's (clothes sizes)

w. 略 week(s) ; weight ;〘クリケット〙wicket(s) ;〘クリケット〙wide(s) ; wide ; width ; wife ; with

W. 略 Wales ; watt(s) ; Wednesday ; Welsh ; west, western

WA 略〘郵〙Washington (State) ; *W*estern *A*ustralia

Wac /wæk/ 名 Ⓒ《米口》WACの隊員

WAC /wæk/ 略 *W*omen's *A*rmy *C*orps（（米国の）陸軍女性部隊）

wack /wæk/《主に米口》名 Ⓒ 変人，奇人；くだらないもの［話］ **—**形 粗悪な，悪い；ひどく変わった ‖ Crack is ～. クラックは最悪だ（♦麻薬撲滅のための壁落書き）

wack·o /wǽkou/ 名（複 **~s**, **~es** /-z/）Ⓒ ⊗《主に米俗》《蔑》変人，奇人，狂人 **—**形 ＝wacky

wack·y /wǽki/ 形 ⊗《俗》《蔑》（人・言動が）風変わりな，突拍子もない，狂気じみた；《口》ばかげた

wáck·i·ly 副 **wáck·i·ness** 名

*__wad__ /wɑ(:)d | wɔd/ 名 Ⓒ ❶（紙幣・書類などの）束；（折り畳んだ）札束 ‖ a ～ of 100 Euro bills 100ユーロ札の束 ❷（柔らかいものを）丸めたもの，小さなかたまり；詰め物，当て物，パッキング ‖ The wineglass was carefully packed in「a ～［OR ～*s*］of cotton. ワイングラスは綿の詰め物をして丁寧に荷造りされていた / a ～ of newspapers 丸めた新聞紙 / a ～ of chewing gum（かんだ）チューインガムのかたまり ❸《しばしば ～s》《口》大量，多数；（特に）大金 ‖「a ～［OR ～*s*］of dollar bills 多額のドル紙幣 ❹かみたばこ ❺（銃器の）送り，押さえ ❻《主に英》〘軍〙小型のロールパン；サンドイッチ

shòot one's wád《米》①有り金をはたく，（エネルギーなどを）使い果たす ②言いたいことを言い尽くす，全部白状する ③⊗《卑》（男性が）オルガスムに達する，いく

—動（**wad·ded** /-ɪd/ ; **wad·ding**）他 ❶〔綿・紙など〕を小さく丸める，かたまりにする《*up*》 ❷…に〈…で〉詰め物をする，〈…を〉詰め込む〈**with**〉 ❸〔銃〕に送りを入れる

wad·ding /wɑ́(:)dɪŋ | wɔ́d-/ 名 Ⓤ（荷造りの）詰め物；（衣服の）入れ綿；（医療用の）詰め綿；当て材；（弾丸の火薬などの）送り［押さえ］の材料《紙・布など》

wad·dle /wɑ́(:)dl | wɔ́dl/ 動 自（アヒル・太った人などが）（左右に揺れながら）よちよち［よたよた］歩く《*along, around*》 **—**名 Ⓒ《単数形で》よちよち歩き，よたよたした足取り

-dler 名

wad·dy /wɑ́(:)di | wɔ́di/ 名（複 **-dies** /-z/）Ⓒ（オーストラリア先住民の）戦闘用こん棒；《豪・ニュージ》ステッキ

*__wade__ /weɪd/ 動 自（＋副句）（水の中を）歩く；（川などを）歩いて渡る；（ぬかるみ・雪の中などを）苦労して歩く［進む］‖ ～ across a river 川を歩いて渡る / ～ through mud ぬかるみの中を苦労して歩いて行く

—他〔川など〕を歩いて渡る，徒渉する

wàde ín〈自〉《口》①⇨ 自 ②（仕事などを）勢いよく始める；猛然と取りかかる ③猛烈に攻撃する ④けんか［議論など］に加わる［割り込む］；干渉する，介入する ‖ I shouldn't have ～*d in* with my opinion. 議論に割り込んで意見なんてするんじゃなかった

wàde ínto ...〈他〉《口》①⇨ 自 ②〔難しい仕事・問題など〕を（後先を考えずに）勢いよく始める，…に猛然と取りかかる ③〔人〕を猛烈に攻撃する；〔人〕と口論を始める ④…に干渉［介入］する

wàde thróugh ...〈他〉《受身形不可》①⇨ 自 ②〔仕事など〕を骨折って進める，やっとのことで切り抜ける；〔退屈な書類・本など〕を苦労して読む［読み通す］

—名 Ⓒ《単数形で》（川などを）歩いて渡ること，徒渉

▸▸**wáding bìrd** 名 Ⓒ 渉禽（しょうきん）類の鳥《ツル・アオサギ・コウノトリなど》 **wáding pòol** 名 Ⓒ《米》（子供の水遊び用の）ビニールプール（《英》paddling pool）

wad·er /wéɪdər/ 名 Ⓒ ❶（川などを）歩いて渡る人 ❷＝wading bird ❸《～s》（漁師・釣り人などが水中を歩くときに用いる）深ゴム長（靴）；（靴と一続きの）防水ズボン

wa·di, wa·dy /wɑ́:di | wɔ́-/ 名 Ⓒ ワジ，かれ川《南西アジア・北アフリカなどの雨期以外はかれている谷川》

Waf /wæf/ 名 Ⓒ《米口》WAFの隊員

WAF /wæf/ 略 *W*omen in the *A*ir *F*orce（（米国の）空軍女性部隊）

wa·fer /wéɪfər/ 名 Ⓒ ❶ウエハース《薄い軽焼きの菓子．アイスクリームなどに添える》 ❷〘カト〙聖餅（せいへい）《聖餐（せいさん）用の薄パン》 ❸薄いもの ❹封緘（ふうかん）紙；封じのり ❺〘電子〙ウエハー《集積回路の基板となるシリコンなどの薄片》 ❻《古》〘医〙ウエファー（cachet）《粉薬を飲むのに用いる丸いオブラート》 **—**動 他 …を封緘する；…を〈…に〉はりつける〈**to**〉

wàfer-thín ＜シ 形 非常に薄い（→ paper-thin）

waf·fle[1] /wɑ́(:)fl | wɔ́fl/ 名 Ⓒ ワッフル《焼き型（waffle iron）で焼いた，表面に格子模様のある菓子》

▸▸**～ ìron** 名 Ⓒ ワッフル焼き型

waffle iron

waf·fle[2] /wɑ́(:)fl | wɔ́fl/《口》動 自 ❶《主に英》〈…について〉とりとめのない［つまらない］ことを（長々と）話す［書く］《*on*》〈**about**〉 ❷《主に米》〈…のことで〉態度を決めかねる〈**on, over**〉

—名 Ⓤ とりとめのない話［文］，無駄口，駄文

-fler 名 Ⓒ とりとめのない［つまらない］ことを言う人

waft /wɑ:ft/ 動 他〔物・音・香りなど〕を〈…に〉ふんわりと運ぶ；…を漂わせる，浮動させる〈**to, toward, into**〉 **—**自（風・波などに乗って）〈…から〉ふんわりと運ばれる；ふわふわと漂う，浮動する〈**from**〉 **—**名 Ⓒ ❶漂う香り；風に運ばれる音 ‖ a ～ of perfume かすかに漂う芳香 ❷（風・煙などの）軽い一吹き ❸（頭上での）緩やかな手の一振り；《古》〘海〙信号旗（による合図）（♦weft ともいう）

*__wag__[1] /wæg/ 動（**wagged** /-d/ ; **wag·ging**）他 ❶（犬などが）〔尾〕を振る，動かす，揺らす ‖ The dog came to me *wagging* his tail. その犬はしっぽを振りながら私のところへやって来た ❷（人が）〔指・頭〕を左右に振る（♥非難・警告などを示す動作）‖ He *wagged* his finger at me. 彼は私に向かって指を左右に振っ（て非難の意を表し）た

—自 ❶（尾・頭が）絶えず動く，揺れ動く ❷うわさ話をする

—名 Ⓒ《通例単数形で》（尾などを）振り動かすこと，一振り

wag[2] /wæg/ 名 Ⓒ《旧》《口》ひょうきん者，冗談の好きな人

—動（**wagged** /-d/ ; **wag·ging**）他《豪・ニュージ口》〔授業〕をずる休みする

**__wage__ /weɪdʒ/

—名（複 **wag·es** /-ɪz/）Ⓒ ❶《しばしば ～s》**賃金**，労賃，給料（⇨ SALARY 類語）‖ My younger brother earns［OR gets, receives］a good ～. 弟はよい賃金を得ている / work at「a daily ～ of $50［OR ～*s* of $50 a day］

日給50ドルで働く / ～ **rates** [OR levels] 賃金水準 / a ～ **increase** [《英》 rise] 賃上げ

連語 【形＋～】 real [average] ～*s* 実質 [平均] 賃金 / high [low] ～*s* 高い [低い] 賃金 / ⌈an hourly [a weekly] ～ 時給[週給] / a minimum ～ 最低賃金 【動＋～】 pay ～*s* 賃金を払う / raise [OR increase] ～*s* 賃金を上げる / reduce [OR cut, lower] ～*s* 賃金を下げる

❷ 《～s》《単数・複数扱い》《比喩的に》報酬, 報い

── 動 (**wag·es** /-ɪz/ ; **～d** /-d/ ; **wag·ing**) 他 〔戦い・運動など〕を〈…に対して〉行う, 遂行する〈**against, on**〉‖ The environmentalists ～*d* a campaign *against* whaling. 環境保護論者たちは反捕鯨キャンペーンを行った

▸▸ **～ clàim** 名 C 賃金要求, 賃上げ **～ èarner** 名 C 賃金労働者, 給料生活者(wageworker) ; (家族の中の) 稼ぎ手 **～ frèeze** 名 C 賃金凍結 **～ pàcket** 名 C 《英》給料袋 **～ slàve** 名 C 《口》賃金の奴隷, (しがない)賃金生活者

wa·ger /wéɪdʒər/ 《堅》 動 他 〈…に〉〔金銭など〕を賭(か)ける〈**on**〉; 〈…ということに〉〔人〕と賭ける〈**that** 節〉; 〈…と〉請け合う〈**that** 節〉‖ I ～*ed* ten dollars *on* the favorite. 本命馬に10ドル賭けた / I'm ready to ～ you $5 *that* I can run faster than you. 僕が君より速く走れることに君と5ドル賭けてもいいよ / I ～ *that* he will succeed. 彼が成功すること請け合いだ

── 自 〈…に〉賭ける〈**on**〉; 〈…を〉請け合う, 保証する〈**on**〉

── 名 C 賭け ; 賭けたもの [金銭] ; 賭けの対象 《馬など》‖ win [lose] a ～ 賭けに勝つ [負ける] / take up a ～ 賭けに応じる / lay [OR make, place] a ～ on the result of an election 選挙の結果に賭ける

wag·ger·y /wǽɡəri/ 名 (複 **-ger·ies** /-z/) U 《旧》 滑稽(こっけい), おどけ, ひょうきんさ

wag·gish /wǽɡɪʃ/ 形 《旧》(人が)おどけた, ひょうきんな, いたずら好きな ; (言葉・行為などが)冗談の **～·ly** 副

wag·gle /wǽɡl/ 動 他 〔尾・指・尻(しり)など〕を振る, 振り動かす, 揺する(wag) ── 自 揺れ動く, 振れる ; 〘ゴルフ〙ワッグルする ── 名 C ❶ 《単数形で》振り [揺り] 動かすこと ; 振り, 揺れ動き ❷ 〘ゴルフ〙ワッグル 《打つ前にボールの上でクラブを振ること》

Wag·ner /vɑ́ːɡnər/ 名 (**Wilhelm**) **Richard ～** ワーグナー(1813-83)《ドイツの作曲家》

Wag·ne·ri·an /vɑːɡníəriən/ 形 ❶ ワグナーの ; ワグナー風の ❷ 非常に大きな ; 真剣すぎる, 大げさな ── 名 C ワグナーの崇拝者 ; ワグナーの曲を得意とする演奏家

***wag·on** /wǽɡən/ 名 C ❶ (ふつう2頭以上の馬が引く)四輪荷馬車 (♦ この意では 《英》 では waggon ともつづる) ‖ a covered ～ ほろ馬車 ❷ 《米》(子供が遊びに用いる)四輪車 ; (料理などを運ぶ)ワゴン(《英》 trolley) ‖ a tea ～ ティーワゴン ❸ 《英》 (無蓋(むがい)) 貨車 (《米》 freight car) (→ van¹) ❹ 《主に米》(配達・物売り用の)軽トラック, (ライト)バン ‖ an ice-cream ～ アイスクリーム販売車 ❺ 《口》 ステーションワゴン(station wagon) ❻ 犯人[囚人]護送車

cìrcle the wágons 《主に米口》団結して戦う

fìx a pèrson's (***lìttle rèd***) ***wágon*** 《米口》(人に)仕返しをする ; (人の出世・成功などの) 邪魔をする ‖ I'll *fix* your ～. 見ていろよ ; 必ず思い知らせてやる(♥ 脅し文句)

hìtch one's wágon to ⌈***a stár*** [OR ***a pérson***] 〔人〕の成功に便乗しよう[あやかろう]とする

****on*** [***off***] ***the wágon*** 《口》 禁酒して [禁酒をやめて] ‖ go [OR be] *on the* ～ 禁酒する [している] / fall [OR come] *off the* ～ 禁酒を破ってまた飲み始める

pùll [OR ***dràw***] ***one's wágons in*** [OR ***into***] ***a círcle*** = *circle the wagons*(↑)

▸▸ **～ tràin** 名 C 〘米国史〙(西部開拓時代の)ほろ馬車隊

wag·on·er /wǽɡənər/ 名 C 荷馬車(wagon)の御者

wag·on·ette /wæ̀ɡənét/ 名 C (座席が向かい合った) (昔の)軽四輪遊覧馬車

wa·gon-lit /vɑ̀ːɡənlíː | vǽɡɔn-/ 《発音注意》 名 (複 **wag·ons-lits** /vɑ̀ːɡənlíː | vǽɡɔn-/) 《フランス》 C (ヨーロッパ大陸の鉄道の)寝台車

wágon·lòad 名 C 荷馬車1台分の積み荷

wág·tàil 名 C 〘鳥〙 セキレイ科の鳥の総称 《歩くときに長い尾を上下に振る》

Wah·ha·bi, Wa·ha·bi /wəhɑ́ːbi/ 名 C ワッハーブ派(の信者)《Koran の教義を厳守するイスラム教徒》
-bìsm 名 U ワッハーブ主義 **-bìte** 名 形

wa·hi·ne /wɑːhíːni/ 名 C ❶ (ハワイ・ポリネシアの)少女, 若い女性 ; 《ニュージ》 マオリの女性 [妻] ❷ 女性サーファー (♦ マオリ語より)

wa·hoo /wɑːhúː/ 名 (複 **～s** /-z/) C ❶ 〘植〙 マサキの類 《北米産のニシキギ科の常緑低木》 ❷ 〘植〙 ニレの類 (wahoo elm) 《北米産のニレ科の落葉高木》 ❸ 〘魚〙 カマスサワラ, オキサワラ 《サバ科の大型魚》

wah-wah, wa-wa /wɑ́ːwɑ̀ː/ 名 U 〘楽〙 ワウワウ 《トランペットなどの開口部を特殊な弱音器で開いたり閉じたりして出す波状音 ; エレキギターによる同様の音》; C ワウペダル 《エレキギターのエフェクター》

waif /weɪf/ 名 C ❶ 宿なし, 捨て子, 浮浪児 ❷ 《文》持ち主不明の拾得物 ; 飼い主不明の動物, 捨てられた動物, のら犬[猫] ❸ (浮浪児のように)やせて顔色の悪い子

wàifs and stráys 浮浪児 [捨てられた動物] の群れ ; 寄せ集め(odds and ends)

～·ish 形

Wai·ki·ki /wáɪkɪkìː/ 名 ワイキキ 《米国 Hawaii 州, オアフ島ホノルル湾にある海岸. 海水浴場・保養地》

***wail** /weɪl/ 動 自 ❶ (人が)〈悲しみ・苦痛などで〉声を上げて泣く, 泣き叫ぶ〈**with**〉; 〈…を〉 嘆き悲しむ〈**for, over, about**〉‖ The mother was ～*ing for* her lost son. 母親は息子を亡くして嘆き悲しんでいた / ～ *with* pain 痛くて声を上げて泣く / ～ *over* [OR *about*] one's misfortune 我が身の不運を嘆く ❷ (風・サイレンなどが)悲しい音を立てる, むせび泣くような音を出す ── 他 ❶ 《文》…を嘆き悲しむ ‖ ～ one's fate 自分の運命を嘆き悲しむ ❷ 《+**that** 節》…だと嘆き悲しんで[不平がましく]言う ‖ "Susie took my candy," the child ～*ed*. 「スージーが僕のキャンディーをとった」とその子は泣きわめいた

── 名 C ❶ 泣き叫ぶ声 ; 嘆き悲しみ ❷ (風・サイレンなどの)むせび泣くような音[うなり]

wail·ing /wéɪlɪŋ/ 形 ❶ 泣き叫ぶ, 嘆き悲しむ ❷ 《米俗》素晴らしい, 素敵な

▸▸ **Wàiling Wáll** 名 《the ～》 嘆きの壁 《エルサレムのソロモンの神殿の壁の一部とされるユダヤ人の礼拝・巡礼の場》

wain /weɪn/ 名 C 《古》《文》 ❶ ＝wagon ❶ ❷ 《the W-》〘天〙＝Charles's Wain

wain·scot /wéɪnskət/ 名 U C 〘建〙 ❶ (室内壁面のふつう下部に張る)板張り, 羽目板, 腰板 ; (木材パネルを張った)腰壁 ❷ (壁下の)幅木(はばき)(skirting board)

── 動 (**～·ed, -scot·ted** /-ɪd/ ; **～·ing, -scot·ting**) 他 〔部屋など〕に羽目板[腰板]を張る

wain·scot·(t)ing /wéɪnskətɪŋ/ 名 U ❶ 羽目板[腰板]材 ❷ 《集合的に》羽目板, 腰板

wáin·wrìght 名 C 荷馬車大工[修理屋]

***waist** /weɪst/ 《発音注意》(♦ 同音語 waste) 名 C ❶ 腰のくびれ, ウエスト(♦ 日本語の「腰」と異なり, ヒップ(hips)の上のくびれた部分のみを指す. → BACK 図) ‖ She has ⌈a narrow [a slender, a thick, no] ～. 彼女はウエストが細い[すらりとしている, 太い, 寸胴(ずんどう)だ] / He measures 30 inches around the ～. 彼のウエストは30インチある / The boys were stripped to the ～. 少年たちは上半身裸だった / from the ～ up [down] 上[下]半身
❷ (婦人服などの) ウエスト (の寸法) ; ウエストライン ❸ (バイオリン・砂時計・ハチなどの)くびれた胴部 ❹ (船の) 上甲板中央部 ; (飛行機の) 胴体中央部

wáist·bànd 名 C ウエストバンド 《スカート・ズボンなどのベルトを締める部分》

waist·coat /wéskət, wéɪstkòut/ 名 C 《英・豪・ニュージ》

チョッキ, ベスト(《米》vest)(⇨ SHIRT 類語)

wàist-déep ⊲ 形 副 腰までの深さの[に]

waist·ed /wéɪstɪd/ 形 ❶ (上着などが) 腰[ウエスト]で絞られた, 腰部[中央部]のくびれた ❷《複合語で》…のウエストを持つ ‖ a slim-~ girl ウエストのほっそりした女の子

wàist-hígh ⊲ 形 副 腰までの高さの[に]

wáist·lìne 名 C ❶ ウエストの線, 腰のくびれ, ウエストライン ‖ watch one's ~ 太らないように気をつける ❷ (婦人服の)胴回り, ウエストサイズ

⁂wait /weɪt/ (♦同音語 weight) 動 名

—動 (~s /-s/ ; ~·ed /-ɪd/ ; ~·ing)

—自 ❶ 待つ a (じっと) 待つ ; 待ち望む, 期待する ‖ Please ~ here till I come back. 私が戻るまでここで待っていてください / We ~*ed* (**for**) an hour before the bus came. バスが来るまで1時間待った (♦時間を表す for は省略されることも多い) / I can't ~ anymore. これ以上待っていられない / I'm sorry to have kept you ~*ing* so **long**. ずいぶん長時間お待たせしてすみません / I hope you weren't ~*ing* long. かなりお待たせしたのでなければいいのですが / Have you been ~*ing* a long time? けっこう待った? (♥待ち合わせ場所に相手が先に来ていた場合, 自分も時間どおりに着いたのであれば特に謝る必要はないが, 上2例のような一言を添えることが多い)

b 《+for 名》…を待つ (→ CE 1) ‖ She had to ~ (**for**) more than an hour *for* the next train. 彼女は次の列車を1時間以上待たなければならなかった / I will be ~*ing for* your answer. お返事をお待ちしています / That's exactly what he's ~*ing for*. それこそまさに彼が待ち望んでいるものだ / His new movie is well worth ~*ing for*. 彼の新作映画は期待する価値がある

c 《+for 名+to *do*》〔人など〕が…するのを待つ ‖ They ~*ed for* an ambulance *to* arrive. 彼らは救急車が到着するのを待った

d 《+to *do*》…するのを待つ, 期待する ‖ I'm ~*ing to* see you again. またお目にかかるのを心待ちにしています

❷《通例進行形で》(物が) 用意されている, 待ち受けている 〈**for** …のために, …を / **to** *do* …するよう〉 ‖ Your tea is ~*ing* (*for* you). お茶の支度ができています / There's a parcel ~*ing for* you. あなたあてに小包が来ていますよ / This is 「an accident [a disaster] ~*ing to* happen. これはいつ起こっても不思議でない事故[災害]だ

❸《進行形不可》《しばしば can, cannot とともに》(物事・事態などが) 急を要しない, 先に延ばされる ‖ This message is urgent, so it cannot ~. このメッセージは急ぎだから後回しにできない / "I want to talk to you, Peter." "Can't it ~?" 「ピーター, 君に話があるんだけど」「後にできないか」/ Let that job ~. その仕事は後回しだ / The decision will have to ~ till his arrival. 決定は彼の到着まで延ばさざるを得ないだろう

❹ (食事の)給仕をする, ウエーター[ウエートレス]をする ‖ ~ at [《米》on] table(s) 給仕をする ❺《英》一時駐車をする

—他 ❶〔順番・機会・命令など〕を待つ, 待ち受ける (♦人や乗り物などを待つのは wait for .... → 自 ❶) ‖ ~ one's turn to speak 自分の話す番を待つ / ~ one's chance to study abroad 留学の機会を待つ

❷《口》〔食事など〕を〈人を待って〉遅らせる〈**for**〉‖ Don't ~ lunch *for* me. 私を待たずに昼食を始めてください

❸ (レストランで) 〔テーブル (の客)〕の給仕をする ‖ ~ table(s) ウエーター[ウエートレス](の仕事)をする

wàit and sée 事の成り行きを見守る, 事態を静観する (→ CE 14)

wàit aróund [《英》***abóut***] 〈自〉〈…を〉ぶらぶらして待つ〈**for**〉

wàit behínd 〈自〉《英》(個人的な話をするため)残って待つ

wàit ín 〈自〉〈人・電話などを〉家にいて待つ〈**for**〉

****wáit on*** [OR ***upon***] ... 〈他〉①〔人〕の世話をする ‖ ~ *on* him hand and foot 何から何まで彼の世話を焼く ②〔人〕に食事を供する ; 〔顧客〕の応対をする (→ CE 6) ③ (行動・決断の前に)〔出来事・情報〕を待つ ‖ ~ *on* X-ray results X線検査の結果を待つ ④《古》(敬意を表して)…を訪問する ⑤《米口》〔人〕をちょっと待つ

wàit óut ... / wàit ... óut 〈他〉〔退屈なもの・災難など〕が終わるまでじっと待つ (→ CE 10) ‖ ~ *out* the rain 雨がやむのを待つ

****wàit úp*** 〈自〉①〈…を〉寝ないで待つ〈**for**〉(→ CE 2) ②《主に米口》(後ろの人が追いつけるように)止まって待つ, ゆっくり行く(→ CE 12)

COMMUNICATIVE EXPRESSIONS

1 **Dòn't wáit for me.** 私のことは待たないでください ; 先に行っていてください ; (食事などを)先に始めていてください

2 **Dòn't wàit úp for me.** 先に寝ていてください ; 私のことは待たずに休んでいて

3 **Gòod thìngs cóme to** 「**hìm who wáits** [OR **thòse who wáit**]. 待てばいいことがある ; 辛抱すればうまくいく

4 **(I) càn't** [OR **can hàrdly**] **wáit** (「**for our reúnion** [OR **to sée you agàin**]). (また会えるのが) すごく楽しみです(♥「待ちきれない」の意)

5 **I'm wàiting for sòmeone (élse).** 連れを待っています(♥レストランなどで店員に向かって)

6 **Is sòmeone wáiting on you?** ご用は伺っていますか(♥店員が客に. =Have you been waited on?)

7 **Wáit a mìnute** [OR **sècond, mòment**]. ちょっと待って(♥文字どおり「少し待つように」頼むとき, 思わぬ方向に進んでしまった話を遮るとき, 何かを思い出して「あれ, 待てよ」というときに)

8 **Wáit for it.** 《英》① 聞いて驚くな(♥驚くような内容の予告) ② 慌てないで, そのままで(合図するまで)待って

9 **Wàit for mé!** 待って ; 私を置いて行かないで

10 **Wàit (it oút).** (災難などが終わるまで)じっと待て

11 **Wàit until** [OR **till**] **you sée** the gàme sóftware we desìgned. まあ我々が企画したゲームソフトをごらんよ(♥自信を持って物を見せるときなどに)

12 **Wàit úp (a mìnute).** ちょっと待って(♥先に行ってしまおうとしている人を後ろから呼び止める)

13 **Whàt are you** [OR **we**] **wáiting for?** すぐ行動しよう ; 何を待つ必要があるんだ

14 **(Yòu) just wáit (and sée)!** (脅して) 今に見てろよ ; そのうち私が言っていることが正しいとわかるさ (=Just (you) wait (and see)!/=You wait!)

—名 (複 ~s /-s/) C ❶《単数形で》待つこと, 待機 ; 待つ時間〈**for** …を / **to** *do* …することを〉‖ He had a **long** ~ *for* the bus. 彼は長い時間バスを待った / It's worth the ~. それは待つ価値がある ❷ (~s)《英》《古》(クリスマスに町を歌い歩く)聖歌隊員 ; 市の楽団員

lìe in wáit 〈…を〉待ち伏せする〈**for**〉

wait-and-see /wèɪṭənsíː/ 形 日和見[静観]主義の ‖ take a ~ attitude [policy] 静観的態度[政策]をとる

***wait·er** /wéɪṭər/ 名 C ❶ (レストランなどの) (男性) 接客係, 給仕, ボーイ, ウエーター (server) (→ waitress) ‖ *Waiter*, one coffee, please. ボーイさん, コーヒーを下さい ❷ 給仕盆, トレー

***wait·ing** /wéɪṭɪŋ/ 名 U ❶ 待つこと, 待機 ; 待ち時間 ‖ No ~ 《英》《掲示》一時駐車禁止 ❷ 給仕すること ; (宮廷で)仕えること, 伺候(しこう)(期間)

in wáiting (王族に)仕えて, かしずいて

—形 待っている ; 仕えている ‖ a ~ maid 侍女

▸▸ **~ gàme** 名 C《単数形で》待機戦術《自分に有利になるまで行動・決定を控えるやり方》‖ play a ~ *game* 待機戦術をとる **~ lìst** 名 C 補欠人名簿, ウエイティングリスト, キャンセル[順番]待ち名簿 **~ ròom** 名 C (病院・駅などの)待合室 **~ tìme** 名 C U 待ち時間, 待機時間

wáit·lìst 名 C《米》=waiting list

—動 他 …をウエイティングリストに記載する

wáit·pèrson 名 (複 ~s /-z/, -people) C《主に米》給

W

仕人(♦ waiter, waitress の代わりに用いられる)
*wait·ress /wéɪtrəs/ 名 C (ホテル・レストランなどの)(女性)接客係, ウエートレス (中立 server, waitstaff, waitperson)
wait·ron /wéɪtrən/ 名 《戯》=waitperson
wáit·stàff 名 C 《米》接客係(の人々)
waive /weɪv/ (♦ 同音語 wave) 動 他 ❶〔権利・機会など〕を自発的に放棄する, 撤回する;〔権利・要求など〕の主張[行使]を差し控える;〔規則など〕を適用するのを控える ❷〔問題など〕を延期する, 見送る
waiv·er /wéɪvər/ (♦ 同音語 waver) 名 ❶〖法〗U (特権・権利の) 放棄; C 権利放棄証書 ❷ C (プロ野球などの)(解雇される選手の)公開移籍, ウエーバー

***wake[1] /weɪk/ 動 名

—動 (~s /-s/; **woke** /woʊk/, +《米》**~d** /-t/; **wok·en** /wóʊkən/, +《米》 **~d** /-t/; **wak·ing**)
—自 ❶ (眠りなどから) **目を覚ます**, 目覚める, 起きる《*up*》(↔ fall asleep)〈**from, out of** …から; **to** …で〉(⇨ 類語, GET *up*, SLEEP 類語P) ‖ I ~ (*up*) at 7:00 in the morning. 朝は7時に起きます / I usually ~ *up* late in the morning on weekends. 週末はいつも寝坊する / She *woke* (*up*) to find herself lying on the grass. 目覚めると彼女は草の上に横たわっていた(♦ *to do* は結果を表す) / I *woke up to* the sound of birds. 鳥のさえずりで目を覚ました / ~ *from* [OR *out of*] a deep sleep 深い眠りから覚める / ~ *up* with a stomachache 腹痛で目覚める
❷ (精神的に)〈…に〉**目覚める**, 気づく《*up*》〈**to**〉‖ They should ~ *up* and see the problems they have on their hands. 彼らは目を覚まして自分たちの抱えている問題を見つめるべきだ / I *woke up to* the fact that my driver's license had expired. 私は免許証の期限が切れているという事実に気づいた ❸《米・アイル》通夜をする
—他 ❶〈眠りなどから〉〔人〕の**目を覚まさせる**, …を起こす《*up*》〈**from, out of**〉‖ Please ~ me (*up*) in time for school. 学校に間に合うように起こしてください / The prince *woke* the princess *up from* a deep sleep. 王子は王女を深い眠りから覚ました
❷ (不活発な状態から)…を**目覚めさせる**, 覚醒(かくせい)させる, 奮起させる;〔人〕に〈…を〉気づかせる《*up*》〈**to**〉‖ We need to ~ *up* those idle boys. あのだらしない少年たちに活を入れる必要がある / The news *woke* (*up*) the people *to* the seriousness of the business slump. その報道で人々は不況の深刻さを悟った
❸〔記憶・感情・欲求など〕を呼び覚ます, 喚起する ‖ ~ one's past memories 過去の記憶を呼び起こす
❹《米・アイル》〔死者〕の通夜をする

COMMUNICATIVE EXPRESSIONS
1 **Wàke me ùp when it's óver.** 終わったら起こして(♥ 退屈な話などを聞いている際に)
2 **Wàke úp!** しっかりしなさい; ちゃんと注意して(♥ ぼんやりしている人や心ここにあらずの人に集中・注意を促す)
3 **Wàke úp and smèll the cóffee.** ⇨ COFFEE (CE 1)

—名 (複 **~s** /-s/) C ❶ **通夜** ‖ hold [attend] a ~ 通夜をする[に出席する]
❷ 《~s》《単数・複数扱い》(英国の)教会献堂記念祭
wák·ing 形 《限定》目覚めている, 起きている

類語 《自 ❶》**wake, waken, awake, awaken** いずれも自動詞「目を覚ます」としても他動詞「目を覚まさせる」としても用いられる.
wake 自動詞でも他動詞でも最も一般的でくだけた語. しばしば up を伴う. 〈例〉I *woke* (*up*) at six. 6時に目が覚めた / I *woke* him (*up*) at six. 6時に彼を起こした
awake 自動詞で多く使われる. 〈例〉I *awoke* at six. 6時に目が覚めた
waken, awaken 通例他動詞として使われる. 〈例〉I *wakened* him *up* at six. / I *awakened* him at six. 6時に彼を起こした 受身形では wake および waken, awaken が多い. 〈例〉I was「*woken* (*up*) [OR *wakened, awakened*] by the noise. 騒音で目を覚まされた (♦ waken, awaken を用いた方が wake (up) よりも改まった言い方)
rouse「…の目を覚まさせる」の意のやや格式的な語.

*wake[2] /weɪk/ 名 C ❶ 航跡; 飛行機の通った跡 ‖ the ~ of a motorboat モーターボートの通った跡 ❷ 物が通った跡 ‖ the ~ of a typhoon 台風が通過した跡
*__*in the wáke of a person; in a person's wáke*__ ① …の通った後に ‖ She left a faint trail of perfume *in* her ~. 彼女が通った後に香水のかすかな香りが残った ② …の結果として
wáke·bòard 名 C ウェイクボード《サーフボードに似た水上スキー板》 —動 自 ウェイクボードをする **~·ing** 名
wake·ful /wéɪkfəl/ 形 ❶ (人が)眠らないでいる, 起きている ❷ (夜が) ほとんど眠れない, 目覚めがちな ‖ pass a ~ night 眠れぬ夜を過ごす ❸ 寝ずに見張っている; 油断のない **~·ly** 副 **~·ness** 名
*wak·en /wéɪkən/ 動 他 ❶ (眠りなどから) …の目を覚まさせる, …を起こす《*up*》(⇨ WAKE[1] 類語) ‖ I was ~*ed* by his call. 彼の呼び声で目が覚めた / The ringing of the phone ~*ed* the baby. 電話のベルで赤ん坊が目を覚ました ❷ (不活発な状態から)…を目覚めさせる, 奮起させる; (物・事が)〔人の記憶など〕を呼び起こす ‖ Failing the test ~*ed* me up. 試験に失敗したことで私はやる気が出た
—自 ❶〈眠りなどから〉目が覚める, 起きる《*up*》〈**from**〉‖ ~ *from* a deep sleep 深い眠りから覚める ❷〈…の状態から〉目覚める, 奮起する〈**from**〉;〈…を〉自覚[認識]する;〈…に〉気づく《*up*》〈**to**〉
wáke-ùp 名 C ❶《単数形で》目覚め; 目覚める[起こされる]時刻 ❷《豪・ニュージロ》用心深い人 ❸〖鳥〗ハシボソキツツキ —形 (ホテルなどの)モーニングコールの
▸▸ **~ càll** 名 C モーニングコール; (人の目を覚まさせる)警告, 警鐘《用心や変革を促す出来事[人, もの, 発言]》
wak·ey wak·ey /wèɪki wéɪki/ 間 《英口》《戯》さあ, 起っきして(♦ 小児語)
Wàl·dorf sálad /wɔ̀ːldɔːrf-/ 名 U C ウォルドーフサラダ《刻んだリンゴ・セロリ・クルミをマヨネーズであえたサラダ》
wale /weɪl/ 名 C ❶ (皮膚の)むちの跡, みみずばれ ❷ (織物の)畝; (畝のある)織り地《コーデュロイなど》❸〖海〗(木造船の)外部腰板 ❹ (かごの)畝《補強用》
*Wales /weɪlz/ 名 ウェールズ《Great Britain 島南西部の, 連合王国[英国]を構成する国の1つ. 首都 Cardiff》

***walk /wɔːk/ 動 名

—動 (**~s** /-s/; **~ed** /-t/; **~·ing**)
—自 ❶ **a 歩く**, 歩行する; 散歩する, 歩いて行く(♦ しばしば方向・場所を表す 副句 を伴う) (⇨ 類語P) ‖ The baby is learning to ~. 赤ん坊は歩けるようになってきた / How long will it take to ~ **to** your school? 学校までは歩いてどれくらいかかりますか / Don't knock; just ~ in. 《掲示》ノック無用. そのままお入りください / ~ over [OR up] to a window 窓辺に歩み寄る / ~ on one's hands 逆立ちして歩く / ~ home 歩いて家に帰る / ~ in a park 公園を散歩する / ~ to and from work 歩いて通勤する / go ~*ing* 徒歩旅行をする, 遠歩きをする, 散歩する / ~ **around** 散歩する, ぶらぶら歩く
b 《+副句》…を歩く, 歩いて…の道のりを行く(♦ walk の後に距離を表す語句が前置詞なしで用いられることがある) ‖ ~ (for) three miles 3マイル歩く / ~ a couple of blocks 2, 3ブロック歩く / ~ a long distance 長い距離を歩く
❷ (幽霊などが)出る, 徘徊(はいかい)する
❸《古》身を処す; 世を渡る ‖ ~ in peace 平和に暮らす / ~ with God 神とともに歩む; 正しい生活を送る

❹《口》(物が)なくなる；盗まれる ❺《米俗》容疑が晴れる ❻《米俗》ストライキをする ❼《米俗》辞職する；手を引く ❽【野球】四球で出塁する，歩く；【バスケットボール】トラベリングする《ボールを持ったまま3歩以上歩く》；【クリケット】(打者が)(審判の判定を待たずに)フィールドを去る

━他 ❶〔道・場所など〕を**歩く**，歩いて行く[通る]，歩き回る ‖ ～ the streets 町に出歩く；街娼(がいしょう)をする / ～ the Lake District 湖水地方を歩き回る

Behind the Scenes **Walk this way.** こちらへどうぞ；このように歩いてみて way という単語の2つの意味「方角」と「方法」に引っ掛けただじゃれ. 古くから繰り返し使われ，特に喜劇俳優 Mel Brooks が好んで使うことで有名(♥「こちらへどうぞ」と案内する人の歩き方をまねて，後からついて行くというお決まりのジョーク)

❷〔犬など〕を**散歩させる**；〔猟犬の子〕をしつけて訓練する；〔馬〕を並足で歩かせる ‖ *Walking* the dog is my job. 犬の散歩は私の仕事だ

❸〔人〕と同行して歩く，歩いて…を送る；〔病人など〕の歩行の介添えをする ‖ Let me ～ you home. お宅まで歩いてお送りしましょう / The invalid was ～*ed* upstairs. 病人は手助けされて2階に上がった

❹ …を歩くように動かす；〔自転車など〕を押して歩く ‖ He ～*ed* his fingers over the map. 彼は地図を指でたどった / ～ a heavy box to the corner of a room 重い箱を部屋の隅まで運ぶ ❺〔場所〕を歩いて調べる；…を歩測する；〔ある区域〕を巡回する ‖ ～ a boundary 境界を見て回る / ～ the beat (警官が)受け持ち区域を巡回する ❻【野球】〔打者〕を四球で出塁させる，歩かせる ‖ ～ a batter intentionally 敬遠で打者を歩かす

rùn before one can wálk 基礎を学ばないうちに難しいことを試みる

****wàlk (àll) óver a pèrson*** 《口》〔人〕をこき使う，いじめる，足げにする；〔相手〕に楽勝する(→ CE 2)

wàlk awáy 〈自〉 ① 〈…から〉立ち去る〈**from**〉 ② 〈責任ある立場・仕事などから〉手を引く，〈…に〉かかわり合いになるのを避ける〈**from**〉 ③ (競技などで)〈…を〉軽く引き離す，〈…に〉楽勝する〈**from**〉 ④ 〈事故などから〉(ほとんど)無傷で助かる〈**from**〉

****wàlk awáy with ...*** 〈他〉《口》 ① 〔賞など〕をさらう ② …を盗む(steal) ③ 〔競技・選挙など〕に楽勝する

wàlk frée 無罪放免になる

wàlk ín 〈他〉(***wàlk in ...***)〔得点など〕を歩いて入れる ‖ That ～*s in* a run. 【野球】それで押し出しの1点が入ります ━〈自〉 ① 歩いて入る ② やすやすと入り込む

wàlk ín on a pèrson 〈他〉(室内などに)不意に入って〔人〕に気まずい思いをさせる ‖ I ～*ed in on* him (as he was) kissing his secretary. 不意に部屋に入ると，彼が秘書とキスしているところに出くわしてしまった

wàlk ínto ... 〈他〉 ① 歩いていて〔人・物など〕にぶつかる ② 《口》うっかりして[知らずに]〔いやなことなど〕に巻き込まれる；やすやすと…に入り込む ‖ ～ *into* a trap わなにはまり込む ③ 《口》〔職など〕にたやすくありつく ━〈自〉 = *walk in*(↑)

wálk it 《口》 ① 歩いて行く ② 楽勝する

wàlk óff 〈他〉 **I** (***wàlk óff ...***) …から突然立ち去る；〔職など〕を突然放棄する；《米》(抗議のため)職務を放棄する ‖ ～ *off* a job 急に仕事を辞める **II** (***wàlk óff ...*** / ***wàlk ... óff***)〔不快感・満腹感など〕を歩いてなくす ‖ I'll ～ my meal *off*. 腹ごなしに散歩しよう ━〈自〉 突然立ち去る

wàlk a person òff his/her féet 《口》〔人〕を歩き疲れさせる

****wàlk óff with ...*** 〈他〉《口》= *walk away with ...*(↑)

wàlk ón 〈自〉 ① 歩き続ける ② 【劇】(せりふなしの)端役を演じる

****wàlk óut*** 〈自〉 ① 〈…から〉歩いて外に出る，立ち去る〈**of**〉 ② 〈会議などから〉席をけって立ち去る，(不満で)退席[退場]する〈**of**〉 ③ 《口》職場放棄[ストライキ]をする ④ 〈妻・恋人などを〉見捨てる，置き去りにする〈**on**〉 ⑤ 〈仕事・責任・交渉などを〉放棄する〈**on**〉 ⑥ 《英口》《旧》〈…と〉親密な交際をする，〈…を〉恋人に持つ〈**with**〉

wàlk òver the cóurse 【競馬】(相手が弱くて)軽く走って勝つ，大差で勝つ

wàlk táll 胸を張っている，堂々としている

wàlk thróugh 〈他〉《米》 **I** (***wàlk thróugh ...***) ① 〔劇の場面〕のけいこをする ‖ ～ *through* the last scene 最後の場面のけいこをする ② 〔場所・役柄など〕をおざなりにやる，軽く片づける **II** (***wàlk À thròugh B́***) ③ (演出家が) *A* (役者)に*B*のけいこをつける；*A* (人)に*B*のやり方[仕事]を丁寧に教える ‖ He ～*ed* me *through* the dance moves. 彼はダンスの動きのけいこをつけてくれた

****wàlk úp*** 〈自〉 ① 〈人などに〉近づく，近寄る〈**to**〉 ② ⇨ CE 3

COMMUNICATIVE EXPRESSIONS

1 **Dòn't wàlk àll bènt óver.** (子供などに)そんな猫背で歩くのはよしなさい；ちゃんと背筋を伸ばして歩くように

2 **I lèt péople wàlk àll óver me.** みんな私をいいように利用するんです(♥カウンセラーなどに訴える表現)

3 **Wàlk úp!** 《主に英》いらっしゃい；さあ，入った入った(♥サービスなどの呼び込み)

━名 (複 **～s** /-s/) Ⓒ ❶ **歩くこと**，歩行；**散歩**；徒歩旅行 ‖ Why don't we「**go for** [OR **take**, have] a ～? 散歩に行きませんか / take a dog for a ～ 犬を散歩に連れて行く(=walk a dog) / on a ～ 散歩[徒歩旅行]中に

❷ **散歩道**，遊歩道；歩道，小道

❸ 《単数形で》(特徴のある) **歩き方**，歩きぶり ‖ I recognized him by his ～. 歩き方で彼だとわかった / a leisurely ～ のんびりした歩きぶり

❹ 《単数形で》**歩行距離**，道のり；歩行時間 ‖ It's a **long** [two-mile] ～ to the station. 駅までは歩いて長い[2マイルの]道のりだ / The bank is「five **minutes**' [a five-**minute**] ～ from here. 銀行はここから歩いて5分の距離だ ❺ 《単数形で》(ふつうの)歩調；(馬の)並足，常歩 ‖ Don't hurry. Just go at a ～. 急がないで. ふつうに歩きなさい / Her horse slowed to a ～. 彼女の馬は歩調を並足に落とした ❻ 身分，社会的地位，職業，活動範囲 ‖ people from「all ～*s* [OR every ～] of life あらゆる階層[職業]の人々 ❼ (家畜・家禽(かきん)などの)囲い，飼育場；《主に英》(猟犬の子の)訓練場 ‖ a poultry ～ 養鶏場 ❽ (コーヒー・ゴムなどの)(並木になった)農園；農園の小道 ❾ 【野球】四球による出塁；【バスケットボール】= traveling ‖ issue an intentional ～ 敬遠による四球を出す ❿ 【スポーツ】競歩 ⓫ 《米口》簡単なこと，楽勝

in a wálk 《米口》楽々と ‖ win *in a* ～ 楽勝する

tàke a wálk ① 散歩する(→ 名 ❶) ② 《米俗》立ち去る ③ 《命令形で》出て行け(♥しばしば解雇するという意を含む)(→ CE 5)

wàlk the wálk 実際に必要な[やるべき]ことをする(⇨ *talk the* TALK(成句))

COMMUNICATIVE EXPRESSIONS

4 **Gò tàke a lòng wálk off** [OR **on**] **a shòrt píer.** あっちへ行け(♥気に障る人を追い払うくだけた表現)

5 **Tàke a wálk.** とっととあっちへ行け；くだらない話はやめろ

歩く	walk	とぼとぼと	**plod**
		足を引きずって	**shuffle**
		よろよろと	**stagger**
		大またで	**stride**
		ぶらぶらと	**stroll**
		よちよちと	**toddle**

wálk·abòut 名 Ⓒ ❶ 《主に英口》(国王・要人などが)人中を歩いて庶民に接すること，民情視察 ‖ go on a ～ 非公式視察に出かける ❷ 《豪》(オーストラリア先住民が仕事を離れて時折行う)奥地への放浪旅行

gò wálkabout ① 《英》(人・物が)どこかに行ってしまう ②

W

《豪》(オーストラリア先住民が)放浪の旅に出る

walk·a·thon /wɔ́:kəθɑ̀(:)n | -θɔ̀n/ 名 C《口》(寄付金集めなどが目的の)長距離競歩(♦ *walk*+mar*athon* より)

wálk·a·wày 名 C《米口》楽勝(walkover)
— 形 (事故などが)死傷者のない(♦ walk-away とも書く)

****walk·er** /wɔ́:kər/ 名 C ❶ 歩く人, 歩行者; 散歩好きな人; 競歩選手 ❷ (赤ん坊・身障者の)歩行(補助)器; 《~s》歩行用シューズ ‖ in a ~ 歩行器を使って[た]

walk·ies /wɔ́:kiz/ 《英口》 名 複 犬の散歩
— 間 散歩だぞ(♦ 飼い犬への呼びかけ)

walk·ie-talk·ie /wɔ̀:kitɔ́:ki/ 名 C ウォーキートーキー, トランシーバー《携帯用無線電話機》

wálk-ìn 形《限定》❶ (家具などが)人が立って入れる大きさの ‖ a ~ closet ウォークインクローゼット ❷ (人が)予約なしに入って来る; (施設・病院などが)予約なしに入れる ‖ a ~ clinic 予約なしで診てもらえる医院 ❸ (アパートなどが)通りから直接出入りできる
— 名 C ❶ 立って入れる大きさのもの《大型冷蔵庫・押し入れなど》❷《口》予約なしの客 ❸ (選挙などの)楽勝

****walk·ing** /wɔ́:kɪŋ/ 形《限定》❶ 生命のある, 生きている, 移動する ‖ a ~ dictionary [OR encyclopedia] 生き字引 ❷ 歩く; 歩いて行ける; 歩行[散歩]用の ‖ a ~ tour 徒歩旅行 / ~ shoes ウォーキング用の靴 / be within ~ distance of ... …から歩いて行ける所にある
— 名 U ❶ 歩くこと, 歩行; 散歩; 徒歩旅行; ウォーキング ❷ 競歩

▸▸ ~ **báss** /-béɪs/ 名 U《楽》ウォーキングベース《ジャズピアノで奏される低音の伴奏》 ~ **bùs** 名 C《英》(小学生などの)徒歩による登下校の集団 ~ **fràme** 名 C《英》(老人・身体障害者用の)歩行補助器(walker) ~ **pàpers** [**òrders**] 名 複《主に米口》解雇通知(《英》marching orders) ‖ get [OR be given] one's ~ *papers* [OR *orders*] 解雇される ~ **stìck** 名 C ① つえ, ステッキ(cane) ②《米》《虫》ナナフシ(stick insect)《小枝のような形をした昆虫》 ~ **wòunded** 名《the ~》① 歩行可能程度の負傷者[兵](たち) ② (日常生活が可能な)情緒障害者(たち)

Walk·man /wɔ́:kmən/ 名 (複 ~**s** /-z/ OR **-men** /-mən/) C《商標》ウォークマン《携帯用音楽プレーヤー》

wálk-òn 名 C ❶《劇》(歩くだけでせりふのない)端役; 端役俳優 ‖ a ~ part 端役 ❷《米》奨学金をもらえない大学スポーツ選手 — 形《限定》端役の

wálk·òut 名 C ❶ 職場放棄, ストライキ ❷ (抗議の手段としての集団の)退席, 退場; 脱退

wálk·òver 名 C 一方的な試合, 楽勝(walkaway); 朝飯前のこと; 《競馬》単走《ほかに出走馬がないときの並み足でのコース1周》

wálk-thròugh 名 C ❶《劇》立ちげいこ; 《放送》テレビカメラなしでのリハーサル ❷ (詳細な点の)注意深い説明[点検] ❸ 💻 ウォーク=スルー《開発者と第三者によるプログラムチェック》❹ 楽な仕事[役割]
— 形 (ビルなどの通路が)通り抜けの

wálk-ùp《米口》形 ❶ エレベーターのない ‖ a third-floor ~ office エレベーターなしの3階にある事務所 ❷ (航空料金などが)予約なしの ‖ ~ fares (予約割引なしの)正規料金 — 名 C エレベーターのついていない建物; その1室

****wálk·wày** 名 C (庭・公園・街路などの)歩道; (高い階で建物をつなぐ)(連絡用)通路

walk·y-talk·y /wɔ̀:kitɔ́:ki/ 名 =walkie-talkie

******wall** /wɔ:l/ 名 動
— 名 (複 ~**s** /-z/) C ❶ (建物などの)**壁**, 内壁, 仕切り壁; 壁面 ‖ hang a picture **on** the ~ 壁に絵をかける / Keep this within these four ~*s*. これはここだけの話だ(♦ 秘密の話をするときに用いる. these four walls は《口》で「今自分(たち)のいる部屋」の意) / *Walls have ears.* 《諺》壁に耳あり
❷ (庭・公園などの)**塀**, 垣 ‖ a garden ~ 庭の塀 / high ~*s* around a prison 刑務所を囲む高い塀 / a stone [brick] ~ 石[れんが]塀
❸ 《しばしば ~s》城壁, 城塞(じょうさい) ‖ the Great *Wall* (of China) 万里の長城
❹ 壁のようなもの; 障壁, 障害; (馬術の)壁障害(⇨ PROBLEM メタファーの森) ‖ a ~ of people 人垣 / a ~ of fire [water] 火[水]の壁 / a ~ of silence 沈黙の壁, 黙秘 / a ~ of prejudice 偏見という障害 / the tariff ~ 関税障壁
❺ 堤防, 土手; 防潮壁 ❻ (容器・内臓などの)内[外]壁, 壁面 ‖ the ~ of the stomach 胃壁 ❼《登山》岩壁, 絶壁 ❽《サッカー》(ゴールを守るために守備側の選手が並ぶ)壁 ❾《形容詞的に》壁の; 塀の ‖ a ~ clock 壁掛け時計

be like talking to a (***brick***) ***wall*** ⇨ BRICK WALL(成句)

between you, me and the wall ⇨ BETWEEN(成句)

*****clìmb*** [OR ***cràwl***] ***the wáll***(***s***) 《通例進行形で》《口》(動きがとれずに)いらいらする, 欲求不満になる, 頭にくる

come up against a (***brick***) ***wall*** ⇨ BRICK WALL(成句)

*****gò to the wáll*** 《口》① わきに追いやられる; 負ける, あきらめる ‖ *The weakest goes to the wall.* 《諺》いちばん弱い者が壁際に追いやられる[負ける]; 弱肉強食 ② 事業に失敗する, 破産する ③ 〈…を〉支持する[守る]ために全力を尽くす〈**for**〉

hìt the wáll 《口》(運動選手が)体力の限界を越える

nàil a person to the wáll 《口》〔人〕を厳しく罰する[しかる]

off the wáll 《口》一風変わった, 変てこな; 根拠のない, 無意味な(→ CE 2)

pùsh [OR ***drìve, sènd***] ***a pèrson to the wáll*** 〔人〕を窮地に追い込む

wìth one's báck agàinst the wáll ① 壁を背にして ② 追い詰められて

COMMUNICATIVE EXPRESSIONS

1 They rèally **drìve** [OR **sènd**] **me ùp the** [OR **a**] **wáll.** あいつらには本当に腹が立つ; 全く困ったやつらだ

2 Whàt he's sáying **is òff the wáll.** 彼の言っていることはまともでない(♥ 考えなどが変わっている, 少しおかしいという意味のくだけた表現)

— 動 他《通例受身形で》❶ 壁[塀]で囲まれる, 城壁を巡らされる《*in*》; 〈…から〉壁(など)で仕切られる《*off*》〈**from**〉 ‖ The rose garden is ~*ed off from* its surroundings. バラ園は塀で周囲から仕切られていた ❷ (戸口・穴などが)壁でふさがれる《*up*》❸ 〈壁で囲った中に〉閉じ込められる, 監禁される《*up, in*》〈**in**〉 ‖ The prisoner was ~*ed up in* the castle. その囚人は城の中に監禁されていた

▸▸ ~ **gàme** 名《the ~》(英国の)イートン校式サッカー(Eton wall game)《壁にボールを打ちつけて行うサッカー》 ~ **hànging** 名 C《通例 ~s》(装飾用)壁掛け布, タペストリー ~ **pàinting** 名 C 壁画(法), (特に)フレスコ(画法)(fresco) ~ **plàte** 名 C《建》敷桁(しきげた); 《機》ウォールプレート《腕金を取りつけたりするために, 壁に垂直に固定する金属板》 ~ **plùg** 名 C (壁面の)コンセント **Wáll Strèet** (↓)

wal·la·by /wɑ́(:)ləbi | wɔ́l-/ 名 (複 **-bies** /-z/) ❶ C《動》ワラビー《小・中型種のカンガルー》; U その毛皮 ❷《the Wallabies》《口》オーストラリア代表ラグビーチーム

Wal·lace /wɑ́(:)ləs, wɔ́:l- | wɔ́l-/ 名 **Alfred Russel ~** ウォーレス(1823–1913)《英国の博物学者. ダーウィンとは別個に自然淘汰(とうた)の原理を発見した》
▸▸ ~**'s lìne** 名《動》ウォーレス線《動物相を東洋区とオーストラリア区に区別する境界線》

Wal·la·ce·a /wɑ(:)léɪsiə | wɔ-/ 名《動》ウォレシア《ウォーレス線の東側に位置し, 東洋区とオーストラリア区の中間的移行地域》

wal·la(h) /wɑ́(:)lə | wɔ́lə/ 名 C《インド口》《複合語で》(…の)仕事に雇われた人, …係, …関係者, …屋 ‖ a ticket ~ 切符係

wal·la·roo /wɑ̀(:)lərú: | wɔ̀l-/ 名 (複 ~ OR ~**s** /-z/) C《動》ワラルー《中型のカンガルー. オーストラリア産》

wáll·bòard 名 C U 《主に米》化粧ボード, 壁板《パルプかすなどから作る壁張り用材》

wáll·còvering 名 U C 壁紙 (wallpaper)

walled /wɔːld/ 形 ❶ 壁[塀]のある, 壁[塀]で囲まれた；城壁を巡らした；〈…に〉心を閉ざした〈**in**〉 ❷《複合語で》壁[塀]が…の ‖ brick-～ れんが壁[塀]の

*__wal·let__ /wɑ́(ː)lət | wɔ́lɪt/ 名 C ❶ (二つ折りの) 札入れ, 紙入れ (《米》billfold) (→ purse) ❷ (革製の) 書類入れ ❸《古》(昔の巡礼などの) 合切袋, ずだ袋

wáll·èye 名 C ❶ 角膜白斑(はくはん) ❷ 外斜視；《～s》外斜視眼 ❸ (複 ～ OR ～**s** /-z/)〖魚〗大きな目玉の魚；＝wall-eyed pike

wáll·èyed 形 ❶ 角膜に白斑のある ❷ 外斜視の (↔ cross-eyed) ❸《米》(魚が) 目玉の大きい ❹ (人が) (恐怖・怒りなどで) 目を見開いた；《米俗》酔っ払った

▸▸ ～ **píke** 名 C〖魚〗ウォールアイ《北米産の大型淡水魚》

wáll·flòwer 名 C ❶〖植〗ニオイアラセイトウ《アブラナ科の多年草. 南ヨーロッパ原産》 ❷《口》壁の花《舞踏会などで相手がいなくて壁際にじっとしている人》

wáll·ing /-ɪŋ/ 名 U 壁用材；壁作り

wáll-mòunted 形 壁にかけた；壁掛け式の ‖ a ～ TV (set) 壁掛けテレビ

Wal·loon /wɑ(ː)lúːn | wɔl-/ 名 C ワロン人《ベルギー南東部のフランス語地域の人》；U ワロン語《ベルギーで話されるフランス語の方言》 ━形 ワロン人[語]の

wal·lop /wɑ́(ː)ləp | wɔ́l-/ 《口》動 他 ❶ …をしたたかに打つ[殴る], 強打[痛打]する, 打ちのめす ❷ …に〈試合などで〉圧勝する, …をこてんこてんにやっつける〈**at**〉
━名 C ❶《単数形で》強い一撃, 強打, 痛打；パンチ(力)；〖野球〗ヒット, 安打 ❷《単数形で》《主に米》(心理的)効果, 迫力；興奮, スリル ‖ pack a ～ 効果[迫力]がある ❸ U 《英》ビール, 酒 **～·er** 名

wál·lop·ing /-ɪŋ/ 《口》形《限定》とてつもない, ばかでかい, ひどい；とても素晴らしい ‖ a ～ lie 大うそ ━副 とてつもなく ━名 C《a ～》❶ (罰として) したたかに打つ[殴る]こと, 痛打, 打ちのめすこと ❷ 完敗, 大敗北 ‖ get [OR take] a ～ from ... …に完敗を喫する

wal·low /wɑ́(ː)lou | wɔ́l-/ 動 自 ❶ (動物などが)〈泥・水などの中を〉(喜んで)転げ回る, のたうつ《***about***》〈**in**〉 ❷〈快楽・ぜいたくなどに〉ふける, 〈感情に〉おぼれる〈**in**〉 ‖ ～ *in* luxury ぜいたくにふける / ～ *in* self-pity 自己憐憫(れんびん)におぼれる / ～ *in* the mud ひどい生活をする ❸《進行形で》《俗》〈金などを〉有り余るほど持つ〈**in**〉 ‖ The family is ～*ing in* money [OR it]. その一家はうなるほど金がある ❹ (船などが) もがくように進む ━名 ❶ U/C《単数形で》(喜んで) 転げ回ること；(快楽・ぜいたくなどに) ふけること ❷ C 動物が転げ回る所, (イノシシなどが泥浴する) ぬた場；(動物が転げ回ってできた) くぼみ, 水たまり

*__wall·pa·per__ /wɔ́ːlpèɪpər/ 名 U C ❶ 壁紙 ❷ 💻壁紙《ディスプレー画面上の背景模様》 ❸ 退屈で単調なもの, 目立たない[背景としてある]もの (♦ 音楽やテレビ番組などに用いる) ‖ ～ music 《英口》バックグラウンドミュージック
━動 他 自 (…に)壁紙をはる

*__Wáll Strèet__ 名 ❶ ウォール街《New York 市マンハッタン (Manhattan) 地区にある通りの名で米国株式取引所があり, 米国金融市場の中心地》 ❷ U 米国金融界[市場]

wàll-to-wáll ⟨シ⟩ 形《限定》❶ (敷物が) 壁から壁までの, 床一面の ❷ 隅から隅まで埋め尽くす, ぎっしり詰まった；全面的な ━名 C 床一面に敷き詰めたカーペット

wal·ly /wɑ́(ː)li | wɔ́li/ 名 (複 **-lies** /-z/) C《英口》ばか, 間抜け

Wal-Mart /wɔ́ːlmɑ̀ːrt/ 名《米》《商標》ウォルマート《米国のスーパーマーケットチェーン》

*__wal·nut__ /wɔ́ːlnʌ̀t/ 名 ❶ C クルミ (の実) ❷ (＝～ **trèe**) C〖植〗クルミの木 ❸ U クルミ材《堅くて良質の高級家具材》 ❹ U クルミ色, 赤褐色

Wal·pùr·gis Níght /vɑːlpʊ̀ərgəs- | vælpʊ̀əgɪs-/ 名《ドイツ》❶ ワルプルギスの夜祭り《4月30日の夜, 魔女たちがドイツ各地の魔の山(特に Brocken 山)に集まって催すと言い伝えられる酒宴》 ❷ 飲めや歌えの狂宴

wal·rus /wɔ́ːlrəs/ 名 (複 ～ OR ～**·es** /-ɪz/) C〖動〗セイウチ
▸▸ ～ **mústache** /英 ━ ━━ ━/ 名 C セイウチひげ《口の両側から垂れ下がったひげ》

Walt /wɔːlt/ 名 ウォルト《男子の名. Walter の愛称》

*__waltz__ /wɔːlts/ 《発音注意》名 C ❶ ワルツ《2人一組で踊る3拍子のダンス》 ‖ dance a ～ ワルツを踊る ❷ ワルツ曲, 円舞曲 ❸《口》たやすい仕事, 朝飯前のこと
━動 自 ❶ ワルツを踊る ❷《口》軽快[快活, 自信たっぷり]に歩く[動く]〈**in, into** …に；**to** …へ〉 ❸〈困難な仕事などを〉楽々と[簡単に]やってのける〈**through**〉 ‖ ～ *through* an exam 楽々と試験に合格する
━他〔人〕とワルツを踊る, …をワルツでリードする
wàltz Matílda 《豪》身の回りのものを背負って渡り歩く
wàltz óff with ... 〈他〉《口》① (無断で[うっかり]) …を持ち去る ②〔賞など〕を楽にとる, さらう
～·er 名 C ワルツを踊る人

Wam·pa·no·ag /wɑ̀(ː)mpənóuæg | wɔ̀m-/ 名 (複 ～ OR ～**s** /-z/) C ワンパノーアグ族《マサチューセッツ州南西部に住んでいた北米先住民の一部族》；ワンパノーアグ族の人
━形 ワンパノーアグ族の

wam·pum /wɑ́(ː)mpəm | wɔ́m-/ 名 U ❶ 貝殻製のビーズ《北米先住民が貨幣・装飾などに用いた》 ❷《米俗》《旧》お金(money) (♥ 子供っぽい言い方)

wan /wɑ(ː)n | wɔn/ 形 ❶ (人・顔色などが) (不健康そうに) 青白い, 血の気のない ‖ a ～ complexion 青白い顔色 ❷ 力のない, 弱々しい, 病弱な, 疲れ果てたような ‖ smile a ～ smile 弱々しい微笑を浮かべる ❸ (天空・光などが) ほの暗い, かすかな ❹《文》(夜・海などが) 暗い, 鉛色の, どんよりした ━動 自 他《文》(…が[を]) 青白くなる[する]
～·ly 副 **～·ness** 名

WAN /wæn/ 名 💻広域ネットワーク (♦ *w*ide *a*rea *n*etwork より)

wand /wɑ(ː)nd | wɔnd/ 名 C ❶ (奇術師・魔法使い・妖精(ようせい)などの) (魔法の) つえ ‖ wave a [OR one's] magic ～ 魔法のつえをひと振りする；(魔法のように) 鮮やかに望みをかなえる[問題を解決する] ❷《口》(指揮者の) タクト, 指揮棒 (baton) ❸ (職権を示す) 官杖(かんじょう), 職杖 ❹ (柳などの) しなやかな細枝 ❺ 💻＝light pen ❻ 細い棒状のもの ‖ a mascara ～ マスカラブラシ ❼ バーコードのスキャナー

:wan·der /wɑ́(ː)ndər | wɔ́n-/ 《発音注意》
━動 (～**s** /-z/；～**ed** /-d/；～**·ing**)
━自 ❶ (＋副句) (当てもなく) **歩き回る, ぶらつく**, さまよう, ぶらぶらと行く (♦ 副句 は場所・方向を表す) ‖ I like ～*ing* **around** downtown. 繁華街をあちこちぶらつくのが好きだ / We ～*ed* into an antique shop. 私たちはふらっとアンティークショップに立ち寄った / Ed ～*ed* in to see me yesterday. 昨日エドが会いに立ち寄ってくれた / ～ **around** [OR over] the world 世界を放浪する
❷〈道路・場所から〉外れる, それる；〈家族・仲間などから〉はぐれる；(道徳的に) 道を踏み外す《***off, away***》；(人・話などが)〈主題から〉外れる, 脱線する, 横道にそれる〈**from, off**〉 ‖ The little boy ～*ed off* [OR *away*] *from* his mother in the park. その男の子は公園で母親からはぐれた / ～ *from* [OR *off*] the point 論点から外れる / ～ *off* the track 道からそれる
❸ (川・道路などが) 曲がりくねっている ‖ The stream ～*s* through fields. 小川は野原をうねりながら流れている
❹ (心・考えなどが) とりとめなくなる, 散漫になる；(特に高齢のため) もうろうとする ‖ let one's attention [thoughts] ～ 注意が散漫になる[とりとめなく考えを巡らす]
❺ (目などが) とりとめなく[当てもなく] 動く ‖ His eyes ～*ed* round the room. 彼はきょろきょろ部屋を見回した
━他 …を歩き回る, ぶらつく, 放浪する ‖ ～ the streets 通りをぶらつく
━名 C《a ～》ぶらつくこと, 散歩 ‖ We went for a ～ around the city park. 市立公園へ散歩に行った

wan·der·er /wɑ́(:)ndərər | wɔ́n-/ 名 C (当てもなく) 歩き回る人, さまよう人, 放浪者, さすらい人

wan·der·ing /wɑ́(:)ndərɪŋ | wɔ́n-/ 形 ❶ (当てもなく) 歩き回る; さまよう; 遊牧民の ❷ (考えなどが) とりとめのない, うわごとを言う, 横道にそれる ❸ (川・道などが) 曲がりくねった ❹ 〖植〗長いつるを持つ ─名 C 《通例 ~s》放浪の旅, さすらい, 遍歴 **~·ly** 副

▸▸**Wàndering Jéw** 名 ① 《the ~》さまよえるユダヤ人 《キリストを侮辱した罰としてキリスト再臨の日まで地上をさまよう運命を負わされたというユダヤ人》 ② 《しばしば w- J-》 C 〖植〗セブリナ, ムラサキツユクサ

wan·der·lust /wɑ́(:)ndərlʌ̀st | wɔ́n-/ 名 U/C 《単数形で》旅心; 放浪癖, 旅行熱 (♦ドイツ語より)

***wane** /weɪn/ 動 自 ❶ (徐々に) 弱くなる, 衰える; (権力・名声が) 衰退する ‖ The band's popularity was *waning*. そのバンドの人気は衰えてきていた / a *waning* political party 衰退しつつある政党 ❷ (月が) 欠ける (↔ wax²) (⇨ MOON 図) ‖ The moon waxes and ~*s* every month. 月は毎月満ち欠けする ❸ (時期・期間などが) 終わりに近づく ─名 《the ~》 ❶ 衰え, 衰退; 衰退期 ❷ (月の) 欠け; 欠けている期間 ❸ 終わりに近づくこと, 終末

on the wáne ① (月が) 欠け始めて ② (権力・名声などが) 衰えて; (質問などが) 弱まって

wan·gle /wǽŋgl/ 《口》 動 他 ❶ **a** (策略・巧妙な説得などにより) …を〈…から〉うまく手に入れる〈**out of**〉; 〔人〕にまんまと〈…〉させる〈**into**〉; …を〈…から〉何とか抜け出させる, …を〈…を乗り越えて〉何とか進む〈**out of**〉 ‖ He ~*d* another ten dollars *out of* his mother. 彼は母親からまんまともう10ドルせしめた / ~ him *into* loaning money 彼にうまいことを言って金を融資させる / ~ oneself [OR one's way] *out of* a difficulty 困難をうまく切り抜ける **b** 《+目 *A*+目 *B*》 *A* (人) に *B* (席など) をうまく手に入れてやる ❷ 〔記録・数値など〕に細工を加える, ごまかす ─名 U C うまく手に入れること; 策略, ごまかし

wank /wæŋk/ ⊗ 《英卑》 動 自 自慰行為をする (masturbate) 《*off*》 ─名 C 《通例単数形で》自慰行為

Wàn·kel éngine /wɑ̀ːŋkəl- | wæ̀ŋ-/ 名 C 〖機〗ワンケルエンジン 《ロータリーエンジンの一種》 (♦ドイツの技術者・発明者 Felix Wankel (1902–88) の名より)

wank·er /wǽŋkər/ 名 C ❶ ⊗ 《英卑》自慰をする人 ❷ ⊗ 《英》《蔑》間抜け, 役立たず (♥ののしり言葉)

wan·na /wɑ́(:)nə, wɔ́ːnə | wɔ́nə/ 《短縮形》《口》 =want to, want a ‖ I ~ see you. 君に会いたい / *Wanna* beer? ビール飲むかい

wan·na·be(e) /wɑ́(:)nəbi, wɔ́ːn- | wɔ́n-/ 名 C ⊗ 《口》《蔑》ワナビー, なりたがり, 有名人かぶれ 《有名人を信奉して何から何までまねをする人》; (歌手・スポーツ選手などの) 熱狂的ファン (♦ want to be より)

⁑**want** /wɑ(:)nt, wɔːnt | wɔnt/ 動 名

中心義 **欠けているものを欲する** (★文脈によって「欠けている」という側面, もしくは「欲する」という側面のどちらかに重きが置かれた意味になる)

─動 (**~s** /-s/; **~·ed** /-ɪd/; **~·ing**)

─他 《通例進行形不可》 (♦❺以外受身不可) ❶ …を**欲しい (と思う)**, 欲しがっている, 望む, 欲する (⇨ 類語) ‖ I ~ another glass of milk. ミルクをもう1杯欲しい (♥ want は単刀直入すぎるので, ふつうは I'd [OR I would] like ..., May I have ...?, Would you mind if I have ...? などの方が好ましい) / "*Want* a drink?" "Yes, please." 「一杯やるかい」「ええ, ぜひ」 / I don't ~ any trouble. 面倒はごめんだ / Accommodation *Wanted*. 《掲示》住居求む / What do you ~ from [OR of] me? 私に何を求めているのですか / What do you ~ with that equipment? その道具は何に使うのか; どうしてその道具がいるのか

❷ 《+to *do*》 (自分が) …**したい (と思う)**, …したがっている ‖ I ~ *to* visit the Taj Mahal some day. いつかタージマハルを訪れてみたい / I have long ~*ed to* see you. 長い間お目にかかりたいと思っていました (♦過去完了形 had wanted to *do* は実現しなかった過去を表す. → intend, hope) / All I ~ *to* do is to have some fun. 私はただ楽しみたいだけだ / I just ~*ed to* tell you. ちょっとお知らせしようと思いまして (♥唐突さを避ける表現) / You can stay if you ~ *to*. いたければいていいよ (♦ to は to stay あるいは to do so を略した形. さらに to が省略されることもある) / I don't ~ *to* interrupt you, but .... お話し中すみませんが… (♦「…したくない」は do not want to *do* で, want not to *do* とはふつういわない)

語法☆☆ (1) want の進行形は一般的ではないが, 《口》で次の場合には使うことがある (⇨ PB 94). (a) ごく一時的な状態を表す場合. 〈例〉 Tell me why you were *wanting* to leave. なぜ行ってしまおうと思ったのか話してくれ (b) 相手の希望を丁寧に尋ねるとき. 〈例〉 Will you be *wanting* any fruit? 果物はいかがですか
(2) 継続の意味を強調するときは I have (long) been *wanting* to see you. のように現在完了進行形で用いることがある (→ CE 5, ⇨ PB 94).
(3) 《口》で「…したい」の意味のとき want to は wanna に縮約されることがある. 〈例〉 I 「*want to* [OR *wanna*] sing. 私は歌いたい ただし「…に…してほしい」の意味 (他 ❸ **a**) で, 目 が疑問詞や関係代名詞となっている場合の want to は縮約できない. 〈例〉 Who do you 「*want to* [×wanna] sing? だれに歌ってほしいですか / He is the very person that we 「*want to* [×wanna] be here now. 彼こそ今ここにいてほしい人物だ

❸ **してほしい** **a** 《+目+**to** *do*》 〔人〕に…してほしい (と思う), 〔人〕が…することを望む (♦《米口》では 目 の前に for を入れることもある. ただしその場合 want と for の間に very much などが入るのがふつう) ‖ I ~ you *to* tell the truth. 君に真実を話してほしい (♦ ×I want (that) you tell the truth. のように that 節 をとることはできない) / Do you ~ me *to* see if there is any mail for you? あなたあての郵便があるか見てきましょうか / I ~ very much for him *to* succeed. 彼にぜひ成功してほしい / I don't ~ there *to* be any trouble. もめごとは何一つあってほしくない

b 《+目+*doing*》 《否定文で》〔人〕に…してほしい (と思う) ‖ I don't ~ you staying up so late. そんなに遅くまで起きていてもらいたくない

c 《+目+*done*》 …が…されることを望む ‖ I ~ this work finished promptly. 直ちにこの仕事を仕上げてもらいたい / No one ~*s* his personal life talked about. だれも自分の私生活についてうわさをされたくない

d 《+目+ (**to be**) 補》 …が…であることを望む ‖ Joe ~*s* everything perfect. ジョーはすべて完璧(ぺき)であることを望む / I ~ you out of here! 出て行ってくれ / I ~ the milk hot. ミルクは温めてください / We ~ her [it] **back**. 私たちは彼女に戻って[それを返して]ほしいと思っている

❹ **a** 《+目》 …を**必要とする** ‖ Children ~ plenty of sleep. 子供には十分な睡眠が必要だ / Those chaps ~ a lesson. あいつらにはちょっと教えてやる必要がある / You badly ~ a haircut. 君には散髪がぜひとも必要だ

b 《+*doing* / **to be** *done*》 《口》 …する必要がある (♦ *doing* は受身の意味を持つ) ‖ Your car ~*s* washing. = Your car ~*s* [OR needs] *to be* washed. 君の車は洗わなくちゃ

❺ 〔人〕に**用がある**; 《通例受身形で》 (電話に) 呼ばれている; (子供などが) 大切にされている; 〈…のかどで〉 (警察の) お尋ねものである〈**for**〉 ‖ I ~ you in here this afternoon. 今日の午後ここへ来てほしい / You are ~*ed* on the phone. 君に電話だよ / He is ~*ed* by the police *for* murder. 彼は殺人罪で警察に指名手配されている

❻ …が**不足する**, 欠けている ‖ His speech ~*s* wit. 彼の演説はウイットに欠ける / In many countries, people still ～ basic food. 多くの国で，まだ基本的食糧が不足している ❼《(+to *do*)《通例 you を主語にして》《口》…した方がよい，…すべきだ(→ CE 7) ‖ You ～ *to* watch your step. 足下に気をつけた方がいいよ / You ～ *to* see a doctor at once. 君はすぐ医者に診てもらった方がいい / You don't ～ *to* hurt his feelings. 彼の気持ちを傷つけては駄目だよ ❽《口》(性的対象として)…が欲しい

—自 ❶ 望む，欲する ‖ I'll go with you, if you ～. お望みなら一緒に行きますよ

❷〈物を〉**欠いている**，〈…が〉足りない〈**for**〉；(生活に)困窮する ‖ You will ～ *for* nothing as long as I live. 私の目の黒いうちは君が不自由することはない

❸《主に米口》〈…に〉入りたがる，参加[関与]したがる《*in*》〈**into, on**〉；〈…から〉外に出たがる，手を引きたがる《*out*》〈**out of**〉‖ The dog ～*s in* [*out*]. 犬が入り[出]たがっている / He ～*s into* [*out of*] this project. 彼はこの事業にかかわり[から手を引き]たがっている

COMMUNICATIVE EXPRESSIONS

1 **(Do you) wànt to màke sómething of it?** ⇨ MAKE(CE 1)

2 **I dón't rèally wànt to** knòw the trúth. 本当のことはあまり知りたくありません(♥ 意志がないことを表す. 《堅》Well, I'd be rather reluctant to ....)

3 **I wànt you to** wrìte ùp the repórt by nèxt wéek. 来週までに報告書を書き上げるように(♥ 命令)

4 **It's nòt that I dòn't wánt to** attènd the pàrty, **but it's jùst that** I'm tèrribly búsy nòw. パーティーに出たくないわけではありませんが，ただ今はとても忙しいのです(♥ 何かをしない[できない，する気になれない]事情や言い訳を述べる際に用いるくだけた表現)

5 **I've been wànting to méet you (for sòme tíme).** 以前からお会いしたいと思っていました(♥ 出会いの喜びを表現するあいさつ. 人を紹介されたときに)

6 **This is júst what I('ve) (àlways) wánted.** これは私が(以前から)欲しいと思っていたものです(♥ 贈り物などをもらったときの感謝を表す)

7 **You might wànt to** rewrìte thàt árticle. あの記事を修正したらどうでしょうか(♥ 何かをするようやんわりと勧める丁寧な命令)

8 **Whò wànts** [OR **would wànt**] **to be àll alóne?** ひとりぼっちなんてだれが望むでしょうか，そんな人はいません

—名 (複 **～s** /-s/) ❶ U/C《通例 ～s》欲しいもの，欲望 ‖ He is a man of few ～*s*. 彼は欲のない人だ / meet [OR satisfy] a long-felt ～ 長い間の望みをかなえる

❷ U/C《単数形で》〈…の〉不足，欠乏(↔ abundance)〈**of**〉(⇨ LACK 類語) ‖ They are suffering from (a) ～ *of* food. 彼らは食糧不足に苦しんでいる / There was no ～ *of* flowers in the garden. 庭園には花がたくさんあった ❸ U 困窮，貧困(↔ wealth) ‖ The refugees live in ～. 難民たちは貧しい生活をしている

****for*** [OR ***from***] (***the***) ***wánt of ...*** …の不足のために ‖ We gave up the project *for* ～ *of* funds. 資金不足で計画をあきらめた / *for* ～ *of* a better word ほかによい言葉がないので

in wánt of ... …が必要で，不足で ‖ a house *in* ～ *of* repair 修理が必要な家 / We are badly *in* ～ *of* water. ひどい水不足だ

類語《他 ❶》**want** 何かを「欲しがる」ことを表す最も一般的な語. しばしば「必要がある」ことを含意し，ときにややあからさまでぶっきらぼうに聞こえることもある.〈例〉*want* a new car 新しい車が欲しい

hope 実現の可能性があると思われる好ましいことを望む.〈例〉*hope for*「good weather [a happy life]」好天[幸せな生活]を望む

wish want より丁寧で，可能性のないことや実現の見込みの薄いことを含めて(ときにひそかに)強く願う.〈例〉*wish for* a miracle [son] 奇跡が起こる[男の子が生まれる]ことを願う

desire 切なる強い望みを表し，形式ばった語で，使い方によってはもったいぶって聞こえることもある.〈例〉*desire* peace [power] 平和を切望する[権力に対する強い欲望を抱く]

(♦(1) want, hope, wish が不定詞と that 節を伴う形の可否は次のとおり：I want *to* go. I hope *to* go. I wish *to* go. /I want you *to* go. ×I hope you *to* go. I wish you *to* go. /×I want *that* you will go. I hope (*that*) you (will) go. I wish (*that*) you would go. (wish の後の that は通例省略される)

(2) 不定詞を伴い「…したいと思う」の意を表す場合，want to *do* はくだけた言い方，would like to *do* はより丁寧な言い方，care to *do* は疑問文・否定文・条件節で用いる改まった言い方である.〈例〉Do you *want to* come with us? 一緒に来るかい / *Would* you *like to* come with us? 一緒にいらっしゃいませんか / *Would* you *care to* come with us? (よかったら)一緒にいらっしゃいませんか)

PLANET BOARD 94

want, like の進行形を使うか.

問題設定 want, like はどちらも状態動詞でふつう進行形にしないが，可能な場合もあるとされる. それぞれの使用率を調査した.

Q 次の表現を使いますか.

(a) **Are you wanting** any fruit?

(b) **Will you be wanting** any fruit?

(c) **I've been wanting** to meet you for a long time.

(d) **Are you liking** your new school?

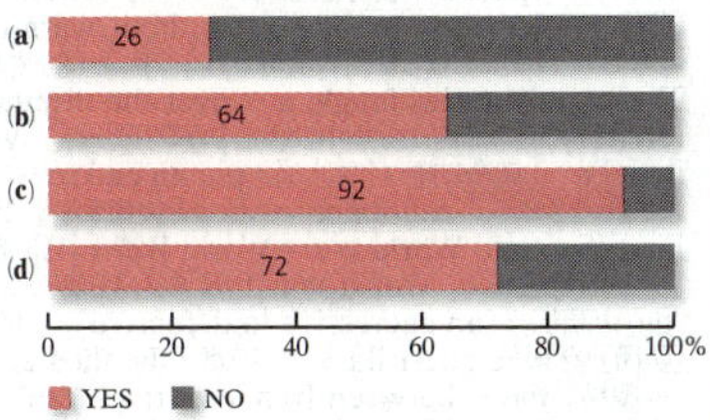

(a) の Are you wanting ...? は使うという人が約¼と少ないが，(b) の Will you be wanting ...? は6割以上の人が，(c) の I've been wanting ... はほとんどの人が使うと答え，(d) の Are you liking ...? も多数の人が使うと答えた.

(b) は「《堅》で，レストランのウエーターなどが使う」と答えた人が多く，また，「買い物リストを作っているときや弁当に入れて欲しいものを聞くときに使う」という人もいた.

(a) (b) の代替表現としては，Do you want any [OR some] fruit? / Would you like any [OR some] fruit? / Do you feel like having some fruit? があげられている.

(d) は使うと答えた人の中でも，Do you like your new school? / How do you like your new school? / Are you enjoying your new school? などの方がふつうという意見が多かった.

参考 (a) に対する平叙文 **I'm wanting** some fruit. と (c) で不定詞の代わりに名詞句を用いた **I've been wanting** this book for a long time. についても同様の調査をしたが，前者を使うという人は16%で (a) よりさらに少なく，後者を使うという人は88%で，(c) よりわずかながら低かった.

学習者への指針 want は状態動詞だが，現在完了進行形ではかなり広く使われ，未来進行形でも限られた場面では使われる. 同じく状態動詞である like の現在進行形は，一般的ではないがある種の状況で使用されることがある.

▶▶～ àd 名C《米口》(新聞などの)求人[求職, 捜し物]広告(classified ad)

want·ing /wɑ́(ː)nţɪŋ, wɔ́ːnţ-｜wɔ́nt-/ 形《叙述》❶(人が)〈能力などに〉欠けている〈in〉‖ be ～ *in* courage [common sense] 勇気[常識]に欠けている ❷ 水準に達しない, 条件[期待]を満たさない, 〈要求・機会などに〉合わない〈to〉‖ be found ～ *to* the occasion その場合にふさわしくないことがわかる ❸(物が)欠けている, そろっていない ‖ One volume of the set is ～. セットの中の1巻が欠けている ❹《口》頭[知恵]の足りない

*__wan·ton__ /wɑ́(ː)ntən, wɔ́ːn-｜wɔ́n-/ 形 ❶《通例限定》(行為などが)理不尽な, むちゃな, 不当な；容赦ない, ひどい ‖ ～ cruelty 目に余る残虐さ / ～ exercise of power 権力の不当な行使 / ～ waste of money 金の浪費 ❷(特に女性が)性的にだらしのない, 不貞の；好色の ❸《文》抑制できない, 過度の；(服装などが)けばけばしい；(植物が)伸び放題の ‖ ～ luxury [extravagance] 過度のぜいたく[浪費] / ～ ivy 伸び放題のツタ ❹《文》(子供・動物の子などが)ふざける, 戯れる；気まぐれな, 気ままな ‖ a ～ child いたずらっ子 / a ～ breeze 気まぐれなそよ風
── 名C 性的に放縦な人, (特に)身持ちの悪い女
～·ly 副 **～·ness** 名

WAP /wæp, ＋米 wɑ(ː)p, ＋英 wɔp/ 略 💻 *w*ireless *a*pplication *p*rotocol《携帯端末用の通信規約》

wap·i·ti /wɑ́(ː)pəţi｜wɔ́p-/ 名(複 ～ OR ～s /-z/) C【動】ワピチ(《米》elk)《北米・東北アジア産の大型のシカ》

:war /wɔːr/《発音注意》名 形 動
── 名(複 ～s /-z/) ❶U(国家間などの)**戦争**；戦争[交戦]状態(↔ peace)；戦時；C(個々の)戦争(⇨ BATTLE 類語) ‖ *War* often **breaks out** without warning. 戦争というものはしばしば何の前触れもなく勃発(ぼっぱつ)する / The two countries **fought** a ～ over the disputed territory. その2国は紛争中の領土をめぐり戦った / win [lose] a ～ 戦争に勝つ[負ける] / put an end to ～ 戦争を終結させる / renounce ～ 戦争を放棄する / the First [Second] World *War*＝World *War* I [II] 第1[2]次世界大戦(♦ World War I, II の I, II は /wʌn/, /tuː/ と読む) / 「an aggressive [a defensive] ～ 侵略[防衛]戦争 / a guerrilla ～ ゲリラ戦 / the theater of ～ 戦場 / the ～ between Iran and Iraq＝Iran's ～ with [OR against] Iraq イラン＝イラク戦争
❷UC〈…に対する〉戦争, 戦い, 争い, 闘争〈on, against〉‖ The president declared ～ *on* crime. 大統領は犯罪撲滅を宣言した / a ～ of words 舌戦, 論戦 / a ～ of nerves 神経戦 / a class ～ 階級闘争 / a trade ～ 貿易戦争 / a price ～ 価格競争 / a presidential ～ 大統領選挙戦 / wage ～ *against* [OR *on*] drugs [terrorism] 麻薬[テロ]と戦う ❸U 軍事, 軍務, 兵学

*__*at wár*__ (↔ *at peace*) ①(国が)〈…と〉戦争状態で, 戦争中で〈with, against〉②(人が)〈…と〉争って, 対立して, 不和で〈with, against〉

gò to wár ①〈…と〉戦争を始める, 戦争状態に入る〈against, with〉②(兵士が)戦争に行く, 出征する

have bèen in the wárs 《英口》《しばしば戯》けがをしている

the Wàr between the Státes【米国史】南北戦争(the Civil War)《南部連合が用いた呼称》

the Wars of the Roses ⇨ ROSE(成句)

COMMUNICATIVE EXPRESSIONS

1 **This mèans wár!** さあ, 戦うぞ；これじゃ戦うしかないな(♥ しばしばふざけて意気を揚げるときに用いる)

2 **You lòok like you've bèen thròugh a wár.** ひどい格好だな(♥「傷だらけ」,「身なりが乱れている」様子)

── 形《限定》戦争の, 戦争に関する；戦争用の ‖ a ～ film 戦争映画 / ～ damage 戦争による損害

── 動(～s /-z/；warred /-d/；war·ring) 自 ❶ 争う, 戦う, 闘争する, 対立[敵対]する〈with, against …と；over …をめぐって；for …を求めて〉‖ Stop *warring with* him. 彼と敵対するのはやめなさい / ～ *against* vice 悪と戦う / ～ *for* supremacy 覇権を争う
❷〈…と〉戦争をする〈with, against〉

▶▶～ **bàby** 名C 戦時中・戦争直後に生まれた子；(特に)戦争の落とし子 ～ **bònnet** 名C(北米先住民の)羽根飾り付き頭飾り, 出陣帽 ～ **brìde** 名C 戦争花嫁《戦時中に出征直前の軍人と結婚したり, 戦時中に外国の出征軍人と結婚し, 夫の本国に移り住んだ女性》～ **càbinet** 名C《英》戦時内閣 ～ **chèst** 名C 戦費, 軍資金；(政府・政治団体などの)運動資金 ～ **clòud** 名C《通例 ～s》戦争になりそうな雲行き[情勢], 戦雲 ～ **crìme** 名C《通例 ～s》戦争犯罪(行為) ‖ the ～ *crimes* tribunal (in the Hague)(オランダのハーグの)戦争犯罪裁判所 ～ **crìminal** 名C 戦争犯罪人, 戦犯 ～ **crỳ** 名C ① 鬨(とき)の声, 喊声(かんせい)(battle cry) ②(政党などの)標語, スローガン ～ **dànce** 名C(もと北米先住民などの)出陣[戦勝]の踊り ～ **èffort** 名C《単数形で》(戦時中の)国民協力 ～ **gàme**(↓) ～ **memòrial** 名C 戦争[戦没者]記念碑[記念館] ～ **pàint** 名U ①(北米先住民が戦いの前に顔・体に塗る)出陣の絵の具 ②《口》化粧品；厚化粧, 念入りな化粧 ～ **wìdow** 名C 戦争未亡人 ～ **zòne** 名C 交戦地帯, (特に)戦争水域

war·ble[1] /wɔ́ːrbl/ 動 自(小鳥などが)声を震わせて美しくさえずる；(人が)声を震わせて美しく歌う《*away*》── 他(小鳥などが)…を美しい声でさえずる；(人が)…を声を震わせて美しく歌う《*out*》── 名C《単数形で》さえずること, さえずり；さえずるような歌声

war·ble[2] /wɔ́ːrbl/ 名C【獣医】❶ 牛皮腫(しゅ)《ウシバエの幼虫が牛などの背に寄生して生じる》；ウシバエの幼虫 ❷(馬の背の)鞍(くら)こぶ ▶▶～ **flỳ** 名C【虫】ウシバエ

wár·bler /-ər/ 名C ❶【鳥】ズグロムシクイ《ヨーロッパ産のウグイス科の鳴き鳥》❷【鳥】アメリカムシクイ《アメリカ産》❸《口》声を震わせて歌う人[歌手]

wár·chàlking 名U 💻ウォーチョーキング《屋外の無線LANが使える場所にチョークなどで印をつけること》

*__ward__ /wɔːrd/《発音注意》名C ❶(特定の患者用の)病棟, 病室 ‖ a children's ～ 小児病棟 / a maternity [general] ～ 産科[一般]病棟 / an isolation [emergency] ～ 隔離[救急]病棟 / a four-bed ～ 4人部屋の病室 ❷(市・町などの行政単位としての)区, 行政区；《英》選挙区 ❸【法】被後見人《特に未成年者》(↔ guardian) ‖ a ～ of court 被後見人 ❹(刑務所の)監房 ❺(城・要塞(ようさい)内の)広場, 中庭 ❻U(フェンシングなどの)受けの構え；受け太刀 ❼《通例 ～s》ワード《錠の内部の切り込みや突起》；ワードに合う鍵(かぎ)の切り込み
── 動 他 ❶(＋目＋off)〔危険・攻撃など〕をかわす, よける, 避ける；…を追い払う ‖ ～ *off* a blow 一撃をかわす / ～ *off* 「evil spirits [disease] 悪霊[病気]を追い払う ❷ …を病棟に収容する
▶▶～ **hèeler** 名C⊗《米口》《主に蔑》(地域の政治ボスなどの)腰ぎんちゃく, 子分

-ward 接尾《形容詞・副詞語尾》「…の方へ(の)」の意の形容詞・副詞を作る(♦ 副詞の場合《英》では -wards がふつう) ‖ a for*ward* movement 前方運動 / west*wards* 西の方向へ / look up*ward* 上の方を見る

*__war·den__ /wɔ́ːrdən/ 名C ❶ 監視人, 監督官 ‖ a fire ～ 火災監視人 / a wildlife ～ 野生動物監視人 / a traffic ～《英》(駐車違反の)交通取締官 ❷《主に米》刑務所長(《英》governor)；看守；《主に英》看守長 ❸(公共施設などの)責任者；(各種官公庁の)長官 ❹《英》学長, 学寮長, 校長；(病院・同業組合などの)理事 ❺＝church-warden **～·shìp** 名U warden の職[地位]

ward·er /wɔ́ːrdər/ 名C《主に英》(刑務所の)看守

ward·ress /wɔ́ːrdrəs/ 名C《主に英》女性看守(中立 warder)

*__ward·robe__ /wɔ́ːrdròub/《発音注意》名C ❶ 衣装だんす；洋服だんす ❷《通例単数形で》《集合的に》(個人・劇団などの)持ち衣装；衣装類(全部) ‖ have a small

[large] ～ 衣装が少ない[多い] / a summer ～ 夏物衣類 ❸ Ⓤ/Ⓒ《通例単数形で》(王室・貴族などの)衣装管理係；(劇場・テレビ局などの)衣装部, 衣装部屋
▸▸ ～ **màster** 名 Ⓒ (劇場・劇団の)(男性の)衣装係(中立 wardrobe supervisor) ～ **mìstress** 名 Ⓒ (劇場・劇団の)(女性の)衣装係(中立 wardrobe supervisor)
～ **trùnk** 名 Ⓒ《主に米》大型衣装トランク

wárd·ròom 名 Ⓒ ❶ (軍艦で)(艦長を除く)上級士官室, (特に)士官食堂 ❷《集合的に》上級士官

-wards 接尾《英》= -ward

wárd·shìp 名 Ⓤ〖法〗❶ 後見, 保護, 監督 ❷ 被後見人の立場[身分]

ware[1] /weər/ (♦同音語 wear) 名 ❶ Ⓤ《通例複合語で》《集合的に》製品, 商品, 器物, …製品, …細工品；…用品；💻…ウェア ‖ hard*ware* 金物；ハードウェア / earthen*ware* 土器 / soft*ware* (コンピューター・視聴覚機器の)ソフト ❷ Ⓤ《通例複合語で》《集合的に》(特定の産地・製法の)陶器, 磁器, …焼き, …器 ‖ Wedgwood ～ ウェッジウッド焼き《英国の代表的な陶器》/ biscuit ～ 素焼き ❸ Ⓒ《～s》(街頭・市場での)売り物, 商品；(売り物の)才芸《技量・才能など》‖ peddle [cry] one's ～*s* 品物を売り歩く[呼び売りする]；自画自賛する

ware[2] /weər/ (♦同音語 wear) 動 他《通例命令形で》…に気をつける, 用心する；…を見張る(♦主に狩猟用語)
━ 形《叙述》《古》❶〈…に〉気づいて〈**of**〉❷ 用心深い

*__ware·house__ /wéərhàus/ (→ 動) 名 Ⓒ ❶ (商品・家具・保税商品などの)倉庫, 収納庫 ❷ 卸売店, 問屋；大型小売店 ━ 動 /wéərhàuz/ 他 ❶〔商品など〕を倉庫に収納[保管]する ❷《米口》〔精神病患者・老人など〕を(手当ての行き届かない)施設にほうり込む
▸▸ ～ **clùb** 名 Ⓒ (会員制の)安売り小売り商店

wáre·house·man /-mən/ 名 (複 **-men** /-mən/) Ⓒ 倉庫業者；倉庫係

wáre·hòus·ing /-hàuzɪŋ/ 名 Ⓤ ❶ 倉庫保管 ❷〖証券〗匿名による株の買い集め

warez /weərz/ 名 複 💻 (インターネットを利用してやりとりされる)海賊版ソフト

*__war·fare__ /wɔ́ːrfèər/ 《アクセント注意》名 Ⓤ ❶ 戦争(行為), 交戦状態；戦闘行為(↔ peace) ‖ nuclear ～ 核戦争 / germ [chemical, guerrilla] ～ 細菌[化学, ゲリラ]戦 ❷ (一般に)闘争 ‖ economic ～ 経済戦争 / information ～ 情報戦

war·fa·rin /wɔ́ːrfərɪn/ 名 Ⓤ〖化〗ワルファリン《血液凝固阻止剤. 主に殺鼠(そ)剤・医薬用》

wár-gàme 動 他《米》〔作戦など〕を軍事演習する

wár gàme 名 Ⓒ ❶《しばしば ～s》実戦大演習, 模擬戦 ❷ 戦争ゲーム《テレビゲームや盤ゲーム》

wár·hèad 名 Ⓒ (ミサイル・魚雷などの)弾頭

wár·hòrse 名 Ⓒ ❶ 軍馬 ❷《口》(軍隊・政界などの)歴戦の勇士, 老兵, ベテラン ❸《口》(上演しすぎて)古臭くなった出し物《音楽・演劇など》

war·like /wɔ́ːrlàɪk/ 形 ❶ 好戦的な, 挑戦的な, 戦闘的な(↔ pacific) ‖ a ～ nation 好戦的な民族 ❷ 戦争の(ための), 軍事の, 兵士の ‖ a ～ action 軍事行動

war·lock /wɔ́ːrlɑ̀(ː)k | -lɔ̀k/ 名 (男の)魔法使い(↔ witch)

wár·lòrd 名 Ⓒ (昔の地方の)武将, 軍閥の首領

***warm /wɔːrm/ 《発音注意》形 動 名 副

━ 形 (▶ warmth 名) (～·er；～·est)

❶ (天候・衣類などが)**暖かい**, (天候が)温暖な, やや暑い；(飲み物などが)温かい(↔ cool) (⇨ 類語) ‖ It's [OR The weather is] ～ today. 今日は暖かい / a ～ climate 暖かい気候 / ～ countries 温暖な国々 / a ～ sweater 暖かいセーター / ～ coffee 温かいコーヒー / **keep** a stew ～ シチューを冷めないようにする

❷ (人の体が)暖かい, 寒さを感じない；(運動・興奮などで)体が暖まって[ほてって] (↔ cool) ‖ Are you ～ enough? 十分に暖かいですか / Come and get ～ by the fire. 火のそばで暖まりなさい / I rubbed my hands together to **keep** them ～. 手が冷たくならないようにこすり合わせた / be ～ from exercise 運動をして体がぽかぽかしている / be ～ with wine 一杯機嫌である

❸ (心が)温かい, **思いやりのある**, 親切な, 優しい, 心のこもった, 心の通う(↔ unfriendly) ‖ Carol has a ～ heart. キャロルは温かい心の持ち主だ / a ～ family 温かい家庭 / I must express my ～ thanks to you. あなたには心から感謝しなくてはなりません / The villagers gave the new doctor a ～ **welcome**. 村民は新任の医者を心から歓迎した

❹《米》興奮した, かっとする, 激した, 情熱的な, 熱のこもった ‖ The disputants grew ～. 討論者たちは熱気を帯びてきた / a ～ temper 短気 / a ～ debate 激しい議論

❺ (色が)暖色の, (赤・黄色などを主とした)暖かい感じの ‖ ～ colors 暖色 ❻《叙述》《口》(クイズ・子供の遊びなどで)正解[捜し物]に近い ‖ You're getting ～*er*. もう少しで正解だよ ❼ (狩猟で)(動物のにおいが)まだ新しい ‖ a ～ trail (動物の)新しい臭跡 ❽《口》(立場・仕事・状態などが)不愉快な, やっかいな, いやな, つらい ‖ Things are ～ for us. 我々にとって事態はやっかいだ / a ～ corner 困難な立場, 苦境 / ～ work 骨の折れる仕事

━ 動 (～s /-z/；～ed /-d/；～·ing)
━ 他 ❶〔食べ物・部屋・体など〕を**暖める**, 暖かくする《*up*》(↔ cool down) ‖ The sun ～*ed* the air [earth]. 太陽が大気[大地]を暖めた / *Warm* yourself (*up*) by the fire. 火のそばで暖まりなさい / ～ one's **hands** at the fire 手を火にかざして暖める / ～ *up* the room with a stove ストーブで部屋を暖める

❷ …を興奮させる, 熱中させる, …を活気づかせる ‖ drink wine to ～ the heart ワインを飲んで元気をつける

❸ …を暖かい[優しい]気持ちにさせる ‖ The sight of the dog feeding her puppies ～*ed* me [OR my heart]. 母犬が子犬たちに乳を与えている光景を見たら心がほのぼのとした ❹《英口》〔尻(しり)など〕をたたく

━ 自 ❶ (部屋・陽気などが)暖まる, 温まる, 暖かくなる《*up*》(↔ cool down) ‖ The soup is ～*ing* on the stove. こんろにかけたスープが温まってきた / The earth is ～*ing up*. 地球は温暖化している

❷ (+**to** [**toward**] 名)…に熱心になる, 熱中する, 強い関心[興味]を持つ ‖ The speaker quickly ～*ed to* his subject. 講演者はすぐに自分の話に熱が入ってきた

❸ (+**to** [**toward**] 名)〔人〕に好意[親しみ]を持つ ‖ The only woman he ever ～*ed to* was Mary. 彼がかつて好意を寄せた唯一の女性はメアリーだった

wàrm dówn 〈自〉(穏やかな運動・ストレッチなどをして)疲労から回復する

wàrm óver ... / wàrm ... óver 〈他〉《米口》①〔料理など〕を温め直す ②〔議論・計画など〕を蒸し返す, 焼き直す

****wàrm úp*** 〈自〉① ⇨ 自 ❶ ② (競技・公演などの前に)準備運動[練習]をする, ウォーミングアップをする ③ (エンジンなどが)十分暖まる ④ (観客などが)活気づく；(催しなどが)盛り上がる ‖ The party began to ～ *up* after the boys arrived. 男の子たちが着くとパーティーは盛り上がり始めた ⑤《主に米》〈…に〉熱中してくる；〈…を〉好きになる〈**to**〉⑥ (コンサートなどで)前座を務める ━〈他〉《***wàrm úp ... / wàrm ... úp***》① ⇨ 他 ❶ ②〔エンジンなど〕を暖める ③〔観客など〕を活気づかせる, 〔催しなど〕を盛り上げる ④〔人〕を〈…に〉熱中させる〈**to**〉⑤〔料理〕を温め直す

━ 名 (複 ～s /-z/) ❶《the ～》暖かさ；暖かい場所 ‖ Come into the ～. 暖かい所に入っていらっしゃい

❷ Ⓒ《単数形で》暖める[暖まる]こと ‖ have [OR get, take] a ～ by the fire 火のそばで暖まる

━ 副 暖かく ‖ wrap up ～ = be wrapped up ～ 暖かく着込む

類語《形 ❶》**warm**「暖かい, 温かい」(↔ cool 涼しい) hot と cold の間の, ふつう程よい温度を表すが, 文脈により「暑い」という訳が当てはまることもある.

W

hot「暑い，熱い」(↔ cold 寒い，冷たい).
mild「温暖な，穏やかな」(↔ severe 厳しい). 暑くも寒くもなく，程よく暖かい. しばしば日差しの多い好天をほのめかす.

▸▸ **~ frònt** /英 ⌐⌐/ 名 C 〘気象〙温暖前線 (↔ cold front)

wàrm-blóoded ⊲ン 形 ❶ (動物が) 温血の，定温の (↔ cold-blooded) ‖ ~ animals 温血動物《主に哺乳(ほにゅう)類・鳥類》 ❷ 熱血の，熱烈な，激しやすい
~·ness 名

wárm-dòwn 名 C《通例単数形で》ウォームダウン《スポーツなどの後に体をほぐすためにする軽い運動》

wàrmed-óver 形《米》❶ (料理などが) 温め直した ❷ (議論・計画などが)蒸し返しの；(作品などが)焼き直しの

wàrmed-úp 形《英》=warmed-over

wárm·er /-ər/ 名 C 暖める人[もの]，暖熱[加温]装置

wàrm-héarted ⊲ン 形 心の温かい，思いやりのある，親切な ‖ a ~ soul 温情家 **~·ly** 副 **~·ness** 名

warm·ing /wɔ́ːrmɪŋ/ 形 (体を)暖める
—名 U ❶ 暖める[暖まる] こと ‖ global ~ 地球温暖化 ❷《口》《まれ》打つこと，殴ること
▸▸ **~ pàn** 名 C (昔の) 寝床暖め器《長い柄のついたなべ型の容器で，燃えている石炭を入れてベッドを暖めた》

***warm·ly** /wɔ́ːrmli/ 副 ❶ 暖かく；暖かに ‖ The sun is shining ~. 日が暖かく照っている / dress [be dressed] ~ 暖かい服装をする[している] ❷ 心から，温かく，親切に ‖ I was ~ welcomed by my host family. ホストファミリーに心から歓迎された ❸ 熱心に，熱烈に；興奮して

wár·mònger 名 C 戦争挑発者，戦争屋
~·ing 名 U 形《通例限定》戦争挑発(の)

***warmth** /wɔːrmθ/ 《発音注意》 名 〔⊲ warm 形〕 U ❶ 暖かさ，ぬくもり ‖ This living room needs some more ~. この居間はもうちょっと暖めた方がいい / vital [OR body] ~ 体温 / feel the ~ of ⌈her hands [the sun] 彼女の手[太陽]のぬくもりを感じる ❷ (心の)温かさ，温情，優しさ，思いやり，親切(↔ hostility) ‖ Children need ~ from their parents. 子供には親の温かさが必要だ / welcome foreign visitors with ~ 外国からの訪問客を温かく迎える ❸ 熱烈，情熱；(感情などの)激しさ，興奮 ‖ the ~ of the arguments 白熱した議論 ❹ 暖かい感じ，居心地のよさ

wárm·ùp, wárm-ùp 名 C ❶《通例単数形で》ウォーミングアップ，準備運動；(エンジンなどを)暖めること；暖機 ‖ ~ pitches ウォームアップの投球 / go through a ~ ウォーミングアップする ❷ (=~ sùit)《~s》《米》ウォームアップスーツ《運動競技の前後に着用するスウェットスーツ》 ❸《通例単数形で》前座《主要演目の前の短い演奏など》

:warn /wɔːrn/ 《発音注意》(♦ 同音語 worn)
—動 (**~s** /-z/；**~ed** /-d/；**~·ing**)
—他 ❶ **警告する** **a** 《+目》〔人〕に〈…を〉警告[注意]する〈**of, against, about**〉 ‖ My father ~*ed* me *of* the dangers of walking alone at night. 父は私に夜間の一人歩きは危険だと注意した / The police ~*ed* us *of* [OR *against*] pickpockets. 警官は私たちにスリに気をつけるように注意した / Be ~*ed*. He loses his temper very quickly. 気をつけろよ. 彼はすぐかっとなるから
b 《+目+**to** *do*》〔人〕に…するように警告[注意]する(♦ to *do* はしばしば否定形で) ‖ The teacher ~*ed* her students not *to* speak to strangers. 先生は生徒に見知らぬ人に話しかけるなと注意した
c 《+目+**against** *doing*》〔人〕に…しないように警告する ‖ The tour conductor ~*ed* us *against* walking on the streets late at night. 旅行添乗員は私たちに深夜に通りを歩かないようにと警告した
d 《+**that** 節 / 目+ (**that**) 節》(人に) …ということを警告[注意] する ‖ Scientists ~ *that* a big earthquake is likely. 科学者は大地震が起こるだろうと警告している / I ~ you (*that*) your remarks are out of line. 注意しておくが君の発言は節度を欠いているよ / "Be careful with those chemicals," I ~*ed*.「そうした化学薬品には気をつけろ」と注意した
e 《+目+**wh** 節 / **wh to** *do*》(人に) …であると警告する ‖ ~ them *what* is about to happen 彼らにこれから起きようとしていることについて警告する
❷ **a** 《+目》〔人〕に〈…を〉知らせる，予告する；…に(正式に)通知する〈**of, about**〉 ‖ ~ passengers *of* an hour's delay 乗客に1時間の遅延をあらかじめ知らせる
b 《+**that** 節 / 目+ (**that**) 節》(人に) …ということを知らせる (♦ 直接話法にも用いる) ‖ He ~*ed* his friends (*that*) he would leave in three weeks. 彼は友人たちに3週間後に出発すると伝えた
❸ 〘スポーツ〙〔選手〕に〈反則のことで〉警告する〈**for**〉
—自 〈…を〉警告する，〈…について〉注意を促す〈**of, against**〉 ‖ The flashing of the yellow light ~*ed of* danger ahead. 点滅する黄色い光が前方の危険を知らせた / ~ *against* groundless optimism 根拠のない楽観主義を戒める

wàrn awáy ... / wàrn ... awáy 〈他〉〔人〕に〈…から〉立ち去るように警告する；〈…を〉しないよう注意する〈**from**〉
wàrn óff 〈他〉 **I** 《***wàrn óff ...*** / ***wàrn ... óff***》 ① 〔人〕に立ち入らない[立ち去る，避ける] ように警告する **II** 《***wàrn A òff B***》 ② *A* (人) に*B* (場所など) に立ち入らないように[から立ち去るように] 警告する ③ *A* (人) に*B* (行為など) をしないように警告する ‖ I ~*ed* my brother *off* smoking. 弟に喫煙しないように注意した

COMMUNICATIVE EXPRESSIONS
1 "May I hàve the nèxt dánce?" "Okáy, but **I must wárn you.** I'm nòt mùch of a dáncer."「次のダンスを一緒に踊ってもらえますか」「いいですよ. でも言っておくけど私はダンスがあまり上手じゃないわよ」(♥ 注意や警告を述べる際の表現. しばしば気軽な感じで用いる)

:warn·ing /wɔ́ːrnɪŋ/ 《発音注意》
—名 (複 **~s** /-z/) C U ❶ **警告**，注意；戒告，戒め；警告[戒め] となるもの〈**to** …に対する；**against** …しないようにという / **to do** …するようにという / **that** 節 …という〉；(気象)警報 ‖ The policeman **gave** us a ~ *against* driving too fast. 警官は私たちに車を飛ばしすぎないようにと警告した / You should take ~ from what happened to him. 彼の身に起こったことを他山の石とすべきだ / His failure should be a ~ *to* each of us. 彼の失敗を私たち一人一人に対する戒めとすべきだ / Let me give you a word of ~. 一言君に警告しておく / a written ~ 警告書 / **issue** a ~ 警告を発する / an early ~ system 早期警報システム
❷ 予告，通告，通知；(解雇などの)事前通告 ‖ We were given no ~ that the flight was delayed. 私たちは飛行機が遅れることについて何も知らされなかった / give fair ~ 十分な余裕を持って予告する / a final ~ 最後通告 ❸ (悪いことなどの)前兆，前触れ ‖ **without** (any) ~ 何の前兆もなしに
—形《比較なし》《限定》警告する，警戒する，注意を促す；戒めとなる ‖ a ~ look 注意を促すような目 / a ~ device 警報装置 / a ~ bell [signal] 警鐘[警戒信号]
Wàrning bèlls (stàrt to) ríng ＝ ALARM BELLS (*start to*) *ring*
▸▸ **~ colorátion** 名 U 〘動〙(有毒動物などの) 警告色
~ tràck 名 C 〘野球〙ウォーニング＝トラック《野球場の外野フェンス近くの芝のない区域》

wárn·ing·ly /-li/ 副 警告[警戒]して，警告的に

***warp** /wɔːrp/ 《発音注意》 動 他 (♦ しばしば受身形で用いる) ❶ 〔板など〕を反らせる，ゆがめる，曲げる ‖ The sun has ~*ed* the boards. 日が当たって板が反ってしまった ❷ 〔心・判断・事実〕をゆがめる，歪曲(わいきょく)する ‖ His mind was ~*ed* by prejudice. 彼の心は偏見でゆがんでいた / a ~*ed* account 歪曲された話 ❸ …を正しい道[進路]からそれさせる，逸脱させる ❹ 〘海〙〔船〕を引き綱で引いて移

動させる ❺〘紡織〙〔糸〕を縦糸に仕組む
―自 ❶ (板などが)反る, ゆがむ, 曲がる ❷ (心・性格などが)偏る, ゆがむ ❸〘海〙(船が)引き綱で引かれて移動する
―名 ❶ 《the ～》《集合的に》〘紡織〙縦糸 (↔ woof[1], weft) ❷ Ⓒ《単数形で》(板などの)反り, ゆがみ, ねじれ ; Ⓤ ゆがんだ[ねじれた]状態 ‖ A ～ developed in a door panel. ドアの羽目(ﾊﾒ)板に反りが生じた ❸ Ⓒ《a ～》(心・判断などの)ゆがみ, ねじれ, 偏屈 ❹ Ⓒ (時間・空間などの)ねじれ, ワープ ‖ a time ～ タイムワープ《SF小説などで瞬時の時間移動を可能にする時間歪曲》 ❺ Ⓒ〘海〙(船を移動させる)引き綱 ❻《形容詞的に》ねじれるほどの, 強烈な ‖ at ～ speed 猛烈なスピードで
wàrp and wóof 本質, 基礎(♦「縦糸と横糸」より)

wár·pàth 名《通例 the ～》(北米先住民の)戦いに向かう道, 出陣の道
on the wárpath ① 戦って ; 戦おうとして ; 戦争への途中で ② 《口》激しく怒って, けんか腰で

wár·plàne 名 Ⓒ 戦闘機, 軍用機

war·rant** /wɔ́(ː)rənt/ 《発音注意》 名 Ⓒ ❶ 令状 ; 召喚状 〈**for** …の / **to *do …する〉 ‖ The court issued a ～ *for* his arrest. 裁判所は彼の逮捕状を出した / a search [death] ～ 家宅捜索[死刑執行]令状 / a ～ of attachment 差押令状 ❷ Ⓤ《通例否定文で》正当な理由, 十分な根拠 ; 権限, 許可〈**for** …の / **to *do*** …する〉 ‖ There is no scientific ～ *for* this theory. この説には科学的根拠がない / without ～ 正当な理由なしに, いわれなく / You have no ～ [*for* telling [OR *to* tell] us what to do. 君には我々に仕事を命じる権限はない ❸ 〈公式の〉証明書 ; 許可証 ; 委任状 ; 〈金銭の〉受領証 ; 〈品物などの〉納入証 〈**for**〉 ‖ a pension ～ 年金証書 ❹〘経〙ワラント, 新株引受権 ❺〘軍〙準士官任用辞令
―動 他 ❶ **a** 《+目》(物事が)…の正当な理由[根拠]になる, …を正当化する, 認める ‖ Nothing could ～ such discrimination. そのような差別は何としても認められない / Supporting terrorism ～*s* a severe punishment. テロ支援には厳罰が当然だ **b** 《+(*a person's*) *doing*》(…が)…することを正当化する ‖ That doesn't ～ his walking out of the meeting. それだからといって彼が会議から退席したことは正当化できるものではない
❷ 保証する **a** 《+目》〔品物・品質など〕を保証する ‖ ～ a new car for one year 新車に1年間の保証をつける / ～ the quality of the coffee コーヒーの品質を保証する **b** 《+ (**that**) 節》…ということを保証する ‖ He ～*s that* this diamond is genuine. 彼はこのダイヤは本物だと保証している **c** 《+目+ (**to be**) 補》〔人・物〕が…する[…である]と保証する (♦ この文型で用いることはまれ) ‖ I'll ～ her (*to be*) honest. 彼女の誠実さは保証します
❸〘法〙〔譲受人〕に譲与財産の権限を保証する
I [OR ***I'll***] ***wárrant*** (***you***). 《旧》確かに, きっと(♦ しばしば挿入句的に用いる) ‖ I won't be late again, *I'll* ～ *you*. 二度と遅刻しません, 誓います
▶▶ **～ òfficer** 名 Ⓒ《米》〘陸軍・空軍・海兵隊〙准尉 ; 《英》〘空軍〙上級曹長

war·rant·a·ble /wɔ́(ː)rənṭəbl/ 形 正当な ; 保証できる, 請け合える **-bly** 副

war·ran·tee /wɔ̀(ː)rəntíː/ 名 Ⓒ〘法〙被保証人, 被担保人(↔ warrantor)

war·ran·tor /wɔ́(ː)rəntɔ̀ːr/, **-rant·er** /-rənṭər/ 名 Ⓒ〘法〙保証人, 担保人(↔ warrantee)

***war·ran·ty** /wɔ́(ː)rənṭi/ 名 (複 **-ties** /-z/) ❶ Ⓒ Ⓤ 〈商品の品質などの〉保証(書) (guarantee) 〈**on**〉 ‖ a ～ *on* a TV set テレビの品質証明書 / The car is still under ～. この自動車はまだ保証期間中だ ❷ Ⓤ 〈…の〉正当な理由, 根拠〈**for**〉 ❸ Ⓒ Ⓤ〘法〙担保, 担保契約

war·ren /wɔ́(ː)rən/ 名 Ⓒ ❶ ウサギの巣穴[群生地] ; ウサギ飼育場 (rabbit warren) ❷ ごみごみした建物[地域], スラム街 ; 迷路(のような街路[通路])

***war·ring** /wɔ́ːrɪŋ/ 形《限定》交戦中の, 闘争中の ; 対立している ‖ a ～ couple 反目し合っている夫婦

***war·ri·or** /wɔ́(ː)riər/ 《発音注意》 名 Ⓒ (特に昔の) 戦士, 武人 ; 勇士, 古つわもの ; 《形容詞的に》好戦的な

War·saw /wɔ́ːrsɔː/ 《発音注意》 名 ワルシャワ《ポーランドの首都》

wár·shìp 名 Ⓒ 軍艦

wart /wɔːrt/ 名 Ⓒ ❶ いぼ, いぼ状のもの ❷ (樹皮などに生じる)こぶ ❸ 《口》不愉快なやつ ❹ 欠点, 支障
wàrts and áll 《口》悪いところもすべて含めて
▶▶ **～ hòg** 名 Ⓒ〘動〙イボイノシシ《アフリカ産》

***war·time** /wɔ́ːrtàɪm/ 名 Ⓤ 戦時, 戦時中 (↔ peacetime) ‖ in [OR during] ～ 戦時中に
―形 《限定》戦時(中)の ; 戦時(中)に起こる

wár-tòrn 形 《限定》戦争で疲弊した, 戦禍をこうむった

wart·y /wɔ́ːrṭi/ 形 いぼ[こぶ]のある[多い] ; いぼ[こぶ]状の, いぼ性の

wár-wèary 形 戦争で疲れきった

War·wick·shire /wɔ́(ː)rɪkʃər/ 名 ウォリックシャー《イングランド中部の州. 州都 Warwick. 略 War.》

***war·y** /wéəri/ 《発音注意》 形 (**war·i·er** ; **war·i·est**) ❶ 《通例叙述》〈…に〉用心深い, 注意深い(↔ careless)〈**of**〉 (⇨ CAREFUL 類語) ‖ Be ～ *of* strangers. 見知らぬ人には用心しなさい ❷ 警戒している, 油断のない ‖ a ～ look 警戒するような目つき / a ～ old politician 油断のない老練な政治家 / keep a ～ eye on ... …に警戒の目を光らせる **wár·i·ly** 副 **wár·i·ness** 名

*****was** /弱 wəz ; 強 wʌz, wɑ(ː)z | wɔz/ 動 助
―動 自 be 動 の一人称および三人称単数・直説法過去形 (⇨ BE 動) (♦ 《口》では仮定法過去の were の代わりにも用いられる) ‖ I wish the exam ～ over. 試験が終わっていればなあ
―助 be 助 の一人称および三人称単数・直説法過去形(⇨ BE 助) (♦ 《口》では仮定法過去の were の代わりにも用いられる) ‖ If I ～ living in New York, how exciting my life would be! もしニューヨークに住んでいるとしたら, 私の生活はどんなに楽しいことだろう

wa·sa·bi /wɑ́ːsəbiː/ 名 Ⓤ ワサビ(♦ 日本語より)

*****wash** /wɑ(ː)ʃ, wɔːʃ | wɔʃ/ 動 名 形
―動 (**～·es** /-ɪz/ ; **～ed** /-t/ ; **～·ing**)
―他 ❶ **洗う** **a** 《+目》〔手・顔など〕を洗う ; …を洗濯する (❗「体を洗う」は wash one's body ではなく, 自動詞の wash や have a wash を用いる方がふつう) ; (猫などが)…をなめてきれいにする ‖ *Wash* your **face** and **hands** before dinner. 食事前に顔と手を洗いなさい / ～ one's **hair** with shampoo シャンプーで髪を洗う / ～ the dishes (食後の)食器を洗う
b 《～ oneself で》(子供が) (自分で) 体を洗う(ことができる) ‖ My little brother still can't ～ himself. 小さな弟はまだ自分で体が洗えない
c 《+目+補〈形〉》…を洗って…にする ‖ I ～*ed* the kitten clean. 子猫を洗ってきれいにした
❷ 〔汚れ・しみなど〕を〈…から〉**洗い落とす**《***away, off, out***》〈**out of, off, from**〉 ‖ The footprints had been ～*ed away* by the rain. 足跡は雨で洗い流されていた / ～ *out* blood stains 血痕(ｹｯｺﾝ)を洗い落とす / ～ dirt *off* one's uniform ユニホームの汚れを洗い落とす
❸ (海・川・波などが)〔岸など〕を洗う, …に打ち寄せる ‖ the waves ～*ing* the beach 海岸を洗う波
❹ 《+目+副句》(波・洪水などが) 押し流す, さらう《***away, down,*** etc.》 ‖ The bridge was ～*ed away* by the flood. 橋は洪水で流失した / He was ～*ed* overboard. 彼は甲板から波にさらわれた
❺ 〔人〕を〈罪などから〉洗い清める〈**from**〉 ; 〔罪など〕を洗い去る《***away***》 ‖ Prayer can ～ *away* your sins. 祈りはあなたの罪を洗い去ることができる
❻ 《文》…を〈…で〉すっかりぬらす, 湿す, 潤す〈**with**〉(♦ しば

W

しば受身形で用いる) ‖ a face ～*ed with* tears 涙にぬれた顔 ❼ …に〈絵の具・ニスなどを〉薄く塗る；…に〈…の〉めっきをする〈**with**〉(♦しばしば受身形で用いる) ❽〘鉱〙〔鉱石など〕を洗鉱する；〔砂利など〕から金属粒子を分離する；〘化〙〔沈殿物・気体〕を洗浄する

━自 ❶ **体［手, 顔など］を洗う** ‖ He got up and ～*ed* in cold water. 彼は起きると冷たい水で顔［体］を洗った / ～ before supper 夕食の前に手を洗う

❷ (家事・職業として)**洗濯する**, 洗い物をする

❸《＋副》(布地・染色などが)洗濯がきく, 洗っても傷まない［色が落ちない］；(洗剤などが)洗浄力がある(♦副 は様態を表す) ‖ This dress「doesn't ～ well [OR ～*es* badly]. このドレスは洗濯がよくきかない / This soap ～*es* well. この石けんは汚れをよく落とす

❹ (しみ・汚れ・色などが)洗って落ちる《***away, off, out***》‖ This stain won't ～ *out*. このしみは洗ってもなかなか落ちない

❺《＋副句》(波などが)(…を)洗う, (…に)打ち寄せる ‖ the waves ～*ing* against the breakwater 防波堤に打ち寄せる波 ❻ (流水・波などに)運ばれれ, 押し流される《***away, out,*** etc.》‖ The bridge had ～*ed out*. その橋は流失していた ❼《通例否定文・疑問文で》《口》(理論・説明などが)〈…に〉信じられる, 納得がいく；(態度などが)〈…に〉受け入れられる〈**with**〉‖ His story didn't ～ (*with* me). 彼の言うことは(私には)納得がいかなかった

*__*wàsh awáy*__ 〈他〉《***wàsh awáy*** **...** / ***wàsh*** **...** ***awáy***》① …を洗い落とす［流す］(→ 他 ❷) ② …を押し流す (→ 他 ❹) ③〔罪・不快な気分など〕を洗い去る(→ 他 ❺) ━〈自〉① 洗って落ちる(→ 自 ❹) ② 押し流される(→ 自 ❻)

*__*wàsh dówn*__ **...** / ***wàsh*** **...** ***dówn*** 〈他〉①〔床・壁・車など〕を(水で)ざぶざぶ洗う, 洗い流す ②〔食べ物など〕を〈水などで〉のどに流し込む〈**with**〉‖ ～ *down* a meal *with* wine ワインで流し込むように食事をとる ③ (洪水などが)…を押し流す(→ 他 ❹)

*__*wàsh óff*__ 〈他〉 **I** 《***wàsh óff*** **...** / ***wàsh*** **...** ***óff***》〔汚れなど〕を洗い落とす(→ 他 ❷)；〔人〕の体の汚れを落とす, …を洗う **II** 《***wàsh À òff B́***》AをBから洗い落とす ━〈自〉(汚れなどが)洗って落ちる(→ 自 ❹)

*__*wàsh óut*__ 〈他〉《***wàsh óut*** **...** / ***wàsh*** **...** ***óut***》①〔汚れなど〕を洗い落とす(→ 他 ❷) ② (流水などが)…を押し流す；〔道路など〕をえぐる；浸食して［えぐって］…を作る ‖ The heavy rain ～*ed out* several gullies in the bank. 豪雨が土手をえぐり深い溝をいくつか作った ③ …(の内側)をきれいに洗う ④〔衣類〕をさっと洗う ⑤ (雨などのため)〔競技・行事など〕を中止にする, お流れにする(♦しばしば受身形で用いる) ‖ The athletic meet was ～*ed out* (by the rain). 運動会は(雨で)中止になった ⑥《米口》〔人〕を落第させる；〔人〕を排除する, ふるい落とす ⑦《口》…を疲れ果てさせる(♦しばしば受身形で用いる) ━〈自〉① (汚れなどが)洗って落ちる(→ 自 ❹) ② (道路などが)押し流される(→ 自 ❻) ③《米口》〈訓練などから〉落伍(らくご)する；排除される, 落第する〈**of**〉‖ ～ *out of* hard training 厳しい訓練から落伍する

wàsh óver **...** 〈他〉① (波などが)…の上を洗う ② (感情などが)〔人〕を激しく襲う ‖ Suddenly a strong feeling of loneliness ～*ed over* me. 突然深刻な孤独感に見舞われた ③《口》(音・人の話・騒ぎなどが)…を素通りする, …にあまり影響を与えない

wàsh thróugh **...** 〈他〉＝*wash over* ... ②(↑)

*__*wàsh úp*__ 〈他〉《***wàsh úp*** **...** / ***wàsh*** **...** ***úp***》① …をきれいに洗う ②《主に英》〔食器〕を洗って片づける ‖ ～ *up* the dishes (食後の) 食器を洗う ③《通例受身形で》(波などによって) (岸に) 打ち上げられる ‖ A boat was ～*ed up* on the shore. 船が岸に打ち上げられた ④《通例受身形で》《口》(キャリア・人間関係などが)駄目になる, おしまいになる ‖ Our marriage was ～*ed up*. 私たちの結婚は駄目になった / I'm ～*ed up* as a writer. 物書きとしてはもう終わりだ ━〈自〉①《主に英》(食後の)食器を洗って片づける ②《米》手［顔］を洗う(→ CE 2) ③ (波で岸に)打ち上げられる

COMMUNICATIVE EXPRESSIONS

1 **I hàve to wàsh a fèw thíngs (óut).** ちょっと洗い物があるから(♥誘いを断ったり, 早く帰るための言い訳)

2 **Whère can I wàsh úp?** 化粧室はどちらですか

━名 (複 **～·es** /-ɪz/) ❶ C《単数形で》**洗う［洗われる］こと**, 洗浄；洗濯 ‖ He gave the dog a good ～. 彼は犬をよく洗ってやった / This blouse needs a ～. このブラウスは洗濯する必要がある / have [OR get] a ～ 体［顔, 手］を洗う

❷ C《単数形で》《集合的に》(1回分の)洗濯物, 洗い物 ‖ Has the ～ come back yet? 洗濯物はもう戻ってきましたか / I've got a large ～ this week. 今週は洗濯物が多い / do the ～ (衣類などを)洗濯する / hang out the ～ on the line 洗濯物をひもに干す / Your shirt is in the ～. あなたのシャツは洗濯中です

❸ C 洗う場所 ‖ a car ～ 洗車場

❹ U/C《a ～》(波などが)打ち寄せること［音］；(感情の)波 ‖ the ～ of waves against a cliff 崖(がけ)を洗う波(の音) / a ～ of radio traffic 無線交信の音 / a ～ of anger 突然の怒り

❺《the ～》(船などの通過後の)波(の音), うねり, 航跡；(飛行機による) 気流の乱れ, 洗流 ‖ the ～ from a ship 船が通った後のうねり ❻ U C《しばしば複合語で》洗浄薬；化粧水 (→ eyewash, mouthwash) ❼ C U (塗料・水彩絵の具などの)薄いひと塗り, めっき ❽ U 浸食；(浸食作用による)堆積(たいせき)物；沈殿物, (堆積した)沈泥, 砂利 ❾ C《単数形で》砂州, 潟；(冠水しやすい)低地；沼地, 湿地；浅瀬；(流水による)水路 ❿ C (米西部の)砂漠の中の水のない川 (床) ⓫ U 水混じりの残飯《豚の飼料》⓬ U (ウイスキーなどの蒸留用の) 発酵麦芽液 ⓭ C《単数形で》《米口》よい面と悪い面が釣り合った状態, (どちらにとっても) 得にならない状況［結果］, プラスマイナスゼロ, よしあし

còme òut in the wásh ① (色などが) 洗濯中に落ちる ②《口》(真実などが)明るみに出る, ばれる ③《口》よい結果になる, 最後はよくなる ‖ Cheer up! It'll all *come out in the* ～. 元気出して, そのうちうまくいくよ

━形《限定》《米》❶ 洗濯用の ❷ 洗濯のきく

▸▸**～ dràwing** 名 C U (単色)淡彩画(法), 墨絵

Wash. 略 Washington《米国の州名》

wash·a·ble /wɑ́(ː)ʃəbl, wɔ́ːʃ-｜wɔ́ʃ-/ 形 洗濯のきく；(塗料などが)耐水洗性の；(インクなどが)水で落ちる

wàsh-and-wéar 形 (衣服が) 洗ってすぐ着られる, ノーアイロンの(♦wash and wear とも書く)

wásh·bàsin 名 ＝washbowl

wásh·bòard 名 C ❶ 洗濯板 ❷〘楽〙ウォッシュボード《金属の洗濯板を指などでこすって音を出す打楽器》❸ (舟の) 防波板 ❹〘建〙(壁の下の方の) 幅木(はばき) ❺ U《主に米》(洗濯板のような)でこぼこ道

wásh·bòwl 名 C 洗面器；(水道設備のついた)洗面台

***wásh·clòth** 名 C《米・カナダ》浴用［洗面用］タオル(《英》facecloth)

wásh·dày 名 U C (家庭の)洗濯日

wàshed-óut ⊲ 形 ❶ 洗濯で色あせた, 洗いざらしの ‖ a ～ shirt 洗いざらしのシャツ ❷ 疲れ果てた

wàshed-úp ⊲ 形 ❶《しばしば all ～》《口》駄目になった, 完全に失敗した ❷ 岸に打ち上げられた

wásh·er /-ər/ 名 C ❶ 洗う人, 洗濯人 ❷ 洗浄機；(特に) 洗濯機 (washing machine) ❸〘機〙(ナットが緩まないようにする)座金(ざがね), ワッシャー

wàsher-drýer 名 C 乾燥機付き洗濯機

wàsher-úp 名 C《英口》食器洗い係

wásher·wòman 名 (複 **-wòmen**) C (昔の) 洗濯女 (中立 washer)

***wash·ing** /wɑ́(ː)ʃɪŋ, wɔ́ːʃ-｜wɔ́ʃ-/ 名 U ❶ 洗うこと, 洗濯；C (1回の) 洗浄, 洗濯 ‖ do the ～ 洗濯する / give oneself a good ～ 体をよく洗う ❷《しばしば the ～》(1

回分の) 洗濯物 ‖ hang the ～ out 洗濯物を干す / bring the ～ in 洗濯物を取り込む ❸ Ⓒ《通例 ～s》洗浄液 ❹ (銀などの)めっき

▸▸ ～ dày 名Ⓒ =washday ～ lìne 名Ⓒ《英》洗濯物干しロープ ～ lìquid 名Ⓤ Ⓒ 液体洗剤 ～ machìne (↓) ～ pòwder 名Ⓤ《主に英》粉末洗剤, 粉石けん ～ sòda 名Ⓤ 洗濯ソーダ《結晶炭酸ソーダ》

*wáshing machìne 名Ⓒ 洗濯機 ‖ load [empty] a ～ 洗濯物を洗濯機に入れる[から取り出す]

:Wash·ing·ton /wá(:)ʃɪŋtən, wɔ́:ʃ- | wɔ́ʃ-/《アクセント注意》

―名 ワシントン ❶ George ～ (1732-99)《米国の初代大統領(1789-97).「建国の父」》

❷ 米国の首都《ワシントン州と区別するためにしばしば Washington, D.C. と呼ばれる》; 米国政府

❸ ワシントン州《米国北西部太平洋沿岸の州. 州都 Olympia. 略 Wash.,〖郵〗WA》

▸▸ ～'s Bírthday 名《米》ワシントン誕生日《本来2月22日であるが, Presidents' Day として第3月曜日を法定休日とする州が多い》

Wash·ing·to·ni·an /wà(:)ʃɪŋtóuniən, wɔ̀:ʃ- | wɔ̀ʃ-/ ⟨ジ⟩ 形名Ⓒ 米国首都ワシントン市の(市民); ワシントン州の(州民)

wàshing-úp 名Ⓤ《英》(食後の)食器[皿]洗い; 汚れた食器類 ‖ ～ liquid 食器洗い用液体洗剤 (《米》dishwashing liquid) / do the ～ 食器を洗う

wásh·òut 名 ❶Ⓤ (洪水による路盤などの)流失, (道路・堤防などの)決壊; Ⓒ 流失[決壊]箇所 ❷Ⓒ《口》大失敗; 失敗[落伍(ご)]者, 落第生 ❸Ⓒ〖スポーツ〗雨天中止試合

wásh·ràg 名《米》=washcloth

wásh·ròom 名Ⓒ《米》(ホテル・駅などの)手洗い, 化粧室;《婉曲的》洗面所, トイレ(toilet)

wásh·stànd 名Ⓒ ❶ (水道設備のついた)洗面台; 洗車場 ❷ 洗面道具台《水道設備のない寝室などで, 水差し・洗面器などを置く旧式の洗面台》

*wásh·tùb 名Ⓒ (洗濯用の)たらい

wásh·ùp, wásh-ùp 名 ❶Ⓤ 洗うこと, 洗浄 ❷Ⓒ《英口》(レストランなどの)皿洗い(人) ❸Ⓒ《豪》結果, 結末 ‖ in the ～ 最終的に

wash·y /wá(:)ʃi, wɔ́:ʃi | wɔ́ʃi/ 形 ❶《古》(食べ物・飲み物が)水っぽい, 薄い ‖ ～ tea 薄いお茶 ❷ (色が)薄い, 淡い ‖ a ～ blue 淡い青色 ❸ 力のない, 弱々しい

*was·n't /wʌ́znt, wá(:)z- | wɔ́z-/ was not の短縮形 (⇨ BE 動 助, WAS 動 助) ‖ It ～ until early next morning that the boy was rescued. 翌朝早くになって少年はやっと救助された / The girl ～ crying. その女の子は泣いていませんでした / *Wasn't* she mad! 彼女が怒ったのなんのって(♦ 否定疑問文で感嘆を表す. 文末は下降調)

*wasp /wa(:)sp | wɔsp/ 名Ⓒ〖虫〗スズメバチ, アシナガバチ《腰がくびれて毒針が発達している》; ジガバチ《腰が細長く単独行動をとって青虫などを狩る》 ▸▸ ～ wàist (↓)

WASP, Wasp /wa(:)sp | wɔsp/ 名Ⓒ⊗《米口》《蔑》ワスプ(♦ 支配層としてのアングロサクソン系白人新教徒を批判的に呼ぶときに用いられる. *W*hite *A*nglo-*S*axon *P*rotestant の略) ～·y 形

wasp·ish /wá(:)spɪʃ | wɔ́sp-/ 形 ❶ スズメバチの(ような); 腰のくびれた ❷ 怒りっぽい, 不機嫌な, 意地の悪い; 皮肉たっぷりな ～·ly 副 ～·ness 名

wásp wàist 名Ⓒ (スズメバチのように)細くくびれた腰 wàsp-wáisted 形

was·sail /wá(:)seɪl | wɔ́s-/《古》名Ⓤ ❶ 香料入りの酒《クリスマスイブなどの酒宴用》❷ 酒盛り, 酒宴 ❸ 乾杯のあいさつ ―動 自 祝宴[酒宴]を開く, 酒宴に列する, 飲んで浮かれる ‖ go ～*ing* クリスマスキャロルを歌いながら家々を回る ―他 …の健康を祈って乾杯する

Wás·ser·mann tèst /wá:sərmən- | wǽs-/ 名Ⓒ〖医〗ワッセルマン検査(Wassermann reaction)《血清による梅毒検査法》(♦ ドイツの細菌学者 August von Wassermann(1866-1925)の名より)

was·sup /wa(:)sʌ́p | wɔ-/ 間《俗》=whassup

wast /弱 wəst; 強 wa(:)st | wɔst/ 動《古》be の二人称単数 art の直説法過去形(→ be)

wast·age /wéɪstɪdʒ/ 名 ❶Ⓤ/Ⓒ《単数形で》消耗, 損耗, 目減り; 消耗量[高], 損失量 ❷Ⓤ《英》(解雇ではなく退職や死亡による)労働力の自然減; 退学した学生数

:waste /weɪst/(♦ 同音語 waist) 名 動 形

―名 (▶ wasteful 形) (複 ～s /-s/) ❶Ⓤ/Ⓒ《a ～》〈…の〉**無駄**, 無駄遣い, **浪費**(↔ saving)〈**of**〉‖ Your talking with him is a complete ～ *of* time. 彼に相談するのは全く時間の無駄だ / "She quit her job." "What a ～!"「彼女は退職した」「何てもったいない」/ avoid [cause] ～ 無駄を避ける[生じる]

❷Ⓤ/Ⓒ《しばしば ～s》**廃棄物**, 廃物, くず; ごみ; 排泄(はいせつ)物 ‖ disposal of ～*s* 廃棄物の処理

連語 【形+～】household [OR domestic] ～ 家庭ごみ / industrial ～(*s*) 産業廃棄物 / nuclear [radioactive] ～ 核[放射性]廃棄物 / toxic [hazardous] ～ 有毒[有害]物質

❸Ⓒ《通例 ～s》不毛の地, 荒れ地; 荒野; 何もない広がり ‖ the frozen ～*s* of the Antarctic 荒涼とした南極の氷原 / dry desert ～*s* 乾燥した不毛の砂漠地帯 / a ～ of waters 茫漠(ぼうばく)とした海原

❹Ⓒ 廃墟 ❺Ⓤ《古》衰弱, 消耗

a wàste of spáce《主に英口》何の役にも立たない人, 無能な人, ごくつぶし ‖ *a* complete [OR total] ～ *of space* 全くの役立たず

gò to wáste 無駄になる, 使われずに捨てられる

―動 (～s /-s/; wast·ed /-ɪd/; wast·ing)

―他 ❶〔時間・金銭など〕を〈…に〉**浪費する**, 無駄に使う(↔ save); …を〈…で〉無駄にする〈**on** / (**in**) *doing*〉;〔機会など〕を逸する, 逃す ‖ We can't afford to ～ electricity [food]. 電気[食べ物]を浪費する余裕はない / It's ridiculous to ～ **money** *on* such an extravagant hotel. そんなぜいたくなホテルに(泊って)金を浪費するのはばかげている / He ～*d* no **time** (*in*) starting a new business. 彼は時を移さず新商売を始めた(♦ in の後は通例動名詞で, in は省略されることがある) / ～ one's days [talent] 日々を無為に過ごす[才能を無駄にする] / ～ one's best opportunity 最良の機会を逃す

❷《通例受身形で》(人が)〈仕事などで〉能力を発揮しないでいる〈**in**〉; (助言などが)〈人にとって〉無駄になる〈**on**〉‖ Our sincere advice was ～*d on* her. みんなで真剣に助言したが, 彼女は聞く耳を持たなかった / He is ～*d in* his present job. 今の仕事では彼の能力は発揮できていない

❸《古》(病気などが)〔人〕を衰弱させる, 消耗させる

❹《文》…を荒廃させる ‖ The conflict did nothing but ～ the country. 紛争がその国にもたらしたのは荒廃だけだった ❺〔余分[不要]なもの〕を処分する ❻《米俗》…を殺す, 消す ❼《主に米口》〔人〕をこてんぱんに負かす

―自 ❶《＋**away**》(人・体力が)**衰弱する**; 消耗する, やせ衰える; (物などが)次第になくなる, 衰退する; すり減る ‖ She's dying of cancer, visibly *wasting away*. 彼女は癌(がん)で死の床にあり, みるみる衰弱してきている / Our town seems to ～ further *away* each passing year. 私たちの町は年ごとにますますさびれているようだ

❷《文》(時などが)(無駄に)過ぎる, 流れる ❸ 浪費する ‖ *Waste not, want not.*《諺》無駄がなければ不足もない

―形《比較なし》《通例限定》❶**廃物の**, 廃棄された, 使われなくなった; 不用の(↔ necessary) ‖ ～ materials 廃棄物 ❷ 排泄された, 排泄[老廃]物の ❸ 廃物[廃水]用の ❹ (土地が)荒れた, 荒涼とした, 不毛の; 未開墾の, 利用されていない ‖ ～ ground (都市の)空き地

lày wáste to ... ; *lày ...* (*to*) *wáste*〔場所〕を荒廃させる, 破壊する ‖ War *laid* the country ～. 戦争でその国は荒廃してしまった

▶▶ ～ **bìn** 名Ⓒ《主に英》(台所などの)(生)ごみ入れ；＝wastebasket ～ **dispòsal** 名Ⓤ廃棄物処理[投棄]；Ⓒ《英》ディスポーザー(waste ⌐disposal unit [disposer],《米》garbage disposal)(流し台に取りつけて，ごみを砕いて処理する) ～ **mànagement** 名Ⓤ廃棄物管理 ～ **pìpe** 名Ⓒ(汚水などの)排水管 ～ **pròduct** 名Ⓒ(工場などの)廃棄物

wáste·bàsket 名Ⓒ《米》紙くずかご

wast·ed /wéɪstɪd/ 形 ❶《限定》(努力などが)無駄な，不毛な ❷衰弱した ❸荒れ果てた ❹《口》麻薬[アルコール]に酔った，麻薬中毒の

*__waste·ful__ /wéɪstfəl/ 形〔◁ waste 名〕無駄(遣い)の多い，浪費的な，不経済な；〈…を〉浪費する〈**of**〉‖ Modern society is ～ *of* energy. 現代社会はエネルギーを浪費している / a ～ person 浪費家 **～·ly** 副 **～·ness** 名

wáste·lànd 名 ❶ⒸⓊ荒地，不毛[未墾]の地；荒廃した土地 ❷Ⓒ《通例単数形で》(精神的·文化的な)不毛の地[時代，社会]

wáste·pà·per /英 ⌐⌐⌐/ 名Ⓤ紙くず，ほご
▶▶ ～ **bàsket** 名Ⓒ《主に英》＝wastebasket

wast·er /wéɪstər/ 名Ⓒ ❶《しばしば複合語で》浪費家，無駄遣いする人[もの]‖ a time-～ 時間を無駄にする人[もの] ❷出来損ない(の製品)，不良品，傷物 ❸《けなして》役立たず，怠け者(wastrel)

wáste·wàter 名Ⓤ(工場)廃水；下水，汚水

wast·ing /wéɪstɪŋ/ 形《通例限定》(病気などが)体力を消耗させる，消耗性の‖ a ～ disease (結核などの)消耗性疾患 ▶▶ ～ **ásset** 名Ⓒ《会計》消耗資産，減耗資産(鉱山·油田など)

W

wast·rel /wéɪstrəl/ 名Ⓒ《文》浪費家，金遣いの荒い人；ろくでなし，役立たずの人，ごくつぶし

wat /wɑ(ː)t | wɔt/ 名Ⓒ ワット(東南アジアの仏教寺院)‖ Angkor *Wat* アンコール＝ワット

⁑watch /wɑ(ː)tʃ, wɔːtʃ | wɔtʃ/ 動 名

中心義▶ **(ある程度の時間) Aを注意して見る** (★Aは動きや変化が予期される対象)

> 動 他 **じっと見る❶ 注意する❷**
> 自 **見守る❶ 待ち受ける❸**
> 名 **時計❶ 見張り❷**

―動 (～·es /-ɪz/; ～ed /-t/; ～·ing)
―他 ❶ **じっと見る a** 《＋目》…をじっと見る；…を綿密に観察する，見守る；〔テレビ(の番組)など〕を見る；…を見物する(⇨ LOOK 類語P)‖ The baby was ～*ing* her mother's face intently. 赤ん坊は母親の顔をじっと見つめていた / ～ the stars from a rooftop 屋上から星を観察する / ～ a baseball game on TV テレビで野球の試合を見る / ～ a patient's progress **closely** 患者の経過をじっと見守る / ～ the stock market 株式市場(の動静)を見守る / ～ a case 《英》(弁護士が)(依頼人に代わって法廷で)裁判の成り行きを見守る
b 《＋**wh** 節 / **wh to** *do*》…かを見守る(♦ if 節 や whether 節 は伴わない)‖ *Watch how* I make a paper crane. ＝*Watch how to* make a paper crane. (私が)どうやって折り鶴を作るかよく見ていなさい
c 《＋目＋*do* / *doing*》(人などが)…する[している]のをじっと見守る(⇨ PB 95)‖ I ～*ed* my boyfriend drive [×to drive] off. 恋人が車で走り去るのを見ていた / The tourists ～*ed* the village girls dancing. 観光客たちは村娘たちが踊っているのを眺めていた
❷ **注意する a** 《＋目》…に注意する，気をつける‖ *Watch* this space. 《口》続報に注目のこと(♦主に新聞用語. ⇨ SPACE (成句)) / *Watch* your step. 足下にご注意 / ～ one's manners 行儀作法に気をつける / ～ one's weight 体重(が増えないよう)に注意する / ～ the time 遅刻しないように気をつける / ～ one's back 背後で何が起こっているか気をつける
b 《＋(**that**) 節》…ということに気をつける‖ *Watch* (*that*) you don't stumble over a stone. 石につまずかないよう注意しなさい
c 《＋**wh** 節》…かを気をつける‖ *Watch where* you step. 足の踏み場にご用心
❸ …の世話[番，看護など]をする‖ She spent the night ～*ing* her sick child. 彼女は一晩中病気の子供の看護をした / Would you ～ the baby while I'm away? 私がいない間赤ん坊を見ていてくださいますか
❹ …を監視する，(ひそかに)見張る‖ He was being ～*ed* by the police. 彼は警察に監視されていた / The detective is still ～*ing* the house. 刑事はまだその家を見張っている
―自 ❶ (注意して)**見守る**；じっと観察する；見物する；監視する，見張る‖ The interns ～*ed* while the doctor performed the operation. 医者が手術を行う間研修医たちはじっと見守っていた / We stopped to ～ as the parade passed by. 我々は足を止めパレードが通り過ぎるのを見物していた / There's a plainclothesman ～*ing* outside. 表で私服刑事が見張っている
❷〈…に対して〉注意する，気をつける〈**for**〉‖ *Watch for* the traffic signals. 交通信号を見落とさないよう気をつけなさい
❸ **待ち受ける a** 《＋**for** 名》〔人など〕をじっと待ち受ける，注意して待つ‖ ～ *for* the mailman 郵便集配人が来るのを待つ
b 《＋**for** 名＋**to** *do*》…が…するのを待つ‖ He sat in the garden ～*ing for* his mother *to* come home. 彼は庭に腰を下ろして母親の帰宅を待ち受けていた
c 《＋**to** *do*》…しようと待ち受ける‖ The crowd ～*ed to* see who would score. 観衆はだれが得点するか見届けようと待ち構えていた
❹《古》(勤行などで)(一晩中)寝ずにいる

*__*wàtch óut*__ 〈自〉① 用心する，気をつける(→ CE 2) ②〈…を〉油断なく見張る，〈…に〉気をつける〈**for**〉‖ When driving near a school, ～ *out for* children crossing the road. 学校の近くを運転しているときは，路上を横断する児童たちに注意しなさい

*__*wàtch óver...*__ 〈他〉(危険などから)…を守る(guard)，…の世話をする；…を監視[監督]する‖ ～ *over* one's young 子[ひな]を守る

COMMUNICATIVE EXPRESSIONS

1 **Wátch. First you** fòld the édge, **and thén** tùrn it òver like só. ほら，見てください. まず端の方を折ってそれからこうしてひっくり返します(♥手順を見せる際に)
2 **Wátch óut** [OR **it, yoursèlf**]! ① 気をつけて；危ない(♦ out が最も一般的) ② 気をつけろ(♥口のきき方や態度について. it が最も脅しの程度が強い)
3 **We nèed** [OR **hàve, have gòt**] **to wàtch our móney.** 出費に気をつけないと；節約しなきゃ
4 **(Yòu) (jùst) wátch!** ① とにかくほら，見ててごらん(♥注意を引く表現. ＝Watch this.) ② (今に)見てろよ

―名 (複 **～·es** /-ɪz/) ❶Ⓒ(携帯用の)**時計**；腕時計；懐中時計‖ What time is it by your ～? あなたの時計では今何時ですか / wear a Swiss-made ～ スイス製の時計をしている / a pocket ～ 懐中時計 / a wrist ～ 腕時計 / a ～ and chain 鎖付きの時計
❷ Ⓤ/Ⓒ《単数形で》**見張り**，警戒，監視；観察；注視‖ The border was under close ～. 国境は厳重な監視下にあった / set [OR put] a ～ **on** a house 家を警備する / **keep** a close ～ **on ...** …を厳重に見張っている[警備している] / **keep** ～ **for** signs of a storm 嵐(あらし)の兆候はないかと見守っている / stand ～ 見張りに立つ；監視する / neighborhood ～ (犯罪防止のための住民による)監視(組織)
❸Ⓒ(特に夜間の)見張り番，番人，警備員；《the ～》《集合的に》(昔，夜間に通りをパトロールした)夜警団

❹ Ⓒ Ⓤ 見張り時間, 警備時間；〘海〙(交替制の)当直時間《ふつう1回4時間》；《集合的に》当直の船員(たち) ‖ the first ～ 初夜当直《午後8時から12時まで》/ the middle ～ 夜半直《午前0時から4時まで》/ the starboard [port] ～ 右舷(うげん)[左舷]直 ❺ Ⓒ《単数形で》《形容詞を伴って》《口》(観客にとって)…な映画[番組] ‖ The show's a great ～. そのショーは素晴らしいものだ

*kèep (a) wátch ① ⇨ 名 ❷ ② 〈…を〉注意して待つ〈for〉‖ From the living room window she *kept* ～ *for* the bus. 彼女は居間の窓越しにバスが来るのを注意して待っていた

on the wátch 〈…に対する〉警戒を怠らずに, 油断なく見張って〈for〉

on a pèrson's wátch 《米》(人が)監督[管理]する立場にあるときに, (責任者の)在任中に, 見張っている間に ‖ The drowning occurred *on* the lifeguards' ～. その水死事故はライフガードの監視中に起こった

▸▸ **～ càp** 名 Ⓒ (水兵などのぴったりした)防寒用ニット帽 **～ chàin [guàrd]** 名 Ⓒ (懐中)時計の鎖[ひも] **～ glàss** 名 Ⓒ ①《英》時計のふたガラス(crystal) ②(化学)実験用ガラス皿 **～ing bríef** 名 Ⓒ《単数形で》《英》〘法〙訴訟警戒依頼(書)《直接の当事者でない第三者が, 法廷で裁判の成り行きを見守ってくれるよう弁護士に依頼すること》；(政治団体などに対する)外部チェック(業務) ‖ have a ～*ing brief* 状況がのみ込めている **～ nìght** 名 Ⓤ Ⓒ ① 除夜 ②(教会の)除夜の礼拝(watch meeting)

-watch 接尾《名詞・動詞語尾》「…監視」「…観察[観測]」の意

watch·a·ble /wá(ː)tʃəbl, wɔ́ːtʃ-｜wɔ́tʃ-/ 形 (映画・演劇・テレビ番組などが)見るに値する, 見て楽しい

wátch·bànd 名 Ⓒ《米・カナダ・豪》(腕)時計のバンド(《英》watchstrap)

wátch·dòg 名 Ⓒ 番犬；監視人, 番人；《形容詞的に》監視の ‖ a ～ of the public morals 公衆道徳の監視人 / the ～ function of the press 報道機関の監視人的役割 ―動 他 …を監視する；…の番犬役を務める

watch·er /wá(ː)tʃər, wɔ́ːtʃ-｜wɔ́tʃə/ 名 Ⓒ ❶ 監視人, 見張り番, 番人；《米》(投票所の)立会人(poll watcher) ❷ 寝ずに看護する人；通夜をする人 ❸《複合語で》観察者, 観測家(→ bird-watcher)；《口》(国際問題などの)観測家, …問題専門家 ‖ a China ～ 中国問題の専門家

watch·ful /wá(ː)tʃfəl, wɔ́ːtʃ-｜wɔ́tʃ-/ 形 ❶〈…に〉警戒を怠らない, 用心深い, 気配りを忘れない〈**of, on, over, against, for,** etc.〉；〈…するように〉用心する〈**to** *do*〉‖ be ～ *of* one's customers 客に対する気配りを怠らずにいる / be ～ *against* attack 攻撃に備えて警戒をしている / Be ～ *for* pickpockets! すりにご用心 ❷《古》(夜が)寝つけない, 目覚めがちな **～·ly** 副 **～·ness** 名

wátch·màker 名 Ⓒ 時計製造[修理]人, 時計屋 **wátch·màking** 名

wátch·man /-mən/ 名 (複 **-men** /-mən/) Ⓒ ❶ (建物などの)警備員, ガードマン(中立 guard, security guard [officer]), (特に)夜警(中立 night watch)；見張り人 ❷〘史〙夜警団の団員, 夜回り

wátch·tòwer 名 Ⓒ 望楼, 物見やぐら, 見張り塔

wátch·wòrd 名 Ⓒ ❶ (政党・組合などの)標語, モットー；スローガン ❷《古》合言葉

***wa·ter** /wɔ́ːţər, ＋米 wá(ː)-/ 名 動

―名 (複 **～s** /-z/) ❶ Ⓤ **水** (♦ water は温度に関係なく「水・湯」を指す)；給水；(水道などの)水, 飲料水 ‖ Get [OR Bring] me a glass of ～, please. 水を1杯持って来てください / We can't live without ～. 我々は水なしでは生きられない / The hotel has hot and cold running ～ in each room. そのホテルは各部屋に湯と水の給水設備がある / boil ～ in a kettle やかんで湯を沸かす / have a drink of ～ 水を1杯飲む / turn on [off] the ～ (コックをひねって)水を出す[止める] / whisky and ～ 水割りウイスキー / a ～ shortage 水不足

連語 【形/名＋～】cold ～ 冷水, (湯に対して)水 / hot ～ 湯(♦ water だけでも「湯」を指すことがある) / boiling ～ 熱湯 / warm ～ 温水 / drinking ～ 飲料水 / tap ～ 水道水 / fresh ～ 淡水；新鮮な水 / clean ～ きれいな水 / salt ～ 塩水, 海水 / sea ～ 海水 / mineral ～ ミネラルウォーター / bottled ～ ボトル入りミネラルウォーター

❷ Ⓤ《しばしば the ～》(陸・空に対して)**水；水の中**, 水のある所 ‖ Fish live in (the) ～. 魚は水中に生息する / How long can you stay under ～? 君はどのくらい水中に潜っていられるか / The ～ was too cold for swimming. 泳ぐには水が冷たすぎた / fall into the ～ 水の中に落ちる / the ～'s edge 水際(みぎわ)

❸ Ⓒ《(the) ～s》(海・湖・川などの)**大量の水**；海(水), 湖(水), 川 ‖ cross the ～*s* 海を渡る / warm tropical ～*s* 暖かい熱帯の海 / the upper ～*s* of the Thames テムズ川の上流 / *Still ～s run deep.* 《諺》静かに流れる川は深い；能あるタカはつめを隠す

❹ Ⓤ **水面**；水位, 水深；潮位 ‖ The boat draws six feet of ～. その船の喫水は6フィートだ / float on the ～ 水(面)に浮く / at high [low] ～ 満潮[干潮]で；高[低]水位で / above [below] ～ 水面上[水面下]で / break ～ (魚などが)水面に浮かび上がる

❺ Ⓒ《～s》**水域**, 領海, 海域, 近海 ‖ The ship disappeared in ～*s* off China. その船は中国沖合の海域で姿を消した / invade Japanese territorial ～*s* 日本の領海を侵す / international ～*s* 公海

PLANET BOARD 95

He was watched to enter the building. と言うか.

問題設定 see [hear, etc.] ＋ 目 ＋ *do* [*doing*]の受動態は *be* seen [heard, etc.]「to *do* [*doing*]となるとされているが, watch や notice についても同様であるか調査した.

Q 次の[ ]内のどちらの形を使いますか. (複数回答可)

(1) He was seen [(a) to enter / (b) entering] the building. / (c) どちらも使わない

(2) He was heard [(a) to go / (b) going] out after midnight. / (c) どちらも使わない

(3) He was watched [(a) to enter / (b) entering] the building. / (c) どちらも使わない

(4) He was noticed [(a) to steal/ (b) stealing] CDs. / (c) どちらも使わない

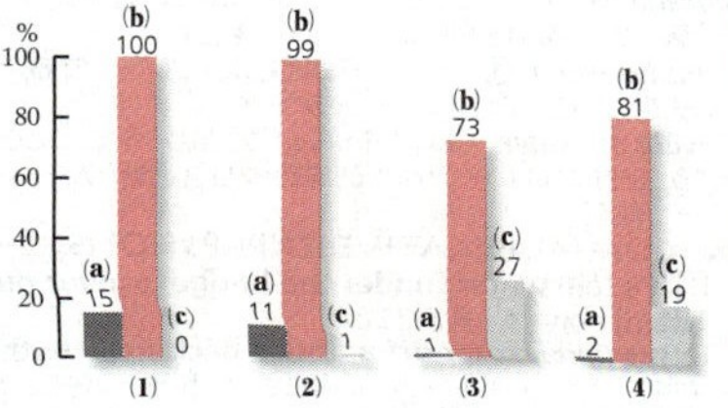

いずれの文でも *doing* の使用率が圧倒的に高く, to 不定詞は多くの人が使わないと答えた. 両者を比較すると「to 不定詞を用いる方が《堅》である」との指摘が多い. (3) については, 約¼の人がどちらの形も使わず, 代わりに He was *seen* entering the building. というと答えている. 「watch を使うと『彼が監視されていた』ことを意味する」との意見もあった. (4) についても, 約2割の人は「どちらも使わず, He was *seen* [OR *caught*] stealing CDs. という」と答えた.

学習者への指針 いずれの動詞でも to 不定詞は使わず, *doing* を用いるのがよい.

❻ Ⓒ《通例 the ～s》(天然の)ミネラルウォーター, 鉱泉水 ‖ take [OR drink] the ～s 鉱泉水を飲む
❼ Ⓒ《～s》《形容詞を伴って》(複雑・困難な)状況, 情勢 ‖ deep [murky] ～s のっぴきならない[理解し難い]状況
❽《複合語で》溶液；…水, …液 ‖ soda ～ ソーダ水 / toilet ～ 化粧水 / lavender ～ ラベンダー香水
❾ Ⓤ Ⓒ 分泌液《汗・涙・尿・唾液(だえき)など》; 体液, (特に)水腫(すいしゅ)；《しばしば ～s で》羊水 ‖ Her ～s [《主に米》～] broke at 3 a.m. 午前3時に彼女は破水した / have ～ on the knee (病変により)ひざに水がたまっている
❿ Ⓒ (宝石などの)品質 ‖ of the first ～ 最高品質の
⓫ Ⓒ (絹織物・金属板などの光沢のある)波形模様, 波紋
⓬ Ⓤ〖金融〗水増し株(の評価額), 水増し株の発行

be dèad in the wáter ① 身動きがとれない ② (事業・計画などが)停滞している, 成功の望みがない
****blòw ... òut of the wáter*** …を完全にやっつける；…が間違っていることを示す
****by wáter*** 船(便)で[の]；水路で[の], 海路で[の]
hòld wáter ① (容器などが)水を漏らさない ②《通例否定文・疑問文で》(議論・理論・計画などが)理屈に合う, 筋が通る, 証明できる；根拠が確実である；確実に実現できる (→ CE 4) ③ (オールの水かきを立てて)ボートを止める
****in dèep wáter(s)*** ① 深みにはまって；深海にあって ② 非常に困って, 苦境に陥って, 危険にひんして〈**over** …をめぐって；**for** …の理由で〉
in smòoth wáter 順調に, 円滑に；困難を乗り越えて
like wáter 湯水のように, 惜しげなく；大量に
(lìke) wáter off a dùck's báck《口》(→ CE 2)
màke wáter ① (船が)水漏れする ②《婉曲的》小便をする
mùddy the wáters (故意に)事態を混乱させる；波風を立てる, もめ事を起こす
of the first [OR ***finest, pùrest***] ***wáter***《名詞の後に置いて》① ⇨ 名 ❿ ②《けなして》(人・物が)とんでもない, 最悪の ‖ a liar *of the first* ～ とんでもない大うそつき
on the wáter 水上[海上]に[の], 船で輸送中で
pass water =*make water* ②(↑)
****pòur*** [OR ***thròw***] ***còld wáter on*** [OR ***over***] ***...***〔提案・計画など〕に水を差す, けちをつける
tàke (the) wáter ① 泳ぎ始める；(船が)進水する；(飛行艇などが)着水する ② 逃げ出す
take to ... like a duck to water ⇨ DUCK[1](成句)
tàlk under wáter《主に豪口》多弁である
****tèst the wáter(s)***〈…から〉相手の考え[反応など]をうかがう, 当たりをつける〈**with**〉
****trèad wáter*** ① 立ち泳ぎをする ②《しばしば進行形で》(改善のための努力をせず)だらだらと日々を送る
under wáter ① 水中に；浸水[冠水]して (→ 名 ❷) ② 人生に失敗して；《スコット》借金をして
wàlk on wáter (水の上を歩くような)信じられないことを行う, 自信にあふれ何でもできると思う(♥自信過剰な人をからかって使う)

COMMUNICATIVE EXPRESSIONS

1 **It's (àll) wàter「under the brídge** [OR **over the dám**] nòw. もう過ぎたことだ
2 **It's (lìke) wáter off a dùck's báck to** [OR **with**] him. ① そんなの彼にとっては簡単さ(♥「仕事・課題などが容易にこなせる」の意) ② そんなの彼には全く効果がないよ(♥「批評や叱責(しっせき)などが無駄だ」の意)
3 **Mùch** [OR **A lòt of**] **wáter has flòwed** [OR **gòne, pàssed**] **under the brídge.** いろいろなことがあって状況は変わった；ずいぶん時がたった
4 **That'll *nèver hòld* wáter.** そんなのうまくいきっこない

━動 (～s /-z/; ～ed /-d/; ～·ing)
━他 ❶ …に水をかける[まく, やる] ‖ I ～*ed* the garden with a hose. ホースで庭に水をまいた / ～ the flowers 花に水をやる / ～ the streets 道路に散水する
❷〔家畜など〕に水を与える；〔船・エンジンなど〕に給水する
❸《通例受身形で》(土地などが)(川・運河などの貫流で)水を供給される；灌漑(かんがい)される ‖ This city is well ～*ed* by the river. この市はその川のおかげで水が豊富だ
❹ …を水で薄める, …に水を混ぜる《**down**》(dilute) ‖ ～ drinks (アルコールの)飲み物を水で薄める
❺〖金融〗〔株式・資本など〕を水増しする《**down**》
❻〔絹織物など〕に波模様をつける
━自 ❶ (刺激を受けて)涙が出る, よだれが出る (→ CE 5) ‖ My **eyes** ～*ed* from the smoke.＝The smoke made my **eyes** ～. 煙のせいで目から涙が出た
❷ (船・機関車などが) 水を補給する, 〈…で〉給水を受ける〈**at**〉‖ This ship will ～ *at* Honolulu. この船はホノルルで給水を受ける ❸ (動物が)水を飲む

wàter dówn ... / ***wàter ... dówn***〈他〉① ⇨ 他 ❹ ② (細部を変更[省略]して)〔提案・声明・演説など〕の調子を和らげる[穏やかにする], …をわかりやすくする(tone down)；…の効果[迫力]を弱める, …を手加減する ③ ⇨ 他 ❺

COMMUNICATIVE EXPRESSIONS

5 **My móuth is wàtering.** お腹がすいた (♥ 空腹で「口の中が唾液でいっぱい」の意)

▸▸ ～ **bàg** 名 Ⓒ ① 水入れ袋《蒸発により水を冷却するために表面に小孔のある素材で作られたもの》②〖動〗(動物の胎児を包む) 羊膜 ～ **bèar** 名 Ⓒ〖動〗クマムシ **Wáter Bèarer** 名《the ～》〖天〗＝Aquarius ～ **bèetle** 名 Ⓒ〖虫〗水生甲虫《ゲンゴロウ・ガムシなど》～ **bìrd** 名 Ⓒ 水鳥 (aquatic bird) ～ **bìrth** 名 Ⓤ Ⓒ 水中出産《温水の出産用水槽 (birthing pool) 内で出産する方法》～ **bìscuit** 名 Ⓒ ウォータービスケット《小麦粉と水で作る甘味のない薄いクラッカー》～ **bòatman** 名 Ⓒ〖虫〗ミズムシ；マツモムシ《ミズムシ科の各種昆虫》～ **bòmber** 名 Ⓒ (山火事消火用の) 消防飛行機 ～ **bòttle** 名 Ⓒ《主に英》① 水差し ② 水筒(《米》canteen) ③ 採水器《各種深度の水見本の採取に用いる》 ～ **bùffalo** /, ＋英 ―――/ 名 Ⓒ ①〖動〗スイギュウ (水牛) ②《米口》上陸用舟艇, 水陸両用軍用車 ～ **bùg** 名 Ⓒ 水生昆虫, 水辺の昆虫《ミズムシ・アメンボなどの総称》～ **bùs** 名 Ⓒ 水上バス ～ **bùtt** 名 Ⓒ《英》(雨水を貯める) 天水[用水]おけ (《米》rain barrel) ～ **cànnon** 名 Ⓒ (暴動鎮圧のための) 高圧放水砲 ～ **càrrier** 名 Ⓒ ① 水上輸送業者 ② 水運搬人；水を運ぶ水槽[水路] ③《the W- C-》〖天〗＝Aquarius ～ **chèstnut** /, ―――/ 名 Ⓒ〖植〗ヒシ(の実) ～ **clòck** 名 Ⓒ (昔の) 水時計《水の流量によって時間を測定する》～ **clòset** 名 Ⓒ 洗面所；《旧》水洗便所 (toilet) (♦ 単に closet ともいう. 略 WC) ～ **còlorist** 名 Ⓒ 水彩画家 ～ **còoler** (↓) ～ **cùre** 名 Ⓒ《旧》〖医〗(主に昔の) 水治法, 水治療 (hydrotherapy) ～ **cỳcle** 名 Ⓒ〖気象〗水の循環(hydrologic cycle)《降水・土壌への浸透・蒸発を絶えず繰り返す循環》～ **fèature** 名 Ⓒ (庭に造った) 人工の池[小川] ～ **fòuntain** 名 Ⓒ《米》噴水式水飲み場, 冷水器 ～ **gàs** 名 Ⓤ〖化〗水性ガス ～ **gàte** 名 Ⓒ ① (埠頭(ふとう)などの) 水際への入口[通路] ② 水門 (floodgate) ～ **glàss** 名 ① Ⓒ (水飲み用の) 大コップ；〖園芸〗水栽培用のガラス容器 ② Ⓤ〖化〗珪酸(けいさん)ナトリウム(sodium silicate, soluble glass), 水ガラス《セメントの急結剤, また卵保存用に殻に塗る》③ Ⓒ (水中用) 箱眼鏡 ④ Ⓒ (昔の) 水時計；ガラス製の水位計 ～ **gùn** 名 Ⓒ《米》＝water pistol ～ **hàmmer** 名 Ⓤ〖理〗水撃(作用), 水槌(すいつい)《管内を流れる液体を急に制止した場合に生ずる衝撃作用》～ **hèn** 名 Ⓒ〖鳥〗バン (moorhen)《クイナ科の水鳥》～ **hòle** 名 Ⓒ 水たまり, 小さな池；(特に動物の水飲み場としての) かれた川床の水たまり；(砂漠などの)泉 ～ **ìce** 名 Ⓤ Ⓒ (デザート用の) 香料入り氷菓, シャーベット；(水が凍った) 水氷 ～**ing càn** [**pòt**] 名 Ⓒ じょうろ ～**ing hòle** 名 Ⓒ ① ＝water hole ②《口》社交場, バー, ナイトクラブ ～**ing plàce** 名 Ⓒ ① 動物の水飲み場 (water hole) ② 温泉場 (spa)；海水浴場 ③ ＝watering hole ② ～ **jàcket** 名 Ⓒ〖機〗水ジャケット《内燃機関などの冷却・温度調節装置》～ **jùmp** 名 Ⓒ (障害物競馬などの) 水濠(すいごう) ～ **lèvel** 名

Ⓤ Ⓒ ① 水平面，水位，水面 ② 水準器 ③（船の）水線，喫水線 ④ =water table ① ～ **lìly** 名 Ⓒ〘植〙スイレン（の花） ～ **màin** 名 Ⓒ（地下の）水道本管，給水本管 ～ **mèadow** 名 Ⓒ《通例 ～s》《英》（定期的に冠水する）水辺牧草地 ～ **mèter** 名 Ⓒ 水量計 ～ **mìlfoil** 名 Ⓒ〘植〙フサモ《フサモ属の水草》 ～ **mòccasin** 名 Ⓒ〘動〙ヌママムシ(cottonmouth)《米国南部の沼地にすむ毒蛇》；=water snake ～ **nỳmph** 名 Ⓒ〘ギ神・ロ神〙水の精；〘植〙スイレン ～ **of crystallizátion** 名 Ⓤ〘化〙結晶水《結晶中に含まれている水》 ～ **òuzel** 名 Ⓒ〘鳥〙カワガラス(dipper)《欧州産．水中に潜る習性がある》 ～ **pìpe** 名 Ⓒ ① 水道管，送水管 ② 水ぎせる ～ **pìstol** 名 Ⓒ（おもちゃの）水鉄砲（《米》water gun，《米》squirt gun） ～ **plàntain** 名 Ⓒ〘植〙サジオモダカ《水草の一種》 ～ **pollùtion** 名 Ⓤ 水質汚染 ～ **pòlo** 名 Ⓤ〘スポーツ〙ウォーターポロ，水球 ～ **pòwer** 名 Ⓤ =waterpower ～ **ràt** 名 Ⓒ ①〘動〙水生ネズミ ②《米俗》（海岸などに出没する）こそ泥，ごろつき；水夫 ～ **ràte** 名 Ⓒ《通例 ～s》《英》水道料金 ～ **skì**（↓） ～ **skìing** 名 Ⓤ 水上スキー ～ **slìde** 名 Ⓒ ウォータースライド《プールにつけた滑り台》 ～ **snàke** 名 Ⓒ〘動〙ミズベヘビ《半水棲(せい)の無毒の蛇》 ～ **sòftener** 名 Ⓤ 硬水軟化剤；Ⓒ 硬水軟化装置 ～ **spòrts** 名 複（水泳・サーフィンなどの）水上[中]スポーツ ～ **strìder** 名 Ⓒ《米》〘虫〙アメンボ（《英》pond skater） ～ **supplỳ** 名 Ⓤ Ⓒ 給水（量）；水道（設備）；（水源地の）貯水量 ～ **tàble** 名 Ⓒ ① 地下水面（地下水の表面） ②〘建〙水よけ蛇腹；雨押さえ石，水切り石 ～ **tòwer** 名 Ⓒ ① 給水塔 ② 高層ビル火災用消火装置；（昔の）放水やぐら ～ **vàpor** 名 Ⓤ 水蒸気 ～ **vòle** 名 Ⓒ〘動〙ミズハタネズミ ～ **whèel** 名 Ⓒ 水車；水揚げ車；（昔の汽船の）外輪 ～ **wìngs** 名 複（水泳練習用の）翼型浮き袋

wáter·bèd 名 Ⓒ ウォーターベッド《中に水を入れた袋をマットレスにしたベッド》

wáter·bòarding 名 Ⓤ ウォーターボーディング《水責め(拷問)の一種》

wáter·bòrne 形《通例限定》❶ 水上輸送の ❷（伝染病が）水で媒介される，水中伝染する

wáter·bùck 名（複 ～ OR ～s /-s/）Ⓒ〘動〙ウォーターバック《南アフリカ産の大型のレイヨウ》

***wáter·còlor,**《英》**-còlour** 名 ❶ Ⓤ/Ⓒ《通例 ～s》水彩絵具 ❷ Ⓒ 水彩画；Ⓤ 水彩画法

wáter-còoled 形（エンジンなどが）水冷式の

wáter còoler 名 Ⓒ ❶（飲料用）冷水器 ❷《単数形で》会社の水飲み場 **wáter-còoler** 形《口》水飲み場の ‖ ～ gossip（会社などの）水飲み場でのうわさ話

wáter·còurse 名 Ⓒ ❶ 川，小川；水路，運河 ❷ 川床

wáter·cràft 名（複 ～）❶ Ⓒ《堅》船；《集合的に》船舶 ❷ Ⓤ 操船術；水上競技の技術

wáter·crèss 名 Ⓤ〘植〙クレソン，オランダガラシ

wa·tered /wɔ́ːt̬ərd/ 形 ❶ 川のある，水に恵まれた ❷ 水をまいた；水の供給を受けた；灌漑(かんがい)された；（酒などを）水で割った ❸〘商〙（会計などが）水増しした
▶▶ ～ **sìlk** 名 Ⓤ 波紋絹布

wàtered-dówn ⊲ 形 水で割った[薄められた]；（表現などが）弱められた，内容[効果]の薄い，力強さのない

***wáter·fàll** 名 Ⓒ 滝，瀑布(ばくふ)（⇨ FALL 類語）

wáter·fòwl 名（複 ～ OR ～s /-z/）Ⓒ 水鳥(water bird)；《集合的に》（猟鳥としての）水鳥

wáter·frònt 名 Ⓒ《通例単数形で》海岸[川岸，湖岸]の土地，河岸(かし)；（特に町の）臨海地区；海岸[湖岸]通り
còver the wáterfront《主に米口》あらゆるものを扱う

Wa·ter·gate /wɔ́ːt̬ərgèɪt/ 名 ❶ ウォーターゲート事件《1972年に米国共和党関係者が民主党本部ビル(Watergate building)に盗聴器を仕掛けようとしたことに始まる政治スキャンダル．Nixon 大統領の失脚に発展》 ❷《また w-》Ⓒ（一般に）政治スキャンダル

wá·ter·less /-ləs/ 形 ❶ 水(気)のない，干上がった，乾いた ❷（料理などで）水のいらない；（エンジンが）空冷式の

wáter·lìne 名 ❶《the ～》（船の）（喫）水線；（川などの）水線；（水が引いてできた）水位線 ❷ Ⓒ（紙の）透かし線

wáter·lògged 形（材木・衣類などが）ひどく水のしみ込んだ；（船が動けないほど）浸水した；（地面が）水浸しの

Wa·ter·loo /wɔ̀ːt̬ərlúː/ ⊲ 名 ❶ ワーテルロー《ベルギー中部の町．1815年 Napoleon が Wellington 将軍の率いる英・プロイセン連合軍に惨敗した》 ❷《ときに w-》《通例 one's ～》（特に勝利の後の）大敗北，惨敗
mèet one's Waterlóo（常勝の後で）大敗北を喫する

wáter·man /-mən/ 名（複 **-men** /-mən/）Ⓒ（船の）こぎ手(oarsman)；船頭(中立 ferry operator)；漁師

wáter·màrk 名 Ⓒ ❶（川・海の）水位標，量水標；水位線(waterline)；（物・事の）水準 ‖ reach one's high ～ 高い水準に到達する ❷（紙の）透かし(模様)
──動 他〔紙〕に透かし模様を入れる

***wáter·mèlon** 名 Ⓤ Ⓒ スイカ(の果実)

wáter·mìll 名 Ⓒ 水車小屋；（製粉用）水車(場)

wáter·pòwer 名 Ⓤ 水力；（水力用の）落水

***wáter·pròof** 形 ❶ 防水[耐水]の，水を通さない；防水加工をした ‖ a ～ watch 防水の腕時計 ❷ 水で落ちない
──名（複 ～s /-s/）Ⓤ 防水布；Ⓒ《通例 ～s》《英》防水服(♦特にレインコートを指す) ──動 他…を防水加工[処理]する

wàter-repéllent ⊲ 形（完全防水ではないが）水をはじく

wàter-resístant ⊲ 形（完全防水ではないが）耐水性の，防水性の

***wáter·shèd** 名 ❶ Ⓒ〈…における〉分岐点，転機〈in〉‖ The agreement marked a ～ *in* the achievement of human rights. その協定は人権確立の転機となった ❷ Ⓒ〘地〙分水嶺(れい)[界]；（河川・湖などの）流域 ❸《the ～》《英》ウォーターシェド(the 9 o'clock watershed)《子供に悪影響のあるテレビ番組の始まる時刻．通例午後9時》

wáter·sìde 名 Ⓒ（川・湖・海の）水辺，海辺
──形《限定》水辺の，海辺の ‖ ～ workers 港湾労働者

wáter-skì 動 自 水上スキーをする
～**·er** 名 Ⓒ 水上スキーをする人

wáter skì 名 Ⓒ 水上スキー(の板)

wáter-sòluble 形 水溶性の

wáter·spòut 名 Ⓒ ❶ 排水管[口]；（縦の）雨どい ❷〘気象〙（水上の）竜巻

wáter·tìght 形 ❶ 水の漏れない，防水の(waterproof) ‖ a ～ compartment（船の）水密区画隔室；隔離室 ❷（議論・アリバイなどが）一分の隙(すき)もない，完璧(かんぺき)な

wáter·wày 名 Ⓒ ❶ 水路《川・運河・掘り割りなど》；航路 ❷〘海〙（甲板の）排水溝

wáter·wòrks 名 ❶《単数・複数扱い》（地域への）水道[給水]設備；給水所；浄水所 ❷《複数扱い》（見せ物としての）噴水，人工滝 ❸《複数扱い》《英口》泌尿器系統，膀胱(ぼうこう)（の働き） ❹《複数扱い》《口》涙，泣くこと
tùrn on the wáterworks《口》（同情を得たくて）泣き出す

***wa·ter·y** /wɔ́ːt̬əri/ 形 ❶ 水の(ような)；《限定》水からなる，水中の ‖ a ～ fluid [OR liquid] 水状の液体 / go [OR come] to a ～ grave《文》溺死(できし)する ❷ 水分の多い，湿っぽい；雨になりそうな；涙ぐんだ；（唇などが）ぬれた；分泌物の出る ‖ a ～ wound じくじくした傷 ❸（色・光などが）薄い，淡い；（表情・文体などが）弱々しい，力のない ‖ ～ sunshine 淡い陽光 / a ～ smile 弱々しい笑み ❹（飲食物が）水っぽい，味が薄い

Wat·ford /wɑ́(ː)tfərd | wɔ́t-/ 名 ワトフォード《一般にロンドン都市圏の北限とされている都市》‖ north of ～ ワトフォードより北に[で]；ロンドンから離れた北部に[で]

WATS /wɑ(ː)ts | wɔts/ 略《米》*W*ide-*A*rea *T*elecommunications *S*ervice（ワッツ）《長距離電話について適用される大口利用者割引》

watt /wɑ(ː)t | wɔt/ 名 Ⓒ〘電〙ワット《電力の単位．略 W., w.》‖ a hundred-～ bulb 100ワットの電球

Watt /wɑ(ː)t | wɔt/ 名 **James ～** ワット(1736–1819)《英

国の発明家．蒸気機関を完成》

watt·age /wá(:)ṭɪdʒ | wɔ́t-/ 名 U C 〘電〙ワット量；ワット数

wàtt-hóur 名 C 〘電〙ワット時《1時間1ワットの電力量．略 Wh》

wat·tle /wá(:)ṭl | wɔ́tl/ 名 ❶ U 編み枝細工《垣根・壁・屋根の骨組み用》 ❷ C《しばしば ～s》編み枝細工用の小枝 ❸ C《主に豪》〘植〙ワトル《アカシア属の木；花はオーストラリアの国花》 ❹ C（鶏などの）肉垂(たれ)；（魚の）ひげ

wàttle and dáub（壁・屋根用の）編み枝の上に粘土［泥］を塗ったもの，荒打ち漆喰(しっくい) ‖ a *wattle-and-daub* house 荒打ち漆喰の家

— 動 他 ❶〔垣根・壁など〕を編み枝で作る ❷〔小枝など〕を編み合わせる

wát·tled /-d/ 形 ❶ 編み枝で作った ❷（鳥などが）肉垂のある ▸▸～ **cràne** 名 C 〘鳥〙ホオカザリヅル《アフリカ南部産の大型のツル》

wátt·mèter 名 C 〘電〙電力計

WAV 略 waveform audio《音声データ記録ファイル》

⁂wave /weɪv/（♦ 同音語 waive）名 動

中心義 波

— 名（複 **～s** /-z/）C ❶ **波**，波浪（⇨ 類語）；《the ～(s)》《文》海（the sea）‖ The ～*s* continued beating on the cliffs. 波が絶え間なく崖(がけ)に打ちつけていた / The ～*s* are not running very high now. 今は波はあまり高くない / the sound of the ～*s* breaking on a beach 浜に砕ける波の音

❷〈活動・事件などの〉**急増**，突発；〈感情・世論・情勢などの〉**急激な高まり**，高潮；《比喩的に》〈…の〉波〈**of**〉‖ The tax sparked a ～ *of* protests. その税金は一連の抗議行動に火をつけた / A crime ～ has swept the city in the last month. この1か月間その市では犯罪が急増した / I felt a sudden ～ *of* depression. 突然気がめいるのを感じた / Her voice rose on a ～ *of* passion. 激情に駆られ彼女は大声を上げた / a **new** ～ *of* innovations 改革の新しい波

❸（波のような）**集団の移動**；〈人などの〉殺到，押し寄せ；〈押し寄せる人［動物］の〉群れ〈**of**〉‖ a ～ *of* immigrants from the Middle East 中東から殺到する移民

❹《通例単数形で》（手・旗などを）**振ること**；手などを振ってのあいさつ［合図］‖ The band gave a farewell ～ to the audience. バンドのメンバーは聴衆に手を振って別れを告げた / A little girl gave us a friendly ～. 少女が私たちに親しげに手を振ってくれた / Mike dismissed her thanks with a ～ of the hand. マイクは彼女のお礼の言葉を手を振って遮った

❺〘理〙（音・光などの）波，波動

連語【形/名＋～】sound ～*s* 音波 / radio ～*s* 電波 / heat ～*s* 熱波 / electromagnetic ～*s* 電磁波 / shock ～*s* 衝撃波 / long [medium, short, micro]～*s* 長［中，短，極超短］波

❻（毛髪の）ウエーブ，縮れ；ウエーブをかけること（→ permanent wave）‖ Her hair has ⌜a natural ～ [OR natural ～*s*]. 彼女の髪の毛は生まれつきウエーブがかかっている ❼ 波のような動き，うねり；（土地などの）起伏，（砂浜・雪原などの）風紋 ‖ the golden ～*s* of wheat 小麦の黄金(こがね)の波 ❽（織物などの）波形模様，波紋 ❾《the ～》《米》ウエーブ（《英》Mexican wave）《スポーツなどの観客が次々に立ち上がり，波のように見せる応援》‖ do the ～（観客が）ウエーブをする ❿〘気象〙（気圧などの）急激な変動（の期間），波 ‖ a cold [heat] ～ 寒［熱］波

càtch the wáve チャンスをつかむ

in wáves ① 波の間を ‖ sail *in* ～*s* 波の間を（縫うように）帆走する ② 波になって，波のように；波状的に ‖ The grass rolled *in* ～*s*. 草が波のようにうねった / attack *in* ～*s* 波状攻撃を仕掛ける

*****màke wáves*** ① 波立てる ② （髪に）ウエーブをつける ③《口》騒動［波乱］を起こす，波風を立てる（→ CE 1）；新機軸を打ち出す，率先する，一世を風靡(ふうび)する ‖ This new product will *make* ～*s* in the industry. この新製品は業界に新風を吹き込むだろう

rìde (on) a [OR the] wáve〈流行などの〉波に乗る〈**of**〉‖ *ride a* ～ *of* change 変革の波に乗る

COMMUNICATIVE EXPRESSIONS

[1] **Dòn't màke wáves.** 事を荒立てるな；波風を立てるな

— 動（**～s** /-z/；**～d** /-d/；**wav·ing**）

— 自 ❶（あいさつ・合図などのために）**手**［ハンカチ，旗など］**を振る**〈**to, at** …に；**for** …を求めて / **to do** …するように〉‖ The boy ～*d* long and hard. 少年はいつまでも一生懸命手を振った / The pupils ～*d to* the teacher as the bus pulled away. 生徒たちはバスが出るとき先生に手を振った / ～ *for* silence 手を振って静粛にさせる

❷（旗・枝・穂などが）（波のように）揺れる，波打つ，うねる；翻る（⇨ SWING 類語P）‖ The grain is *waving* in the breeze. 穀物がそよ風に揺れている

❸（髪・線などが）波打っている，うねっている ‖ Her hair ～*s* loosely and gracefully over her ears. 彼女の髪は耳にかかって緩やかにまた優雅に波打っている

— 他 ❶（あいさつ・合図などのために）〔手・ハンカチ・旗など〕を〈…に向かって〉**振る**，揺り動かす〈**at, to**〉；…を振り回す《***around, about***》‖ She ～*d* her handkerchief in farewell *to* me. 彼女は私に別れのあいさつとしてハンカチを振った / The robber ～*d* a pistol (*about*) and screamed, "Hand over the money!" 強盗はピストルを振り回し「その金をよこせ」と叫んだ

❷ **a**《＋目》〔あいさつなど〕を手を振って伝える

b《＋目 *A*＋目 *B*＝＋目 *B*＋**to** 目 *A*》手などを振って*A*（人など）に*B*（あいさつなど）をする ‖ She ～*d* us goodbye.＝She ～*d* goodbye *to* us. 彼女は手を振って私たちにさよならのあいさつをした

❸ **a**《＋目＋副句》〔人・乗り物など〕に（ある方向へ）移動するよう手を振る（♦ 副句 は方向を表す）‖ The host ～*d* us to the table. 主人役は私たちにテーブルに着くよう手振りで合図した / Grandma ～*d* us toward her.（＝Grandma ～*d* us to come to her.）祖母は手を振って私たちを招き寄せた（♦ Grandma beckoned us toward her. は「祖母は私たちを手招きした」の意．wave は「大きく手を振って少し遠くから招き寄せる」のに対し，beckon は「比較的近くから手招きする」）

b《＋目＋**to do**》〔人〕に手（など）を振って…するよう合図［指示］する（♦「wave＋to 名＋*to do*」の形になることもある．→ 自 ❶）‖ He ～*d* (*to*) the next applicant *to* come forward. 彼は手を振って次の応募者に前に進むよう合図した

❹〔旗・枝・穂など〕を波立たせる，はためかせる

❺〔髪〕をウエーブさせる；〔線〕を波立たせる；〔組織物など〕に波形模様をつける

*****wàve asíde ... / wàve ... asíde***〈他〉① 手を振って〔人・交通など〕をわきへ寄せる ②〔考え・提案など〕を退ける，はねつける（brush aside；dismiss）‖ ～ *aside* his offer of a little nip of whisky ウイスキーを少しやらないかという彼の申し出を断る ③〔心配など〕を払いのける

wàve awáy ... / wàve ... awáy〈他〉①〈…から〉…を手を振って追い払う〈**from**〉② ＝*wave aside* ... ②（↑）

wàve báck〈自〉（相手が手を振ったのに対し）〈…に〉手を振り返す〈**to, at**〉—〈他〉《***wàve báck ... / wàve ... báck***》手を振って…を後ろに下がらせる

wàve dówn ... / wàve ... dówn〈他〉①〔車・運転手〕に手を振って止まれと合図する ‖ ～ *down* a taxi 手を振ってタクシーを止める ② 手を振って…を押しとどめる

wàve óff ... / wàve ... óff〈他〉① 手を振って…を近寄らせない［追い払う］② 手を振って〔人〕を見送る ③〔意見・援助など〕をはねつける，拒絶する

wàve ón ... / wàve ... ón〈他〉手を振って〔人・乗り物など〕にそのまま先に進むように合図する

wàve thróugh 〈他〉 **I** 《***wàve thróugh ... / wàve ... thróugh***》…に通り抜ける[通過する]よう手で合図する **II** 《***wàve À thròugh B́***》*A*(人・乗り物など)に*B*を通り抜けて[通過して]よいと手で合図する

～·less 形 **～·like** 形 副

類語《名 ❶》**wave**「波」を意味する最も一般的な語.
ripple さざ波.
breaker 岸や岩に大きく砕ける波.
surf 磯(いそ)に寄せる波.
surge 高いうねり, 荒い波立ち, 寄せる勢いなどを連想させる語で, 多く比喩(ひゆ)的に用い, 急に盛り上がったり押し寄せたりする強い大きな動きを表す. 〈例〉a *surge* of public opinion 激しい世論のうねり
roller 強風などで岸に転がるように打ち寄せる大きくうねる波.
billow 文語で, 特に(高くうねる)大波.

▶▶**～ equàtion** 名〖数〗波動方程式 **～ fùnction** 名 C〖理〗波動関数 **～ machìne** 名 C ウエーブマシン《プールで波を作る装置》 **～ mechànics** 名 U〖理〗波動力学 **～ tràin** 名 C〖理〗波列《等間隔で連続する波》

wáve·bànd 名 C〖無線〗(テレビなどの)周波帯

wáve·fòrm 名 C〖理〗波形

wáve·lèngth 名 C〖理〗(音波・電波などの)波長
be on [***the sàme*** [***a different***] ***wávelength*** 波長が合っている[違っている], ものの考え方が同じである[違っている]

wave·let /wéɪvlət/ 名 C 小波, さざ波

*__wa·ver__ /wéɪvər/ (♦ 同音語 waiver) 動 自 ❶ (心が) 揺れ動く, 揺らぐ, ぐらつく, くじける〈**in** 信念などの点で ; **on** …のことで ; **from** 決断などから〉‖ Her courage began to ～. 彼女の勇気はくじけ始めた ❷ (人が) 〈…に関して〉迷う〈**on, over**〉; (人・判断などが)〈…の間で〉迷う, ためらう〈**between**〉‖ I *～ed over* buying [OR whether to buy] a new car. 新車を買おうか買うまいか迷った / We are *～ing between* Joe and Amy for the managerial position. 我々はジョーとエイミーのどちらをマネージャーにするかで迷っている ❸ (物が) 揺れ動く ; (光などが) ちらちらする, 揺らめく ; (声・手などが) 震える ―名 U 迷い, ためらい ; 動揺 ; 揺れ **～·er** 名 **wá·ver·y** 形

wa·ver·ing·ly /wéɪvərɪŋli/ 副 揺れ動いて, 震え[揺れ]ながら ; 動揺して ; ためらって

WAVES /weɪvz/ 名《単数・複数扱い》(米国の)海軍女性予備部隊 (♦ *W*omen *A*ccepted for *V*olunteer *E*mergency *S*ervice の略)

wáve·tàble 名 C 🖳 ウエーブテーブル《音楽などの音を表すデータ》

*__wav·y__ /wéɪvi/ 形 ❶ 波打っている, 起伏する ‖ naturally ～ hair 生まれつきウエーブしている髪 / a ～ line 波線 (⇨ LINE[1] 図) ❷ 波立つ ❸ 波動する, うねる ❹ 不安定な

*__wax__[1] /wæks/ 名 U ❶ ろう ; 蜜(みつ)ろう(beeswax) ; ろう状物質 ; C ろう人形 ;《形容詞的に》ろう製の ‖ candle [paraffin] ～ ろうそくの[パラフィン]ろう ❷ (つや出し用などの) ワックス ; 封ろう(sealing wax) ; 靴糸に塗るろう(cobbler's wax) ‖ give a ～ polish to the skis スキー板にワックスをかけてつやを出す / car ～ カーワックス ❸ 耳あか (earwax) ‖ Get the ～ out (of your ears).《口》耳の穴をかっぽじってよく聞け ❹ 《口》レコード《ろう管と呼ばれる筒型レコードが初めてだったことから》 ❺ (人の) 思いどおりになる人 [もの] ‖ He was (like) ～ in his manager's hands. 彼は上司の思いどおりにされた
the whole ball of wax ⇨ BALL[1](成句)
―動 他 ❶ (つや出しのために) …にワックスをかける ❷ …にろうを塗る [引く] (♦ しばしば受身形で用いる) ❸〔脚・腕など〕にワックスを塗って脱毛する (♦ しばしば受身形で用いる) ❹《口》…をレコードに録音する

▶▶**～ bèan** 名 C《米》インゲンマメの一種 **～ed jácket** 名 C ワックスジャケット《アノラック型のアウトドア用防水上着》 **～ed pàper** 名 U =wax paper **～ musèum** 名 C《米》ろう人形館 **～ mỳrtle** 名 U C〖植〗ヤマモモの類 **～ pàlm** 名 C〖植〗(南米産の) ロウヤシ《ろうを分泌する》 **～ pàper** 名 U《米》ろう紙, パラフィン紙

wax[2] /wæks/ 動 自 ❶ (月が) 満ちる (↔ wane) ❷《文》(大きさ・激しさ・力などが)徐々に強く[大きく]なる, 増大する ❸ (人が) 次第に (…に) なる (♦ 形容詞補語を伴う) ‖ ～ sentimental [eloquent] 感傷的に [雄弁に] なる (⇨ *wax* LYRICAL)
wàx and wáne (月が)満ち欠けする ; 増減[盛衰]する

wax[3] /wæks/ 名 C《通例単数形で》《英口》《旧》怒り, 腹立ち, かんしゃく ‖ get into a ～ かっとなる

wax·en /wǽksən/ 形 ❶《古》《文》ろう製の ; ろう引きの ❷ (ろうのように)青白い ; 滑らかな ; 柔軟な ; 従順な

wáx·wòrk 名 C ❶ ろう人形, ろう細工 ❷《～s》《単数扱い》ろう人形[細工]陳列館, ろう人形館

wax·y /wǽksi/ 形 ❶ ろうのような ; 滑らかな ; (顔などが) 青白い ; 柔軟な ; 従順な ❷ ろう製の, ろう引きの

***__way__[1] /weɪ/ (♦ 同音語 weigh)

中心義 ある所に向かって経て行く道

名 方法❶ 道❸ 癖❹ 方向❺ 道のり❻

―名 (複 **～s** /-z/) C ❶ **方法**, やり方, 様式, 手順〈**to** *do* …する / **of** *doing* …の〉(⇨ METHOD **類語**) ‖ What is the best ～ (for us) *to* protect the environment? (私たちが) 環境を保護するための最善の方法は何だろうか / That's no ～ *to* speak to your parents! 親にそんな口のきき方をするものじゃない / Is there any ～ *of* recycling these old clothes? この古着をリサイクルする方法は何かないだろうか / The citizens had no ～ *of* knowing the truth concerning the accident. 市民はその事故の真相を知ることはできなかった / We danced (**in**) the same ～. 私たちは同じように踊った (♦ in はしばしば省略される. 次の2例も同様) / Don't talk that ～. そういう口のきき方はするな / Solve the problem any ～ you like. 好きなように問題を解きなさい / There are various ～*s* **in** which we learn a foreign language. 外国語を習得する方法はいろいろある / I don't like the ～ (that [《文》**in which**]) my boss does things. 上司のやり方は好きじゃない (♦ that [OR in which] は省略されることが多い. また, way が関係副詞 how を伴う ˣI don't like the way how my boss does things. のような形は不可) / CFCs react with the ozone layer **in** such a ～ that they weaken it. フロンガスはオゾン層と化学反応してそれを弱める働きをする / *There is more than one ～ to skin a cat.* 《諺》猫の皮をはぐ方法は1つではない ; いろいろなやり方で多くの仕事がなされる / Japanese ～*s* *of* thinking 日本人の考え方 / **in** many [all sorts of] ～*s* 多くの[あらゆる種類の]方法で
❷ 《the ～》《接続詞的に》《口》(…する)ように(as) ; (…する)仕方では ; (…する) ありさま [具合] からすると ‖ Fold the (origami) paper the ～ I do. 私がするように折り紙を折ってみなさい / I don't want to go on living the ～ I do. 今しているような生活を続けていきたくない / He seemed uneasy the ～ he stood there. そこに立っている様子からすると, 彼は不安らしかった / The ～ things are (going), perhaps the festival will be canceled. 現状からすると, おそらく祭りは中止になるだろう
❸ **道**, 道路 ; 通路 ;《通例 the ～》〈…への〉通り路, 道筋, 行く手, 経路〈**to**〉;《W-》《街路名として》《英》…通り (⇨ **類語**, ROAD **類語P**) ‖ Is this the ～ *to* the station? この道は駅に行きますか / Could you tell [ˣteach] me the ～ *to* the city hall? 市役所へ行く道を教えていただけませんか / Which is the ～ out [in]? 《主に英》出口[入口] はどっちですか / Divorce was the only possible ～ out. 離婚が唯一可能な逃げ道だった / There's no ～ around the rule. その規則を避けて通る道はない / There are several ～*s* to get there. そこへはいく通

りかの行き方がある / The easiest ～ is to take the Number 5 bus. いちばん簡単なのは5番のバスに乗ることです / They turned [OR went] back the ～ they had come. 彼らは来た道を引き返した / You are going the wrong ～. 道が違っていますよ / live across [《英》over] the ～ 道の向こうに住んでいる / a one-～ [two-～] street 一方通行 [対面交通] の道路 / find a ～ out of the deadlock 行き詰まりを脱する道を見いだす / King's *Way* キング通り

❹《しばしば ～s》**癖**, 行い, 傾向; 様子; 習慣, 風習, 慣習, 様式 (⇨ HABIT 類語P) ‖ I don't like his demanding ～*s*. 彼の要求がましいところは好きではない / Bill has a ～ of talking big. ビルには大口をたたく傾向がある / It is not his ～ to be selfish. 彼には利己的なところはない / Don't mind his teasing. It's only [OR just] his ～. 彼のからかいを気にするな. そういう男なんだから / As is the ～ with most kids, Sean learned how to play a recorder at school. たいていの子供たちがそうであるように, ショーンは学校で縦笛の吹き方を教わった / That was the ～ things had been five months earlier. 5か月前の事態はそうだった / Western ～*s* 西洋流のやり方

❺ (特定の) **方向**, 方角 [面] (♦ 通例前置詞なしで副詞的に用いる); Ⓤ《所有格や修飾語を伴って》付近, 地区 ‖ Which ～ is the station? 駅はどっちの方角ですか / (Come) this ～, please. どうぞこちらへ (おいでください) / Look both ～*s* before you cross the road. 道路を横断する前には左右を見なさい / Jane looked his ～. ジェーンは彼の方を見た / Please visit us next time you're down [OR out, round] our ～. 今度近所においでのときにはお寄りください / live somewhere Brighton ～ ブライトン近辺のどこかに住んでいる

❻《単数形で》**道のり**, 行程, 距離; (時間の) 隔たり (♦ しばしば副詞的に用いる. 《米口》では ways《単数扱い》を用いることもある) ‖ Thanks for coming such a long ～. 遠路を来てくれてありがとう / His apartment is some ～ from his office. 彼のアパートは会社からかなり離れている / Spain is a long ～ off. スペインははるかかなただ / We walked the rest of the ～. 私たちは残りの道のりを歩いた / Summer vacation is still a long ～ away. 夏休みはまだ先だ / She is still a long ～ from a decision. 決心するまでには彼女はまだ時間がかかる

❼《in を伴って》(…の) 点, 事項, 面 ‖ She's **in** every ～ a competent nurse. 彼女はどの点から見ても有能な看護師だ / The body is limited **in** ～*s* that the mind is not. 体には心とは違う面で限界がある

❽《one's ～》思いどおりに [好きなように] すること, 意志 ‖ If I had my ～, I'd go fishing every day. 自分のしたいようにしていいのなら, 毎日釣りに行きたい

❾ Ⓤ (順調な) 進行, 前進; 《通例 one's ～》進路 ‖ gather [lose] ～ 速力を増す [失う] / make one's ～ through the crowd 人込みの中を進む / feel one's ～ up the stairs 手探りで階段を上る

語法 ☆☆ 動 **+one's way**
make one's way の make の代わりにさまざまな動詞を用いて「…しながら進む」を表すことがある. その後には to, into, out of, through などを伴う前置詞句をはじめ, 方向・経路を表す語句がくる. 〈例〉He pushed [elbowed, shouldered, threaded] his *way* through the crush. 彼は雑踏を押し分けながら [ひじで押しのけながら, 肩で押しのけながら, 縫うようにしながら] 進んで行った / She inched [OR edged] her *way* forward. 彼女は少しずつ前へ進んだ / He bought his *way* out of prison. 彼は金を積んで刑務所を出た (♦ 比喩(ひゆ)的な用法) / bribe *one's way* 賄賂(わいろ)を使いながら進む / dig *one's way* 掘って進む / fight *one's way* 戦いながら進む / force *one's way* 無理やり進む / wind *one's way* 曲がりくねって進む / work *one's way* 苦労して進む

❿ Ⓤ (経験・関心などの) 範囲 (→ *come a person's way* (↓)) ⓫ (等しく分割される) 部分 ‖ divide [OR split] a country two ～*s* 国を2分割する ⓬《単数形で》《形容詞とともに》(健康・財政などの) 状態 (→ *in a bad way* (↓)) ⓭《しばしば ～s》【機】(旋盤などの) 動面; 《～s》《単数扱い》【海】進水台, 船台

àll the wáy ① (その間, 途中) **ずっと**; **はるばる**, わざわざ ‖ He had to walk *all the* ～ home in the rain. 彼は雨の中を家までずっと歩いて帰らねばならなかった / She came to the meeting *all the* ～ from Florida. 彼女はその会議のためにはるばるフロリダからやって来た ② 完全に, 全面的に ‖ I'm with [OR behind] you *all the* ～. 君を全面的に支持する ③《主に米》〈…から…まで〉さまざまに; 〈…から…までの〉どこか (で) 〈**from ... to ...**〉‖ pay *all the* ～ *from* two *to* twenty dollars for a piece 1個につき2ドルから20ドルまでの代金を払う

NAVI 表現 11. 話題の転換・回避

会話では, 話の流れによって話題が頻繁に入れ替わることがある. 話題の転換点を表す表現に着目すると, 話の流れをしっかりとつかむことができ, 円滑なコミュニケーションを実現することができる. 場面に応じて以下のような, さまざまな形式の表現が用いられる.

■ **話題を突然変える by the way, incidentally**
‖ *By the way*, have you been to the Natural History Museum? ところで, 自然史博物館には行ったことがあるの?

■ **一時的に話題を変える before I forget, while I remember, in passing**
‖ Oh, 「*before I forget* [OR *while I remember*], let me give you back the umbrella I borrowed yesterday. あ, そうだ, 忘れないうちにきのう借りた傘を返すよ / Let me mention *in passing* that there are some exceptional cases where this insurance policy does not provide coverage. ちなみに, この保険が適用されない例外的な場合もあるということを申し添えておきます

■ **自然な話の切れ目で次の話題に移る now, now for ..., let's turn to ...**
‖ *Now*, let us start the discussion. それでは議論に移りましょう / *Now for* the weather forecast. それでは天気予報です / *Let's turn to* the second topic, the future of Japanese industry. それでは2つ目の議題, 日本産業の未来に移りましょう

■ **関連する別の話題を持ち出す as for, concerning, with regard to, speaking of, talking of**
‖ The new company building has just been completed. *As for* the old building, it will be demolished in the near future. 会社の新しいビルがつい最近完成した. 古いビルはというと, 近い将来解体される (♥ 古いビルに話の焦点を移す) / *Speaking of* your brother, is he still living with you? 君の弟といえば, まだ一緒に住んでるの? (♥ 口語表現. 話題に上ったことに関して詳細に立ち入る)

■ **話題を避ける let's drop the subject, ... on another occasion, don't go there**
‖ *Let's drop the subject.* その話はもうやめましょう (⇨ SUBJECT CE 2) / We can discuss the issue *on another occasion*. その問題については別の機会に議論しましょう (⇨ OCCASION CE 2) / *Don't go there.* そのことは話したくないよ (⇨ GO CE 2)

along the wáy 途中で；ずっとこれまで
be sèt in one's wáys （老人などが）自分の考え［やり方］に凝り固まっている，頑固である
by a lòng wáy 群を抜いて ‖ He is smarter *by a long* ~ than most. 彼はたいていの人よりずっと頭がいい
****by the wáy*** ① NAVI **ところで**（♥新しい話題に移るときの前置き．ときにそれが話の本題であることを示唆する．⇨ NAVI表現 11）‖ *By the* ~, are you American or British? ところで，あなたはアメリカ人ですかイギリス人ですか ② 話のついでに，余談だが ‖ mention the new book *by the* ~ 余談として新刊本にふれる ③（旅行などの）途中で
****by wáy of ...*** ① **…を通って**，…経由で（via）‖ go from New York to Vienna *by* ~ *of* Paris ニューヨークからパリ経由でウィーンに行く ② **…の手段**［方法，代用］**として**，…のつもりで ‖ Much is said *by* ~ *of* gesture. 身振りによって伝達されることは多い / *by* ~ *of* (an) apology おわびの代わりに［つもりで］/ *by* ~ *of* example 例として ③《しばしば be by way of *doing* [OR being ...] で》《主に英口》《古》…している顔をして，…気取りで；…している状態で，…する習慣で
cànnot fight [***àrgue***] ***one's wáy òut of a páper bàg***《口》けんか［口論］するのが全く下手である
clèar the wáy ①（邪魔しないように）道をあける ②〈…のために〉道を切り開く〈**for**〉
còme a lòng wáy《完了形で》大いに進歩する；とてもよく［有名に］なる（→ CE 30, *go a long way* ②（↓））
còme a pèrson's wáy（事が）（人の）身の上に起こる；（物が）（人の）手に入る［転がり込む］‖ Take advantage of any chances that *come* your ~. 転がり込んできたチャンスはすべて生かすように
cùt bòth [OR ***twò***] ***wáys*** 益にも害にもなる；両刃の剣である
èither wáy いずれ［どちら］でも；いずれにしても ‖ *Either* ~ I don't like him. どっちみち私は彼が好きではない
èvery which wáy《口》① あらゆる方向に，四方八方に ② あらゆる方法で
****find one's wáy*** ①〈…に〉**たどり着く**，（どうにかして）道を見いだす〈**to**〉②（物が）〈…に〉到達する，届く，入って行く〈**to, into**〉‖ This information won't *find* its ~ *into* the media. この情報はマスコミに知られないだろう
gèt into the wáy of ... …するようになる
gèt òut of the wáy of ... …しないようになる
****gèt*** [OR ***hàve***] ***one's*** (***òwn***) ***wáy*** 〈…を〉自分の思いどおりにする〈**with, over**〉‖ He *got* [OR *had*] his *own* ~ *with* everything. 彼は何事につけ自分の思いどおりにした
****give wáy*** ①（重量・圧力などで）崩れる，壊れる ‖ The bridge *gave* ~. 橋が崩れ落ちた ②〈…に〉**譲歩する**，屈する；〈感情などに〉負ける，身をゆだねる〈**to**〉‖ *give* ~ *to* heavy pressure from abroad 外国からの強い圧力に屈する / *give* ~ *to* despair 絶望に陥る ③〈…に〉取って代わられる，入れ替わられる〈**to**〉‖ Brilliant sunshine *gave* ~ *to* rain later. まばゆい陽光に代わって雨模様になった ④《英》〈…に〉道を譲る（《米》yield）〈**to**〉⑤（ボートで）力漕(りきそう)する
****gò a lòng wáy*** ①（金などが）長いこと持つ，使いでがある ②《通例未来時制で》とてもよくなる，大いに進歩する ③〈…するのに〉**大いに役に立つ**〈**to, toward, in** …に / **to do** …するのに〉‖ A little knowledge of English *goes a long* ~「*to* make [OR *in* making] traveling easier. 英語を多少知っていると旅行に大いに役立つ
gò àll the wáy《口》① 最後までいく；（競技で）勝つ ②〈人と〉肉体関係を持つ，行くところまで行く〈**with**〉
gò bàck a lòng wáy（人同士が）昔からの知り合いである；長い歴史がある
****gò òut of one's*** [OR ***the***] ***wáy*** ① 回り道をする ② **わざわざ**〈…〉**する**，特に［進んで］〈…〉する〈**to do**〉‖ He's *gone out of* his ~ *to* please you. 彼はあなたを喜ばせるために大変な努力をしたんですよ
gò one's (***òwn***) ***wáy*** 自分の思いどおりに行動する
gò one's sèparate wáys《複数主語で》① 旅の途中で別れる ② 離婚する，（恋人が）別れる
gò the wáy of ... …と同じような道をたどる ‖ *go the* ~ *of* all flesh 生きとし生けるものの道を行く；死ぬ
gò a pèrson's wáy ①（物・事が）（人に）都合よく運ぶ ‖ Everything *went* my ~. すべて思いどおりに進んだ ②（人と）同じ方向に行く；（人に）同行する（→ CE 3）‖ I'm *going* your ~, so I'll give you a ride. 君と同じ方向だから，乗せてってあげるよ
hàve a wáy with ... ①〔人・物〕を扱うこつを心得ている ‖ He *has a* ~ *with* animals. 彼は動物の扱い方がうまい ②《have a way with one で》魅力を持っている ‖ She *has a* ~ *with* her. 彼女には魅力がある
hàve (***it*** [OR ***thìngs, èverything***]) ***one's*** (***òwn***) ***wáy*** 自分のしたいようにする（→ CE 7）
hàve one's (***wicked***) ***wáy with ...***《戯》（思いがけず）…と性行為まで進む，…を口説いてセックスをする
in a bàd wáy 病気で；困って，苦境にある
in a bìg wáy《口》大々的に；派手に，大げさに（→ CE 6）
in a fàir wáy〈…する〉見込みで，〈…し〉そうで〈**to do** / **to doing**〉
in a [OR ***some***] ***small way*** ⇨ SMALL（成句）
****in a wáy*** ① **ある意味で（は）**，見方によって（は）‖ *In a* ~ he is responsible for the group's splitting up. ある意味では彼にグループ解散の責任がある ② ある程度，幾分か
in ány wày ① どのようなやり方でも ②《否定文・疑問文で》いかなる点でも（…ない），決して［少しも］（…ない）（→ *in no way*（↓））
in mòre wàys than óne さまざまな意味［点］で
in nó wày いかなる点でも［決して］…ない ‖ *In no* ~ will I forgive him. 私は彼のことを絶対に許さない
in óne wày ＝*in a way* ②（↑）
in one's (***òwn***) ***wáy*** その人［それ］なりに ‖ He is *in* his ~ good-looking. 彼はまあそれなりにハンサムだ
in sóme wàys ある程度（は）（→ CE 12）
in the [OR ***a pèrson's***] ***wáy***（人の）行く手をふさいで，邪魔になって ‖ That tree is really *in the* ~. あの木は本当に邪魔だ / Am I *in* your ~? お邪魔ですか
in the wáy of ... ① …の点で（は）；…という面で（は）；…について（は）‖ This car is better than that one *in the* ~ *of* styling. デザインの点ではこの車の方があれよりよい ② …の邪魔になって ‖ stand *in the* ~ *of* progress 進歩を妨げている ③ ＝*by way of ...* ②（↑）
knòw one's wáy around [OR ***about***] (***...***)（…の）地理［事情など］をよく知っている
lèad the wáy 先に立って案内する，（手本を見せて）やり方を示す；（研究・発見などで）先端をいく
lòok the òther wáy わきを向く；見て見ないふりをする
lòse one's [OR ***the***] ***wáy*** ① 道に迷う ② 目的を失う
****màke wáy*** ①〈…に〉道をあける；〈後進などに〉地位［道］を譲る〈**for**〉‖ *make* ~ *for* an ambulance 救急車に道をあける ② 前進する；はかどる
****màke one's wáy*** ① **進む**，前進する（→ ❾）② 成功する，出世する
mènd [OR ***chànge***] ***one's wáys*** 癖［習慣］を直す
****nò wáy***《口》① 絶対に…ない ‖ *No* ~ can I finish any faster than that. 私にはそれ以上早くはとても終えられない / There was *no* ~ she would succeed. 彼女が成功する可能性は全くなかった ②《単独で返答に用いて》無理だ，駄目だ；まさか（→ CE 15）
nòt knòw 「***whìch wày*** [OR ***whère***] ***to túrn*** どうしたらよいかわからない
****on the*** [OR ***one's***] ***wáy*** ① **途中で**；来つつあって，近づいて（♦しばしば方向を表す 副句 を伴う）‖ I saw her *on* my ~ to the station. 駅に行く途中で彼女を見かけた / An

W

ambulance is *on* its ～. 救急車が(こちら[そちら]に)向かっているところです / The baby's teeth are *on the* ～. 赤ん坊の歯が生えかかっている / *on the* ～ up [down] 上昇[下降]中で ② 〈…を〉達成[獲得]しつつあって, 〈…し〉かけて〈**to**〉 (→ **CE** 16) ‖ His collection was well *on* its ～ *to* completion. 彼のコレクションはかなり完成しかけていた / The country was *on* its ～ *to* becoming a welfare state. その国は福祉国家になる途上にあった ③ 出かけるところで, 出発しかけて (→ **CE** 4, 16, 19) ④ (赤ん坊が) おなかにいて ‖ She has two children already and another *on the* ～. 彼女にはすでに子供が2人いて, もう1人がおなかの中にいる

on the [OR ***one's***] ***wày óut*** ① 外へ出る途中で ② 《口》廃れかかって, 死にかけて

óne wày or [OR ***and***] ***anóther*** ① 何らかの方法で (somehow) ② あれやこれやで

óne wày or the óther ① (2つのうち)どちらでも, いずれにしても ② =*one way or another*(↑)

òpen the wáy for [OR ***to***] ***...*** …への道を開く, …を可能にする

****òut of the*** [OR ***a pèrson's***] ***wáy*** ① 邪魔[〔人〕の邪魔]にならない所[よう]に (→ **CE** 13) ‖ move (a box) *out of* his ～ 彼の邪魔にならないようにどく[箱をどかす] ② 《通例 out of the way で》 遠く離れた場所に; へんぴな所に ‖ His house is *out of the* ～. 彼の家は片田舎にある ③ 《しばしば否定文で》不適切な, 常識外れの, 間違った; ふつうと違った, 注目すべき ‖ He said he had seen nothing *out of the* ～. 彼は何も変わったことは目にしなかったと言った / It's *out of the* ～ for him to leave early. 彼が早く帰るとは妙だ ④ 《通例 out of one's [a person's] way で》 回り道をして, 順路を外れて ‖ He kindly gave me a ride home, though it's a little *out of* his ～. 少し遠回りになるのに, 彼は親切にも車で家に送ってくれた ⑤ 片づいて, 処理が済んで, 終えて ‖ put one's homework *out of the* ～ 宿題を片づける / put him *out of the* ～ 彼をこっそり片づける[殺す]

pàrt wáys (***with ...***) (…と)別れる

pàve [OR ***smòoth***] ***the wáy for*** [OR ***to***] ***...*** …への道を開く, …(の導入)を容易にする

pày a pèrson's [OR ***its***] ***wáy*** …の費用を払う; 借金せずにやっていく; 投資に引き合う

pìck one's wáy 道を選んで歩く; 慎重に進む

pòint the wáy 〈…への〉道(筋)を示す〈**to, toward**〉

pùt a pèrson in the wáy of ... 《旧》〔人〕に…ができる[得られる]ようにする, 〔人〕に…のやり方を教える

sèe one's wáy [OR ***wày cléar***] 「***to dòing*** [OR ***to do***] 《通例疑問文・否定文で》〈…する〉見通しがつく, 〈…〉できそうに思う, 〈…する〉 気がある ‖ I can't *see* my ～ *to* lend you the money. その金をあなたに貸せそうもない

shoulder one's way ⇨ SHOULDER 動 (成句)

shòw the wáy =*lead the way*(↑)

swing both ways ⇨ SWING 動 (成句)

tàke ... the wròng wáy 〔人の言葉など〕を誤解して腹を立てる

the hàrd wáy 《副詞的に》大変な思いをして

****the òther wày*** (***a***)***róund*** [《英》 ***abóut***] (方角・事情などが)**逆に**[で], **あべこべに**[で]

the wáy of the wórld 世の習い, 世の常 (♥ 物事をあきらめるときなどにいう)

the wày to a pèrson's héart (人を) 喜ばせる方法 ‖ know *the* ～ *to* a woman's *heart* 女性の喜ばせ方を心得ている

the whòle wáy =*all the way* ①(↑)

to a pérson's wày of thìnking (人の)意見[考え]では

****ùnder wáy*** ① (計画・作業などが)**始まって**, 動き出して(→ underway) ‖ The party was well *under* ～ when she arrived. 彼女が着いたときにはパーティーはかなり進行していた ② (船が)航行中で

wày aróund (特定の) 向き; 順序 ‖ the wrong ～ *around* 向き[順序]を間違って, 逆さまで[に]

Wày óut! 《米俗》わあ, すごい《1970年代に流行》

Wày to gó! 《米口》⇨ **CE** 25

wàys and méans 《単数扱い》(費用を捻出(ねんしゅつ)するなどの)手段, 方法; 歳入増の方策

wòrk one's wáy ① 苦労して進む ② 〈…を〉 苦労してやり遂げる, 働いて〈大学などを〉出る〈**through**〉; (努力して)出世する《***up***》

COMMUNICATIVE EXPRESSIONS

1 **Another way is to** gríll the mèat instèad of frýing it. ほかの方法としては肉をいためる代わりにオーブンでグリルすることです(♥ 別の選択肢を示す)

2 **Ànything néw down your wày?** ⇨ NEW(**CE** 1)

3 **(Are you) gòing my wáy?** 行き先 [帰り道] は同じ方面ですか; ご一緒しませんか(♥ 異性を誘う表現)

4 **(Bè) on your wáy!** あちらへ行け

5 **Clèar the wáy!** そこをどいてください; 道をあけて

6 I **gò for** sóccer **in a bìg wáy.** 私はサッカーが大好きなんだ(♥ 興味・好みを表すくだけた表現. =I'm a great soccer fan./ I find soccer very interesting.)

7 **Hàve it yòur (ówn) wày.** 好きにしてください; 勝手にして(♥ 相手に業を煮やし, いら立ちを表す)

8 We **hàve our ówn wàys (of finding thèse thìngs óut).** それなりの情報筋があってね(♥「どうして知っているの」に対する返答. しばしば少しおどけた感じ)

9 **I càn't find my wáy to** the bús tèrminal. バス停への行き方がわからないのですが(♥ 道順を尋ねる表現)

10 **I dòn't knòw which wày to túrn** [OR **júmp**]. どうしたらいいのかわからない(♥ 戸惑い, 途方に暮れた様子)

11 **I fèel mùch the sàme wáy.** ⇨ SAME(**CE** 1)

12 **In sóme wàys, it's quìte a gòod idéa.** ある意味ではそれはけっこういい案です(♥ 限定付きの同意を表す)

13 **Kèep** [OR **Stày**] **òut of my wáy.** 私の邪魔をしないで(♥「行く手を阻むな」,「面倒をかけないで」の意)

14 **Lét me pùt it anóther wày.** NAVI 別の言い方をすると次のようになります (♥ 同じことを表現・視点を換えて述べる際に. ⇨ NAVI表現 12)

15 **Nò wáy(, José)!** 駄目だ; いやだね; とんでもない (♥ José /houzéɪ/ は人の名前. No way. と韻を踏んだ言葉遊びで, つけるとより強調的でくだけた言い方)

16 We're **òn our wáy.** 私たちは動き始めました(♥「移動[行動]し始めた」, 企画などを「立ち上げた」などの意)

17 **Óne wày to** cùt the cóst **is to** hìre párt-tìmers. 費用削減のひとつの方法はパートを雇うことです

18 **Rìght this wáy.** どうぞこちらへ(♥ 人を案内する)

19 We **should bè on our wáy.** さて, そろそろ行かないといけません(♥ いとまを告げる)

20 "I forgot my wállet." "**Thàt's** [OR **Ìt's**] **àlways the wáy** when you're in a rúsh."「財布を忘れた」「慌てているときはそうしたもんだよ」(♥ 特に悪いことについて「よくあることだ」というくだけた表現)

21 **Thàt's óne wày of lóoking at it.** そういう見方もできますね(♥ 解釈などを一応容認する表現)

22 **Thàt's the wáy.** やあ, よくできたね; その調子だ(♥ 是認・賞賛を表す. =That's it.)

23 **Thàt's the wày it góes.** そういうものさ; それが運命なんだ; うまくいかないものだな(♥ あきらめ・落胆. =That's always the way. / =That's the way the 「ball bounces [OR mop flops, cookie crumbles, cards are stacked].)

24 **Thàt's the wày it shóuld be.** そうあるべきです; よい出来だ(♥ 是認・賞賛を表す. =That's very good.)

25 **(Thàt's the) wày to gó.** その調子だ; よくやった

26 **The wày Í sèe** [OR **lòok at**] **it**, there's tòo mùch tálk and nòt enóugh áction. 私の見るところ我々は話し合ってばかりで実際の行動が足りません (♥ 自分の見解を述べる. I を強く発音する)

27 **Thère are** [OR **is**] **nò twò wàys abóut it.** ほかに方法[考えよう, 選ぶ道]はない
28 **Thère is nò wáy but to** file for bánkruptcy. 破産申告をするよりほかにありません
29 **Thère's nò wáy** I can wìn the cóntest. 私がコンテストで優勝するなんて絶対無理です
30 **We've còme a lóng wày.** よくここまでやってきた(♥ 何かを達成した際に, それまでの苦労などを感慨深げに振り返る表現)

Behind the Scenes **You've come a long way.** **ここまでの道のりは長かった；やっとここまでたどり着きましたね** 女性解放運動で用いられていたこのスローガンが, 女性向けたばこ Virginia Slims の広告にも使われ, 1960-70年代の働く女性たちに多くの支持を得た. 1971年には "You've Come a Long Way, Baby" というタイトルの歌も発表された. 1982年に米国で男女同権憲法修正案が不成立となった際, I Haven't Come A Long Way.「まだたどり着いていない；戦いは終わっていない」とプリントされたTシャツがはやった(♥ 何らかの成果を収めた相手に「よくここまで頑張ってきた」と, それまでの苦労や努力をねぎらう)

31 **You càn't hàve it bòth wáys.** 二またをかけることはできません；どっちもというのは無理です
32 **You could pùt it thát wày, but** perhàps there are óther rèasons. そのように言うこともできるでしょうが, ほかにも理由があるかもしれません(♥ 相手の言い分を一応容認した上で反論・異論を唱える)
33 **You've gòt a lòng wày to gó.** (目標地点は)まだずいぶん遠くですよ；まだまだですよ(♥ 地理的距離あるいは課題などの終了まで「まだまだ」の意. =It's a ways away. / =It's quite a way(s).)

類語《❸》**way** ある所に通じる「道」. 一般的な意味での道や抽象的な意味での道筋を表すことが多い.
road, street 人や車が通る「道路」(→ road).
path 人が歩いて通るための「小道」. しばしば何度も通って踏み固められてできた道.
passage ある建物の中の, または建物を結ぶ「通路」.

▶▶**~ of lífe** 名 (複 **~s of life**) C ① 生活様式 ‖ the American ~ *of life* アメリカの生活様式 ② (習慣的・日常的な)活動；生きがい **~ òut** (↓) **~ stàtion** 名 C《米》(主要駅間の)中間駅；中継地点

*__way², 'way__ /weɪ/ (♦ 同音語 weigh) 副 ❶《副詞・前置詞を強めて》《口》(距離や程度が)遠く, はるかに, ずっと ‖ The village is ~ off in the distance. その村は(ここから)ずっと遠く離れた所にある / It's ~ past your bedtime. もうとっくに寝る時間を過ぎているよ / ~ ahead [behind] (of ...) (…の)はるか前方[後方]に / ~ above [below] average 平均をはるかに上回って[下回って] / ~ back (in the '60s) ずっと昔(の60年代)に / spend ~ too much money あまりにも金を使いすぎる
❷《形容詞を強めて》《主に米口》ずっと(far)；非常に；本当に ‖ That's ~ better than my car. あれは僕の車よりずっといい / *Way* cool, isn't she? 彼女超イケてるね

-way /weɪ/ 接尾 =-ways

wáy·bìll 名 C (船舶などの)乗客名簿；貨物運送状《略 WB, W/B》

way·far·er /wéɪfèərər/ 名 C《文》(徒歩の)旅人

way·far·ing /wéɪfèərɪŋ/ 名 U 形《文》(徒歩)旅行(をする), 旅[道中](の)

wáyfaring trèe 名 C【植】ビバーナム《スイカズラ科ガマズミ属の低木の総称》

wày·láy 動 (**-laid** /-léɪd/；**~·ing**) 他 ❶ …を待ち伏せする, 待ち伏せして襲う ❷ …を待ち構えて話しかける

way·mark /wéɪmɑːrk/ 名 C《英》道標
wáy·marked 形

*__wày-óut__ ⟨シ⟩ 形《通例限定》《口》奇抜な, 型破りの, 風変わりな；《旧》《口》素晴らしい ‖ ~ clothes [fashions, ideas] 常識外れの服[ファッション, 考え]

wáy òut 名 C ❶《英》出口(exit) ❷ (窮地などからの)脱出法, 解決法 ‖ take the easy ~ 安易な方策をとる

wáy·pòint 名 C ❶ (旅の途中での)経由地 ❷ (コンピューターによる)航路の座標

-ways /weɪz/ 接尾《副詞・形容詞語尾》「方向・位置・様態」の意 ‖ side*ways*, edge*ways*

wáy·sìde 名 C《単数形で》道端 ‖ by the ~ 道端に
__fàll__ [OR *__dròp__*] *__by the wáyside__* (途中で)挫折(ざせつ)する, 落伍(らくご)する
__gò by the wáyside__ (別の重要なことのために)見捨てられる, わきへ押しやられる
—形 道端の, 路傍の ‖ ~ flowers 路傍の花

way·ward /wéɪwərd/ 形 ❶ 勝手気ままな, つむじ曲がりの ❷ 気まぐれな, むら気の；(方針・方向などが)定まらない；予想のつかない ‖ He is ~ in his moods. 彼はお天気屋だ **~·ly** 副 **~·ness** 名

wa·zir /wəzíər/ 名 =vizier

wa·zoo /wəzúː/ 名 C ⊗《米口》《蔑》尻(しり)；肛門(こうもん)
__ùp__ [OR *__òut__*] *__the wazóo__* たっぷりと

waz·zock /wǽzək/ 名 C《英俗》愚かしいやつ, うるさいやつ

Wb 略【電】weber(s)

WB¹ 略 *w*eather *b*ureau(気象局)；💻 *w*elcome *b*ack

WB², W.B., W/B 略 way*b*ill(乗客名簿)

WBA 略 *W*orld *B*oxing *A*ssociation(世界ボクシング協会)

WBC 略 *W*orld *B*oxing *C*ouncil(世界ボクシング評議会)；*w*hite *b*lood *c*ell(白血球)

WC, W.C. 略《英》*w*ater *c*loset(水洗便所)；*W*est *C*entral(ロンドンの中央西部郵便区)；*w*ithout *c*harge(無料で)

WCC 略 *W*orld *C*ouncil of *C*hurches(世界教会協議会)

WCTU, W.C.T.U. 略《米》*W*oman's *C*hristian *T*emperance *U*nion(キリスト教婦人矯風(きょうふう)会)

*****we** /弱 wi；強 wiː/ (♦ 同音語 wee)
—代 (人称代名詞・一人称・複数・主格)(所有格 **our**；目的格 **us**；再帰代名詞 **ourselves**)(単数形 **I**) ❶ **私たちが[は]**, 我々は[が] (♦ 聞き手を含む場合と含まない場合がある) ‖ *We* had a good time. 我々は楽しく過ごした / *We* in the medical profession have moral responsibilities. 我々医業に携わる者には倫理的な責任がある / *We* introduced ourselves to each other. 私たちはお互いに自己紹介をし合った
❷《総称的に》人は, 我々は ‖ *We* are all human beings. 我々はみな人間だ / *We* know that the Earth goes around the sun. 地球が太陽の周りを回っていることはわかっている(=It is known that the Earth ....)

語法 ☆☆ 総称的に「一般の人」を表すとき, we, 《堅》one は話し手を含めた「我々」を, you は聞き手を含めた「みんな」を, they は話し手・聞き手を除いた「人々」を指す. people は厳密には話し手も聞き手も含むが, 客観的に「世間の人」というニュアンスで用いることが多い.

❸《自分のいる地方・団体などに言及して》当地では；当方では, 私どもは (♦ we に相当する語を日本語では表現しないことが多い) ‖ *We* had a lot of snow last year. 当地では去年は雪が多かった / *We* sell the newest types of cellphones. 当店では最新型の携帯電話を販売しております
❹《読者を含めて》我々が[は] (♦ 新聞の社説・書物などで著者が I の代わりに用いる. editorial "we" という) ‖ as ~ saw in the previous chapter 我々が前章で見たとおり
❺《子供や患者に対して》あなたが[は], 君が[は] (♥ 親や医師などが子供や病人に対して元気づけたり, 慰めたり, 忠告したりする場合に用いる) ‖ How are ~ this morning? 今朝の調子はどうですか
❻《国王・君主の公式表現》《堅》朕(ちん)が[は], 余が[は] (♦ I の代用. 伝統的に王・女王の自称として用いていたが, 現在で

W

は使われなくなってきている. Royal "we" という) ‖ *We* are not amused. 朕は面白くない(◆動詞は複数形で, 再帰代名詞には ourself を用いる)

‡weak /wiːk/(◆同音語 week)

中心義 (Aが)弱い(★Aは「肉体」「意志」「能力」など多様)

—形〔▶ weaken 動〕(~·er; ~·est) (↔ strong)

❶ (肉体的に)**弱い**, 力のない;〈…で〉弱った〈**from, with**〉;(器官などが)機能不十分な, 衰えた(⇨ 類語) ‖ The boy was too ~ to fight back. 少年は力が弱くて反撃できなかった / I feel ~ *from* [OR *with*] hunger. 私は空腹で力が出ない / He is ~ in the legs.=He has ~ legs.=His legs are ~. 彼は足が弱い / An unused muscle grows ~. 使わない筋肉は弱くなる / have a ~ heart [stomach] 心臓[胃]が弱い / have a ~ constitution ひ弱な体質である / a ~ chin [OR jaw] 弱々しいあご(♥性格の弱さを表すとされる) / have ~ eyes [OR eyesight] 視力が弱い

❷ (精神的に)**弱い**;弱い性格の, 意志薄弱な;誘惑に負けやすい;感化されやすい;(行為が)弱気の(↔ firm);(知的に)弱い, 愚かな(⇨ 類語) ‖ He was too ~ to speak out against the bully. 彼は気が弱くていじめをやめろと声を上げることができなかった / a (person of) ~ character 意志薄弱な人, 気の弱い人 / a ~ mind おく病な心;意気地なし / a ~ surrender to the pleasures of life 人生の快楽にやすやすと身をゆだねること / in a ~ moment 気が緩んだときに, 気が弱くなっているときに / have a ~ intellect 知力が劣る

❸ (築造物・物質などが)**強度不足の**, 壊れやすい, もろい;攻略のたやすい, 防備の弱い ‖ a ~ rope 弱いロープ

❹〈能力・資質などが〉劣った, 水準に達しない;〈…が〉**不得手の**, 苦手の;〈…に〉弱い〈**in, at, on**〉‖ My ~*est* subject is English. 私の最も苦手な科目は英語だ / She is ~ *in* [OR *at*] mathematics. 彼女は数学に弱い / His spelling is ~.=He is a ~ speller.=He is ~ *in* spelling. 彼は文字を正しくつづる力が足りない / Our orchestra is ~ *on* string players. 我々のオーケストラは弦の奏者が弱体だ / a ~ team 弱いチーム / a ~ point [OR spot] 弱点, 弱み / a ~ student 能力の低い学生 / ~ in the head《口》頭の働きが鈍い

❺ (国・法律・指導者などが)**影響力[統治力]を欠く**, 権威に欠ける;弱小の, 非力な;(措置などが)甘い;《the ~》《複数扱い》弱者たち ‖ The government's income policy is a ~ instrument for reducing inflation. 政府の所得政策はインフレ沈静に効果が薄い措置だ / a ~ president 指導力に欠ける大統領 / a ~ government 弱体政府 / the ~*er* nations 弱小諸国

❻ (議論・言い分などが)説得力に乏しい, 証拠不十分な, 論理不足の;(言葉・文体など)表現力が足りない, 迫力に欠ける, 締まりのない(↔ convincing) ‖ have a ~ case (訴訟に勝つだけの)言い分[論拠]に欠ける / a ~ argument 説得力のない議論 / a ~ alibi 不十分なアリバイ / ~ logic 脆弱(ぜいじゃく)な論理 / a novel with a ~ plot 筋がしっかりしていない小説 / a ~ joke 締まらない冗談

❼ (通貨が)弱い;(需要が)不活発な;(企業が)財政難の ‖ The pound stays ~ against the dollar. ポンドは相変わらずドルに対して弱い / Oil prices have been ~ for months. 石油価格はここ何か月間値下がり傾向だ / ~ demand for labor 労働力に対する需要の少なさ / a ~ economy 不景気

❽ 主成分を多く含まない;(茶・スープなどが)薄い, 水っぽい;(酒が)アルコール分の少ない;『化』(酸・塩基が)弱の(⇨ THICK 類語P) ‖ ~ tea 薄いお茶

❾ (量・程度が)わずかな;(光・音・色などが)弱い, かすかな ‖ She made a ~ attempt to say something in her own defense. 彼女は力なく自己弁護の言葉を何かしら言おうとした / have a ~ voice 声がか細い / a ~ smile 弱々しい笑み / ~ sunlight 弱い日光

❿『株』弱気の, 弱含みの

⓫『理』(素粒子間の相互作用が)弱い ‖ ~ interaction 素粒子間の弱い相互作用

⓬『文法』《比較なし》弱変化の, 規則変化の(◆現代英語の文法では regular がふつう) ‖ ~ verbs 弱[規則]変化動詞

⓭『音声・韻』無[弱]強勢の, アクセントのない

a [OR *the*] ***wèak línk*** (*in the cháin*) ① (鎖の)弱い環 ② 弱点, 弱み;組織体の中で最も弱い部分[要素]

(*as*) ***weak as a kitten*** ⇨ KITTEN(成句)

weak at the knees ⇨ KNEE(成句)

類語《❶, ❷》**weak**「弱い」を意味する最もふつうで広義の語.

feeble「弱々しい」. 哀れな, または痛ましいほど身体的・精神的に弱く劣った.

frail 生来体格がきゃしゃで痛められやすい. (物が)もろく壊れやすい.

fragile「壊れやすい, もろい」の意で frail に近く, 注意して扱わなければならない壊れやすさをほのめかす.

brittle (堅い物が)もろくて粉々に壊れやすい.

infirm 生来体が弱いか, 病気・老齢のため体力が衰えて弱い;また, 柔弱な.

▸▸ **~ sìde** 名 Ⓒ『アメフト・バスケット』ウイークサイド《プレーヤーの手薄なサイド》 **~ síster** 名 Ⓒ ⊗《米口》《蔑》(グループの中での)おく病者;当て[頼り]にならない人(◆通例男性についていう);(全体の中で)ほかより劣る人, 落ちこぼれ

***weak·en** /wíːkən/ 動〔◁ weak 形〕他 ❶〔影響力・自信・価値など〕を弱める;〔体力〕を衰弱させる;〔建物など〕をもろくする, 壊れやすくする(↔ strengthen, boost) ‖ Foreign cultures didn't ~ traditional Japanese values. 日本の伝統的価値は外国文化によって弱められなかった ❷〔飲み物など〕を薄める —自 弱まる;衰弱する;もろくなる;(決心などが)鈍る, ぐらつく, 弱気になる **~·er** 名

wèak-knéed ◁ 形 ひざの弱い, 虚弱な;弱腰の, 意気地のない, おく病な;優柔不断な

weak·ling /wíːklɪŋ/ 名 Ⓒ ひ弱な人[動物, 植物];弱虫

weak·ly /wíːkli/ 形 体の弱い, 虚弱な, 病弱な ‖ a ~ child 虚弱児 —副 弱く, 弱々しく, 力なく;意気地なく, 優柔不断に;薄く, 水っぽく ‖ laugh ~ 力なく笑う

wèak-mínded ◁ 形 ❶ ⊗《蔑》知的発達の遅れた ❷《けなして》気の弱い, 優柔不断の

~·ly 副 **~·ness** 名

‡weak·ness /wíːknəs/

—名 ❶ Ⓤ (肉体的・精神的・知的な)**弱さ**, もろさ;衰弱;意志薄弱, 弱気(↔ strength) ‖ Vanity is a sure sign of ~. 虚栄心は間違いなく弱さの表れだ / physical [mental] ~ 肉体的[精神的]な弱さ / the ~ caused by illness 病気による衰弱

❷ Ⓒ (性格・構造上の)弱点, 欠点, 欠陥;〈論拠などの〉薄弱(な点)〈**in**〉‖ No one is free from ~*es*. 欠点のない人はいない / There are several structural ~*es* in this car. この自動車には構造上の欠陥がいくつかある / strengths and ~*es* 長所と短所 / He spotted the ~ *in* my argument. 彼は私の論理の薄弱な点を指摘した

❸ Ⓤ (通貨が)弱いこと ‖ the ~ of the yen against the dollar ドルに対する円の弱さ

❹ Ⓒ《通例 a ~》〈…が〉大好きであること;〈…に対する〉特別な好み〈**for**〉‖ She has a ~ *for* ice cream. 彼女はアイスクリームに目がない

weal[1] /wiːl/ 名 Ⓒ (打たれた跡などの)みみずばれ

weal[2] /wiːl/ 名 Ⓤ《堅》安寧, 福利, 幸福 ‖ in ~ and [OR or] woe 幸福なときも不幸なときも / whether for ~ or woe よかれあしかれ / for the public ~ 公共の福利のために

weald /wiːld/ 名 ❶ Ⓒ《文》森林地帯;広野 ❷《the W-》ウィールド地方《イングランド南東部のケント, サリー, イーストサセックスにまたがる地域. もと森林地帯》

‡wealth /welθ/《発音注意》

—名〔▶ wealthy 形〕(複 **~s** /-s/) ❶ Ⓤ **富**;『経』貨幣価値を持つもの;Ⓒ Ⓤ 財産;資源, 貴重な産物(↔ poverty) ‖ acquire [inherit] a large amount of ~ 莫大(ばくだい)な富を手に入れる[相続する] / the natural ~ 天然資源

/ a person of ～ 財産家
❷ Ⓒ《a ～》多量, 豊富(↔ lack) ‖ a ～ of experience [information] 豊富な経験[情報]
❸ Ⓤ 富んでいる状態; 富裕
▶～ tàx 名 Ⓤ Ⓒ《英》富裕税《一定規準を超える個人財産にかかる》

****wealth·y** /wélθi/
―形〔◁ wealth 名〕(**wealth·i·er**; **wealth·i·est**)
❶ 富裕な, **裕福な**, 金持ちの;《the ～ で集合名詞的に》《複数扱い》富裕な人々(⇨ RICH 類語) ‖ a ～ country [family] 富裕な国家[家族] / the *wealthiest* 最も富裕な人たち
❷ 豊富な, 豊かな ‖ an area ～ in natural resources 天然資源の豊富な地域
wéalth·i·ly 副 **wéalth·i·ness** 名

wean /wiːn/ 動 他 ❶〔赤ん坊・動物の子〕を〈…から〉離乳させる〈**from**〉‖ ～ kittens (*from* their mother) 子猫を離乳させる ❷〔人〕を〈習慣・興味・仲間などから〉引き離す,〔人〕に〈…を〉捨てさせる《***away***》〈**from, off**〉‖ He needs to be ～*ed* (*away*) *from* checking his cellphone all the time. 彼は常に携帯電話をチェックする癖を直す必要がある ❸ …を幼少時から〈…に〉親しませる〈**on**〉

wean·ling /wíːnlɪŋ/ 名 Ⓒ 乳離れしたばかりの幼児[動物の子] ―形 乳離れしたばかりの

****weap·on** /wépən/《発音注意》
―名(複 **～s** /-z/) Ⓒ ❶ **武器**, 兵器; 凶器(⇨ 類語) ‖ **use** ～*s* of mass destruction 大量破壊兵器を使用する
連語 【形+～】 a lethal ～ 命取りの凶器 / a murder ～ 殺人凶器 / biological [chemical] ～*s* 生物[化学]兵器 / offensive [defensive] ～*s* 攻撃[防御]用武器 / nuclear [OR atomic] ～*s* 核兵器
❷《比喩的に》武器, 強み ‖ His smile was his best ～ when customers complained. 客が苦情を言ってくるとにこっと笑うのが彼の最大の武器だった
❸ (動植物の)攻撃[防御]用器官《つめ・歯・針など》
～ed 形 武装した **～·less** 形 武器を持たない
類語 《❶》**weapon** 一般に攻撃・防御のための道具. 本来そのために作られたものでなくても weapon になり得る.〈例〉use bottles as *weapons* 瓶を武器として使う
arms 戦争用の武器. また, 一国の武器全体すなわち軍備.〈例〉*arms* control [race] 軍備制限[競争] (♦ 例えば sword (剣), rifle (銃) などは arms でも weapons でもあり, 両語が同じように用いられることも多い.〈例〉nuclear *arms* [OR *weapons*] 核兵器)

weap·on·ize /wépənàɪz/ 動 他 ❶ …を武器[兵器]に転用する ❷ …に武器を配備[装備]する

weap·on·ry /wépənri/ 名 Ⓤ ❶《単数・複数扱い》《集合的に》兵器[武器]類 ❷ 兵器製造[開発], 造兵学

wéapon(s)-gràde [-ùsable] 形 武器としての使用基準を満たす ‖ ～ plutonium 兵器級プルトニウム

****wear**[1] /weər/《発音注意》(♦ 同音語 ware) 動 名
中心義 …を(長い間)身につけている, 身につけた結果

> 動 他 身につけている❶ 生やしている❷ すり減らす❸
> 自 すり減る❶ 長持ちする❷
> 名 着用❶ 衣類❷

―動〔▶ weary 形〕(**～s** /-z/; **～wore** /wɔːr/; **worn** /wɔːrn/; **～·ing**)
―他 ❶〔衣服・靴・宝石・化粧品など〕を〈体の部位に〉**身につけている**, 着ている, 装着している(have on)〈**on**〉; …を着て〈…へ〉行く〈**to**〉‖ The boy was ～*ing* his shoes *on* the wrong feet. 少年は靴を左右逆に履いていた(⇨ 語法 (3)) / I rarely ～ green. 私は緑色の服はめったに着ない / She *wore* a kimono *to* the commencement. 彼女は卒業式に和服を着て行った / ～ glasses 眼鏡をかけている / ～ lipstick 口紅をつけている / ～ a seat belt シートベルトをしている / ～ a helmet ヘルメットをかぶっている
語法 ☆☆ (1) 日本語では身につけるものや身につける体の部位によって, 例えば「シャツを着ている」,「靴を履いている」,「帽子をかぶっている」,「眼鏡をかけている」などと言い方が変わるが, 英語ではいずれも wear.
(2) wear は「着ている, 身につけている」という状態を表す語で,「着る, 身につける」という1回の動作を表す場合は put on を用いる.〈例〉He *put on* his hat at once. 彼はすぐに帽子をかぶった これを ×He wore his hat at once. とはいわない.
(3) 状態動詞ではあるが, 一時的な状態を表す場合には進行形も用いる.
❷ **a**《+目》〔ひげなど〕を**生やしている** ‖ ～ a beard あごひげを生やしている
b《+目+補〈形〉/ 副句》〔髪など〕を…(の状態)にしている ‖ He *wore* his hair long [short] at the time. 彼は当時髪を長く[短く]していた / Nancy ～*s* her hair up. ナンシーは髪をアップにしている
❸ **すり減らす a**《+目》…をすり減らす, 摩耗[摩滅]させる《***away, down***》; …をすり減らして使えなくする, 使い古す, 着古す, 履き古す《***out***》‖ The stone steps have been *worn down*. 石段はすり減ってしまっている / I have *worn* the suit *out* and need to buy a new one. スーツを着古してしまったので, 新しいのを買う必要がある
b《+目+補〈形〉》…を着古して[すり減らして]…の状態にする ‖ They *wore* their uniforms glossy. 彼らは制服がてかてか光るまで着た / The rapid stream *wore* the pebbles smooth. 急流が小石をつるつるにした
c《+目+**into** [**to**] 名》…を着古して[使い古して]…にする ‖ He always ～*s* his socks *into* holes. 彼はいつも靴下を穴があくまではく
❹〔表情・態度など〕を表して[示して]いる ‖「His face [OR He] *wore* an angry expression. 彼は顔に怒りの表情を浮かべていた / The town ～*s* a desolate look. その町はさびれているように見える
❺〔人〕を〈…で〉疲れさせる, 消耗させる《***down, out***》〈**with, from, by**〉‖ She was worn (*out* [OR *down*]) *with* housework. 彼女は家事で(すっかり)疲れていた / Shopping all day with his wife *wore* him *out*. 妻と丸1日買い物をして彼はへとへとになった / ～ oneself *out* 疲れきる
❻ (摩擦・浸食などで)〈…に〉〔穴・溝・道など〕を作る, 掘る, うがつ〈**in, across, through**〉‖ He has *worn* holes *in* those gloves. 彼は手袋を使い古して穴だらけにしてしまった / The herd of buffalo *wore* a path *across* the prairie. 水牛の群れが草原に道を作った / *Constant dropping* ～*s the stone.*《諺》点滴石をもうがつ; 微力でも根気よくやれば成功する ❼《通例否定文・疑問文で》《英口》…を許す, 認める, 受け入れる ‖ I want to go abroad, but Daddy won't ～ it. 私は外国へ行きたいが父が許してくれないだろう ❽ (船が)〔旗〕を掲げる, 翻す ❾《文》〔時〕をだらだらと[のんびりと, じりじりと]過ごす《***away, out***》
―自 ❶ **a すり減る**, 摩耗[損耗]する《***away, down***》; すり減って[切れて]使えなくなる《***out***》‖ The heels of his shoes began to ～ (*down*). 彼の靴のかかとはすり減り始めた / The letters on the gravestone have *worn away*. 墓石の文字は消えて読めなくなっている
b《+補〈形〉》すり減って…になる ‖ The jeans have *worn* thin at the knees. ジーンズのひざがすり切れて薄くなった
❷《+副》(衣類・履き物などが)**長持ちする**, 使用に耐える, 持つ;(人が)いつまでも若々しい;(話などが)いつまでも面白みを失わない (♦ 副 は well など様態を表す) ‖ This cloth ～*s* well [badly]. この布はよく持つ[長持ちしない] / My grandmother is ～*ing* well for seventy. 祖母は70歳にしてはまだまだ若い / Their marriage has *worn* well. 彼らの結婚は(風雪に耐えて)よく持ってきた

❸ (時間が) (ゆっくりと) 過ぎる [経過する] 《*on, away*》‖ We felt tired as the night *wore on* [OR *away*]. 夜が更けるにつれて私たちは疲れを感じた

*__wèar awáy__ 〈他〉《**wèar awáy ... / wèar ... awáy**》① …をすっかりすり減らす, 摩耗 [摩滅] させる (→ 他 ❸) ② 《文》〔時〕をだらだらと過ごす (→ 他 ❾) ―〈自〉① すり減る (→ 自 ❶a) ② (時が) ゆっくりと過ぎる (→ 自 ❸) ③ 〈…を〉摩滅させる; 消耗させる〈**at**〉

*__wèar dówn__ 〈他〉《**wèar dówn ... / wèar ... dówn**》① …をすり減らす (→ 他 ❸a) ② 〔人〕を疲れさせる (→ 他 ❺) ③ (絶え間ない攻撃・説得などで) …の力を徐々に弱める, …を折れさせる (→ CE 1) ‖ His persuasion *wore down* their opposition. 彼の説得が彼らの反対を次第に弱めていった ―〈自〉① すり減る (→ 自 ❶a) ② 疲れる; 次第に力が弱まる

wèar ín ... / wèar ... ín 〈他〉〔靴など〕を履き慣らす

*__wèar óff__ 〈自〉① すり減ってなくなる ② (薬効・印象・痛みなどが) 次第に弱まる [なくなる, 消える] ‖ The effects of the medicine are ~*ing off*. 薬の効き目が切れてきた / The novelty ~*s off*. 目新しさがなくなる ―〈他〉《**wèar óff ... / wèar ... óff**》〔表面の塗料・文字など〕を摩耗で消滅させる, 摩滅させる

*__wèar ón__ 〈自〉(時が) ゆっくりと進む (→ 自 ❸); (会議などが) だらだらと続く ―〈他〉《**wéar on ...**》…をいら立たせる, 疲れさせる

*__wèar óut__ 〈他〉《**wèar óut ... / wèar ... óut**》① …をすり減らして使えなくする, 使い古す, 着古す, 履き古す (→ 他 ❸a) ② …を疲れ果てさせる (↷ fag out ; exhaust) (→ 他 ❺); 〔忍耐など〕を徐々に尽きさせる ‖ His patience was *worn out* at last. ついに彼の堪忍袋の緒が切れた ③ 《文》〔時〕をだらだらと過ごす (→ 他 ❾) ―〈自〉① すり減って [切れて] 使えなくなる (→ 自 ❶a) ② (忍耐などが) 徐々に尽きる

*__wèar thín__ ① すり減って薄くなる (→ 自 ❶b) ② (感情などが) (薄れて) 消えかかる ‖ My patience was ~*ing thin*. 私の忍耐は限界に来ていた ③ (言い訳・話などが) (何度も繰り返されて) 新鮮味が失われる; 説得力がなくなる

wèar thróugh ... 〈他〉① (穴などが) …にあき始める ② 《受身形で》すり切れて穴があく ―〈自〉(布などが) すり切れて穴があく

COMMUNICATIVE EXPRESSIONS

1 **Dòn't lèt the bástards wèar you dówn.** あんなやつらにやられるな; 負けるなよ (♥ 野卑な表現)

2 **Whàt should I wéar?** 何を着て行けばいいですか (♥ 招待を受けたときなどに, 適切な服装を確認する)

―名 U ❶ **着用** (すること) ‖ clothes for everyday ~ 普段着 / in constant ~ いつも着用されて

❷ 《集合的に》**衣類**, 衣服, …着; 身につけるもの (♦ しばしば複合語を作る) ‖ men's [ladies'] ~ 紳士 [婦人] 服 / casual ~ 普段着 / formal ~ 正装

❸ (使用・摩擦などに対する) 持ち, 耐久性 ‖ We've had a lot of ~ ⌈out of [OR from]⌉ this sewing machine. このミシンはずいぶん長持ちした / This jacket has a lot of ~ left in it. この上着はまだまだ着られる / stand hard [OR heavy] ~ 激しい使用に耐える

❹ 使い古し, 着古し; すり切れ, 摩滅, 損耗 ‖ The carpet is showing (signs of) ~. 敷物がすり切れてきた / His business suit was shiny with ~. 彼の背広は着古して光っていた

be the wòrse for wéar 《口》① 傷んでいる; ひどく着 [履] 古している ② (働きすぎで) 疲れ果てている; 酔っ払っている (be drunk)

*__wèar and téar__ (長期間ふつうに使った結果の) 〈…の〉傷み, 損耗, 劣化 〈**on, of**〉‖ Good maintenance will save ~ *and tear on* your car. 十分な整備は車の傷みを防ぐ / a three-year guarantee against the damage caused by normal ~ *and tear* 通常の使用で発生した損傷に対する3年間の保証

wear² /weər/ (♦ 同音語 ware) 動 (**wore** /wɔːr/ ; **worn** /wɔːrn/ ; **~·ing**) 他 〘海〙〔帆船〕を下手(しもて)回しにする

wear·a·ble /wéərəbl/ 形 着用できる, 着用に適した; 着やすい ―名 C ❶ (= ~ **compúter**) 携帯可能な小型コンピューター ❷ 《通例 ~s》着物, 衣服

wear·er /wéərər/ 名 C ❶ 着用者, 着る人; 携帯者 ❷ 消耗させるもの; 擦り減るもの

wear·ing /wéərɪŋ/ 形 ❶ 疲労させる; うんざりさせる ‖ a ~ journey 疲れる旅 ❷ 着るための, 着用の

wea·ri·some /wíərisəm/ 形 ❶ うんざりさせる, 退屈な ❷ 疲れさせる, 疲労させる **~·ly** 副 **~·ness** 名

*__wea·ry__ /wíəri/ 《発音注意》形 〔◁ wear¹ 動〕 ❶ 〈…で〉疲れ果てた, 疲労困憊(こんぱい)した〈**from, after, with**〉; 《限定》疲れきった様子の (⇨ TIRED 類語) ‖ They were ~ *after* a long meeting which got them nowhere. 何の展望も得られないままの長い会議で彼らはくたくたになっていた / The guard was ~ *from* working nights. 警備員は夜勤で疲労困憊していた / a ~ sign 疲れのにじみ出たため息 ❷ 《+**of** 名》…にうんざりした, 飽き飽きした ‖ The players were all ~ *of* the coach's constant demands. コーチの次から次への要求に選手はみんなうんざりしていた / I'm ~ *of* hearing his obvious excuses. 彼の見えすいた言い訳を聞くのはうんざりだ ❸ 《限定》疲れさせる; 退屈させる, 飽き飽きさせる ‖ have a ~ wait うんざりするほど待つ

―動 (**-ri·es** /-z/ ; **-ri·ed** /-d/ ; **-ring**) 他 ❶ …をひどく疲れさせる ‖ She *wearied* us with her constant demands. 彼女のひっきりなしの要求に私たちは疲労困憊した ❷ 〔人〕を退屈させる; うんざりさせる ‖ His stories *wearied* me. 彼の話にはうんざりだ ―自 〈…に〉うんざりする, 飽き飽きする; 退屈する 〈**of**〉‖ I *wearied of* talking to her. 彼女としゃべるのはうんざりだった

-ri·ness 名 **wéar·ing·ly** 副

wea·sel /wíːzəl/ 名 C ❶ 〘動〙イタチ ❷ ⊗《口》《蔑》ずるい人, こそこそする人 ‖ catch a ~ asleep 抜け目のない人を欺く ❸ (雪上用) ウィーゼル自動車

―動 自 《主に米口》言葉を濁す, 言い逃れをする; 〈義務・責任などを〉回避する 《*out*》〈**out of**〉‖ ~ *out of* one's obligation 義務を忌避する

▸▸ **~ wòrds** 名 複 (逃げ口上的な) あいまいな言葉 [表現]

weath·er /wéðər/ 名 形 動

―名 (複 **~s** /-z/) ❶ U **天気**, 天候, 空模様, 気象 (♦ 特に特定の地域・期間における気象の状態を指す. → climate); 《形容詞的に》天候 [気象] の (⇨ 類語P) ‖ What will the ~ be like tomorrow? 明日の天気はどうだろう / It's lovely ~ today. 今日は素晴らしい天気だ (♦ 形容詞を伴っても ˣa lovely weather とはしない) / The ~ in the mountains can change quickly. 山の天気は急変することがある / What was the ~ like on your trip to Montreal? モントリオール旅行中の天気はいかがでしたか / The ~ broke at noon. 昼に天気が崩れた / (The) bad [hot] ~ set in. 悪い [暑い] 天気になった (♦ ˣGood weather set in. とはいわない) / forecast [OR predict] the ~ 天候を予測する / favorable ~ for hiking ハイキング日和 / ~ **conditions** 天気の状態 / **in** fine ~ 晴天の中

連語 【形+~】 bad [good, nice] ~ 悪い [よい] 天気 / cold [hot, warm] ~ 寒い [暑い, 暖かい] 天気 / wet ~ 雨天 / dry ~ 乾燥した天候

❷ U 悪天候; 暴風雨 ‖ under stress of ~ 悪天候に災いされて / drive with the ~ 風波のままに漂う

❸ 《the ~》天気予報 (♦ 特にテレビ・ラジオ・新聞の天気予報を指す)

❹ U/C 《~s》あらゆる天気; 人生の浮き沈み, 運命の移り変わり ‖ He has gone through lots of ~*s*. 彼は人生の浮き沈みを数多く経験している / (in) fair ~ or [OR and] foul いかなる天候でも; 順境でも逆境でも

in áll wèather(s) あらゆる天候において, どんな天気でも；いかなるときでも

keep a [OR ***one's***] ***weather eye open*** [***on ...***] ⇨ WEATHER EYE(成句)

màke hèavy wéather of ... 《口》〔課題・問題など〕を必要以上に難しく[大げさに]考える

wèather permítting 天候が許せば, 天気がよければ ‖ You can go mountaineering, ～ *permitting*. 天気がよければ山登りできるよ

COMMUNICATIVE EXPRESSIONS

1 **Hòw do you lìke thìs wéather?** どう, この天気は(♥ 主に不快な天気の場合に人に声をかけるような状況で)

2 **I'm fèeling (a lìttle) ùnder the wéather.** ちょっと気分がすぐれない；あまり体調はよくない(♥「元気か」などと聞かれた際の返答. 軽い病気や二日酔いなどのとき) (⇨ MOOD メタファーの森)

3 **Nìce [Lòusy, Hòrrible] wéather we're hàving.** いい[うっとうしい, ひどい]天気ですね(♥ 会話のきっかけ)

4 **Whàt do you thìnk of thìs wéather?** この天気, どう思いますか(♥ 会話のきっかけ. 特に初対面の人に)

―形 《限定》〖海〗風上の(windward)(↔ lee)

―動 他 ❶ (風雨にさらして)…を退色[変化]させる, 傷める；〔岩石など〕を風化させる(♦ ときに形容詞補語を伴う) ‖ The sun has ～*ed* the house paint badly. 太陽のせいで家のペンキはすっかり色があせてしまった / His face was ～*ed* dark after many years of fishing. 長年の漁のせいで彼の顔は日焼けした
❷ …を外気にさらす；外気に当てて乾燥させる
❸〔困難・悪天候など〕を安全に切り抜ける, 無事に乗り越える(↘ ride out) ‖ The party ～*ed* its political crisis. その政党は政治的危機を切り抜けた / ～ a **storm** 嵐(あらし)[危機]を切り抜ける
❹〖海〗(船が)(悪天候をついて)〔岬など〕の風上に出る[を通る] ❺〖建〗(水切りのため)〔屋根〕に傾斜をつける

―自 ❶ (風雨にさらされて)風化[変化]する, 傷む, 退色する《*away*》‖ The south side of my house ～*ed* quickly [badly]. 家の南側はすぐに[ひどく]退色した
❷ 風雨に耐える[をしのぐ] ‖ This new house paint ～*s* well. この新しい家屋用ペンキは風雨をよくしのぐ
❸〈困難・悪天候などを〉切り抜ける, 乗りきる〈**through**〉‖ He managed to ～ *through* a difficult situation. 彼は何とか困難な状況を切り抜けた

～ed 形 **～·ing** 名

気象(状態)	気候	**climate** Ⓒ	ある地域の平均的気象	an arctic ～ a continental ～ a maritime ～ a moderate ～ a severe ～
	天気・天候	**weather** Ⓤ	ある時・ある地域の気象	beautiful ～ clear ～ fine ～ foggy ～ pleasant ～

♦ dry, wet, hot, cold, warm, humid, mild, tropical などはどちらにも用いられる.

▸▸ **～ ballòon** 名 Ⓒ 気象観測気球 **～ cèntre** 名 Ⓒ 《英》(特に地方の)気象局 **～ chàrt** 名 Ⓒ 天気図, 気象図 **～ èye** (↓) **～ fòrecast** 名 Ⓒ 天気予報 **～ fòrecaster** 名 Ⓒ 天気予報担当のアナウンサー, 天気予報官 **～ màp** 名 Ⓒ 天気図, 気象図 **～ mònitoring** 名 Ⓤ 気象観測 **～ repòrt** 名 Ⓒ 天気予報, 気象通報 **～ sàtellite** 名 Ⓒ 気象衛星 **～ stàtion** 名 Ⓒ 測候所, 気象台 **～ vàne** 名 Ⓒ 風見(→ weathercock)

wéather-bèaten 形 《通例限定》❶ (皮膚などが) 風雨で鍛えられた, 赤銅色に日焼けした ❷ 風雨で傷んだ

wéather·bòard 名 Ⓒ 《主に英》❶ 〖建〗下見(したみ)板(《米》clapboard)；(ドアの下部の)雨よけ板；(～s)下見張り ❷〖海〗風上舷(げん) ―動 他 …に下見板をつける

wéather·bòarding 名 Ⓤ 《集合的に》下見板[張り]

wéather·bòund 形 (船・航空機などが)悪天候のために出発を見合わせた[出発が遅れた]

wéather·còck 名 Ⓒ ❶ (ニワトリの形をした) 風見(かざみ), 風向計(weather vane) ❷ 《比喩的に》風見鶏(どり), 日和見主義者；気の変わりやすい人, お天気屋 ‖ (as) changeable as a ～ 気分[意見]がくるくる変わる
―動 自 (飛行機・ミサイルが)風向性がある

wéather èye 名 Ⓒ 天候の変化の兆候に敏感な眼；《口》(変化に対する)油断のなさ, 警戒
kèep a [OR ***one's***] ***wèather èye ópen*** [***on ...***] […に]絶えず気を配っている, 警戒を怠らない

weath·er·ing /wéðərɪŋ/ 名 ❶ Ⓤ 〖地〗風化(作用) ❷ Ⓒ 〖建〗水垂れ, 水切り勾配(こうばい)

weath·er·ize /wéðəràɪz/ 動 他 《米》〔建物〕を寒気に強い構造にする **wèath·er·i·zá·tion** 名

wéather·màn 名 Ⓒ 《旧》=weather forecaster

wéather·pròof 形 (衣類・建物などが)風雨に耐え得る, 耐候性の ―動 他 …を風雨に耐えられるようにする

wéather·strìp 《米》名 Ⓒ 目詰め《風雨の侵入を防ぐためのゴム・フェルトなどの詰め物》 ―動 (**-stripped** /-t/；**-strip·ping**) 他〔ドア・窓〕に目詰めをする

wéather·strìpping 名 ❶ Ⓒ 目詰め(weatherstrip) ❷ Ⓤ 《集合的に》目詰め材

wéather-wìse 形 ❶ 天気予報が巧みな, 天気をよく当てる ❷ 世論の動向などに聡(さと)い

wéather·wòrn 形 風雨にさらされて傷んだ

weave** /wiːv/ 動 (**～s** /-z/；**wove** /woʊv/；**woven** /wóʊvən/(→ 他 ❺, 自 ❷)；**weav·ing**) 他 ❶〔布・織り物など〕を〈繊維で〉織る〈**from, out of**〉；…を織って〈…を〉作る〈**into**〉；〔絵柄・文字など〕を〈…に〉織り込む〈**into**〉；〔糸・ひもなど〕をより合わせる《together***》‖ ～ cloth *from* [OR *out of*] cotton 木綿で布を織る / ～ silk *into* cloth 絹で布を織る / a royal crest *woven into* a tapestry タペストリーに織り込まれた王家の紋章
❷〔かご・輪飾りなど〕を〈…で〉編む〈**from, out of**〉；…を編んで〈…を〉作る〈**into**〉‖ She *wove* flowers *into* a Christmas wreath. 彼女は花を編んでクリスマスリースを作った ❸ (クモなどが)〔巣など〕を張る, 作る ❹〔計画・物語など〕を作り上げる, 組み立てる；〔複数の要素・断片など〕を織り交ぜて〈…を〉作り上げる《***together***》〈**into**〉‖ ～ a novel 小説を作り上げる / ～ a spell 《主に英》魔法をかける / I *wove* my experiences *into* a narrative. 自分の経験を織り混ぜて物語をまとめ上げた ❺ (**～d** /-d/；**～d**) 《+目+副句》〈…の中を〉縫うように…を進める[通す]〈**through, across, etc.**〉‖ He ～*d* his car *through* heavy traffic. 交通量の多い中を彼は車を縫うように走らせた / ～ one's way *across* ... …を縫うように進む
―自 ❶ 機(はた)[織物]を織る ❷ (**～d** /-d/；**～d**) **a** 《+副句》〈…を〉縫うように[ジグザグ]に進む[動く]〈**through, across, etc.**〉‖ ～ in and out of the traffic 往来の中を縫うように進む **b** 〖ボクシング〗ウィービングする《頭を左右に振って相手のパンチを避ける》
gèt wéaving 《英口》〈…に〉急いで取りかかる, 〈…を〉気合いを入れて始める〈**on**〉
―名 Ⓒ ❶ 《通例 a ～》(特定の)織り[編み]方[様式] ❷ 《口》ヘアピース

weav·er /wíːvər/ 名 Ⓒ (機織り機の)織り手, 織工；(かごなどの)編み手 ▸▸ **～ bìrd** 名 Ⓒ 〖鳥〗ハタオリドリ《アフリカなどにすむスズメ目の鳥. 草を編んでかご状の巣を作る》

****web** /web/
―名 (複 **～s** /-z/) Ⓒ ❶ (クモの)巣(cobweb) ‖ a spider spinning a ～ 巣を張っているクモ
❷ クモの巣[網]状のもの；網状組織；放送網(network) ‖ a ～ of railroads 鉄道網
❸ 《the W-》 (ワールドワイド) ウェブ (World Wide

W

Web) ‖ access a *Web* site's homepage ウェブサイトのホームページにアクセス[接続]する / surf the *Web* ウェブ(の情報)をいろいろ見て回る, ウェブサーフィンする
❹ 入り組んだ仕組み；わな ‖ The evidence showed a ～ of deceit. その証言は巧みに組まれた欺瞞(ぎまん)を明るみに出した / get caught in a ～ of intrigue 陰謀のわなにかかる / a **complex** [OR tangled] ～ of relationships 関係が紛糾したやっかいな状況 ❺ (水鳥・カエルなどの) 水かき, (コウモリの指の間の)皮膜；(鳥の)羽板 ❻ (輪転機用の)巻き取り紙 ❼ 織物；(一機(ひと)分の)織布
―動 (**webbed** /-d/；**web·bing**)
―他 …にクモが巣を張る；…をクモの巣状に覆う
―自 (クモが)巣を張る；クモの巣状になる[広がる]
▶▶**Wéb bròwser** 名 C (ウェブ)ブラウザ《ウェブサイトを閲覧するためのソフト》(♦ 単に browser ともいう) **Wéb desìgner** 名 C (企業などの)ウェブデザイナー **～ hòsting** 名 U ウェブホスティング《ウェブサーバーの管理・保守を行うサービス》 **～ óffset (prìnting)** 名 U 〖印〗オフセット輪転印刷 **Wéb pàge** 名 C ウェブページ《WWWにおけるハイパーテキストページ》；その画面表示 **Wéb rìng** 名 C ウェブリング《リンクで結ばれた同類のウェブサイトのかたまり》 **Wéb sèrver** 名 C ウェブサーバー《インターネット上でのコンテンツ提供や処理, 情報の保存, ネットワークの管理などを行うサーバーコンピューター》 **Wéb sìte** 名 C ウェブサイト《ホームページなどの情報が置かれているインターネット上の場所》；Web server のあるコンピューター(♦ website, web site ともつづる)

***webbed** /webd/ 形《限定》❶ 水かきのある, (指が) 膜でつながっている ❷ クモの巣の張った；クモの巣状の

web·bing /wébɪŋ/ 名 U ❶ 丈夫な帯ひも《ベルト・つり革・室内装飾品・馬具などに使う》；網目(状のもの)《ラケットなど》；(グローブなどの)革ひも；(敷物などの)厚べり ❷ (水鳥・カエルなどの)水かき

wéb·càm 名《しばしば W-》C ウェブカム《インターネット上の生放送やビデオチャットに使われるビデオカメラ》

wéb·càst 名《しばしば W-》C インターネットによるイベントの生中継 ―動 他 自 (…を) ウェブキャストする, インターネット上で放送する **～·ing** 名

web·er /véɪbər/ 名 C〖理〗ウェーバー《磁束の実用単位. 略 Wb》

We·ber /véɪbər/ 名 **Max ～** ウェーバー(1864–1920)《ドイツの社会学者・経済史家》

wéb·fòot 名 (複 **-feet** /-fìːt/) C 水かきのある足；水かき足のある動物[鳥] **wèb-fóoted** 形 水かき足のある

wéb·hèad 名 C インターネット常用者

web·i·nar /wébɪnɑ̀ːr/ 名 C ウェビナー《インターネットを通じてのセミナー》(♦ *web* + sem*inar* より)

web·i·sode /wébɪsòʊd/ 名 C ウェビソード《インターネットで視聴できる予告編など》(♦ *web* + ep*isode* より)

web·li·og·ra·phy /wèbliɑ́(ː)grəfi | -ɔ́g-/ 名 (複 **-phies** /-z/) C (論文作成の際に) 参照したウェブサイト[電子媒体]一覧

Web·lish /wéblɪʃ/ 名 U インターネット(用)英語

wéb·lòg 名 C ウェブログ, ブログ (→ blog) (♦ *web* + *log* より)

wéb·màster 名 C ウェブマスター《ホームページ管理者. webmeister, PC curator ともいう》

Web·ster /wébstər/ 名 ウェブスター ❶ **Daniel ～** (1782–1852)《米国の政治家・雄弁家》 ❷ **Noah ～** (1758–1843)《米国の辞書編纂(さん)者》

wèb-tóed 形 =web-footed

web·zine /wébzìːn/ 名《ときに W-》C WWW上の電子雑誌(♦ *web*+maga*zine* より)

***wed** /wed/ 動 (**wed·ded** /-ɪd/ OR **wed**；**wed·ding**)《進行形不可》《文》他 ❶ …と結婚する；(親が)〔子〕を〈…と〉結婚させる〈**to**〉；(聖職者が)…の結婚式を行う(♦ 新聞用語・文学作品以外では marry が一般的) ‖ Jane *wedded* George yesterday. ジェーンは昨日ジョージと結婚した / He *wedded* his daughter *to* a man of means. 彼は娘を金持ちに嫁がせた ❷ …を〈…と〉結合させる〈**with, to**〉 ❸《受身形で》〈…に〉傾倒している, 固執している, 〈…を〉堅く信じている〈**to**〉 ―自 結婚する

***we'd** /弱 wid；強 wiːd/ (♦ 強形の同音語 weed) ❶ we would [should] の短縮形 ‖ *We'd* be very glad to see him. 私たちは喜んで彼に会います ❷ we had の短縮形 (♦ had は助動詞) ‖ *We'd* taken a nap before he came. 我々は彼が来る前に一眠りした

***Wed.** 略 Wednesday

wed·ded /wédɪd/ 形 ❶《通例限定》結婚した, 既婚の；結婚(生活)の ‖ a ～ couple 夫婦 / ～ bliss 結婚の幸せ ❷《叙述》〈…と〉堅く結びついた, 一体となった〈**to**〉 ❸《叙述》〈…に〉固執[専心]した〈**to**〉

Wéd·dell sèal /wédəl-/ 名 C〖動〗ウェッデルアザラシ《南極産》

‡**wed·ding** /wédɪŋ/
―名 (複 **～s** /-z/) C ❶ **結婚式**, 婚礼 (の宴) (⇨ MARRIAGE 類語) ‖ give [OR hold] a ～ in a church 教会で結婚式を挙げる / a ～ card [OR invitation] 結婚披露案内状 / a ～ reception 結婚披露宴 (→wedding breakfast) / I hear ～ bells for Ned and Ann. ネッドとアンはもうすぐ結婚しそうな気がする
❷《通例修飾語を伴って》結婚記念日, …婚式(→ golden wedding, silver wedding, diamond wedding, ruby wedding) ❸ (相反するものなどの)合体, 結合
▶▶**～ annivèrsary** 名 C 結婚記念日 **～ bànd** 名 C 結婚指輪 **～ brèakfast** 名 C《英》結婚披露宴《時間に関係なく結婚式の後に行われる》 **～ càke** 名 C U ウエディングケーキ **～ chàpel** 名 C《米》結婚式用チャペル **～ drèss** 名 C (花嫁の) 婚礼衣装, ウエディングドレス **～ màrch** 名 C ウエディングマーチ, 結婚行進曲 **～ plànner** 名 C ウエディングプランナー《結婚にかかわる事柄をサポートする人や企業》 **～ rìng** 名 C 結婚指輪 **～ tàckle** 名 U ⊗《英俗・卑》男根

***wedge** /wedʒ/ 名 C ❶ くさび ‖ drive a ～ into wood 木材にくさびを打ち込む ❷ くさび[V字]形(のもの)；くさび形文字 ‖ two ～*s* of pie V字形に切ったパイ2切れ / geese flying in a ～ V字形に並んで飛んでいるガン ❸《比喩的に》くさび；(人々を) 分裂させる原因 ❹ (ゴルフの) ウェッジ《ボールをすくい上げるようにして打つクラブ》 ❺ =wedge heel

drìve a wédge between ... …の仲を裂く[決裂させる]

the thin end of the wedge ⇨ END(成句)

―動 他 ❶ **a** 《+目》…にくさびを打ち込んで固定する[留める] **b** 《+目+補〈形〉》…にくさびを打ち込んで…の状態に固定する ‖ ～ a door open [shut] ドアをくさびで留めて開けて[閉めて]おく ❷《+目+副句》…を(くさびのように)〈…に〉割り込ませる, 〈狭い所に〉押し込む《*in*》〈**in, into, between, etc.**〉 ‖ The salesperson ～*d* his foot *in*(*to*) the door as I tried to close it. 私がドアを閉めようとするとセールスマンはドアの隙間(すき)に足を割り込ませた / The key ～*d* itself *between* the floorboards. 鍵(かぎ)が床板の隙間にはまり込んだ / ～ one's way *into* the crowd やじ馬の中に押し分けて入る / be ～*d into* a small chair 小さないすにはまって動かない ❸ …をくさびで割る[裂く] ―自 割り[はまり]込む
▶▶**～ hèel** 名 C ウェッジヒール《高いかかとからつま先まで底がつながったもの》；ウェッジヒールの靴 **～ ìssue** 名 C (政党を二分するような)大争点

wedged /wedʒd/ 形 くさび形の, V字形の；はまり込んだ

wedg·ie /wédʒi/ 名 C《口》❶ =wedge heel ❷《主に米》パンツ食い込ませ《パンツを尻(しり)の割れ目に食い込ませるいたずら》

Wedg·wood /wédʒwʊd/ 名 U《商標》ウェッジウッド焼き《英国の上等な陶器》；淡青色

wed·lock /wédlɑ(ː)k | -lɔk/ 名 U 結婚生活, 婚姻
bòrn in [òut of] wédlock 嫡出(ちゃくしゅつ)[庶出]の

Wed·nes·day /wénzdeɪ, -di/ 《発音注意》
—名 ❶ U/C 《しばしば無冠詞単数形で》水曜日《略 Wed(s).》(♦ 用法・用例については ⇨ SUNDAY) ❷ 《形容詞的に》水曜日の ‖ on ~ morning 水曜日の朝に
—副 《主に米口》水曜日に；《~s》水曜日ごとに，毎週水曜日に ‖ We have a teachers' meeting ~*s*. 毎週水曜日には教職員会議があります

Weds. 略 Wednesday

wee¹ /wiː/ 形 《限定》 ❶ 《主にスコット》とても小さい ❷ (時刻が) 非常に早い ‖ in the ~ hours of the morning 朝ごく早い時間に (→ small hours)

wee² /wiː/ 名 動 《主に英口》=wee-wee

weed /wiːd/ 名 〔▶ weedy 形〕 ❶ C 雑草，草 ‖ The front garden is full of ~*s*. 前庭は草ぼうぼうだ / pull (up) ~*s* 雑草をとる / *Ill ~s grow apace* [OR *fast*]. 《諺》雑草はあっという間にはびこる；憎まれっ子世にはばかる ❷ U 藻，水草 ❸ 《the ~》《俗》たばこ，紙巻きたばこ ❹ U 《俗》マリファナ；大麻 ❺ C やせ馬；《英口》ひょろひょろしたひ弱な人，弱虫
—動 他 〔畑・庭など〕の雑草を取り除く —自 草取りをする
wèed óut ... / wèed ... óut 〈他〉〔不用・有害なもの〕を取り除く ‖ ~ *out* potential problems 問題になりそうな事柄を取り除く
▸▸ **~ whàcker** 名 C 《主に米口》(電動) 草刈り機

weed·er /wíːdər/ 名 C 草取り人；除草器[機]

wéed·kìller 名 C 除草剤

weeds /wiːdz/ 名 複 未亡人の喪服 (widow's weeds)

weed·y /wíːdi/ 形 〔◁ weed 名〕 ❶ (土地が) 雑草だらけの ❷ (植物が) 雑草のような，雑草のように強い ❸ ⊗《口》《蔑》(人・動物が) ひょろひょろした，ひ弱そうな

Wee·juns /wíːdʒənz/ 名 複 《ときに w-》《米》《商標》ウィージャンズ《ローファーに似たカジュアルシューズ》

week /wiːk/ (♦ 同音語 weak)
—名 〔▶ weekly 形〕(複 **~s** /-s/) ❶ C **週** (♦ 日曜日から土曜日まで，もしくは月曜日から日曜日までの7日間. 略 w., wk.)；1週間，7日間 ‖ What day of the ~ is (it) today? 今日は何曜日ですか / I'm due in London during the first ~ of July. 私は7月の第1週にはロンドンに到着する予定です / She takes tennis lessons once a ~, on Fridays. 彼女は週1回，毎週金曜日にテニスのレッスンを受けている / He will be quite better in a ~ or two. 彼は1，2週間すればすっかりよくなるだろう / **spend** a ~ in New York ニューヨークで1週間過ごす / **for** ~*s* 数週間の間 / a three ~*s'* vacation 3週間の休暇 / **this** [**last, next**] ~ 今[先，来]週 (♦ 前置詞なしで副詞的に用いる. 以下の例も同様) / the ~ 「after next [before last] 再来(さらい)[先々]週 / a ~ from [ago] today 来週[先週]の今日 / a ~ from [《英》on] Tuesday=《英》Tuesday ~ 今度の火曜日から1週間後 / a ~ yesterday [last Monday] 《主に英》昨日[この前の月曜日]より1週間前 / every ~ 毎週 / every other ~ 隔週に[で] / all ~ (long) 1週間の間ずっと
❷ 《しばしば W-》 U (祭日・行事などの始まる) 週，(特定の運動などの) …週間 ‖ Christmas ~ クリスマス週間 / Fire Prevention *Week* 火災予防週間
❸ 《the ~》(日曜日・土曜日以外の) 週日，平日；就業日 (weekday) (↔ weekend) ‖ He lives in town during the ~ but is at home on Sundays. 彼は平日は町で過ごすが日曜日は家にいる ❹ C 週労働時間[日数]，週…時間[日]制 (《米》workweek, 《英》working week) ‖ work a thirty-five-hour ~ 週35時間働く / the five-day ~ 週5日労働制
from wèek to wéek 週ごとに，週単位で
todày* [*tomòrrow,* (*on*) *Mònday,* etc.] *wéek 《主に英》今日[明日，月曜日など]から1週間後に ‖ School begins 「*today* ~ [(*on*) *Monday* ~]. 学校は1週間後の今日[月曜日に]始まる
wèek after wéek =*week in, week out*(↓)
wèek by wéek (変化が) 一週一週と，週ごとに (each week)
wèek ín, wèek óut 来る週も来る週も，毎週毎週 (♥ うんざりしているという気持ちを表す)

week·day /wíːkdèɪ/ 名 C ❶ 週日，平日，ウイークデー《日曜 (・土曜) 以外の日》‖ He comes home late on ~*s*. 彼は平日は帰宅が遅い (→ weekdays) ❷ 《形容詞的に》平日の，平日用の ‖ a ~ fee 平日料金

wéek·dàys 副 平日に(は) (♦ 正式には on weekdays) ‖ get up early ~ 平日には早起きする

week·end /wíːkènd | ⌐⌐/ 〈シ〉名 動
—名 (複 **~s** /-z/) C **週末**《土曜日と日曜日，ときに金曜日の夜も含むことがある》；週末の休み；《形容詞的に》週末の ‖ I play golf **on** [《英》**at**] 「the ~ [OR ~s]. 週末にはゴルフをする (→ weekends) / He was away fishing **for** [**over, during**] the ~. 彼は週末釣りに行っていて留守だった / My father tries to **spend** ~*s* with the family. 父は週末は家族と過ごすようにしている / Have a good ~! よい週末を / **this** [**last, next**] ~ 今度[前，次]の週末 / a long ~ (月曜日か金曜日またはその両方を加えた) 長い週末 / a three-day ~ 3連休の週末 / a dirty ~ 《英口》《戯》情事[不倫]で過ごす週末 / go on a ~ trip 週末旅行に行く / He was a frequent ~ visitor to our home. 彼は週末によく我が家を訪ねて来た / a ~ cottage 週末用の小別荘
—動 自 《+副句》《口》(ある場所で) 週末を過ごす

week·end·er /wíːkèndər | ⌐⌐–/ 名 C ❶ 週末滞在者[来訪者，泊まり客]；週末旅行者 ❷ =weekend bag ❸ 《豪口》週末用コテージ

wéek·ènds 副 《口》週末に(は) ‖ sleep late ~ 週末には遅くまで寝ている

wéek·lòng 形 1週間続く，1週間にわたる

week·ly /wíːkli/ (♦ 同音語 weakly)
—形 〔◁ week 名〕《比較なし》《通例限定》**週1回の**，毎週の；週刊の，週決めの；1週間分の ‖ a ~ wage 週給 / a ~ magazine 週刊誌
—副 《比較なし》週1回；**毎週** ‖ He pays the rent for the garage ~. 彼はガレージの使用料を週払いしている
—名 (複 **-lies** /-z/) C 週1回刊行物，週刊誌，週報

wéek·nìght 名 C 平日の夜 (♦ 《口》では weeknights で副詞的にも用いる) ‖ (on) ~*s* 平日の夜には(いつも)

wee·nie /wíːni/ 名 C 《米口》 ❶ ウインナーソーセージ ❷ ⊗《俗》《蔑》弱虫；つまらない[くそまじめな]やつ

wee·ny /wíːni/ 形 《口》ちっちゃい，ちっぽけな (♦ しばしば tiny または teeny の後につけて用いる)

weep /wiːp/ 動 (**wept** /wept/；**~·ing**) 自 ❶ (涙を流して) 泣く，涙を流す；涙を流して嘆く[悲しむ，喜ぶ] (↔ rejoice) 〈**for, with** 悲しみ[喜び]で；**over, about, at, for** …のことで / **to do** …して〉 (⇨ CRY 類語) ‖ ~ *for* [OR *with*] joy うれし泣きをする / The girl *wept over* [OR *about*] the death of her canary. 少女は飼っていたカナリアに死なれてめそめそした / The whole nation *wept at* the sad news. 国全体がその悲報に泣いた / The princess *wept to* see the knight go away. 騎士が去っていくのを見て王女は涙を流した ❷ 《通例進行形で》(物・樹木が) しずく[枝]を垂らす；(傷口などから) 液[膿(うみ)]がしみ出る；《文》(空が) (涙) 雨を落とす
—他 ❶ 〔涙〕を流す ‖ ~ tears of joy 喜びの涙を流す ❷ …を泣き[涙を流し]ながら言う《*out*》(♦ 直接話法にも用いる) ‖ ~ a confession 涙を流して告白する ❸ 《~ oneself+補 〈形〉/ ~ oneself into [OR to] ... で》(泣いて) …の状態になる ‖ She *wept* herself exhausted. 彼女は泣き疲れてしまった / The baby *wept* herself *to* sleep in his arms. 赤ちゃんは彼に抱かれて泣きながら寝入った ❹ 〔水気・しずくなど〕を垂らす，しみ出させる
wèep awáy ... / wèep ... awáy 〈他〉〔時〕を泣いて過ごす

W

‖ ～ one's life *away* 一生を泣き暮らす

COMMUNICATIVE EXPRESSIONS

1 **I could have wépt** (sèeing the téam in sùch bàd shápe). (チームの状態があまりにも悪いのを見て) 私は泣きたいくらいだった(♥ 大きな失望・落胆を表す)

──名 Ⓒ《a ～》ひと泣き, 泣くこと

weep·er /wíːpər/ 名 Ⓒ ❶ 泣く[悲しむ]人；泣き虫 ❷ (昔葬式のときに雇われた)泣き屋 ❸《～s》喪章《男子の帽子につけるバンド》；(未亡人の) 黒いベール ❹ 〖建〗排水口 ❺《主に米口》=weepie

weep·ie /wíːpi/ 名 Ⓒ《口》お涙ちょうだいの映画 [劇, 小説]

weep·ing /wíːpɪŋ/ 形《限定》❶ 涙を流す, 泣いて悲しむ；感激して泣く；涙ぐんだ ‖ with ～ eyes 涙ぐんだ目で ❷ 水分などをにじみ出させる；(傷などが)じくじくする；(空模様などが)雨の降る ‖ a ～ sky 雨天 ❸ 〖植〗(枝が)しだれる

▸▸ **～ wíllow** 名 Ⓒ 〖植〗シダレヤナギ

weep·y /wíːpi/ 形《口》❶ 涙を流す, 涙ぐんだ；涙もろい ❷ (話・映画などが)お涙ちょうだいの ──名 =weepie

wee·vil /wíːvəl/ 名 Ⓒ 〖虫〗ゾウムシ《穀物などを食べる小型甲虫》‖ the rice ～ コクゾウムシ

wee-wee /wíːwìː/ 名 Ⓤ Ⓒ 動 自 おしっこ(をする) ‖ have [OR do] a ～ おしっこをする

w.e.f. 略《英》*w*ith *e*ffect *f*rom (…から発効)

weft /weft/ 名《the ～》〖紡織〗(織物の) 横糸 (↔ warp, woof¹)；織物

⁑weigh /weɪ/《発音注意》(♦ 同音語 way)

──動 (▶ weight 名)(**～s** /-z/；**～ed** /-d/；**～·ing**)

──他 ❶ (はかりなどで)…の**重さ[目方]を量る**, …をはかりにかける；(手に持った感覚で) …の重さをみる ‖ My daughter ～*s* herself every day. 娘は毎日体重を量っている / She ～*ed* each apple in her hand. 彼女はリンゴを一つ一つ手のひらにのせて重さを量った

❷ **a** 《+目》…を〈…と比べ合わせて〉**慎重に検討する**；…を比較考慮する, はかりにかけてみる《*up*》〈**against, with**〉(♦ up を用いるのは主に《英》) ‖ We should ～ the advantages and disadvantages of his proposal. 我々は彼の提案の有利な点と不利な点を慎重に検討すべきだ / ～ *up* the pros and cons of a new project 新しいプロジェクトの利点と欠点を慎重に検討する / Steve ～*ed* (*up*) the situation before speaking. スティーブは慎重に状況判断をしてからものを言った / ～ one plan *against* [OR *with*] another ある計画をほかのものと比べ合わせて検討する / ～ one's words 慎重に言葉を選ぶ

b 《+**wh** 節 / **wh to** *do*》…かどうかを慎重に検討する《*up*》‖ ～ (*up*) *whether* his plan is better than ours 彼の案が我々のより優れているかどうかよく検討する

❸ 〖海〗(いかり)を上げる

──自 ❶ 《+補》《通例進行形不可》…の**重さ[目方]がある** ‖ "How much do you ～?" "I ～ fifty-five kilograms." 「体重はどれくらいありますか」「55キロです」/ That chainsaw ～*s* a ton. そのチェーンソーはえらく重い / Nearly 90% of Americans think that they ～ too much. アメリカ人のほぼ90%が自分は太りすぎだと思っている / ～ heavy [light] 目方が重い[軽い]

❷ 重要である, 影響力を持つ, 重きをなす；重大な働きをする〈**with** …にとって；**in** …において；**in favor of** …に有利に；**against** …に不利に〉(♦ 通例様態を表す副詞を伴う) ‖ His words ～*ed* little *with* the jury. 彼の言葉は陪審員にほとんど影響を与えなかった / The girl's testimony ～*ed* **heavily** [*against* me [*in* my *favor*]. 少女の証言は極めて私に不利に[有利に]働いた

❸ 《+**on** [**upon**] 名》…に重くのしかかる；…を圧迫する, 苦しめる, 悩ます ‖ The problem ～*ed* **heavily** *on* her (mind). その問題は彼女 (の心) に重くのしかかった / ～ *on* his conscience 彼の良心を悩ませる

***wèigh dówn …** / **wèigh … dówn** 〈他〉① …を重さで圧する, 押さえつける；…をたわませる；《受身形で》〈重みで〉たわむ, 押しつぶされそうになる〈**with, by**〉‖ The trees in the orchard were ～*ed down by* [OR *with*] fruit. 果樹園の木々はたわわに果実が実っていた ② (責任・困難などが) …の気を重くさせる, めいらせる；[物事]を圧迫する；《受身形で》〈…で〉気がめいる, 打ちひしがれる〈**with, by**〉

wèigh ín 〈自〉① 〖スポーツ〗(ボクサー・レスラーなどが) 試合前に計量を受ける；(騎手が) レース直後[前]に(鞍(くら)ごと)計量を受ける, 後検量を受ける(→ *weigh out*(↓))；(計量で)〈…の〉体重[重量]がある〈**at**〉② 《口》(自分の意見を述べて)議論に強くかかわる[貢献する]〈**with**〉；〈計画・決定などについて〉意見を強く述べる〈**on**〉‖ ～ *in with* an opinion (議論の場で) しっかり意見を述べる ③ 《口》〈援助(金)などを与えて〉支援する；〖スポーツ〗〈ゴールなどを決めて〉試合に貢献する〈**with**〉④ (空港などで) 荷物の重量検査を受ける；〈…の〉重量がある〈**at**〉

wèigh ínto … 〈他〉《口》① [議論・運動など]に熱心に参加する, 強く貢献する ② 〈…のことで〉(言葉や暴力で)…を攻撃する, 強く批判する〈**for**〉

***wèigh óut** 〈他〉《**wèigh óut …** / **wèigh … óut**》…の(分量)を量り分ける ‖ ～ *out* (two pounds of) sugar (2ポンドの)砂糖を量り分ける ──〈自〉(騎手が) レース前に(鞍ごと)計量を受ける, 前検量を受ける(→ *weigh in* ①(↑))

wèigh úp … / **wèigh … úp** 〈他〉《主に英》① …を慎重に検討する, 比較検討する, はかりにかける(→ 他 ❷) ② 《口》(話・観察などによって)[人・物]の評価をする；…の人となりを見極める；[相手チーム]の分析をする

wéigh·brìdge 名 Ⓒ 橋ばかり, 計量台《地面と同一平面上にあって, 上に載せた車両などの重量を量る装置》

wéigh-ìn 名 Ⓒ《通例単数形で》(ボクサー・騎手などの) 競技前の計量検査；(旅客機搭乗前の)携帯品の計量

wéighing machìne 名 Ⓒ 計量装置, 台ばかり

⁂weight /weɪt/《発音注意》(♦ 同音語 wait) 名 動

──名 [◁ weigh 動](複 **～s** /-s/) ❶ Ⓤ Ⓒ **重さ**, 重量, 目方, 重み；**体重**；肥満；〖理〗重さ, 重量《略 wt.》‖ The branches bent under the ～ of the snow. 木の枝が雪の重みでたわんだ / This video camera is 350 grams in ～. このビデオカメラは重さが350グラムある / Sugar is sold by ～. 砂糖は目方で売られる / What [×How much] is your ～? 君の体重はどのくらいだい (=How much do you weigh?) / My ～ is 130 pounds. 私の体重は130ポンドだ (♦ ×I am 130 pounds heavy. とはいわない) / Watch your ～. (太らないよう) 体重に気をつけなさい / have a ～ problem 太りすぎである / ～ **loss** [**gain**] 体重減少[増加]

連語【動+～】gain [OR put on] ～ 体重が増える, 太る / lose ～ 体重が減る, やせる / shift one's ～ forward 体重[体の重心]を前方に移動させる

❷ Ⓒ 重いもの, 重い荷物 ‖ The bag was such a ～. そのかばんはとても重かった / lift a heavy ～ 重いものを持ち上げる

❸ Ⓒ 分銅, 重り, 重し；(競技用の)砲丸；《しばしば ～s》(重量挙げ・トレーニング用の) ウエート《バーベルの両端に取りつける鉄製円盤》‖ lift ～*s* 重量挙げをする；(トレーニングとして)バーベルを持ち上げる / a set of ～*s* 一組のバーベル

❹ Ⓒ《単数形で》〈…の〉(精神的な)重荷, 負担, 重圧；責任〈**of**〉‖ Finding a new job was a ～ off my mind. 新しい仕事が見つかってほっとした (→ CE 1) / under the ～ *of* traditions 伝統の重圧の下で / The full ～ *of* running our company fell on him. 会社経営の全責任が彼にのしかかってきた

❺ Ⓤ 重要性, 重み；勢力, 影響力；優勢, 有力 ‖ a matter of great ～ 非常に重要な問題 / The ～ of evidence is in her favor. 証拠は彼女に有利だ / I don't **give** [OR attach] any ～ to his ideas. 彼の考えは重視しない

❻ Ⓒ 〖スポーツ〗(体重別の)階級, ウエート；(階級別)標準体重；〖競馬〗負担重量 ❼ Ⓤ 度量衡制, 衡量；Ⓒ 重量単位

‖ (a table of) ～s and measures 度量衡(表) / metric ～ メートル法による度量衡制 ❽ Ⓤ《しばしば複合語で》(布地の季節・用途別の)厚み, 重さ ‖ a winter-～ jacket 冬物の厚手のジャケット ❾ Ⓒ〘統計〙加重値, ウエート

*càrry wéight 〈…にとって〉重みがある, 重要性[影響力]を持つ〈with〉

lènd wéight to ... …に有力な根拠[証拠]を与える

wèight of nùmbers 数の力[多さ] ‖ beat the opposition by sheer ～ *of numbers* 圧倒的な数の力で反対党を打ち負かす

**wòrth one's wèight in góld* (人が)非常に役に立つ, 有用な, とても貴重な

COMMUNICATIVE EXPRESSIONS

1 **(Óh,) thát's a wèight off my mìnd.** やれやれ;ほっとした(♥ 安堵(あんど)を表すくだけた表現. ↗That's [OR What] a relief!/↗Thank goodness!)

2 We'll **pùt** [OR **thròw**] **our wéight behind** this próject. この企画をみんな全力を挙げて支援しますよ

3 **Stóp** [OR **Thère's nó pòint in**] **càrrying the wéight of the wòrld on your shóulders.** ひとりで何もかも背負い込むことはないよ(♥ 励ましの表現)

4 **Tàke the** [OR **Gèt sòme**] **wéight off your fèet** [OR **lègs**]. まあ座って楽にして(♥ 人を招き入れた後に)

5 They're áll tíred of him álways **thròwing his wéight aròund**[《主に英》**abòut**]. 彼がいつもいばりちらすのにはみんなうんざりしている(♥「権力の乱用」の意)

6 **You're nót càrrying** [OR **pùlling**] **your wéight.** 君は自分の力を出しきっていない;もっとしっかりやりなさい

—動 他 ❶ …に重みを加える;…を〈…で〉重くする;…に〈…で〉重りをつける, …を〈…で〉押さえる《*down*》〈with〉‖ ～ a fishing line 釣糸に重りをつける / ～ the papers *down with* a cellphone 書類を携帯電話で押さえる ❷《通例受身形で》重荷[責任など]を負わされる;〈…で〉押しひしがれる, 苦しむ《*down*》〈with〉‖ Ellen was ～*ed down with* heavy responsibilities. エレンは重責に押しつぶされそうだった ❸ …の重要度[評価基準]に差をつける;《受身形で》評価などが一方に片寄る, 操作される〈**against** …に不利になるように;**in favor of, toward** …に有利になるように〉‖ The bidding was ～*ed against* competitors from abroad. 入札は海外からの参加者に不利なように操作されていた ❹〔布地・繊維〕を(金属塩処理して)重く[厚く]する ❺〘統計〙…に加重値を与える(→ weighted) ❻〘競馬〙(馬)にハンディをつける

▸▸ **～ bèlt** 名 Ⓒ ウエートベルト《ダイビングなどをするときに体を水中に保つために着用するベルトや上衣》 **～ tràining** 名 Ⓤ〘スポーツ〙ウエートトレーニング

weight·ed /wéɪṭɪd/ 形 加重された ‖ a ～ average [OR mean] (統計の)加重平均

weight·ing /wéɪṭɪŋ/ 名 Ⓤ/Ⓒ《a ～》❶《英》(生活費が割高な地域などでの給与につく)特別手当, 地域手当 ❷ (条件に応じた)調整(額);(ほかと比較しての)重要[優先]度

weight·less /wéɪtləs/ 形 重さの(ほとんど)ない, 軽い;無重力の ‖ in the ～ environment of space 宇宙の無重力の環境で **～·ly** 副 **～·ness** 名

wéight·lìfting 名 Ⓤ 重量挙げ

wéight·lìfter 名 Ⓒ 重量挙げ選手

***weight·y** /wéɪṭi/ 形 ❶ (荷物などが)とても重い ❷ 重大な, 由々しい ❸ 負担になる, やっかいな ‖ ～ responsibilities やっかいな責務 ❹ (人が)影響力のある;(議論などが)説得力のある, 有力な

wéight·i·ly 副 **wéight·i·ness** 名

Wei·mar /váɪmɑːr/ 名 ワイマール《ドイツ中部の都市. かつてドイツ文化の一中心地. Goethe が住んだ町》

▸▸ **～ Repúblic** 名《the ～》ワイマール共和国 (1919–33)《第1次世界大戦後の共和制ドイツの通称. Hitler が登場して第三帝国となった》

Wei·ma·ra·ner /váɪmərɑːnər, wáɪ-/ 名 Ⓒ〘動〙ワイマラナー《もと猟犬として作られたドイツ原産の犬種》

weir /wɪər/ 名 Ⓒ ❶ (川の)せき, ダム《灌漑(かんがい)・流量測定用》❷ (魚を捕らえるための)やな

⁑**weird** /wɪərd/《発音注意》

—形 (**～·er**;**～·est**)

❶ 異様な, 気味の悪い, **不思議な**;超自然の(↔ normal) ‖ a ～ sound ぎょっとするような音

❷《口》変な, **奇妙な**(↔ ordinary);理解し難い ‖ ～ and wonderful ideas 奇妙だが素晴らしい考え

—動 他《通例受身形で》《米口》異様な感覚に襲われる《*out*》

～·ly 副 **～·ness** 名

▸▸ **～ sísters, W- S-s** 名《the ～》運命の三女神 (the Fates);三魔女《Shakespeare の *Macbeth* に登場》

weird·ie, weird·y /wɪ́ərdi/ 名 (複 **weird·ies** /-z/) Ⓒ《口》(特に服装・行動などが)風変わりな人, 奇人

weird·o /wɪ́ərdou/ 名 (複 **～s** /-z/)《口》風変わりな人, 奇人

welch /weltʃ/ 動 =welsh

⁂**wel·come** /wélkəm/ 動 形 名 間

—動 (**～s** /-z/;**～d** /-d/;**-com·ing**) 他 ❶〔人など〕を**歓迎する**,〔人〕に歓迎のあいさつをする;〔人〕を〈場所などに〉喜んで迎える《*in*》(↔ reject)〈**into, to**〉;〔人〕を〈表情・動作とともに〉迎える〈**with**〉‖ The gold medalist was enthusiastically ～*d* by large crowds. 金メダリストは大勢の群衆に熱狂的に迎えられた / She **warmly** ～*d* us *with* 「a smile [open arms]. 彼女は笑顔で[両手を広げて(心から喜んで)]私たちを歓迎してくれた / They ～*d* the intruder *with* a hail of bullets. 侵入者に弾丸を雨あられと見舞った / My brother's family always ～ me *into* their home. 兄の一家はいつも私を自宅に喜んで迎え入れてくれる

❷〔物事〕を喜んで受け入れる[認める];…を(特定の態度で)受け入れる, 迎える ‖ ～ his criticism [proposal] 彼の批判[提案]を喜んで認める / ～ the news with amazement その知らせを驚きを持って迎える

—形 (**more ～**;**most ～**)

❶ (人が)**歓迎される**,〈場所などに〉喜んで迎えられる (↔ unwelcome)〈**at, to**〉‖ Families are most ～ *to* our hotel. ご家族連れのお客様はうちのホテルでは大歓迎です / You are always ～ *at* my home. どうぞいつでも家へいらしてください / a ～ guest 歓迎される客

❷ (物事が)喜んで受け入れられる;好ましい, ありがたい, 結構な (↔ unpleasant) ‖ A glass of beer would be very [OR most] ～. ビールの1杯もあれば本当に願ったりかなったりなんだが / ～ news うれしい知らせ

❸《叙述》〈物が〉自由に使える, **自由に〈…〉してよい**;勝手に〈…〉してよい(♥ 皮肉な言い方にも用いる)〈**to** / **to do**〉(→ CE 3, 4) ‖ You're ～ *to* any book in my library. 私の書斎の本でしたらどれでも自由にご利用ください / Anyone is ～ *to* try out our new computer. どなたでも我が社の新型コンピューターをご自由にお試しいただけます / You are ～ *to* say what you please. どうとでも好きなことを言うがいいさ(♥「こちらの知ったことではない」の意)

màke a pèrson wélcome 〔人〕を〈場所などに〉来てよかったという気持ちにさせる, 温かく迎える〈**to, in**〉‖ The boys' chorus has been *made* most ～ *in* the city. 少年合唱団はその都市で盛大な歓迎を受けた

COMMUNICATIVE EXPRESSIONS

1 **You're nòt wélcome hère.** 余計な口出しをするな;あっちへ行け(♥ 余計な介入・干渉を拒否する)

2 **You're wélcome.** どういたしまして(♥ 感謝に対する返答. ↘My pleasure./↘No problem./↘《口》Any time./↘《口》You bet. /↗Not at all./↗You're most [OR entirely, very] welcome. 相手の礼に対して謙遜(けんそん)の気持ちを表したいときは, I enjoyed it myself. (私も楽しませていただきました) や I wasn't much help.(大してお役に立てませんでした)などと言う)

3 **You're wèlcome to** use ánything hère. ここにあ

るものは何でも自由に使ってください
4 **You're wèlcome to** thèse bóoks if you wánt them — they're just gàthering dúst. よかったらこの本を勝手に持って行っていいよ, ほこりをかぶっているだけなんだから(♥「持って行ってくれるとありがたい」の意)

—名 (複 **~s** /-z/) C ❶ **歓迎**, 歓待, 心のこもったもてなし (↔ rejection) ; 歓迎のあいさつ ‖ A **warm** ~ awaited us. 温かい歓迎が我々を待ち受けていた / extend a cordial ~ to exchange students 交換(留)学生を心から歓迎する / hug him in ~ 歓迎して彼を抱きしめる
❷ 対応, 反応 ‖ The Allied Forces **received** [OR had] a cold [OR poor] ~ in the city. 連合軍はその町で冷たく迎えられた / The enemy **gave** us a merciless ~ of cannon fire. 敵軍は砲弾を容赦なく我々に浴びせた
bìd a pèrson wélcome : ***sày wélcome to a pérson*** 〔人〕に歓迎すると言う, 〔人〕を歓待する

COMMUNICATIVE EXPRESSIONS
5 "Stày lónger, wón't you?" "Thánks, but **I dòn't wànt to「wèar òut** [OR **outstày, overstày**] **my wélcome.**"「もっといてもいいじゃない」「ありがとう. でもこれ以上迷惑をかけるといけないから」(♥ 遠慮)

—間《しばしば方向を表す 副句 を伴って》**ようこそ**, いらっしゃい, 歓迎 ‖ *Welcome*, Hattie! ハティー, いらっしゃい / *Welcome*「on board [OR aboard]! (案内係などが) ご搭乗[乗車, 乗船]ありがとうございます / *Welcome* home [OR back]! お帰りなさい(♥ 長く留守をした後帰って来た人に対して) / *Welcome* to Japan! ようこそ日本へ
Welcome to the club! ⇨ CLUB(成句)
▸▸ **~ màt** (↓) **Wélcome Wàgon** 名 C《米》《商標》新参歓迎車《新居住者にその土地の情報・贈り物・地元小売商たちの見本製品などを運ぶ車》

wélcome màt 名 C (玄関などの welcome の文字入りの) 靴ぬぐい
pùt [OR ***lày, ròll***] ***òut the wélcome màt for ...*** 《口》…を大いに歓迎する

wel·com·ing /wélkəmɪŋ/ 形 (人などが) 歓迎する, 歓迎を示す; (場所などが) 居心地のよい

***weld** /weld/ 動 他 ❶ [金属など] を溶接する《**together**》; …を〈…に〉溶接する〈**to, onto**〉; …を溶接して作る ❷ …を〈…に〉結合[統合]させる, まとめ上げる, 堅く結びつける《**together**》〈**into, to**〉‖ ~ his various newspaper articles *into* a book 彼のいろいろな新聞記事をまとめて1冊の本にする —自 (鉄などが) 溶接できる; 溶接する
—名 ❶ U 溶接, 密着 ❷ C 溶接点[部], 接合点
~·er, ~·or 名 C 溶接工[機]

wel·fare /wélfèər/
—名 U ❶ (個人・社会などの) **幸福**《健康・快適な生活など》, **福祉**, 福利, 厚生 ‖ work for the ~ of (hu)mankind 人類の幸福のために働く / **social** [child] ~ 社会[児童]福祉 / animal ~ 動物福祉[保護] / the Ministry of Health, Labor and *Welfare* 厚生労働省
❷《形容詞的に》福祉の ‖ ~ activities 福祉活動 / ~ benefits 福祉[生活保護]手当
❸ (=~ wòrk) 福祉[厚生]事業 ❹《主に米》生活保護 ‖ be on ~ 生活保護を受けている ❺ (政府の) 福祉機関
語源 *wel-* well + *fare* go : うまくいくこと
▸▸ **~ stàte** /英 ―́―/ 名 C 福祉国家 ; 《the ~》社会保障制度 **~ to wórk** 名 U《英》「生活保護から就職へ」政策; (失業者の) 就職支援政策 **~ wòrker** 名 C 福祉事業員[家]

wel·far·ist /wélfeərɪst/ 名 C《けなして》福祉国家主義者[信奉者] **-ìsm** 名 U 福祉主義, 福祉政策

wel·kin /wélkɪn/ 名 U《文》天空 ; 天国(heaven)
màke [OR ***lèt***] ***the wèlkin ríng*** (天まで届くような) 大きな音を立てる

‡well[1] /wel/ 副 形 間

中心義 **程度が十分である(こと)**

—副 (**bet·ter** /bétər/ ; **best** /best/) (♦ 対応する形容詞は good)
❶ **上手に**, うまく ; 満足に, 申し分なく ; 適切に (↔ badly) ‖ Emma can speak Chinese ~. エマは中国語を上手に話せる / She couldn't sleep ~ last night because of a stiff neck. 昨夜は肩こりのせいで彼女はよく眠れなかった / behave ~ 立派に[行儀よく]振る舞う / as was ~ said by Shakespeare いみじくもシェークスピアが言ったように
❷ **十分に**, 完全に, よく ‖ Wash your hands ~. 手をよく洗いなさい / I don't **know** her father very ~. 彼女のお父さんのことはあまりよく知らない / I **know** full ~ what you mean. おっしゃることはよくわかります / Add a pinch of salt and blend ~. 塩を一つまみ加えてよく混ぜなさい / How ~ do you remember your grandfather? おじいさんのことをどのくらい覚えていますか
❸《前置詞・副詞の前で》**相当に**, かなり, 大いに ‖ He is ~ over sixty. 彼は60歳をかなり越えている / ~ above [below] the standard 水準よるはるかに上[下]で / ~ after midnight 真夜中をかなり過ぎて / ~ in advance 時間的に十分余裕を持って
❹ **a**《叙述用法の形容詞の前で》**相当に**, かなり, 大いに (♦ ふつう able, aware, worth など一部の形容詞だけに伴う) ‖ We are ~ **aware of** the danger. 私たちはその危険をよく認識している / The British Museum is ~ worth a visit. 大英博物館は訪れる価値が大いにあります
b《複合語を作って》よく…, 十分… (↔ ill) (⇨ WELL-)
❺《英口》とても, 超 ‖ The concert was ~ good. コンサートはすっごくよかったよ
❻ よく, 好意的に, 親切に ; 落ち着いて ‖ Lucy treated us very ~. ルーシーは我々にとてもよくしてくれた / He took the news ~. 彼は冷静にその知らせを受け取った
❼《英口》《perfectly, jolly, bloody などの副詞とともに》確かに, 間違いなく, きっと ‖ We jolly ~ have to get ourselves out of this problem. 我々がこの問題から抜け出さねばならないのは間違いない
❽《can, could とともに》たやすく, 容易に ‖ I can ~ believe that she lied. 彼女がうそをついたことはたやすく信じられる / I can't very ~ refuse to help her. 彼女を助けるのを断るなんて私にはどうしてもできない (♦ can't, couldn't の場合, 通例 very で修飾する)
❾ 気をつけて, 注意深く ‖ Listen ~ to what I say. 私の言うことをよく聞きなさい ❿ 裕福に, 安楽に, 恵まれて ‖ live ~ 裕福に暮らす / marry ~ 有利な結婚をする ⓫《古》運よく, 都合よく ‖ *Well* met! いいところで会った

****as wéll*** その上, …**もまた**, 同様に (♦ 位置はふつう文末) (⇨ ALSO 語法 (1)) ‖ Chaplin was a comedian and a film director *as* ~. チャップリンはコメディアンでもあり映画監督でもあった / Is he coming to the party *as* ~? 彼もパーティーに来るの?

****as wéll as ...*** ① …と同様によく [うまく] ‖ You know that he's rich *as* ~ *as* I do. 彼が金持ちだということは君もよく知ってるじゃないか / She speaks Spanish *as* ~ *as* English. 彼女はスペイン語を英語と同じくらい上手に話す ② …**ばかりでなく**, …の上にさらに, …も ‖ He's got a Ferrari *as* ~ *as* a Porsche. 彼はポルシェだけでなくフェラーリも持っている

語法 ★☆ (1) *A* as well as *B* は「*B* はもちろんだが *A* も」の意で not only *B* but (also) *A* と言い換えることができる. その際の語順に注意.
(2) *A* as well as *B* が主語になる場合, 述語動詞の人称・数は *A* に一致する. 〈例〉The mother *as well as* her children was saved. 子供たちだけでなくその母親も救出された
ただし, The mother, as well as her children, was saved. のようにコンマで区切るか, as well as 以下を文末に置いて The mother was saved as well as her children. とする方がふつう.

(3) *A* as well as *B* の *A* と *B* は文法的に同等な要素になるのがふつうだが，動詞の場合は *B* が -ing 形になることもある．〈例〉His name is known all over the world *as well as* in Japan. 彼の名は日本はもちろん世界中に知られている / She plays the piano *as well as* sings [OR singing]. 彼女は歌を歌うばかりでなくピアノも弾く
前置詞句ではときとして前置詞の省略が見られる．〈例〉in theory *as well as* (in) practice 実地だけでなく理論においても；理論と実際の両面で

as wèll a pèrson máy [OR ***míght***] 《前述の内容を受けて》それは当然だ，驚くには当たらない ‖ "He is feeling ashamed of himself." "*As* ～ he *may*, after all the trouble he has caused." 「彼は自分のことを恥ずかしがってるよ」「当然さ，あれだけ面倒を起こしたのだから」

be wèll ín with ... ；《米》***be ìn wéll with ...*** 〔特に重要な人〕と親しい関係である

be wèll óff ① 裕福である，恵まれている (↔ be badly off) (→ CE 4) ② 〈…が〉豊富で，〈…を〉たくさん持っている 〈for〉

be wèll óut of ... 《英口》運よく…から逃れられている

be wèll úp in [OR ***on***] ***...*** …をよく知っている

*****dò wéll*** ① 成功する，うまくいく，繁栄する ‖ He is *doing* quite ～ at school. 彼はけっこうよい成績でやっている / *do* ～ for oneself 裕福である ② 《進行形で》(病人が)順調に回復している ③ 《do well to *do* で》…する方がよい［賢明である］‖ She would *do* ～ *to* leave at once. 彼女は今すぐ出発した方がいい (♥ 目上の人から目下の人に対して忠告する際に用いる．しばしば would を伴う)

dò wéll by ... …を優遇する，…によくする

dò wéll òut of ... …から利益をあげる

*****mày*** [OR ***mìght, còuld***] ***(jùst) as wèll dó*** ① (気は進まないが)**…する方がいい** (♦(1) しばしば後ろに as ... が想定されていて「(…するのは)…するようなものだ，(…するくらいなら)…した方がいい」の意を暗示する．(2) may より might が多少控えめな表現になるが，実質的な差異はない．(3)「(積極的に)…した方がよい，…すべきだ」を表す had better とは意味が異なる) (→ CE 1) ‖ If I've got to go abroad, I *may as* ～ go to Italy. (行きたいとは思わないが) もしどうしても外国へ行かねばならないのならイタリアがいい / He *might as* ～ throw his money away (as spend it in that foolish way). (あんなばかな使い方をするくらいなら) 彼は金を捨てた方がましだ / I *might just as* ～ have stayed at home. (いっそ) 家にいた方がよかった ② …するのも同じだ ‖ The road was so crowded, we *might just as* ～ have walked. 道がとても込んでいて，歩いて行っても同じだった ③ …したっていいだろうに(♥ 皮肉を込めて) ‖ You *might as* ～ tell the truth. 本当のことを言ったらどうなんだ ④ 《might just as well で》(それより)…するのはどうだろう(♥ 対案を示す．「どっちみち同じようなものだから」という意味が含まれる) ‖ "I'll leave on Monday." "You *might just as* ～ wait till Tuesday." 「月曜日に出発するよ」「火曜まで待ったら？」

*****mày*** [OR ***mìght, còuld***] ***wèll dó*** ① **…するのはもっともだ** ‖ You *may* ～ say so. 君がそう言うのはもっともだ (= You have good reason to say so.) / She *may* ～ be proud of her son. 彼女が息子を自慢するのももっともだ / He *could* ～ be considered a genius. 彼が天才とみなされるのはもっともだ ② **おそらく** ‖ The rumor *may* ～ be true. そのうわさはたぶん本当だろう

thìnk wéll of ... …をよく思う

wèll and trúly すっかり，全く

wéll awày 《英口》① (仕事などが)進んで，はかどって；話が弾んで ② 酔っ払って ③ ぐっすり眠って

COMMUNICATIVE EXPRESSIONS

1 "Shall we finish the tásk?" "**Mìght** [OR **Mày**] **as wéll.**" 「課題をやっちゃいましょうか」「そうしようか」(♥ 必ずしも気が進まないが一応提案に賛意を示す返答)

2 **Wèll dóne!** よくやった；おめでとう (♥ 賞賛・祝賀を表すくだけた表現．↗Congratulations!/↘《口》Terrific!)

3 **Wèll sáid.** ⇨ SAY (CE 64)

4 **You dòn't knów when you're wèll óff.** あなたは自分の幸運に気がついていない

5 **You're dòing vèry wéll.** よくやってますよ(♥ 励まし)

―形 (**better** /bétər/；**best** /best/)

❶《通例叙述》**健康で，元気で**；(病気・傷などが)治って(↔ ill) (♦ この意味で最上級 best は使われない) (⇨ HEALTHY 類語) ‖ You're looking ～. お元気そうですね / I don't feel very ～. あまり気分がすぐれない / get ～ soon すぐによくなる / a ～ baby 元気な赤ちゃん

❷《叙述》満足のいく，申し分のない，順調で，好ましい ‖ I am very ～ as I am. 私は今のままで十分満足だ / All is ～ with us. 我々は万事順調だ / *All's* ～ *that ends well.* 《諺》終わりよければすべてよし

❸《叙述》適切で，賢明で，望ましい ‖ It was ～ (that) you decided to go. 君が行くことに決めてよかった

*****àll vèry wéll*** それはそれでよい，結構だ(♥ 批判を述べる前置き．→ CE 9) ‖ It's *all very* ～ to support your son, but don't indulge him. 息子さんを援助するのはそれとして，甘やかすのはいけない

(àll) wèll and góod = *all very well*(↑)

*****be (jùst) as wéll*** 《口》〈…とは〉運がいい，好都合だ〈**that** 節〉(→ CE 8)

COMMUNICATIVE EXPRESSIONS

6 **Are you wéll?** お元気ですか(=How are you?/↗《堅》I trust you're keeping well./↘《口》How goes it?)

7 **It might** [OR **would**] **bè as wéll to** càll Shéryl and tèll her that we'll be láte. シェリルに電話して私たちが遅れると伝えておいた方がいいだろう

8 **It was jùst as wéll that** he wàsn't thére when I spòke íll of him. 彼の悪口を言ったときに彼がそこにいなくてよかった

9 **It's** [OR **Thàt's**] **àll vèry wéll** for you to críticize us, but can you dò it àny bétter? 我々を批判するのは結構ですが，あなたならもっとうまくやれるんですか

10 **Lèt** [OR **Lèave**] **wèll (enòugh) alóne.** このままでいいよ；余計なことはしないで (♥ 今の状態で結構だと運命を甘受している心情)

11 **Quìte wéll(, thánk you).** まあまあってところです(，ありがとう)(♥「元気か」などと尋ねられたときに「まあオーケー」程度だと答える表現．↘《口》So-so.)

―間 ❶ NAVI さて，ところで，それから，それでは(♥ 話の出だし・継続・変更・終了) ‖ *Well*, let's move on to the next question. それでは次の問題に移りましょう / *Well*, so long. じゃあ，さようなら

❷ えーと，あのね，さあ(ね)(♥ 躊躇(ちゅうちょ)・思案など) ‖ *Well*, let me see. えーと，はてな / *Well*, I don't know. さあ，知らないよ / *Well*, I mean I went to see her last night. えーと，つまりその，昨日の夜彼女に会いに行ったんだ

❸ いや，というより(♥ 訂正) ‖ When I was leaving, she handed me a letter, ～, a note. 私が帰ろうとしていると彼女は私に手紙，いや，メモを手渡した

❹ やれやれ，まあ(まあ)(♥ 安心・あきらめ) ‖ *Well*, we arrived at last. やれやれ，やっと着いたよ / Oh ～! まあいいや(仕方がないさ)

❺ おや，えっ，へえー，おい(♥ 疑い・驚き・怒りなど) ‖ *Well*, what a surprise! へえー，驚いたね / *Well*, ～! これはこれは / *Well*, what are you doing here? おい，ここで何してるんだ ❻ それじゃ，それで，まあ(ね)，なるほど，よし(わかった)，さあ(♥ 譲歩・了承・期待など) ‖ *Well* then, say no more about it. それじゃあ，もうそのことは言うな / *Well*, you may be right. まあ，君の言うとおりかもしれない ❼ それで(♥ 説明・回答の要求で，しばしばいら立ちを表す) (→ CE 14) ‖ *Well*, are you going to help us or not? それで君は僕たちを手伝ってくれるのかい

W

COMMUNICATIVE EXPRESSIONS
12 **Óh wèll!** まあいいか；仕方ないな(♥ あきらめを表す)
13 "Be súre to infòrm the commíttee." "**Vèry wéll**, if you insíst."「委員会に連絡をするのを忘れずにね」「かしこまりました，どうしてもとおっしゃるのでしたら」(♥ 承諾を表すやや堅い表現．しばしばいやいや承諾するときに)
14 "You knòw they've been hìding sòme móney." "**Wéll?**"「彼らが金を隠しているのは知っているでしょう」「それで」(♥ 話の続きを促す)
15 "I dón't sèe whý we càn't gó to thàt réstaurant." "**Wèll**, [**the thíng is** [OR **you sée**,] I dòn't hàve enòugh móney todày."「どうしてあのレストランに行けないのよ」「それがその，今日はお金が足りないんだよ」(♥ 事情・理由を説明する際のくだけた前置き)

*__well__² /wel/ 名 C ❶ 井戸；(石油・ガスなどを採取するための)井(せい) ‖ dig [OR sink] a ～ 井戸を掘る / drill an oil ～ 油井(ゆせい)を掘る / ～ water 井戸水 ❷ 階段などの吹き抜け；(エレベーターの)縦穴；(机にはめ込んだ)インクつぼ(inkwell) ❸ 《～s》(地名の中で)温泉，鉱泉；源泉；《古》泉 (⇨ SPRING 類語) ‖ a ～ of information [ideas] 情報[アイデア]源 ❹ 《英》(法廷の判事席前の)弁護士席
—動 自 (液体が)わき出る，流れ出る；(感情などが)ほとばしる《*up, out*》‖ Tears ～*ed* (*up*) in her eyes.＝Her eyes ～*ed* (*up*) with tears. 涙が彼女の目にあふれ出た / hatred ～*ing up* within him 彼の心に込み上げてくる憎悪の念 —他 …を噴き出す

*__we'll__ /弱 wil, 強 wiːl/ 《口》❶ we will の短縮形 ‖ If we don't hurry, ～ miss the train. 急がなければ列車に乗り遅れるよ ❷ we shall の短縮形

W

well- 接頭 《形容詞用法の過去分詞につけて》「よく…，十分…」の意．〈例〉*well*-informed, *well*-known.(♦ 後の名詞を修飾するときはハイフンをつけ，補語としての用法のときはハイフンなしで2語につづるのがふつう．比較級，最上級は better-, best- または more well-, most well-)

wèll-adjústed ⟨シ⟩ 形 (→ well-) ❶ 十分に適応[順応]した ❷ 〖心〗情緒的[精神的]に安定した

wèll-advísed ⟨シ⟩ 形 (→ well-)慎重な，思慮深い，賢明な；よく考えた上での，熟慮を重ねた；〈…するのは〉賢明な，分別のある〈**to do**〉‖ a ～ plan 熟慮の上での計画 / You would be *well advised to* follow your brother's example. お兄さんを手本にするのが賢明でしょう

Wèl·land Canál /wèlənd-/ 名 《the ～》ウェランド運河《カナダ南東部，エリー湖とオンタリオ湖を結ぶ》

wèll-appóinted ⟨シ⟩ 形 設備[装備]の整った

wèll-ármed 形 十分に武装した

wèll-atténded 形 大勢出席した，盛況の

*__wèll-bálanced__ ⟨シ⟩ 形 ❶ 分別[良識]のある；情緒が安定した ‖ a ～ man 常識のある人 ❷ バランスのとれた，釣り合い[均衡]のとれた ‖ a ～ diet バランスのとれた食事

wèll-beháved ⟨シ⟩ 形 ❶ 行儀[しつけ，態度]のよい ❷ 💻 (プログラムが)行儀のよい《オペレーティングシステム(OS)の定める仕様に従って作成された》

*__well-being, well·being__ /wèlbíːɪŋ/ 名 U 〈…の〉健康，快適，幸福，福利〈**of**〉‖ have a sense of ～ 幸福感を抱く / physical ～ 体の健康

wèll-belóved 形 心から[深く]愛されている，最愛の；心から尊敬されている —名 (複 ～) C 最愛の人

wèll·bórn ⟨シ⟩ 形 家柄のよい，名門の出の

wèll-bréd ⟨シ⟩ 形 ❶ 育ちのよい，しつけ[行儀]のよい，上品な ❷ (動物などが)良種の

wèll-bròught-úp 形 (子供が)育ちのよい

wèll-búilt ⟨シ⟩ 形 (人が)体格のよい，調和のとれた体つきの；(建物が)しっかりした造りの，頑丈な

wèll-chósen ⟨シ⟩ 形 (語句などが)精選された，適切な

wèll-coiffed /-kwáːft, kwæft/ 形 きれいに髪をセットした

wèll-connécted ⟨シ⟩ 形 有力な親戚[縁故]に恵まれた；うまくつながった，構成の巧みな

wèll-defíned ⟨シ⟩ 形 ❶ 輪郭のはっきりした，明瞭な ❷ 定義の明確な；はっきりと述べられた

wèll-devéloped 形 十分に発達[発育]した

wèll-dispósed ⟨シ⟩ 形 ❶ 〈…に〉好意的な〈**toward, to**〉❷ 気立てのよい

wèll-dócumented 形 文書[記録]により十分に立証された；文書による十分な裏付けのある

wèll-dóne ⟨シ⟩ 形 ❶ (肉などが)よく焼けた (→ rare², medium) ‖ I like my steak ～. ステーキはよく焼いたのが好きだ ❷ 立派に[よく]遂行された，巧みに製作[演奏，施行]された，よい出来栄えの ❸ ⇨ WELL¹ 副

wèll-dréssed 形 立派な服装の，身なりのよい

wèll-éarned ⟨シ⟩ 形 自分の力で勝ち得た；十分受けるに値する，相応の ‖ a ～ punishment 自業自得

wèll-endówed 形 (才能・資質・金に)恵まれた；《口》《戯》(女性が)豊かな胸をした；(男性が)立派な性器を持つ

Welles /welz/ 名 **Orson ～** ウェルズ(1915–85)《米国の映画監督・俳優．代表作 *Citizen Kane*(1941)》

wèll-estáblished ⟨シ⟩ 形 確固不動の，定着した；定評のある ‖ a ～ firm 老舗(しにせ)の会社

wèll-fávored, 《英》 **wèll-fávoured** ⟨シ⟩ 形 美貌(びぼう)の，器量のよい(good-looking)

wèll-féd ⟨シ⟩ 形 栄養のよい；肥えた，太った

wèll-fíxed 形 《米口》裕福な

wèll-fórmed ⟨シ⟩ 形 ❶ 形のよい[整った] ❷ 〖言〗(言語表現などが)文法的に正しい[適格な]

wèll-fóund ⟨シ⟩ 形 (特に船が)設備[装備]の整った

wèll-fóunded ⟨シ⟩ 形 事実[正しい判断]に基づいた，根拠の確かな，揺るぎない

wèll-gróomed ⟨シ⟩ 形 ❶ (馬・庭などが)手入れ[世話]の行き届いた ❷ (人が)身だしなみのよい，小ぎれいな

wèll-gróunded ⟨シ⟩ 形 ❶ 《叙述》〈…の〉基本的知識[訓練]を十分に身につけた〈**in**〉❷ ＝well-founded

wéll·hèad 名 C ❶ 水源 ❷ 《比喩的に》〈…の〉源泉〈**of**〉❸ 井戸屋形；(油井の)坑口装置 ▸▸ ～ **prìce** 名 C (石油・天然ガスの)井戸元価格《産出段階の価格》

wèll-héeled ⟨シ⟩ 形 《口》金持ちの，裕福な

wèll-húng ⟨シ⟩ 形 ❶ ⊗《俗・卑》(男性が)性器の大きい，巨根の；(女性が)胸の豊かな，巨乳の ❷ (肉・獲物などが)食べごろになるまでつるされた；(カーテンなどが)うまくつるされた

wel·lies /wéliz/ 名 ＝wellingtons

*__wèll-infórmed__ /wèlɪnfɔ́ːrmd/ ⟨シ⟩ 形 (→ well-) 博識の，見聞の広い；〈…の〉問題[事情]に精通している〈**about, on**〉‖ He is *well informed about* [OR *on*] China. 彼は中国(問題)に詳しい / ～ sources 消息筋 / a ～ person 情報通

wel·ling·ton, W- /wélɪŋtən/ 名 (＝～ **bóot**) C 《通例 ～s》ウェリントンブーツ《前面がひざの上までくる革製の長靴．《英》ではゴム長靴を指す》

Wel·ling·ton¹ /wélɪŋtən/ 名 ウェリントン《ニュージーランドの首都》

Wel·ling·ton² /wélɪŋtən/ 名 **Duke of ～** ウェリントン(1769–1852)《英国の将軍・政治家．本名 Arthur Wellesley．ワーテルローで Napoleon 1世を破った》

wèll-inténtioned ⟨シ⟩ 形 善意の，善意から出た[で行った](♥ しばしば不首尾に終わったことについて用いる)

wèll-júdged 形 判断の正確な，適切な，時宜を得た

wèll-képt 形 ❶ 手入れの十分な，世話[管理]の行き届いた ❷ (秘密などが)厳重に守られた

wèll-knít ⟨シ⟩ 形 ❶ (特に人・体格が)がっしりとした，引き締まった ❷ しっかりと[よく]組み立てられた

*__wèll-known__ /wèlnóʊn/ 《アクセント注意》⟨シ⟩ 形 (→ well-)よく知られている，有名な，周知の；なじみ深い〈**to** …に；**for** …で；**as** …として〉‖ a ～ fact 周知の事実 / a ～ racecar driver 有名なカーレーサー / Florence Nightingale is *well known to* us *for* her contribution to modern nursing. フローレンス＝ナイチンゲールは近代的看護への貢献で私たちによく知られている / It is *well known* that moderate exercise improves our

health. 適度の運動が健康を増進することはよく知られている / his *best-known* song 彼のいちばん有名な歌
wèll-líked ⦅シ⦆ 形 多くの人に好まれる[好かれる]
wèll-máde ⦅シ⦆ 形 (人・動物が)釣り合いのよくとれた, 体格のよい; よくできている; 筋立てのしっかりしている
wèll-mánnered 形 行儀のよい, 礼儀正しい
wèll-márked 形 明確な, はっきりしている
wèll-mátched 形 似合いの; (試合などが)好取組の
wèll-méaning ⦅シ⦆ 形 =well-intentioned
wèll-méant ⦅シ⦆ 形 善意でなされた[言われた] (♥しばしば善意が通じなかったという意を含む)
well·ness /wélnəs/ 名 U 健康であること, 心身の快適さ ‖ a ～ program 健康増進プログラム
wèll-nígh ⦅シ⦆ 副 ほとんど(almost) ‖ be ～ impossible ほとんど不可能である
wèll-óff ⦅シ⦆ 形 (**better-** ; **best-**) ❶ 裕福な, 何不自由ない(↔ *badly off*); 〈…が〉たっぷりある, 〈…に〉不自由しない〈**in, for**〉(⇨ RICH 類語) ‖ ～ classes 金持ち階級 / the ～ 裕福な人々 ❷ (立場・状況が)満足な, 順境にある, うまくいっている(→ well¹ CE 4)
wèll-óiled ⦅シ⦆ 形 ❶ ⦅叙述⦆⦅口⦆酔っ払った ❷ 順調に運んでいる, 効率よく機能している ❸ (お世辞などが)口から滑らかに出てくる
wèll-órdered ⦅シ⦆ 形 秩序立った, よく整理された
wèll-páid 形 (人が)高給の; (仕事が)給料のよい, 報酬が十分な(well-paying)
wèll-presérved ⦅シ⦆ 形 (特に老人が) 年には見えない, 年齢の割には若々しい; 保存のよい
wèll-propórtioned ⦅シ⦆ 形 よく釣り合い [均整] のとれた
wèll-réad /-réd/ ⦅発音注意⦆ ⦅シ⦆ 形 多読の, 博識の, 〈…に〉精通している〈**in**〉‖ He is *well read in* law. 彼は法律に詳しい(→ well-)
wèll-róunded ⦅シ⦆ 形 ❶ (体などが) ふくよかな (♥ fat の婉曲語) ❷ (経験などが) 多方面にわたる ‖ a ～ education 幅の広い教育 ❸ 多芸多才の; (人格が) 円満な ❹ (文体などが)よく釣り合いのとれた **～·ness** 名
wèll-rún 形 経営効率のよい, よく経営されている
Wells /welz/ 名 **H**(**erbert**) **G**(**eorge**) ～ ウェルズ(1866–1946)⦅英国の小説家・歴史家. 空想科学小説で知られる⦆
wèll-sét ⦅シ⦆ 形 ❶ きちんと確立した [据えられた] ❷ (体格が)がっしりした, 引き締まった(♦ well-set-up ともいう)
wèll-spént 形 (金・時間などが)有効[有益]に使われた
wèll-spóken ⦅シ⦆ 形 ❶ 言葉遣いが上品な; ⦅英⦆ 標準英語を使う ❷ 話がうまい, 雄弁な ❸ (言葉が)適切な
wéll·sprìng 名 C ⦅文⦆ ❶ 水源 ❷ 〈知識などの〉供給源, 源泉〈**of**〉‖ a ～ *of* ideas アイデアの泉
wèll-stácked 形 ⊗⦅俗⦆⦅蔑⦆(女性が)胸が豊かな
wèll-stáged 形 うまく演じられた
wèll-stócked 形 よく蓄えられている, よく貯蔵されている
wèll-thóught-òf ⦅シ⦆ 形 (人が) 評判のよい, 好感を持たれる, 尊敬されている
wèll-thòught-óut ⦅シ⦆ 形 (考えなどが) 綿密に考えられた, よく練られた ‖ a ～ plan よく練った計画
wèll-thúmbed ⦅シ⦆ 形 ⦅英⦆(本・ページなどが)(よく使って)手あかのついた
wèll-tímed ⦅シ⦆ 形 適切な時機の, 時宜を得た
wèll-to-dó ⦅シ⦆ 形 裕福な, 暮らし向きのよい; ⦅the ～ で集合名詞的に⦆⦅複数扱い⦆裕福な人々(⇨ RICH 類語)
wèll-tráveled 形 旅慣れた; (道路が)交通の頻繁な
wèll-tríed 形 試し抜かれた, 効果などが立証された
wèll-tródden 形 人がよく通る, 踏みならされた
wèll-túrned ⦅シ⦆ 形 ❶ (語句などが) 巧みに言い表された, 適切な ❷ ⦅やや旧⦆格好のよい, 均整のとれた
wèll-tùrned-óut 形 身なりのよい, 粋な
wèll-úsed 形 使い込まれた, よく使われた
wèll-vérsed ⦅シ⦆ 形 〈…に〉精通している〈**in, on**〉
wéll-wìsher 名 C 他人の幸福[事の成功など]を祈る人; 好意を寄せる人; 支持[支援]者
wéll-wòman 形 ⦅限定⦆ 女性の健康に関して助言を行う ‖ a ～ clinic 女性専門診療所
wèll-wórn ⦅シ⦆ 形 ❶ 使い [着] 古した ❷ (言葉などが) 陳腐な, 月並みな ❸ (名誉などが)身についた
wel·ly /wéli/ 名 ⦅英口⦆=wellington
give it some welly ⦅英口⦆頑張る
welsh /welʃ/ 動 自 ⊗⦅口⦆⦅蔑⦆〈義務などを〉果たさない, 〈約束などを〉破る; 〈人を〉だます〈**on**〉(♥ ウェールズ人にとっては侮辱的な語) ‖ ～ *on* one's debt 借金を踏み倒す
～·er 名
***Welsh** /welʃ/ 形 ウェールズ(人[語])の
—名 ❶ (the ～) ⦅集合的に⦆⦅複数扱い⦆ウェールズ人 (全体) ❷ U ウェールズ語
▸▸ ～ **cór·gi** /-kɔ́ːrgi/ 名 C 〖動〗ウェルシュコーギー⦅ウェールズ産の短足胴長の犬⦆ ～ **drésser** 名 C ⦅英⦆ ウェルシュドレッサー ⦅食器戸棚の一種⦆ ～ **hárp** 名 C ウェルシュハープ ⦅3列弦の大型ハープ⦆ ～ **rábbit** [**rárebit**] 名 C U 〖料理〗ウェルシュラビット⦅トーストにチーズソースをかけたもの⦆ ～ **sprìnger spániel** 名 C 〖動〗ウェルシュスプリンガースパニエル ⦅ウェールズ産の赤と白の毛並みの猟犬⦆ ～ **térrier** 名 C 〖動〗ウェルシュテリア⦅ウェールズ産の黒と茶の硬い毛並みの犬. キツネ・アナグマなどの猟犬⦆
Wélsh·man /-mən/ 名 (複 **-men** /-mən/) C ウェールズ人(中立 Welsh person)
Wélsh·wòman 名 (複 **-wòmen**) C ウェールズの女性 (中立 Welsh person)
welt /welt/ 名 C ❶ (靴底と甲との間の) 継ぎ目皮; (服の) 縁飾り, 当てぎれ ❷ むちの跡 (weal¹), みみずばれ; 強打, 殴打 —動 他 ❶ …に継ぎ目皮 [縁飾り] をつける ❷ …を(むちなどで)激しく打つ, …にみみずばれを作る
Welt·an·schau·ung /véltaːnʃàuuŋ | -æn-/ 名 (複 **～s** /-z/ OR **-ung·en** /-ən/) ⦅ドイツ⦆ (=world view) ⦅通例 the ～⦆世界観, 人生観, 社会観
wel·ter /wéltər/ 名 C ❶ 転げ回ること; (波などの)うねり, 逆巻き ❷ ⦅通例 a ～⦆混乱, 騒動; 散乱, 乱雑 ‖ a ～ of toys 散らかったおもちゃ —動 自 ⦅文⦆ ❶ 転げ回る, のたうつ⦅***about***⦆ ❷ 〈…に〉浸る, つかる〈**in**〉‖ ～ *in* blood 血まみれになる ❸ 〈快楽・罪悪などに〉深くはまり込む, ふける〈**in**〉 ❹ (海などが)うねる, 逆巻く
wélter·wèight 名 U (ボクシングなどの)ウェルター級; C ウェルター級の選手 —形 ウェルター級の
Welt·schmerz /véltʃmèərts/ 名 U ⦅ドイツ⦆世界苦, 悲観的世界観, 厭世(えんせい)
wen¹ /wen/ 名 C ❶ 〖医〗(特に頭皮にできる)皮脂膿腫(のうしゅ), はれ物 ❷ ⦅古⦆⦅英⦆巨大都市, 人口膨大な都市 ‖ the (great) ～ of London 大都市ロンドン
wen² /wen/ 名 C ウェン⦅古英語および中英語で用いられたルーン(rune)文字. w に相当⦆
wench /wentʃ/ ⦅古⦆ 名 C ❶ ⊗⦅蔑⦆⦅戯⦆少女, 女の子; 若い女性, 娘 ❷ 女性の召使い; 田舎娘 ❸ ⊗⦅蔑⦆売春婦 —動 自 ⊗⦅蔑⦆売春婦と交わる[遊ぶ] **～·er** 名
wend /wend/ 動 (**wend·ed** /-ɪd/ OR ⦅古⦆ **went** /went/) 他 ⦅～ one's way で⦆行く, 進む(♦ 古英語では「回る」の意. go の過去形はこの過去形 went から) ‖ ～ one's *way* home 家路につく —自 行く, 進む
Wén·dy hòuse /wéndi-/ 名 C ⦅英⦆ (子供の) 遊び小屋 (⦅米⦆ playhouse) (♦ Peter Pan が Wendy のために造った樹上の家から)
****went** /went/ 動 go の過去
wept /wept/ 動 weep の過去・過去分詞
*****were** /弱 wər ; 強 wəːr/ 動 助
—動 自 ❶ be 動 の二人称・単数および一, 二, 三人称・複数直説法過去形(⇨ BE 動)
❷ be 動 の一, 二, 三人称・単数および複数仮定法過去形 (⇨ BE 動) (♦ ⦅口⦆では一, 三人称単数の仮定法過去の were の代わりにしばしば was が使われる) (→ was, ⇨ PB

07) ‖ If I ～ [OR was] you, I would ask your parents for advice. もし私が君ならご両親に助言を求めるのだが

—助 ❶ be 助 の二人称・単数および一, 二, 三人称・複数直説法過去形(⇨ BE 助) ❷ be 助 の一, 二, 三人称・単数および複数仮定法過去形(⇨ BE 助)

*we're /wɪər/ (♦ 同音語 weir) 《口》 we are の短縮形 ‖ *We're* short of time. 私たちには時間が足りない

*were·n't /wəːrnt/ 《口》 were not の短縮形 (⇨ BE 動 助, WERE 動 助) ‖ They ～ happy with their work. 彼らは仕事に満足していなかった / They ～ invited to the party. 彼らはパーティーに招かれなかった

were·wolf, wer- /wéərwʊ̀lf/ 名 (複 **-wolves** /-wʊ̀lvz/) Ⓒ (伝説上の) 狼(おおかみ)人間《オオカミに変えられた[変身できる]人》; 悪賢く残忍な人

wert /弱 wərt; 強 wəːrt/ 動 《古》be の二人称・単数・直説法過去および仮定法過去

Wes·ley /wésli, wéz-/ 名 **John** ～ ウェスレー (1703–91) 《英国の聖職者. メソジスト派(Methodism)を創始》

Wes·ley·an /wézliən, wés-/ 形 ウェスレーの; メソジスト教会[派]の —名 Ⓒ ウェスレーの信奉者; メソジスト派信徒(Methodist) **～·ìsm** 名

Wes·sex /wésɪks/ 名 『英国史』ウェセックス《イングランド南部にあった古代の Anglo-Saxon 時代の一王国》

Wes·si /wési/ 名 Ⓒ ⊗ 《口》《しばしば蔑》旧西ドイツ領の住民(↔ Ossi)

⁂west /west/ 名 形 副

—名 [▶ western 形] ❶ 《通例 the ～》**西**, 西方 (略 W, W., w, w.); **西部** (地方) (↔ east) ‖ The sun sets **in** the ～. 太陽は西に沈む / California lies **in** the ～ of the United States. カリフォルニアは合衆国の西部にある / The lake is on the ～ of the village. 湖は村の西に接している / Windsor lies **to** the ～ of London. ウィンザーはロンドンの西方にある / The rain is coming from the ～. 雨は西から降ってきている

❷ 《the W-》**西洋**, 欧米 (the Occident) 《ヨーロッパ・米国・カナダ》; 西側諸国《冷戦時代の西欧・北米などの非共産国》(↔ the East 名 ❸)

❸ 《the W-》《米》西部(地方[諸州])《ミシシッピ川より西の地域》(→ Middle West, east 名 ❸) ‖ the Wild *West* (開拓時代の無法な)米国西部

—形 《比較なし》《限定》 ❶ **西(方)の**, 西部[西側]の, 西向きの ‖ the ～ entrance 西側の入り口

❷ 《W-》(大陸・国などの西の部分を指して) 西… ‖ *West* Africa 西アフリカ ❸ (風が)西からの

—副 《比較なし》**西へ[に]**, 西の方へ[に] ‖ My room faces ～. 僕の部屋は西向きだ / His hometown is twenty miles ～ of Boston. 彼の故郷はボストンから西へ20マイルの所にある

gò wést ① 西に行く ② 《英口》死ぬ; (物が)駄目になる, 壊れる, なくなる

òut Wést 《米口》(東部から見て) 西部へ[に] (↔ *back East*)

▸▸**Wèst Bánk** 名 《the ～》ヨルダン川西岸地区《主にイスラエルが統治しているがパレスチナ自治区の一部を含む》 **Wèst Berlín** 名 西ベルリン《ドイツ統一前のベルリンの西部地域の旧称; 西ドイツに所属していた. → East Berlin》 **～ by nórth** (↓) **～ by sóuth** (↓) **Wèst Cóast** ⊲シ 名 《the ～》(米国の)西海岸, 太平洋沿岸地域 **Wést Cóuntry** 名 《the ～》(イングランドの)西部地方《Southampton と Severn 河口を結んだ線より以西の地方. 特に Devon と Cornwall を指す. 典型的な田舎のイメージ》 **Wèst Énd** (↓) **Wèst Germánic** 名 Ⓤ 形 『言』西ゲルマン諸語 (の) 《英語・オランダ語・ドイツ語など》(→ Germanic) **Wèst Gérmany** 名 西ドイツ《旧ドイツ連邦共和国 (the Federal Republic of Germany) の通称. 首都 Bonn. 1990年東ドイツと統合》 **Wèst Índian** 形 名 Ⓒ 西インド諸島の (住民) **Wèst Índies** 名 《the ～》西インド諸島《北米東南部と南米大陸北部の間にある諸島. 略 WI, W.I.》 **Wèst Níle vìrus** 名 《the ～》西ナイルウイルス《蚊が媒体. 脳炎などを引き起こす》 **Wèst Pákistan** 名 西パキスタン《現在のパキスタンの旧称. 1971年東パキスタンはバングラデシュとして独立》 **Wèst Póint** 名 ウェストポイント《米国ニューヨーク州南東部, ハドソン川に面した軍用地. また, そこにある陸軍士官学校》 **Wèst Síde** 名 《the ～》ウェストサイド《ニューヨーク市のマンハッタン島西部の下町地域》(→ East Side) **Wèst Sússex** 名 ウェストサセックス《イングランド南部の州. 州都 Chichester》 **Wèst Virgínia** (↓) **Wèst Wíng** 名 《the ～》ウェストウイング《米国大統領官邸の正面に向かって右側の2階建ての建物. the Oval Office などの主要な執務室がある》 **Wèst Yórkshire** 名 ウェストヨークシャー《イングランド北部の大都市圏州. 州都 Wakefield》

wést·bòund 形 西に向かう, 西行きの

wèst by nórth 名 Ⓤ 西微北 《西から11°15′北寄り. 略 WbN》 —形 副 西微北の[に], 西微北から[へ](の)

wèst by sóuth 名 Ⓤ 西微南 《西から11°15′南寄り. 略 WbS》 —形 副 西微南の[に], 西微南から[へ](の)

Wèst Énd ⊲シ 名 《the ～》ウェストエンド《ロンドンの西部地区. 高級店・劇場・高級住宅街・公園などがある》(→ East End) **Wèst Énder** 名

west·er·ing /wéstərɪŋ/ 形 《文》西に向かう; (特に太陽が)西に傾く

*west·er·ly /wéstərli/ 形 《通例限定》副 西方の [に], 西(側)の[に]; 西寄りの[に]; (風が)西から(の)

⁂west·ern /wéstərn/ 形 名

—形 [⊲ west 名] 《比較なし》《限定》 ❶ 《しばしば W-》**西の**, 西方の, 西向きの; 西からの (略 W, W.) ‖ *Western* Europe 西ヨーロッパ, 西欧 / *Western* Sahara 西サハラ / a ～ wind 西風

❷ 《W-》**西洋の**, 欧米の (米国・カナダ・(東欧を除く)ヨーロッパ) ‖ *Western* customs 西洋の習慣 ❸ 《W-》《米》西部(地方[諸州])の ‖ the *Western* States (米国の) 西部諸州 ❹ 《W-》(共産圏に対して) 西側(諸国)の

—名 (複 **～s** /-z/) 《しばしば W-》Ⓒ 西部劇, ウェスタン, 西部もの

▸▸**Wèstern Austrália** 名 西オーストラリア《オーストラリア西部の州. 州都 Perth》 **Wèstern Chúrch** 名 《the ～》西方教会, ローマカトリック教会 (→ Eastern Orthodox Church) **Wèstern Hémisphere** 名 《the ～》西半球 **～ médicine** 名 Ⓤ 西洋医学 **Wèstern (Ròman) Émpire** 名 《the ～》『史』西ローマ帝国《395–476》 **～ [W-] sáddle** 名 Ⓒ ウェスタンサドル (《米》 stock saddle)《もとカウボーイが使用した鞍(くら)》 **Wèstern Samóa** 名 西サモア《南太平洋上サモア諸島西部の国サモアの旧称. 東部は米国領》(→ Samoa) **Wèstern Wáll** 名 《the ～》= Wailing Wall

west·ern·er /wéstərnər/ 名 《しばしば W-》Ⓒ 西に住む人; 西欧人, 欧米人; 《米》西部(生まれの)人

*west·ern·ize /wéstərnàɪz/ 動 他 …を西洋風[式]にする, 西欧化する; 《米》…を西部風にする —自 西欧風になる **wèst·ern·i·zá·tion** 名 Ⓤ 西欧化 **-ized** 形

wéstern·mòst 形 最も西の, (最)西端の

West·min·ster /wéstmɪ̀nstər/ 名 ❶ ウェストミンスター《ロンドン市中央の自治区. 英国の政治の中心地. 国会議事堂, Buckingham Palace, Westminster Abbey などがある》(♦ 公式名 the City of Westminster) ❷ 《英》英国国会議事堂 (Palace of Westminster); 英国議会(→ Whitehall); (= **～ Ábbey**) ウェストミンスター寺院《ウェストミンスターにあるゴシック建築の教会. 単に the Abbey ともいう》

wèst-nòrth·wést 名 《the ～》西北西 (略 WNW) —副 形 西北西に[の]; 西北西から(の); 西北西へ(の)

wèst-sòuth·wést 名 《the ～》西南西 (略 WSW)

―副形 西南西に[の]；西南西から(の)；西南西へ(の)

Wèst Virgínia 名 ウェストバージニア《米国東部の州. 州都 Charleston. 略 W.Va.,〘郵〙WV》

Wèst Virgínian 形名C ウェストバージニアの(人)

*__west·ward__ /wéstwərd/ 副 西方へ[に] ‖ fly ～ 西に向かって飛ぶ ―形 西方(へ)の；西向きの ‖ in a ～ direction 西の方角に ―名《the ～》西方, 西部(地方)

west·wards /wéstwərdz/ 副 =westward

‡**wet** /wet/

―形 (**wet·ter**；**wet·test**)

❶ **ぬれた, 湿った**, 水分を含んだ；〈涙などで〉ぬれている(↔ dry)〈**with**〉(⇨ 類語) ‖ The boys **got** ～ to the skin. 少年たちはびしょぬれになった / Her eyes were ～ *with* tears. 彼女の目は涙にぬれていた / His shirt was ～ through *with* sweat. 彼のシャツは汗でびっしょりだった / get soaking [OR dripping, sopping] ～ from the rain 雨でずぶぬれになる / dry one's ～ hair ぬれた髪を乾かす / ～ pavements ぬれた歩道

❷ **雨の, 雨降りの**(↔ sunny)；雨[雪]の多い；(風などが)湿気の多い ‖ It was ～ outside.＝We had ～ weather. 雨が降っていた / a ～ day 雨の日 / the ～ season 雨季 / a ～ breeze 湿っぽい風

❸ (ペンキ・インクなどが) まだ乾いていない ‖ *Wet* Paint《掲示》ペンキ塗りたて

❹ (赤ん坊が)お漏らしした；(おむつが)ぬれた

❺《英口》(人・振る舞いなどが)気迫[自信]のない, 気の弱い, 意気地のない；(保守党員が)穏健すぎる, 弱腰の(→ CE 2)(❗感傷的で情にもろいさまを「ウェット」というのは和製用法. 英語では sentimental, tender-hearted などを用いる)

❻ 酒の；酒に酔った；《口》酒類の製造販売を認めている ‖ a ～ driver 酔っ払い運転者 / a ～ town 酒類が販売されている町 ❼ 水を用いる, 水処理された；湿式の

COMMUNICATIVE EXPRESSIONS

1 You're **àll wét.** そんなの全然違うね

2 **Dòn't be sò wét.**《英》そんなに弱気になるな

―名 (複 **～s** /-s/) ❶《the ～》**雨降り**, 雨天；雨, 霧；ぬかるみ, 水たまり ‖ Come in out of the ～. (雨に)ぬれていないでお入り ❷U 水；水分, 湿気, 湿り ❸C《英口》弱気な人, 意気地なし ❹C《英口》弱腰の保守党員 ❺C《英口》(1杯の)酒 ‖ have a ～ 一杯やる

―動 (**～s** /-s/；**wet** OR **wet·ted** /-ɪd/；**wet·ting**)

―他 ❶ …をぬらす, 湿らす(↔ dry) ‖ The rain has *wetted* us through. 雨で私たちはずぶぬれになった / ～ a garden with a hose 庭にホースで散水する ❷〔衣服・寝具〕をおしっこでぬらす；《～ oneself で》お漏らしする ‖ ～ one's [OR the] **bed** おねしょする ―自 ぬれる, 湿る

～·ly 副 **～·ness** 名

類語《形 ❶》**wet** 最も一般的に「ぬれた」「湿った」「乾いていない」状態を表す語.

damp じめじめ湿って不快を感じさせる際に用いる.〈例〉a cold, *damp* cellar ひんやり湿った地下室

moist 湿りの程度が damp より軽く, むしろ好ましく感じられる際に多く用いる.〈例〉*moist* eyes [lips] うるんだ目[ぬれた唇]

humid 大気中の湿度が高いことを表す.〈例〉hot, *humid* weather 蒸し暑い天気

▸▸ **～ bàr** 名C《米・カナダ》(家庭などの) ホームバー **～ blànket** (↓) **～ cèll** 名C〘電〙湿電池《電解質が液体の電池》(→ dry cell) **～ clèaning** 名U ウェットクリーニング《水と石けんを使う環境への負荷が軽いクリーニング》 **～ dòck** 名C〘海〙係船ドック《潮の干満にかかわらず船の高さを一定に保つドック》 **～ dréam** 名C 夢精, 性夢 **～ fìsh** 名U《英》鮮魚 **～ flý** 名C〘釣〙水中用毛針(↔ dry fly) **～ lòok** 名C《単数形で》(衣服などの)表面のつや；(整髪料による)髪のつや **～ nùrse** (↓) **～ pàck** 名C〘医〙湿布 **～ sùit** 名C (ダイバーの) ウェットスーツ

wét·bàck 名C ⊗《米口》《蔑》メキシコ人, (特に)メキシコ人不法労働者

wét-blànket 動他 …の興をそぐ, …に水を差す

wét blànket /英 ⌐⌐⌐/ 名C《口》座を白けさせる人[もの], 興[気勢]をそぐ人；けちをつける人

weth·er /wéðər/ 名C 去勢した雄羊

wét·lànd 名C《しばしば ～s》湿地(帯)；野生生物保護地域

wét-nùrse 動他 ❶〔他人の子〕に乳母として乳をやる, …の乳母をする ❷《口》《けなして》…を甘やかす

wét nùrse 名C (他人の子に乳をやる) 乳母 (→ dry nurse)；甘やかす人

wet·ting /wétɪŋ/ 名C ぬれること, ずぶぬれ

▸▸ **～ àgent** 名C 湿潤剤《布・革などへの液体の浸透を早めるための添加剤》

wet·tish /wétɪʃ/ 形 少し湿った, 湿っぽい

*__we've__ /弱 wiv；強 wiːv/ we have の短縮形(◆ have は助動詞) ‖ *We've* never seen a UFO. 私たちは一度もUFOを見たことがない

WFTU, W.F.T.U. 略 *W*orld *F*ederation of *T*rade *U*nions(世界労働組合連盟)

whack /hwæk/《口》動他 ❶ …を(棒などで) ぴしゃりと打つ, 強打する ❷《米》…を山分けする, 分配する《**up**》❸《英》…を負かす ❹《米》…を殺す ―自 ぴしゃりと打つ

whàck óff 〈他〉《***whàck óff ...*** / ***whàck ... óff***》《米》…をたたき切る ―〈自〉⊗《卑》自慰行為をする

whàck úp ... / ***whàck ... úp*** 〈他〉① ⇨ 他 ❷ ② …を増やす

―名C ❶ ぴしゃり, ぴしっ, ばしん(という一撃[音]), 強打 ❷《通例 a ～；one's ～》《英》割り当て, 分け前(share) ‖ pay a fair ～ 正当な分け前を支払う / top [OR full] ～ 最高値[率]；法外な料金 ❸《通例 a ～》ためし, 試み ‖ have [OR take] a ～ at ... …をやってみる ❹《米口》(よい)状態 ❺《米俗》殺人

at [OR ***in***] ***òne whàck*** 《米口》一度に, 一気に

òut of whàck 《主に米・豪口》調子が悪くて；〈…と〉一致[調和]しないで〈**with**〉

whacked /hwækt/ 形《通例叙述》❶《主に英口》へとへとの ❷《米俗》(酒・麻薬で)ふらふらの；狂気じみた

whàcked-óut 形 =whacked ❷

whack·er /hwǽkər/ 名C《口》ぴしゃりと打つ人；(同種類中の)大きなもの[人]；大ぼら[うそ]

whack·ing /hwǽkɪŋ/ 形《限定》《英口》とても大きい, でかい ‖ a ～ lie 大うそ ―副《英口》すごく, ひどく ‖ a ～ great melon ばかでかいメロン ―名U/C《通例単数形で》強打

whack·o /hwǽkoʊ | ⌐⌐/ 名形 =wacko

―間《英口》《旧》すっごい, わーい

whack·y /hwǽki/ 形 =wacky

‡**whale**[1] /hweɪl/

―名 (複 **～** OR **～s** /-z/) C **鯨** ‖ I saw a ～ blow [OR spout] before my own eyes. 目の前で鯨が潮を吹くのを見た / a cow [bull] ～ 雌[雄]鯨 / a school of ～*s* 鯨の群れ / the International *Whale* Fishing Control Treaty 国際捕鯨取締条約

a whále of a ... 《口》途方もなく大きな…；素晴らしい… ‖ *a* ～ *of a* problem 大問題 / have *a* ～ *of a* time《口》とても楽しい時を過ごす

―動自 鯨を捕る

▸▸ **～ òil** 名U 鯨油 **～ shàrk** 名C〘魚〙ジンベエザメ《魚類中最大》 **～ wàtching** 名U ホエールウォッチング ‖ go ～ *watching* ホエールウォッチングに行く

whale[2] /hweɪl/ 動他《主に米口》…をしたたかに打つ[たたく], むち打つ ―自〈…を〉激しく攻撃する〈**into**〉

whàle awáy at ... …に激しく食ってかかる[襲いかかる]

whále·bàck 名C ❶ (波や丘など) 鯨の背状のもの ❷〘海〙突起甲板貨物船 ―形 鯨の背のように盛り上がった

whále·bòat 名C 両端がとがった細長い手こぎボート《かつて捕鯨に用いた》

whále·bòne 名U 鯨ひげ(baleen)；その製品

W

▶▶～ whàle 名 C 〘動〙ヒゲクジラ(baleen whale)

whal·er /hwéɪlər/ 名 C ❶ 捕鯨者；捕鯨船 ❷ = whaleboat ❸ =whale shark

***whal·ing** /hwéɪlɪŋ/ 名 U 捕鯨(業)

wham /hwæm/ 《口》 間 ❶ がん，どかん(大きな衝突・爆発) ❷ がーん(♥ 予期せぬことに直面したショックを表す)
—名 C どかん(という音)；激しい衝突 —副 どかんと；急に —動 (**whammed** /-d/；**wham·ming**) 他 自 (大きな音を立てて)(…を[が])ぶつける[ぶつかる]；(…を[が])爆発[破裂]させる[する]

wham·my /hwǽmi/ 名 (複 **-mies** /-z/) C《口》❶ 邪悪の目；縁起の悪いもの，災難(→ double whammy) ❷《主に米》魔法，まじない ‖ put the ～ on him 彼に悪の呪文(じゅもん)[魔法]をかける

whang /hwæŋ/ 《口》 動 他 …をがんと打つ，強打する
—自 (太鼓などが)どんと鳴る；強く打つ，むち打つ
—名 C がんと打つこと[音]；強打

whap 動 名 =whop

***wharf** /hwɔːrf/ 《発音注意》 名 (複 **wharves** /hwɔːrvz/ OR **～s** /-s/) C 波止場，埠頭(ふとう)，岸壁(⇨ 類語)
—動 他 ❶〔船〕を波止場につなぐ ❷〔積み荷〕を波止場に陸揚げする ❸ …に波止場を設ける

類語 《名》 **wharf** 海岸(または河岸)の船着き場・波止場を表す一般的な語.
quay /kiː/ 石などでできた海岸に平行したまたは突き出した「波止場」. ふつう港 (harbor) の一部をなし，多くは wharf や pier よりも小さいもの.
pier /pɪər/ 通例海岸から突き出た長く大きい「突堤」. 遊歩の場所にもなり，食事や娯楽の設備のある建物などもある.
jetty pier の小型のもの. 栈橋.

wharf·age /hwɔ́ːrfɪdʒ/ 名 U ❶ 波止場の使用(料) ❷《集合的に》波止場《設備》；波止場での荷役(にやく)

wharf·in·ger /hwɔ́ːrfəndʒər | -ɪn-/ 名 C 波止場の所有者[管理者]

whas·sup /wɑ(ː)sʌ́p/ 間《俗》いよっ，こんちは(♥ 親しい間柄でのくだけたあいさつ)

***what** /hwʌt, hwɑ(ː)t | wɔt/ 代 形 副 間 接

—代 **I【疑問代名詞】** ❶ **何**，どんなもの[こと，人] **a**《疑問文で》(♦ 文頭に置かれる. ほかの疑問代名詞・疑問副詞も同様. この種の疑問文はふつう下降調のイントネーションで発音し，yes, no では答えられない) ‖ *What* is the capital of the USA? 米国の首都はどこですか (♦ (1) ˣWhere is the capital ...? とはいわない (⇨ PB 96). (2) この what は主語とも補語とも考えられるので，答えは Washington, D.C. is. と It's Washington, D.C. の2通りが可能) / *What* makes you think so? どうしてそう思うのですか / *What* brought you here? どうしてここへ来たのですか (=Why did you come here?) / *What*'s on TV tonight? 今晩はどんなテレビ番組がありますか(♦ what が主語の場合，複数での答えが予想されても通例単数扱いにする) / *What* are the ingredients of this dish? この料理の材料は何ですか (♦ 主語は ingredients なので動詞は are) / *What*'s your name? 君の名前は何ですか(♥ ぶしつけないい方. May I have [OR ask] your name? のようにいう方が丁寧) / *What* is he? 彼はどういう人ですか(♥ 職業・身分などを尋ねる場合に用いる. ただし *What* does he do? の方が一般的. 特に *What* are you? は失礼なのでふつう使わず，May I ask *what* you do (for a living)? などという. ⇨ WHO) / *What* did you say? 何だって？(♥ 相手の言葉が聞こえなかったときは，おわびを添えた次のような表現の方が丁寧. 〈例〉I'm sorry, I didn't hear that. Could you say it again, please? 申し訳ありませんが，聞こえませんでした. もう一度言っていただけますか) / *What* are you doing? 何をしているのですか / *What* can I do for you? 何かご用でしょうか / *What* do you think of her? 彼女をどう思いますか / *What* do you think we should do next? 私たちは次に何をすべきだと思いますか (♦ Do you know *what* we'll do next? (私たちが次に何をするか知っていますか) と what の位置の違いに注意) / Who said ～? だれが何と言ったって？(♦ 複数の疑問詞を含む多重疑問文. who があるので what は文頭にはこない)

語法 ☆☆ what が前置詞の目的語であるとき，一般には前置詞を what の前に置くことも，動詞の後に置くことも可能で，動詞の後に置く方が《口》. このことはほかの疑問詞 which, who(m) などでも同様. 〈例〉*What* did he sit *on*? (✐ *On what* did he sit?) 彼は何の上に座ったのですか
ただし，ある種の固定表現においては，前置詞を動詞の後に置く形だけが可能である. 〈例〉*What* are you looking *for*? 何を探しているのですか (♦ ˣFor what are you looking? とはいわない. → 形 ❶ 語法)

b《間接疑問文で》‖ I have no idea ～ it is. それが何だか知らない / I asked Martin ～ he meant. 何を言いたかったのかとマーティンに尋ねた / Beth does not know ～ it is to be poor. ベスは貧乏の味を知らない

c《+***to do***》何を…すればよいか ‖ I don't know ～ *to* say. 何を言えばよいのかわからない

❷ (数量・額などが) どれだけのもの [こと] ‖ *What* is the price [weight]? 値段はいくら [重さはどれくらい] ですか / *What* does a hot dog cost? ホットドッグはいくらですか (=How much does a hot dog cost?) / *What* is the population of Osaka? 大阪の人口はどれくらいですか(=How large is ...?)

❸ **何だって**(♥ 上昇調のイントネーションで発音し，相手の発言などを聞き返したり，驚き・疑念などを表す)；何ですか，何だい (♥ 相手に発言の続行を促す) ‖ *What?* (↗) Say that again? 何だって. もう一度言って (♥ Pardon?,《英》Sorry? または Pardon [OR Excuse] me? という方が丁寧) / "I saw a fairy." "You saw ～? (↗)" 「妖精(ようせい)を見たよ」「何を見たって」(♦ 問い返しの疑問文. 平叙文と同じ語順で，聞き取れなかったり，驚いたりした部分を疑問詞に変えていう. 文末は上昇調で発音) / "*What*'s your name?" "Arthur." "Arthur ～?" 「名前は」「アーサー」「アーサー何？」

II【関係代名詞】 ❹ (…する)**もの[こと]**(♦ which, who, that などと異なり，先行詞を含む. the thing(s) that, that [those] which に相当する) **a**《主語》《通例単数扱い》‖ *What* the witness said wasn't true. 目撃者の言ったことは真実ではなかった / *What* is most important in life is love. 人生でいちばん大切なことは愛だ

b《目的語》‖ The policeman didn't believe ～ I said. 警官は私の言ったことを信じなかった / Paul only listens to ～ pleases him. ポールは自分の気に入ることにしか耳を傾けない

c《補語》‖ Emma is not ～ she used to be. エマは以前の彼女ではない (=Emma is not the person she used to be.) / He has made this company ～ it is today. 今日この会社があるのは彼のおかげだ

d《挿入節》(♦ 関係節中に比較級を伴うのがふつう) ‖ It was cold, and ～ was worse, it began to rain. 寒かった，さらに悪いことに，雨が降りだした / The hotel is conveniently located, and ～ is still better, reasonably priced. ホテルは立地がよく，そしてさらによいことには値段も手ごろだ

語法 ☆☆ この what を用いた構文で名詞句または動詞句を強調することができる. 〈例〉*What* she bought yesterday was a watch. 彼女が昨日買ったものは腕時計だった (=It was a watch that she bought yesterday.) / *What* you need to do first is (to) apologize to him. 最初に君がすべきことは彼に謝ることだ (♦ 動詞句の強調では it を用いて ˣIt is (to) apologize to him that you need to do first. のように言い換えることはできない)

W

❺ (…する) ものは何でも [どれほどでも] (whatever) ‖ You can call me ～ you like. 私のことは何とでも好きなように呼んでくれ / Do ～ you think is right. 君が正しいと思うことをしたまえ

and I dòn't knòw whát [OR ***whàt áll, whàt élse***] 《口》…など, その他いろいろなもの

and [OR ***or***] ***whàt háve you*** 《口》その他いろいろ, …など

and whát nòt = *and* [OR *or*] *what have you* (↑)

(and) whàt's móre NAVI その上, おまけに (♥ 前述の内容に, より興味深い情報を追加する. 定型句なので通例時制の一致は受けない)

be whàt ... is (àll) abóut 《口》…の目的は(すべて)…にある ‖ Loving and sharing — this *is* ～ marriage *is (all) about.* 愛し合い分かち合うこと — これこそ結婚の目的である

À is to B̀ whàt C̀ is to D̀. AのBに対する関係はCのDに対する関係と同じである ‖ Leaves *are to* the plant ～ lungs *are to* the animal. 葉の植物に対する働きは肺の動物に対する働きに等しい

*****Whát about ...?*** 《口》① …はどうですか (How about ...?) (♥ 提案や意向を尋ねる) ‖ *What about* another glass of milk? ミルクをもう1杯どうですか / *What about* going for a walk? 散歩に行かないか ② NAVI …はどうなのか (♥ 話題を導入する) ‖ *What about* your wife? Is she coming, too? 奥さんはどうですか. お見えになるのですか

*****Whàt fór?*** ; ***Whàt (...) fòr?*** 《口》**何の理由[目的]で**, 何のために, なぜ (♥ why に近い意味だがよりくだけた言い方) (→ CE 12) ‖ *What* do you want the money *for*? 何でその金が欲しいんだい (♦ ×For what do you want the money? とはいわない. → 代 ❶ a 語法, 形 ❶ 語法)

Whát of ...? 《口》…はどうなった[どうなる]のか

Whàt's nót to lìke? 何が気に入らないというのか, いいではないか

whàt's whát ① 何が何か (の区別) ② 事の真相, 重要な事柄, 実情 ‖ know ～*'s* ～ 道理がわかっている

COMMUNICATIVE EXPRESSIONS

1 You **hàve what it tákes.** あなたには必要なものが全部備わっています (♥「目標達成に必要な才能・資金・勇気などが十分ある」の意)

2 **Í knòw whát.** わかった ; こうしたらどうだろう (♥ とっさに思いついた提案をする際のくだけた前置き)

3 **I'll dò what I cán.** ⇨ CAN¹ (CE 5)

4 Is he a grèat ténnis plàyer **or whát?** 彼は実に素晴らしいテニスプレーヤーじゃないか, ねえ (♥ 字義どおり疑問の意味と, 評価などを肯定・強調する意味がある. イエスかノーで答える疑問文に付加して用いる)

5 **(Sày** [OR **Yòu]) whát?** え, 何ですって (♥ くだけた聞き返しの表現. What? や You what? はごく親しい相手に対してのみ用い, しばしば相手の発言内容への驚きを表す)

6 **Sò whát?** それがどうした (♥ 質問や指摘に対し, ややけんか腰で言い返す. = What about [OR of] it?)

7 **Thàt's what I'm sáying.** ⇨ SAY (CE 60)

8 **(Wéll,) whàt do you knów!** へえ, そいつは驚きだな ; これはこれは (♥ 予期しない出来事や話に対する穏やかな驚きを表す. しばしばふざけて用いる)

9 **Whàt abóut** [OR **óf] it?** = So what? (→ CE 6)

10 **Whàt about yoursélf?** あなたはどうなの (♥ 返答をした後, 同じ質問を相手に返すときに用いる)

11 **Whát do you wànt me to dó about it?** (そのことについて) 私にどうしろと言うんですか ; どうにもならないでしょうが (♥ 悪い状況について責任を問われたときや, どうしようもないことをくどくど言われたときなどにいらついて用いる表現)

12 "I nèed sòme móney." "**Whàt (ever) fór?**" 「お金が必要なんだ」「(一体)何のために」

13 **Whàt gíves?** ⇨ GIVE (CE 9)

14 **Whàt if** I màke us some scràmbled éggs? 私がいり卵を作りましょうか (♥ 提案を表す)

15 **Whàt if I dó [dón't]?** もし私がそうしたら [しなかったら] どうだっていうんだ (♥「別に構わないじゃないか」「どうせ何もできないくせに」という挑戦的な意味の表現)

16 **Whàt ís it?** それ何? ; 何の用? (♥ 文字どおりの意味と, 声をかけられた際に相手の用件を尋ねる意味がある)

17 **Whàt** Móm **sàys góes.** お母さんが言うことは絶対だ

18 **Whàt was thàt agáin (, please)?** 何でしたっけ ; もう一度言ってください (✍Could you repeat [OR say] that again?)

19 **Whàt'll「it bé** [OR **you háve]?** 何にしますか (♥ バーテンダーなどが客に対して用いる. = What's yours?)

20 I bùmped ínto **whát's his [her]** nàme the other day. あの, 何とかいう人にこの間ばったり会ったよ (♥ 人の名前などをとっさに思い出せないときに用いる. 物の場合は what's its name となる)

21 **Whàt's** "sakùra" **in** Énglish? 英語で「桜」は何て言うんですか (= What's the English for "sakura"?)

22 **Whàt's ín it for me?** それで私に何の得があるのですか (♥ 計画などに加わると「どういう利益があるのか」の意)

23 **Whàt's**「he **líke [the wéather like]?** 彼 [天気] はどんなふうだい (♥ 人の場合は性格・容姿について, 物・事柄についてはその性質・様子について尋ねる)

24 **Whàt's néw?** 何か目新しいことでもある? ; 最近どう (♥ 状況・様子を尋ねる質問, あるいは近況を尋ねるあいさつ)

25 **Whàt's ón?** 何やってる? (♥ テレビ番組, 映画館で上映されている映画などを尋ねる)

26 **Whàt's úp?** ⇨ UP (CE 9)

27 **Whàt's úp with thát?** それ, 一体どういうことでしょう (♥ 状況など合点がいかないときの表現)

28 **Whàt's with** this crówd? この人込みは一体何だ (♥ 異常な状況などについて驚き混じりで尋ねる)

― 形 《比較なし》❶ 《疑問形容詞》**何の**, どのような ; どれほどの ‖ *What* kind of music does she like? 彼女はどんな音楽が好きなの / *What* students are you talking about? どの学生たちのことを話しているのですか (♦ 疑問代名詞の what と異なり, 疑問形容詞の what は人についても用いる) / I don't know ～ problems she has. 彼女がどんな問題を抱えているのかわからない

語法☆☆ 疑問代名詞の what では What for? (何のために (成句 (↑))), What with? (何をもって [使って]) のような前置詞を後置した省略疑問文が多く使われ, For what? や With what? よりふつう. しかし疑問形容詞では With what books? (どんな本をもって) の形が使われ, ×What books with? とはふつういわない.

❷ 《関係形容詞》**(…する)のは何でも** (whatever), …なものはどれでも[すべて], …な人はみな (♦ (**1**) 後ろに可算名詞がくる場合は複数形になる. (**2**) 後ろにくる名詞が不可算名詞の場合はしばしば名詞の前に little を伴う. 可算名詞の場合は few になる) ‖ I'll give you ～ (little) money I have. 私の持っているお金は(わずかだが)すべて君にあげよう (= I'll give you all the (little) money I have.) / You may take ～ books you like. どれでも好きな本を取っていいよ / I've told you ～ little I know about fishing. わずかながら釣りについて私が知っていることはすべてお話ししました / *What* friends I have do not live nearby. 私の友人はみな近くには住んでいない

❸ 《感嘆文で》**何という**, 何たる (♦「what + a + 形容詞 + 単数可算名詞」,「what + 形容詞 + 複数可算名詞または不可算名詞」の語順で用いる. 形容詞が入らないこともある) (→ how ❺) ‖ *What* a nice person (she is)! (彼女は) 何てよい人なんでしょう (♦「主語 + 動詞」を省略しない場合はやや古めかしい表現になる) / *What* lovely flowers! 何てきれいな花だこと / *What* a shame! 何て残念なことだろう / *What* a terrible thing to do! 何てひどいことをするのだろう / *What* nonsense! 何とばかばかしい

― 副 《比較なし》《疑問副詞》❶ **どれほど**, どの程度に (♦ 反

語的意味を表す) ‖ *What* does it matter? それがどれほど重大なのか (♥「どうでもいいじゃないか」の意) / *What* does he care about it? 彼はそのことをどれほど気にしているのか(♥「気にしてなんかいない」の意)
❷《主に英口》《旧》ですよね, でしょう(♥ 意見を強調したり同意を求める) ‖ A pretty good movie, ~? かなりよい映画ですよね
whàt with Á and (whàt with) B́ AやらBやらで ‖ *What with* bad weather *and* my sprained ankle, we didn't enjoy our trip. 天気は悪いわ足首をくじくわで, 旅行は楽しくなかった
──間《数量などを推測して》ええと ‖ She is, ~, about sixty years old now? 彼女は, そうですね, 今60歳くらいですか
──接《否定文中 but ~ で》《旧》(…しない) ということ (⇨ BUT 接 ❾)

what·cha·ma·call·it /hwʌ́tʃəməkɔ̀ːlɪt, hwɑ́(ː)- | wɔ́-/ 名 U 何とかいうもの, あれ(♦ what you may call it より)

whát'd /-əd/ what did の短縮形

what-d'you-call-him /hwʌ́dʒukɔ̀ːlhɪm, hwɑ́(ː)- | wɔ́-/ 名 U あの何とかいう男[人](♥ 名前を忘れて思い出せないときに用いる. 対象によって him を her, it, them に変えて用いる)

what·ev·er /hwʌṭévər, hwɑ(ː)ṭ- | wɒt-/ 《アクセント注意》代 形 副
──代 ❶《関係代名詞》**…する[である]ものは何でも** (anything that) (♦ what の強意形) ‖ You may take ~ you want. 欲しいものは何でも持って行ってよい / You should be able to deal with ~ happens. 起こる事態にはすべて対処できなければいけない
❷《譲歩の副詞節を導いて》 **a たとえ何を…しても, たとえ何が…であろうと** (no matter what) ‖ Don't tell anybody about the accident ~ happens [OR may happen]. 何が起きても事故のことはだれにも話すな (♦《口》では may を用いない形が多い) / You must go, ~ the weather (is). どんな天気でも君は行かなければならない(♦ be 動詞はしばしば省略される)
b 《口》…のような人[もの], …がたとえ何であれ(♥ 名前や意味がはっきりしないときに用いる) ‖ I saw Jim, or ~ he is called, at the station. ジムとかいう人を駅で見かけた / She said she didn't want to see us, ~ that means. 彼女は私たちに会いたくないと言った, それがどういう意味であれ
❸《疑問代名詞》**一体何が[を]** (♥ 怒り・驚きなどを表す) (♦ what ever と分けて書く方がふつう) ‖ *Whatever* do you mean? 一体何のつもりか / "I don't think she's coming." "*Whatever* makes you think that?" 「彼女は来ないと思う」「一体何でそう思うのか」
or whatéver 《口》(その他)似たもの, (…など)そのたぐいのもの ‖ Would you like some juice or a beer *or* ~? ジュースかビールか何かお飲みになりますか

COMMUNICATIVE EXPRESSIONS
1 **Whatèver néxt!** 次は一体何(が起こる[をする]の)か (♥ 驚きの連続に対し, あきれ・困惑などを表す)
2 **Whatèver you dó, dòn't** tòuch the hòt pláte. 何があってもその熱いプレートには触らないで(♥「それだけは絶対にしないように」と警告するくだけた表現. ✐Make sure you don't touch ....)
3 "Lèt's chànge the cúrtains and dècorate the ròom in blúe." "**Whatèver you sáy** [OR **thínk**]." 「カーテンを替えて部屋をブルーに模様替えしましょうよ」「どうぞ好きなように」(♥ 発言に対する無関心を表す)

──形《比較なし》❶《関係形容詞》**どんな…でも** (♦ what の強意形) ‖ *Whatever* benefits we received were used to pay the debt. 我々が得た利益はすべて借金の支払いに当てられた
❷《譲歩の副詞節を導いて》**たとえどんな…でも** (no matter what) ‖ *Whatever* decision you (may) make, I will support it. 君がどのような決心をしようと, 僕はそれを支持するよ(=No matter what decision ....) (♦《口》では may を用いない形が多い) / She's not coming, **for ~ reason.** 理由は何であれ, 彼女は来ません(♦ この用法ではしばしば主語・動詞が省略される)
──副《比較なし》❶《否定文で》少しも, 全く(at all)(♦ 強調のため, 通例 nothing や no を伴う名詞(句)の後ろに置く. whatsoever も同じ) ‖ There is no hope ~ of his recovery. 彼が回復する見込みは全くない
❷《口》何が起きても ‖ I will support her ~. 何があっても彼女を応援する
❸《質問に答えて》《口》何でも(→ CE 4)

COMMUNICATIVE EXPRESSIONS
4 **Whatéver.** 何[どう]でもいいよ(♥ 無関心[考えるのが面倒]なことについて質問された際のおざなりな返答)

whàt-íf 名 C 《口》(もしそうなったらという)懸念, 起こり得る事態

what'll /hwʌ́ṭl, hwɑ́(ː)ṭl | wɔ́tl/ 《口》 what will, what shall の短縮形

whát·nòt 名《口》❶ C U とりとめのないもの, 何やかや ‖ pencils, pens and ~ 鉛筆やペンなど ❷ C (書物・骨董(こっとう)品などを載せる)飾り棚, 置き棚

whát're /-ər/ what are の短縮形

what's /hwʌts, hwɑ(ː)ts | hwɒts/ ❶ what is の短縮形 ‖ ~ the time? 今何時ですか ❷ what has の短縮形 (♦ has が助動詞の場合) ‖ *What's* happened? 何が起こったんだ ❸《口》what does の短縮形

what·sit /hwʌ́tsət, hwɑ́(ː)ts- | wɔ́tsɪt/ 名 C 《口》その何とかいうもの

what·so·ev·er /hwʌ̀tsouévər, hwɑ̀(ː)t- | wɒ̀t-/
──副《比較なし》《否定文で》**少しも, 全く**(→ whatever 副 ❶)(♦ 強調のため, nothing や no を伴う名詞(句)の後ろに置く) ‖ I have no doubt ~. 私は少しも疑っていない

whát've /-əv/ what have の短縮形

wheal /hwiːl/ 名 C 虫刺され跡;みみずばれ(weal)

wheat /hwiːt/ 名 U ❶ (植物としての) 小麦;(穀物としての)小麦, 小麦の粒 ‖ a field of ~ 小麦畑 / grow [harvest] ~ 小麦を栽培する[収穫する] / grind ~ into flour 小麦を粉にひく ❷ 薄黄色, 淡黄色
sèparate [OR ***sòrt*** (***òut***)] ***the whèat from the cháff*** 価値のあるもの[人]とないもの[人]を見分ける
▸▸**Whéat Bèlt** 名《the ~》(米国中西部の) 小麦地帯
~ gèrm 名 U 小麦胚芽(はいが)《ビタミンB_1 供給源》

whéat·èar 名 C ❶ 麦の穂 ❷《鳥》ハシグロヒタキ

wheat·en /hwíːtən/ 形 ❶ 小麦の, 小麦 (粉) 製の ‖ ~ flour 小麦粉 ❷ 淡黄色の, 小麦色の

whéat·mèal 名 U 《英》粗びき小麦粉

whee /hwiː/ 間 わーい, わーっ(♥ 喜び・興奮を表す)

whee·dle /hwíːdl/ 動 他 ❶ [人] をなだめすかして〈…を〉させる〈**into**〉 ‖ She ~*d* her father *into* buying a necklace. 彼女は父親にうまいことを言ってネックレスを買わせた ❷ 甘言で〈人から〉[物]を巻き上げる〈**out of, from**〉; [人]から甘言で〈物を〉せしめる〈**out of**〉 ‖ ~ $100 *out of* him = ~ him *out of* $100 彼を口車に乗せて100ドル巻き上げる ──自 甘言を用いる, 人の機嫌をとる, おだてる
-dler 名

wheel /hwiːl/
──名 (複 **~s** /-z/) C ❶ (乗り物の) **車輪** ‖ This car is [OR has (a)] four-~ drive. この車は四輪駆動だ / a front [rear] ~ 前[後]輪 / a table on ~*s* 車付きのテーブル
❷ 車輪に似たもの;歯車(gear wheel);ろくろ(potter's wheel);紡ぎ[糸]車(spinning wheel);(汽船の)外輪(paddle wheel);(ルーレットの) 回転円盤 ‖ a ~ of cheese 円盤型のチーズ1つ
❸《the ~》(自動車の) **ハンドル** (steering wheel) (❗ handle とはいわない. 自転車・オートバイのハンドルは handlebars という);(船の)舵輪(だりん) ‖ take the ~ (他人に

代わって）ハンドル［舵輪］を握る，運転［操縦］する / lose control of the ～ ハンドル操作がきかなくなる
❹《～s》《俗》自動車，小型トラック；《口》自転車
❺《～s》〈…の〉推進力，原動力；〈…の〉推進機関，中枢部〈of〉‖ the ～s *of* progress 進歩の原動力 / the ～*s of* government［bureaucracy］政府機関［官僚機構］
❻《主に米俗》大物，顔役，実力者（→big wheel）
❼ 回転（運動），輪転；〘軍〙（兵隊・艦隊などの）旋回（運動）
❽（中世の）刑車《拷問用》 ❾ 輪転［回転］花火
at ［OR ***behind***］ ***the whéel*** ①（自動車・船などを）運転［操縦］して ‖ sit *at* ［OR *behind*］ *the* ～ 運転する ② 支配権を握って，支配して
òil ［《主に英》***grèase***］ ***the whéels*** 物事を円滑に運ぶ
on whéels ① 車輪付きの（→ 名 ❶） ② 車で（の）‖ a journey *on* ～*s* 自動［自転］車旅行 ③ 宅配の ④《英口》（仕事などが）円滑に，すらすらと ⑤《口》全くの，ひどい（♥ 嫌悪感・反感を強調）
reinvènt the whéel わざわざ一からやり直す
sèt the whèel in mótion 計画を実行に移す
The squèaky whèel gèts the gréase. 《米》ごねる者が得をする
The whèel has còme ［OR ***tùrned***］ ***fùll círcle.*** ぐるっと回って元の状態［状況］に戻る
the whèel of Fórtune 運命の女神が回す紡ぎ車；人生の移り変わり，有為転変
The whèels are túrning. 事態［計画など］が進行しつつある
whèels within whéels 込み入った事情

COMMUNICATIVE EXPRESSIONS

1 **You're spinning your whéels.** そんなの無駄だよ；君は空回りしてるよ（♥ 無駄骨・堂々巡りに対して）

── 動 他 ❶［車輪のついた（乗り）物］を動かす，押す，引く（♦ しばしば方向を表す 副句 を伴う）‖ ～ a baby buggy 乳母車を押す ❷《＋副句》…を車いす［手押し車など］で（…の方へ）運ぶ ‖ ～ a patient down on a gurney 患者を担架に乗せて運ぶ ❸ …に車輪をつける
── 自 ❶（鳥などが）旋回する ❷（軸などを中心に）回転する；旋回する ❸（くるりと）向きを変える《***around, about***》 ❹ 意見を翻す，態度を変える《***around, about***》 ❺ 円滑に動く，楽に［すらすら］進む
whèel and déal （取り引き・政治などで）策略を巡らす
whèel óut ... / ***whèel ... óut*** 〈他〉〔使い古した説〕を持ち出す；〔同じ有名人〕を引っ張り出す
▶▶ **～ and áxle** 名 C 〘機〙輪軸 **～ clàmp** 名 C《英》車輪止め（《米》Denver boot）《違法駐車の車を固定する》 **～ hòrse** 名 C ①（馬車の前輪に近い）後馬（あとうま）（↔ leader） ②《主に米・カナダ》（企業・政党などで）堅実な働き手 **～ing and déaling** 名 U（取り引き・政治などでの）手練手管，画策 **～ lòck** 名 C（昔の）車輪式引き金（付き銃） **～ wèll** 名 C（航空機の）車輪収納室

whéel·bàrrow 名 C（一輪の）手押し車，猫車
── 動 他 …を手押し車で運ぶ

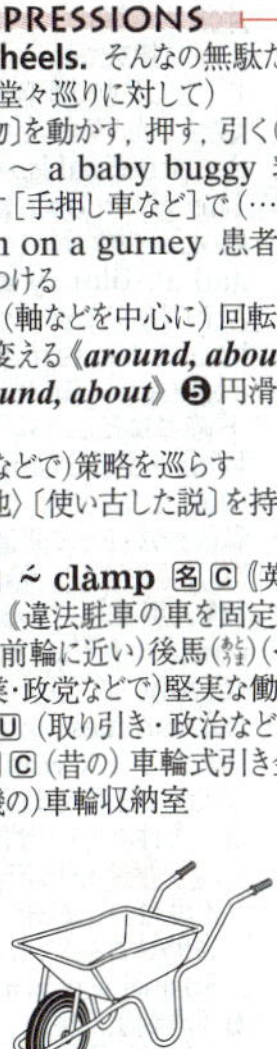

wheelbarrow

whéel·bàse 名 U C 軸距，ホイールベース《自動車の前後の車軸間の距離》
***wheel·chair** /hwíːltʃèər/ 名 C 車いす（⇨ CHAIR 図）‖ Does the theater have ～ access? その劇場は車いすで出入りできますか / use［ride in］a ～ 車いすを使う［に乗る］
wheeled /hwiːld/ 形 車輪によって動く；《しばしば複合語で》…の車輪のついた，…輪の ‖ four-～ 四輪の
wheel·er /hwíːlər/ 名 C ❶ 荷馬車引き；車大工 ❷ ＝wheel horse ❶ ❸《複合語で》…の車輪のついたもの ‖ a side-～ 外輪船 / a two-～ 二輪車
whèeler-déaler 名 C《口》（商売・政治などの）辣腕（らつわん）家，やり手
whéel·hòuse 名 C〘海〙操舵（だ）室
wheel·ie /hwíːli/ 名 C《口》（自転車などの）後輪曲乗り，ウィーリー ‖ do［《米》pop］a ～ ウィーリーをする
▶▶ **～ bìn** 名 C《英口》（大型の）車輪付きごみ容器
whéel·man /-mən/ 名（複 **-men** /-mən/）C《米》❶ 操舵（だ）手（helmsman）（中立 navigator） ❷（特に逃走車の）運転手（中立 gateway driver） ❸ ＝cyclist
wheels·man /hwíːlzmən/ 名《米》＝wheelman ❶
whéel·wrìght 名 C（馬車の）車大工，車輪職人
wheeze /hwiːz/ 動 自 ぜいぜい息をする［しながら言う］；（ポンプなどが）ぜいぜい音を立てる ── 他 …をぜいぜい息をしながら言う《***out***》（♦ 直接話法にも用いる）
── 名 C《単数形で》❶ ぜいぜいいう息［音］ ❷《英口》うまい思いつき；（特に役者の）陳腐なしゃれ［ギャグ，冗談］
wheez·y /hwíːzi/ 形 ぜいぜいいう［音を立てる］
whéez·i·ly 副 **whéez·i·ness** 名
whelk /hwelk/ 名 C〘貝〙エゾバイ《食用巻き貝》
whelp /hwelp/ 名 C ❶ 子犬；（ライオンなど肉食獣の）子，幼獣 ❷ ⊗《蔑》がき，小僧，若造 ❸《～s》〘海〙（巻揚げ機などの）胴の畝 ── 動 他 自（犬などが）（子を）産む

******when** /hwen/ 副 接 代 名

中心義 時についての疑問［説明］

── 副《比較なし》 **I【疑問副詞】** ❶ **いつ** ‖ *When* will you leave for Australia? オーストラリアにはいつたつのですか / I don't know ～ Andy will be back. アンディがいつ戻るかわからない / I cannot make up my mind ～ to talk to my parents. いつ両親に話せばよいのか決めかねている / Can you give me an idea ～ my suit will be ready? 私のスーツがいつ出来上がるか教えてくれませんか（♦ when 以下は同格節） / Our cat will come back some time, but I don't know ～. うちの猫はいつか戻って来るでしょうが，いつになるか私はわかりません（♦ この when は主語・動詞などが省略された節）

語法 ☆☆ when で始まる疑問文ではふつう現在完了形は用いない．〈例〉*When* did you lose it? いつそれをなくしましたか ただし次のように経験を表す反語的文脈では可能．〈例〉*When* have I told you so? いつ君にそんなことを言ったことがあるか

II【関係副詞】 ❷《時を表す名詞を先行詞として》 **a**《制限用法》**…する（ときの）** ‖ I still remember the day ～ (＝on which) I first met Sarah. サラに初めて会った日のことを今でも覚えている / There are times ～ (＝at which) I feel like crying. 私だって泣きたくなるときはある / The day has come ～ I have to leave. 私が去るべきときがやって来た（♦ 先行詞と when 節 が分離する場合がある）

語法 ★★ 先行詞が time, day, year などの場合，制限用法の when はしばしば that に交換可能であり，また省略されることも多い．〈例〉I was out of town the day (that) the accident happened. その事故が起きた日，私は町にいなかった

b《非制限用法》（…すると）**そのときに**（♦ 前にコンマを置き，話すときは前に短い休止を置く．省略はできない．この用法は 接 ❶**b** と区別し難い場合がある）‖ He had gone to bed at eleven, ～ the phone began to ring. 彼は11時に床に就いたが，そのとき電話が鳴りだした / In 2010, ～ I lived in Tokyo, my grandmother died. 2010年，私が東京に住んでいたとき，祖母が他界した
❸《先行詞を含んで》**…するとき** ‖ Now is ～ I need you. 今こそあなたを必要としているときだ / Grandma often talks about ～ she was young. 祖母はよく若いころの話をする / I remember ～ the earthquake hit Kobe. 地震が神戸を襲ったとき（のこと）を覚えている（♦ when を疑問詞と考えれば，「いつ地震が神戸を襲ったか覚えている」という意味になる）
── 接 ❶《時》 **a …するときに**，…すると（すぐ）；…するときには（いつも）；（して）から（after）‖ *When* I was in ele-

mentary school, I played sports every day. 小学生だったときは毎日スポーツをしていた / *When* I reached the airport, my flight had already taken off. 空港に着いたときには私の乗る便はすでに離陸してしまっていた (♦ 過去の2つの出来事の前後関係をはっきりさせるには, 先に起きた方を過去完了形で表す) / *When* Mr. Williams opened the door, the students stopped laughing at once. ウィリアムズ先生がドアを開けると生徒たちはすぐに笑うのをやめた (♦ 過去の2つの出来事がほぼ同時点で起きた場合は両方とも過去形で表す) / What are you going to be ～ you grow up? 大きくなったら何になるつもりですか (♦ 時を表す副詞節では未来のことを表すのに現在形を用いる. ⇨ WILL 助 ❶ 語法 (2)) / I have good luck ～ I wear this watch. この腕時計をしていると (いつも) 運がいいんだ / Can I borrow that book ～ you've finished it? その本を読み終えたら貸してくれますか

語法 ☆☆ 副詞節では, 主語が主節と同じで動詞が be の場合には「主語＋be」が省略されることがある. 〈例〉 He is impatient *when* (he is) hungry. 彼はおなかがすくと (いつも) いらつく

b 《前の文に続けて》**(…すると) そのときに** (♦ しばしば when の前にコンマを伴い, 主節は過去進行形または過去完了形であることが多い) ‖ I was walking down the street, ～ suddenly someone tapped me on the back. 通りを歩いていると, 突然だれかが背中をポンとたたいた / She had opened her mouth to protest, ～ Kim unexpectedly cut in. 彼女が口を開いて異議を申し立てようとすると, 不意にキムが口を挟んだ

❷ 《譲歩》**…なのに,** …だけれども ‖ Why do you want a new dress ～ you have such a good one? そんなにいいドレスを持っているのにどうして新しいのが欲しいの / How can you say you don't like him ～ you don't know him well? 彼のことをよく知りもしないのにどうして彼を嫌いだと言えるの

❸ 《条件》**…する場合には,** …ならば ‖ *When* you make promises, you should keep them. 約束したら守らなければいけません

━代 ❶ いつ (♦ しばしば till, until, since などの目的語として用いる) ‖ Till [OR Until] ～ can you stay here? いつまでここに滞在できるのですか / Since ～ has he been ill? いつから彼は病気なのですか / *When* is good for you? あなたはいつが都合がいいですか

❷ 《関係代名詞的》そのとき ‖ I saw Lulu last Friday, since ～ I've never talked to her. ルルには先週の金曜日に会ったが, それ以来話をしていない

COMMUNICATIVE EXPRESSIONS

[1] **Sìnce whén?** いつから; それは初耳だ (♥ 知らないうちに決まったことなどについて)

━名 《the ～》(その) 時, 時期, 場合 ‖ determine the 「～ and where [OR where and ～] of an incident その事件がいつどこで起こったかを確定する

COMMUNICATIVE EXPRESSIONS

[2] **Sày whén.** (注(つ)いでいる飲み物などの量について) いいところで教えて (♥OK., That's enough(, thanks). などと答える. 文字どおり「when と言え」と解釈して When. と答えることもある)

whence /*h*wens/ 副 《旧》《堅》(↔ whither) (♦ whence は本来 from の意を含んでいるが, 実際にはしばしば代名詞的に from whence が用いられている) ❶ 《疑問副詞》どこから; どういう原因から (from where); いかなる源[原因]から ‖ *Whence* does he acquire so much wisdom? どこから彼はあんなに知恵を身につけたんだろう ❷ 《関係副詞》 **a** 《制限用法》《場所を示す先行詞を伴って》(そこから) …する (ところの) (from which) ‖ the town ～ he came 彼がもといた町 **b** 《先行詞なしで》(そこから) …する (ところの) 場所へ ‖ Return ～ you came. 来たところへ戻れ **c** 《非制限用法》《先行の叙述全体を受けて》(そして) そのことから (from which) ‖ There was no reply, ～ he concluded that she was angry. 何の返事もなかった. それゆえ彼は彼女が怒っているという結論を下した

━名 《one's ～; the ～》出所, 根源

when·ev·er /*h*wenévər/ 《アクセント注意》

━接 ❶ **…するときはいつも,** …するたびに ‖ Come and see me ～ you have a problem. 困ったときはいつでもいらっしゃい / My dad tries to eat dinner at home ～ **possible.** 父は可能なときはいつも夕食は家でとるようにしている (♦ しばしば「主語＋be」は省略される)

❷ 《譲歩節を導いて》 **a たとえいつ…しても** (no matter when) ‖ *Whenever* you (may) invite her to dinner, she will say that she's busy. いつ食事に誘っても彼女は忙しいと言うだろう (♦ 《口》では may を用いないことが多い) **b** いつであろうとも, いつであれ ‖ He got fired last December, or ～ it was. いつだったかよく知らないけど, 確か去年の12月に彼は首になった

━副 《比較なし》 ❶ 《疑問副詞》一体いつ (♥ when の強意形で, 驚き・混乱などを表す. 疑問詞の場合は when ever と分けて書く方がふつう) ‖ *Whenever* did you find time to cook all these dishes? こんなにいろいろな料理を作る時間が一体いつあったのですか

❷ いつであろうとも ‖ "What time shall we meet?" "*Whenever*." 「何時に会おうか」「いつでもいいよ」

or whenéver 《口》あるいはいつでも ‖ You can fix my bicycle next week *or* ～. 私の自転車を修理するのは来週あるいはいつでも構いません

where /*h*weər/ 副 接 代 名

中心義 場所についての疑問[説明]

━副 《比較なし》 **I 【疑問副詞】** ❶ **どこに, どこへ,** どこで; どんな点で ‖ *Where* are you going (to)? どこへ行くのですか (♦ to をつけない方がふつう) / I'm not sure ～ the principal is. 校長先生がどこにいるのかよく知らない / The girl didn't know 「～ she should look [OR to look]. 少女はどこに目をやったらいいのかわからなかった / I had absolutely no idea ～ I was. 自分がどこにいるのか全くわからなかった (♦ where 以下は同格節) / Nobody knows for sure when the accident happened, or exactly ～ (it happened). その事故がいつ起きたのか, 正確にはどこで起きたのかをはっきり知る人はいない / *Where*'s the sense of it? それのどこに意味があるのか (ありはしない) (♥ 反語的表現) / *Where* am I wrong? 私はどういう点で間違っているのですか

II 【関係副詞】 ❷ 《場所を表す名詞を先行詞として》 **a** 《制限用法》…**する (ところの)** ‖ She gave him the name of the hotel ～ (＝at which) she was staying. 彼女は自分の泊まっているホテルの名を彼に教えた / Japanese bow in situations ～ (＝in which) Westerners would shake hands. 西洋人が握手をする状況で日本人はおじぎをする (♦ case, situation など状況や条件などを表す語を先行詞とすることがある)

語法 ☆☆ 制限用法の where は先行詞が place である場合, しばしば that に交換可能である. また that は省略されることもある. 〈例〉 This is the place (that) Soseki was born. ここが漱石の生まれた所です

b 《非制限用法》(…すると) **そこで** (♦ 前にコンマを置き, 話すときは前に短い休止を置く. that に置き換えられず, 省略もできない) ‖ We went to Milan, ～ we stayed for a week. 我々はミラノへ行き, そこに1週間滞在した / I usually do my shopping at a supermarket, ～ you can buy everything you need. 私はたいていスーパーで買い物をするが, そこでは必要なものがすべて買える

❸ 《先行詞を含んで》…**する所**[点] (♦ この用法はしばしば接続詞 ❶ との見分けがつけにくいが, 関係副詞に導かれる節が名詞節であるのに対し, 接続詞に導かれる節は副詞節である) ‖ A ballpark is ～ people go to relax as well as to watch a game. 野球場は試合を見るだけでなくくつろぎにも行く所だ / That's ～ you're wrong. そこがあなた

の間違っている所です

where it's át 《口》最も流行している場所[もの·活動]

COMMUNICATIVE EXPRESSIONS

[1] **Whère** ⌈**áre we** [OR **ám I**]**?** ① ここはどこ (♥ 道に迷ったときの表現. ×Where is here? とはいわない) ② 今どこをやっていますか(♥ 授業中などに. we の方を用いる)

[2] **Whère do we begín?** どこから手をつけようか

[3] **Whère** ⌈**wére we** [OR **wás I**]**?** NAVI どこまで話しましたっけ(♥ 中断した後, 話を再開する際に. ⇨ NAVI表現 7)

— 接 ❶ …する所に[で, へ]; …する所へはどこへでも; …する場合には必ず ‖ Would you please sign here, ～ it says "signature"? ここの「署名」と書いてある所にサインをしていただけますか / Be sure to put the book back ～ it was. その本を必ず元の場所に戻しておいてください / *Where there's a will, there's a way.* 《諺》意志のある所に道はある; 精神一到何事かならざらん / I'll go ～ I'm invited to perform. 演奏に呼ばれればどこへでも行きます / *Where* possible, we've used recycled paper. 可能な場合には我々は再生紙を使用している (♦ where の後の「主語+be 動詞」が省略されている)

❷ …なのに (whereas) ‖ Mars has two satellites, ～ Earth has only one. 火星には衛星が2つあるのに地球には1つあるだけだ

— 代 ❶ どこ, どちら(♦ from, to などの目的語として用いることが多い. 通例前置詞は動詞の後ろにくる. また, 日本語の「どこ」が where に置き換えられない場合もある. ⇨ PB 96) ‖ *Where* do you come from? = *Where* are you from? どちらのご出身ですか (♦ ×From where ...? は不可) / *Where* did you send the flowers to? どこに花を送りましたか / *Where* to, sir [OR ma'am]? どちらまで (♦ タクシーの運転手などがいう) / *Where* should we visit first? 最初にどこを訪れましょうか / *Where* is good for you? あなたはどこが都合がいいですか ❷ その場所[点] ‖ We went up to the observation deck of Tokyo Skytree, from ～ we had a marvelous night view of the city. 我々は東京スカイツリーの展望台まで上がって, そこから素晴らしい街の夜景を眺めた

COMMUNICATIVE EXPRESSIONS

[4] **I dòn't sèe** [OR **knòw**] **where you're cóming from.** あなたがなぜそう考える[結論を出す]のかがわかりません(♥ 相手の論拠が不明(確)なときに)

[5] (**Nów,**) ⌈**whère did** he **disappéar** [OR **whère's** he **gótten**] to? はて, 彼はどこに行ってしまったのかな(♥ 用事のある人がいなくなったときに. 後者が気取らない表現)

— 名 《the ～》場所, 位置

where·a·bouts /hwéərəbàuts | ニーニ/ 《ア》(→ 名) 副 どの辺に, どの辺りに ‖ *Whereabouts* in London do you live? あなたはロンドンのどの辺りに住んでいるのですか

— 名 /hwéərəbàuts/ 《one's ～; the ～》《単数·複数扱い》(人·物の)居所, 行方, ありか ‖ His present ～ is [OR are] unknown. 彼の現在の居所はわからない

:where·as /hweərǽz/ 《アクセント注意》

— 接 ❶ …であるのに, ところが, …に反して (while) ‖ I thought she didn't like me, ～ in fact she was just very shy. 彼女は僕のことを嫌っていると思ったんだけど, 実はとても内気なだけだった / *Whereas* John is hardworking, his brother is lazy. ジョンは勤勉なのに彼の兄[弟]は怠け者だ

❷ 《文頭で》《法》…の事実から見れば, …なるが故に

where·at /hweərǽt/ 副 《古》《堅》 ❶ 《疑問副詞》何に対して (at what), 何で ‖ *Whereat* was he offended? 彼は何に腹を立てたのか ❷ 《関係副詞》 **a** 《制限用法》それで[そこで]…する(ところの) (at which) ‖ a remark ～ she quickly angered 耳にして彼女がすぐに怒った言葉 **b** 《非制限用法》《前の文全体を受けて》(…)すると, そこで, その結果(♦ 接続詞とも解せる)

***where·by** /hweərbáɪ/ 《アクセント注意》 副 《関係副詞》それによって, それで (by which) ‖ Language is the chief means ～ we can communicate with each other. 言語は我々がお互いに意志を伝えることができる主要な手段だ

where·fore /hwéərfɔ̀ːr/ 副 《古》 ❶ 《疑問副詞》いかなる理由で (for what reason), どういう訳で, なぜ (why) ❷ 《関係副詞》 **a** 《制限用法》(そのために) …するところの **b** 《非制限用法》そしてそのために, それで, そこで

— 名 C 《通例 the ～s》理由, 原因

the whys and (*the*) *wherefores* ⇨ WHY(成句)

where·in /hweərín/ 副 《堅》 ❶ 《疑問副詞》何において (in what), いかなる点で, どのように ‖ *Wherein* was I wrong? 私はいかなる点で間違っていたのか ❷ 《関係副詞》《制限用法》その中で…する (ところの) ‖ a tale ～ lies a great mystery 深いなぞを秘めた話 ❸ 《関係副詞》《非制限用法》そこで, その点で

where·of /hweərʌ́v, -ɑ́(ː)v | -ɔ́v/ 副 《堅》 ❶ 《疑問副詞》何[どれ, だれ]について ❷ 《関係副詞》《制限用法》それについて…する(ところの)

where·on /hweərɑ́(ː)n, -ɔ́ːn | -ɔ́n/ 副 《古》 ❶ 《関係副詞》《制限用法》その上に…する (ところの) (on which) ‖ The king gave him land ～ to build a monastery. 国王は修道院を建てる土地を彼に与えた ❷ 《関係副詞》《非制限用法》その時, そこで, すると

where·to /hweərtúː/ 副 《古》《堅》 ❶ 《疑問副詞》どこへ(向かって); 何の目的で (to which) ❷ 《関係副詞》《制限用法》そこへ(向かって)…する(ところの) (toward which)

where·up·on /hwèərəpɑ́(ː)n, -ɔ́ːn | -ɔ́n/ 副 ❶ 《疑問副詞》《古》何の上に ❷ 《関係副詞》《非制限用法》《前の文全体を受けて》(そして)その後(すぐに)(♦ 接続詞とも解せる) ‖ They severely criticized the chair, ～ he resigned. 彼らが議長を厳しく批判すると彼は辞任した

:wher·ev·er /hweərévər/ 《アクセント注意》

PLANET BOARD 96

店名·社名をたずねる時に where を使うか.

問題設定 日本語では「よく行くファストフードはどこですか」のようにいう場合があるが, 英語で where が使えるのかを調査した.

Q 次の表現のどちらを使いますか.

(a) My favorite pizza chain is Domino's. **Where** is yours?

(b) My favorite pizza chain is Domino's. **What** is yours?

(c) 両方

(d) どちらも使わない

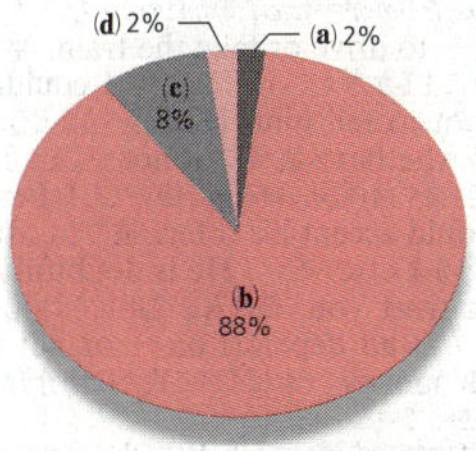

(b) の what のみを使うと答えた人が9割近くにのぼった. その理由として, ほとんどの人が「where は地理的な場所をたずねるもので, チェーン名をたずねる場合には不適切」と答えた. 両方使うと答えた人の多くも, 「(a) はチェーン名や店名ではなく, 具体的な所在地を答えとして期待しており, 『あなたの町の Domino's はどこにあるのか』という意味である」と答えた.

学習者への指針 where は地理的な場所をたずねる場合にのみ用いる疑問詞であり, 日本語の「どこ」が常に where に置き換えられるわけではない.

―接 ❶ …する所はどこで［へ］でも；…する場合は必ず ‖ He went ~ he could find work. 彼は仕事の見つけられる所へはどこでも出かけて行った / I talk with my staff ~ (it is) **possible** [necessary]. 私は可能［必要］な場合は必ず部下と話をする
❷《譲歩節を導き，ときに may を伴って》どこで［へ］…しようとも (no matter where) ‖ I'll follow you, darling, ~ you (may) go. あなたがどこへ行こうとも私はついて行きます (♦《口》では may を用いないことが多い) / He lives in Ipswich, ~ that「may be [OR is]. それがどこかは知らないが，彼はイプスウィッチという所に住んでいる
―副《比較なし》《疑問副詞》一体どこで (♥ where の強意形. 驚き・困惑などを表す. where ever と分けて書く方がふつう) ‖ *Wherever* did you get that money? 一体どこでそのお金を手に入れたの
or wheréver《口》(その他) どこで［へ］でも ‖ The university has overseas students from France, Spain, Greece *or* ~. その大学にはフランス，スペイン，ギリシャ，その他あらゆる国から来た留学生がいます

where·with /*h*weərwíð/ 副《古》《堅》❶《疑問副詞》何で，何によって ❷《関係副詞》**a**《制限用法》それを使って…する（ところの） **b**《先行詞を含んで》それを使って〈…する〉もの (that with which) 〈**to** *do*〉 ‖ Here is ~ *to* build the school. ここにその学校を建てる資材がある

where·with·al /*h*wéərwɪðɔ̀ːl/ 副《古》=wherewith
―名《the ~》必要な手段［金］〈**for** …に / **to** *do* …するのに〉 ‖ I do not have the ~ *to* continue my study. 私は勉学を続けるのに必要な金がない

whet /*h*wet/ 動 (**whet·ted** /-ɪd/；**whet·ting**) 他 ❶〔刃物など〕を研ぐ，磨く ❷〔食欲・関心など〕を刺激する，そそる
―名 C ❶ 研ぐこと，研磨 ❷《古》刺激物；(食欲などを) 刺激するもの；食前の1杯

***wheth·er /*h*wéðər/ (♦ weather と区別)

中心義 2通りの可能性の提示
―接 ❶《名詞節または to 不定詞を導いて》…**かどうか；…かそれとも…か** **a**《ask, consider, doubt, know, question, see, wonder などの動詞に続く節を導いて》‖ Tim asked me ~ I could come to the meeting (or not). ティムは私に会合に来られるかどうか聞いた (♦ whether 節 は Can you come? が間接疑問文になったもの. whether ... or not の形では or not がしばしば省略される) / I don't know ~ she made the cake herself or (~) someone helped her. 彼女が自分でケーキを作ったのかだれかが手伝ったのかはわからない / I'm wondering ~ to drive or take the train. 車で行くかそれとも列車にするか考えているところだ / I couldn't decide ~ or not to tell him. 彼に言うべきかどうか決断できなかった (♦ whether の直後に or not がくることもある)
b《形容詞や前置詞に続く節を導いて》‖ I'm not sure ~ I should accept his offer. 彼の申し出を受け入れるべきかどうかよくわからない / He is doubtful (about) ~ he can trust you. 彼は君を信用してよいものかどうか疑っている / It all depends on ~ or not we've got enough money. それはすべて我々に十分資金があるかどうかにかかっている
c《主語や補語を導いて》‖ *Whether* the yeti exists (or not) is still an open question. 雪男が実在するかどうかは依然として未解決の問題だ / It doesn't matter ~ we start now or later. 今出かけるか後にするかは問題ではない (♦ it は形式主語) / The question is ~ the team has the will to win. 問題はチームに勝つ気があるかどうかだ
d《名詞の同格節を導いて》‖ There remains the question ~ she knew the secret (or not). 彼女がその秘密を知っていたかどうかという疑問が残る / The decision ~ to buy the house will be made by our father. 家を買うべきかどうかの決断は父がする

> **語法 ★☆ whether と if**
> (1) whether 節 が動詞や形容詞に続く場合，《口》では whether の代わりに if を用いることが多い. しかし，これ以外の位置に現れる場合（主語や補語になる場合，前置詞の目的語になる場合，名詞の同格節になる場合），および to 不定詞を導く場合，whether 節 が倒置により主節の前に置かれている場合，whether or not で始まる場合には if で置き換えることができない（ただし→(2)). また discuss の後ろでは whether の方が if よりもふつう.
> (2) 非常にくだけた表現では主語や補語を導く whether を if で代用することがある (⇨ PB 97).
> (3) 節の最後に or not を伴う場合には if よりも whether を使うことが多い.

❷《譲歩の副詞節［句］を導いて》…**であろうとなかろうと；…であれ…であれ** (♦ 必ず or ... を伴う) ‖ *Whether* you like it or not, you'll have to make a presentation. 好むと好まざるとにかかわらずプレゼンをしなければいけない / You have to meet the deadline ~ sick or well. 体調がよくても悪くても締め切りを守らねばならない
**whèther or nót* [《文》*nó*] ① ⇨ ❶, ❷ ② いずれにせよ ‖ Help me, ~ *or not*. とにかく助けてくれ

whét·stòne 名 C 砥石(といし)；刺激物；激励者

whew /fjuː, hwjuː/《擬音語》間 わー，やれやれ (phew) (♥ 驚き・疲労・安堵(あんど)などを表す)

whey /*h*weɪ/ 名 U 乳清，ホエー《チーズを作るとき凝乳 (curds) から分離した水分》

whéy·fàce 名 C《口》(恐怖などで) 青ざめた顔；顔面蒼白(そうはく)の人 **whéy·fàced** 形 青白い，蒼白な

***which /*h*wɪtʃ/ 代 形

―代 **I【疑問代名詞】** ❶ (人・事物について) **どれ，どちら** (♦ 単数・複数の両方に用いる. what, who がそれぞれ不特定の事物・人からの選択について用いられるのに対し，which は特定のグループからの選択・指定について用いられるため，後に of 句など選択の範囲を表す語句がくることが多い) ‖ *Which* would you like, coffee or tea? コーヒーと紅茶のどちらがよろしいですか / *Which* is your favorite subject? あなたの最も好きな科目は何ですか (♦ What is ...? も可) / *Which* of these pens is yours? これらのペンの中であなたのはどれですか (♦ which of の後ろには the, these, my などを伴った名詞句や代名詞がくる. ×What of ...? は不可) / *Which* of the girls are you talking about? その少女たちのうちのだれの話をしているんだい (♦ which が前置詞の目的語の場合，前置詞は動詞の後ろに置くことが多い. which の前に置くのは《堅》. ⇨ WHAT 代 ❶a 語法) / I can't decide ~ to choose. どれを選ぶべきか決めかねる / It's either Eric or Bill, but I don't know ~. それはエリックかビルのどちらかなのだが，どちらかはわからない (♦(1) which の後に it is が省略されている (2) 疑問詞としての which は単独では事物を指すことが多いが，人についても使われる)
II【関係代名詞】《物・事柄・動物を先行詞として》❷《制限用法》…**する（ところの）**（もの［こと］） **a**《関係節中の主語》(♦ 省略はできない.《口》では that の方がよく用いられる) ‖ The movie ~ (=that) is (on) at that cinema is boring. あの映画館でやっている映画はつまらない / We must choose a time ~ is convenient for everyone. みんなに都合のよい時間を選ばなければならない / the baby ~ (=who) was born yesterday 昨日生まれた赤ん坊 (♦ baby, child は人であるが which を用いることがある) / a family ~ has just arrived at the airport 空港に着いたばかりの家族 (♦ family や committee などの集合名詞を which で受ける場合は単数扱い)
b《関係節中の動詞の目的語》(♦ that の方がよく用いられる. 特に《口》では which や that を省略することが多い) ‖ The ring (~) Alan gave her had a diamond in it. アランが彼女に贈った指輪にはダイヤがはめ込まれていた

c 《関係節中の前置詞の目的語》‖ This is the shop (～) I told you about. これがあなたに話した店です (=This is the shop (that) I ....) / There are many insects in this area about ～ little is known. この地域には生態がほとんど知られていない昆虫がたくさんいる (♦ ×about that ... は不可) (→ 語法) / the day on ～ he left town 彼が町を去った日 (=the day when he ...) / the data from ～ to draw conclusions 結論を引き出すもととなるデータ (♦ 不定詞を導く場合, ×the data which to draw conclusions from のような形は不可)

語法★★ 関係節冒頭で「前置詞+which」となるのは《やや堅》で, その場合は which の省略や that との交換はできない. 前置詞を動詞の後に置く語順の方が《口》ではよく使われ, その場合は which の省略や that との交換が可能.

d 《所有格》(♦《口》ではまれ) ‖ She's written a book the name of ～ I've forgotten. 彼女は私が題名を忘れてしまった本を書いた (=She's written a book whose name I've forgotten.)

❸ 《非制限用法》**そして[しかし]それは[を]** (♦ 特に書き言葉でコンマの後に置いて用い, 読むときは短い休止を置く. 省略はできない. この用法では that はふつう使わない) **a** 《関係節中の主語》‖ Her latest novel, ～ won several awards, was about her family. 彼女の最新の小説はいくつかの賞を受けたが, それは彼女の家族について書かれたものだった / He is from Canberra, ～ is the capital of Australia. 彼はオーストラリアの首都, キャンベラ出身だ **b** 《関係節中の動詞の目的語》‖ He held out his hand, ～ I shook. 彼は手を差し出し, 私はその手を握った / The teacher asked her a few questions, ～ she could hardly understand. 先生は彼女にいくつか質問したが, 彼女にはほとんど理解できなかった **c** 《関係節中の前置詞の目的語》‖ The painting, for ～ he paid $800,000, is a Monet. その絵は彼が80万ドル支払ったものだが, モネの作品だ / His room, ～ I'll tell you more about later, was filled with comics. 彼の部屋についてはまた後で話すが, そこは漫画であふれていた / Liz got a good education, in the course of ～ she encountered Ted. リズはよい教育を受けたが, その間にテッドと巡り会った / He suggested several alternatives, ⌈most of ～ [OR of ～ most] were foolish. 彼はいくつかの代案を出したが, そのほとんどはばかげていた **d** 《関係節中の be 動詞の補語》‖ They accused him of being a traitor, ～ he was not. 彼らは彼を裏切り者だと非難したが, 彼はそうではなかった (♦ 先行詞が人の地位・職業・性格などのときは who ではなく which を用いる) / You're asking me to be sociable, ～ I'm not. 君は社交的になれと言うが, 私は社交的な人間ではないのだ (♦ 形容詞を先行詞としている例) **e** 《所有格》‖ The book, ⌈the cover of ～ [OR of ～ the cover] is torn, is a rare find. その本は表紙が破れているが掘り出し物だ (=The book, whose cover is torn, is ....)

❹ 《先行する句や節を受けて》**そしてそのこと[それ]は** (♦ 非制限用法で用いる) ‖ He said he was ill, ～ was not true. 彼は病気だと言ったが, それは事実ではなかった / The police arrived, after ～ the situation became a little calmer. 警察が到着し, その後は状況が少し落ち着いた / I'll tell you everything I can. *Which* I wouldn't do for anyone else. あなたには知っていることすべてをお話ししましょう, そういうことはほかの人にはしないんですがね (♦ which 以下が独立の文になることもある)

❺ 《事物について》…するものならどちら[どれ]でも (whichever) ‖ You may take ～ (of the cakes) you like. (そのケーキのうち) どれでも好きなのを取ってよい / Call it ～ you please. 何とでも好きなように呼べ

❻ 《事物についての強調構文》(♦ it is [was] *A* which ... で*A*を強調. which より that の方が一般的) ‖ It is this house ～ was offered for sale for $100,000. 10万ドルで売りに出されたのはこの家だ

語法☆☆ 関係代名詞の先行詞が anything, everything, something などの不定代名詞の場合や all, the only, the first, 最上級の形容詞などで修飾された無生物の場合にはふつう which よりも that を使うとされる. ただし実際には which も使われる (⇨ **PB** 78).

which is which どちらがどちらか ‖ I can't tell ～ *is* ～. どっちがどっちだかわからない

―形 《比較なし》 **I 【疑問形容詞】** ❶ **どの, どちらの** ‖ *Which* university did you go to, Harvard or Yale? ハーバードとエール, どちらの大学へ行ったのですか / *Which* Mr. Tanaka do you mean? どの田中さんのことですか / *Which* painter do you admire most? 最も尊敬している画家はだれですか (♦ What painter ...? も可. ふつう選択肢が限られているときには which, そうでないときには what を使う. 人に関する疑問文では選択肢があまり限られていなくても which を用いることができるが, which の方が what より《堅》) / Let's ask her ～ one she wants. 彼女にどちらが欲しいか聞いてみよう / We didn't know ～ path to take. 我々はどちらの道を進むべきかわからなかった

II 【関係形容詞】 ❷ 《先行する名詞または句・節を受けて》**そしてその** (♦ 非制限的用法で用い, 前置詞を伴うことが多い) ‖ We went to Rome, in ～ place we parted. 私たちはローマまで行き, そこで別れた (♦ in which place の代わりに where を用いる方がふつう) / I lived in Paris for six months, during ～ time I painted a lot of pictures. 私はパリに6か月いたが, その間に絵をたくさん描いた / He may not finish his work before Sunday. In ～ case we'll have to leave without him. 彼は日曜までに仕事が終わらないかもしれない. もしそうなら彼抜きで出発せざるを得ないだろう (♦ 独立の文になることもある)

PLANET BOARD 97

補語の whether 節の代わりに if 節を使うか.

問題設定 補語として用いる場合, whether [節] の代わりに if [節] は使えないとされる. 実際の使用率を調査した.

Q 次の表現のどちらを使いますか.

(a) The question is **whether** the man can be trusted.
(b) The question is **if** the man can be trusted.
(c) 両方
(d) どちらも使わない

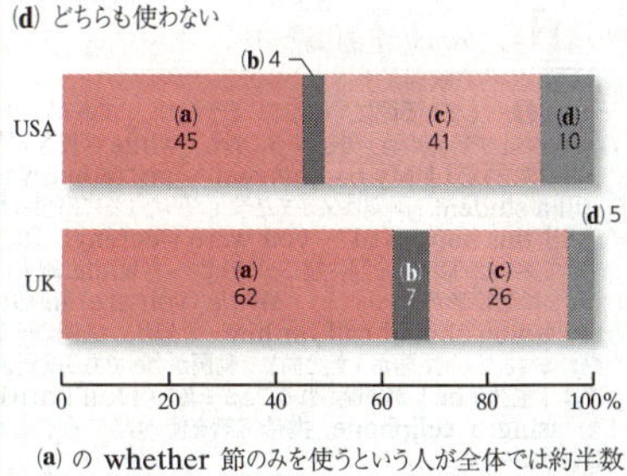

(a) の whether 節のみを使うという人が全体では約半数であった. 《米》では両方使うという人が《英》よりも多かった.

両方使うと答えた人の多くは「(a) の方が《堅》」とした. また, (a) については「The question is whether or not the man can be trusted. の方が自然」というコメントも目立った.

学習者への指針 補語の場合は whether 節を使う方がよい.

W

❸…するのはどちらの[どの]…でも(→ whichever) ‖ Take ~ magazines you like. どれでも好きな雑誌をお取りなさい / Try ~ method you may, you will fail. どんな方法をとろうとも失敗するだろう

*__which·ev·er__ /hwɪtʃévər/ 《アクセント注意》 代 《関係代名詞》 ❶ 《譲歩の副詞節を導いて》 どちら[どれ]を[が]…しようとも, いずれにせよ ‖ It's all the same to us ~ you (may) choose. 君がどちらを選ぼうと私たちには同じことだ (♦《口》では may を用いない方が多い) ❷ 《名詞節を導いて》…するどちら[どれ]でも, …するどちら[どれ]か ‖ Take ~ you want. どちら[どれ]でも欲しいのをお取りなさい / *Whichever* of you comes first will win the game. 君たちのうちどちらか先に来た者が勝ちだ / Either Sunday or Monday, choose ~ is more convenient for you. 日曜日か月曜日か, どちらでもご都合のよい方を選んでください / "Tea or coffee?" "*Whichever*." 「紅茶かコーヒーかどちらになさいますか」「どちらでも」

──形 《関係形容詞》 ❶ 《譲歩の副詞節を導いて》 どちらの[どの]…であろうと ‖ *Whichever* way you look at it, this is a serious situation. どう見てもこれは深刻な事態だ ❷ 《名詞節を導いて》 どちらの[どの]…でも, どちら[どれ]か ‖ Take ~ seat you like. どこでも好きな席に座りなさい

__whick·er__ /hwíkər/ 動 自 (馬が)いななく; くすくす笑う
──名 C いななき; くすくす笑い

__whiff__ /hwɪf/ 名 C ❶ 《通例単数形で》〈風などの軽い〉一吹き〈of〉 ‖ a ~ *of* fresh air 一吹きの新鮮な空気 ❷ 《通例単数形で》〈香水などの〉ほのかなにおい; 〈…の〉かすかな気配, 形跡〈of〉 ‖ a ~ *of* rebellion 反乱のかすかな兆候 ❸ 〈空気・香水などの〉一吸い; ひとかぎ, 〈たばこの〉一服〈of〉 ‖ have [OR take] a ~ *of* one's pipe パイプをふかす ❹ 《米口》(ゴルフなどでの)空振り; (野球での)三振
──動 他 ❶ …のにおいをかぐ ❷ 《米口》 [打者]を三振させる ──自 ❶ 《米口》(野球で)三振する; (ゴルフなどで)空振りする ❷ 《英口》いやなにおいを発する

__whif·fle__ /hwífl/ 動 自 ❶ (風が) 軽く吹く, そよぐ ❷ (考えなどが)ころころ変わる, ぐらつく ❸ ひゅーという音を立てる
──他 …を吹き散らす, …を揺り動かす

__whíffle·trèe__ 名 C 《米》(馬具の引き綱の)連結横木

__Whig__ /hwɪg/ 名 C ❶ 〖英国史〗 ホイッグ党員 《17-18世紀に Tory 党と対立した政党で, 王権に対して議会の権威を主張した. 今日の自由党 (the Liberal Party) の前身. → Tory》 ❷ 〖米国史〗 (独立戦争当時の) 独立革命派の人, 独立党員 ❸ 《the ~s》〖米国史〗ホイッグ党 《1834年ごろ成立; 今日の共和党 (the Republican Party) の前身》 ❹ 〖スコット史〗(17世紀の)長老教会員 **~·gish** 形

***__while__** /hwaɪl/ 接 名 動

中心義 **動作や状態が(同時に)並行している**

──接 ❶ **…している間に**, …しているうちに, …である限りは (♦ when が特定の時点を表すのに対し, while は長さを持った期間をいう) ‖ My parents met ~ my father was still a student. 両親は父がまだ学生だったころに出会った / All this happened ~ you were sleeping. これはすべてあなたが寝ている間に起こったのです (♦ while 節 にはしばしば進行形が用いられる) / *While* (you are) in Ottawa, you should call on him. オタワにいる間に彼を訪ねるべきだ (♦ 主語が主節と同じで動詞が be である副詞節では「主語+be」が省略されることがある) / Don't drive ~ using a cellphone. 携帯電話を使いながら運転してはいけない
❷ 《譲歩》《通例文頭で》 **…のに**, …ではあるが(although); 《対照》 **…の一方で**, …に対し (whereas) ‖ *While* art was private, science was public from the beginning. 芸術は私的だったのに対し, 科学は初めから公的なものだった / Wise men seek after truth, ~ fools despise it. 賢者は真理を求めるが愚者はそれを侮る
❸ 《関係副詞的》《the period を先行詞にして》…の間の ‖ the period ~ the creature remains alive その生物が生きている間

while yòu [wè] are at it 《通例文頭で》(その)ついでに

──名 (複 **~s** /-z/) U/C 《単数形で》(短い) **期間**, (しばらくの) 間 ‖ What have you been doing all this ~? 今までずっと何をしていたのですか / Japan's recovery from the disaster may still be a ~ in coming. 日本の災害からの復興にはまだしばらくかかるかもしれない / It will **take a long** ~ to finish the paper. レポートを仕上げるのにはしばらくかかるでしょう / **for a** ~ しばらくの間 / **for** 「quite a [OR a good] ~ かなりの間 / **after a** ~ しばらくして / in a **little** [OR **short**] ~ じきに; ほどなくして

àll the whíle その間ずっと
(èvery) ònce in a whíle ときどき
(in) between whíles 合い間に; ときどき

COMMUNICATIVE EXPRESSIONS

1 **Àfter [OR In] a whíle(, cròcodile).** またね(♥くだけた別れのあいさつ. crocodile は while との韻を踏むための表現で, 特に意味はない. See you later, alligator. に対する返事. =(I'll) see you in a little while.)

──動 他 《+away》[時]をのんびり過ごす, [時間]をつぶす ‖ I ~*d away* the time window-shopping. ウインドーショッピングをしながらぶらぶらした

*__whilst__ /hwaɪlst/ 接 《主に英》=while

*__whim__ /hwɪm/ 名 C 気まぐれな考え, とっさの思いつき, ひらめき ‖ I had a ~ to turn back halfway. ふと途中で引き返そうかと思った / He was excluded from the starting lineup at the ~ of the manager. 監督の気まぐれで彼は先発から外された / on a ~ 思い立って

__whim·brel__ /hwímbrəl/ 名 C 〖鳥〗チュウシャクシギ

__whim·per__ /hwímpər/ 動 自 ❶ (小児などが) しくしく[めそめそ, すすり]泣く; (犬などが)くんくん鳴く ❷ 泣き言を並べる ──他 **a** 《+目》…を泣き声で言う《*out, forth*》 **b** 《+that 節》…だと泣き言を言う(♦ 直接話法にも用いる)
──名 C すすり泣き; (犬の)くんくん声

__whim·si·cal__ /hwímzɪkəl/ 形 ❶ 気まぐれな, むら気の; 不安定な ❷ 風変わりな, とっぴな **~·ly** 副

__whim·si·cal·i·ty__ /hwìmzəkǽləṭi | -zɪkǽləti/ 名 (複 **-ties** /-z/) ❶ U 気まぐれ, むら気 ❷ C 《通例 ~s》 風変わりな[気まぐれな]言葉[考え, 行為]

__whim·sy, -sey__ /hwímzi/ 名 (複 **-sies**, **~s** /-z/) ❶ U 風変わりな考え, (文章・美術などでの)奇抜な趣向; C 奇想(whim), 奇行; 奇抜な表現[作品] ❷ C 気まぐれ, むら気
──形 風変わりな, 奇抜な

__whin__ /hwɪn/ 名 U/C 《しばしば ~s》《単数扱い》《主に北イング》〖植〗ハリエニシダ(furze)

*__whine__ /hwaɪn/ 動 自 ❶ 〈…について〉泣き言を言う, 愚痴をこぼす〈about〉 ‖ He's always *whining about* his bad luck. 彼は年中運の悪さをこぼしている ❷ (子供が) ぐずる, 甲高い声で泣く; (犬が)きゃんきゃん鳴く; (機械などが) 甲高い音を出す (⇨ HOWL 類語) ──他 **a** 《+目》…を泣き声で言う, 泣き声で…の不満を言う **b** 《+that 節》…だと泣き声で言う(♦ 直接話法にも用いる)
──名 C 《通例単数形で》 ❶ (子供などの)ぐずり声; (犬の)きゃんきゃんいう鳴き声; (機械・サイレンなどの)甲高い音 ❷ 哀れっぽい愚痴, 泣き言
whín·er 名 **whín·ing·ly** 副

__whinge__ /hwɪndʒ/ 動 自 《英口》だらだら不平を言う, 愚痴をこぼす ──名 C 不平, 愚痴 **whíng·er** 名

__whin·ny__ /hwíni/ 動 (**-nies** /-z/; **-nied** /-d/; **~·ing**) 自 (馬が) 静かに[うれしげに]いななく(neigh) ──他 いななきで…を表す ──名 (複 **-nies** /-z/) C (馬の)いななき

__whin·y, whin·ey__ /hwáɪni/ 形 愚痴をこぼす, 泣きごとを言う, めそめそした[泣く]

*__whip__ /hwɪp/ 動 (**whipped** /-t/; **whip·ping**) 他 ❶ [馬・子供など]をむち打つ; …をむちで罰する, せっかんする ❷ …を激しく (繰り返し) 打つ ‖ The rain *whipped* the pavement. 雨が舗道を激しくたたいた

❸《+目+副句》…を急に動かす；…をさっと引っ張る［取り除く］，ひったくる《*off, out, away,* etc.》‖ ～ *out* a ticket [gun] さっと切符を取り出す［銃を抜く］/ ～ *off* one's jacket 上着をぱっと脱ぎ捨てる ❹〔卵白・クリーム〕を泡立てる《*up*》‖ She *whipped* the eggs into a froth. 彼女は卵をかき混ぜて泡立てた ❺ …をむち打って駆り立てる［働かせる］《*on, up*》；…を駆り立てて［あおり立てて］〈…の状態に〉する〈**into**〉‖ ～ a horse *on* 馬にむちを当てて走らせる / The news *whipped* the crowd *into* a panic. その知らせは群衆をうろたえさせた ❻《口》(競技などで)…を打ち負かす，…に勝つ ‖ We *whipped* the favorite two to nothing. 我々は優勝候補を2対0で破った ❼ …を非難する，とがめる ❽《英口》《婉曲的》…を盗む(steal) ❾〔ロープ・棒など〕の先端を糸［ひもなど］でぐるぐる巻く；〔糸・ひもなど〕を〈…に〉巻きつける〈**around**〉；〔縫い目・へりなど〕をかがる，まつる ❿〖海〗…を滑車で引き［つり］上げる

―自 ❶《+副句》(ある方向へ)急に［素早く］動く［進む］‖ He *whipped* down the stairs to answer the door. 彼は玄関に出るため階段をさっと駆け降りた ❷ (雨などが)激しく打つ［当たる］；(旗などが)はためく ‖ A thin branch *whipped* back into his face. 細い枝が彼の顔にぱっと跳ね返ってきた

whìp ín ... / whìp ... ín 〈他〉① 〔猟犬など〕をむちで集める ② 〔党員など〕を(党の路線などに)結集する

whìp ... into shápe …を(強引に)望ましい状態に［必要な水準にまで］持っていく，うまくまとめ上げる

whìp it óut 《俗》(男が)性器を公然と露出する

whìp óff ... / whìp ... óff 〈他〉① ⇨ 他 ❸ ②《米口》…を急造する，急いで書き上げる；急いで…を終える

whìp thróugh ... 〈他〉《口》〔仕事など〕を素早く終える；…を素早く通過する

****whìp úp ... / whìp ... úp*** 〈他〉① ⇨ 他 ❹, ❺ ② 〔人・感情など〕を刺激する，かき立てる ‖ ～ *up* a crowd 群衆をあおり立てる ③ 〔料理・食事〕を手早く作る，用意する ④ 〔波しぶき・ほこりなど〕を吹き上げる，巻き上げる

―名 (複 ～s /-s/) C ❶ (端に革ひものついた) **むち** ‖ crack [snap] a ～ むちを入れる［鳴らす］❷ (政党の)院内幹事；《米》副院内総務 ❸《英》(議会)登院命令(書) ‖ a three-line ～ (三重下線を引いた)緊急登院命令 ❹ C U ホイップ《泡立てたクリーム・卵白などで作るデザート》❺ (狩猟での)猟犬指揮係(whipper-in)；御者 ❻ むち打ち；むちを打つような動作，素早い動き；しなやかさ，弾力性 ❼〖海〗(荷物引き上げ用)滑車装置 ❽ (風車の)翼，ホイップ

cràck the whíp ① ⇨ 名 ❶ ② 人を脅して支配する

hàve [OR ***hòld, gèt,*** etc.] ***the whíp hànd over ...*** …を支配する，…に対し優位な立場にある

▶▶ **whìpped créam** 名 U ホイップクリーム

whíp·còrd 名 U ❶ (むち用などの)撚(よ)りひも ❷ (頑丈な)あや織物 ❸ ガット，腸線

whíp·làsh 名 ❶ C《通例単数形で》(むちの先の)むちひも；むち打ち ❷ (= ～ **ìnjury**) U むちうち症

whìpper-ín 名 (複 **whippers-**) C〖狩〗猟犬指揮係(whip)；〖議会〗院内幹事(whip)

whípper·snàpper 名 C《口》小生意気な若造

whip·pet /hwípət | -ɪt/ 名 C〖動〗ウィペット，ホイペット《greyhound と terrier の交配による小型の競走犬》

whip·ping /hwípɪŋ/ 名 ❶ U/C《通例単数形で》むちで打つこと；(罰としての)むち打ち，せっかん ❷ C (ロープの)端止め《ほつれ止め》❸ U 急に動く［飛びかかる］こと ❹ C U (クリームなどの)泡立て ❺ C U《口》敗北

▶▶ ～ **bòy** 名 C ① (昔，王子の不始末の罰を受けた)身代わりの学友 ② =scapegoat ～ **crèam** 名 U ホイップ用生クリーム

whip·ple·tree /hwípltrì:/ 名 =whiffletree

whip·poor·will /hwípərwìl/ 名 C〖鳥〗ホイップアーウィルヨタカ《主に北米に分布．夜行性》

whip·py /hwípi/ 形 むちのような，しなやかな，弾力のある；《口》快活な，きびきびした

whíp-ròund 名 C《通例単数形で》《英口》(慈善の)寄付集め，募金；(友人などの慶弔(けいちょう)時に行う)〈…への〉カンパ〈**for**〉‖ have a ～ *for* ... …のために募金を集める

whíp·sàw 名 C 細身の長のこぎり，(特に柄が両端にある) 2人びき長のこぎり ―動 他《米》❶ …を(2人びき)長のこぎりで切る ❷《口》(賭(か)けトランプ・株式投資などで)〔相手〕にダブルパンチを与える；〔人〕を二重に苦しめる，だます

―形 二重の打撃［損害］を与える

whíp·stìtch 名 C かがり縫い；《米》つかの間

―動 他 …のへりをかがる

whíp·stòck 名 C むちの柄

whir, whirr /hwə:r/ 《擬音語》動 (**whirred** /-d/; **whir·ring**) 自 (機械などが)ぶんぶん音を立てて動く［回る］；(鳥などが)ひゅー［ばたばた］と飛ぶ

―他 …をぶんぶん音を立てて動かす

―名 C《通例単数形で》(機械・昆虫などの)ぶんぶんいう音

***whirl** /hwə:rl/ 《発音注意》動 自 ❶ 〈…(の周り)を〉ぐるぐる回る，旋回する，回転する《*around, about*》〈**around, about**〉；渦を巻く(⇨ TURN 類語) ‖ Snowflakes were ～*ing around* in the wind. 雪が風にくるくる舞っていた / ～ *around* a floor 床をぐるぐる走り回る ❷ めまいがする；(頭などが)くらくらする；(考えなどが)錯綜(さくそう)［混乱］する ‖ My head is ～*ing*. 頭がくらくら［混乱］している ❸《+副句》素早く動く；(車などで)疾走する《*away, off,* etc.》；くるっと向きを変える《*around*》‖ ～ out of sight あっという間に走り去る ―他 ❶ …をぐるぐる回す，旋回させる，くるっと向きを変えさせる；…に渦を巻かせる《*around, about*》‖ The wind ～*ed* fallen leaves *about*. 風に落ち葉がくるくる舞った ❷《+目+副句》…を(車などで)さっと運ぶ，素早く連れて行く《*away, off,* etc.》

―名 C《通例単数形で》❶ 旋回，回転；ぐるぐる回るもの，渦巻き ‖ a ～ of dust ほこりの渦 ❷ (活動などの)目まぐるしい連続；大騒ぎ，騒動 ‖ the ～ of modern life 現代生活の目まぐるしさ / a ～ of parties パーティーの連続 ❸ (精神・感情などの)混乱状態 ❹《口》試し，試み ❺《口》(車などでの)一走り ‖ Let's go for a ～ in my car. 私の車で一走りしよう

****give ... a whirl*** 《口》…を試してみる

in a whírl 旋回して；興奮して，混乱して

whirl·i·gig /hwə́:rligìg/ 名 C ❶ くるくる回るおもちゃ《風車・こまなど》❷ メリーゴーラウンド，回転木馬(merry-go-round) ❸ U 回転運動，変転；C 目まぐるしく変わるもの ❹ (= ～ **bèetle**)〖虫〗ミズスマシ

whírl·pòol 名 C (水・風などの)渦(巻き)；《比喩的に》渦，混乱，騒ぎ；(= ～ **bàth**) ジェットバス，ジャグジー

whírl·wìnd 名 C ❶ 旋風，つむじ風 ❷《通例単数形で》旋風［つむじ風］に似たもの；〈…の〉嵐(あらし)〈**of**〉‖ a ～ *of* applause 喝采(かっさい)の嵐 ❸《形容詞的に》つむじ風のような，非常に速い ‖ a ～ romance 嵐のような激しい恋

(***sòw the wind and***) ***rèap the whirlwind*** 悪行［愚行］をしてその報いを受ける(♦ 聖書の言葉)

whirl·y·bird /hwə́:rlibə̀:rd/ 名 C《口》ヘリコプター

whirr /hwə:r/ 動 名 =whir

***whisk** /hwɪsk/ 名 C ❶ (料理用)泡立て器 ❷ 軽く［さっと］払うこと［動作］；(はたき・動物の尾などの)一払い，一振り ❸ (わら・小枝・毛などで作った)小ぼうき，ブラシ

―動 他 ❶ …をさっと持ち去る，連れて行く；〔ちり・ハエなど〕を〈…から〉さっと払う《*away, off*》〈**off, from**〉‖ The man was ～*ed away* in a police car. その男はパトカーでさっと連れ去られた / ～ crumbs *off* (a table) パンくずを(テーブルから)さっと払う ❷ 〔卵・クリームなど〕を泡立てる，かき混ぜる《*up*》❸ …をさっと振る，振り回す

―自《+副句》素早く［さっと］動く(♦ 副句 は方向を表す) ‖ ～ across a tennis court テニスコートをさっと横切る

▶▶ ～ **bròom** 名 C 洋服ブラシ；小ぼうき

***whis·ker** /hwískər/ 名 C ❶ (猫・ネズミなどの)ひげ，触毛 ❷《通例 ～s》《やや旧》頬(ほお)ひげ(♦ あごひげは beard, 口ひげは mustache) (⇨ BEARD 図) ❸〖理〗ホイスカー，

W

ひげ結晶《直径1-2ミクロン, 長さ数ミリの結晶》❹〘海〙ホイスカー《第1斜檣(しゃしょう)の両側から突き出ている円材》
bè [còme] within a whìsker of ... もう少しで…しそうである[になる]
by a whìsker 《口》わずかな差で
-kered 形 頬ひげのある **-ker·y** 形 頬ひげのある；古びた

***whis·key, whis·ky** /hwíski/ 名 (複 **~s**, **-kies** /-z/)
❶ Ⓤ ウイスキー(♦米国・アイルランドでは whiskey, 英国・カナダなどでは whisky とつづることが多い. 種類をいうときはⒸ) ‖ distill ~ from barley [rye] 大麦[ライ麦]からウイスキーを造る / Scotch ~ スコッチウイスキー / a bottle [glass] of ~ ウイスキー1本[1杯] / drink ~ straight ウイスキーをストレートで飲む / dilute [OR cut] ~ with water ウイスキーを水で割る ❷ Ⓒ ウイスキーの種類 ‖ This is a very good [OR fine] ~. これはとても上等なウイスキーだ / a ~ and soda ウイスキーソーダ(《米》highball) ❸ Ⓒ 《口》ウイスキー1杯 ‖ Two ~*s*, please. ウイスキーを2杯下さい / have [OR drink] a ~ ウイスキーを一杯やる ❹ Ⓒ W(を示す通信コード名)
▸▸**~ mác** 名 Ⓒ ウイスキーマック《ウイスキーとジンジャーエールで作るカクテル》 **~ sóur** 名 Ⓒ ウイスキーサワー《ウイスキーとレモン[ライム]ジュースで作るカクテル》

:whis·per /hwíspər/
—動 (**~s** /-z/；**~ed** /-d/；**~·ing**)
—自 ❶ **a** 〈…に〉**ささやく**, ひそひそと[小声で]話す〈**to**〉‖ He ~*ed* **in** [OR **into**] my **ear**. 彼は私の耳元でささやいた / The little girl was ~*ing to* her mother. その少女は母親にひそひそと話していた **b** 《+**to** 名+**to** *do*》〔人〕に…しろとささやく ‖ His father ~*ed to* Tim *to* keep still. 父親はティムにじっとしていろとささやいた
❷〈…のことを〉こそこそ話す, 内緒話をする, 陰口をきく〈**about**〉‖ It's rude to ~ in front of others. 人前でこそこそ内緒話をするのは失礼だ / The whole town was [OR were] ~*ing about* her. 町中が彼女のことを取り沙汰(ざた)していた
❸《文》(風・木の葉・小川などが)さわさわ[さらさら]音を立てる[鳴る]
—他 ❶ **a** 《+目》〔言葉など〕を〈人に〉**ささやく**〈**to**〉‖ He ~*ed* a word or two *to* himself. 彼は一言二言独り言を言った / ~ secrets in his ear 内緒事をそっと彼に耳打ちする **b** 《(+**to** 名)+**that** 節》(人に)…だとささやく(♦直接話法にも用いる) ‖ She ~*ed to* her husband *that* she was afraid. 彼女は夫に怖いとささやいた
❷《+**that** 節》…ということをひそかに話す[うわさする] ‖ It was ~*ed that* the mayor was seriously ill. 市長が重病だといううわさがささやかれていた
—名 (複 **~s** /-z/) Ⓒ ❶ **ささやき**, ひそひそ声, 小声(⇨ STAGE WHISPER) ‖ speak **in** ~*s* 小声で話す / lower one's voice to a ~ 声をひそひそ声にする
❷ ひそひそ話；風説, うわさ〈**about** …についての / **that** 節 …という〉‖ *Whispers* are going round *that* the company is on the brink of bankruptcy. その会社は破産寸前だといううわさが流れている
❸《文》(風・木の葉・小川などの)さわさわ[さらさら]という音
❹《通例 a ~》〈…の〉わずか, 微量, かすかな兆候〈**of**〉‖ a ~ *of* perfume ほのかな香水
~·er 名 **~·y** 形
▸▸**~ing campàign** 名 Ⓒ (選挙などでの)口コミの中傷作戦, デマ作戦 **~ing gàllery** 名 Ⓒ (ある場所の声が離れた場所でも聞こえる構造の)ささやきの回廊

whist /hwɪst/ 名 Ⓤ 〘トランプ〙ホイスト《ブリッジの前身》

:whis·tle /hwísl/ 《発音注意》
—名 (複 **~s** /-z/) Ⓒ ❶ **笛**；汽笛, 警笛；笛の音 ‖ The referee **blew** his ~. レフェリーは笛を吹いた / the final ~ 試合終了の笛
❷ **口笛** ‖ give a low [shrill] ~ 低[高]音で口笛を吹く
❸ ぴーっという音, (小鳥の)鳴き声；(風の)ひゅーと鳴る音
*(*as*) ***clèan as a whístle*** 非常に清潔で；《口》全く潔白で
(*as*) ***slìck as a whístle*** 手早くきれいに, 見事に
****blòw the whístle on ...*** 《口》① …を密告する, ばらす ②〔不法行為など〕をやめさせる, 取り締まる
wèt one's whístle 《口》のどを潤す, 一杯やる
—動 (**~s** /-z/；**~d** /-d/；**-tling**)
—自 ❶ (口)**笛を吹く**〈**to** …の注意を引くため, **at** …の気を引きたくて〉；(口) 笛で合図する ‖ The referee ~*d to* stop the game. レフェリーは笛を吹いてゲームを止めた / He ~*d to* the dog to come back. 彼は犬に戻って来るよう口笛で合図した
❷《+副句》(風・弾丸などが)ひゅーと音を立てる, 音を立てて吹く[飛ぶ, 走る](♦副句 は方向を表す) ‖ The wind ~*d* through the trees. 風がひゅーと音を立てて木々の間を吹き抜けた / A bullet ~*d* past my ear. 弾丸がひゅーと私の耳元をかすめた ❸ 笛のような音を出す；(やかん・機械などが)しゅーしゅー音を立てる；**汽笛[警笛]を鳴らす** ❹ (鳥などが)ぴーぴー鳴く, さえずる
—他 ❶〔曲など〕を**口笛で吹く**
❷ **a** 《+目+副句》…に(口) 笛を吹いて呼ぶ[合図する](♦副句 は方向を表す) ‖ He ~*d* his dog back. 彼は口笛を吹いて犬に戻れと合図した **b** 《+目+**to** *do*》…に…せよと合図する ‖ The policeman ~*d* us *to* stop. 警官は笛を吹いて我々に止まれと合図した
whìstle ... dòwn the wind …を手放す, 放す
whístle for ... 〈他〉① …を (口) 笛を吹いて呼ぶ[合図する] ‖ ~ *for* a cab 口笛を吹いてタクシーを呼ぶ ②《通例 can, may を伴って》《英口》…を求めて[期待して]も無駄である ‖ You can ~ *for* it. 期待しても無駄だ
whístle in the wìnd 無意味[無駄]なことをする[言う]
whìstle úp ... / whìstle ... úp 〈他〉① …を (口) 笛で呼び寄せる ② …を(乏しい材料から)手早く作る

COMMUNICATIVE EXPRESSIONS
1 He **isn't (jùst) whìstling Díxie.** 全く彼の言うとおりだ(♥ 同調を表すくだけた強調表現)
2 **Lèt** her **gò whístle.** 《英》彼女には断念させろ
3 It's nò úse **whìstling** ⌈**in the dárk** [OR **pàst the gráveyard**]. やせ我慢しても無駄だ；強がっても駄目だ

whístle-blòwer 名 Ⓒ (内部)告発者, 密告者(⇨ *blow the* WHISTLE *on*) **-blòwing** 名 Ⓤ (内部)告発
whis·tler /hwíslər/ 名 Ⓒ ❶ 口笛を吹く人 ❷ 笛のように鳴く鳥 ❸〘動〙シラガマーモット《北米産》；〘鳥〙モズヒタキ ❹〘電〙(雷などによる)無線の雑音
whístle-stòp 名 Ⓒ ❶《米》(合図があったときだけ列車が停車する)小駅；《俗》(鉄道沿線の)小さな町 ❷ (選挙運動・巡業中の)小さな町への立ち寄り；地方遊説[公演]
—動 自 小さな町ごとに演説[公演]する
—形《限定》大急ぎで各地を回る ‖ a ~ tour of Canada 大急ぎのカナダ遊説[巡業, 周遊旅行]
whit /hwɪt/ 名 Ⓒ《単数形で》《通例否定文で》少量, 微量 ‖ There's not a [OR one] ~ of truth in the statement. その声明には真実はみじんもない / He is every ~ a gentleman. 彼はどこから見ても紳士だ
Whit /hwɪt/ 名 形 ＝Whitsun
▸▸**~ Súnday** ＝Whitsunday

:white /hwaɪt/ 形 名 動
—形〔▶ whiten 動, whiteness 名〕(**whit·er**；**whit·est**)
❶ **白い**, 白色の(↔ black)；純白の；乳白色の ‖ ~ teeth 白い歯 / a ~ shirt 白いシャツ / paint a house ~ 家を白く塗る
❷ (顔などが) 〈病気・恐怖などで〉**蒼白**(そうはく)**な**, 青ざめた(pale)〈**with**〉‖ He went [OR turned] ~ (as a sheet) *with* shock. 彼はショックで顔面蒼白になった
❸《比較なし》《また W-》《通例限定》(皮膚が)白い；**白色人種の**, コーカソイドの；白人(支配)の, 白人専用の ‖ ~ skin 色白の肌 / a ~ neighborhood 白人居住地区
❹ (髪が)銀白の；白髪の ‖ go ~ 白髪になる

❺《比較なし》《主に英》(コーヒー・紅茶が)ミルク[クリーム]入りの(↔ black) ‖ I like my coffee ~. 私はコーヒーにクリームを入れるのが好きだ(♥ ❸の連想を避けるために with milk ということが多い)

❻ (ワインが) 白の ❼《比較なし》白衣をまとった ‖ a ~ sister 白衣の修道女 ❽《比較なし》(水・ガラスなどが) 無色の, 透明な ❾ 雪の降る[積もった] ❿ 何も書かれて[印刷されて]いない, 空白の ⓫ (道徳的・精神的に)汚れのない, 潔白な, 純粋な ‖ ~ hands 潔白, 高潔, 誠実 ⓬《また W-》反動的な, 保守的な, 反共(産主義)的な(↔ red) ⓭ (動植物が)白い品種の；(木が)白い花をつける ⓮ (物質が)白熱光を発する ⓯ 〘楽〙(音色・音調が) 暖かみに欠ける ⓰ (小麦粉が)精白した；精白粉で作った

whiter than white 清廉潔白な；虫も殺さないような

Behind the Scenes **(Washes) whiter than white.** **白より白く(洗い上がる)** 1950年代に英国で使われた洗濯洗剤の広告のキャッチコピー. whiter than white はシェークスピアの詩で使われた表現が起源とされ,「純粋無垢, 清廉潔白」のイメージを表す表現(♥ 洗剤の類の広告などで, たびたび「洗い上がりの白さ」を宣伝する文句として, あるいは何かが「非常に清潔である」ことを強調する際に使われる)

―名 (複 **~s** /-s/) ❶ U 白, 白色 ❷ U C 白色の顔料[絵の具, 染料] ❸《ときに W-》C《通例 ~s》白人, コーカソイド ❹ C U (物の)白い部分；(卵の)白身(egg white)；C《通例 ~s》(眼球の) 白目 ❺ U C 白いもの；白衣, 白布；《~s》白い運動着[制服] ‖ be dressed **in** ~ 白衣を着ている / tennis ~*s* 白いテニスウエア ❻ C U 白ワイン ❼ C《the ~》(印刷物の)空白, 余白 ❽ C (アーチェリーの的の)白輪《いちばん外側》；(ビリヤードの)白球；(チェスなどの)白こま(を使う側) ❾ C 〘虫〙シロチョウ

―動 他 〘印〙…に余白[空白]を作る[残す]《*out*》

white óut 〈他〉《***white óut*** ... / ***white*** ... ***óut***》① ⇨ 他 ② …を化粧で隠す ③ [字など] を白い修正液で消す ④ (光などで)目を見えなくする ―〈自〉① (光などで) 目がくらむ ② 目の前が真っ白になる《意識を失う前兆》

▸▸ **~ ádmiral** 名 C 〘虫〙イチモンジチョウ《羽に白い紋がある》 **~ ánt** 名 C 〘虫〙シロアリ(termite) **~ béar** 名 C 〘動〙ホッキョクグマ, シロクマ (polar bear) **~ bírch** 名 C U《主に米》〘植〙シラカバ **~ blóod cèll** 名 C 白血球 **~ bóok** 名 C 白書《政府発行の報告書》 **~ bréad** (↓) **~ cédar** 名 C 〘植〙ヌマヒノキ《米国東部産》；ニオイヒバ《米国北東部産》 **~ cèll** 名 C ＝white blood cell **White Chrístmas** 名 U C ホワイトクリスマス《雪のクリスマス》 **~ clóver** 名 U 〘植〙シロツメクサ **~ dwárf** 名 C 〘天〙白色矮星(わいせい) **~ élephant** 名 C《通例単数形で》(維持費がかさむ)やっかいなもの, 無用の長物(♦ シャム (現在のタイ) の王が気に入らない廷臣に貴重な白い象を与えて困らせた故事から) **~ énsign** 名《the ~》英国軍艦旗(→ red ensign) **~ féather** 名《the ~》おく病のしるし[表れ] (♦ 尾に白い羽がある闘鶏は弱いという言い伝えから) ‖ show the ~ *feather* おく病風を吹かす, 弱音を吐く **~ físh** 名 C ＝whitefish **~ flág** 名《the ~》(降伏の印の)白旗 ‖ show the ~ *flag* 降伏する, 敗北を認める **~ flíght** 名 U《米》白人の逃避[脱出]《中産階級の白人が黒人などとの混在を嫌って都心部から郊外に移住すること》 **~ flóur** 名 U 精白小麦粉 **~ góld** 名 U ホワイトゴールド《金とニッケルの合金》 **~ gòods** 名 複 ① 白い織物, リンネル類 ② 白物家電《冷蔵庫・洗濯機など》(→ brown goods) **~ hàt hácker** 名 C 善玉ハッカー《自社のコンピューターを守る人》 **~ héat** 名 U 白熱(温度)；白熱した状態, 激情, 極度の緊張 **~ hóle** 名 C 〘天〙ホワイトホール《ブラックホールに落ち込んだエネルギーや物質が放出される口と考えられる仮説上の場所》 **~ hópe** 名 C《単数形で》期待の星；(黒人チャンピオンに挑戦する) 白人ボクサー **~ hórse** 名 C《通例 ~s》白い波(whitecaps) **White Hòuse** (↓) **~ infórmation** 名 U 白の信用情報《個人に対して銀行などが有するプラスの信用評価》(↔ black information) **~ kníght** 名 C ① 白馬の騎士《人の危急を救う英雄》② 〘経〙白馬の騎士《買収されかけている企業を救う人[企業]》③ 政治改革論者 **~ léad** 名 U 白鉛 **~ líe** 名 C 罪のないうそ, 方便のうそ **~ líght** 名 U 〘理〙白色光《各波長の光を同じ密度で含む》；日光 **~ líghtning** 名 U《米方》(自家製の)密造酒, (特に)コーンウイスキー(moonshine) **~ lìst** 名 C《口》好ましい人[もの]のリスト(↔ black list) **~ mágic** 名 U 白魔術(↔ black magic) **~ màtter** 名 U 〘解〙(脳・脊髄(せきずい)の) 白質(→ gray matter) **~ mèat** 名 U 白身の肉《鶏・豚・子牛などの肉》(→ red meat) **~ métal** 名 U ホワイトメタル, 白色合金 **~ níght** 名 U C 眠れない夜；白夜 **White Níle** 名《the ~》白ナイル《ナイル川本流の上流部の名称》(→ Nile) **~ nóise** 名 U C 〘理〙ホワイトノイズ, 白色雑音《さまざまな周波数の音が同じ強さで混合した音》 **White Pàges** /, ─ ─ ─/ 名《the ~》《米》個人別電話帳(→ Yellow Pages) **white páper** (↓) **~ pépper** 名 U 白こしょう(→ black pepper) **~ póplar** 名 C 〘植〙ハクヨウ(白楊)《欧州・アジア原産のポプラ》 **~ róse** 名 C 〘英国史〙白バラ《York 家の紋章》 **White Rússia** 名 白ロシア《現在のベラルーシ共和国》(→ Byelorussia) **White Rússian** 名 ① 白ロシア人 (Belorussian)；白ロシア語 ② 〘史〙白系ロシア人《1917年のロシア革命の際ボルシェビキに対抗したロシア人》③ ホワイトルシアン《ウオツカ・コーヒーリキュール・生クリームで作るカクテル》 **~ sàle** 名 C (シーツ・テーブルクロスなどの) リンネル製品大売り出し **~ sàuce** /英 ─ ─/ 名 C U ホワイトソース《小麦粉・バター・牛乳で作る》 **~ shárk** 名 C ＝great white shark **~ sláve** (↓) **~ spírit** 名 U《英》〘化〙ホワイトスピリット《ペンキ・ワニスなどの溶剤》 **~ stíck** 名 C (目の不自由な人が使う) 白いつえ **~ suprémacist** 名 C 白人優越論者 **~ suprémacy** 名 U 白人優越論 **~ tíe** (↓) **~ trásh** 名 U《集合的に》⊗《米俗》《蔑》(南部の)白人困窮者 **~ wáter** 名 U (急流などの)白く泡立つ水；浅瀬の泡立つ水面 (rapids) ‖ go *white-water* rafting 急流いかだ下りに行く **~ wédding** 名 C《英》純白の結婚式《白い花嫁衣装での結婚式》 **~ whále** 名 C 〘動〙シロイルカ(beluga) **~ wíne** 名 U 白ワイン **~ wítch** 名 C (人のために魔力を使う)善魔女, よい魔法使い

whíte·bàit 名 U 〘魚〙シラス《イワシなどの幼魚》

whíte·bòard 名 C 白板, ホワイトボード

whíte-brèad 形《限定》《米口》❶ (中流)白人的な, ワスプ(WASP)の ❷ 面白みのない, ありきたりの

white bréad 名 U (精白粉で作る)白パン

whíte·càp 名 C ❶《通例 ~s》白い波頭, 白波；白帽の人 ❷ 〘鳥〙ジョウビタキ

whíte-cóllar ⟨ジ⟩ 形《通例限定》ホワイトカラーの, 頭脳労働者の (→blue-collar) ‖ a ~ worker サラリーマン / ~ crimes ホワイトカラーの犯罪《横領・収賄など》

whíte-èye 名 C 〘鳥〙メジロ

whíte·fàce 名 ❶ U 白塗り《顔を真っ白にする化粧》❷ C《主に米》ヘレフォード種の牛《顔が白い》

whíte-fáced 形 ❶ 顔の青白い, 青ざめた ❷ (牛などが) 顔[額]に白い斑点(はんてん)のある

whíte·fìsh 名 (複 ~ OR **~es** /-ɪz/) C 〘魚〙❶ (淡水産の)シロマス(の類) ❷《英》(一般に)白身の魚《タラ・シタガレイなど》

whíte·flỳ 名 (複 **-flies** /-z/) C 〘虫〙コナジラミ

white-háired 形 ❶ 白髪の ❷《米口》お気に入りの

White·hall /hwáɪthɔ̀ːl/ 名 ❶ ホワイトホール《ロンドンの官庁街》❷ U《単数・複数扱い》(行政機構としての) 英国政府；英国の政策(→ Westminster)

whíte·hèad 名 C ❶《口》吹き出物 ❷ 頭部が白い鳥

whíte-héaded 形 ❶ 白頭の；白髪頭の ❷ お気に入りの

Whíte·hòrse 名 ホワイトホース《カナダ, ユーコン準州の州都》

whìte-hót ⟨ジ⟩ 形 白熱の；白熱した, 熱烈な；激昂(げっこう)

W

した

*White Hòuse 名《the ~》❶ ホワイトハウス《Washington, D.C. にある米国大統領官邸》❷ 米国大統領の職；(行政機構としての)米国政府

white-knúckle(d) 形 はらはらする，手に汗握る

white-lípped 形 (恐怖で)唇の青ざめた

white·lísting 名 U ホワイトリスティング《迷惑メールを避けるため登録したアドレスからのメールだけを受信するよう設定すること》

white-lívered 形《文》おく病な，卑怯(ひきょう)な；青白い

whíte·ly /-li/ 副 白く，白っぽく，青白く

whit·en /hwáɪtən/ 動〔◁ white 形〕他 …を白くする，白く塗る，漂白する ―自 白くなる ‖ The sky ~*ed*. 空が白んだ **~·er** 名 C 白くする人[もの]；漂白剤

white·ness /hwáɪtnəs/ 名〔◁ white 形〕U ❶ 白さ；白色；青白さ；潔白 ❷ 白いもの[部分]

whit·en·ing /hwáɪtənɪŋ/ 名 U ❶ 白くする[なる]こと，漂白 ❷ 白くするもの，漂白剤，胡粉(ごふん)

whíte·òut 名 C〘気象〙ホワイトアウト《雲と一面の雪により，視界が白一色になる極地の光学現象》；大吹雪(による視界の著しい低下)

white-out /wáɪtàut/ 名 U《米》修正液

*white páper 名 C ❶《米》白書《政府発行の報告書で white book, blue book より簡単なもの》❷《W- P-》《英》白書《政府発行の報告書》

whíte-shòe /, ⌐⌐/ 形《米口》(証券会社などが)白人富裕層が所有[経営]する；(人が)上流階級出身の

white sláve 名 C 白い奴隷《外国に売られたりして売春を強要される(白人)女性》 **white slávery** 名

whíte·smìth 名 C ブリキ職人，銀めっき職人；鉄器磨き[仕上げ]職人(→ blacksmith)

whíte·thòrn 名《英》=hawthorn

whíte·thròat 名 C〘鳥〙ノドジロムシクイ《ウグイスの類．欧州産》；(=**~ed spárrow**)ノドジロシトド《スズメの類．北米東部産》

white-tíe 形《限定》(パーティーなどが)正装で出席する，フォーマルの(→ black-tie)

white tíe 名 ❶ C 白い蝶(ちょう)ネクタイ ❷ (=**~ and táils**) U 男性の夜間の正装《白い蝶ネクタイと燕尾(えんび)服》

white-ván màn 名 C《英口》白いバンの乱暴な運転手(♦ 荒っぽい運転をする配送業者や肉体労働者がよく白い商用車に乗っていることから)

whíte·wàll 名 C ホワイトウォールタイヤ《側面に白い帯状の線がある》

whíte·wàsh 名 ❶ U 水漆喰(しっくい)，のろ《壁などを白く仕上げる上塗り材》❷ U C《口》(過失・欠点などを隠すための)取り繕い，糊塗(こと) ❸ U C《口》(競技での)完封
―動 他 ❶〔壁など〕に水漆喰を塗る ❷〔人〕の過失[欠点]を糊塗する，〔物事〕を取り繕う；〔不正な金など〕を(外国に預けるなどして)合法的に見せる ❸ …を完封する

whíte·wòod 名 U 白色木材；C 白色木材の採れる木《ユリノキ(tulip tree)・ボダイジュ(linden)など》

whit·ey /hwáɪṭi/ 名《しばしば W-》C ⊗《俗》《蔑》白人；白人社会

whith·er /hwíðər/《古》《文》副(↔ whence) ❶《疑問詞》いずこへ，どこへ，どちらへ；いかなる状況[結果]に，…の行方[将来]はどうか(♦ 現在では新聞の見出しなどに動詞を省略した形で用いられる) ‖ *Whither* did young soldiers go? 若い兵士たちはいずこへ行ったのか / *Whither* Democracy? 民主主義の行方はいかに ❷《関係詞》**a**《制限用法》(そこへ)…する[した]ところの ‖ the island ~ we drifted 我々が漂流した島 **b**《非制限用法》(そして)そこへ ―接 …するところへ(はどこへでも)；どこへ(…しよう)とも ‖ I shall go ~ Fate leads me. 私は運命の導くところにはどこへでも行こう ―名 C 行き先，目的地

whit·ing¹ /hwáɪṭɪŋ/ 名 U 胡粉(ごふん)，白亜

whit·ing² /hwáɪṭɪŋ/ 名(複 ~ or ~s /-z/) C〘魚〙ホワイティング《欧州産のタラ科小型魚の総称》；U その身

whit·ish /hwáɪṭɪʃ/ 形 白っぽい，白味がかった

whit·low /hwítlou/ 名 U〘医〙ひょうそ《指の先端などの化膿(かのう)性炎症》

Whit·man /hwítmən/ 名 **Walt ~** ホイットマン(1819–92)《米国の詩人》

Whit·sun /hwítsən/ 形 聖霊降臨祭[節]の
―名 =Whitsuntide；Whitsunday

Whit·sun·day /hwìtsʌ́ndeɪ, -di/ 名 U C 聖霊降臨祭(Pentecost)《復活祭(Easter)後の第7日曜日》

Whit·sun·tide /hwítsəntàɪd/ 名 U C 聖霊降臨節《Whitsunday 後の1週間，特に最初の3日間》

whit·tle /hwíṭl/ 動 他 ❶ **a**〔木材など〕を少しずつ削る，そぐ《**down, away**》‖ ~ *down* a stick 棒を削って細くする **b**〔木片など〕を削って〈…を〉作る〈**into**〉；〈木片などを削って〉…を作る〈**from**〉‖ ~ a piece of wood *into* a spatula=~ a spatula *from* a piece of wood 木を削ってへらを作る ❷ …を徐々に削り取る[削減する]《**down, away**》‖ Inflation has ~*d away* our savings. インフレで我々の貯蓄は目減りした
―自〈木片などを〉ナイフで削る[刻む]《**away**》〈**at**〉

whit·y /hwáɪṭi/ 形《通例複合語で》白っぽい(whitish) ‖ ~-brown 淡褐色 ―名 =whitey

whiz, whizz /hwɪz/《擬音語》動(**whizzed** /-d/；**whiz·zing**) 自 ❶ ひゅー[ぴゅー]と音を立てる，風を切って飛ぶ[動く]；非常な速さで動く；(時が)速く過ぎ去る《**along, past, by**》‖ Cars *whizzed past*. 車がびゅんびゅん通り過ぎた / ~ (right) through …をさっと通過する；…をさっとやり終える ❷ ⊗《俗》《蔑》おしっこする
―他 ❶ …をびゅんと投げる[回す，発射する]；…を素早く動かす；〔車〕を暴走させる ❷ …をミキサーにかける
―名 C ❶ ひゅー，ぴゅー(という飛翔(ひしょう)，疾走などの音) ❷《口》素早い動き，大急ぎのひと巡り ❸《口》〈…の〉達人，名人〈**at**〉；素晴らしいもの ‖ a ~ *at* algebra 代数に強い人 / the ~ of an automobile 素晴らしい車 ❹ ⊗《米俗》《蔑》放尿
▶▶ **~ kìd** 名 C《口》若き鬼才，神童

whiz-bang, whizz- /hwízbæŋ/ 名 C《口》❶《軍》小型の超高速砲弾；花火 ❷《主に米》名人；名品，一流品
―形《主に米》素晴らしい，一流の

who /弱 hu；強 hu:/

中心義 人についての疑問[説明]

―代(所有格 **whose** /hu:z/；目的格 **whom** /hu:m/)

I【疑問代名詞】だれ，どういう人(♦ 単数・複数両様に使われ，原則として人の姓名・性質・身分などを問う．職業を問うのは what) ❶《who が主語・補語の場合》だれが ‖ "*Who* is that man over there?" "He's Jimmy Lee." 「あそこにいる人はだれですか」「ジミー=リーです」 / *Who* are you? あなたはだれですか(♥ 相手の名前や身分を尋ねる表現で，不審者を問いただしたりするときに使われる．一般にはぶしつけな言い方なので使わない方がよい) / *Who* are those people in the lounge? ラウンジにいるあの方々はどなたですか / "*Who*'s coming?" "Most of our friends." 「だれが来ますか」「私たちの友人のほとんどが」(♦ 単数・複数がはっきりしない場合には，ふつう単数扱いにする) / *Who* else (besides me) will come? (私の)ほかにだれが来ますか / *Who* ever [《口》on earth, the hell] stole the money? 一体だれが金を盗んだのか(♦ しばしば whoever と1語で書かれる)(→ whoever ❸) / *Who* did what? だれが何をしたって？(♦ 多重疑問文．→ what 代 ❶) / (May I ask) ~'s calling, please? (電話で)どちら様でしょうか(♥ Who's this, please? ともいうが多少ぶっきらぼうな表現) / *Who* do you think he is? 彼をだれだと思いますか(♦ 間接疑問を含む Do you know *who* he is? (彼がだれだか知っていますか)との語順の違いに注意) / *Who* do you think you are? 一体自分を何様だと思っているんだ / *Who* knows what will happen tomorrow? 明日何が起きるかだれが知ろうか(♦「だれも知らない」の意味の反語的疑問文)

Behind the Scenes **Who's on first? 一塁手はだれ；一塁手はフーさん** 1940-50年代に人気を博した米国のコメディアンコンビ Abbott と Costello の有名な漫才で，野球チームの選手の名前が変わっていることから話がこんがらがるというネタ. 一塁手 Who, 二塁手 What, 三塁手 I Don't Know, ピッチャー Tomorrow, キャッチャー Today, レフト Why, センター Because, といった設定である. パロディーや類似の漫才も多い. 米国の人気アニメ *The Simpsons* ほか，さまざまなテレビ番組でも使われた. 映画 *Rain Man* では, Dustin Hoffman 演じる自閉症の主人公 Raymond が，緊張したり恐怖にかられた際にこの漫才のやりとりを繰り返す

❷《who が目的語の場合》《口》だれを[に](♦現在では目的格の whom は格式ばった語であり, who を用いる方が一般的)(→ whom, ⇨ **PB** 98) ‖ *Who* did you see at the party? パーティーではだれに会いましたか / Tell us ~ we should visit. だれを訪ねたらよいか教えてください / I don't know ~ to invite. だれを招待すべきかわかりません(✐ I don't know whom to invite.) / *Who* did you give the book to? 本はだれにあげたのですか(✐ To whom did you give the book?)(♦ who が前置詞の目的語の場合，前置詞は動詞の後にくるのが一般的. whom を使えば前置詞はふつうその前にくるが，非常に堅い言い方になる. ⇨ **PB** 98) / *Who* are you waiting for? だれを待っているのですか / *Who* do you work for? どういう会社にお勤めですか(♦ who は会社などの団体を指すこともある) / *Who* is that letter from? その手紙はだれからですか / "Carol is dancing." "*Who* with?"「キャロルが踊ってるよ」「だれと」(♦省略疑問文. With who(m)? よりもこの形がふつう) / I asked him what happened to ~. だれに何が起きたのか彼に尋ねた(✐ ... what happened to whom.)(♦多重疑問文であるために文頭に置かない場合は，前置詞の目的語であっても who をしばしば用いる)

II【関係代名詞】(♦関係詞節内で主語・目的語を表す場合に用い，先行詞は人が原則だが，ペットなどの動物や擬人化されたものについて使うこともある. 目的語の場合に whom を用いるのは《堅》)

❸《制限用法》**…する(ところの)**(人) ‖ I know the man ~ made that film. その映画を作った人を知っています / Anyone ~ wishes to leave may do so. 帰りたいと思う人は帰ってよろしい / You're the only person ~ can persuade her. 彼女を説得できるのはあなただけだ(⇨ **語法** (1)) / The lady (~) Bill is talking to is a famous pianist. ビルが話をしている女性は有名なピアニストだ / You need a man (~) you can turn to. 君には頼れる男が必要だ(♦目的格の場合しばしば省略される)

語法 ☆☆ (1) **who と that** 先行詞が最上級の形容詞や all the, the only, the same などを伴う場合には that がふつうとされるが，実際には人が先行詞であれば who を用いることが多い(⇨ **PB** 78). 先行詞が疑問詞 who の場合には, who who とならないよう, that を用いる.〈例〉*Who* that was there could forget it? そこにいただれがそれを忘れられようか

(2) There is ... の構文や It is ... の強調構文では，《口》で主格の who が省かれることがある. この用法は who だけでなく, which, that についても見られる.〈例〉There's somebody at the door (*who*) wants to see you. あなたに会いたいという人が玄関にいます / It is not every boy (*who*) gets a chance like that. あのような好機をすべての少年が得られるとは限らない

(3) I think, I believe などの前では主格の who が省かれることがある.〈例〉I met a man (*who*) I thought was a Mexican. 私はメキシコ人と思われる男に会った

(4) **who と which** 先行詞が team, family, committee など人の集団を表す語で，個々の成員に重点を置いて複数扱いの場合は who が用いられ，集団全体に重点を置いて単数扱いされる場合は which が用いられる.〈例〉The family *who* live next door are sociable. 隣に住んでいる一家は愛想がよい / She likes the family *which* lives next door. 彼女は隣に住んでいる家族が好きだ

❹《非制限用法》**そして[だが]その人は**(♦前にコンマを置き，話すときは前に短い休止を置く. 省略はできない) ‖ John F. Kennedy, ~ was the thirty-fifth President of the United States, was assassinated in 1963. ジョン=F=ケネディは，第35代米国大統領であったが，1963年に暗殺された / She has two brothers, ~ both work in the Red Cross. 彼女には兄弟が2人いるが，2人とも赤十字で働いている(=She has two brothers, and they both work ....) / Nobody could catch up with Mike, ~ ran too fast. だれもマイクに追いつけなかった，というのも彼があまりに走るのが速かったからだ(♦ who は and he [she, they] のほか because [but, as, though, if] he [she, they] などの意味になることがある) / This is Professor Smith, ~ I talked about. こちらスミス教授です，教授については前にお話ししましたが(✐ ... Smith, whom I talked about.)

❺《古》…する者はだれでも(whoever)(♦先行詞を含む) ‖ *Who* steals my purse, steals trash. 私の財布を盗む者はくずを盗むに等しい[Shak *OTH* 3:3]

III【強調構文】 ❻ …するのは…(♦人について it is [was] ... who ... の形で用いるが, that の方が一般的. ときに省略されることがある. ⇨ ❸ **語法** (2)) ‖ It is this lady ~ saved your life. あなたの命を救ったのはこちらの女性です / It was Lisa ~ Bill danced with at the party. ビルがパーティーで一緒に踊ったのはリサだった / It was I ~ called the police. 警察に電話したのは私でした(✎ It was me that called the police.)

whò's whó ①《know, learn などの目的語として》(組織における役割などについて)だれがだれか，だれが偉い人か ‖ You'll soon learn ~*'s* ~ in this office. この職場でだれがどういう人かすぐにわかるでしょう ②《しばしば W- W-》紳士録，人名録

COMMUNICATIVE EXPRESSIONS

1. **Whò are yóu to** blàme her behìnd her báck? 彼女のことを陰で非難するなんて何様のつもりですか
2. **Whò knóws [cáres]?** だれが知る[気にする]もんか
3. **Whò, mé?** え，私？(♥「自分のこと(を話しているの)か」と確認する表現. 何か自分について言われたことを「いや，そんなことないよ」と否定するときも)
4. **Whò wás it?** (電話[訪問]してきた人は)だれだった

WHO /dʌ́blju: eɪtʃ óu, hu:/ 略 *W*orld *H*ealth *O*rganization(世界保健機関)

whoa /hwou, hou/ 間 ❶ どうどう《馬などを止める掛け声》 ❷《口》おいおい，やめろよ(♥人をなだめる)；うわあ，たまげた(♥驚き・感動を表す)

***who'd** /弱 *h*ud；強 hu:d/《口》❶ who would の短縮形 ❷ who had の短縮形(♦ had が助動詞の場合)

who·dun·it /hù:dʌ́nɪt/ 名 C《口》推理小説[映画，劇](♦ Who done it? (Who did it? の俗語表現)より)

‡who·ev·er /huévər/《発音注意》

—代(所有格《まれ》**whos·ev·er** /hu:zévər/；目的格《主に堅・文》**whom·ev·er** /hu:mévər/) **I【関係代名詞】**

❶ (…する人は)**だれでも**(anyone who) ‖ *Whoever* says Paul lied is a liar. ポールがうそをついたなどと言う人はだれであれうそつきだ / You may take ~ [×whomever] wants to go. 行きたい人はだれでも連れて行ってよい(♦関係節内の役割が主語なので whoever のみ可能) / Give it to ~ you like. だれでも好きな人にあげなさい(✐ Give it to whomever you like.)

❷《譲歩の副詞節を導いて》**だれが…でも**[しようとも](no

W

matter who) ‖ *Whoever* telephones, tell them [OR him] I'm out. だれが電話してきても私は外出していると言ってくれ / While you were away, somebody named Eddie Jones came to see you, ～ he「may be [《口》is]. お留守中エディー＝ジョーンズという人がおいでになりました, どういう方かは存じませんが

II【疑問代名詞】一体だれ(が) ❸ (♦ who の強意形. 通例 who ever と分けて書く) (→ who ❶) ‖ *Whoever* said I was divorced? 一体だれが私が離婚したなどと言ったのか / *Whoever* could that be calling in the middle of the night? 真夜中に電話してくるなんて一体だれだ

⁑whole /houl/(♦ 同音語 hole) 形 名 副

中心義 そのまま全部の

―形 《比較なし》 ❶ 《限定》**全体の**, すべての, 全… (↔ partial) ; **丸**… (⇨ 類語) ‖ His death was a great shock to the ～ world. 彼の死は全世界(の人々)に大きな衝撃を与えた / She devoted her ～ life to the poor. 彼女は人生すべてを貧しい人々のためにささげた / I'll tell you the ～ story. 一部始終を包み隠さずお話しします / The ～ **thing** bothers me. 何もかもがいら立たしい / We spent a ～ day visiting scenic spots. 景勝地巡りで丸1日を費やした / for two ～ weeks 丸2週間

語法 ☆☆ (1) 定冠詞のついた複数名詞は直接修飾できない. したがって「すべての建物が壊された」の意味では ×The whole buildings were destroyed. とはいわずに, all を用いて All the buildings were destroyed. という. 定冠詞をつけないで Whole buildings were destroyed. とすると, 「いくつかの建物が完全に破壊された」(＝Some buildings were destroyed completely.) という意味になる.
(2) 固有名詞や不可算名詞を直接修飾しない. したがって「全ヨーロッパ」は ×whole Europe とはせず, whole を名詞として用いて the whole of Europe とするか (→ 名 ❶), all Europe とする. また不可算名詞については, ×Let's drink up the whole wine. ではなく, Let's drink up all (of) the wine. (ワインを飲み干してしまおう) とする.

❷ 《a ～》《種類・数量などを表す名詞を強調して》**あらゆる**, すべてがそろった, 全部の ‖ We discussed a ～ range of issues. 私たちはありとあらゆる類の問題について議論した / I bought a ～ set of dishes. 私は完全な一そろいの皿を買った / use up a ～ bunch of money 大金を使い果たす / a ～ host of possibilities 幾多の可能性

❸ **丸ごとの**, 分割されていない ‖ Put the ～ cake on the table. ケーキをそのまま(切らずに)テーブルの上に置いてください / The pig was roasted ～. 豚は丸焼きにされた / swallow a plum ～ プラムを丸ごと飲み込む (♦ 上の2例は副詞的用法)

❹ 無傷の, 壊れていない ; 健康な, 回復した ‖ Some of the cups were damaged, but all the plates remained ～. コップには壊れたものもあるが, 皿の方はすべて無事だった / Try to be ～ in body and mind. 心身共に健康であるように気をつけて

❺ 《限定》(牛乳・血液などが)精製されていない, そのままの ‖ ～ blood (採取したままの) 全血 ❻ 【数】整数の (integral)(↔ fractional) ❼ (兄弟・姉妹が)同父母の

a whòle lòt 《口》① 大いに, 非常に ‖ I feel *a ～ lot* better today. 今日はとてもいい気分だ ② 〈…の〉多数[量]〈**of**〉(♦ a lot (of) の強調形) ‖ He spent *a ～ lot of* money on clothes. 彼は服に大金をつぎ込んだ

the whòle póint 〈…の〉肝心な点, 主旨, 要因〈**of**〉

―名 ❶ 《the ～》〈…の〉**全体**, 全部 (↔ part) 〈**of**〉 ‖ I spent the ～ *of* the morning trying to install some new software. 新しいソフトをインストールしようとして午前中いっぱいかかった / The ～ *of* Berlin was in flames. ベルリン全体が炎に包まれていた / The ～ *of* my body was paralyzed. 全身が麻痺(ひ)していた

❷ C 《通例 a ～》(部分からなるものの)総体, 統一体 ‖ A set of parts make up a ～. 部分がまとまって全体を構成する / Nature is a ～. 自然は1つの統一体である

*__*as a whóle*__ **全体として**(の), 総体的に ; 全般的に ‖ Your book report is *as a ～* satisfactory. 君の読書感想文は全体として見れば満足のいくものだ

*__*on the whóle*__ **全体的に見て**, 概して (generally) ‖ *On the ～*, the school festival was successful. 学園祭は全体的に見て成功だった

―副 《比較なし》《口》《new, different などの形容詞を修飾して》すっかり, 全く ‖ 3D printing is a ～ new way of manufacturing small items. 3Dプリンティングは小物を大量に製造する全く新たな方法だ

～·ness 名

類語 《形 ❶》**whole** 数量・範囲などの総体を分割されないまとまったものとして「そっくり全部」.
entire whole よりも改まった語で強意的. 「全部であって欠けるものがない」の意を強調する.
total 構成する要素や部分が全部含まれていることを表す.

▸▸ **～ clóth** (↓) **～ mèal** (↓) **～ mílk** 名 U 全乳, 完全乳 (→ skim milk) **～ nòte** 名 C 《主に米》【楽】全音(符)(《英》semibreve) **～ nùmber** /英 ⌐⌐–/ 名 C 【数】整数 (integer) **～ stèp** [**tòne**] 名 C 【楽】全音程 (→ half step)

whòle clóth 名 U 【織】原反 《裁っていない布地》

màke ... òut of whòle clóth 《米口》…を完全にでっち上げる

whóle·fòod 名 U/C 《～s》《英》自然食品 《玄米・全麦など》

whóle·gràin 形 (食品が)全粒入りの, 全粒粉で作った ‖ ～ cereals 全粒シリアル

whòle·héarted ⊲ 形 心からの, 誠実な ; 熱心な, いちずな ‖ express one's ～ support 心からの支持を表明する **～·ly** 副

whóle-mèal 形 《英》＝whole-wheat

whóle mèal 名 U 《英》全麦, 全粒小麦粉

***whole·sale** /hóulsèil/ 《アクセント注意》 名 U 卸売り, (製造元・卸売業者が直接行う) 大量廉価販売 (↔ retail) ‖ buy [sell] goods at ～ 卸で商品を買う[売る]

―形 《限定》 ❶ 卸売り(で)の, 量販(で)の ‖ a ～ dealer 卸売商 / ～ prices 卸値 ❷ (特に好ましくないことが) 大量の, 大規模な ‖ Our company requires a ～ restructuring. 当社は大々的なリストラを行う必要がある / ～ slaughter 大量殺戮(りく)

―副 ❶ 卸売り(値)で, 大量に廉価で ‖ sell [buy] goods ～ 商品を卸で売る[買う] ❷ 大量に, 大規模に ❸ 十把(ぱ)ひとからげで, 大ざっぱに

―動 他 …を卸売りする ―自 卸売りする

whóle·sàl·er /-ər/ 名 C 卸売商[業者]

***whole·some** /hóulsəm/ 《アクセント注意》 形 ❶ 健康によい, 健康的な ‖ ～ food 健康によい食べ物 ❷ 有益な, ためになる, 健全な (↔ corrupt) ‖ ～ reading for children 子供たちにためになる読み物 ❸ 健康そうな, 健やかな, はつらつとした ‖ a ～ look 健やかな表情

～·ly 副 **～·ness** 名

whóle-whèat 形 《通例限定》《米》(ふすまを含んだ)全粒小麦(粉)の, 非精白小麦(粉)の(《英》whole-meal)

***who'll** /弱 *h*ul ; 強 huːl/ 《口》 ❶ who will の短縮形 ❷ who shall の短縮形

***whol·ly** /hóu*l*li/ 《発音注意》 (♦ 同音語 holy) 副 すっかり, 全く, 完全に, 全面的に (↔ partly) ; もっぱら, ひたすら ‖ He has ～ recovered from the illness. 彼は病気からすっかり回復した / Our project depends ～ on charity. 我々の事業はもっぱら慈善(的寄付)に依存している / We didn't ～ agree with your argument. 我々は君の主張に全面的に同意したわけではない (♦ 部分否定)

whom /弱 *h*um；強 hu:m/

―代《who の目的格》(♦現在では格式ばった語で，一般的には who を用いる. → who ❷) **I【疑問代名詞】❶ だれを［に］** ‖ *Whom* did you meet at the station? 駅でだれに会ったのですか (↘ Who did you ...?) / *Whom* did you give the book to? (↗ To ～ [ˣwho] did you give the book?) だれにその本をあげたの (↘ Who did you ...?) / From ～ did he get that key? 彼はだれからその鍵(かぎ)をもらったの (↘ Who did he get that key from?) (♦who を用いて前置詞を後置する方が一般的. 前置詞を前置する場合は who は不可. ⇨ PB 98) / I asked ～ he saw. 彼にだれと会ったのか尋ねた (↘ I asked who he saw.) / I wonder ～ to invite. だれを招待すべきだろうか

II【関係代名詞】(♦関係詞節中で目的語を表す場合に用い，先行詞は人が原則だが，ペットなどの動物や擬人化されたものの場合もある) ❷《制限用法》**…するところの（人）** ‖ Lincoln is a president (～) I respect very much. リンカーンは私が大いに尊敬する大統領だ (♦動詞の目的語の場合，《口》では通例省略するか who を用いる) / The tutor with ～ I am studying is a college student. ＝The tutor I am studying with is a college student. 私が教わっている家庭教師は大学生だ (♦前置詞の目的語の場合，《口》では whom を省き前置詞を後置した後者の形がふつう. 前者では whom を省略できない) / Children need other children with ～ to play. 子供には一緒に遊ぶほかの子供たちが必要だ (♦不定詞を伴う場合は「前置詞＋whom」を先行させる. 《口》では ... other children to play with. となる)

❸《非制限用法》**そしてその人を［に］** (♦前にコンマを置き，話すときは短い休止を置く. この用法では省略できない) ‖ I visited Matt, ～ I found ill in bed. マットを訪ねたら，病気で寝ていた / The demonstrators, most of ～ are unemployed, marched through the city. デモの参加者は ― そのほとんどは失業者だが ― 町中を行進した

❹《先行詞を含んで》《古》（…する）者すべて (anyone whom) (♦諺(ことわざ)や決まり文句などに用いられる) ‖ To ～ it may concern. (手紙の冒頭で)関係者各位

whom·ev·er /hu:mévər/ 代《主に堅・文》whoever の目的格(→ whoever)

whom·so·ever /hù:msouévər/ 代《堅》whomever の強調形

whoop /hu:p, *h*wu:p | wu:p, hu:p/ 動 自 (歓喜・興奮などで)大声で叫ぶ，喚声を上げる ‖ ～ with joy 歓声を上げる

whòop it úp 《口》① (祝福して) どんちゃん騒ぎをする ②《米》熱狂をあおり立てる，熱狂的に支持する

―名 C ❶ (歓喜・興奮などを示す)叫び声，喚声；(猟師・兵士などの)鬨(とき)の声 ‖ give ～*s* of victory 勝利の叫び声を上げる / with a ～ and a holler 大騒ぎして ❷ (百日ぜきの)ぜいぜいいう音

▸▸ **～ing cóugh** 名 U 〘医〙百日ぜき **～ing cráne** 名 C 〘鳥〙アメリカシロヅル《北米産の大型のツル》

whoop-de-do, -de-doo /hù:pdidú:/ 名 U《米口》どんちゃん騒ぎ，熱狂；大宣伝；人前での大論争；道路のでこぼこの連続

whoop·ee /*h*wúpi: | ―́―/ 間《口》わーい，やった《歓声》
―名 U《口》どんちゃん騒ぎ

màke whóopee ① どんちゃん騒ぎをする ② (異性と) いちゃつく，性交する

▸▸ **～ cùshion** 名 C (座るとおならの音が出る) ブーブークッション

whóop·er /-ər/ 名 C ❶ 歓声を上げる人 ❷ ＝whooping crane ❸ ＝whooper swan

▸▸ **～ swàn** 名 C 〘鳥〙オオハクチョウ

whoops /*h*wups/ 間《口》＝oops

whoosh /*h*wu:ʃ, *h*wuʃ/ 名 C (空気・水などの)ひゅー［しゃー］という音［動き］ ―動 自 他 (…が［を］) ひゅー［しゃー］と音を立てて飛ぶ［飛ばす］ ―間 ひゅー(♥驚き・疲労などを表す)；しゃー，ざーっ《シャワーなどの音》

whop /*h*wɑ(:)p | wɔp/ 動 (**whopped** /-t/；**whop·ping**) 他《口》❶〔人・物〕を強打する，ぶん殴る ❷ …を完全に打ち破る ―自 どしんと落ちる，倒れる ―名 C《口》強打；ばしっ(と打つ音)；どしん(という衝撃の音)

whop·per /*h*wɑ́(:)pər | wɔ́pə/ 名 C《口》❶ 途方もなく大きなもの ❷ 大ぼら(吹き)，大うそ(つき)

whop·ping /*h*wɑ́(:)pɪŋ | wɔ́p-/ 《口》形《限定》途方もなく大きな，ばかでかい ‖ a ～ lie 大うそ ―副 非常に

whore /hɔ:r/ (♦同音語 hoar) 名 C ⊗《蔑》売春婦 (prostitute)；ふしだらな女；私利のために信条を曲げる人，無節操な人 ―動 自 ❶ ⊗《蔑》売春する；買春する ❷ 信念を曲げる；身を卑しくして〈金などを〉追い求める〈*after*〉

who're /hú:ər/ 《口》who are の短縮形

whóre·hòuse 名 C ⊗《口》《蔑》売春宿 (brothel)

whorl /*h*wə:rl/ 名 C ❶ (紡錘機の) 小弾み車 ❷ 〘植〙輪生(体)《茎の1節に3枚以上の葉がつくこと》 ❸ らせん；らせん［渦巻き］状のもの；(指紋・巻き貝などの)渦巻き

whor·tle·ber·ry /*h*wɔ́:rṭlbèri, -bəri/ 名 C 〘植〙セイヨウヒメスノキ；その実《食用》

***who's** /弱 *h*uz；強 hu:z/ 《口》❶ who is の短縮形 ❷ who has の短縮形(♦通例この has は助動詞)

▸▸ **～ whó** 名 C《単数形で》紳士録，名士録

whose /弱 *h*uz；強 hu:z/

―代《who の所有格》**I【疑問代名詞】❶**《限定的に名詞を修飾して》**だれの** ‖ *Whose* bag is that? それはだれのバッグですか / Tell me ～ umbrella this is. これがだれの傘か教えてください / *Whose* house did you bring the package to? だれの家に小包を持って行ったの (↗ To ～ house did you bring the package?)

❷ **だれのもの** ‖ *Whose* is this bike? この自転車はだれ

PLANET BOARD 98

前置詞の目的語になる場合は who か whom か.

問題設定 前置詞の目的語になる場合，who, whom のどちらを使うかがしばしば問題になる. 4通りの表現の使用率を調査した.

Q 次の(a)～(d)のどれを使いますか. (複数回答可)

(a) **For who** did she buy the present?
(b) **For whom** did she buy the present?
(c) **Who** did she buy the present **for**?
(d) **Whom** did she buy the present **for**?

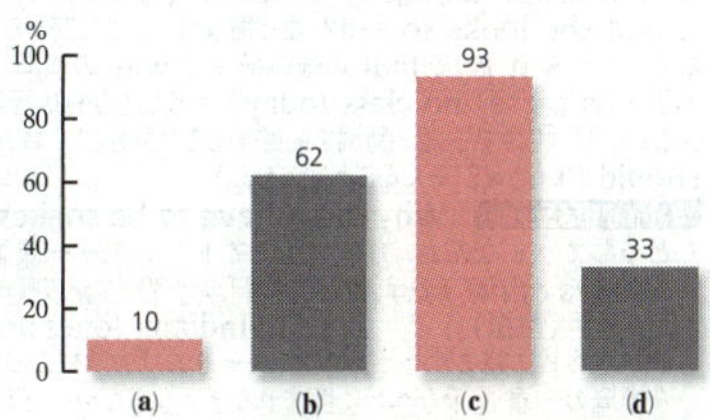

(c)の Who ... for? を使うという人が9割強で最も多く，(b)の For whom ...? は約6割，(d)の Whom ... for? は⅓の人が使うと答えたが，(a)の For who ...? を使うという人は1割と少なかった.

(c)は，「文法的には正しくないかもしれないが，ごく一般的に使われる」という意見が多い. (b)を使うと答えた人のほとんどはこれを《堅》としており，「書き言葉だけに使う」「もったいぶった表現」などとする人もいた.

学習者への指針 Who ... for? の形が特に《口》では一般的であり，《堅》または《文》では For whom ...? もかなり使われる.

のですか / I wonder ~ this is. これはだれのものかしら / I don't know ~ to borrow. だれのを借りればいいのかわからない

Ⅱ【関係代名詞】 ❸《制限用法》**その…が[を, に]する**(ところの)(♦先行詞が人だけでなく物の場合にも(of which の代わりとして) しばしば用いる) ‖ I know a boy ~ brother is a famous alpinist. お兄さんが有名な登山家だという少年を知っている / The house ~ roof is blue is mine. 屋根の青い家が僕の家です(=The house the roof of which is blue is mine.) / This is the poem ~ author we don't know enough about. これは我々のよく知らない作者の詩です

❹《非制限用法》**そしてその…**(♦通例前にコンマを置き, 話すときは短い休止を置く) ‖ Professor Watkins, ~ research is highly influential, is the next speaker. ワトキンズ教授は, その研究が大変な影響力を持っていますが, その彼が次に講演します

whos·ev·er /huːzévər/ 代 whoever の所有格(→ whoever)

who·so·ev·er /hùːsouévər/ 〈古〉 代 《堅》=whoever I

who've /弱 huv ; 強 huːv/ 《口》 who have の短縮形(♦通例この have は助動詞)

wh-quèstion /dʌ́bljuːéɪtʃ-/ 名 Ⓒ 〖文法〗 wh 疑問文 《who, where, when, what, why, how などで始まる疑問文》

whump /hwʌmp/ 間 どすん, どかん, ずしん, ばーん《強くぶつかる[打つ]音》

—動 自 どすんとぶつかる —他 …をどしんと打つ

whup /hwʌp/ 動 =whop

W

*** **why** /hwaɪ/ 副 間 名

中心義 **理由についての疑問[説明]**

—副 《比較なし》 **Ⅰ【疑問副詞】** ❶ **なぜ**, どうして ‖ *Why* did Mike quit his job? どうしてマイクは仕事を辞めたのか(♥責める気持ちが含まれることがある. What made him quit ...? は冷静・客観的に理由を尋ねる言い方) / "*Why* ever didn't you tell me before?" "Because I had no time to."「一体なぜ前に話してくれなかったの」「その時間がなかったのさ」(♦ever は why を強調している) / I don't **know** ~ he was late. 彼がなぜ遅れたのかわからない(♦間接疑問文. 文脈から why 以外は省略されることがある. 〈例〉 He was late. I don't know *why*. 彼は遅れた. どうしてかはわからない) / I wonder ~ Jean was late. ジーンはなぜ遅刻したのかな / *Why* do you think he was fired? なぜ彼は首になったと思いますか / *Why* is it that she looks so sad? なぜ彼女はあんなに悲しそうなのだろう(♦it is ... that の強調構文で why の強調) / *Why* (is there) no class today? どうして今日は授業がないの(♦《口》で主語・動詞を省略することがある) / *Why* should I know? そんなこと知るもんか

Behind the Scenes **Why did it have to be snakes?** どうしてヘビなんだ アクションアドベンチャー映画 *Raiders of the Lost Ark*(邦題「レイダース/失われたアーク《聖櫃》」)で, 主人公の Indiana Jones が大嫌いなヘビに囲まれたときに言ったせりふ.「よりによってなぜ俺の一番苦手なヘビに囲まれなきゃならないんだ」の意(♥snakes は可変. 自分が苦手な人・物・事態に対応[直面]しなければならないときに,「よりによってなぜ」と嘆く文句. Why did it have to be now [you]? よりによってなんで今[君]なんだ)

語法 ☆☆ (1) Why ...? の問いには通例 Because ... で答える. 〈例〉 "*Why* were you absent yesterday?" "*Because* I was ill."「なぜ昨日休んだのですか」「病気だったからです」(理由を答える場合)
ただし場合によっては別の言い方をすることもある. 〈例〉 "*Why* did you go there?" "To see her."「なぜそこへ行ったのですか」「彼女に会うためです」(目的を答える場合)
(2) ほかの疑問詞と違って通例 to 不定詞を導くことはできない. 〈例〉 I don't know *why* I should study. なぜ勉強するべきなのかわかりません (×I don't know why to study.)

❷《why *do* ... で》どうして…をするのか(♥相手の言ったことに異議を申し立てる) ‖ *Why* bother to study English at all? 一体どうしてわざわざ英語を学ぶのか / *Why* wait? なぜ待つのか(待たなくてもいいではないか)

Ⅱ【関係副詞】 (♦制限用法のみ. 非制限用法として表現したいときは for which reason などを用いる) ❸《the reason を先行詞にして》**…するところの**(理由) ‖ The **reason** ~ the electricity failed was unknown. 停電の理由はわからなかった / Tell me the **reason** (~) you cannot go. 行けない理由を教えてください(♦(1)《口》では why は省略されることが多い. why の代わりに that を使うこともある. (2) the reason が省略されて, Why the electricity failed was unknown. / Tell me why you cannot go. となることもある. この場合は ❶ の間接疑問文としての用法とも考えられる) / "You heard the news?" "That's ~ I came."「知らせを聞きましたね」「それで来たんです」(♦the reason の省略. → CE 1)

* ***Why don't you ...?*** ; ***Why not ...?*** 《口》…したらどうか, …したらいいじゃないか(♥勧誘・提案・指示. → CE 6)

* ***Whỳ nót?*** 《口》 ① そうしようか, いいね(♥誘いなどに対する承諾を表すくだけた表現) ‖ "Can I come with you?" "*Why not*?"「一緒に行ってもいいかな」「いいよ」/ "Let's take a break." "*Why not*?"「ひと休みしようよ」「いいね」 ② どうして(♥否定を含む発言に対して「なぜ…しないのか」と尋ねる) ‖ "I don't want to see her." "*Why not*?"「彼女に会いたくない」「どうして」

COMMUNICATIVE EXPRESSIONS

1 She was jùst nérvous. **Thát's why** she was sò quíet. 彼女は緊張していただけですよ, だからあんなに静かだったんです(♥理由を述べる)

2 **Whỳ ask whý?** あれこれ理由を考えても現実はこうなんだから仕方がない(♥悪い状況・結果を肯定的にとらえる)

3 **Whý càn't I** gó with you? どうして一緒に行っちゃいけないの(♥納得がいかないことについて訴える)

4 **Whỳ dòn't I** hélp you? お手伝いしましょうか(♥提案・助言・申し出)

5 **Whỳ mé?** どうして私なんだ(♥不運を嘆く)

6 **Whỳ nòt** [OR **dòn't you**] brìng your ráincoat jùst in cáse? 念のためレインコートを持って行ったら(♥親しい間柄で使うくだけた表現. 目上には使わない.「なぜしないのか」という軽い批判の気持ちが込められることも多い. Why don't you? は文末あるいは単独で用いると, 命令調を和らげる)

7 **Whý òh whý?** ああ, 一体どうして(♥大げさな嘆き)

8 **Whỳ** 「**on éarth** [OR **the héll**] would you dó sùch a thìng? 一体どうしてそんなことをするんですか(♥強調表現. hell を用いるとよりくだけた表現になる)

9 **Whỳ só?** どうして(♥特に納得がいかないことの理由)

—間 おや, あれっ(♥驚き・いら立ちを表す) ‖ *Why*, it's you, Tom. 何だ, 君か, トム / *Why*, what's wrong with it? でも, それのどこがいけないんだ

—名 (複 **~s** /-z/) Ⓒ《通例 the ~s》理由, 原因 ‖ I cannot explain the ~*s*. その理由は説明できない

the whỳs and (the) whérefores 理由, 原因

WI 略 〖郵〗Wisconsin ; *W*omen's *I*nstitute《(英国の)地方都市婦人会》

W.I. 略 *W*est *I*ndian ; *W*est *I*ndies

Wic·ca /wíkə/ 名 Ⓤ ウィッカ《キリスト教以前の多神教的信仰を現代で実践する宗教》 **-can** 形 名

Wich·i·ta /wítʃɪtɔː/ 名 ウィチタ《米国カンザス州南部の都市》

wick /wɪk/ 名 Ⓒ ❶ (ろうそく・ランプ・ライターなどの)芯(しん) ❷〖医〗傷口に入れるガーゼ, ガーゼ芯《排膿(はいのう)用》

gèt on a pèrson's wíck 《英口》(人を)絶えずいらいらさせ

る, じらす, 閉口させる
—動 他 自 (液体を[が])毛管作用で運ぶ[運ばれる]

***wick·ed** /wíkɪd/ 《発音注意》 形 (~·er; ~·est) ❶ a (道徳的に)非常に悪い, 不道徳な, よこしまな; 悪意のある, 意地の悪い (↔ virtuous) (♦ 道徳的に強い非難を含む語で, しばしば evil と交換可能) (⇨ BAD 類語); 《the ~で集合名詞的に》《複数扱い》悪人 ‖ a ~ deed [person] 悪行[悪人] / *No rest for the* ~. 悪人に安息の場はない (♦ 聖書の言葉) **b** 《It is ~ of *A* to *do* / *A* is ~ to *do*》…するとは(*A*は)ひどい ‖ It is ~ *of* them *to* cheat elderly people. = They are ~ *to* cheat elderly people. 老人をだますとは彼らもひどいことをするね
❷ 《口》いたずらな, わんぱくな ‖ throw a ~ look いたずらっぽい目つきで見る ❸ 《口》ひどい, いやな, 手に負えない; 危険な, 危ない ‖ I have a ~ toothache. 歯がひどく痛む / ~ prices 法外な値段 / a ~ loss 大変な損害 / ~ driving 危険な運転 ❹ 《口》すごく上手な; 素晴らしい ‖ a ~ car 素晴らしい車 / a ~ forkball 見事なフォークボール　**~·ly** 副　**~·ness** 名

wick·er /wíkər/ 名 ❶ U (ヤナギなどのしなやかな)小枝《枝編み細工用》 ❷ U C 小枝編み細工(の製品)

wícker·wòrk 名 U C 小枝編み[柳]細工(の製品)

***wick·et** /wíkɪt/ 名 C ❶ (= ~ dòor [gàte]) くぐり戸, 小門, 通用門 ❷ 《米》(切符売場・銀行などの)窓口 ❸ 〖クリケット〗三柱門, ウィケット《ピッチの両端に設置される杭(くい)》; ピッチ《フィールド中央の投球場所》(pitch); 1回の打席 ‖ They scored 215 runs for 5 ~*s*. 彼らは5回の打席で215点得点した / at the ~ (打者が)打席に立って / take a ~ (投手が)打者をアウトにする / lose 3 ~*s* 打者3人がアウトになる ❹ 《米》〖クロッケー〗柱門
be* (*bàtting*) *on a stìcky wícket 《英口》苦境に立たされる, 不利な立場にある

wícket·kèeper 名 C 〖クリケット〗ウィケットキーパー《三柱門後方の守備者. 野球の捕手に相当》

wick·i·up /wíkiʌ̀p/ 名 C 北米先住民の小屋

***wide** /waɪd/ 形 副 名

中心義 幅が広い

—形 (▶ widen 動, width 名) (**wid·er**; **wid·est**)
❶ (幅の)**広い**, 幅広の (↔ narrow) (♦ 部屋などの「面積が広い」という場合は large や big を用いる. 〈例〉The room is not large [ˣwide] enough for ten people. その部屋は10人で使えるほど広くはない) (⇨ 類語P) ‖ The opening seemed to be hardly ~ enough for my fingers. その隙間(すき)は指がやっと入るほどの幅に思われた / a ~ bed 幅の広いベッド / a ~ forehead 広い額 / a ~ street 広い通り / a ~ angle 広角
❷ 《比較なし》《長さを表す語を伴って》**幅が…の** (in width) (→ long¹) ‖ The river is 30 meters ~. その川は幅30メートルだ / How ~ is the table? テーブルの幅はどのくらいですか / a two-inch ~ belt 2インチ幅のベルト
❸ (範囲の)**広い**, 幅広い, 広範な; 広大な, 広々とした (↔ restricted) ‖ This magazine has a ~ circle of readers. この雑誌は読者層が広い / a designer of ~ acclaim 広く名の通ったデザイナー / a ~ **range** [OR **variety**] of goods 幅広い[さまざまな]商品 / have a ~ experience of teaching 幅広い指導経験を持つ / There is a ~ view from this window. この窓からの眺めは広大だ / in the (whole) ~ world 広い世界で; 全世界で
❹ (隔たりが)大幅な, はなはだしい ‖ the ~ gap between rich and poor countries 豊かな国と貧しい国の大きな格差 / ~ variations in prices 大幅な価格差
❺ 《比較級・最上級で》一般的な; 概要の, 大まかな ‖ in the *widest* sense もっとも広い意味で / a *wider* issue より一般的な問題 ❻ 《比較なし》(驚き・興奮などで)(目・口を)大きく開いた ‖ She stared at me with ~ eyes. 彼女は目を丸くして私を見つめた ❼ 〈標的・目標などから〉遠く外れた, 大きくそれた; 見当違いの〈**of**〉 ‖ The shot went ~ *of* the mark. 弾丸は的を大きく外れた / His remark was ~ *of* the truth. 彼の言葉は真実からはほど遠いものだった ❽ (人・意見などが)偏りのない, 自由な, 心[度量]の広い, 寛容な ‖ a statesman of ~ views 視野の広い政治家 ❾ (衣服などが)大きな, ゆったりした, たっぷりした ‖ These shoes are too ~ for me. この靴は私には大きすぎる ❿ 〖野球〗外角に外れた; 〖クリケット〗(投球が)大きく外れた ⓫ 〖音声〗開口音の

—副 (**wid·er**; **wid·est**)
❶ **大きく**, いっぱいに; すっかり, 十分に ‖ The front door was ~ **open**. 正面玄関は大きく開け放たれていた / I was ~ **awake**. 私はすっかり目が覚めていた / **open** one's mouth ~ 口を大きく開ける / be ~ **open** to terrorist attack テロリストの攻撃に無防備である
❷ 〈的を〉外れて, 〈…から〉大きくそれて〈**of**〉; 〖アメフト〗(フィールドの左[右]) サイド(寄り)で ‖ The arrow fell ~ *of* the target. 矢は的を外れて落ちた / play ~ on the right 右サイドを(広く)使ってプレーする
❸ 広範囲に; (隔たりなどが)大きく ‖ The rumor is spreading far and ~. うわさはあちこちに広まっている / Our views are ~ apart. 我々の見解は大きく隔たっている

—名 (= ~ **báll**) C 〖クリケット〗ワイドボール《打者のバットの届く範囲を大きく外れた投球で打者側に1点が入る》
~·ness 名

広い		道路	川	海	ズボン	リボン	口	肩
	wide	○	○	○	○	○	○	
	broad	○	○	○				○

♦ wide は一方からもう一方までの隔たり・寸法・距離の大きさを表し, broad は両側の間の広がりの大きさを強調する. したがって a *wide* road が幅の広い道路に対し, a *broad* river は「広々とした川」という感じ.
♦ wide の方がより一般的な語. broad は力強さをほのめかすこともあり, 文語的・詩的な文にふさわしい語感を持つこともある. 〈例〉*broad* shoulders (がっしりした)広い肩 / the *broad* acres that lie before me 私の前に広々と横たわる土地

▸▸ **~ bòy** 名 C 《英口》悪知恵の働く男, 抜け目のないやつ
~ recéiver 名 C 〖アメフト〗ワイドレシーバー《クォーターバックからのパスを受ける》 **~ scréen** (↓)

-wide /-waɪd/ 連結形 「全…の」「…全体の」「…全体にわたる」を意味する形容詞・副詞を作る ‖ world*wide*, nation*wide*, city*wide*, company*wide*

wìde-ángle ⟨シ⟩ 形 《限定》(レンズが)広角の; (カメラが)広角レンズの; (写真が)広角レンズを用いた
▸▸ **~ léns** 名 C 広角レンズ

wìde-awáke ⟨シ⟩ (→ 名) 形 ❶ すっかり目を覚ました ‖ become ~ 目がさえる ❷ 《口》抜け目[油断]のない
—名 /ˊ‐‐ˋ/ (= ~ **hàt**) C (つばの広い)中折れ帽

wíde·bòdy 名 C 胴体の太い旅客機
—形 (= **wìde-bódied**) 《限定》(旅客機が)胴体が太い

wìde-éyed ⟨シ⟩ 形 ❶ (驚き・恐怖などで)目を見開いた; びっくり仰天した; (眠れずに)目がさえて ❷ 純朴な, 素朴な; だまされやすい —副 唖然(あぜん)として

:wide·ly /wáɪdli/
—副 (**more ~**; **most ~**)
❶ **広範囲に**, 広く; 多くの人に ‖ He took one year off from college and traveled ~. 彼は大学を1年休学して方々を旅行した / The theory is now ~ **accepted**. その学説は現在は広く受け入れられている / a ~ read novel 多くの人に読まれている小説 / be ~ **available** 広く利用[入手]可能な
❷ 大きくかけ離れて, 大いに ‖ I was puzzled by the two ~ different accounts. 2つのひどく違った説明に

戸惑った

***wid·en** /wáɪdən/ 動〔◁ wide 形〕他〔幅・範囲・程度など〕を広げる《*out*》; …を〔…にまで〕拡大する(↔ narrow)〈**to**〉‖ The Rockets ~*ed* their lead *to* 10 points. ロケッツはリードを10点差に広げた / ~ a road 道路(幅)を広げる / ~ *out* a shop 店を拡張する ―自 ❶ (幅・範囲・程度などが)広くなる, 広がる《*out*》(↔ narrow) ‖ The income gap between the rich and the poor is ~*ing*. 富裕な者と貧しい者の所得格差は広がりつつある / The river ~*s out* at this point. 川(幅)はここで広くなっている ❷ (驚いて)(目が)大きく開く, 丸くなる

wìde-ópen ⟨シ⟩ 形 ❶ 広く開いた ‖ ~ spaces 広い空き地[更地] ❷《米口》(都市などが)(売春・ギャンブル・酒類販売などの) 規制が緩い ❸ 無防備の ❹ (選挙・競技などの)結果が予測できない

wìde-ránging 形 広範囲にわたる

wìde scréen 名 C〖映〗(映画・テレビの)ワイドスクリーン, 広画面; U ワイドスクリーン方式 **wìde-scréen** 形

:wide·spread /wáɪdsprèd/

―形 (**more** ~; **most** ~)

❶ **広範囲にわたる**; 広く普及した(↔ limited) ‖ That book was published last year to ~ acclaim. その本は昨年出版されて各方面で絶賛を浴びた / ~ deforestation 広範囲にわたる森林伐採 / a ~ opinion 一般に浸透している考え

❷ (腕・翼などを) 大きく広げた ‖ with arms ~ 両腕を大きく広げて

widg·eon, wi·geon /wídʒən/ 名 (複 ~ OR ~**s** /-z/) C〖鳥〗ヒドリガモ

W

widg·et /wídʒɪt/ 名 C《口》❶ (名称のはっきりしない) 小道具, 小型機械装置(gadget); (架空の)製品 ❷ 💻ウィジェット《グラフィカルユーザーインターフェースを構成する部品の総称》

***wid·ow** /wídoʊ/ 名 C ❶ 未亡人, 寡婦(↔ widower) ‖ She was left a ~ young. 彼女は若くして未亡人になった ❷《修飾語を伴って》《戯》…ウイドー《夫が趣味に夢中でほうっておかれる妻》‖ a golf ~ ゴルフウイドー ❸ (ページ・段などの最初にくる)段落の終わりの語[行]

―動 他《通例受身形で》未亡人 [男やもめ] になる ‖ She was ~*ed* by the war. 彼女は戦争で未亡人になった

▶▶ **~'s crúse** 名 C〖聖〗寡婦のつぼ, 無尽蔵なもの **~'s míte** 名 C〖聖〗貧しい人のわずかな献金, 貧者の一灯 **~'s péak** 名 C (女性の) 額中央のV字形の髪の生え際, 富士額《若くして未亡人になる相という迷信がある》 **~'s wàlk** 名 C《米》(海岸沿いの家の屋上にある)バルコニー

wid·owed /wídoʊd/ 形 未亡人[男やもめ]の

wid·ow·er /wídoʊər/ 名 C 男やもめ(↔ widow) (♦ ×Henry is Ann's widower. とは通例いわない. 単に Henry is a widower. という)

wídow·hòod /-hùd/ 名 U 未亡人 [男やもめ] 暮らし(の期間)

***width** /wɪdθ, wɪtθ/ 名〔◁ wide 形〕❶ U C (幅の)広さ, 横幅; U 幅が広いこと(→ breadth, length) ‖ The road is about 10 meters in ~. その道路は幅が約10メートルある (=The road is about 10 meters wide.) / He folded the newspaper to a convenient ~. 彼は新聞を(読むのに)手ごろな幅に折り畳んだ ❷ C (布地などが)一定の幅のもの ‖ two ~*s* of cloth 二幅の布 ❸ C (プールの)横の長さ(↔ length) ❹ U C (知識・心・考えなどの)幅広さ; 寛大さ ‖ have ~ of mind 心が広い

wídth·wàys 副 =widthwise

wídth·wìse 副 横に, 横方向に

***wield** /wiːld/ 動 他 ❶〔権力など〕を振るう, 行使する;〔影響〕を及ぼす ‖ ~ power [OR authority] 権力を振るう / ~ a great influence over ... …に大きな影響を及ぼす ❷〔剣・おのなど〕を振るう;〔道具〕を使いこなす ‖ ~ a sword [pen] 刀[健筆]を振るう

Wien /viːn/ 名 ウィーン《Vienna のドイツ名》

wie·ner /wíːnər/ 名 C《米》フランクフルトソーセージ (frankfurter), ウインナーソーセージ(♦ ドイツ語より)

▶▶ **~ dòg** 名 C《口》=dachshund **Wie·ner schnit·zel** /víːnər ʃnɪtsəl, wíː- | vìːnə ʃnítsəl/ 名 U〖料理〗ウインナーシュニッツェル《子牛のカツレツ》

wie·nie /wíːni/ 名《口》=wiener

:wife /waɪf/

―名 (複 **wives** /waɪvz/) C ❶ **妻**, 奥さん, 夫人(↔ husband) (♥ 友人の奥さんを指して your wife という言い方は失礼になることがあるので, ファーストネームで呼ぶ方が好ましい) ‖ How's your [OR the] ~? 奥さんは元気かい / 「Mr. Martin and his ~ [My ~ and I] share most housework fairly equally. マーティン夫妻[私と妻] はほとんどの家事をほぼ平等に分担し合っている / She will make a good ~ and wise mother. 彼女は良妻賢母になるだろう / a wedded [OR lawful] ~ 正妻 / 「a former ~ [OR an ex-~] 前妻 / take her to ~《古》彼女をめとる

❷ 女(♦ 複合語以外では《方》《古》) ‖ a house*wife* 主婦 / an old ~ 老女

語源 「女」の意味の古英語 *wīf* から. 同系語 fishwife, midwife.

wífe·hòod /-hùd/ 名 U 妻であること, 妻の座; 妻らしさ

wífe·ly /-li/ 形 妻の; 妻としての; 妻にふさわしい, 妻らしい ‖ ~ duties 妻の務め / ~ support 内助の功

wífe-swàpping 名 U《口》(セックスのための一時的な) 夫婦交換, スワッピング

Wi-Fi /wàɪfáɪ/ 名 U 💻ワイファイ《無線LANの互換性を保証する標準規格》(♦ *W*ireless *Fi*delity の略)

***wig** /wɪɡ/ 名 C かつら; (裁判官・弁護士・役者などがつける) かつら ‖ wear a ~ かつらをつけている

flip one's wig 《主に米口》=*flip one's* LID

―動 他《英口》《旧》〔人〕をどやしつける

wìg óut 《主に米口》〈他〉(*wìg óut ...* / *wìg ... óut*)〔人〕を逆上[興奮]させる ―〈自〉逆上する

wigged /wɪɡd/ 形 かつらをつけた; 《米俗》(酒・麻薬で)酔って《*out*》

wig·ger /wíɡər/ 名 C ❶《米口》黒人模倣者《黒人のしぐさや生活様式をまねる白人》❷ 信頼の置けないやつ (♦ white+nigger より. whigger, whigga ともつづる)

wig·ging /wíɡɪŋ/ 名 C《通例単数形で》《英口》《旧》ひどくしかること ‖ get a good ~ 大目玉を食う

***wig·gle** /wíɡl/ 動 他〔体(の一部)など〕を小刻みに動かす[振る] ‖ ~ one's eyebrows まゆをぴくぴく動かす / ~ one's legs 貧乏ゆすりをする ―自 小刻みに動く

―名 C ❶ 小刻みな身動き ❷ くねくねした線, 波線

COMMUNICATIVE EXPRESSIONS

1 **Gèt a wíggle òn** it. 急いで; さっさとやって

▶▶ **~ ròom** 名 U (解釈・交渉などでの)自由, 許容範囲

wig·gler /wíɡlər/ 名 C 小刻みに[ぴくぴく]動く人[もの]; 〖虫〗ボウフラ(wriggler)

wig·gly /wíɡli/ 形 小刻みに[ぴくぴく]動く; (線などが)波状の ‖ a ~ line 波線

wight /waɪt/ 名 C《方》《古》(不運・惨めな)人, 人間

Wight /waɪt/ 名 ワイト島(the Isle of Wight)《英仏海峡にある英国の1州をなす島. 州都 Newport》

wig·wag /wíɡwæɡ/ 動 (**-wagged** /-d/; **-wag·ging**) 他 ❶ …を振り動かす ❷〔信号〕を手旗[灯火]で送る

―自 ❶《米口》揺れる, 前後に動く ❷ 手旗[灯火]信号を送る, 手などを振って合図する

―名 U (手・旗などによる)送信; C 送られる信号

wig·wam /wíɡwɑ(ː)m | -wæm/ 名 C (獣皮・樹皮などを張った北米先住民の)円形テント小屋

wi·ki /wíki/ 名 C 💻ウィキ《だれでも自由にウェブ上に書き込み・編集ができるコンテンツサーバーシステム》(♦ "quick=quick"の意味のハワイ語"wiki-wiki"より)

Wi·ki·pe·dia /wìkipíːdiə/ 名 U 💻ウィキペディア《だれ

でも自由に執筆・編集できるウェブ上の百科事典》

wil·co /wílkoʊ/ 間〘無線〙了解(→ roger)(♦ *will comply* の略)

***wild** /waɪld/ 形 副 名

中心義 (人の手や理性などが加わらず)自然のままの

> 形 野生の❶ 荒れ果てた❷ 乱暴な❸ 狂気じみた❹
> 名 荒野❶

─形 (~·er ; ~·est)

❶《比較なし》(動植物が)**野生の**, 自然の状態で生育[生息]する, 自生の;(動物が)飼いならされていない(↔ domesticated, tame) ‖ a ~ **animal** [plant] 野生動物[植物] / ~ birds [beasts] 野鳥[野獣] / ~ strawberries [roses] 野イチゴ[バラ] / grow ~ (植物が)自生[野生]する

❷(土地が)**荒れ果てた**(↔ cultivated);自然のままの, 未開拓の, 人の住んでいない(↔ inhabited) ‖ ~ land 荒れ地 / a ~ mountain region 人の住んでいない山岳地域

❸(人・行動などが)**乱暴な**, 荒々しい(↔ calm);手に負えない, 奔放な, 放縦(ほうじゅう)な, 羽目を外した, 不道徳な ‖ a ~ boy 手に負えないやんちゃな子 / lead a ~ life 勝手気ままな生活を送る / a ~ party 乱痴気パーティー

❹(人・感情などが)**狂気じみた**, 熱狂した, 非常に興奮した;〈…で〉半狂乱になった;激怒した〈**with**〉‖ The anxiety drove him almost ~. 彼は不安で半狂乱になった / The children were ~ *with* excitement. 子供たちは興奮のるつぼだった / ~ cheers 熱狂的な歓声 / have a ~ look in one's eyes 狂気じみた[おびえたような]目つきをしている

❺《叙述》《口》〈…に〉夢中になって, 熱中して〈**about, over**〉;猛烈に〈…〉したくて〈**to do**〉‖ She is ~ *about* the singer. 彼女はその歌手に夢中だ / He is ~ *to* buy a car for himself. 彼は自分の車を買いたくてうずうずしている

❻《口》素晴らしい, すごい, 愉快な, 素敵な ‖ We had a ~ time last night. 夕べはとても楽しかった

❼(天候・海などが)荒れ狂う, 激しい, 嵐(あらし)の(ような)(↔ calm) ‖ The weather grew ~*er* and ~*er*. 天候がますます荒れてきた / a ~ sea 荒れ狂う海 / a ~ night 嵐の夜 ❽無謀な, 思慮を欠いた, ばかげた;見当違いの, 的外れの(↔ practical);(ピッチャーなどが)ノーコンの;(色・型などが)とっぴな, 派手な ‖ a ~ plan 無謀な計画 / a ~ story 突拍子もない話 / make [OR take] a ~ guess 当て推量をする ❾乱れた, 乱雑な;だらしない ‖ His room was in ~ disarray. 彼の部屋はめちゃくちゃに散らかっていた ❿〘トランプ〙(ジョーカーなどが)どんな札にも使える

dò the wíld thìng 《米俗》セックスをする

gò wíld ① 激怒する;狂喜[熱狂]する ‖ The fans *went* ~ over his grand slam. ファンは彼の満塁ホームランに狂喜乱舞した ② 暴れ出す;荒れる

rùn wíld ① (子供が)したい放題に行動する, 好き勝手に振る舞う ② (動植物が)自然の状態で育つ;(庭などが)荒れ放題になる ③ (想像力などが)奔放に働く

wìld and wóolly 《口》(西部開拓時代のような)荒くれた;粗暴な;スリリングな, 波乱の多い

Wild hórses wouldn't [OR ***couldn't***] ***dò*** 《口》(野生の馬(の力)をもってしても)絶対に…しない[できない] ‖ *Wild horses wouldn't* [OR *couldn't*] drag her to the party. 彼女は絶対にそのパーティーには行かない

─副 ❶乱暴に;でたらめに ❷自然の状態で

─名 (複 **~s** /-z/) ❶Ⓒ《the ~s》**荒野**, 荒れ地, 未開地 ‖ the ~*s* of Africa アフリカの未開地 / live out **in** the ~*s* 都会から遠く離れた所に住んでいる ❷《the ~》野生の状態 ‖ animals **in** the ~ 野生の動物

~·ly 副 **~·ness** 名

▸▸**~ bóar** 名Ⓒ〘動〙イノシシ **~ càrd** (↓) **~ dóg** 名Ⓒ野生のイヌ科の動物《インドの dhole, オーストラリアの dingo など》 **~ flòwer** 名Ⓒ =wildflower **~ gínger** 名Ⓤ〘植〙カナダサイシン《北米東部森林産フタバアオイ属の植物》 **~ góose** 名Ⓒ〘鳥〙ガン, カリ **~ hýacinth** 名Ⓒ ① ヒナユリ《北米産》② =bluebell **~ óat** (↓) **~ pítch** 名Ⓒ〘野球〙(投手の)暴投, ワイルドピッチ ‖ score on a ~ *pitch* 暴投で得点する **~ ríce** 名Ⓤ〘植〙マコモ(の実)《北米の水辺に群生するイネ科植物》 **~ sílk** 名Ⓤ野蚕(絹) **~ týpe** 名Ⓤ〘遺伝〙野生型(け)《その種が自然界に最もふつうに存在するときの遺伝子の形態》 **Wìld Wést** 名《the ~》(開拓時代の)米国西部の辺境地帯

wíld càrd 名Ⓒ ❶〘トランプ〙鬼札, 万能札《通例ジョーカー》❷《口》予見できない[未知の]要因;行動の予測がつかない人 ❸〘スポーツ〙ワイルドカード《競技への特別参加枠》❹ 💻ワイルドカード《検索などで任意の1文字や文字列の代わりに利用される＊, ？などの記号》(♦しばしば wildcard ともつづる) **wíld-càrd** 形

wíld·càt 名Ⓒ ❶〘動〙ヤマネコ ❷短気で気性の激しい人, 怒りっぽい人《特に女性》❸(石油・ガスの)試掘井(prospect well) **─形**《限定》❶(商業的・金銭的に)無謀な, 不健全な ❷(ストライキが)労働組合執行部の承認なしの **─動** (**-cat·ted** /-ɪd/ ; **-cat·ting**) 自 他《米》山師的に(石油などの)試掘をする;〔未知の土地〕を試掘する

▸▸**~ stríke** 名Ⓒ山猫ストライキ《一部の組合員が幹部の承認なしに行うストライキ》

wild·cat·ter /wáɪldkæ̀ṭər/ 名Ⓒ《米口》石油[鉱石]をやたらに試掘する人, 山師的な鉱山業者

Wilde /waɪld/ 名 **Oscar** (**Fingal O'Flahertie Wills**) ~ ワイルド(1854–1900)《アイルランド生まれの英国の劇作家・詩人・小説家. 機知に富んだ名言を数多く残した》

wil·de·beest /wíldəbiːst, wíl-/ 名 =gnu

Wil·der /wáɪldər/ 名 ワイルダー ❶ **Billy** ~ (1906–2002)《オーストリア生まれの米国の映画監督》❷ **Thornton** (**Niven**) ~(1897–1975)《米国の小説家・劇作家》

***wil·der·ness** /wíldərnəs/ 《発音注意》名Ⓒ《通例単数形で》❶荒地, 荒野 ‖ a trackless ~ 人跡未踏の荒地 ❷(庭・町などの)放置された部分 ‖ a lawless ~ 無法地帯 ❸ごたごたした集まり ‖ a ~ of streets 雑然とした街並み ❹果てしない広がり ‖ a ~ of waters 大海原

a vòice (***crýing***) ***in the wílderness*** 荒野に呼ばわる者の声;世に入れられない警告[改革案など](♦聖書の言葉)

in the (***polìtical***) ***wílderness*** (政党・政治家が)野に下って, 政権を離れて

▸▸**~ àrea** 名Ⓒ《米》自然保護区域

wìld-éyed <シ 形 ❶狂気じみた[怒りに燃えた]目をした ❷(人・政策などが)非常識な, 極端な, 過激な

wíld·fìre 名Ⓤ ❶(野山の)燃え広がる火事, 野火 ❷鬼火, キツネ火 ❸〘史〙ギリシャ火薬(Greek fire)

sprèad like wíldfire (ニュース・うわさなどが)またたく間に広がる

wíld·flòwer 名Ⓒ野の花;野草

wíld·fòwl 名Ⓤ《複数扱い》猟鳥《マガモ・キジなど》

wìld-góose chàse 名Ⓒ《単数形で》無駄な[ばかげた]追求, 望みのない探索 ‖ be on a ~ 無駄な追求をしている

wild·ing /wáɪldɪŋ/ 名Ⓒ ❶野生リンゴ;その実 ❷(一般に)野生植物 ❸Ⓤ《米口》(不良グループなどによる)暴力的襲撃

***wild·life** /wáɪldlàɪf/ 《アクセント注意》名Ⓤ《集合的に》野生生物, 野生動物 ‖ a ~ sanctuary 野生生物保護区域

▸▸**Wíldlife Conservàtion Pàrk** 名《the ~》(ニューヨークの)野生生物保護公園 **~ pàrk** 名Ⓒ =safari park

***wild·ly** /wáɪldli/ 副 (**more ~ ; most ~**) ❶乱暴に, 荒々しく, 激しく;必死に ‖ knock ~ against a wall 壁に激しくぶつかる ❷熱狂的に, 夢中になって ‖ applaud ~ 熱狂的に拍手を送る ❸《口》ひどく, 非常に ‖ a ~ popular movie 大当たりした映画 ❹当てずっぽうに, でたらめに ‖ guess ~ 当て推量で言う

wìld óat 名C ❶〖植〗野生のカラスムギ ❷《~s》若気の過ち
sòw one's wild óats 若気の至りで道楽[女遊び]をする

wile /waɪl/ 名C《通例 ~s》(相手を説得するための)巧妙な策略, 手練手管(てれんてくだ) ―動 他 ❶《古》…をそそのかす, たぶらかす;…をだまして連れ去る《**away**》;〔人〕をそそのかして〈…〉させる〈**into** (*doing*)〉;〔人〕をそそのかして〈…を〉やめさせる[〈…から〉離れさせる]《**away**》〈**from, out of**〉‖ He was ~*d into* buying the old car. 彼はそそのかされてその古い車を買った / The warm spring sunshine ~*d* me *away from* work. 暖かい春の陽光に誘われて私は仕事を休んだ ❷〔時間〕をのんびり過ごす《**away**》

wil·ful /wɪ́lfəl/ 形《英》=willful

wil·i·ly /wáɪlili/ 副 策を弄(ろう)して, 巧妙に, ずる賢く

wil·i·ness /wáɪlinəs/ 名U 狡猾(こうかつ)さ, ずる賢さ

will[1] /弱 wəl, l;強 wɪl/

中心義 …する意志がある, (意志があるかのような確実性を伴って)予測される

―助 (過去 **would** /弱 wəd;強 wʊd/;短縮形 **'ll** /-l/;否定形 **will not**, **'ll not**, **won't** /woʊnt/)(♦《口》では 'll, 'll not, won't が多く用いられる) **I【単純未来】** ❶ **…でしょう, …だろう** ‖「I ~ [《口》I'*ll*] be seventeen next month. 来月17歳になります / We'*ll* be able to reach the summit by noon. 私たちは正午までに頂上に着けるでしょう / When ~ I know the result? 結果はいつわかるのでしょうか / I hope you ~ like it. 気に入ってもらえるといいのですが / It *won't* be much of a rain. 大した降りにもならないでしょう / *Will* the train arrive on time? 列車は時間どおり着くでしょうか

語法☆☆ (1)《英》では単純未来は一人称には shall, 二人称・三人称には will を用いるのが正しいとされてきたが, 最近特に《口》では一人称でも will, 'll を用いる傾向にある.《米》では通例すべての人称で will を用いる (→ shall ❶a).
(2) when, if, as soon as, after, before などで導かれる時・条件を表す副詞節では, 単純未来を表す場合でも will, shall を使わずに動詞の現在形を用いる. 名詞節の場合には will が必要.〈例〉I will ask him when he returns [×*will* return]. 彼が戻って来たら聞いてみます (♦ when 以下は副詞節) / Do you know *when* he「*will* return [×returns]? 彼がいつ戻って来るかご存じですか(♦ when 以下は名詞節)
ただし, 意志未来を表す場合(→❺b), あるいは if 節内の事柄が主節内で述べられた事柄が起きた後に起こるものである場合には, if 節中でも will を用いることがある.〈例〉If it *will* be of any help, I'll come along. 少しでもお役に立てるなら一緒に行きます (行った結果助けになる) また, 関係節 (形容詞節) の場合は, 現在形も未来形も可能である.〈例〉The time will come when your dream *comes* [OR *will* come] true. あなたの夢が実現するときが来るでしょう(♦ when 以下は形容詞節)

英語の真相
他人の未来の行動を will で表すと, 自分のことでもないのに確信を持ちすぎだという印象を与えることがある. 友人がパーティーに来る予定だと知っている場合でも He will come to the party. と言うと,「彼は絶対にパーティーに来る」と確約しているような印象を与えたり,「無理やりにでも連れて来る」と言っているように解釈されかねない. He is [OR will be] coming to the party. のように進行形を用いたり, 断定を避けて I think he's coming to the party. のように言うか, または I'm not sure, but he did say he's coming to the party. (確信はないが彼はパーティーに来ると言っていた) / He told me (that) he's coming to the party. (彼は私にパーティーに来ると言った)のように本人の発言として伝える方がよい.

❷《未来進行形》《will be *doing*》 **a …しているだろう** ‖ I ~ be having lunch with Martha this time tomorrow. 明日の今ごろマーサと昼食をとっているでしょう (♥ will が話し手の意志を問う含みがあるのに対して, 未来進行形は状況から判断して「…することになるだろう」という推量に近い意味になる)
b《動作の継続ではなく, 近い未来を表して》**…するだろう** ‖ What time ~ you be coming back? お帰りは何時でしょうか (♥ What time will you come back? とすると意志を問うようにも解されるので, それを避けるために未来進行形が用いられる. また未来進行形は日常の話し言葉で丁寧な言い方としてもよく用いられる)
❸《未来完了形》《will have+過去分詞》**…してしまっているだろう**, …し(てしまっ)たことになる(♦ 未来のある時点を基準として動作の完了・継続などを表す) ‖ I ~ have finished the work by evening. 夕方までには仕事を終えているだろう / I ~ have lived here for ten years next month. 来月でここに10年住んでいることになる

II【意志未来】 ❹《一人称の意志》**…しよう, …するつもりだ** ‖ I'*ll* call you later. 後でお電話します / I *won't* forget your kindness. ご親切は忘れません (♥ ここで shall を用いるとさらに強い決意を表す (→ shall ❷a).〈例〉I *shall* never forget your kindness. あなたのご親切は決して忘れません)
❺《二・三人称の意志》 **a**《否定文で》どうしても(…しない) ‖ She *won't* eat it. 彼女はそれを食べようとしない / The door *won't* open. ドアがどうしても開かない (♥ 擬人的表現で強い否定を表す)
b《if で導かれる条件節中で》もし…するつもりがあれば ‖ If you ~ wait for a second, I'll go and get your coat for you. ちょっと待っていてくれたら, あなたのコートを取りに行ってきますが(♥ 相手に協力を求める気持ちを表す)
❻《主に Will [OR Won't] you ...? で》 **a …してくれませんか, …しませんか**, …してください(♥ 依頼・勧誘などを表す. 丁寧度がやや低いので職務上の指示といった聞き手が当然するべきことを依頼する際に用いることが多い. より丁寧には Would [OR Wouldn't] you ...? を使う) (→ would ❽) ‖ *Will* you pass me the salt, please? (食卓で) 塩を取ってもらえますか / *Won't* you stay with us for a night? 一晩泊まっていきませんか (♥ Won't you ...? は依頼よりもこのような勧誘に用いる傾向が強い. ⇨ PB 99) / Bring me the paper, ~ [OR *won't*] you? (↗) 新聞を持って来てくれませんか (♥ 一般に命令文の後ろの付加疑問 will [OR won't] you? は依頼・勧誘の意で, please とほぼ同じ意味. ふつう上昇調で発音する. 下降調で発音すると強い命令になることがある. won't you? の方が will you? よりやや丁寧, または婉曲的な表現)

語法☆☆ 三人称の主語に対しても依頼を表すことがある.〈例〉*Will* someone please help me with my English? だれか私の英語の勉強を手伝ってください / *Will* those who are interested in this program please apply by telephone. このプログラムに興味をお持ちの方はどうぞ電話でお申し込みください

b …しなさい ‖ *Will* you be quiet! (↘) =Be quiet, ~ [OR *won't*] you? (↘) 静かにしなさい (♦ will に強勢が置かれると強い命令調) / You ~ do as I tell you. 私の言うとおりにしたまえ (♦ Do as I tell you. とほぼ同じ意味だが, それよりも語気が強く格式的)

語法☆☆ 三人称の主語に対しても命令を表すことがある.〈例〉Officers *will* appear properly dressed in public places. 将校はきちんとした身なりで公共の場に出ること / Douglas *will* stand on my right. ダグラスは私の右に立ちなさい

III【推定その他】 ❼《確実性の高い推定》 **a**《現在の事柄について》**…であろう**, …のようだ(♦ 主語は二・三人称) ‖ That ~ be the mailman. あれは郵便配達の人だろう / As you ~ probably know by now, I've decided to resign. おそらくもうご存じと思いますが, 私は辞任するこ

とに決めました **b** 《条件文の帰結節で》きっと…だろう ‖ The dog ～ bark at you if you stare at it. その犬はじっと見つめるときっとほえてきますよ **c** 《will have＋過去分詞》《完了した事柄について》…したことだろう, …して(しまって)いるだろう ‖ You ～ have heard of the accident already. 事故についてはすでにお聞き及びでしょう

❽《必然性・習性・習慣・規則》**…するものだ**, 決まって…する ‖ *Accidents* ～ *happen.* 《諺》事故は起こるものだ / *Boys* ～ *be boys.* 《諺》男の子はやはり男の子だ(♥「多少のいたずらは仕方がない」の意) / The color of the paint ～ fade if the painting is exposed to the sun. その絵は日にさらすと絵の具の色があせます / Children ～ not be allowed to enter unless accompanied by an adult. 大人同伴でなければ子供は入場できません / She ～ talk for hours if you let her. ほうっておくと彼女は何時間でも話すよ

語法☆☆ (1) この意味では一人称の主語はまれ.
(2) 習慣を表す場合はしばしば often, sometimes などを伴う.
(3) 過去の習慣には would を用いる(→ would ❸).
(4) 自然法則などにより常に繰り返される動作には用いない. 〈例〉The sun rises [×*will* rise] in the east. 太陽は東から昇る
(5) will に強勢を置くと話者がその習慣を不快に感じていることを表す.

❾《可能・能力》…できる(♦主語は無生物) ‖ That bookshelf ～ hold about fifty books. その本棚にはおよそ50冊収まる / The hall ～ seat five hundred. そのホールは500人入る / How fast ～ that car go? その車はどれくらいのスピードが出ますか

語法☆☆ 未来を表すには, will, shall を用いる以外にも, 次のような方法がある.
(1) 現在形(＋未来を表す副詞(句))で「確定的な予定・計画」を表す. 〈例〉The ship *leaves* at 8 tomorrow morning. 船は明朝8時に出航する(予定だ)
(2) 現在進行形(＋未来を表す副詞(句))で「近い未来についての予定」を表す. 〈例〉What *are* you *doing* this afternoon? 今日午後のご予定は?
(3) be going to *do* で「意図(…するつもり), 見込み(…そうである)」を表す(→ go¹). 〈例〉*Are* you *going to* swim in the lake? 湖で泳ぐつもりですか / I think I *am going to* be sick. 吐きそうだ
(4) be about to *do* で「今にも…しそうである」を表し(→ about), be to *do* で「…する予定である」を表す(→ be).

COMMUNICATIVE EXPRESSIONS

1 "Could you condúct a súrvey on this íssue?" "**Wìll dó.**" 「この問題について調査してくれますか」「いいですとも」(♥I will do that. よりくだけた了承・承諾の表現)

2 **You will** cèrtainly cóme, **wón't you?** あなたは確かにいらっしゃいますよね(♥念を押したり説得する意味合い)

***will² /wɪl/ 名 動

—名 (複 **～s** /-z/) ❶ U C **意志**; 意志力 ‖ Politicians need to have a strong ～. 政治家は強い意志を持つ必要がある / Brian has no ～ of his own. ブライアンには自分の意志というものがない / **free** ～ 自由意志 / the freedom of the ～ 意志の自由 / an iron ～＝a ～ of iron 鉄の(ような強固な)意志 / their individual ～*s* 彼ら一人一人の意志 / a clash [OR battle] of ～*s* 意志と意志とのぶつかり合い

❷ C 《法》**遺言**; **遺言書**(♦しばしば last will and testament という) ‖ He left his daughter the house in his ～. 彼は遺書で娘に家を残して死んだ / **make** [OR write, draw up] one's ～ 遺言書を作成する

❸ U 〈…しようとする〉決意, 意図, 意欲〈**to** *do*〉 ‖ He seems to have lost the ～ *to* live. 彼は生きる意欲をなくしてしまったようだ

❹ U 望み, 願い, 意向, 意思; 《堅》命令 ‖ Parents don't have the right to impose their ～ on their children. 親には自分の意志を子供に押しつける権利はない / He had the ～ to choose his own path in life. 彼は人生の生き方については自分の思いどおりにした / respond the ～ of the people 民意に応える

❺ U (他人に対する)気持ち, 感情 ‖ show good ～ toward ... …に好意を示す / ill ～ 悪意, 悪感情

against one's wíll 意志に反して, 許可なしに ‖ I agreed *against* my ～. 心ならずも承諾した

＊***at will*** **意のままに**, 好きなように(♦位置はふつう文末)

of one's òwn (frèe) will 自由意志で, 自ら進んで

with a wíll 本気で, 精力[意欲]的に, 熱心に

with the bèst will in the wórld 《通例否定文で》《主に英》善意[最善]を尽くしても, どんなに努めても

—動 (**～s** /-z/; **～ed** /-d/; **～·ing**)

—他 ❶ **a** 《＋目》〔物事〕を意志の力でする[なす] ‖ Even if one ～*s* it, one cannot always do it. たとえそうしようとする意志があっても必ずできるわけではない

b 《＋目＋**to** *do*》意志の力で〔人〕に…させる, 何としても…

PLANET BOARD 99 **依頼表現に Won't you ...? を用いるか.**

問題設定 Will [OR Would] you ...? が「依頼」を表すのに対し, Won't you ...? は「勧誘」を表すことが多いとされる. 実際の使用率を調査した.

Q 次の(a)～(f)のどれを使いますか. (複数回答可)

(a) **Won't you** stay and have a cup of coffee? (勧誘)
(b) **Won't you please** look after the boys for me? (依頼)
(c) **Will you** stay and have a cup of coffee? (勧誘)
(d) **Will you please** look after the boys for me? (依頼)
(e) **Would you** stay and have a cup of coffee? (勧誘)
(f) **Would you please** look after the boys for me? (依頼)

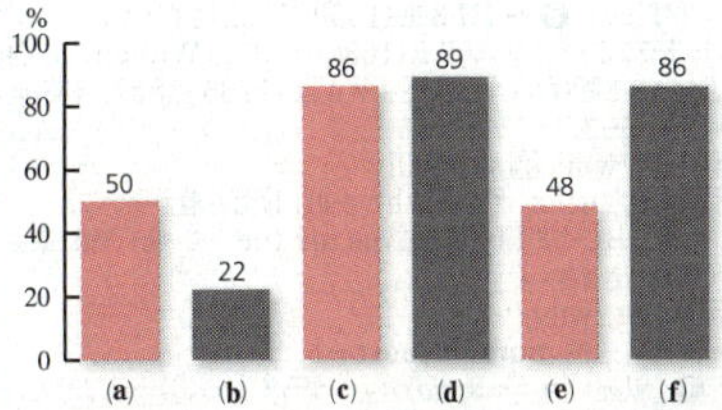

「勧誘」「依頼」いずれの意味でも Will you ...? の使用率が最も高かった. (a)の「勧誘」の意味での Won't you ...? の使用率は50%で, (e)の Would you ...? とほぼ同じだった. 一方, (b)の「依頼」の意味での Won't you ...? の使用率は約2割と低かった. Won't you ...? を用いた(a)(b)は「相手に拒否される可能性が高い場合, あるいは, すでに一度断られた後に再度勧誘・依頼する場合に使うことが多く, そのため相手に懇願している印象がより強い」とのコメントが多かった.

参考 Wouldn't you ...? についても調査したが, 「勧誘」「依頼」のどちらにおいても使用率は約5%と非常に低かった.

学習者への指針 Won't you ...? は「勧誘」の表現として, 特に聞き手に強く勧める場合に用いることがある. ただし, 「勧誘」「依頼」の表現としては, Will [OR Would] you (please) ...? のほうがより一般的である.

させたいと思う ‖ The complaints officer ~*ed* himself *to* be calm. 苦情処理担当者は努めて冷静にしていた / Ruth stared hard at him, ~*ing* him *to* look back. 振り返ってと念じながらルースはじっと彼を見つめた
❷ **a** 《+目 *A*+目 *B*⇄+目 *B*+**to** 目 *A*》*A*(人)に*B*(財産など)を遺贈する(♦ to を用いた形の方がふつう) ‖ He ~*ed* the bulk of his property *to* his wife.=He ~*ed* his wife the bulk of his property. 彼は財産のほとんどを妻に遺贈した **b** 《+**that** 節》…だと遺言する
❸《主に堅・文》 **a** 《+目》…を願う, 望む, 志す, 意図する ‖ Whatever he ~*s* he may accomplish. 彼は何を志そうとも成し遂げるだろう / You can do what you ~. 君は何でも好きなことができる **b** 《+**that** 節》…ということを願う[望む] ‖ He ~*ed that* his daughter pass [《主に英》should pass] the bar examination. 彼は娘が司法試験に合格することを願った / God ~*s* that they shall live. 神は彼らが生きながらえることを望んでおられる
一自 ❶ 意志を働かせる ❷《主に堅・文》望む, 欲する;選ぶ ‖ do as one ~*s* 自分の望みどおりにする
if you wíll ① できればそうしていただきたいのだが ② 言ってよければ, 言うならば(♥ ふつうなら受け入れ難い見解を表明するときに付け加える)
wìll awáy ... / wìll ... awáy 〈他〉〔財産など〕を〈…に〉遺贈する, 遺言で贈る[残す]〈**to**〉

COMMUNICATIVE EXPRESSIONS
1 "Plèase write to us." "**Gòd wílling.**"「手紙下さいね」「事情が許せば」(♥ 可能性が高い場合に)

Will /wɪl/ 名 ウィル《William の愛称》
-willed /wɪld/ 形《複合語で》…の意志(の力)を持った ‖ strong-*willed* 意志の強い
wil·let /wílɪt/ 名 (複 ~ OR ~**s** /-s/) C〖鳥〗ハジロオオシギ《北米東部産の大形のシギ》
will·ful, 《英》 **wil-** /wílfəl/ 形 ❶ わがままな, 頑固な ‖ a ~ child わがままな子供 / a ~ refusal 我意を通しての拒絶 ❷《通例限定》故意の, 意図的な ‖ ~ murder 謀殺 **~·ly** 副 **~·ness** 名
Wil·liam /wíljəm/ 名 ウィリアム ❶ ~ **I** 1世(1027–87)《英国ノルマン朝初代の王(1066–87). William the Conqueror(征服王)と呼ばれる》 ❷ ~ **II** 2世(1056?–1100)《イングランド王(1087–1100). 'Rufus(赤顔王)'と呼ばれる》 ❸ ~ **III** 3世(1650–1702)《イングランド・スコットランド・アイルランド王(1689–1702). William of Orange と呼ばれる》 ❹ ~ **IV** 4世(1765–1837)《英国王(1830–37)》
wil·lie /wíli/ 名 C =willy
wil·lies /wíliz/ 名 複《the ~》《口》落ち着かないこと, どきどき;おじけ ‖ Flying gives me the ~. 飛行機に乗ると私はどきどきする
will·ing /wílɪŋ/
一形 (通例 **more** ~;**most** ~)
❶《叙述》 **a** 《+**to** *do*》(いやがらず[快く])…しようという気持ちがある, **…しても構わないと思う**, …するのをいとわない[異存はない](↔ unwilling)(♦ 通例必要なことや頼まれたことなどをすることを表す. ready の方が「進んで[すぐにも]…する」という積極的な意味は強い) ‖ We're ~ *to* take the responsibility for the accident. 我々は事故の責任をとる覚悟はできている
b 《+**for** 名+**to** *do*》…が…するのに異存はない ‖ My parents are perfectly ~ *for* me *to* go into journalism. 両親は私がジャーナリストになることに全く異存はない
❷《限定》自ら進んでする, 快くする, 自発的な ‖ a ~ helper (言われなくても)手伝いたいと思っている人 / give ~ assistance 進んで力になる
shòw willing 《英口》やる気のあることを示す

COMMUNICATIVE EXPRESSIONS
1 **I'm** (**pérfectly** [OR **quíte**]) **wìlling** to assist you. (ぜひ)お手伝いしたいと思います(♥ 意志を表明する)

will·ing·ly /wílɪŋli/ 副 進んで, 快く ‖ "Can you give me a ride?" "Yes, ~." 「車で送ってくれないか」「いいよ, 喜んで」
will·ing·ness /wílɪŋnəs/ 名 U/C《a ~》進んで[快く]〈…〉すること[気持ち](↔ reluctance)〈**to** *do*〉 ‖ In her ~ *to* be cured she agreed to the operation. 彼女は病気を治してもらいたくて進んで手術に同意した
wil·li·waw /wíliwɔː/ 名 C ウィリウォー《山から海へ吹き下ろす突風》;(一般に)突風;U C 激動
will-o'-the-wisp /wìləðəwísp/ 名 C《通例単数形で》❶ 鬼火, キツネ火(jack-o'-lantern) ❷ 人を迷わすもの, かなわぬ望み, まぼろし, 幻影, 神出鬼没の人
wil·low /wílou/ 名 C ❶ (=~ **trèe**)〖植〗ヤナギ(柳)(→ weeping willow) ‖ a pussy ~ ネコヤナギ ❷ U ヤナギ材;ヤナギ製のもの ❸ (クリケットの)バット
▸▸ ~ **hèrb** 名 C〖植〗ヤナギラン《高原の湿地に自生》 ~ **pàttern** 名 C (陶器の)柳模様《白地に青でヤナギ・鳥などを描いた中国風の模様》 ~ **tìt** 名 C〖鳥〗コガラ《シジュウカラ科の小鳥》
wil·low·y /wíloui/ 形 ❶ (人・姿などが)(ヤナギのように)すらっとした;しなやかな ❷ (川岸などが)ヤナギの多い
will·pòwer 名 U 意志力《自制心・克己心など》 ‖ I don't have the ~ to give up smoking. 私にはたばこをやめる意志の力がない
wil·ly /wíli/ 名 (複 **-lies** /-z/) C《口》おちんちん
wil·ly-nil·ly /wìliníli/ 副 形 ❶ 好むと好まざるとにかかわらず(の), いや応なしに[の] ‖ You must accept our decision, ~. いやでも応でも我々の決定を受け入れなくてはならない ❷ 行き当たりばったりに[の], 出たとこ勝負で[の]
Wil·son /wílsən/ 名 (**Thomas**) **Woodrow** ~ ウィルソン(1856–1924)《米国第28代大統領(1913–21)》
wilt[1] /wɪlt/ 動 自 ❶ (草花などが)しおれる ❷ (人が)(肉体的・精神的に)元気をなくす, ぐったりする, しょげる 一他 ❶〔草花〕をしおれさせる ❷〔人〕をぐったりさせる, しょげさせる 一名 (=~ **disèase**) U〖植〗立ち枯れ病
wilt[2] /弱 wəlt;強 wɪlt/ 助《古》will[1] の二人称・単数・現在(♦ 主語が thou のときに用いる)
wilt·ed /wíltɪd/ 形 (葉物野菜が)加熱してしんなりした
Wilt·shire /wíltʃər/ 名 ウィルトシャー《英国イングランド南部の州. 州都 Trowbridge. 略 Wilts.》
wil·y /wáɪli/ 《発音注意》形 策を弄(ろう)する, 狡猾(こうかつ)な ‖ (as) ~ as a fox キツネのようにずる賢い
wim·ble /wímbl/ 名 C 錐(きり);穴あけ器;綱を撚(よ)る道具
Wim·ble·don /wímbldən/ 名 ウィンブルドン《ロンドン郊外の町. 国際テニス選手権大会開催地》;(同地で行われる)全英オープン(the British Open)
wimp /wɪmp/ 名 C ⊗《口》《蔑》弱虫, 意気地なし
一動 自《俗》〈…から〉しり込みして手を引く〈***out***〉〈**of**〉;〈…を〉見捨てて逃げ出す〈***out***〉〈**on**〉 **~·ish, wimpy** 形
WIMP /wɪmp/ 名 ❶ ウィンプ《コンピューターを使いやすくさせるための4種方式によるユーザーインターフェース》(♦ *w*indows, *i*cons, *m*enus [*m*ice], *p*ointers [*p*ull-down menus] の略) ❷〖理〗弱(相互)作用重粒子(♦ *w*eakly *i*nteracting *m*assive *p*article の略)
wim·ple /wímpl/ 名 C (修道女の)ずきん《あごまで包むかぶりもの. 中世には一般女性も用いた》

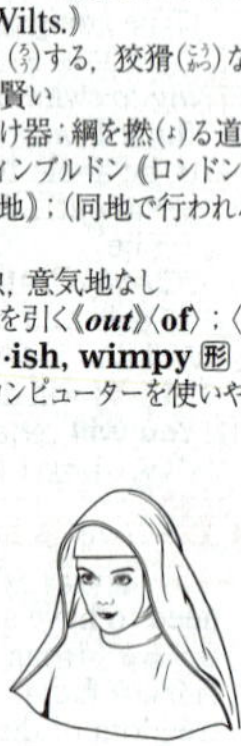
wimple

win /wɪn/ 動 名
一動 (~**s** /-z/;**won** /wʌn/;**win·ning**)
一他 ❶〔競争・戦いなど〕に**勝つ**, 優勝する(↔ lose) ‖ Who do you think will ~ the election? この選挙にだれが勝つと思いますか / ~ a battle [bet] 戦い[賭(か)け事]に勝つ / ~ an argument 議論に勝つ
❷ **a** 《+目》〔勝利・1位など〕を**勝ち取る**;〔賞・賞品・賞金など〕を獲得する(↔ lose) ‖ The party failed to ~ a

majority. その政党は過半数を獲得できなかった / ～ a seat (選挙で)当選する, 1議席を獲得する / ～ a victory「in war [at the polls] 戦争に[選挙で]勝利を収める / ～ an Academy Award アカデミー賞を獲得する / ～ a scholarship 奨学金を得る / ～ 10 dollars from him at cards トランプで彼から10ドルを勝ち取る

b 《+目 *A*+目 *B*》*A*(人・チームなど)に*B*(勝利など)を勝ち取らせる, *A*を*B*(戦いなど)で勝たせる ‖ His goal *won* us the match. 彼のゴールで我々は試合に勝った

❸ **a** 《+目》〔名声・賞賛・支持・愛情など〕を(努力して)**得る** ‖ Athletes hope to ～ honor and glory at the Olympics. 選手たちはオリンピックで名誉と栄光を手に入れたいと思っている / ～ her approval [support] 彼女の賛同[支持]を得る / ～ his heart [OR love] 彼の愛を得る[に愛される] **b** 《+目 *A*+目 *B*⇄+目 *B*+**for** 目 *A*》(物・事が)*A*(人)に*B*(名声・賞賛など)を得させる ‖ His novel *won* him fame. 彼は小説で名声を得た

❹ 《文》…に(努力して)たどり着く ❺ 〔鉱石〕を掘り当てる

語法 ☆☆ win の目的語は競争・試合・戦いなど, またはこれらに勝って手に入れるものであり, 対戦相手を目的語とすることはできない. 例えば「敵に勝つ」は ×win the enemy とはいえず defeat [OR beat] the enemy のようにいう.

—自 **勝つ**, 優勝する〈**at, in** …で; **against** 相手に〉(↔lose) ‖ Our side [OR team] is *winning* by three points now. 今のところ我々が3点勝っている / ～「hands down [OR very easily] 楽勝する / ～ by a neck [OR nose] (競馬で) 首[鼻]の差で勝つ / ～「*at* cards [*in* a game] トランプで[競技で]勝つ

wìn aróund [OR ***róund***] ***...*** / ***wìn ... aróund*** [OR ***róund***] 〈他〉= *win over* ...(↓)

wìn báck ... / ***wìn ... báck*** 〈他〉…を努力して取り戻す, 奪還する(regain)

wìn or lóse 《副詞的に》勝っても負けても

wìn óut 〈自〉〈…に対して〉勝利を収める〈**over**〉

*****wìn óver ...*** / ***wìn ... óver*** 〈他〉〔人〕を説得する; 〔人〕を説得して〈…の側に〉引き入れる〈**to**〉‖ They were eventually *won over to* our side. 彼らは結局説得されて我々の味方になった

wìn the dáy 最終的に勝利を得る

wìn thróugh 〈自〉(苦難の末)成功する, 勝利を収める; 〈…へ〉勝ち進む〈**to**〉 **—**〈他〉《***wìn thróugh ...***》〔苦難など〕を乗り越えて勝利を収める[成功する]

COMMUNICATIVE EXPRESSIONS

1 **It's nót whether you wìn or lóse, it's hòw you plày the gáme.** 勝敗ではなくどう取り組むかが大切だ; 結果よりも過程が重要だ(♥ うまくいかなかったときに)

2 **(ÒK,) you wín.** わかった, わかった; 君には負けたよ(♥ 議論の末, 相手の言い分に説得されたことを認める表現)

3 **Wínning ìsn't éverything.** 勝つことだけがすべてじゃない(♥ うまくいかなかったときに)

4 **You càn't wín.** 君に勝ち目はないよ; どうやってもうまくいかないさ(♥ あきらめるよう説得する)

5 **You càn't wìn them áll.** そうそういつも思いどおりにいくものではない(♥ うまくいかないときの肯定的コメント)

—名 (複 **～s** /-z/) Ⓒ ❶ (スポーツなどで)勝つこと, 〈…に対する〉勝利(↔loss)〈**against, over**〉; 優勝; 賞金, もうけ ‖ The pitcher had ten ～*s* and two losses. そのピッチャーは10勝2敗だった ❷ (競馬などの)1着

wince /wɪns/ 動 自 〈苦痛・恐怖などに〉たじろぐ, ひるむ, 顔をゆがめる〈**at**〉‖ She ～*d at* the sight of the blood. 彼女はその血痕(けっこん)を見てたじろいだ

—名 Ⓒ 《単数形で》たじろぎ, ひるみ, 顔をゆがめること

win·cey·ette /wìnsiét/ 名 Ⓤ 《英》両面にけばのある綿ネル(下着・パジャマ用)

winch /wɪntʃ/ 名 Ⓒ ❶ 【機】ウインチ, 巻き揚げ機 ❷ 曲がり柄, クランク ❸ 《英》(釣り用の)リール ❹ 【染】ウインチ, ウインス(染色槽間で布を移動させるローラー)

—動 他 …をウインチで巻き[引き]揚げる《***up, in***》

Win·ches·ter /wíntʃèstər | -tʃɪs-/ 名 ❶ ウィンチェスター(英国イングランド南部, ハンプシャー州の州都. 大聖堂と英国最古のパブリックスクール Winchester College (1382年創立)で知られる) ❷ (=～ **rífle**) Ⓒ 《商標》ウィンチェスター銃(連発式ライフル銃の1つ)

*****wind**[1] /wɪnd, 《ときに詩で》waɪnd/ 名 動

—名 (▶ windy 形) (複 **～s** /-z/) Ⓤ ❶ 《しばしば the ～》**風**(⇨ 類語); 《通例 the ～》(人工的な)風; (急激な運動に伴う)あおり(風) ‖ There was a gentle ～ **blowing**.=A gentle ～ was blowing. 穏やかな風が吹いていた(♦ 種類をいうときは Ⓒ) / The ～ is south-east [OR **blowing** from the south-east]. 風は南東から吹いている / The branches were swaying **in** the ～. 木の枝が風に揺れていた / There is no [little] ～ this morning. 今朝は全く[ほとんど]風がない / The ～ has dropped. 風がやんだ / The ～ is rising [falling]. 風が出て[静まって]きた / The ～ is getting [OR picking] up. 風が強くなってきた / The ～ died down. 風が収まった / *It is an ill ～ that blows nobody any good.* 《諺》だれにも利益をもたらさない風は悪い風である(そんな風はない); 甲の損は乙の得 / a breath of ～ 風のそよぎ, 微風 / a gust [OR blast] of ～ 一陣の風, 突風 / a whistling ～ ぴゅーと吹く風 / a 60-mile-an-hour ～ 時速60マイルの強風 / off the ～ 追い風を受けて / on the ～ 風に運ばれて

連語 【形+～】a light ～ そよ風 / a strong [OR high, gale-force] ～ 強風 /「a cold [OR a chill, an icy] ～ 冷たい風 / a north ～ 北風 / the prevailing ～ 卓越風(ある地域でいちばんよく吹く向きの風)

❷ 息, 呼吸; 肺活量; 呼吸能力; (管楽器の)吹奏, 一吹き ‖ My grandfather is short of ～. 祖父は息を切らしている / get one's ～ (back) 息を継ぐ; 呼吸を整える

❸ 《英》(胃・腸内の)ガス(《米》gas) ‖ suffer from ～ 腸にガスがたまって気持ち悪くなる / get [OR bring] a baby's ～ up 赤ん坊にげっぷをさせる

❹ Ⓒ 〈…の〉趨勢(すうせい), 傾向, 動向, 兆し; 影響力, 勢力; 破壊的な力〈**of**〉‖ The ～*s of* change [freedom] are sweeping all over the country.=A ～ of change [freedom] is sweeping .... 国中に変革[自由]の嵐(あらし)が吹き荒れている / feel the cold ～*s of* popular opinion 世論の厳しい風当たりを感じる / political ～*s* 政治の動向 ❺ Ⓒ 《the ～(s)》管[吹奏]楽器; 《集合的に》《単数・複数扱い》(オーケストラの)管楽器部, 管楽器奏者; 《形容詞的に》管楽器の ❻ 無意味[空虚]な話, たわごと, 無駄話; ほら, うぬぼれ(→ CE 1) ❼ (風に運ばれてくる獲物などの)におい, 臭跡 ‖ catch (the) ～ of a deer シカのにおいをかぎつける ❽ 気配, 暗示, 予感; 秘密情報, うわさ ‖ There will be trouble if ～ of this leaks out. この情報が漏れたらやっかいなことになるだろう

against the wind 風に逆らって; 大勢に逆らって

before the wind 追い風で[を受けて]; 順調に

brèak wínd おならをする(《俗》fart)

down wind 風下に

gèt [OR ***hàve***] ***the wind ùp*** 《主に英口》〈…に〉ぎくりとする, おじけづく〈**about**〉

gèt [OR ***hàve, càtch***] ***wind of ...*** 《口》〔秘密・陰謀など〕をかぎつける, …に感づく

gó whère the wìnd blóws (考えや計画もなく)その時の気分で行動する, 気まぐれを起こす

gòne with the wínd 風とともに去って; 跡形もなく消えて

hàve the wínd at one's báck 風を背に受けて進む; (成功へ向けて)順風満帆である, 前途有望である

*****in the wínd*** ① 風を受けて, 風に[で](→ 名 ❶) ② (事が)起ころうとして, (ひそかに)計画[検討]されて; 未確定で ‖ There's something unusual *in the* ～. 何か異常なことが起ころうとしている

knòck the wínd òut of ... 〔人(の腹)〕を息ができなくなる

W

ほど強打する

lèave [OR ***lèt***] ***a pèrson twìsting*** [OR ***swìnging***] ***in the wínd*** 《主に米》〔人〕を不安(定)な状態のままにしておく，〔人〕にはっきりした結論を与えないでいる

like the wínd 風のように速く ‖ run *like the* ～ 疾走する

pùt the wínd up a pèrson 《主に英口》〔人〕をぎくっとさせる

ràise the wínd 《口》金を工面する

sàil 「***clòse to*** [OR ***nèar*** (***to***)] ***the wínd*** ① 《主に英口》法[礼儀など]を破るすれすれのことをする[言う]，きわどいことをする[言う] ② 〖船〗できるだけ風上へ向かって進む

sée 「***whìch wày*** [OR ***hòw***] ***the wìnd is blówing*** ① 風向きを見る ② 世論の動向を探る，事態の成り行きをうかがう

spìt [OR ***pìss***] ***in*** [OR ***into***] ***the wínd*** 《口》見込みのないことをする，時間を浪費する

tàke [OR ***knòck***] ***the wínd out of a pèrson's sáils*** (人の)自信を失わせる，気をそぐ，(人を)出し抜く

throw caution to the wind ⇨ CAUTION(成句)

to the (***fòur***) ***wínds*** 四方(八方)に

up wínd 風上に向かって

COMMUNICATIVE EXPRESSIONS

1 **Thát's àll a lòt of wínd.** それは全くのたわごとだ

―動 他 ❶ …を息切れさせる，(殴って)呼吸困難に陥らせる(♦しばしば受身形で用いる) ‖ I was quite *～ed* by running up the stairs. 階段を駆け上がってひどく息切れがした ❷ 《英》〔赤ん坊〕に(授乳後に)げっぷをさせる ❸ (猟犬などが)〔獲物〕のにおいをかぎつける，…の臭跡を追う ❹ 〔馬など〕にひと息つかせる

類語 《名 ❶》 **wind** 「風」を表す一般的な語.
breeze さわやかな微風.
gale (破壊力を持つような)非常に激しい強風.
gust 一陣の風，突風.
blast 激しい突風.
cyclone サイクロン《インド洋で発生する熱帯低気圧》.
hurricane ハリケーン《西インド諸島で発生する熱帯低気圧》.
typhoon 台風《太平洋西部で発生する熱帯低気圧》.

▸▸ ～ **chìll** 名 U 風速冷却《気温と風との複合効果による身体の冷却》 ～ **chìme** 名 C 《～s》(ガラス・木・金属などで作る)風鈴 ～ **fàrm** 名 C 風力発電地域 ～ **gàp** 名 C 〖地〗ウインドギャップ，風隙(ふうげき)《山の尾根の切れ込み》 ～ **gàuge** 名 C 風力[速]計 ～ **ìnstrument** 名 C 〖楽〗吹奏楽器，管楽器 ～ **machìne** 名 C ① 送風機 ② ウインドマシーン《風の効果音を出す装置》 ～ **scàle** 名 C 〖気象〗風力階級，風級《さまざまな風の強さを表す. Beaufort scale では0–12級に分類される. → Beaufort scale》 ～ **shèar** 名 U 〖空〗ウインドシア《高度によって風速・風向きが急に変化すること》 ～ **tùnnel** 名 C 〖空〗風洞《中の風力を調節できるトンネル型装置. 航空機模型試験などに用いる》 ～ **tùrbine** 名 C (風力発電機の)風力タービン

wind turbine

:wind² /waɪnd/ 《発音注意》

―動 (**～s** /-z/；**wound** /waʊnd/；**～·ing**)

―自 ❶ 《+副句》(道・川などが)**曲がりくねる，うねる**，曲がる；曲がりくねって[らせん状に]進む[動く] (♦ 副句 は方向を表す) ‖ The river *～s* to the sea. その川は蛇行しながら海に注いでいる / An old path *wound* up through the forest. 森の中を古い一本道が曲がりくねって延びていた(♦ ×... is [was] winding とはいわない)

❷ 〈…に〉巻きつく，絡みつく〈**around**〉 ‖ The morning glory *～s around* a bamboo. アサガオが竹に絡みついている ❸ (時計などが)巻かれる(♦ 通例様態を表す副詞を伴う)；(器械などが)ぜんまいで動く《*up*》 ‖ This watch *～s* easily. この時計は簡単にねじが巻ける ❹ (テープ・フィルムなどが)〈…まで〉巻き進められる，早送りされる《*forward, on*》；巻き戻される《*back*》〈**to**〉

―他 ❶ …を〈体などに〉**巻く**，巻きつける〈**around**〉；…を〈…で〉巻く〈**with**〉；…を〈…に〉包む，くるむ〈**in**〉 ‖ She *wound* a designer scarf *around* her neck. 彼女はブランド物のスカーフを首に巻いた / The soldier's head was *wound with* bandages. 兵士の頭には包帯が巻かれていた / ～ a baby *in* a shawl 赤ん坊をショールにくるむ

❷ 〔糸・毛糸など〕を巻く，巻いて〈玉などに〉する〈**into**〉；…を〈糸巻きなどに〉巻く，巻きつける〈**on, onto**〉；…を巻き取る《*in*》 ‖ ～ the woolen yarn *into* a ball 毛糸を巻いて玉にする / ～ *in* a line 釣糸を(リールに)巻き取る

❸ 〔取っ手など〕を回す；〔窓など〕を(取っ手などを回して)下げる，閉める《*down*》，上げる，開ける《*up*》；…を(ウインチなどで)巻き[引き]上げる ‖ ～ a handle [doorknob] 取っ手[ドアのノブ]を回す / ～ a car window *down* [*up*] (取っ手を回して)車の窓を下ろす[上げる]

❹ 〔時計など〕を巻く；…をぜんまいを巻いて動かす《*up*》 ‖ ～ a clock (*up*) 時計(のねじ)を巻く

❺ 〔テープ・フィルムなど〕を〈…まで〉巻き進める，早送りする《*forward, on*》；巻き戻す《*back*》(rewind)〈**to**〉 ‖ ～ a videotape *forward* [*back*] ビデオテープを早送りする[巻き戻す] ❻ 《+目+副句》…を曲がりくねって進む(♦ 目 は通例 one's way) ‖ The river *～s* its **way** through the valley. その川は蛇行しながら谷間を流れている ❼ 〔考えなど〕を〈…に〉それとなく紛れ込ませる〈**into**〉

∗wind dówn 〈自〉① (時計などが)ぜんまいが緩んで止まる ② 《口》(仕事・緊張などの後で)くつろぐ，ゆったりする(unwind)(→ **CE** 1) ③ (会社・活動などが)次第に縮小される，徐々に終わる ―〈他〉《***wind dówn ...*** / ***wind ... dówn***》 ① ⇨ 他 ❸ ② 〔会社・活動など〕を次第に縮小する，徐々に終わらせる(↔ expand)

∗wind úp 〈自〉① ⇨ 自 ❸ ② (演説・会合などが)〈…で〉終わる，終了する〈**with**〉 ③ 《口》最後には〈…に〉行き着く(end up)〈**in, at**〉；〈…して〉終わりになる，終わる〈(**by**) ***doing***〉；〈…で〉終わる〈**with**〉；(人が)最終的に〈…に〉なる〈**as**〉；《形容詞を補語にして》最後に…(という状態)になる ‖ If you carry on living at this pace, you'll ～ *up with* nervous exhaustion. この調子で生活を続けていると，しまいには神経がまいってしまうよ / If you spend a lot of money on designer goods, you'll ～ *up* penniless. ブランド品に大金をつぎ込むと，文無しになるよ / They always ～ *up* going for a drink. 彼らはいつもしまいには一杯飲みに行く / He *wound up in* prison. 彼は最後には刑務所に入る羽目になった / She *wound up* (*as*) a great actress. 彼女は最後は大女優になった ④ 〖野球〗(投手が)ワインドアップする ―〈他〉《***wind úp ...*** / ***wind ... úp***》 ① ⇨ 他 ❸, ❹ ② 〔ロープなど〕をぐるぐる巻きにする；〔糸・髪など〕を巻いて〈…に〉する〈**into**〉 ③ 〔演説・会合など〕を〈…で〉終わりにする，締めくくる〈**with**〉 ‖ I think it's time to ～ this meeting *up*. この会はもうお開きにする時間だと思う / ～ *up* one's speech *with* a joke ジョークを言って演説を締めくくる ④ 〔店・会社・組織など〕を解散[閉鎖]する，清算する；(退職などで)〔仕事など〕を整理する ⑤ 《英口》〔人〕をかつぐ，だます ⑥ 《口》〔人〕を緊張[興奮]させる ⑦ 《英口》〔人〕をいら立たせる，怒らせる；〔人〕を困らせるようなことをわざと言う[する]

COMMUNICATIVE EXPRESSIONS

1 **Wind dówn.** まあ落ち着け；リラックスして

―名 C ❶ 曲がり，うねり ❷ 巻くこと；(時計の)一回り；(糸などの)一巻き

wind³ /waɪnd/ 動 (**～·ed** /-ɪd/ OR **wound** /waʊnd/) 他 〔角笛など〕を吹き鳴らす；角笛などで…を合図する

wind·age /wíndɪdʒ/ 名 U C ❶ 〖機〗(回転する物体に対する)空気抵抗，風損 ❷ (風による砲弾などの)偏流；その度合，風偏差；(偏差に対する)修正(量) ❸ 遊隙(ゆうげき)《弾丸と銃身の内径との間の隙間(すきま)》 ❹ 〖海〗風圧面

wínd·bàg /wínd-/ 名 C ❶ ⊗《口》《蔑》おしゃべりな人 ❷ (バグパイプの)空気袋
wínd·blòwn 形 ❶ 風に吹かれた, 吹きさらしの ❷〘植〙(木が) 強風で変形した ❸ ウインドブロウン型の《ショートヘアを後ろから前に向けてなびかせたような女性の髪型》
wínd·brèak 名 C 防風林；防風壁, 風よけ
wínd·brèaker 名 C《米》《商標》ウインドブレーカー(windjammer)《防寒用ジャンパー》
wínd·bùrn 名 U 風焼け《強風による皮膚の炎症》
wínd-chèater 名《主に英》=windbreaker
wínd-dòwn /wáɪnd-/ 名 U 段階的縮小[鎮静]
wind·er /wáɪndər/ 名 C ❶ (糸・布などを)巻く人；曲げる人[もの]；曲がるもの ❷ 糸巻き機；糸巻き；(ぜんまいの)ねじ, (時計の)竜頭(りゅうず) ❸ (らせん階段の)段板
wínd·fàll /wínd-/ 名 C ❶ (収穫前に) 風で落ちた果物 ❷ 棚ぼた式の授かり [もうけ] 物《遺産など》‖ ~ profits tax 棚ぼた利益税
wínd·flòwer 名 C〘植〙アネモネ(anemone)
Wind·hoek /wíndhùk, vínt-/ 名 ウイントフック《ナミビアの首都》
wind·ing /wáɪndɪŋ/ 形 ❶ (道・川などが) 曲がりくねった；(階段が) らせん状の ‖ a narrow ~ lane 狭い曲がりくねった小道 / a ~ stairway らせん階段 ❷ (話などが) 回りくどい, 散漫な ―名 ❶ C (道などの)曲がり, カーブ ❷ U 巻くこと, 巻きつくこと, うず巻き状の動き；C 巻いたもの ❸ C〘電〙巻き線, コイル
▸▸ ~ shèet 名 C 経帷子(きょうかたびら), 死衣(shroud)
wìnding-dówn 名 =wind-down
wind·jam·mer /wínddʒæ̀mər/ 名 C ❶ 大型帆船《特に商船》；その水夫 ❷《米》《旧》=windbreaker
wind·lass /wíndləs/ 名 C 巻揚げ機, 揚錨(ようびょう)機
―動 他 …を巻揚げ機で巻き揚げる
wind·less /wíndləs/ 形 風のない, 穏やかな
***wind·mill** /wíndmɪ̀l/ 名 C ❶ 風車 (小屋) ❷ (風力発電機の)風車タービン ❸《英》(おもちゃの) 風車 (かざぐるま)(《米》pinwheel)
「*tìlt at* [OR *fìght*] ***wíndmills*** 空想の敵 [悪] と戦う, 独り相撲をとる (♦ ドン＝キホーテが風車を敵と思い込んで戦いを挑んだことから)
―動 他 [腕など]を風車のように回す
―自 風車のように回る；(プロペラなどが)風の力だけで回る

*****win·dow** /wíndoʊ/
―名 (複 **~s** /-z/) C ❶ (窓ガラス・窓枠を含めて) **窓；窓ガラス** (windowpane) ‖ Could you **open** [shut] the ~? 窓を開けて [閉めて] いただけますか / Don't put your head out of the ~. 窓から顔を出さないで / The thief must have got in by [OR through] the ~. 泥棒は窓から入ったに違いない / A strange face appeared in the ~. 見たことのない顔が窓の向こう側に現れた / roll down [up] a car ~ 車の窓を開ける [閉める] / look **through** [out (of)] a ~ 窓越しに [窓から外を] 見る / sit at [OR by] a ~ 窓際に座る / a ~ table 窓際の席 / break [clean] a ~ 窓ガラスを割る[磨く]
❷ 💻ウィンドウ《ディスプレー上に複数の文書や表を表示する機能, またその表示枠》
❸ (商店などの) **ショーウインドー,** 飾り窓 ‖ Please show me the purse in the ~. ショーウインドーにあるハンドバッグを見せてください
❹ (銀行・郵便局・駅などの) 窓口 ‖ Registered mail is handled at ~ No. 3. 書留は3番窓口で扱っています / a ticket ~ 切符売り窓口
❺ (限られた)短い期間 ‖ a ~ of opportunity 好機
❻《単数形で》《比喩的》(外部に開く)〈…の〉窓, 〈…を〉観察する機会〈**on, into, to**〉‖ These reports are a ~ *on* the world. これらの報道は (いわば) 世界を見る窓である / a ~ *to* culture 文化の窓 ❼〘理〙電磁窓 ❽ 窓状のもの ‖ the ~ of an envelope 封筒の窓 ❾〘~s〙(心の) 窓 ‖ ~*s* of the soul 感覚器官, (特に)目
gò [OR *flỳ*] *òut* (*of*) *the window*《口》(計画・考えなどが)消えてなくなる, すっかり駄目になる
▸▸ ~ **bòx** 名 C ① (窓敷居に置く)植木箱, プランター ② (上げ下げする窓の) 分銅箱 ~ **clèaner** 名 C 窓の掃除人 ~ **drèsser** 名 C ショーウインドー装飾家 ~ **fràme** 名 C 窓枠 ~ **lèdge** 名 C =windowsill ~ **sèat** 名 C ① (乗り物の) 窓側の座席 (♦ 通路側の座席は aisle seat) ② 窓の下の作りつけのいす ~ **shàde** 名 C《米》(窓の)日覆い, ブラインド
wíndow-drèss 動 他 …のうわべを飾る ‖ ~*ed* accounts 粉飾決算 **~·ing** 名 U ショーウインドーの飾りつけ；体裁作り, 粉飾(決算)
wín·dowed /-d/ 形 ❶《複合語で》…の窓のある ‖ a bay-~ room 出窓のある部屋 ❷ 💻ウィンドウで表示した
wín·dow·ing /-ɪŋ/ 名 U 💻画面上の複数のウィンドウの同時表示
wín·dow·less /-ləs/ 形 窓のない
wíndow·pàne 名 C 窓ガラス
Windows /wíndoʊz/ 名 C U《商標》💻ウィンドウズ《Microsoft 社のGUI型のマルチタスクOS》
wíndow-shòp 動 (**-shopped** /-t/；**-shop·ping**) 自 ウインドーショッピングをする **-shòpper** 名
wíndow-shòpping 名 U ウインドーショッピング
wíndow·sìll 名 C 窓敷居, 窓の下枠
wínd·pìpe 名 C のど笛, 気管(trachea)
wínd·pròof 形 (服などが)風を通さない, 防風の
wínd·ròw 名 C ❶ (乾燥のため) 並べられた干し草[穀物]の列 ❷《米》(風で吹き寄せられた)落葉[ごみ, 雪]などの列
wínd·scrèen 名《英》=windshield
▸▸ ~ **wìper** 名 C《英》=windshield wiper
wínd·shìeld 名 C ❶《米》(車の) フロントガラス (《英》windscreen) (❗「フロントガラス」は和製語) ❷ (オートバイ・飛行機などの) 風防(窓) ▸▸ ~ **wìper** 名 C《米》(車の)ワイパー(《英》windscreen wiper)
wínd·sòck 名 C (飛行場の)吹き流し
Wind·sor /wínzər/《発音注意》名 ウィンザー ❶ イングランド南西部バークシャーにある町. 英国王室の居城 Windsor Castle と Eton College の所在地 ❷ **the Hòuse of ~** ウィンザー王家《1917年以降の英国王室の名称》❸ カナダ南東部, オンタリオ州にある都市
▸▸ ~ **cháir** 名 C ウィンザーチェア《背もたれがさく状のいす》(⇨ CHAIR 図) ~ **knót** 名 C ウィンザー＝ノット《ネクタイの結び方の1つで, 結び目が大きい》~ **tíe** 名 C《主に米》《旧》ウィンザータイ《蝶(ちょう)結び用の絹製幅広ネクタイ》
wínd·stòrm 名 C《主に米》(雨の少ない)暴風
wínd·sùrfer 名 C ウインドサーフィンをする人；《商標》(帆のついた)ウインドサーフィン用ボード, サーフボード
wínd·sùrfing 名 U ウインドサーフィン
wínd·sùrf 動 自 ウインドサーフィンをする
wínd-swèpt 形 ❶ (場所が)吹きさらしの ❷ (髪・服装などが)風で乱れた
wínd·ùp, wínd-ùp /wáɪnd-/《発音注意》名 C ❶ 終結, 結末, 締めくくり ❷〘野球〙ワインドアップ《投球前の動作》❸《英口》おちょくり, 挑発 ―形《限定》❶ (おもちゃなどが)手巻きぜんまいで動く ❷ 締めくくりの
wind·ward /wíndwərd/ (↔ leeward) 形 副 風上の[へ]；風に向かって(進む) ―名 U 風上(側)
gèt to windward of ...《旧》…の風上に回る；…を出し抜く, …より優位に立つ
▸▸ **Wìndward Íslands** 名《the ~》ウィンドワード諸島《東カリブ海の小アンチル諸島南端部の群島》
***wind·y** /wíndi/ 形 [◁ wind[1] 名] (**wind·i·er**；**wind·i·est**) ❶ 風の強い (↔ calm) ‖ It's really ~ today. 今日は本当に風が強い ❷ (場所が) 風の強く当たる, 吹きさらしの ‖ a ~ street 吹きさらしの通り ❸《口》(人・話・文章などが) 大げさな, 誇張した；内容のない ‖ a ~ speaker [speech] 大言壮語の話し手[演説] ❹《口》(腸内に)ガス

W

のたまった ❺《英口》おびえた, びくびくした ❻荒々しい, 激しい ‖ ～ anger 激しい怒り
wínd·i·ly 副 **wínd·i·ness** 名

Wìndy Cíty 名《the ～》米国シカゴ市の俗称

‡wine /waɪn/
── 名 (複 **～s** /-z/) ❶ Ⓤ **ワイン**, ぶどう酒(◆種類をいうときは Ⓒ) ‖ *Wine* is made from grapes. ワインはブドウから造られる / I'll have a glass of **white** [**red**, **rosé**] ～. 白[赤, ロゼ]ワインを1杯頂きます / *Good* ～ *needs no bush.* 《諺》よいワインに看板はいらない(◆bush は昔の居酒屋が看板としてかけていたツタの枝) / dry [sweet] ～ 辛口[甘口]のワイン / domestic [imported] ～ 国産[輸入]ワイン / German ～*s* (各種の)ドイツワイン
❷ Ⓤ Ⓒ (ワイン以外の) 果実酒 ‖ homemade apple ～ 自家製リンゴ酒 ❸ (=～ **réd**) Ⓤ 赤ワイン色, ワインレッド
nèw wíne in òld bóttles 古い皮袋に入れた新しい酒《古い形式では律し得ない新しい思想. 一般に新時代への順応性の必要》(◆聖書の言葉)
wìne, wòmen, and sóng 酒と女と歌(に囲まれた歓楽)
── 動《次の成句で》
wìne and díne 〈他〉〔人〕を高価な酒と食事でもてなす, 〔人〕に大盤振る舞いをする ─〈自〉高価な酒食をする
▸▸ ～ **bàr** 名 Ⓒ ワインバー ～ **bòx** 名 Ⓒ ワインボックス《ワインを保存する注ぎ口のついた紙製容器》 ～ **cèllar** 名 ① Ⓒ (地下の)ワイン貯蔵室 ② Ⓤ 貯蔵されたワイン(の量) ～ **còoler** 名 Ⓒ ① ワイン冷却容器, ワインクーラー ② ワインクーラー《ワインに果汁やソーダ水を加えたもの》 ～ **glàss** 名 Ⓒ ワイングラス; その1杯(分) ～ **gùm** 名 Ⓒ 《英》グミキャンディー ～ **lìst** 名 Ⓒ (レストランなどの)ワインリスト ～ **vìnegar** 名 Ⓤ ワインビネガー ～ **wàiter** 名 Ⓒ《英》(レストランの)ワイン係, ソムリエ

wíne-còlored 形 赤ワイン色の, ワインカラーの
wíne·gròwer 名 Ⓒ ブドウ栽培家; ワイン醸造家[業者]
wíne·màker 名 Ⓒ ワイン醸造家[業者]
wíne·màking 名 Ⓤ ワイン醸造
wíne·prèss 名 Ⓒ ブドウ搾り器
win·er·y /wáɪnəri/ 名 (複 **-er·ies** /-z/) Ⓒ ワイン醸造所
Wine·sap /wáɪnsæp/ 名 Ⓒ 〖園芸〗ワインサップ《貯蔵のきく暗赤色の米国産大型リンゴ》
wíne·skìn 名 Ⓒ (ヤギ皮で作った)酒袋
wíne·tàsting 名 Ⓤ ワインの試飲[利(き)き酒]; Ⓒ ワイン試飲[品評]会

‡wing /wɪŋ/
── 名 (複 **～s** /-z/) Ⓒ ❶ (鳥の)**翼**; (昆虫の)**羽**; (コウモリなどの)皮膜; (トビウオなどの)胸びれ; (ニワトリなどの)手羽(肉) ‖ The eagle spread its ～*s* and flew off. ワシは翼を広げて飛び去った / flap one's ～*s* (鳥が)翼を羽ばたかせる
❷ (飛行機の)翼; (風車の)羽根
❸ (建物の)そで, 翼(よく), ウイング《横に張り出した部分》‖ the surgical ～ of a hospital 病院の外科病棟 / build a ～ onto a house 家にそでを建て増しする
❹ (政党などの)党派, …翼 ‖ the **left** [**right**] ～ 左[右]翼 / the radical ～ of a party 党の過激派
❺ (サッカー・ラグビーなどの)ウイング; ウイングの選手 ‖ play on the ～ ウイングでプレーする
❻《英》(自動車の)泥よけ, フェンダー(《米》fender)
❼《the ～s》(舞台の)そで ❽ (軍隊・艦隊などの)左[右]翼(部隊); 飛行団, 航空大隊 ❾《～s》航空記章; 飛行資格
❿〖植〗(花の)翼弁; (モミジ・トネリコなどの翼果の)翼
clìp a pèrson's wíngs (人の)自由な行動を制限する; 野望をくじく(◆「鳥の翼を切る」の意より)
gèt one's wíngs 試験に合格して操縦士になる, 飛行ライセンスを取る
on a wìng and a práyer (資金[準備]不足にもかかわらず)わずかな望みをかけて
on the wíng ① (鳥・昆虫が)飛行中の[で, に] ② 活動中の[で, に], 飛び回って; 旅行中の[で, に]
sprèad [OR ***strètch, trỳ***] ***one's wíngs*** 自分の能力を発揮する; 自分の能力を試してみる
*∗**tàke a pèrson under one's wíng*** 〔人〕を保護する, かばう
tàke wíng ① (鳥・昆虫などが)飛び立つ; (人が)去る, 逃げる ② (計画などが)急速に進展する, 活発になる
tàke wíngs (ものが)羽が生えたようになくなる
(wàiting) in the wíngs ① ⇨ ❼ ② (人が)仕事の口が空くのを待って, 待機して; (計画などが)始まりそうで
── 動 他 ❶《+目+副句》(鳥・飛行機などが)…を飛ぶ, 飛んで行く[渡る](◆副句 は方向を表す) ‖ Wild geese ～ the air northward in the spring. 春になるとガンは北に渡る / He was ～*ing* his way back to Frankfurt. 彼はフランクフルトに向けて空路戻る途中だった ❷〔鳥〕の翼を撃つ[傷つける]; 〔人〕の腕[肩]を撃つ[傷つける] ❸ (賞・申込用紙などが)…に急いで送られる(◆目的語は way); …を急いで送る ‖ One million yen will soon be ～*ing* its way to you. 100万円があなたのもとにすぐに送られます
── 自《+副句》(鳥・飛行機などが)飛んで[飛ぶように]行く(◆副句 は方向を表す) ‖ She ～*ed* into international stardom. 彼女は一気に国際的なスターの座に就いた / The years ～ away. 月日のたつのは早いものだ
wìng one's wáy 素早く飛ぶ[移動する]; (荷物などが)早く着く

COMMUNICATIVE EXPRESSIONS
1 **Wíng it.** ぶっつけ本番でやってしまえ

～·less 形 翼のない; 飛べない
▸▸ ～ **bàck** (↓) ～ **càse** 名 Ⓒ〖虫〗翅鞘(ししょう), さやばね (elytron) ～ **chàir** 名 Ⓒ ウイングチェア《背もたれから左右にそでが突き出た安楽いす》(⇨ CHAIR 図) ～ **cóllar** 名 Ⓒ ウイングカラー《前端が下に折れ曲がった襟型. 紳士正装用》 ～ **commànder** 名 Ⓒ《英》空軍中佐 ～ **mìrror** 名 Ⓒ〖車〗サイドミラー, フェンダーミラー ～ **nùt** 名 Ⓒ ①〖機〗蝶(ちょう)ナット(butterfly nut) ②〖植〗サワグルミ《アジア産》 ③《口》正気でない人; (保守的な)極端な政見を持つ人(◆wingnut とも書く) ～ **tìp** (↓)

wíng bàck, wíng·bàck 名 Ⓒ ❶〖フットボール〗ウイングバック《ウイングを形成する後衛の選手[ポジション]》 ❷〖サッカー〗ウイングバック《サイドに位置し, 攻撃に参加する中衛[後衛]の選手[ポジション]》
wing·ding /wíŋdɪŋ/ 名 Ⓒ《主に米俗》《旧》お祭り騒ぎ, どんちゃん騒ぎ
winged /wɪŋd, +《文》wɪŋɪd/ 形 ❶ 翼[翼状のもの]のある; 翼を使う, 飛ぶことのできる ‖ the *Winged* Horse〖天〗翼のある馬, ペガサス(Pegasus) / a ～ seed 翼果 / a ～ insect 飛ぶことのできる昆虫 ❷《複合語で》翼が…の ‖ a long-～ bird 翼の長い鳥 ❸《文》(翼が生えたように)速い, 敏捷(びんしょう)な ‖ ～ feet 駿足(しゅんそく)
∗wing·er /wíŋər/ 名 Ⓒ (サッカー・ホッケーなどの)ウイングの選手, ウインガー
wíng·less /-ləs/ 形 翼のない; 飛べない
wíng·spàn 名 Ⓒ (飛行機・翼を広げた鳥・虫の)翼幅
wíng·sprèad 名 =wingspan
wíng tìp 名 Ⓒ ❶ (飛行機・鳥の)翼端 ‖ The planes are sitting ～ to ～. 飛行機が翼を接して地上に停止している ❷《米》つま革; 飾り皮; (=～ **shòe**)飾り革に飾り穴のある靴ウイングチップ《飾り革に飾り穴のある靴》

∗wink /wɪŋk/ 動 自 ❶〈…に〉ウインクする, 目くばせする〈**at**〉 ‖ He ～*ed at* me knowingly. 彼はわかってるよと言うように私にウインクした / as easy as ～*ing* 非常にたやすい ❷ (明かりが)点滅する ── 他 ❶〔目〕をウインクする, まばたきする ❷ 目くばせで…を伝える[知らせる] ❸〔涙など〕をまばたきして払う《***away, back***》
wínk at ... 〈他〉① ⇨ 自 ❶ ②〔誤ち・悪事など〕に目をつぶる, 見て見ぬふりをする
── 名 Ⓒ ❶ ウインク, 目くばせ; まばたき ‖ He gave me a knowing ～. 彼は私に知っているぞというようなウインクをした / with a ～ ウインクしながら ❷ (星・光などの)きらめき, 明滅, 点滅 ❸《通例 a ～》またたく間, 一瞬; 短時間(の

睡眠)(→ forty winks) ‖ in a ～=in the ～ of an eye またたく間に, すぐに
(*as*) ***quick as a wink*** たちまち, 素早く
nòt gèt [OR ***hàve***] ***a wínk of slèep*** ; ***nòt slèep a wínk*** 全く眠ることができない, 一睡もしない
tip a pèrson the wínk 《英口》〔人〕にこっそり情報を提供する, 警告する

wink·er /wíŋkər/ 名 C ❶ まばたき[目くばせ]する人[もの] ❷《俗》まつげ ; 目 ❸《～s》馬の目隠し(blinker) ❹《まれ》《～s》(自動車の)方向指示灯, ウインカー(blinker, 《英》indicator)

win·kle /wíŋkl/ 名 C タマキビガイ《食用の巻き貝》
── 動 他《次の成句で》
wìnkle óut ... / ***wìnkle ... óut*** 〈他〉《英口》…を〈場所などから〉苦心して引き離す〈**of**〉
wìnkle Á òut of B́ 〈他〉《英口》*A*(情報など)を*B*(人)から引き出す

wínkle-pìcker 名 C《通例 ～s》《英口》長いつま先のとがった靴

Win·ne·ba·go /wìnɪbéɪgoʊ/ 名 ❶ (複 ～ OR ～s /-z/) C ウィネベーゴ族(の人)《北米先住民の一部族》 ❷ U ウィネベーゴ語《スー語の一種》 ❸ (複 ～s) C《商標》ウィネベーゴ《米国のキャンピングカー》 ── 形 ウィネベーゴ族[語]の

:win·ner /wínər/ (発音注意)
── 名 (複 ～s /-z/) C ❶ **勝利者**(↔ loser), 優勝者 ; 受賞者, 入賞者[作品] ; 当選者 ; (競馬の)勝ち馬 ‖ a ～ of the Nobel Prize ノーベル賞受賞者
❷《通例単数形で》《口》成功した[しそうな]人[もの] ‖ The company's new TV commercial is a real ～. その会社の新しいテレビCMは大ヒットだ / the big [OR real] ～ 最も利益を受ける[いちばん得をする]人[団体]
❸《the ～》(スポーツで)勝利をもたらす得点 ‖ score the ～ 勝利点を入れる
be on [OR ***ònto***] ***a wínner*** 《口》成功は確実である
pick a wínner 《口》よい選択[判断]をする(♥ ときに皮肉で用いる) ‖ I hear you *picked a* few ～*s* in the stock market. 株でうまく当てたそうじゃないか
▸▸ **～'s cìrcle** [**enclòsure**] 名《the ～》《競馬》勝者表彰場

wìnner-tàke-áll 形 勝者独占方式の

***win·ning** /wínɪŋ/ 形 (**more ～ ; most ～**)《限定》❶《比較なし》勝利[優勝]した ; 勝利[成功]をもたらす ‖ the ～ team 優勝チーム / the ～ horse 勝ち馬 / a ～ hit さよならヒット, 決勝打 / a ～ strategy 必勝法 ❷ 魅力的な, 人を引きつける ── 名 C《～s》(優勝)賞金 ; (賭(か)け事などの)勝利金, もうけ **～·ly** 副 愛嬌(あいきょう)よく
▸▸ **～ pòst** 名《the ～》《英》《競馬》決勝点, ゴール

wín·ning·est 形《米口》いちばん成功した, いちばん多く勝った[勝っている] ‖ the ～ pitcher 最多勝利投手

Win·ni·peg /wínɪpèg/ 名 ウィニペグ《カナダ南部, マニトバ州の州都. 大陸横断鉄道の集まる交通の要衝》

win·now /wínoʊ/ 動 他 ❶〔穀物〕を〈もみ殻から〉あおぎ分ける, 簸(ひ)る〈**from**〉;〔もみ殻など〕を吹き飛ばす, あおぎ除く《***away, out***》‖ ～ the chaff *from* the grain 穀物からもみ殻を吹き飛ばす ❷ …を〈…から〉より分ける ; 識別する《***out, down***》〈**from**〉‖ ～ *out* the truth *from* falsehood 偽りから真実をより分ける / ～ *down* the candidates to the final four 候補者を最後の4名に絞る ── 自 穀物を簸る **～·er** 名

win·o /wáɪnoʊ/ 名 (複 ～s /-z/) C ⊗《口》《蔑》ワイン中毒者, 酔っ払いのホームレス

win·some /wínsəm/ 形 (人・容姿などが)あどけない魅力のある, 愛嬌のある, 快活な **～·ly** 副 **～·ness** 名

:win·ter /wíntər/ (発音注意) 名 動
── 名〔▸ wintry 形〕(複 ～s /-z/) ❶ U C《無冠詞単数形または the ～》**冬**, 冬季《北半球では通例12月–2月. 天文学的には冬至(とうじ)から春分まで》; 寒い時期 ; (1年を2分して)寒い半年 (→ summer) ‖ Japan is much colder **in** ～ than California. 日本の冬はカリフォルニアの冬よりずっと寒い / **In** ～ beautiful red birds often visit our garden. 冬には我が家の庭にきれいな赤い鳥がしばしばやって来る / The ski resort was crowded with skiers *during* the ～. 冬場そのスキー場はスキー客で賑わった / a hard [mild] ～ 厳[暖]冬 / all (through the) ～ 冬中 / **this** [**last**] ～ 今年[昨年]の冬に (♦ 前置詞を伴わず副詞的に用いる)
❷《形容詞的に》**冬の** ; 冬向きの ; (農作物などが)冬越しの《秋に種をまいて翌春に収穫する》‖ during the ～ **months** 冬の間 / on a cold ～ evening ある寒い冬の晩に / ～ clothes 冬服 / a ～ resort 冬の行楽地, 避寒地 / ～ crops 冬作物 ❸《the ～》衰退期, 晩年 ; 逆境 ❹ C《～s》《数詞を伴って》《文》長い年月, (老人の)年齢 ‖ a man of eighty ～*s* 80歳の男性
── 動 自 (人が)〈避寒地などで〉冬を過ごす ; (動植物が)〈…で〉越冬する〈**at, in**〉‖ be planning to ～ *in* Florida フロリダで冬を過ごす計画を立てている
── 他〔植物・家畜〕を冬の間保護[飼育]する
▸▸ **～ áconite** 名 C U《植》キバナセツブンソウ《キンポウゲ科の草》 **～ gàrden** 名 C 冬園, 温室 **～ quárters** 名 複 冬ごもりの場所 ; 避寒地 ;《軍》冬営地, 冬期宿舎 **～ slèep** 名 U 冬眠 (hibernation) **～ sólstice** 名《the ～》冬至(→ solstice) **～ spórts** 名 複 ウインタースポーツ

wínter·grèen 名《植》❶ C チェッカーベリー《北米東部原産の小低木 ; 赤い実をつける》; U 冬緑油《チェッカーベリーの実から採る薬用・香料用の油》; その風味 ❷ C ウメガサソウ《イチヤクソウ科の多年草》

win·ter·ize /wíntəràɪz/ 動 他《主に米・カナダ》〔家・車など〕に〈断熱材・不凍液などで〉防寒設備を施す, …の冬支度をする〈**with**〉

wínter·kìll 動 他 自《米》(植物を[が])冬の寒さで枯らす[枯れる]

wínter·tìme 名 U 冬季, 冬期 ‖ in (the) ～ 冬季に

win·ter·y /wíntəri/ 形 =wintry

win·try /wíntri/ 形〔◁ winter 名〕❶ 冬の(ような), 冬らしい, 寒い ; 寒々とした, わびしい ‖ a ～ day 冬らしい日 / a ～ scene 寒々しい景色 ❷ 冷淡な, 冷ややかな ‖ a ～ greeting 冷ややかなあいさつ ❸ 老いた, 老齢の ; (髪が)白くなった **-tri·ness** 名

wìn-wín 形《限定》(交渉などで)双方[全員]が得をする

win·y /wáɪni/ 形 ワインのような, ワインのように人を酔わせる ; ワインに酔った ; (空気が)すがすがしい, かぐわしい

:wipe /waɪp/
── 動 (**～s** /-s/ ; **～d** /-t/ ; **wip·ing**)
── 他 ❶ **a** (+目)…を〈布などで〉**拭く**, ぬぐう〈**with, on**〉‖ Don't ～ your **hands** *on* the back of your pants. *Wipe* them *with* your handkerchief. 手をズボンのお尻(しり)で拭いてはいけません. ハンカチで拭きなさい / ～ the dishes 食器を拭く
b (+目+補〈形〉)…を拭いて…にする ‖ Mom ～*d* the table **clean**. 母はテーブルをきれいに拭いた
❷〔汚れ・湿気など〕を〈…から〉**拭き取る**, ぬぐい去る《***away, off, up***》〈**from, off**〉‖ I ～*d up* the spilt milk. こぼれた牛乳を拭き取った / He ～*d* the sweat *from* [OR *off*] his forehead. 彼は額の汗をぬぐった / ～ *away* one's tears 涙を拭く
❸〔布・手など〕で〈…を〉こする, ぬぐう〈**over, across**〉‖ The boy ～*d* his dirty hand *across* his nose. 少年は汚れた手で鼻をぬぐった / ～ a dustcloth *over* the desk ぞうきんで机を拭く
❹〔記憶など〕を〈…から〉消し去る, 忘れる《***out***》〈**from, out of, off**〉‖ He tried to ～ the unpleasant memory *from* his mind. 彼はそのいやな思い出を心からぬぐい去ろうとした
❺〔録音・録画・磁気データなど〕を消去する《***out, off***》
❻〔液体・クリーム状のもの〕を(布・手などで)〈…に〉塗り広げ

る, 塗布する〈over, on, etc.〉‖ She ～d the lotion over her face. 彼女は顔に化粧水をつけた

wìpe dówn ... / wìpe ... dówn 〈他〉(ぬれたぞうきんなどで)…を隅々まで拭く

wìpe óff 〈他〉 Ⅰ《*wìpe óff ... / wìpe ... óff*》 ① ⇨ 他 ❷, ❺ ②〔負債・損失など〕を清算する, 帳消しにする Ⅱ《*wìpe A òff B*》 ③ ⇨ 他 ❷, ❺ ④ *A*(金額など)を*B*(利益・株価など)から減じる

wìpe ... òff 「*the fàce of the éarth* [OR *the máp*] …を完全に消滅させる[抹殺する](→ CE 1)

**wìpe óut* 〈他〉《*wìpe óut ... / wìpe ... óut*》 ① ⇨ 他 ❹, ❺(→ CE 1) ②《口》〔地域・住民など〕を全滅させる, 《口》〔人〕を殺す, 〔悪弊・疾病など〕を消滅させる, 撲滅する(kill off ; eradicate) ‖ The whole town was ～*d out* by the earthquake. 町全体がその地震で壊滅した / ～ *out* malaria マラリアを根絶する ③《口》…をひどく疲れさせる ; …を酔わせる ④〔負債など〕を清算する ; 〔利益・損失など〕を相殺する, 帳消しにする ⑤〔容器など〕の内側を拭いてきれいにする ⑥ …を一文無しにする ⑦ …を完全に打ち負かす ─〈自〉《口》(サーフィン・スキーなどで)転倒する ; 《米口》(自転車で)転ぶ, (自動車レースで)衝突する

wìpe the smìle [OR *grìn*] *òff a pèrson's fáce* (人を)笑い顔などしていられないようにする, がっくりさせる

wìpe úp 〈他〉《*wìpe úp ... / wìpe ... úp*》 ① ⇨ 他 ❷ ②《英》〔洗った食器〕をふきんで拭く ─〈自〉《英》(洗った)食器をふきんで拭く

COMMUNICATIVE EXPRESSIONS

1 **Wìpe it óut** [OR **òff the máp**]. そんなものやめてしまえ(♥ 計画などの放棄を勧めるくだけた表現)

─名 C ❶ 拭くこと, ぬぐうこと ‖ She gave the table a good ～. 彼女はテーブルをよく拭いた
❷ (殺菌用の) ウエットティッシュ ; 拭くもの ❸〖映〗ワイプ《次の場面が徐々に拡大して前の場面を消していく手法》

wípe·òut 名 C《口》❶ 徹底的破壊, 抹殺, 壊滅 ; 〖スポーツ〗完敗 ❷ サーフボードの転覆 ❸〖通信〗消滅《ほかの電波による受信妨害》

wip·er /wáɪpər/ 名 C ❶ (車の)ワイパー ❷〖電〗(加減抵抗器などの)刷子(さっし) ; 〖機〗ワイパー《カム(cam)の一種》

WIPO /wáɪpoʊ/ 略 *W*orld *I*ntellectual *P*roperty *O*rganization(世界知的所有権機関)

‡wire /wáɪər/

─名〔▶ wiry 形〕(複 ～s /-z/) ❶ U C **針金**, 金属線 ‖ barbed ～ 有刺鉄線, 鉄条網 / a coil of copper ～ 一巻きの銅線 / a ～ hanger 針金製のハンガー / a ～ mesh (さくなどの)金網
❷ C U **電線** ; 通信線[ケーブル], 回線 ‖ telephone ～*s* 電話線
❸《the ～》鉄条網, 金網(wire fence)
❹ C《主に米口》**電報** ; 海外電報, 外電 ; U **電信** ‖ by ～ 電信[電報]で / send a ～ to her 彼女に電報を打つ
❺ C《単数形で》《米》盗聴器, 隠しマイク
❻ C《米》(競走の)ゴールライン

dòwn to the wíre 《口》最後の最後まで, (仕上げまで)ぎりぎりで

gèt [OR *hàve*] *one's wíres cròssed* ① 電話が混線する ② (言ったことが)誤解される, 話が混乱する

pùll wíres 《口》繰り人形を操る ; 陰で(人を)操る, (自分の利益のために)影響力を行使する(pull strings)

under the wíre 《米口》① ゴールインして ② (期限などに)やっと間に合って

─動 (～s /-z/ ; ～d /-d/ ; wir·ing)

─他 ❶ …に配線工事をする, 電線を引く ; 〔電気器具〕を(コードで)〈…に〉接続する ; …を〈コンピューターシステム・インターネットなどに〉接続する《*up*》〈to〉; …に(ケーブルテレビ)受信設備を施す ‖ ～ a house for electricity 家に電気配線する / Make sure the appliance is *wired up* properly. 器具が正しく接続しているか確認しなさい
❷ …を針金で〈…に〉結ぶ[縛る]《*together*》〈to〉; 〔ビーズなど〕を細い針金に通す ‖ ～ pearls into a necklace 真珠を針金でつないでネックレスにする
❸《主に米口》**電報を打つ** **a**《+目》〔メッセージ〕を電報で送る ; 〔人〕に電報を打つ ‖ The press ～*d* the news of the outbreak of war. 報道陣は戦争の勃発(ぼっ)を打電した / She ～*d* her parents for some money. 彼女は両親にお金を少し送るようにと電報を打った **b**《+目 *A* +目 *B* ⇄ +目 *B* + to 目 *A*》*A*(人)に*B*(事柄)を電報で知らせる ‖ He ～*d* me congratulations. = He ～*d* congratulations *to* me. 彼は私に祝電をくれた **c**《+目+ to do》〔人〕に…するように電報を打つ ‖ She ～*d* her son *to* come home. 彼女は息子に家に帰れと電報を打った **d**《(+目) + that 節》(〔人〕に)…であると電報で知らせる ‖ He ～*d* (*me*) *that* he had passed the exam. 彼は試験に合格したと電報で知らせてきた
❹《+目 *A* +目 *B* ⇄ +目 *B* + to 目 *A*》(銀行で) *A* (人)に *B* (金)を電信で送る(♦ 目 *A*を省略することも可能) ‖ ～ him $1,000 = ～ $1,000 *to* him 彼に1,000ドル電信送金する ❺〔動物〕をわなで捕らえる ❻〔場所・人〕に盗聴器を仕掛ける

─自《主に米口》〈…に〉電報で知らせる〈to〉; 《+ for [to] 名 + to do》人に…するように電報を打つ ‖ I ～*d to* John about the good news. 私はその吉報をジョンに電報で知らせた

be wired ín [OR *ínto*] *...* 《口》…に深く関係している, よく通じている

▸▸ ～ **brúsh** 名 C ワイヤーブラシ《さび落とし用》 ～ **cùtters** 名 複 ペンチ ～ **fràud** 名 C U 電子メールや電話を用いた詐欺 ～ **gàuge** 名 C ① ワイヤー[針金]ゲージ《針金の直径を測る道具》② 針金の太さの規格, 番手, 線番 ～ **gáuze** 名 U 細目金網(→wire netting) ～ **nétting** 名 U 金網《wire gauze より目が粗いもの》 ～ **rópe** 名 C U 鋼索, ワイヤーロープ ～ **sèrvice** 名 C《主に米》= news agency ～ **strìppers** 名 複 ワイヤーストリッパー《電線から被覆を取り除く道具》 ～ **wóol** 名 U《英》金属たわし, スチールウール

***wired** /wáɪərd/ 形 ❶ 💻 (機器設定や配線が完了し)インターネットにつながった状態の ❷ 針金の芯(しん)を入れた ❸《口》(過度に)緊張した ; 薬物[酒]で興奮した ❹《口》盗聴器が仕掛けられた

wíre·dràw 動 (-drew /-drùː/ ; -drawn /-drɔ̀ːn/ ; -draw·ing) 他 ❶〔金属〕を針金に引き延ばす ❷《古》〔議論など〕を長引かせる ; 〔意味など〕をこじつける

wíre·hàir 名 ❶ U ワイヤーヘア《犬の縮れた剛毛》❷ C〖動〗ワイヤーヘアフォックステリア(wire fox terrier)

wíre-hàired ⟨シ⟩ 形 (犬が)ワイヤーヘアの

***wire·less** /wáɪərləs/ 形《限定》無線(電信)の ; ラジオの ‖ ～ telegraphy 無線電信 / a ～ set ラジオ(受信機)

─名 ❶ U 無線電信[電話] ❷《主に英》《旧》C ラジオ(受信機) ; U ラジオ放送(radio)

▸▸ ～ **cárrier** 名 C 無線通信会社(♦ wireless service provider (company), cellular company などとも呼ぶ) ～ **hòtspót** [**hòt spót**] ワイヤレスホットスポット《インターネットに無線LANでアクセスできる区域》

wíre·pùller 名 C《米口》陰で糸を引く人[政治家], 黒幕 ; 操り人形師 **wíre·pùlling** 名 U《米口》黒幕として策動すること ; 操り人形を操ること

wíre·tàp 動 (-tapped /-t/ ; -tap·ping) 自 他 (電話・通信などを)盗聴する ; (電話などに)盗聴器を仕掛ける(tap)

─名 C 盗聴(器) **～·per** 名 **～·ping** 名 U 盗聴

wíre·wòrm 名 C〖虫〗ハリガネムシ《植物の根を荒らすコメツキムシ類の幼虫. カマキリなどの昆虫に寄生するハリガネムシは hairworm という》; 〖動〗ヤスデ

wir·ing /wáɪərɪŋ/ 名 U C《しばしば the ～》❶ (建物などの)配線[架線](工事) ❷〖医〗(骨の)針金接合

wir·y /wáɪəri/《発音注意》形〔◁ wire 名〕❶ 針金製の ; 針金のような, (毛などが)硬い ❷ (人・動物が)やせ型で頑健な, 筋肉質の ❸ (音・声などが)金属性の

Wis., Wisc. 略 Wisconsin

Wis·con·sin /wɪská(ː)nsɪn | -kɔ́n-/ 名 ウィスコンシン《米国中北部の州. 州都 Madison. 略 Wis., Wisc.,〖郵〗WI》
~·ite 名 C ウィスコンシン州民

***wis·dom** /wízdəm/ 名〔◁ wise 形〕❶ U 賢いこと, 賢明(さ); 知恵, 分別(⇨ 類語) ‖ I question the ~ of his plan. 彼の計画が賢明かどうか疑問に思う / a person of ~ 賢人, 賢者 / She had the ~ to be modest. 彼女には謙虚でいるだけの分別があった / gain ~「by experience [with age] 経験によって[年とともに]賢くなる ❷ U (受け継がれてきた)知恵, 賢い教え; 学識, 博識 ‖ the fount of all ~ 知恵の泉 ❸ U C 常識, 通念 ‖ conventional ~ 世間一般の常識 ❹ U C 名言, 金言

in one's (infinite) wisdom 知恵を絞って; 何を考えているのやら(♥ 皮肉を込めて用いる)

類語《❶》**wisdom** 人間や人生などについての経験から得られる knowledge に基づく, 均衡のとれた判断力と洞察力を持つ賢明さ.
knowledge 個人が習得した, また人類が蓄積した事実の集合体を表すが, 特に体系化された(一般に正しいと認められている)知識. しばしばそれに基づく理解力をほのめかす.
information 伝聞・観察・書物・調査などいろいろな経路・方法・体系によって収集された事実・情報・知識.

▸▸**Wisdom of Sólomon** 名《the ~》ソロモンの知恵《旧約聖書外典の1つ. 略 Wisd., Wis.》 **~ tòoth** 名 C 親知らず, 知恵歯 ‖ cut one's ~ *teeth* 親知らずが生える; 分別のつく年ごろになる

‡wise /waɪz/
—形〔▸ wisdom 名〕(**wis·er**; **wis·est**)
❶ (人・行為などが)**賢い**, **賢明な**, 思慮分別のある(↔ foolish, unwise)(⇨ CLEVER 類語); 《the ~ で集合名詞的に》《複数扱い》賢者たち ‖ Now I am older and ~*r*, I understand what my father taught me. 今は年をとり分別もついてきたので父が教えてくれたことが理解できる / be ~ beyond his years 年に似合わずしっかりしている / make a ~ decision 賢明な決定を下す / a ~ statesman 見識豊かな政治家 / a ~ saying 金言
❷ **a** 《It is ~ to *do* で》…するのは賢明である ‖ It would be ~ *to* quit smoking. 禁煙するのが賢明だろう **b** 《It is ~ of *A* to *do* / *A* is ~ to *do* で》…するとは *A* (人)は賢明である(→ CE 3) ‖ It was ~ *of* you *to* refuse the proposal. = You were ~ *to* refuse the proposal. 君がその申し出を断ったのは賢明だった **c** 《It is ~ for *A* to *do*/It is ~ that *A* (should) *do* で》*A* (人が)…するのは賢明である(→ CE 3) ‖ It is ~ *that* you (should) consult your doctor regularly. 医者に定期的に診てもらうのが賢明です
❸ 物知りの, 博識の(↔ foolish) ‖ He is very ~ in the ways of the world. 彼はよく世事に通じている
❹ 《叙述》〈…が〉わかって, 〈…に〉気づいて〈**to**〉
❺ 賢そうな; 利口ぶった, 生意気な ‖ with a ~ shake of the head 物知り顔をして首を横に振って

A wòrd to the wíse (is suffícient.) 賢い人にはひと言で十分だ; 賢明な忠言をしておこう(♥ 助言の前置き)
(as) wise as an owl ⇨ OWL(成句)
be「*nòne the* [OR *nò*] *wíser*; *nòt be (àny) the wíser* ① (依然として)理解できない, やはりわからない ‖ I *am none the wiser* for his long explanation. 彼の長い説明を聞いてもやっぱりわからない ② だれも気づかない ‖ He went out of the room, but *no* one *was* (*any*) *the wiser*. 彼が部屋を出て行ったがだれも気づかなかった
be wise after the evént 後になって悟る ‖ *It is easy to be ~ after the event*. 《諺》物事が済んでしまってから悟るのは容易だ; げすの後知恵
pùt a pèrson wise to ... 《口》〔人〕に…を知らせる, 気づかせる ‖ *Put* me ~ *to* what has happened in my absence. 私の留守中に何があったのか教えてくれ

COMMUNICATIVE EXPRESSIONS
1 **Don't gèt** [OR **àct**] **wíse with me.** 生意気な態度をとるんじゃない; わかったふうなことを言うな
2 I've **gòt wíse to your trícks.** 君の策略がわかったぞ
3 **You would** [OR **might**] **be wíse to** màke a báck-up file. バックアップファイルを作っておいた方が賢明でしょう(=It would [OR might] be wise for you to ....)

—動《次の成句で》
wise úp 〈自〉《口》《しばしば命令文で》〈秘密・不快な事実などに〉気づく, 知る〈**to, on, about**〉‖ *Wise up to* the fact that she doesn't love you any more. 彼女はもう君を愛してないということに気づきなさい —〈他〉《*wìse ... úp*》《主に米口》〔人〕に〈…を〉気づかせる, 悟らせる〈**to, on, about**〉‖ My adviser ~*d* me *up to* the fact. 私の相談相手はその事実を教えてくれた

▸▸**~ gùy** 名 C 《主に米口》① 知ったかぶり(をする人)(wiseacre) ② マフィアの成員 **~ mán** 名 C ① 魔法使い(wizard), 占い師 ② 賢人; (聖書時代のパレスチナの)知者, (特に)東方の三博士(the Three Wise Men)の1人(Magus) **~ wòman** 名 C ① 魔女(witch), 女占い師 ② 女薬草医《しばしば助産師を兼ねた》

-wise /-waɪz/ 接尾《副詞・形容詞語尾》❶「方向・位置・様態」の意(-ways) ‖ clock*wise* (時計針の方向に), like*wise* (同様に) ❷ 《口》「…に関(連)して(with regard to)」の意 ‖ budget*wise* (予算的には)

wise·a·cre /wáɪzèɪkər/ 名 C 《口》物知り[利口]ぶる人

wise·crack /wáɪzkræ̀k/ 《口》名 C 気のきいた言葉[皮肉], 警句 **—動** 自 気のきいたことを言う, 警句を吐く

***wise·ly** /wáɪzli/ 副 ❶ 賢明な方法で, 知恵を働かせて, 思慮深く ❷ 《文修飾》賢明にも ‖ She has ~ refused his proposal. = *Wisely*, she has refused his proposal. 賢明にも彼女は彼のプロポーズを断った

wi·sen·hei·mer /wáɪzənhàɪmər/ 名 C 《米口》知ったかぶりをする人, 知識をひけらかす人(smart aleck)

⁑wish /wɪʃ/ 動 名
—動 (**~·es** /-ɪz/; **~ed** /-t/; **~·ing**)
—他 ❶ 《+(**that**) 節》《進行形はまれ》(♦ that は省略されることが多い) **a** 《仮定法過去の節を伴って》**…であればいいのに(と思う)** (♦ 現在の事実に反したり実現が困難な願望を表す. → hope) ‖ I ~ my father were [《口》was] rich. 父が金持ちならいいのにな / I ~ I could live in Canada. カナダに住めたらいいのに / I like my job, but I ~ I made more money. 自分の仕事は好きだけど, もっとお金になるといいのだが / I ~ you would stop smoking. 君がたばこをやめてくれればいいのだが(=Why won't you stop smoking?)(♥ 依頼や軽い命令を表す) / "Shall I help you?" "I ~ you would."「手伝いましょうか」「そうしてくれるとありがたいね」
b 《仮定法過去完了の節を伴って》**…であったらよかったのに(と思う)** (♦ 過去の実現しなかったことへの願望や後悔を表す) ‖ I ~ there had been more time. もっと時間があればよかったのにな / I ~ to God [OR goodness] I had accepted the offer. その申し出を受けておいたら本当によかったのにな / I ~ I had not bought such a computer. こんなコンピューターを買うんじゃなかった / She ~*ed that* she could have brought her friend with her. 彼女は友人を一緒に連れて来られたらよかったのにと思った
❷ 《+**to do**》**…したい(ものだ)と思う**, …することを願う(♦ want より《堅》)(⇨ WANT 類語) ‖ I ~ *to* see the doctor, please. 先生にお目にかかりたいのですが / Do you ~ *to* make a complaint? 苦情を言いたいのですか / I don't ~ *to* give you any trouble. あなたにご迷惑をかけたくないんです / Did you ~ *to* see me now? 今すぐのご用件でしょうか(♥ 丁寧な言い方として過去形を用いることもある)
❸ **願う**, 望む **a** 《+目+**to do**》〔人〕に…してほしい(と言

W

う)；…が…するといいと思う(♦《米》では目的語の前に for を伴うことがある) ‖ I ~ you *to* meet Mary. 君にメアリーに会ってほしい / I don't ~ you *to* leave. あなたに行ってほしくない (♥ 要望・命令の意味を含む) / He ~*ed* the good old days *to* come back. 彼は古きよき時代が戻って来ればいいと思った / We ~*ed for* the children *to* get better. 《米》私たちは子供たちがよくなることを願った

b 《+目+補》…が…であることを願う ‖ He ~*ed* himself a millionaire. 彼は百万長者になりたいと願った (♦ 補語が名詞の場合の目的語は oneself) / I ~ you happy. あなたが幸せであってほしい / She ~*ed* the words unsaid. 彼女はその言葉を取り消したいと思った / I ~ my coffee black. コーヒーはブラックにしてほしい

c 《+目+副句》…が…であることを願う (♦ 副句 は場所・状態を表す) ‖ I ~*ed* this lesson soon at an end. この授業が早く終わらないかと思った / I ~ him in hell. あいつなど地獄に落ちればいい / I ~ your brother well. 弟さんの幸運を祈るよ

❹ **a** 《+ (**that**) 節》…ということを望む ‖ I ~ *that* you may happen to know this person. ひょっとしてこの人をご存じならよいのですが(♦ that 節 は通例 may を伴い, しばしば疑念の意味を含む. ふつうは hope を用いる)

b 《+目》《堅》…を欲する, 望む ‖ Do you ~ some more vegetables? もう少し野菜をいかがですか / I'll do whatever you ~. お望みのことなら何でもいたします (♦ 目 は特に代名詞が多く, 名詞を用いるのは非常に堅い表現. ふつうは wish for や want を用いる)

❺ 《+目 *A*+目 *B*≒+目 *B*+**to** 目 *A*》*A* (人)に*B* (幸福・成功など)を**祈る**；*A*(人)に*B*(あいさつの文句など)を言う(♦ +目 *A*+目 *B*の構文がふつう) ‖ I ~ you luck [good health]! 君の幸運[健康]を祈る / I ~ you a pleasant journey! = I ~ a pleasant journey *to* you! どうか快適な旅でありますように

❻ 《+目+**on** [**upon**] 名》〔いやなもの〕を〈他人に〉押しつける；〔不運など〕が〈他人に〉降りかかるよう願う(♦ 通例否定文でしばしば wouldn't を伴う. 《米》では wish ... off on の形もある) ‖ It's a terrible disease. I wouldn't ~ it *on* my worst enemy. それは恐ろしい病気だ. どんなに憎い敵にも降りかかってほしくない(と願うほどだ)

—自 ❶ したいと思う, 願う, **望む**；〈…を〉(得たいと) 願う〈**for**〉‖ You may go if you ~. 行きたいなら行っていいよ / He ~*es for* a new car. 彼は新しい車を欲しがっている / What more could you ~ *for*? これ以上何を望むのか (♥「もう十分だろう」という意味を含む) / She had everything a woman could possibly ~ *for*. 彼女はおよそ女性の望むものすべてを備えていた

❷ 〈…に〉願いをかける, 祈る〈**on, upon**〉‖ ~ *on* a star (that ...) (…であることを)星に祈る

wìsh awáy ...* / *wish ... awáy 〈他〉(自らは何もしないで) …を念じて除去(しようと)する, なくなれと念じて…を解消[消滅]させる ‖ You cannot ~ the pain *away*. その痛みは消えてなくなれと願っても消えるものではない

COMMUNICATIVE EXPRESSIONS

1 "I'm gòing to dó thìs nò màtter whát!" "**Às you wísh.**" 「何が何でもこれはやるんだ」「どうぞお好きに」(♥ 頑固な相手に対してさじを投げるときに)

2 **(Dòn't) you wísh!** ① そうだといいんだけどねえ (♥ 実現を願う気持ち) ② 期待するだけ無駄だ(♥ 拒否を表す)

3 [**I dòn't wìsh to be rúde, but** [OR **Wìthout wìshing to be rúde,**] I thínk you should be retíring sòon. 失礼なことは言いたくありませんが, そろそろ引退した方がいいのではないでしょうか

4 **I (ònly) wìsh I knéw.** 知っていたらいいのになあ

5 **I wísh!** そうだといいが(♥ 実現を願う)

6 **I wísh I could dó thàt.** 私もそうできたらいいのに (♥ うらやましいとき, しばしば「いいご身分だこと」という意味の皮肉)

7 **I wísh I còuld (gó), but I cán't.** (行くことが) できるといいのですが, できません (♥ 何らかの事情でかなわぬ願望に言及したり, 依頼・誘いを断るときなどに用いる. = I would if I could, but (I) can't.)

8 **I wìsh to góodness** she wòn't còme to the párty. 彼女がパーティーに来ないことを祈るよ (♥いやなこと・人に関する願望)

9 **I wìsh you were hére.** ここにあなたがいたらいいのに (♥ 好きな人や頼りになる人を恋しく思って, あるいは来てほしいという依頼)

10 **(May) I wìsh you** èvery succéss. 成功をお祈り申し上げます(♥ 堅い表現. ↘All the (very) best.)

11 **Whó do you wìsh to spéak to?** ⇨ SPEAK (CE 9)

—名 (複 **~·es** /-ɪz/) Ⓒ ❶ **願い**, 願望, 切望；要望, 要請〈**for** …への / **to do** …したいという / **that** 節…という〉‖ Did your ~ come true? 願いはかないましたか / His ~*es* were granted [OR fulfilled]. 彼の願いはかなえられた / She will leave Japan against her parents' ~*es*. 彼女は両親の意向に反して日本を離れるだろう / Her earnest ~ is to restore the honor of the national team. 彼女が切に願うのは国家代表チームの名誉を回復することだ / We all have a ~ *for* peace. 私たちは皆平和を願っている / She has a great ~ *to* study abroad. 彼女は留学を切望している / I have no ~ *to* intrude on your privacy. 君のプライバシーを侵そうなんて思っていないよ / I have a ~ *that* everything might turn out all right. 万事うまくいけばと願っている / meet her ~ 彼女の希望に沿う / **express** a ~ 希望を表明する / carry out one's ~ 自分の希望どおりにする / one's last [OR dying] ~ いまわの願い

❷ 《one's ~》(人の) **望んでいるもの**, 欲しいもの ‖ get one's ~ 望みのものを手に入れる

❸ 《通例 ~es》祝福の言葉；〈人の幸福・健康などを〉祈願する言葉[気持ち]〈**for**〉(♦ 通例 good または best とともに用いる. → CE 13) ‖ Our **best** ~*es* are with you every day. あなたのご多幸をいつも祈っています / **Best** ~*es* for the forthcoming exam. 来るべき試験のご成功を祈ります / **With best** ~*es*. ご多幸をお祈りします (♦ 手紙の末尾などで) ❹ 祈願, 願(がん) (→ CE 12)

COMMUNICATIVE EXPRESSIONS

12 **Màke a wish.** 願い事をしなさい (♥ 誕生日のろうそくを吹き消す前や流れ星が見えたときなどに)

13 **(Plèase) gìve** [OR **sènd**] your fámily **my bèst wíshes.** ご家族の皆さんによろしくお伝えください (♦ 返答としては I certainly will. あるいは自分からも続けて I certainly will, and please give my best to your family. などと言うことが多い)

14 **Your wìsh is my commánd.** お望みでしたら何でもいたします(♥ ユーモラスな表現)

~·er 名

▸▸ **~ fulfillment** 名 Ⓤ 《心》(空想の中での) 願望充足

~ing wèll 名 Ⓒ 願かけ井戸 (コインを投げ込むと願い事がかなうという井戸) **~ list** 名 Ⓒ 願い事のリスト

wísh·bòne 名 Ⓒ ❶ 暢思(ちょうし)骨 (鳥の胸骨の前の二また状の骨. 食事のとき残ったこの骨を2人で引っ張って折り, 長い方をとると願い事がかなうという) ❷ 暢思骨の形をしたもの；(車などのサスペンションの) ウィッシュボーン

wish·ful /wíʃfəl/ 形 (目つきなどが) 物欲しそうな；(人が) 願っている, 切望して[望んで]いる〈**for, of** …を；**to do** …することを〉‖ ~ eyes 物欲しそうな目つき / be ~ *for* success in life 出世を願っている / be ~ *to* please 人を喜ばせようとしている

▸▸ **~ thínking** 名 Ⓤ 希望的観測；願望的思考

wish·y-wash·y /wíʃiwɑ̀(ː)ʃi, -wɔ̀ːʃi | -wɔ̀ʃi/ 形 《口》 ❶ 優柔不断の；引っ込み思案の, 消極的な ❷ (色が) ぼんやりした ❸ (飲み物・スープなどが) 水っぽい, 薄い, 味のない ❹ (文章などが) 迫力に欠ける, 弱々しい

wisp /wɪsp/ 名 Ⓒ ❶ 〈干し草・わらなどの〉小さな束, 一握

り；〈毛髪などの〉ふさ(tuft)〈of〉‖ a ～ *of* straw 1束のわら ❷《a ～》〈煙などの〉細い筋；薄い小片；かすかな〈…〉〈of〉‖ a ～ *of* smoke 一筋の煙 ❸《a ～》繊細［きゃしゃ］な人［もの］‖ a ～ of a girl きゃしゃな少女 ❹（シギなどの鳥の）群れ

wis·py /wíspi/ 形 小さな束［房］のような；小さくか細い；(髪などが)ほんの少しの，わずかな

wis·te·ri·a /wɪstíəriə/, **-tar·i·a** /-tíəriə/ 名 C U 〘植〙フジ

wist·ful /wístfəl/ 形（かなえられない願い事などで）物思いにふけった，物欲しそうな，物足りなそうな；(返らぬ昔を思って)物悲しげな ‖ with ～ eyes 物欲しそうな目つきで
～·ly 副 **～·ness** 名

*__wit__[1] /wɪt/ 名 ❶ U/C《単数形で》機知，ウイット，頓知(とんち)，ユーモア（の才能）（⇨類語）‖ His speech was full of (a) biting ～. 彼のスピーチは辛辣(しんらつ)なユーモアに満ちていた / have a ready ～ 当意即妙の才がある / a person of great ～ 優れた機知の持ち主 ❷ U/C《～s》理解力，思考力，知力；判断力，頭の回転 ‖ Joe used all his ～*s* to find the answer. ジョーは答えを探そうとあらゆる知恵を絞った / Lucy had the ～ to ask an expert for advice. ルーシーには専門家に助言を求めるだけの知恵があった / have a quick [slow] ～ 頭の働きが早い［遅い］❸ C 機知に富む人，機転のきく人；才人 ❹ C《～s》平常の感覚，理性，正気 ‖ lose one's ～*s* 正気を失う / collect [OR gather] one's ～*s* 気を落ち着ける

at one's wìt's [OR ***wìts'***] ***énd***（知恵が尽きて）困り果てて ‖ We were *at* our *wits' end* with our son. 我々は息子をどうしていいか思案に暮れていた

beyond the wít of ... …の手に負えない

kèep [OR ***hàve***] ***one's wíts about one***（困難に備え）気を抜かずにいる，絶えず頭を働かせている ‖ The guard *kept* his ～*s about* him. 警備員は用心を怠らなかった

lìve by one's wíts（ちゃんと働きもせず）小才をきかせて世の中を渡っていく，不正を行って金を稼ぐ

pìt one's wíts against ... 知恵を絞り…に対抗する

scàre [OR ***frìghten***] ***a pèrson òut of his/her wíts***〔人〕の度肝を抜く，〔人〕をうろたえさせる

類語《❶》**wit** 頭の回転が早く，物事の滑稽(こっけい)さや矛盾なども素早く認めて，当意即妙に(ときに辛辣に，皮肉を込めて)表現する［できる］こと．
humor（人間性や人間の営みに本質的に伴う）"おかしさ"を感じ，楽しみ，またそれをおかしく(ふつう，ほほ笑ましく)表現する［できる］こと．イギリス人が特に重んじる資質とされる．鋭い知性をほのめかす wit に対して，humor は感性的な優しさ，人情を解する心や共感・寛容・心のゆとりなどをほのめかし，またしみじみとした哀感の意味合いまで含むこともある．

wit[2] /wɪt/ 動（**wist** /wɪst/；**～·ting**）自 他《古》(…を)知る（♦ 通例次の成句で用いる）
to wít《堅》もっと厳密［具体的］に言うと；すなわち

*__witch__ /wɪtʃ/ 名 C ❶（女性の）魔法使い，魔女（↔ wizard）‖ a white ～（人のために魔力を使う）善魔女 ❷ ⊗《口》《蔑》意地悪な醜い老女，鬼ばば ❸ 魔術［妖術(ようじゅつ)］崇拝者 ❹ 妖しいほど魅力的な女性
— 動 他 ❶ …に魔法をかける ❷（女性が）〔男性〕を魅了する，うっとりさせる
▸▸ **～ dòctor** 名 C（原始社会の）まじない師，呪術(じゅじゅつ)師；呪術医(medicine man) **～es' sábbath** 名《また W- S-》C《単数形で》魔女［悪魔］の集会《魔女や魔法使いが年1回会合して深夜に開くと伝えられる》**～ hàzel** 名 ① C〘植〙マンサクの類；(特に)アメリカマンサク《北米産》② U（マンサク類の樹皮・葉から採る）エキス《打ち身・打ち傷用．また収斂(しゅうれん)剤》**～ hùnt** 名 C ①〘史〙魔女狩り ②《比喩的に》魔女狩り《政治的異端分子などに対する不当な迫害［中傷］》**～ing hòur** 名《the ～》（魔女の横行するといわれる）真夜中

wítch·cràft 名 U ❶ 魔法，魔術 ❷《口》(女性などの)魅力

witch·er·y /wítʃəri/ 名 U ❶《旧》《文》魔法，魔術 ❷（女性などの）魅力，魅惑

wítches'-bròom 名 U〘植〙テングス(天狗巣)病，叢生(そうせい)《病原体により細かい枝が異常に密生する》

***__with__ /弱 wəð, wəθ；強 wɪθ, wɪð | wɪð, wɪθ/

中心義 …とともにある

— 前 ❶《共同・同伴・接触・並列》**…と一緒に**，…とともに ‖ Eric lives ～ his parents. エリックは両親と一緒に暮らしている / How about going to a cinema ～ me this weekend? 今度の週末，僕と映画に行かない（♥ with me をつけると相手は断りにくくなることもある）/ We trade ～ Australia. 我々はオーストラリアと貿易をしている / It comes to $58 ～ shipping and handling. 送料と手数料込みで58ドルになる / I would like a salad and pasta, ～ ice cream for dessert. サラダとパスタ，それにデザートにアイスクリームをお願いします

❷《特性・所有・携帯》**…を持った**，…を身につけた ‖ My brother is married ～ three children. 兄は結婚して3人の子供がいる / I have no money ～ me. お金の持ち合わせがない / Take an umbrella ～ you. 傘を持って行きなさい / a girl ～ long hair 長い髪の女の子

❸《道具・手段》…を使って，**…で**（♦ by の用法と区別する．⇨ BY ❷）‖ I saw the accident ～ my own eyes. 私は自分の目でその事故を見た / He had no spoon to eat the ice cream ～. 彼にはアイスクリームを食べるためのスプーンがなかった（♦ 通例この with は省略しない．⇨ TO[2] ❹，PB 86）/ write ～ a pen ペンで書く

❹《材料・中身・供給》**…で** ‖ The mountaintop was covered ～ snow. 山頂は雪で覆われていた / fill a cup ～ water カップを水で満たす / load a truck ～ timber トラックに木材を積む / supply flood victims ～ food 洪水の被害者に食物を支給する

❺《関係・対象》…に，…と，**…にとって**，…に関して ‖ Our decision has nothing to do ～ you. 我々の決定は君には関係がない / That's fine ～ me. 私はそれで構いません / There's a problem ～ this microwave. この電子レンジには問題がある / Something is wrong ～ this car. この車はどこかおかしい / She helped me ～ my work. 彼女は私の仕事を手伝ってくれた（♦ ×She helped my work. は誤り）/ be pleased [angry, bored] ～ ... …に喜んで［怒って，退屈して］いる（♦ 感情を表す形容詞とともに用いる）

❻《対立・敵対》…を相手に，…と(against) ‖ fight [argue, quarrel] ～ a rival ライバルと戦う［議論する，口論する］/ at war ～ one's son 息子と不和の状態で

❼《原因・理由》**…のために**，…のせいで（→ WHAT *with A and* (*what with*) *B*）‖ *With* such experience, he is sure to win. あれだけ経験があるから，彼はきっと勝つ / She blushed ～ embarrassment. 彼女は恥ずかしさに顔を赤らめた / blue ～ cold 寒さで顔が青くなって / be hospitalized ～ appendicitis 虫垂炎で入院する

❽《様態》…を示して，**…をもって** ‖ Handle ～ care. 注意深く扱いなさい / ～ ease [difficulty] 簡単に［苦労して］/ nod ～ a smile 笑ってうなずく / ～ pleasure 喜んで / ～ your permission お許しを得て

❾《一致・調和》**…と合って**，賛成して，同意見で（↔ against）‖ I agree ～ you. あなたの意見に賛成です / I'm ～ you on this issue. この問題についてはあなたと同じ意見です / This tie does not go ～ that suit. このネクタイはその背広に合わない / vote ～ the Democratic Party 民主党に投票する

❿《同時・随伴・同方向》**…と同時に**，…とともに ‖ He rises ～ the sun. 彼は日の出とともに起きる / This wine will improve ～ age. このワインは寝かせておくとよくなる / Skill comes ～ practice. 技術は練習とともに身につく / The boat drifted ～ the stream. ボートは流れのまま

漂った
⓫《with＋名詞＋形容詞[分詞, 副詞(句)]で》 **a**《付帯状況》…**を…しながら**, …を…して, …が…のままで ‖ Don't speak ~ your mouth full. 口に食べ物をほおばったまましゃべるな / *With* his eyes fixed on the reporter, he began to tell his adventure story. 視線をじっと報道記者に注いだまま, 彼は自分の冒険物語を語り始めた / A comet travels across the sky ~ its tail gleaming. 彗星(すいせい)は尾を輝かせながら空を渡る / He was reading, ~ a pencil in his mouth. 彼は鉛筆を口にくわえて読書をしていた(♦ with と冠詞, 所有格を省略して ... reading, pencil in mouth. ということもある)
b《理由》…なので ‖ *With* four members ill, we have to put off the meeting. メンバーが4人病気なので, 会を延期しなければならない / You need to get your sweaters ready ~ fall coming soon. もうすぐ秋なのでセーターを用意しておきなさい
⓬《比較》…と(比べて) ‖ Compared ~ his classmates, Bill is smart. 同級生と比べると, ビルは賢い / a view identical ~ yours 君と同じ意見
⓭《管理・責任》…の手に(ゆだねられて) ‖ She left her children ~ the nurse. 彼女は子供を保母に預けた / The keys are ~ the front desk. 鍵(かぎ)はフロントが管理している ⓮《所属》…で勤務して ‖ I have been ~ the airlines for 30 years. 私はその航空会社に30年勤めています(♥ 会社名がすでに話題に上っている場合や有名な会社の場合に用いられることが多い) / play ~ the Mariners マリナーズでプレーする ⓯《分離》…と(離れて) ‖ I parted ~ my car last year. 私は去年車を手放した / break ~ tradition 伝統と決別する / dispense ~ ... …なしで済ます ⓰《条件》…があれば, あったら ‖ I would be able to move the stone ~ a lever. てこがあればその石を動かせるのだが ⓱《down, off, away, on などに続いて命令的に》…しろ ‖ Away [OR Out] ~ you! あっちへ行け / Off to bed ~ you! 早く寝ろ / Down ~ politics! 政治なんかくそ食らえ / Out ~ it. 言ってしまえ

be [OR ***gèt***] ***with it***《口》① 流行[時代]の最先端に通じている[通じる] ② 状況を理解している[理解する]

****with áll ...*** …がありながら, …**にもかかわらず**(in spite of) ‖ *With all* his faults, I still love him. 欠点はあるけど, 彼をまだ愛している(♦ 次の場合は ❼ の理由の意味. 〈例〉*With all* this work to do, I don't know if I have time to go out. こんなにたくさんすることがあるので, 出かける時間があるかどうかわからない)

with thát そう言って, そうして ‖ *With that*, he left the room. そう言って彼は部屋を出て行った

COMMUNICATIVE EXPRESSIONS

1 **Are you wíth me?** わかりますか, 話についてきていますか(♥ 話の理解を確認するくだけた表現. しばしば念押し. ✐Do you see what I mean?/✐Am I making myself clear?)
2 **(I'll) be right with you.** すぐに参ります；ちょっとお待ちください(♥ 売り場の店員や受付係などが用いる)
3 **I'm wíth you (thère).** (その点は)賛成です
4 **Whát's wíth you?** 一体どうしちゃったんだ；しっかりしてよ

with·al /wɪðɔ́ːl/ 副《古》その上, さらに(in addition)；他方；それにもかかわらず ━前《古》…でもって(with) (♦ 疑問文・否定文に用いて文や節の末尾に置く)

***with·draw** /wɪðdrɔ́ː/ 《アクセント注意》動 〔▶ withdrawal 名〕 (**-drew** /-drúː/ ; **-drawn** /-drɔ́ːn/) 他 ❶ 〔預金〕を〈…から〉引き出す(✎ take out), 下ろす(↔ deposit)〈**from**〉‖ I *withdrew* $500 *from* my account. 自分の口座から500ドル下ろした ❷ …を〈…から〉引っ込める, 引き戻す；〔物〕を〈…から〉取り出す(↔ insert)〈**from**〉‖ The boy *withdrew* his hand *from* his pocket. 少年はポケットから手を出した / She *withdrew* a book *from* her bag. 彼女はかばんから1冊の本を取り出した ❸〔支持・援助など〕を取りやめる ‖ ~ support for the government 政府への支援を中止する / ~ labor ストライキをする ❹〔貨幣などの流通物〕を〈…から〉回収する〈**from**〉‖ ~ defective products *from* sale 欠陥商品を市場から回収する ❺〔前言・申し出・動機など〕を取り消す, 撤回する；〔告訴〕を取り下げる ❻〔軍隊など〕を〈…から〉撤退させる(↔ advance)；…を〈競技などから〉退かせる；…を〈…から〉退学[退会]させる(↔ enter)〈**from**〉‖ The troops were gradually *withdrawn from* the front. 軍隊は徐々に前線から撤退した
━自 ❶ 退く(✎ back off), (1人になるために)その場を去る；引き下がる, 退出する〈**from** …から；**to, into** …へ〉‖ ~ *into* one's own room 自分の部屋へ引き下がる ❷ (軍隊などが)〈…から〉撤退する(✎ pull out)；引き上げる〈**from**〉 ❸〈…への〉出場[出席]を取り消す；〈組織から〉脱退する, 引退する〈**from**〉‖ ~ *from* college 大学を退学する / ~ *from* public life 公職を退く, 隠居する ❹ 人と話をしなくなる, 引きこもる〈**from** 人から離れて；**into** …(の中)に〉‖ She *withdrew into* herself. 彼女は自分の殻に閉じこもった ❺ 薬物(の使用)をやめる

***with·draw·al** /wɪðdrɔ́ːəl/ 《発音注意》名 〔◁ withdraw 動〕 ❶ Ⓒ (預金などの) 払い戻し(額) ‖ make a cash ~ from one's bank account 銀行の口座から現金を下ろす / a large ~ 多額の預金の引き出し ❷ Ⓒ Ⓤ (軍隊の)撤退；〈地域からの〉退去〈**from**〉 ❸ Ⓤ Ⓒ〈支援・約束などの〉取り消し；〈意見の〉撤回；〈貨幣・商品などの〉回収〈**of**〉‖ a sudden ~ *of* the previous comments 前言の突然の取り下げ / injections and ~*s* (資本などの) 投入と回収 ❹ Ⓤ〈活動・組織からの〉身を引くこと, 脱退, 退会, 引退〈**from**〉 ❺ Ⓤ 麻薬・薬物の使用中止(による症状) ❻ Ⓤ〘精神医〙(社会的生活からの)引きこもり

***with·drawn** /wɪðdrɔ́ːn/ 動 withdraw の過去分詞
━形 ❶ 引っ込み思案の, 内気な, 内向的な ❷ 孤立した, 世間と没交渉の；人里離れた ❸ 回収された

***with·drew** /wɪðdrúː/ 動 withdraw の過去

withe /wɪθ, waɪð, wɪ́ð/ 名 Ⓒ (ヤナギなどの) しなやかで丈夫な細枝(withy)《縛ったり編んだりするのに使う》

with·er** /wɪ́ðər/ 動 自 ❶ (植物などが)しおれる, しぼむ, 枯れる《away, up***》(shrivel up) ‖ The flowers ~*ed away* in the heat. 暑さで花は(すっかり)しおれた ❷ 元気[生気]を失う；(体力が)衰える；(感情が)弱まる；(希望が)薄れる；(色が)あせる《***away***》(⇨ PEOPLE メタファーの森) ‖ Her affection toward the boy soon ~*ed*. 少年に対する彼女の愛情はじきに薄れた ❸ (加齢・病気のために)細くなる, 弱くなる ‖ His leg ~*ed* in the cast. ギプスをはめたため足が細くなった
━他 ❶〔植物など〕をしおれさせる, 枯らす《***up***》‖ The heat wave ~*ed* the crops. 熱波が作物を枯らした ❷〔人〕を〈…で〉ひるませる, 縮み上がらせる, 恥じ入らせる〈**with**〉‖ He ~*ed* his wife *with* a scornful glance. 彼は軽蔑するような視線で妻を縮み上がらせた ❸〔容色・体力〕を衰えさせる, 弱める ❹ …を傷つける, 害する

with·ered /wɪ́ðərd/ 形 しぼんだ, 枯れた；なえた

with·er·ing /wɪ́ðərɪŋ/ 形 しおれさせる；ひるませる, どぎまぎさせる, 萎縮(いしゅく)させる **~·ly** 副

with·ers /wɪ́ðərz/ 名 複 鬐甲(きこう)《馬・その他の四足動物の肩甲骨間の隆起》

***with·hold** /wɪðhóuld, wɪθ-/ 動 (**~s** /-z/ ; **-held** /-héld/ ; **~·ing**) 他 ❶《堅》〔許可・承諾・情報など〕を〈…に〉与えない, 保留する〈**from**〉；〔判断〕を差し控える；〔同意〕を見合わせる(⇨ KEEP 類語) ‖ ~ evidence [information] *from* the police 警察に証拠[情報]を知らせない / ~ judgment [opinions] 判断[意見]を控える ❷〔怒りなど〕を抑える, 制する ‖ ~ one's anger 怒りを抑える ❸《米》〔税金など〕を給料[賃金]から差し引く, 源泉徴収する ‖ the mandatory ~*ing* of funds for social security 社会保障のための資金の強制的徴収
▸▸ **~ing tàx** 名 Ⓒ Ⓤ《米》源泉徴収[課]税(額)

W

⁑with·in /wɪðín/ 《アクセント注意》 前 副 名

— 前 ❶《時間・期間》…**以内に**, …の間に ‖ I'll be back ~ an hour. 1時間以内に戻ります(♦「1時間で, 1時間したら」は *in* an hour) / *Within* the space of a year, about 200 people were fired. 1年間で約200人が解雇された / ~ the next ten years 今後10年の間に
❷《距離》…**以内に**, …の(距離を越えない)範囲内に(♦起点は of により示される) ‖ ~ a mile of a station 駅から1マイル以内に(♦ a mile *from* a station (駅から1マイルの所に) と区別) / ~ sight of a tower 塔の見える所に / ~ walking distance of a hotel ホテルから歩いて行ける範囲内に
❸《程度》…の範囲内で, 限度内で ‖ The film must be completed ~ its budget. その映画は予算の範囲内で完成しなければならない / ~ oneself 自分の力の範囲内で, 全力を出しきらずに
❹《場所》…の内部に[で], …の内側に(♦ inside より《堅》); 《文》(人の)心[体]の中に ‖ Smoking ~ the building is forbidden. 建物内での喫煙は禁止されている / Hope sprang up ~ him. 彼の心に希望がわき上がった
— 副 《比較なし》内部に[で], 内側に[では]; 屋内に[で] ‖ Help Wanted. Apply [Inquire] *Within*. 《掲示》従業員募集. お申し込み[お問い合わせ]は店内で
— 名 U 内, 内部, 内側 ‖ from ~ 内部[側]から

with-it /wíðɪt/ 形 《限定》《口》❶ 時代の先端をいく ❷ 《通例否定文で》明敏な, 頭がよく働く

⁑with·out /wɪðáut/ 《アクセント注意》 前 副 名

— 前 ❶ …**がなく**, …なしで[の], …を持たずに ‖ I'd like my sausage ~ mustard. (レストランで) ソーセージはからし抜きにしてください / Can you imagine life ~ the Internet? インターネットのない生活を想像できますか / His face was quite ~ expression. 彼の顔は全くの無表情だった / There are six of us, ~ the children. 我々は子供抜きで6人です / go out ~ one's cap 帽子をかぶらずに外出する / ~ difficulty 楽々と / ~ a hitch 滞りなく

語法 ☆☆ 「本来必要であるものを欠いて」の意味を表す傾向が強い. したがって He came without a hat. は「帽子をかぶって来なければならないのにかぶらずに来た」の意味になることが多い. それに対し He came with no hat on. では単に「帽子をかぶらずに来た」の意味になる.

❷ 《without+名詞+形容詞[分詞, 副詞(句)]で》《付帯状況》…が…でないままで ‖ manage to escape ~ anyone getting hurt だれ一人けがをせずに脱出する
❸ 《条件を示して》(もし)…**がなければ**, なかったら ‖ Nobody can live ~ water. 水がなければだれも生きていけない / *Without* his assistance, the book would not have been published. 彼の助けがなければ, その本は出版されなかっただろう (=「If it had not been for [OR But for] his assistance, the book ....)
❹ 《動名詞を伴って》…**せずに**, …しないで, …することなく(♦ instead of *doing* が, 対比される[両立しない]2つのことのうち一方を選ばないでもう一方を選ぶことを表すのに対し, without *doing* は両立し得る2つのことのうち一方をしないことを表す) ‖ He planned the party ~ consulting his teacher. 彼は先生に相談しないでパーティーを計画した / The meeting was held ~ his [OR him] knowing anything about it. 彼が一切知らないうちにその集まりは開かれた(♦ him にすると ❷ とも考えられる) / You can't succeed ~ trying. 試してみずに成功はできない / He never passed people ~ greeting them. 彼は人とすれ違えば必ずあいさつした / *Without* wanting [OR wishing] to hurt your feelings, I think you'd look better if you shaved your beard off. 君を傷つけるつもりはないが, あごひげをそった方がいいと思うよ(♥ 相手の聞きたくないことをあえて言うときの前置き)
❺ 《古》《文》…の外部に[で]; …の範囲外で(↔ within)(♦ 通例 within との対句的表現で)

It goes without saying that .... ⇨ SAY(成句)
nót withòut ... …なしではなく, …が相当に[かなり]あって ‖ She is *not* ~ some faults. 彼女に欠点がないわけではない(♥「けっこうたくさん欠点がある」の意にもなる)
withòut so múch as ... …さえせずに

— 副 《比較なし》❶ なしで, 持たずに, 伴わずに(♦ 前 の目的語を省略した形) ‖ Are you going with your brother or ~? 弟を連れて行くのか連れずに行くのか / There's no sugar, so you'll have to do [OR manage, go] ~. 砂糖がないので, なしで済ませなければいけませんよ
❷ 《古》《文》外部に[で], 外側に[は](↔ within)
— 名 U 《古》《文》外, 外部, 外側(♦ outside の方がふつう) ‖ influences from ~ 外部からの影響

wìth-prófit(s) 形 《英》(保険が)配当付きの

***with·stand** /wɪðstǽnd, wɪθ-/ 動 (~s /-z/; -stood /-stúd/; ~·ing) 他 〔圧力・困難など〕に耐える, 負けない; …に逆らう ‖ His theory will ~ the test of time. 彼の理論は時の試練に耐え得るだろう / ~ great heat 猛暑に耐える / ~ temptation 誘惑に耐える

with·y /wíði/ 名 (複 with·ies /-z/) C ❶ =withe ❷ 〖植〗ヤナギ, (特に)コリヤナギ

wit·less /wítləs/ 形 知恵のない, 愚かな; 頭のおかしい ‖ a ~ idea ばかげた考え
be scàred wítless 《口》ひどく怖がっている
~·ly 副 **~·ness** 名

⁑wit·ness /wítnəs/

— 名 (複 ~·es /-ɪz/) C ❶ 〈…の〉**目撃者** (eyewitness) 〈**to**〉 ‖ No ~*es to* the car accident have come forward. その自動車事故の目撃者はいまだに一人も名乗り出ていない
❷ (法廷に立つ)**証人** 〈**for** …に有利な; **against** …に不利な〉 ‖ A ~ was called to testify at the trial. 裁判で証言をするため証人が呼ばれた / appear **as** (a) ~ *for* the defense 弁護人側の証人として出廷する
❸ 〈取り引きなどの〉立合人, 〈文書などの〉連署人〈**to**〉 ‖ a ~ at my wedding 私の結婚式の立合人 / a ~ *to* the will 遺言書の連署人
❹ 《通例単数形で》〈…の〉証拠となるもの, 証拠物件〈**to, of**〉 ‖ Her pale face was a ~ *to* her suffering. 青白い顔は彼女の苦しみを物語っていた
❺ U 証拠, 証言 ‖ give [OR bear] ~ on behalf of the accused 被告のために証言する
❻ U キリスト教信仰の公表; C キリスト教信仰を公表した人 ❼ エホバの証人(Jehovah's Witness)の信者

(as) wítness ... その証拠には…, 例えば…が証拠になる
be wítness to ... …を目撃する; …の証左となる
bèar [OR ***gìve***] ***wítness to ...*** ①〔目撃など〕の証言をする, …の証明[証拠]となる(→ ❺) ② …への信仰を公言する
càll [OR ***tàke***] ***... to wítness*** 《古》〔人〕を証人として呼ぶ, …を証拠とする

— 動 (~·es /-ɪz/; ~ed /-t/; ~·ing)
— 他 ❶ **a** 《+目》〔犯罪・事故など〕を**目撃する**, (居合わせて)見る ‖ ~ a murder 殺人を目撃する
b 《+目+*doing* / *a person's doing*》〔人〕が…するのを目撃する(♦ この文型はまれ) ‖ I ~*ed* her being harassed. 彼女がいやがらせを受けているのを目撃した
❷ (場所・時代などが)…の舞台[場]となる; (人が)…に立ち合う, …を目の当たりにする ‖ The year 2010 ~*ed* record heat. 2010年は記録的な暑さとなった / We are now ~*ing* the beginning of a new era. 我々は今新しい時代の幕開けに立ち合っている
❸ …の証拠[兆候]となる, …を証明する ‖ The event was successful, as ~*ed* by the increase in sales. 販売数の増加が示しているように, そのイベントは成功だった

W

❹《命令形で》…を(証拠として)見る ‖ Child abuse is a big problem. Just ~ this figure. 児童虐待は大きな問題です, 例えばこの数字をご覧ください
❺〔取り引きなど〕の立会[連署]人になる;〔書類・署名など〕に連署する ‖ She ~*ed* my signature on the new agreement. 彼女は新しい契約書に私と連署した
—自 ❶(法廷で) 証言する〈**to** …を;**for** …に有利に;**against** …に不利に〉 ‖ I can ~ *to* his integrity. 彼の正直さは証言できる / He ~*ed to* having seen the hit-and-run accident take place. 彼はひき逃げが起きたのを見たと証言した / ~ *against* [*for*] the defense 被告側に不利[有利]な証言をする ❷〈…を〉証明する, 〈…の〉証拠となる〈**to**〉 ❸ 信仰告白をする
▸▸ ~ **stànd** [《英》**bòx**] 名 C 〖法〗(法廷の)証人席

-witted /-wɪṭɪd/ 連結形 頭の働きの…な ‖ quick [slow]-*witted* 頭の回転の速い[のろい]

wit·ter /wíṭər/ 動 自《英口》《通例けなして》〈…について〉取るに足りないことを長々と話す《*on*》〈**about**〉

wit·ti·cism /wíṭəsìzm | wítɪ-/ 名 C 気のきいた文句, うがった言葉, 名言, 警句, しゃれ

wit·ting /wíṭɪŋ/ 形 知っていながらの;故意の, 意図的な(↔ unwitting) **~·ly** 副 知っていながら, 故意に

*__wit·ty__ /wíṭi/ 形 ウイットにあふれた, 機知に富んだ;しゃれのうまい ‖ a ~ remark 機知に富んだ一言 / a ~ speaker ウイットにあふれた講演者 **-ti·ly** 副 **-ti·ness** 名

wi·vern /wáɪvərn/ 名 =wyvern

*__wives__ /waɪvz/ 名 wife の複数

wiz·ard /wízərd/ 名 C ❶(男の)魔法使い;奇術師, 手品師(↔ witch) ❷《口》〈…の〉名人, 天才, 鬼才〈**at**〉 ‖ a ~ *at* mathematics 数学の天才 / a financial ~ 金もうけの名人 ❸ 💻ウィザード《操作・設定をわかりやすく進める対話型のプログラム》 —形 ❶《主に英口》《旧》素晴らしい, 見事な ❷ 魔法(使い)の

wiz·ard·ry /wízərdri/ 名 U ❶ 魔法, 魔術 ❷ 驚くべき技能, 妙技

wiz·en /wízən/ 動 自 しなびる —他 …をしなびさせる

wiz·ened /wízənd/ 形 しなびた, しわのよった

wk 略 (複 **wks**) week;work;wreck

wkly 略 weekly

WL 略 *w*ater *l*ine;wavelength

WLTM 略 *w*ould *l*ike *t*o *m*eet (♦ Eメールやチャットなどで用いる)

WMD 略 *w*eapon(s) of *m*ass *d*estruction (大量破壊兵器)

WMO 略 *W*orld *M*eteorological *O*rganization ((国連)世界気象機関)

WNW 略 *w*est-*n*orth*w*est

WO, W.O. 略〖軍〗*W*arrant *O*fficer(准士官)

w/o 略〖商〗without

woad /woʊd/ 名 U〖植〗ホソバタイセイ(細葉大青)《欧州産のアブラナ科の薬用一年草》;大青(たいせい)《タイセイの葉から採る青色染料》

*__wob·ble__ /wá(:)bl | wɔ́bl/ 動 自 ❶ ぐらぐらする, ふらふら揺れる ‖ My front tooth is *wobbling*. 前歯がぐらついている ❷《+副句》(人・自転車などが)よろめきながら進む[行く] (♦ 副句 は方向を表す) ‖ She ~*d* along the street on her bike. 彼女は自転車に乗りふらつきながら道を走った ❸(声・音などが)ぶるぶる震える ❹〈…のことで〉(意見・決断などが)揺れる, ぐらつく〈**on, over**〉 —他 …を揺する, ぐらぐらさせる —名 C U ぐらつき;(声・音などの)震え;(方針などの)動揺 **-bler** 名

wob·bly /wá(:)bli | wɔ́b-/ 形《口》(人・物・意見などが)ぐらぐら[ふらふら]する, 不安定な;無定見な
—名《次の成句で》
thròw a wóbbly 《英口》突然怒り出す[パニックに陥る], かんしゃくを起こす
-bli·ness 名

Wo·den /wóʊdən/ 名〖ゲルマン神話〗ウォーディン《アングロサクソン民族の主神. 北欧神話の Odin に相当》

wodge /wɑ(:)dʒ | wɔdʒ/ 名 C《英口》(書類などの)束;かたまり

*__woe__ /woʊ/ 名《文》❶ C《通例 ~s》災難, 災い, 悩みの種 ‖ economic ~*s* 経済問題 ❷ U 深い悲しみ, 悲痛, 悲哀, 苦悩 ‖ his tale of ~ 彼の悲しい身の上話 / in weal and ~ 幸いにも災いにも(いずれの場合にも)
Wòe betíde …! ; ***Wóe to …!*** 《しばしば戯》…に災いあれ ‖ *Woe betide* [OR *to*] anyone who comes late! 遅れて来る人に災いあれ
Wòe is mé! ああ悲しいかな
—間《文》ああ, おお(♥ 悲しみを表す)

woe·be·gone /wóʊbɪgɔ̀(:)n/ 形 悲しみに沈んだ, 憂いに満ちた

woe·ful /wóʊfəl/ 形 ❶ 悲しい, 悲痛な, 悲しみに打ちひしがれた ‖ a ~ expression 悲痛な表情 ❷《通例限定》嘆かわしい, 悲惨な, 哀れな, 惨めな ‖ ~ ignorance 情けない無知 **~·ly** 副 **~·ness** 名

wog, Wog /wɑ(:)g, wɔ:g | wɔg/ 名 C ❶ ⊗《英》《蔑》色の浅黒い外国人, (特に)アラブ人 ❷ ⊗《豪》《蔑》南ヨーロッパ出身者 ❸《豪口》(軽い)伝染病

wok /wɑ(:)k | wɔk/ 名 C (金属製の)中華なべ

⁑**woke** /woʊk/ 動 wake¹ の過去

⁑**wok·en** /wóʊkən/ 動 wake¹ の過去分詞

wold /woʊld/ 名 C《通例 ~s》(木のない起伏した) 高原;《W-s》《地名に用いて》…高原, …丘陵 ‖ the Yorkshire *Wolds* ヨークシャー高原

⁑**wolf** /wʊlf/《発音注意》
—名 (複 **wolves** /wʊlvz/) C ❶〖動〗**オオカミ** (♦ 鳴き声は howl);U オオカミの毛皮 ‖ a she-~ 雌オオカミ / a pack of *wolves* オオカミの群れ
❷(オオカミのように)残忍[貪欲(どんよく)]な人
❸《口》女たらし, 色魔 ❹〖楽〗(オルガンなどの)ウルフ(音)《調律の不良などによる不快なうなり音》;耳障りな音
a wòlf in shèep's clóthing 羊の皮をかぶったオオカミ;偽善者(♦ 聖書の言葉)
crỳ wólf (危険の)虚報を流す, 人騒がせなうそをつく(♦ オオカミがいないのに「オオカミが来た」と叫んだ「イソップ物語」のうそつき少年の話から) ‖ *cry* ~ too often やたらに人騒がせなうそをつく(♥「そのために人に信用されなくなる」の意)
hòld [OR ***hàve***] ***a wólf by the éars*** 進退窮まる, 絶体絶命となる
kèep the wólf from the dòor (家族などの)飢えをしのぐだけの収入を得る, どうにか食べていく(♦ 戸口からオオカミ(「飢え」の象徴)を遠ざけておくという意味から)
thròw a pèrson to the wólves (助けようともせず)〔人〕を平気で犠牲にする, 見殺しにする
—動 他 …を貪欲に食べる, がつがつ食べる《***down***》
▸▸ ~ **pàck** 名 C ① オオカミの群れ ②(敵の集団を発見・攻撃する) 潜水艦[戦闘機]隊 ③《米》非行少年グループ
~ **whìstle** (↓)

wólf·fìsh 名 (複 ~ OR ~·**es** /-ɪz/) C〖魚〗オオカミウオ《北方の海にすみ強大な歯を持つギンポの一種》

wólf·hòund 名 C〖動〗ウルフハウンド《昔オオカミ狩りに用いた大型の猟犬. Irish wolfhound, borzoi など》

wolf·ish /wʊ́lfɪʃ/ 形 オオカミのような;貪欲(どんよく)な;残忍な ‖ a ~ appetite すごい食欲

wolf·ram /wʊ́lfrəm/ 名 =tungsten

wolfs·bane /wʊ́lfsbèɪn/ 名 =aconite ❶

wólf whìstle 名 C (魅力的な女性を見たときに吹く) 口笛 **wólf-whìstle** 動 他 自 (女性に)口笛を吹く

wol·ver·ine /wʊ̀lvərí:n/ 名 C ❶〖動〗クズリ《北米産イタチ科の肉食獣. 気の荒いことで知られる》(→ glutton);U クズリの毛皮 ❷《W-》《口》Michigan 州の人

wolves /wʊlvz/ 名 wolf の複数

⁑**wom·an** /wʊ́mən/《発音注意》
—名 (複 **wom·en** /wímɪn/) (↔ man) C ❶ (成人し

た)女, 女性, 婦人(♥ 名前のわからない年配の女性への呼びかけには madam, 《米》ma'am を, 若い女性への呼びかけには Miss を用いる. 女性の先生に対しては《米》ma'am, 《英口》Miss を用いる. → lady, ma'am, madam, miss²) (⇨ CHILD 類語P) ‖ It is unfair that only *women* take care of the elderly. 女性ばかりが老人介護をするのは不公平だ / Men and *women* have similar abilities. 男と女は同じような能力を持っている / a young ～ 若い女性 / a grown ～ (分別ある)一人前の女性 / a married [single] ～ 既婚[独身]女性 / an Oxford ～ オックスフォード(大学)出身の女性 / an old ～ 老婦人(♥ an old lady の方が丁寧)

❷ Ⓤ《無冠詞で集合的に》女(というもの), **女性**(♦ 現在この意味では a woman, women の形で使うことが多い) ‖ differences between man and ～ 男と女の違い / the rights of ～ 女性の権利

❸《形容詞的に》(特に職業などについて)**女の**, 女性…, 女流…; 女性用の ‖ a ～ doctor 女医(♦ 複数形は women doctors) / a ～ President 女性大統領(♥ woman は女性に面と向かっては使わない. より丁寧でかしこまった表現には lady を, 特に性別を意識した場合には female を用いる) / *women's* clothing 婦人服

❹《通例 one's ～》⊗《口》《ときに蔑》妻; 恋人, 愛人

❺ お手伝いさん, 家政婦; 《古》侍女, 女官

❻《the ～》女らしさ; 女らしい気持ち[感情] ‖ She didn't like the ～ in her. 彼女は自分の中の女性的なところがいやだった / play the ～ 女らしく振る舞う

❼ (特に手作業に従事する)女性社員

❽《無冠詞で》《旧》ちょっと君(♥ いらいらした気持ちで目下の女性に呼びかけるのに用いる) ‖ Listen, ～. いいか, 君

a wòman of the tówn [OR ***stréets, níght***] 《婉曲的》《旧》売春婦

a wòman of the wórld 世間慣れした[経験豊かな]女

another [OR ***the òther***] ***wóman*** 不倫相手の女性

be one's òwn wóman (他人の拘束を受けない)自立した女性である ‖ After the divorce, I *am* my *own* ～ again. 離婚して, 自分のことは自分で決める女に戻った

màke an hònest wóman (òut) of ... 〔性的関係のある女性〕を妻にする

my gòod wóman 《英》《旧》(目下の女性に対して)君

the lìttle wóman 女房, 家内

the wóman on the Clàpham Ómnibus ＝*the* MAN *on the Clapham omnibus*

wòman to wóman 女同士で率直に[な]

You càn't kèep a gòod wòman dówn. ＝*You can't keep a good* MAN *down.*

-woman /-wʊmən/ 連結形 (複 **-women** /-wìmɪn/) (↔ -man) ❶「…に住む女性, …国の女性」の意 ‖ English*woman*, country*woman* ❷「…の地位・職業などを持った女性」の意(♥ この連結形は性差別として回避される傾向にある. → person ❷) ‖ chair*woman*, needle*woman*

wom·an·hood /wʊ́mənhʊ̀d/ 名 Ⓤ ❶ (一人前の)女性であること ‖ reach [OR grow to] ～ 一人前の女になる ❷ 女らしさ, 女性にふさわしい性質 ❸《集合的に》女性, 婦人(womankind)

wom·an·ish /wʊ́mənɪʃ/ 形《けなして》(男性(の言動など)が)女のような, めめしい, 柔弱な(↔ mannish); (女の子が)大人ぶった; 女らしい **～·ly** 副

wom·an·ize /wʊ́mənàɪz/ 動 自《けなして》(男が)女の尻(しり)を追い回す, 女遊びをする ━他〔男〕を女みたいにする, 柔弱にする **-ìz·er** 名 Ⓒ 女たらし

wom·an·kind /wʊ́mənkàɪnd/ 名 Ⓤ《集合的に》女性, 婦人(↔ mankind)

wom·an·like /wʊ́mənlàɪk/ 形 女性のような, めめしい; 女性にふさわしい, 女性らしい(↔ manlike)

wom·an·ly /wʊ́mənli/ 形 (女性(の言動など)が)女性にふさわしい, 優しい; 女らしい(⇨ FEMALE 類語) ‖ a ～ woman いかにも女らしい女 **-li·ness** 名

womb /wuːm/ 《発音注意》名 Ⓒ ❶〖解〗子宮(uterus) ❷ (物・事の)発生[成育]する場所 ‖ in the ～ of time 将来[未来]に現れる[起こるべき] [Shak *OTH* 1:3] ❸ (物・事の)内部, 核心; 安全な場所

wom·bat /wɑ́(ː)mbæt | wɔ́m-/ 名 Ⓒ〖動〗ウォンバット《オーストラリア産のアナグマに似た有袋動物》

:wom·en /wímɪn/ 《発音注意》名 woman の複数

▶▶ **wòmen's líbber** 名 Ⓒ 女性解放運動家(♥ 軽蔑的なニュアンスがある. feminist が好まれる) **～'s liberátion [líb]** 名 Ⓤ《旧》女性解放運動, ウーマンリブ **～'s móvement** 名《the ～》女性(解放)運動 **women's réfuge** 名 Ⓒ《英》＝～'s shelter **～'s ríghts** 名 複 女性の権利, 女権 **～'s ròom** 名 Ⓒ《米》女性用(公衆)トイレ(ladies' room)(♦ WOMEN と掲示してあることが多い) **～'s shélter** 名 Ⓒ《米》(夫の家庭内暴力などから)妻や子供を保護する施設 **～'s stùdies** 名《通例単数扱い》女性学, 女性研究

wómen·fòlk, ＋《米》**-folks** 名《複数扱い》《旧》❶ 女性たち ❷ (一家の)女性たち; (地域[団体]の)女性たち

wómen·kìnd 名 ＝womankind

wómens·wèar 名 Ⓤ《集合的に》婦人服(↔ menswear)

***won¹** /wʌn/ 《発音注意》(♦ 同音語 one) 動 win の過去・過去分詞

won² /wɑ(ː)n | wɔn/ 名 (複 **～**) Ⓒ ウォン《大韓民国・朝鮮民主主義人民共和国の貨幣単位. ＝100 chon. 略 W》

:won·der /wʌ́ndər/ 《発音注意》動 名 形

━動 (**～s** /-z/; **～ed** /-d/; **～·ing**)

━他 ❶《＋**wh** 節 / **wh to *do***》**…かなと思う, …だろうかと考える**; …を(好奇心から)知りたいと思う, (確信が持てずに)自問する(♦ wh 節 には if [whether] 節 も含む) ‖ I ～ *why* he hasn't replied to my email. 彼はなぜメールの返事をくれないのかしら / I ～ *how* that can be.＝*How* can that be, I ～? どうしてそんなことがあり得ようか / "Why is he absent?" I ～*ed*.「彼は何で欠席なんだ」と私は疑問に思った / "What made her so nervous?" he ～*ed* aloud.「何で彼女はそんなに緊張しているのかな」と彼は疑問を口に出した(♦ I wonder は文末または文中で挿入的にも用いられ, 直接話法にも用いる) / I ～ *if* [OR *whether*] I will meet Prince Charming someday. いつか理想の男性に出会えるかしら / She ～*ed what to* do next. 彼女は次に何をしようかと考えた

❷《＋(**that**) 節》《通例進行形不可》**…ということに驚く**, …を不思議に思う ‖ I don't ～ (*that*) the teacher got angry. 先生が怒ったのも無理はない / I ～ he made a world record. 彼が世界記録を達成したとは驚いた

━自 ❶《進行形はまれ》**不思議[意外]に思う**, 驚嘆する, 驚く〈**at** …に / **to *do*** …して〉‖ I don't ～ *at* your asking that. あなたがそんな質問をするのももっともだと思う / He ～*ed at* the sight of Niagara Falls. 彼はナイアガラ瀑布(ばくふ)を見て驚嘆した / I sometimes ～ *at* your behavior. 君の行動にはときどきびっくりするよ / It's not to be ～*ed at* that he wants to quit school. 彼が学校をやめたいと思うのは無理もない(♦ wonder at が1つの他動詞のようになって受身形で用いられている) / I ～*ed to* see him looking so cheerful. 彼がとても楽しそうなのを目にして私は驚いた(♦ ややまれな構文で, be surprised to *do* を用いるのがふつう) / I shouldn't ～ if he went bankrupt. 彼が破産しても驚きはしない

❷ (好奇心から)〈…について〉知りたいと思う, 自問する, 〈…について〉思い巡らす〈**about**〉‖ I've been ～*ing about* my future. 自分の将来についてあれこれ考えてきた

❸〈…について〉**あやしむ**, けげんに思う〈**about**〉‖ I was ～*ing about* the truth of the report in the newspaper. 私はその新聞報道の真実性を疑っていた

I wónder if [OR ***whether***] ***...*** ① …していただけないでしょうか(♥ if [OR whether] 節 内は you could ... などで, 丁

W

寧な依頼・提案・質問などを表す) ‖ Excuse me, but *I* ~ *if* you could help me. すみませんが，手伝っていただけないでしょうか / I ~*ed* [OR *was* ~*ing*] *if* you could reply as soon as possible. できるだけ早くお返事を頂ければと存じます (♥ 過去形や過去進行形で用いるとさらに丁寧な言い方になる) ② …ということについてはいかがでしょうか (♥ 丁寧な勧誘や相手の意向を尋ねる. → CE 2)

COMMUNICATIVE EXPRESSIONS

1 **(I was) jùst wóndering.** どうかな，と思っただけです (♥ 質問してその返事を聞いた後に)

2 **I was wóndering if I could** tàke dánce lèssons. ダンスを習ってもいいですか (♥ 許可を求める. ↗《堅》With your permission, I should like to take .... / ↘《口》Mind [OR All right] if I take ...?)

3 "I thìnk he is relíable." "**I wónder.**" 「彼は信頼できると思うよ」「それはどうかなあ」(♥ 疑いを表す)

4 **It màkes you wónder.** 不思議ですよね；ちょっとおかしいな (♥ 疑わしい状況・情報に対して)

―名〔▶ wonderful 形, wondrous 形〕(複 **~s** /-z/)

❶ C **驚くべきこと[人, もの]**, 不思議；奇跡, 奇跡的な出来事 ‖ It's a ~ to see you here. ここで君に会うとは驚きだ / ｢It's a ~ (that) [OR The ~ is that] no one was injured in the accident. その事故でだれも負傷しなかったのは奇跡だ / the ~*s* of the universe 宇宙の驚異 / *A ~ lasts but nine days.* 《諺》奇跡も続いて9日 (♦ three days' amazement, three days' discussion, and three days of subsidence で合計9日になるという)；人のうわさも75日 / the Seven *Wonders* of the World 世界の七不思議

❷ C《単数形で》**驚くべき人**, 極めて有能な人, 天才 ‖ Brian is a perfect ~. ブライアンは全く驚くべき人物だ / a linguistic ~ 語学の天才

❸ U 驚嘆の念, **驚異**, 驚き ‖ The sight of Chartres Cathedral filled me with ~. シャルトル大聖堂を見て私は驚嘆の念に満たされた / She was gazing in ~ at the picture. 彼女はその絵を驚嘆して見つめていた / feel ~ 驚嘆する / a sense of ~ 物事に不思議を感じる心

a ｢***nìne dàys'*** [OR ***nìne-dày, òne-dày, sèven-dày***] ***wónder*** 一時は注目を集めてもすぐに忘れられてしまう事件[人] (♦《諺》*A wonder lasts but nine days.* (→ 名 ❶) より)

dò [OR ***wòrk, perfòrm***] ***wónders*** (人が) 奇跡を行う；(物・事が)〈…に対して〉驚くべき効果を発揮する〈**for**〉

for a wónder 驚いたことに, 意外にも

COMMUNICATIVE EXPRESSIONS

5 "Tàro is a returnée." "**(It's) nò [smàll, lìttle] wónder** (he's sò flúent in Énglish)." 「太郎は帰国子女だよ」「道理で(英語が上手だと思った)」

6 **Wònders wìll nèver céase!** こいつは驚きだね (♥ 期待が外れたときのおどけた感嘆表現)

7 **You're a gùtless wónder.** この意気地なし (♥ 俗語)

―形《限定》驚異的な, 素晴らしい；(薬などが)特効性の ‖ a ~ boy 神童 / a new ~ drug 新特効薬

~·er 名

***won·der·ful** /wʌ́ndərfəl/

―形〔◁ wonder 名〕(**more ~ ; most ~**)

❶ **素晴らしい**, 素敵な (↔ terrible) ‖ How ~! 何て素敵なんだろう / We had a ~ time at the party. パーティーはとても楽しかった / That's ~ news! それは素晴らしい知らせだ / Thank you for this ~ opportunity. こんな素晴らしい機会を与えてくださってありがとう / The weather was absolutely ~. 天気はとても素晴らしかった / It's ~ to see you. お目にかかれてうれしいです / I had a ~ two-week stay with your family. 2週間楽しくホームステイをさせていただきました / a ~ world 素晴らしい世界

語法 ☆☆ wonderful はすでに強調された意味を持っているので, very でさらに強調することはなく, 代わりに absolutely を使うのがよい. excellent, brilliant, marvelous なども同様. ただし,《口》ではこれらを very で修飾することもある (⇨ PB 93).

❷ **驚くべき**, 不思議な, 驚嘆すべき (↔ ordinary) (♥ 賞賛する気持ちが含まれる) ‖ It's ~ what medical science can do nowadays. 今日(こんにち)の医学ができることといったら目を見張るものがある / a ~ sight 驚くべき光景

~·ly 副 **~·ness** 名

won·der·ing /wʌ́ndərɪŋ/ 形《限定》感嘆[驚嘆]している；不思議に思っている, 不思議そうな **~·ly** 副

wónder·lànd 名 C《通例単数形で》❶ (おとぎ話に登場する) 不思議の国 (fairyland) ❷ (景色・資源などの点で)素晴らしい所 ‖ a ~ of snow 素晴らしい雪国

won·der·ment /wʌ́ndərmənt/ 名 U 驚嘆, 驚異；C 不思議なもの[出来事] ‖ in [OR with] ~ 驚いて

won·drous /wʌ́ndrəs/ 《文》形〔◁ wonder 名〕驚くべき

―副《古》《形容詞を強調して》驚くほど **~·ly** 副

won·ga /wɑ́(ː)ŋgə | wɔ́ŋgə/ 名 U《英俗》金(かね)

wonk /wɑ(ː)ŋk | wɔŋk/ 名 C ⊗《米口》《蔑》がり勉 (grind)；仕事人間；専門ばか ‖ a policy ~ 政策の瑣末(さまつ)な事柄に異常にこだわる人

won·ky /wɑ́(ː)ŋki | wɔ́ŋ-/ 形《英口》❶ ぐらぐら [がたがた] する, 不安定な ‖ a ~ chair がたがたのいす ❷ 頼りにならない ❸ 健康がすぐれない, 体の弱い

wont /wɔːnt, wount | wount, wɔnt/ 形《叙述》《文》〈…することに〉慣れている, 〈…する〉習慣になっている〈**to *do***〉‖ He was ~ *to* leave the office at five. 彼は5時に退社するのを常としていた

―名《通例 one's ~》《堅》《戯》習慣, 習わし, 慣習, 慣例 ‖ They were talking, as was their ~, about politics. 彼らはいつものように政治談義に花を咲かせていた

***won't** /wount/ 《発音注意》《口》will not の短縮形 (→ will[1])

wont·ed /wɔ́ːnṭəd, wóunṭ- | wóuntɪd/ 形《限定》《文》慣れた, 習慣的な, いつもの, 例の

won·ton /wɑ́(ː)ntɑ̀(ː)n | wɔ̀ntɔ́n/ ◁シ 名 C (中華料理の) ワンタン；U ワンタンスープ

***woo** /wuː/ 動 他 ❶ [人] に支持 [好意] を求める ‖ ~ voters [customers] 有権者[顧客]に支持を求める ❷ [富・名声など] を追い求める ❸《文》[女性] に求愛 [求婚] する (court) ―自《文》口説く, 求愛[求婚]する

wòo awáy ... / ***wòo ... awáy*** 〈他〉…に〈…から〉離れるよう仕向ける〈**from**〉

***wood** /wud/ 《発音注意》(♦ 同音語 would) 名 形 動

―名〔▶ wooden 形, woody 形〕(複 **~s** /-z/) ❶ U (♦ 種類を示すときは C) **木材**, 材木；(樹木の) 木質部 (→ deadwood)；(美術・工芸用の) 木 (⇨ TREE 類語P) ‖ Most Japanese houses are made of ~. 日本の家屋の多くは木でできている / (a) soft [hard] ~ 軟 [堅] 材 / cut [saw] ~ 木を切る [のこぎりでひく] / carve a figure in ~ 木に像を彫る / planks of ~ 木の板 / pine ~ パイン材

❷ C《しばしば the ~s》《単数・複数扱い》**森**, 林 (♦「1つの森」の意味のときは a wood(s) で単数扱い.「一般の森」の意味のときは woods で通例複数扱い) (⇨ FOREST 類語P) ‖ go for a walk **in** the ~*s* 森に散歩に行く / a beech ~*s* ブナの森 / *Do not halloo till you are out of the ~.* 《諺》(迷い込んだ) 森から抜け出すまでは歓声を上げるな；喜ぶのはまだ早い

❸ U **まき**, たきぎ ‖ Put more ~ on the fire. 火にもっとまきをくべて / gather [chop] some ~ まきを集める[割る]

❹《the ~》(木の)たる, 酒だる ‖ beer from [in] the ~ たる出し[詰め]のビール

❺ C〘楽〙木管楽器；《the ~》《集合的に》(オーケストラなど

の)木管楽器部 ❻ Ⓒ〘ゴルフ〙ウッド(クラブ)《以前は木製ヘッドが主流だったが現在は金属など木以外の素材のものが多い》(→ iron);ウッドクラブによる1打

cànnot sèe the wòod for the trées =*cannot see the* FOREST *for the trees*

**knòck (òn) wóod* 《主に米》木でできたものに触る(♦ 運のよい話や自慢話をした後でたたりを払うまじないとして言う言葉)‖ I haven't been hurt yet, *knock on* ~. まだけがをしたことがない, くわばらくわばら

tòuch wóod 《英》=*knock (on) wood*(↑)

COMMUNICATIVE EXPRESSIONS

1 **I'm òut of the wóods.** だいぶ回復しました(♥ 健康)

2 **We're nòt òut of the wóods yèt.** まだ解決法は見えていない;私たちはまだ難局を脱していない

―形《比較なし》《限定》❶木製の(wooden);木材(用)の, 材木[まき]を用いる‖ a ~ floor 木の床 ❷森の, 森に住む(《米》woods)‖ a ~ path [birds] 森の小道[鳥]

―動 他 ❶…に植林する ❷…に(燃料用)木材を供給する《*up*》 ―自 材木[まき]を蓄える[集める]《*up*》

▸▸ ~ **álcohol** 名 Ⓤ メチルアルコール, 木精 ~ **dùck** 名 Ⓒ〘鳥〙アメリカオシドリ(acorn duck) ~ **engràver** 名 ① Ⓒ 木版師 ② Ⓒ〘虫〙キクイムシ ~ **engràving** 名 Ⓤ (木口(こぐち))木版術;(木口)木版(画) ~ **ìbis** 名 Ⓒ〘鳥〙アメリカトキコウ《北米大陸の森林湿地帯にすむコウノトリの一種》 ~ **lòuse** 名 Ⓒ〘動〙ワラジムシ ~ **nỳmph** 名 Ⓒ ① 森の精 ②〘虫〙ジャノメチョウ《ブドウを害する》 ③〘鳥〙モリハチドリの類《中南米産》 ~ **pìgeon** 名 Ⓒ〘鳥〙モリバト《旧大陸産》 ~ **pùlp** 名 Ⓤ 木材パルプ《紙の原料》 ~ **sòrrel** 名 Ⓤ〘植〙(コミヤマ)カタバミ ~ **spìrit** 名 ① Ⓒ 森の精 ② Ⓤ =wood alcohol ~ **thrùsh** 名 Ⓒ〘鳥〙モリツグミ《北米東部産》 ~ **tùrning** 名 Ⓤ 旋盤による木材加工 ~ **wàrbler** 名 Ⓒ =warbler ❶

wóod·bìne 名 ❶ Ⓤ《英》〘植〙スイカズラ(honeysuckle) ❷ Ⓤ《米》〘植〙アメリカヅタ

***wóod·blòck** 名 Ⓒ ❶木版(画) ❷(床材用の)木れんが ❸〘楽〙ウッドブロック《硬質の木をくり抜いた, 木魚のような音を出すオーケストラ用打楽器》

wóod·càrving 名 Ⓤ 木彫り(術);Ⓒ 木彫(作品) **-càrver** 名

wóod·chùck 名 Ⓒ〘動〙ウッドチャック《北米産のマーモット(marmot). 地中に穴を掘って巣を作る》

wóod·còck 名 (複 ~ OR ~**s** /-s/) Ⓒ〘鳥〙ヤマシギ《長く細いくちばしを持つ. 猟鳥》

wóod·cràft 名 Ⓤ ❶森[山林]生活の知識・技術《狩猟・野営・方向判断など》;山林管理 ❷《主に米》木彫り(術), 木工(術)

wóod·cùt 名 Ⓒ (板目)木版;木版画

wóod·cùtter 名 Ⓒ ❶きこり ❷木版(彫刻)師

wóod·cùtting 名 Ⓤ ❶木材伐採 ❷木版彫刻(術)

wood·ed /wʊ́dɪd/ 形 ❶(土地が)樹木の多い ❷《複合語で》木質が…の‖ a soft-~ tree 木質の柔らかい木

⁑**wood·en** /wʊ́dən/

―形〔◁ wood 名〕(**more** ~; **most** ~)

❶《比較なし》《限定》**木製の**, 木の‖ a ~ house 木造家屋 / a ~ toy 木製のおもちゃ

❷(顔などが)生気のない, 無表情な;(動作などが)ぎこちない, 硬い;(声などが)元気のない, もごもごした‖ a ~ performance [speaker] ぎこちない演技[演説者]

~**·ly** 副 無表情に, ぎこちなく ~**·ness** 名

▸▸ ~ **spóon** 名 ① Ⓒ (料理用の)木のスプーン ②《the ~》《主に英口》最下位賞(booby prize)《スポーツ競技で最下位に贈られる賞》

wóoden·hèad 名 ⊗《口》《蔑》でくの坊 ~**·ed** ◁シ 形

wóoden·wàre 名 Ⓤ《集合的に》木製品《おけ・鉢・椀(わん)・皿など》

***wood·land** /wʊ́dlənd/ 名 Ⓤ/Ⓒ《しばしば ~s》森林地, 森林地帯;《形容詞的に》森林地の, 森林地に生える[住む]‖ animals in ~*s* 森林地に住む動物 / the ~ districts 森林地帯 ~**·er** 名 Ⓒ 森の住人, 森林居住者

wóod·lòt 名 Ⓒ《米》(私有の)植林地

wood·man /wʊ́dmən/ 名 (複 **-men** /-mən/) Ⓒ ❶森の住人(中立 woodlander);森で働く人;きこり(中立 woodcutter) ❷森林管理官, 林務官(中立 forester)

wóod·nòte 名 Ⓒ《通例 ~s》《文》森の調べ《森の鳥や動物の鳴き声》;自然でのびやかな音楽;無技巧の詩

wóod·pècker 名 Ⓒ〘鳥〙キツツキ

wóod·pìle 名 Ⓒ まき[たきぎ]の山

wóod·rùff 名 (複 ~ OR ~**s** /-s/) Ⓒ〘植〙ヤエムグラ, クルマバソウ《特に欧州産の芳香性があるもの》

wóod·screẁ 名 Ⓒ 木ねじ(screwnail)

wóod·shèd 名 Ⓒ まき[たきぎ]小屋

nàsty in the wóodshed 《英口》(衝撃的[不快]な事実などが)秘密に行われて

tàke a pèrson into [OR *to*] *the wóodshed* 《米口》〔人〕を陰で罰する

woods·man /wʊ́dzmən/ 名 (複 **-men** /-mən/) Ⓒ = woodman

Wóod·stòck 名 ウッドストック ❶ Snoopy (C. Schulz 作の漫画に登場する犬)の友達の小鳥 ❷ New York 州南東部の村《1969年に行われたロック音楽祭で有名》

woods·y /wʊ́dzi/ 形《米口》森(特有)の, 森林のような, 森を思わせる‖ a ~ scent 森のにおい

wóod·wìnd /-wìnd/ 名 Ⓒ ❶木管楽器 ❷《(the) ~s, 《英》(the) ~》《集合的に》《単数・複数扱い》(オーケストラなどの)木管楽器部;木管楽器奏者

wóod-wòol 名 Ⓤ《英》木毛(もくめん)《細かいかんなくずや木質繊維. 荷造りの詰め物などに用いる》

***wóod·wòrk** 名 Ⓤ ❶《集合的に》木工品, 木細工 ❷(家のドア・階段・窓枠などの)木造部分 ❸《主に英》木工(仕事[技術]) ❹(サッカーの)ゴールポストの枠

blènd [OR *fàde*] *into the wóodwork* 目立たないようにする;隠れる

còme [OR *cràwl*] *òut of the wóodwork* 《口》(好ましくない人・ものなどが)どこからともなく(突然)姿を現す

~**·er** 名 Ⓒ 木工職人(大工・指物師など) ~**·ing** 名 Ⓤ 木工(技術)

―形 木工の, 木工に関する

wóod·wòrm 名 ❶ Ⓒ〘虫〙キクイムシ ❷ Ⓤ キクイムシの害

wood·y /wʊ́di/ 形〔◁ wood 名〕❶樹木の多い[茂った], 森のある ❷木の(ような);〘植〙木質の‖ ~ tissue 木質組織 / ~ plants (草本に対して)木本(もくほん)

―名 Ⓒ《米》《旧》木張りのステーションワゴン

woof[1] /wʊf, wuːf | wuːf/ 名 ❶《the ~》《集合的に》(織物の)横糸(weft)(↔ warp) ❷ Ⓤ Ⓒ 織物, 生地

woof[2] /wʊf/ 名 Ⓒ (犬の)低いうなり声

―間 うー《犬のうなり声》 ―動 自 (犬が)うーとうなる

woof·er /wʊ́fər, wúːf-/ 名 Ⓒ ウーファー, 低音域用スピーカー(→ tweeter)

⁑**wool** /wʊl/《発音注意》

―名 Ⓤ ❶**羊毛**《ヤギ・ラマ・アルパカなどの毛も含む》

❷**毛糸**‖ She is knitting a sweater in red ~. 彼女は赤い毛糸でセーターを編んでいる / This coat is 100% ~. このコートは純毛です / a ball of ~ 毛糸の玉

❸**毛織物**, ウール;ウール製品, 毛織服‖ wear winter ~ 冬用のウールの服を着ている

❹《形容詞的に》羊毛(製)の, ウールの‖ a ~ blanket [skirt] ウールの毛布[スカート] ❺《通例複合語で》羊毛状のもの‖ glass ~ グラスウール / rock ~ 岩綿 / mineral ~ 鉱物綿(→ cotton wool, steel wool, wire wool)

àll wóol and a yàrd wíde 《通例名詞の後に置いて》本物の, 非の打ち所のない;(人が)心から親切な

dyèd in the wóol 織る前に染めた;徹底した

COMMUNICATIVE EXPRESSIONS

1 **You càn't pùll the wóol over my èyes.** 私の目はごまかせませんよ;まさか(♥ 不信を表す)

W

⏩〜 stàpler 名 C《古》羊毛商人

*__wool·en,__《主に英》**wool·len** /wúlən/《発音注意》形《限定》❶ 羊毛(製)の；毛織りの，ウールの ‖ 〜 blankets [gloves] 羊毛の毛布[毛糸の手袋] / a 〜 suit ウールのスーツ ❷ 毛織物業の ‖ the 〜 industry 毛織物産業
—名 C《通例 〜s》毛織物；ウール製品，毛織りの衣服

Woolf /wulf/ 名 **Virginia** 〜 ウルフ(1882-1941)《英国の女流小説家・批評家》

wóol·gàthering 名 U 現実離れした空想；放心状態 **-gather** 動 自

wóol·gròwer 名 C (羊毛を目的とする)牧羊業者

wool·len /wúlən/ 形《主に英》=woolen

*__wool·ly__ /wúli/ 形 ❶ 羊毛(製)の；羊毛のような，羊毛質の ‖ a 〜 hat 羊毛の帽子 ❷ ふんわりした；毛むくじゃらの ‖ 〜 clouds ふんわりした雲 / a 〜 leg 毛むくじゃらの脚 ❸ (人・考え・説明などが)混乱した，はっきりしない ‖ 〜 ideas まとまらない考え / a 〜 goal はっきりしない目標 ❹ (絵・音などが) 不鮮明な，ぼやけた —名 (複 **-lies** /-z/) C ❶《通例 -lies》《英口》毛糸で編んだ衣類《特にセーター・カーディガン》❷《豪・ニュージ口》羊 **-li·ness** 名

⏩〜 bèar 名 C〔虫〕(大型の毛がふさふさした)ケムシ《ヒトリガの幼虫など》 **〜 màmmoth** 名 C〔古生〕ケナガマンモス《ユーラシア・北米の寒冷地に生息した長毛のマンモス，約1万年前に絶滅》

wòolly-héaded ⟨シ 形 ❶ (羊毛のような)縮れ毛の ❷ 頭がぼんやりした，間の抜けた

wòolly-mínded 形 =woolly-headed ❷

wóol·pàck 名 C 羊毛の一梱(こり)

wóol·sàck 名 ❶ C 羊毛袋 ❷《the W-》(英国の)上院議長の席[職] ‖ reach the *Woolsack* 上院議長になる

wool·y /wúli/ 形 名《米》=woolly

woo·mer·a /wúmərə/ 名 C《豪》ウメラ《(オーストラリア先住民の)やりを投げる道具》

woop·ie /wú:pi/ 名 C《主に米口》裕福な退職老人 (♦ well-off old person より)

Woop Woop /wúp wùp/ 名 U《豪口》《戯》(大都市から離れた)僻地(へき ち)

woot /wut, wu:t/ 間《口》やった，よっしゃ(♥ 特にインターネット上の会話で用いられ，高揚感・達成感などを表す)

wooz·y /wú:zi/ 形《口》(酒・寝不足などで) 頭がぼうっとした，ふらふらする，めまいがする(dizzy)；頭が混乱した

wop /wɑ(:)p | wɔp/ 名《また W-》C ⊗《俗》《蔑》(米国に移民した)南ヨーロッパ人，(特に)イタリア人

Worces·ter /wústər/ 名 ウスター ❶ イングランドのウスターシャー州の州都. 磁器で有名 ❷ 米国マサチューセッツ州中部の都市 **⏩〜 sáuce** =Worcestershire sauce

Worces·ter·shire /wústərʃər/ 名 ウスターシャー《イングランドの州. 州都 Worcester》

⏩〜 sàuce /英 ⌐⌐⌐⌐/ 名 U ウスターソース

⁝**word** /wəːrd/ 名 動 間

中心義 (個々の)言葉，言葉によって成り立つもの

名 語❶ 言葉❷ 知らせ❸ 約束❹

—名 (複 **〜s** /-z/) C ❶ (言語の基本単位としての)**語**，単語 (⇨ LANGUAGE 類語) ‖ What does this 〜 mean? この語はどういう意味ですか / What is the French 〜 for "flower"? flower に当たるフランス語は何ですか / Summarize what you have read **in** [OR into] a few 〜*s*. 今読んだものを数語で要約しなさい / I wish I could find the right 〜*s* to express my affection for her. 彼女への愛情を表すぴったりの語があればいいんだが / There is no other 〜 for it. ほかに言い表す言葉[言いよう]がない

❷《しばしば 〜s》(表現された)**言葉**，発言，述べた事柄；話，(短い)会話，談話 ‖ give him a 〜 of encouragement [warning] 彼にひと言激励[警告]する / Tell me about your problem **in** your own 〜*s*. 君自身の言葉で君の問題を説明しなさい / **In** the 〜*s* of Emerson, ... エマーソンの言葉で言えば… / *A* 〜 *is enough to the wise.*《諺》賢者には一言で十分；一を聞いて十を知る / *Words cut* [OR *hurt*] *more than swords.*《諺》言葉は剣よりもよく切れる / say a 〜 against him 彼を非難する / a person of many [few] 〜*s* 口数の多い[少ない]人 / He just nodded, without (saying) a 〜. 彼はひと言も言わずにただうなずいた

❸ U《通例無冠詞または the 〜で》便り，**知らせ**，伝言；うわさ，ニュース〈**of, on** …の / **that** 節 …という〉‖ *Word of* his success got out [OR around]. 彼が成功したという知らせが届いた / My sister sent me 〜 *of* her safe arrival in Auckland.=My sister sent me 〜 *that* she had arrived safely in Auckland. 姉が無事オークランドに着いたことを知らせてきた / Is there any 〜 *on* the woman? その女性について何かわかったことがあるか / 「The 〜 is [OR *Word* has it] (*that*) he quit the job. うわさでは彼は仕事を辞めたそうだ / spread [pass] the 〜 ニュース[うわさ]を広める[伝える] / the 〜 on the street《口》話題になっているうわさ

❹《通例 one's 〜》〈…という〉**約束**；保証；誓言〈**that** 節〉‖ His 〜 is (as good as) his bond. 彼の約束は確かに信用できる / a man of his 〜 約束を守る男 / keep one's 〜 約束を守る / break [OR go back on] one's 〜 約束を破る / give [OR pledge] one's 〜 *that* ... …という約束をする

❺《〜s》口論，口げんか，論争 ‖ *Words* ran high. 口論が激しくなった / have [OR exchange] 〜*s* with him 彼とちょっとした言い争いをする / hot [OR hard, sharp] 〜*s*

メタファーの森 word 言葉

word* ⇨ *weapon (言葉⇨武器)

非難や批判をする文脈で「言葉」は「武器」に例えられる. 多くの場合，言葉(=武器)が相手に投げつけられるというシナリオに基づいて表現される. 日本語の「発破をかける」はこのメタファーに似た発想の表現だといえるが，英語に直訳することはできず give ... a pep talk などのように表現される.

➤ A journalist **threw** sharp words at the spokesperson. 記者の一人が広報官に厳しい言葉を投げかけた(♦ sharp words は「辛辣な言葉」の意)

➤ I was shocked at the insults **hurled** at me. 私は侮辱の言葉を浴びせられてショックを受けた (♦ hurl は文字どおりには「…を強く投げつける」の意)

➤ The presenter became silent when she was **attacked** with harsh words. 発表者は容赦ない言葉で非難され，黙ってしまった

➤ The author of this book is being **bombarded** with criticism. この本の著者は批判の嵐にあっている(♦ bombard は文字どおりには「…を爆撃する」の意)

➤ I'm afraid we will face **a barrage of** questions at the press conference. 記者会見で質問攻めにあうのではないかと心配だ (♦ barrage は文字どおりには「集中砲火」の意)

➤ Mary's boss made **cutting remarks** about her lack of knowledge. メアリーの上司は彼女の知識不足に辛辣な言葉を述べた (♦ cutting は文字どおりには「鋭利な」の意)

激論；ののしりの文句
❻《the ～, one's ～》〈…せよとの〉命令, 指示, 指図；(言葉による)合図〈**to do**〉‖ Don't move until I give the ～. 私が命令[指示]を出すまで動くな / His ～ is law. 彼の命令は法律だ / the ～ *to* start 出発せよという命令
❼《the ～》〈…を表す〉ぴったりの[適切な]言葉〈**for**〉；合い言葉(password)；スローガン(→ CE 7) ‖ demand the ～ 合言葉を言えという ❽《～s》歌詞；(俳優の)せりふ ‖ I can't remember the ～*s* of the song. その歌の文句が思い出せない / a book of ～*s* 台本 / learn one's ～*s* 自分のせりふを覚える ❾ ワード, マシン語《命令・情報の単位となる一定数のビット・バイト》 ❿《the W-》〖宗〗神の言葉, 福音；聖書(the Bible), 福音書(the Gospel)；(キリストの称号としての)ロゴス, 神の言葉 ‖ preach the *Word* 福音を説く /「the *Word* of God [OR God's *Word*] 福音 ⓫《通例 the ～》《複合語で》…で始まる言葉 (♥ タブー語で表現したくない場合やユーモラスな響きを持たせる場合にその語の頭文字とハイフンで結んで用いる) ‖ the f-～ f で始まる言葉(♦ fuck の婉曲表現)

at a wórd 一言言われただけで, 頼まれるとすぐ ‖ He always apologizes *at a* ～. 彼はいつもすぐに謝る
be as gòod as one's wórd 約束を守る, 信頼できる
be lòst for wórds (驚きなどで)言葉が出ない, 何と言うべきかわからない(→ CE 1)
by [OR ***through***] ***wòrd of móuth*** 口コミで, 口伝えで (♦ これに対して e-mail でのコミュニケーションを word of mouse(mouse はパソコンのマウス)ということがある)
****èat one's wórds*** (誤りを認めて)前言を取り消す
****from the wòrd gó*** 《口》初め[最初]から
gèt a wórd in édgewise [OR ***édgeways***] 《通例否定文で》(話に)何とか割り込む, 口を差し挟む
give a pèrson one's wòrd of hónor 面目[名誉]にかけて〔人〕に誓う[約束する]
hàng on a pèrson's 「***èvery wórd*** [OR ***wórds***] (人の)言うことを注意深く聞く
hàve a wòrd in a pèrson's éar 《主に英》(人に)こっそり話す
****in a*** [OR ***òne***] ***wórd*** NAVI **一言で言えば**, 要するに (⇨ NAVI表現 12)
****in óther wòrds*** NAVI **言い換えれば**, つまり
in so [OR ***as***] ***màny wórds*** はっきりと(口に出して), あからさまに；はっきり言うと ‖ "Did he say he doesn't like you?" "Not *in so many* ～*s*."「彼が君のことを嫌いだと言ったの？」「そうあからさまには言わなかったけど」
in wòrds of òne sýllable (短い)わかりやすい言葉で(言うと)
not have a good word (***to say***) ***for*** [OR ***about***] ***...*** ⇨ GOOD WORD(成句)
plày on wórds しゃれを言う(♦ 名詞「しゃれ」は a play on words)
pùt ... into wórds …を言葉で表す
say [OR ***put in***] ***a*** (***good***) ***word*** ⇨ GOOD WORD(成句)
tàke a pèrson at his/her wórd 〔人〕の言葉をそのまま信用する
****the last*** [OR ***final***] ***word*** ⇨ LAST WORD
There's màny a trùe wórd spòken in jést. ふざけて話したことが現実になってしまうことがある
tòo ... for wórds 《口》言葉には表せないほど…な (♦ ... は形容詞)
(***upon***) ***my wórd*** 《旧》① おやまあ(♥ 驚きを表す) ② 誓って, 確かに
wèigh one's wórds 慎重に言葉を選ぶ
wòrd by wórd ① 一語ずつ(拾い上げて) ② = *word for word*(↓)
****wòrd for wórd*** ① (翻訳など)逐語的に, 一語一語 ② (暗唱など)そっくり同じ文句で, 一語も間違えずに

COMMUNICATIVE EXPRESSIONS

1 I'm **at a lòss for wórds.** 何と言ったらいいかわかりません；言葉もありません(♥ 喜び・驚き・あきれなど)
2 **Could** [OR **May, Might**] **I hàve a wórd with yòu?** ちょっと(二人で)話がしたいんですが, いいですか(♥ 相談を持ちかける表現. しばしば悪い話で呼び出す場合に)
3 **Do you gèt the wórd?** わかったか；いいか (♥ 確認. しばしば少し脅迫めいた感じ)
4 **Dòn't brèathe** [OR **sày**] **a wórd of thìs to ányone.** このことは他言無用だ；一言も漏らしてはいけない
5 **Dòn't mìnce wórds.** 回りくどい言い方はやめて
6 **Fàmous làst wórds.** それはどうかな (♥ 文字どおりには「臨終名言集」. 相手の軽率で自信過剰の[でたらめな]発言などに対して「それが君の最期の言葉になっても構わないのか」と不信や皮肉などを表す)
7 Bóred **isn't the wórd for it.** 退屈なんて(生半可な)ものではありませんよ (♥「そんな言葉では表現できないほどだ」という強い感情を表す)
8 **Jùst a brìef wórd.** ちょっと一言だけいいですか(♥ 発言を申し出る. =May I say a word?)
9 **Jùst sày the wórd**, and I'll lènd you a hánd. 言ってくれさえすれば手を貸します
10 **Màrk my wórd!** 今にわかるさ；よく聞いておけよ
11 **Nòt anòther wórd!** 黙りなさい (♥ 子供などに対して)
12 **Tàke my wórd for it.** 私の言うことを信じて；本当のことだから
13 **The wòrd is múm.** だれにも言わないよ (♥ 秘密にすることを約束する表現. 中(期)英語で mum が「沈黙」を意味することより. =Mum's the word.)
14 You **tòok the wòrds** (**rìght**) **òut of my móuth.** あなたはまさに私が言わんとしていたことを言った(♥ 同意)
15 **Wòrds fáil me.** 言葉では言い表せません；(驚きや怒りのあまり)言葉も出ません
16 **You hàve my wórd** (**on thìs**). (このことについては) 請け合います；大丈夫ですから信頼してください (♥ 約束・誓いの表現. =I give you my word (of honor).)
17 **You're pùtting wórds in my mòuth.** ① 私はそんなことは言っていません(♥ 相手の誤解を非難. = You've twisted my words.) ② あなたは私に何と言えばいいか指図しようとしています(♥ 意見の押し付けを非難)

━動 他 (+目+副)…を言葉にする, 言葉で表現する(♦ 副 は様態を表す) ‖ ～ one's ideas clearly 考えを明瞭(めいりょう)に言葉で表す
━間 《米口》そのとおり, 賛成(♥ 同意・賛意を表す)

▸▸ ～ **blìndness** 名 U 失読症, 難読症 (alexia) ～ **brèak** [**divìsion**] 名 C 〖印〗(行末をそろえるための)単語の分節箇所 ～ **clàss** 名 C 〖文法〗語類, (特に)品詞(part of speech) ～ **dèafness** 名 U 言語ろう《音が聞こえても言葉を理解できない失語症》 ～ **gàme** 名 C ① (各種の)言葉遊び ② 《俗》巧妙なはぐらかし ～ **òrder** 名 U 語順 ～ **pìcture** 名 C (絵を見るように)生き生きと描写する文章, 精彩のある文章 ～ **pròcessing** 名 U ワープロ[パソコン]使用による文書作成・編集 ～ **pròcessor** 名 C ワープロソフト, 文書処理プログラム；ワープロ専用機《略 WP》 ～ **sàlad** 名 U ① ワードサラダ《文法的に正しいが無意味な文章. 電子メールなどでスパムと判断されることを避けるために使う》 ② 〖精神医〗言葉のサラダ《重度の統合失調症患者に特有の脈絡のない発言》 ～ **squàre** 名 C 語方陣《横に読んでも縦に読んでも同じつづりの語を並べた正方形の語表》；《～s》語並べ遊び

word·age /wə́ːrdɪdʒ/ 名 U ❶《集合的に》言葉(words)；(小説などに使われた)単語数 ❷ 多言, 冗長 ❸ 言い回し, 表現, 語法, 語の選択
wórd-blìnd 形 失読症の
wórd·bòok 名 C 単語集, 辞書；(オペラの)台本
wòrd-for-wórd 形 (翻訳などが)逐語的な
***word·ing** /wə́ːrdɪŋ/ 名 U 言葉遣い, 言い回し, 表現
wórd·less /wə́ːrdləs/ 形 ❶《通例限定》言葉にならない；口には出さない, 無言の ‖ a ～ reproach 無言の非難 ❷

口のきけないほどの　**~·ly** 副

wòrd-of-móuth 形《限定》口頭の, 口伝えの

wòrd-pérfect ⟨シ⟩ 形《英》完全に暗記している；(文書などが)完璧(かんぺき)な(《米》letter-perfect)

wórd·plày 名 U 言葉遊び, しゃれ, 地口(じぐち)

wórd·ròbe 名 C 個人固有の用語[語彙(ごい)](◆*word*＋ward*robe* より)

wórd·smìth 名 C 言葉の専門家, 文筆業者, 名文家

Words·worth /wə́ːrdzwə(ː)rθ/ 名 **William ~** ワーズワース(1770-1850)(英国のロマン派詩人)

word·y /wə́ːrdi/ 形 ❶ 言葉数の多い, 冗漫な, くどい(◆特に堅い言葉が多いことをいう) ‖ a ~ explanation 冗漫な説明 ❷ 言葉の[による] ‖ a ~ war 舌戦, 論戦

wórd·i·ly 副　**wórd·i·ness** 名

wore /wɔːr/ 動 wear[1] の過去

work /wəːrk/ 《発音注意》動 名

中心義 ある目的のために働く

> 動 自 働く❶　努力する❷　勉強する❷　機能する❸
> 他 動かす❶　働かせる❷
> 名 職❶　職場❷　仕事❸　勉強❸　作品❺

―動 (**~s** /-s/；**~ed** /-t/, 《古》**wrought** /rɔːt/；**~·ing**)
(◆ 他 ❹, ❺ では wrought も用いる)

―自 ❶ (職業として)**働く**, 働いている, 勤めている, 勤務する⟨**at, for, in** …に(⇨ PB 100)；**as** …として⟩(⇨ 類語P) ‖ My wife is not ~*ing* now. 妻は今は働いていない[専業主婦だ] / "Where do you ~?" "I ~ *in* a bank." 「どちらにお勤めですか」「銀行に勤めています」/ He began to ~ *at* [OR *in, for*] a small law firm in Memphis. 彼はメンフィスの小さな法律事務所で働き始めた / She ~*ed as* a flight attendant before getting married. 彼女は結婚前に客室乗務員をやっていた / ~ from home 在宅勤務する, 自宅で仕事をする

❷ **a** 働く, **努力する**, 尽力する⟨**for** …のために / **to do** …するために⟩；**勉強する**；⟨…の⟩作業をする, ⟨…に⟩従事する⟨**at, on**⟩ ‖ Nobody wants to ~ under that boss. あの上司の下で働きたい者はいない / He is ~*ing at* [OR *on*] a new novel [his French]. 彼は新しい小説を執筆中だ[フランス語を勉強している] / The Nobel Peace Prize is given to those who have ~*ed for* world peace. ノーベル平和賞は世界平和の[をもたらす]ために尽くした人々に与えられる / ~ **hard** *for* an exam 試験のために一生懸命勉強する / ~ against racism 人種差別撤廃に向けて努力する

b (+副句)(ある時間)働く(◆ work の後に時期・期間を表す語句が前置詞なしで用いられる) ‖ I'm tired of ~*ing* Sundays [sixty-hour weeks]. 日曜日に[週60時間]働くのはもううんざりだ

❸ (機械・器官などが)**機能する**, 動く, 作動する, 稼動する ‖ This mower ~*s* by electricity. この芝刈り機は電動だ / The switch does not ~. スイッチが故障している / That's how life ~*s*. 人生ってそんなものだ / My brain is not ~*ing* today. 今日は頭がさえない

❹ **a** (計画・方策などが)成功する, うまくいく；(薬・治療などが)⟨…に⟩効く⟨**on**⟩ ‖ The trick ~*ed* like magic [OR a charm]. そのいたずらは見事に決まった / Their relationship will not ~. 2人の関係はうまくいかないだろう / Chemotherapy ~*ed on* her. 化学療法は彼女に効いた **b** (+副句)(有利[不利]な方向に)影響する, 作用する ‖ The tax cut will ~ in favor of the rich. 減税は金持ちにとって有利になるだろう / The fact that she had often changed jobs ~*ed* 「against her [to her disadvantage]. 転職の回数が多かったことは彼女には不利だった / ~ both ways (プラスマイナス)両様に作用する

❺ (口・顔などが)ぴくぴく[しきりに]動く, ゆがむ ‖ Her face ~*ed* with anger. 彼女の顔は怒りに引きつった

❻ **a** (+副句)苦労して[少しずつ](…の方へ)進む[動く](◆副句は方向を表す) ‖ His shirt ~*ed* up as he bent over. 彼がかがむとシャツは上の方へずり上がった **b** (+補⟨形⟩)(小刻みに動いて)…の状態になる ‖ All the screws ~*ed* loose from the vibration. 震動でねじが全部緩んだ ❼〖海〗(帆船が)風に向かって進む；(船体が)(波にもまれたりして)緩みを生ずる ❽ (ビール・ワインなどが)発酵する

―他 ❶〔機械など〕を**動かす**, 作動させる, 操作する(⇨ MOVE 類語P) ‖ Kids can often ~ computers better than their parents. 子供の方が親よりコンピューターをうまく扱えることが多い / I don't know how to ~ the printer. プリンターの動かし方がわからない

❷ **a** (+目)〔人・動物など〕を**働かせる** ‖ ~ a horse too hard 馬を酷使する **b** (+目+補⟨形⟩)…を働かせて…にする ‖ ~ oneself ill 働きすぎで病気になる

❸ (セールスのため)〔地区など〕を担当する；〔任務など〕を受

NAVI 表現 12. 言い換えを表す

内容を相手に的確に伝えるために, 同じ事柄を別の表現で言い換えることがある. 言い換えの冒頭には **in other words**, **to put it another way** などの表現が置かれることが多い. これらに着目すると, 筆者の主張をより明確に理解することができる. また, 記事・論文などの書き言葉では **i.e.** が使われることがある.

‖ Human beings are getting more and more dependent on computers. *In other words*, we are becoming more and more controlled by computers. 人間はますますコンピューターに依存するようになっている. 言い換えると, 人間はますますコンピューターによって管理されるようになってきている / The results indicate that the medicine does not cause headaches or nausea, *i.e.* it has no side effects. 実験の結果は, その薬が頭痛や吐き気を引き起こさないということを示している. つまり, 副作用がないということだ

■ **正確に言い換える to be more precise, to be exact**

‖ English is the most commonly spoken language in the world. *To be more precise*, about 330 million people speak it as their mother tongue and more than 1.5 billion people speak it as a second or foreign language. 英語は最も多くの人が話す言語である. より正確に言うと, 約3億3千万人の人が母語として話し, 15億人以上の人が第二言語ないしは外国語として話している

▶ **文形式の表現**

It would be more correct [accurate] to say that ...
(…と言った方がより正しい[正確]かもしれない)

■ **大ざっぱに言い換える roughly speaking, broadly speaking**

‖ There are a great number of publications stored in this library. *Roughly speaking*, there are about three million books and one million journals here. この図書館には非常に多くの出版物が収蔵されている. 大ざっぱに言うと, およそ300万冊の本と, 100万冊の雑誌がある

■ **まとめた形で言い換える in a word, in brief, in short**

‖ We really enjoyed the scenery from the top of the mountain, and the hot spring was so relaxing. *In a word*, the trip was excellent. 山頂からの景色は素晴らしかったし, 温泉もとても気持ちよかった. 一言で言えば, 最高の旅だった

け持つ；〔劇場など〕に出演する ‖ That sales rep ～*s* the Bay Area. その営業担当者は湾岸地区を受け持っている / ～ a homicide 殺人事件を扱う / That stand-up comic used to ～ local nightclubs. そのお笑い芸人は以前地元のナイトクラブに出ていた

❹〔結果・効果など〕をもたらす，生じさせる，引き起こす ‖ The 6.8 earthquake ～*ed* havoc on Seattle. マグニチュード6.8の地震はシアトルに大きな打撃を与えた / The medicine ～*ed* wonders on [OR for] a lot of patients. その薬は多くの患者に驚異的効果を発揮した

❺〔金属など〕を加工[細工]する，加工して〈…に〉する；〔粘土・練り粉など〕をこねる，こねて〈…に〉する〈**into**〉；〔衣服など〕を縫う，刺繍(ししゅう)する，〔装飾品など〕を〈…で〉加工して作る〈**in**〉‖ The ceramist ～*ed* clay *into* a pitcher. 陶芸家は粘土をこねて水差しを作った / She ～*ed* her initials onto a handkerchief.＝She ～*ed* a handkerchief with her initials. 彼女はハンカチに自分の頭文字を刺繍した / earrings ～*ed in* silver 銀製のイヤリング

❻〔農場・鉱山など〕を経営する；〔土地〕を耕す；〔鉱山・油田など〕を掘る ‖ ～ a farm 農場を経営する

❼ **a** 《＋目＋副句》(反復動作などにより)…を(ある位置に)進める[動かす] (♦ 副句 は方向を表す) ‖ He ～*ed* the timber into position. 彼は材木を徐々に動かしてぴったりの場所に据えた / ～ one's **way** up through a company 会社の中で徐々に出世する **b** 《＋目＋補〈形〉》…を…にする ‖ ～ a lock open 苦労してやっと錠をあける

❽〔人〕の気持ちを動かす[興奮させる]，〔会場など〕を沸かせる；〔人〕を〈…の状態に〉する〈**into**〉‖ The singer ～*ed* the packed house. 歌手は満員の聴衆を熱狂させた / He ～*ed* himself *into* a violent rage. 彼の怒りは徐々に高まりついに爆発した / ～ a crowd 大衆を沸かせる

❾《米》〔数学の問題など〕を解く，算出する

❿〔顔など〕をぴくぴくさせる ⓫〔筋肉など〕を鍛える ⓬〔ワイン・ビールなど〕を発酵させる

wórk against ... 〈他〉⇨ 自 ❹**b**

wòrk aróund [OR ***róund***] ***...*** 〈他〉〔困難な状況・問題など〕に上手に対処する，…をうまく切り抜ける

wòrk aróund [OR ***róund***] ***to ...*** 〈他〉…の方へ徐々に話を向ける ‖ He ～*ed around to* the heart of the matter. 彼は少しずつ問題の核心へ話を向けた

wòrk awáy 〈自〉〈…に〉せっせと取り組む〈**at**〉

wórk for ... 〈他〉① …に勤務する (→ 自 ❶, ⇨ PB 100) ② 《口》〔人〕に都合がよい，異存はない (→ CE 5) ‖ Does it [OR this, that] ～ *for* you? これでどうでしょうか (♥ 計画・予定などについて相手の意向を確かめる)

wòrk ín 〈他〉 **I** 《***wòrk ín ... / wòrk ... ín***》 ①〔鍵(かぎ)など〕を徐々に差し込む ② …をすり込む，よく混ぜる ‖ She ～*ed in* a lot of lotion so she wouldn't get tanned. 日焼けしないように彼女はたっぷりローションをすり込んだ ③〔冗談など〕を話[文章]に交える；〔コマーシャルなど〕を挟み込む ④ 《米口》〔人〕を面会予定の中に入れる ‖ The dentist somehow ～*ed* me *in*. 歯科医はやりくりして私の予約を入れてくれた **II** 《***wórk in ...***》 ⑤ …に勤務する(→ 自 ❶)；…の分野で仕事をする ⑥ (芸術家などが)…を素材として用いる ‖ That artist ～*s in* glass. その人はガラス工芸が専門だ

wòrk À ìnto B́ 〈他〉① *A*を徐々に*B*に差し込む ② *A*を*B*にすり込む[よく混ぜる] ‖ *Work* some milk *into* the mixture. 合わせた食材に牛乳少々をよく混ぜてください ③ *A*を*B*(話など)に交える[折り込む] ‖ He ～*ed* a reference to his TV appearance *into* his talk. 彼は話の中にテレビ出演したことを交えた ④ *A*を*B*(予定など)に含める ‖ We ～*ed* Las Vegas *into* our honeymoon. 私たちは新婚旅行にラスベガスを組み込んだ

wórk it ① (→ CE 9) ② 《米俗》(異性の気を引くように)自信ありげに振る舞う

wòrk óff 〈他〉 **I** 《***wòrk óff ... / wòrk ... óff***》 ①〔うっぷん・いらいらなど〕を晴らす，解消する ‖ Going on a shopping spree ～*ed* her frustration *off*. 物を買いまくって彼女のもやもやは晴れた ②〔借金・過失〕を働いて得た金で[無償で働いて]返す ③〔体重・脂肪など〕を運動で取り除く ‖ She ～*ed off* a few extra pounds by swimming. 彼女は水泳で余分な体重を数ポンド落とした **II** 《***wórk off ...***》 ④ (道具などが) …を動力とする ‖ This watch ～*s off* solar power. この腕時計は太陽エネルギーで動く

wórk on ... 〈他〉① …の作業をする，…に従事する，…を手がける(→ 自 ❷**a**)；…の改善[改良，修理]に一生懸命取り組む ② (薬などが) …に効果がある，効く(→ 自 ❹**a**) ③〔人〕を〈…するよう〉説得する，動かす〈**to do**〉；〔人の感情など〕に働きかける，取り入る ‖ I'm ～*ing on* her (*to* accept our offer). 私は(我が社の提示を受け入れるよう)彼女に働きかけているところだ ④〔仮定・考えなど〕に基づいて行動する

*****wòrk óut*** 〈他〉《***wòrk óut ... / wòrk ... óut***》 ①〔金額・合計・費用など〕を計算する ‖ We ～*ed out* 「the cost [how much it would cost]. 私たちは費用[どれくらい金がかかるか]を計算した ② …を十分理解する ‖ I can't ～ Bob *out* at all. ボブがどんな人間か見当もつかない (♦ 人を目的語にとるのは《主に英》) ③〔計画・対策など〕を練る，作成する ‖ I have it all ～*ed out*. その点は十分に計画してある ④〔方程式・暗号など〕を**解く**；〔問題〕を**解決する**(resolve)；《～ oneself out で》解決する(→ CE 3, 8) ⑤《通例受身形で》(鉱山などが)掘り尽くされる ⑥《文》…を苦労して成し遂げる ⑦〈決められた期間〉の終わりまで働

PLANET BOARD 100

「…に勤めている」という場合，動詞 work の後の前置詞は何を使うか．

問題設定 「…に勤めている」と「勤務先」をいう場合，いくつかの前置詞が可能とされているが，どの前置詞が一般的かを調査した．

Q 次の(**a**)～(**c**)のどれを使いますか．(複数回答可)

(**a**) He works **at** an insurance company.
(**b**) He works **in** an insurance company.
(**c**) He works **for** an insurance company.
(**d**) どれも使わない

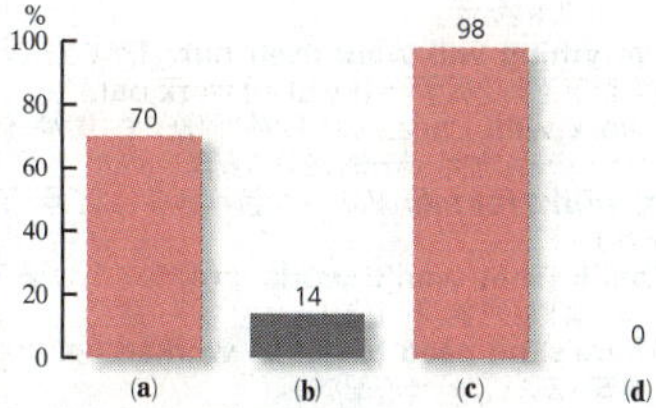

(**c**)の for の使用率が最も高く，ほぼ全員が使うと答えた．次いで(**a**)の at が70%と多く，その一方で(**b**)の in を使う人は14%と少なかった．(**c**)の for は「保険会社の本来の業務に携わっていて，そこから報酬を得ている」ことを表すのに対し，(**a**)の at は「仕事の場所を表し，例えば，保険会社でビル管理の仕事をしているような場合にも使う」というコメントが多かった．(**b**)の in は「業種を表す場合に，He works *in* insurance. (彼は保険業をしている)のように使う」との指摘も見られた．

参考 an insurance company を固有名詞に変えて，He works [**at** / **in** / **for**] AAA Insurance. とした場合でも同様の回答が得られたが，in の使用率は2%に減少した．固有名詞では「保険業界」の意味には取れないからと考えられる．

学習者への指針 「…に勤めている」と「勤務先」をいう場合は，work *for* ... で表すのが一般的である．

W

く ⑧ =*work off* ②(↑) ―〈自〉 ①(費用などが)〈…に〉なる〈**at, to**〉‖ The cost of building a new house ～*ed out at* [OR *to*] $200,000. 新しい家を建てる費用は20万ドルになった ②(方程式などが)解ける;(問題などが)解決する, **うまくいく** ③よい結果となる;《副詞(句)を伴って》…という結果になる ‖ How's your new job ～*ing out*? 新しい仕事はどう ④**運動する**, トレーニングをする

wòrk óver ... / wòrk ... óver 〈他〉 ①…をよく検査する[調べる] ②《口》〔人〕を打ちのめす;〔人〕をどなりつける ③…をやり直す

wòrk óvertime ①時間外勤務をする ②《口》《進行形で》(頭・想像などが)活発に働く[働きすぎる]

wòrk thróugh 〈他〉《***wòrk thróugh ... / wòrk ... thróugh***》〔困難・問題など〕をうまく処理する ―〈自〉 ①働き続ける ②効果[結果]が徐々に表れる

wórk to ... 〈他〉〔計画・予定など〕に従う ‖ ～ *to* rule 順法闘争をする

wórk toward(s) ... 〈他〉〔目標〕に向けて努力する

wòrk úp 〈他〉 **I** 《***wòrk úp ... / wòrk ... úp***》 ①〔勇気・気力〕を奮い起こす, 〔興味〕を呼び覚ます ‖ He ～*ed up* courage to ask her out. 彼は勇気を振り絞って彼女を誘った ②(運動などをして)〔食欲・のどの渇き〕を催させる, 〔汗〕を出させる ‖ You ～ *up* an appetite when you exercise. 運動すると食欲が出る ③〔着想など〕を〈…に〉まとめ上げる〈**into**〉;〔計画・報告書など〕を努力して作る **II** 《***wòrk ... úp***》 ④〔人〕を怒らせる, 興奮させる;…を〈興奮状態などに〉至らせる〈**into, to**〉(♦しばしば work oneself up または受身形で用いる)(→ CE 7)

wòrk úp to ... 〈他〉 ①〔いやなこと〕をする気持ちを固める ②徐々に…に達する ‖ The play ～*ed up to* a dramatic climax. 芝居は徐々に盛り上がり劇的なクライマックスに達した

wórk with ... 〈他〉 ①〔人〕と一緒に仕事をする(→ CE 4) ②(仕事などで)…を扱う;…を素材にして製作する ③…を助ける仕事をする, 救済する

COMMUNICATIVE EXPRESSIONS

1 **Dón't wòrk tòo hárd.** 無理しないでね(♥別れのあいさつ)

2 **Dòn't wòrk yoursèlf into a tízzy.** そんなに興奮しないで;落ち着いて

3 **Éverything will wòrk itsèlf óut.** すべてうまくいきますよ(♥忍耐を促す. =It will all work out.)

4 **I wòrk with** Línda. 私はリンダの同僚です(♥パーティーなどで会話に加わるきっかけを作る表現)

5 **(It) wòrks for mé.** 私はそれで構わないよ(♥了承・了解を表す)

6 **Thàt'll [Thàt wòn't] wórk.** それはうまくいくだろう[いかないよ](♥可能[不可能])

7 **(Thère's) nó nèed to gèt sò wòrked úp.** そんなに興奮することはない;心配ないよ

8 **We'd lìke to「wòrk it óut [OR trỳ to màke it wórk].** 何とかうまくやっていきたいのですが(♥夫婦間など, 人間関係についてカウンセラーに相談する際などに)

9 **Wórk it [OR thìngs].** 何とかするんだ;うまくやれ

―**名** (複 **～s** /-s/) ❶ U 《無冠詞で》(生計を立てるための)**職**, 職業, 勤め, 商売, 事業(↔ play)(⇨ JOB 類語P) ‖ A lot of laid-off workers are looking for ～. 多くの解雇された労働者が職を探している / What line of ～ are you in? どういう方面の仕事をしているのですか

❷ U 《無冠詞で》**職場**, 会社, 勤め先;勤務時間 ‖ He left ～ for home at eight last night. 彼は昨晩8時に会社を出て帰宅の途に就いた / Don't call me **at** ～ about private matters. 私用で職場に電話をするな / We used to have a drink or two after ～. 私たちは仕事の後で軽く1, 2杯やったものだ / on one's way to and from ～ 職場への行き帰りに / go to ～ 出勤する / a friend from ～ 職場の友人

❸ U (肉体・頭脳による)労働, **仕事**, 作業(↔ leisure);任務;《集合的に》作業に必要なもの《書類・本など》;〈…の〉**勉強**, 研究〈**on, in**〉;《形容詞的に》仕事(用)の, 作業(用)の, 勉強の(⇨ LEARN 類語P, TASK 類語) ‖ This robot can **do** the ～ of ten people. このロボットは10人分の仕事ができる / His success was the fruit of five years of **hard** ～. 彼の成功は5年に及ぶたゆまぬ努力のたまものだ / I have a lot of ～ to do in the garden at this time of the year. 1年のうちこの時期は庭でやる仕事がたくさんある / My father often takes ～ home with him. 父はよく仕事を家に持ち帰る / She spread her ～ on the table. 彼女は仕事の道具をテーブルの上に広げた / *All ～ and no play makes Jack a dull boy.* 《諺》勉強ばかりして遊ばないと子供はばかになる;よく学びよく遊べ / a ～ routine (慣例的な)仕事の手順 / ～ clothes 仕事着 / ～ hours 勤務時間

❹ U 仕事のやり方, 手際, 手並み, 仕業 ‖ clever camera ～ 巧みなカメラ操作 / The audience was amazed by the magician's skillful ～. 観客は奇術師の巧みな技に感心した / The shooting was the ～ of a former employee. 銃撃は元従業員の仕業だった

❺ C 《しばしば ～s》**作品**《本・絵画・音楽など》‖ The picture is a ～ by a genius who died young. その絵は夭折(ようせつ)した天才の作品だ / the complete ～*s* of William Shakespeare シェークスピア全集 / ～*s* of art 美術品;芸術品

❻ C 《the (whole) ～s で》《口》すべて, 一切合切 ‖ His mansion has tennis courts, a swimming pool, a heliport — the (whole) ～*s*. 彼の邸宅にはテニスコートやプールからヘリポートまで — つまり何でもある / I'd like a pizza with the ～*s*. (レストランの注文で)ピザ1つ, 全部のっけて ❼ C 《～s》《単数・複数扱い》《しばしば複合語で》工場, 製作所(♦町工場など一般に小規模のものを指す)(⇨ FACTORY 類語P) ‖ a steel ～*s* 製鉄所 / a cement ～*s* セメント工場 ❽ C 《～s》(機械の)作動部, 仕掛け ‖ The ～*s* of this engine are quite complicated. このエンジンの仕掛けは相当複雑だ ❾ U 手芸;針仕事, 刺繍 ❿ C 《～s》《主に英》建設工事 ‖ road ～*s* 道路工事 / public ～*s* 公共土木工事 ⓫ C 《～s》土木建造物《橋・ダムなど》;《通例 ～s》〖軍〗防御用建造物《とりで・堡塁(ほうるい)など》 ⓬ U 作用;〖理〗仕事

****at wórk*** ①〈…の〉**仕事中で**〈**on**〉‖ He is *at* ～ *on* a new song. 彼は新曲を作っている / Men *at* ～. 《掲示》作業中 ②職場で, 勤めに出て(→❷) ③(力などが)作用して;(影響などが)働いて ‖ It seemed as if some evil forces were *at* ～. まるで何か邪悪な力が働いているようだった

give a pèrson the (whòle) wórks 《口》 ①〔人〕にすべてを話す[与える] ②…に最善の扱い[処置]をする ③〔人〕をひどい目に遭わせる;《俗》〔人〕を殺す

gùm ùp the wórks (機械などを)操作不能にする;すべてを台無しにする

hàve one's wórk cùt òut (for one) 難しい仕事を抱えている;《口》〈…するのには〉相当苦労する〈**doing**; **to do**〉

in the wórks 準備中で, 進行中で

in wórk 仕事に就いていて(↔ *out of work*)

màke hàrd wórk of ... (それほど困難でないのに)…に骨を折る, …を難しそうに見せる

màke shòrt [OR lìght, fàst] wórk of ... …を手早く[手軽に, 素早く]やってしまう

òut of wórk 失業中で(↔ *in work*)

pùt [OR sèt] a pèrson to wórk 〔人〕を働かせる, 〔人〕に仕事を始めさせる

shòot the wórks 《米口》〈…に〉有り金[全精力]を使い果たす, 〈…を〉思いきってやってみる〈**on**〉

the wòrk of a móment [OR sécond] すぐできること

COMMUNICATIVE EXPRESSIONS

10 **A lìttle wórk nèver hùrt ányone.** 少しぐらい忙しくても大丈夫(♥働きすぎを指摘された人の返答. あるいは

怠けている人に労働を促す表現. hurt は過去形)
11 **A wòman's wórk is nèver dóne.** 主婦の仕事はきりがない(♥ 忙しいさま)
12 Lèt's「**gèt (dòwn)** [OR **sèt**] **to wórk.** さあ, 早速取りかかりましょう(♥ 作業などを始める際の掛け声)
13 For repórters, kèeping làte hóurs **is àll in a dày's wórk.** 記者にとって夜更かしは日常茶飯事だ(♥ 通常あまり望ましくはないがよくあることについて)
14 **Kèep ùp the gòod wórk!** その調子だ(♥ 励まし)
15 **Nìce wórk if you can gét it!** ⇨ NICE(CE 5)

働く	work	labor	長時間の骨折り仕事をする
		be employed	雇われて働く, 勤める
		serve	人・団体などに仕える. 任期などを務める

▶▶ **~ càmp** 名 C ① 強制労働所 (labor camp) ② (若者・宗教団体などの)奉仕キャンプ **~ èthic** 名 C《単数形で》労働観, (特に)勤労を善とする倫理観 **~ expèrience** 名 U ① キャリア, 職歴 ②《英》職業訓練期間 **~ of árt** 名 (複 **~s of a-**) C ① 美術品 ② 芸術的仕上がりのもの, 名人の作 **~ pèrmit** 名 C (外国人向けの)労働許可証 **~ relèase** 名 U《米》通勤刑, 労働釈放《受刑者を毎日決まった労働に出勤させる更生制度》 **~s còuncil** [**commìttee**] 名 C ①《主に英》工場[職場]協議会《単一工場[会社]の労働者によって組織されたもの》 ② 労使協議会《単一工場[会社]の労使双方から選出されたもの》 **~ shàring** 名 U ワークシェアリング **~ shèet** (↓) **~ stùdy** 名 U (生産性向上のための)作業研究 **~ sùit** 名 C 作業服 **~ sùrface** 名 C =worktop

-work /-wə:rk/ 連結形「細工; 細工品; 仕事; 機構」の意 ‖ wood*work*(木工品), needle*work*(針仕事)

***work·a·ble** /wə́:rkəbl/ 形 ❶ (機械などが)運転[使用]できる; (物質・材料などが)細工[加工, 処理]できる; (土地が)耕作できる; (鉱山などが)採掘できる, 経営[運営]できる ❷ (計画などが)実行[運用]できる, 実現できる

work·a·day /wə́:rkədèɪ/ 形《限定》❶ 仕事日の, 平日の ❷ 平凡な, つまらない, 単調な

work·a·hol·ic /wə̀:rkəhá(:)lɪk, -hɔ́:l- | -hɔ́l-/《アクセント注意》<ジ 名 C《口》仕事中毒の人
wórk·a·hòl·ism 名 U 仕事中毒
語源 *work*+alco*holic*(アルコール中毒者)

wórk·aròund 名 C 💻 ワークアラウンド《プログラムやシステムの問題の(特に本質的でなく一時しのぎの)解決策》

wórk·bàg 名 C 裁縫用具入れの袋

wórk·bàsket 名 C バスケット型裁縫箱

wórk·bènch 名 C 仕事台, 作業台

wórk·bòok 名 C ❶ 練習帳, 学習帳, ワークブック ❷ 手引書, マニュアル ❸ 取扱説明書 ❹ 記録簿

wórk·dày 名 C ❶《通例単数形で》《米》1日の就業[労働]時間(数) (《英》working day) ‖ an 8-hour ~ 1日8時間の労働時間 ❷ 仕事日, 就業日, 平日(《英》working day)(↔ holiday) ‖ lost ~*s* (ストなどによる)失われた労働日数 ── 形 =workaday

wòrked-úp 形《口》動揺した, 興奮した

*****work·er** /wə́:rkər/《発音注意》
── 名 (複 **~s** /-z/) C ❶ **働く人**, 仕事をする人; **労働者**, ワーカー (⇨ 類語) ‖ a factory [farm, construction] ~ 工場[農場, 建設]労働者 / an office ~ 事務職員(♦ 日本語の「サラリーマン」はこの表現でよいことが多い) / a rescue ~ 救助隊員 / a research ~ 研究員 / a social ~ ソーシャルワーカー /「a skilled [an unskilled] ~ 熟練[未熟練]工 / a temporary ~ 臨時雇い; 派遣社員
❷《形容詞を伴って》仕事[勉強]ぶりが…な人 ‖ a hard ~ 勤勉家 / a quick [slow] ~ 仕事が速い[遅い]人 / a tireless ~ 疲れを知らずに働く人
❸《口》働き者, 勉強家
❹《the ~s》(資本家に対する)労働者, 労働者階級に属する人 ❺【虫】(=**~ ànt**)働きアリ; (=**~ bèe**)働きバチ

類語《❶》**worker** 一般に働く人・労働者. また(修飾語で示された)特定の種類の仕事をする人. 〈例〉a call for the *workers* of the world to unite 世界の労働者に団結を求める呼びかけ / a part-time *worker* パートタイムで働く人
workingman (専門職の人や高給を得る人でなく)賃金を稼ぐ労働者.
workman 手作業による仕事・労働に従事する人. ふつう特定の技術を持つ人を意味する.
laborer 技術・熟練よりも体力を要する労働に従事する人.

▶▶ **~s' compensátion** 名 U《米》労働者災害補償金 (♦ worker's comp ともいう)

wórk·fàre 名 U 勤労福祉制度《社会保障の見返りに社会奉仕や職業訓練を要求する制度》

wórk·flòw 名 U (会社・工場などの)仕事の流れ

***wórk·fòrce** 名 U/C《通例単数形で》《単数・複数扱い》(一国・一産業などの)労働人口, 総労働力; 総従業員 ‖ In that country much [×many] of the ~ is [OR are] underpaid. その国では労働者の多くが十分な賃金を得ていない / increase [cut] the ~ by 10% 従業員を10パーセント増加[削減]する

wórk·hòrse 名 C ❶ 役馬(えき), 農馬 ❷ 働き者, 馬車馬のように働く人; 耐久性のある機械[乗り物]

wórk·hòuse 名 (複 **-hous·es** /-hàuzɪz/) C ❶《英》(昔の)救貧院 (poorhouse) ❷《米》(軽犯罪者用の)労働刑務所

wórk-ìn 名 C《英》(労働者による)工場管理《労働者が工場を占拠し自主管理すること》

*****work·ing** /wə́:rkɪŋ/
── 形《比較なし》《限定》❶ **働いている**; 肉体労働に従事する; 労働上の ‖ *Working* wives still do more of the housework than their husbands. 仕事を持っている妻は依然として夫よりも多く家事をしている / My ~ **hours** are flexible [from 10 to 6]. 私の勤務時間は自由がきく[10時から6時までだ] / improve ~ **conditions** 労働環境を改善する / have a good ~ relationship with him 彼とよい仕事上の関係にある / the ~ population 労働人口 / a ~ visa ワーキングビザ, 就労ビザ
❷ 実際に使える; 仕事[運用]に役立つ; (数量などが)有効な ‖ She has a ~ knowledge of Chinese. 彼女には中国語の実用的な知識がある / a ~ vocabulary 実際に使える語彙(ごい) / a ~ farm (観光用でない)生産農場 / a ~ model 実用模型 / a ~ title (制作中の映画などの)仮題
❸ (機械などが)作動する, 運転[稼動]中の ‖ the ~ parts of a sewing machine ミシンの可動部分 / the ~ life of a personal computer パソコンの耐用年数
❹ 運営上の, 実務の; (食事などが)仕事を兼ねての ‖ a ~ committee 運営委員会 / ~ expenses 運用費 / a ~ lunch 用談をしながらの昼食
── 名 ❶ U 労働, 作業
❷ C《通例 ~s》働き, 作用, 動き(方); 仕組み, 機能 ‖ the ~*s* of the brain [mind] 脳[心]の働き / the ~*s* of a clock 時計の仕組み ❸ U 操作, 運転 ‖ the smooth ~ of business 事業の円滑な運営 ❹ U 採掘作業; C (~s)(鉱山・石切り場などの)現場, 採掘場 ‖ open-cut ~ 露天掘り採掘作業 / old mine ~*s* 古い鉱山跡

▶▶ **~ càpital** 名 U【会計】運転[営業]資本; (流動資産から流動負債を引いた)実働資本, 正味運転資金; 流動資産 **~ clàss** /英 ⌒⌒/ <ジ (↓) **~ dày** /英 ⌒⌒/ 名 C《主に英》=workday **~ dràwing** 名 C【機】(工事の)施工図, 実施設計図; (機械の)工作図, 製作図 **~ gìrl**

W

名Ⓒ ①《口》女性労働者(中立 worker, employee) ②《婉曲的》売春婦(prostitute) ～ **gròup** 名Ⓒ《単数・複数扱い》(軍隊などの)作業班；作業部会；《英》(議会などの)特別調査委員会 ～ **lìfe** 名Ⓒ 勤労生活 ～ **mèmory** 名Ⓤ ①〖心〗作動記憶《言語処理などの目的達成のために使われる短期の記憶》 ② 作業[ワーキング]メモリ《使用中のデータやプログラムを一時的に保持する記憶装置》 ～ **òrder** /英 ーーーー/ 名Ⓤ (機械などが)運転[作動]できる状態 ‖ be in ～ *order* 正常運転できる状態にある ～ **pàper** 名Ⓒ ① 実態調査報告(書) ②(～s)《米》(未成年者・外国人の)就労許可証, 就業調書 ～ **pàrty** 名Ⓒ《英》=working group ～ **póor** 名《the ～》《集合的に》《複数扱い》ワーキングプア, 低所得労働者 ～ **pràctices** 名複 仕事のやり方[進め方] ～ **stòrage** 名Ⓤ 作業用記憶領域《データを一時的に保存する主記憶装置の1領域》 ～ **wèek** /英 ーーー/ 名Ⓒ《英》=workweek

***wórking-clàss** /英 ーーー/ 形《限定》労働者階級の

***wórking clàss** /英 ーーー/ 名《the ～, the ～es》《単数・複数扱い》労働者階級(♦主に肉体労働者や賃金労働者をいう)

wórking·màn 名(複 **-mèn** /-mèn/) Ⓒ 賃金[肉体]労働者, 職工, 工員(worker)(⇨ WORKER 類語)

wòrking·óut 名Ⓤ 計算, 算出；(計画などの)細部の練り上げ；(一連の)トレーニング；解決；進展

wórking·wòman 名(複 **-wòmen**) Ⓒ 女性労働者, 女子工員(中立 worker)

work·less /wə́ːrkləs/ 形 仕事のない, 失業した；《the ～で集合名詞的に》《複数扱い》失業者たち

wórk·lòad 名Ⓤ (人の)仕事の負担量, (機械の)作業負荷(ふ), (一定期間内に行う)仕事量

***work·man** /wə́ːrkmən/ 名(複 **-men** /-mən/) Ⓒ ❶ 職人, 職工(中立 artisan)；(肉体)労働者(⇨ WORKER 類語) ‖ a skilled ～ 腕のよい職人 ❷《形容詞を伴って》仕事ぶりが…な人 ‖ a good ～ 仕事ぶりのよい人

wórk·man·lìke /-làɪk/ 形 職人らしい, 腕のよい, 手際のよい(中立 skilled, skillful, proficient)

wórk·man·shìp /-ʃɪp/ 名Ⓤ ❶(職人の)技量, 手際, 腕前(中立 expertise, skill) ❷(製品の)出来栄え, 仕上がり(中立 expertness, execution) ‖ a cabinet of fine ～ 見事な出来栄えの戸棚 ❸ 製作品, 細工品；(苦心の)作(中立 handiwork)

wórk·màte 名Ⓒ《主に英》仕事[職場]の仲間

wórk·òut 名Ⓒ (運動競技の)練習, トレーニング, 練習試合；(一般に)運動

wórk·pèople 名Ⓤ《集合的に》《複数扱い》《主に英》労働者, (特に)工員, 肉体労働者(workers)

wórk·pìece 名Ⓒ (製造工程にある)製品[素材]

***work·place** /wə́ːrkplèɪs/ 名Ⓒ (しばしば the ～) 職場, 仕事場

wórk·ròom 名Ⓒ 仕事部屋, 作業室, 工房

wórk·shèet, wórk shèet 名Ⓒ ❶ 企画書；作業記録[計画, 進行]表 ❷ 練習問題用紙；練習問題集の1ページ ❸〖会計〗清算表 ❹ ワークシート《表計算ソフトでデータを入力するます目(cell)から構成される表. → spreadsheet》

:work·shop /wə́ːrkʃɑ̀(ː)p | -ʃɔ̀p/
—名(複 **～s** /-s/) Ⓒ ❶ **仕事場**, 作業場(⇨ FACTORY 類語P) ‖ a crafts [carpentry] ～ 工芸工房[大工の仕事場]
❷ **講習会**, 研究会, ワークショップ；《集合的に》講習会[ワークショップ]参加者 ‖ run a theater ～ 演劇研究会を主催する

wórk·shỳ 形《英》仕事嫌いの, 怠け者の

wórk·sìte 名Ⓒ 工業地域；作業現場, 建設現場

wórk·spàce 名 ❶ⓊⒸ(オフィスなどの) 作業空間 ❷Ⓒ 作業領域《作業用に割り当てたメモリー上の領域》

***wórk·stàtion** 名Ⓒ ❶ ワークステーション《ネットワーク機能を備え, 単独で業務処理が可能な高性能コンピューターシステム》 ❷ 事務机；個人専用の端末コンピューター(のある仕事場)

wórk·tàble 名Ⓒ 仕事台, (引き出し付きの)裁縫台

wórk·tòp 名Ⓒ《英》作業台, (台所の)調理台

wòrk-to-rúle 名Ⓒ《単数形で》《英・カナダ》(労働者の)順法闘争(《米》slowdown)

wórk·ùp 名Ⓒ〖医〗(患者の)精密検査

wórk·wèar 名Ⓤ 仕事着

***wórk·wèek** 名Ⓒ《米》週労働時間[日数] ‖ a 35-hour [5-day] ～ 週35時間[5日]労働(制)(♦単に a 35-hour [5-day] week ともいう)

:world /wəːrld/ 《発音注意》 名 形

中心義 (人が活動する領域としての)世界

—名〔▶ worldly 形〕(複 **～s** /-z/) ❶《通例 the ～》**世界**, 地球(⇨ EARTH 類語) ‖ Which is the longest river **in** the ～? 世界でいちばん長い川はどれですか / I hope to travel around [OR round] the ～. 世界一周の旅をしたい / the ～'s greatest sporting event 世界最大のスポーツ競技大会 / all over the ～=throughout the ～=across the ～=the (whole) ～ over 世界中(至る所で) / gather from「all over [OR around, across] the ～ 世界中から集まる(♦ ×from over the world は不可) / How large is the ～'s population? 地球の人口はどのくらいですか
❷《the ～》(特定の時代・地域の)**世界** ‖ the ancient ～ 古代の世界 / the New *World* 新世界 / the Third *World* 第三世界 / the English-speaking ～ 英語圏 / the Western ～ 西欧世界
❸《the ～》《単数扱い》**世界中の人々**；**世間の人々**；人類, 人間 ‖ In this century it will be very difficult to feed the **whole** ～. 今世紀において世界中の人々を養うことは非常に困難になるだろう / All the ～ knows that the prince is going to get married. だれでも王子が結婚することを知っている / What will the ～ say? 世間の人は何と言うだろうか / the opinion of the ～ 世論
❹《通例 the ～》**世の中**, 世間, 世の習わし, 世事；俗世界, 俗事 ‖ a man [OR woman] of the ～ 世慣れて物わかりのいい人；世の中の経験を積んだ人 / the **real** ～ 現実の世界, 実社会 / **in** an ideal ～ 理想の世界では / as the ～ goes 世間並みに言えば / take the ～ as「it is [OR one finds it] 世の中に順応していく / rise (up) **in** the ～ 出世する / get on **in** the ～ 成功を収める
❺《通例 the ～》(人間の集団としての) 世界, …**界**；上流社会, 社交界 ‖ Workers [Women] of the ～! 労働者諸君[女性の皆さん](♥すべての人々に話しかけるときに用いる) / the business ～ 実業界 / the ～ of sport(s) [politics] スポーツ[政]界 / the great ～ 上流社会 / withdraw from the ～ 社交界を引退する
❻《通例 the ～》(自然界の区分としての)…**界** ‖ the animal [plant] ～ 動物[植物]界
❼Ⓒ (個人的な経験・活動・思考などの)領域, 世界, 範囲；様式, やり方 ‖ Her ～ seems very different from mine. 彼女の世界は私のとはずいぶん違うようだ / She felt her whole ～ collapse because of the accident. 彼女はその事故のため自分の世界全体[物の見方]が崩れるのを感じた / his own ～ of experience 彼自身の経験の世界 / the internal ～ of the individual 個人の内的世界 / a child's ～ of fantasy 子供の空想の世界
❽Ⓒ《通例単数形で》(ある特定の)領域；(芸術作品などに感じられる)特有の場[状況] ‖ Kyoto has a ～ of Japanese traditional arts and architecture. 京都は日本の伝統芸術と建築の世界だ / the high-tech ～ ハイテクの世界
❾Ⓒ この世, 現世；あの世 ‖ this ～ この世 / the next ～=the ～ to come《文》来世, あの世 / the lower ～ 地上の世界, 下界；地獄 / go to a better ～ 他界する / depart [OR leave] this ～ 死ぬ

⑩《通例 the ～》宇宙, 天地；万物, あらゆるもの ‖ the creation of the ～ 天地創造
⑪ Ⓒ (特に生物のいそうな) 天体, 星 ‖ other ～*s* than ours 我々[地球]以外の星 / the possibility of life on other ～*s* 別の星での生命存在の可能性
⑫ Ⓒ〈…の〉多数, 大量, 莫大(ばくだい)〈**of**〉‖ There's a [OR the] ～ *of* difference between ... …の間には天地ほどの違いがある / a ～ *of* faults 山ほどの欠点 / ～*s of* time 莫大な時間 / be「a ～ [OR ～*s*] away from ... …から非常にかけ離れている(♦ 副詞的用法)

(àll) the wòrld and his wífe《英》だれもかれも, 猫も杓子(しゃくし)も
be àll the wórld 〈…にとって〉何より大切なものである〈**to**〉
be wòrlds apárt =*be* POLEs *apart*
brìng ... ìnto the [OR ***thìs***] ***wórld*** 〔子〕を産む；(医者などが)〔赤ん坊〕を取り上げる
còme dòwn [***ùp***] ***in the wórld*** 落ちぶれる[出世する]
còme into the [OR ***this***] ***wórld***《文》(赤ん坊が)生まれる；(本などが)世に出る
dèad to the wórld《口》ぐっすり眠って
*****dò ... a*** [OR ***the***] ***wórld of gòod*** …にとってとてもためになる[有益である]；…を元気にする
for àll the wórld ①《通例 as if, as though, like を伴って》どの点からも…(のようで) ‖ She looked *for all the* ～ like [OR as if she were] a boy. 彼女はどうみても男の子だった ②《否定文で》絶対に(…ない), どうしても(…ない) (♦ all は省略されることもある) ‖ I wouldn't give up this job *for (all) the* ～. 私は絶対にこの仕事を辞めたりしない
give the wórld《口》どんなことでもしたい, 何としてでも…したい〈**for** …のためなら / **to do** …するためなら〉‖ I would *give the* ～ *to* get a car like this. どんなことをしてもこんな車を手に入れたい
gò dówn [***úp***] ***in the wórld*** =*come down* [*up*] *in the world*(↑)
hàve the wòrld at one's féet 大成功して人気を博す
in a wòrld of one's ówn；***in one's òwn wórld*** 考え事をしていて, 周囲に気づかずに
*****in the wórld*** ① 世界(中)で[の], この世の中に；何よりもまず (♥ しばしば強調的に用いる) ‖ I wanted more than anything *in the* ～ to go to bed. 私は何よりもまず寝たかった / have all the time *in the* ～ 時間はたっぷりある ②《疑問詞の直後に置き, それらを強めて》**一体全体**(ever, on earth)(♥ 驚き·困惑を表す) ‖ What *in the* ～ is she going to do? 一体全体彼女は何をやりだすんだろう ③《否定を強めて》全然 (→ CE 4) ‖ Nothing *in the* ～ would convince me. どんなことをしたって私は信じない
mèan àll the wórld =*be all the world*(↑)
mòve dówn [***úp***] ***in the wórld*** =*come down* [*up*] *in the world*(↑)
nòt lòng for this wórld この先そう(命が)長くはない
*****on top of the world*** ⇨ TOP[1](成句)
*****òut of thìs*** [OR ***the***] ***wórld***《口》この世のものとは思えないほど素晴らしい
sèe the wórld 世間を見る, いろいろな人生経験をする ‖ I haven't *seen* much of *the* ～, you know. 私は人生経験が豊富じゃないものですから
sèt the wórld alìght《口》=*set the world on fire*(↓)
*****sèt the wórld on fire***《通例否定文で》《口》世間をあっと言わせる(《英》set the Thames on fire)
sèt [OR ***pùt***] ***the wòrld to ríghts*** いかに世の中をよくするべきか議論する
the bèst [***wòrst***] ***of bóth*** [***áll pòssible***] ***wòrlds*** 両方[あらゆるもの]のよい点[悪い点] ‖ get [OR have, make] *the best of both* ～*s* 両方の利点(だけ)を手に入れる
the ...(s) of thìs wórld …のような(特定の資質を持った)人(たち) ‖ *the* Bill Gates(*es*) *of this* ～ ビル=ゲイツのような成功者(たち)
thìnk the wórld of ... 〔人〕を素晴らしい[好ましい]と思う；…を高く評価する, とても気にかける
wàtch the wòrld gò bý (のんびり)人々の様子を眺める[観察する]
wòrld without énd 永遠に(forever)

COMMUNICATIVE EXPRESSIONS

1 **Hòw gòes the wórld with you?** いかがですか；景気はどうですか(♥ あいさつ)
2 **Hòw's the wòrld (been) tréating you?** どうですか, このところ(♥ くだけたあいさつ)
3 **(It's** [OR **Whàt] a) smàll wórld!** 世間は狭いものだな；奇遇ですね(♥ 思わぬ所で人にばったり会ったときなどに)
4 **Nèver in the wórld!** 絶対にいやだね；とんでもない
5 He **quít thìs wòrld.** 彼は亡くなった(♥ 婉曲表現)
6 **The wòrld dòesn't revólve around you.** 世界はあなたを中心に回っているわけではない；思い上がった人だ
7 **The wòrld is** your **óyster.** この世の中, 何でもあなたの思いのままです；あらゆる可能性があります
8 **Whát's the wòrld cóming to?** 世の中, 一体どうなってしまうことやら(♥ 世の中を憂える不平の表現)
9 **You're létting the wòrld pàss you bý.** ぼーっとしていたら取り残されますよ(♥ 行動を促す)

― 形《比較なし》《限定》世界の, 世界中の；世界的な ‖ a threat to ～ peace 世界平和をおびやかすもの / a ～ champion 世界選手権保持者 / a ～ record 世界記録 / a ～ authority on heart disease 心臓病に関する世界的権威

▸▸**Wòrld Bánk** 名《the ～》世界銀行《正式名称 the International Bank for Reconstruction and Development(国際復興開発銀行). 1944年創設》 **Wòrld Bàseball Clássic** 名《the ～》《商標》ワールドベースボールクラシック《2006年に始まった国別対抗野球大会》 **～ bèat** 名 Ⓤ《楽》ワールドビート《発展途上国の伝統芸能を取り入れた西洋音楽》 **Wòrld Cóurt** 名《the ～》(常設)国際司法裁判所《正式名称 the Permanent Court of International Justice. オランダのハーグ(the Hague)にある》 **Wòrld Cúp** 名 ①《the ～》(サッカーなどの)ワールドカップ《世界一を決めるスポーツの国際大会. 特に4年に1度開催されるサッカーの国際大会》 ② Ⓒ ワールドカップの優勝杯 **Wòrld Énglish** 名 Ⓤ (国際共通語としての) 世界英語 **Wòrld Héritage Sìte** 名《the ～》世界遺産《1972年の世界遺産条約(the Convention Concerning the Protection of World Cultural and Natural Heritage)に基づく》 **～ lánguage** 名 Ⓒ 世界語, 国際共通語；(人工的な) 国際語 **～ mùsic** 名 Ⓤ ワールドミュージック《世界のさまざまな民族音楽の総称. world beat ともいう》 **～ pówer** 名 Ⓒ 世界的強国, 大国 **Wòrld Séries** 名《the ～》《商標》ワールドシリーズ《全米プロ野球選手権試合》 **～('s) fáir** 名 Ⓒ 万国博覧会 **Wòrld Tráde Cènter** 名《the ～》世界貿易センター《ニューヨークにあった2棟の超高層ビル. 2001年9月11日のテロ事件で崩壊》 **～ víew** 名 Ⓒ =world-view **～ wár** (↓) **Wòrld Wàr I** /-wʌ́n/ 名《無冠詞で》第1次世界大戦 (1914-18) (the First World War) **Wòrld Wàr II** /-tú:/ 名《無冠詞で》第2次世界大戦 (1939-45) (the Second World War) **Wòrld Wìde Wéb** 名《the ～》ワールドワイドウェブ《インターネット上で広く利用されているマルチメディア情報検索システム. 略 WWW》

wórld-bèater 名 Ⓒ (ある分野での)第一人者, ずば抜けた人[もの]；《俗》チャンピオン **-bèating** 形
***wòrld-cláss** ⊲ 形 世界で一流の, 世界レベルの
***wòrld-fámous** ⊲ 形 世界的に有名な
world·ling /wə́:rldlɪŋ/ 名 Ⓒ 俗人, 俗物
***world·ly** /wə́:rldli/ 形 〔⊲ world 名〕 ❶《限定》世間の, この世の, 現世の, 浮世の；世俗的な ‖ ～ concerns [OR matters] 世事, 俗事 / ～ success 世俗的成功 / one's ～ possessions [OR goods, wealth] (世俗的) 財産 (♦

人の資質や徳と対比していう) / ～ wisdom 世才，世渡りの術 ❷ 世慣れた，世間を知っている **-li·ness** 名

wòrldly-mínded 形 世俗的な，物欲の強い，名利を追う，俗物根性の

wòrldly-wíse 〈ジ〉 形 人生経験の豊かな，世慣れた

wórld-shàking 形 世界を震撼(しんかん)させる

wórld·vìew 名 C 世界観

***wòrld wár** 名 C U 世界大戦 ‖ the First [Second] *World War* 第1次[2次]世界大戦(♦ World War I[II] ともいう)

wórld-wèary /英 ⌣⌣⌣/ 〈ジ〉 形 厭世(えんせい)的な，世の中がいやになった **-wèariness** 名

***world·wide** /wə̀ːrldwáɪd/ 《アクセント注意》〈ジ〉 形 《通例限定》世界的な，世界中の，世界中に広まった ‖ ～ fame 世界的な名声 / a ～ epidemic [famine] 世界中に広まる疫病[飢餓] ── 副 世界中に[で]，世界的に

***worm** /wəːrm/ 《発音注意》 名 [▶ wormy 形] C ❶ 虫《柔らかくて足のない細長い動物の名称に用いる》；(特に)ミミズ (earthworm) ‖ *Even a worm will turn.* = *The worm will turn.* 《諺》虫けらさえも向かってくる；一寸の虫にも五分の魂 / a segmented ～ 条虫，サナダムシ ❷ (昆虫の)幼虫，青虫，毛虫，イモ虫 ‖ a ～ in the apple リンゴに巣食った虫 ❸ 《～s》寄生虫 (parasite) ‖ Dogs often have ～*s.* 犬にはしばしば寄生虫がいる ❹ 《通例単数形で》⊗《口》《蔑》虫けらのようなやつ，哀れな[浅ましい]人間 ‖ He is just a ～! あいつは虫けらのようなやつだ ❺ 【機】ウォーム《ウォーム歯車を動かすらせん形のねじ》；(蒸留器の)らせん管 ❻ 💻ワーム《ネットワーク中で，自己繁殖しながらダメージを与えるプログラム》

── 動 他 ❶ 《～ one's way, ～ oneself で》(人が)はうように進む，くねくね進む ‖ I ～*ed* my way [through the crowd [under the fence]. 人込みを縫うように[塀の下をはうように]進んだ ❷ 《～ oneself [OR one's way] into ... で》(人が)徐々に取り入って〔信頼・愛情など〕を得る ‖ He ～*ed* himself *into* his boss's confidence. 彼は巧妙に取り入って上司の信頼を得た ❸ 《～ one's way out of ... で》…をまんまと免れる ‖ He ～*ed* his way *out of* the difficulty. 彼は何とかその難局を脱した ❹ 〔秘密・情報など〕を〈…から〉探り出す〈**out of**〉‖ I managed to ～ her cell phone number *out of* her friend. 彼女の友達から彼女の携帯の番号を何とか聞き出した ❺ 〔動物から〕(寄生)虫を駆除する

── 自 《+副句》〈…を〉のろのろ進む，はうように進む〈**through, into, etc.**〉‖ The soldiers ～*ed through* the bushes. 兵士たちはやぶをはうようにして通り抜けた

▸▸ **～ càst** 名 C ミミズの糞(ふん)

WORM /wəːrm/ 名 (＝～ **dìsk**) C 💻1回だけ書き込みのできる光ディスク，ライトワンス (♦ *w*rite *o*nce, *r*ead [*m*any (times) [OR *m*ostly] の略)

wórm-èaten 形 虫の食った，虫食いの；腐った；古ぼけた

wórm·hòle 名 C ❶ (木材などの)虫食い穴 ❷ 【天】ワームホール《black hole と white hole を結ぶ仮説の通路》

wòrm's-èye víew 名 C 虫瞰(ちゅうかん)図，下[低い立場]からの眺め(↔ bird's-eye view)

wórm·wòod 名 U ❶ 【植】ニガヨモギ《リキュールの香りづけ・防虫剤などに用いられる》 ❷ 《文》苦い思いをさせるもの，悲痛な体験

worm·y /wə́ːrmi/ 形 〔◁ worm 名〕 ❶ 虫のついた，虫のわいた ❷ 虫のような；《口》卑しむべき，虫けら同然の

***worn** /wɔːrn/(♦ 同音語 warn) 動 wear[1] の過去分詞
── 形 ❶ 《通例限定》着古した，使い古した，擦り切れた ‖ a pair of ～ shoes 1足の履き古した靴 ❷ 疲れ果てた

wòrn-óut 〈ジ〉 形 ❶ 《限定》着[履き]古して駄目になった，すり切れた；(表現などが)使い古された，陳腐な；時代遅れの ‖ a ～ joke ありきたりのジョーク ❷ 《通例叙述》疲れきった，やつれ果てた(♦ 補語に用いるときは通例 worn out とつづる)(⇨ TIRED 類語)

⁑**wor·ried** /wə́ːrid | wʌ́r-/
── 形 (**more ～ ; most ～**)
(表情などが) **心配そうな** (↔ unworried) (→ worry 動 他 ❷) ‖ a ～ expression 心配そうな表情
～·ly 副

wór·ri·er /-ər/ 名 C 心配性の人

wor·ri·ment /wə́ːrimənt | wʌ́r-/ 名 《主に米》 U 心配，気苦労；C 心配[苦労]の種(anxiety)

wor·ri·some /wə́ːrisəm | wʌ́r-/ 形 ❶ 心配させる，気にかかる ❷ 《主に米》苦労性の，くよくよする

⁑**wor·ry** /wə́ːri | wʌ́ri/ 《発音注意》 動 名

── 動 (**-ries** /-z/ ; **-ried** /-d/ ; **～·ing**)

── 自 **a** 〈…のことを〉**心配する**，悩む，気に病む〈**about, over**〉‖ The tone of her voice made Tim ～. 彼女の声の調子を聞いてティムは心配になった / Fred is always ～*ing about* the results. フレッドはいつも結果を気にしている / Don't ～ *over* things you can't control. 自分ではどうにもならないことで気をもむな / The doctor told me not to ～ too much. あまり気にしすぎないよう医者に言われた

b 《+**that** 節 / **wh** 節》…だろうかと心配する[悩む] (♦ 他動詞ともとれる) ‖ I ～ *that* my mother might get sick. 母が病気になるのではないかと心配だ / She *worried* (*about*) *what* people would say. 彼女は人が何と言うだろうかと気をもんだ

── 他 ❶ 〔人〕を**心配させる**[悩ませる]，くよくよさせる〈**about** …のことで ; **with** …で〉(⇨ BOTHER 類語) ‖ What's ～*ing* you? 何が気がかりなのか / The noise *worried* him. その騒音が彼を悩ませた / She *worried* her grandma *with* a lot of absurd questions. 彼女はばかげた質問をたくさんして祖母を悩ませた / Does it ～ you that you'll have to move? 引っ越さないといけないのが心配なのかい

❷ 《受身形で》心配する，気に病む〈**about, over** …のことで / **that** 節 …ということを / **to do** …して〉‖ Her family is *worried about* what will happen to her. (＝Her family worries about ....) 家族は彼女の身に何が起こるか心配している / Whichever you choose, I'm not *worried*. (＝..., I don't ～.) 君がどちらを選ぼうと気にしない / I was a bit *worried that* she didn't come. 彼女の来なかったことが少し気にかかった / We were *worried to* find he was in the hospital. 彼が入院していると知って我々は心配した

❸ **a** 《～ oneself で》心配のあまり〈…の〉状態になる〈**into, to**〉 **b** 《+目+補〈形〉》〔人〕を心配のあまり…の状態にする (→ CE 2) ‖ Are you all right? I've been *worried* sick. 大丈夫かい，とても心配したよ

❹ (動物，特に犬が)…をくわえて振り回す；…にかみついていじめる ❺ …を何度も触る，もてあそぶ，いじくり回す ‖ ～ a loose button 取れそうなボタンに何度も触る

***wòrry alóng* [OR *thróugh*]** 〈自〉《口》何とか切り抜ける，困難にめげず進む

wórry at ... 〈他〉① 〔問題・難題〕を解こうとして苦心する《**away**》 ② …をいじくり回す；(動物が)…にかみついて振り回す，…をもてあそぶ

wòrry óut ...* / *wòrry ... óut 〈他〉〔解答・解決策など〕を苦心して得る

COMMUNICATIVE EXPRESSIONS

1 **Dòn't wórry about it.** 何でもないことです；どういたしまして(♥ 感謝・謝罪の表現に対する返答)

2 **Dón't wòrry yoursèlf síck.** 心配しすぎないように

3 I (alrèady) **hàve enóugh to wórry about.** 心配事はほかにも(もう)十分あるのに；ただでさえいろいろと心配なのに(♥ さらなる心配事に直面したときの不平を表す)

4 **I should wórry!** 心配なんかするか；私には関係ない

5 **(Pléase) dòn't wórry.** ご心配には及びません；大丈夫ですよ (＝(There's) nothing to worry about. / ＝《英》Not to worry.)

6 **Thàt had me wórried (for a mòment).** (少しの間)心配しましたよ(♥ 安堵(あんど)を表す)

—名 (複 **-ries** /-z/) ❶ U **心配**, 悩み, 気苦労(⇨ ANXIETY 類語) ‖ *Worry* showed on her face. 彼女の顔に気がかりな様子が表れていた / a source of ～ 心配[悩み]のもと / lead a life free from ～ 気苦労のない生活をする

❷ C **悩み事**; 心配事〈**about, over** …についての; **for, to** …にとっての〉‖ Life is full of *worries*. 人生は悩み事ばかりだ / Money is a big ～ *for* many people. お金は多くの人にとって大きな心配事だ / Being overweight is a constant ～ *to* her. 太りすぎがいつも彼女の悩みの種だ

COMMUNICATIVE EXPRESSIONS

7 **Nó wórries.** 《英・豪》気にしないで(♥ 感謝・謝罪への返答. =《英》Not to worry. / =No problem.)

▸▸ **～ bèads** 名 複 悩みの数珠《気を鎮めるために触る数珠》‖ work ～ *beads* 気を鎮めるため数珠に触る

***wor·ry·ing** /wɔ́ːriɪŋ | wʌ́r-/ 形 気がかりな, 心配な, やっかいな ‖ It's ～ that her health hasn't improved. 彼女の健康状態がよくなっていないのは気がかりだ / have a ～ time 気をもむ **～·ly** 副

wórry·wàrt /-wɔ̀ːrt/ 名 C 《米口》心配[苦労]性の人(《英俗》worry(-)guts)

****worse** /wəːrs/ 《発音注意》

—形 《bad, ill の比較級. 最上級は worst》(↔ better)

❶ 《bad の比較級》**より悪い**, より劣った, いっそうひどい, もっと不利な ‖ The results of the exam were **much** [OR far] ～ than I had expected. テストの結果は予想していたよりずっと悪かった / Things are **getting** ～ and ～. 事態はますます悪化しつつある / Doesn't it **make** matters ～ for you to mediate in the dispute? 君がその論争の仲裁に入るのは事態をさらに悪くさせないか / The food in the new restaurant is bad, but the service is **even** ～. あの新しいレストランの食べ物はまずいが, サービスはもっと悪い / There could be no ～ misfortune. これ以上の不運はあり得ないだろう

❷ 《ill の比較級》《叙述》**より悪化して** ‖ The patient is ～ today. 患者の容態は今日は悪くなっている / feel a little ～ 少し気分が悪い

(*and*) *whàt is wórse* 《しばしば文頭で挿入句的に》 NAVI さらに悪いことには(→ 副 ❸) ‖ *What was* ～, it started to snow. さらに悪いことには, 雪が降ってきた

be nòne the wórse for ... …にもかかわらず同じ状態である, …に悪い影響を受けずにいる ‖ He *was none the* ～ *for* having slept for only three hours. 彼は3時間しか寝ていなかったが全く元気だった

to màke màtters [OR ***thìngs***] ***wórse*** NAVI =(*and*) *what is worse*(↑)

wòrse still [OR ***yét***] 《文頭で挿入句的に》さらに悪いことに

COMMUNICATIVE EXPRESSIONS

1 **It could be wórse.** まあまあだ(♥「元気か」などへの返答.「場合によってはもっと悪いこともあり得るところだが」の意)

2 **It còuld have been wórse.** 不幸中の幸いだ

3 **Wòrse lúck!** ついてないなあ(♥ 不運な目に遭ったときに)

—副 ❶ 《badly, ill の比較級》**より悪く**, いっそう劣って ‖ You are playing ～ than ever. 君の演奏[プレー]は今までよりいっそうまずいね

❷ **よりひどく** ‖ The wind is blowing ～ than before. 風は前にも増してひどく吹いている

❸ 《文修飾》 NAVI もっと悪いことには(♦ 通例文頭に置かれ, しばしば even worse, worse still のように強意の修飾語を伴う) ‖ Nobody knew what was happening. Even ～, nobody seemed curious. 何が起こっているのかだれも知らなかった. もっと悪いことには, だれも関心がないようだった

be wòrse óff 暮らし向き[状況]がいっそう悪い

can [OR ***could***] ***dò wórse than dó*** 《口》…するのも悪くない, 結構なことだ ‖ You *could do* ～ *than* join now. 今入会するにこしたことはなかろう

nòne the wórse 〈…にもかかわらず〉少しもかわらずに, やはり〈**for**〉‖ I like him *none the* ～ *for* his faults. 欠点はあるがやっぱり私は彼が好きだ

—名 U **もっと悪いこと** ‖ I have ～ to tell. もっと悪い知らせがある / It was bad enough, but ～ followed. それだけでもひどかったが, いっそうひどいことが続いた

for the wórse 悪い方へ ‖「take a change [OR change] *for the* ～ 悪化する

***wors·en** /wɔ́ːrsən/ 動 自 より悪くなる, 悪化する ‖ The situation ～*ed* rather than improved. 事態はよくなるどころかいっそう悪くなった —他 …をより悪くする, 悪化させる **～·ing** 名 形

***wor·ship** /wɔ́ːrʃəp | -ʃɪp/ 《発音注意》 名 U ❶ (神・神聖なものに対する)崇拝; 礼拝(式), 参拝 ‖ practice ancestor ～ 祖先を崇拝する / the ～ of idols 偶像崇拝 / perform an act of ～ 礼拝を行う / bow one's head in ～ 頭を下げて祈る / She attends ～ on Sundays. 彼女は毎週日曜日に礼拝に出席している ❷ (一般に)尊敬, 敬慕, 崇拝 ‖ The girl looked at him with ～ in her eyes. 少女は崇敬のまなざしで彼を見た / the ～ of wealth 富の崇拝 / an object of ～ 崇拝の対象 / hero ～ 英雄崇拝 ❸ 《通例 W-》《主に英》閣下《治安判事・市長などに対する敬称》‖ Your *Worship* 閣下(♥ 二人称として呼びかけに使う) / They sent a petition to His [Her] *Worship* the Mayor. 彼らは市長閣下に陳情書を送った(♦ 三人称では男性なら His ～, 女性なら Her ～ を使う)

—動 (**～ed**, 《英》**-shipped** /-t/; **～·ing**, 《英》**-shipping**) 他 ❶ …を崇拝する; …を礼拝[参拝]する ‖ ～ God 神を敬う ❷ …をあがめる, 熱愛する ‖ ～ money 金を崇拝する —自 礼拝[参拝]する, 礼拝に出席する

wor·ship·er, 《英》**-ship·per** /wɔ́ːrʃəpər | -ʃɪpə/ 名 C (宗教的な)崇拝者; 礼拝者, 参拝者; (一般に)崇拝者, 礼賛者

wor·ship·ful /wɔ́ːrʃəpfəl | -ʃɪp-/ 形 《限定》 ❶ 信心深い, 敬虔(けいけん)な ❷ 《W-》《英》尊敬すべき, 名誉ある, 高名な《市長・職人集団に対する尊称》‖ the Most [OR Right] *Worshipful* Mayor of ... …市長閣下

～·ly 副

***worst** /wəːrst/ 《発音注意》 形 《bad, ill の最上級》《通例 the ～ で限定的に》最悪の, 最も劣った[ひどい, 不利な](↔ best) ‖ That's the ～ film I've ever seen. あれは今まで見た中でいちばんひどい映画だ / This is the ～ crop in ten years. これはこの10年間で最悪の収穫高だ / *The* ～ *wheel of the cart creaks most.* 《諺》荷車のいちばん悪い車輪がいちばんよくきしむ; 下手の道具選び

còme òff wórst 敗れる, 負ける

in the wòrst wáy 《米口》ひどく, 非常に ‖ She wanted the dress *in the* ～ *way*. 彼女はそのドレスがのどから手が出るほど欲しかった

—名 《the ～》最も悪いこと, 最悪の事態 ‖ The ～ of it is that she knows nothing of the world. いちばん困るのは彼女が全く世間知らずな点だ / prepare for the ～ 最悪の事態に備える / fear [expect] the ～ 最悪の事態を恐れる[覚悟する]

at ...'s wórst (…が)最悪の状態で

****at*** (***the***) ***wórst*** 最悪の場合は; どんなに悪くても ‖ *At the* ～ our team should finish third. 最悪でも我がチームは3位になれるだろう

brìng òut the wórst in a pèrson 〔人〕の最も悪い点を引き出す

****if*** (***the***) ***wòrst còmes to*** (***the***) ***wórst*** 最悪の事態になったら(♦《米》では通例 the を省略する)

COMMUNICATIVE EXPRESSIONS

1 **Dò your wórst!** やれるものならやってみろ

W

2 **I gòt** [OR **hàd**] **the wórst of it.** 負けてしまった
3 **Lèt** him **dò** his **wórst.** やりたい放題にさせておけ

── 副 《badly, ill の最上級》最も悪く, ひどく ‖ Many people suffered, but she suffered (the) ~. 多くの人が苦しんだが, 彼女が最も苦しんだ / Small companies are ~ hit by the recession. 中小企業が不景気で最も打撃を受けた / the ~ injured soldiers 最も重傷の兵士たち

wòrst of áll 《文修飾》いちばん悪い[困った]ことに

── 動 他 《通例受身形で》負ける, 敗北する

wórst-càse 形 (想定される) 最悪の場合 [状態] の ‖ the ~ scenario 予想される最悪の筋書

wor·sted /wʊ́stɪd/ 名 U ❶ 梳毛(そもう)糸《よりの強い毛糸》 ❷ ウーステッド (❶ の毛織物)

── 形 梳毛糸[織物]製の ‖ a ~ suit ウーステッドのスーツ

wòrst-éver 形 《限定》今までで最悪の

wort¹ /wəːrt/ 名 U 麦芽汁《ビール・ウイスキーの原料》

wort² /wəːrt/ 名 C 《通例複合語で》植物, 草本, 草

***worth** /wəːrθ/ 《発音注意》 形 名

── 形 《比較なし》《叙述》(♦ ❷ c を除き, 後に目的語として (代) 名詞や動名詞が続く. したがって前置詞とみなすこともできる) ❶ 《+目》(特に金銭的な) **価値がある**, …の値打ちがある (↔ worthless) ‖ His property is ~ $500,000 [a fortune]. 彼の土地は50万ドルの値打ちがある [大きな価値がある] / 「How much [OR What] is that picture ~? その絵はいくらの価値がありますか / The car is not ~ what you paid for it. その車は君が支払った金額だけの価値はない / The pot is not ~ a damn [OR darn]. そのつぼは何の価値もない(♦ darn の方が婉曲的) / *A bird in the hand is ~ two in the bush.* 《諺》手中の1羽の鳥はやぶの中の2羽の値打ちがある ; 明日の百より今日の五十

❷ **値する a** 《+*doing*》…するに値する (♦ *doing* は他動詞または「自動詞+前置詞」で, その目的語は文の主語と同じものになる) ‖ The book is ~ reading [×to read]. (=It is ~ reading the book.) その本は読む価値がある / Beth isn't ~ getting angry with. ベスには腹を立てるだけの価値はない (♥「ベスに腹を立てても始まらない」の意) / The Rockies are (**well**) ~ visiting. ロッキー山脈は訪れるだけの値打ちが (十分) ある (♦ 強調には well を用いる. ×very worth は不可) / This symphony is ~ listening to over and over again. この交響曲は何度も繰り返して聞く価値がある / *Whatever is ~ doing at all, is ~ doing well.* 《諺》いやしくもするに足ることなら立派にやり遂げる価値がある

b 《+目》…に値する (♦ 目的語は名詞・代名詞で動作を表すことが多い) ‖ I'm not sure if I can complete the marathon, but I think it's ~ a try. マラソンで完走できるかどうかわかりませんが, やってみる価値はあると思います / Success is not ~ the sacrifice of your health. 健康を損なうような成功は意味がない / Don't cry. It's not ~ it. 泣くな, 泣いても無駄だよ

c 《It is ~ *doing* で》…することは価値がある (♦ (1) It は形式主語, *doing* が真主語. この用法では worth は目的語をとらない. (2) It is worth while 「to *do* [OR *doing*] も同じ意味を表す. → *worth* (*a person's*) *while* (↓)) ‖ It isn't ~ repairing your computer. (=Your computer isn't ~ repairing.) 君のコンピューターは修理するだけの価値がない / Is it ~ our visiting the Louvre? ルーブル美術館は行ってみる価値がありますか (♦ our は visiting の意味上の主語) / It isn't far. It's not ~ taking a taxi. 遠くないので, タクシーに乗るまでのことはない

❸ 《+目》(人が) …の財産 [資産] がある ‖ He's ~ millions [OR a fortune]. 彼は大金持ちだ

語法 ☆☆ 「ディズニーランドは行くだけの価値がある」は worth を用いると次のようにいくつかの表し方がある.
(1) Disneyland is **worth** visiting.
(2) It is **worth** visiting Disneyland.
(3) It is **worth** while 「to visit [OR visiting] Disneyland.
(4) Visiting Disneyland is **worth** while.
なお, ×Visiting Disneyland is worth. や ×Disneyland is worth visiting it. は不可.

for àll one is wórth 《口》(人の) 力の限り, 精いっぱい ‖ Run *for all* you *are* ~. 力いっぱい走れ

for whàt it is wórth どのくらいの価値 [有用性] があるかは別として(ともかく)(♥ 自分の見解を他者に押しつけないことを強調する. インターネットでは FWIW と略す) ‖ *For what it's* ~, here's my report. お役に立つかわかりませんが, これが私の報告書です

****wòrth*** (*a pèrson's*) ***while*** (人が) 時間 [労力] をかけるだけの価値 [意義] がある (♦ (1) worth while は worthwhile と1語につづる方がふつう. (2) しばしば it is worth (a person's) while 「to *do* [OR *doing*] の構文になる) ‖ It is ~ *while* 「to read [OR reading] this book. この本は読むに値するものだ / I'm sure it'll be ~ your *while* to attend today's party. 今日のパーティーはきっと出席するだけの価値はありますよ / The two days' discussion was ~ *while*. 2日間の討議はそれだけの価値があった / If you do some gardening for me, I'll make it ~ your *while*. 庭仕事をしてくれたら, 十分にお礼をしますよ

COMMUNICATIVE EXPRESSIONS

1 **It isn't wórth it** [**the tróuble, your whíle, bèating your bráins out (for), a hìll of béans**]. そんなことやる[労力をかける, 時間を費やす, 悩むほどの, 豆粒ほども]価値はないよ

2 **Whàt's it wórth?** いくらくれるの(♥ 報酬を尋ねる)

── 名 U ❶ (金銭上の優れた) **価値** ; (物の) 値打ち, 有用性, 重要性 ; (人の) 真価(⇨ VALUE 類語) ‖ Her tiny diamond ring has little real ~. 彼女の小さなダイヤモンドの指輪には大した値打ちはない / a person of great ~ 大変有為な人 / This software should **prove** its ~ in the first month. このソフトウェアは1か月のご使用でその価値がわかると思います

❷ (金額・日時など)〈…の〉相当のもの[分量]〈**of**〉(♦ 通例金額・期間を表す語句の所有形を伴う) ‖ five dollars' ~ *of* gasoline ガソリン5ドル分 / two days' ~ *of* food 食料2日分 ❸ 財産, 富 ‖ his net ~ 彼の純資産

get one's money's worth ⇨ MONEY(成句)

***worth·less** /wə́ːrθləs/ 形 価値のない, 無益な ; 役立たずの, 無用の, 見下げ果てた ‖ He began to feel ~ after his retirement. 退職後彼は自分が無用の人間のように感じ始めた / a ~ character [fellow] 見下げ果てた人[やつ] **~·ly** 副 **~·ness** 名

***worth·while** /wəːrθhwáɪl/ 《アクセント注意》 <シ> 形 (**more ~ ; most ~**) やりがいのある, 骨折りがいのある, 相当な, 立派な(♦ 補語に用いる場合 worth while とも書く. ⇨ WORTH (*a person's*) *while*) ‖ It's ~ taking [OR to take] the trouble to carry out the project. その事業は苦労をしてもやってみる価値はある / a ~ job やりがいのある仕事 / a ~ book 読む価値のある本

***wor·thy** /-wəːrði/ 《発音注意》 形 ❶ (**-thi·er ; -thi·est**) 《叙述》 **a** 《+**of** 名》…にふさわしくて, 値して(→ -worthy) ‖ His performance isn't ~ *of* a master. 彼の演奏は巨匠らしからぬものだ / I'm afraid I'm not ~ *of* her. 僕は彼女にはふさわしくないと思う / a person ~ *of* respect 尊敬に値する人 (=a person worth respecting) / a report ~ *of* notice 注目に値する報告 / words ~ *of* the occasion その場にふさわしい言葉

b 《+**to** *do*》…するに値する ‖ I'm not ~ *to* accept such an honor. 私はそのような栄誉を受けるに値しません / the issues ~ *to* be considered 考慮に値する問題

❷ 《限定》価値のある, 立派な, 尊敬すべき(♥「立派だが面白みに欠ける」という意味合いを含むことがある) ‖ a ~ cause 立派な目的 / a ~ opponent (競技・論争などでの) 不足

W

のない相手

COMMUNICATIVE EXPRESSIONS

1 **I'm** [OR **We're**] **nòt wórthy!** 私（ども）のような者がここにいるのは恐縮です（♥ 著名な人と同席する際などに）

2 His propósal **is at léast wòrthy of** consideràtion. 彼の提案は少なくとも考慮する価値はあります

—名（複 **-thies** /-z/）C《通例 -thies》立派な人，名士；《しばしば戯》お偉いさん ‖ local *worthies* 地元の名士

-thi·ly 副 **-thi·ness** 名

-worthy /-wə̀ːrði/ 連結形「…に値する；…にふさわしい；…に耐える」の意 ‖ blame*worthy*, news*worthy*（報道価値のある），sea*worthy*（(船が)航海に適する）

wot /wɑ(ː)t | wɔt/ 代 形 副 間《英口》=what（♦ 非常にくだけた，またはおどけた会話文で用いる）

Wo·tan /vóutɑ̀ːn/ 名 =Odin（→ Woden）

wot·cha¹ /wɑ́(ː)tʃə | wɔ́t-/ 間《英口》よう，元気？（♥ 親しみを込めたあいさつ）（♦ What cheer? の短縮形. wotcher ともいう）

wot·cha² /wɑ́(ː)tʃə | wɔ́t-/ what are [have, do] you の短縮形

***would** /弱 wəd；強 wʊd/（♦ 強形の同音語 wood）

中心義 **現在や現実から距離をおいて…する**

—助（短縮形 **'d** /d/；否定形 **would not**, **wouldn't** /wʊ́dnt/, **'d not**）**I【直説法】** ❶《時制の一致》（♦ 間接話法において will¹ の過去形として用いる. will の各種の意味に対応する）‖ He said he ～ be seventeen the next [OR following] month. 彼は翌月 17 歳になると言った（=He said, "I will [《英》shall] be seventeen next month."）（♦《英》では直接話法の shall は，間接話法で主語が二・三人称に代わると would になることが多い. ⇨ 語法 (2)）/ I asked him when I ～ [《英》should] know the result. いつ結果がわかるか彼に聞いた（=I said to him, "When will [《英》shall] I know the result?"）（♦ 単純未来の間接話法で主語が一人称の場合，《英》では直接話法の shall に対して should が用いられることがある）/ I thought I ～ have finished my homework by evening. 夕方までには宿題を終えているだろうと思った / The girl said she ～ do her best. 少女は最善を尽くすつもりだと言った（=The girl said, "I will do my best."）/ He asked me if I ～ help him. 彼は手伝ってくれないかと私に聞いた（=He said to me, "Will you help me?"）（♦ He said to me, "Would you help me?" の間接話法でもある. → ❽）

語法 ☆☆ (1)《米》では単純未来ではすべての人称に would を用いる.
(2)《英》では単純未来の一人称には should，二・三人称には would を用いるのが正しいとされてきたが，最近特に《口》では would, 'd を用いる傾向がある（⇨ WILL¹ ❶ 語法 (1)).

❷《過去の主張・拒絶》**どうしても…しようとした**（♦ 通例否定文で用い，強い拒絶を意味する. would に強勢を置いて肯定文で用いることもある）‖ He *wouldn't* tell the whole story. 彼は一部始終を話そうとはしなかった / The door *wouldn't* open. 戸はどうしても開かなかった

❸《過去の習慣》**(よく)…したものだった**（⇨ USED¹ 類語）‖ We ～ talk for hours. 私たちはよく何時間も話したものだった / When I was young, I ～ often go surfing in Waikiki. 若いころはよくワイキキにサーフィンに行ったものだ

語法 ☆☆ (1) used to *do* と異なり，状態を表す動詞とともには用いない（→ used¹).
(2) often, sometimes, always, for hours などの副詞（句）を伴うことが多い.

II【仮定法とそれに由来する用法】 ❹《条件節を伴って》
a《仮定法過去の帰結節で》《would＋原形動詞》《意志を含んで》…**するのだが**；《意志を含まずに》…**だろうに**（♦ 現在の事実と異なる仮定や有り得ないような仮定を表す）‖ I ～ help you if I could. できるものならお助けするのですが（=I am sorry I can't help you.）/ I ～ ask a lawyer for advice if I were you. 私なら弁護士に助言を求めるのだが / It ～ be a pity if he did not see his wife while she is here in Japan. 彼が奥さんが日本にいるうちに会えないとしたらかわいそうなことだ

b《仮定法過去完了の帰結節で》《would have＋過去分詞》《意志を含んで》…**しただろうに**；《意志を含まずに》…**だっただろうに**（♦ 過去の事実と異なる仮定を表す）‖ If he had taken that plane, he ～ have been killed. その飛行機に乗っていたら，彼は死んでいただろう

c《without ... や but for ... などの条件を表す語句とともに》…だろうに[だったろうに] ‖ Without financial support, swimmers *would*n't be able to go to the Olympics. 経済的支援がなければ，水泳選手たちはオリンピックに出場することができないだろう / But for your advice, I ～ have failed. あなたの忠告がなかったら，私は失敗していたでしょう

❺《条件節を伴わずに》…**するのだが**；…**だろうに[だったろうに]**（♦ 文脈から明らかな場合や裏に隠された条件を推定できる場合には，条件節をしばしば省略する）‖ I *would*n't worry about the exams.（=If I were you, I *would*n't worry about the exams.）僕なら試験のことでくよくよしないね（♥ 助言を表す. → CE 1）（♦ 仮定法過去完了にすると批判・非難の意味になる.〈例〉I *would* never have done that. 僕なら決してそうはしなかったのに）/ He ～ be surprised to hear that.（=He ～ be surprised if he heard that.）それを聞いたら彼は驚くでしょう / I ～ have sewn the button on for you. 私が代わりにボタンをつけてあげたのに

❻《I wish, If only などで導かれる従属節中で》…**してくれれば（いいのだが），…してくれさえすれば（いいのだが）**（→ *Would that* ...（↓））‖ I wish you ～ help us. あなたが手伝ってくれたらいいのですが / If only he ～ be a little more careful. 彼がもう少し気をつけてくれさえすればいいのだが

❼《目的》《so that, in order that で導かれる節中で》…するように，…できるように ‖ I called him immediately so that he ～ know the result. 結果を知らせるためすぐ彼に電話した

❽《二・三人称の主語とともに疑問文・条件節で》**a** …**していただけませんか**（♥ 丁寧な依頼）；…でしょうか；…してもらえるならば（→ CE 2）‖ "*Would* you please open the window?" "Certainly."「窓を開けてくださいませんか」「いいですとも」（♥ Will you ...? より丁寧な表現）/ *Would* you do me a favor? お願いがあるのですが / Do you think it ～ be all right if I asked him to help me? 彼に手伝ってくれるようお願いしてもいいでしょうか / *Would* you mind reading the passage for me, please? その一節を代わりに読んでくださいませんか（⇨ MIND）

b …**なさいませんか**；…はいかがでしょうか（♥ 丁寧な勧誘）‖ *Would* you like to stay for dinner (with us)? ゆっくりなさって夕食を召し上がっていきませんか / *Would*n't it be nice to go for a drive? ドライブに出かけたら素敵じゃないですか / What ～ you like to drink? 飲み物は何になさいますか

❾《婉曲的表現》**a**《think, say, imagine などを伴って》**(おそらく)…だろう[でしょう]**（♥ 控えめな意見表明）‖ I'*d* say it will take about half an hour. まあ 30 分くらいかかるでしょうか / "Where does he come from?" "I *would*n't know."「彼はどこの出身ですか」「私にはわかりかねます」/ I'm sure you'*d* agree that she is the best dancer. 彼女が最高のダンサーであることに同意していただけると思います / The total ～ seem to be wrong. どうも合計が間違っているようですが

b《一人称の主語で like, prefer などを伴って》…したいのですが（♥ 控えめな要求・提案）‖ I ～ like a coffee, please. コーヒーを頂きたいのですが / I'*d* be happy to help you. 喜んでお手伝いいたします / I ～ have liked to tell you more about the trip. その旅行についてはもう少しお話ししたかったのですが (♦ 実現しなかった出来事を表す. I would like to have told you ... の形もある)

⓾《疑問詞とともに用いて》(一体)…であろうか (♥ しばしば反語的に困惑・意外感を表す) (→ should ❻) ‖ Why ～ anyone want to live in a desert? どうして砂漠などに住もうと思う人がいるのでしょう / Who ～ have thought a thing like that would happen? そんなことが起こるとはだれが考えただろうか

⓫ (驚くべき事実などについて)…だろう (♦ 二人称の主語とともに know, guess などを用いた否定文で用いる)(♥ 不可能な推測を表す) ‖ Actually, Bill has an enormous talent for music, although you ～ never guess it. 想像できないでしょうが, 実はビルにはずば抜けた音楽の才能があるのです

⓬《would に強勢を置いて》いつも[決まって]…するのだから (♥ 通例いら立ちを表す) ‖ The bus ～ come late, just when I'm in a hurry. 急いでいるときに限っていつもバスが遅れて来るんだから / Mom ～ say that, *would*n't she? お母さんはいつもそう言うんだよね

would rather ... ⇨ RATHER(成句)

Wóuld that ... 《文》…ならよいのに (I wish) ‖ *Would that* he were still alive. 彼がまだ生きていたらいいのに

COMMUNICATIVE EXPRESSIONS

1 "Do you thìnk I should bùy thìs cár?" "**Í would [wouldn't].**" 「この車, 買った方がいいと思うかい」「私なら買う[買わない]な」(♥ 助言を与える)

2 **If you wóuld(, plèase).** ① よろしければそうしてください(♥ 申し出や提案に対する承諾・同意. =Would you (please)?) ② どうかお願いします(♥ 頼み事)

3 **Wòuld if I cóuld, but** I cán't. できるならやりますが, 残念ながらできません(♥ 誘いや提案などに対して)

4 "I'm gòing to sèt his hòuse on fíre!" "**You wóuldn't (dò thát)!**" 「あいつの家に火をつけてやる」「まさかそんなことしないでしょ」(♥ 信じられない気持ち)

wóuld-bè 形《限定》自称の, 独りよがりの, …気取りの；…になるつもりの, …志望の；…未遂の ‖ a ～ journalist 記者志望者 / his ～ wife 彼の妻になると決めている女性 / ～ rape 暴行未遂 ―名 C《口》志望者, (何かにあこがれるだけの)気取り屋, 独りよがり

***would·n't** /wʊ́dnt/ 《口》 would not の短縮形

wouldst /wʊdst/ 助《古》 will の直説法二人称単数過去形(♦ thou とともに用いる)

***would've** /wʊ́dəv/ would have の短縮形

‡**wound**¹ /wuːnd/ 《発音注意》

―名 (複 **～s** /-z/) C ❶ (刃物・銃弾などによる)**傷**, 負傷 ‖ The soldier lay with a ～ 「**in** the chest [to the neck]. 兵士は胸に[首に]負傷して倒れていた / My ～*s* have healed completely. 私の傷は完全に治った

連語 【形/名+～】 a serious ～ 重傷 / 「an open [OR a gaping] ～ ぱっくりと口の開いた傷 / a bullet [OR gunshot] ～ 銃創 / a stab ～ 刺し傷 【動+～(+前)】 heal a ～ 傷を治す / clean a ～ 傷を洗浄する / receive [OR suffer] a ～ 傷を負う / inflict a ～ on ... …に傷を負わせる

❷ (精神的な)痛手, 苦痛, 侮辱 ‖ deep psychological [OR mental] ～*s* 深い精神的な痛手 / the ～s of divorce 離婚の痛手

lìck one's wóunds (受けた打撃から)立ち直ろうとする

「***òpen up*** [OR ***reòpen***] ***òld wóunds*** つらい[不快な]ことを思い出させる

―動 (**～s** /-z/; **～·ed** /-ɪd/; **～·ing**) 他 ❶〔人〕を**傷つける**, 負傷させる；《受身形で》負傷する(⇨ INJURE 類語P) ‖ The gunman ～*ed* five people. 銃を持った男が5人を負傷させた / He was **badly** [OR **seriously**] ～*ed* in the leg. 彼は脚に重傷を負った

❷〔感情など〕を**害する**, 傷つける；《受身形で》傷つく ‖ Your refusal ～*ed* my pride. あなたに拒絶されて私のプライドは傷つきました / Judy was [OR felt] deeply ～*ed* by his joke. 彼の冗談にジュディは深く傷ついた

***wound**² /waʊnd/ 《発音注意》 動 wind², wind³ の過去・過去分詞

wound·ed /wúːndɪd/ 形《限定》(♦ 叙述用法については ⇨ WOUND¹ 動 他) ❶ 傷つけられた, 負傷した；《the ～ で集合名詞的に》《複数扱い》負傷者たち ‖ a ～ soldier 負傷兵 / the dead and (the) ～ 死傷者 ❷ (感情・名声などが)傷つけられた ‖ one's ～ pride 傷ついたプライド

▸▸**Wòunded Knée** 名 ウーンデッドニー《サウスダコタ州南西部の村. ここで1890年12月29日200人を超える Sioux 族(北米先住民)が連邦政府軍に殺された》

wound·wort /wúːndwə̀ːrt/ 名 C 〔植〕 傷の治療に用いた草の総称《カッコウソウなどシソ科の植物》

wove /woʊv/ 動 weave の過去

▸▸**～ pàper** 名 U (網目透かし入りの)上質紙

wo·ven /wóʊvən/ 動 weave の過去分詞の1つ

***wow**¹ /waʊ/ 《口》 間 わあ, まあ, ああ(♥ 驚き・喜び・嫌悪などを表す) ‖ *Wow*! That's great! わあ, すごいや ―名 C《単数形で》(演劇などの)大成功, 大当たり(hit)；(思わず wow と声を上げるような)すごいこと, 美女 ―動 他〔観衆など〕を〈…で〉わっと沸かせる, あっと言わせる〈**with**〉

▸▸**～ fàctor** 名 C《単数形で》《口》あっと言わせるような長所, セールスポイント

wow² /waʊ/ 名 U ワウ(flutter)《レコード・テープの回転むらによる再生音のうねるようなゆがみ》

wow·ser /wáʊzər/ 名 C《豪・ニュージ》他人の楽しみに水を差す人, 座をしらけさせる人

WP, w.p. 略 *w*ord *p*rocessing, *w*ord *p*rocessor ; *w*eather *p*ermitting ; 〔法〕 *w*ithout *p*rejudice

WPC 略 *w*oman *p*olice *c*onstable《(英国の)女性警官》

wpm 略 *w*ords *p*er *m*inute《1分間のタイプ打字数》

WRAC /ræk/ 略 *W*omen's *R*oyal *A*rmy *C*orps《(英国の1993年までの)陸軍婦人部隊》

wrack¹ /ræk/ (♦ 同音語 rack) 動 =rack¹ 他 ❶, ❷, ❺

wrack² /ræk/ (♦ 同音語 rack) 名 ❶ C《方》《古》(打ち上げられた)難破船；U 難破船の残骸(ざんがい) (wreckage) ❷ U 波打ち際に打ち上げられた[生えている]海草 ❸ U 破滅, 滅亡, 破壊(rack) ‖ go to ～ and ruin 破滅する

WRAF /ræf/ 略 *W*omen's *R*oyal *A*ir *F*orce《(英国の1994年までの)空軍婦人部隊》

wraith /reɪθ/ 名 C ❶ (人の死の直前や直後に現れるという)生霊(いきりょう) ❷ 幽霊, 亡霊；影 ❸ やせこけた人；立ち上る煙[蒸気]

wran·gle¹ /rǽŋgl/ 動 自 〈…と〉(激しく)口論する〈**with**〉, 〈…について〉言い争う〈**about, over**〉 ―他 …を説き伏せる；言い争って…を勝ち取る ―名 C 激しい口論, 論争

-gling 名

wran·gle² /rǽŋgl/ 動 他《米・カナダ》〔馬など〕を駆り集める, 〔馬など〕の番をする

wran·gler¹ /rǽŋglər/ 名 C 激しく口論する人, 論争者

wran·gler² /rǽŋglər/ 名 C ❶《米・カナダ口》カウボーイ, (特に牧場の)乗用馬係；(映画ロケ地での)動物世話係 ❷《W-》《商標》ラングラー《米国のジーンズブランド》

‡**wrap** /ræp/ 《発音注意》(♦ 同音語 rap)

―動 (**～s** /-s/; **wrapped** /-t/; **wrap·ping**)

―他 ❶〔物・体など〕を〈…で, に〉**包む**, くるむ《*up*》(↔ unpack) 〈**in**〉 ‖ She *wrapped* (*up*) a parcel and took it to the post office. 彼女は小包を包装して郵便局に持って行った / Would you like your purchases *wrapped*? お買い上げの商品は包装いたしましょうか / I *wrapped* (*up*) the present *in* green paper. 私はプレゼントを緑の包装紙で包んだ / She *wrapped* herself *in* a bath towel. 彼女はバスタオルで体を覆った

❷〔布・紙・衣類など〕を〈…に〉巻きつける；〔腕など〕を〈…に〉回す〈**around**〉 ‖ I *wrapped* a towel *around* myself. 私は体にタオルを巻いた

❸ …を〈…で〉包み［覆い］隠す（↔ uncover）〈**in**〉‖ a town *wrapped in* fog 霧に包まれた町 / a riddle *wrapped in* mystery 秘密に包まれたなぞ
❹💻〔行末の語など〕を自動的に次行へ送る
— 自 ❶ 〈…に〉巻きつく〈**around**〉‖ A vine *~s around* the tree. ツタが木に巻きついている
❷《口》(撮影などが)終了する
❸💻(行末の語などが)自動的に次行送りになる
**be wràpped úp in ...* …に夢中である，没頭している（→ CE 2）‖ *be wrapped up in* one's thoughts [work] 自分の考え［仕事］に没頭している
wràp À aròund B́ 〈他〉①⇨ 他 ❷ ②《口》*A*(車)を*B*(木など)にぶつけて壊す
wràp a pèrson aròund [OR ***ròund***] ***one's lìttle fínger*** 〔人〕を思いどおりに動かす，言いなりにさせる
wràp úp* 〈他〉《*wràp úp ... / wràp ... úp*》①…を(すっかり)包む**(→ 他 ❶) ②《口》〔仕事・交渉など〕を**滞りなく終える**；…を(成功・勝利で)締めくくる ‖ That *~s* it *up* for today. 今日はこれで終わりにしましょう ③…を要約する ④〈暖かい衣服に〉…を包む〈**in**〉 —〈自〉①(暖かく)着込む ②《英口》黙る，静かにする

COMMUNICATIVE EXPRESSIONS
1 **Wràp it úp!** ①黙れ ②(課題や話などを)終えてください
2 **You're àll wràpped úp in yoursèlf.** 自分のことしか考えてないんだな(♥自己中心的でうぬぼれが強い人に)

— 名 C ❶ ショール，ストール，スカーフ；(オーバー)コート ‖ a chiffon ~ シフォンスカーフ ❷ U 包み，包装紙；(食品用)ラップ ‖ bubble ~ (丸い気泡のある)包み紙 ❸ ラップサンドイッチ《肉・野菜などをトルティーヤで巻いたもの》❹《a ~》《口》(映画などの)撮影［録画］終了 ‖ OK, it's a ~! よし，撮影は終わりだ ❺(美容などのための)ラップ ‖ a body [facial] ~ ボディ［顔面］ラップ
tàke the wràps óff ... 〈他〉…を公表［公開］する，暴く
under wráps 秘密にされて，隠されて
▸▸ **~ drèss** 名 C ラップドレス《前に打ち合わせのあるゆったりしたドレス》

wráp·aròund 形《限定》❶ 体に巻きつけて着る，前の重なり合った ‖ a ~ skirt 巻きスカート ❷(輪郭にそって)湾曲した；広角の ‖ a ~ windshield 広角型フロントガラス
— 名 ❶ C 体に巻きつけて着る［前の重なり合った］衣類《巻きスカートなど》；(本の)腰巻き ❷ U 💻 ワードラップ(word wrap)，単語送り《行の最終位置を超えて入力された単語が自動的に次行に送られるようにする機能》❸(= **~ sùn-glasses**) C《~s》ラップアラウンド＝サングラス《顔の輪郭に沿った縁広のサングラス》

wrap·per /rǽpər/ (♦ 同音語 rapper) 名 C ❶ 包むもの；包み紙，包装材料；(新聞・雑誌の)帯封(おびふう)；(本の)カバー(jacket)；《主に米》(葉巻の)外巻き葉 ❷《米》(女性の)部屋着，化粧着，ガウン ❸ 包装する人《店員など》

***wrap·ping** /rǽpɪŋ/ 名 U/C《しばしば ~s》包装材料，包装紙，包み紙 ‖ The vase is still in its *~s*. 花瓶はまだ包装されたままだ / plastic ~ ビニールの包み［覆い］ / tear ~*(s)* off a box 箱の包装紙を破いてとる
▸▸ **~ pàper** 名 U 包装紙，包み紙

wráp-ùp《米》名 C 要約したニュース；結論，結末，最終結果 — 形 結びの，総括的な，要約の

wrasse /ræs/ 名 (複 **~** OR **~s** /-ɪz/) C〘魚〙ベラ

wrath /ræθ | rɔ(ː)θ/ 名 U《文》《戯》憤怒，激怒；天罰，復讐(ふくしゅう)(⇨ ANGER 類語) ‖ fear the ~ of God 神の怒りを恐れる / incur the king's ~ 王の怒りを買う

wrath·ful /rǽθfəl | rɔ́(ː)θ-/ 形 激怒した **~·ly** 副

wreak /riːk/ (♦ 同音語 reek) 動 (**wreaks** /-s/；**wreaked** /-t/,《古》**wrought** /rɔːt/；**wreak·ing**) 他 ❶〈…に〉〔損害など〕をもたらす〈**on, upon**〉‖ ~ havoc *on* crops 作物に甚大な被害を与える ❷《古》〈人に〉〔復讐(ふくしゅう)など〕を加える，〔恨み〕を晴らす〈**on, upon**〉

***wreath** /riːθ/ 《発音注意》名 (複 **~s** /-ðz/) C ❶(花や葉の)輪，花輪；(クリスマスなどの)リース，花冠 ‖ Christmas ~*s* are hung on the doors. ドアにはクリスマスリースが飾られている / a laurel ~ 月桂冠 / a funeral [bridal] ~ 葬式［結婚式］の花輪 ❷(煙・雲などの)渦巻き，輪 ‖ a ~ of smoke 渦巻く煙

wreathe /riːð/ 動 他 ❶《通例受身形で》〈花輪などで〉飾られる〈**in, with**〉‖ a hat ~*d in* [OR *with*] daisies デージーの花輪で飾った帽子 ❷《通例受身形で》〈…で〉ぐるりと囲まれる，包み込まれる〈**in**〉‖ Her face was ~*d in* smiles. 彼女の顔は満面笑みに包まれていた ❸《文》〔腕・体など〕を絡ませる《**(*a*)*round, about***》‖ ~ one's arm *around* a child 子供に腕を回す ❹〔花など〕をより合わせて〈輪に〉する〈**into**〉‖ ~ flowers *into* a wreath 花を花輪に編む — 自(樹木が)輪になる，絡みつく；(煙などが)輪になって動く［上る］，渦巻く

***wreck** /rek/ 《発音注意》名 C ❶ 難破船；(難破船の)残骸(ざんがい) ‖ salvage treasure from a ~ 難破船から宝物を探し出す ❷ U C 難破，難船，海難(shipwreck)；U〘法〙難破船からの漂着物 ‖ The ship was saved from ~. 船は難破を免れた ❸(衝突車・墜落機・破壊された建物などの)残骸 ‖ The car was a total ~. 車は衝突で完全にめちゃめちゃになった / the ~ of a plane 墜落機の残骸 ❹《米》交通［衝突］事故(《英》crash) ‖ be killed in a car ~ 自動車事故で死ぬ / survive a plane ~ 航空機墜落事故で生き残る ❺《通例単数形で》(精神的・肉体的に)駄目になった人 ‖ I'm a total [OR complete] ~. すっかりまいってしまった / a nervous ~ 神経がまいってしまった人 ❻ おんぼろ車，ぽんこつ
— 動〔▸ wreckage 名〕他 ❶〔乗り物・建物など〕を破壊する(↔ build)，〔人〕を遭難させる；《通例受身形で》(船が)難破する ‖ The explosion ~*ed* several cars. その爆発で何台かの車が破壊された / The ship was ~*ed* on the coast of Maine. その船はメイン州の沿岸で難破した ❷〔希望・計画など〕をくじく，台無しにする；〔財産など〕をつぶす；〔体〕を壊す
▸▸ **~ing bàll** 名 C〘建〙建物解体用鉄球

wreck·age /rékɪdʒ/ 名〔◁ wreck 動〕U ❶ 難破；大破 ❷(難破船の)漂流物；(事故車などの)残骸(ざんがい)

wrecked /rekt/ 形 ❶《限定》破壊された ❷《叙述》《俗》ひどく酔っている；(麻薬で)もうろうとしている

wreck·er /rékər/ 名 C ❶ 壊す人［もの］❷《米》レッカー車(tow truck)；救難作業員［船］，救難車 ❸《主に米》(建物・自動車などの)解体業者 ❹(昔，略奪目的で)船を難破させる人；難船略奪者

wren /ren/ 名 C〘鳥〙ミソサザイ；ミソサザイに似た鳥

Wren /ren/ 名 C (英国の1993年までの)海軍婦人部隊(Women's Royal Naval Service)の隊員

***wrench** /rentʃ/ 名 C ❶《米》レンチ，スパナ(《英》spanner)《ナットを締める工具》；=monkey wrench ❷《通例単数形で》(別れの)苦痛 ‖ the ~ of leaving one's family 家族のもとを去る悲痛な思い ❸《通例単数形で》(急で激しい)ねじり，ひねり ‖ give a ~ at [OR on] a doorknob ドアノブをぐいとひねる / with a ~ 一ひねりで ❹《通例単数形で》ねんざ，筋違い ‖ give a ~ to one's ankle 足首をくじく ❺(意味・事実などの)こじつけ，曲解
**thròw a (mónkey) wrénch in the wòrks*《米》(計画などを)邪魔する，めちゃくちゃにする
— 動 他 ❶ **a**《+目》…を(突然ぐいと)ねじる，ひねる；…を〈…から〉もぎ取る，ふりほどく《***away, off***》〈**off, from, out of**〉‖ ~ a car around 車の向きをぐいと変える / ~ a lid *off* ふたをもぎ取る / He ~*ed* the purse *out of* the hand of a passerby. 彼は通行人の手からバッグをもぎ取った / ~ one's gaze *away from* an appalling sight ぞっとする光景から無理やり目をそらす **b**《+目+補〈形〉》…をねじって［ひねって］(…に)する ‖ The boy ~*ed* himself free from his mother's grasp. 少年は身をよじって母親の手を振りきった / ~ a door open ドアをこじ開ける ❷ …をねんざする，…の筋を違える ❸(苦痛など

が)〈人から〉〔悲鳴など〕を絞り出させる〈**from**〉 ❹《古》〔意味・事実など〕を歪曲(わいきょく)する, こじつける
—自〈…を〉(ぐいと)ねじる, ひねる；(精神的に)苦しめる〈**at**〉

wrénch·ing /-ɪŋ/ 形 悲痛な, 痛ましい **~·ly** 副

wrest /rest/ (♦同音語 rest) 動 他 ❶ …を(力ずくで)もぎ取る《***away, off***》；…を〈…から〉もぎ取る〈**from, out of**〉；〔権力など〕を〈…から〉力ずくで奪う〈**from, out of**〉‖ The policeman ~*ed* the gun *from* the robber. 警官は銃を強盗からもぎ取った ❷ …を〈…から〉努力して得る, 苦労して手に入れる〈**from, out of**〉‖ ~ a victory (苦戦の末)勝利をもぎとる ❸《古》〔事実・意味・法律など〕を歪曲する, こじつける

***wres·tle** /résl/《発音注意》動 自 ❶〈…と〉取っ組み合いをする, 格闘する；レスリング[相撲]をする〈**with**〉‖ ~ *with* one's brother 兄と取っ組み合いをする ❷〈問題・仕事などに〉取り組む〈**with**〉‖ ~ *with* a difficult problem 難問に取り組む —他 ❶〔人〕と取っ組み合いをする；…とレスリングをする ‖ ~ him to the ground [floor] 彼を地面[床]に組み伏せる ❷(+目+副句)苦心して…を〈…の方へ〉動かす[押す]〈**into, out of, etc.**〉
—名 Ⓒ ❶ 取っ組み合い, 格闘；レスリング(の試合) ❷〈誘惑・良心などとの〉闘い, 奮闘〈**with**〉

***wres·tler** /réslər/ 名 Ⓒ レスリング選手, レスラー；取っ組み合いをする人 ‖ a professional ~ プロレスラー / a sumo ~ 力士, 相撲取り

***wres·tling** /réslɪŋ/ 名 Ⓤ ❶ レスリング ‖ a ~ match レスリングの試合 / arm [thumb] ~ 腕[指]相撲 ❷ 取っ組み合い, 格闘

wretch /retʃ/ 名 Ⓒ ❶ 惨めな人, 哀れな人 ‖ a poor ~ 気の毒な人 ❷《口》卑劣漢, 見下げ果てたやつ；困ったやつ ‖ the little ~ ちび公

***wretch·ed** /rétʃɪd/《発音注意》形 ❶ 惨めな(気分の), 情けない, 不幸な ‖ I felt ~ about my poor exam results. 試験結果が悪くて惨めな気持ちになった ❷ 哀れな, 悲惨な(⇨ SAD 類語) ‖ ~ poverty 惨めな貧困 ❸ 質の悪い；お粗末な(♥ 強意的に用いる) ‖ a ~ meal 粗末な食事 / ~ weather 悪天候 / be in ~ health 健康がすぐれない / ~ works 実にひどい作品 ❹《限定》いまいましい(♥ いら立ちを表す)；卑劣な, 浅ましい ‖ It's that ~ cat again! またあのいまいましい猫のやつだ
~·ly 副 **~·ness** 名

wrig·gle** /rígl/ 動 自 ❶ (人・動物が)体をくねらせる, のたうつ《around, about***》‖ The boy started *wriggling* in class. 少年は授業中もじもじしだした ❷(+副句)のたくるように動く[進む](♦ 副句 は方向を表す) ‖ ~ under a fence フェンスの下を体をくねらせて通る —他〔体(の一部)〕をのたくらせる；…をくねらせるようにして動かす(♦ときに形容詞補語を伴う) ‖ ~ one's toes 足の指をもぞもぞ動かす / ~ one's arm free of one's jacket 身をよじって上着から腕を抜く / The dog ~*d* itself [OR its way] through the hole. 犬は体をくねらせて穴を通り抜けた
wríggle òut of ... …を何とかして逃れる, 避ける, 回避する ‖ He wanted to ~ *out of* telling his girlfriend. 彼は何とか恋人に言わずに済ませたかった
—名 Ⓒ《通例単数形で》のたくる[くねくねする]動き, あがき；くねくねした道 ‖ with a ~ くねくね動きながら

wrig·gler /ríglər/ 名 Ⓒ〔虫〕ボウフラ

wright /raɪt/ (♦同音語 right, rite, write) 名 Ⓒ《複合語で》《古》職人, 製造人, 作者 ‖ a ship*wright* 船大工 / a play*wright* 劇作家

Wright /raɪt/ 名 ❶ **Frank Lloyd ~** ライト(1867–1959)《米国の建築家. 東京の旧帝国ホテルやピッツバーグの落水荘などを設計》 ❷ ライト(兄弟)《米国の飛行機発明家. 1903年に史上最初の飛行に成功. 兄 **Wilbur**(1867–1912), 弟 **Orville**(1871–1948)》

wring** /rɪŋ/ (♦同音語 ring) 動 (**wrung** /rʌŋ/; **~·ing**) 他 ❶ …を絞る《out***》(♦ときに形容詞補語を伴う) ‖ ~ (*out*) a towel タオルを絞る / ~ a towel dry タオルを絞って水を切る ❷〈…から〉〔水など〕を絞り出す；〔金銭など〕を搾り取る；〔自白・譲歩・秘密など〕を無理やり引き出す《***out***》〈**from, out of**〉‖ ~ (*out*) water *from* a towel タオルから水を絞る / ~ the truth *out* 真実を無理やり引き出す / ~ a confession *from* [OR *out of*] a suspect 容疑者に圧力をかけて自白を引き出す ❸ …を強くひねる, ひねって折る；〔手〕を強く握る ‖ I'll ~ his neck! やつをひねり殺してくれるぞ / ~ a hen's neck めんどりを締め殺す / ~ her hand (握手で)彼女の手を固く握る ❹ (物事が)〔人(の心)〕を苦しめる, 悩ます
wring one's hands ⇨ HAND 名(成句)
—名 Ⓒ《通例単数形で》絞ること, ねじり；固く握ること

wring·er /ríŋər/ 名 Ⓒ (衣服の)絞り機, 脱水機
gò thròugh the wrínger《口》つらい経験をする
pùt a pèrson thròugh the wrínger《口》〔人〕につらい思いをさせる, (尋問などで)〔人〕を絞る

wrìng·ing(-wét) 〈シ〉 形 (服などが)(絞れるほど)びしょぬれで

***wrin·kle** /ríŋkl/ 名 Ⓒ ❶ (顔などの)しわ, 小じわ；《通例 ~s》(衣服・紙などの)しわ, よれ, 折り目 ‖ fine ~*s* around his eyes 彼の目もとの小じわ / iron [press] out ~*s* アイロンをかけて[プレスして]しわをのばす ❷《口》ちょっとした難点 ‖ iron out the ~*s* in a plan 計画の小さな問題点を解決する ❸《口》妙案, うまい考え；助言, 知恵
—動 他〔顔など〕にしわを寄せる《***up***》；〔衣服など〕にしわをつくる ‖ ~ (*up*) one's nose 鼻にしわを寄せる；いやな顔をする —自 しわが寄る, しわになる ‖ Linen ~*s* easily. リネン[麻布]はしわになりやすい

***wrin·kled** /-d/ 形 しわの寄った, しわくちゃの ‖ iron a ~ shirt しわくちゃのシャツにアイロンをかける

wrin·kly /ríŋkli/ 形 しわの寄った, しわだらけの；しわになりやすい —名 (複 **-klies** /-z/) Ⓒ ⊗《英口》《蔑》年寄り

‡wrist /rɪst/
—名 (複 **~s** /-s/) Ⓒ ❶ **手首**, 手首の関節 ‖ She wore a watch **on** her right ~. 彼女は右手の手首に時計をしていた / take him by the ~ 彼の手首をつかむ / a bracelet around her ~ 彼女の手首のブレスレット / slit [OR slash] one's *wrist* (自殺を図って)手首を切る / get slapped on the ~ 軽い罰を受ける
❷ (そで・手袋の)手首の部分
▶▶ **~ pìn** 名 Ⓒ〔機〕ピストンピン(gudgeon pin)

wríst·bànd 名 Ⓒ (シャツなどの)そで口；腕時計のバンド；腕輪, ブレスレット；(汗止め用)リストバンド；(病院などで用いる)個人識別用腕輪

wrist·let /rístlət/ 名 Ⓒ ❶ (そで口の先につけたニットの)手首覆い《防寒用》 ❷ 腕輪, ブレスレット

wríst·wàtch 名 Ⓒ 腕時計

wrist·y /rísti/ 形〔スポーツ〕手首をきかせた, リストワークのよい；手首の強い

writ¹ /rɪt/ 名 Ⓒ ❶〔法〕(裁判所の)令状；《主に英》(国王が貴族を国会へ召集するなどの)詔書 ‖ serve [issue] a ~ (of summons) on him 彼に召喚状を渡す[発する]
❷《古》書き物, 文書
the Hòly Wrít 聖書(the Bible)
▶▶ **~ of execútion** 名 (複 **~s of e-**) Ⓒ〔法〕強制執行令状

writ² /rɪt/ 動《古》write の過去・過去分詞の1つ
wrìt lárge ① 特筆されて, 大書されて；目立って ② 《名詞の後に置いて》《強調》大規模で(の)
wrìt smáll 控えめに；小規模で(の)

‡write /raɪt/ (♦同音語 right, rite, wright)
中心義▶ 文字を書く
—動 (**~s** /-s/; **wrote** /roʊt/, 《古》**writ** /rɪt/; **writ·ten** /rítən/, 《古》**writ** /rɪt/; **writ·ing**)
—他 ❶〔文字・記号など〕を**書く**；(キーをたたいて)打つ；〔語など〕をつづる；…を手書きする(⇨ 類語P) ‖ My daughter learned to ~ her **name** when she was four.

私の娘は4歳で自分の名前を書けるようになった / She ～s Arabic with ease. 彼女はアラビア語がすらすら書ける / ～ the answers「with a [OR in] pencil 鉛筆で答えを書く / ～ a good hand 上手な字を書く

❷ 本(など)を**書く** **a** 《+目》〔本・記事・原稿〕を書く, 著す, 執筆する〈**about, on** …について; **for** …のために〉; 〔曲〕を書く, 作曲する; 〔コンピュータープログラム〕を書く; 〔考えなど〕を書き表す ‖ He *wrote* a **book** *about* [OR *on*] the French Revolution. 彼はフランス革命について本を書いた / The play is well [badly] *written*. その戯曲はよい [ひどい] 出来だ / ～ a poem 詩を書く / ～ an opera オペラを書く / ～ a (computer) program コンピュータープログラムを書く[作る] / ～ an article *for* a newspaper 新聞に記事を書く[寄稿する] / ～ the words to a song 曲に歌詞をつける / ～ music *for* films 映画のための音楽を書く

b 《+目 *A*+目 *B*⇄+目 *B*+**for** 目 *A*》*A*(人)に*B*(詩など)を書く(♦ 目 *A*を主語にした受身形は不可. ❹**b**も同じ) ‖ I *wrote* her a long poem.=I *wrote* a long poem *for* her. 彼女に長い詩を書いた

c 《+**that** 節》…ということを〈本などの中で〉書く, 書いて[言って]いる〈**in**〉; (新聞などが)…と書く ‖ Swift ～*s in* his essay *that* there is nothing constant in this world but inconstancy. スウィフトはエッセイの中で「この世の中で変わらないのは変わるということだけだ」と言っている(♦ writes と現在時制になっているのは「歴史的現在」の用法) / A week ago *The Times wrote*: We're living in the new digital age. 1週間前にタイムズ紙は「我々は新デジタル時代に生きている」と書いていた

❸ **手紙[Eメール]を書く** **a** 《+目》〔手紙など〕を書く, 書いて送る, 出す; 《主に米》〔人〕に手紙を書く(♦ 《英》では 自 で write *to* a person とすることが多い. → 自 ❸) ‖ I have to ～ three **letters** [emails] today. 今日は3通手紙[Eメール]を書かなければならない / Don't forget to ～ me when you get to Paris. パリに着いたら忘れずに手紙を下さい / We'll ～ you about details later. 詳細は後で手紙で申し上げます

b 《+目 *A*+目 *B*⇄+目 *B*+**to** 目 *A*》*A*(人)に*B*(手紙など)を書く(♦ 目 *A*を主語にした受身形はまれ) ‖ I *wrote* her a picture postcard while traveling.=I *wrote* a picture postcard *to* her while traveling. 旅行中私は彼女に絵はがきを送った

c 《+**that** 節》…ということを手紙で知らせる, 手紙に書く ‖ He *wrote that* he would be coming back to Japan in March. 彼は3月に日本に帰国するつもりだと手紙で知らせてきた

d 《+目+(**that**) 節 / **wh** 節》〔人〕に…ということを[…するかと]手紙で知らせる, …と[…かと]手紙を書く(♦ 《英》では「write+to 名+(that) 節 /wh 節」の形になることもある) ‖ She *wrote* (*to*) me「*that* she'd be arriving on Sunday [*where* we were to meet]. 彼女は日曜日に着くと[どこで会うことにするかと]私に手紙を書いてよこした

e 《+目+**to** *do*》〔人〕に…するように手紙を書く(♦ 《英》では 自 で「write+to 名+to *do*」の形になることもある. → 自 ❸) ‖ I *wrote* (*to*) her *to* come back at once. 私は彼女にすぐ戻るように手紙を出した

❹ **a** 《+目》〔文書など〕を作成する; 〔小切手・文書など〕に(必要事項を)書き込む[記入する] ‖ ～ a check 小切手を切る / ～ an application 申込書に記入する / ～ one's will 遺言書を作成する

b 《+目 *A*+目 *B*⇄+目 *B*+**for** 目 *A*》*A*(人)に*B*(書類など)を書く ‖ The doctor *wrote* me a prescription. 医者は私に処方箋(せん)を書いてくれた

❺ 《通例受身形で》(性質・状態・感情などが)〈…に〉ありありと表れている, 刻まれている〈**all over, on, in**〉 ‖ Honesty is *written all over* his face. 正直さが彼の顔にありありと表れている / She had excitement *written all over* her face. 興奮していることが彼女の顔中にありありと見えた / My mother's words are *written on* my heart. 母の言葉が私の心にしっかり刻まれている

❻ 💻〔データ〕を〈記憶装置などに〉書き込む〈**to, onto**〉; …を書き出す, コンピューター画面に表示する

❼ 〔保険証書など〕に署名する, …の保険を引き受ける

❽ 《通例受身形で》(事柄が)運命づけられている, 預言されている ❾ 《古》…を描写する, 言葉に表す

―自 ❶ (文字などを)**書く**〈**in** インクなどで; **with** ペンなどで〉(♦ しばしば様態を表す副詞を伴う); 筆記体で書く(↔ print) ‖ He ～*s* very well [badly, legibly]. 彼はとても上手な [下手な, 読みやすい] 字を書く / ～ *with* a pen [ballpoint] ペン[ボールペン]で書く / ～ *in* ink [pencil] インク[鉛筆]で書く / ～ in capitals 大文字で書く

❷ (本・詩・記事などを)書く, **執筆する**〈**about, of, on** …について; **for** …のために〉; 作曲する; 文筆を業とする, 作家[作曲家]である ‖ She started *writing* [OR to ～] after she graduated from college. 彼女は大学卒業後著述を始めた / He ～*s on* [OR *about*] economics *for* a newspaper. 彼は新聞に経済記事を書いている / ～ *of* the decline of the Roman Empire ローマ帝国の衰退について書く / ～ *for* television テレビの脚本を書く

❸ **手紙[Eメール]を書く**, 便りをする〈**to** …に / **to** *do* …するために, するように; *doing* …するために〉; 手紙を書いて〈…を〉申し込む [求める]〈**for**〉 ‖ I ～ home once a week. 私は週に1度家に手紙を書く / I *wrote to* him *for* a recommendation. 推薦状を書いてくれるよう彼に手紙を出した(♦ 《米》では通例 他 で *wrote* him *for* ... を用いる. → 他 ❸**a**) / ～ *for* a catalog カタログを手紙で申し込む / She *wrote*「*to* thank [OR thanking] her former teacher. 彼女は昔の恩師にお礼の手紙を書いた(♦ 手紙文の最初などでは I am *writing to* thank ... のように現在進行形にする)

❹ (ペン・鉛筆などが)書ける(♦ しばしば様態を表す副詞を伴う. 進行形や過去形ではふつう用いない) ‖ This pen ～*s* smoothly. このペンは書き心地がいい

❺ 💻(データを)書き込む

nòthing* [*nòt mùch*] *to wrìte hóme about* 《口》全く[大して]取り立てて言う必要のないこと, ありふれたもの(♦「わざわざ家に手紙を書いて知らせるほどのことではない」の意)

wrìte agàinst 〈他〉 **I** 《***wrìte À against B̀***》*B*(人など)に対して*A*(記事など)を批判的に書く **II** 《***wrìte against ...***》…を非難[批判]して書く, …に反対する記事を書く

wrìte awáy 〈自〉① 書きまくる, 書き続ける ② 〈カタログ・見本などを〉手紙で注文する〈**for**〉

wrìte báck* 〈他〉《***wrìte ... báck***》〈人に〉〔手紙の返事〕を書く〈**to**〉 ‖ She *wrote* a long letter *back to* me. 彼女は長い返事を書いてよこした ―〈自〉〈人に〉返事を書く〈**to**〉 ‖ *Write back to* me soon. すぐに返事を下さい

wrìte dówn* 〈他〉《***wrìte dówn ...*** / ***wrìte ... dówn***》① …を**書き留める**, 記録する (→ CE 2) ‖ ～ *down* his phone number 彼の電話番号を書き留める ② 〔記事など〕を〈…に〉わかりやすく[程度を下げて]書く〈**to**〉 ③ 〔人〕を(紙上で)けなす, こき下ろす ④ 【商】〔資産・在庫品〕の帳簿価格を下げる ―〈自〉〈…に〉わかりやすく[程度を下げて]書く〈**to**〉

wrìte ín* 〈自〉〈会社・放送局などに〉手紙を書く, 投書する〈**to**〉; 〈…を〉手紙で注文[請求]する〈**for**〉 ‖ I *wrote in to The Observer for* more information on the subject. その問題についてもっと知りたいのでオブザーバー紙に問い合わせの手紙を書いた / ～ *in* to complain 苦情の投書をする ―〈他〉《***wrìte ín ...*** / ***wrìte ... ín***》① (文書などに)…を書き入れる[込む]; 〔条項など〕を書き加える ② 《主に米》〔候補者名簿にない人の名〕を(投票用紙に)書き入れて投票する; 〔人の名前〕を書いて投票する ③ 〔新しい役・場面〕を(脚本などに)書き加える

wrìte À ìnto B̀ 〈他〉① *A*(条項など)を*B*(契約書・協定など)に書き加える[入れる], 盛り込む; *A*(語句・メモなど)を

W

B(手帳など)に書き込む, 書き留める ② *A*(新しい役・場面)を*B*(脚本など)に書き加える

write óff* 〈他〉《*write óff* ... / *wrìte* ... *óff*》 ①〔文章・手紙など〕をすらすら書く ②《口》…を役に立たない[重要でない]と判断する, 無視する(dismiss)；…を〈失敗者・失敗作と〉みなす〈as**〉‖ The project had been *written off* before it went forward. その計画は実行に移す前から失敗だと見られていた ③〔不良債権・損失額など〕を帳消しにする, 回収不能とあきらめる；〔経費・損失など〕を課税所得から控除する ‖ ~ *off* a loss as a bad debt 損失金を不良債権として帳消しにする ④《商》…を(減価)償却する ⑤《英》〔乗用車など〕を修理不可能なほどに破損する ―〈自〉《主に英》手紙を書いて注文する, 申し込む〈**to** …に；**for** …を〉‖ ~ *off to* a publishing house *for* a catalog 出版社に手紙で図書目録を請求する

wrìte óut ... / *wrìte* ... *óut* 〈他〉 ① …を詳しく[細大漏らさず]書く, …を詳述する；〔名前など〕を略さずに書く ‖ ~ *out* one's name in full 自分の名前を略さずに書く / ~ *out* one's thoughts 自分の考えを詳しく述べる ②〔小切手・書類など〕に必要事項を書き込む[記入する](♦「人」を間接目的語で加えることも可能) ‖ Will you ~ me *out* a check for $500? 私に500ドルの小切手を切ってくれませんか ③〔役〕を〈連続ドラマなどから〉削る, 外す, 消す〈**of**〉‖ The actress was *written out* after six months in the role. 6か月間その役を演じた挙げ句その女優は役から外された ④《~ oneself out または受身形で》(作家などが)書きすぎて才能が枯渇する, 材料を使い果たす

**wrìte úp* ... / *wrìte* ... *úp* 〈他〉 ①(メモなどをもとに)〔報告書など〕を詳しく書く, 清書する, 書き上げる；〔人の言行など〕をきちんと記録する；〔日記など〕を当日分まできちんとつける ‖ ~ *up* a report before a meeting 会合の前に報告書をまとめる ②(壁・掲示板などに)…を書いて掲示する ③〔新刊書・劇など〕の批評記事を(新聞などに)書く；…を取り上げて[褒めて]書く, 書き立てる；《米》(不正行為を行ったかどで)〔人の名前〕を報告書に書き留める(♦しばしば受身形で用いる) ‖ That new restaurant has been *written up* in some magazines. その新しいレストランはいくつかの雑誌で取り上げられている

COMMUNICATIVE EXPRESSIONS

1. **It's wrìtten in the stárs.** きっと実現するさ；そうなる運命だよ
2. **Lèt me wrìte thàt dówn (to be súre).** (間違いのないように)書き留めておきましょう
3. **Remèmber** [OR **Dòn't forgèt**] **to wríte.** 忘れないできっと手紙ちょうだいね(♥別れのあいさつ)
4. **Wrìte it óff.** 忘れてちょうだい(♥謝罪に対する許し)

か く	write	文章を	言葉を使って	書く
	draw	絵・図形を	ペン・鉛筆などで線(画)を	描く
	paint		絵の具・ペンキで彩色して	

♦ draw は指や棒切れで描く場合にも用いる.

wríte-dòwn 名 U C《商》(資産などの)評価切り下げ；減価償却

wríte-ìn 名 (=~ **vòte**) C《米》❶記名投票 ❷投票用紙に候補者として名前の載っていない人；その名を書き込み投じる票

wríte-òff 名 C ❶(負債などの)帳消し；帳簿価格の切り下げ；(税金などの)控除 ❷《英》(自動車などの)大破した[修理不能の]もの, ぽんこつ；駄目な人[もの]

wríte-protèct 動 他 〔ディスク・ファイル〕を書き込み保護された状態にする

writ·er /ráɪṭər/
―名 (複 **~s** /-z/) C ❶(職業としての)**作家**, 著述家, 記者, ライター, 作曲家 ‖ a ~ of comedies 喜劇作家
❷**書く人**；筆者, 執筆者；作曲者 ‖ a neat ~ きれいな筆跡の人 / the original ~ of a poem 詩の原作者 / the (present) ~ (文中などで自分を指して)筆者(♦Iを避けるために用いるが, 堅苦しい表現)
❸ ライター《記憶装置にデータを書き込む装置》
❹《英》《古》(海軍・官庁の)書記(clerk)；《英国史》写本家
▸▸ **~'s blòck** 名 U (作家などの)スランプ, 著述遮断
~'s cràmp [**pàlsy, spàsm**] 名 U《医》書痙(しょけい)《書きすぎによる手・指のけいれん》

wríte-ùp 名 C ❶(新聞・雑誌などの)記事, 論評；(好意的な)批評 ❷《米》(法人資産の)過大報告, 評価増し

***writhe** /raɪð/ 動 自 ❶身もだえする, のたうち回る《*around, about*》；(精神的に)苦しみもだえる, 苦悶(くもん)する〈**in, with, at** …で；**under** …を受けて〉‖ I ~*d in* pain with a toothache all night. 私は歯痛の苦しみに一晩中のたうち回った / ~ *with* laughter [shame] 身をよじって笑う[恥ずかしくてたまらない] / ~ *under* an insult 侮辱を受けてもだえ苦しむ ❷(蛇などが)くねくね動く

writ·ing /ráɪṭɪŋ/
―名 (複 **~s** /-z/) U ❶**書くこと**, 執筆 ‖ That's a bad way of ~. それは悪い書き方だ / take a **creative** ~ course 創作講座をとる / a manual for the ~ of business letters 商用文の書き方に関するマニュアル / at the time of ~ 執筆の時点で(は)
❷**書いたもの**[文字]；**書き物**《手紙・書類・原稿など》；(口頭に対して)**文書**, 書面 ‖ Put the papers face down on the desk so that the ~ cannot be seen. 書いた内容が見えないように用紙を裏返して机の上に置きなさい / a piece of ~ 1編の作品
❸ **筆跡**, 書体(handwriting) ‖ His ~ is hard to read. 彼の筆跡は読みにくい
❹文体, 筆致；(特に表現上から見た)著作, 文章 ‖ witty ~ ウイットに富んだ文体 / serious ~ and popular ~ まじめな作品と俗受けする作品
❺執筆(活動)；文筆業, 著述業 ‖ make a living by ~ 文筆(業)で生計を立てる
❻ C《通例 ~s》著作, 作品 ‖ the ~(*s*) of Freud フロイトの著作 ❼《the W-s》(聖書の)聖人伝
in wríting 文書で, 書面で ‖ Don't promise verbally; please put it *in* ~. 口約束ではなく, 文書にしてください
the wrìting on the wáll =*the* HANDWRITING *on the wall*
▸▸ **~ dèsk** 名 C 書き物机 **~ pàd** 名 C はぎ取り式ノート **~ pàper** 名 U (上質の)便箋(びんせん)

writ·ten /rítən/《発音注意》
―動 write の過去分詞
―形《比較なし》《限定》❶(口頭ではなく)筆記の(↔ oral)；(口頭ではなく)文書にした；成文の ‖ a ~ test [OR exam] 筆記試験 / a ~ law 成文法 ❷書くのに用いられる, 書き言葉(として)の ‖ ~ language 書き言葉
▸▸ **~ wórd** 名《the ~》書き言葉(→ spoken word)

WRNS /dʌ̀blju: ɑ:r en és, renz/ 略 *Women's Royal Naval Service*((英国の)海軍婦人部隊)(⇨ WREN)

wrong /rɔ(:)ŋ/ 形 副 名 動

中心義 (真実や規準から外れて)誤った

形 誤った❶ 間違えて❷ 不適切な❸ 調子が悪い❹ (道徳的に)悪い❺
副 間違って　名 不正❶

―形 (**more** ~；**most** ~) (♦❺以外比較はまれ)
❶真理[事実]に反する, **誤った**；(判断・行動・方法などが)間違った, 正しくない(↔ right, correct)(♦限定用法では通例 the を伴う) ‖ My watch showed the ~ time. 私の時計は誤った時刻を指していた / I took the ~ bus. 私は間違ったバスに乗った / Sorry, you have the ~

number. (電話で)番号をお間違えです / You came on the ~ day. あなたは来る日を間違えた / It is **quite** ~ to refuse to face the facts. 事実を直視するのを拒むのは全くの間違いだ / Is it ~ for me to want to be a writer? 私が作家になりたいと思うのは間違っていますか / It is ~ that he should be made to apologize. 彼が謝らされるのは間違っている

❷《叙述》(人が)**間違えて**, 誤って, 考え違いをして〈**about** …を ; **in** …の点で / **to** ***do*** …するのは〉‖ You're ~ *about* Susie. She's very nice. 君はスージーを誤解しているよ, 彼女はとてもいい人だ / I felt I had been ~ *to* come. 私が来たのは間違いだったと思った

→英語の真相→
You're wrong. は非常に挑戦的な言い方なので特に目上の相手に対して用いる際は注意が必要. 上司の勘違いを指摘する場合でも, You're wrong. と言うと真っ向から挑んでいるような響きとなることが多いため, 例えば, Pardon me, but I saw Charles hand it in. (失礼ですが, チャールズが提出するのを見ました)のように単に事実を述べる. あるいは Excuse me, but I think there's been a mistake. / I think you may be mistaken. / You might be making a mistake. のように mistake を用いるとやわらかい印象となる.

❸《通例限定》〈…に〉**不適切な**, 適切でない, 妥当でない, ふさわしくない〈**for**〉(♦ 通例 the を伴う) ‖ You chose the ~ man *for* the job. 君はその仕事に向かない人を選んだね / That was the ~ thing to say. それは話すべきではなかった ; 言わなければよかった

❹《叙述》〈機械などが〉**調子が悪い**, 故障して ; 〈体調・健康状態・状況などが〉悪い, 思わしくない〈**with**〉(→ CE 10) ‖ What's ~ *with* you? = Is anything ~ with you? どうしたの ; 具合でも悪いの / There's nothing [something] ~ *with* my car. 私の車はどこも悪くない[どこかおかしい] / Is anything ~ *with* the engine? エンジンはどこか具合が悪いのか (= Is anything the matter with the engine?)

❺《通例叙述》 **a** (道徳的に)**悪い**, 正しくない, 正義に反する, 不正な (↔ moral) (⇨ BAD 類語) ‖ I have done nothing ~. 私は何もやましいことはしていない (→ CE 5) / War is ~. 戦争は悪だ **b** 《It is ~ (of *A*) to *do* / *A* is ~ to *do* で》*A* (人) が…するのは悪い (→ CE 7) ‖ It was ~ *of* [×for] him *to* swindle money out of the customers. = He was ~ to swindle .... 客の金をだまし取るとは, あいつもけしからんやつだ

❻ (布地などの)裏面の ; (方向・上下などが)逆向き[逆さま]の, 逆の ‖ You're holding the picture the ~ way up. 絵を逆さに持っているよ / iron clothes on the ~ **side** 服の裏側からアイロンをかける / the ~ way (a)round (方角・事情などが)逆に[で], あべこべに[で] / the ~ **way** 逆(の向き)に

on the wróng side of ... ① …の悪い[反対]側に属して ; 〔法など〕に違反して ‖ *on the* ~ *side of* the law 法律に違反して ② 《戯》(年齢が)…の坂を越えて

COMMUNICATIVE EXPRESSIONS

1 **Ànything wróng with** the wày I'm drèssed? 私の服装に何か問題はありますか (♥ 適切か・正しいかの確認. ✍Is it alright to be dressed this way?)

2 **Corréct me if I'm wróng, but** ìsn't the òrder the òther wày aròund? 私の間違いでしたらすみませんが, これは順番が逆ではないですか(♥ 確信が持てないときや, 相手の発言を遠慮がちに訂正するときなどの前置き)

3 **Have you figured òut what's wróng?** 何が問題かわかりましたか(♥ 患者が医者に病名を尋ねるときなど)

4 **I càn't pùt my fínger on whàt's wróng.** 何が悪いのかわからない(が, 憂うつだ)(♥「特定できないが何かがおかしい」の意)

5 **I** 「**dìd nòthing** [OR **dídn't dò ànything**] **wróng.** 私は何も悪いことはしていません (♥ 無実を主張する)

6 She was **in the wròng plàce at the wròng tíme.** 彼女はまずいタイミングでまずい場所にいただけだ ; たまたま不運にも面倒に巻き込まれた

7 **It's** [OR **You're**] **wròng to** càll him námes. 彼の悪口を言うのは間違っています(♥「…してはいけない」の意)

8 **Nòthing wròng with thát.** 間違いないよ ; それで合ってるよ (✍That's [OR You're] right. / ✍《堅》(I should say) that's perfectly correct.)

9 **Thàt's where you're wróng.** そこがあなたの間違っているところです(♥ 相手の誤っている点を指摘する)

10 **Whàt's wróng** (**with** her [the TV́])? (彼女 [そのテレビ])どうしちゃったんですか(♥ 様子がおかしい人・ものについて事情を聞く. = What's the matter?)

11 **Whát's wròng with** àsking a quéstion? どうして質問しちゃ駄目なんですか(♥ 権利などを主張する)

12 **Whère am I wróng?** 私のどこが間違っているんですか

13 (**Yés,**) **perhàps I'm wróng** (**thère**). (確かに)私は(その点が)間違っているかもしれませんが

14 **You're** (**àll**) **wróng.** (全然)違いますね ; あなたは(完全に)間違っている(♥ 強い反論・否定を表すくだけた表現. = You've got it (all) wrong./✍(I'm afraid) that's not right. / ✍《堅》If I may say so, that is not the case.)

—副《比較なし》**間違って** ; 不適切に ; 悪く, 不正に(↔ correctly)(♦ 位置は通例文末) ‖ You dialed ~. 電話番号をお間違えです / He must have heard [thought] ~. 彼は聞き[思い]違いをしたに違いない / spell [pronounce] her name ~ 彼女の名前を間違ってつづる [発音する] / lead him ~ 彼を誤った方向に導く

****gèt ... wróng*** …を勘違いする ; …を間違える (→ CE 15, 16) ‖ *get* the date ~ 日付を間違える / *get* it all ~ 状況をすっかり取り違える

****gò wróng*** ①〔判断など〕を誤る, 間違う ②〈機械などが〉故障する〈**with**〉‖ My printer *went* ~. 私のプリンターが故障した / Something *went* ~ *with* my car. 車の調子がどこかおかしくなった ③ (物事が)うまくいかない, 失敗する, (道を踏み外し) 困難に陥る (→ CE 17) ‖ No one knows when their marriage started to *go* ~. いつから彼らの結婚生活が破綻(はたん)し始めたかだれも知らない / *If anything can go ~, it will, and at the worst possible time.* 《諺》失敗する可能性があるものは必ず失敗する. しかも最悪のときに(→ Murphy's Law)

COMMUNICATIVE EXPRESSIONS

15 **Dòn't gèt me wróng.** どうか誤解しないでください

16 **I'm afràid you've gòt it wróng.** 残念ながらそうではありません(♥ 相手の考えの間違いや誤解を指摘する)

17 **Nòthing can gò wróng.** 何も問題が起こるはずはない ; 大丈夫だ (♥「問題などが解決済みだ」の意. = 「What can [OR What's to] go wrong?)

18 **Sórry, I gòt it** [OR **that**] **àll wróng.** ごめん, こちらが全部間違ってたよ (♥ 誤りを認めるくだけた表現. = My mistake./✍I'm sorry, I was wrong./✍《堅》(I must admit) I may well have been in error.)

19 **You càn't gò wróng** (**with** thàt rèstaurant). (あのレストランなら)間違いない(♥「はずれはない」の意)

語法☆☆ wrong と wrongly
副詞の wrong は動詞の後や文末に現れ, wrongly は動詞や過去分詞, that 節 の前に現れる. また後者には文修飾語としての用法もある. 〈例〉My name's been *wrongly* spelled. = My name's been spelled *wrong*. 私の名前は間違ってつづられていた / Civilians assume, *wrongly* [×wrong], that everything in the military runs smoothly. 軍隊では何でも円滑に進むと民間人は勘違いしている

—名 (複 **~s** /-z/) ❶ U 悪, **不正** (↔ right) ‖ It is sad to see so much ~ being done in the world. 世の

中に多くの不正がまかり通っているのを見るのは悲しい / know right and ～ 善悪がわかる
❷ Ⓒ 不正行為, 非行(↔ morality) ‖ forgive past ～s 過去の悪い行いを許す / suffer many ～*s* 多くのひどい扱いを受ける / *Two ～s don't make a right.* 《諺》2つの悪事を合わせて1つの善にはできない；他人の悪事を引き合いに出して自分の悪事を正当化することはできない (= Two blacks don't make a white.)
can [OR ***could***] ***dò nò wróng*** (人が)間違いを犯すはずがない, 完璧(かんぺき)である
dò a pèrson wróng ; ***dò wróng to a pèrson*** 《ときに戯》〔人〕を不当に扱う；〔人〕に悪いことをする, 〔配偶者・恋人〕を裏切って浮気をする
****in the wróng*** 間違っていて；責任があって；非難されるべき ‖ He admitted that he was *in the* ～. 彼は自分に非があることを認めた
──動 他《通例受身形で》(人が)ひどいことをされる, 不当に評価される [扱われる] ‖ I felt ～*ed* by everybody. 私はみんなに不当に評価されていると感じた
～·ness 名

wróng·dòer /-dùːər/ 名 Ⓒ 悪事をする人, 非行者, 犯罪者, 加害者(offender)

wróng·dòing 名 Ⓤ Ⓒ 悪事(をすること), 非行, 不法行為, 犯罪(offense)

wròng-fóot 動 他《英》…に不意打ちをかける；〖テニス〗〔相手〕にバランスを崩させるように打つ

wróng·ful /-fəl/ 形《通例限定》悪い, 邪悪な；不正な, 不当な, 不法な **～·ly** 副

wròng·héaded 〈シ〉 形 考えの間違った；頑迷な, 頑固な, 意固地な **～·ly** 副 **～·ness** 名

wróng·ly /-li/ 副 ❶ 間違って, 誤って (⇨ WRONG 副 語法) ‖ The name was ～ spelled. その名前は間違ってつづられ(てい)た / rightly or ～ 事の正否は別として
❷ 悪く, 邪悪に；不当に, 不正に, 不法に

:wrote /rout/ (♦ 同音語 rote) 動 write の過去

wrought /rɔːt/ 動《古》wreak または work の過去・過去分詞の1つ
──形 ❶ (金物などが)打って形作った, 細工した；刺繍(ししゅう)した；(一般に)労力をかけて形作った, 手の込んだ ‖ ～ silver 銀細工品 / a well-～ cabinet 作りのいいキャビネット ❷ (金属が)精練した, 鍛えた(→wrought iron)
▶▶ **～ íron** 名 Ⓤ 錬鉄(→ cast iron)

wròught-úp 〈シ〉 形 興奮した, 取り乱した, 気の立った (♦ 補語に用いる場合は wrought up とつづる)

wrung /rʌŋ/ (♦ 同音語 rung) 動 wring の過去・過去分詞

WRVS 略 *W*omen's *R*oyal *V*oluntary *S*ervice ((英国の)婦人義勇隊. 1938年創立. 現在は福祉・救援活動に従事)

***wry** /raɪ/ 《発音注意》(♦ 同音語 rye) 形 (**～·er**, **wri·er** ; **～·est**, **wri·est**) 《通例限定》 ❶ (顔・口などを)しかめた, ゆがめた ‖ make a ～ face [mouth] (嫌悪・失望などで)顔をしかめる [口をゆがめる] / a ～ smile 苦笑 ❷ (ユーモア・人などが)ひとひねりした, 皮肉っぽい；(意味などを)こじつけた, もじった ‖ ～ humor ひねったユーモア
wrý·ly 副 **wrý·ness** 名

wrý·nèck 名 ❶ Ⓤ 〖医〗斜頸(しゃけい)(torticollis) ❷ Ⓒ 〖鳥〗アリスイ (キツツキ科の鳥. 首を曲げる習性がある)

WSW 略 *w*est-*s*outh*w*est

wt. 略 weight

W3C /-θriː-/ 略 💻 WWW Consortium (World Wide Web 関連技術の統一・標準化を目指す団体)

WTO 略 *W*orld *T*rade *O*rganization (世界貿易機関)(国際貿易のルールを統轄する機関. 1995年発足)

Wu /wuː/ 名 Ⓤ 呉(ご)方言 (中国語の方言の1つ. 主に江蘇(チャンスー)省・浙江(チョーチアン)省・上海(シャンハイ)市で話される)

Wu·han /wùːhɑ́ːn | -hǽn/ 名 武漢(ウーハン) (中国南東部の都市. 湖北(フーペイ)省の省都)

wun·der·kind /wʌ́ndərkìnd/ 名 (複 **～s** /-z/ OR **～·er** /-ər/) Ⓒ ❶ 成功した若者 ❷ 神童, 鬼才(♦ ドイツ語より)

Wur·lit·zer /wə́ːrlɪtsər/ 名 Ⓒ 《商標》ワーリッツァー (米国ワーリッツァー社が製造したオルガン・ジュークボックス. 1920–30年代の劇場用大型パイプオルガンが有名)

wurst /wə́ːrst/ 名 Ⓤ (ドイツ・オーストリアなどの) ソーセージ (♦ ドイツ語より)

wuss /wus/ 名 Ⓒ 《俗》弱虫, 意気地なし

WV 略 〖郵〗*W*est *V*irginia

W.Va. 略 *W*est *V*irginia

WWE 略 *W*orld *W*restling *E*ntertainment

WWF 略 *W*orld *W*ide *F*und for Nature (世界自然保護基金)

WW I /-wʌ́n/ 略 *W*orld *W*ar I

WW II /-túː/ 略 *W*orld *W*ar II

WWW 略 *W*orld *W*ide *W*eb ; *W*orld *W*eather *W*atch(世界気象監視計画)
▶▶ **～ sérver** 名 Ⓒ 💻 =Web server

WY 略 〖郵〗Wyoming

Wy. 略 Wyoming

wých-èlm /wítʃ-/ 名 Ⓒ 〖植〗セイヨウハルニレ

wých-hàzel 名 =witch hazel

Wyc·lif(fe), Wic(k)- /wíklɪf/ 名 **John ～** ウィクリフ (1330?–84) (聖書を英訳した英国の宗教改革者)

Wyo. 略 Wyoming

Wy·o·ming /waɪóumɪŋ/ 名 ワイオミング (米国北西部の州. 州都 Cheyenne. 略 Wyo., Wy., 〖郵〗WY)

Wy·o·ming·ite /waɪóumɪŋàɪt/ 名 Ⓒ ワイオミング州の人

WYSIWYG, wysiwyg /wíziwìg/ 名 Ⓤ 形 💻 ウィジウィグ(の) (ディスプレー上に表示されるテキストや画像をそのままの形で印刷・出力する方式 [機能]) (♦ *w*hat *y*ou *s*ee *i*s *w*hat *y*ou *g*et の略)

wy·vern /wáɪvərn/ 名 Ⓒ 〖紋章〗飛竜 (翼があり2本脚の, ドラゴンに似た架空の動物)；飛竜紋

X

Xmas comes but once a year. クリスマスは年に一度しか来ない；よいときは大いに楽しめ《諺》

X

x, X[1] /eks/ 名 (複 **x's**, **xs** /-ɪz/；**X's**, **Xs** /-ɪz/) Ⓒ ❶ エックス《英語アルファベットの第24字》 ❷ x [X] の表す音《英語では tax の /ks/, examine の /gz/, anxious の /kʃ/, luxurious の /gʒ/, xenon の /z/》 ❸ X字形のもの ❹ (活字などの) x [X] 字 ❺ (連続するものの) 第24番目 ❻ (ローマ数字の) 10 (ix [IX] =9 / xvi [XVI] =16 / xx [XX]=20 / xl [XL] =40 / xc [XC] =90) ❼ 《通例 x で》〖数〗第1の未知数 (♦ 第2[第3]の未知数は y [z] で表す. → y ❻, z ❻), 変数；x 軸 ❽ 未知の人[もの] ‖ Mr. *X* 某氏 ❾ (字の書けない人の) 署名の代わり ❿ (手紙などの最後につける) キスの印 ⓫ (地図・表などの) 特定の地点を示す印 ⓬ 誤りを示す印 ⓭ (投票・テストなどの選択を示す) ×印 ⓮ Ⓤ《米俗》エクスタシー《麻薬の一種》
—動 (**x-ed**, **x'd**, **xed** /-t/；**x-ing**, **x'ing**) 他 ❶〔選択・答えなど〕を×印で示す ❷ … を×印で消す《*out*》
▸▸ **X chròmosome** 名 Ⓒ〖生〗X染色体《性染色体の1つ》(→ Y chromosome) **X fàctor** 名 Ⓒ 未知の要因[人, もの], 未知数

X[2] 記号 成人向きの(映画)《《米》では17歳,《英》では18歳未満お断り. 現在《米》では NC-17,《英》では数字の18で示す》(→ X-rated)

X-Ác·to knìfe /ɪgzǽktou-｜eks-/ 名 Ⓒ《商標》エグザクトナイフ《取り替えのきく薄刃のついたナイフ》

Xan·a·du /zǽnədùː/ 名 Ⓒ 理想郷 (♦ Coleridge の詩 *Kubla Khan* に歌われた古都の名より)

xan·thene /zǽnθiːn/ 名 Ⓤ〖化〗キサンテン《黄色の板状結晶. 染料・殺菌剤に用いる》

xan·tho·ma /zænθóumə/ 名 (複 **~s** /-z/ OR **~·ta** /-ṭə/) Ⓒ〖医〗黄色腫(しゅ)《皮膚病の一種》

Xa·vi·er /zǽviər/ 名 **Saint Francis ~** ザビエル (1506–52)《スペインのイエズス会宣教師. 日本に初めてキリスト教を伝えた》

x́-àxis 名 (複 **x-axes** /-siːz/) Ⓒ〖数〗(座標の) x 軸, (平面の)横軸；(空間の)第1座標軸

X·box /éksbà(ː)ks, -bɔ̀ks/ 名《商標》エックスボックス《MicroSoft 社製の家庭用テレビゲーム機》

X́-certìficate 形《英》=X-rated

X̀D, x̀.d. 略〖株〗*ex dividend*

Xe 記号〖化〗xenon (キセノン)

xe·no·bi·ot·ic /zènəbaɪá(ː)ṭɪk｜-ɔ́t-/ 名 Ⓒ 形 生体異物(の)

xen·o·lith /zénəlɪθ/ 名 Ⓒ〖地〗捕獲岩《火成岩中の異種の岩石片》

xen·ol·o·gy /zənɑ́(ː)lədʒi｜-nɔ́l-/ 名 Ⓤ 異星人[文化]研究, 異星生物学 **-gist** 名

xe·non /zíːnɑ(ː)n｜-nɔn/ 名 Ⓤ〖化〗キセノン《希ガス元素. 元素記号 Xe》

xen·o·phile /zénəfàɪl/ 名 Ⓒ 外国(人)好きの人

xen·o·phobe /zénəfòub/ 名 Ⓒ 外国(人)嫌いの人

xen·o·pho·bi·a /zènəfóubiə/ 名 Ⓤ 外国(人)嫌い, 外国(人)恐怖症 **-bic** 形

Xen·o·phon /zénəfən/ 名 クセノフォン (430?–335? B.C.)《ギリシャの歴史家・将軍》

xèn·o·trànsplánt /zènou-, zìːnou-/ 名 ❶ Ⓤ Ⓒ〖医〗異種間移植手術《特に動物臓器の人間への移植》 ❷ Ⓒ 異種間移植用臓器
—動 他 …を異種間移植する
-trànsplantátion 名

xe·ric /zíərɪk/ 形〖生態〗乾燥した環境に適した, 好乾性の

xe·rog·ra·phy /zərɑ́(ː)grəfi｜zɪərɔ́g-/ 名 Ⓤ ゼログラフィ, 乾式複写(法) **xè·ro·gráph·ic** 形

xe·roph·thal·mi·a /zɪərɑ(ː)fθǽlmiə｜-rɔf-/ 名 Ⓤ〖眼科〗眼球乾燥症

xe·ro·phyte /zíərəfàɪt/ 名 Ⓒ〖植〗乾生植物

Xe·rox /zíərɑ(ː)ks｜-rɔks/ 名《商標》ゼロックス《乾式複写法[機]の一種》；《通例 x-》Ⓒ ゼロックスによるコピー
—動 他 自《x-》(…を)ゼロックスでコピーする
▸▸ **~ machìne** 名 Ⓒ《商標》乾式複写機

Xho·sa, Xo·sa /kóusə｜kɔ́ː-/ (複 **~** OR **~s** /-z/) 名 ❶ Ⓒ コサ族(の人)《南アフリカ共和国の一種族》 ❷ Ⓤ コサ語《バンツー語の一種》

xi /zaɪ｜saɪ/ 名 Ⓤ Ⓒ クシー《ギリシャ語アルファベットの第14字. Ξ, ξ. 英語のX, xに相当》

Xia·men /ʃɑ̀ːmʌ́n/ 名 厦門(アモイ)《中国南東部の都市》

Xi'·an /ʃìːɑ́ːn｜-ǽn/ 名 西安(シーアン)《中国中部の古都. 陝西(シェンシー)省の省都. 古名は長安. Hsiang ともつづる》

Xin·hua /ʃìnhwɑ́ː/ 名 新華社《中国の国営通信社》

-xion 接尾《名詞語尾》《英》=-tion (⇨ -TION) ‖ conne*xion*

X̀Ĺ 略 *extra large* (特大の)

Xmas /krísməs, éks-/ 名《口》=Christmas (♦ X'mas と書くのは誤り)
語源 Christ を表すギリシャ語の頭文字 *X*+*mass* (ミサ) から.

X̀MĹ 略 💻 *extensible markup language*《主に Web で使用されるデータのコンピューター処理を容易にする汎用記述言語》

x̀-radiátion 名 Ⓒ エックス線(照射)

X́-ràted 形 ❶《米》(映画が) 成人向きの (⇨ X[2]) ❷ ポルノの, 猥褻(わいせつ)な

***X́-ràỳ, x́-ràỳ** 名 Ⓒ ❶《通例 ~s》エックス線, レントゲン；《形容詞的に》エックス線の ‖ an ~ camera エックス線カメラ / have [OR take] an ~ examination エックス線検査を受ける / ~ therapy エックス線療法 / an ~ star エックス線星《強いエックス線を放射している星》 ❷ エックス線 [レントゲン] 写真 ‖ take an ~ of his chest 彼の胸部のレントゲン写真を撮る ❸ エックス線 [レントゲン] 検査 ‖ go for an ~ レントゲン検査に行く ❹ 無線通信で「X」字を表す用語
—動 他 …のエックス線写真を撮る；…をエックス線で調べる [治療する] ‖ have one's chest ~*ed* 胸部をエックス線検査してもらう
語源 ドイツ語 X-Strahlen (X光線) の英語訳. Xは正体が未知のものの意味で使われた.
▸▸ **~ astrònomy** 名 Ⓤ エックス線天文学 **~ tùbe** 名 Ⓒ エックス線管《エックス線を出す真空管》

X̀Ś 略 *extra small* (特小の)

X́-wìndow (Sỳstem) 名 Ⓒ Ⓤ 💻 エックスウィンドウ《UNIX系OSなどで利用されるGUI画面システム》

XXX /trìpléks/ 形 名 Ⓒ 最高に猥褻な(映画・ビデオ・小説など)

xy·lem /záɪləm/ 名 Ⓤ〖植〗木(質)部

xy·lene /záɪliːn/ 名 Ⓤ〖化〗キシレン, キシロール (xylol)《燃料・合成樹脂・染料などの原料》

xy·li·tol /záɪlətɔ̀ːl, +米 -tòul, -tɑ̀(ː)l/ 名 Ⓤ〖化〗キシリトール《糖アルコールの一種で甘味料として使われ, 虫歯予防に有効とされる》

xy·log·ra·phy /zaɪlɑ́(ː)grəfi｜-lɔ́g-/ 名 Ⓤ 木版術
xý·lo·gràph 名 Ⓒ 木版(画) **-pher** 名 Ⓒ 木版画師

xy·lo·phone /záɪləfòun/ 《発音注意》名 Ⓒ 木琴, シロホン
xý·lo·phòn·ist /英 -ˊ-ˋ--/ 名 Ⓒ 木琴[シロホン]奏者

X

Y

You're only **young** once. 若いときは一度しかない；若者たちの自由にさせてやれ《諺》

y

y, Y[1] /waɪ/ 名 (複 **y's, ys** /-z/；**Y's, Ys** /-z/) C ❶ ワイ《英語アルファベットの第25字》 ❷ y [Y] の表す音《英語では yes などの /j/, tiny などの /i/, myth などの /ɪ/, my などの /aɪ/》 ❸ Y字形のもの ❹ (活字などの) y [Y] 字 ❺ (連続するものの) 第25番目 ❻《通例 y で》【数】第2の未知数 (→ x ❼, z ❻), 変数；y 軸 ❼ 未知の人[もの]
▶▶ **Ý chròmosome** 名 C【生】Y染色体《性染色体の1つ》(→ X chromosome)

Y[2] 記号【化】yttrium(イットリウム)

Y[3] 略 yen；《口》YMCA；YWCA

y. 略 year(s)

-y[1] /-i/ 接尾《形容詞語尾》❶《名詞・形容詞につけて》 **a**「…を持つ, …に満ちた, …の特質のある」の意(♦ y で終わる語では -ey となるか, y を i に変えて ey をつける) ‖ health*y*, clay*ey* **b**「…がかった；…のような」の意 ‖ pink*y*, chill*y*, home*y* ❷《動詞につけて》「…の傾向のある」の意 ‖ sleep*y*

-y[2] /-i/ 接尾《名詞語尾》《名詞・形容詞につけて》愛称を表す ‖ dadd*y*, kitt*y*, Johnn*y*；hank*y* (♦ -ie となることもある.〈例〉sweet*ie*)

-y[3] /-i/ 接尾《名詞語尾》❶「特性・状態」の意 ‖ jealous*y*, courtes*y* ❷「行為 (の結果 [場所])」の意 ‖ baker*y*, laundr*y* ❸「特定の種類のものの集合体」の意 ‖ soldier*y*

ya /jə/ 代《口》=you, your

***yacht** /jɑ(:)t | jɒt/《発音注意》名 C ヨット；競走用軽帆船；(外洋航行可能な) レジャー用豪華船 (⇨ SHIP 類語) ‖ a racing ～ 競走用ヨット / a ～ race ヨットレース / cruise on [OR in] a ～ ヨットで遊航する(❗日本の「ヨット」は sailboat や dinghy に相当することが多い) ━━ 動 自 ヨットで競走[巡航]する ‖ go ～*ing* ヨットに乗りに行く
▶▶ **～ clùb** 名 C ヨットクラブ

yacht·ing /jɑ́(:)tɪŋ | jɒ́t-/ 名 U ヨットに乗ること, ヨット遊び；ヨット操縦(術)

yachts·man /jɑ́(:)tsmən | jɒ́ts-/ 名 (複 **-men** /-mən/) C ヨットマン, ヨット操縦者[所有者] (中立 yacht owner, yacht sailor) **-wòman** 名

yack /jæk/ 動 名《口》=yak[2]

yack·e·ty-yack /jækəṭijǽk/ 名 動《口》=yakety-yak

yad·a yad·a yad·a /jædə jædə jǽdə/ 副《米口》などなど (and so on) (♥ 詳細を述べるのが面倒なときなどに用いる)(♦ yadda yadda yadda ともつづる. → blah)

yah[1] /jɑ:/ 間 やー, やーい(♥ あざけり・挑戦などを表す)

yah[2] /jɑ:/ 副 =yes, yeah

ya·hoo[1] /jɑ:hú:/ 名 C ⊗《口》《蔑》(獣のような)野蛮[粗野]な人間 (♦ Swift 作 *Gulliver's Travels* に登場する人間の姿をした獣から)

ya·hoo[2] /jɑ:hú:, ⌐-/ 間 よし, やった(♥ 喜び・興奮を表す)

Ya·hoo /jɑ:hú:, jɑ́:hu:, jəhú:/ 名 💻 ヤフー《インターネット上の検索ポータルサイトの1つ. *y*et *a*nother *h*ierarchical *o*fficious *o*racle の略とされる》

Yah·weh /jɑ́:weɪ/, **-veh** /-veɪ/ 名 ヤハウェ《ヘブライ人の神》(→ Jehovah)

yak[1] /jæk/ 名 C【動】ヤク《中央アジアの長毛の野牛》

yak[2] /jæk/ 《口》 動 (**yakked** /-t/；**yak·king**) 自 ぺちゃくちゃしゃべる ━━ 名 U/C《単数形で》無駄話, おしゃべり

yak·e·ty-yak, -yack /jækəṭijǽk/ 名 U 動 自 無駄話(をする), ぺちゃくちゃ(しゃべる)(→ yak[2])

ya·ki·to·ri /jɑ̀:kitɔ́:ri | jæ̀-/ 名 U 焼き鳥(♦ 日本語より)

Yále (lòck) /jéɪl-/ 名《商標》エール錠《玄関のドアなどによく用いられるシリンダー錠の一種》

Yàle Univérsity 名 エール大学《米国コネチカット州ニューヘブンにある1701年創立の私立大学》

y'all /jɔ:l/ 代《口》=you-all

Yal·ta /jɔ́:ltə | jǽl-/ 名 ヤルタ《ウクライナの黒海に臨む都市. 1945年のヤルタ会談(Yalta Conference)の開催地》

***yam** /jæm/ 名 C U【植】❶ ヤムイモ, ヤマノイモ《熱帯地方産. 根は食用》 ❷《米》サツマイモ(sweet potato)

yam·mer /jǽmər/ 動 自 名 U《口または方》❶ くどくど泣き言[不平]を言う(こと) ❷ 止めどないおしゃべり(をする) ❸ がなり声(を上げる)

Ya·mous·sou·kro /jɑ̀:məsú:kroʊ/ 名 ヤムスクロ《コートジボアールの首都》

yang /jɑ:ŋ | jæŋ/ 名 U【中国哲学】陽(→ yin)

Yan·gon /jɑ̀:ŋgóʊn | jæŋgɔ́n/ 名 ヤンゴン《ミャンマーの首都. 旧称 Rangoon》

Yang·tze /jǽŋtsi | jǽŋ-/ 名《the ～》揚子江《長江 (Chang Jiang)の旧称》

yank /jæŋk/ 《口》 動 自〈…を〉ぐいと引っ張る〈**on, at**〉‖ ～ *on* a rope 綱をぐいと引っ張る ━ 他 …をぐいと引っ張る；…を打ち切る, 引っ込める ‖ ～ the starting pitcher early in a game 試合開始早々先発投手を引っ込める ━━ 名 C《単数形で》ぐいと引くこと ‖ give a ～ at [OR on] a rope ロープをぐいと引っ張る

Yank /jæŋk/ 名 ⊗《口》《しばしば蔑》=Yankee

Yan·kee /jǽŋki/ 名 C ⊗《口》《しばしば蔑》❶ ヤンキー, アメリカ人 ❷《米》《特に》米国ニューイングランド人；米国北部諸州の人 (Northerner) (♦ 米国内では一般にこの意味で用いる)；(南北戦争時の)北軍兵士 ❸ 無線通信で「Y」字を表す用語
語源 オランダ語の Jam(=John)の愛称 Yanke(=Johnny)から.
▶▶ **～ Dóodle** /-dú:dl/ 名 ① ヤンキードゥードル《米国独立戦争時にはやった歌. 準国歌ともいわれる》 ② C ⊗《口》《しばしば蔑》=Yankee

Yan·kee·ism /jǽŋkiìzm/ 名 U ヤンキー[アメリカ人]かたぎ[風]

Ya·oun·dé, Ya·un·de /jɑ̀:undéɪ | jɑ:úndeɪ/ 名 ヤウンデ《カメルーンの首都》

yap /jæp/ 動 (**yapped** /-t/；**yap·ping**) 自 ❶ (小型犬などが)きゃんきゃんほえ立てる ❷《口》(くだらないことを)しゃべりまくる ━━ 名 C ❶ きゃんきゃんほえ立てる声 ❷《口》(甲高い声の)おしゃべり ❸《俗》口

⁂yard[1] /jɑ:rd/

━ 名 (複 **～s** /-z/) C ❶ **ヤード**, ヤール《長さの単位. 3フィート, 36インチ(約91.44cm). 略 y., yd.》；立方ヤード(cubic yard) ‖ The street is ten ～*s* wide. 通りは幅10ヤードだ / two ～*s* of denim 2ヤールのデニム / a square ～ 平方ヤード
❷《～s》《口》多量の, 長々とした ‖ ～*s* of lace 非常に長いレース ❸【海】帆桁(ほげた) ❹《米俗》100ドル(紙幣)
the whòle nìne yárds 《主に米口》(できること)すべて；(手に入る)すべて
▶▶ **～ gòods** 名 複《米》ヤードもの《ヤード単位で売買される布地》

⁝yard[2] /jɑ:rd/ 名 動

━ 名 (複 **～s** /-z/) C ❶ (建物・壁に囲まれた, または隣接した)**庭**, 中庭 (♦ コンクリート・石などで舗装されている) (→ churchyard, courtyard, schoolyard)
❷《米》(家庭の) **庭** (garden)《通例芝生や植え込みがある》；《英》裏庭(→ backyard, ⇨ GARDEN 類語) ‖ play in a front ～ 家の前庭で遊ぶ

❸《通例複合語で》(特定の目的・仕事のための)**囲い場**，…作業場，…製造所，…置き場；〖鉄道〗操車場(→ brickyard, dockyard, lumberyard, shipyard, stockyard) ❹(家畜などの)囲い場 ‖ a chicken ～ 養鶏場 ❺《the Y-》《英口》ロンドン警視庁(Scotland Yard)
――動 (**～s** /-z/；**～·ed** /-ɪd/；**～·ing**) 他〔家畜〕を囲いに入れる
▶▶ **～ sàle** 名 C 《米》(個人が家の庭先で開く)不用品セール(→ garage sale) **～ sìgn** 名 C ヤードサイン《不動産や選挙の宣伝のために個人宅の庭などに立てる小さな看板》

yard·age /jɑ́ːrdɪdʒ/ 名 C U ヤードで計った長さ[量]，ヤード数；〖アメフト〗前進したヤード数

yárd·àrm 名 C 〖海〗帆桁(ほげた)の端，桁端(こうたん)

Yar·die /jɑ́ːrdi/ 名 C 《英》ヤーディー《(英国内で)ジャマイカ・西インド諸島出身の犯罪者グループの一員》

yárd·man /-mən/ 名 (複 **-men** /-mən/) C ❶ (鉄道の)操車場係(中立 yard worker) ❷《米》庭師(中立 gardener)

yárd·màster 名 C 《米》(鉄道の)操車場係長(中立 yard supervisor [manager])

yárd·stìck 名 C ❶ ヤード(棒)尺，1ヤードの物差し ❷ (評価・判断などの)規準，尺度，物差し

Ya·ren /jɑ́ːrən/ 名 ヤーレン《ナウルの首都》

yar·mul·ke, -mel-, -mul·ka /jɑ́ːrmʊlkə/ 名 C ヤムルカ《ユダヤ人男性がかぶる小さな縁なし帽》

***yarn** /jɑːrn/ 名 ❶ U (織物・編み物用の)紡績糸，編み糸(♦ thread は「縫い糸」) ‖ cotton [woolen] ～ 綿糸[毛糸] / spin ～ 糸を紡ぐ ❷ C 《口》(まゆつばものの)旅行談，冒険談，ほら話
spìn a yárn 《口》(長々と)冒険談[ほら話]をする
――動 自 《口》(長い)ほら話をする

yar·row /jǽroʊ/ 名 U C 〖植〗ヤロウ，セイヨウノコギリソウ

yash·mak /jǽʃmæk/ 名 C ヤシュマック《イスラム教徒の女性が人前でかぶるベール》

yaw /jɔː/ 〖海・空〗動 自 (船が)(左右に揺れて)一時的に進路からそれる，ヨーイングする；(航空機・ロケットなどが)偏(かた)揺れする ――名 C U ヨーイング；偏揺れ

yawl /jɔːl/ 名 C ❶ (2本マストの)ヨール型帆船 ❷ =jolly (boat)

***yawn** /jɔːn/ 《発音注意》動 自 ❶ あくびをする ‖ stretch and ～ 伸びをしてあくびをする ❷ (亀裂(きれつ)・穴などが)大きく[ぱっくり]開く ‖ A big hole ～*ed* in the road. 道路に大きな穴がぽっかり開いていた
――他 あくびをしながら…を言う ‖ He ～*ed* good morning. 彼はあくびをしながらおはようと言った
――名 C ❶ あくび ‖ with a ～ あくびをしながら / give a big ～ 大あくびをする / stifle a ～ あくびをかみ殺す ❷《通例単数形で》《口》退屈なもの[人]
～·er 名 C あくびをする人；《口》退屈なもの

yawn·ing /jɔ́ːnɪŋ/ 形 ❶ あくびをしている；退屈している ❷ 大きく(口を)開いた ‖ a ～ gap [OR gulf] between supply and demand 供給と需要の大きなギャップ

yawp /jɔːp/ 《口》動 自 ❶ (耳障りな声で)わめく ❷《米》(くだらないことを)やかましくしゃべる
――名 C わめき声；《米》やかましいおしゃべり

yaws /jɔːz/ 名 《通例単数扱い》〖医〗いちご腫(しゅ)《熱帯地方の伝染性皮膚病》

ý-àxis 名 (複 **y-axes** /-siːz/) C 〖数〗(座標の) y 軸《(平面の)縦軸；(空間の)第2座標軸》

yay /jeɪ/ 間 《口》よしっ，やったあ

Yb 記号 〖化〗ytterbium(イッテルビウム)

yd. 略 yard

***ye**¹ /弱 ji；強 jiː/(→ ❹) 代 (⇨ THOU¹)《方または古》❶《二人称複数主格》汝(なんじ)らは(♦ thou の複数) ‖ *Ye are the light of the world.* 汝らは世の光なり(♦ 聖書の言葉) ❷《命令文で》(♦ 'ee とも書く) ‖ Look ～ [OR 'ee]. 見よ，よいか ❸《二人称単数・複数目的格》汝(ら)に[を] ‖ Thank ～. かたじけない ❹ /ji/《口》《二人称単数主格》you の弱形 ‖ How d' ～ do? /háudidúː/ ご機嫌はいかが；はじめまして

***ye**² /弱 ðə, ði；強 ðiː/ 冠 《古》=the(♦ 今でも古風さを出すために店名に用いられることがある) ‖ *Ye* Olde Gifte Shoppe=the old gift shop

yea /jeɪ/ 《古》《堅》副 ❶ =yes (↔ nay) (♦ 今でも口頭の採決で使用されることがある) ❷ 全く ――名 C "yea" という言葉；賛成 ‖ ～*s* and nays 賛否(の投票)

***yeah** /jeə, jæə, jɑː/ 副 《口》=yes (♥ くだけた言い方なので親しくない相手には避けた方が無難)

COMMUNICATIVE EXPRESSIONS
[1] **Òh, yéah?** そうかなあ(♥ 気に障ることなどを言われた際に「そうは思えないがね」と不信を表す表現にもなる)

*****year** /jɪər，＋英 jəː/
――名〔▶ yearly 形 副〕(複 **～s** /-z/) C ❶ **年**；1年(間)《1月1日から12月31日までの12か月，または任意の12か月間》‖ January is the first month of the ～. 1月は1年の最初の月だ / We bought this house **last** ～. 去年この家を買った / I'm going to take a trip to Canada this [next] ～. 今年[来年]カナダ旅行をするつもりだ(♦ last, this, next, every などを伴うときは前置詞をつけずに副詞句となる) / I first met her in Paris 「three ～*s* ago [in (the ～) 2010]. 3年前[2010年]にパリで彼女に初めて会った(♦ in 2010 のように the year を省略する方がふつう) / It was the hottest summer in [OR for] five ～*s*. 5年間で最も暑い夏だった / My father has been dead **for** three ～*s*.=Three ～*s* have passed since my father died. 父が死んで3年になる / Ten ～*s* is [×are] a long time. 10年は長い年月だ(♦ 10年を1つの単位とみるので単数扱い) / every two ～*s* 2年ごとに / **in** recent ～*s* 近年 / for the first time in 30 ～*s* 30年ぶりに / a calendar [solar, lunar] ～ 暦[太陽，太陰]年 / a common [leap] ～ 平[うるう]年 / a five-～ [×five-～s] plan 5年計画(♦ 形容詞的に用いるときは複数形にしない)
❷ (大学・ビジネスなどの)**年(度)**；《英》(学生について)…年生；同学年 ‖ I am a second-～ student in senior high school.=I am in the second ～ of senior high school. 僕は高校2年生だ / She's in her final ～ at Smith College. 彼女はスミス大学の最終学年だ / I gave up French in the second ～. 私は2年のときにフランス語をあきらめた / Many students in my ～ were in the baseball team. 同学年の学生の多くが野球部に入っていた / by the end of the 2013-14 academic [school] ～ 2013-14年の大学[学校]の年度の終わりまでに / the fiscal [《英》 financial] ～ 会計年度
❸ **年齢**；《数詞の後で》…**歳**；《～s》老齢 ‖ He's eighteen ～*s* old.=He's eighteen ～*s* of age. 彼は18歳です(♦ ×He's eighteen years. とはいわない) / She behaves well beyond her ～*s*. 彼女は実年齢よりもずっと上のように振る舞う / an eleven-～-old [×eleven-～s-old] son=a son of eleven (～*s* of age) 11歳の息子 / a woman of her ～*s* 老齢の女性
❹《～s》《口》長い年月，長年 ‖ We haven't seen each other for [OR in] ～*s*, have we? 長いことお会いしませんでしたね / That's the best movie I've seen in ～*s*. それは私がここ数年で見た中で最高の映画だ / *Years bring wisdom.* 《諺》年月が知恵をもたらす；亀の甲より年の功
❺《～s》時代；《しばしば one's ～s》(人生の)一時期 ‖ during her ～*s* at the University of Illinois 彼女のイリノイ大学時代に ❻ (惑星の)公転周期

a yéar and a dày 〖法〗満1か年
àll (the) yèar róund [OR ***aróund***] 1年中
from yèar to yéar 毎年，年々
gèt òn [OR ***alòng***] ***in yéars*** (人が)年をとる，老ける
nòt [OR ***nèver***] ***in a mìllion yéars*** 《口》絶対に…ない，…なんてあり得ない
... of the yéar (雑誌・新聞などが選んだ)年間最優秀の ‖

Person *of the Year* その年を代表する人物
pùt yéars on a pèrson 〔人〕を老けたように見せる (↔ *take years off a person*) ‖ The death of his wife *put ~s on* him. 妻の死で彼は老け込んだ
tàke yéars óff a pèrson 〔人〕を若く見せる (↔ *put years on a person*) ‖ His remarriage *took ~s off* him. 再婚で彼はすっかり若返った
the yèar of gráce [OR ***our Lórd***] 西暦, 紀元後 (A.D.) ‖ in *the ~ of our Lord* 538 西暦[紀元]538年に
the yèar óne [《英》 ***dót***] 《口》大昔
yèar after yéar 毎年毎年
yèar by yéar 年々, 年ごとに
yèar ín, yèar óut 年々歳々, 年がら年中
yèar on [OR ***over***] ***yéar*** (価格などが)毎年, 前年に比べて
yèar róund =*all* (*the*) *year round* (↑) (→ YEAR-ROUND)

yéar·bòok 名 C ❶ 年鑑;年報 ❷《米》(高校・大学などの)卒業記念誌[アルバム]

yèar-énd 名 C 年末 ‖ by ~ 2013 2013年の年末までには ―形《通例限定》年末の ‖ a ~ sale 歳末セール

year·ling /jíərlɪŋ/ 名 C ❶ (動物の) 満1歳の子《生後1年から2年の間の子》 ❷ (競馬の) 1歳馬《生まれた年の翌年の1月1日から数えて1年未満の子馬》
―形《限定》❶ 満1歳の;〔競馬〕1歳(馬)の ❷ (丸)1年を経た;(債券などが)1年満期の

yèar·lóng <ヨ> 形《限定》1年間続く, (丸)1年にわたる, 1年中の(♦ year-long とも書く)

***year·ly** /jíərli/ 形 〔◁ year 名〕《限定》❶ 年1回の;毎年の, 例年の ‖ a ~ magazine 年刊雑誌 / a ~ event 年中行事 ❷ 1年の, 1年単位[計算]の;1年間続く ‖ one's ~ income 年収 ―副 年に1回;毎年 ‖ You have to pay the membership fee ~. 会費は毎年払わなければならない ―名 (複 **-lies** /-z/) 年1回の刊行物

***yearn** /jəːrn/ 動 自 ❶ 〈…に〉あこがれる, 〈…を〉慕う, 恋しがる;〈…を〉切に望む〈**for, after**〉;しきりに〈…〉したがる〈**to** *do*〉 ‖ ~ *for* [OR *after*] one's home 故郷を恋しく思う / ~ *to* go to Hawaii とてもハワイへ行きたがる / She ~*ed for* her son to come home. 彼女は息子の帰宅を待ちわびた ❷ 〈…を〉哀れむ〈**over, to, toward(s)**〉

yearn·ing /jə́ːrnɪŋ/ 名 C U 〈…への〉あこがれ, 思慕〈**for**〉;〈…したいという〉切なる思い〈**to** *do*〉 (⇨ DESIRE 類語) ‖ her ~ *for* her native country 彼女の母国への慕情
~·ly 副 あこがれて, 思慕して;切望して

-year-old 連結形 「…歳の(人);…年たった」の意 ‖ a 30-*year-old* house (建)築後30年の家

yèar-on-yéar, yèar-over-yéar 形 (数字・価格などが)前年同期比の

***yèar-róund** <ヨ> 形《限定》1年中の, 通年の ‖ a ~ resort 季節を問わぬ行楽地 ―副 1年を通じて, 1年中

yéar-to-dàte 副 形〔会計〕年度始めから現在まで(の) (♦ 副詞では year to date とも書く)

yeast /jiːst/ 名 U C ❶ イースト, 酵母(菌) ❷ (発酵時の)泡;(波の)泡 ❸ 刺激(剤), 感化を与える人[もの]
▸▸ **~ èxtract** 名 U C 酵母エキス《うまみ調味料として用いる》 **~ infèction** 名 C 〔医〕膣炎(ちつえん)(thrush)

yeast·y /jíːsti/ 形 ❶ (味・においが)イーストの(ような);酵母を含んだ ❷ 動揺する, 不安定な ❸ (話などが)軽い

Yeats /jeɪts/ 名 **William Butler ~** イェイツ(1865–1939)《アイルランドの詩人・劇作家. ノーベル文学賞受賞(1923)》

yecch, yech /jek, jʌk/ 間 =yuck

yegg /jeg/ 名 C 《米俗》金庫破り;強盗

***yell** /jel/ 《発音注意》
―動 (**~s** /-z/; **~ed** /-d/; **~·ing**)
―自 ❶ **a** (大きな甲高い声で)**叫ぶ**;〈…に〉わめく, どなる《**out**》〈**at**〉 (⇨ CRY 類語) ‖ Don't ~ *at* me like that! そんなふうにどならないでよ / ~ with laughter (きゃあきゃあ)笑い騒ぐ / ~ *out* in pain 痛くて悲鳴を上げる
b 《+**at** 名+**to** *do*》…に…するよう叫ぶ, どなる ‖ He ~*ed at* his secretary *to* bring him more coffee. 彼は秘書にもっとコーヒーを入れてきてくれと大声で叫んだ
❷《主に米口》大声で助けを求める ‖ If you have trouble, just ~. 万一のときには大声で助けを呼びなさい
―他 **a** 《+目》大声で〈…に〉…を叫ぶ, わめく, どなる《**out**》〈**at**〉 ‖ ~ (*out*) an order 大声で命令を発する / ~ abuse *at* him 彼を大声でののしる **b** 《+**that** 節》…と叫ぶ, どなる ‖ Ellen ~*ed that* she would never return. エレンは二度と戻らないと大声をはり上げた
―名 C ❶ 大声の叫び, わめき ‖ She let out a ~ at me. 彼女は僕に向かって大声で叫んだ / a ~ of pain [delight] 苦痛のわめき声[歓声] ❷《米》エール《一斉に叫ぶ応援の言葉》 ‖ exchange ~*s* エールを交換する
▸▸ **~ lèader** 名 C 応援団長 **~ squád** 名 C (スポーツクラブなどの)応援団

:yel·low /jélou/
―形 (**~·er**; **~·est**)
❶ **黄色い**, 黄色の;黄ばんだ ‖ a ~ rose 黄色いバラ / ~ brown 黄褐色 ❷《比較なし》⊗《蔑》肌が黄色い, 黄色人種の ‖ the ~ race 黄色人種 ❸ ⊗《口》《蔑》おく病な(cowardly) (→ CE 1) ‖ Suddenly he turned ~. 彼は突然おく病になった (→ yellow-bellied) ❹ (新聞などが)扇情的な, センセーショナルな(→yellow press)

COMMUNICATIVE EXPRESSIONS
1 **You're yéllow.** おく病者め(♥ くだけた表現)

―名 (複 **~s** /-z/) ❶ U **黄色** ❷ U C 黄色のもの;黄色の顔料[絵の具, 染料];U 黄色の衣服 ‖ be dressed in ~ 黄色の服を着ている ❸ U C (卵の)黄身, 卵黄(yolk) (→ white) ❹ C《the ~s》(植物の)黄枯病
―動 他 …を黄色にする ‖ paper ~*ed* with age 年月を経て黄ばんだ紙 ―自 黄色になる, 黄ばむ
~·ness 名
▸▸ **~ cárd** 名 C イエローカード《サッカーなどで審判が選手への警告に使う》(→ red card) **~ dóg** (↓) **~ féver** 名 U 〔医〕黄熱病 **~ flág** 名 C ①〔海〕黄色旗, 検疫旗 ②〔植〕キショウブ(yellow iris) **~ jàck** 名 ① U《古》=yellow fever ② C〔魚〕アジの一種《米国大西洋岸産》 **~ jàcket** 名 C《米口》〔虫〕スズメバチ **~ jérsey** 名 C イエロージャージ《ツールドフランス自転車レースの総合優勝者に贈られる》 **~ jóurnalism** 名 U 扇情的ジャーナリズム(♦ 今では tabloid journalism が多く使われる) **~ líne** 名 C (英国の) 駐車禁止を示す歩道沿いの黄色の線 **Yéllow Pàges** /英 ニーー/ 名《しばしば y- p-》《the ~》《複数扱い》《商標》(英国の) 職業別電話帳, (電話帳の) 職業別ページ (→ White Pages) **~ péril** 名《the ~》⊗《旧》《蔑》黄禍《黄色人種に対する白色人種の恐れを強調した言葉》 **~ póplar** 名 C《米》〔植〕ユリノキ(tulip tree);ユリノキ材 **~ préss** 名《the ~》扇情的な新聞, イエローペーパー **~ ráin** 名 U 黄色い雨《東南アジアなどで観測される. 毒性物質説とハチの糞(ふん)説がある》 **~ rìbbon** 名 C《米》黄色いリボン《危険を乗り越えて無事帰還することを願うしるし》 **Yèllow Ríver** 名《the ~》(中国の)黄河(→ Huang He) **Yèllow Séa** 名《the ~》黄海《中国と朝鮮半島の間の海》 **~ spòt** 名 C〔解〕(網膜の)黄斑(おうはん)

yéllow·bèlly 名 C ⊗《口》《蔑》❶ (卑劣な)おく病者 ❷ 〔動〕下側が黄色の動物 **yéllow-bèllied** 形

yéllow·càke 名 C〔鉱〕イエローケーキ, ウラン精鉱《採掘ウラン鉱石を精錬した黄色の物質》

yèllow dóg 名 C おく病者 **yèllow-dóg** 形

yéllow·fìn 名 (=**~ túna**) C〔魚〕キハダマグロ

yéllow·hàmmer 名 C〔鳥〕❶ キアオジ ❷ ハシボソキツツキ(flicker)《北米産》

yel·low·ish /jélouɪʃ/ 形 黄色がかった, 黄ばんだ

Yel·low·knife /jélounàɪf/ 名 イエローナイフ《カナダ, ノースウェスト準州の州都》

Yèl·low·stone Nàtional Párk /jèloustoun-/ 名

イエローストーン国立公園《米国北西部, ワイオミング・モンタナ・アイダホの3州にまたがる自然公園》

yéllow·tàil 名 (複 ~ OR ~s /-z/) C 〔魚〕ブリ, ハマチ

yel·low·y /jéloui/ 形 黄色がかった, 黄ばんだ

yelp /jelp/ 動 自 ❶ (犬などが)(きゃんきゃんと)鋭くほえ立てる(yap) (⇨ HOWL 類語) ❷ (痛みなどで)鋭い叫び声を上げる —他…を叫んで言う —名 C 鋭いほえ声[叫び声]

Yelt·sin /jéltsɪn/ 名 **Boris (Nikolayevich)** ~ エリツィン(1931–2007)《ロシア連邦大統領(1991–99)》

***Yem·en** /jémən/ 名 イエメン《アラビア半島南部にある共和国. 公式名 the Republic of Yemen. 首都 San'a》

***Yem·e·ni** /jéməni/ 形 イエメン(人)の —名 C イエメン人(→ Yemenite)

***Yem·en·ite** /jémənàɪt/ 名 C イエメン人 —形 イエメンの, イエメン人の

***yen**[1] /jen/ 名 (複 ~) C 円《日本の通貨単位. 記号 ¥, Y》; 《the ~》(貨幣制度としての)円；円価格[相場]

yen[2] /jen/ 名 C 《通例 a ~》 動 自 《口》 熱望(する), 切望(する), 強いあこがれ(を抱く)〈**for** …に対して(の)；**to** ***do*** …したいと(いう)〉‖ have a ~ *to* go abroad 海外へ行きたくてたまらない

yeo·man /jóumən/ 名 (複 **-men** /-mən/) C ❶ 〔英国史〕郷士, 自作農民《紳士階級(gentry)の下の階級》; 自作農, 小地主 ❷ 〔英〕義勇農騎兵 (→ yeomanry ❷) ❸ 〔史〕(王室・貴族の家の)従者, 侍僕 ❹ 〔米海軍〕事務係下士官; 〔英海軍〕信号係下士官

yèoman of the guárd (英国王室の) 衛士(えいし) (→ beefeater)

▸▸ **~('s) sèrvice** /英 ⌣ ⌣⌣/ 名 U/C 《単数形で》長い間の奉公[忠勤]；(いざというときの)助け, 役立ち

yeo·man·ry /jóumənri/ 名 《the ~》《集合的に》〔英国史〕 ❶ 自作農民階級 ❷ 義勇農騎兵団《18世紀の半ば郷士の子弟で結成》

***yep** /jep/ 副 《口》=yes(↔ nope)

yer /jər/ 代 《口》=you, your

Ye·re·van, E·re·van /jèrəvɑ́:n | -vǽn/ 名 エレバン《アルメニアの首都》

⁂yes /jes/ 副 名

—副 ❶ **はい** (↔ no[1]) (♥ 質問に対する肯定の回答) ‖ "Are you ready?" "*Yes*, I am." 「用意はいいですか」「はい, いいです」/ "Would you like some more wine?" "*Yes*, please." 「もう少しワインをいかがですか」「ええ, 頂きます」/ "Didn't you tell him the truth?" "*Yes*, I did." 「彼に本当のことを言わなかったのですか」「いいえ, 言いました」(♦ No, I didn't. は「はい, 言いませんでした」の意. ⇨ 語法)

語法 ★★ 否定疑問文に対する答え

日本語では否定疑問文「…ではないですか」に対する答えは「はい, …ではありません」「いいえ, …です」のようになるのがふつうだが, 英語では質問の形式とは関係なく, 答えが肯定文であれば yes, 否定文であれば no を用いる. この原則は否定の陳述などに対する応答の場合も同様(→❷).

❷ いや, **いいえ** (♥ 否定の発言・命令・要求に反論する) ‖ "That is not possible." "*Yes*, it is." 「そんなことできません」「いや, できます」/ "Don't say that!" "Oh, ~ I will." 「それを言うんじゃない」「いや, 言わせてもらうよ」

❸ **はい**(承知しました)(♥ 命令・要求・提案・呼びかけなどへの同意・了承を表す) ‖ "Go and shut the window." "*Yes*, sir." 「窓を閉めてきてくれ」「はい, かしこまりました」/ "Waiter!" "*Yes*, sir." 「ウエーター」「はい」(♦ 女性に対しては "Yes, ma'am.")

❹ **a そうだ**, そのとおりです；わかりました (♥ 発言への同意・了承を表す) ‖ "His performance was outstanding." "*Yes*, wasn't it?" 「彼の演技はすごくよかった」「いや, 全く」/ *Yes*, I see your point. なるほど, おっしゃりたいことはわかります **b** 《yes, (...) but ... で譲歩を表して》なるほど(…だ), しかし…(♥ 相手への反論を丁寧に伝える表現) ‖ "English is difficult." "*Yes, but* it is not as difficult as German." 「英語は難しいね」「そうですね, でもドイツ語ほど難しくはないですよ」

❺ 《ふつう疑問形で, 上昇調で》 **a はい**(♥ 呼びかけに答える)；はい(何のご用でしょう)(♥ 電話・玄関先などの応対) ‖ "Mommy!" "*Yes*? (↗)" 「ママ」「なあに」/ Hello, ~, who is it, please? もしもし, はい, どちら様ですか(♥ 電話に出る際に Yes とだけ答えると, ぶっきらぼうで失礼な印象となることが多いため一般的には Hello を用いる) **b** なるほど, それで(どうしました)(♥ 話の続きを促す) ‖ *Yes*, what happened next? なるほど, それで次はどうなりました **c** そう, へえ；まさか (♥ 相手の発言内容に疑いを表す) ‖ "This is a musical cat." "Oh, ~?" 「こいつ音楽好きの猫なんだ」「へえ, そうなの」 **d** ふん, そう(♥ 無関心を表す)

❻ そう, そうですね(♥ 発言・意見などを導く)；そうだ(♥ 忘れていたことを思い出したときに) ‖ *Yes*, ~, I was forgetting. そう, そう, 忘れていました ❼ 《しばしば yes, and ...; yes, or ... の形で》それにまた；いやそれどころか ‖ This is a better, ~, the best explanation. これはもっとよい, どころではなくいちばんよい説明だ ❽ そう(とも)(♥ 自分の発言を強調する) ‖ He won five million yen — ~! — five million yen in the lottery! 彼は宝くじで500万円, そう, 500万円当たった ❾ やった, よし(♥ 興奮・喜びを表す) ‖ "The Giants won another game." "*Yes*!" 「ジャイアンツがまた試合に勝ったぞ」「やった」 ❿ 《yes, yes で》わかったわかった(♥ いら立ちを表す) ‖ "We'll leave in five minutes." "*Yes*, ~, I'm coming." 「5分したら出かけるよ」「わかってるよ, 今行くよ」

COMMUNICATIVE EXPRESSIONS

1 **My ànswer is yés.** ⇨ ANSWER (CE 3)

2 Your zíp còde is 10128, **yés**? 君の郵便番号は10128だよね(♥ くだけた確認表現. =Am I right?)

3 "Is she a gòod cóok?" **"Yès and nó."** 「彼女は料理は上手なの」「どちらとも言えないな」(♥「見方次第」の意)

4 "We can ónly gìve you sèats that are apárt. Would thàt be okáy?" **"Yés, if** [OR **so lòng as, provìded that**] the sèats are áisle sèats." 「離れたお席しかご用意できませんが, それでよろしいでしょうか」「ええ, 通路側の席ならいいです」(♥ 条件付きの承諾)

5 **Yès sirée(, Bób)!** いいとも；よし；全くそのとおり (♥ yes という意味のくだけた表現. 調子よく, 元気なニュアンスがある. 相手が男性やボブという名の人でなくても使う)

—名 (複 **~·es** OR **~·ses** /-ɪz/) ❶ U C イエスという返事, 同意(の言葉)；賛成, 承諾, 肯定 ‖ Answer with a plain *Yes* or No. はっきりイエスかノーで答えなさい / nod ~ うなずいて賛意を表す / say ~ イエスと言う, 承諾[同意]する ❷ C 《通例 ~es》賛成投票(者)(aye)

ye·shi·va, ye·shi·vah /jəʃí:və/ 名 (複 **~s** /-z/ OR **ye·shi·voth** /jəʃi:vóut, -vóuθ/) C 〔ユダヤ教〕イェシーバ《(ラビ養成のための)正統派ユダヤ人の学校》

yes-man /jésmæ̀n/ 名 (複 **yes-men** /-mən/) C 《口》イエスマン, 卑屈な追従者(中立 follower)

yes·sir /jésə:r, jéssə:r/ 間 《主に米口》確かに, 本当に《強意・同意を表す》

⁂yes·ter·day /jéstərdèɪ, -di/ 副 名 形

—副 《比較なし》 ❶ **きのう(は)** (♦ 位置は原則として文末だが強調や対照のため文頭に置くこともある) ‖ Why were you absent from school ~? 君はなぜきのう学校を休んだの / *Yesterday* Randy had a cold and was very sick. きのうランディは風邪でとても具合が悪かった / It was only ~ that I arrived. 私が到着したのはついきのうだ / He said, "I met Meg ~." 彼は「きのうメグに会った」と言った (=He said that he had met Meg [the day before [OR the previous day].) (♦ 直接話法を間接話法に書き換えると yesterday が the day before や the previous day になる. ただし彼の言ったことをその日のうち

に伝えるなら，yesterday はそのまま) / a week ago ～ 先週のきのう
❷ ついこの間(は)，少し前(に) ‖ It seems only ～ that we got married. 結婚したのはついこの間のようだ

COMMUNICATIVE EXPRESSIONS
1 **I wàsn't bòrn yésterday.** ⇨ BORN (CE 1)

―名 (複 **～s** /-z/) ❶ U《通例無冠詞で》**きのう**；《形容詞的に》きのうの ‖ *Yesterday* was my birthday. きのうは私の誕生日だった / What day (of the week) was ～? きのうは何曜日でしたか / Where were you ～ morning [afternoon]? きのうの朝[午後]はどこにいましたか / ～ week 先週のきのう(♦ 副詞的に) / (the) day before ～ 一昨日，おととい(♦ 副詞的にも用いる．その場合《口》では the を省略する) ❷ U ついこの間，昨今，近ごろ ❸ C《通例 ～s》過去 ‖ far back in the ～*s* ずっと昔に
yésterday's nèws もはや興味を引かない人[もの]

COMMUNICATIVE EXPRESSIONS
2 **Yésterday wòuldn't be tòo sóon.** 急いでください(♥「いつまでにやりましょうか」などへの返事)

―形《叙述》《口》《しばしば戯》古臭い，時代遅れの

yéster·yèar 名 U 副《文》《修》❶ 昨年，去年(last year) ❷ 最近，昨今

‡yet /jet/ 副 接

―副《比較なし》❶《否定文で》(今[それ]までのところ)**まだ**(…ない) ‖ I haven't received any news ～. まだ何の知らせも受け取っていません / She was not ～ prepared to leave when I went for her. 迎えに行くと彼女はまだ出かける準備ができていなかった / Don't go ～. まだ行くな / Aren't you ready ～? まだ用意できないのか(♥ 否定疑問文では通例驚き・いら立ちなどを示す)

語法 ☆☆ (1) 肯定文での already (もう…だ) に対応し，未来においてそうなることが期待[予測]される事柄について用いる．
(2) yet は文末に置かれるのがふつうだが，否定語の直後に置かれることもある．

❷《疑問文で》**もう**，すでに ‖ "Has the criminal been caught ～?" "No, not ～." 「犯人はもう捕まりましたか」「いえ，まだです」/ Have you read [《米》Did you read] that book ～? その本はもう読みましたか / Is she back ～? 彼女はもう戻っていますか / Call his office to see if he's returned ～. 彼のオフィスに電話してもう彼が戻ったかどうか確かめなさい

語法 ★★ (1) yet は話者が期待[予測]していることが実際に起こったかどうか尋ねる．already を疑問文で用いると話者の驚きを表す．
(2) yet の位置は文末．

❸ これから，今から ‖ It will take hours ～ for the guests to arrive. 客たちが到着するまでまだ数時間かかるだろう / Nothing will happen for a few months ～. これから数か月は何事も起こらないだろう
❹《肯定文で》**まだ**，なお，依然として(♦ (1) still を用いるのがふつうで，yet は感情を含んだ表現となる．(2) 位置は一般動詞の前か助動詞[be 動詞]の直後，または文末) ‖ There is hope for me ～. まだ私には希望がある(♥「望みを捨てることはない」の意) / Go at once while there is ～ time. まだ時間のあるうちにすぐに出かけなさい
❺《未来に関して》(今まではともかく)いつかは，やがては(♦ 通例 will，may などの助動詞を伴う．位置については ❹ と同じ) ‖ He will thank you ～. やがては彼もあなたに感謝するでしょう / We may win ～. いつかは勝つさ
❻《最上級や only の後で》今[その時]までに[で] ‖ This is the best book ～ written on dinosaurs. これは恐竜について書かれたこれまでで最高の本だ(♦ この用法の yet は実質的に最上級の強調)
❼《比較級の強調》いっそう，さらに，もっと(♦ still の方がふつう) ‖ You must study ～ harder. もっと勉強しなければね / at a ～ higher speed さらにより高速で
❽《another，again，more などを強調して》さらに(その上)，加えて ‖ I can give you ～ another reason why nuclear energy is dangerous. 原子力が危険な理由をさらにもう1つ示しましょう / ～ **again** = ～ once more = ～ one more time さらにもう一度 / ～ more news さらに多くのニュース
❾ NAVI それにもかかわらず，それでも，しかし(♦ 文頭で用いるか，先行する文に続けて and [OR but] yet の形で用いる) ‖ He denies receiving bribes, ～ doubts remain. 彼は賄賂(わいろ)を受け取ったことを否定しているが，依然疑惑は残っている / Those scarves are all alike and ～ are not identical. そのスカーフは皆似ているが同じものではない / Although he didn't promise, ～ **still** I think he'll come. 約束はしなかったが，それでも彼は来ると思う(♦ although と相関して対比の意味を強めている)
as (of) yét 《通例否定文で》(将来はともかく)今[それ]までは，**これまで**[それまで]**のところはまだ**(♥ 将来に対する期待の念が含まれる) ‖ *As* ～ we have had no applications. 今までのところまだ応募がありません
be yèt to dó (まだ)これから…することになっている，まだ…していない ‖ The worst *is* ～ *to* come. 最悪の事態はこれからだ(まだ到来していない)
have yèt to dó (まだ)これから…しなければならない，**まだ…していない** ‖ We *have* ～ *to* find out why he rejected our offer. 彼がなぜ私たちの申し出を断ったのかまだわかっていない
nòr yét 《否定文に続けて》(さらに)…も(し)ない ‖ I've never read the Bible *nor* ～ intend to. 私は聖書を一度も読んだことがないし，またそのつもりもない

COMMUNICATIVE EXPRESSIONS
1 **Are you thère yét?** もうわかったよね(♥ 相手が理解したかどうかを確認するくだけた表現．= Has the penny dropped? / ↗Do you see what I mean?)

―接 **それにもかかわらず**，それでもなお，でもしかし(♦ but，however より意味が深い) ‖ Ted is young, ～ he is not without experience. テッドは若いが経験がないわけではない / drive quickly ～ safely 急いでも安全に車を運転する

yet·i /jéti/ 名 C 雪男(Abominable Snowman)(♦ チベット語より)

yew /juː/ (♦ 同音語 ewe) 名 ❶ (= ～ trèe) C《植》イチイ《常緑針葉樹》❷ U イチイ材《昔は弓を作った》

Ý-frònts 名 複《ときに y-》《英》《商標》男性用ブリーフ

Ygg·dra·sil /ígdrəsìl/ 名《北欧神話》宇宙樹《天界・地界・地獄をその根と枝で結ぶというトネリコの大樹》

ÝHÁ 略 *Y*outh *H*ostels *A*ssociation (ユースホステル協会)

yid, Yid /jɪd/ 名 C ⊗《卑》ユダヤ人(♦ Yiddish より)

Yid·dish /jídɪʃ/ 名 U イディッシュ語《特に中・東欧およびアメリカのユダヤ人の母語》 ―形 イディッシュ語の

‡yield /jiːld/

―動 (**～s** /-z/；**～ed** /-ɪd/；**～·ing**)
―他 ❶〔農作物・製品など〕を**産出する**，産する ‖ The fields ～*ed* a good harvest. その畑からはたくさんの収穫があった / Soybeans ～ a variety of useful products. 大豆からはいろいろ有用な製品ができる
❷〔収益など〕を**生む**，もたらす ‖ Her investments ～*ed* high profits. 彼女の投資は高利益をもたらした
❸〔結果・情報など〕をもたらす，提供する；〔物・事〕を与える ‖ The early studies ～*ed* inconsistent **results**. 初期の研究では互いに矛盾する結果が出た
❹ (圧迫・強制によって)〔権利・支配力・論点など〕を〈…に〉**譲る**；〔町・所持品など〕を放棄する，〈…に〉明け渡す《***up***》(↔ retain)〈**to**〉(→ surrender)；《～ oneself で》〈…に〉身を任せる《***up***》〈**to**〉 ‖ The defeated army ～*ed* the town *to* the enemy. 敗れた軍隊は敵に町を明け渡した / ～ a point in argument 議論で一歩譲る / ～ the right of way *to* another driver ほかのドライバーに先行権を譲る

/ ～ oneself (*up*) *to* drinking 飲酒にふける

—自 ❶〈力・感情などに〉**屈する**, 譲歩する, 従う(give in)〈to〉‖ I ～ *to* none in love of freedom. 自由を愛することでは人後に落ちません / ～ *to* temptation 誘惑に負ける / ～ *to* public pressure 民衆の圧力に屈する / ～ *to* persuasion 説得に折れる

❷《主に米》〈ほかの自動車などに〉道を譲る(《英》give way)〈to〉‖ *YIELD* 道を譲れ《交通標識》 ❸〈…に〉降伏する, 負ける〈to〉‖ The army ～*ed to* the enemy. その軍隊は敵に屈した ❹《+to 名》…に取って代わられる ‖ Cellphones ～*ed to* smartphones. 携帯電話はスマートフォンに座を譲った ❺(物理的な力に)壊れる, 曲がる, つぶれる ‖ The roof ～*ed* under the weight of the snow. 屋根は雪の重みでつぶれた ❻作物を産出する；利益を生む(♦ 通例様態を表す副詞を伴う) ‖ The land ～*s* well [poorly]. その土地は作物がよくできる[できない]

yìeld úp ... / yìeld ... úp 〈他〉① ⇨ 他 ❹ ②〔秘密など〕を明かす, 明るみに出す(disclose)

COMMUNICATIVE EXPRESSIONS

[1] **I might yìeld on** the príce **if** you would recònsider the déadline. そちらが期限を再考してくださればこちらも価格について譲ってもよいかもしれませんが(♥ 交渉)

—名 (複 **～s** /-z/) Ⓒ Ⓤ ❶ **産出**(物), 生産(高) ‖ What is the ～ of wheat per acre here? ここの1エーカー当たりの小麦の収穫高はどのくらいですか / The apple trees gave a high [poor] ～ last year. 去年はリンゴがよくとれた[あまりとれなかった]

❷利益, 収益(↔ loss)；(株などの)配当率, 利回り

▸▸ **～ cùrve** 名 Ⓒ 〖金融〗利回り曲線 **～ mànagement** 名 Ⓤ 〖経営〗歩留まり[収益]管理《景気動向などを勘案しながら最大の収益をあげること》

yield·ing /jíːldɪŋ/ 形 ❶柔軟な, 曲がりやすい, しなやかな ❷従順な, 言いなりになる ❸《しばしば複合語で》…な収穫[収益]を生む ‖ high-[low-]～ stocks 高[低]収益株

yikes /jaɪks/ 間 うへっ, ぎゃっ, げっ《ショック・驚き・困惑などを表す》

yin /jɪn/ 名 Ⓤ 〖中国哲学〗陰(→ yang)

yip /jɪp/ 動 (**yipped** /-t/；**yip·ping**) 自 (犬などが)きゃんきゃんほえる —名 Ⓒ きゃんきゃんほえる声

yipe /jaɪp/ 間 《口》うわーっ, ぎゃー, げっ(♥ 驚き・恐怖・苦痛を表す表現)

yip·pee /jɪpíː, +米 jípi/ 間 わーい, やったー(♥ 喜び・はしゃぎ・得意などを表す)

yip·pie /jípi/ 名 Ⓒ イッピー《1960-70年代の政治活動をするヒッピー》(→ hippie)

y·lem /áɪləm/ 名 Ⓒ アイレム《宇宙の源とされる物質》

ÝMCÁ 略 *Y*oung *M*en's *C*hristian *A*ssociation (キリスト教青年会) —名 Ⓒ YMCAが経営するユースホステル[スポーツセンター, 教育センター]

ÝMHÁ 略 *Y*oung *M*en's *H*ebrew *A*ssociation (ヘブライ青年会)

yo /joʊ/ 間 《口》よう, よっ(♥ あいさつ・呼びかけのかけ声)

yob /jɑ(ː)b | jɔb/ 名 Ⓒ 《英口》不良(青年), ちんぴら(♦ boy の逆つづり)

yob·bo /já(ː)boʊ | jɔ́b-/ 名 《英口》=yob

yo·del /jóʊdəl/ 《発音注意》 名 Ⓒ ヨーデル《地声と裏声を繰り返しながら歌うチロル地方の歌》 —動 (《英》**-delled** /-d/；**-del·ling**) 他 自 (…を)ヨーデルで歌う

yo·ga /jóʊgə/ 《発音注意》 名 Ⓤ (ヒンドゥー教の)ヨガ；ヨガの行 ‖ do ～ ヨガを行う **-gic** 形

yo·gi /jóʊgi/ 名 Ⓒ ヨガの行者

***yo·gurt, yo·ghurt, yo·ghourt** /jóʊgərt | jɔ́-/ 《発音・アクセント注意》 名 (複 **～s** /-s/) Ⓤ ヨーグルト；Ⓒ ヨーグルト1パック

yoke /joʊk/ (♦ 同音語 yolk) 名 Ⓒ ❶くびき《2頭の牛などを首のところでつなぐ横木》 ❷《通例単数形で》くびきにつながれた1対の牛[馬] ‖ 5 ～ of oxen 5対の雄牛 ❸(形・用途が)くびきに似たもの；(手おけなどをかつぐ)天秤(てんびん)棒；〖海〗横舵柄(だへい)；〖機〗繋鉄(けいてつ)；〖空〗(航空機の)操縦レバー ❹〖服飾〗ヨーク《身ごろの肩やスカートの腰部に入れる切り替え布》 ❺《the ～》〈…の〉束縛, 支配；隷属, 服従〈of〉；〈特に夫婦の〉きずな, 結びつき〈of〉‖ pass [OR come] under the ～ *of* ... …に屈服する / the ～ *of* marriage 夫婦のきずな ❻〖ローマ史〗くびき門《3本のやりでくびきに見立てて作った門を捕虜とした兵にくぐらせた》

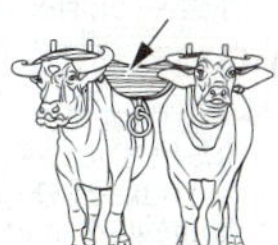

yoke ❶

—動 他 ❶〔牛など〕にくびきをかける《***together***》 ❷〔牛など〕を〈すき・荷車などに〉つなぐ〈to〉 ❸〔人など〕を結びつける, 一緒にする《***together***》(♦ しばしば受身形で用いる)

yo·kel /jóʊkəl/ 名 Ⓒ ⊗《蔑》田舎者

yolk /joʊk/ 《発音注意》(♦ 同音語 yoke) 名 Ⓤ Ⓒ (卵の)黄身, 卵黄(↔ white)；Ⓤ 羊脂毛 **～·y** 形 卵黄の(ような)

▸▸ **～ sàc** 名 Ⓒ 〖発生〗卵黄嚢(のう)

Yom Kip·pur /jòʊm kípər | jɔ̀m kɪpúə/ 名 (ユダヤ教の)贖罪(しょくざい)の日(the Day of Atonement)

yomp /já(ː)mp | jɔ́mp/ 動 自 《英口》(兵隊が)重荷を背負って行軍する —名 Ⓒ 重荷を背負っての行軍

yon /jɑ(ː)n | jɔn/ 形 副 《方または文》=yonder

yon·der /já(ː)ndər | jɔ́n-/ 形 《方または古》《限定》向こうの, あちらの, あそこの ‖ ～ bridge 向こうの橋 —副 向こうに, あちらに, あそこに ‖ over ～ 向こうに, あちらに

yonks /jɑ(ː)ŋks | jɔŋks/ 名 Ⓤ 《英俗》非常に長い時間

yoof /juːf/ 名 Ⓤ 形 《限定》《英口》《戯》若者たち(の)(♦ youth より)

yoo-hoo /júːhùː | ⌐⌐/ 間 動 自 遠くから(人の注意を引いて)ヤッホー(と言う), オーイ(と言う)

yore /jɔːr/ 名 Ⓤ 《通例 of ～ で》《文》昔(の), 往時(の) ‖ in days *of* ～ 昔(は)

York[1] /jɔːrk/ 名 ヨーク家(the House of York)《バラ戦争で Lancaster 家と王位を争った》

York[2] /jɔːrk/ 名 ヨーク《英国北ヨークシャー州の都市》

York·ist /jɔ́ːrkɪst/ 形 名 Ⓒ ヨーク家の(一員)；〖史〗ヨーク[白バラ]党の(一員)(→ Lancastrian)

Yorks. 略 Yorkshire

York·shire /jɔ́ːrkʃər/ 名 ヨークシャー《英国イングランド北東部の旧州》 ▸▸ **～ púdding** 名 Ⓤ Ⓒ ヨークシャープディング《小麦粉・卵黄・牛乳を混ぜ合わせて焼いたもの. しばしばローストビーフのつけ合わせとして出される》 **～ térrier** 名 Ⓒ 〖動〗ヨークシャーテリア《毛の長い小型犬》

York·town /jɔ́ːrktàʊn/ 名 ヨークタウン《米国バージニア州南東部の町. 独立戦争のとき Washington が英国の将軍 Cornwallis を降伏させた地》

Yo·sèm·i·te Nàtional Párk /joʊsèməṭi-/ 名 ヨセミテ国立公園《米国カリフォルニア州にあり, 滝と渓谷で有名》

******you** /弱 ju, jə；強 juː/

—代 (二人称, 単数・複数, 主格・目的格の人称代名詞)(所有格 **your**；所有代名詞 **yours**；再帰代名詞 **yourself, yourselves**) ❶**あなた(たち)は[が, を, に]** ‖ *You* are right. あなたのおっしゃるとおりです / I told ～ (so). 君にそう言ったじゃないか / This is just between ～ and me. ここだけの話だよ(→ 語法) / Why, it's ～, Matt. おや, マットじゃないか(♦ 補語のときは強形で発音される) / I'm not afraid of ～ misunderstanding me. 《口》君に誤解されるという心配はしていない(♦ you は目的格で動名詞の意味上の主語. → your ❶**b**)(♥ 相手の間違いを指摘する際など, You're mistaken [wrong]. のようにyou を主語にすると直接的すぎるので, I'm not so [really] sure「I agree [you're correct]. としたり, I'm afraid を加えるなどした方がよい)

語法 ☆☆ ほかの(代)名詞と並列させるときは通例 you を最初にし, 一人称を最後にする(⇨ I[3] 語法(1)).〈例〉You, Tim, Sally, and I will stay here. 君とティムとサリーと私がここにとどまる

Y

❷《総称的に》(一般に)**人は[を]**, だれでも, みんな(♦日本語の訳として表す必要のない場合が多い) ‖ *You* can never tell. だれにもわからない / Everything is delicious when ~ are hungry. 空腹のときは何でもおいしい
❸《相手の店・会社などの人々を漠然と指して》(貴店の・貴社の)人々(♦通例訳さない) ‖ What time do ~ close? 閉店は何時ですか
❹《呼びかけ・同格》あなた(たち), おまえ(ら)(♦発音は強形) ‖ ~ Americans あなたたちアメリカ人 / ~ guys 《主に米口》君たち, 皆さん(♦男女の別なく実質的に you の複数形として用いられる) / *You* fool(s). このばか者(ども)
❺ あなたに似合って(→ CE 2) ‖ I don't think that shirt is ~. そのシャツは君に似合わないよ
❻《命令文の主語として》あなた(たち)が(♦発音は強形) ‖ *You* tell me. 君が教えてくれ
yòu and yóurs あなたとあなたの家族; 親友 ‖ Kind regards to ~ *and yours*. 皆様によろしく
Yòu go girl! 《米口》(女子に向かって)頑張れ, いいぞ, 頑張ったね(♥励まし・賞賛の言葉)

COMMUNICATIVE EXPRESSIONS
1 **(Héy,) yóu (over) thère!** (おい)そこにいるの(♥離れた所にいる人の注意を引くややぶしつけな呼びかけ)
2 **It's** [OR **This is**] **yóu!** よくお似合いですよ(♥店員などが試着中の客に向かって用いる褒め言葉)
3 **Yóu (go) first.** ⇨ FIRST(CE 3)

you-all /juːɔ́ːl, jɔːl/ 代《米南部口》あなた方, 君たち, 皆さん(♦2人以上の人に対する呼びかけ)

***you'd** /弱 jud; 強 juːd/ 《口》 ❶ you would の短縮形 ‖ We thought ~ come to our cottage. 私たちの別荘へいらっしゃると思っていました ❷ you had の短縮形(♦had は助動詞) ‖ *You'd* already gone when I arrived there. 僕がそこに着いたときすでに君はいなかった

yóu-knòw-whàt 代《口》例のあれ
yóu-knòw-whère 代《口》例のあそこ
yóu-knòw-whò 代《口》例のあの人

***you'll** /弱 jul; 強 juːl/ 《口》 ❶ you will の短縮形 ‖ *You'll* get accustomed to this heat soon. この暑さにもすぐ慣れるでしょう ❷《まれ》you shall の短縮形

⁑young /jʌŋ/ 形 名

中心義 **重ねた年月が短い**

―形 (▶ youth 名) (**~·er** /jʌ́ŋɡər/; **~·est**)
❶ **若い**, 年少の, 幼い(↔ old)(⇨ 類語) ‖ You're still too ~ to travel alone. おまえはまだひとりで旅する年ごろじゃない / I'm not so ~ as I「used to be [OR (once) was]. 私はもう(昔ほど)若くない; 私も年だ / *You're only ~ once*. 《諺》若いときは一度しかない(♥「失敗を気にするな, 若さを楽しめ」の意) / a ~ child 幼子 / a ~ plant [OR tree] 苗, 若木 / the ~*er* generation 若い世代 / die ~ 若くして死ぬ
❷ (組織などが)できたばかりの, **新興の**; (世紀・夜などが)まだ早い(↔ advanced) ‖ a ~ nation [science] 新興国[新しい科学の分野] / The night is still ~. 夜はまだ早い[宵(よい)の口だ]
❸ (若者のように)**若々しい**, (実際より)若く見える, はつらつとした, 元気な ‖ George looks ~ for his age. ジョージは年齢の割に若く見える / My aunt is a ~ 42-year-old. おばは若々しい42歳だ / Next week he will be 90 years ~. (若く見える老人に対して)来週彼は90歳になる(♥通例 90 years old となるところを young を用いてユーモラスに若さを強調している) / ~ at heart 気持ちが若い / have a ~ face 若々しい表情をしている
❹ 青年の, 青年らしい; 青年向けの; 青年[若者]からなる; 青春時代の ‖ ~ ambition 青年の大望 / ~ fashion 若者向きのファッション / a ~ audience 若者ばかりの聴衆 / in one's ~ days 若いころに
❺《比較級・最上級で》**年下の**(→ elder[1]) ‖ I am two years ~*er* than「he (is) [《口》him]. 私は彼より2歳下だ / one's ~*er* brother [sister] 弟[妹](♦英語圏ではふつう兄弟姉妹の年の上下を問題にしないので, younger を使わないのが自然) / one's second ~*est* child 下から2番目の子供 / the ~*er* of the two women 2人の女性のうちの若い方
❻《the ~ または the ~er》《限定》年下の方の(♦人名の前か後ろにつけて, 同名の人(親子・親族など)を区別する) ‖ Do you mean the ~ Brown or his father? 君の言っているブラウンさんは息子の方かい, それとも父親の方かい(♦名前の前につける場合は the を省くこともある) / the ~*er* Kennedy 子供の方のケネディ / Pliny the ~*er* 小プリニウス《ローマの著述家》 ❼〈…に〉**経験の浅い**, 未熟な, 不慣れな〈**in, at**〉; (怒って)青二才の(⇨ 類語) ‖ a man ~ *in* business ビジネス経験の浅い男性 ❽ (ワイン・チーズなどが)熟成していない, (十分)発酵していない ‖ a ~ wine 未熟成のワイン ❾【地】(土地が)形成初期の
be gètting yóunger 《口》若年[低年齢]化している
nòt be gètting any yóunger 《口》年はとる一方だ, 若いころへは戻れない

―名 ❶《the ~》《集合的に》《複数扱い》**若者たち**, 青少年(youth) ‖ These TV dramas appeal especially to the ~. これらのテレビドラマは特に若者たちに受ける / books for the ~ 若者向けの本
❷ U《集合的に》《複数扱い》(動物・鳥などの)子, ひな(↔ parent) ‖ bring forth ~ 子を産む
yòung and óld (***alìke***): ***òld and yóung*** (***alìke***) 老いも若きも
with yóung (動物が)子をはらんで

類語《形 ❶》**young**「若い」を意味する一般的な語で,「若々しさ」や「未熟さ」など若さの持つよい面も悪い面も意味する.〈例〉*young* and vigorous [inexperienced] 若くて活力がある[経験に乏しい]
youthful「若々しい」の意. 若さに特有の新鮮・活力・熱意・有望性を暗示する語.〈例〉*youthful* vitality 若々しい生命力
juvenile 一人前の大人になっていない人の.「未成年者」を指す法律用語としても用いる.〈例〉*juvenile* delinquency 少年非行

▸▸ **~ blóod** 名 U ① 若い血潮; 青年らしい行動[考え方] ②《集合的に》青年, 若者たち **~ lády** 名 ① C 若い女性; お嬢さん, あなた(♥特に軽い非難を込めた呼びかけ) ②《通例 one's ~》《英》《旧》ガールフレンド, 恋人 **~ mán** 名 ① C 若い男性, 青年; 若いの(♥特に軽い非難を込めた呼びかけ); 君, あなた ②《通例 one's ~》《英》《旧》ボーイフレンド, 恋人 **~ márrieds** 名 複 新婚カップル **~ offénder** 名 C【法】(英国において14–17歳の)青少年犯罪者; (カナダにおいて12–17歳の)青少年犯罪者 **~ offénders' institùtion** 名 C (英国における14–20歳までの)青少年犯罪者収容所 **~ pérson** 名 C【法】(英国において14–17歳の)青少年 **~ thíng** 名 C《口》若者 **Yòung Túrk** 名 C ① トルコ青年党員 ②《ときに y- T-》組織内の若い過激分子

Young /jʌŋ/ 名 ヤング ❶ **Brigham ~** (1801–77)《モルモン教の指導者》 ❷ **Cy ~** (1867–1955)《米国のプロ野球選手. 本名 Denton True ~. 投手として米大リーグ史上最多の511勝をあげた》

young·ish /jʌ́ŋɪʃ/ 形 やや若い
young·ling /jʌ́ŋlɪŋ/ 名 C《文》若い人[動物]
***young·ster** /jʌ́ŋstər/ 《アクセント注意》名 C ❶ 若者; 子供(↔ oldster) ❷ 動物の子; 子馬

⁑your /弱 jər; 強 juər | 弱 jə; 強 jɔː, juə/

(♦同音語 you're)
―代《人称代名詞 you の所有格》❶ **a**《名詞の前で》**あなた(たち)の**(♦冠詞や this, that などとともには用いない. ⇨ YOURS 代 ❶ 語法) ‖ Before going to bed, do ~ homework and brush ~ teeth. 寝る前に宿題をして歯を磨きなさい / What's on ~ mind? 何を考えているの / It's none of ~ business. 君には関係のないことだ

b《動名詞句の意味上の主語として》あなた(たち)が[は] ‖ It's no use ～ saying anything. 君が何を言っても無駄だ(♦《口》では目的格の you を用いる方がふつう)
❷ (一般に)人の(♦通例日本語に訳す必要はない) ‖ When you face the north, east is to ～ right. 北に向けば東は右手になる
❸《口》典型的な ‖ It's just ～ average wooden floor. それはよくある木製の床だ
❹《口》君(たち)がよく言う, いわゆる, 例の ‖ So he is ～ good citizen. では彼が君の言う善良な市民かね
❺《しばしば Y-》《敬称》(♥称号の前につけて, 直接の呼びかけに用いる) ‖ *Your* Majesty 陛下 / *Your* Highness [OR Excellency] 閣下 / *Your* Honor 裁判長閣下

***you're** /弱 jər; 強 juər | 弱 jə; 強 jɔː, juə/ (♦同音語 your) 《口》 you are の短縮形 ‖ *You're* Canadian, aren't you? あなたはカナダの方ですね

****yours** /juərz, jɔːrz | jɔːz, juəz/
—代《you の所有代名詞》❶ a《単数・複数扱い》**あなた(たち)のもの**(♦指すものが単数なら単数扱い, 複数なら複数扱い) ‖ Is this umbrella ～? この傘はあなたのですか / His gloves are brown, and ～ are black. 彼の手袋は茶色で, あなたのは黒ですね
b《名+of ～ で》あなた(たち)の ‖ That's no business *of* ～. 君の知ったことじゃない / that camera *of* ～ 君のあのカメラ

語法☆☆ your は冠詞, this, that などと並べて使えないので ×your that camera, ×that your camera とはいえない. 「君のあのカメラ」というときは, that camera of yours という. your camera があなたの特定のカメラを指すのに対し, a camera of yours は, あなたが持っているいくつかのカメラのうち1つを指す. my friend と a friend of mine の違いも同様(→ mine[1]).

❷《通例 Y-》(手紙の結びで)敬具

語法☆☆ 《英》では相手の名前を記さず, Dear Sir [Madam] などで始める商用の手紙などは, Yours faithfully [OR truly] と結び, Dear Mr. [Mrs., Ms., Miss] Jones などと相手の名前を記す手紙は, Yours sincerely と結ぶのが一般的. 《米》では Sincerely, Sincerely yours, Yours truly, Yours と書くことが多い. 家族や親しい友人には With best wishes [OR regards], Best wishes, Best, Love, Lots of love などと書く.

❸《商業文で》手紙 ‖ I received ～ of the 18th. 18日付けのお手紙を受け取りました

yòurs trúly ①《Y-》敬具《手紙の結び》 ②《戯》私, 自分(♦I, me, myself の代わり) ‖ I can take care of ～ *truly*. 自分の世話くらいできるさ

COMMUNICATIVE EXPRESSIONS
1 **(Táke me;) I'm yóurs.** (私を奪って,)私はあなたのもの よ(♥愛の告白)
2 **You'll gèt yóurs.** 今に罰が当たるよ

****your·self** /弱 jərsélf; 強 juər-, jɔːr- | 弱 jə-; 強 jɔː-, juə-/《アクセント注意》
—代 (you (単数) の再帰代名詞. 成句については ⇨ ONESELF) ❶《再帰用法》**あなた自身を[に]** (♦動詞・前置詞の目的語として用いる. 強勢を置かずに発音する) ‖ Mind you, don't hurt ～. けがをしないように気をつけなさい / Please help ～. ご自由にどうぞ / You always look at ～ in the mirror. 君はいつも鏡をのぞいているね
❷《強調用法》**あなた自身(で)** (♦主語や目的語を強調. 強勢を置いて発音する) ‖ You chose the club ～. = You ～ chose the club. 君が自分でクラブを選んだのだ / Do it ～. 自分でそれをしなさい
❸ 本来の君, いつものあなた ‖ You are not ～ today. 今日の君はどうかしてるね
❹ あなた ‖ A girl like ～ should not walk alone in the city at night. 君のような女の子が夜に街中をひとり歩きするのはよくない

語法☆☆ 再帰代名詞は, 位置・方向などを表す前置詞とともにはふつう用いない. 〈例〉Be sure to shut the door behind you [×yourself]. 入った後は必ずドアを閉めてください

COMMUNICATIVE EXPRESSIONS
1 **Hòw's [OR And] yoursélf?** そっちはどう(♥How are you? と聞かれて返事をした後に尋ね返す. = And you?)

***your·selves** /弱 jərsélvz; 強 juər-, jɔːr- | 弱 jə-, 強 jɔː-, juə-/ 代 (you (複数) の再帰代名詞. 成句については ⇨ ONESELF) (→ yourself) あなた方自身 ‖ Enjoy ～. さあ楽しくやってください (♦再帰用法) / Settle the matter ～. 問題は自分たちで解決しなさい(♦強調用法)

yous, youse /弱 jəz, jɪz; 強 juːz/ 代 君たち (♦2人以上の人に対する非標準的な呼びかけの語)

****youth** /juːθ/《発音注意》
—名 〔◁ young 形〕 (複 **～s** /juːθs, juːðz | juːðz/ OR **～**)
U ❶ **青年時代**, 青春(期), 青年期(↔ old age) (♦特に10代) ‖ The dream of my ～ has come true. 私の若いころの夢がかなった / enjoy [waste] one's ～ 青春を謳歌(おうか)する[無駄にする] / in (the day of) one's ～ 青年時代に, 若き日に / (early) in ～ 青年期(の初め)に
❷ 若いこと, 若さ; **若々しさ**, 元気, 血気; 無分別, 未熟 ‖ If only I had your ～ and strength! 私に君のような若さと力がありさえすればなあ / keep one's ～ 若さを保つ
❸ C (特に15歳から20歳の)(男性の)若者, **青年**(↔ adult) (♦主に新聞で用いる) (⇨ CHILD 類語P) ‖ a gang of ～*s* 若者の一団 / an eighteen-year-old ～ = a ～ of eighteen 18歳の少年 / a promising ～ 前途有望な青年
❹《しばしば the ～》《集合的に》《単数・複数扱い》若者たち, 青年男女(↔ old people) (♦ふつう young people を用いる) ‖ *Youth* is becoming more politically involved. 若者たちは以前より政治にかかわりを持つようになりつつある / the ～ of today = today's ～ 今日の若者 / ～ unemployment 若者の失業(率)
❺ (発達などの) 初期 (段階), 創始期 ‖ the ～ of the world 太古, 古代 / in the ～ of civilization 文明の初期において
▶▶ **～ cènter [clùb]** 名 C 青少年交流センター《若者のための余暇活動施設》 **～ cùlture** 名 U 若者文化 **～ cústody** 名 U《英》少年院拘留 (期間) **～ hòstel** (↓) **～ wòrker** 名 C《主に英》(青少年を援助する)ユースワーカー

***youth·ful** /júːθfəl/ 形 ❶ 若い; 若々しい, はつらつとした, 活発な, 元気のよい(⇨ YOUNG 類語) ‖ She's a very ～ 62. 彼女はとても若々しい62歳です / She has a ～ appearance. 彼女は若々しく見える ❷ 青年[若者]の; 青年らしい(↔ elderly) ‖ ～ impatience 若者特有の性急さ ❸ 初期の **～·ly** 副 **～·ness** 名

***yóuth hòstel** 名 C ユースホステル《主に青少年のための安い宿泊施設》
yóuth hòsteler,《英》**yóuth hòsteller** 名 C ユースホステル協会会員 [利用者] **yóuth hòstelling** 名 U《英》ユースホステル利用の旅行

You·Tube /jùːtjúːb, ⌐⌐, +英 -tʃúːb/ 名《商標》ユーチューブ《動画共有サービスを提供するウェブサイト》
—動 自 他 (…を)ユーチューブに載せる[で見る] (♦動詞では Youtube ともつづる)

***you've** /弱 juv; 強 juːv/《口》you have の短縮形 (♦have は助動詞) ‖ *You've* done it. やっちゃったね

yowl /jaʊl/ 名 C 動 自 悲しげな長い鳴き声(を上げる)

yo-yo /jóʊjòʊ/《発音注意》名 (複 **～s** /-z/) C ❶《しばしば Yo-Yo》《英》《商標》ヨーヨー ❷ (上下に)変動するもの ❸ ⊗《米俗》《蔑》間抜け —動 自 (上下に)変動する

yr. 略 year(s); younger; your
yrs. 略 years; yours
YT 略 *Y*ukon *T*erritory
YTS 略 *Y*outh *T*raining *S*cheme ((英国の)青少年職業

訓練事業計画)

yt·ter·bi·um /ɪtə́ːrbiəm/ 名 U 〘化〙イッテルビウム《希土類金属元素. 元素記号 Yb》

yt·tri·um /ítriəm/ 名 U 〘化〙イットリウム《希土類金属元素. 元素記号 Y》

Ỳ2Ḱ /-tuː-/ =year 2000 [two thousand]

yu·an /juάːn | -ǽn/ 名 (複 ~) C 元《中国の通貨単位》

Yu·ca·tan /jùːkətǽn | jʊ̀kətάːn/ 名 ユカタン(半島)《メキシコ南東部, メキシコ湾とカリブ海を分ける半島》

yuc·ca /jʌ́kə/ 名 C 〘植〙ユッカ《イトランの類. 米国ニューメキシコ州の州花》

yuck /jʌk/ 間 《口》おえっ(yecch, yuk)(♥ 嫌悪・拒絶などを表す)

yuck·y /jʌ́ki/ 形 《口》いやな, まずい, むかつく

Yu·go·slav /jùːgouslάːv, -gə- | ⌐⌐⌐/ ⟨シ⟩ 形 ユーゴスラビア(人)の ―名 C ユーゴスラビア人

Yu·go·sla·vi·a /jùːgouslάːviə, -gə-/ 名 ユーゴスラビア《ヨーロッパのバルカン半島にあった連邦共和国. 現在は Serbia, Montenegro, Croatia, Bosnia-Herzegovina, Slovenia, Macedonia に分かれている》

Yu·go·sla·vi·an /jùːgouslάːviən, -gə-/ 名 形 =Yugoslav

yuk /jʌk/ 間 =yuck

Yu·kon /júːkɑ(ː)n | -kɔn/ 名 ❶ 《the ~》ユーコン川《カナダのユーコン地方に発し米国アラスカ州西部でベーリング海に注ぐ川》 ❷ (=~ **Térritory**) ユーコン準州《カナダ北西部の準州. 州都 Whitehorse》

yule /juːl/ 名 《しばしば Y-》C U 《古》クリスマス(の季節)

▸▸ **~ lòg** 名 《しばしば Y-》C クリスマスイブにたく大まき; ブッシュ=ド=ノエル《クリスマスに食べるまき型のケーキ》

yúle·tìde 名 《しばしば Y-》U C 《古》クリスマスの季節

yum /jʌm/ 間 《口》=yum-yum

yum·my /jʌ́mi/ 形 《口》おいしい; 快い, 素敵な

yum-yum /jʌ̀mjʌ́m/ 間 《口》うまい, おいしい; ぱくぱく《食べる音》

yup /jʌp/ 副 《口》=yes

yup·pie, yup·py /jʌ́pi/ 名 (複 **-pies** /-z/) C ⊗ 《口》《蔑》ヤッピー《都会派の若手エリート族》

語源 *y*oung *u*rban *p*rofessionals (都会で専門職に就いている若者) + *-ie*(…の者)から.

▸▸ **~ flù** 名 U 《口》《けなして》=chronic fatigue syndrome

yup·pi·fy /jʌ́pɪfàɪ/ 動 (**-fied** /-d/; **~·ing**) 他 《通例受身形で》⊗ 《口》《蔑》ヤッピー風にする

yùp·pi·fi·cá·tion 名

yurt

yurt /juərt/ 名 C 円形の移動式テント《中央アジアの遊牧民が用いる》

ỲWCÁ 略 *Y*oung *W*omen's *C*hristian *A*ssociation (キリスト教女子青年会)
―名 C YWCAが経営するユースホステル[スポーツセンター, 教育センター]

ỲWHÁ 略 *Y*oung *W*omen's *H*ebrew *A*ssociation (ヘブライ女子青年会)

Z

Zeal without knowledge is a runaway horse. 知識のない熱意は暴れ馬と同じ; 生兵法はけがのもと《諺》

z

z, Z¹ /ziː | zed/ 《発音注意》名 (複 **z's, zs** /-z/; **Z's, Zs** /-z/) C ❶ ズィー, ゼッド《英語アルファベットの第26字》 ❷ z[Z]の表す音 ❸ Z字形のもの ❹ (活字などの) z[Z]字 ❺ (連続するものの)第26番目 ❻ 《通例 z で》〘数〙第3の未知数, 変数(→ x, y) ❼ 未知の人[もの]

càtch [OR ***còp, gèt***] ***some Ź's*** 《主に米口》眠る

from A to Z ⇨ A¹(成句)

Z² 記号 〘理化〙atomic number

z., Z. 略 zero; zone

za·ba·glio·ne /zὰːbəljóuni | zæ̀bə-/ 名 C U 〘料理〙ザバイオーネ《カスタードに似たイタリアのデザート》

zaf·tig /zάːftɪg | zǽf-/ 形 《米口》(女性が)ぽっちゃりした, ふくよかな

zag /zæg/ 名 C ジグザグの一画[方向]
―動 (**zagged** /-d/; **zag·ging**) 自 急に方向を変える(→ zig, zigzag)

Za·greb /zάːgreb/ 名 ザグレブ《クロアチアの首都》

Za·ire /zɑːíər | zaɪ-/ 名 ❶ ザイール《コンゴ民主共和国の1997年までの旧称》 ❷ 《the ~》ザイール川《アフリカ中部を貫流して大西洋に注ぐ》 **Za·ír·i·an** 形 名

zai·tech, Zai- /záɪtèk/ 名 U 財テク《企業が本来の活動以外に投資により利益を追求すること》(♦ *zai*(日本語「財」)+*tech*nology より)

***Zam·bi·a** /zǽmbiə/ 名 ザンビア《アフリカ中南部の共和国. 公式名 the Republic of Zambia. 首都 Lusaka》
-bi·an 形 名

za·ny /zéɪni/ 名 (複 **-nies** /-z/) C ❶ 〘史〙(ルネサンス時代の喜劇の)道化師(の補助役) ❷ ひょうきん者; とんま, 間抜け ―形 ひょうきんな, 滑稽(こっけい)な, ばかばかしい

Zan·zi·bar /zǽnzɪbὰːr/ 名 ザンジバル《アフリカ南東岸沖にあるタンザニア領の島. 旧英国保護領》

zap /zæp/ 《口》動 (**zapped** /-t/; **zap·ping**) 他 ❶ …を(光線・銃を使って)一撃でやっつける, 殺す ❷ …を一気に進める; 〔テレビのチャンネル〕を(リモコンで)切り替える; 〔コンピューターのメモリー内容など〕をさっと消去する; 〔情報〕をコンピューターで素早く伝える ❸ (電子レンジで)…を調理する
―自 素早く動く, さっと進む; (リモコンを)素早く操作する ‖ ~ between channels (テレビの)チャンネルをぱっと切り替える ―名 U 元気, 活力 ―間 びゅっ, ばん, さっ, しゅぱーっ(♥ 急変・不意を表す); えいっ(♥ 魔法をかけるときなど) **~·py** 形 元気な, 活発な

zap·per /zǽpər/ 名 C 《口》❶ (テレビなどの)リモコン ❷ マイクロ波殺虫装置

ŻBB 略 〘会計〙*z*ero-*b*ase(d) *b*udgeting

ŻD 略 *z*ero *d*efects

***zeal** /ziːl/ 名 U C 〈目的・使命への〉熱意, 熱心さ〈**for, in**〉(⇨ 類語) ‖ show great ~ *for* music 音楽に大いに熱意を示す / with great ~ とても熱心に

類語 **zeal** 理想・目的・主義などに対するひたむきな熱情とたゆまぬ努力・献身を意味する改まった語. 〈例〉work with *zeal* for pollution control 汚染を食い止めることに情熱を傾ける
ardor 燃えるような情熱, 炎のような熱さをほのめかす. 改まった文語的な語. 〈例〉patriotic *ardor* 熱烈な愛国心
passion 制御できないような激しい感情(→ feeling). 愛情・欲望・憎しみ・怒りやその他いろいろな感情について用いる. 〈例〉His *passions* overcame his reason. 激情が彼の理性を支配した
enthusiasm 「熱心さ, 熱意」を表す一般語. 肯定的な強い関心, 好感や賞賛, 積極的な関与, 没頭などをほのめかす. 〈例〉He was welcomed with great *enthusiasm*. 彼は熱烈な歓迎を受けた

zeal·ot /zélət/ 名 C 熱中者, 熱狂者; 狂信者

~·ry 名 U 熱狂(的行動)

*zeal·ous /zéləs/ 《発音注意》(♦ jealous「嫉妬(しっと)深い」と区別) 形 熱心な,〈…を〉熱望して〈for〉; 熱中した, 熱狂的な〈about, in (doing) …に; to do …することに〉‖ The children are ~ in searching for treasure. 子供たちは宝探しに熱中している / She was very ~ to save the panda from extinction. 彼女はパンダを絶滅から救うことに熱心だった / be ~ for liberty 自由を熱望する / a ~ reformer 熱心な改革者 ~·ly 副

ze·bra /zí:brə | zé-/ 名 (複 ~ OR ~s /-z/) C 《動》シマウマ, ゼブラ; (=~ bútterfly) しま模様のある大型のチョウ
▸▸ ~ cróssing 名 C 《英》(通例信号機のない)横断歩道 ~ mùle 名 C =zorse

ze·bu /zí:bju:/ 名 (複 ~ OR ~s /-z/) C 《動》コブウシ《インド・アフリカなどの肩にこぶのある牛》

zed /zed/ 名 《英》=zee

zee /zi:/ 名 C 《米》z[Z]字(の名称)

Zeit·geist /záɪtgàɪst/ 名 《the ~》時代精神[思潮] (♦ドイツ語より)

Zen /zen/ 名 U 禅宗(Zen Buddhism); 禅

Zend-A·ves·ta /zèndəvéstə/ 名 ゼンド=アベスタ《ゾロアスター教の経典で注釈を含むもの》

ze·nith /zí:nəθ | zénɪθ/ 名 ❶ 《the ~》《天》天頂(↔ nadir) ❷ C 《通例 one's [OR the] ~》(権力・繁栄・幸福などの)頂点, 絶頂(↔ nadir) ‖ be at the ~ of one's popularity 人気絶頂である ~·al 形

Ze·no /zí:noʊ/ 名 ゼノン(334?–261? B.C.)《古代ギリシャのストア哲学(Stoicism)の創始者》

ze·o·lite /zí:əlàɪt/ 名 U 《鉱》沸石

zeph·yr /zéfər/ 名 ❶ C 《文》そよ風, 微風 ❷ U C ゼファー《薄い布地(の衣類)》

zep·pe·lin /zépəlɪn/ 名 ❶ 《しばしば Z-》ツェッペリン飛行船 ❷ C (一般に)飛行船(airship)

*ze·ro /zíəroʊ/ 《発音注意》 名 (複 ~s, ~es /-z/) ❶ C (数字の)0, ゼロ, 零(♦電話番号などのときは /oʊ/ と発音する. ⇨ 語法) ‖ The figure 1,000 has three ~s in it. 数字の1,000には0が3つある / leave off a ~ 0を1つつけ忘れる ❷ U (計器の目盛の)0; (特に温度計の)零度, 氷点 ‖ set a counter to ~ カウンターをゼロに合わせる / It was two degrees below ~ this morning. 今朝は零下2度だった / ~ degrees [× degree] 零度(♦複数形の名詞を伴う) (→ absolute zero) ❸ U ゼロ, 無; 最低, どん底状態 ‖ The economic growth rate has fallen to near ~ in recent years. 近年, 経済成長率はゼロ近くまで落ちた / His spirits fell to ~. 彼の気力は全くなえてしまった ❹ U C C 《米》(得点の)零点 ‖ We won four to ~. 我がチームは4対0で勝った / get (a) ~ in English 英語で0点をとる ❺ U C 《言》(形態素(morpheme)の)ゼロ表徴, ゼロ形態《その言語の一般的規則から類推される変化形が存在しないこと》‖ a ~ plural ゼロ複数《英語の sheep の複数形 sheep のように単数と形が変わらない複数形》 ❻ 《形容詞的に》ゼロの; 皆無の, 無の; 《気象》視程ゼロの《垂直視程52フィート(16m), 水平視程180フィート(55m)を越えない》‖ There is ~ evidence to prove the fact. その事実を証明する証拠は全くない ❼ C 《口》愚かな人; 取るに足りない人

語法 ☆☆ **数字0の読み方**
(1) 学術的な数値・温度・利率などを表すときにはふつう zero という.
(2) 電話番号・部屋番号などを表すときは《米》では O /oʊ/ または zero, 《英》では O という. 〈例〉651-7023 [7002] (six five one, seven O two three [seven double O two]); (部屋番号)807 (eight O seven)
(3) 小数を表すときは《米》では zero, 《英》では小数点の前では nought, 後では O または nought という. 〈例〉0.04 (《米》 zero point zero four, 《英》 nought point nought four); 1.02 (《米》 one point zero two, 《英》 one point O two)
(4) スポーツの点数を表すときは《米》では nothing または《口》で zip, 《英》では nothing または nil という. nil は特にサッカー・ラグビーの試合に用いる. 〈例〉won 4-0 (♦ won four (to) nothing [《米口》 zip, 《英》 nil] と読む)

— 動 他 〔計器〕の目盛をゼロに合わせる

zèro ín on ... ① 〔的〕に(銃などの)ねらいを定める ② …に注意を集中する; …に的を絞る

語源 「何もない」意のアラビア語 *ṣifr* から.

▸▸ ~ grávity, ~ ǵ [Ǵ] 名 U 無重力(状態) ~ grówth 名 U/C 《単数形で》(経済・人口などの)ゼロ成長 ~ hòur 名 U ① 《軍》(攻撃・作戦行動の)(予定)開始時刻 ② (重要な事柄・計画の)開始時刻, 開始日; (ロケットなどの)発射時刻 ~ óption 名 C 《軍》ゼロオプション《核兵器交渉において, 対立する双方が戦域核兵器を廃棄しようという提案》 ~ populátion gròwth 名 U/C 《単数形で》人口のゼロ成長 ~ tólerance 名 U ゼロ容認[寛容]《特に反社会的な行為に対して例外を認めない》

zèro-bàse(d) búdgeting 名 U ゼロベース予算《ゼロから検討して予算を組む方法. 略 ZBB》

zèro-còupon bónd 名 C 《金融》ゼロクーポン債《額面価格より割り引きされて販売される無利息債券》

zèro-ráte 動 他 《英・カナダ》…の付加価値税[VAT]を免除する -ráted 形 付加価値税を免除された

zèro-súm 形 ゼロサム[零和]の《2者間の利害[得失]が常にプラスマイナスゼロになる》‖ a ~ game ゼロサムゲーム

ze·roth /zíəroʊθ/ 形 ゼロの, ゼロ番目の

zèro-zéro 形 《米》《気象・空》(水平・垂直方向ともに)視界ゼロの

*zest /zest/ 名 ❶ U/C 《a ~》〈…に対する〉熱情, 熱意, 強い興味[喜び]〈for〉‖ enter into a task with ~ 意欲的に仕事に取りかかる / bring a ~ for life 生きる喜びをもたらす ❷ U/C 《a ~》趣, 面白み ‖ The element of risk adds [OR gives] (a) ~ to a journey. いくらか危険がある方が旅は興味が増す ❸ U (香味料としての)オレンジ[レモンなど]の皮 ~·er 名 C (オレンジなどの)皮むき器

zest·ful /zéstfəl/ 形 ❶ 意欲的な, 熱心な ❷ 味わい[趣]のある ~·ly 副 ~·ness 名

ze·ta /zéɪṭə | zí:-/ 名 U C ゼータ《ギリシャ語アルファベットの第6字. Z, ζ. 英語の Z, z に相当》

zetta- /zetə-/ 連結形 「10^{21}」の意

zeug·ma /zjú:gmə/ 名 U 《修辞・文法》くびき語法《1つの形容詞または動詞で, 2つ(以上)の異種の名詞を修飾する方法. with weeping eyes and grieving hearts を with weeping eyes and hearts とするなど》

Zeus /zjú:s/ 名 《ギ神》ゼウス《オリンポス山の神々の主神. 《ロ神》の Jupiter に当たる》

ZEV(-s) 略 *z*ero-*e*mission(s) *v*ehicle

Zhou En·lai /tʃòu enlái/ 名 周恩来(しゅうおんらい)(1898–1976)《中国共産党の指導者. 首相(1949–76)》

ZIFT /zɪft/ 略 *z*ygote *i*ntra*f*allopian *t*ransfer (接合子卵管内移植)

zig /zɪg/ 名 C ジグザグの一画[方向] — 動 (zigged /-d/; zig·ging) 自 急に向きを変える(→ zag, zigzag)

zig·gu·rat /zígəræt | -gʊ-/ 名 C ジッグラト《古代メソポタミアの多層式神殿》

zig·zag /zígzæg/ 名 C ジグザグ形; ジグザグ形のもの《道・塹壕(ざんごう)・線・進路など》‖ go in a ~ ジグザグに進む
— 形 《限定》ジグザグ形の — 副 ジグザグに ‖ go ~ ジグザグに進む — 動 (-zagged /-d/; -zag·ging) 自 ジグザグに進む[なっている] ‖ The trail *zigzagged* up the hill. 小道が山頂へつづら折りに続いていた

zilch /zɪltʃ/ 名 U 《口》ゼロ, 無(zero)

zil·la, -lah /zílə/ 名 C (インドの)州, 郡

zil·lion /zíljən/ 名 C 《口》無数, 何兆億 ‖ ~s of mosquitoes 無数の蚊

zil·lion·aire /zɪljənéər/ 名 C 《口》億万長者

*Zim·ba·bwe /zɪmbá:bwi/ 名 ジンバブエ《アフリカ南東

Z

部の共和国. 公式名 the Republic of Zimbabwe. 首都 Harare. 旧称南ローデシア》 **～·an** 形 名

Zímmer (fràme) /zímər-/ 名 C《英》《商標》老人用歩行器

***zinc** /zɪŋk/ 名 ❶ U〘化〙亜鉛《金属元素. 元素記号 Zn》❷ C（屋根用の）トタン板 ━動 他…に亜鉛めっきをする
▸▸**～ óintment** 名 U〘薬〙亜鉛華軟膏(なんこう) **～ óxide** 名 U〘化〙酸化亜鉛, 亜鉛華《化粧品の原料》 **～ whíte** 名 U（白色顔料としての）亜鉛華, 亜鉛白

zine, 'zine /zi:n/ 名 C（愛好者が作る）ミニコミ誌（♦ fan*zine* より）

zin·fan·del /zínfəndèl/ 名《また Z-》U C ジンファンデル《米国カリフォルニア州産の黒ブドウ. それから造る赤ワイン》

zing /zɪŋ/《口》名 U ❶ 元気, 活力 ❷ びゅーん, ひゅー《高速音》 ━動 自 びゅーん[ひゅー]と音を立てる；素早く動く ━他 ❶ …にびゅーん[ひゅー]と音を立てさせる ❷《米》…を手厳しく批判する

zing·er /zíŋər/ 名 C《主に米口》❶ 当意即妙な返答, 機転のきいた発言 ❷ 突発的な出来事 ❸ 並外れて素晴らしい人[もの]

zing·y /zíŋi:/ 形 活発な, 刺激的な；とても魅力的な

zin·ni·a /zíniə/ 名 C〘植〙ジニア, ヒャクニチソウ

Zi·on /záɪən/ 名 ❶ シオンの丘《ソロモンの神殿があった古代エルサレムの聖丘》❷ C（民族意識の象徴としての）ユダヤ民族の故国（→ Zionism）；エルサレム；イスラエルの地 ❸ U《集合的に》ユダヤ民族 ❹ 天国, 神の都

Zi·on·ism /záɪənìzm/ 名 U シオニズム《ユダヤ人の故国再興運動. 1948年のイスラエル建国後はイスラエル支持運動を指す》 **-ist** 名 C 形 シオニスト(の)

***zip¹** /zɪp/ 名 ❶（= **～ fàstener**）C《主に英》ファスナー, ジッパー（《米》zipper）❷ U《口》活力, 元気 ‖ full of ～ 元気いっぱいで ❸ C《単数形で》びゅっ, びゅっ《弾丸の空を切る音・布を引き裂く音など》❹ =zip code
━動 他 ❶ **a**（+目）…をファスナー[ジッパー]で閉める[開ける]；〔ファスナー〕を閉める[開ける]；〔人など〕を〈寝袋などの中に〉入れてファスナーを閉める（↔ unzip）〈**in, into, inside**〉（♦ この語義は zipper からの逆成語義）‖ *Zip* your pants. ズボンのファスナーを閉めろ **b**（+目+補〈形〉）…のファスナーを動かして…の状態にする ‖ ～ one's bag open [shut] かばんのファスナーを開ける[閉める] ❷ …を素早く動かす[送る, やる] ❸ 💻（ZIPプログラムで）〔ファイル〕を圧縮する（↔ unzip）
━自 ❶（服・かばんなどが）ファスナー[ジッパー]で開閉する ‖ This dress ～*s* at the neck. このドレスは首のところがファスナーになっている ❷（+副句）《口》びゅっと音を立てる[立てて進む]；素早く動く[行く, やる]《*through, along*》（♦ 副句 は方向を表す）‖ He *zipped* by on a motorbike. 彼はバイクに乗ってびゅっと通り過ぎた / ～ *through* a report レポートをざっと読む / ～ *along* a street 通りを勢いよく進む
zìp óut ... / zìp ... óut〈他〉…をファスナーで外す ‖ a ～-*out* lining ファスナーで外せる裏地
zìp úp〈他〉（*zìp úp ... / zìp ... úp*）…のファスナーを閉める；〔人〕の服のファスナーを閉める ‖ *Zip* me *up* at the back, please. 背中のファスナーを閉めてちょうだい ━〈自〉（服などが）ファスナーで閉まる；（人が）ファスナーを閉める

COMMUNICATIVE EXPRESSIONS
1 **Zìp (up) your líp!** 黙れ（♥ 俗語. =Zip it up!）

▸▸**～ còde** 名《しばしば Z-》C《米》郵便番号（《英》postcode）《5桁(けた)または9桁の数字. 州名の後に書く》 **～ file** 名 C 💻 圧縮ファイル **～ gùn** 名 C《米・カナダ俗》（粗末な）手製ピストル

zip² /zɪp/ 名 U/C《単数形で》《米口》無, ゼロ；（主に試合の得点で）零点, 無得点（zero, nothing,《英》nil）‖ say ～ about ... …について何も言わない

Zíp·loc bàg, z- b- /zíplɑ(:)k- | -lɔk-/ 名 C《商標》ジップロック式ポリ袋《ジッパー付きの密封ポリ袋》

zip·per /zípər/ 名 C《主に米》ファスナー, ジッパー（《英》zip） ━動 =zip¹

zip·pered /zípərd/ 形《米》ファスナーのついた

zip·po /zípoʊ/ 名《米口》=zip²

Zip·po /zípoʊ/ 名 C《商標》ジッポー《米国製オイルライター》

zip·py /zípi/ 形《口》❶ 元気いっぱいの, きびきびした；素早く動く ❷（ワインなどが）よく泡立つ **-pi·ly** 副

zíp-ùp 形《限定》ファスナー式の ‖ a ～ sweatshirt ファスナー開きのトレーナー

zir·ca·loy, -cal·loy /zə́:rkəlɔ̀ɪ/ 名《しばしば Z-》U ジルコニウム合金

zir·con /zə́:rkɑ(:)n | -kɔn/ 名 U〘鉱〙ジルコン

zir·co·ni·a /zə:rkóʊniə/ 名 U〘化〙ジルコニア（zirconium dioxide）《二酸化ジルコニウム》

zir·co·ni·um /zə̀:rkóʊniəm/ 名 U〘化〙ジルコニウム《金属元素. 元素記号 Zr》

zit /zɪt/ 名 C《口》にきび, 吹き出物（pimple）

zith·er /zíðər/ 名 C〘楽〙ツィター, チター《30–40本の弦のある弦楽器》 **～·ist** 名 C ツィター奏者

zizz /zɪz/ 名 C《単数形で》《主に英口》ひと眠り ‖ have [OR take] a ～ ひと眠りする ━動 自 うたた寝する

zlo·ty /zlɔ́(:)ți/ 名（複 ～ OR ～**s** /-z/）C ズオチ《ポーランドの通貨単位》；ズオチ銅貨

Zn 記号〘化〙zinc(亜鉛)

***zo·di·ac** /zóʊdiæk/ 名 ❶《the ～》〘天〙黄道(こうどう)帯, 獣帯《太陽・月・主な惑星がこの帯内を運行するように見える, 天球の想像上の帯》❷ C〘占星〙十二宮図《黄道帯を12に分かち, それぞれに近傍の星座を配した図》

zodiac ❷

the sìgns of the zódiac 黄道十二宮《春分点を起点に次の十二宮がある. (1) Aries 白羊宮 (2) Taurus 金牛宮 (3) Gemini 双子宮 (4) Cancer 巨蟹(きょかい)宮 (5) Leo 獅子(し)宮 (6) Virgo 処女宮 (7) Libra 天秤(てんびん)宮 (8) Scorpio 天蝎(てんかつ)宮 (9) Sagittarius 人馬宮 (10) Capricorn 磨羯(まかつ)宮 (11) Aquarius 宝瓶(ほうへい)宮 (12) Pisces 双魚宮》

zo·di·a·cal /zoʊdáɪəkəl/ 形〘天〙黄道帯の, 獣帯の
▸▸**～ líght** 名 U〘天〙黄道光

zof·tig /zá(:)ftɪg | zɔ́f-/ 形《米口》=zaftig

Zo·la /zóʊlə/ 名 **Emile ～** ゾラ（1840–1902）《フランス自然主義文学の小説家》

zom·bi(e) /zá(:)mbi | zɔ́m-/ 名 C ❶ ゾンビ《西インド諸島の迷信で, 死者を生き返らせる超自然力；その生き返った死体；〘宗〙ブードゥー教の蛇神》❷《口》のろのろと活気のない人, 無気力[無関心]な人, ふぬけ, うすのろ；活力のない有名無実の会社 ❸ 💻 ゾンビ《悪質なソフトをインストールされてほかのコンピューターネットワークへの攻撃の踏み台にされる端末》 ▸▸**～ bánk** 名 C ゾンビ銀行《政府の援助によって辛うじて機能している支払能力のない銀行》

zom·bi·fy /zá(:)mbɪfàɪ | zɔ́m-/ 動 他 …の活力を奪う, …をゾンビに変える
zon·al /zóunəl/ 形〔◁ zone 名〕《限定》地帯の；地帯［地区］に分けられた **~·ly** 副
***zone** /zoun/
—名〔▶ zonal 形〕(複 **~s** /-z/) Ⓒ ❶ (特色・用途・活動などによりほかと区別される)**地帯**, 地区, 地域(⇨ AREA 類語) ‖ a danger ～ 危険地帯 / a demilitarized ～ 非武装地帯 / a no-fly ～ 飛行禁止地帯 / a nuclear-free ～ 非核地帯 / a cotton ～ 綿花栽培地帯
❷《米》(都市計画法による)地区, 街区；(交通規制による)街区 ‖「a business [a residential, an industrial] ～ 商業［住宅, 工業］区 / a no-parking ～ 駐車禁止地区
❸《米》(交通・郵便・電話などの)同一料金区域；(郵便番号などによる)都市区域, 郵便区
❹〖地〗(気候によって地球上を5大別した)**帯**(たい) ‖ the torrid ～ 熱帯 / the temperate ～*s* (南北)温帯 / the frigid ～*s* (南北)寒帯
❺〖数〗帯《2枚の平行面に挟まれた球面・円錐(えんすい)・円筒などの帯状の部分》
❻ =time zone
❼〖スポーツ〗(競技場・コートなどの)ゾーン
❽〖解〗輪状帯, 円筒状帯
❾〖地〗岩層, 層位 ❿〖生〗(特定の動植物の存在する)地帯 ⓫ 💻ゾーン《パンチカードまたは磁気テープ上で数字以外の情報を記録する場所；特定の目的のために使用されるメモリーの場所》
be in the zóne 《口》(スポーツなどで)(人が)最高の成果を出せる状態にある
—動 他 ❶〔都市など〕を地域［地区］に区分する；〔地域・場所〕を(特定の)区域に指定する《*off*》〈**for** …の用途に；**as** …として〉(♦通例受身形で用いる) ‖ This part of the city is ～*d for* [OR *as*] a residential area. 市のこの辺りは住宅地区に指定されている
❷《受身形で》《米口》(疲れや麻薬・アルコールの影響で)頭がぼうっとなっている《*out*》
—自 《口》ぼうっとなる, 注意力が落ちる《*out*》
zon·ing /zóunɪŋ/ 名 Ⓤ (都市計画での)地区指定
zonk /zɑ(:)ŋk, zɔ:ŋk | zɔŋk/ 動 《俗》自 (アルコールや睡眠薬のせいで)気を失う, 気絶する；ぐっすり寝込む《*out*》
—他 ❶ …を(アルコールや睡眠薬で)麻痺(まひ)させる, 無感覚にする；…を気絶させる《*out*》 ❷ …を殴る
zonked /zɑ(:)ŋkt, zɔ:ŋkt | zɔŋkt/ 形《叙述》《俗》❶ (酒・麻薬で)もうろうとした《*out*》 ❷ 疲れ果てた《*out*》
***zoo** /zu:/ 名 (複 **~s** /-z/) Ⓒ ❶ 動物園(♦ zoological garden を縮めた形) ❷《口》ごった返した場所［状態］
zoo- /zouə-/ 連結形「動物」の意(♦母音の前では zo- となる)
zòo·geógraphy 名 Ⓤ 動物地理学
zo·og·ra·phy /zouá(:)grəfi | -ɔ́g-/ 名 Ⓤ 動物誌学
zóo·kèeper 名 Ⓒ 動物園の飼育係
zool. 略 zoological, zoology
zo·o·log·i·cal /zòuəlá(:)dʒɪkəl | -lɔ́dʒ-/ ＜シ 形 ❶ 動物学(上)の ❷ 動物の［に関する］ **~·ly** 副
▶▶ **~ gárden** 名 Ⓒ《しばしば ~s》《旧》動物園(zoo)
zo·ol·o·gist /zouá(:)lədʒɪst | -ɔ́l-/ 名 Ⓒ 動物学者
***zo·ol·o·gy** /zouá(:)lədʒi | -ɔ́l-/ 名 Ⓤ ❶ 動物学 ❷ (特定の地域・時期の)動物の生態
***zoom** /zu:m/ 動 自 ❶ (＋副句)(乗り物などが)(ぶーんと音を立てて)猛スピードで進む, 急に動く［行う］《*off, away, by*》(♦副句は方向を表す)；ぶーんという音を立てる ‖ John's new car ～*ed by*. ジョンの新車がぶーんと走り過ぎて行った ❷ (飛行機が)急上昇する；(物価・温度などが)急騰［急上昇］する《*up*》‖ The price of oil is ～*ing up*. 石油価格が急上昇している
—他〔カメラ〕をズームさせる
zòom ín* 〈自〉① (カメラ(マン)が)(ズームレンズで)〈…を〉徐々に拡大する〈on**〉‖ The camera ～*ed in on* the girl's face. カメラが少女の顔にズームインした ②〈…に〉注目し始める；(論議・注意などが)〈…に〉集中する〈**on**〉
zòom óff 〈自〉急いで立ち去る
zòom óut 〈自〉(カメラ(マン)が)(ズームレンズで)被写体を徐々に縮小する, クローズアップからロングショットに移る
—名 Ⓒ ❶《a ～》(乗り物などの)ぶーんという音(を立てての急進)；びゅーん, ぶーん, ぐいーん, びゅっ ❷ (= **～ lèns**) ズームレンズ ❸ (ズームレンズによる)映像の拡大［縮小］ ❹ (飛行機の)急上昇；(物価・温度などの)急騰［急上昇］
zo·on·o·sis /zouənóusɪs, zouá(:)nə- | -ɔ́nə-/ 名 (複 **-ses** /-si:z/) Ⓒ〖医〗人獣共通伝染病, ゾーノーシス《動物を感染源とするヒトの病気》 **zò·o·nót·ic** 形
zo·o·phile /zóuəfàɪl/ 名 Ⓒ ❶ 動物愛護者, 動物好き ❷ 動物性愛者, 獣姦(じゅうかん)者 **zò·o·phíl·i·a** 名
zo·o·phyte /zóuəfàɪt/ 名 Ⓒ《旧》〖生〗植虫類《サンゴ・クラゲなど植物に似た動物》
zòo·plánkton 名 Ⓤ〖生〗動物プランクトン
zóot sùit /zú:t-/ 名 Ⓒ ズートスーツ《1940年代に流行した男子服. 上着は丈が長くて肩幅が広く, ズボンは上が太くて下が細い》
zorb·ing /zɔ́:rbɪŋ/ 名 Ⓤ ゾービング《ゾーブ (zorb) という透明なプラスチックのボールに入り, 傾斜を転がるスポーツ》
zo·ril·la /zərílə/ 名 Ⓒ〖動〗ゾリラ《スカンクに似たアフリカ産のイタチ科の小獣》
Zo·ro·as·ter /zɔ́:rouæ̀stər | zɔ̀rouǽs-/ 名 ゾロアスター(660?–583? B.C.)《古代ペルシャの宗教家. ゾロアスター教の創始者》
Zo·ro·as·tri·an /zɔ̀(:)rouǽstriən/ ＜シ 形 ゾロアスター(教)の —名 Ⓒ ゾロアスター教徒
Zò·ro·ás·tri·an·ìsm 名 Ⓤ ゾロアスター教, 拝火教
zorse /zɔ:rs/ 名 Ⓒ〖動〗ゾース《雄シマウマと雌ウマの雑種》(♦ *z*ebra＋h*orse* より)
Zou·ave /zuá:v/ 名 Ⓒ ❶ ズアーブ兵《もとアルジェリア人で編成され, 東洋風の制服を着ていたフランス軍軽歩兵》 ❷ (ズアーブ兵を模した)南北戦争義勇兵 ❸《～s》ズアーブ《上を広く, 足首のところを狭くした女性用ズボン》
zouk /zu:k/ 名 Ⓤ〖楽〗ズーク《西インド諸島 Guadeloupe の民族音楽と西洋音楽の要素を混ぜたポップ音楽》
ZPG 略 *z*ero *p*opulation *g*rowth(人口ゼロ成長)
Zr 記号〖化〗zirconium(ジルコニウム)
zuc·chet·to /zukétou/, **-ta** /-tə/ 名 (複 **~s** /-z/ OR **-ti** /-ti:/) Ⓒ (カトリック聖職者の)小帽子《司祭は黒, 司教は紫, 枢機卿(すうききょう)は赤, 教皇は白を用いる》
zuc·chi·ni /zukí:ni/ 名 (複 ～ OR **~s** /-z/) Ⓒ《主に米・カナダ・豪》〖植〗ズッキーニ(《英》courgette)《キュウリのような形をした深緑色のカボチャの一種》
Zu·lu /zú:lu:/ 名 (複 ～ OR **~s** /-z/) ❶ Ⓒ ズールー族(の人)《南アフリカの Bantu 族に属する》 ❷ Ⓤ ズールー語 ❸ Ⓒ 無線通信で「Z」字を表す用語
—形 ズールー人［語］の
Zu·ni, Zu·ñi /zú:ni/ 名 (複 ～ OR **~s** /-z/) Ⓒ ズーニ族(の人)《ニューメキシコに住む北米先住民》；Ⓤ ズーニ語
~·an 形 名
Zur·ich /zúərɪk/《発音注意》名 チューリッヒ《スイス北部の都市》‖ the gnomes of ～ チューリッヒの小鬼《スイスの投機的銀行家のこと》
zwie·back /zwáɪbæk | zwí:-/ 名 Ⓤ ドイツ風ラスク
zy·de·co /záɪdəkòu/ 名 Ⓤ〖楽〗ザイデコ《米国ルイジアナ州発祥のダンス音楽》
zy·go·dac·tyl /zàɪgoudǽktəl/ 形 (鳥が)対指足の《4本の指が2本ずつ前後に向かい合う》
—名 Ⓒ 対指足の鳥《オウム・キツツキなど》
zy·gote /záɪgout/ 名 Ⓒ〖生〗接合子, 接合体 **-gót·ic** 形
zy·mase /záɪmeɪs/ 名 Ⓤ〖化〗チマーゼ《酵素の1つ》
zy·mo·gen /záɪmədʒən/ 名 Ⓤ チモーゲン, 酵素前駆体
zy·mot·ic /zaɪmá(:)tɪk | -mɔ́t-/ 形 発酵の［による］, 発酵性の
zy·mur·gy /záɪmə:rdʒi/ 名 Ⓤ 発酵学, 醸造学
zzz /z:/ 間《戯》ぐーぐー《漫画などでのいびきの音》

主な不規則動詞変化形一覧

*付きの単語は本文参照

原形	過去形	過去分詞形
A		
abide*	abode, abided	abode, abided
alight[1]	alighted, alit	alighted, alit
arise	arose	arisen
awake	awoke, 《米》awaked	awoke, 《米》awaked, 《主に英》awoken
B		
babysit	babysat	babysat
backbite	backbit	backbitten, backbit
backslide	backslid	backslid, backslidden
be (**am, is, are**)	was, were	been
bear[1]	bore	borne, born
beat	beat	beaten, beat
become	became	become
befall	befell	befallen
beget	begot, 《古》begat	begotten, 《古》begot
begin	began	begun
behold	beheld	beheld
bend	bent	bent
bereave*	bereaved, bereft	bereaved, bereft
beseech	besought, beseeched	besought, beseeched
beset	beset	beset
bespeak	bespoke	bespoken
bestrew	bestrewed	bestrewn, bestrewed
bestride	bestrode	bestridden
bet	bet, betted	bet, betted
bid*	bid, bade	bid, bidden
bide	bided, bode	bided
bind	bound	bound
bite	bit	bitten, 《米》bit
bleed	bled	bled
blend	blended, 《文》blent	blended, 《文》blent
bless	blessed, blest	blessed, blest
blow[2]*	blew	blown, blowed
blow[3]*	blew	blown
break	broke	broken
breast-feed	breast-fed	breast-fed
breed	bred	bred
bring	brought	brought
broadcast	broadcast, 《ときに》broadcasted	broadcast, 《ときに》broadcasted
browbeat	browbeat	browbeaten
build	built	built
burn[1]*	burned, burnt	burned, burnt
burst	burst	burst
bust[2]	busted, bust	busted, bust
buy	bought	bought
C		
can[1]	could	—
cast	cast	cast
catch	caught	caught
chide	chided, chid	chided, 《古》chidden
choose	chose	chosen
cleave[1]	cleaved, cleft, clove	cleaved, cleft, cloven
cling	clung	clung
clothe	clothed, 《古》《文》clad	clothed, 《古》《文》clad
come	came	come
cost*	cost, costed	cost, costed
creep	crept	crept
crow[2]*	crowed, 《英》crew	crowed
cut	cut	cut
D		
dare	dared, 《しばしば方》《古》durst	dared, 《しばしば方》《古》durst
deal[1]	dealt	dealt
dig	dug	dug
dive	dived, 《米》dove	dived, 《米》dove
do[1] (**does**)	did	done
draw	drew	drawn
dream*	dreamed, dreamt	dreamed, dreamt
drink	drank	drunk
drive	drove	driven
dwell	dwelt, dwelled	dwelt, dwelled
E·F		
eat	ate	eaten
fall	fell	fallen
feed	fed	fed
feel	felt	felt
fight	fought	fought
find	found	found
fit[1]	fitted, 《米》fit	fitted, 《米》fit

原形	過去形	過去分詞形
flee	fled	fled
fling	flung	flung
fly[1]*	flew, flied	flown, flied
forbear[1]	forbore	forborne
forbid*	forbade, forbad	forbidden, forbid
forecast	forecast, forecasted	forecast, forecasted
foresee	foresaw	foreseen
foretell	foretold	foretold
forget	forgot	forgotten, 《米》 forgot
forgive	forgave	forgiven
forgo	forwent	forgone
forsake	forsook	forsaken
forswear	forswore	forsworn
freeze	froze	frozen
G		
gainsay	gainsaid	gainsaid
get	got	《主に米》 gotten, 《主に英》 got
gild[1]	gilded, gilt	gilded, gilt
gird	girded, girt	girded, girt
give	gave	given
go[1]	went	gone
grave[3]	graved	graven, graved
grind	ground	ground
grow	grew	grown
H		
hamstring	hamstrung, 《まれ》 hamstringed	hamstrung, 《まれ》 hamstringed
hang*	hung, hanged	hung, hanged
have (**has**)	had	had
hear	heard	heard
heave*	heaved, 〔海〕 hove	heaved, 〔海〕 hove
hew	hewed	hewed, hewn
hide[1]	hid	hidden, 《古》《詩》 hid
hit	hit	hit
hold[1]	held	held
hurt	hurt	hurt
I		
inlay	inlaid	inlaid
inset	inset, insetted	inset, insetted
interbreed	interbred	interbred
K		
keep	kept	kept
kneel	knelt, +《米》 kneeled	knelt, +《米》 kneeled

原形	過去形	過去分詞形
knit*	knitted, knit	knitted, knit
know	knew	known
L		
lay[1]	laid	laid
lead[1]	led	led
lean[1]	leaned, +《英》 leant	leaned, +《英》 leant
leap*	《主に米》 leaped, 《主に英》 leapt	《主に米》 leaped, 《主に英》 leapt
learn*	learned, 《主に英》 learnt	learned, 《主に英》 learnt
leave[1]	left	left
lend	lent	lent
let[1]	let	let
lie[1]	lay	lain
light[1,3]	lit, lighted	lit, lighted
lose	lost	lost
M		
make	made	made
may	might	—
mean[1]	meant	meant
meet	met	met
methinks	methought	—
mishear	misheard	misheard
mislay	mislaid	mislaid
mislead	misled	misled
misread	misread	misread
misspell	misspelled, misspelt	misspelled, misspelt
misspend	misspent	misspent
mistake	mistook	mistaken
misunder-stand	misunderstood	misuderstood
mow[1]	mowed	mowed, mown
O		
offset	offset	offset
outbid	outbid	outbid
outdo	outdid	outdone
outgo	outwent	outgone
outgrow	outgrew	outgrown
outlay	outlaid	outlaid
outride	outrode	outridden
outrun	outran	outrun
outshine	outshone	outshone
outshoot	outshot	outshot
outspend	outspent	outspent
outwear	outwore	outworn
overbear	overbore	overborne
overcast	overcast	overcast
overcome	overcame	overcome
overdo	overdid	overdone

原形	過去形	過去分詞形
overdraw	overdrew	overdrawn
overeat	overate	overeaten
overfeed	overfed	overfed
overgrow	overgrew	overgrown
overhang	overhung	overhung
overhear	overheard	overheard
overlay	overlaid	overlaid
overlie	overlay	overlain
overpay	overpaid	overpaid
override	overrode	overridden
overrun	overran	overrun
oversee	oversaw	overseen
oversell	oversold	oversold
overset	overset	overset
overshoot	overshot	overshot
oversleep	overslept	overslept
overspend	overspent	overspent
overspread	overspread	overspread
overtake	overtook	overtaken
overthrow	overthrew	overthrown
overwind	overwound	overwound
overwrite	overwrote	overwritten
P·Q		
partake	partook	partaken
pay	paid	paid
plead	pleaded, +《米》plead	pleaded, +《米》plead
prepay	prepaid	prepaid
proofread	proofread	proofread
prove	proved	proved, 《主に米》proven
put	put	put
quit	quit, +《英》quitted	quit, +《英》quitted
R		
read[1]	read	read
reave	reaved, reft	reaved, reft
rebuild	rebuilt	rebuilt
recast	recast	recast
re-lay	re-laid	re-laid
rend	rent	rent
repay	repaid	repaid
reread	reread	reread
resell	resold	resold
reset	reset	reset
retake	retook	retaken
retell	retold	retold
rethink	rethought	rethought
rewrite	rewrote	rewritten
rid	rid, 《古》ridded	rid, 《古》ridded
ride	rode	ridden
ring[1]	rang	rung

原形	過去形	過去分詞形
rise	rose	risen
rive	rived	rived, riven
roughcast	roughcast	roughcast
run	ran	run
S		
saw[2]	sawed	《米》sawed, 《英》sawn
say	said	said
see	saw	seen
seek	sought	sought
sell	sold	sold
send	sent	sent
set	set	set
sew	sewed	sewn, sewed
shake	shook	shaken
shall	should	—
shave	shaved	shaved, shaven
shear	sheared	sheared, shorn
shed[1]	shed	shed
shine*	shone, shined	shone, shined
shoe	shod, shoed	shod, shoed
shoot	shot	shot
show	showed	shown, 《まれ》showed
shred	shredded, +《米》shred	shredded, +《米》shred
shrink	shrank, 《米》shrunk	shrunk, 《米》shrunken
shut	shut	shut
sing	sang	sung
sink*	sank, 《ときに》sunk	sunk
sit	sat	sat
slay	slew	slain
sleep	slept	slept
slide	slid	slid, 《米》slidden
sling[1]	slung	slung
slink	slunk	slunk
slit*	slit, slitted	slit, slitted
smell	smelled, 《主に英》smelt	smelled, 《主に英》smelt
smite	smote	smitten, +《米》smote
sneak	sneaked, 《主に米口》snuck	sneaked, 《主に米口》snuck
sow[1]	sowed	sowed, sown
speak	spoke	spoken
speed*	speeded, sped	speeded, sped
spell[2]	spelled, 《主に英》spelt	spelled, 《主に英》spelt
spellbind	spellbound	spellbound
spend	spent	spent
spill[1]	spilled, 《主に英》spilt	spilled, 《主に英》spilt

原形	過去形	過去分詞形
spin	spun	spun
spit[1]	spit, spat	spit, spat
split	split	split
spoil	spoiled, +《英》spoilt	spoiled, +《英》spoilt
spread	spread	spread
spring	sprang, +《米》sprung	sprung
stand	stood	stood
stave	staved, stove	staved, stove
steal	stole	stolen
stick[2]	stuck	stuck
sting	stung	stung
stink	stank, stunk	stunk
strew	strewed	strewn, strewed
stride	strode	stridden
strike*	struck	struck, stricken
string	strung	strung
strive	strove, strived	striven, strived
sublet	sublet	sublet
sunburn	sunburnt, sunburned	sunburnt, sunburned
swear	swore	sworn
sweat	sweat, sweated	sweat, sweated
sweep	swept	swept
swell	swelled	swollen, swelled
swim	swam	swum
swing	swung	swung
T		
take	took	taken
teach	taught	taught
tear[2]	tore	torn
telecast	telecast, telecasted	telecast, telecasted
tell	told	told
think	thought	thought
thrive	thrived, throve	thrived, thriven
throw	threw	thrown
thrust	thrust	thrust
tread	trod	trodden, trod
typewrite	typewrote	typewritten
U		
unbend	unbent	unbent
unbind	unbound	unbound
undercut	undercut	undercut
undergo	underwent	undergone
underlay[1]	underlaid	underlaid
underlie	underlay	underlain
undersell	undersold	undersold
understand	understood	understood
undertake	undertook	undertaken
underwrite	underwrote	underwritten
undo	undid	undone
unwind	unwound	unwound
uphold	upheld	upheld
upset	upset	upset
W		
wake[1]	woke, +《米》waked	woken, +《米》waked
waylay	waylaid	waylaid
wear[1,2]	wore	worn
weave*	wove, weaved	woven, weaved
wed	wedded, wed	wedded, wed
weep	wept	wept
wet	wet, wetted	wet, wetted
will	would	—
win	won	won
wind[2]	wound	wound
withdraw	withdrew	withdrawn
withhold	withheld	withheld
withstand	withstood	withstood
work	worked, 《古》wrought	worked, 《古》wrought
wring	wrung	wrung
write	wrote, 《古》writ	written, 《古》writ

オーレックス英和辞典　第2版

初版発行　2008年10月 7日
第2版発行　2013年10月13日
重版発行　2016年

編　者　野村恵造
　　　　花本金吾
　　　　林龍次郎
発行者　生駒大壱
発行所　株式会社旺文社
東京都新宿区横寺町55　〒162-8680
印刷所　共同印刷株式会社
付物印刷所　清水印刷紙工株式会社
　　　　共同印刷株式会社
製本所　牧製本印刷株式会社
製函所　清水印刷紙工株式会社

●乱丁・落丁本については送料小社負担にて
お取り替えいたします。
●お客様相談窓口　0120-326-615
●ホームページ　http://www.obunsha.co.jp/

S5k017

ISBN978-4-01-075137-4　Printed in Japan

THE UNITED STATES OF AMERIC

ALASKA

HAWAII

23 ALABAMA アラバマ	17 FLORIDA フロリダ	21 KENTUCKY ケンタッキー	29 MISSOURI ミズーリ	14 NOR ノー
49 ALASKA アラスカ	16 GEORGIA ジョージア	31 LOUISIANA ルイジアナ	38 MONTANA モンタナ	32 NOR ノー
44 ARIZONA アリゾナ	50 HAWAII ハワイ	1 MAINE メイン	34 NEBRASKA ネブラスカ	19 OHI オハ
30 ARKANSAS アーカンソー	42 IDAHO アイダホ	11 MARYLAND メリーランド	47 NEVADA ネバダ	36 OKL オク
48 CALIFORNIA カリフォルニア	26 ILLINOIS イリノイ	4 MASSACHUSETTS マサチューセッツ	2 NEW HAMPSHIRE ニューハンプシャー	46 ORE オレ
40 COLORADO コロラド	20 INDIANA インディアナ	18 MICHIGAN ミシガン	9 NEW JERSEY ニュージャージー	8 PEN ペン
6 CONNECTICUT コネチカット	28 IOWA アイオワ	27 MINNESOTA ミネソタ	41 NEW MEXICO ニューメキシコ	5 RHO ロー
10 DELAWARE デラウェア	35 KANSAS カンザス	24 MISSISSIPPI ミシシッピー	7 NEW YORK ニューヨーク	15 SOU サウ

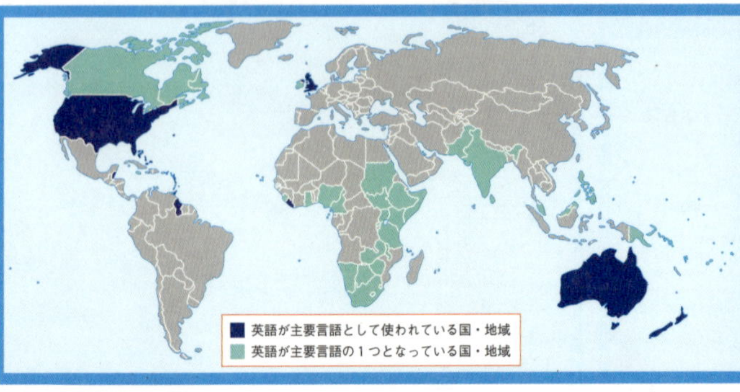

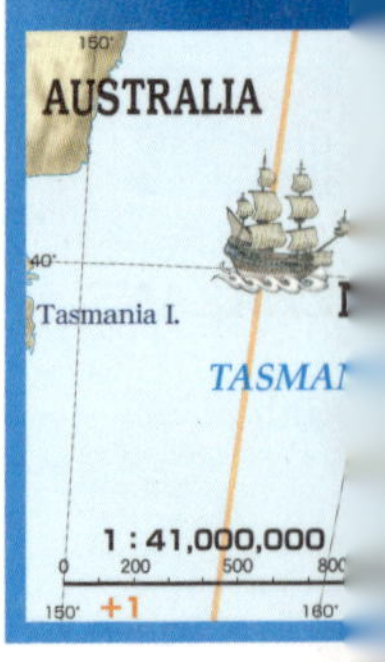

Explanatory notes • Capital cities • State capitals • Main cities

オレンジ色の数字は東京（0時）との